2017 Canadian Key Business Directory
épertoire des principales entreprises Canadiennes 2017

This directory is the property of Mergent Inc.
Ce répertoire est la propriété de Mergent Inc.
Mergent Inc.
444 Madison Ave, Suite 1710
New York, NY 10022

Copyright © 2017

All rights reserved.
Tous droits réservés.

No part of this publication may be reproduced, stored in a retrieval system, or transmitted, in any form or by any means, electronic, mechanical, photocopying, recording, or otherwise, without the written permission of the publisher.

La reproduction, le stockage dans un système d'extraction ou la communication d'un extrait quelconque de cette publication par quelque procédé que ce soit, tant électronique que mécanique, par photocopie, enregistrement ou autres, sont interdits sans l'autorisation écrite de l'éditeur.

ISBN 9781682004265
Printed in the U.S.A.

Disclaimer

Any purchaser, reader or user of this directory assumes all responsibility for actions taken as a result of information provided herein. Any purchaser, reader or user agrees that D&B, its employees, subsidiaries and partners hold no liability for the interpretations derived from this directory and any subsequent actions taken as a result of that interpretation including, but not limited to, advertising, direct mailing, telemarketing and business decisions.

Démenti

N'importe quel acheteur, lecteur ou utilisateur de ce répertoire assume toute la responsabilité des mesures prises en raison des informations fournies ci-inclus. N'importe quel acheteur, lecteur ou utilisateur sont en accord que D&B, ses employés, les subsidiaires et les associés ne tiennent aucune responsabilité pour les traductions dérives de ce répertoire et d'aucune mesure subséquent pris en raison de cette interprétation.

Notice concerning use for compilation or dissemination to third parties

Subscribers to D&B Canada publications are not authorized, even on occasion, to use any D&B publication to: compile mailing lists, marketing aids, and other types of data, for sales or otherwise to a third party. Any subscriber doing so will be in direct violation of the contractual agreement under which the Directory is provided to the subscriber. D&B Canada does not permit or acquiesce in such uses of its publications. Any subscriber or other person who does not understand any aspect of this policy, please contact: D&B's Corporate Marketing and Public Affairs office at 1.800.INFO.DNB (1.800.463.6362).

Avis concernant l'utilisation aux fins de dissémination à une tierce partie

Les souscripteurs aux publications de D&B ne sont pas autorisés à utiliser, même occasionnellement, ces publications pour compiler des listes d'adresses, des supports à la commercialisation et d'autres types d'informations, et à les vendre, sinon les offrir à une tierce partie. Tout souscripteur qui agit ainsi est en violation de l'entente contractuelle sous laquelle le répertoire est fourni au souscripteur. D&B ne permet pas et n'accepte pas que ses publications soient utilisées pour les fins précitées. Tout souscripteur ou autre personne qui s'engage dans des actions non autorisées ou qui les encourage doit s'attendre à subir des conséquences d'ordre juridique et financier. Aucun amendement ou renonciation à l'entente n'engage les parties, à moins d'être exprimés par écrit et signés par un fondé de pouvoir de D&B Canada et par le souscripteur. Au cas où un souscripteur, ou toute autre personne, aurait des doutes quant à l'une des dispositions de cette politique, veuillez communiquer avec le Service de commercialisation et des affaires publiques de D&B Canada au 1.800.INFO.DNB (1.800.463.6362).

What's Inside?
Le contenu

Volume 1
Sales Statistics, Employee Statistics and County Information

Section I Geographic Index
An alphabetical listing of businesses by geographic location.
Business information listed includes all details outlined above.

Inscriptions par région géographique
Une liste des entreprises dans l'ordre alphabétique par région géographique.
Chaque inscription comporte tous les éléments ci-dessus

Volume 2

Section II Line of Business Index SIC Codes
A numerical listing of businesses by SIC Code.
Business information listed includes all details outlined above.
An SIC Code table is available at the end of this section.

Inscriptions par domaine d'exploitation Codes C.I.S.
Une liste des entreprises dans l'ordre numérique par code C.I.S.
Chaque inscription comporte tous les éléments ci-dessus.
Un tableau des codes C.I.S. figure à la fin de cette section.

Section III Alphabetic Listing
An alphabetical listing of businesses.
Business information listed includes:
Legal business name and address; reference to parent company; number of employees; sales volume; space occupied; headquarters, branch, single location indicator; primary line of business (SIC code) and description; D-U-N-S® Number; officers and management contact names on file.

Source d'information centrale inscriptions dans l'ordre alphabétique
Une liste des entreprises dans l'ordre alphabétique.
Chaque inscription comporte les renseignements suivants :
Raison sociale juridique de l'entreprise et son adresse, une référence à la compagnie mère, la taille du personnel, le chiffre d'affaires, la surface occupée, un indicateur siège social, succursale, emplacement unique, le domaine d'exploitation principal (code C.I.S.) et une description, le numéro D-U-N-S®, les personnes-ressources au sein des membres du bureau de direction et de la direction disponibles.

Key Business Terms Used by D&B

Branch: A secondary location of a company reporting to a headquarters or subsidiary. Branches carry the same primary name as their headquarters and can only report to a headquarters of subsidiary establishment.

Division: A separate operating unit of a corporation with a division name, performing a specific activity.

Headquarters: An establishment that has a branch or branches operating under the same legal name.

Parent: A business establishment that controls another company through ownership of all or a majority of its shares.

Single Location: A business establishment with no branches reporting to it. A single location may be a parent or subsidiary.

Subsidiary: A corporation which is more than 50% owned by another company. Subsidiary companies are formed for several purposes. The subsidiary may conduct business totally different from that of the parent company, or may be at a different location.

D-U-N-S® Number: The D-U-N-S® Number is proprietary to D&B and helps to distinguish a business and identify it as a unique establishment. Assigned and maintained by D&B, these computer generated numbers provide common identification standards for most business establishments.

Trade Name: A trade name is used by a business for advertising and buying purposes. This should not be confused with a branch or division name. A trade name does not have to be registered.

Glossaire des mots clés de D&B

Compagnie mère : Une compagnie qui contrôle une autre compagnie grâce à la possession de toutes ou d'une tranche majoritaire des actions de cette compagnie.

Division : Une unité particulière d'une compagnie avec sa dénomination et ses propres actvités. Une division peut comporter des membres du bureau de direction mais n'a pas de capital et n'est pas constituée en compagnie.

Emplacement unique : Un établissement commercial qui n'exploite pas de succursale. Un emplacement unique peut être une compagnie mère et, ou, un filiale.

Filiale : Une compagnie dont plus de 50 % des actions sont détenues par une autre compagnie. Une filiale peut être constituée pour diverses raisons. Les activités d'une filiale peuvent être totalement différentes de celles de la compagnie mère, et elle peut être exploitée d'un emplacement différent.

Numéros D-U-N-S® : Les numéros D-U-N-S® servent à l'identification de chaque établissement unique. Affectés et mis à jour par D&B, ces numéros d'identification informatisés s'avèrent la norme en matière d'identification des établissements commerciaux.

Profil commercial (appellation commerciale) : Une dénomination utilisée par une entreprise aux fins de publicité et, ou, d'achat. À ne pas confondre avec une dénomination de succursale ou de division. Un profil commercial peut être enregistré ou non.

Siège social : Une entreprise qui exploite une ou des succursales sous la même raison sociale reconnue.

Succursale : Un emplacement secondaire d'une compagnie relevant du siège social ou d'une filiale. Une succursale est exploitée sous la même raison sociale principale que le siège social et relève exclusivement du siège social ou d'une filiale.

How to Use a D&B Canadian Directory Listing

The D&B Canadian Directories together, contain more than 140,000 business listings and close to 500,000 contact names. The types of businesses reported on varies between directories.

The Canadian Key Business Directory

This directory contains listings of Canadian businesses with one or more of the following: $5 million in sales, 50 employees at a single or headquarters location, or 250 employees total. Public and private schools are excluded.

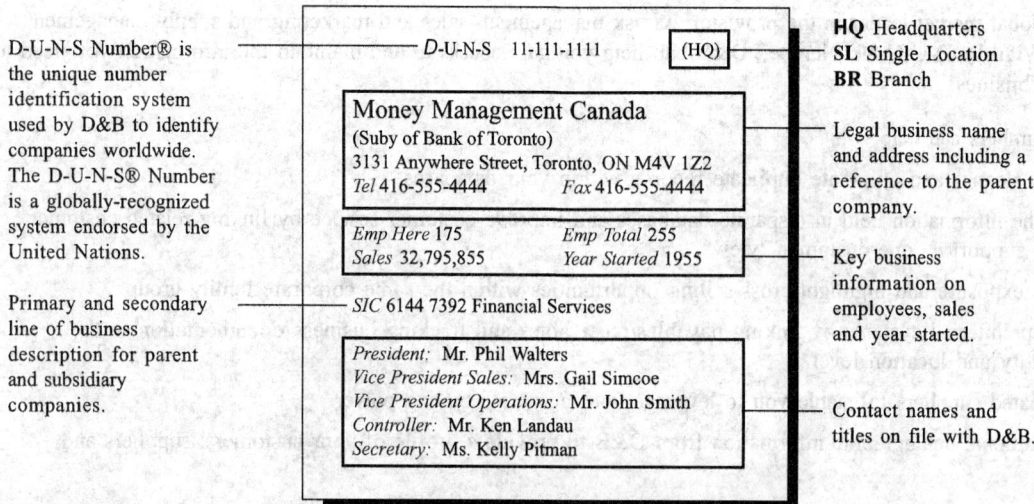

Utilisation des inscriptions dans les répertoires canadiens de D&B

Au total, les répertoires commerciaux canadiens de D&B comportent plus de 140 000 inscriptions d'entreprises et près de 500 000 de personnes-ressources. Les types d'entreprises répertoriées varient d'un répertoire à l'autre.

Le Répertoire des principales entreprises canadiennes

Ce répertoire comporte les inscriptions des entreprises canadiennes qui répondent à un ou plus des critères suivants : chiffre d'affaires de 5 millions de dollars, personnel de 50 au siège social ou à un emplacement unique, ou de 250 au total. Les maisons d'enseignement publiques et privées ne sont pas répertoriées.

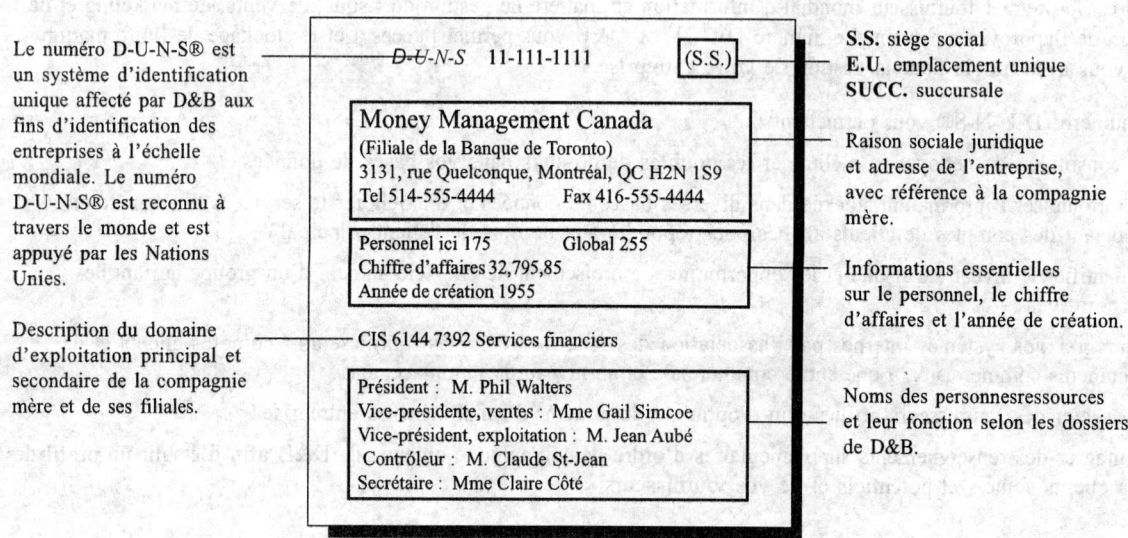

D&B D-U-N-S® Number

In today's global economy, D&B's Data Universal Numbering System, the D&B D-U-N-S® Number, has become the standard for keeping track of more than 97 million businesses and their corporate relationships worldwide. D-U-N-S® Numbers are unique nine-digit identification sequences that act as the nuts and bolts of D&B's database. They provide a secure identification for individual business entities while linking corporate family structures. Used by the world's most influential standards-setting organizations, the D-U-N-S® Number is recognized, recommended or required by more than 50 global associations including the United Nations, the U.S. Federal Government and the European Community.

D&B is the global market leader in the provision of risk management, sales and marketing and supply management information. With the D-U-N-S® Number, D&B can help you gain access to and maintain the information you need to manage your business.

D-U-N-S® Numbers can help you:

- Consolidate, cleanse and eliminate duplicate records within your databases
- Streamline the information held in disparate databases and improve customer service by linking related customer accounts to support a "one customer" view
- Identify risk exposure and highlight cross-selling opportunities within the same corporate family group
- Integrate your internal systems by linking payables/receivables and tracking business documentation to the business entity and location level
- Link interrelated suppliers to enable you to leverage your corporate buying power
- Integrate additional demographic information from D&B to provide a profile of your customers, suppliers and prospects

Le numéro D-U-N-S® D&B

Dans l'économie à l'échelle mondiale d'aujourd'hui, le Système de numérotage universel de données D&B, le numéro D-U-N-S® D&B, est devenu la norme d'identification de plus de 97 millions d'entreprises et de leurs affiliations corporatives à travers le monde. Les numéros D-U-N-S® D&B sont un numéro d'identification unique à neuf chiffres et ils constituent l'élément d'association primordial dans la base de données D&B. Ils permettent l'identification de chaque entreprise et l'association d'entreprises qui sont membres d'une même famille corporative. Utilisés par les organismes mondiaux les plus influents en matière d'établissement de normes, ils sont reconnus, recommandés ou requis par plus de 50 associations mondiales, y compris l'organisation des Nations Unies, le Gouvernement fédéral des É.-U. et la Communauté européenne.

D&B est le premier fournisseur mondial d'information en matière de gestion du risque, de vente, de marketing et de gestion de l'approvisionnement. Le numéro D-U-N-S® D&B vous permet l'accès à et le stockage de l'information dont vous avez besoin pour la gestion de votre entreprise.

Les numéros D-U-N-S® vous permettent :

- De consolider, de nettoyer et d'éliminer les doubles de dossiers dans vos bases de données
- De rationaliser l'information stockée dans diverses bases de données et d'améliorer le service à la clientèle en associant des comptes de clients affiliés pour répondre aux besoins du "client principal"
- D'identifier le niveau du risque et les opportunités de croisement de clientèle au sein d'un groupe de familles corporatives
- D'intégrer vos systèmes internes par l'association des fonctions comptes fournisseurs / comptes clients et de documents commerciaux, à une entité commerciale et au niveau de l'emplacement
- D'associer des fournisseurs affiliés afin d'optimiser le pouvoir d'achat de votre entreprise
- D'intégrer des renseignements supplémentaires d'ordre démographique obtenus de D&B afin d'établir un profil de vos clients actuels et potentiels et de vos fournisseurs

Put the D-U-N-S® Number at the Core of Your Sales and Marketing, Risk Management and Supply Management Operations

- Within enterprise wide solutions, the D-U-N-S® Number ensures accurate data—giving you confidence in the quality of the information you use to manage your business.
- In database marketing applications, D-U-N-S® Numbering allows customers to use D&B's demographic information to profile their best customers and create a model using their characteristics to identify which business are their warmest prospects.
- In risk management, the D-U-N-S® Number can link customer files to respective parent companies to provide a view of your total credit exposure within a single corporate family. This insight into customers' corporate structures means that credit limits can be managed intelligently and collections efforts prioritized.
- The D-U-N-S® Number helps ensure receivables management efforts are carefully managed and properly targeted by pinpointing customer locations and identifying important corporate relationships.
- In supply management, the D-U-N-S® Number enables a better understanding of your supplier base by helping identify duplicate records and providing linkage information on supplier family trees. This understanding allows you to leverage your purchasing power, cut costs out of the purchasing process and reduce the number of redundant suppliers worldwide.
- For companies with an e-commerce strategy, the D-U-N-S® Number can be used as a means of identifying suppliers, trading partners and customers. Companies wishing to be recognized as a credible supplier of online services can use their D-U-N-S® Number as a means of identification allowing potential customers to verify their business credentials before starting a trading relationship.

Intégrez le numéro D-U-N-S® au sein de vos activités de vente et de marketing, de gestion du risque et de gestion de l'approvisionnement

- Peu importe les solutions utilisées au sein de votre entreprise, le numéro D-U-N-S® assure l'exactitude des données - vous pouvez ainsi avoir confiance à la qualité de l'information que vous utilisez dans la gestion de votre entreprise.
- Pour les applications base de données de marketing, le numéro D-U-N-S® permet aux clients d'utiliser l'information d'ordre démographique de D&B afin d'établir un profil de leurs meilleurs clients, et de créer un modèle en se fondant sur leurs caractéristiques pour identifier les entreprises qui s'avèrent les meilleurs clients potentiels.
- En matière de gestion du risque, le numéro D-U-N-S® permet d'associer des dossiers de clients à leur compagnie mère respective afin d'obtenir une vue d'ensemble du risque relatif à toute une famille corporative. Cette vue d'ensemble d'une structure corporative permet une gestion intelligente des plafonds de crédit et l'établissement d'un ordre de priorité en ce qui a trait aux mesures de recouvrement.
- Le numéro D-U-N-S® aide à assurer que la gestion des comptes clients est bien planifiée et bien orientée, par l'identification des emplacements des clients et des liens corporatifs importants.
- En matière de gestion de l'approvisionnement, le numéro D-U-N-S® vous permet de bien connaître votre base de fournisseurs en vous permettant d'identifier les dossiers en double et les liens du réseau filiales de vos fournisseurs. Ainsi, vous êtes en mesure d'optimiser votre pouvoir d'achat, de diminuer vos coûts d'approvisionnement et de réduire le surnombre de fournisseurs à l'échelle internationale.
- En matière de commerce électronique, le numéro D-U-N-S® s'avère une façon d'identifier les fournisseurs, les partenaires d'affaires et les clients. Les entreprises qui souhaitent être reconnues comme un fournisseur fiable de services en ligne, peuvent utiliser leur numéro D-U-N-S® à titre d'élément d'identification ce qui permet aux clients potentiels de vérifier leur situation commerciale avant d'amorcer une relation d'affaires.

How is a D-U-N-S® Number Assigned?

The D-U-N-S® Number is solely maintained by D&B. When a business is first entered into the D&B business information database we assign each location that has its own unique, separate and distinct operation, its own D-U-N-S® Number. For more information call 1.800.INFO.DNB (1.800.463.6362) or visit www.dnb.ca.

Comment un numéro D-U-N-S® est-il affecté?

Seule D&B affecte un numéro D-U-N-S®. Lors de l'intégration d'une entreprise à la base de données commerciale D&B, nous affectons un numéro D-U-N-S® unique à chacun des emplacements avec des activités particulières, indépendantes et distinctes. Pour plus de renseignements, veuillez composer 1.800.INFO.DNB (1.800.463.6362) ou visiter www.dnb.ca/fr.

D&B Ensures Data Accuracy with our Trademarked DUNSRight™ Quality Process

The DUNSRight™Quality Process is D&B's quality assurance program to ensure data quality. Our five quality drivers:

- *Global Data Collection* brings together data from a variety of worldwide sources
- *Entity Matching* is a patented process that produces a single, accurate picture of each business and our next generation of matching technology will help you find more businesses in our database
- *D-U-N-S® Numbers,* unique to each business, are a means of identifying and tracking every activity of a business
- *Corporate Linkage* exposes risk by showing related businesses such as subsidiaries and parent companies
- *Predictive Indicators* use statistical analysis to indicate how companies may perform in the future

L'exactitude des données D&B est assurée par notre processus de qualité breveté DUNSRight™

Le processus de qualité DUNSRight™ est le programme d'assurance de la qualité des données D&B. Voici nos cinq moteurs de la qualité :

- *Collecte de données internationales* auprès de nombreuses sources à travers le monde
- *Assortiment d'entités*, un processus breveté qui donne une image précise de chaque entreprise, notre prochaine génération de technologies vous permettra d'avoir accès à davantage d'entreprises dans notre base de donnée
- *Numéros D-U-N-S®*, un numéro unique affecté à chaque entreprise aux fins d'identification et de suivi de toutes les activités d'une entreprise
- *Association de sociétés,* signale le risque en précisant les entreprises affiliées telles les filiales et les compagnies mères
- *Indicateurs de prévision,* fondés sur une analyste statistique, ils indiquent comment une entreprise est susceptible de se comporter ultérieurement

2017 Canadian Key Business Directory

Répertoire des principales entreprises Canadiennes 2017

Section II

Line of Business Index
SIC Codes

Inscriptions par
domaine d'exploitation
Codes C.I.S.

BUSINESSES BY INDUSTRY CLASSIFICATION

SIC 1081 Metal mining services **2001**

SIC 1011 Iron ores

AGRIUM INC p1307
Gd, VANSCOY, SK, S0L 3J0
(306) 683-1280   SIC 1011

CANADIAN TEST CASE 65 p707
6750 Century Ave Suite 305, MISSIS-SAUGA, ON, L5N 2V8
(905) 999-9999   SIC 1011

COMPAGNIE MINIERE IOC INC p428
Gd, LABRADOR CITY, NL, A2V 2L8
(709) 944-8400   SIC 1011

COMPAGNIE MINIERE IOC INC p1233
1 Rue Retty, Sept-Iles, QC, G4R 3C7
(418) 968-7400   SIC 1011

SODEXO CANADA LTD p1213
8585 Ch De La Cote-De-Liesse, SAINT-LAURENT, QC, H4T 1G6
(514) 341-6780   SIC 1011

SIC 1021 Copper ores

GLENCORE CANADA CORPORATION p588
6 Edison Rd, FALCONBRIDGE, ON, P0M 1S0
(705) 699-3400   SIC 1021

GLENCORE CANADA CORPORATION p1056
1400 Rue Norman, LACHINE, QC, H8S 1A8
(514) 637-3591   SIC 1021

GLENCORE CANADA CORPORATION p1130
1950 Rue Maurice-Gauvin Bureau 300, Montreal, QC, H7S 1Z5
(450) 668-2112   SIC 1021

HUCKLEBERRY MINES LTD p217
Gd, HOUSTON, BC, V0J 1Z0
(604) 517-4723   SIC 1021

HUDSON BAY MINING AND SMELTING CO., LIMITED p348
Gd, FLIN FLON, MB, R8A 1N9
(204) 687-2385   SIC 1021

NORTHGATE MINERALS CORPORATION p908
110 Yonge St Suite 1601, TORONTO, ON, M5C 1T4
SIC 1021

SIC 1041 Gold ores

AGNICO EAGLE MINES LIMITED p1175
299 Rte Saint-Paul N, Riviere-Heva, QC, J0Y 2H0
(819) 735-2034   SIC 1041

AGNICO EAGLE MINES LIMITED p1176
10200 Rte De Preissac, ROUYN-NORANDA, QC, J0Y 1C0
(819) 759-3700   SIC 1041

ALAMOS GOLD INC p678
259 Matheson St, MATACHEWAN, ON, P0K 1M0
(705) 565-9800   SIC 1041

ANACONDA MINING INC p423
310 Highway 410, BAIE VERTE, NL, A0K 1B0
SIC 1041

ATLANTIC MINING NS CORP p468
6749 Moose River Rd, MIDDLE MUSQUODOBOIT, NS, B0N 1X0
(902) 384-2772   SIC 1041

BARRICK GOLD CORPORATION p278
660 Air Miles North Of Stewart, SMITHERS, BC, V0J 2N0
(604) 522-9877   SIC 1041

BELO SUN MINING CORP p913
65 Queen St W Suite 800, TORONTO, ON, M5H 2M5
(416) 309-2137   SIC 1041

BELVEDERE RESOURCES LTD p306
999 Canada Pl Suite 404, VANCOUVER, BC, V6C 3E2

(604) 513-0007   SIC 1041

CLAUDE RESOURCES INC p1271
1112 Finlayson St, LA RONGE, SK, S0J 1L0
(306) 635-2015   SIC 1041

CLAUDE RESOURCES INC p1271
Gd, LA RONGE, SK, S0J 1L0
(306) 635-2015   SIC 1041

CONTINENTAL GOLD INC p928
155 Wellington St W Suite 2920, TORONTO, ON, M5V 3H1
(416) 583-5610   SIC 1041

ECO ORO MINERALS CORP p310
1055 Hastings St W Suite 300, VANCOUVER, BC, V6E 2E9
(604) 682-8212   SIC 1041

ELDORADO GOLD CORPORATION p307
550 Burrard St Suite 1188, VANCOUVER, BC, V6C 2B5
(604) 687-4018   SIC 1041

EXETER RESOURCE CORPORATION p307
999 Hastings St W Suite 1660, VANCOUVER, BC, V6C 2W2
(604) 688-9592   SIC 1041

GARSON GOLD CORP p307
470 Granville St Suite 322, VANCOUVER, BC, V6C 1V5
(604) 484-2161   SIC 1041

GOLDCORP CANADA LTD p851
4315 Goldmine Rd, SOUTH PORCUPINE, ON, P0N 1H0
(705) 235-3221   SIC 1041

GOLDCORP INC p493
17 Mine Rd Bag 2000, BALMERTOWN, ON, P0V 1C0
(807) 735-2077   SIC 1041

GOLDCORP INC p1177
853 Boul Rideau, ROUYN-NORANDA, QC, J0Z 2X0
(819) 764-6400   SIC 1041

GUNGNIR RESOURCES INC p288
1688 152 St Suite 404, SURREY, BC, V4A 4N2
(604) 683-0484   SIC 1041

HECLA QUEBEC INC p1253
1010 3e Rue, VAL-D'OR, QC, J9P 4B1
(819) 874-4511   SIC 1041

HEMLO PROPERTY p919
161 Bay St, TORONTO, ON, M5J 2S1
(416) 861-9911   SIC 1041

KINROSS GOLD CORPORATION p851
4315 Goldmine Rd, SOUTH PORCUPINE, ON, P0N 1H0
SIC 1041

KINROSS GOLD CORPORATION p919
25 York St Suite 17, TORONTO, ON, M5J 2V5
(416) 365-5123   SIC 1041

MINES RICHMONT INC p570
Gd, DUBREUILVILLE, ON, P0S 1B0
(705) 884-2805   SIC 1041

MINES RICHMONT INC p1254
776 Ch Perron, VAL-D'OR, QC, J9P 0C3
(819) 736-4581   SIC 1041

ORCA GOLD INC p308
885 Georgia St W Suite 2000, VANCOUVER, BC, V6C 3E8
(604) 689-7842   SIC 1041

PRIMERO GOLD CANADA INC p459
1969 Upper Water St Suite 2001, HALIFAX, NS, B3J 3R7
(902) 422-1421   SIC 1041

ROMANEX INTERNATIONAL LIMITED p920
161 Bay St Suite 3700, TORONTO, ON, M5J 2S1
(416) 861-9911   SIC 1041

ST ANDREW GOLDFIELDS LTD p636
Hwy 101 Holloway, KIRKLAND LAKE, ON, P0K 1N0
(705) 567-4862   SIC 1041

ST ANDREW GOLDFIELDS LTD p679
489 Macdougall St, MATHESON, ON, P0K 1N0
(705) 273-3030   SIC 1041

USINE CAMFLO INC p1075

100 Rte 117, MALARTIC, QC, J0Y 1Z0
(819) 797-2465   SIC 1041

SIC 1044 Silver ores

CANADIAN TEST CASE 21 p707
6750 Century Ave Suite 305, MISSIS-SAUGA, ON, L5N 2V8
(905) 999-9999   SIC 1044

SIC 1061 Ferroalloy ores, except vanadium

ALMONTY INDUSTRIES INC p932
100 King St W Suite 5700, TORONTO, ON, M5X 1C7
(647) 438-9766   SIC 1061

AMBATOVY JOINT VENTURE p575
2200 Lake Shore Blvd W, ETOBICOKE, ON, M8V 1A4
(416) 924-4551   SIC 1061

SIC 1081 Metal mining services

ASIAN DRAGON GROUP INC p306
475 Howe St Suite 1100, VANCOUVER, BC, V6C 2B3
(604) 801-5939   SIC 1081

ATLATSA RESOURCES CORPORATION p306
666 Burrard St Suite 1700, VANCOUVER, BC, V6C 2X8
(604) 631-1300   SIC 1081

BUL RIVER MINERAL CORPORATION p218
Gd, JAFFRAY, BC, V0B 1T0
(250) 429-3711   SIC 1081

CANADIAN ROYALTIES INC p1110
800 Boul Rene-Levesque O Bureau 410, Montreal, QC, H3B 1X9
(514) 879-1688   SIC 1081

CANICKEL MINING LIMITED p360
Gd, WABOWDEN, MB, R0B 1S0
(204) 689-2972   SIC 1081

CENTERRA GOLD INC p918
1 University Ave Suite 1500, TORONTO, ON, M5J 2P1
(416) 204-1241   SIC 1081

CENTRAL SUN MINING INC p323
595 Burrard St Suite 3100, VANCOUVER, BC, V7X 1L7
(604) 681-8371   SIC 1081

DENISON MINES INC p307
885 Georgia St W Suite 2000, VANCOUVER, BC, V6C 3E8
(604) 689-7842   SIC 1081

DETOUR GOLD CORPORATION p923
199 Bay St Suite 4100, TORONTO, ON, M5L 1E2
(416) 304-0800   SIC 1081

DUMAS CONTRACTING LTD p918
200 Bay St Suite 2301, TORONTO, ON, M5J 2J1
(416) 594-2525   SIC 1081

EASTFIELD RESOURCES LTD p307
325 Howe St Suite 110, VANCOUVER, BC, V6C 1Z7
(604) 681-7913   SIC 1081

EURASIA GOLD FIELDS INC p318
3540 41st Ave W Suite 204, VANCOUVER, BC, V6N 3E6
SIC 1081

FNX MINING COMPANY INC p946
2650 White St, VAL CARON, ON, P3N 0A7
(705) 897-8461   SIC 1081

GIBRALTAR MINES LTD p237
10251 Gibraltar Mine Rd, MCLEESE LAKE, BC, V0L 1P0
(250) 297-6211   SIC 1081

GIBRALTAR MINES LTD p311
1040 Georgia St W, VANCOUVER, BC, V6E 4H1
(778) 373-4533   SIC 1081

IAMGOLD CORPORATION p1191
3400 Rte Du Columbium, Saint-Honore-de-Chicoutimi, QC, G0V 1L0
(418) 673-4694   SIC 1081

KAMINAK GOLD CORPORATION p308
800 Pender St W Suite 1020, VANCOUVER, BC, V6C 2V6
(604) 646-4527   SIC 1081

KGHM INTERNATIONAL LTD p556
7 Cranberry Shores, COLLINGWOOD, ON, L9Y 5C3
(705) 444-1316   SIC 1081

KGHM INTERNATIONAL LTD p870
1300 Kelly Lake Rd, SUDBURY, ON, P3E 5P4
(705) 671-1779   SIC 1081

KGHM INTERNATIONAL LTD p947
191 Creditview Rd Suite 400, VAUGHAN, ON, L4L 9T1
(905) 780-1980   SIC 1081

KIEWIT-NUVUMIUT, SOCIETE EN COPARTICIPATION p1001
4333 Boul De La Grande-Allee, BOISBRIAND, QC, J7H 1M7
(450) 435-5756   SIC 1081

KIRKLAND LAKE GOLD LTD p636
1350 Government Rd W, KIRKLAND LAKE, ON, P2N 3J1
(705) 567-5208   SIC 1081

MALAGA INC p1107
2000 Av Mcgill College Bureau 510, Montreal, QC, H3A 3H3
(514) 288-3224   SIC 1081

MDBB EST INC p1178
270 Boul Industriel, ROUYN-NORANDA, QC, J9X 6T3
(819) 797-0755   SIC 1081

METALS CREEK RESOURCES CORP p879
1100 Memorial Ave Suite 329, THUNDER BAY, ON, P7B 4A3
(807) 345-4990   SIC 1081

MINCORE INC p915
80 Richmond St W Suite 1502, TORONTO, ON, M5H 2A4
(416) 214-1766   SIC 1081

MINES D'ARGENT ECU INC, LES p1178
1116 Av Granada, ROUYN-NORANDA, QC, J9Y 1G9
SIC 1081

MINES RICHMONT INC p1075
100 Rte 117, MALARTIC, QC, J0Y 1Z0
(819) 757-3674   SIC 1081

MOTION METRICS INTERNATIONAL CORP p320
2389 Health Sciences Mall Unit 101, VANCOUVER, BC, V6T 1Z3
(604) 822-5848   SIC 1081

NEVADA ENERGY METALS INC p308
789 Pender St W Suite 1220, VANCOUVER, BC, V6C 1H2
(604) 428-5690   SIC 1081

NIOBEC INC p1191
3400 Rte Du Columbium, Saint-Honore-de-Chicoutimi, QC, G0V 1L0
(418) 673-4694   SIC 1081

OCEANAGOLD CORPORATION p322
777 Hornby Street Suite 1910, VANCOUVER, BC, V6Z 1S4
(604) 235-3360   SIC 1081

QMX GOLD CORPORATION p916
65 Queen St W Suite 815, TORONTO, ON, M5H 2M5
(416) 861-5889   SIC 1081

QMX GOLD CORPORATION p1254
1900 Ch Brador, VAL-D'OR, QC, J9P 0A4
(819) 825-3412   SIC 1081

RAMBLER METALS AND MINING CANADA LIMITED p423
309 410 William Chipp Bldg Hwy, BAIE VERTE, NL, A0K 1B0
(709) 800-1929   SIC 1081

RED METAL RESOURCES LTD p879
195 Park Ave, THUNDER BAY, ON, P7B 1B9
(807) 345-7384   SIC 1081

▲ Public Company   ■ Public Company Family Member   HQ Headquarters   BR Branch   SL Single Location

REDPATH CANADA LIMITED p743
101 Worthington St E 3rd Fl, NORTH BAY, ON, P1B 1G5
(705) 474-2461   SIC 1081
REGAL CONSOLIDATED VENTURES LIMITED p908
20 Adelaide St E Suite 1100, TORONTO, ON, M5C 2T6
(416) 642-0602   SIC 1081
RESSOURCES APPALACHES INC p472
1080 Dufferin Mines Rd, PORT DUFFERIN, NS, B0J 2R0
(902) 297-3667   SIC 1081
RESSOURCES APPALACHES INC p1173
212 Av De La Cathedrale, RIMOUSKI, QC, G5L 5J2
(418) 724-0901   SIC 1081
RIO TINTO EXPLORATION CANADA INC p881
1300 Walsh St W, THUNDER BAY, ON, P7E 4X4
(807) 473-5558   SIC 1081
ROCHESTER RESOURCES LTD p312
1090 Georgia St W Suite 1305, VANCOUVER, BC, V6E 3V7
(604) 685-9316   SIC 1081
ROXGOLD INC p916
360 Bay St Suite 500, TORONTO, ON, M5H 2V6
(416) 203-6401   SIC 1081
RX GOLD & SILVER INC p916
145 King St W Suite 2870, TORONTO, ON, M5H 1J8
(416) 848-9503   SIC 1081
SOCIETE D'EXPLORATION MINIERE VIO p1150
116 Rue Saint-Pierre Bureau 200, Quebec, QC, G1K 4A7
(418) 692-2678   SIC 1081
TECK METALS LTD p292
25 Aldridge Ave, TRAIL, BC, V1R 4L8
(250) 364-4222   SIC 1081
TECK METALS LTD p292
600 Bingay Rd, TRAIL, BC, V1R 4L8
(250) 364-4713   SIC 1081
TECK RESOURCES LIMITED p429
32 Rte 370, MILLERTOWN, NL, A0H 1V0
(709) 852-2195   SIC 1081
TERVITA DRILLING AND CORING SERVICES LTD p20
9919 Shepard Rd Se, CALGARY, AB, T2C 3C5
(855) 837-8482   SIC 1081

SIC 1094 Uranium-radium-vanadium ores

FIRST URANIUM CORPORATION p922
77 King St W Suite 400, TORONTO, ON, M5K 0A1
(416) 306-3072   SIC 1094
HATHOR EXPLORATION LIMITED p307
925 Georgia St W Suite 1810, VANCOUVER, BC, V6C 3L2
SIC 1094
LARGO RESOURCES LTD p919
55 University Ave Suite 1101, TORONTO, ON, M5J 2H7
(416) 861-9797   SIC 1094
URANIUM ONE INC p916
333 Bay St Suite 1200, TORONTO, ON, M5H 2R2
(647) 788-8500   SIC 1094

SIC 1099 Metal ores, nec

BEAVER BROOK ANTIMONY MINE INC p426
Gd, GLENWOOD, NL, A0G 2K0
(709) 679-5866   SIC 1099

SIC 1221 Bituminous coal and lignite-surface mining

CARDINAL RIVER COALS LTD p131
Gd, HINTON, AB, T7V 1V5
(780) 692-5100   SIC 1221
GRANDE CACHE COAL CORPORATION p124
Gd, GRANDE CACHE, AB, T0E 0Y0
(780) 827-4646   SIC 1221
GREENHILLS MINE JOINT VENTURE p213
Gd, ELKFORD, BC, V0B 1H0
(250) 865-3097   SIC 1221
HILLSBOROUGH RESOURCES LIMITED p311
1090 Georgia St W Suite 950, VANCOUVER, BC, V6E 3V7
(604) 684-9288   SIC 1221
PEACE RIVER COAL INC p312
1055 Hastings St W Suite 1900, VANCOUVER, BC, V6E 2E9
SIC 1221
PRAIRIE MINES & ROYALTY ULC p117
Gd, EDSON, AB, T7E 1W1
(780) 794-8100   SIC 1221
PRAIRIE MINES & ROYALTY ULC p118
Gd, FORESTBURG, AB, T0B 1N0
(403) 884-3000   SIC 1221
PRAIRIE MINES & ROYALTY ULC p130
Gd, HANNA, AB, T0J 1P0
(403) 854-5200   SIC 1221
PRAIRIE MINES & ROYALTY ULC p173
Gd, WARBURG, AB, T0C 2T0
(780) 848-7786   SIC 1221
PRAIRIE MINES & ROYALTY ULC p1264
Gd, BIENFAIT, SK, S0C 0M0
(306) 388-2272   SIC 1221
PRAIRIE MINES & ROYALTY ULC p1266
Gd, CORONACH, SK, S0H 0Z0
(306) 267-4200   SIC 1221
PRAIRIE MINES & ROYALTY ULC p1268
Po Box 3000, ESTEVAN, SK, S4A 2W2
(306) 634-7251   SIC 1221
TECK COAL LIMITED p29
205 9 Ave Se Suite 1000, CALGARY, AB, T2G 0R3
(403) 767-8500   SIC 1221
TECK COAL LIMITED p132
Gd Stn Main, HINTON, AB, T7V 1T9
(780) 692-5100   SIC 1221
TECK COAL LIMITED p213
Gd, ELKFORD, BC, V0B 1H0
(250) 865-2271   SIC 1221
TECK COAL LIMITED p279
Gd, Sparwood, BC, V0B 2G0
(250) 425-8325   SIC 1221
TECK COAL LIMITED p279
Gd, SPARWOOD, BC, V0B 2G0
(250) 425-2555   SIC 1221
TECK COAL LIMITED p279
2261 Corbin Rd, SPARWOOD, BC, V0B 2G0
(250) 425-6305   SIC 1221
TECK-BULLMOOSE COAL INC p309
550 Burrard St Suite 3300, VANCOUVER, BC, V6C 0B3
(604) 699-4000   SIC 1221
WESTERN COAL ULC p292
235 Front St, TUMBLER RIDGE, BC, V0C 2W0
(250) 242-6000   SIC 1221
WILLIAMS OPERATING CORPORATION p309
550 Burrard St Suite 3300, VANCOUVER, BC, V6C 0B3
(604) 699-4000   SIC 1221
XSTRATA COAL CANADA LIMITED p455
633 Main St, GLACE BAY, NS, B1A 6J3
(902) 849-9235   SIC 1221

SIC 1222 Bituminous coal-underground mining

QUINSAM COAL CORPORATION p194
5800 Argonaut Rd, CAMPBELL RIVER, BC, V9H 1P3
(250) 286-3224   SIC 1222

SIC 1241 Coal mining services

161229 CANADA INC p636
21 Government Rd E, KIRKLAND LAKE, ON, P2N 1A1
SIC 1241
B C MINERAL STATISTICS p328
1810 Blanshard St, VICTORIA, BC, V8T 4J1
(250) 952-0521   SIC 1241
CEMENTATION CANADA INC p359
169 Hayes Rd, THOMPSON, MB, R8N 1M5
SIC 1241
CEMENTATION CANADA INC p741
590 Graham Dr, NORTH BAY, ON, P1B 7S1
(705) 472-3381   SIC 1241
ENTREPRENEUR MINIER CMAC - THYSSEN INC p1253
185 Rue Des Distributeurs Bureau 16, VAL-D'OR, QC, J9P 6Y1
(819) 874-8303   SIC 1241
MINES AGNICO EAGLE LIMITEE p1176
20 Rte 395 Cadillac, ROUYN-NORANDA, QC, J0Y 1C0
(819) 759-3644   SIC 1241
SERVICES D'ENTRETIEN MINIERS INDUSTRIELS R.N. 2000 INC p1178
155 Boul Industriel, ROUYN-NORANDA, QC, J9X 6P2
(819) 797-4387   SIC 1241
SERVICES D'ENTRETIEN MINIERS INDUSTRIELS R.N. 2000 INC p1300
243 Robin Cres, SASKATOON, SK, S7L 6M8
SIC 1241

SIC 1311 Crude petroleum and natural gas

177293 CANADA LTD p95
15015 123 Ave Nw Suite 200, EDMONTON, AB, T5V 1J7
(780) 453-5500   SIC 1311
177293 CANADA LTD p257
Gd, PORT MOODY, BC, V3H 3E1
(604) 933-2641   SIC 1311
AIR PRODUCTS CANADA LTD p115
720 Petroleum Way Nw, EDMONTON, AB, T6S 1H5
(780) 417-1957   SIC 1311
ALTAGAS UTILITY GROUP INC p40
355 4 Ave Sw Suite 1700, CALGARY, AB, T2P 0J1
(403) 806-3310   SIC 1311
APACHE CANADA LTD p67
5018 50 Ave, CASTOR, AB, T0C 0X0
(403) 882-3751   SIC 1311
APACHE CANADA LTD p146
Gd, MIRROR, AB, T0B 3C0
(403) 788-2350   SIC 1311
BAYTEX ENERGY CORP p41
520 3 Ave Sw Suite 2800, CALGARY, AB, T2P 0R3
(587) 952-3000   SIC 1311
BONAVISTA ENERGY CORPORATION p70
Gd, CONSORT, AB, T0C 1B0
(403) 577-3777   SIC 1311
BONAVISTA PETROLEUM LTD p142
Gd, MANYBERRIES, AB, T0K 1L0
(403) 868-3789   SIC 1311
BP CANADA ENERGY COMPANY p40
240 4 Ave Sw, CALGARY, AB, T2P 4H4
(403) 233-1313   SIC 1311
BP CANADA ENERGY COMPANY p70
Gd, CONKLIN, AB, T0P 1H0
(780) 559-2236   SIC 1311
BP CANADA ENERGY COMPANY p117
5310 4 Ave, EDSON, AB, T7E 1L4
(780) 723-3604   SIC 1311
BP CANADA ENERGY COMPANY p123
11010 126th St, FORT SASKATCHEWAN, AB, T8L 2T2
(780) 992-2700   SIC 1311
BP CANADA ENERGY COMPANY p125
9909 102 St Suite 214, GRANDE PRAIRIE, AB, T8V 2V4
(780) 354-2226   SIC 1311
BP CANADA ENERGY COMPANY p142
Gd, MANNING, AB, T0H 2M0
(780) 836-3364   SIC 1311
BP CANADA ENERGY COMPANY p143
Gd Lcd 1, MEDICINE HAT, AB, T1A 7E4
(403) 529-2361   SIC 1311
BP CANADA ENERGY COMPANY p164
Gd, SLAVE LAKE, AB, T0G 2A0
SIC 1311
BP CANADA ENERGY COMPANY p828
201 Front St N Suite 1405, SARNIA, ON, N7T 7T9
(519) 383-3500   SIC 1311
BP CANADA ENERGY COMPANY p1268
Gd, ESTEVAN, SK, S4A 2A1
(306) 487-2551   SIC 1311
C & T RESOURCES LTD p41
520 5 Ave Sw Suite 1400, CALGARY, AB, T2P 3R7
(403) 266-0930   SIC 1311
CALVALLEY PETROLEUM INC p42
600 6 Ave Sw Suite 700, CALGARY, AB, T2P 0S5
(403) 297-0490   SIC 1311
CANADIAN NATURAL RESOURCES LIMITED p7
Gd Stn Main, BONNYVILLE, AB, T9N 2J6
(780) 826-8110   SIC 1311
CANADIAN NATURAL RESOURCES LIMITED p42
324 8 Ave Sw Suite 1800, CALGARY, AB, T2P 2Z2
(403) 517-6700   SIC 1311
CANADIAN NATURAL RESOURCES LIMITED p72
Gd, DRUMHELLER, AB, T0J 0Y0
(403) 787-3980   SIC 1311
CANADIAN NATURAL RESOURCES LIMITED p118
Gd, FOISY, AB, T0A 1E0
SIC 1311
CANADIAN NATURAL RESOURCES LIMITED p119
Hwy 63, FORT MCMURRAY, AB, T9H 5N4
(780) 828-2500   SIC 1311
CANADIAN NATURAL RESOURCES LIMITED p124
Gd, GORDONDALE, AB, T0H 1V0
(780) 353-3984   SIC 1311
CANADIAN NATURAL RESOURCES LIMITED p125
9705 97 St, GRANDE PRAIRIE, AB, T8V 8B9
(780) 831-7475   SIC 1311
CANADIAN NATURAL RESOURCES LIMITED p141
6603 44 St, LLOYDMINSTER, AB, T9V 2X1
(780) 871-7800   SIC 1311
CANADIAN NATURAL RESOURCES LIMITED p214
9900 100 Ave Suite 220, FORT ST. JOHN, BC, V1J 5S7
(250) 785-3085   SIC 1311
CANADIAN NATURAL RESOURCES LIMITED p1268
206 Souris Ave, ESTEVAN, SK, S4A 1J7
(306) 634-2643   SIC 1311
CANPAR HOLDINGS LTD p42
144 4 Ave Sw Suite 400, CALGARY, AB, T2P 3N4
(403) 221-0800   SIC 1311
CHEVRON RESOURCES LTD p42
500 5 Ave Sw Suite 700, CALGARY, AB, T2P 0L7
(403) 234-5000   SIC 1311
COASTAL ENERGY p42
520 5 Ave Sw Suite 1400, CALGARY, AB, T2P 3R7

(403) 266-1930 SIC 1311
CONOCOPHILLIPS CANADA RESOURCES CORP p155
6759 65 Ave Unit 4, RED DEER, AB, T4P 1X5
SIC 1311
CONOCOPHILLIPS CANADA RESOURCES CORP p601
Gd Stn Main, GUELPH, ON, N1H 6J5
(519) 822-7780 SIC 1311
CONOCOPHILLIPS WESTERN CANADA PARTNERSHIP p42
401 9th Ave Sw, CALGARY, AB, T2P 2H7
(403) 260-8000 SIC 1311
CONOCOPHILLIPS WESTERN CANADA PARTNERSHIP p72
Gd Stn Main, DRAYTON VALLEY, AB, T7A 1T1
SIC 1311
CONOCOPHILLIPS WESTERN CANADA PARTNERSHIP p171
Gd, TROCHU, AB, T0M 2C0
(403) 442-4244 SIC 1311
CONOCOPHILLIPS WESTERN CANADA PARTNERSHIP p172
Gd, VULCAN, AB, T0L 2B0
(403) 897-3030 SIC 1311
CRESCENT POINT ENERGY CORP p1306
330 Central Ave N Suite 220, SWIFT CURRENT, SK, S9H 0L4
(306) 294-7002 SIC 1311
DEVON CANADA CORPORATION p43
400 3 Ave Sw Suite 2000, CALGARY, AB, T2P 4H2
(403) 232-7100 SIC 1311
DEVON CANADA CORPORATION p70
Gd, COLEMAN, AB, T0K 0M0
SIC 1311
DEVON CANADA CORPORATION p141
5208 62 St, LLOYDMINSTER, AB, T9V 2E4
(780) 875-9837 SIC 1311
DEVON CANADA CORPORATION p168
Gd, STETTLER, AB, T0C 2L0
(403) 574-2125 SIC 1311
DIRECT ENERGY MARKETING LIMITED p43
111 5 Ave Sw Suite 1000, CALGARY, AB, T2P 3Y6
(403) 266-6393 SIC 1311
DIRECT ENERGY MARKETING LIMITED p159
Gd Stn Main, ROCKY MOUNTAIN HOUSE, AB, T4T 1T1
(403) 844-5000 SIC 1311
DIRECT ENERGY MARKETING LIMITED p974
301 Chrislea Rd, WOODBRIDGE, ON, L4L 8N4
(905) 264-3030 SIC 1311
ENCANA CORPORATION p8
2249 College Dr E, BROOKS, AB, T1R 1G5
(403) 793-4400 SIC 1311
ENCANA CORPORATION p160
Gd, SEXSMITH, AB, T0H 3C0
(780) 568-4444 SIC 1311
ENERPLUS CORPORATION p143
906 16 St Sw, MEDICINE HAT, AB, T1A 8A4
(403) 504-1560 SIC 1311
EOG RESOURCES CANADA INC p43
700 9 Ave Sw Suite 1300, CALGARY, AB, T2P 3V4
(403) 297-9100 SIC 1311
EOG RESOURCES CANADA INC p72
180 Riverside Dr E, DRUMHELLER, AB, T0J 0Y4
SIC 1311
EOG RESOURCES CANADA INC p360
105 4th St, WASKADA, MB, R0M 2E0
EXXONMOBIL CANADA LTD p17
505 Quarry Park Blvd Se, CALGARY, AB, T2C 5N1
(403) 956-8500 SIC 1311
EXXONMOBIL CANADA LTD p44

237 4 Ave Sw, CALGARY, AB, T2P 4K3
(403) 232-5300 SIC 1311
EXXONMOBIL CANADA LTD p67
Gd, CARSTAIRS, AB, T0M 0N0
(403) 337-3688 SIC 1311
EXXONMOBIL CANADA LTD p455
500 Sable Rd, GOLDBORO, NS, B0H 1L0
(902) 387-3020 SIC 1311
FIRCROFT (CANADA) LIMITED p44
205 5 Ave Sw Suite 3300, CALGARY, AB, T2P 2V7
(403) 265-6960 SIC 1311
FORT ENERGY CORP p44
444 7 Ave Sw Suite 1000, CALGARY, AB, T2P 0X8
(403) 770-0333 SIC 1311
GRIZZLY OIL SANDS ULC p45
605 5 Ave Sw Suite 2700, CALGARY, AB, T2P 3H5
(403) 930-6400 SIC 1311
HARVEST OPERATIONS CORP p45
700 2nd St Sw Suite 1500, CALGARY, AB, T2P 2W1
(403) 265-1178 SIC 1311
HARVEST OPERATIONS CORP p151
Gd, RAINBOW LAKE, AB, T0H 2Y0
(780) 956-3771 SIC 1311
HUSKY ENERGY INC p258
2542 Prince George Pulpmill Rd, PRINCE GEORGE, BC, V2K 5P5
(250) 960-2500 SIC 1311
HUSKY ENERGY INC p1273
Hwy 16 E Upgrader Rd, LLOYDMINSTER, SK, S9V 1M6
(306) 825-1700 SIC 1311
HUSKY ENERGY INC p1273
4335 44 St, LLOYDMINSTER, SK, S9V 0Z8
(306) 825-1196 SIC 1311
HUSKY OIL OPERATIONS LIMITED p117
5964 3 Ave, EDSON, AB, T7E 1R8
(780) 723-6945 SIC 1311
HUSKY OIL OPERATIONS LIMITED p127
9805 97 St Suite 104, GRANDE PRAIRIE, AB, T8V 8B9
(780) 513-5610 SIC 1311
HUSKY OIL OPERATIONS LIMITED p141
5650 52 St, LLOYDMINSTER, AB, T9V 0R7
SIC 1311
HUSKY OIL OPERATIONS LIMITED p151
Hwy 58 W, RAINBOW LAKE, AB, T0H 2Y0
(780) 956-8000 SIC 1311
HUSKY OIL OPERATIONS LIMITED p164
208 Caribou Trail Nw, SLAVE LAKE, AB, T0G 2A0
(780) 849-2276 SIC 1311
HUSKY OIL OPERATIONS LIMITED p168
Gd, STANDARD, AB, T0J 3G0
(403) 644-3855 SIC 1311
HUSKY OIL OPERATIONS LIMITED p435
351 Water St, ST. JOHN'S, NL, A1C 1B6
(709) 724-3900 SIC 1311
HUSKY OIL OPERATIONS LIMITED p1273
4335 44 St, LLOYDMINSTER, SK, S9V 0Z8
(306) 825-1196 SIC 1311
HUSKY OIL OPERATIONS LIMITED p1296
806 50th St E, SASKATOON, SK, S7K 0X6
(306) 934-3033 SIC 1311
JAPAN CANADA OIL SANDS LIMITED p120
Gd Lcd Main, FORT MCMURRAY, AB, T9H 3E2
(780) 799-4000 SIC 1311
KEYERA PARTNERSHIP p158
Gd, RIMBEY, AB, T0C 2J0
(780) 843-7100 SIC 1311
KOOPMAN RESOURCES, INC p35
10919 Willowglen Pl Se, CALGARY, AB, T2J 1R8
(403) 271-4564 SIC 1311
MANITOK ENERGY INC p46
444 7 Ave Sw Suite 700, CALGARY, AB, T2P 0X8
(403) 984-1750 SIC 1311
MEG ENERGY CORP p46
3 Ave Sw Suite 600 25 Fl, CALGARY, AB,

T2P 0G5
(403) 770-0446 SIC 1311
NEXEN PETROLEUM INTERNATIONAL LTD p47
801 7 Ave Sw Suite 2900, CALGARY, AB, T2P 3P7
(403) 234-6700 SIC 1311
OBSIDIAN ENERGY LTD p72
6521 50 Ave W, DRAYTON VALLEY, AB, T7A 1S1
(780) 542-8600 SIC 1311
OBSIDIAN ENERGY LTD p173
Gd, WAINWRIGHT, AB, T9W 1M3
(780) 842-4677 SIC 1311
PEMBINA PIPELINE CORPORATION p144
Gd Lcd 1, MEDICINE HAT, AB, T1A 7E4
(403) 838-8384 SIC 1311
PENGROWTH ENERGY CORPORATION p149
Gd, OLDS, AB, T4H 1T8
(403) 556-3424 SIC 1311
PENGROWTH ENERGY CORPORATION p170
Po Box 390, SWAN HILLS, AB, T0G 2C0
(780) 333-7100 SIC 1311
PENN WEST PETROLEUM p48
111 5 Ave Sw Suite 800, CALGARY, AB, T2P 3Y6
(403) 777-2500 SIC 1311
PETRO PARTNERS LIMITED p756
3993 Keele St, NORTH YORK, ON, M3J 2X6
(416) 461-0991 SIC 1311
SHELL CANADA LIMITED p150
100 St, PEACE RIVER, AB, T8S 1V8
(780) 624-6800 SIC 1311
SHELL CANADA LIMITED p150
Po Box 1088, PINCHER CREEK, AB, T0K 1W0
(403) 627-7200 SIC 1311
STATOIL CANADA LTD p49
308 4 Ave Sw Suite 3600, CALGARY, AB, T2P 0H7
(403) 234-0123 SIC 1311
STRATA OIL & GAS INC p150
10010 - 98 St, PEACE RIVER, AB, T8S 1T3
(403) 237-5443 SIC 1311
SUNCOR ENERGY INC p121
Gd Lcd Main, FORT MCMURRAY, AB, T9H 3E2
(780) 743-1382 SIC 1311
SUNCOR ENERGY INC p121
Gd, FORT MCMURRAY, AB, T9H 3E2
(780) 743-6411 SIC 1311
SUNCOR ENERGY INC p121
Gd, FORT MCMURRAY, AB, T9H 3E3
(780) 713-7163 SIC 1311
SUNSHINE OILSANDS LTD p49
903 8 Ave Sw Unit 1020, CALGARY, AB, T2P 0P7
(403) 984-1450 SIC 1311
TOTAL E&P CANADA LTD p50
240 4 Ave Sw Suite 2900, CALGARY, AB, T2P 4H4
(403) 571-7599 SIC 1311

SIC 1321 Natural gas liquids

KEYERA PARTNERSHIP p123
12310 River Rd, FORT SASKATCHEWAN, AB, T8L 2T2
(780) 998-3791 SIC 1321
NATIONAL ENERGY EQUIPMENT INC p92
17107 118 Ave Nw, EDMONTON, AB, T5S 2V3
(780) 466-2171 SIC 1321
NORTHERN ETHANOL (SARNIA) INC p899
225 Merton St Unit 320, TORONTO, ON, M4S 3H1
(416) 917-4672 SIC 1321
TAYLOR GAS LIQUIDS LIMITED PARTNERSHIP p50
800 5 Ave Sw Suite 2200, CALGARY, AB, T2P 3T6

(403) 781-8181 SIC 1321

SIC 1381 Drilling oil and gas wells

406421 ALBERTA LTD p154
8133 Edgar Industrial Close, RED DEER, AB, T4P 3R4
(403) 340-9825 SIC 1381
AKITA DRILLING LTD p146
2302 8 St, NISKU, AB, T9E 7Z2
(780) 955-6700 SIC 1381
ARCHER PETROLEUM CORP p306
1052 409 Granville St, VANCOUVER, BC, V6C 1T2
(604) 200-1022 SIC 1381
BAKER HUGHES CANADA COMPANY p429
16 Kyle Ave, MOUNT PEARL, NL, A1N 4R5
(709) 748-4900 SIC 1381
BELLATRIX EXPLORATION LTD p71
5516 Industrial Rd, DRAYTON VALLEY, AB, T7A 1R1
(403) 266-8670 SIC 1381
BUILDERS ENERGY SERVICES LTD p68
9020 99 St Ss 55, CLAIRMONT, AB, T0H 0W0
(780) 539-5650 SIC 1381
CALFRAC WELL SERVICES LTD p155
7310 Edgar Industrial Dr, RED DEER, AB, T4P 3R2
(403) 340-3569 SIC 1381
CASA ENERGY SERVICES CORP. p51
525 11 Ave Sw Suite 201, CALGARY, AB, T2R 0C9
(403) 245-0029 SIC 1381
CONOCOPHILLIPS WESTERN CANADA PARTNERSHIP p126
9701 116 St, GRANDE PRAIRIE, AB, T8V 6H6
(780) 539-3007 SIC 1381
CONOCOPHILLIPS WESTERN CANADA PARTNERSHIP p146
Gd, MORRIN, AB, T0J 2B0
(403) 772-3778 SIC 1381
CROSS BORDERS CONSULTING LTD p1278
Po Box 509, PILOT BUTTE, SK, S0G 3Z0
(306) 781-4484 SIC 1381
DC ENERGY SERVICES LP p43
706 7 Ave Sw Suite 400, CALGARY, AB, T2P 0Z1
SIC 1381
ELVINS OIL LTD p940
3000 Lake Shore Blvd W Suite 11, TORONTO, ON, M8V 4B9
(416) 949-2115 SIC 1381
ENHANCED PETROLEUM SERVICES PARTNERSHIP p158
39139 Highway 2a Suite 5398, RED DEER COUNTY, AB, T4S 2B3
(403) 314-1564 SIC 1381
ENSIGN DRILLING INC p43
400 5 Ave Sw Suite 1000, CALGARY, AB, T2P 0L6
(403) 262-1361 SIC 1381
ENSIGN DRILLING PARTNERSHIP p135
8009 39 St Suite 106, LEDUC, AB, T9E 0B3
(780) 980-3900 SIC 1381
FMC TECHNOLOGIES CANADA LTD p8
380 Well St, BROOKS, AB, T1R 1C2
(403) 363-0028 SIC 1381
FRONTERA ENERGY CORPORATION p914
333 Bay St Suite 1100, TORONTO, ON, M5H 2R2
(416) 362-7735 SIC 1381
GRIMES WELL SERVICING LTD p214
8011 93 St, FORT ST. JOHN, BC, V1J 6X1
(250) 787-9264 SIC 1381
HIGH ARCTIC ENERGY SERVICES LIMITED PARTNERSHIP p45
700 2 St Sw Suite 500, CALGARY, AB, T2P 2W1
(403) 508-7836 SIC 1381
INPLAY OIL CORP p45

SIC 1382 Oil and gas exploration services

640 5 Ave Sw Suite 920, CALGARY, AB, T2P 3G4
SIC 1381
KEANE COMPLETIONS CN CORP p46
435 4 Ave Sw Suite 380, CALGARY, AB, T2P 2S6
(587) 390-0863 *SIC* 1381
KOS OILFIELD TRANSPORTATION LTD p213
293 Alaska Hwy, FORT NELSON, BC, V0C 1R0
SIC 1381
LONKAR WELL TESTING LTD p101
4205 78 Ave Nw, EDMONTON, AB, T6B 2N3
(780) 490-4243 *SIC* 1381
MICHELS CANADA CO p1305
100 Mcormond Dr, SASKATOON, SK, S7W 0H4
SIC 1381
NABORS DRILLING CANADA LIMITED p147
902 20 Ave, NISKU, AB, T9E 7Z6
(780) 955-2381 *SIC* 1381
NATIONAL-OILWELL CANADA LTD p7
5402 55 Ave Unit 2, BONNYVILLE, AB, T9N 2K6
(780) 826-2263 *SIC* 1381
NEWFOUNDLAND TRANSSHIPMENT LIMITED p435
10 Fort William Pl, ST. JOHN'S, NL, A1C 1K4
(709) 570-3200 *SIC* 1381
PARAGON OFFSHORE (CANADA) LTD p435
10 Fort William Pl Suite 102, ST. JOHN'S, NL, A1C 1K4
(709) 758-4400 *SIC* 1381
PATTERSON-UTI DRILLING CO. CANADA p48
734 7 Ave Sw Suite 720, CALGARY, AB, T2P 3P8
(403) 269-2858 *SIC* 1381
PETROWEST CONSTRUCTION LP p196
Gd, CHARLIE LAKE, BC, V0C 1H0
(250) 787-0254 *SIC* 1381
PHX ENERGY SERVICES CORP p47
250 2 St Sw Suite 1400, CALGARY, AB, T2P 0C1
(403) 543-4466 *SIC* 1381
POWERSTROKE WELL CONTROL LTD p127
Gd Stn Main, GRANDE PRAIRIE, AB, T8V 2Z7
(780) 539-0102 *SIC* 1381
PRECISION DRILLING CORPORATION p19
9699 Shepard Rd Se, CALGARY, AB, T2C 4K5
(403) 720-3999 *SIC* 1381
PRECISION DRILLING CORPORATION p68
7801 102 St Ss 55, CLAIRMONT, AB, T0H 0W0
(780) 532-0788 *SIC* 1381
PRECISION DRILLING CORPORATION p113
9280 25 Ave Nw, EDMONTON, AB, T6N 1E1
(780) 437-5110 *SIC* 1381
PRECISION DRILLING CORPORATION p113
3050 Parsons Rd Nw Suite 1, EDMONTON, AB, T6N 1B1
(780) 431-3484 *SIC* 1381
PRECISION DRILLING CORPORATION p147
1513 8 St, NISKU, AB, T9E 7S7
(780) 955-7922 *SIC* 1381
PRECISION DRILLING CORPORATION p147
807 25 Ave, NISKU, AB, T9E 7Z4
(780) 955-7011 *SIC* 1381
PRECISION DRILLING CORPORATION p158
27240 Township Road 392, RED DEER COUNTY, AB, T4S 1X5
(403) 346-8922 *SIC* 1381
PRECISION DRILLING CORPORATION p158

27240 Township Road 392, RED DEER COUNTY, AB, T4S 1X5
(403) 342-4250 *SIC* 1381
PRECISION DRILLING CORPORATION p158
111 Elbow Dr Ne, REDCLIFF, AB, T0J 2P0
(403) 526-4111 *SIC* 1381
PRECISION DRILLING CORPORATION p1268
421 Mississipian Dr, ESTEVAN, SK, S4A 2L7
(306) 634-8886 *SIC* 1381
SPEKTRA DRILLING CANADA INC p932
100 King St W Suite 5600, TORONTO, ON, M5X 1C9
(416) 644-5096 *SIC* 1381
STONEHAM DRILLING INC p49
850 2 St Sw Suite 1020, CALGARY, AB, T2P 0R8
SIC 1381
TAZ WELL SERVICING LTD p8
303 8 St E, BROOKS, AB, T1R 1B8
SIC 1381
TEMPCO DRILLING COMPANY INC p33
7015 Macleod Trail Sw Suite 410, CALGARY, AB, T2H 2K6
(403) 259-5533 *SIC* 1381
TRANSOCEAN OFFSHORE CANADA SERVICES LTD p434
66 Kenmount Rd Suite 302, ST. JOHN'S, NL, A1B 3V7
(709) 724-6600 *SIC* 1381
TREO DRILLING SERVICES L.P. p159
285160 Kleysen Way, ROCKY VIEW COUNTY, AB, T1X 0K1
(403) 723-8600 *SIC* 1381
TRINIDAD DRILLING LTD p148
3059 4 St, NISKU, AB, T9E 8L1
(780) 955-2340 *SIC* 1381
TRINIDAD DRILLING LTD p156
6763 76 St, RED DEER, AB, T4P 3R7
(403) 314-0771 *SIC* 1381
TWIN BUTTE ENERGY LTD p52
396 11 Ave Sw Suite 410, CALGARY, AB, T2R 0C5
(403) 215-2045 *SIC* 1381
VENTURE WELL SERVICING LTD p1269
36 Hwy 39 E, ESTEVAN, SK, S4A 2L7
SIC 1381

SIC 1382 Oil and gas exploration services

AKITA DRILLING LTD p40
333 7 Ave Sw Unit 1000, CALGARY, AB, T2P 2Z1
(403) 292-7979 *SIC* 1382
ALBIAN SANDS ENERGY INC p119
Gd Lcd Main, FORT MCMURRAY, AB, T9H 3E2
(780) 713-4400 *SIC* 1382
APACHE CANADA LTD p40
421 7 Ave Sw Suite 2800, CALGARY, AB, T2P 4K9
(403) 261-1200 *SIC* 1382
APACHE CANADA LTD p70
Gd, CONSORT, AB, T0C 1B0
(403) 577-3811 *SIC* 1382
APACHE CANADA LTD p173
10011 106 St Unit 204, WESTLOCK, AB, T7P 2K3
(780) 307-3800 *SIC* 1382
APACHE CANADA LTD p1291
Hwy 371 W, Richmound, SK, S0N 2E0
SIC 1382
BAYTEX ENERGY CORP p149
4526 49 Ave Suite 7, OLDS, AB, T4H 1A4
(403) 556-3174 *SIC* 1382
BAYTEX ENERGY CORP p1272
Gd Lcd Main, LLOYDMINSTER, SK, S9V 0X5
(306) 825-3616 *SIC* 1382
CENOVUS ENERGY INC p42
500 Centre St Se, CALGARY, AB, T2P 0M5

(403) 766-2000 *SIC* 1382
CENTURION ENERGY INTERNATIONAL INC p42
205 5 Ave Sw Suite 800, CALGARY, AB, T2P 2V7
(403) 263-6002 *SIC* 1382
CES ENERGY SOLUTIONS CORP p790
234 Laurier Ave W, OTTAWA, ON, K1P 6K6
(613) 233-2177 *SIC* 1382
CES ENERGY SOLUTIONS CORP p1265
Highway 9 S, CARLYLE, SK, S0C 0R0
(306) 453-4470 *SIC* 1382
CES ENERGY SOLUTIONS CORP p1265
2 Miles S Highway 9, CARLYLE, SK, S0C 0R0
(306) 453-4411 *SIC* 1382
CHAIR RESOURCES INC p932
100 King St W Suite 7080, TORONTO, ON, M5X 2A1
(416) 863-0447 *SIC* 1382
CLEAN HARBORS INDUSTRIAL SERVICES CANADA, INC p214
6715 85th Ave, FORT ST. JOHN, BC, V1J 4J3
(250) 785-8500 *SIC* 1382
CNOOC CANADA ENERGY LTD. p41
801 7 Ave Sw, CALGARY, AB, T2P 3P7
(403) 699-4000 *SIC* 1382
CONOCOPHILLIPS WESTERN CANADA PARTNERSHIP p42
401 9 Ave Sw Suite 1600, CALGARY, AB, T2P 3C5
(403) 233-4000 *SIC* 1382
CONOCOPHILLIPS WESTERN CANADA PARTNERSHIP p73
Gd, ECKVILLE, AB, T0M 0X0
(403) 746-8100 *SIC* 1382
CWC ENERGY SERVICES CORP p41
205 5 Ave Sw Suite 610, CALGARY, AB, T2P 2V7
(403) 264-2177 *SIC* 1382
DEVON CANADA CORPORATION p118
10924 92nd Ave, FAIRVIEW, AB, T0H 1L0
SIC 1382
DEVON CANADA CORPORATION p126
9601 116 St Unit 101, GRANDE PRAIRIE, AB, T8V 5W3
SIC 1382
DEVON CANADA CORPORATION p159
Gd Stn Main, ROCKY MOUNTAIN HOUSE, AB, T4T 1T1
(403) 845-2831 *SIC* 1382
DEVON CANADA CORPORATION p214
10514 87 Ave, FORT ST. JOHN, BC, V1J 5K7
SIC 1382
DYNAMIC HEAVY HAUL LTD p1306
301514 W 3, SWIFT CURRENT, SK, S9H 3W8
(306) 773-8611 *SIC* 1382
EAGLE CANADA, INC p23
7015 8 St Ne, CALGARY, AB, T2E 8A2
(403) 781-1192 *SIC* 1382
ENCANA CORPORATION p118
Gd, FOREMOST, AB, T0K 0X0
(403) 868-2403 *SIC* 1382
ENCANA CORPORATION p151
Gd Stn Main, PONOKA, AB, T4J 1R9
SIC 1382
ENCANA CORPORATION p151
4205 Highway 2a, PONOKA, AB, T4J 1V9
(403) 783-4929 *SIC* 1382
ENCANA CORPORATION p169
601 Westmount Rd, STRATHMORE, AB, T1P 1W8
(403) 934-6108 *SIC* 1382
ENCANA CORPORATION p458
1701 Hollis St Unit 700, HALIFAX, NS, B3J 3M8
(902) 422-4500 *SIC* 1382
ENGINEERING SEISMOLOGY GROUP CANADA INC p630
20 Hyperion Crt, KINGSTON, ON, K7K 7K2
(613) 548-8287 *SIC* 1382

EQUAL ENERGY CORP p44
500 4 Ave Sw Suite 2700, CALGARY, AB, T2P 2V6
(403) 263-0262 *SIC* 1382
EXPAND ENERGY CORPORATION p44
404 6 Ave Sw Unit 645, CALGARY, AB, T2P 0R9
SIC 1382
EXXONMOBIL CANADA ENERGY p44
237 4 Ave Sw, CALGARY, AB, T2P 4K3
(403) 260-7910 *SIC* 1382
FUGRO JACQUES GEOSURVEYS INC p433
25 Pippy Pl, ST. JOHN'S, NL, A1B 3X2
(709) 726-4252 *SIC* 1382
HUSKY ENERGY INC p435
235 Water St Suite 901, ST. JOHN'S, NL, A1C 1B6
(709) 724-3900 *SIC* 1382
IMPERIAL OIL RESOURCES LIMITED p45
237 4 Ave Sw Suite 4063, CALGARY, AB, T2P 4K3
(800) 567-3776 *SIC* 1382
IMPERIAL OIL RESOURCES LIMITED p438
Gd, NORMAN WELLS, NT, X0E 0V0
(867) 587-3100 *SIC* 1382
INTER PIPELINE LTD p7
Gd Stn Main, BONNYVILLE, AB, T9N 2J6
(780) 343-2000 *SIC* 1382
IPAC SERVICES CORPORATION p2
32 East Lake Cres Ne, AIRDRIE, AB, T4A 2H3
(403) 948-1155 *SIC* 1382
IRON EAGLE HOT OILING LTD p71
4 Saskatchewan Ave, DEVON, AB, T9G 1E7
(780) 987-3520 *SIC* 1382
KOCH EXPLORATION CANADA, L.P. p46
111 5 Ave Sw Suite 1500, CALGARY, AB, T2P 3Y6
(403) 716-7800 *SIC* 1382
KOZUN EXPLORATION SERVICES LTD p18
5162 80 Ave Se Unit 20, CALGARY, AB, T2C 2X3
SIC 1382
LEXIN RESOURCES LTD p60
1207 11 Ave Sw Suite 300, CALGARY, AB, T3C 0M5
(403) 237-9400 *SIC* 1382
MANCAL ENERGY INC p46
530 8 Ave Sw Suite 1600, CALGARY, AB, T2P 3S8
(403) 231-7680 *SIC* 1382
NEXEN ENERGY ULC p47
801 7 Ave Sw Suite 2900, CALGARY, AB, T2P 3P7
(403) 699-4000 *SIC* 1382
OILSANDS QUEST SASK INC p52
326 11 Ave Sw Suite 800, CALGARY, AB, T2R 0C5
SIC 1382
OPEN RANGE ENERGY CORP. p47
645 7 Ave Sw Unit 1100, CALGARY, AB, T2P 4G8
SIC 1382
PACKERS PLUS ENERGY SERVICES INC p101
4117 84 Ave Nw, EDMONTON, AB, T6B 2Z3
(780) 440-3999 *SIC* 1382
PEEKS SOCIAL LTD p905
184 Front St E Suite 701, TORONTO, ON, M5A 4N3
(416) 639-5335 *SIC* 1382
PETROCAPITA INCOME TRUST p48
717 7 Ave Sw Suite 1400, CALGARY, AB, T2P 0Z3
(587) 393-3450 *SIC* 1382
PETROWEST TRANSPORTATION LP p129
9201 163 Ave, GRANDE PRAIRIE, AB, T8X 0B6
(780) 402-0383 *SIC* 1382
PEYTO EXPLORATION & DEVELOPMENT CORP p48
600 3rd Ave Suite 300, CALGARY, AB, T2P 0G5
(403) 261-6081 *SIC* 1382

SIC 1389 Oil and gas field services, nec

PIPELINE MANAGEMENT INC p48
111 5 Ave Sw Suite 1400, CALGARY, AB, T2P 3Y6
(403) 716-7600   SIC 1382
POLAR STAR CANADIAN OIL AND GAS, INC p48
700 4 Ave Sw Suite 1900, CALGARY, AB, T2P 3J4
(403) 775-8061   SIC 1382
REPSOL CANADA ENERGY PARTNERSHIP p48
888 3 St Sw Suite 2000, CALGARY, AB, T2P 5C5
(403) 237-1234   SIC 1382
REPSOL OIL & GAS CANADA INC p117
5 Ave, EDSON, AB, T7E 1T1
(780) 723-9800   SIC 1382
REPSOL OIL & GAS CANADA INC p173
Gd, WARBURG, AB, T0C 2T0
(780) 848-2100   SIC 1382
REPSOL OIL & GAS CANADA INC p1265
801 Railway Ave W, CARLYLE, SK, S0C 0R0
(306) 453-2545   SIC 1382
SHELL CANADA LIMITED p215
6814 Airport Rd Rr 1 Lcd Main, FORT ST. JOHN, BC, V1J 4M6
(250) 785-2854   SIC 1382
SURGE GENERAL PARTNERSHIP p49
635 8 Ave Sw Suite 2100, CALGARY, AB, T2P 3M3
(403) 930-1010   SIC 1382
TERRAPOINT CANADA INC p727
1 Antares Dr Suite 140, NEPEAN, ON, K2E 8C4
(613) 820-4545   SIC 1382
TOTAL CAPITAL CANADA LTD p50
240 4 Ave Sw Suite 2900, CALGARY, AB, T2P 4H4
(403) 571-7599   SIC 1382
TOTAL ENERGY SERVICES INC p20
6900 112 Ave Se, CALGARY, AB, T2C 4Z1
(403) 235-5877   SIC 1382
TUNDRA OIL & GAS LIMITED p50
715 5 Ave Sw Suite 1000, CALGARY, AB, T2P 2X6
(403) 261-1876   SIC 1382
TUNDRA OIL & GAS LIMITED p360
295 3rd Ave, VIRDEN, MB, R0M 2C0
(204) 748-3095   SIC 1382
TUNDRA OIL & GAS LIMITED p376
1 Lombard Pl Suite 1700, WINNIPEG, MB, R3B 0X3
(204) 934-5850   SIC 1382
WESTERN CANADIAN OIL SANDS INC p50
707 7 Ave Sw Suite 400, CALGARY, AB, T2P 3H6
(403) 232-1054   SIC 1382
WSP CANADA INC p29
1331 Macleod Trail Se Suite 805, CALGARY, AB, T2G 0K3
(403) 777-2477   SIC 1382
WSP CANADA INC p50
112 4 Ave Sw Suite 1000, CALGARY, AB, T2P 0H3
(403) 266-2800   SIC 1382

SIC 1389 Oil and gas field services, nec

379778 ALBERTA CORPORATION p164
Gd, SPIRIT RIVER, AB, T0H 3G0
(780) 765-2496   SIC 1389
633515 ALBERTA LTD p152
4422 33a St, RED DEER, AB, T4N 0N8
(403) 347-7861   SIC 1389
6518729 CANADA INC p71
3702 62 St, DRAYTON VALLEY, AB, T7A 1S1
(780) 542-5141   SIC 1389
ACUREN GROUP INC p1281
1135 E Weaver St, REGINA, SK, S4N 5Y2
(306) 761-2588   SIC 1389
ADVANCED SAFETY PARAMEDICS INC p125
9728 101 Ave Unit 204, GRANDE PRAIRIE, AB, T8V 5B6
SIC 1389
AECOM CANADA LTD p359
Gd, VIRDEN, MB, R0M 2C0
(204) 748-2796   SIC 1389
AECOM CANADA LTD p1264
Hwy 361, ALIDA, SK, S0C 0B0
(306) 443-2281   SIC 1389
AECOM CANADA LTD p1309
Highway 1 East 3 North Service Rd, WHITE CITY, SK, S4L 5B1
(306) 779-2200   SIC 1389
AECOM ENERGY SERVICES LTD p30
6025 11 St Se Suite 240, CALGARY, AB, T2H 2Z2
(403) 218-7100   SIC 1389
AECOM PRODUCTION SERVICES LTD p39
300 5 Ave Sw Suite 700, CALGARY, AB, T2P 3C4
(403) 218-7100   SIC 1389
AECOM PRODUCTION SERVICES LTD p90
18817 Stony Plain Rd, EDMONTON, AB, T5S 0C2
(780) 486-7000   SIC 1389
AECOM PRODUCTION SERVICES LTD p214
8320 89a St, FORT ST. JOHN, BC, V1J 4H6
(250) 787-9092   SIC 1389
ALTUS ENERGY SERVICES LTD p40
222 3 Ave Sw Suite 740, CALGARY, AB, T2P 0B4
SIC 1389
APACHE CANADA LTD p1275
Gd, MIDALE, SK, S4H 3M8
(306) 458-2884   SIC 1389
ASHBROS ENTERPRISES LTD p70
4931 52 Ave, CRANFORD, AB, T0K 0R0
(403) 223-1888   SIC 1389
ATCO GAS AND PIPELINES LTD p90
11751 186 St Nw, EDMONTON, AB, T5S 2Y2
(780) 420-5719   SIC 1389
AVEDA TRANSPORTATION AND ENERGY SERVICES INC p64
2505 Country Hills Blvd Ne, CALGARY, AB, T3N 1A6
(403) 226-0733   SIC 1389
AVENTUR ENERGY CORP p214
10493 Alder Cres, FORT ST. JOHN, BC, V1J 4M7
(250) 785-7093   SIC 1389
B. & R. ECKEL'S TRANSPORT LTD p95
15911 132 Ave Nw, EDMONTON, AB, T5V 1H8
(780) 447-5847   SIC 1389
B. & R. ECKEL'S TRANSPORT LTD p1272
4609 52 St, LLOYDMINSTER, SK, S9V 2B3
(306) 825-4904   SIC 1389
BADGER DAYLIGHTING LTD p125
8930 111 St Suite 123, GRANDE PRAIRIE, AB, T8V 4W1
(780) 538-2777   SIC 1389
BADGER DAYLIGHTING LTD p154
6740 65 Ave Suite 403, RED DEER, AB, T4P 1A5
(403) 343-0303   SIC 1389
BAKER HUGHES CANADA COMPANY p6
5816 50 Ave, BONNYVILLE, AB, T9N 2N6
(780) 826-3409   SIC 1389
BAKER HUGHES CANADA COMPANY p8
380 Well St, BROOKS, AB, T1R 1C2
(403) 362-2736   SIC 1389
BAKER HUGHES CANADA COMPANY p15
4839 90 Ave Se Suite Frnt, CALGARY, AB, T2C 2S8
(403) 531-5300   SIC 1389
BAKER HUGHES CANADA COMPANY p56
4948 126 Ave Se Suite 27, CALGARY, AB, T2Z 0A9
(403) 250-2111   SIC 1389
BAKER HUGHES CANADA COMPANY p68
8002 98 St Ss 55, CLAIRMONT, AB, T0H 0W0
(780) 539-5210   SIC 1389
BAKER HUGHES CANADA COMPANY p68
7002 96 St Ss 55, CLAIRMONT, AB, T0H 0W0
(780) 538-9475   SIC 1389
BAKER HUGHES CANADA COMPANY p72
4 Hy-Grade Cres, DRUMHELLER, AB, T0J 0Y0
SIC 1389
BAKER HUGHES CANADA COMPANY p99
9010 34 St Nw, EDMONTON, AB, T6B 2V1
(780) 465-9495   SIC 1389
BAKER HUGHES CANADA COMPANY p99
5119 67 Ave Nw, EDMONTON, AB, T6B 2R8
(780) 434-8800   SIC 1389
BAKER HUGHES CANADA COMPANY p131
522 East River Rd, HINTON, AB, T7V 2G3
SIC 1389
BAKER HUGHES CANADA COMPANY p141
5101 65 St, LLOYDMINSTER, AB, T9V 2E8
(780) 875-6181   SIC 1389
BAKER HUGHES CANADA COMPANY p147
402 22 Ave, NISKU, AB, T9E 7W8
(780) 955-3033   SIC 1389
BAKER HUGHES CANADA COMPANY p154
4940 81 St Suite 4, RED DEER, AB, T4P 3V3
(403) 341-7575   SIC 1389
BAKER HUGHES CANADA COMPANY p154
4089 77 St, RED DEER, AB, T4P 2T3
(403) 357-1401   SIC 1389
BAKER HUGHES CANADA COMPANY p154
7880 Edgar Industrial Drive, RED DEER, AB, T4P 3R2
(403) 340-3015   SIC 1389
BAKER HUGHES CANADA COMPANY p158
1901 Broadway Ave Ne, REDCLIFF, AB, T0J 2P0
SIC 1389
BAKER HUGHES CANADA COMPANY p174
3804 38 Ave, WHITECOURT, AB, T7S 0A2
SIC 1389
BAKER HUGHES CANADA COMPANY p1268
Devonian Po Box 403 Stn Main, ESTEVAN, SK, S4A 2A4
SIC 1389
BEAR SLASHING LTD p6
7402 50 Ave, BONNYVILLE, AB, T9N 0B7
(780) 826-8048   SIC 1389
BLACKWATCH ENERGY SERVICES OPERATING CORP p72
561 Premier Rd, DRUMHELLER, AB, T0J 0Y0
SIC 1389
BORZA INSPECTIONS LTD p162
140 Portage Close, SHERWOOD PARK, AB, T8H 2W2
(780) 416-0999   SIC 1389
BROCK CANADA INC p103
8925 62 Ave Nw, EDMONTON, AB, T6E 5L2
(780) 465-9016   SIC 1389
BUILDERS ENERGY SERVICES LTD p41
250 2 St Sw Suite 1100, CALGARY, AB, T2P 0C1
(403) 693-2378   SIC 1389
BUILDERS ENERGY SERVICES LTD p170
6002 64 St, TABER, AB, T1G 1Z3
SIC 1389
CALFRAC WELL SERVICES LTD p128
13401 97 St, GRANDE PRAIRIE, AB, T8X 1S8
(780) 402-3125   SIC 1389
CALFRAC WELL SERVICES LTD p206
709 106 Ave, DAWSON CREEK, BC, V1G 4V9
(250) 782-2529   SIC 1389
CANADIAN WELLHEAD ISOLATION CORPORATION p143
2319 10 Ave Sw Suite A, MEDICINE HAT, AB, T1A 8G2
SIC 1389
CANRIG DRILLING TECHNOLOGY LTD p16
5250 94 Ave Se Suite 5250, CALGARY, AB, T2C 3Z3
(403) 279-3466   SIC 1389
CANYON SERVICES GROUP INC p42
645 7 Ave Sw Suite 2900, CALGARY, AB, T2P 4G8
(403) 266-0202   SIC 1389
CANYON TECHNICAL SERVICES LTD p68
9102 102 St Ss 55 Suite 55, CLAIRMONT, AB, T0H 0W0
(780) 357-2250   SIC 1389
CANYON TECHNICAL SERVICES LTD p153
28042 Hwy 11 Unit 322, RED DEER, AB, T4N 5H3
(403) 309-0505   SIC 1389
CANYON TECHNICAL SERVICES LTD p1268
548 Bourquin Rd, ESTEVAN, SK, S4A 2A7
(306) 637-3360   SIC 1389
CASA ENERGY SERVICES CORP p41
630 8 Ave Sw Suite 500, CALGARY, AB, T2P 1G6
(403) 264-4582   SIC 1389
CASCADE SERVICES LTD p214
9619 81 Ave, FORT ST. JOHN, BC, V1J 6P6
(250) 785-0236   SIC 1389
CEB INVESTMENTS INC p155
7659 Edgar Industrial Dr Suite 4, RED DEER, AB, T4P 3R2
(403) 347-0077   SIC 1389
CENOVUS ENERGY MARKETING SERVICES LTD p42
421 7 Ave Sw, CALGARY, AB, T2P 4K9
(403) 544-4485   SIC 1389
CENTRAL WATER & EQUIPMENT SERVICES LTD p91
10642 178 St Nw Unit 101, EDMONTON, AB, T5S 1H4
SIC 1389
CHRISTOPHER'S WELDING LTD p71
Gd, DIDSBURY, AB, T0M 0W0
SIC 1389
CLEAN HARBORS CANADA, INC p128
9805 42nd Ave, GRANDE PRAIRIE, AB, T8W 1A8
(780) 532-0011   SIC 1389
CLEAN HARBORS ENERGY AND INDUSTRIAL SERVICES CORP. p7
6215 52 Ave, BONNYVILLE, AB, T9N 2L7
(780) 812-3035   SIC 1389
CLEAN HARBORS ENERGY AND INDUSTRIAL SERVICES CORP. p155
7750 Edgar Industrial Dr, RED DEER, AB, T4P 3R2
(403) 342-1102   SIC 1389
CLEAN HARBORS INDUSTRIAL SERVICES CANADA, INC p1
26220 Township Rd 531a, ACHESON, AB, T7X 5A4
(780) 962-3442   SIC 1389
CLEAN HARBORS SURFACE RENTALS PARTNERSHIP p135
3902 77 Ave, LEDUC, AB, T9E 0B6
(780) 980-1868   SIC 1389
CLEARSTREAM ENERGY SERVICES LIMITED PARTNERSHIP p69
141 2 Ave E, COCHRANE, AB, T4C 2B9
(403) 932-9566   SIC 1389
CLEARSTREAM ENERGY SERVICES LIMITED PARTNERSHIP p117
22 53304 Range Rd 170 Mizera Subd, EDSON, AB, T7E 1T6
(780) 723-4237   SIC 1389
CONTROL TECHNOLOGY INC p6
4305 South St, BLACKFALDS, AB, T0C 0B0
(403) 885-2677   SIC 1389
CORE LABORATORIES CANADA LTD p100
5708 54 St Nw, EDMONTON, AB, T6B 3G1
(780) 988-5105   SIC 1389
CORE LABORATORIES CANADA LTD p157
39139 Highway 2a Unit 5409, RED DEER COUNTY, AB, T4S 2B3
(403) 340-1017   SIC 1389
CORIX CONTROL SOLUTIONS LIMITED PARTNERSHIP p104
8803 58 Ave Nw, EDMONTON, AB, T6E 5X1

(780) 465-2939 SIC 1389
CORPORATION OF THE CITY OF FREDERICTON p400
520 York St, FREDERICTON, NB, E3B 3R2
(506) 460-2510 SIC 1389
CORRPRO CANADA, INC p23
807 Manning Rd Ne Suite 200, CALGARY, AB, T2E 7M8
(403) 235-6400 SIC 1389
CORRPRO CANADA, INC p1268
318 Superior Ave, ESTEVAN, SK, S4A 2A4
SIC 1389
COUSINS, GREG CONSTRUCTION LTD p1266
805 Preston Ave, CARNDUFF, SK, S0C 0S0
(306) 482-5107 SIC 1389
CWC ENERGY SERVICES CORP p141
3606 50 Ave, LLOYDMINSTER, AB, T9V 0V7
(780) 875-4259 SIC 1389
DALMAC OILFIELD SERVICES INC p104
4934 89 St Nw, EDMONTON, AB, T6E 5K1
(780) 988-8510 SIC 1389
DATALOG TECHNOLOGY INC p17
10707 50 St Se, CALGARY, AB, T2C 3E5
(403) 243-2024 SIC 1389
DERANWAY ENTERPRISES LTD p8
Gd Stn Main, BROOKS, AB, T1R 1E4
(403) 362-5120 SIC 1389
DEVON CANADA CORPORATION p130
4340 Pleasantview Dr, HIGH PRAIRIE, AB, T0G 1E0
SIC 1389
DEVON CANADA CORPORATION p132
20 Gas Plant Suite 8, HYTHE, AB, T0H 2C0
SIC 1389
DIRECT ENERGY MARKETING LIMITED p69
262130 Range Rd 54, COCHRANE, AB, T4C 1A6
(403) 932-2241 SIC 1389
DRECO ENERGY SERVICES ULC p100
7657 50 St Nw Suite 201, EDMONTON, AB, T6B 2W9
(780) 944-3850 SIC 1389
E-CAN OILFIELD SERVICES LP p117
5113 46 St, ELK POINT, AB, T0A 1A0
(780) 724-4018 SIC 1389
E-CAN OILFIELD SERVICES LP p173
Gd, WABASCA, AB, T0G 2K0
(780) 891-3771 SIC 1389
ENERGETIC SERVICES INC p126
13701 99 St, GRANDE PRAIRIE, AB, T8V 7N9
(780) 532-9195 SIC 1389
ENERSUL LIMITED PARTNERSHIP p150
Gd, PINCHER CREEK, AB, T0K 1W0
(403) 627-2675 SIC 1389
ESSENTIAL COIL AND STIMULATION SERVICES LTD p155
7755 Edgar Industrial Dr, RED DEER, AB, T4P 3R2
(403) 347-6717 SIC 1389
ESSENTIAL ENERGY SERVICES LTD p147
1203 - 4 St, NISKU, AB, T9E 7L3
(780) 955-5961 SIC 1389
ESSENTIAL ENERGY SERVICES LTD p155
77 Queensgate Cres, RED DEER, AB, T4P 0R2
(403) 314-3090 SIC 1389
EVEREADY HOLDINGS GP LTD p96
15817 121a Ave Nw, EDMONTON, AB, T5V 1B1
(780) 451-6075 SIC 1389
F I OILFIELD SERVICES CANADA ULC p114
2880 64 Ave Nw, EDMONTON, AB, T6P 1W6
(780) 463-3333 SIC 1389
F I OILFIELD SERVICES CANADA ULC p126
8909 154 Ave, GRANDE PRAIRIE, AB, T8V 2B7
(780) 539-9313 SIC 1389
F I OILFIELD SERVICES CANADA ULC p430
63 Bremigen's Blvd, PARADISE, NL, A1L 4A2
(709) 745-3330 SIC 1389
FIREMASTER OILFIELD SERVICES INC p44
441 5 Ave Sw Suite 570, CALGARY, AB, T2P 2V1
(403) 266-1811 SIC 1389
FIREMASTER OILFIELD SERVICES INC p126
12138 101 Ave, GRANDE PRAIRIE, AB, T8V 8A9
(780) 539-4400 SIC 1389
FLINT ENERGY SERVICES LTD. p7
6015 50 Ave, BONNYVILLE, AB, T9N 2L3
(780) 826-1988 SIC 1389
FLINT ENERGY SERVICES LTD. p118
10211 98 St, FAIRVIEW, AB, T0H 1L0
SIC 1389
FLINT ENERGY SERVICES LTD. p120
150 Macdonald Cres, FORT MCMURRAY, AB, T9H 4B2
(780) 588-2425 SIC 1389
FMC TECHNOLOGIES CANADA LTD p6
253 Township Rd 394 Suite 27312, BLACKFALDS, AB, T0M 0J0
(780) 926-2108 SIC 1389
FMC TECHNOLOGIES CANADA LTD p51
333 11 Ave Sw Suite 1000, CALGARY, AB, T2R 1L9
(403) 262-4000 SIC 1389
FMC TECHNOLOGIES CANADA LTD p128
15402 91 St, GRANDE PRAIRIE, AB, T8X 0B2
(780) 513-2811 SIC 1389
FMC TECHNOLOGIES CANADA LTD p174
3720 33 St, WHITECOURT, AB, T7S 0A2
(780) 778-8445 SIC 1389
FRACTION ENERGY SERVICES LTD p44
2900 255 5th Ave Sw, CALGARY, AB, T2P 3G6
(403) 385-4300 SIC 1389
FSJ L.A.N.D. TRANSPORT LP p214
8140 Alaska Rd, FORT ST. JOHN, BC, V1J 4H8
(250) 785-8935 SIC 1389
GLOBAL FLOW INC p17
5796 40 St Se, CALGARY, AB, T2C 2A1
(403) 528-4627 SIC 1389
GLOBAL FLOW INC p24
2315 30 Ave Ne Suite 2, CALGARY, AB, T2E 7C7
(403) 219-0488 SIC 1389
GRANT PRODUCTION TESTING SERVICES LTD p8
Aquaduct Po Box 440 Stn Main, BROOKS, AB, T1R 1B4
SIC 1389
HARMATTAN GAS PROCESSING LIMITED PARTNERSHIP p71
Gd, DIDSBURY, AB, T0M 0W0
(403) 335-3321 SIC 1389
HECK TRANSWORLD INC p6
Gd, BLACKFALDS, AB, T0M 0J0
(780) 885-2402 SIC 1389
HUNTING ENERGY SERVICES (CANADA) LTD p24
5550 Skyline Way Ne, CALGARY, AB, T2E 7Z7
(403) 543-4477 SIC 1389
HURRICANE INDUSTRIES LTD p1273
Gd Lcd Main, LLOYDMINSTER, SK, S9V 0X5
SIC 1389
INDEPENDENT ELECTRIC AND CONTROLS LTD p4
3404 53 St, ATHABASCA, AB, T9S 1B2
(780) 675-9456 SIC 1389
INDEPENDENT WELL SERVICING LTD p1268
477 Devonian St, ESTEVAN, SK, S4A 2A5
(306) 634-2336 SIC 1389
KEYERA CORP p46
144 4 Ave Sw Suite 600, CALGARY, AB, T2P 3N4
(403) 205-8300 SIC 1389
KEYERA CORP p116
1250 Hayter Rd Nw, EDMONTON, AB, T6S 1A2
(780) 414-7417 SIC 1389
KEYERA PARTNERSHIP p72
5211 Industrial Rd, DRAYTON VALLEY, AB, T7A 1R1
(780) 542-3770 SIC 1389
KING, TREVOR OILFIELD SERVICES LTD p173
Po Box 3353 Stn Main, WAINWRIGHT, AB, T9W 1T3
SIC 1389
KODIAK ENERGY SERVICES INC p1271
1115 11th Ave W, KINDERSLEY, SK, S0L 1S0
(306) 463-6233 SIC 1389
LANDING TRAIL PETROLEUM CO p120
253 Gregoire Dr Unit 311, FORT MCMURRAY, AB, T9H 4G7
(780) 799-2772 SIC 1389
LAPRAIRIE WORKS OILFIELDS SERVICES INC p46
505 2 St Sw Suite 702, CALGARY, AB, T2P 1N8
(403) 767-9942 SIC 1389
LEYEN OIL WELL SERVICING LTD p141
6302 53 Ave, LLOYDMINSTER, AB, T9V 2E2
(403) 265-6361 SIC 1389
LINCOLN COUNTY OILFIELD SERVICES LTD p72
5741 50a St, DRAYTON VALLEY, AB, T7A 1S8
(780) 542-6485 SIC 1389
M-I DRILLING FLUIDS CANADA, INC p46
700 2 St Sw Suite 500, CALGARY, AB, T2P 2W1
(403) 290-5300 SIC 1389
MAJESTIC OILFIELD SERVICES INC p127
9201 148 Ave, GRANDE PRAIRIE, AB, T8V 7W1
(780) 513-2655 SIC 1389
MAVERICK LAND CONSULTANTS LTD p32
6940 Fisher Rd Se Suite 310, CALGARY, AB, T2H 0W3
(403) 243-7833 SIC 1389
NABORS DRILLING CANADA LIMITED p8
Gd Stn Main, BROOKS, AB, T1R 1E4
(403) 362-6600 SIC 1389
NABORS DRILLING CANADA LIMITED p127
Hwy 40 W, GRANDE PRAIRIE, AB, T8V 3A1
SIC 1389
NABORS DRILLING CANADA LIMITED p155
8112 Edgar Industrial Dr, RED DEER, AB, T4P 3R2
(403) 346-0441 SIC 1389
NABORS DRILLING CANADA LIMITED p170
33 Schenk Ind. Rd Suite 2008, SYLVAN LAKE, AB, T4S 2J9
(403) 887-0744 SIC 1389
NATIONAL-OILWELL CANADA LTD p1268
93 Panteluk St, ESTEVAN, SK, S4A 2A6
(306) 634-8828 SIC 1389
NCS MULTISTAGE INC p47
840 7 Ave Sw Suite 800, CALGARY, AB, T2P 3G2
(403) 720-3236 SIC 1389
NCS MULTISTAGE INC p57
11929 40 St Se Suite 222, CALGARY, AB, T2Z 4M8
(403) 862-3722 SIC 1389
NDT SYSTEMS & SERVICES (CANADA) INC p147
604 19 Ave, NISKU, AB, T9E 7W1
(780) 955-8611 SIC 1389
NELSON BROS. OILFIELD SERVICES 1997 LTD p72
5399 Jubilee Ave, DRAYTON VALLEY, AB, T7A 1R9
(780) 542-5777 SIC 1389
NINE ENERGY CANADA INC p8
349 Wells St, BROOKS, AB, T1R 1B9
SIC 1389
NINE ENERGY CANADA INC p47
840 7 Ave Sw Suite 1840, CALGARY, AB, T2P 3G2
(403) 515-8410 SIC 1389
NINE ENERGY CANADA INC p141
Site 2 Reinhart Industrial Park, LLOYDMINSTER, AB, T9V 3B4
SIC 1389
NINE ENERGY CANADA INC p141
Gd Rpo 10, LLOYDMINSTER, AB, T9V 2H2
SIC 1389
NINE ENERGY CANADA INC p158
37337 Burnt Lake Trail Unit 30, RED DEER COUNTY, AB, T4S 2K5
(403) 340-4218 SIC 1389
NINE ENERGY CANADA INC p215
9404 73 Ave, FORT ST. JOHN, BC, V1J 4H7
(250) 785-4210 SIC 1389
NOV ENERFLOW ULC p19
4910 80 Ave Se, CALGARY, AB, T2C 2X3
(403) 569-2222 SIC 1389
NOV ENERFLOW ULC p47
715 5 Ave Sw Suite 1700, CALGARY, AB, T2P 2X6
(403) 216-5000 SIC 1389
NOV ENERFLOW ULC p141
Gd, LLOYDMINSTER, AB, T9V 3E5
(780) 875-5566 SIC 1389
NOV ENERFLOW ULC p147
2201 9 St, NISKU, AB, T9E 7Z7
(780) 955-7675 SIC 1389
NOV ENERFLOW ULC p147
2203 9 St Suite 2201, NISKU, AB, T9E 7Z7
(780) 955-2901 SIC 1389
NOV ENERFLOW ULC p158
4040 Industry Ave, RED DEER COUNTY, AB, T4S 2B3
(403) 343-8100 SIC 1389
PACKERS PLUS ENERGY SERVICES INC p1268
93 Escana St, ESTEVAN, SK, S4A 2A3
SIC 1389
PAVLIS TRUCKING LTD p206
Gd Stn Main, DAWSON CREEK, BC, V1G 4E6
(250) 782-9819 SIC 1389
PE BEN OILFIELD SERVICES LP p114
4510 17 St Nw, EDMONTON, AB, T6P 1X5
(780) 440-4425 SIC 1389
PE BEN OILFIELD SERVICES LP p127
Rr 3 Lcd Main, GRANDE PRAIRIE, AB, T8V 5N3
(780) 539-3642 SIC 1389
PENN WEST PETROLEUM LTD p9
Gd, BUCK LAKE, AB, T0C 0T0
(780) 388-3740 SIC 1389
PENTAGON OPTIMIZATION SERVICES INC p155
7700 76 St Close Unit 220, RED DEER, AB, T4P 4G6
(403) 347-6277 SIC 1389
PETROWEST CONSTRUCTION LP p68
10226 84 Ave Ss 55 Suite 55, CLAIRMONT, AB, T0H 0W0
(780) 830-3051 SIC 1389
PREMIUM TESTING & SERVICES LTD p165
Gd, SPRUCE GROVE, AB, T7X 2T5
SIC 1389
PRO-PIPE MANUFACTURING LTD p129
15201 91 St, GRANDE PRAIRIE, AB, T8X 0B3
(780) 830-0955 SIC 1389
PRONGHORN CONTROLS LTD p19
4919 72 Ave Se Unit 101, CALGARY, AB, T2C 3H3
(403) 720-2526 SIC 1389
PRONGHORN CONTROLS LTD p72
601 9 St Sw, DRUMHELLER, AB, T0J 0Y0
(403) 823-8426 SIC 1389
QUALITAS OILFIELD SERVICES LTD p48
250 2 St Sw Suite 1400, CALGARY, AB, T2P 0C1
(403) 543-4466 SIC 1389
QUINN CONTRACTING LTD p159

▲ Public Company ■ Public Company Family Member **HQ** Headquarters **BR** Branch **SL** Single Location

4315 49th Ave, ROCKY MOUNTAIN HOUSE, AB, T4T 1A9
(403) 845-1003 SIC 1389
RED FLAME INDUSTRIES INC p155
6736 71 St, RED DEER, AB, T4P 3Y7
(403) 343-2012 SIC 1389
ROBWEL MANUFACTURING INC p70
135 Poplar Dr, CONKLIN, AB, T0P 1H1
(780) 559-2966 SIC 1389
ROCKWELL SERVICING INC p3
440 Hwy 28, ARDMORE, AB, T0A 0B0
(780) 826-6464 SIC 1389
ROCKWELL SERVICING INC p8
289 Aquaduct Dr E, BROOKS, AB, T1R 1B6
(403) 362-3346 SIC 1389
ROCKWELL SERVICING INC p127
14011 97 St, GRANDE PRAIRIE, AB, T8V 7B6
(780) 539-6736 SIC 1389
ROCKWELL SERVICING INC p148
2105 8 St, NISKU, AB, T9E 7Z1
(780) 955-7066 SIC 1389
ROCKWELL SERVICING INC p158
39139 Highway 2a Suite 4212, RED DEER COUNTY, AB, T4S 2A3
(403) 346-6175 SIC 1389
ROCKWELL SERVICING INC p1268
52 Hwy 39 E, ESTEVAN, SK, S4A 2A5
SIC 1389
RTQ INC p1005
31 Rue De Montgolfier, BOUCHERVILLE, QC, J4B 8C4
(450) 449-6440 SIC 1389
SAFETY BOSS INC p156
8118 49 Ave Close, RED DEER, AB, T4P 2V5
(780) 831-2910 SIC 1389
SAM'S GENERAL TRUCKING LTD p1307
1433 North Railway St W, SWIFT CURRENT, SK, S9H 4K5
SIC 1389
SEMCAMS ULC p49
520 3 Ave Sw Suite 700, CALGARY, AB, T2P 0R3
(403) 536-3000 SIC 1389
SEMCAMS ULC p124
Gd, FOX CREEK, AB, T0H 1P0
(780) 622-6200 SIC 1389
SEMCAMS ULC p175
Gd Stn Main, WHITECOURT, AB, T7S 1S1
(780) 778-7800 SIC 1389
SHAW PIPELINE SERVICES LTD p19
8010 40 St Se, CALGARY, AB, T2C 2Y3
(403) 263-2255 SIC 1389
SHAWCOR LTD p6
Henry St, BLACKFALDS, AB, T0M 0J0
(403) 346-2233 SIC 1389
SHAWCOR LTD p115
1201 76 Ave Nw, EDMONTON, AB, T6P 1P2
(780) 490-1321 SIC 1389
SHAWCOR LTD p115
950 78 Ave Nw, EDMONTON, AB, T6P 1L7
(780) 440-1444 SIC 1389
SHAWCOR LTD p148
950 30 Ave, NISKU, AB, T9E 0S2
(780) 955-3380 SIC 1389
SHAWCOR LTD p1268
341 Imperial Ave, ESTEVAN, SK, S4A 2H8
(306) 634-5959 SIC 1389
SHELL CANADA LIMITED p67
Po Box 500, CAROLINE, AB, T0M 0M0
(403) 722-7000 SIC 1389
SILVERTIP PRODUCTION SERVICES LTD p128
11309 98 Ave, GRANDE PRAIRIE, AB, T8V 5A5
(780) 882-7707 SIC 1389
SPECTRA ENERGY MIDSTREAM CORPORATION p164
Gd, SPIRIT RIVER, AB, T0H 3G0
(780) 864-3125 SIC 1389
SPM FLOW CONTROL LTD p156
8060 Edgar Industrial Cres Unit A, RED DEER, AB, T4P 3R3

(403) 341-3410 SIC 1389
STINGER WELLHEAD PROTECTION (CANADA) INCORPORATED p117
174 27 St, EDSON, AB, T7E 1N9
SIC 1389
SUNCOR ENERGY INC p435
235 Water St Suite 201, ST. JOHN'S, NL, A1C 1B6
(709) 778-3500 SIC 1389
SUNCOR ENERGY INC p703
2489 North Sheridan Way, MISSISSAUGA, ON, L5K 1A8
(905) 804-4500 SIC 1389
TARPON ENERGY SERVICES LTD p7
5001 55 Ave, BONNYVILLE, AB, T9N 0A7
(780) 594-1204 SIC 1389
TARPON ENERGY SERVICES LTD p72
4808 56 Ave Suite 6301, DRAYTON VALLEY, AB, T7A 0A7
(780) 514-7659 SIC 1389
TARPON ENERGY SERVICES LTD p128
11418 91 Ave, GRANDE PRAIRIE, AB, T8V 6K6
(780) 539-9696 SIC 1389
TARPON ENERGY SERVICES LTD p148
1409 6 St, NISKU, AB, T9E 7M7
(780) 955-2787 SIC 1389
TARPON ENERGY SERVICES LTD p150
8013 102 Ave, PEACE RIVER, AB, T8S 1M6
(780) 624-0900 SIC 1389
TARPON ENERGY SERVICES LTD p170
6410 53 St, TABER, AB, T1G 2A2
(403) 223-4415 SIC 1389
TARPON ENERGY SERVICES LTD p175
Bay 1, WHITECOURT, AB, T7S 0A2
(780) 778-3249 SIC 1389
TARPON ENERGY SERVICES LTD p215
10459 Struce St, FORT ST. JOHN, BC, V1J 4M7
(250) 785-9072 SIC 1389
TARPON ENERGY SERVICES LTD p1307
2071 Sidney St W, SWIFT CURRENT, SK, S9H 5K3
(306) 773-8237 SIC 1389
TARTAN INDUSTRIAL CONTRACTORS LTD p158
5007 48 Ave, REDWATER, AB, T0A 2W0
(780) 942-3802 SIC 1389
TECHMATION ELECTRIC & CONTROLS LTD p215
8708 107 St, FORT ST. JOHN, BC, V1J 5R6
(250) 261-6532 SIC 1389
TELFORD SERVICES GROUP, INC p215
8819 101 St, FORT ST. JOHN, BC, V1J 5K4
SIC 1389
TERRAVEST INDUSTRIES LIMITED PARTNERSHIP p172
5234 52 Ave, VEGREVILLE, AB, T9C 1A3
(780) 632-7668 SIC 1389
TERVITA CORPORATION p1
53016 Hwy 60 Suite 11, ACHESON, AB, T7X 5A7
(780) 962-4334 SIC 1389
TERVITA CORPORATION p6
27123 Hwy 597 Suite 13, BLACKFALDS, AB, T0M 0J0
(403) 885-0075 SIC 1389
TERVITA CORPORATION p118
140-10 Ave S E Unit 500, ELK POINT, AB, T0A 1A0
(780) 724-3002 SIC 1389
TERVITA CORPORATION p267
13511 Vulcan Way Unit 160, RICHMOND, BC, V6V 1K4
(604) 214-7000 SIC 1389
TOROMONT INDUSTRIES LTD p158
39139 Highway 2a Unit 5304, RED DEER COUNTY, AB, T4S 2B3
SIC 1389
TRACER CANADA COMPANY p93
11004 174 St Nw, EDMONTON, AB, T5S 2P3
SIC 1389
TRANS PEACE CONSTRUCTION (1987)

LTD p215
7315 93 Ave, FORT ST. JOHN, BC, V1J 1C8
(250) 785-6926 SIC 1389
TRICAN WELL SERVICE LTD p8
390 Aquaduct Dr, BROOKS, AB, T1R 1B9
(403) 362-5050 SIC 1389
TRICAN WELL SERVICE LTD p57
418 11979 40 St Se, CALGARY, AB, T2Z 4M3
(403) 723-3688 SIC 1389
TRICAN WELL SERVICE LTD p68
9701 99 St Ss 55, CLAIRMONT, AB, T0H 0W0
(780) 567-5200 SIC 1389
TRICAN WELL SERVICE LTD p72
7497 5 Hwy W Ste 22, DRAYTON VALLEY, AB, T7A 1S8
(780) 542-5331 SIC 1389
TRICAN WELL SERVICE LTD p142
6013 52 Ave, LLOYDMINSTER, AB, T9V 2S7
(780) 875-7327 SIC 1389
TRICAN WELL SERVICE LTD p148
2305 5a St, NISKU, AB, T9E 8G6
(780) 955-5675 SIC 1389
TRICAN WELL SERVICE LTD p151
25 Wheatland Cres, PROVOST, AB, T0B 3S0
SIC 1389
TRICAN WELL SERVICE LTD p215
11003 91 Ave, FORT ST. JOHN, BC, V1J 6G7
(250) 787-8881 SIC 1389
TRICAN WELL SERVICE LTD p346
59 Limestone Rd, BRANDON, MB, R7A 7L5
SIC 1389
TRICAN WELL SERVICE LTD p1269
Hwy 39 E, ESTEVAN, SK, S4A 2A7
(306) 637-2060 SIC 1389
TRINIDAD DRILLING LTD p68
9021 99 St Ss 55, CLAIRMONT, AB, T0H 0W0
SIC 1389
TRYTON TOOL SERVICES LTD p175
3421 41 Ave, WHITECOURT, AB, T7S 0A9
(780) 706-2555 SIC 1389
TUCKER WIRELINE SERVICES CANADA INC p50
444 5 Ave Sw Suite 900, CALGARY, AB, T2P 2T8
(403) 264-7040 SIC 1389
TY-CROP MANUFACTURING LTD p20
7211 110 Ave Se, CALGARY, AB, T2C 3B8
(403) 724-9230 SIC 1389
VARCO CANADA ULC p50
715 5 Ave Sw Unit 1700, CALGARY, AB, T2P 2X6
(403) 264-9646 SIC 1389
WEATHERFORD ARTIFICIAL LIFT SYSTEMS CANADA LTD p142
4206 59 Ave, LLOYDMINSTER, AB, T9V 2V4
(780) 875-2730 SIC 1389
WEATHERFORD SURFACE LOGGING SYSTEMS (CANADA) LTD p430
8 St. Anne's Cres, PARADISE, NL, A1L 1K1
(709) 782-8683 SIC 1389
WELL-TECH ENERGY SERVICES INC p171
6006 58 St, TABER, AB, T1G 2B8
(403) 223-4244 SIC 1389
X-CALIBUR PIPELINE AND UTILITY LOCATION INC p159
4407 45a Ave, ROCKY MOUNTAIN HOUSE, AB, T4T 1T1
(403) 844-8662 SIC 1389

SIC 1411 Dimension stone

A. LACROIX & FILS GRANIT LTEE p1221
450 Rue Principale, Saint-Sebastien-de-Frontenac, QC, G0Y 1M0
(819) 652-2828 SIC 1411
ASHCROFT & ASSOCIATES NATURAL

STONE LTD p592
381297 Concession 17, Georgian Bluffs, ON, N0H 2T0
(519) 534-5966 SIC 1411
COLD SPRING GRANITE (CANADA) LTD p350
50 Bruchanski Rd, LAC DU BONNET, MB, R0E 1A0
(204) 345-2765 SIC 1411
GILLIS QUARRIES LIMITED p343
203 Gillis St, BEAUSEJOUR, MB, R0E 0C0
(204) 268-2934 SIC 1411
TOMLINSON, R. W. LIMITED p532
9630 17 Hwy, BRUCE MINES, ON, P0R 1C0
(705) 785-3833 SIC 1411
TOMLINSON, R. W. LIMITED p786
5597 Power Rd, OTTAWA, ON, K1G 3N4
(613) 822-1867 SIC 1411
WALKER INDUSTRIES HOLDINGS LIMITED p736
2800 Thorold Town Line, NIAGARA FALLS, ON, L2E 6S4
(905) 227-4142 SIC 1411

SIC 1422 Crushed and broken limestone

CARRIERE BERNIER LTEE p1197
25 Ch Du Petit-Bernier, SAINT-JEAN-SUR-RICHELIEU, QC, J2Y 1B8
(514) 875-2841 SIC 1422
CONSTRUCTION DJL INC p1182
580 Rang Des Vingt-Cinq E, SAINT-BRUNO, QC, J3V 0G6
(450) 653-2423 SIC 1422
CRH CANADA GROUP INC p529
2671 Simcoe St, BRECHIN, ON, L0K 1B0
(705) 484-0073 SIC 1422
DAVEY TREE EXPERT CO. OF CANADA, LIMITED p667
330 Rodinea Rd Suite 2, MAPLE, ON, L6A 4P5
(905) 303-7269 SIC 1422
GRAYMONT (NB) INC p403
4634 Route 880, HAVELOCK, NB, E4Z 5K8
(506) 534-2311 SIC 1422
GRAYMONT (QC) INC p1003
25 Rue De Lauzon Bureau 206, BOUCHERVILLE, QC, J4B 1E7
(450) 449-2262 SIC 1422
GRAYMONT (QC) INC p1045
1300 Rue Notre-Dame, JOLIETTE, QC, J6E 3Z9
(450) 759-8195 SIC 1422
LAFARGE CANADA INC p679
95 Mississagi Lighthouse Rd, MELDRUM BAY, ON, P0P 1R0
(705) 283-3011 SIC 1422
NIAGARA WASTE SYSTEMS LIMITED p736
2800 Thorold Town Line, NIAGARA FALLS, ON, L2E 6S4
(905) 227-4142 SIC 1422
OWEN SOUND LEDGEROCK LIMITED p851
3476 Bruce Road 13 Rr 3, South Bruce Peninsula, ON, N0H 2T0
(519) 534-0444 SIC 1422
PETROWEST CIVIL SERVICES LP p173
Gd, WEMBLEY, AB, T0H 3S0
(780) 942-2434 SIC 1422
PETROWEST CIVIL SERVICES LP p215
8223 93 St, FORT ST. JOHN, BC, V1J 6X1
(250) 787-0969 SIC 1422
TEXADA QUARRYING LTD p292
2 Airport Rd, VAN ANDA, BC, V0N 3K0
(604) 486-7627 SIC 1422

SIC 1423 Crushed and broken granite

TOMLINSON, R. W. LIMITED p730
970 Moodie Dr, NEPEAN, ON, K2R 1H3
(613) 820-2332 SIC 1423

SIC 1429 Crushed and broken stone, nec

BAU-VAL INC p1191
435 Ch De La Carriere, SAINT-HIPPOLYTE, QC, J8A 1E9
(450) 436-8767 SIC 1429

BAU-VAL INC p1231
355 Boul Monseigneur-Langlois, SALABERRY-DE-VALLEYFIELD, QC, J6S 0G5
(450) 377-4544 SIC 1429

COMPAGNIE MELOCHE INC, LA p1021
105 338 Rte, COTEAU-DU-LAC, QC, J0P 1B0
(450) 267-3333 SIC 1429

SIMARD-BEAUDRY CONSTRUCTION INC p1128
4297 Rang Saint-Elzear E, Montreal, QC, H7E 4P2
SIC 1429

UNIMIN CANADA LTD p680
420 Bayshore Dr, MIDLAND, ON, L4R 4K8
SIC 1429

UNIMIN CANADA LTD p1079
11974 Rte Sir-Wilfrid-Laurier, MIRABEL, QC, J7N 1P5
(450) 438-1238 SIC 1429

SIC 1442 Construction sand and gravel

ASPHALTE DESJARDINS INC p1078
17250 Cote Saint-Antoine, MIRABEL, QC, J7J 2G9
(450) 432-4317 SIC 1442

CAPITAL PAVING INC p546
6678 Wellington Road 34, CAMBRIDGE, ON, N3C 2V4
(519) 220-1753 SIC 1442

CONSBEC INC p405
10 Dove Lane, MONCTON, NB, E1A 7E1
(506) 857-9466 SIC 1442

CRH CANADA GROUP INC p546
7108 Concession 2, CAMBRIDGE, ON, N3C 2V4
(519) 763-7337 SIC 1442

LAFARGE CANADA INC p35
10511 15 St Se, CALGARY, AB, T2J 7H7
(403) 292-1555 SIC 1442

LAFARGE CANADA INC p137
530 9 Ave N, LETHBRIDGE, AB, T1H 1E4
(403) 332-6200 SIC 1442

LAFARGE CANADA INC p213
Gd, EGMONT, BC, V0N 1N0
(604) 883-2615 SIC 1442

ORCA SAND & GRAVEL LTD p257
6505 Island Hwy, PORT MCNEILL, BC, V0N 2R0
(604) 628-3353 SIC 1442

SIMARD-BEAUDRY CONSTRUCTION INC p1187
699 Boul Industriel, SAINT-EUSTACHE, QC, J7R 6C3
SIC 1442

YOUNG, ROBERT E CONSTRUCTION LTD p811
1488 Chemong Rd, PETERBOROUGH, ON, K9J 6X2
(705) 745-1488 SIC 1442

SIC 1446 Industrial sand

VILLE DE MONTREAL p1138
18025 Boul Gouin O, PIERREFONDS, QC, H9K 1A1
(514) 624-1079 SIC 1446

SIC 1455 Kaolin and ball clay

ENTREPRISES ROLLAND INC, LES p1068
3805 Av Saint-Augustin, Levis, QC, G6Z 8J4
(418) 832-6115 SIC 1455

SIC 1474 Potash, soda, and borate minerals

AGRIUM INC p1307
16 Agrium Rd, VANSCOY, SK, S0L 3J0
(306) 668-4343 SIC 1474

K+S POTASH CANADA GENERAL PARTNERSHIP p1264
Sw 35-19-25-W2, BETHUNE, SK, S0G 0H0
(306) 638-2800 SIC 1474

PCS SALES (CANADA) INC p1264
Gd, ALLAN, SK, S0K 0C0
(306) 257-3312 SIC 1474

PCS SALES (CANADA) INC p1297
122 1st Ave S Suite 500, SASKATOON, SK, S7K 7G3
(306) 933-8500 SIC 1474

POTASH CORPORATION OF SASKATCHEWAN INC p421
Ggd, SUSSEX, NB, E4E 5L2
(506) 432-8400 SIC 1474

POTASH CORPORATION OF SASKATCHEWAN INC p1264
Gd, ALLAN, SK, S0K 0C0
(306) 257-3312 SIC 1474

POTASH CORPORATION OF SASKATCHEWAN INC p1272
Gd, LANIGAN, SK, S0K 2M0
(306) 365-2030 SIC 1474

POTASH CORPORATION OF SASKATCHEWAN INC p1291
Gd, ROCANVILLE, SK, S0A 3L0
(306) 645-2870 SIC 1474

POTASH CORPORATION OF SASKATCHEWAN INC p1297
7 Miles West On Hwy 7, SASKATOON, SK, S7K 3N9
(306) 382-0525 SIC 1474

POTASH CORPORATION OF SASKATCHEWAN INC p1297
1st Ave S, SASKATOON, SK, S7K 3L6
(306) 667-4278 SIC 1474

SIC 1475 Phosphate rock

MBAC FERTILIZER CORP p912
1 Dundas St W Suite 2500, TORONTO, ON, M5G 1Z3
(416) 367-2200 SIC 1475

SIC 1479 Chemical and fertilizer mining

COMPASS MINERALS CANADA CORP p707
6700 Century Ave Suite 202, Mississauga, ON, L5N 6A4
(905) 567-0231 SIC 1479

COMPASS MINERALS CANADA CORP p1307
Hwy 14th E, UNITY, SK, S0K 4L0
(306) 228-2641 SIC 1479

K+S SEL WINDSOR LTEE p117
Gd, ELK POINT, AB, T0A 1A0
(780) 724-4180 SIC 1479

K+S SEL WINDSOR LTEE p472
106 Sheas Island Rd, PUGWASH, NS, B0K 1L0
(902) 243-2511 SIC 1479

K+S SEL WINDSOR LTEE p971
200 Morton Dr, WINDSOR, ON, N9J 3W9
(519) 972-2201 SIC 1479

K+S SEL WINDSOR LTEE p1044
50 Ch Principal, GROSSE-ILE, QC, G4T 6A6
(418) 985-2931 SIC 1479

K+S SEL WINDSOR LTEE p1142
755 Boul Saint-Jean Bureau 700, POINTE-CLAIRE, QC, H9R 5M9
(514) 630-0900 SIC 1479

SIC 1481 NonMetallic mineral services

AGNICO EAGLE MINES LIMITED p1253
1953 3rd Av O, VAL-D'OR, QC, J9P 4N9
(819) 874-7822 SIC 1481

BLACKFIRE EXPLORATION LTD p41
825 8 Ave Sw Suite 4150, CALGARY, AB, T2P 2T4
(403) 289-7995 SIC 1481

BODNAR DRILLING LTD p357
23 Delaurier Dr, STE ROSE DU LAC, MB, R0L 1S0
(204) 447-2755 SIC 1481

CANADIAN MALARTIC GP p569
72 Upper Canada Drive, DOBIE, ON, P0K 1B0
(705) 567-4377 SIC 1481

COMPASS MINERALS CANADA CORP p595
Gd, GODERICH, ON, N7A 3Y4
(519) 524-8351 SIC 1481

CRH CANADA GROUP INC p681
9410 Dublin Line, MILTON, ON, L9T 2X7
(905) 878-6051 SIC 1481

DIAMANTS STORNOWAY (CANADA) INC, LES p249
980 1st St W Suite 116, NORTH VANCOUVER, BC, V7P 3N4
(604) 983-7750 SIC 1481

GOVERNMENT OF ONTARIO p870
199 Larch St Suite 803, SUDBURY, ON, P3E 5P9
(705) 564-0060 SIC 1481

GRAYMONT (PORTNEUF) INC p1217
595 Boul Bona-Dussault, Saint-Marc-des-Carrieres, QC, G0A 4B0
(418) 268-3501 SIC 1481

IOS SERVICES GEOSCIENTIFIQUES INC p1015
1319 Boul Saint-Paul, CHICOUTIMI, QC, G7J 3Y2
(418) 698-4498 SIC 1481

LAFARGE CANADA INC p253
16101 Rannie Rd, PITT MEADOWS, BC, V3Y 1Z1
(604) 465-4114 SIC 1481

MAJOR DRILLING GROUP INTERNATIONAL INC p384
180 Cree Cres, WINNIPEG, MB, R3J 3W1
(204) 885-7532 SIC 1481

MAJOR DRILLING GROUP INTERNATIONAL INC p407
111 St George St Suite 100, MONCTON, NB, E1C 1T7
(506) 857-8636 SIC 1481

MAJOR DRILLING GROUP INTERNATIONAL INC p868
598 Falconbridge Rd Unit 1, SUDBURY, ON, P3A 5K6
(705) 560-5995 SIC 1481

MINERAUX MART INC p1202
201 Rue Montcalm Bureau 213, SAINT-JOSEPH-DE-SOREL, QC, J3R 1B9
(450) 746-1126 SIC 1481

MINERAUX MART INC p1231
206 Rang Nord, SAINTE-VICTOIRE-DE-SOREL, QC, J0G 1T0
(450) 743-9200 SIC 1481

NYRSTAR MYRA FALLS LTD. p195
1 Boliden Mine St, CAMPBELL RIVER, BC, V9W 5E2
(250) 287-9271 SIC 1481

OMYA CANADA INC p1107
2020 Boul Robert-Bourassa Unite 1720, Montreal, QC, H3A 2A5
SIC 1481

QMX GOLD CORPORATION p1254
1876 3e Av, VAL-D'OR, QC, J9P 7A9
SIC 1481

RHYOLITE RESOURCES LTD p324
595 Burrard St Suite 1703, VANCOUVER, BC, V7X 1J1
(604) 689-1428 SIC 1481

SIC 1499 Miscellaneous nonMetallic minerals, except fuels

A S B GREENWORLD LTD p724
332911 Plank Line, MOUNT ELGIN, ON, N0J 1N0
(519) 688-3413 SIC 1499

ANNAPOLIS VALLEY PEAT MOSS COMPANY LIMITED p983
747 Canadian Rd Rr 2, COLEMAN, PE, C0B 1H0
(902) 831-2669 SIC 1499

ASPHALTE TRUDEAU LTEE p1227
3600 Ch Des Bedard, SAINTE-JUSTINE-DE-NEWTON, QC, J0P 1T0
(450) 764-3617 SIC 1499

CONTINENTAL BUILDING PRODUCTS CANADA INC p1010
8802 Boul Industriel, CHAMBLY, QC, J3L 4X3
(450) 447-3206 SIC 1499

DE BEERS CANADA INC p884
119 Pine St S Suite 310, TIMMINS, ON, P4N 2K3
(705) 268-0988 SIC 1499

DIAVIK DIAMOND MINES (2012) INC p439
5201 50 Ave Suite 300, YELLOWKNIFE, NT, X1A 3S9
(867) 669-6500 SIC 1499

DOMINION DIAMOND EKATI CORPORATION p439
4920 52 St Suite 1102, YELLOWKNIFE, NT, X1A 3T1
(867) 669-9292 SIC 1499

GESTION CLAUDIN BERGER LTEE p1218
121 Rang 1, SAINT-MODESTE, QC, G0L 3W0
(418) 862-4462 SIC 1499

HEVECO LTD p421
4534 Route 11, TABUSINTAC, NB, E9H 1J4
(506) 779-9277 SIC 1499

LANTECH DRILLING SERVICES INC p397
398 Dover Ch, DIEPPE, NB, E1A 7L6
(506) 853-9131 SIC 1499

LAYNE CHRISTENSEN CANADA LIMITED p549
9 Regional Rd 84 Unit 84, CAPREOL, ON, P0M 1H0
(705) 858-6460 SIC 1499

MASON GRAPHITE INC p1020
3030 Boul Le Carrefour Bureau 600, COTE SAINT-LUC, QC, H7T 2P5
(514) 289-3580 SIC 1499

MINE JEFFREY INC p993
111 Boul St-Luc, ASBESTOS, QC, J1T 3N2
(819) 879-6000 SIC 1499

NATIONAL GYPSUM (CANADA) LTD p473
1707 Highway 2 Rr 1, SPRINGHILL, NS, B0M 1X0
(902) 758-3256 SIC 1499

OMYA CANADA INC p807
18595 Hwy 7 W, PERTH, ON, K7H 3E4
(613) 267-5367 SIC 1499

OMYA CANADA INC p1180
1500 Ch Des Carrieres, SAINT-ARMAND, QC, J0J 1T0
(450) 248-2931 SIC 1499

PREMIER HORTICULTURE LTEE p393
10816 Route 126, ACADIE SIDING, NB, E4Y 2L4
(506) 775-9182 SIC 1499

PREMIER HORTICULTURE LTEE p1266
Acorder Mile E Circh Rd, CARROT RIVER, SK, S0E 0L0
(306) 768-2794 SIC 1499

SCOTT CANADA LTD p396
1571 Route 310, COTEAU ROAD, NB, E8T 3K7
(506) 344-2225 SIC 1499

SCOTT CANADA LTD p405
1416 Bay Du Vin River Rd, MIRAMICHI, NB, E1N 3A3
(506) 778-2519 SIC 1499

STORNOWAY DIAMOND CORPORATION p1071
111 Rue Saint-Charles O Bureau 400,

LONGUEUIL, QC, J4K 5G4
(450) 616-5555 SIC 1499
SUN GRO HORTICULTURE CANADA LTD
p348
Gd, ELMA, MB, R0E 0Z0
(204) 426-2121 SIC 1499
TECHNICA GROUP INC p871
225 Fielding Rd, SUDBURY, ON, P3Y 1L8
(705) 692-2204 SIC 1499
TIGER CALCIUM SERVICES INC p148
15 Ave Suite 603, NISKU, AB, T9E 7M6
(403) 955-5004 SIC 1499
TOURBIERES BERGER LTEE, LES p350
43037 Provincial Rd Suite 503, HADASHVILLE, MB, R0E 0X0
(204) 426-2342 SIC 1499
TOURBIERES BERGER LTEE, LES p393
4188 Route 117, BAIE-SAINTE-ANNE, NB, E9A 1R7
(506) 228-4978 SIC 1499
TOURBIERES LAMBERT INC p1175
106 Ch Lambert Bureau 347, Riviere-Ouelle, QC, G0L 2C0
(418) 852-2885 SIC 1499
USG CANADIAN MINING LTD p479
669 Wentworth Rd, WINDSOR, NS, B0N 2T0
(902) 798-4676 SIC 1499

SIC 1521 Single-family housing construction

1120919 ONTARIO LTD p726
18 Bentley Ave Suite A, NEPEAN, ON, K2E 6T8
(613) 723-9227 SIC 1521
2069718 ONTARIO LIMITED p756
1140 Sheppard Ave W Unit 13, NORTH YORK, ON, M3K 2A2
(416) 633-7333 SIC 1521
2356723 NOVA SCOTIA LIMITED p479
14 Lake Major Rd, WESTPHAL, NS, B2Z 1B1
(902) 434-7199 SIC 1521
3013774 CANADA INC p1254
162 Rue De La Cascade, VAL-DES-MONTS, QC, J8N 1L4
(819) 671-6888 SIC 1521
706017 ONTARIO CORP p973
101 Caster Ave, WOODBRIDGE, ON, L4L 5Z2
(905) 851-3189 SIC 1521
AS CUSTOM CONTRACTING LTD p818
41a Elizabeth St, Quinte West, ON, K0K 1H0
SIC 1521
B.U.I.L.D. BUILDING URBAN INDUSTRIES FOR LOCAL DEVELOPMENT INC p371
765 Main St Unit 200, WINNIPEG, MB, R2W 3N5
(204) 943-5981 SIC 1521
BEVERLEY HILLS HOME IMPROVEMENTS INC p860
201 Barton St Unit 3, STONEY CREEK, ON, L8E 2K3
(905) 578-2292 SIC 1521
CANADA'S LOG PEOPLE INC p176
5467 Tatton Stn. Rd Rr 1, 100 MILE HOUSE, BC, V0K 2E1
(250) 791-5222 SIC 1521
CANADIAN ROCKPORT HOMES INTERNATIONAL INC p293
2317 Wall St, VANCOUVER, BC, V5L 1B8
SIC 1521
COASTAL CONSTRUCTION p275
2003 Hovey Rd, SAANICHTON, BC, V8M 1V8
SIC 1521
COCO DEVELOPMENTS LTD p961
6725 South Service Rd E, WINDSOR, ON, N8N 2M1
(519) 948-7133 SIC 1521
CONSTRUCTION PAVETON INC. p1145
2671 Boul Louis-Xiv, QUEBEC, QC, G1C 1C7

(418) 520-7054 SIC 1521
CONSTRUCTION ST LEONAR p1245
1091 Rue Armand-Bombardier, TERREBONNE, QC, J6Y 1S9
(514) 918-1636 SIC 1521
CONSTRUCTION VP INC p1187
1450 Rte 117, Saint-Faustin-Lac-Carre, QC, J0T 1J2
(819) 688-3636 SIC 1521
CONSTRUCTIONS PEPIN ET FORTIN INC, LES p1253
1925 3e av, VAL-D'OR, QC, J9P 7B8
(819) 824-6300 SIC 1521
CRC CANADIAN RETIREMENT CORPORATION p222
4390 Gallaghers Dr E, KELOWNA, BC, V1W 3Z8
(250) 860-9013 SIC 1521
DREAM UNLIMITED CORP p1290
4561 Parliament Ave Suite 300, REGINA, SK, S4W 0G3
(306) 347-8100 SIC 1521
EDENVALE RESTORATION SPECIALISTS LTD p286
13260 78 Ave Unit 24, SURREY, BC, V3W 0H6
(604) 590-1440 SIC 1521
EMPIRE (THE CONTINENTAL) LIMITED PARTNERSHIP p559
125 Villarboit Cres, CONCORD, ON, L4K 4K2
(905) 307-8102 SIC 1521
ENVIRONNEMENT ROUTIER NRJ INC p1192
4865 Boul Sir-Wilfrid-Laurier, SAINT-HUBERT, QC, J3Y 3X5
(450) 656-0000 SIC 1521
FORMER RESTORATION L.P. p372
925 Keewatin St, WINNIPEG, MB, R2X 2X4
(204) 783-9086 SIC 1521
GENESIS BUILDERS GROUP INC p23
3115 12 St Ne Suite 200, CALGARY, AB, T2E 7J2
(403) 265-9237 SIC 1521
GOLDEN GLOBE CONSTRUCTION LTD p298
8380 St. George St Unit 103b, VANCOUVER, BC, V5X 3S7
SIC 1521
GRAHAM GROUP LTD p719
6108 Edwards Blvd, MISSISSAUGA, ON, L5T 2V7
(905) 694-4000 SIC 1521
GREAT CANADIAN RENOVATION & CONSTRUCTION CORPORATION p105
9310 62 Ave Nw, EDMONTON, AB, T6E 0C9
(780) 449-6991 SIC 1521
GREENBORO HOMES LTD p92
10714 176 St Nw, EDMONTON, AB, T5S 1G7
(780) 702-6192 SIC 1521
GREENSMART MANUFACTURING LTD p51
525 11 Ave Sw Suite 100, CALGARY, AB, T2R 0C9
SIC 1521
GROUPE SINISTRE 24/7 INC p1168
550 Rue De L'argon Bureau 300, QUEBEC, QC, G2N 2E1
SIC 1521
HOME DEPOT OF CANADA INC p85
13360 137 Ave Nw, EDMONTON, AB, T5L 5C9
(780) 472-4201 SIC 1521
HUNTER CONSTRUCTION p136
3626 14 Ave N, LETHBRIDGE, AB, T1H 6E7
(403) 380-6159 SIC 1521
J. D. IRVING, LIMITED p414
85 Consumers Dr, SAINT JOHN, NB, E2J 4Z6
(506) 648-1000 SIC 1521
JAYMAN BUILT LTD p116
5083 Windermere Blvd Sw Suite 102, EDMONTON, AB, T6W 0J5
(780) 481-6666 SIC 1521

KHOWUTZUN MUSTIMUHW CONTRACTORS LIMITED PARTNERSHIP p212
200 Cowichan Way, DUNCAN, BC, V9L 6P4
(250) 746-8350 SIC 1521
KYLEMORE HOMES LTD p677
10080 Kennedy Rd, MARKHAM, ON, L6C 1N9
(905) 887-5799 SIC 1521
LANDMARK HOMES (EDMONTON) INC p24
757 57 Ave Ne, CALGARY, AB, T2E 8W6
(403) 212-1340 SIC 1521
LEESWOOD DESIGN/BUILD LTD p709
7200 West Credit Ave, MISSISSAUGA, ON, L5N 5N1
(416) 309-4482 SIC 1521
LIBRAIRIE RENAUD-BRAY INC p1244
3213 Ch Saint-Charles Bureau 81, TERREBONNE, QC, J6V 0G8
(450) 492-1011 SIC 1521
LINK-LINE CONSTRUCTION LTD p498
10 Churchill Dr, BARRIE, ON, L4N 8Z5
(705) 721-9284 SIC 1521
LYDALE CONSTRUCTION (1983) CO. LTD p92
17839 106a Ave Nw Unit 101, EDMONTON, AB, T5S 1V8
(780) 822-1200 SIC 1521
MARTIN, BOB CONSTRUCTION CO LTD p634
1473 John Counter Blvd Suite 400, KINGSTON, ON, K7M 8Z6
(613) 548-7136 SIC 1521
MATTAMY (UPPER GLEN ABBEY) LIMITED p765
2360 Bristol Cir Suite 100, OAKVILLE, ON, L6H 6M5
(905) 829-7604 SIC 1521
MAXIMILIAN HUXLEY BUILDING & RENOVATIONS LTD p331
Gd Stn Csc, VICTORIA, BC, V8W 2L9
(250) 598-2152 SIC 1521
OKE WOODSMITH BUILDING SYSTEMS INC p597
70964 Bluewater Hwy Suite 9, GRAND BEND, ON, N0M 1T0
(519) 238-8893 SIC 1521
POMERLEAU INC p443
1496 Bedford Hwy Suite 500, BEDFORD, NS, B4A 1E5
(902) 468-3669 SIC 1521
PROGRESS HOMES INC p434
270 Portugal Cove Rd, ST. JOHN'S, NL, A1B 4N6
(709) 754-1165 SIC 1521
QUALICO PARTNERSHIP, THE p366
30 Speers Rd, WINNIPEG, MB, R2J 1L9
(204) 233-2451 SIC 1521
R & F CONSTRUCTION INC p498
112 Commerce Park Dr Unit K&L, BARRIE, ON, L4N 8W8
(705) 325-5746 SIC 1521
R & F CONSTRUCTION INC p775
Gd Lcd Main, ORILLIA, ON, L3V 6H8
(705) 326-7169 SIC 1521
REID'S HERITAGE HOMES LTD p660
553 Southdale Rd E Suite 102, LONDON, ON, N6E 1A2
SIC 1521
REID-BUILT HOMES LTD p25
2041 41 Ave Ne, CALGARY, AB, T2E 6P2
(403) 250-3273 SIC 1521
ROCKPORT HOMES INTERNATIONAL INC p309
700 Pender St W Suite 507, VANCOUVER, BC, V6C 1G8
SIC 1521
SABAL HOMES LIMITED PARTNERSHIP p52
1122 4 St Sw Suite 600, CALGARY, AB, T2R 1M1
(403) 237-8555 SIC 1521
SHANE HOLDINGS LTD p25
5661 7 St Ne, CALGARY, AB, T2E 8V3
(403) 252-0995 SIC 1521

SKARLAN ENTERPRISES LIMITED p667
1165 John St, MANOTICK, ON, K4M 1A5
(613) 692-2530 SIC 1521
SPIFFY CONSTRUCTION p162
165 Seneca Rd, SHERWOOD PARK, AB, T8A 4G6
(780) 467-5584 SIC 1521
STEWART, RICK CONSTRUCTION LTD p590
1071 Benner Ave, FORT ERIE, ON, L2A 4N6
(905) 994-7408 SIC 1521
SUNCORE CONSTRUCTION p700
3455 Wolfedale Rd, MISSISSAUGA, ON, L5C 1V8
(905) 897-1000 SIC 1521
TEKNIKA HBA INC p1041
30 Rue Dufferin, GRANBY, QC, J2G 4W6
(450) 378-3322 SIC 1521
TODDGLEN ILOFTS LIMITED p746
2225 Sheppard Ave E Suite 1100, NORTH YORK, ON, M2J 5C2
(416) 492-2450 SIC 1521
TOWNE MEADOW DEVELOPMENT CORPORATION INC p675
80 Tiverton Crt Suite 300, MARKHAM, ON, L3R 0G4
(905) 477-7609 SIC 1521
TRIPLE A GENERAL CONTRACTING p122
380 Mackenzie Blvd Unit 2f, FORT MCMURRAY, AB, T9H 4C4
(780) 715-0208 SIC 1521
UNIVERSAL RESTORATION SYSTEMS LTD p291
4535 Greig Ave, TERRACE, BC, V8G 1M7
(250) 635-4355 SIC 1521
UTILITY SERVICES LTD p784
1611 Liverpool Crt, OTTAWA, ON, K1B 4L1
(613) 746-9192 SIC 1521
W. S. NICHOLLS WESTERN CONSTRUCTION LTD p208
851 Derwent Way, DELTA, BC, V3M 5R4
(604) 521-2004 SIC 1521
WALKER YOUTH HOMES INC p786
2162 Haig Dr, OTTAWA, ON, K1G 2L2
SIC 1521

SIC 1522 Residential construction, nec

AECON CONSTRUCTION GROUP INC p634
637 Norris Crt, KINGSTON, ON, K7P 2R9
SIC 1522
AECON GROUP INC p454
1387 Main Rd, EASTERN PASSAGE, NS, B3G 1M5
SIC 1522
BOSA CONSTRUCTION INC p306
838 West Hastings St Unit 1001, VANCOUVER, BC, V6C 0A6
(604) 299-1363 SIC 1522
BRODA GROUP HOLDINGS LIMITED PARTNERSHIP p1280
4271 5th Ave E, PRINCE ALBERT, SK, S6W 0A5
(306) 764-5337 SIC 1522
CAN-DER CONSTRUCTION LTD p103
5410 97 St Nw, EDMONTON, AB, T6E 5C1
(780) 436-2980 SIC 1522
CIVEO PREMIUM CAMP SERVICES LTD p91
17220 Stony Plain Rd Nw Suite 101, EDMONTON, AB, T5S 1K6
(780) 733-4900 SIC 1522
COMPAGNIE DE CONSTRUCTION ET DE DEVELOPPEMENT CRIE LTEE, LA p1127
3983 Boul Lite, Montreal, QC, H7E 1A3
(450) 661-1102 SIC 1522
CONSTRUCTION DI PAOLO p1124
255 Rue Benjamin-Hudon, Montreal, QC, H4N 1J3
(450) 661-4745 SIC 1522
CONSTRUCTIONS QUORUM INC p1123
5200 Rue Saint-Patrick Bureau 200, Montreal, QC, H4E 4N9

▲ Public Company   ■ Public Company Family Member   HQ Headquarters   BR Branch   SL Single Location

(514) 822-2882 SIC 1522
DORA CONSTRUCTION LIMITED p468
201 Churchill Dr Suite 203, MEMBERTOU, NS, B1S 0H1
(902) 562-3400 SIC 1522
DOWLAND CONTRACTING LTD p438
29 Industrial Rd, INUVIK, NT, X0E 0T0
(867) 369-5263 SIC 1522
FERNBROOK HOMES (LAKE OF DREAMS) LIMITED p559
2220 Highway 7 Unit 5, CONCORD, ON, L4K 1W7
(416) 667-0447 SIC 1522
FOURTH-RITE CONSTRUCTION (1994) LTD p178
2609 Progressive Way Suite B, ABBOTSFORD, BC, V2T 6H8
(604) 850-7684 SIC 1522
FOXRIDGE HOMES (MANITOBA) LTD p365
30 Speers Rd, WINNIPEG, MB, R2J 1L9
(204) 488-7578 SIC 1522
GESKO CONSTRUCTION INC p1130
563 Rue Lindbergh Bureau 200, Montreal, QC, H7P 2N8
SIC 1522
H&R DEVELOPMENTS p960
26 Puttingedge Dr, WHITBY, ON, L1R 0H7
SIC 1522
HOME DEPOT OF CANADA INC p113
2020 101 St Nw, EDMONTON, AB, T6N 1J2
SIC 1522
INFRASTRUCTURE AND COMMUNITIES CANADA p791
180 Kent St Suite 1100, OTTAWA, ON, K1P 0B6
(613) 948-1148 SIC 1522
ISLAND BUILDERS LTD p334
601 Alpha St, VICTORIA, BC, V8Z 1B5
(250) 475-3569 SIC 1522
J D NELSON & SONS LTD p484
4 Marks Crt, AJAX, ON, L1T 3N3
(647) 223-1245 SIC 1522
KOUSINS CONSTRUCTION INC p653
26 Orkney Cres, LONDON, ON, N5X 3R7
(519) 438-1558 SIC 1522
LAFARGE CANADA INC p1142
334 Av Avro, POINTE-CLAIRE, QC, H9R 5W5
(514) 428-7150 SIC 1522
LES ENTREPRISES UNI VAL INC p1128
1195 Montee Masson, Montreal, QC, H7E 4P2
(450) 661-8444 SIC 1522
MANSIONS OF HUMBERWOOD INC p754
4800 Dufferin St Suite 200, NORTH YORK, ON, M3H 5S9
(416) 661-9290 SIC 1522
MATTAMY HOMES LIMITED p546
605 Sheldon Dr, CAMBRIDGE, ON, N1T 2K1
SIC 1522
NORTH RIDGE DEVELOPMENT CORPORATION p1297
3037 Faithfull Ave, SASKATOON, SK, S7K 8B3
(306) 384-5299 SIC 1522
PANAMOUNT INC p19
180 Quarry Park Blvd Se Suite 200, CALGARY, AB, T2C 3G3
(403) 258-1511 SIC 1522
PENNECON ENERGY INDUSTRIAL SERVICES LTD p432
456 Logy Bay Rd, ST. JOHN'S, NL, A1A 5C6
(709) 782-4269 SIC 1522
POMERLEAU INC p1103
500 Rue Saint-Jacques, Montreal, QC, H2Y 0A2
(514) 789-2728 SIC 1522
PURE RENO INC p728
49 Roundhay Dr, NEPEAN, ON, K2G 1B6
(613) 851-0907 SIC 1522
ROHIT DEVELOPMENTS LTD p106
9636 51 Ave Nw, EDMONTON, AB, T6E 6A5
(780) 436-9015 SIC 1522

ROSS AND ANGLIN LIMITEE p1056
45 Boul Saint-Joseph, LACHINE, QC, H8S 2K9
(514) 364-4220 SIC 1522
SCIERIE BERNARD INC p1184
225 2e Rang E, SAINT-CYPRIEN-DES-ETCHEMINS, QC, G0R 1B0
(418) 383-3242 SIC 1522
SEYMOUR PACIFIC DEVELOPMENTS LTD p195
920 Alder St, CAMPBELL RIVER, BC, V9W 2P8
(250) 286-8045 SIC 1522
STUART OLSON CONSTRUCTION LTD p11
3545 32 Ave Ne Unit 235, CALGARY, AB, T1Y 6M6
(403) 520-6565 SIC 1522
STUART OLSON CONSTRUCTION LTD p267
13777 Commerce Pky Suite 300, RICHMOND, BC, V6V 2X3
(604) 273-7765 SIC 1522
STUART OLSON CONSTRUCTION LTD p392
50 Fultz Blvd, WINNIPEG, MB, R3Y 0L6
(204) 487-1222 SIC 1522
STUART OLSON CONSTRUCTION LTD p879
946 Cobalt Cres Unit 1, THUNDER BAY, ON, P7B 5W3
(807) 768-9753 SIC 1522
SUMMERCOVE ESTATES INC p821
30 Wertheim Crt Suite 9, RICHMOND HILL, ON, L4B 1B9
(905) 881-1026 SIC 1522
TROIA HOMES INC p593
5669 Power Rd, GLOUCESTER, ON, K1G 3N4
(613) 822-9422 SIC 1522
TWO BLOOR RESIDENCES LIMITED p757
3625 Dufferin St Suite 500, NORTH YORK, ON, M3K 1Z2
(416) 635-7520 SIC 1522
UPA CONSTRUCTION GROUP LIMITED PARTNERSHIP p55
10655 Southport Rd Sw Suite 700, CALGARY, AB, T2W 4Y1
(403) 262-4440 SIC 1522
WINDSOR GREEN HOMES INC p563
171 Basaltic Rd Suite 1, CONCORD, ON, L4K 1G4
(905) 669-5003 SIC 1522

SIC 1531 Operative builders

BLAIS & LANGLOIS INC p1063
1137 Boul Industriel Gd, Lebel-sur-Quevillon, QC, J0Y 1X0
(819) 755-3220 SIC 1531
CANADIAN CONDOMINIUM MANAGEMENT CORP p99
9440 49 St Nw Suite 230, EDMONTON, AB, T6B 2M9
(780) 485-0505 SIC 1531
FRAM CONSTRUCTION LIMITED p701
141 Lakeshore Rd E, MISSISSAUGA, ON, L5G 1E8
(905) 278-0331 SIC 1531
FRANKLIN EMPIRE INC p1152
215 Rue Fortin, Quebec, QC, G1M 3M2
(418) 683-1724 SIC 1531
RICE DEVELOPMENT COMPANY INC p597
21 Hwy, GRAND BEND, ON, N0M 1T0
(519) 238-8444 SIC 1531

SIC 1541 Industrial buildings and warehouses

2645-3530 QUEBEC INC p1247
124 Rue Langlois, TRECESSON, QC, J0Y 2S0
(819) 732-1493 SIC 1541

284734 ALBERTA LTD p168
4701 42 St, STETTLER, AB, T0C 2L0
(403) 742-1102 SIC 1541
3782981 CANADA INC. p788
125 Beechwood Ave, OTTAWA, ON, K1M 1L5
(613) 744-6896 SIC 1541
9075-6602 QUEBEC INC p1164
6275 Boul De L'ormiere, Quebec, QC, G2C 1B9
(418) 842-3232 SIC 1541
9117-6347 QUEBEC INC p1252
2888 Ch Sullivan, VAL-D'OR, QC, J9P 0B9
(819) 874-5913 SIC 1541
9137-1666 QUEBEC INC p1076
1134 Rue Ouiatchouan Rr 1, MASHTEUIATSH, QC, G0W 2H0
SIC 1541
9177-1436 QUEBEC INC p1188
11505 1re Av Bureau 500, SAINT-GEORGES, QC, G5Y 7X3
(418) 228-8031 SIC 1541
ACCIONA INFRASTRUCTURE CANADA INC p323
595 Burrard St Suite 2000, VANCOUVER, BC, V7X 1J1
(604) 622-6550 SIC 1541
AECON CONSTRUCTION GROUP INC p116
1003 Ellwood Rd Sw Suite 301, EDMONTON, AB, T6X 0B3
SIC 1541
AECON CONSTRUCTION GROUP INC p542
150 Sheldon Dr, CAMBRIDGE, ON, N1R 7K9
(519) 653-3200 SIC 1541
AECON CONSTRUCTION GROUP INC p583
20 Carlson Crt Suite 800, ETOBICOKE, ON, M9W 7K6
(416) 293-7004 SIC 1541
AECON CONSTRUCTION GROUP INC p619
95 Sluse Rd, HOLLAND LANDING, ON, L9N 1G8
(905) 853-7148 SIC 1541
AECON CONSTRUCTION GROUP INC p623
495 March Rd Suite 100, KANATA, ON, K2K 3G1
(613) 591-3007 SIC 1541
ATHENA CONSTRUCTION INC p1031
2311 Rue Principale, DUNHAM, QC, J0E 1M0
(450) 263-0045 SIC 1541
AVELIA GROUPE p1211
951 Rue Reverchon, SAINT-LAURENT, QC, H4T 4L2
SIC 1541
BAY INTERNATIONAL CANADA ULC p40
140 4 Ave Sw Suite 2100, CALGARY, AB, T2P 3N3
(403) 781-1110 SIC 1541
BEHLEN INDUSTRIES INC p537
3390 South Service Rd, BURLINGTON, ON, L7N 3J5
(905) 319-8125 SIC 1541
BIRD CONSTRUCTION COMPANY LIMITED p412
120 Millennium Dr Suite 200, QUISPAMSIS, NB, E2E 0C6
(506) 849-2473 SIC 1541
BOUYGUES BUILDING CANADA INC p910
180 Dundas St W Suite 2605, TORONTO, ON, M5G 1Z8
SIC 1541
CENTRAL BUILDERS' SUPPLY P.G. LIMITED p204
610 Anderton Ave, COURTENAY, BC, V9N 2H3
(250) 334-4416 SIC 1541
CFSW LNG CONSTRUCTORS p186
4321 Still Creek Dr Suite 600, BURNABY, BC, V5C 6S7
(604) 603-4734 SIC 1541
CHEVRON CONSTRUCTION SERVICES LTD p530
4475 County 15 Rd, BROCKVILLE, ON,

K6V 5T2
(613) 926-0690 SIC 1541
CLEARWATER ENERGY SERVICES LP p119
355 Mackenzie Blvd, FORT MCMURRAY, AB, T9H 5E2
(780) 743-2171 SIC 1541
COLUMBIA TREEHOUSE INC p618
1015 Lakeshore Rd E Rr 2, HAWKESTONE, ON, L0L 1T0
(705) 722-3220 SIC 1541
CON-PRO INDUSTRIES CANADA LTD p733
17075 Leslie St Suite 27, NEWMARKET, ON, L3Y 8E1
(905) 830-5661 SIC 1541
CONSTRUCTION CLAUDE CARON & FILS INC p1190
319 Ch Des Erables, Saint-Gerard-des-Laurentides, QC, G9R 1G9
(819) 539-6902 SIC 1541
CONSTRUCTIONS EXCEL S.M. INC, LES p1227
1083 Boul Vachon N Bureau 300, SAINTE-MARIE, QC, G6E 1M8
(418) 386-1442 SIC 1541
CORCAN CONSTRUCTION p633
455 Bath Rd, KINGSTON, ON, K7M 7C9
SIC 1541
CORMODE & DICKSON CONSTRUCTION (1983) LTD p86
11450 160 St Nw Unit 200, EDMONTON, AB, T5M 3Y7
(780) 701-9300 SIC 1541
DEFENCE CONSTRUCTION (1951) LIMITED p234
Gd, LAZO, BC, V0R 2K0
(250) 339-2721 SIC 1541
DESIGN & CONSTRUCTION GIFFELS QUEBEC INC p1262
4333 Rue Sainte-Catherine O Bureau 250, WESTMOUNT, QC, H3Z 1P9
(514) 931-1001 SIC 1541
E. & E. MCLAUGHLIN LTD p882
500 Hwy 3, TILLSONBURG, ON, N4G 4G8
(519) 842-3363 SIC 1541
E.S. FOX LIMITED p870
1349 Kelly Lake Rd Suite 1, SUDBURY, ON, P3E 5P5
(705) 522-3357 SIC 1541
EBC INC p1007
3900 Rue Isabelle, BROSSARD, QC, J4Y 2R3
(450) 444-9333 SIC 1541
ELLISDON CONSTRUCTION LTD p650
2045 Oxford St E, LONDON, ON, N5V 2Z7
(519) 455-6770 SIC 1541
ELLISDON CONSTRUCTION SERVICES INC p31
7330 Fisher St Se Suite 300, CALGARY, AB, T2H 2H8
(403) 259-6627 SIC 1541
ENTREPOTS E.F.C. INC, LES p1180
50 Rue Des Grands-Lacs, SAINT-AUGUSTIN-DE-DESMAURES, QC, G3A 2E6
(418) 878-5660 SIC 1541
FLUOR CONSTRUCTORS CANADA LTD p55
60 Sunpark Plaza Se, CALGARY, AB, T2X 3Y2
(403) 537-4600 SIC 1541
FWS CONSTRUCTION LTD p387
275 Commerce Dr, WINNIPEG, MB, R3P 1B3
(204) 487-2500 SIC 1541
GANOTEC WEST ULC p1
26230 Township Road 531a Unit 131, ACHESON, AB, T7X 5A4
(780) 960-7450 SIC 1541
GESTION P & F LALONDE INC p1131
485 Av Marien, MONTREAL-EST, QC, H1B 4V8
(514) 645-9233 SIC 1541
GISBORNE INDUSTRIAL CONSTRUCTION

LTD
1201 6 St, NISKU, AB, T9E 7P1
(780) 955-0509 SIC 1541

GISBORNE INDUSTRIAL CONSTRUCTION LTD p188
7476 Hedley Ave, BURNABY, BC, V5E 2P9
(604) 520-7300 SIC 1541

GORF CONTRACTING (1982) LTD p816
6588 Hwy 101 E, PORCUPINE, ON, P0N 1C0
(705) 235-3278 SIC 1541

GRAHAM GROUP LTD p104
8404 Mcintyre Rd Nw, EDMONTON, AB, T6E 6V3
(780) 430-9600 SIC 1541

GRAHAM GROUP LTD p1296
875 57th St E, SASKATOON, SK, S7K 5Z2
(306) 934-6644 SIC 1541

GVN STRUCTURES INC p158
1611 Broadway Ave E Suite 1, REDCLIFF, AB, T0J 2P0
(403) 548-3100 SIC 1541

INDUSTRIES FOURNIER INC, LES p1251
8605 Boul Parent, Trois-Rivieres, QC, G9A 5E1
(819) 375-2888 SIC 1541

INDUSTRO-TECH INC p1065
165 Ch Des Iles, Levis, QC, G6V 7M5
SIC 1541

INNOVA GLOBAL LTD p28
4000 4 St Se Suite 222, CALGARY, AB, T2G 2W3
(403) 292-7804 SIC 1541

ITW CANADA INVESTMENTS LIMITED PARTNERSHIP p676
120 Travail Rd, MARKHAM, ON, L3S 3J1
(905) 471-4250 SIC 1541

J.W. LINDSAY ENTERPRISES LIMITED p451
134 Eileen Stubbs Ave Suite 105, DARTMOUTH, NS, B3B 0A9
(902) 468-5000 SIC 1541

KBR INDUSTRIAL CANADA CO. p114
3300 76 Ave Nw, EDMONTON, AB, T6P 1J4
(780) 468-1341 SIC 1541

KIEWIT CONSTRUCTION CANADA CO p120
9707 Franklin Ave Suite 206, FORT MCMURRAY, AB, T9H 2K1
SIC 1541

KINGSTON BYERS INC p1061
9100 Rue Elmslie, LASALLE, QC, H8R 1V6
(514) 365-1642 SIC 1541

LAAMANEN CONSTRUCTION LIMITED p649
129 Fielding Rd, LIVELY, ON, P3Y 1L7
SIC 1541

LAVAL FORTIN LTEE p987
130 Rue Notre-Dame O, ALMA, QC, G8B 2K1
(418) 668-3321 SIC 1541

M. SULLIVAN & SON LIMITED p489
236 Madawaska Blvd Suite 100, ARNPRIOR, ON, K7S 0A3
(613) 623-6584 SIC 1541

M3 STEEL & FABRICATION LTD p685
3206 Orlando Dr, MISSISSAUGA, ON, L4V 1R5
(800) 316-1074 SIC 1541

MACK'S CUSTOM WELDING & FABRICATION INC p2
143 East Lake Blvd Ne, AIRDRIE, AB, T4A 2G1
SIC 1541

MAGAL MANUFACTURING LTD p96
14940 121a Ave Nw, EDMONTON, AB, T5V 1A3
(780) 452-1250 SIC 1541

MAPLE LEAF FOODS INC p600
362 Laird Rd, GUELPH, ON, N1G 3X7
(519) 837-4848 SIC 1541

MAPLE-REINDERS INC p65
32 Royal Vista Dr Nw Suite 205, CALGARY, AB, T3R 0H9
(403) 216-1455 SIC 1541

MAPLE-REINDERS INC p222
225 Lougheed Rd, KELOWNA, BC, V1V 2M1
(250) 765-8892 SIC 1541

MBG BUILDINGS INC p148
Gd, OKOTOKS, AB, T1S 1A2
(403) 262-9020 SIC 1541

MOTT ELECTRIC GENERAL PARTNERSHIP p193
7590 Lowland Dr, BURNABY, BC, V5J 5A4
(604) 436-5755 SIC 1541

NOBLE CONSTRUCTION CORP p1268
215 Sumner St, ESTERHAZY, SK, S0A 0X0
(306) 745-6984 SIC 1541

NORTHERN INDUSTRIAL CONSTRUCTION GROUP INC p262
1416 Santa Fe Rd, PRINCE GEORGE, BC, V2N 5T5
(250) 562-6660 SIC 1541

PCL INDUSTRIAL CONSTRUCTORS INC p106
9915 56 Ave Nw, EDMONTON, AB, T6E 5L7
(780) 733-5500 SIC 1541

PHOENIX RESTORATION INC p834
27 Casebridge Crt Unit 7, SCARBOROUGH, ON, M1B 4Y4
(416) 208-7700 SIC 1541

POMERLEAU INC p794
343 Preston St Suite 220, OTTAWA, ON, K1S 1N4
(613) 244-4323 SIC 1541

POMERLEAU INC p1071
1111 Rue Saint-Charles O Bureau 4, LONGUEUIL, QC, J4K 5G4
SIC 1541

R.E.A.L. BAGEL EN GROS INC. p1129
1585 Boul Dagenais O, MONTREAL, QC, H7L 5A3
SIC 1541

RAE BROTHERS LTD p842
60 Modern Rd, SCARBOROUGH, ON, M1R 3B6
SIC 1541

RUSKIN CONSTRUCTION LTD p238
1451 Trowsse Rd, MILL BAY, BC, V0R 2P4
(250) 360-0672 SIC 1541

RUSKIN CONSTRUCTION LTD p258
2011 Pg Pulp Mill Road,, PRINCE GEORGE, BC, V2K 5P5
(604) 331-1032 SIC 1541

SCHIEDEL CONSTRUCTION INCORPORATED p546
405 Queen St W, CAMBRIDGE, ON, N3C 1G6
(519) 658-9317 SIC 1541

SCOTT BUILDERS INC p106
9835 60 Ave Nw, EDMONTON, AB, T6E 0C6
(780) 463-4565 SIC 1541

SCOTT BUILDERS INC p156
8105 49 Ave, RED DEER, AB, T4P 2V5
(403) 343-7270 SIC 1541

SERVICES KAMTECH INC p193
3700 North Fraser Way Suite 220, BURNABY, BC, V5J 5H4
SIC 1541

SERVICES KAMTECH INC p1207
5055 Rue Levy, SAINT-LAURENT, QC, H4R 2N9
(418) 808-4276 SIC 1541

SHURWAY CONTRACTING LTD p842
72 Crockford Blvd, SCARBOROUGH, ON, M1R 3C3
(416) 750-4204 SIC 1541

SPECIALIZED RIGGING SERVICES LTD p115
233 91 Ave Unit 1, EDMONTON, AB, T6P 1L1
(780) 449-3052 SIC 1541

STRABAG INC p711
6790 Century Ave Suite 401, MISSISSAUGA, ON, L5N 2V8
(905) 353-5500 SIC 1541

STUART OLSON DOMINION CONSTRUCTION LTD p25
405 18 St Se, CALGARY, AB, T2E 6J5

SIC 1541

SYSCOMAX INC p999
1060 Boul Michele-Bohec Bureau 106, BLAINVILLE, QC, J7C 5E2
(450) 434-0008 SIC 1541

TITAN CONSTRUCTION COMPANY LIMITED p234
27355 Gloucester Way Unit 1a, LANGLEY, BC, V4W 3Z8
(604) 856-8888 SIC 1541

TOWER SCAFFOLD SERVICES INC p1022
161 Rue Brossard, DELSON, QC, J5B 1W9
(450) 638-7111 SIC 1541

UGL CANADA INC p86
14830 119 Ave Nw, EDMONTON, AB, T5L 2P2
SIC 1541

URBACON LIMITED/URBACON LIMITEE p896
750 Lake Shore Blvd E, TORONTO, ON, M4M 3M3
(416) 865-9405 SIC 1541

V. K. MASON CONSTRUCTION CO. p1001
4333 Boul De La Grande-Allee, BOISBRIAND, QC, J7H 1M7
(450) 435-5756 SIC 1541

V.K. MASON CONSTRUCTION LTD p876
Gd, THOROLD, ON, L2V 3Y9
SIC 1541

V.K. MASON CONSTRUCTION LTD p1001
4333 Boul De La Grande-Allee, BOISBRIAND, QC, J7H 1M7
(450) 435-5756 SIC 1541

VECTOR CONSTRUCTION LTD p879
359 Burbidge St, THUNDER BAY, ON, P7B 5R3
(807) 346-4405 SIC 1541

VERREAULT INC p1104
1080 Cote Du Beaver Hall Bureau 800, Montreal, QC, H2Z 1S8
(514) 845-4104 SIC 1541

VIKING CORPORATION LIMITED p432
178 Major's Path, ST. JOHN'S, NL, A1A 5A1
(709) 576-4335 SIC 1541

WEBBER SUPPLY p645
1830 Strasburg Rd, KITCHENER, ON, N2R 1E9
SIC 1541

SIC 1542 Nonresidential construction, nec

100979 CANADA INC p1120
2550 Ch Bates Bureau 110, Montreal, QC, H3S 1A7
SIC 1542

1471899 ALBERTA LTD p84
13040 148 St, EDMONTON, AB, T5L 2H8
(780) 460-2399 SIC 1542

511670 ALBERTA LTD p102
4220 98 St Nw Suite 201, EDMONTON, AB, T6E 6A1
(780) 466-1262 SIC 1542

511670 ALBERTA LTD p1286
845 Broad St Suite 205, REGINA, SK, S4R 8G9
(306) 525-1644 SIC 1542

625009 B.C. LTD p178
30435 Progressive Way Unit 1, ABBOTSFORD, BC, V2T 6Z1
SIC 1542

9124-4905 QUEBEC INC p1068
1019 Ch Industriel, Levis, QC, G7A 1B3
(418) 831-1019 SIC 1542

AECON LOCKERBIE INDUSTRIAL INC p95
14940 121a Ave Nw, EDMONTON, AB, T5V 1A3
(780) 452-1250 SIC 1542

ALBERICI CONSTRUCTORS, LTD p538
1005 Skyview Dr Suite 300, BURLINGTON, ON, L7P 5B1
(905) 315-3000 SIC 1542

AMENAGEMENT ET DESIGN SPORTSCENE INC p1256
47 Boul De La Cite-Des-Jeunes, VAUDREUIL-DORION, QC, J7V 8C1
(450) 510-3011 SIC 1542

ASQUITH INTERIOR DIMENSIONS INC p899
21 St Clair Ave E Suite 700, TORONTO, ON, M4T 1L9
SIC 1542

BALON CONSTRUCTION LTD p90
18910 111 Ave Nw, EDMONTON, AB, T5S 0B6
SIC 1542

BIASUCCI DEVELOPMENTS INC p833
544 Wellington St W, SAULT STE. MARIE, ON, P6C 3T6
(705) 946-8701 SIC 1542

BIRD CONSTRUCTION COMPANY LIMITED p56
12143 40 St Se Suite 106, CALGARY, AB, T2Z 4E6
(403) 319-0470 SIC 1542

BIRD CONSTRUCTION COMPANY LIMITED p268
6900 Graybar Rd Suite 2370, RICHMOND, BC, V6W 0A5
(604) 271-4600 SIC 1542

BIRD CONSTRUCTION COMPANY LIMITED p687
5700 Explorer Dr Suite 400, MISSISSAUGA, ON, L4W 0C6
(905) 602-4122 SIC 1542

BLAIS & LANGLOIS INC p1077
3100 Boul Industriel, MATAGAMI, QC, J0Y 2A0
(819) 739-2905 SIC 1542

BLAIS & LANGLOIS INC p1259
345 Rue Cartier, VICTORIAVILLE, QC, G6R 1E3
(819) 739-2905 SIC 1542

BONDFIELD CONSTRUCTION COMPANY LIMITED p557
407 Basaltic Rd, CONCORD, ON, L4K 4W8
(416) 667-8422 SIC 1542

BUILT IT BY DESIGN INC p717
1580 Trinity Dr Suite 10, MISSISSAUGA, ON, L5T 1L6
(905) 696-0468 SIC 1542

CAMBIE ST. CONSTRUCTORS INC p318
8807 Laurel St, VANCOUVER, BC, V6P 3V9
SIC 1542

CARDINAL CONSTRUCTION CO. LTD p1275
340 8th Ave Nw, MOOSE JAW, SK, S6H 4E7
(306) 692-0677 SIC 1542

CB PARTNERS CORPORATION p30
7535 Flint Rd Se, CALGARY, AB, T2H 1G3
(403) 253-0565 SIC 1542

CB PARTNERS CORPORATION p438
349 Old Airport Rd Suite 206, YELLOWKNIFE, NT, X1A 3X6
(867) 873-6337 SIC 1542

CB PARTNERS CORPORATION p1299
2366 Ave C N Suite 273, SASKATOON, SK, S7L 5X5
(306) 979-1106 SIC 1542

CHANDOS CONSTRUCTION LTD p30
6170 12 St Se, CALGARY, AB, T2H 2X2
(403) 640-0101 SIC 1542

CONSTRUCTION BERTHIN CLOUTIER 2002 INC p1190
230 106e Ave (St-Georges-De-Champlain, SAINT-GEORGES, QC, G9T 3J4
(819) 533-3750 SIC 1542

CONSTRUCTION BROCCOLINI INC p1048
16766 Rte Trans-Canada Bureau 500, KIRKLAND, QC, H9H 4M7
(514) 737-0076 SIC 1542

CONSTRUCTION G. BAZINET INC p1193
6450 Boul Laframboise, SAINT-HYACINTHE, QC, J2R 1B3
(450) 796-5825 SIC 1542

CONSTRUCTION JULIEN DALPE INC p1227
350 Ch Des Pres, Sainte-Marie-Salome, QC, J0K 2Z0
(450) 754-2059 SIC 1542

SIC 1611 Highway and street construction

CONSTRUCTION STEEVE GAGNON INC p1099
6250 Hutchison St Suite 301, Montreal, QC, H2V 4C5
SIC 1542

CONSTRUCTIONS BINET INC, LES p1181
227 Rte 271, Saint-Benoit-Labre, QC, G0M 1P0
(418) 228-1578   SIC 1542

CONSTRUCTIONS PEPIN ET FORTIN INC, LES p1259
371 Av Pie-X, VICTORIAVILLE, QC, G6R 0L6
(819) 357-9274   SIC 1542

DAWSON WALLACE CONSTRUCTION LTD p23
2015 32 Ave Ne Suite 28, CALGARY, AB, T2E 6Z3
(403) 735-5988   SIC 1542

DOMINION COMPANY INC, THE p294
2985 Virtual Way Suite 130, VANCOUVER, BC, V5M 4X7
SIC 1542

DOORNEKAMP, H. R. CONSTRUCTION LTD p772
588 Scotland Rd, ODESSA, ON, K0H 2H0
(613) 386-3033   SIC 1542

DORA CONSTRUCTION LIMITED p450
60 Dorey Ave Suite 101, DARTMOUTH, NS, B3B 0B1
(902) 468-2941   SIC 1542

EDENVALE RESTORATION SPECIALISTS LTD p196
8465 Harvard Pl Suite 5, CHILLIWACK, BC, V2P 7Z5
(604) 795-4884   SIC 1542

EVERTRUST DEVELOPMENT GROUP CANADA INC p671
3100 Steeles Ave E Suite 302, MARKHAM, ON, L3R 8T3
(647) 501-2345   SIC 1542

FABRICATION BEAUCE-ATLAS INC p1227
600 1re Av Du Parc-Industriel, SAINTE-MARIE, QC, G6E 1B5
(418) 387-4872   SIC 1542

FORESIGHT CONSTRUCTORS LTD p240
1610d Northfield Rd, NANAIMO, BC, V9S 3A7
SIC 1542

FRECON CONSTRUCTION LIMITED p633
77 Grant Timmins Dr, KINGSTON, ON, K7M 8N3
(613) 531-1800   SIC 1542

GESTION GERALD PEPIN INC p1187
420 Rue Du Parc, SAINT-EUSTACHE, QC, J7R 0H2
(450) 473-1889   SIC 1542

GLOUCESTER CONSTRUCTION LTD p421
4260 Rue Principale, TRACADIE-SHEILA, NB, E1X 1B9
SIC 1542

GRAHAM CONSTRUCTION AND ENGINEERING INC p57
10909 27 St Se, CALGARY, AB, T2Z 3V9
(403) 253-1314   SIC 1542

GRAHAM CONSTRUCTION AND ENGINEERING INC p57
10840 27 St Se, CALGARY, AB, T2Z 3R6
(403) 570-5000   SIC 1542

GRAHAM CONSTRUCTION AND ENGINEERING INC p719
6108 Edwards Blvd, MISSISSAUGA, ON, L5T 2V7
(905) 694-4000   SIC 1542

GRAHAM GROUP LTD p223
184 Adams Rd Unit 101, KELOWNA, BC, V1X 7R2
(250) 765-6662   SIC 1542

GRAND CONSTRUCTION LTD p232
4539 210a St, LANGLEY, BC, V3A 8Z3
(604) 530-1931   SIC 1542

GREENWOOD READY MIX LIMITED p773
Hwy 9, ORANGEVILLE, ON, L9W 2Y9
(519) 941-0710   SIC 1542

GROUPE AXOR INC p1106
1555 Rue Peel Bureau 1100, Montreal, QC, H3A 3L8
(514) 846-4000   SIC 1542

GROUPE PICHE CONSTRUCTION INC p594
5460 Canotek Rd Unit 98, GLOUCESTER, ON, K1J 9G9
(613) 742-4217   SIC 1542

H&H NORWEST LIMITED p69
307 1 St E Unit 1, COCHRANE, AB, T4C 1Z3
SIC 1542

I C R GENERAL CONTRACTORS LIMITED p418
1150 Fairville Blvd, SAINT JOHN, NB, E2M 5T6
(506) 672-1482   SIC 1542

INTEGRATED COMMERCIAL INTERIORS INC p32
6120 11 St Se Suite 4, CALGARY, AB, T2H 2L7
SIC 1542

J & J PENNER CONSTRUCTION LTD p375
93 Lombard Ave Suite 100, WINNIPEG, MB, R3B 3B1
(204) 943-6200   SIC 1542

JANIN-BOT (ENTREPRISE CONJOINTE) p1125
8200 Decarie Blvd, Montreal, QC, H4P 2P5
(514) 739-3291   SIC 1542

JONELJIM CONCRETE CONSTRUCTION (1994) LIMITED p476
90 Riverview Dr, SYDNEY, NS, B1S 1N5
(902) 567-2400   SIC 1542

KELLER CONSTRUCTION LTD p87
11430 160 St Nw, EDMONTON, AB, T5M 3Y7
(780) 484-1010   SIC 1542

KINETIC CONSTRUCTION LTD p333
862 Cloverdale Ave Suite 201, VICTORIA, BC, V8X 2S8
(250) 381-6331   SIC 1542

LADSON PROPERTIES LIMITED p856
235 Martindale Rd Unit 14, ST CATHARINES, ON, L2W 1A5
(905) 684-6542   SIC 1542

LAFARGE CANADA INC p560
7880 Keele St, CONCORD, ON, L4K 4G7
(905) 629-3760   SIC 1542

LEDCOR CONSTRUCTION LIMITED p308
1067 Cordova St W Suite 1200, VANCOUVER, BC, V6C 1C7
(604) 681-7500   SIC 1542

MAPLE-REINDERS INC p101
4050 69 Ave Nw, EDMONTON, AB, T6B 2V2
(780) 465-5980   SIC 1542

MAPLE-REINDERS INC p229
9440 202 St Suite 216, LANGLEY, BC, V1M 4A6
(604) 546-0255   SIC 1542

MARCEL CHAREST ET FILS INC p1219
997 230 Rte E, SAINT-PASCAL, QC, G0L 3Y0
(418) 492-5911   SIC 1542

MCKAY-COCKER CONSTRUCTION LIMITED p689
5285 Solar Dr Unit 102, MISSISSAUGA, ON, L4W 5B8
(905) 890-9193   SIC 1542

METTKO CONSTRUCTION INC p745
200 Yorkland Blvd Suite 610, NORTH YORK, ON, M2J 5C1
(416) 444-9600   SIC 1542

MINERS CONSTRUCTION CO. LTD p1293
440 Melville St, SASKATOON, SK, S7J 4M2
(306) 934-4703   SIC 1542

MIRTREN CONTRACTORS LIMITED p845
50 Nashdene Rd Suite 110, SCARBOROUGH, ON, M1V 5J2
(416) 292-9393   SIC 1542

PARAGON REMEDIATION GROUP LTD p289
8815 Harvie Rd, SURREY, BC, V4N 4B9
(604) 513-1324   SIC 1542

PCL CONSTRUCTION MANAGEMENT INC p1287
1433 1st Ave, REGINA, SK, S4R 8H2
(306) 347-4200   SIC 1542

PCL CONSTRUCTORS CANADA INC p452
111 Ilsley Ave Suite 300, DARTMOUTH, NS, B3B 1S8
(902) 481-8500   SIC 1542

PCL CONSTRUCTORS CANADA INC p696
2085 Hurontario St Suite 400, MISSISSAUGA, ON, L5A 4G1
(905) 276-7600   SIC 1542

PCL CONSTRUCTORS CANADA INC p727
49 Auriga Dr, NEPEAN, ON, K2E 8A1
(613) 225-6130   SIC 1542

PCL CONSTRUCTORS NORTHERN INC p105
9915 56 Ave Nw Suite 1, EDMONTON, AB, T6E 5L7
(780) 733-6000   SIC 1542

PLACEMENTS SERGAKIS INC p1215
6862 Rue Jarry E, SAINT-LEONARD, QC, H1P 3C1
(514) 328-5777   SIC 1542

POMERLEAU INC p286
8241 129 St, SURREY, BC, V3W 0A6
(604) 592-9767   SIC 1542

QUOREX CONSTRUCTION SERVICES LTD p1288
1630a 8th Ave, REGINA, SK, S4R 1E5
(306) 761-2222   SIC 1542

QUOREX CONSTRUCTION SERVICES LTD p1300
142 Cardinal Cres, SASKATOON, SK, S7L 6H6
(306) 244-3717   SIC 1542

REGENT CONSTRUCTION (2000) LTD p366
919 Dugald Rd, WINNIPEG, MB, R2J 0G7
(204) 231-3456   SIC 1542

RELY-EX CONTRACTING INC p1297
516 43rd St E, SASKATOON, SK, S7K 0V6
(306) 664-2155   SIC 1542

RHC DESIGN-BUILD p546
6783 Wellington Road 34, CAMBRIDGE, ON, N3C 2V4
(519) 249-0758   SIC 1542

RITE-WAY METALS LTD p229
20058 92a Ave, LANGLEY, BC, V1M 3A4
(604) 882-7557   SIC 1542

RIVER EAST TRANSCONA SCHOOL DIVISION p364
1455 Molson St, WINNIPEG, MB, R2G 3S6
(204) 669-5660   SIC 1542

RNF VENTURES LTD p1280
811 Central Ave, PRINCE ALBERT, SK, S6V 4V2
(306) 763-3700   SIC 1542

SCHOOL DISTRICT NO 36 (SURREY) p286
7565 132 St Suite 119, SURREY, BC, V3W 1K5
(604) 501-8555   SIC 1542

SCOTT CONSTRUCTION LTD p292
3777 Kingsway Suite 1750, VANCOUVER, BC, V5H 3Z7
(604) 874-8228   SIC 1542

SIEMENS CONSTRUCTION INC p73
Gd, EDBERG, AB, T0B 1J0
(780) 877-2478   SIC 1542

SIERRA SUNROOMS INC p783
2450 Lancaster Rd Unit 31, OTTAWA, ON, K1B 5N3
(613) 738-8055   SIC 1542

SM CONSTRUCTION INC p1169
15971 Boul De La Colline, Quebec, QC, G3G 3A7
(418) 849-7104   SIC 1542

SOUTH CAMP ENTERPRISES p481
1 Main St, RESOLUTE, NU, X0A 0V0
(867) 252-3737   SIC 1542

STEELCASE CONSTRUCTION INC p834
50 Venture Dr Unit 11, SCARBOROUGH, ON, M1B 3L6
(416) 282-4888   SIC 1542

STORBURN CONSTRUCTION LTD p775
Po Box 157 Stn Main, ORILLIA, ON, L3V 6J3
(705) 326-4140   SIC 1542

TERLIN CONSTRUCTION LTD p597
6961 Mckeown Dr Suite 1, GREELY, ON, K4P 1A2
(613) 821-0768   SIC 1542

UNIKE WEST CONSTRUCTION INC p284
10237 133 St Suite 111, SURREY, BC, V3T 0C6
SIC 1542

VERREAULT INC p1131
1200 Boul Saint-Martin O Bureau 300, Montreal, QC, H7S 2E4
(514) 845-4104   SIC 1542

VERTEX RESOURCE SERVICES LTD p163
2055 Premier Way Suite 121, SHERWOOD PARK, AB, T8H 0G2
(780) 464-3295   SIC 1542

VIC VAN ISLE CONSTRUCTION LTD p337
1240 Industrial Rd, WEST KELOWNA, BC, V1Z 1G5
(250) 769-9460   SIC 1542

WESCOR CONTRACTING LTD p335
3368 Tennyson Ave, VICTORIA, BC, V8Z 3P6
(250) 475-8882   SIC 1542

SIC 1611 Highway and street construction

1835755 ONTARIO LIMITED p555
227 Hwy 11 S, COCHRANE, ON, P0L 1C0
(705) 272-2090   SIC 1611

A S L PAVING LTD p1272
4001 52 St, LLOYDMINSTER, SK, S9V 2B5
(306) 825-4984   SIC 1611

A S L PAVING LTD p1286
2400 1st Ave, REGINA, SK, S4R 8G6
(306) 569-2045   SIC 1611

ACADIA PAVING LTD. p1302
121 105th St E, SASKATOON, SK, S7N 1Z2
(306) 374-4738   SIC 1611

AECON TRANSPORTATION WEST LTD p65
9700 Endeavor Dr Se, CALGARY, AB, T3S 0A1
(403) 293-9300   SIC 1611

ALLEN ENTREPRENEUR GENERAL INC p1191
118 Rue De La Gare, Saint-Henri-de-Levis, QC, G0R 3E0
(418) 882-2277   SIC 1611

AVERY CONSTRUCTION LIMITED p830
1109 Allen's Side Rd, SAULT STE. MARIE, ON, P6A 5K8
SIC 1611

BILLABONG ROAD & BRIDGE MAINTENANCE INC p278
2865 Tatlow Rd, SMITHERS, BC, V0J 2N5
(250) 847-8737   SIC 1611

BILLABONG ROAD & BRIDGE MAINTENANCE INC p290
5630 16 Hwy W, TERRACE, BC, V8G 0C6
(250) 638-7918   SIC 1611

BOLTKRETE SERVICES (2004) INC p557
381 Spinnaker Way, CONCORD, ON, L4K 4N4
(905) 738-9859   SIC 1611

BORDER PAVING LTD p66
4217 41 St, CAMROSE, AB, T4V 3V8
(780) 672-3389   SIC 1611

BORDER PAVING LTD p168
Gd, STONY PLAIN, AB, T7Z 1W1
(780) 967-3330   SIC 1611

BOT CONSTRUCTION LIMITED p769
1224 Speers Rd, OAKVILLE, ON, L6L 5B6
(905) 827-4167   SIC 1611

CARILLION CANADA INC p172
14403 16 Hwy, VEGREVILLE, AB, T9C 1V5
(780) 632-5063   SIC 1611

CARILLION CANADA INC p572
3532 Highway 17, ECHO BAY, ON, P0S 1C0
SIC 1611

CARMACKS ENTERPRISES LTD p119
Gd Lcd Main, FORT MCMURRAY, AB, T9H 3E2

SIC 1611

CARMACKS ENTERPRISES LTD p147
701 25 Ave, NISKU, AB, T9E 0C1
(780) 955-5545 SIC 1611

CEGERCO INC p1015
1180 Rue Bersimis, CHICOUTIMI, QC, G7K 1A5
(418) 543-6159 SIC 1611

CIMENTS LAVALLEE LTEE p1129
4300 Boul Saint-Elzear O, Montreal, QC, H7P 4J4
(450) 622-5448 SIC 1611

CITY OF WINNIPEG, THE p389
1539 Waverley St, WINNIPEG, MB, R3T 4V7
(204) 986-2224 SIC 1611

COCO PAVING INC p501
6520 Hwy 62, BELLEVILLE, ON, K8N 5A5
(613) 962-3461 SIC 1611

COCO PAVING INC p507
3075 Maple Grove Rd, BOWMANVILLE, ON, L1C 3K4
(905) 697-0400 SIC 1611

COCO PAVING INC p652
1865 Clarke Rd, LONDON, ON, N5X 3Z6
(519) 451-2750 SIC 1611

COCO PAVING INC p809
2317 Television Rd, PETERBOROUGH, ON, K9J 6X8
(705) 742-4448 SIC 1611

COCO PAVING INC p872
485 Little Baseline Rd Suite 1, TECUMSEH, ON, N8N 2L9
(519) 727-3838 SIC 1611

COMPAGNIE DE CONSTRUCTION ET DE DEVELOPPEMENT CRIE LTEE, LA p1016
3 Rue Aahppisaach, CHISASIBI, QC, J0M 1E0
(819) 855-1700 SIC 1611

CONSTRUCTION DJL INC p1005
2 Ch Des Carrieres, BROMONT, QC, J2L 1S3
(450) 534-2224 SIC 1611

CONSTRUCTION DJL INC p1010
1463 Ch De Chambly, CARIGNAN, QC, J3L 0J6
(450) 658-7527 SIC 1611

CONSTRUCTION DJL INC p1037
20 Rue Emile-Bond, GATINEAU, QC, J8Y 3M7
(819) 770-2300 SIC 1611

CONSTRUCTION DJL INC p1123
6200 Rue Saint-Patrick, Montreal, QC, H4E 1B3
(514) 766-8256 SIC 1611

CONSTRUCTION DJL INC p1134
136 Boul Perron O, NEW RICHMOND, QC, G0C 2B0
(418) 392-5055 SIC 1611

CONSTRUCTION DJL INC p1234
3200 Boul Hubert-Biermans, SHAWINIGAN, QC, G9N 0A4
(819) 539-2271 SIC 1611

CONSTRUCTION DJL INC p1234
3200 Boul Hubert-Biermans, SHAWINIGAN, QC, G9N 0A4
(819) 539-2271 SIC 1611

CORPORATION OF THE CITY OF KITCHENER p640
200 King St W, KITCHENER, ON, N2G 4V6
(519) 741-2345 SIC 1611

CORPORATION OF THE COUNTY OF WELLINGTON p602
Gd Stn Main, GUELPH, ON, N1H 6J5
(519) 821-2090 SIC 1611

CORPORATION OF THE REGIONAL MUNICIPALITY OF DURHAM, THE p959
825 Conlin Rd, WHITBY, ON, L1R 3K3
(905) 655-3344 SIC 1611

CRH CANADA GROUP INC p1213
26 Rue Saulnier, SAINT-LAURENT, QC, H7M 1S8
(450) 629-3533 SIC 1611

CRUICKSHANK CONSTRUCTION LIMITED p597
4139 Hwy 34, GREEN VALLEY, ON, K0C 1L0
(613) 525-1750 SIC 1611

CRUICKSHANK CONSTRUCTION LIMITED p735
1400 Newtonville Rd, NEWTONVILLE, ON, L0A 1J0
(905) 786-2004 SIC 1611

D. CRUPI & SONS LIMITED p845
85 Passmore Ave, SCARBOROUGH, ON, M1V 4S9
(416) 291-1986 SIC 1611

DECHANT CONSTRUCTION LTD p130
11004 97 St Ss 1, HIGH LEVEL, AB, T0H 1Z0
(780) 926-4411 SIC 1611

DELTA ENERGY LTD p170
16 Industrial Dr, SYLVAN LAKE, AB, T4S 1P4
SIC 1611

DEXTER CONSTRUCTION COMPANY LIMITED p477
44 Meadow Dr, TRURO, NS, B2N 5V4
(902) 895-6952 SIC 1611

DUNCOR ENTERPRISES INC p497
101 Big Bay Point Rd, BARRIE, ON, L4N 8M5
(705) 730-1999 SIC 1611

DUNN PAVING LIMITED p872
485 Little Baseline Rd, TECUMSEH, ON, N8N 2L9
(519) 727-3838 SIC 1611

E CONSTRUCTION LTD p164
224 Balsam Rd Ne, SLAVE LAKE, AB, T0G 2A0
(780) 849-2265 SIC 1611

EARTHWISE CONTRACTING LTD p91
20104 107 Ave Nw, EDMONTON, AB, T5S 1W9
(780) 413-4235 SIC 1611

EMCON SERVICES INC p216
5555 Hwy 22, GENELLE, BC, V0G 1G0
(250) 693-5609 SIC 1611

EMIL ANDERSON CONSTRUCTION CO. LTD p205
1425 Industrial Road 2, CRANBROOK, BC, V1C 5X5
(250) 426-7716 SIC 1611

EMIL ANDERSON MAINTENANCE CO. LTD p217
1313 6th Ave, HOPE, BC, V0X 1L4
(604) 869-7171 SIC 1611

EMIL ANDERSON MAINTENANCE CO. LTD p274
51160 Sache St, ROSEDALE, BC, V0X 1X0
(604) 794-7414 SIC 1611

ENTREPRISES LEVISIENNES INC, LES p1185
215 Rue Principale, Saint-Etienne-de-Lauzon, QC, G6J 0B9
(418) 831-4111 SIC 1611

ENTREPRISES NORD CONSTRUCTION (1962) INC, LES p1072
2604 Ch Du Lac, LONGUEUIL, QC, J4N 1B8
(450) 670-2330 SIC 1611

EUROVIA QUEBEC CONSTRUCTION INC p1003
1550 Rue Ampere Bureau 200, BOUCHERVILLE, QC, J4B 7L4
(450) 641-8000 SIC 1611

EUROVIA QUEBEC CONSTRUCTION INC p1123
6200 Rue Saint-Patrick, Montreal, QC, H4E 1B3
(514) 766-8256 SIC 1611

FOUR SEASONS SITE DEVELOPMENT LTD p514
42 Wentworth Crt Unit 1, BRAMPTON, ON, L6T 5K6
(905) 670-7655 SIC 1611

GCCL CONTRACTING LIMITED p524
12 Canam Cres, BRAMPTON, ON, L7A 1A9
(905) 454-1078 SIC 1611

GOUVERNEMENT DE LA PROVINCE DE QUEBEC p1012
1240 Rte 113, CHIBOUGAMAU, QC, G8P 2K5
(418) 748-7608 SIC 1611

GOUVERNEMENT DE LA PROVINCE DE QUEBEC p1045
1163 Boul Manseau, JOLIETTE, QC, J6E 3G9
(450) 759-5661 SIC 1611

GOUVERNEMENT DE LA PROVINCE DE QUEBEC p1177
80 Av Quebec, ROUYN-NORANDA, QC, J9X 6R1
(819) 763-3237 SIC 1611

GOUVERNEMENT DE LA PROVINCE DE QUEBEC p1197
90 Ch Des Patriotes E, SAINT-JEAN-SUR-RICHELIEU, QC, J2X 5P9
(450) 347-2301 SIC 1611

H M C SERVICES INC p216
521 Golden Donald Upper Rd, GOLDEN, BC, V0A 1H1
(250) 344-5009 SIC 1611

H M C SERVICES INC p264
723 Hwy 23 S, REVELSTOKE, BC, V0E 2S0
(250) 837-3136 SIC 1611

INLAND CONTRACTING LTD p252
716 Okanagan Ave E, PENTICTON, BC, V2A 3K6
(250) 492-2626 SIC 1611

INTEGRATED MAINTENANCE & OPERATIONS SERVICES INC p672
Gd, MARKHAM, ON, L3R 9R8
(905) 475-6660 SIC 1611

INTER-CITE CONSTRUCTION LTEE p1014
209 Boul Du Royaume O, CHICOUTIMI, QC, G7H 5C2
(418) 549-0532 SIC 1611

INTERIOR ROADS LTD p176
220 Exeter Rd, 100 MILE HOUSE, BC, V0K 2E0
(250) 395-2117 SIC 1611

INTERIOR ROADS LTD p235
429 Main St, LILLOOET, BC, V0K 1V0
(250) 256-7411 SIC 1611

INTEROUTE CONSTRUCTION LTD p214
9503 79th Ave, FORT ST. JOHN, BC, V1J 4J3
(250) 787-7283 SIC 1611

JJM CONSTRUCTION LTD p210
8218 River Way, DELTA, BC, V4G 1C4
(604) 946-0978 SIC 1611

K.J BEAMISH CONSTRUCTION CO. LTD p572
34 Perini Rd, ELLIOT LAKE, ON, P5A 2T1
(705) 848-5488 SIC 1611

K.J BEAMISH CONSTRUCTION CO. LTD p774
4293 Fairgrounds Rd, ORILLIA, ON, L3V 6H2
(705) 325-7447 SIC 1611

L'AEROPORT MAGNY AMOS p989
1242 Rte 111 E, AMOS, QC, J9T 3A1
(819) 732-2770 SIC 1611

LAFARGE CANADA INC p243
61 Nanaimo River Rd, NANAIMO, BC, V9X 1S5
(250) 754-2195 SIC 1611

LAFARGE CANADA INC p394
50 Old Black River Rd, BLACK RIVER, NB, E2S 1Z2
(506) 633-1890 SIC 1611

LAFARGE CANADA INC p497
701 Dunlop St W, BARRIE, ON, L4N 9W9
(705) 726-6424 SIC 1611

LAFARGE CANADA INC p560
7880 Keele St, CONCORD, ON, L4K 4G7
(905) 738-7070 SIC 1611

LAFARGE CANADA INC p588
Gd, FENELON FALLS, ON, K0M 1N0
(705) 887-2820 SIC 1611

LAFARGE CANADA INC p757
949 Wilson Ave, NORTH YORK, ON, M3K 1G2
(416) 635-6002 SIC 1611

LAFARGE CANADA INC p780
1255 Wilson Rd N, OSHAWA, ON, L1H 7L3
(905) 728-4661 SIC 1611

LAFARGE PAVING & CONSTRUCTION (EASTERN) LIMITED p502
6520 Hwy 62 & 401, BELLEVILLE, ON, K8N 5A5
(613) 962-3461 SIC 1611

LAFARGE PAVING & CONSTRUCTION (EASTERN) LIMITED p560
7880 Keele St, CONCORD, ON, L4K 4G7
(905) 738-7070 SIC 1611

LAFARGE PAVING & CONSTRUCTION (EASTERN) LIMITED p635
1600 Westbrook Rd, KINGSTON, ON, K7P 2Y7
(613) 389-3232 SIC 1611

LAFARGE PAVING & CONSTRUCTION (EASTERN) LIMITED p785
1651 Bearbrook Rd, OTTAWA, ON, K1G 3K2
(613) 830-3060 SIC 1611

LAFARGE PAVING & CONSTRUCTION (EASTERN) LIMITED p802
998 Moodie Dr, OTTAWA, ON, K2R 1H3
(613) 829-1770 SIC 1611

LAFARGE PAVING & CONSTRUCTION (EASTERN) LIMITED p1050
545 Ch Deschenes, L'ANGE-GARDIEN, QC, J8L 4A1
(819) 281-8542 SIC 1611

LAKES DISTRICT MAINTENANCE LTD p207
Gd, DEASE LAKE, BC, V0C 1L0
(250) 771-3000 SIC 1611

LAKES DISTRICT MAINTENANCE LTD p292
13410 Blackman Rd, VALEMOUNT, BC, V0E 2Z0
(250) 566-4474 SIC 1611

LEDCOR INDUSTRIES INC p308
1067 Cordova St W Suite 1200, VANCOUVER, BC, V6C 1C7
(604) 681-7500 SIC 1611

LOCATION A.L.R. INC p988
211 Rue Du Mistral, ALMA, QC, G8E 2E2
(418) 347-4665 SIC 1611

MAINROAD EAST KOOTENAY CONTRACTING LTD p205
258 Industrial Road F, CRANBROOK, BC, V1C 6N8
(250) 417-4624 SIC 1611

MAINROAD EAST KOOTENAY CONTRACTING LTD p282
17474 56 Ave, SURREY, BC, V3S 1C3
(604) 575-7020 SIC 1611

MESKEN CONTRACTING LIMITED p131
12 Ave & Centre St Se, HIGH RIVER, AB, T1V 1M5
(403) 652-2345 SIC 1611

MILLER GROUP INC p731
704024 Rockley Rd, NEW LISKEARD, ON, P0J 1P0
(705) 647-8299 SIC 1611

MILLER PAVING LIMITED p394
2276 Route 128, BERRY MILLS, NB, E1G 4K4
(506) 857-0112 SIC 1611

MILLER PAVING LIMITED p454
3 First St, ELMSDALE, NS, B2S 2L5
(902) 883-2574 SIC 1611

MILLER PAVING LIMITED p464
20 Horseshoe Lake Dr, HALIFAX, NS, B3S 0B7
(902) 490-6640 SIC 1611

MILLER PAVING LIMITED p520
106 Orenda Rd, BRAMPTON, ON, L6W 3W6
(905) 455-6377 SIC 1611

MILLER PAVING LIMITED p529
356 Millers Rd, BRECHIN, ON, L0K 1B0
(705) 484-0195 SIC 1611

MILLER PAVING LIMITED p570
351 Kennedy Rd, DRYDEN, ON, P8N 2Z2

(807) 223-2844 SIC 1611
MILLER PAVING LIMITED p596
287 Ram Forest Rd, GORMLEY, ON, L0H 1G0
(905) 713-2526 SIC 1611
MILLER PAVING LIMITED p664
3438 Manning Dr, LONDON, ON, N6L 1K6
(519) 668-7894 SIC 1611
MILLER PAVING LIMITED p673
8050 Woodbine Ave, MARKHAM, ON, L3R 2N8
(905) 475-6356 SIC 1611
MILLER PAVING LIMITED p731
704024 Rockley Rd, NEW LISKEARD, ON, P0J 1P0
(705) 647-4331 SIC 1611
MILLER PAVING LIMITED p739
571 York Rd, NIAGARA ON THE LAKE, ON, L0S 1J0
(905) 685-4352 SIC 1611
MILLER PAVING LIMITED p960
4615 Thickson Rd N, WHITBY, ON, L1R 2X2
(905) 655-3889 SIC 1611
MSO CONSTRUCTION LIMITED p520
106 Orenda Rd, BRAMPTON, ON, L6W 3W6
(905) 459-4331 SIC 1611
MUNICIPAL CONTRACTING LIMITED p479
927 Rocky Lake Dr, WAVERLEY, NS, B2R 1S1
(902) 835-3381 SIC 1611
NABASHOU CONSTRUCTION INC p1128
3983 Boul Lite, Montreal, QC, H7E 1A3
(450) 661-1102 SIC 1611
NEPTUNE CORING (WESTERN) LTD p92
21521 112 Ave Nw, EDMONTON, AB, T5S 2T8
(780) 486-4050 SIC 1611
NORTH AMERICAN ROAD LTD p1
53016 Hwy 60 Suite 2, ACHESON, AB, T7X 5A7
(780) 960-7171 SIC 1611
O.K. INDUSTRIES LTD p204
801a 29th St, COURTENAY, BC, V9N 7Z5
(250) 338-7251 SIC 1611
O.K. INDUSTRIES LTD p212
6357 Lake Cowichan Hwy, DUNCAN, BC, V9L 3Y2
(250) 748-2531 SIC 1611
P. BAILLARGEON LTEE p1199
800 Rue Des Carrieres, SAINT-JEAN-SUR-RICHELIEU, QC, J3B 2P2
(514) 866-8333 SIC 1611
PALMER CONSTRUCTION GROUP INC p831
258 Queen St E Suite 301, SAULT STE. MARIE, ON, P6A 1Y7
(705) 254-1644 SIC 1611
PAVAGES CHENAIL INC, LES p1220
104 Boul Saint-Remi, Saint-Remi, QC, J0L 2L0
(450) 454-5171 SIC 1611
PAVAGES MASKA INC p1074
2150 Rue Tanguay, MAGOG, QC, J1X 5Y5
(819) 843-6767 SIC 1611
PETER KIEWIT INFRASTRUCTURE CO. p48
1000 7 Ave Sw Suite 500, CALGARY, AB, T2P 5L5
(403) 693-8701 SIC 1611
PETER KIEWIT INFRASTRUCTURE CO. p65
9500 100 St Se, CALGARY, AB, T3S 0A2
SIC 1611
PETER KIEWIT INFRASTRUCTURE CO. p93
11211 Winterburn Rd Nw, EDMONTON, AB, T5S 2B2
(780) 447-3509 SIC 1611
PIONEER CONSTRUCTION INC p740
175 Progress Rd, NORTH BAY, ON, P1A 0B8
(705) 472-0890 SIC 1611
PIONEER CONSTRUCTION INC p831
845 Old Goulais Bay Rd Suite 3, SAULT STE. MARIE, ON, P6A 0B5
(705) 541-2250 SIC 1611

PIONEER CONSTRUCTION INC p881
1344 Oliver Rd, THUNDER BAY, ON, P7G 1K4
(807) 345-2338 SIC 1611
PRAIRIE NORTH CONST. LTD p106
4936 87 St Nw Suite 280, EDMONTON, AB, T6E 5W3
(780) 463-3363 SIC 1611
REVELSTOKE, CITY OF p265
1200 Victoris St E, REVELSTOKE, BC, V0E 2S0
(250) 837-2001 SIC 1611
ROBINSON, ELLWOOD LIMITED p831
2075 Great Northern Rd, SAULT STE. MARIE, ON, P6A 5K7
(705) 759-1759 SIC 1611
SIMARD-BEAUDRY CONSTRUCTION INC p1132
5250 Rue D'amiens, MONTREAL-NORD, QC, H1G 3G5
(514) 324-0055 SIC 1611
SINTRA INC p1002
911 Rue Matthieu, BON-CONSEIL, QC, J0C 1A0
(819) 336-2666 SIC 1611
SINTRA INC p1009
3600 Ch Dunant, CANTON-DE-HATLEY, QC, J0B 2C0
(819) 569-6333 SIC 1611
SINTRA INC p1068
678 Av Taniata Unite 839, Levis, QC, G6Z 2C2
(418) 839-4175 SIC 1611
SINTRA INC p1125
4984 Place De La Savane, Montreal, QC, H4P 2M9
(514) 341-5331 SIC 1611
SINTRA INC p1175
105 Rue Louis-Philippe-Lebrun, Riviere-du-Loup, QC, G5R 5W5
(418) 862-0000 SIC 1611
SINTRA INC p1179
101 Rue Sintre, SAINT-ALPHONSE-DE-GRANBY, QC, J0E 2A0
(450) 375-4471 SIC 1611
SINTRA INC p1196
7 Rang Saint-Regis S, SAINT-ISIDORE-DE-LAPRAIRIE, QC, J0L 2A0
(450) 638-0172 SIC 1611
SINTRA INC p1241
290 Rue Monseigneur-Desranleau, SOREL-TRACY, QC, J3P 7Y6
(450) 742-5993 SIC 1611
STANDARD GENERAL INC p65
9660 Enterprise Way Se, CALGARY, AB, T3S 0A1
(403) 255-1131 SIC 1611
STEED & EVANS LIMITED p857
3000 Ament Line, ST CLEMENTS, ON, N0B 2M0
(519) 744-7315 SIC 1611
STEED & EVANS LIMITED p876
3551 Weslselie St, THOROLD, ON, L2V 3Y7
(905) 227-2994 SIC 1611
STEED AND EVANS LIMITED p857
3000 Ament Line Rr 1, ST JACOBS, ON, N0B 2N0
SIC 1611
TACKABERRY, G & SONS CONSTRUCTION COMPANY LIMITED p490
109 Washburn Rd, ATHENS, ON, K0E 1B0
(613) 924-2634 SIC 1611
TAHLTAN NATION DEVELOPMENT CORPORATION p207
Hwy 37 N, DEASE LAKE, BC, V0C 1L0
(250) 771-5482 SIC 1611
TCG ASPHALT & CONSTRUCTION INC p637
32 Forwell Rd, KITCHENER, ON, N2B 3E8
(519) 578-9180 SIC 1611
TWD ROADS MANAGEMENT INC p721
6130 Edwards Blvd, MISSISSAUGA, ON, L5T 2V7
(905) 670-3080 SIC 1611

VECTOR ENTERPRISES LTD p392
474 Dovercourt Dr, WINNIPEG, MB, R3Y 1G4
(204) 489-6300 SIC 1611
VILLE DE MONTREAL p1258
1177 Rue Dupuis, VERDUN, QC, H4G 3L4
SIC 1611
VOLKER STEVIN CONTRACTING LTD. p119
Junction Hwy 2 Secondary Rd, FORT MACLEOD, AB, T0L 0Z0
(403) 553-4225 SIC 1611
VOLKER STEVIN CONTRACTING LTD. p133
Gd, KANANASKIS, AB, T0L 2H0
(403) 591-7124 SIC 1611
VOLKER STEVIN CONTRACTING LTD. p137
4004 6 Ave N, LETHBRIDGE, AB, T1H 6W4
(403) 320-4920 SIC 1611
VSA HIGHWAY MAINTENANCE LTD p237
2925 Pooley Ave, MERRITT, BC, V1K 1C2
(250) 315-0166 SIC 1611
YCS HOLDINGS LTD p260
4955 Sandberg Rd, Prince George, BC, V2M 7B4
SIC 1611
YCS HOLDINGS LTD p263
161 Mishaw Rd, PRINCE RUPERT, BC, V8J 3Y1
(250) 624-5814 SIC 1611
YCS HOLDINGS LTD p264
Gd Lcd Main, QUESNEL, BC, V2J 3J1
(250) 992-9033 SIC 1611

SIC 1622 Bridge, tunnel, and elevated highway construction

AECON CONSTRUCTION GROUP INC p454
1387 Eastern Passage Hwy, EASTERN PASSAGE, NS, B3G 1M5
SIC 1622
BIRD GENERAL CONTRACTORS LTD p433
90 O'leary Ave Suite 101, ST. JOHN'S, NL, A1B 2C7
(709) 726-9095 SIC 1622
CLAYCO CONSTRUCTION (2001) LIMITED p420
5 Pattison St, SCOUDOUC, NB, E4P 8Y7
(506) 532-8813 SIC 1622
CRUICKSHANK CONSTRUCTION LIMITED p501
53 Grills Rd, BELLEVILLE, ON, K8N 4Z5
SIC 1622
JACQUES CARTIER AND CHAMPLAIN BRIDGES INCORPORATED, THE p1071
1225 Rue Saint-Charles O 5e etage, LONGUEUIL, QC, J4K 0B9
(450) 651-8771 SIC 1622
LOOBY BUILDERS (DUBLIN) LIMITED p570
10 Matilda St, DUBLIN, ON, N0K 1E0
(519) 345-2800 SIC 1622
LOOBY, L.J. CONTRACTING LTD p570
10 Matilda St, DUBLIN, ON, N0K 1E0
(519) 345-2800 SIC 1622
RUSKIN CONSTRUCTION LTD p262
2011 Pg Pulp Mill Rd, PRINCE GEORGE, BC, V2N 2K3
(250) 563-2800 SIC 1622

SIC 1623 Water, sewer, and utility lines

1010360 ONTARIO INC p850
2952 Thompson Rd, SMITHVILLE, ON, L0R 2A0
SIC 1623
751768 ALBERTA INC p5
84 Bonin Cres, BEAUMONT, AB, T4X 1N7
SIC 1623
AECOM CANADA LTD p173
1910 15 Ave, WAINWRIGHT, AB, T9W 1L2
(780) 842-6188 SIC 1623
AECOM CANADA LTD p1265
Gd, CARLYLE, SK, S0C 0R0
SIC 1623

AECOM PRODUCTION SERVICES LTD p158
1901 Highway Ave Ne, REDCLIFF, AB, T0J 2P0
(403) 548-3190 SIC 1623
AECON CONSTRUCTION GROUP INC p496
40 Churchill Dr, BARRIE, ON, L4N 8Z5
(705) 733-2543 SIC 1623
AECON CONSTRUCTION GROUP INC p573
7879 Howard Ave, EMBRO, ON, N0J 1J0
(519) 726-7361 SIC 1623
ALLTECK LINE CONTRACTORS INC p186
4940 Still Creek Ave, BURNABY, BC, V5C 4E4
(604) 294-8172 SIC 1623
ALLTECK LINE CONTRACTORS INC p234
5363 273a St, LANGLEY, BC, V4W 3Z4
(604) 857-6600 SIC 1623
ARCTIC POWER SYSTEMS BC LTD p289
18509 96 Ave, SURREY, BC, V4N 3P7
(877) 551-8588 SIC 1623
ARNETT & BURGESS OIL FIELD CONSTRUCTION LIMITED p160
4510 50 St, SEDGEWICK, AB, T0B 4C0
(780) 384-4050 SIC 1623
ATCO ELECTRIC LTD p78
10080 Jasper Ave Nw, EDMONTON, AB, T5J 1V9
(780) 420-7302 SIC 1623
AVERTEX UTILITY SOLUTIONS INC p833
205235 County Rd 109, SCARBOROUGH, ON, L9W 0T8
(519) 942-3030 SIC 1623
B. G. HIGH VOLTAGE SYSTEMS LIMITED p596
27 Cardico Dr, GORMLEY, ON, L0H 1G0
(905) 888-6677 SIC 1623
BAKER HUGHES CANADA COMPANY p122
805 Memorial Dr Unit 3, FORT MCMURRAY, AB, T9K 0K4
(780) 799-3327 SIC 1623
BANSHEE ENTERPRISES LTD p1284
2330 15th Ave Suite 100, REGINA, SK, S4P 1A2
SIC 1623
BARR, GORDON LIMITED p630
156 Duff St, KINGSTON, ON, K7K 2L5
(613) 542-4922 SIC 1623
BELL TECHNICAL SOLUTIONS INC p707
6535 Millcreek Dr, MISSISSAUGA, ON, L5N 2M2
SIC 1623
BENOIT OILFIELD CONSTRUCTION (1997) LTD p68
302 Rupert St, CHAUVIN, AB, T0B 0V0
(780) 858-3794 SIC 1623
BERETTA ENTERPRISES (1994) LTD p1272
Gd Stn Main, LLOYDMINSTER, SK, S9V 0X5
(780) 875-6522 SIC 1623
BERETTA PIPELINE CONSTRUCTION LTD p1272
Gd Stn Main, LLOYDMINSTER, SK, S9V 0X5
SIC 1623
BIG COUNTRY ENERGY SERVICES LIMITED PARTNERSHIP p8
350 Aquaduct Dr, BROOKS, AB, T1R 1B2
(403) 362-3222 SIC 1623
BIG COUNTRY ENERGY SERVICES LIMITED PARTNERSHIP p145
1010 Brier Park Dr Nw, MEDICINE HAT, AB, T1C 1Z7
(403) 529-6444 SIC 1623
BIG COUNTRY ENERGY SERVICES LIMITED PARTNERSHIP p151
6709 44 Ave, PONOKA, AB, T4J 1J8
SIC 1623
BIG COUNTRY ENERGY SERVICES LIMITED PARTNERSHIP p174
3905 35 St Suite 3, WHITECOURT, AB, T7S 0A2
(780) 706-2141 SIC 1623
BIG COUNTRY ENERGY SERVICES LIMITED PARTNERSHIP p1306

▲ Public Company ■ Public Company Family Member **HQ** Headquarters **BR** Branch **SL** Single Location

2105 North Service Rd W, SWIFT CURRENT, SK, S9H 5K9
(306) 778-1500 SIC 1623
CAN WEST PROJECTS INC p63
85 Freeport Blvd Ne Suite 202, CALGARY, AB, T3J 4X8
(403) 261-8890 SIC 1623
CANADIAN UTILITY CONSTRUCTION CORP p183
7950 Venture St, BURNABY, BC, V5A 1V3
(604) 415-3463 SIC 1623
CANADIAN UTILITY CONSTRUCTION CORP p281
14928 56 Ave Suite 305, SURREY, BC, V3S 2N5
(604) 574-6640 SIC 1623
CANADIAN UTILITY CONSTRUCTION CORP p281
6739 176 St Unit 1, SURREY, BC, V3S 4G6
(604) 576-9358 SIC 1623
CITY OF CALGARY, THE p27
2201 Portland St Se, CALGARY, AB, T2G 4M7
(403) 268-1169 SIC 1623
CITY OF EDMONTON p86
14323 115 Ave Nw, EDMONTON, AB, T5M 3B8
(780) 496-7900 SIC 1623
COMTOWER SERVICES INC p192
7590 Lowland Dr, BURNABY, BC, V5J 5A4
(604) 436-5755 SIC 1623
CONSTRUCTIONS HAMEL & VANEAU INC, LES p1145
325 Rue Fichet, Quebec, QC, G1C 6Y1
(418) 580-9155 SIC 1623
CORIX INFRASTRUCTURE INC p265
1128 Burdette St, RICHMOND, BC, V6V 2Z3
(604) 273-4987 SIC 1623
DASSYLOI INC p1232
575 Rue Gaetan, SALABERRY-DE-VALLEYFIELD, QC, J6S 0A7
(450) 377-5204 SIC 1623
DEL-BROOK CONTRACTING LTD. p577
55 Magnificent Rd, ETOBICOKE, ON, M8Z 4T4
SIC 1623
DIBCO UNDERGROUND LIMITED p506
135 Commercial Rd, BOLTON, ON, L7E 1R6
(905) 857-0458 SIC 1623
DONCAR CONSTRUCTION INC p1127
4085 Rang Saint-Elzear E, Montreal, QC, H7E 4P2
SIC 1623
DVN OILFIELD SERVICES LTD p168
4604 40 St, STETTLER, AB, T0C 2L0
(403) 740-2517 SIC 1623
E.O.S. PIPELINE & FACILITIES INC p43
736 6 Ave Sw Suite 1205, CALGARY, AB, T2P 3T7
(403) 232-8446 SIC 1623
ENERPOWER UTILITIES INC p559
585 Applewood Cres, CONCORD, ON, L4K 5V7
(905) 761-9415 SIC 1623
ERIE THAMES POWERLINES CORPORATION p621
143 Bell St Suite 157, INGERSOLL, ON, N5C 2N9
(519) 485-1820 SIC 1623
EXPERTECH NETWORK INSTALLATION INC p585
240 Attwell Dr, ETOBICOKE, ON, M9W 5B2
SIC 1623
FLINT ENERGY SERVICES LTD. p71
6 Well Head St, DEVON, AB, T9G 1Z7
SIC 1623
FLINT ENERGY SERVICES LTD. p117
Gd Stn Main, EDSON, AB, T7E 1T1
SIC 1623
FLINT INFRASTRUCTURE SERVICES LTD p8
1 Tree Rd, BROOKS, AB, T1R 1C6
SIC 1623
FLINT INFRASTRUCTURE SERVICES LTD p31
1209 59 Ave Se Suite 205, CALGARY, AB, T2H 2P6
(403) 218-7113 SIC 1623
FORBES BROS. LTD p1
53016 Hwy 60 Suite 605, ACHESON, AB, T7X 5A7
(780) 960-1950 SIC 1623
FORBES BROS. LTD p383
1780 Wellington Ave Unit 301, WINNIPEG, MB, R3H 1B3
(204) 888-6174 SIC 1623
G.L.R. INC p1050
1095 Rue Valets, L'ANCIENNE-LORETTE, QC, G2E 4M7
(418) 872-3365 SIC 1623
GLR - THIRO S.E.N.C. p1050
1095 Rue Valets, L'ANCIENNE-LORETTE, QC, G2E 4M7
(418) 872-7420 SIC 1623
GREELY CONSTRUCTION INC p850
2952 Thompson Rd, SMITHVILLE, ON, L0R 2A0
(905) 643-7687 SIC 1623
HAPAMP LIMITED p573
100 Yonge St N Unit B, ELMVALE, ON, L0L 1P0
(705) 322-1353 SIC 1623
INLAND PACIFIC RESOURCES INC p312
1188 Georgia St W Suite 1160, VANCOUVER, BC, V6E 4A2
(604) 697-6700 SIC 1623
INSTECH TELECOMMUNICATION INC p1019
2075 Boul Fortin, Cote Saint-Luc, QC, H7S 1P4
(514) 388-4337 SIC 1623
IPAC SERVICES CORPORATION p68
8701 102 St Ss 55, CLAIRMONT, AB, T0H 0W0
(780) 532-7350 SIC 1623
ISLAND PIPELINES CONSTRUCTION (B.C. CANADA) CORP p194
Gd Stn A, CAMPBELL RIVER, BC, V9W 4Z8
(250) 923-4468 SIC 1623
K-LINE MAINTENANCE & CONSTRUCTION LIMITED p1267
5 Industrial Dr, EMERALD PARK, SK, S4L 1B7
(306) 781-2711 SIC 1623
KEVCO PIPELINES LTD p18
5050 54 Ave Se, CALGARY, AB, T2C 2Y8
(403) 279-5050 SIC 1623
LAFARGE CANADA INC p92
21521 112 Ave Nw, EDMONTON, AB, T5S 2T8
(780) 486-4050 SIC 1623
LIGNES DU FJORD INC, LES p1046
2361 Rue Bauman, Jonquiere, QC, G7S 5A9
(418) 548-0048 SIC 1623
LINK-LINE CONSTRUCTION LTD p689
1625 Shawson Dr, MISSISSAUGA, ON, L4W 1T7
(905) 696-6929 SIC 1623
LOUISBOURG SBC, SOCIETE EN COMMANDITE p1063
4125 Des Laurentides (A-15) E, LAVAL-OUEST, QC, H7L 5W5
SIC 1623
M R MARTIN CONSTRUCTION INC p413
612 Pine Glen Rd, RIVERVIEW, NB, E1B 4X2
(506) 387-4070 SIC 1623
MADYSTA TELECOM LTEE p1252
3600 Boul L.-P.-Normand, TROIS-RIVIERES, QC, G9B 0G2
(819) 377-3336 SIC 1623
MARITIMES & NORTHEAST PIPELINE MANAGEMENT LTD p459
1801 Hollis St Suite 1600, HALIFAX, NS, B3J 3N4
(902) 425-4474 SIC 1623
MIDLITE CONSTRUCTION LTD p122
135 Boreal Ave, FORT MCMURRAY, AB, T9K 0T4
(780) 714-6559 SIC 1623
NPL CANADA LTD p710
7505 Danbro Cres, MISSISSAUGA, ON, L5N 6P9
(905) 821-8383 SIC 1623
NPL CANADA LTD p975
1 Royal Gate Blvd Suite E, WOODBRIDGE, ON, L4L 8Z7
(905) 265-7400 SIC 1623
O.J. PIPELINES CANADA p147
1409 4 St, NISKU, AB, T9E 7M9
(780) 955-3900 SIC 1623
PLAN GROUP INC p1192
5974 Grande Allee Bureau 37, SAINT-HUBERT, QC, J3Y 1B3
(450) 462-3522 SIC 1623
PROMARK-TELECON INC p727
203 Colonnade Rd Unit 10, NEPEAN, ON, K2E 7K3
(613) 723-9888 SIC 1623
PROVINCIAL POLE SPECIALISTS INCORPORATED p455
645 Pratt And Whitney Dr Suite 1, GOFFS, NS, B2T 0H4
(902) 468-8404 SIC 1623
RAINONE CONSTRUCTION (2007) LIMITED p668
86 Evergreen Dr, MARATHON, ON, P0T 2E0
SIC 1623
RHUCON PIPELINE CONSTRUCTION LTD p509
Gd Stn Main, BRADFORD, ON, L3Z 2A3
SIC 1623
RHYASON CONTRACTING LTD p215
7307 Bipa Rd E, FORT ST. JOHN, BC, V1J 4M6
(250) 785-0515 SIC 1623
RODEAN ENT LTD p1280
1027 4th St E, PRINCE ALBERT, SK, S6V 0L1
(306) 764-1108 SIC 1623
SADE CANADA INC p1156
1564 Av Ampere, Quebec, QC, G1P 4B9
(581) 300-7233 SIC 1623
SECURITE POLYGON INC p193
7885 North Fraser Way Unit 140, BURNABY, BC, V5J 5M7
(604) 324-7122 SIC 1623
SYSTEMES ET CABLES PRYSMIAN CANADA LTEE p1199
383 Boul Du Seminaire N, SAINT-JEAN-SUR-RICHELIEU, QC, J3B 8C5
(450) 359-6721 SIC 1623
TRANSCANADA PIPELINES LIMITED p2
1401 Veterans Blvd Nw, AIRDRIE, AB, T4A 2G7
(403) 948-8111 SIC 1623
TRANSELEC/COMMON INC p1019
2075 Boul Fortin, Cote Saint-Luc, QC, H7S 1P4
(514) 382-1550 SIC 1623
TRYLON TSF INC p14
3016 10 Ave Ne Suite 105, CALGARY, AB, T2A 6A3
(403) 295-2206 SIC 1623
TRYLON TSF INC p573
21 S Field Dr, ELMIRA, ON, N3B 2Z4
(519) 669-5421 SIC 1623
TSG ENERGY SERVICES LTD p121
311 253 Gregoire Dr, FORT MCMURRAY, AB, T9H 4G7
(780) 799-2772 SIC 1623
VALARD CONSTRUCTION LTD p58
3595 114 Ave Se Suite 200, CALGARY, AB, T2Z 3X2
(403) 279-1003 SIC 1623
VALARD CONSTRUCTION LTD p107
4209 99 St Nw Suite 301, EDMONTON, AB, T6E 5V7
(780) 436-9876 SIC 1623
VALARD CONSTRUCTION LTD p128
14310 97 St, GRANDE PRAIRIE, AB, T8V 7B7
(780) 539-4750 SIC 1623
VALARD CONSTRUCTION LTD p291
3120 Braun St, TERRACE, BC, V8G 5N9
SIC 1623
VOLTAGE POWER LTD p384
1313 Border St Unit 21, WINNIPEG, MB, R3H 0X4
(204) 594-1140 SIC 1623
WESTOWER COMMUNICATIONS LTD p26
3815 2 St Ne, CALGARY, AB, T2E 3H8
(403) 226-2020 SIC 1623
WESTOWER COMMUNICATIONS LTD p171
4933 46th St, THORSBY, AB, T0C 2P0
(780) 789-2375 SIC 1623
WESTOWER COMMUNICATIONS LTD p283
17886 55 Ave, SURREY, BC, V3S 6C8
(604) 576-4755 SIC 1623
WESTOWER COMMUNICATIONS LTD p479
4671 Highway 2, WELLINGTON, NS, B2T 1B7
(902) 860-2186 SIC 1623
WESTOWER COMMUNICATIONS LTD p573
60 South Field Dr, ELMIRA, ON, N3B 2Z2
(519) 669-5908 SIC 1623
WESTOWER COMMUNICATIONS LTD p992
8700 Rue De L'innovation, ANJOU, QC, H1J 2X9
(514) 356-0911 SIC 1623
WILLBROS CONSTRUCTION SERVICES (CANADA) LP p117
1103 95 St Sw Suite 201, EDMONTON, AB, T6X 0P8
(403) 817-2265 SIC 1623
WILLBROS PSS MIDSTREAM (CANADA) L.P. p162
261 Seneca Rd, SHERWOOD PARK, AB, T8A 4G6
(780) 400-4200 SIC 1623
WINDSOR UTILITIES p967
3665 Wyandotte St E, WINDSOR, ON, N8Y 1G4
(519) 251-7300 SIC 1623
WORLEYPARSONSCORD LTD p116
2455 130 Ave Ne, EDMONTON, AB, T6S 0A4
(780) 440-6942 SIC 1623

SIC 1629 Heavy construction, nec

A & B RAIL SERVICES LTD p162
50 Strathmoor Dr Suite 200, SHERWOOD PARK, AB, T8H 2B6
(780) 449-7699 SIC 1629
AECON PRODUCTION SERVICES LTD p151
53 Imperial Dr, RAINBOW LAKE, AB, T0H 2Y0
(780) 956-3941 SIC 1629
AECON CONSTRUCTION AND MATERIALS LIMITED p160
53367 Range Road 232, SHERWOOD PARK, AB, T8A 4V2
(780) 416-5700 SIC 1629
AECON CONSTRUCTION AND MATERIALS LIMITED p583
20 Carlson Crt Suite 800, ETOBICOKE, ON, M9W 7K6
(905) 454-1078 SIC 1629
AECON WATER INFRASTRUCTURE INC p30
7335 Flint Rd Se, CALGARY, AB, T2H 1G3
(403) 770-1914 SIC 1629
AREVA NP CANADA LTD p813
925 Brock Rd Suite B, PICKERING, ON, L1W 2X9
(905) 421-2600 SIC 1629
ARNETT & BURGESS OIL FIELD CONSTRUCTION LIMITED p5
5024 46 Ave, BASHAW, AB, T0B 0H0
(780) 372-3954 SIC 1629
ATCO ELECTRIC LTD p78
10040 104 St Nw Suite 800, EDMONTON,

SIC 1711 Plumbing, heating, air-conditioning

AB, T5J 0Z2
(780) 420-3859 SIC 1629

BI PURE WATER (CANADA) INC p289
9790 190 St Unit 2, SURREY, BC, V4N 3M9
(604) 882-6650 SIC 1629

BIRD CIVIL ET MINES LTEE p1141
1870 Bd Des Sources Bureau 200, POINTE-CLAIRE, QC, H9R 5N4
(514) 426-1333 SIC 1629

BROWN & ROOT INDUSTRIAL SERVICES CANADA CORPORATION p114
3300 76 Ave Nw Bldg B, EDMONTON, AB, T6P 1J4
(780) 577-4440 SIC 1629

C. B. S. CONSTRUCTION LTD p119
150 Mackay Cres, FORT MCMURRAY, AB, T9H 4W8
(780) 743-1810 SIC 1629

CANDO RAIL SERVICES LTD p344
830 Douglas St, BRANDON, MB, R7A 7B2
(204) 726-4545 SIC 1629

CARMACKS ENTERPRISES LTD p96
13203 156 St, EDMONTON, AB, T5V 1V2
(780) 451-9118 SIC 1629

CASTONGUAY S.E.N.C. p1240
5939 Rue Joyal, SHERBROOKE, QC, J1N 1H1
(819) 864-4201 SIC 1629

CEDARHURST QUARRIES & CRUSHING LIMITED p617
5625 Notre Dame Ave, HANMER, ON, P3P 1P2
(705) 969-4461 SIC 1629

CITY OF WINNIPEG, THE p370
2230 Main St, WINNIPEG, MB, R2V 4T8
(204) 986-4684 SIC 1629

CONSOLIDATED DRILLING AND BLASTING INC p870
2502 Elm St, SUDBURY, ON, P3E 4R6
(705) 682-9900 SIC 1629

DCM INTEGRATED SOLUTIONS INC p1081
8315 Ch Devonshire, MONT-ROYAL, QC, H4P 2L1
(514) 603-8105 SIC 1629

EMERA UTILITY SERVICES INCORPORATED p466
31 Dominion Cres, LAKESIDE, NS, B3T 1M3
(902) 832-7999 SIC 1629

EPCOR WATER SERVICES INC p99
10977 50 St Nw, EDMONTON, AB, T6A 2E9
(780) 969-8496 SIC 1629

FERNIE CONTRACTORS LTD p278
200 Industrial Rd 1 Rr 1 Unit 1, SPARWOOD, BC, V0B 2G1
(250) 425-2519 SIC 1629

FORCE PILE AND FOUNDATIONS INC p6
27312 - 213 Twp 394, BLACKFALDS, AB, T0M 0J0
(403) 341-0030 SIC 1629

GANOTEC INC p1140
3777 Rue Dollard-Desjardins, POINTE-AUX-TREMBLES, QC, H1B 5W9
SIC 1629

GANOTEC INC p1252
3535 Boul L.-P.-Normand, Trois-Rivieres, QC, G9B 0G8
(819) 377-5533 SIC 1629

JOHN DEERE LANDSCAPES LTD p18
9415 48 St Se, CALGARY, AB, T2C 2R1
(403) 236-0102 SIC 1629

KIEWIT ENGINEERING CANADA CO. p1001
4333 Boul De La Grande-Allee, BOISBRIAND, QC, J7H 1M7
(450) 435-5756 SIC 1629

KIEWIT INDUSTRIAL CANADA CO. p92
11211 Winterburn Rd Nw, EDMONTON, AB, T5S 2B2
(780) 447-3509 SIC 1629

MCNALLY CONSTRUCTION INC p607
1855 Barton St E Suite 4, HAMILTON, ON, L8H 2Y7
(905) 549-6561 SIC 1629

MILNER POWER INC p124
1 Power Plant, GRANDE CACHE, AB, T0E 0Y0
(780) 827-7100 SIC 1629

NMP GOLF CONSTRUCTION INC p1227
2674 Ch Plamondon Bureau 201, SAINTE-MADELEINE, QC, J0H 1S0
(450) 795-9878 SIC 1629

NOHELS GROUP INC p218
4854 Athalmer Rd, INVERMERE, BC, V0A 1K3
(250) 342-8849 SIC 1629

NORTH AMERICAN CONSTRUCTION GROUP INC p121
Po Box 6639 Stn Main, FORT MCMURRAY, AB, T9H 5N4
(780) 791-1997 SIC 1629

PARSEC INTERMODAL OF CANADA LIMITED p561
751 Bowes Rd Suite 2, CONCORD, ON, L4K 5C9
(905) 669-7901 SIC 1629

PATCH POINT LIMITED PARTNERSHIP p215
Site 7 Comp 16 Ss 2 Lcd Main, FORT ST. JOHN, BC, V1J 4M7
(250) 787-0787 SIC 1629

PETER KIEWIT INFRASTRUCTURE CO. p187
4350 Still Creek Dr Suite 310, BURNABY, BC, V5C 0G5
(604) 629-5419 SIC 1629

PETER KIEWIT INFRASTRUCTURE CO. p253
17949 Kennedy Rd, PITT MEADOWS, BC, V3Y 1Z1
(604) 460-2550 SIC 1629

PILLAR RESOURCE SERVICES INC p101
4155 84 Ave Nw, EDMONTON, AB, T6B 2Z3
(780) 440-2212 SIC 1629

PNR RAILWORKS INC p69
325 Railway St E, COCHRANE, AB, T4C 2C3
(403) 932-6966 SIC 1629

PNR RAILWORKS INC p179
2595 Deacon St, ABBOTSFORD, BC, V2T 6L4
(604) 850-9166 SIC 1629

PNR RAILWORKS INC p602
65 Massey Rd Unit C, GUELPH, ON, N1H 7M6
(519) 837-2018 SIC 1629

RAIL BONAVENTURE INC p1255
650 Boul Lionel-Boulet, VARENNES, QC, J3X 1P7
(450) 652-5400 SIC 1629

REGIONAL DISTRICT OF NANAIMO p243
1105 Cedar Rd, NANAIMO, BC, V9X 1K9
(250) 722-2044 SIC 1629

SAIPEM CANADA INC p49
530 8 Ave Sw Suite 2700, CALGARY, AB, T2P 3S8
(403) 441-2793 SIC 1629

SASKATOON, CITY OF p1298
470 Whiteswan Dr, SASKATOON, SK, S7K 6Z7
(306) 975-2541 SIC 1629

SENTREX COMMUNICATIONS INC p539
1154 Pettit Rd, BURLINGTON, ON, L7P 2T5
(905) 319-3003 SIC 1629

STURGEON FALLS BRUSH SPRAYING AND CUTTING LIMITED p867
125 Lisgar St, STURGEON FALLS, ON, P2B 3H4
(705) 753-3883 SIC 1629

T BELL TRANSPORT INC p574
2242 Lee Valley Rd, ESPANOLA, ON, P5E 1P6
(705) 869-1041 SIC 1629

TERVITA CORPORATION p116
12311 17 St Ne, EDMONTON, AB, T6S 1A7
(780) 456-1444 SIC 1629

THOMPSON BROS. (CONSTR.) LTD p122
685 Memorial Dr, FORT MCMURRAY, AB, T9K 0K4
(780) 715-3422 SIC 1629

UNIVERSAL MARINE LTD p428
14 Slipway Rd, LA SCIE, NL, A0K 3M0
SIC 1629

VALE CANADA LIMITED p921
200 Bay St Suite 1600, TORONTO, ON, M5J 2K2
(416) 361-7511 SIC 1629

VEOLIA EAU TECHNOLOGIES CANADA INC p1211
4105 Rue Sartelon, SAINT-LAURENT, QC, H4S 2B3
(514) 334-7230 SIC 1629

VEOLIA EAU TECHNOLOGIES CANADA INC p1211
3901 Rue Sartelon, SAINT-LAURENT, QC, H4S 2A6
(514) 334-7230 SIC 1629

VIAS CANADA, INC p787
1223 Michael St, OTTAWA, ON, K1J 7T2
(613) 656-8427 SIC 1629

SIC 1711 Plumbing, heating, air-conditioning

1597686 ONTARIO INC p726
9 Antares Dr, NEPEAN, ON, K2E 7V5
SIC 1711

2953-6778 QUEBEC INC p1002
549 Rue De Verrazano Bureau 3000, BOUCHERVILLE, QC, J4B 7W2
(450) 449-1516 SIC 1711

2982897 CANADA INC p1128
2425 Rue Michelin, Montreal, QC, H7L 5B9
(514) 332-4830 SIC 1711

49 NORTH MECHANICAL LTD p319
3641 29th Ave W Suite 201, VANCOUVER, BC, V6S 1T5
(604) 224-7604 SIC 1711

9170-7570 QUEBEC INC p1012
949 3e Rue, CHIBOUGAMAU, QC, G8P 1R4
(418) 748-2691 SIC 1711

ACCESS FIRE p882
28 Mill Street W, TILBURY, ON, N0P 2L0
SIC 1711

ACCESS PLUMBING & HEATING LTD p166
215 Carnegie Dr Unit 5, ST. ALBERT, AB, T8N 5B1
(780) 459-5999 SIC 1711

ADAMSON & DOBBIN LIMITED p809
407 Pido Rd, PETERBOROUGH, ON, K9J 6X7
(705) 745-5751 SIC 1711

ADVANCE DRAINAGE SYSTEM INC p1190
250a Boul Industriel, SAINT-GERMAIN-DE-GRANTHAM, QC, J0C 1K0
(819) 395-4244 SIC 1711

AIRFLO HEATING & AIR CONDITIONING LTD p152
6013 48 Ave, RED DEER, AB, T4N 3V5
(403) 340-3866 SIC 1711

ALASKAN TECHNOLOGIES CORP p95
11810 152 St Nw, EDMONTON, AB, T5V 1E3
(780) 447-2660 SIC 1711

ALLDRITT DEVELOPMENT LIMITED p86
15035 114 Ave Nw, EDMONTON, AB, T5M 2Z1
(780) 451-2732 SIC 1711

ALPINE HEATING LTD p90
10333 174 St Nw, EDMONTON, AB, T5S 1H1
(780) 469-0491 SIC 1711

ALSCOTT AIR SYSTEMS LIMITED p449
120 Joseph Zatzman Dr, DARTMOUTH, NS, B3B 1M4
(902) 468-7080 SIC 1711

AMBASSADOR MECHANICAL L.P. p352
400 Fort Whyte Way Unit 110, OAK BLUFF, MB, R4G 0B1
(204) 231-1094 SIC 1711

AV-TECH INC p1153
2300 Rue Leon-Harmel Bureau 101, Quebec, QC, G1N 4L2
(418) 686-2300 SIC 1711

BERWIL LTEE p1090
8651 9e Av Bureau 1, Montreal, QC, H1Z 3A1
(514) 376-0121 SIC 1711

BLACK & MCDONALD LIMITED p12
1071 26 St Ne, CALGARY, AB, T2A 6K8
(403) 235-0335 SIC 1711

BLACK & MCDONALD LIMITED p379
401 Weston St Suite A, WINNIPEG, MB, R3E 3H4
(204) 786-5776 SIC 1711

BLACK & MCDONALD LIMITED p431
29 Ottawa St, ST. JOHN'S, NL, A1A 2R9
(709) 896-2639 SIC 1711

BLACK & MCDONALD LIMITED p450
60 Cutler Ave, DARTMOUTH, NS, B3B 0J6
(902) 468-3101 SIC 1711

BLACK & MCDONALD LIMITED p567
81 Osborne Rd, COURTICE, ON, L1E 2R3
(905) 837-1291 SIC 1711

BLACK & MCDONALD LIMITED p846
31 Pullman Crt, SCARBOROUGH, ON, M1X 1E4
(416) 298-9977 SIC 1711

BLACK & MCDONALD LIMITED p846
35 Pullman Crt, SCARBOROUGH, ON, M1X 1E4
(416) 291-8200 SIC 1711

BLACK & MCDONALD LIMITED p860
328 Green Rd, STONEY CREEK, ON, L8E 5T7
(905) 560-3100 SIC 1711

BMP MECHANICAL LTD p30
6420 6a St Se Suite 110, CALGARY, AB, T2H 2B7
(403) 816-4409 SIC 1711

BOREALIS MECHANICAL LTD p119
330 Mackenzie Blvd, FORT MCMURRAY, AB, T9H 4C4
(780) 792-2660 SIC 1711

BRADLEY AIR-CONDITIONING LIMITED p557
150 Connie Cres Suite 14, CONCORD, ON, L4K 1L9
(905) 660-5400 SIC 1711

BRIGHTER MECHANICAL LIMITED p265
21000 Westminster Hwy Suite 2140, RICHMOND, BC, V6V 2S9
(604) 279-0901 SIC 1711

BROADWAY REFRIGERATION AND AIR CONDITIONING CO. LTD p293
1490 Venables St, VANCOUVER, BC, V5L 4X6
(604) 255-2461 SIC 1711

BSM SERVICES (1998) LTD p404
948 Ch Royal, MEMRAMCOOK, NB, E4K 1Y8
(506) 862-0810 SIC 1711

CARRIER ENTERPRISE CANADA, L.P. p1206
5060 Rue Levy, SAINT-LAURENT, QC, H4R 2P1
(514) 856-1336 SIC 1711

CENTURION MECHANICAL LTD p61
2509 Dieppe Ave Sw Unit 301, CALGARY, AB, T3E 7J9
(403) 452-6761 SIC 1711

CERVOL SERVICE GROUP INC p703
2295 Dunwin Dr Unit 4, MISSISSAUGA, ON, L5L 3S4
(905) 569-0557 SIC 1711

CLIVENCO INC p1153
1185 Rue Philippe-Paradis Bureau 200, Quebec, QC, G1N 4E2
(418) 682-6373 SIC 1711

COMSTOCK CANADA LTD p369
2116 Logan Ave, WINNIPEG, MB, R2R 0J2
(204) 633-3830 SIC 1711

COMSTOCK CANADA LTD p567
Gd, COURTRIGHT, ON, N0N 1H0
SIC 1711

COMSTOCK CANADA LTD p607
400 Parkdale Ave N Unit 2a, HAMILTON,

ON, L8H 5Y2
SIC 1711

COMSTOCK CANADA LTD p654
1200 Trafalgar St, LONDON, ON, N5Z 1H5
SIC 1711

COMSTOCK CANADA LTD p946
2736 Belisle Dr, VAL CARON, ON, P3N 1N4
SIC 1711

CONFORT EXPERT INC p990
9771 Boul Metropolitain E, ANJOU, QC, H1J 0A4
(514) 640-7711   SIC 1711

CONRAD, PAUL R HVAC LIMITED p416
70 Crown St Unit 220, SAINT JOHN, NB, E2L 2X6
(506) 633-2300   SIC 1711

CONTROLES A.C. INC, LES p1066
2185 5e Rue, Levis, QC, G6W 5M6
(418) 834-2777   SIC 1711

COX MECHANICAL LTD p166
65 Corriveau Ave, ST. ALBERT, AB, T8N 5A3
(780) 459-2530   SIC 1711

CTR REFRIGERATION AND FOOD STORE EQUIPMENT LTD p14
4840 52 St Se, CALGARY, AB, T2B 3R2
(403) 444-2877   SIC 1711

D.M.S. MECHANICAL LTD p188
7449 Conway Ave Unit 104, BURNABY, BC, V5E 2P7
(604) 291-8919   SIC 1711

DILFO MECHANICAL LIMITED p593
1481 Cyrville Rd, GLOUCESTER, ON, K1B 3L7
(613) 741-7731   SIC 1711

DIRECT ENERGY MARKETING LIMITED p88
16909 110 Ave Nw, EDMONTON, AB, T5P 1G8
(780) 483-3056   SIC 1711

DIRECT ENERGY MARKETING LIMITED p450
121 Ilsley Ave, DARTMOUTH, NS, B3B 1S4
(902) 466-6655   SIC 1711

DIRECT ENERGY MARKETING LIMITED p889
2225 Sheppard Ave E, TORONTO, ON, M2J 5C2
(416) 758-8700   SIC 1711

DIRECT ENERGY MARKETING LIMITED p1091
4001 Boul Robert, Montreal, QC, H1Z 4H6
(514) 333-0112   SIC 1711

DIXON HEATING & SHEET METAL LTD p281
17741 65a Ave Unit 101, SURREY, BC, V3S 1Z8
(604) 576-0585   SIC 1711

DYAND MECHANICAL SYSTEMS INC p104
4146 99 St Nw, EDMONTON, AB, T6E 3N5
(780) 430-0194   SIC 1711

E.S. FOX LIMITED p738
4935 Kent Ave, NIAGARA FALLS, ON, L2H 1J5
SIC 1711

EAGLE RIDGE MECHANICAL CONTRACTING LTD p255
1515 Broadway St Suite 116, PORT COQUITLAM, BC, V3C 6M2
(604) 941-1071   SIC 1711

ENTIRE MECHANICAL CONTRACTORS LTD p981
228 Mason Rd, CHARLOTTETOWN, PE, C1A 7N9
(902) 569-1650   SIC 1711

ENTREPRISES DE REFRIGERATION L.S. INC, LES p1062
1610 Rue Guillet, Laval, QC, H7L 5B2
(450) 682-8105   SIC 1711

FOREST CITY FIRE PROTECTION LTD p961
13455 Sylvestre Dr, WINDSOR, ON, N8N 2L9
(519) 944-4774   SIC 1711

GATEWAY MECHANICAL SERVICES INC p28
4001 16a St Se, CALGARY, AB, T2G 3T5
(403) 265-0010   SIC 1711

GATEWAY MECHANICAL SERVICES INC p84
14605 118 Ave Nw, EDMONTON, AB, T5L 2M7
(780) 426-6055   SIC 1711

GICLEURS ALERTE INC p1011
1250 Rue Des Cascades, Chateauguay, QC, J6J 4Z2
(450) 692-9098   SIC 1711

GISBORNE FIRE PROTECTION ALBERTA LTD p147
1201 6 St, NISKU, AB, T9E 7P1
(780) 447-3830   SIC 1711

GISBORNE FIRE PROTECTION ALBERTA LTD p188
7476 Hedley Ave, BURNABY, BC, V5E 2P9
(604) 520-7300   SIC 1711

GREGG'S PLUMBING & HEATING LTD p1296
503 51st St E, SASKATOON, SK, S7K 6V4
(306) 373-4664   SIC 1711

GRIFFITHS, H. COMPANY LIMITED p974
140 Regina Rd Suite 15, WOODBRIDGE, ON, L4L 8N1
(905) 850-7070   SIC 1711

GROUPE PGS 2009 INC p1016
1371 Rue De La Manic, CHICOUTIMI, QC, G7K 1G7
(418) 696-1212   SIC 1711

HIGH LIFE HEATING, AIR CONDITIONING & SECURITY INC p845
102 Passmore Ave, SCARBOROUGH, ON, M1V 4S9
(416) 298-2987   SIC 1711

HMI CONSTRUCTION INC p1004
1451 Rue Graham-Bell, BOUCHERVILLE, QC, J4B 6A1
(450) 449-3999   SIC 1711

HUSSMANN CANADA INC p365
50 Terracon Pl, WINNIPEG, MB, R2J 4G7
SIC 1711

HUSSMANN CANADA INC p460
2631 King St, HALIFAX, NS, B3K 4T7
(902) 455-2123   SIC 1711

INDECK COMBUSTION CORPORATION p1195
4300 Av Beaudry, SAINT-HYACINTHE, QC, J2S 8A5
(450) 774-5326   SIC 1711

INGENIERIE CARMICHAEL LTEE p451
10 Morris Dr Suite 40, DARTMOUTH, NS, B3B 1K8
(902) 468-9837   SIC 1711

INGENIERIE CARMICHAEL LTEE p650
1909 Oxford St E Suite 45, LONDON, ON, N5V 4L9
(519) 652-7667   SIC 1711

INTER WEST MECHANICAL LTD p1296
1839 Saskatchewan Ave, SASKATOON, SK, S7K 1R1
(306) 955-1800   SIC 1711

JOHNSON CONTROLS NOVA SCOTIA U.L.C. p32
6046 12 St Se Suite 104, CALGARY, AB, T2H 2X2
(403) 640-1700   SIC 1711

JOHNSON CONTROLS NOVA SCOTIA U.L.C. p659
90 Bessemer Rd, LONDON, ON, N6E 1R1
(519) 681-1221   SIC 1711

JOHNSON CONTROLS NOVA SCOTIA U.L.C. p1153
1375 Rue Frank-Carrel Bureau 3, Quebec, QC, G1N 2E7
(418) 681-7958   SIC 1711

JOHNSON CONTROLS NOVA SCOTIA U.L.C. p1205
395 Av Sainte-Croix Bureau 100, SAINT-LAURENT, QC, H4N 2L3
(514) 747-2580   SIC 1711

KEITH PLUMBING & HEATING CO LTD p1311
14 Burns Rd, WHITEHORSE, YT, Y1A 4Y9
(867) 668-6611   SIC 1711

KEITH PLUMBING & HEATING CO. LTD p248
40 Gostick Pl Unit 1, NORTH VANCOUVER, BC, V7M 3G3
(604) 988-5241   SIC 1711

KGH MECHANICAL SYSTEMS LTD p170
11 Erickson Cres, SYLVAN LAKE, AB, T4S 1P5
SIC 1711

KOLOSTAT INC p1128
2005 Rue Le Chatelier, Montreal, QC, H7L 5B3
(514) 333-7333   SIC 1711

LA-BIL INC p1152
895 Av Godin, Quebec, QC, G1M 2X5
(418) 687-5410   SIC 1711

LENNOX CANADA INC p32
7317 12 St Se Unit 2, CALGARY, AB, T2H 2S6
(403) 252-4328   SIC 1711

LENNOX CANADA INC p57
11500 35 St Se Suite 8002, CALGARY, AB, T2Z 3W4
(403) 279-5757   SIC 1711

LENNOX CANADA INC p74
12235 Fort Rd Nw, EDMONTON, AB, T5B 4H2
(780) 477-3261   SIC 1711

LENNOX CANADA INC p87
11122 156 St Nw, EDMONTON, AB, T5M 1Y1
(780) 474-1481   SIC 1711

LENNOX CANADA INC p233
20202 Industrial Ave, LANGLEY, BC, V3A 4K7
(604) 534-5555   SIC 1711

LENNOX CANADA INC p502
6833 Hwy 62, BELLEVILLE, ON, K8N 4Z5
(613) 210-0887   SIC 1711

LENNOX CANADA INC p659
878 Wellington Rd, LONDON, ON, N6E 1L9
(519) 681-2450   SIC 1711

LENNOX CANADA INC p780
330 Marwood Dr Unit 1, OSHAWA, ON, L1H 8B4
(905) 579-6616   SIC 1711

LENNOX CANADA INC p800
1926 Merivale Rd Suite 105, OTTAWA, ON, K2G 1E8
(613) 723-4700   SIC 1711

LENNOX CANADA INC p853
177 Scott St, ST CATHARINES, ON, L2N 1H4
(905) 937-6011   SIC 1711

LENNOX CANADA INC p858
283 Talbot St, ST THOMAS, ON, N5P 1B3
(519) 631-7140   SIC 1711

LEPROHON INC p1240
6171 Boul Bourque, SHERBROOKE, QC, J1N 1H2
(819) 563-2454   SIC 1711

LOCKERBIE & HOLE CONTRACTING LIMITED p32
7335 Flint Rd Se, CALGARY, AB, T2H 1G3
(403) 571-2121   SIC 1711

LOCKERBIE & HOLE CONTRACTING LIMITED p96
14940 121a Ave Nw, EDMONTON, AB, T5V 1A3
(780) 452-1250   SIC 1711

LOCKERBIE & HOLE CONTRACTING LIMITED p161
53367 Range Road 232, SHERWOOD PARK, AB, T8A 4V2
(780) 416-5700   SIC 1711

LOCKERBIE & HOLE CONTRACTING LIMITED p161
53367 Range Road 232, SHERWOOD PARK, AB, T8A 4V2
SIC 1711

MACO MECANIQUE INC p1251
6595 Boul Jean-Xxiii, Trois-Rivieres, QC, G9A 5C9
(819) 378-7070   SIC 1711

MALFAR MECHANICAL INC p975
144 Woodstream Blvd Suite 7, WOODBRIDGE, ON, L4L 7Y3
(905) 850-1242   SIC 1711

MARTIN AIR HEATING & AIR CONDITIONING SERVICES LIMITED p578
30 Fieldway Rd, ETOBICOKE, ON, M8Z 0E3
(416) 247-1777   SIC 1711

MARTINO CONTRACTORS LTD p561
150 Connie Cres Unit 16, CONCORD, ON, L4K 1L9
(905) 760-9894   SIC 1711

MASTER MECHANICAL CONTRACTORS INC p414
11 Whitebone Way, SAINT JOHN, NB, E2J 4Y3
(506) 633-8001   SIC 1711

MASTER MECHANICAL PLUMBING & HEATING LTD p32
6025 12 St Se Suite 19, CALGARY, AB, T2H 2K1
(403) 243-5880   SIC 1711

MECACHROME TECHNOLOGIES INC p1079
11100 Rue Julien-Audette, MIRABEL, QC, J7N 3L3
(450) 476-3939   SIC 1711

MENARD & VIDAL INC p1091
7755 Av Leonard-De Vinci, Montreal, QC, H2A 0A1
(514) 768-3243   SIC 1711

MODERN NIAGARA DESIGN SERVICES INC p550
2171 Mcgee Side Rd, CARP, ON, K0A 1L0
(613) 831-9488   SIC 1711

MODERN NIAGARA DESIGN SERVICES INC p710
2240 Argentia Rd, MISSISSAUGA, ON, L5N 2K7
SIC 1711

MODERN NIAGARA HVAC SERVICES INC p625
85 Denzil Doyle Crt, KANATA, ON, K2M 2G8
(613) 591-1338   SIC 1711

MODERN NIAGARA TORONTO INC p756
695 Flint Rd, NORTH YORK, ON, M3J 2T7
(416) 749-6031   SIC 1711

NATIONAL ENERGY CORPORATION p749
25 Sheppard Ave W Suite 1700, NORTH YORK, ON, M2N 6S6
(416) 673-1162   SIC 1711

NAYLOR GROUP INCORPORATED p821
120 West Beaver Creek Rd Unit 6, RICHMOND HILL, ON, L4B 1L2
(905) 764-0913   SIC 1711

NEKISON ENGINEERING & CONTRACTORS LIMITED p578
17 Saint Lawrence Ave, ETOBICOKE, ON, M8Z 5T8
(416) 259-4631   SIC 1711

NELCO MECHANICAL LIMITED p642
7 Edwin Ct, KITCHENER, ON, N2H 4N7
(519) 744-6511   SIC 1711

NETWORK MECHANICAL INC p561
73 Corstate Ave Unit 1, CONCORD, ON, L4K 4Y2
(905) 761-1417   SIC 1711

NORTEK AIR SOLUTIONS CANADA, INC p1217
200 Rue Carter, Saint-Leonard-D'Aston, QC, J0C 1M0
(819) 399-2175   SIC 1711

O'CONNELL, THOMAS INC p1123
5700 Rue Notre-Dame O, Montreal, QC, H4C 1V1
(514) 932-2145   SIC 1711

PAD-CAR MECHANICAL LTD p145
3271 17 Ave Sw, MEDICINE HAT, AB, T1B 4B1
(403) 528-3353   SIC 1711

PAPILLON & FILS LTEE p1251
8420 Boul Industriel, Trois-Rivieres, QC,

G9A 5E1
(819) 374-4647 SIC 1711
PAPILLON & FILS LTEE p1251
2300 Rue Jules-Vachon, Trois-Rivieres, QC, G9A 5E1
(819) 374-4647 SIC 1711
PETRIN MECHANICAL LTD p33
6445 10 St Se, CALGARY, AB, T2H 2Z9
(403) 279-6881 SIC 1711
PLAN GROUP INC p821
100 West Beaver Creek Rd Unit 9, RICHMOND HILL, ON, L4B 1H4
(905) 771-0777 SIC 1711
PLOMBERIE DANIEL COTE INC p1129
3000 Montee Saint-Aubin, Montreal, QC, H7L 3N8
(450) 973-2545 SIC 1711
PYRO-AIR LTEE p1011
2575 Boul Ford, Chateauguay, QC, J6J 4Z2
(450) 691-3460 SIC 1711
PYRO-AIR LTEE p1074
2301 Rue Principale O, MAGOG, QC, J1X 0J4
(819) 847-2014 SIC 1711
R & D PLUMBING & HEATING LTD p142
6305 43 St, LLOYDMINSTER, AB, T9V 2W9
(780) 875-9435 SIC 1711
R F CONTRACTING INC p832
116 Industrial Park Cres, SAULT STE. MARIE, ON, P6B 5P2
(705) 253-1151 SIC 1711
RELIANCE COMFORT LIMITED PARTNERSHIP p544
539 Collier Macmillan Dr Suite A, CAMBRIDGE, ON, N1R 7P3
(519) 622-2772 SIC 1711
RELIANCE COMFORT LIMITED PARTNERSHIP p660
1045 Hargrieve Rd Suite A, LONDON, ON, N6E 1P6
(519) 686-4942 SIC 1711
RELIANCE COMFORT LIMITED PARTNERSHIP p772
1900 Blackacre Dr Rr 1, OLDCASTLE, ON, N0R 1L0
(519) 737-0334 SIC 1711
RELIANCE COMFORT LIMITED PARTNERSHIP p870
955 Cambrian Heights Dr, SUDBURY, ON, P3C 5M6
(705) 566-1919 SIC 1711
RELIANCE COMFORT LIMITED PARTNERSHIP p964
1825 Provincial Rd, WINDSOR, ON, N8W 5V7
(519) 250-7878 SIC 1711
RELIANCE INDUSTRIAL PRODUCTS ULC p148
602 19 Ave, NISKU, AB, T9E 7W1
(780) 955-2042 SIC 1711
ROGERS, JOHN C. SHEET METAL LTD p958
2300 Forbes St, WHITBY, ON, L1N 8M3
(905) 571-2422 SIC 1711
SECURITE POLYGON INC p562
130 Citation Dr, CONCORD, ON, L4K 2W9
(905) 760-8700 SIC 1711
SECURITE POLYGON INC p1154
1885 Rue Leon-Harmel, Quebec, QC, G1N 4K4
(418) 687-4222 SIC 1711
SERVICES KAMTECH INC p1298
3339 Faithfull Ave, SASKATOON, SK, S7K 8H5
(306) 931-9655 SIC 1711
SIEMENS CANADA LIMITED p25
1930 Maynard Rd Se Unit 24, CALGARY, AB, T2E 6J8
(403) 259-3404 SIC 1711
SIEMENS CANADA LIMITED p796
2435 Holly Lane, OTTAWA, ON, K1V 7P2
(613) 733-9781 SIC 1711
SIEMENS CANADA LIMITED p862
735 South Service Rd Suite 3, STONEY CREEK, ON, L8E 5Z2

(905) 643-2200 SIC 1711
SINCLAIR SUPPLY LTD p106
6243 88 St Nw, EDMONTON, AB, T6E 5T4
(780) 465-9551 SIC 1711
SOCIETE EN COMMANDITE SERVICES PLUS p1031
1170 Rue Bergeron, DRUMMONDVILLE, QC, J2C 7G3
(819) 477-2000 SIC 1711
STUART OLSON INC p85
12836 146 St Nw, EDMONTON, AB, T5L 2H7
(780) 454-3667 SIC 1711
SUNNY CORNER ENTERPRISES INC p405
259 Dalton Ave, MIRAMICHI, NB, E1V 3C4
(506) 622-5600 SIC 1711
TAC MECHANICAL INC p587
215 Carlingview Dr Suite 311, ETOBICOKE, ON, M9W 5X8
(416) 798-8400 SIC 1711
THERMO DESIGN INSULATION LTD p367
949 Thomas Ave, WINNIPEG, MB, R2L 2C6
(204) 953-1630 SIC 1711
TOROMONT INDUSTRIES LTD p208
1095 Cliveden Ave, DELTA, BC, V3M 6G9
(604) 525-8899 SIC 1711
TOROMONT INDUSTRIES LTD p384
1680 Notre Dame Ave Unit 8, WINNIPEG, MB, R3H 1H6
(204) 783-1178 SIC 1711
TOROMONT INDUSTRIES LTD p665
651 Wilton Grove Rd Suite 1, LONDON, ON, N6N 1N7
(519) 439-1300 SIC 1711
TOROMONT INDUSTRIES LTD p991
9001 Rue De L'innovation Bureau 110, ANJOU, QC, H1J 2X9
(514) 331-5360 SIC 1711
TOWN & COUNTRY PLUMBING & HEATING (2004) LTD p1286
1450 South Railway St, REGINA, SK, S4P 0A2
(306) 352-4328 SIC 1711
TROTTER AND MORTON BUILDING TECHNOLOGIES INC p34
5711 1 St Se, CALGARY, AB, T2H 1H9
(403) 255-7535 SIC 1711
TROTTER AND MORTON BUILDING TECHNOLOGIES INC p188
5151 Canada Way Unit 200, BURNABY, BC, V5E 3N1
(604) 525-4499 SIC 1711
TROY LIFE & FIRE SAFETY LTD p198
43775 Industrial Way, CHILLIWACK, BC, V2R 4L2
SIC 1711
TROY LIFE & FIRE SAFETY LTD p501
4697 Christie St, BEAMSVILLE, ON, L0R 1B4
(905) 563-4889 SIC 1711
UNITED THERMO GROUP LTD p976
261 Trowers Rd, WOODBRIDGE, ON, L4L 5Z8
(905) 851-0500 SIC 1711
UTC FIRE & SECURITY CANADA p409
173 Henri Dunant St, MONCTON, NB, E1E 1E4
(506) 857-9224 SIC 1711
VENTILATION BELLE-RIVE INC p1069
2001 Rue De La Metropole Bureau 712, LONGUEUIL, QC, J4G 1S9
(450) 332-9832 SIC 1711
VERSATECH MECHANICAL LTD p839
50 Skagway Ave Suite A, SCARBOROUGH, ON, M1M 3V1
(416) 292-9220 SIC 1711
VET'S SHEET METAL LTD p102
6111 56 Ave Nw, Edmonton, AB, T6B 3E2
(780) 434-7476 SIC 1711
VIPOND INC p34
6120 3 St Se Suite 13, CALGARY, AB, T2H 1K4
(403) 253-6500 SIC 1711
VIPOND INC p384

571 Ferry Rd, WINNIPEG, MB, R3H 0T5
(204) 783-2420 SIC 1711
VIPOND INC p665
30 Midpark Cres, LONDON, ON, N6N 1B1
(519) 681-2233 SIC 1711
WATSON GROUP LTD, THE p822
95 West Beaver Creek Rd Unit 10, RICHMOND HILL, ON, L4B 1H2
(905) 889-9119 SIC 1711
WELSH, FRED LTD p203
94 Glacier Street Suite 201, COQUITLAM, BC, V3K 6B2
(604) 942-0012 SIC 1711
WOLSELEY CANADA INC p563
1290 Creditstone Unit 1&2, CONCORD, ON, L4K 5T7
(905) 879-0034 SIC 1711
YANCH HEATING AND AIR CONDITIONING (BARRIE) LIMITED p500
89 Rawson Ave, BARRIE, ON, L4N 6E5
(705) 728-5406 SIC 1711

SIC 1721 Painting and paper hanging

540731 ONTARIO LIMITED p717
7105 Pacific Cir, MISSISSAUGA, ON, L5T 2A8
(905) 564-5620 SIC 1721
AERO MAG 2000 (YEG) INC p129
4123 39 St E, GRANDE PRAIRIE, AB, T9E 0V4
(780) 890-7273 SIC 1721
BRUNELLE, GUY INC p1087
4450 Rue Belanger, Montreal, QC, H1T 1B5
(514) 729-0008 SIC 1721
CLARA INDUSTRIAL SERVICES LIMITED p176
34613 Vye Rd, ABBOTSFORD, BC, V2S 8J7
(604) 859-8608 SIC 1721
CLARA INDUSTRIAL SERVICES LIMITED p289
9800 190 St Suite 3, SURREY, BC, V4N 3M9
SIC 1721
CLARA INDUSTRIAL SERVICES LIMITED p880
1130 Commerce St, THUNDER BAY, ON, P7E 6E9
(807) 475-4608 SIC 1721
CONRAD PAINTING LIMITED p619
6117 Eighth Line Rr 2, HILLSBURGH, ON, N0B 1Z0
(519) 855-4807 SIC 1721
DINAMAC HOLDINGS LTD p229
Gd, LANGLEY, BC, V1M 2M3
(604) 513-0388 SIC 1721
DRAGON SANDBLASTING & PAINTING (2001) LTD p161
53323 Range Road 232, SHERWOOD PARK, AB, T8A 4V2
(780) 472-6969 SIC 1721
EMPRESS PAINTING LTD p335
863 Viewfield Rd, VICTORIA, BC, V9A 4V2
(250) 383-5224 SIC 1721
PARK DEROCHIE INC p116
11850 28 St Ne, Edmonton, AB, T6S 1G6
(780) 478-4688 SIC 1721
QUALITY MODELS LIMITED p968
5295 Pulleyblank St, WINDSOR, ON, N9A 6J3
(519) 737-1431 SIC 1721
REVETEMENTS SCELL-TECH INC, LES p1019
1478 Rue Cunard, Cote Saint-Luc, QC, H7S 2B7
(514) 990-7886 SIC 1721
VALOUR DECORATING (1988) LTD p382
889 Wall St, WINNIPEG, MB, R3G 2T9
(204) 786-5875 SIC 1721
VEOLIA ES CANADA SERVICES INDUSTRIELS INC p609
80 Birmingham St, HAMILTON, ON, L8L 6W5
(905) 547-5661 SIC 1721

WESTERN INDUSTRIAL SERVICES LTD p366
300 Dawson Rd N, WINNIPEG, MB, R2J 0S7
(204) 956-9475 SIC 1721

SIC 1731 Electrical work

1353042 ONTARIO LIMITED p557
177 Creditstone Rd, CONCORD, ON, L4K 1N5
SIC 1731
567945 ALBERTA LTD p4
116 Eagle Cres, BANFF, AB, T1L 1A3
(403) 762-3287 SIC 1731
581821 ONTARIO LIMITED p828
126 Green St, SARNIA, ON, N7T 2K5
(519) 336-3430 SIC 1731
5U SERVICES INC p1056
10220 Ch De La Cote-De-Liesse, LACHINE, QC, H8T 1A3
(514) 635-1103 SIC 1731
6172245 CANADA INC p419
3112 Main St Unit 3, SALISBURY, NB, E4J 2L6
(506) 372-9542 SIC 1731
9270-5425 QUEBEC INC p1060
9100 Rue Elmslie Bureau 200, LASALLE, QC, H8R 1V6
(514) 365-1642 SIC 1731
ACME PROTECTIVE SYSTEMS LIMITED p315
1632 6th Ave W, VANCOUVER, BC, V6J 1R3
(604) 534-8088 SIC 1731
ACTION ELECTRICAL LTD p103
7931 Coronet Rd Nw, EDMONTON, AB, T6E 4N7
(780) 465-0792 SIC 1731
ADT CANADA INC p1015
58 Boul De L'universite O, CHICOUTIMI, QC, G7J 1T3
(418) 690-5000 SIC 1731
ADT CANADA INC p1164
2290 Rue Jean-Perrin Bureau 100, Quebec, QC, G2C 1T9
(418) 683-9472 SIC 1731
AECOM PRODUCTION SERVICES LTD p68
10414 84 Ave Ss 55, CLAIRMONT, AB, T0H 0W0
(780) 539-0069 SIC 1731
AECOM PRODUCTION SERVICES LTD p214
9507 Alaska Rd, FORT ST. JOHN, BC, V1J 1A3
(250) 787-7878 SIC 1731
AECON CONSTRUCTION GROUP INC p536
3090 Harrison Crt, BURLINGTON, ON, L7M 0W4
(905) 336-8787 SIC 1731
AINSWORTH INC p15
7304 30 St Se Suite 102, CALGARY, AB, T2C 1W2
(403) 265-6750 SIC 1731
AINSWORTH INC p758
131 Bermondsey Rd, NORTH YORK, ON, M4A 1X4
(416) 751-4420 SIC 1731
AINSWORTH INC p917
161 Bay St Suite 527, TORONTO, ON, M5J 2S1
(416) 594-8451 SIC 1731
ALLIANCE ENERGY LIMITED p1281
504 Henderson Dr, REGINA, SK, S4N 5X2
(306) 721-6484 SIC 1731
ALLIANCE ENERGY LIMITED p1294
3230 Faithfull Ave, SASKATOON, SK, S7K 8H3
(306) 242-5802 SIC 1731
ALLSTREAM BUSINESS INC p670
7550 Birchmount Rd, MARKHAM, ON, L3R 6C6
(905) 513-4600 SIC 1731
ANDRE PELISSIER INC p1250

3605 Rue Bellefeuille, TROIS-RIVIERES, QC, G9A 5Z6
(819) 376-3725 SIC 1731
ANIXTER POWER SOLUTIONS CANADA INC p555
188 Purdy Rd Rr 2, COLBORNE, ON, K0K 1S0
(905) 355-2474 SIC 1731
ARMATURE ELECTRIC LIMITED p192
3811 North Fraser Way, BURNABY, BC, V5J 5J2
(604) 879-6141 SIC 1731
ATCO FRONTEC LOGISTICS CORP p619
1540 Airport Rd, HORNELL HEIGHTS, ON, P0H 1P0
(705) 494-2011 SIC 1731
AUTOMATIC SYSTEMES AMERIQUE INC p1007
4005 Boul Matte Bureau D, BROSSARD, QC, J4Y 2P4
(450) 659-0737 SIC 1731
BELL TECHNICAL SOLUTIONS INC p496
777 Bayview Dr Unit 1, BARRIE, ON, L4N 9A5
(705) 737-1575 SIC 1731
BELL TECHNICAL SOLUTIONS INC p635
826 Fortune Cres Suite B, KINGSTON, ON, K7P 2T3
(613) 634-3357 SIC 1731
BELL TECHNICAL SOLUTIONS INC p1002
75 Rue J.-A.-Bombardier Suite 200, BOUCHERVILLE, QC, J4B 8P1
(450) 449-1120 SIC 1731
BLACK & MCDONALD LIMITED p90
10717 181 St Nw, EDMONTON, AB, T5S 1N3
(780) 484-1141 SIC 1731
BLACK & MCDONALD LIMITED p293
1331 Clark Dr, VANCOUVER, BC, V5L 3K9
(604) 301-1070 SIC 1731
BLACK & MCDONALD LIMITED p786
2460 Don Reid Dr, OTTAWA, ON, K1H 1E1
(613) 526-1226 SIC 1731
BLACK & MCDONALD LIMITED p1211
625 Rue Gougeon, Saint-Laurent, QC, H4T 2B4
(514) 735-6671 SIC 1731
BLACK ELECTRIC LTD p782
217 Cardevco Road, OTTAWA, ON, K0A 1L0
(613) 738-0705 SIC 1731
BROTHERS & WRIGHT ELECTRICAL SERVICES INC p670
251 Amber St Unit 1, MARKHAM, ON, L3R 3J7
SIC 1731
C&M ELECTRIC LTD p549
3038 Carp Rd, CARP, ON, K0A 1L0
(613) 839-3232 SIC 1731
CANEM SYSTEMS LTD p30
7110 Fairmount Dr Se, CALGARY, AB, T2H 0X4
(403) 259-2221 SIC 1731
CANEM SYSTEMS LTD p86
11320 151 St Nw, EDMONTON, AB, T5M 4A9
(780) 454-0381 SIC 1731
CANEM SYSTEMS LTD p155
7483 49 Ave, RED DEER, AB, T4P 1N1
(403) 347-1266 SIC 1731
CANEM SYSTEMS LTD p241
4386 Boban Dr Suite 9b, NANAIMO, BC, V9T 6A7
(250) 751-7760 SIC 1731
CANEM SYSTEMS LTD p265
1600 Valmont Way Suite 100, RICHMOND, BC, V6V 1Y4
(604) 273-1131 SIC 1731
CANEM SYSTEMS LTD p332
3311 Oak St Suite B, VICTORIA, BC, V8X 1P9
(250) 475-1955 SIC 1731
CARLOS ELECTRIC LIMITED p779
105 Olive Ave, OSHAWA, ON, L1H 2P1
(905) 728-7361 SIC 1731

CARR, EARL ELECTRIC LTD p549
120 Walgreen Rd, CARP, ON, K0A 1L0
(613) 831-9179 SIC 1731
CEB INVESTMENTS INC p159
4435 45th Ave, ROCKY MOUNTAIN HOUSE, AB, T4T 1T1
(403) 845-5404 SIC 1731
CEN-COMM COMMUNICATIONS INC p513
5 Blair Dr, BRAMPTON, ON, L6T 2H4
(905) 457-7152 SIC 1731
CHEMCO ELECTRICAL CONTRACTORS LTD p147
3135 4 St, NISKU, AB, T9E 8L1
(780) 436-9570 SIC 1731
COBRA ELECTRIC LTD p289
9688 190 St, SURREY, BC, V4N 3M9
(604) 594-1633 SIC 1731
COGECO PEER 1 (CANADA) INC p1093
2600 Rue Ontario E Bureau 225, Montreal, QC, H2K 4K4
(514) 524-2224 SIC 1731
COMPAGNIE D'APPAREILS ELECTRIQUES PEERLESS LTEE p1061
9145 Rue Boivin, LASALLE, QC, H8R 2E5
(514) 595-1671 SIC 1731
COMSTOCK CANADA LTD p79
10180 101 St Nw Suite 1860, EDMONTON, AB, T5J 3S4
SIC 1731
CONESTOGO ELECTRIC INC p644
1490 Battler Rd, KITCHENER, ON, N2R 1J6
(519) 748-6740 SIC 1731
CONSTRUCTION N.R.C. INC p1205
160 Rue Deslauriers, SAINT-LAURENT, QC, H4N 1V8
(514) 331-7944 SIC 1731
CREATIVE VISTAS ACQUISITION CORP p957
2100 Forbes St, WHITBY, ON, L1N 9T3
(905) 666-8676 SIC 1731
CRIBTEC INC p1149
975 Boul Champlain, Quebec, QC, G1K 4J9
(418) 622-5992 SIC 1731
CSG SECURITY CORPORATION p659
582 Newbold St, LONDON, ON, N6E 2W9
(519) 668-6800 SIC 1731
CSG SECURITY CORPORATION p687
2740 Matheson Blvd E Unit 2a, MISSISSAUGA, ON, L4W 4X3
SIC 1731
CSG SECURITY CORPORATION p1099
6680 Av Du Parc, Montreal, QC, H2V 4H9
(514) 272-7700 SIC 1731
D A ELECTRIC LTD p136
220 31 St N, LETHBRIDGE, AB, T1H 3Z3
(403) 328-4849 SIC 1731
DIEBOLD COMPANY OF CANADA LIMITED, THE p708
6630 Campobello Rd, MISSISSAUGA, ON, L5N 2L8
(905) 817-7600 SIC 1731
DIEBOLD COMPANY OF CANADA LIMITED, THE p1206
2445 Rue Cohen, SAINT-LAURENT, QC, H4R 2N5
(514) 332-8865 SIC 1731
DIRECT ENERGY MARKETING LIMITED p762
30 High Meadow Pl, NORTH YORK, ON, M9L 2Z5
(416) 780-2800 SIC 1731
DKL ELECTRIC ENTERPRISES LTD p860
155 Iber Rd, STITTSVILLE, ON, K2S 1E7
(613) 836-4311 SIC 1731
DOBBELSTEYN SERVICE AND MAINTENANCE LTD p398
891 Riverside Dr, FREDERICTON, NB, E3A 8P9
(506) 458-9357 SIC 1731
E.S. FOX LIMITED p606
35 Goderich Rd Unit 1-3, HAMILTON, ON, L8E 4P2
(905) 547-7225 SIC 1731
EMERA UTILITY SERVICES INCORPO-

RATED p415
895 Ashburn Rd, SAINT JOHN, NB, E2K 5J9
SIC 1731
EMERA UTILITY SERVICES INCORPORATED p466
31 Dominion Cres, LAKESIDE, NS, B3T 1M3
(902) 832-7999 SIC 1731
ENTREPRISES D'ELECTRICITE J.M.N. INC p1077
19 Rue Durette, MATANE, QC, G4W 0J5
(418) 562-4009 SIC 1731
ENTREPRISES D'ELECTRICITE OMEGA INC, LES p1128
3751 Boul Lite, Montreal, QC, H7E 4X8
(514) 328-1893 SIC 1731
ENTREPRISES QUEBECOISES D'EXCAVATION L.E.Q.E.L. (1993) LTEE, LES p1164
4055 Rue Jean-Marchand, Quebec, QC, G2C 2J2
(418) 847-1111 SIC 1731
EXPERTECH BATISSEUR DE RESEAUX INC p1086
2555 Boul De L'assomption, Montreal, QC, H1N 2G8
(866) 616-8459 SIC 1731
EXPERTECH NETWORK INSTALLATION INC p1086
2555 Boul De L'assomption, Montreal, QC, H1N 2G8
(514) 255-6665 SIC 1731
FITZPATRICK ELECTRICAL CONTRACTOR INC p946
41 Maple St, UXBRIDGE, ON, L9P 1C8
(905) 686-1661 SIC 1731
GENESIS INTEGRATION INC p84
14721 123 Ave Nw, EDMONTON, AB, T5L 2Y6
(780) 455-3000 SIC 1731
GERMAIN MECHANICAL & ELECTRICAL LIMITED p480
244 Water St, YARMOUTH, NS, B5A 1M1
(902) 742-2452 SIC 1731
GIL AND SONS LIMITED p948
304 Arnold St, WALLACEBURG, ON, N8A 3P5
(519) 627-5924 SIC 1731
GRANITE ELECTRICAL LTD p881
430 Wardrope Ave, THUNDER BAY, ON, P7G 2C9
(807) 346-0996 SIC 1731
GRID LINK CORP p880
1499 Rosslyn Rd, THUNDER BAY, ON, P7E 6W1
(807) 683-0350 SIC 1731
GROUPE PROMEC INC p1177
1300 Rue Saguenay, ROUYN-NORANDA, QC, J9X 7C3
(819) 797-7500 SIC 1731
HIGH LINE ELECTRICAL CONSTRUCTORS LTD p114
7212 8 St Nw, EDMONTON, AB, T6P 1V1
(780) 452-8900 SIC 1731
HOULE ELECTRIC LIMITED p193
5050 North Fraser Way, BURNABY, BC, V5J 0H1
(604) 434-2681 SIC 1731
HOULE ELECTRIC LIMITED p275
2661 Keating Crossroad Suite 300 A, SAANICHTON, BC, V8M 2A5
(250) 388-5665 SIC 1731
HUNTER POWER SYSTEMS INC p163
Gd, SHERWOOD PARK, AB, T8H 2T1
(780) 718-9105 SIC 1731
ICONIC POWER SYSTEMS INC p18
11090 48 Ave Se, CALGARY, AB, T2C 3E1
(403) 240-1233 SIC 1731
INDEPENDENT ELECTRIC AND CONTROLS LTD p7
6003 47 Ave Suite 5, BONNYVILLE, AB, T9N 0B3
SIC 1731

INDUSTRIAL ELECTRICAL CONTRACTORS LIMITED p531
185 North Augusta Rd, BROCKVILLE, ON, K6V 2Y2
(613) 342-6252 SIC 1731
INLAND AUDIO VISUAL LIMITED p378
422 Lucas Ave, WINNIPEG, MB, R3C 2E6
(204) 786-6521 SIC 1731
INSTALLATIONS ELECTRIQUES PICHETTE INC, LES p1128
3080 Rue Peugeot, Montreal, QC, H7L 5C5
(450) 682-4411 SIC 1731
J.Y. MOREAU ELECTRIQUE INC p1035
295 Ch Industriel, GATINEAU, QC, J8R 0C6
(819) 777-5287 SIC 1731
J.Y. MOREAU ELECTRIQUE INC p1178
160 Boul Industriel, ROUYN-NORANDA, QC, J9X 6T3
(819) 797-0088 SIC 1731
JOHNSON CONTROLS L.P. p177
32900 Marshall Rd, ABBOTSFORD, BC, V2S 0C2
(604) 851-4979 SIC 1731
JOHNSON CONTROLS L.P. p294
3680 2nd Ave E, VANCOUVER, BC, V5M 0A4
(604) 707-5200 SIC 1731
JOHNSON CONTROLS L.P. p536
3070 Mainway Suite 10, BURLINGTON, ON, L7M 3X1
(905) 335-3325 SIC 1731
JOHNSON CONTROLS L.P. p685
3255 Elmbank Rd, MISSISSAUGA, ON, L4V 1A6
(905) 676-8299 SIC 1731
KELDON ELECTRIC & DATA LTD p252
380 Okanagan Ave E Suite 101, PENTICTON, BC, V2A 8N3
(250) 493-7177 SIC 1731
KLINEC ELECTRIC SERVICES AND MANUFACTURING LIMITED p967
1585 St Luke Rd, WINDSOR, ON, N8Y 3N4
(519) 944-7766 SIC 1731
KRAUN ELECTRIC INC p853
45 Wright St, ST CATHARINES, ON, L2P 3J5
(905) 684-6895 SIC 1731
LAIRD ELECTRIC INC p100
6707 59 St Nw, EDMONTON, AB, T6B 3P8
(780) 450-9636 SIC 1731
LAIRD ELECTRIC INC p120
225 Macdonald Cres, FORT MCMURRAY, AB, T9H 4B5
(780) 743-2595 SIC 1731
LENNOX CANADA INC p783
101 Innes Park Way Unit 190, OTTAWA, ON, K1B 1E3
(613) 739-1715 SIC 1731
MARCHAND ENTREPRENEUR ELECTRICIEN LTEE p1203
1480 Rue Barre, SAINT-LAURENT, QC, H4L 4M6
(514) 748-6745 SIC 1731
MC G. POLE LINE LTD p871
167005 Sideroad 17a, SUNDERLAND, ON, L0C 1H0
SIC 1731
MCDONALD GENERAL SERVICES CORP p649
125 Magill St Unit B, LIVELY, ON, P3Y 1K6
(705) 556-0172 SIC 1731
MID SOUTH CONTRACTORS ULC p966
3110 Devon Dr, WINDSOR, ON, N8X 4L2
(519) 966-6163 SIC 1731
MMR CANADA LIMITED p18
11083 48 St Se, CALGARY, AB, T2C 1G8
(403) 720-9000 SIC 1731
MOTT ELECTRIC GENERAL PARTNERSHIP p193
4599 Tillicum St Suite 100, BURNABY, BC, V5J 3J9
(604) 522-5757 SIC 1731
NOR-TEC ELECTRIC LTD p373
1615 Inkster Blvd, WINNIPEG, MB, R2X

1R2
(204) 694-0330 SIC 1731
NOR-TEC GROUP LTD p373
1615 Inkster Blvd, WINNIPEG, MB, R2X 1R2
(204) 694-0330 SIC 1731
NORTHERN ELECTRIC CANADA LTD p57
2850 107 Ave Se Suite 103, CALGARY, AB, T2Z 3R7
SIC 1731
NORTOWN ELECTRICAL CONTRACTORS ASSOCIATES p754
3845 Bathurst St Suite 102, NORTH YORK, ON, M3H 3N2
(416) 638-6700 SIC 1731
O'DELL ELECTRIC LTD p29
3827 15a St Se, CALGARY, AB, T2G 3N7
(403) 266-2935 SIC 1731
ONDEL INC p1146
415 Rue Adanac, Quebec, QC, G1C 6B9
(418) 664-1066 SIC 1731
ONTARIO ELECTRICAL CONSTRUCTION COMPANY, LIMITED p742
211 Airport Rd, NORTH BAY, ON, P1B 8W7
(705) 474-3040 SIC 1731
ONTARIO ELECTRICAL CONSTRUCTION COMPANY, LIMITED p843
7 Compass Crt, SCARBOROUGH, ON, M1S 5N3
(416) 363-5741 SIC 1731
OZARK ELECTRICAL MARINE LIMITED p436
650 Water St, ST. JOHN'S, NL, A1E 1B9
(709) 726-4554 SIC 1731
PARAGON ELECTRICAL INSTALLATIONS LTD p286
12960 84 Ave Suite 310, SURREY, BC, V3W 1K7
(604) 599-5100 SIC 1731
PCL INTRACON POWER INC p106
9915 56 Ave Nw, EDMONTON, AB, T6E 5L7
(780) 733-5300 SIC 1731
PETROCORP GROUP INC p115
14032 23 Ave Nw Suite 166, EDMONTON, AB, T6R 3L6
(780) 910-9436 SIC 1731
POWELL CANADA INC p1
53032 Range Road 263a, ACHESON, AB, T7X 5A5
(780) 948-3300 SIC 1731
PROLUXON INC p1090
5549 Boul Saint-Michel, Montreal, QC, H1Y 2C9
(514) 374-4993 SIC 1731
PYRAMID CORPORATION p4
3706 53 St, ATHABASCA, AB, T9S 1B2
(780) 675-9234 SIC 1731
PYRAMID CORPORATION p7
5718 54 Ave, BONNYVILLE, AB, T9N 0E4
(780) 826-4227 SIC 1731
PYRAMID CORPORATION p48
205 5 Ave Sw Suite 3300, CALGARY, AB, T2P 2V7
(403) 205-3880 SIC 1731
PYRAMID CORPORATION p117
5933 4 Ave, EDSON, AB, T7E 1L9
(780) 723-2887 SIC 1731
PYRAMID CORPORATION p121
130 Mackenzie King Rd, FORT MCMURRAY, AB, T9H 4L2
(780) 743-8801 SIC 1731
PYRAMID CORPORATION p123
11201 84 Ave, FORT SASKATCHEWAN, AB, T8L 4L1
(780) 992-1399 SIC 1731
PYRAMID CORPORATION p142
6304 56 St, LLOYDMINSTER, AB, T9V 3T7
(780) 875-6644 SIC 1731
PYRAMID CORPORATION p151
5519 36 St, PROVOST, AB, T0B 3S0
(780) 753-4700 SIC 1731
PYRAMID CORPORATION p158
170 Saskatchewan Dr Ne, REDCLIFF, AB, T0J 2P0

(403) 527-2585 SIC 1731
PYRAMID CORPORATION p158
4806 44 St, REDWATER, AB, T0A 2W0
(780) 942-2225 SIC 1731
PYRAMID CORPORATION p159
235038 Wrangler Rd, ROCKY VIEW COUNTY, AB, T1X 0K3
(403) 720-0505 SIC 1731
PYRAMID CORPORATION p164
400 Birch Rd Ne, SLAVE LAKE, AB, T0G 2A0
(780) 849-2789 SIC 1731
PYRAMID CORPORATION p215
12051 242 Rd, FORT ST. JOHN, BC, V1J 4M7
(250) 787-2511 SIC 1731
RAMKEY COMMUNICATIONS INC p526
20 Roy Blvd Unit 2, BRANTFORD, ON, N3R 7K2
(519) 759-8884 SIC 1731
REVENCO (1991) INC p1154
1755 Rue Provinciale, Quebec, QC, G1N 4S9
(418) 682-5993 SIC 1731
REVOLUTION ENVIRONMENTAL SOLUTIONS LP p1064
1114 Boul Industriel, Lebel-sur-Quevillon, QC, J0Y 1X0
(450) 633-4400 SIC 1731
RGF ELECTRIQUE INC p1251
2740 Rue Charbonneau Bureau 200, Trois-Rivieres, QC, G9A 5C9
(819) 377-4726 SIC 1731
RIVER CITY ELECTRIC LTD p77
11306 107 Ave Nw, EDMONTON, AB, T5H 0Y3
(780) 484-6676 SIC 1731
ROBERTS ONSITE INC p638
209 Manitou Dr, KITCHENER, ON, N2C 1L4
(519) 578-2230 SIC 1731
ROBERTSON BRIGHT LTD p19
6027 79 Ave Se Unit 1137, CALGARY, AB, T2C 5P1
(403) 277-3077 SIC 1731
ROGERS COMMUNICATIONS INC p417
55 Waterloo St, SAINT JOHN, NB, E2L 4V9
(506) 646-5105 SIC 1731
ROGERS COMMUNICATIONS INC p495
1 Sterling Dr, BARRIE, ON, L4M 6B8
(705) 737-4660 SIC 1731
RYFAN ELECTRIC LTD p439
9 Nahanni Dr, YELLOWKNIFE, NT, X1A 2P4
(867) 765-6100 SIC 1731
SANTERRE ELECTRIQUE (2013) INC p994
311 Boul La Salle, BAIE-COMEAU, QC, G4Z 2L5
(418) 296-4466 SIC 1731
SECURITY ELECTRICAL LTD p412
17 William Crt, QUISPAMSIS, NB, E2E 4B1
(506) 848-0837 SIC 1731
SIEMENS CANADA LIMITED p383
675 Berry St, WINNIPEG, MB, R3H 1A7
(204) 774-3411 SIC 1731
STANLEY BLACK & DECKER CANADA CORPORATION p14
1305 33 St Ne Unit 13, CALGARY, AB, T2A 5P1
(403) 250-7393 SIC 1731
SUN ELECTRIC (1975) LTD p1283
504 Henderson Dr, REGINA, SK, S4N 5X2
(306) 721-4777 SIC 1731
SUPERIOR HEATING & AIR CONDITIONING/ST. JAMES SHEET METAL LTD p373
1600 Church Ave, WINNIPEG, MB, R2X 1G8
(204) 697-5666 SIC 1731
SYSTEM ELECTRICAL AND COMMUNICATION SERVICES INC p686
6354 Viscount Rd, MISSISSAUGA, ON, L4V 1H3
(905) 677-1461 SIC 1731
TECHMATION ELECTRIC & CONTROLS LTD p136
3923 81 Ave Suite 101, LEDUC, AB, T9E 8S6
SIC 1731
TECHMATION ELECTRIC & CONTROLS LTD p149
4250 47 Ave, OLDS, AB, T4H 1T9
(403) 556-1517 SIC 1731
TEE JAY INSTRUMENTATION SERVICES LTD p829
1014 Prescott Dr, SARNIA, ON, N7T 7H3
(519) 332-8120 SIC 1731
TEL-E CONNECT SYSTEMS LTD p756
7 Kodiak Cres, NORTH YORK, ON, M3J 3E5
(416) 635-1234 SIC 1731
TEL-E CONNECT SYSTEMS LTD p756
7 Kodiak Cres, NORTH YORK, ON, M3J 3E5
(416) 635-1234 SIC 1731
TELTECH TELECOMMUNICATION INC p1170
345d Rue Marion, REPENTIGNY, QC, J5Z 4W8
(450) 657-2000 SIC 1731
TEMPO ALBERTA ELECTRICAL CONTRACTORS CO LTD p106
9625 60 Ave Nw Unit 20, EDMONTON, AB, T6E 5N1
(780) 448-2877 SIC 1731
TM3 INC p547
250 Royal Oak Rd, CAMBRIDGE, ON, N3E 0A4
(519) 650-7444 SIC 1731
TRI-STAR ELECTRIC CO LTD p376
356 Furby St Unit 203, WINNIPEG, MB, R3B 2V5
(204) 788-4006 SIC 1731
TRIPLE CROWN ENTERPRISES LTD p609
170 Shaw St, HAMILTON, ON, L8L 3P7
(905) 540-1630 SIC 1731
TYCO INTEGRATED FIRE & SECURITY CANADA, INC p26
615 18 St Se, CALGARY, AB, T2E 3L9
(403) 569-4606 SIC 1731
TYCO INTEGRATED FIRE & SECURITY CANADA, INC p87
16447 117 Ave Nw, EDMONTON, AB, T5M 3V3
(780) 930-1300 SIC 1731
TYCO INTEGRATED FIRE & SECURITY CANADA, INC p453
75 Akerley Blvd Unit E, DARTMOUTH, NS, B3B 1R7
(902) 468-1649 SIC 1731
TYCO INTEGRATED FIRE & SECURITY CANADA, INC p664
150 Exeter Rd Suite 44, LONDON, ON, N6L 1G9
(519) 680-2001 SIC 1731
TYCO INTEGRATED FIRE & SECURITY CANADA, INC p691
2400 Skymark Ave Suite 1, MISSISSAUGA, ON, L4W 5K5
(905) 212-4400 SIC 1731
TYCO INTEGRATED FIRE & SECURITY CANADA, INC p1021
3300 Sud Laval (A-440) O, Cote Saint-Luc, QC, H7T 2H6
SIC 1731
UNIFIED SYSTEMS GROUP INC p122
8112 Manning Ave, FORT MCMURRAY, AB, T9H 1V7
(780) 743-8117 SIC 1731
UTC FIRE & SECURITY CANADA INC p660
582 Newbold St, LONDON, ON, N6E 2W9
(519) 668-6800 SIC 1731
VECTOR ELECTRIC AND CONTROLS p34
5919 3 St Se, CALGARY, AB, T2H 1K3
(403) 290-1699 SIC 1731
VILLE DE LAVAL p1063
1333 Boul De Chomedy Bureau 302, Laval, QC, H7V 3Z4
(450) 662-4343 SIC 1731
VIPOND INC p721
6380 Vipond Dr, MISSISSAUGA, ON, L5T 1A1
(905) 564-7060 SIC 1731

VOITH HYDRO INC p1008
9955 Rue De Chateauneuf Bureau 160, BROSSARD, QC, J4Z 3V5
(450) 766-2100 SIC 1731
WESTOWER COMMUNICATIONS LTD p436
47 Harding Rd, ST. JOHN'S, NL, A1E 3Y4
(709) 579-6378 SIC 1731
WOLFEDALE ELECTRIC LTD p665
647 Wilton Grove Rd Unit 3, LONDON, ON, N6N 1N7
SIC 1731
ZEDI INC p114
1855 94 St Nw Suite 101, EDMONTON, AB, T6N 1E6
(780) 701-3000 SIC 1731

SIC 1741 Masonry and other stonework

BERNEL MASONRY LTD p513
131 Delta Park Blvd Suite 1, BRAMPTON, ON, L6T 5M8
(905) 791-8818 SIC 1741
CHALMERS CONSTRUCTION INC p621
1586 10th Line, INNISFIL, ON, L9S 3P3
(705) 734-6111 SIC 1741
CITY MASONRY CONTRACTOR LTD p1295
3042 Faithfull Ave, SASKATOON, SK, S7K 0B1
(306) 934-3599 SIC 1741
CLIFFORD MASONRY LIMITED p840
1190 Birchmount Rd, SCARBOROUGH, ON, M1P 2B8
(416) 691-2341 SIC 1741
COLUMBIA MASONRY LTD p740
14320 Highway 27, NOBLETON, ON, L0G 1N0
(905) 859-7315 SIC 1741
CON-TACT MASONRY LTD p772
2504 Binder Cres Suite 1, OLDCASTLE, ON, N0R 1L0
(519) 737-1852 SIC 1741
CONSTRUCTION SAVITE INC p1127
1200 Place Verner, Montreal, QC, H7E 4P2
(450) 661-3977 SIC 1741
CUTTING EDGE MASONRY LTD p126
11307 100 St, GRANDE PRAIRIE, AB, T8V 2N4
(780) 538-3686 SIC 1741
EMCO MASONRY LIMITED p668
172 Bullock Dr Unit 26, MARKHAM, ON, L3P 7M9
(905) 294-7927 SIC 1741
GEORGE AND ASMUSSEN LIMITED p529
5093 Fountain St N, BRESLAU, ON, N0B 1M0
(519) 648-2285 SIC 1741
GKW CONSTRUCTION INC p360
54 St Paul Blvd, WEST ST PAUL, MB, R2P 2W5
(204) 633-7000 SIC 1741
GOTTARDO MASONRY & CONTRACTING LTD p559
277 Pennsylvania Ave, CONCORD, ON, L4K 5R9
(905) 532-0735 SIC 1741
MACONNERIE DEMERS INC p1255
977 Boul Lionel-Boulet Bureau 78, VARENNES, QC, J3X 1P7
(450) 652-9596 SIC 1741
MACONNERIE DYNAMIQUE LTEE p1168
525 Rue Du Platine Bureau 200, Quebec, QC, G2N 2E4
(418) 849-1524 SIC 1741
MACONNERIE PRO-CONSEIL INC p1010
2825 Boul Industriel, CHAMBLY, QC, J3L 4W3
(450) 447-6363 SIC 1741
MACONNERIE S D L INC p1244
1159 Rue Levis, TERREBONNE, QC, J6W 0A9
(450) 492-7111 SIC 1741
MCGONIGAL CONSTRUCTION LTD p489
245 Fifth Ave, ARNPRIOR, ON, K7S 3M3

(613) 623-3613 SIC 1741
MINTECH CANADA INC p861
19 Community Ave Unit 5, STONEY CREEK, ON, L8E 2X9
(905) 664-2222 SIC 1741
PLUMBLINE CORPORATION p29
1212 34 Ave Se, CALGARY, AB, T2G 1V7
(403) 569-4885 SIC 1741
POCKAR MASONRY LTD p25
4632 5 St Ne, CALGARY, AB, T2E 7C3
(403) 276-5591 SIC 1741
UNI-TRI MASONRY (1989) LIMITED p587
23 Haas Rd, ETOBICOKE, ON, M9W 3A1
(416) 745-2724 SIC 1741

SIC 1742 Plastering, drywall, and insulation

ADLER INSULATION 2005 LTD p1
53016 Hwy 60 Unit 23, ACHESON, AB, T7X 5A7
(780) 962-9495 SIC 1742
ADLER INSULATION 2005 LTD p63
3851 54 Ave Ne Suite 105, CALGARY, AB, T3J 3W5
(403) 590-0758 SIC 1742
ADVANCE DRYWALL LTD p726
44 Bentley Ave, NEPEAN, ON, K2E 6T8
(613) 226-7722 SIC 1742
ALGON ISOLATIONS (2000) INC p1127
4800 Rue Bernard-Lefebvre, Montreal, QC, H7C 0A5
(450) 661-3472 SIC 1742
ALTAIR CONTRACTING ULC p103
9464 51 Ave Nw, EDMONTON, AB, T6E 5A6
(780) 465-5363 SIC 1742
ATOMIK INTERIORS INC p15
4905 102 Ave Se Unit 19, CALGARY, AB, T2C 2X7
(403) 215-5977 SIC 1742
BAYTEK DRYWALL & STUCCO LTD p86
14518 115a Ave Nw, EDMONTON, AB, T5M 3C5
(780) 732-5316 SIC 1742
CESARONI CONTRACTING INC p845
3015 Kennedy Rd Suite 101, SCARBOROUGH, ON, M1V 1E7
(416) 292-2225 SIC 1742
D.V.S. DRYWALL CONTRACTORS LTD p23
3920 Edmonton Trail Ne, CALGARY, AB, T2E 3P6
(403) 276-8600 SIC 1742
DBN DRYWALL & ACOUSTICS LIMITED p855
200 Louth St, ST CATHARINES, ON, L2S 2R6
(905) 684-3271 SIC 1742
EX-CEL ACOUSTICS LTD p261
4162 Cowart Rd, PRINCE GEORGE, BC, V2N 6H9
(250) 563-4181 SIC 1742
GNI MANAGEMENT GROUP INC p978
935 Keyes Dr, WOODSTOCK, ON, N4V 1C3
(519) 537-5873 SIC 1742
GREAT WESTERN INTERIORS p57
12221 44 St Se Unit 40, CALGARY, AB, T2Z 4H3
(403) 217-1057 SIC 1742
GYP-TEC DRYWALL p143
1922 16 Ave Se, MEDICINE HAT, AB, T1A 3T3
(403) 527-3777 SIC 1742
HATCH LTD p608
500 Sherman Ave N, HAMILTON, ON, L8L 8J6
(905) 543-8555 SIC 1742
I.M.E. INC p1245
1029 Boul Des Entreprises, TERREBONNE, QC, J6Y 1V2
(450) 435-9995 SIC 1742
J.A. MACDONALD LONDON) LIMITED p650
530 Admiral Dr, LONDON, ON, N5V 0B2
(519) 453-1000 SIC 1742
JARVIS INTERIOR LTD p24

4615 8a St Ne, CALGARY, AB, T2E 4J6
(403) 277-1444 SIC 1742
KAEFER INTEGRATED SERVICES LTD p7
5002 55 Ave, BONNYVILLE, AB, T9N 2K6
(780) 826-4737 SIC 1742
LITTCO ENTERPRISES LTD p222
3314 Appaloosa Rd Unit 1, KELOWNA, BC, V1V 2W5
(250) 765-6444 SIC 1742
LOEWEN DRYWALL LTD p379
1352 Spruce St, WINNIPEG, MB, R3E 2V7
(204) 487-6460 SIC 1742
MAXAN DRYWALL LIMITED p765
2770 Brighton Rd, OAKVILLE, ON, L6H 5T4
(905) 829-0070 SIC 1742
MINIC DRYWALL LTD p362
377 Gunn Rd, WINNIPEG, MB, R2C 2Z2
(204) 667-6669 SIC 1742
PARKER KAEFER INC p443
200 Waterfront Dr Suite 100, BEDFORD, NS, B4A 4J4
(902) 860-3344 SIC 1742
PINAUD DRYWALL & ACOUSTICAL LIMITED p452
150 Akerley Blvd Suite 1, DARTMOUTH, NS, B3B 1Z5
(902) 468-9248 SIC 1742
PORTER, R. F. PLASTERING LIMITED p674
75d Konrad Cres, MARKHAM, ON, L3R 8T8
(905) 940-4131 SIC 1742
PROSPERI CO. LTD p869
299 Willow St, SUDBURY, ON, P3C 1K2
(705) 673-1376 SIC 1742
QSI INTERIORS LTD p93
10240 180 St Nw, EDMONTON, AB, T5S 1E2
(780) 489-4462 SIC 1742
QSI INTERIORS LTD p367
975 Thomas Ave Unit 1, WINNIPEG, MB, R2L 1P7
(204) 953-1200 SIC 1742
ROEST ACOUSTICS LTD p137
1235 36 St N, LETHBRIDGE, AB, T1H 6L5
(403) 394-9185 SIC 1742
ROSCETTI DRYWALL LIMITED p771
2495 Old Bronte Rd, OAKVILLE, ON, L6M 4J2
(905) 827-8305 SIC 1742
ROSMAR DRYWALL LTD p604
355 Elmira Rd N Unit 131, GUELPH, ON, N1K 1S5
(519) 821-6056 SIC 1742
SHOEMAKER DRYWALL SUPPLIES LTD p25
7012 8 St Ne, CALGARY, AB, T2E 8L8
(403) 291-1013 SIC 1742
SLEVA, K. CONTRACTING LTD p380
1147 Sanford St, WINNIPEG, MB, R3E 3A1
(204) 897-0442 SIC 1742
STRANGES, N.J. DRYWALL & CONSTRUCTION LTD p739
2577 Claude Ave, NIAGARA FALLS, ON, L2J 2C7
(905) 356-3299 SIC 1742
SUNCO DRYWALL LTD p33
7835 Flint Rd Se, CALGARY, AB, T2H 1G3
(403) 250-9701 SIC 1742
SYSTEMES INTERIEURS BERNARD MNJ & ASSOCIES INC p1127
5000 Rue Bernard-Lefebvre, Montreal, QC, H7C 0A5
(450) 665-1335 SIC 1742
THERMO DESIGN INSULATION LTD p947
8301 Jane St Unit 10, VAUGHAN, ON, L4K 5P3
(905) 761-0100 SIC 1742
TORNADO INSULATION LTD p827
781 Roper St, SARNIA, ON, N7S 6G7
(519) 344-3603 SIC 1742

SIC 1743 Terrazzo, tile, marble and mossaic work

STERLING TILE & CARPET p972

505 Cityview Blvd Unit 1, WOODBRIDGE, ON, L4H 0L8
(905) 585-4800 SIC 1743

SIC 1751 Carpentry work

BHI INSTALLATION INC p513
278 Orenda Rd, BRAMPTON, ON, L6T 4X6
(905) 791-2850 SIC 1751
CARPENTER CANADA CO p973
500 Hanlan Rd, WOODBRIDGE, ON, L4L 3P6
(416) 743-5689 SIC 1751
CORRADO CARPENTER CONTRACTOR LIMITED p558
445 Edgeley Blvd Suite 20, CONCORD, ON, L4K 4G1
(905) 660-4411 SIC 1751
CREATIVE DOOR SERVICES LTD p10
3740 27 St Ne Suite 8, CALGARY, AB, T1Y 5E2
(888) 621-3667 SIC 1751
CREATIVE DOOR SERVICES LTD p207
1678 Foster's Way Unit 3, DELTA, BC, V3M 6S6
(604) 524-8444 SIC 1751
CREATIVE DOOR SERVICES LTD p1282
629 Park St, REGINA, SK, S4N 5N1
(306) 721-8515 SIC 1751
FUTURE DOORS LTD p411
4009 Route 115, NOTRE-DAME, NB, E4V 2G2
(506) 576-9769 SIC 1751
JSI STORE FIXTURES CANADA INC p556
395 Raglan St, COLLINGWOOD, ON, L9Y 3Z1
(705) 445-6190 SIC 1751
MARITIME DOOR & WINDOW LTD p407
118 Albert St, MONCTON, NB, E1C 1B2
(506) 388-3000 SIC 1751
MENUISERIES MONT-ROYAL INC p1207
1777 Rue Begin, SAINT-LAURENT, QC, H4R 2B5
(514) 747-1196 SIC 1751
NORTHFIELD GLASS GROUP LTD p452
75 Macdonald Ave Unit 2, DARTMOUTH, NS, B3B 1T8
(902) 468-1977 SIC 1751
REALISATIONS NEWTECH INC, LES p987
725 Rue Desautels, ACTON VALE, QC, J0H 1A0
(450) 546-2401 SIC 1751
RIVERSIDE DOOR & TRIM INC p952
520 Conestogo Rd, WATERLOO, ON, N2L 4E2
(519) 578-3265 SIC 1751
SIOUI, NORMAND p1261
597 Rue Chef-Max-Gros-Louis, WENDAKE, QC, G0A 4V0
(418) 847-3630 SIC 1751
TARESCO LTD p614
175a Nebo Rd, HAMILTON, ON, L8W 2E1
(905) 575-8078 SIC 1751
VITRERIE VERTECH (2000) INC p1001
4275 Boul De La Grande-Allee, BOISBRIAND, QC, J7H 1M7
(450) 430-6161 SIC 1751
WILCOX DOOR SERVICE INC p701
1045 Rangeview Rd, MISSISSAUGA, ON, L5E 1H2
(905) 274-5850 SIC 1751

SIC 1752 Floor laying and floor work, nec

969200 ONTARIO LIMITED p726
195 Colonnade Rd, NEPEAN, ON, K2E 7K3
(613) 226-3830 SIC 1752
BEATTY FLOORS LTD p293
1840 Pandora St, VANCOUVER, BC, V5L 1M7
(604) 254-9571 SIC 1752
E & M INTERIORS INC p104

3651 99 St Nw, EDMONTON, AB, T6E 6K5
(780) 437-1957 SIC 1752
FABRIS-MILANO GROUP LTD, THE p381
1035 Erin St, WINNIPEG, MB, R3G 2X1
(204) 783-7179 SIC 1752
KBM COMMERCIAL FLOOR COVERINGS INC p28
1260 26 Ave Se, CALGARY, AB, T2G 5S2
(403) 274-5292 SIC 1752
M & A TILE COMPANY LIMITED p756
1155 Petrolia Rd, NORTH YORK, ON, M3J 2X7
  SIC 1752
QSI INTERIORS LTD p1297
806 56th St E, SASKATOON, SK, S7K 5Y8
(306) 933-4000 SIC 1752
RPM CANADA p1027
3170 Av Miller, DORVAL, QC, H9P 1K5
(514) 874-9191 SIC 1752

SIC 1761 Roofing, siding, and sheetMetal work

141517 CANADA LTEE p1011
1155 Boul Ford, Chateauguay, QC, J6J 4Z2
(450) 692-5527 SIC 1761
9136-6419 QUEBEC INC p1214
1766 Ch Sainte-Angelique, SAINT-LAZARE, QC, J7T 2X8
  SIC 1761
ALL-SIDE CONTRACTING LTD p73
12812 52 St Nw, EDMONTON, AB, T5A 0B6
(780) 473-3959 SIC 1761
ALLIED BLOWER & SHEET METAL LTD p340
1105 Boundary St, WILLIAMS LAKE, BC, V2G 4K3
(250) 398-7154 SIC 1761
ANAX INC p557
173 Adesso Dr Unit 1, CONCORD, ON, L4K 3C3
(416) 480-2247 SIC 1761
ASPIN ROOFING & GUTTERS LTD p240
2210 Petersen Pl, NANAIMO, BC, V9S 4N5
  SIC 1761
ATLANTIC ROOFERS LIMITED p444
674 Highway 214 Unit 1, BELNAN, NS, B2S 2N2
(902) 445-5044 SIC 1761
BELLEMARE COUVERTURES LTEE p1045
1044 Rue Raoul-Charette, JOLIETTE, QC, J6E 8S6
(450) 759-4933 SIC 1761
BOURGAULT INDUSTRIES LTD p1306
501 Barbier Dr, ST BRIEUX, SK, S0K 3V0
(306) 275-4800 SIC 1761
BROADWAY ROOFING CO LTD p192
7430 Lowland Dr Suite 400, BURNABY, BC, V5J 5A4
(604) 439-9107 SIC 1761
CAMBRO LASERTEK LTD p548
34 Tanner Ind Pk, CAMPBELLFORD, ON, K0L 1L0
(905) 355-3224 SIC 1761
CCS CONTRACTING LTD p16
2611 58 Ave Se Suite 677, CALGARY, AB, T2C 0B4
(403) 215-4040 SIC 1761
CHRISTENSEN & MCLEAN ROOFING CO p96
16173 132 Ave Nw, EDMONTON, AB, T5V 1H8
(780) 447-1672 SIC 1761
COUVREUR LOUIS BLAIS INC p1234
4800 Boul Royal, SHAWINIGAN, QC, G9N 4R6
(819) 539-8133 SIC 1761
COUVREUR VERDUN INC p1140
12168 Rue April, POINTE-AUX-TREMBLES, QC, H1B 5N5
(514) 640-8787 SIC 1761
DESIGN ROOFING & SHEET METAL LTD p255
1385 Kingsway Ave, PORT COQUITLAM,

SIC 1771 Concrete work

BC, V3C 1S2
(604) 944-2977 *SIC* 1761

DESSAU INC p1069
883 Rue Beriault, LONGUEUIL, QC, J4G 1X7
SIC 1761

DUNCAN'S LIMITED p1311
106 Copper Rd, Whitehorse, YT, Y1A 2Z6
(867) 668-3805 *SIC* 1761

EILEEN ROOFING INC p941
1825 Wilson Ave, TORONTO, ON, M9M 1A2
(416) 762-1819 *SIC* 1761

FABRICATION METELEC LTEE p1198
300 Rue Carreau, SAINT-JEAN-SUR-RICHELIEU, QC, J3B 2G4
(450) 346-6363 *SIC* 1761

FLYNN CANADA LTD p1
26229 Township Rd 531a Suite 213, ACHESON, AB, T7X 5A4
(780) 948-4200 *SIC* 1761

FLYNN CANADA LTD p159
285221 Kleysen Way, ROCKY VIEW COUNTY, AB, T1X 0K1
(403) 720-8155 *SIC* 1761

FLYNN CANADA LTD p178
2234 Carpenter St, ABBOTSFORD, BC, V2T 6B4
SIC 1761

FLYNN CANADA LTD p275
6836 Kirkpatrick Cres Unit 1, SAANICHTON, BC, V8M 1Z9
(250) 652-0599 *SIC* 1761

FLYNN CANADA LTD p396
691 Rue Babin, DIEPPE, NB, E1A 5M7
(506) 855-3340 *SIC* 1761

FLYNN CANADA LTD p448
25 Neptune Cres, DARTMOUTH, NS, B2Y 4P9
(902) 468-8313 *SIC* 1761

FLYNN CANADA LTD p549
21 Regional Rd 84, CAPREOL, ON, P0M 1H0
(705) 858-8000 *SIC* 1761

FLYNN CANADA LTD p593
5661 Power Rd, GLOUCESTER, ON, K1G 3N4
SIC 1761

FLYNN CANADA LTD p650
550 Sovereign Rd, LONDON, ON, N5V 4K5
(519) 681-0200 *SIC* 1761

FLYNN CANADA LTD p783
2780 Sheffield Rd, OTTAWA, ON, K1B 3V9
(613) 696-0086 *SIC* 1761

FLYNN CANADA LTD p861
890 Arvin Ave, STONEY CREEK, ON, L8E 5Y8
(905) 643-9515 *SIC* 1761

FLYNN CANADA LTD p972
141 Royal Group Cres, WOODBRIDGE, ON, L4H 1X9
(905) 671-3971 *SIC* 1761

FLYNN CANADA LTD p1282
202 Solomon Dr, REGINA, SK, S4N 5A8
(306) 789-1411 *SIC* 1761

FLYNN CANADA LTD p1295
134 Faithfull Cres, SASKATOON, SK, S7K 8H8
(306) 242-5909 *SIC* 1761

GAGE METAL CLADDING LIMITED p685
3109 American Dr, MISSISSAUGA, ON, L4V 0A2
(416) 742-0300 *SIC* 1761

HAMILTON, T & SON ROOFING INC p842
42 Crockford Blvd, SCARBOROUGH, ON, M1R 3C3
(416) 755-5522 *SIC* 1761

HERB LODDE & SONS ROOFING LTD p852
17 Neilson Ave, ST CATHARINES, ON, L2M 5V9
(905) 935-7571 *SIC* 1761

INTERIOR MANUFACTURING GROUP INC p700
850 Rangeview Rd, MISSISSAUGA, ON, L5E 1G9

(905) 278-6391 *SIC* 1761

JENSEN ROOFING LTD p167
4 Rowland Cres, ST. ALBERT, AB, T8N 4B3
(780) 459-5561 *SIC* 1761

KING KOATING ROOFING INC p560
41 Peelar Rd, CONCORD, ON, L4K 1A3
(905) 669-1771 *SIC* 1761

LAFLECHE ROOFING (1992) LIMITED p774
144 Forest Plain Rd, ORILLIA, ON, L3V 6H1
(705) 329-4485 *SIC* 1761

LONDON ECO-METAL MANUFACTURING INC p569
531 Shaw Rd, DORCHESTER, ON, N0L 1G4
(519) 451-7663 *SIC* 1761

MCCARTHY'S ROOFING LIMITED p395
26 Rue Industrielle, BOUCTOUCHE, NB, E4S 3H9
SIC 1761

PARKER, JOHNSTON LIMITED p275
6791 Oldfield Road, SAANICHTON, BC, V8M 2A2
(250) 382-9181 *SIC* 1761

PHOENIX BUILDING COMPONENTS INC p731
2 Greengage Rd, NEW LOWELL, ON, L0M 1N0
(705) 424-3905 *SIC* 1761

POLY-TOITURE INC p1047
3459 Rue De L'Energie, Jonquiere, QC, G7X 0C1
(418) 695-1315 *SIC* 1761

RAYMOND, J. COUVREUR & FILS INC p1078
20550 Ch De La Cote N, MIRABEL, QC, J7J 2B7
(450) 430-7900 *SIC* 1761

SEMPLE-GOODER ROOFING CORPORATION p493
309 Darrell Dr, AYR, ON, N0B 1E0
(519) 623-3300 *SIC* 1761

SMITH-PEAT ROOFING AND SHEET METAL LTD p588
152 Thames Rd W Ss 3, EXETER, ON, N0M 1S3
(519) 235-2802 *SIC* 1761

STRONGHOLD EXTERIORS LTD p25
2115 27 Ave Ne Suite 6, CALGARY, AB, T2E 7E4
(403) 569-9150 *SIC* 1761

TOITURE MAURICIENNE (1982) INC p1130
2907 Boul Dagenais O, Montreal, QC, H7P 1T2
(450) 328-1612 *SIC* 1761

TOITURES COUTURE & ASSOCIES INC p1193
6565 Boul Maricourt, SAINT-HUBERT, QC, J3Y 1S8
(450) 678-2562 *SIC* 1761

TOITURES VICK & ASSOCIES INC, LES p1241
71 Ch Godin, SHERBROOKE, QC, J1R 0S6
(450) 658-4300 *SIC* 1761

UXDU CONTRACTING INC p701
1235 Indian Rd, MISSISSAUGA, ON, L5H 1R8
(905) 891-5214 *SIC* 1761

WATSON BUILDING SUPPLIES INC p503
130 Adam St, BELLEVILLE, ON, K8N 2X9
(613) 969-7070 *SIC* 1761

SIC 1771 Concrete work

BELLAI BROTHERS CONSTRUCTION LTD p792
440 Laurier Ave W, OTTAWA, ON, K1R 7X6
(613) 782-2932 *SIC* 1771

BELLAI BROTHERS CONSTRUCTION LTD p1037
30 Rue Adrien-Robert, GATINEAU, QC, J8Y 3S2
(819) 771-7704 *SIC* 1771

CONBORA FORMING INC p558

109 Edilcan Dr, CONCORD, ON, L4K 3S6
(905) 738-7979 *SIC* 1771

CONSTRUCTIONS L. J. P. INC, LES p1206
2035 Rue Lucien-Thimens, SAINT-LAURENT, QC, H4R 1K8
SIC 1771

CRH CANADA GROUP INC p557
2300 Steeles Ave W Suite 300, CONCORD, ON, L4K 5X6
(905) 761-7000 *SIC* 1771

DEFORD CONTRACTING INC p88
16720 109 Ave Nw Unit 16720, EDMONTON, AB, T5P 4Y8
(780) 453-5841 *SIC* 1771

FEMO CONSTRUCTION LTD p192
8555 Greenall Ave Suite 1, BURNABY, BC, V5J 3M8
(604) 254-3999 *SIC* 1771

FORMER RESTORATION L.P. p718
60 Admiral Blvd, MISSISSAUGA, ON, L5T 2W1
(905) 696-2900 *SIC* 1771

FORMER RESTORATION L.P. p884
340 Pine St N, TIMMINS, ON, P4N 6L3
(705) 264-5985 *SIC* 1771

LAFARGE CANADA INC p592
55 Armstrong Ave, GEORGETOWN, ON, L7G 4S1
(905) 873-0254 *SIC* 1771

LAFARGE CANADA INC p654
100 Hume St, LONDON, ON, N5Z 2P2
(519) 451-9240 *SIC* 1771

NEWWAY CONCRETE FORMING LTD p24
427 38 Ave Ne Suite E, CALGARY, AB, T2E 6R9
(403) 520-5211 *SIC* 1771

ON SIDE RESTORATION SERVICES LTD p92
18547 104 Ave Nw, EDMONTON, AB, T5S 2V8
(780) 497-7972 *SIC* 1771

ON SIDE RESTORATION SERVICES LTD p137
410 26 St N, LETHBRIDGE, AB, T1H 3W2
(403) 394-2980 *SIC* 1771

ON SIDE RESTORATION SERVICES LTD p145
3371 17 Ave Sw, MEDICINE HAT, AB, T1B 4B1
(403) 528-6470 *SIC* 1771

PRO-CON ROAD WORKS LTD p67
201a Casale Pl, CANMORE, AB, T1W 3G2
(403) 678-7283 *SIC* 1771

REDCO CONSTRUCTION LTD p106
8105 Davies Rd Nw, Edmonton, AB, T6E 4N1
(780) 466-1820 *SIC* 1771

ROCK CONCRETE FORMING LTD p769
547 Speers Rd, OAKVILLE, ON, L6K 2G4
SIC 1771

SILVERLINE GROUP INC p854
144 Dunkirk Rd, ST CATHARINES, ON, L2P 3H6
(905) 680-6002 *SIC* 1771

SPECIALTY PRECAST ERECTORS LIMITED p734
1 Bales Rd, NEWMARKET, ON, L3Y 4X1
SIC 1771

TRI-TINA FORMING INC p762
4701 Steeles Ave W Suite 220, NORTH YORK, ON, M9L 1X2
(416) 746-1501 *SIC* 1771

UCC GROUP INC p315
1275 6th Ave W Suite 300, VANCOUVER, BC, V6H 1A6
(604) 730-4833 *SIC* 1771

VECTOR CONSTRUCTION LTD p392
474 Dovercourt Dr, WINNIPEG, MB, R3Y 1G4
(204) 489-6300 *SIC* 1771

VECTOR CONSTRUCTION LTD p1299
419b 50th St E, SASKATOON, SK, S7K 6K1
(306) 934-3533 *SIC* 1771

VSL CANADA LTD p862

318 Arvin Ave, STONEY CREEK, ON, L8E 2M2
(905) 662-0611 *SIC* 1771

WEST CARLETON SAND & GRAVEL INC p550
3232 Carp, CARP, ON, K0A 1L0
(613) 839-2816 *SIC* 1771

SIC 1781 Water well drilling

FORAGES CABO INC p1010
3000 Boul Industriel, CHAMBLY, QC, J3L 4X3
(450) 572-1400 *SIC* 1781

GEOTECH DRILLING SERVICES AFRICA LTD p258
5052 Hartway Dr, PRINCE GEORGE, BC, V2K 5B7
(250) 962-9041 *SIC* 1781

SIC 1791 Structural steel erection

AGF - REBAR INC p651
120 Mcmillan St, LONDON, ON, N5W 6C6
(519) 455-2540 *SIC* 1791

ALL STEEL BUILDERS LIMITED p134
Gd, LAMONT, AB, T0B 2R0
SIC 1791

ARMTEC LP p593
5598 Power Rd, GLOUCESTER, ON, K1G 3N4
(613) 822-1488 *SIC* 1791

BUTLER BUILDING CANADA p536
3070 Mainway Unit 21, BURLINGTON, ON, L7M 3X1
(905) 332-7786 *SIC* 1791

DESSINS CADMAX INC p1001
4965 Rue Ambroise-Lafortune Bureau 200, BOISBRIAND, QC, J7H 0A4
(450) 621-5557 *SIC* 1791

HORTON CBI, LIMITED p123
55116 Hwy 825, FORT SASKATCHEWAN, AB, T8L 2T4
(780) 998-2800 *SIC* 1791

HORTON CBI, LIMITED p161
261 Seneca Rd, SHERWOOD PARK, AB, T8A 4G6
(780) 410-2760 *SIC* 1791

HORTON CBI, LIMITED p735
4342 Queen St Suite 3, NIAGARA FALLS, ON, L2E 7J7
SIC 1791

LAFARGE CANADA INC p365
185 Dawson Rd N, WINNIPEG, MB, R2J 0S6
(204) 958-6333 *SIC* 1791

LOWER MAINLAND STEEL (1998) LTD p65
387 Exploration Ave Se, CALGARY, AB, T3S 0A2
(403) 723-9930 *SIC* 1791

LOWER MAINLAND STEEL (1998) LTD p282
6320 148 St, SURREY, BC, V3S 3C4
(604) 598-9930 *SIC* 1791

MANDATE STEEL ERECTORS LTD p421
2676 Rue Commerce, TRACADIE-SHEILA, NB, E1X 1G5
(506) 395-7777 *SIC* 1791

MARID INDUSTRIES LIMITED p479
99 Windsor Junction Rd, WINDSOR JUNCTION, NS, B2T 1G7
(902) 860-1138 *SIC* 1791

MARSHALL INDUSTRIES LIMITED p428
Airport Rd, LABRADOR CITY, NL, A2V 2K6
(709) 944-5515 *SIC* 1791

MIDWEST CONSTRUCTORS LTD p121
242 Macalpine Cres Unit 4a, FORT MCMURRAY, AB, T9H 4A6
(780) 791-0090 *SIC* 1791

RED DEER IRONWORKS INC p68
10602 79 Ave Ss 55 Suite 6, CLAIRMONT, AB, T0H 0W0
(780) 830-5474 *SIC* 1791

RODRIGUE METAL LTEE p1156
2515 Av Dalton, Quebec, QC, G1P 3S5
(418) 653-9371 SIC 1791

RUSSEL METALS INC p390
1510 Clarence Ave, WINNIPEG, MB, R3T 1T6
(204) 475-8584 SIC 1791

SAMUEL, SON & CO., LIMITED p546
133 Troh Ave, CAMBRIDGE, ON, N3C 4B1
(519) 658-4693 SIC 1791

SPENCER STEEL LIMITED p620
200 King St, ILDERTON, ON, N0M 2A0
SIC 1791

STRUCTURES DE BEAUCE INC, LES p1218
305 Rue Du Parc Rr 1, SAINT-ODILON, QC, G0S 3A0
(418) 464-2000 SIC 1791

SUPERMETAL QUEBEC INC p1067
1955 5e Rue, Levis, QC, G6W 5M6
(418) 834-1955 SIC 1791

SUREWAY METAL SYSTEMS LIMITED p29
1118 46 Ave Se, CALGARY, AB, T2G 2A6
(403) 287-2742 SIC 1791

WESTCON PRECAST INC p20
4412 54 Ave Se, CALGARY, AB, T2C 2B9
(403) 279-2534 SIC 1791

SIC 1793 Glass and glazing work

ALL-WEST GLASS EDMONTON LTD p86
11638 156 St Nw, EDMONTON, AB, T5M 3T5
(780) 451-6108 SIC 1793

GLASTECH GLAZING CONTRACTORS LTD p255
1613 Kebet Way, PORT COQUITLAM, BC, V3C 5W9
(604) 941-9115 SIC 1793

INLAND GLASS & ALUMINUM LIMITED p218
1820 Kryczka Pl, KAMLOOPS, BC, V1S 1S4
(250) 374-7306 SIC 1793

MARKLAND ASSOCIATES LIMITED p462
21 Hamshaw Dr, HALIFAX, NS, B3M 2G9
(902) 445-8920 SIC 1793

WESTMOUNT STOREFRONT SYSTEMS LTD p637
20 Riverview Pl, KITCHENER, ON, N2B 3X8
(519) 570-2850 SIC 1793

SIC 1794 Excavation work

1204626 ONTARIO INC p877
570 Squier Pl, THUNDER BAY, ON, P7B 6M2
(807) 935-2792 SIC 1794

AGRA FOUNDATIONS LIMITED p11
416 Monument Pl Se, CALGARY, AB, T2A 1X3
(403) 272-5531 SIC 1794

AGRA FOUNDATIONS LIMITED p103
7708 Wagner Rd Nw, EDMONTON, AB, T6E 5B2
(780) 468-3392 SIC 1794

ALLTERRA CONSTRUCTION LTD p336
2158 Millstream Rd, VICTORIA, BC, V9B 6H4
(250) 658-3772 SIC 1794

BOUVET, ANDRE LTEE p997
16090 Boul Des Acadiens, Becancour, QC, G9H 1K9
(819) 233-2357 SIC 1794

CONSTRUCTION ET PAVAGE BOISVERT INC p1185
180 Boul De La Gabelle, SAINT-ETIENNE-DES-GRES, QC, G0X 2P0
(819) 374-7277 SIC 1794

CONSTRUCTION LARIVIERE LTEE p1040
640 Rue Auguste-Mondoux, GATINEAU, QC, J9J 3K3
(819) 770-2280 SIC 1794

CONSTRUCTIONS EDGUY INC, LES p1227
500 1re Av Du Parc-Industriel, SAINTE-MARIE, QC, G6E 1B5
(418) 387-6270 SIC 1794

COPCAN CONTRACTING LTD p243
1920 Balsam Rd, NANAIMO, BC, V9X 1T5
(250) 754-7260 SIC 1794

COX, G W CONSTRUCTION LTD p136
1210 31 St N, LETHBRIDGE, AB, T1H 5J8
(403) 328-1346 SIC 1794

CRAINS' CONSTRUCTION LIMITED p666
1800 Mayberly 2 Elphin Rd, MABERLY, ON, K0H 2B0
(613) 268-2308 SIC 1794

DEEP FOUNDATIONS CONTRACTORS INC p596
145 Ram Forest Rd, GORMLEY, ON, L0H 1G0
(905) 750-5900 SIC 1794

DIVAL DEVELOPMENTS LTD p614
90 Trinity Church Rd, HAMILTON, ON, L8W 3S2
(905) 387-8214 SIC 1794

EBI ENERGIE INC p998
61 Rue De Montcalm, BERTHIERVILLE, QC, J0K 1A0
(450) 836-8111 SIC 1794

EL-CON CONSTRUCTION INC p769
2231 Wyecroft Rd, OAKVILLE, ON, L6L 5L7
(905) 825-4461 SIC 1794

EXCAVATION LOISELLE INC p1035
1679 Rue Jean-Louis-Malette, GATINEAU, QC, J8R 0C1
SIC 1794

EXCAVATION MICHEL PARADIS INC p1187
780 Boul Hamel, Saint-Felicien, QC, G8K 1X9
(418) 679-4533 SIC 1794

EXCAVATIONS PAYETTE LTEE, LES p990
7900 Rue Bombardier, ANJOU, QC, H1J 1A4
(514) 322-4800 SIC 1794

FAGA GROUP INC p873
137 Langstaff Rd E, THORNHILL, ON, L3T 3M6
(905) 881-2552 SIC 1794

FOUR STAR GRAVEL CONTRACTORS LTD p17
9816 44 St Se, CALGARY, AB, T2C 2N4
(403) 236-1862 SIC 1794

G. & E. CONTRACTING LTD p277
2061 Mills Rd W, SIDNEY, BC, V8L 5X2
(250) 656-3159 SIC 1794

GROUPE ALLAIREGINCE INFRASTRUCTURES INC p1042
70 Rue De Gatineau, GRANBY, QC, J2J 0P1
(450) 378-1623 SIC 1794

GROUPE MINIER CMAC-THYSSEN INC p1253
185 Rue Des Distributeurs, VAL-D'OR, QC, J9P 6Y1
(819) 874-8303 SIC 1794

HENAULT & GOSSELIN INC p1174
409 Rue Temiscouata, Riviere-du-Loup, QC, G5R 6B3
(418) 862-9548 SIC 1794

IRON HORSE EARTHWORKS INC p159
235090 Wrangler Dr, ROCKY VIEW COUNTY, AB, T1X 0K3
(403) 217-2711 SIC 1794

ISLAND COASTAL SERVICES LTD p983
15418 Trans Canada Hwy, CORNWALL, PE, C0A 1H0
(902) 675-2704 SIC 1794

J-AAR EXCAVATING LIMITED p650
3003 Page St, LONDON, ON, N5V 4J1
(519) 652-2104 SIC 1794

K L S CONTRACTING LTD p61
7 Glenbrook Pl Sw Suite 206, CALGARY, AB, T3E 6W4
(403) 240-3030 SIC 1794

KICHTON CONTRACTING LTD p1
26229 Township Road 531a Unit 204, ACHESON, AB, T7X 5A4
(780) 447-1882 SIC 1794

LABBE, HENRI & FILS INC p1168
1080 Boul Bastien, Quebec, QC, G2K 1E6
(418) 622-0574 SIC 1794

MCRAE'S ENVIRONMENTAL SERVICES LTD p210
7783 Progress Way, DELTA, BC, V4G 1A3
(604) 434-8313 SIC 1794

NORTRAX CANADA INC p861
760 South Service Rd, STONEY CREEK, ON, L8E 5M6
(905) 643-4166 SIC 1794

PAVAGE DION INC p1000
20855 Ch De La Cote N, BOISBRIAND, QC, J7E 4H5
(450) 435-0333 SIC 1794

PROFESSIONAL EXCAVATORS LTD p19
10919 84 St Se, CALGARY, AB, T2C 5A6
(403) 236-5686 SIC 1794

RANKIN CONSTRUCTION INC p856
222 Martindale Rd, ST CATHARINES, ON, L2S 0B2
(905) 684-1111 SIC 1794

SKOOKUM ASPHALT LTD p1311
1 Ear Lake Rd, WHITEHORSE, YT, Y1A 6L4
(867) 668-6326 SIC 1794

TAGGART CONSTRUCTION LIMITED p634
685 Justus Dr, KINGSTON, ON, K7M 4H5
(613) 389-7550 SIC 1794

TESKEY CONSTRUCTION COMPANY LTD p757
20 Murray Rd, NORTH YORK, ON, M3K 1T2
(416) 638-0340 SIC 1794

VOICE CONSTRUCTION LTD p122
200 Macdonald Cres, FORT MCMURRAY, AB, T9H 4B2
(780) 790-0981 SIC 1794

WALTER, L. & SONS EXCAVATING LTD p737
7527 Stanley Ave, NIAGARA FALLS, ON, L2G 0C7
(905) 371-1300 SIC 1794

ZUBLIN INC p712
6790 Century Ave Suite 401, MISSISSAUGA, ON, L5N 2V8
(289) 315-3972 SIC 1794

SIC 1795 Wrecking and demolition work

8919470 CANADA INC p1084
10000 Boul Henri-Bourassa E, Montreal, QC, H1C 1T1
(514) 648-6366 SIC 1795

EXCAVATION RENE ST-PIERRE INC p1238
3055 Boul Queen-Victoria, SHERBROOKE, QC, J1J 4N8
(819) 565-1494 SIC 1795

LATCON LTD p785
3387 Hawthorne Rd, OTTAWA, ON, K1G 4G2
(613) 738-9061 SIC 1795

QM LP p163
15 Turbo Dr, SHERWOOD PARK, AB, T8H 2J6
(780) 467-8881 SIC 1795

QM LP p861
10 Kenmore Ave Suite 4, STONEY CREEK, ON, L8E 5N1
(905) 388-4444 SIC 1795

SERVICES ENVIRONNEMENTAUX DELSAN-A.I.M. INC, LES p1085
7825 Boul Henri-Bourassa E, Montreal, QC, H1E 1N9
(514) 494-9898 SIC 1795

SIC 1796 Installing building equipment

ALLIED BLOWER & SHEET METAL LTD p1
53016 Hwy 60 Unit 36, ACHESON, AB, T7X 5A7
(780) 962-6464 SIC 1796

ANGEL ACCESSIBILITY INC p328
2508 Bridge St, VICTORIA, BC, V8T 5H3
(250) 383-0405 SIC 1796

COPPERLINE EXCAVATING LTD p165
375 Saskatchewan Ave, SPRUCE GROVE, AB, T7X 3A1
(780) 968-3805 SIC 1796

FINNING INTERNATIONAL INC p266
15100 River Rd Suite 120, RICHMOND, BC, V6V 3B2
(604) 231-3900 SIC 1796

GROENEVELD LUBRICATION SOLUTIONS INC p681
8450 Lawson Rd Unit 5, MILTON, ON, L9T 0J8
(905) 875-1017 SIC 1796

INTERNATIONAL INDUSTRIAL CONTRACTING CORPORATION p968
251 Goyeau St Suite 1600, WINDSOR, ON, N9A 6V4
SIC 1796

KONE INC p10
3510 29 St Ne Suite 115, CALGARY, AB, T1Y 7E5
(403) 275-5650 SIC 1796

KONE INC p444
205 Bluewater Rd Suite 1, BEDFORD, NS, B4B 1H1
(902) 450-1102 SIC 1796

KONE INC p1155
1730 Av Newton Bureau 208, Quebec, QC, G1P 4J4
(418) 877-2183 SIC 1796

KONE INC p1209
3330 Rue De Miniac, SAINT-LAURENT, QC, H4S 1Y4
(514) 284-5663 SIC 1796

KONE INC p1283
607 Park St, REGINA, SK, S4N 5N1
(306) 546-2420 SIC 1796

LEXSPAN LIMITED PARTNERSHIP p185
3111 Norland Ave, BURNABY, BC, V5B 3A9
(604) 205-9600 SIC 1796

PROCESS GROUP INC p543
555 Conestoga Blvd, CAMBRIDGE, ON, N1R 7P5
(519) 622-5520 SIC 1796

REGULVAR INC p1165
2800 Rue Jean-Perrin Bureau 100, Quebec, QC, G2C 1T3
(418) 842-5114 SIC 1796

ROBERT FER ET METEAUX S.E.C. p1235
122 Dr Wilson, SHAWINIGAN, QC, G9N 6T6
(819) 537-9824 SIC 1796

SCHINDLER ELEVATOR CORPORATION p29
527 Manitou Rd Se, CALGARY, AB, T2G 4C2
(403) 243-0715 SIC 1796

SCHINDLER ELEVATOR CORPORATION p87
15006 116 Ave Nw, EDMONTON, AB, T5M 3T4
(780) 425-1043 SIC 1796

SCHINDLER ELEVATOR CORPORATION p846
3640a Mcnicoll Ave Suite A, SCARBOROUGH, ON, M1X 1G5
(416) 332-8280 SIC 1796

SERVICE D'IMPARTITION INDUSTRIEL INC p1251
2300 Rue Jules-Vachon, Trois-Rivieres, QC, G9A 5E1
(819) 374-4647 SIC 1796

SKYLINE ELEVATOR INC p651
410 Industrial Rd, LONDON, ON, N5V 1T5
(519) 659-2700 SIC 1796

THYSSENKRUPP ELEVATOR (CANADA) LIMITED p20
2419 52 Ave Se Unit 5, CALGARY, AB, T2C 4X7
(403) 527-7284 SIC 1796

THYSSENKRUPP ELEVATOR (CANADA) LIMITED p188
2303 Douglas Rd, BURNABY, BC, V5C 5A9
(604) 294-2209 SIC 1796

THYSSENKRUPP ELEVATOR (CANADA) LIMITED p227
1891 Springfield Rd Suite 205, KELOWNA, BC, V1Y 5V5
(250) 763-2804 *SIC* 1796

THYSSENKRUPP ELEVATOR (CANADA) LIMITED p373
1635 Burrows Ave Suite 20, WINNIPEG, MB, R2X 3B5
(204) 775-8671 *SIC* 1796

THYSSENKRUPP ELEVATOR (CANADA) LIMITED p606
505 Kenora Ave Suite 1, HAMILTON, ON, L8E 3P2
(905) 526-8181 *SIC* 1796

THYSSENKRUPP ELEVATOR (CANADA) LIMITED p845
410 Passmore Ave Unit 1, SCARBOROUGH, ON, M1V 5C3
(416) 291-2000 *SIC* 1796

THYSSENKRUPP ELEVATOR (CANADA) LIMITED p1154
1990 Rue Cyrille-Duquet Bureau 146, Quebec, QC, G1N 4K8
(418) 682-1214 *SIC* 1796

TRADE-MARK INDUSTRIAL INC p547
250 Royal Oak Rd, CAMBRIDGE, ON, N3E 0A4
(519) 650-7444 *SIC* 1796

SIC 1799 Special trade contractors, nec

9071-3686 QUEBEC INC p998
41 Rue Gaston-Dumoulin, BLAINVILLE, QC, J7C 6B4
(450) 435-8449 *SIC* 1799

9144-8720 QUEBEC INC p1079
1092 Rue Lachapelle, MONT-LAURIER, QC, J9L 3T9
(819) 623-6745 *SIC* 1799

ALBERTA ASPHALT ENTERPRISES INC p114
6450 27 St Nw, EDMONTON, AB, T6P 1M6
(780) 469-9999 *SIC* 1799

ALLEN, S & SONS FIRE RESTORATION & GENERAL CONTRACTORS LTD p469
49 Riverside St, NEW GLASGOW, NS, B2H 2N2
(902) 755-3473 *SIC* 1799

ALTEC INDUSTRIES LTD p364
57 Durand Rd, WINNIPEG, MB, R2J 3T1
(204) 663-8362 *SIC* 1799

ALUMA SYSTEMS INC p119
Gd Lcd Main, FORT MCMURRAY, AB, T9H 3E2
(780) 790-4852 *SIC* 1799

ATHABASCA CHIPEWYAN EMPIRE INDUSTRIAL SERVICES LTD p119
125b Macdonald Cres, FORT MCMURRAY, AB, T9H 4B3
(780) 743-9739 *SIC* 1799

B & D INSULATION INC p826
1351 Lougar Ave, SARNIA, ON, N7S 5N5
(519) 344-5287 *SIC* 1799

BAILEY'S WELDING & CONSTRUCTION INC p71
6205 56 Ave, DRAYTON VALLEY, AB, T7A 1S5
(780) 542-3578 *SIC* 1799

BELFOR (CANADA) INC p90
17408 116 Ave Nw, EDMONTON, AB, T5S 2X2
(780) 455-5566 *SIC* 1799

BELFOR (CANADA) INC p240
2301a Mccullough Rd, NANAIMO, BC, V9S 4M9
(250) 756-9333 *SIC* 1799

BELFOR (CANADA) INC p285
7677d 132 St, SURREY, BC, V3W 4M8
(604) 599-9980 *SIC* 1799

BELFOR (CANADA) INC p333
4216 Glanford Ave, VICTORIA, BC, V8Z 4B7
(250) 978-5556 *SIC* 1799

BELFOR (CANADA) INC p382
801 Berry St, WINNIPEG, MB, R3H 0S7
(204) 774-8186 *SIC* 1799

BELFOR (CANADA) INC p396
57 Rue Sylvio, DIEPPE, NB, E1A 7X1
(506) 853-0006 *SIC* 1799

BELFOR (CANADA) INC p412
11 William Crt, QUISPAMSIS, NB, E2E 4B1
(506) 847-4169 *SIC* 1799

BELFOR (CANADA) INC p864
457 Douro St, STRATFORD, ON, N5A 3S9
(519) 271-1129 *SIC* 1799

BOART LONGYEAR CANADA p16
4025 96 Ave Se, CALGARY, AB, T2C 4T7
(403) 287-1460 *SIC* 1799

BOART LONGYEAR CANADA p741
1111 Main St W, NORTH BAY, ON, P1B 2W4
(705) 474-2800 *SIC* 1799

BRECK SCAFFOLD SOLUTIONS, INC p1294
6 Cory Lane, SASKATOON, SK, S7K 3J7
(306) 242-5532 *SIC* 1799

CARLSON COMMERCIAL & INDUSTRIAL SERVICES LTD p365
1035 Mission St, WINNIPEG, MB, R2J 0A4
(204) 233-0671 *SIC* 1799

CENTRAL INTERIOR PIPING & MAINTENANCE LTD p258
7405 Hart Hwy Suite 1, PRINCE GEORGE, BC, V2K 3B1
(250) 962-7405 *SIC* 1799

CHOICE OFFICE INSTALLATIONS INC p755
201 Limestone Cres, NORTH YORK, ON, M3J 2R1
(416) 645-8095 *SIC* 1799

CITY WIDE GROUP INC, THE p891
25 Hollinger Rd Unit 3, TORONTO, ON, M4B 3N4
(416) 881-6379 *SIC* 1799

CLAYBAR CONTRACTING INC p834
91 Melford Dr, SCARBOROUGH, ON, M1B 2G6
(416) 298-1144 *SIC* 1799

COMMISSION DES SERVICES ELECTRIQUES DE LA VILLE DE MONTREAL p1092
4305 Rue Hogan, Montreal, QC, H2H 2N2
(514) 868-3111 *SIC* 1799

DERRICK CONCRETE CUTTING & CONSTRUCTION LTD p104
5815 99 St Nw, EDMONTON, AB, T6E 3N8
(780) 436-7934 *SIC* 1799

DNR PRESSURE WELDING LTD p168
Gd, STETTLER, AB, T0C 2L0
(403) 742-2859 *SIC* 1799

DOCK PRODUCTS CANADA INC p650
639 Sovereign Rd Unit 3 & 4, LONDON, ON, N5V 4K8
(519) 457-7155 *SIC* 1799

FIELD AVIATION COMPANY INC p10
4300 26 St Ne Unit 125, CALGARY, AB, T1Y 7H7
(403) 516-8200 *SIC* 1799

FLINT ENERGY SERVICES LTD. p69
Hwy 55 W, COLD LAKE, AB, T9M 1P7
(780) 639-6034 *SIC* 1799

FORACO CANADA LTD p740
1839 Seymour St, NORTH BAY, ON, P1A 0C7
(705) 495-6363 *SIC* 1799

FORAGE SPEKTRA INC p1253
2756 Ch Sullivan, VAL-D'OR, QC, J9P 0B9
(819) 824-4435 *SIC* 1799

FORAGES M. ROUILLIER INC p988
824 Av Des Forestiers Bureau 57, AMOS, QC, J9T 4L4
(819) 727-9269 *SIC* 1799

FORMER RESTORATION L.P. p129
15001 89 St, GRANDE PRAIRIE, AB, T8X 0J2
(780) 539-1900 *SIC* 1799

FORMER RESTORATION L.P. p611
180 Chatham St, HAMILTON, ON, L8P 2B6
(905) 545-4703 *SIC* 1799

FORMER RESTORATION L.P. p981
249 Brackley Point Rd, CHARLOTTETOWN, PE, C1A 6Z2
(902) 566-4331 *SIC* 1799

FORMER RESTORATION L.P. p1026
290 Av Guthrie, DORVAL, QC, H9P 2V2
(514) 931-7789 *SIC* 1799

FORMER RESTORATION L.P. p1295
103 English Cres, SASKATOON, SK, S7K 8G4
(306) 978-6600 *SIC* 1799

FULLER AUSTIN INC p91
11604 186 St Nw, EDMONTON, AB, T5S 0C4
(780) 452-1701 *SIC* 1799

G. H. MEDICAL INC p519
8 Bram Crt, BRAMPTON, ON, L6W 3R6
(905) 455-6771 *SIC* 1799

GDI SERVICES (CANADA) LP p941
130 King St, TORONTO, ON, M9N 1L5
(416) 364-0643 *SIC* 1799

GEMINI CORPORATION p123
11232 87 Ave, FORT SASKATCHEWAN, AB, T8L 2S4
(780) 998-5460 *SIC* 1799

GIB-SAN POOLS LIMITED p762
59 Milvan Dr, NORTH YORK, ON, M9L 1Y8
(416) 749-4361 *SIC* 1799

GOLDIE MOHR LTD p801
3862 Moodie Dr, OTTAWA, ON, K2J 4A9
(613) 838-5042 *SIC* 1799

HARSCO CANADA CORPORATION p100
7030 51 Ave Nw, EDMONTON, AB, T6B 2P4
(780) 468-3292 *SIC* 1799

INSTALLATION FOCUS INC p1004
1310 Rue Nobel, BOUCHERVILLE, QC, J4B 5H3
(514) 644-5551 *SIC* 1799

IP FABRICATIONS LTD p153
6835 52 Ave, RED DEER, AB, T4N 4L2
(403) 343-1797 *SIC* 1799

ITW CANADA INC p888
105 Gordon Baker Rd Suite 801, TORONTO, ON, M2H 3P8
(416) 447-6432 *SIC* 1799

ITW CANADA INVESTMENTS LIMITED PARTNERSHIP p1057
3195 Rue Louis-A.-Amos, LACHINE, QC, H8T 1C4
(514) 631-0073 *SIC* 1799

J. R. TRORY & COMPANY LTD p247
1443 Crown St, NORTH VANCOUVER, BC, V7J 1G4
(604) 980-5074 *SIC* 1799

JONET CONSTRUCTION LTD p179
1777 Townline Rd, ABBOTSFORD, BC, V2T 6E2
(604) 850-1288 *SIC* 1799

KAEFER INTEGRATED SERVICES LTD p87
15309 116 Ave Nw, EDMONTON, AB, T5M 3Z5
(780) 484-4310 *SIC* 1799

KAEFER INTEGRATED SERVICES LTD p127
10006 101 Ave Unit 201, GRANDE PRAIRIE, AB, T8V 0Y1
(780) 539-5367 *SIC* 1799

KONE INC p208
1488 Cliveden Ave, DELTA, BC, V3M 6L9
(604) 777-5663 *SIC* 1799

L.S. FINITION INDUSTRIELLE INC p1138
2140 Rue Olivier, PLESSISVILLE, QC, G6L 3T1
(819) 362-9145 *SIC* 1799

LIGNCO SIGMA INC p997
1645 Av Le Neuf Bureau 14, Becancour, QC, G9H 2E5
(819) 233-3435 *SIC* 1799

LONDON CAULKING AND INSTALLATIONS LIMITED p650
553 Clarke Rd, LONDON, ON, N5V 2E1
(519) 451-4899 *SIC* 1799

MAYDAY CLEANING SERVICES INC p202
910 Tupper Ave Unit 6, COQUITLAM, BC, V3K 1A5
(604) 540-8801 *SIC* 1799

MCINTYRE GROUP OFFICE SERVICES INC p18
4216 61 Ave Se Suite 34, CALGARY, AB, T2C 1Z5
(403) 287-7779 *SIC* 1799

MCINTYRE GROUP OFFICE SERVICES INC p716
1625 Drew Rd, MISSISSAUGA, ON, L5S 1J5
(905) 671-2111 *SIC* 1799

MCLAREN, P. D. LIMITED p193
5069 Beresford St, BURNABY, BC, V5J 1H8
(604) 437-0616 *SIC* 1799

MESURE D'URGENCE p1062
80 Rue Saint-Hubert, Laval, QC, H7G 2X9
(450) 680-2800 *SIC* 1799

NETTOYEURS ZRO INC p1027
2365 Ch Saint-Francois, DORVAL, QC, H9P 1K3
(514) 335-5907 *SIC* 1799

NORTHERN INDUSTRIAL INSULATION CONTRACTORS INC p92
18910 111 Ave Nw, EDMONTON, AB, T5S 0B6
(780) 483-1850 *SIC* 1799

NU FLOW TECHNOLOGIES (2000) INC p781
1313 Boundary Rd, OSHAWA, ON, L1J 6Z7
(905) 433-5510 *SIC* 1799

ON SIDE RESTORATION SERVICES LTD p155
7480 49 Ave Cres, RED DEER, AB, T4P 1X8
(403) 340-8884 *SIC* 1799

ORDMAN CORPORATION p13
920 26 St Ne, CALGARY, AB, T2A 2M4
(403) 287-7700 *SIC* 1799

PENNECON ENERGY HYDRAULIC SYSTEMS LIMITED p452
41 Ilsley Ave, DARTMOUTH, NS, B3B 1K9
(902) 468-6640 *SIC* 1799

PERI FORMWORK SYSTEMS INC p1129
3981 Boul Industriel, Montreal, QC, H7L 4S3
(450) 662-0057 *SIC* 1799

PHOENIX FENCE LTD p33
6204 2 St Se, CALGARY, AB, T2H 1J4
(403) 259-5155 *SIC* 1799

PINCHIN LTD p612
875 Main St W Suite 11, HAMILTON, ON, L8S 4P9
(905) 577-6206 *SIC* 1799

PRO INSUL LIMITED p85
14212 128 Ave Nw, EDMONTON, AB, T5L 3H5
(780) 452-4724 *SIC* 1799

PROMARK-TELECON INC p508
160 Baseline Rd E Suite D, BOWMANVILLE, ON, L1C 1A2
(905) 697-0274 *SIC* 1799

RELIABLE WINDOW CLEANERS (SUDBURY) LIMITED p884
167 Wilson Ave, TIMMINS, ON, P4N 2T2
(705) 360-1194 *SIC* 1799

RIG SHOP LIMITED, THE p148
2107 5 St, NISKU, AB, T9E 7X4
SIC 1799

RITE-WAY FENCING (2000) INC p19
7710 40 St Se, CALGARY, AB, T2C 3S4
(403) 243-8733 *SIC* 1799

ROCKY CROSS CONSTRUCTION (CALGARY) LIMITED p29
444 42 Ave Se Suite 4, CALGARY, AB, T2G 1Y4
(403) 253-2550 *SIC* 1799

ROCKY CROSS CONSTRUCTION (CALGARY) LIMITED p137
432 13 St N, LETHBRIDGE, AB, T1H 2S2
(403) 327-2575 *SIC* 1799

S-A-S PETROLEUM TECHNOLOGIES INC p834
91 Melford Dr, SCARBOROUGH, ON, M1B 2G6
(416) 298-1145 *SIC* 1799

SAFWAY SERVICES CANADA, ULC p122
1005 Memorial Dr Unit 3, FORT MCMURRAY, AB, T9K 0K4

(780) 791-6473 SIC 1799
SAFWAY SERVICES CANADA, ULC p123
11237 87 Ave, FORT SASKATCHEWAN, AB, T8L 2S3
(780) 992-1929 SIC 1799
SAFWAY SERVICES CANADA, ULC p267
11211 Twigg Pl, RICHMOND, BC, V6V 3C9
(604) 294-2753 SIC 1799
SAFWAY SERVICES CANADA, ULC p414
1143 Bayside Dr, SAINT JOHN, NB, E2J 4Y2
(506) 646-8820 SIC 1799
SAFWAY SERVICES CANADA, ULC p448
15 Neptune Cres, DARTMOUTH, NS, B2Y 4P9
(902) 468-9235 SIC 1799
SAFWAY SERVICES CANADA, ULC p587
503 Carlingview Dr, ETOBICOKE, ON, M9W 5H2
(416) 675-2449 SIC 1799
SERSA TOTAL TRACK LTD p667
68 County Rd 5, MALLORYTOWN, ON, K0E 1R0
(613) 923-5702 SIC 1799
SERVICE & CONSTRUCTION MOBILE LTEE p1154
425 Rue Volta Bureau 201, Quebec, QC, G1N 4G5
(418) 688-5751 SIC 1799
SHAWCOR LTD p20
9229 Barlow Trail Se, CALGARY, AB, T2C 2N8
SIC 1799
SKY-HI SCAFFOLDING LTD p184
3195 Production Way, BURNABY, BC, V5A 3H2
(604) 291-7245 SIC 1799
SKYWAY CANADA LTD p101
3408 76 Ave Nw, EDMONTON, AB, T6B 2N8
(780) 413-8007 SIC 1799
STANDARD PARKING OF CANADA LTD p920
181 Bay St Suite P1, TORONTO, ON, M5J 2T3
(416) 777-6468 SIC 1799
STEAMATIC METROPOLITAIN INC p991
8351 Boul Louis-H.-Lafontaine, ANJOU, QC, H1J 3B4
(514) 351-7500 SIC 1799
UNIQUE SCAFFOLD INC p20
4750 104 Ave Se, CALGARY, AB, T2C 2H3
(403) 203-3422 SIC 1799
VEOLIA ES CANADA SERVICES INDUSTRIELS INC p1047
1995 Rue Fay, Jonquiere, QC, G7S 2N5
(418) 548-8247 SIC 1799

SIC 2011 Meat packing plants

864773 ONTARIO INC p532
4480 Paletta Crt, BURLINGTON, ON, L7L 5R2
(905) 825-1856 SIC 2011
9071-3975 QUEBEC INC p1101
410 Rue Saint-Nicolas Bureau 5, Montreal, QC, H2Y 2P5
(514) 286-1754 SIC 2011
9631984 CANADA INC p1087
6800 Boul Des Grandes-Prairies, Montreal, QC, H1P 3P3
(450) 424-0500 SIC 2011
9631984 CANADA INC p1256
270 Rue Joseph-Carrier, VAUDREUIL-DORION, QC, J7V 5V5
(800) 361-4045 SIC 2011
ABATTOIR COLBEX INC p1184
455 4e Rang De Simpson, SAINT-CYRILLE-DE-WENDOVER, QC, J1Z 1T8
SIC 2011
AGROMEX INC p989
251 235 Rte, ANGE-GARDIEN, QC, J0E 1E0
(450) 293-3694 SIC 2011

ALIMENTS LEVITTS INC, LES p1058
7070 Rue Saint-Patrick, LASALLE, QC, H8N 1V2
(514) 367-1654 SIC 2011
BOUVRY EXPORTS CALGARY LTD p118
Gd, FORT MACLEOD, AB, T0L 0Z0
(403) 553-4431 SIC 2011
CARDINAL MEAT SPECIALISTS LIMITED p513
155 Hedgedale Rd, BRAMPTON, ON, L6T 5P3
(905) 459-4436 SIC 2011
CARGILL LIMITED p131
472 Avenue & Hwy Suite 2a, HIGH RIVER, AB, T1V 1P4
(403) 652-4688 SIC 2011
CARGILL LIMITED p584
71 Rexdale Blvd, ETOBICOKE, ON, M9W 1P1
SIC 2011
CARGILL LIMITED p598
781 York Rd, GUELPH, ON, N1E 6N1
(519) 823-5200 SIC 2011
CENTENNIAL 2000 INC p27
4412 Manilla Rd Se Suite 1, CALGARY, AB, T2G 4B7
(403) 214-0044 SIC 2011
CENTENNIAL FOODSERVICE p265
12759 Vulcan Way Unit 108, RICHMOND, BC, V6V 3C8
(604) 273-5261 SIC 2011
CHARCUTERIE LA TOUR EIFFEL INC p998
1020 Boul Michele-Bohec, BLAINVILLE, QC, J7C 5E2
(450) 979-0001 SIC 2011
CITY PACKERS LTD p138
915 43 St S, LETHBRIDGE, AB, T1J 4W2
SIC 2011
ECOLAIT LTEE p1246
1591 Ch Sainte-Claire, TERREBONNE, QC, J7M 1M2
(450) 478-2055 SIC 2011
ERIE MEAT PRODUCTS LIMITED p648
1400 Mitchell Rd S, LISTOWEL, ON, N4W 3G7
(519) 291-6593 SIC 2011
ERIE MEAT PRODUCTS LIMITED p692
3240 Wharton Way, MISSISSAUGA, ON, L4X 2C1
(905) 624-3811 SIC 2011
EXCELDOR COOPERATIVE p1184
125 Rue Sainte-Anne Gd, SAINT-DAMASE, QC, J0H 1J0
(450) 797-3331 SIC 2011
FG DELI GROUP LTD p234
27101 56 Ave, LANGLEY, BC, V4W 3Y4
(604) 607-7426 SIC 2011
GROBER INC p545
425 Dobbie Dr, CAMBRIDGE, ON, N1T 1S9
(519) 740-8325 SIC 2011
HYLIFE LTD p352
623 Main St E, NEEPAWA, MB, R0J 1H0
(204) 476-3624 SIC 2011
JBS CANADA INC p8
Gd Stn Main, BROOKS, AB, T1R 1E4
(403) 362-3457 SIC 2011
JBS CANADA INC p32
5101 11 St Se, CALGARY, AB, T2H 1M7
(403) 258-3233 SIC 2011
JOHNSTON PACKERS LTD p198
5828 Promontory Rd, CHILLIWACK, BC, V2R 4M4
(604) 858-4882 SIC 2011
LARSEN PACKERS LIMITED p444
326 Main St Rr 3, BERWICK, NS, B0P 1E0
SIC 2011
MAPLE LEAF FOODS INC p139
4141 1 Ave S, LETHBRIDGE, AB, T1J 4P8
(403) 328-1756 SIC 2011
MAPLE LEAF FOODS INC p249
4030 St. Georges Ave, NORTH VANCOUVER, BC, V7N 1W8
SIC 2011
MAPLE LEAF FOODS INC p345

6355 Richmond Ave E, BRANDON, MB, R7A 7M5
(204) 571-2500 SIC 2011
MAPLE LEAF FOODS INC p356
Gd, SOURIS, MB, R0K 2C0
(204) 483-3130 SIC 2011
MAPLE LEAF FOODS INC p365
870 Lagimodiere Blvd Suite 23, WINNIPEG, MB, R2J 0T9
(204) 233-2421 SIC 2011
MAPLE LEAF FOODS INC p409
144 Edinburgh Dr, MONCTON, NB, E1E 2K7
(506) 387-4734 SIC 2011
MAPLE LEAF FOODS INC p578
550 Kipling Ave, ETOBICOKE, ON, M8Z 5E9
SIC 2011
MAPLE LEAF FOODS INC p606
21 Brockley Dr, HAMILTON, ON, L8E 3C3
SIC 2011
MAPLE LEAF FOODS INC p709
6985 Financial Dr, MISSISSAUGA, ON, L5N 0A1
(905) 285-5000 SIC 2011
MAPLE LEAF FOODS INC p714
30 Eglinton Ave W Suite 500, MISSISSAUGA, ON, L5R 3E7
(905) 501-3076 SIC 2011
MAPLE LEAF FOODS INC p1019
2525 Av Fran Is-Hughes, Cote Saint-Luc, QC, H7S 2H7
(450) 967-1130 SIC 2011
MAPLE LEAF FOODS INC p1277
99 Canola Ave Gd Stn Main Gd Lcd Main, NORTH BATTLEFORD, SK, S9A 2X5
SIC 2011
MAPLE LEAF FOODS INC p1301
100 Mcleod Ave, SASKATOON, SK, S7M 5V9
(306) 382-2210 SIC 2011
NILSSON BROS. INC p29
3410b Ogden Rd Se, CALGARY, AB, T2G 4N5
(403) 290-0860 SIC 2011
OLYMEL S.E.C. p565
2330 Industrial Park Dr, CORNWALL, ON, K6H 7N1
(613) 323-3040 SIC 2011
OLYMEL S.E.C. p991
7770 Rue Grenache, ANJOU, QC, H1J 1C3
(514) 353-2830 SIC 2011
OLYMEL S.E.C. p998
580 Rue Laferriere, BERTHIERVILLE, QC, J0K 1A0
(450) 836-1651 SIC 2011
OLYMEL S.E.C. p1004
1580 Rue Eiffel, BOUCHERVILLE, QC, J4B 5Y1
(514) 858-9000 SIC 2011
OLYMEL S.E.C. p1030
255 Rue Rocheleau, DRUMMONDVILLE, QC, J2C 7G2
(819) 475-3030 SIC 2011
OLYMEL S.E.C. p1144
155 Rue Saint-Jean-Baptiste N, PRINCEVILLE, QC, G6L 5C9
(819) 364-5501 SIC 2011
OLYMEL S.E.C. p1185
125 Rue Saint-Isidore, SAINT-ESPRIT, QC, J0K 2L0
(450) 839-7258 SIC 2011
OLYMEL S.E.C. p1185
57 125 Rte, SAINT-ESPRIT, QC, J0K 2L0
(450) 839-7258 SIC 2011
OLYMEL S.E.C. p1194
3250 Boul Laurier E, SAINT-HYACINTHE, QC, J2R 2B6
(450) 773-6661 SIC 2011
OLYMEL S.E.C. p1199
770 Rue Claude, SAINT-JEAN-SUR-RICHELIEU, QC, J3B 2W5
(450) 347-2241 SIC 2011
OLYMEL S.E.C. p1255
568 Ch De L'ecore S, Vallee-Jonction, QC, G0S 3J0

(418) 253-5437 SIC 2011
PREMIUM BRANDS OPERATING LIMITED PARTNERSHIP p74
12130 68 St Nw, EDMONTON, AB, T5B 1R1
SIC 2011
PREMIUM BRANDS OPERATING LIMITED PARTNERSHIP p1309
501 York Rd W, YORKTON, SK, S3N 2V6
(306) 783-9446 SIC 2011
SOBEYS WEST INC p20
3440 56 Ave Se, CALGARY, AB, T2C 2C3
(403) 279-2555 SIC 2011
SOFINA FOODS INC p298
8385 Fraser St, VANCOUVER, BC, V5X 3X8
(604) 668-5800 SIC 2011
SUPRALIMENT S.E.C. p1185
25 125 Rte E, SAINT-ESPRIT, QC, J0K 2L0
(450) 839-7258 SIC 2011
SUPRALIMENT S.E.C. p1191
183 Rte Du President-Kennedy, Saint-Henri-de-Levis, QC, G0R 3E0
(418) 882-2282 SIC 2011
SYSCO CANADA, INC p562
1400 Creditstone Rd Suite B, CONCORD, ON, L4K 0E2
(905) 760-7200 SIC 2011
VANTAGE FOODS INC p198
8200 Brannick Pl, CHILLIWACK, BC, V2R 0E9
(604) 795-4774 SIC 2011
VANTAGE FOODS INC p366
41 Paquin Rd, WINNIPEG, MB, R2J 3V9
(204) 667-9903 SIC 2011
VAP HOLDINGS L.P. p29
4211 13a St Se, CALGARY, AB, T2G 3J6
(403) 299-0844 SIC 2011
VIANDES DU BRETON INC, LES p1175
150 Ch Des Raymond, Riviere-du-Loup, QC, G5R 5X8
(418) 863-6711 SIC 2011
WHOLESOME HARVEST BAKING LTD. p678
45 Bodrington Crt, MARKHAM, ON, L6G 1C1
(905) 415-1203 SIC 2011

SIC 2013 Sausages and other prepared meats

ALIMENTS PRINCE, S.E.C. p1029
255 Rue Rocheleau, DRUMMONDVILLE, QC, J2C 7G2
(819) 475-3030 SIC 2013
ALIMENTS TRIUMPH INC p998
1020 Boul Michele-Bohec, BLAINVILLE, QC, J7C 5E2
(450) 979-0001 SIC 2013
CARDINAL MEAT SPECIALISTS LIMITED p693
2396 Stanfield Rd, MISSISSAUGA, ON, L4Y 1S1
(905) 279-1734 SIC 2013
CARGILL LIMITED p513
235 Nuggett Crt, BRAMPTON, ON, L6T 5H4
(905) 790-8660 SIC 2013
CHARCUTERIE L. FORTIN LIMITEE p988
5371 Av Du Pont N, ALMA, QC, G8E 1T9
(418) 347-3365 SIC 2013
DENNINGER, R LIMITED p609
284 King St E, HAMILTON, ON, L8N 1B7
(905) 528-8468 SIC 2013
MADE-RITE MEAT PRODUCTS INC p234
26656 56 Ave, LANGLEY, BC, V4W 3X5
(604) 607-8844 SIC 2013
MAPLE LEAF FOODS INC p18
4060 78 Ave Se, CALGARY, AB, T2C 2L8
(403) 236-2000 SIC 2013
MAPLE LEAF FOODS INC p202
68 Brigantine Dr, COQUITLAM, BC, V3K 6Z6
SIC 2013
MAPLE LEAF FOODS INC p282
5523 176 St, SURREY, BC, V3S 4C2
SIC 2013

SIC 2015 Poultry slaughtering and processing

MAPLE LEAF FOODS INC p365
140 Panet Rd, WINNIPEG, MB, R2J 0S3
SIC 2013

MAPLE LEAF FOODS INC p493
180 Northumberland St, AYR, ON, N0B 1E0
(519) 632-7416   SIC 2013

MEAT FACTORY LIMITED, THE p861
46 Community Ave, STONEY CREEK, ON, L8E 2Y3
(905) 664-2126   SIC 2013

OLYMEL S.E.C. p155
7550 40 Ave, RED DEER, AB, T4P 2H8
(403) 343-8700   SIC 2013

PREMIUM BRANDS OPERATING LIMITED PARTNERSHIP p270
7680 Alderbridge Way, RICHMOND, BC, V6X 2A2
(604) 717-6000   SIC 2013

R DENNINGER LIMITED p609
55 Brant St, HAMILTON, ON, L8L 4C7
(905) 522-2414   SIC 2013

R DENNINGER LIMITED p616
1289 Upper James St, HAMILTON, ON, L9C 3B3
(905) 389-4113   SIC 2013

SOFINA FOODS INC p843
170 Nugget Ave, SCARBOROUGH, ON, M1S 3A7
(416) 297-1062   SIC 2013

SPECIALITES M.B. INC p1195
5450 Av Trudeau, SAINT-HYACINTHE, QC, J2S 7Y8
(450) 771-1415   SIC 2013

SYSCO CANADA, INC p579
61 Torlake Cres, ETOBICOKE, ON, M8Z 1B4
(416) 259-4201   SIC 2013

WISMER DEVELOPMENTS INC p954
250 Frobisher Dr, WATERLOO, ON, N2V 2L8
(519) 743-1412   SIC 2013

SIC 2015 Poultry slaughtering and processing

3831906 CANADA INC p577
283 Horner Ave, ETOBICOKE, ON, M8Z 4Y4
(416) 231-2309   SIC 2015

9143-1874 QUEBEC INC. p1118
1751 Rue Richardson Bureau 1000, Montreal, QC, H3K 1G6
SIC 2015

ACA p465
11 Calkin Dr Suite 1, KENTVILLE, NS, B4N 3V7
(902) 678-1335   SIC 2015

BARRON POULTRY LIMITED p486
7470 County Road 18, AMHERSTBURG, ON, N9V 2Y7
(519) 726-5252   SIC 2015

CARGILL LIMITED p649
10 Cuddy Blvd, LONDON, ON, N5V 5E3
(519) 453-4996   SIC 2015

COOP FEDEREE, LA p1196
3380 Rue Principale Bureau 430, SAINT-JEAN-BAPTISTE, QC, J0L 2B0
(450) 467-2875   SIC 2015

CUDDY INTERNATIONAL CORPORATION p654
1226 Trafalgar St, LONDON, ON, N5Z 1H5
(800) 265-1061   SIC 2015

EXCELDOR COOPERATIVE p1179
1000 Rte Begin, SAINT-ANSELME, QC, G0R 2N0
(418) 885-4451   SIC 2015

GLOBAL EGG CORPORATION p572
115 Bonnie Cres, ELMIRA, ON, N3B 3G2
(416) 231-2309   SIC 2015

GOLDEN MAPLE MEAT PRODUCTS LTD p692
3180 Wharton Way, MISSISSAUGA, ON, L4X 2C1

(905) 624-3811   SIC 2015

GRAND RIVER FOODS LTD p547
685 Boxwood Dr, CAMBRIDGE, ON, N3E 1B4
(519) 653-3577   SIC 2015

GRANNY'S POULTRY COOPERATIVE (MANITOBA) LTD p344
4 Penner, BLUMENORT, MB, R0A 0C0
(204) 452-6315   SIC 2015

JAY DEE ESS INVESTMENTS LTD p193
7542 Gilley Ave, BURNABY, BC, V5J 4X5
(604) 430-1173   SIC 2015

JAY DEE ESS INVESTMENTS LTD p229
9696 199a St, LANGLEY, BC, V1M 2X7
(604) 882-4721   SIC 2015

K & R POULTRY LTD p179
31171 Peardonville Rd Unit 2, ABBOTSFORD, BC, V2T 6K6
(604) 850-5808   SIC 2015

LILYDALE INC p28
2126 Hurst Rd Se, CALGARY, AB, T2G 4M5
(403) 265-9010   SIC 2015

LILYDALE INC p179
31894 Marshall Pl Suite 5, ABBOTSFORD, BC, V2T 5Z9
(604) 850-2633   SIC 2015

LILYDALE INC p256
1910 Kingsway Ave, PORT COQUITLAM, BC, V3C 1S7
(604) 941-4041   SIC 2015

LILYDALE INC p1309
502 Bosworth St, WYNYARD, SK, S0A 4T0
(306) 554-2555   SIC 2015

MAPLE LEAF FOODS INC p114
2619 91 Ave Nw, EDMONTON, AB, T6P 1S3
(780) 467-6022   SIC 2015

MAPLE LEAF FOODS INC p520
32 Kennedy Rd S, BRAMPTON, ON, L6W 3E3
(905) 453-6262   SIC 2015

MAPLE LEAF FOODS INC p709
2626 Argentia Rd, MISSISSAUGA, ON, L5N 5N2
(905) 890-0053   SIC 2015

MAPLE LEAF FOODS INC p857
Gd, ST MARYS, ON, N4X 1B7
(519) 229-8900   SIC 2015

MAPLE LEAF FOODS INC p863
92 Highland Rd E, STONEY CREEK, ON, L8J 2W6
(905) 662-8883   SIC 2015

MAPLE LEAF FOODS INC p937
100 Ethel Ave, TORONTO, ON, M6N 4Z7
(416) 767-5151   SIC 2015

MAPLE LODGE FARMS LTD p419
2222 Commerciale St, SAINT-FRANCOIS-DE-MADAWASKA, NB, E7A 1B6
(506) 992-2192   SIC 2015

OLYMEL S.E.C. p515
318 Orenda Rd, BRAMPTON, ON, L6T 1G1
(905) 793-5757   SIC 2015

OLYMEL S.E.C. p1184
249 Rue Principale, SAINT-DAMASE, QC, J0H 1J0
(450) 797-3382   SIC 2015

OLYMEL S.E.C. p1196
3380 Rue Principale Bureau 430, SAINT-JEAN-BAPTISTE, QC, J0L 2B0
(450) 467-2875   SIC 2015

PINTY'S DELICIOUS FOODS INC p766
2714 Bristol Cir, OAKVILLE, ON, L6H 6A1
(905) 319-5300   SIC 2015

SERVICE ALIMENTAIRE DESCO INC p1000
97 Rue Prevost, BOISBRIAND, QC, J7G 3A1
(450) 437-7182   SIC 2015

SOFINA FOODS INC p570
147 John St, DUBLIN, ON, N0K 1E0
(519) 345-2270   SIC 2015

SOFINA FOODS INC p654
1226 Trafalgar St, LONDON, ON, N5Z 1H5
(519) 455-6060   SIC 2015

THAMES VALLEY PROCESSORS LTD p636
15 Line 155390, KINTORE, ON, N0M 2C0

(519) 285-3940   SIC 2015

SIC 2021 Creamery butter

AGRIFOODS INTERNATIONAL COOPERATIVE LTD p152
5410 50 Ave, RED DEER, AB, T4N 4B5
(403) 357-3861   SIC 2021

GAY LEA FOODS CO-OPERATIVE LIMITED p602
21 Speedvale Ave W, GUELPH, ON, N1H 1J5
(519) 822-5530   SIC 2021

GAY LEA FOODS CO-OPERATIVE LIMITED p607
20 Morley St, HAMILTON, ON, L8H 3R7
(905) 544-6281   SIC 2021

SAPUTO INC p154
5410 50 Ave, RED DEER, AB, T4N 4B5
(403) 357-3855   SIC 2021

SIC 2022 Cheese; natural and processed

1048547 ONTARIO INC p857
185 County Rd 10, ST EUGENE, ON, K0B 1P0
(613) 674-3183   SIC 2022

AGROPUR COOPERATIVE p71
Gd, DIAMOND CITY, AB, T0K 0T0
(403) 381-4024   SIC 2022

AGROPUR COOPERATIVE p996
75 Av Lambert, BEAUCEVILLE, QC, G5X 3N5
(418) 774-9848   SIC 2022

AGROPUR COOPERATIVE p1040
510 Rue Principale, GRANBY, QC, J2G 2X2
(450) 375-1991   SIC 2022

AGROPUR COOPERATIVE p1042
1100 Rue Omer-Deslauriers, GRANBY, QC, J2J 0S7
(450) 777-5300   SIC 2022

AGROPUR COOPERATIVE p1136
1400 Ch D'oka, OKA, QC, J0N 1E0
(450) 479-6396   SIC 2022

ALIMENTS SAPUTO LIMITEE p360
235 Manitoba Rd, WINKLER, MB, R6W 0J8
(204) 325-4321   SIC 2022

ALIMENTS SAPUTO LIMITEE p872
284 Hope St W, TAVISTOCK, ON, N0B 2R0
(519) 655-2337   SIC 2022

BOTHWELL CHEESE INC p352
61 Main St, New Bothwell, MB, R0A 1C0
(204) 388-4666   SIC 2022

GRANDE CHEESE COMPANY LIMITED p941
175 Milvan Dr, TORONTO, ON, M9L 1Z8
(416) 740-8847   SIC 2022

LAITERIE CHALIFOUX INC p1241
493 Boul Fiset, SOREL-TRACY, QC, J3P 6J9
(450) 743-4439   SIC 2022

SAPUTO INC p944
7 Riverside Drive, TRENTON, ON, K8V 5R7
(613) 392-6762   SIC 2022

SAPUTO PRODUITS LAITIERS CANADA S.E.N.C. p93
11235 186 St Nw, EDMONTON, AB, T5S 2T7
(780) 483-4203   SIC 2022

SAPUTO PRODUITS LAITIERS CANADA S.E.N.C. p210
7307 76 St, DELTA, BC, V4G 1E6
(604) 946-5611   SIC 2022

SAPUTO PRODUITS LAITIERS CANADA S.E.N.C. p972
101 Royal Group Cres, WOODBRIDGE, ON, L4H 1X9
(905) 266-8800   SIC 2022

SAPUTO PRODUITS LAITIERS CANADA S.E.N.C. p1080
1485 Boul Albiny-Paquette Bureau 3, MONT-LAURIER, QC, J9L 1M8

(819) 623-4350   SIC 2022

SAPUTO PRODUITS LAITIERS CANADA S.E.N.C. p1138
1245 Av Forand, PLESSISVILLE, QC, G6L 1X5
(819) 362-6378   SIC 2022

SAPUTO PRODUITS LAITIERS CANADA S.E.N.C. p1205
2365 Ch De La Cote-De-Liesse, SAINT-LAURENT, QC, H4N 2M7
(514) 328-6663   SIC 2022

SAPUTO PRODUITS LAITIERS CANADA S.E.N.C. p1215
7750 Rue Pascal-Gagnon, SAINT-LEONARD, QC, H1P 3L1
(514) 328-6662   SIC 2022

SAPUTO PRODUITS LAITIERS CANADA S.E.N.C. p1220
71 Av Saint-Jacques, SAINT-RAYMOND, QC, G3L 3X9
(418) 337-4287   SIC 2022

SILANI SWEET CHEESE LIMITED p847
Gd, SCHOMBERG, ON, L0G 1T0
(416) 324-3290   SIC 2022

SIC 2023 Dry, condensed and evaporated dairy products

AGROPUR COOPERATIVE p1138
2400 Rue De La Cooperative, PLESSISVILLE, QC, G6L 3G8
(819) 362-7338   SIC 2023

ALIMENTS SAPUTO LIMITEE p124
82 Main Ave Sw, GLENWOOD, AB, T0K 2R0
(403) 626-3691   SIC 2023

BIOPAK LIMITED p103
7824 51 Ave Nw, EDMONTON, AB, T6E 6W2
SIC 2023

GAY LEA FOODS CO-OPERATIVE LIMITED p872
21 Clinton St, TEESWATER, ON, N0G 2S0
(519) 392-6864   SIC 2023

GRANOVITA CANADA LTD p859
166 North St, STIRLING, ON, K0K 3E0
(613) 395-9800   SIC 2023

NESTLE CANADA INC p665
980 Wilton Grove Rd, LONDON, ON, N6N 1C7
(519) 686-0182   SIC 2023

NESTLE CANADA INC p1237
1212 Rue Wellington S, SHERBROOKE, QC, J1H 5E7
(819) 569-3614   SIC 2023

PARMALAT CANADA INC p581
405 The West Mall 10th Fl, ETOBICOKE, ON, M9C 5J1
(416) 626-1973   SIC 2023

SAPUTO INC p1305
122 Wakooma St, SASKATOON, SK, S7R 1A8
(306) 668-6833   SIC 2023

SAPUTO PRODUITS LAITIERS CANADA S.E.N.C. p124
82 Main Ave Sw, GLENWOOD, AB, T0K 2R0
(403) 626-3691   SIC 2023

SAPUTO PRODUITS LAITIERS CANADA S.E.N.C. p184
6800 Lougheed Hwy Suite 3, BURNABY, BC, V5A 1W2
(604) 420-6611   SIC 2023

SAPUTO PRODUITS LAITIERS CANADA S.E.N.C. p1195
1195 Rue Johnson E Bureau 117, SAINT-HYACINTHE, QC, J2S 7Y6
(450) 773-1004   SIC 2023

SIC 2024 Ice cream and frozen deserts

CHAPMAN'S, DAVID ICE CREAM LIMITED p403
368 William Bell Dr, HAMPTON, NB, E5N

2C2
(506) 832-2070 SIC 2024
CHAPMAN'S, DAVID ICE CREAM LIMITED p668
774792 10 Hwy, MARKDALE, ON, N0C 1H0
(519) 986-2915 SIC 2024
COCA-COLA REFRESHMENTS CANADA COMPANY p113
9621 27 Ave Nw, EDMONTON, AB, T6N 1E7
(780) 450-2653 SIC 2024
JORIKI INC p814
885 Sandy Beach Rd, PICKERING, ON, L1W 3N6
(905) 420-0188 SIC 2024
SCOTSBURN CO-OPERATIVE SERVICES LIMITED p478
85 Blakeney Dr, TRURO, NS, B2N 6W9
SIC 2024
SUBLIME DESSERT INC p1210
7777 Boul Thimens, SAINT-LAURENT, QC, H4S 2A2
(514) 333-0338 SIC 2024
UNILEVER CANADA INC p849
175 Union St, SIMCOE, ON, N3Y 2B1
(519) 426-1673 SIC 2024

SIC 2026 Fluid milk

299208 ONTARIO INC p797
861 Clyde Ave, OTTAWA, ON, K1Z 5A4
(613) 728-1751 SIC 2026
534592 ONTARIO INC p568
33373 Hwy 17, DEEP RIVER, ON, K0J 1P0
SIC 2026
AGRIFOODS INTERNATIONAL COOPERATIVE LTD p21
4215 12 St Ne, CALGARY, AB, T2E 4P9
(403) 571-6400 SIC 2026
AGROPUR COOPERATIVE p669
7100 Woodbine Ave Suite 400, MARKHAM, ON, L3R 5J2
(905) 947-5600 SIC 2026
AGROPUR COOPERATIVE p989
466 132 Rte O Bureau 1320, AMQUI, QC, G5J 2G7
(418) 629-3133 SIC 2026
AGROPUR COOPERATIVE p1151
2465 1re Av, Quebec, QC, G1L 3M9
(418) 641-0857 SIC 2026
AGROPUR COOPERATIVE p1181
57 Ch De La Rabastaliere O, SAINT-BRUNO, QC, J3V 1Y7
SIC 2026
ALIMENTS SAPUTO LIMITEE p591
279 Guelph St, GEORGETOWN, ON, L7G 4B3
(905) 702-7200 SIC 2026
AMALGAMATED DAIRIES LIMITED p982
50 Fourth St, CHARLOTTETOWN, PE, C1E 2B5
(902) 628-8115 SIC 2026
AMALGAMATED DAIRIES LIMITED p982
50 Fourth St, CHARLOTTETOWN, PE, C1E 2B5
(902) 566-5411 SIC 2026
DANONE INC p1003
100 Rue De Lauzon, BOUCHERVILLE, QC, J4B 1E6
(450) 655-7331 SIC 2026
FARMERS CO-OPERATIVE DAIRY LIMITED p429
12 Bruce St, MOUNT PEARL, NL, A1N 4T4
(709) 364-7531 SIC 2026
LIBERTE NATURAL FOODS INC p755
60 Brisbane Rd, NORTH YORK, ON, M3J 2K2
(416) 661-0582 SIC 2026
SAPUTO INC p204
743 28th St, COURTENAY, BC, V9N 7P4
(250) 334-3143 SIC 2026
SCOTSBURN CO-OPERATIVE SERVICES LIMITED p408
88 Albert St, MONCTON, NB, E1C 1B1

SIC 2026
SCOTSBURN CO-OPERATIVE SERVICES LIMITED p475
1120 Upper Prince St, SYDNEY, NS, B1P 5P6
SIC 2026
SOBEYS WEST INC p87
11135 151 St Nw, EDMONTON, AB, T5M 1X3
(780) 451-0817 SIC 2026
SOBEYS WEST INC p183
7650 18th St, BURNABY, BC, V3N 4K3
(604) 524-4491 SIC 2026
YOPLAIT LIBERTE CANADA CIE p1006
1423 Boul Provencher, BROSSARD, QC, J4W 1Z3
(514) 875-3992 SIC 2026

SIC 2032 Canned specialties

4460596 CANADA INC p526
87 Sinclair Blvd, BRANTFORD, ON, N3S 7X6
(519) 770-4770 SIC 2032
CAMPBELL COMPANY OF CANADA p575
60 Birmingham St, ETOBICOKE, ON, M8V 2B8
(416) 251-1131 SIC 2032
CONAGRA FOODS CANADA INC p569
759 Wellington St, DRESDEN, ON, N0P 1M0
(519) 683-4422 SIC 2032
CONAGRA FOODS CANADA INC p688
5055 Satellite Dr Unit 1-2, MISSISSAUGA, ON, L4W 5K7
(416) 679-4200 SIC 2032
CONCEPT GOURMET DU VILLAGE INC p1134
539 Ch Du Village, MORIN-HEIGHTS, QC, J0R 1H0
(450) 226-2314 SIC 2032
DEL MONTE CANADA INC p569
Gd, DRESDEN, ON, N0P 1M0
(519) 683-4422 SIC 2032
FRESH HEMP FOODS LTD p369
69 Eagle Dr, WINNIPEG, MB, R2R 1V4
(204) 953-0233 SIC 2032
INDIANLIFE FOOD CORPORATION p187
3835 2nd Ave, BURNABY, BC, V5C 3W9
(604) 205-9176 SIC 2032
INTERNATIONAL VINEYARD INC p269
4631 Shell Rd Suite 165, RICHMOND, BC, V6X 3M4
(604) 303-5778 SIC 2032
MONDELEZ CANADA INC p689
2660 Matheson Blvd E Suite 100, MISSISSAUGA, ON, L4W 5M2
(289) 374-4000 SIC 2032
OUIMET-TOMASSO INC p991
8383 Rue J.-Rene-Ouimet, ANJOU, QC, H1J 2P8
SIC 2032
RIVERSIDE NATURAL FOODS LTD p562
2700 Steeles Ave W Bldg 5, CONCORD, ON, L4K 3C8
(416) 360-8200 SIC 2032
SOBEYS WEST INC p137
131 22 St N, LETHBRIDGE, AB, T1H 3R6
(403) 328-5501 SIC 2032

SIC 2033 Canned fruits and specialties

A. LASSONDE INC p15
7419 30 St Se, CALGARY, AB, T2C 1N6
(403) 296-9350 SIC 2033
A. LASSONDE INC p472
19 Collins Rd, PORT WILLIAMS, NS, B0P 1T0
(902) 542-2224 SIC 2033
A. LASSONDE INC p512
390 Orenda Rd, BRAMPTON, ON, L6T 1G8
(905) 791-5500 SIC 2033

A. LASSONDE INC p553
496648 Grey Rd No. 2, CLARKSBURG, ON, N0H 1J0
(519) 599-6300 SIC 2033
A. LASSONDE INC p1084
11500 Boul Henri-Bourassa E, Montreal, QC, H1C 1S9
(514) 351-4010 SIC 2033
A. LASSONDE INC p1176
170 5e Av, ROUGEMONT, QC, J0L 1M0
(450) 469-4926 SIC 2033
ALIMENTS ORIGINAL, DIVISION CANTIN INC p1146
1910 Av Du Sanctuaire, Quebec, QC, G1E 3L2
(418) 663-3523 SIC 2033
C.A. FRUIT PRODUCTS LTD p700
1000 Lakeshore Rd E, MISSISSAUGA, ON, L5E 1E4
(905) 271-1711 SIC 2033
INDUSTRIES LASSONDE INC p1176
705 Rue Principale, ROUGEMONT, QC, J0L 1M0
(450) 469-4926 SIC 2033
LEADING BRANDS OF CANADA, INC p105
4104 99 St Nw, EDMONTON, AB, T6E 3N5
(780) 435-2746 SIC 2033
LEADING BRANDS, INC p299
33 8th Ave W Unit 101, VANCOUVER, BC, V5Y 1M8
(604) 685-5200 SIC 2033
MAPLE LEAF FOODS INC p529
10 Canning St, BRANTFORD, ON, N3T 1P1
(519) 759-4751 SIC 2033
NESTLE CANADA INC p498
28 Mollard Crt, BARRIE, ON, L4N 8Y1
(705) 722-9049 SIC 2033
OLIVER OLIVES INC p506
99 Pillsworth Rd, BOLTON, ON, L7E 4E4
(905) 951-9096 SIC 2033
SMUCKER FOODS OF CANADA CORP p674
80 Whitehall Dr, MARKHAM, ON, L3R 0P3
(905) 940-9600 SIC 2033
SOBEYS WEST INC p170
5115 57 St, TABER, AB, T1G 1X1
SIC 2033
SPECIALITES LASSONDE INC p1001
3810 Rue Alfred-Laliberte, BOISBRIAND, QC, J7H 1P8
(450) 979-0717 SIC 2033
SUN PAC FOODS LIMITED p512
10 Sun Pac Blvd, BRAMPTON, ON, L6S 4R5
(905) 792-2700 SIC 2033
SUN RICH FRESH FOODS INC p512
35 Bramtree Crt Unit 1, BRAMPTON, ON, L6S 6G2
(905) 789-0200 SIC 2033
UNILEVER CANADA INC p811
715 Neal Dr, PETERBOROUGH, ON, K9J 6X7
SIC 2033
VALLEY BERRIES INC p178
34372 Industrial Way, ABBOTSFORD, BC, V2S 7M6
SIC 2033

SIC 2034 Dried and dehydrated fruits, vegetables and soup mixes

MARTIN'S FAMILY FRUIT FARM LTD p573
22 Donway Crt, ELMIRA, ON, N3B 0B3
(519) 669-9822 SIC 2034
UNILEVER CANADA INC p517
307 Orenda Rd, BRAMPTON, ON, L6T 1G4
(416) 964-1857 SIC 2034

SIC 2035 Pickles, sauces, and salad dressings

768308 ONTARIO INC p872
30043 Jane Rd, THAMESVILLE, ON, N0P

2K0
(519) 692-4416 SIC 2035
CELTRADE CANADA INC p683
7566 Bath Rd, Mississauga, ON, L4T 1L2
(905) 678-1322 SIC 2035
E.D. SMITH & SONS, LP p847
151 Main St S, SEAFORTH, ON, N0K 1W0
(519) 527-1035 SIC 2035
SEENERGY FOODS LIMITED p562
475 North Rivermede Rd, CONCORD, ON, L4K 3N1
(905) 660-0041 SIC 2035

SIC 2037 Frozen fruits and vegetables

BONDUELLE ONTARIO INC p865
225 Lothian Ave, STRATHROY, ON, N7G 4J1
(519) 245-4600 SIC 2037
CAVENDISH AGRI SERVICES LIMITED p984
25532 Main Hwy Suite 2, SUMMERSIDE, PE, C1N 4J9
(902) 836-5555 SIC 2037
IMPERIAL CHILLED JUICE INC p719
265 Courtneypark Dr E, MISSISSAUGA, ON, L5T 2T6
(905) 565-7288 SIC 2037
ISLAND HOLDINGS LTD p985
281 Old Station Rd, SUMMERSIDE, PE, C1N 4J9
(902) 836-7238 SIC 2037
MCCAIN FOODS LIMITED p586
10 Carlson Crt Unit 200, ETOBICOKE, ON, M9W 6L2
(416) 679-1700 SIC 2037
MINUTE MAID COMPANY CANADA INC, THE p810
781 Lansdowne St W, PETERBOROUGH, ON, K9J 1Z2
(705) 742-8011 SIC 2037
NESTLE CANADA INC p944
1 Douglas Rd, TRENTON, ON, K8V 5S7
(613) 394-3328 SIC 2037
OMSTEAD FOODS LIMITED p177
1925 Riverside Rd, ABBOTSFORD, BC, V2S 4J8
SIC 2037
OMSTEAD FOODS LIMITED p184
3676 Bainbridge Ave, BURNABY, BC, V5A 2T4
SIC 2037
OMSTEAD FOODS LIMITED p956
20887 Erie St S, WHEATLEY, ON, N0P 2P0
(416) 226-7524 SIC 2037

SIC 2038 Frozen specialties, nec

FOOD ROLL SALES (NIAGARA) LTD p736
8464 Earl Thomas Ave, NIAGARA FALLS, ON, L2G 0B6
(905) 358-5747 SIC 2038
FREYBE GOURMET CHEF LTD p234
5451 275 St, LANGLEY, BC, V4W 3X8
(604) 856-5221 SIC 2038
HAMEL INC p1066
436 Av Taniata, Levis, QC, G6W 5M6
(418) 839-4193 SIC 2038
INNOVATIVE FOOD BRANDS INC p768
700 Kerr St W, OAKVILLE, ON, L6K 3W5
(905) 337-7777 SIC 2038
MAPLE LEAF FOODS INC p817
15350 Old Simcoe Rd, PORT PERRY, ON, L9L 1L8
(905) 985-7373 SIC 2038
MORRISON LAMOTHE INC p843
5240 Finch Ave E Unit 2, SCARBOROUGH, ON, M1S 5A2
(416) 291-6762 SIC 2038
PRODUITS ALIMAISON INC, LES p1164
2335 Boul Bastien, Quebec, QC, G2B 1B3
(418) 842-9160 SIC 2038
SOFINA FOODS INC p686

3340 Orlando Dr, MISSISSAUGA, ON, L4V 1C7
(905) 673-7145 SIC 2038
VLR FOOD CORPORATION p563
575 Oster Lane, CONCORD, ON, L4K 2B9
(905) 669-0700 SIC 2038
WESTERN WAFFLES CORP p529
175 Savannah Oaks Dr, BRANTFORD, ON, N3V 1E8
(519) 759-2025 SIC 2038
ZINETTI FOOD PRODUCTS LTD p283
17760 66 Ave, SURREY, BC, V3S 7X1
(604) 574-2028 SIC 2038

SIC 2041 Flour and other grain mill products

ADM AGRI-INDUSTRIES COMPANY p143
1222 Allowance Ave Se, MEDICINE HAT, AB, T1A 3H1
SIC 2041
ADM AGRI-INDUSTRIES COMPANY p374
7 Higgins Ave, WINNIPEG, MB, R3B 0A1
(204) 925-2100 SIC 2041
ADM AGRI-INDUSTRIES COMPANY p679
202 First St, MIDLAND, ON, L4R 4L1
(705) 526-7861 SIC 2041
GENERAL MILLS CANADA CORPORATION p161
246 Cree Rd, SHERWOOD PARK, AB, T8A 3X8
(780) 464-1544 SIC 2041
GENERAL MILLS CANADA CORPORATION p680
111 Pillsbury Dr, MIDLAND, ON, L4R 4L4
SIC 2041
GRAIN PROCESS ENTERPRISES LIMITED p843
105 Commander Blvd, SCARBOROUGH, ON, M1S 3M7
(416) 291-3226 SIC 2041
HOWSON & HOWSON LIMITED p505
232 Westmoreland St, BLYTH, ON, N0M 1H0
(519) 523-4241 SIC 2041
MAPLE LEAF BREAD LTD p561
144 Viceroy Rd, CONCORD, ON, L4K 2L8
(905) 738-1242 SIC 2041
MAPLE LEAF FOODS INC p354
205 W, ROSENORT, MB, R0G 1W0
(204) 746-2338 SIC 2041
PEPSICO CANADA ULC p944
19 Alberta St, TRENTON, ON, K8V 4E7
(613) 392-1496 SIC 2041
ROGERS FOODS LTD p181
4420 Larkin Cross Rd, ARMSTRONG, BC, V0E 1B6
(250) 546-8744 SIC 2041
ROGERS FOODS LTD p198
44360 Simpson Rd, CHILLIWACK, BC, V2R 4B7
(604) 824-6260 SIC 2041
SMUCKER FOODS OF CANADA CORP p816
2 Second Ave, PORT COLBORNE, ON, L3K 5P1
SIC 2041
SMUCKER FOODS OF CANADA CORP p1298
95 33rd St E, SASKATOON, SK, S7K 0R8
(306) 665-7110 SIC 2041

SIC 2043 Cereal breakfast foods

CALDIC CANADA INC p707
6980 Creditview Rd, MISSISSAUGA, ON, L5N 8E2
(905) 812-7300 SIC 2043
KELLOGG CANADA INC p502
501 College St E, BELLEVILLE, ON, K8N 0A3
(613) 210-4002 SIC 2043
KELLOGG CANADA INC p990

9440 Boul Du Golf, ANJOU, QC, H1J 3A1
(514) 351-5220 SIC 2043
KRAFT HEINZ CANADA ULC p752
95 Moatfield Dr Suite 316, NORTH YORK, ON, M3B 3L6
(416) 441-5000 SIC 2043
PEPSICO CANADA ULC p810
14 Hunter St E, Peterborough, ON, K9J 7B2
(705) 743-6330 SIC 2043
RICHARDSON MILLING LIMITED p5
Po Box 4615 Stn Main, BARRHEAD, AB, T7N 1A5
(780) 674-3960 SIC 2043
WEETABIX OF CANADA LIMITED p555
751 D'arcy St, COBOURG, ON, K9A 4B1
(905) 372-5441 SIC 2043

SIC 2045 Prepared flour mixes and doughs

ADM AGRI-INDUSTRIES COMPANY p26
4002 Bonnybrook Rd Se, CALGARY, AB, T2G 4M9
(403) 267-5600 SIC 2045
ENTREPRISES PATES ET CROUTES L.B. INC, LES p1003
14 Rue De Montgolfier, BOUCHERVILLE, QC, J4B 7Y4
(450) 655-7790 SIC 2045
WESTON BAKERIES LIMITED p1286
Gd Lcd Main, REGINA, SK, S4P 2Z4
(306) 359-7400 SIC 2045

SIC 2046 Wet corn milling

ADM AGRI-INDUSTRIES COMPANY p1008
155 Av D'iberia, CANDIAC, QC, J5R 3H1
(450) 659-1911 SIC 2046
CANADA STARCH OPERATING COMPANY INC p580
405 The West Mall Suite 600, ETOBICOKE, ON, M9C 0A1
SIC 2046
INGREDION CANADA CORPORATION p549
4040 James St, CARDINAL, ON, K0E 1E0
SIC 2046
INGREDION CANADA CORPORATION p698
90 Burnhamthorpe Rd W Unit 1600, MISSISSAUGA, ON, L5B 0H9
(905) 281-7950 SIC 2046

SIC 2047 Dog and cat food

BIO BISCUIT INC p1194
5505 Av Trudeau Bureau 15, SAINT-HYACINTHE, QC, J2S 1H5
(450) 778-1349 SIC 2047
NESTLE CANADA INC p132
5128 54 St, INNISFAIL, AB, T4G 1S1
(403) 227-3777 SIC 2047
NESTLE CANADA INC p702
2500 Royal Windsor Dr, MISSISSAUGA, ON, L5J 1K8
(905) 822-1611 SIC 2047
PEPSICO CANADA ULC p944
106 Dufferin Ave, TRENTON, ON, K8V 5E1
SIC 2047
PLB INTERNATIONAL INC p1004
1361 Rue Graham-Bell, BOUCHERVILLE, QC, J4B 6A1
(450) 655-3155 SIC 2047

SIC 2048 Prepared feeds, nec

ATLANTIC RETAIL CO-OPERATIVES FEDERATION p411
92 Halifax St, MONCTON, NB, E1Z 9E2
(506) 858-6334 SIC 2048
ATLANTIC RETAIL CO-OPERATIVES FEDERATION p477

349 Willow St, Truro, NS, B2N 5A6
(902) 895-3854 SIC 2048
CARGILL LIMITED p66
46450 Range Rd 200, CAMROSE, AB, T4V 2M9
SIC 2048
CARGILL LIMITED p344
1200 Pacific Ave, BRANDON, MB, R7A 0J3
SIC 2048
CARGILL LIMITED p977
404 Main St, WOODSTOCK, ON, N4S 7X5
(519) 539-8561 SIC 2048
CARGILL LIMITED p1066
1875 2e Rue, Levis, QC, G6W 5M6
(418) 839-8884 SIC 2048
CERMAQ CANADA LTD p291
61 4th St, TOFINO, BC, V0R 2Z0
(250) 725-1255 SIC 2048
CHAMPION FEED SERVICES LTD p173
9415 109 St, WESTLOCK, AB, T7P 2M6
(780) 349-5886 SIC 2048
CLEARBROOK GRAIN & MILLING COMPANY LIMITED p178
33833 Entreprise St, ABBOTSFORD, BC, V2T 4X3
(604) 853-5901 SIC 2048
COMAX, COOPERATIVE AGRICOLE p1193
15100 Ch De La Cooperative, SAINT-HYACINTHE, QC, J2R 1S2
(450) 799-4505 SIC 2048
COOP ALLIANCE, LA p1185
470 271 Rte S Rr 1, Saint-Ephrem-de-Beauce, QC, G0M 1R0
(418) 484-2890 SIC 2048
COOP PURDEL, LA p1172
2751 132 Rte E, RIMOUSKI, QC, G0L 1B0
(418) 736-4398 SIC 2048
COUNTRY RIBBON INC p429
1273 Topsail Rd, MOUNT PEARL, NL, A1N 5G3
(709) 368-3193 SIC 2048
FEDERATED CO-OPERATIVES LIMITED p345
320 6th St N, BRANDON, MB, R7A 7N7
(204) 727-0571 SIC 2048
GROBER INC p545
162 Savage Dr, CAMBRIDGE, ON, N1T 1S4
(519) 622-2500 SIC 2048
HENSALL DISTRICT CO-OPERATIVE, INCORPORATED p649
306 King St, LONDESBOROUGH, ON, N0M 2H0
(519) 523-9606 SIC 2048
LEGAL ALFALFA PRODUCTS LTD p136
57420 Range Road 252 A, LEGAL, AB, T0G 1L0
(780) 961-3958 SIC 2048
MAPLE LEAF FOODS INC p68
4149 3 St E, CLARESHOLM, AB, T0L 0T0
(403) 625-3163 SIC 2048
MAPLE LEAF FOODS INC p145
1950 Brier Park Rd Nw, MEDICINE HAT, AB, T1C 1V3
(403) 527-5600 SIC 2048
MAPLE LEAF FOODS INC p350
188 Main St, LANDMARK, MB, R0A 0X0
SIC 2048
MAPLE LEAF FOODS INC p365
607 Dawson Rd N Suite 555, WINNIPEG, MB, R2J 0T2
(204) 233-7347 SIC 2048
MAPLE LEAF FOODS INC p859
2736 Stevensville Rd, STEVENSVILLE, ON, L0S 1S0
SIC 2048
MASTERFEEDS INC p116
1903 121 Ave Ne, EDMONTON, AB, T6S 1B2
(780) 472-6600 SIC 2048
MASTERFEEDS INC p493
76 Mill St, BADEN, ON, N3A 2N6
(519) 634-5474 SIC 2048
MASTERFEEDS INC p865
130 Park St, STRATFORD, ON, N5A 3W8

(519) 273-1810 SIC 2048
MASTERFEEDS INC p972
90540 London Rd Rr 2, WINGHAM, ON, N0G 2W0
(519) 357-3411 SIC 2048
MASTERFEEDS INC p1283
745 Park St, REGINA, SK, S4N 4Y4
(306) 721-2727 SIC 2048
MASTERFEEDS LP p345
1202 17th St E, BRANDON, MB, R7A 7C3
(204) 728-0231 SIC 2048
MASTERFEEDS LP p659
1020 Hargrieve Rd Suite 1, LONDON, ON, N6E 1P5
(519) 685-4300 SIC 2048
NIAGARA GRAIN & FEED (1984) LIMITED p493
143 Northumberland St, AYR, ON, N0B 1E0
(519) 632-7425 SIC 2048
NIAGARA GRAIN & FEED (1984) LIMITED p850
157 Griffin St S, SMITHVILLE, ON, L0R 2A0
(905) 957-3336 SIC 2048
NUTRECO CANADA INC p600
150 Research Lane Suite 200, GUELPH, ON, N1G 4T2
(519) 823-7000 SIC 2048
PARRISH & HEIMBECKER, LIMITED p621
11489 Queen St, INKERMAN, ON, K0E 1J0
(613) 989-2003 SIC 2048
RIDLEY INC p140
700 1 Ave Nw, Linden, AB, T0M 1J0
SIC 2048
RIDLEY INC p1270
Gd, HUMBOLDT, SK, S0K 2A0
(306) 682-2668 SIC 2048
RIDLEY MF INC p366
196 Paquin Rd, WINNIPEG, MB, R2J 3V4
(204) 667-8959 SIC 2048
RITCHIE-SMITH FEEDS INC p177
33777 Enterprise Ave, ABBOTSFORD, BC, V2S 7T9
(604) 859-7128 SIC 2048
RITCHIE-SMITH FEEDS INC p216
6863 Hwy 97 N, GRINDROD, BC, V0E 1Y0
(250) 838-6855 SIC 2048

SIC 2051 Bread, cake, and related products

138984 CANADA LTEE p1119
6744 Rue Hutchison, Montreal, QC, H3N 1Y4
(514) 270-3024 SIC 2051
7979134 CANADA INC p1098
7075 Av Casgrain, Montreal, QC, H2S 3A3
(450) 477-4100 SIC 2051
838116 ONTARIO INC p557
35 Adesso Dr Suite 18, CONCORD, ON, L4K 3C7
(905) 760-0850 SIC 2051
ANNETTE'S DONUTS LIMITED p941
1965 Lawrence Ave W, TORONTO, ON, M9N 1H5
(416) 656-3444 SIC 2051
BAGOS BUN BAKERY LTD p30
303 58 Ave Se Suite 3, CALGARY, AB, T2H 0P3
(403) 252-3660 SIC 2051
BOULANGERIE AU PAIN DORE LTEE p1089
3075 Rue De Rouen, Montreal, QC, H1W 3Z2
(514) 528-8877 SIC 2051
BOULANGERIE AU PAIN DORE LTEE p1120
5214 Ch De La Cote-Des-Neiges, Montreal, QC, H3T 1X8
(514) 342-8995 SIC 2051
BOULANGERIE GADOUA LTEE p1053
170 Boul Taschereau Bureau 220, LA PRAIRIE, QC, J5R 5H6
(450) 245-3326 SIC 2051
BOULANGERIES WESTON QUEBEC LIMITEE p1072
2700 Boul Jacques-Cartier E, LONGUEUIL,

BUSINESSES BY INDUSTRY CLASSIFICATION

SIC 2064 Candy and other confectionery products 2029

QC, J4N 1L5
(450) 448-7246 SIC 2051
BOULART INC p1056
1355 32e Av, LACHINE, QC, H8T 3H2
(514) 631-4040 SIC 2051
BOWNESS BAKERY (ALBERTA) INC p22
4280 23 St Ne Suite 1, CALGARY, AB, T2E 6X7
(403) 250-9760 SIC 2051
CALGARY ITALIAN BAKERY LTD p30
5310 5 St Se, CALGARY, AB, T2H 1L2
(403) 255-3515 SIC 2051
CANADA BREAD COMPANY, LIMITED p16
4320 80 Ave Se, CALGARY, AB, T2C 4N6
(403) 203-1675 SIC 2051
CANADA BREAD COMPANY, LIMITED p96
12151 160 St Nw, EDMONTON, AB, T5V 1M4
(780) 451-4663 SIC 2051
CANADA BREAD COMPANY, LIMITED p103
9850 62 Ave Nw, EDMONTON, AB, T6E 0E3
SIC 2051
CANADA BREAD COMPANY, LIMITED p207
669 Ridley Pl Suite 101, DELTA, BC, V3M 6Y9
(604) 526-4700 SIC 2051
CANADA BREAD COMPANY, LIMITED p230
6350 203 St, LANGLEY, BC, V2Y 1L9
(604) 532-8200 SIC 2051
CANADA BREAD COMPANY, LIMITED p406
235 Botsford St, MONCTON, NB, E1C 4X9
(506) 857-9158 SIC 2051
CANADA BREAD COMPANY, LIMITED p422
220 Houlton Rd, WOODSTOCK, NB, E7M 4L9
(506) 325-1600 SIC 2051
CANADA BREAD COMPANY, LIMITED p433
67 O'leary Ave, ST. JOHN'S, NL, A1B 2C9
(709) 722-5410 SIC 2051
CANADA BREAD COMPANY, LIMITED p558
711 Rivermede Rd, CONCORD, ON, L4K 2G9
(905) 660-3034 SIC 2051
CANADA BREAD COMPANY, LIMITED p579
10 Four Seasons Pl Suite 1200, ETOBICOKE, ON, M9B 6H7
(416) 622-2040 SIC 2051
CANADA BREAD COMPANY, LIMITED p580
35 Rakely Crt Suite 1, ETOBICOKE, ON, M9C 5A5
(416) 622-2040 SIC 2051
CANADA BREAD COMPANY, LIMITED p740
1704 Seymour St, NORTH BAY, ON, P1A 0E1
(705) 474-3970 SIC 2051
CANADA BREAD COMPANY, LIMITED p936
2 Fraser Ave, TORONTO, ON, M6K 1Y6
SIC 2051
CANADA BREAD COMPANY, LIMITED p937
130 Cawthra Ave, TORONTO, ON, M6N 3C2
(416) 626-4382 SIC 2051
CANADA BREAD COMPANY, LIMITED p1146
553 Av Royale, Quebec, QC, G1E 1Y4
(418) 661-4400 SIC 2051
CITY BREAD CO. LTD, THE p371
238 Dufferin Ave, WINNIPEG, MB, R2W 2X6
(204) 586-8409 SIC 2051
COMMISSO BROS. & RACCO ITALIAN BAKERY INC p937
8 Kincort St, TORONTO, ON, M6M 3E1
(416) 651-7671 SIC 2051
DARE FOODS LIMITED p274
6751 Elmbridge Way, RICHMOND, BC, V7C 4N1
(604) 233-1117 SIC 2051
DARE FOODS LIMITED p1202
845 Av Saint-Charles, SAINT-LAMBERT, QC, J4P 2A2
(450) 671-6121 SIC 2051
DARE FOODS LIMITED p1228
15 Rang Dubuc, SAINTE-MARTINE, QC, J0S 1V0
(450) 427-8410 SIC 2051

DOMINION CITRUS LIMITED p509
215 Dissette St, BRADFORD, ON, L3Z 3G9
(905) 775-3388 SIC 2051
DUTCH PASTRY BOUTIQUE (CALGARY) LTD p23
7440 10 St Ne, CALGARY, AB, T2E 8W1
(403) 777-1221 SIC 2051
ENGEL'S BAKERIES LTD p23
4709 14 St Ne Unit 6, CALGARY, AB, T2E 6S4
(403) 250-9560 SIC 2051
FRANCE DELICES INC p1088
5065 Rue Ontario E, Montreal, QC, H1V 3V2
(514) 259-2291 SIC 2051
FUTURE BAKERY LIMITED p577
106 North Queen St, ETOBICOKE, ON, M8Z 2E2
(416) 231-1491 SIC 2051
GIZELLA PASTRY ULC p294
3436 Lougheed Hwy, VANCOUVER, BC, V5M 2A4
(604) 253-5220 SIC 2051
GROUPE PREMIERE MOISSON INC p1256
189 Boul Harwood, VAUDREUIL-DORION, QC, J7V 1Y3
(450) 455-2827 SIC 2051
GROUPE TRADITION'L INC p1153
460 Av Marconi, Quebec, QC, G1N 4A8
(418) 687-3704 SIC 2051
LANTHIER BAKERY LTD p485
58 Dominion St, ALEXANDRIA, ON, K0C 1A0
(613) 525-2435 SIC 2051
LANTHIER BAKERY LTD p995
725 Av Lee, Baie-D'Urfe, QC, H9X 3S3
(514) 457-9370 SIC 2051
LOBLAW COMPANIES LIMITED p424
166 Conception Bay Hwy, CONCEPTION BAY SOUTH, NL, A1W 3A6
(709) 834-2053 SIC 2051
LOBLAWS INC p970
2950 Dougall Ave Suite 18, WINDSOR, ON, N9E 1S2
(519) 969-3087 SIC 2051
MANOUCHER FINE FOODS INC p763
703 Clayson Rd, NORTH YORK, ON, M9M 2H4
(416) 747-1234 SIC 2051
MAPLEHURST BAKERIES INC p515
379 Orenda Rd, BRAMPTON, ON, L6T 1G6
(905) 791-7400 SIC 2051
MAPLEHURST BAKERIES INC p1283
1700 Park St, REGINA, SK, S4N 6B2
(306) 359-7400 SIC 2051
MRS. WILLMAN'S BAKING LIMITED p24
4826 11 St Ne Unit 4, CALGARY, AB, T2E 2W7
SIC 2051
MRS. WILLMAN'S BAKING LIMITED p189
3732 Canada Way, BURNABY, BC, V5G 1G4
SIC 2051
MULTI-MARQUES INC p1088
3265 Rue Viau, Montreal, QC, H1V 3J5
(514) 255-9492 SIC 2051
MULTI-MARQUES INC p1092
2235 Rue Dandurand, Montreal, QC, H2G 1Z5
(514) 273-8811 SIC 2051
MULTI-MARQUES INC p1146
553 Av Royale, Quebec, QC, G1E 1Y4
(418) 661-4400 SIC 2051
MULTI-MARQUES INC p1184
1295 1e Av O, Saint-Come-Liniere, QC, G0M 1J0
(418) 685-3351 SIC 2051
MULTI-MARQUES INC p1229
3455 Av Francis-Hughes, SAINTE-ROSE, QC, H7L 5A5
(450) 669-2222 SIC 2051
NUSTEF FOODS LIMITED p696
2440 Cawthra Rd, MISSISSAUGA, ON, L5A 2X1
(905) 896-3060 SIC 2051

PATISSERIE CHEVALIER INC p1235
155 Boul Industriel, SHAWINIGAN-SUD, QC, G9N 6T5
(819) 537-8807 SIC 2051
PETITE BRETONNE INC, LA p999
1210 Boul Michele-Bohec, BLAINVILLE, QC, J7C 5S4
(450) 435-3381 SIC 2051
PRODUITS ALIMENTAIRES ALLARD (1998) LTEE, LES p1016
1216 Rue De La Manic, CHICOUTIMI, QC, G7K 1A2
(418) 543-6659 SIC 2051
QUALI DESSERTS INC p1088
5067 Rue Ontario E, Montreal, QC, H1V 3V2
(514) 259-2415 SIC 2051
SOBEYS WEST INC p380
1525 Erin St, WINNIPEG, MB, R3E 2T2
(204) 775-0344 SIC 2051
STUYVER'S BAKESTUDIO p234
27353 58 Cres Unit 101, LANGLEY, BC, V4W 3W7
(604) 607-7760 SIC 2051
SUNRISE BAKERY LTD p85
14728 119 Ave Nw, EDMONTON, AB, T5L 2P2
(780) 454-5797 SIC 2051
TWI FOODS INC p587
40 Shaft Rd Suite 1, ETOBICOKE, ON, M9W 4M2
(647) 775-1400 SIC 2051
TWI FOODS INC p684
2600 Drew Rd, MISSISSAUGA, ON, L4T 3M5
(905) 364-3020 SIC 2051
VILLA DI MANNO BAKERY LTD p563
22 Buttermill Ave, CONCORD, ON, L4K 3X4
(905) 761-9191 SIC 2051
WESTON BAKERIES LIMITED p26
906 1 Ave Ne, CALGARY, AB, T2E 0C5
(403) 266-2279 SIC 2051
WESTON BAKERIES LIMITED p291
3111 Blakeburn St, TERRACE, BC, V8G 3J1
(250) 635-3808 SIC 2051
WESTON BAKERIES LIMITED p391
1485 Chevrier Blvd, WINNIPEG, MB, R3T 1Y7
(204) 774-7431 SIC 2051
WESTON BAKERIES LIMITED p430
17 Bruce St, MOUNT PEARL, NL, A1N 4T2
(709) 576-1941 SIC 2051
WESTON BAKERIES LIMITED p494
Gd, BANCROFT, ON, K0L 1C0
(613) 332-1122 SIC 2051
WESTON BAKERIES LIMITED p563
273 Edgeley Blvd, CONCORD, ON, L4K 3Y7
(905) 660-1440 SIC 2051
WESTON BAKERIES LIMITED p614
1275 Rymal Rd E Unit 1, HAMILTON, ON, L8W 3N1
(905) 575-5830 SIC 2051
WESTON BAKERIES LIMITED p631
83 Railway St, KINGSTON, ON, K7K 2L7
(613) 548-4434 SIC 2051
WESTON BAKERIES LIMITED p812
678 Ashburnham Dr, PETERBOROUGH, ON, K9L 1T7
(905) 373-7089 SIC 2051
WESTON BAKERIES LIMITED p896
462 Eastern Ave, TORONTO, ON, M4M 1C3
SIC 2051
WESTON BAKERIES LIMITED p1073
2700 Boul Jacques-Cartier E Bureau 67, LONGUEUIL, QC, J4N 1L5
(450) 448-7259 SIC 2051
WESTON BAKERIES LIMITED p1134
150 Boul Industriel, NAPIERVILLE, QC, J0J 1L0
(450) 245-7542 SIC 2051
WESTON BAKERIES LIMITED p1154
460 Av Marconi, Quebec, QC, G1N 4A8
(418) 687-3704 SIC 2051
WESTON BAKERIES LIMITED p1288
1310 Ottawa St, REGINA, SK, S4R 1P4

(306) 359-3096 SIC 2051
WHOLESOME HARVEST BAKING LTD p587
271 Attwell Dr, ETOBICOKE, ON, M9W 5B9
(416) 674-4555 SIC 2051

SIC 2052 Cookies and crackers

BISCUITS LECLERC LTEE p1180
91 Rue De Rotterdam, SAINT-AUGUSTIN-DE-DESMAURES, QC, G3A 1T1
(418) 878-2601 SIC 2052
ENGLISH BAY BATTER (TORONTO) INC p718
6925 Invader Cres, MISSISSAUGA, ON, L5T 2B7
(905) 670-1110 SIC 2052
SELECTION DU PATISSIER INC p1144
450 2e Av, PORTNEUF, QC, G0A 2Y0
(418) 286-3400 SIC 2052
WESTERN WAFFLES CORP p183
7018 14th Ave, BURNABY, BC, V3N 1Z2
(604) 524-2540 SIC 2052
WESTERN WAFFLES CORP p822
20 Sims Cres Suite 2, RICHMOND HILL, ON, L4B 2N9
(905) 889-1190 SIC 2052

SIC 2053 Frozen bakery products, except bread

2168587 ONTARIO LTD p763
50 Marmora St, NORTH YORK, ON, M9M 2X5
(416) 661-7744 SIC 2053
8561567 CANADA INC p1045
585 Rue Saint-Pierre S, JOLIETTE, QC, J6E 8R8
(450) 759-6361 SIC 2053
MAPLEHURST BAKERIES INC p575
22 Victor St, ESSEX, ON, N8M 1J7
(519) 776-1568 SIC 2053
WOWU FACTOR DESSERTS LTD p162
152 Cree Rd, SHERWOOD PARK, AB, T8A 3X8
(780) 464-0303 SIC 2053

SIC 2061 Raw cane sugar

STREAMLINE FOODS INC. p503
315 University Ave, BELLEVILLE, ON, K8N 5T7
(613) 961-1265 SIC 2061

SIC 2062 Cane sugar refining

LANTIC INC p302
123 Rogers St, VANCOUVER, BC, V6A 3N2
(604) 253-1131 SIC 2062
LANTIC INC p940
198 New Toronto St, TORONTO, ON, M8V 2E8
(416) 252-9435 SIC 2062
LANTIC INC p1089
4026 Rue Notre-Dame E, Montreal, QC, H1W 2K3
(514) 527-8686 SIC 2062

SIC 2063 Beet sugar

INGREDION CANADA CORPORATION p665
1100 Green Valley Rd, LONDON, ON, N6N 1E3
(519) 686-3160 SIC 2063

SIC 2064 Candy and other confectionery products

ALIMENTS BROOKSIDE (QUEBEC) INC,

▲ Public Company   ■ Public Company Family Member   HQ Headquarters   BR Branch   SL Single Location

LES p1194
6780 Boul Choquette, SAINT-HYACINTHE, QC, J2S 8L1
(450) 771-7177 SIC 2064

ALLAN CANDY COMPANY LIMITED, THE p693
3 Robert Speck Pky Suite 250, MISSISSAUGA, ON, L4Z 2G5
(905) 270-2221 SIC 2064

ALLAN CANDY COMPANY LIMITED, THE p1042
850 Boul Industriel, GRANBY, QC, J2J 1B8
(450) 372-1080 SIC 2064

BONBONS OINK OINK INC, LES p1125
4810 Rue Jean-Talon O, Montreal, QC, H4P 2N5
(514) 731-4555 SIC 2064

BROOKSIDE FRUIT COMPANY p178
3889 Mt Lehman Rd, ABBOTSFORD, BC, V2T 5W5
(604) 607-6650 SIC 2064

DARE FOODS LIMITED p681
725 Steeles Ave E, MILTON, ON, L9T 5H1
(905) 875-1223 SIC 2064

DARE FOODS LIMITED p761
143 Tycos Dr, NORTH YORK, ON, M6B 1W6
(416) 787-0253 SIC 2064

FERRARA CANDY CO. LTD p514
10 Colony Crt, BRAMPTON, ON, L6T 4E4
(905) 799-1235 SIC 2064

FERRARA CANDY CO. LTD p688
915 Matheson Blvd E, MISSISSAUGA, ON, L4W 2R7
SIC 2064

FERRERO CANADA LIMITED p529
1 Ferrero Blvd, BRANTFORD, ON, N3V 1G3
(519) 756-6205 SIC 2064

GANONG BROS., LIMITED p420
1 Chocolate Dr, ST STEPHEN, NB, E3L 2X5
(506) 465-5600 SIC 2064

GANONG CHOCOLATIER INC p420
1 Chocolate Dr, ST STEPHEN, NB, E3L 2X5
(506) 465-5600 SIC 2064

HERSHEY CANADA INC p448
375 Pleasant St, DARTMOUTH, NS, B2Y 4N4
SIC 2064

HERSHEY CANADA INC p1213
2976 Rue Joseph-A.-Bombardier, SAINT-LAURENT, QC, H7P 6E3
(514) 955-1580 SIC 2064

KERR BROS. LIMITED p578
956 Islington Ave, ETOBICOKE, ON, M8Z 4P6
(416) 252-7341 SIC 2064

MARS CANADA INC p506
12315 Coleraine Dr, BOLTON, ON, L7E 3B4
(905) 857-5620 SIC 2064

MARS CANADA INC p506
37 Holland Dr, BOLTON, ON, L7E 5S4
(905) 857-5700 SIC 2064

MARS CANADA INC p733
285 Harry Walker Pky N, NEWMARKET, ON, L3Y 7B3
(905) 853-6000 SIC 2064

NESTLE CANADA INC p939
72 Sterling Rd, TORONTO, ON, M6R 2B6
(416) 535-2181 SIC 2064

OAK LEAF CONFECTIONS CO. p839
440 Comstock Rd, SCARBOROUGH, ON, M1L 2H6
(416) 751-0740 SIC 2064

OAK LEAF CONFECTIONS CO. p839
110 Sinnott Rd, SCARBOROUGH, ON, M1L 4S6
(416) 751-0895 SIC 2064

RAPIDE SNACK INC p1059
7232 Rue Cordner, LASALLE, QC, H8N 2W8
(514) 364-0258 SIC 2064

TOOTSIE ROLL OF CANADA ULC p562
519 North Rivermede Rd, CONCORD, ON, L4K 3N1
(905) 738-9108 SIC 2064

SIC 2066 Chocolate and cocoa products

4542410 CANADA INC p686
2700 Matheson Blvd E Suite 800, MISSISSAUGA, ON, L4W 4V9
(800) 268-6353 SIC 2066

BLOMMER CHOCOLATE COMPANY OF CANADA INC p548
103 Second Ave, CAMPBELLFORD, ON, K0L 1L0
(705) 653-5821 SIC 2066

CARGILL LIMITED p533
5305 Harvester Rd, BURLINGTON, ON, L7L 5K9
(905) 333-9301 SIC 2066

CHEWTERS CHOCOLATES (1992) INC p207
1648 Derwent Way, DELTA, BC, V3M 6R9
(604) 515-7117 SIC 2066

COCOCO CHOCOLATIERS INC p22
2320 2 Ave Se, CALGARY, AB, T2E 6J9
(403) 265-5777 SIC 2066

HERSHEY CANADA INC p850
1 Hershey Dr, SMITHS FALLS, ON, K7A 4T8
SIC 2066

NESTLE CANADA INC p841
1500 Birchmount Rd, SCARBOROUGH, ON, M1P 2G5
SIC 2066

NUTRIART INC p1152
550 Av Godin, Quebec, QC, G1M 2K2
(418) 687-5320 SIC 2066

PURDY, R.C. CHOCOLATES LTD p298
8330 Chester St, VANCOUVER, BC, V5X 3Y7
(604) 454-2777 SIC 2066

ROGERS' CHOCOLATES LTD p332
913 Government St, VICTORIA, BC, V8W 1X5
(250) 384-1885 SIC 2066

SIC 2067 Chewing gum

WRIGLEY CANADA INC p744
3389 Steeles Ave E, NORTH YORK, ON, M2H 3S8
(416) 449-8600 SIC 2067

SIC 2068 Salted and roasted nuts and seeds

GOLDEN BOY FOODS LTD p184
7725 Lougheed Hwy, BURNABY, BC, V5A 4V8
(604) 433-2200 SIC 2068

SHAH TRADING COMPANY LIMITED p1210
3401 Rue Douglas-B.-Floreani, SAINT-LAURENT, QC, H4S 1Y6
(514) 336-2462 SIC 2068

SIC 2075 Soybean oil mills

HAIN-CELESTIAL CANADA, ULC p585
180 Attwell Dr Suite 410, ETOBICOKE, ON, M9W 6A9
(416) 849-6210 SIC 2075

SIC 2076 Vegetable oil mills, nec

BUNGE CANADA p173
1101 4 Ave, WAINWRIGHT, AB, T9W 1H1
(780) 842-6154 SIC 2076

BUNGE CANADA p343
35 10th Ave Nw, ALTONA, MB, R0G 0B0
(204) 324-6481 SIC 2076

BUNGE CANADA p608
515 Victoria Ave N, HAMILTON, ON, L8L 8G7
(905) 527-9121 SIC 2076

BUNGE CANADA p1277
Hwy 35 S, NIPAWIN, SK, S0E 1E0
(306) 862-4686 SIC 2076

SIC 2077 Animal and marine fats and oils

DSM NUTRITIONAL PRODUCTS CANADA INC p469
39 England Dr, MULGRAVE, NS, B0E 2G0
(902) 747-3500 SIC 2077

SIC 2079 Edible fats and oils

ADM AGRI-INDUSTRIES COMPANY p140
4805 62 Ave, LLOYDMINSTER, AB, T9V 2J7
(780) 875-5554 SIC 2079

ADM AGRI-INDUSTRIES COMPANY p1089
3800 Rue Notre-Dame E, Montreal, QC, H1W 2J8
(514) 528-3224 SIC 2079

ADM AGRI-INDUSTRIES COMPANY p1114
995 Rue Mill, MONTREAL, QC, H3C 1Y5
(514) 937-9937 SIC 2079

BUNGE CANADA p84
14711 128 Ave Nw, EDMONTON, AB, T5L 3H3
(780) 452-4720 SIC 2079

BUNGE CANADA p355
1 Main St, RUSSELL, MB, R0J 1W0
(204) 773-3422 SIC 2079

INNOVATIVE FOODS CORPORATION p719
6171 Atlantic Dr, MISSISSAUGA, ON, L5T 1N7
(905) 670-8788 SIC 2079

MARGARINE GOLDEN GATE-MICHCA INC p765
2835 Bristol Cir, OAKVILLE, ON, L6H 6X5
(905) 829-2942 SIC 2079

MARGARINE THIBAULT INC p1251
3000 Rue Jules-Vachon, Trois-Rivieres, QC, G9A 5E1
(819) 373-3333 SIC 2079

RICHARDSON OILSEED LIMITED p376
1 Lombard Pl Suite 2800, WINNIPEG, MB, R3B 0X3
(204) 934-5961 SIC 2079

RICHARDSON OILSEED LIMITED p1309
Hwy 16 3 Miles W, YORKTON, SK, S3N 2W1
(306) 828-2200 SIC 2079

SIC 2082 Malt beverages

9216-3146 QUEBEC INC p1013
224 Rue Des Laurentides, CHICOUTIMI, QC, G7H 7X8
(418) 615-1414 SIC 2082

BRASSEURS RJ INC, LES p906
275 Yonge St, TORONTO, ON, M5B 1N8
(647) 347-6286 SIC 2082

BREWERS' DISTRIBUTOR LTD p244
109 Braid St Suite 101, NEW WESTMINSTER, BC, V3L 5H4
(604) 664-2300 SIC 2082

BRICK BREWING CO. LIMITED p589
1 Old Brewing Lane, FORMOSA, ON, N0G 1W0
(519) 367-2995 SIC 2082

CREEMORE SPRINGS BREWERY LIMITED p568
139 Mill St Suite 369, CREEMORE, ON, L0M 1G0
(705) 466-2240 SIC 2082

GRANVILLE ISLAND BREWING CO. LTD p314
1441 Cartwright St, VANCOUVER, BC, V6H 3R7
(604) 685-0504 SIC 2082

LABATT BREWING COMPANY LIMITED p32
700 58 Ave Se Suite 12, CALGARY, AB, T2H 2E2
(403) 777-1610 SIC 2082

LABATT BREWING COMPANY LIMITED p105
10119 45 Ave Nw, EDMONTON, AB, T6E 0G8
(780) 436-6060 SIC 2082

LABATT BREWING COMPANY LIMITED p409
180 Henri Dunant St, MONCTON, NB, E1E 1E6
(506) 852-2583 SIC 2082

LABATT BREWING COMPANY LIMITED p436
60 Leslie St, ST. JOHN'S, NL, A1E 2V8
(709) 579-0121 SIC 2082

LABATT BREWING COMPANY LIMITED p716
445 Export Blvd, Mississauga, ON, L5S 0A1
(905) 696-3300 SIC 2082

LABATT BREWING COMPANY LIMITED p1061
50 Av Labatt Bureau 42, LASALLE, QC, H8R 3E7
(514) 366-5050 SIC 2082

MOLSON BREWERIES OF CANADA LIMITED p316
1550 Burrard St, VANCOUVER, BC, V6J 3G5
(604) 664-1759 SIC 2082

MOLSON CANADA 2005 p24
906 1 Ave Ne, CALGARY, AB, T2E 0C5
(403) 233-1786 SIC 2082

MOLSON CANADA 2005 p316
1550 Burrard St, VANCOUVER, BC, V6J 3G5
(604) 664-1786 SIC 2082

MOLSON CANADA 2005 p435
131 Circular Rd, ST. JOHN'S, NL, A1C 2Z9
(709) 726-1786 SIC 2082

MOLSON CANADA 2005 p586
1 Carlingview Dr, ETOBICOKE, ON, M9W 5E5
(416) 675-1786 SIC 2082

MOLSON CANADA 2005 p719
6300 Ordan Dr, MISSISSAUGA, ON, L5T 1W6
SIC 2082

MOLSON CANADA 2005 p1095
1555 Rue Notre-Dame E, Montreal, QC, H2L 2R5
(514) 521-1786 SIC 2082

MOLSON CANADA 2005 p1175
100 Rue Lebrun, Riviere-du-Loup, QC, G5R 3Y6
(418) 862-2186 SIC 2082

MOLSON COORS CANADA INC p39
1400 Kensington Rd Nw Suite 100, CALGARY, AB, T2N 3P9
(403) 806-1786 SIC 2082

MOOSEHEAD BREWERIES LIMITED p418
89 Main St W, SAINT JOHN, NB, E2M 3H2
(506) 635-7000 SIC 2082

PACIFIC WESTERN BREWING COMPANY LTD p258
641 North Nechako Rd, PRINCE GEORGE, BC, V2K 4M4
(250) 562-2424 SIC 2082

SLEEMAN BREWERIES LTD p326
2808 27 Ave, VERNON, BC, V1T 9K4
(250) 542-2337 SIC 2082

SLEEMAN BREWERIES LTD p604
551 Clair Rd W, GUELPH, ON, N1L 1E9
(519) 822-1834 SIC 2082

WHISTLER BREWING COMPANY LTD p20
5555 76 Ave Se Suite 1, CALGARY, AB, T2C 4L8
(403) 720-4473 SIC 2082

SIC 2083 Malt

CANADA MALTING CO. LIMITED p1114
205 Rue Riverside, Montreal, QC, H3C 2H9
(514) 935-1133 SIC 2083

RAHR MALTING CANADA LTD p3

Hwy 12 E, ALIX, AB, T0C 0B0
(403) 747-2777   *SIC 2083*

SIC 2084 Wines, brandy, and brandy spirits

984379 ONTARIO INC p948
3620 Moyer Rd, VINELAND, ON, L0R 2C0
(905) 562-7088   *SIC 2084*

ANDRES WINES ATLANTIC LTD p448
99 Wyse Rd Suite 350, DARTMOUTH, NS, B3A 4S5
(902) 461-8173   *SIC 2084*

ANDREW PELLER LIMITED p250
400 Covert Pl, OLIVER, BC, V0H 1T5
(250) 485-8538   *SIC 2084*

ANDREW PELLER LIMITED p318
1200 73rd Ave W Suite 1000, VANCOUVER, BC, V6P 6G5
(604) 264-0554   *SIC 2084*

ANDREW PELLER LIMITED p598
697 South Service Rd, GRIMSBY, ON, L3M 4E8
(905) 643-7333   *SIC 2084*

ANDREW PELLER LIMITED p739
1249 Niagara Stone Rd, NIAGARA ON THE LAKE, ON, L0S 1J0
(905) 468-3201   *SIC 2084*

ANDREW PELLER LIMITED p739
1249 Niagara Stone Rd, NIAGARA ON THE LAKE, ON, L0S 1J0
(905) 468-7123   *SIC 2084*

ARTERRA WINES CANADA, INC p420
10 Levesque St, SCOUDOUC, NB, E4P 3P3
(506) 532-4426   *SIC 2084*

ARTERRA WINES CANADA, INC p735
4887 Dorchester Rd, NIAGARA FALLS, ON, L2E 6N8
(905) 358-7141   *SIC 2084*

ARTERRA WINES CANADA, INC p739
Gd, NIAGARA ON THE LAKE, ON, L0S 1J0
(905) 468-4637   *SIC 2084*

BURROWING OWL VINEYARDS LTD p250
100 Burrowing Owl Pl, OLIVER, BC, V0H 1T0
(250) 498-0620   *SIC 2084*

DIAMOND ESTATES WINES & SPIRITS LTD p739
1067 Niagara Stone Rd, NIAGARA ON THE LAKE, ON, L0S 1J0
(905) 641-1042   *SIC 2084*

JOST VINEYARDS LIMITED p468
48 Vintage Lane Suite 1, MALAGASH, NS, B0K 1E0
(902) 257-2636   *SIC 2084*

LAKEVIEW CELLARS ESTATE WINERY LIMITED p739
1067 Niagara Stone Rd, NIAGARA ON THE LAKE, ON, L0S 1J0
(905) 641-1042   *SIC 2084*

MAGNOTTA WINERY CORPORATION p975
271 Chrislea Rd, WOODBRIDGE, ON, L4L 8N6
(905) 850-5577   *SIC 2084*

MAISON DES FUTAILLES, S.E.C. p1087
2021 Rue Des Futailles, Montreal, QC, H1N 3M7
(450) 645-9777   *SIC 2084*

MARK ANTHONY GROUP INC p208
465 Fraserview Pl, DELTA, BC, V3M 6H4
(604) 519-5370   *SIC 2084*

MARK ANTHONY GROUP INC p297
887 Great Northern Way Suite 500, VANCOUVER, BC, V5T 4T5
(888) 394-1122   *SIC 2084*

TREASURY WINE ESTATES INC p750
5255 Yonge St Suite 1111, NORTH YORK, ON, M2N 6P4
(416) 504-3830   *SIC 2084*

VINS ARTERRA CANADA, DIVISION QUEBEC, INC p1176
175 Ch De Marieville, ROUGEMONT, QC, J0L 1M0
(514) 861-2404   *SIC 2084*

SIC 2085 Distilled and blended liquors

BACARDI CANADA INC p513
1000 Steeles Ave E, BRAMPTON, ON, L6T 1A1
(905) 451-6100   *SIC 2085*

CORBY SPIRIT AND WINE LIMITED p928
225 King St W Suite 1100, TORONTO, ON, M5V 3M2
(416) 479-2400   *SIC 2085*

DIAGEO CANADA INC p349
19107 Seagram Rd 112 N, GIMLI, MB, R0C 1B1
(204) 642-5123   *SIC 2085*

DIAGEO CANADA INC p487
110 St. Arnaud St, AMHERSTBURG, ON, N9V 2N8
(519) 736-2161   *SIC 2085*

DIAGEO CANADA INC p704
2623 Dunwin Dr, MISSISSAUGA, ON, L5L 3N9
(416) 626-2000   *SIC 2085*

DIAGEO CANADA INC p941
401 The West Mall Suite 800, TORONTO, ON, M9C 5P8
(416) 626-2000   *SIC 2085*

FORTY CREEK DISTILLERY LTD p936
1 Pardee Ave Suite 102, TORONTO, ON, M6K 3H1
(905) 945-9225   *SIC 2085*

HIRAM WALKER & SONS LIMITED p967
2072 Riverside Dr E, WINDSOR, ON, N8Y 4S5
(519) 254-5171   *SIC 2085*

NORTHAM BEVERAGES LTD p220
965 Mcgill Pl, KAMLOOPS, BC, V2C 6N9
(250) 851-2543   *SIC 2085*

SIC 2086 Bottled and canned soft drinks

A. LASSONDE INC p583
95 Vulcan St, ETOBICOKE, ON, M9W 1L4
(416) 244-4224   *SIC 2086*

BIG 8 BEVERAGES LIMITED p473
120 North Foord St, STELLARTON, NS, B0K 0A2
(902) 755-6333   *SIC 2086*

BROWNING HARVEY LIMITED p436
15 Ropewalk Lane, ST. JOHN'S, NL, A1E 4P1
(709) 579-4116   *SIC 2086*

COCA-COLA LTD p1250
8500 Boul Industriel, Trois-Rivieres, QC, G9A 5E1
(819) 694-4000   *SIC 2086*

COCA-COLA REFRESHMENTS CANADA COMPANY p22
3851 23 St Ne, CALGARY, AB, T2E 6T2
(403) 291-3111   *SIC 2086*

COCA-COLA REFRESHMENTS CANADA COMPANY p223
406 Old Vernon Rd Suite 100, KELOWNA, BC, V1X 4R2
(250) 491-3414   *SIC 2086*

COCA-COLA REFRESHMENTS CANADA COMPANY p372
1331 Inkster Blvd, WINNIPEG, MB, R2X 1P6
(204) 633-2590   *SIC 2086*

COCA-COLA REFRESHMENTS CANADA COMPANY p405
570 Old King George Hwy, MIRAMICHI, NB, E1V 1K1
(506) 622-3101   *SIC 2086*

COCA-COLA REFRESHMENTS CANADA COMPANY p466
20 Lakeside Park Dr, LAKESIDE, NS, B3T 1L8
(902) 876-8661   *SIC 2086*

COCA-COLA REFRESHMENTS CANADA COMPANY p513
15 Westcreek Blvd Suite 1, BRAMPTON, ON, L6T 5T4
(905) 874-7200   *SIC 2086*

COCA-COLA REFRESHMENTS CANADA COMPANY p552
71 Park Ave E, CHATHAM, ON, N7M 3V5
(519) 352-2632   *SIC 2086*

COCA-COLA REFRESHMENTS CANADA COMPANY p607
1575 Barton St E, HAMILTON, ON, L8H 7K6
(905) 548-3206   *SIC 2086*

COCA-COLA REFRESHMENTS CANADA COMPANY p665
950 Green Valley Rd, LONDON, ON, N6N 1E3
(519) 686-2100   *SIC 2086*

COCA-COLA REFRESHMENTS CANADA COMPANY p762
24 Fenmar Dr, NORTH YORK, ON, M9L 1L8
(416) 749-0440   *SIC 2086*

COCA-COLA REFRESHMENTS CANADA COMPANY p904
335 King St E, TORONTO, ON, M5A 1L1
(416) 424-6000   *SIC 2086*

COCA-COLA REFRESHMENTS CANADA COMPANY p1057
1515 46e Av, LACHINE, QC, H8T 2N8
(514) 636-4791   *SIC 2086*

COCA-COLA REFRESHMENTS CANADA COMPANY p1250
8500 Boul Industriel, Trois-Rivieres, QC, G9A 5E1
(819) 694-4000   *SIC 2086*

COTT CORPORATION p17
4810 76 Ave Se, CALGARY, AB, T2C 2V2
(403) 279-6677   *SIC 2086*

COTT CORPORATION p281
15050 54a Ave, SURREY, BC, V3S 5X7
(604) 574-1970   *SIC 2086*

COTT CORPORATION p420
4 Addison Ave, SCOUDOUC, NB, E4P 3N4
SIC 2086

COTT CORPORATION p1141
333 Av Avro, POINTE-CLAIRE, QC, H9R 5W3
(514) 428-1000   *SIC 2086*

LEADING BRANDS OF CANADA, INC p299
33 8th Ave W Unit 101, VANCOUVER, BC, V5Y 1M8
(604) 685-5200   *SIC 2086*

MINUTE MAID COMPANY CANADA INC, THE p810
781 Lansdowne St W, PETERBOROUGH, ON, K9J 1Z2
(705) 742-8011   *SIC 2086*

PEPSI BOTTLING GROUP (CANADA), ULC, THE p690
5205 Satellite Dr, MISSISSAUGA, ON, L4W 5J7
(905) 212-7377   *SIC 2086*

PEPSICO CANADA ULC p445
Gd Lcd Main, BRIDGEWATER, NS, B4V 2V8
(902) 527-1364   *SIC 2086*

PEPSICO CANADA ULC p504
87 Wallbridge Cres, BELLEVILLE, ON, K8P 1Z5
(800) 267-0944   *SIC 2086*

PEPSICO CANADA ULC p1042
855 Rue J.-A.-Bombardier, GRANBY, QC, J2J 1E9
(450) 375-5555   *SIC 2086*

TECHNOBEV S.E.C. p1188
4130 Rue Principale, Saint-Felix-de-Valois, QC, J0K 2M0
SIC 2086

UNILEVER CANADA INC p1081
5430 Ch De La Cote-De-Liesse, MONT-ROYAL, QC, H4P 1A5
(514) 735-1141   *SIC 2086*

SIC 2087 Flavoring extracts and syrups, nec

BELL FLAVORS & FRAGRANCES (CANADA) CO p1007
3800 Rue Isabelle Bureau H, BROSSARD, QC, J4Y 2R3
(450) 444-3819   *SIC 2087*

FLAVOUR ART NORTH AMERICA INC p622
2913 Leyenhorst Court, JORDAN STATION, ON, L0R 1S0
(905) 397-4182   *SIC 2087*

SIC 2091 Canned and cured fish and seafoods

BARRY GROUP INC p426
Gd, DOVER, NL, A0G 1X0
(709) 537-5888   *SIC 2091*

CANADIAN FISHING COMPANY LIMITED, THE p262
121 George Hills Way, PRINCE RUPERT, BC, V8J 1A3
(250) 624-6726   *SIC 2091*

ENGLEWOOD PACKING COMPANY LTD p257
Gd, PORT MCNEILL, BC, V0N 2R0
SIC 2091

FJORD PACIFIC MARINE INDUSTRIES LTD. p269
2400 Simpson Rd, RICHMOND, BC, V6X 2P9
(604) 270-3393   *SIC 2091*

FUMOIRS GASPE CURED INC, LES p1009
65 Rue De La Station, CAP-D'ESPOIR, QC, G0C 1G0
(418) 782-5920   *SIC 2091*

G.E.M. FISHERIES LTD p419
1324 Route 335, SAINT-SIMON, NB, E8P 2B2
(506) 727-5217   *SIC 2091*

LEBLANC, EMILE C. & FILS LTEE p411
41 Ch Du Quai, PETIT-CAP, NB, E4N 2E8
SIC 2091

MARINE HARVEST CANADA INC p256
7200 Cohoe Rd, PORT HARDY, BC, V0N 2P0
(250) 949-9699   *SIC 2091*

PATTISON, JIM INDUSTRIES LTD p302
1 Gore Ave, VANCOUVER, BC, V6A 2Y7
(604) 681-0211   *SIC 2091*

PATTISON, JIM INDUSTRIES LTD p776
1652 Sansonnet St, ORLEANS, ON, K1C 5Y3
(613) 841-0608   *SIC 2091*

PECHERIES ALFO LTEE, LES p411
Gd, PETIT-ROCHER, NB, E8J 3E7
SIC 2091

RICHARD, B. A. LTEE p419
374 Ch Cote Sainte-Anne, SAINTE-ANNE-DE-KENT, NB, E4S 1M6
(506) 743-6198   *SIC 2091*

SIC 2092 Fresh or frozen packaged fish

434870 B.C. LTD p239
262 Southside Dr, NANAIMO, BC, V9R 6Z5
(250) 753-4135   *SIC 2092*

BARRY GROUP INC p424
1 Masonic Terrace, CLARENVILLE, NL, A5A 1N2
(709) 466-7186   *SIC 2092*

BELLE RIVER ENTERPRISES LTD p980
Gd, BELLE RIVER, PE, C0A 1B0
(902) 962-2248   *SIC 2092*

BREAKWATER FISHERIES LIMITED p425
23 Hill View Dr, COTTLESVILLE, NL, A0G 1S0
SIC 2092

CARAPRO LTD p395
60 Boul St-Pierre E, CARAQUET, NB, E1W 1B6
SIC 2092

CLEARWATER FINE FOODS INCORPORATED p466
68 Water St, LOCKEPORT, NS, B0T 1L0

(902) 656-2413 SIC 2092
CLEARWATER FINE FOODS INCORPORATED p467
240 Montague St, LUNENBURG, NS, B0J 2C0
(902) 634-8049 SIC 2092
COLD NORTH SEAFOODS LIMITED p428
2 Water St, LA SCIE, NL, A0K 3M0
SIC 2092
COQUILLAGE NORDIQUE INC p1033
10 Rte Maritime, FORESTVILLE, QC, G0T 1E0
SIC 2092
DORSET FISHERIES LIMITED p430
1 Wharf Rd, NORMANS COVE, NL, A0B 2T0
SIC 2092
FRESHWATER FISH MARKETING CORPORATION p362
1199 Plessis Rd, WINNIPEG, MB, R2C 3L4
(204) 983-6600 SIC 2092
GREEN, E J & COMPANY LTD p437
287 Main St, WINTERTON, NL, A0B 3M0
(709) 583-2670 SIC 2092
HIGH LINER FOODS INCORPORATED p559
8000 Jane St Suite 301, CONCORD, ON, L4K 5B8
(905) 761-3242 SIC 2092
HIGH LINER FOODS INCORPORATED p1057
9960 Ch De La Cote-De-Liesse Bureau 200, LACHINE, QC, H8T 1A1
(514) 636-5114 SIC 2092
INSHORE FISHERIES LIMITED p467
95 Dennis Point Rd, LOWER WEST PUBNICO, NS, B0W 2M0
(902) 762-2522 SIC 2092
MCMILLAN, J.S. FISHERIES LTD p263
Gd Stn Main, PRINCE RUPERT, BC, V8J 3P3
(250) 624-2146 SIC 2092
NORTHERN SHRIMP COMPANY LTD p428
Gd, JACKSONS ARM, NL, A0K 3H0
SIC 2092
OCEAN CHOICE INTERNATIONAL L.P. p431
Gd, PORT UNION, NL, A0C 2J0
(709) 469-2211 SIC 2092
OMSTEAD FOODS LIMITED p956
1 Erie St S, WHEATLEY, ON, N0P 2P0
(519) 825-4611 SIC 2092
RIVERSIDE LOBSTER INTERNATIONAL INC p468
11 John Thibodeau Rd, METEGHAN CENTRE, NS, B0W 2K0
(902) 645-3455 SIC 2092
ST ANTHONY'S SEAFOOD LIMITED PARTNERSHIP p431
240 East St Suite B, ST ANTHONY EAST, NL, A0K 4T0
(709) 454-2642 SIC 2092
TFI FOODS LTD p483
335 Frankcom St, AJAX, ON, L1S 1R4
SIC 2092
TRUE NORTH SALMON CO. LTD p394
669 Main St, BLACKS HARBOUR, NB, E5H 1K1
(506) 456-6610 SIC 2092

SIC 2095 Roasted coffee

MOTHER PARKER'S TEA & COFFEE INC p693
2530 Stanfield Rd, MISSISSAUGA, ON, L4Y 1S4
(905) 279-9100 SIC 2095
NADOR INC p1152
625 Rue Du Marais, Quebec, QC, G1M 2Y2
(418) 681-0696 SIC 2095
NESTLE CANADA INC p553
171 Main St N, Chesterville, ON, K0C 1H0
SIC 2095
NESTLE CANADA INC p749
25 Sheppard Ave W Suite 1700, NORTH YORK, ON, M2N 6S6
(416) 512-9000 SIC 2095

SIC 2096 Potato chips and similar snacks

ALIMENTS KRISPY KERNELS INC p1154
2620 Av Watt, QUEBEC, QC, G1P 3T5
(418) 658-4640 SIC 2096
ALIMENTS KRISPY KERNELS INC p1260
40 Rue Du Moulin, WARWICK, QC, J0A 1M0
(819) 358-3600 SIC 2096
OLD DUTCH FOODS LTD p19
3103 54 Ave Se, CALGARY, AB, T2C 0A9
(403) 279-2771 SIC 2096
OLD DUTCH FOODS LTD p92
18027 114 Ave Nw, EDMONTON, AB, T5S 1T8
(780) 453-2341 SIC 2096
OLD DUTCH FOODS LTD p193
7800 Fraser Park Dr, BURNABY, BC, V5J 5L8
(604) 430-9955 SIC 2096
OLD DUTCH FOODS LTD p373
100 Bentall St, WINNIPEG, MB, R2X 2Y5
(204) 632-0249 SIC 2096
OLD DUTCH FOODS LTD p403
179 Mclean Ave, HARTLAND, NB, E7P 2K6
(506) 375-4474 SIC 2096
OLD DUTCH FOODS LTD p683
7385 Bren Rd Suite 1, MISSISSAUGA, ON, L4T 1H3
SIC 2096
OLD DUTCH FOODS LTD p985
4 Slemon Park Dr, SUMMERSIDE, PE, C1N 4K4
(902) 888-5160 SIC 2096
OLD DUTCH FOODS LTD p1152
669 Av Godin, Quebec, QC, G1M 3E6
(418) 683-0453 SIC 2096
PEPSICO CANADA ULC p14
2867 45 Ave Se, CALGARY, AB, T2B 3L8
(403) 571-9530 SIC 2096
PEPSICO CANADA ULC p106
4110 101 St Nw, EDMONTON, AB, T6E 0A5
(780) 577-2150 SIC 2096
PEPSICO CANADA ULC p137
2200 31 St N, LETHBRIDGE, AB, T1H 5K8
(403) 380-5775 SIC 2096
PEPSICO CANADA ULC p170
5904 54 Ave, TABER, AB, T1G 1X3
(403) 223-3574 SIC 2096
PEPSICO CANADA ULC p387
1099 Wilkes Ave Unit 11, WINNIPEG, MB, R3P 2S2
(204) 925-6040 SIC 2096
PEPSICO CANADA ULC p465
59 Warehouse Rd, KENTVILLE, NS, B4N 3W9
(902) 681-2923 SIC 2096
PEPSICO CANADA ULC p465
Gd, KENTVILLE, NS, B4N 3W9
(902) 681-6183 SIC 2096
PEPSICO CANADA ULC p489
1 Kenwood Pl, ARNPRIOR, ON, K7S 1K9
(613) 623-8140 SIC 2096
PEPSICO CANADA ULC p547
1001 Bishop St N, CAMBRIDGE, ON, N3H 4V8
(519) 653-5721 SIC 2096
PEPSICO CANADA ULC p565
18075 Tyotown Rd, Cornwall, ON, K6H 5R5
SIC 2096
PEPSICO CANADA ULC p663
104 Somerset Cres, LONDON, ON, N6K 3M4
(519) 472-2135 SIC 2096
PEPSICO CANADA ULC p690
5550 Explorer Dr, MISSISSAUGA, ON, L4W 0C3
(905) 212-7377 SIC 2096
PEPSICO CANADA ULC p715
55 Standish Crt Suite 700, MISSISSAUGA, ON, L5R 4B2
PEPSICO CANADA ULC p954
30 Pinewood Dr, WAWA, ON, P0S 1K0
(705) 856-4553 SIC 2096
PEPSICO CANADA ULC p1065
8450 Boul Guillaume-Couture, Levis, QC, G6V 7L7
(418) 833-2121 SIC 2096
PEPSICO CANADA ULC p1127
6755 Rue Ernest-Cormier, Montreal, QC, H7C 2T4
(450) 664-5800 SIC 2096
PEPSICO CANADA ULC p1239
4130 Boul Industriel, SHERBROOKE, QC, J1L 2S6
(819) 563-8544 SIC 2096
SARATOGA POTATO CHIP COMPANY INC p516
230 Deerhurst Dr, BRAMPTON, ON, L6T 5R8
(905) 458-4100 SIC 2096
SHEARER'S FOODS CANADA, INC p601
745 Southgate Dr, GUELPH, ON, N1G 3R3
(519) 746-0045 SIC 2096

SIC 2097 Manufactured ice

ARCTIC GLACIER INC p289
9679 186 St, SURREY, BC, V4N 3N8
(604) 888-4311 SIC 2097
ARCTIC GLACIER INC p551
745 Park Ave W, CHATHAM, ON, N7M 1X3
(519) 352-1400 SIC 2097
ARCTIC GLACIER INC p1118
2760 Rue De Reading, Montreal, QC, H3K 1P5
(514) 935-7413 SIC 2097
CRYOPAK INDUSTRIES (2007) ULC p990
11000 Boul Parkway, ANJOU, QC, H1J 1R6
(514) 324-4720 SIC 2097

SIC 2098 Macaroni and spaghetti

DUSO'S ENTERPRISES LTD p255
1625 Kebet Way Suite 200, PORT COQUITLAM, BC, V3C 5W9
(604) 464-8101 SIC 2098
ITALPASTA LIMITED p515
199 Summerlea Rd, BRAMPTON, ON, L6T 4E5
(905) 792-9928 SIC 2098
ITALPASTA LIMITED p515
140 Nuggett Crt, BRAMPTON, ON, L6T 5H4
(905) 792-9928 SIC 2098
MASTER HUNG BBQ & WON TON p271
8780 Blundell Rd Suite 140, RICHMOND, BC, V6Y 3Y8
(604) 272-3813 SIC 2098
SUN-BRITE FOODS INC p763
56 Huxley Rd, NORTH YORK, ON, M9M 1H2
(416) 741-9300 SIC 2098
WING HING LUNG LIMITED p924
275 Albany Ave, TORONTO, ON, M5R 3E1
(416) 531-5768 SIC 2098

SIC 2099 Food preparations, nec

AB MAURI (CANADA) LIMITEE p26
2201 15 St Se, CALGARY, AB, T2G 3M3
(403) 265-4937 SIC 2099
AB MAURI (CANADA) LIMITEE p1060
31 Rue Airlie, LASALLE, QC, H8R 1Z8
(514) 366-1053 SIC 2099
ALIMENTS MARTEL INC p1056
2387 Rue Remembrance, LACHINE, QC, H8S 1X4
SIC 2099
ALIMENTS MARTEL INC p1221
670 Rue De L'Eglise, SAINT-ROMUALD, QC, G6W 5M6
(418) 839-8841 SIC 2099
AMERICAN YEAST SALES CORPORATION p1089
1620 Rue Prefontaine, Montreal, QC, H1W 2N8
(514) 529-2595 SIC 2099
ATELIER LA FLECHE DE FER INC p1123
4750 Rue Dagenais, Montreal, QC, H4C 1L7
SIC 2099
BEE MAID HONEY LIMITED p165
70 Alberta Ave, SPRUCE GROVE, AB, T7X 3B1
(780) 962-5573 SIC 2099
BFG CANADA LTD p591
88 Todd Rd, GEORGETOWN, ON, L7G 4R7
(905) 873-8744 SIC 2099
CATELLI FOODS CORPORATION p580
401 The West Mall Suite 11, ETOBICOKE, ON, M9C 5J5
(416) 626-3500 SIC 2099
CIE MCCORMICK CANADA CO., LA p649
600 Clarke Rd, LONDON, ON, N5V 3K5
(519) 432-7311 SIC 2099
CITADELLE COOPERATIVE DE PRODUCTEURS DE SIROP D'ERABLE p1052
786 8e Rue E, LA GUADELOUPE, QC, G0M 1G0
SIC 2099
CITADELLE COOPERATIVE DE PRODUCTEURS DE SIROP D'ERABLE p1102
84 Rue Saint-Paul E, Montreal, QC, H2Y 1G6
(514) 765-3456 SIC 2099
CITADELLE COOPERATIVE DE PRODUCTEURS DE SIROP D'ERABLE p1138
2100 Av Saint-Laurent, PLESSISVILLE, QC, G6L 2R3
(819) 362-3241 SIC 2099
FRESHSTONE BRANDS INC p982
23 Fourth St, CHARLOTTETOWN, PE, C1E 2B4
(902) 629-1300 SIC 2099
GENERAL MILLS CANADA CORPORATION p389
1555 Chevrier Blvd Suite B, WINNIPEG, MB, R3T 1Y7
(204) 477-8338 SIC 2099
GUAY, DENIS p1016
93 Ch Menard, COATICOOK, QC, J1A 2S5
(819) 849-3788 SIC 2099
INOVATA FOODS CORP p85
12803 149 St Nw, EDMONTON, AB, T5L 2J7
(780) 454-8665 SIC 2099
KERRY (CANADA) INC p978
615 Jack Ross Ave, WOODSTOCK, ON, N4V 1B7
(519) 537-3461 SIC 2099
LALLEMAND INC p1087
5494 Rue Notre-Dame E, Montreal, QC, H1N 2C4
(514) 522-2133 SIC 2099
NEWLY WEDS FOODS CO. p113
9110 23 Ave Nw, EDMONTON, AB, T6N 1H9
(780) 414-9500 SIC 2099
NEWLY WEDS FOODS CO. p720
450 Superior Blvd, MISSISSAUGA, ON, L5T 2R9
(905) 670-7776 SIC 2099
NEWLY WEDS FOODS CO. p1004
1381 Rue Ampere, BOUCHERVILLE, QC, J4B 5Z5
(450) 641-2200 SIC 2099
NOSSACK GOURMET FOODS LTD p132
5804 37 St, INNISFAIL, AB, T4G 1S8
(403) 346-5006 SIC 2099
PEPSICO CANADA ULC p1004
1405 Rue Graham-Bell Bureau 103, BOUCHERVILLE, QC, J4B 6A1
SIC 2099
PLAISIRS GASTRONOMIQUES INC p1001
3735 Rue La Verendrye, BOISBRIAND, QC, J7H 1R8

(450) 433-3600   SIC 2099
PLAISIRS GASTRONOMIQUES INC   p1001
3740 Rue La Verendrye, BOISBRIAND, QC, J7H 1R5
(450) 433-1970   SIC 2099
PREMIUM BRANDS HOLDINGS CORPORATION   p74
12251 William Short Rd Nw, EDMONTON, AB, T5B 2B7
(780) 474-5201   SIC 2099
REINHART FOODS LIMITED   p859
7449 Hwy 26, STAYNER, ON, L0M 1S0
(705) 428-2422   SIC 2099
REINHART FOODS LIMITED   p1010
2050 Boul Industriel, CHAMBLY, QC, J3L 4V2
(450) 658-7501   SIC 2099
RT FRESH PREPARED FOODS INC   p586
315 Humberline Dr, ETOBICOKE, ON, M9W 5T6
(416) 213-1077   SIC 2099
SUNRISE MARKETS INC   p579
21 Medulla Ave, ETOBICOKE, ON, M8Z 5L6
(416) 233-2337   SIC 2099
UNILEVER CANADA INC   p587
195 Belfield Rd, ETOBICOKE, ON, M9W 1G8
(416) 246-1650   SIC 2099
UNILEVER CANADA INC   p903
160 Bloor St E Suite 1400, TORONTO, ON, M4W 3R2
(416) 964-1857   SIC 2099
UNILEVER CANADA INC   p992
9600 Boul Du Golf, ANJOU, QC, H1J 2Y7
(514) 353-4043   SIC 2099
W.T. LYNCH FOODS LIMITED   p751
72 Railside Rd, NORTH YORK, ON, M3A 1A3
(416) 449-5464   SIC 2099

SIC 2111 Cigarettes

IMPERIAL TOBACCO COMPAGNIE LIMITEE   p602
107 Woodlawn Rd W, GUELPH, ON, N1H 1B4
SIC 2111
JTI-MACDONALD CORP   p694
1 Robert Speck Pky Suite 1601, MISSISSAUGA, ON, L4Z 0A2
(905) 804-7300   SIC 2111
JTI-MACDONALD CORP   p1094
2455 Rue Ontario E Bureau 4, Montreal, QC, H2K 1W3
(514) 598-2525   SIC 2111
ROTHMANS, BENSON & HEDGES INC   p25
1245 34 Ave Ne Suite 6, CALGARY, AB, T2E 6N4
(403) 250-9621   SIC 2111
ROTHMANS, BENSON & HEDGES INC p752
1500 Don Mills Rd Suite 900, NORTH YORK, ON, M3B 3L1
(416) 449-5525   SIC 2111

SIC 2131 Chewing and smoking tobacco

GESTION A.D.L. SENC   p1077
1665 Rue Nishk, MASHTEUIATSH, QC, G0W 2H0
(418) 275-6161   SIC 2131

SIC 2141 Tobacco stemming and redrying

IMPERIAL TOBACCO LEAF INC   p492
516 John St N, AYLMER, ON, N5H 0A6
SIC 2141

SIC 2211 Broadwoven fabric mills, cotton

DOUBLETEX   p1119
9785 Rue Jeanne-Mance, Montreal, QC, H3L 3B6
(514) 382-1770   SIC 2211
TEKNION LS INC   p1061
359 Rue Saint-Joseth, LAURIER-STATION, QC, G0S 1N0
(418) 830-0855   SIC 2211
TRIMONT MFG. INC   p844
115 Milner Ave Suite 2, SCARBOROUGH, ON, M1S 4L7
(416) 640-2045   SIC 2211
VETEMENTS DE SPORT R.G.R. INC   p1191
472 Le Grand-Shenley, Saint-Honore-de-Shenley, QC, G0M 1V0
SIC 2211

SIC 2221 Broadwoven fabric mills, manmade

ASTENJOHNSON, INC   p623
48 Richardson Side Rd, KANATA, ON, K2K 1X2
(613) 592-5851   SIC 2221
DE BALL INC   p1042
835 Boul Industriel, GRANBY, QC, J2J 1A5
(514) 934-3454   SIC 2221
DOWN-TOWN DUVETS & LINENS LTD p929
530 Adelaide St W, TORONTO, ON, M5V 1T5
(416) 703-3777   SIC 2221
FABRENE, INC   p741
240 Dupont Rd, NORTH BAY, ON, P1B 8Z4
(705) 476-7057   SIC 2221
INTERTAPE POLYMER INC   p477
50 Abbey Ave, TRURO, NS, B2N 6W4
(902) 895-1686   SIC 2221
MATADOR CONVERTISSEURS CIE LTEE p372
1465 Inkster Blvd, WINNIPEG, MB, R2X 1P6
(204) 632-6663   SIC 2221
RAYONESE TEXTILE INC   p1200
500 Boul Monseigneur-Dubois, Saint-Jerome, QC, J7Y 3L8
(450) 476-1991   SIC 2221
VICTOR TEXTILES INC   p1190
2805 90e Rue, SAINT-GEORGES, QC, G6A 1K1
(418) 227-9897   SIC 2221

SIC 2231 Broadwoven fabric mills, wool

ALBANY INTERNATIONAL CANADA CORP p807
Rideau Perry Rd, PERTH, ON, K7H 3E3
(613) 267-6600   SIC 2231
BRAND FELT OF CANADA LIMITED   p692
2559 Wharton Glen Ave, MISSISSAUGA, ON, L4X 2A8
(905) 279-6680   SIC 2231
BRAND FELT OF CANADA LIMITED   p692
2559 Wharton Glen Ave, MISSISSAUGA, ON, L4X 2A8
(905) 272-3350   SIC 2231
PARKER BROTHERS TEXTILE MILLS LIMITED   p944
52 Film St, TRENTON, ON, K8V 5J8
(613) 392-1217   SIC 2231

SIC 2241 Narrow fabric mills

ERICKSON, B. MANUFACTURING LTD p872
11297 Merritt Line Rr 6, THAMESVILLE, ON, N0P 2K0
(519) 352-2259   SIC 2241
INDUSTRIES COVER INC   p990
9300 Boul Ray-Lawson, ANJOU, QC, H1J 1Y6
(514) 353-3880   SIC 2241
KINEDYNE CANADA LIMITED   p845
10 Maybrook Dr, SCARBOROUGH, ON, M1V 4B6
(416) 291-7168   SIC 2241
RUBANS D'OURLET DE MONTREAL INC p1205
1440 Boul Jules-Poitras, SAINT-LAURENT, QC, H4N 1X7
(514) 271-2561   SIC 2241
VOA CANADA INC   p557
190 Macdonald Rd, COLLINGWOOD, ON, L9Y 4N6
(705) 444-2561   SIC 2241
WAH LUNG LABELS (CANADA) INC   p675
150 Telson Rd, MARKHAM, ON, L3R 1E5
(905) 948-8877   SIC 2241
YARN POINT KNITTERS CORPORATION p426
Gd, ENGLISH HARBOUR WEST, NL, A0H 1M0
(709) 888-5371   SIC 2241

SIC 2251 Women's hosiery, except socks

BONNETERIE BELLA INC.   p1124
1401 Rue Legendre O, Montreal, QC, H4N 2R9
(514) 381-8519   SIC 2251
BONNETERIE RELIABLE INC   p1096
8785 Av Du Parc, Montreal, QC, H2N 1Y7
(514) 382-2861   SIC 2251
PHANTOM INDUSTRIES INC   p938
207 Weston Rd, TORONTO, ON, M6N 4Z3
(416) 762-7177   SIC 2251
RENFRO CANADA CORP   p720
250 Admiral Blvd, MISSISSAUGA, ON, L5T 2N6
(905) 795-3130   SIC 2251

SIC 2252 Hosiery, nec

GREAT CANADIAN SOX CO. INC, THE p891
25 Waterman Ave, TORONTO, ON, M4B 1Y6
(416) 288-0028   SIC 2252
TRICOTS DUVAL & RAYMOND LTEE, LES p1144
11 Rue Saint-Jacques O, PRINCEVILLE, QC, G6L 5E6
(819) 364-2927   SIC 2252

SIC 2258 Lace and warp knit fabric mills

LES TISSUS RENTEX INC   p1197
310 5e Av, SAINT-JEAN-SUR-RICHELIEU, QC, J2X 1T9
(450) 347-4495   SIC 2258
MARIMAC INC   p565
3400 Montreal Rd, CORNWALL, ON, K6H 5R5
(613) 937-4777   SIC 2258

SIC 2261 Finishing plants, cotton

COLORAMA DYEING & FINISHING INC p618
1400 Aberdeen St, HAWKESBURY, ON, K6A 1K7
(613) 632-0774   SIC 2261

SIC 2269 Finishing plants, nec

ALSCO CANADA CORPORATION   p27
4080 Ogden Rd Se, CALGARY, AB, T2G 4P7
(403) 265-7277   SIC 2269
DI-TECH INC   p1122
2125 Rue Lily-Simon, Montreal, QC, H4B 3A1
SIC 2269

HUBSCHER RIBBON CORPORATION LTD p1057
2325 52e Av, LACHINE, QC, H8T 3C3
(514) 636-6610   SIC 2269
ST. JOSEPH CORPORATION   p783
120 Parkdale Ave Rm 0122 C, OTTAWA, ON, K1A 1K6
SIC 2269

SIC 2273 Carpets and rugs

ANI-MAT INC   p1241
395 Rue Rodolphe-Racine, SHERBROOKE, QC, J1R 0S7
(819) 821-2091   SIC 2273
KRAUS CARPET LP   p952
65 Northfield Dr W, WATERLOO, ON, N2L 0A8
(519) 884-2310   SIC 2273
TANDUS FLOORING LIMITED   p478
435 Willow St Suite 30, TRURO, NS, B2N 6T2
(902) 895-5491   SIC 2273
TAPIS VENTURE INC   p1031
1600 Rue Janelle, DRUMMONDVILLE, QC, J2C 3E5
(819) 477-4117   SIC 2273
TAPIS VENTURE INC   p1190
700 120e Rue, SAINT-GEORGES, QC, G5Y 6R6
(418) 227-5955   SIC 2273

SIC 2282 Throwing and winding mills

SPINRITE LIMITED PARTNERSHIP   p648
320 Livingstone Ave S, LISTOWEL, ON, N4W 3H3
(519) 291-3780   SIC 2282

SIC 2284 Thread mills

COATS CANADA INC   p489
451 Smith St, ARTHUR, ON, N0G 1A0
SIC 2284

SIC 2295 Coated fabrics, not rubberized

9167200 CANADA INC   p1093
485 Rue Rachel E, Montreal, QC, H2J 2H1
(514) 284-4494   SIC 2295
INTERTAPE POLYMER INC   p1204
9999 Boul Cavendish Bureau 200, SAINT-LAURENT, QC, H4M 2X5
(514) 731-7591   SIC 2295
MORBERN INC   p1057
1967 46e Av, LACHINE, QC, H8T 2P1
(514) 631-2990   SIC 2295

SIC 2296 Tire cord and fabrics

BRIDGESTONE CANADA INC   p977
1200 Dundas St, WOODSTOCK, ON, N4S 7V9
(519) 537-6231   SIC 2296
NGF CANADA LIMITED   p599
255 York Rd, GUELPH, ON, N1E 3G4
(519) 836-9228   SIC 2296

SIC 2297 Nonwoven fabrics

FIBRES JASZTEX INC   p1215
5375 Boul Des Grandes-Prairies, SAINT-LEONARD, QC, H1R 1B1
(514) 321-5452   SIC 2297
FYBON INDUSTRIES LIMITED   p933
202 Fairbank Ave, TORONTO, ON, M6B 4C5
SIC 2297

MATADOR CONVERTISSEURS CIE LTEE p1096
270 Rue De Louvain O, Montreal, QC, H2N 1B6
(514) 389-8221 SIC 2297
TEXEL MATERIAUX TECHNIQUES INC p1185
485 Rue Des Erables, SAINT-ELZEAR, QC, G0S 2J0
(418) 387-5910 SIC 2297
TEXEL MATERIAUX TECHNIQUES INC p1227
1300 2e Rue Du Parc-Industriel, SAINTE-MARIE, QC, G6E 1G8
(418) 387-5910 SIC 2297

SIC 2298 Cordage and twine

DANA CANADA CORPORATION p552
1010 Richmond St, CHATHAM, ON, N7M 5J5
(519) 351-1221 SIC 2298
FIBER CONNECTIONS INC p984
30 Aerospace Blvd, SLEMON PARK, PE, C0B 2A0
(902) 436-1727 SIC 2298

SIC 2299 Textile goods, nec

ASTENJOHNSON, INC p623
1243 Teron Rd, KANATA, ON, K2K 1X2
(613) 592-5851 SIC 2299
ASTENJOHNSON, INC p1231
213 Boul Du Havre, SALABERRY-DE-VALLEYFIELD, QC, J6S 1R9
(450) 373-2425 SIC 2299
AUTONEUM CANADA LTD p649
1800 Huron St, LONDON, ON, N5V 3A6
(519) 659-5752 SIC 2299
AUTONEUM CANADA LTD p882
1451 Bell Mill Sideroad, TILLSONBURG, ON, N4G 4H8
(519) 842-6411 SIC 2299
BARRDAY, INC p545
75 Moorefield St, CAMBRIDGE, ON, N1T 1S2
(519) 621-3620 SIC 2299
DIFCO, TISSUS DE PERFORMANCE INC p1074
160 Rue Principale E, MAGOG, QC, J1X 4X5
(819) 868-0267 SIC 2299
DIFCO, TISSUS DE PERFORMANCE INC p1105
1411 Rue Peel Bureau 505, Montreal, QC, H3A 1S5
(819) 434-2159 SIC 2299
FILTEX INC p1243
5 Rue Pine, SUTTON, QC, J0E 2K0
(450) 538-2331 SIC 2299
GARLOCK OF CANADA LTD p1239
4100 Rue De La Garlock, SHERBROOKE, QC, J1L 1W5
(819) 563-8080 SIC 2299
INVISTA (CANADA) COMPANY p500
Gd, BATH, ON, K0H 1G0
(613) 634-5124 SIC 2299
WALTER, E. F. INC p763
180 Bartor Rd, NORTH YORK, ON, M9M 2W6
(416) 782-4492 SIC 2299

SIC 2311 Men's and boy's suits and coats

INNOTEX INC p1172
275 Rue Gouin Bureau 1010, RICHMOND, QC, J0B 2H0
(819) 826-5971 SIC 2311
KANUK INC p1093
485 Rue Rachel E, Montreal, QC, H2J 2H1
(514) 284-4494 SIC 2311
UNIFORMES F.O.B. (1991) LTEE p1052
645 14e Av, LA GUADELOUPE, QC, G0M 1G0
SIC 2311
UNISYNC GROUP LIMITED p601
1 Rutherford Crt, GUELPH, ON, N1G 4N5
(519) 836-2581 SIC 2311
VETEMENTS S & F (CANADA) LTEE p1001
3720 Rue La Verendrye, BOISBRIAND, QC, J7H 1R5
SIC 2311

SIC 2321 Men's and boy's furnishings

BECOTTE INC p1258
483 Rue Notre-Dame O, VICTORIAVILLE, QC, G6P 1S7
(819) 758-4436 SIC 2321
FORSYTH HOLDINGS INC p685
6789 Airport Rd, MISSISSAUGA, ON, L4V 1E6
(905) 362-1400 SIC 2321
KELSEY SPORTSWEAR LTD p375
563 Notre Dame Ave, WINNIPEG, MB, R3B 1S5
(204) 786-1503 SIC 2321
VILLE DE SAGUENAY p1015
643 Rue Begin, CHICOUTIMI, QC, G7H 4N7
(418) 698-3071 SIC 2321

SIC 2322 Men's and boy's underwear and nightwear

INTIMODE CANADA INC p1099
5425 Av Casgrain Bureau 502, Montreal, QC, H2T 1X6
(514) 271-3133 SIC 2322
STANFIELD'S LIMITED p471
466 Foundary St, OXFORD, NS, B0M 1P0
(902) 447-2510 SIC 2322
TEXTILES WIN-SIR INC, LES p1011
295 Boul Industriel Bureau A, Chateauguay, QC, J6J 4Z2
(514) 384-3072 SIC 2322

SIC 2325 Men's and boys' trousers and slacks

CANADAY'S APPAREL LTD p1275
115 Coronation Dr, MOOSE JAW, SK, S6H 4P3
(306) 692-6406 SIC 2325

SIC 2326 Men's and boy's work clothing

CODET INC p1171
525 10e Av, RICHMOND, QC, J0B 2H0
(819) 826-3763 SIC 2326
G&K SERVICES CANADA INC p783
201 Innes Park Way Unit 280, OTTAWA, ON, K1B 1E3
(613) 746-7160 SIC 2326
G&K SERVICES CANADA INC p838
940 Warden Ave Suite 1, SCARBOROUGH, ON, M1L 4C9
(647) 933-2627 SIC 2326
GOODFISH DRYCLEANING CORP p124
Gd, GOODFISH LAKE, AB, T0A 1R0
(780) 636-2863 SIC 2326
GROUPE DE LA COTE INC p994
332 Rue De Puyjalon, BAIE-COMEAU, QC, G5C 1M5
(418) 589-8397 SIC 2326
PAMA MANUFACTURING p1199
25 Boul Maisonneuve, Saint-Jerome, QC, J5L 0A1
(450) 431-5353 SIC 2326
W. LAFRAMBOISE LTEE p1132
11450 Boul Albert-Hudon, MONTREAL-NORD, QC, H1G 3J9
(514) 352-8228 SIC 2326
WINNIPEG PANTS & SPORTSWEAR MFG. LTD p374
85 Adelaide St, WINNIPEG, MB, R3A 0V9
(204) 942-3494 SIC 2326

SIC 2329 Men's and boy's clothing, nec

ABLE CLOTHING INC p836
2050 Ellesmere Rd Unit 8, SCARBOROUGH, ON, M1H 3A9
SIC 2329
ACCOLADE GROUP INC p819
66 West Beaver Creek Rd, RICHMOND HILL, ON, L4B 1G5
(416) 465-7211 SIC 2329
BARBARIAN SPORTSWEAR INC p644
575 Trillium Dr, KITCHENER, ON, N2R 1J9
(519) 895-1932 SIC 2329
CONFECTIONS RAYJO INC p1135
200 34e Rue Bureau 1, NOTRE-DAME-DES-PINS, QC, G0M 1K0
(418) 774-9897 SIC 2329
DARBY SPORTSWEAR CO. LTD p804
100 Dundas St E, PARIS, ON, N3L 3H6
(519) 442-4423 SIC 2329
DUVET COMFORT INC p843
130 Commander Blvd, SCARBOROUGH, ON, M1S 3H7
(416) 754-1455 SIC 2329
DYNAMIC TEAM SPORTS CANADA CO p840
1870 Birchmount Rd, SCARBOROUGH, ON, M1P 2J7
(416) 496-8600 SIC 2329
MAC MOR OF CANADA LTD p761
21 Benton Rd, NORTH YORK, ON, M6M 3G2
(416) 596-8237 SIC 2329
MAD ENGINE LLC p941
5145 Steeles Ave W Unit 100, TORONTO, ON, M9L 1R5
(416) 745-4698 SIC 2329
PACE SETTER SPORTSWEAR INC p380
655 Logan Ave, WINNIPEG, MB, R3E 1M3
SIC 2329
RADICAL DESIGN LTD p761
2888 Bathurst St Suite 123, NORTH YORK, ON, M6B 4H6
(416) 787-1350 SIC 2329
REGENCY APPAREL CO LTD p752
255 Duncan Mill Rd Suite 303, NORTH YORK, ON, M3B 3H9
(416) 504-6090 SIC 2329
SPORT MASKA INC p933
2811 Dufferin St, TORONTO, ON, M6B 3R9
(905) 266-4321 SIC 2329
SPORT MASKA INC p1196
15855 Av Hubert, SAINT-HYACINTHE, QC, J2T 4C9
(450) 773-5258 SIC 2329
T.N.T. GARMENT MANUFACTURING LTD p302
1201 Franklin St, VANCOUVER, BC, V6A 1L2
(604) 718-7808 SIC 2329

SIC 2331 Women's and misses' blouses and shirts

CANADIAN TEST CASE 193 p713
5770 Hurontario St, MISSISSAUGA, ON, L5R 3G5
SIC 2331
R.S.M. PRET A PORTER INTERNATIONAL INC p1081
5798 Rue Ferrier, MONT-ROYAL, QC, H4P 1M7
SIC 2331

SIC 2335 Women's, junior's, and misses' dresses

GROUPE ALGO INC p1096
225 Rue Chabanel O, Montreal, QC, H2N 2C9
(514) 384-3551 SIC 2335
MARGARETA ORIGINALS LTD p299
196 3rd Ave W Suite 102, VANCOUVER, BC, V5Y 1E9
SIC 2335
MAXIMA CONFECTION INC p993
262 Boul Coakley, ASBESTOS, QC, J1T 1A6
(514) 299-6754 SIC 2335
ROUIE INDUSTRIES LTD p931
134 Peter St, TORONTO, ON, M5V 2H2
(416) 598-1932 SIC 2335

SIC 2337 Women's and misses' suits and coats

AVIDA HEALTHWEAR INC p891
87 Northline Rd, TORONTO, ON, M4B 3E9
(416) 751-5874 SIC 2337
SATISFASHION INC p843
33 Commander Blvd Suite 1, SCARBOROUGH, ON, M1S 3E7
(416) 291-9626 SIC 2337
TANG APPAREL CO. LIMITED p891
50 Northline Rd, TORONTO, ON, M4B 3E2
(416) 603-0021 SIC 2337
UNISYNC GROUP LIMITED p603
72 Farquhar St, GUELPH, ON, N1H 3N3
SIC 2337

SIC 2339 Women's and misses' outerwear, nec

1061890 ONTARIO LTD p842
1361 Huntingwood Dr Unit 6, SCARBOROUGH, ON, M1S 3J1
(416) 298-8918 SIC 2339
162404 CANADA INC p1098
160 Rue Saint-Viateur E Bureau 602, Montreal, QC, H2T 1A8
(514) 276-2000 SIC 2339
BENTLEYS OF LONDON SLACKS LTD p372
1309 Mountain Ave, WINNIPEG, MB, R2X 2Y1
(204) 786-6081 SIC 2339
COALISION INC p1102
700 Rue Saint-Antoine E Bureau 110, Montreal, QC, H2Y 1A6
(514) 798-3534 SIC 2339
COMPAGNIE MANUFACTURIERE JACK SPRATT INC p1118
9880 Av De L'esplanade, Montreal, QC, H3L 2X5
(514) 382-1490 SIC 2339
COMPAGNIE MANUFACTURIERE JACK SPRATT INC p1236
550 10e Av S, SHERBROOKE, QC, J1G 2R9
SIC 2339
COUTURE C G H INC p1184
12 Rue Belanger, SAINT-DAMASE-DES-AULNAIES, QC, G0R 2X0
(418) 598-3208 SIC 2339
GROUPE ALGO INC p1209
5555 Rue Cypihot, SAINT-LAURENT, QC, H4S 1R3
(514) 744-5559 SIC 2339
I.D. FASHION LTD p374
332 Bannatyne Ave, WINNIPEG, MB, R3A 0E2
(204) 944-1954 SIC 2339
INDEX COMPANY LIMITED p974
235 Trowers Rd Suite 1, WOODBRIDGE, ON, L4L 5Z8
(905) 850-7440 SIC 2339
JERICO SPORTSWEAR LTD p843
120 Commander Blvd, SCARBOROUGH, ON, M1S 3H7
(416) 288-0822 SIC 2339

BUSINESSES BY INDUSTRY CLASSIFICATION

JONES APPAREL GROUP CANADA ULC p560
388 Applewood Cres, CONCORD, ON, L4K 4B4
(905) 760-6000   SIC 2339

LULULEMON ATHLETICA CANADA INC p4
121a Banff Ave, BANFF, AB, T1L 1B4
(403) 760-3303   SIC 2339

LULULEMON ATHLETICA CANADA INC p35
100 Anderson Rd Se Unit 146, CALGARY, AB, T2J 3V1
(403) 313-4434   SIC 2339

LULULEMON ATHLETICA CANADA INC p105
10558 82 Ave Nw, EDMONTON, AB, T6E 2A4
(780) 435-9363   SIC 2339

LULULEMON ATHLETICA CANADA INC p191
4800 Kingsway Unit 318, BURNABY, BC, V5H 4J2
(604) 430-4659   SIC 2339

LULULEMON ATHLETICA CANADA INC p317
2113 4th Ave W, VANCOUVER, BC, V6K 1N7
(604) 732-6111   SIC 2339

LULULEMON ATHLETICA CANADA INC p322
1380 Burrard St Unit 300, VANCOUVER, BC, V6Z 2H3
(604) 215-9300   SIC 2339

LULULEMON ATHLETICA CANADA INC p340
4154 Village Green Suite 118, WHISTLER, BC, V0N 1B4
(604) 938-9642   SIC 2339

LULULEMON ATHLETICA CANADA INC p340
4293 Mountain Sq, WHISTLER, BC, V0N 1B4
(604) 962-9968   SIC 2339

LULULEMON ATHLETICA CANADA INC p581
25 The West Mall Suite 1328a, ETOBICOKE, ON, M9C 1B8
(416) 620-6518   SIC 2339

LULULEMON ATHLETICA CANADA INC p632
270 Princess St, KINGSTON, ON, K7L 1B5
(613) 549-3297   SIC 2339

LULULEMON ATHLETICA CANADA INC p767
291 Lakeshore Rd E, OAKVILLE, ON, L6J 1J3
(905) 338-9449   SIC 2339

LULULEMON ATHLETICA CANADA INC p789
50 Rideau St 3rd Fl, OTTAWA, ON, K1N 9J7
(613) 230-6633   SIC 2339

LULULEMON ATHLETICA CANADA INC p930
318 Queen St W, TORONTO, ON, M5V 2A2
(416) 703-1399   SIC 2339

LULULEMON ATHLETICA CANADA INC p1142
6815 Aut Transcanadienne Local G013c, POINTE-CLAIRE, QC, H9R 5J1
(514) 695-3613   SIC 2339

NATIONWIDE SPORTSWEAR CORPORATION p930
720 King St W Suite 301, TORONTO, ON, M5V 2T3
(416) 603-0021   SIC 2339

PICADILLY FASHIONS p890
4050 Chesswood Dr, TORONTO, ON, M3J 2B9
(416) 783-1889   SIC 2339

SIC 2341 Women's and children's underwear

CONFECTIONS DONNA LTEE p1097
7445 Rue Du Mile End, Montreal, QC, H2R 2Z7
(514) 271-1122   SIC 2341

INTIMES NOUVELLE SEAMLESS INC p1096
9500 Rue Meilleur Bureau 100, Montreal, QC, H2N 2B7
(514) 383-1951   SIC 2341

MANUFACTURE UNIVERSELLE S.B. INC p1099
5555 Av Casgrain Bureau 300, Montreal, QC, H2T 1Y1
(514) 271-1177   SIC 2341

SIC 2342 Bras, girdles, and allied garments

9074-8898 QUEBEC INC p1120
3195 Ch De Bedford, Montreal, QC, H3S 1G3
(514) 376-6240   SIC 2342

SIC 2353 Hats, caps, and millinery

FERSTEN WORLDWIDE INC p1206
4600 Boul Poirier, SAINT-LAURENT, QC, H4R 2C5
(514) 739-1644   SIC 2353

MARIE-LOU INC p1217
585 Av Principale, Saint-Marc-des-Carrieres, QC, G0A 4B0
(418) 268-5550   SIC 2353

SIC 2369 Girl's and children's outerwear, nec

INDUSTRIES ESTED INC p1097
8484 Av De L'esplanade, Montreal, QC, H2P 2R7
(514) 858-9595   SIC 2369

SIC 2381 Fabric dress and work gloves

GANTERIE BEST LTEE p1016
253 Rue Michaud, COATICOOK, QC, J1A 1A9
(819) 849-6381   SIC 2381

SUPERIOR GLOVE WORKS LIMITED p431
268 Main St, POINT LEAMINGTON, NL, A0H 1Z0
(709) 484-3596   SIC 2381

SIC 2386 Leather and sheep-lined clothing

CUIRS SKOTTS INTERNATIONAL INC p1096
555 Rue Chabanel O Bureau 600, Montreal, QC, H2N 2H8
(514) 381-4112   SIC 2386

MARQUIS OF LONDON MFG. (1979) LTD p299
33 8th Ave W, VANCOUVER, BC, V5Y 1M8
SIC 2386

RUDSAK INC p1096
9160 Boul Saint-Laurent Bureau 400, Montreal, QC, H2N 1M9
(514) 389-9661   SIC 2386

SIC 2387 Apparel belts

ACCESSORIES BY/PAR RAE INC p1040
395 Rue Saint-Vallier, GRANBY, QC, J2G 7Y1
(450) 378-5600   SIC 2387

CUSTOM LEATHER CANADA LIMITED p637
460 Bingemans Centre Dr, KITCHENER, ON, N2B 3X9
(519) 741-2070   SIC 2387

SIC 2389 Apparel and accessories, nec

G-III APPAREL CANADA ULC p266
13551 Commerce Pky Unit 100, RICHMOND, BC, V6V 2L1
(604) 231-0400   SIC 2389

GASPARD LP p372
1266 Fife St, WINNIPEG, MB, R2X 2N6
(204) 949-5700   SIC 2389

SIC 2391 Curtains and draperies

WESTPORT MANUFACTURING CO LTD p319
1122 Marine Dr Sw, VANCOUVER, BC, V6P 5Z3
(604) 261-9326   SIC 2391

SIC 2392 Household furnishings, nec

INDUSTRIES BECO LTEE, LES p990
10900 Rue Colbert, ANJOU, QC, H1J 2H8
(514) 353-9060   SIC 2392

SIC 2393 Textile bags

MANYAN INC p1059
2611 Rue Leger, LASALLE, QC, H8N 2V9
(514) 364-2420   SIC 2393

P.E.I. BAG CO. LTD p980
982 Callbeck St Po Box 3990, CENTRAL BEDEQUE, PE, C0B 1G0
(902) 436-2261   SIC 2393

SIC 2394 Canvas and related products

AUTOLIV CANADA INC p670
7455 Birchmount Rd, MARKHAM, ON, L3R 5C2
(905) 475-8510   SIC 2394

AUTOLIV CANADA INC p882
20 Autoliv Dr, TILBURY, ON, N0P 2L0
(519) 682-1083   SIC 2394

HINSPERGERS POLY INDUSTRIES LTD p477
80 Blakeney Dr, TRURO, NS, B2N 6X1
(902) 893-4458   SIC 2394

INDUSTRIES BELLON INC, LES p1087
5598 Rue Hochelaga, Montreal, QC, H1N 3L7
(514) 526-0894   SIC 2394

INTERNATIONAL TENTNOLOGY CORP p282
15427 66 Ave, SURREY, BC, V3S 2A1
(604) 597-8368   SIC 2394

NORSEMAN INC p89
10951 170 St Nw, EDMONTON, AB, T5P 4V6
(780) 484-2700   SIC 2394

NORSEMAN INC p229
9080 196a St Unit 80, LANGLEY, BC, V1M 3B4
(604) 888-9155   SIC 2394

SSH BEDDING CANADA CO. p29
3636 11a St Se, CALGARY, AB, T2G 3H3
(403) 287-0600   SIC 2394

SSH BEDDING CANADA CO. p208
927 Derwent Way, DELTA, BC, V3M 5R4
SIC 2394

SSH BEDDING CANADA CO. p1049
17400 Rte Transcanadienne, KIRKLAND, QC, H9J 2M5
(514) 694-3030   SIC 2394

TENTES FIESTA LTEE p1210
9091 Boul Henri-Bourassa O, SAINT-LAURENT, QC, H4S 1H9
(514) 336-8368   SIC 2394

WARNER SHELTER SYSTEMS LIMITED p20
9811 44 St Se, CALGARY, AB, T2C 2P7
(403) 279-7662   SIC 2394

WINKLER CANVAS LTD p361
Hwy 14 Greenfarm Rd, WINKLER, MB, R6W 4B3
(204) 325-9548   SIC 2394

SIC 2396 Automotive and apparel trimmings

ATLANTIC PACKAGING PRODUCTS LTD p840
80 Progress Ave Suite Side, SCARBOROUGH, ON, M1P 2Z1
(416) 642-1090   SIC 2396

CML INTERNATIONAL INC p38
414 16 Ave Nw Suite 414, CALGARY, AB, T2M 0J1
(403) 203-8772   SIC 2396

CRAFTER'S PRIDE INC p974
288 Velmar Dr, WOODBRIDGE, ON, L4L 8K3
(416) 727-5790   SIC 2396

SIC 2399 Fabricated textile products, nec

AIRBORNE SYSTEMS CANADA LTD p503
35 Wilson Ave, BELLEVILLE, ON, K8P 1R7
(613) 967-8069   SIC 2399

CARD'S AQUACULTURE PRODUCTS (B.C.) LTD p256
8300 Bing Rd, Port Hardy, BC, V0N 2P0
SIC 2399

DAFINA HOLDINGS LIMITED p938
128 Sterling Rd, Toronto, ON, M6R 2B7
(416) 364-8128   SIC 2399

IRVING PERSONAL CARE LIMITED p410
200 Harrisville Blvd, MONCTON, NB, E1H 3N5
(506) 857-7777   SIC 2399

PRODUITS BELT-TECH INC p1041
386 Rue Dorchester, GRANBY, QC, J2G 3Z7
(450) 372-5826   SIC 2399

TRIPLEWELL ENTERPRISES LTD p846
3440 Pharmacy Ave Unit 9, Scarborough, ON, M1W 2P8
(416) 498-5637   SIC 2399

TRQSS, INC p872
255 Patillo Rd, TECUMSEH, ON, N8N 2L9
(519) 973-7400   SIC 2399

SIC 2411 Logging

3124673 CANADA INC p1252
1030 Rue Leo-Fournier, VAL-D'OR, QC, J9P 6X8
(819) 825-5283   SIC 2411

9204-9170 QUEBEC INC p989
135 Boul Saint-Benoit E, AMQUI, QC, G5J 2C2
(418) 629-4616   SIC 2411

BOUCHER, J.C. & FILS LTEE p1040
1400 Rue Principale Rr 1, GIRARDVILLE, QC, G0W 1R0
(418) 258-3261   SIC 2411

ELAHO LOGGING LTD p279
Gd, SQUAMISH, BC, V8B 0J2
(604) 892-9891   SIC 2411

ELAHO LOGGING LTD p304
555 Hastings St W Suite 2400, VANCOUVER, BC, V6B 4N6
(604) 892-9891   SIC 2411

ENTREPRISES AGRICOLES & FORESTIERES DE LA PENINSULE INC p1033
54 Rue Eden, Gaspe, QC, G4X 1Z2
(418) 368-5646   SIC 2411

ENTREPRISES FORESTIERES G.U.S. INC p1169
464 Ch Du Moulin Rr 1, RAPIDES-DES-JOACHIMS, QC, J0X 3M0
(819) 587-3626   SIC 2411

SIC 2421 Sawmills and planing mills, general

GILBRO INC p1023
1230 Boul Wallberg, DOLBEAU-MISTASSINI, QC, G8L 1H2
(418) 276-0392 SIC 2411

HAMMOND BAY HOLDINGS LTD p241
3164 Barons Rd, NANAIMO, BC, V9T 4B5
(250) 751-1777 SIC 2411

INTERFOR CORPORATION p257
Pt Mellon Hwy, PORT MELLON, BC, V0N 2S0
(604) 884-5300 SIC 2411

MARS CONTRACTING CO. LTD p254
3213 Kingsway Ave, PORT ALBERNI, BC, V9Y 3B3
(250) 724-3351 SIC 2411

MCRAE LUMBER COMPANY LIMITED p960
160 Haycreek Rd, WHITNEY, ON, K0J 2M0
(613) 637-2190 SIC 2411

P & D LOGGIN p222
2335 Highway 33 E, KELOWNA, BC, V1P 1H2
SIC 2411

PRAIRIE FOREST PRODUCTS LTD p369
165 Ryan St, WINNIPEG, MB, R2R 0N9
(204) 989-9600 SIC 2411

PRAIRIE HOLDINGS INC p205
4201 Echo Field Rd, CRANBROOK, BC, V1C 7B6
(250) 489-0776 SIC 2411

REDROCK CAMPS INC p97
12808 170 St Nw Unit 16, EDMONTON, AB, T5V 0A6
(780) 452-0888 SIC 2411

REXFORET INC p1134
190 Rue Armand-Lelievre Bureau 114, NEW RICHMOND, QC, G0C 2B0
(418) 392-5076 SIC 2411

SYLVICULTURE LA VERENDRYE INC p989
162 Rue De L'Energie, AMOS, QC, J9T 4M3
(819) 727-9127 SIC 2411

TEAL CEDAR PRODUCTS LTD p276
453 Beach Rd, SANDSPIT, BC, V0T 1T0
(250) 637-5730 SIC 2411

TIMBERWEST FOREST COMPANY p240
648 Terminal Ave Suite 201, NANAIMO, BC, V9R 5E2
(250) 716-3700 SIC 2411

ZELL INDUSTRIES INC p165
27224 Township Road 524, SPRUCE GROVE, AB, T7X 3R6
(780) 962-8099 SIC 2411

SIC 2421 Sawmills and planing mills, general

3323773 CANADA INC p1075
33 Rue Du Lac, MANIWAKI, QC, J9E 3K4
(819) 441-0040 SIC 2421

391605 BRITISH COLUMBIA LTD p324
3300 Redmond Pit Rd, VANDERHOOF, BC, V0J 3A0
(250) 567-3136 SIC 2421

561138 ONTARIO LIMITED p629
28 Elm St, KILLALOE, ON, K0J 2A0
(613) 757-2966 SIC 2421

6926614 CANADA INC p924
80 Bloor St W Suite 1800, TORONTO, ON, M5S 2V1
(416) 892-2071 SIC 2421

6929818 CANADA INC p713
10 Kingsbridge Garden Cir Suite 704, MISSISSAUGA, ON, L5R 3K6
SIC 2421

A. J. FOREST PRODUCTS LTD p216
59952 Squamish Valley Rd, GARIBALDI HIGHLANDS, BC, V0N 1T0
(604) 898-3712 SIC 2421

ANDERSEN PACIFIC FOREST PRODUCTS LTD p235
9730 287 St, MAPLE RIDGE, BC, V2W 1L1
(604) 462-7316 SIC 2421

ARBEC, BOIS D'OEUVRE INC p1054
1053 Boul Ducharme, LA TUQUE, QC, G9X 3C3
(514) 327-2733 SIC 2421

ASPEN PLANERS LTD p237
2399 Quilchena Ave, MERRITT, BC, V1K 1B8
(250) 378-9266 SIC 2421

BOIS DAAQUAM INC p1160
2590 Boul Laurier Bureau 740, Quebec, QC, G1V 4M6
SIC 2421

BOIS GRANVAL G.D.S. INC p1043
10 Rue Industrielle Bureau 280, Grande-Vallee, QC, G0E 1K0
(418) 393-2244 SIC 2421

BOIS NOBLES KA'N'ENDA LTEE p1079
701 Rue Iberville, MONT-LAURIER, QC, J9L 3W7
(819) 623-2445 SIC 2421

BUCHANAN, GORDON ENTERPRISES LTD p130
1 Railway Ave, HIGH PRAIRIE, AB, T0G 1E0
(780) 523-4544 SIC 2421

CANADIAN FOREST PRODUCTS LTD p131
Gd, HINES CREEK, AB, T0H 2A0
SIC 2421

CANADIAN FOREST PRODUCTS LTD p181
36654 Hart Hwy, BEAR LAKE, BC, V0J 3G0
(250) 972-4700 SIC 2421

CANADIAN FOREST PRODUCTS LTD p204
1000 Industrial Road 1, CRANBROOK, BC, V1C 4C6
(250) 426-6241 SIC 2421

CANADIAN FOREST PRODUCTS LTD p217
1397 Morice River Forest Service Rd Rr 1, HOUSTON, BC, V0J 1Z1
(250) 845-5200 SIC 2421

CANADIAN FOREST PRODUCTS LTD p235
Mill Rd, MACKENZIE, BC, V0J 2C0
(250) 997-3271 SIC 2421

CANADIAN FOREST PRODUCTS LTD p244
430 Canfor Ave, NEW WESTMINSTER, BC, V3L 5G2
(604) 521-9650 SIC 2421

CANADIAN FOREST PRODUCTS LTD p258
5353 Northwood Pulpmill Rd, PRINCE GEORGE, BC, V2K 5R8
(250) 962-3828 SIC 2421

CANADIAN FOREST PRODUCTS LTD p259
5162 Northwood Pulp Mill Rd, PRINCE GEORGE, BC, V2L 4W2
(250) 962-3500 SIC 2421

CANADIAN FOREST PRODUCTS LTD p261
2789 Pulp Mill Rd, PRINCE GEORGE, BC, V2N 2K3
(250) 563-0161 SIC 2421

CANADIAN FOREST PRODUCTS LTD p261
2533 Prince George Pulpmill Rd, PRINCE GEORGE, BC, V2N 2K3
(250) 561-3981 SIC 2421

CANADIAN FOREST PRODUCTS LTD p290
8300 Cherry Ave E, TAYLOR, BC, V0C 2K0
(250) 789-9300 SIC 2421

CANADIAN FOREST PRODUCTS LTD p318
1700 75th Ave W Unit 100, VANCOUVER, BC, V6P 6G2
(604) 661-5241 SIC 2421

CANADIAN FOREST PRODUCTS LTD p324
1399 Bearhead Rd, VANDERHOOF, BC, V0J 3A2
(250) 567-4725 SIC 2421

CANADIAN FOREST PRODUCTS LTD p342
Gd, WOSS, BC, V0N 3P0
(250) 281-2300 SIC 2421

CARRIER & BEGIN INC p1191
484 Le Grand-Shenley, Saint-Honore-de-Shenley, QC, G0M 1V0
(418) 485-6884 SIC 2421

CARRIER FOREST PRODUCTS LTD p261
12200 Willow Cale Forest Rd, PRINCE GEORGE, BC, V2N 7A8
(250) 963-9664 SIC 2421

CARRIER FOREST PRODUCTS LTD p1279
Gd, PRINCE ALBERT, SK, S6V 5S8
(306) 922-6700 SIC 2421

COMPAGNIE COMMONWEALTH PLYWOOD LTEE, LA p1022
118 Ch Des Voyageurs, DENHOLM, QC, J8N 9C1
(819) 457-2815 SIC 2421

COMPAGNIE COMMONWEALTH PLYWOOD LTEE, LA p1073
325 105 Rte, LOW, QC, J0X 2C0
(819) 422-3572 SIC 2421

COMPAGNIE COMMONWEALTH PLYWOOD LTEE, LA p1144
540 Rue Saint-Henri, PRINCEVILLE, QC, G6L 5C1
(819) 364-5514 SIC 2421

CONIFEX INC p214
300 Takla Rd, FORT ST. JAMES, BC, V0J 1P0
(250) 996-8241 SIC 2421

DUNKLEY LUMBER LTD p217
17000 Dunkley Rd Rr 1, HIXON, BC, V0K 1S1
(250) 998-4421 SIC 2421

EACOM TIMBER CORPORATION p724
100 Old Nairn Rd, NAIRN CENTRE, ON, P0M 2L0
(705) 869-4020 SIC 2421

EACOM TIMBER CORPORATION p1077
2000 Boul Industriel, MATAGAMI, QC, J0Y 2A0
(819) 739-2552 SIC 2421

EACOM TIMBER CORPORATION p1227
1492 Boul Vachon S, SAINTE-MARIE, QC, G6E 2S5
(418) 387-5670 SIC 2421

EAGLE RIVER INDUSTRIES INC p235
4872a Lybarger Rd, MALAKWA, BC, V0E 2J0
SIC 2421

ELK WOOD SPECIALTIES LTD p235
23347 Mckay Ave, MAPLE RIDGE, BC, V2W 1B9
(604) 467-0911 SIC 2421

ENLIGNA CANADA INC p468
9156 Hwy 224, MIDDLE MUSQUODOBOIT, NS, B0N 1X0
(902) 568-2429 SIC 2421

FINMAC LUMBER LIMITED p350
Gd, LA SALLE, MB, R0G 1B0
(204) 261-4646 SIC 2421

FRANKLIN FOREST PRODUCTS LTD p254
4536 Glenwood Dr, PORT ALBERNI, BC, V9Y 4P8
(250) 724-1166 SIC 2421

FRASERWOOD INDUSTRIES LTD p279
39500 Government Rd, SQUAMISH, BC, V8B 0G3
(604) 898-1385 SIC 2421

G.D.S. VALORIBOIS INC p1022
1208 185 Rte S, Degelis, QC, G5T 1P8
SIC 2421

GASTON CELLARD INC p1139
1 Rue Cellard, Pointe-a-la-Garde, QC, G0C 2M0
(418) 788-5202 SIC 2421

GROUPE LEBEL INC p1009
Gd, CAP-CHAT, QC, G0J 1E0
(418) 786-5522 SIC 2421

GROUPE LEBEL INC p1242
4 Rue Saint-Marc, SQUATEC, QC, G0L 4H0
(418) 855-2951 SIC 2421

GROUPE LEBEL INC p1243
200 Rue De L'Eglise, TEMISCOUATA-SUR-LE-LAC, QC, G0L 1X0
(418) 899-6737 SIC 2421

GROUPE N B G INC p1174
99 Rue De La Frontiere O, Riviere-Bleue, QC, G0L 2B0
(418) 893-5575 SIC 2421

INDUSTRIE T.L.T. INC p1228
144 Rue Larouche, SAINTE-MONIQUE-LAC-SAINT-JEA, QC, G0W 2T0
(418) 347-3355 SIC 2421

INDUSTRIES G. D. S. INC p1139
6 Ch Qospem, Pointe-a-la-Croix, QC, G0C 1L0
(418) 853-2566 SIC 2421

INDUSTRIES PARENT INC p1137
201 Ch Du Moulin, PARENT, QC, G0X 3P0
(819) 667-2711 SIC 2421

INTERFOR CORPORATION p196
9200 Holding Rd Suite 2, CHASE, BC, V0E 1M2
(250) 679-3234 SIC 2421

J. D. IRVING, LIMITED p393
3300 Rue Principale, BAKER BROOK, NB, E7A 1Z7
(506) 258-1150 SIC 2421

J. D. IRVING, LIMITED p397
200 South Rd, DOAKTOWN, NB, E9C 1H4
(506) 365-1021 SIC 2421

J. D. IRVING, LIMITED p397
120 South Rd, DOAKTOWN, NB, E9C 1H2
(506) 365-1020 SIC 2421

J. D. IRVING, LIMITED p403
8050 Route 17, KEDGWICK NORD, NB, E8B 1X2
SIC 2421

J. D. IRVING, LIMITED p417
300 Union St Suite 5, SAINT JOHN, NB, E2L 4Z2
(506) 632-7777 SIC 2421

J. D. IRVING, LIMITED p419
48 Ch De La Grande-Riviere, SAINT-LEONARD, NB, E7E 2M7
(506) 423-3333 SIC 2421

J. D. IRVING, LIMITED p478
529 Valleydale Rd, VALLEY, NS, B6L 2Y2
(902) 895-4451 SIC 2421

J. D. IRVING, LIMITED p1139
1274 Rue De La Frontiere Rr 1, POHENEGAMOOK, QC, G0L 1J0
(418) 859-2173 SIC 2421

J.H. HUSCROFT LTD p206
922 32 Ave S, CRESTON, BC, V0B 1G1
(250) 428-7106 SIC 2421

JOSEPH AUDET LTEE p1230
237 204 Rte, SAINTE-ROSE-DE-WATFORD, QC, G0R 4G0
(418) 267-4151 SIC 2421

KALESNIKOFF LUMBER CO. LTD p195
2090 3a Hwy, CASTLEGAR, BC, V1N 4N1
(250) 399-4211 SIC 2421

KENORA FOREST PRODUCTS LTD p628
1060 Lakeview Dr, KENORA, ON, P9N 3X8
(807) 468-1550 SIC 2421

KWP INC p1170
101 Rue De La Couronne, REPENTIGNY, QC, J5Z 0B3
SIC 2421

LAUZON (THURSO)-RESSOURCES FORESTIERES INC p1247
175 Rue Alexandre, THURSO, QC, J0X 3B0
(819) 985-0600 SIC 2421

LEDWIDGE LUMBER COMPANY LIMITED p471
195 Old Post Rd, OLDHAM, NS, B2T 1E2
(902) 883-9889 SIC 2421

LONGLAC LUMBER INC p666
101 Blueberry Rd, LONGLAC, ON, P0T 2A0
(807) 343-6382 SIC 2421

LOUISIANA-PACIFIC CANADA LTD p235
4872 Lybarger Rd, MALAKWA, BC, V0E 2J0
(250) 836-3100 SIC 2421

MAIBEC INC p1219
24 6e Rang Bureau 6, SAINT-PAMPHILE, QC, G0R 3X0
(418) 356-3331 SIC 2421

MARWOOD LTD p464
1948 Hammonds Plains Rd, HAMMONDS PLAINS, NS, B4B 1P4
(902) 835-9629 SIC 2421

MATERIAUX BLANCHET INC p989
2771 Rte De L'aeroport, AMOS, QC, J9T 3A8
(819) 732-6581 SIC 2421

MATERIAUX BLANCHET INC p1219
1030 Rue Elgin S Bureau 356, SAINT-PAMPHILE, QC, G0R 3X0

BUSINESSES BY INDUSTRY CLASSIFICATION

SIC 2429 Special product sawmills, nec

(418) 356-3344 SIC 2421
MILLAR WESTERN INDUSTRIES LTD p7
Gd, BOYLE, AB, T0A 0M0
SIC 2421
MILLAR WESTERN INDUSTRIES LTD p175
5004 52 St, WHITECOURT, AB, T7S 1N2
(780) 778-2221 SIC 2421
PF RESOLU CANADA INC p881
156 Darrel Ave, THUNDER BAY, ON, P7J 1L7
(807) 624-9400 SIC 2421
PF RESOLU CANADA INC p1011
7499 Boul Sainte-Anne, Chateau-Richer, QC, G0A 1N0
(418) 824-4233 SIC 2421
PF RESOLU CANADA INC p1040
2250 Rang Saint-Joseph Nord, GIRARDVILLE, QC, G0W 1R0
(418) 630-3433 SIC 2421
PF RESOLU CANADA INC p1052
5850 Av Des Jardins, La Dore, QC, G8J 1B4
(418) 256-3816 SIC 2421
PF RESOLU CANADA INC p1075
200 Ch De Montcerf, MANIWAKI, QC, J9E 1A1
(819) 449-2100 SIC 2421
PF RESOLU CANADA INC p1187
900 Boul Hamel, Saint-Felicien, QC, G8K 2X4
(418) 679-0552 SIC 2421
PF RESOLU CANADA INC p1222
300 Av Du Moulin, SAINT-THOMAS-DIDYME, QC, G0W 1P0
(418) 274-3340 SIC 2421
PLEASANT VALLEY REMANUFACTURING LTD p217
3 Km Morice River Rd, HOUSTON, BC, V0J 1Z0
(250) 845-7585 SIC 2421
PRODUITS FORESTIERS ARBEC S.E.N.C. p1051
5005 Rte Uniforet, L'ASCENSION-DE-NOTRE-SEIGNEUR, QC, G0W 1Y0
(418) 347-4900 SIC 2421
PRODUITS FORESTIERS ARBEC S.E.N.C. p1051
5005 Rte Aniforet, L'ASCENSION, QC, J0T 1W0
(418) 347-4900 SIC 2421
PRODUITS FORESTIERS ARBEC S.E.N.C. p1144
175 Boul Portage Des Mousses, PORT-CARTIER, QC, G5B 2V9
(418) 766-2299 SIC 2421
PRODUITS FORESTIERS ARBEC S.E.N.C. p1235
775 Ch De Turcotte, SHAWINIGAN, QC, G9T 5K7
(819) 538-0735 SIC 2421
PRODUITS FORESTIERS D. G. LTEE p1184
2518 Rte President-Kennedy, Saint-Come-Liniere, QC, G0M 1J0
(418) 685-3335 SIC 2421
PRODUITS FORESTIERS ST-ARMAND INC p1180
1435 Ch De Saint-Armand, SAINT-ARMAND, QC, J0J 1T0
(450) 248-4334 SIC 2421
RAINTREE LUMBER SPECIALTIES LTD p282
5390 192 St, SURREY, BC, V3S 8E5
(604) 574-0444 SIC 2421
RESOLUTE FOREST PRODUCTS INC p1075
490 Rue Saint-Georges, MANSEAU, QC, G0X 1V0
(819) 356-2200 SIC 2421
SAWARNE LUMBER CO LTD p316
1770 Burrard St Suite 280, VANCOUVER, BC, V6J 3G7
(604) 324-4666 SIC 2421
SCIERIE CARRIERE LTEE p1058
525 Boul De L'aeroparc, LACHUTE, QC, J8H 3R8
(450) 562-8578 SIC 2421

SCIERIE LANDRIENNE INC p1058
389 Ch Du Moulin, LANDRIENNE, QC, J0Y 1V0
(819) 732-6404 SIC 2421
SCIERIE ST-ELZEAR INC p1185
215 Rte De L'Eglise, Saint-Elzear-de-Bonaventure, QC, G0C 2W0
(418) 534-2596 SIC 2421
SCIERIE TECH INC p1055
126 Rue Du Moulin Bureau 99, LAC-DROLET, QC, G0Y 1C0
(819) 549-2533 SIC 2421
SCIERIE WEST BROME INC p1261
15 Ch West Brome, West Brome, QC, J0E 2P0
(450) 266-1480 SIC 2421
SECHOIRS A BOIS RENE BERNARD LTEE, LES p996
88 Av Lambert, BEAUCEVILLE, QC, G5X 3N4
(418) 774-3382 SIC 2421
SEXTON LUMBER CO LIMITED p423
Rte 233 Main Rd, BLOOMFIELD, NL, A0C 1A0
(709) 467-5616 SIC 2421
SOCIETE EN COMMANDITE STADACONA WB p1169
1092 Av Lapierre Bureau 220, Quebec, QC, G3E 1Z3
(418) 842-8405 SIC 2421
STAGEM DIVISION ENTREPRISE D'INSERTION INC p1176
150 Rte De Sainte-Hedwidge, ROBERVAL, QC, G8H 2M9
(418) 275-7241 SIC 2421
SUNDANCE FOREST INDUSTRIES LTD p117
Gd Stn Main, EDSON, AB, T7E 1T1
(780) 723-3977 SIC 2421
TEMBEC INC p550
175 Planer Rd, CHAPLEAU, ON, P0M 1K0
(705) 864-3014 SIC 2421
TEMBEC INC p555
70 17th Ave, COCHRANE, ON, P0L 1C0
(705) 272-4321 SIC 2421
TEMBEC INC p620
80 Old North Rd, HUNTSVILLE, ON, P1H 2J4
(705) 789-2371 SIC 2421
TEMBEC INC p996
67 Rue Principale S, Bearn, QC, J0Z 1G0
(819) 726-3551 SIC 2421
TERMINAL FOREST PRODUCTS LTD p298
8708 Yukon St, VANCOUVER, BC, V5X 2Y9
(604) 327-6344 SIC 2421
TOLKO INDUSTRIES LTD p130
11401 92 St Ss 1 Suite 1, HIGH LEVEL, AB, T0H 1Z0
(780) 926-3781 SIC 2421
TOLKO INDUSTRIES LTD p181
844 Otter Lake Cross Rd, ARMSTRONG, BC, V0E 1B6
(250) 546-3171 SIC 2421
TOLKO INDUSTRIES LTD p199
6200 Jeffers Dr, COLDSTREAM, BC, V1B 3G4
(250) 545-4992 SIC 2421
TOLKO INDUSTRIES LTD p237
1750 Lindley Creek Rd, MERRITT, BC, V1K 0A2
SIC 2421
TOLKO INDUSTRIES LTD p264
1879 Brownmiller Rd, QUESNEL, BC, V2J 6R9
(250) 992-1700 SIC 2421
TOLKO INDUSTRIES LTD p341
180 Hodgson Rd, WILLIAMS LAKE, BC, V2G 3P6
(250) 392-3371 SIC 2421
TOLKO INDUSTRIES LTD p341
925 Second Ave N, WILLIAMS LAKE, BC, V2G 4P7
(250) 305-3600 SIC 2421
TOLKO INDUSTRIES LTD p341

5000 Soda Creek Rd, Williams Lake, BC, V2G 5H5
(250) 398-3600 SIC 2421
TWIN RIVER CEDAR PRODUCTS LTD p235
9393 287 St, MAPLE RIDGE, BC, V2W 1L1
(604) 462-0909 SIC 2421
TWIN RIVERS PAPER COMPANY INC p412
31 Renous Rd Suite 36, PLASTER ROCK, NB, E7G 4B5
(506) 356-4132 SIC 2421
VANDERWELL CONTRACTORS (1971) LTD p164
3 River Dr E, SLAVE LAKE, AB, T0G 2A0
(780) 849-3824 SIC 2421
WEST CHILCOTIN FOREST PRODUCTS LTD p181
21841 Hwy 20, ANAHIM LAKE, BC, V0L 1C0
SIC 2421
WEST FRASER MILLS LTD p6
Gd, BLUE RIDGE, AB, T0E 0B0
(780) 648-6333 SIC 2421
WEST FRASER MILLS LTD p109
6325 Gateway Blvd Nw Suite 140, EDMONTON, AB, T6H 5H6
(780) 468-3311 SIC 2421
WEST FRASER MILLS LTD p164
Gd, SLAVE LAKE, AB, T0G 2A0
(780) 849-4145 SIC 2421
WEST FRASER MILLS LTD p176
1020 Chasm Rd, 70 MILE HOUSE, BC, V0K 2K0
(250) 459-2229 SIC 2421
WEST FRASER MILLS LTD p196
3598 Fraser St W, CHETWYND, BC, V0C 1J0
(250) 788-2686 SIC 2421
WEST FRASER MILLS LTD p264
1000 Plywood Rd, QUESNEL, BC, V2J 3J5
(250) 991-7619 SIC 2421
WEST FRASER MILLS LTD p278
2375 Tatlow Rd, SMITHERS, BC, V0J 2N5
(250) 847-2656 SIC 2421
WEST FRASER MILLS LTD p341
4200 Mackenzie Ave N, WILLIAMS LAKE, BC, V2G 1N4
(250) 392-7731 SIC 2421
WEST FRASER MILLS LTD p341
4255 Rottacker Rd, WILLIAMS LAKE, BC, V2G 5E4
(250) 392-7784 SIC 2421
WEYERHAEUSER COMPANY LIMITED p125
Gd, GRANDE CACHE, AB, T0E 0Y0
SIC 2421
WEYERHAEUSER COMPANY LIMITED p208
1272 Derwent Way, DELTA, BC, V3M 5R1
(604) 526-4665 SIC 2421
WEYERHAEUSER COMPANY LIMITED p263
201 Old Hedley Rd, PRINCETON, BC, V0X 1W0
(250) 295-3281 SIC 2421
WEYERHAEUSER COMPANY LIMITED p296
3650 E Kent Ave S, VANCOUVER, BC, V5S 1R8
SIC 2421
WEYERHAEUSER COMPANY LIMITED p313
1140 Pender St W Suite 440, VANCOUVER, BC, V6E 4G1
(604) 661-8000 SIC 2421
WEYERHAEUSER COMPANY LIMITED p1270
Hiway 9 S, HUDSON BAY, SK, S0E 0Y0
(306) 865-1700 SIC 2421
WINTON GLOBAL LUMBER LTD p260
1850 River Rd, PRINCE GEORGE, BC, V2L 5S8
SIC 2421
ZAVISHA SAWMILLS LTD p131
324 Zavisha St, HINES CREEK, AB, T0H 2A0
(780) 494-3333 SIC 2421

SIC 2426 Hardwood dimension and flooring mills

BEGIN & BEGIN INCORPOREE p1073
76 295 Rte, Lots-Renverses, QC, G0L 1V0
(418) 899-6786 SIC 2426
BOIS BSL INC p1064
239 Rte Bellevue O, Les Mechins, QC, G0J 1T0
(418) 729-3728 SIC 2426
BOIS PELADEAU INC p1062
137 Boul Bellerose O, Laval, QC, H7K 3B5
(450) 667-6950 SIC 2426
DYNASTY FURNITURE MANUFACTURING LTD p718
6830 Columbus Rd, MISSISSAUGA, ON, L5T 2G1
(905) 670-0110 SIC 2426
FINISHED WOODFLOOR LTD p941
8 Oak St, TORONTO, ON, M9N 1R8
(416) 241-8631 SIC 2426
FOOTHILLS FOREST PRODUCTS INC p264
1751 Quesnel-Hixon Rd, QUESNEL, BC, V2J 5Z5
(250) 991-0254 SIC 2426
FORESBEC INC p1030
1750 Rue Haggerty, DRUMMONDVILLE, QC, J2C 5P8
(819) 477-8787 SIC 2426
GOODFELLOW INC p1030
1750 Rue Haggerty, DRUMMONDVILLE, QC, J2C 5P8
(819) 477-6898 SIC 2426
J. D. IRVING, LIMITED p396
632 Rue Principale, CLAIR, NB, E7A 2H2
(506) 992-9020 SIC 2426
LAUZON - PLANCHERS DE BOIS EXCLUSIFS INC p1218
1680 Rue Principale Rr 5, SAINT-NORBERT, QC, J0K 3C0
(450) 836-4405 SIC 2426
SATIN FINISH HARDWOOD FLOORING, LIMITED p762
15 Fenmar Dr, NORTH YORK, ON, M9L 1L4
(416) 747-9924 SIC 2426
UNIBOARD CANADA INC p1127
5555 Rue Ernest-Cormier, Montreal, QC, H7C 2S9
(450) 661-7122 SIC 2426

SIC 2429 Special product sawmills, nec

BARDEAUX LAJOIE INC, LES p1186
101 10e Rang E Rr 2, Saint-Eusebe, QC, G0L 2Y0
(418) 899-2541 SIC 2429
CIE MATERIAUX DE CONSTRUCTION BP CANADA, LA p1045
351 Rue Alice, JOLIETTE, QC, J6E 8P2
(450) 682-4428 SIC 2429
CIE MATERIAUX DE CONSTRUCTION BP CANADA, LA p1060
9500 Rue Saint-Patrick, LASALLE, QC, H8R 1R8
(514) 364-0161 SIC 2429
CLAIR INDUSTRIAL DEVELOPMENT CORPORATION LTD p395
14 Av 2 Ieme Industriel, CLAIR, NB, E7A 2B1
(506) 992-2152 SIC 2429
MAIBEC INC p1222
340 Rte 173, Saint-Theophile, QC, G0M 2A0
(418) 597-3388 SIC 2429
MAIBEC INC p1235
245c 13e Conc, SHAWVILLE, QC, J0X 2Y0
(819) 647-5959 SIC 2429
SILVER CREEK PREMIUM PRODUCTS LTD p239
7250 Nelson St, MISSION, BC, V4S 1H3
(604) 826-5971 SIC 2429
SPECIALISTE DU BARDEAU DE CEDRE INC, LE p1220
754 8e Rue, SAINT-PROSPER-DE-DORCHESTER, QC, G0M 1Y0
(418) 594-6201 SIC 2429

STAVE LAKE CEDAR MILLS INC p211
8653 River Rd S, DEWDNEY, BC, V0M 1H0
(604) 826-0219   SIC 2429

STAVE LAKE CEDAR MILLS INC p235
9393 287 St, MAPLE RIDGE, BC, V2W 1L1
(604) 462-8266   SIC 2429

USINE ARBEC DOLBEAU INC p1054
1053 Boul Ducharme, LA TUQUE, QC, G9X 3C3
(418) 347-4900   SIC 2429

SIC 2431 Millwork

221449 ALBERTA LTD p15
3504 80 Ave Se, CALGARY, AB, T2C 1J3
(403) 279-5898   SIC 2431

9049-5243 QUEBEC INC p1242
59 Ch Labrie Rr 4, St-Francois-Xavier-de-Brompton, QC, J0B 2V0
SIC 2431

ALL WEATHER WINDOWS LTD p15
8241 30 St Se Suite 1, CALGARY, AB, T2C 1H7
SIC 2431

ATIS PORTES ET FENETRES CORP. p1245
2175 Boul Des Entreprises, TERREBONNE, QC, J6Y 1W9
(450) 492-0404   SIC 2431

BOIS OUVRE DE BEAUCEVILLE (1992) INC p996
201 134e Rue, BEAUCEVILLE, QC, G5X 3H9
(418) 774-3606   SIC 2431

BOISERIES B.G. INC p1220
5 Rue Des Pionniers, Saint-Remi, QC, J0L 2L0
(450) 454-5755   SIC 2431

BOISERIES RAYMOND INC p1084
11880 56e Av, Montreal, QC, H1E 2L6
(514) 494-1141   SIC 2431

BRENLO LTD p584
41 Racine Rd, ETOBICOKE, ON, M9W 2Z4
(416) 749-6857   SIC 2431

C.P. LOEWEN ENTERPRISES LTD p357
77 Pth 52 W, STEINBACH, MB, R5G 1B2
(204) 326-6446   SIC 2431

CANADIAN RAILINGS LIMITED p558
596 Oster Lane, CONCORD, ON, L4K 2C1
(905) 669-9221   SIC 2431

CASA BELLA WINDOWS INC p758
124 Norfinch Dr, NORTH YORK, ON, M3N 1X1
(416) 650-1033   SIC 2431

COASTLAND WOOD INDUSTRIES LTD p207
755 Belgrave Way, DELTA, BC, V3M 5R8
(604) 516-0355   SIC 2431

CONCEPT S.G.A. INC p1245
3160 Boul Des Entreprises, TERREBONNE, QC, J6X 4J8
(450) 477-0526   SIC 2431

COULOMBE ARMOIRES DE CUISINE INC p1077
20 Rue Deschenes, MATANE, QC, G4W 0K2
(418) 562-0009   SIC 2431

DESA HOLDINGS LTD p27
3195 9 St Se, CALGARY, AB, T2G 3C1
(403) 230-5011   SIC 2431

ENTREPRISES DOCO INC p1198
285 Ch Du Grand-Bernier N, SAINT-JEAN-SUR-RICHELIEU, QC, J3B 4R3
(514) 861-1765   SIC 2431

ENTREPRISES MARCHAND LTEE, LES p1125
4865 Rue Jean-Talon O Bureau 101, Montreal, QC, H4P 1W7
(514) 343-3335   SIC 2431

FRASER VALLEY INDUSTRIES LTD p178
30781 Simpson Rd Suite 201, ABBOTSFORD, BC, V2T 6X4
(604) 852-8125   SIC 2431

G & P MILLWORK LTD p846
40 Pullman Crt, SCARBOROUGH, ON, M1X 1E4
(416) 298-4204   SIC 2431

GESTION G. COUTURE INC p1190
9200 25e Av, SAINT-GEORGES, QC, G6A 1L6
(418) 228-4822   SIC 2431

GIENOW WINDOWS & DOORS INC p17
4315 61 Ave Se Unit 4, CALGARY, AB, T2C 1Z6
SIC 2431

GIENOW WINDOWS & DOORS INC p17
7140 40 St Se, CALGARY, AB, T2C 2B6
(403) 203-8200   SIC 2431

GIENOW WINDOWS & DOORS INC p117
9704 12 Ave Sw, EDMONTON, AB, T6X 0J5
(780) 450-8000   SIC 2431

GIENOW WINDOWS & DOORS INC p268
21300 Gordon Way Suite 178, RICHMOND, BC, V6W 1M2
(604) 233-0477   SIC 2431

GIGUERE PORTES ET FENETRES INC p1011
7068 Boul Sainte-Anne, Chateau-Richer, QC, G0A 1N0
(418) 824-4379   SIC 2431

GROUND EFFECTS LTD p964
2875 St Etienne Blvd, WINDSOR, ON, N8W 5B1
(519) 944-5730   SIC 2431

INDUSTRIES WARNET INC p1078
14353 Boul Du Cure-Labelle, MIRABEL, QC, J7J 1M2
(450) 435-1320   SIC 2431

JELD-WEN OF CANADA, LTD p366
485 Watt St, WINNIPEG, MB, R2K 2R9
(204) 694-6012   SIC 2431

JELD-WEN OF CANADA, LTD. p375
230 Princess St, WINNIPEG, MB, R3B 1L6
(204) 594-5820   SIC 2431

JELD-WEN OF CANADA, LTD. p559
8550 Keele St, CONCORD, ON, L4K 2N2
(416) 798-7166   SIC 2431

JELD-WEN OF CANADA, LTD. p1179
90 Rue Industrielle Bureau 200, SAINT-APOLLINAIRE, QC, G0S 2E0
(418) 881-3974   SIC 2431

JELD-WEN OF CANADA, LTD. p1191
115 Rue De La Gare, Saint-Henri-de-Levis, QC, G0R 3E0
(418) 882-2223   SIC 2431

LAFLAMME PORTES ET FENETRES CORP p1179
39 Rue Industrielle, SAINT-APOLLINAIRE, QC, G0S 2E0
(418) 881-3950   SIC 2431

LES BOIS LAURENTIEN INC p1205
395 Rue Stinson, SAINT-LAURENT, QC, H4N 2E1
(514) 748-2028   SIC 2431

LOUISIANA-PACIFIC CANADA LTD p1000
1012 Ch Du Parc-Industriel, BOIS-FRANC, QC, J9E 3A9
(819) 449-7030   SIC 2431

LOUISIANA-PACIFIC CANADA LTD p1102
507 Place D'armes Bureau 400, Montreal, QC, H2Y 2W8
(514) 861-4724   SIC 2431

MANTEI HOLDINGS LTD p37
5935 6 St Ne, CALGARY, AB, T2K 5R5
(403) 295-0028   SIC 2431

MASONITE INTERNATIONAL CORPORATION p198
41916 Yarrow Central Rd, CHILLIWACK, BC, V2R 5E7
(604) 823-6223   SIC 2431

MASONITE INTERNATIONAL CORPORATION p234
26977 56 Ave, LANGLEY, BC, V4W 3Y2
(604) 626-4555   SIC 2431

MASONITE INTERNATIONAL CORPORATION p561
2771 Rutherford Rd, CONCORD, ON, L4K 2N6
(905) 482-2370   SIC 2431

MASONITE INTERNATIONAL CORPORATION p561
7171 Jane St, CONCORD, ON, L4K 1A7
(905) 660-3007   SIC 2431

MASONITE INTERNATIONAL CORPORATION p665
3799 Commerce Road, LONDON, ON, N6N 1P9
(519) 644-2444   SIC 2431

MASONITE INTERNATIONAL CORPORATION p1055
4180 Rue Villeneuve, Lac-Megantic, QC, G6B 2C3
(819) 583-5885   SIC 2431

MASONITE INTERNATIONAL CORPORATION p1067
445 1re Av, Levis, QC, G6W 5M6
(418) 839-0062   SIC 2431

MASONITE INTERNATIONAL CORPORATION p1185
430 Rte 108 O Bureau 489, Saint-Ephrem-de-Beauce, QC, G0M 1R0
(418) 484-5666   SIC 2431

MASONITE INTERNATIONAL CORPORATION p1263
92 2e Av, WINDSOR, QC, J1S 1Z4
(819) 845-2739   SIC 2431

MENUISERIE DES PINS LTEE p1135
3150 Ch Royal, NOTRE-DAME-DES-PINS, QC, G0M 1K0
(418) 774-3324   SIC 2431

METRIE CANADA LTD p18
5367 50 St Se, CALGARY, AB, T2C 3W1
(403) 221-8141   SIC 2431

METRIE CANADA LTD p92
18150 109 Ave Nw, EDMONTON, AB, T5S 2K2
(780) 454-9681   SIC 2431

METRIE CANADA LTD p229
19950 101 Ave, LANGLEY, BC, V1M 3G6
(604) 882-5500   SIC 2431

METRIE CANADA LTD p236
20142 113b Ave, MAPLE RIDGE, BC, V2X 0Y9
(604) 460-0070   SIC 2431

METRIE CANADA LTD p289
9255 194 St Suite 15, SURREY, BC, V4N 4G1
(604) 882-4982   SIC 2431

METRIE CANADA LTD p506
13371 Coleraine Dr, BOLTON, ON, L7E 3B6
(905) 951-2662   SIC 2431

METRIE CANADA LTD p506
41 Simpson Rd, BOLTON, ON, L7E 2R6
(905) 951-2662   SIC 2431

METRIE CANADA LTD p512
390 Chrysler Dr, BRAMPTON, ON, L6S 5Z5
(905) 792-1144   SIC 2431

METRIE CANADA LTD p1085
8801 Boul Henri-Bourassa E, MONTREAL, QC, H1E 1P4
(514) 955-3290   SIC 2431

MOULURE ALEXANDRIA MOULDING INC p485
20352 Power Dam Rd Rr 6, ALEXANDRIA, ON, K0C 1A0
(613) 525-2784   SIC 2431

NORBORD INDUSTRIES INC p403
137 Juniper Rd, JUNIPER, NB, E7L 1G8
(506) 246-1125   SIC 2431

ORNAMENTAL MOULDINGS COMPANY p950
289 Marsland Dr, WATERLOO, ON, N2J 3Z2
(519) 884-4080   SIC 2431

PATELLA INDUSTRIES INC p1199
721 Ch Du Grand-Bernier N, SAINT-JEAN-SUR-RICHELIEU, QC, J3B 8H6
(450) 359-0040   SIC 2431

PF RESOLU CANADA INC p1135
1165 Rue Industrielle, NORMANDIN, QC, G8M 4S9
(418) 274-2424   SIC 2431

PLAINTREE SYSTEMS INC p500
14 Conway St, BARRYS BAY, ON, K0J 1B0
(613) 756-7066   SIC 2431

POLLARD WINDOWS INC p541
1217 King Rd, BURLINGTON, ON, L7T 0B7
(905) 634-2365   SIC 2431

PORTES MILETTE INC p1181
100 Av Industriel, SAINT-BONIFACE-DE-SHAWINIGAN, QC, G0X 2L0
(819) 535-5588   SIC 2431

PRODUITS FORESTIERS D. G. LTEE p1224
313 Rang Saint-Joseph, Sainte-Aurelie, QC, G0M 1M0
(418) 593-3516   SIC 2431

ROLAND BOULANGER & CIE, LTEE p1261
235 Rue Saint-Louis, WARWICK, QC, J0A 1M0
(819) 358-4100   SIC 2431

ROYAL OAK RAILING & STAIR LTD p734
1131 Gorham St Unit 10-15, NEWMARKET, ON, L3Y 8X9
(905) 853-5727   SIC 2431

ROYAL WOODWORKING CO. LIMITED p509
60 Industrial Rd, BRADFORD, ON, L3Z 3G7
(905) 727-2755   SIC 2431

SEVCON MANUFACTURING INC p253
325 Dawson Ave, PENTICTON, BC, V2A 3N5
SIC 2431

SOLARCAN PORTES ET FENETRES CORP p1169
650 Place Trans-Canada, Quebec, QC, J6Y 1W9
(450) 641-2325   SIC 2431

SPRUCELAND MILLWORKS INC p1
53016 Hwy 60 Unit 803, ACHESON, AB, T7X 5A7
(780) 962-6333   SIC 2431

STAIRWORLD INC p727
110 Bentley Ave Suite 2, NEPEAN, ON, K2E 6T9
(613) 723-5454   SIC 2431

TECHART WOODWORKS LTD p270
11220 Voyageur Way Unit 10, RICHMOND, BC, V6X 3E1
(604) 276-2282   SIC 2431

THEO MINEAULT INC p1034
2135 Ch De Montreal O, GATINEAU, QC, J8M 1P3
(819) 986-3190   SIC 2431

TURKSTRA INDUSTRIES INC p615
1050 Upper Wellington St, HAMILTON, ON, L9A 3S6
(905) 388-8222   SIC 2431

W.S.I. DOORS LTD p86
14425 118 Ave Nw, EDMONTON, AB, T5L 2M7
(780) 454-1455   SIC 2431

WELDA WINDOWS INDUSTRIES p563
1950a Highway 7 Suite 26, CONCORD, ON, L4K 3P2
(416) 667-1444   SIC 2431

SIC 2434 Wood kitchen cabinets

106953 CANADA LTEE p1199
475 Boul De Sainte-Marcelle, Saint-Jerome, QC, J7Y 2P7
(450) 438-9992   SIC 2434

1376302 ONTARIO INC p664
329 Sovereign Rd, LONDON, ON, N6M 1A6
(519) 859-5056   SIC 2434

2757-5158 QUEBEC INC p1197
1050 Boul Du Seminaire N Bureau 210, SAINT-JEAN-SUR-RICHELIEU, QC, J3A 1S7
(450) 359-7980   SIC 2434

ADORA KITCHENS LTD p68
1112 18 Ave, COALDALE, AB, T1M 1N2
(403) 345-3118   SIC 2434

ARMOIRES CORDEAU INC p1193
7675 Rang De La Pointe-Du-Jour, SAINT-HYACINTHE, QC, J2R 1H7
(450) 796-6128   SIC 2434

ARMOIRES DE CUISINE BERNIER INC p1066
1955 3e Rue Bureau 70, Levis, QC, G6W

5M6
(418) 839-8142 SIC 2434

ARMOIRES FABRITEC LTEE p1017
705 Rue Pope, COOKSHIRE-EATON, QC, J0B 1M0
SIC 2434

ARMOIRES FABRITEC LTEE p1079
1230 Rue Industrielle, MONT-JOLI, QC, G5H 3S2
(418) 775-7010 SIC 2434

ARMOTEC 2008 INC p1029
2250 Rue Sigouin, DRUMMONDVILLE, QC, J2C 5Z4
(819) 478-4024 SIC 2434

CENTRE DU COMPTOIR SAG-LAC INC p987
1500 Boul Saint-Jude, ALMA, QC, G8B 3L4
(418) 662-6653 SIC 2434

CUISISTOCK INC p1051
901 Rang Du Bas-De-L'assomption S, L'ASSOMPTION, QC, J5W 2A3
(450) 589-2121 SIC 2434

EASTLAND INDUSTRIES LIMITED p404
77 Industrial Park Rd, MINTO, NB, E4B 3A6
(506) 327-3321 SIC 2434

EBENISTERIE A. BEAUCAGE INC p1051
188 Ch Des Commissaires, L'ASSOMPTION, QC, J5W 2T7
(450) 589-6412 SIC 2434

EBENISTERIE VISITATION INC p1183
1066 Rue De La Visitation, Saint-Charles-Borromee, QC, J6E 7Y8
(450) 752-1895 SIC 2434

FABRIDOR INC p1239
4445 Rue Robitaille, SHERBROOKE, QC, J1L 2Y9
(819) 565-3663 SIC 2434

MASTERBRAND CABINETS INC p810
944 Crawford Dr, PETERBOROUGH, ON, K9J 3X2
(705) 749-1201 SIC 2434

MEUBLES GOBER INC p1016
80 Av De La Graviere, COATICOOK, QC, J1A 3E6
(819) 849-7066 SIC 2434

NIAGARA ARTCRAFT WOODWORK COMPANY LIMITED, THE p738
4417 Kent Ave, NIAGARA FALLS, ON, L2H 1J1
(905) 354-5657 SIC 2434

NICKELS CUSTOM CABINETS LTD p268
6760 Graybar Rd, RICHMOND, BC, V6W 1J1
(604) 270-8080 SIC 2434

NORELCO CABINETS LTD p224
205 Adams Rd, KELOWNA, BC, V1X 7R1
(250) 765-2121 SIC 2434

OAKDALE KITCHENS INC p758
92 Oakdale Rd, NORTH YORK, ON, M3N 1V9
(416) 741-1122 SIC 2434

PREMOULE INC p1156
2375 Av Dalton Unite 200, Quebec, QC, G1P 3S3
(418) 652-1422 SIC 2434

PRODUITS DE BOIS ST-AGAPIT INC, LES p1178
1269 Rue Principale, SAINT-AGAPIT, QC, G0S 1Z0
(418) 888-4142 SIC 2434

SANDERSON-HAROLD COMPANY LIMITED, THE p821
245 West Beaver Creek Rd Unit 2, RICHMOND HILL, ON, L4B 1L1
(905) 886-5751 SIC 2434

VANICO-MARONYX INC p1244
1000 Rue Nationale, TERREBONNE, QC, J6W 6B4
(450) 471-4447 SIC 2434

WESTRIDGE CABINETS (1993) LTD p20
3953 112 Ave Se Suite 167, CALGARY, AB, T2C 0J4
(403) 291-5022 SIC 2434

WESTRIDGE CABINETS (1993) LTD p157
41237400 Highway 2, RED DEER COUNTY, AB, T4E 1B9
(403) 342-6671 SIC 2434

SIC 2435 Hardwood veneer and plywood

BIRCHLAND PLYWOOD - VENEER LIMITED p873
12564 Hwy 17 E, THESSALON, ON, P0R 1L0
(705) 842-2430 SIC 2435

COMPAGNIE COMMONWEALTH PLYWOOD LTEE, LA p805
794 River Rd, PEMBROKE, ON, K8A 6X7
(613) 735-6801 SIC 2435

COMPAGNIE COMMONWEALTH PLYWOOD LTEE, LA p1055
419 Ch Sainte-Marie, LAC-AUX-SABLES, QC, G0X 1M0
(819) 722-4006 SIC 2435

COMPAGNIE COMMONWEALTH PLYWOOD LTEE, LA p1234
1155 Av De La Fonderie, SHAWINIGAN, QC, G9N 1W9
(819) 537-6621 SIC 2435

LA COMPAGNIE ROBERT BURY (CANADA) LTEE p1209
3500 Boul Pitfield, SAINT-LAURENT, QC, H4S 1W1
(514) 745-0260 SIC 2435

MASONITE INTERNATIONAL CORPORATION p1055
6184 Rue Notre-Dame, Lac-Megantic, QC, G6B 3B5
(819) 583-1550 SIC 2435

NORBORD INC p176
995 Exeter Stn Rd, 100 MILE HOUSE, BC, V0K 2E0
(250) 395-6200 SIC 2435

NORBORD INDUSTRIES INC p555
4 Boisvert Cres, COCHRANE, ON, P0L 1C0
(705) 272-4210 SIC 2435

PLACEMENTS J. L. ROY INC p1247
267 Rue Notre-Dame, TRING-JONCTION, QC, G0N 1X0
(418) 426-3005 SIC 2435

PRECISION VENEER PRODUCTS LTD p526
110 Morton Ave E, BRANTFORD, ON, N3R 7J7
(519) 758-0960 SIC 2435

SAVONA SPECIALTY PLYWOOD CO. LTD p235
530 Main St, LILLOOET, BC, V0K 1V0
(250) 256-5200 SIC 2435

TOLKO INDUSTRIES LTD p222
6275 Old Hwy 5, KAMLOOPS, BC, V2H 1T8
(250) 578-7212 SIC 2435

WEST FRASER MILLS LTD p264
2000 Plywood Rd, QUESNEL, BC, V2J 5W1
(250) 992-5511 SIC 2435

SIC 2436 Softwood veneer and plywood

CIPA LUMBER CO. LTD p207
797 Carlisle Rd, DELTA, BC, V3M 5P4
(604) 523-2250 SIC 2436

FEDERATED CO-OPERATIVES LIMITED p276
8160 Trans Can Hwy Ne, SALMON ARM, BC, V1E 2S6
(250) 833-1200 SIC 2436

INDUSTRIES OKAPLY LTEE p1136
1372 Ch D'oka, OKA, QC, J0N 1E0
(450) 479-8341 SIC 2436

LOUISIANA-PACIFIC CANADA LTD p216
1221 10th Ave N, GOLDEN, BC, V0A 1H2
(250) 344-8800 SIC 2436

THOMPSON RIVER VENEER PRODUCTS LIMITED p221
8405 Dallas Dr, KAMLOOPS, BC, V2C 6X2
(250) 573-6002 SIC 2436

SIC 2439 Structural wood members, nec

316291 ALBERTA LTD p99
4315 92 Ave Nw, EDMONTON, AB, T6B 3M7
(780) 465-9771 SIC 2439

ACUTRUSS INDUSTRIES (1996) LTD p325
2003 43 St, VERNON, BC, V1T 6K7
(250) 545-3215 SIC 2439

ALPA ROOF TRUSSES INC p596
5532 Slaters Rd, GORMLEY, ON, L0H 1G0
(905) 713-6616 SIC 2439

CHARPENTERIE INC, LA p1014
1651 Boul Du Royaume O Bureau 4, CHICOUTIMI, QC, G7H 5B1
(418) 549-7731 SIC 2439

CHEVRONS LAVALLOIS INC, LES p1129
2907 Boul Dagenais O, Montreal, QC, H7P 1T2
(450) 622-4990 SIC 2439

DAVIDSON ENMAN LUMBER LIMITED p17
9515 44 St Se, CALGARY, AB, T2C 2P7
(403) 279-5525 SIC 2439

J. D. IRVING, LIMITED p418
10 Galbraith Pl, SAINT JOHN, NB, E2M 7L1
(506) 634-7474 SIC 2439

NORFAB BUILDING COMPONENTS LTD p590
732 Riverview Dr, FORT FRANCES, ON, P9A 2W2
(807) 274-7401 SIC 2439

PF RESOLU CANADA INC p1063
2050 Rte 805 N, Lebel-sur-Quevillon, QC, J0Y 1X0
(819) 755-2500 SIC 2439

PHOENIX BUILDING COMPONENTS INC p851
93 Ottawa Ave, SOUTH RIVER, ON, P0A 1X0
(705) 386-0007 SIC 2439

STRUCTURES BARRETTE INC p1130
2907 Boul Dagenais O, Montreal, QC, H7P 1T2
(450) 622-4900 SIC 2439

SUPERIOR TRUSS CO LTD p352
165 Industrial Rd, OAK BLUFF, MB, R4G 0A5
(204) 888-7663 SIC 2439

TIMBER-TECH TRUSS INC p137
1405 31 St N, LETHBRIDGE, AB, T1H 5G8
(403) 328-5499 SIC 2439

TOITURES FECTEAU INC p1181
320 Rte 271, Saint-Benoit-Labre, QC, G0M 1P0
(418) 228-9651 SIC 2439

UNITED LUMBER AND BUILDING SUPPLIES COMPANY LIMITED p622
3325 Thomas St Suite D, INNISFIL, ON, L9S 3W4
(705) 436-3425 SIC 2439

VICTORIA TRUSS (2007) LTD p199
3605 Cobble Hill Rd Rr 1, COBBLE HILL, BC, V0R 1L5
(250) 743-9922 SIC 2439

WEYERHAEUSER COMPANY LIMITED p628
1000 Jones Rd, KENORA, ON, P9N 3X8
(807) 548-8000 SIC 2439

SIC 2441 Nailed wood boxes and shook

MILLETTE & FILS LTEE p1063
2105 Rue De L'Eglise, LAWRENCEVILLE, QC, J0E 1W0
(450) 535-6305 SIC 2441

NEFAB INC p810
211 Jameson Dr, PETERBOROUGH, ON, K9J 6X6
(705) 748-4888 SIC 2441

SIC 2448 Wood pallets and skids

2946-6380 QUEBEC INC p1028
2550b 139 Rte, DRUMMONDVILLE, QC, J2A 2K3
(819) 478-2023 SIC 2448

BERSACO INC p1043
717 Rue De La Montagne, GRANDES-BERGERONNES, QC, G0T 1G0
(418) 232-1100 SIC 2448

CANADA PALLET CORP p554
755 Division St, COBOURG, ON, K9A 3T1
(905) 373-0761 SIC 2448

CETAL p1061
179 Boul Laurier, LAURIER-STATION, QC, G0S 1N0
(418) 728-3119 SIC 2448

CHRISTINA RIVER ENTERPRISES LIMITED PARTNERSHIP p119
Gd Lcd Main, FORT MCMURRAY, AB, T9H 3E2
(780) 334-2446 SIC 2448

ENTREPRISES INTERCO INC, LES p1186
456 Rang Brodeur, Saint-Eugene-de-Grantham, QC, J0C 1J0
(819) 396-0003 SIC 2448

L.H PLANTE & FILS INC p1196
674 Rang Saint-Isidore, SAINT-IGNACE-DE-LOYOLA, QC, J0K 2P0
(514) 866-5953 SIC 2448

PALLET MANAGEMENT GROUP INC p961
5155 Rhodes Dr, WINDSOR, ON, N8N 2M1
(519) 974-6163 SIC 2448

STRUCTURES ROYAL INC p1052
266 22e Av, LA GUADELOUPE, QC, G0M 1G0
(418) 459-3733 SIC 2448

TILLSONBURG AND DISTRICT ASSOCIATION FOR COMMUNITY LIVING p883
126 Concession St E Suite 6, TILLSONBURG, ON, N4G 1P7
(519) 842-8406 SIC 2448

WINNIPEG FOREST PRODUCTS INC p363
640 Plessis Rd Unit C, WINNIPEG, MB, R2C 2Z4
SIC 2448

WOOD WASTE SOLUTIONS CANADA INC p507
12673 Coleraine Dr, BOLTON, ON, L7E 3B5
(905) 857-7672 SIC 2448

SIC 2449 Wood containers, nec

GROUPE EMBALLAGE SPECIALISE S.E.C. p689
930 Britannia Rd E Suite A, MISSISSAUGA, ON, L4W 5M7
(905) 564-6640 SIC 2449

SIC 2451 Mobile homes

RESEAU AQUATIQUE DRUMMONDVILLE INC p1031
1380 Rue Montplaisir, DRUMMONDVILLE, QC, J2C 0M6
(819) 477-1063 SIC 2451

ROULOTTES R G INC, LES p1221
200 Ch Du Parc-Industriel Rr 2, SAINT-ROMAIN, QC, G0Y 1L0
(418) 486-2626 SIC 2451

SIC 2452 Prefabricated wood buildings

BARRCANA HOMES INC p5
59504 Range Rd 32, BARRHEAD, AB, T7N 1A4
(780) 305-0505 SIC 2452

BRITCO LP p180
1825 Tower Dr, AGASSIZ, BC, V0M 1A2
(604) 796-2257 SIC 2452

BRITCO LP p230
21690 Smith Cres Glover Rd, LANGLEY, BC, V2Y 2R1
(604) 888-2000 SIC 2452

SIC 2491 Wood preserving

CABANONS FONTAINE INC p1217
3497 Rue De L'industrie, SAINT-MATHIEU-DE-BELOEIL, QC, J3G 0R9
(450) 536-3563 SIC 2452

DAC INTERNATIONAL INC p550
3140 Carp Rd, CARP, ON, K0A 1L0
(613) 839-0888 SIC 2452

DOUGLAS MANUFACTURED HOMES LTD p297
141 7th Ave E, VANCOUVER, BC, V5T 1M5
(604) 872-2213 SIC 2452

INDUSTRIES BONNEVILLE LTEE, LES p998
601 Rue De L'industrie, BELOEIL, QC, J3G 0S5
(450) 464-1001 SIC 2452

J. D. IRVING, LIMITED p395
28 Ch Du Couvent, BOUCTOUCHE, NB, E4S 3B9
(506) 743-2481 SIC 2452

MAISONS LAPRISE INC p1161
2700 Boul Laurier Unite 2540, Quebec, QC, G1V 2L8
(418) 683-3343 SIC 2452

MAISONS USINEES COTE INC p1217
388 Rue Saint-Isidore, SAINT-LIN-LAURENTIDES, QC, J5M 2V1
(450) 439-8737 SIC 2452

MAPLE LEAF HOMES INC p400
655 Wilsey Rd, FREDERICTON, NB, E3B 7K3
(506) 459-1335 SIC 2452

NORTHGATE INDUSTRIES LTD p1055
187 Rue Richer, LACHINE, QC, H8R 1R4
(514) 482-0696 SIC 2452

PANABODE INTERNATIONAL LTD p268
6311 Graybar Rd, RICHMOND, BC, V6W 1H3
(604) 270-7891 SIC 2452

SIC 2491 Wood preserving

2161-1298 QUEBEC INC p1263
1031 7e Rang, WICKHAM, QC, J0C 1S0
(819) 398-6303 SIC 2491

AGRA FOUNDATIONS LIMITED p1302
121 105th St E, SASKATOON, SK, S7N 1Z2
(306) 373-3762 SIC 2491

BOIS D'INGENIERIE ABITIBI-LP II INC p1220
101 Rue Du Parc-Industriel, SAINT-PRIME, QC, G8J 1H3
(418) 251-4545 SIC 2491

FINITION U.V. CRYSTAL INC p1222
115 153 Rte, SAINT-TITE, QC, G0X 3H0
(418) 365-7752 SIC 2491

GENICS INC p1
53016 Hwy 60 (561 Acheson Rd), ACHESON, AB, T7X 5A7
(780) 962-1000 SIC 2491

GROUPE CEDRICO INC p1054
50 Rang Didier, LAC-AU-SAUMON, QC, G0J 1M0
SIC 2491

JAN WOODLANDS (2001) INC p506
641 Hardwick Rd, BOLTON, ON, L7E 5R2
(905) 951-4495 SIC 2491

PRAIRIE FOREST PRODUCTS LTD p352
205 Hwy 16, NEEPAWA, MB, R0J 1H0
(204) 476-7700 SIC 2491

SPRAY LAKE SAWMILLS (1980) LTD p69
305 Griffin Rd, Cochrane, AB, T4C 2C4
(403) 932-2234 SIC 2491

WESTERN CLEANWOOD PRESERVERS LP p285
9815 Robson Rd, SURREY, BC, V3V 2R9
(604) 585-2511 SIC 2491

SIC 2493 Reconstituted wood products

6410138 CANADA INC p1246
1760 Rue Setlakwe, THETFORD MINES, QC, G6G 8B2
SIC 2493

CIE MATERIAUX DE CONSTRUCTION BP CANADA, LA p1060
9510 Rue Saint-Patrick, LASALLE, QC, H8R 1R9
(514) 364-0161 SIC 2493

LOUISIANA-PACIFIC CANADA LTD p446
2005 Highway 14, CHESTER, NS, B0J 1J0
(902) 275-3556 SIC 2493

NORBORD INC p127
6700 Hwy 40 S, GRANDE PRAIRIE, AB, T8V 6Y9
(780) 831-2500 SIC 2493

POSI-SLOPE ENTERPRISES INC p811
615 The Kingsway, PETERBOROUGH, ON, K9J 7G2
(705) 743-5013 SIC 2493

UNIBOARD CANADA INC p1080
845 Rue Jean-Baptiste-Reid, MONT-LAURIER, QC, J9L 3W3
(819) 623-7133 SIC 2493

UNIBOARD CANADA INC p1233
152 Rte Pouliot, SAYABEC, QC, G0J 3K0
(418) 536-5465 SIC 2493

UNIBOARD CANADA INC p1254
2700 Boul Jean-Jacques-Cossette, VAL-D'OR, QC, J9P 6Y5
(819) 825-6550 SIC 2493

WEYERHAEUSER COMPANY LIMITED p72
Gd Stn Main, DRAYTON VALLEY, AB, T7A 1T1
(780) 542-8000 SIC 2493

SIC 2499 Wood products, nec

127323 CANADA INC p507
179 Baseline Rd E, BOWMANVILLE, ON, L1C 3L4
(905) 623-4455 SIC 2499

ACIER AGF INC p1154
595 Av Newton, Quebec, QC, G1P 4C4
(418) 877-7715 SIC 2499

CONROS CORPORATION p638
1 Chandaria Pl, KITCHENER, ON, N2C 2S3
SIC 2499

CONROS CORPORATION p758
125 Bermondsey Rd, NORTH YORK, ON, M4A 1X3
(416) 285-9222 SIC 2499

EACOM TIMBER CORPORATION p833
1195 Peoples Rd, SAULT STE. MARIE, ON, P6C 3W7
(705) 254-7597 SIC 2499

GORMAN BROS. LUMBER LTD p235
53 Dure Meadow Rd, LUMBY, BC, V0E 2G7
(250) 547-9296 SIC 2499

INDUSTRIES LEGARE LTEE p1220
488 Rue Saint-Pierre, SAINT-RAYMOND, QC, G3L 1R5
(418) 337-2286 SIC 2499

MARWOOD LTD p445
66 Pleasant Valley Rd, BROOKFIELD, NS, B0N 1C0
(902) 673-2508 SIC 2499

NORBORD INDUSTRIES INC p1054
210 9e Av E, LA SARRE, QC, J9Z 2L2
(819) 333-5464 SIC 2499

NOVA POLE INTERNATIONAL INC p1
26229 Township Road 531a Suite 203, ACHESON, AB, T7X 5A4
(780) 962-0010 SIC 2499

PINNACLE RENEWABLE ENERGY INC p194
22975 Hwy 16 E, BURNS LAKE, BC, V0J 1E3
(250) 562-5562 SIC 2499

PINNACLE RENEWABLE ENERGY INC p199
9900 School Rd, COLDSTREAM, BC, V1B 3C7
(250) 542-1720 SIC 2499

PINNACLE RENEWABLE ENERGY INC p217
Gd, HOUSTON, BC, V0J 1Z0
(250) 845-5254 SIC 2499

PINNACLE RENEWABLE ENERGY INC p264
4252 Dog Prairie Rd, QUESNEL, BC, V2J 6K9
(250) 747-1714 SIC 2499

PINNACLE RENEWABLE ENERGY INC p273
3600 Lysander Lane Suite 350, RICHMOND, BC, V7B 1C3
(604) 270-9613 SIC 2499

SHAW GROUP LIMITED, THE p394
52 Hodgins Rd, BELLEDUNE, NB, E8G 2E3
(506) 522-2839 SIC 2499

SHAWOOD LUMBER INC p230
20039 96 Ave, LANGLEY, BC, V1M 3C6
(604) 538-2227 SIC 2499

SHERWOOD INDUSTRIES LTD p275
6845 Kirkpatrick Cres, SAANICHTON, BC, V8M 1Z8
(250) 652-6080 SIC 2499

TAFISA CANADA INC p1055
4660 Rue Villeneuve, Lac-Megantic, QC, G6B 2C3
(819) 583-2930 SIC 2499

TOLKO INDUSTRIES LTD p359
Hwy 10 N, THE PAS, MB, R9A 1S1
(204) 623-7411 SIC 2499

TOURNAGE DE BOIS DYNASTIE LTEE p1217
200 Rue Saint-Dominique, Saint-Marc-des-Carrieres, QC, G0A 4B0
(418) 268-8755 SIC 2499

VALMONT WC ENGINEERING GROUP LTD p380
1450 Saskatchewan Ave, WINNIPEG, MB, R3E 0L3
SIC 2499

SIC 2511 Wood household furniture

277702 BRITISH COLUMBIA LTD p178
2320 Peardonville Rd, ABBOTSFORD, BC, V2T 6J8
(604) 850-7414 SIC 2511

609698 ONTARIO INC p713
6200 Cantay Rd, MISSISSAUGA, ON, L5R 3Y9
(905) 501-9350 SIC 2511

CANADEL INC p1073
700 Rue Canadel, LOUISEVILLE, QC, J5V 3A4
(819) 228-8471 SIC 2511

COMMISSION SCOLAIRE DE LA BEAUCE-ETCHEMIN p1016
323 Rue De L'union, COATICOOK, QC, J1A 1Z5
(819) 849-4844 SIC 2511

CREATIONS VIE BOIS INC p1219
1820 Rue Guimond, SAINT-PAULIN, QC, J0K 3G0
(819) 268-2206 SIC 2511

DOREL INDUSTRIES INC p565
3305 Loyalist St, CORNWALL, ON, K6H 6W6
(613) 937-0711 SIC 2511

DOREL INDUSTRIES INC p1132
12345 Boul Albert-Hudon Bureau 100, MONTREAL-NORD, QC, H1G 3L1
(514) 323-1247 SIC 2511

GLOBE SPRING & CUSHION CO. LTD p559
25 Doney Cres, CONCORD, ON, L4K 1P6
SIC 2511

INDUSTRIES STEMA-PRO INC., LES p1042
2699 5e Av Bureau 26, Grand-Mere, QC, G9T 2P7
(819) 533-4756 SIC 2511

LEDA FURNITURE LTD p763
350 Clayson Rd, NORTH YORK, ON, M9M 2H2
SIC 2511

LIVART FURNITURE CANADA CO. LTD p193

5618 Imperial St, BURNABY, BC, V5J 1E9
(778) 318-2191 SIC 2511

MANUFACTURE DE MEUBLE VALENTINO INC, LA p1215
6950 Boul Couture, SAINT-LEONARD, QC, H1P 3A9
(514) 325-4222 SIC 2511

MEUBLE IDEAL LTEE p1183
6 Rue Saint-Thomas, SAINT-CHARLES-DE-BELLECHASSE, QC, G0R 2T0
(418) 887-3331 SIC 2511

MEUBLES MORIGEAU LTEE p1242
25 Rue De L'Etang Rr 1, St-Francois-de-la-Riviere-du-S, QC, G0R 3A0
(418) 259-7721 SIC 2511

PRECISION MOUNTING TECHNOLOGIES LTD p14
2322 49 Ave Se, CALGARY, AB, T2B 3E3
(403) 216-5080 SIC 2511

REHOBOTH A CHRISTIAN ASSOCIATION FOR THE MENTALLY HANDICAPPED OF ALBERTA p69
1km Hwy 845 N, COALDALE, AB, T1M 1N1
(403) 345-5199 SIC 2511

RIVENWOOD FURNITURE LTD p405
323 Highland View Rd, MONCTON, NB, E1A 2L4
(506) 857-3900 SIC 2511

ROMEO LAFLAMME & FILS INC p1181
25 Rte Laflamme, Saint-Benoit-Labre, QC, G0M 1P0
(418) 228-9644 SIC 2511

SHERMAG IMPORT INC p1240
3035 Boul Industriel, SHERBROOKE, QC, J1L 2T9
(819) 566-1515 SIC 2511

WEST FURNITURE CO INC p617
582 14th St, HANOVER, ON, N4N 2A1
(519) 364-7770 SIC 2511

SIC 2512 Upholstered household furniture

AMEUBLEMENTS EL RAN LTEE p1140
2751 Aut Transcanadienne, POINTE-CLAIRE, QC, H9R 1B4
(514) 630-5656 SIC 2512

CAMPIO FURNITURE LIMITED p973
5770 Highway 7 Unit 1, WOODBRIDGE, ON, L4L 1T8
(905) 850-6636 SIC 2512

FORNIRAMA INC p1085
9100 Boul Maurice-Duplessis, Montreal, QC, H1E 7C2
(514) 494-1400 SIC 2512

GROUPE DUTAILIER INC p1219
299 Rue Chaput, SAINT-PIE, QC, J0H 1W0
(450) 772-2403 SIC 2512

LOUIS INTERIORS INC p760
1283 Caledonia Rd, NORTH YORK, ON, M6A 2X7
(416) 785-9909 SIC 2512

MAGNUM DESIGNS CANADA (1998) INC p18
7120 Barlow Trail Se Suite Docks, CALGARY, AB, T2C 2E1
SIC 2512

MEUBLES BEAUCERONS INC p1189
2350 95e Rue, SAINT-GEORGES, QC, G5Y 8J4
SIC 2512

PALLISER FURNITURE UPHOLSTERY LTD p363
70 Lexington Pk, WINNIPEG, MB, R2G 4H2
(204) 988-5600 SIC 2512

WILLIAM MILLENAIRE INC p1195
6865 Rue Picard, SAINT-HYACINTHE, QC, J2S 1H3
(450) 774-1471 SIC 2512

SIC 2514 Metal household furniture

AMYLIOR INC p1256

1650 Rue Chicoine, VAUDREUIL-DORION, QC, J7V 8P2
(450) 424-0288 *SIC 2514*
AUSTEN FURNITURE (1992) LTD p557
241 Snidercroft Rd, CONCORD, ON, L4K 2J8
(905) 761-0911 *SIC 2514*
HAUSER INDUSTRIES INC p950
330 Weber St N, Waterloo, ON, N2J 3H6
(519) 747-1138 *SIC 2514*
KI CANADA CORPORATION p806
1000 Olympic Drive, PEMBROKE, ON, K8A 0E1
(613) 735-5566 *SIC 2514*
KNOLL NORTH AMERICA CORP p975
600 Rowntree Dairy Rd, WOODBRIDGE, ON, L4L 5T8
(416) 741-5453 *SIC 2514*
USINE ROTEC INC p995
125 Rue De L'Eglise, BAIE-DU-FEBVRE, QC, J0G 1A0
(450) 783-6444 *SIC 2514*

SIC 2515 Mattresses and bedsprings

ARAAM INC p90
11616 178 St Nw, EDMONTON, AB, T5S 2E6
(780) 444-1388 *SIC 2515*
HOLLANDER SLEEP PRODUCTS CANADA LIMITED p933
724 Caledonia Rd, TORONTO, ON, M6B 3X7
(416) 780-0168 *SIC 2515*
OWEN & COMPANY LIMITED p24
2323 22 St Ne, CALGARY, AB, T2E 8K8
(403) 219-3557 *SIC 2515*
REGAL BEDDING LTD p19
5811 46 St Se, CALGARY, AB, T2C 4Y5
(403) 236-7771 *SIC 2515*
SEALY CANADA LTD p87
14550 112 Ave Nw, EDMONTON, AB, T5M 2T9
(780) 452-3070 *SIC 2515*
SEALY CANADA LTD p1218
555 Rue Panneton Bureau 97, SAINT-NARCISSE, QC, G0X 2Y0
(418) 328-3361 *SIC 2515*
SPRINGWALL SLEEP PRODUCTS INC p29
4020 9 St Se Suite 6, CALGARY, AB, T2G 3C4
(403) 287-0221 *SIC 2515*
SPRINGWALL SLEEP PRODUCTS INC p587
1821 Albion Rd Suite 5, ETOBICOKE, ON, M9W 5W8
(888) 760-2311 *SIC 2515*
SPRINGWALL SLEEP PRODUCTS INC p684
7689 Bath Rd, MISSISSAUGA, ON, L4T 3T1
(905) 564-5008 *SIC 2515*
WATERLOO BEDDING COMPANY, LIMITED p645
825 Trillium Dr, KITCHENER, ON, N2R 1J9
(519) 742-4447 *SIC 2515*
ZSEMBA APRON & UPHOLSTERY LTD p973
81 Royal Group Cres, WOODBRIDGE, ON, L4H 1X9
SIC 2515

SIC 2517 Wood television and radio cabinets

INDUSTRIES J. S. P. INC, LES p1228
41 Rue De L'industrie, Sainte-Melanie, QC, J0K 3A0
(450) 889-2229 *SIC 2517*
MANUFACTURIER TECHCRAFT INC p1130
2025 Rue Cunard, Montreal, QC, H7S 2N1
(450) 767-2020 *SIC 2517*
MYLEX LIMITED p578
1460 The Queensway, ETOBICOKE, ON, M8Z 1S7
(416) 745-1733 *SIC 2517*

SIC 2519 Household furniture, nec

BENSEN MANUFACTURING INC p301
405 Railway St Suite 203, VANCOUVER, BC, V6A 1A7
(604) 684-4919 *SIC 2519*
BOZANTO INC p1141
1999 Boul Des Sources, POINTE-CLAIRE, QC, H9R 5Z4
(514) 630-3320 *SIC 2519*
C. R. PLASTIC PRODUCTS INC p864
1172 Erie St Stratford, STRATFORD, ON, N4Z 0A1
(519) 271-1283 *SIC 2519*
NEXKEMIA PETROCHIMIE INC p1075
24 Rue Bellevue, MANSONVILLE, QC, J0E 1X0
(450) 292-3333 *SIC 2519*

SIC 2521 Wood office furniture

BRC BUSINESS ENTERPRISES LTD p591
24 Armstrong Ave, GEORGETOWN, ON, L7G 4R9
(905) 873-8509 *SIC 2521*
BURO DESIGN INTERNATIONAL A.Q. INC p1217
125 Rue Quintal, SAINT-LIN-LAURENTIDES, QC, J5M 2S8
(450) 439-8554 *SIC 2521*
DSI INDUSTRIES INC p558
115 Cidermill Ave, CONCORD, ON, L4K 4G5
(905) 669-1357 *SIC 2521*
DSI UPHOLSTERY INC p558
115 Cidermill Ave, CONCORD, ON, L4K 4G5
(905) 669-1357 *SIC 2521*
GLOBAL PHOENIX MANUFACTURING INC p559
141 Snidercroft Rd Suite 4, CONCORD, ON, L4K 2J8
SIC 2521
I.O.F. BUSINESS FURNITURE MANUFACTURING INC p719
1710 Bonhill Rd, MISSISSAUGA, ON, L5T 1C8
(905) 672-0942 *SIC 2521*
KNOLL NORTH AMERICA CORP p763
1000 Arrow Rd, NORTH YORK, ON, M9M 2Y7
(416) 741-5453 *SIC 2521*
LINKS CONTRACT FURNITURE INC p762
131 Ormont Dr, NORTH YORK, ON, M9L 2S3
(416) 745-8910 *SIC 2521*
MARFOGLIA EBENISTERIE INC p990
9031 Boul Parkway, ANJOU, QC, H1J 1N4
(514) 325-8700 *SIC 2521*
PRISMATIQUE DESIGNS LTD p761
97 Wingold Ave, NORTH YORK, ON, M6B 1P8
(416) 787-6182 *SIC 2521*
PRISMATIQUE DESIGNS LTD p933
97 Wingold Ave, TORONTO, ON, M6B 1P8
(416) 961-7333 *SIC 2521*

SIC 2522 Office furniture, except wood

ARTOPEX INC p1042
800 Rue Vadnais, GRANBY, QC, J2J 1A7
(450) 378-0189 *SIC 2522*
GLOBAL CONTRACT INC p755
555 Petrolia Rd Suite 1, NORTH YORK, ON, M3J 2X8
(416) 739-5000 *SIC 2522*
GLOBAL UPHOLSTERY CO. INC p755
565 Petrolia Rd, NORTH YORK, ON, M3J 2X8
(416) 739-5000 *SIC 2522*
GLOBAL UPHOLSTERY CO. INC p755
596 Supertest Rd, NORTH YORK, ON, M3J 2M5
(416) 661-3660 *SIC 2522*
KI PEMBROKE LP p806
1000 Olympic Dr, PEMBROKE, ON, K8A 0E1
(613) 735-5566 *SIC 2522*
KRUEGER PEMBROKE LP p806
1000 Olympic Dr, PEMBROKE, ON, K8A 0E1
SIC 2522
TEKNION LIMITED p562
1400 Alness St Unit 12, CONCORD, ON, L4K 2W6
(905) 669-2035 *SIC 2522*
TEKNION LIMITED p756
555 Petrolia Rd Unit 3, NORTH YORK, ON, M3J 2X8
(416) 663-5442 *SIC 2522*
TEKNION LIMITED p756
607 Canarctic Dr, NORTH YORK, ON, M3J 2P9
(416) 665-7802 *SIC 2522*
TEKNION LIMITED p756
1150 Flint Rd, NORTH YORK, ON, M3J 2J5
(416) 661-3370 *SIC 2522*
TEKNION LIMITED p841
195 Nantucket Blvd, SCARBOROUGH, ON, M1P 2P2
(416) 751-9900 *SIC 2522*
TEKNION LIMITED p845
851 Middlefield Rd, SCARBOROUGH, ON, M1V 2R2
(416) 291-6530 *SIC 2522*
TEKNION LIMITED p890
1150 Flint Rd, TORONTO, ON, M3J 2J5
(416) 661-3370 *SIC 2522*
TEKNION LIMITED p1067
975 Rue Des Calfats Bureau 45, Levis, QC, G6Y 9E8
(418) 833-0047 *SIC 2522*
TEKNION LIMITED p1084
45 Ch Des Cascades, MONTMAGNY, QC, G5V 3M6
(418) 248-5711 *SIC 2522*

SIC 2531 Public building and related furniture

1388312 ONTARIO INC p712
5700 Keaton Cres Unit 1, MISSISSAUGA, ON, L5R 3H5
(905) 272-0727 *SIC 2531*
9021-2200 QUEBEC INC p1029
1275 Rue Janelle, DRUMMONDVILLE, QC, J2C 3E4
SIC 2531
ALPHA-VICO INC p1032
1035 Boul Magenta E, FARNHAM, QC, J2N 1B9
(450) 293-5354 *SIC 2531*
BEND ALL AUTOMOTIVE INCORPORATED p492
655 Waydom Dr, AYR, ON, N0B 1E0
(519) 623-2002 *SIC 2531*
JOHNSON CONTROLS NOVA SCOTIA U.L.C. p773
120 C Line, Orangeville, ON, L9W 3Z8
SIC 2531
JOHNSON CONTROLS NOVA SCOTIA U.L.C. p820
56 Leek Cres, RICHMOND HILL, ON, L4B 1H1
(866) 468-1484 *SIC 2531*
JOHNSON CONTROLS NOVA SCOTIA U.L.C. p882
100 Townline Rd, TILLSONBURG, ON, N4G 2R7
(519) 842-5971 *SIC 2531*
KIRKEY RACING FABRICATION INC p851
5215 Hwy 138, ST ANDREWS WEST, ON, K0C 2A0
(613) 938-4885 *SIC 2531*
LEAR CANADA p858
10 Highbury Ave, St Thomas, ON, N5P 4C7
SIC 2531
LEAR CORPORATION CANADA LTD p638
530 Manitou Dr, KITCHENER, ON, N2C 1L3
(519) 895-1600 *SIC 2531*
MAGNA SEATING INC p732
550 Newpark Blvd, NEWMARKET, ON, L3X 2S2
(905) 895-4701 *SIC 2531*
MAGNA SEATING INC p732
564 Newpark Blvd, NEWMARKET, ON, L3X 2S2
(905) 853-3604 *SIC 2531*
MAGNA SEATING INC p872
201 Patillo Rd, TECUMSEH, ON, N8N 2L9
(519) 727-6222 *SIC 2531*
MAGNA SEATING INC p969
621 Sprucewood Ave, WINDSOR, ON, N9C 0B3
SIC 2531
PPD FOAM SOLUTION INC p1030
1275 Rue Janelle, Drummondville, QC, J2C 3E4
(819) 850-0159 *SIC 2531*

SIC 2541 Wood partitions and fixtures

ALL WOOD FINE INTERIORS LTD p575
81 Akron Rd Suite 101, ETOBICOKE, ON, M8W 1T3
(416) 252-2552 *SIC 2541*
BEL-PAR INDUSTRIES LTD p284
12160 103a Ave, SURREY, BC, V3V 3G8
(604) 581-5291 *SIC 2541*
BUILDERS FURNITURE LTD p366
695 Washington Ave, WINNIPEG, MB, R2K 1M4
(204) 668-0783 *SIC 2541*
CAYUGA DISPLAYS INC p550
5585 Hwy 3, CAYUGA, ON, N0A 1E0
(905) 772-0183 *SIC 2541*
COLUMBIA KITCHEN CABINETS LTD p178
2210 Mason St, ABBOTSFORD, BC, V2T 6C5
(604) 850-0371 *SIC 2541*
DNS INDUSTRIES LIMITED p558
77 Courtland Ave Unit 3, CONCORD, ON, L4K 3S9
(905) 761-9568 *SIC 2541*
FLOFORM INDUSTRIES LTD p74
7630 Yellowhead Trail Nw, EDMONTON, AB, T5B 1G3
(780) 474-7999 *SIC 2541*
FLOFORM INDUSTRIES LTD p1300
2209 Speers Ave, SASKATOON, SK, S7L 5X6
(306) 665-7733 *SIC 2541*
FORMATOP MANUFACTURING CO. LTD p731
270 Hamilton Rd, NEW HAMBURG, ON, N3A 2K2
(519) 662-2800 *SIC 2541*
INDUSTRIES LACWOOD INC p605
949 Hwy 11 E, HALLEBOURG, ON, P0L 1L0
(705) 372-1978 *SIC 2541*
KITCHEN CRAFT OF CANADA p365
495 Archibald St, WINNIPEG, MB, R2J 0X2
(204) 233-3097 *SIC 2541*
NIMLOK CANADA LTD p677
220 Markland St Unit 1, MARKHAM, ON, L6C 1T6
(416) 798-7201 *SIC 2541*
NOVA WOOD PRODUCTS LIMITED p467
145 Schnares Crossing Rd Rr 3, LUNENBURG, NS, B0J 2C0
(902) 634-4120 *SIC 2541*
NU-WAY KITCHENS (2008) LIMITED p430
1328 Topsail Rd, PARADISE, NL, A1L 1P2
(709) 782-1711 *SIC 2541*
PEREGRINE PLASTICS LTD p184
3131 Production Way, BURNABY, BC, V5A 3H1
(604) 251-3174 *SIC 2541*

SIC 2542 Partitions and fixtures, except wood

SUNCREST CABINETS INC p270
4651 Vanguard Rd, RICHMOND, BC, V6X 2P7
(604) 278-3445 SIC 2541

UNIQUE STORE FIXTURES LTD p563
554 Millway Ave, CONCORD, ON, L4K 3V5
(905) 738-6588 SIC 2541

SIC 2542 Partitions and fixtures, except wood

9175-3681 QUEBEC INC p1220
530 Rue J Oswald Forest Bureau 3, SAINT-ROCH-DE-L'ACHIGAN, QC, J0K 3H0
(450) 588-6909 SIC 2542

ADRIAN STEEL OF CANADA INC p505
40 Simpson Rd, BOLTON, ON, L7E 1Y4
(905) 565-0540 SIC 2542

ARPAC STORAGE SYSTEMS CORPORATION p90
17847 111 Ave Nw, EDMONTON, AB, T5S 2X3
(780) 454-8566 SIC 2542

ARRAY CANADA INC p509
35 Reagen's Industrial Pky, BRADFORD, ON, L3Z 0Z9
(905) 775-5630 SIC 2542

CENTENNIAL MATERIAL HANDLING LIMITED p558
300 Bradwick Dr, CONCORD, ON, L4K 1K8
(416) 661-4609 SIC 2542

CONCORD METAL MANUFACTURING INC p558
14 Citron Crt, CONCORD, ON, L4K 2P5
(905) 738-2127 SIC 2542

E-Z-RECT MANUFACTURING LTD p246
94 Riverside Dr, NORTH VANCOUVER, BC, V7H 2M6
(604) 929-1214 SIC 2542

ECONO-RACK GROUP (2015) INC, THE p527
132 Adams Blvd, BRANTFORD, ON, N3S 7V2
(519) 753-2227 SIC 2542

HAWORTH, LTD p45
222 5 Ave Sw Suite 112, CALGARY, AB, T2P 0L1
(403) 203-6000 SIC 2542

HAWORTH, LTD p585
110 Carrier Dr, ETOBICOKE, ON, M9W 5R1
SIC 2542

INTERIOR MANUFACTURING GROUP INC p575
324 Horner Ave Unit B1, ETOBICOKE, ON, M8W 1Z3
(416) 253-9100 SIC 2542

JPMA GLOBAL INC p1085
7335 Boul Henri-Bourassa E, Montreal, QC, H1E 3T5
(514) 648-1042 SIC 2542

MASTER MANUFACTURING INC p683
2636 Drew Rd, MISSISSAUGA, ON, L4T 3M5
(905) 673-8255 SIC 2542

MERIT METAL INDUSTRIES INC p586
25 Racine Rd, ETOBICOKE, ON, M9W 2Z4
(416) 745-2015 SIC 2542

MODERCO INC p1004
115 Rue De Lauzon, BOUCHERVILLE, QC, J4B 1E7
(450) 641-3150 SIC 2542

MONTEL INC p1084
225 4e Av, MONTMAGNY, QC, G5V 4N9
(418) 248-0235 SIC 2542

RAYONNAGE CAMRACK INC p1218
3112 Rue Bernard-Pilon, SAINT-MATHIEU-DE-BELOEIL, QC, J3G 4S5
(450) 446-3003 SIC 2542

VIC MOBILIER DE MAGASINS INC p1259
1440 Rue Notre-Dame O, VICTORIAVILLE, QC, G6P 7L7
(819) 758-0626 SIC 2542

WILSON, J. A. DISPLAY LTD p692
1610 Sismet Rd, MISSISSAUGA, ON, L4W 1R4
(905) 625-6778 SIC 2542

SIC 2591 Drapery hardware and window blinds and shades

BLINDS TO GO INC p1086
3100 Boul De L'assomption, Montreal, QC, H1N 3S4
(514) 259-9955 SIC 2591

CANADIAN BLIND MANUFACTURING INC p265
5900 No. 6 Rd Unit 110, RICHMOND, BC, V6V 1Z1
(604) 304-3476 SIC 2591

DECOTREND HOME FASHIONS LTD p671
665 Hood Rd, MARKHAM, ON, L3R 4E1
(905) 754-1798 SIC 2591

MW CANADA LTD p543
291 Elgin St N, CAMBRIDGE, ON, N1R 7H9
(519) 621-5460 SIC 2591

SUNPROJECT OF CANADA INC p562
511 Edgeley Blvd, CONCORD, ON, L4K 4G4
(905) 660-3117 SIC 2591

SIC 2599 Furniture and fixtures, nec

308462 ONTARIO INC p500
4658 Ontario St, BEAMSVILLE, ON, L0R 1B4
(905) 563-8264 SIC 2599

ADVANCE WIRE PRODUCTS LTD p287
19095 24 Ave Suite 19095, SURREY, BC, V3Z 3S9
(604) 541-4666 SIC 2599

DURHAM CUSTOM MILLWORK INC p777
19 Tamblyn Rd, ORONO, ON, L0B 1M0
(905) 683-8444 SIC 2599

MEUBLES ST-DAMASE INC, LES p1184
246 Rue Principale Bureau 1, SAINT-DAMASE, QC, J0H 1J0
(450) 797-3702 SIC 2599

QUALITY & COMPANY INC p561
67 Jacob Keffer Pky, CONCORD, ON, L4K 5N8
(905) 660-6996 SIC 2599

SUPERIOR SEATING HOSPITALITY INC p562
212 Millway Ave, CONCORD, ON, L4K 3W4
(905) 738-7900 SIC 2599

SUPERIOR SEATING HOSPITALITY INC p947
9000 Keele St Unit 11, VAUGHAN, ON, L4K 0B3
(905) 738-7900 SIC 2599

VERY JAZZROO ENTERPRISES INCORPORATED p272
11720 Horseshoe Way, RICHMOND, BC, V7A 4V5
(604) 248-1806 SIC 2599

SIC 2611 Pulp mills

CASCADES CANADA ULC p223
144 Cambro Rd Unit A, KELOWNA, BC, V1X 7T3
(250) 491-2242 SIC 2611

CASCADES CANADA ULC p577
66 Shorncliffe Rd, ETOBICOKE, ON, M8Z 5K1
(416) 231-2525 SIC 2611

DAISHOWA-MARUBENI INTERNATIONAL LTD p150
Gd, PEACE RIVER, AB, T8S 1V7
(780) 624-7000 SIC 2611

HALTON RECYCLING LTD p379
1029 Henry Ave, WINNIPEG, MB, R3E 1V6
(204) 772-0770 SIC 2611

IRVING PULP & PAPER, LIMITED p418
408 Mill St, SAINT JOHN, NB, E2M 3H1
(506) 635-6666 SIC 2611

J. D. IRVING, LIMITED p396
5120 Route 107, DEERSDALE, NB, E7L 1W5
(506) 246-5528 SIC 2611

LOUISIANA-PACIFIC CANADA LTD p1010
572 155 Rte, CHAMBORD, QC, G0W 1G0
(418) 342-6212 SIC 2611

MILLAR WESTERN FOREST PRODUCTS LTD p175
5501 50 Ave, WHITECOURT, AB, T7S 1N9
(780) 778-2036 SIC 2611

NORTHERN FIBRE TERMINAL INCORPORATED p459
1869 Upper Water St, HALIFAX, NS, B3J 1S9
(902) 422-3030 SIC 2611

PAPER EXCELLENCE CANADA HOLDINGS CORPORATION p270
10551 Shellbridge Way Suite 95, RICHMOND, BC, V6X 2W8
(604) 232-2453 SIC 2611

PAPIERS DE PUBLICATION KRUGER INC p1251
3735 Boul Gene-H.-Kruger, Trois-Rivieres, QC, G9A 6B1
(819) 375-1691 SIC 2611

PF RESOLU CANADA INC p590
427 Mowat Ave, FORT FRANCES, ON, P9A 1Y8
(807) 274-5311 SIC 2611

SLAVE LAKE PULP CORPORATION p164
Gd, SLAVE LAKE, AB, T0G 2A0
(780) 849-7777 SIC 2611

SLAVE LAKE PULP CORPORATION p305
858 Beatty St Suite 501, VANCOUVER, BC, V6B 1C1
(604) 895-2700 SIC 2611

TEMBEC p884
5310 Hwy 101 W, TIMMINS, ON, P4N 7J3
(705) 268-1462 SIC 2611

TEMBEC INC p1077
400 Rue Du Port, MATANE, QC, G4W 3M6
(418) 794-2001 SIC 2611

TEMBEC INC p1243
10 Ch Gatineau, Temiscaming, QC, J0Z 3R0
(819) 627-4387 SIC 2611

TERRACE BAY PULP INC p872
21 Mill Rd, TERRACE BAY, ON, P0T 2W0
SIC 2611

WEST FRASER TIMBER CO. LTD p264
1000 Finning Rd, QUESNEL, BC, V2J 6A1
(250) 992-8919 SIC 2611

WESTERN FOREST PRODUCTS INC p195
1334 Island Hwy Suite 118, CAMPBELL RIVER, BC, V9W 8C9
(250) 286-3767 SIC 2611

WESTERN FOREST PRODUCTS INC p196
9469 Trans Canada Hwy, CHEMAINUS, BC, V0R 1K4
(250) 246-1566 SIC 2611

WESTERN FOREST PRODUCTS INC p196
2860 Victoria St, CHEMAINUS, BC, V0R 1K0
(250) 246-3221 SIC 2611

WESTERN FOREST PRODUCTS INC p216
300 Western Dr, GOLD RIVER, BC, V0P 1G0
(250) 283-2961 SIC 2611

WESTERN FOREST PRODUCTS INC p217
1 Main St, HOLBERG, BC, V0N 1Z0
(250) 288-3362 SIC 2611

WESTERN FOREST PRODUCTS INC p218
11793 West Coast Rd, JORDAN RIVER, BC, V9Z 1L1
SIC 2611

WESTERN FOREST PRODUCTS INC p240
31 Port Way, NANAIMO, BC, V9R 5L5
(250) 755-4600 SIC 2611

WESTERN FOREST PRODUCTS INC p240
500 Duke Pt Rd, NANAIMO, BC, V9R 1K1
(250) 722-2533 SIC 2611

WESTERN FOREST PRODUCTS INC p254
2500 1st Ave, PORT ALBERNI, BC, V9Y 8H7
(250) 724-7438 SIC 2611

WESTERN FOREST PRODUCTS INC p254
3500 Harbour Rd, PORT ALBERNI, BC, V9Y 3G3
(250) 720-4600 SIC 2611

WESTERN FOREST PRODUCTS INC p324
505 Burrard St Suite 1500, VANCOUVER, BC, V7X 1M5
(604) 665-6200 SIC 2611

WESTERN PULP LIMITED p324
505 Burrard St Suite 1500, VANCOUVER, BC, V7X 1M5
SIC 2611

ZELLSTOFF CELGAR LIMITED p195
1921 Arrow Lakes Dr, CASTLEGAR, BC, V1N 3H9
(250) 365-7211 SIC 2611

SIC 2621 Paper mills

ATLANTIC PACKAGING PRODUCTS LTD p957
1900 Thickson Rd S, WHITBY, ON, L1N 9E1
(905) 686-5944 SIC 2621

CAN-CELL INDUSTRIES INC p96
16355 130 Ave Nw, EDMONTON, AB, T5V 1K5
(780) 453-3610 SIC 2621

CASCADES CANADA ULC p933
1280 Caledonia Rd, TORONTO, ON, M6A 3B9
(416) 784-2866 SIC 2621

CASCADES CANADA ULC p957
1900 Thickson Rd S, WHITBY, ON, L1N 9E1
(416) 329-5200 SIC 2621

CASCADES CANADA ULC p1008
75 Boul Marie-Victorin, CANDIAC, QC, J5R 1C2
(450) 444-6500 SIC 2621

CASCADES CANADA ULC p1183
1850 Av De L'union, Saint-Cesaire, QC, J0L 1T0
(450) 469-3389 SIC 2621

CATALYST PAPER CORPORATION p206
8541 Hay Road N, CROFTON, BC, V0R 1R0
(250) 246-6100 SIC 2621

CATALYST PAPER CORPORATION p239
65 Front St Suite 201, NANAIMO, BC, V9R 5H9
(250) 734-8000 SIC 2621

CATALYST PAPER CORPORATION p253
4000 Stamp Ave, PORT ALBERNI, BC, V9Y 5J7
(250) 723-2161 SIC 2621

CATALYST PAPER CORPORATION p258
5775 Ash Ave, POWELL RIVER, BC, V8A 4R3
(604) 483-3722 SIC 2621

CATALYST PAPER CORPORATION p284
10555 Timberland Rd, SURREY, BC, V3V 3T3
(604) 953-0373 SIC 2621

CORNER BROOK PULP AND PAPER LIMITED p425
1 Mills Rd, CORNER BROOK, NL, A2H 6B9
(709) 637-3104 SIC 2621

DE LUXE PRODUITS DE PAPIER INC p845
35 Dynamic Dr, SCARBOROUGH, ON, M1V 2W2
(416) 754-4633 SIC 2621

DESPERADO LEGEND INC. p1044
280 Rang Des Chutes, HAM-NORD, QC, G0P 1A0
(819) 352-9074 SIC 2621

EASTERN PAPER PRODUCTS LTD p464
45 Roderick Ave, HEATHERTON, NS, B0H 1R0
(902) 386-2467 SIC 2621

ENTREPRISES ROLLAND INC, LES p1201
455 Rue Rolland, SAINT-JEROME, QC, J7Z 5S2
(450) 436-4140 SIC 2621

FELXIA CORPORATION p229
19680 94a Ave, LANGLEY, BC, V1M 3B7
(604) 513-1266 SIC 2621
HEIDELBERG CANADA GRAPHIC EQUIPMENT LIMITED p1026
703 Av Meloche, DORVAL, QC, H9P 2S4
(514) 631-6270 SIC 2621
J. D. IRVING, LIMITED p397
102 Rue Dawson, DIEPPE, NB, E1A 0C1
(506) 859-5018 SIC 2621
KIMBERLY-CLARK INC p620
570 Ravenscliffe Rd, HUNTSVILLE, ON, P1H 2A1
(705) 788-5200 SIC 2621
KRUGER PRODUCTS L.P. p245
1625 Fifth Ave, NEW WESTMINSTER, BC, V3M 1Z7
(604) 520-0851 SIC 2621
KRUGER PRODUCTS L.P. p1037
20 Rue Laurier, GATINEAU, QC, J8X 4H3
(819) 595-5302 SIC 2621
PF RESOLU CANADA INC p427
7 Mill Rd, GRAND FALLS-WINDSOR, NL, A2A 1B8
(709) 292-3000 SIC 2621
PF RESOLU CANADA INC p856
2 Allanburg Rd S, ST CATHARINES, ON, L2T 3W9
(905) 227-5000 SIC 2621
PF RESOLU CANADA INC p881
2001 Neebing Ave, THUNDER BAY, ON, P7E 6S3
(807) 475-2400 SIC 2621
PF RESOLU CANADA INC p987
1100 Rue Melancon O, ALMA, QC, G8B 7G2
(418) 668-9400 SIC 2621
PF RESOLU CANADA INC p989
801 Rue Des Papetiers, AMOS, QC, J9T 3X5
(819) 727-9311 SIC 2621
PF RESOLU CANADA INC p1016
100 Rue De La Donohue, CLERMONT, QC, G4A 1A7
(418) 439-5300 SIC 2621
PF RESOLU CANADA INC p1023
1 4e Av, DOLBEAU-MISTASSINI, QC, G8L 2R4
(418) 239-2350 SIC 2621
PF RESOLU CANADA INC p1047
3750 Rue De Champlain, Jonquiere, QC, G7X 1M1
(418) 695-9100 SIC 2621
PF RESOLU CANADA INC p1233
40 Ch Saint-Pierre, SENNETERRE, QC, J0Y 2M0
(819) 737-2300 SIC 2621
PORT HAWKESBURY PAPER LIMITED PARTNERSHIP p472
120 Pulp Mill Rd Point Tupper Industrial Park, PORT HAWKESBURY, NS, B9A 1A1
(902) 625-2460 SIC 2621
SYMCOR INC p1118
650 Rue Bridge, Montreal, QC, H3K 3K9
(514) 787-4325 SIC 2621
TEMBEC INC p626
1 Government Rd W, KAPUSKASING, ON, P5N 2X8
(705) 337-9784 SIC 2621
UMOE SOLAR NEW BRUNSWICK INC p405
345 Curtis Rd, MIRAMICHI, NB, E1V 3R7
SIC 2621
VOITH CANADA INC p618
925 Tupper St, HAWKESBURY, ON, K6A 3T5
(613) 632-4163 SIC 2621
WEST FRASER MILLS LTD p215
6626 Highway 16 E, FRASER LAKE, BC, V0J 1S0
(250) 699-6235 SIC 2621
WEST FRASER MILLS LTD p217
Gd, HOUSTON, BC, V0J 1Z0
(250) 845-2322 SIC 2621
WEST FRASER TIMBER CO. LTD p175
9 Km W Of Whitecourt Hwy Suite 43, WHITECOURT, AB, T7S 1P9
(780) 778-7000 SIC 2621
WESTERN FOREST PRODUCTS INC p245
Gd Stn Main, NEW WESTMINSTER, BC, V3L 4X8
(250) 734-4700 SIC 2621

SIC 2631 Paperboard mills

CASCADES CANADA ULC p497
35 Fraser Crt, BARRIE, ON, L4N 5J5
(705) 737-0470 SIC 2631
CASCADES CANADA ULC p554
Gd Lcd Main, COBOURG, ON, K9A 4K1
(905) 372-5199 SIC 2631
CASCADES CANADA ULC p716
7447 Bramalea Rd, MISSISSAUGA, ON, L5S 1C4
(905) 671-2940 SIC 2631
CASCADES CANADA ULC p895
495 Commissioners St, TORONTO, ON, M4M 1A5
SIC 2631
CASCADES CANADA ULC p1048
4010 Ch Saint-Andre, Jonquiere, QC, G7Z 0A5
(418) 542-9544 SIC 2631
CASCADES CANADA ULC p1048
398 Boul Marie-Victorin, KINGSEY FALLS, QC, J0A 1B0
(819) 363-5000 SIC 2631
CASCADES CANADA ULC p1048
406 Boul Marie-Victorin, KINGSEY FALLS, QC, J0A 1B0
(819) 363-5060 SIC 2631
CASCADES CANADA ULC p1088
2755 Rue Viau, Montreal, QC, H1V 3J4
(514) 251-3800 SIC 2631
CASCADES CANADA ULC p1243
520 Rue Commerciale N, TEMISCOUATA-SUR-LE-LAC, QC, G0L 1E0
(418) 854-2803 SIC 2631
CASCADES CANADA ULC p1247
700 Rue Notre-Dame E Bureau 23, Trois-Rivieres, QC, G8T 4H9
(819) 373-4307 SIC 2631
CASCADES CANADA ULC p1256
400 Rue Forbes, VAUDREUIL-DORION, QC, J7V 6N8
(450) 455-5731 SIC 2631
CASCADES CANADA ULC p1261
2 Rue Angus N, WESTBURY, QC, J0B 1R0
(819) 832-5300 SIC 2631
CASCADES INC p1048
408 Boul Marie-Victorin, KINGSEY FALLS, QC, J0A 1B0
(819) 363-5200 SIC 2631
CELCOR LIMITED p546
25 Sheffield St Suite 3, CAMBRIDGE, ON, N3C 1C4
(519) 220-0743 SIC 2631
EMBALLAGES SXP INC p1056
845 Rue Du Pacifique, LACHINE, QC, H8S 2R1
(514) 364-3269 SIC 2631
GROUPE EMBALLAGE SPECIALISE S.E.C. p1256
22401 Ch Dumberry, VAUDREUIL-DORION, QC, J7V 8P7
(450) 510-0450 SIC 2631
KRUGER INC p1123
5845 Place Turcot, Montreal, QC, H4C 1V9
(514) 934-0600 SIC 2631
SONOCO CANADA CORPORATION p944
5 Bernard Long Rd, TRENTON, ON, K8V 5P6
(613) 394-6903 SIC 2631
STRATHCONA PAPER LP p725
77 County Rd 16, NAPANEE, ON, K7R 3L2
(613) 378-6672 SIC 2631
TOLKO INDUSTRIES LTD p130
Hwy 2 W, HIGH PRAIRIE, AB, T0G 1E0
(780) 523-2101 SIC 2631

SIC 2652 Setup paperboard boxes

BOEHMER BOX LP p644
1560 Battler Rd, KITCHENER, ON, N2R 1J6
(519) 576-2480 SIC 2652
CASCADES CANADA ULC p1088
2755 Rue Viau, Montreal, QC, H1V 3J4
(514) 251-3800 SIC 2652
MULTIBOX INC p1205
377 Av Sainte-Croix, SAINT-LAURENT, QC, H4N 2L3
(514) 748-1222 SIC 2652

SIC 2653 Corrugated and solid fiber boxes

2014767 ONTARIO LIMITED p485
1827 Allanport Rd, ALLANBURG, ON, L0S 1A0
(905) 227-0521 SIC 2653
2014767 ONTARIO LIMITED p532
4331 Mainway, BURLINGTON, ON, L7L 5N9
(905) 335-4225 SIC 2653
AL-PACK ENTERPRISES LTD p410
60 Commerce St, MONCTON, NB, E1H 0A5
(506) 852-4262 SIC 2653
ATLANTIC PACKAGING PRODUCTS LTD p621
45 Chisholm Dr, INGERSOLL, ON, N5C 2C7
(519) 485-4921 SIC 2653
ATLANTIC PACKAGING PRODUCTS LTD p687
5711 Atlantic Dr, MISSISSAUGA, ON, L4W 1H3
(905) 670-0301 SIC 2653
ATLANTIC PACKAGING PRODUCTS LTD p840
350 Midwest Rd, SCARBOROUGH, ON, M1P 3A9
(416) 642-1236 SIC 2653
ATLANTIC PACKAGING PRODUCTS LTD p845
118 Tiffield Rd, SCARBOROUGH, ON, M1V 5N2
(416) 421-3636 SIC 2653
ATLANTIC PACKAGING PRODUCTS LTD p845
55 Milliken Blvd, SCARBOROUGH, ON, M1V 1V3
(416) 298-5508 SIC 2653
CASCADES CANADA ULC p30
416 58 Ave Se, CALGARY, AB, T2H 0P4
(403) 531-3800 SIC 2653
CASCADES CANADA ULC p265
3300 Viking Way, RICHMOND, BC, V6V 1N6
(604) 273-7321 SIC 2653
CASCADES CANADA ULC p380
680 Wall St, WINNIPEG, MB, R3G 2T8
(204) 786-5761 SIC 2653
CASCADES CANADA ULC p409
232 Baig Blvd, MONCTON, NB, E1E 1C8
(506) 869-2200 SIC 2653
CASCADES CANADA ULC p429
110 Clyde Ave, MOUNT PEARL, NL, A1N 4S2
(709) 747-1200 SIC 2653
CASCADES CANADA ULC p501
340 University Ave, BELLEVILLE, ON, K8N 5T6
(613) 968-3581 SIC 2653
CASCADES CANADA ULC p558
655 Creditstone Rd Suite 41, CONCORD, ON, L4K 5P9
(905) 760-3900 SIC 2653
CASCADES CANADA ULC p809
105 Park St S, PETERBOROUGH, ON, K9J 3R8
SIC 2653
CASCADES CANADA ULC p857
304 James St S, ST MARYS, ON, N4X 1B7
(519) 284-1840 SIC 2653
CASCADES CANADA ULC p966
2470 Wyandotte St E, WINDSOR, ON, N8Y 4X2
(519) 254-7513 SIC 2653
CASCADES CANADA ULC p1153
1450 Rue Semple, Quebec, QC, G1N 4B4
SIC 2653
CASCADES CANADA ULC p1260
400 Boul De La Bonaventure, VICTORIAVILLE, QC, G6T 1V8
(819) 758-3177 SIC 2653
CENTRAL GRAPHICS AND CONTAINER GROUP LTD p687
5526 Timberlea Blvd Suite 217, MISSISSAUGA, ON, L4W 2T7
(905) 238-8400 SIC 2653
CRAIG PACKAGING LIMITED p622
5911 Carmen Rd S, IROQUOIS, ON, K0E 1K0
(613) 652-4856 SIC 2653
CROWN CORRUGATED COMPANY p272
13911 Garden City Rd, RICHMOND, BC, V7A 2S5
(604) 277-7111 SIC 2653
EMBALLAGES MITCHEL-LINCOLN LTEE p1030
925 Rue Rocheleau, DRUMMONDVILLE, QC, J2C 6L8
(819) 477-9700 SIC 2653
KRUGER INC p515
10 Pedigree Crt, BRAMPTON, ON, L6T 5T8
(905) 793-1799 SIC 2653
KRUGER INC p1059
7474 Rue Cordner, LASALLE, QC, H8N 2W3
(514) 366-8050 SIC 2653
MASTER PACKAGING INC p397
333 Boul Adelard-Savoie, DIEPPE, NB, E1A 7G9
(506) 389-3737 SIC 2653
MENASHA PACKAGING CANADA L.P. p714
5875 Chedworth Way, MISSISSAUGA, ON, L5R 3L9
(905) 507-3042 SIC 2653
MID WEST PACKAGING LIMITED p365
70 Beghin Ave, WINNIPEG, MB, R2J 3R4
(204) 661-6731 SIC 2653
MOORE PACKAGING CORPORATION p498
191 John St, BARRIE, ON, L4N 2L4
(705) 737-1023 SIC 2653
STRATEGIC PACKAGING SOLUTIONS INC p491
38 Watts Meadow, AURORA, ON, L4G 7L7
SIC 2653
WESTERN LOUISEVILLE FIBERBOARD INC p29
4321 15 St Se, CALGARY, AB, T2G 3M9
(403) 532-8700 SIC 2653
WESTROCK COMPANY OF CANADA INC p29
1115 34 Ave Se, CALGARY, AB, T2G 1V5
(403) 214-5200 SIC 2653
WESTROCK COMPANY OF CANADA INC p373
1360 Inkster Blvd, WINNIPEG, MB, R2X 3C5
(204) 697-5300 SIC 2653
WESTROCK COMPANY OF CANADA INC p579
730 Islington Ave, ETOBICOKE, ON, M8Z 4N8
(416) 259-8421 SIC 2653
WESTROCK COMPANY OF CANADA INC p603
390 Woodlawn Rd W, GUELPH, ON, N1H 7K3
(519) 821-4930 SIC 2653
WESTROCK COMPANY OF CANADA INC p1288
1400 1st Ave, REGINA, SK, S4R 8G5
(306) 525-7700 SIC 2653

SIC 2655 Fiber cans, drums, and similar products

SIC 2656 Sanitary food containers

ABZAC CANADA INC p1028
2945 Boul Lemire, Drummondville, QC, J2B 6Y8
(514) 866-3488 SIC 2655

CANDUCT INDUSTRIES LIMITED p664
4575 Blakie Rd, LONDON, ON, N6L 1P8
(519) 652-8603 SIC 2655

CANFAB PACKAGING INC p779
707 Raleigh Ave, OSHAWA, ON, L1H 8T4
(905) 404-2023 SIC 2655

CANFAB PACKAGING INC p1118
2740 Rue Saint-Patrick, Montreal, QC, H3K 1B8
(514) 935-5265 SIC 2655

CARAUSTAR CANADA, INC p630
309 Dalton Ave, KINGSTON, ON, K7K 6Z1
(613) 548-3120 SIC 2655

NEWARK PAPERBOARD PRODUCTS LTD p720
6001 Edwards Blvd, MISSISSAUGA, ON, L5T 2W7
(905) 564-0600 SIC 2655

SONOCO CANADA CORPORATION p208
1388 Cliveden Ave, DELTA, BC, V3M 6K2
(604) 526-7888 SIC 2655

SONOCO CANADA CORPORATION p527
33 Park Ave E, BRANTFORD, ON, N3S 7R9
(905) 823-7910 SIC 2655

SONOCO CANADA CORPORATION p553
674 Richmond St, CHATHAM, ON, N7M 5K4
(519) 352-8201 SIC 2655

SONOCO CANADA CORPORATION p635
633 Fortune Cres, KINGSTON, ON, K7P 2T4
(613) 389-4880 SIC 2655

SONOCO CANADA CORPORATION p716
7420a Bramalea Rd, MISSISSAUGA, ON, L5S 1W9
(905) 673-7373 SIC 2655

SONOCO CANADA CORPORATION p1042
875 Boul Industriel, GRANBY, QC, J2J 1A6
(514) 861-0097 SIC 2655

SONOCO CANADA CORPORATION p1248
530 Rue Des Erables, Trois-Rivieres, QC, G8T 8N6
(819) 374-5222 SIC 2655

SONOCO FLEXIBLE PACKAGING CANADA CORPORATION p720
295 Superior Blvd Unit 2, MISSISSAUGA, ON, L5T 2L6
SIC 2655

VAN NELLE CANADA LIMITED p422
147 Heller Rd, WOODSTOCK, NB, E7M 1X4
(506) 325-1930 SIC 2655

SIC 2656 Sanitary food containers

DART CANADA INC p834
2121 Markham Rd, SCARBOROUGH, ON, M1B 2W3
(416) 293-2877 SIC 2656

GENPAK, LP p1019
1890 Boul Fortin, Cote Saint-Luc, QC, H7S 1N8
(450) 662-1030 SIC 2656

STONE STRAW LIMITED p527
72 Plant Farm Blvd, BRANTFORD, ON, N3S 7W3
(519) 756-1974 SIC 2656

SIC 2657 Folding paperboard boxes

BELLWYCK PACKAGING INC p803
Gd, OWEN SOUND, ON, N4K 5N9
(800) 265-3708 SIC 2657

CANADIAN FOLDING CARTONS INC p429
14 Clyde Ave, MOUNT PEARL, NL, A1N 4S1
(709) 368-2133 SIC 2657

CARTONS ST-LAURENT INC p1110
630 Boul Rene-Levesque O Bureau 3000, Montreal, QC, H3B 1S6
(514) 744-6461 SIC 2657

CASCADES CANADA ULC p366
531 Golspie St, WINNIPEG, MB, R2K 2T9
(204) 667-6600 SIC 2657

CASCADES CANADA ULC p575
450 Evans Ave, ETOBICOKE, ON, M8W 2T5
(416) 255-8541 SIC 2657

CORRUPAL INC p1008
225 Av Liberte, CANDIAC, QC, J5R 3X8
(450) 638-4222 SIC 2657

EMBALLAGES STUART INC p1081
5454 Ch De La Cote-De-Liesse, MONT-ROYAL, QC, H4P 1A5
(514) 344-5000 SIC 2657

JONES PACKAGING INC p604
271 Massey Rd, GUELPH, ON, N1K 1B2
SIC 2657

SHOREWOOD PACKAGING CORP. OF CANADA LIMITED p841
2220 Midland Ave Unit 50, SCARBOROUGH, ON, M1P 3E6
(416) 940-2400 SIC 2657

VERSASCAN INC p1211
6545 Rue Vanden Abeele, SAINT-LAURENT, QC, H4S 1S1
SIC 2657

WESTROCK COMPANY OF CANADA INC p1054
1000 Ch De L'usine Bureau 2632, LA TUQUE, QC, G9X 3P8
(819) 676-8100 SIC 2657

WESTROCK COMPANY OF CANADA INC p1139
15400 Rue Sherbrooke E Bureau A-15, POINTE-AUX-TREMBLES, QC, H1A 3S2
(514) 642-9251 SIC 2657

WESTROCK COMPANY OF CANADA INC p1227
433 2e Av Du Parc-Industriel, SAINTE-MARIE, QC, G6E 3H2
(418) 387-5438 SIC 2657

SIC 2671 Paper; coated and laminated packaging

2582101 ONTARIO INC p700
880 Lakeshore Rd E, MISSISSAUGA, ON, L5E 1E1
(905) 274-2533 SIC 2671

CASCADES CANADA ULC p1030
495 Rue Haggerty, DRUMMONDVILLE, QC, J2C 3G5
(819) 478-5983 SIC 2671

CHANTLER PACKAGING INC p700
880 Lakeshore Rd E, MISSISSAUGA, ON, L5E 1E1
(905) 274-2533 SIC 2671

ECP L.P. p229
19680 94a Ave, LANGLEY, BC, V1M 3B7
(604) 513-1266 SIC 2671

ITW CANADA INC p1096
417 Place De Louvain, Montreal, QC, H2N 1A1
(514) 381-7696 SIC 2671

J. H. MCNAIRN LIMITED p958
125 Consumers Dr, WHITBY, ON, L1N 1C4
(905) 668-7533 SIC 2671

PELICAN PRODUCTS ULC p93
10221 184 St Nw, EDMONTON, AB, T5S 2J4
(780) 481-6076 SIC 2671

TRANSCENDIA CANADA LTD p847
333 Finchdene Sq, SCARBOROUGH, ON, M1X 1B9
(416) 292-6000 SIC 2671

SIC 2672 Paper; coated and laminated, nec

3M CANADA COMPANY p530
60 California Ave, BROCKVILLE, ON, K6V 7N5
(613) 498-5900 SIC 2672

3M CANADA COMPANY p807
2 Craig St, PERTH, ON, K7H 3E2
(613) 267-5300 SIC 2672

ATLANTIC COATED PAPERS LTD p1263
139 Rue Principale N, WINDSOR, QC, J1S 2E1
(819) 845-7866 SIC 2672

AVERY DENNISON CANADA CORPORATION p1256
220 Rue Joseph-Carrier, VAUDREUIL-DORION, QC, J7V 5V5
(450) 455-7971 SIC 2672

B & R HOLDINGS INC p891
32 Cranfield Rd, TORONTO, ON, M4B 3H3
(416) 701-9800 SIC 2672

COMPAGNIE CANADIAN TECHNICAL TAPE LTEE p566
1400 Rosemount Ave, CORNWALL, ON, K6J 3E6
(613) 932-3105 SIC 2672

COMPAGNIE CANADIAN TECHNICAL TAPE LTEE p1204
455 Boul De La Cote-Vertu, SAINT-LAURENT, QC, H4N 1E8
(514) 334-1510 SIC 2672

EMBALLAGES AUDACE INC p1091
2301 Rue Fleury E, Montreal, QC, H2B 1K8
SIC 2672

ETIQUETTE & RUBAN ADHESIF COMMERCE INC p990
9700 Boul Parkway, ANJOU, QC, H1J 1P2
(514) 353-6111 SIC 2672

TAPP LABEL LTD p834
999 Progress Ave, SCARBOROUGH, ON, M1B 6J1
(416) 292-6600 SIC 2672

SIC 2673 Bags: plastic, laminated, and coated

333 TRADING LTD p26
908 34 Ave Se, CALGARY, AB, T2G 1V3
(403) 240-2540 SIC 2673

6894658 CANADA INC p1122
4035 Rue Saint-Ambroise, Montreal, QC, H4C 2E1
(514) 932-8054 SIC 2673

ALPHA POLY CORPORATION p513
296 Walker Dr, BRAMPTON, ON, L6T 4B3
(905) 789-6770 SIC 2673

CLOROX COMPANY OF CANADA, LTD, THE p773
101 John St, ORANGEVILLE, ON, L9W 2R1
(519) 941-0720 SIC 2673

EMBALLAGES B. & C. LTEE, LES p514
125 East Dr, BRAMPTON, ON, L6T 1B5
(905) 791-5249 SIC 2673

EMBALLAGES SALERNO CANADA INC p1011
2275 Boul Ford, Chateauguay, QC, J6J 4Z2
(450) 692-8642 SIC 2673

ENDURAPAK INC p372
55 Plymouth St, WINNIPEG, MB, R2X 2V5
(204) 947-1383 SIC 2673

ENDURAPAK INC p868
360 Mountain St, SUDBURY, ON, P3B 2T7
(705) 673-7777 SIC 2673

HOOD PACKAGING CORPORATION p28
1222 34 Ave Se, CALGARY, AB, T2G 1V7
(403) 287-0450 SIC 2673

HOOD PACKAGING CORPORATION p1215
4755 Boul Des Grandes-Prairies, SAINT-LEONARD, QC, H1R 1A6
(514) 323-4517 SIC 2673

HYMOPACK LTD p578
55 Medulla Ave, ETOBICOKE, ON, M8Z 5L6
(416) 232-1733 SIC 2673

INTEPLAST BAGS AND FILMS CORPORATION p210
7503 Vantage Pl, DELTA, BC, V4G 1A5
(604) 946-5431 SIC 2673

INTEPLAST BAGS AND FILMS CORPORATION p419
291 Industrial Dr, SAINT JOHN, NB, E2R 1A4
(506) 633-8101 SIC 2673

MALPACK LTD p483
510 Finley Ave, AJAX, ON, L1S 2E3
(905) 426-4989 SIC 2673

POP ENVIRO BAGS & PRODUCTS p696
615 Orwell St, MISSISSAUGA, ON, L5A 2W4
(905) 272-2247 SIC 2673

SALERNO PELLICULE ET SACS DE PLASTIQUE (CANADA) INC p1011
2275 Boul Ford, Chateauguay, QC, J6J 4Z2
(450) 692-8642 SIC 2673

SALERNO SACS TRANSPARENTS LTEE p1011
2275 Boul Ford, Chateauguay, QC, J6J 4Z2
(450) 692-8642 SIC 2673

SCHOLLE IPN CANADA LTD p995
22000 Av Clark-Graham, Baie-D'Urfe, QC, H9X 4B6
(514) 457-1569 SIC 2673

SIGNODE PACKAGING GROUP CANADA ULC p674
241 Gough Rd, MARKHAM, ON, L3R 5B3
(905) 479-9754 SIC 2673

SIC 2674 Bags: uncoated paper and multiwall

BAG TO EARTH INC p725
201 Richmond Blvd, NAPANEE, ON, K7R 3Z9
(613) 354-1330 SIC 2674

HOOD PACKAGING CORPORATION p18
5615 44 St Se, CALGARY, AB, T2C 1V2
(403) 236-8900 SIC 2674

HOOD PACKAGING CORPORATION p540
2380 Mcdowell Rd, BURLINGTON, ON, L7R 4A1
(905) 637-5611 SIC 2674

HOOD PACKAGING CORPORATION p603
364 Massey Rd, GUELPH, ON, N1K 1C4
(519) 821-2570 SIC 2674

HOOD PACKAGING CORPORATION p1031
15 Rue David-Swan, EAST ANGUS, QC, J0B 1R0
(819) 832-4971 SIC 2674

TOLKO INDUSTRIES LTD p359
Hwy 10 N, THE PAS, MB, R9A 1L4
(204) 623-7411 SIC 2674

SIC 2675 Die-cut paper and board

TERDUN MATERIAL MANAGEMENT INC p691
5130 Creekbank Rd, MISSISSAUGA, ON, L4W 2G2
(905) 602-4567 SIC 2675

SIC 2676 Sanitary paper products

ATLANTIC PACKAGING PRODUCTS LTD p845
45 Milliken Blvd, SCARBOROUGH, ON, M1V 1V3
(416) 298-5566 SIC 2676

CASCADES CANADA ULC p16
4441 76 Ave Se, CALGARY, AB, T2C 2G8
(403) 723-3750 SIC 2676

CASCADES CANADA ULC p1008
77 Boul Marie-Victorin, CANDIAC, QC, J5R 1C2
(450) 444-6400 SIC 2676

CASCADES CANADA ULC p1048
467 Boul Marie-Victorin, KINGSEY FALLS, QC, J0A 1B0
(819) 363-5600 SIC 2676

CASCADES CANADA ULC p1058
115 Rue De La Princesse, LACHUTE, QC,

BUSINESSES BY INDUSTRY CLASSIFICATION   SIC 2711 Newspapers   2045

J8H 4M3
(450) 562-8585   SIC 2676
CASCADES CANADA ULC   p1130
2345 Des Laurentides (A-15) E, Montreal, QC, H7S 1Z7
(450) 688-1152   SIC 2676
FEMPRO CONSUMER PRODUCTS ULC
p1030
1330 Rue Jean-Berchmans-Michaud, DRUMMONDVILLE, QC, J2C 2Z5
(819) 475-8900   SIC 2676
IRVING CONSUMER PRODUCTS LIMITED
p937
1551 Weston Rd, TORONTO, ON, M6M 4Y4
(416) 246-6666   SIC 2676
IRVING CONSUMER PRODUCTS LIMITED
p937
1551 Weston Rd, TORONTO, ON, M6M 4Y4
(416) 246-6600   SIC 2676
KRUGER PRODUCTS L.P.   p1022
100 1e Av, CRABTREE, QC, J0K 1B0
(450) 754-2855   SIC 2676
KRUGER PRODUCTS L.P.   p1240
2888 Rue College, SHERBROOKE, QC, J1M 1T4
(819) 565-8220   SIC 2676
PROCTER & GAMBLE INC   p502
355 University Ave, BELLEVILLE, ON, K8N 5T8
(613) 966-5130   SIC 2676
PROCTER & GAMBLE INC   p1204
9900 Boul Cavendish Bureau 108, SAINT-LAURENT, QC, H4M 2V2
SIC 2676

SIC 2677 Envelopes

ALLIANCE ENVELOPE LIMITED   p557
111 Jacob Keffer Pky Suite 1, CONCORD, ON, L4K 4V1
(905) 417-4002   SIC 2677
SUPREMEX INC   p210
8189 River Way, DELTA, BC, V4G 1L2
(604) 940-4488   SIC 2677
SUPREMEX INC   p373
33 Plymouth St, WINNIPEG, MB, R2X 2V5
(204) 633-2416   SIC 2677
SUPREMEX INC   p587
400 Humberline Dr, ETOBICOKE, ON, M9W 5T3
(416) 675-9370   SIC 2677
SUPREMEX INC   p691
5300 Tomken Rd, MISSISSAUGA, ON, L4W 1P2
(905) 624-4973   SIC 2677
SUPREMEX INC   p1060
7213 Rue Cordner, LASALLE, QC, H8N 2J7
(514) 595-0555   SIC 2677
SUPREMEX INC   p1205
645 Rue Stinson, SAINT-LAURENT, QC, H4N 2E6
(514) 331-7110   SIC 2677

SIC 2678 Stationery products

3M CANADA COMPANY   p577
14 Plastics Ave, ETOBICOKE, ON, M8Z 4B7
(416) 503-3911   SIC 2678
HUTCHINGS & PATRICK INC   p794
100 Champagne Ave S, OTTAWA, ON, K1S 4P4
(613) 728-5803   SIC 2678
INTERNATIONAL GRAPHICS ULC   p1062
2135a Boul Des Laurentides, Laval, QC, H7M 4M2
(450) 625-5092   SIC 2678
S.P. RICHARDS CO. CANADA INC   p516
1325 Clark Blvd, BRAMPTON, ON, L6T 5R5
(905) 789-6351   SIC 2678

SIC 2679 Converted paper products, nec

APOLLO HEALTH AND BEAUTY CARE INC
p890
1 Apollo Pl, TORONTO, ON, M3J 0H2
(416) 758-3700   SIC 2679
ATLANTIC PACKAGING PRODUCTS LTD
p840
111 Progress Ave, SCARBOROUGH, ON, M1P 2Y9
(416) 298-5456   SIC 2679
BRITISH CONFECTIONERY COMPANY LIMITED   p433
187 Kenmount Rd Suite 2, ST. JOHN'S, NL, A1B 3P9
(709) 747-2377   SIC 2679
CASCADES CANADA ULC   p511
1925 Williams Pky Unit 123, BRAMPTON, ON, L6S 2M3
SIC 2679
CASCADES CANADA ULC   p834
5910 Finch Ave E, SCARBOROUGH, ON, M1B 5P8
(416) 412-3500   SIC 2679
CASCADES CANADA ULC   p943
300 Marmora St, TRENTON, ON, K8V 5R8
(613) 392-6505   SIC 2679
CASCADES SONOCO INC   p1048
457 Boul Marie-Victorin, KINGSEY FALLS, QC, J0A 1B0
(819) 363-5400   SIC 2679
CONVERTISSEUR DE PAPIERS ARTEAU INC   p1085
11420 Boul Armand-Bombardier, Montreal, QC, H1E 2W9
(514) 494-2222   SIC 2679
DEFEHR FURNITURE (2009) LTD   p362
770 Pandora Ave E, WINNIPEG, MB, R2C 3N1
(204) 988-5630   SIC 2679
ETIQUETTES IMS INC   p1209
9000 Boul Henri-Bourassa O, SAINT-LAURENT, QC, H4S 1L5
(514) 336-3213   SIC 2679
FD ALPHA CANADA ACQUISITION INC
p1019
2277 Des Laurentides (A-15) E, Cote Saint-Luc, QC, H7S 1Z6
(450) 680-5000   SIC 2679
GEORGIA-PACIFIC CANADA LP   p876
319 Allanburg Rd, THOROLD, ON, L2V 5C3
(905) 227-6651   SIC 2679
HONEYWELL LIMITED   p247
500 Brooksbank Ave, NORTH VANCOUVER, BC, V7J 3S4
(604) 980-3421   SIC 2679
J. D. IRVING, LIMITED   p397
100 Prom Midland, DIEPPE, NB, E1A 6X4
(506) 859-5757   SIC 2679
J. D. IRVING, LIMITED   p422
600 Route 785, UTOPIA, NB, E5C 2K4
(506) 755-3384   SIC 2679
MARKING SERVICES CANADA LTD   p135
3902 81 Ave, LEDUC, AB, T9E 0C3
(780) 986-8480   SIC 2679
MCDERMID PAPER CONVERTERS LIMITED   p765
2951 Bristol Cir Unit B, OAKVILLE, ON, L6H 6P9
(905) 829-9899   SIC 2679
NCR CANADA CORP   p685
6360 Northwest Dr, MISSISSAUGA, ON, L4V 1J7
(905) 677-2223   SIC 2679
PF RESOLU CANADA INC   p994
20 Av Marquette, BAIE-COMEAU, QC, G4Z 1K6
(418) 296-3371   SIC 2679
SPECIALIZED PACKAGING (LONDON) COMPANY ULC   p651
5 Cuddy Blvd, LONDON, ON, N5V 3Y3
(519) 659-7011   SIC 2679
TECHO-BLOC INC   p1010
7800 Rue Samuel-Hatt, CHAMBLY, QC, J3L 6W4

(450) 447-4780   SIC 2679
TENCORR PACKAGING INC   p517
6 Shaftsbury Lane, BRAMPTON, ON, L6T 3X7
(905) 799-9955   SIC 2679
TENCORR PACKAGING INC   p721
1135 Courtneypark Dr E, MISSISSAUGA, ON, L5T 1S5
(905) 564-8222   SIC 2679
WEBER MARKING SYSTEMS OF (CANADA) LIMITED   p721
6180 Danville Rd, MISSISSAUGA, ON, L5T 2H7
(905) 564-6881   SIC 2679
WESTROCK PACKAGING COMPANY   p686
3270 American Dr, MISSISSAUGA, ON, L4V 1B5
(905) 677-3592   SIC 2679

SIC 2711 Newspapers

ADVOCATE MEDIA INCORPORATED   p471
181 Brown's Point Rd, PICTOU, NS, B0K 1H0
(902) 485-1990   SIC 2711
ALBERTA NEWSPAPER GROUP INC   p138
504 7 St S, LETHBRIDGE, AB, T1J 2H1
(403) 328-4411   SIC 2711
ANNEX PUBLISHING & PRINTING INC p568
300 Argyle Ave, DELHI, ON, N4B 2Y1
SIC 2711
BATTLEFORD PUBLISHING LTD   p1277
892 104th St, NORTH BATTLEFORD, SK, S9A 1M9
(306) 445-7261   SIC 2711
BELL MEDIA INC   p790
100 Queen St Suite 1400, OTTAWA, ON, K1P 1J9
(613) 566-3600   SIC 2711
BLACK PRESS GROUP LTD   p21
278 19 St Ne, CALGARY, AB, T2E 8P7
(403) 730-8990   SIC 2711
BLACK PRESS GROUP LTD   p156
2950 Bremner Ave, RED DEER, AB, T4R 1M9
(403) 343-2400   SIC 2711
BLACK PRESS GROUP LTD   p176
34375 Gladys Ave, ABBOTSFORD, BC, V2S 2H5
(604) 853-1144   SIC 2711
BLACK PRESS GROUP LTD   p181
359 Borthwick Ave, BARRIERE, BC, V0E 1E0
(250) 672-5611   SIC 2711
BLACK PRESS GROUP LTD   p182
8325 Riverbend Crt, BURNABY, BC, V3N 5E7
(604) 636-8020   SIC 2711
BLACK PRESS GROUP LTD   p194
250 Dogwood St Suite 104, CAMPBELL RIVER, BC, V9W 2X9
(250) 287-9227   SIC 2711
BLACK PRESS GROUP LTD   p196
45860 Spadina Ave, CHILLIWACK, BC, V2P 6H9
(604) 702-5550   SIC 2711
BLACK PRESS GROUP LTD   p204
765 Mcphee Ave, COURTENAY, BC, V9N 2Z7
(250) 338-5811   SIC 2711
BLACK PRESS GROUP LTD   p211
5380 Trans Canada Hwy Unit 2, DUNCAN, BC, V9L 6W4
SIC 2711
BLACK PRESS GROUP LTD   p223
2495 Enterprise Way, KELOWNA, BC, V1X 7K2
(250) 766-4688   SIC 2711
BLACK PRESS GROUP LTD   p228
940 Oyster Bay Dr, LADYSMITH, BC, V9G 1G3
(250) 245-0350   SIC 2711
BLACK PRESS GROUP LTD   p240

777b Poplar St, NANAIMO, BC, V9S 2H7
(250) 753-3707   SIC 2711
BLACK PRESS GROUP LTD   p251
154 Middleton Ave Suite 4, PARKSVILLE, BC, V9P 2H2
(250) 248-4341   SIC 2711
BLACK PRESS GROUP LTD   p252
2250 Camrose St, PENTICTON, BC, V2A 8R1
(250) 492-0444   SIC 2711
BLACK PRESS GROUP LTD   p275
171 Shuswap St Sw, SALMON ARM, BC, V1E 4H8
(250) 832-2131   SIC 2711
BLACK PRESS GROUP LTD   p278
3764 Broadway Ave, SMITHERS, BC, V0J 2N0
(250) 847-3266   SIC 2711
BLACK PRESS GROUP LTD   p287
2411 160 St Unit 200, SURREY, BC, V3Z 0C8
(604) 531-1711   SIC 2711
BLACK PRESS GROUP LTD   p290
3210 Clinton St, TERRACE, BC, V8G 5R2
(250) 638-7283   SIC 2711
BLACK PRESS GROUP LTD   p325
4407 25 Ave, VERNON, BC, V1T 1P5
(250) 542-3558   SIC 2711
BLACK PRESS GROUP LTD   p340
188 First Ave N, WILLIAMS LAKE, BC, V2G 1Y8
(250) 392-2331   SIC 2711
BOUNDARY PUBLISHERS LTD   p1268
134 Perkins St, ESTEVAN, SK, S4A 2K1
(306) 634-9522   SIC 2711
BOUNDARY PUBLISHERS LTD   p1268
68 Souris Ave, ESTEVAN, SK, S4A 2M3
(306) 634-2654   SIC 2711
BRUNSWICK NEWS INC   p397
20 Rue St-Francois, EDMUNDSTON, NB, E3V 1E3
(506) 735-5575   SIC 2711
BRUNSWICK NEWS INC   p402
229 Boul Broadway, GRAND-SAULT/GRAND FALLS, NB, E3Z 2K1
(506) 473-3083   SIC 2711
BRUNSWICK NEWS INC   p405
2428 King George Hwy, MIRAMICHI, NB, E1V 6V9
(506) 622-2600   SIC 2711
BRUNSWICK NEWS INC   p406
939 Main St, MONCTON, NB, E1C 8P3
(506) 859-4900   SIC 2711
CENTRE DES MOTS CROISES INC   p1186
53 Rue Saint-Eustache Bureau 250, SAINT-EUSTACHE, QC, J7R 2L2
(450) 473-1700   SIC 2711
CONTINENTAL NEWSPAPERS (CANADA) LTD   p252
186 Nanaimo Ave W Suite 101, PENTICTON, BC, V2A 1N4
(250) 493-6737   SIC 2711
CONTINENTAL NEWSPAPERS (CANADA) LTD   p878
75 Cumberland St S, THUNDER BAY, ON, P7B 1A3
(807) 343-6200   SIC 2711
DEVOIR INC, LE   p1105
2050 Rue De Bleury, Montreal, QC, H3A 2J5
(514) 985-3333   SIC 2711
EDITIONS BLAINVILLE-DEUX-MONTAGNES INC, LES   p1231
50b Rue Turgeon Bureau 248, SAINTE-THERESE, QC, J7E 3H4
(450) 435-6537   SIC 2711
FP CANADIAN NEWSPAPERS LIMITED PARTNERSHIP   p372
1355 Mountain Ave, WINNIPEG, MB, R2X 3B6
(204) 697-7000   SIC 2711
FREE DAILY NEWS GROUP INC   p903
625 Church St Suite 400, TORONTO, ON, M4Y 2G1
(416) 486-4900   SIC 2711

▲ Public Company   ■ Public Company Family Member   HQ Headquarters   BR Branch   SL Single Location

GESCA LTEE p789
47 Clarence St Suite 222, OTTAWA, ON, K1N 9K1
(613) 562-0111   SIC 2711

GESCA LTEE p1102
750 Boul Saint-Laurent, Montreal, QC, H2Y 2Z4
(514) 285-7000   SIC 2711

GLACIER MEDIA INC p206
901 100 Ave, DAWSON CREEK, BC, V1G 1W2
(250) 782-4888   SIC 2711

GLACIER MEDIA INC p259
150 Brunswick St, PRINCE GEORGE, BC, V2L 2B3
(250) 562-6666   SIC 2711

GLACIER MEDIA INC p329
2621 Douglas St, VICTORIA, BC, V8T 4M2
(250) 380-5211   SIC 2711

GLACIER MEDIA INC p377
Gd, WINNIPEG, MB, R3C 3K7
(204) 944-5767   SIC 2711

GROUPE DES MEDIAS TRANSCONTINENTAL DE LA NOUVELLE-ECOSSE INC p477
6 Louise St, TRURO, NS, B2N 3K2
(902) 895-4404   SIC 2711

GROUPE DES MEDIAS TRANSCONTINENTAL DE LA NOUVELLE-ECOSSE INC p1111
1 Place Ville-Marie Bureau 3315, Montreal, QC, H3B 3N2
(514) 954-4000   SIC 2711

GVIC COMMUNICATIONS INC p1296
2310 Millar Ave, SASKATOON, SK, S7K 2Y2
(306) 665-3500   SIC 2711

HALIFAX HERALD LIMITED, THE p444
311 Bluewater Rd, BEDFORD, NS, B4B 1Z9
(902) 426-2811   SIC 2711

HANKOOK ILBO & THE KOREA TIMES LIMITED p759
287 Bridgeland Ave, NORTH YORK, ON, M6A 1Z6
(416) 787-1111   SIC 2711

ISLAND PUBLISHERS LTD p331
818 Broughton St, VICTORIA, BC, V8W 1E4
(250) 480-0755   SIC 2711

JAMISON NEWSPAPERS INC p167
25 Chisholm Ave Unit 10, ST. ALBERT, AB, T8N 5A5
(780) 460-5500   SIC 2711

KAMLOOPS THIS WEEK PAPER p220
1365b Dalhousie Dr, KAMLOOPS, BC, V2C 5P6
(250) 374-7467   SIC 2711

LIGHTHOUSE PUBLISHING LIMITED p445
353 York St, BRIDGEWATER, NS, B4V 3K2
(902) 543-2457   SIC 2711

MEDIAS TRANSCONTINENTAL INC p425
106 West St, CORNER BROOK, NL, A2H 2Z3
(709) 634-4348   SIC 2711

MEDIAS TRANSCONTINENTAL INC p436
430 Topsail Rd Suite 86, ST. JOHN'S, NL, A1E 4N1
(709) 364-6300   SIC 2711

MEDIAS TRANSCONTINENTAL INC p981
165 Prince St, CHARLOTTETOWN, PE, C1A 4R7
(902) 629-6000   SIC 2711

MEDIAS TRANSCONTINENTAL INC p1028
455 Boul Fenelon Bureau 303, DORVAL, QC, H9S 5T8
(514) 636-7314   SIC 2711

MEDIAS TRANSCONTINENTAL INC p1030
1050 Rue Cormier, DRUMMONDVILLE, QC, J2C 2N6
(819) 478-8171   SIC 2711

MEDIAS TRANSCONTINENTAL INC p1169
5000 Boul Saint-Joseph Porte 8, Quebec, QC, J2C 2B4
(418) 686-6400   SIC 2711

MEDIAS TRANSCONTINENTAL INC p1170
1004 Rue Notre-Dame Bureau 159, REPENTIGNY, QC, J5Y 1S9
(450) 581-5120   SIC 2711

MEDIAS TRANSCONTINENTAL INC p1205
1500 Boul Jules-Poitras Bureau 200, SAINT-LAURENT, QC, H4N 1X7
(514) 745-5720   SIC 2711

MEDIAS TRANSCONTINENTAL INC p1259
43 Rue Notre-Dame E, VICTORIAVILLE, QC, G6P 3Z4
(819) 758-6211   SIC 2711

MEDIAS TRANSCONTINENTAL INC p1275
44 Fairford St W, MOOSE JAW, SK, S6H 1V1
(306) 692-6441   SIC 2711

MEDIAS TRANSCONTINENTAL INC p1279
30 10th St E, PRINCE ALBERT, SK, S6V 0Y5
(306) 764-4276   SIC 2711

MEDIAS TRANSCONTINENTAL INC p1306
30 4th Ave Nw, SWIFT CURRENT, SK, S9H 0T5
(306) 773-9321   SIC 2711

MEDIAS TRANSCONTINENTAL S.E.N.C. p409
425 Edinburgh Dr, MONCTON, NB, E1E 2L2
SIC 2711

MEDIAS TRANSCONTINENTAL S.E.N.C. p475
255 George St, SYDNEY, NS, B1P 1J7
(902) 564-5451   SIC 2711

MEDIAS TRANSCONTINENTAL S.E.N.C. p594
5300 Canotek Rd Unit 30, GLOUCESTER, ON, K1J 1A4
(613) 744-4800   SIC 2711

MEDIAS TRANSCONTINENTAL S.E.N.C. p1244
1300 Grande Allee Suite 210, TERREBONNE, QC, J6W 4M4
(450) 964-4400   SIC 2711

METROLAND MEDIA GROUP LTD p483
130 Commercial Ave, AJAX, ON, L1S 2H5
(905) 683-5110   SIC 2711

METROLAND MEDIA GROUP LTD p508
34 E.P. Lee Dr, BRACEBRIDGE, ON, P1L 0A1
(705) 645-8771   SIC 2711

METROLAND MEDIA GROUP LTD p534
5046 Mainway Unit 2, BURLINGTON, ON, L7L 5Z1
(905) 632-4444   SIC 2711

METROLAND MEDIA GROUP LTD p555
884 Division St Unit 212, COBOURG, ON, K9A 5V6
(905) 373-7355   SIC 2711

METROLAND MEDIA GROUP LTD p586
307 Humberline Dr, ETOBICOKE, ON, M9W 5V1
(416) 493-4400   SIC 2711

METROLAND MEDIA GROUP LTD p602
14 Macdonell Ave Unit 8, GUELPH, ON, N1H 2Z3
(519) 822-4310   SIC 2711

METROLAND MEDIA GROUP LTD p625
240 Terence Matthews Cres Suite 202, KANATA, ON, K2M 2C4
SIC 2711

METROLAND MEDIA GROUP LTD p647
192 St David St, LINDSAY, ON, K9V 4Z4
(705) 324-8600   SIC 2711

METROLAND MEDIA GROUP LTD p648
185 Wallace Ave N, LISTOWEL, ON, N4W 1K8
(519) 291-1660   SIC 2711

METROLAND MEDIA GROUP LTD p673
50 Mcintosh Dr Unit 115, MARKHAM, ON, L3R 9T3
(905) 294-2200   SIC 2711

METROLAND MEDIA GROUP LTD p682
555 Industrial Dr, MILTON, ON, L9T 5E1
(905) 878-2341   SIC 2711

METROLAND MEDIA GROUP LTD p700
3145 Wolfedale Rd, MISSISSAUGA, ON, L5C 3A9
(905) 273-8111   SIC 2711

METROLAND MEDIA GROUP LTD p714
6255 Cantay Rd Unit 3, MISSISSAUGA, ON, L5R 3Z4
(905) 273-8100   SIC 2711

METROLAND MEDIA GROUP LTD p733
580 Steven Crt Unit B, NEWMARKET, ON, L3Y 6Z2
(905) 853-8888   SIC 2711

METROLAND MEDIA GROUP LTD p733
Gd Lcd 1, NEWMARKET, ON, L3Y 4W2
SIC 2711

METROLAND MEDIA GROUP LTD p743
175 Gordon Baker Rd, NORTH YORK, ON, M2H 2N7
(416) 493-4400   SIC 2711

METROLAND MEDIA GROUP LTD p768
467 Speers Rd Suite 1, OAKVILLE, ON, L6K 3S4
(905) 845-3824   SIC 2711

METROLAND MEDIA GROUP LTD p780
865 Farewell St, OSHAWA, ON, L1H 6N8
(905) 579-4400   SIC 2711

METROLAND MEDIA GROUP LTD p780
845 Farewell St, OSHAWA, ON, L1H 6N8
(905) 579-4400   SIC 2711

METROLAND MEDIA GROUP LTD p810
884 Ford St, PETERBOROUGH, ON, K9J 5V3
(705) 749-3383   SIC 2711

METROLAND MEDIA GROUP LTD p850
65 Lorne St, SMITHS FALLS, ON, K7A 3K8
(800) 267-7936   SIC 2711

METROLAND MEDIA GROUP LTD p888
10 Tempo Ave, TORONTO, ON, M2H 2N8
(416) 493-1300   SIC 2711

MING PAO NEWSPAPERS (CANADA) LIMITED p266
5368 Parkwood Pl, RICHMOND, BC, V6V 2N1
(604) 231-8998   SIC 2711

MING PAO NEWSPAPERS (CANADA) LIMITED p930
23 Spadina Ave, TORONTO, ON, M5V 3M5
(416) 321-0088   SIC 2711

OSPREY MEDIA PUBLISHING INC p673
100 Renfrew Dr Suite 110, MARKHAM, ON, L3R 9R6
(905) 752-1132   SIC 2711

PASQUIA PUBLISHING LTD p1307
1004 102 Ave, TISDALE, SK, S0E 1T0
(306) 873-4515   SIC 2711

PEAK PUBLISHING LTD p258
4400 Marine Ave Unit 102, POWELL RIVER, BC, V8A 2K1
(604) 485-5313   SIC 2711

POSTMEDIA NETWORK INC p25
215 16 St Se, CALGARY, AB, T2E 7P5
(403) 235-7168   SIC 2711

POSTMEDIA NETWORK INC p81
10006 101 St Nw, EDMONTON, AB, T5J 0S1
(780) 429-5100   SIC 2711

POSTMEDIA NETWORK INC p179
30887 Peardonville Rd Suite 1, ABBOTSFORD, BC, V2T 6K2
SIC 2711

POSTMEDIA NETWORK INC p184
3430 Brighton Ave Suite 201a, BURNABY, BC, V5A 3H4
(604) 444-3451   SIC 2711

POSTMEDIA NETWORK INC p197
45951 Trethewey Ave Unit 101, CHILLIWACK, BC, V2P 1K4
(604) 792-9117   SIC 2711

POSTMEDIA NETWORK INC p220
393 Seymour St, KAMLOOPS, BC, V2C 6P6
(250) 371-6152   SIC 2711

POSTMEDIA NETWORK INC p241
2575 Mccullough Rd Suite B1, NANAIMO, BC, V9S 5W5
SIC 2711

POSTMEDIA NETWORK INC p248
126 15th St E Suite 100, NORTH VANCOUVER, BC, V7L 2P9
(604) 985-2131   SIC 2711

POSTMEDIA NETWORK INC p254
4918 Napier St, PORT ALBERNI, BC, V9Y 3H5
SIC 2711

POSTMEDIA NETWORK INC p256
1525 Broadway St Unit 115, PORT COQUITLAM, BC, V3C 6P6
SIC 2711

POSTMEDIA NETWORK INC p270
5731 No. 3 Rd, RICHMOND, BC, V6X 2C9
(604) 270-8031   SIC 2711

POSTMEDIA NETWORK INC p282
5460 152 St Unit 102, SURREY, BC, V3S 5J9
(604) 572-0064   SIC 2711

POSTMEDIA NETWORK INC p309
200 Granville St Suite 1, VANCOUVER, BC, V6C 3N3
(604) 605-2000   SIC 2711

POSTMEDIA NETWORK INC p309
200 Granville St Suite 1, VANCOUVER, BC, V6C 3N3
(604) 605-2000   SIC 2711

POSTMEDIA NETWORK INC p329
2621 Douglas St, VICTORIA, BC, V8T 4M2
(250) 995-4417   SIC 2711

POSTMEDIA NETWORK INC p752
1450 Don Mills Rd, NORTH YORK, ON, M3B 0B3
(416) 442-2121   SIC 2711

POSTMEDIA NETWORK INC p800
1101 Baxter Rd, OTTAWA, ON, K2C 3M4
(613) 829-9100   SIC 2711

POSTMEDIA NETWORK INC p902
365 Bloor St E Suite 1601, TORONTO, ON, M4W 3L4
(416) 383-2300   SIC 2711

POSTMEDIA NETWORK INC p968
167 Ferry St, WINDSOR, ON, N9A 0C5
(519) 255-5720   SIC 2711

POSTMEDIA NETWORK INC p1113
1010 Rue Sainte-Catherine O Unite 200, Montreal, QC, H3B 5L1
(514) 284-0040   SIC 2711

POSTMEDIA NETWORK INC p1283
1964 Park St, REGINA, SK, S4N 7M5
(306) 781-5211   SIC 2711

POSTMEDIA NETWORK INC p1297
204 5th Ave N, SASKATOON, SK, S7K 2P1
(306) 657-6206   SIC 2711

PRAIRIE PUBLISHING LTD p1270
535 Main St, HUMBOLDT, SK, S0K 2A1
(306) 682-2561   SIC 2711

PRESSE, LTEE, LA p1103
750 Boul Saint-Laurent, Montreal, QC, H2Y 2Z4
(514) 285-7000   SIC 2711

RANNIE PUBLICATIONS LIMITED p501
4309 Central Ave, BEAMSVILLE, ON, L0R 1B0
SIC 2711

RECORD NEW WESTMINSTER, THE p184
3430 Brighton Ave Suite 201a, BURNABY, BC, V5A 3H4
(604) 444-3451   SIC 2711

SING TAO (CANADA) LIMITED p927
417 Dundas St W, TORONTO, ON, M5T 1G6
(416) 596-8140   SIC 2711

ST. JOSEPH PRINTING LIMITED p752
236 Lesmill Rd, NORTH YORK, ON, M3B 2T5
(416) 449-4579   SIC 2711

TEMISKAMING PRINTING COMPANY LIMITED p731
18 Wellington St, NEW LISKEARD, ON, P0J 1P0
(705) 647-6791   SIC 2711

THOMSON REUTERS CANADA LIMITED p470
352 East River Rd, NEW GLASGOW, NS, B2H 3P7
(902) 752-3000   SIC 2711

THOMSON REUTERS CANADA LIMITED p566

44 Pitt St, CORNWALL, ON, K6J 3P2
(613) 933-3160   SIC 2711
TORONTO STAR NEWSPAPERS LIMITED p610
44 Frid St, HAMILTON, ON, L8N 3G3
(905) 526-3333   SIC 2711
TORONTO STAR NEWSPAPERS LIMITED p904
625 Church St Suite 600, TORONTO, ON, M4Y 2G1
SIC 2711
TORONTO STAR NEWSPAPERS LIMITED p975
1 Century Pl, WOODBRIDGE, ON, L4L 8R2
SIC 2711
TORSTAR CORPORATION p641
160 King St E, KITCHENER, ON, N2G 4E5
(519) 821-2022   SIC 2711
TORSTAR CORPORATION p780
865 Farewell St, OSHAWA, ON, L1H 6N8
(905) 579-4400   SIC 2711
TRANSCONTINENTAL INC p434
36 Austin St, ST. JOHN'S, NL, A1B 4C2
(709) 722-8500   SIC 2711
TRANSCONTINENTAL INC p470
9185 Commercial St Suite 2, NEW MINAS, NS, B4N 3G1
(902) 681-2121   SIC 2711
TRANSCONTINENTAL INC p1083
1107 Rue De Saint-Jovite, MONT-TREMBLANT, QC, J8E 3J9
(819) 425-8658   SIC 2711
TRANSCONTINENTAL INC p1178
25 Rue Gamble E, ROUYN-NORANDA, QC, J9X 3B6
(819) 762-4361   SIC 2711
TRANSCONTINENTAL INC p1202
179 Rue Saint-Georges, Saint-Jerome, QC, J7Z 4Z8
(450) 436-3303   SIC 2711
TRANSCONTINENTAL PRINTING INC p972
100b Royal Group Cres, WOODBRIDGE, ON, L4H 1X9
(905) 663-1216   SIC 2711
TRANSCONTINENTAL PRINTING INC p991
10807 Rue Mirabeau, ANJOU, QC, H1J 1T7
(514) 355-4134   SIC 2711
WESTERN WHEEL PUBLISHING LTD, THE p149
9 Mcrae St, OKOTOKS, AB, T1S 2A2
(403) 938-6397   SIC 2711
WORLD JOURNAL LTD p295
2288 Clark Dr, VANCOUVER, BC, V5N 3G8
(604) 876-1338   SIC 2711
YORKTON PUBLISHING LTD p1310
20 Third Ave N, YORKTON, SK, S3N 1B9
(306) 782-2465   SIC 2711

SIC 2721 Periodicals

1772887 ONTARIO LIMITED p909
6 Church St Suite 200, TORONTO, ON, M5E 1M1
(416) 364-3336   SIC 2721
ANNEX PUBLISHING & PRINTING INC p490
222 Edward St, AURORA, ON, L4G 1W6
(905) 727-0077   SIC 2721
B. & C. LIST (1982) LTD p298
8278 Manitoba St, Vancouver, BC, V5X 3A2
(604) 482-3100   SIC 2721
BCI LENO INC p928
366 Adelaide St W Suite 500, TORONTO, ON, M5V 1R9
(416) 408-2300   SIC 2721
CANADIAN SCIENCE PUBLISHING (CSP) p726
65 Auriga Dr Suite 203, NEPEAN, ON, K2E 7W6
(613) 656-9846   SIC 2721
COMMUNICATIONS VOIR INC p1149
470 Rue De La Couronne, Quebec, QC, G1K 6G2
(418) 522-7777   SIC 2721

GOUVERNEMENT DE LA PROVINCE DE QUEBEC p1157
200 Ch Sainte-Foy 3e etage Bureau 300, Quebec, QC, G1R 5T4
(418) 691-2401   SIC 2721
GROUPE DES MEDIAS TRANSCONTINENTAL DE LA NOUVELLE-ECOSSE INC p1003
1485 Rue De Coulomb, BOUCHERVILLE, QC, J4B 7L8
(450) 641-9000   SIC 2721
JWP PUBLISHING LIMITED PARTNERSHIP p24
816 55 Ave Ne 2nd Fl, CALGARY, AB, T2E 6Y4
(403) 265-3700   SIC 2721
JWP PUBLISHING LIMITED PARTNERSHIP p51
999 8 St Sw Suite 300, CALGARY, AB, T2R 1N7
(403) 209-3500   SIC 2721
MEDIAS TRANSCONTINENTAL INC p1046
342 Rue Beaudry N, JOLIETTE, QC, J6E 6A6
(450) 759-3664   SIC 2721
METROLAND MEDIA GROUP LTD p641
160 King St E, KITCHENER, ON, N2G 4E5
(519) 894-2250   SIC 2721
NAYLOR (CANADA), INC p384
1630 Ness Ave Unit 300, WINNIPEG, MB, R3J 3X1
(204) 975-0415   SIC 2721
NAYLOR (CANADA), INC p902
2 Bloor St W Suite 2001, TORONTO, ON, M4W 3E2
SIC 2721
PUBLICATIONS SENIOR INC p1093
4475 Rue Frontenac, Montreal, QC, H2H 2S2
(514) 278-9325   SIC 2721
REDPOINT MEDIA GROUP INC p29
1900 11 St Se Suite 100, CALGARY, AB, T2G 3G2
(403) 240-9055   SIC 2721
ROGERS MEDIA INC p903
1 Mount Pleasant Rd, TORONTO, ON, M4Y 2Y5
(416) 764-2000   SIC 2721
SALTWIRE NETWORK INC p462
2717 Joseph Howe Dr, HALIFAX, NS, B3L 4T9
(902) 426-8211   SIC 2721
TRADER CORPORATION p87
11638 142 St Nw, EDMONTON, AB, T5M 1V4
(780) 415-6800   SIC 2721
TRADER CORPORATION p190
3555 Gilmore Way 1 West, BURNABY, BC, V5G 0B3
(604) 540-4455   SIC 2721
TRADER CORPORATION p384
1749 Ellice Ave Suite G, WINNIPEG, MB, R3H 1H9
(204) 949-6444   SIC 2721
TRADER CORPORATION p384
1749 Ellice Ave Suite G, WINNIPEG, MB, R3H 1H9
(204) 949-6444   SIC 2721
TRADER CORPORATION p453
11 Akerley Blvd Suite 400a, DARTMOUTH, NS, B3B 1V7
(902) 468-2899   SIC 2721
TRADER CORPORATION p453
11 Akerley Blvd Suite 400a, DARTMOUTH, NS, B3B 1V7
(902) 421-1332   SIC 2721
TRADER CORPORATION p582
405 The West Mall Suite 110, ETOBICOKE, ON, M9C 5J1
(416) 789-3311   SIC 2721
TRADER CORPORATION p760
970 Lawrence Ave W Suite 500, NORTH YORK, ON, M6A 3B6
(416) 784-5494   SIC 2721
TRADER CORPORATION p963

5960 Tecumseh Rd E, WINDSOR, ON, N8T 1E3
SIC 2721
TRADER CORPORATION p1117
1600 Boul Rene-Levesque O Bureau 140, Montreal, QC, H3H 1P9
(514) 764-4000   SIC 2721
TRANSCONTINENTAL INC p1108
2001 Boul Robert-Bourassa Unite 900, Montreal, QC, H3A 2A6
(514) 499-0491   SIC 2721
TRANSCONTINENTAL INC p1254
1462 Rue De La Quebecoise, VAL-D'OR, QC, J9P 5H4
(819) 825-3755   SIC 2721
TRANSCONTINENTAL PRINTING INC p315
2608 Granville St Suite 560, VANCOUVER, BC, V6H 3V3
(604) 877-7732   SIC 2721
VANCOUVER FREE PRESS PUBLISHING CORP p317
1701 Broadway W, VANCOUVER, BC, V6J 1Y3
(604) 730-7000   SIC 2721
WOLTERS KLUWER CANADA LIMITED p324
505 Burrard St Suite 1760, VANCOUVER, BC, V7X 1M6
(800) 268-4522   SIC 2721
WOLTERS KLUWER CANADA LIMITED p750
90 Sheppard Ave E Suite 300, NORTH YORK, ON, M2N 6X1
(416) 224-2224   SIC 2721
WOLTERS KLUWER QUEBEC LTEE p1008
7005 Boul Taschereau Bureau 190, BROSSARD, QC, J4Z 1A7
(450) 678-4443   SIC 2721

SIC 2731 Book publishing

ADVOCATE PRINTING AND PUBLISHING COMPANY LIMITED p471
Gd, PICTOU, NS, B0K 1H0
(902) 485-1990   SIC 2731
BAYARD PRESS CANADA INC p1092
4475 Rue Frontenac, MONTREAL, QC, H2H 2S2
(514) 844-2111   SIC 2731
BGI HOLDINGS INC p15
5375 50 St Se Suite 3, CALGARY, AB, T2C 3W1
(403) 299-9400   SIC 2731
CASTLE ROCK RESEARCH CORPORATION p79
10180 101 St Nw Suite 2410, EDMONTON, AB, T5J 3S4
(780) 448-9619   SIC 2731
EDITIONS JOBBOOM INC, LES p1126
800 Rue Du Square-Victoria Bureau 5, Montreal, QC, H4Z 1A1
SIC 2731
EDITIONS YVON BLAIS INC, LES p1021
137 Rue John, COWANSVILLE, QC, J2K 1W9
SIC 2731
GROLIER LIMITEE p1019
1700 Boul Laval Bureau 580, Cote Saint-Luc, QC, H7S 2J2
(450) 667-1510   SIC 2731
GROUPE SOGIDES INC p1095
955 Rue Amherst, Montreal, QC, H2L 3K4
(514) 523-1182   SIC 2731
HARPERCOLLINS CANADA LIMITED p901
2 Bloor St E 20th Fl, TORONTO, ON, M4W 1A8
(416) 975-9334   SIC 2731
IMPRIMERIE LEBONFON INC p1254
1051 Rue De L'echo, VAL-D'OR, QC, J9P 4N9
(819) 825-8888   SIC 2731
INFORMATION SCIENCE INDUSTRIES (CANADA) LIMITED p802

530 Lacolle Way, OTTAWA, ON, K4A 0N9
(613) 745-3098   SIC 2731
JOSTENS CANADA LTD p1209
6630 Rue Abrams, SAINT-LAURENT, QC, H4S 1Y1
(514) 687-3926   SIC 2731
KIDS CAN PRESS LTD p904
25 Dockside Dr, TORONTO, ON, M5A 0B5
(416) 479-7191   SIC 2731
KIWI COLLECTION INC p304
375 Water St Suite 645, VANCOUVER, BC, V6B 5C6
(604) 737-7397   SIC 2731
LEXISNEXIS CANADA INC p743
111 Gordon Baker Road Suite 900, NORTH YORK, ON, M2H 3R1
(905) 479-2665   SIC 2731
LEXISNEXIS CANADA INC p1102
215 Rue Saint-Jacques Bureau 1111, Montreal, QC, H2Y 1M6
(514) 287-0339   SIC 2731
MARITIME LAW BOOK LTD p400
30 Mackenzie Rd, FREDERICTON, NB, E3B 6B7
(506) 453-9921   SIC 2731
MEDIAS TRANSCONTINENTAL S.E.N.C. p456
211 Horshoe Lake Drive, HALIFAX, NS, B3F 0B9
(902) 468-8027   SIC 2731
PEARSON CANADA HOLDINGS INC p734
195 Harry Walker Pky N Suite A, NEWMARKET, ON, L3Y 7B3
(905) 853-7888   SIC 2731
PEARSON CANADA HOLDINGS INC p753
26 Prince Andrew Pl, NORTH YORK, ON, M3C 2H4
(416) 447-5101   SIC 2731
PEARSON CANADA HOLDINGS INC p734
195 Harry Walker Pky N Suite A, NEWMARKET, ON, L3Y 7B3
(905) 853-7888   SIC 2731
PENGUIN RANDOM HOUSE CANADA LIMITED p908
1 Toronto St Suite 300, TORONTO, ON, M5C 2V6
(416) 364-4449   SIC 2731
PENGUIN RANDOM HOUSE CANADA LIMITED p930
320 Front St W Suite 1400, TORONTO, ON, M5V 3B6
(416) 364-4449   SIC 2731
READER'S DIGEST ASSOCIATION (CANADA) ULC, THE p902
250 Bloor St E Suite 502, TORONTO, ON, M4W 1E6
(416) 925-8941   SIC 2731
REED ELSEVIER CANADA LTD p936
905 King St W Suite 400, TORONTO, ON, M6K 3G9
(416) 253-3640   SIC 2731
RICOH DOCUMENT MANAGEMENT LIMITED PARTNERSHIP p491
205 Industrial Pky N Unit 2, AURORA, ON, L4G 4C4
(905) 841-8433   SIC 2731
THOMSON REUTERS CANADA LIMITED p758
245 Bartley Dr, NORTH YORK, ON, M4A 2V8
(416) 759-6707   SIC 2731
THOMSON REUTERS CANADA LIMITED p1115
75 Rue Queen Bureau 4700, Montreal, QC, H3C 2N6
(514) 842-3937   SIC 2731
UNIVERSITY OF TORONTO PRESS p755
5201 Dufferin St, NORTH YORK, ON, M3H 5T8
(416) 667-7777   SIC 2731
UNIVERSITY OF TORONTO PRESS p755
5201 Dufferin St, NORTH YORK, ON, M3H 5T8
(416) 667-7810   SIC 2731

UNIVERSITY OF TORONTO PRESS p904
10 St Mary St Suite 700, TORONTO, ON, M4Y 2W8
(416) 978-2239   SIC 2731

SIC 2732 Book printing

ATELIER SIGNES D'ESPOIR p1147
4155 4e Av O, Quebec, QC, G1H 7A6
(418) 624-4752   SIC 2732

CANADIAN MARKETING TEST CASE 206 LIMITED p713
5770 Hurontario St, MISSISSAUGA, ON, L5R 3G5
(905) 555-5555   SIC 2732

IMPRIMERIE SOLISCO INC p843
330 Middlefield Rd, SCARBOROUGH, ON, M1S 5B1
SIC 2732

IMPRIMERIES TRANSCONTINENTAL 2005 S.E.N.C. p803
2049 20th St E, OWEN SOUND, ON, N4K 5R2
(519) 376-8330   SIC 2732

MARQUIS IMPRIMEUR INC p1073
750 Rue Deveault, LOUISEVILLE, QC, J5V 3C2
(819) 228-2766   SIC 2732

MARQUIS IMPRIMEUR INC p1083
305 Boul Tache E, MONTMAGNY, QC, G5V 1C7
(418) 248-0737   SIC 2732

UNIGRAPHICS MANITOBA LTD p382
488 Burnell St, WINNIPEG, MB, R3G 2B4
(204) 784-1030   SIC 2732

SIC 2741 Miscellaneous publishing

CORPORATION OF THE CITY OF TORONTO p891
2 Hobson Ave, TORONTO, ON, M4A 1Y2
(416) 392-8940   SIC 2741

GROUPE PAGES JAUNES CORP p10
2891 Sunridge Way Ne Suite 100, CALGARY, AB, T1Y 7K7
(604) 268-4578   SIC 2741

GROUPE PAGES JAUNES CORP p834
325 Milner Ave Suite 4, SCARBOROUGH, ON, M1B 5S8
(416) 412-5000   SIC 2741

GROUPE PAGES JAUNES CORP p1161
2960 Boul Laurier Bureau 006, Quebec, QC, G1V 4S1
(418) 656-1530   SIC 2741

HOSPITAL ACTIVITY BOOK FOR CHILDREN p80
10104 103 Ave Nw Suite 925, EDMONTON, AB, T5J 0H8
(780) 425-5335   SIC 2741

PATIENT NEWS PUBLISHING LTD p605
5152 County Rd 121, HALIBURTON, ON, K0M 1S0
(705) 457-4030   SIC 2741

SISCA SOLUTIONS D'AFFAIRES CANADA INC p1061
790 Rue D'upton, LASALLE, QC, H8R 2T9
(514) 363-5511   SIC 2741

TAMEC INC p1115
980 Rue Saint-Antoine O Bureau 400, Montreal, QC, H3C 1A8
SIC 2741

TRADER CORPORATION p658
332 Wellington Rd Unit 1, LONDON, ON, N6C 4P6
SIC 2741

VILLE DE MONTREAL p1115
801 Rue Brennan Bureau 1200, Montreal, QC, H3C 0G4
(514) 872-2706   SIC 2741

SIC 2752 Commercial printing, lithographic

1009278 ONTARIO INC p669
800 Cochrane Dr, MARKHAM, ON, L3R 8C9
SIC 2752

1095533 ONTARIO INC p717
320 Ambassador Dr, MISSISSAUGA, ON, L5T 2J3
(905) 795-9575   SIC 2752

2400318 ONTARIO INC p557
731 Millway Ave, CONCORD, ON, L4K 3S8
(905) 677-7776   SIC 2752

8388059 CANADA INC p669
4250 14th Ave, MARKHAM, ON, L3R 0J3
(416) 848-8500   SIC 2752

9049-3347 QUEBEC INC p1260
383 Boul De La Bonaventure, VICTORIAVILLE, QC, G6T 1V5
(819) 758-0667   SIC 2752

COBER PRINTING LIMITED p497
84 Saunders Rd, BARRIE, ON, L4N 9A8
(705) 722-4437   SIC 2752

CONTINU-GRAPH INC p1205
409 Boul Lebeau, SAINT-LAURENT, QC, H4N 1S2
(514) 331-0741   SIC 2752

COPIES DE LA CAPITALE INC, LES p1149
235 Boul Charest E, Quebec, QC, G1K 3G8
(418) 648-1911   SIC 2752

CORPORATION D'ETIQUETTE MULTICOLOR CANADA p1057
1925 32e Av, LACHINE, QC, H8T 3J1
(514) 341-4850   SIC 2752

CUISINES MRS INC p1259
11 Rue De La Nicolet, VICTORIAVILLE, QC, G6P 7H2
(819) 758-1594   SIC 2752

CURTIS - J K PRINTING LIMITED p963
1555 Kildare Rd, WINDSOR, ON, N8W 2W2
(519) 977-9990   SIC 2752

DATA COMMUNICATIONS MANAGEMENT CORP p1003
1570 Rue Ampere Bureau 3000, BOUCHERVILLE, QC, J4B 7L4
SIC 2752

FEDEX OFFICE CANADA LIMITED p911
505 University Ave, TORONTO, ON, M5G 2P2
(416) 979-8447   SIC 2752

FLASH REPRODUCTIONS LIMITED p585
51 Galaxy Blvd Suite 1, ETOBICOKE, ON, M9W 5P1
(416) 742-1244   SIC 2752

FORMULES D'AFFAIRES SUPRATECH INC p1042
960 Rue Andre-Line, GRANBY, QC, J2J 1E2
(450) 777-1041   SIC 2752

GILMORE GLOBAL LOGISTICS SERVICES INC p800
1636 Woodward Dr, OTTAWA, ON, K2C 3R8
(613) 599-6065   SIC 2752

GILMORE, R. E. INVESTMENTS CORP p800
1636 Woodward Dr, OTTAWA, ON, K2C 3R8
(613) 727-5610   SIC 2752

GRIFFIN HOUSE GRAPHICS LIMITED p758
35 Mobile Dr, NORTH YORK, ON, M4A 2P6
(416) 596-8800   SIC 2752

HEMLOCK EXPRESS (VANCOUVER) LTD p193
7050 Buller Ave, BURNABY, BC, V5J 4S4
(604) 439-2456   SIC 2752

HURONWEB OFFSET PRINTING INC p979
395 Broadway St, WYOMING, ON, N0N 1T0
(519) 845-0821   SIC 2752

IMPRIMERIE SOLISCO INC p1233
120 10e Rue, SCOTT, QC, G0S 3G0
(418) 387-8908   SIC 2752

IMPRIMERIES TRANSCONTINENTAL 2005 S.E.N.C p1085
8000 Av Blaise-Pascal, Montreal, QC, H1E 2S7
SIC 2752

IMPRIMERIES TRANSCONTINENTAL 2005 S.E.N.C. p1296
838 56th St E, SASKATOON, SK, S7K 5Y8

KAYJON GRAPHIQUES INC p1209
8150 Rte Transcanadienne Bureau 100, SAINT-LAURENT, QC, H4S 1M5
(514) 333-1933   SIC 2752

LOWE-MARTIN COMPANY INC p714
5990 Falbourne St, MISSISSAUGA, ON, L5R 3S7
(905) 507-8782   SIC 2752

LOWE-MARTIN COMPANY INC p719
7330 Pacific Cir, MISSISSAUGA, ON, L5T 1V1
(905) 696-9493   SIC 2752

LOWE-MARTIN COMPANY INC p719
6006 Kestrel Rd, MISSISSAUGA, ON, L5T 1S8
(905) 670-7100   SIC 2752

LOWE-MARTIN COMPANY INC p795
400 Hunt Club Rd, OTTAWA, ON, K1V 1C1
(613) 741-0962   SIC 2752

M & T INSTA-PRINT (KITCHENER-WATERLOO) LIMITED p637
907 Frederick St Suite 1, KITCHENER, ON, N2B 2B9
(519) 571-0101   SIC 2752

M & T INSTA-PRINT LIMITED p664
318 Neptune Cres Suite 1, LONDON, ON, N6M 1A1
(519) 455-6667   SIC 2752

MARACLE PRESS LIMITED p780
1156 King St E, OSHAWA, ON, L1H 1H8
(905) 723-3438   SIC 2752

MEDIAS TRANSCONTINENTAL S.E.N.C. p586
8 Tidemore Ave, ETOBICOKE, ON, M9W 5H4
(416) 741-1900   SIC 2752

MEDIAS TRANSCONTINENTAL S.E.N.C. p1165
2850 Rue Jean-Perrin, Quebec, QC, G2C 2C8
SIC 2752

METROLAND MEDIA GROUP LTD p773
37 Mill St, ORANGEVILLE, ON, L9W 2M4
(519) 941-1350   SIC 2752

METROLAND MEDIA GROUP LTD p861
333 Arvin Ave, STONEY CREEK, ON, L8E 2M6
(905) 664-2660   SIC 2752

METROPOLITAN FINE PRINTERS INC p24
49 Aero Dr Ne Unit 6, CALGARY, AB, T2E 8Z9
(403) 291-0405   SIC 2752

MI5 DIGITAL COMMUNICATIONS INC p672
800 Cochrane Dr, MARKHAM, ON, L3R 8C9
SIC 2752

MOORE CANADA CORPORATION p297
901 Great Northern Way, VANCOUVER, BC, V5T 1E1
(604) 872-2326   SIC 2752

MOORE CANADA CORPORATION p719
1060 Tristar Dr, MISSISSAUGA, ON, L5T 1H9
(905) 670-0604   SIC 2752

MOORE CANADA CORPORATION p890
180 Bond Ave, TORONTO, ON, M3B 3P3
(416) 445-8800   SIC 2752

NISKU PRINTERS (1980) LTD p147
2002 8 St Suite 7, NISKU, AB, T9E 7Y8
SIC 2752

PARKER PAD AND PRINTING LIMITED p676
208 Travail Rd, MARKHAM, ON, L3S 3J1
(905) 294-7997   SIC 2752

PARKLAND COLORPRESS LTD p155
7449 49 Ave, RED DEER, AB, T4P 1N2
(403) 340-8100   SIC 2752

PETRO-TECH PRINTING LTD p48
621 4 Ave Sw, CALGARY, AB, T2P 0K2
(403) 266-1651   SIC 2752

PREMIER IMPRESSIONS INC p598
194 Woolverton Rd, GRIMSBY, ON, L3M 4E7
(905) 945-1878   SIC 2752

PROLIFIC GRAPHICS INC p155
7449 49 Ave, RED DEER, AB, T4P 1N2
(403) 340-8100   SIC 2752

PUBLI CALEN-ART LTEE p991
8075 Rue Larrey, ANJOU, QC, H1J 2L4
SIC 2752

ROS-MAR INC p995
19500 Av Clark-Graham, Baie-D'Urfe, QC, H9X 3R8
(514) 694-2178   SIC 2752

RR DONELLEY CANADA FINANCIAL COMPANY p753
60 Gervais Dr, NORTH YORK, ON, M3C 1Z3
SIC 2752

RR DONELLEY CANADA FINANCIAL COMPANY p753
60 Gervais Dr, NORTH YORK, ON, M3C 1Z3
SIC 2752

SCHAWK CANADA INC p752
54 Lesmill Rd, NORTH YORK, ON, M3B 2T5
SIC 2752

SIMPSON SCREEN PRINT & LITHOGRAPHY LTD p505
865 Sawmill Rd, BLOOMINGDALE, ON, N0B 1K0
(519) 744-3745   SIC 2752

SISCA SOLUTIONS D'AFFAIRES CANADA INC p1071
1219 Rue Maisonneuve, LONGUEUIL, QC, J4K 2S7
(450) 670-0000   SIC 2752

ST JOSEPH PRINT GROUP INC p821
70 West Wilmot St, RICHMOND HILL, ON, L4B 1H8
SIC 2752

ST. JOSEPH PRINTING LIMITED p761
15 Benton Rd, NORTH YORK, ON, M6M 3G2
(416) 248-4868   SIC 2752

SYMCOR INC p691
1625 Tech Ave, MISSISSAUGA, ON, L4W 5P5
(289) 360-2000   SIC 2752

SYNERGY PRINT AND COPY INC p796
400 Hunt Club Rd, OTTAWA, ON, K1V 1C1
(613) 749-9382   SIC 2752

TELDON MEDIA GROUP INC p267
12751 Vulcan Way Suite 100, RICHMOND, BC, V6V 3C8
(604) 231-3454   SIC 2752

THURO-WEB LTD p571
201 Elm St E, DURHAM, ON, N0G 1R0
(519) 369-6410   SIC 2752

TORSTAR CORPORATION p610
44 Frid St, HAMILTON, ON, L8N 3G3
(905) 526-3590   SIC 2752

TORSTAR CORPORATION p931
590 King St W Suite 400, TORONTO, ON, M5V 1M3
(416) 687-5700   SIC 2752

TRANSCONTINENTAL INC p464
11 Ragged Lake Blvd, HALIFAX, NS, B3S 1R3
(902) 450-5611   SIC 2752

TRANSCONTINENTAL PRINTING INC p34
5516 5 St Se, CALGARY, AB, T2H 1L3
(403) 258-3788   SIC 2752

TRANSCONTINENTAL PRINTING INC p208
725 Hampstead Close, DELTA, BC, V3M 6R6
(604) 540-2333   SIC 2752

TRANSCONTINENTAL PRINTING INC p373
1615 Inkster Blvd, WINNIPEG, MB, R2X 1R2
(204) 988-9476   SIC 2752

TRANSCONTINENTAL PRINTING INC p491
275 Wellington St E, AURORA, ON, L4G 6J9
(905) 841-4400   SIC 2752

TRANSCONTINENTAL PRINTING INC p804
1590 20th St E, OWEN SOUND, ON, N4K 5R2
(519) 371-5171   SIC 2752

TRANSCONTINENTAL PRINTING INC p996
150 181e Rue, BEAUCEVILLE, QC, G5X 3P3

(418) 774-3367   SIC 2752
TRANSCONTINENTAL PRINTING INC p1005
1603 Boul De Montarville, BOUCHERVILLE, QC, J4B 5Y2
(450) 655-2801   SIC 2752
TRANSCONTINENTAL PRINTING INC p1061
999 90e Av, LASALLE, QC, H8R 3A4
(514) 861-2411   SIC 2752
TRANSCONTINENTAL PRINTING INC p1114
1 Place Ville-Marie Bureau 3240, Montreal, QC, H3B 3N2
(514) 954-4000   SIC 2752
TRANSCONTINENTAL PRINTING INC p1195
2700 Boul Casavant O, SAINT-HYACINTHE, QC, J2S 7S4
(450) 773-0289   SIC 2752
TRANSCONTINENTAL PRINTING INC p1240
4001 Boul De Portland, SHERBROOKE, QC, J1L 1X9
(819) 563-4001   SIC 2752
WEST CANADIAN DIGITAL IMAGING INC p78
10567 109 St Nw, EDMONTON, AB, T5H 3B1
(780) 424-1000   SIC 2752
WEST CANADIAN INDUSTRIES GROUP LTD p78
10567 109 St Nw, EDMONTON, AB, T5H 3B1
(780) 424-1000   SIC 2752

SIC 2754 Commercial printing, gravure

BOMBARDIER INC p633
1059 Taylor-Kidd Blvd, KINGSTON, ON, K7M 6J9
(613) 384-3100   SIC 2754

SIC 2759 Commercial printing, nec

AMPCO MANUFACTURERS INC p201
9 Burbidge St Suite 101, COQUITLAM, BC, V3K 7B2
(604) 472-3800   SIC 2759
AMPCO MANUFACTURERS INC p201
9 Burbidge St Unit 101, COQUITLAM, BC, V3K 7B2
SIC 2759
BEST COLOR PRESS LTD p295
1728 E Kent Ave South, VANCOUVER, BC, V5P 2S7
(604) 327-7382   SIC 2759
BLACK PRESS GROUP LTD p333
770 Enterprise Cres Suite 200, VICTORIA, BC, V8Z 6R4
(250) 727-2460   SIC 2759
BRANT INSTORE CORPORATION p527
254 Henry St, BRANTFORD, ON, N3S 7R5
(519) 759-4361   SIC 2759
BROADRIDGE CUSTOMER COMMUNICATIONS CANADA, ULC p623
31 Richardson Side Rd, KANATA, ON, K2K 0A1
(613) 739-9901   SIC 2759
BROADRIDGE CUSTOMER COMMUNICATIONS CANADA, ULC p670
2601 14th Ave, MARKHAM, ON, L3R 0H9
(905) 470-2000   SIC 2759
C2 MEDIA CANADA ULC p265
14291 Burrows Rd, RICHMOND, BC, V6V 1K9
(604) 270-4000   SIC 2759
CANADIAN BANK NOTE COMPANY, LIMITED p22
2507 12 St Ne Suite 105, CALGARY, AB, T2E 7L5
(403) 250-9515   SIC 2759
CANADIAN BANK NOTE COMPANY, LIMITED p726
18 Auriga Dr, NEPEAN, ON, K2E 7T9
(613) 722-6607   SIC 2759
CIBC WORLD MARKETS INC p917
161 Bay St Suite 400, TORONTO, ON, M5J 2S8
(416) 594-7312   SIC 2759
COWAN GRAPHICS INC p100
4864 93 Avenue Nw, EDMONTON, AB, T6B 2P8
(780) 577-5700   SIC 2759
DATA COMMUNICATIONS MANAGEMENT CORP p60
1311 9 Ave Sw Suite 300, CALGARY, AB, T3C 0H9
(403) 272-7440   SIC 2759
DATA COMMUNICATIONS MANAGEMENT CORP p718
80 Ambassador Dr, MISSISSAUGA, ON, L5T 2Y9
(905) 696-8884   SIC 2759
DATA COMMUNICATIONS MANAGEMENT CORP p1007
9005 Boul Du Quartier Bureau C, BROSSARD, QC, J4Y 0A8
SIC 2759
DATA COMMUNICATIONS MANAGEMENT CORP p1282
455 Maxwell Cres, REGINA, SK, S4N 5X9
(306) 721-5400   SIC 2759
DELTA PRINTING LIMITED p726
47 Antares Dr, NEPEAN, ON, K2E 7W6
(613) 736-7777   SIC 2759
DESCHAMPS IMPRESSION INC p990
9660 Boul Du Golf, ANJOU, QC, H1J 2Y7
(514) 353-2442   SIC 2759
EUROTEX NORTH AMERICA INC p527
122 Middleton St, BRANTFORD, ON, N3S 7V7
(519) 753-5656   SIC 2759
GLENMORE PRINTING LTD p266
13751 Mayfield Pl Unit 150, RICHMOND, BC, V6V 2G9
(604) 273-6323   SIC 2759
HUME MEDIA INC p842
66 Crockford Blvd, SCARBOROUGH, ON, M1R 3C3
(416) 921-7204   SIC 2759
ICON PRINT COMMUNICATIONS INC p672
7453 Victoria Park Ave Suite 2, MARKHAM, ON, L3R 2Y7
(905) 513-7500   SIC 2759
IDEE PRO INC p1150
54 Rue De La Pointe-Aux-Lievres Bureau 6, Quebec, QC, G1K 5Y3
(418) 522-4455   SIC 2759
IMPRIMERIE MASKA INC p1195
5605 Av Trudeau Bureau 1, SAINT-HYACINTHE, QC, J2S 1H5
(450) 773-3164   SIC 2759
INTERGRAPHICS DECAL LIMITED p365
180 De Baets St, WINNIPEG, MB, R2J 3W6
(204) 958-9570   SIC 2759
LAMCOM TECHNOLOGIES INC p1092
2330 Rue Masson, Montreal, QC, H2G 2A6
(514) 271-2891   SIC 2759
MARKHAM LABEL HOLDINGS INC p975
609 Hanlan Rd, WOODBRIDGE, ON, L4L 4R8
(905) 264-6654   SIC 2759
MCCALLUM PRINTING GROUP INC p77
11755 108 Ave Nw, EDMONTON, AB, T5H 1B8
(780) 455-8885   SIC 2759
METROLAND MEDIA GROUP LTD p770
1158 South Service Rd W, OAKVILLE, ON, L6L 5T7
SIC 2759
MIDDLETON GROUP INC p673
226 Steelcase Rd W, MARKHAM, ON, L3R 1B3
(905) 475-0764   SIC 2759
MIDDLETON GROUP INC p673
75 Denison St Suite 6, MARKHAM, ON, L3R 1B5
(905) 475-6556   SIC 2759
MOORE CANADA CORPORATION p1118
1500 Rue Saint-Patrick, Montreal, QC, H3K 0A3
(514) 415-7300   SIC 2759
MOVEABLE INC p936
67 Mowat Ave Suite 500, TORONTO, ON, M6K 3E3
(416) 532-5690   SIC 2759
MULTIPAK LTEE p1121
4048 Ch Gage, Montreal, QC, H3Y 1R5
(514) 726-5527   SIC 2759
PRIME GRAPHIC RESOURCES LTD p187
3988 Still Creek Ave, BURNABY, BC, V5C 6N9
(604) 437-5800   SIC 2759
PRINTWEST LTD p1287
1111 8th Ave, REGINA, SK, S4R 1E1
(306) 525-2304   SIC 2759
PRINTWEST LTD p1292
619 8th St E, SASKATOON, SK, S7H 0R1
(306) 934-7575   SIC 2759
PRODUITS LABELINK INC, LES p843
5240 Finch Ave E Unit 10, SCARBOROUGH, ON, M1S 5A3
(416) 913-0572   SIC 2759
QSG INC p1210
8102 Rte Transcanadienne, SAINT-LAURENT, QC, H4S 1M5
(514) 744-1000   SIC 2759
SONOCO FLEXIBLE PACKAGING CANADA CORPORATION p390
1664 Seel Ave, WINNIPEG, MB, R3T 4X5
SIC 2759
TAPP LABEL LTD p231
6270 205 St, LANGLEY, BC, V2Y 1N7
(604) 513-4119   SIC 2759
THERMOGRAPHIE TRANS CANADA LTEE p991
9001 Boul Parkway, ANJOU, QC, H1J 1N4
(514) 351-4411   SIC 2759
TVA PUBLICATIONS INC p1136
7 Ch Bates, OUTREMONT, QC, H2V 4V7
(514) 848-7000   SIC 2759

SIC 2761 Manifold business forms

DATA COMMUNICATIONS MANAGEMENT CORP p63
5410 44 St Ne, CALGARY, AB, T3J 3Z3
(403) 259-0054   SIC 2761
DATA COMMUNICATIONS MANAGEMENT CORP p530
1201 California Ave, BROCKVILLE, ON, K6V 5V8
SIC 2761
DATA COMMUNICATIONS MANAGEMENT CORP p1030
1750 Rue Jean-Berchmans-Michaud, DRUMMONDVILLE, QC, J2C 7S2
(819) 472-1111   SIC 2761
DATA COMMUNICATIONS MANAGEMENT CORP p1042
855 Boul Industriel, GRANBY, QC, J2J 1A6
(450) 378-4601   SIC 2761
DATA COMMUNICATIONS MANAGEMENT CORP p1257
4 Place Du Commerce Bureau 200, VERDUN, QC, H3E 1J4
(514) 858-6777   SIC 2761
FORMOST DATA PRODUCTS INC p514
6 Kenview Blvd, BRAMPTON, ON, L6T 5E4
(905) 793-7295   SIC 2761
MOORE CANADA CORPORATION p92
18330 102 Ave Nw, EDMONTON, AB, T5S 2J9
(780) 452-5592   SIC 2761
MOORE CANADA CORPORATION p588
650 Victoria Terr, FERGUS, ON, N1M 1G7
(519) 843-2510   SIC 2761
MOORE CANADA CORPORATION p781
1100 Thornton Rd S, OSHAWA, ON, L1J 7E2
(905) 579-2461   SIC 2761
MOORE CANADA CORPORATION p920
220 Bay St Suite 200, TORONTO, ON, M5J 2W4
(416) 599-0011   SIC 2761
MOORE CANADA CORPORATION p944
8 Douglas Rd, TRENTON, ON, K8V 5R4
(613) 392-1205   SIC 2761

SIC 2771 Greeting cards

COUTTS, WILLIAM E. COMPANY, LIMITED p558
1 Bass Pro Mills Dr Unit 300, CONCORD, ON, L4K 5W4
SIC 2771
COUTTS, WILLIAM E. COMPANY, LIMITED p744
501 Consumers Rd, NORTH YORK, ON, M2J 5E2
(416) 492-1300   SIC 2771
FOREST CITY GRAPHICS LIMITED p665
982 Hubrey Rd, LONDON, ON, N6N 1B5
(519) 668-2191   SIC 2771

SIC 2782 Blankbooks and looseleaf binders

COMPAGNIE D'ECHANTILLONS NATIONAL LIMITEE p1085
11500 Boul Armand-Bombardier, Montreal, QC, H1E 2W9
(514) 648-4000   SIC 2782
ECHANTILLON DOMINION LTEE p990
8301 Rue J.-Rene-Ouimet, ANJOU, QC, H1J 2H7
(514) 374-9010   SIC 2782
ECHANTILLONNAGE A S C INC p1099
5425 Av Casgrain Bureau 403, Montreal, QC, H2T 1X6
(514) 277-7515   SIC 2782
MOORE CANADA CORPORATION p714
333 Foster Cres Suite 2, MISSISSAUGA, ON, L5R 3Z9
(905) 890-1080   SIC 2782
MOORE CANADA CORPORATION p991
11150 Av L.-J.-Forget, ANJOU, QC, H1J 2K9
(514) 353-9090   SIC 2782
NETTWERK PRODUCTIONS LTD p316
1650 2nd Ave W, VANCOUVER, BC, V6J 4R3
(604) 654-2929   SIC 2782
PREMIER SCHOOL AGENDAS LTD p1212
6800 Ch De La Cote-De-Liesse Bureau 301, SAINT-LAURENT, QC, H4T 2A7
(514) 736-3940   SIC 2782
TCS ENTERTAINMENT ONE CORPORATION p841
1220 Ellesmere Rd Unit 8, SCARBOROUGH, ON, M1P 2X5
(416) 292-8111   SIC 2782
TRIMSEAL PLASTICS LTD p267
3511 Jacombs Rd, RICHMOND, BC, V6V 1Z8
(604) 278-3803   SIC 2782

SIC 2789 Bookbinding and related work

902316 ONTARIO LIMITED p973
200 Hanlan Rd Suite A, WOODBRIDGE, ON, L4L 3P6
(905) 850-5544   SIC 2789
B.C.W. BINDERY SERVICES LTD p670
599 Denison St, MARKHAM, ON, L3R 1B8
(905) 415-1900   SIC 2789
BINDERY OVERLOAD (EDMONTON) LTD p86
16815 117 Ave Nw Suite 110, EDMONTON, AB, T5M 3V6
(780) 484-9444   SIC 2789
CAN ALTA BINDERY CORP p52
1711 4 St Sw Suite 407, CALGARY, AB, T2S 1V8
(403) 245-8226   SIC 2789
FORTESCUE BINDERY LIMITED p840

285 Nantucket Blvd, SCARBOROUGH, ON, M1P 2P2
(416) 701-1673 SIC 2789
HOLMES PLASTIC BINDINGS LTD p672
200 Ferrier St, MARKHAM, ON, L3R 2Z5
(905) 513-6211 SIC 2789
LEHMANN BOOKBINDING LTD p638
97 Ardelt Ave, KITCHENER, ON, N2C 2E1
(519) 570-4444 SIC 2789
MARWICK MANUFACTURING INC p685
6325 Northwest Dr, MISSISSAUGA, ON, L4V 1P6
(905) 677-0677 SIC 2789
MULTI EXCEL INC p1188
823 Rue Du Parc, Saint-Frederic, QC, G0N 1P0
(418) 426-3046 SIC 2789
MULTI-RELIURE S.F. INC p1234
2112 Av De La Transmission, SHAWINIGAN, QC, G9N 8N8
(819) 537-6008 SIC 2789
PACIFIC BINDERY SERVICES LTD p319
870 Kent Ave South W, VANCOUVER, BC, V6P 6Y6
(604) 873-4291 SIC 2789
SYSTEME HUNTINGDON INC p1044
110 Rue Wellington, HUNTINGDON, QC, J0S 1H0
(450) 264-6122 SIC 2789
TIP TOP BINDERY LTD p845
335 Passmore Ave, SCARBOROUGH, ON, M1V 4B5
(416) 609-3281 SIC 2789
USINE TAC TIC INC, L' p1190
2030 127e Rue, SAINT-GEORGES, QC, G5Y 2W8
(418) 227-4279 SIC 2789

SIC 2796 Platemaking services

CANADIAN BANK NOTE COMPANY, LIMITED p726
18 Auriga Dr Suite 200, NEPEAN, ON, K2E 7T9
(613) 225-3018 SIC 2796
SOUTHERN GRAPHIC SYSTEMS-CANADA LTD p1143
165 Av Oneida, POINTE-CLAIRE, QC, H9R 1A9
(514) 426-5608 SIC 2796

SIC 2812 Alkalies and chlorine

CHEMTRADE ELECTROCHEM INC p246
100 Amherst Ave, NORTH VANCOUVER, BC, V7H 1S4
(604) 929-1107 SIC 2812

SIC 2813 Industrial gases

AIR LIQUIDE CANADA INC p40
140 4 Ave Sw Suite 550, CALGARY, AB, T2P 3N3
(403) 774-4320 SIC 2813
AIR LIQUIDE CANADA INC p103
10020 56 Ave Nw, EDMONTON, AB, T6E 5Z2
SIC 2813
AIR LIQUIDE CANADA INC p123
55522 Route 214, FORT SASKATCHEWAN, AB, T8L 3T2
(780) 992-1077 SIC 2813
AIR LIQUIDE CANADA INC p265
23231 Fraserwood Way, RICHMOND, BC, V6V 3B3
(604) 677-4427 SIC 2813
AIR LIQUIDE CANADA INC p337
1405 Stevens Rd Unit 360, WEST KELOWNA, BC, V1Z 3Y2
(250) 769-4280 SIC 2813
AIR LIQUIDE CANADA INC p379
58 Weston St, WINNIPEG, MB, R3E 3H7
(204) 989-9353 SIC 2813
AIR LIQUIDE CANADA INC p441
38 Station St, AMHERST, NS, B4H 3E3
(902) 667-0000 SIC 2813
AIR LIQUIDE CANADA INC p449
180 Akerley Blvd Suite 100, DARTMOUTH, NS, B3B 2B7
(902) 468-5152 SIC 2813
AIR LIQUIDE CANADA INC p513
1700 Steeles Ave E Suite 387, BRAMPTON, ON, L6T 1A6
(905) 793-2000 SIC 2813
AIR LIQUIDE CANADA INC p532
5315 North Service Rd, BURLINGTON, ON, L7L 6C1
(905) 335-4877 SIC 2813
AIR LIQUIDE CANADA INC p608
131 Birmingham St, HAMILTON, ON, L8L 6W6
(905) 547-1602 SIC 2813
AIR LIQUIDE CANADA INC p762
155 Signet Dr, NORTH YORK, ON, M9L 1V1
(416) 745-1304 SIC 2813
AIR LIQUIDE CANADA INC p989
11201 Boul Ray-Lawson Bureau 6, ANJOU, QC, H1J 1M6
(450) 641-6222 SIC 2813
AIR PRODUCTS CANADA LTD p724
2100 Regional Rd 3, NANTICOKE, ON, N0A 1L0
(519) 587-2401 SIC 2813
AIR PRODUCTS CANADA LTD p828
20 Indian Rd, SARNIA, ON, N7T 7K2
(519) 332-1500 SIC 2813
AIR PRODUCTS CANADA LTD p1180
185 Rue Des Grands-Lacs, SAINT-AUGUSTIN-DE-DESMAURES, QC, G3A 2K8
(418) 878-1400 SIC 2813
K-G SPRAY-PAK INC p560
8001 Keele St, CONCORD, ON, L4K 1Y8
(905) 669-9855 SIC 2813
K-G SPRAY-PAK INC p719
6080 Vipond Dr, MISSISSAUGA, ON, L5T 2V4
(905) 565-1410 SIC 2813
KEYERA PARTNERSHIP p159
Gd Stn Main, ROCKY MOUNTAIN HOUSE, AB, T4T 1T1
(403) 845-8100 SIC 2813
PRAXAIR CANADA INC p101
9501 34 St Nw, EDMONTON, AB, T6B 2X6
(780) 449-0778 SIC 2813
PRAXAIR CANADA INC p452
40 Gurholt Dr, DARTMOUTH, NS, B3B 1J9
(902) 468-0985 SIC 2813
PRAXAIR CANADA INC p516
80 Westcreek Blvd Unit 1, BRAMPTON, ON, L6T 0B8
(905) 595-3788 SIC 2813
PRAXAIR CANADA INC p698
1 City Centre Dr Suite 1200, MISSISSAUGA, ON, L5B 1M2
(905) 803-1600 SIC 2813
PRAXAIR CANADA INC p770
2393 Speers Rd, OAKVILLE, ON, L6L 2X9
(905) 827-4321 SIC 2813
PRAXAIR CANADA INC p804
15 Consolidated Dr, PARIS, ON, N3L 3G2
(519) 442-6373 SIC 2813
PRAXAIR CANADA INC p831
1 Patrick St, SAULT STE. MARIE, ON, P6A 5N5
(705) 759-2103 SIC 2813
PRAXAIR CANADA INC p1297
834 51st St E Suite 5, SASKATOON, SK, S7K 5C7
(306) 242-3325 SIC 2813

SIC 2816 Inorganic pigments

AMPACET CANADA COMPANY p209
7763 Progress Way, DELTA, BC, V4G 1A3
SIC 2816
DOMINION COLOUR CORPORATION p482
445 Finley Ave, AJAX, ON, L1S 2E2
(905) 683-0231 SIC 2816
DOMINION COLOUR CORPORATION p575
199 New Toronto St, ETOBICOKE, ON, M8V 3X4
(416) 253-4260 SIC 2816
DOMINION COLOUR CORPORATION p889
515 Consumers Rd Suite 700, TORONTO, ON, M2J 4Z2
(416) 791-4200 SIC 2816
KRONOS CANADA INC p1255
3390 Rte Marie-Victorin, VARENNES, QC, J3X 1P7
(450) 929-5000 SIC 2816

SIC 2819 Industrial inorganic chemicals, nec

ALUMICOR LIMITED p1208
9355 Rte Transcanadienne, SAINT-LAURENT, QC, H4S 1V3
(514) 335-7760 SIC 2819
ATOMIC ENERGY OF CANADA LIMITED p353
Gd, PINAWA, MB, R0E 1L0
(204) 753-2311 SIC 2819
ATOMIC ENERGY OF CANADA LIMITED p414
430 Bayside Dr, SAINT JOHN, NB, E2J 1A8
(506) 633-2325 SIC 2819
ATOMIC ENERGY OF CANADA LIMITED p817
110 Walton St, PORT HOPE, ON, L1A 1N5
(905) 885-8830 SIC 2819
ATOMIC ENERGY OF CANADA LIMITED p885
Gd, TIVERTON, ON, N0G 2T0
SIC 2819
CANADA COLORS AND CHEMICALS (EASTERN) LIMITED p572
60 First St W, ELMIRA, ON, N3B 1G6
(519) 669-1332 SIC 2819
CEDA INTERNATIONAL CORPORATION p34
11012 Macleod Trail Se Suite 500, CALGARY, AB, T2J 6A5
(403) 253-3233 SIC 2819
CEDA INTERNATIONAL CORPORATION p119
180 Maclennan Cres, FORT MCMURRAY, AB, T9H 4E8
(780) 791-0707 SIC 2819
CEDA INTERNATIONAL CORPORATION p1268
Gd Lcd Main, ESTEVAN, SK, S4A 2A1
(306) 634-4797 SIC 2819
CHEMTRADE LOGISTICS INC p743
111 Gordon Baker Rd Suite 300, NORTH YORK, ON, M2H 3R1
(416) 496-9655 SIC 2819
CLEAN HARBORS CANADA, INC p826
1166 Michener Rd, SARNIA, ON, N7S 4B1
(519) 339-9855 SIC 2819
CLEARTECH INDUSTRIES INC p96
12720 Inland Way Nw, EDMONTON, AB, T5V 1K2
(780) 237-7450 SIC 2819
CLEARTECH INDUSTRIES INC p1295
1500 Quebec Ave, SASKATOON, SK, S7K 1V7
(306) 664-2522 SIC 2819
CRITERION CATALYSTS & TECHNOLOGIES CANADA, INC p145
2159 Brier Park Pl Nw, MEDICINE HAT, AB, T1C 1S7
(403) 527-4400 SIC 2819
EAGLEPICHER ENERGY PRODUCTS ULC p286
13136 82a Ave, SURREY, BC, V3W 9Y6
(604) 543-4350 SIC 2819
ETHYL CANADA INC p567
220 St Clair Pky, CORUNNA, ON, N0N 1G0
SIC 2819
EVONIK CANADA INC p667
1380 County Road 2, MAITLAND, ON, K0E 1P0
(613) 348-7711 SIC 2819
GCP CANADA INC p302
476 Industrial Ave, VANCOUVER, BC, V6A 2P3
(604) 669-4642 SIC 2819
GCP CANADA INC p1061
255 Av Lafleur, LASALLE, QC, H8R 3H4
(514) 366-3362 SIC 2819
GCP CANADA INC p1232
42 Rue Fabre, SALABERRY-DE-VALLEYFIELD, QC, J6S 4K7
(450) 373-4224 SIC 2819
H.C. STARCK CANADA INC p828
933 Vidal St S, SARNIA, ON, N7T 8H8
(519) 346-4300 SIC 2819
HENKEL CANADA CORPORATION p585
165 Rexdale Blvd, ETOBICOKE, ON, M9W 1P7
(905) 814-6511 SIC 2819
INDUSTRIES HAGEN LTEE p1209
3235 Rue Guenette, SAINT-LAURENT, QC, H4S 1N2
(514) 331-2818 SIC 2819
OLIN CANADA ULC p997
675 Boul Alphonse-Deshaies, Becancour, QC, G9H 2Y8
(819) 294-6633 SIC 2819
PEROXYCHEM CANADA LTD p262
2147 Pg Pulp Mill Rd, PRINCE GEORGE, BC, V2N 2S6
(250) 561-4200 SIC 2819
PRODU-KAKE CANADA INC p537
3285 Mainway Suite 4, BURLINGTON, ON, L7M 1A6
(905) 335-1136 SIC 2819
SASKATCHEWAN MINING AND MINERALS INC p1266
1 Railway Ave, CHAPLIN, SK, S0H 0V0
(306) 395-2561 SIC 2819
SEIGNIORY CHEMICAL PRODUCTS LTD p720
6355 Kennedy Rd Unit 5, MISSISSAUGA, ON, L5T 2L5
(905) 795-0858 SIC 2819
SILICYCLE INC p1156
2500 Boul Du Parc-Technologique, QUEBEC, QC, G1P 4S6
(418) 874-0054 SIC 2819
STAIN GUARD ENTERPRISES LIMITED p834
525 Milner Ave Unit 5, SCARBOROUGH, ON, M1B 2K4
(416) 297-5525 SIC 2819
SUPERIOR PLUS LP p9
Gd, BRUDERHEIM, AB, T0B 0S0
(780) 796-3900 SIC 2819
SUPERIOR PLUS LP p128
Gd Lcd Main, GRANDE PRAIRIE, AB, T8V 2Z7
(780) 539-7200 SIC 2819
SUPERIOR PLUS LP p246
100 Forester St, NORTH VANCOUVER, BC, V7H 1W4
(604) 929-2331 SIC 2819
SUPERIOR PLUS LP p360
Gd, VIRDEN, MB, R0M 2C0
(204) 748-6129 SIC 2819
SUPERIOR PLUS LP p940
302 The East Mall Suite 200, TORONTO, ON, M9B 6C7
(416) 239-7111 SIC 2819
SUPERIOR PLUS LP p1034
101 Ch Donaldson, GATINEAU, QC, J8L 3X3
(819) 986-1135 SIC 2819
SUPERIOR PLUS LP p1298
Gd Stn Main, SASKATOON, SK, S7K 3J4
(306) 931-7767 SIC 2819
TIMMINCO LIMITED p605

962 Magnesium Rd Gd, HALEY STATION, ON, K0J 1Y0
SIC 2819

TODA ADVANCED MATERIALS INC p829
933 Vidal St, SARNIA, ON, N7T 7K2
(519) 346-4331   *SIC 2819*

UNIMIN CANADA LTD p629
Gd, KILLARNEY, ON, P0M 2A0
(705) 287-2738   *SIC 2819*

W. R. GRACE CANADA CORP p1232
42 Rue Fabre, SALABERRY-DE-VALLEYFIELD, QC, J6S 4K7
(450) 373-4224   *SIC 2819*

SIC 2821 Plastics materials and resins

2525-7577 QUEBEC INC. p1128
3050 Boul Industriel, Montreal, QC, H7L 4P7
SIC 2821

3M CANADA COMPANY p351
400 Route 100, MORDEN, MB, R6M 1Z9
(204) 822-6284   *SIC 2821*

A.R.C. RESINS CORPORATION p1068
2525 Rue Jean-Desy, LONGUEUIL, QC, J4G 1G6
(450) 928-3688   *SIC 2821*

AOC RESINS AND COATINGS COMPANY p601
38 Royal Rd, GUELPH, ON, N1H 1G3
(519) 821-5180   *SIC 2821*

BASF CANADA INC p387
7 Ossington Crt, WINNIPEG, MB, R3P 2B3
(204) 985-1884   *SIC 2821*

BASF CANADA INC p557
90 Snidercroft Rd, CONCORD, ON, L4K 2K1
(905) 669-4628   *SIC 2821*

BASF CANADA INC p566
501 Wallrich Ave, CORNWALL, ON, K6J 2B5
(613) 933-5330   *SIC 2821*

BASF CANADA INC p713
100 Milverton Dr Floor 5, MISSISSAUGA, ON, L5R 4H1
(289) 360-1300   *SIC 2821*

BASF CANADA INC p713
100 Milverton Dr Unit 500, MISSISSAUGA, ON, L5R 4H1
(289) 360-1300   *SIC 2821*

BASF CANADA INC p1211
162 Rue Barr, SAINT-LAURENT, QC, H4T 1Y4
(514) 341-4082   *SIC 2821*

CANADA COLORS AND CHEMICALS LIMITED p555
263 Purdy Rd, COLBORNE, ON, K0K 1S0
(905) 355-3226   *SIC 2821*

CLARKE ROLLER & RUBBER LIMITED p716
7075 Tomken Rd, MISSISSAUGA, ON, L5S 1R7
SIC 2821

COMPAGNIE CHIMIQUE HUNTSMAN DU CANADA, INC p1075
24 Rue Bellevue, MANSONVILLE, QC, J0E 1X0
(450) 292-4154   *SIC 2821*

COMPOSITES B.H.S. INC p1239
2880 Boul Industriel, SHERBROOKE, QC, J1L 1V8
(819) 846-0810   *SIC 2821*

GROTE INDUSTRIES CO. p953
95 Bathurst Dr, WATERLOO, ON, N2V 1N2
(519) 884-4991   *SIC 2821*

GROUPE HAMELIN INC p1004
150 Boul Industriel, BOUCHERVILLE, QC, J4B 2X3
(450) 655-4110   *SIC 2821*

HEXION CANADA INC p96
12621 156 St Nw, EDMONTON, AB, T5V 1E1
(780) 447-1270   *SIC 2821*

INDUSTRIES DE MOULAGE POLYCELL INC, LES p1041

454 Rue Edouard, GRANBY, QC, J2G 3Z3
(450) 378-9093   *SIC 2821*

INGENIA POLYMERS CORP p18
3719 76 Ave Se, CALGARY, AB, T2C 3K7
(403) 236-9333   *SIC 2821*

INGENIA POLYMERS CORP p529
565 Greenwich St, BRANTFORD, ON, N3T 5M8
(519) 758-8941   *SIC 2821*

ITW CANADA INVESTMENTS LIMITED PARTNERSHIP p1061
385 Av Lafleur, LASALLE, QC, H8R 3H7
(514) 366-2710   *SIC 2821*

LEFKO PRODUITS DE PLASTIQUE INC p1074
1700 Boul Industriel, MAGOG, QC, J1X 4V9
(819) 843-9237   *SIC 2821*

NOVA CHEMICALS CORPORATION p47
1000 7 Ave Sw Suite 1000, CALGARY, AB, T2P 5L5
(403) 750-3600   *SIC 2821*

NYACK TECHNOLOGY INC p1199
160 Rue Vanier, SAINT-JEAN-SUR-RICHELIEU, QC, J3B 3R4
(450) 245-0373   *SIC 2821*

PAVACO PLASTICS INC p602
551 Imperial Rd N, GUELPH, ON, N1H 7M2
SIC 2821

PLASTI-FAB LTD p70
718 Mccool St Gate E, CROSSFIELD, AB, T0M 0S0
(403) 946-5622   *SIC 2821*

PLASTI-FAB LTD p70
802 Mccool St, CROSSFIELD, AB, T0M 0S0
(403) 946-4576   *SIC 2821*

POLYONE CANADA INC p736
940 Chippawa Creek Rd, NIAGARA FALLS, ON, L2E 6S5
(905) 353-4200   *SIC 2821*

POLYONE DSS CANADA INC p865
577 Erie St, STRATFORD, ON, N5A 2N7
SIC 2821

PORTOLA PACKAGING CANADA LTD. p272
12431 Horseshoe Way, RICHMOND, BC, V7A 4X6
(604) 272-5000   *SIC 2821*

PORTOLA PACKAGING CANADA LTD. p1087
7301 Rue Tellier, Montreal, QC, H1N 3S9
(514) 254-2333   *SIC 2821*

REICHHOLD INDUSTRIES LIMITED p257
50 Douglas St, PORT MOODY, BC, V3H 3L9
(604) 939-1181   *SIC 2821*

RICHARDS PACKAGING INC p762
500 Barmac Dr Unit 1, NORTH YORK, ON, M9L 2X8
(416) 745-6643   *SIC 2821*

SILCOTECH NORTH AMERICA INC p506
54 Nixon Rd, BOLTON, ON, L7E 1W2
(905) 857-9998   *SIC 2821*

SPRINGFIELD INDUSTRIES LTD p364
125 Furniture Park, WINNIPEG, MB, R2G 1B9
SIC 2821

VALSPAR INC p566
1915 Second St W, CORNWALL, ON, K6H 5R6
(613) 932-8960   *SIC 2821*

WENTWORTH MOLD LTD p528
156 Adams Blvd, BRANTFORD, ON, N3S 7V5
(519) 754-5400   *SIC 2821*

SIC 2822 Synthetic rubber

ALPHAGARY (CANADA) LIMITED p860
5 Pinelands Ave, STONEY CREEK, ON, L8E 3A4
SIC 2822

ARLANXEO CANADA INC p828
1265 Vidal St S, SARNIA, ON, N7T 7M2
(519) 337-8251   *SIC 2822*

BAYER INC p828

1265 Vidal St S, SARNIA, ON, N7T 7M2
(519) 337-8251   *SIC 2822*

MATERIAUX DE CONSTRUCTION OLDCASTLE CANADA INC, LES p1009
2 Av D'inverness, CANDIAC, QC, J5R 4W5
(450) 444-5214   *SIC 2822*

NATIONAL RUBBER TECHNOLOGIES CORP p937
394 Symington Ave, TORONTO, ON, M6N 2W3
(416) 657-1111   *SIC 2822*

PPD HOLDING INC p1261
400 Rue Raymond, WATERVILLE, QC, J0B 3H0
(819) 837-2952   *SIC 2822*

SIC 2824 Organic fibers, noncellulosic

PIONEER HI-BRED LIMITED p3
22220 16 Hwy, ARDROSSAN, AB, T8E 2L4
(780) 922-4168   *SIC 2824*

PIONEER HI-BRED LIMITED p19
4444 72 Ave Se, CALGARY, AB, T2C 2C1
(403) 531-4854   *SIC 2824*

PIONEER HI-BRED LIMITED p567
291 Albert St, CORUNNA, ON, N0N 1G0
(519) 862-5700   *SIC 2824*

VPC GROUP INC p756
150 Toro Rd, NORTH YORK, ON, M3J 2A9
(416) 630-6633   *SIC 2824*

SIC 2833 Medicinals and botanicals

GFR PHARMA LTD p202
65 North Bend St Unit 65, COQUITLAM, BC, V3K 6N9
(604) 460-8440   *SIC 2833*

JAMIESON LABORATORIES LTD p319
1781 75th Ave W, VANCOUVER, BC, V6P 6P2
(604) 261-0611   *SIC 2833*

JAMIESON LABORATORIES LTD p964
4025 Rhodes Dr, WINDSOR, ON, N8W 5B5
(519) 974-8482   *SIC 2833*

LIFE SCIENCE NUTRITIONALS INC p987
1190 Rue Lemay, ACTON VALE, QC, J0H 1A0
(450) 546-0101   *SIC 2833*

SANTE NATURELLE A.G. LTEE p1007
3555 Boul Matte Porte C, BROSSARD, QC, J4Y 2P4
(450) 659-7723   *SIC 2833*

UNITED NATURALS INC p297
2416 Main St Unit 132, VANCOUVER, BC, V5T 3E2
(604) 999-9999   *SIC 2833*

VITA HEALTH PRODUCTS INC p366
150 Beghin Ave, WINNIPEG, MB, R2J 3W2
(204) 661-8386   *SIC 2833*

SIC 2834 Pharmaceutical preparations

ACTAVIS PHARMA COMPANY p706
6733 Mississauga Rd Suite 400, MISSISSAUGA, ON, L5N 6J5
(905) 814-1820   *SIC 2834*

APOTEX INC p583
50 Steinway Blvd Suite 3, ETOBICOKE, ON, M9W 6Y3
(416) 675-0338   *SIC 2834*

APOTEX INC p762
285 Garyray Dr, NORTH YORK, ON, M9L 1P2
(416) 749-9300   *SIC 2834*

APOTEX INC p762
200 Barmac Dr, NORTH YORK, ON, M9L 2Z7
(800) 268-4623   *SIC 2834*

APOTEX INC p822
380 Elgin Mills Rd E, RICHMOND HILL, ON, L4C 5H2

(905) 884-2050   *SIC 2834*

APOTEX INC p1141
755 Boul Saint-Jean Bureau 607, POINTE-CLAIRE, QC, H9R 5M9
(514) 630-3335   *SIC 2834*

APOTEX PHARMACHEM INC p528
34 Spalding Dr, BRANTFORD, ON, N3T 6B8
(519) 756-8942   *SIC 2834*

APOTEX PHARMACHEM INC p528
34 Spalding Dr, BRANTFORD, ON, N3T 6B8
(519) 756-8942   *SIC 2834*

ASPREVA INTERNATIONAL LTD p333
4464 Markham St Unit 1203, VICTORIA, BC, V8Z 7X8
(250) 744-2488   *SIC 2834*

ASTRAZENECA CANADA INC p693
1004 Middlegate Rd Suite 5000, MISSISSAUGA, ON, L4Y 1M4
(905) 277-7111   *SIC 2834*

BAXTER CORPORATION p706
7125 Mississauga Rd, MISSISSAUGA, ON, L5N 0C2
(905) 369-6000   *SIC 2834*

BAYER INC p1141
7600 Rte Transcanadienne, POINTE-CLAIRE, QC, H9R 1C8
(514) 697-7550   *SIC 2834*

BIO AGRI MIX LP p723
52 Wellington St, MITCHELL, ON, N0K 1N0
(519) 348-9865   *SIC 2834*

BIOGEN IDEC CANADA INC p697
90 Burnhamthorpe Rd W Suite 1100, MISSISSAUGA, ON, L5B 3C3
(905) 804-1444   *SIC 2834*

BIOVECTRA INC p982
29 Mccarville St, CHARLOTTETOWN, PE, C1E 2A7
(902) 566-9116   *SIC 2834*

CANADIAN TEST CASE 145 p713
5770 Hurontario St, MISSISSAUGA, ON, L5R 3G5
SIC 2834

CAPRION BIOSCIENCES INC p1100
201 Av Du President-Kennedy Bureau 3900, Montreal, QC, H2X 3Y7
(514) 360-3600   *SIC 2834*

CONTRACT PHARMACEUTICALS LIMITED CANADA p708
2145 Meadowpine Blvd 1st Fl, MISSISSAUGA, ON, L5N 6R8
(905) 821-7600   *SIC 2834*

CORPORATION ABBVIE p1209
8401 Rte Transcanadienne, SAINT-LAURENT, QC, H4S 1Z1
(514) 906-9700   *SIC 2834*

DEL PHARMACEUTICS (CANADA) INC p497
316 Bayview Dr, BARRIE, ON, L4N 8X9
SIC 2834

DERMA SCIENCES CANADA INC p843
104 Shorting Rd, SCARBOROUGH, ON, M1S 3S4
(416) 299-4003   *SIC 2834*

ELI LILLY CANADA INC p840
3650 Danforth Ave Suite 1907, SCARBOROUGH, ON, M1N 2E8
(416) 694-3221   *SIC 2834*

ENDOCEUTICS PHARMA (MSH) INC p1082
597 Rue Sir-Wilfrid-Laurier, MONT-SAINT-HILAIRE, QC, J3H 6C4
(450) 467-5138   *SIC 2834*

G PRODUCTION INC p994
19400 Aut Transcanadienne, Baie-D'Urfe, QC, H9X 3S4
(514) 457-3366   *SIC 2834*

GILEAD SCIENCES CANADA, INC p709
6711 Mississauga Rd Suite 600, MISSISSAUGA, ON, L5N 2W3
(905) 363-8008   *SIC 2834*

GLAXOSMITHKLINE INC p709
7333 Mississauga Rd, MISSISSAUGA, ON, L5N 6L4
(905) 819-3000   *SIC 2834*

GLAXOSMITHKLINE INC p764

2030 Bristol Cir, OAKVILLE, ON, L6H 0H2
(416) 738-1041   SIC 2834
GLAXOSMITHKLINE INC   p1214
245 Boul Armand-Frappier, SAINT-LAURENT, QC, H7V 4A7
(450) 978-4599   SIC 2834
HALO PHARMACEUTICAL CANADA INC   p1078
17800 Rue Lapointe, MIRABEL, QC, J7J 0W8
(450) 433-7673   SIC 2834
HOFFMANN-LA ROCHE LIMITED   p709
7070 Mississauga Rd, MISSISSAUGA, ON, L5N 5M8
(905) 542-5555   SIC 2834
JOHNSON & JOHNSON INC   p603
890 Woodlawn Rd W, GUELPH, ON, N1K 1A5
(519) 826-6226   SIC 2834
JOHNSON & JOHNSON INC   p603
890 Woodlawn Rd W, GUELPH, ON, N1K 1A5
SIC 2834
LABORATOIRE RIVA INC   p999
660 Boul Industriel, BLAINVILLE, QC, J7C 3V4
(450) 434-7482   SIC 2834
LABORATOIRES ABBOTT LIMITEE   p672
60 Columbia Way Suite 207, MARKHAM, ON, L3R 0C9
(905) 944-2480   SIC 2834
LABORATOIRES ABBOTT LIMITEE   p709
7115 Millcreek Dr, MISSISSAUGA, ON, L5N 3R3
(905) 858-2450   SIC 2834
LABORATOIRES ABBOTT LIMITEE   p1209
8625 Rte Transcanadienne, SAINT-LAURENT, QC, H4S 1Z6
(514) 832-7000   SIC 2834
LABORATOIRES ABBOTT LIMITEE   p1259
75 Boul Industriel, VICTORIAVILLE, QC, G6P 6S9
(819) 751-2440   SIC 2834
LABORATOIRES OMEGA LIMITEE   p1119
11177 Rue Hamon, Montreal, QC, H3M 3E4
(514) 335-0310   SIC 2834
MERIAL CANADA INC   p995
20000 Av Clark-Graham, Baie-D'Urfe, QC, H9X 4B6
(514) 457-1555   SIC 2834
MYLAN PHARMACEUTICALS ULC   p578
85 Advance Rd, ETOBICOKE, ON, M8Z 2S6
(416) 236-2631   SIC 2834
MYLAN PHARMACEUTICALS ULC   p578
214 Norseman St, ETOBICOKE, ON, M8Z 2R4
(416) 236-2631   SIC 2834
NUGALE PHARMACEUTICAL INC   p888
41 Pullman Crt, TORONTO, ON, M1X 1E4
(416) 298-7275   SIC 2834
NUTRALAB CANADA CORP   p846
980 Tapscott Rd, SCARBOROUGH, ON, M1X 1C3
(905) 752-1823   SIC 2834
NUVO PHARMACEUTICALS INC   p683
7560 Airport Rd Unit 10, MISSISSAUGA, ON, L4T 4H4
(905) 673-6980   SIC 2834
NUVO PHARMACEUTICALS INC   p1255
3655 Ch De La Cote-Bissonnette, VARENNES, QC, J3X 1P7
(450) 929-0050   SIC 2834
PATHEON INC   p534
977 Century Dr, BURLINGTON, ON, L7L 5J8
(905) 639-5254   SIC 2834
PATHEON INC   p958
111 Consumers Dr, WHITBY, ON, L1N 5Z5
(905) 668-3368   SIC 2834
PFIZER CANADA INC   p345
720 17th St E, BRANDON, MB, R7A 7H2
SIC 2834
PFIZER CANADA INC   p695
5975 Whittle Rd Suite 200, MISSISSAUGA, ON, L4Z 3N1
(905) 507-7000   SIC 2834
PFIZER CANADA INC   p773
40 Centennial Rd, ORANGEVILLE, ON, L9W 3T3
(519) 949-1030   SIC 2834
PFIZER CANADA INC   p1049
17300 Rte Transcanadienne, KIRKLAND, QC, H9J 2M5
(514) 695-0500   SIC 2834
PFIZER CANADA INC   p1207
1025 Boul Marcel-Laurin, SAINT-LAURENT, QC, H4R 1J6
(514) 744-6771   SIC 2834
PHARMASCIENCE INC   p1009
100 Boul De L'industrie, CANDIAC, QC, J5R 1J1
(450) 444-9989   SIC 2834
PHARMASCIENCE INC   p1097
8580 Av De L'esplanade, Montreal, QC, H2P 2R8
(514) 384-6516   SIC 2834
PHARMASCIENCE INC   p1125
6111 Av Royalmount Bureau 100, Montreal, QC, H4P 2T4
(514) 340-1114   SIC 2834
PHARMETICS (2011) INC   p999
865a Boul Michele-Bohec, BLAINVILLE, QC, J7C 5J6
(450) 682-8580   SIC 2834
POLYDEX PHARMACEUTICALS LIMITED   p839
421 Comstock Rd, SCARBOROUGH, ON, M1L 2H5
(416) 755-2231   SIC 2834
PRO DOC LTEE   p1229
2925 Boul Industriel, SAINTE-ROSE, QC, H7L 3W9
(450) 668-9750   SIC 2834
PROMETIC SCIENCES DE LA VIE INC   p1134
500 Boul Cartier O Bureau 150, Montreal-Ouest, QC, H7V 5B7
(450) 781-1394   SIC 2834
RENEW LIFE CANADA INC   p520
150 Biscayne Cres, BRAMPTON, ON, L6W 4V3
(800) 485-0960   SIC 2834
SANDOZ CANADA INC   p1005
145 Rue Jules-Leger, BOUCHERVILLE, QC, J4B 7K8
(450) 641-4903   SIC 2834
SCHERING-PLOUGH CANADA INC   p1049
16750 Rte Transcanadienne, KIRKLAND, QC, H9H 4M7
(514) 426-7300   SIC 2834
SOCIETE BRISTOL-MYERS SQUIBB CANADA, LA   p1027
11215 Ch Cote-De-Liesse, DORVAL, QC, H9P 1B1
(514) 636-4711   SIC 2834
SOCIETE BRISTOL-MYERS SQUIBB CANADA, LA   p1210
2344 Boul Alfred-Nobel Bureau 300, SAINT-LAURENT, QC, H4S 0A4
(514) 333-3200   SIC 2834
SUNOVION PHARMACEUTICALS CANADA INC   p711
6790 Century Ave Suite 100, MISSISSAUGA, ON, L5N 2V8
(905) 814-9145   SIC 2834
TARO PHARMACEUTICALS INC   p517
130 East Dr, BRAMPTON, ON, L6T 1C1
(905) 791-8276   SIC 2834
TEVA CANADA LIMITED   p675
575 Hood Rd, MARKHAM, ON, L3R 4E1
(905) 475-3370   SIC 2834
TEVA CANADA LIMITED   p834
30 Novopharm Crt, SCARBOROUGH, ON, M1B 2K9
(416) 291-9876   SIC 2834
TEVA CANADA LIMITED   p863
5691 Main St, STOUFFVILLE, ON, L4A 1H5
(416) 291-8888   SIC 2834
TEVA CANADA LIMITED   p1078
17800 Rue Lapointe Unite 123, MIRABEL, QC, J7J 0W8
(450) 433-7673   SIC 2834
UPGI PHARMA INC   p1009
100 Boul De L'industrie, CANDIAC, QC, J5R 1J1
(514) 998-9059   SIC 2834
VALEANT CANADA LIMITEE   p1229
2150 Boul Saint-Elzear O, SAINTE-ROSE, QC, H7L 4A8
(514) 744-6792   SIC 2834
WELLSPRING PHARMA SERVICES INC   p767
400 Iroquois Shore Rd, OAKVILLE, ON, L6H 1M5
(905) 337-4500   SIC 2834

SIC 2835 Diagnostic substances

GENEOHM SCIENCES CANADA INC   p1155
2555 Boul Du Parc-Technologique, Quebec, QC, G1P 4S5
(418) 780-5800   SIC 2835

SIC 2836 Biological products, except diagnostic

GRIFOLS CANADA LIMITED   p689
5060 Spectrum Way Suite 405, MISSISSAUGA, ON, L4W 5N5
(905) 614-5575   SIC 2836
LALLEMAND SOLUTIONS SANTE INC   p1078
17975 Rue Des Gouverneurs, MIRABEL, QC, J7J 2K7
(450) 433-9139   SIC 2836

SIC 2841 Soap and other detergents

ECOLAB CO.   p688
5105 Tomken Rd, MISSISSAUGA, ON, L4W 2X5
(905) 238-0171   SIC 2841
GEMINI PACKAGING LTD   p268
12071 Jacobson Way Unit 150, RICHMOND, BC, V6W 1L5
(604) 278-3455   SIC 2841
HUNTER AMENITIES INTERNATIONAL LTD   p573
37 York St E, ELORA, ON, N0B 1S0
(519) 846-2489   SIC 2841
JEMPAK GK INC   p525
48 Alice St, BRANTFORD, ON, N3R 1Y2
SIC 2841
JEMPAK GK INC   p559
80 Doney Cres, CONCORD, ON, L4K 3P1
(905) 738-5656   SIC 2841
JEMPAK GK INC   p770
1485 Speers Rd, OAKVILLE, ON, L6L 2X5
(905) 827-1123   SIC 2841
PERTH SOAP MANUFACTURING INC   p807
5 Herriott St, PERTH, ON, K7H 3E5
(613) 267-1881   SIC 2841
PROCTER & GAMBLE INC   p529
59 Fen Ridge Crt, BRANTFORD, ON, N3V 1G2
(519) 720-1200   SIC 2841
PROCTER & GAMBLE INC   p531
1475 California Ave, BROCKVILLE, ON, K6V 6K4
(613) 342-9592   SIC 2841
PROCTER & GAMBLE INC   p749
4711 Yonge St, NORTH YORK, ON, M2N 6K8
(416) 730-4711   SIC 2841
PROCTER & GAMBLE INVESTMENT CORPORATION   p531
1475 California Ave, BROCKVILLE, ON, K6V 6K4
(613) 342-9592   SIC 2841
TEVA CANADA LIMITED   p1078
17800 Rue Lapointe Unite 123, MIRABEL, QC, J7J 0W8
(450) 433-7673   SIC 2834
ULLMAN, KEN ENTERPRISES INC   p491
92 Kennedy St W, AURORA, ON, L4G 2L7
(905) 727-5677   SIC 2841
V. I. P. SOAP PRODUCTS LTD   p239
32859 Mission Way, MISSION, BC, V2V 6E4
(604) 820-8665   SIC 2841

SIC 2842 Polishes and sanitation goods

ACUITY HOLDINGS, INC   p364
450 Provencher Blvd, WINNIPEG, MB, R2J 0B9
(204) 233-3342   SIC 2842
AVMOR LTEE   p1128
950 Rue Michelin, Montreal, QC, H7L 5C1
(450) 629-8074   SIC 2842
BASIC PACKAGING INDUSTRIES INC   p694
5591 Mcadam Rd, MISSISSAUGA, ON, L4Z 1N4
(905) 890-0922   SIC 2842
CHARLOTTE PRODUCTS LTD   p809
2060 Fisher Dr, PETERBOROUGH, ON, K9J 6X6
(705) 740-2880   SIC 2842
CREATIONS JRP (1994) INC   p1183
24 Rue Du Pont, Saint-Clement, QC, G0L 2N0
(418) 963-2364   SIC 2842
DILMONT INC   p1228
1485 Boul Saint-Elzear O Bureau 301, SAINTE-ROSE, QC, H7L 3N6
(514) 272-5741   SIC 2842
DIVERSEY CANADA, INC   p114
2020 84 Ave Nw, EDMONTON, AB, T6P 1K2
SIC 2842
DIVERSEY CANADA, INC   p665
1151 Green Valley Rd, LONDON, ON, N6N 1E4
(519) 668-6211   SIC 2842
DUSTBANE PRODUCTS LIMITED   p784
25 Pickering Pl, OTTAWA, ON, K1G 5P4
(613) 745-6861   SIC 2842
ECOLAB CO.   p688
4905 Timberlea Blvd, MISSISSAUGA, ON, L4W 3W4
(905) 238-0171   SIC 2842
ECOLAB CO.   p688
5105 Tomken Rd Suite 1, MISSISSAUGA, ON, L4W 2X5
(905) 238-0171   SIC 2842
KIK OPERATING PARTNERSHIP   p147
1202 8 St, NISKU, AB, T9E 7M1
SIC 2842
KIK OPERATING PARTNERSHIP   p585
2000 Kipling Ave, ETOBICOKE, ON, M9W 4J6
(416) 743-6255   SIC 2842
S.C. JOHNSON AND SON, LIMITED   p529
1 Webster St, BRANTFORD, ON, N3T 5A3
(519) 756-7900   SIC 2842
WGI MANUFACTURING INC   p338
1455 Bellevue Ave Suite 300, WEST VANCOUVER, BC, V7T 1C3
(604) 922-6563   SIC 2842
WOOD WYANT CANADA INC   p1259
42 Rue De L'artisan, VICTORIAVILLE, QC, G6P 7E3
(819) 758-1541   SIC 2842

SIC 2844 Toilet preparations

2936950 CANADA INC   p1049
315 Ch De Knowlton, KNOWLTON, QC, J0E 1V0
(450) 243-6161   SIC 2844
A.G. PROFESSIONAL HAIR CARE PRODUCTS LTD   p185
3765 William St, BURNABY, BC, V5C 3H8
(604) 294-8870   SIC 2844
ACUITY HOLDINGS, INC   p90
11627 178 St Nw, EDMONTON, AB, T5S 1N6

(780) 453-5800 SIC 2844
ART DE VIVRE FABRICATION INC p1002
240 Boul Industriel, BOUCHERVILLE, QC, J4B 2X4
(450) 449-4430 SIC 2844
COLGATE-PALMOLIVE CANADA INC p684
6400 Northwest Dr, MISSISSAUGA, ON, L4V 1K1
SIC 2844
COLGATE-PALMOLIVE CANADA INC p753
895 Don Mills Rd, NORTH YORK, ON, M3C 1W3
(416) 421-6000 SIC 2844
ESTEE LAUDER COSMETICS LTD p671
100 Alden Rd, MARKHAM, ON, L3R 4C1
(905) 470-7877 SIC 2844
GROUPE MARCELLE INC p1057
9200 Ch De La Cote-De-Liesse, LACHINE, QC, H8T 1A1
(514) 631-7710 SIC 2844
LABORATOIRE DU-VAR INC p1004
1460 Rue Graham-Bell, BOUCHERVILLE, QC, J4B 6H5
(450) 641-4740 SIC 2844
LABORATOIRES DELON (1990) INC p1024
69 Boul Brunswick, DOLLARD-DES-ORMEAUX, QC, H9B 2N4
(514) 685-9966 SIC 2844
LUSH MANUFACTURING LTD p298
8365 Ontario St Suite 120, VANCOUVER, BC, V5X 3E8
(604) 266-0612 SIC 2844
LUSH MANUFACTURING LTD p319
8739 Heather St, VANCOUVER, BC, V6P 3T1
SIC 2844
NORWOOD PACKAGING LTD p286
8519 132 St, SURREY, BC, V3W 4N8
(604) 599-0370 SIC 2844
OREAL CANADA INC, L' p1107
1500 Boul Robert-Bourassa Bureau 600, Montreal, QC, H3A 3S7
(514) 287-4800 SIC 2844
PROCTER & GAMBLE INC p576
66 Humbervale Blvd, ETOBICOKE, ON, M8Y 3P4
(416) 730-4200 SIC 2844
PRODUITS DE BEAUTE IRIS INC p1024
69 Boul Brunswick, DOLLARD-DES-ORMEAUX, QC, H9B 2N4
(514) 685-9966 SIC 2844
VEGEWAX CANDLEWORX LTD p563
300 North Rivermede Rd, CONCORD, ON, L4K 3N6
(905) 760-7942 SIC 2844

SIC 2851 Paints and allied products

AKZO NOBEL COATINGS LTD p583
110 Woodbine Downs Blvd Unit 4, ETOBICOKE, ON, M9W 5S6
(416) 674-6633 SIC 2851
AKZO NOBEL COATINGS LTD p1199
1001 Boul Roland-Godard, Saint-Jerome, QC, J7Y 4C2
SIC 2851
BASF CANADA INC p967
845 Wyandotte St W, WINDSOR, ON, N9A 5Y1
(519) 256-3155 SIC 2851
CLOVERDALE PAINT INC p86
15846 111 Ave Nw, EDMONTON, AB, T5M 2R8
(780) 451-3830 SIC 2851
CLOVERDALE PAINT INC p96
16411 118 Ave Nw, EDMONTON, AB, T5V 1H2
(780) 453-5700 SIC 2851
GENERAL PAINT CORP p31
7291 11 St Se, CALGARY, AB, T2H 2S1
(403) 531-3450 SIC 2851
GENERAL PAINT CORP p302
900 Parker, VANCOUVER, BC, V6A 3L5

(604) 253-3131 SIC 2851
GENERAL PAINT CORP p302
950 Raymur Ave, VANCOUVER, BC, V6A 3L5
(604) 253-3131 SIC 2851
GENERAL PAINT CORP p1234
5230 Boul Royal, SHAWINIGAN, QC, G9N 4R6
(819) 537-5925 SIC 2851
HENRY COMPANY CANADA INC p836
15 Wallsend Dr, SCARBOROUGH, ON, M1E 3X6
(416) 724-2000 SIC 2851
INDUSTRIES PEPIN LIMITEE p1021
536 Rue De La Riviere, COWANSVILLE, QC, J2K 3G6
(450) 263-1848 SIC 2851
MOORE, BENJAMIN & CO., LIMITED p234
26680 Gloucester Way, LANGLEY, BC, V4W 3V6
(604) 857-0600 SIC 2851
MOORE, BENJAMIN & CO., LIMITED p561
8775 Keele St, CONCORD, ON, L4K 2N1
(905) 761-4800 SIC 2851
MOORE, BENJAMIN & CO., LIMITED p561
161 Cidermill Ave, CONCORD, ON, L4K 4G5
(905) 660-7769 SIC 2851
MOORE, BENJAMIN & CO., LIMITED p1091
9393 Boul Saint-Michel, Montreal, QC, H1Z 3H3
(514) 321-3330 SIC 2851
OMG BELLEVILLE LIMITED p502
30 Dussek St, BELLEVILLE, ON, K8N 5R8
(613) 966-8881 SIC 2851
PPG ARCHITECTURAL COATINGS CANADA INC p210
7560 Vantage Way Suite 1, DELTA, BC, V4G 1H1
(604) 940-0433 SIC 2851
PPG ARCHITECTURAL COATINGS CANADA INC p1069
2025 Rue De La Metropole, LONGUEUIL, QC, J4G 1S9
(514) 527-5111 SIC 2851
PPG CANADA INC p19
4416 72 Ave Se Suite Side, CALGARY, AB, T2C 2C1
(403) 279-8831 SIC 2851
PPG CANADA INC p366
95 Paquin Rd, WINNIPEG, MB, R2J 3V9
(204) 661-6781 SIC 2851
PPG CANADA INC p702
84 North Bend St Suite 102, MISSISSAUGA, ON, L5J 2Z5
(905) 823-1100 SIC 2851
PROTECH CHIMIE LTEE p1210
7600 Boul Henri-Bourassa O, SAINT-LAURENT, QC, H4S 1W3
(514) 745-0200 SIC 2851
REVETEMENTS POLYVAL INC, LES p1000
520 Boul Du Cure-Boivin, BOISBRIAND, QC, J7G 2A7
(450) 430-6780 SIC 2851
RPM CANADA p562
200 Confederation Pky, CONCORD, ON, L4K 4T8
(800) 363-0667 SIC 2851
RPM CANADA p894
220 Wicksteed Ave, TORONTO, ON, M4H 1G7
(416) 421-3300 SIC 2851
RPM CANADA COMPANY p958
95 Sunray St, WHITBY, ON, L1N 9C9
(905) 430-3333 SIC 2851
SHAW & SHAW LIMITED p473
629 Marine Gateway, SHEET HARBOUR, NS, B0J 3B0
(902) 885-3204 SIC 2851
SHERWIN-WILLIAMS CANADA INC p527
140 Garden Ave, BRANTFORD, ON, N3S 7W4
(519) 758-1508 SIC 2851
SHERWIN-WILLIAMS CANADA INC p590

224 Catherine St, FORT ERIE, ON, L2A 0B1
(905) 871-2724 SIC 2851
SHERWIN-WILLIAMS CANADA INC p598
13 Iroquois Trail, GRIMSBY, ON, L3M 5E6
(905) 945-3802 SIC 2851
SPECIALTY POLYMER COATINGS INC p233
20529 62 Ave Suite 104, LANGLEY, BC, V3A 8R4
(604) 514-9711 SIC 2851
TARKETT INC p1032
1001 Rue Yamaska E, FARNHAM, QC, J2N 1J7
(450) 293-3173 SIC 2851
VALSPAR INC p691
1636 Shawson Dr, MISSISSAUGA, ON, L4W 1N7
(905) 671-8333 SIC 2851
WOODBRIDGE FOAM CORPORATION p882
189 Queen St N, TILBURY, ON, N0P 2L0
(519) 682-3080 SIC 2851

SIC 2865 Cyclic crudes and intermediates

BARTEK INGREDIENTS INC p860
690 South Service Rd, STONEY CREEK, ON, L8E 5M5
(905) 643-1286 SIC 2865
CLARIANT (CANADA) INC p207
1081 Cliveden Ave, DELTA, BC, V3M 5V1
(604) 517-0561 SIC 2865
PLASTI-FAB LTD p642
1214 Union St, KITCHENER, ON, N2H 6K4
(519) 571-1650 SIC 2865
RECOCHEM INC. p1134
175 Rue De LEglise, NAPIERVILLE, QC, J0J 1L0
(450) 245-0040 SIC 2865
TRI-TEXCO INC p1187
1001 Boul Industriel, SAINT-EUSTACHE, QC, J7R 6C3
(450) 974-1001 SIC 2865

SIC 2869 Industrial organic chemicals, nec

AKZO NOBEL CHEMICALS LTD p1304
3910 Wanuskewin Rd, SASKATOON, SK, S7P 0B7
(306) 242-3855 SIC 2869
DIVERSEY CANADA, INC p1009
110 Boul Montcalm N, CANDIAC, QC, J5R 3L9
(450) 444-8000 SIC 2869
ENERKEM INC p1261
551 Av De La Tuilerie, WESTBURY, QC, J0B 1R0
(819) 832-4411 SIC 2869
ETHANOL GREENFIELD QUEBEC INC p1255
3300 Rte Marie-Victorin, VARENNES, QC, J3X 1P7
(450) 652-1800 SIC 2869
EVONIK CANADA INC p124
22010 Secondary Hwy 643 E, GIBBONS, AB, T0A 1N4
(780) 992-3300 SIC 2869
FLAVORCHEM INTERNATIONAL INC p845
145 Dynamic Dr Suite 100, SCARBOROUGH, ON, M1V 5L8
(416) 321-2124 SIC 2869
GREENFIELD GLOBAL, INC p552
275 Bloomfield Rd, CHATHAM, ON, N7M 0N6
(519) 436-1130 SIC 2869
GREENFIELD GLOBAL, INC p818
141 Commerce Pl, PRESCOTT, ON, K0E 1T0
(613) 925-1385 SIC 2869
GREENFIELD GLOBAL, INC p885
5 Farrell Dr 4th Conc, TIVERTON, ON, N0G 2T0
(519) 368-7723 SIC 2869
HUSKY OIL OPERATIONS LIMITED p351

359 5th Ave Nw, MINNEDOSA, MB, R0J 1E0
(204) 867-8100 SIC 2869
IOGEN BIO-PRODUCTS CORPORATION p795
300 Hunt Club Rd, OTTAWA, ON, K1V 1C1
(613) 733-9830 SIC 2869
IOGEN CORPORATION p795
310 Hunt Club Rd, OTTAWA, ON, K1V 1C1
(613) 733-9830 SIC 2869
LABORATOIRES BUCKMAN DU CANADA, LTEE p1256
351 Rue Joseph-Carrier, VAUDREUIL-DORION, QC, J7V 5V5
(450) 424-4404 SIC 2869
NORCAN FLUID POWER LTD p222
728 Tagish St, KAMLOOPS, BC, V2H 1B7
(250) 372-3933 SIC 2869
SILTECH CORPORATION p700
3265 Wolfedale Rd, MISSISSAUGA, ON, L5C 1V8
(905) 270-9328 SIC 2869
XYLITOL CANADA INC p890
41 Lesmill Rd, TORONTO, ON, M3B 2T3
(416) 288-1019 SIC 2869

SIC 2873 Nitrogenous fertilizers

AGRIUM ADVANCED TECHNOLOGIES INC p525
10 Craig St, BRANTFORD, ON, N3R 7J1
(519) 757-0077 SIC 2873
AGRIUM CANADA PARTNERSHIP p34
13131 Lake Fraser Dr Se, CALGARY, AB, T2J 7E8
(403) 225-7000 SIC 2873
AGRIUM INC p30
Gd, CALGARY, AB, T2H 2P4
(403) 936-5821 SIC 2873
AGRIUM INC p122
11751 River Rd, FORT SASKATCHEWAN, AB, T8L 4J1
(780) 998-6911 SIC 2873
AGRIUM INC p152
Gd Stn Postal Box Ctr, RED DEER, AB, T4N 5E6
(403) 885-4010 SIC 2873
AGRIUM INC p158
Gd, REDWATER, AB, T0A 2W0
(780) 998-6111 SIC 2873
AGRIUM INC p626
Gd Lcd Main, KAPUSKASING, ON, P5N 2X9
SIC 2873
BORDER CHEMICAL COMPANY LIMITED p374
595 Gunn Rd, WINNIPEG, MB, R3A 1L1
(204) 222-3276 SIC 2873
KOCH FERTILIZER CANADA, ULC p345
1400 17th St E, BRANDON, MB, R7A 7C4
(204) 729-2900 SIC 2873
PREMIER TECH BRIGHTON LTD p530
4 Craig Blvd, BRIGHTON, ON, K0K 1H0
(613) 475-1262 SIC 2873
VIRIDIAN INC p36
13131 Lake Fraser Dr Se, CALGARY, AB, T2J 7E8
(403) 225-7000 SIC 2873

SIC 2874 Phosphatic fertilizers

BECKER UNDERWOOD CANADA LTD p1305
3835 Thatcher Ave, SASKATOON, SK, S7R 1A3
(306) 373-3060 SIC 2874
HOUDE, WILLIAM LTEE p1222
8 3e Rang O, SAINT-SIMON-DE-BAGOT, QC, J0H 1Y0
(450) 798-2002 SIC 2874
MASTER PLANT-PROD INC p515
314 Orenda Rd, BRAMPTON, ON, L6T 1G1
(905) 793-8000 SIC 2874

NACHURS ALPINE SOLUTIONS INC p731
30 Neville St, NEW HAMBURG, ON, N3A 4G7
(519) 662-2352   SIC 2874
NACHURS ALPINE SOLUTIONS INC p1195
Gd, SAINT-HYACINTHE, QC, J2S 7P5
(450) 771-1742   SIC 2874
SYNAGRI S.E.C. p1222
80 Rue Des Erables, SAINT-THOMAS, QC, J0K 3L0
(450) 759-8070   SIC 2874
YARA BELLE PLAINE INC p1264
2 Kalium Rd, BELLE PLAINE, SK, S0G 0G0
(306) 345-4200   SIC 2874
YARA BELLE PLAINE INC p1286
1874 Scarth St Suite 1800, REGINA, SK, S4P 4B3
(306) 525-7600   SIC 2874

SIC 2875 Fertilizers, mixing only

ACADIAN SEAPLANTS LIMITED p446
698 Conestoga St, CORNWALLIS, NS, B0S 1H0
(902) 638-8302   SIC 2875
ACADIAN SEAPLANTS LIMITED p467
8421 Hwy 3, LOWER WOODS HARBOUR, NS, B0W 2E0
(902) 723-2678   SIC 2875
GSI ENVIRONNEMENT INC p1255
1501 Boul Lionel-Boulet, VARENNES, QC, J3X 1P7
(418) 882-2736   SIC 2875
NU-GRO LTD p526
10 Craig St, BRANTFORD, ON, N3R 7J1
(519) 757-0077   SIC 2875
SUEZ CANADA WASTE SERIVCES INC p116
13111 Meridian St Ne Suite 500, EDMONTON, AB, T6S 1G9
(780) 472-9966   SIC 2875
SYNAGRI S.E.C. p1017
4075 Rue Industrielle, CONTRECOEUR, QC, J0L 1C0
(450) 587-5222   SIC 2875

SIC 2879 Agricultural chemicals, nec

A S B GREENWORLD LTD p412
200 Daigle Ch, POINTE-SAPIN, NB, E9A 1T6
(506) 876-3937   SIC 2879
AGRIUM ADVANCED TECHNOLOGIES INC p530
10 Loyalist Dr, BRIGHTON, ON, K0K 1H0
(613) 475-1262   SIC 2879
BAYER CROPSCIENCE INC p15
160 Quarry Park Blvd Se Suite 200, CALGARY, AB, T2C 3G3
(403) 723-7400   SIC 2879
BAYER CROPSCIENCE INC p136
3106 9 Ave N Suite 10, LETHBRIDGE, AB, T1H 5E5
(403) 329-0706   SIC 2879
DOW AGROSCIENCES CANADA INC p43
450 1 St Sw Suite 2100, CALGARY, AB, T2P 5H1
(403) 735-8800   SIC 2879
DOW AGROSCIENCES CANADA INC p123
127 Sturgeon Cres, FORT SASKATCHEWAN, AB, T8L 2N9
(780) 998-4833   SIC 2879
DOW AGROSCIENCES CANADA INC p1302
421 Downey Rd Suite 101, SASKATOON, SK, S7N 4L8
(306) 657-3351   SIC 2879
MONSANTO CANADA INC p552
301 Richmond St, CHATHAM, ON, N7M 1P5
(519) 352-5310   SIC 2879
PLANTBEST, INC p678
170 Duffield Dr Unit 200, MARKHAM, ON, L6G 1B5

(905) 470-0724   SIC 2879
UNITED AGRI PRODUCTS CANADA INC p569
789 Donnybrook Dr Suite 2, DORCHESTER, ON, N0L 1G5
(519) 268-8001   SIC 2879

SIC 2891 Adhesives and sealants

3M CANADA COMPANY p530
1360 California Ave, BROCKVILLE, ON, K6V 5V8
(613) 345-0111   SIC 2891
3M CANADA COMPANY p649
300 Tartan Dr, LONDON, ON, N5V 4M9
(519) 451-2500   SIC 2891
3M CANADA COMPANY p649
801 Clarke Rd, LONDON, ON, N5V 3B3
(519) 452-6139   SIC 2891
COOPER-STANDARD AUTOMOTIVE CANADA LIMITED p591
346 Guelph St, GEORGETOWN, ON, L7G 4B5
(905) 873-6921   SIC 2891
COOPER-STANDARD AUTOMOTIVE CANADA LIMITED p864
703 Douro St, STRATFORD, ON, N5A 3T1
(519) 271-3360   SIC 2891
FIBRWRAP INSTALLATIONS LIMITED p288
15531 24 Ave Unit 31, SURREY, BC, V4A 2J4
(604) 535-9512   SIC 2891
HELMITIN INC p578
99 Shorncliffe Rd, ETOBICOKE, ON, M8Z 5K7
(416) 239-3105   SIC 2891
LAFARGE CANADA INC p18
9028 44 St Se Suite Lbby, CALGARY, AB, T2C 2P6
(403) 292-9220   SIC 2891
LAFARGE CANADA INC p65
11321 85 St Se, CALGARY, AB, T3S 0A3
(403) 239-6130   SIC 2891
LAFARGE CANADA INC p77
8635 Stadium Rd Nw, EDMONTON, AB, T5H 3X1
(780) 423-6153   SIC 2891
LAFARGE CANADA INC p118
Hwy 1a, EXSHAW, AB, T0L 2C0
(403) 673-3815   SIC 2891
LAFARGE CANADA INC p445
87 Cement Plant Rd, BROOKFIELD, NS, B0N 1C0
(902) 673-2281   SIC 2891
LAFARGE CANADA INC p500
Gd, BATH, ON, K0H 1G0
(613) 352-7711   SIC 2891
LAFARGE CANADA INC p1202
30 Rue Des Sables, SAINT-JOSEPH-DU-LAC, QC, J0N 1M0
(450) 473-8616   SIC 2891
LEHIGH HANSON MATERIALS LIMITED p28
885 42 Ave Se Suite 222, CALGARY, AB, T2G 1Y8
(403) 531-3000   SIC 2891
LEHIGH HANSON MATERIALS LIMITED p96
12640 Inland Way Nw, EDMONTON, AB, T5V 1K2
(780) 420-2500   SIC 2891
MULTIBOND INC p1027
550 Av Marshall, DORVAL, QC, H9P 1C9
(514) 636-6230   SIC 2891
SIKA CANADA INC p97
16910 129 Ave Nw Suite 1, EDMONTON, AB, T5V 1L1
(780) 453-3060   SIC 2891
TECHNISAND CANADA SALES LTD p160
781069 Range Rd 52, RYCROFT, AB, T0H 3A0
SIC 2891
WATERVILLE TG INC p1261
10 Rue Du Depot, WATERVILLE, QC, J0B 3H0

(819) 837-2421   SIC 2891

SIC 2892 Explosives

DYNO NOBEL CANADA INC p1001
3665 Boul De La Grande-Allee, BOISBRIAND, QC, J7H 1H5
(450) 437-1441   SIC 2892
DYNO NOBEL CANADA INC p1136
2730 Montee Du Rocher, ORMSTOWN, QC, J0S 1K0
(450) 825-2236   SIC 2892
DYNO NOBEL CANADA INC p1147
8255 Boul Henri-Bourassa Bureau 210, Quebec, QC, G1G 4C8
(418) 628-4555   SIC 2892
DYNO NOBEL CANADA INC p1266
115 Roche St, CREIGHTON, SK, S0P 0A0
(306) 688-5209   SIC 2892
ORICA CANADA INC p33
5511 6 St Se, CALGARY, AB, T2H 1L6
(403) 212-6200   SIC 2892
ORICA CANADA INC p999
380 Montee Saint-Isidore, BLAINVILLE, QC, J7C 0W8
(450) 435-6934   SIC 2892
ORICA CANADA INC p1008
342 Rue Mcmaster, BROWNSBURG-CHATHAM, QC, J8G 3A8
(450) 533-4201   SIC 2892
ORICA CANADA INC p1008
301 Rue De L'hotel-De-Ville, BROWNSBURG-CHATHAM, QC, J8G 3B5
(450) 533-4201   SIC 2892

SIC 2893 Printing ink

FLINT GROUP CANADA LIMITED p1212
890 Montee De Liesse, SAINT-LAURENT, QC, H4T 1N8
(514) 731-9405   SIC 2893
HUBERGROUP CANADA LIMITED p1205
425 Rue Deslauriers, SAINT-LAURENT, QC, H4N 1W2
(514) 335-2197   SIC 2893
SUN CHEMICAL LIMITED p541
1274 Plains Rd E, BURLINGTON, ON, L7S 1W6
(905) 639-2561   SIC 2893
SUN CHEMICAL LIMITED p991
10501 Boul Parkway, ANJOU, QC, H1J 1R4
(514) 355-7000   SIC 2893

SIC 2899 Chemical preparations, nec

ACCUCAPS INDUSTRIES LIMITED p865
720 Wright St, STRATHROY, ON, N7G 3H8
(519) 245-8880   SIC 2899
AKZO NOBEL PATE ET PERFORMANCE CANADA INC p1074
1900 Rue Saint-Patrice E Bureau 25, MAGOG, QC, J1X 3W5
(819) 843-8942   SIC 2899
AKZO NOBEL PATE ET PERFORMANCE CANADA INC p1232
640 Boul Des Erables, SALABERRY-DE-VALLEYFIELD, QC, J6T 6G4
(450) 377-1131   SIC 2899
AQUATERRA CORPORATION p989
9021 Boul Metropolitain E, ANJOU, QC, H1J 3C4
(514) 956-2600   SIC 2899
ATOTECH CANADA LTD p532
1180 Corporate Dr, BURLINGTON, ON, L7L 5R6
(905) 332-0111   SIC 2899
CASCADES CANADA ULC p1001
1350 Ch Quatre-Saisons, BON-CONSEIL, QC, J0C 1A0
(819) 336-2440   SIC 2899
CHEMTRADE ELECTROCHEM INC p243

1200 Macphee Rd, NANAIMO, BC, V9X 1J2
(250) 722-2212   SIC 2899
CHEMTRADE ELECTROCHEM INC p246
100 Amherst Ave, NORTH VANCOUVER, BC, V7H 1S4
(604) 924-2828   SIC 2899
CHEMTRADE ELECTROCHEM INC p344
8080 Richmond Ave E, BRANDON, MB, R7A 7R3
(204) 728-3777   SIC 2899
COMPASS MINERALS CANADA CORP p595
245 Regent St, GODERICH, ON, N7A 3Y5
(519) 524-8338   SIC 2899
DIVERSITY TECHNOLOGIES CORPORATION p43
800 6 Ave Sw Suite 360, CALGARY, AB, T2P 3G3
(403) 265-4401   SIC 2899
DOW CHEMICAL CANADA ULC p123
Gd, FORT SASKATCHEWAN, AB, T8L 2P4
(780) 998-8000   SIC 2899
DOW CHEMICAL CANADA ULC p153
Gd, RED DEER, AB, T4N 6N1
(403) 885-7000   SIC 2899
DOW CHEMICAL CANADA ULC p828
1425 St Videl S, SARNIA, ON, N7T 8K6
SIC 2899
ENCRES INTERNATIONALE INX CORP p1244
1247 Rue Nationale, TERREBONNE, QC, J6W 6H8
(450) 477-9145   SIC 2899
EVONIK INDUSTRIES p854
321 Welland Ave, ST CATHARINES, ON, L2R 2R2
(905) 688-6470   SIC 2899
HALL CHEM MFG INC p1004
1270 Rue Nobel, BOUCHERVILLE, QC, J4B 5H1
(450) 645-0296   SIC 2899
K+S SEL WINDSOR LTEE p117
Hwy 646, ELK POINT, AB, T0A 1A0
(780) 724-3745   SIC 2899
K+S SEL WINDSOR LTEE p969
30 Prospect Ave, WINDSOR, ON, N9C 3G3
(519) 255-5400   SIC 2899
K+S SEL WINDSOR LTEE p1131
199 Boul Joseph-Versailles, MONTREAL-EST, QC, H1B 5J1
(514) 640-4655   SIC 2899
K+S SEL WINDSOR LTEE p1264
Gd, BELLE PLAINE, SK, S0G 0G0
(306) 345-5200   SIC 2899
KEMIRA WATER SOLUTIONS CANADA INC p560
500 Creditstone Rd, Concord, ON, L4K 3Z3
SIC 2899
KEMIRA WATER SOLUTIONS CANADA INC p855
321 Welland Ave, ST CATHARINES, ON, L2R 2R2
(905) 688-6470   SIC 2899
NITTA GELATIN CANADA, INC p935
60 Paton Rd, TORONTO, ON, M6H 1R8
(416) 532-5111   SIC 2899
PCAS CANADA INC p1199
725 Rue Trotter, SAINT-JEAN-SUR-RICHELIEU, QC, J3B 8J8
(450) 348-0901   SIC 2899
PLASTI-FAB LTD p71
Gd, CROSSFIELD, AB, T0M 0S0
(403) 946-4576   SIC 2899
PRODUITS CHIMIQUES MAGNUS LIMITEE p1004
1271 Rue Ampere, BOUCHERVILLE, QC, J4B 5Z5
(450) 655-1344   SIC 2899
RECOCHEM INC p1213
850 Montee De Liesse, SAINT-LAURENT, QC, H4T 1P4
(514) 341-3550   SIC 2899
RECOCHEM INC. p147
604 22 Ave, NISKU, AB, T9E 7X6
(780) 955-2644   SIC 2899

RECOCHEM INC. p256
1745 Kingsway Ave, PORT COQUITLAM, BC, V3C 4P2
(604) 941-9404   SIC 2899

ROYAL ADHESIVES & SEALANTS CANADA LTD p586
266 Humberline Dr, ETOBICOKE, ON, M9W 5X1
(416) 679-5676   SIC 2899

SAINT-GOBAIN SOLAR GUARD, INC p770
760 Pacific Rd Unit 1, OAKVILLE, ON, L6L 6M5
(905) 847-2790   SIC 2899

SOCIETE LAURENTIDE INC p1085
9355 Boul Henri-Bourassa E, Montreal, QC, H1E 1P4
(514) 643-1917   SIC 2899

VILLE DE LAVAL p1021
3810 Boul Levesque O, Cote Saint-Luc, QC, H7V 1E8
(450) 978-8936   SIC 2899

WGI MANUFACTURING INC p888
3 Pullman Crt, TORONTO, ON, M1X 1E4
(416) 412-2966   SIC 2899

SIC 2911 Petroleum refining

9297-6232 QUEBEC INC p1211
361 Rue Locke, SAINT-LAURENT, QC, H4T 1X7
(514) 389-5757   SIC 2911

AFTON CHEMICAL CANADA CORPORATION p567
220 St Clair Pky Rr 2, CORUNNA, ON, N0N 1G0
SIC 2911

APACHE CANADA LTD p175
958 Beach Rd, ZAMA CITY, AB, T0H 4E0
(780) 683-8000   SIC 2911

BAKER HUGHES CANADA COMPANY p14
5050 47 St Se, CALGARY, AB, T2B 3S1
(403) 537-3850   SIC 2911

BATTENFELD GREASE (CANADA) LTD. p577
68 Titan Rd, ETOBICOKE, ON, M8Z 2J8
(416) 239-1548   SIC 2911

BIRCHCLIFF ENERGY LTD p164
5605 Hwy 49, SPIRIT RIVER, AB, T0H 3G0
(780) 864-4624   SIC 2911

CHEVRON CANADA LIMITED p186
355 Willingdon Ave N, BURNABY, BC, V5C 1X4
(604) 257-4040   SIC 2911

CHEVRON CANADA LIMITED p310
1050 Pender St W Suite 1200, VANCOUVER, BC, V6E 3T4
(604) 668-5300   SIC 2911

CHEVRON CANADA LIMITED p435
215 Water St Suite 700, ST. JOHN'S, NL, A1C 6C9
(709) 757-6100   SIC 2911

CONSUMERS' CO-OPERATIVE REFINERIES LIMITED p1284
650 E 9th Ave N, REGINA, SK, S4P 3A1
(306) 721-5353   SIC 2911

ENERGIE VALERO INC p1065
165 Ch Des iles, Levis, QC, G6V 7M5
(418) 837-3641   SIC 2911

FREEHOLD RESOURCES LTD p44
144 4 Ave Sw Suite 400, CALGARY, AB, T2P 3N4
(403) 221-0802   SIC 2911

HUSKY OIL OPERATIONS LIMITED p259
2542 Pg Pulpmill Rd, PRINCE GEORGE, BC, V2L 4V4
(250) 960-2500   SIC 2911

IMPERIAL OIL LIMITED p100
9210 34 St Nw, EDMONTON, AB, T6B 2Y5
(780) 468-6587   SIC 2911

IMPERIAL OIL LIMITED p184
3100 Underhill Ave, BURNABY, BC, V5A 3C6
(604) 444-4700   SIC 2911

IMPERIAL OIL LIMITED p213
Mi 293 Alaska Hwy, FORT NELSON, BC, V0C 1R0
(250) 774-3151   SIC 2911

IMPERIAL OIL LIMITED p257
2225 Ioco Rd, PORT MOODY, BC, V3H 3C8
(604) 469-8300   SIC 2911

IMPERIAL OIL LIMITED p828
Po Box 3004 Stn Main, SARNIA, ON, N7T 7M5
(519) 339-4015   SIC 2911

IMPERIAL OIL LIMITED p828
453 Christina St, SARNIA, ON, N7T 5W3
(519) 339-2712   SIC 2911

MASKIMO CONSTRUCTION INC p1051
861 Rang De L'achigan S, L'Epiphanie, QC, J5X 3M9
(450) 588-2591   SIC 2911

NEMCO RESOURCES LTD p380
25 Midland St, WINNIPEG, MB, R3E 3J6
(204) 788-1030   SIC 2911

NORTH ATLANTIC REFINING LIMITED p424
1 Refining Rd, COME BY CHANCE, NL, A0B 1N0
(709) 463-8811   SIC 2911

NORTH WEST REDWATER PARTNERSHIP p47
140 4 Ave Sw Suite 2800, CALGARY, AB, T2P 3N3
(403) 398-0900   SIC 2911

PENN WEST PETROLEUM LTD p118
Gd, FALHER, AB, T0H 1M0
(780) 837-2929   SIC 2911

PENN WEST PETROLEUM LTD p215
10511 100 Ave, FORT ST. JOHN, BC, V1J 1Z1
(250) 785-8363   SIC 2911

SHELL CANADA LIMITED p123
55522 Range Road 214, FORT SASKATCHEWAN, AB, T8L 4A4
(780) 992-3600   SIC 2911

SHELL CANADA LIMITED p1131
10501 Rue Sherbrooke E, MONTREAL-EST, QC, H1B 1B3
(514) 645-1661   SIC 2911

SUNCOR ENERGY INC p82
Gd Stn Main, EDMONTON, AB, T5J 2G8
(780) 410-5610   SIC 2911

SUNCOR ENERGY INC p116
801 Petroleum Way Nw, EDMONTON, AB, T6S 1H5
(780) 410-5681   SIC 2911

SUNCOR ENERGY INC p117
Gd Stn Main, EDSON, AB, T7E 1T1
(780) 693-7300   SIC 2911

SUNCOR ENERGY INC p215
11527 Alaska Rd, FORT ST. JOHN, BC, V1J 6N2
(250) 787-8200   SIC 2911

SUNCOR ENERGY INC p723
535 Rokeby Line Rr 1, MOORETOWN, ON, N0N 1M0
(519) 481-0454   SIC 2911

SUNCOR ENERGY INC p770
3275 Rebecca St, OAKVILLE, ON, L6L 6N5
(905) 804-7152   SIC 2911

SUNCOR ENERGY INC p1140
11701 Rue Sherbrooke E, POINTE-AUX-TREMBLES, QC, H1B 1C3
(514) 640-8000   SIC 2911

SUNCOR ENERGY PRODUCTS INC p750
36 York Mills Rd Suite 110, NORTH YORK, ON, M2P 2E9
(416) 498-7751   SIC 2911

SUNCOR ENERGY PRODUCTS PARTNERSHIP p49
150 6 Ave Sw, CALGARY, AB, T2P 3Y7
(403) 296-8000   SIC 2911

TOTAL CANADA INC p1061
220 Av Lafleur, LASALLE, QC, H8R 4C9
(514) 595-7579   SIC 2911

UNIVAR CANADA LTD p388
99 Lowson Cres, WINNIPEG, MB, R3P 0T3
(204) 489-0102   SIC 2911

WEST LORNE BIOOIL CO-GENERATION LIMITED PARTNERSHIP p956
191 Jane St, WEST LORNE, ON, N0L 2P0
SIC 2911

WESTCAN BULK TRANSPORT LTD p140
5406 59 Ave, LLOYDMINSTER, AB, S9V 0Y2
(780) 875-8471   SIC 2911

SIC 2951 Asphalt paving mixtures and blocks

BAU-VAL INC p1255
3350 Ch De La Butte-Aux-Renards, VARENNES, QC, J3X 1P7
(450) 652-0689   SIC 2951

BAU-VAL INC p1255
3350 Ch De La Butte-Aux-Renards, VARENNES, QC, J3X 1P7
(450) 652-9818   SIC 2951

MATHESON & MACMILLAN (1993) LIMITED p982
355 Sherwood Rd, CHARLOTTETOWN, PE, C1E 0E5
(902) 892-1057   SIC 2951

SINTRA INC p1031
1340 Boul Foucault, DRUMMONDVILLE, QC, J2C 1B1
(819) 472-4852   SIC 2951

SINTRA INC p1194
7905 Av Duplessis, SAINT-HYACINTHE, QC, J2R 1S5
(450) 796-2691   SIC 2951

ST. ISIDORE ASPHALT LTD p394
2000 Sunset Dr, BATHURST, NB, E2A 7K8
(506) 548-9841   SIC 2951

SIC 2952 Asphalt felts and coatings

IKO INDUSTRIES LTD p28
1600 42 Ave Se, CALGARY, AB, T2G 5B5
(403) 265-6030   SIC 2952

IKO INDUSTRIES LTD p519
80 Stafford Dr, BRAMPTON, ON, L6W 1L4
(905) 457-2880   SIC 2952

IKO INDUSTRIES LTD p519
80 Stafford Dr, BRAMPTON, ON, L6W 1L4
(905) 457-2880   SIC 2952

IKO INDUSTRIES LTD p618
1451 Spence Ave, HAWKESBURY, ON, K6A 3T4
(613) 632-8581   SIC 2952

IKO INDUSTRIES LTD p666
105084 Hwy 7, MADOC, ON, K0K 2K0
(613) 473-0430   SIC 2952

SOPREMA INC p1031
1688 Rue Jean-Berchmans-Michaud, DRUMMONDVILLE, QC, J2C 8E9
(819) 478-8163   SIC 2952

SIC 2992 Lubricating oils and greases

CHEMTURA CANADA CO./CIE p835
565 Coronation Dr, SCARBOROUGH, ON, M1E 2K3
(416) 284-1661   SIC 2992

CHEMTURA CANADA CO./CIE p835
10 Chemical Crt, SCARBOROUGH, ON, M1E 3X7
(416) 284-1662   SIC 2992

FUCHS LUBRICANTS CANADA LTD p229
19829 99a Ave Unit A, LANGLEY, BC, V1M 3G4
(604) 888-1552   SIC 2992

LANXESS CANADA CO./CIE p572
25 Erb St, ELMIRA, ON, N3B 3A3
(519) 669-1671   SIC 2992

SAFETY-KLEEN CANADA INC. p529
300 Woolwich St S Rr 2, BRESLAU, ON, N0B 1M0
(519) 648-2291   SIC 2992

SHELL CANADA LIMITED p567
339 Lasalle Line Rr 1, CORUNNA, ON, N0N 1G0
SIC 2992

SHELL CANADA PRODUCTS p29
2900 Alyth Rd Se, CALGARY, AB, T2G 3W4
(403) 234-7534   SIC 2992

SIC 3011 Tires and inner tubes

BRIDGESTONE CANADA INC p1045
1200 Boul Firestone, Joliette, QC, J6E 2W5
(450) 756-1061   SIC 3011

BURLINGTON AUTOMATION CORP. p533
5041 Fairview St, BURLINGTON, ON, L7L 4W8
(905) 681-9622   SIC 3011

COAST TIRE & AUTO SERVICE LTD p409
258 Baig Blvd, MONCTON, NB, E1E 1C8
SIC 3011

GOODYEAR CANADA INC p145
1271 12 St Nw, MEDICINE HAT, AB, T1C 1W8
(403) 527-3353   SIC 3011

GOODYEAR CANADA INC p725
388 Goodyear Rd, NAPANEE, ON, K7R 3L2
(613) 354-7411   SIC 3011

GOODYEAR CANADA INC p1232
2600 Boul Monseigneur-Langlois, SALABERRY-DE-VALLEYFIELD, QC, J6S 5G6
(450) 377-6800   SIC 3011

KAL TIRE LTD p220
1870 Kelly Douglas Rd Suite 401, KAMLOOPS, BC, V2C 5S5
(250) 374-2273   SIC 3011

SIC 3021 Rubber and plastics footwear

CHAUSSURES RALLYE INC p990
10001 Boul Ray-Lawson, ANJOU, QC, H1J 1L6
(514) 353-5888   SIC 3021

CROCS CANADA INC p820
1455 16th Ave Unit 7, RICHMOND HILL, ON, L4B 4W5
(905) 747-3366   SIC 3021

SIC 3052 Rubber and plastics hose and beltings

ANSUL CANADA LIMITEE p1016
675 Rue Merrill, COATICOOK, QC, J1A 2S2
(819) 849-2751   SIC 3052

BREMO INC p1180
214 138 Rte, SAINT-AUGUSTIN-DE-DESMAURES, QC, G3A 2X9
(418) 878-4070   SIC 3052

PARKER HANNIFIN CANADA p588
925 Glengarry Cres, FERGUS, ON, N1M 2W7
(519) 787-0001   SIC 3052

SIC 3053 Gaskets; packing and sealing devices

A.R. THOMSON GROUP p112
10030 31 Ave Nw, EDMONTON, AB, T6N 1G4
(780) 450-8080   SIC 3053

AGS FLEXITALLIC, INC p99
4340 78 Ave Nw, EDMONTON, AB, T6B 3J5
(780) 466-5050   SIC 3053

ELRINGKLINGER CANADA, INC p646
15 Seneca Rd, LEAMINGTON, ON, N8H 5P2
(519) 325-0052   SIC 3053

ROBCO INC p720
281 Ambassador Dr, MISSISSAUGA, ON, L5T 2J3

(905) 564-6555   SIC 3053
ROBCO INC   p1059
7200 Rue Saint-Patrick, LASALLE, QC, H8N 2W7
(514) 367-2252   SIC 3053

SIC 3061 Mechanical rubber goods

CRANE, JOHN CANADA INC   p860
423 Green Rd N, STONEY CREEK, ON, L8E 3A1
(905) 662-6191   SIC 3061
KEDDCO USA INC.   p752
23 Lesmill Rd Suite 201, NORTH YORK, ON, M3B 3P6
(416) 508-3000   SIC 3061

SIC 3069 Fabricated rubber products, nec

ACR GROUP INC   p146
511 12 Ave, NISKU, AB, T9E 7N8
(780) 955-2802   SIC 3069
ACR GROUP INC   p271
12771 No. 5 Rd, RICHMOND, BC, V7A 4E9
(604) 274-9955   SIC 3069
AIRBOSS OF AMERICA CORP   p640
101 Glasgow St, KITCHENER, ON, N2G 4X8
(519) 576-5565   SIC 3069
ALLMET ROOF PRODUCTS, LTD   p551
650 Riverview Dr Unit 1, CHATHAM, ON, N7M 0N2
(519) 380-9265   SIC 3069
BARE SPORTS CANADA LTD   p192
3711 North Fraser Way Suite 50, BURNABY, BC, V5J 5J2
(604) 235-2630   SIC 3069
CARPENTER CANADA CO   p989
9500 Rue De L'innovation, ANJOU, QC, H1J 2X9
(514) 351-3221   SIC 3069
CONTITECH CANADA, INC   p694
237 Brunel Rd, MISSISSAUGA, ON, L4Z 1X3
(905) 366-2010   SIC 3069
CONTITECH CANADA, INC   p1179
127 Rang Parent, SAINT-ALPHONSE-DE-GRANBY, QC, J0E 2A0
(450) 375-5050   SIC 3069
COOPER-STANDARD AUTOMOTIVE CANADA LIMITED   p864
341 Erie St, STRATFORD, ON, N5A 2N3
(519) 271-3360   SIC 3069
DUNLINE RUBBER PRODUCTS COMPANY   p662
1579 Hyde Park Rd Suite 8, LONDON, ON, N6H 5L4
(519) 473-1116   SIC 3069
G III LTD   p762
150 Klondike Dr, NORTH YORK, ON, M9L 1X3
(416) 747-7769   SIC 3069
HENNIGES AUTOMOTIVE SCHLEGEL CANADA INC   p767
2360 Cornwall Rd Unit 1, OAKVILLE, ON, L6J 7T9
(905) 338-3082   SIC 3069
HENNIGES AUTOMOTIVE SEALING SYSTEMS CANADA INC   p955
100 Kennedy St, WELLAND, ON, L3B 0B4
SIC 3069
HI-KALIBRE EQUIPMENT LIMITED   p105
7705 Coronet Rd Nw, EDMONTON, AB, T6E 4N7
(780) 485-5813   SIC 3069
INTERWRAP INC   p256
1650 Broadway St Suite 101, PORT COQUITLAM, BC, V3C 2M8
SIC 3069
MUSTANG SURVIVAL ULC   p193
7525 Lowland Dr, BURNABY, BC, V5J 5L1
(604) 270-8631   SIC 3069

POLY-NOVA TECHNOLOGIES LIMITED PARTNERSHIP   p600
125 Southgate Dr, GUELPH, ON, N1G 3M5
(519) 822-2109   SIC 3069
POLYCORP LTD   p573
33 York St W, ELORA, ON, N0B 1S0
(519) 846-2075   SIC 3069
PR AQUA SUPPLIES LTD   p243
1631 Harold Rd, NANAIMO, BC, V9X 1T4
(250) 754-4844   SIC 3069
PRODUITS AMERICAN BILTRITE (CANADA) LTEE   p1239
635 Rue Pepin, SHERBROOKE, QC, J1L 2P8
(819) 823-3300   SIC 3069
ROULEAU GRAPHIC (QUEBEC) LTEE   p1215
9209 Boul Langelier, SAINT-LEONARD, QC, H1P 3K9
(514) 328-8111   SIC 3069
SATELLITE INDUSTRIES LTD   p384
20 Murray Park Rd, WINNIPEG, MB, R3J 3T9
(204) 837-4660   SIC 3069
VPC GROUP INC   p20
3220 56 Ave Se, CALGARY, AB, T2C 0B1
(403) 279-2866   SIC 3069
VPC GROUP INC   p208
927 Derwent Way Suite 400, DELTA, BC, V3M 5R4
(604) 540-0530   SIC 3069
VPC GROUP INC   p1058
2350 Rue Louis-A.-Amos, LACHINE, QC, H8T 3K6
(514) 631-0691   SIC 3069
WATERVILLE TG INC   p812
4491 Discovery Line, PETROLIA, ON, N0N 1R0
(519) 882-4366   SIC 3069
WATERVILLE TG INC   p1016
500 Rue Dionne, COATICOOK, QC, J1A 2E8
(819) 849-7031   SIC 3069

SIC 3081 Unsupported plastics film and sheet

9215-7510 QUEBEC INC   p1245
1041 Boul Des Entreprises O, TERREBONNE, QC, J6Y 1V2
(450) 628-4288   SIC 3081
ATLANTIC PACKAGING PRODUCTS LTD   p839
255 Brimley Rd Suite 1, SCARBOROUGH, ON, M1M 3J2
(416) 261-2356   SIC 3081
BERRY PLASTICS CANADA INC   p835
595 Coronation Dr, SCARBOROUGH, ON, M1E 2K4
(416) 281-6000   SIC 3081
CASCADES INC   p1048
455 Boul Marie-Victorin, KINGSEY FALLS, QC, J0A 1B0
(819) 363-5300   SIC 3081
DOW CHEMICAL CANADA ULC   p763
122 Arrow Rd, NORTH YORK, ON, M9M 2M1
SIC 3081
ENTREPOSEURS DE FIBRES R & F LTEE   p1085
7975 Av Marco-Polo, Montreal, QC, H1E 1N8
(514) 648-8171   SIC 3081
GREAT PACIFIC ENTERPRISES INC   p1019
1890 Boul Fortin, Cote Saint-Luc, QC, H7S 1N8
(450) 662-1030   SIC 3081
GREAT PACIFIC ENTERPRISES INC   p1042
700 Rue Vadnais, GRANBY, QC, J2J 1A7
(450) 378-3995   SIC 3081
GREAT PACIFIC ENTERPRISES LIMITED PARTNERSHIP   p490
325 Industrial Pky S, AURORA, ON, L4G 3V8

(905) 727-0121   SIC 3081
GREAT PACIFIC ENTERPRISES LIMITED PARTNERSHIP   p810
25 Aylmer St N, PETERBOROUGH, ON, K9J 3J2
(705) 743-4733   SIC 3081
HAREMAR PLASTIC MANUFACTURING LIMITED   p559
200 Great Gulf Dr, CONCORD, ON, L4K 5W1
(905) 761-7552   SIC 3081
IMAFLEX INC   p1259
355 Boul Labbe N, VICTORIAVILLE, QC, G6P 1B1
(819) 758-5542   SIC 3081
INDUSTRIES DE MOULAGE POLYTECH INC   p1041
454 Rue edouard, GRANBY, QC, J2G 3Z3
(450) 378-9093   SIC 3081
INTEPLAST BAGS AND FILMS CORPORATION   p1058
1 Rue Vifan, LANORAIE, QC, J0K 1E0
(450) 887-7711   SIC 3081
ITW CANADA INVESTMENTS LIMITED PARTNERSHIP   p554
5 Northam Industrial Pk, COBOURG, ON, K9A 4L3
(905) 372-6886   SIC 3081
NEUCEL SPECIALTY CELLULOSE LTD   p254
300 Marine Drive, PORT ALICE, BC, V0N 2N0
(250) 284-3331   SIC 3081
PLASTIQUES BALCAN LIMITEE, LES   p1216
9340 Rue De Meaux, SAINT-LEONARD, QC, H1R 3H2
(514) 326-0200   SIC 3081
PLASTIQUES BERRY CANADA INC   p502
323 University Ave, BELLEVILLE, ON, K8N 5T7
(613) 391-0180   SIC 3081
PLASTIQUES BERRY CANADA INC   p775
301 Forest Ave, ORILLIA, ON, L3V 3Y7
(705) 326-8921   SIC 3081
POLYFORM A.G.P. INC   p1042
870 Boul Industriel, GRANBY, QC, J2J 1A4
(450) 378-9093   SIC 3081
PXL CROSS LINKED FOAM CORPORATION   p555
840 Division St, COBOURG, ON, K9A 5V2
(905) 373-0000   SIC 3081
SEALED AIR (CANADA) CO./CIE   p516
95 Glidden Rd, BRAMPTON, ON, L6T 2H8
(905) 456-0701   SIC 3081
SIGMA STRETCH FILM OF CANADA CO   p502
219 Jamieson Bone Rd, BELLEVILLE, ON, K8N 5T4
(613) 966-4400   SIC 3081
UTHANE RESEARCH LTD   p675
140 Bentley St Unit 2, MARKHAM, ON, L3R 3L2
(905) 940-2356   SIC 3081
WOODBRIDGE FOAM CORPORATION   p638
68 Shirley Ave, KITCHENER, ON, N2B 2E1
(519) 579-6100   SIC 3081

SIC 3082 Unsupported plastics profile shapes

PECHINEY PLASTIC PACKAGING (CANADA) INC   p516
40 Driver Rd, BRAMPTON, ON, L6T 5V2
(905) 494-1111   SIC 3082

SIC 3083 Laminated plastics plate and sheet

POLYONE DSS CANADA INC   p565
2950 Marleau Ave, CORNWALL, ON, K6H 6B5
SIC 3083
PREMOULE PORTES THERMOPLAS-

TIQUES INC   p618
1245 Tessier St, HAWKESBURY, ON, K6A 3R1
(613) 632-5252   SIC 3083

SIC 3084 Plastics pipe

FLINT ENERGY SERVICES LTD.   p114
3052 84 Ave Nw, EDMONTON, AB, T6P 1K3
(780) 449-4567   SIC 3084
HANWEI ENERGY SERVICES CORP   p307
595 Howe St Suite 902, VANCOUVER, BC, V6C 2T5
(604) 685-2239   SIC 3084
POLYTUBES 2009 INC   p811
416 Pido Rd, PETERBOROUGH, ON, K9J 6X7
(705) 740-2872   SIC 3084
ROYAL GROUP, INC   p975
101 Regalcrest Crt, WOODBRIDGE, ON, L4L 8P3
(905) 856-7550   SIC 3084
ROYAL GROUP, INC   p975
131 Regalcrest Crt, WOODBRIDGE, ON, L4L 8P3
(905) 652-0461   SIC 3084

SIC 3086 Plastics foam products

8677018 CANADA INC   p802
140 Iber Rd, OTTAWA, ON, K2S 1E9
(613) 742-6766   SIC 3086
ARTIK/OEM INC   p482
560b Finley Ave, AJAX, ON, L1S 2E3
(905) 428-8728   SIC 3086
CKF INC   p464
48 Prince St, HANTSPORT, NS, B0P 1P0
(902) 684-3231   SIC 3086
FIRWIN CORP   p755
1685 Flint Rd, NORTH YORK, ON, M3J 2W8
(416) 907-4093   SIC 3086
GROUPE EMBALLAGE SPECIALISE S.E.C.   p860
140 Iber Rd, STITTSVILLE, ON, K2S 1E9
(613) 742-6766   SIC 3086
GROUPE EMBALLAGE SPECIALISE S.E.C.   p1069
610 Rue Beriault, LONGUEUIL, QC, J4G 1S8
(450) 651-8887   SIC 3086
GROUPE LEGERLITE INC, LE   p1141
5901 Aut Transcanadienne, POINTE-CLAIRE, QC, H9R 1B7
(514) 694-2493   SIC 3086
HARTMANN DOMINION INC   p529
58 Frank St, BRANTFORD, ON, N3T 5E2
(519) 756-8500   SIC 3086
KRISTOFOAM INDUSTRIES INC   p560
160 Planchet Rd, CONCORD, ON, L4K 2C7
(905) 669-6616   SIC 3086
KRISTOFOAM INDUSTRIES INC   p947
120 Planchet Rd, VAUGHAN, ON, L4K 2C7
(905) 669-6616   SIC 3086
PLASTI-FAB LTD   p208
679 Aldford Ave, DELTA, BC, V3M 5P5
(604) 526-2771   SIC 3086
PLASTI-FAB LTD   p362
2485 Day St, WINNIPEG, MB, R2C 2X5
(204) 222-3261   SIC 3086
PLASTI-FAB LTD   p483
40 Mills Rd, AJAX, ON, L1S 2H1
(905) 686-7739   SIC 3086
SEALED AIR (CANADA) CO./CIE   p1029
2350 Boul Lemire, DRUMMONDVILLE, QC, J2B 6X9
SIC 3086
TRUEFOAM LIMITED   p401
120 Doak Rd, FREDERICTON, NB, E3B 7J9
(506) 452-7868   SIC 3086
URECON LTD./LTEE   p1172
48 Rue Seguin, RIGAUD, QC, J0P 1P0
(450) 451-6781   SIC 3086

SIC 3089 Plastics products, nec

VALLE FOAM INDUSTRIES (1995) INC p517
317 Orenda Rd, BRAMPTON, ON, L6T 1G4
SIC 3086
VALLE FOAM INDUSTRIES (1995) INC p517
4 West Dr, BRAMPTON, ON, L6T 2H7
(905) 453-8054 *SIC 3086*
VALLE FOAM INDUSTRIES (1995) INC p521
170 Glidden Rd, BRAMPTON, ON, L6W 3L2
SIC 3086
WOODBRIDGE FOAM CORPORATION p505
140 Cathcart St, BLENHEIM, ON, N0P 1A0
(519) 676-3626 *SIC 3086*
WOODBRIDGE FOAM CORPORATION p882
189 Queen St N, TILBURY, ON, N0P 2L0
SIC 3086
WOODBRIDGE FOAM CORPORATION p959
1999 Forbes St, WHITBY, ON, L1N 7V4
(905) 434-8473 *SIC 3086*

SIC 3087 Custom compound purchased resins

ABC GROUP INC p763
1925 Wilson Ave, NORTH YORK, ON, M9M 1A9
(416) 741-0273 *SIC 3087*
LE GROUPE LAVERGNE INC p990
8800 1er Croissant, ANJOU, QC, H1J 1C8
(514) 354-5757 *SIC 3087*
POLYNT COMPOSITES CANADA INC p1028
2650 Rue Therese-Casgrain, DRUMMONDVILLE, QC, J2A 4J5
(819) 477-4516 *SIC 3087*

SIC 3088 Plastics plumbing fixtures

ARMTEC LP p772
33 Centennial Rd, ORANGEVILLE, ON, L9W 1R1
(519) 942-2643 *SIC 3088*
CANPLAS INDUSTRIES LTD p496
500 Veterans Dr Suite 1800, BARRIE, ON, L4N 9J5
(705) 726-3361 *SIC 3088*
POLYTUBES INC p97
12160 160 St Nw, EDMONTON, AB, T5V 1H5
(780) 453-2211 *SIC 3088*
UPONOR INFRA LTD p620
37 Centre St N, HUNTSVILLE, ON, P1H 1X4
(705) 789-2396 *SIC 3088*

SIC 3089 Plastics products, nec

3447693 CANADA INC p492
15 Waydom Dr, AYR, ON, N0B 1E0
(519) 623-5005 *SIC 3089*
A.P. PLASMAN INC. p872
418 Silver Creek Industrial Dr Rr1, TECUMSEH, ON, N8N 4Y3
(519) 727-4545 *SIC 3089*
A.P. PLASMAN INC. p967
5245 Burke St Suite 1, WINDSOR, ON, N9A 6J3
(519) 737-6984 *SIC 3089*
A.P. PLASMAN INC. p967
5265 Outer Dr Suite 2, WINDSOR, ON, N9A 6J3
(519) 737-9602 *SIC 3089*
A.P. PLASMAN INC. p967
5250 Outer Dr Suite 1, WINDSOR, ON, N9A 6J3
(519) 737-1633 *SIC 3089*
A.P. PLASMAN INC. p969
635 Sprucewood Ave, WINDSOR, ON, N9C 0B3
(519) 791-9119 *SIC 3089*
ABC AIR MANAGEMENT SYSTEMS INC p583
110 Ronson Dr, ETOBICOKE, ON, M9W 1B6
(416) 744-3113 *SIC 3089*
ABC AIR MANAGEMENT SYSTEMS INC p583
2200 Islington Ave Suite 100, ETOBICOKE, ON, M9W 3W5
SIC 3089
ABC CLIMATE CONTROL SYSTEMS INC p583
54 Bethridge Rd, ETOBICOKE, ON, M9W 1N1
(416) 744-3113 *SIC 3089*
ABC GROUP INC p513
303 Orenda Rd Suite B, BRAMPTON, ON, L6T 5C3
(905) 450-3600 *SIC 3089*
ABC GROUP INC p557
161 Snidercroft Rd Unit A, CONCORD, ON, L4K 2J8
(905) 669-0999 *SIC 3089*
ABC GROUP INC p583
20 Brydon Dr, ETOBICOKE, ON, M9W 5R6
(416) 743-6731 *SIC 3089*
ABC GROUP INC p684
3325 Orlando Dr, MISSISSAUGA, ON, L4V 1C5
(905) 671-0310 *SIC 3089*
ABC GROUP INC p762
2 Norelco Dr, NORTH YORK, ON, M9L 2X6
(416) 246-1782 *SIC 3089*
ABC INOAC EXTERIOR SYSTEMS INC. p583
220 Brockport Dr, ETOBICOKE, ON, M9W 5S1
(416) 675-7480 *SIC 3089*
ABC INTERIOR SYSTEMS INC p583
10 Disco Rd, ETOBICOKE, ON, M9W 1L7
(416) 675-2220 *SIC 3089*
ACAN WINDOWS INC p430
1641 Topsail Rd, PARADISE, NL, A1L 1V1
SIC 3089
ACRYLON PLASTICS INC p361
2954 Day St, WINNIPEG, MB, R2C 2Z2
(204) 669-2224 *SIC 3089*
ACTIVE INDUSTRIAL SOLUTIONS INC p948
980 Old Glass Rd, WALLACEBURG, ON, N8A 3T2
SIC 3089
ADVANTAGE ENGINEERING INC p551
830 Richmond St, CHATHAM, ON, N7M 5J5
SIC 3089
ADVANTAGE ENGINEERING INC p772
5000 Regal Dr, OLDCASTLE, ON, N0R 1L0
(519) 737-7535 *SIC 3089*
ALLSCO BUILDING PRODUCTS LTD p408
70 Rideout St, MONCTON, NB, E1E 1E2
(506) 853-8080 *SIC 3089*
AMCOR RIGID PLASTICS ATLANTIC, INC p518
95 Biscayne Cres, BRAMPTON, ON, L6W 4R2
(905) 450-5579 *SIC 3089*
AMHIL ENTERPRISES LTD p532
5330 Mainway, BURLINGTON, ON, L7L 6A4
(905) 332-9765 *SIC 3089*
APN INC p1154
2659 Boul Du Parc-Technologique, Quebec, QC, G1P 4S5
(418) 266-1247 *SIC 3089*
AUTOLIV CANADA INC p882
351 Queen St N, TILBURY, ON, N0P 2L0
(519) 682-9501 *SIC 3089*
BAINS OCEANIA INC p1247
8 Rue Patrice-Cote Bureau 244, TROIS-PISTOLES, QC, G0L 4K0
(418) 851-1818 *SIC 3089*
BAINS ULTRA INC p1068
956 Ch Olivier, Levis, QC, G7A 2N1
(418) 831-4344 *SIC 3089*
BERDICK MFG. MANITOBA LTD p361
404 Roblin Blvd E, WINKLER, MB, R6W 0H2
(204) 325-8053 *SIC 3089*
BOW GROUPE DE PLOMBERIE INC p1040
15 Rue Vittie, GRANBY, QC, J2G 6N8
(450) 372-5481 *SIC 3089*
CANADA MOLD TECHNOLOGY INC p978
1075 Ridgeway Rd, WOODSTOCK, ON, N4V 1E3
(519) 421-0711 *SIC 3089*
CARPENTER CANADA CO p16
5800 36 St Se, CALGARY, AB, T2C 2A9
(403) 279-2466 *SIC 3089*
CASCADES CANADA ULC p1028
500 Rue Lauzon, DRUMMONDVILLE, QC, J2B 2Z3
(819) 472-5757 *SIC 3089*
COLTECH OPTRONICS INC p23
7879 8 St Ne Suite 103, CALGARY, AB, T2E 8A2
(403) 516-2221 *SIC 3089*
COMMERCIAL SPRING AND TOOL COMPANY LIMITED p687
971 Matheson Blvd E, MISSISSAUGA, ON, L4W 2R7
(905) 625-3771 *SIC 3089*
CONCEPT PLASTICS LIMITED p528
27 Catharine Ave, BRANTFORD, ON, N3T 1X5
(905) 670-2124 *SIC 3089*
CONCEPT PLASTICS LIMITED p528
27 Catharine Ave, BRANTFORD, ON, N3T 1X5
(519) 759-1900 *SIC 3089*
CREST MOLD TECHNOLOGY INC p772
2055 Blackacre Dr Rr 1, OLDCASTLE, ON, N0R 1L0
(519) 737-1546 *SIC 3089*
DYNE-A-PAK INC p1228
3375 Av Francis-Hughes, SAINTE-ROSE, QC, H7L 5A5
(450) 667-3626 *SIC 3089*
EASY PLASTIC CONTAINERS CORPORATION p559
101 Jardin Dr Unit 10, CONCORD, ON, L4K 1X6
(905) 669-4466 *SIC 3089*
ENTREPRISES DERO INC p1133
9960 Av Plaza, MONTREAL-NORD, QC, H1H 4L6
(514) 327-1108 *SIC 3089*
EXCO TECHNOLOGIES LIMITED p451
35 Akerley Blvd, DARTMOUTH, NS, B3B 1J7
(902) 468-6663 *SIC 3089*
EXO-S INC p1171
425 10e Av, RICHMOND, QC, J0B 2H0
(819) 826-5911 *SIC 3089*
FENETRES MQ INC p1223
50 Rue Brissette, SAINTE-AGATHE-DES-MONTS, QC, J8C 2Z8
(819) 326-0302 *SIC 3089*
FORD MOTOR COMPANY OF CANADA, LIMITED p969
4600 G N Booth Dr, WINDSOR, ON, N9C 4G8
(519) 250-2500 *SIC 3089*
FORMES UNITED INC p1231
101 Boul Du Cure-Labelle, SAINTE-THERESE, QC, J7E 2X6
(450) 435-1977 *SIC 3089*
FORMICA CANADA INC p1198
25 Rue Mercier, SAINT-JEAN-SUR-RICHELIEU, QC, J3B 6E9
(450) 347-7541 *SIC 3089*
GRACIOUS LIVING CORPORATION p974
7200 Martin Grove Rd, WOODBRIDGE, ON, L4L 9J3
(905) 264-5660 *SIC 3089*
GRAHAM PACKAGING CANADA LIMITED p699
3174 Mavis Rd, MISSISSAUGA, ON, L5C 1T8
(905) 277-1486 *SIC 3089*
HOFMANN, E. PLASTICS, INC p773
51 Centennial Rd, ORANGEVILLE, ON, L9W 3R1
(519) 943-5050 *SIC 3089*
HUTCHINSON AERONAUTIQUE & INDUSTRIE LIMITEE p1084
3650 Boul Du Tricentenaire, Montreal, QC, H1B 5M8
(514) 640-9006 *SIC 3089*
IAC AUTOMOTIVE COMPONENTS ALBERTA ULC p559
375 Basaltic Rd, CONCORD, ON, L4K 4W8
(905) 879-0292 *SIC 3089*
IMBC BLOWMOLDING 2014 INC p1225
21 Boul Begin, SAINTE-CLAIRE, QC, G0R 2V0
(418) 883-3333 *SIC 3089*
INDUSTRIES REHAU INC p994
625 Av Lee, Baie-D'Urfe, QC, H9X 3S3
(514) 905-0345 *SIC 3089*
INJECTECH INDUSTRIES INC p497
690 Bayview Dr, BARRIE, ON, L4N 9A6
SIC 3089
KANWAL INC p1074
1426 Boul Industriel, MAGOG, QC, J1X 4V9
(819) 868-5152 *SIC 3089*
KAYCAN LTEE p67
701 Highfield Dr, CARSTAIRS, AB, T0M 0N0
(403) 337-3966 *SIC 3089*
KAYCAN LTEE p1032
1120 Boul Industriel, FARNHAM, QC, J2N 3B5
(450) 293-2463 *SIC 3089*
KP BUILDING PRODUCTS LTD p485
300 Macdonald Blvd, ALEXANDRIA, ON, K0C 1A0
(613) 525-3065 *SIC 3089*
KS CENTOCO LTD p882
26 Industrial Pk Rd, TILBURY, ON, N0P 2L0
SIC 3089
LAKESIDE PLASTICS LIMITED p772
5186 O'neil Dr Rr 1, OLDCASTLE, ON, N0R 1L0
(519) 737-1271 *SIC 3089*
LISTOWEL TECHNOLOGY, INC p648
1700 Mitchell Rd S, LISTOWEL, ON, N4W 3H4
(519) 291-9900 *SIC 3089*
LITELINE CORPORATION p821
90 West Beaver Creek Rd, RICHMOND HILL, ON, L4B 1E7
(416) 996-1856 *SIC 3089*
LUBECKI TECHNICAL HOLDINGS INC p1041
435 Rue Saint-Vallier, GRANBY, QC, J2G 8Y4
(450) 375-9129 *SIC 3089*
MAGNA EXTERIORS INC p822
254 Centre St E, RICHMOND HILL, ON, L4C 1A8
(905) 883-3600 *SIC 3089*
MAGNA POWERTRAIN INC p471
65 Memorial Dr, NORTH SYDNEY, NS, B2A 0B9
SIC 3089
MAHLE FILTER SYSTEMS CANADA ULC p882
18 Industrial Park Rd, TILBURY, ON, N0P 2L0
(519) 682-0444 *SIC 3089*
MCLEOD MERCANTILE LTD p96
15311 128 Ave Nw, EDMONTON, AB, T5V 1A5
(780) 481-2575 *SIC 3089*
MIROLIN INDUSTRIES CORP p578
60 Shorncliffe Rd, ETOBICOKE, ON, M8Z 5K1
(416) 231-5790 *SIC 3089*
MITTEN INC p527
225 Henry St Unit 5a, BRANTFORD, ON, N3S 7R4
(519) 805-4701 *SIC 3089*
MSB PLASTICS MANUFACTURING LTD p586
23 Disco Rd, ETOBICOKE, ON, M9W 1M2
(416) 674-1471 *SIC 3089*
NORTH STAR MANUFACTURING (LONDON) LTD p858
40684 Talbot Line, ST THOMAS, ON, N5P 3T2

(519) 637-7899   SIC 3089
NOVO PLASTICS INC   p677
388 Markland St, MARKHAM, ON, L6C 1Z6
(905) 887-8818   SIC 3089
OPPLAST INC   p501
4743 Christie Dr, BEAMSVILLE, ON, L0R 1B4
(905) 563-4987   SIC 3089
PACKALL PACKAGING INC   p1063
3470 Boul De Chenonceau, Laval, QC, H7T 3B6
SIC 3089
PAPP PLASTICS AND DISTRIBUTING LIMITED   p971
6110 Morton Industrial Pky, WINDSOR, ON, N9J 3W3
(519) 734-0700   SIC 3089
PLASTIC MOULDERS LIMITED   p578
90 The East Mall, ETOBICOKE, ON, M8Z 5X3
(416) 252-2241   SIC 3089
PLASTICASE INC   p1245
1059 Boul Des Entreprises, TERREBONNE, QC, J6Y 1V2
(450) 628-1006   SIC 3089
PLASTIPAK INDUSTRIES INC   p586
260 Rexdale Blvd, ETOBICOKE, ON, M9W 1R2
(416) 744-4220   SIC 3089
PLASTIPAK INDUSTRIES INC   p1004
150 Boul Industriel, BOUCHERVILLE, QC, J4B 2X3
(450) 650-2200   SIC 3089
PLASTIPAK INDUSTRIES INC   p1017
345 Rue Bibeau, COOKSHIRE-EATON, QC, J0B 1M0
(819) 875-3355   SIC 3089
PLASTIPAK INDUSTRIES INC   p1283
235 Henderson Dr, REGINA, SK, S4N 6C2
(306) 721-7515   SIC 3089
PLASTIPRO LTEE   p1215
6855 Boul Couture, SAINT-LEONARD, QC, H1P 3M6
(514) 321-4368   SIC 3089
PLASTIQUE D.C.N. INC   p1261
250 Rue Saint-Louis, WARWICK, QC, J0A 1M0
(819) 358-3700   SIC 3089
PLASTIQUES BERRY CANADA INC   p770
2250 South Service Rd W, OAKVILLE, ON, L6L 5N1
(905) 827-8600   SIC 3089
POLARPAK INC   p516
200 Summerlea Rd, BRAMPTON, ON, L6T 4E6
(905) 792-3000   SIC 3089
POLYBOTTLE GROUP LIMITED   p286
7464 132 St, SURREY, BC, V3W 4M7
(604) 594-4999   SIC 3089
POLYONE DSS CANADA INC   p356
2954 Day St, SPRINGFIELD, MB, R2C 2Z2
(204) 224-2791   SIC 3089
PORTOLA PACKAGING CANADA LTD.   p87
16230 112 Ave Nw, EDMONTON, AB, T5M 2W1
(780) 451-9300   SIC 3089
PPD HOLDING INC   p1237
1649 Rue Belvedere S, SHERBROOKE, QC, J1H 4E4
(819) 837-2491   SIC 3089
PRECISION VALVE (CANADA) LIMITED   p483
85 Fuller Rd, AJAX, ON, L1S 2E1
(905) 683-0121   SIC 3089
PRETIUM CANADA COMPANY   p1210
2800 Rue Halpern, SAINT-LAURENT, QC, H4S 1R2
(514) 336-8210   SIC 3089
PRO-WESTERN PLASTICS LTD   p167
30 Riel Dr, ST. ALBERT, AB, T8N 3Z7
(780) 459-4491   SIC 3089
PRODUITS VERSAPROFILES INC, LES   p1225
185 1re Rue O, SAINTE-CLAIRE, QC, G0R 2V0
(418) 883-2036   SIC 3089
ROPAK CANADA INC   p234
5850 272 St, LANGLEY, BC, V4W 3Z1
(604) 857-1177   SIC 3089
ROPAK CANADA INC   p473
29 Memorial Cres, SPRINGHILL, NS, B0M 1X0
(902) 597-3787   SIC 3089
ROPAK CANADA INC   p770
2240 Wyecroft Rd, OAKVILLE, ON, L6L 6M1
(905) 827-9340   SIC 3089
ROYAL GROUP, INC   p509
10 Reagen's Industrial Pky Suite 1, BRADFORD, ON, L3Z 0Z8
(905) 775-5000   SIC 3089
ROYAL GROUP, INC   p562
121 Pippin Rd, CONCORD, ON, L4K 4J9
(905) 761-8529   SIC 3089
ROYAL GROUP, INC   p829
900 South Vidal St, SARNIA, ON, N7T 8G1
SIC 3089
ROYAL GROUP, INC   p972
111 Royal Group Cres, WOODBRIDGE, ON, L4H 1X9
(905) 264-0701   SIC 3089
ROYAL GROUP, INC   p1203
1401 Rue Bellevue, SAINT-LAMBERT-DE-LAUZON, QC, G0S 2W0
SIC 3089
ROYAL GROUP, INC   p1213
5055 Rue Courval Bureau 9, SAINT-LAURENT, QC, H4T 1X6
(514) 739-3399   SIC 3089
SAEPLAST AMERICAS INC   p419
100 Industrial Dr, SAINT JOHN, NB, E2R 1A5
(506) 633-0101   SIC 3089
SEALED AIR (CANADA) CO./CIE   p704
3755 Laird Rd Unit 10, MISSISSAUGA, ON, L5L 0B3
(905) 829-1200   SIC 3089
SILGAN PLASTICS CANADA INC   p716
1575 Drew Rd, MISSISSAUGA, ON, L5S 1S5
(905) 677-2324   SIC 3089
SILGAN PLASTICS CANADA INC   p841
1200 Ellesmere Rd, SCARBOROUGH, ON, M1P 2X4
(416) 293-8233   SIC 3089
SILGAN PLASTICS CANADA INC   p975
400 Rowntree Dairy Rd, WOODBRIDGE, ON, L4L 8H2
(905) 856-1324   SIC 3089
SLE-CO PLASTICS INC   p651
1425 Creamery Rd, LONDON, ON, N5V 5B3
(519) 451-3748   SIC 3089
SONOCO PLASTICS CANADA ULC   p695
245 Britannia Rd E, MISSISSAUGA, ON, L4Z 4J3
(905) 624-2337   SIC 3089
THK RHYTHM AUTOMOTIVE CANADA LIMITED   p883
1417 Bell Mill Side Rd, TILLSONBURG, ON, N4G 4G9
(519) 688-4200   SIC 3089
TOYOTA BOSHOKU CANADA, INC   p573
45 South Field Dr Suite 1, ELMIRA, ON, N3B 3L6
(519) 669-8883   SIC 3089
TRIUMPH GEAR SYSTEMS-TORONTO ULC   p762
11 Fenmar Dr, NORTH YORK, ON, M9L 1L5
(416) 743-4410   SIC 3089
ULTRA MANUFACTURING LIMITED   p954
640 Conrad Pl, WATERLOO, ON, N2V 1C4
(519) 884-0448   SIC 3089
VARI-FORM INC   p517
316 Orenda Rd, BRAMPTON, ON, L6T 1G3
(905) 793-7100   SIC 3089
VARISYSTEMS INC   p15
5304 Hubalta Rd Se, CALGARY, AB, T2B 1T6
(403) 273-2111   SIC 3089
VENTRA GROUP CO   p963
2800 Kew Dr, WINDSOR, ON, N8T 3C6
(519) 944-1102   SIC 3089
VICEROY RUBBER & PLASTICS LIMITED   p473
19352 94 Ave, SURREY, BC, V4N 4E4
SIC 3089
VIVA MEDIA PACKAGING (CANADA) LTD   p847
1663 Neilson Rd Suite 13, SCARBOROUGH, ON, M1X 1T1
(416) 321-0622   SIC 3089
VUTEQ CANADA INC   p979
920 Keyes Dr, WOODSTOCK, ON, N4V 1C2
(519) 421-0011   SIC 3089
W. RALSTON (CANADA) INC   p72
1100 Railway Ave S, DRUMHELLER, AB, T0J 0Y0
(403) 823-3468   SIC 3089
WESTECH BUILDING PRODUCTS ULC   p20
5201 64 Ave Se, CALGARY, AB, T2C 4Z9
(403) 279-4497   SIC 3089
WOLSELEY CANADA INC   p1299
3006 Cleveland Ave Suite 1, SASKATOON, SK, S7K 8B5
SIC 3089

SIC 3111 Leather tanning and finishing

RABER GLOVE MFG. CO. LTD   p374
560 Mcdermot Ave, WINNIPEG, MB, R3A 0C1
(204) 786-2469   SIC 3111

SIC 3143 Men's footwear, except athletic

GENFOOT INC   p1017
4945 Rue Legendre, CONTRECOEUR, QC, J0L 1C0
(450) 587-2051   SIC 3143
MELLOW WALK FOOTWEAR INC   p761
17 Milford Ave, NORTH YORK, ON, M6M 2W1
(416) 241-1312   SIC 3143

SIC 3144 Women's footwear, except athletic

PENSHU INC   p1081
5745 Rue Pare, MONT-ROYAL, QC, H4P 1S1
(514) 731-2112   SIC 3144

SIC 3149 Footwear, except rubber, nec

HICHAUD INC   p1155
2485 Boul Neuvialle, Quebec, QC, G1P 3A6
(418) 682-0782   SIC 3149

SIC 3172 Personal leather goods, nec

IMPENCO LTEE   p1097
240 Rue Guizot O, Montreal, QC, H2P 1L5
(514) 383-1200   SIC 3172

SIC 3199 Leather goods, nec

LANDES CANADA INC   p1041
400 Rue Saint-Vallier, GRANBY, QC, J2G 7Y4
(450) 378-9853   SIC 3199
LEVY'S LEATHERS LIMITED   p442
1 Angus Macquarrie Dr Suite 1, ANTIGONISH, NS, B2G 2L4
(902) 863-2314   SIC 3199

SIC 3211 Flat glass

AGC FLAT GLASS NORTH AMERICA LTD   p1144
250 Rue De Copenhague, PORTNEUF, QC, G0A 2Y0
SIC 3211
C.R. LAURENCE OF CANADA LIMITED   p557
65 Tigi Crt, CONCORD, ON, L4K 5E4
(905) 303-7966   SIC 3211
GUARDIAN INDUSTRIES CANADA CORP   p882
10 Rouse St, TILLSONBURG, ON, N4G 5W8
SIC 3211
GUARDIAN INDUSTRIES CANADA CORP   p942
355 Attwell Dr, TORONTO, ON, M9W 5C2
(416) 674-6945   SIC 3211
K. & W. OPTICAL (CALGARY) LIMITED   p24
3625 12 St Ne, CALGARY, AB, T2E 6P4
(403) 243-6133   SIC 3211
LAMI GLASS PRODUCTS, LLC   p233
20350 Langley Bypass Suite 100, LANGLEY, BC, V3A 5E7
SIC 3211
MATERIAUX DE CONSTRUCTION OLDCASTLE CANADA INC, LES   p18
3601 72 Ave Se, CALGARY, AB, T2C 2K3
(403) 279-2544   SIC 3211
MATERIAUX DE CONSTRUCTION OLDCASTLE CANADA INC, LES   p234
5075 275 St, LANGLEY, BC, V4W 0A8
(604) 607-1300   SIC 3211
MULTIVER LTEE   p1154
1950 Rue Leon-Harmel, Quebec, QC, G1N 4K3
(418) 687-0770   SIC 3211
OLDCASTLE BUILDINGENVELOPE CANADA INC   p561
210 Great Gulf Dr, CONCORD, ON, L4K 5W1
(905) 660-4520   SIC 3211
PITTSBURGH GLASS WORKS, ULC   p380
1060 Arlington St, WINNIPEG, MB, R3E 2G3
(204) 774-1611   SIC 3211
PPG CANADA INC   p804
1799 20th St E, OWEN SOUND, ON, N4K 2C3
SIC 3211
SAAND INC   p860
2448 Huntley Rd, STITTSVILLE, ON, K2S 1B8
(613) 838-3373   SIC 3211
TRULITE GLASS & ALUMINUM SOLUTIONS CANADA, ULC   p972
20 Royal Group Cres, WOODBRIDGE, ON, L4H 1X9
(905) 605-7040   SIC 3211

SIC 3221 Glass containers

EAUX VIVES WATER INC   p908
25 Adelaide St E Suite 1000, TORONTO, ON, M5C 3A1
(416) 504-2222   SIC 3221
RECOCHEM INC.   p682
8725 Holgate Cres, MILTON, ON, L9T 5G7
(905) 878-5544   SIC 3221

SIC 3231 Products of purchased glass

BAXTER CORPORATION   p687
2785 Skymark Ave Suite 14, MISSISSAUGA, ON, L4W 4Y3
(905) 290-6997   SIC 3231
MIRROR INTERIORS INC   p765
2504 Bristol Cir, OAKVILLE, ON, L6H 5S1
(416) 740-7932   SIC 3231
MULTIVER LTEE   p1140

3805 Rue Dollard-Desjardins, POINTE-AUX-TREMBLES, QC, H1B 5W9
(514) 640-6490   *SIC* 3231
NORTHFIELD GLASS GROUP LTD   p407
230 High St, MONCTON, NB, E1C 6C2
SIC 3231
PILKINGTON GLASS OF CANADA LTD p556
1000 26 Hwy, COLLINGWOOD, ON, L9Y 4V8
(705) 445-4780   *SIC* 3231
PITTSBURGH GLASS WORKS, ULC   p486
222 Church St S, ALLISTON, ON, L9R 2B7
SIC 3231
PITTSBURGH GLASS WORKS, ULC   p618
545 Industriel Blvd, HAWKESBURY, ON, K6A 2S5
(613) 632-2711   *SIC* 3231
PORTES DECKO INC   p1245
2375 Rue Edouard-Michelin, TERREBONNE, QC, J6Y 4P2
(450) 477-0199   *SIC* 3231
PORTES DUSCO LTEE, LES   p1085
11825 Av J.-J.-Joubert, Montreal, QC, H1E 7J5
(514) 355-4877   *SIC* 3231
PYRAMID PRODUITS SPECIALISES LTEE   p1143
17 Ch De L'aviation, POINTE-CLAIRE, QC, H9R 4Z2
(514) 694-6788   *SIC* 3231
WINDOW CITY INDUSTRIES INC   p947
5690 Steeles Ave W, VAUGHAN, ON, L4L 9T4
(905) 265-9975   *SIC* 3231

SIC 3241 Cement, hydraulic

CIMENT QUEBEC INC   p1181
145 Boul Du Centenaire, SAINT-BASILE, QC, G0A 3G0
(418) 329-2100   *SIC* 3241
CRH CANADA GROUP INC   p702
2391 Lakeshore Rd W, MISSISSAUGA, ON, L5J 1K1
(905) 822-1653   *SIC* 3241
CRH CANADA GROUP INC   p843
1940 Mccowan Rd, SCARBOROUGH, ON, M1S 4K1
(416) 293-4147   *SIC* 3241
CRH CANADA GROUP INC   p1045
966 Ch Des Prairies, JOLIETTE, QC, J6E 0L4
(450) 756-1076   *SIC* 3241
CRH CANADA GROUP INC   p1068
435 Rue Jean-Neveu, LONGUEUIL, QC, J4G 2P9
(450) 651-1117   *SIC* 3241
FEDERAL WHITE CEMENT LTD   p977
Gd Lcd Main, WOODSTOCK, ON, N4S 7W4
(519) 485-5410   *SIC* 3241
LAFARGE CANADA INC   p222
9750 Shuswap Rd, KAMLOOPS, BC, V2H 1T4
(250) 573-6405   *SIC* 3241
LEHIGH HANSON MATERIALS LIMITED   p806
2065a Petawawa Blvd, PEMBROKE, ON, K8A 7G8
(613) 741-1212   *SIC* 3241
ST. MARYS CEMENT INC. (CANADA)   p893
55 Industrial St, TORONTO, ON, M4G 3W9
(416) 423-1300   *SIC* 3241

SIC 3251 Brick and structural clay tile

BRAMPTON BRICK LIMITED   p523
225 Wanless Dr, BRAMPTON, ON, L7A 1E9
SIC 3251
I-XL LTD   p143
525 2 St Se, MEDICINE HAT, AB, T1A 0C5
(403) 526-5501   *SIC* 3251
I.XL INDUSTRIES LTD   p143
612 Porcelain Ave Se, MEDICINE HAT, AB, T1A 8S4
(403) 526-5901   *SIC* 3251
MERIDIAN BRICK CANADA LTD   p539
1570 Yorkton Crt, BURLINGTON, ON, L7P 5B7
(905) 633-7384   *SIC* 3251
MERIDIAN BRICK CANADA LTD   p540
5155 Dundas St Rr 1, BURLINGTON, ON, L7R 3X4
(905) 335-9017   *SIC* 3251
PRODUITS ALBA INC   p1023
331 7e Av, DOLBEAU-MISTASSINI, QC, G8L 1Y8
SIC 3251
SHAW GROUP LIMITED, THE   p466
1101 Highway 2, LANTZ, NS, B2S 1M9
(902) 883-2201   *SIC* 3251

SIC 3253 Ceramic wall and floor tile

CAESARSTONE CANADA INC   p557
8899 Jane St, CONCORD, ON, L4K 2M6
(416) 479-8400   *SIC* 3253
FLEXTILE LTD   p1212
555 Rue Locke, SAINT-LAURENT, QC, H4T 1X7
(514) 345-8666   *SIC* 3253

SIC 3259 Structural clay products, nec

SELKIRK CANADA CORPORATION   p531
1400 California Ave, BROCKVILLE, ON, K6V 5V3
(888) 693-9563   *SIC* 3259
SELKIRK CANADA CORPORATION   p740
21 Woods Rd, NOBEL, ON, P0G 1G0
(705) 342-5236   *SIC* 3259
SELKIRK CANADA CORPORATION   p862
375 Green Rd Suite 1, STONEY CREEK, ON, L8E 4A5
(905) 662-6600   *SIC* 3259

SIC 3269 Pottery products, nec

LILYDALE COOP INCORPORATED   p179
31894 Marshall Rd, ABBOTSFORD, BC, V2T 5Z9
(604) 857-1261   *SIC* 3269

SIC 3271 Concrete block and brick

ARRISCRAFT CANADA INC   p1185
500 Boul De La Gabelle, Saint-Etienne-des-Gres, QC, G0X 2P0
(819) 535-1717   *SIC* 3271
CINDERCRETE PRODUCTS LIMITED p1301
605 Avenue P S, SASKATOON, SK, S7M 2W7
(306) 653-3933   *SIC* 3271
MATERIAUX DE CONSTRUCTION OLDCASTLE CANADA INC, LES   p304
Gd Stn Terminal, VANCOUVER, BC, V6B 3P7
(604) 270-8411   *SIC* 3271
MERIDIAN BRICK CANADA LTD   p1053
955 Ch Saint-Jose, LA PRAIRIE, QC, J5R 3Y1
(450) 659-1944   *SIC* 3271
RAINBOW CONCRETE INDUSTRIES LIMITED   p868
2477 Maley Dr, SUDBURY, ON, P3A 4R7
(705) 566-1740   *SIC* 3271
RICHVALE YORK BLOCK INC   p650
1298 Clarke Rd, LONDON, ON, N5V 3B5
(519) 455-4741   *SIC* 3271
UNILOCK LTD   p824
37 Gormley Rd E, RICHMOND HILL, ON, L4E 1A2
(905) 887-1717   *SIC* 3271

SIC 3272 Concrete products, nec

9098-0145 QUEBEC INC   p1240
4701 Boul Bourque, SHERBROOKE, QC, J1N 2G6
(819) 564-2257   *SIC* 3272
ARMTEC HOLDINGS LIMITED   p601
370 Speedvale Ave W Suite 101, GUELPH, ON, N1H 7M7
(519) 822-0210   *SIC* 3272
ARMTEC LP   p1
26229 Township Road 531a Suite 205, ACHESON, AB, T7X 5A4
(780) 444-1560   *SIC* 3272
ARMTEC LP   p14
4300 50 Ave Se Suite 217, CALGARY, AB, T2B 2T7
(403) 248-3171   *SIC* 3272
ARMTEC LP   p956
6760 Baldwin St N, WHITBY, ON, L1M 1X8
(905) 655-3311   *SIC* 3272
BETONS PREFABRIQUES DU LAC INC p987
890 Rue Des Pins O, ALMA, QC, G8B 7R3
(418) 668-6161   *SIC* 3272
CONCRETE INC   p91
11240 199 St Nw, EDMONTON, AB, T5S 2C6
(780) 930-4232   *SIC* 3272
CRH CANADA GROUP INC   p699
3649 Erindale Station Rd, MISSISSAUGA, ON, L5C 2S9
(905) 275-2093   *SIC* 3272
FORTERRA PIPE & PRECAST, LTD   p543
2099 Roseville Rd Suite 2, CAMBRIDGE, ON, N1R 5S3
(519) 622-7574   *SIC* 3272
G.L.M. INDUSTRIES L.P.   p1264
14th S And 5th Ave, BATTLEFORD, SK, S0M 0E0
SIC 3272
HANSON TUYAUX ET PREFABRIQUES QUEBEC LTEE   p1076
1331 Av De La Gare, MASCOUCHE, QC, J7K 3G6
(450) 474-6189   *SIC* 3272
INTERNATIONAL BEAMS INC   p882
10 Rouse St, TILLSONBURG, ON, N4G 5W8
(519) 842-2700   *SIC* 3272
KON KAST PRODUCTS (2005) LTD   p222
1313 Innovation Dr, KELOWNA, BC, V1V 3B3
(250) 765-1423   *SIC* 3272
KPM INDUSTRIES LTD   p529
541 Oak Park Rd, BRANTFORD, ON, N3T 5L8
(519) 756-6177   *SIC* 3272
LAFARGE CANADA INC   p32
6920 13 St Se, CALGARY, AB, T2H 3B1
(403) 292-9500   *SIC* 3272
LAFARGE CANADA INC   p531
1864 2 Hwy E, BROCKVILLE, ON, K6V 5V2
(613) 342-0262   *SIC* 3272
LAFARGE CANADA INC   p560
7880 Keele St, CONCORD, ON, L4K 4G7
(905) 738-7070   *SIC* 3272
LECUYER & FILS LTEE   p1220
17 Rue Du Moulin, Saint-Remi, QC, J0L 2L0
(514) 861-5623   *SIC* 3272
LEHIGH HANSON MATERIALS LIMITED p493
380 Waydom Dr, AYR, ON, N0B 1E0
(519) 621-4790   *SIC* 3272
MATERIAUX DE CONSTRUCTION OLDCASTLE CANADA INC, LES   p506
3 Betomat Crt, BOLTON, ON, L7E 2V9
(905) 857-6773   *SIC* 3272
MATERIAUX DE CONSTRUCTION OLDCASTLE CANADA INC, LES   p679
6860 Bank St Rr 3, METCALFE, ON, K0A 2P0
(613) 821-0898   *SIC* 3272
MATERIAUX DE CONSTRUCTION OLDCASTLE CANADA INC, LES   p682
8375 5th Side Rd, MILTON, ON, L9T 2X7
(905) 875-4215   *SIC* 3272
MATERIAUX DE CONSTRUCTION OLDCASTLE CANADA INC, LES   p861
682 Arvin Ave, STONEY CREEK, ON, L8E 5R4
SIC 3272
MATERIAUX DE CONSTRUCTION OLDCASTLE CANADA INC, LES   p991
8140 Rue Bombardier, ANJOU, QC, H1J 1A4
(514) 351-2120   *SIC* 3272
OCEANIA BATHS INC   p1247
591 Rue Des Entreprises, THETFORD MINES, QC, G6H 4B2
(418) 332-4224   *SIC* 3272
PRE-CON INC   p520
35 Rutherford Rd S, BRAMPTON, ON, L6W 3J4
(905) 457-4140   *SIC* 3272
PRE-CON INC   p977
1000 Dundas St, WOODSTOCK, ON, N4S 0A3
(519) 537-6280   *SIC* 3272
PRESTRESSED SYSTEMS INCORPORATED   p968
4955 Walker Rd, WINDSOR, ON, N9A 6J3
(519) 737-1216   *SIC* 3272
QUIKRETE TORONTO INC   p543
1501 Whistle Bare Rd, CAMBRIDGE, ON, N1R 5S3
(519) 621-3093   *SIC* 3272
SOUTH SHORE READY MIX LIMITED   p445
1896 King St, BRIDGEWATER, NS, B4V 2W9
(902) 543-4639   *SIC* 3272
STRESCON LIMITED   p443
131 Duke St, BEDFORD, NS, B4A 3C3
(902) 494-7400   *SIC* 3272
T.M.S. SYSTEME INC   p1191
126 Rue Commerciale, Saint-Henri-de-Levis, QC, G0R 3E0
(418) 895-6000   *SIC* 3272
TARGET PRODUCTS LTD   p184
8535 Eastlake Dr, BURNABY, BC, V5A 4T7
(604) 444-3620   *SIC* 3272
TECHO-BLOC INC   p1193
5255 Rue Albert-Millichamp, SAINT-HUBERT, QC, J3Y 8Z8
(877) 832-4625   *SIC* 3272
UNILOCK LTD   p493
2977 Cedar Creek Rd, AYR, ON, N0B 1E0
(519) 632-8660   *SIC* 3272
UNILOCK LTD   p814
1890 Clements Rd, PICKERING, ON, L1W 3R8
(905) 427-2082   *SIC* 3272
UNITED LOCK-BLOCK LTD   p267
13171 Mitchell Rd, RICHMOND, BC, V6V 1M7
(604) 325-9161   *SIC* 3272
WESTCON PRECAST INC   p168
19 Riel Dr, ST. ALBERT, AB, T8N 3Z2
(780) 459-6695   *SIC* 3272

SIC 3273 Ready-mixed concrete

ASPHALTE DESJARDINS INC   p1230
300 Boul Ducharme, SAINTE-THERESE, QC, J7E 2E9
(450) 430-7160   *SIC* 3273
BETON ADAM INC   p1222
300 Rang Brule, SAINT-THOMAS, QC, J0K 3L0
(450) 759-8434   *SIC* 3273
BURNCO ROCK PRODUCTS LTD   p2
134 East Lake Blvd Ne, AIRDRIE, AB, T4A 2G2
(403) 948-1115   *SIC* 3273
BURNCO ROCK PRODUCTS LTD   p99

3867 92 Ave Nw, EDMONTON, AB, T6B 3B4
(780) 414-8896   SIC 3273
BURNCO ROCK PRODUCTS LTD   p232
19779 56 Ave, LANGLEY, BC, V3A 3X8
(604) 534-3700   SIC 3273
CASEY CONCRETE LIMITED   p477
69 Glenwood Dr, TRURO, NS, B2N 1E9
(902) 895-1618   SIC 3273
CIMENT QUEBEC INC   p1018
300 Rue Saulnier, Cote Saint-Luc, QC, H7M 3T3
(450) 629-0100   SIC 3273
CIMENT QUEBEC INC   p1053
1250 Ch Saint-Jose, LA PRAIRIE, QC, J5R 6A9
(450) 444-7942   SIC 3273
CIMENT QUEBEC INC   p1084
10705 Boul Henri-Bourassa E, Montreal, QC, H1C 1G7
(514) 332-1901   SIC 3273
CIMENT QUEBEC INC   p1146
3725 Rue Saint-Henri, Quebec, QC, G1E 2T4
(418) 667-2060   SIC 3273
CIMENT RO-NO LTEE   p1260
1375 Boul Jutras E, VICTORIAVILLE, QC, G6S 0M3
(819) 357-8224   SIC 3273
CRH CANADA GROUP INC   p500
4240 Bartlett Rd, BEAMSVILLE, ON, L0R 1B1
(905) 563-5412   SIC 3273
CRH CANADA GROUP INC   p670
7655 Woodbine Ave, MARKHAM, ON, L3R 2N4
(905) 475-6631   SIC 3273
CRH CANADA GROUP INC   p1068
435 Rue Jean-Neveu, LONGUEUIL, QC, J4G 2P9
(450) 651-1117   SIC 3273
CRH CANADA GROUP INC   p1240
5607 Rue Mills, SHERBROOKE, QC, J1N 3B6
(819) 564-3989   SIC 3273
DICK, JAMES CONSTRUCTION LIMITED   p541
13975 Humber Station Rd, CALEDON, ON, L7E 5T4
(905) 857-8709   SIC 3273
FOOTHILLS READY MIX INC   p159
285135 Duff Dr, ROCKY VIEW COUNTY, AB, T1X 0K1
(403) 723-2225   SIC 3273
INNOCON INC   p483
57a Notion Rd, AJAX, ON, L1S 6K7
(905) 683-1650   SIC 3273
KONCRETE CONSTRUCTION (SJG) INC   p1272
609 Miller St, LEADER, SK, S0N 1H0
(306) 628-3757   SIC 3273
LAFARGE CANADA INC   p77
8635 Stadium Rd Nw, EDMONTON, AB, T5H 3X1
(780) 423-6161   SIC 3273
LAFARGE CANADA INC   p158
4120 Henry St, RED DEER COUNTY, AB, T4S 2B3
(403) 346-1644   SIC 3273
LAFARGE CANADA INC   p202
22 Leeder St, COQUITLAM, BC, V3K 6P2
(604) 527-7739   SIC 3273
LAFARGE CANADA INC   p497
275 Saunders Rd, BARRIE, ON, L4N 9A3
(705) 734-3600   SIC 3273
LAFARGE CANADA INC   p822
50 Newkirk Rd, RICHMOND HILL, ON, L4C 3G3
(905) 508-7676   SIC 3273
LAFARGE CANADA INC   p1131
9990 Boul Metropolitain E, MONTREAL-EST, QC, H1B 1A2
(514) 640-6130   SIC 3273
LAFARGE CANADA INC   p1296
838 50th St E, SASKATOON, SK, S7K 0X6

(306) 934-7555   SIC 3273
LEHIGH HANSON MATERIALS LIMITED   p315
1415 Johnston St, VANCOUVER, BC, V6H 3R9
(604) 684-1833   SIC 3273
MCCANN REDI-MIX INC   p588
140 Thames Rd W Ss 3, EXETER, ON, N0M 1S3
(519) 235-0338   SIC 3273
QUALITY CONCRETE LIMITED   p409
648 Edinburgh Dr, MONCTON, NB, E1E 4C6
(506) 857-8093   SIC 3273
QUALITY CONCRETE LIMITED   p452
20 Macdonald Ave, DARTMOUTH, NS, B3B 1C5
(902) 468-8040   SIC 3273
SARJEANT COMPANY LIMITED, THE   p498
15 Sarjeant Dr, BARRIE, ON, L4N 4V9
(705) 728-2460   SIC 3273
SARJEANT COMPANY LIMITED, THE   p775
82 Forest Plain Rd, ORILLIA, ON, L3V 6H1
(705) 325-2492   SIC 3273
WHEAT CITY CONCRETE PRODUCTS LTD   p360
Gd, VIRDEN, MB, R0M 2C0
(204) 748-1592   SIC 3273

SIC 3274 Lime

CARMEUSE LIME (CANADA) LIMITED   p505
3136b Highway 17 E, BLIND RIVER, ON, P0R 1B0
(705) 849-2201   SIC 3274
CARMEUSE LIME (CANADA) LIMITED   p570
600 5 Hwy W, DUNDAS, ON, L9H 5E2
(905) 628-8800   SIC 3274
CARMEUSE LIME (CANADA) LIMITED   p621
374681 County Rd 6, INGERSOLL, ON, N5C 3K5
(519) 423-6283   SIC 3274
GRAYMONT (QC) INC   p1009
1015 Ch De La Carriere, CANTON BEDFORD, QC, J0J 1A0
(450) 248-3307   SIC 3274
GRAYMONT WESTERN CANADA INC   p118
Gd, EXSHAW, AB, T0L 2C0
(403) 673-3595   SIC 3274
GRAYMONT WESTERN CANADA INC   p194
Gd, CACHE CREEK, BC, V0K 1H0
(250) 457-6291   SIC 3274
GRAYMONT WESTERN CANADA INC   p348
Po Box 1, FAULKNER, MB, R0C 0Y0
(204) 449-2078   SIC 3274

SIC 3275 Gypsum products

CERTAINTEED GYPSUM CANADA, INC   p16
6715 Ogden Dale Rd Se, CALGARY, AB, T2C 2A4
(403) 279-0916   SIC 3275
CERTAINTEED GYPSUM CANADA, INC   p207
1070 Derwent Way, DELTA, BC, V3M 5R1
(604) 527-1405   SIC 3275
CERTAINTEED GYPSUM CANADA, INC   p343
Gd, AMARANTH, MB, R0H 0B0
(204) 843-2231   SIC 3275
CERTAINTEED GYPSUM CANADA, INC   p379
1200 Empress St, WINNIPEG, MB, R3E 3B4
(204) 786-3424   SIC 3275
CERTAINTEED GYPSUM CANADA, INC   p404
57 Quality Way, MCADAM, NB, E6J 1B1
(506) 784-2215   SIC 3275
CERTAINTEED GYPSUM CANADA, INC   p702
2424 Lakeshore Rd W, MISSISSAUGA, ON, L5J 1K4

(905) 823-9881   SIC 3275
CERTAINTEED GYPSUM CANADA, INC   p1225
700 1re Av, SAINTE-CATHERINE, QC, J5C 1C5
(450) 632-5440   SIC 3275
GEORGIA-PACIFIC CANADA LP   p284
12509 116 Ave, SURREY, BC, V3V 3S6
SIC 3275
GEORGIA-PACIFIC CANADA LP   p542
350 Argyle St N, CALEDONIA, ON, N3W 1M2
SIC 3275
PLASTER FORM INC   p701
1180 Lakeshore Rd E, MISSISSAUGA, ON, L5E 1E9
(905) 891-9500   SIC 3275
PSL PARTITION SYSTEMS LTD   p114
1105 70 Ave Nw, EDMONTON, AB, T6P 1N5
(780) 465-0001   SIC 3275

SIC 3281 Cut stone and stone products

CARRIERES DUCHARME INC, LES   p1044
564 Ch De Covey Hill, HAVELOCK, QC, J0S 2C0
(450) 247-2787   SIC 3281
GRANICOR INC   p1180
300 Rue De Rotterdam Bureau 21, SAINT-AUGUSTIN-DE-DESMAURES, QC, G3A 1T4
(418) 878-3530   SIC 3281
GRAYMONT (QC) INC   p1075
303 Rue Principale O, MARBLETON, QC, J0B 2L0
(819) 887-6381   SIC 3281
HURLEY SLATE WORKS COMPANY INC   p424
250 Minerals Rd, CONCEPTION BAY SOUTH, NL, A1W 5A2
(709) 834-2320   SIC 3281
MUTUAL MATERIAL LANGLEY LTD   p229
19675 98 Ave, LANGLEY, BC, V1M 2X5
(604) 888-0555   SIC 3281
OWEN SOUND LEDGEROCK LIMITED   p803
138436 Ledgerock Rd, OWEN SOUND, ON, N4K 5P7
(519) 376-0366   SIC 3281
PIERCON INC   p1002
387 Rue Notre-Dame, BON-CONSEIL, QC, J0C 1A0
(819) 336-3777   SIC 3281

SIC 3291 Abrasive products

ABMAST INC   p1194
6935 Rue Picard, SAINT-HYACINTHE, QC, J2S 1H3
(450) 774-4660   SIC 3291
OPTA MINERALS INC   p1228
1320 Av De Valleyfield, SAINTE-ROSE, QC, H7C 2K6
(450) 664-1001   SIC 3291
PANABRASIVE INC   p955
650 Rusholme Rd, WELLAND, ON, L3B 5N7
(905) 735-4691   SIC 3291
SAINT-GOBAIN CANADA INC   p815
28 Albert St W, PLATTSVILLE, ON, N0J 1S0
(519) 684-7441   SIC 3291
SAINT-GOBAIN CERAMIC MATERIALS CANADA INC   p737
8001 Daly St, NIAGARA FALLS, ON, L2G 6S2
(905) 295-4311   SIC 3291
WASHINGTON MILLS ELECTRO MINERALS CORPORATION   p736
7780 Stanley Ave, NIAGARA FALLS, ON, L2E 6X8
(905) 357-5500   SIC 3291

SIC 3295 Minerals, ground or treated

HARSCO CANADA CORPORATION   p612
151 York Blvd, HAMILTON, ON, L8R 3M2
(905) 522-8123   SIC 3295
NESTLE CANADA INC   p542
50 Orkney St W, CALEDONIA, ON, N3W 1B1
(905) 765-3161   SIC 3295
NORMERICA INC   p137
112 30 St N, LETHBRIDGE, AB, T1H 3Z1
SIC 3295
NORMERICA INC   p701
1599 Hurontario St Suite 300, MISSISSAUGA, ON, L5G 4S1
(416) 626-0556   SIC 3295
STT ENVIRO CORP   p267
3031 Viking Way Suite 210, RICHMOND, BC, V6V 1W1
(604) 273-6441   SIC 3295

SIC 3296 Mineral wool

CERTAINTEED CANADA, INC   p972
61 Royal Group Cres, WOODBRIDGE, ON, L4H 1X9
(905) 652-5200   SIC 3296
MECART INC   p1180
110 Rue De Rotterdam, SAINT-AUGUSTIN-DE-DESMAURES, QC, G3A 1T3
(418) 880-7000   SIC 3296
OC CANADA HOLDINGS COMPANY   p529
11 Spalding Dr, BRANTFORD, ON, N3T 6B7
(519) 752-5436   SIC 3296
OC CANADA HOLDINGS COMPANY   p599
247 York Rd, GUELPH, ON, N1E 3G4
(519) 824-0120   SIC 3296
OC CANADA HOLDINGS COMPANY   p1009
131 Boul Montcalm N, CANDIAC, QC, J5R 3L6
(450) 619-2000   SIC 3296
ROXUL INC   p216
6526 Industrial Pkwy, GRAND FORKS, BC, V0H 1H0
(250) 442-5253   SIC 3296
ROXUL INC   p682
8024 Esquesing Line, MILTON, ON, L9T 6W3
(905) 878-8474   SIC 3296

SIC 3297 Nonclay refractories

HARBISONWALKER INTERNATIONAL CORP   p850
2689 Industrial Park Rd, SMITHVILLE, ON, L0R 2A0
(905) 957-3311   SIC 3297
JAYNE INDUSTRIES INC   p861
550 Seaman St, STONEY CREEK, ON, L8E 3X7
(905) 643-9200   SIC 3297
RHI CANADA INC   p76
11210 120 St Nw, EDMONTON, AB, T5G 0W5
(780) 452-0111   SIC 3297
RHI CANADA INC   p229
9080 196a St Unit 60, LANGLEY, BC, V1M 3B4
SIC 3297
RHI CANADA INC   p534
4355 Fairview St, BURLINGTON, ON, L7L 2A4
(905) 633-4500   SIC 3297
RIO TINTO ALCAN INC   p531
4000 Development Dr, BROCKVILLE, ON, K6V 5V5
(613) 342-7462   SIC 3297

SIC 3299 NonMetallic mineral products,

CAMSO INC   p1178
130 Rue De L'Eglise, ROXTON FALLS, QC, J0H 1E0

(450) 548-5821   SIC 3299
EQUINOX INDUSTRIES LTD   p362
401 Chrislind St, Winnipeg, MB, R2C 5G4
(204) 633-7564   SIC 3299
FAROEX LTD   p349
123 Anson St, GIMLI, MB, R0C 1B1
(204) 642-6400   SIC 3299
FILAMAT COMPOSITES INC   p700
880 Rangeview Rd, Mississauga, ON, L5E 1G9
(905) 891-3993   SIC 3299
GEORGIA-PACIFIC CANADA LP   p116
403 118a Ave Ne, EDMONTON, AB, T6S 1C6
(780) 472-6631   SIC 3299
IMASCO MINERALS INC   p289
19287 98a Ave, SURREY, BC, V4N 4C8
(604) 251-3959   SIC 3299
JOHNS MANVILLE CANADA INC   p132
5301 42 Ave, INNISFAIL, AB, T4G 1A2
(403) 227-7100   SIC 3299
JOHNS MANVILLE CANADA INC   p565
3330 Marleau Ave, CORNWALL, ON, K6H 6B5
(613) 932-4565   SIC 3299
PIONEER HI-BRED LIMITED   p1246
1045 Rue Monfette E, THETFORD MINES, QC, G6G 7K7
(418) 338-8567   SIC 3299
PLASTICON CANADA INC   p1064
1395 Montee Chenier, Les Cedres, QC, J7T 1L9
(450) 452-1104   SIC 3299
RPS COMPOSITES INC   p404
99 Industrial Park Rd, MINTO, NB, E4B 3A6
(506) 327-6505   SIC 3299
SYSTEMES ADEX INC, LES   p1044
67 Rue Saint-Paul Rr 1, Hebertville-Station, QC, G0W 1T0
(418) 343-2640   SIC 3299
WINGENBACK INC   p26
707 Barlow Trail Se, CALGARY, AB, T2E 8C2
(403) 221-8120   SIC 3299
ZCL COMPOSITES INC   p117
1420 Parsons Rd Sw, EDMONTON, AB, T6X 1M5
(780) 466-6648   SIC 3299
ZCL COMPOSITES INC   p1031
250 Rue Rocheleau, DRUMMONDVILLE, QC, J2C 6Z7
(819) 474-4114   SIC 3299

SIC 3312 Blast furnaces and steel mills

9088-6615 QUEBEC INC   p1054
11 Boul Industriel, LA SARRE, QC, J9Z 2X2
(819) 333-1200   SIC 3312
ANMAR MECHANICAL AND ELECTRICAL CONTRACTORS LTD   p649
199 Mumford Rd, LIVELY, ON, P3Y 0A4
(705) 692-0888   SIC 3312
ARCELORMITTAL PRODUITS LONGS CANADA S.E.N.C.   p1017
2050 Rte Des Acieries, CONTRECOEUR, QC, J0L 1C0
(450) 587-2012   SIC 3312
ARCELORMITTAL PRODUITS LONGS CANADA S.E.N.C.   p1017
3900 Rte Des Acieries, CONTRECOEUR, QC, J0L 1C0
(450) 392-3226   SIC 3312
ARCELORMITTAL PRODUITS LONGS CANADA S.E.N.C.   p1123
5900 Rue Saint-Patrick, Montreal, QC, H4E 1B3
(514) 762-5260   SIC 3312
ARMTEC LP   p15
8916 48 St Se, CALGARY, AB, T2C 2P9
(403) 279-8161   SIC 3312
ARMTEC LP   p261
2001 Industrial Way, PRINCE GEORGE, BC, V2N 5S6

(250) 561-0017   SIC 3312
ARMTEC LP   p268
7900 Nelson Rd, RICHMOND, BC, V6W 1G4
(604) 278-9766   SIC 3312
ARMTEC LP   p281
19060 54 Ave, SURREY, BC, V3S 8E5
(604) 576-1808   SIC 3312
ARMTEC LP   p370
2500 Ferrier St, WINNIPEG, MB, R2V 4P6
(204) 338-9311   SIC 3312
ARMTEC LP   p601
41 George St, GUELPH, ON, N1H 1S5
(519) 822-0046   SIC 3312
ARMTEC LP   p601
370 Speedvale Ave W, GUELPH, ON, N1H 7M7
(519) 822-0210   SIC 3312
ARMTEC LP   p601
370 Speedvale Ave W Suite 101, GUELPH, ON, N1H 7M7
(519) 822-0210   SIC 3312
ARMTEC LP   p612
505 York Blvd Suite 2, HAMILTON, ON, L8R 3K4
(905) 521-0999   SIC 3312
ARMTEC LP   p723
51 Arthur St, MITCHELL, ON, N0K 1N0
(519) 348-8465   SIC 3312
ARMTEC LP   p948
857 Conc 14, WALKERTON, ON, N0G 2V0
(519) 392-6929   SIC 3312
ARMTEC LP   p978
901 Pattulo Ave E, WOODSTOCK, ON, N4V 1C8
(519) 421-1102   SIC 3312
ARMTEC LP   p1180
85 Rue De Rotterdam, SAINT-AUGUSTIN-DE-DESMAURES, QC, G3A 1T1
(418) 878-3630   SIC 3312
ARMTEC LP   p1183
669 201 Rte, SAINT-CLET, QC, J0P 1S0
(450) 456-3366   SIC 3312
ARMTEC LP   p1197
800 Boul Pierre-Tremblay, SAINT-JEAN-SUR-RICHELIEU, QC, J2X 4W8
(450) 346-4481   SIC 3312
AUTOTUBE LIMITED   p954
7963 Confederation Line, WATFORD, ON, N0M 2S0
(519) 849-6318   SIC 3312
BAILEY METAL PRODUCTS LIMITED   p557
1 Caldari Rd, CONCORD, ON, L4K 3Z9
(905) 738-9267   SIC 3312
BAILEY METAL PRODUCTS LIMITED   p716
7496 Tranmere Dr, MISSISSAUGA, ON, L5S 1K4
(416) 648-0342   SIC 3312
BAILEY METAL PRODUCTS LIMITED   p1026
525 Av Edward Vii, DORVAL, QC, H9P 1E7
(514) 735-3455   SIC 3312
CANADA PIPE COMPANY ULC   p1225
6200 Rue Principale, SAINTE-CROIX, QC, G0S 2H0
(418) 926-3262   SIC 3312
CONREX STEEL LTD   p584
50 Taber Rd, ETOBICOKE, ON, M9W 3A8
(416) 747-4665   SIC 3312
D.F. BARNES SERVICES LIMITED   p436
22 Sudbury St, ST. JOHN'S, NL, A1E 2V1
(709) 579-5041   SIC 3312
DFI CORPORATION   p114
2404 51 Ave Nw, EDMONTON, AB, T6P 0E4
(780) 466-5237   SIC 3312
EVRAZ INC. NA CANADA   p17
7201 Ogden Dale Rd Se, CALGARY, AB, T2C 2A4
(403) 279-3351   SIC 3312
EVRAZ INC. NA CANADA   p1285
100 Armour Rd, REGINA, SK, S4P 3C7
(306) 924-7700   SIC 3312
FORGES DE SOREL CIE, LES   p1202
100 Rue Mccarthy, SAINT-JOSEPH-DE-SOREL, QC, J3R 3M8

(450) 746-4030   SIC 3312
GERDAU AMERISTEEL CORPORATION   p958
1801 Hopkins St, WHITBY, ON, L1N 5T1
(905) 668-3535   SIC 3312
GROUPE CANAM INC   p1003
270 Ch Du Tremblay, BOUCHERVILLE, QC, J4B 5X9
(450) 641-4000   SIC 3312
HARRIS STEEL ULC   p514
980 Intermodal Dr, BRAMPTON, ON, L6T 0B5
(905) 799-1220   SIC 3312
HARRIS STEEL ULC   p534
5400 Harvester Rd, BURLINGTON, ON, L7L 5N5
(905) 681-6811   SIC 3312
HELICAL PIER SYSTEMS LTD   p100
4635 Eleniak Rd Nw, EDMONTON, AB, T6B 2N1
(780) 440-3630   SIC 3312
HELICAL PIER SYSTEMS LTD   p134
195043 Hwy 29, LAMONT, AB, T0B 2R0
(780) 895-2130   SIC 3312
HELICAL PIER SYSTEMS LTD   p144
3378 15 Ave Sw, MEDICINE HAT, AB, T1B 3W5
(403) 580-3700   SIC 3312
HELICAL PIER SYSTEMS LTD   p214
6362 265 Rd, FORT ST. JOHN, BC, V1J 4H7
(250) 785-4491   SIC 3312
INDUSTRIES D'ACIER INOXYDABLE LIMITEE   p1004
1440 Rue Graham-Bell, BOUCHERVILLE, QC, J4B 6H5
(450) 449-4000   SIC 3312
IVACO ROLLING MILLS 2004 L.P.   p645
1040 Hwy 17, L'ORIGNAL, ON, K0B 1K0
(613) 675-4671   SIC 3312
J.V. DRIVER FABRICATORS INC   p147
706 25 Ave, NISKU, AB, T9E 0G6
(780) 955-4282   SIC 3312
KOPPERS ASHCROFT INC   p181
1425 Evans Rd, ASHCROFT, BC, V0K 1A0
(250) 453-2221   SIC 3312
MASONITE INTERNATIONAL CORPORATION   p289
9255 194 St, SURREY, BC, V4N 4G1
(604) 882-9356   SIC 3312
MAX AICHER (NORTH AMERICA) REALTY INC   p609
855 Industrial Dr, HAMILTON, ON, L8L 0B2
(289) 426-5670   SIC 3312
NAPIERVILLE REFINERIES INC   p1134
175 Rue De L'Eglise, NAPIERVILLE, QC, J0J 1L0
(450) 245-0040   SIC 3312
NEXANS CANADA INC   p673
140 Allstate Pky Suite 300, MARKHAM, ON, L3R 0Z7
(905) 944-4300   SIC 3312
QUALITY PLATES & PROFILES LIMITED   p602
20 Nicholas Beaver Rd, GUELPH, ON, N1H 6H9
(519) 837-4000   SIC 3312
RUSSEL METALS INC   p19
5724 40 St Se, CALGARY, AB, T2C 2A1
(403) 279-6600   SIC 3312
SANDVIK CANADA, INC   p489
425 Mccartney, ARNPRIOR, ON, K7S 3P3
(613) 623-6501   SIC 3312
SANDVIK CANADA, INC   p711
2550 Meadowvale Blvd Unit 3, MISSISSAUGA, ON, L5N 8C2
(905) 826-8900   SIC 3312
SSAB CENTRAL INC   p846
1051 Tapscott Rd, SCARBOROUGH, ON, M1X 1A1
(416) 321-4949   SIC 3312
TENARIS GLOBAL SERVICES (CANADA) INC   p50
530 8 Ave Sw Suite 400, CALGARY, AB, T2P 3S8

(403) 767-0100   SIC 3312
THYSSENKRUPP MATERIALS CA, LTD   p721
6900 Davand Dr, MISSISSAUGA, ON, L5T 1J5
(905) 866-6611   SIC 3312
VALMONT WC ENGINEERING GROUP LTD   p499
100 Ellis Dr, BARRIE, ON, L4N 9B2
(705) 721-1090   SIC 3312
VOESTALPINE NORTRAK LTD   p267
5500 Parkwood Way, RICHMOND, BC, V6V 2M4
(604) 273-3030   SIC 3312
VOESTALPINE NORTRAK LTD   p267
5500 Parkwood Way, RICHMOND, BC, V6V 2M4
(604) 231-3358   SIC 3312
VULCRAFT CANADA, INC   p488
1362 Osprey Rd, ANCASTER, ON, L9G 4V5
(289) 443-2000   SIC 3312
WESTMAN STEEL INDUSTRIES   p346
927 Douglas St, BRANDON, MB, R7A 7B3
(204) 726-5929   SIC 3312
WILSON, J. A. DISPLAY LTD   p692
1630 Matheson Blvd, MISSISSAUGA, ON, L4W 1Y4
(905) 624-1503   SIC 3312

SIC 3315 Steel wire and related products

GENERAL CABLE COMPANY   p514
156 Parkshore Dr, BRAMPTON, ON, L6T 5M1
(905) 791-6886   SIC 3315
HARRIS STEEL GROUP INC   p529
84 Shaver Rd, BRANTFORD, ON, N3T 5M1
SIC 3315
M.I. CABLE TECHNOLOGIES INC   p32
5905 11 St Se Bay Suite 6, CALGARY, AB, T2H 2A6
(403) 571-8266   SIC 3315

SIC 3316 Cold finishing of steel shapes

ARCELORMITTAL PRODUITS LONGS CANADA S.E.N.C.   p1072
2555 Ch Du Lac, LONGUEUIL, QC, J4N 1C1
(450) 442-7700   SIC 3316
HARRIS STEEL ULC   p828
5334 Brigden Rd, SARNIA, ON, N7T 7H3
(519) 383-8260   SIC 3316

SIC 3317 Steel pipe and tubes

2008788 ONTARIO LIMITED   p857
580 James St S, ST MARYS, ON, N4X 1C6
(519) 349-2850   SIC 3317
ATLAS TUBE CANADA ULC   p617
200 Clark St, HARROW, ON, N0R 1G0
(519) 738-5000   SIC 3317
ATLAS TUBE CANADA ULC   p954
160 Dain Ave, WELLAND, ON, L3B 5Y6
(905) 735-7473   SIC 3317
CANADIAN NATIONAL STEEL CORPORATION   p42
700 4 Ave Sw Suite 1060, CALGARY, AB, T2P 3J4
(403) 263-2444   SIC 3317
INDUSTRIES THINOX INC, LES   p1076
1271 Av De La Gare, MASCOUCHE, QC, J7K 2Z3
(450) 966-0084   SIC 3317
WELDED TUBE OF CANADA CORP   p563
541 Bowes Rd, CONCORD, ON, L4K 1J5
(905) 761-7825   SIC 3317

SIC 3321 Gray and ductile iron foundries

SIC 3322 Malleable iron foundries

ARCHIE MCCOY (HAMILTON) LIMITED p944
1890 Highway 5 W, TROY, ON, L0R 2B0
(519) 647-3411 SIC 3321

BRADKEN CANADA MANUFACTURED PRODUCTS LTD p1079
105 Av De La Fonderie, MONT-JOLI, QC, G5H 1W2
(418) 775-4358 SIC 3321

CROWE FOUNDRY LIMITED p546
95 Sheffield St, CAMBRIDGE, ON, N3C 1C4
(905) 658-9376 SIC 3321

DELANEY HOLDINGS INC p361
200 Pacific St, WINKLER, MB, R6W 0K2
(204) 325-7376 SIC 3321

FONDERIE LAROCHE LTEE p1143
19 Rue De Chantal, PONT-ROUGE, QC, G3H 3M4
(418) 873-2516 SIC 3321

INTEGRA CASTINGS INC p361
200 Pacific St, WINKLER, MB, R6W 0K2
(204) 325-7376 SIC 3321

LETHBRIDGE IRON WORKS COMPANY LIMITED p137
720 32 St N, LETHBRIDGE, AB, T1H 5K5
(403) 329-4242 SIC 3321

MONARCH INDUSTRIES LIMITED p361
280 Monarch Dr, WINKLER, MB, R6W 0J6
(204) 325-4393 SIC 3321

ROBAR INDUSTRIES LTD p286
12945 78 Ave, SURREY, BC, V3W 2X8
(604) 591-8811 SIC 3321

SOUCY BELGEN INC p1029
4475 Boul Saint-Joseph, Drummondville, QC, J2B 1T8
(819) 477-2434 SIC 3321

SOVEREIGN CASTINGS LTD p33
5110 5 St Se, CALGARY, AB, T2H 1L1
(403) 252-1228 SIC 3321

WABTEC CANADA INC p949
40 Mason St, WALLACEBURG, ON, N8A 4M1
(519) 627-1244 SIC 3321

SIC 3322 Malleable iron foundries

CANADA PIPE COMPANY ULC p1218
106 Montee Basse, SAINT-OURS, QC, J0G 1P0
(450) 785-2205 SIC 3322

FORD MOTOR COMPANY OF CANADA, LIMITED p968
2900 Trenton St, WINDSOR, ON, N9A 7B2
(519) 257-2000 SIC 3322

SIC 3324 Steel investment foundries

O.S.I. PRECISION INC p1190
2510 98e Rue, SAINT-GEORGES, QC, G6A 1E4
(418) 228-6868 SIC 3324

PRECISE CASTINGS INC p865
251 O'loane Ave, STRATFORD, ON, N5A 6S4
(519) 273-6613 SIC 3324

SIC 3325 Steel foundries, nec

ESCO LIMITED p255
1855 Kingsway Ave, PORT COQUITLAM, BC, V3C 1T1
(604) 942-7261 SIC 3325

ESCO LIMITED p817
185 Hope St S, PORT HOPE, ON, L1A 4C2
(905) 885-6301 SIC 3325

HIGHLAND FOUNDRY LTD p289
9670 187 St, SURREY, BC, V4N 3N6
(604) 888-8444 SIC 3325

MAGOTTEAUX LTEE p1074
601 Rue Champlain, MAGOG, QC, J1X 2N1
(819) 843-0443 SIC 3325

MARITIME STEEL AND FOUNDRIES LIMITED p469
379 Glasgow St, NEW GLASGOW, NS, B2H 5C3
SIC 3325

SIC 3334 Primary aluminum

ALCOA CANADA CIE p996
6900 Boul Raoul-Duchesne, Becancour, QC, G9H 2V2
(819) 294-2900 SIC 3334

ALCOA CANADA CIE p1022
1 Boul Des Sources, DESCHAMBAULT, QC, G0A 1S0
(418) 286-5287 SIC 3334

ALCOA CANADA CIE p1109
1 Place Ville-Marie Bureau 2310, Montreal, QC, H3B 3M5
(514) 904-5030 SIC 3334

ALCOA CANADA CIE p1128
4001 Des Laurentides (A-15) E, Montreal, QC, H7L 3H7
(450) 680-2500 SIC 3334

CERADYNE CANADA ULC p1014
2702 Boul Talbot, Chicoutimi, QC, G7H 5B1
(418) 693-0227 SIC 3334

RIO TINTO ALCAN INC p228
1 Smelter Site Rd, KITIMAT, BC, V8C 2H2
(250) 639-8000 SIC 3334

RIO TINTO ALCAN INC p1047
1955 Boul Mellon, JONQUIERE, QC, G7S 0L4
(418) 699-2002 SIC 3334

RIO TINTO ALCAN INC p1052
5000 Rte Du Petit Parc, LA BAIE, QC, G7B 4G9
(418) 697-9600 SIC 3334

RIO TINTO ALCAN INC p1235
1100 Boul Saint-Sacrement, SHAWINIGAN, QC, G9N 6W4
(819) 539-0765 SIC 3334

SIC 3339 Primary nonferrous Metals, nec

ASAHI REFINING CANADA LTD p519
130 Glidden Rd, BRAMPTON, ON, L6W 3M8
(905) 453-6120 SIC 3339

HMZ METALS INC p908
2 Toronto St Suite 500, TORONTO, ON, M5C 2B6
SIC 3339

KARNALYTE RESOURCES INC p57
1140 27 St Se Unit 14, CALGARY, AB, T2Z 3R6
SIC 3339

SHERRITT INTERNATIONAL CORPORATION p49
425 1 St Sw Suite 2000, CALGARY, AB, T2P 3L8
(403) 260-2900 SIC 3339

SHERRITT INTERNATIONAL CORPORATION p124
10101 114 St, FORT SASKATCHEWAN, AB, T8L 2T3
(780) 992-7000 SIC 3339

SHERRITT INTERNATIONAL CORPORATION p124
8301 113 St, FORT SASKATCHEWAN, AB, T8L 4K7
(780) 992-8081 SIC 3339

SOCIETE EN COMMANDITE REVENU NORANDA p1232
860 Boul Gerard-Cadieux, SALABERRY-DE-VALLEYFIELD, QC, J6T 6L4
(450) 373-9144 SIC 3339

ZOCHEM INC p517
1 Tilbury Crt, BRAMPTON, ON, L6T 3T4
(905) 453-4100 SIC 3339

SIC 3341 Secondary nonferrous Metals

CINRO RESOURCES INC p932
100 King St W, TORONTO, ON, M5X 2A1
SIC 3341

COMPAGNIE AMERICAINE DE FER & METAUX INC, LA p1065
251 Ch Des Iles, Levis, QC, G6V 7M5
(418) 838-1008 SIC 3341

COMPAGNIE AMERICAINE DE FER & METAUX INC, LA p1148
999 Boul Montmorency, Quebec, QC, G1J 3W1
(418) 649-1000 SIC 3341

INGOT METAL COMPANY LIMITED p762
111 Fenmar Dr, NORTH YORK, ON, M9L 1M3
(416) 749-1372 SIC 3341

REAL ALLOY CANADA LTD p684
7496 Torbram Rd, MISSISSAUGA, ON, L4T 1G9
(905) 672-5569 SIC 3341

TRIPLE M METAL LP p517
900 Intermodal Dr, BRAMPTON, ON, L6T 0B5
(905) 494-3999 SIC 3341

SIC 3351 Copper rolling and drawing

BOW GROUPE DE PLOMBERIE INC p569
531 Shaw Rd, DORCHESTER, ON, N0L 1G4
SIC 3351

ESSEX GROUP CANADA INC p848
20 Gilbertson Dr Suite 20, SIMCOE, ON, N3Y 4L5
(519) 428-3900 SIC 3351

SIC 3354 Aluminum extruded products

ALCOA CANADA CIE p993
100 Rte Maritime, BAIE-COMEAU, QC, G4Z 2L6
(418) 296-3311 SIC 3354

CAN ART ALUMINUM EXTRUSION INC p961
428 Jutras Dr S, WINDSOR, ON, N8N 5C5
(519) 272-4399 SIC 3354

GREAT PACIFIC ENTERPRISES INC p618
1036 Aberdeen St Suite 399, HAWKESBURY, ON, K6A 1K5
(613) 632-7096 SIC 3354

INDUSTRIES SPECTAL INC p1042
850 Rue Moeller, GRANBY, QC, J2J 1K7
(450) 378-6722 SIC 3354

K.L.S (2009) INC p1015
1615 Rue Saint-Paul, CHICOUTIMI, QC, G7J 3Y3
(418) 543-1515 SIC 3354

KAISER ALUMINUM CANADA LIMITED p650
3021 Gore Rd, LONDON, ON, N5V 5A9
(519) 457-3610 SIC 3354

SAPA CANADA INC p695
5675 Kennedy Rd, MISSISSAUGA, ON, L4Z 2H9
(905) 890-8821 SIC 3354

SAPA CANADA INC p1143
325 Av Avro, POINTE-CLAIRE, QC, H9R 5W3
(514) 697-5120 SIC 3354

SIC 3355 Aluminum rolling and drawing, nec

RIO TINTO ALCAN INC p1015
2040 Ch De La Reserve, CHICOUTIMI, QC, G7J 0E1
(418) 699-6305 SIC 3355

SIC 3357 Nonferrous wiredrawing and insulating

4078187 CANADA INC p1109
600 Rue De La Gaucheti Re Bureau 1900, Montreal, QC, H3B 4L8
SIC 3357

GROUPE DCM INC p1003
95 Ch Du Tremblay Bureau 3, BOUCHERVILLE, QC, J4B 7K4
(450) 449-1698 SIC 3357

ITF LABORATORIES INC p1205
400 Boul Montpellier, SAINT-LAURENT, QC, H4N 2G7
(514) 748-4848 SIC 3357

NORTHERN CABLES INC p531
1245 California Ave, BROCKVILLE, ON, K6V 7N5
(613) 345-2083 SIC 3357

SOUTHWIRE CANADA COMPANY p715
5705 Cancross Crt Suite 100, MISSISSAUGA, ON, L5R 3E9
(800) 668-0303 SIC 3357

SOUTHWIRE CANADA COMPANY p723
425 Courtneypark Dr W Unit 100, MISSISSAUGA, ON, L5W 0A5
(905) 565-9798 SIC 3357

SIC 3364 Nonferrous die-castings except aluminum

MERIDIAN LIGHTWEIGHT TECHNOLOGIES HOLDINGS INC p866
25 Mcnab St, STRATHROY, ON, N7G 4H6
(519) 246-9600 SIC 3364

MERIDIAN LIGHTWEIGHT TECHNOLOGIES INC p866
25 Mcnab St, STRATHROY, ON, N7G 4H6
(519) 246-9600 SIC 3364

MERIDIAN LIGHTWEIGHT TECHNOLOGIES INC p866
155 High St E, STRATHROY, ON, N7G 1H4
(519) 245-4040 SIC 3364

SIC 3365 Aluminum foundries

FONDERIE FONDALCO INC p1138
2485 Av Vallee, PLESSISVILLE, QC, G6L 3S6
(819) 362-3443 SIC 3365

FOREST CITY CASTINGS INC p858
10 Highbury Ave, ST THOMAS, ON, N5P 4C7
(519) 633-2999 SIC 3365

MAGELLAN AEROSPACE LIMITED p605
634 Magnesium Rd, HALEY STATION, ON, K0J 1Y0
(613) 432-8841 SIC 3365

MAGNA STRUCTURAL SYSTEMS INC p807
1 Conlon Dr, PERTH, ON, K7H 3N1
(613) 267-7557 SIC 3365

MITCHELL AEROSPACE INC p1203
350 Boul Decarie, SAINT-LAURENT, QC, H4L 3K5
(514) 748-3447 SIC 3365

NOVELIS INC p1046
2040 Rue Fay, JONQUIERE, QC, G7S 2N4
(418) 699-5213 SIC 3365

ORLICK INDUSTRIES LIMITED p861
500 Seaman St, STONEY CREEK, ON, L8E 2V9
(905) 662-5954 SIC 3365

ORLICK INDUSTRIES LIMITED p861
359 Millen Rd, STONEY CREEK, ON, L8E 2H4
(905) 664-3990 SIC 3365

PABER ALUMINUM INC p1009
296 Ch Vincelotte, CAP-SAINT-IGNACE, QC, G0R 1H0
(418) 246-5626 SIC 3365

RIO TINTO ALCAN INC p996
40 Rue De L'aluminerie, BEAUHARNOIS, QC, J6N 0C2

(450) 225-6044 SIC 3365
RIO TINTO ALCAN INC p1052
6000 6e Av, LA BAIE, QC, G7B 4G9
(418) 697-9540 SIC 3365

SIC 3366 Copper foundries

ASAHI REFINING CANADA LTD p853
16 Smith St Suite 1, ST CATHARINES, ON, L2P 3J1
(905) 682-9258 SIC 3366
MATTHEWS CANADA LTD p682
810 Nipissing Rd Suite 200, MILTON, ON, L9T 4Z9
(905) 878-2358 SIC 3366

SIC 3369 Nonferrous foundries, nec

FAG AEROSPACE INC p864
151 Wright Blvd, STRATFORD, ON, N4Z 1H3
(519) 271-3230 SIC 3369
KENNAMETAL STELLITE, INC p502
471 Dundas St E, BELLEVILLE, ON, K8N 1G2
(613) 968-3481 SIC 3369
PERFECT EQUIPMENT CANADA LTD p944
19 Frankford Cres Unit 3, TRENTON, ON, K8V 6H8
(613) 394-8710 SIC 3369

SIC 3398 Metal heat treating

EXOVA CANADA INC p637
9 Shirley Ave, KITCHENER, ON, N2B 2E6
(519) 744-6301 SIC 3398
IONBOND INC p861
295 Arvin Ave, STONEY CREEK, ON, L8E 2M3
(905) 664-1996 SIC 3398
NITEK LASER INC p1135
305 Rte Du Port, NICOLET, QC, J3T 1R7
(819) 293-4897 SIC 3398
TISI CANADA INC p115
8525 18 St Nw, EDMONTON, AB, T6P 1K4
(780) 467-8070 SIC 3398
TISI CANADA INC p770
781 Westgate Rd, OAKVILLE, ON, L6L 6R7
(905) 845-9542 SIC 3398

SIC 3399 Primary Metal products

BAILEY METAL PRODUCTS LIMITED p717
6920 Columbus Rd, MISSISSAUGA, ON, L5T 2G1
(905) 565-9665 SIC 3399
BRIDGES, DAVID INC p364
360 Dawson Rd N, WINNIPEG, MB, R2J 0S7
(204) 233-0500 SIC 3399
INDUSTRIES CRESSWELL INC p1041
424 Rue Saint-Vallier, GRANBY, QC, J2G 7Y4
(450) 378-4611 SIC 3399
MECANO-SOUDURE DRUMMOND INC p1069
700 Rue Talon, LONGUEUIL, QC, J4G 1P7
(514) 526-4411 SIC 3399
OERLIKON METCO (CANADA) INC p123
10108 114 St, FORT SASKATCHEWAN, AB, T8L 4R1
(780) 992-5100 SIC 3399
RIO TINTO ALCAN INC p988
3000 Rue Des Pins O, ALMA, QC, G8B 5W2
(418) 480-6000 SIC 3399
SHOEI CANADA CORPORATION p995
19900 Av Clark-Graham, Baie-D'Urfe, QC, H9X 3R8
(514) 336-2888 SIC 3399

SIC 3411 Metal cans

ALBERTA BEVERAGE CONTAINER RECYCLING CORPORATION p103
9455 45 Ave Nw, EDMONTON, AB, T6E 6B9
(780) 435-3640 SIC 3411
BALL PACKAGING PRODUCTS CANADA CORP p265
1700 No. 6 Rd, RICHMOND, BC, V6V 1W3
SIC 3411
BALL PACKAGING PRODUCTS CANADA CORP p957
1506 Wentworth St, WHITBY, ON, L1N 7C1
(905) 666-3600 SIC 3411
CROWN METAL PACKAGING CANADA LP p17
4455 75 Ave Se, CALGARY, AB, T2C 2K8
(403) 236-0241 SIC 3411
CROWN METAL PACKAGING CANADA LP p558
7250 Keele St, CONCORD, ON, L4K 1Z8
SIC 3411
CROWN METAL PACKAGING CANADA LP p941
21 Fenmar Dr, TORONTO, ON, M9L 2Y9
(416) 741-6002 SIC 3411
CROWN METAL PACKAGING CANADA LP p941
21 Fenmar Dr, TORONTO, ON, M9L 2Y9
(416) 741-6003 SIC 3411
CROWN METAL PACKAGING CANADA LP p1209
5789 Rue Cypihot, SAINT-LAURENT, QC, H4S 1R3
(514) 956-8900 SIC 3411
TML INDUSTRIES LTD p814
1745 Mcpherson Crt, PICKERING, ON, L1W 3E9
(905) 831-7525 SIC 3411

SIC 3412 Metal barrels, drums, and pails

1942675 ALBERTA LTD p114
1912 66 Ave Nw, EDMONTON, AB, T6P 1M4
(780) 440-2222 SIC 3412
1942675 ALBERTA LTD p140
5408 52 Ave, LLOYDMINSTER, AB, T9V 2T5
(780) 875-4421 SIC 3412
MAUSER CANADA LTD p536
1121 Pioneer Rd, BURLINGTON, ON, L7M 1K5
(416) 869-1227 SIC 3412

SIC 3423 Hand and edge tools, nec

DIMAR CANADA LTD p558
45 Tandem Rd, CONCORD, ON, L4K 3G1
(905) 738-7919 SIC 3423
GRAY TOOLS CANADA INC p514
299 Orenda Rd, BRAMPTON, ON, L6T 1E8
(905) 457-3014 SIC 3423
VENTRA GROUP CO p501
530 Park St, BEAVERTON, ON, L0K 1A0
(705) 426-7311 SIC 3423

SIC 3425 Saw blades and handsaws

HUSQVARNA CANADA CORP p742
2077 Bond St, NORTH BAY, ON, P1B 4V7
(705) 476-2705 SIC 3425
SCIES MERCIER INC, LES p1066
8860 Boul Guillaume-Couture, Levis, QC, G6V 9H1
(418) 837-5832 SIC 3425

SIC 3429 Hardware, nec

BALDOR ELECTRIC CANADA INC p1225
180 Boul Gagnon, SAINTE-CLAIRE, QC, G0R 2V0
(418) 883-3322 SIC 3429
CANIMEX INC p1030
285 Rue Saint-Georges, DRUMMONDVILLE, QC, J2C 4H3
(819) 477-1335 SIC 3429
CARLSTAR GROUP ULC, THE p1056
2100 Rue Remembrance, LACHINE, QC, H8S 1X3
(514) 639-1616 SIC 3429
CDG COAST DYNAMICS GROUP LTD p336
2932 Ed Nixon Ter Unit 102, VICTORIA, BC, V9B 0B2
(250) 652-6003 SIC 3429
CLOUD-RIDER DESIGNS LTD p1287
1260 8th Ave, REGINA, SK, S4R 1C9
(306) 761-2119 SIC 3429
DISTRIBUTION MADICO INC p1064
707 Rte Du President-Kennedy, Levis, QC, G6C 1E1
(418) 835-0825 SIC 3429
EBERHARD HARDWARE MANUFACTURING LIMITED p882
1523 Bell Mill Sideroad, TILLSONBURG, ON, N4G 0C9
(519) 688-3443 SIC 3429
ELMWOOD GROUP LIMITED, THE p852
570 Welland Ave, ST CATHARINES, ON, L2M 5V6
(905) 688-5205 SIC 3429
G & B MCNABB LUMBER COMPANY LIMITED p805
22 Seguin St, PARRY SOUND, ON, P2A 1B1
(705) 746-5825 SIC 3429
HAWBOLDT INDUSTRIES (1989) LTD p446
220 Highway 14, CHESTER, NS, B0J 1J0
(902) 275-3591 SIC 3429
LITENS AUTOMOTIVE PARTNERSHIP p560
150 Courtland Ave, CONCORD, ON, L4K 3T6
(905) 760-9177 SIC 3429
MAGNA INTERNATIONAL INC p975
251 Aviva Park Dr, WOODBRIDGE, ON, L4L 9C1
(905) 851-6666 SIC 3429
MILES INDUSTRIES LTD p246
2255 Dollarton Hwy Suite 190, NORTH VANCOUVER, BC, V7H 3B1
(604) 984-3496 SIC 3429
SFS INTEC, INC p571
40 Innovation Dr, DUNDAS, ON, L9H 7P3
(905) 847-5400 SIC 3429
STANLEY BLACK & DECKER CANADA CORPORATION p452
36 Frazee Ave, DARTMOUTH, NS, B3B 1X4
(902) 468-2728 SIC 3429
STANLEY BLACK & DECKER CANADA CORPORATION p711
2495 Meadowpine Blvd Suite 1, MISSISSAUGA, ON, L5N 6C3
(289) 290-7100 SIC 3429
STANLEY BLACK & DECKER CANADA CORPORATION p1213
160 Rue Graveline, SAINT-LAURENT, QC, H4T 1R7
SIC 3429
TDG FURNITURE INC p33
88 Heritage Gate Se, CALGARY, AB, T2H 3A7
(403) 301-0100 SIC 3429

SIC 3431 Metal sanitary ware

AS CANADA, ULC p564
235 Saunders Dr, CORNWALL, ON, K6H 5R6
(613) 933-0408 SIC 3431
BLANCO CANADA INC p577
37 Jutland Rd, ETOBICOKE, ON, M8Z 2G6
(416) 251-4733 SIC 3431
BOBRICK WASHROOM EQUIPMENT COMPANY p842
45 Rolark Dr, SCARBOROUGH, ON, M1R 3B1
(416) 298-1611 SIC 3431
CRANE PLUMBING CANADA CORP p864
15 Crane Ave, STRATFORD, ON, N5A 6S4
(519) 271-6150 SIC 3431
CRANE PLUMBING CANADA CORP p944
420 Sidney St, TRENTON, ON, K8V 2V2
SIC 3431
MIFAB MANUFACTURING INC p1277
101 Canola Ave, NORTH BATTLEFORD, SK, S9A 2Y3
SIC 3431
MIROLIN INDUSTRIES CORP p578
200 Norseman St, ETOBICOKE, ON, M8Z 2R4
(416) 231-9030 SIC 3431
PRODUITS NEPTUNE INC, LES p1195
6835 Rue Picard, SAINT-HYACINTHE, QC, J2S 1H3
(450) 773-7058 SIC 3431
ROYAL GROUP, INC p1032
3035 Boul Le Corbusier Bureau 7, FABREVILLE, QC, H7L 4C3
(450) 687-5115 SIC 3431

SIC 3432 Plumbing fixture fittings and trim

MASCO CANADA LIMITED p695
395 Matheson Blvd E, MISSISSAUGA, ON, L4Z 2H2
(905) 712-3030 SIC 3432
MASCO CANADA LIMITED p858
35 Currah Rd, ST THOMAS, ON, N5P 3R2
SIC 3432
MASCO CANADA LIMITED p858
350 South Edgeware Rd, ST THOMAS, ON, N5P 4L1
(519) 633-5050 SIC 3432

SIC 3433 Heating equipment, except electric

BRULEURS COEN CANADA INC, LES p1186
226 Rue Roy, SAINT-EUSTACHE, QC, J7R 5R6
SIC 3433
CAMUS HYDRONICS LIMITED p718
6226 Netherhart Rd, MISSISSAUGA, ON, L5T 1B7
(905) 696-7800 SIC 3433
CLEAVER-BROOKS OF CANADA LIMITED p1214
8515 Rue Lafrenaie, SAINT-LEONARD, QC, H1P 2B3
(514) 326-2571 SIC 3433
DUNDAS JAFINE INC p514
15 Bramalea Rd Unit 102, BRAMPTON, ON, L6T 2W4
(905) 458-4733 SIC 3433
ECCO HEATING PRODUCTS LTD p91
11415 184 St Nw, EDMONTON, AB, T5S 0H1
(780) 479-6055 SIC 3433
FABRICANT DE POELES INTERNATIONAL INC p1180
250 Rue De Copenhague Bureau 1, SAINT-AUGUSTIN-DE-DESMAURES, QC, G3A 2H3
(418) 878-3040 SIC 3433
FPI FIREPLACE PRODUCTS INTERNATIONAL LTD p210
6988 Venture St, DELTA, BC, V4G 1H4
(604) 946-5155 SIC 3433
GRIT INDUSTRIES INC p141
10-50-1-4 Airport Rd Nw, LLOYDMINSTER, AB, T9V 3A5
(780) 875-5577 SIC 3433
INDUSTRIES SPECTRA PREMIUM INC, LES p1163

2950 Av Watt Bureau 5, Quebec, QC, G1X 4A8
(418) 656-1516   SIC 3433
INDUSTRIES SPECTRA PREMIUM INC, LES p1229
1313 Chomedey (A-13) E, SAINTE-ROSE, QC, H7W 5L7
(450) 681-1313   SIC 3433
PACIFIC ENERGY FIREPLACE PRODUCTS LTD p212
2975 Allenby Rd, DUNCAN, BC, V9L 6V8
(250) 748-1184   SIC 3433
PACIFIC RADIATOR MFG. LTD p106
9625 45 Ave Nw Suite 205, EDMONTON, AB, T6E 5Z8
(780) 435-7684   SIC 3433
SUNEDISON CANADIAN CONSTRUCTION LP p657
595 Adelaide St N Suite 400, LONDON, ON, N6B 3J9
SIC 3433
TIW WESTERN INC p20
7770 44 St Se, CALGARY, AB, T2C 2L5
(403) 279-8310   SIC 3433
TIW WESTERN INC p148
1012 16 Ave, NISKU, AB, T9E 0A9
(780) 979-0500   SIC 3433
VIESSMANN MANUFACTURING COMPANY INC p954
750 Mcmurray Rd, WATERLOO, ON, N2V 2G5
(519) 885-6300   SIC 3433
WOLF STEEL LTD p496
9 Napoleon Rd, BARRIE, ON, L4M 0G8
(705) 721-1212   SIC 3433

SIC 3441 Fabricated structural Metal

9074-0747 QUEBEC INC. p1238
4100 Rue Lesage, SHERBROOKE, QC, J1L 0B6
(819) 346-1881   SIC 3441
BANC METAL INDUSTRIES LIMITED p448
277 Pleasant St Unit 508, DARTMOUTH, NS, B2Y 4B7
(902) 461-6450   SIC 3441
BEHLEN INDUSTRIES INC p360
355 Pembina Ave E, WINKLER, MB, R6W 3N4
(204) 325-4368   SIC 3441
BLACK CREEK METAL INC p859
2991 Townline Rd, STEVENSVILLE, ON, L0S 1S0
(905) 382-3152   SIC 3441
C T REINFORCING STEEL CO ALBERTA LTD p169
55202 Sh 825 Unit 186, STURGEON COUNTY, AB, T8L 5C1
(780) 998-5565   SIC 3441
CANADIAN GUIDE RAIL CORPORATION p348
2840 Wenzel St, EAST ST PAUL, MB, R2E 1E7
(204) 222-2142   SIC 3441
CLARK & PATTISON (ALBERTA) LTD p335
929 Ellery St Suite 6, VICTORIA, BC, V9A 4R9
(250) 386-5232   SIC 3441
COOKSVILLE STEEL LIMITED p638
80 Webster Rd, KITCHENER, ON, N2C 2E6
(519) 893-7646   SIC 3441
DSME TRENTON LTD p477
34 Powerplant Rd, TRENTON, NS, B0K 1X0
(902) 753-7777   SIC 3441
E.S. FOX LIMITED p817
1201 Egerter Rd, PORT ROBINSON, ON, L0S 1K0
(905) 384-2761   SIC 3441
EAB NORTH AMERICA INC p901
2 Bloor St W Suite 2120, TORONTO, ON, M4W 3E2
(905) 570-5200   SIC 3441
EMPIRE IRON WORKS LTD p91
21104 107 Ave Nw, EDMONTON, AB, T5S 1X2
(780) 892-3773   SIC 3441
EMPIRE IRON WORKS LTD p210
7501 Vantage Way, DELTA, BC, V4G 1C9
(604) 946-5515   SIC 3441
EMPIRE IRON WORKS LTD p371
717 Jarvis Ave Suite 1, WINNIPEG, MB, R2W 3B4
(204) 589-9300   SIC 3441
GROUPE CANAM INC p716
1739 Drew Rd, MISSISSAUGA, ON, L5S 1J5
(905) 671-3460   SIC 3441
GROUPE CANAM INC p1003
200 Boul Industriel, BOUCHERVILLE, QC, J4B 2X4
(450) 641-8770   SIC 3441
GROUPE CANAM INC p1003
270 Ch Du Tremblay, Boucherville, QC, J4B 5X9
(450) 641-4000   SIC 3441
GROUPE CANAM INC p1188
115 Boul Canam N, Saint-Gedeon-de-Beauce, QC, G0M 1T0
(418) 582-3331   SIC 3441
HARRIS STEEL ULC p14
3208 52 St Se, CALGARY, AB, T2B 1N2
(403) 272-8801   SIC 3441
HARRIS STEEL ULC p135
6613 44 St, LEDUC, AB, T9E 7E5
(780) 986-7055   SIC 3441
HOCAN INDUSTRIES LTD p70
9 Laut Cres, CROSSFIELD, AB, T0M 0S0
(403) 946-4440   SIC 3441
HOOVER ENTERPRISES INC p882
81 Lincoln St, TILLSONBURG, ON, N4G 5Y4
(519) 842-2890   SIC 3441
IMPERIAL METAL INDUSTRIES INC p344
34009 42 N, BLUMENORT, MB, R0A 0C0
(204) 326-6683   SIC 3441
MBS STEEL LTD p511
62 Progress Crt, BRAMPTON, ON, L6S 5X2
SIC 3441
NU-LINE PRODUCTS INC p861
891 Arvin Ave, STONEY CREEK, ON, L8E 5N9
(905) 643-5375   SIC 3441
OCEAN STEEL & CONSTRUCTION LTD p400
550 Wilsey Rd, FREDERICTON, NB, E3B 7K2
(506) 444-7989   SIC 3441
PLACEMENTS ORBI CONSTRUCTION INC p1019
2225 Boul Industriel, Cote Saint-Luc, QC, H7S 1P8
SIC 3441
POUTRELLES DELTA INC p1227
1270 2e Rue Du Parc-Industriel, SAINTE-MARIE, QC, G6E 1G8
SIC 3441
RLP MACHINE & STEEL FABRICATION INC p884
259 Reliable Lane, TIMMINS, ON, P4N 7W7
(705) 267-1445   SIC 3441
SAFEGUARD SAFETY INC p19
4515 112 Ave SE, CALGARY, AB, T2C 5C5
(403) 236-0752   SIC 3441
SOLIVE AJOUREE 2000 INC p1248
1970 Rue Des Toitures, Trois-Rivieres, QC, G8V 1V9
(819) 374-8784   SIC 3441
STRUCTURES C.D.L. INC, LES p1067
2045 4e Rue, Levis, QC, G6W 5M6
(418) 839-1421   SIC 3441
STURO METAL INC p1067
600 Rue Jean-Marchand, Levis, QC, G6Y 9G6
(418) 833-2107   SIC 3441
SUPERMETAL SHERBROOKE INC p1237
375 Rue De Courcelette, SHERBROOKE, QC, J1H 3X4
(819) 566-2965   SIC 3441
SUPREME STEEL LP p93
10457 184 St Nw, EDMONTON, AB, T5S 1G1
(780) 483-3278   SIC 3441
TARDIF METAL INC p1169
15971 Boul De La Colline, Quebec, QC, G3G 3A7
(418) 849-6919   SIC 3441
TIW STEEL PLATEWORK INC p854
23 Smith St, ST CATHARINES, ON, L2P 3J7
(905) 684-9421   SIC 3441
TRESMAN STEEL INDUSTRIES LTD p717
286 Statesman Dr, MISSISSAUGA, ON, L5S 1X7
(905) 795-8757   SIC 3441

SIC 3442 Metal doors, sash, and trim

2972-6924 QUEBEC INC p1152
2150 Rue Leon-Harmel, Quebec, QC, G1N 4L2
(418) 683-2431   SIC 3442
3090723 NOVA SCOTIA LIMITED p234
5690 268 St, LANGLEY, BC, V4W 3X4
SIC 3442
ALL WEATHER WINDOWS LTD p90
18550 118a Ave Nw, EDMONTON, AB, T5S 2K7
(780) 468-2989   SIC 3442
ALL WEATHER WINDOWS LTD p684
3100 Caravelle Dr, MISSISSAUGA, ON, L4V 1K9
(905) 696-0005   SIC 3442
ALUMICOR LIMITED p372
205 Hutchings St, WINNIPEG, MB, R2X 2R4
(204) 633-8316   SIC 3442
ALUMINART PRODUCTS LIMITED p513
1 Summerlea Rd, BRAMPTON, ON, L6T 4V2
(905) 791-7521   SIC 3442
APEX INDUSTRIES INC p408
100 Millennium Blvd, MONCTON, NB, E1E 2G8
(506) 857-1677   SIC 3442
DELAFONTAINE INC p1239
4115 Rue Brodeur, SHERBROOKE, QC, J1L 1K4
(819) 348-1219   SIC 3442
ENERGI FENESTRATION SOLUTIONS, LTD p972
30 Royal Group Cres, WOODBRIDGE, ON, L4H 1X9
(905) 851-6637   SIC 3442
FALBO ALUMINUM SYSTEMS LTD p763
66 Rivalda Rd, NORTH YORK, ON, M9M 2M3
(416) 740-9304   SIC 3442
GARAGA INC p497
333 Bayview Dr, BARRIE, ON, L4N 8X9
(705) 733-1173   SIC 3442
GARAGA INC p1190
8500 25e Av, SAINT-GEORGES, QC, G6A 1K5
(418) 227-2828   SIC 3442
GIENOW CANADA INC p91
18703 111 Ave Nw Suite 11, EDMONTON, AB, T5S 2X4
(780) 451-2590   SIC 3442
GREENSTEEL INDUSTRIES LTD p362
770 Pandora Ave E, WINNIPEG, MB, R2C 3N1
(204) 774-4533   SIC 3442
INDUSTRIES LYNX INC p719
6311 Vipond Dr, MISSISSAUGA, ON, L5T 1T7
(416) 674-4606   SIC 3442
INNOMOTIVE SOLUTIONS GROUP INC p538
3435 South Service Rd, BURLINGTON, ON, L7N 3W6
(877) 845-3816   SIC 3442
KAWNEER COMPANY CANADA LIMITED p136
4000 18 Ave N Suite Side, LETHBRIDGE, AB, T1H 5S8
(403) 320-7755   SIC 3442
LOXCREEN CANADA LTD p689
5720 Ambler Dr, MISSISSAUGA, ON, L4W 2B1
(905) 625-3210   SIC 3442
MORGUARD CORPORATION p187
5134 Still Creek Ave, BURNABY, BC, V5C 4E4
(604) 299-8914   SIC 3442
ONTARIO DOOR SALES LTD p682
359 Wheelabrator Way, MILTON, ON, L9T 3C1
(905) 878-5670   SIC 3442
RAYNOR CANADA CORP p690
5100 Timberlea Blvd Suite A, MISSISSAUGA, ON, L4W 2S5
(905) 625-0037   SIC 3442
RAYNOR CANADA CORP p690
5100 Timberlea Blvd Suite A, MISSISSAUGA, ON, L4W 2S5
(905) 625-0037   SIC 3442
STEEL - CRAFT DOOR PRODUCTS LTD p85
13504 St Albert Trail Nw, EDMONTON, AB, T5L 4P4
(780) 453-3761   SIC 3442

SIC 3443 Fabricated plate work (boiler shop)

1399731 ONTARIO INC p496
181 Big Bay Point Rd, BARRIE, ON, L4N 8M5
(705) 722-9809   SIC 3443
AECON LOCKERBIE INDUSTRIAL INC p211
6425 River Rd, DELTA, BC, V4K 5B9
(604) 521-3322   SIC 3443
AG GROWTH INTERNATIONAL INC p364
450 Rue Desautels, WINNIPEG, MB, R2H 3E6
(204) 233-7133   SIC 3443
ALPINE SYSTEMS CORPORATION p676
120 Travail Rd, MARKHAM, ON, L3S 3J1
(905) 417-2766   SIC 3443
ALSTOM CANADA INC p1038
60 Rue Jean-Proulx, GATINEAU, QC, J8Z 1W1
SIC 3443
ALTEX INDUSTRIES INC p99
6831 42 St Nw, EDMONTON, AB, T6B 2X1
(780) 468-6862   SIC 3443
ARG SERVICES INC p203
1130 21st St, COURTENAY, BC, V9N 2B8
SIC 3443
ARGO SALES INC p143
925 23 St Sw, MEDICINE HAT, AB, T1A 8R1
(403) 526-3142   SIC 3443
ARMATURES BOIS-FRANCS INC p1260
249 Boul De La Bonaventure, VICTORIAVILLE, QC, G6T 1V5
(819) 758-7501   SIC 3443
ARMSTRONG-HUNT INC p1040
648 Rue Moeller, GRANBY, QC, J2G 8N1
(450) 378-2655   SIC 3443
CCI THERMAL TECHNOLOGIES INC p764
2721 Plymouth Dr, Oakville, ON, L6H 5R5
(905) 829-4422   SIC 3443
CLEAVER-BROOKS OF CANADA LIMITED p864
161 Lorne Ave W, STRATFORD, ON, N5A 6S4
(519) 271-9220   SIC 3443
DANA CANADA CORPORATION p724
205 Industrial Dr, MOUNT FOREST, ON, N0G 2L1
(519) 323-9494   SIC 3443
DANA CANADA CORPORATION p769
1400 Advance Rd, OAKVILLE, ON, L6L 6L6
(905) 825-8856   SIC 3443
DIXON GROUP CANADA LIMITED p622
2315 Bowman St, INNISFIL, ON, L9S 3V6

(705) 436-1125   SIC 3443
EVANDTEC INC   p929
355 Adelaide St W Suite 500, TORONTO, ON, M5V 1S2
SIC 3443
FLINT FABRICATION AND MODULARIZATION LTD   p163
180 Strathmoor Dr, SHERWOOD PARK, AB, T8H 2B7
(780) 416-3501   SIC 3443
G.T. MACHINING & FABRICATING LTD p725
7 Kellwood Cres, NAPANEE, ON, K7R 4A1
(613) 354-6621   SIC 3443
GEOFF & KRISTA SIMS ENTERPRISES INC p942
23 Racine Rd, TORONTO, ON, M9W 2Z4
(416) 746-5547   SIC 3443
GROUPE CANAM INC   p1153
1445 Rue Du Grand-Tronc, Quebec, QC, G1N 4G1
(418) 683-2561   SIC 3443
HEROUX-DEVTEK INC   p841
1480 Birchmount Rd, SCARBOROUGH, ON, M1P 2E3
(416) 757-2366   SIC 3443
INDUSTRIES B & X INC   p1232
501 Imp Martin, SALABERRY-DE-VALLEYFIELD, QC, J6S 4C6
(450) 373-9292   SIC 3443
ITW CANADA INC   p92
11240 184 St Nw, EDMONTON, AB, T5S 2S6
(780) 484-2321   SIC 3443
LEADING MANUFACTURING GROUP HOLDINGS INC   p172
3801 48 Ave, VERMILION, AB, T9X 1G9
(780) 854-0004   SIC 3443
LEADING MANUFACTURING GROUP INC p147
2313 8 St, NISKU, AB, T9E 7Z3
(780) 955-8895   SIC 3443
MIURA CANADA CO., LTD   p524
8 Copernicus Blvd, BRANTFORD, ON, N3P 1Y4
(519) 758-8111   SIC 3443
MORGAN ADVANCED MATERIALS CANADA INC   p536
1185 Walker's Line, BURLINGTON, ON, L7M 1L1
(905) 335-3414   SIC 3443
NATCO CANADA, LTD   p19
9423 Shepard Rd Se, CALGARY, AB, T2C 4R6
(403) 203-2119   SIC 3443
NORTHERN STEEL LTD   p262
9588 Milwaukee Way, PRINCE GEORGE, BC, V2N 5T3
(250) 561-1121   SIC 3443
NWP INDUSTRIES INC   p132
4017 60 Ave, INNISFAIL, AB, T4G 1S9
(403) 227-4100   SIC 3443
NWP INDUSTRIES LP   p132
4017 60 Ave, INNISFAIL, AB, T4G 1S9
(403) 227-4100   SIC 3443
PECOFACET (CANADA) LIMITED   p29
1351 Hastings Cres Se, CALGARY, AB, T2G 4C8
(403) 243-6700   SIC 3443
PENSAFE INC   p955
300 Major St, WELLAND, ON, L3B 0B9
SIC 3443
PLATINUM ENERGY SERVICES ULC   p52
333 11 Ave Sw Unit 400, CALGARY, AB, T2R 1L9
(403) 264-6688   SIC 3443
PRO-PAR INC   p1240
65 Rue Winder, SHERBROOKE, QC, J1M 1L5
(819) 566-8211   SIC 3443
PRODUITS D'ACIER HASON INC, LES p1058
7 Rue Pinat, LANORAIE, QC, J0K 1E0
(450) 887-0800   SIC 3443
SASKATOON BOILER MFG CO LTD p1298

2011 Quebec Ave, SASKATOON, SK, S7K 1W5
(306) 652-7022   SIC 3443
SLEEGERS TANKS INC   p665
980 Green Valley Rd, LONDON, ON, N6N 1E3
(519) 685-7444   SIC 3443
SNC-SNAM, S.E.N.C.   p1113
620 Boul Rene-Levesque O Bureau 3e, Montreal, QC, H3B 1N7
(514) 393-8000   SIC 3443
TANKSAFE INC   p157
4136 39139 Hwy Suite 2a, RED DEER, AB, T4R 2M2
(403) 343-8265   SIC 3443
TI TITANIUM LTEE   p1208
5055 Rue Levy, SAINT-LAURENT, QC, H4R 2N9
(514) 334-5781   SIC 3443
WESTERN TANK & LINING LTD   p210
7192 Vantage Way, DELTA, BC, V4G 1K7
(604) 241-9487   SIC 3443
WOODHAVEN CAPITAL CORP   p361
275 Hespler Ave, WINKLER, MB, R6W 0J7
(204) 325-7883   SIC 3443

SIC 3444 Sheet Metalwork

9099-7768 QUEBEC INC   p1180
109 Rue Des Grands-Lacs, SAINT-AUGUSTIN-DE-DESMAURES, QC, G3A 1V9
(418) 878-3616   SIC 3444
ALUMICOR LIMITED   p443
155 Bluewater Rd, BEDFORD, NS, B4B 1H1
(902) 835-4545   SIC 3444
ASSOCIATED MATERIALS CANADA LIMITED   p532
1001 Corporate Dr, BURLINGTON, ON, L7L 5V5
(905) 319-5561   SIC 3444
BAILEY METAL PRODUCTS LIMITED   p9
3924 27 St Ne, CALGARY, AB, T1Y 5K7
(403) 248-3536   SIC 3444
BRAMPTON BRICK LIMITED   p678
455 Rodick Rd, MARKHAM, ON, L6G 1B2
(905) 475-5900   SIC 3444
BUCHNER MANUFACTURING INC   p732
16650 Bayview Ave, NEWMARKET, ON, L3X 2S8
(905) 836-1506   SIC 3444
DAYTON SUPERIOR CANADA LTD   p718
6650 Pacific Circle, MISSISSAUGA, ON, L5T 1V6
(416) 798-2000   SIC 3444
ECCO HEATING PRODUCTS LTD   p232
19700 Landmark Way, LANGLEY, BC, V3A 7Z5
(604) 530-2748   SIC 3444
EFCO CANADA CO   p591
30 Todd Rd, GEORGETOWN, ON, L7G 4R7
(905) 877-6957   SIC 3444
G.T.C.A. MET-ALL INC   p1209
1215 Montee De Liesse, SAINT-LAURENT, QC, H4S 1J7
(514) 334-2801   SIC 3444
I.G. MACHINE & FIBERS LTD   p181
3745 Barnes Lake Rd, ASHCROFT, BC, V0K 1A0
(250) 453-9015   SIC 3444
I.G. MACHINE & FIBERS LTD   p519
87 Orenda Rd, BRAMPTON, ON, L6W 1V8
(905) 457-0745   SIC 3444
IMPERIAL MANUFACTURING GROUP INC p1072
2600 Boul Jacques-Cartier E, LONGUEUIL, QC, J4N 1P8
(450) 651-3539   SIC 3444
IMT PARTNERSHIP   p816
837 Reuter Rd, PORT COLBORNE, ON, L3K 5V7
(905) 834-7211   SIC 3444
INDUSTRIES GRC INC, LES   p1150

10c Cote De La Canoterie Bureau 7, Quebec, QC, G1K 3X4
(418) 692-1112   SIC 3444
MATERIAUX DE CONSTRUCTION KP LTEE p1142
3075 Aut Transcanadienne, POINTE-CLAIRE, QC, H9R 1B4
(514) 694-5855   SIC 3444
MATERIEL INDUSTRIEL LTEE, LE   p1176
325 La Grande-Caroline Rr 5, ROUGEMONT, QC, J0L 1M0
(450) 469-4934   SIC 3444
MEP TECHNOLOGIES INC   p1129
3100 Rue Peugeot, Montreal, QC, H7L 5C6
(450) 682-0804   SIC 3444
METALFORM INC   p991
8485 Rue Jules-Leger, ANJOU, QC, H1J 1A8
SIC 3444
MEYER'S SHEET METAL LTD   p371
432 Dufferin Ave, WINNIPEG, MB, R2W 2Y5
(204) 426-1100   SIC 3444
RUSSEL METALS INC   p115
2471 76 Avenue Nw, EDMONTON, AB, T6P 1P6
(780) 440-0779   SIC 3444
SORLICON MANUFACTURING INC   p715
5770 Hurontario St, MISSISSAUGA, ON, L5R 3G5
SIC 3444
VICWEST INC   p97
15108 118 Ave Nw, EDMONTON, AB, T5V 1B8
(780) 454-4477   SIC 3444
VICWEST INC   p404
671 Ch Royal, MEMRAMCOOK, NB, E4K 1X1
(506) 758-8181   SIC 3444
VICWEST INC   p770
1296 South Service Rd W, OAKVILLE, ON, L6L 5T7
(905) 825-2252   SIC 3444
VICWEST INC   p865
362 Lorne Ave E, STRATFORD, ON, N5A 6S4
(519) 271-5553   SIC 3444
VICWEST INC   p1260
707 Boul Pierre-Roux E, VICTORIAVILLE, QC, G6T 1S7
(819) 758-0661   SIC 3444
WESTFORM MANUFACTURING INC   p198
6435 Lickman Rd, CHILLIWACK, BC, V2R 4A9
(604) 858-7134   SIC 3444
WESTFORM METALS INC   p198
6435 Lickman Rd, CHILLIWACK, BC, V2R 4A9
(604) 858-7134   SIC 3444
WESTMAN STEEL INC   p356
2976 Day St, SPRINGFIELD, MB, R2C 2Z2
(204) 777-5345   SIC 3444

SIC 3446 Architectural Metalwork

BORDEN METAL PRODUCTS (CANADA) LIMITED   p501
50 Dayfoot St, BEETON, ON, L0G 1A0
(905) 729-2229   SIC 3446
HARRIS STEEL ULC   p174
4609 64 Ave, WETASKIWIN, AB, T9A 2S7
(780) 352-9171   SIC 3446
HARRIS STEEL ULC   p534
750 Appleby Line, BURLINGTON, ON, L7L 2Y7
(905) 632-2121   SIC 3446
KAWNEER COMPANY CANADA LIMITED p560
200 Confederation Pky Unit 2, CONCORD, ON, L4K 4T8
(289) 982-0200   SIC 3446
METALTECH-OMEGA INC   p1229
1735 Boul Saint-Elzear O Bureau B, SAINTE-ROSE, QC, H7L 3N6

(450) 681-6440   SIC 3446
PHILIPS LIGHTING CANADA LTD   p819
64 Ma-Te-Way Park Dr, RENFREW, ON, K7V 2L5
(613) 432-3653   SIC 3446
QUALI-T-GROUP ULC   p1005
22 Boul De L'aeroport, BROMONT, QC, J2L 1S6
(450) 534-2032   SIC 3446
SYSTEMES ADEX INC, LES   p1044
67 Rue Saint-Paul, Hebertville-Station, QC, G0W 1T0
(418) 343-2640   SIC 3446
UNICEL ARCHITECTURAL CORP   p1069
2155 Boul Fernand-Lafontaine, LONGUEUIL, QC, J4G 2J4
(450) 670-6844   SIC 3446

SIC 3448 Prefabricated Metal buildings and components

ATCO STRUCTURES & LOGISTICS LTD p164
30 Alberta Ave, SPRUCE GROVE, AB, T7X 4A9
(780) 962-3111   SIC 3448
CIVEO MODULAR STRUCTURES LTD p147
1507 8 St, NISKU, AB, T9E 7S7
(780) 955-7366   SIC 3448
DYNAMIC AIR SHELTERS LTD   p427
2a Hickman St, GRAND BANK, NL, A0E 1W0
(709) 832-1211   SIC 3448
KML ENGINEERED HOMES LTD   p667
10877 Keele St, MAPLE, ON, L6A 0K6
SIC 3448
MITEK CANADA, INC   p509
100 Industrial Rd, BRADFORD, ON, L3Z 3G7
(905) 952-2900   SIC 3448
NORSEMAN INC   p1305
3815 Wanuskewin Rd, SASKATOON, SK, S7P 1A4
(306) 385-2888   SIC 3448
ROYAL GROUP, INC   p972
100 Royal Group Cres Unit B, WOODBRIDGE, ON, L4H 1X9
(905) 264-2989   SIC 3448
SONIC ENCLOSURES LTD   p210
7127 Honeyman St, DELTA, BC, V4G 1E2
(604) 946-6100   SIC 3448
SPRUNG INSTANT STRUCTURES LTD p33
6020 3 St Se, CALGARY, AB, T2H 1K2
(403) 259-3696   SIC 3448

SIC 3449 Miscellaneous Metalwork

AGF - REBAR INC   p122
186 Sturgeon Way, FORT SASKATCHEWAN, AB, T8L 2N9
(780) 998-5565   SIC 3449
AGF - REBAR INC   p669
2800 14th Ave Suite 204, MARKHAM, ON, L3R 0E4
(416) 243-3903   SIC 3449
BOIS D'INGENIERIE ABITIBI-LP INC p1220
101 Rue Du Parc-Industriel, SAINT-PRIME, QC, G8J 1H3
(418) 251-3333   SIC 3449
ENCLOS CORP   p420
31 Addison Ave, SCOUDOUC, NB, E4P 3N3
SIC 3449
HARRIS STEEL ULC   p268
7440 Nelson Rd, RICHMOND, BC, V6W 1G4
(604) 244-0575   SIC 3449
HARRIS STEEL ULC   p1305
3810 Wanuskewin Rd, SASKATOON, SK, S7P 0B7
(306) 242-8455   SIC 3449
HERITAGE STEEL SALES LTD   p229
9718 197b St, LANGLEY, BC, V1M 3G3

(604) 888-1414   SIC 3449
JASWALL INC   p524
70 Van Kirk Dr, BRAMPTON, ON, L7A 1B1
(905) 495-6584   SIC 3449
VSL CANADA LTD   p210
7690 Vantage Way, DELTA, BC, V4G 1A7
SIC 3449

SIC 3452 Bolts, nuts, rivets, and washers

3264760 MANITOBA LTD   p391
165 Cordite Rd, WINNIPEG, MB, R3W 1S1
(204) 224-1654   SIC 3452
FREEWAY WASHER LIMITED   p719
1820 Meyerside Dr, MISSISSAUGA, ON, L5T 1B4
(905) 564-2288   SIC 3452
GROUPE J.S.V. INC, LE   p1085
8015 Av Marco-Polo, Montreal, QC, H1E 5Y8
(514) 881-8260   SIC 3452
HILLMAN GROUP CANADA ULC, THE   p92
11714 180 St Nw, EDMONTON, AB, T5S 1N7
(780) 450-1346   SIC 3452
IDEAL BUILDING FASTENERS INC   p818
855 Edward St, PRESCOTT, ON, K0E 1T0
(613) 925-1191   SIC 3452
IFASTGROUPE 2004 L.P.   p685
3990 Nashua Dr, MISSISSAUGA, ON, L4V 1P8
(905) 677-8920   SIC 3452
NIAGARA FASTENERS INC   p737
6095 Progress St, NIAGARA FALLS, ON, L2G 0C2
(905) 356-6887   SIC 3452
R B & W CORPORATION OF CANADA   p512
10 Sun Pac Blvd, BRAMPTON, ON, L6S 4R5
(905) 595-9700   SIC 3452
SIMPSON STRONG-TIE CANADA LIMITED   p516
5 Kenview Blvd, Brampton, ON, L6T 5G5
(905) 458-5538   SIC 3452

SIC 3462 Iron and steel forgings

A.G. SIMPSON AUTOMOTIVE INC   p965
275 Eugenie St E, WINDSOR, ON, N8X 2X9
(519) 969-5193   SIC 3462
AMSTED CANADA INC   p361
104 Regent Ave E, WINNIPEG, MB, R2C 0C1
(204) 222-4252   SIC 3462
CANADA FORGINGS INC   p954
166 Major St, WELLAND, ON, L3B 3T4
(905) 735-1220   SIC 3462
CROSBY CANADA INC   p519
145 Heart Lake Rd, BRAMPTON, ON, L6W 3K3
(905) 451-9261   SIC 3462
DYNAMIC INSTALLATIONS INC   p255
1225 Kingsway Ave Unit 3112, PORT COQUITLAM, BC, V3C 1S2
(604) 464-7695   SIC 3462
KEDDCO MFG. (2011) LTD   p828
645 Keddco St, SARNIA, ON, N7T 7H5
(519) 336-2960   SIC 3462
SM CYCLO OF CANADA, LTD   p770
1045 South Service Rd W, OAKVILLE, ON, L6L 6K3
(905) 469-1050   SIC 3462
TC INDUSTRIES OF CANADA COMPANY   p355
480 Pittsburg Ave, SELKIRK, MB, R1A 0A9
(204) 482-6900   SIC 3462

SIC 3463 Nonferrous forgings

ALERIS ALUMINUM CANADA S.E.C.   p1247
290 Rue Saint-Laurent, Trois-Rivieres, QC, G8T 6G7
SIC 3463
ALUMINERIE DE BECANCOUR INC   p996
5555 Rue Pierre-Thibault Bureau 217, BECANCOUR, QC, G9H 2T7
(819) 294-6101   SIC 3463
EWING INTERNATIONAL INC   p957
1445 Hopkins St, WHITBY, ON, L1N 2C2
(416) 291-1675   SIC 3463

SIC 3465 Automotive stampings

9205-2976 QUEBEC INC   p1011
1200 Rue Des Cascades, Chateauguay, QC, J6J 4Z2
(450) 699-9300   SIC 3465
A.G. SIMPSON AUTOMOTIVE INC   p542
560 Conestoga Blvd, CAMBRIDGE, ON, N1R 7P7
(519) 621-7953   SIC 3465
A.G. SIMPSON AUTOMOTIVE INC   p778
901 Simcoe St S, OSHAWA, ON, L1H 4L1
(905) 571-2121   SIC 3465
AMINO NORTH AMERICA CORPORATION   p858
15 Highbury Ave, ST THOMAS, ON, N5P 4M1
(519) 637-2156   SIC 3465
CANADA TUBEFORM INC   p664
2879 Innovation Dr, LONDON, ON, N6M 0B6
(519) 451-9995   SIC 3465
COOPER-STANDARD AUTOMOTIVE CANADA LIMITED   p1239
4045 Rue Brodeur, SHERBROOKE, QC, J1L 1K4
(819) 562-4440   SIC 3465
COOPER-STANDARD AUTOMOTIVE CANADA LIMITED   p1239
3995 Boul Industriel, SHERBROOKE, QC, J1L 2S7
(819) 562-4440   SIC 3465
COOPER-STANDARD AUTOMOTIVE CANADA LIMITED   p1239
3870 Boul Industriel, SHERBROOKE, QC, J1L 2V1
(819) 562-4440   SIC 3465
COOPER-STANDARD AUTOMOTIVE CANADA LIMITED   p1241
4870 Rue Robert Boyd, SHERBROOKE, QC, J1R 0W8
(819) 347-5593   SIC 3465
GUELPH MANUFACTURING GROUP INC   p602
39 Royal Rd, GUELPH, ON, N1H 1G2
(519) 822-5401   SIC 3465
HENNIGES AUTOMOTIVE SCHLEGEL CANADA INC   p534
4445 Fairview St, BURLINGTON, ON, L7L 2A4
(289) 636-4461   SIC 3465
JCIM WHITBY   p958
185 William Smith Dr, WHITBY, ON, L1N 0A3
(905) 665-3902   SIC 3465
MAGNA INTERNATIONAL INC   p515
2550 Steeles Ave E, BRAMPTON, ON, L6T 5R3
(905) 799-7654   SIC 3465
MAGNA INTERNATIONAL INC   p515
26 Kenview Blvd, BRAMPTON, ON, L6T 5S8
(905) 458-5740   SIC 3465
MAGNA INTERNATIONAL INC   p560
50 Casmir Crt, CONCORD, ON, L4K 4J5
(905) 669-2888   SIC 3465
MAGNA INTERNATIONAL INC   p586
225 Claireville Dr, ETOBICOKE, ON, M9W 6K9
(416) 674-5598   SIC 3465
MAGNA INTERNATIONAL INC   p822
254 Centre St E, RICHMOND HILL, ON, L4C 1A8
(905) 883-3600   SIC 3465
MAGNA SEATING INC   p491
455 Magna Dr, AURORA, ON, L4G 7A9
(905) 713-6050   SIC 3465
MAPLE AUTOMOTIVE CORPORATION   p977
180 Beards Lane, WOODSTOCK, ON, N4S 7W3
(519) 537-2179   SIC 3465
MARTINREA METALLIC CANADA INC   p947
3210 Langstaff Rd, VAUGHAN, ON, L4K 5B2
(416) 749-0314   SIC 3465
METAL SYSTEMS OF CANADA ULC   p570
280 Victoria St, DUNDALK, ON, N0C 1B0
(519) 923-2017   SIC 3465
STAHLSCHMIDT LTD   p691
5208 Everest Dr, MISSISSAUGA, ON, L4W 2R4
(905) 629-4568   SIC 3465
TI AUTOMOTIVE CANADA INC   p517
316 Orenda Rd, BRAMPTON, ON, L6T 1G3
(905) 793-7100   SIC 3465
TI AUTOMOTIVE CANADA INC   p547
1090 Fountain St N Unit 9, CAMBRIDGE, ON, N3H 4R7
(519) 653-0900   SIC 3465
TI AUTOMOTIVE CANADA INC   p775
35 Progress Dr, ORILLIA, ON, L3V 0T7
SIC 3465
VAN-ROB INC   p491
95 Dunning Ave, AURORA, ON, L4G 3G8
(905) 727-8585   SIC 3465
VENTRA GROUP CO   p509
75 Reagen's Industrial Pky, BRADFORD, ON, L3Z 0Z9
(905) 778-7900   SIC 3465
VENTRA GROUP CO   p943
65 Industrial Rd, TOTTENHAM, ON, L0G 1W0
(905) 936-4245   SIC 3465
VENTRA GROUP CO   p966
1425 Howard Ave, WINDSOR, ON, N8X 5C9
(519) 258-3509   SIC 3465
VUTEQ CANADA INC   p979
885 Keyes Dr, WOODSTOCK, ON, N4V 1C3
(519) 421-0011   SIC 3465

SIC 3466 Crowns and closures

CAPSULES AMCOR FLEXIBLES CANADA INC   p1183
2301 112 Rte, Saint-Cesaire, QC, J0L 1T0
(450) 469-0777   SIC 3466

SIC 3469 Metal stampings, nec

3722007 CANADA INC   p1011
1241 Rue Des Cascades Bureau 1, Chateauguay, QC, J6J 4Z2
(450) 691-5510   SIC 3469
CUSTOM DIAMOND INTERNATIONAL INC   p1213
895 Av Munck, SAINT-LAURENT, QC, H7S 1A9
(450) 668-0330   SIC 3469
DBG CANADA LIMITED   p978
980 Juliana Dr, WOODSTOCK, ON, N4V 1B9
SIC 3469
DIE-MAX TOOL AND DIE LTD   p482
729 Finley Ave, AJAX, ON, L1S 3T1
(905) 619-9380   SIC 3469
FLEETWOOD METAL INDUSTRIES INC   p802
71 Dover St, OTTERVILLE, ON, N0J 1R0
(519) 879-6577   SIC 3469
FLEETWOOD METAL INDUSTRIES INC   p882
21 Clearview Dr, TILLSONBURG, ON, N4G 4H5
(519) 737-1919   SIC 3469
FLEETWOOD METAL INDUSTRIES INC   p882
22 Industrial Park Rd, TILBURY, ON, N0P 2L0
(519) 682-2220   SIC 3469
HAMMOND MANUFACTURING COMPANY LIMITED   p602
7 Nicholas Beaver Rd, GUELPH, ON, N1H 6H9
(519) 763-1047   SIC 3469
HAMMOND MANUFACTURING COMPANY LIMITED   p952
485 Conestogo Rd, WATERLOO, ON, N2L 4C9
SIC 3469
HANSEN INDUSTRIES LTD   p269
2871 Olafsen Ave, RICHMOND, BC, V6X 2R4
(604) 278-2223   SIC 3469
HOERBIGER FINESTAMPING INC   p952
145 Northfield Dr W, WATERLOO, ON, N2L 5J3
(519) 772-0951   SIC 3469
ISE METAL INC   p1235
20 Rte De Windsor, SHERBROOKE, QC, J1C 0E5
(819) 846-1044   SIC 3469
KROMET INTERNATIONAL INC   p606
20 Milburn Rd, HAMILTON, ON, L8E 3L9
(905) 561-7773   SIC 3469
LENNOX ASSEMBLIES INC   p1238
1073 Rue Du Saint-Esprit, SHERBROOKE, QC, J1K 2K4
(819) 822-1328   SIC 3469
MERCURY PRODUCTS CO.   p961
439 Jutras Dr S, WINDSOR, ON, N8N 5C4
(519) 727-4050   SIC 3469
PRECISION RESOURCE CANADA LTD   p547
4 Cherry Blossom Rd, CAMBRIDGE, ON, N3H 4R7
(519) 653-7777   SIC 3469
QUEFER INC   p1219
153 Rue Saint-Pierre, SAINT-PIE, QC, J0H 1W0
(450) 772-6613   SIC 3469
SNAP-ON TOOLS OF CANADA LTD   p734
145 Harry Walker Pky N, NEWMARKET, ON, L3Y 7B3
(905) 812-5774   SIC 3469
TEMPEL CANADA COMPANY   p535
5045 North Service Rd, BURLINGTON, ON, L7L 5H6
(905) 335-2530   SIC 3469
TRIPAR INC   p1084
9750 Boul Maurice-Duplessis, Montreal, QC, H1C 1G1
(514) 648-7471   SIC 3469
VAN-ROB INC   p763
114 Clayson Rd, NORTH YORK, ON, M9M 2H2
(416) 740-2656   SIC 3469
VAN-ROB INC   p968
1000 University Ave W, WINDSOR, ON, N9A 5S4
SIC 3469
WOODBINE TOOL & DIE MANUFACTURING LTD   p675
3300 14th Ave, MARKHAM, ON, L3R 0H3
(905) 475-5223   SIC 3469

SIC 3471 Plating and polishing

105675 ONTARIO LIMITED   p684
6577 Northwest Dr, MISSISSAUGA, ON, L4V 1L1
(905) 293-9900   SIC 3471
1059936 ONTARIO INC   p547
1574 Eagle St N, CAMBRIDGE, ON, N3H 4S5
(519) 653-6565   SIC 3471
1544982 ONTARIO INC   p646
50 Victoria Ave N, LEAMINGTON, ON, N8H 2W1
(519) 776-9153   SIC 3471
178028 CANADA INC   p769

1328 Speers Rd, OAKVILLE, ON, L6L 2X4
(905) 825-1995   SIC 3471

ABS MANUFACTURING AND DISTRIBUTING LIMITED p648
235 Fielding Rd, LIVELY, ON, P3Y 1L8
SIC 3471

ANODIZING & PAINT T.N.M INC p1141
21 Ch De L'aviation, POINTE-CLAIRE, QC, H9R 4Z2
(514) 429-7777   SIC 3471

ANTI-FRICTION ENTERPRISES (1985) LIMITED p513
150 Summerlea Rd, BRAMPTON, ON, L6T 4X3
(905) 793-4493   SIC 3471

DEPENDABLE ANODIZING LIMITED p671
268 Don Park Rd Suite 1, MARKHAM, ON, L3R 1C3
(905) 475-1229   SIC 3471

DURAPAINT INDUSTRIES LIMITED p846
247 Finchdene Sq Suite 1, SCARBOROUGH, ON, M1X 1B9
(416) 754-3664   SIC 3471

FAIRMONT ELECTROPLATING (1990) LTD p109
5625 103a St Nw, EDMONTON, AB, T6H 2J6
(780) 434-1495   SIC 3471

GENERAL MAGNAPLATE CANADA LTD p483
72 Orchard Rd, AJAX, ON, L1S 6L1
SIC 3471

INOTEC COATINGS AND HYDRAULICS INC p105
4263 95 St Nw, EDMONTON, AB, T6E 5R6
(780) 461-8333   SIC 3471

KUNTZ ELECTROPLATING INC p638
851 Wilson Ave, KITCHENER, ON, N2C 1J1
(519) 893-7680   SIC 3471

LATEM INDUSTRIES LIMITED p952
475 Conestogo Rd Suite Side, WATERLOO, ON, N2L 4C9
(519) 886-6290   SIC 3471

MARTINREA AUTOMOTIVE INC p586
340 Carlingview Dr, ETOBICOKE, ON, M9W 5G5
(416) 213-1717   SIC 3471

PROGRESSIVE ANODIZERS INC p842
41 Crockford Blvd, SCARBOROUGH, ON, M1R 3B7
(416) 751-5487   SIC 3471

SPECTRA ANODIZING LTD p975
201 Hanlan Rd, WOODBRIDGE, ON, L4L 3R7
(905) 851-1141   SIC 3471

TORCAD LIMITED p579
275 Norseman St, ETOBICOKE, ON, M8Z 2R5
(416) 239-3928   SIC 3471

VAUGHAN METAL POLISHING LTD p762
206 Milvan Dr, NORTH YORK, ON, M9L 1Z9
(416) 743-7500   SIC 3471

SIC 3479 Metal coating and allied services

1528593 ONTARIO INC p948
6941 Base Line, WALLACEBURG, ON, N8A 4L3
(519) 627-7885   SIC 3479

1528593 ONTARIO INC p948
6950 Base Line, WALLACEBURG, ON, N8A 1A1
SIC 3479

3323501 CANADA INC p1131
8201 Place Marien, MONTREAL-EST, QC, H1B 5W6
(514) 322-9120   SIC 3479

411930 ONTARIO LIMITED p651
379 Highbury Ave N, LONDON, ON, N5W 5K8
(519) 455-9090   SIC 3479

9083-7436 QUEBEC INC p1245
250 Rue Henry-Bessemer, TERREBONNE, QC, J6Y 1T3
(450) 965-0200   SIC 3479

A/D FIRE PROTECTION SYSTEMS INC p833
420 Tapscott Rd Unit 5, SCARBOROUGH, ON, M1B 1Y4
(416) 292-2361   SIC 3479

AP&C REVETEMENTS & POUDRES AVANCEES INC p1000
3765 Rue La Verendrye Bureau 110, BOISBRIAND, QC, J7H 1R8
(450) 434-1004   SIC 3479

ARCELORMITTAL COTEAU-DU-LAC INC p1021
25 Rue De L'acier, COTEAU-DU-LAC, QC, J0P 1B0
(450) 763-0915   SIC 3479

AUTOMATIC COATING LIMITED p842
211 Nugget Ave, SCARBOROUGH, ON, M1S 3B1
(416) 335-7500   SIC 3479

COATINGS 85 LTD p718
7007 Davand Dr, MISSISSAUGA, ON, L5T 1L5
(905) 564-1717   SIC 3479

COURT GALVANIZING LIMITED p545
225 Thompson Dr, CAMBRIDGE, ON, N1T 2B9
(519) 624-5544   SIC 3479

DAAM GALVANIZING CO. LTD p100
9390 48 St Nw, EDMONTON, AB, T6B 2R3
(780) 468-6868   SIC 3479

DNN GALVANIZING LIMITED PARTNERSHIP p969
300 Sprucewood Ave, WINDSOR, ON, N9C 0B7
SIC 3479

EBCO METAL FINISHING LIMITED PARTNERSHIP p266
15200 Knox Way, RICHMOND, BC, V6V 3A6
(604) 244-1500   SIC 3479

G3 GALVANIZING LIMITED p451
160 Joseph Zatzman Dr, DARTMOUTH, NS, B3B 1P1
(902) 468-1040   SIC 3479

GALVANISATION QUEBEC INC p1138
340 Rte 116 O, PLESSISVILLE, QC, G6L 2Y2
(819) 362-2095   SIC 3479

HUDSON PLATING AND COATING CO. LTD p193
3750 North Fraser Way Suite 102, BURNABY, BC, V5J 5G1
(604) 430-8384   SIC 3479

KAYCAN LTEE p850
37 Union St, SMITHS FALLS, ON, K7A 4Z4
(613) 283-0999   SIC 3479

MDS COATING TECHNOLOGIES CORPORATION p984
60 Aerospace Blvd, SLEMON PARK, PE, C0B 2A0
(902) 888-3900   SIC 3479

NATABEC RECHERCHES ET TECHNOLOGIES INC p1117
1744 Rue William Bureau 200, Montreal, QC, H3J 1R4
(514) 937-0002   SIC 3479

NOV ENERFLOW ULC p147
2304a 8 St, NISKU, AB, T9E 7Z2
(780) 955-2924   SIC 3479

PMT INDUSTRIES LIMITED p526
32 Bodine Dr, BRANTFORD, ON, N3R 7M4
(519) 758-5505   SIC 3479

PMT INDUSTRIES LIMITED p683
7470 Bren Rd, MISSISSAUGA, ON, L4T 1H4
(905) 677-7491   SIC 3479

POLYCOTE INC p561
8120 Keele St, CONCORD, ON, L4K 2A3
(905) 660-7552   SIC 3479

POWDER TECH LIMITED p498
699 Bayview Dr, BARRIE, ON, L4N 9A5
(705) 726-4580   SIC 3479

PPG ARCHITECTURAL COATINGS CANADA INC p87
16660 114 Ave Nw, EDMONTON, AB, T5M 3R8
SIC 3479

PPG CANADA INC p690
5676 Timberlea Blvd, MISSISSAUGA, ON, L4W 4M6
(905) 629-7999   SIC 3479

RLD INDUSTRIES LTD p595
4210 Albion Rd, GLOUCESTER, ON, K1T 3W2
(613) 822-4000   SIC 3479

SAMUEL, SON & CO., LIMITED p862
400 Glover Rd, STONEY CREEK, ON, L8E 5X1
(905) 662-1404   SIC 3479

SHAW & SHAW LIMITED p473
Gd, SHEET HARBOUR, NS, B0J 3B0
SIC 3479

SHAW PIPE PROTECTION LIMITED p49
333 7th Avenue Sw Unit 2200, CALGARY, AB, T2P 2Z1
(403) 263-2255   SIC 3479

SHAW PIPE PROTECTION LIMITED p115
10275 21 St Nw, EDMONTON, AB, T6P 1P3
(780) 467-5501   SIC 3479

SHAWCOR LTD p1289
2501 Pasqua St, REGINA, SK, S4S 0M3
(306) 543-2552   SIC 3479

SIXPRO INC p1002
1576 10e Rang De Simpson, BONCONSEIL, QC, J0C 1A0
(819) 336-2117   SIC 3479

SOREVCO AND COMPANY LIMITED p1021
25 Rue De L'acier, COTEAU-DU-LAC, QC, J0P 1B0
(450) 763-0915   SIC 3479

TECHNOLOGIES SURFACE PRAXAIR MONTREAL S.E.C. p1027
10300 Av Ryan, DORVAL, QC, H9P 2T7
(514) 631-2240   SIC 3479

VAC AERO INTERNATIONAL INC p1211
7450 Rue Verite, SAINT-LAURENT, QC, H4S 1C5
(514) 334-4240   SIC 3479

VERSATILE SPRAY PAINTING LTD p506
102 Healey Rd, BOLTON, ON, L7E 5A7
(905) 857-4915   SIC 3479

Z.M.C. METAL COATING INC p976
40 Gaudaur Rd Suite 3, WOODBRIDGE, ON, L4L 4S6
(905) 856-3838   SIC 3479

SIC 3483 Ammunition, except for small arms, nec

GENERAL DYNAMICS PRODUITS DE DEFENSE ET SYSTEMES TACTIQUES-CANADA INC p1170
5 Montee Des Arsenaux, REPENTIGNY, QC, J5Z 2P4
(450) 581-3080   SIC 3483

SIC 3491 Industrial valves

BROCK SOLUTIONS INC p638
90 Ardelt Ave, KITCHENER, ON, N2C 2C9
(519) 571-1522   SIC 3491

CANADA PIPE COMPANY ULC p419
245 Industrial Dr, SAINT JOHN, NB, E2R 1A4
(506) 633-2541   SIC 3491

PHOENIX PRECISION LTD p25
2620 21 St Ne, CALGARY, AB, T2E 7L3
(403) 291-3154   SIC 3491

SIC 3492 Fluid power valves and hose fittings

CANTWELL CULLEN & COMPANY INC p649
10 Artisans Cres, LONDON, ON, N5V 4N6
(519) 659-1107   SIC 3492

EMERSON ELECTRIC CANADA LIMITED p528
17 Airport Rd, BRANTFORD, ON, N3T 5M8
(519) 758-2700   SIC 3492

HEBDRAULIQUE INC p1214
8410 Rue Champ D'eau, SAINT-LEONARD, QC, H1P 1Y3
(514) 327-5966   SIC 3492

LIBERTY SPRING (TORONTO) INC p585
25 Worcester Rd, ETOBICOKE, ON, M9W 1K9
(416) 675-9072   SIC 3492

MARINE CANADA ACQUISITION LIMITED PARTNERSHIP p266
3831 No. 6 Rd, RICHMOND, BC, V6V 1P6
(604) 270-6899   SIC 3492

MASTER FLO VALVE INC p46
202 6 Ave Sw Suite 400, CALGARY, AB, T2P 2R9
(403) 237-5557   SIC 3492

MSSC CANADA INC p552
201 Park Ave E Suite 312, CHATHAM, ON, N7M 3V7
(905) 878-2395   SIC 3492

PETERSON SPRING OF CANADA LIMITED p635
208 Wigle Ave, KINGSVILLE, ON, N9Y 2J9
(519) 733-2358   SIC 3492

RITEPRO CORPORATION p1132
12200 Boul Albert-Hudon, MONTREAL-NORD, QC, H1G 3K7
(514) 324-8900   SIC 3492

SIC 3493 Steel springs, except wire

HENDRICKSON CANADA ULC p865
532 Romeo St S, STRATFORD, ON, N5A 4V4
(519) 271-4840   SIC 3493

IMT STANDEN'S LIMITED PARTNERSHIP p31
1222 58 Ave Se, CALGARY, AB, T2H 2E9
(403) 258-7800   SIC 3493

MSSC CANADA INC p552
201 Park Ave E, CHATHAM, ON, N7M 3V7
(519) 354-1100   SIC 3493

SIC 3494 Valves and pipe fittings, nec

AECOM PRODUCTION SERVICES LTD p15
9727 40 St Se, CALGARY, AB, T2C 2P4
(403) 236-5611   SIC 3494

ARGUS MACHINE CO. LTD p103
5820 97 St Nw Suite 5720, EDMONTON, AB, T6E 3J1
(780) 434-9451   SIC 3494

CURTISS-WRIGHT FLOW CONTROL COMPANY CANADA p17
7712 56 St Se, CALGARY, AB, T2C 4S9
SIC 3494

DAHL BROTHERS (CANADA) LIMITED p702
2600 South Sheridan Way, MISSISSAUGA, ON, L5J 2M4
(905) 822-2330   SIC 3494

FIKE CANADA, INC p533
4400 Mainway, BURLINGTON, ON, L7L 5Y5
(905) 681-3100   SIC 3494

FLOWSERVE CANADA CORP p638
529 Manitou Dr, KITCHENER, ON, N2C 1S2
(519) 895-1161   SIC 3494

HILTAP FITTINGS LTD p13
3140 14 Ave Ne Unit 1, CALGARY, AB, T2A 6J4
(403) 250-2986   SIC 3494

MANLUK INDUSTRIES (2008) INC p174
4815 42 Ave, Wetaskiwin, AB, T9A 2P6
(780) 352-5522   SIC 3494

NEWMAN HATTERSLEY LTD p720
181 Superior Blvd, MISSISSAUGA, ON, L5T 2L6
(905) 678-1240   SIC 3494

PREMIER TECH HOME & GARDEN INC

p177
1050 Riverside Rd, ABBOTSFORD, BC, V2S 7P6
(604) 850-9641   SIC 3494
VELAN INC   p1042
1010 Rue Cowie, GRANBY, QC, J2J 1E7
(450) 378-2305   SIC 3494
VELAN INC   p1204
2125 Rue Ward, SAINT-LAURENT, QC, H4M 1T6
(514) 748-7743   SIC 3494
VELAN INC   p1213
550 Rue Mcarthur, SAINT-LAURENT, QC, H4T 1X8
(514) 748-7743   SIC 3494
VICTAULIC COMPANY OF CANADA ULC   p823
123 Newkirk Rd, RICHMOND HILL, ON, L4C 3G5
(905) 884-7444   SIC 3494
WATTS WATER TECHNOLOGIES (CANADA) INC   p234
27049 Gloucester Way, LANGLEY, BC, V4W 3Y3
SIC 3494

SIC 3496 Miscellaneous fabricated wire products

AG GROWTH INTERNATIONAL INC   p1305
201 Industrial Drive, SASKATOON, SK, S7R 0H4
(306) 934-0611   SIC 3496
AMERI-CAN INVESTMENTS INC   p617
29 Delta Dr, HARROW, ON, N0R 1G0
(519) 738-3514   SIC 3496
CANADIAN CUSTOM CABLE INC   p10
3823 29 St Ne, CALGARY, AB, T1Y 6B5
(403) 250-2271   SIC 3496
DAVIS WIRE INDUSTRIES LTD   p207
960 Derwent Way, DELTA, BC, V3M 5R1
(604) 525-3622   SIC 3496
DURADRIVE SYSTEMS INTERNATIONAL INC   p974
250 Rowntree Dairy Rd, WOODBRIDGE, ON, L4L 9J7
(866) 774-9272   SIC 3496
HERCULES SLR INC   p514
8026 Torbram Rd Unit 802a, BRAMPTON, ON, L6T 3T2
(905) 564-3387   SIC 3496
HERCULES SLR INC   p1142
3800 Aut Transcanadienne, POINTE-CLAIRE, QC, H9R 1B1
(514) 428-5511   SIC 3496
NUERA ENTREPRISES CANADA INC   p1063
1980 Boul Dagenais O, LAVAL-OUEST, QC, H7L 5W2
(450) 625-0219   SIC 3496
PRICE INDUSTRIES LIMITED   p571
340 Hatt St, DUNDAS, ON, L9H 2J1
(905) 628-8989   SIC 3496
RANGER METAL PRODUCTS LIMITED   p604
31 Malcolm Rd, GUELPH, ON, N1K 1A7
SIC 3496
SCP 89 INC   p1061
3641 Rue Des Forges, Laterriere, QC, G7N 1N4
(418) 678-1506   SIC 3496
SIMPSON STRONG-TIE CANADA LIMITED   p236
11476 Kingston St, MAPLE RIDGE, BC, V2X 0Y5
(604) 465-0296   SIC 3496
SIVACO WIRE GROUP 2004 L.P.   p621
330 Thomas St, INGERSOLL, ON, N5C 3K5
(800) 265-0418   SIC 3496
SYSTEMES ET CABLES PRYSMIAN CANADA LTEE   p818
137 Commerce Dr, PRESCOTT, ON, K0E 1T0
(613) 925-5913   SIC 3496
TREE ISLAND INDUSTRIES LTD   p15

2729 48 Ave Se, CALGARY, AB, T2B 0M4
(403) 258-4242   SIC 3496
W. S. TYLER CANADA LTD   p855
225 Ontario St, ST CATHARINES, ON, L2R 7J2
(905) 688-2644   SIC 3496

SIC 3497 Metal foil and leaf

CFA, SOCIETE EN COMMANDITE   p1042
625 Rue Du Luxembourg, GRANBY, QC, J2J 2S9
(450) 770-8558   SIC 3497
COMPAGNIE DIVERSIFIEE DE L'EST LTEE   p1141
131 Boul Hymus, POINTE-CLAIRE, QC, H9R 1E7
(514) 694-5353   SIC 3497

SIC 3498 Fabricated pipe and fittings

ANDRON STAINLESS LTD   p717
6170 Tomken Rd, MISSISSAUGA, ON, L5T 1X7
(905) 564-5144   SIC 3498
DOUGLAS BARWICK INC   p531
150 California Ave, BROCKVILLE, ON, K6V 5W1
(613) 342-8471   SIC 3498
FLEXPIPE SYSTEMS INC   p17
3501 54 Ave Se, CALGARY, AB, T2C 0A9
(403) 503-0548   SIC 3498
FLINT ENERGY SERVICES LTD.   p163
2899 Broadmoor Blvd Suite 100, SHERWOOD PARK, AB, T8H 1B5
(780) 416-3400   SIC 3498
FLOCOR INC   p861
470 Seaman St, STONEY CREEK, ON, L8E 2V9
(905) 664-9230   SIC 3498
IDEAL PIPE   p960
691 St Lawrence, WINCHESTER, ON, K0C 2K0
(613) 774-2662   SIC 3498
IDEAL WELDERS LTD   p208
660 Caldew St, DELTA, BC, V3M 5S2
(604) 525-5558   SIC 3498
LEDCOR FABRICATION INC   p146
101 41 Ave Sw, NISKU, AB, T6E 4T2
(780) 955-1400   SIC 3498
QUALIFAB INC   p1067
2256 Av De La Rotonde, Levis, QC, G6X 2L8
(418) 832-9193   SIC 3498
SHAWCOR LTD   p620
455 West Airport Rd, HUNTSVILLE, ON, P1H 1Y7
(705) 789-1787   SIC 3498
SOLENO INC   p404
64 North Lane, MCADAM, NB, E6J 1K6
(506) 784-1888   SIC 3498
SOLENO INC   p1197
1160 Route 133 Secteur Iberville Rr 1, SAINT-JEAN-SUR-RICHELIEU, QC, J2X 4J5
(450) 347-8315   SIC 3498
ST. CLAIR MECHANICAL INC   p530
2963 Brigden Rd Suite 1, BRIGDEN, ON, N0N 1B0
(519) 864-0927   SIC 3498
STUART OLSON SPECIALTY FABRICATION INC   p93
18023 111 Ave Nw, EDMONTON, AB, T5S 2P2
(780) 509-4975   SIC 3498
TRI-WENT INDUSTRIES LIMITED   p485
75 Chambers Dr Unit 1, AJAX, ON, L1Z 1E1
(905) 831-6964   SIC 3498
UPONOR INFRA LTD   p1294
348 Edson St, SASKATOON, SK, S7J 0P9
(306) 242-0755   SIC 3498

SIC 3499 Fabricated Metal products, nec

AGORA MANUFACTURING INC   p513
104 Hedgedale Rd, BRAMPTON, ON, L6T 5L2
(905) 459-5100   SIC 3499
AMICO CANADA INC   p234
27475 52 Ave, LANGLEY, BC, V4W 4B2
(604) 607-1475   SIC 3499
AMICO CANADA INC   p532
1080 Corporate Dr, BURLINGTON, ON, L7L 5R6
(905) 335-4474   SIC 3499
ANCHOR DANLY INC   p882
95 Lyon Ave N, TILBURY, ON, N0P 2L0
(519) 682-0470   SIC 3499
ARMORWORKS ENTERPRISES CANADA, ULC   p227
8775 Jim Bailey Cres Suite B2, KELOWNA, BC, V4V 2L7
(250) 766-0145   SIC 3499
ATLANTIC INDUSTRIES LIMITED   p413
32 York Street, SACKVILLE, NB, E4L 1G6
(506) 364-4600   SIC 3499
BEDCO DIVISION DE GERODON INC   p1018
2305 Av Francis-Hughes, Cote Saint-Luc, QC, H7S 1N5
(514) 384-2820   SIC 3499
BEND ALL AUTOMOTIVE INCORPORATED   p493
575 Waydom Dr, AYR, ON, N0B 1E0
(519) 623-2001   SIC 3499
BEND ALL AUTOMOTIVE INCORPORATED   p547
498 Eagle St N Units 3 & 4, CAMBRIDGE, ON, N3H 1C2
(519) 623-2001   SIC 3499
BENPRO TECHNOLOGIES CORPORATION   p15
4707 Glenmore Trail Se, CALGARY, AB, T2C 2R9
(403) 255-2944   SIC 3499
CESSCO FABRICATION & ENGINEERING LIMITED   p103
7310 99 St Nw, EDMONTON, AB, T6E 3R8
(780) 433-9531   SIC 3499
CIRCA ENTERPRISES INC   p558
206 Great Gulf Dr, CONCORD, ON, L4K 5W1
(905) 669-5511   SIC 3499
CRANE, JOHN CANADA INC   p861
423 Green Rd, STONEY CREEK, ON, L8E 3A1
(905) 662-6191   SIC 3499
CRYSTAL FOUNTAINS HOLDINGS INC   p558
60 Snow Blvd Suite 3, CONCORD, ON, L4K 4B3
(905) 660-6674   SIC 3499
DBG CANADA LIMITED   p688
1566 Shawson Dr, MISSISSAUGA, ON, L4W 1N7
(905) 670-1555   SIC 3499
DBG CANADA LIMITED   p718
110 Ambassador Dr, MISSISSAUGA, ON, L5T 2X8
(905) 362-2311   SIC 3499
ESSEX WELD SOLUTIONS LTD   p872
1720 North Talbot Rd, TECUMSEH, ON, N9A 6J3
(519) 776-9153   SIC 3499
FABRICATION KLETON INC   p1233
22555 Aut Transcanadienne, SENNEVILLE, QC, H9X 3L7
(514) 457-6865   SIC 3499
G.W. ANGLIN MANUFACTURING INC   p872
220 Patillo Rd Suite 1, TECUMSEH, ON, N8N 2L9
(519) 727-4398   SIC 3499
GIFFIN CONTRACTORS   p759
133 Bridgeland Ave, NORTH YORK, ON, M6A 1Y7
(416) 781-6166   SIC 3499
HARRIS STEEL ULC   p123
11215 87 Ave, FORT SASKATCHEWAN, AB, T8L 2S3

(780) 992-0777   SIC 3499
HIGHLAND EQUIPMENT INC   p578
136 The East Mall, ETOBICOKE, ON, M8Z 5V5
(416) 236-9610   SIC 3499
INDUSTRIES CRESSWELL INC   p1041
553 Rue Leon-Harmel, GRANBY, QC, J2G 3G5
(450) 378-4611   SIC 3499
INVENTRONICS LIMITED   p345
1420 Van Horne Ave E, BRANDON, MB, R7A 7B6
(204) 728-2001   SIC 3499
KUBES STEEL INC   p861
930 Arvin Ave, STONEY CREEK, ON, L8E 5Y8
(905) 643-1229   SIC 3499
KWENDILL HOLDINGS LIMITED   p555
569 D'arcy St, COBOURG, ON, K9A 4B1
(905) 373-4100   SIC 3499
LAMONS CANADA LIMITED   p829
835 Upper Canada Dr, SARNIA, ON, N7W 1A3
(519) 332-1800   SIC 3499
LIFT RITE INC   p714
5975 Falbourne St Unit 3, MISSISSAUGA, ON, L5R 3L8
(905) 456-2603   SIC 3499
LOCKERBIE & HOLE EASTERN INC   p527
451 Elgin St, BRANTFORD, ON, N3S 7P5
(519) 751-8000   SIC 3499
MACDONALD STEEL LIMITED   p977
1403 Dundas St, WOODSTOCK, ON, N4S 7V9
(519) 537-3000   SIC 3499
MARTINREA AUTOMOTIVE INC   p947
3210 Langstaff Rd, VAUGHAN, ON, L4K 5B2
(289) 982-3000   SIC 3499
MARTINREA INTERNATIONAL INC   p512
1995 Williams Pky, BRAMPTON, ON, L6S 6E5
(905) 799-2498   SIC 3499
MARTINREA INTERNATIONAL INC   p515
10 Atlas Crt, BRAMPTON, ON, L6T 5C1
(905) 791-7119   SIC 3499
MARTINREA INTERNATIONAL INC   p569
1130 Wellington St, DRESDEN, ON, N0P 1M0
(519) 683-6233   SIC 3499
MARTINREA INTERNATIONAL INC   p685
6655 Northwest Dr, MISSISSAUGA, ON, L4V 1L1
(905) 673-2424   SIC 3499
MARTINREA INTERNATIONAL INC   p685
6655 Northwest Dr, MISSISSAUGA, ON, L4V 1L1
(905) 673-2424   SIC 3499
MARTINREA INTERNATIONAL INC   p702
2457 Lakeshore Rd W, MISSISSAUGA, ON, L5J 1J9
(905) 403-0456   SIC 3499
MARTINREA INTERNATIONAL INC   p882
301 Tillson Ave Unit 12, TILLSONBURG, ON, N4G 5E5
(519) 688-3693   SIC 3499
MARTINREA INTERNATIONAL INC   p947
3210 Langstaff Rd, VAUGHAN, ON, L4K 5B2
(289) 982-3000   SIC 3499
METAL C.N. INC   p1245
1049 Boul Des Entreprises, TERREBONNE, QC, J6Y 1V2
(450) 963-4464   SIC 3499
METAL POLE-LITE INC   p1199
405 Rue Saint-Louis, SAINT-JEAN-SUR-RICHELIEU, QC, J3B 1Y6
(514) 312-7405   SIC 3499
PRECISION FAB INC   p492
259 Elm St, AYLMER, ON, N5H 3H3
(519) 773-5244   SIC 3499
ROYAL AUTOMOTIVE GROUP LTD   p685
6655 Northwest Dr, MISSISSAUGA, ON, L4V 1L1

(905) 673-5060 SIC 3499
ROYAL LASER MFG INC p586
25 Claireville Dr, ETOBICOKE, ON, M9W 5Z7
(416) 679-9474 SIC 3499
RUSSEL METALS INC p861
687 Arvin Ave, STONEY CREEK, ON, L8E 5R2
(905) 643-4271 SIC 3499
TILLSONBURG RECREATION & INDUSTRIAL PRODUCTS ULC p883
111 Townline Rd, TILLSONBURG, ON, N4G 5Y2
(519) 842-5941 SIC 3499
WESTLAKE INDUSTRIES INC p537
1149 Northside Rd, BURLINGTON, ON, L7M 1H5
(905) 336-5200 SIC 3499
WINDSOR MACHINE & STAMPING LTD p882
14 Industrial Park Rd, TILBURY, ON, N0P 2L0
SIC 3499
WOLFTEK INDUSTRIES INC p262
5018 Continental Way, PRINCE GEORGE, BC, V2N 5S5
(250) 562-7543 SIC 3499

SIC 3511 Turbines and turbine generator sets

SIEMENS CANADA LIMITED p609
30 Milton Ave, HAMILTON, ON, L8L 6E6
(905) 528-8811 SIC 3511

SIC 3519 Internal combustion engines, nec

A.P.M. DIESEL (1992) INC. p1021
135 Rue Miner, COWANSVILLE, QC, J2K 3Y5
(450) 260-1999 SIC 3519
CORE MANUFACTURING INC p584
275 Carrier Dr, ETOBICOKE, ON, M9W 5Y8
(416) 675-1177 SIC 3519
FORD MOTOR COMPANY OF CANADA, LIMITED p968
1000 Henry Ford, WINDSOR, ON, N9A 7E8
(519) 257-2020 SIC 3519
FRONTIER POWER PRODUCTS LTD p17
10547 42 St Se, CALGARY, AB, T2C 5B9
(403) 720-3735 SIC 3519
FRONTIER POWER PRODUCTS LTD p104
9204 37 Ave Nw, EDMONTON, AB, T6E 5L4
(780) 455-2260 SIC 3519
PRATT & WHITNEY CANADA CORP p1069
1000 Boul Marie-Victorin, LONGUEUIL, QC, J4G 1A1
(450) 677-9411 SIC 3519
WESTPORT FUEL SYSTEMS INC p319
1750 75th Ave W Suite 101, VANCOUVER, BC, V6P 6G2
(604) 718-2000 SIC 3519

SIC 3523 Farm machinery and equipment

101084058 SASKATCHEWAN LTD p1306
2180 Oman Dr, SWIFT CURRENT, SK, S9H 3X4
(306) 773-0644 SIC 3523
AG GROWTH INTERNATIONAL INC p148
215 Barons St, NOBLEFORD, AB, T0L 1S0
(403) 320-5585 SIC 3523
BUHLER EZEE-ON, INC p172
5110 62 St, VEGREVILLE, AB, T9C 1N6
(780) 632-2126 SIC 3523
BUHLER INDUSTRIES INC p388
1260 Clarence Ave Suite 112, WINNIPEG, MB, R3T 1T2
SIC 3523
BUHLER INDUSTRIES INC. p351
301 Mountain St S, MORDEN, MB, R6M 1X7
(204) 822-4467 SIC 3523
BUHLER VERSATILE INC p389
1260 Clarence Ave, WINNIPEG, MB, R3T 1T2
(204) 284-6100 SIC 3523
BUNGE DU CANADA LTEE p1149
300 Rue Dalhousie, Quebec, QC, G1K 8M8
(418) 692-3761 SIC 3523
CNH INDUSTRIAL CANADA, LTD p1284
Gd, REGINA, SK, S4P 3T6
(306) 721-4250 SIC 3523
CORPORATION ALLFLEX INC p1194
4135 Av Berard, SAINT-HYACINTHE, QC, J2S 8Z8
(450) 261-8008 SIC 3523
DMI CANADA INC p859
2677 Winger Rd, STEVENSVILLE, ON, L0S 1S0
(905) 382-5793 SIC 3523
ENERCON SERVICES NOVA SCOTIA INC p451
202 Brownlow Ave Unit D100, DARTMOUTH, NS, B3B 1T5
(902) 406-4610 SIC 3523
EQUIPEMENTS HARDY INC, LES p1144
100 Rue Saint-Arthur, PORTNEUF, QC, G0A 2Y0
(418) 286-6621 SIC 3523
JOHN BUHLER INC p351
301 Mountain St S, MORDEN, MB, R6M 1X7
(204) 822-4467 SIC 3523
JOHN BUHLER INC p389
1260 Clarence Ave, WINNIPEG, MB, R3T 1T2
(204) 661-8711 SIC 3523
MORRIS INDUSTRIES LTD p351
284 6th Ave Nw, MINNEDOSA, MB, R0J 1E0
(204) 867-2713 SIC 3523
MORRIS INDUSTRIES LTD p1309
85 York Rd W, YORKTON, SK, S3N 3P2
(306) 783-8585 SIC 3523
NATT TOOLS GROUP INC p609
460 Sherman Ave N, HAMILTON, ON, L8L 8J6
(905) 549-7433 SIC 3523
NUHN INDUSTRIES LTD p847
4816 Perth Line Suite 34, SEBRINGVILLE, ON, N0K 1X0
(519) 393-6284 SIC 3523
PEL INDUSTRIES LTD p1307
2180 Oman Dr, SWIFT CURRENT, SK, S9H 3X4
(306) 773-0644 SIC 3523
RAD TECHNOLOGIES INC p1029
4300 Rue Vachon, DRUMMONDVILLE, QC, J2B 6V4
(819) 474-1910 SIC 3523
RED MOUNTAIN HOLDINGS LTD p1285
2800 Pasqua St N, REGINA, SK, S4P 3E1
(306) 545-4044 SIC 3523
SNOWBEAR LIMITED p603
155 Dawson Rd, GUELPH, ON, N1H 1A4
(519) 767-1115 SIC 3523
TAILWIND INVESTMENTS LTD p865
487 Lorne Ave E, STRATFORD, ON, N5A 6S4
(519) 271-4757 SIC 3523
TERRA CAB LTD p351
300 Route 100, MORDEN, MB, R6M 1Y4
(204) 822-9100 SIC 3523
TURF CARE PRODUCTS CANADA LIMITED p734
200 Pony Dr, NEWMARKET, ON, L3Y 7B6
(905) 836-0988 SIC 3523
WESTWARD PRODUCTS LTD p149
5901 48 Ave, OLDS, AB, T4H 1V1
(403) 556-7100 SIC 3523

SIC 3524 Lawn and garden equipment

BRIGGS & STRATTON CANADA INC p717
6500 Tomken Rd, MISSISSAUGA, ON, L5T 2E9
(905) 565-0265 SIC 3524

SIC 3531 Construction machinery

BUCYRUS BLADES OF CANADA LIMITED p357
62 Life Sciences Pky, STEINBACH, MB, R5G 2G6
(204) 326-3461 SIC 3531
COMPAGNIE DES CHEMINS DE FER NATIONAUX DU CANADA p361
738 Pandora Ave E, WINNIPEG, MB, R2C 3A6
(204) 235-2650 SIC 3531
CRH CANADA GROUP INC p895
650 Commissioners St, TORONTO, ON, M4M 1A7
(416) 465-3300 SIC 3531
CRH CANADA GROUP INC p1167
205 Boul Louis-Xiv Bureau 102, Quebec, QC, G2K 1W6
(418) 628-0440 SIC 3531
CWS VENTURES INC p289
19490 92 Ave, SURREY, BC, V4N 4G7
(604) 888-9008 SIC 3531
DEVENCORE LTEE p43
736 6 Ave Sw Suite 2020, CALGARY, AB, T2P 3T7
(403) 265-9966 SIC 3531
EDMONTON TRAILER MANUFACTURING LTD p96
16908 128a Ave Nw, EDMONTON, AB, T5V 1K7
(403) 744-5120 SIC 3531
EQUIPEMENT QUADCO INC p1175
625 Rte De L'aeroport, ROBERVAL, QC, G8H 2M9
(418) 251-3998 SIC 3531
GREGG DISTRIBUTORS LIMITED PARTNERSHIP p155
5141 76a Street Close, RED DEER, AB, T4P 3M2
(403) 341-3100 SIC 3531
GROUPE CANAM INC p1003
270 Ch Du Tremblay, BOUCHERVILLE, QC, J4B 5X9
(418) 251-3152 SIC 3531
GROUPE CIMENT QUEBEC INC p1082
960 Ch Benoit, MONT-SAINT-HILAIRE, QC, J3H 0L9
(450) 467-2864 SIC 3531
HUAXING MACHINERY CORP p312
1066 Hastings St W Suite 2300, VANCOUVER, BC, V6E 3X1
(604) 601-8218 SIC 3531
LINAMAR CORPORATION p488
Gd, ARISS, ON, N0B 1B0
(519) 822-4080 SIC 3531
LINAMAR CORPORATION p604
150 Arrow Rd, GUELPH, ON, N1K 1T4
(519) 837-0100 SIC 3531
LOVSUNS TUNNELING CANADA LIMITED p943
441 Carlingview Dr, TORONTO, ON, M9W 5G7
(647) 255-0018 SIC 3531
REEL COH INC p1000
801 Boul Du Cure-Boivin, BOISBRIAND, QC, J7G 2J2
(450) 430-6500 SIC 3531
RPM CANADA p1005
1445 Rue De Coulomb, BOUCHERVILLE, QC, J4B 7L8
(450) 449-4487 SIC 3531
TIGERCAT INDUSTRIES INC p526
54 Morton Ave E, BRANTFORD, ON, N3R 7J7
(519) 753-2000 SIC 3531
TIGERCAT INDUSTRIES INC p526
54 Morton Ave E, BRANTFORD, ON, N3R 7J7
(519) 753-2000 SIC 3531
VOESTALPINE NORTRAK LTD p363
400 Pandora Ave W, WINNIPEG, MB, R2C 3A5
SIC 3531
WELDCO-BEALES MFG. ALBERTA LTD p234
5770 Production Way, LANGLEY, BC, V3A 4N4
(604) 533-8933 SIC 3531
YELLOWHEAD ROAD & BRIDGE (KOOTENAY) LTD p206
600 Helen St Suite 6, CRESTON, BC, V0B 1G6
(250) 428-7606 SIC 3531

SIC 3532 Mining machinery

AG GROWTH INTERNATIONAL INC p354
74 Hwy 205 E, ROSENORT, MB, R0G 1W0
(204) 746-2396 SIC 3532
BOART LONGYEAR CANADA p605
310 Niven St S, HAILEYBURY, ON, P0J 1K0
(705) 672-3800 SIC 3532
BOUNDARY-ABRASITEC PRODUCTS INC. p90
10740 181 St Nw, EDMONTON, AB, T5S 1K8
(780) 486-2626 SIC 3532
CLEMRO WESTERN (1996) LTD p16
5019 90 Ave Se Suite Frnt, CALGARY, AB, T2C 2S9
(403) 279-3877 SIC 3532
CRH CANADA GROUP INC p777
3565 Durham Rd Suite 20, ORONO, ON, L0B 1M0
(905) 983-9289 SIC 3532
DYNAINDUSTRIAL INC p1295
3326 Faithfull Ave, SASKATOON, SK, S7K 8H1
(306) 931-8725 SIC 3532
HEATH & SHERWOOD (1964) LIMITED p636
512 Government Rd W, KIRKLAND LAKE, ON, P2N 3J2
(705) 567-5313 SIC 3532
INDUSTRIAL FABRICATION INC p649
240 Fielding Rd, LIVELY, ON, P3Y 1L6
(705) 523-1621 SIC 3532
JOY GLOBAL (CANADA) LTD p279
621 Douglas Sir Rd, SPARWOOD, BC, V0B 2G0
(250) 433-4100 SIC 3532
LONGYEAR CANADA, ULC p702
2442 South Sheridan Way, MISSISSAUGA, ON, L5J 2M7
(905) 822-7922 SIC 3532
METSO MINERALS CANADA INC p704
4050 Sladeview Cres Suite B, MISSISSAUGA, ON, L5L 5Y5
SIC 3532
METSO MINERALS CANADA INC p740
28 Commerce Cres, NORTH BAY, ON, P1A 0B4
(705) 476-1331 SIC 3532
METSO MINERALS CANADA INC p1056
795 Av George-V, LACHINE, QC, H8S 2R9
(514) 485-4000 SIC 3532
RCR INDUSTRIAL INC p649
25 Fielding Rd, LIVELY, ON, P3Y 1L7
(705) 682-0623 SIC 3532
SANDVIK CANADA, INC p535
4445 Fairview St, BURLINGTON, ON, L7L 2A4
SIC 3532
TEAM MANUFACTURING LTD p233
20131 Logan Ave, LANGLEY, BC, V3A 4L5
(604) 514-8326 SIC 3532
WESTPRO MACHINERY INC p721
6197 Kennedy Rd, MISSISSAUGA, ON, L5T 2S8
(905) 795-8577 SIC 3532

SIC 3533 Oil and gas field machinery

ABSOLUTE ENERGY SOLUTIONS INC p61
600 Crowfoot Cres Nw Suite 302, CALGARY, AB, T3G 0B4
(403) 266-5027 SIC 3533

ABSOLUTE ENERGY SOLUTIONS INC p99
6312 50 St Nw, EDMONTON, AB, T6B 2N7
(780) 469-7466 SIC 3533

ALCO GAS & OIL PRODUCTION EQUIPMENT LTD p103
5203 75 St Nw, EDMONTON, AB, T6E 5S5
(780) 465-9061 SIC 3533

BAKER HUGHES INC p158
1901 Broadway Ave Ne, REDCLIFF, AB, T0J 2P0
SIC 3533

BJ TOOL SERVICES LTD p15
7071 112 Ave Se, CALGARY, AB, T2C 5A5
(403) 236-2815 SIC 3533

BRADSTREET IRONWORKS INC p9
75 Templehill Dr Ne Unit 7, CALGARY, AB, T1Y 4C4
SIC 3533

CAM TRAN CO. LTD p165
120 Diamond Ave, SPRUCE GROVE, AB, T7X 3B2
(780) 948-8703 SIC 3533

CANADA TECH CORP p22
1437 47 Ave Ne Suite 105, CALGARY, AB, T2E 6N7
(403) 232-1400 SIC 3533

CLEAN HARBORS INDUSTRIAL SERVICES CANADA, INC p157
102-113 Clearskye Way, RED DEER COUNTY, AB, T4E 0A1
(403) 346-8265 SIC 3533

DRECO ENERGY SERVICES ULC p104
3620 93 St Nw, EDMONTON, AB, T6E 5N3
(780) 722-2339 SIC 3533

DRECO ENERGY SERVICES ULC p147
506 17 Ave, NISKU, AB, T9E 7T1
(780) 955-5451 SIC 3533

DRECO ENERGY SERVICES ULC p147
1505 4 St, NISKU, AB, T9E 7M9
(780) 955-8929 SIC 3533

EMERSON ELECTRIC CANADA LIMITED p104
4112 91a St Nw, EDMONTON, AB, T6E 5V2
(780) 450-3600 SIC 3533

ISOLATION EQUIPMENT SERVICES INC p127
12925 97b St, GRANDE PRAIRIE, AB, T8V 6K1
(780) 402-3060 SIC 3533

MAXFIELD INC p70
1026 Western Dr, CROSSFIELD, AB, T0M 0S0
(403) 946-5678 SIC 3533

MCCOY CORPORATION p155
7911 Edgar Industrial Dr, RED DEER, AB, T4P 3R2
(780) 453-3277 SIC 3533

MILLENNIUM OILFLOW SYSTEMS & TECHNOLOGY INC p101
4640 Eleniak Rd, EDMONTON, AB, T6B 2S1
(780) 468-1058 SIC 3533

NATIONAL-OILWELL CANADA LTD p13
1616 Meridian Rd Ne, CALGARY, AB, T2A 2P1
(403) 569-2222 SIC 3533

NATIONAL-OILWELL CANADA LTD p101
7127 56 Ave Nw, EDMONTON, AB, T6B 3L2
(780) 465-0999 SIC 3533

NATIONAL-OILWELL CANADA LTD p105
6415 75 St Nw, EDMONTON, AB, T6E 0T3
(780) 944-3850 SIC 3533

NATIONAL-OILWELL CANADA LTD p105
3550 93 St Nw, EDMONTON, AB, T6E 5N3
(780) 465-9500 SIC 3533

NOV ENERFLOW ULC p19
8625 68 St Se, CALGARY, AB, T2C 2R6
(403) 695-3189 SIC 3533

OIL LIFT TECHNOLOGY INC p24
19 Aero Dr Ne Unit 37, CALGARY, AB, T2E 8Z9
(403) 291-5300 SIC 3533

OIL LIFT TECHNOLOGY INC p24
950 64 Ave Ne Unit 37, CALGARY, AB, T2E 8S8
(403) 295-4370 SIC 3533

PEACE LAND FABRICATING AND SUPPLY LTD p132
Hwy 43, HYTHE, AB, T0H 2C0
(780) 356-2200 SIC 3533

PETROLEUM ATS DIVISION p561
400 Applewood Cres, CONCORD, ON, L4K 0C3
(905) 482-2587 SIC 3533

PLAINSMAN MFG. INC p106
8305 Mcintyre Rd Nw, EDMONTON, AB, T6E 5J7
(780) 496-9800 SIC 3533

PLATINUM ENERGY SERVICES ULC p19
7550 114 Ave Se, CALGARY, AB, T2C 4T3
(403) 236-0530 SIC 3533

QUALITY FABRICATING & SUPPLY LIMITED p101
3751 76 Ave Nw, EDMONTON, AB, T6B 2S8
(780) 468-6762 SIC 3533

SERVA GROUP (CANADA) ULC p19
7345 110 Ave Se, CALGARY, AB, T2C 3B8
(403) 269-7847 SIC 3533

SMITH BITS p52
396 11 Ave Sw Suite 710, CALGARY, AB, T2R 0C5
SIC 3533

STEWART & STEVENSON CANADA INC p20
3111 Shepard Pl Se Suite 403, CALGARY, AB, T2C 4P1
(403) 215-5300 SIC 3533

STREAM-FLO INDUSTRIES LTD p49
202 6 Ave Sw Suite 400, CALGARY, AB, T2P 2R9
(403) 269-5531 SIC 3533

TECHWEST INC p20
5516 40 St Se Suite A, CALGARY, AB, T2C 2A1
(403) 640-2124 SIC 3533

TIW CANADA LTD p148
507 12 Ave, NISKU, AB, T9E 7N8
(780) 955-2510 SIC 3533

TOPCO OILSITE PRODUCTS LTD p26
3401 19 St Ne Unit 5, CALGARY, AB, T2E 6S8
(403) 219-0255 SIC 3533

TRI-SERVICE OILFIELD MANUFACTURING LTD p107
9545 58 Ave Nw, EDMONTON, AB, T6E 0B8
(780) 434-9596 SIC 3533

WENZEL DOWNHOLE TOOLS LTD p113
3115 93 St Nw, EDMONTON, AB, T6N 1L7
(780) 440-4220 SIC 3533

SIC 3534 Elevators and moving stairways

CNIM CANADA INC p1114
1499 Rue William, Montreal, QC, H3C 1R4
(514) 932-1220 SIC 3534

KONE INC p334
4223 Commerce Cir Suite 30, VICTORIA, BC, V8Z 6N6
(250) 384-0613 SIC 3534

OTIS CANADA, INC p92
10617 172 St Nw, EDMONTON, AB, T5S 1P1
(780) 444-2900 SIC 3534

OTIS CANADA, INC p294
2788 Rupert St, VANCOUVER, BC, V5M 3T7
(604) 412-3400 SIC 3534

OTIS CANADA, INC p452
51 Raddall Ave Suite 7, DARTMOUTH, NS, B3B 1T6
(902) 481-8200 SIC 3534

SAVARIA CONCORD LIFTS INC p516
2 Walker Dr, BRAMPTON, ON, L6T 5E1
(905) 791-5555 SIC 3534

SCHINDLER ELEVATOR CORPORATION p1082
8577 Ch Dalton, MONT-ROYAL, QC, H4T 1V5
(514) 737-5507 SIC 3534

THYSSENKRUPP ELEVATOR (CANADA) LIMITED p744
517 Mcnicoll Ave, NORTH YORK, ON, M2H 2C9
(416) 496-6000 SIC 3534

SIC 3535 Conveyors and conveying equipment

ALLIED CONVEYORS LIMITED p813
902 Dillingham Rd, PICKERING, ON, L1W 1Z6
(905) 839-5196 SIC 3535

BRANDT INDUSTRIES LTD p1284
302 Mill St, REGINA, SK, S4P 3E1
(306) 791-7557 SIC 3535

ENDURIDE CANADA USA INC p1153
1880 Rue Provinciale, Quebec, QC, G1N 4A2
(418) 266-7777 SIC 3535

INTERWEIGH SYSTEMS INC p672
51 Bentley St, MARKHAM, ON, L3R 3L1
(416) 491-7001 SIC 3535

LAMBTON CONVEYOR LIMITED p589
1247 Florence Rd Rr 2, FLORENCE, ON, N0P 1R0
SIC 3535

LUFF INDUSTRIES LTD p159
235010 Wrangler Rd, ROCKY VIEW COUNTY, AB, T1X 0K3
(403) 279-3555 SIC 3535

NORDSTRONG EQUIPMENT LIMITED p288
15475 Madrona Dr, SURREY, BC, V4A 5N2
SIC 3535

PRECISMECA LIMITED p949
75 Mason St, WALLACEBURG, ON, N8A 4L7
(519) 627-2277 SIC 3535

REEL ALESA LTEE p1080
150 Ch Rockland, MONT-ROYAL, QC, H3P 2V9
(514) 937-9105 SIC 3535

SANDVIK CANADA, INC p604
510 Governors Rd, GUELPH, ON, N1K 1E3
(519) 836-4322 SIC 3535

SHAW-ALMEX INDUSTRIES LIMITED p805
17 Shaw Almex Dr, PARRY SOUND, ON, P2A 2X4
(705) 746-5884 SIC 3535

WEBB, JERVIS B. COMPANY OF CANADA, LTD p607
1647 Burlington St E, HAMILTON, ON, L8H 3L2
(905) 547-0411 SIC 3535

WEBB, JERVIS B. COMPANY OF CANADA, LTD p607
1647 Burlington St E, HAMILTON, ON, L8H 3L2
(905) 547-0411 SIC 3535

SIC 3536 Hoists, cranes, and monorails

KONECRANES CANADA INC p100
3707 74 Ave Nw Suite 100, EDMONTON, AB, T6B 2T7
(780) 468-5321 SIC 3536

SIC 3537 Industrial trucks and tractors

177417 CANADA INC p1187
102 Rue Du Parc-Industriel, Saint-Evariste-de-Forsyth, QC, G0M 1S0
(418) 459-6443 SIC 3537

ATLAS POLAR COMPANY LIMITED p994
18980 Aut Transcanadienne, Baie-D'Urfe, QC, H9X 3R1
(514) 457-1288 SIC 3537

CAPITAL INDUSTRIAL SALES & SERVICE LTD p1295
210 48th St E Suite 3, SASKATOON, SK, S7K 6A4
(306) 651-3314 SIC 3537

CASCADE (CANADA) LTD p601
4 Nicholas Beaver Rd, GUELPH, ON, N1H 6H9
(519) 763-3675 SIC 3537

CASCADE (CANADA) LTD p687
5570 Timberlea Blvd, MISSISSAUGA, ON, L4W 4M6
(905) 629-7777 SIC 3537

DAIMLER TRUCKS CANADA LTD p708
6733 Mississauga Rd Suite 110, MISSISSAUGA, ON, L5N 6J5
(905) 812-6500 SIC 3537

G.N. JOHNSTON EQUIPMENT CO. LTD p671
181 Whitehall Dr Suite 2, MARKHAM, ON, L3R 9T1
(416) 798-7195 SIC 3537

MAMMOET CRANE (ASSETS) INC p602
7504 Mclean Rd E, GUELPH, ON, N1H 6H9
(519) 740-0550 SIC 3537

SELLICK EQUIPMENT LIMITED p618
358 Erie St N, HARROW, ON, N0R 1G0
(519) 738-2255 SIC 3537

UNITRAN MANUFACTURERS LTD p282
5225 192 St, SURREY, BC, V3S 8E5
(604) 574-3465 SIC 3537

WESTERN MATERIALS HANDLING & EQUIPMENT LTD p107
5927 86 St Nw Suite 25, EDMONTON, AB, T6E 2X4
(780) 465-6417 SIC 3537

SIC 3541 Machine tools, Metal cutting type

ALCO INC p108
6925 104 St Nw, EDMONTON, AB, T6H 2L5
(780) 435-3502 SIC 3541

CARBON STEEL PROFILES LIMITED p1011
1175 Boul Ford, Chateauguay, QC, J6J 4Z2
(450) 692-5600 SIC 3541

COLONIAL TOOL GROUP INC p963
1691 Walker Rd, WINDSOR, ON, N8W 3P1
(519) 253-2461 SIC 3541

GROUPE C.F.R. INC p1225
195 1e Rue O, SAINTE-CLAIRE, QC, G0R 2V0
(418) 883-2955 SIC 3541

KENNAMETAL LTD p336
873 Station Ave, VICTORIA, BC, V9B 2S2
(250) 474-1225 SIC 3541

QUICKMILL INC p811
760 Rye St, PETERBOROUGH, ON, K9J 6W9
(705) 745-2961 SIC 3541

STRONGCO ENGINEERED SYSTEMS INC p20
7923 54 St Se, CALGARY, AB, T2C 4R7
(403) 216-1010 SIC 3541

STRONGCO ENGINEERED SYSTEMS INC p452
55 Isnor Dr, DARTMOUTH, NS, B3B 1N6
(902) 468-5010 SIC 3541

STRONGCO ENGINEERED SYSTEMS INC p535
1051 Heritage Rd, BURLINGTON, ON, L7L 4Y1
(905) 335-3863 SIC 3541

STRONGCO ENGINEERED SYSTEMS INC p1005
72 Ch Du Tremblay, BOUCHERVILLE, QC, J4B 6Z6
(450) 449-4666 SIC 3541

THERMAL DEBURRING CANADA INC p862
921 Barton St, STONEY CREEK, ON, L8E 5P5
(905) 643-2990 SIC 3541

VALIANT MACHINE & TOOL INC p961

9355 Anchor Dr, WINDSOR, ON, N8N 5A8
(519) 974-5200   SIC 3541

SIC 3542 Machine tools, Metal forming type

679137 ONTARIO LIMITED p557
200 Spinnaker Way, CONCORD, ON, L4K 5E5
(905) 738-3682   SIC 3542

ARCELORMITTAL TAILORED BLANKS AMERICAS LIMITED p557
55 Confederation Pky, CONCORD, ON, L4K 4Y7
(905) 761-1525   SIC 3542

DIEFFENBACHER NORTH AMERICA INC p961
9495 Twin Oaks Dr, WINDSOR, ON, N8N 5B8
(519) 979-6937   SIC 3542

E. R. ST. DENIS INC p971
6185 Morton Industrial Pky, WINDSOR, ON, N9J 3W2
(519) 734-7222   SIC 3542

ULTIMATE MANUFACTURED SYSTEMS INC p964
2855 Deziel Dr, WINDSOR, ON, N8W 5A5
(519) 250-5954   SIC 3542

SIC 3544 Special dies, tools, jigs, and fixtures

1589711 ONTARIO INC p860
566 Arvin Ave, STONEY CREEK, ON, L8E 5P1
(905) 643-9044   SIC 3544

1732187 ONTARIO INC p772
1905 Blackacre Dr Rr 1, OLDCASTLE, ON, N0R 1L0
(519) 737-9948   SIC 3544

9184-2518 QUEBEC INC p1154
2511 Boul Du Parc-Technologique, Quebec, QC, G1P 4S5
(418) 656-6917   SIC 3544

ACTIVE INDUSTRIAL SOLUTIONS INC p967
2155 North Talbot Rd Suite 3, WINDSOR, ON, N9A 6J3
(519) 737-1341   SIC 3544

ACTIVE INDUSTRIAL SOLUTIONS INC p967
5250 Pulleyblank St, WINDSOR, ON, N9A 6J3
(519) 737-2921   SIC 3544

ANCHOR DANLY INC p545
311 Pinebush Rd, CAMBRIDGE, ON, N1T 1B2
(519) 740-3060   SIC 3544

ARLEN TOOL CO. LTD p963
3305 Deziel Dr, WINDSOR, ON, N8W 5A5
(519) 944-4444   SIC 3544

ATELIER DE COUPAGE ECONOMIE LTEE p1123
6200 Rue Notre-Dame O, Montreal, QC, H4C 1V4
(514) 767-6767   SIC 3544

AUTOMOTIVE GAUGE & FIXTURE LIMITED p967
5270 Burke St, WINDSOR, ON, N9A 6J3
(519) 737-7148   SIC 3544

BESSER PRONEQ INC p1076
765 Rue Sicard, MASCOUCHE, QC, J7K 3L7
(450) 966-3000   SIC 3544

COMPACT MOULD LIMITED p974
120 Haist Ave, WOODBRIDGE, ON, L4L 5V4
(905) 851-7724   SIC 3544

CONCORDE PRECISION MACHINING INC p961
469 Silver Creek Industrial Dr, WINDSOR, ON, N8N 4W2
(519) 727-3287   SIC 3544

DIECO EMPORTE-PIECES INC p1130
2577 Boul Le Corbusier, Montreal, QC, H7S 2E8
(450) 682-3129   SIC 3544

DURADIE TECHNOLOGIES INC p814
1940 Clements Rd, PICKERING, ON, L1W 4A1
(905) 426-9990   SIC 3544

EXCO TECHNOLOGIES LIMITED p671
130 Spy Crt Unit 1, MARKHAM, ON, L3R 5H6
(905) 477-1208   SIC 3544

EXCO TECHNOLOGIES LIMITED p733
1314 Ringwell Dr, NEWMARKET, ON, L3Y 9C6
(905) 853-8568   SIC 3544

GARRTECH INC p861
910 Arvin Ave, STONEY CREEK, ON, L8E 5Y8
(905) 643-6414   SIC 3544

MAGNA INTERNATIONAL INC p560
2000 Langstaff Rd, CONCORD, ON, L4K 3B5
(905) 669-2350   SIC 3544

PHILLIPS TOOL & MOULD (WINDSOR) LIMITED p772
5810 Outer Dr, OLDCASTLE, ON, N0R 1L0
SIC 3544

PROG-DIE TOOL & STAMPING LTD p700
3161 Wolfedale Rd, MISSISSAUGA, ON, L5C 1V8
(905) 277-9187   SIC 3544

REMATEK INC p1210
8975 Boul Henri-Bourassa O, SAINT-LAURENT, QC, H4S 1P7
(514) 333-0101   SIC 3544

REVSTONE PLASTICS CANADA INC p772
2045 Solar Cres Rr 1, OLDCASTLE, ON, N0R 1L0
(519) 737-1201   SIC 3544

RUSSELL TOOL & DIE LIMITED p552
381 Park Ave W, CHATHAM, ON, N7M 1W6
(519) 352-8168   SIC 3544

SIGMA ENGINEERING (WINDSOR) INC p772
5101 Ure St, OLDCASTLE, ON, N0R 1L0
(519) 737-7538   SIC 3544

SMARTSYNCH LTD p25
1721 27 Ave Ne, CALGARY, AB, T2E 7E1
SIC 3544

THETA INDUSTRIES LIMITED p499
151 Tiffin St, BARRIE, ON, L4N 2N3
(705) 733-4150   SIC 3544

TRI-STAR METAL STAMPINGS INC p734
1267 Kerrisdale Blvd Unit 2, NEWMARKET, ON, L3Y 8W1
(905) 853-5583   SIC 3544

W M TOOL INC p966
3280 Devon Dr, WINDSOR, ON, N8X 4L4
(519) 966-3860   SIC 3544

WINDSOR METAL TECHNOLOGIES INC p772
3900 Delduca Dr, OLDCASTLE, ON, N0R 1L0
(519) 737-7611   SIC 3544

SIC 3545 Machine tool accessories

ABS EQUIPMENT LEASING LTD p692
1495 Sedlescomb Dr, MISSISSAUGA, ON, L4X 1M4
(905) 625-5941   SIC 3545

ABSOLUTE ENERGY SOLUTIONS INC p99
5710 36 St Nw, EDMONTON, AB, T6B 3T2
(780) 440-9058   SIC 3545

CWS INDUSTRIES (MFG) CORP p114
7622 18 St Nw, EDMONTON, AB, T6P 1Y6
(780) 469-9185   SIC 3545

EXCO TECHNOLOGIES LIMITED p946
2 Parratt Rd, UXBRIDGE, ON, L9P 1R1
(905) 852-0121   SIC 3545

MERIDIAN MANUFACTURING INC p66
4232 38 St, CAMROSE, AB, T4V 4B2
(780) 672-4516   SIC 3545

MERIDIAN MANUFACTURING INC p137
3125 24 Ave N, LETHBRIDGE, AB, T1H 5G2
(403) 320-7070   SIC 3545

MERIDIAN MANUFACTURING INC p361
275 Hespler Ave, WINKLER, MB, R6W 0J7
(204) 325-7883   SIC 3545

MERIDIAN MANUFACTURING INC p1285
2800 Pasqua St, REGINA, SK, S4P 2Z4
(306) 545-4044   SIC 3545

SPECTRAL APPLIED RESEARCH INC p821
2 East Beaver Creek Rd, RICHMOND HILL, ON, L4B 2N3
(905) 326-5040   SIC 3545

SIC 3547 Rolling mill machinery

THURSTON MACHINE COMPANY LIMITED p816
45 Invertose Dr, PORT COLBORNE, ON, L3K 5V8
(905) 834-3606   SIC 3547

SIC 3548 Welding apparatus

AIR LIQUIDE CANADA INC p651
351 Eleanor St, LONDON, ON, N5W 6B7
(519) 455-3990   SIC 3548

AMH CANADA LTEE p1172
391 Rue Saint-Jean-Baptiste E, RIMOUSKI, QC, G5L 1Z2
(418) 724-4105   SIC 3548

CENTERLINE (WINDSOR) LIMITED p971
595 Morton Dr, WINDSOR, ON, N9J 3T8
(519) 734-6886   SIC 3548

CENTERLINE (WINDSOR) LIMITED p971
655 Morton Dr, WINDSOR, ON, N9J 3T9
(519) 734-8330   SIC 3548

ITW CANADA INC p772
2570 North Talbot Rd, OLDCASTLE, ON, N0R 1L0
(519) 737-6966   SIC 3548

LINCOLN ELECTRIC COMPANY OF CANADA LP p716
825 Gana Crt, MISSISSAUGA, ON, L5S 1N9
(905) 564-1151   SIC 3548

PRAXAIR CANADA INC p19
8009 42 St Se, CALGARY, AB, T2C 2T4
(403) 236-6511   SIC 3548

SIC 3549 Metalworking machinery, nec

CALMEC PRECISION LIMITED p718
1400 Bonhill Rd, MISSISSAUGA, ON, L5T 1L3
(905) 677-7976   SIC 3549

KINOVA INC p1001
6110 Rue Doris-Lussier, BOISBRIAND, QC, J7H 0E8
(514) 277-3777   SIC 3549

SCHULTE INDUSTRIES LTD p1267
1 Railway Ave, ENGLEFELD, SK, S0K 1N0
(306) 287-3715   SIC 3549

SIC 3553 Woodworking machinery

127323 CANADA INC p1199
600 Boul Roland-Godard, Saint-Jerome, QC, J7Y 4C5
(450) 431-3221   SIC 3553

ATELIER MULTI-METAL ARCHITECTURAL INC p1180
121 Rue De Naples, SAINT-AUGUSTIN-DE-DESMAURES, QC, G3A 2W6
(418) 878-5600   SIC 3553

CONCEPTION R. P. INC p1155
405 Av Galilee, Quebec, QC, G1P 4M6
(418) 871-6016   SIC 3553

EQUIPEMENTS COMACT INC p1189
4000 40e Rue, SAINT-GEORGES, QC, G5Y 8G4
(418) 228-8911   SIC 3553

EQUIPMENT COMACT (CHICOUTIMI) INC p1009
850 Rte De Tadoussac, CANTON TREMBLAY, QC, G7H 5A8
(418) 628-0791   SIC 3553

GENFOR MACHINERY INC p210
8320 River Rd, DELTA, BC, V4G 1B5
(604) 946-6911   SIC 3553

NORBORD INDUSTRIES INC p176
350 Exeter Truck Rd, 100 MILE HOUSE, BC, V0K 2E0
(250) 395-6240   SIC 3553

USNR/KOCKUMS CANCAR COMPANY p1138
1600 Rue Saint-Paul, PLESSISVILLE, QC, G6L 1C1
(819) 362-7362   SIC 3553

SIC 3554 Paper industries machinery

ANDRITZ HYDRO CANADA INC p525
45 Roy Blvd, BRANTFORD, ON, N3R 7K1
(519) 754-4590   SIC 3554

MASTER PACKAGING INC p980
23784 Trans Canada Highway, BORDEN-CARLETON, PE, C0B 1X0
(902) 437-3737   SIC 3554

SIC 3555 Printing trades machinery

SOUTHERN GRAPHIC SYSTEMS-CANADA LTD p578
2 Dorchester Ave, ETOBICOKE, ON, M8Z 4W3
(416) 252-9331   SIC 3555

SIC 3556 Food products machinery

AGRI-MARCHE INC p1199
870 Rue Alfred-Viau, Saint-Jerome, QC, J7Y 4N8
(450) 438-1214   SIC 3556

AGROPUR COOPERATIVE p1204
333 Boul Lebeau, SAINT-LAURENT, QC, H4N 1S3
(514) 332-2220   SIC 3556

AMALGAMATED DAIRIES LIMITED p980
215 Fitzroy St, CHARLOTTETOWN, PE, C1A 1S6
(902) 566-5515   SIC 3556

CARGILL LIMITED p1266
Gd, CLAVET, SK, S0K 0Y0
(306) 668-5251   SIC 3556

GROUPE SINOX INC p1179
16 Rue Turgeon, SAINT-ANSELME, QC, G0R 2N0
(418) 885-8276   SIC 3556

HANDTMANN-PIEREDER MACHINERY LTD p954
654 Colby Dr, WATERLOO, ON, N2V 1A2
(519) 888-7300   SIC 3556

INVENSYS SYSTEMS CANADA INC p1024
4 Rue Lake, DOLLARD-DES-ORMEAUX, QC, H9B 3H9
(514) 421-4210   SIC 3556

MARITIME STEEL AND FOUNDRIES LIMITED p982
2744 North York River Rd, CHARLOTTETOWN, PE, C1E 1Z2
(902) 566-3000   SIC 3556

NUTRABLEND FOODS INC p527
150 Adams Blvd, BRANTFORD, ON, N3S 7V2
(519) 622-2500   SIC 3556

NUTRABLEND FOODS INC p546
162 Savage Dr, CAMBRIDGE, ON, N1T 1S4
(519) 622-4178   SIC 3556

PIONEER HI-BRED PRODUCTION LTD p139
Gd Lcd Main, LETHBRIDGE, AB, T1J 3Y2

(403) 327-6135 SIC 3556
RICHARDSON OILSEED LIMITED p137
2415 2a Ave N, LETHBRIDGE, AB, T1H 6P5
(403) 329-5500 SIC 3556
SPECIFIC MECHANICAL SYSTEMS LTD p275
6848 Kirkpatrick Cres, SAANICHTON, BC, V8M 1Z9
(250) 652-2111 SIC 3556

SIC 3559 Special industry machinery, nec

ADDISONMCKEE CANADA ULC p526
333 Henry St Unit B, BRANTFORD, ON, N3S 7R4
(519) 720-6800 SIC 3559
G.N. PLASTICS COMPANY LIMITED p445
345 Old Trunk 3, CHESTER, NS, B0J 1J0
(902) 275-3571 SIC 3559
MACRO ENGINEERING & TECHNOLOGY INC p695
199 Traders Blvd E, MISSISSAUGA, ON, L4Z 2E5
(905) 507-9000 SIC 3559
MOLD-MASTERS (2007) LIMITED p526
92 Roy Blvd, BRANTFORD, ON, N3R 7K2
(519) 758-8441 SIC 3559
PARKER HANNIFIN CANADA p774
255 Hughes Rd, ORILLIA, ON, L3V 2M2
(705) 325-2391 SIC 3559
PREMIER TECH TECHNOLOGIES LIMITEE p395
35 Industriel Blvd, CARAQUET, NB, E1W 1A9
(506) 727-2703 SIC 3559
URBAN MACHINERY CORPORATION p546
125 Werlich Dr, CAMBRIDGE, ON, N1T 1N7
(519) 624-0080 SIC 3559
VIBRATORY TOOLING AND REPAIR INC p598
623 South Service Rd Unit 6, GRIMSBY, ON, L3M 4E8
(905) 643-7300 SIC 3559
WHITING EQUIPMENT CANADA INC p955
350 Alexander St, WELLAND, ON, L3B 2R3
(905) 732-7585 SIC 3559
ZIMMARK INC p536
4380 South Service Rd Suite 17, BURLINGTON, ON, L7L 5Y6
(905) 632-5410 SIC 3559

SIC 3561 Pumps and pumping equipment

APPLIED INDUSTRIAL TECHNOLOGIES, LP p1154
2584 Av Dalton, Quebec, QC, G1P 3S4
(418) 659-3924 SIC 3561
CLYDE UNION CANADA LIMITED p533
4151 North Service Rd Unit 1, BURLINGTON, ON, L7L 4X6
(905) 315-3800 SIC 3561
DURA PRODUCTS INC p1306
506 Fenton's Cres, SWIFT CURRENT, SK, S9H 4G6
(306) 773-0627 SIC 3561
ENGRENAX HYDRAULIX (2005) INC p1041
476 Rue Edouard, GRANBY, QC, J2G 3Z3
(450) 777-4555 SIC 3561
FLOWSERVE CANADA CORP p135
4405 70 Ave, LEDUC, AB, T9E 7E6
(780) 986-7100 SIC 3561
FLOWSERVE CANADA CORP p602
225 Speedvale Ave W, GUELPH, ON, N1H 1C5
(519) 824-4600 SIC 3561
GORMAN-RUPP OF CANADA LIMITED p858
70 Burwell Rd, ST THOMAS, ON, N5P 3R7
(519) 631-2870 SIC 3561
LUFKIN INDUSTRIES CANADA ULC p147
1107 8a St, NISKU, AB, T9E 7R3
(780) 955-7566 SIC 3561
NATIONAL PROCESS EQUIPMENT INC p19
5409 74 Ave Se, CALGARY, AB, T2C 3C9
(403) 219-0270 SIC 3561
PLAD EQUIPEMENT LTEE p1000
680 Rue De La Sabliere, BOIS-DES-FILION, QC, J6Z 4T7
(450) 965-0224 SIC 3561
RAYMOND-CBE MACHINERY INC p270
11788 River Rd Suite 118, RICHMOND, BC, V6X 1Z7
SIC 3561
SULZER PUMPS (CANADA) INC p184
4129 Lozells Ave, BURNABY, BC, V5A 2Z5
(604) 415-7800 SIC 3561
SURFWOOD SUPPLY (1964) LTD p203
98 Fawcett Rd, COQUITLAM, BC, V3K 6V5
SIC 3561
TEXTILES MERCEDES LIMITEE, LES p1032
287 Rue Saint-Jean O, EAST ANGUS, QC, J0B 1R0
(819) 832-4219 SIC 3561
WATERAX INC p1208
6635 Boul Henri-Bourassa W, SAINT-LAURENT, QC, H4R 1E1
(514) 637-1818 SIC 3561

SIC 3562 Ball and roller bearings

NTN BEARING CORPORATION OF CANADA LIMITED p710
6740 Kitimat Rd, MISSISSAUGA, ON, L5N 1M6
(905) 826-5500 SIC 3562
SCHAEFFLER CANADA INC p865
801 Ontario St, STRATFORD, ON, N5A 7Y2
(519) 271-3231 SIC 3562
TIMKEN CANADA LP p686
5955 Airport Rd Suite 100, MISSISSAUGA, ON, L4V 1R9
(905) 826-9520 SIC 3562

SIC 3563 Air and gas compressors

BUSCH VACUUM TECHNICS INC p1000
1740 Boul Lionel-Bertrand, BOISBRIAND, QC, J7H 1N7
(450) 435-6899 SIC 3563
ENERFLEX LTD p28
1331 Macleod Trail Se Suite 904, CALGARY, AB, T2G 0K3
(403) 387-6377 SIC 3563
ENERFLEX LTD. p104
8235 Wagner Rd Nw, EDMONTON, AB, T6E 4N6
SIC 3563
ENERFLEX LTD. p117
4439 2 Ave, EDSON, AB, T7E 1C1
(780) 723-2173 SIC 3563
ENERFLEX LTD. p135
3905 Allard Ave, LEDUC, AB, T9E 0R8
(780) 980-8855 SIC 3563
ENERFLEX LTD. p159
4915 44 St, ROCKY MOUNTAIN HOUSE, AB, T4T 1A7
(403) 845-4666 SIC 3563
I.C.T.C. HOLDINGS CORPORATION p208
720 Eaton Way, DELTA, BC, V3M 6J9
(604) 522-6543 SIC 3563
STARTEC REFRIGERATION SERVICES LTD p25
7664 10 St Ne, CALGARY, AB, T2E 8W1
(403) 295-5855 SIC 3563

SIC 3564 Blowers and fans

AM-GAS SERVICES INC p160
261064 Wagon Wheel Cres, ROCKY VIEW COUNTY, AB, T4A 0E2
(403) 984-9830 SIC 3564
CIRCUL-AIRE INC p1206
3999 Boul De La Cote-Vertu, SAINT-LAURENT, QC, H4R 1R2
(514) 337-3331 SIC 3564
DELHI INDUSTRIES INC p528
83 Shaver Rd, BRANTFORD, ON, N3T 5M1
SIC 3564
DELHI INDUSTRIES INC p530
2157 Parkedale Ave, BROCKVILLE, ON, K6V 0B4
(613) 342-5424 SIC 3564
DIVERSITECH EQUIPMENT AND SALES 1984 LTD p1057
2500 Rue Alphonse-Gariepy, LACHINE, QC, H8T 3M2
(514) 631-7300 SIC 3564
GESTION R.M.L. RODRIGUE INC p1066
1890 1re Rue, Levis, QC, G6W 5M6
(418) 839-0671 SIC 3564
HAAKON INDUSTRIES (CANADA) LTD p635
770 Fortune Cres, KINGSTON, ON, K7P 2T3
(613) 634-6500 SIC 3564
IMPERIAL BUILDING PRODUCTS INC p396
500 Boul Ferdinand, DIEPPE, NB, E1A 6V9
(506) 859-9908 SIC 3564
NORTEK AIR SOLUTIONS CANADA, INC p1297
1502d Quebec Ave, SASKATOON, SK, S7K 1V7
(306) 242-3663 SIC 3564
PRICE INDUSTRIES LIMITED p975
571 Chrislea Rd Unit 3, WOODBRIDGE, ON, L4L 8A2
(905) 669-8988 SIC 3564
SYSTEMAIR INC p395
50 Kanalflakt Way Route, BOUCTOUCHE, NB, E4S 3M5
(506) 743-9500 SIC 3564
WABTEC CANADA INC p651
1030 Clarke Rd Suite Side, LONDON, ON, N5V 3B2
(519) 451-0310 SIC 3564

SIC 3565 Packaging machinery

ACCRAPLY CANADA, INC p536
3070 Mainway Unit 16 19, BURLINGTON, ON, L7M 3X1
(905) 336-8880 SIC 3565
ID TECHNOLOGY (CANADA) CORP p719
165 Annagem Blvd, MISSISSAUGA, ON, L5T 2V1
(905) 670-4919 SIC 3565
LANGGUTH AMERICA LTD p954
109 Randall Dr Suite 7, WATERLOO, ON, N2V 1C5
(519) 888-0099 SIC 3565
PFM PACKAGING MACHINERY CORPORATION p733
1271 Ringwell Dr, NEWMARKET, ON, L3Y 8T9
(905) 836-6709 SIC 3565
PREMIER TECH TECHNOLOGIES LIMITEE p1175
1 Av Premier Bureau 101, Riviere-du-Loup, QC, G5R 6C1
(418) 867-8883 SIC 3565
TIELMAN NORTH AMERICA LTD p887
180 Middlefield Rd, TORONTO, ON, M1S 4M6
(416) 297-9775 SIC 3565
WEXXAR PACKAGING INC p267
14211 Burrows Rd Unit 1, RICHMOND, BC, V6V 1K9
(604) 270-0811 SIC 3565

SIC 3566 Speed changers, drives, and gears

CVTECH INC p1246
3037 Boul Frontenac E, THETFORD MINES, QC, G6G 6P6
(418) 335-7220 SIC 3566
MAGNA POWERTRAIN INC p975
390 Hanlan Rd, WOODBRIDGE, ON, L4L 3P6
(905) 851-6791 SIC 3566
NORD GEAR LIMITED p515
41 West Dr, BRAMPTON, ON, L6T 4A1
(905) 796-6796 SIC 3566
SEW-EURODRIVE COMPANY OF CANADA LTD p516
210 Walker Dr, BRAMPTON, ON, L6T 3W1
(905) 791-1553 SIC 3566

SIC 3567 Industrial furnaces and ovens

AJAX TOCCO MAGNETHERMIC CANADA LIMITED p482
333 Station St, AJAX, ON, L1S 1S3
(905) 683-4980 SIC 3567
CAN-ENG FURNACES INTERNATIONAL LTD p735
6800 Montrose Rd, NIAGARA FALLS, ON, L2E 6V5
(905) 356-1327 SIC 3567
CCI THERMAL TECHNOLOGIES INC p774
1 Hunter Valley Rd, ORILLIA, ON, L3V 0Y7
(705) 325-3473 SIC 3567
ECCO HEATING PRODUCTS LTD p232
19860 Fraser Hwy, LANGLEY, BC, V3A 4C9
(604) 530-4151 SIC 3567
GUSPRO INC p552
566 Riverview Line Unit 101, CHATHAM, ON, N7M 0N2
(519) 352-4550 SIC 3567
LES ELEMENTS CHAUFFANTS TEMPORA INC p1059
2501 Av Dollard, LASALLE, QC, H8N 1S2
(514) 933-1649 SIC 3567
SPX FLOW TECHNOLOGY CANADA INC p531
1415 California Ave, BROCKVILLE, ON, K6V 7H7
(613) 345-2280 SIC 3567
UPONOR LTD p415
79 Mcilveen Dr, SAINT JOHN, NB, E2J 4Y6
SIC 3567
WELLONS CANADA CORP p290
19087 96 Ave, SURREY, BC, V4N 3P2
(604) 888-0122 SIC 3567

SIC 3568 Power transmission equipment, nec

GROUPE CANAM INC p1130
807 Rue Marshall Unite 100, Montreal, QC, H7S 1J9
(450) 786-1300 SIC 3568
KOP-FLEX CANADA LTD p585
19 Meteor Dr, ETOBICOKE, ON, M9W 1A3
(416) 675-7144 SIC 3568
SKF CANADA LIMITED p25
928 72 Ave Ne, CALGARY, AB, T2E 8V9
(403) 232-9292 SIC 3568

SIC 3569 General industrial machinery, nec

1894359 ONTARIO INC p496
455 Welham Rd, BARRIE, ON, L4N 8Z6
(705) 726-5841 SIC 3569
3L FILTERS 2007 INC p542
427 Elgin St N, CAMBRIDGE, ON, N1R 8G4
(519) 621-9949 SIC 3569
ACKLANDS - GRAINGER INC p1281
680 Mcleod St, REGINA, SK, S4N 4Y1
(306) 721-3200 SIC 3569
AIA AUTOMATION INC p1129
2886 Boul Daniel-Johnson, Montreal, QC, H7P 5Z7
(450) 680-1846 SIC 3569
ANDRITZ HYDRO CANADA INC p1294
2600 Wentz Ave, SASKATOON, SK, S7K 2L1
(306) 931-0801 SIC 3569

ATELIER D'USINAGE QUENNEVILLE INC *p1232*
39 Av Du Parc, SALABERRY-DE-VALLEYFIELD, QC, J6T 2R1
(450) 377-5991   *SIC* 3569

ATS AUTOMATION TOOLING SYSTEMS INC *p547*
730 Fountain St N Suite 2b, CAMBRIDGE, ON, N3H 4R7
(519) 653-6500   *SIC* 3569

BARRIE WELDING & MACHINE (1974) LIMITED *p496*
136 Victoria St, BARRIE, ON, L4N 2J4
(705) 734-1926   *SIC* 3569

CAMFIL CANADA INC *p558*
2700 Steeles Ave W, CONCORD, ON, L4K 3C8
(905) 660-0688   *SIC* 3569

CAMSO INC *p1074*
2633 Rue Macpherson, MAGOG, QC, J1X 0E6
(819) 823-1777   *SIC* 3569

CAMSO INC *p1234*
4162 Rue Burrill, SHAWINIGAN, QC, G9N 0C3
(819) 539-2220   *SIC* 3569

CHARL-POL INC *p1052*
805 Rue De L'innovation, LA BAIE, QC, G7B 3N8
(418) 677-1518   *SIC* 3569

CHARL-POL INC *p1144*
440 Rue Lucien-Thibodeau, PORTNEUF, QC, G0A 2Y0
(418) 286-4881   *SIC* 3569

CIMCORP AUTOMATION LTD *p598*
635 South Service Rd, GRIMSBY, ON, L3M 4E8
(905) 643-9700   *SIC* 3569

CUSCO FABRICATORS LLC *p822*
305 Enford Rd, RICHMOND HILL, ON, L4C 3E9
(905) 883-1214   *SIC* 3569

DI CANADA INC *p530*
40 Sharpe Rd, BRIGHTON, ON, K0K 1H0
(613) 475-3313   *SIC* 3569

DONALDSON CANADA INC *p489*
34 Mill St, ATHENS, ON, K0E 1B0
SIC 3569

ECLIPSE SCIENTIFIC PRODUCTS INC *p952*
440 Phillip St Suite 100, WATERLOO, ON, N2L 5R9
(800) 490-1072   *SIC* 3569

FILTERFAB COMPANY *p1251*
2305 Rue Jules-Vachon Bureau 2, Trois-Rivieres, QC, G9A 5E1
(819) 691-4104   *SIC* 3569

FILTRATION GROUP CANADA CORPORATION *p718*
6190 Kestrel Rd, MISSISSAUGA, ON, L5T 1Z1
(905) 795-9559   *SIC* 3569

GESTION MECNOV INC *p1065*
864 Rue Archimede, Levis, QC, G6V 7M5
(418) 837-7475   *SIC* 3569

INDUSTRIES MAILHOT INC *p1196*
2721 Rang Saint-Jacques, SAINT-JACQUES, QC, J0K 2R0
(450) 839-3663   *SIC* 3569

INDUSTRIES MAILHOT INC *p1245*
3330 Boul Des Entreprises, TERREBONNE, QC, J6X 4J8
(450) 477-6222   *SIC* 3569

INOVIA INC *p1227*
1291 1re Rue Du Parc-Industriel, SAINTE-MARIE, QC, G6E 3T3
(418) 387-3144   *SIC* 3569

JL FILTRATION INC *p147*
1102 6 St, NISKU, AB, T9E 7N7
(780) 955-8789   *SIC* 3569

MABRE PUMP INC *p18*
4451 54 Ave Se, CALGARY, AB, T2C 2A2
(403) 720-4800   *SIC* 3569

MURRAY LATTA PROGRESSIVE MACHINE INC *p286*
8717 132 St, SURREY, BC, V3W 4P1
(604) 599-9598   *SIC* 3569

NIEDNER INC *p1016*
675 Rue Merrill, COATICOOK, QC, J1A 2S2
(819) 849-2751   *SIC* 3569

PARKER HANNIFIN CANADA *p1129*
2785 Av Francis-Hughes, MONTREAL, QC, H7L 3J6
(450) 629-3030   *SIC* 3569

PRODUITS INDUSTRIELS DE HAUTE TEMPERATURE PYROTEK INC, LES *p1016*
1623 Rue De La Manic, CHICOUTIMI, QC, G7K 1G8
(418) 545-8093   *SIC* 3569

PRODUITS INDUSTRIELS DE HAUTE TEMPERATURE PYROTEK INC, LES *p1029*
2400 Boul Lemire, DRUMMONDVILLE, QC, J2B 6X9
(819) 477-0734   *SIC* 3569

RAUTE CANADA LTD *p208*
1633 Cliveden Ave, DELTA, BC, V3M 6V5
(604) 524-6611   *SIC* 3569

RODRIGUE METAL LTEE *p1067*
1890 1re Rue, Levis, QC, G6W 5M6
(418) 839-0400   *SIC* 3569

SEFAR BDH INC *p1015*
200 Rue Clement-Gilbert, CHICOUTIMI, QC, G7H 5B1
(418) 690-0888   *SIC* 3569

SYSTEMES FIREFLEX INC *p1001*
1935 Boul Lionel-Bertrand, BOISBRIAND, QC, J7H 1N8
(450) 437-3473   *SIC* 3569

TEKNA SYSTEMES PLASMA INC *p1240*
2935 Boul Industriel, SHERBROOKE, QC, J1L 2T9
(819) 820-2204   *SIC* 3569

TRANSFORMIX ENGINEERING INC *p635*
1150 Gardiners Rd, KINGSTON, ON, K7P 1R7
(613) 544-5970   *SIC* 3569

VICTOR TECHNOLOGIES CANADA LTD *p770*
2070 Wyecroft Rd, OAKVILLE, ON, L6L 5V6
(905) 827-7777   *SIC* 3569

VICTORY RIG EQUIPMENT CORPORATION *p148*
1511 10 St, Nisku, AB, T9E 8C5
(780) 955-4711   *SIC* 3569

VIPOND INC *p721*
6380 Vipond Dr, MISSISSAUGA, ON, L5T 1A1
(905) 564-7060   *SIC* 3569

VIPOND INC *p844*
210 Milner Ave Suite 1, SCARBOROUGH, ON, M1S 4M7
SIC 3569

VIPOND INC *p862*
807 South Service Rd, STONEY CREEK, ON, L8E 5Z2
(905) 643-6006   *SIC* 3569

WEIR CANADA, INC *p712*
2360 Millrace Crt, MISSISSAUGA, ON, L5N 1W2
(905) 812-7100   *SIC* 3569

WHEELABRATOR GROUP (CANADA) LTD *p537*
4900 Palladium Way Suite 200, BURLINGTON, ON, L7M 0W7
(905) 319-7930   *SIC* 3569

SIC 3571 Electronic computers

CIENA CANADA, INC *p801*
385 Terry Fox Dr, OTTAWA, ON, K2K 0L1
(613) 670-2000   *SIC* 3571

ESIT CANADA ENTERPRISE SERVICES CO *p17*
2416 52 Ave Se Unit 1, CALGARY, AB, T2C 4X7
SIC 3571

IBM CANADA LIMITED *p81*
10044 108 St Nw Suite 401, EDMONTON, AB, T5J 3S7
(780) 642-4100   *SIC* 3571

IBM CANADA LIMITED *p375*
400 Ellice Ave, WINNIPEG, MB, R3B 3M3
(204) 946-4900   *SIC* 3571

IBM CANADA LIMITED *p787*
1400 St. Laurent Blvd Suite 500, OTTAWA, ON, K1K 4H4
SIC 3571

INFODEV ELECTRONIC DESIGNERS INTERNATIONAL INC *p1153*
1995 Rue Frank-Carrel Bureau 202, Quebec, QC, G1N 4H9
(418) 681-3539   *SIC* 3571

LENOVO (CANADA) INC *p750*
10 York Mills Rd Suite 400, NORTH YORK, ON, M2P 2G4
(855) 253-6686   *SIC* 3571

PSION INC *p1212*
7575 Rte Transcanadienne Bureau 500, SAINT-LAURENT, QC, H4T 1V6
SIC 3571

SYNERGIO MANUFACTURING LTD *p674*
4011 14th Ave, MARKHAM, ON, L3R 0Z9
(905) 415-1166   *SIC* 3571

TECHNO-TRADE (CANADA) INC *p639*
700 Strasburg Rd Unit 31, KITCHENER, ON, N2E 2M2
SIC 3571

SIC 3577 Computer peripheral equipment, nec

ATI TECHNOLOGIES ULC *p873*
1 Commerce Valley Dr E, THORNHILL, ON, L3T 7X6
(905) 882-7589   *SIC* 3577

EMC CORPORATION OF CANADA *p43*
500 4 Ave Sw Suite 1410, CALGARY, AB, T2P 2V6
(403) 263-9400   *SIC* 3577

GUESTLOGIX INC *p929*
111 Peter St Suite 407, TORONTO, ON, M5V 2H1
(416) 642-0349   *SIC* 3577

LASERNETWORKS INC *p328*
2487 Beach Dr, VICTORIA, BC, V8R 6K2
SIC 3577

SIC 3578 Calculating and accounting equipment

IBM CANADA LIMITED *p966*
2480 Ouellette Ave, WINDSOR, ON, N8X 1L4
(519) 972-0208   *SIC* 3578

INTERNATIONAL TRANSACTION SYSTEMS (CANADA) LTD *p683*
7415 Torbram Rd, MISSISSAUGA, ON, L4T 1G8
(905) 677-2088   *SIC* 3578

LEMIEUX NOLET COMPTABLES AGREES S.E.N.C.R.L. *p1083*
25 Boul Tache O Bureau 205, MONTMAGNY, QC, G5V 2Z9
(418) 248-1910   *SIC* 3578

MONEY EXPRESS POS SOLUTIONS INC *p749*
5075 Yonge St Suite 301, NORTH YORK, ON, M2N 6C6
(866) 286-7787   *SIC* 3578

NCR CANADA CORP *p641*
580 Weber St E, KITCHENER, ON, N2H 1G8
SIC 3578

SIC 3579 Office machines, nec

INTERNATIONAL TIME RECORDER COMPANY LIMITED *p578*
7 Taymall Ave Suite A, ETOBICOKE, ON, M8Z 3Y8
(416) 252-1186   *SIC* 3579

PITNEY BOWES OF CANADA LTD *p1168*
1165 Boul Lebourgneuf Unite 340, Quebec, QC, G2K 2C9
(418) 627-9065   *SIC* 3579

RISO CANADA INC *p674*
1 Valleywood Dr Unit 2, MARKHAM, ON, L3R 5L9
(905) 475-7476   *SIC* 3579

SECAP INC *p691*
5500 Explorer Dr, MISSISSAUGA, ON, L4W 5C7
(905) 219-3000   *SIC* 3579

SIC 3581 Automatic vending machines

BEAVER MACHINE CORPORATION *p732*
250 Harry Walker Pkwy N Unit 1, NEWMARKET, ON, L3Y 7B4
(905) 836-4700   *SIC* 3581

GESTION BI-EAU PURE INC *p1182*
900 Rue Sagard, SAINT-BRUNO, QC, J3V 6C2
(450) 441-8353   *SIC* 3581

SIC 3585 Refrigeration and heating equipment

ARNEG CANADA INC *p1058*
18 Rue Richelieu, LACOLLE, QC, J0J 1J0
(450) 246-3837   *SIC* 3585

DECTRON INC *p1206*
3999 Boul De La Cote-Vertu, SAINT-LAURENT, QC, H4R 1R2
(514) 337-3331   *SIC* 3585

DECTRON INTERNATIONALE INC *p1206*
4001 Boul De La Cote-Vertu, SAINT-LAURENT, QC, H4R 1R5
(514) 333-4050   *SIC* 3585

ECR INTERNATIONAL LTD *p948*
6800 Base Line, WALLACEBURG, ON, N8A 2K6
(519) 627-0791   *SIC* 3585

EMERSON ELECTRIC CANADA LIMITED *p528*
145 Sherwood Dr, BRANTFORD, ON, N3T 1N8
(519) 756-6157   *SIC* 3585

INGENIA TECHNOLOGIES INC *p1078*
18101 Rue J.A.Bombardier, MIRABEL, QC, J7J 2H8
(450) 979-1212   *SIC* 3585

MECAR METAL INC *p1182*
1560 Rue Marie-Victorin, SAINT-BRUNO, QC, J3V 6B9
(450) 653-1002   *SIC* 3585

NEWPORT CUSTOM METAL FABRICATIONS INC *p453*
114 Lancaster Cres Lot 208, DEBERT, NS, B0M 1G0
(902) 662-3840   *SIC* 3585

RAPID REFRIGERATION MANUFACTURING COMPANY LIMITED *p841*
1550 Birchmount Rd, SCARBOROUGH, ON, M1P 2H1
(416) 285-8282   *SIC* 3585

REFPLUS INC *p1193*
2777 Grande Allee, SAINT-HUBERT, QC, J4T 2R4
(450) 641-2665   *SIC* 3585

SYSTEMES NORBEC INC *p1005*
97 Rue De Vaudreuil, BOUCHERVILLE, QC, J4B 1K7
(450) 449-1499   *SIC* 3585

TOROMONT INDUSTRIES LTD *p107*
5909 83 St Nw, EDMONTON, AB, T6E 4Y3
(780) 468-1490   *SIC* 3585

TOROMONT INDUSTRIES LTD *p665*
651 Wilton Grove Rd, LONDON, ON, N6N 1N7
(519) 434-6444   *SIC* 3585

SIC 3589 Service industry machinery, nec

TOROMONT INDUSTRIES LTD p905
65 Villiers St, TORONTO, ON, M5A 3S1
(416) 465-7581   SIC 3585

TOROMONT INDUSTRIES LTD p1165
5130 Rue Rideau Bureau 150, Quebec, QC, G2E 5S4
(418) 872-4025   SIC 3585

TRANE CANADA ULC p846
4051 Gordon Baker Rd, SCARBOROUGH, ON, M1W 2P3
(416) 499-3600   SIC 3585

VALLEY COMFORT SYSTEMS INC p253
1290 Commercial Way, PENTICTON, BC, V2A 3H5
(250) 493-7444   SIC 3585

SIC 3589 Service industry machinery, nec

1221122 ONTARIO LIMITED p644
33 Mcintyre Dr Unit A, KITCHENER, ON, N2R 1E4
(519) 748-4822   SIC 3589

2653193 MANITOBA LTD p382
565 Roseberry St, WINNIPEG, MB, R3H 0T3
(204) 774-5370   SIC 3589

BE PRESSURE SUPPLY INC p178
30585 Progressive Way, ABBOTSFORD, BC, V2T 6W3
(604) 850-6662   SIC 3589

CAISSEN WATER TECHNOLOGIES INC p119
381 Mackenzie Blvd, FORT MCMURRAY, AB, T9H 5E2
SIC 3589

CLEVELAND RANGE LTD p558
8251 Keele St, CONCORD, ON, L4K 1Z1
(905) 660-4747   SIC 3589

CORIX WATER SYSTEMS INC p232
20239 Logan Ave Unit 100, LANGLEY, BC, V3A 4L5
(604) 539-9399   SIC 3589

CROWN FOOD SERVICE EQUIPMENT LTD p758
320 Oakdale Rd, NORTH YORK, ON, M3N 1W5
(416) 377-1500   SIC 3589

EVOQUA WATER TECHNOLOGIES LTD p716
2045 Drew Rd, MISSISSAUGA, ON, L5S 1S4
(905) 890-2803   SIC 3589

EVOQUA WATER TECHNOLOGIES LTD p716
2045 Drew Rd, MISSISSAUGA, ON, L5S 1S4
(905) 890-2803   SIC 3589

ITW CANADA INVESTMENTS LIMITED PARTNERSHIP p208
1668 Derwent Way Unit 10, DELTA, BC, V3M 6R9
(604) 522-1070   SIC 3589

NEWTERRA LTD p531
1291 California Ave, BROCKVILLE, ON, K6V 7N5
(613) 498-1876   SIC 3589

PREMIER TECH TECHNOLOGIES LIMITEE p1046
595 Rue Frenette, JOLIETTE, QC, J6E 9B2
(450) 752-5111   SIC 3589

PREMIER TECH TECHNOLOGIES LIMITEE p1244
1153 Rue Levis, TERREBONNE, QC, J6W 0A9
(450) 471-8444   SIC 3589

SIEMENS CANADA LIMITED p674
250 Royal Crest Crt, MARKHAM, ON, L3R 3S1
(905) 944-2819   SIC 3589

WATERGROUP COMPANIES INC p517
8985 Airport Rd, BRAMPTON, ON, L6T 5T2
(416) 590-0225   SIC 3589

WATERGROUP COMPANIES INC p1283
580 Park St, REGINA, SK, S4N 5A9
(306) 761-3210   SIC 3589

SIC 3592 Carburetors, pistons, piston rings and valves

NIAGARA PISTON INC p500
4708 Ontario St Suite 1, BEAMSVILLE, ON, L0R 1B4
(905) 563-4981   SIC 3592

NIAGARA PISTON INC p850
6275 Spring Creek Rd, SMITHVILLE, ON, L0R 2A0
(905) 957-1984   SIC 3592

SIC 3593 Fluid power cylinders and actuators

HYCO CANADA LIMITED p1222
1025 Rue Principale, SAINT-WENCESLAS, QC, G0Z 1J0
(819) 224-4000   SIC 3593

MONARCH INDUSTRIES LIMITED p365
51 Burmac Rd, WINNIPEG, MB, R2J 4J3
(204) 786-7921   SIC 3593

PARKER HANNIFIN CANADA p25
3141 16 St Ne, CALGARY, AB, T2E 7K8
(403) 291-9100   SIC 3593

PARKER HANNIFIN CANADA p682
160 Chisholm Dr Suite 1, MILTON, ON, L9T 3G9
(905) 693-3000   SIC 3593

PARKER HANNIFIN CANADA p1027
2001 Rue De L'aviation, DORVAL, QC, H9P 2X6
(514) 684-3000   SIC 3593

PLACEMENTS GILLES MAILHOT INC, LES p1196
2711 Rang Saint-Jacques Rr 1, SAINT-JACQUES, QC, J0K 2R0
SIC 3593

SIC 3596 Scales and balances, except laboratory

AVERY WEIGH-TRONIX p268
9111 River Dr, RICHMOND, BC, V6X 1Z1
(604) 273-9401   SIC 3596

WESTERN SCALE CO LTD p256
1670 Kingsway Ave, PORT COQUITLAM, BC, V3C 3Y9
(604) 941-3474   SIC 3596

SIC 3599 Industrial machinery, nec

742906 ONTARIO INC p545
300 Sheldon Dr, CAMBRIDGE, ON, N1T 1A8
(519) 740-7797   SIC 3599

ABS MACHINING INC p692
1495 Sedlescomb Dr, MISSISSAUGA, ON, L4X 1M4
(905) 625-5941   SIC 3599

ADRICO MACHINE WORKS LTD p26
1165/ 44 Ave Se, CALGARY, AB, T2G 4X4
(403) 243-7930   SIC 3599

ALLAIN EQUIPMENT MANUFACTURING LTD p411
577 Route 535, NOTRE-DAME, NB, E4V 2K4
(506) 576-6436   SIC 3599

AMEC USINAGE INC p1180
110 Rue Des Grands-Lacs, SAINT-AUGUSTIN-DE-DESMAURES, QC, G3A 2K1
(418) 878-4133   SIC 3599

ARGUS MACHINE CO. LTD p146
2327 5 St, NISKU, AB, T9E 8H7
(780) 955-9314   SIC 3599

BAUMEIER CORPORATION p547
1050 Fountain St N, CAMBRIDGE, ON, N3H 4R7
(519) 650-5553   SIC 3599

BRADKEN CANADA MANUFACTURED PRODUCTS LTD p664
45 Enterprise Dr, LONDON, ON, N6N 1C1
(519) 685-3000   SIC 3599

CENTRA INDUSTRIES INC p951
103 Bauer Pl, WATERLOO, ON, N2L 6B5
(519) 650-2828   SIC 3599

CENTRAL MACHINE & MARINE INC p828
649 Mcgregor Rd, SARNIA, ON, N7T 7H5
(519) 337-3722   SIC 3599

CONCORDE PRECISION MACHINING INC p961
481 Silver Creek Industrial Dr, WINDSOR, ON, N8N 4W2
(519) 727-5100   SIC 3599

COOKE & DENISON LIMITED p601
242 Speedvale Ave W, GUELPH, ON, N1H 1C4
(519) 824-3710   SIC 3599

DAVCO SOLUTIONS INC p126
Gd Lcd Main, GRANDE PRAIRIE, AB, T8V 2Z7
(780) 532-1850   SIC 3599

DEVTEK AEROSPACE INC. p1128
3675 Boul Industriel, Montreal, QC, H7L 4S3
(450) 629-3454   SIC 3599

DOVER CORPORATION (CANADA) LIMITED p126
11405 86 Ave, GRANDE PRAIRIE, AB, T8V 6Z6
SIC 3599

DYNAINDUSTRIAL INC p1285
277 Sherwood Rd, REGINA, SK, S4P 3A2
(306) 359-7088   SIC 3599

E.T.M. INDUSTRIES INC p819
310 Hall Ave E, RENFREW, ON, K7V 2S5
(613) 432-6136   SIC 3599

ECLIPSE AUTOMATION INC p545
130 Thompson Dr, CAMBRIDGE, ON, N1T 2E5
(519) 624-8287   SIC 3599

ETSM TECHNICAL SERVICES LTD p602
407 Silvercreek Pky N, GUELPH, ON, N1H 8G8
(519) 827-1500   SIC 3599

GESTION M.E.W. INC p1138
2255 Av Vallee, PLESSISVILLE, QC, G6L 3P8
(819) 362-6315   SIC 3599

HAN MINH MACHINE WORKS LTD p755
1100 Lodestar Rd Unit 5, NORTH YORK, ON, M3J 2Z4
(416) 636-0660   SIC 3599

HANDLING SPECIALTY MANUFACTURING LIMITED p598
219 South Service Rd, GRIMSBY, ON, L3M 1Y6
(905) 945-9661   SIC 3599

HOERBIGER (CANADA) LTD p214
9304 111 St, FORT ST. JOHN, BC, V1J 7J5
(250) 785-4602   SIC 3599

INDUSTRIES DODEC INC p1016
1275 Rue Bersimis, Chicoutimi, QC, G7K 1A4
(418) 549-5027   SIC 3599

INNOVATIVE APPLIED TECHNOLOGIES, INC p872
288 Patillo Rd, TECUMSEH, ON, N8N 2L9
(519) 737-0303   SIC 3599

INTO (1972) INC p1091
8630 9e Av, Montreal, QC, H1Z 2Z8
(514) 385-4686   SIC 3599

L.P. CUSTOM MACHINING LTD p861
211 Barton St, STONEY CREEK, ON, L8E 2K3
(905) 664-9445   SIC 3599

LIARD INDUSTRIES INC p1046
1707 Rue Lepine, JOLIETTE, QC, J6E 4B7
(450) 759-5884   SIC 3599

MALO, A. COMPAGNIE LIMITEE p1046
171 Rue Saint-Barthelemy S, JOLIETTE, QC, J6E 5N9
(450) 756-1612   SIC 3599

MECANIQUE A VAPEUR MAURICE ENR p1099
5445 Av De Gaspe Bureau 99, Montreal, QC, H2T 3B2
SIC 3599

MEIKLE AUTOMATION INC p639
975 Bleams Rd Unit 5-10, KITCHENER, ON, N2E 3Z5
(519) 896-0800   SIC 3599

MEIKLE AUTOMATION INC p639
20 Steckle Pl Suite 21, KITCHENER, ON, N2E 2C3
(519) 896-8001   SIC 3599

MEIKLE AUTOMATION INC p639
50 Groff Pl, KITCHENER, ON, N2E 2L6
(519) 896-0800   SIC 3599

MITECH MACHINE & FABRICATION LTD p725
292 Kimmet's Side Rd, NAPANEE, ON, K7R 3L2
(613) 354-7403   SIC 3599

NETUR INC p1192
3450 Boul Losch, SAINT-HUBERT, QC, J3Y 5T6
(450) 676-0113   SIC 3599

OUTILLEURS ARPEX INC, LES p1029
565 Rue Des Ecoles, DRUMMONDVILLE, QC, J2B 1J6
(819) 474-5585   SIC 3599

PIRLITOR MACHINE & TOOL LIMITED p720
6375 Kestrel Rd, MISSISSAUGA, ON, L5T 1Z5
(905) 795-9139   SIC 3599

POCZO MANUFACTURING COMPANY LIMITED p516
215 Wilkinson Rd, BRAMPTON, ON, L6T 4M2
(905) 452-0567   SIC 3599

QUEENSWAY MACHINE PRODUCTS LIMITED, THE p578
8 Rangemore Rd, ETOBICOKE, ON, M8Z 5H7
(416) 259-4261   SIC 3599

REM-TECH INDUSTRIES INC p492
69 White St, AYLMER, ON, N5H 3G9
(519) 773-3459   SIC 3599

ROSS MACHINE SHOP LIMITED p1283
40 Kress St, REGINA, SK, S4N 5Y3
(306) 721-6680   SIC 3599

RUSSEL METALS INC p1297
503 50th St E, SASKATOON, SK, S7K 6H3
(306) 244-7511   SIC 3599

SOGEFI AIR & COOLING CANADA CORP p1087
1500 Rue De Boucherville, Montreal, QC, H1N 3V3
(514) 764-8806   SIC 3599

STEEL INDUSTRIES LTD p53
909 17 Ave Sw 4th Flr, CALGARY, AB, T2T 0A4
(866) 584-9653   SIC 3599

TECH-CON AUTOMATION ULC p535
1219 Corporate Dr, BURLINGTON, ON, L7L 5V5
(905) 639-4989   SIC 3599

TECHNOLOGIES K.K. INC, LES p1135
64 Rue Huot, Notre-Dame-De-L'Ile-Perrot, QC, J7V 7Z8
(514) 453-6732   SIC 3599

TEUTECH INDUSTRIES INC p603
361 Speedvale Ave W, GUELPH, ON, N1H 1C7
(519) 822-8012   SIC 3599

TEUTECH INDUSTRIES INC p603
361 Speedvale Ave W Suite 29, GUELPH, ON, N1H 1C7
(519) 836-3180   SIC 3599

TRECAN COMBUSTION LIMITED p465
4049 St. Margaret's Bay Rd, Hubley, NS, B3Z 1C2
(902) 876-0457   SIC 3599

TREL OF SARNIA LIMITED p827
1165 Confederation St, SARNIA, ON, N7S

3Y5
(519) 344-7025   SIC 3599
USINAGE LAURENTIDES INC p1076
1250 Av De La Gare, MASCOUCHE, QC, J7K 2Z2
(450) 474-4523   SIC 3599
WILKINSON STEEL AND METALS INC p21
6125 51 St Se, CALGARY, AB, T2C 3V2
(403) 236-0300   SIC 3599
WILKINSON STEEL AND METALS INC p1299
2325 Mckee Ave, SASKATOON, SK, S7K 2T9
(306) 652-7151   SIC 3599
WRIGHT, GEORGE A. & SON (TORONTO) LIMITED p846
21 State Crown Blvd, SCARBOROUGH, ON, M1V 4B1
(416) 261-6499   SIC 3599

SIC 3612 Transformers, except electric

ABB INC p1208
2575 Boul Alfred-Nobel, SAINT-LAURENT, QC, H4S 2G1
(438) 843-6672   SIC 3612
ABB INC p1255
1600 Boul Lionel-Boulet, VARENNES, QC, J3X 1P7
(450) 652-2901   SIC 3612
CARTE INTERNATIONAL INC p369
1995 Logan Ave, WINNIPEG, MB, R2R 0H8
(204) 633-7220   SIC 3612
CG POWER SYSTEMS CANADA INC p389
101 Rockman St, WINNIPEG, MB, R3T 0L7
(204) 452-7446   SIC 3612
DEMYSH GROUP INC p702
2568 Royal Windsor Dr, MISSISSAUGA, ON, L5J 1K7
SIC 3612
ELECTROGROUPE PIONEER CANADA INC p1032
33 Rue Racine, FARNHAM, QC, J2N 3A3
(450) 293-8998   SIC 3612
HAMMOND POWER SOLUTIONS INC p600
595 Southgate Dr, GUELPH, ON, N1G 3W6
(519) 822-2441   SIC 3612
LAKELAND ENERGY LTD p508
196 Taylor Rd, BRACEBRIDGE, ON, P1L 1J9
(705) 646-1846   SIC 3612
TRANSFORMATEURS RAPIDES LTEE, LES p1123
937 Rue Du College Bureau 26, Montreal, QC, H4C 2S3
(514) 935-3543   SIC 3612
TRENCH LIMITED p887
390 Midwest Rd, TORONTO, ON, M1P 3B5
(416) 751-8570   SIC 3612

SIC 3613 Switchgear and switchboard apparatus

CELCO CONTROLS LTD p372
78 Hutchings St, WINNIPEG, MB, R2X 3B1
(204) 788-1677   SIC 3613
FIRAN TECHNOLOGY GROUP CORPORATION p887
10 Commander Blvd, TORONTO, ON, M1S 3T2
(416) 438-6076   SIC 3613
INDUSTRO-TECH INC p1130
2886 Boul Daniel-Johnson, Montreal, QC, H7P 5Z7
(450) 682-4498   SIC 3613
MANUFACTURE EXM LTEE p709
2450 Meadowpine Blvd, MISSISSAUGA, ON, L5N 7X5
(905) 812-8065   SIC 3613
REDHILL SYSTEMS LTD p93
11458 Winterburn Rd Nw, EDMONTON, AB, T5S 2Y3

(780) 472-9474   SIC 3613
S & C ELECTRIC CANADA LTD p943
90 Belfield Rd, TORONTO, ON, M9W 1G4
(416) 249-9171   SIC 3613

SIC 3621 Motors and generators

ABB INC p65
9800 Endeavor Dr Se, CALGARY, AB, T3S 0A1
(403) 252-7551   SIC 3621
ALSTOM CANADA INC p192
731 North Fraser Way Suite 550, BURNABY, BC, V5J 5J2
(604) 412-2849   SIC 3621
BALDOR ELECTRIC CANADA INC p864
678 Erie St, STRATFORD, ON, N4Z 1A2
(519) 271-3630   SIC 3621
BWXT CANADA LTD p542
581 Coronation Blvd, CAMBRIDGE, ON, N1R 3E9
(519) 621-2130   SIC 3621
CAMBRIDGE PRO FAB INC p487
1362 Osprey Dr Suite 76, ANCASTER, ON, L9G 4V5
SIC 3621
FOCAL TECHNOLOGIES CORPORATION p451
77 Frazee Ave, DARTMOUTH, NS, B3B 1Z4
(902) 468-2263   SIC 3621
GUILLEVIN INTERNATIONAL CIE p28
4220a Blackfoot Trail Se, CALGARY, AB, T2G 4E6
(403) 287-1680   SIC 3621
MACLEAN POWER COMPANY (CANADA) p1011
225 Boul Ford, Chateauguay, QC, J6J 4Z2
(450) 698-0520   SIC 3621
REGAL BELOIT CANADA p617
638 14th St, HANOVER, ON, N4N 2A1
(519) 364-6024   SIC 3621
SMP MOTOR PRODUCTS LTD p858
33 Gaylord Rd, ST THOMAS, ON, N5P 3R9
(519) 633-8422   SIC 3621
TOROMONT INDUSTRIES LTD p796
2437 Kaladar Ave, OTTAWA, ON, K1V 8B9
(613) 733-3855   SIC 3621
VERSA POWER SYSTEMS LTD p15
4852 52 St Se, CALGARY, AB, T2B 3R2
(403) 204-6100   SIC 3621

SIC 3625 Relays and industrial controls

156861 CANADA INC p1024
64 Boul Brunswick, DOLLARD-DES-ORMEAUX, QC, H9B 2L3
(514) 421-4445   SIC 3625
ARP AUTOMATION CONTROLS INC p131
80042 475 Ave E Unit 200, HIGH RIVER, AB, T1V 1M3
(403) 652-7130   SIC 3625
BRAY CONTROLS CANADA LTD p1211
377 Rue Mccaffrey, SAINT-LAURENT, QC, H4T 1Z7
(514) 344-2729   SIC 3625
DOUGLAS LIGHTING CONTROLS INC p186
4455 Juneau St, BURNABY, BC, V5C 4C4
(604) 873-4800   SIC 3625
DUPAR CONTROLS INC p545
1751 Bishop St, CAMBRIDGE, ON, N1T 1N5
(519) 624-2510   SIC 3625
ECKEL INDUSTRIES OF CANADA LIMITED p723
35 Allison Ave, MORRISBURG, ON, K0C 1X0
(613) 543-2967   SIC 3625
ECONOLITE CANADA INC p676
110 Travail Rd, MARKHAM, ON, L3S 3J1
(905) 294-9920   SIC 3625
ELECTRIC POWER EQUIPMENT LIMITED p96

15304 118 Ave Nw, EDMONTON, AB, T5V 1C2
(780) 455-4194   SIC 3625
EMERSON ELECTRIC CANADA LIMITED p528
17 Airport Rd, BRANTFORD, ON, N3T 5L7
(519) 758-8450   SIC 3625
GECKO ALLIANCE GROUP INC p1165
450 Av Saint-Jean-Baptiste Bureau 200, Quebec, QC, G2E 6H5
(418) 872-4411   SIC 3625
GENERAL ELECTRIC CANADA COMPANY p100
9449 49 St Nw, EDMONTON, AB, T6B 2L8
(780) 440-7575   SIC 3625
GENERAL ELECTRIC CANADA COMPANY p100
4421 Roper Rd Nw, EDMONTON, AB, T6B 3S5
(780) 438-3280   SIC 3625
GENERAL ELECTRIC CANADA COMPANY p113
9403 17 Ave Nw, EDMONTON, AB, T6N 1J1
(780) 439-4000   SIC 3625
GENERAL ELECTRIC CANADA COMPANY p533
5450 Harvester Rd, BURLINGTON, ON, L7L 5N5
(905) 333-1789   SIC 3625
GENERAL ELECTRIC CANADA COMPANY p536
1150 Walker's Line, BURLINGTON, ON, L7M 1V2
(905) 335-6301   SIC 3625
GENERAL ELECTRIC CANADA COMPANY p662
1510 Woodcock St Unit 1, LONDON, ON, N6H 5S1
SIC 3625
GENERAL ELECTRIC CANADA COMPANY p664
320 Neptune Cres Unit 1, LONDON, ON, N6M 1A1
(519) 451-1522   SIC 3625
GENERAL ELECTRIC CANADA COMPANY p708
2300 Meadowvale Blvd Suite 100, MISSISSAUGA, ON, L5N 5P9
(905) 858-5100   SIC 3625
GENERAL ELECTRIC CANADA COMPANY p708
2300 Meadowvale Blvd Suite 200, MISSISSAUGA, ON, L5N 5P9
(905) 858-5316   SIC 3625
GENERAL ELECTRIC CANADA COMPANY p769
1290 South Service Rd W, OAKVILLE, ON, L6L 5T7
SIC 3625
GENERAL ELECTRIC CANADA COMPANY p769
1290 S Service Rd W, OAKVILLE, ON, L6L 5T7
(905) 849-5048   SIC 3625
GENERAL ELECTRIC CANADA COMPANY p797
1053 Carling Ave, OTTAWA, ON, K1Y 4E9
(613) 761-5370   SIC 3625
GENERAL ELECTRIC CANADA COMPANY p809
107 Park St N Suite 2, PETERBOROUGH, ON, K9J 7B5
(705) 748-8486   SIC 3625
GENERAL ELECTRIC CANADA COMPANY p814
1920 Silicone Dr, PICKERING, ON, L1W 3V7
(905) 427-5656   SIC 3625
GENERAL ELECTRIC CANADA COMPANY p861
180 Constellation Dr, STONEY CREEK, ON, L8E 6B2
(905) 335-6301   SIC 3625
GENERAL ELECTRIC CANADA COMPANY p935
1025 Lansdowne Ave, TORONTO, ON, M6H 3Z6
(416) 583-4200   SIC 3625
GENERAL ELECTRIC CANADA COMPANY p997
1691 Rue De L'industrie, BELOEIL, QC, J3G 0S5
(450) 464-9472   SIC 3625
GENERAL ELECTRIC CANADA COMPANY p1005
2 Boul De L'aeroport, BROMONT, QC, J2L 1S6
(450) 534-0917   SIC 3625
GENERAL ELECTRIC CANADA COMPANY p1122
7420 Rue Saint-Jacques, Montreal, QC, H4B 1W3
(514) 485-7400   SIC 3625
GENERAL ELECTRIC CANADA COMPANY p1128
3060 Rue Peugeot, Montreal, QC, H7L 5C5
(450) 688-8690   SIC 3625
GENERAL ELECTRIC CANADA COMPANY p1141
179 Boul Brunswick, POINTE-CLAIRE, QC, H9R 5N2
SIC 3625
GENERAL ELECTRIC CANADA COMPANY p1153
1130 Boul Charest O, Quebec, QC, G1N 2E2
(418) 682-8500   SIC 3625
GENERAL ELECTRIC CANADA COMPANY p1285
Gd, REGINA, SK, S4P 3L7
(306) 525-0122   SIC 3625
GRIMARD.CA INC p1127
1855 Rue Bernard-Lefebvre Bureau 100, Montreal, QC, H7C 0A5
(450) 665-5553   SIC 3625
JCA INDUSTRIES INC p383
118 King Edward St E, WINNIPEG, MB, R3H 0N8
(204) 415-1104   SIC 3625
KEYSCAN INC p958
901 Burns St E, WHITBY, ON, L1N 0E6
(905) 430-7226   SIC 3625
LOCKHEED MARTIN CANADA INC p791
45 O'connor St Suite 870, OTTAWA, ON, K1P 1A4
(613) 688-0698   SIC 3625
NORAC SYSTEMS INTERNATIONAL INC p1305
3702 Kinnear Pl, SASKATOON, SK, S7P 0A6
(306) 664-6711   SIC 3625
PARKER HANNIFIN CANADA p389
1305 Clarence Ave, WINNIPEG, MB, R3T 1T4
(204) 452-6776   SIC 3625
REGAL BELOIT CANADA ULC p229
9087a 198 St, LANGLEY, BC, V1M 3B1
(604) 888-0110   SIC 3625
ROCKWELL AUTOMATION CANADA CONTROL SYSTEMS p544
135 Dundas St, CAMBRIDGE, ON, N1R 5N9
(519) 623-1810   SIC 3625
ROTORK CONTROLS (CANADA) LTD p13
820 28 St Ne Unit 9, CALGARY, AB, T2A 6K1
(403) 207-3020   SIC 3625
SATCON POWER SYSTEMS CANADA LTD p538
835 Harrington Crt, BURLINGTON, ON, L7N 3P3
SIC 3625
SIEMENS CANADA LIMITED p15
4920 43 St Se, CALGARY, AB, T2B 3N3
(403) 279-2211   SIC 3625
SIEMENS CANADA LIMITED p483
167 Hunt St, AJAX, ON, L1S 1P6
(905) 683-8200   SIC 3625

SIEMENS CANADA LIMITED p535
1550 Appleby Line, BURLINGTON, ON, L7L 6X7
(905) 331-0629   SIC 3625

SIEMENS CANADA LIMITED p562
300 Applewood Cres Suite 1, CONCORD, ON, L4K 5C7
(905) 856-5288   SIC 3625

SIEMENS CANADA LIMITED p674
7303 Warden Ave, MARKHAM, ON, L3R 5Y6
(905) 305-1021   SIC 3625

SIEMENS CANADA LIMITED p766
1577 North Service Rd E, OAKVILLE, ON, L6H 0H6
(905) 465-8000   SIC 3625

SIEMENS CANADA LIMITED p1027
1425 Rte Trans-Canada Bureau 400, DORVAL, QC, H9P 2W9
SIC 3625

SIEMENS CANADA LIMITED p1165
2800 Av Saint-Jean-Baptiste Bureau 190, Quebec, QC, G2E 6J5
(418) 687-4524   SIC 3625

SIEMPELKAMP CANADA INC p546
50 Groh Ave, CAMBRIDGE, ON, N3C 1Y9
(519) 500-5888   SIC 3625

T.E.C.M. LIMITED p388
103 Kinkora Dr, WINNIPEG, MB, R3R 2P5
(204) 227-8556   SIC 3625

ZABER TECHNOLOGIES INC p319
605 Kent Ave North W Unit 2, VANCOUVER, BC, V6P 6T7
(604) 569-3780   SIC 3625

SIC 3631 Household cooking equipment

ONWARD MULTI-CORP INC p637
6 Shirley Ave, KITCHENER, ON, N2B 2E7
(519) 772-1175   SIC 3631

PADINOX INC p982
489 Brackley Point Rd, CHARLOTTETOWN, PE, C1E 1Z3
(902) 629-1500   SIC 3631

SIC 3633 Household laundry equipment

WHIRLPOOL CANADA LP p712
1901 Minnesota Crt, MISSISSAUGA, ON, L5N 3C9
(905) 821-6400   SIC 3633

SIC 3634 Electric housewares and fans

ABATEMENT TECHNOLOGIES LIMITED p589
7 High St, FORT ERIE, ON, L2A 3P6
(905) 871-4720   SIC 3634

ELECTROLUX CANADA CORP p1051
802 Boul De L'ange-Gardien, L'ASSOMPTION, QC, J5W 1T6
(450) 589-5701   SIC 3634

HAMILTON BEACH BRANDS CANADA, INC p815
10 Mcfarland Dr Suite 201, PICTON, ON, K0K 2T0
(613) 476-2191   SIC 3634

LENNOX INDUSTRIES (CANADA) LTD p581
400 Norris Glen Rd, ETOBICOKE, ON, M9C 1H5
(416) 621-9302   SIC 3634

MARITIME PRESSUREWORKS LIMITED p473
11 Pond Dr, SPRINGHILL, NS, B0M 1X0
(902) 597-3500   SIC 3634

NESTLE CANADA INC p1116
2060 Rue De La Montagne Bureau 304, Montreal, QC, H3G 1Z7
(514) 350-5754   SIC 3634

SIC 3639 Household appliances, nec

ITW CANADA INC p803
2875 East Bay Shore Road, OWEN SOUND, ON, N4K 5P5
(519) 376-8886   SIC 3639

SIC 3641 Electric lamps

LEDVANCE LTD p689
5450 Explorer Dr Suite 100, MISSISSAUGA, ON, L4W 5N1
(905) 361-9327   SIC 3641

PHILIPS LIGHTING CANADA LTD p565
525 Education Rd, CORNWALL, ON, K6H 6C7
SIC 3641

SIC 3643 Current-carrying wiring devices

BURNDY CANADA INC p670
245 Renfrew Dr, MARKHAM, ON, L3R 6G3
(905) 940-3288   SIC 3643

BURNDY CANADA INC p814
870 Brock Rd, PICKERING, ON, L1W 1Z8
(905) 752-5400   SIC 3643

CICAME ENERGIE INC p1193
5400 Rue J.-A.-Bombardier, SAINT-HUBERT, QC, J3Z 1G8
(450) 679-7778   SIC 3643

ILSCO OF CANADA COMPANY p696
615 Orwell St, MISSISSAUGA, ON, L5A 2W4
(905) 274-2341   SIC 3643

NEOLECT INC p1009
104 Boul Montcalm N, CANDIAC, QC, J5R 3L8
(450) 659-5457   SIC 3643

TECHSPAN INDUSTRIES INC p705
3131 Pepper Mill Crt Unit 1, MISSISSAUGA, ON, L5L 4X6
(905) 820-6150   SIC 3643

TYCO ELECTRONICS CANADA ULC p675
20 Esna Park Dr, MARKHAM, ON, L3R 1E1
(905) 475-6222   SIC 3643

SIC 3644 Noncurrent-carrying wiring devices

ANAMET CANADA INC p590
36 Wolfe St, FRANKFORD, ON, K0K 2C0
(613) 398-1313   SIC 3644

ANIXTER CANADA INC p513
7956 Torbram Rd Unit 1, BRAMPTON, ON, L6T 5A2
(905) 790-9100   SIC 3644

HELIX UNIFORME LTEE p1057
1600 46e Av, LACHINE, QC, H8T 3J9
(514) 828-0057   SIC 3644

HUBBELL CANADA LP p1133
4700 Rue D'amiens, MONTREAL-NORD, QC, H1H 2H8
(514) 322-3543   SIC 3644

METAFAB (1996) INC p1165
4155 Rue Jean-Marchand, Quebec, QC, G2C 2J2
(418) 840-3684   SIC 3644

PRODUITS BEL INC p1132
6868 Boul Maurice-Duplessis, MONTREAL-NORD, QC, H1G 1Z6
(514) 327-2800   SIC 3644

REFLEX MANUFACTURING LTD p93
17223 105 Ave Nw, EDMONTON, AB, T5S 1H2
(780) 484-4002   SIC 3644

THOMAS & BETTS FABRICATION INC p1197
700 Av Thomas, Saint-Jean-Sur-Richelieu, QC, J2X 2M9
(450) 347-5318   SIC 3644

THOMAS & BETTS FABRICATION INC p1220
760 Rue Notre-Dame, Saint-Remi, QC, J0L 2L0
(450) 454-2452   SIC 3644

THOMAS & BETTS, LIMITEE p1199
100 Rue Longtin, SAINT-JEAN-SUR-RICHELIEU, QC, J3B 3G5
(450) 347-2304   SIC 3644

SIC 3645 Residential lighting fixtures

ARTCRAFT ELECTRIC LIMITED p513
8050 Torbram Rd, BRAMPTON, ON, L6T 3T2
(905) 791-1551   SIC 3645

PHILIPS LIGHTING CANADA LTD p586
91 Skyway Ave Unit 100, ETOBICOKE, ON, M9W 6R5
(416) 674-6101   SIC 3645

SOLOTECH INC p1156
935 Rue Lachance Bureau 200, Quebec, QC, G1P 2H3
(418) 683-5553   SIC 3645

SIC 3646 Commercial lighting fixtures

ECLAIRAGE LUMENPULSE INC p1118
1751 Rue Richardson Bureau 1505, Montreal, QC, H3K 1G6
(514) 937-3003   SIC 3646

ECLAIRAGE LUMENPULSE INC p1145
515 Rue Adanac, Quebec, QC, G1C 6B9
(418) 664-0900   SIC 3646

GROUPE LUMENPULSE INC p1118
1751 Rue Richardson Bureau 1505, Montreal, QC, H3K 1G6
(514) 937-3003   SIC 3646

PHILIPS LIGHTING CANADA LTD p1000
640 Boul Du Cure Boivin, BOISBRIAND, QC, J7G 2A7
(450) 430-7040   SIC 3646

PHILIPS LIGHTING CANADA LTD p1057
3015 Rue Louis-A.-Amos, LACHINE, QC, H8T 1C4
(514) 636-0670   SIC 3646

SIC 3647 Vehicular lighting equipment

MAGNA INTERNATIONAL INC p502
345 University Ave Suite 1, BELLEVILLE, ON, K8N 5T7
(613) 969-1122   SIC 3647

MAGNA INTERNATIONAL INC p504
345 Bell Blvd, BELLEVILLE, ON, K8P 5H9
(613) 969-1122   SIC 3647

MARBLE ELECTRONICS INC p604
650 Woodlawn Rd W Suite 16a, GUELPH, ON, N1K 1B8
(519) 767-2863   SIC 3647

SWS STAR WARNING SYSTEMS INC p738
7695 Blackburn Pky, NIAGARA FALLS, ON, L2H 0A6
(905) 357-0222   SIC 3647

SIC 3648 Lighting equipment, nec

ACUITY BRANDS LIGHTNING, INC p639
219 Shoemaker St, KITCHENER, ON, N2E 3B3
SIC 3648

CONXCORP LTD p718
6350 Netherhart Rd Unit 2, MISSISSAUGA, ON, L5T 1K3
(866) 815-2669   SIC 3648

FLUXWERX ILLUMINATION INC p207
1364 Cliveden Ave, DELTA, BC, V3M 6K2
(604) 549-9379   SIC 3648

LEVITT-SAFETY LIMITED p893
33 Laird Dr, TORONTO, ON, M4G 3S8
(416) 425-6559   SIC 3648

LITEFORM INTERNATIONAL INC p719
261 Ambassador Dr, MISSISSAUGA, ON, L5T 2J2
(905) 564-2090   SIC 3648

PHILIPS ELECTRONICS LTD p586
91 Skyway Ave Unit 100, ETOBICOKE, ON, M9W 6R5
(416) 674-6101   SIC 3648

THOMAS & BETTS, LIMITEE p711
2000 Argentia Rd Suite 500, MISSISSAUGA, ON, L5N 1W1
SIC 3648

SIC 3651 Household audio and video equipment

A F C TECHNOLOGIES INC p729
61 Bill Leathem Dr, NEPEAN, ON, K2J 0P7
(613) 843-3000   SIC 3651

AVIGILON CORPORATION p303
555 Robson St 3rd Fl, VANCOUVER, BC, V6B 3K9
(604) 629-5182   SIC 3651

CIRCUS WORLD DISPLAYS LIMITED p738
4080 Montrose Rd, NIAGARA FALLS, ON, L2H 1J9
(905) 353-0732   SIC 3651

DSPFACTORY LTD p953
611 Kumpf Dr Unit 200, WATERLOO, ON, N2V 1K8
(519) 884-9696   SIC 3651

LENBROOK INDUSTRIES LIMITED p814
633 Granite Crt, PICKERING, ON, L1W 3K1
(905) 831-6555   SIC 3651

LONG & MCQUADE LIMITED p814
550 Granite Crt, PICKERING, ON, L1W 3Y8
(905) 839-8816   SIC 3651

PARAMOUNT PICTURES ENTERTAINMENT CANADA INC p920
40 University Ave Suite 900, TORONTO, ON, M5J 1T1
(416) 969-9901   SIC 3651

SIC 3652 Prerecorded records and tapes

CINRAM CANADA OPERATIONS ULC p843
400 Nugget Ave, SCARBOROUGH, ON, M1S 4A4
(416) 332-9000   SIC 3652

PRODUITS DISQUE AMERIC INC p1031
2525 Rue Canadien, DRUMMONDVILLE, QC, J2C 7W2
SIC 3652

ZANIN CD/DVD INC p1211
3305 Boul Pitfield, SAINT-LAURENT, QC, H4S 1H3
(514) 342-6396   SIC 3652

SIC 3661 Telephone and telegraph apparatus

LABORATOIRES DE RECHERCHE DE LAN WIREWERKS INC, LES p994
19144 Av Cruickshank, Baie-D'Urfe, QC, H9X 3P1
(514) 635-1103   SIC 3661

MICROSEMI STORAGE SOLUTIONS LTD p184
8555 Baxter Pl Suite 105, BURNABY, BC, V5A 4V7
(604) 415-6000   SIC 3661

SIC 3663 Radio and t.v. communications equipment

ADVANTECH ALLGON TECHNOLOGIES MICRO-ONDE INC p1208
2341 Boul Alfred-Nobel, SAINT-LAURENT,

QC, H4S 2B8
   SIC 3663
BLACKBERRY LIMITED p951
   2240 University Ave E, WATERLOO, ON, N2K 0A9
   (519) 888-7465   SIC 3663
BLACKBERRY LIMITED p951
   450 Phillip St, WATERLOO, ON, N2L 5J2
   (519) 888-7465   SIC 3663
BLACKLINE SAFETY CORP p27
   1215 13 St Se Suite 101, CALGARY, AB, T2G 3J4
   (403) 451-0327   SIC 3663
CHELTON TECHNOLOGIES CANADA LIMITED p225
   1925 Kirschner Rd Suite 14, KELOWNA, BC, V1Y 4N7
   (250) 763-2232   SIC 3663
COBHAM TRACKING & LOCATING LTD p479
   90 Sanford Dr, WINDSOR, NS, B0N 2T0
   (902) 798-8999   SIC 3663
COMMUNICATIONS & POWER INDUSTRIES CANADA INC p591
   Lower Level 45 River Dr, GEORGETOWN, ON, L7G 2J4
   (905) 877-0161   SIC 3663
EVERTZ MICROSYSTEMS LTD p533
   5292 John Lucas Dr, BURLINGTON, ON, L7L 5Z9
   (905) 335-3700   SIC 3663
ICC IMAGINE COMMUNICATIONS CANADA LTD p752
   25 Dyas Rd, NORTH YORK, ON, M3B 1V7
   (416) 445-9640   SIC 3663
KAPSCH TRAFFICCOM IVHS CORP p554
   Gd, COBOURG, ON, K9A 4K1
   (905) 372-7225   SIC 3663
MACDONALD, DETTWILER AND ASSOCIATES CORPORATION p1224
   21025 Aut Transcanadienne, SAINTE-ANNE-DE-BELLEVUE, QC, H9X 3R2
   (514) 457-2100   SIC 3663
MICRO-ONDES APOLLO LTEE p1027
   1650 Rte Transcanadienne, DORVAL, QC, H9P 1H7
   (514) 421-2211   SIC 3663
NORTHERN AIRBORNE TECHNOLOGY LTD p226
   1925 Kirschner Rd Suite 14, KELOWNA, BC, V1Y 4N7
   (250) 763-2232   SIC 3663
PANOPTIC SOFTWARE INC p602
   367 Woodlawn Rd W Unit 2, GUELPH, ON, N1H 7K9
   (519) 504-1232   SIC 3663
ROSS VIDEO LIMITED p727
   64 Auriga Dr Suite 1, NEPEAN, ON, K2E 1B8
   (613) 228-0688   SIC 3663
SDP TELECOM ULC p1027
   1725 Rte Transcanadienne, DORVAL, QC, H9P 1J1
   (514) 421-5959   SIC 3663
SINCLAIR TECHNOLOGIES INC p491
   85 Mary St, AURORA, ON, L4G 6X5
   (905) 727-0165   SIC 3663
TURNPIKE GLOBAL TECHNOLOGIES INC p766
   2401 Bristol Cir Suite C 100, OAKVILLE, ON, L6H 5S9
   (905) 829-9204   SIC 3663

SIC 3669 Communications equipment, nec

CIRCLE CORTINA INDUSTRIES CANADA LTD p858
   195 Edward St, ST THOMAS, ON, N5P 1Z4
   (519) 631-2900   SIC 3669
COM DEV LTD p543
   155 Sheldon Dr, CAMBRIDGE, ON, N1R 7H6
   (519) 622-2300   SIC 3669
COM DEV LTD p623
   303 Terry Fox Dr Suite 100, KANATA, ON, K2K 3J1
   (613) 591-7777   SIC 3669
ELFIQ INC p1111
   1155 Boul Robert-Bourassa Suite 712, Montreal, QC, H3B 3A7
   (514) 667-0611   SIC 3669
FORTRAN TRAFFIC SYSTEMS LIMITED p840
   470 Midwest Rd, SCARBOROUGH, ON, M1P 4Y5
   (416) 288-1320   SIC 3669
INTERALIA INC p59
   4110 79 St Nw, CALGARY, AB, T3B 5C2
   (403) 288-2706   SIC 3669
LUMENTUM OTTAWA INC p730
   61 Bill Leathem Dr, NEPEAN, ON, K2J 0P7
   (613) 843-3000   SIC 3669
MGC SYSTEMS INTERNATIONAL LTD p560
   25 Interchange Way, CONCORD, ON, L4K 5W3
   (905) 660-4655   SIC 3669
MICROHARD SYSTEMS INC p64
   150 Country Hills Landng Nw Suite 101, CALGARY, AB, T3K 5P3
   (403) 248-0028   SIC 3669
MINE RADIO SYSTEMS INC p596
   394 Highway 47, GOODWOOD, ON, L0C 1A0
   (905) 640-1839   SIC 3669
MIRCOM TECHNOLOGIES LTD p947
   25 Interchange Way Suite 1, VAUGHAN, ON, L4K 5W3
   (905) 660-4655   SIC 3669
NORSAT INTERNATIONAL INC p267
   4020 Viking Way Suite 110, RICHMOND, BC, V6V 2L4
   (604) 821-2800   SIC 3669
RAYTHEON CANADA LIMITED p952
   400 Phillip St, WATERLOO, ON, N2L 6R7
   (519) 885-0110   SIC 3669
SIGNALISATION VER-MAC INC p1166
   1781 Rue Bresse, Quebec, QC, G2G 2V2
   (418) 654-1303   SIC 3669
SPIRENT COMMUNICATIONS OF OTTAWA LTD p626
   750 Palladium Dr Unit 310, KANATA, ON, K2V 1C7
   (613) 592-2661   SIC 3669
TROY LIFE & FIRE SAFETY LTD p453
   80 Raddall Ave Suite 5, DARTMOUTH, NS, B3B 1T7
   (902) 468-9500   SIC 3669
UTC FIRE & SECURITY CANADA p606
   7 Keefer Crt, HAMILTON, ON, L8E 4V4
   (905) 643-6201   SIC 3669
UTC FIRE & SECURITY CANADA p952
   560 Parkside Dr Unit 401, WATERLOO, ON, N2L 5Z4
   (519) 746-4667   SIC 3669
UTC FIRE & SECURITY CANADA INC p691
   5201 Explorer Dr, MISSISSAUGA, ON, L4W 4H1
   (905) 629-2600   SIC 3669

SIC 3671 Electron tubes

BEND ALL AUTOMOTIVE INCORPORATED p492
   115 Wanless Crt, AYR, ON, N0B 1E0
   (519) 623-2001   SIC 3671
TUBE-FAB LTD p982
   36 Fourth St, CHARLOTTETOWN, PE, C1E 2B3
   (902) 436-3229   SIC 3671

SIC 3672 Printed circuit boards

CIRCUITS CMR LTEE p1141
   850 Av Selkirk, POINTE-CLAIRE, QC, H9R 3S3
   (514) 426-5525   SIC 3672
DSV SOLUTIONS INC p671
   20 Ferrier St Unit 1, MARKHAM, ON, L3R 2Z5
   (905) 479-1327   SIC 3672
M P C CIRCUITS INC p728
   1390 Clyde Ave Suite 205, NEPEAN, ON, K2G 3H9
   (613) 739-5060   SIC 3672
PLACEMENTS VIASYSTEMS CANADA, INC p1207
   5400 Boul Thimens Bureau 200a, SAINT-LAURENT, QC, H4R 2K9
   SIC 3672
VIASYSTEMS TORONTO, INC p885
   8150 Sheppard Ave E, TORONTO, ON, M1B 5K2
   (416) 208-2100   SIC 3672

SIC 3674 Semiconductors and related devices

IBM CANADA LIMITED p1005
   23 Boul De L'aeroport, BROMONT, QC, J2L 1A3
   (450) 534-6000   SIC 3674
LUMENIX CORPORATION p575
   15 Akron Rd, ETOBICOKE, ON, M8W 1T3
   (855) 586-3649   SIC 3674
MICROSEMI STORAGE SOLUTIONS LTD p1305
   510 Cope Way Unit 230, SASKATOON, SK, S7T 0G3
   (306) 651-4700   SIC 3674
SMART TECHNOLOGIES ULC p626
   501 Palladium Dr, KANATA, ON, K2V 0A2
   SIC 3674
THK RHYTHM AUTOMOTIVE CANADA LIMITED p963
   6365 Hawthorne Dr, WINDSOR, ON, N8T 3G6
   (519) 739-4222   SIC 3674
UMICORE CANADA INC p136
   7820 43 St, LEDUC, AB, T9E 7E8
   (780) 980-7350   SIC 3674
XEROX BUSINESS SERVICES CANADA INC. p82
   10117 Jasper Ave Nw Suite 101, EDMONTON, AB, T5J 1W8
   (780) 421-8840   SIC 3674

SIC 3677 Electronic coils and transformers

ATC-FROST MAGNETICS INC p764
   1130 Eighth Line, OAKVILLE, ON, L6H 2R4
   (905) 844-6681   SIC 3677
ATC-FROST MAGNETICS INC p951
   550 Parkside Dr Unit D6, WATERLOO, ON, N2L 5V4
   (905) 844-6681   SIC 3677
HAMMOND MANUFACTURING COMPANY LIMITED p953
   52 Rankin St, WATERLOO, ON, N2V 1V9
   SIC 3677

SIC 3678 Electronic connectors

DNA DATA NETWORKING AND ASSEMBLIES LTD p192
   8057 North Fraser Way, BURNABY, BC, V5J 5M8
   (604) 439-1099   SIC 3678

SIC 3679 Electronic components, nec

2088343 ONTARIO LIMITED p769
   2125 Wyecroft Rd, OAKVILLE, ON, L6L 5L7
   SIC 3679
9111-2128 QUEBEC INC p1230
   237 204 Rte, SAINTE-ROSE-DE-WATFORD, QC, G0R 4G0
   (418) 267-4151   SIC 3679
ADVANTECH SANS FIL INC p1026
   657 Av Orly, DORVAL, QC, H9P 1G1
   (514) 420-0045   SIC 3679
ARTAFLEX INC p820
   174 West Beaver Creek Rd, RICHMOND HILL, ON, L4B 1B4
   (905) 470-0109   SIC 3679
ASCS CANADIAN SIGNAL CORPORATION p957
   606 Beech St W, WHITBY, ON, L1N 7T8
   (905) 665-4300   SIC 3679
AUTOLIV ELECTRONICS CANADA INC p670
   7455 Birchmount Rd, MARKHAM, ON, L3R 5C2
   (905) 475-8510   SIC 3679
CANTWELL CULLEN & COMPANY INC p769
   1131 South Service Rd W, OAKVILLE, ON, L6L 6K4
   (905) 825-3255   SIC 3679
CELESTICA INC p753
   12 Concorde Pl Suite 500, NORTH YORK, ON, M3C 3R8
   (416) 448-5800   SIC 3679
CREATION TECHNOLOGIES LP p192
   8997 Fraserton Crt Suite 102, BURNABY, BC, V5J 5H8
   (604) 430-4336   SIC 3679
CREATION TECHNOLOGIES LP p678
   110 Clegg Rd, MARKHAM, ON, L6G 1E1
   (905) 754-0055   SIC 3679
CREATION TECHNOLOGIES LP p708
   6820 Creditview Rd, MISSISSAUGA, ON, L5N 0A9
   (905) 814-6323   SIC 3679
ECI TECHNOLOGY GROUP INC p845
   115 Select Ave Suite 1, SCARBOROUGH, ON, M1V 4A5
   (416) 754-7539   SIC 3679
FLEXTRONICS AUTOMOTIVE INC p845
   85 Select Ave, SCARBOROUGH, ON, M1V 4A9
   SIC 3679
INNOVATION NUTAQ INC p1153
   2150 Rue Cyrille-Duquet Bureau 100, Quebec, QC, G1N 2G3
   (418) 914-7484   SIC 3679
KONGSBERG INC p1042
   90 28e Rue, Grand-Mere, QC, G9T 5K7
   (819) 533-3201   SIC 3679
M.I.S. ELECTRONICS INC p821
   174 West Beaver Creek Rd, RICHMOND HILL, ON, L4B 1B4
   (905) 707-2305   SIC 3679
MERSEN CANADA TORONTO INC p719
   6220 Kestrel Rd, MISSISSAUGA, ON, L5T 1Y9
   (416) 252-9371   SIC 3679
PRECITECH INTERNATIONAL INC p1230
   237 Rte 204, SAINTE-ROSE-DE-WATFORD, QC, G0R 4G0
   (418) 267-4151   SIC 3679
PYLON ELECTRONICS INC p727
   147 Colonnade Rd, NEPEAN, ON, K2E 7L9
   (613) 226-7920   SIC 3679
RF -LAMBDA INC p626
   91 Cambior Cres, KANATA, ON, K2T 1J3
   (888) 976-8880   SIC 3679
SEMTECH CANADA CORPORATION p535
   4281 Harvester Rd, BURLINGTON, ON, L7L 5M4
   (905) 632-2996   SIC 3679
SEMTECH CANADA INC p535
   4281 Harvester Rd, BURLINGTON, ON, L7L 5M4
   (905) 632-2996   SIC 3679
SIEMENS CANADA LIMITED p25
   1930 Maynard Rd Se Unit 24, CALGARY, AB, T2E 6J8
   (403) 252-2278   SIC 3679
SIEMENS CANADA LIMITED p434
   89 O'leary Ave, ST. JOHN'S, NL, A1B 2C9

(709) 364-5131   SIC 3679
ULTRA ELECTRONICS MARITIME SYSTEMS INC   p448
40 Atlantic St, DARTMOUTH, NS, B2Y 4N2
(902) 466-7491   SIC 3679
ULTRA ELECTRONICS TCS INC   p1082
5990 Ch De La Cote-De-Liesse, MONT-ROYAL, QC, H4T 1V7
(514) 855-6363   SIC 3679
ULTRATEC FIBER OPTIC CORPORATION   p319
8838 Heather St Suite 111, VANCOUVER, BC, V6P 3S8
SIC 3679
XMARK CORPORATION   p624
309 Legget Dr Suite 100, KANATA, ON, K2K 3A3
(613) 592-6997   SIC 3679

SIC 3691 Storage batteries

E-ONE MOLI ENERGY (CANADA) LIMITED   p236
20000 Stewart Cres, MAPLE RIDGE, BC, V2X 9E7
(604) 466-6654   SIC 3691
ENERGIZER CANADA INC   p708
6733 Mississauga Rd Suite 800, MISSISSAUGA, ON, L5N 6J5
(905) 286-6175   SIC 3691
ENERGIZER CANADA INC   p948
165 Kincardine Hwy, WALKERTON, ON, N0G 2V0
(519) 881-3310   SIC 3691
SURRETTE BATTERY COMPANY LIMITED   p473
1 Station Rd, SPRINGHILL, NS, B0M 1X0
(902) 597-3767   SIC 3691

SIC 3692 Primary batteries, dry and wet

MAGNA E-CAR SYSTEMS LIMITED PARTNERSHIP   p491
375 Magna Dr, AURORA, ON, L4G 7L6
(905) 726-7300   SIC 3692
OLDHAM BATTERIES CANADA INC   p991
9650 Rue Colbert, ANJOU, QC, H1J 2N2
(514) 355-5110   SIC 3692

SIC 3694 Engine electrical equipment

1100378 ONTARIO LIMITED   p762
805 Fenmar Dr, NORTH YORK, ON, M9L 1C8
(416) 746-7704   SIC 3694
3225537 NOVA SCOTIA LIMITED   p762
805 Fenmar Dr, NORTH YORK, ON, M9L 1C8
SIC 3694
ANDROID INDUSTRIES LLC   p511
14 Precidio Crt, BRAMPTON, ON, L6S 6E3
(905) 458-4774   SIC 3694
D & V ELECTRONICS LTD   p972
130 Zenway Blvd, WOODBRIDGE, ON, L4H 2Y7
(905) 264-7646   SIC 3694
QUICK CABLE CANADA LTD   p720
6395 Kestrel Rd, MISSISSAUGA, ON, L5T 1Z5
(905) 362-1606   SIC 3694
SKYJACK INC   p603
55 Campbell Rd, GUELPH, ON, N1H 1B9
(519) 837-0888   SIC 3694
SOLUTIONS BLEUES CANADA INC   p1005
1600 Rue De Coulomb, BOUCHERVILLE, QC, J4B 7Z7
(450) 655-6621   SIC 3694

SIC 3695 Magnetic and optical recording media

MOLEX CANADA LTD   p954
50 Northland Rd, WATERLOO, ON, N2V 1N3
(519) 725-5136   SIC 3695

SIC 3699 Electrical equipment and supplies, nec

4III INNOVATIONS INC   p69
141 2 Ave E, COCHRANE, AB, T4C 2B9
(403) 800-3095   SIC 3699
9141-0720 QUEBEC INC   p1140
136 Av Oneida, POINTE-CLAIRE, QC, H9R 1A8
(514) 426-1332   SIC 3699
AISCENT TECHNOLOGIES INC   p190
4720 Kingsway Suite 2600, BURNABY, BC, V5H 4N2
(778) 374-1720   SIC 3699
BSM TECHNOLOGIES LTD   p189
4299 Canada Way Suite 215, BURNABY, BC, V5G 1H3
(866) 287-0135   SIC 3699
BSM TECHNOLOGIES LTD   p584
75 International Blvd Suite 100, ETOBICOKE, ON, M9W 6L9
(416) 675-1201   SIC 3699
CAE INC   p623
1135 Innovation Dr Suite 300, KANATA, ON, K2K 3G7
(613) 247-0342   SIC 3699
CIRCUS WORLD DISPLAYS LIMITED   p738
4080 Montrose Rd, NIAGARA FALLS, ON, L2H 1J9
(905) 353-0732   SIC 3699
COHERENT CANADA INC   p702
1222 April Dr, MISSISSAUGA, ON, L5J 3J7
(905) 823-5808   SIC 3699
CSG SECURITY CORPORATION   p90
10118 175 St Nw, EDMONTON, AB, T5S 1L1
(780) 423-3281   SIC 3699
CSG SECURITY CORPORATION   p186
3997 Henning Dr Suite 101, BURNABY, BC, V5C 6N5
(604) 681-7364   SIC 3699
CSG SECURITY CORPORATION   p687
5201 Explorer Dr, MISSISSAUGA, ON, L4W 4H1
(905) 629-1446   SIC 3699
EMCON EMANATION CONTROL LTD   p623
360 Terry Fox Dr Suite 100, KANATA, ON, K2K 2P5
(613) 270-9009   SIC 3699
G.A.L. MANUFACTURING CORPORATION   p719
6500 Gottardo Crt, MISSISSAUGA, ON, L5T 2A2
(905) 624-6565   SIC 3699
IDEAL INDUSTRIES (CANADA), CORP   p483
33 Fuller Rd, AJAX, ON, L1S 2E1
(905) 683-3400   SIC 3699
MANUFACTURE EXM LTEE   p999
870 Boul Michele-Bohec, BLAINVILLE, QC, J7C 5E2
(450) 979-4373   SIC 3699
MITSUBISHI HITACHI POWER SYSTEMS CANADA, LTD   p55
10655 Southport Rd Sw Unit 460, CALGARY, AB, T2W 4Y1
(403) 278-1881   SIC 3699
NATIONAL ELECTRONIC ARTICLE SURVEILLANCE SYSTEMS LTD   p506
13 Holland Dr Suite 10, BOLTON, ON, L7E 1G4
SIC 3699
NBS TECHNOLOGIES INC   p581
703 Evans Ave Suite 400, ETOBICOKE, ON, M9C 5E9
(416) 621-2798   SIC 3699
PRODUITS DE SECURITE NORTH LTEE   p1170

3719 Rue Des Commissaires, RAWDON, QC, J0K 1S0
SIC 3699
SECURE 724 LTD   p752
1959 Leslie St, NORTH YORK, ON, M3B 2M3
(416) 923-6984   SIC 3699
SYSTEMES D'ENTRAINEMENT MEGGITT (QUEBEC) INC   p1207
6140 Boul Henri-Bourassa O, SAINT-LAURENT, QC, H4R 3A6
(514) 339-9938   SIC 3699
THOMAS & BETTS, LIMITEE   p1143
4025 Aut Transcanadienne, POINTE-CLAIRE, QC, H9R 1B4
(514) 694-6800   SIC 3699
TRENCH LIMITED   p814
1865 Clements Rd, PICKERING, ON, L1W 3R8
(647) 925-9760   SIC 3699
TRENCH LIMITED   p846
71 Maybrook Dr, SCARBOROUGH, ON, M1V 4B6
(416) 298-8108   SIC 3699
TYCO SAFETY PRODUCTS CANADA LTD   p760
95 Bridgeland Ave, NORTH YORK, ON, M6A 1Y7
(905) 760-3000   SIC 3699
TYCO SAFETY PRODUCTS CANADA LTD   p1008
9995 Rue De Chateauneuf Unite L, BROSSARD, QC, J4Z 3V7
(450) 444-2040   SIC 3699
UTC FIRE & SECURITY CANADA   p625
8 Hearst Way, KANATA, ON, K2L 2P4
(613) 591-0762   SIC 3699

SIC 3711 Motor vehicles and car bodies

7246404 CANADA INC   p1183
1210 Av Saint-Alphonse, SAINT-BRUNO-LAC-SAINT-JEAN, QC, G0W 2L0
(418) 343-2989   SIC 3711
ALEXANDER DENNIS (CANADA) INC   p557
130 Pippin Rd Unit B, CONCORD, ON, L4K 4X9
(905) 660-8400   SIC 3711
CONQUEST VEHICLES INC   p576
3300 Bloor St W Suite 3100, ETOBICOKE, ON, M8X 2X3
(905) 882-0606   SIC 3711
FORD MOTOR COMPANY OF CANADA, LIMITED   p858
Gd, ST THOMAS, ON, N5P 3W1
SIC 3711
FORD MOTOR COMPANY OF CANADA, LIMITED   p858
1188 Ford Sunset Rd, ST THOMAS, ON, N5P 3W1
(519) 637-5332   SIC 3711
FORD MOTOR COMPANY OF CANADA, LIMITED   p962
6500 Cantelon Dr, WINDSOR, ON, N8T 0A6
(519) 251-4401   SIC 3711
GENERAL DYNAMICS LAND SYSTEMS - CANADA CORPORATION   p650
1991 Oxford St E Bldg 15, LONDON, ON, N5V 2Z7
(519) 964-5900   SIC 3711
GENERAL DYNAMICS LAND SYSTEMS - CANADA CORPORATION   p650
2035 Oxford St E, LONDON, ON, N5V 2Z7
(519) 964-5900   SIC 3711
GENERAL DYNAMICS LAND SYSTEMS - CANADA CORPORATION   p801
1941 Robertson Rd, OTTAWA, ON, K2H 5B7
(613) 596-7222   SIC 3711
GENERAL MOTORS OF CANADA COMPANY   p779
1908 Colonel Sam Dr, OSHAWA, ON, L1H 8P7
(905) 644-5000   SIC 3711

GROUPE VOLVO CANADA INC   p1187
1000 Boul Industriel Bureau 1160, SAINT-EUSTACHE, QC, J7R 5A5
(450) 472-6410   SIC 3711
GROUPE VOLVO CANADA INC   p1188
155 Rte Marie-Victorin, Saint-Francois-du-Lac, QC, J0G 1M0
(450) 568-3335   SIC 3711
HBPO CANADA INC   p964
2570 Central Ave, WINDSOR, ON, N8W 4J5
(519) 251-4300   SIC 3711
HINO MOTORS CANADA, LTD   p978
1000 Ridgeway Rd, WOODSTOCK, ON, N4V 1E2
(519) 421-0500   SIC 3711
HONDA CANADA INC   p486
4700 Tottenham Rd, ALLISTON, ON, L9R 1A2
(705) 435-5561   SIC 3711
HONDA CANADA INC   p677
180 Honda Blvd Suite 200, MARKHAM, ON, L6C 0H9
(905) 888-8110   SIC 3711
MAGNA INTERNATIONAL INC   p560
141 Staffern Dr, CONCORD, ON, L4K 2R2
(905) 738-3700   SIC 3711
MARTINREA AUTOMOTIVE SYSTEMS CANADA LTD   p483
650 Finley Ave, AJAX, ON, L1S 6N1
(905) 428-3737   SIC 3711
MARTINREA AUTOMOTIVE SYSTEMS CANADA LTD   p665
3820 Commerce Rd, LONDON, ON, N6N 1P6
(519) 690-5070   SIC 3711
MOTOR COACH INDUSTRIES LIMITED   p1123
3500 Rue Saint-Patrick, Montreal, QC, H4E 1A2
(514) 938-4510   SIC 3711
NAVISTAR CANADA, INC   p552
508 Richmond St, Chatham, ON, N7M 1R3
SIC 3711
NAVISTAR CANADA, INC   p627
405 Van Buren St, KEMPTVILLE, ON, K0G 1J0
(613) 258-1126   SIC 3711
NEW FLYER INDUSTRIES CANADA ULC   p365
25 De Baets St, WINNIPEG, MB, R2J 4G5
(204) 982-8400   SIC 3711
NEW FLYER INDUSTRIES CANADA ULC   p365
45 Beghin Ave Unit 7, WINNIPEG, MB, R2J 4B9
(204) 982-8413   SIC 3711
PACCAR OF CANADA LTD   p1231
10 Rue Sicard, SAINTE-THERESE, QC, J7E 4K9
(450) 435-6171   SIC 3711
SEAGRAVE FIRE APPARATUS COMPANY   p549
7 Industrial Ave, CARLETON PLACE, ON, K7C 3V7
(613) 257-8197   SIC 3711
SIMARD SUSPENSIONS INC   p995
707 Ch Saint-Laurent, BAIE-SAINT-PAUL, QC, G3Z 2L6
(418) 240-2743   SIC 3711
TENCO INC   p1242
1318 Rue Principale, St-Valerien, QC, J0H 2B0
(450) 549-2411   SIC 3711
TOYOTA MOTOR MANUFACTURING CANADA INC   p978
1717 Dundas St, WOODSTOCK, ON, N4S 0A4
(519) 653-1111   SIC 3711
TOYOTA MOTOR MANUFACTURING CANADA INC   p978
715106 Oxford Rd Suite 4, WOODSTOCK, ON, N4S 7V9
SIC 3711
TRIPLE E CANADA LTD   p361

301 Roblin Blvd, WINKLER, MB, R6W 4C4
(204) 325-4361 SIC 3711

SIC 3713 Truck and bus bodies

COLLINS MANUFACTURING CO. LTD p229
9835 199a St Suite 5, LANGLEY, BC, V1M 2X7
(604) 888-2812 SIC 3713
DEL EQUIPMENT LIMITED p17
3939 54 Ave Se Suite 12, CALGARY, AB, T2C 2L2
(403) 236-9735 SIC 3713
DEL EQUIPMENT LIMITED p893
139 Laird Dr, TORONTO, ON, M4G 3V6
(416) 421-5851 SIC 3713
DIESEL EQUIPMENT LIMITED p1026
1655 Boul Hymus, DORVAL, QC, H9P 1J5
(514) 684-1760 SIC 3713
EMPIRE IRON WORKS LTD p168
4102 44 Ave, STETTLER, AB, T0C 2L0
(403) 742-6121 SIC 3713
FANOTECH ENVIRO INC p620
220 Old North Rd, HUNTSVILLE, ON, P1H 2J4
(705) 645-5434 SIC 3713
LANGFAB FABRICATORS LTD p282
19405 Enterprise Way, SURREY, BC, V3S 6J8
(604) 530-7227 SIC 3713
LES INDUSTRIES FIBROBEC INC p998
219 Rue Saint-Georges, BELOEIL, QC, J3G 4N4
(450) 467-8611 SIC 3713
METAL GRENIER LTEE p1260
970 Boul Pierre-Roux E, VICTORIAVILLE, QC, G6T 2H6
(819) 752-3807 SIC 3713
POUDRIER FRERES LTEE p1259
430 Rue Cantin, VICTORIAVILLE, QC, G6P 7E6
SIC 3713
PRIDE BODIES LTD p543
37 Raglin Pl, CAMBRIDGE, ON, N1R 7J2
(519) 620-8787 SIC 3713
THERMO KING WESTERN (CALGARY) INC p20
6213 29 St Se, CALGARY, AB, T2C 1R3
(403) 236-1020 SIC 3713
WALINGA INC p346
70 3rd Ave Ne, CARMAN, MB, R0G 0J0
(204) 745-2951 SIC 3713

SIC 3714 Motor vehicle parts and accessories

3378918 CANADA INC p1214
6255 Boul Couture, SAINT-LEONARD, QC, H1P 3G7
(514) 668-3532 SIC 3714
A.G. SIMPSON AUTOMOTIVE INC p888
200 Yorkland Blvd Suite 800, TORONTO, ON, M2J 5C1
(416) 438-6650 SIC 3714
ABCOR FILTERS INC p942
41 City View Dr, TORONTO, ON, M9W 5A5
(416) 245-6886 SIC 3714
ARCELORMITTAL TUBULAR PRODUCTS CANADA G.P. p521
14 Holtby Ave, BRAMPTON, ON, L6X 2M3
(905) 451-2400 SIC 3714
ARCELORMITTAL TUBULAR PRODUCTS CANADA G.P. p976
193 Givins St, WOODSTOCK, ON, N4S 5Y8
(519) 537-6671 SIC 3714
ARCELORMITTAL TUBULAR PRODUCTS CANADA G.P. p976
193 Givins St, WOODSTOCK, ON, N4S 5Y8
(519) 537-6671 SIC 3714
BRAS DE FER GINGRAS INC, LES p1222
367 Boul Chabot, SAINT-UBALDE, QC, G0A 4L0

(418) 277-2690 SIC 3714
CANADIAN TEST CASE 168 INC. p713
5770 Hurontario St, MISSISSAUGA, ON, L5R 3G5
SIC 3714
CANADIAN TEST CASE 185 p707
6750 Century Ave Suite 300, MISSISSAUGA, ON, L5N 2V8
(905) 999-2222 SIC 3714
CONTINENTAL TIRE CANADA, INC p659
1020 Adelaide St S, LONDON, ON, N6E 1R6
(866) 256-3877 SIC 3714
CONTITECH CANADA, INC p803
3225 3rd Ave E, OWEN SOUND, ON, N4K 5N3
SIC 3714
COOPER-STANDARD AUTOMOTIVE CANADA LIMITED p592
268 Appin Rd Rr 4, GLENCOE, ON, N0L 1M0
(519) 287-2450 SIC 3714
CULASSES DU FUTUR L. R. INC, LES p1076
1390 Av De La Gare, MASCOUCHE, QC, J7K 2Z2
(514) 966-3450 SIC 3714
DANA CANADA CORPORATION p497
120 Welham Rd, BARRIE, ON, L4N 8Y4
(705) 737-2300 SIC 3714
DANA CANADA CORPORATION p543
401 Franklin Blvd, CAMBRIDGE, ON, N1R 8G8
(519) 621-1303 SIC 3714
DANA CANADA CORPORATION p768
656 Kerr St, OAKVILLE, ON, L6K 3E4
(905) 849-1200 SIC 3714
DANA CANADA CORPORATION p876
90 Hayes Rd, THOROLD, ON, L2V 0C3
SIC 3714
DCL INTERNATIONAL INC p558
140 Cidermill Ave Suite D, CONCORD, ON, L4K 4T5
(905) 660-6451 SIC 3714
ESW CANADA INC p559
335 Connie Cres, CONCORD, ON, L4K 5R2
(905) 695-4141 SIC 3714
F&P MFG., INC p864
275 Wright Blvd, STRATFORD, ON, N5A 7Y1
SIC 3714
F&P MFG., INC p943
1 Nolan Rd, TOTTENHAM, ON, L0G 1W0
(905) 936-3435 SIC 3714
FAG AEROSPACE INC p714
6255 Cantay Rd, MISSISSAUGA, ON, L5R 3Z4
(905) 829-2750 SIC 3714
FEDERAL-MOGUL CANADA LIMITED p708
6860 Century Ave, MISSISSAUGA, ON, L5N 2W5
(905) 761-5400 SIC 3714
FLEX-N-GATE CANADA COMPANY p809
775 Technology Dr, PETERBOROUGH, ON, K9J 6Z8
(705) 742-3534 SIC 3714
FLOWSERVE CANADA CORP p114
9044 18 St Nw Suite 1, EDMONTON, AB, T6P 1K6
(780) 449-4850 SIC 3714
FORD MOTOR COMPANY OF CANADA, LIMITED p968
1 Quality Way, WINDSOR, ON, N9A 6X3
(519) 944-8658 SIC 3714
GIBSON, R. W. CONSULTING SERVICES LTD p86
14715 116 Ave Nw, EDMONTON, AB, T5M 3E8
(780) 453-5105 SIC 3714
GNUTTI LTD p620
404 Canada Ave, HURON PARK, ON, N0M 1Y0
(519) 228-9494 SIC 3714
GROUND EFFECTS LTD p958
300 Water St, WHITBY, ON, L1N 9B6

(519) 919-1751 SIC 3714
GROUND EFFECTS LTD p958
920 Champlain Crt Suite 7, WHITBY, ON, L1N 6K9
SIC 3714
GROUND EFFECTS LTD p964
2775 St Etienne Blvd, WINDSOR, ON, N8W 5B1
(519) 944-3800 SIC 3714
HANON SYSTEMS CANADA INC p502
360 University Ave Suite 2, BELLEVILLE, ON, K8N 5T6
(613) 969-1460 SIC 3714
INDUSTRIES SPECTRA PREMIUM INC, LES p865
533 Romeo St S, STRATFORD, ON, N5A 4V3
(519) 275-3802 SIC 3714
INVAR MANUFACTURING CORP p500
1 Parry Dr, BATAWA, ON, K0K 1E0
SIC 3714
KSR INTERNATIONAL CO p826
172 Centre St, RODNEY, ON, N0L 2C0
(519) 785-0121 SIC 3714
KSR INTERNATIONAL INC p825
95 Erie St S, RIDGETOWN, ON, N0P 2C0
(519) 674-5413 SIC 3714
KTH SHELBURNE MFG. INC p848
300 2nd Line, SHELBURNE, ON, L9V 3N4
(519) 925-3030 SIC 3714
LINAMAR CORPORATION p602
355 Silvercreek Pky N, GUELPH, ON, N1H 1E6
(519) 821-7576 SIC 3714
LINAMAR CORPORATION p602
74 Campbell Rd, GUELPH, ON, N1H 1C1
(519) 821-1650 SIC 3714
LINAMAR CORPORATION p602
280 Speedvale Ave W, GUELPH, ON, N1H 1C4
(519) 824-8899 SIC 3714
LINAMAR CORPORATION p602
347 Silvercreek Pky N, GUELPH, ON, N1H 1E6
(519) 837-3055 SIC 3714
LINAMAR CORPORATION p602
351 Silvercreek Pky N, GUELPH, ON, N1H 1E6
(519) 763-0063 SIC 3714
LINAMAR CORPORATION p604
415 Elmira Rd N, GUELPH, ON, N1K 1H3
(519) 763-5369 SIC 3714
LINAMAR CORPORATION p604
301 Massey Rd, GUELPH, ON, N1K 1B2
(519) 836-7554 SIC 3714
LINAMAR CORPORATION p604
12 Independence Pl, GUELPH, ON, N1K 1H8
(519) 763-7786 SIC 3714
LINAMAR CORPORATION p604
32 Independence Pl, GUELPH, ON, N1K 1H8
(519) 827-9423 SIC 3714
LINAMAR CORPORATION p604
400 Massey Rd, GUELPH, ON, N1K 1C4
(519) 763-5370 SIC 3714
LINAMAR CORPORATION p604
30 Minto Rd, GUELPH, ON, N1K 1H5
(519) 821-1429 SIC 3714
LINAMAR CORPORATION p604
30 Malcolm Rd, GUELPH, ON, N1K 1A9
(519) 767-0219 SIC 3714
LINAMAR CORPORATION p604
150 Arrow Rd, GUELPH, ON, N1K 1T4
(519) 822-6627 SIC 3714
LINAMAR CORPORATION p604
545 Elmira Rd N, GUELPH, ON, N1K 1C2
(226) 326-0125 SIC 3714
LINAMAR CORPORATION p604
285 Massey Rd, GUELPH, ON, N1K 1B2
(519) 763-0704 SIC 3714
LINAMAR CORPORATION p604
375 Massey Rd, GUELPH, ON, N1K 1B2
(519) 822-9008 SIC 3714

LINAMAR CORPORATION p604
148 Arrow Rd, GUELPH, ON, N1K 1T4
(519) 780-2270 SIC 3714
LINAMAR CORPORATION p604
700 Woodlawn Rd W, GUELPH, ON, N1K 1G4
(519) 515-0001 SIC 3714
LINAMAR CORPORATION p604
381 Massey Rd, GUELPH, ON, N1K 1B2
(519) 767-9711 SIC 3714
LINAMAR CORPORATION p961
3590 Valtec Crt, WINDSOR, ON, N8N 5E6
(519) 739-3465 SIC 3714
MAGNA EXTERIORS INC p491
200 Industrial Pky N, AURORA, ON, L4G 4C3
SIC 3714
MAGNA EXTERIORS INC p560
50 Casmir Crt, CONCORD, ON, L4K 4J5
(905) 669-2888 SIC 3714
MAGNA EXTERIORS INC p604
65 Independence Pl, GUELPH, ON, N1K 1H8
(519) 763-6042 SIC 3714
MAGNA INTERNATIONAL INC p491
375 Magna Dr, AURORA, ON, L4G 7L6
(905) 726-7200 SIC 3714
MAGNA INTERNATIONAL INC p515
7655 Bramalea Rd, Brampton, ON, L6T 4Y5
(905) 458-4041 SIC 3714
MAGNA INTERNATIONAL INC p515
2550 Steeles Ave E, BRAMPTON, ON, L6T 5R3
(905) 790-9246 SIC 3714
MAGNA INTERNATIONAL INC p560
591 Basaltic Rd, CONCORD, ON, L4K 4W8
(905) 738-3700 SIC 3714
MAGNA INTERNATIONAL INC p560
401 Caldari Rd Suite B, CONCORD, ON, L4K 5P1
(905) 738-8033 SIC 3714
MAGNA INTERNATIONAL INC p560
120 Spinnaker Way, CONCORD, ON, L4K 2P6
(905) 738-0452 SIC 3714
MAGNA INTERNATIONAL INC p560
210 Citation Dr, CONCORD, ON, L4K 2V2
(905) 738-4108 SIC 3714
MAGNA INTERNATIONAL INC p682
333 Market Dr, MILTON, ON, L9T 4Z7
(905) 878-5571 SIC 3714
MAGNA INTERNATIONAL INC p682
400 Chisholm Dr, MILTON, ON, L9T 5V6
(905) 864-3400 SIC 3714
MAGNA INTERNATIONAL INC p856
2032 First St Louth, ST CATHARINES, ON, L2S 0C5
(905) 641-9110 SIC 3714
MAGNA INTERNATIONAL INC p858
1 Cosma Crt, ST THOMAS, ON, N5P 4J5
(519) 633-8400 SIC 3714
MAGNA INTERNATIONAL INC p858
170 Edward St, ST THOMAS, ON, N5P 4B4
(519) 633-7080 SIC 3714
MAGNA POWERTRAIN INC p491
245 Edward St, AURORA, ON, L4G 3M7
(905) 713-0746 SIC 3714
MAGNA POWERTRAIN INC p560
800 Tesma Way, CONCORD, ON, L4K 5C2
(905) 303-0960 SIC 3714
MAGNA POWERTRAIN INC p561
800 Tesma Way, CONCORD, ON, L4K 5C2
(905) 303-1689 SIC 3714
MAGNA POWERTRAIN INC p561
600 Tesma Way, CONCORD, ON, L4K 5C2
(905) 303-3745 SIC 3714
MAGNA POWERTRAIN INC p561
800 Tesma Way, CONCORD, ON, L4K 5C2
(905) 303-0690 SIC 3714
MAGNA POWERTRAIN INC p561
50 Casmir Crt, CONCORD, ON, L4K 4J5
(905) 532-2100 SIC 3714
MAGNA POWERTRAIN INC p672
430 Cochrane Dr, MARKHAM, ON, L3R 8E3

▲ Public Company   ■ Public Company Family Member   HQ Headquarters   BR Branch   SL Single Location

(905) 474-0899 SIC 3714
MAGNA POWERTRAIN INC
175 Claireville Dr, TORONTO, ON, M9W 6K9
(416) 798-3880 SIC 3714
MAGNA SEATING INC p491
337 Magna Dr, AURORA, ON, L4G 7K1
(905) 726-2462 SIC 3714
MAGNA SEATING INC p665
961 Pond Mills Rd, LONDON, ON, N6N 1C3
(519) 808-9035 SIC 3714
MAGNA SEATING INC p665
3915 Commerce Rd, LONDON, ON, N6N 1P4
(519) 644-1221 SIC 3714
MARWOOD METAL FABRICATION LIMITED p882
101 Townline Rd, TILLSONBURG, ON, N4G 5Y2
(519) 688-1144 SIC 3714
MARWOOD METAL FABRICATION LIMITED p883
105 Spruce St, TILLSONBURG, ON, N4G 5C4
(519) 688-1144 SIC 3714
MARWOOD METAL FABRICATION LIMITED p977
460 Industrial Dr Unit 4, WOODSTOCK, ON, N4S 7L1
(519) 688-1144 SIC 3714
MERITOR AFTERMARKET CANADA INC p520
350 First Gulf Blvd, BRAMPTON, ON, L6W 4T5
(905) 454-7070 SIC 3714
MERITOR AFTERMARKET CANADA INC p521
60 Gillingham Dr, BRAMPTON, ON, L6X 4X7
(905) 454-7070 SIC 3714
MOBILE CLIMATE CONTROL, INC p561
7540 Jane St, CONCORD, ON, L4K 0A6
(905) 482-2750 SIC 3714
MUSASHI AUTO PARTS CANADA INC p489
500 Domville St, ARTHUR, ON, N0G 1A0
(519) 848-2800 SIC 3714
MUSASHI AUTO PARTS CANADA INC p489
333 Domville St, ARTHUR, ON, N0G 1A0
(519) 848-2800 SIC 3714
NAPEC INC p1246
3037 Boul Frontenac E, THETFORD MINES, QC, G6G 6P6
(418) 335-7220 SIC 3714
NEMAK OF CANADA CORPORATION p970
4600 G N Booth Dr, WINDSOR, ON, N9C 4G8
(519) 250-2545 SIC 3714
NICHIRIN INC p524
139 Copernicus Blvd, BRANTFORD, ON, N3P 1N4
(519) 752-2925 SIC 3714
NUCAP INDUSTRIES INC p887
115 Ridgetop Rd, TORONTO, ON, M1P 4W9
(416) 494-1444 SIC 3714
PARKER HANNIFIN CANADA p501
4635 Durham Rd Rr 3, BEAMSVILLE, ON, L0R 1B3
(905) 945-2274 SIC 3714
PAT'S DRIVE LINE SPECIALTY & MACHINE EDMONTON LTD p101
6811 50 St Nw, EDMONTON, AB, T6B 3B7
(780) 466-7287 SIC 3714
PITTSBURGH GLASS WORKS, ULC p761
834 Caledonia Rd, NORTH YORK, ON, M6B 3X9
(888) 774-2886 SIC 3714
RENE MATERIAUX COMPOSITES LTEE p1185
55 Rte 271 S, Saint-Ephrem-de-Beauce, QC, G0M 1R0
(418) 484-5282 SIC 3714
RENE MATERIAUX COMPOSITES LTEE p1225

12 Av Du Parc Rr 1, SAINTE-CLOTILDE-DE-BEAUCE, QC, G0N 1C0
(418) 427-4288 SIC 3714
REVSTONE INDUSTRIES CANADA INC p537
3267 Mainway, BURLINGTON, ON, L7M 1A6
SIC 3714
RIMEX SUPPLY LTD p180
2995 Cameron Rd, AGASSIZ, BC, V0M 1A1
(604) 796-5502 SIC 3714
SAF-HOLLAND CANADA LIMITED p977
595 Athlone Ave, WOODSTOCK, ON, N4S 7V8
(519) 537-2366 SIC 3714
SIGNALISATION DE L'ESTRIE INC p1199
999 Rue Lauzanne, Saint-Jerome, QC, J5L 1V8
(450) 432-5872 SIC 3714
SIMARD SUSPENSIONS INC p995
1064 Boul Monseigneur-De Laval, BAIE-SAINT-PAUL, QC, G3Z 2W9
(418) 435-5347 SIC 3714
STACKPOLE INTERNATIONAL POWDER METAL, LTD. p487
1325 Cormorant Rd, ANCASTER, ON, L9G 4V5
(905) 304-9455 SIC 3714
TARANI REBUILDERS INC p106
9210 60 Ave Nw, EDMONTON, AB, T6E 0C1
(780) 437-2575 SIC 3714
TENNECO AUTOMOTIVE p544
500 Conestoga Blvd, CAMBRIDGE, ON, N1R 7P6
(519) 621-3360 SIC 3714
TIERCON CORP p780
901 Simcoe St S, OSHAWA, ON, L1H 4L1
(905) 728-5887 SIC 3714
TIERCON CORP p862
352 Arvin Ave, STONEY CREEK, ON, L8E 2M4
(905) 662-1097 SIC 3714
TRANSFORM AUTOMOTIVE CANADA LIMITED p665
3745 Commerce Rd, LONDON, ON, N6N 1R1
(519) 644-2434 SIC 3714
UAP INC p1245
3150 Boul Des Entreprises, TERREBONNE, QC, J6X 4J8
SIC 3714
VENTRA GROUP CO p645
675 Trillium Dr, KITCHENER, ON, N2R 1G6
(519) 895-0290 SIC 3714
VENTRA GROUP CO p825
74 Marsh St, RIDGETOWN, ON, N0P 2C0
(519) 674-2323 SIC 3714
VENTRA GROUP CO p959
200 Montecorte St, WHITBY, ON, L1N 9V8
SIC 3714
WESCAST INDUSTRIES INC p972
200 Water St, WINGHAM, ON, N0G 2W0
(519) 357-3450 SIC 3714
WESCAST INDUSTRIES INC p972
100 Water St, WINGHAM, ON, N0G 2W0
(519) 357-4447 SIC 3714
WESTPORT POWER INC p642
100 Hollinger Cres, KITCHENER, ON, N2K 2Z3
(519) 576-4270 SIC 3714

SIC 3715 Truck trailers

DOEPKER INDUSTRIES LTD p276
5301 40 Ave Se, SALMON ARM, BC, V1E 1X1
SIC 3715
DOEPKER INDUSTRIES LTD p1275
1955 Caribou St, MOOSE JAW, SK, S6H 4P2
(306) 693-2525 SIC 3715
FERICAR INC p1010
112 Rte 155, CHAMBORD, QC, G0W 1G0

(418) 342-6221 SIC 3715
IDEAL CARGO INC p1222
2245 Rte 161, Saint-Valere, QC, G0P 1M0
(819) 353-3350 SIC 3715
RAINBOW TRAILERS INC p346
335 Broadway St, CARTWRIGHT, MB, R0K 0L0
(204) 529-2581 SIC 3715
REMTEC INC p284
12343 104 Ave Suite A, SURREY, BC, V3V 3H2
(604) 930-3550 SIC 3715
REMTEC INC p1010
2055 Boul Industriel, CHAMBLY, QC, J3L 4C5
(450) 658-0588 SIC 3715
SOUTHLAND TRAILER CORP p137
1405 41 St N, LETHBRIDGE, AB, T1H 6G3
(403) 327-8212 SIC 3715
TEMISKO (1983) INC p1135
91 Rue Ontario, NOTRE-DAME-DU-NORD, QC, J0Z 3B0
(819) 723-2416 SIC 3715

SIC 3716 Motor homes

ERWIN HYMER GROUP NORTH AMERICA, INC p637
100 Shirley Ave, KITCHENER, ON, N2B 2E1
(519) 745-1169 SIC 3716
FRASERWAY RV LIMITED PARTNERSHIP p207
747 Cliveden Pl, DELTA, BC, V3M 6C7
(604) 527-1102 SIC 3716
PLEASURE-WAY INDUSTRIES LTD p1293
302 Portage Ave, SASKATOON, SK, S7J 4C6
(306) 934-6578 SIC 3716
VAN ACTION (2005) INC p1213
4870 Rue Courval, Saint-Laurent, QC, H4T 1L1
(514) 342-5000 SIC 3716

SIC 3721 Aircraft

AIRBUS HELICOPTERS CANADA LIMITED p589
1100 Gilmore Rd, FORT ERIE, ON, L2A 5M4
(905) 871-7772 SIC 3721
BELL HELICOPTER TEXTRON CANADA LIMITEE p21
58 Aero Dr Ne Suite 101, CALGARY, AB, T2E 8Z9
(403) 275-5876 SIC 3721
BOMBARDIER INC p757
123 Garratt Blvd, NORTH YORK, ON, M3K 1Y5
(416) 633-7310 SIC 3721
BOMBARDIER INC p1025
200 Ch De La Cote-Vertu Bureau 1110, DORVAL, QC, H4S 2A3
(514) 420-4000 SIC 3721
BOMBARDIER INC p1025
400 Ch De La Cote-Vertu, DORVAL, QC, H4S 1Y9
(514) 855-5000 SIC 3721
BOMBARDIER INC p1078
13100 Boul Henri-Fabre, MIRABEL, QC, J7N 3C6
(514) 855-5000 SIC 3721
DIAMOND AIRCRAFT INDUSTRIES INC p650
1560 Crumlin, LONDON, ON, N5V 1S2
(519) 457-4000 SIC 3721

SIC 3724 Aircraft engines and engine parts

RBC BEARINGS CANADA, INC p991
8121 Rue Jarry, ANJOU, QC, H1J 1H6
(514) 352-9425 SIC 3724

SIC 3728 Aircraft parts and equipment, nec

AERO-MAG 2000 (YUL) INC p1208
8181 Rue Herve-Saint-Martin, SAINT-LAURENT, QC, H4S 2A5
(514) 636-1930 SIC 3728
AIR-TERRE EQUIPEMENT INCORPOREE p1040
420 Rue Edouard, GRANBY, QC, J2G 3Z3
(450) 378-8107 SIC 3728
BLUEDROP SIMULATION SERVICES INC p463
36 Solutions Dr Suite 300, HALIFAX, NS, B3S 1N2
(800) 563-3638 SIC 3728
DEVTEK AEROSPACE INC. p643
1665 Highland Rd W, KITCHENER, ON, N2N 3K5
(519) 576-8910 SIC 3728
DEVTEK AEROSPACE INC. p643
1665 Highland Rd W, KITCHENER, ON, N2N 3K5
(519) 576-8910 SIC 3728
EBCO INDUSTRIES LTD p210
8510 River Rd, DELTA, BC, V4G 1B5
(604) 946-4900 SIC 3728
FLEET CANADA INC p589
1011 Gilmore Rd, FORT ERIE, ON, L2A 5M4
(905) 871-2100 SIC 3728
GOODRICH AEROSPACE CANADA LTD p769
1400 South Service Rd W, OAKVILLE, ON, L6L 5Y7
(905) 827-7777 SIC 3728
HELIGEAR CANADA ACQUISITION CORPORATION p961
204 East Pike Creek Rd, WINDSOR, ON, N8N 2L9
(519) 979-9400 SIC 3728
HEROUX-DEVTEK INC p1070
755 Rue Thurber, LONGUEUIL, QC, J4H 3N2
(450) 679-5450 SIC 3728
INDUSTRIES C.P.S. INC, LES p1142
30 Ch De L'aviation, POINTE-CLAIRE, QC, H9R 5M6
(514) 695-7742 SIC 3728
MAGELLAN AEROSPACE LIMITED p383
660 Berry St, WINNIPEG, MB, R3H 0S5
(204) 775-8331 SIC 3728
MESOTEC INC p1239
4705 Boul De Portland, SHERBROOKE, QC, J1L 0H3
(819) 822-2777 SIC 3728
PRODUITS INTEGRES AVIOR INC p1129
1001 Nord Laval (A-440) O Bureau 200, Montreal, QC, H7L 3W3
(450) 629-6200 SIC 3728
PRODUITS INTEGRES AVIOR INC p1212
380 Montee De Liesse, SAINT-LAURENT, QC, H4T 1N8
(514) 739-3193 SIC 3728
QINETIQ GROUP CANADA INC p145
1735 Brier Park Rd Nw Unit 3, MEDICINE HAT, AB, T1C 1V5
(403) 528-8782 SIC 3728
SAFRAN LANDING SYSTEMS CANADA INC p483
574 Monarch Ave, AJAX, ON, L1S 2G8
(905) 683-3100 SIC 3728
SAFRAN LANDING SYSTEMS CANADA INC p1078
13000 Rue Du Parc, MIRABEL, QC, J7J 0W6
(450) 434-3400 SIC 3728
STELIA AEROSPACE NORTH AMERICA INC p467
71 Hall St, LUNENBURG, NS, B0J 2C0
(902) 634-8448 SIC 3728
TRIUMPH GEAR SYSTEMS-TORONTO ULC p941
9 Fenmar Dr, TORONTO, ON, M9L 1L5

(416) 743-4417   SIC 3728

SIC 3731 Shipbuilding and repairing

ALGOMA CENTRAL CORPORATION p816
1 Chestnut St, PORT COLBORNE, ON, L3K 1R3
(905) 834-4549   SIC 3731

ALION SCIENCE AND TECHNOLOGY (CANADA) CORPORATION p801
303 Moodie Dr, OTTAWA, ON, K2H 9R4
(613) 751-2812   SIC 3731

ENTERPRISE OFFSHORE CREWING LIMITED p451
11 Morris Dr Suite 206, DARTMOUTH, NS, B3B 1M2
(902) 468-3116   SIC 3731

HEDDLE MARINE SERVICE (NL) INC p429
30 Dundee Ave, MOUNT PEARL, NL, A1N 4R7
(709) 747-9116   SIC 3731

IRVING SHIPBUILDING INC p417
300 Union St, SAINT JOHN, NB, E2L 4Z2
(506) 632-7777   SIC 3731

IRVING SHIPBUILDING INC p460
3099 Barrington St, HALIFAX, NS, B3K 2X6
(902) 423-9271   SIC 3731

IRVING SHIPBUILDING INC p473
29 Hero Rd, SHELBURNE, NS, B0T 1W0
(902) 875-8100   SIC 3731

IRVING SHIPBUILDING INC p983
115 Water St, GEORGETOWN, PE, C0A 1L0
SIC 3731

LUNENBURG INDUSTRIAL FOUNDRY & ENGINEERING LTD p467
53 Falkland St, LUNENBURG, NS, B0J 2C0
(902) 634-8827   SIC 3731

NEPTUNUS YACHTS INTERNATIONAL INC p852
8 Keefer Rd, ST CATHARINES, ON, L2M 7N9
(905) 937-3737   SIC 3731

PETER KIEWIT INFRASTRUCTURE CO. p429
277 Atlantic St Suite 267, MARYSTOWN, NL, A0E 2M0
SIC 3731

POINT HOPE MARITIME LTD p335
345 Harbour Rd, VICTORIA, BC, V9A 3S2
(250) 385-3623   SIC 3731

SERVICES MARITIMES DESGAGNES INC p1150
21 Rue Du Marche-Champlain Bureau 100, Quebec, QC, G1K 8Z8
(418) 692-1000   SIC 3731

WARTSILA CANADA, INCORPORATED p267
1771 Savage Rd, RICHMOND, BC, V6V 1R1
(604) 244-8181   SIC 3731

WASHINGTON YACHTING GROUP ULC p248
3 St. Andrews Ave, NORTH VANCOUVER, BC, V7L 3K7
(604) 990-8400   SIC 3731

SIC 3732 Boatbuilding and repairing

1711085 ONTARIO INC p806
37 Champlain Rd Suite 1, PENETANGUISHENE, ON, L9M 1S1
(705) 549-2075   SIC 3732

BATEAUX PRINCECRAFT INC p1144
725 Rue Saint-Henri, PRINCEVILLE, QC, G6L 5C2
(819) 364-5581   SIC 3732

CANADIAN SURF BOAT MFG. INC p194
Gd, CAMPBELL RIVER, BC, V9W 5B6
(250) 287-6421   SIC 3732

CANADIAN TEST CASE 173 p707
6750 Century Ave, Suite 305, MISSISSAUGA, ON, L5N 0B7

(905) 812-5923   SIC 3732

DBC MARINE SAFETY SYSTEMS LTD p207
1689 Cliveden Ave, DELTA, BC, V3M 6V5
(604) 278-3221   SIC 3732

DUHAMEL AND DEWAR INC p960
4805 Regional Road 55 Rr 1, WHITEFISH, ON, P0M 3E0
(705) 866-2821   SIC 3732

HICAT CORPORATION INC p1171
640 14e Av Bureau 102, RICHELIEU, QC, J3L 5R5
(450) 447-3652   SIC 3732

KOBELT MANUFACTURING CO. LTD p286
8238 129 St, SURREY, BC, V3W 0A6
(604) 572-3935   SIC 3732

METAL CRAFT MARINE INCORPORATED p630
347 Wellington St, KINGSTON, ON, K7K 6N7
(613) 549-7747   SIC 3732

PHILBROOK'S BOATYARD LTD p277
2324 Harbour Rd, SIDNEY, BC, V8L 2P6
(250) 656-1157   SIC 3732

PRICE INDUSTRIES LIMITED p369
404 Egesz St, WINNIPEG, MB, R2R 1X5
(204) 633-4808   SIC 3732

REMBOURRAGE ANP INC p1144
105 Rue Beaudet, PRINCEVILLE, QC, G6L 4L3
(819) 364-2645   SIC 3732

TEMAGAMI BOAT MANUFACTURING INC p872
52 Temagami Marine Rd, TEMAGAMI, ON, P0H 2H0
(705) 569-3520   SIC 3732

WESTWINN GROUP ENTERPRISES INC p170
6 Erickson Cres, SYLVAN LAKE, AB, T4S 1P5
SIC 3732

ZCL DUALAM INC p256
1620 Kingsway Ave, PORT COQUITLAM, BC, V3C 3Y9
SIC 3732

ZODIAC HURRICANE TECHNOLOGIES INC p210
7830 Vantage Way, DELTA, BC, V4G 1A7
(604) 940-2999   SIC 3732

SIC 3743 Railroad equipment

510172 ONTARIO LTD p867
100 Rr1 Foundry St, SUDBURY, ON, P3A 4R7
(705) 674-5626   SIC 3743

BOMBARDIER TRANSPORTATION CANADA INC p879
1001 Montreal St, THUNDER BAY, ON, P7C 4V6
(807) 475-2810   SIC 3743

METROLINX p700
3500 Wolfedale Rd, MISSISSAUGA, ON, L5C 2V6
SIC 3743

NOVA FORGE CORP p477
34 Power Plant Rd, TRENTON, NS, B0K 1X0
(902) 752-0989   SIC 3743

WABTEC CANADA INC p1211
10655 Boul Henri-Bourassa O, SAINT-LAURENT, QC, H4S 1A1
(514) 335-4200   SIC 3743

SIC 3751 Motorcycles, bicycles and parts

INDUSTRIES RAD INC p208
1610 Derwent Way Unit 16, DELTA, BC, V3M 6W1
SIC 3751

SIC 3769 Space vehicle equipment, nec

MACDONALD, DETTWILER AND ASSOCIATES INC p511
9445 Airport Rd Suite 100, BRAMPTON, ON, L6S 4J3
(905) 790-2800   SIC 3769

SIC 3792 Travel trailers and campers

TRIPLE E CANADA LTD p361
135 Canada St, WINKLER, MB, R6W 0J3
(204) 325-4345   SIC 3792

SIC 3795 Tanks and tank components

ARMATEC SURVIVABILITY CORP p569
One Newton Ave, DORCHESTER, ON, N0L 1G4
(519) 268-2999   SIC 3795

DEW ENGINEERING AND DEVELOPMENT ULC p404
99 General Manson Way, MIRAMICHI, NB, E1N 6K6
(506) 778-8000   SIC 3795

DEW ENGINEERING AND DEVELOPMENT ULC p784
3429 Hawthorne Rd, OTTAWA, ON, K1G 4G2
(613) 736-5100   SIC 3795

SIC 3799 Transportation equipment, nec

611421 ONTARIO INC. p740
119 Progress Crt, NORTH BAY, ON, P1A 0C1
(705) 476-4222   SIC 3799

BOMBARDIER PRODUITS RECREATIFS INC p1254
565 Rue De La Montagne Bureau 210, VALCOURT, QC, J0E 2L0
(450) 532-2211   SIC 3799

SIC 3812 Search and navigation equipment

ADACEL INC p1027
455 Boul Fenelon Bureau 208, DORVAL, QC, H9S 5T8
(514) 636-6365   SIC 3812

ADVANCED INTEGRATION TECHNOLOGY CANADA INC p180
3168 262 St Suite 100, ALDERGROVE, BC, V4W 2Z6
(604) 856-8939   SIC 3812

BOMBARDIER INC p1206
1800 Boul Marcel-Laurin, SAINT-LAURENT, QC, H4R 1K2
(514) 855-5000   SIC 3812

CELESTICA INC p703
3333 Unity Dr Suite A, MISSISSAUGA, ON, L5L 3S6
(647) 620-6864   SIC 3812

FLYHT AEROSPACE SOLUTIONS LTD p23
1144 29 Ave Ne Suite 300e, CALGARY, AB, T2E 7P1
(403) 250-9956   SIC 3812

INTELCAN TECHNOSYSTEMS INC p726
69 Auriga Dr, NEPEAN, ON, K2E 7Z2
(613) 228-1150   SIC 3812

KONGSBERG MESOTECH LTD p256
1598 Kebet Way, PORT COQUITLAM, BC, V3C 5M5
(604) 464-8144   SIC 3812

L-3 COMMUNICATIONS ELECTRONIC SYSTEMS INC p455
249 Aerotech Dr, GOFFS, NS, B2T 1K3
(902) 873-2000   SIC 3812

L-3 COMMUNICATIONS ELECTRONIC SYSTEMS INC p585
25 City View Dr, ETOBICOKE, ON, M9W 5A7
(416) 249-1231   SIC 3812

MACDONALD, DETTWILER AND ASSOCIATES CORPORATION p452
1000 Windmill Rd Suite 60, DARTMOUTH, NS, B3B 1L7
(902) 468-3356   SIC 3812

NATIONAL E.A.S. LOSS PREVENTION SYSTEMS LTD p975
910 Rowntree Dairy Rd Unit 30, WOODBRIDGE, ON, L4L 5W6
(905) 850-9299   SIC 3812

NAV CANADA p24
7811 22 St Ne, CALGARY, AB, T2E 5T3
(403) 216-7141   SIC 3812

NAV CANADA p85
13335 127 St Nw, EDMONTON, AB, T5L 1B5
(780) 413-5520   SIC 3812

NAV CANADA p384
777 Moray St, WINNIPEG, MB, R3J 3W8
(204) 983-8565   SIC 3812

NAV CANADA p742
50 Terminal St Suite 2, NORTH BAY, ON, P1B 8G2
(705) 476-1788   SIC 3812

RAYTHEON CANADA LIMITED p25
838 55 Ave Ne, CALGARY, AB, T2E 6Y4
SIC 3812

SIC 3821 Laboratory apparatus and furniture

ACUREN GROUP INC p271
12271 Horseshoe Way, RICHMOND, BC, V7A 4V4
(604) 275-3800   SIC 3821

BIOLAB EQUIPMENT LTD p537
3250 Harvester Rd Unit 6, BURLINGTON, ON, L7N 3W9
(905) 639-7025   SIC 3821

SIC 3822 Environmental controls

AMI AIR MANAGEMENT INC p684
3223 Orlando Dr, MISSISSAUGA, ON, L4V 1C5
(905) 694-9676   SIC 3822

BACHMANN DAMPJOINT INC p1032
1460 Rue Michelin, FABREVILLE, QC, H7L 4R3
(450) 786-8686   SIC 3822

CRYOPAK INDUSTRIES (2007) ULC p207
1053 Derwent Way, DELTA, BC, V3M 5R4
(604) 515-7977   SIC 3822

FLEXTOR INC p1003
61 Ch Du Tremblay, BOUCHERVILLE, QC, J4B 7L6
(450) 449-9882   SIC 3822

GREYSTONE ENERGY SYSTEMS INC p409
150 English Dr, MONCTON, NB, E1E 4G7
(506) 853-3057   SIC 3822

HONEYWELL LIMITED p13
2840 2 Ave Se, CALGARY, AB, T2A 7X9
(403) 221-2200   SIC 3822

HONEYWELL LIMITED p163
2181 Premier Way Suite 160, SHERWOOD PARK, AB, T8H 2V1
(780) 410-0010   SIC 3822

HONEYWELL LIMITED p383
1391 St James St Unit 2, WINNIPEG, MB, R3H 0Z1
(204) 987-8111   SIC 3822

HONEYWELL LIMITED p433
1 Duffy Pl, ST. JOHN'S, NL, A1B 4M6
(709) 758-6000   SIC 3822

HONEYWELL LIMITED p655
250 York St Suite 300, LONDON, ON, N6A 6K2
(519) 640-1920   SIC 3822

HONEYWELL LIMITED p709
6581 Kitimat Rd Unit 6, MISSISSAUGA, ON,

L5N 3T5
(905) 812-0767 *SIC 3822*
HONEYWELL LIMITED *p800*
1682 Woodward Dr, OTTAWA, ON, K2C 3R8
(613) 595-7611 *SIC 3822*
HONEYWELL LIMITED *p861*
430 Mcneilly Rd Unit 4, STONEY CREEK, ON, L8E 5E3
(905) 643-5560 *SIC 3822*
HONEYWELL LIMITED *p867*
1500 Fairburn St, SUDBURY, ON, P3A 1N7
(705) 566-6730 *SIC 3822*
HONEYWELL LIMITED *p966*
3096 Devon Dr Suite 1, WINDSOR, ON, N8X 4L2
(519) 250-2000 *SIC 3822*
HONEYWELL LIMITED *p1057*
2100 52e Av, LACHINE, QC, H8T 2Y5
(514) 422-3400 *SIC 3822*
HONEYWELL LIMITED *p1153*
2366 Rue Galvani Bureau 4, Quebec, QC, G1N 4G4
(418) 688-8320 *SIC 3822*
JOHNSON CONTROLS NOVA SCOTIA U.L.C. *p294*
3061 Grandview Hwy, VANCOUVER, BC, V5M 2E4
SIC 3822
JOHNSON CONTROLS NOVA SCOTIA U.L.C. *p682*
8205 Parkhill Dr, MILTON, ON, L9T 5G8
(905) 875-2128 *SIC 3822*
SYNAPSE ELECTRONIQUE INC *p1235*
1010 7e Av, SHAWINIGAN, QC, G9T 2B8
(819) 533-3553 *SIC 3822*
VCI CONTROLS INC *p976*
1 Royal Gate Blvd Suite D, WOODBRIDGE, ON, L4L 8Z7
(905) 850-4464 *SIC 3822*
WOLSELEY CANADA INC *p1129*
4075 Boul Industriel Bureau 624, Montreal, QC, H7L 6E3
(450) 628-6053 *SIC 3822*

SIC 3823 Process control instruments

ABB INC *p192*
3731 North Fraser Way Suite 600, BURNABY, BC, V5J 5J2
(604) 434-2454 *SIC 3823*
ABB INC *p537*
3450 Harvester Rd, BURLINGTON, ON, L7N 3W5
(905) 639-8840 *SIC 3823*
ABB INC *p1154*
3400 Rue Pierre-Ardouin, Quebec, QC, G1P 0B2
(418) 877-2944 *SIC 3823*
AIR LIQUIDE CANADA INC *p1088*
5030 Rue De Rouen, Montreal, QC, H1V 1J2
(514) 251-6838 *SIC 3823*
ASHCROFT INSTRUMENTS CANADA INC *p681*
151 Steeles Ave E, MILTON, ON, L9T 1Y1
(905) 864-4989 *SIC 3823*
ATS TEST INC *p973*
600 Chrislea Rd, WOODBRIDGE, ON, L4L 8K9
(905) 850-8600 *SIC 3823*
CONTROL MICROSYSTEMS INC *p623*
415 Legget Dr Suite 101, KANATA, ON, K2K 3R1
(613) 591-1943 *SIC 3823*
EXPEDIA CANADA CORP *p1102*
63 Rue De Bresoles Bureau 100, Montreal, QC, H2Y 1V7
(514) 286-8180 *SIC 3823*
FJORDS PROCESSING CANADA INC *p31*
6835 Railway St Se, CALGARY, AB, T2H 2V6
(403) 640-4230 *SIC 3823*
HOWE PRECISION INDUSTRIAL INC *p253*
11718 Harris Rd, PITT MEADOWS, BC, V3Y 1Y6
(604) 460-2892 *SIC 3823*
RAB DEDESCO LTD *p819*
5935 Ottawa St, RICHMOND, ON, K0A 2Z0
(613) 838-4005 *SIC 3823*
SIEMENS CANADA LIMITED *p811*
1954 Technology Dr, PETERBOROUGH, ON, K9J 6X7
(705) 745-2431 *SIC 3823*
SMART TECHNOLOGIES ULC *p13*
1460 28 St Ne Suite 8, CALGARY, AB, T2A 7W6
SIC 3823
WIKA INSTRUMENTS LTD *p113*
3103 Parsons Rd Nw, EDMONTON, AB, T6N 1C8
(780) 438-6662 *SIC 3823*
WIKA INSTRUMENTS LTD *p766*
2679 Bristol Cir Unit 1, OAKVILLE, ON, L6H 6Z8
(905) 337-1611 *SIC 3823*

SIC 3824 Fluid meters and counting devices

MACKAY, J J CANADA LIMITED *p469*
1342 Abercrombie Rd, NEW GLASGOW, NS, B2H 5C6
(902) 752-5124 *SIC 3824*

SIC 3825 Instruments to measure electricity

AMERESCO CANADA INC *p748*
90 Sheppard Ave E Suite 7, NORTH YORK, ON, M2N 6X3
(416) 512-7700 *SIC 3825*
CAMERON FLOW SYSTEMS LTD *p22*
7944 10 St Ne, CALGARY, AB, T2E 8W1
(403) 291-4814 *SIC 3825*
G4S JUSTICE SERVICES (CANADA) INC *p281*
6592 176 St Suite 103, SURREY, BC, V3S 4G5
SIC 3825
IRIS POWER LP *p685*
3110 American Dr, MISSISSAUGA, ON, L4V 1T2
(905) 677-4824 *SIC 3825*
MANTA TEST SYSTEMS INC *p704*
4060b Sladeview Cres Unit 1, MISSISSAUGA, ON, L5L 5Y5
(905) 828-6469 *SIC 3825*
SANDVINE INCORPORATED ULC *p952*
408 Albert St, WATERLOO, ON, N2L 3V3
(519) 880-2600 *SIC 3825*
TARPON ENERGY SERVICES LTD *p158*
1711 Broadway Ave Ne Suite 3, REDCLIFF, AB, T0J 2P0
(403) 529-9666 *SIC 3825*

SIC 3827 Optical instruments and lenses

BUSHNELL CORPORATION OF CANADA *p557*
B-140 Great Gulf Dr, CONCORD, ON, L4K 5W1
(905) 771-2980 *SIC 3827*
ESSILOR GROUPE CANADA INC *p1165*
525 Rue Michel-Fragasso Bureau 101, Quebec, QC, G2E 5K6
(418) 871-5193 *SIC 3827*
EXFO INC *p1152*
436 Rue Nolin, Quebec, QC, G1M 1E7
(418) 683-0211 *SIC 3827*
FISO TECHNOLOGIES INC *p1165*
500 Av Saint-Jean-Baptiste Bureau 195, Quebec, QC, G2E 5R9
(418) 688-8065 *SIC 3827*
LEICA MICROSYSTEMS (CANADA) INC *p560*
71 Four Valley Dr, CONCORD, ON, L4K 4V8
(905) 762-2000 *SIC 3827*
LUMENTUM CANADA LTD *p730*
61 Bill Leathem Dr, NEPEAN, ON, K2J 0P7
(613) 843-3000 *SIC 3827*
MADBURN ENTERPRISES LTD *p243*
610 Railway St Suite A, NELSON, BC, V1L 1H4
SIC 3827
PHOTON TECHNOLOGY INTERNATIONAL (CANADA) INC *p660*
347 Consortium Crt, LONDON, ON, N6E 2S8
(519) 668-6920 *SIC 3827*
RAYTHEON CANADA LIMITED *p680*
450 Leitz Rd Suite 2, MIDLAND, ON, L4R 5B8
(705) 526-5401 *SIC 3827*
THALES CANADA INC *p1208*
4868 Rue Levy, SAINT-LAURENT, QC, H4R 2P1
(514) 337-7878 *SIC 3827*
THALES OPTRONIQUE CANADA INC *p1208*
4868 Rue Levy, SAINT-LAURENT, QC, H4R 2P1
(514) 337-7878 *SIC 3827*

SIC 3829 Measuring and controlling devices, nec

APPLANIX CORPORATION *p820*
85 Leek Cres, RICHMOND HILL, ON, L4B 3B3
(289) 695-6000 *SIC 3829*
BW TECHNOLOGIES LTD *p717*
6510 Kennedy Rd, MISSISSAUGA, ON, L5T 2X4
(905) 564-3210 *SIC 3829*
CANBERRA CO *p558*
50b Caldari Rd, CONCORD, ON, L4K 4N8
(905) 660-5373 *SIC 3829*
INOVA SYSTEMS CORPORATION *p24*
7236 10 St Ne, CALGARY, AB, T2E 8X3
(403) 537-2100 *SIC 3829*
MIRION TECHNOLOGIES (IST CANADA) INC *p546*
465 Dobbie Dr, CAMBRIDGE, ON, N1T 1T1
(519) 623-4880 *SIC 3829*
PREMIER DIVERSIFIED HOLDINGS INC *p190*
3185 Willingdon Green Suite 301, BURNABY, BC, V5G 4P3
(604) 678-9115 *SIC 3829*
SCIEMETRIC INSTRUMENTS INC *p964*
4570 Rhodes Dr Suite 200, WINDSOR, ON, N8W 5C2
(519) 972-8446 *SIC 3829*

SIC 3841 Surgical and medical instruments

1073849 ONTARIO LIMITED *p496*
75 Dyment Rd, BARRIE, ON, L4N 3H6
(705) 733-0022 *SIC 3841*
BIOVECTRA INC *p982*
17 Hillstrom Ave, CHARLOTTETOWN, PE, C1E 2C2
(902) 566-9116 *SIC 3841*
BOSTON SCIENTIFIC LTD *p687*
5060 Spectrum Way Suite 405, MISSISSAUGA, ON, L4W 5N5
(905) 291-6900 *SIC 3841*
BTG INTERNATIONAL CANADA INC *p801*
11 Hines Rd Suite 200, OTTAWA, ON, K2K 2X1
(613) 801-1880 *SIC 3841*
LIVANOVA CANADA CORP *p193*
5005 North Fraser Way, Burnaby, BC, V5J 5M1
(604) 412-5650 *SIC 3841*
LIVANOVA CANADA CORP *p677*
280 Hillmount Rd Unit 8, MARKHAM, ON, L6C 3A1
(905) 284-4245 *SIC 3841*
MDMI TECHNOLOGIES INC *p272*
12051 Horseshoe Way Unit 110, RICHMOND, BC, V7A 4V4
SIC 3841
NEOVASC MEDICAL INC *p266*
13700 Mayfield Pl Suite 2135, RICHMOND, BC, V6V 2E4
(604) 270-4344 *SIC 3841*
NORTHERN DIGITAL INC *p954*
103 Randall Dr, WATERLOO, ON, N2V 1C5
(519) 884-5142 *SIC 3841*
PHILIPS ELECTRONICS LTD *p1210*
2250 Boul Alfred-Nobel Bureau 200, SAINT-LAURENT, QC, H4S 2C9
SIC 3841
SENTINELLE MEDICAL INC *p931*
130 Spadina Ave, TORONTO, ON, M5V 2L4
(866) 243-2533 *SIC 3841*
WELCH ALLYN CANADA LIMITED *p696*
160 Matheson Blvd E Unit 2, MISSISSAUGA, ON, L4Z 1V4
(905) 890-0004 *SIC 3841*

SIC 3842 Surgical appliances and supplies

1207273 ALBERTA ULC *p1048*
16767 Boul Hymus, KIRKLAND, QC, H9H 3L4
(514) 630-6080 *SIC 3842*
2393689 CANADA INC *p1018*
1850 Boul Le Corbusier Bureau 200, Cote Saint-Luc, QC, H7S 2K1
(450) 973-6700 *SIC 3842*
ACTIONWEAR SASKATOON INC *p1293*
114 Melville St, SASKATOON, SK, S7J 0R1
(306) 933-3088 *SIC 3842*
AEARO CANADA LIMITED *p684*
6889 Rexwood Rd Suite 8, MISSISSAUGA, ON, L4V 1R2
(905) 795-0700 *SIC 3842*
BELLA HOSIERY MILLS INC *p1124*
1401 Rue Legendre O Bureau 200, MONTREAL, QC, H4N 2R9
(514) 274-6500 *SIC 3842*
BIOCAD MEDICALE INC *p1154*
750 Boul Du Parc-Technologique, Quebec, QC, G1P 4S3
(418) 683-8435 *SIC 3842*
C.G. AIR SYSTEMES INC *p1242*
207 Rue Industrielle, STE-MARGUERITE-DE-DORCHESTER, QC, G0S 2X0
(418) 935-7075 *SIC 3842*
CUSTOM PROTECT EAR INC *p285*
7789 134 St Unit 681, SURREY, BC, V3W 9E9
(604) 599-1311 *SIC 3842*
GROUPE MEDICUS INC, LE *p1093*
2740 Rue Angus, Montreal, QC, H2H 1P3
(514) 521-0855 *SIC 3842*
JOHNSON & JOHNSON INC *p672*
200 Whitehall Dr, MARKHAM, ON, L3R 0T5
(905) 946-8999 *SIC 3842*
LINK SUSPENSIONS OF CANADA, LIMITED PARTNERSHIP *p147*
601 18 Ave, NISKU, AB, T9E 7T7
(780) 955-2859 *SIC 3842*
ORTHOFAB INC *p991*
10370 Boul Louis-H.-Lafontaine, ANJOU, QC, H1J 2T3
(514) 356-0777 *SIC 3842*
ORTHOFAB INC *p1165*
2160 Rue De Celles, Quebec, QC, G2C 1X8
(418) 847-5225 *SIC 3842*
OTTO BOCK HEALTHCARE CANADA LTD *p814*
901 Dillingham Rd, PICKERING, ON, L1W 2Y5
SIC 3842
PACIFIC SAFETY PRODUCTS INC *p489*
124 Fourth Ave, ARNPRIOR, ON, K7S 0A9
(613) 623-6001 *SIC 3842*
PERFORMANCE ORTHOTICS INC *p483*
291 Clements Rd W, AJAX, ON, L1S 3W7

(905) 428-2692   SIC 3842
PRODUITS DE SECURITE NORTH LTEE   p101
6303 Roper Rd Nw, EDMONTON, AB, T6B 3G6
(780) 437-2641   SIC 3842
SCIENTEK TECHNOLOGY CORPORATION   p210
8235 Swenson Way, DELTA, BC, V4G 1J5
(604) 940-8084   SIC 3842
SMITH & NEPHEW (ALBERTA) INC   p124
10102 114 St, FORT SASKATCHEWAN, AB, T8L 3W4
(780) 992-5500   SIC 3842
SUNRISE MEDICAL HCM INC   p891
355 Norfinch Dr, TORONTO, ON, M3N 1Y7
(416) 739-8333   SIC 3842
TENET MEDICAL ENGINEERING, INC   p57
11979 40 St Se Unit 203, CALGARY, AB, T2Z 4M3
(403) 571-0750   SIC 3842
TERRAY CORPORATION   p489
49 Jackson Lane, ARNPRIOR, ON, K7S 3G8
(613) 623-3310   SIC 3842
TSO3 INC   p1156
2505 Av Dalton, Quebec, QC, G1P 3S5
(418) 651-0003   SIC 3842

SIC 3843 Dental equipment and supplies

SPACE MAINTAINERS LAB CANADA LTD   p786
1175 Cecil Ave, OTTAWA, ON, K1H 7Z6
(613) 736-1946   SIC 3843
SYSTEMES DE MOBILIER TRIANGLE INC   p1257
330 Rue Aime-Vincent, VAUDREUIL-DORION, QC, J7V 5V5
(450) 424-4040   SIC 3843

SIC 3845 Electromedical equipment

CARDINAL HEALTH CANADA INC   p183
8590 Baxter Pl, BURNABY, BC, V5A 4T2
(604) 421-8588   SIC 3845
MEDTRONIC OF CANADA LTD   p522
99 Hereford St, BRAMPTON, ON, L6Y 0R3
(905) 460-3800   SIC 3845
NU BODY EQUIPMENT SALES LTD   p254
5211 Compton Rd, PORT ALBERNI, BC, V9Y 7B5
(778) 552-4540   SIC 3845

SIC 3851 Ophthalmic goods

ESSILOR GROUPE CANADA INC   p188
7541 Conway Ave Suite 5, BURNABY, BC, V5E 2P7
(604) 437-5300   SIC 3851
FGX CANADA CORP   p929
555 Richmond St W Suite 1005, TORONTO, ON, M5V 3B1
(416) 504-5533   SIC 3851
OPTIQUE NIKON CANADA INC   p1093
5075 Rue Fullum Bureau 100, Montreal, QC, H2H 2K3
(514) 521-6565   SIC 3851
UNIVERSITE LAVAL   p1162
2375 Rue De La Terrasse, Quebec, QC, G1V 0A6
(418) 656-2454   SIC 3851

SIC 3861 Photographic equipment and supplies

ASTLEY-GILBERT LIMITED   p928
485 Wellington St W, TORONTO, ON, M5V 1E9
(416) 348-0002   SIC 3861

LUMENERA CORPORATION   p800
7 Capella Crt, OTTAWA, ON, K2E 8A7
(613) 736-4077   SIC 3861
QUANTITATIVE IMAGING CORP   p282
19535 56 Ave Suite 101, SURREY, BC, V3S 6K3
(604) 530-5800   SIC 3861
SOLARFECTIVE PRODUCTS LIMITED   p839
55 Hymus Rd, SCARBOROUGH, ON, M1L 2C6
(416) 421-3800   SIC 3861
SYSTEMES D'ECRAN STRONG/MDI INC, LES   p1046
1440 Rue Raoul-Charette, JOLIETTE, QC, J6E 8S7
(450) 755-3795   SIC 3861

SIC 3873 Watches, clocks, watchcases, and parts

CITIZEN WATCH COMPANY OF CANADA LTD   p670
380 Bentley St Unit 2, MARKHAM, ON, L3R 3L2
(905) 415-1100   SIC 3873

SIC 3911 Jewelry, precious Metal

BAGUE COURONNEE INC, LA   p1206
5565 Ch De La Cote-De-Liesse, SAINT-LAURENT, QC, H4P 1A1
(514) 381-1589   SIC 3911
CORONA JEWELLERY COMPANY LTD   p939
16 Ripley Ave, TORONTO, ON, M6S 3P1
(416) 762-2222   SIC 3911
HENNICK, NATHAN & CO. LTD   p754
6 Tippett Rd, NORTH YORK, ON, M3H 2V2
(416) 636-4040   SIC 3911
O.C. TANNER RECOGNITION COMPANY LIMITED   p534
4200 Fairview St, BURLINGTON, ON, L7L 4Y8
(905) 632-7255   SIC 3911
SILVER STAR MANUFACTURING CO INC   p1134
750 Boul Cure-Labelle Bureau 205, Montreal-Ouest, QC, H7V 2T9
(450) 682-3381   SIC 3911

SIC 3914 Silverware and plated ware

SEAGULL COMPANY INCORPORATED, THE   p472
10016 Sunrise Trail, PUGWASH, NS, B0K 1L0
(902) 243-2516   SIC 3914

SIC 3915 Jewelers' materials and lapidary work

ARSLANIAN CUTTING WORKS NWT LTD   p438
106 Archibald St, YELLOWKNIFE, NT, X1A 2P4
(867) 873-0138   SIC 3915
DEEPAK INTERNATIONAL LTD   p932
1 First Canadian Pl Unit 6000, TORONTO, ON, M5X 1B5
SIC 3915

SIC 3931 Musical instruments

CASAVANT FRERES S.E.C   p1194
900 Rue Girouard E, SAINT-HYACINTHE, QC, J2S 2Y2
(450) 773-5001   SIC 3931
GUITABEC INC   p994
19420 Av Clark-Graham, Baie-D'Urfe, QC, H9X 3R8

(514) 457-7977   SIC 3931
GUITABEC INC   p1053
42 Rue Principale S Bureau 600, LA PATRIE, QC, J0B 1Y0
(819) 888-2255   SIC 3931
LARRIVEE, JEAN GUITARS LTD   p302
780 Cordova St E, VANCOUVER, BC, V6A 1M3
(604) 253-4553   SIC 3931
SABIAN LTD   p404
219 Main St, MEDUCTIC, NB, E6H 2L5
(506) 272-2019   SIC 3931
TOUCHTUNES DIGITAL JUKEBOX INC   p1205
400 Av Sainte-Croix Bureau 200e, SAINT-LAURENT, QC, H4N 3L4
(514) 762-6244   SIC 3931

SIC 3942 Dolls and stuffed toys

MGA ENTERTAINMENT (CANADA) COMPANY   p672
7300 Warden Ave Suite 213, MARKHAM, ON, L3R 9Z6
(905) 940-2700   SIC 3942

SIC 3944 Games, toys, and children's vehicles

RELIABLE TOY CORP   p763
707 Arrow Rd, NORTH YORK, ON, M9M 2L4
(416) 762-1111   SIC 3944
SPIN MASTER LTD   p902
121 Bloor St E, TORONTO, ON, M4W 3M5
(416) 364-6002   SIC 3944
WARNER BROS ENTERTAINMENT CANADA INC   p1095
800 Boul De Maisonneuve E Bureau 1000, Montreal, QC, H2L 4L8
SIC 3944

SIC 3949 Sporting and athletic goods, nec

AMER SPORTS CANADA INC   p189
4250 Manor St, BURNABY, BC, V5G 1B2
(604) 454-9900   SIC 3949
AMER SPORTS CANADA INC   p293
2770 Bentall St, VANCOUVER, BC, V5M 4H4
(604) 960-3001   SIC 3949
CANADIAN MARKETING TEST CASE 200 LIMITED   p713
5770 Hurontario St, MISSISSAUGA, ON, L5R 3G5
(800) 986-5569   SIC 3949
CANADIAN TEST CASE 52   p713
5770 Hurontario St, Mississauga, ON, L5R 3G5
SIC 3949
CENTRE DE CONDITIONEMENT PHYSIQUE ATLANTIS INC   p1127
4745 Av Des Industries, Montreal, QC, H7C 1A1
(450) 664-2285   SIC 3949
EQUIPEMENTS RECREATIFS JAMBETTE INC   p1067
700 Rue Des Calfats, Levis, QC, G6Y 9E6
(418) 837-8246   SIC 3949
HAYWARD POOL PRODUCTS CANADA, INC   p765
2880 Plymouth Dr, OAKVILLE, ON, L6H 5R4
(905) 829-2880   SIC 3949
INTERNATIONAL PLAY COMPANY INC   p234
27353 58 Cres Unit 215, LANGLEY, BC, V4W 3W7
(604) 607-1111   SIC 3949
PRODUITS DE PISCINE TRENDIUM INC   p1059
2673 Boul Angrignon, LASALLE, QC, H8N 3J3

(514) 363-7001   SIC 3949
SOLOWAVE DESIGN INC   p724
375 Sligo Rd W Ss 1 Suite 1, MOUNT FOREST, ON, N0G 2L0
(519) 323-3833   SIC 3949
SPIVO CANADA INC   p1121
3150 Place De Ramezay Bureau 202, Montreal, QC, H3Y 0A3
(514) 501-4256   SIC 3949
SPORT MASKA INC   p1207
3400 Rue Raymond-Lasnier, SAINT-LAURENT, QC, H4R 3L3
(514) 461-8000   SIC 3949
SPORT MASKA INC   p1207
3400 Rue Raymond-Lasnier, SAINT-LAURENT, QC, H4R 3L3
(514) 461-8000   SIC 3949
SPRINGFREE TRAMPOLINE INC   p674
151 Whitehall Dr Unit 2, MARKHAM, ON, L3R 9T1
(905) 948-0124   SIC 3949
TOILE SOLEIL INC   p1244
1500 Rue Nationale, TERREBONNE, QC, J6W 6M1
(450) 964-2218   SIC 3949
VBALLS TARGET SYSTEMS INC   p386
51 Allard Ave, WINNIPEG, MB, R3K 0S8
(204) 888-6768   SIC 3949
WHITEWATER WEST INDUSTRIES LTD   p208
1418 Cliveden Ave, DELTA, BC, V3M 6L9
SIC 3949

SIC 3952 Lead pencils and art goods

COUTTS, WILLIAM E. COMPANY, LIMITED   p647
15 Mary St W, LINDSAY, ON, K9V 2N5
(705) 324-6105   SIC 3952

SIC 3953 Marking devices

CRANE, JOHN CANADA INC   p100
7123 Roper Rd Nw, EDMONTON, AB, T6B 3K3
(780) 466-1338   SIC 3953
STERLING MARKING PRODUCTS INC   p662
1147 Gainsborough Rd, LONDON, ON, N6H 5L5
(519) 434-5785   SIC 3953
STERLING MARKING PRODUCTS INC   p894
4 William Morgan Dr, TORONTO, ON, M4H 1E6
(416) 425-4140   SIC 3953
STERLING MARKING PRODUCTS INC   p894
4 William Morgan Dr, TORONTO, ON, M4H 1E6
(416) 255-3401   SIC 3953

SIC 3955 Carbon paper and inked ribbons

LASERNETWORKS INC   p685
6300 Viscount Rd Unit 2, MISSISSAUGA, ON, L4V 1H3
(800) 461-4879   SIC 3955
SOCIETE DES ALCOOLS DU QUEBEC   p1163
2900 Rue Einstein, Quebec, QC, G1X 4B3
(418) 646-3604   SIC 3955

SIC 3961 Costume jewelry

JOSTENS CANADA LTD   p383
1643 Dublin Ave, WINNIPEG, MB, R3H 0G9
(204) 783-1310   SIC 3961

SIC 3965 Fasteners, buttons, needles, and pins

INDUSTRIES CANZIP (2000) INC, LES p1124
1615 Rue Chabanel O, Montreal, QC, H4N 2T7
(514) 934-0331   SIC 3965

YKK CANADA INC p1208
3939 Boul Thimens, SAINT-LAURENT, QC, H4R 1X3
(514) 332-3350   SIC 3965

SIC 3991 Brooms and brushes

JOSEPH & COMPANY LTD p383
1725 Sargent Ave, WINNIPEG, MB, R3H 0C5
(204) 775-4451   SIC 3991

T.S. SIMMS & CO. p574
300 Main St, ERIN, ON, N0B 1T0
(905) 362-1470   SIC 3991

SIC 3993 Signs and advertising specialties

3093-6975 QUEBEC INC p1128
1780 Place Martenot Bureau 17, Montreal, QC, H7L 5B5
(450) 668-4888   SIC 3993

4355768 CANADA INC p1148
410 Boul Charest E Bureau 500, Quebec, QC, G1K 8G3
(418) 977-3169   SIC 3993

ARRAY CANADA INC p509
35 Reagen's Industrial Pky, BRADFORD, ON, L3Z 0Z9
(416) 213-5740   SIC 3993

ATS TRAFFIC-ALBERTA LTD p114
9015 14 St Nw, EDMONTON, AB, T6P 0C9
(780) 440-4114   SIC 3993

CARMANAH SIGNS INC p30
6025 12 St Se Suite 5, CALGARY, AB, T2H 2K1
(403) 252-6047   SIC 3993

DECO SIGNALISATION INC p990
9225 Rue Du Parcours, ANJOU, QC, H1J 3A8
(514) 494-1004   SIC 3993

E. E. C. INDUSTRIES LIMITED p249
1237 Welch St, NORTH VANCOUVER, BC, V7P 1B3
(604) 986-5633   SIC 3993

ENSEIGNES MONTREAL NEON INC p1128
1780 Place Martenot, Montreal, QC, H7L 5B5
(514) 955-3333   SIC 3993

ENTRO COMMUNICATIONS INC p918
33 Harbour Sq Suite 202, TORONTO, ON, M5J 2G2
(416) 368-6988   SIC 3993

GM NAMEPLATE CANADA CORP p289
9344 192 St, SURREY, BC, V4N 3R8
(604) 888-6333   SIC 3993

GROUPE MONTECH INC p1214
6250 Boul Des Grandes-Prairies, SAINT-LEONARD, QC, H1P 1A2
(514) 494-9744   SIC 3993

H.A.S. NOVELTIES LIMITED p935
300 Geary Ave, TORONTO, ON, M6H 2C5
(416) 593-1101   SIC 3993

HI SIGNS THE FATH GROUP LTD p105
9570 58 Ave Nw, EDMONTON, AB, T6E 0B6
(780) 468-6181   SIC 3993

HOLMAN EXHIBITS LIMITED p751
160 Lesmill Rd, NORTH YORK, ON, M3B 2T5
(416) 441-1877   SIC 3993

INSTACHANGE DISPLAYS LIMITED p733
360 Harry Walker Pky S Unit 1-3, NEWMARKET, ON, L3Y 9E9
(289) 279-1100   SIC 3993

KLASSEN BRONZE LIMITED p731
30 Marvin St, NEW HAMBURG, ON, N3A 4H8
(519) 662-1010   SIC 3993

NATIONAL SIGNCORP INVESTMENTS LTD p208
1471 Derwent Way, DELTA, BC, V3M 6N2
(604) 525-4300   SIC 3993

P M ELECTRIC LTD p13
1501 Moraine Rd Ne, CALGARY, AB, T2A 2P5
(403) 272-7460   SIC 3993

PATTISON, JIM INDUSTRIES LTD p33
6304 6a St Se, CALGARY, AB, T2H 2B7
(403) 258-0556   SIC 3993

PATTISON, JIM INDUSTRIES LTD p252
165 Waterloo Ave, PENTICTON, BC, V2A 7J3
(250) 492-4522   SIC 3993

PATTISON, JIM INDUSTRIES LTD p774
580 Harvie Settlement Rd, ORILLIA, ON, L3V 0Y7
(705) 325-2799   SIC 3993

PATTISON, JIM INDUSTRIES LTD p796
2421 Holly Lane, OTTAWA, ON, K1V 7P2
(613) 247-7762   SIC 3993

PATTISON, JIM INDUSTRIES LTD p842
555 Ellesmere Rd, SCARBOROUGH, ON, M1R 4E8
(416) 759-1111   SIC 3993

PATTISON, JIM INDUSTRIES LTD p1142
1868 Boul Des Sources Bureau 200, POINTE-CLAIRE, QC, H9R 5R2
(514) 856-7756   SIC 3993

POSIMAGE INC p1050
6285 Boul Wilfrid-Hamel, L'ANCIENNE-LORETTE, QC, G2E 5W2
(418) 877-2775   SIC 3993

PRESENTOIR FILOTECH INC p1202
234 Rue De Sainte-Paule, Saint-Jerome, QC, J7Z 1A8
(450) 432-2266   SIC 3993

SELKIRK SIGNS & SERVICES LTD p205
421 Patterson St W, CRANBROOK, BC, V1C 6T3
(250) 489-3321   SIC 3993

SOCIETE EN COMMANDITE LES PROMENADES DU PARC p1072
1910 Rue Adoncour Bureau 500, LONGUEUIL, QC, J4N 1T3
(450) 448-3448   SIC 3993

SOMERVILLE MERCHANDISING INC p834
5760 Finch Ave E, SCARBOROUGH, ON, M1B 5J9
(416) 754-7228   SIC 3993

SRB TECHNOLOGIES (CANADA) INC p806
320 Boundary Rd E Suite 140, PEMBROKE, ON, K8A 6W5
(613) 732-0055   SIC 3993

TEKSIGN INC p527
86 Plant Farm Blvd, BRANTFORD, ON, N3S 7W3
(519) 756-1089   SIC 3993

WSI SIGN SYSTEMS LTD p506
31 Simpson Rd Suite 1, BOLTON, ON, L7E 2R6
(905) 857-2804   SIC 3993

ZIP SIGNS LTD p536
5040 North Service Rd, BURLINGTON, ON, L7L 5R5
(905) 332-8332   SIC 3993

SIC 3995 Burial caskets

CERCUEILS ALLIANCE CASKETS INC p397
355 Du Pouvoir Ch, EDMUNDSTON, NB, E3V 4K1
(506) 739-6226   SIC 3995

FOURNITURES FUNERAIRE VICTORIAVILLE INC p1260
333 Rue De La Jacques-Cartier, Victoriaville, QC, G6T 1Y1
(819) 752-3388   SIC 3995

NORTHERN CASKET (1976) LIMITED p647
165 St Peter St, LINDSAY, ON, K9V 4S3
(705) 324-6164   SIC 3995

SIC 3999 Manufacturing industries, nec

ADAPTIVE ENGINEERING INC p26
4033 14 St Se, CALGARY, AB, T2G 3K6
(403) 744-5120   SIC 3999

AIREX INDUSTRIES INC p1029
3025 Rue Kunz, DRUMMONDVILLE, QC, J2C 6Y4
(819) 477-3030   SIC 3999

BLUE FALLS MANUFACTURING LTD p70
3706 18 Ave, COLEMAN, AB, T0K 0M0
(403) 562-8008   SIC 3999

BLUE FALLS MANUFACTURING LTD p171
4549 52 St, THORSBY, AB, T0C 2P0
(780) 789-2626   SIC 3999

BOLD EVENT CREATIVE INC p183
7570 Conrad St, BURNABY, BC, V5A 2H7
(604) 437-7677   SIC 3999

BROCK CANADA INC p16
5401 53 St Se, CALGARY, AB, T2C 4P6
(403) 203-0633   SIC 3999

CONCEPTS ZONE INC, LES p1157
999 Av Cartier, Quebec, QC, G1R 2S2
(418) 522-7373   SIC 3999

CONCEPTS ZONE INC, LES p1262
5014 Rue Sherbrooke O, WESTMOUNT, QC, H3Z 1H4
(514) 489-8901   SIC 3999

GANZ CANADA p755
100 Brisbane Rd, NORTH YORK, ON, M3J 2K2
(416) 663-7401   SIC 3999

GOODWILL INDUSTRIES OF ALBERTA (REGISTERED SOCIETY) p852
525 Welland Ave, ST CATHARINES, ON, L2M 6P3
(905) 684-7741   SIC 3999

IGT CANADA SOLUTIONS ULC p410
328 Urquhart Ave, MONCTON, NB, E1H 2R6
(506) 878-6000   SIC 3999

ILLEN PRODUCTS LTD p268
21320 Gordon Way Unit 260, RICHMOND, BC, V6W 1J8
(604) 278-7147   SIC 3999

LEVEL-RITE SYSTEMS COMPANY p524
29 Regan Rd, BRAMPTON, ON, L7A 1B2
SIC 3999

MAILLOUX BAILLARGEON INC p1184
222 Rue Saint-Pierre, SAINT-CONSTANT, QC, J5A 2A2
(514) 861-8417   SIC 3999

NORMERICA INC p526
46 Morton Ave E, BRANTFORD, ON, N3R 7J7
(519) 756-8414   SIC 3999

O.C. TANNER RECOGNITION COMPANY LIMITED p534
4200 Fairview St, BURLINGTON, ON, L7L 4Y8
(905) 632-7255   SIC 3999

SEMENCES PROGRAIN INC p1183
145 Rang Du Bas-De-La-Riviere N, Saint-Cesaire, QC, J0L 1T0
(450) 469-5744   SIC 3999

SIC 4011 Railroads, line-haul operating

BESSEMER & LAKE ERIE RAILROAD p1109
935 Rue De La Gauchetiere O Bureau 11, Montreal, QC, H3B 2M9
(514) 399-4536   SIC 4011

BULUTH MISSABE & IRON RANGE RAILROAD p1110
935 Rue De La Gauchetiere O Bureau 4eme, Montreal, QC, H3B 2M9
(514) 399-4536   SIC 4011

CANADIAN PACIFIC RAILWAY COMPANY p16
7550 Ogden Dale Rd Se, CALGARY, AB, T2C 4X9
SIC 4011

CANADIAN PACIFIC RAILWAY COMPANY p16
11020 52 St Se, CALGARY, AB, T2C 4M2
(403) 203-8915   SIC 4011

CANADIAN PACIFIC RAILWAY COMPANY p27
2881 Alyth Rd Se, CALGARY, AB, T2G 5S3
(403) 303-8843   SIC 4011

CANADIAN PACIFIC RAILWAY COMPANY p27
1702 30 Ave Se Suite 9, CALGARY, AB, T2G 5S4
(403) 303-8766   SIC 4011

CANADIAN PACIFIC RAILWAY COMPANY p42
133 9 Ave Sw, CALGARY, AB, T2P 2M3
SIC 4011

CANADIAN PACIFIC RAILWAY COMPANY p55
327 Chaparral Pl Se, CALGARY, AB, T2X 3J9
(403) 201-3177   SIC 4011

CANADIAN PACIFIC RAILWAY COMPANY p69
Gd, COALHURST, AB, T0L 0V0
(403) 329-7726   SIC 4011

CANADIAN PACIFIC RAILWAY COMPANY p103
7935 Gateway Blvd Nw, EDMONTON, AB, T6E 3X8
(780) 414-2320   SIC 4011

CANADIAN PACIFIC RAILWAY COMPANY p103
7710 100 St Nw, EDMONTON, AB, T6E 4X7
(780) 414-2308   SIC 4011

CANADIAN PACIFIC RAILWAY COMPANY p103
7935 Gateway Blvd Nw, EDMONTON, AB, T6E 3X8
(780) 414-2305   SIC 4011

CANADIAN PACIFIC RAILWAY COMPANY p103
10155 39 Ave Nw, EDMONTON, AB, T6E 6C8
(780) 463-6550   SIC 4011

CANADIAN PACIFIC RAILWAY COMPANY p143
402 North Railway St Se, MEDICINE HAT, AB, T1A 2Z2
(403) 528-5008   SIC 4011

CANADIAN PACIFIC RAILWAY COMPANY p155
6867 Edgar Industrial Dr, RED DEER, AB, T4P 3R2
(403) 346-2189   SIC 4011

CANADIAN PACIFIC RAILWAY COMPANY p176
63 West Railway Ave, ABBOTSFORD, BC, V2S 8H9
(604) 944-5706   SIC 4011

CANADIAN PACIFIC RAILWAY COMPANY p219
2855 Thompson Dr, KAMLOOPS, BC, V2C 4L7
SIC 4011

CANADIAN PACIFIC RAILWAY COMPANY p253
17900 Kennedy Rd, PITT MEADOWS, BC, V3Y 1Z1
(604) 469-4300   SIC 4011

CANADIAN PACIFIC RAILWAY COMPANY p254
2080 Lougheed Hwy, PORT COQUITLAM, BC, V3B 4H3
(604) 944-5816   SIC 4011

CANADIAN PACIFIC RAILWAY COMPANY p255
1118 Coutts Way, Port Coquitlam, BC, V3C 6B6
(604) 944-7427   SIC 4011

CANADIAN PACIFIC RAILWAY COMPANY p264
420 Victoria Rd, REVELSTOKE, BC, V0E 2S0

BUSINESSES BY INDUSTRY CLASSIFICATION — SIC 4011 Railroads, line-haul operating

(250) 837-8229 SIC 4011
CANADIAN PACIFIC RAILWAY COMPANY p291
101 Ritchie Ave, TRAIL, BC, V1R 1G8
(250) 364-2021 SIC 4011
CANADIAN PACIFIC RAILWAY COMPANY p372
478 Mcphillips St Bldg 7, WINNIPEG, MB, R2X 2G8
(204) 947-8102 SIC 4011
CANADIAN PACIFIC RAILWAY COMPANY p374
1 Lombard Pl Suite 1300, WINNIPEG, MB, R3B 0X3
SIC 4011
CANADIAN PACIFIC RAILWAY COMPANY p379
901 Logan Ave, WINNIPEG, MB, R3E 1N7
(204) 946-3401 SIC 4011
CANADIAN PACIFIC RAILWAY COMPANY p391
14 Fultz Blvd, WINNIPEG, MB, R3Y 0L6
(204) 947-8101 SIC 4011
CANADIAN PACIFIC RAILWAY COMPANY p542
10 Malcolm St, CAMBRIDGE, ON, N1R 1L8
(519) 621-4130 SIC 4011
CANADIAN PACIFIC RAILWAY COMPANY p547
800 Fountain St N, CAMBRIDGE, ON, N3H 4R7
(519) 650-0458 SIC 4011
CANADIAN PACIFIC RAILWAY COMPANY p577
36 North Queen St, ETOBICOKE, ON, M8Z 2C4
SIC 4011
CANADIAN PACIFIC RAILWAY COMPANY p610
20 Studholme Rd, HAMILTON, ON, L8P 4Z1
(905) 523-9412 SIC 4011
CANADIAN PACIFIC RAILWAY COMPANY p645
6830 Rutherford Rd, KLEINBURG, ON, L0J 1C0
(905) 893-5050 SIC 4011
CANADIAN PACIFIC RAILWAY COMPANY p666
1 Station St, MACTIER, ON, P0C 1H0
(705) 375-2750 SIC 4011
CANADIAN PACIFIC RAILWAY COMPANY p668
Gd, MARATHON, ON, P0T 2E0
(807) 229-2060 SIC 4011
CANADIAN PACIFIC RAILWAY COMPANY p699
1290 Central Pky W Suite 800, MISSISSAUGA, ON, L5C 4R3
(905) 803-3252 SIC 4011
CANADIAN PACIFIC RAILWAY COMPANY p741
100 Ferguson St, NORTH BAY, ON, P1B 1W8
(705) 472-6200 SIC 4011
CANADIAN PACIFIC RAILWAY COMPANY p809
270 George St N, PETERBOROUGH, ON, K9J 3H1
(705) 745-1211 SIC 4011
CANADIAN PACIFIC RAILWAY COMPANY p847
219 Brunswick St, SCHREIBER, ON, P0T 2S0
(807) 824-2054 SIC 4011
CANADIAN PACIFIC RAILWAY COMPANY p879
500 Mcnaughton St, THUNDER BAY, ON, P7C 5Z3
(807) 625-5679 SIC 4011
CANADIAN PACIFIC RAILWAY COMPANY p880
440 Syndicate Ave S, THUNDER BAY, ON, P7E 1E5
(807) 625-5601 SIC 4011

CANADIAN PACIFIC RAILWAY COMPANY p918
40 University Ave Suite 200, TORONTO, ON, M5J 1T1
(705) 233-2898 SIC 4011
CANADIAN PACIFIC RAILWAY COMPANY p937
750 Runnymede Rd, TORONTO, ON, M6N 3V4
(416) 761-5405 SIC 4011
CANADIAN PACIFIC RAILWAY COMPANY p954
60749 Reilly Rd W, WELLAND, ON, L3B 5N6
(905) 735-0154 SIC 4011
CANADIAN PACIFIC RAILWAY COMPANY p1017
5901 Av Westminster, Cote Saint-Luc, QC, H4W 2J9
(514) 483-7102 SIC 4011
CANADIAN PACIFIC RAILWAY COMPANY p1110
1100 Av Des Canadiens-De-Montreal Unite 215, Montreal, QC, H3B 2S2
SIC 4011
CANADIAN PACIFIC RAILWAY COMPANY p1265
101 Railway Ave, BREDENBURY, SK, S0A 0H0
(306) 898-2144 SIC 4011
CANADIAN PACIFIC RAILWAY COMPANY p1275
3 Manitoba St W, MOOSE JAW, SK, S6H 1P8
(306) 693-5422 SIC 4011
CANADIAN PACIFIC RAILWAY COMPANY p1275
3 Manitoba St W, MOOSE JAW, SK, S6H 1P8
(306) 693-5421 SIC 4011
CANADIAN PACIFIC RAILWAY COMPANY p1287
2305 Dewdney Ave, REGINA, SK, S4R 8R2
(306) 777-0821 SIC 4011
CHICAGO, CENTRAL & PACIFIC RAILROAD COMPANY (INC) p1110
935 Rue De La Gauchetiere O, Montreal, QC, H3B 2M9
(514) 399-4536 SIC 4011
CN WORLDWIDE AMERIQUE DU NORD (CANADA) INC p881
1825 Broadway Ave, THUNDER BAY, ON, P7K 1M8
(807) 475-6775 SIC 4011
CN WORLDWIDE AMERIQUE DU NORD (CANADA) INC p1110
935 Rue De La Gauchetiere O, Montreal, QC, H3B 2M9
(514) 399-5430 SIC 4011
COMPAGNIE DE CHEMIN DE FER ARNAUD p1233
1505 Pointe Noire, Sept-Iles, QC, G4R 4L4
(418) 964-3101 SIC 4011
COMPAGNIE DES CHEMINS DE FER NATIONAUX DU CANADA p6
27001 597 Hwy, BLACKFALDS, AB, T0M 0J0
(403) 350-1830 SIC 4011
COMPAGNIE DES CHEMINS DE FER NATIONAUX DU CANADA p72
Railroad Ave, DRUMHELLER, AB, T0J 0Y0
(403) 823-7162 SIC 4011
COMPAGNIE DES CHEMINS DE FER NATIONAUX DU CANADA p75
10229 127 Ave Nw, EDMONTON, AB, T5E 0B9
(780) 472-3452 SIC 4011
COMPAGNIE DES CHEMINS DE FER NATIONAUX DU CANADA p75
11703 127 Ave Nw, EDMONTON, AB, T5E 0C9
(780) 472-3486 SIC 4011
COMPAGNIE DES CHEMINS DE FER NATIONAUX DU CANADA p75

11709 127 Ave Nw, EDMONTON, AB, T5E 0C9
(780) 472-3133 SIC 4011
COMPAGNIE DES CHEMINS DE FER NATIONAUX DU CANADA p84
12103 127 Ave Nw, EDMONTON, AB, T5L 4X7
(780) 472-3261 SIC 4011
COMPAGNIE DES CHEMINS DE FER NATIONAUX DU CANADA p115
12310 17 St Ne, EDMONTON, AB, T6S 1A7
(780) 472-6869 SIC 4011
COMPAGNIE DES CHEMINS DE FER NATIONAUX DU CANADA p131
260 Carmichael Ln, HINTON, AB, T7V 1T4
(780) 865-4999 SIC 4011
COMPAGNIE DES CHEMINS DE FER NATIONAUX DU CANADA p153
4647 61 St, RED DEER, AB, T4N 2R2
(403) 443-2350 SIC 4011
COMPAGNIE DES CHEMINS DE FER NATIONAUX DU CANADA p173
1001 1 Ave Suite A, WAINWRIGHT, AB, T9W 1S5
(780) 842-4111 SIC 4011
COMPAGNIE DES CHEMINS DE FER NATIONAUX DU CANADA p182
7876 Hwy 5, BLUE RIVER, BC, V0E 1J0
(250) 828-6376 SIC 4011
COMPAGNIE DES CHEMINS DE FER NATIONAUX DU CANADA p217
945 5th Ave, HOPE, BC, V0X 1L0
(604) 869-5304 SIC 4011
COMPAGNIE DES CHEMINS DE FER NATIONAUX DU CANADA p246
1155 Cotton Dr, NORTH VANCOUVER, BC, V7J 1B9
(604) 665-5452 SIC 4011
COMPAGNIE DES CHEMINS DE FER NATIONAUX DU CANADA p265
2491 No. 8 Rd, RICHMOND, BC, V6V 1S2
(604) 665-5425 SIC 4011
COMPAGNIE DES CHEMINS DE FER NATIONAUX DU CANADA p289
17569 104 Ave, SURREY, BC, V4N 3M4
SIC 4011
COMPAGNIE DES CHEMINS DE FER NATIONAUX DU CANADA p292
870 Beven Cres, VALEMOUNT, BC, V0E 2Z0
(250) 566-4759 SIC 4011
COMPAGNIE DES CHEMINS DE FER NATIONAUX DU CANADA p345
211 Van Horne Ave, BRANDON, MB, R7A 7L3
(204) 727-1140 SIC 4011
COMPAGNIE DES CHEMINS DE FER NATIONAUX DU CANADA p365
821 Lagimodiere Blvd Suite 5, WINNIPEG, MB, R2J 0T8
(204) 231-7550 SIC 4011
COMPAGNIE DES CHEMINS DE FER NATIONAUX DU CANADA p377
234 Donald St Suite 601, WINNIPEG, MB, R3C 1M8
(204) 934-7312 SIC 4011
COMPAGNIE DES CHEMINS DE FER NATIONAUX DU CANADA p397
194 Rue St-Francois, EDMUNDSTON, NB, E3V 1E9
(506) 735-1201 SIC 4011
COMPAGNIE DES CHEMINS DE FER NATIONAUX DU CANADA p448
12 Alderney Dr, DARTMOUTH, NS, B2Y 2N3
(902) 428-5475 SIC 4011
COMPAGNIE DES CHEMINS DE FER NATIONAUX DU CANADA p461
6800 Chisholm Ave, HALIFAX, NS, B3L 2R9
(902) 428-5306 SIC 4011
COMPAGNIE DES CHEMINS DE FER NATIONAUX DU CANADA p477
100 Esplanade St, TRURO, NS, B2N 2K3
(902) 893-4689 SIC 4011

COMPAGNIE DES CHEMINS DE FER NATIONAUX DU CANADA p501
257 Airport Pky, BELLEVILLE, ON, K8N 4Z6
(613) 969-2247 SIC 4011
COMPAGNIE DES CHEMINS DE FER NATIONAUX DU CANADA p549
10 Front St, CAPREOL, ON, P0M 1H0
(705) 858-4085 SIC 4011
COMPAGNIE DES CHEMINS DE FER NATIONAUX DU CANADA p552
360 Queen St, CHATHAM, ON, N7M 2H6
(519) 792-1926 SIC 4011
COMPAGNIE DES CHEMINS DE FER NATIONAUX DU CANADA p558
Gd, CONCORD, ON, L4K 1B9
(905) 669-3302 SIC 4011
COMPAGNIE DES CHEMINS DE FER NATIONAUX DU CANADA p558
73 Diesel Dr Unit 1b, CONCORD, ON, L4K 1B9
SIC 4011
COMPAGNIE DES CHEMINS DE FER NATIONAUX DU CANADA p564
109a Balmoral St, CORNWALL, ON, K6H 7E7
(613) 932-6533 SIC 4011
COMPAGNIE DES CHEMINS DE FER NATIONAUX DU CANADA p577
123 Judson St, ETOBICOKE, ON, M8Z 1A4
(416) 253-6395 SIC 4011
COMPAGNIE DES CHEMINS DE FER NATIONAUX DU CANADA p619
58 Younge St, HORNEPAYNE, ON, P0M 1Z0
(807) 868-2902 SIC 4011
COMPAGNIE DES CHEMINS DE FER NATIONAUX DU CANADA p741
915 Mcintyre St W, NORTH BAY, ON, P1B 3A5
(705) 472-4500 SIC 4011
COMPAGNIE DES CHEMINS DE FER NATIONAUX DU CANADA p780
767 Thornton Rd S, OSHAWA, ON, L1J 8M6
(905) 436-4218 SIC 4011
COMPAGNIE DES CHEMINS DE FER NATIONAUX DU CANADA p817
10 Canby Rd, PORT ROBINSON, ON, L0S 1K0
SIC 4011
COMPAGNIE DES CHEMINS DE FER NATIONAUX DU CANADA p828
699 Macgregor Rd, SARNIA, ON, N7T 7H8
(519) 339-1253 SIC 4011
COMPAGNIE DES CHEMINS DE FER NATIONAUX DU CANADA p828
699 Mcgregor Rd, SARNIA, ON, N7T 7H8
(519) 339-1216 SIC 4011
COMPAGNIE DES CHEMINS DE FER NATIONAUX DU CANADA p881
1825 Broadway Ave, THUNDER BAY, ON, P7K 1M8
SIC 4011
COMPAGNIE DES CHEMINS DE FER NATIONAUX DU CANADA p947
1 Administration Rd, VAUGHAN, ON, L4K 1B9
(905) 669-3128 SIC 4011
COMPAGNIE DES CHEMINS DE FER NATIONAUX DU CANADA p965
2597 Dougall Ave, WINDSOR, ON, N8X 1T5
(519) 250-3205 SIC 4011
COMPAGNIE DES CHEMINS DE FER NATIONAUX DU CANADA p1064
53 Rue Daoust, Les Coteaux, QC, J7X 1J7
(450) 267-2459 SIC 4011
COMPAGNIE DES CHEMINS DE FER NATIONAUX DU CANADA p1067
2600 Av De La Rotonde, Levis, QC, G6X 2M1
SIC 4011
COMPAGNIE DES CHEMINS DE FER NATIONAUX DU CANADA p1071
1510 Boul Jacques-Cartier O, LONGUEUIL, QC, J4K 5K8

▲ Public Company   ■ Public Company Family Member   HQ Headquarters   BR Branch   SL Single Location

(450) 923-4893   SIC 4011
COMPAGNIE DES CHEMINS DE FER NATIONAUX DU CANADA p1110
935 Rue De La Gauchetiere O, Montreal, QC, H3B 2M9
(514) 399-5430   SIC 4011
COMPAGNIE DES CHEMINS DE FER NATIONAUX DU CANADA p1110
5 Place Ville-Marie Bureau 1100, Montreal, QC, H3B 2G2
(514) 399-4811   SIC 4011
COMPAGNIE DES CHEMINS DE FER NATIONAUX DU CANADA p1134
180 Ch St Edgar, NEW RICHMOND, QC, G0C 2B0
(418) 392-5746   SIC 4011
COMPAGNIE DES CHEMINS DE FER NATIONAUX DU CANADA p1277
75 Railway Ave E, NORTH BATTLEFORD, SK, S9A 2P9
(306) 446-5730   SIC 4011
E & N RAILWAY COMPANY (1998) LTD p239
7 Port Way, NANAIMO, BC, V9R 5L3
(250) 754-9222   SIC 4011
GODERICH-EXETER RAILWAY COMPANY LIMITED p865
101 Shakespeare St Suite 2, STRATFORD, ON, N5A 3W5
(519) 271-4441   SIC 4011
ILLINOIS CENTRAL RAILROAD p1112
935 Rue De La Gauchetiere O Bureau 11, Montreal, QC, H3B 2M9
(514) 399-4536   SIC 4011
METROLINX p756
200 Steeprock Dr, NORTH YORK, ON, M3J 2T4
SIC 4011
METROLINX p919
20 Bay St Suite 901, TORONTO, ON, M5J 2N8
(416) 874-5900   SIC 4011
SOUTHERN RAILWAY OF BRITISH COLUMBIA LIMITED p245
2102 River Dr, NEW WESTMINSTER, BC, V3M 6S3
(604) 521-1966   SIC 4011
TGR RAIL CANADA INC p933
130 King St W Suite 1800, TORONTO, ON, M5X 2A2
(519) 574-3357   SIC 4011

SIC 4013 Switching and terminal services

COMPAGNIE DES CHEMINS DE FER NATIONAUX DU CANADA p1211
4500 Rue Hickmore, SAINT-LAURENT, QC, H4T 1K2
(514) 734-2288   SIC 4013
ESSEX TERMINAL RAILWAY COMPANY, THE p967
1601 Lincoln Rd, WINDSOR, ON, N8Y 2J3
(519) 973-8222   SIC 4013

SIC 4111 Local and suburban transit

AMBASSADOR LIMOUSINE SERVICE p12
316 Meridian Rd Se, CALGARY, AB, T2A 1X2
(403) 299-4910   SIC 4111
AUTOBUS LA QUEBECOISE INC p1067
1043 Rue Du Parc-Industriel, Levis, QC, G6Z 1C5
(418) 834-3133   SIC 4111
AUTOCARS JASMIN INC p1047
2249 Rue Saint-Hubert, Jonquiere, QC, G7X 5P1
(418) 547-2167   SIC 4111
AUTOLUX LTD p813
1550 Bayly St Unit 45, PICKERING, ON, L1W 3W1
SIC 4111
BOMBARDIER INC p717
6291 Ordan Dr, MISSISSAUGA, ON, L5T 1G9
(905) 795-7869   SIC 4111
BOMBARDIER INC p1181
1101 Rue Parent, SAINT-BRUNO, QC, J3V 6E6
(514) 861-9481   SIC 4111
BRADLEY, M L LIMITED p725
3406 Frank Kenny Rd, NAVAN, ON, K4B 0C5
(613) 835-2488   SIC 4111
CANADIAN PACIFIC RAILWAY COMPANY p264
420 Victoria Rd, REVELSTOKE, BC, V0E 2S0
(250) 837-8236   SIC 4111
CANADIAN PACIFIC RAILWAY COMPANY p877
949 Fort William Rd, THUNDER BAY, ON, P7B 3A6
(807) 625-5665   SIC 4111
CANADIAN PACIFIC RAILWAY COMPANY p1114
1100 Rue De La Gauchetiere, Montreal, QC, H3C 3E4
(514) 395-5151   SIC 4111
CANADIAN PACIFIC RAILWAY COMPANY p1302
801 Gray Ave, SASKATOON, SK, S7N 2K6
(306) 931-7426   SIC 4111
CANTRAIL COACH LINES LTD p301
1375 Vernon Dr, VANCOUVER, BC, V6A 3V4
(604) 294-5541   SIC 4111
CAPE BRETON & CENTRAL NOVA SCOTIA RAILWAY LIMITED p472
4 Macsween St, PORT HAWKESBURY, NS, B9A 2H7
(902) 625-5715   SIC 4111
CENTURY AIRLINE SERVICES INC p809
779 Erskine Ave, PETERBOROUGH, ON, K9J 5V1
SIC 4111
CHEMINS DE FER QUEBEC-GATINEAU INC p1124
9001 Boul De L'acadie Bureau 600, Montreal, QC, H4N 3H5
(514) 948-6999   SIC 4111
CHEMINS DE FER QUEBEC-GATINEAU INC p1250
900 Rue Bonaventure, Trois-Rivieres, QC, G9A 6G8
(819) 375-4796   SIC 4111
CITY OF CALGARY, THE p63
3910 54 Ave Ne, CALGARY, AB, T3J 0C7
(403) 537-1613   SIC 4111
CITY OF GREATER SUDBURY, THE p870
1700 Kingsway Rd, SUDBURY, ON, P3E 3L7
(705) 675-3333   SIC 4111
CITY OF HAMILTON, THE p724
3027 Homestead Dr, MOUNT HOPE, ON, L0R 1W0
(905) 529-1212   SIC 4111
CITY OF OTTAWA p784
1500 St. Laurent Blvd, OTTAWA, ON, K1G 0Z8
(613) 741-6440   SIC 4111
CITY OF REGINA, THE p1287
333 Winnipeg St, REGINA, SK, S4R 8P2
(306) 777-7726   SIC 4111
COAST MOUNTAIN BUS COMPANY LTD p186
3855 Kitchener St Suite 420, BURNABY, BC, V5C 3L8
(604) 205-6111   SIC 4111
COAST MOUNTAIN BUS COMPANY LTD p244
287 Nelson's Crt Suite 700, NEW WESTMINSTER, BC, V3L 0E7
(778) 375-6400   SIC 4111
COAST MOUNTAIN BUS COMPANY LTD p248
536 3rd St E, NORTH VANCOUVER, BC, V7L 1G5
SIC 4111
COMPAGNIE DES CHEMINS DE FER NATIONAUX DU CANADA p84
12646 124 St Nw, EDMONTON, AB, T5L 0N9
(780) 472-3078   SIC 4111
COMPAGNIE DES CHEMINS DE FER NATIONAUX DU CANADA p96
12311 184 St Nw, EDMONTON, AB, T5V 1T3
(780) 472-3863   SIC 4111
COMPAGNIE DES CHEMINS DE FER NATIONAUX DU CANADA p161
53307 Range Road 232, SHERWOOD PARK, AB, T8A 4V2
SIC 4111
COMPAGNIE DES CHEMINS DE FER NATIONAUX DU CANADA p221
309 Cn Rd, KAMLOOPS, BC, V2H 1K3
(250) 828-6331   SIC 4111
COMPAGNIE DES CHEMINS DE FER NATIONAUX DU CANADA p261
1108 Industrial Way, PRINCE GEORGE, BC, V2N 5S1
(250) 561-4190   SIC 4111
COMPAGNIE DES CHEMINS DE FER NATIONAUX DU CANADA p280
13477 116 Ave, SURREY, BC, V3R 6W4
(604) 589-6552   SIC 4111
COMPAGNIE DES CHEMINS DE FER NATIONAUX DU CANADA p530
135 Perth St, BROCKVILLE, ON, K6V 5Y6
(613) 498-3018   SIC 4111
COMPAGNIE DES CHEMINS DE FER NATIONAUX DU CANADA p904
277 Front St W, TORONTO, ON, M5A 1E1
(888) 888-5909   SIC 4111
COMPAGNIE DES CHEMINS DE FER NATIONAUX DU CANADA p1085
11455 26e Av, Montreal, QC, H1E 3K3
(514) 881-2053   SIC 4111
COMPAGNIE DES CHEMINS DE FER NATIONAUX DU CANADA p1233
171 4e Rue O, SENNETERRE, QC, J0Y 2M0
(819) 737-8121   SIC 4111
COMPAGNIE DES CHEMINS DE FER NATIONAUX DU CANADA p1274
Gd, MELVILLE, SK, S0A 2P0
(306) 728-1751   SIC 4111
CORPORATION FERROVIAIRE PROGRESS CANADA p1056
125h Boul Saint-Joseph, LACHINE, QC, H8S 2K9
(514) 639-1785   SIC 4111
CORPORATION OF THE CITY OF FREDERICTON p398
470 Saint Marys St, FREDERICTON, NB, E3A 8H5
(506) 460-2210   SIC 4111
CORPORATION OF THE CITY OF KINGSTON, THE p633
751 Dalton Ave, KINGSTON, ON, K7M 8N6
(613) 542-2512   SIC 4111
CORPORATION OF THE CITY OF PETERBOROUGH, THE p808
190 Simcoe St, PETERBOROUGH, ON, K9H 2H7
(705) 745-0525   SIC 4111
CORPORATION OF THE CITY OF SARNIA p826
1169 Michener Rd, SARNIA, ON, N7S 4W3
(519) 336-3271   SIC 4111
CORPORATION OF THE DISTRICT OF WEST VANCOUVER, THE p249
221 Lloyd Ave, NORTH VANCOUVER, BC, V7P 3M2
(604) 985-7777   SIC 4111
DETROIT & CANADA TUNNEL p968
555 Goyeau St, WINDSOR, ON, N9A 1H1
(519) 258-7424   SIC 4111
DIGNITY TRANSPORTATION INC p671
50 Mcintosh Dr Suite 110, MARKHAM, ON, L3R 9T3
(905) 470-2399   SIC 4111
DIVERSIFIED TRANSPORTATION LTD p28
205 9 Ave Se Suite 101, CALGARY, AB, T2G 0R3
(403) 531-0350   SIC 4111
DIVERSIFIED TRANSPORTATION LTD p119
8030 Golosky Ave, FORT MCMURRAY, AB, T9H 1V5
(780) 790-3960   SIC 4111
DIVERSIFIED TRANSPORTATION LTD p681
420 Morobel Dr, MILTON, ON, L9T 4N6
(905) 564-1856   SIC 4111
DSR HOLDINGS LTD p213
7 Water St, ELKFORD, BC, V0B 1H0
SIC 4111
FIRSTCANADA ULC p291
4904 16 Hwy W, TERRACE, BC, V8G 1L8
(250) 635-6617   SIC 4111
GENESEE & WYOMING CANADA INC p1163
4800 Rue John-Molson, Quebec, QC, G1X 3X4
(514) 948-6983   SIC 4111
GOVERNMENT OF THE PROVINCE OF ALBERTA p117
3759 60 Ave E Hangar 3 Edmonton International Airport, EDMONTON, AB, T9E 0V4
(780) 427-7343   SIC 4111
GREAT CANADIAN RAILTOUR COMPANY LTD p194
509 13th Ave, CAMPBELL RIVER, BC, V9W 4G7
(250) 287-7151   SIC 4111
GREYHOUND CANADA TRANSPORTATION ULC p129
616 2nd Ave W, HANNA, AB, T0J 1P0
(403) 854-4471   SIC 4111
GREYHOUND CANADA TRANSPORTATION ULC p371
110 Sutherland Ave, WINNIPEG, MB, R2W 3C7
(204) 949-7348   SIC 4111
GREYHOUND CANADA TRANSPORTATION ULC p911
180 Dundas St W Suite 300, TORONTO, ON, M5G 1Z8
(416) 594-0343   SIC 4111
GROUPE J.F. NADEAU INC, LE p1196
3380 Rue Principale, SAINT-JEAN-BAPTISTE, QC, J0L 2B0
(450) 464-8452   SIC 4111
HALIFAX REGIONAL MUNICIPALITY p451
200 Ilsley Ave, DARTMOUTH, NS, B3B 1V1
(902) 490-6614   SIC 4111
HOFFMANS PATIENT TRANSFER LTD p568
37700 Dashwood Rd, DASHWOOD, ON, N0M 1N0
(519) 237-3631   SIC 4111
HUDSON BAY RAILWAY COMPANY p358
728 Bignel Ave, THE PAS, MB, R9A 1L8
(204) 627-2007   SIC 4111
L.B. FOSTER TECHNOLOGIES FERROVIAIRES CANADA LTEE p1142
172 Boul Brunswick, POINTE-CLAIRE, QC, H9R 5P9
(514) 695-8500   SIC 4111
LANGS BUS LINES LIMITED p664
4158 Raney Cres, LONDON, ON, N6L 1C3
(519) 652-6994   SIC 4111
LANGS BUS LINES LIMITED p949
1733 Longwoods Dr Rr 2, WARDSVILLE, ON, N0L 2N0
(519) 693-4416   SIC 4111
LETHBRIDGE, CITY OF p137
619 4 Ave N, LETHBRIDGE, AB, T1H 0K4
(403) 320-3885   SIC 4111
MEDI-VAN TRANSPORTATION SPECIALISTS INC p385
284 Rouge Rd, WINNIPEG, MB, R3K 1K2
(204) 982-0790   SIC 4111
MIDLAND TRANSPORT LIMITED p452
31 Simmonds Dr, DARTMOUTH, NS, B3B 1R4
(902) 494-5555   SIC 4111

MONTREAL PORT AUTHORITY p1089
3400 Rue Notre-Dame E, Montreal, QC, H1W 2J2
(514) 283-7020 *SIC 4111*

NBM RAIL SERVICES INC p417
300 Union St, SAINT JOHN, NB, E2L 4Z2
(506) 632-6314 *SIC 4111*

NIAGARA AIR BUS INC p738
8626 Lundy's Lane, NIAGARA FALLS, ON, L2H 1H4
(905) 374-8111 *SIC 4111*

NIAGARA FALLS TRANSIT p736
4320 Bridge St, NIAGARA FALLS, ON, L2E 2R7
(905) 356-1179 *SIC 4111*

NIAGARA PATIENT TRANSFER INC p739
454 Mississauga Rd Unit 373, NIAGARA ON THE LAKE, ON, L0S 1J0
(905) 228-0314 *SIC 4111*

ONTARIO NORTHLAND TRANSPORTATION COMMISSION p574
1 Railway St, ENGLEHART, ON, P0J 1H0
(705) 544-2292 *SIC 4111*

PACIFIC WESTERN TRANSPORTATION LTD p29
205 9 Ave Se Suite 101, CALGARY, AB, T2G 0R3
(403) 531-0355 *SIC 4111*

PACIFIC WESTERN TRANSPORTATION LTD p720
6999 Ordan Dr, MISSISSAUGA, ON, L5T 1K6
(905) 564-3232 *SIC 4111*

PEMBINA HILLS REGIONAL DIVISION 7 p5
5310 49 St, BARRHEAD, AB, T7N 1P3
(780) 674-8510 *SIC 4111*

PRESTIGE TRANSPORTATION LTD p113
10135 31 Ave Nw, EDMONTON, AB, T6N 1C2
(780) 462-4444 *SIC 4111*

PRINCE GEORGE TRANSIT LTD p340
8011 Hwy 99, WHISTLER, BC, V0N 1B8
(604) 938-0388 *SIC 4111*

RAIL-TERM INC p785
200 Tremblay Rd, OTTAWA, ON, K1G 3H5
(613) 569-6344 *SIC 4111*

RESEAU DE TRANSPORT DE LONGUEUIL p1069
1150 Boul Marie-Victorin, LONGUEUIL, QC, J4G 2M4
(450) 442-8600 *SIC 4111*

SAINT JOHN TRANSIT COMMISSION p414
55 Mcdonald St, SAINT JOHN, NB, E2J 0C7
(506) 658-4710 *SIC 4111*

SERVICES INTERNATIONAL SKYPORT INC p1027
400 Av Michel-Jasmin Bureau 200, DORVAL, QC, H9P 1C1
(514) 631-1155 *SIC 4111*

SOCIETE DE TRANSPORT DE LAVAL p1131
2250 Av Francis-Hughes, Montreal, QC, H7S 2C3
(450) 662-5400 *SIC 4111*

SOCIETE DE TRANSPORT DE MONTREAL p991
8150 Rue Larrey, ANJOU, QC, H1J 2J5
(514) 280-5913 *SIC 4111*

SOCIETE DE TRANSPORT DE MONTREAL p1059
7770 Rue Saint-Patrick, LASALLE, QC, H8N 1V1
(514) 280-6382 *SIC 4111*

SOCIETE DE TRANSPORT DE MONTREAL p1094
1600 Rue Du Havre, Montreal, QC, H2K 2X5
(514) 280-5768 *SIC 4111*

SOCIETE DE TRANSPORT DE MONTREAL p1095
2000 Rue Berri, Montreal, QC, H2L 4V7
(514) 786-6876 *SIC 4111*

SOCIETE DES TRAVERSIERS DU QUEBEC p1241
9 Rue Elizabeth, SOREL-TRACY, QC, J3P 4G1
(450) 742-3313 *SIC 4111*

SOUTH COAST BRITISH COLUMBIA TRANSPORTATION AUTHORITY p245
287 Nelson's Crt Suite 300, NEW WESTMINSTER, BC, V3L 0E7
(604) 515-8300 *SIC 4111*

STOCK TRANSPORTATION LTD p596
24 Cardico Dr, GORMLEY, ON, L0H 1G0
(905) 888-1938 *SIC 4111*

SUNSHINE COAST REGIONAL DISTRICT p277
5920 Mason Rd, SECHELT, BC, V0N 3A8
(604) 885-3234 *SIC 4111*

SYDNEY COAL RAILWAY INC p474
1139 Grand Lake Rd, SYDNEY, NS, B1M 1A2
(902) 563-8430 *SIC 4111*

SYNDICAT DES INSPECTEURS ET DES REPARTITEURS DU RESEAU DE TRANSPORT DE LA CAPITALE (FISA) p1167
720 Rue Des Rocailles, Quebec, QC, G2J 1A5
(418) 627-2351 *SIC 4111*

TORONTO TRANSIT COMMISSION p894
400 Greenwood Ave, TORONTO, ON, M4J 4Y5
(416) 393-3176 *SIC 4111*

TOWNSHIP TRANSIT SERVICES INC p178
1125 Riverside Rd, ABBOTSFORD, BC, V2S 7P1
(604) 854-2960 *SIC 4111*

TRANSPORT EN COMMUN LA QUEBECOISE INC p1053
300 Rue Des Conseillers, LA PRAIRIE, QC, J5R 2E6
(450) 659-8598 *SIC 4111*

TRENTWAY-WAGAR INC p736
4555 Erie Ave, NIAGARA FALLS, ON, L2E 7G9
(905) 358-7230 *SIC 4111*

TST SOLUTIONS L.P. p691
5200 Maingate Dr, MISSISSAUGA, ON, L4W 1G5
(905) 625-7500 *SIC 4111*

VALLEY BUS LINES LTD p627
782 Van Buren St, KEMPTVILLE, ON, K0G 1J0
(613) 258-4022 *SIC 4111*

VIA RAIL CANADA INC p86
12360 121 St Nw, EDMONTON, AB, T5L 5C3
(780) 448-2575 *SIC 4111*

VIA RAIL CANADA INC p303
1150 Station St Unit 100, VANCOUVER, BC, V6A 4C7
(604) 640-3771 *SIC 4111*

VIA RAIL CANADA INC p386
569 Brandon Ave, WINNIPEG, MB, R3L 2V7
(204) 924-4716 *SIC 4111*

VIA RAIL CANADA INC p457
1161 Hollis St, HALIFAX, NS, B3H 2P6
(902) 494-7900 *SIC 4111*

VIA RAIL CANADA INC p541
1199 Waterdown Rd, BURLINGTON, ON, L7T 4A8
SIC 4111

VIA RAIL CANADA INC p768
200 Cross Ave, OAKVILLE, ON, L6J 2W6
(888) 842-7245 *SIC 4111*

VIA RAIL CANADA INC p786
200 Tremblay Rd, OTTAWA, ON, K1G 3H5
(877) 711-9079 *SIC 4111*

VIA RAIL CANADA INC p921
65 Front St W Suite 222, TORONTO, ON, M5J 1E6
(888) 842-7245 *SIC 4111*

VIA RAIL CANADA INC p1079
48 Av De La Gare, MONT-JOLI, QC, G5H 1N7
(418) 775-7853 *SIC 4111*

VIA RAIL CANADA INC p1114
3 Place Ville-Marie Bureau 500, Montreal, QC, H3B 2C9
(514) 871-6000 *SIC 4111*

VIA RAIL CANADA INC p1114
895 Rue De La Gauchetiere O Bureau 429, Montreal, QC, H3B 4G1
(514) 989-2626 *SIC 4111*

VIA RAIL CANADA INC p1134
6 Rue De Vimy, NEW CARLISLE, QC, G0C 1Z0
SIC 4111

VIA RAIL CANADA INC p1137
44 132 Rte O Bureau Lb1, Perce, QC, G0C 2L0
(418) 782-2747 *SIC 4111*

VOYAGEUR PATIENT TRANSFER SERVICES INC p651
573 Admiral Crt, LONDON, ON, N5V 4L3
(519) 455-4579 *SIC 4111*

SIC 4119 Local passenger transportation, nec

A.J. BUS LINES LIMITED p831
132 Industrial Park Cres, SAULT STE. MARIE, ON, P6B 5P2
(705) 759-1228 *SIC 4119*

ALBERTA HEALTH SERVICES p125
10710 97 St, GRANDE PRAIRIE, AB, T8V 7G6
(780) 538-1253 *SIC 4119*

ALBERTA HEALTH SERVICES p150
Lot 18 Peace River Airport, PEACE RIVER, AB, T8S 1Z1
SIC 4119

ALMONTE GENERAL HOSPITAL p549
37 Neelin St, CARLETON PLACE, ON, K7C 2J6
SIC 4119

AMBULANCE NEW BRUNSWICK INC p406
210 John St Suite 101, MONCTON, NB, E1C 0B8
(506) 872-6500 *SIC 4119*

AMBULANCES COTE-NORD INC p994
2726 Boul Lafleche, BAIE-COMEAU, QC, G5C 1E4
(418) 589-3564 *SIC 4119*

AMBULANCES JOLIETTE INC p1045
751 Rue Samuel-Racine, JOLIETTE, QC, J6E 0E8
(450) 759-6106 *SIC 4119*

ASSOCIATION OF MUNICIPAL EMERGENCY MEDICAL SERVICES OF ONTARIO p909
1 Yonge St Suite 1801, TORONTO, ON, M5E 1W7
SIC 4119

CITY OF CAMROSE, THE p66
4907 49 St, CAMROSE, AB, T4V 1N3
SIC 4119

CITY OF WINNIPEG, THE p374
65 Ellen St, WINNIPEG, MB, R3A 0Z8
(204) 986-6308 *SIC 4119*

COMPAGNIE DES CHEMINS DE FER NATIONAUX DU CANADA p513
76 Intermodal Dr, BRAMPTON, ON, L6T 5N6
(905) 789-4300 *SIC 4119*

COOPERATIVE DES AMBULANCIERS DE LA MAURICIE p1250
7325 Boul Jean-Xxiii, Trois-Rivieres, QC, G9A 5C9
(819) 376-1414 *SIC 4119*

COOPERATIVE DES TECHNICIENS AMBULANCIERS DU QUEBEC METROPOLITAIN p1166
6000 Rue Des Tournelles, Quebec, QC, G2J 1E4
(418) 624-2766 *SIC 4119*

CORPORATION AMBULANCIERE DE BEAUCE INC p996
485 Boul Renault, BEAUCEVILLE, QC, G5X 3P5
(418) 774-5199 *SIC 4119*

CORPORATION OF THE CITY OF TORONTO p754
4330 Dufferin St Suite 28, NORTH YORK, ON, M3H 5R9
(416) 392-2000 *SIC 4119*

CORPORATION OF THE COUNTY OF DUFFERIN, THE p773
325 Blind Line, ORANGEVILLE, ON, L9W 5J8
(519) 941-9608 *SIC 4119*

CORPORATION OF THE COUNTY OF LAMBTON p812
3958 Petrolia Line Rr 4, PETROLIA, ON, N0N 1R0
(519) 882-3797 *SIC 4119*

COUNTY OF OXFORD p977
377 Mill St, WOODSTOCK, ON, N4S 7V6
(519) 536-9389 *SIC 4119*

DESSERCOM INC p997
37 Rue Campbell, BEDFORD, QC, J0J 1A0
(450) 248-4342 *SIC 4119*

DESSERCOM INC p1194
592 Av Sainte-Marie, SAINT-HYACINTHE, QC, J2S 4R5
(450) 773-5223 *SIC 4119*

DISTRICT OF KITIMAT p217
2510 62 Hwy, HAZELTON, BC, V0J 1Y1
(250) 842-5655 *SIC 4119*

DISTRICT OF KITIMAT p228
1101 Kingfisher Ave S Suite 1304, KITIMAT, BC, V8C 2N4
(250) 632-8940 *SIC 4119*

DOLLAR THRIFTY AUTOMOTIVE GROUP CANADA INC p23
2000 Airport Rd Ne, CALGARY, AB, T2E 6W5
(403) 291-4129 *SIC 4119*

EMC EMERGENCY MEDICAL CARE INCORPORATED p442
3874 Highway 3, BARRINGTON PASSAGE, NS, B0W 1G0
(902) 637-3345 *SIC 4119*

EMC EMERGENCY MEDICAL CARE INCORPORATED p442
27 Big Baddeck Rd, BADDECK, NS, B0E 1B0
(902) 295-3102 *SIC 4119*

EMC EMERGENCY MEDICAL CARE INCORPORATED p444
109 North St, BRIDGEWATER, NS, B4V 2V7
(902) 527-2554 *SIC 4119*

EMC EMERGENCY MEDICAL CARE INCORPORATED p445
149 Central St, CHESTER, NS, B0J 1J0
(902) 275-2452 *SIC 4119*

EMC EMERGENCY MEDICAL CARE INCORPORATED p450
795 Av Wilkinson, DARTMOUTH, NS, B3B 0H4
(902) 468-9314 *SIC 4119*

EMC EMERGENCY MEDICAL CARE INCORPORATED p454
3064 Highway 2, FALL RIVER, NS, B2T 1J5
(902) 832-8346 *SIC 4119*

EMC EMERGENCY MEDICAL CARE INCORPORATED p460
5830 Duffus St, HALIFAX, NS, B3K 5L6
(902) 484-0003 *SIC 4119*

EMC EMERGENCY MEDICAL CARE INCORPORATED p465
181 Cornwallis St, KENTVILLE, NS, B4N 2E7
(902) 678-6993 *SIC 4119*

EMC EMERGENCY MEDICAL CARE INCORPORATED p465
90 Aberdeen St, KENTVILLE, NS, B4N 2N3
(902) 678-3686 *SIC 4119*

EMC EMERGENCY MEDICAL CARE INCORPORATED p466
308 Cobequid Rd, LOWER SACKVILLE, NS, B4C 4C5
(902) 864-7648 *SIC 4119*

EMC EMERGENCY MEDICAL CARE INCORPORATED p469
32610 Cabot Trail, NEILS HARBOUR, NS, B0C 1N0

SIC 4121 Taxicabs

(902) 336-2315 SIC 4119
EMC EMERGENCY MEDICAL CARE INCORPORATED p469
372 Stewart St, NEW GLASGOW, NS, B2H 5W9
(902) 755-2355 SIC 4119
EMC EMERGENCY MEDICAL CARE INCORPORATED p471
190 Haliburton Rd, PICTOU, NS, B0K 1H0
(902) 485-2569 SIC 4119
EMERGENCY AND HEALTH SERVICES COMMISSION p252
1475 Fairview Rd Suite 90, PENTICTON, BC, V2A 7W5
(250) 493-2108 SIC 4119
ERIE SHORE COMMUNITY TRANSIT p646
215 Talbot St E, LEAMINGTON, ON, N8H 3X5
(519) 326-9030 SIC 4119
GOVERNMENT OF ONTARIO p627
40 Minnesota St, KENORA, ON, P9N 3V4
(807) 467-3709 SIC 4119
GOVERNMENT OF ONTARIO p742
50 College Dr, NORTH BAY, ON, P1B 0A4
(705) 474-7426 SIC 4119
GOVERNMENT OF ONTARIO p747
5700 Yonge St 6th Fl, NORTH YORK, ON, M2M 4K5
(416) 327-7900 SIC 4119
GOVERNMENT OF THE PROVINCE OF BRITISH COLUMBIA p235
410 Centre Rd, LIONS BAY, BC, V0N 2E0
(604) 921-9203 SIC 4119
GOVERNMENT OF THE PROVINCE OF BRITISH COLUMBIA p263
1301 Summit Ave, PRINCE RUPERT, BC, V8J 4K5
(250) 624-2233 SIC 4119
GOVERNMENT OF THE PROVINCE OF BRITISH COLUMBIA p281
5833 176 St, SURREY, BC, V3S 4E3
(604) 576-8843 SIC 4119
GOVERNMENT OF THE PROVINCE OF BRITISH COLUMBIA p316
2940 Arbutus St, VANCOUVER, BC, V6J 3Y9
(604) 731-8745 SIC 4119
GOVERNMENT OF THE PROVINCE OF BRITISH COLUMBIA p322
1410 St. Georges Ave, VANCOUVER, BC, V7L 4P7
(604) 988-7422 SIC 4119
GRIFFIN TRANSPORTATION SERVICES INC p302
873 Hastings St E, VANCOUVER, BC, V6A 1R8
(604) 628-4474 SIC 4119
MUSKWACHEES AMBULANCE AUTHORITY LTD p132
Gd, HOBBEMA, AB, T0C 1N0
(780) 585-4001 SIC 4119
NORTH BAY REGIONAL HEALTH CENTRE p742
750 Scollard St, NORTH BAY, ON, P1B 5A4
(705) 474-4130 SIC 4119
PRAIRIE EMERGENCY MEDICAL SYSTEMS INC p123
10099 93 Ave, FORT SASKATCHEWAN, AB, T8L 1N5
(780) 998-4466 SIC 4119
ROYAL CITY AMBULANCE SERVICE LTD p604
355 Elmira Rd N Suite 134, GUELPH, ON, N1K 1S5
(519) 824-1510 SIC 4119
SERVICE CORPORATION INTERNATIONAL (CANADA) LIMITED p612
100 Oxford St, HAMILTON, ON, L8R 2X1
(905) 308-8314 SIC 4119
ST. JOHN COUNCIL FOR ONTARIO p858
656 Talbot St, ST THOMAS, ON, N5P 1C8
(519) 633-2290 SIC 4119
UNITED COUNTIES OF LEEDS AND GRENVILLE p531
25 Central Ave W Suite 100, BROCKVILLE, ON, K6V 4N6
(613) 341-8937 SIC 4119
URGENCES-SANTE p1087
6700 Rue Jarry E, Montreal, QC, H1P 0A4
(514) 723-5600 SIC 4119
VEGREVILLE, TOWN OF p172
5100 60 St, VEGREVILLE, AB, T9C 1N6
(780) 632-2254 SIC 4119

SIC 4121 Taxicabs

1022239 ONTARIO INC p833
633 Wallace Terr, SAULT STE. MARIE, ON, P6C 6A2
(705) 945-7500 SIC 4121
1333482 ONTARIO LIMITED p879
113 Leith St, THUNDER BAY, ON, P7C 1M7
(807) 623-4968 SIC 4121
341-7777 TAXI LTD p152
4819 48 Ave Unit 280, RED DEER, AB, T4N 3T2
(403) 341-7777 SIC 4121
5-0 TAXI CO. INC. p737
8236 Beaverdams Rd, NIAGARA FALLS, ON, L2H 3K8
(905) 358-3232 SIC 4121
5-0 TAXI CO. INC. p854
16 Mitchell St, ST CATHARINES, ON, L2R 3W4
(905) 685-5464 SIC 4121
ABBOTSFORD TAXI LTD p178
30950 Wheel Ave Suite 502, ABBOTSFORD, BC, V2T 6G7
(604) 859-5251 SIC 4121
ALBERTA CO-OP TAXI LINE LTD p99
5036 106 Ave Nw, EDMONTON, AB, T6A 1E9
(780) 414-2698 SIC 4121
ASSOCIATION DE TAXI DIAMOND DE MONTREAL LTEE, L' p1097
7294 Rue Lajeunesse Bureau A, Montreal, QC, H2R 2H4
(514) 273-1725 SIC 4121
BLUE LINE TRANSPORTATION LTD p609
160 John St S, HAMILTON, ON, L8N 2C4
(905) 525-2583 SIC 4121
CARE CABS LTD p143
232 Maple Ave Se, MEDICINE HAT, AB, T1A 3A4
(403) 529-2211 SIC 4121
CENTRAL VALLEY TAXI LTD p176
1643 Salton Rd, ABBOTSFORD, BC, V2S 7P2
(604) 859-1111 SIC 4121
CHAMPLAIN TAXI MONTREAL (1974) LTD p1098
5775 Rue Saint-Andre, Montreal, QC, H2S 2K2
(514) 273-2435 SIC 4121
CHILLIWACK TAXI LTD p196
45877 Hocking Ave, CHILLIWACK, BC, V2P 1B5
(604) 795-9177 SIC 4121
CITY CAB (BRANTFORD-DARLING STREET) LIMITED p528
40 Dalhousie St, BRANTFORD, ON, N3T 2H8
(519) 759-7800 SIC 4121
CITY CAB INC p980
168 Prince St, CHARLOTTETOWN, PE, C1A 4R6
(902) 892-6567 SIC 4121
DELTA SUNSHINE TAXI (1972) LTD p285
12837 76 Ave Unit 203, SURREY, BC, V3W 2V3
(604) 594-5444 SIC 4121
DUFFY'S TAXI (1996) LTD p379
1100 Notre Dame Ave, WINNIPEG, MB, R3E 0N8
(204) 925-0101 SIC 4121
GUILDFORD CAB (1993) LTD p286
8299 129 St Unit 101, SURREY, BC, V3W 0A6
(604) 585-8888 SIC 4121
LOCATION RADIO TAXI UNION LTEE p1071
1605 Rue Vercheres, LONGUEUIL, QC, J4K 2Z6
(450) 679-6262 SIC 4121
NORTHERN TAXI SUPPLY p498
37 Saunders Rd, BARRIE, ON, L4N 9A7
(705) 739-7104 SIC 4121
RIZZUTO BROS. LIMITED p610
160 John St S, HAMILTON, ON, L8N 2C4
(905) 522-2525 SIC 4121
ROACH'S TAXI (1988) LTD p877
216 Camelot St, THUNDER BAY, ON, P7A 4B1
(807) 344-8481 SIC 4121
ROYAL TAXI p416
26 Taylor Ave, SAINT JOHN, NB, E2K 3E6
(506) 652-5050 SIC 4121
STANDARD TAXI LTD p399
Gd, FREDERICTON, NB, E3A 5G7
(506) 450-4444 SIC 4121
STAR TAXI (1989) LTD p380
880 Logan Ave, WINNIPEG, MB, R3E 1N8
(204) 783-0538 SIC 4121
SUNSHINE CABS LIMITED p247
1465 Rupert St, NORTH VANCOUVER, BC, V7J 1G1
(604) 987-3333 SIC 4121
TAXI 3000 INC p1041
12 Rue Du Centre, GRANBY, QC, J2G 5B3
(450) 372-3000 SIC 4121
UNITED GLASS CABS p122
8222 Fraser Ave, FORT MCMURRAY, AB, T9H 1W8
(780) 790-2891 SIC 4121
VETS TAXI LTD p418
17 North Market St Suite 14, SAINT JOHN, NB, E2L 4Z8
(506) 658-2020 SIC 4121
WHISTLER TAXI LTD p340
1080 Millar Creek Rd Suite 201, WHISTLER, BC, V0N 1B1
(604) 932-4430 SIC 4121

SIC 4131 Intercity and rural bus transportation

2755-4609 QUEBEC INC p1000
4243 Rue Marcel-Lacasse, BOISBRIAND, QC, J7H 1N4
(450) 970-2045 SIC 4131
9138-7472 QUEBEC INC p1245
1060 Rue Armand-Bombardier, TERREBONNE, QC, J6Y 1R9
(450) 477-9996 SIC 4131
AIRWAYS TRANSIT SERVICE LIMITED p953
99 Northland Rd Unit A, WATERLOO, ON, N2V 1Y8
(519) 658-5521 SIC 4131
AUTOBUS GALLAND LTEE p1082
360 Rue Magloire-Gosselin Unite 1, MONT-TREMBLANT, QC, J8E 2R3
(819) 681-0871 SIC 4131
AUTOCARS ORLEANS EXPRESS INC p1114
740 Rue Notre-Dame O Bureau 1000, Montreal, QC, H3C 3X6
(514) 395-4000 SIC 4131
CITY OF REGINA, THE p1287
333 Winnipeg St, REGINA, SK, S4R 8P2
(306) 777-7780 SIC 4131
CORPORATION OF THE CITY OF BELLEVILLE, THE p503
400 Coleman St, BELLEVILLE, ON, K8P 3J4
(613) 967-3200 SIC 4131
CORPORATION OF THE CITY OF BURLINGTON p537
3332 Harvester Rd, BURLINGTON, ON, L7N 3M8
(905) 335-7600 SIC 4131
ELGIE BUS LINES LIMITED p573
77 Union St, EMBRO, ON, N0J 1J0
(519) 475-6000 SIC 4131
FAIRWAY COACHLINES INC p365
339 Archibald St, WINNIPEG, MB, R2J 0W6
(204) 989-7007 SIC 4131
FIRSTCANADA ULC p325
4210 24 Ave, VERNON, BC, V1T 1M2
(250) 545-7286 SIC 4131
FIRSTCANADA ULC p1282
140 E 4th Ave, REGINA, SK, S4N 4Z4
(306) 721-4499 SIC 4131
GREYHOUND CANADA TRANSPORTATION ULC p60
877 Greyhound Way Sw, CALGARY, AB, T3C 3V8
(403) 218-3000 SIC 4131
GREYHOUND CANADA TRANSPORTATION ULC p220
725 Notre Dame Dr, KAMLOOPS, BC, V2C 5N8
(250) 374-1226 SIC 4131
GREYHOUND CANADA TRANSPORTATION ULC p302
1150 Station St Unit 200, VANCOUVER, BC, V6A 4C7
(604) 683-8133 SIC 4131
GREYHOUND CANADA TRANSPORTATION ULC p375
487 Portage Ave, WINNIPEG, MB, R3B 2E3
(204) 783-8857 SIC 4131
GREYHOUND CANADA TRANSPORTATION ULC p497
24 Maple Ave Unit 205, BARRIE, ON, L4N 7W4
SIC 4131
GREYHOUND CANADA TRANSPORTATION ULC p655
101 York St, LONDON, ON, N6A 1A6
(519) 434-3250 SIC 4131
GREYHOUND CANADA TRANSPORTATION ULC p841
300 Borough Dr Suite 2, SCARBOROUGH, ON, M1P 4P5
(416) 296-9301 SIC 4131
GREYHOUND CANADA TRANSPORTATION ULC p904
154 Front St E, TORONTO, ON, M5A 1E5
(416) 594-1311 SIC 4131
GROUPE ORLEANS EXPRESS INC p1115
740 Rue Notre-Dame O Bureau 1000, Montreal, QC, H3C 3X6
(514) 395-4000 SIC 4131
METROLINX p896
580 Commissioners St, TORONTO, ON, M4M 1A7
(416) 393-4111 SIC 4131
MONCTON, CITY OF p409
140 Millennium Blvd, MONCTON, NB, E1E 2G8
(506) 857-2008 SIC 4131
RED CAR SERVICE INC p599
530 Elizabeth St, GUELPH, ON, N1E 6C3
(519) 824-9344 SIC 4131
SASKATCHEWAN TRANSPORTATION COMPANY p1286
1717 Saskatchewan Dr, REGINA, SK, S4P 2E2
(306) 787-3354 SIC 4131
SASKATCHEWAN TRANSPORTATION COMPANY p1298
50 23rd St E, SASKATOON, SK, S7K 0H8
(306) 933-8000 SIC 4131
SASKATCHEWAN TRANSPORTATION COMPANY p1298
88 King St, SASKATOON, SK, S7K 6T5
(306) 933-7162 SIC 4131
TRENTWAY-WAGAR INC p811
791 Webber Ave, PETERBOROUGH, ON, K9J 8N3
(705) 748-6411 SIC 4131

SIC 4141 Local bus charter service

ATTRIDGE TRANSPORTATION INCORPORATED p949
27 Mill St S, WATERDOWN, ON, L0R 2H0
(905) 690-2632   SIC 4141
CORPORATION OF THE CITY OF CORNWALL p566
863 Second St W, CORNWALL, ON, K6J 1H5
(613) 930-2636   SIC 4141
FIRSTCANADA ULC p194
509 13th Ave, CAMPBELL RIVER, BC, V9W 4G7
(250) 287-7151   SIC 4141
VITAL TRANSIT SERVICES LTD p370
1850 Selkirk Ave, WINNIPEG, MB, R2R 0N6
(204) 633-2022   SIC 4141
WEST COAST SIGHTSEEING LTD p188
2350 Beta Ave, BURNABY, BC, V5C 5M8
(604) 451-1600   SIC 4141

SIC 4142 Bus charter service, except local

A Z BUS TOURS INC p762
3666 Weston Rd, NORTH YORK, ON, M9L 1W2
(416) 748-8828   SIC 4142
ACADIAN COACH LINES LP p406
300 Main St Unit B2-2, MONCTON, NB, E1C 1B9
SIC 4142
ACADIAN COACH LINES LP p737
7500 Lundy's Lane, NIAGARA FALLS, ON, L2H 1G8
(905) 353-9782   SIC 4142
AUTOBUS FLEUR DE LYS INC p1067
2591 Av De La Rotonde, Levis, QC, G6X 2M2
(418) 832-7788   SIC 4142
AUTOBUS TERREMONT LTEE p1098
7190 Rue Marconi, Montreal, QC, H2S 3K1
(514) 272-1779   SIC 4142
AUTOBUS VOLTIGEURS INC p1029
1600 Boul Lemire, DRUMMONDVILLE, QC, J2C 5A4
(819) 474-4181   SIC 4142
BADDER BUS SERVICE LIMITED p956
290 Finney St, WEST LORNE, ON, N0L 2P0
(519) 768-2820   SIC 4142
BEAVER BUS LINES LIMITED p364
339 Archibald St, WINNIPEG, MB, R2J 0W6
(204) 989-7007   SIC 4142
COAST MOUNTAIN BUS COMPANY LTD p272
11133 Coppersmith Way, RICHMOND, BC, V7A 5E8
(604) 277-7787   SIC 4142
COMPAGNIE DE TRANSPORT MASKOUTAINE INC p1195
1005 Rue Bernard, SAINT-HYACINTHE, QC, J2T 1E2
(450) 774-4411   SIC 4142
DIVERSIFIED TRANSPORTATION LTD p80
10014 104 St Nw Unit 20, EDMONTON, AB, T5J 0Z1
(780) 425-0820   SIC 4142
DIVERSIFIED TRANSPORTATION LTD p104
8351 Mcintyre Rd Nw, EDMONTON, AB, T6E 5J7
(780) 468-6771   SIC 4142
DIVERSIFIED TRANSPORTATION LTD p120
120 Maclennan Cres, FORT MCMURRAY, AB, T9H 4E8
(780) 743-2244   SIC 4142
DIVERSIFIED TRANSPORTATION LTD p258
391 North Nechako Rd, PRINCE GEORGE, BC, V2K 4K8
(250) 563-5431   SIC 4142
FIRSTCANADA ULC p263
225 2nd Ave W, PRINCE RUPERT, BC, V8J 1G4
(250) 624-3343   SIC 4142
FIRSTCANADA ULC p804
829 Rest Acres Rd, PARIS, ON, N3L 3E3

(519) 442-2258   SIC 4142
FIRSTCANADA ULC p826
1430 Lougar Ave, SARNIA, ON, N7S 5N4
(519) 336-0077   SIC 4142
FIRSTCANADA ULC p948
304 Arnold St, WALLACEBURG, ON, N8A 3P5
(519) 352-1040   SIC 4142
GREAT CANADIAN COACHES INC p638
353 Manitou Dr, KITCHENER, ON, N2C 1L5
(519) 896-8687   SIC 4142
GREAT CANADIAN RAILTOUR COMPANY LTD p4
141 Eagle Cres, BANFF, AB, T1L 1B4
SIC 4142
HAMMOND TRANSPORTATION LIMITED p805
6 Mill Lake Rd, PARRY SOUND, ON, P2A 2X9
(705) 746-5430   SIC 4142
INTERNATIONAL STAGE LINES INC p269
4171 Vanguard Rd, RICHMOND, BC, V6X 2P6
(604) 270-6135   SIC 4142
LACROIX BUS SERVICE INC p619
10 Lafond Rd, HEARST, ON, P0L 1N0
(705) 362-4845   SIC 4142
LEDUC BUS LINES LTD p825
8467 County Road 17, ROCKLAND, ON, K4K 1K7
(613) 446-0606   SIC 4142
NATIONAL MOTOR COACH SYSTEMS LTD p14
3606 50 Ave Se, Calgary, AB, T2B 2M7
(403) 240-1992   SIC 4142
NOVAXIS CORPORATION p1188
155 Rte Marie-Victorin, Saint-Francois-du-Lac, QC, J0G 1M0
(450) 568-3335   SIC 4142
PACIFIC COACH LINES LTD p332
700 Douglas St, VICTORIA, BC, V8W 2B3
(250) 385-6553   SIC 4142
PENETANG-MIDLAND COACH LINES LTD p964
3951 Walker Rd, WINDSOR, ON, N8W 3T4
(519) 966-2821   SIC 4142
PERRY RAND TRANSPORTATION GROUP LIMITED p447
198 Waverley Rd, DARTMOUTH, NS, B2X 2C1
(902) 375-3222   SIC 4142
SWIFTRANS SERVICES LTD p587
71 City View Dr, ETOBICOKE, ON, M9W 5A5
(416) 614-9560   SIC 4142
TOKMAKJIAN INC p562
221 Caldari Rd, CONCORD, ON, L4K 3Z9
(905) 669-2850   SIC 4142
TRANSPORT THOM LTEE p1035
592 Boul Saint-Rene E, GATINEAU, QC, J8P 8A9
(819) 663-7253   SIC 4142
TRENTWAY-WAGAR INC p631
1175 John Counter Blvd Unit 4, KINGSTON, ON, K7K 6C7
(613) 544-3047   SIC 4142
TRENTWAY-WAGAR INC p686
6020 Indian Line, MISSISSAUGA, ON, L4V 1G5
(905) 677-3841   SIC 4142
TROTT TRANSIT LTD p706
15 James St, MISSISSAUGA, ON, L5M 1R4
(905) 826-6629   SIC 4142
WILLS MOTORS LTD p504
2187 56 Hwy, BINBROOK, ON, L0R 1C0
(905) 692-4423   SIC 4142

SIC 4151 School buses

1429634 ONTARIO LIMITED p507
51 Port Darlington Rd Suite 1, BOWMANVILLE, ON, L1C 3K3
(905) 697-0503   SIC 4151

473980 ONTARIO LTD p778
485 Waterloo Crt, OSHAWA, ON, L1H 3X2
(905) 433-1392   SIC 4151
715152 ONTARIO INC p568
33005 Highway 17 East Rr 1, DEEP RIVER, ON, K0J 1P0
(613) 584-4776   SIC 4151
944622 ONTARIO LIMITED p617
175 Swayze Rd, HANNON, ON, L0R 1P0
(905) 692-4488   SIC 4151
947465 ONTARIO LTD p649
573 Admiral Crt, LONDON, ON, N5V 4L3
(519) 455-1390   SIC 4151
A.J. BUS LINES LIMITED p505
370 Leacock St, BLIND RIVER, ON, P0R 1B0
(705) 356-7889   SIC 4151
A.J. BUS LINES LIMITED p572
3474 Highway 17, ECHO BAY, ON, P0S 1C0
(705) 248-2157   SIC 4151
ABOUTOWN TRANSPORTATION LIMITED p657
1 Bathurst St, LONDON, ON, N6B 3R2
(519) 663-2222   SIC 4151
ALLANDALE SCHOOL TRANSIT LIMITED p496
137 Brock St, BARRIE, ON, L4N 2M3
(705) 728-1148   SIC 4151
ALOUETTE BUS LINES LTD p866
194 Front St Suite Front, STURGEON FALLS, ON, P2B 2J3
(705) 753-3911   SIC 4151
AUTOBUS B. R. INC p1154
2625 Av Watt, Quebec, QC, G1P 3T2
(418) 653-9199   SIC 4151
AUTOBUS BERGERON BUS LINES INC p947
1801 Russland Rd Ss 4, VARS, ON, K0A 3H0
SIC 4151
AUTOBUS BRUNET INC, LES p1199
986 Rue Des Lacs, Saint-Jerome, QC, J5L 1T4
(450) 438-8363   SIC 4151
AUTOBUS DES ERABLES LTEE p1189
1200 38e Rue, SAINT-GEORGES, QC, G5Y 6Y5
(418) 227-9207   SIC 4151
AUTOBUS DU FER INC p1233
126 Rue Monseigneur-Blanche, Sept-Iles, QC, G4R 3G8
(418) 968-9515   SIC 4151
AUTOBUS DU VILLAGE INC, LES p1033
65 Rue Thibault, GATINEAU, QC, J8L 3Z1
(819) 281-9235   SIC 4151
AUTOBUS G.D. INC, LES p1186
10 Ch Du Petit-Chicot, SAINT-EUSTACHE, QC, J7R 4K3
(450) 473-5114   SIC 4151
AUTOBUS LA MONTREALAISE INC, LES p1228
1200 Av Laplace, SAINTE-ROSE, QC, H7C 2M4
(450) 664-0449   SIC 4151
AUTOBUS LA QUEBECOISE INC p1039
545 Rue De Vernon, GATINEAU, QC, J9J 3K4
(819) 770-1070   SIC 4151
AUTOBUS LA QUEBECOISE INC p1165
5480 Rue Rideau, Quebec, QC, G2E 5V2
(418) 872-5525   SIC 4151
AUTOBUS LALONDE BUS LINES INC, LES p507
2207 Etchier St, BOURGET, ON, K0A 1E0
(613) 487-2230   SIC 4151
AUTOBUS LAVAL LTEE p1145
445 Rue Des Alleghanys Bureau 201, Quebec, QC, G1C 4N4
(418) 667-3265   SIC 4151
AUTOBUS LE PROMENEUR INC p1082
240 117 Rte, MONT-TREMBLANT, QC, J8E 2X1
(819) 425-3096   SIC 4151
AUTOBUS MAHEUX LTEE, LES p1178

3280 Rue Saguenay, ROUYN-NORANDA, QC, J9Y 0E2
(819) 797-3200   SIC 4151
AUTOBUS MAHEUX LTEE, LES p1253
855 Boul Barrette, VAL-D'OR, QC, J9P 0J8
(819) 825-4767   SIC 4151
AUTOBUS MANIC INC p993
41 Av William-Dobell, BAIE-COMEAU, QC, G4Z 1T8
(418) 296-6462   SIC 4151
AUTOBUS QUEBEC METRO 2000 INC p1169
2050 Av Industrielle, Quebec, QC, G3K 1L7
(418) 842-0525   SIC 4151
AUTOBUS TERREMONT LTEE p1076
343 Ch Des Anglais, MASCOUCHE, QC, J7L 3P8
(450) 477-1500   SIC 4151
AUTOBUS THOMAS INC p1029
2275 Rue Canadien, DRUMMONDVILLE, QC, J2C 7V9
(819) 474-2700   SIC 4151
AUTOBUS TRANSCO (1988) INC p992
7880 Boul Metropolitain E, ANJOU, QC, H1K 1A1
(514) 352-2330   SIC 4151
AUTOBUS TRANSCO (1988) INC p1059
8201 Rue Elmslie, LASALLE, QC, H8N 2W6
(514) 363-4315   SIC 4151
AUTOBUS TRANSCO (1988) INC p1084
7975 Boul Henri-Bourassa E, Montreal, QC, H1E 1N9
(514) 648-8625   SIC 4151
AUTOBUS TRANSCO (1988) INC p1191
3530 Rue Richelieu, SAINT-HUBERT, QC, J3Y 7B1
(450) 676-5553   SIC 4151
AUTOBUS TRANSCOBEC (1987) INC, LES p1199
21 Rue John-F.-Kennedy, Saint-Jerome, QC, J7Y 4B4
(450) 432-9748   SIC 4151
AUTOBUS UNCLE HARRY INC p1062
4010 Boul Dagenais O, Laval, QC, H7R 1L2
(450) 625-0506   SIC 4151
AUTOBUS VENISE LTEE p1231
50 Rue Mcarthur, SALABERRY-DE-VALLEYFIELD, QC, J6S 4M5
(450) 373-4144   SIC 4151
AUTOBUS YVES SEGUIN & FILS INC p1245
1730 Rue Effingham, TERREBONNE, QC, J6Y 1R7
(450) 433-6958   SIC 4151
AUTOCAR HELIE INC. p997
3505 Boul De Port-Royal, Becancour, QC, G9H 1Y2
(819) 371-1177   SIC 4151
BADDER GROUP INCORPORATED, THE p492
50 Progress Dr, AYLMER, ON, N5H 3J1
(519) 765-1100   SIC 4151
BERLINES TRANSIT INC p998
719 Boul Industriel Bureau 102b, BLAINVILLE, QC, J7C 3V3
(450) 437-3589   SIC 4151
BLONDEAU TAXI LIMITEE p783
2161 Bantree St, OTTAWA, ON, K1B 4X3
SIC 4151
BOARD OF EDUCATION OF SCHOOL DISTRICT NO. 06 (ROCKY MOUNTAIN), THE p227
8676 95a Hwy, KIMBERLEY, BC, V1A 3M3
(250) 427-2268   SIC 4151
BOLDRICK BUS SERVICE LIMITED p943
1029 County Rd 40, TRENTON, ON, K8V 5P4
SIC 4151
BOLDRICK BUS SERVICE LIMITED p945
341 Victoria N, TWEED, ON, K0K 3J0
(613) 478-3322   SIC 4151
CALL-A-CAB LIMITED p809
2026 Bensfort Rd, PETERBOROUGH, ON, K9J 0G7
(705) 745-2424   SIC 4151

CAMILLE MAILLOUX R.D.L. INC p1174
331 Rue Temiscouata, Riviere-du-Loup, QC, G5R 2Y9
(418) 862-2898 SIC 4151

CANADIAN ROCKIES REGIONAL DIVISION NO 12 p66
618 7 Ave Suite 12, CANMORE, AB, T1W 2H5
(403) 678-5545 SIC 4151

CASEY TRANSPORTATION COMPANY LIMITED p629
1312 Wellington St W Suite 1, KING CITY, ON, L7B 1K5
(905) 727-2621 SIC 4151

COMMISSION SCOLAIRE DE MONTREAL p1089
3700 Rue Rachel E, Montreal, QC, H1X 1Y6
(514) 596-4330 SIC 4151

CUNNINGHAM TRANSPORT (1986) LTD p104
9340 62 Ave Nw, EDMONTON, AB, T6E 0C9
(780) 435-3070 SIC 4151

DELANEY BUS LINES LTD p492
16935 County Rd 43, AVONMORE, ON, K0C 1C0
(613) 346-2511 SIC 4151

DENNY BUS LINES LTD p482
5414 4th Line & County Rd 124, ACTON, ON, L7J 2L8
(519) 833-9117 SIC 4151

EAST FERRIS BUS LINES LTD p489
49 Belecque Rd, ASTORVILLE, ON, P0H 1B0
(705) 752-1326 SIC 4151

ELGIE BUS LINES LIMITED p872
5137 Cobblehill Rd, THAMESFORD, ON, N0M 2M0
(519) 461-1227 SIC 4151

ELGIE BUS LINES LIMITED p977
813 Alice St, WOODSTOCK, ON, N4S 2J2
(519) 539-0306 SIC 4151

ELLIOTT COACH LINES (FERGUS) LTD p588
680 Glen Garry Cres, FERGUS, ON, N1M 2W8
(519) 787-5225 SIC 4151

ELLIOTT, FRED COACH LINES LIMITED p604
760 Victoria Rd S, Guelph, ON, N1L 1C6
(519) 822-5225 SIC 4151

EXCEL COACH LINES LTD p627
1350 Highway 17 E, KENORA, ON, P9N 1M2
SIC 4151

FIRSTCANADA ULC p4
Po Box 327 Stn Main, ATHABASCA, AB, T9S 2A3
(780) 675-4220 SIC 4151

FIRSTCANADA ULC p126
11456 97 Ave, GRANDE PRAIRIE, AB, T8V 5Z5
(780) 532-3545 SIC 4151

FIRSTCANADA ULC p150
10401 75 St, PEACE RIVER, AB, T8S 1R2
(780) 624-3538 SIC 4151

FIRSTCANADA ULC p150
921 Davidson Ave, PINCHER CREEK, AB, T0K 1W0
(403) 627-3060 SIC 4151

FIRSTCANADA ULC p170
6304b 52 St, TABER, AB, T1G 1J7
(403) 223-5670 SIC 4151

FIRSTCANADA ULC p174
3531 37 Ave, WHITECOURT, AB, T7S 0C3
(780) 778-2850 SIC 4151

FIRSTCANADA ULC p202
1640 Booth Ave, COQUITLAM, BC, V3K 1B9
(604) 255-3555 SIC 4151

FIRSTCANADA ULC p284
12079 103a Ave, SURREY, BC, V3V 3G7
(604) 583-7060 SIC 4151

FIRSTCANADA ULC p439
107 Kam Lake Rd, YELLOWKNIFE, NT, X1A 2P8
(867) 873-4693 SIC 4151

FIRSTCANADA ULC p441
7 Industrial Park Dr, AMHERST, NS, B4H 4H7
SIC 4151

FIRSTCANADA ULC p487
1185 Smith Rd, ANCASTER, ON, L9G 3L1
(905) 648-1386 SIC 4151

FIRSTCANADA ULC p507
80 Mearns Crt, BOWMANVILLE, ON, L1C 4A2
(905) 623-3811 SIC 4151

FIRSTCANADA ULC p508
23 Gray Rd, BRACEBRIDGE, ON, P1L 1P8
SIC 4151

FIRSTCANADA ULC p536
5401 Dundas St, BURLINGTON, ON, L7M 0Y8
(905) 335-7010 SIC 4151

FIRSTCANADA ULC p552
100 Currie St, CHATHAM, ON, N7M 6L9
(519) 352-1920 SIC 4151

FIRSTCANADA ULC p566
120 Tollgate Rd W Suite 204, CORNWALL, ON, K6J 5M3
(613) 938-8000 SIC 4151

FIRSTCANADA ULC p570
159061 Hwy 10, DUNDALK, ON, N0C 1B0
(519) 923-2513 SIC 4151

FIRSTCANADA ULC p596
257 Cambridge St, GODERICH, ON, N7A 2Y7
(519) 524-5316 SIC 4151

FIRSTCANADA ULC p605
19 Wallings Rd, HALIBURTON, ON, K0M 1S0
(705) 457-2567 SIC 4151

FIRSTCANADA ULC p606
50 Covington St, HAMILTON, ON, L8E 2Y5
(905) 522-3232 SIC 4151

FIRSTCANADA ULC p633
769 Burnett St, KINGSTON, ON, K7M 5W2
(613) 389-8690 SIC 4151

FIRSTCANADA ULC p644
40 Mcbrine Dr, KITCHENER, ON, N2R 1E7
(519) 748-4777 SIC 4151

FIRSTCANADA ULC p659
135 Towerline Pl, LONDON, ON, N6E 2T3
(519) 685-6340 SIC 4151

FIRSTCANADA ULC p699
3599 Wolfedale Rd, MISSISSAUGA, ON, L5C 1V8
(905) 270-0561 SIC 4151

FIRSTCANADA ULC p730
1027 Moodie Dr, NEPEAN, ON, K2R 1H4
SIC 4151

FIRSTCANADA ULC p739
349 Airport Rd, NIAGARA ON THE LAKE, ON, L0S 1J0
(905) 688-9600 SIC 4151

FIRSTCANADA ULC p751
103 Railside Rd, NORTH YORK, ON, M3A 1B2
(416) 444-7030 SIC 4151

FIRSTCANADA ULC p774
445 Laclie St, ORILLIA, ON, L3V 4P7
(705) 326-7376 SIC 4151

FIRSTCANADA ULC p803
2180 20th St E, OWEN SOUND, ON, N4K 5P7
(519) 376-5712 SIC 4151

FIRSTCANADA ULC p815
3 Macsteven Dr, PICTON, ON, K0K 2T0
(613) 476-7466 SIC 4151

FIRSTCANADA ULC p832
70 Industrial Court A, SAULT STE. MARIE, ON, P6B 5W6
(705) 759-2192 SIC 4151

FIRSTCANADA ULC p865
4321 Line 34, STRATFORD, ON, N5A 6S7
SIC 4151

FIRSTCANADA ULC p873
120 Doncaster Ave, THORNHILL, ON, L3T 1L3
(905) 764-6662 SIC 4151

FIRSTCANADA ULC p955
1049 Niagara St, WELLAND, ON, L3C 1M5
(905) 735-5944 SIC 4151

FIRSTCANADA ULC p1295
110 Faithfull Cres, SASKATOON, SK, S7K 8H8
(306) 343-2125 SIC 4151

GIL-BER INC p1170
3282 1e Av, RAWDON, QC, J0K 1S0
(450) 834-3559 SIC 4151

GIRARDIN, A. INC p1031
4000 Rue Girardin, DRUMMONDVILLE, QC, J2E 0A1
(819) 477-3222 SIC 4151

GLENGARRY BUS LINE INC p485
104 Viau St, ALEXANDRIA, ON, K0C 1A0
(613) 525-1443 SIC 4151

GORDON T. MONTGOMERY LIMITED p666
701 Campbell St, LUCKNOW, ON, N0G 2H0
(519) 528-2813 SIC 4151

HAMILTON, ELLWOOD ENTERPRISES LTD p645
1325 Old Young's Point Rd, Lakefield, ON, K0L 2H0
(705) 652-6090 SIC 4151

HAMMOND TRANSPORTATION LIMITED p618
136 Line 9 S Oromedon, HAWKESTONE, ON, L0L 1T0
(705) 325-2774 SIC 4151

HEALEY TRANSPORTATION LIMITED p850
10 Gile St, SMITHS FALLS, ON, K7A 3C2
(613) 283-3518 SIC 4151

HERTZ NORTHERN BUS (2006) LTD p1302
330 103rd St E, SASKATOON, SK, S7N 1Z1
(306) 374-5161 SIC 4151

HOWARD, R. A. BUS SERVICE LIMITED p490
31 Henry St, ATHENS, ON, K0E 1B0
(613) 924-2720 SIC 4151

IRON RANGE SCHOOL BUS LINES INC p878
1141 Golf Links Rd, THUNDER BAY, ON, P7B 7A3
(807) 345-7387 SIC 4151

LAFLEUR SCHOOL TRANSPORTATION LTD p553
1546 Baseline Rd, CLARENCE CREEK, ON, K0A 1N0
(613) 488-2337 SIC 4151

LANGS BUS LINES LIMITED p827
1370 Lougar Ave, SARNIA, ON, N7S 5N7
(519) 383-1221 SIC 4151

LYNCH BUS LINES LTD p193
4687 Byrne Rd, BURNABY, BC, V5J 3H6
(604) 439-0842 SIC 4151

MARTIN, C. BUS SERVICE LIMITED p725
106 Advance Ave, NAPANEE, ON, K7R 3Y6
(613) 354-7545 SIC 4151

MCCLUSKEY TRANSPORTATION SERVICES LIMITED p586
514 Carlingview Dr Unit 200, ETOBICOKE, ON, M9W 5R3
(416) 246-1422 SIC 4151

MCLELLAN TRANSPORTATION CO. LIMITED p636
13 Duncan Ave S, KIRKLAND LAKE, ON, P2N 1X2
(705) 567-3105 SIC 4151

MURPHY, J & T LIMITED p554
64 Huron St, CLINTON, ON, N0M 1L0
(519) 482-3493 SIC 4151

MURPHY, J & T LIMITED p666
6214 William St, LUCAN, ON, N0M 2J0
(519) 227-4427 SIC 4151

MURPHY, J & T LIMITED p723
15 Arthur St, MITCHELL, ON, N0K 1N0
(519) 348-0427 SIC 4151

MURPHY, J & T LIMITED p857
Gd, ST MARYS, ON, N4X 1C8
(519) 229-8956 SIC 4151

NEWFOUNDLAND AND LABRADOR ENGLISH SCHOOL DISTRICT p429
Gd, MARYSTOWN, NL, A0E 2M0
(709) 891-7101 SIC 4151

NORTHERN GATEWAY REGIONAL DIVISION #10 p171
5102 49 St, VALLEYVIEW, AB, T0H 3N0
(780) 524-3833 SIC 4151

NOVA CENTRAL SCHOOL DISTRICT p426
17 Mccurdy Dr, GANDER, NL, A1V 1A1
(709) 256-3571 SIC 4151

PAQUETTE, ROBERT AUTOBUS & FILS INC p1186
222 25e Av, SAINT-EUSTACHE, QC, J7P 4Z8
(450) 473-4526 SIC 4151

PARKHURST, AL TRANSPORTATION LTD p504
125 College St E, BELLEVILLE, ON, K8P 5A2
(613) 968-5109 SIC 4151

PARKINSON COACH LINES 2000 INC p518
10 Kennedy Rd N, BRAMPTON, ON, L6V 1X4
(416) 451-4776 SIC 4151

PARKVIEW TRANSIT INC p556
37 Campbell St, COLLINGWOOD, ON, L9Y 2K9
(705) 526-2847 SIC 4151

PRAIRIE BUS LINES LTD p153
5310 54 St, RED DEER, AB, T4N 6M1
(403) 342-6390 SIC 4151

QUESNEL BUS LINE LTD p618
306 Front Rd, HAWKESBURY, ON, K6A 2S9
(613) 632-7809 SIC 4151

RICHMOND SCHOOL COACH (BELLEVILLE) (1983) LIMITED p502
425 Bellevue Dr, BELLEVILLE, ON, K8N 4Z5
(613) 962-7744 SIC 4151

S & L TRANSPORT INC p1129
30 Rue Jacques-Cartier, Montreal, QC, H7L 1B2
(450) 622-7985 SIC 4151

SABEM SEC p1170
1500 Rue Raymond-Gaudreault, REPENTIGNY, QC, J5Y 4E3
(450) 585-1210 SIC 4151

SCHOOL DISTRICT NO 27 (CARIBOO-CHILCOTIN) p176
330 Exeter Truck Rte, 100 MILE HOUSE, BC, V0K 2E0
(250) 395-2230 SIC 4151

SCHOOL DISTRICT NO 33 CHILLIWACK p198
44877 Yale Rd, CHILLIWACK, BC, V2R 4H3
(604) 792-4327 SIC 4151

SCHOOL DISTRICT NO. 8 (KOOTENAY LAKE) p206
1427 Northwest Blvd, CRESTON, BC, V0B 1G6
(250) 428-5329 SIC 4151

SHARP BUS LINES LIMITED p529
567 Oak Park Rd, BRANTFORD, ON, N3T 5L8
(519) 751-3434 SIC 4151

SOUTHLAND TRANSPORTATION LTD p29
823 Highfield Ave Se, CALGARY, AB, T2G 4C7
(403) 287-1395 SIC 4151

SOUTHLAND TRANSPORTATION LTD p69
216 Griffin Rd E, COCHRANE, AB, T4C 2B9
(403) 932-7100 SIC 4151

SOUTHLAND TRANSPORTATION LTD p149
117 Stockton Pt, OKOTOKS, AB, T1S 1H8
(403) 938-3966 SIC 4151

SPARKSMAN TRANSPORTATION LTD p121
8030 Golosky Ave, FORT MCMURRAY, AB, T9H 1V5
(780) 790-3960 SIC 4151

STEVENSON, G & L TRANSPORT LIMITED p574
1244 County Road 22, EMERYVILLE, ON, N0R 1C0
(519) 727-3478 SIC 4151

BUSINESSES BY INDUSTRY CLASSIFICATION — SIC 4212 Local trucking, without storage — 2091

STOCK TRANSPORTATION LTD p93
11454 Winterburn Rd Nw, EDMONTON, AB, T5S 2Y3
(780) 451-9536 SIC 4151

STOCK TRANSPORTATION LTD p452
51 Frazee Ave, DARTMOUTH, NS, B3B 1Z4
(902) 481-8400 SIC 4151

STOCK TRANSPORTATION LTD p549
11384 Hwy 7, CARLETON PLACE, ON, K7C 3P1
(613) 253-2232 SIC 4151

STOCK TRANSPORTATION LTD p587
60 Mcculloch Ave, ETOBICOKE, ON, M9W 4M6
(416) 244-5341 SIC 4151

STOCK TRANSPORTATION LTD p651
501 Third St, LONDON, ON, N5V 2C1
SIC 4151

STOCK TRANSPORTATION LTD p740
59 Commerce Cres, NORTH BAY, ON, P1A 0B3
(705) 474-4370 SIC 4151

STOCK TRANSPORTATION LTD p766
2741 Plymouth Dr, OAKVILLE, ON, L6H 5R5
(905) 829-2040 SIC 4151

STOCK TRANSPORTATION LTD p823
550 Edward Ave, RICHMOND HILL, ON, L4C 3K4
(905) 883-6665 SIC 4151

STOCK TRANSPORTATION LTD p839
17 Upton Rd, SCARBOROUGH, ON, M1L 2C1
(416) 754-4949 SIC 4151

STOCK TRANSPORTATION LTD p871
36 12 Hwy, SUNDERLAND, ON, L0C 1H0
(705) 357-3187 SIC 4151

STRAIT REGIONAL SCHOOL BOARD p469
45 England Ave, MULGRAVE, NS, B0E 2G0
(902) 747-3647 SIC 4151

STUDENT TRANSPORTATION OF CANADA INC p604
760 Victoria Rd S, GUELPH, ON, N1L 1C6
(519) 822-5225 SIC 4151

SWAN VALLEY SCHOOL DIVISION p358
225 Kelsey Trail, SWAN RIVER, MB, R0L 1Z0
(204) 734-3415 SIC 4151

SWITZER-CARTY TRANSPORTATION SERVICES INC p541
1006 Plains Rd E, BURLINGTON, ON, L7T 4K2
(289) 288-1366 SIC 4151

TOT-EM TRANSPORTATION MEDICINE HAT LTD p145
3314 17 Ave Sw, MEDICINE HAT, AB, T1B 4B2
(403) 527-6986 SIC 4151

TRANSCOBEC (1987) INC p1201
21 Rue John-F.-Kennedy, Saint-Jerome, QC, J7Y 4B4
(450) 432-9748 SIC 4151

TRANSPORT CLEMENT BEGIN INC p1226
200 Rue Du Parc Industriel, Sainte-Germaine-Boule, QC, J0Z 1M0
(819) 787-6154 SIC 4151

TRANSPORT SCOLAIRE DUVERNAY INC p1128
6990 Av Des Perron, Montreal, QC, H7J 1G6
(450) 625-1887 SIC 4151

TRANSPORT SCOLAIRE SOGESCO INC p1223
4050 Boul De Sainte-Adele, Sainte-Adele, QC, J8B 2N7
(450) 229-3114 SIC 4151

TRANSPORT SCOLAIRE SOGESCO INC p1235
311 Av De Saint-Georges, SHAWINIGAN, QC, G9T 3M8
(819) 533-5663 SIC 4151

WHEEL CARE TRANSIT LTD p700
845 Central Pky W Unit 2, MISSISSAUGA, ON, L5C 2V9
SIC 4151

WILLCO TRANSPORTATION LTD p65
32023 Springbank Rd, CALGARY, AB, T3Z 2E3
(403) 242-1176 SIC 4151

WOLF CREEK SCHOOL DIVISION NO.72 p134
5226 56 Ave, LACOMBE, AB, T4L 2H4
(403) 783-3473 SIC 4151

SIC 4173 Bus terminal and service facilities

DEANGELO BROTHERS CORPORATION p649
400 Regional Rd 55, LIVELY, ON, P3Y 0B1
(705) 885-1246 SIC 4173

GREYHOUND CANADA TRANSPORTATION ULC p302
1465 Thornton St, VANCOUVER, BC, V6A 3V9
(604) 681-1644 SIC 4173

GREYHOUND CANADA TRANSPORTATION ULC p878
815 Fort William Rd, THUNDER BAY, ON, P7B 3A4
(807) 345-2194 SIC 4173

NORTHWEST SCHOOL DIVISION 203 p1307
Gd, TURTLEFORD, SK, S0M 2Y0
(306) 845-2150 SIC 4173

PERRY RAND TRANSPORTATION GROUP LIMITED p447
198 Waverley Rd, DARTMOUTH, NS, B2X 2C1
SIC 4173

REGIONAL MUNICIPALITY OF WATERLOO, THE p639
250 Strasburg Rd, KITCHENER, ON, N2E 3M6
(519) 585-7597 SIC 4173

SCHOOL DISTRICT 73 (KAMLOOPS/THOMPSON) p221
710 Mcgill Rd, KAMLOOPS, BC, V2C 0A2
(250) 372-5853 SIC 4173

SCHOOL DISTRICT NO 36 (SURREY) p287
6700 144 St, SURREY, BC, V3W 5R5
(604) 572-0500 SIC 4173

WILSON'S TRANSPORTATION LTD p335
31 Regina Ave, VICTORIA, BC, V8Z 1H8
(250) 475-3226 SIC 4173

SIC 4212 Local trucking, without storage

1003274 ONTARIO LIMITED p717
1055 Courtneypark Dr E Suite A, MISSISSAUGA, ON, L5T 1M7
(905) 565-8781 SIC 4212

1022804 ONTARIO INC p686
1335 Shawson Dr, MISSISSAUGA, ON, L4W 5J6
(905) 564-0241 SIC 4212

1060412 ONTARIO LIMITED p583
280 Belfield Rd, ETOBICOKE, ON, M9W 1H6
SIC 4212

109470 CANADA INC p988
1620 Av De L'Energie, ALMA, QC, G8C 1M6
(418) 668-6656 SIC 4212

1329481 ONTARIO INC p568
2930 French Hill Rd, CUMBERLAND, ON, K4C 1K7
(613) 833-1917 SIC 4212

1381667 ONTARIO INC p496
64 Saunders Rd, BARRIE, ON, L4N 9A8
(705) 721-4501 SIC 4212

3618358 CANADA INC p15
5353 72 Ave Se Unit 49, CALGARY, AB, T2C 4X6
(403) 279-5208 SIC 4212

376973 ONTARIO LIMITED p512
7 Strathearn Ave Suite A, BRAMPTON, ON, L6T 4P1
(905) 799-3900 SIC 4212

4211677 CANADA INC p1025
10315 Ch Cote-De-Liesse, DORVAL, QC, H9P 1A6
(514) 636-8033 SIC 4212

4211677 CANADA INC p1029
330 Rue Rocheleau, DRUMMONDVILLE, QC, J2C 7S7
(819) 477-9005 SIC 4212

4211677 CANADA INC p1252
3700 Boul L.-P.-Normand, Trois-Rivieres, QC, G9B 0G2
(819) 693-0019 SIC 4212

666248 ONTARIO LIMITED p645
7300 Major Mackenzie Dr, KLEINBURG, ON, L0J 1C0
(905) 893-0900 SIC 4212

717 9472 CANADA INC p717
6392 Netherhart Rd, MISSISSAUGA, ON, L5T 1A2
(905) 677-7140 SIC 4212

725850 ALBERTA LTD p64
1881 120 Ave Ne, CALGARY, AB, T3K 0S5
(403) 273-1220 SIC 4212

770970 ALBERTA LTD p124
315 St E, FOX CREEK, AB, T0H 1P0
(780) 622-2273 SIC 4212

9064-3032 QUEBEC INC p1245
2565 Ch Comtois, TERREBONNE, QC, J6X 0H6
(514) 648-4222 SIC 4212

933796 ONTARIO INC p762
3700 Weston Rd, NORTH YORK, ON, M9L 2Z4
(416) 667-9700 SIC 4212

A 1 DELIVERY SERVICES p21
2915 21 St Ne Unit 101, CALGARY, AB, T2E 7T1
SIC 4212

ADAMS CARGO LIMITED p684
6751 Professional Crt, MISSISSAUGA, ON, L4V 1Y3
(905) 678-0459 SIC 4212

AERODROME INTERNATIONAL MAINTENANCE INC p591
330 Guelph St Unit 4, GEORGETOWN, ON, L7G 4B5
(905) 873-8777 SIC 4212

AIR LIQUIDE CANADA INC p1255
3090 Ch De La Baronnie, VARENNES, QC, J3X 1P7
(450) 652-9163 SIC 4212

APPS CARTAGE INC p513
275 Orenda Rd, BRAMPTON, ON, L6T 3T7
(905) 451-2720 SIC 4212

ARMOUR TRANSPORT INC p403
1746 Route 640, HANWELL, NB, E3C 2B2
(506) 459-5151 SIC 4212

ARROW MINING SERVICES INC p279
318 Rally St, STEWART, BC, V0T 1W0
(250) 636-2178 SIC 4212

ARROW MINING SERVICES INC p306
999 Hastings St W Suite 1300, VANCOUVER, BC, V6C 2W2
(604) 324-1333 SIC 4212

ARROW TRANSPORTATION SYSTEMS INC p181
925 Mesa Vista Dr, ASHCROFT, BC, V0K 1A0
(250) 453-9411 SIC 4212

ARROW TRANSPORTATION SYSTEMS INC p219
970 Mcmaster Way Suite 400, KAMLOOPS, BC, V2C 6K2
(250) 374-3831 SIC 4212

ARROW TRANSPORTATION SYSTEMS INC p219
1805 Mission Flats Rd, KAMLOOPS, BC, V2C 1A9
(250) 374-6715 SIC 4212

ARROW TRANSPORTATION SYSTEMS INC p264
75 Star Rd N, QUESNEL, BC, V2J 5K2
(250) 992-8103 SIC 4212

ARROW TRANSPORTATION SYSTEMS INC p279
318 Railway St, STEWART, BC, V0T 1W0
(250) 636-2178 SIC 4212

ARROW TRUCK SALES CANADA, INC p687
1285 Shawson Dr, MISSISSAUGA, ON, L4W 1C4
(800) 311-7144 SIC 4212

B & B LANDSCAPE & CARTAGE INC p360
66 Second St, WEST ST PAUL, MB, R2P 0G5
(204) 339-4643 SIC 4212

BANDSTRA TRANSPORTATION SYSTEMS LTD p261
9499 Milwaukee Way, PRINCE GEORGE, BC, V2N 5T3
(250) 562-6621 SIC 4212

BEDWELL MOVERS LTD p814
1051 Toy Ave, PICKERING, ON, L1W 3N9
(905) 686-0002 SIC 4212

BEKINS MOVING & STORAGE (CANADA) LTD p251
Gd, PARKSVILLE, BC, V9P 2G2
(250) 248-8805 SIC 4212

BERRY & SMITH TRUCKING LTD p209
8208 Swenson Way Unit 100, DELTA, BC, V4G 1J6
(604) 582-1244 SIC 4212

BESSETTE ET BOUDREAU INC p1254
680 Rte 143 S, VAL-JOLI, QC, J1S 0G6
(819) 845-7722 SIC 4212

BM METALS SERVICES INC p870
2502 Elm St, SUDBURY, ON, P3E 4R6
(705) 682-9277 SIC 4212

BRENNAN FARMS LTD p403
40 Industrial Dr, HARTLAND, NB, E7P 2G6
(506) 375-8602 SIC 4212

BRUCE R. SMITH LIMITED p525
5 Craig St, BRANTFORD, ON, N3R 7H8
(519) 426-0904 SIC 4212

CALIFORNIA L.I.N.E. INC p1184
701 Rang Saint-Pierre N Unite 1, SAINT-CONSTANT, QC, J5A 0R2
(450) 632-9000 SIC 4212

CAMBRIDGE RIGGING CENTRAL LIMITED p493
60 Wanless Crt Suite 3, AYR, ON, N0B 1E0
(519) 623-4000 SIC 4212

CAMIONNAGE C.P. INC p994
19501 Av Clark-Graham, Baie-D'Urfe, QC, H9X 3T1
(514) 457-2550 SIC 4212

CANADA CARTAGE DIVERSIFIED ULC p716
1115 Cardiff Blvd, MISSISSAUGA, ON, L5S 1L8
(905) 564-2115 SIC 4212

CANADA DRAYAGE INC p255
1375 Kingsway Ave, PORT COQUITLAM, BC, V3C 1S2
(604) 364-1454 SIC 4212

CANADA DRAYAGE INC p1056
4415 Rue Fairway, LACHINE, QC, H8T 1B5
(514) 639-7878 SIC 4212

CANADA DRAYAGE INC p1090
3000 Rue Omer-Lavallee, Montreal, QC, H1Y 3R8
(514) 931-0365 SIC 4212

CANXPRESS DISTRIBUTION LTD p159
51st Ave 61 Se Bldg No. 285115, ROCKY VIEW COUNTY, AB, T1X 0K3
(403) 265-6553 SIC 4212

CARNEY, OWEN G LTD p279
38950 Queens Way, SQUAMISH, BC, V8B 0K8
(604) 892-5604 SIC 4212

CASCADE CARRIERS L.P. p16
6111 Ogden Dale Rd Se, CALGARY, AB, T2C 2A4
(403) 236-7110 SIC 4212

CEVA LOGISTICS CANADA, ULC p511
2600 North Park Dr, BRAMPTON, ON, L6S 6E2
(905) 789-2904 SIC 4212

CHABOT & DESMARAIS INC p1178
1015 Rue Bergeron Local A, SAINT-AGAPIT, QC, G0S 1Z0

▲ Public Company   ■ Public Company Family Member   HQ Headquarters   BR Branch   SL Single Location

(418) 888-3290 SIC 4212
CHARIOT EXPRESS LTD p65
9550 Enterprise Way Se, CALGARY, AB, T3S 0A1
(403) 252-4047 SIC 4212
CHECKER CABS LTD p12
316 Meridian Rd Se, CALGARY, AB, T2A 1X2
(403) 299-4999 SIC 4212
CHEETAH TRANSPORT LTD p289
9785 192 St Suite 103, SURREY, BC, V4N 4C7
(604) 882-7579 SIC 4212
CHU - CHO ENTERPRISES LTD p259
1157 5th Ave Suite 202, PRINCE GEORGE, BC, V2L 3L1
SIC 4212
CITY TRANSFER INC p265
14271 River Rd, RICHMOND, BC, V6V 1L3
SIC 4212
CLAIRE'S DELIVERY SERVICE LIMITED p816
33 Stonebridge Dr, PORT COLBORNE, ON, L3K 5V5
(905) 835-2222 SIC 4212
CLARK REEFER LINES LTD p334
4254 Commerce Cir Unit 103, VICTORIA, BC, V8Z 4M2
(250) 708-2004 SIC 4212
CLEAN HARBORS CANADA, INC p1225
6785 132 Rte, SAINTE-CATHERINE, QC, J5C 1B6
(450) 632-6640 SIC 4212
CLEAN HARBORS CANADA, INC p1247
400 Rue Galipeau, THURSO, QC, J0X 3B0
SIC 4212
CN WORLDWIDE DISTRIBUTION SERVICES (CANADA) INC p557
619 Creditstone Rd Suite 19, CONCORD, ON, L4K 4N2
(905) 669-3076 SIC 4212
COLEMAN, DOUG TRUCKING LTD p860
330 South Service Rd, STONEY CREEK, ON, L8E 2R4
(905) 664-9477 SIC 4212
COMPAGNIE DES CHEMINS DE FER NATIONAUX DU CANADA p558
619 Creditstone Rd, CONCORD, ON, L4K 4N2
(905) 669-3076 SIC 4212
COMPLEXE ENVIRO CONNEXIONS LTEE p1243
3779 Ch Des Quarante-Arpents, TERREBONNE, QC, J6V 9T6
(450) 474-2423 SIC 4212
CONRAD'S TRANSPORT LIMITED p448
4 Connor St, DARTMOUTH, NS, B2Y 1V6
(902) 434-5040 SIC 4212
CONTROLE TOTAL LOGISTIQUE INC p1256
200 Av Loyola-Schmidt, VAUDREUIL-DORION, QC, J7V 8P2
(514) 426-8521 SIC 4212
CORPORATION OF THE CITY OF TORONTO p758
188 Bermondsey Rd, NORTH YORK, ON, M4A 1Y1
(416) 392-3131 SIC 4212
CORPORATION OF THE CITY OF TORONTO p888
3350 Victoria Park Ave, TORONTO, ON, M2H 3K5
(416) 392-3023 SIC 4212
DANACA TRANSPORT MONTREAL LTEE p1069
2555 Rue Jean-Desy, LONGUEUIL, QC, J4G 1G6
(450) 463-0020 SIC 4212
DAY, WILLIAM CONSTRUCTION LIMITED p885
125 Kamiskotia Rd, TIMMINS, ON, P4R 0B3
(705) 268-7250 SIC 4212
DCT CHAMBERS TRUCKING LTD p278
4631 Farstad Way Rr 1, SKOOKUMCHUCK, BC, V0B 2E0

(250) 422-3535 SIC 4212
DEMENAGEMENTS RAPIDE INC, LES p1168
1630 Boul Talbot, Quebec, QC, G2N 0C5
(418) 849-0653 SIC 4212
DHL EXPRESS (CANADA) LTD p514
18 Parkshore Dr, BRAMPTON, ON, L6T 0G7
(905) 861-3400 SIC 4212
DICK, JAMES CONSTRUCTION LIMITED p506
14442 Regional Road 50, BOLTON, ON, L7E 3E2
(905) 857-3122 SIC 4212
DICOM TRANSPORTATION GROUP CANADA, INC p519
300 Biscayne Cres, BRAMPTON, ON, L6W 4S7
(905) 457-7757 SIC 4212
DICOM TRANSPORTATION GROUP CANADA, INC p1026
10755 Ch Cote-De-Liesse, DORVAL, QC, H9P 1A7
(514) 631-1242 SIC 4212
DIRECT LIMITED PARTNERSHIP p17
5555 69 Ave Se Suite 121, CALGARY, AB, T2C 4Y7
(403) 296-0291 SIC 4212
DIRECT LIMITED PARTNERSHIP p96
12915 151 St Nw, EDMONTON, AB, T5V 1A7
(780) 452-7773 SIC 4212
DIRECT LIMITED PARTNERSHIP p374
100 Higgins Ave, WINNIPEG, MB, R3B 0B2
(204) 947-0889 SIC 4212
DIRECT LIMITED PARTNERSHIP p1295
3030 Cleveland Ave, SASKATOON, SK, S7K 8B5
(306) 956-1760 SIC 4212
DOLFO TRANSPORT LTD p278
585 Michel Creek Rd, SPARWOOD, BC, V0B 2G1
(250) 425-6494 SIC 4212
DOLPHIN DELIVERY LTD p184
4201 Lozells Ave, BURNABY, BC, V5A 2Z4
(604) 421-1115 SIC 4212
DOLPHIN DELIVERY LTD p285
12091 88 Ave, SURREY, BC, V3W 3J5
(604) 502-7256 SIC 4212
DOLPHIN DISTRIBUTION LTD p184
4201 Lozells Ave, BURNABY, BC, V5A 2Z4
(604) 421-7059 SIC 4212
DRURY'S TRANSFER LTD p419
11 Expansion Ave, SAINT JOHN, NB, E2R 1A6
(506) 634-1380 SIC 4212
DRURY'S TRANSFER REG'D p421
160 Stewart Ave, SUSSEX, NB, E4E 2G2
SIC 4212
DYNAMEX CANADA LIMITED p1209
6600 Ch Saint-Francois Bureau 100, SAINT-LAURENT, QC, H4S 1B7
SIC 4212
ECL GROUP OF COMPANIES LTD p114
2303 51 Ave Nw, EDMONTON, AB, T6P 0B5
SIC 4212
EISENER'S TRANSPORT LIMITED p443
61 Bluewater Rd, BEDFORD, NS, B4B 1G8
SIC 4212
ENLEVEMENT DE DECHETS BERGERON INC p1229
4365 Boul Saint-Elzear O, SAINTE-ROSE, QC, H7P 4J3
(450) 687-3838 SIC 4212
ERB TRANSPORT LIMITED p493
1473 Gingerich Rd, BADEN, ON, N3A 3J7
(519) 634-8080 SIC 4212
ERB TRANSPORT LIMITED p497
75 Ellis Dr, BARRIE, ON, L4N 8Z3
(888) 875-0558 SIC 4212
ERB TRANSPORT LIMITED p731
290 Hamilton Rd, NEW HAMBURG, ON, N3A 1A2
(519) 662-2710 SIC 4212
ERB TRANSPORT LIMITED p740

4 Commerce Cres, NORTH BAY, ON, P1A 0B4
(705) 476-7077 SIC 4212
ERB TRANSPORT LIMITED p944
4 Riverside Dr, TRENTON, ON, K8V 5P8
SIC 4212
EXCEL TRANSPORTATION ALBERTA INC p258
333 Ongman Rd, PRINCE GEORGE, BC, V2K 4K9
(250) 563-7356 SIC 4212
FEDERAL EXPRESS CANADA CORPORATION p688
5985 Explorer Dr Suite 313, MISSISSAUGA, ON, L4W 5K6
(800) 463-3339 SIC 4212
FEDERAL EXPRESS CANADA CORPORATION p852
495 Eastchester Ave E Unit 1, ST CATHARINES, ON, L2M 6S2
(800) 463-3339 SIC 4212
FEDEX FREIGHT CANADA, CORP p757
1011 Wilson Ave, NORTH YORK, ON, M3K 1G1
(800) 463-3339 SIC 4212
FEDEX FREIGHT CANADA, CORP p1026
10765 Ch Cote-De-Liesse Bureau 232, DORVAL, QC, H9P 2R9
(800) 463-3339 SIC 4212
FERGUSON MOVING (1990) LTD p246
1584 Columbia St, NORTH VANCOUVER, BC, V7J 1A4
(604) 922-2212 SIC 4212
FLINT FLUID HAUL SERVICES LTD p8
10 Industrial Rd, BROOKS, AB, T1R 1B5
(403) 793-8384 SIC 4212
FOSS, G.A. TRANSPORT LTD p559
220 Doney Cres, CONCORD, ON, L4K 3A8
(905) 738-6272 SIC 4212
G M F TRANSPORT LIMITED p519
110 Orenda Rd, BRAMPTON, ON, L6W 3W6
(905) 459-1693 SIC 4212
G4S CASH SOLUTIONS (CANADA) LTD p593
1303 Michael St, GLOUCESTER, ON, K1B 3M9
SIC 4212
GEE TEE HOLDINGS INC p353
Gd, OAKBANK, MB, R0E 1J0
(204) 444-3069 SIC 4212
GJONAJ TRANSPORT INC p936
90 Tyndall Ave Suite 101, TORONTO, ON, M6K 2E6
(416) 530-1014 SIC 4212
GOLD STAR TRANSPORT (1975) LTD p150
Gd Stn Main, PEACE RIVER, AB, T8S 1V8
(780) 624-4444 SIC 4212
GOLD STAR TRANSPORT (1975) LTD p175
Gd, WHITECOURT, AB, T7S 1S1
GRANT, JOHN HAULAGE LIMITED p702
2111 Lakeshore Rd W, MISSISSAUGA, ON, L5J 1J9
(905) 849-7422 SIC 4212
GRIMSHAW TRUCKING LP p86
11510 151 St Nw, EDMONTON, AB, T5M 3N6
(780) 414-2850 SIC 4212
GROUPE NEPVEU INC, LE p1187
75 Rue Daoust, SAINT-EUSTACHE, QC, J7R 5B7
(450) 472-5166 SIC 4212
GROUPE ROBERT INC p1004
20 Boul Marie-Victorin, BOUCHERVILLE, QC, J4B 1V5
(514) 521-1011 SIC 4212
HARMAC TRANSPORTATION INC p990
8155 Rue Grenache, ANJOU, QC, H1J 1C4
(514) 354-7141 SIC 4212
HI-WAY 9 EXPRESS LTD p18
5535 90 Ave Se, CALGARY, AB, T2C 4Z6
(403) 237-7300 SIC 4212
HI-WAY 9 EXPRESS LTD p72

711 Elgin Close, DRUMHELLER, AB, T0J 0Y0
(403) 823-4242 SIC 4212
HI-WAY 9 EXPRESS LTD p100
6031 66a Ave Nw, EDMONTON, AB, T6B 3R2
(780) 420-1062 SIC 4212
HI-WAY 9 EXPRESS LTD p155
4120 78 St Cres Suite 4120, RED DEER, AB, T4P 3E3
(403) 342-4266 SIC 4212
HOUSEHOLD MOVERS AND SHIPPERS LIMITED p429
19 Clyde Ave, MOUNT PEARL, NL, A1N 4R8
(709) 747-4222 SIC 4212
HOYT'S MOVING & STORAGE LIMITED p468
193 Marshall St, MIDDLETON, NS, B0S 1P0
(902) 825-6434 SIC 4212
HUTTON TRANSPORT LIMITED p645
962979 19th Line, LAKESIDE, ON, N0M 2G0
(519) 349-2233 SIC 4212
INFORMATION COMMUNICATION SERVICES (ICS) INC p492
300 Talbot St W Suite 6, AYLMER, ON, N5H 1K2
(519) 773-1300 SIC 4212
INFORMATION COMMUNICATION SERVICES (ICS) INC p700
1290 Central Pky W Suite 50, MISSISSAUGA, ON, L5C 4R3
(416) 642-2477 SIC 4212
INFORMATION COMMUNICATION SERVICES (ICS) INC p1026
81 Av Lindsay, DORVAL, QC, H9P 2S6
(514) 636-9744 SIC 4212
JUTRAS, PHIL & SON LIMITED p869
2042 Kingsway, SUDBURY, ON, P3B 4J8
(705) 525-5560 SIC 4212
KINDERSLEY TRANSPORT LTD p369
1991 Brookside Blvd, WINNIPEG, MB, R2R 2Y3
(204) 633-1707 SIC 4212
L.E.J. INTERNATIONAL TRUCKS LTD p259
1951 1st Ave, PRINCE GEORGE, BC, V2L 2Y8
(250) 563-0478 SIC 4212
LA FRENTZ & CHRISTENSON TRUCKING LTD p1268
24 Hwy 39 E, ESTEVAN, SK, S4A 2A2
(306) 634-5519 SIC 4212
LAC LA BICHE TRANSPORT LTD p133
555 Tower Rd, LAC LA BICHE, AB, T0A 2C0
(780) 623-4711 SIC 4212
LANDTRAN SYSTEMS INC p100
9011 50 St Nw, EDMONTON, AB, T6B 2Y2
(780) 468-4300 SIC 4212
LEWIS MOVERS LIMITED p841
106 Ridgetop Rd, SCARBOROUGH, ON, M1P 2J9
(416) 438-6805 SIC 4212
LITTLE GUYS DELIVERY SERVICE INC p672
620 Alden Rd Unit 105, MARKHAM, ON, L3R 9R7
(905) 513-9600 SIC 4212
LOMAK BULK CARRIERS CORP p68
7402 98 St Ss 55, CLAIRMONT, AB, T0H 0W0
(780) 532-5083 SIC 4212
LUCKHART TRANSPORT LTD p847
4049 Perth County Rd 135, SEBRINGVILLE, ON, N0K 1X0
(519) 393-6128 SIC 4212
MALENFANT ENTERPRISES LTD p1279
50 North Industrial Dr, PRINCE ALBERT, SK, S6V 5R3
(306) 922-0269 SIC 4212
MAMMOET CANADA EASTERN LTD p444
2 Bluewater Rd Suite 246, BEDFORD, NS, B4B 1G7
(902) 450-0550 SIC 4212

MAMMOET CRANE INC p1140
12400 Boul Industriel, POINTE-AUX-TREMBLES, QC, H1B 5M5
(514) 645-4333   SIC 4212

MANITOULIN TRANSPORTATION p262
9499 Milwaukee Way, PRINCE GEORGE, BC, V2N 5T3
(250) 563-9138   SIC 4212

MANTEI'S TRANSPORT LTD p18
8715 44 St Se, CALGARY, AB, T2C 2P5
(403) 531-1600   SIC 4212

MARITIME-ONTARIO FREIGHT LINES LIMITED p512
1 Maritime Ontario Blvd Suite 100, BRAMPTON, ON, L6S 6G4
(905) 602-0670   SIC 4212

MARTEL EXPRESS (MONTREAL) INC p1210
10105 Boul Henri-Bourassa O, SAINT-LAURENT, QC, H4S 1A1
(514) 331-3311   SIC 4212

MCMURRAY SERV-U EXPEDITING LTD p121
350 Macalpine Cres Suite 2, FORT MCMURRAY, AB, T9H 4A8
(780) 791-3530   SIC 4212

MESSAGERIES VALOIS INC p1251
920 Rue Mcdougall, Trois-Rivieres, QC, G9A 2T6
(819) 373-5522   SIC 4212

MIDLAND TRANSPORT LIMITED p430
200 Glencoe Dr, MOUNT PEARL, NL, A1N 4P7
(709) 747-9119   SIC 4212

MIDLAND TRANSPORT LIMITED p478
52 Dunlap Ave, TRURO, NS, B2N 5E3
(902) 897-6334   SIC 4212

MIDLAND TRANSPORT LIMITED p515
102 Glidden Rd, BRAMPTON, ON, L6T 5N4
SIC 4212

MIDLAND TRANSPORT LIMITED p561
101 Doney Cres, CONCORD, ON, L4K 1P6
(905) 738-5544   SIC 4212

MIDLAND TRANSPORT LIMITED p1027
1560 Boul Hymus, DORVAL, QC, H9P 1J6
(514) 421-5500   SIC 4212

MILLARD TRUCKING LTD p170
Rd Industrial Park W, SUNDRE, AB, T0M 1X0
(403) 638-4500   SIC 4212

MILLER PAVING LIMITED p803
2085 20th Ave E, OWEN SOUND, ON, N4K 5N3
(519) 372-1855   SIC 4212

MONARCH TRANSPORT (1975) LTD p101
3464 78 Ave Nw, EDMONTON, AB, T6B 2X9
(780) 440-6528   SIC 4212

MULROONEY, K TRUCKING LIMITED p592
1280 Mcadoo's Lane, GLENBURNIE, ON, K0H 1S0
(613) 548-4127   SIC 4212

NORFOLK DISPOSAL SERVICES LIMITED p950
811 Old Highway 24, WATERFORD, ON, N0E 1Y0
(519) 443-8022   SIC 4212

NORTHERN CARTAGE LTD p268
18111 Blundell Rd, RICHMOND, BC, V6W 1L8
SIC 4212

NORVAN LIMITED p780
712 Wilson Rd S, OSHAWA, ON, L1H 8R3
SIC 4212

NOVA SCOTIA, PROVINCE OF p459
1672 Granville St, HALIFAX, NS, B3J 3Z8
(902) 424-2297   SIC 4212

OFFICE MOVER LTD, THE p683
2798 Thamesgate Dr Unit 6, MISSISSAUGA, ON, L4T 4E8
(905) 673-6683   SIC 4212

OLYMEL S.E.C. p1185
57 125 Rte, SAINT-ESPRIT, QC, J0K 2L0
(450) 839-7258   SIC 4212

OTTAWAY MOTOR EXPRESS (2010) INC p977
520 Beards Lane Unit B, WOODSTOCK, ON, N4S 7W3
(519) 602-3026   SIC 4212

OTTAWAY MOTOR EXPRESS LIMITED p977
714880 Oxford County Road 4, WOODSTOCK, ON, N4S 7V7
(519) 539-8434   SIC 4212

P. & R. REPAIRS LTD p275
2005 Keating Cross Rd, SAANICHTON, BC, V8M 2A5
(250) 652-9139   SIC 4212

PAPIERS SOLIDERR INC, LES p987
Gd, ALMA, QC, G8B 5V6
(418) 668-1234   SIC 4212

POLE STAR TRANSPORT INCORPORATED p465
1568 Harrington Rd, KENTVILLE, NS, B4N 3V7
(902) 678-4444   SIC 4212

POSTMEDIA NETWORK INC p783
1230 Old Innes Rd Suite 407, OTTAWA, ON, K1B 3V3
(613) 287-3318   SIC 4212

PRAIRIE INTERNATIONAL CONTAINER INC p1103
360 Rue Saint-Jacques Bureau 1000, Montreal, QC, H2Y 1R2
(514) 286-4646   SIC 4212

R & G TRANSPORT LTD p1283
625 Mcdonald St, REGINA, SK, S4N 4X1
(306) 721-8677   SIC 4212

R.O.E. LOGISTICS INC p1057
10340 Ch De La Cote-De-Liesse Bureau 210, LACHINE, QC, H8T 1A3
SIC 4212

REIMER EXPRESS LINES LTD p346
1604 Moreland Ave, BRANDON, MB, R7C 1A6
(204) 727-2224   SIC 4212

RIDSDALE TRANSPORT LTD p1280
29 Industrial Dr N, PRINCE ALBERT, SK, S6V 6V4
(306) 764-0934   SIC 4212

ROBYN'S TRANSPORTATION & DISTRIBUTION SERVICES LTD p74
6805 Yellowhead Trail Nw, EDMONTON, AB, T5B 4J9
SIC 4212

ROLLING RIVER FIRST NATION TRUCKING LIMITED PARTNERSHIP p348
Gd, ERICKSON, MB, R0J 0P0
(204) 636-2211   SIC 4212

ROSEDALE TRANSPORT LIMITED p1027
510 Av Orly, DORVAL, QC, H9P 1E9
(514) 636-6606   SIC 4212

ROSENAU TRANSPORT LTD p159
234180 Wrangler Rd, ROCKY VIEW COUNTY, AB, T1X 0K2
(403) 279-4800   SIC 4212

RSB LOGISTIC INC p1300
219 Cardinal Cres, SASKATOON, SK, S7L 7K8
(306) 242-8300   SIC 4212

S.L.H. TRANSPORT INC p87
14525 112 Ave Nw, EDMONTON, AB, T5M 2V5
(780) 451-7543   SIC 4212

S.S. PEVACH VENTURES LTD p7
Gd Stn Main, BONNYVILLE, AB, T9N 2J6
(780) 826-2161   SIC 4212

SDH INC p524
190 Bovaird Dr W Suite 15, BRAMPTON, ON, L7A 1A2
(905) 796-5849   SIC 4212

SEAWAY EXPRESS INC p565
605 Boundary Rd, CORNWALL, ON, K6H 6K8
(613) 933-8984   SIC 4212

SERVICES MATREC INC p999
750 Boul Industriel, BLAINVILLE, QC, J7C 3V4
(450) 434-2499   SIC 4212

SERVICES MATREC INC p1202
278 Ch De La Grande-Ligne, SAINT-JOACHIM-DE-SHEFFORD, QC, J0E 2G0
SIC 4212

SERVICES MATREC INC p1217
139 Rue Du Parc-Industriel, Saint-Marc-des-Carrieres, QC, G0A 4B0
(418) 268-4816   SIC 4212

SMITH TRUCKING SERVICE (1976) LTD p8
1 Tree Rd, BROOKS, AB, T1R 1B6
(403) 362-4071   SIC 4212

SPECIALIZED TRANSPORTATION AGENT GROUP - CANADA CORP p781
933 Bloor St W, OSHAWA, ON, L1J 5Y7
(905) 728-4506   SIC 4212

SPEEDY TRANSPORT GROUP INC p651
535 Industrial Rd, LONDON, ON, N5V 1T9
(519) 453-1673   SIC 4212

STARLINE MOVING SYSTEMS LTD p20
7115 48 St Se Unit 18, CALGARY, AB, T2C 5A4
(403) 720-3222   SIC 4212

STEVE'S LIVESTOCK TRANSPORT INC p357
122 Pth 52 W, STEINBACH, MB, R5G 1Y1
(204) 326-6969   SIC 4212

STRONGCO ENGINEERED SYSTEMS INC p1229
4535 Rue Louis-B.-Mayer, SAINTE-ROSE, QC, H7P 6B5
(450) 686-8911   SIC 4212

SWANBERG BROS TRUCKING LP p215
Gd Lcd Main, FORT ST. JOHN, BC, V1J 4H5
(250) 785-6975   SIC 4212

TALLMAN TRUCK CENTRE LIMITED p782
787 Bloor St W, OSHAWA, ON, L1J 5Y6
(905) 436-9292   SIC 4212

TANDET MANAGEMENT INC p848
2510 Davis Dr, SHARON, ON, L0G 1V0
(905) 953-5457   SIC 4212

THOMAS CARTAGE LTD p609
70 Beach Rd, HAMILTON, ON, L8L 8K3
(905) 545-8808   SIC 4212

THOMPSON'S MOVING GROUP LIMITED p453
51 Thornhill Dr, DARTMOUTH, NS, B3B 1R9
(902) 469-2090   SIC 4212

TIPPET-RICHARDSON LIMITED p652
1050 Brydges St, LONDON, ON, N5W 2B4
(519) 455-0132   SIC 4212

TOMLINSON ENVIRONMENTAL SERVICES LTD p550
106 Westhunt Dr, CARP, ON, K0A 1L0
(613) 836-6099   SIC 4212

TOR CAN WASTE MANAGEMENT INC p721
6465 Danville Rd, MISSISSAUGA, ON, L5T 2H7
(905) 856-3900   SIC 4212

TRANSPORT BRETON-SAVARD INC p992
7481 Av Herisson, ANJOU, QC, H1J 2G7
(514) 254-1447   SIC 4212

TRANSPORT GARIEPY (CANADA) INC p1084
11525 Av Armand-Chaput, Montreal, QC, H1C 1S8
(514) 494-3400   SIC 4212

TRANSPORT GASTON NADEAU INC p1228
850 Rte Principale, Sainte-Melanie, QC, J0K 3A0
(514) 861-0040   SIC 4212

TRANSPORT GENERAL LEGAL INC p1257
545 Rue De L'industrie, VERCHERES, QC, J0L 2R0
(450) 583-1177   SIC 4212

TRANSPORT GERARD LAROUCHE & FILS LTEE p1187
1499 Boul Du Sacre-Coeur, Saint-Felicien, QC, G8K 1B6
(418) 679-3751   SIC 4212

TRANSPORT GUILBAULT INC p1190
1225 95e Rue, SAINT-GEORGES, QC, G5Y 8J1
(418) 227-3390   SIC 4212

TRANSPORT GUY BOURASSA INC p1199
800 Rue De Dijon, SAINT-JEAN-SUR-RICHELIEU, QC, J3B 8G3
(450) 346-5313   SIC 4212

TRANSPORT JACQUES AUGER INC p1066
860 Rue Archimede, Levis, QC, G6V 7M5
(418) 835-9266   SIC 4212

TRANSPORT JACQUES AUGER INC p1140
12305 Boul Metropolitain E, POINTE-AUX-TREMBLES, QC, H1B 5R3
(514) 493-3835   SIC 4212

TRANSPORT L.R.L. INC p1031
252 101 Rte S, DUHAMEL-OUEST, QC, J9V 2E5
SIC 4212

TRANSPORT LAVOIE LTEE p1146
4568 Boul Sainte-Anne, Quebec, QC, G1C 2H9
(418) 661-6981   SIC 4212

TRANSPORT MICHEL MARCOTTE INC p1263
397 Rue Saint-Georges, WINDSOR, QC, J1S 1K6
(819) 845-2878   SIC 4212

TRANSPORT MORNEAU INC p1154
902 Rue Philippe-Paradis, Quebec, QC, G1N 4E4
(418) 681-2727   SIC 4212

TRANSPORT MORNEAU INC p1215
8575 Rue Pascal-Gagnon, SAINT-LEONARD, QC, H1P 1Y5
(514) 325-2727   SIC 4212

TRANSPORT PAUL-EMILE DUBE LTEE p1247
489 Rue Notre-Dame E, TROIS-PISTOLES, QC, G0L 4K0
(418) 724-2400   SIC 4212

TRANSPORT SAVARD LTEE p994
136 Boul Comeau Bureau 51, BAIE-COMEAU, QC, G4Z 3A8
(418) 296-6633   SIC 4212

TRANSPORT ST-MICHEL INC p1061
4710 Boul Talbot, Laterriere, QC, G7N 1V2
(418) 548-7187   SIC 4212

TRANSPORT TFI 23 S.E.C. p989
200 Rue Des Routiers, AMOS, QC, J9T 3A6
(819) 727-1304   SIC 4212

TRANSPORT TFI 6 S.E.C. p1067
1950 3e Rue, Levis, QC, G6W 5M6
(418) 834-9891   SIC 4212

TRANSPORT TFI 7 S.E.C p691
5425 Dixie Rd, MISSISSAUGA, ON, L4W 1E6
(905) 238-6855   SIC 4212

TRIANGLE FREIGHT SERVICES LTD p691
5355 Creekbank Rd, MISSISSAUGA, ON, L4W 5L5
(905) 624-1614   SIC 4212

TRIMAC TRANSPORTATION SERVICES LIMITED PARTNERSHIP p485
2170 Allanport Rd, ALLANBURG, ON, L0S 1A0
SIC 4212

TRIPLE RANDOM INC p2
53016 Hwy 60 Unit 46, ACHESON, AB, T7X 5A7
(780) 979-0717   SIC 4212

TRUK-KING LOGISTICS INC p590
1799 Pettit Rd, FORT ERIE, ON, L2A 5M4
(905) 994-1000   SIC 4212

TST SOLUTIONS L.P. p782
1250 Thornton Rd S, OSHAWA, ON, L1J 7E2
(905) 728-7329   SIC 4212

UNITED PARCEL SERVICE CANADA LTD p408
77 Foundry St, MONCTON, NB, E1C 5H7
(506) 877-6657   SIC 4212

UNITED PARCEL SERVICE CANADA LTD p499
474 Welham Rd, BARRIE, ON, L4N 8Z4
(705) 733-1438   SIC 4212

UNITED PARCEL SERVICE CANADA LTD p503
31 Dussek St, BELLEVILLE, ON, K8N 5R9
(613) 967-2500   SIC 4212

UNITED PARCEL SERVICE CANADA LTD p535
1022 Champlain Ave, BURLINGTON, ON, L7L 0C2
(905) 676-1708 SIC 4212

UNITED PARCEL SERVICE CANADA LTD p563
2900 Steeles Ave W, CONCORD, ON, L4K 3S2
(905) 660-8595 SIC 4212

UNITED PARCEL SERVICE CANADA LTD p712
6500 Silverdart Dr Suite 104, MISSISSAUGA, ON, L5P 1B6
(905) 362-2055 SIC 4212

UNITED PARCEL SERVICE CANADA LTD p865
9 Griffith Rd, STRATFORD, ON, N5A 6S4
(519) 271-9610 SIC 4212

UNITED PARCEL SERVICE CANADA LTD p999
71 Rue Omer-Deserres, BLAINVILLE, QC, J7C 5N3
(450) 979-9390 SIC 4212

UPS SCS, INC p535
4156 Mainway, BURLINGTON, ON, L7L 0A7
(905) 315-5500 SIC 4212

URGEL CHARETTE TRANSPORT LIMITEE p1032
131 Rue Maple Dale, EAST FARNHAM, QC, J2K 4M7
(450) 263-2631 SIC 4212

VAN-KAM FREIGHTWAYS LTD p222
682 Sarcee St W, KAMLOOPS, BC, V2H 1E5
(250) 372-2235 SIC 4212

VAN-KAM FREIGHTWAYS LTD p240
1151 Milton St, NANAIMO, BC, V9R 2M2
(250) 723-3733 SIC 4212

VERN BASNETT CONSULTING LTD p131
203 Government Rd, HINES CREEK, AB, T0H 2A0
(780) 494-3006 SIC 4212

VIKING-CIVES, LTD p724
555 Perth St, MOUNT FOREST, ON, N0G 2L1
(519) 323-4137 SIC 4212

VOLAILLES GILLES LAFORTUNE INC p1219
330 Boul Brassard, SAINT-PAUL, QC, J0K 3E0
(450) 754-2955 SIC 4212

VOLUME TANK TRANSPORT INC p692
1230 Shawson Dr, MISSISSAUGA, ON, L4W 1C3
(905) 670-7090 SIC 4212

WAL-MART CANADA CORP p566
6227 Boundary Rd, CORNWALL, ON, K6H 5R5
(613) 932-7879 SIC 4212

WASTE MANAGEMENT OF CANADA CORPORATION p833
120 Industrial Court A, SAULT STE. MARIE, ON, P6B 5W6
(705) 254-5050 SIC 4212

WASTE MANAGEMENT OF CANADA CORPORATION p1230
2535 1re Rue, SAINTE-SOPHIE, QC, J5J 2R7
(450) 431-2313 SIC 4212

WELKE CUSTOMS BROKERS LTD p587
116 Skyway Ave, ETOBICOKE, ON, M9W 4Y9
(416) 674-0592 SIC 4212

WESTCAN BULK TRANSPORT LTD p20
3780 76 Ave Se, CALGARY, AB, T2C 1J8
(403) 279-5505 SIC 4212

WESTCAN BULK TRANSPORT LTD p116
12110 17 St Ne, EDMONTON, AB, T6S 1A5
(780) 472-6951 SIC 4212

WHITE GLOVE TRANSPORTATION SYSTEMS LTD p721
6141 Vipond Dr, MISSISSAUGA, ON, L5T 2B2

(905) 565-1053 SIC 4212
WINDSOR DISPOSAL SERVICES LIMITED p965
2700 Deziel Dr, WINDSOR, ON, N8W 5H8
(519) 944-8009 SIC 4212

SIC 4213 Trucking, except local

1046201 ONTARIO LIMITED p826
1577 County Road 34, RUTHVEN, ON, N0P 2G0
(519) 322-2328 SIC 4213

1252537 ONTARIO LIMITED p717
1015 Westport Cres, MISSISSAUGA, ON, L5T 1E8
(905) 670-3353 SIC 4213

1411337 ONTARIO INC p601
5072 Whitelaw Rd, GUELPH, ON, N1H 6J4
(519) 827-0431 SIC 4213

2153463 ONTARIO INC p686
5185 Tomken Rd Unit 1, MISSISSAUGA, ON, L4W 1P1
SIC 4213

2746-2993 QUEBEC INC p1040
140 Rue Martin, GRANBY, QC, J2G 8B4
(450) 361-3790 SIC 4213

552429 ONTARIO LIMITED p857
389 South Edgeware Rd, ST THOMAS, ON, N5P 4C5
SIC 4213

591182 ONTARIO LIMITED p739
56 Niagara Stone Rd, NIAGARA ON THE LAKE, ON, L0S 1J0
(905) 685-4544 SIC 4213

6518729 CANADA INC p125
Gd, GRANDE PRAIRIE, AB, T8V 2Z7
SIC 4213

682439 ONTARIO INC p715
2375 Lucknow Dr, MISSISSAUGA, ON, L5S 1H9
(800) 265-9370 SIC 4213

682439 ONTARIO INC p740
348 Birchs Rd Suite 824, NORTH BAY, ON, P1A 4A9
(705) 476-0444 SIC 4213

9048-9493 QUEBEC INC p1181
27 Rue Industrielle, Saint-Benoit-Labre, QC, G0M 1P0
(418) 228-6979 SIC 4213

981543 ONTARIO INC p769
1150 South Service Rd W, OAKVILLE, ON, L6L 5T7
(905) 827-1669 SIC 4213

A. BEAUMONT TRANSPORT INC p1180
280 Rte De Fossambault, SAINT-AUGUSTIN-DE-DESMAURES, QC, G3A 2P9
(418) 878-4888 SIC 4213

ABF FREIGHT SYSTEM CANADA, LTD p513
15 Strathearn Ave, BRAMPTON, ON, L6T 4P1
(905) 458-5888 SIC 4213

ABF FREIGHT SYSTEM CANADA, LTD p605
400 Grays Rd Suite 218, HAMILTON, ON, L8E 3J6
(905) 573-0603 SIC 4213

ABF FREIGHT SYSTEM CANADA, LTD p1165
445 Av Saint-Jean-Baptiste Bureau 300, Quebec, QC, G2E 5N7
(418) 872-8812 SIC 4213

ABL X-PRESS LTD p76
11560 120 St Nw, EDMONTON, AB, T5G 2Y2
(780) 448-3673 SIC 4213

ACTIVE CANADA INC p1000
4065 Rue Marcel-Lacasse, BOISBRIAND, QC, J7H 1N4
(450) 430-7105 SIC 4213

AECOM PRODUCTION SERVICES LTD p68
10222 79 Ave Ss 55, CLAIRMONT, AB, T0H 0W0
(780) 539-7111 SIC 4213

ALLIED SYSTEMS (CANADA) COMPANY p115
12210 17 St Ne, EDMONTON, AB, T6S 1A6
(780) 472-6641 SIC 4213

ALLIED SYSTEMS (CANADA) COMPANY p364
736 Marion St, WINNIPEG, MB, R2J 0K4
(204) 233-4924 SIC 4213

ALLIED SYSTEMS (CANADA) COMPANY p408
699 St George Blvd, MONCTON, NB, E1E 2C2
SIC 4213

ALLIED SYSTEMS (CANADA) COMPANY p511
2000 Williams Pky, BRAMPTON, ON, L6S 6B3
(905) 458-0900 SIC 4213

ALLIED SYSTEMS (CANADA) COMPANY p557
8950 Keele St, CONCORD, ON, L4K 2N2
(905) 669-2930 SIC 4213

ALLIED SYSTEMS (CANADA) COMPANY p665
6151 Colonel Talbot Rd, LONDON, ON, N6P 1J2
(519) 652-6577 SIC 4213

ALLIED SYSTEMS (CANADA) COMPANY p963
1790 Provincial Rd, WINDSOR, ON, N8W 5W3
SIC 4213

ALLIED SYSTEMS (CANADA) COMPANY p1017
5901 Av Westminster, Cote Saint-Luc, QC, H4W 2J9
SIC 4213

ALLIED SYSTEMS (CANADA) COMPANY p1067
2709 Av De La Rotonde, Levis, QC, G6X 2M2
(418) 832-8707 SIC 4213

AMJ CAMPBELL INC p64
1881 120 Ave Ne, CALGARY, AB, T3K 0S5
(403) 273-1220 SIC 4213

APEX MOTOR EXPRESS LTD p511
60 Ward Rd, BRAMPTON, ON, L6S 4L5
(905) 789-5000 SIC 4213

ARMOUR TRANSPORT INC p393
1957 Miramichi Ave, BATHURST, NB, E2A 1Y7
(506) 548-2633 SIC 4213

ARMOUR TRANSPORT INC p408
244 Edinburgh Dr, MONCTON, NB, E1E 4C7
SIC 4213

ARMOUR TRANSPORT INC p408
689 Edinburgh Dr, MONCTON, NB, E1E 2L4
(506) 857-0205 SIC 4213

ARMOUR TRANSPORT INC p427
Gd Lcd Main, GRAND FALLS-WINDSOR, NL, A2A 2J1
(709) 489-8487 SIC 4213

ARMOUR TRANSPORT INC p430
14 St. Anne's Cres, PARADISE, NL, A1L 1K1
(709) 782-7410 SIC 4213

ARMOUR TRANSPORT INC p450
80 Guildford Ave, DARTMOUTH, NS, B3B 0G3
(902) 481-7161 SIC 4213

ARMOUR TRANSPORT INC p474
443 Massey Dr, SYDNEY, NS, B1P 2T8
(902) 539-4185 SIC 4213

ARMOUR TRANSPORT INC p477
204 Willow St, TRURO, NS, B2N 5A2
(902) 897-9777 SIC 4213

ATLANTICA DIVERSIFIED TRANSPORTATION SYSTEMS p453
31 John Snook Blvd, DEBERT, NS, B0M 1G0
SIC 4213

B. & R. ECKEL'S TRANSPORT LTD p172
4837 40 St, VERMILION, AB, T9X 1H6

(780) 853-5368 SIC 4213
BANDSTRA TRANSPORTATION SYSTEMS LTD p268
9920 River Dr Unit 135, RICHMOND, BC, V6X 3S3
(604) 270-4440 SIC 4213

BANDSTRA TRANSPORTATION SYSTEMS LTD p278
2990 Hwy 16 E, SMITHERS, BC, V0J 2N0
(250) 847-6451 SIC 4213

BEKINS MOVING & STORAGE (CANADA) LTD p259
551 1st Ave, PRINCE GEORGE, BC, V2L 2Y2
(250) 563-0371 SIC 4213

BIG FREIGHT SYSTEMS INC p372
10 Hutchings St, WINNIPEG, MB, R2X 2X1
(204) 772-3434 SIC 4213

BOLIVAR, W R TRANSPORT LTD p464
15813 Highway 3, HEBBVILLE, NS, B4V 6X9
(902) 530-3046 SIC 4213

BOUTIN, V. EXPRESS INC p1002
50 Ch Du Tremblay, BOUCHERVILLE, QC, J4B 6Z5
(450) 449-7373 SIC 4213

BOUTIN, V. EXPRESS INC p1138
1397 Rue Savoie, PLESSISVILLE, QC, G6L 1J8
(819) 362-7333 SIC 4213

BOYCHUK ENERGY INC p41
440 2 Ave Sw Unit 1700, CALGARY, AB, T2P 5E9
(403) 206-4122 SIC 4213

BRETON, L. TRANSPORT LTEE p1075
439 Rte 255 N, MARBLETON, QC, J0B 2L0
(819) 887-6773 SIC 4213

BRITISH PACIFIC TRANSPORT LTD p229
9975 199b St, LANGLEY, BC, V1M 3G4
(604) 888-2976 SIC 4213

BRUCE R. SMITH LIMITED p552
370 Colborne St, CHATHAM, ON, N7M 5J4
SIC 4213

BUCKHAM TRANSPORT LIMITED p493
Hwy 28, BAILIEBORO, ON, K0L 1B0
(705) 939-6311 SIC 4213

C.A.T. INC p725
505 Goodyear Rd, NAPANEE, ON, K7R 3L2
(613) 354-0282 SIC 4213

CAMLANE GROUP INC, THE p496
10 Patterson Rd, BARRIE, ON, L4N 5P4
SIC 4213

CAN AM LOGISTICS INC p558
1201 Creditstone Rd, CONCORD, ON, L4K 0C2
(416) 798-4965 SIC 4213

CANADA CARTAGE SYSTEM LIMITED PARTNERSHIP p16
4700 102 Ave Se, CALGARY, AB, T2C 2X8
(403) 296-0290 SIC 4213

CANADIAN LYNDEN TRANSPORT LTD p1
53016 Hwy 60 Suite 20, ACHESON, AB, T7X 5A7
(780) 960-9444 SIC 4213

CANEDA TRANSPORT LTD p14
4330 46 Ave Se, CALGARY, AB, T2B 3N7
(403) 236-7900 SIC 4213

CANPAR TRANSPORT L.P. p382
750 Berry St Suite A, WINNIPEG, MB, R3H 0S6
SIC 4213

CANPAR TRANSPORT L.P. p654
3 Buchanan Crt Suite 2, LONDON, ON, N5Z 4P9
SIC 4213

CANPAR TRANSPORT L.P. p940
205 New Toronto St, TORONTO, ON, M8V 0A1
(416) 869-1332 SIC 4213

CANPAR TRANSPORT L.P. p1165
5125 Rue Rideau, Quebec, QC, G2E 5H5
SIC 4213

CARON TRANSPORTATION SYSTEMS PARTNERSHIP p68

7502 98 St Ss 55, CLAIRMONT, AB, T0H 0W0
(780) 539-0377   SIC 4213
CARON TRANSPORTATION SYSTEMS PARTNERSHIP   p1295
Rr 4 Lcd Main, SASKATOON, SK, S7K 3J7
(306) 242-5966   SIC 4213
CASSIDY'S TRANSFER & STORAGE LIMITED   p549
128 Willowlea Rd, CARP, ON, K0A 1L0
(613) 836-4225   SIC 4213
CERVUS CONTRACTORS EQUIPMENT LP   p16
4403 112 Ave Se Suite Unit, CALGARY, AB, T2C 5C5
(403) 243-2011   SIC 4213
CHALLENGER MOTOR FREIGHT INC   p547
300 Maple Grove Rd, CAMBRIDGE, ON, N3E 1B7
(519) 653-6226   SIC 4213
CHALLENGER MOTOR FREIGHT INC   p1026
2770 Av Andre, DORVAL, QC, H9P 1K6
(514) 684-2025   SIC 4213
CLARKE TRANSPORT INC   p97
12555 62 St Nw, EDMONTON, AB, T5W 4W9
(780) 471-6336   SIC 4213
CLARKE TRANSPORT INC   p183
8246 Willard St, BURNABY, BC, V3N 4S2
(604) 526-4499   SIC 4213
CLARKE TRANSPORT INC   p463
68 Chain Lake Dr, HALIFAX, NS, B3S 1A2
(902) 450-5177   SIC 4213
CLARKE TRANSPORT INC   p558
751 Bowes Rd Suite 2, CONCORD, ON, L4K 5C9
(416) 665-5585   SIC 4213
CLASSIC FREIGHT SYSTEMS (2011) LIMITED   p467
34 Lower Truro Rd, LOWER TRURO, NS, B6L 1L9
(902) 895-1858   SIC 4213
COMOX VALLEY DISTRIBUTION LTD   p239
140 Tenth St, NANAIMO, BC, V9R 6Z5
(250) 754-7773   SIC 4213
CON-WAY FREIGHT-CANADA INC   p360
85 St Paul Blvd, WEST ST PAUL, MB, R2P 2W5
(204) 336-9487   SIC 4213
CON-WAY FREIGHT-CANADA INC   p842
99 Howden Rd, SCARBOROUGH, ON, M1R 3C7
(416) 285-5399   SIC 4213
CON-WAY FREIGHT-CANADA INC   p969
698 Sprucewood Ave, WINDSOR, ON, N9C 0B2
(519) 967-9243   SIC 4213
CON-WAY FREIGHT-CANADA INC   p1140
151 Av Reverchon, Pointe-Claire, QC, H9P 1K1
SIC 4213
CONCORD TRANSPORTATION INC   p207
1659 Foster's Way, DELTA, BC, V3M 6S7
(604) 524-8811   SIC 4213
CONCORD TRANSPORTATION INC   p382
1725 St James St Unit 13, WINNIPEG, MB, R3H 1H3
(204) 633-1663   SIC 4213
CONNORS TRANSFER LIMITED   p474
39 Connors Ln, STELLARTON, NS, B0K 0A2
(902) 752-1142   SIC 4213
CONTINENTAL CARTAGE INC   p1
26215 Township Road 531a Uni 412, ACHESON, AB, T7X 5A4
(780) 452-9414   SIC 4213
CONTRACT EXPRESS LIMITED   p601
34 Mclean Rd, GUELPH, ON, N1H 6H9
(519) 767-2772   SIC 4213
COONEY TRANSPORT LTD   p527
76 Sinclair Blvd, BRANTFORD, ON, N3S 7Y1
(519) 756-5253   SIC 4213
COONEY TRANSPORT LTD   p755

1133 Finch Ave W, NORTH YORK, ON, M3J 2E8
(416) 630-7042   SIC 4213
CRETE TRANSPORT 79 LTD, LA   p133
9706 99th St, LA CRETE, AB, T0H 2H0
(780) 928-3989   SIC 4213
D & W FORWARDERS INC   p618
1490 Spence Ave, HAWKESBURY, ON, K6A 3T4
(613) 632-2797   SIC 4213
D & W FORWARDERS INC   p678
29 Industry Lane, MARMORA, ON, K0K 2M0
(613) 472-5717   SIC 4213
DARCOL INTERNATIONAL INC   p377
1916 Brookside Blvd, WINNIPEG, MB, R3C 2E6
(204) 989-5050   SIC 4213
DAY & NIGHT CARRIERS LTD   p688
1270 Aerowood Dr, MISSISSAUGA, ON, L4W 1B7
SIC 4213
DAY & ROSS INC   p273
3511 Jericho Rd, RICHMOND, BC, V7B 1M3
(604) 231-1450   SIC 4213
DAY & ROSS INC   p280
11470 131 St, SURREY, BC, V3R 4S7
(604) 495-8638   SIC 4213
DAY & ROSS INC   p345
6355 Richmond Ave E, BRANDON, MB, R7A 7M5
(204) 725-0291   SIC 4213
DAY & ROSS INC   p369
225 Haggart Ave, WINNIPEG, MB, R2R 2V8
(204) 697-6069   SIC 4213
DAY & ROSS INC   p369
255 Haggart Ave, WINNIPEG, MB, R2R 2V8
(204) 697-6066   SIC 4213
DAY & ROSS INC   p393
11930 Hall Crt Suite 2, BATHURST, NB, E2A 4W7
(506) 546-7400   SIC 4213
DAY & ROSS INC   p400
65 Mackenzie Rd, FREDERICTON, NB, E3B 6B6
SIC 4213
DAY & ROSS INC   p403
398 Main St, HARTLAND, NB, E7P 1C6
(506) 375-4401   SIC 4213
DAY & ROSS INC   p410
623 Mapleton Rd, MONCTON, NB, E1G 2K5
(506) 856-6537   SIC 4213
DAY & ROSS INC   p425
Gd Lcd Main, CORNER BROOK, NL, A2H 6C2
(709) 639-7523   SIC 4213
DAY & ROSS INC   p425
Gd Lcd Main, CORNER BROOK, NL, A2H 6C2
(709) 635-4228   SIC 4213
DAY & ROSS INC   p427
Gd, GRAND FALLS-WINDSOR, NL, A2A 2J3
(709) 489-8860   SIC 4213
DAY & ROSS INC   p427
52 Hardy Ave, GRAND FALLS-WINDSOR, NL, A2A 2J3
(709) 489-4104   SIC 4213
DAY & ROSS INC   p429
79 Glencoe Dr, MOUNT PEARL, NL, A1N 4S6
(709) 747-4104   SIC 4213
DAY & ROSS INC   p523
170 Van Kirk Dr, BRAMPTON, ON, L7A 1K9
(905) 846-6300   SIC 4213
DAY & ROSS INC   p667
3795 Webster Cres, MAIDSTONE, ON, N0R 1K0
(519) 737-6331   SIC 4213
DAY & ROSS INC   p1030
1855 Rue Power, DRUMMONDVILLE, QC, J2C 5X4
(819) 471-5198   SIC 4213
DAYTONA FREIGHT SYSTEMS INC   p506

124 Commercial Rd, BOLTON, ON, L7E 1K4
(416) 744-2020   SIC 4213
DIAMOND'S TRANSFER LTD   p985
Gd, WINSLOE, PE, C1E 1Z2
(902) 368-1400   SIC 4213
DUFOUR, R ENTERPRISES LTD   p206
1505 97 Ave, DAWSON CREEK, BC, V1G 1N6
(250) 782-7084   SIC 4213
DYER ROAD LEASING LTD   p565
850 Education Rd, CORNWALL, ON, K6H 6B8
(613) 932-1326   SIC 4213
EASSONS TRANSPORT LIMITED   p465
1505 Harrington Rd, KENTVILLE, NS, B4N 3V7
(902) 679-1098   SIC 4213
ECL GROUP OF COMPANIES LTD   p497
400 Huronia Rd Unit 3, BARRIE, ON, L4N 8Y9
SIC 4213
ECONOMY CARRIERS LIMITED   p17
7100 44 St Se, CALGARY, AB, T2C 2V7
(403) 720-5000   SIC 4213
ECONOMY CARRIERS LIMITED   p114
1810 66 Ave Nw, EDMONTON, AB, T6P 1M4
SIC 4213
ECONOMY CARRIERS LIMITED   p114
10502 17 St Nw, EDMONTON, AB, T6P 1P4
SIC 4213
EKS HOLDINGS LTD   p1295
2411 Wentz Ave, SASKATOON, SK, S7K 3V6
(306) 934-1911   SIC 4213
ENTREC CORPORATION   p7
4902 66 St, BONNYVILLE, AB, T9N 2R5
(780) 826-4565   SIC 4213
ENTREC CORPORATION   p7
6708 50 Ave, BONNYVILLE, AB, T9N 0B7
(780) 808-9123   SIC 4213
ENTREC CORPORATION   p159
235132 84 St Se, ROCKY VIEW COUNTY, AB, T1X 0K1
(403) 777-1644   SIC 4213
ERB TRANSPORT LIMITED   p688
1889 Britannia Rd E, MISSISSAUGA, ON, L4W 1S6
(905) 670-8490   SIC 4213
ERB TRANSPORT LIMITED   p726
182 Colonnade Rd, NEPEAN, ON, K2E 7J5
(613) 226-1358   SIC 4213
ERB TRANSPORT LIMITED   p878
580 Eighth Ave, THUNDER BAY, ON, P7B 6B2
(807) 344-2323   SIC 4213
ESKIMO EXPRESS INC   p1165
5055 Rue Rideau Bureau 500, Quebec, QC, G2E 5H5
(418) 681-1212   SIC 4213
ESKIMO EXPRESS INC   p1214
8655 Rue Pascal-Gagnon, SAINT-LEONARD, QC, H1P 1Y5
(514) 322-1212   SIC 4213
EXALTA TRANSPORT CORP   p17
5545 52 Ave Se, CALGARY, AB, T2C 4M1
(403) 531-2550   SIC 4213
EXALTA TRANSPORT CORP   p104
4174 95 St Nw, EDMONTON, AB, T6E 6H5
(780) 490-1112   SIC 4213
EXALTA TRANSPORT CORP   p144
1849 30 St Sw, MEDICINE HAT, AB, T1B 3N6
(403) 526-5961   SIC 4213
EXPEDIBUS   p1029
330 Rue Heriot, DRUMMONDVILLE, QC, J2B 1A8
(819) 477-2111   SIC 4213
FINNING INTERNATIONAL INC   p86
16511 116 Ave Nw, EDMONTON, AB, T5M 3V1
(780) 377-3321   SIC 4213
FLEX-MOR INDUSTRIES LTD   p541
7072 Mayfield Rd, CALEDON, ON, L7C 0Z9

(905) 266-3010   SIC 4213
FORMULA POWELL L.P.   p6
4300 St Division 7 S, BLACKFALDS, AB, T0M 0J0
(403) 885-5151   SIC 4213
FORMULA POWELL L.P.   p117
Gd Stn Main, EDSON, AB, T7E 1T1
(780) 712-6110   SIC 4213
FORMULA POWELL L.P.   p213
308 Alaska Hwy, FORT NELSON, BC, V0C 1R0
(250) 774-6100   SIC 4213
FRONTENAC EXPRESS INC   p1138
1397 Rue Savoie, PLESSISVILLE, QC, G6L 1J8
(819) 362-7333   SIC 4213
GESTION SYREBEC INC   p1193
8350 Av Emilien-Letarte, SAINT-HYACINTHE, QC, J2R 0A3
(450) 796-2919   SIC 4213
GESTION TBL INC.   p1263
171 Rue Sainte-Anne Rr 1, YAMACHICHE, QC, G0X 3L0
SIC 4213
GOLD STAR TRANSPORT (1975) LTD   p126
11002 89 Ave, GRANDE PRAIRIE, AB, T8V 4W4
(780) 532-0773   SIC 4213
GOUVERNEMENT DE LA PROVINCE DE QUEBEC   p1136
356 Rue Maguire, NOUVELLE, QC, G0C 2E0
(418) 794-2242   SIC 4213
GOUVERNEMENT DE LA PROVINCE DE QUEBEC   p1218
146 132 Rte E, SAINT-MICHEL-DE-BELLECHASSE, QC, G0R 3S0
(418) 884-2363   SIC 4213
GRIZZLY TRANSPORT LTD   p349
8 12 Suite 52, HADASHVILLE, MB, R0E 0X0
(204) 426-5266   SIC 4213
GROUPE BOUTIN INC   p1003
128 Ch Du Tremblay, BOUCHERVILLE, QC, J4B 6Z6
(450) 449-7373   SIC 4213
GROUPE GOYETTE INC   p1044
7 Rue Industrielle, Hebertville-Station, QC, G0W 1T0
SIC 4213
GROUPE GOYETTE INC   p1195
2825 Boul Casavant O, SAINT-HYACINTHE, QC, J2S 7Y4
(450) 773-9615   SIC 4213
GROUPE ROBERT INC   p716
300 Statesman Dr, MISSISSAUGA, ON, L5S 2A2
(905) 564-9999   SIC 4213
GROUPE ROBERT INC   p1004
20 Boul Marie-Victorin, BOUCHERVILLE, QC, J4B 1V5
(514) 521-1011   SIC 4213
GROUPE ROBERT INC   p1038
1040 Boul Saint-Joseph, GATINEAU, QC, J8Z 1T3
(819) 771-8311   SIC 4213
GROUPE ROBERT INC   p1252
1130 Ch Des Petites-Terres, Trois-Rivieres, QC, G9B 7G9
(819) 377-3003   SIC 4213
GROUPE TYT INC   p1029
675 Boul Lemire O, DRUMMONDVILLE, QC, J2B 8A9
(819) 474-4884   SIC 4213
GROUPE TYT INC   p1069
454 Rue Jean-Neveu, LONGUEUIL, QC, J4G 1N8
(819) 474-4884   SIC 4213
H & R TRANSPORT LIMITED   p18
4830 54 Ave Se, CALGARY, AB, T2C 2Y8
(403) 720-8344   SIC 4213
HERITAGE TRUCK LINES INC   p493
105 Guthrie St, AYR, ON, N0B 1E0
(519) 632-9052   SIC 4213
HEWITT EQUIPEMENT LIMITEE   p644

1045 Trillium Dr Unit 1, KITCHENER, ON, N2R 0A2
(519) 893-1622   SIC 4213
HILLMAN'S TRANSFER LIMITED p475
1159 Upper Prince St, SYDNEY, NS, B1P 5P8
(902) 564-8113   SIC 4213
HOYT'S MOVING & STORAGE LIMITED p409
227 Henri Dunant St, MONCTON, NB, E1E 1E4
(506) 383-4698   SIC 4213
HOYT'S MOVING & STORAGE LIMITED p429
129 Clyde Ave, MOUNT PEARL, NL, A1N 4R9
(709) 368-2145   SIC 4213
HUNT'S TRANSPORT LIMITED p432
168 Major's Path, ST. JOHN'S, NL, A1A 5A1
(709) 747-4868   SIC 4213
HYGRID LOGISTICS INC p534
4151 North Service Rd Suite 3, BURLINGTON, ON, L7L 4X6
SIC 4213
HYNDMAN TRANSPORT (1972) LIMITED p979
1001 Belmore Line, WROXETER, ON, N0G 2X0
(519) 335-3575   SIC 4213
IFS INTERNATIONAL FREIGHT SYSTEMS INC p781
280 Cordova Rd, OSHAWA, ON, L1J 1N9
(905) 436-1218   SIC 4213
INTERMARK TRANSPORT INC p990
7887 Rue Grenache Bureau 101, ANJOU, QC, H1J 1C4
SIC 4213
J. & R. HALL TRANSPORT INC p65
16 Technology Way Se, CALGARY, AB, T3S 0B2
(403) 236-7758   SIC 4213
J. & R. HALL TRANSPORT INC p493
552 Piper St, AYR, ON, N0B 1E0
(519) 632-7429   SIC 4213
J.D. TRANSPORTATION SERVICES 2003 INC p515
15 Bramalea Rd Unit 6, BRAMPTON, ON, L6T 2W4
(905) 793-2005   SIC 4213
JACK COOPER TRANSPORT CANADA INC p365
736 Marion St, WINNIPEG, MB, R2J 0K4
(204) 233-4924   SIC 4213
JARDINE TRANSPORT LTD p412
60 Melissa St Unit 1, RICHIBUCTO ROAD, NB, E3A 6W1
(506) 453-1811   SIC 4213
JAY'S TRANSPORTATION GROUP LTD p1283
555 Park St, REGINA, SK, S4N 5B2
(306) 569-9369   SIC 4213
JAY'S TRANSPORTATION GROUP LTD p1296
1730 Alberta Ave, SASKATOON, SK, S7K 1R7
(306) 249-3777   SIC 4213
JET TRANSPORT LTD p665
1525 Wilton Grove Rd, LONDON, ON, N6N 1M3
(519) 644-0183   SIC 4213
JOHNSTONE TANK TRUCKING LTD p1269
1 Railway Ave, FROBISHER, SK, S0C 0Y0
(306) 486-2044   SIC 4213
JOLLY FARMER TRANSPORT INC p411
56 Crabbe Rd, NORTHAMPTON, NB, E7N 1R6
(506) 325-3850   SIC 4213
JOURNEY AIR FREIGHT INTERNATIONAL INC p1049
18100 Rte Transcanadienne, KIRKLAND, QC, H9J 4A1
(514) 733-2277   SIC 4213
JTS INC p774
475 Memorial Ave, ORILLIA, ON, L3V 6H1

(705) 326-8888   SIC 4213
K.A.M. TRUCKING INC p948
54028 Wellandport Rd Suite 1, WAINFLEET, ON, L0S 1V0
(905) 899-3399   SIC 4213
KARSON ASPHALT PAVING INC p550
3725 Carp Rd, CARP, ON, K0A 1L0
(613) 839-2816   SIC 4213
KEE WEST AUTO CARRIERS INC p378
12-15-2 Epm, WINNIPEG, MB, R3C 2E6
(204) 774-2937   SIC 4213
KINDERSLEY TRANSPORT LTD p18
5515 98 Ave Se, CALGARY, AB, T2C 4L1
(403) 279-8721   SIC 4213
KINDERSLEY TRANSPORT LTD p208
660 Aldford Ave, DELTA, BC, V3M 6X1
(604) 522-4002   SIC 4213
KINDERSLEY TRANSPORT LTD p689
5355 Creekbank Rd Suite B, MISSISSAUGA, ON, L4W 5L5
(905) 206-1377   SIC 4213
KINDERSLEY TRANSPORT LTD p1283
1601 Elliott St, REGINA, SK, S4N 6R5
(306) 721-7733   SIC 4213
KINDERSLEY TRANSPORT LTD p1296
2411 Wentz Ave, SASKATOON, SK, S7K 3V6
(306) 242-3355   SIC 4213
KINDERSLEY TRANSPORT LTD p1296
2411 Wentz Ave, SASKATOON, SK, S7K 3V6
(306) 934-1911   SIC 4213
KINDERSLEY TRANSPORT LTD p1306
910 North Railway St W, SWIFT CURRENT, SK, S9H 0A3
(306) 778-3683   SIC 4213
KING'S TRANSFER VAN LINES INC p722
6710 Maritz Dr Unit 3, MISSISSAUGA, ON, L5W 0A1
(905) 565-9950   SIC 4213
KINSDALE CARRIERS LIMITED p977
Gd Lcd Main, WOODSTOCK, ON, N4S 7W4
(519) 421-0600   SIC 4213
KLEYSEN GROUP LTD p352
2800 Mcgillivray Blvd, OAK BLUFF, MB, R4G 0B4
(204) 488-5550   SIC 4213
L.N TRANSPORT INC p621
13904 Hurontario St Suite 1, INGLEWOOD, ON, L7C 2B8
(905) 838-4111   SIC 4213
LAIDLAW CARRIERS BULK LP p1218
3135 Rue Bernard-Pilon, SAINT-MATHIEU-DE-BELOEIL, QC, J3G 4S5
(450) 536-3001   SIC 4213
LAIDLAW CARRIERS VAN LP p418
65 Alloy Dr, SAINT JOHN, NB, E2M 7S9
(506) 633-7555   SIC 4213
LAKEHEAD FREIGHTWAYS INC p369
2165 Brookside Blvd, WINNIPEG, MB, R2R 2Y3
(204) 633-4448   SIC 4213
LAKEHEAD FREIGHTWAYS INC p878
774 Field St, THUNDER BAY, ON, P7B 3W3
(807) 345-6501   SIC 4213
LANDTRAN SYSTEMS INC p259
1633 1st Ave, PRINCE GEORGE, BC, V2L 2Y8
(250) 564-1122   SIC 4213
LEXON TRANSPORT INC p783
1132 Old Innes Rd, OTTAWA, ON, K1B 3V2
(613) 741-2696   SIC 4213
LISTER, F.G. TRANSPORTATION INC p575
475 Horner Ave, ETOBICOKE, ON, M8W 4X7
(416) 259-7621   SIC 4213
LOMAK BULK CARRIERS CORP p235
1401 Mill Rd, MACKENZIE, BC, V0J 2C0
SIC 4213
LOMAK BULK CARRIERS CORP p235
1150 Airport Rd, MACKENZIE, BC, V0J 2C0
SIC 4213
M.D. TRANSPORT CO. LTD p179
1683 Mt Lehman Rd, ABBOTSFORD, BC,

V2T 6H6
(604) 850-1818   SIC 4213
MACKINNON TRANSPORT INC p600
405 Laird Rd, GUELPH, ON, N1G 4P7
(519) 821-2311   SIC 4213
MANITOULIN TRANSPORT INC p127
8601 115 St, GRANDE PRAIRIE, AB, T8V 6Y6
(780) 538-1441   SIC 4213
MANITOULIN TRANSPORT INC p369
2165 Brookside Blvd Suite 200, WINNIPEG, MB, R2R 2Y3
(204) 633-4448   SIC 4213
MANITOULIN TRANSPORT INC p547
790 Industrial Rd, CAMBRIDGE, ON, N3H 4W1
(519) 291-4700   SIC 4213
MANITOULIN TRANSPORT INC p665
1525 Wilton Grove Rd, LONDON, ON, N6N 1M3
(519) 644-0183   SIC 4213
MANITOULIN TRANSPORT INC p731
399 Radley's Hill Rd, NEW LISKEARD, ON, P0J 1P0
(705) 647-6881   SIC 4213
MANITOULIN TRANSPORT INC p742
180 Ferris Dr, NORTH BAY, ON, P1B 8Z4
(705) 476-1333   SIC 4213
MANITOULIN TRANSPORT INC p1142
1890 Boul Des Sources, POINTE-CLAIRE, QC, H9R 5B1
(514) 694-5111   SIC 4213
MARITIME-ONTARIO FREIGHT LINES LIMITED p1026
2800 Av Andre, DORVAL, QC, H9P 1K6
(514) 684-5458   SIC 4213
MAROBI INC p1193
3410 Rue Des Seigneurs E, SAINT-HYACINTHE, QC, J2R 1Z3
(450) 799-3515   SIC 4213
MARPOLE TRANSPORT LIMITED p210
7086 Brown St, DELTA, BC, V4G 1G8
(604) 940-7000   SIC 4213
MCGILLION TRANSPORT INC p506
141 Healey Rd Suite 4, BOLTON, ON, L7E 5B2
SIC 4213
MCKEVITT TRUCKING LIMITED p879
1200 Carrick St, THUNDER BAY, ON, P7B 5P9
(807) 623-0054   SIC 4213
MENTOR MEDICAL SYSTEMS (CANADA) INC p781
1129 Wentworth St W Unit B2, OSHAWA, ON, L1J 8P7
SIC 4213
MEYERS TRANSPORT LIMITED p502
53 Grills Rd, BELLEVILLE, ON, K8N 4Z5
(613) 967-8440   SIC 4213
MID-ARCTIC TRANSPORTATION CO. LTD p19
5003 52 Ave Se, CALGARY, AB, T2C 4N7
(403) 236-5010   SIC 4213
MID-ARCTIC TRANSPORTATION CO. LTD p92
18151 107 Ave Nw, EDMONTON, AB, T5S 1K4
(780) 484-8800   SIC 4213
MIDLAND TRANSPORT LIMITED p414
114 Bayside Dr, SAINT JOHN, NB, E2J 1A2
(506) 634-1200   SIC 4213
MIDLAND TRANSPORT LIMITED p425
22 White Lakes Rd, CORNER BROOK, NL, A2H 6G1
(709) 634-8080   SIC 4213
MIDLAND TRANSPORT LIMITED p515
102 Glidden Rd, BRAMPTON, ON, L6T 5N4
(905) 456-5555   SIC 4213
MIDLAND TRANSPORT LIMITED p1163
2885 Av Kepler, Quebec, QC, G1X 3V4
(418) 650-1818   SIC 4213
MILL CREEK MOTOR FREIGHT L.P. p543
51 Water St N, CAMBRIDGE, ON, N1R 3B3
(519) 623-6632   SIC 4213

MOE'S TRANSPORT TRUCKING INC p942
416 The Westway Suite 511, TORONTO, ON, M9R 1H7
(519) 253-8442   SIC 4213
MOUNTAIN PACIFIC TRANSPORT LTD p19
9315 40 St Se, CALGARY, AB, T2C 2P4
(403) 279-8365   SIC 4213
MULLEN TRUCKING CORP p3
80079 Maple Leaf Rd E Unit 100, ALDERSYDE, AB, T0L 0A0
(403) 652-8888   SIC 4213
MULLEN TRUCKING L.P. p129
Cor Hwy 2 & Hwy Suite 35, GRIMSHAW, AB, T0H 1W0
(780) 332-3940   SIC 4213
MUSKOKA TRANSPORT LIMITED p508
456 Ecclestone Dr, BRACEBRIDGE, ON, P1L 1R1
(705) 645-4481   SIC 4213
MUSKOKA TRANSPORT LIMITED p508
456 Ecclestone Dr, BRACEBRIDGE, ON, P1L 1R1
(705) 645-4481   SIC 4213
N. YANKE TRANSFER LTD p1301
1359 Fletcher Rd, SASKATOON, SK, S7M 5H5
(306) 955-4221   SIC 4213
NATIONAL FIBERS INC p690
1655 Sismet Rd Unit 8, Mississauga, ON, L4W 1Z4
(905) 238-6181   SIC 4213
NESEL FAST FREIGHT INCORPORATED p871
19216 Hay Rd, SUMMERSTOWN, ON, K0C 2E0
SIC 4213
NISHAN TRANSPORT INC p1142
160 Av Labrosse, POINTE-CLAIRE, QC, H9R 1A1
(514) 695-4200   SIC 4213
NORTH-WEST TRANSPORT INC p870
250 Wilson St, SUDBURY, ON, P3E 2S2
(705) 523-5618   SIC 4213
NORTHERN INDUSTRIAL CARRIERS LTD p101
7823 34 St Nw, EDMONTON, AB, T6B 2V5
(780) 465-0341   SIC 4213
ONE WORLD LOGISTICS OF AMERICA INC p552
400 National Rd, CHATHAM, ON, N7M 5J5
(519) 380-0800   SIC 4213
ONTARIO NEW ENGLAND EXPRESS INC p682
8450 Lawson Rd Unit 2, MILTON, ON, L9T 0J8
(905) 876-3996   SIC 4213
ONTARIO STEEL HAULERS INC p561
111 Rayette Rd, CONCORD, ON, L4K 2E9
(800) 209-2756   SIC 4213
PACIFIC COAST EXPRESS LIMITED p284
10299 Grace Rd, SURREY, BC, V3V 3V7
(604) 582-3230   SIC 4213
PACIFIC NORTHWEST MOVING (YUKON) LIMITED p87
14410 115 Ave Nw, EDMONTON, AB, T5M 3B7
(780) 447-5110   SIC 4213
PATCO EQUIPMENT INC p493
7 Cochran Dr Suite 1, AYR, ON, N0B 1E0
(519) 622-2430   SIC 4213
PAUL'S HAULING LTD p345
1515 Richmond Ave E, BRANDON, MB, R7A 7A3
(204) 728-5785   SIC 4213
PAYNE TRANSPORTATION LP p378
435 Lucas Ave, WINNIPEG, MB, R3C 2E6
(204) 953-1400   SIC 4213
PENNER INTERNATIONAL INC p369
2091 Brookside Blvd, WINNIPEG, MB, R2R 2Y3
(204) 633-7550   SIC 4213
PENNER INTERNATIONAL INC p520
297 Rutherford Rd S, BRAMPTON, ON, L6W 3J8

(905) 624-6411   SIC 4213
POLE STAR TRANSPORT INCORPORATED   p409
689 Edinburgh Dr, MONCTON, NB, E1E 2L4
(506) 859-7025   SIC 4213
POLE STAR TRANSPORT INCORPORATED   p452
80 Guildford Ave, DARTMOUTH, NS, B3B 0G3
(902) 468-8855   SIC 4213
POLYMER DISTRIBUTION INC   p1056
1111 12e Av, LACHINE, QC, H8S 4K9
(514) 634-3338   SIC 4213
PREMAY EQUIPMENT LP   p19
8816 40 St Se, CALGARY, AB, T2C 2P2
(403) 279-9775   SIC 4213
PREMAY EQUIPMENT LP   p93
11310 Winterburn Rd Nw, EDMONTON, AB, T5S 2B5
(780) 447-5555   SIC 4213
PREMAY EQUIPMENT LP   p121
135 Mackay Cres, FORT MCMURRAY, AB, T9H 4C9
(780) 743-6214   SIC 4213
PREMAY PIPELINE HAULING L.P.   p93
22703 112 Ave Nw, EDMONTON, AB, T5S 2M4
(780) 447-3014   SIC 4213
PRINCE GEORGE WAREHOUSING CO LTD   p115
2840 76 Ave Nw, EDMONTON, AB, T6P 1J4
(780) 465-8466   SIC 4213
PRO-TRANS VENTURES INC   p33
5920 1a St Sw Suite 520, CALGARY, AB, T2H 0G3
(403) 452-7270   SIC 4213
R.G. MACLEOD ENTERPRISES LTD   p409
1667 Berry Mills Rd, MONCTON, NB, E1E 4R7
SIC 4213
RAINBOW TRANSPORT (1974) LTD   p127
8601 115 St, GRANDE PRAIRIE, AB, T8V 6Y6
(780) 538-1441   SIC 4213
RAZIR TRANSPORT SERVICES LTD   p390
1460 Clarence Ave Suite 204, WINNIPEG, MB, R3T 1T6
(204) 489-2258   SIC 4213
RBS BULK SYSTEMS INC   p19
9910 48 St Se, CALGARY, AB, T2C 2R2
(403) 248-1530   SIC 4213
REIMER EXPRESS LINES LTD   p19
10120 52 St Se, CALGARY, AB, T2C 4M2
(403) 279-0788   SIC 4213
REIMER EXPRESS LINES LTD   p19
75 Dufferin Pl Se, CALGARY, AB, T2C 4W3
(403) 279-0132   SIC 4213
REIMER EXPRESS LINES LTD   p97
16060 128 Ave Nw, EDMONTON, AB, T5V 1B6
(780) 447-2434   SIC 4213
REIMER EXPRESS LINES LTD   p187
3985 Still Creek Ave, BURNABY, BC, V5C 4E2
(604) 433-3321   SIC 4213
REIMER EXPRESS LINES LTD   p373
100 Milner St, WINNIPEG, MB, R2X 2X3
SIC 4213
REIMER EXPRESS LINES LTD   p373
1400 Inkster Blvd, WINNIPEG, MB, R2X 1R1
(204) 958-5000   SIC 4213
REIMER EXPRESS LINES LTD   p690
5919 Shawson Dr, MISSISSAUGA, ON, L4W 3Y2
(905) 670-9366   SIC 4213
REIMER EXPRESS LINES LTD   p1283
920 Mackay St, REGINA, SK, S4N 4X7
(306) 359-3222   SIC 4213
RIDSDALE TRANSPORT LTD   p1274
909 Charles St, MELFORT, SK, S0E 1A0
(306) 752-5363   SIC 4213
RIDSDALE TRANSPORT LTD   p1283
385 Henderson Dr Suite A, REGINA, SK,
S4N 5W8
(306) 721-8272   SIC 4213
ROBINSON, C.H. COMPANY (CANADA) LTD   p187
4445 Lougheed Hwy Suite 400, BURNABY, BC, V5C 0E4
(604) 298-6767   SIC 4213
ROBYN'S TRANSPORTATION & DISTRIBUTION SERVICES LTD   p33
6404 Burbank Rd Se, CALGARY, AB, T2H 2C2
SIC 4213
ROSEDALE TRANSPORT LIMITED   p665
3960 Commerce Rd, LONDON, ON, N6N 1P8
(519) 644-0330   SIC 4213
ROSENAU TRANSPORT LTD   p106
5805 98 St Nw, EDMONTON, AB, T6E 3L4
(780) 431-0594   SIC 4213
ROSENAU TRANSPORT LTD   p113
2950 Parsons Rd Nw Unit 200, EDMONTON, AB, T6N 1B1
(780) 431-2877   SIC 4213
ROSENAU TRANSPORT LTD   p158
1860 Broadway Ave Ne, REDCLIFF, AB, T0J 2P0
(403) 548-6704   SIC 4213
RST INDUSTRIES LIMITED   p414
485 Mcallister Dr, SAINT JOHN, NB, E2J 2S8
(506) 634-8800   SIC 4213
RTL- ROBINSON ENTERPRISES LTD   p93
10821 209 St Nw, EDMONTON, AB, T5S 1Z7
SIC 4213
S.L.H. TRANSPORT INC   p19
5500 Dufferin Blvd Se, CALGARY, AB, T2C 4Y2
(403) 720-2686   SIC 4213
S.L.H. TRANSPORT INC   p369
255 Haggart Ave, WINNIPEG, MB, R2R 2V8
(204) 452-0193   SIC 4213
S.L.H. TRANSPORT INC   p410
275 Macnaughton Ave, MONCTON, NB, E1H 2S7
SIC 4213
S.L.H. TRANSPORT INC   p444
347 Bluewater Rd, BEDFORD, NS, B4B 1Y3
(902) 832-4900   SIC 4213
S.L.H. TRANSPORT INC   p635
1585 Centennial Dr, KINGSTON, ON, K7P 0K4
(613) 384-9515   SIC 4213
S.L.H. TRANSPORT INC   p665
1095 Wilton Grove Rd, LONDON, ON, N6N 1C9
(519) 681-3820   SIC 4213
S.L.H. TRANSPORT INC   p972
9601 Highway 50, WOODBRIDGE, ON, L4H 2B9
(905) 893-4318   SIC 4213
S.L.H. TRANSPORT INC   p1207
3075 Boul Thimens, SAINT-LAURENT, QC, H4R 1Y3
(514) 335-4990   SIC 4213
S.L.H. TRANSPORT INC   p1283
745 Park St, REGINA, SK, S4N 4Y4
SIC 4213
SCI GROUP INC   p587
180 Attwell Dr Suite 600, ETOBICOKE, ON, M9W 6A9
(416) 401-3011   SIC 4213
SCI GROUP INC   p693
2470 Stanfield Rd Unit A, MISSISSAUGA, ON, L4Y 1S2
(416) 571-1410   SIC 4213
SCI GROUP INC   p1213
5860 Rue Maurice-Cullen, SAINT-LAURENT, QC, H7C 2V1
(450) 661-8300   SIC 4213
SEABOARD LIQUID CARRIERS LIMITED   p416
120 Ashburn Rd, SAINT JOHN, NB, E2K 5J5
(506) 652-7070   SIC 4213
SEABOARD LIQUID CARRIERS LIMITED   p472
23 Paint St, PORT HAWKESBURY, NS, B9A 3J7
(902) 625-3320   SIC 4213
SEABOARD TRANSPORT GROUP   p452
721 Av Wilkinson, DARTMOUTH, NS, B3B 0H4
(902) 468-4447   SIC 4213
SIEMENS TRANSPORT AND SERVICE LTD   p1293
815 Patience Lake Rd, SASKATOON, SK, S7H 5P1
(306) 374-6006   SIC 4213
SMOOTH FREIGHT LTD   p596
154 540b Hwy Rr 1, GORE BAY, ON, P0P 1H0
(705) 282-2640   SIC 4213
SOCIETE DE TRANSPORT DE MONTREAL   p1085
7800 Rue Chenier, Montreal, QC, H1K 4E7
(514) 280-5499   SIC 4213
SOMAVRAC INC   p1250
2550 Rue De La Sidbec S, Trois-Rivieres, QC, G8Z 4H1
(819) 374-7551   SIC 4213
STARLINER TRANSPORT (1981) LTD   p238
32916 Mission Way, MISSION, BC, V2V 5X9
(604) 820-0523   SIC 4213
STRAD ENERGY SERVICES LTD   p175
2974 37 Ave, WHITECOURT, AB, T7S 0E4
(780) 778-2552   SIC 4213
SUNBURY TRANSPORT LIMITED   p415
485 Mcallister Dr, SAINT JOHN, NB, E2J 2S8
(800) 786-2878   SIC 4213
SYSTEMES DE DISTRIBUTION COAST (CANADA) INC, LES   p1182
1545 Rue Marie-Victorin, SAINT-BRUNO, QC, J3V 6B7
(450) 441-2707   SIC 4213
SYSTEMES LUMINESCENT CANADA INC   p1027
55 Av Lindsay, DORVAL, QC, H9P 2S6
(514) 636-9921   SIC 4213
T & T TRUCKING LTD   p378
40 Bryan Bay, WINNIPEG, MB, R3C 2E6
(204) 987-1200   SIC 4213
T & T TRUCKING LTD   p1298
855 60th St E, SASKATOON, SK, S7K 5Z7
(306) 934-3383   SIC 4213
T.V. MINORITY COMPANY, INC   p546
75 Lingard Rd, CAMBRIDGE, ON, N1T 2A8
(519) 624-9914   SIC 4213
TANDET LOGISTICS INC   p363
640 Plessis Rd Unit B, WINNIPEG, MB, R2C 2Z4
(204) 988-6960   SIC 4213
TANK TRUCK TRANSPORT INC   p566
1300 Rosemount Ave, CORNWALL, ON, K6J 3E6
(613) 932-5285   SIC 4213
TENOLD TRANSPORTATION LIMITED PARTNERSHIP   p290
19470 94 Ave, SURREY, BC, V4N 4E5
(604) 888-7822   SIC 4213
TFI INTERNATIONAL INC   p388
991 Kenaston Blvd, WINNIPEG, MB, R3P 1J9
(204) 453-6042   SIC 4213
TFI INTERNATIONAL INC   p651
540 First St, LONDON, ON, N5V 1Z3
SIC 4213
THERMO KING OF MID CANADA CORP   p379
450 Lucas Ave, WINNIPEG, MB, R3C 2E6
(204) 694-1368   SIC 4213
THOMSON TERMINALS LIMITED   p763
700 Clayson Rd Exit Ramp, NORTH YORK, ON, M9M 0A8
(416) 240-4459   SIC 4213
TITANIUM TRUCKING SERVICES INC   p506
32 Simpson Rd, BOLTON, ON, L7E 1G9
(905) 851-1688   SIC 4213
TLI CHO LANDTRAN TRANSPORT LTD   p85
13120 Yellowhead Trail Nw, EDMONTON, AB, T5L 3C1
(780) 452-9414   SIC 4213
TOTAL OILFIELD RENTALS LIMITED PARTNERSHIP   p6
27322-13 Twp Rd, BLACKFALDS, AB, T0M 0J0
(403) 885-4166   SIC 4213
TOTAL OILFIELD RENTALS LIMITED PARTNERSHIP   p70
61058 668 Hwy, County Of Grande Prairie No. 1, AB, T8W 5A9
(780) 532-1994   SIC 4213
TRA ATLANTIC   p434
63 Glencoe Dr, ST. JOHN'S, NL, A1B 4A5
(709) 364-7771   SIC 4213
TRAFFIC TECH INC   p63
1845 104 Ave Ne Suite 131, CALGARY, AB, T3J 0R2
(403) 517-1119   SIC 4213
TRANS-SEND FREIGHT SYSTEMS LTD   p691
1905 Shawson Dr, MISSISSAUGA, ON, L4W 1T9
(905) 795-0303   SIC 4213
TRANSFREIGHT INC   p548
1055 Fountain St N, CAMBRIDGE, ON, N3H 4R7
(519) 653-0067   SIC 4213
TRANSNAT EXPRESS INC   p1138
1397 Rue Savoie, PLESSISVILLE, QC, G6L 1J8
(819) 362-7333   SIC 4213
TRANSPORT ALAIN GIROUX ET FILS INC   p1022
115 Rue Goodfellow, DELSON, QC, J5B 1V3
(450) 638-5254   SIC 4213
TRANSPORT BELLEMARE INTERNATIONAL INC   p1252
8750 Boul Industriel, Trois-Rivieres, QC, G9A 5E1
(819) 379-4546   SIC 4213
TRANSPORT BERNIERES INC   p1154
1721 Rue A.-R.-Decary, Quebec, QC, G1N 3Z7
(418) 684-2421   SIC 4213
TRANSPORT DOUCET & FILS MISTASSINI INC   p1023
124 Rue Lavoie, DOLBEAU-MISTASSINI, QC, G8L 4M8
(418) 276-7395   SIC 4213
TRANSPORT FLS INC   p1205
333 Boul Decarie Bureau 250, SAINT-LAURENT, QC, H4N 3M9
(514) 739-0939   SIC 4213
TRANSPORT GUILBAULT CANADA INC   p1154
435 Rue Faraday, Quebec, QC, G1N 4G6
(514) 521-9023   SIC 4213
TRANSPORT GUILBAULT INC   p1035
899 Boul Maloney E, GATINEAU, QC, J8P 1H6
(819) 663-7717   SIC 4213
TRANSPORT JACLIN INC   p1017
2050 Rue Saint-Antoine, CONTRECOEUR, QC, J0L 1C0
(450) 587-2743   SIC 4213
TRANSPORT L.F.L. INC   p1255
431 Ch De L'ecore N, Vallee-Jonction, QC, G0S 3J0
(418) 253-5423   SIC 4213
TRANSPORT MORNEAU INC   p1180
40 Rue Principale, Saint-Arsene, QC, G0L 2K0
(418) 862-1314   SIC 4213
TRANSPORT MORNEAU INC   p1183
525 Av Industrielle, SAINT-BRUNO-LAC-SAINT-JEAN, QC, G0W 2L0
(418) 344-4747   SIC 4213
TRANSPORT NORD-OUEST INC   p1177
3357 Rue Saguenay, ROUYN-NORANDA,

QC, J0Z 2X0
(819) 797-5043 SIC 4213
TRANSPORT QUIK X INC p721
6767 Davand Dr, MISSISSAUGA, ON, L5T 2T2
(905) 670-5770 SIC 4213
TRANSPORT ROBERT (1973) LTEE p1005
65 Rue De Vaudreuil, BOUCHERVILLE, QC, J4B 1K7
(514) 521-1416 SIC 4213
TRANSPORT ROBERT (1973) LTEE p1055
4075 Rue Villeneuve, Lac-Megantic, QC, G6B 2C2
(819) 583-2230 SIC 4213
TRANSPORT ROBERT (1973) LTEE p1176
500 Rte 112, ROUGEMONT, QC, J0L 1M0
(450) 469-3153 SIC 4213
TRANSPORT ROBERT (1973) LTEE p1227
1199 2e Rue Du Parc-Industriel, SAINTE-MARIE, QC, G6E 1G7
(514) 521-1416 SIC 4213
TRANSPORT ROBERT (1973) LTEE p1242
2250 Rte Marie-Victorin, SOREL-TRACY, QC, J3R 1M9
(450) 743-0311 SIC 4213
TRANSPORT TFI 1, S.E.C. p1252
1200 Rue Du Pare-Daniel, Trois-Rivieres, QC, G9A 5R6
(819) 370-3422 SIC 4213
TRANSPORT TFI 15 S.E.C. p1138
Transport Gregoire, Plessisville, QC, G6L 0A3
(819) 362-8813 SIC 4213
TRANSPORT TFI 2, S.E.C. p691
5425 Dixie Rd Suite 101, MISSISSAUGA, ON, L4W 1E6
SIC 4213
TRANSPORT TFI 2, S.E.C. p1210
7050 Ch Saint-Francois Bureau 200, SAINT-LAURENT, QC, H4S 1B7
(514) 351-5050 SIC 4213
TRANSPORT TFI 3 L.P. p184
7867 Express St Suite 212, BURNABY, BC, V5A 1S7
(604) 415-9226 SIC 4213
TRANSPORT TFI 4, S.E.C. p1181
140 Rue Des Grands-Lacs, SAINT-AUGUSTIN-DE-DESMAURES, QC, G3A 2K1
(418) 870-5454 SIC 4213
TRANSPORT TFI 5, S.E.C. p546
130 Werlich Dr, CAMBRIDGE, ON, N1T 1N6
(519) 621-2428 SIC 4213
TRANSPORT TFI 5, S.E.C. p691
1100 Haultain Crt, MISSISSAUGA, ON, L4W 2T1
(905) 624-4050 SIC 4213
TRANSPORT TFI 7 S.E.C p184
7867 Express St, BURNABY, BC, V5A 1S7
(604) 420-2030 SIC 4213
TRANSPORT TFI 7 S.E.C p262
3851 22nd Ave, PRINCE GEORGE, BC, V2N 1B5
(250) 563-0375 SIC 4213
TRANSPORT TFI 8 S.E.C. p115
2840 76 Ave Nw, EDMONTON, AB, T6P 1J4
(780) 454-0761 SIC 4213
TRANSPORT THEBERGE LIMITEE p1154
435 Rue Faraday, Quebec, QC, G1N 4G6
(418) 681-0575 SIC 4213
TRANSPORT THIBODEAU INC p994
1331 Boul Industriel, BAIE-COMEAU, QC, G5C 1B8
(418) 589-6322 SIC 4213
TRANSPORT THIBODEAU INC p1050
6205 Boul Wilfrid-Hamel, L'ANCIENNE-LORETTE, QC, G2E 5G8
SIC 4213
TRANSPORT THIBODEAU INC p1140
12321 Boul Metropolitain E, POINTE-AUX-TREMBLES, QC, H1B 5R3
(514) 645-7184 SIC 4213
TRANSPORT THIBODEAU SAGUELAC MARCAN INC p1144

128 2e Av, PORTNEUF, QC, G0A 2Y0
SIC 4213
TRANSPORTS DUCAMPRO INC p1197
1200 Boul Saint-Luc, SAINT-JEAN-SUR-RICHELIEU, QC, J2Y 1A5
(450) 348-4400 SIC 4213
TRANSPORTS JEAN-FRANCOIS INC, LES p1202
770 Av Guy-Poulin Rr 1, SAINT-JOSEPH-DE-BEAUCE, QC, G0S 2V0
(418) 397-6310 SIC 4213
TRANSX LTD p93
19121 118a Ave Nw, EDMONTON, AB, T5S 2J7
(780) 484-6434 SIC 4213
TRANSX LTD p115
2451 76 Ave Nw, EDMONTON, AB, T6P 1P6
(780) 461-1166 SIC 4213
TRANSX LTD p159
285115 61 Av Se, ROCKY VIEW COUNTY, AB, T1X 0K3
(403) 236-9300 SIC 4213
TRANSX LTD p245
25 Capilano Way, NEW WESTMINSTER, BC, V3L 5G3
(604) 540-5572 SIC 4213
TRANSX LTD p818
7459 Mclean Rd W, PUSLINCH, ON, N0B 2J0
(519) 763-9330 SIC 4213
TRAVELERS TRANSPORTATION SERVICES INC p949
735 Gillard St, WALLACEBURG, ON, N8A 5G7
(519) 627-5848 SIC 4213
TRIMAC TRANSPORTATION SERVICES LIMITED PARTNERSHIP p198
8510 Aitken Rd, CHILLIWACK, BC, V2R 3W8
SIC 4213
TRIMAC TRANSPORTATION SERVICES LIMITED PARTNERSHIP p262
9355 Penn Rd, PRINCE GEORGE, BC, V2N 5T6
(250) 561-1363 SIC 4213
TRIMAC TRANSPORTATION SERVICES LIMITED PARTNERSHIP p563
8820 Keele St, CONCORD, ON, L4K 2N2
(905) 669-3330 SIC 4213
TRIMAC TRANSPORTATION SERVICES LIMITED PARTNERSHIP p1140
151 Av Reverchon Bureau 200, POINTE-CLAIRE, QC, H9P 1K1
(514) 636-5122 SIC 4213
TRIMAC TRANSPORTATION SERVICES LIMITED PARTNERSHIP p1298
2945 Millar Ave, SASKATOON, SK, S7K 6P6
(306) 934-2515 SIC 4213
TRIPLE CROWN TRUCKING LTD p285
12742 King George Blvd, SURREY, BC, V3V 3K5
SIC 4213
TST SOLUTIONS L.P. p97
16750 129 Ave Nw, Edmonton, AB, T5V 1L1
(780) 447-1055 SIC 4213
TST SOLUTIONS L.P. p370
1987 Brookside Blvd, WINNIPEG, MB, R2R 2Y3
(204) 633-5734 SIC 4213
TST SOLUTIONS L.P. p691
5200 Maingate Dr, MISSISSAUGA, ON, L4W 1G5
(905) 625-7601 SIC 4213
TST SOLUTIONS L.P. p852
191 Bunting Rd, ST CATHARINES, ON, L2M 3Y2
(905) 688-1698 SIC 4213
TST SOLUTIONS L.P. p852
191 Bunting Rd, ST CATHARINES, ON, L2M 3Y2
(905) 688-1882 SIC 4213
TST SOLUTIONS L.P. p970
1855 Brunet Dr, WINDSOR, ON, N9C 3S2
(519) 966-0500 SIC 4213

TUDHOPE CARTAGE LIMITED p453
4 Vidito Dr, DARTMOUTH, NS, B3B 1P9
(902) 468-4447 SIC 4213
TUDHOPE CARTAGE LIMITED p503
239 Casey Rd, BELLEVILLE, ON, K8N 4Z6
SIC 4213
V.D.M. TRUCKING SERVICE LTD p152
37428 Range Road 273, RED DEER, AB, T4E 0A1
SIC 4213
VALLEY ROADWAYS LTD p222
1115 Chief Louis Way, KAMLOOPS, BC, V2H 1J8
(250) 374-3467 SIC 4213
VAN-KAM FREIGHTWAYS LTD p277
2050 Mills Rd W, SIDNEY, BC, V8L 5X4
(250) 656-7235 SIC 4213
VITRAN EXPRESS CANADA INC p285
10077 Grace Rd, SURREY, BC, V3V 3V7
(604) 582-4500 SIC 4213
VITRAN EXPRESS CANADA INC p651
420 Industrial Rd Unit B, LONDON, ON, N5V 1T5
(519) 659-8505 SIC 4213
VITRAN EXPRESS CANADA INC p1058
3333 Rue Joseph-Dubreuil, LACHINE, QC, H8T 3P7
(514) 932-6588 SIC 4213
WALTER, B & D TRUCKING LTD p205
900 Industrial Road 2, CRANBROOK, BC, V1C 4P8
(250) 426-0590 SIC 4213
WAYLON TRANSPORT INC p71
2 Tool Push Ave, DEVON, AB, T9G 2A2
(780) 987-5611 SIC 4213
WERNER ENTERPRISES CANADA CORPORATION p683
10862 Steeles Ave E, MILTON, ON, L9T 2X8
(905) 693-1285 SIC 4213
WESTCAN BULK TRANSPORT LTD p1276
850 Manitoba St E, MOOSE JAW, SK, S6H 4P1
(306) 692-6478 SIC 4213
WESTCAN BULK TRANSPORT LTD p1305
110 71st St W, SASKATOON, SK, S7R 1A1
(306) 242-5899 SIC 4213
WESTFREIGHT SYSTEMS INC p65
6703 84 St Se, CALGARY, AB, T4C 4T6
(403) 279-8388 SIC 4213
WHEELS MSM CANADA INC. p972
9701 Hwy 50, WOODBRIDGE, ON, L4H 2G4
(905) 951-6800 SIC 4213
WILKENING, HARV TRANSPORT LTD p102
4205 76 Ave Nw, EDMONTON, AB, T6B 2H7
(780) 466-9155 SIC 4213
WILLS TRANSFER LIMITED p532
2210 Parkedale Ave, BROCKVILLE, ON, K6V 6M2
(613) 345-8030 SIC 4213
WITHERS L.P. p115
903 76 Ave Nw, EDMONTON, AB, T6P 1P2
(780) 440-2840 SIC 4213
WITHERS L.P. p151
Gd, PROVOST, AB, T0B 3S0
(780) 753-2976 SIC 4213
WITHERS L.P. p169
3602 93 St, STURGEON COUNTY, AB, T8W 5A8
(780) 539-5347 SIC 4213
XTL TRANSPORT INC p588
75 Rexdale Blvd, ETOBICOKE, ON, M9W 1P1
(416) 742-0610 SIC 4213
YELLOW TRANSPORTATION OF ONTARIO INC p721
6130 Netherhart Rd, MISSISSAUGA, ON, L5T 1B7
(905) 670-4445 SIC 4213
ZAVCOR TRUCKING LIMITED p859
3650 Eagle St, STEVENSVILLE, ON, L0S 1S0
(905) 382-3444 SIC 4213

SIC 4214 Local trucking with storage

112792 CANADA INC p336
2924f Jacklin Rd Unit 137, VICTORIA, BC, V9B 3Y5
(250) 474-2225 SIC 4214
1149318 ONTARIO INC p21
1726 25 Ave Ne Suite 2, CALGARY, AB, T2E 7K1
(403) 717-2500 SIC 4214
129177 CANADA INC p717
1445 Courtneypark Dr E, MISSISSAUGA, ON, L5T 2E3
(905) 670-6683 SIC 4214
1300323 ONTARIO INC p593
2710 Stevenage Dr, GLOUCESTER, ON, K1G 5N2
(613) 737-0000 SIC 4214
1300323 ONTARIO INC p677
176 Hillmount Rd, MARKHAM, ON, L6C 1Z9
(905) 887-5557 SIC 4214
2745925 CANADA INC p90
18552 111 Ave Nw, EDMONTON, AB, T5S 2V4
(780) 628-3291 SIC 4214
3705391 CANADA LIMITED p594
5370 Canotek Rd Unit 1, GLOUCESTER, ON, K1J 9E6
(613) 742-7555 SIC 4214
465439 ONTARIO INC p540
1200 Plains Rd E, BURLINGTON, ON, L7S 1W6
(905) 632-8010 SIC 4214
591182 ONTARIO LIMITED p976
645 Athlone Ave, WOODSTOCK, ON, N4S 7V8
SIC 4214
8003149 CANADA INC p1099
6674 Av De L'esplanade, Montreal, QC, H2V 4L5
(514) 273-3300 SIC 4214
9205-6126 QUEBEC INC p1056
1255 32e Av, LACHINE, QC, H8T 3H2
(514) 631-5223 SIC 4214
AMJ CAMPBELL INC p364
1333 Niakwa Rd E Unit 12, WINNIPEG, MB, R2J 3T5
(204) 669-9900 SIC 4214
AMJ CAMPBELL INC p496
20 Mills Rd Unit N, BARRIE, ON, L4N 6H4
(705) 721-4501 SIC 4214
AMJ CAMPBELL INC p717
6140 Vipond Dr, MISSISSAUGA, ON, L5T 2B2
(905) 670-7111 SIC 4214
AMJ CAMPBELL INC p764
2695 Bristol Cir Unit 2, OAKVILLE, ON, L6H 6X5
(905) 829-1233 SIC 4214
AMJ CAMPBELL INC p784
2710 Stevenage Dr, OTTAWA, ON, K1G 3N2
(613) 737-0000 SIC 4214
AMJ CAMPBELL INC p953
275 Frobisher Dr Unit 2, WATERLOO, ON, N2V 2G4
(519) 833-1200 SIC 4214
BANDSTRA MOVING SYSTEMS LTD p268
9920 River Dr Unit 135, RICHMOND, BC, V6X 3S3
(604) 273-5111 SIC 4214
BEDWELL VAN LINES LIMITED p814
1051 Toy Ave, PICKERING, ON, L1W 3N9
(416) 283-9667 SIC 4214
BEKINS MOVING & STORAGE (CANADA) LTD p275
6598 Bryn Rd, SAANICHTON, BC, V8M 1X6
(250) 544-2245 SIC 4214
BOYD MOVING & STORAGE LTD p783
1255 Leeds Ave Unit 1, OTTAWA, ON, K1B 3W2
(613) 244-4444 SIC 4214
CAMPBELL BROS. MOVERS LIMITED p511
145 Sun Pac Blvd, BRAMPTON, ON, L6S

BUSINESSES BY INDUSTRY CLASSIFICATION

SIC 4225 General warehousing and storage

5Z6
(905) 853-1322 *SIC 4214*
CAMPBELL BROS. MOVERS LIMITED p536
1160 Blair Rd Unit 9, BURLINGTON, ON, L7M 1K9
(905) 336-9947 *SIC 4214*
CAMPBELL BROS. MOVERS LIMITED p536
1160 Blair Rd Suite 9, BURLINGTON, ON, L7M 1K9
(905) 332-4262 *SIC 4214*
CLASSIC MOVING & STORAGE LTD p63
3950 52 Ave Ne, CALGARY, AB, T3J 3X4
(403) 291-0250 *SIC 4214*
DIRECT LIMITED PARTNERSHIP p374
47 Gomez St, WINNIPEG, MB, R3B 0G4
(204) 632-8448 *SIC 4214*
FRED GUY MOVING & STORAGE LTD p503
20 Hanna Crt, BELLEVILLE, ON, K8P 5J2
(613) 969-7478 *SIC 4214*
GLOBE MOVING & STORAGE LTD p379
1373 Spruce St, WINNIPEG, MB, R3E 2V8
(204) 925-7799 *SIC 4214*
HIGHLAND MOVING & STORAGE LTD p18
7115 48 St Se Suite 18, CALGARY, AB, T2C 5A4
(403) 720-3222 *SIC 4214*
HIGHLAND MOVING & STORAGE LTD p116
157 Ave Nw Suite 14490, EDMONTON, AB, T6V 0K8
(780) 453-6777 *SIC 4214*
HOYT'S SPECIALIZED TRANSPORTATION GROUP OF COMPANIES INC p460
Gd, HALIFAX, NS, B3K 5M7
(902) 876-8202 *SIC 4214*
KING'S TRANSFER VAN LINES (CALGARY) LTD p18
7803 35 St Se Unit G, CALGARY, AB, T2C 1V3
(403) 730-5592 *SIC 4214*
KING'S TRANSFER VAN LINES INC p783
1290 Old Innes Rd Unit 710, OTTAWA, ON, K1B 5M6
SIC 4214
LAPORTE MOVING & STORAGE SYSTEMS LIMITED p266
14571 Burrows Rd, RICHMOND, BC, V6V 1K9
(604) 276-2216 *SIC 4214*
LES ENTREPRISES REAL CARON LTEE p1085
8455 Boul Henri-Bourassa E, Montreal, QC, H1E 1P4
(514) 352-5754 *SIC 4214*
P.V.L. MOVING AND STORAGE LTD p783
1199 Newmarket St, OTTAWA, ON, K1B 3V1
(613) 744-4781 *SIC 4214*
PORTAGE CARTAGE & STORAGE LTD p373
959 Keewatin St Unit A, WINNIPEG, MB, R2X 2X4
(204) 633-8059 *SIC 4214*
QUALITY MOVE MANAGEMENT INC p678
190 Duffield Dr, MARKHAM, ON, L6G 1B5
(905) 474-2320 *SIC 4214*
REIMER EXPRESS LINES LTD p977
1187 Welford Pl, WOODSTOCK, ON, N4S 7W3
(519) 539-8384 *SIC 4214*
ROCKBRUNE BROTHERS LIMITED p483
725 Finley Ave, AJAX, ON, L1S 3T1
(905) 683-4321 *SIC 4214*
ROLLS-RIGHT INDUSTRIES LTD p185
2864 Norland Ave, BURNABY, BC, V5B 3A6
(604) 298-0077 *SIC 4214*
SIMPLEX INDUSTRIES INC p783
2762 Sheffield Rd, OTTAWA, ON, K1B 3V9
(613) 244-0586 *SIC 4214*
STARLINE MOVING SYSTEMS LTD p97
15305 128 Ave Nw, EDMONTON, AB, T5V 1A5
(780) 447-4242 *SIC 4214*
TAYLOR MOVING & STORAGE LIMITED p541
1200 Plains Rd E, BURLINGTON, ON, L7S 1W6

(905) 632-8010 *SIC 4214*
THOMPSON'S MOVING GROUP LIMITED p453
51 Thornhill Dr, DARTMOUTH, NS, B3B 1R9
(902) 468-5959 *SIC 4214*
TIPPET-RICHARDSON LIMITED p11
2905 37 Ave Ne, CALGARY, AB, T1Y 5Z9
(403) 299-9700 *SIC 4214*
TIPPET-RICHARDSON LIMITED p595
5499 Canotek Rd, GLOUCESTER, ON, K1J 9J5
(613) 741-3015 *SIC 4214*
TIPPET-RICHARDSON LIMITED p968
211 Shepherd St E Suite 201, WINDSOR, ON, N9A 6P4
(519) 254-5111 *SIC 4214*
TRANSPORT LYON INC p1132
9999 Rue Notre-Dame E, MONTREAL-EST, QC, H1L 3R5
(514) 322-4422 *SIC 4214*
TWO SMALL MEN WITH BIG HEARTS MOVING (BC) CORPORATION p285
11180 Scott Rd, SURREY, BC, V3V 8B8
(604) 581-1616 *SIC 4214*
W.J. DEANS TRANSPORTATION INC p862
371 Jones Rd, STONEY CREEK, ON, L8E 5N2
(905) 643-9405 *SIC 4214*
WILLIAMS MOVING & STORAGE (B.C.) LTD p203
2401 United Blvd, COQUITLAM, BC, V3K 5X9
SIC 4214
WILLIAMS MOVING & STORAGE (B.C.) LTD p203
26 Fawcett Rd, COQUITLAM, BC, V3K 6X9
SIC 4214
WILLIAMS MOVING & STORAGE (B.C.) LTD p262
9545 Milwaukee Way, PRINCE GEORGE, BC, V2N 5T3
(250) 563-8814 *SIC 4214*

SIC 4215 Courier services, except by air

DHL EXPRESS (CANADA) LTD p186
5499 Regent St, BURNABY, BC, V5C 4H4
SIC 4215
FEDERAL EXPRESS CANADA CORPORATION p716
6895 Bramalea Rd Suite 1, MISSISSAUGA, ON, L5S 1Z7
(800) 463-3339 *SIC 4215*
FEDEX GROUND PACKAGE SYSTEMS LTD p730
985 Moodie Dr Suite 3, NEPEAN, ON, K2R 1H4
(800) 463-3339 *SIC 4215*
OVATION LOGISTIQUE INC p1229
2745 Av Francis-Hughes, SAINTE-ROSE, QC, H7L 3S8
(450) 967-9329 *SIC 4215*
TRAILERMASTER FREIGHT CARRIERS LTD p579
34 Canmotor Ave, ETOBICOKE, ON, M8Z 4E5
(416) 252-7721 *SIC 4215*
UNITED PARCEL SERVICE CANADA LTD p786
2281 Stevenage Dr, OTTAWA, ON, K1G 3W1
(613) 670-6061 *SIC 4215*
UNITED PARCEL SERVICE CANADA LTD p1031
1777 Rue Sigouin, DRUMMONDVILLE, QC, J2C 5R7
(819) 472-3977 *SIC 4215*

SIC 4221 Farm product warehousing and storage

CARGILL LIMITED p84

13020 127 Ave Nw, EDMONTON, AB, T5L 4Z5
(780) 454-0475 *SIC 4221*
CARGILL LIMITED p828
101 Exmouth St, SARNIA, ON, N7T 5M2
(519) 337-5428 *SIC 4221*
CARGILL LIMITED p878
140 Darrel Ave, THUNDER BAY, ON, P7B 6T8
(807) 623-6724 *SIC 4221*
CARGILL LIMITED p1266
Gd, CLAVET, SK, S0K 0Y0
(306) 668-5105 *SIC 4221*
ELEVATEURS DE TROIS-RIVIERES LTEE, LES p1251
2615 Rue Notre-Dame Centre, Trois-Rivieres, QC, G9A 4Y7
(819) 374-0660 *SIC 4221*
G3 CANADA LIMITED p1149
300 Rue Dalhousie, Quebec, QC, G1K 8M8
(418) 692-3761 *SIC 4221*
KOCH GRAIN ELEVATORS (EARLTON) INC p571
125364 Gravel Rd, EARLTON, ON, P0J 1E0
(705) 563-8325 *SIC 4221*
LOUIS DREYFUS COMPANY CANADA ULC p1144
188 Rue Portage Des Mousses, PORT-CARTIER, QC, G5B 2G9
(418) 766-2515 *SIC 4221*
RICHARDSON INTERNATIONAL LIMITED p877
181 North Water St, THUNDER BAY, ON, P7A 8C2
(807) 343-5570 *SIC 4221*
SCOULAR CANADA LTD p1302
1502 17th St W, SASKATOON, SK, S7M 4A4
(306) 249-4151 *SIC 4221*
VARNA GRAIN LIMITED p947
38839 Mill Rd Rr 1, VARNA, ON, N0M 2R0
(519) 233-7908 *SIC 4221*
VITERRA INC p7
801 1st Ave E, BOW ISLAND, AB, T0K 0G0
(403) 545-2227 *SIC 4221*
VITERRA INC p71
29340 Hwy 2a, CROSSFIELD, AB, T0M 0S0
(403) 946-4311 *SIC 4221*
VITERRA INC p151
6701 44 Ave, PONOKA, AB, T4J 1J8
(403) 783-6037 *SIC 4221*
VITERRA INC p171
Gd, TABER, AB, T1G 2E5
(403) 223-2772 *SIC 4221*
VITERRA INC p349
Gd, FORREST STATION, MB, R0K 0W0
(204) 727-6669 *SIC 4221*
VITERRA INC p1267
116 Railway Ave E, ELROSE, SK, S0L 0Z0
(306) 378-2242 *SIC 4221*
VITERRA INC p1276
2575 24th Ave, MOOSE JAW, SK, S6H 4N8
(306) 694-1070 *SIC 4221*
VITERRA INC p1279
Po Box 760, PORCUPINE PLAIN, SK, S0E 1H0
(306) 278-3444 *SIC 4221*
VITERRA INC p1302
3404 11th St W, SASKATOON, SK, S7M 1K5
(306) 384-7900 *SIC 4221*
VITERRA INC p1307
2200 North Railway St W, SWIFT CURRENT, SK, S9H 5H9
(306) 773-6425 *SIC 4221*

SIC 4222 Refrigerated warehousing and storage

9134417 CANADA INC p265
3231 No. 6 Rd, RICHMOND, BC, V6V 1P6
(604) 258-0370 *SIC 4222*
AMLOG CANADA, INC p170

Hwy 3, TABER, AB, T1G 2C6
(403) 223-8833 *SIC 4222*
ARGENTIA FREEZERS & TERMINALS LIMITED p426
Gd, FRESHWATER PB, NL, A0B 1W0
(709) 227-5603 *SIC 4222*
BROOKFIELD NOVA COLD LTD p450
635 Av Wilkinson, DARTMOUTH, NS, B3B 0H4
(902) 468-1328 *SIC 4222*
CLEARWATER FINE FOODS INCORPORATED p442
441 Cape Auget Rd, ARICHAT, NS, B0E 1A0
(902) 226-3510 *SIC 4222*
CONESTOGA COLD STORAGE (QUEBEC) LIMITED p14
4767 27 St Se, CALGARY, AB, T2B 3M5
(403) 207-6766 *SIC 4222*
CONESTOGA COLD STORAGE (QUEBEC) LIMITED p707
2660 Meadowpine Blvd, MISSISSAUGA, ON, L5N 7E6
(905) 567-1144 *SIC 4222*
CONGEBEC INC p584
225 Rexdale Blvd, ETOBICOKE, ON, M9W 1P7
(416) 743-7038 *SIC 4222*
CONGEBEC INC p1085
7801 Boul Henri-Bourassa E, Montreal, QC, H1E 1N9
(514) 648-1712 *SIC 4222*
CONGEBEC LOGISTIQUE INC p389
1555 Chevrier Blvd Unit A, WINNIPEG, MB, R3T 1Y7
(204) 475-5570 *SIC 4222*
G.T. WHOLESALE LIMITED p531
240 Laurier Blvd, BROCKVILLE, ON, K6V 7J6
(613) 341-8699 *SIC 4222*
MIDLAND TRANSPORT LIMITED p410
435 Macnaughton Ave, MONCTON, NB, E1H 2J9
(506) 862-3119 *SIC 4222*
SAPUTO INC p63
5434 44 St Ne, CALGARY, AB, T3J 3Z3
(403) 568-3800 *SIC 4222*
SOBEYS CAPITAL INCORPORATED p474
123 Foord St, STELLARTON, NS, B0K 0A2
(902) 752-8371 *SIC 4222*
STERLING PACKERS LIMITED p512
14 Precidio Crt, BRAMPTON, ON, L6S 6E3
SIC 4222
STERLING PACKERS LIMITED p517
240 Nuggett Crt, BRAMPTON, ON, L6T 5H4
(905) 799-3609 *SIC 4222*
STERLING PACKERS LIMITED p529
21 York Rd, BRANTFORD, ON, N3T 6H2
(519) 752-1177 *SIC 4222*
TCS LOGISTICS INCORPORATED p944
178 Stockdale Rd, TRENTON, ON, K8V 5P6
(613) 394-3317 *SIC 4222*
TRENTON COLD STORAGE INC p944
178 Stockdale Rd, TRENTON, ON, K8V 5P6
(613) 392-2498 *SIC 4222*
USINE DE CONGELATION DE ST-BRUNO INC p1183
698 Rue Melancon, SAINT-BRUNO-LAC-SAINT-JEAN, QC, G0W 2L0
(418) 343-2206 *SIC 4222*
VERSACOLD GROUP LIMITED PARTNERSHIP p293
2115 Commissioner St Suite 1, VANCOUVER, BC, V5L 1A6
(604) 255-4656 *SIC 4222*
VERSACOLD LOGISTICS CANADA INC p267
3371 No 6 Rd, RICHMOND, BC, V6V 1P6
(604) 258-0350 *SIC 4222*

SIC 4225 General warehousing and storage

115161 CANADA INC p512
1 Wilkinson Rd Suite 2, BRAMPTON, ON,

L6T 4M6
(905) 455-1500 SIC 4225

3M CANADA COMPANY
2751 Peddie Rd, MILTON, ON, L9T 0K1
(905) 875-2568 SIC 4225

4207602 CANADA INC p1127
875 Montee Saint-Francois, Montreal, QC, H7C 2S8
(514) 881-2525 SIC 4225

ARMOUR TRANSPORT INC p408
350 English Dr Suite 905, MONCTON, NB, E1E 3Y9
(506) 861-0270 SIC 4225

BASAD LOGISTICS INC p557
21 Staffern Dr, CONCORD, ON, L4K 2X2
(905) 532-0422 SIC 4225

BENTO NOUVEAU LTD p820
50 West Pearce St Unit 17, RICHMOND HILL, ON, L4B 1C5
(905) 881-7772 SIC 4225

BREWERS' DISTRIBUTOR LTD p56
11500 29 St Se Suite 101, CALGARY, AB, T2Z 3W9
(800) 661-2337 SIC 4225

BUILDDIRECT.COM TECHNOLOGIES INC p265
13333 Vulcan Way Unit 10, RICHMOND, BC, V6V 1K4
(604) 318-8169 SIC 4225

CANADIAN ALLIANCE TERMINALS INC p209
7510 Hopcott Rd Suite 10, DELTA, BC, V4G 1B6
(604) 270-6077 SIC 4225

CANADIAN MINI-WAREHOUSE PROPERTIES COMPANY p1202
380 Boul Sir-Wilfrid-Laurier, SAINT-LAMBERT, QC, J4R 2L2
(450) 465-9970 SIC 4225

CASCADE ENERGY SERVICES L.P. p71
6209 56 Ave, DRAYTON VALLEY, AB, T7A 1R6
(780) 542-5958 SIC 4225

CASCADES INC p1007
9500 Av Illinois, BROSSARD, QC, J4Y 3B7
(450) 923-3120 SIC 4225

CHALLENGER MOTOR FREIGHT INC p547
866 Langs Dr, CAMBRIDGE, ON, N3H 5P6
(519) 650-3904 SIC 4225

CIE MCCORMICK CANADA CO., LA p649
600 Clarke Rd, LONDON, ON, N5V 3K5
(519) 432-1166 SIC 4225

CLT LOGISTICS, INC p834
5900 Finch Ave E Unit 1, SCARBOROUGH, ON, M1B 5P8
(416) 686-4199 SIC 4225

CN WORLDWIDE DISTRIBUTION SERVICES (CANADA) INC p739
303 Townline Rd Suite 200, NIAGARA ON THE LAKE, ON, L0S 1J0
(905) 684-5098 SIC 4225

CN WORLDWIDE DISTRIBUTION SERVICES (CANADA) INC p1211
8050 Boul Cavendish, SAINT-LAURENT, QC, H4T 1T1
(514) 734-2334 SIC 4225

COCA-COLA REFRESHMENTS CANADA COMPANY p268
7200 Nelson Rd, RICHMOND, BC, V6W 1G4
(416) 424-6000 SIC 4225

COCA-COLA REFRESHMENTS CANADA COMPANY p401
64 Alison Blvd, FREDERICTON, NB, E3C 1N2
(506) 458-0881 SIC 4225

COCA-COLA REFRESHMENTS CANADA COMPANY p409
66 Arsenault Crt, MONCTON, NB, E1E 3X8
(506) 855-6525 SIC 4225

COLLINS, P F CUSTOMS BROKER LIMITED p432
275 E White Hills Rd, ST. JOHN'S, NL, A1A 5X7
(709) 726-2121 SIC 4225

COMPAGNIE DE TELEPHONE BELL DU CANADA OU BELL CANADA, LA p497
40 Beacon Rd Suite 1, BARRIE, ON, L4N 9J8
(705) 733-4187 SIC 4225

CROWN METAL PACKAGING CANADA LP p890
51 Signet Dr, TORONTO, ON, M3H 2W0
(416) 747-5513 SIC 4225

CWS LOGISTICS LTD p389
1664 Seel Ave, WINNIPEG, MB, R3T 4X5
(204) 474-2278 SIC 4225

CWS LOGISTICS LTD p389
1500 Clarence Ave Suite C, WINNIPEG, MB, R3T 1T6
(204) 453-2261 SIC 4225

CWS LOGISTICS LTD p1304
115 Marquis Crt, SASKATOON, SK, S7P 0C4
(306) 384-9696 SIC 4225

DANACA TRANSPORT MONTREAL LTEE p680
7251 Trafalgar Rd, MILTON, ON, L9E 0Z9
(905) 878-8316 SIC 4225

DIRECT LIMITED PARTNERSHIP p207
1005 Derwent Way, DELTA, BC, V3M 5R4
(778) 846-4466 SIC 4225

DIRECT LIMITED PARTNERSHIP p387
25 Rothwell Rd, WINNIPEG, MB, R3P 2M5
(204) 453-8019 SIC 4225

DIRECT LIMITED PARTNERSHIP p764
2340 Winston Park Dr Suite 2, OAKVILLE, ON, L6H 7T7
SIC 4225

DIVINE HARDWOOD FLOORING LTD p43
235075 Ryan Rd Se, CALGARY, AB, T2P 2G6
SIC 4225

DSV SOLUTIONS INC p519
250 First Gulf Blvd, BRAMPTON, ON, L6W 4T5
(905) 763-3365 SIC 4225

DSV SOLUTIONS INC p671
65 Ferrier St Suite 1, MARKHAM, ON, L3R 3K6
SIC 4225

DUFFERIN SHEET METAL LTD p773
14 Robb Blvd, ORANGEVILLE, ON, L9W 3L2
(519) 941-8177 SIC 4225

ELTE CARPETS LIMITED p933
100 Miranda Ave Suite 6, TORONTO, ON, M6B 3W7
(416) 785-7885 SIC 4225

ENTREPOTS P C G INC, LES p1009
85 Boul Montcalm N, CANDIAC, QC, J5R 3L6
(450) 444-0702 SIC 4225

EV LOGISTICS p234
5111 272 St, LANGLEY, BC, V4W 3Z2
(604) 857-6750 SIC 4225

EXEL CANADA LTD p524
100 Sandalwood Pky W, BRAMPTON, ON, L7A 1A8
(905) 970-7200 SIC 4225

EXEL CANADA LTD p527
225 Henry St Suite 4, BRANTFORD, ON, N3S 7R4
(519) 754-0155 SIC 4225

EXEL CANADA LTD p541
12333 Airport Rd, CALEDON, ON, L7C 2X3
(905) 951-6838 SIC 4225

EXEL CANADA LTD p714
90 Matheson Blvd W Suite 111, MISSISSAUGA, ON, L5R 3R3
(905) 366-7700 SIC 4225

FEDERATED CO-OPERATIVES LIMITED p1295
604 45th St E, SASKATOON, SK, S7K 3T3
(306) 244-1650 SIC 4225

FEDERATED CO-OPERATIVES LIMITED p1295
401 22nd St E, SASKATOON, SK, S7K 0H2
(306) 244-3311 SIC 4225

FEDEX SUPPLY CHAIN DISTRIBUTION SYSTEM OF CANADA, INC p585
160 Carrier Dr Suite 129, ETOBICOKE, ON, M9W 0A9
(800) 463-3339 SIC 4225

GANZ CANADA p974
200 Hanlan Rd Suite A, WOODBRIDGE, ON, L4L 3P6
(905) 850-8302 SIC 4225

GREAT PACIFIC INDUSTRIES INC p1
26308 Township Road 525a Unit 24, ACHESON, AB, T7X 5A6
(780) 948-7400 SIC 4225

GREAT-WEST LIFE ASSURANCE COMPANY, THE p372
1658 Church Ave, WINNIPEG, MB, R2X 2W9
(204) 946-7760 SIC 4225

GROUPE ROBERT INC p1004
65 Rue De Vaudreuil, BOUCHERVILLE, QC, J4B 1K7
(450) 641-1727 SIC 4225

GROUPE ROBERT INC p1061
1001 90e Av, LASALLE, QC, H8R 3A4
(514) 368-8772 SIC 4225

GROUPE VOLVO CANADA INC p1163
2955a Av Watt, Quebec, QC, G1X 3W1
(418) 654-0174 SIC 4225

HEARN INDUSTRIAL SERVICES INC p770
2189 Speers Rd, OAKVILLE, ON, L6L 2X9
(226) 340-1147 SIC 4225

HERITAGE OFFICE FURNISHINGS LTD p318
1584 Rand Ave, VANCOUVER, BC, V6P 3G2
(604) 263-2739 SIC 4225

HOME DEPOT OF CANADA INC p972
8966 Huntington Rd, WOODBRIDGE, ON, L4H 3V1
(905) 265-4400 SIC 4225

HOPEWELL LOGISTICS INC p511
9050 Airport Rd Suite 201, BRAMPTON, ON, L6S 6G6
(905) 458-1041 SIC 4225

HUDSON'S BAY COMPANY p268
18111 Blundell Rd, RICHMOND, BC, V6W 1L8
(604) 249-3000 SIC 4225

HUDSON'S BAY COMPANY p585
160 Carrier Dr, ETOBICOKE, ON, M9W 0A9
(416) 644-2600 SIC 4225

HUDSON'S BAY COMPANY p779
555 Simcoe St S Unit 16, OSHAWA, ON, L1H 8K8
(905) 571-2326 SIC 4225

IMMEUBLES RB LTEE p1176
500 Rte 112, ROUGEMONT, QC, J0L 1M0
(450) 469-3153 SIC 4225

KIK OPERATING PARTNERSHIP p560
33 Macintosh Blvd, CONCORD, ON, L4K 4L5
(905) 660-0444 SIC 4225

KINTETSU WORLD EXPRESS (CANADA) INC p709
6700 Millcreek Dr, MISSISSAUGA, ON, L5N 8B3
(905) 542-3500 SIC 4225

LANDTRAN LOGISTICS INC p100
4715 90a Ave Nw, EDMONTON, AB, T6B 2Y3
(780) 486-8607 SIC 4225

LOCHER EVERS INTERNATIONAL INC p208
456 Humber Pl, DELTA, BC, V3M 6A5
(604) 525-0577 SIC 4225

LOGISTIC DISTRIBUTION INC p682
550 Industrial Dr, MILTON, ON, L9T 5A6
SIC 4225

LONGO BROTHERS FRUIT MARKETS INC p685
6811 Goreway Dr Unit 2, MISSISSAUGA, ON, L4V 1L9
(905) 672-7851 SIC 4225

LYNDEN INTERNATIONAL LOGISTICS CO p18
4441 76 Ave Se, CALGARY, AB, T2C 2G8
(403) 279-2700 SIC 4225

LYNDEN INTERNATIONAL LOGISTICS CO p210
7403 Progress Way, DELTA, BC, V4G 1E7
(604) 940-4116 SIC 4225

MANITOULIN WAREHOUSING AND DISTRIBUTION INC p719
7035 Ordan Dr, MISSISSAUGA, ON, L5T 1T1
(905) 283-1630 SIC 4225

MATRIX LOGISTICS SERVICES LIMITED p10
2525 29 St Ne, CALGARY, AB, T1Y 7B5
(403) 291-9292 SIC 4225

MATRIX LOGISTICS SERVICES LIMITED p266
3751 Viking Way, RICHMOND, BC, V6V 1W1
(778) 296-4070 SIC 4225

MATRIX LOGISTICS SERVICES LIMITED p410
10 Deware Dr Suite 1, MONCTON, NB, E1H 2S6
(506) 863-1300 SIC 4225

MATRIX LOGISTICS SERVICES LIMITED p522
2675 Steeles Ave W, BRAMPTON, ON, L6Y 5X3
(905) 451-6792 SIC 4225

MATRIX LOGISTICS SERVICES LIMITED p565
1330 Optimum Dr, CORNWALL, ON, K6H 0B1
(613) 361-3860 SIC 4225

MATRIX LOGISTICS SERVICES LIMITED p710
7045 Millcreek Dr, MISSISSAUGA, ON, L5N 3R3
SIC 4225

MATRIX LOGISTICS SERVICES LIMITED p719
6941 Kennedy Rd, MISSISSAUGA, ON, L5T 2R6
(905) 795-2200 SIC 4225

MDM BUSINESS SOLUTIONS INC p714
5900 Keaton Cres, MISSISSAUGA, ON, L5R 3K2
(905) 568-4061 SIC 4225

METRO ONTARIO INC p581
170 The West Mall, ETOBICOKE, ON, M9C 5L6
(416) 626-4910 SIC 4225

METRO RICHELIEU INC p1084
11555 Boul Maurice-Duplessis Bureau 1, Montreal, QC, H1C 2A1
(514) 643-1000 SIC 4225

MITTEN INC p529
85 Morrell St, BRANTFORD, ON, N3T 4J6
(519) 753-0007 SIC 4225

MTE LOGISTIX EDMONTON INC p92
17374 116 Ave Nw, EDMONTON, AB, T5S 2X2
(780) 341-4368 SIC 4225

MTE LOGISTIX EDMONTON INC p92
11208 189 St Nw, EDMONTON, AB, T5S 2V6
(780) 732-6525 SIC 4225

MTE LOGISTIX MANAGEMENT INC p85
14627 128 Ave Nw, EDMONTON, AB, T5L 3H3
(780) 944-9009 SIC 4225

NAILOR INDUSTRIES INC p763
18 Gail Grove, NORTH YORK, ON, M9M 1M4
(416) 744-3300 SIC 4225

NESTLE CANADA INC p586
335 Carlingview Dr Unit 2, ETOBICOKE, ON, M9W 5G8
SIC 4225

NFI DOMINION CANADA, ULC p208
1020 Derwent Way, DELTA, BC, V3M 5R1

(778) 383-6405   SIC 4225
NISSIN TRANSPORT (CANADA) INC p486
292 Church St S, ALLISTON, ON, L9R 2B7
(705) 434-3136   SIC 4225
PANASONIC CANADA INC p710
6700 Millcreek Dr, MISSISSAUGA, ON, L5N 8B3
(905) 542-3500   SIC 4225
PARAMOUNT STORAGE LTD p373
10 Hutchings St, WINNIPEG, MB, R2X 2X1
(204) 632-0025   SIC 4225
PIONEER HI-BRED LIMITED p834
75 Venture Dr, SCARBOROUGH, ON, M1B 3E8
(416) 287-1661   SIC 4225
PLAINS MIDSTREAM CANADA ULC p123
11010 125 St, FORT SASKATCHEWAN, AB, T8L 2T2
(780) 992-2700   SIC 4225
POLYMER DISTRIBUTION INC p599
351 Elizabeth St, GUELPH, ON, N1E 2X9
(519) 837-4535   SIC 4225
PRINCESS AUTO LTD p682
2995 Peddie Rd, MILTON, ON, L9T 0K1
(905) 875-2224   SIC 4225
PROVIGO DISTRIBUTION INC p1130
2700 Av Francis-Hughes Bureau 2172, Montreal, QC, H7S 2B9
(514) 383-8800   SIC 4225
PUBLIC STORAGE CANADIAN PROPERTIES p64
90 Country Hills Landng Nw, CALGARY, AB, T3K 5P3
(403) 567-1193   SIC 4225
ROPACK INC p991
10351 Rue Mirabeau, ANJOU, QC, H1J 1T7
(514) 353-7000   SIC 4225
ROSEDALE TRANSPORT LIMITED p19
4100 106 Ave Se Unit 2, CALGARY, AB, T2C 5B6
(403) 259-6681   SIC 4225
RUSSEL METALS INC p156
4821 78 St, RED DEER, AB, T4P 1N5
(403) 343-1452   SIC 4225
RYDER TRUCK RENTAL CANADA LTD p210
9960 River Way, DELTA, BC, V4G 1M9
(604) 588-1145   SIC 4225
RYDER TRUCK RENTAL CANADA LTD p587
123 Claireville Dr, ETOBICOKE, ON, M9W 6K9
(416) 679-6700   SIC 4225
SEABOARD BULK TERMINALS LIMITED p452
721 Wilkinson Avenue, DARTMOUTH, NS, B3B 0H4
(902) 468-4447   SIC 4225
SEARS CANADA INC p502
500 College St E, BELLEVILLE, ON, K8N 5T2
(613) 391-3106   SIC 4225
SEARS CANADA INC p972
9501 Highway 50, WOODBRIDGE, ON, L4H 2B9
(905) 893-5284   SIC 4225
SEARS CANADA INC p1207
3075 Boul Thimens Bureau 562, SAINT-LAURENT, QC, H4R 1Y3
(514) 335-4980   SIC 4225
SEARS CANADA INC p1283
855 Park St, REGINA, SK, S4N 6M1
(306) 566-5104   SIC 4225
SHERWAY WAREHOUSING INC p516
11 Finley Rd, BRAMPTON, ON, L6T 1B1
SIC 4225
SHERWAY WAREHOUSING INC p516
104 Walker Dr, BRAMPTON, ON, L6T 4H6
(905) 789-8119   SIC 4225
SHERWAY WAREHOUSING INC p720
1055 Courtneypark Dr E Suite A, MISSISSAUGA, ON, L5T 1M7
(905) 564-6337   SIC 4225
SLEEP COUNTRY CANADA INC p288
2365 192 St Unit 101, SURREY, BC, V3Z 3X2

(604) 535-5077   SIC 4225
SMITH, J.D. & SONS LIMITED p562
8711 Keele St, CONCORD, ON, L4K 2N1
(905) 760-8480   SIC 4225
SMITH, J.D. & SONS LIMITED p562
539 Bowes Rd, CONCORD, ON, L4K 1J5
(905) 738-3900   SIC 4225
SOBEYS CAPITAL INCORPORATED p959
100 Nordeagle Ave, WHITBY, ON, L1N 9S1
(905) 665-9318   SIC 4225
SOBEYS WEST INC p20
7505 48 St Se Suite 100, CALGARY, AB, T2C 4C7
SIC 4225
SOBEYS WEST INC p29
203 42 Ave Se, CALGARY, AB, T2G 1Y3
(403) 287-4048   SIC 4225
SOBEYS WEST INC p37
215 42 Ave Se, CALGARY, AB, T2K 0H3
(403) 730-3500   SIC 4225
STONEY CREEK FURNITURE LIMITED p862
360 Lewis Rd Suite 10, STONEY CREEK, ON, L8E 5Y7
(905) 643-0500   SIC 4225
T & T SUPERMARKET INC p268
22031 Fraserwood Way, RICHMOND, BC, V6W 1J5
(604) 276-9889   SIC 4225
TAYLOR STEEL INC p862
395 Green Rd, STONEY CREEK, ON, L8E 5V4
(905) 662-5555   SIC 4225
TFT GLOBAL INC p517
115 Walker Dr Unit B, BRAMPTON, ON, L6T 5P5
(519) 842-4540   SIC 4225
TFT GLOBAL INC p621
160 Ingersoll St S, INGERSOLL, ON, N5C 3J7
(519) 425-1289   SIC 4225
TFT GLOBAL INC p621
160 Ingersoll St, INGERSOLL, ON, N5C 3K3
(519) 842-4540   SIC 4225
TFT GLOBAL INC p621
390 Thomas St Unit 1, INGERSOLL, ON, N5C 2G7
(519) 842-4540   SIC 4225
THE PIC GROUP LTD p959
202 South Blair St Unit 12, WHITBY, ON, L1N 8X9
(416) 676-5659   SIC 4225
THOMSON TERMINALS LIMITED p512
2 Bramkay St, BRAMPTON, ON, L6S 6E9
(905) 792-6540   SIC 4225
THOMSON TERMINALS LIMITED p587
55 City View Dr, ETOBICOKE, ON, M9W 5A5
(416) 240-0648   SIC 4225
THYSSENKRUPP INDUSTRIAL SERVICES CANADA, INC p966
2491 Ouellette Ave, WINDSOR, ON, N8X 1L5
(519) 967-0567   SIC 4225
TRANSPORT ARGUS CANADA INC p1210
1115 Rue Saint-Amour, SAINT-LAURENT, QC, H4S 1T4
(514) 956-8800   SIC 4225
TRENTON COLD STORAGE INC p944
17489 Telephone Rd, TRENTON, ON, K8V 5P4
(613) 394-3317   SIC 4225
TST SOLUTIONS L.P. p959
1601 Tricont Ave, WHITBY, ON, L1N 7N5
SIC 4225
UNIVAR CANADA LTD p890
777 Supertest Rd, TORONTO, ON, M3J 2M9
(416) 740-5300   SIC 4225
UPS SCS, INC p766
1595 North Service Rd E, OAKVILLE, ON, L6H 7L9
(905) 338-2523   SIC 4225
VERSACOLD THIRD PARTY LOGISTICS SURREY ULC p288

2755 190 St, SURREY, BC, V3Z 3W6
(778) 545-5700   SIC 4225
VUTEQ CANADA INC p978
80 Norwich Ave, WOODSTOCK, ON, N4S 8Y6
(519) 421-0011   SIC 4225
W. D. POTATO LIMITED p501
3644 Side Rd Suite 10, BEETON, ON, L0G 1A0
(905) 729-2263   SIC 4225
WAL-MART CANADA CORP p566
1501 Industrial Park Dr, CORNWALL, ON, K6H 7M4
(613) 933-8665   SIC 4225
WALMART CANADA LOGISTICS ULC p11
3400 39 Ave Ne, CALGARY, AB, T1Y 7J4
(403) 250-3648   SIC 4225
WALMART CANADA LOGISTICS ULC p160
261039 Wagon Wheel Cres, ROCKY VIEW COUNTY, AB, T4A 0E2
(403) 295-8364   SIC 4225
WALMART CANADA LOGISTICS ULC p723
200 Courtneypark Dr W, MISSISSAUGA, ON, L5W 1Y6
(905) 564-1484   SIC 4225
WALMART CANADA LOGISTICS ULC p723
6800 Maritz Dr, MISSISSAUGA, ON, L5W 1W2
(905) 670-9966   SIC 4225
WESTROCK COMPANY OF CANADA INC p1081
5550 Av Royalmount, MONT-ROYAL, QC, H4P 1H7
(514) 736-6889   SIC 4225
WFS TRANSPORT p517
10-8550 Torbram Rd Unit 418, BRAMPTON, ON, L6T 0H7
SIC 4225
WILLS TRANSFER LIMITED p850
146 Hwy 15, SMITHS FALLS, ON, K7A 4T2
(613) 283-0225   SIC 4225
WINNIPEG PANTS & SPORTSWEAR MFG. LTD p376
90 Annabella St, WINNIPEG, MB, R3B 3K7
(204) 975-5011   SIC 4225

SIC 4226 Special warehousing and storage, nec

115161 CANADA INC p686
2645 Skymark Ave, MISSISSAUGA, ON, L4W 4H2
SIC 4226
BRAMBLES CANADA INC p513
50 Driver Rd, BRAMPTON, ON, L6T 5V2
(905) 458-1521   SIC 4226
BRAMBLES CANADA INC p895
77 East Don Roadway, TORONTO, ON, M4M 2A5
(416) 424-3087   SIC 4226
CDN AUTO RELEASING LTD p485
4720 Tottenham Rd, ALLISTON, ON, L9R 1W7
SIC 4226
CONNECT LOGISTICS SERVICES INC p91
17115 118 Ave Nw, EDMONTON, AB, T5S 2V3
(780) 458-4508   SIC 4226
E.V. FYFE & ASSOCIATES LTD p17
5250 36 St Se, CALGARY, AB, T2C 1P1
(403) 236-3822   SIC 4226
GOLDEN BOY FOODS LTD p184
3151 Lake City Way, BURNABY, BC, V5A 3A3
(604) 421-4500   SIC 4226
IMTT-QUEBEC INC p1151
Gd, Quebec, QC, G1L 4W4
(418) 667-8641   SIC 4226
IRON MOUNTAIN CANADA OPERATIONS ULC p85
14410 121a Ave Nw, EDMONTON, AB, T5L 4L2
(780) 466-7035   SIC 4226
IRON MOUNTAIN CANADA OPERATIONS

ULC p86
14630 115a Ave Nw, EDMONTON, AB, T5M 3C5
(780) 488-4333   SIC 4226
IRON MOUNTAIN CANADA OPERATIONS ULC p105
3905 101 St Nw, EDMONTON, AB, T6E 0A4
(780) 466-7272   SIC 4226
IRON MOUNTAIN CANADA OPERATIONS ULC p193
8825 Northbrook Crt, BURNABY, BC, V5J 5J1
(604) 451-0618   SIC 4226
IRON MOUNTAIN CANADA OPERATIONS ULC p389
1500 Clarence Ave, WINNIPEG, MB, R3T 1T6
(204) 949-5401   SIC 4226
IRON MOUNTAIN CANADA OPERATIONS ULC p414
120 Mcdonald St Suite C, SAINT JOHN, NB, E2J 1M5
SIC 4226
IRON MOUNTAIN CANADA OPERATIONS ULC p444
1 Command Crt, BEDFORD, NS, B4B 1H5
(902) 835-7427   SIC 4226
IRON MOUNTAIN CANADA OPERATIONS ULC p559
70 Talman Crt Suite 415, CONCORD, ON, L4K 4L5
(905) 760-0769   SIC 4226
IRON MOUNTAIN CANADA OPERATIONS ULC p843
2388 Midland Ave, SCARBOROUGH, ON, M1S 1P8
(416) 291-7522   SIC 4226
IRON MOUNTAIN CANADA OPERATIONS ULC p1133
1655 Rue Fleetwood, Montreal-Ouest, QC, H7N 4B2
(450) 667-5960   SIC 4226
LANTIC INC p1089
3950 Rue Notre-Dame E, Montreal, QC, H1W 2K3
(514) 527-8686   SIC 4226
LES EDITIONS QUEBEC-AMERIQUE INC p1004
1380 Rue De Coulomb, BOUCHERVILLE, QC, J4B 7J4
(450) 655-5163   SIC 4226
MINERAUX MART INC p1231
206 Rang Nord, SAINTE-VICTOIRE-DE-SOREL, QC, J0G 1T0
(450) 782-2233   SIC 4226
NORTH 60 PETRO LTD p1311
146 Industrial Rd, WHITEHORSE, YT, Y1A 2V1
(867) 633-8820   SIC 4226
PIVAL INTERNATIONAL INC p781
1001 Thornton Rd S, OSHAWA, ON, L1J 0B1
(905) 579-1402   SIC 4226
SEARS CANADA INC p663
784 Wharncliffe Rd S, LONDON, ON, N6J 2N4
(519) 649-2796   SIC 4226
SERVICES DOCUMENTAIRES MULTIMEDIA (SDM) INC p1092
5650 Rue D'iberville Bureau 620, Montreal, QC, H2G 2B3
(514) 382-0895   SIC 4226
SYMCOR INC p460
1580 Grafton St, HALIFAX, NS, B3J 2C2
(902) 404-4606   SIC 4226
TILWOOD DIRECT MARKETING INC p821
81 Granton Dr Suite 1, RICHMOND HILL, ON, L4B 2N5
SIC 4226
TRANSCARE SUPPLY CHAIN MANAGEMENT INC p563
7491 Jane St Unit 3, CONCORD, ON, L4K 2M7
SIC 4226

▲ Public Company   ■ Public Company Family Member   HQ Headquarters   BR Branch   SL Single Location

UNIVAR CANADA LTD p1232
100 Rue Mcarthur, SALABERRY-DE-VALLEYFIELD, QC, J6S 4M5
(450) 371-1086   SIC 4226

VOPAK TERMINALS OF CANADA INC p609
655 Victoria Ave N Suite 11, HAMILTON, ON, L8L 8G7
(905) 529-1339   SIC 4226

SIC 4231 Trucking terminal facilities

ALP (AUTO LOGISTICS PROVIDERS) CANADA LIMITED p485
4700 Industrial Pky, ALLISTON, ON, L9R 1V4
(905) 435-0377   SIC 4231

COMPAGNIE DES CHEMINS DE FER NATIONAUX DU CANADA p409
255 Hump Yard Rd, MONCTON, NB, E1E 4S3
(506) 853-2866   SIC 4231

COURTESY FREIGHT SYSTEMS LTD p372
75 Milner St, WINNIPEG, MB, R2X 2P7
(204) 927-1555   SIC 4231

COURTESY FREIGHT SYSTEMS LTD p880
340 Simpson St, THUNDER BAY, ON, P7C 3H7
(807) 623-3278   SIC 4231

EMERALD TRUCKING ENTERPRISES (2005) LTD p130
36-74 17-5 Nw, HIGH PRAIRIE, AB, T0G 1E0
(780) 523-3909   SIC 4231

FEDEX TRADE NETWORKS TRANSPORT & BROKERAGE (CANADA), INC p718
7075 Ordan Dr, MISSISSAUGA, ON, L5T 1K6
(800) 463-3339   SIC 4231

GATEWAY WEST LOGISTICS INC p65
9500 Venture Ave Se, CALGARY, AB, T3S 0A1
(403) 720-9770   SIC 4231

MACKIE MOVING SYSTEMS CORPORATION p781
933 Bloor St W, OSHAWA, ON, L1J 5Y7
(905) 728-2400   SIC 4231

REIMER EXPRESS LINES LTD p1027
1725 Ch Saint-Francois, DORVAL, QC, H9P 2S1
(514) 684-9970   SIC 4231

RIDSDALE TRANSPORT LTD p1305
210 Apex St, SASKATOON, SK, S7R 0A2
(306) 931-1138   SIC 4231

TST SOLUTIONS L.P. p370
1987 Brookside Blvd, WINNIPEG, MB, R2R 2Y3
(204) 697-5795   SIC 4231

SIC 4311 U.s. postal service

CANADA POST CORPORATION p22
5438 11 St Ne Suite 220, CALGARY, AB, T2E 7E9
(403) 295-0694   SIC 4311

CANADA POST CORPORATION p30
6939 Fisher Rd Se, CALGARY, AB, T2H 0W4
(403) 974-2645   SIC 4311

CANADA POST CORPORATION p39
1941 Uxbridge Dr Nw Suite 23, CALGARY, AB, T2N 2V2
(403) 289-0202   SIC 4311

CANADA POST CORPORATION p54
2580 Southland Dr Sw, CALGARY, AB, T2V 4J8
(403) 246-1154   SIC 4311

CANADA POST CORPORATION p60
1610 37 St Sw Suite 55, CALGARY, AB, T3C 3P1
(403) 240-4473   SIC 4311

CANADA POST CORPORATION p61
7750 Ranchview Dr Nw, CALGARY, AB, T3G 1Y9
(403) 239-6464   SIC 4311

CANADA POST CORPORATION p66
4901 50 Ave, CAMROSE, AB, T4V 0S2
(780) 672-7332   SIC 4311

CANADA POST CORPORATION p68
9922 102 Ave, CLAIRMONT, AB, T0H 0W1
(780) 567-3848   SIC 4311

CANADA POST CORPORATION p84
12135 149 St Nw, EDMONTON, AB, T5L 5H2
(780) 945-2600   SIC 4311

CANADA POST CORPORATION p115
584 Riverbend Sq Nw, EDMONTON, AB, T6R 2E3
(780) 439-9778   SIC 4311

CANADA POST CORPORATION p119
9521 Franklin Ave Suite 160, FORT MCMURRAY, AB, T9H 3Z7
(780) 880-3323   SIC 4311

CANADA POST CORPORATION p123
10004 103 St, FORT SASKATCHEWAN, AB, T8L 2E1
(780) 992-6000   SIC 4311

CANADA POST CORPORATION p125
11524 84 Ave, GRANDE PRAIRIE, AB, T8V 3B5
(780) 831-0203   SIC 4311

CANADA POST CORPORATION p134
5120 51 Ave, LACOMBE, AB, T4L 1J5
(403) 782-6006   SIC 4311

CANADA POST CORPORATION p138
704 4 Ave S, LETHBRIDGE, AB, T1J 0N8
(403) 382-4604   SIC 4311

CANADA POST CORPORATION p144
3292 Dunmore Rd Se, MEDICINE HAT, AB, T1B 2R4
(403) 526-1426   SIC 4311

CANADA POST CORPORATION p148
27 Mcrae St, OKOTOKS, AB, T1S 1A0
(403) 938-4233   SIC 4311

CANADA POST CORPORATION p150
1220 Windsor Ave, PENHOLD, AB, T0M 1R0
(403) 886-2450   SIC 4311

CANADA POST CORPORATION p152
4909 50 St, RED DEER, AB, T4N 1X8
SIC 4311

CANADA POST CORPORATION p159
4912 47 Ave, ROCKY MOUNTAIN HOUSE, AB, T4T 1V3
(403) 845-3606   SIC 4311

CANADA POST CORPORATION p160
1080 Strathcona Dr, SHERWOOD PARK, AB, T8A 0Z7
(780) 449-2040   SIC 4311

CANADA POST CORPORATION p160
5017 51st Ave, SANGUDO, AB, T0E 2A0
(780) 785-2223   SIC 4311

CANADA POST CORPORATION p162
26 Cranford Way, SHERWOOD PARK, AB, T8H 0W7
SIC 4311

CANADA POST CORPORATION p165
360 Saskatchewan Ave, SPRUCE GROVE, AB, T7X 0G6
(780) 962-4419   SIC 4311

CANADA POST CORPORATION p168
5305 50 St, STONY PLAIN, AB, T7Z 1A0
(780) 963-2867   SIC 4311

CANADA POST CORPORATION p174
4811 51 St, WETASKIWIN, AB, T9A 1L1
SIC 4311

CANADA POST CORPORATION p188
7155 Kingsway Ste 302, BURNABY, BC, V5E 2V1
(604) 525-1571   SIC 4311

CANADA POST CORPORATION p190
6025 Sussex St, BURNABY, BC, V5H 3C2
(604) 482-4299   SIC 4311

CANADA POST CORPORATION p194
1090 Ironwood St, CAMPBELL RIVER, BC, V9W 5P0
(250) 287-9124   SIC 4311

CANADA POST CORPORATION p195
1011 4th St, CASTLEGAR, BC, V1N 2B1
(250) 365-7237   SIC 4311

CANADA POST CORPORATION p196
46229 Yale Rd, CHILLIWACK, BC, V2P 2P4
(604) 795-1604   SIC 4311

CANADA POST CORPORATION p201
1029 Ridgeway Ave, COQUITLAM, BC, V3J 1S6
SIC 4311

CANADA POST CORPORATION p201
552 Clarke Rd Unit 107, COQUITLAM, BC, V3J 3X5
(604) 936-7255   SIC 4311

CANADA POST CORPORATION p204
101 10th Ave S, CRANBROOK, BC, V1C 2N1
(250) 426-8266   SIC 4311

CANADA POST CORPORATION p204
333 Hunt Pl, COURTENAY, BC, V9N 1G0
(250) 334-9423   SIC 4311

CANADA POST CORPORATION p206
11622 7 St, DAWSON CREEK, BC, V1G 4R8
(250) 782-2322   SIC 4311

CANADA POST CORPORATION p211
5432 12 Ave, DELTA, BC, V4M 2B3
(604) 943-4747   SIC 4311

CANADA POST CORPORATION p212
191 Ingram St, DUNCAN, BC, V9L 1N8
(250) 746-4523   SIC 4311

CANADA POST CORPORATION p214
10139 101 Ave, FORT ST. JOHN, BC, V1J 2B4
(250) 785-4625   SIC 4311

CANADA POST CORPORATION p217
5875 Central, HORNBY ISLAND, BC, V0R 1Z0
(250) 335-1121   SIC 4311

CANADA POST CORPORATION p219
970 Camosun Cres, KAMLOOPS, BC, V2C 6G2
(250) 374-1879   SIC 4311

CANADA POST CORPORATION p225
530 Gaston Ave, KELOWNA, BC, V1Y 0A5
(250) 762-2118   SIC 4311

CANADA POST CORPORATION p228
450 City Centre, KITIMAT, BC, V8C 1T0
(250) 632-6722   SIC 4311

CANADA POST CORPORATION p236
20800 Lougheed Hwy, MAPLE RIDGE, BC, V2X 2R3
(604) 463-3651   SIC 4311

CANADA POST CORPORATION p238
33191 1st Ave, MISSION, BC, V2V 1G5
(604) 826-6034   SIC 4311

CANADA POST CORPORATION p243
514 Vernon St, NELSON, BC, V1L 4E7
(250) 352-3538   SIC 4311

CANADA POST CORPORATION p244
24 Ovens Ave, NEW WESTMINSTER, BC, V3L 1Z2
(604) 522-8050   SIC 4311

CANADA POST CORPORATION p249
949 3rd St W Suite 105, NORTH VANCOUVER, BC, V7P 3P7
SIC 4311

CANADA POST CORPORATION p252
56 Industrial Ave W, PENTICTON, BC, V2A 6M2
(250) 492-5717   SIC 4311

CANADA POST CORPORATION p253
5262 Argyle St Unit F, PORT ALBERNI, BC, V9Y 1T9
(250) 723-5411   SIC 4311

CANADA POST CORPORATION p253
3737 10th Ave, PORT ALBERNI, BC, V9Y 4W5
(250) 724-1442   SIC 4311

CANADA POST CORPORATION p255
1628 Industrial Ave, PORT COQUITLAM, BC, V3C 6N3
(604) 942-9112   SIC 4311

CANADA POST CORPORATION p257
45 Mary St, PORT MOODY, BC, V3H 9X9
(604) 936-5515   SIC 4311

CANADA POST CORPORATION p258
4812 Joyce Ave, POWELL RIVER, BC, V8A 3B8
(604) 485-0281   SIC 4311

CANADA POST CORPORATION p261
3505 15th Ave, PRINCE GEORGE, BC, V2N 0E8
(250) 563-4422   SIC 4311

CANADA POST CORPORATION p261
9598 Penn Rd, PRINCE GEORGE, BC, V2N 5T6
(250) 562-5241   SIC 4311

CANADA POST CORPORATION p264
346 Reid St, QUESNEL, BC, V2J 2M4
(250) 992-2200   SIC 4311

CANADA POST CORPORATION p269
7680 River Rd, RICHMOND, BC, V6X 3K0
(604) 273-3743   SIC 4311

CANADA POST CORPORATION p276
370 Hudson St Nw, SALMON ARM, BC, V1E 1A0
(250) 832-3093   SIC 4311

CANADA POST CORPORATION p276
5557 Inlet Ave, SECHELT, BC, V0N 3A0
(604) 885-2411   SIC 4311

CANADA POST CORPORATION p277
2065 Mills Rd W, SIDNEY, BC, V8L 5X2
(250) 953-1372   SIC 4311

CANADA POST CORPORATION p281
17790 56 Ave Suite 104, SURREY, BC, V3S 1C7
(604) 574-7436   SIC 4311

CANADA POST CORPORATION p283
10688 King George Blvd, SURREY, BC, V3T 2X3
(604) 589-3445   SIC 4311

CANADA POST CORPORATION p290
3232 Emerson St, TERRACE, BC, V8G 2R8
(250) 638-1862   SIC 4311

CANADA POST CORPORATION p291
805 Spokane St, TRAIL, BC, V1R 3W4
(250) 364-2585   SIC 4311

CANADA POST CORPORATION p293
333 Woodland Dr, VANCOUVER, BC, V5L 0B6
(604) 258-0201   SIC 4311

CANADA POST CORPORATION p295
1755 Broadway E, VANCOUVER, BC, V5N 1W2
(604) 872-8451   SIC 4311

CANADA POST CORPORATION p303
349 Georgia St W Unit 100, VANCOUVER, BC, V6B 0N2
(604) 662-1606   SIC 4311

CANADA POST CORPORATION p303
Gd Stn Terminal, VANCOUVER, BC, V6B 3P7
SIC 4311

CANADA POST CORPORATION p315
2405 Pine St, VANCOUVER, BC, V6J 3E9
(604) 482-4214   SIC 4311

CANADA POST CORPORATION p325
3101 32 Ave, VERNON, BC, V1T 2M2
(250) 545-8239   SIC 4311

CANADA POST CORPORATION p328
1625 Fort St, VICTORIA, BC, V8R 1H8
(250) 595-3548   SIC 4311

CANADA POST CORPORATION p331
714 Yates St, VICTORIA, BC, V8W 1L4
(250) 953-1352   SIC 4311

CANADA POST CORPORATION p333
4181 Glanford Ave Suite 400, VICTORIA, BC, V8Z 7X4
SIC 4311

CANADA POST CORPORATION p334
3575 Douglas St, VICTORIA, BC, V8Z 3L6
(250) 475-7572   SIC 4311

CANADA POST CORPORATION p340
48 Second Ave S, WILLIAMS LAKE, BC, V2G 1H6
(250) 392-3647   SIC 4311

CANADA POST CORPORATION p340

BUSINESSES BY INDUSTRY CLASSIFICATION

SIC 4311 U.s. postal service **2103**

370 Proctor St, WILLIAMS LAKE, BC, V2G 4P6
(250) 392-2711   *SIC* 4311
CANADA POST CORPORATION   *p344*
914 Douglas St, BRANDON, MB, R7A 7B2
(204) 729-3585   *SIC* 4311
CANADA POST CORPORATION   *p353*
9 Saskatchewan Ave W, PORTAGE LA PRAIRIE, MB, R1N 0P4
(204) 857-5890   *SIC* 4311
CANADA POST CORPORATION   *p355*
356 Main St, SELKIRK, MB, R1A 1T6
SIC 4311
CANADA POST CORPORATION   *p359*
103 Selkirk Ave, THOMPSON, MB, R8N 0M5
(204) 677-9502   *SIC* 4311
CANADA POST CORPORATION   *p361*
104 Regent Ave E, WINNIPEG, MB, R2C 0C1
(204) 985-0189   *SIC* 4311
CANADA POST CORPORATION   *p372*
1462 Church Ave, WINNIPEG, MB, R2X 1T1
(204) 987-5704   *SIC* 4311
CANADA POST CORPORATION   *p388*
4910 Roblin Blvd Unit 150, WINNIPEG, MB, R3R 0G7
SIC 4311
CANADA POST CORPORATION   *p393*
255 Rue Notre Dame, ATHOLVILLE, NB, E3N 4T1
(506) 789-0500   *SIC* 4311
CANADA POST CORPORATION   *p395*
35 Roseberry St, CAMPBELLTON, NB, E3N 2G5
(506) 753-0200   *SIC* 4311
CANADA POST CORPORATION   *p396*
680 Boul Malenfant, DIEPPE, NB, E1A 5V8
SIC 4311
CANADA POST CORPORATION   *p405*
305 Pleasant St, MIRAMICHI, NB, E1V 1Y8
(506) 622-4615   *SIC* 4311
CANADA POST CORPORATION   *p423*
29 Main St, BAIE VERTE, NL, A0K 1B0
(709) 532-4626   *SIC* 4311
CANADA POST CORPORATION   *p425*
14 Main St, CORNER BROOK, NL, A2H 1B8
(709) 637-8807   *SIC* 4311
CANADA POST CORPORATION   *p427*
16 High St, GRAND FALLS-WINDSOR, NL, A2A 1C6
(709) 489-9533   *SIC* 4311
CANADA POST CORPORATION   *p428*
500 Vanier Ave Suite 2, LABRADOR CITY, NL, A2V 2W7
(709) 944-3979   *SIC* 4311
CANADA POST CORPORATION   *p436*
144 Main St, STEPHENVILLE, NL, A2N 0B5
(709) 643-8350   *SIC* 4311
CANADA POST CORPORATION   *p441*
325 Main St, ANTIGONISH, NS, B2G 2C3
(902) 863-3464   *SIC* 4311
CANADA POST CORPORATION   *p441*
75 St Ninian St Suite 1, ANTIGONISH, NS, B2G 2R8
(902) 863-6550   *SIC* 4311
CANADA POST CORPORATION   *p441*
126 Albion St S, AMHERST, NS, B4H 2X3
(902) 661-0703   *SIC* 4311
CANADA POST CORPORATION   *p441*
38 Havelock St, AMHERST, NS, B4H 4C3
(902) 667-7734   *SIC* 4311
CANADA POST CORPORATION   *p444*
135 North St, BRIDGEWATER, NS, B4V 8Z8
(902) 543-1960   *SIC* 4311
CANADA POST CORPORATION   *p450*
28 Topple Dr, DARTMOUTH, NS, B3B 1L6
(902) 494-4672   *SIC* 4311
CANADA POST CORPORATION   *p457*
1526 Dresden Row, HALIFAX, NS, B3J 3K3
(902) 420-1594   *SIC* 4311
CANADA POST CORPORATION   *p465*
495 Main St Suite 1, KENTVILLE, NS, B4N 3W5

(902) 678-0773   *SIC* 4311
CANADA POST CORPORATION   *p469*
280 Stellarton Rd, NEW GLASGOW, NS, B2H 1M5
(902) 755-9588   *SIC* 4311
CANADA POST CORPORATION   *p474*
17 Archibald Ave, SYDNEY, NS, B1P 3L6
(902) 794-5020   *SIC* 4311
CANADA POST CORPORATION   *p474*
1230 Upper Prince St, SYDNEY, NS, B1P 0C5
SIC 4311
CANADA POST CORPORATION   *p477*
366 Industrial Ave, TRURO, NS, B2N 6V7
(902) 897-3341   *SIC* 4311
CANADA POST CORPORATION   *p477*
664 Prince St, TRURO, NS, B2N 1G6
(902) 893-7277   *SIC* 4311
CANADA POST CORPORATION   *p480*
15 Willow St, YARMOUTH, NS, B5A 1T8
(902) 742-4221   *SIC* 4311
CANADA POST CORPORATION   *p482*
53 Bower St, ACTON, ON, L7J 1E1
(519) 853-0410   *SIC* 4311
CANADA POST CORPORATION   *p486*
66 Richmond St, AMHERSTBURG, ON, N9V 1E9
(519) 736-3992   *SIC* 4311
CANADA POST CORPORATION   *p488*
90 Madawaska St Suite 1, ARNPRIOR, ON, K7S 1S3
(613) 623-4318   *SIC* 4311
CANADA POST CORPORATION   *p490*
20 Wellington St E, AURORA, ON, L4G 1H5
SIC 4311
CANADA POST CORPORATION   *p496*
73 Morrow Rd, BARRIE, ON, L4N 3V7
(705) 728-3592   *SIC* 4311
CANADA POST CORPORATION   *p511*
9780 Bramalea Rd Suite 301, BRAMPTON, ON, L6S 2P1
SIC 4311
CANADA POST CORPORATION   *p519*
26 Hale Rd, BRAMPTON, ON, L6W 3M1
(905) 453-6806   *SIC* 4311
CANADA POST CORPORATION   *p527*
794 Colborne St, BRANTFORD, ON, N3S 3S4
(519) 752-2892   *SIC* 4311
CANADA POST CORPORATION   *p528*
58 Dalhousie St, BRANTFORD, ON, N3T 2J2
(519) 752-2505   *SIC* 4311
CANADA POST CORPORATION   *p530*
2399 Parkedale Ave, BROCKVILLE, ON, K6V 3G9
(613) 342-6701   *SIC* 4311
CANADA POST CORPORATION   *p548*
6705 Camlachie Rd, CAMLACHIE, ON, N0N 1E0
SIC 4311
CANADA POST CORPORATION   *p549*
42 Bridge St, CARLETON PLACE, ON, K7C 2V1
(613) 257-3324   *SIC* 4311
CANADA POST CORPORATION   *p551*
416 St Clair St, CHATHAM, ON, N7L 3K5
SIC 4311
CANADA POST CORPORATION   *p552*
120 Wellington St W, CHATHAM, ON, N7M 4V9
(519) 352-1310   *SIC* 4311
CANADA POST CORPORATION   *p564*
805 Boundary Rd Suite 2, CORNWALL, ON, K6H 6K8
(613) 938-3911   *SIC* 4311
CANADA POST CORPORATION   *p569*
97 King St, DRYDEN, ON, P8N 1B8
(807) 223-2473   *SIC* 4311
CANADA POST CORPORATION   *p571*
92 Dunsford Rd Suite 1, DUNSFORD, ON, K0M 1L0
SIC 4311
CANADA POST CORPORATION   *p571*

201 Broad St E, DUNNVILLE, ON, N1A 1G1
(905) 774-6545   *SIC* 4311
CANADA POST CORPORATION   *p584*
2110 Kipling Ave, ETOBICOKE, ON, M9W 4K5
(416) 743-8755   *SIC* 4311
CANADA POST CORPORATION   *p589*
55 Jarvis St, FORT ERIE, ON, L2A 0B2
(905) 871-5510   *SIC* 4311
CANADA POST CORPORATION   *p590*
301 Scott St, FORT FRANCES, ON, P9A 1H1
(807) 274-5573   *SIC* 4311
CANADA POST CORPORATION   *p591*
112 Guelph St, GEORGETOWN, ON, L7G 3Z5
(905) 877-1917   *SIC* 4311
CANADA POST CORPORATION   *p593*
2638 Innes Rd, GLOUCESTER, ON, K1B 4Z5
(613) 824-2257   *SIC* 4311
CANADA POST CORPORATION   *p598*
2 Main St W, GRIMSBY, ON, L3M 1R4
SIC 4311
CANADA POST CORPORATION   *p607*
60 Kenilworth Ave N, HAMILTON, ON, L8H 4R5
SIC 4311
CANADA POST CORPORATION   *p610*
75 Frid St, HAMILTON, ON, L8P 0A9
SIC 4311
CANADA POST CORPORATION   *p614*
999 Upper Wentworth St, HAMILTON, ON, L9A 4X5
(905) 388-8459   *SIC* 4311
CANADA POST CORPORATION   *p617*
252 10th St, HANOVER, ON, N4N 1N9
(519) 364-3491   *SIC* 4311
CANADA POST CORPORATION   *p618*
284 Main St E, HAWKESBURY, ON, K6A 1A5
(613) 632-6792   *SIC* 4311
CANADA POST CORPORATION   *p620*
2 Main St W, HUNTSVILLE, ON, P1H 2E1
(705) 789-2221   *SIC* 4311
CANADA POST CORPORATION   *p621*
36 Charles St W, INGERSOLL, ON, N5C 2L6
(519) 485-3700   *SIC* 4311
CANADA POST CORPORATION   *p621*
8056 Yonge St, INNISFIL, ON, L9S 1L6
(705) 436-4622   *SIC* 4311
CANADA POST CORPORATION   *p628*
202 Church St, KESWICK, ON, L4P 1J8
(905) 476-3321   *SIC* 4311
CANADA POST CORPORATION   *p631*
120 Clarence St, KINGSTON, ON, K7L 1X4
(613) 530-2260   *SIC* 4311
CANADA POST CORPORATION   *p635*
28 Division St N, KINGSVILLE, ON, N9Y 1C9
(519) 733-2343   *SIC* 4311
CANADA POST CORPORATION   *p636*
15 Government Rd E, KIRKLAND LAKE, ON, P2N 1A1
(705) 567-3333   *SIC* 4311
CANADA POST CORPORATION   *p639*
70 Trillium Dr, KITCHENER, ON, N2E 0E2
(519) 748-3056   *SIC* 4311
CANADA POST CORPORATION   *p646*
25 John St, LEAMINGTON, ON, N8H 1H3
(519) 326-2678   *SIC* 4311
CANADA POST CORPORATION   *p655*
255 Dufferin Ave, LONDON, ON, N6A 4K1
(519) 435-4963   *SIC* 4311
CANADA POST CORPORATION   *p667*
9926 Keele St, MAPLE, ON, L6A 3Y4
(905) 832-1435   *SIC* 4311
CANADA POST CORPORATION   *p680*
525 Dominion Ave, MIDLAND, ON, L4R 1P8
(705) 526-5571   *SIC* 4311
CANADA POST CORPORATION   *p681*
8490 Lawson Rd, MILTON, ON, L9T 8T3
(905) 878-0849   *SIC* 4311

CANADA POST CORPORATION   *p687*
4567 Dixie Rd Suite 152, MISSISSAUGA, ON, L4W 1S2
(416) 979-3033   *SIC* 4311
CANADA POST CORPORATION   *p693*
1310 Dundas St E, MISSISSAUGA, ON, L4Y 2C1
(905) 279-5892   *SIC* 4311
CANADA POST CORPORATION   *p694*
340 Matheson Blvd E, MISSISSAUGA, ON, L4Z 1P5
(905) 755-9328   *SIC* 4311
CANADA POST CORPORATION   *p703*
2273 Dundas St W, MISSISSAUGA, ON, L5K 2L8
(905) 828-7447   *SIC* 4311
CANADA POST CORPORATION   *p705*
145 Queen St S, MISSISSAUGA, ON, L5M 1L1
(905) 826-3521   *SIC* 4311
CANADA POST CORPORATION   *p718*
6915 Dixie Rd, MISSISSAUGA, ON, L5T 2G2
SIC 4311
CANADA POST CORPORATION   *p722*
425 Courtneypark Dr W Unit 102, MISSISSAUGA, ON, L5W 0E4
(905) 565-6604   *SIC* 4311
CANADA POST CORPORATION   *p725*
124 Centre St N, NAPANEE, ON, K7R 1N3
(613) 354-3711   *SIC* 4311
CANADA POST CORPORATION   *p726*
141 Colonnade Rd, NEPEAN, ON, K2E 7L9
(613) 764-1008   *SIC* 4311
CANADA POST CORPORATION   *p735*
4500 Queen St, NIAGARA FALLS, ON, L2E 2L5
(905) 374-6667   *SIC* 4311
CANADA POST CORPORATION   *p743*
101 Placer Crt, NORTH YORK, ON, M2H 3H9
SIC 4311
CANADA POST CORPORATION   *p750*
6035 Bathurst St, NORTH YORK, ON, M2R 1Z3
(416) 226-1717   *SIC* 4311
CANADA POST CORPORATION   *p753*
169 The Donway W, NORTH YORK, ON, M3C 4G6
(416) 444-6271   *SIC* 4311
CANADA POST CORPORATION   *p769*
1130 Speers Rd, OAKVILLE, ON, L6L 2X4
(905) 338-1199   *SIC* 4311
CANADA POST CORPORATION   *p773*
150 First St, ORANGEVILLE, ON, L9W 3T7
(519) 940-9740   *SIC* 4311
CANADA POST CORPORATION   *p782*
1400 Merivale Rd, OTTAWA, ON, K1A 0Y9
SIC 4311
CANADA POST CORPORATION   *p782*
2701 Riverside Dr, OTTAWA, ON, K1A 0B1
(613) 734-8440   *SIC* 4311
CANADA POST CORPORATION   *p782*
2701 Riverside Dr Suite 604, OTTAWA, ON, K1A 1L9
(613) 734-1017   *SIC* 4311
CANADA POST CORPORATION   *p782*
2701 Riverside Dr, OTTAWA, ON, K1A 1L5
(613) 734-8440   *SIC* 4311
CANADA POST CORPORATION   *p792*
797 Somerset St W Suite 14, OTTAWA, ON, K1R 6R3
(613) 729-6761   *SIC* 4311
CANADA POST CORPORATION   *p799*
1355 Richmond Rd, OTTAWA, ON, K2B 6R7
(613) 828-2672   *SIC* 4311
CANADA POST CORPORATION   *p805*
162 Pembroke St W, PEMBROKE, ON, K8A 5M8
(613) 732-2411   *SIC* 4311
CANADA POST CORPORATION   *p807*
7 Beckwith St E, PERTH, ON, K7H 1B2
(613) 267-1608   *SIC* 4311
CANADA POST CORPORATION   *p809*

▲ Public Company   ■ Public Company Family Member   **HQ** Headquarters   **BR** Branch   **SL** Single Location

795 Rye St, PETERBOROUGH, ON, K9J 6X1
SIC 4311

CANADA POST CORPORATION *p*816
184 Elm St, PORT COLBORNE, ON, L3K 4N8
(905) 834-3331 *SIC* 4311

CANADA POST CORPORATION *p*817
192 Queen St, PORT PERRY, ON, L9L 1B9
SIC 4311

CANADA POST CORPORATION *p*819
249 Raglan St S, RENFREW, ON, K7V 1R3
(613) 432-3384 *SIC* 4311

CANADA POST CORPORATION *p*822
21 Arnold Cres, RICHMOND HILL, ON, L4C 3R6
(905) 884-9424 *SIC* 4311

CANADA POST CORPORATION *p*828
105 Christina St S, SARNIA, ON, N7T 2M7
(519) 344-7074 *SIC* 4311

CANADA POST CORPORATION *p*828
242 Indian Rd S, Sarnia, ON, N7T 3W4
SIC 4311

CANADA POST CORPORATION *p*839
1085 Kingston Rd, SCARBOROUGH, ON, M1N 4E3
(416) 699-5355 *SIC* 4311

CANADA POST CORPORATION *p*840
280 Progress Ave, SCARBOROUGH, ON, M1P 2Z4
(416) 299-4577 *SIC* 4311

CANADA POST CORPORATION *p*848
124 Norfolk St N, SIMCOE, ON, N3Y 3N8
(519) 426-1365 *SIC* 4311

CANADA POST CORPORATION *p*849
17 Church St E, SMITHS FALLS, ON, K7A 1H1
SIC 4311

CANADA POST CORPORATION *p*851
234 Bunting Rd, ST CATHARINES, ON, L2M 3Y1
(905) 688-7765 *SIC* 4311

CANADA POST CORPORATION *p*852
163 Scott St, ST CATHARINES, ON, L2N 1H3
(905) 934-9792 *SIC* 4311

CANADA POST CORPORATION *p*860
393 Millen Rd, STONEY CREEK, ON, L8E 5A8
(905) 664-0009 *SIC* 4311

CANADA POST CORPORATION *p*863
6379 Main St, STOUFFVILLE, ON, L4A 1G4
(905) 640-2466 *SIC* 4311

CANADA POST CORPORATION *p*864
75 Waterloo St S, STRATFORD, ON, N5A 7B2
(519) 271-1282 *SIC* 4311

CANADA POST CORPORATION *p*865
62 Frank St, STRATHROY, ON, N7G 2R4
(519) 245-1461 *SIC* 4311

CANADA POST CORPORATION *p*882
54 Brock St W, TILLSONBURG, ON, N4G 2A5
(519) 688-1119 *SIC* 4311

CANADA POST CORPORATION *p*883
140 Second Ave, TIMMINS, ON, P4N 1E9
(705) 268-2951 *SIC* 4311

CANADA POST CORPORATION *p*891
2800 Keele St, TORONTO, ON, M3M 2G4
SIC 4311

CANADA POST CORPORATION *p*892
2315 Danforth Ave, TORONTO, ON, M4C 1K5
SIC 4311

CANADA POST CORPORATION *p*893
2 Laird Dr, TORONTO, ON, M4G 4K6
SIC 4311

CANADA POST CORPORATION *p*894
1032 Pape Ave, TORONTO, ON, M4K 3W2
(416) 423-4661 *SIC* 4311

CANADA POST CORPORATION *p*895
1075 Queen St E, TORONTO, ON, M4M 0C1
SIC 4311

CANADA POST CORPORATION *p*896
2708 Yonge St, TORONTO, ON, M4N 2H9
(416) 483-7122 *SIC* 4311

CANADA POST CORPORATION *p*903
50 Charles St E, TORONTO, ON, M4Y 1T1
(416) 413-4815 *SIC* 4311

CANADA POST CORPORATION *p*910
1 Dundas St W Suite 500, TORONTO, ON, M5G 2L5
SIC 4311

CANADA POST CORPORATION *p*933
509 St Clair Ave W, TORONTO, ON, M6C 1A1
SIC 4311

CANADA POST CORPORATION *p*934
1773 Eglinton Ave W, TORONTO, ON, M6E 2H7
SIC 4311

CANADA POST CORPORATION *p*935
772 Dovercourt Rd, TORONTO, ON, M6H 0A2
SIC 4311

CANADA POST CORPORATION *p*936
1117 Queen St W Suite 156, TORONTO, ON, M6J 3X7
(416) 532-1234 *SIC* 4311

CANADA POST CORPORATION *p*937
873 Jane St, TORONTO, ON, M6N 4C4
(416) 763-1311 *SIC* 4311

CANADA POST CORPORATION *p*941
2050 Weston Rd, TORONTO, ON, M9N 1X4
SIC 4311

CANADA POST CORPORATION *p*943
70 Front St, TRENTON, ON, K8V 4N4
(613) 392-4402 *SIC* 4311

CANADA POST CORPORATION *p*946
Gd, VAL RITA, ON, P0L 2G0
(705) 335-3026 *SIC* 4311

CANADA POST CORPORATION *p*948
620 Wellington St, WALLACEBURG, ON, N8A 2Y5
(519) 627-4771 *SIC* 4311

CANADA POST CORPORATION *p*949
17 Main St N, WATERDOWN, ON, L8B 1R4
(905) 689-8364 *SIC* 4311

CANADA POST CORPORATION *p*950
70 King St N, WATERLOO, ON, N2J 2X1
(519) 886-1330 *SIC* 4311

CANADA POST CORPORATION *p*954
26 Division St, WELLAND, ON, L3B 3Z6
(905) 734-4211 *SIC* 4311

CANADA POST CORPORATION *p*961
11910 Tecumseh Rd E, WINDSOR, ON, N8N 0B9
(519) 735-9808 *SIC* 4311

CANADA POST CORPORATION *p*963
1430 Grand Marais W, WINDSOR, ON, N8W 1W2
(519) 966-4231 *SIC* 4311

CANADA POST CORPORATION *p*971
303 Josephine St, WINGHAM, ON, N0G 2W0
(519) 357-2680 *SIC* 4311

CANADA POST CORPORATION *p*973
21 Haist Ave Suite 1, WOODBRIDGE, ON, L4L 5V5
(905) 851-1237 *SIC* 4311

CANADA POST CORPORATION *p*977
433 Norwich Ave, WOODSTOCK, ON, N4S 3W4
(519) 537-3131 *SIC* 4311

CANADA POST CORPORATION *p*984
454 Granville St, SUMMERSIDE, PE, C1N 4K7
(902) 436-5652 *SIC* 4311

CANADA POST CORPORATION *p*987
160 Rue Saint-Joseph, ALMA, QC, G8B 0E7
(418) 662-3106 *SIC* 4311

CANADA POST CORPORATION *p*988
32 1re Av O, AMOS, QC, J9T 1T8
(819) 732-5853 *SIC* 4311

CANADA POST CORPORATION *p*996
37 Rue Saint-Laurent, BEAUHARNOIS, QC, J6N 1V1

(450) 225-1065 *SIC* 4311
CANADA POST CORPORATION *p*997
595 Boul Sir-Wilfrid-Laurier, BELOEIL, QC, J3G 4J1
SIC 4311

CANADA POST CORPORATION *p*998
580 Av Gilles-Villeneuve, BERTHIERVILLE, QC, J0K 1A0
SIC 4311

CANADA POST CORPORATION *p*1000
4570 Rue Ambroise-Lafortune, BOIS-BRIAND, QC, J7H 0E5
(450) 435-4527 *SIC* 4311

CANADA POST CORPORATION *p*1010
1223 Boul De Perigny, CHAMBLY, QC, J3L 1W7
(450) 658-0232 *SIC* 4311

CANADA POST CORPORATION *p*1013
1939 Rue Des Sapins Unite 1, CHICOUTIMI, QC, G7H 0H7
(418) 690-0350 *SIC* 4311

CANADA POST CORPORATION *p*1021
224 Rue Du Sud, COWANSVILLE, QC, J2K 2X4
(450) 266-2101 *SIC* 4311

CANADA POST CORPORATION *p*1024
3347 Boul Des Sources, DOLLARD-DES-ORMEAUX, QC, H9B 1Z8
(514) 683-5460 *SIC* 4311

CANADA POST CORPORATION *p*1033
52 Rue Fontenelle, Gaspe, QC, G4X 6R2
(418) 368-4325 *SIC* 4311

CANADA POST CORPORATION *p*1040
297 Rue Principale, GRANBY, QC, J2G 2W1
(450) 372-3987 *SIC* 4311

CANADA POST CORPORATION *p*1042
696 5e Av, Grand-Mere, QC, G9T 2M6
(819) 538-1651 *SIC* 4311

CANADA POST CORPORATION *p*1045
877 Rue Papineau, JOLIETTE, QC, J6E 2L6
(450) 752-6612 *SIC* 4311

CANADA POST CORPORATION *p*1047
3219 Boul Saint-Francois, Jonquiere, QC, G7T 0A6
(418) 548-0588 *SIC* 4311

CANADA POST CORPORATION *p*1050
1697 Rue Notre-Dame, L'ANCIENNE-LORETTE, QC, G2E 3B9
SIC 4311

CANADA POST CORPORATION *p*1053
550 Boul Taschereau, LA PRAIRIE, QC, J5R 1V1
(450) 659-1183 *SIC* 4311

CANADA POST CORPORATION *p*1060
9566 Rue Jean-Milot, LASALLE, QC, H8R 1X7
SIC 4311

CANADA POST CORPORATION *p*1062
850 Rue Montrose, Laval, QC, H7E 0H1
(514) 345-7503 *SIC* 4311

CANADA POST CORPORATION *p*1076
3131 Boul Mascouche, MASCOUCHE, QC, J7K 1Y0
SIC 4311

CANADA POST CORPORATION *p*1077
200 Av Saint-Jerome, MATANE, QC, G4W 0C7
(418) 562-0537 *SIC* 4311

CANADA POST CORPORATION *p*1079
530 Boul Packard, MONT-LAURIER, QC, J9L 0A0
(819) 623-3463 *SIC* 4311

CANADA POST CORPORATION *p*1079
1496 Boul Jacques-Cartier Bureau 183113, MONT-JOLI, QC, G5H 0B3
(418) 775-2271 *SIC* 4311

CANADA POST CORPORATION *p*1086
6700 Rue Sherbrooke E, Montreal, QC, H1N 1C9
(514) 259-3233 *SIC* 4311

CANADA POST CORPORATION *p*1088
4290 Rue Ontario E, Montreal, QC, H1V 1K3
(514) 259-3233 *SIC* 4311

CANADA POST CORPORATION *p*1110

1100 Boul Rene-Levesque O, Montreal, QC, H3B 4N4
SIC 4311

CANADA POST CORPORATION *p*1121
4944 Boul Decarie, Montreal, QC, H3X 2H7
(514) 369-4813 *SIC* 4311

CANADA POST CORPORATION *p*1121
5345 Ch Queen-Mary, Montreal, QC, H3X 1T9
(514) 489-7207 *SIC* 4311

CANADA POST CORPORATION *p*1123
5820 Boul Monkland, Montreal, QC, H4E 3H6
SIC 4311

CANADA POST CORPORATION *p*1153
660 Rue Graham-Bell, Quebec, QC, G1N 0B2
(418) 847-2160 *SIC* 4311

CANADA POST CORPORATION *p*1163
3291 Ch Sainte-Foy Unite 225, Quebec, QC, G1X 3V2
(418) 652-1738 *SIC* 4311

CANADA POST CORPORATION *p*1166
6700 Boul Pierre-Bertrand Bureau 200, Quebec, QC, G2J 0B6
SIC 4311

CANADA POST CORPORATION *p*1169
1340 Boul Pie-Xi N, Quebec, QC, G3J 1X3
(418) 842-3178 *SIC* 4311

CANADA POST CORPORATION *p*1172
139 Rue De Sainte-Cecile-Du-Bic, RIMOUSKI, QC, G0L 1B0
(418) 736-4988 *SIC* 4311

CANADA POST CORPORATION *p*1174
200 Rue Lafontaine, Riviere-du-Loup, QC, G5R 0J4
(418) 862-6348 *SIC* 4311

CANADA POST CORPORATION *p*1177
151 Av Du Lac, ROUYN-NORANDA, QC, J9X 4N6
(819) 762-5555 *SIC* 4311

CANADA POST CORPORATION *p*1182
50 Rue Rabastaliere O, SAINT-BRUNO, QC, J3V 1Y0
(450) 441-1583 *SIC* 4311

CANADA POST CORPORATION *p*1184
171 Rue Saint-Pierre Bureau 104, SAINT-CONSTANT, QC, J5A 2G9
(450) 632-2430 *SIC* 4311

CANADA POST CORPORATION *p*1186
405 Boul Arthur-Sauve, SAINT-EUSTACHE, QC, J7P 2B2
(450) 473-6474 *SIC* 4311

CANADA POST CORPORATION *p*1189
14200 Boul Lacroix, SAINT-GEORGES, QC, G5Y 0C3
(418) 228-1354 *SIC* 4311

CANADA POST CORPORATION *p*1194
2020 Rue Girouard O, SAINT-HYACINTHE, QC, J2S 3A6
(450) 771-6767 *SIC* 4311

CANADA POST CORPORATION *p*1198
246 Rue Champlain, SAINT-JEAN-SUR-RICHELIEU, QC, J3B 0J8
(450) 347-5337 *SIC* 4311

CANADA POST CORPORATION *p*1211
555 Rue Mcarthur Bureau 1506, SAINT-LAURENT, QC, H4T 1T4
(514) 345-4571 *SIC* 4311

CANADA POST CORPORATION *p*1214
6105 Boul Metropolitain E, SAINT-LEONARD, QC, H1P 0A3
(514) 955-3148 *SIC* 4311

CANADA POST CORPORATION *p*1221
548 Rue Principale, Saint-Sebastien, QC, J0J 2C0
(450) 244-5593 *SIC* 4311

CANADA POST CORPORATION *p*1223
36 Rue Principale E, SAINTE-AGATHE-DES-MONTS, QC, J8C 1J4
(819) 326-1096 *SIC* 4311

CANADA POST CORPORATION *p*1226
461 Rue Saint-Joseph, SAINTE-JULIE, QC, J3E 1W8

BUSINESSES BY INDUSTRY CLASSIFICATION

SIC 4492 Towing and tugboat service

(450) 649-5471   *SIC* 4311
CANADA POST CORPORATION   p1232
180 Rue Victoria, SALABERRY-DE-VALLEYFIELD, QC, J6T 0B6
(450) 373-3030   *SIC* 4311
CANADA POST CORPORATION   p1233
203-701 Boul Laure, Sept-Iles, QC, G4R 0G6
(418) 962-7730   *SIC* 4311
CANADA POST CORPORATION   p1246
8 Rue Notre-Dame E, THETFORD MINES, QC, G6G 0C2
(418) 338-2177   *SIC* 4311
CANADA POST CORPORATION   p1247
1285 Rue Notre-Dame E, Trois-Rivieres, QC, G8T 4J9
(819) 691-4215   *SIC* 4311
CANADA POST CORPORATION   p1256
100 Rte De Lotbiniere, VAUDREUIL-DORION, QC, J7V 2T4
(450) 455-3026   *SIC* 4311
CANADA POST CORPORATION   p1258
133 Rue Saint-Jean-Baptiste, VICTORIAVILLE, QC, G6P 0C8
(819) 458-3333   *SIC* 4311
CANADA POST CORPORATION   p1272
4616 49 Ave, LLOYDMINSTER, SK, S9V 0T2
(306) 825-7510   *SIC* 4311
CANADA POST CORPORATION   p1275
63 Ross St W, MOOSE JAW, SK, S6H 2M2
(306) 691-4770   *SIC* 4311
CANADA POST CORPORATION   p1277
1242 100th St, NORTH BATTLEFORD, SK, S9A 0V7
(306) 446-4000   *SIC* 4311
CANADA POST CORPORATION   p1279
9 Marquis Rd W, PRINCE ALBERT, SK, S6V 8B9
(306) 953-1900   *SIC* 4311
CANADA POST CORPORATION   p1279
1403 Central Ave Unit 550, PRINCE ALBERT, SK, S6V 7J4
(306) 922-1711   *SIC* 4311
CANADA POST CORPORATION   p1281
214 Main St, RADVILLE, SK, S0C 2G0
(306) 869-2433   *SIC* 4311
CANADA POST CORPORATION   p1282
2223 E Victoria Ave Suite 109, REGINA, SK, S4N 6E4
SIC 4311
CANADA POST CORPORATION   p1284
2200 Saskatchewan Dr, REGINA, SK, S4P 3V7
(306) 761-6301   *SIC* 4311
CANADA POST CORPORATION   p1288
2625 31st Ave, REGINA, SK, S4S 2R3
(306) 761-6373   *SIC* 4311
CANADA POST CORPORATION   p1295
817 51st St E, SASKATOON, SK, S7K 0G9
SIC 4311
CANADA POST CORPORATION   p1309
70 Bull Cres, YORKTON, SK, S3N 3W7
(306) 783-4647   *SIC* 4311
CANADA POST CORPORATION   p1311
300 Range Rd, WHITEHORSE, YT, Y1A 0H8
(867) 668-2195   *SIC* 4311

SIC 4412 Deep sea foreign transportation of freight

CMA CGM (CANADA) INC   p1114
740 Rue Notre-Dame O Bureau 1330, Montreal, QC, H3C 3X6
(514) 908-7001   *SIC* 4412
FEDNAV INTERNATIONAL LTEE   p1111
1000 Rue De La Gauchetiere O Bureau 3500, Montreal, QC, H3B 4W5
(514) 878-6500   *SIC* 4412
FEDNAV LIMITEE   p1111
1000 Rue De La Gauchetiere O Bureau 3500, Montreal, QC, H3B 4W5

(514) 878-6500   *SIC* 4412

SIC 4424 Deep sea domestic transportation of freight

10663 NEWFOUNDLAND LTD   p427
Gd Happy Valley-Goose Bay Stn C, HAPPY VALLEY-GOOSE BAY, NL, A0P 1C0
(709) 896-2421   *SIC* 4424
ATLANTIC CONTAINER LINE AB   p457
1969 Upper Water St Suite 1608, HALIFAX, NS, B3J 3R7
(800) 225-1235   *SIC* 4424
C.T.M.A. TRAVERSIER LTEE   p1009
435 Ch Avila-Arseneau, CAP-AUX-MEULES, QC, G4T 1J3
(418) 986-6600   *SIC* 4424
CN WORLDWIDE AMERIQUE DU NORD (CANADA) INC   p557
1 Administration Rd, CONCORD, ON, L4K 1B9
(905) 669-3384   *SIC* 4424
CROISIERES AML INC   p1149
124 Rue Saint-Pierre, Quebec, QC, G1K 4A7
(866) 856-6668   *SIC* 4424
OCEANEX INC   p435
10 Fort William Pl Suite 701, ST. JOHN'S, NL, A1C 1K4
(709) 758-0382   *SIC* 4424
OCEANEX INC   p435
701 Kent Fort William Place, ST. JOHN'S, NL, A1C 1K4
(709) 722-6280   *SIC* 4424
OCEANEX INC   p1112
630 Boul Rene-Levesque O Bureau 2550, MONTREAL, QC, H3B 1S6
(514) 875-8558   *SIC* 4424
TRANSPORT NANUK INC   p1115
2100 Av Pierre-Dupuy Bureau 2060, Montreal, QC, H3C 3R5
(514) 597-0186   *SIC* 4424

SIC 4432 Freight transportation on the great lakes

ALGOMA CENTRAL CORPORATION   p854
63 Church St Suite 600, ST CATHARINES, ON, L2R 3C4
(905) 687-7888   *SIC* 4432
ST. LAWRENCE SEAWAY MANAGEMENT CORPORATION, THE   p855
508 Glendale Ave, ST CATHARINES, ON, L2R 6V8
(905) 641-1932   *SIC* 4432
UPPER LAKES GROUP INC   p899
250 Merton St Suite 403, TORONTO, ON, M4S 1B1
(416) 920-7610   *SIC* 4432

SIC 4449 Water transportation of freight

BAY FERRIES LIMITED   p980
94 Water St, CHARLOTTETOWN, PE, C1A 1A6
(902) 566-3838   *SIC* 4449
CONTRANS GROUP INC   p681
100 Market Dr, MILTON, ON, L9T 3H5
(905) 693-8088   *SIC* 4449
ST. LAWRENCE SEAWAY MANAGEMENT CORPORATION, THE   p1007
9200 Boul Marie-Victorin, BROSSARD, QC, J4X 1A3
(450) 672-4115   *SIC* 4449

SIC 4482 Ferries

BLACK BALL TRANSPORT INC   p330
430 Belleville St, VICTORIA, BC, V8V 1W9
(250) 386-2202   *SIC* 4482

BRITISH COLUMBIA FERRY SERVICES INC   p240
1904 East Wellington Rd, NANAIMO, BC, V9S 5X6
(250) 753-2214   *SIC* 4482
BRITISH COLUMBIA FERRY SERVICES INC   p256
6800 Hwy 19, PORT HARDY, BC, V0N 2P0
(877) 223-8778   *SIC* 4482
BRITISH COLUMBIA FERRY SERVICES INC   p262
Gd Stn Main, PRINCE RUPERT, BC, V8J 3P3
(250) 624-9627   *SIC* 4482
BRITISH COLUMBIA FERRY SERVICES INC   p277
2070 Henry Ave W, SIDNEY, BC, V8L 5Y1
(250) 978-1630   *SIC* 4482
COMPAGNIE DE GESTION DE MATANE INC   p1077
1410 Rue De Matane-Sur-Mer, MATANE, QC, G4W 3M6
(418) 562-5028   *SIC* 4482
CONTRANS FLATBED GROUP GP INC p702
2278 Lakeshore Rd W, MISSISSAUGA, ON, L5J 1K2
(905) 855-3906   *SIC* 4482
CONTRANS GROUP INC   p807
42 Lanark Rd, PERTH, ON, K7H 3K5
(613) 267-2007   *SIC* 4482
CORPORATION OF LOYALIST TOWNSHIP, THE   p859
955 Stella 40 Foot Rd, STELLA, ON, K0H 2S0
(613) 389-3393   *SIC* 4482
MARINE ATLANTIC INC   p424
Gd, CHANNEL-PORT-AUX-BASQUES, NL, A0M 1C0
(709) 695-4200   *SIC* 4482
MARINE ATLANTIC INC   p471
355 Purves St, NORTH SYDNEY, NS, B2A 3V2
(902) 794-5200   *SIC* 4482
SOCIETE DES TRAVERSIERS DU QUEBEC   p1150
250 Rue Saint-Paul, Quebec, QC, G1K 9K9
(418) 643-2019   *SIC* 4482
ST. LAWRENCE SEAWAY MANAGEMENT CORPORATION, THE   p1078
85 Boul Hebert, MELOCHEVILLE, QC, J0S 1J0
(450) 429-7181   *SIC* 4482
WESTERN PACIFIC MARINE LTD   p181
7721 Upper Balfour Rd, BALFOUR, BC, V0G 1C0
(250) 229-5650   *SIC* 4482

SIC 4489 Water passenger transportation

GANANOQUE BOAT LINE LIMITED   p591
280 Main St, GANANOQUE, ON, K7G 2M2
(613) 382-2144   *SIC* 4489
GREAT LAKES SCHOONER COMPANY LIMITED   p919
249 Queens Quay W Suite 111, TORONTO, ON, M5J 2N5
(416) 260-6355   *SIC* 4489
ROCKPORT BOAT LINE (1994) LIMITED   p825
23 Front St, ROCKPORT, ON, K0E 1V0
(613) 659-3402   *SIC* 4489

SIC 4491 Marine cargo handling

(T.P.Q.) TERMINAUX PORTUAIRES DU QUEBEC INC   p1052
500 Ch Du Havre, LA MALBAIE, QC, G5A 2Y9
(418) 665-4485   *SIC* 4491
CERESCORP COMPANY   p460
4755 Barrington St, HALIFAX, NS, B3K 6A8
(902) 453-4590   *SIC* 4491

COSCO SHIPPING LINES (CANADA) INC   p323
1055 Dunsmuir St Suite 2288, VANCOUVER, BC, V7X 1K8
(604) 689-8989   *SIC* 4491
DOCK PRODUCTS CANADA INC   p696
600 Orwell St Unit 6, MISSISSAUGA, ON, L5A 3R9
(905) 276-0565   *SIC* 4491
GCT CANADA LIMITED PARTNERSHIP   p302
1285 Franklin St, VANCOUVER, BC, V6A 1J9
(604) 267-5200   *SIC* 4491
KM CANADA MARINE TERMINAL LIMITED PARTNERSHIP   p249
1995 1st St W, NORTH VANCOUVER, BC, V7P 1A8
(604) 985-3177   *SIC* 4491
LOGISTEC CORPORATION   p994
32 Av William-Dobell, BAIE-COMEAU, QC, G4Z 1T7
(514) 844-9381   *SIC* 4491
LOGISTEC STEVEDORING INC   p474
55 Dominion St, SYDNEY, NS, B1N 0A1
(902) 563-4463   *SIC* 4491
LOGISTEC STEVEDORING INC   p1234
400 Ch De Ln Pointe-N, Sept-Iles, QC, G4R 5C7
(418) 962-7638   *SIC* 4491
PRINCE RUPERT PORT AUTHORITY   p263
215 Cow Bay Rd Suite 200, PRINCE RUPERT, BC, V8J 1A2
(250) 627-8899   *SIC* 4491
QUEBEC STEVEDORING LTD   p1148
500 Rue Du Ressac, Quebec, QC, G1J 5L7
(418) 661-8477   *SIC* 4491
SERVICES DE QUAI FAGEN INC   p1150
961 Boul Champlain, Quebec, QC, G1K 4J9
(418) 522-4701   *SIC* 4491
SOCIETE DE TERMINUS CAST   p1086
305 Rue Curatteau, Montreal, QC, H1L 6R6
(514) 257-3047   *SIC* 4491
SQUAMISH TERMINALS LTD   p279
37500 Third Ave, SQUAMISH, BC, V8B 0B1
(604) 892-3511   *SIC* 4491
THUNDER BAY TERMINALS LTD   p880
Gd, THUNDER BAY, ON, P7C 5J7
(807) 625-7800   *SIC* 4491
TORONTO PORT AUTHORITY   p905
62 Villiers St, TORONTO, ON, M5A 1B1
(416) 462-1261   *SIC* 4491
WESTERN STEVEDORING COMPANY LIMITED   p247
95 Brooksbank Ave, NORTH VANCOUVER, BC, V7J 2B9
(604) 983-4700   *SIC* 4491
WESTERN STEVEDORING COMPANY LIMITED   p247
15 Mountain Hwy, NORTH VANCOUVER, BC, V7J 2J9
(604) 904-2800   *SIC* 4491
ZIM CIE DE SERVICES DE NAVIGATION INTEGREE (CANADA) LTEE   p1114
1155 Boul Rene-Levesque O Bureau 400, Montreal, QC, H3B 4R1
(514) 875-2335   *SIC* 4491

SIC 4492 Towing and tugboat service

ATLANTIC TOWING LIMITED   p399
71 Alison Blvd, FREDERICTON, NB, E3B 5B4
SIC 4492
SMIT HARBOUR TOWAGE WESTMINSTER INC   p293
2285 Commissioner St, VANCOUVER, BC, V5L 1A8
(604) 251-0230   *SIC* 4492
SMIT MARINE CANADA INC   p245
713 Columbia St Suite 617, NEW WESTMINSTER, BC, V3M 1B2
(604) 255-1133   *SIC* 4492

SIC 4493 Marinas

2437-0223 QUEBEC INC p1170
364 Rue Notre-Dame, REPENTIGNY, QC, J6A 2S5
(450) 581-7071   SIC 4493

ARROW MARINE SERVICES LTD p265
11580 Mitchell Rd, RICHMOND, BC, V6V 1T7
SIC 4493

CORPORATION OF THE CITY OF KINGSTON, THE p633
53 Yonge St Suite 14, KINGSTON, ON, K7M 6G4
SIC 4493

CORPORATION OF THE MUNICIPALITY OF LEAMINGTON, THE p646
90 Robson Rd, LEAMINGTON, ON, N8H 5P3
(519) 326-0834   SIC 4493

OAK BAY MARINA LTD p328
1327 Beach Dr, VICTORIA, BC, V8S 2N4
(250) 370-6509   SIC 4493

RICHMOND YACHTS CO p267
23591 Dyke Rd, RICHMOND, BC, V6V 1E3
SIC 4493

SIC 4499 Water transportation services,

CORPORATION DES PILOTES DU BAS SAINT-LAURENT INC p1149
240 Rue Dalhousie, Quebec, QC, G1K 8M8
(418) 692-0444   SIC 4499

DND HMCS HURON p331
Gd Stn Csc, VICTORIA, BC, V8W 2L9
(250) 363-5482   SIC 4499

FUGRO JACQUES GEOSURVEYS INC p451
131 Ilsley Ave Unit B, DARTMOUTH, NS, B3B 1T1
(902) 468-1130   SIC 4499

GREAT LAKES PILOTAGE AUTHORITY p566
202 Pitt St 2nd Fl, CORNWALL, ON, K6J 3P7
(613) 933-2991   SIC 4499

SMITHERS MARINE SERVICES LIMITED p448
1 Canal St, DARTMOUTH, NS, B2Y 2W1
(902) 465-3400   SIC 4499

ZIM CIE DE SERVICES DE NAVIGATION INTEGREE (CANADA) LTEE p313
1130 Pender St W, VANCOUVER, BC, V6E 4A4
(604) 693-2335   SIC 4499

SIC 4512 Air transportation, scheduled

2553-4330 QUEBEC INC p1233
18 Aviation General E, Sept-Iles, QC, G4R 4K2
(418) 961-2808   SIC 4512

AERO LINK CANADA INC p715
7035 Fir Tree Dr, MISSISSAUGA, ON, L5S 1J7
(905) 677-5362   SIC 4512

AIR BOREALIS LIMITED PARTNERSHIP p427
1 Centralia Dr, HAPPY VALLEY-GOOSE BAY, NL, A0P 1C0
(709) 576-1800   SIC 4512

AIR CANADA p21
8001 21 St Ne Unit B, CALGARY, AB, T2E 8H2
(403) 221-2895   SIC 4512

AIR CANADA p78
6th Ave N, EDMONTON, AB, T5J 2T2
(780) 890-8121   SIC 4512

AIR CANADA p374
355 Portage Ave Suite 3850, WINNIPEG, MB, R3B 0J6
(204) 941-2684   SIC 4512

AIR CANADA p382
2020 Sargent Ave Suite 210, WINNIPEG, MB, R3H 0E1
(204) 788-7801   SIC 4512

AIR CANADA p418
4180 Loch Lomond Rd, SAINT JOHN, NB, E2N 1L7
(506) 632-1526   SIC 4512

AIR CANADA p794
900 Airport Parkway Pvt, OTTAWA, ON, K1V 2E7
(613) 783-6463   SIC 4512

AIR CANADA p1052
7000 Ch De L'aeroport, LA BAIE, QC, G7B 0E4
(418) 677-3424   SIC 4512

AIR CANADA p1126
735 Stuart Graham N, Montreal, QC, H4Y 1C3
SIC 4512

AIR CANADA p1165
510 Rue Principale, Quebec, QC, G2G 2T9
(514) 422-5000   SIC 4512

AIR CREEBEC INC p883
Gd Lcd Main, TIMMINS, ON, P4N 7C4
(705) 264-9521   SIC 4512

AIR CREEBEC INC p1026
9475 Av Ryan, DORVAL, QC, H9P 1A2
(514) 636-8501   SIC 4512

AIR CREEBEC INC p1261
18 Rue Waskaganish, WASKAGANISH, QC, J0M 1R0
(819) 895-8355   SIC 4512

AIR INUIT LTEE p1049
Gd, KUUJJUAQ, QC, J0M 1C0
(819) 964-2935   SIC 4512

AIR INUIT LTEE p1169
106 Rue Iberville, RADISSON, QC, J0Y 2X0
(819) 638-8163   SIC 4512

AIR INUIT LTEE p1208
6005 Boul De La Cote-Vertu, SAINT-LAURENT, QC, H4S 0B1
(514) 905-9445   SIC 4512

AIR LABRADOR LIMITED p427
85 Dakota Dr, HAPPY VALLEY-GOOSE BAY, NL, A0P 1C0
(709) 896-6730   SIC 4512

AIR LABRADOR LIMITED p427
62 Dakota Dr, HAPPY VALLEY-GOOSE BAY, NL, A0P 1C0
(709) 896-6747   SIC 4512

AIR NORTH PARTNERSHIP p273
4840 Miller Rd Unit 100, RICHMOND, BC, V7B 1K7
(604) 279-0330   SIC 4512

AIR NORTH PARTNERSHIP p273
1 3rd Suite 3135, RICHMOND, BC, V7B 1Y7
(604) 207-1165   SIC 4512

AIR TRANSAT A.T. INC p1208
5959 Boul De La Cote-Vertu, SAINT-LAURENT, QC, H4S 2E6
(514) 906-0330   SIC 4512

BEARSKIN LAKE AIR SERVICE LP p880
1475 Walsh St W, THUNDER BAY, ON, P7E 4X6
(807) 577-1141   SIC 4512

BEARSKIN LAKE AIR SERVICE LP p880
216 Round Blvd Suite 2, THUNDER BAY, ON, P7E 3N9
(807) 475-0006   SIC 4512

CALM AIR INTERNATIONAL LP p347
Gd, CHURCHILL, MB, R0B 0E0
(204) 675-8858   SIC 4512

CALM AIR INTERNATIONAL LP p382
50 Morberg Way, WINNIPEG, MB, R3H 0A4
(204) 956-6196   SIC 4512

CANADIAN NORTH INC p22
580 Palmer Rd Ne Suite 200, CALGARY, AB, T2E 7R3
(403) 503-2310   SIC 4512

CARGOJET INC p724
9300 Airport Rd Suite 320, MOUNT HOPE, ON, L0R 1W0
(905) 679-0038   SIC 4512

CENTRAL MOUNTAIN AIR LTD p273
4180 Agar Dr, RICHMOND, BC, V7B 1A3
(604) 207-0130   SIC 4512

CENTRAL MOUNTAIN AIR LTD p278
6431 Airport Rd, SMITHERS, BC, V0J 2N2
(250) 877-5000   SIC 4512

GRAND AVIATION LTD p672
330 Allstate Pky, MARKHAM, ON, L3R 5T3
(905) 477-4434   SIC 4512

HARBOUR AIR LTD p263
Gd Stn Main, PRINCE RUPERT, BC, V8J 3P3
SIC 4512

HARBOUR AIR LTD p273
4680 Cowley Cres, RICHMOND, BC, V7B 1C1
(604) 274-1277   SIC 4512

HARBOUR AIR LTD p307
1055 Canada Pl Unit 1, VANCOUVER, BC, V6C 0C3
(604) 233-3501   SIC 4512

INNU MIKUN INC p427
Gd Stn, HAPPY VALLEY-GOOSE BAY, NL, A0P 1C0
(709) 896-5521   SIC 4512

JAZZ AVIATION LP p262
3900 Grumman Rd Unit 8, PRINCE GEORGE, BC, V2N 4M6
(250) 963-3300   SIC 4512

JAZZ AVIATION LP p451
3 Spectacle Lake Dr Suite 100, DARTMOUTH, NS, B3B 1W8
(902) 873-5000   SIC 4512

JAZZ AVIATION LP p1025
740 Ch De La Cote-Vertu, DORVAL, QC, H4S 1Y9
(514) 422-6101   SIC 4512

KELOWNA FLIGHTCRAFT AIR CHARTER LTD p222
5655 Airport Way Suite 1, Kelowna, BC, V1V 1S1
(250) 491-5500   SIC 4512

KELOWNA FLIGHTCRAFT LTD p273
3611 Jericho Rd Suite 142, RICHMOND, BC, V7B 1M3
(604) 303-3611   SIC 4512

LUFTHANSA GERMAN AIRLINES p312
1030 Georgia St W Suite 1401, VANCOUVER, BC, V6E 2Y3
(604) 303-3080   SIC 4512

PACIFIC COASTAL AIRLINES LIMITED p256
3675 Byng Rd, PORT HARDY, BC, V0N 2P0
(250) 949-6353   SIC 4512

PACIFIC COASTAL AIRLINES LIMITED p273
4440 Cowley Cres Suite 204, RICHMOND, BC, V7B 1B8
(604) 232-3391   SIC 4512

RIO TINTO ALCAN INC p1052
262 1re Rue, LA BAIE, QC, G7B 3R1
(418) 544-9660   SIC 4512

SKY SERVICE F.B.O. INC. p25
575 Palmer Rd Ne, CALGARY, AB, T2E 7G4
(403) 592-3706   SIC 4512

SKY SERVICE F.B.O. INC. p1027
9785 Av Ryan, DORVAL, QC, H9P 1A2
(514) 636-3300   SIC 4512

SOCIETE MAKIVIK p1204
1111 Boul Dr.-Frederik-Philips, SAINT-LAURENT, QC, H4M 2X6
(514) 745-8880   SIC 4512

SWISSPORT CANADA HANDLING INC p273
4840 Miller Rd Unit 120, RICHMOND, BC, V7B 1K7
(604) 273-8856   SIC 4512

UPS SCS, INC p717
1930 Derry Rd E, MISSISSAUGA, ON, L5S 1E2
(905) 671-5454   SIC 4512

WASAYA AIRWAYS LIMITED PARTNERSHIP p849
17 Airport Rd, SIOUX LOOKOUT, ON, P8T 1J6
(807) 737-7124   SIC 4512

WEST COAST AIR LTD p273
5220 Airport Rd S, RICHMOND, BC, V7B 1B4
SIC 4512

WEST COAST AIR LTD p332
1000 Wharf St, VICTORIA, BC, V8W 1T4
(250) 384-2215   SIC 4512

WESTJET AIRLINES LTD p26
5055 11 St Ne, CALGARY, AB, T2E 8N4
(403) 735-2600   SIC 4512

WESTJET AIRLINES LTD p180
30440 Liberator Ave Unit 7, ABBOTSFORD, BC, V2T 6H5
(604) 504-7786   SIC 4512

WESTJET AIRLINES LTD p273
3880 Grant Mcconachie Way Suite 4130, RICHMOND, BC, V7B 0A5
(604) 249-1165   SIC 4512

WESTJET AIRLINES LTD p397
777 Av Aviation Unit 15, DIEPPE, NB, E1A 7Z5
(506) 388-8930   SIC 4512

WESTJET AIRLINES LTD p881
100 Princess St Suite 160, THUNDER BAY, ON, P7E 6S2
(807) 473-1825   SIC 4512

WESTJET AIRLINES LTD p1301
2625 Airport Dr Suite 23, SASKATOON, SK, S7L 7L1
(306) 244-1361   SIC 4512

SIC 4513 Air courier services

UNITED PARCEL SERVICE CANADA LTD p401
900 Hanwell Rd, FREDERICTON, NB, E3B 6A2
(506) 447-3601   SIC 4513

UNITED PARCEL SERVICE CANADA LTD p665
60 Midpark Rd, LONDON, ON, N6N 1B3
(519) 686-8200   SIC 4513

UNITED PARCEL SERVICE CANADA LTD p931
12 Mercer St, TORONTO, ON, M5V 1H3
SIC 4513

SIC 4522 Air transportation, nonscheduled

AIRSPRINT INC. p21
1910 Mccall Landng Ne, CALGARY, AB, T2E 9B5
(403) 730-2344   SIC 4522

ALPINE HELICOPTERS INC p66
91 Bow Valley Trail, CANMORE, AB, T1W 1N8
(403) 678-4802   SIC 4522

ATHABASKA AIRWAYS LTD p1279
Gd, PRINCE ALBERT, SK, S6V 5R4
(306) 764-1404   SIC 4522

AVIONAIR INC p1026
9025 Av Ryan, DORVAL, QC, H9P 1A2
(514) 631-7500   SIC 4522

BAILEY HELICOPTERS LTD p214
6219 242 Rd, FORT ST. JOHN, BC, V1J 4M6
(250) 785-2518   SIC 4522

BEARSKIN LAKE AIR SERVICE LP p849
7 Airport Rd, SIOUX LOOKOUT, ON, P8T 1J6
(807) 737-3473   SIC 4522

BRADLEY AIR SERVICES LIMITED p625
20 Cope Dr, KANATA, ON, K2M 2V8
(613) 254-6200   SIC 4522

CHC HELICOPTER HOLDING S.A.R.L. p455
799 Barnes Dr Suite 1, GOFFS, NS, B2T 1R8
SIC 4522

CHC HELICOPTERS CANADA INC p273
4740 Agar Dr, RICHMOND, BC, V7B 1A3
(604) 276-7500   SIC 4522

COULSON AIRCRANE LTD p253
4890 Cherry Creek Rd, PORT ALBERNI,

BC, V9Y 8E9
(250) 723-8118   *SIC* 4522
COULSON AIRCRANE LTD
7500 Airport Rd, PORT ALBERNI, BC, V9Y 8Y9
(250) 723-8100   *SIC* 4522
CUSTOM HELICOPTERS LTD *p356*
401 Helicopter Dr, ST ANDREWS, MB, R1A 3P7
(204) 338-7953   *SIC* 4522
DISCOVERY AIR INC *p439*
126 Crystal Ave, YELLOWKNIFE, NT, X1A 2P3
(867) 873-5350   *SIC* 4522
GEMINI HELICOPTERS INC *p130*
Gd, HIGH LEVEL, AB, T0H 1Z0
(780) 926-5558   *SIC* 4522
GREAT SLAVE HELICOPTERS LTD *p439*
106 Dickens St, YELLOWKNIFE, NT, X1A 2R3
(867) 873-2081   *SIC* 4522
HELI-EXCEL INC *p1192*
6500 Ch De La Savane, SAINT-HUBERT, QC, J3Y 8Y9
(418) 962-7126   *SIC* 4522
HELICOPTERES CANADIENS LIMITEE *p85*
12021 121 St Nw Suite 40, EDMONTON, AB, T5L 4H7
(780) 429-6900   *SIC* 4522
HELICOPTERES CANADIENS LIMITEE *p455*
637 Barnes Dr, GOFFS, NS, B2T 1K3
(902) 873-3721   *SIC* 4522
HIGHLAND HELICOPTERS LTD *p273*
4240 Agar Dr, RICHMOND, BC, V7B 1A3
(604) 273-6161   *SIC* 4522
I.M.P. GROUP LIMITED *p716*
2450 Derry Rd E Unit 7, MISSISSAUGA, ON, L5S 1B2
(905) 677-2484   *SIC* 4522
KENN BOREK AIR LTD *p24*
290 Mctavish Rd Ne Suite 4, CALGARY, AB, T2E 7G5
(403) 291-3300   *SIC* 4522
MORNINGSTAR AIR EXPRESS INC *p129*
3759 60 Ave E, GRANDE PRAIRIE, AB, T9E 0V4
(780) 453-3022   *SIC* 4522
NAV CANADA *p1027*
1750 Ch Saint-Francois, DORVAL, QC, H9P 2P6
(514) 633-3393   *SIC* 4522
NORTH CARIBOO FLYING SERVICE LTD *p24*
600 Palmer Rd Ne, CALGARY, AB, T2E 7R3
(403) 250-8694   *SIC* 4522
NORTH CARIBOO FLYING SERVICE LTD *p81*
Airport Service Rd 9th Ave, EDMONTON, AB, T5J 2T2
(780) 890-7600   *SIC* 4522
PAL AEROSPACE LTD *p432*
Hangar 6 St. Johns International Airport, ST. JOHN'S, NL, A1A 5B5
(709) 576-1284   *SIC* 4522
SHOCK TRAUMA AIR RESCUE SOCIETY *p128*
10911 123 St Suite 10911, GRANDE PRAIRIE, AB, T8V 7Z3
(780) 830-7000   *SIC* 4522
SHOCK TRAUMA AIR RESCUE SOCIETY *p129*
1519 35 Ave E Suite 100, GRANDE PRAIRIE, AB, T9E 0V6
(780) 890-3131   *SIC* 4522
SHOCK TRAUMA AIR RESCUE SOCIETY *p385*
155 West Hangar Rd, WINNIPEG, MB, R3J 3Z1
(204) 786-4647   *SIC* 4522
SHOCK TRAUMA AIR RESCUE SOCIETY *p1290*
2640 Airport Rd, REGINA, SK, S4W 1A3
(306) 564-7900   *SIC* 4522

SHOCK TRAUMA AIR RESCUE SOCIETY *p1300*
16 Wayne Hicks Lane, SASKATOON, SK, S7L 6S2
(306) 242-0200   *SIC* 4522
SKYSERVICE BUSINESS AVIATION INC *p712*
6120 Midfield Rd, MISSISSAUGA, ON, L5P 1B1
(905) 677-3300   *SIC* 4522
SKYSERVICE BUSINESS AVIATION INC *p1027*
9785 Av Ryan, DORVAL, QC, H9P 1A2
(514) 636-3300   *SIC* 4522
TRANSWEST AIR *p1272*
303 La Ronge Ave, LA RONGE, SK, S0J 1L0
(306) 425-2382   *SIC* 4522
WEST COAST HELICOPTERS MAINTENANCE AND CONTRACTING LTD *p257*
1011 Airport Rd, PORT MCNEILL, BC, V0N 2R0
(250) 956-2244   *SIC* 4522
WEST WIND AVIATION INC *p1290*
3035 Tutor Dr Suite 203, REGINA, SK, S4W 1B5
(306) 359-0020   *SIC* 4522

SIC 4581 Airports, flying fields, and services

1260269 ONTARIO INC *p595*
33862 Airport Rd, GODERICH, ON, N7A 3Y2
SIC 4581
704610 ALBERTA LTD *p21*
380 Mctavish Rd Ne Suite 3, CALGARY, AB, T2E 7G5
(403) 735-3299   *SIC* 4581
765865 ONTARIO INC *p382*
2019 Sargent Ave Unit 18, WINNIPEG, MB, R3H 0Z7
(204) 779-0132   *SIC* 4581
AERO AVIATION INC *p21*
393 Palmer Rd Ne Suite 59, CALGARY, AB, T2E 7G4
(403) 250-3663   *SIC* 4581
AERO TURBINE SUPPORT LTD *p230*
5225 216 St Suite 18a, LANGLEY, BC, V2Y 2N3
SIC 4581
AEROGARE DE BAGOTVILLE, L' *p1052*
7000 Ch De L'aeroport, LA BAIE, QC, G7B 0E4
(418) 677-2651   *SIC* 4581
AEROPORTS DE MONTREAL *p1025*
580 Boul Stuart-Graham S, DORVAL, QC, H4Y 1G4
(514) 633-2811   *SIC* 4581
AIR CANADA *p382*
2020 Sargent Ave, WINNIPEG, MB, R3H 0E1
(204) 788-7871   *SIC* 4581
AIR CANADA *p382*
2000 Wellington Ave Rm 222, WINNIPEG, MB, R3H 1C1
(204) 788-6953   *SIC* 4581
AIR CANADA *p454*
1 Bell Blvd Suite 7, ENFIELD, NS, B2T 1K2
(902) 873-2350   *SIC* 4581
AIR CANADA *p683*
2570 Britania Rd E, MISSISSAUGA, ON, L4T 3B5
(905) 694-5440   *SIC* 4581
AIR CANADA *p1118*
Gd, Montreal, QC, H3L 3N6
(514) 422-7445   *SIC* 4581
AIR TRANSAT A. T. INC *p303*
Gd Stn Terminal, VANCOUVER, BC, V6B 3P7
(604) 303-3801   *SIC* 4581
AIRPORT TERMINAL SERVICE INC CANADIAN *p712*
6500 Silver Dart Dr Unit 211, MISSISSAUGA, ON, L5P 1B1

(905) 405-9550   *SIC* 4581
AIRPORT TERMINAL SERVICES CANADIAN COMPANY *p21*
8075 22 St Ne, CALGARY, AB, T2E 7Z6
(403) 291-0965   *SIC* 4581
AIRPORT TERMINAL SERVICES CANADIAN COMPANY *p382*
2000 Wellington Ave Unit 249, WINNIPEG, MB, R3H 1C2
(204) 774-0665   *SIC* 4581
ATCO STRUCTURES & LOGISTICS SERVICES LTD *p438*
5109 48 St Suite 203, YELLOWKNIFE, NT, X1A 1N5
(867) 669-7370   *SIC* 4581
ATCO STRUCTURES & LOGISTICS SERVICES LTD *p481*
Gd, IQALUIT, NU, X0A 0H0
(867) 979-2782   *SIC* 4581
AVMAX GROUP INC *p21*
380 Mctavish Rd Ne, CALGARY, AB, T2E 7G5
(403) 735-3299   *SIC* 4581
BULMER AIRCRAFT SERVICES LTD *p396*
1579 Rue Champlain Suite 2, DIEPPE, NB, E1A 7P5
(506) 858-5472   *SIC* 4581
CALM AIR INTERNATIONAL LP *p382*
930 Ferry Rd, WINNIPEG, MB, R3H 0Y8
(204) 956-6101   *SIC* 4581
CORPORATION OF THE CITY OF BRANTFORD, THE *p528*
110 Aviation Ave, BRANTFORD, ON, N3T 5L7
(519) 753-2521   *SIC* 4581
CORPORATION OF THE CITY OF KINGSTON, THE *p633*
1114 Len Birchall Way, KINGSTON, ON, K7M 9A1
(613) 389-6404   *SIC* 4581
DELTA FACILITIES MAINTENANCE INC. *p23*
2000 Airport Rd Ne, CALGARY, AB, T2E 6W5
(403) 250-7790   *SIC* 4581
GOUVERNEMENT DE LA PROVINCE DE QUEBEC *p1148*
700 7e Rue, Quebec, QC, G1J 2S1
(418) 528-8350   *SIC* 4581
GOVERNMENT OF THE NORTHWEST TERRITORIES *p439*
1 Yellowknife Airport, YELLOWKNIFE, NT, X1A 3T2
(867) 873-4680   *SIC* 4581
I.M.P. GROUP INTERNATIONAL INCORPORATED *p393*
1850 Vanier Blvd Suite 200, BATHURST, NB, E2A 7B7
(506) 547-7000   *SIC* 4581
I.M.P. GROUP INTERNATIONAL INCORPORATED *p455*
677 Barnes Dr, GOFFS, NS, B2T 1K3
(902) 873-7800   *SIC* 4581
I.M.P. GROUP INTERNATIONAL INCORPORATED *p479*
36 Treasure Dr, WESTERN SHORE, NS, B0J 3M0
(902) 627-2600   *SIC* 4581
I.M.P. GROUP LIMITED *p273*
4200 Cowley Cres, RICHMOND, BC, V7B 1B8
SIC 4581
I.M.P. GROUP LIMITED *p441*
13 Tantramar Cres, AMHERST, NS, B4H 4J6
(902) 667-3315   *SIC* 4581
I.M.P. GROUP LIMITED *p444*
200 Bluewater Rd Suite 201, BEDFORD, NS, B4B 1G9
(902) 455-4649   *SIC* 4581
I.M.P. GROUP LIMITED *p460*
3447 Kempt Rd, HALIFAX, NS, B3K 5T7
(902) 484-2002   *SIC* 4581
I.M.P. GROUP LIMITED *p462*
2651 Joseph Howe Dr Suite 202, HALIFAX, NS, B3L 4T1

(902) 482-1600   *SIC* 4581
I.M.P. GROUP LIMITED *p464*
3101 Hammonds Plains Rd, HAMMONDS PLAINS, NS, B3Z 1H7
(902) 835-4433   *SIC* 4581
I.M.P. GROUP LIMITED *p1026*
10225 Av Ryan, DORVAL, QC, H9P 1A2
(514) 636-7070   *SIC* 4581
ICL INTERNATIONAL INC *p1102*
209 Rue Saint-Paul O, Montreal, QC, H2Y 2A1
SIC 4581
KELOWNA FLIGHTCRAFT LTD *p724*
9500 Airport Rd, MOUNT HOPE, ON, L0R 1W0
(905) 679-3313   *SIC* 4581
L-3 COMMUNICATIONS MAS (CANADA) INC *p69*
1 Hangar, COLD LAKE, AB, T9M 2C1
(780) 594-3967   *SIC* 4581
L-3 COMMUNICATIONS MAS (CANADA) INC *p716*
7785 Tranmere Dr, MISSISSAUGA, ON, L5S 1W5
SIC 4581
L-3 COMMUNICATIONS MAS (CANADA) INC *p944*
374 Sidney St, TRENTON, ON, K8V 2V2
(613) 965-3207   *SIC* 4581
NAV CANADA *p129*
4396 34 St E, GRANDE PRAIRIE, AB, T9E 0V4
(780) 890-8360   *SIC* 4581
NAV CANADA *p205*
9380 Airport Access Rd, CRANBROOK, BC, V1C 7E4
(250) 426-3814   *SIC* 4581
NAV CANADA *p214*
Gd, FORT ST. JOHN, BC, V1J 4H5
(250) 787-0175   *SIC* 4581
NAV CANADA *p426*
Gd Lcd Main, GANDER, NL, A1V 1W4
SIC 4581
NAV CANADA *p831*
475 Airport Rd Suite 1, SAULT STE. MARIE, ON, P6A 5K6
(705) 779-3838   *SIC* 4581
NORTHERN THUNDERBIRD AIR INC *p273*
5360 Airport Rd S, RICHMOND, BC, V7B 1B4
(604) 232-9211   *SIC* 4581
PORTER AIRLINES INC *p930*
4-1 Island Airport, TORONTO, ON, M5V 1A1
(416) 203-8100   *SIC* 4581
PROVINCIAL AIRLINES LIMITED *p455*
647 Barnes Dr, GOFFS, NS, B2T 1K3
(902) 873-3575   *SIC* 4581
PROVINCIAL AVIATION MAINTENANCE SERVICES INC *p432*
Hanger No 1 & 6 St, ST. JOHN'S, NL, A1A 5B5
(709) 576-1284   *SIC* 4581
ROLLS-ROYCE CANADA LIMITEE *p1027*
9545 Ch Cote-De-Liesse Bureau 100, DORVAL, QC, H9P 1A5
(514) 636-0964   *SIC* 4581
ROLLS-ROYCE CANADA LIMITEE *p1057*
9500 Ch De La Cote-De-Liesse, LACHINE, QC, H8T 1A2
(514) 631-3541   *SIC* 4581
SERVICES AEROPORTUAIRE HANDLEX INC *p1210*
5959 Boul De La Cote-Vertu, SAINT-LAURENT, QC, H4S 2E6
SIC 4581
SWISSPORT CANADA HANDLING INC *p712*
6500 Silver Dart Dr, MISSISSAUGA, ON, L5P 1A2
(905) 676-2888   *SIC* 4581
SWISSPORT CANADA INC *p26*
1601 Airport Rd Ne Suite 810, CALGARY, AB, T2E 6Z8
(403) 221-1660   *SIC* 4581
SWISSPORT CANADA INC *p273*

SIC 4612 Crude petroleum pipelines

Gd, RICHMOND, BC, V7B 1Y4
(604) 303-4550   *SIC 4581*

SWISSPORT CANADA INC p432
Gd, ST. JOHN'S, NL, A1A 5B2
(709) 576-4951   *SIC 4581*

SWISSPORT CANADA INC p432
80 Craig Dobbin's Way Suite 5, ST. JOHN'S, NL, A1A 5T2
(709) 722-7947   *SIC 4581*

SWISSPORT CANADA INC p454
1 Bell Blvd Suite 7, ENFIELD, NS, B2T 1K2
(902) 873-3947   *SIC 4581*

SWISSPORT CANADA INC p796
130 Thad Johnson Rd, OTTAWA, ON, K1V 0X1
(613) 521-4730   *SIC 4581*

TORONTO PORT AUTHORITY p921
60 Harbour St, TORONTO, ON, M5J 1B7
(416) 203-6942   *SIC 4581*

TRANSPORT CANADA p454
1 Bell Blvd Fl 3, ENFIELD, NS, B2T 1K2
(902) 873-4423   *SIC 4581*

VANCOUVER AIRPORT AUTHORITY p273
4900 North Service Rd, RICHMOND, BC, V7B 1L8
(604) 276-6594   *SIC 4581*

VECTOR AEROSPACE ENGINE SERVICES- ATLANTIC INC p985
800 Aerospace Blvd, SUMMERSIDE, PE, C1N 4P6
(902) 436-1333   *SIC 4581*

VECTOR AEROSPACE HELICOPTER SERVICES INC p231
5225 216 St Suite 102, LANGLEY, BC, V2Y 2N3
(604) 514-0388   *SIC 4581*

VECTOR AEROSPACE HELICOPTER SERVICES INC p234
5947 206a St Suite 101b, LANGLEY, BC, V3A 8M1
(604) 514-0388   *SIC 4581*

VECTOR AEROSPACE HELICOPTER SERVICES INC p234
5947 206a St Suite 101b, LANGLEY, BC, V3A 8M1
(604) 514-0388   *SIC 4581*

VIH AEROSPACE INC p246
1962 Canso Rd, NORTH SAANICH, BC, V8L 5V5
(250) 656-3987   *SIC 4581*

WASAYA AIRWAYS LIMITED PARTNERSHIP p815
6 Airport Rd, PICKLE LAKE, ON, P0V 3A0
(807) 928-2244   *SIC 4581*

WESTJET AIRLINES LTD p26
21 Aerial Pl Ne, CALGARY, AB, T2E 8X7
(403) 539-7070   *SIC 4581*

WOODWARD'S LIMITED p428
16 Loring Dr, HAPPY VALLEY-GOOSE BAY, NL, A0P 1C0
(709) 896-2421   *SIC 4581*

SIC 4612 Crude petroleum pipelines

ENBRIDGE GAS DISTRIBUTION INC p886
Scarborough, TORONTO, ON, M1K 5E3
(416) 492-5000   *SIC 4612*

ENBRIDGE INC p822
93 Edward Ave, RICHMOND HILL, ON, L4C 5E5
SIC 4612

ENBRIDGE PIPELINES INC p80
10201 Jasper Ave Nw, EDMONTON, AB, T5J 3N7
SIC 4612

ENBRIDGE PIPELINES INC p130
Gd, HARDISTY, AB, T0B 1V0
(780) 888-3520   *SIC 4612*

ENBRIDGE PIPELINES INC p291
4707 Kerby Ave, TERRACE, BC, V8G 2W2
(250) 638-0223   *SIC 4612*

ENBRIDGE PIPELINES INC p347
Gd, CROMER, MB, R0M 0J0

(204) 556-2254   *SIC 4612*

ENBRIDGE PIPELINES INC p347
Gd, CROMER, MB, R0M 0J0
(204) 556-2258   *SIC 4612*

ENBRIDGE PIPELINES INC p826
1086 Modeland Rd Suite 1, SARNIA, ON, N7S 6L2
(519) 339-0500   *SIC 4612*

ENBRIDGE PIPELINES INC p828
1010 Plank Rd, SARNIA, ON, N7T 7H3
(519) 332-4700   *SIC 4612*

ENBRIDGE PIPELINES INC p1268
402 Kensington Ave, ESTEVAN, SK, S4A 2K9
(306) 634-2681   *SIC 4612*

ENBRIDGE PIPELINES INC p1271
1 Pipeline Rd, KERROBERT, SK, S0L 1R0
(306) 834-2666   *SIC 4612*

ENBRIDGE PIPELINES INC p1282
439 9th Ave N, REGINA, SK, S4N 7L5
SIC 4612

ENBRIDGE PIPELINES INC p1285
119 9th Ave N, REGINA, SK, S4P 3B2
(306) 791-8181   *SIC 4612*

KINDER MORGAN CANADA INC p114
1680 101a Ave Nw, EDMONTON, AB, T6P 1X1
(780) 449-5900   *SIC 4612*

KINDER MORGAN CANADA INC p218
2355 Trans Canada Hwy W, KAMLOOPS, BC, V1S 1A7
(250) 371-4000   *SIC 4612*

PEMBINA PIPELINE CORPORATION p72
6113 50 Ave, DRAYTON VALLEY, AB, T7A 1R8
(780) 542-5341   *SIC 4612*

PEMBINA PIPELINE CORPORATION p114
10503 17 St Nw, EDMONTON, AB, T6P 1R2
(780) 467-8841   *SIC 4612*

PEMBINA PIPELINE CORPORATION p128
8111 110 St, GRANDE PRAIRIE, AB, T8W 6T2
(780) 539-5700   *SIC 4612*

PEMBINA PIPELINE CORPORATION p171
4807 36th Ave, VALLEYVIEW, AB, T0H 3N0
(780) 524-3392   *SIC 4612*

PEMBINA PIPELINE CORPORATION p175
3470 33 St, WHITECOURT, AB, T7S 0A2
(780) 778-3903   *SIC 4612*

PEMBINA PIPELINE CORPORATION p215
10919 89 Ave, FORT ST. JOHN, BC, V1J 6V2
(250) 785-6791   *SIC 4612*

PLAINS MIDSTREAM CANADA ULC p48
607 8 Ave Sw Suite 1400, CALGARY, AB, T2P 0A7
(403) 298-2100   *SIC 4612*

PLAINS MIDSTREAM CANADA ULC p1307
Gd Lcd Main, SWIFT CURRENT, SK, S9H 3V4
(306) 773-9381   *SIC 4612*

SIC 4613 Refined petroleum pipelines

SUN-CANADIAN PIPE LINE COMPANY LIMITED p949
830 Highway 6 N, WATERDOWN, ON, L0R 2H0
(905) 689-6641   *SIC 4613*

SUNCOR ENERGY INC p162
241 Kaska Rd, SHERWOOD PARK, AB, T8A 4E8
(780) 449-2100   *SIC 4613*

TRANS-NORTHERN PIPELINES INC p821
45 Vogell Rd Suite 310, RICHMOND HILL, ON, L4B 3P6
(905) 770-3353   *SIC 4613*

SIC 4619 Pipelines, nec

AECOM PRODUCTION SERVICES LTD p71
6242 56 Ave, DRAYTON VALLEY, AB, T7A 1T1
(780) 542-5348   *SIC 4619*

ARNETT & BURGESS OIL FIELD CONSTRUCTION LIMITED p40
715 5 Ave Sw Suite 620, CALGARY, AB, T2P 2X6
(403) 265-0900   *SIC 4619*

ATCO GAS AND PIPELINES LTD p2
84 Gateway Dr Ne, AIRDRIE, AB, T4B 0J6
(403) 948-2973   *SIC 4619*

CRANE CANADA CO. p450
58 Wright Ave, DARTMOUTH, NS, B3B 1H3
(902) 468-1650   *SIC 4619*

DUZ CHO CONSTRUCTION LP p196
4821 Access Rd S, CHETWYND, BC, V0C 1J0
(250) 788-3120   *SIC 4619*

ENBRIDGE PIPELINES (ATHABASCA) INC p120
341 Mackenzie Blvd Unit 8, FORT MCMURRAY, AB, T9H 4C5
(780) 788-2051   *SIC 4619*

ENTERPRISE ENERGY SERVICES INC p164
900 8 St Nw Ss 1, SLAVE LAKE, AB, T0G 2A1
(780) 849-3865   *SIC 4619*

KELSEY PIPELINES LTD p1267
Hwy 11 S, DUNDURN, SK, S0K 1K0
(306) 492-2425   *SIC 4619*

MACRO PIPELINES INC p214
6807 100 Ave, FORT ST. JOHN, BC, V1J 4J2
(250) 785-0033   *SIC 4619*

PLAINS MIDSTREAM CANADA ULC p149
4810 45 St, OLDS, AB, T4H 1S5
(403) 556-3366   *SIC 4619*

TRANSCANADA PIPELINES LIMITED p118
Gd, FAIRVIEW, AB, T0H 1L0
(780) 835-8107   *SIC 4619*

TRANSCANADA PIPELINES SERVICES LTD p145
1702 Brier Park Cres Nw Suite A, MEDICINE HAT, AB, T1C 1T9
(403) 529-4387   *SIC 4619*

SIC 4724 Travel agencies

1428228 ONTARIO INC p750
4141 Yonge St Suite 301, NORTH YORK, ON, M2P 2A8
(416) 221-6411   *SIC 4724*

3105822 CANADA INC p1024
3883 Boul Saint-Jean Bureau 300, DOLLARD-DES-ORMEAUX, QC, H9G 3B9
(514) 624-4244   *SIC 4724*

AGENCE DE VOYAGES D'AUTOMOBILE ET TOURING CLUB DU QUEBEC INC p1062
3131 Boul Saint-Martin O Bureau 100, Laval, QC, H7T 2Z5
(450) 682-8100   *SIC 4724*

AGENCE DE VOYAGES D'AUTOMOBILE ET TOURING CLUB DU QUEBEC INC p1159
2600 Boul Laurier Bureau 133, Quebec, QC, G1V 4T3
(418) 653-9200   *SIC 4724*

AGENCE DE VOYAGES D'AUTOMOBILE ET TOURING CLUB DU QUEBEC INC p1250
4085 Boul Des Recollets, Trois-Rivieres, QC, G9A 6M1
(819) 376-9394   *SIC 4724*

ALBERTA MOTOR ASSOCIATION p34
10816 Macleod Trail Se Suite 524, CALGARY, AB, T2J 5N8
(403) 278-3530   *SIC 4724*

ALBERTA MOTOR ASSOCIATION p60
4700 17 Ave Sw, CALGARY, AB, T3E 0E3
(403) 240-5300   *SIC 4724*

ALBERTA MOTOR ASSOCIATION p138
120 Scenic Dr S, LETHBRIDGE, AB, T1J 4R4
(403) 328-1181   *SIC 4724*

ALBERTA MOTOR ASSOCIATION TRAVEL AGENCY LTD p108
10310 39a Ave, EDMONTON, AB, T6H 5X9
(780) 430-5555   *SIC 4724*

AMEX CANADA INC p610
100 King St W Suite 600, HAMILTON, ON, L8P 1A2
SIC 4724

AMEX CANADA INC p907
100 Yonge St Suite 1600, TORONTO, ON, M5C 2W1
SIC 4724

AMEX CANADA INC p912
121 Richmond St W, TORONTO, ON, M5H 2K1
(416) 868-4992   *SIC 4724*

CAA SOUTH CENTRAL ONTARIO p605
163 Centennial Pky N Suite 201, HAMILTON, ON, L8E 1H8
(905) 525-1520   *SIC 4724*

CANADIAN UNIVERSITIES TRAVEL SERVICE LIMITED p903
45 Charles St W Suite 200, TORONTO, ON, M4Y 2R4
SIC 4724

CAPILANO SUSPENSION BRIDGE LTD p250
3735 Capilano Rd Suite 1889, NORTH VANCOUVER, BC, V7R 4J1
(604) 985-7474   *SIC 4724*

CARLSON WAGONLIT CANADA p42
645 7 Ave Sw Suite 350, CALGARY, AB, T2P 4G8
(403) 508-3000   *SIC 4724*

CARLSON WAGONLIT CANADA p307
409 Granville St Suite 150, VANCOUVER, BC, V6C 1T2
(604) 601-3956   *SIC 4724*

CARLSON WAGONLIT CANADA p432
92 Elizabeth Ave, ST. JOHN'S, NL, A1A 1W7
(709) 726-2900   *SIC 4724*

CARLSON WAGONLIT CANADA p799
885 Meadowlands Dr Suite 401, OTTAWA, ON, K2C 3N2
(613) 274-6969   *SIC 4724*

CARLSON WAGONLIT CANADA p799
885 Meadowlands Dr Suite 500, OTTAWA, ON, K2C 3N2
(613) 274-4561   *SIC 4724*

CARLSON WAGONLIT CANADA p918
40 University Ave Suite 1100, TORONTO, ON, M5J 1T1
SIC 4724

CONTINENTAL TRAVEL BUREAU LTD p377
222 Osborne St N, WINNIPEG, MB, R3C 1V4
(204) 989-8575   *SIC 4724*

CRUISESHIPCENTERS INTERNATIONAL INC p166
340 St Albert Rd Unit 140, ST. ALBERT, AB, T8N 7C8
(780) 460-5727   *SIC 4724*

CRUISESHIPCENTERS INTERNATIONAL INC p248
110 Esplanade W, NORTH VANCOUVER, BC, V7M 1A2
(604) 985-7447   *SIC 4724*

DELTA TOUR AND TRAVEL SERVICES (CANADA) INC p269
5611 Cooney Rd Suite 160, RICHMOND, BC, V6X 3J6
(604) 233-0081   *SIC 4724*

FLIGHT CENTRE TRAVEL GROUP (CANADA) INC p311
1133 Melville St Suite 600s, VANCOUVER, BC, V6E 4E5
(604) 682-5202   *SIC 4724*

FLIGHT SHOPS INC, THE p58
3625 Shaganappi Trail Nw, CALGARY, AB, T3A 0E2
(403) 247-7295   *SIC 4724*

FLIGHT SHOPS INC, THE p600
435 Stone Rd W Suite A6a, GUELPH, ON, N1G 2X6
(519) 763-2262   *SIC 4724*

FLIGHT SHOPS INC, THE p909

41 Colborne St, TORONTO, ON, M5E 1E3
(877) 967-5302   SIC 4724
GLOBESPAN TRAVEL LTD   p300
660 Leg In Boot Sq Unit C, VANCOUVER, BC, V5Z 4B3
(604) 879-6466   SIC 4724
GOVERNMENT OF THE PROVINCE OF ALBERTA   p51
999 8 St Sw Suite 500, CALGARY, AB, T2R 1J5
(403) 297-2700   SIC 4724
GOWAY TRAVEL LIMITED   p318
1200 73rd Ave W Suite 1050, VANCOUVER, BC, V6P 6G5
(604) 264-8088   SIC 4724
H I S CANADA INC   p311
1090 Georgia St W Suite 488, VANCOUVER, BC, V6E 3V7
(604) 685-3524   SIC 4724
HIS INTERNATIONAL TOURS BC INC   p307
636 Hornby St, VANCOUVER, BC, V6C 2G2
(604) 685-3524   SIC 4724
HOGG ROBINSON CANADA INC   p378
155 Carlton St Suite 1405, WINNIPEG, MB, R3C 3H8
(204) 989-0044   SIC 4724
HOGG ROBINSON CANADA INC   p458
1894 Barrington St Unit 700, HALIFAX, NS, B3J 2A8
(902) 425-1212   SIC 4724
KINTETSU INTERNATIONAL EXPRESS (CANADA) INC   p312
1140 Pender St W Suite 910, VANCOUVER, BC, V6E 4G1
(778) 328-9754   SIC 4724
KUEHNE + NAGEL LTD   p714
5800 Hurontario St Suite 1100, MISSISSAUGA, ON, L5R 4B9
(905) 502-7776   SIC 4724
LE GROUPE VOYAGES VISION 2000 INC   p926
1075 Bay St, TORONTO, ON, M5S 2B1
(416) 928-3113   SIC 4724
LEGROWS TRAVEL LIMITED   p433
20 Crosbie Pl, ST. JOHN'S, NL, A1B 3Y8
(709) 758-6760   SIC 4724
MANITOBA MOTOR LEAGUE, THE   p368
501 St Anne's Rd, WINNIPEG, MB, R2M 3E5
(204) 262-6200   SIC 4724
MARITIME TRAVEL INC   p24
1243 Mcknight Blvd Ne, CALGARY, AB, T2E 5T1
(403) 292-7474   SIC 4724
MERIT TRAVEL GROUP INC   p698
201 City Centre Dr Unit 501, MISSISSAUGA, ON, L5B 2T4
(905) 890-8890   SIC 4724
MKI TRAVEL AND CONFERENCE MANAGEMENT INC   p798
2121 Carling Ave Suite 202, OTTAWA, ON, K2A 1H2
SIC 4724
NORTH-WRIGHT AIRWAYS LTD   p438
2200, NORMAN WELLS, NT, X0E 0V0
(867) 587-2288   SIC 4724
PAYLESS TRAVEL INC   p754
5000 Dufferin St Suite 219, NORTH YORK, ON, M3H 5T5
(416) 665-1010   SIC 4724
PEERLESS TRAVEL INC   p875
7117 Bathurst St Suite 200, THORNHILL, ON, L4J 2J6
(905) 886-5610   SIC 4724
TAI PAN VACATIONS INC   p762
3668 Weston Rd Unit A, NORTH YORK, ON, M9L 1W2
(416) 646-8828   SIC 4724
TIAN BAO TRAVEL CO INC   p843
4002 Sheppard Ave E Unit 106a, SCARBOROUGH, ON, M1S 4R5
SIC 4724
TOURAM LIMITED PARTNERSHIP   p686
5925 Airport Rd Suite 700, MISSISSAUGA,

ON, L4V 1W1
(905) 615-8020   SIC 4724
TRANSAT DISTRIBUTION CANADA INC   p582
191 The West Mall Suite 700, ETOBICOKE, ON, M9C 5K8
(416) 620-8080   SIC 4724
TRANSAT TOURS CANADA INC   p306
555 Hastings St W Suite 950, VANCOUVER, BC, V6B 4N6
(604) 688-3339   SIC 4724
TRAVEL ALBERTA IN-PROVINCE   p78
10949 120 St Nw, EDMONTON, AB, T5H 3R2
(780) 732-1627   SIC 4724
TRAVEL MASTERS INC   p317
2678 Broadway W Suite 200, VANCOUVER, BC, V6K 2G3
(604) 659-4150   SIC 4724
TRAVEL SUPERSTORE INC   p612
77 James St N Suite 230, HAMILTON, ON, L8R 2K3
(905) 570-9999   SIC 4724
TRAVELBRANDS INC   p227
2067 Enterprise Way, KELOWNA, BC, V1Y 8R6
(250) 861-8000   SIC 4724
TRAVELBRANDS INC   p839
2975 Kingston Rd, SCARBOROUGH, ON, M1M 1P1
(416) 265-3100   SIC 4724
UNIGLOBE BEACON TRAVEL LTD   p39
1400 Kensington Rd Nw Suite 200, CALGARY, AB, T2N 3P9
(877) 596-6860   SIC 4724
UNIGLOBE BRAVO TRAVEL INC   p50
600 6 Ave Sw Suite 1100, CALGARY, AB, T2P 0S5
(403) 531-2400   SIC 4724
UNIGLOBE ONE TRAVEL INC   p314
1444 Alberni St Suite 300, VANCOUVER, BC, V6G 2Z4
(604) 688-3551   SIC 4724
VILLE DE QUEBEC   p1150
399 Rue Saint-Joseph E, Quebec, QC, G1K 8E2
(418) 641-6654   SIC 4724
VISION TRAVEL   p592
328 Guelph St, GEORGETOWN, ON, L7G 4B5
(905) 873-2000   SIC 4724
VISION TRAVEL   p592
328 Guelph St, GEORGETOWN, ON, L7G 4B5
(905) 873-2002   SIC 4724
VOYAGES ENCORE TRAVEL INC   p1206
1285 Rue Hodge Bureau 101, SAINT-LAURENT, QC, H4N 2B6
(514) 738-7171   SIC 4724
VOYAGES ESCAPADE 2000 INC   p1238
2624 Rue King O, SHERBROOKE, QC, J1J 2H1
(819) 563-5344   SIC 4724
WILDROSE VACATION INC   p78
10582 116 St Nw, EDMONTON, AB, T5H 3L7
SIC 4724

SIC 4725 Tour operators

ALBERTA MOTOR ASSOCIATION TRAVEL AGENCY LTD   p60
4700 17 Ave Sw, CALGARY, AB, T3E 0E3
(403) 240-5350   SIC 4725
AMEX CANADA INC   p687
5090 Explorer Dr Suite 300, MISSISSAUGA, ON, L4W 4T9
SIC 4725
BREWSTER INC   p4
100 Gopher St, BANFF, AB, T1L 1J3
(403) 762-6700   SIC 4725
CANADIAN CO CO TOURS, INC   p4
220 Bear St Suite 205, BANFF, AB, T1L 1A2

(403) 762-5600   SIC 4725
CANADIAN CO CO TOURS, INC   p310
1281 Georgia St W Suite 505, VANCOUVER, BC, V6E 3J7
(604) 685-6388   SIC 4725
CLUB MED VENTES CANADA INC   p1262
3500 Boul De Maisonneuve O Bureau 1500, WESTMOUNT, QC, H3Z 3C1
(514) 937-1428   SIC 4725
CRUISESHIPCENTERS INTERNATIONAL INC   p652
1735 Richmond St Unit 113, LONDON, ON, N5X 3Y2
(519) 850-7766   SIC 4725
EXPEDITIONS EN RIVIERE DU NOUVEAU MONDE LTEE, LES   p1043
100 Rue De La Riviere Rouge, GRENVILLE-SUR-LA-ROUGE, QC, J0V 1B0
(819) 242-7238   SIC 4725
FLYING J CANADA INC   p163
50 Pembina Rd Suite 10, SHERWOOD PARK, AB, T8H 2G9
(780) 416-2035   SIC 4725
GREAT CANADIAN RAIL TOUR COMPANY LTD   p222
525 Cn Rd, KAMLOOPS, BC, V2H 1K3
(250) 314-3998   SIC 4725
GREAT CANADIAN RAIL TOUR COMPANY LTD   p302
369 Terminal Ave Suite 101, VANCOUVER, BC, V6A 4C4
(604) 606-7200   SIC 4725
GREAT PACIFIC ADVENTURES INC   p331
950 Wharf St, VICTORIA, BC, V8W 1T3
(250) 386-2277   SIC 4725
GROUPE VOYAGES QUEBEC INC   p1157
174 Grande Allee O, Quebec, QC, G1R 2G9
(418) 525-4585   SIC 4725
HOGG ROBINSON CANADA INC   p1106
1550 Rue Metcalfe Bureau 700, Montreal, QC, H3A 1X6
(514) 286-6300   SIC 4725
INTRAWEST ULC   p308
900 Hastings St W Suite 900, VANCOUVER, BC, V6C 1E5
(604) 647-0750   SIC 4725
JONVIEW CANADA INC   p581
191 The West Mall Suite 800, ETOBICOKE, ON, M9C 5K8
(416) 323-9090   SIC 4725
JONVIEW CANADA INC   p1100
300 Rue Leo-Pariseau Bureau 1102, Montreal, QC, H2X 4C2
(514) 861-9190   SIC 4725
JTB INTERNATIONAL (CANADA) LTD   p269
8899 Odlin Cres, RICHMOND, BC, V6X 3Z7
(604) 276-0300   SIC 4725
MARITIME TRAVEL INC   p458
2000 Barrington St Suite 202, HALIFAX, NS, B3J 3K1
(902) 420-1554   SIC 4725
NIAGARA KANKO TOURS INC   p915
218 Adelaide St W, TORONTO, ON, M5H 1W7
SIC 4725
NITE TOURS INTERNATIONAL   p76
67 Airport Rd Nw, EDMONTON, AB, T5G 0W6
SIC 4725
PERSONALTOURS INC   p941
1750 The Queensway Suite 1300, TORONTO, ON, M9C 5H5
SIC 4725
SILKWAY TRAVEL & DESTINATION MANAGEMENT INC   p300
4018 Cambie St Suite 4012, VANCOUVER, BC, V5Z 2X8
SIC 4725
TOURLAND TRAVEL LTD   p270
8899 Odlin Cres, RICHMOND, BC, V6X 3Z7
(604) 276-9592   SIC 4725
TOURS CHANTECLERC INC   p1103
152 Rue Notre-Dame E, Montreal, QC, H2Y 3P6

(514) 398-9535   SIC 4725
TOURS NEW YORK INC   p788
1400 St. Laurent Blvd, OTTAWA, ON, K1K 4H4
(613) 748-7759   SIC 4725
TRAVELBRANDS INC   p306
475 Georgia St W Unit 220, VANCOUVER, BC, V6B 4M9
(604) 687-0380   SIC 4725
TRAVELBRANDS INC   p691
5450 Explorer Dr Suite 300, MISSISSAUGA, ON, L4W 5N1
(416) 649-3939   SIC 4725
TRAVELBRANDS INC   p910
26 Wellington St E, TORONTO, ON, M5E 1S2
(416) 364-5100   SIC 4725
TRAVELBRANDS INC   p1095
1221 Rue Saint-Hubert Bureau 200, Montreal, QC, H2L 3Y8
(514) 286-9747   SIC 4725
TRAVELBRANDS INC   p1117
2155 Rue Guy Bureau 1190, Montreal, QC, H3H 2R9
(514) 935-8435   SIC 4725
ULTIMATE TRAVEL GROUP INC   p766
1660 North Service Rd E Suite 101, OAKVILLE, ON, L6H 7G3
(905) 755-0999   SIC 4725
UNIGLOBE SPECIALTY TRAVEL LTD   p313
1111 Melville St Suite 820, VANCOUVER, BC, V6E 3V6
(604) 688-8816   SIC 4725
VICTORIA HARBOUR FERRY CO LTD   p335
922 Old Esquimalt Rd, VICTORIA, BC, V9A 4X3
(250) 708-0201   SIC 4725

SIC 4729 Passenger transportation arrangement

BUFFALO AIRWAYS LTD   p438
108 Berry St, YELLOWKNIFE, NT, X1A 2R3
(867) 873-6112   SIC 4729
CANADIAN NORTH INC   p438
5109 48 St 202 Nunasi Bldg., YELLOWKNIFE, NT, X1A 1N5
(867) 669-4000   SIC 4729
GESTION PFMJ (BILLETERIE) INC   p1095
505 Boul Maisonneuve Bureau 301, Montreal, QC, H2L 1Y4
(514) 895-9821   SIC 4729
TRAVELBRANDS INC   p898
75 Eglinton Ave E, TORONTO, ON, M4P 3A4
(416) 921-7923   SIC 4729

SIC 4731 Freight transportation arrangement

1625443 ONTARIO INC   p545
75 Lingard Rd, CAMBRIDGE, ON, N1T 2A8
(519) 624-9914   SIC 4731
3618358 CANADA INC   p570
465 Ofield Rd S, DUNDAS, ON, L9H 5E2
(905) 628-5277   SIC 4731
3618358 CANADA INC   p1229
655 Chomedey (A-13) E Unite 13, SAINTE-ROSE, QC, H7W 5N4
(450) 688-2882   SIC 4731
4513380 CANADA INC   p21
1925 18 Ave Ne Suite 320, CALGARY, AB, T2E 7T8
(403) 250-3753   SIC 4731
4513380 CANADA INC   p78
10060 Jasper Ave Nw Suite 950, EDMONTON, AB, T5J 3R8
(780) 421-4351   SIC 4731
4513380 CANADA INC   p287
17735 1 Ave Suite 165, SURREY, BC, V3Z 9S1
(604) 538-1144   SIC 4731
4513380 CANADA INC   p310

1140 Pender St W Suite 500, VANCOUVER, BC, V6E 4H5
(604) 685-3555   SIC 4731

4513380 CANADA INC p408
1010 St George Blvd, MONCTON, NB, E1E 4R5
(506) 857-3026   SIC 4731

4513380 CANADA INC p589
33 Walnut St, FORT ERIE, ON, L2A 1S7
(905) 871-1606   SIC 4731

4513380 CANADA INC p638
55 Overland Dr, KITCHENER, ON, N2C 2B3
(519) 743-8271   SIC 4731

4513380 CANADA INC p684
6725 Airport Rd Ste 101, MISSISSAUGA, ON, L4V 1V2
(905) 676-3700   SIC 4731

4513380 CANADA INC p684
6725 Airport Rd Suite 400, MISSISSAUGA, ON, L4V 1V2
(905) 676-3700   SIC 4731

4513380 CANADA INC p713
6155 Belgrave Rd, MISSISSAUGA, ON, L5R 4E6
SIC 4731

4513380 CANADA INC p722
150 Courtneypark Dr W Suite C, MISSISSAUGA, ON, L5W 1Y6
SIC 4731

4513380 CANADA INC p828
4676 Brigden Rd, SARNIA, ON, N7T 7H3
(519) 332-2633   SIC 4731

4513380 CANADA INC p917
40 University Ave Suite 602, TORONTO, ON, M5J 1J9
(416) 863-9339   SIC 4731

4513380 CANADA INC p1211
6700 Ch De La Cote-De-Liesse Bureau 300, SAINT-LAURENT, QC, H4T 2B5
(514) 735-2000   SIC 4731

501070 BC LTD p209
9924 River Rd, DELTA, BC, V4G 1B5
(604) 940-8410   SIC 4731

575636 ONTARIO LIMITED p511
1 Lascelles Blvd, BRAMPTON, ON, L6S 3T1
SIC 4731

9213-9674 QUEBEC INC p1024
218 Rue Andras, DOLLARD-DES-ORMEAUX, QC, H9B 1R6
(514) 501-9273   SIC 4731

A & A CONTRACT CUSTOMS BROKERS LTD p693
160 Traders Blvd E Suite 2 5, MISSISSAUGA, ON, L4Z 3K7
(905) 507-8300   SIC 4731

ABCO INTERNATIONAL FREIGHT INC p684
5945 Airport Rd Suite 338, MISSISSAUGA, ON, L4V 1R9
(905) 405-8088   SIC 4731

ABCO INTERNATIONAL FREIGHT INC p1025
670 Av Orly Bureau 201, DORVAL, QC, H9P 1E9
(514) 636-2226   SIC 4731

AFFILIATED AGENTS EN DOUANES LIMITEE p583
500 Carlingview Dr, ETOBICOKE, ON, M9W 5R3
SIC 4731

AFFILIATED AGENTS EN DOUANES LIMITEE p735
6150 Valley Way, NIAGARA FALLS, ON, L2E 1Y3
(905) 358-7181   SIC 4731

AFFILIATED AGENTS EN DOUANES LIMITEE p1130
1616 Sud Laval (A-440) O, Montreal, QC, H7S 2E7
(450) 681-4555   SIC 4731

AGILITY LOGISTICS, CO. p717
185 Courtneypark Dr E Suite B, MISSISSAUGA, ON, L5T 2T6
(905) 612-7500   SIC 4731

AXSUN INC p1193

4900 Rue Armand-Frappier Bureau 450, SAINT-HUBERT, QC, J3Z 1G5
(450) 445-3003   SIC 4731

AXXESS INTERNATIONAL COURTIERS EN DOUANES INC p715
1804 Alstep Dr Unit 1, MISSISSAUGA, ON, L5S 1W1
(905) 672-0270   SIC 4731

AXXESS INTERNATIONAL COURTIERS EN DOUANES INC p1101
360 Rue Saint-Jacques 12eme Etage, Montreal, QC, H2Y 1P5
(514) 849-9377   SIC 4731

AXXESS INTERNATIONAL COURTIERS EN DOUANES INC p1154
360 Rue Franquet Bureau 110, Quebec, QC, G1P 4N3
(418) 658-0390   SIC 4731

BBE EXPEDITING LTD p129
3724 47 Ave E, GRANDE PRAIRIE, AB, T9E 0V4
(780) 890-8611   SIC 4731

BDP CANADA ULC p584
10 Carlson Crt Suite 801, ETOBICOKE, ON, M9W 6L2
(905) 602-0200   SIC 4731

BEACON INTERNATIONAL WAREHOUSING LIMITED p525
325 West St Suite B110, BRANTFORD, ON, N3R 3V6
(519) 756-6463   SIC 4731

BOLLORE LOGISTIQUES CANADA INC p717
90 Admiral Blvd, MISSISSAUGA, ON, L5T 2W1
(905) 677-9022   SIC 4731

BOLLORE LOGISTIQUES CANADA INC p1208
10045 Boul Henri-Bourassa O, SAINT-LAURENT, QC, H4S 1A1
(514) 956-7870   SIC 4731

C.H. ROBINSON PROJECT LOGISTICS LTD p717
6155 Tomken Rd Suite 11, MISSISSAUGA, ON, L5T 1X3
(905) 672-2427   SIC 4731

CANADIAN PACIFIC RAILWAY COMPANY p264
127 Track St E, REVELSTOKE, BC, V0E 2S0
(250) 837-8253   SIC 4731

CANPAR TRANSPORT L.P. p183
8399 Eastlake Dr, BURNABY, BC, V5A 4W2
(604) 421-3452   SIC 4731

CANPAR TRANSPORT L.P. p948
18 Industrial Rd, WALKERTON, ON, N0G 2V0
(519) 881-2770   SIC 4731

CARGOLUTION INC p1025
800 Boul Stuart-Graham S Bureau 360, DORVAL, QC, H4Y 1J6
(514) 636-2576   SIC 4731

CARSON CUSTOM BROKERS LIMITED p287
17735 1 Ave Unit 206, SURREY, BC, V3Z 9S1
(604) 538-4966   SIC 4731

CARSON CUSTOM BROKERS LIMITED p287
17735 1 Ave Suite 260, SURREY, BC, V3Z 9S1
(780) 496-9627   SIC 4731

CENTRE DE MAINTENANCE ANDY INC, LE p1231
4225 Boul Hebert, SALABERRY-DE-VALLEYFIELD, QC, J6S 6J2
(514) 667-8500   SIC 4731

CEVA FREIGHT CANADA CORP p687
1880 Matheson Blvd E, MISSISSAUGA, ON, L4W 5N4
(905) 672-3456   SIC 4731

CLARKE TRANSPORT INC p513
201 Westcreek Blvd Suite 200, BRAMPTON, ON, L6T 5S6

(905) 291-3000   SIC 4731

COLE INTERNATIONAL INC p70
107 1 Ave S, COUTTS, AB, T0K 0N0
(403) 344-3855   SIC 4731

COLE INTERNATIONAL INC p104
8657 51 Ave Nw Suite 310, EDMONTON, AB, T6E 6A8
(780) 437-1936   SIC 4731

COLE INTERNATIONAL INC p273
3820 Cessna Dr Suite 220, RICHMOND, BC, V7B 0A2
(604) 273-5161   SIC 4731

COLE INTERNATIONAL INC p287
17637 1 Ave Suite 201, SURREY, BC, V3Z 9S1
(604) 538-1512   SIC 4731

COLE INTERNATIONAL INC p348
389 Goschen St Suite 5, EMERSON, MB, R0A 0L0
(204) 373-2549   SIC 4731

COLE INTERNATIONAL INC p374
177 Lombard Ave Suite 400, WINNIPEG, MB, R3B 0W5
(204) 944-9200   SIC 4731

COLE INTERNATIONAL INC p684
5955 Airport Rd Suite 223, MISSISSAUGA, ON, L4V 1R9
(905) 672-6255   SIC 4731

COLE INTERNATIONAL INC p1026
670 Av Orly Bureau 201, DORVAL, QC, H9P 1E9
(514) 631-2653   SIC 4731

COLE INTERNATIONAL INC p1278
528 1st St, NORTH PORTAL, SK, S0C 1W0
(306) 927-5100   SIC 4731

COMMERCIAL LOGISTICS INC p268
16133 Blundell Rd, RICHMOND, BC, V6W 0A3
(604) 276-1300   SIC 4731

COMPAGNIE DES CHEMINS DE FER NATIONAUX DU CANADA p133
9804 99th Ave, LAC LA BICHE, AB, T0A 2C0
SIC 4731

COMPAGNIE DES CHEMINS DE FER NATIONAUX DU CANADA p699
1270 Central Pky W Suite 400, MISSISSAUGA, ON, L5C 4P4
(905) 789-4512   SIC 4731

CONSOLIDATED FASTFRATE INC p17
11440 54 St Se, CALGARY, AB, T2C 4Y6
(403) 264-1687   SIC 4731

CONSOLIDATED FASTFRATE INC p79
7725 101 St, EDMONTON, AB, T5J 2M1
(780) 439-0061   SIC 4731

CONSOLIDATED FASTFRATE INC p372
477 Keewatin St, WINNIPEG, MB, R2X 2S1
(204) 633-8730   SIC 4731

CONSOLIDATED FASTFRATE INC p1057
4415 Rue Fairway, LACHINE, QC, H8T 1B5
(514) 639-7747   SIC 4731

CONTROLE TOTAL LOGISTIQUE INC p519
297 Rutherford Rd S, BRAMPTON, ON, L6W 3J8
(905) 595-2364   SIC 4731

COSTCO WHOLESALE CANADA LTD p2
1003 Hamilton Blvd Ne, AIRDRIE, AB, T4A 0G2
(403) 945-4250   SIC 4731

COURTAGE BGL LTEE p1137
39 Rte 133, PHILIPSBURG, QC, J0J 1N0
(450) 248-7768   SIC 4731

COURTIER DOUANES INTERNATIONAL SKYWAY LTEE p1057
9230 Ch De La Cote-De-Liesse, LACHINE, QC, H8T 1A1
(514) 636-0250   SIC 4731

COURTIERS EN TRANSPORT G.M.R. INC, LES p1066
2111 4e Rue Bureau 100, Levis, QC, G6W 5M6
(418) 839-5768   SIC 4731

CPPIB ZAMBEZI HOLDINGS INC p907
1 Queen St E Suite 2600, TORONTO, ON,

M5C 2W5
(416) 868-4075   SIC 4731

CRAILIN LOGISTICS SERVICES INC p621
14722 Heart Lake Rd, INGLEWOOD, ON, L7C 2J7
(905) 838-3215   SIC 4731

CROWN MOVING p875
800 Steeles Ave W Unit D-10181, THORNHILL, ON, L4J 7L2
(416) 831-0489   SIC 4731

CSAV AGENCY LTD p310
1166 Alberni St Suite 503, VANCOUVER, BC, V6E 3Z3
(604) 646-0120   SIC 4731

CTC LOGISTICS (CANADA) INC p265
14351 Burrows Rd Suite 130, RICHMOND, BC, V6V 1K9
(604) 278-6366   SIC 4731

DAHNAY LOGISTICS CANADA LTD p693
2501 Stanfield Rd Fl 2, MISSISSAUGA, ON, L4Y 1R6
(289) 803-1982   SIC 4731

DAMCO DISTRIBUTION CANADA INC p210
8400 River Rd, DELTA, BC, V4G 1B5
(604) 940-1357   SIC 4731

DATA PARCEL EXPRESS INCORPORATED p718
6500 Van Deemter Crt, MISSISSAUGA, ON, L5T 1S1
(905) 564-5555   SIC 4731

DAY & ROSS INC p398
8734 Main St Unit 3, FLORENCEVILLE-BRISTOL, NB, E7L 3G6
(506) 392-2887   SIC 4731

DAY & ROSS INC p418
141 Alloy Dr Unit 084, SAINT JOHN, NB, E2M 7S9
(506) 635-1212   SIC 4731

DELL WILL CUSTOMS BROKERS INC p772
3455 N Talbot Rd, OLDCASTLE, ON, N0R 1L0
(519) 736-6480   SIC 4731

DHL EXPRESS (CANADA) LTD p273
101-5000 Miller Rd, RICHMOND, BC, V7B 1K6
SIC 4731

DHL GLOBAL FORWARDING (CANADA) INC p265
13091 Vanier Pl Suite 230, RICHMOND, BC, V6V 2J1
(604) 207-8100   SIC 4731

DHL GLOBAL FORWARDING (CANADA) INC p716
1825 Alstep Dr, MISSISSAUGA, ON, L5S 1Y5
SIC 4731

DHL GLOBAL FORWARDING (CANADA) INC p718
6575 Davand Dr, Mississauga, ON, L5T 2M3
SIC 4731

DHL GLOBAL FORWARDING (CANADA) INC p718
6200 Edwards Blvd Suite 100, MISSISSAUGA, ON, L5T 2V7
(289) 562-6500   SIC 4731

DHL GLOBAL FORWARDING (CANADA) INC p815
1555 Venetian Blvd Suite 12, POINT EDWARD, ON, N7T 0A9
(519) 336-4194   SIC 4731

DHL GLOBAL FORWARDING (CANADA) INC p1212
555 Montee De Liesse, SAINT-LAURENT, QC, H4T 1P5
(514) 344-3447   SIC 4731

DIMERCO EXPRESS (CANADA) CORPORATION p688
5100 Orbitor Dr Suite 201, MISSISSAUGA, ON, L4W 4Z4
(905) 282-8118   SIC 4731

DOCKTOR FREIGHT SOLUTIONS CORP p51
333 11 Ave Sw Suite 750, CALGARY, AB, T2R 1L9

BUSINESSES BY INDUSTRY CLASSIFICATION

SIC 4731 Freight transportation arrangement

(403) 266-4131   *SIC* 4731
DSV AIR & SEA INC   *p514*
70 Driver Rd Unit 4, BRAMPTON, ON, L6T 5V2
(905) 494-5519   *SIC* 4731
E. & J. GALLO WINERY CANADA, LTD *p708*
6711 Mississauga Rd Suite 202, MISSISSAUGA, ON, L5N 2W3
(905) 819-9600   *SIC* 4731
EDI CUSTOMS BROKERS INC   *p754*
2 Tippet Rd, NORTH YORK, ON, M3H 2V2
(416) 630-3000   *SIC* 4731
EDMONTON TRANSFER LTD   *p17*
5402 44 St Se, CALGARY, AB, T2C 4M8
(403) 279-8646   *SIC* 4731
EXPEDITORS CANADA INC   *p23*
2340 Pegasus Way Ne Suite 123, CALGARY, AB, T2E 8M5
(403) 265-9390   *SIC* 4731
EXPEDITORS CANADA INC   *p268*
21320 Gordon Way Suite 200, RICHMOND, BC, V6W 1J8
(604) 244-8543   *SIC* 4731
EXPEDITORS CANADA INC   *p714*
55 Standish Crt Suite 1100, MISSISSAUGA, ON, L5R 4A1
(905) 290-6000   *SIC* 4731
EXPEDITORS CANADA INC   *p965*
2485 Ouellette Ave Suite 100, WINDSOR, ON, N8X 1L5
(519) 967-0975   *SIC* 4731
EXPEDITORS CANADA INC   *p1212*
6700 Ch De La Cote-De-Liesse Bureau 501, SAINT-LAURENT, QC, H4T 2B5
(514) 340-1614   *SIC* 4731
FAIRMONT SHIPPING (CANADA) LIMITED *p311*
1112 Pender St W Suite 300, VANCOUVER, BC, V6E 2S1
(604) 685-3318   *SIC* 4731
FEDERATED CUSTOMS BROKERS LIMITED   *p688*
2580 Matheson Blvd E, MISSISSAUGA, ON, L4W 4J1
(905) 206-1166   *SIC* 4731
FEDEX SUPPLY CHAIN DISTRIBUTION SYSTEM OF CANADA, INC   *p17*
6336 114 Ave Se, CALGARY, AB, T2C 4T9
(800) 463-3339   *SIC* 4731
FEDEX SUPPLY CHAIN DISTRIBUTION SYSTEM OF CANADA, INC   *p511*
9150 Airport Rd Unit C, BRAMPTON, ON, L6S 6G1
(800) 463-3339   *SIC* 4731
FEDEX SUPPLY CHAIN DISTRIBUTION SYSTEM OF CANADA, INC   *p1021*
50 Boul Dupont, COTEAU-DU-LAC, QC, J0P 1B0
(800) 463-3339   *SIC* 4731
FEDEX TRADE NETWORKS TRANSPORT & BROKERAGE (CANADA), INC   *p718*
7075 Ordan Dr, MISSISSAUGA, ON, L5T 1K6
(905) 677-7371   *SIC* 4731
FEDEX TRADE NETWORKS TRANSPORT & BROKERAGE (CANADA), INC   *p969*
3950 Malden Rd, WINDSOR, ON, N9C 2G4
(800) 463-3339   *SIC* 4731
FEDEX TRADE NETWORKS TRANSPORT & BROKERAGE (CANADA), INC   *p1204*
9800 Cavendish Blvd 3rd Fl, SAINT-LAURENT, QC, H4M 2V9
(800) 463-3339   *SIC* 4731
FLS TRANSPORTATION SERVICES LIMITED   *p1256*
454 Rue Aime-Vincent, VAUDREUIL-DORION, QC, J7V 5V5
(450) 424-9262   *SIC* 4731
FTM DISTRIBUTION INC   *p1102*
152 Rue Notre-Dame E Bureau 500, Montreal, QC, H2Y 3P6
(514) 954-1223   *SIC* 4731
GALLOP LOGISTICS CORPORATION *p936*
74 Fraser Ave Suite 100, TORONTO, ON, M6K 3E1
(416) 252-1002   *SIC* 4731
GARDEWINE GROUP INC   *p17*
10612 24 St Se, CALGARY, AB, T2C 4Z7
(403) 569-4011   *SIC* 4731
GARDEWINE GROUP INC   *p345*
1108 Mctavish Ave E, BRANDON, MB, R7A 7B9
(204) 726-4441   *SIC* 4731
GARDEWINE GROUP INC   *p348*
111 Thimberlane Gd Lcd Main Gd Lcd Main, FLIN FLON, MB, R8A 1M5
(204) 687-5132   *SIC* 4731
GARDEWINE GROUP INC   *p359*
136 Hayes Rd, THOMPSON, MB, R8N 1M4
(204) 778-8311   *SIC* 4731
GARDEWINE GROUP INC   *p369*
60 Eagle Dr, WINNIPEG, MB, R2R 1V5
(204) 633-5795   *SIC* 4731
GARDEWINE GROUP INC   *p379*
1033 Notre Dame Ave, WINNIPEG, MB, R3E 0N4
(204) 987-8427   *SIC* 4731
GARDEWINE GROUP INC   *p582*
15 Warrendale Crt, ETOBICOKE, ON, M9V 1P9
(416) 326-0647   *SIC* 4731
GARDEWINE GROUP INC   *p649*
30 Duhamel Rd, LIVELY, ON, P3Y 1L4
(705) 692-3000   *SIC* 4731
GARDEWINE GROUP INC   *p741*
8 Ferris Dr, NORTH BAY, ON, P1B 8Z4
(705) 476-0140   *SIC* 4731
GARDEWINE GROUP INC   *p884*
1780 Hwy 655, TIMMINS, ON, P4N 7J5
(705) 264-5336   *SIC* 4731
GEODIS WILSON CANADA LTD   *p685*
3061 Orlando Dr Suite 1, MISSISSAUGA, ON, L4V 1R4
(905) 677-5266   *SIC* 4731
GILLESPIE-MUNRO INC   *p1115*
740 Rue Notre-Dame O Bureau 1120, Montreal, QC, H3C 3X6
(514) 871-1033   *SIC* 4731
GLOBETROTTER LOGISTICS INC   *p580*
35 Rakely Crt, ETOBICOKE, ON, M9C 5A5
(416) 742-2232   *SIC* 4731
GOSSELIN EXPRESS LTEE   *p1255*
5699 Ch De L'aeroport, VALCOURT, QC, J0E 2L0
(450) 532-3285   *SIC* 4731
GREYHOUND CANADA TRANSPORTATION ULC   *p793*
265 Catherine St, OTTAWA, ON, K1R 7S5
(613) 234-5115   *SIC* 4731
GRIEG STAR SHIPPING (CANADA) LTD *p311*
1111 Hastings St W Suite 900, VANCOUVER, BC, V6E 2J3
(604) 661-2020   *SIC* 4731
GUARDIAN OVERSEAS SHIPPING LTD *p783*
2222 Gladwin Cres, OTTAWA, ON, K1B 4S6
(613) 523-5855   *SIC* 4731
HAPAG-LLOYD (CANADA) INC   *p1121*
3400 Boul De Maisonneuve O Bureau 1200, Montreal, QC, H3Z 3E7
(514) 934-5133   *SIC* 4731
HARMONY LOGISTICS CANADA INC   *p64*
1724 115 Ave Ne, CALGARY, AB, T3K 0P9
(403) 537-8996   *SIC* 4731
HARTWICK O'SHEA & CARTWRIGHT LIMITED   *p685*
3350 American Dr, MISSISSAUGA, ON, L4V 1B3
(905) 676-8796   *SIC* 4731
HARTWICK O'SHEA & CARTWRIGHT LIMITED   *p685*
3245 American Dr, MISSISSAUGA, ON, L4V 1B3
(905) 672-5100   *SIC* 4731
HELLMANN WORLDWIDE LOGISTICS INC *p716*
1375 Cardiff Blvd Unit 1, MISSISSAUGA, ON, L5S 1R1
(905) 564-6620   *SIC* 4731
HORIZON NORTH LOGISTICS INC   *p127*
10320 140 Ave Suite 102, GRANDE PRAIRIE, AB, T8V 8A4
(780) 830-5333   *SIC* 4731
HORTON DISTRIBUTION SERVICES INC *p85*
14566 Yellowhead Trail Nw, EDMONTON, AB, T5L 3C5
SIC 4731
IMPORT CUSTOMS SERVICES INC   *p585*
190 Attwell Dr Suite 602, ETOBICOKE, ON, M9W 6H8
(905) 502-7776   *SIC* 4731
J8 HOLDINGS LTD   *p292*
220 Main St Unit 3, TUMBLER RIDGE, BC, V0C 2W0
SIC 4731
JENSEN CUSTOMS BROKERS CANADA INC   *p389*
1146 Waverley St Unit 1, WINNIPEG, MB, R3T 0P4
(204) 487-6628   *SIC* 4731
KRG LOGISTICS INC   *p694*
170 Traders Blvd E, MISSISSAUGA, ON, L4Z 1W7
(905) 501-7277   *SIC* 4731
KUEHNE + NAGEL LTD   *p24*
6835 8 St Ne, CALGARY, AB, T2E 7H7
(403) 717-8620   *SIC* 4731
KUEHNE + NAGEL LTD   *p96*
12810 170 St Nw, EDMONTON, AB, T5V 0A6
(780) 447-1370   *SIC* 4731
KUEHNE + NAGEL LTD   *p312*
535 Thurlow St Suite 700, VANCOUVER, BC, V6E 3L2
(604) 684-4531   *SIC* 4731
KUEHNE + NAGEL LTD   *p458*
1969 Upper Water St Suite 1710, HALIFAX, NS, B3J 3R7
(902) 420-6500   *SIC* 4731
KUEHNE + NAGEL LTD   *p644*
221b Mcintyre Dr, KITCHENER, ON, N2R 1G1
(519) 893-6141   *SIC* 4731
KUEHNE + NAGEL LTD   *p709*
2300 Hogan Dr, MISSISSAUGA, ON, L5N 0C8
(905) 567-4168   *SIC* 4731
KUEHNE + NAGEL LTD   *p719*
6335 Edwards Blvd, MISSISSAUGA, ON, L5T 2W7
(905) 670-6901   *SIC* 4731
KUEHNE + NAGEL LTD   *p719*
275 Pendant Dr, MISSISSAUGA, ON, L5T 2W9
(905) 670-6901   *SIC* 4731
KUEHNE + NAGEL LTD   *p1100*
3510 Boul Saint-Laurent Bureau 400, Montreal, QC, H2X 2V2
(514) 397-9900   *SIC* 4731
KUEHNE + NAGEL LTD   *p1100*
3510 Boul Saint-Laurent Unite 400, Montreal, QC, H2X 2V2
(514) 395-2025   *SIC* 4731
LEGACY TRANSPORTATION SOLUTIONS INC   *p18*
5505 72 Ave Se Unit 3, CALGARY, AB, T2C 3C4
(403) 236-5903   *SIC* 4731
LEVEILLE, J.A. & FILS (1990) INC   *p1041*
250 Rue Saint-Urbain, GRANBY, QC, J2G 8M8
(450) 378-8474   *SIC* 4731
LIVINGSTON TRANSPORTATION INC   *p18*
4707 52 Ave Se, CALGARY, AB, T2C 4N7
(403) 291-0620   *SIC* 4731
LOCHER EVERS INTERNATIONAL INC *p208*
456 Humber Pl, DELTA, BC, V3M 6A5
(604) 523-5100   *SIC* 4731
LOCHER EVERS INTERNATIONAL INC *p515*
30 Midair Crt, BRAMPTON, ON, L6T 5V1
(905) 494-0880   *SIC* 4731
LOGISTI-SOLVE INC   *p585*
172 Bethridge Rd, ETOBICOKE, ON, M9W 1N3
SIC 4731
LOGISTIQUE KERRY (CANADA) INC *p1026*
1425 Rte Transcanadienne Bureau 150, DORVAL, QC, H9P 2W9
(514) 420-0282   *SIC* 4731
LYNDEN CANADA CO   *p709*
6581 Kitimat Rd Unit 1-4, MISSISSAUGA, ON, L5N 3T5
(905) 858-5058   *SIC* 4731
MARITIME-ONTARIO FREIGHT LINES LIMITED   *p410*
11 Bill Slater Dr, MONCTON, NB, E1G 5X5
(506) 857-2297   *SIC* 4731
MARITIME-ONTARIO FREIGHT LINES LIMITED   *p410*
95 Urquhart Ave, MONCTON, NB, E1H 2R4
(506) 857-2297   *SIC* 4731
MCKAY, W. G. LIMITED   *p919*
40 University Ave Suite 602, TORONTO, ON, M5J 1T1
(416) 593-1380   *SIC* 4731
MILNE & CRAIGHEAD, INC   *p24*
3636 23 St Ne Suite 300, CALGARY, AB, T2E 8Z5
(403) 263-7856   *SIC* 4731
MITSUBISHI MOTOR SALES OF CANADA, INC   *p689*
2090 Matheson Blvd E, MISSISSAUGA, ON, L4W 5P8
(905) 214-9000   *SIC* 4731
MITSUI HOMES CANADA INC   *p229*
19707 94a Ave, Langley, BC, V1M 2R1
(604) 882-8415   *SIC* 4731
MONTSHIP INC   *p312*
1111 Hastings St W Suite 800, VANCOUVER, BC, V6E 2J3
(604) 640-7400   *SIC* 4731
MONTSHIP INC   *p1102*
360 Rue Saint-Jacques Bureau 1000, Montreal, QC, H2Y 1R2
(514) 286-4646   *SIC* 4731
MUSKOKA TRANSPORT LIMITED   *p622*
3269 Thomas St, INNISFIL, ON, L9S 3W2
(705) 431-8551   *SIC* 4731
NAVIGATION CP LIMITEE   *p1122*
3400 Boul De Maisonneuve O Bureau 1200, Montreal, QC, H3Z 3E7
(514) 934-5133   *SIC* 4731
NFI DOMINION CANADA, ULC   *p586*
225 Carrier Dr, ETOBICOKE, ON, M9W 5Y8
SIC 4731
NIPPON EXPRESS CANADA LTD   *p270*
7360 River Rd, RICHMOND, BC, V6X 1X6
(604) 278-6084   *SIC* 4731
NIPPON EXPRESS CANADA LTD   *p720*
6250 Edwards Blvd, MISSISSAUGA, ON, L5T 2X3
(905) 565-7526   *SIC* 4731
NIPPON EXPRESS CANADA LTD   *p720*
6250 Edwards Blvd, MISSISSAUGA, ON, L5T 2X3
(905) 565-7525   *SIC* 4731
NYK LINE (CANADA) INC   *p690*
5090 Explorer Dr Suite 802, MISSISSAUGA, ON, L4W 4T9
(905) 366-3542   *SIC* 4731
OVERLAND WEST FREIGHT LINES LTD *p19*
9910 48 St Se, CALGARY, AB, T2C 2R2
(403) 236-0912   *SIC* 4731
OZBURN-HESSEY LOGISTICS   *p520*
300 Kennedy Rd S Unit B, BRAMPTON, ON, L6W 4V2
(905) 450-1151   *SIC* 4731
P.F. COLLINS CUSTOMS BROKER LIMITED *p432*
251 E White Hills Rd, ST. JOHN'S, NL, A1A 5W4
(709) 726-7596   *SIC* 4731

▲ Public Company   ■ Public Company Family Member   **HQ** Headquarters   **BR** Branch   **SL** Single Location

PACIFIC COAST DISTRIBUTION LTD p234
27433 52 Ave, LANGLEY, BC, V4W 4B2
(604) 888-8489 SIC 4731

PANALPINA INC p312
1100 Melville St Unit 1400, VANCOUVER, BC, V6E 4A6
(604) 659-2666 SIC 4731

PANALPINA INC p714
6350 Cantay Rd, MISSISSAUGA, ON, L5R 4E2
(905) 755-4500 SIC 4731

PANALPINA INC p1210
2520 Av Marie-Curie, SAINT-LAURENT, QC, H4S 1N1
(514) 685-3364 SIC 4731

PANTOS LOGISTICS CANADA INC p273
5000 Miller Rd Unit 2010, RICHMOND, BC, V7B 1K9
(604) 278-0511 SIC 4731

PATRIOT FREIGHT SERVICES INC p1210
6800 Ch Saint-Francois, SAINT-LAURENT, QC, H4S 1B7
(514) 631-2900 SIC 4731

PERMICOM PERMITS SERVICES INC p1057
10340 Ch De La Cote-De-Liesse Bureau 150, LACHINE, QC, H8T 1A3
(514) 828-1118 SIC 4731

PUROLATOR HOLDINGS LTD p715
5995 Avebury Rd Suite 100, MISSISSAUGA, ON, L5R 3T8
(905) 712-1251 SIC 4731

PUROLATOR INC. p25
30 Aero Dr Ne, CALGARY, AB, T2E 8Z9
(403) 516-6200 SIC 4731

PUROLATOR INC. p142
5010 51 St, LLOYDMINSTER, AB, T9V 0P4
(780) 871-5855 SIC 4731

PUROLATOR INC. p242
3607 Shenton Rd, NANAIMO, BC, V9T 2H1
(250) 751-8810 SIC 4731

PUROLATOR INC. p258
429 Mcaloney Rd, PRINCE GEORGE, BC, V2K 4L2
(800) 528-0858 SIC 4731

PUROLATOR INC. p401
727 Wilsey Rd, FREDERICTON, NB, E3B 7K3
(506) 450-2776 SIC 4731

PUROLATOR INC. p418
48 Hatheway Cres, SAINT JOHN, NB, E2M 5V3
(506) 635-8205 SIC 4731

PUROLATOR INC. p434
16 Duffy Pl, ST. JOHN'S, NL, A1B 4M5
(709) 579-5671 SIC 4731

PUROLATOR INC. p465
25 Roscoe Dr, KENTVILLE, NS, B4N 3V7
(902) 678-0019 SIC 4731

PUROLATOR INC. p529
769 Powerline Rd, BRANTFORD, ON, N3T 5L8
(519) 754-4463 SIC 4731

PUROLATOR INC. p537
3455 Mainway, BURLINGTON, ON, L7M 1A9
(905) 336-3230 SIC 4731

PUROLATOR INC. p578
800 Kipling Ave Suite 10, ETOBICOKE, ON, M8Z 5G5
(416) 207-3900 SIC 4731

PUROLATOR INC. p586
62 Vulcan St, ETOBICOKE, ON, M9W 1L2
(416) 241-4496 SIC 4731

PUROLATOR INC. p586
1151 Martin Grove Rd Suite 7, ETOBICOKE, ON, M9W 0C1
(416) 614-0300 SIC 4731

PUROLATOR INC. p604
147 Massey Rd, GUELPH, ON, N1K 1B2
(905) 660-6007 SIC 4731

PUROLATOR INC. p715
5995 Avebury Rd, MISSISSAUGA, ON, L5R 3P9
(905) 712-1084 SIC 4731

PUROLATOR INC. p763
1100 Arrow Rd, NORTH YORK, ON, M9M 2Z1
(416) 241-4496 SIC 4731

PUROLATOR INC. p814
1075 Squires Beach Rd, PICKERING, ON, L1W 3S3
(905) 686-1973 SIC 4731

PUROLATOR INC. p845
90 Silver Star Blvd, SCARBOROUGH, ON, M1V 4V8
(416) 298-6881 SIC 4731

PUROLATOR INC. p865
753a Ontario St, STRATFORD, ON, N5A 7Y2
(888) 744-7123 SIC 4731

PUROLATOR INC. p896
20 Morse St, TORONTO, ON, M4M 2P6
(416) 461-9031 SIC 4731

PUROLATOR INC. p1005
1330 Rue Graham-Bell, BOUCHERVILLE, QC, J4B 6H5
(450) 641-2430 SIC 4731

PUROLATOR INC. p1165
7000 Rue Armand-Viau, Quebec, QC, G2C 2C4
(888) 744-7123 SIC 4731

PUROLATOR INC. p1200
370 Boul Roland-Godard, Saint-Jerome, QC, J7Y 4P7
(450) 431-7035 SIC 4731

PUROLATOR INC. p1207
1305 Rue Tees, SAINT-LAURENT, QC, H4R 2A7
(514) 337-6710 SIC 4731

PUROLATOR INC. p1250
1885 Rue De La Sidbed S, Trois-Rivieres, QC, G8Z 4M6
(819) 378-8347 SIC 4731

R. DIAMOND GROUP OF COMPANIES LTD, THE p286
13350 Comber Way, SURREY, BC, V3W 5V9
(604) 591-8641 SIC 4731

R.O.E. LOGISTICS INC p722
199 Longside Dr, MISSISSAUGA, ON, L5W 1Z9
(905) 625-5333 SIC 4731

R.O.E. LOGISTICS INC p1143
195 Rue Voyageur, POINTE-CLAIRE, QC, H9R 6B2
(514) 396-0000 SIC 4731

RAINBOW TRANSPORT (1974) LTD p150
9700 74 St, PEACE RIVER, AB, T8S 1T3
(780) 624-1377 SIC 4731

RAY-MONT LOGISTIQUES CANADA INC p267
15900 River Rd, RICHMOND, BC, V6V 1L5
(604) 244-0200 SIC 4731

ROBINSON, C.H. COMPANY (CANADA) LTD p57
3355 114 Ave Se Suite 105, CALGARY, AB, T2Z 0K7
(403) 252-0808 SIC 4731

ROBINSON, C.H. COMPANY (CANADA) LTD p1027
2200 Av Reverchon Bureau 260, DORVAL, QC, H9P 2S7
(514) 636-8694 SIC 4731

ROBINSON, C.H. COMPANY (CANADA) LTD p1125
9001 Boul De L'acadie Bureau 901, Montreal, QC, H4N 3H5
(514) 389-8233 SIC 4731

ROCKY MOUNTAIN INC p364
1795 Henderson Hwy, WINNIPEG, MB, R2G 1P3
(204) 344-5501 SIC 4731

RODAIR INTERNATIONAL LTD p720
350 Pendant Dr, MISSISSAUGA, ON, L5T 2W6
(905) 671-4655 SIC 4731

ROSENAU TRANSPORT LTD p157
28042 Hwy 11 Suite 286, RED DEER COUNTY, AB, T4E 1A5
(403) 341-2340 SIC 4731

ROSENAU TRANSPORT LTD p1266
6 Prospect Rd, CORMAN PARK, SK, S7R 0H5
(306) 244-7088 SIC 4731

RUSSELL A. FARROW LIMITED p82
10310 Jasper Ave Nw Suite 500, EDMONTON, AB, T5J 2W4
(780) 423-5444 SIC 4731

RUSSELL A. FARROW LIMITED p493
106 Earl Thompson Rd, AYR, ON, N0B 1E0
(519) 740-9866 SIC 4731

RUSSELL A. FARROW LIMITED p581
5397 Eglinton Ave W Suite 220, ETOBICOKE, ON, M9C 5K6
SIC 4731

RUTHERFORD, WILLIAM L (BC) LTD p273
6086 Russ Baker Way Suite 125, RICHMOND, BC, V7B 1B4
(604) 273-8611 SIC 4731

RUTHERFORD, WILLIAM L. LIMITED p685
3350 Airway Dr, MISSISSAUGA, ON, L4V 1T3
(905) 673-2222 SIC 4731

RYDER CONTAINER TERMINALS p256
1275 Kingsway Ave, PORT COQUITLAM, BC, V3C 1S2
(604) 941-0266 SIC 4731

SCHENKER OF CANADA LIMITED p686
5935 Airport Rd Suite 9, MISSISSAUGA, ON, L4V 1W5
(905) 676-0676 SIC 4731

SCI LOGISTICS LTD p268
12291 Riverside Way, RICHMOND, BC, V6W 1K8
(604) 272-3177 SIC 4731

SEA AIR INTERNATIONAL FORWARDERS LIMITED p720
1720 Meyerside Dr, MISSISSAUGA, ON, L5T 1A3
(905) 677-7701 SIC 4731

SPEEDY TRANSPORT GROUP INC p1140
12625 Boul Metropolitain E, POINTE-AUX-TREMBLES, QC, H1B 5R3
(514) 278-3337 SIC 4731

TFI TRANSPORT 17 L.P. p1210
8801 Rte Transcanadienne Bureau 500, SAINT-LAURENT, QC, H4S 1Z6
(514) 331-4000 SIC 4731

TRAFFIC TECH INC p695
550 Matheson Blvd E Suite 2, MISSISSAUGA, ON, L4Z 4G3
(905) 629-1876 SIC 4731

TRAFFIC TECH INC p1049
16711 Rte Transcanadienne, KIRKLAND, QC, H9H 3L1
(514) 343-0044 SIC 4731

TRANSATLANTIC INC p756
3875 Keele St Suite 401, NORTH YORK, ON, M3J 1N6
SIC 4731

TRANSCORE LINK LOGISTICS CORPORATION p624
2 Brewer Hunt Way, KANATA, ON, K2K 2B5
(613) 591-0100 SIC 4731

TRANSCORE LINK LOGISTICS CORPORATION p695
2 Robert Speck Pkwy Suite 900, MISSISSAUGA, ON, L4Z 1H8
(905) 795-0580 SIC 4731

TRANSFREIGHT INC p621
300 Ingersoll St, INGERSOLL, ON, N5C 3J7
(519) 485-3797 SIC 4731

TRANSFREIGHT INC p654
847 Highbury Ave N Unit 1, LONDON, ON, N5Y 5B8
SIC 4731

TRANSFREIGHT INC p987
575 Rue De Roxton, ACTON VALE, QC, J0H 1A0
(450) 546-3254 SIC 4731

TRANSNET FREIGHT LTD p716
7686 Kimbel St Unit 21, MISSISSAUGA, ON, L5S 1E9
(905) 461-1558 SIC 4731

TRANSPLACE CANADA LTD p821
45a West Wilmot St Unit 213, RICHMOND HILL, ON, L4B 1K1
(905) 771-7111 SIC 4731

TRANSPORT TFI 2, S.E.C. p1210
6750 Ch Saint-Francois, SAINT-LAURENT, QC, H4S 1B7
(514) 856-7580 SIC 4731

TRANSPORT TFI 7 S.E.C p86
14520 130 Ave Nw, EDMONTON, AB, T5L 3M6
(780) 482-9483 SIC 4731

TRANSPORTS FUEL INC, LES p1060
2480 Rue Senkus, LASALLE, QC, H8N 2X9
(514) 948-2225 SIC 4731

TRI-AD INTERNATIONAL FREIGHT FORWARDING LTD p721
375 Annagem Blvd Unit 100, MISSISSAUGA, ON, L5T 3A7
(905) 624-8214 SIC 4731

TST SOLUTIONS L.P. p691
5200 Maingate Dr, MISSISSAUGA, ON, L4W 1G5
(905) 624-7058 SIC 4731

TST SOLUTIONS L.P. p970
710 Sprucewood Ave, WINDSOR, ON, N9C 0B2
(519) 972-8111 SIC 4731

TST SOLUTIONS L.P. p1210
6800 Ch Saint-Francois Bureau 878, SAINT-LAURENT, QC, H4S 1B7
(514) 745-4617 SIC 4731

UNITED PARCEL SERVICE CANADA LTD p26
3650 12 St Ne Suite D, CALGARY, AB, T2E 6N1
SIC 4731

UNITED PARCEL SERVICE CANADA LTD p712
6500 Silver Dart Dr, MISSISSAUGA, ON, L5P 1B2
(905) 362-2040 SIC 4731

UPS SCS, INC p15
4807 47 St Se, CALGARY, AB, T2B 3S5
(403) 387-0430 SIC 4731

UPS SCS, INC p268
7451 Nelson Rd, RICHMOND, BC, V6W 1L7
(604) 270-9449 SIC 4731

UPS SCS, INC p373
350 Keewatin St Unit 4, WINNIPEG, MB, R2X 2R9
(204) 633-6510 SIC 4731

UPS SCS, INC p590
38 Princess St, FORT ERIE, ON, L2A 1V6
SIC 4731

UPS SCS, INC p686
6655 Airport Rd, MISSISSAUGA, ON, L4V 1V8
(905) 677-6735 SIC 4731

UPS SCS, INC p815
1555 Venetian Blvd Suite 13, POINT EDWARD, ON, N7T 0A9
(519) 337-1883 SIC 4731

UPS SCS, INC p970
2970 College Ave Suite 200, WINDSOR, ON, N9C 1S5
(519) 972-9800 SIC 4731

UPS SCS, INC p1025
800 Boul Stuart-Graham S Bureau 351, DORVAL, QC, H4Y 1J6
SIC 4731

UPS SCS, INC p1206
101 Boul Marcel-Laurin, SAINT-LAURENT, QC, H4N 2M3
(514) 285-1500 SIC 4731

UTI, CANADA, INC p517
70 Driver Rd Unit 4, BRAMPTON, ON, L6T 5V2
SIC 4731

UTI, CANADA, INC p691
2540 Matheson Blvd E, MISSISSAUGA, ON, L4W 4Z2

SIC 4731

UTI, CANADA, INC p739
Gd, NIAGARA ON THE LAKE, ON, L0S 1J0
(905) 262-5078 *SIC 4731*

VIAVIC EXPRESS INC p1172
30 Rue Seguin, RIGAUD, QC, J0P 1P0
(450) 451-3078 *SIC 4731*

VISION TRANSPORTATION SYSTEMS INC
p517
7659 Bramalea Rd, BRAMPTON, ON, L6T 5V3
(905) 858-7333 *SIC 4731*

VITRAN EXPLUS CANADA p651
420 Industrial Rd Unit 2, LONDON, ON, N5V 1T5
(519) 659-8505 *SIC 4731*

WESTERN LOGISTICS INC p684
7347 Kimbel St Unit B, MISSISSAUGA, ON, L4T 3M6
(905) 799-7321 *SIC 4731*

WHEELS INTERNATIONAL INC p721
1280 Courtneypark Dr E, MISSISSAUGA, ON, L5T 1N6
(905) 565-1212 *SIC 4731*

WILLSON INTERNATIONAL LIMITED p590
10 Queen St Suite 328, FORT ERIE, ON, L2A 6M4
(905) 871-1310 *SIC 4731*

WORLD WIDE CUSTOMS BROKERS LTD
p50
Gd Lcd 1, CALGARY, AB, T2P 2G8
(403) 538-3199 *SIC 4731*

WORLDWIDE FLIGHT SERVICES LTD p1079
11955 Henry-Giffard Suite 200, MIRABEL, QC, J7N 1G3
(450) 476-9248 *SIC 4731*

XPO LOGISTICS CANADA INC p190
4400 Dominion St Suite 280, BURNABY, BC, V5G 4G3
(604) 638-6500 *SIC 4731*

XPO LOGISTICS CANADA INC p1257
420 Rue Aime-Vincent, VAUDREUIL-DORION, QC, J7V 5V5
(450) 424-9365 *SIC 4731*

YUSEN LOGISTICS (CANADA) INC p517
261 Parkhurst Sq, BRAMPTON, ON, L6T 5H5
(905) 458-9622 *SIC 4731*

SIC 4741 Rental of railroad cars

GATX RAIL CANADA CORPORATION p1085
9300 Boul Maurice-Duplessis, Montreal, QC, H1E 1M7
(514) 648-3801 *SIC 4741*

HALLCON CORPORATION p889
5775 Yonge St Suite 1010, TORONTO, ON, M2M 4J1
(416) 964-9191 *SIC 4741*

PROCOR LIMITED p829
725 Procor Dr, SARNIA, ON, N7T 7H3
(519) 384-0741 *SIC 4741*

SIC 4783 Packing and crating

CROWN WORLDWIDE LTD p533
1375 Artisans Crt, BURLINGTON, ON, L7L 5Y2
(905) 827-4899 *SIC 4783*

GROUND EFFECTS LTD p964
2875 St Etienne, WINDSOR, ON, N8W 5B1
(519) 944-3800 *SIC 4783*

JOHNVINCE FOODS p1004
1630 Rue Eiffel Bureau 1, BOUCHERVILLE, QC, J4B 7W1
(450) 645-1999 *SIC 4783*

MONTSHIP INC p689
2700 Matheson Blvd E Suite 400, MISSISSAUGA, ON, L4W 4V9
(905) 629-5900 *SIC 4783*

RAY-MONT LOGISTIQUES CANADA INC
p1118
1600 Rue Wellington, Montreal, QC, H3K 1V4
(514) 933-2957 *SIC 4783*

SERLAN INC p1171
505 Rue Lanaudiere Bureau 1, REPENTIGNY, QC, J6A 7N1
(450) 654-9574 *SIC 4783*

SYNCREON CANADA INC p782
999 Boundary Rd, OSHAWA, ON, L1J 8P8
(905) 743-6277 *SIC 4783*

TT GROUP LIMITED p724
643 Railroad St, MOUNT BRYDGES, ON, N0L 1W0
(519) 264-1551 *SIC 4783*

SIC 4785 Inspection and fixed facilities

BLUE WATER BRIDGE CANADA p815
1555 Venetian Blvd Suite 436, POINT EDWARD, ON, N7T 0A9
(519) 336-2720 *SIC 4785*

HALIFAX-DARTMOUTH BRIDGE COMMISSION p451
100 Princess Margaret Blvd, DARTMOUTH, NS, B3B 1A2
(902) 463-2459 *SIC 4785*

HIGHWAY 104 WESTERN ALIGNMENT CORPORATION p458
1969 Upper Water St Suite 1905, HALIFAX, NS, B3J 3R7
(902) 422-6764 *SIC 4785*

SEAWAY INTERNATIONAL BRIDGE CORPORATION LTD, THE p565
Gd Stn Main, CORNWALL, ON, K6H 5R8
(613) 932-6601 *SIC 4785*

SGS CANADA INC p1048
2345 Rue De La Metallurgie, Jonquiere, QC, G7X 0B8
(418) 547-6631 *SIC 4785*

STRATOSPHERE QUALITY, INC p770
1515 Rebecca St, OAKVILLE, ON, L6L 1Z8
(877) 224-8584 *SIC 4785*

SIC 4789 Transportation services, nec

ACCESS PIPELINE INC p122
88 Ave, FORT SASKATCHEWAN, AB, T8L 2S9
(780) 997-0499 *SIC 4789*

ALSTOM CANADA INC p15
7550 Ogden Dale Rd Se Suite 200, CALGARY, AB, T2C 4X9
SIC 4789

ALTEX ENERGY LTD p1272
Gd, LASHBURN, SK, S0M 1H0
(306) 285-1212 *SIC 4789*

ARROW RELOAD SYSTEMS INC p160
53309 Range Road 232, SHERWOOD PARK, AB, T8A 4V2
(780) 464-4640 *SIC 4789*

AUTO WAREHOUSING COMPANY CANADA LIMITED p621
274180 Wallace Line, INGERSOLL, ON, N5C 3J7
(519) 485-0351 *SIC 4789*

AUTO WAREHOUSING COMPANY CANADA LIMITED p780
1150 Stevenson Rd S Suite 1, OSHAWA, ON, L1J 0B3
(905) 725-6549 *SIC 4789*

AUTO WAREHOUSING COMPANY CANADA LIMITED p962
5500 North Service Rd E, WINDSOR, ON, N8T 3P3
(519) 948-7877 *SIC 4789*

BACB HOLDINGS LTD p209
7228 Progress Way Suite 15, DELTA, BC, V4G 1H2
(778) 785-1534 *SIC 4789*

COMPAGNIE DES CHEMINS DE FER NATIONAUX DU CANADA p16
5310 27 St Se, CALGARY, AB, T2C 1M7

SIC 4789
COMPAGNIE DES CHEMINS DE FER NATIONAUX DU CANADA p249
1777 1st St W, NORTH VANCOUVER, BC, V7P 3T5
(604) 984-5524 *SIC 4789*

COMPAGNIE DES CHEMINS DE FER NATIONAUX DU CANADA p361
150 Pandora Ave W, WINNIPEG, MB, R2C 4H5
(204) 235-2626 *SIC 4789*

COMPAGNIE DES CHEMINS DE FER NATIONAUX DU CANADA p558
75 Diesel Dr, CONCORD, ON, L4K 1B9
(905) 669-3159 *SIC 4789*

COMPAGNIE DES CHEMINS DE FER NATIONAUX DU CANADA p558
Gd, CONCORD, ON, L4K 1B9
(905) 669-3009 *SIC 4789*

COMPAGNIE DES CHEMINS DE FER NATIONAUX DU CANADA p767
553 Chartwell Rd, OAKVILLE, ON, L6J 4A8
(905) 844-5047 *SIC 4789*

COMPAGNIE DES CHEMINS DE FER NATIONAUX DU CANADA p949
303 Quettron St, WASHAGO, ON, L0K 2B0
(705) 689-8199 *SIC 4789*

GATX RAIL CANADA CORPORATION p155
4310 77 St, RED DEER, AB, T4P 3P7
(403) 347-6700 *SIC 4789*

GATX RAIL CANADA CORPORATION p567
403 Lasalle Line Rr 2, CORUNNA, ON, N0N 1G0
(519) 344-1130 *SIC 4789*

GATX RAIL CANADA CORPORATION p1275
2200 Caribou St W, MOOSE JAW, SK, S6H 4P4
(306) 692-7070 *SIC 4789*

INTERNATIONAL MARINE SALVAGE INC
p853
424 Glendale Ave, ST CATHARINES, ON, L2P 3Y1
(905) 680-0801 *SIC 4789*

PNR COYLE INC p1022
100 Rue Goodfellow, DELSON, QC, J5B 1V4
(450) 632-6241 *SIC 4789*

TFT GLOBAL INC p621
160 Ingersoll St S, INGERSOLL, ON, N5C 3J7

SIC 4789
WABTEC CANADA INC p1058
2610 Boul Jean-Baptiste-Deschamps, LACHINE, QC, H8T 1C9
(514) 636-3115 *SIC 4789*

SIC 4812 Radiotelephone communication

3294269 CANADA INC p1170
100 Boul Brien Bureau 129, REPENTIGNY, QC, J6A 5N4
SIC 4812

A.B.C. ALLEN BUSINESS COMMUNICATIONS LTD p264
248 Reid St, QUESNEL, BC, V2J 2M2
(250) 992-1230 *SIC 4812*

COMPAGNIE DE TELEPHONE BELL DU CANADA OU BELL CANADA, LA p556
1 Mountain Rd, COLLINGWOOD, ON, L9Y 4C4
(705) 722-2412 *SIC 4812*

GLENTEL INC p368
1225 St Mary's Rd, WINNIPEG, MB, R2M 5E5
(204) 772-9283 *SIC 4812*

GLENTEL INC p540
900 Maple Ave Ste 14a, BURLINGTON, ON, L7S 2J8
(905) 632-5665 *SIC 4812*

NUCELL-COMM INC p294
2748 Rupert St, VANCOUVER, BC, V5M 3T7
(604) 291-6636 *SIC 4812*

TELUS CORPORATION p36
907 Lake Bonavista Dr Se, CALGARY, AB, T2J 0N5
(403) 530-3811 *SIC 4812*

TELUS CORPORATION p82
10035 102 Ave Nw, EDMONTON, AB, T5J 0E5
(780) 493-2998 *SIC 4812*

VIRGIN MOBILE CANADA p931
720 King St W Suite 905, TORONTO, ON, M5V 2T3
(416) 607-8500 *SIC 4812*

SIC 4813 Telephone communication, except radio

500PX, INC p912
20 Duncan St Suite 1, TORONTO, ON, M5H 3G8
(647) 465-1033 *SIC 4813*

768812 ONTARIO INC p954
53 Broadway, WAWA, ON, P0S 1K0
(705) 856-7007 *SIC 4813*

AVI-SPL CANADA LTD p819
35 East Beaver Creek Rd Suite 1, RICHMOND HILL, ON, L4B 1B3
(866) 797-5635 *SIC 4813*

BUZZBUZZHOME CORPORATION p928
333 Adelaide St W Suite 600, TORONTO, ON, M5V 1R5
(416) 944-2899 *SIC 4813*

CANOE INC p904
333 King St E Suite 1, TORONTO, ON, M5A 3X5
(416) 947-2154 *SIC 4813*

CANQUEST COMMUNICATIONS (ONLINE) INC p552
14 William St N, CHATHAM, ON, N7M 4L1
(519) 351-8647 *SIC 4813*

CITY OF RED DEER, THE p153
4914 48 Ave, RED DEER, AB, T4N 3T3
(403) 342-8392 *SIC 4813*

CLOUDWERX DATA SOLUTIONS INC p12
1440 28 St Ne Suite 2, CALGARY, AB, T2A 7W6
SIC 4813

COMPAGNIE DE TELEPHONE BELL DU CANADA OU BELL CANADA, LA p755
1101 Alness St Suite 1, NORTH YORK, ON, M3J 2J1
(416) 650-6439 *SIC 4813*

COMPAGNIE DE TELEPHONE BELL DU CANADA OU BELL CANADA, LA p779
15 Victoria St Suite 2, OSHAWA, ON, L1H 8W9
(905) 433-3369 *SIC 4813*

COMPAGNIE DE TELEPHONE BELL DU CANADA OU BELL CANADA, LA p789
393 Rideau St, OTTAWA, ON, K1N 1H1
(613) 244-6100 *SIC 4813*

COMPAGNIE DE TELEPHONE BELL DU CANADA OU BELL CANADA, LA p880
229 Vickers St S, THUNDER BAY, ON, P7E 7J9
(807) 625-1981 *SIC 4813*

COMPAGNIE DE TELEPHONE BELL DU CANADA OU BELL CANADA, LA p880
605 Beaverhall Pl, THUNDER BAY, ON, P7E 3N1
SIC 4813

COMPAGNIE DE TELEPHONE BELL DU CANADA OU BELL CANADA, LA p928
21 Canniff St, TORONTO, ON, M5V 3G1
SIC 4813

COMPAGNIE DE TELEPHONE BELL DU CANADA OU BELL CANADA, LA p1014
483 Rue Begin, CHICOUTIMI, QC, G7H 4N3
(418) 696-5445 *SIC 4813*

CORPORATION OF THE CITY OF DRYDEN, THE p569
65 Princess St, DRYDEN, ON, P8N 1C8
(807) 223-1100 *SIC 4813*

DATAWAVE SYSTEMS INC p266
13575 Commerce Pky Suite 110, RICH-

MOND, BC, V6V 2L1
(604) 295-1800 SIC 4813

DATAWAVE SYSTEMS INC p708
4-6745 Century Ave, MISSISSAUGA, ON, L5N 8C9
(905) 567-5040 SIC 4813

EXPERTECH NETWORK INSTALLATION INC p729
340 Moodie Dr, NEPEAN, ON, K2H 8G3
SIC 4813

FORUM DES COURTIERS INC, LE p1071
1111 Rue Saint-Charles O, LONGUEUIL, QC, J4K 5G4
(450) 449-8713 SIC 4813

GLENTEL INC p92
10230 176 St Nw, EDMONTON, AB, T5S 1L2
(780) 732-3400 SIC 4813

GLENTEL INC p95
8882 170 St Nw Unit 2148, EDMONTON, AB, T5T 4J2
(780) 444-9283 SIC 4813

GLENTEL INC p177
32900 South Fraser Way Unit 3k, ABBOTSFORD, BC, V2S 5A1
(604) 852-9283 SIC 4813

GLENTEL INC p182
9855 Austin Rd Suite 218, BURNABY, BC, V3J 1N4
(604) 444-9283 SIC 4813

GLENTEL INC p197
44585 Luckakuck Way, CHILLIWACK, BC, V2R 3C7
(604) 824-7144 SIC 4813

GLENTEL INC p232
19705 Fraser Hwy Suite 114a, LANGLEY, BC, V3A 7E9
(604) 534-5666 SIC 4813

GLENTEL INC p262
3055 Massey Dr, PRINCE GEORGE, BC, V2N 2S9
(250) 561-2360 SIC 4813

GLENTEL INC p638
2960 Kingsway Dr, KITCHENER, ON, N2C 1X1
(519) 896-9283 SIC 4813

GLENTEL INC p671
5000 Highway 7 E, MARKHAM, ON, L3R 4M9
(905) 475-9283 SIC 4813

GLENTEL INC p698
100 City Centre Dr Unit E5, MISSISSAUGA, ON, L5B 2C9
(905) 896-9283 SIC 4813

GROUPE BELL NORDIQ INC p1253
555 Av Centrale Bureau 3, VAL-D'OR, QC, J9P 1P6
(819) 523-3989 SIC 4813

INNOVATIA INC p415
1 Brunswick Pl, SAINT JOHN, NB, E2K 1B5
(506) 640-4000 SIC 4813

INTER.NET CANADA LTEE p1122
5252 Boul De Maisonneuve O Bureau 200, Montreal, QC, H4A 3S5
(514) 481-2585 SIC 4813

INTERTAINTECH CORPORATION p929
720 King St W Suite 820, TORONTO, ON, M5V 2T3
(416) 800-4263 SIC 4813

MUNICIPALITY OF KINCARDINE, THE p885
3145 Hwy 21 N, TIVERTON, ON, N0G 2T0
(519) 368-2000 SIC 4813

NORTHERNTEL LIMITED PARTNERSHIP p884
850 Birch St S, TIMMINS, ON, P4N 7J4
(705) 360-8555 SIC 4813

O.N. TEL INC p742
555 Oak St E, NORTH BAY, ON, P1B 8E3
(705) 472-4500 SIC 4813

ORICOM INTERNET INC p1152
400 Rue Nolin Bureau 150, Quebec, QC, G1M 1E7
(418) 683-4557 SIC 4813

PARASUN TECHNOLOGIES INC p245
628 Sixth Ave Suite 300, NEW WESTMINSTER, BC, V3M 6Z1
(604) 357-0057 SIC 4813

PEER 1 NETWORK INC p305
555 Hastings St W Suite 1000, VANCOUVER, BC, V6B 4N5
(604) 683-7747 SIC 4813

PLATINUM COMMUNICATIONS CORPORATION p33
550 71 Ave Se Suite 280, CALGARY, AB, T2H 0S6
(403) 301-4590 SIC 4813

PRIMUS MANAGEMENT ULC p580
5343 Dundas St W Suite 400, ETOBICOKE, ON, M9B 6K5
(416) 236-3636 SIC 4813

Q9 NETWORKS INC p922
100 Wellington St W, TORONTO, ON, M5K 1J3
(416) 365-7200 SIC 4813

QUEEN'S UNIVERSITY AT KINGSTON p632
19 Division St Rm 25, KINGSTON, ON, K7L 3N6
(613) 533-2058 SIC 4813

RIPNET LIMITED p531
101 Water St W Suite 96, BROCKVILLE, ON, K6V 3M1
(613) 342-3946 SIC 4813

SAVVIS COMMUNICATIONS CANADA, INC p305
555 Hastings St W Suite 2600, VANCOUVER, BC, V6B 4N6
(604) 687-7757 SIC 4813

SELECTCORE LTD p552
14 William St N, CHATHAM, ON, N7M 4L1
(519) 351-8647 SIC 4813

SERVICE A LA CLIENTELE ALORICA LTEE p1119
75 Rue De Port-Royal E Bureau 240, Montreal, QC, H3L 3T1
(514) 385-4444 SIC 4813

SOGETEL p995
37 Rue Verville, BAIE-DU-FEBVRE, QC, J0G 1A0
(450) 783-1005 SIC 4813

SOGETEL INC p1055
1601 277 Rte, LAC-ETCHEMIN, QC, G0R 1S0
(418) 625-4271 SIC 4813

SOGETEL INC p1135
111 Rue Du 12-Novembre, NICOLET, QC, J3T 1S3
(819) 293-6125 SIC 4813

SPOOKY LURKER NETWORKS p344
Gd, BLUMENORT, MB, R0A 0C0
(204) 381-1230 SIC 4813

SYMANTEC (CANADA) CORPORATION p49
100 4 Ave Sw Suite 1000, CALGARY, AB, T2P 3N2
(403) 261-5400 SIC 4813

TELEBEC, SOCIETE EN COMMANDITE p997
625 Av Godefroy, Becancour, QC, G9H 1S3
(514) 493-5504 SIC 4813

TELEBEC, SOCIETE EN COMMANDITE p1254
100 Rue Des Distributeurs, VAL-D'OR, QC, J9P 6Y1
(819) 824-7451 SIC 4813

TELEPHONE DRUMMOND INC p1195
3455 Boul Choquette, SAINT-HYACINTHE, QC, J2S 7Z8
(819) 445-4545 SIC 4813

TELEPHONE MILOT INC p1219
2640 Rue Lafleche, SAINT-PAULIN, QC, J0K 3G0
(819) 268-2050 SIC 4813

TELUS COMMUNICATIONS INC p195
2229 14th Ave, CASTLEGAR, BC, V1N 3X5
(250) 365-2191 SIC 4813

TELUS CORPORATION p305
555 Robson St Unit 8, VANCOUVER, BC, V6B 1A6
(604) 697-8044 SIC 4813

TELUS CORPORATION p332
826 Yates St Suite 1, VICTORIA, BC, V8W 2H9
(250) 388-8759 SIC 4813

TERAGO INC p874
55 Commerce Valley Dr W Suite 800, THORNHILL, ON, L3T 7V9
(905) 326-8711 SIC 4813

TERAGO NETWORKS INC p26
300 Manning Rd Ne Suite 300, CALGARY, AB, T2E 8K4
(403) 668-5300 SIC 4813

TERAGO NETWORKS INC p874
55 Commerce Valley Dr W Suite 800, THORNHILL, ON, L3T 7V9
(866) 837-2461 SIC 4813

UNILEVER CANADA INC p415
120 Mcdonald St Suite D, SAINT JOHN, NB, E2J 1M5
(506) 631-6400 SIC 4813

XPLORNET COMMUNICATIONS INC p366
275 De Baets St Suite 4, WINNIPEG, MB, R2J 4A8
(204) 669-7007 SIC 4813

XPLORNET COMMUNICATIONS INC p403
300 Lockhart Mill Rd, JACKSONVILLE, NB, E7M 5C3
(506) 328-1386 SIC 4813

SIC 4832 Radio broadcasting stations

0781337 B.C. LTD p299
380 2nd Ave W Suite 300, VANCOUVER, BC, V5Y 1C8
(604) 699-2328 SIC 4832

1093641 ONTARIO LIMITED p579
5302 Dundas St W, ETOBICOKE, ON, M9B 1B2
(416) 213-1035 SIC 4832

629112 SASKATCHEWAN LTD p1294
366 3rd Ave S, SASKATOON, SK, S7K 1M5
(306) 244-1975 SIC 4832

ACADIA BROADCASTING LIMITED p416
58 King St Suite 300, SAINT JOHN, NB, E2L 1G4
(506) 633-3323 SIC 4832

ACADIA BROADCASTING LIMITED p444
215 Dominion St Suite 2, BRIDGEWATER, NS, B4V 2G8
(902) 543-2401 SIC 4832

ASTRAL BROADCASTING GROUP INC p1172
875 Boul Saint-Germain, RIMOUSKI, QC, G5L 3T9
(418) 724-8833 SIC 4832

ASTRAL MEDIA AFFICHAGE, S.E.C. p1156
900 Place D'youville, Quebec, QC, G1R 3P7
(418) 687-9900 SIC 4832

ASTRAL MEDIA RADIO p374
177 Lombard Ave Suite 3, WINNIPEG, MB, R3B 0W5
(204) 944-1031 SIC 4832

ASTRAL MEDIA RADIO ATLANTIC INC p477
187 Industrial Ave, TRURO, NS, B2N 6V3
(902) 893-6060 SIC 4832

ASTRAL MEDIA RADIO INC p21
1110 Centre St Ne Suite 300, CALGARY, AB, T2E 2R2
(403) 242-1116 SIC 4832

ASTRAL MEDIA RADIO INC p252
33 Carmi Ave, PENTICTON, BC, V2A 3G4
(250) 492-2800 SIC 4832

ASTRAL MEDIA RADIO INC p278
1280 Main St, SMITHERS, BC, V0J 2N0
(250) 847-5250 SIC 4832

ASTRAL MEDIA RADIO INC p655
99 Dundas St, LONDON, ON, N6A 6K1
(519) 858-9053 SIC 4832

ASTRAL MEDIA RADIO INC p854
12 Yates St, ST CATHARINES, ON, L2R 5R2
(905) 684-1174 SIC 4832

ASTRAL MEDIA RADIO INC p900
2 St Clair Ave W Suite 200, TORONTO, ON, M4V 1L6
(416) 323-5200 SIC 4832

ASTRAL MEDIA RADIO INC p1013
121 Rue Racine E, CHICOUTIMI, QC, G7H 1R6
(418) 545-2577 SIC 4832

ASTRAL MEDIA RADIO INC p1013
267 Racine St E, CHICOUTIMI, QC, G7H 1S5
(418) 543-9797 SIC 4832

ASTRAL MEDIA RADIO INC p1116
2100 Rue Sainte-Catherine O Bureau 1000, Montreal, QC, H3H 2T3
(514) 529-3200 SIC 4832

ASTRAL MEDIA RADIO INC p1237
1840 Rue King O Bureau 200, SHERBROOKE, QC, J1J 2E2
(819) 566-6655 SIC 4832

ASTRAL MEDIA RADIO INC p1237
1845 Rue King O, SHERBROOKE, QC, J1J 2E4
(819) 347-1414 SIC 4832

BAYSHORE BROADCASTING CORPORATION p803
270 9 St E, OWEN SOUND, ON, N4K 5P5
(519) 376-2030 SIC 4832

BELL MEDIA INC p21
1110 Centre St Ne Suite 300, CALGARY, AB, T2E 2R2
(403) 240-5850 SIC 4832

BELL MEDIA INC p41
535 7 Ave Sw, CALGARY, AB, T2P 0Y4
(403) 508-2222 SIC 4832

BELL MEDIA INC p79
10212 Jasper Ave Nw, EDMONTON, AB, T5J 5A3
(780) 424-2222 SIC 4832

BELL MEDIA INC p90
18520 Stony Plain Rd Nw Suite 100, EDMONTON, AB, T5S 1A8
(780) 435-1049 SIC 4832

BELL MEDIA INC p224
435 Bernard Ave Suite 300, KELOWNA, BC, V1Y 6N8
(250) 860-8600 SIC 4832

BELL MEDIA INC p321
969 Robson St Unit 500, VANCOUVER, BC, V6Z 1X5
(604) 871-9000 SIC 4832

BELL MEDIA INC p374
177 Lombard Ave Suite 3, WINNIPEG, MB, R3B 0W5
(204) 944-1031 SIC 4832

BELL MEDIA INC p388
1445 Pembina Hwy, WINNIPEG, MB, R3T 5C2
(204) 477-5120 SIC 4832

BELL MEDIA INC p460
2900 Agricola St, HALIFAX, NS, B3K 6A7
(902) 453-2524 SIC 4832

BELL MEDIA INC p477
187 Industrial Ave, TRURO, NS, B2N 6V3
(902) 893-6060 SIC 4832

BELL MEDIA INC p530
601 Stuart Blvd, BROCKVILLE, ON, K6V 5V9
(613) 345-1666 SIC 4832

BELL MEDIA INC p631
Gd, KINGSTON, ON, K7L 4V5
(613) 544-1380 SIC 4832

BELL MEDIA INC p662
1 Communications Rd, LONDON, ON, N6J 4Z1
(519) 686-8810 SIC 4832

BELL MEDIA INC p726
1504 Merivale Rd, NEPEAN, ON, K2E 6Z5
(613) 225-1069 SIC 4832

BELL MEDIA INC p809
59 George St N, PETERBOROUGH, ON, K9J 3G2
(705) 742-8844 SIC 4832

BELL MEDIA INC p950
255 King St N Suite 207, WATERLOO, ON,

N2J 4V2
SIC 4832
BELL MEDIA INC *p1094*
1717 Boul Rene-Levesque E Bureau 120, Montreal, QC, H2L 4T9
(514) 529-3200 *SIC* 4832
BELL MEDIA INC *p1094*
1717 Boul Rene-Levesque E, Montreal, QC, H2L 4T9
(514) 989-2523 *SIC* 4832
BELL MEDIA INC *p1253*
1610 3e Av, VAL-D'OR, QC, J9P 1V8
(819) 825-2568 *SIC* 4832
BLACKBURN RADIO INC *p551*
117 Keil Dr S, CHATHAM, ON, N7M 3H3
(519) 354-2200 *SIC* 4832
BLACKBURN RADIO INC *p966*
2090 Wyandotte St E, WINDSOR, ON, N8Y 5B2
(519) 944-4400 *SIC* 4832
BLACKBURN RADIO INC *p971*
215 Carling Terr, WINGHAM, ON, N0G 2W0
(519) 357-1310 *SIC* 4832
CANADIAN BROADCASTING CORPORATION *p39*
1724 Westmount Blvd Nw, CALGARY, AB, T2N 3G7
(403) 521-6000 *SIC* 4832
CANADIAN BROADCASTING CORPORATION *p303*
700 Hamilton St, VANCOUVER, BC, V6B 2R5
(604) 662-6000 *SIC* 4832
CANADIAN BROADCASTING CORPORATION *p406*
250 Archibald St, MONCTON, NB, E1C 8N8
(506) 853-6894 *SIC* 4832
CANADIAN BROADCASTING CORPORATION *p415*
560 Main St, SAINT JOHN, NB, E2K 1J5
(506) 632-7710 *SIC* 4832
CANADIAN BROADCASTING CORPORATION *p438*
155 Mackenzie Rd Bay, INUVIK, NT, X0E 0T0
(867) 777-7600 *SIC* 4832
CANADIAN BROADCASTING CORPORATION *p457*
5600 Sackville St, HALIFAX, NS, B3J 1L2
(902) 420-4483 *SIC* 4832
CANADIAN BROADCASTING CORPORATION *p869*
15 Mackenzie St, SUDBURY, ON, P3C 4Y1
(705) 688-3232 *SIC* 4832
CANADIAN BROADCASTING CORPORATION *p928*
250 Front St W, TORONTO, ON, M5V 3G5
(416) 205-3311 *SIC* 4832
CANADIAN BROADCASTING CORPORATION *p980*
430 University Ave, CHARLOTTETOWN, PE, C1A 4N6
(902) 629-6400 *SIC* 4832
CANADIAN BROADCASTING CORPORATION *p1013*
500 Rue Des Sagueneens, CHICOUTIMI, QC, G7H 6N4
(418) 696-6600 *SIC* 4832
CANADIAN BROADCASTING CORPORATION *p1077*
155 Rue Saint-Sacrement, MATANE, QC, G4W 1Y9
(418) 562-0290 *SIC* 4832
CANADIAN BROADCASTING CORPORATION *p1156*
888 Rue Saint-Jean Unite 224, Quebec, QC, G1R 5H6
(418) 656-8206 *SIC* 4832
CANADIAN BROADCASTING CORPORATION *p1172*
185 Boul Rene-Lepage E, RIMOUSKI, QC, G5L 1P2
(418) 723-2217 *SIC* 4832
CANADIAN BROADCASTING CORPORATION *p1233*
350 Rue Smith Bureau 30, Sept-Iles, QC, G4R 3X2
(418) 968-0720 *SIC* 4832
CANADIAN BROADCASTING CORPORATION *p1237*
1335 Rue King O Bureau 330, SHERBROOKE, QC, J1J 2B8
(819) 620-0000 *SIC* 4832
CANADIAN BROADCASTING CORPORATION *p1284*
2440 Broad St, REGINA, SK, S4P 0A5
(306) 347-9540 *SIC* 4832
CANADIAN BROADCASTING CORPORATION *p1311*
3103 3rd Ave, WHITEHORSE, YT, Y1A 1E5
(867) 668-8400 *SIC* 4832
CORUS AUDIO & ADVERTISING SERVICES LTD *p43*
630 3 Ave Sw Suite 501, CALGARY, AB, T2P 4L4
(403) 716-6500 *SIC* 4832
CORUS ENTERTAINMENT INC *p43*
630 3 Ave Sw Suite 501, CALGARY, AB, T2P 4L4
(403) 716-6500 *SIC* 4832
CORUS ENTERTAINMENT INC *p1201*
120 Rue De La Gare, Saint-Jerome, QC, J7Z 2C2
(450) 431-2463 *SIC* 4832
CORUS ENTERTAINMENT INC *p1239*
4020 Boul De Portland, SHERBROOKE, QC, J1L 2V6
(819) 563-6363 *SIC* 4832
CORUS PREMIUM CORPORATION *p911*
1 Dundas St W Suite 1600, TORONTO, ON, M5G 1Z3
(416) 221-0107 *SIC* 4832
CORUS RADIO COMPANY *p612*
875 Main St W Suite 900, HAMILTON, ON, L8S 4R1
(905) 521-9900 *SIC* 4832
CTV SPECIALTY TELEVISION INC *p790*
100 Queen St Suite 1400, OTTAWA, ON, K1P 1J9
(613) 236-7343 *SIC* 4832
DUFFERIN COMMUNICATIONS INC *p579*
5312 Dundas St W, ETOBICOKE, ON, M9B 1B3
(416) 213-1035 *SIC* 4832
DURHAM RADIO INC *p781*
1200 Airport Blvd Suite 207, OSHAWA, ON, L1J 8P5
(905) 571-0949 *SIC* 4832
GENEX COMMUNICATIONS INC *p1158*
1134 Grande Allee O Bureau 300, Quebec, QC, G1S 1E5
(418) 266-6166 *SIC* 4832
GOLDEN WEST BROADCASTING LTD *p131*
11 5 Ave Se, HIGH RIVER, AB, T1V 1G2
(403) 995-9611 *SIC* 4832
GOLDEN WEST BROADCASTING LTD *p353*
2390 Sissons Dr, PORTAGE LA PRAIRIE, MB, R1N 0G5
(204) 239-5111 *SIC* 4832
GOLDEN WEST BROADCASTING LTD *p357*
32 Brandt St Suite 105, STEINBACH, MB, R5G 2J7
(204) 346-0000 *SIC* 4832
GOLDEN WEST BROADCASTING LTD *p361*
277 1st St Suite A, WINKLER, MB, R6W 3P1
(204) 325-9506 *SIC* 4832
GOLDEN WEST BROADCASTING LTD *p1268*
1236 5th St Suite 200, ESTEVAN, SK, S4A 0Z6
(306) 634-1280 *SIC* 4832
GOLDEN WEST BROADCASTING LTD *p1276*
1704 Main St N, MOOSE JAW, SK, S6J 1L4
(306) 694-0800 *SIC* 4832
GOLDEN WEST BROADCASTING LTD *p1306*
134 Central Ave N, SWIFT CURRENT, SK, S9H 0L1
SIC 4832
GOLDEN WEST BROADCASTING LTD *p1306*
134 Central Ave N, SWIFT CURRENT, SK, S9H 0L1
(306) 773-4605 *SIC* 4832
HALIBURTON BROADCASTING GROUP INC *p494*
30674 Hwy 28 East, BANCROFT, ON, K0L 1C0
(613) 332-1423 *SIC* 4832
HALIBURTON BROADCASTING GROUP INC *p867*
493 Barrydowne Rd, SUDBURY, ON, P3A 3T4
(705) 560-8323 *SIC* 4832
HARVARD BROADCASTING INC *p52*
255 17 Ave Sw Unit 400, CALGARY, AB, T2S 2T8
(403) 670-0210 *SIC* 4832
HARVARD BROADCASTING INC *p1296*
105 21st St E Suite 200, SASKATOON, SK, S7K 0B3
(306) 653-9630 *SIC* 4832
ISLAND RADIO LTD *p241*
4550 Wellington Rd, NANAIMO, BC, V9T 2H3
(250) 758-1131 *SIC* 4832
JIM PATTISON BROADCAST GROUP LIMITED PARTNERSHIP *p105*
9894 42 Ave Suite 102, EDMONTON, AB, T6E 5V5
(780) 433-7877 *SIC* 4832
JIM PATTISON BROADCAST GROUP LIMITED PARTNERSHIP *p127*
9817 101 Ave Suite 202, GRANDE PRAIRIE, AB, T8V 0X6
(780) 532-0840 *SIC* 4832
JIM PATTISON BROADCAST GROUP LIMITED PARTNERSHIP *p260*
1810 3rd Ave Fl 2, PRINCE GEORGE, BC, V2M 1G4
(250) 564-8861 *SIC* 4832
JIM PATTISON BROADCAST GROUP LIMITED PARTNERSHIP *p315*
1401 8th Ave W Suite 300, VANCOUVER, BC, V6H 1C9
(604) 731-7772 *SIC* 4832
JIM PATTISON BROADCAST GROUP LIMITED PARTNERSHIP *p329*
2750 Quadra St 3rd Fl, VICTORIA, BC, V8T 4E8
(250) 475-0100 *SIC* 4832
MILESTONE RADIO INC *p906*
211 Yonge St Suite 400, TORONTO, ON, M5B 1M4
(416) 214-5000 *SIC* 4832
NEWCAP INC *p95*
2394 West Edmonton Mall, EDMONTON, AB, T5T 4M2
(780) 432-3165 *SIC* 4832
NEWCAP INC *p95*
8882 170 St Nw Suite 2394, EDMONTON, AB, T5T 4M2
SIC 4832
NEWCAP INC *p105*
4752 99 St Nw Suite 2394, EDMONTON, AB, T6E 5H5
(780) 437-4996 *SIC* 4832
NEWCAP INC *p141*
5026 50 St, LLOYDMINSTER, AB, T9V 1P3
(780) 875-3321 *SIC* 4832
NEWCAP INC *p153*
4920 59 St, RED DEER, AB, T4N 2N1
(403) 343-1170 *SIC* 4832
NEWCAP INC *p226*
1601 Bertram St, KELOWNA, BC, V1Y 2G5
(250) 869-8102 *SIC* 4832
NEWCAP INC *p409*
27 Arsenault Crt, MONCTON, NB, E1E 4J8
(506) 858-5525 *SIC* 4832
NEWCAP INC *p434*
391 Kenmount Rd, ST. JOHN'S, NL, A1B 3P9
(709) 726-5590 *SIC* 4832
NEWCAP INC *p474*
5 Detheridge Dr, SYDNEY, NS, B1L 1B8
(902) 270-1019 *SIC* 4832
NEWCAP INC *p900*
2 St Clair Ave W, TORONTO, ON, M4V 1L5
(416) 482-0973 *SIC* 4832
NEWCAP INC *p981*
90 University Ave Suite 320, CHARLOTTETOWN, PE, C1A 4K9
(902) 569-1003 *SIC* 4832
NEWCAP RADIO OTTAWA *p727*
6 Antares Dr Suite 100, NEPEAN, ON, K2E 8A9
(613) 723-8990 *SIC* 4832
NEWFOUNDLAND CAPITAL CORPORATION LIMITED *p24*
1110 Centre St Ne Suite 100, CALGARY, AB, T2E 2R2
(403) 271-6366 *SIC* 4832
NEWFOUNDLAND CAPITAL CORPORATION LIMITED *p400*
77 Westmorland St Suite 400, FREDERICTON, NB, E3B 6Z3
(506) 455-0923 *SIC* 4832
NEWFOUNDLAND CAPITAL CORPORATION LIMITED *p434*
391 Kenmount Rd, ST. JOHN'S, NL, A1B 3P9
(709) 726-5590 *SIC* 4832
NEWFOUNDLAND CAPITAL CORPORATION LIMITED *p474*
5 Detheridge Dr, SYDNEY, NS, B1L 1B8
(902) 270-1019 *SIC* 4832
O/L ENTERPRISES INC *p428*
Gd, LA SCIE, NL, A0K 3M0
(709) 675-2085 *SIC* 4832
PATTISON, JIM BROADCAST GROUP LTD *p157*
2840 Bremner Ave, RED DEER, AB, T4R 1M9
(403) 343-0700 *SIC* 4832
PATTISON, JIM BROADCAST GROUP LTD *p220*
460 Pemberton Terr, KAMLOOPS, BC, V2C 1T5
(250) 372-3322 *SIC* 4832
PATTISON, JIM BROADCAST GROUP LTD *p223*
3805 Lakeshore Rd, KELOWNA, BC, V1W 3K6
(250) 762-3331 *SIC* 4832
PATTISON, JIM INDUSTRIES LTD *p139*
401 Mayor Magrath Dr S, LETHBRIDGE, AB, T1J 3L8
(403) 394-9300 *SIC* 4832
PATTISON, JIM INDUSTRIES LTD *p158*
10 Boundary Rd Se, REDCLIFF, AB, T0J 2P0
(403) 548-8282 *SIC* 4832
PATTISON, JIM INDUSTRIES LTD *p220*
460 Pemberton Terr, KAMLOOPS, BC, V2C 1T5
(250) 372-3322 *SIC* 4832
QUINTE BROADCASTING COMPANY LIMITED *p502*
10 South Front St, BELLEVILLE, ON, K8N 2Y3
(613) 969-5555 *SIC* 4832
RADIO 1540 LIMITED *p934*
622 College St Suite 2, TORONTO, ON, M6G 1B6
(416) 531-9991 *SIC* 4832
RAWLCO CAPITAL LTD *p1285*
2401 Saskatchewan Dr Suite 210, REGINA, SK, S4P 4H8
(306) 525-0000 *SIC* 4832
RAWLCO COMMUNICATIONS CAPITAL LTD *p11*
2723 37 Ave Ne Suite 220, CALGARY, AB, T1Y 5R8
(403) 451-9893 *SIC* 4832
RNC MEDIA INC *p1099*

SIC 4833 Television broadcasting stations

200 Av Laurier O Bureau 250, Montreal, QC, H2T 2N8
(514) 871-0919 SIC 4832
RNC MEDIA INC p1159
1134 Grande Allee O Bureau 300, Quebec, QC, G1S 1E5
(418) 687-9810 SIC 4832
RNC MEDIA INC p1254
1729 3e Av, VAL-D'OR, QC, J9P 1W3
(819) 825-9994 SIC 4832
ROGERS MEDIA INC p48
535 7 Ave Sw, CALGARY, AB, T2P 0Y4
(403) 250-9797 SIC 4832
ROGERS MEDIA INC p139
1015 3 Ave S, LETHBRIDGE, AB, T1J 0J3
(403) 331-1067 SIC 4832
ROGERS MEDIA INC p197
46167 Yale Rd Suite 309, CHILLIWACK, BC, V2P 2P2
(604) 795-5711 SIC 4832
ROGERS MEDIA INC p279
40147 Glenalder Pl Suite 202, SQUAMISH, BC, V8B 0G2
(604) 892-1021 SIC 4832
ROGERS MEDIA INC p300
2440 Ash St, VANCOUVER, BC, V5Z 4J6
(604) 872-2557 SIC 4832
ROGERS MEDIA INC p326
3313 32 Ave Suite 1, VERNON, BC, V1T 2E1
(250) 545-2141 SIC 4832
ROGERS MEDIA INC p332
817 Fort St, VICTORIA, BC, V8W 1H6
(250) 382-0900 SIC 4832
ROGERS MEDIA INC p386
166 Osborne St Suite 4, WINNIPEG, MB, R3L 1Y8
(204) 788-3400 SIC 4832
ROGERS MEDIA INC p461
6080 Young St Suite 911, HALIFAX, NS, B3K 5L2
(902) 493-7200 SIC 4832
ROGERS MEDIA INC p743
743 Main St E, NORTH BAY, ON, P1B 1C2
(705) 474-2000 SIC 4832
ROGERS MEDIA INC p785
2001 Thurston Dr, OTTAWA, ON, K1G 6C9
(613) 736-2001 SIC 4832
ROGERS MEDIA INC p832
642 Great Northern Rd, SAULT STE. MARIE, ON, P6B 4Z9
(705) 759-9200 SIC 4832
ROGERS MEDIA INC p850
6 Beckwith St N Unit A, SMITHS FALLS, ON, K7A 2B1
(613) 283-4630 SIC 4832
ROGERS MEDIA INC p884
260 Second Ave, TIMMINS, ON, P4N 8A4
(705) 264-2351 SIC 4832
TOUCH CANADA BROADCASTING INC p109
5316 Calgary Trail Nw, EDMONTON, AB, T6H 4J8
(780) 469-5200 SIC 4832
VISTA RADIO LTD p260
1940 3rd Ave, PRINCE GEORGE, BC, V2M 1G7
(250) 564-2524 SIC 4832
VISTA RADIO LTD p341
83 First Ave S, WILLIAMS LAKE, BC, V2G 1H4
(250) 392-6551 SIC 4832

SIC 4833 Television broadcasting stations

ASIAN TELEVISION NETWORK INC p732
130 Pony Dr, NEWMARKET, ON, L3Y 7B6
(905) 773-8966 SIC 4833
ASTRAL BROADCASTING GROUP INC p1116
1616 Boul Rene-Levesque O Bureau 300, Montreal, QC, H3H 1P8
(514) 939-3150 SIC 4833
BELL EXPRESSVU INC p1027
200 Boul Bouchard Bureau 72, DORVAL, QC, H9S 1A8
(514) 828-6600 SIC 4833
BELL MEDIA INC p62
80 Patina Rise Sw, CALGARY, AB, T3H 2W4
(403) 240-5600 SIC 4833
BELL MEDIA INC p90
18520 Stony Plain Rd Nw Suite 100, EDMONTON, AB, T5S 1A8
(780) 443-3322 SIC 4833
BELL MEDIA INC p136
640 13 St N, LETHBRIDGE, AB, T1H 2S8
(403) 329-3644 SIC 4833
BELL MEDIA INC p321
750 Burrard St Suite 300, VANCOUVER, BC, V6Z 2V6
(604) 608-2868 SIC 4833
BELL MEDIA INC p330
1420 Broad St, VICTORIA, BC, V8W 2B1
(250) 381-2484 SIC 4833
BELL MEDIA INC p346
2940 Victoria Ave, BRANDON, MB, R7B 3Y3
(204) 728-1150 SIC 4833
BELL MEDIA INC p377
345 Graham Ave Suite 400, WINNIPEG, MB, R3C 5S6
(204) 788-3300 SIC 4833
BELL MEDIA INC p406
191 Halifax St, MONCTON, NB, E1C 9R6
(506) 857-2600 SIC 4833
BELL MEDIA INC p414
251 Bayside Dr, SAINT JOHN, NB, E2J 1A7
(506) 658-1010 SIC 4833
BELL MEDIA INC p460
2885 Robie St, HALIFAX, NS, B3K 5Z4
(902) 453-4000 SIC 4833
BELL MEDIA INC p496
33 Beacon Rd, BARRIE, ON, L4N 9J9
(705) 734-3300 SIC 4833
BELL MEDIA INC p640
864 King St W, KITCHENER, ON, N2G 1E8
(519) 578-1313 SIC 4833
BELL MEDIA INC p658
743 Wellington Rd, LONDON, ON, N6C 4R5
(519) 686-2525 SIC 4833
BELL MEDIA INC p741
245 Oak St E, NORTH BAY, ON, P1B 8P8
(705) 476-3111 SIC 4833
BELL MEDIA INC p788
87 George St, OTTAWA, ON, K1N 9H7
(613) 789-0606 SIC 4833
BELL MEDIA INC p788
87 George St, OTTAWA, ON, K1N 9H7
(613) 224-1313 SIC 4833
BELL MEDIA INC p790
100 Queen St Suite 1400, OTTAWA, ON, K1P 1J9
(613) 236-7343 SIC 4833
BELL MEDIA INC p805
611 Tv Tower Rd, PEMBROKE, ON, K8A 6Y6
(480) 687-9300 SIC 4833
BELL MEDIA INC p843
9 Channel Nine Crt, SCARBOROUGH, ON, M1S 4B5
(416) 332-5000 SIC 4833
BELL MEDIA INC p883
681 Pine St N, TIMMINS, ON, P4N 7L6
(705) 264-4211 SIC 4833
BELL MEDIA INC p897
50 Eglinton Ave E Suite 1, TORONTO, ON, M4P 1A6
(416) 924-6664 SIC 4833
BELL MEDIA INC p1093
1205 Av Papineau, Montreal, QC, H2K 4R2
(514) 273-6311 SIC 4833
BELL MEDIA INC p1294
216 1st Ave N, SASKATOON, SK, S7K 3W3
(306) 665-8600 SIC 4833
CANADIAN BROADCASTING CORPORATION p79
123 Edmonton City Centre Nw, EDMONTON, AB, T5J 2Y8
(780) 468-7777 SIC 4833
CANADIAN BROADCASTING CORPORATION p374
541 Portage Ave, WINNIPEG, MB, R3B 2G1
(204) 788-3222 SIC 4833
CANADIAN BROADCASTING CORPORATION p400
1160 Regent St, FREDERICTON, NB, E3B 3Z1
(506) 451-4000 SIC 4833
CANADIAN BROADCASTING CORPORATION p433
95 University Ave, ST. JOHN'S, NL, A1B 1Z4
(709) 576-5000 SIC 4833
CANADIAN BROADCASTING CORPORATION p438
5002 Forrest Dr, YELLOWKNIFE, NT, X1A 2A9
(867) 669-5400 SIC 4833
CANADIAN BROADCASTING CORPORATION p476
285 Alexandra St, SYDNEY, NS, B1S 2E8
(902) 539-5050 SIC 4833
CANADIAN BROADCASTING CORPORATION p481
Gd, IQALUIT, NU, X0A 0H0
(867) 979-6100 SIC 4833
CANADIAN BROADCASTING CORPORATION p928
205 Wellington St W, TORONTO, ON, M5V 3G7
SIC 4833
CANADIAN BROADCASTING CORPORATION p928
205 Wellington St W Unit 9a211, TORONTO, ON, M5V 3G7
(416) 205-3072 SIC 4833
CANADIAN BROADCASTING CORPORATION p967
825 Riverside Dr W, WINDSOR, ON, N9A 5K9
(519) 255-3497 SIC 4833
CANADIAN BROADCASTING CORPORATION p1094
1400 Boul Rene-Levesque E, Montreal, QC, H2L 2M2
(514) 597-6000 SIC 4833
CANADIAN BROADCASTING CORPORATION p1271
308 La Ronge, LA RONGE, SK, S0J 1L0
(306) 425-3324 SIC 4833
CANADIAN BROADCASTING CORPORATION p1295
128 4th Avenue S Unit 100, SASKATOON, SK, S7K 1M8
(306) 956-7400 SIC 4833
COGECO COMMUNICATIONS INC p965
2525 Dougall Ave, WINDSOR, ON, N8X 5A7
(519) 972-6677 SIC 4833
COGECO RADIO-TELEVISION INC p1158
1305 Ch Sainte-Foy Bureau 402, Quebec, QC, G1S 4Y5
(819) 822-0937 SIC 4833
COGECO RADIO-TELEVISION INC p1239
3720 Boul Industriel, SHERBROOKE, QC, J1L 1N6
(819) 822-0937 SIC 4833
CORUS MEDIA HOLDINGS INC p23
222 23 St Ne, CALGARY, AB, T2E 7N2
(403) 235-7777 SIC 4833
CORUS MEDIA HOLDINGS INC p136
1401 28 St N, LETHBRIDGE, AB, T1H 6H9
(403) 327-1521 SIC 4833
CORUS MEDIA HOLDINGS INC p156
2840 Bremner Ave, RED DEER, AB, T4R 1M9
SIC 4833
CORUS MEDIA HOLDINGS INC p184
7850 Enterprise St, BURNABY, BC, V5A 1V7
(604) 420-2288 SIC 4833
CORUS MEDIA HOLDINGS INC p416
1 Germain St Suite A500, SAINT JOHN, NB, E2L 4V1
SIC 4833
CORUS MEDIA HOLDINGS INC p450
14 Akerley Blvd, DARTMOUTH, NS, B3B 1J3
(902) 481-7400 SIC 4833
CORUS MEDIA HOLDINGS INC p753
81 Barber Greene Rd, NORTH YORK, ON, M3C 2A2
(416) 446-5311 SIC 4833
CORUS MEDIA HOLDINGS INC p790
150 Wellington St Suite 501, OTTAWA, ON, K1P 5A4
(613) 232-6078 SIC 4833
CORUS MEDIA HOLDINGS INC p901
121 Bloor St E Suite 1500, TORONTO, ON, M4W 3M5
(416) 967-1174 SIC 4833
CORUS MEDIA HOLDINGS INC p1094
1600 Boul De Maisonneuve E Bureau 900, Montreal, QC, H2L 4P2
(514) 521-4323 SIC 4833
CORUS MEDIA HOLDINGS INC p1299
218 Robin Cres, SASKATOON, SK, S7L 7C3
(306) 665-6969 SIC 4833
CROSSROADS TELEVISION SYSTEM p539
1295 North Service Rd, BURLINGTON, ON, L7R 4X5
(905) 331-7333 SIC 4833
CTV SPECIALTY TELEVISION INC p640
864 King St W, KITCHENER, ON, N2G 1E8
(519) 578-1313 SIC 4833
CTV SPECIALTY TELEVISION INC p869
699 Frood Rd, SUDBURY, ON, P3C 5A3
(705) 674-8301 SIC 4833
GOUVERNEMENT DE LA PROVINCE DE QUEBEC p1094
1000 Rue Fullum, Montreal, QC, H2K 3L7
(514) 521-2424 SIC 4833
HGTV CANADA INC p901
121 Bloor St E Suite 1500, TORONTO, ON, M4W 3M5
(416) 967-0022 SIC 4833
KNOWLEDGE NETWORK CORPORATION p298
530 41st Ave E Suite 123, VANCOUVER, BC, V5W 1P3
(604) 713-5520 SIC 4833
LIFE NETWORK INC p902
121 Bloor St E Suite 1500, TORONTO, ON, M4W 3M5
(416) 967-0022 SIC 4833
NEWFOUNDLAND BROADCASTING COMPANY LIMITED p432
446 Logy Bay Rd, ST. JOHN'S, NL, A1A 5C6
(709) 722-5015 SIC 4833
PELMOREX COMMUNICATIONS INC p1094
1755 Boul Rene-Levesque E Bureau 251, Montreal, QC, H2K 4P6
(514) 597-1700 SIC 4833
PELMOREX WEATHER NETWORKS (TELEVISION) INC p766
2655 Bristol Cir, OAKVILLE, ON, L6H 7W1
(905) 829-1159 SIC 4833
POSTMEDIA NETWORK INC p184
7850 Enterprise St, BURNABY, BC, V5A 1V7
(604) 420-2288 SIC 4833
POSTMEDIA NETWORK INC p329
780 Kings Rd, VICTORIA, BC, V8T 5A2
(250) 383-2435 SIC 4833
RNC MEDIA INC p1039
171a Rue Jean-Proulx Bureau 5, GATINEAU, QC, J8Z 1W5
(819) 503-9711 SIC 4833
ROGERS MEDIA INC p299
180 2nd Ave W, VANCOUVER, BC, V5Y 3T9
(604) 876-1344 SIC 4833
ROGERS MEDIA INC p378
8 Forks Market Rd, WINNIPEG, MB, R3C 4Y3
(204) 947-9613 SIC 4833
ROGERS MEDIA INC p931
299 Queen St W, TORONTO, ON, M5V 2Z5

SIC 4899 Communication services, nec

(416) 591-5757   SIC 4833
SHAW CABLESYSTEMS LIMITED   p25
2400 32 Ave Ne, CALGARY, AB, T2E 9A7
(403) 750-4500   SIC 4833
SHAW COMMUNICATIONS INC   p237
Gd Stn Main, MERRITT, BC, V1K 1B7
(250) 378-2568   SIC 4833
SNAP TOGETHER PRODUCTIONS   p459
5091 Terminal Rd, HALIFAX, NS, B3J 3Y1
(902) 422-6287   SIC 4833
TELELATINO NETWORK INC   p762
5125 Steeles Ave W, NORTH YORK, ON, M9L 1R5
(416) 744-8200   SIC 4833
TV5 QUEBEC CANADA   p1094
1755 Boul Rene-Levesque E Bureau 101, Montreal, QC, H2K 4P6
(514) 522-5322   SIC 4833
V INTERACTIONS INC   p1114
355 Rue Sainte-Catherine O, Montreal, QC, H3B 1A5
(514) 390-6100   SIC 4833
W NETWORK INC   p905
25 Dockside Dr, TORONTO, ON, M5A 0B5
(416) 530-2329   SIC 4833
WORLD FISHING NETWORK ULC   p900
60 St Clair Ave E Suite 400, TORONTO, ON, M4T 1N5
(416) 593-0915   SIC 4833

SIC 4841 Cable and other pay television services

AECON GROUP INC   p703
4140a Sladeview Crescent, MISSISSAUGA, ON, L5L 6A1
(905) 828-9055   SIC 4841
BELL EXPRESSVU INC   p752
100 Wynford Dr Suite 300, NORTH YORK, ON, M3C 4B4
(416) 383-6600   SIC 4841
CABLE PUBLIC AFFAIRS CHANNEL INC   p790
45 O'connor St Suite 1750, OTTAWA, ON, K1P 1A4
(613) 567-2722   SIC 4841
CF CABLE TV INC   p1114
612 Rue Saint-Jacques, Montreal, QC, H3C 4M8
(514) 380-1999   SIC 4841
COGECO COMMUNICATIONS HOLDINGS INC   p1172
384 Av De La Cathedrale, RIMOUSKI, QC, G5L 5L1
(418) 724-5737   SIC 4841
COGECO COMMUNICATIONS INC   p608
695 Lawrence Rd, HAMILTON, ON, L8K 6P1
(905) 548-8002   SIC 4841
COGECO COMMUNICATIONS INC   p826
1421 Confederation St, SARNIA, ON, N7S 5N9
(519) 336-0443   SIC 4841
COGECO COMMUNICATIONS INC   p1231
13 Rue Saint-Urbain, SALABERRY-DE-VALLEYFIELD, QC, J6S 4M6
(450) 377-1373   SIC 4841
DERY TELECOM INC   p1052
1013 Rue Bagot, LA BAIE, QC, G7B 2N6
(418) 544-3358   SIC 4841
HARVARD BROADCASTING INC   p120
9904 Franklin Ave, FORT MCMURRAY, AB, T9H 2K5
(780) 791-0103   SIC 4841
NORCOM TELECOMMUNICATIONS LIMITED   p628
Gd Lcd Main, KENORA, ON, P9N 3W9
(807) 547-2853   SIC 4841
NORTHERN CABLEVISION LTD   p127
9823 116 Ave, GRANDE PRAIRIE, AB, T8V 4B4
(780) 532-4949   SIC 4841
NTN INTERACTIVE NETWORK INC   p586
14 Meteor Dr, ETOBICOKE, ON, M9W 1A4
SIC 4841

ROGERS COMMUNICATIONS INC   p434
22 Austin St, ST. JOHN'S, NL, A1B 4C2
(709) 753-7583   SIC 4841
SHAW CABLESYSTEMS G.P.   p49
630 3 Ave Sw, CALGARY, AB, T2P 4L4
(403) 750-4500   SIC 4841
SHAW CABLESYSTEMS G.P.   p93
10450 178 St Nw, EDMONTON, AB, T5S 1S2
(780) 490-3555   SIC 4841
SHAW CABLESYSTEMS G.P.   p121
208 Beacon Hill Dr Suite 200, FORT MCMURRAY, AB, T9H 2R1
(780) 714-5355   SIC 4841
SHAW CABLESYSTEMS G.P.   p590
1037 First St E, FORT FRANCES, ON, P9A 1L8
(807) 274-5522   SIC 4841
SHAW CABLESYSTEMS G.P.   p615
141 Hester St Suite 1, HAMILTON, ON, L9A 2N9
(705) 223-2120   SIC 4841
SHAW CABLESYSTEMS LIMITED   p333
35 Queens Rd, VICTORIA, BC, V8X 4S7
(250) 748-9113   SIC 4841
SHAW COMMUNICATIONS INC   p60
1239 12 Ave Sw Suite 1101, CALGARY, AB, T3C 3R8
(403) 750-4500   SIC 4841
SHAW COMMUNICATIONS INC   p63
4950 47 St Ne Suite 2, CALGARY, AB, T3J 4T6
(403) 781-5116   SIC 4841
SHAW COMMUNICATIONS INC   p93
10450 178 St Nw, EDMONTON, AB, T5S 1S2
(780) 490-3555   SIC 4841
SHAW COMMUNICATIONS INC   p121
208 Beacon Hill Dr Suite 200, FORT MCMURRAY, AB, T9H 2R1
(780) 743-3717   SIC 4841
SHAW COMMUNICATIONS INC   p179
31450 Marshall Rd, ABBOTSFORD, BC, V2T 6B1
(604) 850-2517   SIC 4841
SHAW COMMUNICATIONS INC   p260
2519 Queensway, PRINCE GEORGE, BC, V2L 1N1
(250) 614-7300   SIC 4841
SHAW COMMUNICATIONS INC   p264
156 Front St, QUESNEL, BC, V2J 2K1
(250) 979-6565   SIC 4841
SHAW COMMUNICATIONS INC   p333
861 Cloverdale Ave, VICTORIA, BC, V8X 4S7
(250) 475-5655   SIC 4841
SHAW COMMUNICATIONS INC   p833
23 Manitou Dr, SAULT STE. MARIE, ON, P6B 6G9
(705) 946-2234   SIC 4841
SHAW COMMUNICATIONS INC   p1300
2326 Hanselman Ave, SASKATOON, SK, S7L 5Z3
(306) 664-2121   SIC 4841
STAR CHOICE TELEVISION NETWORK INCORPORATED   p25
2924 11 St Ne, CALGARY, AB, T2E 7L7
(403) 538-4672   SIC 4841
STAR CHOICE TELEVISION NETWORK INCORPORATED   p703
2055 Flavelle Blvd, MISSISSAUGA, ON, L5K 1Z8
(905) 403-2004   SIC 4841
VIDEON CABLESYSTEMS INC   p50
630 3 Ave Sw Suite 900, CALGARY, AB, T2P 4L4
(403) 750-4500   SIC 4841

SIC 4899 Communication services, nec

768812 ONTARIO INC   p883
363 Algonquin Blvd W, TIMMINS, ON, P4N 2S3

(705) 269-9996   SIC 4899
7922825 CANADA INC   p268
651 Fraserwood Pl Unit 210, RICHMOND, BC, V6W 1J3
(604) 247-4001   SIC 4899
AGRICULTURE AND AGRIFOOD CANADA   p376
Po Box 6100 Stn Main, WINNIPEG, MB, R3C 4N3
SIC 4899
ALBERTA ONE-CALL CORPORATION   p26
4242 7 St Se Suite 104, CALGARY, AB, T2G 2Y8
(403) 531-3700   SIC 4899
ALCATEL-LUCENT CANADA INC   p186
4190 Still Creek Dr Suite 3140, BURNABY, BC, V5C 6C6
(604) 430-3600   SIC 4899
ALCATEL-LUCENT CANADA INC   p1104
600 Boul De Maisonneuve O Bureau 75, Montreal, QC, H3A 3J2
(514) 484-1616   SIC 4899
ALLIED INTERNATIONAL CREDIT CORP   p732
16635 Yonge St Suite 26, NEWMARKET, ON, L3X 1V6
(905) 470-8181   SIC 4899
ALLIED INTERNATIONAL CREDIT CORP   p1099
4200 Boul Saint-Laurent Suite 600, MONTREAL, QC, H2W 2R2
(866) 259-4317   SIC 4899
ALLSTREAM BUSINESS INC   p30
6101 6 St Se, CALGARY, AB, T2H 1L9
(403) 258-8800   SIC 4899
ALLSTREAM BUSINESS INC   p344
517 18th St, BRANDON, MB, R7A 5Y9
(204) 225-5687   SIC 4899
ALLSTREAM BUSINESS INC   p670
7550 Birchmount Rd, MARKHAM, ON, L3R 6C6
(416) 345-2000   SIC 4899
AMERICA ONLINE CANADA INC   p406
11 Ocean Limited Way, MONCTON, NB, E1C 0H1
SIC 4899
ASCENTIUM INC   p1037
490 Boul Saint-Joseph Bureau 300, GATINEAU, QC, J8Y 3Y7
(819) 778-0313   SIC 4899
ASURION CANADA, INC   p406
11 Ocean Limited Way, MONCTON, NB, E1C 0H1
(506) 386-9200   SIC 4899
AT&T GLOBAL SERVICES CANADA CO   p873
55 Commerce Valley Dr W Suite 700, THORNHILL, ON, L3T 7V9
(905) 762-7390   SIC 4899
ATCO MIDSTREAM LTD   p39
240 4 Ave Sw Suite 900, CALGARY, AB, T2P 4H4
(403) 513-3700   SIC 4899
ATI TELECOM INTERNATIONAL, COMPANY   p1180
278 138 Rte Bureau 216, SAINT-AUGUSTIN-DE-DESMAURES, QC, G3A 2C5
(418) 878-7008   SIC 4899
ATRIA NETWORKS LP   p610
120 King St W Suite 950, HAMILTON, ON, L8P 4V2
SIC 4899
AUX SABLE CANADA LP   p40
605 5 Ave Sw Suite 2800, CALGARY, AB, T2P 3H5
(403) 508-5870   SIC 4899
AVAYA CANADA CORP   p670
11 Allstate Pky Suite 300, MARKHAM, ON, L3R 9T8
(905) 474-6000   SIC 4899
AVIAT NETWORKS CANADA ULC   p1141
6500 Aut Transcanadienne Bureau 400, POINTE-CLAIRE, QC, H9R 0A5

(514) 800-1410   SIC 4899
BCS GLOBAL NETWORKS INC   p580
5525 Eglinton Ave W Unit 128, ETOBICOKE, ON, M9C 5K5
(647) 722-8500   SIC 4899
BELL ALIANT REGIONAL COMMUNICATIONS INC   p393
275 King Ave, BATHURST, NB, E2A 1N9
(506) 547-3768   SIC 4899
BELL ALIANT REGIONAL COMMUNICATIONS INC   p398
20 Mcgloin St, FREDERICTON, NB, E3A 5T8
(506) 444-9600   SIC 4899
BELL ALIANT REGIONAL COMMUNICATIONS INC   p399
64 Elson Blvd, FREDERICTON, NB, E3B 6G3
(506) 444-6484   SIC 4899
BELL ALIANT REGIONAL COMMUNICATIONS INC   p406
27 Alma St, MONCTON, NB, E1C 4Y2
(506) 860-8655   SIC 4899
BELL ALIANT REGIONAL COMMUNICATIONS INC   p415
151 Woodward Ave, SAINT JOHN, NB, E2K 1Z9
(506) 632-6484   SIC 4899
BELL ALIANT REGIONAL COMMUNICATIONS INC   p416
Gd, SAINT JOHN, NB, E2L 4K2
(506) 658-7169   SIC 4899
BELL ALIANT REGIONAL COMMUNICATIONS INC   p424
244 Memorial Dr, CLARENVILLE, NL, A5A 1N9
(709) 466-6130   SIC 4899
BELL ALIANT REGIONAL COMMUNICATIONS INC   p425
19 Main St, CORNER BROOK, NL, A2H 1C2
(709) 637-8219   SIC 4899
BELL ALIANT REGIONAL COMMUNICATIONS INC   p425
332 O'connell Dr, CORNER BROOK, NL, A2H 7V1
(709) 637-8395   SIC 4899
BELL ALIANT REGIONAL COMMUNICATIONS INC   p426
185 Airport Blvd, GANDER, NL, A1V 1K6
(709) 256-5181   SIC 4899
BELL ALIANT REGIONAL COMMUNICATIONS INC   p427
7 Hardy Ave, GRAND FALLS-WINDSOR, NL, A2A 2P8
(709) 489-5669   SIC 4899
BELL ALIANT REGIONAL COMMUNICATIONS INC   p429
760 Topsail Rd Suite 2110, MOUNT PEARL, NL, A1N 3J5
(709) 739-2122   SIC 4899
BELL ALIANT REGIONAL COMMUNICATIONS INC   p453
23 Water St, DIGBY, NS, B0V 1A0
(902) 245-8331   SIC 4899
BELL ALIANT REGIONAL COMMUNICATIONS INC   p457
1505 Barrington St Suite 1102, HALIFAX, NS, B3J 3K5
(902) 487-4609   SIC 4899
BELL ALIANT REGIONAL COMMUNICATIONS INC   p465
852 Park St, KENTVILLE, NS, B4N 3V7
(902) 679-2162   SIC 4899
BELL ALIANT REGIONAL COMMUNICATIONS INC   p465
363 Main St, KENTVILLE, NS, B4N 1K7
(902) 678-3308   SIC 4899
BELL ALIANT REGIONAL COMMUNICATIONS INC   p469
4852 Plymouth Rd, NEW GLASGOW, NS, B2H 5C5
(902) 752-5345   SIC 4899
BELL ALIANT REGIONAL COMMUNICA-

▲ Public Company   ■ Public Company Family Member   **HQ** Headquarters   **BR** Branch   **SL** Single Location

2118 SIC 4899 Communication services, nec

BUSINESSES BY INDUSTRY CLASSIFICATION

TIONS INC p474
56 Pitt St, SYDNEY, NS, B1P 5X5
(902) 539-9450 SIC 4899

BELL ALIANT REGIONAL COMMUNICATIONS INC p477
810 Prince St, TRURO, NS, B2N 1H1
(902) 486-2620 SIC 4899

BELL ALIANT REGIONAL COMMUNICATIONS INC p980
69 Belvedere Ave, CHARLOTTETOWN, PE, C1A 9K5
(902) 566-0131 SIC 4899

BELL EXPRESSVU INC p751
115 Scarsdale Rd, NORTH YORK, ON, M3B 2R2
(416) 383-6299 SIC 4899

BELL MOBILITE INC p294
2925 Virtual Way Suite 400, VANCOUVER, BC, V5M 4X5
(604) 678-4160 SIC 4899

BELL MOBILITE INC p780
419 King St W, OSHAWA, ON, L1J 2K5
(905) 579-4026 SIC 4899

BELL TECHNICAL SOLUTIONS INC p727
1740 Woodroffe Ave, NEPEAN, ON, K2G 3R8
(613) 746-4465 SIC 4899

BELL TECHNICAL SOLUTIONS INC p867
1771 Old Falconbridge Rd, SUDBURY, ON, P3A 4R7
(705) 566-6122 SIC 4899

BELL TECHNICAL SOLUTIONS INC p1191
6396 Grande Allee, SAINT-HUBERT, QC, J3Y 8J8
(450) 678-0100 SIC 4899

BLUEWAVE ANTENNA SYSTEMS LTD p21
7015 8 St Ne, CALGARY, AB, T2E 8A2
(403) 291-4422 SIC 4899

BTI SYSTEMS INC p623
1000 Innovation Dr Unit 200, KANATA, ON, K2K 3E7
(613) 287-1700 SIC 4899

CALIAN LTD p623
340 Legget Dr Suite 101, KANATA, ON, K2K 1Y6
(613) 599-8600 SIC 4899

CALIAN LTD p1302
18 Innovation Blvd, SASKATOON, SK, S7N 3R1
(306) 931-3425 SIC 4899

CANADIAN IMPERIAL BANK OF COMMERCE p747
5650 Yonge St Suite 1400, NORTH YORK, ON, M2M 4G3
(416) 218-9922 SIC 4899

CANADIAN TELECOMMUNICATION DEVELOPMENT CORPORATION p577
55 Chauncey Ave, ETOBICOKE, ON, M8Z 2Z2
SIC 4899

CANTALK (CANADA) INC p374
70 Arthur St Suite 250, WINNIPEG, MB, R3B 1G7
(204) 982-1245 SIC 4899

CAPELLA TELECOMMUNICATIONS INC p1032
2065 Rue Michelin, FABREVILLE, QC, H7L 5B7
(450) 686-0033 SIC 4899

CBCI TELECOM CANADA INC p1056
2260 46e Av, LACHINE, QC, H8T 2P3
(514) 422-9333 SIC 4899

CEDROM-SNI INC. p1136
825 Av Querbes Bureau 200, OUTREMONT, QC, H2V 3X1
(514) 278-6060 SIC 4899

CENTRE DE TELEPHONE MOBILE (QUEBEC) INC p1167
1100 Rue Bouvier Bureau 400, Quebec, QC, G2K 1L9
(418) 627-7040 SIC 4899

CIK TELECOM INC p271
6490 Buswell St, RICHMOND, BC, V6Y 2E9
(604) 628-3877 SIC 4899

CITOYEN OPTIMUM S.E.C. p1149
300 Rue Saint-Paul Bureau 300, Quebec, QC, G1K 7R1
(418) 647-2727 SIC 4899

COBHAM TRACKING & LOCATING LTD p450
120 Eileen Stubbs Ave Suite 200, DARTMOUTH, NS, B3B 1Y1
(902) 468-3007 SIC 4899

COLOGIX CANADA INC p1110
1250 Boul Rene-Levesque O Bureau 3932, Montreal, QC, H3B 4W8
(514) 908-0083 SIC 4899

COMMISSIONER FOR COMPLAINTS FOR TELECOMMUNICATIONS SERVICES INC p790
Gd, OTTAWA, ON, K1P 1B1
(888) 221-1687 SIC 4899

COMPAGNIE DE TELEPHONE BELL DU CANADA OU BELL CANADA, LA p79
10104 103 Ave Nw Suite 2800, EDMONTON, AB, T5J 0H8
(780) 409-6800 SIC 4899

COMPAGNIE DE TELEPHONE BELL DU CANADA OU BELL CANADA, LA p497
114 John St, BARRIE, ON, L4N 2K9
(705) 722-2214 SIC 4899

COMPAGNIE DE TELEPHONE BELL DU CANADA OU BELL CANADA, LA p543
355 Hespeler Rd, CAMBRIDGE, ON, N1R 6B3
(519) 740-8220 SIC 4899

COMPAGNIE DE TELEPHONE BELL DU CANADA OU BELL CANADA, LA p577
55 North Queen St, ETOBICOKE, ON, M8Z 2C7
SIC 4899

COMPAGNIE DE TELEPHONE BELL DU CANADA OU BELL CANADA, LA p707
7111 Syntex Dr, MISSISSAUGA, ON, L5N 8C3
(905) 614-8067 SIC 4899

COMPAGNIE DE TELEPHONE BELL DU CANADA OU BELL CANADA, LA p786
1501 Bank St, OTTAWA, ON, K1H 7Z1
SIC 4899

COMPAGNIE DE TELEPHONE BELL DU CANADA OU BELL CANADA, LA p790
270 Albert St, OTTAWA, ON, K1P 6N7
SIC 4899

COMPAGNIE DE TELEPHONE BELL DU CANADA OU BELL CANADA, LA p913
76 Adelaide St W, TORONTO, ON, M5H 1P6
SIC 4899

COMPAGNIE DE TELEPHONE BELL DU CANADA OU BELL CANADA, LA p971
935 Laurier Dr, WINDSOR, ON, N9J 1M9
(519) 978-0569 SIC 4899

COMPAGNIE DE TELEPHONE BELL DU CANADA OU BELL CANADA, LA p1160
2715 Boul Du Versant-Nord, Quebec, QC, G1V 1A3
(418) 691-1080 SIC 4899

COMPAGNIE DE TELEPHONE BELL DU CANADA OU BELL CANADA, LA p1257
1 Carref Alexander-Graham-Bell, VERDUN, QC, H3E 3B3
SIC 4899

COMPRO COMMUNICATIONS INC p1163
1097 Boul De La Chaudiere, Quebec, QC, G1Y 3T4
(418) 652-1490 SIC 4899

CONCENTRIX TECHNOLOGIES SERVICES (CANADA) LIMITED p412
720 Coverdale Rd, RIVERVIEW, NB, E1B 3L8
(506) 860-5900 SIC 4899

CONCENTRIX TECHNOLOGIES SERVICES (CANADA) LIMITED p457
1949 Upper Water St Suite 101, HALIFAX, NS, B3J 3N3
(902) 428-9999 SIC 4899

CONCENTRIX TECHNOLOGIES SERVICES (CANADA) LIMITED p814

915 Sandy Beach Rd, PICKERING, ON, L1W 1Z5
(905) 837-6000 SIC 4899

CONNEX ONTARIO INC p820
44 East Beaver Creek Rd Unit 16, RICHMOND HILL, ON, L4B 1G8
(905) 944-6500 SIC 4899

CONNEX ONTARIO INC p1062
4616 Rue Louis-B.-Mayer, Laval, QC, H7P 6E4
(450) 680-2255 SIC 4899

CONNEX TELECOMMUNICATIONS INC p1130
4616 Rue Louis-B Mayer, Montreal, QC, H7P 6E4
(450) 680-2255 SIC 4899

CONNEXIM, SOCIETE EN COMMANDITE p1105
505 Boul De Maisonneuve O, Montreal, QC, H3A 3C2
SIC 4899

CONSEILLERS EN GESTION ET INFORMATIQUE CGI INC p1095
9555 Av Christophe-Colomb, Montreal, QC, H2M 2E3
(514) 374-7777 SIC 4899

CORPORATION OF THE CITY OF PRINCE RUPERT p263
248 3rd Ave W, PRINCE RUPERT, BC, V8J 1L1
(250) 627-0941 SIC 4899

CORPORATION OF THE CITY OF THUNDER BAY, THE p878
1046 Lithium Dr, THUNDER BAY, ON, P7B 6G3
(807) 623-4400 SIC 4899

COSSETTE COMMUNICATION INC p1149
300 Rue Saint-Paul Bureau 300, Quebec, QC, G1K 7R1
(418) 647-2727 SIC 4899

COSSETTE DIGITAL INC p1149
300 Rue Saint-Paul Bureau 300, Quebec, QC, G1K 7R1
(418) 647-2727 SIC 4899

CRAIG EVAN CORPORATION, THE p650
2480 Huron St Unit 3, LONDON, ON, N5V 0B1
(519) 455-6760 SIC 4899

CSP INTERNET LTD p333
4252 Commerce Cir, VICTORIA, BC, V8Z 4M2
SIC 4899

CUBIC FIELD SERVICES CANADA LIMITED p71
Gd, DENWOOD, AB, T0B 1B0
(780) 842-4180 SIC 4899

DATAWIRE COMMUNICATION NETWORKS INC p584
10 Carlson Crt Suite 300, ETOBICOKE, ON, M9W 6L2
(416) 213-2001 SIC 4899

DISTRIBUTEL COMMUNICATIONS LIMITED p802
177 Nepean St Unit 300, OTTAWA, ON, K2P 0B4
(613) 237-7055 SIC 4899

ELECTRIC MAIL COMPANY INC, THE p186
3999 Henning Dr Suite 300, BURNABY, BC, V5C 6P9
SIC 4899

ELECTRO SAGUENAY LTEE p1062
1555 Boul De L'avenir Bureau 306, Laval, QC, H7S 2N5
SIC 4899

ELITE COMMUNICATIONS INC p383
585 Century St, WINNIPEG, MB, R3H 0W1
(204) 989-2995 SIC 4899

EMPOWERED NETWORKS INC p623
1 Hines Rd Suite 200, KANATA, ON, K2K 3C7
(613) 271-7970 SIC 4899

ERICSSON CANADA INC p688
5255 Satellite Dr, MISSISSAUGA, ON, L4W 5E3

SIC 4899

EXPERTECH NETWORK INSTALLATION INC p638
998 Wilson Ave, KITCHENER, ON, N2C 1J3
SIC 4899

EXPERTECH NETWORK INSTALLATION INC p664
220 Exeter Rd, LONDON, ON, N6L 1A3
SIC 4899

EXPERTECH NETWORK INSTALLATION INC p1141
133 Boul Hymus, POINTE-CLAIRE, QC, H9R 1E7
(514) 697-0230 SIC 4899

FEDERATION DES CAISSES DESJARDINS DU QUEBEC p1086
3155 Boul De L'assomption, Montreal, QC, H1N 3S8
(514) 253-7300 SIC 4899

FIDO SOLUTIONS INC p1126
800 Rue De La Gauchetiere O Bureau 4000, Montreal, QC, H5A 1K3
(514) 937-2121 SIC 4899

FRIENDLY TELECOM INC p64
44 Berkshire Crt Nw, CALGARY, AB, T3K 1Z5
(403) 243-6688 SIC 4899

FUTUREWAY COMMUNICATIONS INC p677
280 Hillmount Rd Unit 9, MARKHAM, ON, L6C 3A1
(416) 987-4700 SIC 4899

GESTION GRATIEN PAQUIN INC p1042
1173 6e Av, Grand-Mere, QC, G9T 2J4
(819) 538-1707 SIC 4899

GILL TECHNOLOGIES GLOBAL COMMUNICATIONS INC p809
150 King St, PETERBOROUGH, ON, K9J 2R9
(877) 507-6988 SIC 4899

GLENTEL INC p218
1320 Trans Canada Hwy W, KAMLOOPS, BC, V1S 1J2
(250) 372-1868 SIC 4899

GLOBAL CROSSING TELECOMMUNICATIONS-CANADA, LTD p914
120 Adelaide St W Suite 2119, TORONTO, ON, M5H 1T1
(416) 216-2011 SIC 4899

GOUVERNEMENT DE LA PROVINCE DE QUEBEC p1153
1500e Rue Cyrille-Duquet, Quebec, QC, G1N 4T6
(418) 643-1500 SIC 4899

GROUPE BELL NORDIQ INC p993
7151 Rue Jean-Talon E Bureau 700, ANJOU, QC, H1M 3N8
(514) 493-5300 SIC 4899

GROUPE MASKATEL LP p1195
970 Boul Casavant O, SAINT-HYACINTHE, QC, J2S 0H4
(450) 252-2000 SIC 4899

GROUPE PAGES JAUNES CORP p10
2891 Sunridge Way Ne Suite 230, CALGARY, AB, T1Y 7K7
SIC 4899

GROUPE PAGES JAUNES CORP p375
201 Portage Ave Suite 1750, WINNIPEG, MB, R3B 3K6
(204) 941-8190 SIC 4899

GROUPE PAGES JAUNES CORP p793
1 Raymond St Suite 300, OTTAWA, ON, K1R 1A2
(888) 909-0930 SIC 4899

GROUPE PAGES JAUNES CORP p1161
2600 Boul Laurier Bureau 128, Quebec, QC, G1V 4Y4
(418) 656-1530 SIC 4899

GROUPE PAGES JAUNES CORP p1257
16 Place Du Commerce, VERDUN, QC, H3E 2A5
(514) 934-2000 SIC 4899

HAYES COMMUNICATIONS INC p1019
2075 Boul Fortin, Cote Saint-Luc, QC, H7S

▲ Public Company ■ Public Company Family Member   HQ Headquarters   BR Branch   SL Single Location

BUSINESSES BY INDUSTRY CLASSIFICATION

SIC 4899 Communication services, nec 2119

1P4
(514) 382-1550   SIC 4899
HOLDING BELL MOBILITE INC   p694
262 Britannia Rd E, MISSISSAUGA, ON, L4Z 1S6
(905) 890-0000   SIC 4899
HUAWEI TECHNOLOGIES CANADA CO., LTD   p672
19 Allstate Pky, MARKHAM, ON, L3R 5A4
(905) 944-5000   SIC 4899
INMARSAT SOLUTIONS (CANADA) INC   p429
34 Glencoe Dr, MOUNT PEARL, NL, A1N 4P6
(709) 724-5400   SIC 4899
JAN KELLEY MARKETING   p539
1005 Skyview Dr Suite 322, BURLINGTON, ON, L7P 5B1
(905) 631-7934   SIC 4899
JIFFY TELECOMMUNICATIONS INC   p932
100 King St W Suite 5600, TORONTO, ON, M5X 2A1
SIC 4899
JIFFY TELECOMMUNICATIONS INC   p932
100 King St W, TORONTO, ON, M5X 2A1
(888) 979-7560   SIC 4899
JUMP.CA WIRELESS SUPPLY CORP p1285
2221 Cornwall St Suite 500, REGINA, SK, S4P 2L1
(306) 790-4525   SIC 4899
JUMP.CA WIRELESS SUPPLY CORP p1290
3024 E Quance St, REGINA, SK, S4V 3B8
(306) 525-5867   SIC 4899
JUMP.CA WIRELESS SUPPLY CORP p1292
3510 8th St E Suite A9, SASKATOON, SK, S7H 0W6
(306) 683-3303   SIC 4899
JUMP.CA WIRELESS SUPPLY CORP p1296
134 Primrose Dr Suite 31, SASKATOON, SK, S7K 5S6
(306) 651-1919   SIC 4899
JUNIPER NETWORKS CANADA INC   p623
340 Terry Fox Dr, KANATA, ON, K2K 3A2
(613) 591-2700   SIC 4899
KONTRON CANADA INC   p1212
600 Rue Mccaffrey, SAINT-LAURENT, QC, H4T 1N1
(450) 437-4661   SIC 4899
KOODO MOBILE   p919
25 York St Suite 1900, TORONTO, ON, M5J 2V5
(647) 454-5286   SIC 4899
KOODO MOBILE-SCARBOROUGH   p837
200 Consilium Pl Suite 1600, SCARBOROUGH, ON, M1H 3J3
(647) 837-6252   SIC 4899
MANITOBA TELECOM SERVICES INC p345
517 18th St, BRANDON, MB, R7A 5Y9
(204) 727-4500   SIC 4899
MANITOBA TELECOM SERVICES INC p383
1700 Ellice Ave, WINNIPEG, MB, R3H 0B1
(204) 941-4111   SIC 4899
MODIS CANADA INC   p1112
1155 Boul Robert-Bourassa Unite 1410, Montreal, QC, H3B 3A7
(514) 875-9520   SIC 4899
MORRISON HERSHFIELD LIMITED   p817
9515 Montrose Rd, PORT ROBINSON, ON, L0S 1K0
(905) 394-3900   SIC 4899
MSN WIRELESS INC   p719
1315 Derry Rd E Suite 6a, MISSISSAUGA, ON, L5T 1B6
(416) 745-9900   SIC 4899
NATIONAL RESERVATION CENTRE FOR AVIS   p892
132 Brookside Dr, TORONTO, ON, M4E 2M2
(416) 213-8400   SIC 4899
NAV CANADA   p81
Gd Stn Main, EDMONTON, AB, T5J 2G8
(780) 890-4343   SIC 4899
NAV CANADA   p140
417 Stubb Ross Rd Suite 209, LETHBRIDGE, AB, T1K 7N3
(403) 317-4545   SIC 4899
NAV CANADA   p141
Gd Rpo 10, LLOYDMINSTER, AB, T9V 2H2
SIC 4899
NAV CANADA   p219
3100 Aviation Way, KAMLOOPS, BC, V2B 7W1
(250) 376-6547   SIC 4899
NAV CANADA   p262
4141 Airport Rd Suite 2, PRINCE GEORGE, BC, V2N 4M6
(250) 963-7689   SIC 4899
NAV CANADA   p286
7421 135 St, SURREY, BC, V3W 0M8
(604) 598-4805   SIC 4899
NAV CANADA   p322
3511 Mcconnachie Way, VANCOUVER, BC, V7B 1Y2
(604) 775-9536   SIC 4899
NAV CANADA   p383
2000 Wellington Ave Suite 706, WINNIPEG, MB, R3H 1C1
(204) 983-8408   SIC 4899
NAV CANADA   p426
Gd Stn Main, DEER LAKE, NL, A8A 3M4
(709) 635-5251   SIC 4899
NAV CANADA   p455
1610 Old Guysborough Rd, GOFFS, NS, B2T 1B9
(902) 873-1382   SIC 4899
NAV CANADA   p595
1601 Tom Roberts Ave, GLOUCESTER, ON, K1V 1E6
(613) 248-3863   SIC 4899
NAV CANADA   p650
2530 Blair Blvd, LONDON, ON, N5V 3Z9
(519) 452-4008   SIC 4899
NAV CANADA   p689
6110 Midfield Rd, MISSISSAUGA, ON, L4W 1S9
(905) 676-7494   SIC 4899
NAV CANADA   p689
6055 Midfield Rd, MISSISSAUGA, ON, L4W 2P7
(905) 676-5045   SIC 4899
NAV CANADA   p792
77 Metcalf St, OTTAWA, ON, K1P 1L6
(613) 563-5949   SIC 4899
NAV CANADA   p821
1595 16th Ave Suite 100, RICHMOND HILL, ON, L4B 3N9
(905) 771-2872   SIC 4899
NAV CANADA   p881
343 Hector Dougall W, THUNDER BAY, ON, P7E 6M5
(807) 474-4247   SIC 4899
NAV CANADA   p1166
515 Rue Principale, Quebec, QC, G2G 2T8
(418) 871-7032   SIC 4899
NAV CANADA   p1271
Gd, LA RONGE, SK, S0J 1L0
(306) 425-2369   SIC 4899
NAV CANADA   p1290
5205 Regina Ave, REGINA, SK, S4W 1B2
(306) 359-5014   SIC 4899
NAV CANADA   p1300
2555 Airport Dr, SASKATOON, SK, S7L 7M4
(306) 665-4400   SIC 4899
NAV CANADA   p1311
50 Fairchild Pl Unit 215, WHITEHORSE, YT, Y1A 0M7
(867) 667-8425   SIC 4899
NAVIGATA COMMUNICATIONS LTD   p314
1550 Alberni St Suite 300, VANCOUVER, BC, V6G 1A5
(604) 909-2000   SIC 4899
NEWLOOK INDUSTRIES CORP   p629
3565 King Rd Suite 102, KING CITY, ON, L7B 1M3
(905) 833-3072   SIC 4899
NORTEL NETWORKS LIMITED   p81
10235 101 St Nw Suite 2200, EDMONTON, AB, T5J 3G1
SIC 4899
NORTEL NETWORKS LIMITED   p504
250 Sidney St, BELLEVILLE, ON, K8P 3Z3
SIC 4899
NORTHWESTEL INC   p439
5201 50 Ave Suite 300, YELLOWKNIFE, NT, X1A 3S9
(867) 920-3503   SIC 4899
NORTHWESTEL INC   p481
Gd, IQALUIT, NU, X0A 0H0
(867) 979-4001   SIC 4899
NORTHWESTEL INC   p1311
183 Range Rd, WHITEHORSE, YT, Y1A 3E5
(867) 668-5475   SIC 4899
NORTHWESTEL INC   p1311
301 Lambert St Suite 2727, WHITEHORSE, YT, Y1A 1Z5
(867) 668-5300   SIC 4899
NORTHWESTEL INC   p1311
301 Lambert St Suite 2727, WHITEHORSE, YT, Y1A 1Z5
(867) 668-5300   SIC 4899
ONTARIO NORTHLAND TRANSPORTATION COMMISSION   p555
20 Boisvert Cres, COCHRANE, ON, P0L 1C0
(705) 272-4610   SIC 4899
ONTARIO NORTHLAND TRANSPORTATION COMMISSION   p742
555 Oak St E, NORTH BAY, ON, P1B 8E3
(705) 472-4500   SIC 4899
ONTARIO NORTHLAND TRANSPORTATION COMMISSION   p884
160 Cedar St S, TIMMINS, ON, P4N 2G8
(705) 268-2400   SIC 4899
ONTARIO NORTHLAND TRANSPORTATION COMMISSION   p885
8 Eliza St, TOBERMORY, ON, N0H 2R0
(519) 596-2510   SIC 4899
OPTIC COMMUNICATIONS CANADA INC p690
2425 Matheson Blvd E, MISSISSAUGA, ON, L4W 5K4
(888) 669-6928   SIC 4899
ORANGE BUSINESS SERVICES CANADA INC   p908
36 Lombard St Suite 500, TORONTO, ON, M5C 2X3
(416) 362-9255   SIC 4899
PCC COMMUNICATIONS INC   p10
4300 26 St Ne Suite 125, CALGARY, AB, T1Y 7H7
SIC 4899
PCC COMMUNICATIONS INC   p128
78 Ave Bay Suite 10821, GRANDE PRAIRIE, AB, T8W 2L2
(780) 402-8092   SIC 4899
PLAN GROUP INC   p801
2081 Merivale Rd Unit 100, OTTAWA, ON, K2G 1G9
(613) 274-2716   SIC 4899
POSITRON ACCESS SOLUTIONS CORPORATION   p1125
5101 Rue Buchan Bureau 220, Montreal, QC, H4P 2R9
(514) 345-2220   SIC 4899
PREMIERE CONFERENCING (CANADA) LIMITED   p930
225 King St W Suite 900, TORONTO, ON, M5V 3M2
(416) 516-0777   SIC 4899
PROMARK-TELECON INC   p817
96 North Port Rd, Unit 4, PORT PERRY, ON, L9L 1B2
(905) 982-1413   SIC 4899
PROMARK-TELECON INC   p1098
7450 Rue Du Mile End, Montreal, QC, H2R 2Z6
(514) 644-2214   SIC 4899
PURE TECHNOLOGIES LTD   p52
705 11 Ave Sw Suite 300, CALGARY, AB, T2R 0E3
(403) 266-6794   SIC 4899
PURE TECHNOLOGIES LTD   p690
5055 Satellite Dr Unit 7, MISSISSAUGA, ON, L4W 5K7
(905) 624-1040   SIC 4899
RAREMETHOD INTERACTIVE STUDIOS INC   p53
1812 4 St Sw Suite 601, CALGARY, AB, T2S 1W1
SIC 4899
RAWLCO RADIO LTD   p109
5241 Calgary Trail Nw Suite 700, EDMONTON, AB, T6H 5G8
(780) 433-7877   SIC 4899
ROGERS COMMUNICATIONS INC   p191
4710 Kingsway Suite 1600, BURNABY, BC, V5H 4W4
(604) 431-1400   SIC 4899
ROGERS COMMUNICATIONS INC   p397
9 Rue Champlain, DIEPPE, NB, E1A 1N4
(506) 854-3453   SIC 4899
ROGERS COMMUNICATIONS INC   p461
6080 Young St Suite 905, HALIFAX, NS, B3K 5L2
(902) 453-1400   SIC 4899
ROGERS COMMUNICATIONS INC   p642
40 Weber St E Suite 500, KITCHENER, ON, N2H 6R3
(519) 585-2400   SIC 4899
ROGERS COMMUNICATIONS INC   p793
360 Albert St Suite 1010, OTTAWA, ON, K1R 7X7
(613) 688-5569   SIC 4899
ROGERS COMMUNICATIONS INC   p802
363 Bank St Suite 359, OTTAWA, ON, K2P 1X9
(613) 594-4555   SIC 4899
ROGERS COMMUNICATIONS INC   p902
333 Bloor St E 10 Fl, TORONTO, ON, M4W 1G9
(416) 935-2303   SIC 4899
ROGERS COMMUNICATIONS INC   p938
35 Scarlett Rd, TORONTO, ON, M6N 4J9
(416) 769-6123   SIC 4899
SASKATCHEWAN TELECOMMUNICATIONS HOLDING CORPORATION p1286
2121 Saskatchewan Dr, REGINA, SK, S4P 3Y2
(306) 777-3737   SIC 4899
SASKATCHEWAN TELECOMMUNICATIONS HOLDING CORPORATION p1288
2133 1st Ave, REGINA, SK, S4R 8G4
(306) 777-3376   SIC 4899
SASKATCHEWAN TELECOMMUNICATIONS INTERNATIONAL, INC   p1268
410 Kensington Ave, ESTEVAN, SK, S4A 2A1
(306) 636-5020   SIC 4899
SASKATCHEWAN TELECOMMUNICATIONS INTERNATIONAL, INC   p1276
55 Ominica St W, MOOSE JAW, SK, S6H 1W8
(306) 693-8152   SIC 4899
SASKATCHEWAN TELECOMMUNICATIONS INTERNATIONAL, INC   p1278
1201 100th St, NORTH BATTLEFORD, SK, S9A 3Z9
(306) 446-5300   SIC 4899
SASKATCHEWAN TELECOMMUNICATIONS INTERNATIONAL, INC   p1283
355 Longman Cres, REGINA, SK, S4N 6G3
(306) 777-3584   SIC 4899
SASKATCHEWAN TELECOMMUNICATIONS INTERNATIONAL, INC   p1286
2121 Saskatchewan Dr, REGINA, SK, S4P 3Y2
(306) 777-2201   SIC 4899
SASKATCHEWAN TELECOMMUNICATIONS INTERNATIONAL, INC   p1297
410 22nd St E Suite 500, SASKATOON, SK, S7K 5T6
(306) 931-6029   SIC 4899
STERICYCLE COMMUNICATION SOLUTIONS, ULC   p53
1032 17 Ave Sw Suite 200, CALGARY, AB,

▲ Public Company   ■ Public Company Family Member   HQ Headquarters   BR Branch   SL Single Location

T2T 0A5
(403) 245-4434 *SIC* 4899
STERICYCLE COMMUNICATION SOLU-TIONS, ULC *p*448
33 Alderney Dr Suite 240, DARTMOUTH, NS, B2Y 2N4
(902) 464-6666 *SIC* 4899
STERICYCLE COMMUNICATION SOLU-TIONS, ULC *p*656
383 Richmond St Suite 1106, LONDON, ON, N6A 3C4
(519) 672-5580 *SIC* 4899
STERICYCLE COMMUNICATION SOLU-TIONS, ULC *p*691
2800 Skymark Ave Suite 308, MISSISSAUGA, ON, L4W 5A6
(905) 629-7190 *SIC* 4899
STERICYCLE COMMUNICATION SOLU-TIONS, ULC *p*752
2 Duncan Mill Rd, NORTH YORK, ON, M3B 1Z4
SIC 4899
STERICYCLE COMMUNICATION SOLU-TIONS, ULC *p*778
44 Richmond St W Unit 105, OSHAWA, ON, L1G 1C7
(905) 428-2337 *SIC* 4899
STERICYCLE COMMUNICATION SOLU-TIONS, ULC *p*1108
550 Rue Sherbrooke O Bureau 1650, Montreal, QC, H3A 1B9
(514) 843-4313 *SIC* 4899
STOCKGROUP MEDIA INC *p*305
425 Carrall St Suite 190, VANCOUVER, BC, V6B 6E3
(604) 331-0995 *SIC* 4899
TATA COMMUNICATIONS (CANADA) LTD *p*1115
1555 Rue Carrie-Derick, Montreal, QC, H3C 6W2
(514) 868-7272 *SIC* 4899
TELE-MOBILE COMPANY *p*190
4519 Canada Way Suite 2, BURNABY, BC, V5G 4S4
(604) 291-2355 *SIC* 4899
TELE-MOBILE COMPANY *p*595
1900 City Park Dr Suite 110, GLOUCESTER, ON, K1J 1A3
SIC 4899
TELE-MOBILE COMPANY *p*989
641 Av Du Parc, AMOS, QC, J9T 4M1
(819) 732-8206 *SIC* 4899
TELE-MOBILE COMPANY *p*1210
8851 Rte Transcanadienne Bureau 1, SAINT-LAURENT, QC, H4S 1Z6
(514) 832-2000 *SIC* 4899
TELECON INC *p*1132
6789 Boul Leger, MONTREAL-NORD, QC, H1G 6H8
(514) 852-3322 *SIC* 4899
TELECON INC *p*1181
104 Rue D'anvers, SAINT-AUGUSTIN-DE-DESMAURES, QC, G3A 1S4
(418) 878-9595 *SIC* 4899
TELESAT CANADA *p*617
Gd, HANOVER, ON, N4N 3C2
(519) 364-1221 *SIC* 4899
TELUS COMMUNICATIONS (QUEBEC) INC *p*1025
149 Rue Saint-Jules, DONNACONA, QC, G3M 2K8
SIC 4899
TELUS COMMUNICATIONS (QUEBEC) INC *p*1033
11 Rue Adams, Gaspe, QC, G4X 1E5
(418) 368-3532 *SIC* 4899
TELUS COMMUNICATIONS (QUEBEC) INC *p*1114
630 Boul Rene-Levesque O Bureau 2200, Montreal, QC, H3B 1S6
(514) 242-8870 *SIC* 4899
TELUS COMMUNICATIONS (QUEBEC) INC *p*1173
6 Rue Jules-A.-Brillant Bureau 20602, RI-MOUSKI, QC, G5L 1W8
(418) 722-5919 *SIC* 4899
TELUS COMMUNICATIONS (QUEBEC) INC *p*1174
160 Rue Des Negociants, RIMOUSKI, QC, G5M 1B6
(418) 722-5580 *SIC* 4899
TELUS COMMUNICATIONS (QUEBEC) INC *p*1227
555 1re Av Du Parc-Industriel, SAINTE-MARIE, QC, G6E 1B4
SIC 4899
TELUS COMMUNICATIONS INC *p*14
2912 Memorial Dr Se Suite 200, CALGARY, AB, T2A 6R1
(403) 387-4220 *SIC* 4899
TELUS COMMUNICATIONS INC *p*50
120 7 Ave Sw Suite 6, CALGARY, AB, T2P 0W4
SIC 4899
TELUS COMMUNICATIONS INC *p*139
808 4 Ave S, LETHBRIDGE, AB, T1J 0P2
(403) 382-2555 *SIC* 4899
TELUS COMMUNICATIONS INC *p*326
4701 25 Ave, VERNON, BC, V1T 1P5
(250) 558-6332 *SIC* 4899
TELUS COMMUNICATIONS INC *p*579
310 Judson St Unit 5, ETOBICOKE, ON, M8Z 5T6
(416) 251-3355 *SIC* 4899
TELUS COMMUNICATIONS INC *p*675
70 Gough Rd, MARKHAM, ON, L3R 0E9
SIC 4899
TELUS COMMUNICATIONS INC *p*916
11 King St W Suite C115, TORONTO, ON, M5H 4C7
(416) 507-7400 *SIC* 4899
TELUS COMMUNICATIONS INC *p*1115
111 Rue Duke Bureau 4200, Montreal, QC, H3C 2M1
(514) 392-0373 *SIC* 4899
TELUS CORPORATION *p*26
715 41 Ave Ne, CALGARY, AB, T2E 3P8
SIC 4899
TELUS CORPORATION *p*26
2520 23 St Ne Suite 13, CALGARY, AB, T2E 8L2
(403) 735-6600 *SIC* 4899
TELUS CORPORATION *p*190
3500 Gilmore Way Suite 2, BURNABY, BC, V5G 4W7
(604) 415-2500 *SIC* 4899
TELUS CORPORATION *p*1173
226 Rue Saint-Germain E, RIMOUSKI, QC, G5L 1B4
(418) 722-5444 *SIC* 4899
TELUS SERVICES INC *p*82
10020 100 St Nw Suite 100, EDMONTON, AB, T5J 0N5
(780) 493-7282 *SIC* 4899
TENSOR MACHINERY LTD *p*1058
1570 52e Av, LACHINE, QC, H8T 2X9
(514) 636-3121 *SIC* 4899
TOUCH COMMUNICATION INC *p*612
118 James St N Suite 300, HAMILTON, ON, L8R 2K7
(905) 667-5757 *SIC* 4899
TRYLON TSF INC *p*209
9563 Gunderson Rd, DELTA, BC, V4C 4R9
SIC 4899
TRYLON TSF INC *p*1125
9455 Rue Charles-De La Tour, Montreal, QC, H4N 1M5
SIC 4899
UPSOURCE CANADA CORP *p*471
116 King St Unit 9a, NORTH SYDNEY, NS, B2A 3R7
(902) 794-7222 *SIC* 4899
VOXDATA SOLUTIONS INC *p*750
20 York Mills Rd Suite 201, NORTH YORK, ON, M2P 2C2
WESTCAN WIRELESS *p*86
12540 129 St Nw, EDMONTON, AB, T5L 4R4
(780) 451-2355 *SIC* 4899
WIRECOMM SYSTEMS (2008), INC *p*500
122 Saunders Rd Suite 10, BARRIE, ON, L4N 9A8
(905) 405-8018 *SIC* 4899
WYNDHAM WORLDWIDE CANADA INC *p*399
435 Brookside Dr Suite 23, FREDERICTON, NB, E3A 8V4
SIC 4899
ZAYO CANADA INC *p*50
255 5 Ave Sw Suite 400, CALGARY, AB, T2P 3G6
(403) 303-2000 *SIC* 4899
ZAYO CANADA INC *p*792
45 O'connor St Suite 1400, OTTAWA, ON, K1P 1A4
(613) 688-4688 *SIC* 4899

SIC 4911 Electric services

ADCO POWER LTD *p*255
1605 Kebet Way, PORT COQUITLAM, BC, V3C 5W9
(604) 941-1002 *SIC* 4911
ALBERTA ELECTRIC SYSTEM OPERATOR *p*40
330 5 Ave Sw Suite 2500, CALGARY, AB, T2P 0L4
(403) 539-2450 *SIC* 4911
ALBERTA POWER (2000) LTD *p*129
Gd, HANNA, AB, T0J 1P0
(403) 854-5100 *SIC* 4911
ALECTRA UTILITIES CORPORATION *p*611
55 John St N, HAMILTON, ON, L8R 3M8
(905) 522-6611 *SIC* 4911
ALSTOM CANADA INC *p*112
9623 25 Ave Nw, EDMONTON, AB, T6N 1H7
(780) 447-4660 *SIC* 4911
ALSTOM CANADA INC *p*1241
1350 Ch Saint-Roch, SOREL-TRACY, QC, J3R 5P9
(450) 746-6500 *SIC* 4911
ALTALINK, L.P. *p*15
7503 30 St Se, CALGARY, AB, T2C 1V4
(403) 267-3400 *SIC* 4911
ATCO ELECTRIC LTD *p*72
90 Railway Ave, DRUMHELLER, AB, T0J 0Y0
(403) 823-1436 *SIC* 4911
ATCO ELECTRIC LTD *p*73
610 12th St Sw, DRUMHELLER, AB, T1A 4T9
(403) 823-1428 *SIC* 4911
ATCO ELECTRIC LTD *p*78
10035 105 St Nw, EDMONTON, AB, T5J 2V6
(800) 668-2248 *SIC* 4911
ATCO ELECTRIC LTD *p*119
190 Mackay Cres, FORT MCMURRAY, AB, T9H 4W8
SIC 4911
ATCO ELECTRIC LTD *p*125
9717 97 Ave, GRANDE PRAIRIE, AB, T8V 6L9
(780) 538-7032 *SIC* 4911
ATCO ELECTRIC LTD *p*129
Gd, HANNA, AB, T0J 1P0
(403) 854-5141 *SIC* 4911
ATCO ELECTRIC LTD *p*130
Gd, HIGH LEVEL, AB, T0H 1Z0
(780) 926-4491 *SIC* 4911 .
ATCO ELECTRIC LTD *p*140
6208 48 St, LLOYDMINSTER, AB, T9V 2G1
(780) 871-5624 *SIC* 4911
ATCO ELECTRIC LTD *p*146
1006 15 Ave, NISKU, AB, T9E 7S5
(780) 955-6200 *SIC* 4911
ATCO ELECTRIC LTD *p*149
7902 104th Ave, PEACE RIVER, AB, T8S 1T9
(780) 624-6701 *SIC* 4911
ATCO ELECTRIC LTD *p*164
104 Birch Rd, SLAVE LAKE, AB, T0G 2A0
(780) 849-7622 *SIC* 4911
ATCO ELECTRIC LTD *p*172
6502 55th Ave, VEGREVILLE, AB, T9C 1R7
(780) 632-5973 *SIC* 4911
ATCO ELECTRIC LTD *p*1311
1100 Front St Suite 100, WHITEHORSE, YT, Y1A 3T4
(867) 633-7000 *SIC* 4911
ATCO POWER ALBERTA LTD *p*50
919 11 Ave Sw Suite 1400, CALGARY, AB, T2R 1P3
(403) 209-6900 *SIC* 4911
ATCO POWER CANADA LTD *p*1294
8 Hwy 7 W Gd Stn Main Gd Stn Main, SASKATOON, SK, S7K 3J4
(306) 668-8745 *SIC* 4911
BORALEX INC *p*1105
772 Rue Sherbrooke O Bureau 200, Montreal, QC, H3A 1G1
(514) 284-9890 *SIC* 4911
BRITISH COLUMBIA HYDRO AND POWER AUTHORITY *p*176
916 Riverside Rd, ABBOTSFORD, BC, V2S 7N9
(604) 854-8483 *SIC* 4911
BRITISH COLUMBIA HYDRO AND POWER AUTHORITY *p*181
Main St, ATLIN, BC, V0W 1A0
(250) 651-7526 *SIC* 4911
BRITISH COLUMBIA HYDRO AND POWER AUTHORITY *p*194
1105 Evergreen Rd, CAMPBELL RIVER, BC, V9W 3S1
(250) 286-8700 *SIC* 4911
BRITISH COLUMBIA HYDRO AND POWER AUTHORITY *p*195
601 18 St, CASTLEGAR, BC, V1R 4L2
(250) 365-4550 *SIC* 4911
BRITISH COLUMBIA HYDRO AND POWER AUTHORITY *p*204
330 Lerwick Rd, COURTENAY, BC, V9N 9E5
(250) 897-7402 *SIC* 4911
BRITISH COLUMBIA HYDRO AND POWER AUTHORITY *p*211
7056 Bell Mckinnon Rd, DUNCAN, BC, V9L 6B5
(250) 701-4600 *SIC* 4911
BRITISH COLUMBIA HYDRO AND POWER AUTHORITY *p*211
6494 Norcross Rd, DUNCAN, BC, V9L 6C1
(250) 746-3807 *SIC* 4911
BRITISH COLUMBIA HYDRO AND POWER AUTHORITY *p*214
9228 100 Ave, FORT ST. JOHN, BC, V1J 1X7
(250) 267-5187 *SIC* 4911
BRITISH COLUMBIA HYDRO AND POWER AUTHORITY *p*218
20632 Peace Canyon Rd, HUDSON'S HOPE, BC, V0C 1V0
(250) 783-7400 *SIC* 4911
BRITISH COLUMBIA HYDRO AND POWER AUTHORITY *p*239
92 7th Ave W, NAKUSP, BC, V0G 1R0
(250) 265-2239 *SIC* 4911
BRITISH COLUMBIA HYDRO AND POWER AUTHORITY *p*244
Gd Stn Main, NEW WESTMINSTER, BC, V3L 4X8
(604) 528-1600 *SIC* 4911
BRITISH COLUMBIA HYDRO AND POWER AUTHORITY *p*253
4820 Wallace St, PORT ALBERNI, BC, V9Y 3Y2
(250) 724-2711 *SIC* 4911
BRITISH COLUMBIA HYDRO AND POWER AUTHORITY *p*257
Gd, PORT MOODY, BC, V3H 3C8
(604) 469-6100 *SIC* 4911
BRITISH COLUMBIA HYDRO AND POWER AUTHORITY *p*261

SIC 4911 Electric services

3333 22nd Ave, PRINCE GEORGE, BC, V2N 1B4
(250) 561-4800 SIC 4911
BRITISH COLUMBIA HYDRO AND POWER AUTHORITY p264
1200 Powerhouse Rd, REVELSTOKE, BC, V0E 2S0
(250) 814-6600 SIC 4911
BRITISH COLUMBIA HYDRO AND POWER AUTHORITY p277
3500 Seton Portage Rd, SHALALTH, BC, V0N 3C0
(250) 259-8221 SIC 4911
BRITISH COLUMBIA HYDRO AND POWER AUTHORITY p278
Gd, SOUTH SLOCAN, BC, V0G 2G0
(250) 359-7287 SIC 4911
BRITISH COLUMBIA HYDRO AND POWER AUTHORITY p285
12430 88 Ave, SURREY, BC, V3W 3Y1
(604) 590-7662 SIC 4911
BRITISH COLUMBIA HYDRO AND POWER AUTHORITY p285
12345 88 Ave, SURREY, BC, V3W 5Z9
(604) 590-7565 SIC 4911
BRITISH COLUMBIA HYDRO AND POWER AUTHORITY p303
401 Georgia St W, VANCOUVER, BC, V6B 5A1
(604) 694-8559 SIC 4911
BRITISH COLUMBIA HYDRO AND POWER AUTHORITY p323
1055 Dunsmuir St Suite 1100, VANCOUVER, BC, V7X 1V5
(403) 717-4639 SIC 4911
BROOKFIELD ENERGY MARKETING INC p1035
480 Boul De La Cite Bureau 200, GATINEAU, QC, J8T 8R3
(819) 561-2722 SIC 4911
BRUCE POWER L.P. p910
700 University Ave Suite 200, TORONTO, ON, M5G 1X6
(519) 361-2673 SIC 4911
CAMBRIDGE PRO FAB INC p528
84 Shaver Rd, BRANTFORD, ON, N3T 5M1
(519) 751-4351 SIC 4911
CANADIAN UTILITIES LIMITED p79
10035 105 St Nw, EDMONTON, AB, T5J 1C8
(780) 420-7875 SIC 4911
CENTRAL COAST POWER CORPORATION p275
629 Senanus Dr, SAANICHTON, BC, V8M 1S6
(250) 544-4985 SIC 4911
CITY OF RED DEER, THE p155
7721 40 Ave, RED DEER, AB, T4P 0K2
(403) 342-8274 SIC 4911
COGENT POWER INC p537
845 Laurentian Dr, BURLINGTON, ON, L7N 3W7
(905) 637-3033 SIC 4911
CORNER BROOK PULP AND PAPER LIMITED p426
2 Trans Canada Hwy, DEER LAKE, NL, A8A 2E4
SIC 4911
CORPORATION OF THE CITY OF STRATFORD p864
187 Erie St, STRATFORD, ON, N5A 2M6
(519) 271-4700 SIC 4911
DIRECT ENERGY MARKETING LIMITED p744
2225 Sheppard Ave E Suite 100, NORTH YORK, ON, M2J 5C2
(905) 944-9944 SIC 4911
ENBALA POWER NETWORKS INC p249
930 1st St W Suite 211, NORTH VANCOUVER, BC, V7P 3N4
(604) 998-8900 SIC 4911
ENERGIE RENOUVELABLE BROOKFIELD INC p832
243 Industrial Park Cres, SAULT STE. MARIE, ON, P6B 5P3
(705) 256-7575 SIC 4911
ENMAX POWER SERVICES CORP p23
239 Mayland Pl Ne, CALGARY, AB, T2E 7Z8
(403) 514-3000 SIC 4911
ENWIN UTILITIES LTD p968
787 Ouellette Ave Suite 517, WINDSOR, ON, N9A 4J4
(519) 255-2727 SIC 4911
EPCOR DISTRIBUTION & TRANSMISSION INC p77
10423 101 St Nw Suite 2000, EDMONTON, AB, T5H 0E8
(780) 412-3414 SIC 4911
EPCOR DISTRIBUTION & TRANSMISSION INC p619
Gd, HEARST, ON, P0L 1N0
(705) 463-2513 SIC 4911
EPCOR POWER (WILLIAMS LAKE) LTD p80
10065 Jasper Ave Nw, EDMONTON, AB, T5J 3B1
(780) 412-3191 SIC 4911
EPCOR UTILITIES INC p43
2 St Sw, CALGARY, AB, T2P 1N8
SIC 4911
FORT CHICAGO DISTRICT ENERGY LTD p981
40 Riverside Dr, CHARLOTTETOWN, PE, C1A 9M2
(902) 629-3960 SIC 4911
FORTIS INC p383
1715 Wellington Ave, WINNIPEG, MB, R3H 0G1
(204) 775-9889 SIC 4911
FORTISALBERTA INC p1
53030 Hwy 60 Suite 1, ACHESON, AB, T7X 5A4
(780) 960-7200 SIC 4911
FORTISALBERTA INC p52
320 17 Ave Sw, CALGARY, AB, T2S 2V1
(403) 514-4000 SIC 4911
FORTISALBERTA INC p131
Gd, HIGH RIVER, AB, T1V 1M2
(403) 652-4810 SIC 4911
FORTISALBERTA INC p165
250 Diamond Ave, SPRUCE GROVE, AB, T7X 2Y8
(780) 962-7705 SIC 4911
FORTISBC INC p225
2076 Enterprise Way Suite 200, KELOWNA, BC, V1Y 6H7
(250) 469-8000 SIC 4911
FORTISBC INC p225
1975 Springfield Rd Suite 100, KELOWNA, BC, V1Y 7V7
(604) 576-7000 SIC 4911
FORTISBC INC p278
3100 West Kootenay Rd, SOUTH SLOCAN, BC, V0G 2G1
(250) 359-0700 SIC 4911
FORTISBC PACIFIC HOLDINGS INC p225
1975 Springfield Rd Suite 100, KELOWNA, BC, V1Y 7V7
(250) 469-8000 SIC 4911
GREENFIELD ENERGY CENTRE LP p567
Gd, COURTRIGHT, ON, N0N 1H0
(519) 867-5000 SIC 4911
GUELPH HYDRO INC p600
395 Southgate Dr, GUELPH, ON, N1G 4Y1
(519) 822-3017 SIC 4911
HUDSON ENERGY CANADA CORP p719
6345 Dixie Rd Suite 200, MISSISSAUGA, ON, L5T 2E6
(905) 670-4440 SIC 4911
HYDRO ONE INC p486
7690 89 Hwy W, ALLISTON, ON, L9R 1V1
SIC 4911
HYDRO ONE INC p497
45 Sarjeant Dr, BARRIE, ON, L4N 4V9
(705) 728-5017 SIC 4911
HYDRO ONE INC p502
120 Adam St, BELLEVILLE, ON, K8N 2X9
SIC 4911
HYDRO ONE INC p541
1225 King Rd, BURLINGTON, ON, L7T 0B7
(905) 681-4421 SIC 4911
HYDRO ONE INC p542
411 Baptist Church Rd, CALEDONIA, ON, N3W 2G9
SIC 4911
HYDRO ONE INC p554
77144 London Rd Rr 5, CLINTON, ON, N0M 1L0
(519) 525-2811 SIC 4911
HYDRO ONE INC p678
185 Clegg Rd, MARKHAM, ON, L6G 1B7
(888) 664-9376 SIC 4911
HYDRO ONE INC p773
125 C Line, ORANGEVILLE, ON, L9W 3V2
(519) 942-4148 SIC 4911
HYDRO ONE INC p828
110 Scott Rd, SARNIA, ON, N7T 7H5
(519) 332-6060 SIC 4911
HYDRO ONE INC p867
957 Falconbridge Rd, SUDBURY, ON, P3A 5K8
(705) 566-8955 SIC 4911
HYDRO ONE INC p960
636 St Lawrence St, WINCHESTER, ON, K0C 2K0
(613) 774-4120 SIC 4911
HYDRO ONE NETWORKS INC p659
727 Exeter Rd, LONDON, ON, N6E 1L3
(519) 668-5800 SIC 4911
HYDRO ONE NETWORKS INC p735
1210 Barron Rd, NIAGARA FALLS, ON, L2E 6S5
(289) 439-4006 SIC 4911
HYDRO ONE NETWORKS INC p807
99 Drummond St W, PERTH, ON, K7H 3E7
(613) 267-6473 SIC 4911
HYDRO ONE NETWORKS INC p867
957 Falconbridge Rd, SUDBURY, ON, P3A 5K8
(705) 566-8955 SIC 4911
HYDRO ONE NETWORKS INC p911
483 Bay St Suite 1000, TORONTO, ON, M5G 2P5
(416) 345-5000 SIC 4911
HYDRO ONE NETWORKS INC p948
Gd, WALKERTON, ON, N0G 2V0
(519) 423-6253 SIC 4911
HYDRO ONE REMOTE COMMUNITIES INC p880
680 Beaverhall Pl, THUNDER BAY, ON, P7E 6G9
(807) 474-2837 SIC 4911
HYDRO ONE SAULT STE. MARIE LP p832
2 Sackville Rd Suite B, SAULT STE. MARIE, ON, P6B 6J6
(705) 254-7444 SIC 4911
HYDRO-QUEBEC p994
1161 Rue Mccormick, BAIE-COMEAU, QC, G5C 2S7
(418) 295-1507 SIC 4911
HYDRO-QUEBEC p999
1000 Boul Michele-Bohec, BLAINVILLE, QC, J7C 5L6
(450) 430-5180 SIC 4911
HYDRO-QUEBEC p1010
1021 Boul Perron, CARLETON, QC, G0C 1J0
(418) 364-5300 SIC 4911
HYDRO-QUEBEC p1012
128 Ch Mill, CHELSEA, QC, J9B 1K8
(819) 827-7137 SIC 4911
HYDRO-QUEBEC p1033
73 138 Rte O, FORESTVILLE, QC, G0T 1E0
(418) 587-6422 SIC 4911
HYDRO-QUEBEC p1054
90 Rue Beaumont, LA TUQUE, QC, G9X 3P7
SIC 4911
HYDRO-QUEBEC p1079
11175 Rang Saint-Etienne, MIRABEL, QC, J7N 2S9
(450) 476-0444 SIC 4911
HYDRO-QUEBEC p1083
365 Rue Simeon, MONT-TREMBLANT, QC, J8E 2R2
(450) 565-2210 SIC 4911
HYDRO-QUEBEC p1095
888 Boul De Maisonneuve E, Montreal, QC, H2L 4S8
(514) 286-2020 SIC 4911
HYDRO-QUEBEC p1112
700 Rue De La Gauchetiere O Bureau C01, Montreal, QC, H3B 4L1
(514) 397-3939 SIC 4911
HYDRO-QUEBEC p1165
2625 Boul Lebourgneuf Bureau 14, Quebec, QC, G2C 1P1
(418) 845-6600 SIC 4911
HYDRO-QUEBEC p1177
1399 Av Lariviere, ROUYN-NORANDA, QC, J9X 6M6
(819) 764-5124 SIC 4911
HYDRO-QUEBEC p1185
610 Rang Saint-Laurent, Saint-Etienne-de-Beauharnois, QC, J0S 1S0
(450) 225-5110 SIC 4911
HYDRO-QUEBEC p1226
260 Rang Des Cedres, SAINTE-EULALIE, QC, G0Z 1E0
(819) 225-7254 SIC 4911
HYDRO-QUEBEC p1227
2001 Rue Michael-Faraday, SAINTE-JULIE, QC, J3X 1S1
(450) 652-8977 SIC 4911
HYDRO-QUEBEC p1234
600 Av De La Montagne, SHAWINIGAN, QC, G9N 7N5
(819) 539-1400 SIC 4911
HYDRO-QUEBEC p1241
385 Boul Fiset, SOREL-TRACY, QC, J3P 3R4
(450) 746-3600 SIC 4911
HYDRO-QUEBEC p1253
1600 Rue De L'hydro, VAL-D'OR, QC, J9P 6Z1
(819) 825-3320 SIC 4911
HYDRO-QUEBEC p1254
1600 Rue De L'hydro, VAL-D'OR, QC, J9P 6Z1
(819) 825-4880 SIC 4911
HYDRO-QUEBEC p1256
3320 Rue F.-X.-Tessier, VAUDREUIL-DORION, QC, J7V 5V5
(450) 424-3136 SIC 4911
INDEPENDENT ELECTRICITY SYSTEM OPERATOR p911
655 Bay St Suite 410, TORONTO, ON, M5G 2K4
(905) 855-6100 SIC 4911
INNISFIL ENERGY SERVICES LIMITED p622
7251 Yonge St, INNISFIL, ON, L9S 0J3
(705) 431-4321 SIC 4911
LANGLEY UTILITIES CONTRACTING LTD p507
71 Mearns Crt Unit 220, BOWMANVILLE, ON, L1C 4N4
(905) 623-5798 SIC 4911
MANITOBA HYDRO-ELECTRIC BOARD, THE p343
Gd, BEAUSEJOUR, MB, R0E 0C0
(204) 268-1343 SIC 4911
MANITOBA HYDRO-ELECTRIC BOARD, THE p347
101 2nd St Nw, DAUPHIN, MB, R7N 1G6
SIC 4911
MANITOBA HYDRO-ELECTRIC BOARD, THE p349
Gd, GILLAM, MB, R0B 0L0
(204) 486-1122 SIC 4911
MANITOBA HYDRO-ELECTRIC BOARD, THE p350
120 Minnewawa St, LAC DU BONNET, MB, R0E 1A0
(204) 345-2392 SIC 4911
MANITOBA HYDRO-ELECTRIC BOARD, THE p353

50 14th St Nw, PORTAGE LA PRAIRIE, MB, R1N 2V3
(204) 857-7868 SIC 4911
MANITOBA HYDRO-ELECTRIC BOARD, THE p355
9567 Henderson Hwy, SELKIRK, MB, R1A 2B3
(204) 785-7142 SIC 4911
MANITOBA HYDRO-ELECTRIC BOARD, THE p355
9527 Henderson Hwy, SELKIRK, MB, R1A 2B3
(204) 785-7140 SIC 4911
MANITOBA HYDRO-ELECTRIC BOARD, THE p357
175 North Front Dr, STEINBACH, MB, R5G 1X3
(204) 326-9824 SIC 4911
MANITOBA HYDRO-ELECTRIC BOARD, THE p359
420 3 St E, THE PAS, MB, R9A 1L4
(204) 623-9506 SIC 4911
MARITIME ELECTRIC COMPANY, LIMITED p981
180 Kent St, CHARLOTTETOWN, PE, C1A 1N9
(800) 670-1012 SIC 4911
MPT UTILITIES EUROPE LTD p930
155 Wellington St W, TORONTO, ON, M5V 3H1
(416) 649-1300 SIC 4911
NEW BRUNSWICK POWER CORPORATION p393
2090 Vanier Blvd, BATHURST, NB, E2A 7B7
(506) 458-4444 SIC 4911
NEW BRUNSWICK POWER CORPORATION p394
1558 Main St, BELLEDUNE, NB, E8G 2M3
SIC 4911
NEW BRUNSWICK POWER CORPORATION p399
261 Gilbert St, FREDERICTON, NB, E3A 4B2
(506) 458-4308 SIC 4911
NEW BRUNSWICK POWER CORPORATION p403
451 Route 105, KESWICK RIDGE, NB, E6L 1B2
(506) 462-3800 SIC 4911
NEW BRUNSWICK POWER CORPORATION p404
122 Countyline Rd, MACES BAY, NB, E5J 1W1
SIC 4911
NEW BRUNSWICK POWER CORPORATION p410
160 Urquhart Ave, MONCTON, NB, E1H 2R5
(506) 857-4515 SIC 4911
NEW BRUNSWICK POWER CORPORATION p413
88 Marr Rd Suite 2, ROTHESAY, NB, E2E 3J9
(506) 847-6006 SIC 4911
NEW BRUNSWICK POWER CORPORATION p418
4077 King William Rd, SAINT JOHN, NB, E2M 7T7
(506) 635-8225 SIC 4911
NEWFOUNDLAND & LABRADOR HYDRO p428
1 Thermal Plant Rd, HOLYROOD, NL, A0A 2R0
(709) 229-7441 SIC 4911
NEWFOUNDLAND & LABRADOR HYDRO p429
1 Kemp Boggy Road, MILLTOWN, NL, A0H 1W0
(709) 882-2551 SIC 4911
NEWFOUNDLAND & LABRADOR HYDRO p431
Gd, PORT SAUNDERS, NL, A0K 4H0
(709) 861-3780 SIC 4911
NEWFOUNDLAND & LABRADOR HYDRO p431
129 North St, ST. ANTHONY, NL, A0K 4S0
(709) 454-3030 SIC 4911
NEWFOUNDLAND & LABRADOR HYDRO p437
Gd, WHITBOURNE, NL, A0B 3K0
(709) 759-2700 SIC 4911
NEWFOUNDLAND POWER INC p424
30 Goff Ave, CARBONEAR, NL, A1Y 1A6
(800) 663-2802 SIC 4911
NEWFOUNDLAND POWER INC p424
112 Manitoba Dr, CLARENVILLE, NL, A5A 1K7
(709) 466-8316 SIC 4911
NEWFOUNDLAND POWER INC p434
55 Kenmount Rd, ST. JOHN'S, NL, A1B 3P8
(709) 737-5600 SIC 4911
NORFOLK POWER INC p849
70 Victoria St, SIMCOE, ON, N3Y 1L5
SIC 4911
NORTHLAND POWER INC p636
505 Archers Dr, KIRKLAND LAKE, ON, P2N 3M7
(705) 567-9501 SIC 4911
NORTHLAND POWER SOLAR FINANCE ONE LP p900
30 St Clair Ave W, TORONTO, ON, M4V 3A1
(416) 962-6262 SIC 4911
NORTHWEST TERRITORIES POWER CORPORATION p438
4 Capital Dr Ss 98 Suite 98, HAY RIVER, NT, X0E 1G2
(867) 874-5200 SIC 4911
NORTHWEST TERRITORIES POWER CORPORATION p439
Gd Lcd Main, YELLOWKNIFE, NT, X1A 2L8
(867) 669-3300 SIC 4911
NOVA SCOTIA POWER INCORPORATED p459
1223 Lower Water St, HALIFAX, NS, B3J 3S8
(902) 428-6230 SIC 4911
NOVA SCOTIA POWER INCORPORATED p464
5 Long Lake Dr, HALIFAX, NS, B3S 1N8
(800) 428-6230 SIC 4911
NOVA SCOTIA POWER INCORPORATED p466
14 River Rd, LIVERPOOL, NS, B0T 1K0
(902) 354-7141 SIC 4911
NOVA SCOTIA POWER INCORPORATED p472
1800 Prince Mine Rd, POINT ACONI, NS, B1Y 2A6
(902) 736-1828 SIC 4911
NOVA SCOTIA POWER INCORPORATED p475
Po Box 610 Stn A, SYDNEY, NS, B1P 6H8
(902) 564-5457 SIC 4911
NOVA SCOTIA POWER INCORPORATED p477
108 Power Plant Rd, TRENTON, NS, B0K 1X0
(902) 755-5811 SIC 4911
OAKVILLE ENTERPRISES CORPORATION p770
861 Redwood Sq Suite 1900, OAKVILLE, ON, L6L 6R6
(905) 825-9400 SIC 4911
ONTARIO POWER GENERATION INC p483
230 Westney Rd S Suite 302, AJAX, ON, L1S 7J5
(905) 428-4000 SIC 4911
ONTARIO POWER GENERATION INC p490
Hwy 622, ATIKOKAN, ON, P0T 1C1
(807) 597-1110 SIC 4911
ONTARIO POWER GENERATION INC p500
7263 Hwy 33, BATH, ON, K0H 1G0
(613) 352-3525 SIC 4911
ONTARIO POWER GENERATION INC p541
1225 King Rd, BURLINGTON, ON, L7T 0B7
(905) 681-4400 SIC 4911
ONTARIO POWER GENERATION INC p567
1886 St Clair Pky, COURTRIGHT, ON, N0N 1H0
(519) 867-2663 SIC 4911
ONTARIO POWER GENERATION INC p578
800 Kipling Ave Suite 1, ETOBICOKE, ON, M8Z 5G5
(416) 231-4111 SIC 4911
ONTARIO POWER GENERATION INC p597
325 Pinedale Rd, GRAVENHURST, ON, P1P 1L8
(705) 687-6551 SIC 4911
ONTARIO POWER GENERATION INC p626
112 Government Rd W, KAPUSKASING, ON, P5N 2X8
(705) 335-8403 SIC 4911
ONTARIO POWER GENERATION INC p679
770 Highway 656, MATTAWA, ON, P0H 1V0
(705) 744-5591 SIC 4911
ONTARIO POWER GENERATION INC p724
34 Regional Rd 55, NANTICOKE, ON, N0A 1L0
(519) 587-2201 SIC 4911
ONTARIO POWER GENERATION INC p731
1 Highway 65 W, NEW LISKEARD, ON, P0J 1P0
(705) 647-8000 SIC 4911
ONTARIO POWER GENERATION INC p739
14000 Niagara River Pky Suite 1, NIAGARA ON THE LAKE, ON, L0S 1J0
(905) 357-0322 SIC 4911
ONTARIO POWER GENERATION INC p739
Hwy 585, NIPIGON, ON, P0T 2J0
(807) 887-3658 SIC 4911
ONTARIO POWER GENERATION INC p742
133 Eloy Rd, NORTH BAY, ON, P1B 9T9
(705) 474-2364 SIC 4911
ONTARIO POWER GENERATION INC p813
1675 Montgomery Park Rd, PICKERING, ON, L1V 2R5
(905) 839-1151 SIC 4911
ONTARIO POWER GENERATION INC p819
2 Innovation Dr, RENFREW, ON, K7V 0C2
(613) 433-9673 SIC 4911
ONTARIO POWER GENERATION INC p879
108 Ave, THUNDER BAY, ON, P7B 6T7
(807) 625-6400 SIC 4911
ONTARIO POWER GENERATION INC p879
167 Burwood Rd, THUNDER BAY, ON, P7B 6C2
(807) 346-3900 SIC 4911
ONTARIO POWER GENERATION INC p958
1549 Victoria St E, WHITBY, ON, L1N 9E3
(905) 430-2215 SIC 4911
PF RESOLU CANADA INC p1034
79 Rue Main, GATINEAU, QC, J8P 4X6
(819) 643-7500 SIC 4911
PLUTONIC POWER CORPORATION p308
888 Dunsmuir St Suite 600, VANCOUVER, BC, V6C 3K4
(604) 669-4999 SIC 4911
POWER SUPPLY GRAND RAPIDS GS p349
Gd, GRAND RAPIDS, MB, R0C 1E0
(204) 639-4138 SIC 4911
POWEREX CORP p309
666 Burrard St Suite 1300, VANCOUVER, BC, V6C 2X8
(604) 891-5000 SIC 4911
QULLIQ ENERGY CORPORATION p481
Gd, BAKER LAKE, NU, X0C 0A0
(866) 710-4200 SIC 4911
RIO TINTO ALCAN INC p1047
1954 Rue Davis, Jonquiere, QC, G7S 3B6
(418) 699-2131 SIC 4911
ROTATING ENERGY SERVICES CA CORP p158
39139 Highway 2a Suite 4016, RED DEER COUNTY, AB, T4S 2A8
(403) 358-5577 SIC 4911
SAMSUNG RENEWABLE ENERGY INC p711
2050 Derry Rd W 2fl, MISSISSAUGA, ON, L5N 0B9
(905) 501-4934 SIC 4911
SASKATCHEWAN POWER CORPORATION p1266
Gd, CORONACH, SK, S0H 0Z0
(306) 267-5200 SIC 4911
SASKATCHEWAN POWER CORPORATION p1268
Gd Lcd Main, ESTEVAN, SK, S4A 2A1
(306) 634-1700 SIC 4911
SASKATCHEWAN POWER CORPORATION p1268
18 Boundary Dam Hwy W, ESTEVAN, SK, S4A 2A6
(306) 634-1300 SIC 4911
SASKATCHEWAN POWER CORPORATION p1277
Gd, NIPAWIN, SK, S0E 1E0
(306) 862-3148 SIC 4911
SASKATCHEWAN POWER CORPORATION p1283
2901 Powerhouse Dr, REGINA, SK, S4N 0A1
(306) 566-3069 SIC 4911
SASKATCHEWAN POWER CORPORATION p1301
2211 Spadina Cres W, SASKATOON, SK, S7M 5V5
(306) 934-7995 SIC 4911
SASKATCHEWAN POWER CORPORATION p1302
1370 Fletcher Rd, SASKATOON, SK, S7M 5H2
(306) 934-7733 SIC 4911
SASKATCHEWAN POWER CORPORATION p1307
1800 Aberdeen St, SWIFT CURRENT, SK, S9H 3W4
(306) 778-7510 SIC 4911
SASKATOON, CITY OF p1294
322 Brand Rd, SASKATOON, SK, S7J 5J3
(306) 975-2414 SIC 4911
SEA BREEZE PACIFIC REGIONAL TRANSMISSION SYSTEM, INC p305
333 Seymour St Suite 1400, VANCOUVER, BC, V6B 5A6
(604) 689-2991 SIC 4911
SHELL ENERGY NORTH AMERICA (CANADA) INC p49
400 4 Ave Sw Suite 212, CALGARY, AB, T2P 0J4
(403) 216-3600 SIC 4911
SIEMENS CANADA LIMITED p660
514 Newbold St Suite 514, LONDON, ON, N6E 1K6
(519) 680-2380 SIC 4911
SITHE GLOBAL CANADIAN POWER SERVICES LTD p516
8600 Goreway Dr, BRAMPTON, ON, L6T 0A8
(905) 595-4700 SIC 4911
SOCIETE EN COMMANDITE COULONGE ENERGIE p1260
Gd, WALTHAM, QC, J0X 3H0
(819) 689-5226 SIC 4911
SWIFT POWER CORP p305
55 Water St Suite 608, VANCOUVER, BC, V6B 1A1
(604) 637-6393 SIC 4911
TOROMONT ENERGY LTD p563
3131 Highway 7 Suite A, CONCORD, ON, L4K 5E1
(416) 667-5758 SIC 4911
TORONTO HYDRO-ELECTRIC SYSTEM LIMITED p748
5800 Yonge St, NORTH YORK, ON, M2M 3T3
(416) 542-3564 SIC 4911
TORONTO HYDRO-ELECTRIC SYSTEM LIMITED p907
14 Carlton St, TORONTO, ON, M5B 1K5
(416) 542-3100 SIC 4911
TRANSALTA GENERATION PARTNERSHIP p684
2740 Derry Rd E, MISSISSAUGA, ON, L4T 4J5
(905) 678-9826 SIC 4911
TRENT RAPIDS POWER CORP p916

4 King St W Suite 1230, TORONTO, ON, M5H 1B6
(416) 640-0503   SIC 4911
VERIDIAN CONNECTIONS INC   p484
55 Taunton Rd E, AJAX, ON, L1T 3V3
(905) 427-9870   SIC 4911
VERIDIAN CORPORATION   p484
55 Taunton Rd E, AJAX, ON, L1T 3V3
(905) 427-9870   SIC 4911
VILLE DE SHERBROOKE   p1238
1800 Rue Roy, SHERBROOKE, QC, J1K 1B6
(819) 821-5727   SIC 4911
VILLE DE WESTMOUNT   p1263
995 Ch Glen, WESTMOUNT, QC, H3Z 2L8
(514) 925-1414   SIC 4911
YUKON ENERGY CORPORATION   p1311
2 Miles Canyon Rd, WHITEHORSE, YT, Y1A 6S7
(867) 393-5300   SIC 4911

SIC 4922 Natural gas transmission

ALLIANCE PIPELINE LTD   p125
10944 92 Ave, GRANDE PRAIRIE, AB, T8V 6B5
(780) 402-3102   SIC 4922
ATCO GAS AND PIPELINES LTD   p136
410 Stafford Dr N, LETHBRIDGE, AB, T1H 2A9
(403) 380-5400   SIC 4922
BP CANADA ENERGY COMPANY   p71
24 48-07 W5 Gd Stn Main Gd Stn Main, DRAYTON VALLEY, AB, T7A 1T1
(780) 542-8100   SIC 4922
ENBRIDGE GAS NEW BRUNSWICK LIMITED PARTNERSHIP   p400
440 Wilsey Rd Suite 101, FREDERICTON, NB, E3B 7G5
(506) 444-7773   SIC 4922
ENBRIDGE INCOME FUND   p43
425 1 St Sw Suite 3000, CALGARY, AB, T2P 3L8
(403) 767-3642   SIC 4922
FOOTHILLS PIPE LINES LTD   p44
450 1 St Sw, CALGARY, AB, T2P 5H1
(403) 920-2000   SIC 4922
INTRAGAZ SOCIETE EN COMMANDITE   p1251
6565 Boul Jean-Xxiii Bureau 1, Trois-Rivieres, QC, G9A 5C9
(819) 377-8080   SIC 4922
NISKA GS HOLDINGS II, L.P.   p47
607 8 Ave Sw Suite 400, CALGARY, AB, T2P 0A7
(403) 513-8694   SIC 4922
SALT PLAINS STORAGE LLC   p49
855 2 St Sw Unit 1200, CALGARY, AB, T2P 4J7
(403) 513-8600   SIC 4922
SPECTRA ENERGY EMPRESS L.P.   p144
Gd Lcd 1, MEDICINE HAT, AB, T1A 7E4
(403) 838-8317   SIC 4922
TRANSCANADA CORPORATION   p945
Gd, TUNIS, ON, P0N 1J0
(705) 232-5208   SIC 4922
TRANSCANADA PIPELINES LIMITED   p158
Gd, REDWATER, AB, T0A 2W0
   SIC 4922
TRANSCANADA PIPELINES LIMITED   p165
425 Diamond Ave, SPRUCE GROVE, AB, T7X 4C5
(780) 962-7300   SIC 4922
TRANSCANADA PIPELINES LIMITED   p675
675 Cochrane Dr Suite 701, MARKHAM, ON, L3R 0B8
(905) 946-7800   SIC 4922
TRANSCANADA PIPELINES LIMITED   p910
55 Yonge St Suite 800, TORONTO, ON, M5E 1J4
(416) 869-2000   SIC 4922
TRANSCANADA PIPELINES LIMITED   p972
11200 Weston Rd, WOODBRIDGE, ON, L4H 3V8
(905) 832-2221   SIC 4922
UNION GAS LIMITED   p954
603 Kumpf Dr, WATERLOO, ON, N2V 1K3
(519) 885-7400   SIC 4922
WESTCOAST ENERGY INC   p196
4528 44 Ave, CHETWYND, BC, V0C 1J0
(250) 788-4700   SIC 4922

SIC 4923 Gas transmission and distribution

ALTAGAS UTILITIES INC   p135
5509 45 St, LEDUC, AB, T9E 6T6
(780) 986-5215   SIC 4923
ATCO GAS AND PIPELINES LTD   p9
3055 37 Ave Ne, CALGARY, AB, T1Y 6A2
(403) 219-8600   SIC 4923
ATCO GAS AND PIPELINES LTD   p21
4415 12 St Ne, CALGARY, AB, T2E 4R1
(403) 245-7857   SIC 4923
ATCO GAS AND PIPELINES LTD   p50
1040 11 Ave Sw, CALGARY, AB, T2R 0G3
(403) 245-7551   SIC 4923
ATCO GAS AND PIPELINES LTD   p50
909 11 Ave Sw Suite 1200, CALGARY, AB, T2R 1L7
(403) 245-7060   SIC 4923
ATCO GAS AND PIPELINES LTD   p55
383 Midpark Blvd Se, CALGARY, AB, T2X 3C8
(403) 254-6200   SIC 4923
FORTISBC ENERGY INC   p187
3700 2nd Ave, BURNABY, BC, V5C 6S4
(604) 293-8506   SIC 4923
FORTISBC ENERGY INC   p240
2220 Dorman Rd, NANAIMO, BC, V9S 5W2
(250) 751-8300   SIC 4923
FORTISBC ENERGY INC   p252
444 Okanagan Ave E, PENTICTON, BC, V2A 3K3
(250) 490-2626   SIC 4923
FORTISBC ENERGY INC   p311
1111 Georgia St W Suite 1000, VANCOUVER, BC, V6E 4M3
(604) 443-6525   SIC 4923
GAZ METRO INC   p1155
2388 Rue Einstein, Quebec, QC, G1P 4T1
(418) 577-5555   SIC 4923
PACIFIC NORTHERN GAS LTD   p291
2900 Kerr St, TERRACE, BC, V8G 4L9
(250) 635-7291   SIC 4923
PLAINS MIDSTREAM CANADA ULC   p829
1182 Plank Rd, SARNIA, ON, N7T 7H9
(519) 336-4270   SIC 4923
SASKENERGY INCORPORATED   p1308
1835 1st Ave Ne, WEYBURN, SK, S4H 0A1
(306) 848-4417   SIC 4923
TRANSGAS LIMITED   p1266
Gd, COLEVILLE, SK, S0L 0K0
(306) 965-7370   SIC 4923
TRANSGAS LIMITED   p1274
728 Pacific Ave, MAPLE CREEK, SK, S0N 1N0
(306) 558-3310   SIC 4923
TRANSGAS LIMITED   p1286
1777 Victoria Ave Suite 700, REGINA, SK, S4P 4K5
(306) 777-9500   SIC 4923
TRANSGAS LIMITED   p1307
Gd, UNITY, SK, S0K 4L0
(306) 228-7200   SIC 4923
UNION GAS LIMITED   p551
50 Keil Dr N Suite 2001, CHATHAM, ON, N7L 3V9
(519) 352-3100   SIC 4923
UNION GAS LIMITED   p565
2910 Copeland St, CORNWALL, ON, K6H 6W2
(613) 933-3534   SIC 4923
UNION GAS LIMITED   p569
3332 Bentpath Line, DRESDEN, ON, N0P 1M0
(519) 683-4468   SIC 4923
UNION GAS LIMITED   p663
109 Commissioners Rd W, LONDON, ON, N6J 1X7
(519) 667-4100   SIC 4923
UNION GAS LIMITED   p683
8015 Esquesing Line, MILTON, ON, L9T 5C8
(905) 876-3323   SIC 4923
UNION GAS LIMITED   p741
36 Charles St E, NORTH BAY, ON, P1A 1E9
   SIC 4923
UNION GAS LIMITED   p879
1211 Amber Dr, THUNDER BAY, ON, P7B 6M4
(705) 232-4250   SIC 4923
UNION GAS LIMITED   p964
3840 Rhodes Dr, WINDSOR, ON, N8W 5C2
(519) 250-2200   SIC 4923

SIC 4924 Natural gas distribution

ATCO GAS AND PIPELINES LTD   p65
4331 38 St, CAMROSE, AB, T4V 3P9
(780) 672-8804   SIC 4924
ATCO GAS AND PIPELINES LTD   p125
8801 112 St, GRANDE PRAIRIE, AB, T8V 6A4
(780) 539-2400   SIC 4924
ATCO GAS AND PIPELINES LTD   p154
7590 Edgar Industrial Dr, RED DEER, AB, T4P 3R2
(403) 357-5200   SIC 4924
ATCO GAS AND PIPELINES LTD   p166
23 Boudreau Rd, ST. ALBERT, AB, T8N 7P6
   SIC 4924
CARGILL LIMITED   p42
440 2 Ave Sw Suite 200, CALGARY, AB, T2P 5E9
(403) 218-1000   SIC 4924
CARGILL POWER AND GAS MARKETS LTD   p42
440 2 Ave Sw Suite 200, CALGARY, AB, T2P 5E9
(403) 218-1000   SIC 4924
DIRECT ENERGY MARKETING LIMITED   p524
180 Bovaird Dr W, BRAMPTON, ON, L7A 0H3
(905) 451-1444   SIC 4924
ENBRIDGE ENERGY DISTRIBUTION INC   p745
500 Consumers Rd, NORTH YORK, ON, M2J 1P8
(416) 492-5000   SIC 4924
ENBRIDGE ENERGY DISTRIBUTION INC   p1038
71a Rue Jean-Proulx, GATINEAU, QC, J8Z 1W2
(819) 771-8321   SIC 4924
ENBRIDGE GAS DISTRIBUTION INC   p585
40 Kelfield St, ETOBICOKE, ON, M9W 5A2
(416) 249-0001   SIC 4924
ENBRIDGE GAS DISTRIBUTION INC   p677
101 Honda Blvd, MARKHAM, ON, L6C 0M6
(905) 887-4005   SIC 4924
ENBRIDGE GAS DISTRIBUTION INC   p723
3595 Tecumseh Rd, MOORETOWN, ON, N0N 1M0
(519) 862-1473   SIC 4924
ENBRIDGE GAS DISTRIBUTION INC   p787
400 Coventry Rd, OTTAWA, ON, K1K 2C7
(613) 741-5800   SIC 4924
ENBRIDGE PIPELINES INC   p680
1430 6th Concession Rd, MILLGROVE, ON, L0R 1V0
(905) 659-7236   SIC 4924
GAZ METRO INC   p990
11401 Av L.-J.-Forget, ANJOU, QC, H1J 2Z8
   SIC 4924
GAZ METRO INC   p999
2080 Boul Michele-Bohec, BLAINVILLE, QC, J7C 5S4
(514) 598-3339   SIC 4924
GAZ METRO INC   p1008
4305 Boul Lapiniere, BROSSARD, QC, J4Z 3H8
(450) 443-7000   SIC 4924
GAZ METRO INC   p1059
2200 Rue De Cannes-Brulees, LASALLE, QC, H8N 2Z2
(514) 367-2525   SIC 4924
GAZ METRO INC   p1239
240 Rue Leger, SHERBROOKE, QC, J1L 1M1
(800) 361-4005   SIC 4924
GREAT LAKES BASIN ENERGY L.P.   p311
1055 Georgia St W Suite 1100, VANCOUVER, BC, V6E 3R5
(604) 488-8000   SIC 4924
HIGHLANDS FUEL DELIVERY G.P.   p417
10 Sydney St, SAINT JOHN, NB, E2L 5E6
(506) 202-2000   SIC 4924
IRVING ENERGY SERVICES LIMITED   p417
10 Sydney St, SAINT JOHN, NB, E2L 5E6
(506) 202-2000   SIC 4924
PETROCHINA INTERNATIONAL (CANADA) TRADING LTD   p48
111 5 Ave Sw Suite 1750, CALGARY, AB, T2P 3Y6
(587) 233-1200   SIC 4924
SASKENERGY INCORPORATED   p1276
51 Highland Rd, MOOSE JAW, SK, S6J 1M5
(800) 567-8899   SIC 4924
SASKENERGY INCORPORATED   p1278
10010 Fyfe Ave, NORTH BATTLEFORD, SK, S9A 3E6
   SIC 4924
SASKENERGY INCORPORATED   p1281
3855 5th Ave E, PRINCE ALBERT, SK, S6W 0A2
   SIC 4924
SASKENERGY INCORPORATED   p1286
1601 Winnipeg St Suite 9, REGINA, SK, S4P 4E7
(306) 777-9200   SIC 4924
SASKENERGY INCORPORATED   p1297
408 36th St E, SASKATOON, SK, S7K 4J9
(306) 975-8561   SIC 4924
SASKENERGY INCORPORATED   p1307
Gd Lcd Main, SWIFT CURRENT, SK, S9H 3V4
(306) 778-4166   SIC 4924
TRANSCANADA PIPELINES LIMITED   p159
4931 45 St, ROCKY MOUNTAIN HOUSE, AB, T4T 1E1
(403) 845-1209   SIC 4924
UNION GAS LIMITED   p868
828 Falconbridge Rd, SUDBURY, ON, P3A 4S4
(705) 566-4301   SIC 4924
UNION GAS LIMITED   p884
615 Moneta Ave, TIMMINS, ON, P4N 7X4
(705) 268-6141   SIC 4924

SIC 4925 Gas production and/or distribution

COCA-COLA REFRESHMENTS CANADA COMPANY   p803
1795 23rd St E, OWEN SOUND, ON, N4K 5P5
(519) 376-3593   SIC 4925
FERUS INC   p44
401 9 Ave Sw Suite 916, CALGARY, AB, T2P 3C5
(403) 517-8777   SIC 4925
MEDICINE HAT, CITY OF   p144
364 Kipling St Se, MEDICINE HAT, AB, T1A 1Y4
(403) 529-8248   SIC 4925
NATIONAL ENERGY EQUIPMENT INC   p28
1350 42 Ave Se Bay Suite R, CALGARY, AB, T2G 4V6
(403) 735-1103   SIC 4925
SHELL CANADA LIMITED   p49
Gd, CALGARY, AB, T2P 4V8
(403) 932-8200   SIC 4925

SIC 4931 Electric and other services combined

CORPORATION OF THE CITY OF NEW WESTMINSTER p244
905 First St, NEW WESTMINSTER, BC, V3L 2J1
(604) 527-4528   SIC 4931

DLB ELECTRIC INC p852
113 Cushman Rd Unit 15, ST CATHARINES, ON, L2M 6S9
(905) 682-4447   SIC 4931

GRAND WEST ELECTRIC LTD p18
2408 91 Ave Se, CALGARY, AB, T2C 5H2
(403) 291-2688   SIC 4931

INNERGEX INC p1071
1225 Rue Saint-Charles O10e Etage, LONGUEUIL, QC, J4K 0B9
(450) 928-2550   SIC 4931

INNERGEX RENEWABLE ENERGY INC p308
666 Burrard St Suite 200, VANCOUVER, BC, V6C 2X8
(604) 633-9990   SIC 4931

MANITOBA HYDRO-ELECTRIC BOARD, THE p360
Gd, VIRDEN, MB, R0M 2C0
(204) 748-2534   SIC 4931

TECHMATION ELECTRIC & CONTROLS LTD p72
570 Premier Rd Bay, DRUMHELLER, AB, T0J 0Y0
(403) 823-7410   SIC 4931

SIC 4932 Gas and other services combined

AIR LIQUIDE CANADA INC p406
280 John St, MONCTON, NB, E1C 9W3
(506) 857-8390   SIC 4932

STE ANNE CO-OPERATIVE OIL LTD p357
110 Brandt St, STEINBACH, MB, R5G 0P7
SIC 4932

SIC 4941 Water supply

AQUATECH SERVICES TECHNIQUES DES EAUX INC p1069
101 Boul Roland-Therrien Bureau 110, LONGUEUIL, QC, J4H 4B9
(450) 646-5270   SIC 4941

AQUATECH SOCIETE DE GESTION DE L'EAU INC p996
407 Boul Renault, BEAUCEVILLE, QC, G5X 1N7
SIC 4941

AQUATECH SOCIETE DE GESTION DE L'EAU INC p1236
2275 Rue Claude-Greffard, SHERBROOKE, QC, J1H 5H1
(819) 566-0775   SIC 4941

CITY OF NANAIMO p239
455 Wallace St, NANAIMO, BC, V9R 5J6
(250) 755-4428   SIC 4941

CITY OF WINNIPEG, THE p374
510 Main St Suite 102, WINNIPEG, MB, R3B 3M1
(204) 986-2455   SIC 4941

CORPORATION OF LOYALIST TOWNSHIP, THE p772
263 Main St, ODESSA, ON, K0H 2H0
(613) 386-7351   SIC 4941

CORPORATION OF THE CITY OF BELLEVILLE, THE p503
195 College St W, BELLEVILLE, ON, K8P 2H1
(613) 966-3657   SIC 4941

CORPORATION OF THE CITY OF KINGSTON, THE p631
302 King St W, KINGSTON, ON, K7L 2X1
(613) 542-1763   SIC 4941

CORPORATION OF THE CITY OF TORONTO p900
235 Cottingham St, TORONTO, ON, M4V 1C7
(416) 397-0187   SIC 4941

CORPORATION OF THE COUNTY OF PRINCE EDWARD, THE p815
30 Spencer St, PICTON, ON, K0K 2T0
(613) 476-2337   SIC 4941

CORPORATION OF THE REGIONAL MUNICIPALITY OF DURHAM, THE p957
105 Consumers Dr, WHITBY, ON, L1N 6A3
(905) 668-7721   SIC 4941

DISTRIBUTION BRUNET INC p1066
777 Rue Perreault Bureau 100, Levis, QC, G6W 7Z9
(418) 830-1208   SIC 4941

HALIFAX REGIONAL WATER COMMISSION p448
35 Neptune Cres, DARTMOUTH, NS, B2Y 4W4
(902) 490-4965   SIC 4941

HALIFAX REGIONAL WATER COMMISSION p467
2 Park Ave, LOWER SACKVILLE, NS, B4C 4A3
(902) 869-4290   SIC 4941

ONTARIO CLEAN WATER AGENCY p549
122 Patterson Cres, CARLETON PLACE, ON, K7C 4P3
(613) 257-4990   SIC 4941

ONTARIO CLEAN WATER AGENCY p865
701 West Gore St, STRATFORD, ON, N5A 1L4
(519) 271-9071   SIC 4941

ONTARIO CLEAN WATER AGENCY p910
1 Yonge St Suite 1700, TORONTO, ON, M5E 1E5
(416) 314-5600   SIC 4941

WATERPLAY SOLUTIONS CORP p227
1451 Ellis St Unit B, KELOWNA, BC, V1Y 2A3
(250) 712-3393   SIC 4941

SIC 4952 Sewerage systems

AQUATECH SOCIETE DE GESTION DE L'EAU INC p1068
2999 Rue De L'Ile-Charron, LONGUEUIL, QC, J4G 1R6
(450) 442-1480   SIC 4952

SIC 4953 Refuse systems

1743088 ONTARIO LTD p526
46 Adams Blvd, BRANTFORD, ON, N3S 7V2
(519) 752-5900   SIC 4953

2355294 ONTARIO INC p941
94 Fenmar Dr, TORONTO, ON, M9L 1M5
(416) 222-1773   SIC 4953

9197-4220 QUEBEC INC p997
1205 Rue Louis-Marchand, BELOEIL, QC, J3G 6S4
(450) 464-8121   SIC 4953

ACIES METROPOLITAN INC p1191
5055 Rue Ramsay, SAINT-HUBERT, QC, J3Y 2S3
(450) 678-5080   SIC 4953

AEVITAS INC p114
7722 9 St Nw, EDMONTON, AB, T6P 1L6
(780) 440-1825   SIC 4953

AEVITAS INC p526
46 Adams Blvd, BRANTFORD, ON, N3S 7V2
(519) 752-5900   SIC 4953

AEVITAS INC p564
2425 Industrial Park Dr, CORNWALL, ON, K6H 7M4
(613) 938-7575   SIC 4953

AEVITAS INC p636
455 Archer Dr, KIRKLAND LAKE, ON, P2N 3J5
(705) 567-9997   SIC 4953

ALBERTA BEVERAGE CONTAINER RECYCLING CORPORATION p21
901 57 Ave Ne Suite 8, CALGARY, AB, T2E 8X9
(403) 264-0170   SIC 4953

AMHERST, TOWN OF p441
98 East Victoria St, AMHERST, NS, B4H 1X6
(902) 667-7743   SIC 4953

BROWNING-FERRIS QUEBEC INC p1243
3779 Ch Des Quarante-Arpents, TERREBONNE, QC, J6V 9T6
(450) 474-2423   SIC 4953

CANADA FIBERS LTD p755
35 Vanley Cres Suite 500, NORTH YORK, ON, M3J 2B7
(416) 398-7989   SIC 4953

CAPE BRETON REGIONAL MUNICIPALITY p475
575 Grand Lake Rd, SYDNEY, NS, B1P 5T3
(902) 563-5593   SIC 4953

CASCADES CANADA ULC p16
10351 46 St Se, CALGARY, AB, T2C 2X9
(403) 243-5700   SIC 4953

CASCADES CANADA ULC p243
800 Maughan Rd, NANAIMO, BC, V9X 1J2
(250) 722-3396   SIC 4953

CASCADES CANADA ULC p298
8325 Main St, VANCOUVER, BC, V5X 3M3
(604) 327-5272   SIC 4953

CASCADES CANADA ULC p527
434 Henry St, BRANTFORD, ON, N3S 7W1
(519) 756-5264   SIC 4953

CASCADES CANADA ULC p885
45 Thornmount Dr, TORONTO, ON, M1B 5P5
(416) 292-5149   SIC 4953

CASCADES CANADA ULC p1056
63 Boul Saint-Joseph, LACHINE, QC, H8S 2K9
(514) 363-9118   SIC 4953

CASCADES INC p1236
2180 Rue Claude-Greffard, SHERBROOKE, QC, J1H 5H1
(819) 563-0011   SIC 4953

CITY OF EDMONTON p79
3 Sir Winston Churchill Sq Nw Suite 5, EDMONTON, AB, T5J 2C3
(780) 718-8941   SIC 4953

CITY OF RED DEER, THE p153
Gd, RED DEER, AB, T4N 3T4
(403) 342-8750   SIC 4953

CITY OF WINNIPEG, THE p379
1199 Pacific Ave Suite 109, WINNIPEG, MB, R3E 3S8
(204) 986-3623   SIC 4953

CITY OF WINNIPEG, THE p389
1120 Waverley St, WINNIPEG, MB, R3T 0P4
(204) 986-5311   SIC 4953

CITY OF WINNIPEG, THE p391
1901 Brady Rd, WINNIPEG, MB, R3V 0B5
(204) 986-4779   SIC 4953

CLEAN HARBORS CANADA, INC p453
640 Mcelmon Rd, DEBERT, NS, B0M 1G0
(902) 662-3336   SIC 4953

CLEAN HARBORS CANADA, INC p651
2258 River Rd, LONDON, ON, N5W 6C2
SIC 4953

CLEAN HARBORS CANADA, INC p702
551 Avonhead Rd, MISSISSAUGA, ON, L5J 4B1
(905) 822-3951   SIC 4953

CLEAN HARBORS CANADA, INC p876
1829 Allanport Rd, THOROLD, ON, L2V 3Y9
(905) 227-7872   SIC 4953

CLEAN HARBORS CANADA, INC p1078
1294 Boul Sainte-Marguerite, MERCIER, QC, J6R 2L1
(450) 691-9610   SIC 4953

CORPORATION OF NORFOLK COUNTY p949
1180 3rd Concession Rd, WALSINGHAM, ON, N0E 1X0
(519) 586-7011   SIC 4953

CORPORATION OF THE CITY OF TORONTO p895
400 Commissioners St, TORONTO, ON, M4M 3K2
(416) 392-5890   SIC 4953

CORPORATION OF THE CITY OF TORONTO p895
9 Leslie St, TORONTO, ON, M4M 3M9
(416) 392-5153   SIC 4953

CORPORATION OF THE COUNTY OF NORTHUMBERLAND p596
280 Edwardson Rd, GRAFTON, ON, K0K 2G0
(905) 349-3900   SIC 4953

CORPORATION OF THE COUNTY OF SIMCOE p777
610 Old Barrie Rd, ORO STATION, ON, L0L 2E0
(705) 735-6901   SIC 4953

CURTIS CONSTRUCTION LTD p1277
777 Gird W, NAICAM, SK, S0K 2Z0
(306) 874-2299   SIC 4953

DARLING INTERNATIONAL CANADA INC p365
607 Dawson Rd N, WINNIPEG, MB, R2J 0T2
(204) 233-7347   SIC 4953

DARLING INTERNATIONAL CANADA INC p477
169 Lower Truro Rd, TRURO, NS, B2N 5C1
(902) 895-2801   SIC 4953

DARLING INTERNATIONAL CANADA INC p570
880 5 Hwy W, DUNDAS, ON, L9H 5E2
(905) 628-2258   SIC 4953

DARLING INTERNATIONAL CANADA INC p600
150 Research Lane Suite 307, GUELPH, ON, N1G 4T2
(519) 780-3342   SIC 4953

DARLING INTERNATIONAL CANADA INC p619
884679 Oxforf Rd Suite 8, HICKSON, ON, N0J 1L0
(519) 462-2917   SIC 4953

DARLING INTERNATIONAL CANADA INC p723
8406 Wellington County Rr, MOOREFIELD, ON, N0G 2K0
(519) 638-3081   SIC 4953

DARLING INTERNATIONAL CANADA INC p1225
605 1re Av, SAINTE-CATHERINE, QC, J5C 1C5
(450) 632-3250   SIC 4953

DARMAN RECYCLING CO INC p232
20408 102b Ave, LANGLEY, BC, V3A 4R5
(604) 882-8597   SIC 4953

DETOX ENVIRONMENTAL LTD p507
322 Bennett Rd, BOWMANVILLE, ON, L1C 3Z2
(905) 623-1367   SIC 4953

DRAIN-ALL LTD p783
1611 Liverpool Crt, OTTAWA, ON, K1B 4L1
(613) 739-1070   SIC 4953

DRAIN-ALL LTD p784
2705 Stevenage Dr, OTTAWA, ON, K1G 3N2
(800) 265-3868   SIC 4953

E-CYCLE SOLUTIONS INC p716
1700 Drew Rd, MISSISSAUGA, ON, L5S 1J6
(905) 671-2900   SIC 4953

E-CYCLE SOLUTIONS INC p1232
35 Rue Robineault, SALABERRY-DE-VALLEYFIELD, QC, J6S 5J9
(888) 945-2611   SIC 4953

ENVIROSORT INC p158
4229 Hewlett Dr, RED DEER COUNTY, AB, T4S 2B3
(403) 342-7823   SIC 4953

EVER GREEN ECOLOGICAL SERVICES INC p91

20204 113 Ave Nw, EDMONTON, AB, T5S 0G3
(780) 239-9419   SIC 4953

FCM RECYCLING INC   p1063
91 Ch Boisjoly, LAVALTRIE, QC, J5T 3L7
(450) 586-5185   SIC 4953

FER & METAUX AMERICAINS S.E.C.   p418
Pier 10 West Side, SAINT JOHN, NB, E2M 5S8
(506) 672-4000   SIC 4953

FER & METAUX AMERICAINS S.E.C.   p607
75 Steel City Crt, HAMILTON, ON, L8H 3Y2
(905) 547-5533   SIC 4953

FERO WASTE & RECYCLING INC   p412
Gd, RICHIBUCTO, NB, E4W 5P2
(506) 523-8135   SIC 4953

GAUDREAU ENVIRONNEMENT INC   p1183
25 Rte 116, SAINT-CHRISTOPHE-D'ARTHABASK, QC, G6R 0S2
(819) 357-8666   SIC 4953

GFL ENVIRONMENTAL INC   p100
4208 84 Ave Nw, EDMONTON, AB, T6B 3N5
(780) 485-5000   SIC 4953

GFL ENVIRONMENTAL INC   p965
905 Tecumseh Rd W, WINDSOR, ON, N8X 2A9
(519) 948-8126   SIC 4953

GREATER VANCOUVER REGIONAL DISTRICT   p207
1299 Derwent Way, DELTA, BC, V3M 5V9
(604) 525-5681   SIC 4953

GREEN ISLE ENVIRONMENTAL INC   p982
7 Superior Cres, CHARLOTTETOWN, PE, C1E 2A1
(902) 894-9363   SIC 4953

H.R.D.A. ENTERPRISES LIMITED   p461
7071 Bayers Rd Suite 5009, HALIFAX, NS, B3L 2C2
(902) 454-2851   SIC 4953

HALIFAX C & D RECYCLING LTD   p455
16 Mills Dr, GOODWOOD, NS, B3T 1P3
(902) 876-8644   SIC 4953

HALTON RECYCLING LTD   p281
6362 148 St, SURREY, BC, V3S 3C4
SIC 4953

HALTON RECYCLING LTD   p654
15 Buchanan Crt, LONDON, ON, N5Z 4P9
(519) 690-2796   SIC 4953

HALTON RECYCLING LTD   p733
395 Harry Walker Pky S, NEWMARKET, ON, L3Y 8T3
SIC 4953

HALTON RECYCLING LTD   p1281
12214 Rotary Ave, REGINA, SK, S4M 0A1
(306) 775-9999   SIC 4953

HGC MANAGEMENT INC   p810
390 Pido Rd, PETERBOROUGH, ON, K9J 6X7
(705) 876-1600   SIC 4953

HGC MANAGEMENT INC   p849
456 Queensway W, SIMCOE, ON, N3Y 2N3
(519) 426-1633   SIC 4953

HGC MANAGEMENT INC   p950
925 Erb St W, WATERLOO, ON, N2J 3Z4
SIC 4953

KBL ENVIRONMENTAL LTD   p439
17 Cameron Rd, YELLOWKNIFE, NT, X1A 2N8
(867) 873-5263   SIC 4953

KRUGER INC   p1123
5770 Rue Notre-Dame O, Montreal, QC, H4C 1V2
(514) 937-4255   SIC 4953

KRUGER INC   p1123
5820 Place Turcot, Montreal, QC, H4C 1W3
(514) 595-7447   SIC 4953

LETHBRIDGE, CITY OF   p138
910 4 Ave S, LETHBRIDGE, AB, T1J 0P6
(403) 329-7367   SIC 4953

LORAAS DISPOSAL SERVICES LTD   p1283
620 Mcleod St, REGINA, SK, S4N 4Y1
(306) 721-1000   SIC 4953

MAPLE LEAF FOODS INC   p1225
605 1re Av, SAINTE-CATHERINE, QC, J5C 1C5
(800) 263-0302   SIC 4953

METROBEC INC   p1192
5055 Rue Ramsay, SAINT-HUBERT, QC, J3Y 2S3
(450) 656-6666   SIC 4953

MILLER PAVING LIMITED   p783
1815 Bantree St, OTTAWA, ON, K1B 4L6
(613) 749-2222   SIC 4953

MULTI RECYCLAGE S.D. INC   p1213
140 Rue Saulnier, SAINT-LAURENT, QC, H7M 1S8
(450) 975-9952   SIC 4953

MUNICIPALITE DE ILES-DE-LA-MADELEINE, LA   p1009
460 Principal, CAP-AUX-MEULES, QC, G4T 1A1
(418) 969-4615   SIC 4953

MUNICIPALITY OF THE DISTRICT OF LUNENBURG   p445
908 Mullock Rd, BRIDGEWATER, NS, B4V 3J5
(902) 543-2991   SIC 4953

NEWALTA CORPORATION   p8
Gd Stn Main, BROOKS, AB, T1R 1E4
(403) 362-4266   SIC 4953

NEWALTA CORPORATION   p114
6110 27 St Nw, EDMONTON, AB, T6P 1Y5
(780) 440-6780   SIC 4953

NEWALTA CORPORATION   p117
Gd, ELK POINT, AB, T0A 1A0
(780) 724-4333   SIC 4953

NEWALTA CORPORATION   p135
3901 84 Ave, LEDUC, AB, T9E 8M5
(780) 980-6665   SIC 4953

NEWALTA CORPORATION   p214
6228 249 Rd, FORT ST. JOHN, BC, V1J 4J3
(250) 789-3051   SIC 4953

NEWALTA CORPORATION   p586
55 Vulcan St, ETOBICOKE, ON, M9W 1L3
(416) 245-8338   SIC 4953

NEXCYCLE PLASTICS INC   p515
235 Wilkinson Rd, BRAMPTON, ON, L6T 4M2
(905) 454-2666   SIC 4953

PIECES AUTOMOBILES LECAVALIER INC   p1230
2925 Boul Sainte-Sophie, SAINTE-SOPHIE, QC, J5J 1L1
(450) 436-2441   SIC 4953

PLASTREC INC   p1046
1461 Rue Lepine, JOLIETTE, QC, J6E 4B7
(450) 760-3830   SIC 4953

PRIMA ENTERPRISES LTD   p264
2391 Quesnel-Hydraulic Rd, QUESNEL, BC, V2J 4H4
(250) 747-3844   SIC 4953

PROECO CORPORATION   p115
7722 9 St Nw, EDMONTON, AB, T6P 1L6
(780) 440-1825   SIC 4953

R.B.W. WASTE MANAGEMENT LTD   p101
3907 69 Ave Nw, EDMONTON, AB, T6B 3G4
SIC 4953

R.B.W. WASTE MANAGEMENT LTD   p147
3280 10 St, NISKU, AB, T9E 1E7
(780) 438-2183   SIC 4953

RAM-LP INC   p858
38590 Third Line, ST THOMAS, ON, N5P 3T2
SIC 4953

RECUPERACTION CENTRE DU QUEBEC INC   p1029
5620 Rue Saint-Roch S, DRUMMONDVILLE, QC, J2B 6V4
(819) 477-1312   SIC 4953

REGIE INTERMUNICIPALE DES DECHETS DE TEMISCOUATA   p1022
369 Rue Principale Bureau 100, Degelis, QC, G5T 2G3
(418) 853-2220   SIC 4953

RESOURCE RECOVERY FUND BOARD, INCORPORATED   p478
35 Commercial St Suite 400, TRURO, NS, B2N 3H9
(902) 895-7732   SIC 4953

REVOLUTION ENVIRONMENTAL SOLUTIONS LP   p115
6024 27 St Nw, EDMONTON, AB, T6P 1Y5
(780) 440-4100   SIC 4953

REVOLUTION ENVIRONMENTAL SOLUTIONS LP   p527
112 Adams Blvd, BRANTFORD, ON, N3S 7V2
(519) 756-9770   SIC 4953

REVOLUTION ENVIRONMENTAL SOLUTIONS LP   p535
1100 Burloak Dr Suite 500, BURLINGTON, ON, L7L 6B2
(905) 315-6300   SIC 4953

REVOLUTION ENVIRONMENTAL SOLUTIONS LP   p590
1731 Pettit Rd, FORT ERIE, ON, L2A 5N1
(905) 994-1900   SIC 4953

REVOLUTION ENVIRONMENTAL SOLUTIONS LP   p970
4505 Fourth St, WINDSOR, ON, N9E 4A5
SIC 4953

REVOLUTION ENVIRONMENTAL SOLUTIONS LP   p1008
9955 Rue De Chateauneuf Unite 245, BROSSARD, QC, J4Z 3V5
SIC 4953

REVOLUTION VSC LP   p535
1100 Burloak Dr Suite 500, BURLINGTON, ON, L7L 6B2
(800) 863-8602   SIC 4953

ROYAL GROUP, INC   p975
131 Regalcrest Crt, WOODBRIDGE, ON, L4L 8P3
(905) 856-7550   SIC 4953

SAFETY-KLEEN CANADA INC.   p527
60 Bury Crt, BRANTFORD, ON, N3S 0B1
(519) 750-7910   SIC 4953

SAFETY-KLEEN CANADA INC.   p660
1020 Hargrieve Rd Suite 16, LONDON, ON, N6E 1P5
(519) 685-3040   SIC 4953

SAFETY-KLEEN CANADA INC.   p1181
85 Rue De Hambourg, SAINT-AUGUSTIN-DE-DESMAURES, QC, G3A 1S6
(418) 878-4570   SIC 4953

SANIMAX LTD   p603
5068 Whitelaw Rd Suite 6, GUELPH, ON, N1H 6J3
(519) 824-2381   SIC 4953

SASKATCHEWAN ASSOCIATION OF REHABILITATION CENTRES   p1283
1421 Fleury St, REGINA, SK, S4N 7N5
(306) 347-3070   SIC 4953

SASKATCHEWAN ASSOCIATION OF REHABILITATION CENTRES   p1294
2605 Broadway Ave Suite 20, SASKATOON, SK, S7J 0Z5
(306) 975-7188   SIC 4953

SASKATCHEWAN ASSOCIATION OF REHABILITATION CENTRES   p1297
2327 Faithfull Ave, SASKATOON, SK, S7K 1T9
(306) 975-0650   SIC 4953

SASKATCHEWAN ASSOCIATION OF REHABILITATION CENTRES   p1300
111 Cardinal Cres, SASKATOON, SK, S7L 6H5
(306) 933-0616   SIC 4953

SASKATCHEWAN ASSOCIATION OF REHABILITATION CENTRES   p1301
2305 22nd St W Suite 5, SASKATOON, SK, S7M 0V6
(306) 384-5699   SIC 4953

SASKATCHEWAN ASSOCIATION OF REHABILITATION CENTRES   p1303
350b 103rd St E, SASKATOON, SK, S7N 1Z1
(306) 373-3386   SIC 4953

SASKATCHEWAN ASSOCIATION OF REHABILITATION CENTRES   p1305
3720 Kochar Ave, SASKATOON, SK, S7P 0C2
(306) 934-8879   SIC 4953

SASKATCHEWAN ASSOCIATION OF REHABILITATION CENTRES   p1309
144 Ball Rd, YORKTON, SK, S3N 3Z4
(306) 782-4213   SIC 4953

SASKATOON, CITY OF   p1302
1030 Avenue H S, SASKATOON, SK, S7M 1X5
(306) 975-2534   SIC 4953

SERVICES MATREC INC   p996
139 181e Rue, BEAUCEVILLE, QC, G5X 2S9
(418) 774-5275   SIC 4953

SERVICES MATREC INC   p1192
5300 Rue Albert-Millichamp, SAINT-HUBERT, QC, J3Y 8X7
(450) 656-2171   SIC 4953

SOCIETE VIE INTEGRATION APPRENTISSAGE POUR HANDICAPES V.I.A. INC, LA   p1175
100 Rue Delage, Riviere-du-Loup, QC, G5R 3P9
(418) 868-1729   SIC 4953

SOUTHERN SANITATION INC   p520
150 Orenda Rd, BRAMPTON, ON, L6W 1W2
(905) 459-2716   SIC 4953

STERICYCLE, ULC   p256
1407 Kebet Way Unit 100, PORT COQUITLAM, BC, V3C 6L3
(604) 552-1011   SIC 4953

STERICYCLE, ULC   p517
95 Deerhurst Dr Suite 1, BRAMPTON, ON, L6T 5R7
(905) 789-6660   SIC 4953

STERICYCLE, ULC   p517
19 Armthorpe Rd, BRAMPTON, ON, L6T 5M4
(905) 595-2651   SIC 4953

STERICYCLE, ULC   p846
25 Ironside Cres, SCARBOROUGH, ON, M1X 1G5
SIC 4953

SUEZ CANADA WASTE SERIVCES INC   p116
13111 Meridian St Suite 600, EDMONTON, AB, T6S 1G9
(780) 472-9966   SIC 4953

SUEZ CANADA WASTE SERIVCES INC   p170
10000 Chrystina Lake Rd, SWAN HILLS, AB, T0G 2C0
(780) 391-7303   SIC 4953

TERRATEC ENVIRONMENTAL LTD   p607
200 Eastport Blvd, HAMILTON, ON, L8H 7S4
(905) 544-0444   SIC 4953

TOXCO WASTE MANAGEMENT LTD   p292
9384 22a Hwy, TRAIL, BC, V1R 4W6
(250) 367-9882   SIC 4953

VEOLIA ES CANADA SERVICES INDUSTRIELS INC   p1140
1705 3e Av, POINTE-AUX-TREMBLES, QC, H1B 5M9
(514) 645-1621   SIC 4953

VEOLIA ES CANADA SERVICES INDUSTRIELS INC   p1140
1705 3e Av, POINTE-AUX-TREMBLES, QC, H1B 5M9
(514) 645-1621   SIC 4953

VEOLIA ES CANADA SERVICES INDUSTRIELS INC   p1194
7950 Av Pion, SAINT-HYACINTHE, QC, J2R 1R9
(450) 796-6060   SIC 4953

VILLE DE LAVAL   p1131
2550 Boul Industriel, Montreal, QC, H7S 2G7
(450) 662-4600   SIC 4953

WASTE CONNECTIONS OF CANADA INC   p102
3410 74 Ave, EDMONTON, AB, T6B 2P7
(780) 464-9400   SIC 4953

SIC 4959 Sanitary services, nec

WASTE CONNECTIONS OF CANADA INC p137
703 32 St N, LETHBRIDGE, AB, T1H 5H5
(403) 328-6355 SIC 4953

WASTE CONNECTIONS OF CANADA INC p160
285122 Bluegrass Dr, ROCKY VIEW COUNTY, AB, T1X 0P5
(403) 236-3883 SIC 4953

WASTE CONNECTIONS OF CANADA INC p178
34321 Industrial Way, ABBOTSFORD, BC, V2S 7M6
(604) 857-1990 SIC 4953

WASTE CONNECTIONS OF CANADA INC p224
150 Campion St Unit 4, KELOWNA, BC, V1X 7S8
(250) 765-0565 SIC 4953

WASTE CONNECTIONS OF CANADA INC p251
1151 Herring Gull Way, PARKSVILLE, BC, V9P 1R2
(250) 758-5360 SIC 4953

WASTE CONNECTIONS OF CANADA INC p251
1151 Herring Gull Way, PARKSVILLE, BC, V9P 1R2
(250) 248-8109 SIC 4953

WASTE CONNECTIONS OF CANADA INC p275
2240 Keating Cross Rd, SAANICHTON, BC, V8M 2A6
(250) 652-4414 SIC 4953

WASTE CONNECTIONS OF CANADA INC p509
580 Ecclestone Dr, BRACEBRIDGE, ON, P1L 1R2
(705) 645-4453 SIC 4953

WASTE CONNECTIONS OF CANADA INC p529
779 Powerline Rd, BRANTFORD, ON, N3T 5L8
(519) 759-4370 SIC 4953

WASTE CONNECTIONS OF CANADA INC p553
91 Sass Rd, CHATHAM, ON, N7M 5J4
(519) 360-9435 SIC 4953

WASTE CONNECTIONS OF CANADA INC p632
1266 Mcadoos Ln, KINGSTON, ON, K7L 5C7
(613) 548-4428 SIC 4953

WASTE CONNECTIONS OF CANADA INC p667
5000 8th Concession Rd, MAIDSTONE, ON, N0R 1K0
(519) 737-2900 SIC 4953

WASTE CONNECTIONS OF CANADA INC p725
3354 Navan Rd, NAVAN, ON, K4B 1H9
(613) 824-7289 SIC 4953

WASTE CONNECTIONS OF CANADA INC p754
75 The Donway W Suite 714, NORTH YORK, ON, M3C 2E9
(905) 389-2422 SIC 4953

WASTE CONNECTIONS OF CANADA INC p784
1152 Kenaston St, OTTAWA, ON, K1B 3P5
(613) 749-8000 SIC 4953

WASTE CONNECTIONS OF CANADA INC p811
688 Harper Rd, PETERBOROUGH, ON, K9J 6X6
(705) 742-4268 SIC 4953

WASTE CONNECTIONS OF CANADA INC p1001
4141 Boul De La Grande-Allee, BOIS-BRIAND, QC, J7H 1M7
(450) 435-2627 SIC 4953

WASTE MANAGEMENT OF CANADA CORPORATION p15
4668 25 St Se, CALGARY, AB, T2B 3M2

SIC 4953

WASTE MANAGEMENT OF CANADA CORPORATION p72
5450 55th St, DRAYTON VALLEY, AB, T7A 1R3
(780) 542-6764 SIC 4953

WASTE MANAGEMENT OF CANADA CORPORATION p97
12707 170 St Nw, EDMONTON, AB, T5V 1L9
(780) 447-2141 SIC 4953

WASTE MANAGEMENT OF CANADA CORPORATION p203
2330 United Blvd, COQUITLAM, BC, V3K 6S1
(604) 520-7963 SIC 4953

WASTE MANAGEMENT OF CANADA CORPORATION p205
2000 17th St N, CRANBROOK, BC, V1C 7G2

SIC 4953

WASTE MANAGEMENT OF CANADA CORPORATION p227
350 Beaver Lake Rd, KELOWNA, BC, V4V 1S5
(250) 766-9100 SIC 4953

WASTE MANAGEMENT OF CANADA CORPORATION p275
6808 Kirkpatrick Cres, SAANICHTON, BC, V8M 1Z9
(250) 544-2330 SIC 4953

WASTE MANAGEMENT OF CANADA CORPORATION p499
13 Saunders Rd, BARRIE, ON, L4N 9A7
(705) 728-9649 SIC 4953

WASTE MANAGEMENT OF CANADA CORPORATION p517
117 Wentworth Crt, BRAMPTON, ON, L6T 5L4
(905) 595-3360 SIC 4953

WASTE MANAGEMENT OF CANADA CORPORATION p550
254 Westbrook Rd, CARP, ON, K0A 1L0
(613) 831-1281 SIC 4953

WASTE MANAGEMENT OF CANADA CORPORATION p563
550 Bowes Rd, CONCORD, ON, L4K 1K2
(905) 669-7196 SIC 4953

WASTE MANAGEMENT OF CANADA CORPORATION p631
62 St Remy Pl, KINGSTON, ON, K7K 6C4
(613) 549-7100 SIC 4953

WASTE MANAGEMENT OF CANADA CORPORATION p664
290 Exeter Rd, LONDON, ON, N6L 1A3
(519) 652-5299 SIC 4953

WASTE MANAGEMENT OF CANADA CORPORATION p724
200 Sligo Rd W, MOUNT FOREST, ON, N0G 2L1
(519) 323-3682 SIC 4953

WASTE MANAGEMENT OF CANADA CORPORATION p771
3275 Rebecca St, OAKVILLE, ON, L6L 6N5
(905) 433-5077 SIC 4953

WASTE MANAGEMENT OF CANADA CORPORATION p852
124 Cushman Rd, ST CATHARINES, ON, L2M 6T6
(905) 687-9605 SIC 4953

WASTE MANAGEMENT OF CANADA CORPORATION p862
407 Mcneilly Rd, STONEY CREEK, ON, L8E 5E3
(905) 643-1202 SIC 4953

WASTE MANAGEMENT OF CANADA CORPORATION p868
1865 Lasalle Blvd, SUDBURY, ON, P3A 2A3
(705) 566-8444 SIC 4953

WASTE MANAGEMENT OF CANADA CORPORATION p893
20 Esandar Dr, TORONTO, ON, M4G 1Y2
(416) 423-6396 SIC 4953

WASTE MANAGEMENT OF CANADA CORPORATION p954
645 Conrad Pl, WATERLOO, ON, N2V 1C4
(519) 886-6932 SIC 4953

WASTE MANAGEMENT OF CANADA CORPORATION p1028
25 Rue Gagnon, DRUMMONDVILLE, QC, J2A 3H3
(819) 477-6609 SIC 4953

WASTE MANAGEMENT OF CANADA CORPORATION p1185
460 Boul La Gabelle, Saint-Etienne-des-Gres, QC, G0X 2P0

SIC 4953

WASTE MANAGEMENT OF CANADA CORPORATION p1273
5104 42 Ave, LLOYDMINSTER, SK, S9V 2B4
(306) 825-6511 SIC 4953

WASTECH SERVICES LTD p194
S Trans-Canada Hwy, CACHE CREEK, BC, V0K 1H0
(250) 457-6464 SIC 4953

WM QUEBEC INC p1072
2457 Ch Du Lac, LONGUEUIL, QC, J4N 1P1
(450) 646-7870 SIC 4953

WM QUEBEC INC p1230
2535 1re Rue, SAINTE-SOPHIE, QC, J5J 2R7
(450) 438-5604 SIC 4953

SIC 4959 Sanitary services, nec

ARNOTT CONSTRUCTION LIMITED p556
46 Stewart Rd, COLLINGWOOD, ON, L9Y 4K1
(705) 445-5459 SIC 4959

CORPORATION OF THE CITY OF WINDSOR p963
3540 North Service Rd E, WINDSOR, ON, N8W 5X2
(519) 974-2277 SIC 4959

CORPORATION OF THE REGIONAL MUNICIPALITY OF DURHAM, THE p777
3480 Taunton Rd, ORONO, ON, L0B 1M0
(905) 983-5116 SIC 4959

DP ENVIRONMENTAL SERVICE INC p523
39 Shadywood Rd, BRAMPTON, ON, L6Z 4M1
(905) 840-4480 SIC 4959

EDMONDS LANDSCAPE & CONSTRUCTION SERVICES LIMITED p460
2675 Clifton St, HALIFAX, NS, B3K 4V4
(902) 453-5500 SIC 4959

GOUVERNEMENT DE LA PROVINCE DE QUEBEC p1172
770 Rue Hayes Bureau 640, RICHMOND, QC, J0B 2H0
(819) 826-6565 SIC 4959

GROUPE ARSENAULT INC. p1251
2875 Rue Saint-Philippe, TROIS-RIVIERES, QC, G9A 0A8
(819) 379-5255 SIC 4959

HAZCO ENVIRONMENTAL SERVICES p266
13511 Vulcan Way, RICHMOND, BC, V6V 1K4
(604) 214-7000 SIC 4959

PESTALTO ENVIRONMENTAL HEALTH SERVICES INC p599
400 Elizabeth St Unit I, GUELPH, ON, N1E 2Y1

SIC 4959

QIKIQTAALUK ENVIRONMENTAL INC. p481
922 Nianiaqunngusiaq Rd, IQALUIT, NU, X0A 0H0
(867) 979-8400 SIC 4959

REVOLUTION ENVIRONMENTAL SOLUTIONS LP p535
1100 Burloak Dr Suite 500, BURLINGTON, ON, L7L 6B2
(800) 263-8602 SIC 4959

REVOLUTION ENVIRONMENTAL SOLUTIONS LP p1015
100 Rue Des Routiers, CHICOUTIMI, QC, G7H 5B1
(866) 546-1150 SIC 4959

SANEXEN SERVICES ENVIRONNEMENTAUX INC p1008
9935 Rue De Ch2teauneuf Unit9 200, BROSSARD, QC, J4Z 3V4
(450) 466-2123 SIC 4959

SERVICES MATREC INC p1015
3199 Boul Talbot, CHICOUTIMI, QC, G7H 5B1
(418) 549-8074 SIC 4959

VILLE DE BLAINVILLE p999
60 Boul De La Seigneurie E, BLAINVILLE, QC, J7C 4N1
(450) 434-5348 SIC 4959

SIC 4961 Steam and air-conditioning supply

ENWAVE ENERGY CORPORATION p914
333 Bay St Suite 710, TORONTO, ON, M5H 2R2
(416) 392-6838 SIC 4961

HAMILTON ENERGY CENTRE p614
1447 Upper Ottawa St Suite 11, HAMILTON, ON, L8W 3J6
(905) 385-2999 SIC 4961

RELIANCE COMFORT LIMITED PARTNERSHIP p526
37 Morton Ave E Unit A, BRANTFORD, ON, N3R 7J5
(519) 756-1493 SIC 4961

SIC 4971 Irrigation systems

BOW RIVER IRRIGATION DISTRICT p172
704 7 Ave N, VAUXHALL, AB, T0K 2K0
(403) 654-2111 SIC 4971

LETHBRIDGE NORTHERN IRRIGATION DISTRICT p137
334 13 St N, Lethbridge, AB, T1H 2R8
(403) 327-3302 SIC 4971

METROPOLITAN TORONTO WATERWORKS SYSTEM p930
55 John St, TORONTO, ON, M5V 3C6
(416) 392-8211 SIC 4971

NOUVELLE TECHNOLOGIE (TEKNO) INC p1069
2099 Boul Fernand-Lafontaine, LONGUEUIL, QC, J4G 2J4
(514) 457-9991 SIC 4971

PUC DISTRIBUTION INC p831
765 Queen St E, SAULT STE. MARIE, ON, P6A 2A8
(705) 759-6500 SIC 4971

REGIONAL MUNICIPALITY OF NIAGARA, THE p737
3599 Macklem St, NIAGARA FALLS, ON, L2G 6C7
(905) 295-4831 SIC 4971

VILLE DE MONTREAL p1084
12001 Boul Maurice-Duplessis, Montreal, QC, H1C 1V3
(514) 280-4400 SIC 4971

WESTERN IRRIGATION DISTRICT p169
900 Pine Rd Unit 105, STRATHMORE, AB, T1P 0A2
(403) 934-3542 SIC 4971

SIC 5012 Automobiles and other motor vehicles

1170880 ONTARIO LIMITED p686
5525 Ambler Dr, MISSISSAUGA, ON, L4W 3Z1
(905) 282-9998 SIC 5012

3025052 NOVA SCOTIA LIMITED p460
3363 Kempt Rd, HALIFAX, NS, B3K 4X5
(902) 453-2110 SIC 5012

9288-3461 QUEBEC INC p1216
7665 Boul Lacordaire, SAINT-LEONARD, QC, H1S 2A7

(514) 253-8696 SIC 5012
ADESA AUCTIONS CANADA CORPORATION p2
1621 Veterans Blvd Nw, AIRDRIE, AB, T4A 2G7
(403) 912-4400 SIC 5012
ADESA AUCTIONS CANADA CORPORATION p146
1701 9 St, NISKU, AB, T9E 8M8
(780) 955-4400 SIC 5012
ADESA AUCTIONS CANADA CORPORATION p268
7111 No. 8 Rd, RICHMOND, BC, V6W 1L9
(604) 232-4403 SIC 5012
ADESA AUCTIONS CANADA CORPORATION p376
Hwy 7 N, WINNIPEG, MB, R3C 2E6
(204) 697-4400 SIC 5012
ADESA AUCTIONS CANADA CORPORATION p430
192 Mcnamara Dr, PARADISE, NL, A1L 0A6
(709) 364-3250 SIC 5012
ADESA AUCTIONS CANADA CORPORATION p455
300 Sky Blvd, GOFFS, NS, B2T 1K3
(902) 873-4400 SIC 5012
ADESA AUCTIONS CANADA CORPORATION p492
55 Waydom Dr Suite 1, AYR, ON, N0B 1E0
(519) 622-9500 SIC 5012
ADESA AUCTIONS CANADA CORPORATION p513
55 Auction Lane 2nd Floor, BRAMPTON, ON, L6T 5P4
(905) 790-7653 SIC 5012
ADESA AUCTIONS CANADA CORPORATION p513
55 Auction Lane, BRAMPTON, ON, L6T 5P4
(905) 790-7653 SIC 5012
ADESA AUCTIONS CANADA CORPORATION p882
18800 County Road 42 Rr 5, TILBURY, ON, N0P 2L0
(519) 682-9500 SIC 5012
ADESA AUCTIONS CANADA CORPORATION p947
1717 Ch Burton Ss 4, VARS, ON, K0A 3H0
(613) 443-4400 SIC 5012
ADESA AUCTIONS CANADA CORPORATION p1294
37507 Hwy 12, SASKATOON, SK, S7K 3J7
(306) 242-8771 SIC 5012
BEARCOM MANAGEMENT GROUP p1
26230 Twp Rd 531a Suite 103, ACHESON, AB, T7X 5A4
(780) 962-4645 SIC 5012
BMG HOLDINGS LTD p1
26229 Township Road 531a Suite 201, ACHESON, AB, T7X 5A4
(780) 962-8200 SIC 5012
BMW CANADA INC p824
50 Ultimate Dr, RICHMOND HILL, ON, L4S 0C8
(905) 770-1758 SIC 5012
BOMBARDIER PRODUITS RECREATIFS INC p1254
565 Rue De La Montagne, VALCOURT, QC, J0E 2L0
(450) 532-2211 SIC 5012
BOMBARDIER PRODUITS RECREATIFS INC p1257
1059 Rue De La Montagne Bureau 200, VERDUN, QC, H3G 0B9
(514) 732-7003 SIC 5012
CALGARY PETERBILT LTD p136
4110 18 Ave N, LETHBRIDGE, AB, T1H 6N7
(403) 328-0500 SIC 5012
CANADIAN KAWASAKI MOTORS INC p886
101 Thermos Rd, TORONTO, ON, M1L 3W8
(416) 445-7775 SIC 5012
CUSTOM TRUCK SALES INC p1282
520 Park St, REGINA, SK, S4N 0T6
(306) 569-9021 SIC 5012
DEELEY, FRED IMPORTS LTD. p266

13500 Verdun Pl, RICHMOND, BC, V6V 1V2
(604) 273-5421 SIC 5012
DUECK CHEVROLET BUICK CADILLAC GMC LIMITED p298
400 Marine Dr Se, VANCOUVER, BC, V5X 4X2
(604) 324-7222 SIC 5012
EAST COAST INTERNATIONAL TRUCKS INC p410
100 Urquhart Ave, MONCTON, NB, E1H 2R5
(506) 857-2857 SIC 5012
EAST COAST INTERNATIONAL TRUCKS INC p450
1 Morris Dr, DARTMOUTH, NS, B3B 1K7
(902) 468-7160 SIC 5012
ENCHERES AUTOMOBILES ST-PIERRE (ESP LTEE) LES p1056
1600 Rue Norman, LACHINE, QC, H8S 1A9
(514) 489-3131 SIC 5012
FORD MOTOR COMPANY OF CANADA, LIMITED p443
1595 Bedford Hwy Suite 306, BEDFORD, NS, B4A 3Y4
SIC 5012
FORD MOTOR COMPANY OF CANADA, LIMITED p1212
6505 Rte Transcanadienne Bureau 200, SAINT-LAURENT, QC, H4T 1S3
(514) 744-1800 SIC 5012
FORT GARRY INDUSTRIES LTD p17
5350 72 Ave Se, CALGARY, AB, T2C 4X5
(403) 236-9712 SIC 5012
G. J. BELL ENTERPISES LTD p377
1940 Brookside Blvd, WINNIPEG, MB, R3C 2E6
(204) 987-8890 SIC 5012
GROUPE VOLVO CANADA INC p1225
35 Boul Gagnon, SAINTE-CLAIRE, QC, G0R 2V0
(418) 883-3391 SIC 5012
HICKMAN MOTORS LIMITED p426
201 Airport Blvd, GANDER, NL, A1V 1L5
(709) 256-3906 SIC 5012
HINO MOTORS CANADA, LTD p709
6975 Creditview Rd Unit 2, MISSISSAUGA, ON, L5N 8E9
(905) 670-3352 SIC 5012
HONDA CANADA INC p266
13240 Worster Crt, RICHMOND, BC, V6V 2B8
(604) 278-6504 SIC 5012
HONDA CANADA INC p843
300 Middlefield Rd, SCARBOROUGH, ON, M1S 5B1
SIC 5012
HONDA CANADA INC p1004
1750 Rue Eiffel, BOUCHERVILLE, QC, J4B 7W1
(450) 655-6161 SIC 5012
INLAND KENWORTH LTD p194
2470n Island Hwy, CAMPBELL RIVER, BC, V9W 2H1
(250) 287-8878 SIC 5012
INLAND KENWORTH LTD p214
Gd Lcd Main, FORT ST. JOHN, BC, V1J 4H5
(250) 785-6105 SIC 5012
INLAND KENWORTH LTD p264
3150 Hwy 97 N, QUESNEL, BC, V2J 5Y9
(250) 992-7256 SIC 5012
KENWORTH TORONTO LTD p560
500 Creditstone Rd, CONCORD, ON, L4K 3Z3
(905) 695-0740 SIC 5012
KIA CANADA INC p714
180 Foster Cres, MISSISSAUGA, ON, L5R 4J5
(905) 755-6250 SIC 5012
KIRBY INTERNATIONAL TRUCKS LTD p606
2 Arrowsmith Rd, HAMILTON, ON, L8E 4H8
(905) 578-2211 SIC 5012
LEEDS TRANSIT INC p572
542 Main St, ELGIN, ON, K0G 1E0
(613) 359-5344 SIC 5012

MACK STE-FOY INC p1155
2550 Av Watt, Quebec, QC, G1P 3T4
(418) 651-9397 SIC 5012
MARANELLO MOTORS LIMITED p689
4505 Dixie Rd, MISSISSAUGA, ON, L4W 5K3
(905) 625-7533 SIC 5012
MERCEDES-BENZ CANADA INC p893
98 Vanderhoof Ave, TORONTO, ON, M4G 4C9
(416) 425-3550 SIC 5012
MERCEDES-BENZ CANADA INC p905
761 Dundas St E, TORONTO, ON, M5A 4N5
(416) 947-9000 SIC 5012
NISSAN CANADA INC p690
5290 Orbitor Dr, MISSISSAUGA, ON, L4W 4Z5
(905) 602-0792 SIC 5012
NORTRUX INC p127
11401 96 Ave, GRANDE PRAIRIE, AB, T8V 5M3
(780) 532-1290 SIC 5012
PACCAR OF CANADA LTD p710
6711 Mississauga Rd Suite 500, MISSISSAUGA, ON, L5N 4J8
(905) 858-7000 SIC 5012
REDHEAD EQUIPMENT p1297
Gd Stn Main, SASKATOON, SK, S7K 3J4
(306) 934-3555 SIC 5012
SHEEHAN'S TRUCK CENTRE INC p535
4320 Harvester Rd, BURLINGTON, ON, L7L 5S4
(905) 333-0779 SIC 5012
SUZUKI CANADA INC. p499
360 Saunders Rd, BARRIE, ON, L4N 9Y2
(905) 889-2600 SIC 5012
TALLMAN TRUCK CENTRE LIMITED p634
750 Dalton Ave, KINGSTON, ON, K7M 8N8
(613) 546-3336 SIC 5012
THUNDER BAY TRUCK CENTRE INC p881
1145 Commerce St, THUNDER BAY, ON, P7E 6E8
(807) 577-5793 SIC 5012
TOYOTA CANADA INC p837
1 Toyota Pl, SCARBOROUGH, ON, M1H 1H9
(416) 438-6320 SIC 5012
TRANSIT TRAILER LIMITED p553
22217 Bloomfield Rd Suite 3, CHATHAM, ON, N7M 5J3
(519) 354-9944 SIC 5012
VOLKSWAGEN GROUP CANADA INC p483
777 Bayly St W, AJAX, ON, L1S 7G7
(905) 428-6700 SIC 5012

SIC 5013 Motor vehicle supplies and new parts

3225537 NOVA SCOTIA LIMITED p372
90 Hutchings St Unit B, WINNIPEG, MB, R2X 2X1
(204) 272-2880 SIC 5013
389259 ONTARIO LIMITED p518
236 Rutherford Rd S, BRAMPTON, ON, L6W 3J6
(905) 451-6470 SIC 5013
ABS ON TIME LOGISTICS INC p599
525 Southgate Dr Unit 1, GUELPH, ON, N1G 3W6
(519) 826-9910 SIC 5013
ACTION RECYCLED AUTO PARTS (1997) LTD p356
2955 Day St, SPRINGFIELD, MB, R2C 2Z2
(204) 224-5678 SIC 5013
ALL-EQUIPMENT LTD p125
11426 97 Ave, GRANDE PRAIRIE, AB, T8V 5Z5
(780) 538-2211 SIC 5013
ATPAC INC p1084
10700 Boul Henri-Bourassa E, Montreal, QC, H1C 1G9
(514) 881-8888 SIC 5013
AXALTA COATING SYSTEMS CANADA COMPANY p482
408 Fairall St, AJAX, ON, L1S 1R6
(905) 683-5500 SIC 5013
BARTON AUTO PARTS LIMITED p860
201 Barton St Suite 1, STONEY CREEK, ON, L8E 2K3
(905) 662-9266 SIC 5013
BELRON CANADA INCORPOREE p289
18800 96 Ave, SURREY, BC, V4N 3R1
(604) 513-2298 SIC 5013
BENAPAC INC p564
700 Education Rd, CORNWALL, ON, K6H 6B8
(613) 933-1700 SIC 5013
BENSON GROUP INC p503
35 Harriett St, BELLEVILLE, ON, K8P 1V4
(613) 962-9535 SIC 5013
BENSON GROUP INC p564
700 Education Rd, CORNWALL, ON, K6H 6B8
(613) 933-1700 SIC 5013
BENSON GROUP INC p729
34 Stafford Rd, NEPEAN, ON, K2H 8W1
(613) 829-9872 SIC 5013
BENSON GROUP INC p784
1400 Ages Dr, OTTAWA, ON, K1G 5T4
(613) 746-5353 SIC 5013
BENSON GROUP INC p1035
95 Boul Greber, GATINEAU, QC, J8T 3P9
(819) 669-6555 SIC 5013
BENSON GROUP INC p1201
829 Rue Saint-Georges, Saint-Jerome, QC, J7Z 5E2
(450) 431-5355 SIC 5013
CARDONE INDUSTRIES ULC p91
17803 111 Ave Nw, EDMONTON, AB, T5S 2X3
(780) 444-5033 SIC 5013
CARLSON BODY SHOP SUPPLY LTD p103
5308 97 St Nw, EDMONTON, AB, T6E 5W5
(780) 438-0808 SIC 5013
CARQUEST CANADA LTD p414
550 Mcallister Dr, SAINT JOHN, NB, E2J 4N9
(506) 631-3888 SIC 5013
CARQUEST CANADA LTD p593
1528 Star Top Rd Suite 7, GLOUCESTER, ON, K1B 3W6
(613) 749-5220 SIC 5013
CDC DISTRIBUTION CENTRES TORONTO INC p717
6290 Kestrel Rd, MISSISSAUGA, ON, L5T 1Z4
(905) 564-0403 SIC 5013
CENTRE DE RECYCLAGE UNIVERSEL (1981) LTEE p1253
1880 3e Av, VAL-D'OR, QC, J9P 7A9
(819) 874-5555 SIC 5013
CRANE CARRIER (CANADA) LIMITED p17
7034 30 St Se, CALGARY, AB, T2C 1N9
(403) 720-2910 SIC 5013
CRANE CARRIER (CANADA) LIMITED p91
11523 186 St Nw, EDMONTON, AB, T5S 2W6
(780) 443-2493 SIC 5013
CRANE CARRIER (CANADA) LIMITED p162
63 Strathmoor Dr, SHERWOOD PARK, AB, T8H 0C1
(780) 416-4444 SIC 5013
DANA CANADA CORPORATION p500
5095 South Service Rd, BEAMSVILLE, ON, L0R 1B0
SIC 5013
DISCOVER ENERGY CORP p266
13511 Crestwood Pl Unit 4 & 5, RICHMOND, BC, V6V 2E9
(778) 776-3288 SIC 5013
DRIVE PRODUCTS INC p1
Bldg 531a, ACHESON, AB, T7X 5A4
SIC 5013
DRIVE PRODUCTS INC p685
6601 Goreway Dr Unit B, MISSISSAUGA, ON, L4V 1V6
(905) 673-0000 SIC 5013

EDMONTON GEAR CENTRE LTD p86
14605 116 Ave Nw, EDMONTON, AB, T5M 3E8
(780) 451-4040   SIC 5013

ENTREPRISE ROBERT THIBERT INC p1058
16 Rue Richelieu, LACOLLE, QC, J0J 1J0
(450) 246-2460   SIC 5013

EXIDE TECHNOLOGIES CANADA CORPORATION p1069
2109 Boul Fernand-Lafontaine, LONGUEUIL, QC, J4G 2J4
(450) 655-1616   SIC 5013

FORD MOTOR COMPANY OF CANADA, LIMITED p91
11604 181 St Nw, EDMONTON, AB, T5S 1M6
(780) 454-9621   SIC 5013

FORD MOTOR COMPANY OF CANADA, LIMITED p514
8000 Dixie Rd, BRAMPTON, ON, L6T 2J7
(905) 459-2210   SIC 5013

FORD MOTOR COMPANY OF CANADA, LIMITED p514
8 Indell Lane, BRAMPTON, ON, L6T 3Y3
(905) 792-9400   SIC 5013

FORT GARRY INDUSTRIES LTD p96
16230 118 Ave Nw, EDMONTON, AB, T5V 1C6
(780) 447-4422   SIC 5013

FORT GARRY INDUSTRIES LTD p716
731 Gana Crt, MISSISSAUGA, ON, L5S 1P2
(905) 564-5404   SIC 5013

FORT GARRY INDUSTRIES LTD p880
915 Walsh St W, THUNDER BAY, ON, P7E 4X5
(807) 577-5724   SIC 5013

FORT GARRY INDUSTRIES LTD p1296
3445 Miners Ave, SASKATOON, SK, S7K 7K9
(306) 242-3465   SIC 5013

GARAGISTES INDEPENDANTS DE PORT-NEUF INC p1220
131 Av Saint-Jacques, SAINT-RAYMOND, QC, G3L 3Y4
(418) 337-2244   SIC 5013

GROTE INDUSTRIES CO. p676
230 Travail Rd, MARKHAM, ON, L3S 3J1
(905) 209-9744   SIC 5013

GROUPE MASKA INC p1030
1348 Rue Hebert, DRUMMONDVILLE, QC, J2C 1Z8
(819) 478-2549   SIC 5013

GROUPE MASKA INC p1241
370 Boul Fiset, SOREL-TRACY, QC, J3P 3R2
(450) 742-2703   SIC 5013

HILL-BOLES AUTO ELECTRIC LTD p955
26 Thorold Rd, WELLAND, ON, L3C 3T4
(905) 734-7454   SIC 5013

HITCHCO DISTRIBUTORS LTD p184
7832 Enterprise St, BURNABY, BC, V5A 1V7
SIC 5013

KENWORTH QUEBEC INC p1068
800 Ch Olivier, Levis, QC, G7A 2N1
(418) 831-2061   SIC 5013

KEVCOR HOLDINGS LTD p1296
2030 1st Ave N, SASKATOON, SK, S7K 2A1
(306) 242-1251   SIC 5013

KEYSTONE AUTOMOTIVE INDUSTRIES ON INC p105
8221 Mcintyre Rd Nw, EDMONTON, AB, T6E 5J7
(780) 448-1901   SIC 5013

KEYSTONE AUTOMOTIVE INDUSTRIES ON INC p184
7069 Winston St, BURNABY, BC, V5A 2G7
(604) 420-6988   SIC 5013

KEYSTONE AUTOMOTIVE INDUSTRIES ON INC p783
1230 Old Innes Rd Suite 401, OTTAWA, ON, K1B 3V3
(613) 745-4088   SIC 5013

KEYSTONE AUTOMOTIVE OPERATIONS OF CANADA INC p685
3770 Nashua Dr Unit 4, MISSISSAUGA, ON, L4V 1M5
(905) 405-0999   SIC 5013

KSR BRAZIL, LLC p825
95 Erie St S, RIDGETOWN, ON, N0P 2C0
(519) 674-5413   SIC 5013

LEVETT AUTO METAL LTD p250
95 Philip Ave, NORTH VANCOUVER, BC, V7P 2V5
(604) 980-4844   SIC 5013

LORDCO PARTS LTD p283
10352 University Dr, SURREY, BC, V3T 4B8
(604) 581-1177   SIC 5013

LYNK AUTO PRODUCTS INC p428
110 Airport Rd, LABRADOR CITY, NL, A2V 2J7
SIC 5013

MAGNA CLOSURES INC p509
3066 8th Line, BRADFORD, ON, L3Z 2A5
(905) 898-1883   SIC 5013

MAGNA CLOSURES INC p732
521 Newpark Blvd, NEWMARKET, ON, L3X 2S2
(905) 853-1800   SIC 5013

MAGNA CLOSURES INC p806
11 Centennial Dr Suite 1, PENETANGUISHENE, ON, L9M 1G8
(705) 549-7406   SIC 5013

MARCOR AUTOMOTIVE INC p536
1164 Walker's Line, BURLINGTON, ON, L7M 1V2
(905) 549-6445   SIC 5013

MATECH B.T.A. INC p1030
1570 Boul Saint-Charles, DRUMMONDVILLE, QC, J2C 4Z5
(819) 478-4015   SIC 5013

MAZDA CANADA INC p76
9590 125a Ave Nw, EDMONTON, AB, T5G 3E5
SIC 5013

MERCEDES-BENZ CANADA INC p683
7380 Bren Rd Suite 2, MISSISSAUGA, ON, L4T 1H4
(905) 461-0031   SIC 5013

MONIDEX DISTRIBUTION INTERNATIONAL INC p991
10700 Rue Colbert, ANJOU, QC, H1J 2H8
(514) 323-9932   SIC 5013

MOTORCADE INDUSTRIES LIMITED p700
3550 Wolfedale Rd Unit 3, MISSISSAUGA, ON, L5C 2V6
(905) 848-1177   SIC 5013

MOTOVAN CORPORATION p1004
1391 Rue Gay-Lussac Bureau 100, BOUCHERVILLE, QC, J4B 7K1
(450) 449-3903   SIC 5013

MUSKOKA AUTO PARTS LIMITED p742
150 Mcintyre St E, NORTH BAY, ON, P1B 1C4
(705) 472-4165   SIC 5013

NGK SPARK PLUGS CANADA LIMITED p673
275 Renfrew Dr Suite 101, MARKHAM, ON, L3R 0C8
(905) 477-7780   SIC 5013

NISSAN CANADA INC p515
60 Steelwell Rd, BRAMPTON, ON, L6T 5L9
(905) 459-6070   SIC 5013

NORTH SHORE PARTS & INDUSTRIAL SUPPLIES LTD p250
850 1st St W, NORTH VANCOUVER, BC, V7P 1A2
(604) 985-1113   SIC 5013

P.H. VITRES D'AUTOS INC p1088
2303 Av De La Salle, Montreal, QC, H1V 2K9
(514) 323-0082   SIC 5013

PACCAR OF CANADA LTD p515
108 Summerlea Rd, BRAMPTON, ON, L6T 4X3
(905) 791-0021   SIC 5013

PANGEO CORPORATION p772
3440 North Talbot Rd, OLDCASTLE, ON, N0R 1L0
(519) 737-1678   SIC 5013

PARTS CANADA DEVELOPMENT CO. p665
3935 Cheese Factory Rd, LONDON, ON, N6N 1G2
(519) 644-0202   SIC 5013

PARTS FOR TRUCKS, INC p418
1100 Fairville Blvd, SAINT JOHN, NB, E2M 5T6
(506) 672-4040   SIC 5013

PETERBILT OF ONTARIO INC p605
4011 Highway 6 S, HAGERSVILLE, ON, N0A 1H0
(905) 768-1300   SIC 5013

PICO OF CANADA LTD p184
7590 Conrad St, BURNABY, BC, V5A 2H7
(604) 438-7571   SIC 5013

PIECES AUTOMOBILES LECAVALIER INC p1199
1330 Rue Jacques-Cartier S, SAINT-JEAN-SUR-RICHELIEU, QC, J3B 6Y8
(450) 346-1112   SIC 5013

PIECES POUR AUTOMOBILE JEAN-TALON (1993) LTEE p1216
7655 Boul Viau, SAINT-LEONARD, QC, H1S 2P4
(514) 374-2113   SIC 5013

POWER BATTERY SALES LTD p65
10720 25 St Ne Unit 140, CALGARY, AB, T3N 0A1
(403) 250-6640   SIC 5013

POWER BATTERY SALES LTD p485
165 Harwood Ave N, AJAX, ON, L1Z 1L9
(905) 427-2718   SIC 5013

POWER BATTERY SALES LTD p485
165 Harwood Ave N, AJAX, ON, L1Z 1L9
(905) 427-3035   SIC 5013

POWER BATTERY SALES LTD p991
7711 Rue Larrey, ANJOU, QC, H1J 2T7
(514) 355-1212   SIC 5013

PRINCESS AUTO LTD p127
13601 100 St, GRANDE PRAIRIE, AB, T8V 4H4
(780) 539-1550   SIC 5013

ROZON BATTERIES INC p1197
700 Ch Du Grand-Bernier N, SAINT-JEAN-SUR-RICHELIEU, QC, J2W 2H1
(450) 348-8720   SIC 5013

SANOH CANADA, LTD p773
300 C Line, ORANGEVILLE, ON, L9W 3Z8
(519) 941-2229   SIC 5013

SHERWIN-WILLIAMS CANADA INC p991
7875 Rue Jarry, ANJOU, QC, H1J 2C3
(514) 353-2420   SIC 5013

SNAP-ON TOOLS OF CANADA LTD p734
1171 Gorham St, NEWMARKET, ON, L3Y 8Y2
(800) 665-8665   SIC 5013

TOYOTA TSUSHO CANADA INC p547
1080 Fountain St N Unit 2, CAMBRIDGE, ON, N3E 1A3
(519) 653-6600   SIC 5013

TOYOTA TSUSHO CANADA INC p978
270 Beards Lane, WOODSTOCK, ON, N4S 7W3
(519) 533-5570   SIC 5013

TRW CANADA LIMITED p961
3355 Munich Crt, WINDSOR, ON, N8N 5G2
(519) 739-9861   SIC 5013

TVH CANADA LTD p716
1039 Cardiff Blvd, MISSISSAUGA, ON, L5S 1P4
(905) 564-0003   SIC 5013

UAP INC p34
5530 3 St Se Suite 489, CALGARY, AB, T2H 1J9
(403) 212-4600   SIC 5013

UAP INC p94
18532 116 Ave Nw, EDMONTON, AB, T5S 2W8
(780) 489-3300   SIC 5013

UAP INC p94
17310 111 Ave Nw Suite 239, EDMONTON, AB, T5S 0A8
(780) 451-3910   SIC 5013

UAP INC p102
3404 78 Ave Nw Suite 561, EDMONTON, AB, T6B 2X9
(780) 465-8010   SIC 5013

UAP INC p142
5205 65 St, LLOYDMINSTER, AB, T9V 2E8
(780) 875-7712   SIC 5013

UAP INC p144
2111 9 Ave Sw, MEDICINE HAT, AB, T1A 8M9
(403) 526-2244   SIC 5013

UAP INC p230
9325 200 St Unit 100, LANGLEY, BC, V1M 3A7
(604) 513-9458   SIC 5013

UAP INC p334
555 Ardersier Rd, VICTORIA, BC, V8Z 1C8
(250) 382-5184   SIC 5013

UAP INC p384
1777 Ellice Ave, WINNIPEG, MB, R3H 0B4
(204) 779-6200   SIC 5013

UAP INC p409
325 Edinburgh Dr, MONCTON, NB, E1E 4A6
(506) 857-0575   SIC 5013

UAP INC p526
17 Woodyatt Dr, BRANTFORD, ON, N3R 7K3
(519) 752-5421   SIC 5013

UAP INC p548
1090 Fountain St N Unit 12-13, CAMBRIDGE, ON, N3H 4R7
(519) 653-3427   SIC 5013

UAP INC p652
2405 Scanlan St, LONDON, ON, N5W 6G9
(519) 455-3440   SIC 5013

UAP INC p717
6895 Menway Crt Suite 963, MISSISSAUGA, ON, L5S 1W2
(905) 612-0032   SIC 5013

UAP INC p838
750 Birchmount Rd Suite 53, SCARBOROUGH, ON, M1K 5H7
(416) 752-8543   SIC 5013

UAP INC p1069
2500 Rue De La Metropole, LONGUEUIL, QC, J4G 1E6
(514) 251-2348   SIC 5013

UAP INC p1069
400 Rue Jean-Neveu, LONGUEUIL, QC, J4G 1N8
(450) 463-2353   SIC 5013

UAP INC p1087
2095 Av Haig, Montreal, QC, H1N 3E2
(514) 252-1127   SIC 5013

UAP INC p1211
4915 Boul De La Cote-Vertu, SAINT-LAURENT, QC, H4S 1E1
(514) 332-3130   SIC 5013

UAP INC p1211
1080 Montee De Liesse, SAINT-LAURENT, QC, H4S 1J4
(514) 332-1003   SIC 5013

UAP INC p1283
565 Park St, REGINA, SK, S4N 5B2
SIC 5013

UNI-SELECT EASTERN INC p94
11754 170 St Nw, EDMONTON, AB, T5S 1J7
(780) 452-2440   SIC 5013

UNI-SELECT INC p185
8000 Winston St, BURNABY, BC, V5A 2H5
SIC 5013

UNI-SELECT INC p409
80 Rooney Cres, MONCTON, NB, E1E 4M3
(506) 857-8150   SIC 5013

UNI-SELECT INC p517
145 Walker Dr Suite 1, BRAMPTON, ON, L6T 5P5
(905) 789-0115   SIC 5013

UNI-SELECT INC p1252
3125 Boul Gene-H.-Kruger Bureau 1624, Trois-Rivieres, QC, G9A 4M2
(819) 378-2871   SIC 5013

UNI-SELECT PACIFIC INC p203
91 Glacier St, COQUITLAM, BC, V3K 5Z1
(604) 472-4900   SIC 5013
VOLKSWAGEN GROUP CANADA INC p268
21720 Fraserwood Way, RICHMOND, BC, V6W 1J6
(604) 233-9000   SIC 5013
WHITE & PETERS LTD p203
1368 United Blvd Unit 101, COQUITLAM, BC, V3K 6Y2
(604) 526-4641   SIC 5013
WILFRID POIRIER LTEE p1039
165 Rue Jean-Proulx Bureau 1, GATINEAU, QC, J8Z 1T4
SIC 5013

SIC 5014 Tires and tubes

ATLAS TIRE WHOLESALE INC p717
6200 Tomken Rd, MISSISSAUGA, ON, L5T 1X7
(905) 670-7354   SIC 5014
BRIDGESTONE CANADA INC p229
20146 100a Ave, LANGLEY, BC, V1M 3G2
(604) 530-4162   SIC 5014
BRIDGESTONE CANADA INC p713
5770 Hurontario St Suite 400, MISSISSAUGA, ON, L5R 3G5
(877) 468-6270   SIC 5014
BRIDGESTONE CANADA INC p1153
120 Av Saint-Sacrement, Quebec, QC, G1N 3X6
(418) 681-0511   SIC 5014
CANADIAN TIRE p595
4792 Bank Street, GLOUCESTER, ON, K1T 3W7
(613) 822-2163   SIC 5014
DEALER TIRE CANADA ULC p514
30 Driver Rd Suite 1, BRAMPTON, ON, L6T 5V2
(905) 458-1752   SIC 5014
DYNAMIC TIRE CORP p692
3161 Wharton Way, MISSISSAUGA, ON, L4X 2B7
(905) 625-1600   SIC 5014
ENTREPRISES SYLVIE DROLET INC p1234
1555 Rue Trudel Bureau 131, SHAWINIGAN, QC, G9N 8K8
(819) 537-3888   SIC 5014
FOUNTAIN TIRE LTD p96
13520 156 St Nw, EDMONTON, AB, T5V 1L3
(780) 463-2404   SIC 5014
GROUPE TOUCHETTE INC p947
370 Caldari Rd, VAUGHAN, ON, L4K 4J4
(905) 761-2023   SIC 5014
HERCULES TIRE INTERNATIONAL INC p638
155 Ardelt Ave, KITCHENER, ON, N2C 2E1
(519) 885-3100   SIC 5014
LES PLACEMENTS J.G. BERNARD LTEE p1241
5040 Boul Industriel, SHERBROOKE, QC, J1R 0P4
(819) 564-2966   SIC 5014
MICHELIN AMERIQUE DU NORD (CANADA) INC p1020
2500 Boul Daniel-Johnson Bureau 500, Cote Saint-Luc, QC, H7T 2P6
(450) 978-4700   SIC 5014
NATIONAL TIRE DISTRIBUTORS INC p534
5035 South Service Rd 4th Fl, BURLINGTON, ON, L7L 6M9
(877) 676-0007   SIC 5014
O.K. TIRE STORES INC p720
520 Abilene Dr, MISSISSAUGA, ON, L5T 2H7
(905) 564-5171   SIC 5014
O.K. TIRE STORES INC p995
19101 Av Clark-Graham, Baie-D'Urfe, QC, H9X 3P5
(514) 457-5275   SIC 5014
O.K. TIRE STORES INC p1300

3240 Idylwyld Dr N Suite 103, SASKATOON, SK, S7L 5Y7
(306) 933-1115   SIC 5014
PIRELLI PNEUS INC p1204
1111 Boul Dr.-Frederik-Philips Bureau 506, SAINT-LAURENT, QC, H4M 2X6
(514) 331-4241   SIC 5014
PNEUS EXPRESS INC, LES p1129
1333 Nord Laval A-440 O, Montreal, QC, H7L 3W3
(450) 668-0463   SIC 5014
PNEUS ROBERT BERNARD LTEE, LES p1219
765 Rue Principale E, SAINT-PAUL-D'ABBOTSFORD, QC, J0E 1A0
(450) 379-5757   SIC 5014
PNEUS SOUTHWARD LTEE p1210
5125 Boul De La Cote-Vertu, SAINT-LAURENT, QC, H4S 1E3
(514) 335-2800   SIC 5014
REGIONAL TIRE DISTRIBUTORS INC p97
16408 121a Ave Nw, EDMONTON, AB, T5V 1J9
(780) 483-1391   SIC 5014
SERVICE DE PNEUS LAVOIE OUTAOUAIS INC p1038
27 Rue Mangin, GATINEAU, QC, J8Y 3L8
(819) 568-2161   SIC 5014
SERVICE DE PNEUS SALOIS INC p1133
9970 Av Des Recollets, MONTREAL-NORD, QC, H1H 4E5
(514) 321-7511   SIC 5014
T MACRAE FAMILY SALES LTD p247
1350 Main St Suite 601, NORTH VANCOUVER, BC, V7J 1C6
(604) 982-9101   SIC 5014

SIC 5015 Motor vehicle parts, used

ALTROM AUTO GROUP LTD p833
1995 Markham Rd, SCARBOROUGH, ON, M1B 2W3
(416) 281-8600   SIC 5015
GPS PRODUCTS INC p953
622 Frieburg Dr, WATERLOO, ON, N2T 2Y4
(519) 885-7235   SIC 5015
LORDCO PARTS LTD p329
483 Burnside Rd E, VICTORIA, BC, V8T 2X4
(250) 380-9956   SIC 5015
UAP INC p94
17310 111 Ave Nw Suite 239, EDMONTON, AB, T5S 0A8
(780) 455-9151   SIC 5015
UAP INC p547
525 Boxwood Dr, CAMBRIDGE, ON, N3E 1A5
(519) 650-4444   SIC 5015
UAP INC p1298
2815 Faithfull Ave, SASKATOON, SK, S7K 8E8
(306) 244-8187   SIC 5015

SIC 5021 Furniture

3609022 CANADA INC p1129
4155 Chomedey A-13 E, Montreal, QC, H7P 0A8
(450) 628-4488   SIC 5021
AMEUBLEMENTS TANGUAY INC p1145
777 Rue Clemenceau, Quebec, QC, G1C 7T9
(418) 666-4411   SIC 5021
AMEUBLEMENTS TANGUAY INC p1188
8955 Boul Lacroix, SAINT-GEORGES, QC, G5Y 5E2
(418) 226-4411   SIC 5021
ARTICLES MENAGERS DURA INC p1228
2105 Boul Dagenais O, SAINTE-ROSE, QC, H7L 5W9
(450) 622-3872   SIC 5021
ATLANTIC BUSINESS INTERIORS LIMITED

p450
30 Troop Ave, DARTMOUTH, NS, B3B 1Z1
(902) 468-3200   SIC 5021
GESTION MAISON ETHIER INC p1198
126 Rue Jacques-Cartier N, SAINT-JEAN-SUR-RICHELIEU, QC, J3B 6S5
(450) 346-1090   SIC 5021
GLOBAL UPHOLSTERY CO. INC p559
177 Snidercroft Rd Suite A, CONCORD, ON, L4K 2J8
(905) 660-5101   SIC 5021
GLOBAL UPHOLSTERY CO. INC p1115
980 Rue Saint-Antoine O Bureau 200, Montreal, QC, H3C 1A8
(514) 866-4331   SIC 5021
GRAND & TOY LIMITED p24
37 Aero Dr Ne, CALGARY, AB, T2E 8Z9
(403) 250-9700   SIC 5021
GRAND & TOY LIMITED p992
7751 Boul Louis-H.-Lafontaine, ANJOU, QC, H1K 4E4
(514) 353-2000   SIC 5021
GROUPE BMTC INC p1049
16975 Rte Transcanadienne, KIRKLAND, QC, H9J 5J1
(514) 697-9228   SIC 5021
GROUPE CANTREX NATIONWIDE INC p694
405 Britannia Rd E Suite 206, MISSISSAUGA, ON, L4Z 3E6
SIC 5021
HERMAN MILLER CANADA, INC p311
1035 Pender St W Suite 100, VANCOUVER, BC, V6E 2M6
(604) 683-8300   SIC 5021
HERMAN MILLER CANADA, INC p929
462 Wellington St W Suite 200, TORONTO, ON, M5V 1E3
(416) 366-3300   SIC 5021
J. D. IRVING, LIMITED p414
225 Thorne Ave, Saint John, NB, E2J 1W8
(506) 658-8000   SIC 5021
MEGA GROUP INC p1004
1070 Rue Lionel-Daunais Bureau 200, BOUCHERVILLE, QC, J4B 8R6
(450) 449-9007   SIC 5021
PARK AVENUE FURNITURE CORPORATION p561
61 Rayette Rd, CONCORD, ON, L4K 2E8
SIC 5021
TEKNION FURNITURE SYSTEMS CO. LIMITED p756
1150 Flint Rd, NORTH YORK, ON, M3J 2J5
(416) 661-3370   SIC 5021
TRANSPORT TFI 21, S.E.C. p1211
8801 Rte Transcanadienne Bureau 500, SAINT-LAURENT, QC, H4S 1Z6
(514) 856-7500   SIC 5021

SIC 5023 Homefurnishings

ACIER INOXYDABLE PINACLE INC p1208
4665 Rue Cousens, SAINT-LAURENT, QC, H4S 1X5
(514) 745-0360   SIC 5023
ALLIANCE MERCANTILE INC p189
3451 Wayburne Dr, BURNABY, BC, V5G 3L1
(604) 299-3566   SIC 5023
BOIS BSL INC p1079
1081 Boul Saint-Amour, MONT-JOLI, QC, G5H 3K8
(418) 775-5360   SIC 5023
BOUCLAIR INC p1200
1044 Boul Du Grand-Heron, Saint-Jerome, QC, J7Y 5K8
(450) 432-4474   SIC 5023
BOUTIQUE LINEN CHEST (PHASE II) INC p1130
1655 Boul Le Corbusier, Montreal, QC, H7S 1Z3
(450) 681-9090   SIC 5023
BUCKWOLD WESTERN LTD p16
6313 30 St Se, CALGARY, AB, T2C 1R4

(403) 279-2636   SIC 5023
BUCKWOLD WESTERN LTD p96
12843 153 St Nw, EDMONTON, AB, T5V 0B6
(780) 447-1539   SIC 5023
BUCKWOLD WESTERN LTD p209
10207 Nordel Crt, DELTA, BC, V4G 1J9
(604) 583-2355   SIC 5023
BUCKWOLD WESTERN LTD p372
70 Plymouth St, WINNIPEG, MB, R2X 2V7
(204) 633-7572   SIC 5023
CENTURA (HAMILTON) LIMITED p614
140 Nebo Rd, HAMILTON, ON, L8W 2E4
(905) 383-5100   SIC 5023
CENTURA QUEBEC LTEE p1155
2699 Av Watt, Quebec, QC, G1P 3X3
(418) 653-5267   SIC 5023
DECOLIN INC p1096
9150 Av Du Parc, Montreal, QC, H2N 1Z2
(514) 384-2910   SIC 5023
ENESCO CANADA CORPORATION p718
989 Derry Rd E Suite 303, MISSISSAUGA, ON, L5T 2J8
(905) 673-9200   SIC 5023
FORBO FLOORING SYSTEMS p582
111 Westmore Dr, ETOBICOKE, ON, M9V 3Y6
(416) 745-4200   SIC 5023
FOX RUN CANADA CORP p559
460 Applewood Cres Suite 2, CONCORD, ON, L4K 4Z3
(905) 669-4145   SIC 5023
GEORGE COUREY INC p1127
6620 Rue Ernest-Cormier, Montreal, QC, H7C 2T5
(450) 661-6620   SIC 5023
GESCO INDUSTRIES INC p514
50 Kenview Blvd, BRAMPTON, ON, L6T 5S8
(905) 789-3755   SIC 5023
GROUPE ACCENT-FAIRCHILD INC p716
195 Statesman Dr, MISSISSAUGA, ON, L5S 1X4
(905) 670-0351   SIC 5023
HIGHLAND FEATHER MANUFACTURING INC p843
171 Nugget Ave, SCARBOROUGH, ON, M1S 3B1
(416) 754-7443   SIC 5023
HUDSON'S BAY COMPANY p1001
3100 Av Des Grandes Tourelles, BOIS-BRIAND, QC, J7H 0A2
(450) 420-9872   SIC 5023
HUNTER DOUGLAS CANADA HOLDINGS INC p519
132 First Gulf Blvd, BRAMPTON, ON, L6W 4T7
(905) 796-7883   SIC 5023
INDUSTRIES MIDCON INC p1209
4505 Rue Cousens, SAINT-LAURENT, QC, H4S 1X5
(514) 956-9711   SIC 5023
LARSON-JUHL CANADA LTD p18
3504 72 Ave Se Suite 6, CALGARY, AB, T2C 1J9
(403) 279-8118   SIC 5023
LARSON-JUHL CANADA LTD p694
416 Watline Ave, MISSISSAUGA, ON, L4Z 1X2
(905) 890-1234   SIC 5023
LIBERTY HOME PRODUCTS CORP p1209
1450 Rue Saint-Amour, SAINT-LAURENT, QC, H4S 1J3
(514) 336-2943   SIC 5023
M. BLOCK CANADA, ULC p943
134 Bethridge Rd, TORONTO, ON, M9W 1N3
(705) 252-6471   SIC 5023
MULTY HOME LP p561
100 Pippin Rd, CONCORD, ON, L4K 4X9
(905) 760-3737   SIC 5023
NATIONAL ART LIMITED p461
5426 Portland Pl, HALIFAX, NS, B3K 1A1
SIC 5023
QUALITY CRAFT LTD p282

17750 65a Ave Unit 301, SURREY, BC, V3S 5N4
(604) 575-5550   SIC 5023
RHI CANADA INC   p1005
1465 Rue Graham-Bell, BOUCHERVILLE, QC, J4B 6A1
(450) 641-1730   SIC 5023
RPM CANADA   p958
95 Sunray St, WHITBY, ON, L1N 9C9
(905) 430-3333   SIC 5023
WEBER-STEPHEN (CANADA) COMPANY p972
1 Roybridge Gate, WOODBRIDGE, ON, L4H 4E6
(905) 850-8999   SIC 5023

SIC 5031 Lumber, plywood, and millwork

AFA FOREST PRODUCTS INC   p651
98 Clarke Rd, LONDON, ON, N5W 5M9
(519) 457-2311   SIC 5031
ALL WEATHER WINDOWS LTD   p364
124 Terracon Pl, WINNIPEG, MB, R2J 4G7
(204) 947-2433   SIC 5031
ASPEN PLANERS LTD   p284
12770 116 Ave, SURREY, BC, V3V 7H9
(604) 580-2240   SIC 5031
BOIS EXPANSION INC   p1198
285 Rue Carreau, SAINT-JEAN-SUR-RICHELIEU, QC, J3B 7Z7
(450) 358-4008   SIC 5031
BOIS GOODFELLOW (MARITIMES) LTEE p1022
225 Rue Goodfellow, DELSON, QC, J5B 1V5
(450) 635-6511   SIC 5031
BROWN & RUTHERFORD CO LTD   p371
5 Sutherland Ave, WINNIPEG, MB, R2W 3B6
(204) 942-0701   SIC 5031
C.A. SPENCER INC   p1129
2930 Boul Dagenais O, Montreal, QC, H7P 1T1
(450) 622-2420   SIC 5031
CANADIAN FOREST PRODUCTS LTD p214
9312 259 Rd Lcd Main, FORT ST. JOHN, BC, V1J 4M6
(250) 787-3600   SIC 5031
CANADIAN FOREST PRODUCTS LTD p264
1920 Brownmiller Rd, QUESNEL, BC, V2J 6S1
SIC 5031
CANADIAN FOREST PRODUCTS LTD p325
2996 Mccorvie Rd, VAVENBY, BC, V0E 3A0
(250) 676-9518   SIC 5031
CANWEL BUILDING MATERIALS LTD p450
120 Ilsley Ave, DARTMOUTH, NS, B3B 1S7
(902) 468-8585   SIC 5031
COMPAGNIE COMMONWEALTH PLYWOOD LTEE, LA   p584
25 Dansk Crt, ETOBICOKE, ON, M9W 5N6
(416) 675-3266   SIC 5031
COMPAGNIE COMMONWEALTH PLYWOOD LTEE, LA   p1003
100 Rue De Vaudreuil, BOUCHERVILLE, QC, J4B 5G4
(514) 527-4581   SIC 5031
COMPAGNIE COMMONWEALTH PLYWOOD LTEE, LA   p1164
5300 Rue Armand-Viau, Quebec, QC, G2C 1Y7
(418) 872-2879   SIC 5031
COMPAGNIE DU BOIS FRANC DZD INC, LA p1200
450 Boul Roland-Godard, Saint-Jerome, QC, J7Y 4G8
(450) 431-1643   SIC 5031
CP DISTRIBUTORS LTD   p16
3900 106 Ave Se Suite 29, CALGARY, AB, T2C 5B6
(403) 253-2006   SIC 5031
CREATIVE DOOR SERVICES LTD   p362
64 Hoka St, WINNIPEG, MB, R2C 3N2

(204) 224-1224   SIC 5031
DIMENSIONS PORTES ET FENETRES INC p1001
4065 Rue Alfred-Laliberte, BOISBRIAND, QC, J7H 1P7
(450) 430-4486   SIC 5031
DUMAS CANADA INC   p1184
195 Rue Du Parc-Industriel Rr 1, Saint-Come-Liniere, QC, G0M 1J0
(418) 685-3633   SIC 5031
EACOM TIMBER CORPORATION   p884
823 Birch St, TIMMINS, ON, P4N 7E3
(705) 267-1000   SIC 5031
ELDORADO PLYWOOD SPECIALTIES INC p642
40 Dumart Pl, KITCHENER, ON, N2K 3C7
(519) 742-7011   SIC 5031
EUROLINE WINDOWS INC   p334
3352 Tennyson Ave, VICTORIA, BC, V8Z 3P6
(250) 383-8465   SIC 5031
FORESBEC INC   p1186
484 Rang Brodeur, Saint-Eugene-de-Grantham, QC, J0C 1J0
(819) 477-8787   SIC 5031
GOODFELLOW INC   p17
5375 50 St Se Unit 11, CALGARY, AB, T2C 3W1
(403) 252-9638   SIC 5031
GOODFELLOW INC   p409
660 Edinburgh Dr, MONCTON, NB, E1E 4C6
(506) 857-2134   SIC 5031
GOODFELLOW INC   p451
20 Vidito Dr, DARTMOUTH, NS, B3B 1P5
(902) 468-2256   SIC 5031
GOODFELLOW INC   p548
9184 Twiss Rd, CAMPBELLVILLE, ON, L0P 1B0
(905) 854-5800   SIC 5031
GOODFELLOW INC   p795
3091 Albion Rd N, OTTAWA, ON, K1V 9V9
(613) 244-3169   SIC 5031
GROUPE CRETE DIVISION ST-FAUSTIN INC   p1249
6115 Rue Corbeil, Trois-Rivieres, QC, G8Z 4S6
(819) 840-2800   SIC 5031
GUNTHER'S BUILDING CENTER LTD p60
2100 10 Ave Sw, CALGARY, AB, T3C 0K5
(403) 245-3311   SIC 5031
HARDWOODS SPECIALTY PRODUCTS LP p234
27321 58 Cres, LANGLEY, BC, V4W 3W7
(604) 856-1111   SIC 5031
JELD-WEN OF CANADA, LTD.   p234
4916 275 St, LANGLEY, BC, V4W 0A3
(604) 857-6500   SIC 5031
KINNEAR INDUSTRIES CORPORATION LIMITED   p694
254 Matheson Blvd E, MISSISSAUGA, ON, L4Z 1P5
(905) 890-1402   SIC 5031
KITCHEN CRAFT OF CANADA   p110
2866 Calgary Trail Nw Suite 2862, EDMONTON, AB, T6J 6V7
(780) 465-6531   SIC 5031
KOTT LUMBER COMPANY   p730
3228 Moodie Dr, NEPEAN, ON, K2J 4S8
(613) 838-2775   SIC 5031
LAUZON - PLANCHERS DE BOIS EXCLUSIFS INC   p1137
2101 Cote Des Cascades, PAPINEAUVILLE, QC, J0V 1R0
(819) 427-5144   SIC 5031
LES PORTES ISOLEX INC   p998
1200 Rue Bernard-Pilon, BELOEIL, QC, J3G 1V1
(450) 536-3063   SIC 5031
MCFADDEN'S HARDWOOD & HARDWARE INC   p1215
8935 Rue Pascal-Gagnon, SAINT-LEONARD, QC, H1P 1Z4
(514) 343-5414   SIC 5031

MERITCO INDUSTRIES LTD   p548
2675 Reid Side Rd, CAMPBELLVILLE, ON, L0P 1B0
(905) 854-2228   SIC 5031
METRIE CANADA LTD   p92
18150 109 Ave Nw, EDMONTON, AB, T5S 2K2
(780) 454-9681   SIC 5031
METRIE CANADA LTD   p452
200 Akerley Blvd, DARTMOUTH, NS, B3B 1Z9
(902) 468-9292   SIC 5031
METRIE CANADA LTD   p682
8100 Parkhill Dr, MILTON, ON, L9T 5V7
(416) 997-0519   SIC 5031
MOULURE ALEXANDRIA MOULDING INC p485
95 Lochiel St, ALEXANDRIA, ON, K0C 1A0
(613) 525-2784   SIC 5031
NICHOLSON AND CATES LIMITED   p542
15 Alabastine Ave, CALEDONIA, ON, N3W 1K9
(905) 765-5513   SIC 5031
OLYMPIC INDUSTRIES, INC   p248
221 Esplanade W Suite 402, NORTH VANCOUVER, BC, V7M 3J8
(604) 985-2115   SIC 5031
PELLETIER, RICHARD & FILS INC   p1242
4 Rue Saint-Marc, SQUATEC, QC, G0L 4H0
(418) 855-2951   SIC 5031
PLACAGES ST-RAYMOND INC   p1220
71 Rue Delaney, SAINT-RAYMOND, QC, G3L 2B3
(418) 337-4607   SIC 5031
QUALITY HARDWOODS LTD   p818
196 Latour Cres Rr 3, POWASSAN, ON, P0H 1Z0
(705) 724-2424   SIC 5031
RLBS LIMITED   p700
3350 Wolfedale Rd, MISSISSAUGA, ON, L5C 1W4
(905) 275-1800   SIC 5031
ROYAL GROUP, INC   p1244
1085 Rue Des Cheminots Bureau 10, TERREBONNE, QC, J6W 0A1
(450) 668-5549   SIC 5031
SAWYER WOOD PRODUCTS INC   p352
Gd, OAK BLUFF, MB, R0G 1N0
SIC 5031
SKANA FOREST PRODUCTS LTD   p267
20800 Westminster Hwy Suite 1303, RICHMOND, BC, V6V 2W3
(604) 273-5441   SIC 5031
SKYREACH L&S EXTRUSIONS CORP p947
55 Freshway Dr, VAUGHAN, ON, L4K 1S1
(416) 663-1888   SIC 5031
SLEGG DEVELOPMENTS LTD   p337
2901 Sooke Rd, VICTORIA, BC, V9C 3W7
(250) 386-3667   SIC 5031
SLEGG LIMITED PARTNERSHIP   p242
4950 Jordan Ave, NANAIMO, BC, V9T 2H8
(250) 758-8329   SIC 5031
SLEGG LIMITED PARTNERSHIP   p275
2046 Keating Cross Rd, SAANICHTON, BC, V8M 2A6
(250) 652-1130   SIC 5031
SLEGG LIMITED PARTNERSHIP   p277
2030 Malaview Ave W, SIDNEY, BC, V8L 5X6
(250) 656-1125   SIC 5031
STRUCTURES BARRETTE INC   p1248
555 Rang Saint-Malo, Trois-Rivieres, QC, G8V 0A8
(819) 374-6061   SIC 5031
TAIGA BUILDING PRODUCTS LTD   p102
7605 67 St Nw, EDMONTON, AB, T6B 1R4
(780) 466-4224   SIC 5031
TAIGA BUILDING PRODUCTS LTD   p115
10120 17 St Nw, EDMONTON, AB, T6P 1V8
(780) 417-8306   SIC 5031
TAIGA BUILDING PRODUCTS LTD   p159
285230 Kleysen Way, ROCKY VIEW COUNTY, AB, T1X 0K1
(403) 279-0926   SIC 5031

TAIGA BUILDING PRODUCTS LTD   p682
520 Harrop Dr, MILTON, ON, L9T 3H2
(905) 878-8401   SIC 5031
THOMSON, PETER & SONS INC   p486
256 Victoria St W, ALLISTON, ON, L9R 1L9
(705) 435-3711   SIC 5031
THYSSENKRUPP MATERIALS CA, LTD p290
19044 95a Ave Suite 38, SURREY, BC, V4N 4P2
(604) 882-3493   SIC 5031
TOLKO INDUSTRIES LTD   p227
400 Beaver Lake Rd, KELOWNA, BC, V4V 1S5
(250) 766-1207   SIC 5031
UNITED FARMERS OF ALBERTA CO-OPERATIVE LIMITED   p133
Hwy 697, LA CRETE, AB, T0H 2H0
(780) 928-3088   SIC 5031
UPPER CANADA FOREST PRODUCTS LTD p183
5768 Trapp Ave App Ave, BURNABY, BC, V3N 5G4
(604) 522-3334   SIC 5031
VELCAN FOREST PRODUCTS INC   p782
1240 Skae Dr, OSHAWA, ON, L1J 7A1
(905) 571-2477   SIC 5031
VISSCHER LUMBER INC   p198
44565 Yale Rd Unit 6, CHILLIWACK, BC, V2R 4H2
(604) 858-3375   SIC 5031
WELCO LUMBER CORP   p188
4445 Lougheed Hwy Suite 1001, BURNABY, BC, V5C 0E4
(604) 732-1411   SIC 5031
WEST FRASER MILLS LTD   p264
1250 Brownmiller Rd, QUESNEL, BC, V2J 6P5
(250) 992-9244   SIC 5031
WEST FRASER TIMBER CO. LTD   p159
Gd Stn Main, ROCKY MOUNTAIN HOUSE, AB, T4T 1T1
(403) 845-5522   SIC 5031
WEST FRASER TIMBER CO. LTD   p176
910 Exeter Rd, 100 MILE HOUSE, BC, V0K 2E0
(250) 395-8200   SIC 5031
WEST FRASER TIMBER CO. LTD   p264
1250 Brownmiller Rd, QUESNEL, BC, V2J 6P5
(250) 992-9244   SIC 5031
WEYERHAEUSER COMPANY LIMITED p14
2719 3 Ave Ne, CALGARY, AB, T2A 6H1
SIC 5031
WEYERHAEUSER COMPANY LIMITED p128
Gd Stn Main, GRANDE PRAIRIE, AB, T8V 3A9
(780) 539-8500   SIC 5031

SIC 5032 Brick, stone, and related material

059884 N.B. INC   p414
1360 Rothesay Rd, SAINT JOHN, NB, E2H 2J1
(506) 633-1200   SIC 5032
100496 P.E.I. INC   p982
420 Mount Edward Rd, CHARLOTTETOWN, PE, C1E 2A1
(902) 368-3442   SIC 5032
543077 ALBERTA LTD   p115
305 116 Ave Nw, EDMONTON, AB, T6S 1G3
(780) 467-2627   SIC 5032
BARKMAN CONCRETE LTD   p366
909 Gateway Rd, WINNIPEG, MB, R2K 3L1
(204) 667-3310   SIC 5032
BETON BARRETTE INC   p1253
1000 Boul Barrette, VAL-D'OR, QC, J9P 0J8
(819) 825-8112   SIC 5032
BETONS PREFABRIQUES TRANS-CANADA INC   p1186
454 Rang De L'Eglise, Saint-Eugene-de-Grantham, QC, J0C 1J0

(819) 396-2624 SIC 5032
CALEDON SAND & GRAVEL INC p506
14442 Regional Road 50 Suite 50, BOLTON, ON, L7E 3E2
(905) 951-2244 SIC 5032
CALEDON SAND & GRAVEL INC p542
17847 Hurontario St, CALEDON VILLAGE, ON, L7K 1X2
(519) 927-5224 SIC 5032
CANWEL BUILDING MATERIALS LTD p998
651 Boul Industriel, BLAINVILLE, QC, J7C 3V3
(450) 435-6911 SIC 5032
CCTF CORPORATION p99
5407 53 Ave Nw, EDMONTON, AB, T6B 3G2
(780) 463-8700 SIC 5032
CENTURA (TORONTO) LIMITED p659
993 Adelaide St S, LONDON, ON, N6E 1R5
(519) 681-1961 SIC 5032
CENTURA (TORONTO) LIMITED p759
53 Apex Rd, NORTH YORK, ON, M6A 2V6
(416) 785-5165 SIC 5032
CENTURA (VANCOUVER) LIMITED p189
4616 Canada Way, BURNABY, BC, V5G 1K5
(604) 298-8453 SIC 5032
CERATEC INC p1153
414 Av Saint-Sacrement, Quebec, QC, G1N 3Y3
(418) 681-0101 SIC 5032
CERATEC INC p1204
1620 Boul Jules-Poitras, SAINT-LAURENT, QC, H4N 1Z3
(514) 956-0341 SIC 5032
CIOT MONTREAL INC p1096
9151 Boul Saint-Laurent, Montreal, QC, H2N 1N2
(514) 317-6430 SIC 5032
CRH CANADA GROUP INC p617
886 Nebo Rd, HANNON, ON, L0R 1P0
(905) 679-3994 SIC 5032
CRH CANADA GROUP INC p1231
189 Rue Des Betonnieres, SALABERRY-DE-VALLEYFIELD, QC, J6S 0A5
(450) 373-3322 SIC 5032
CRYSTAL TILE & MARBLE LTD p759
27 Dufflaw Rd, NORTH YORK, ON, M6A 2W2
(416) 782-4380 SIC 5032
DAL-TILE OF CANADA ULC p558
40 Graniteridge Rd Suite 1, CONCORD, ON, L4K 5M8
(905) 738-2099 SIC 5032
DAUBOIS INC p543
1501 Whistle Bare Rd, CAMBRIDGE, ON, N1R 5S3
(416) 787-4917 SIC 5032
DICK, JAMES CONSTRUCTION LIMITED p506
14442 Regional Rd 50, BOLTON, ON, L7E 3E2
(905) 857-3500 SIC 5032
FERMAR CRUSHING & RECYCLING LTD p585
1921 Albion Rd, ETOBICOKE, ON, M9W 5S8
(416) 675-3550 SIC 5032
FLATWORKS INDUSTRIES WEST LTD p91
22230 115 Ave Nw, EDMONTON, AB, T5S 2N7
SIC 5032
GALLANT AGGREGATES LIMITED p454
100 Bedrock Lane, ELMSDALE, NS, B2S 2B1
(902) 883-3020 SIC 5032
GESTION GUY GERVAIS INC p1124
1370 Rue Chabanel O, Montreal, QC, H4N 1H4
(514) 384-5590 SIC 5032
GRANILAC INC p1150
70 Rue Saint-Paul, Quebec, QC, G1K 3V9
(418) 692-4419 SIC 5032
GROUPE GIROUX MACONNEX INC p1016
2223 Boul Saint-Paul, CHICOUTIMI, QC, G7K 1E5
(418) 549-7345 SIC 5032
KNELSEN SAND & GRAVEL LTD p65
489 Exploration Ave Se, CALGARY, AB, T3S 0B4
(403) 338-1911 SIC 5032
LAFARGE CANADA INC p18
115 Quarry Park Rd Se Suite 300, CALGARY, AB, T2C 5G9
(403) 225-5400 SIC 5032
LAFARGE CANADA INC p179
31601 Walmsley Ave, ABBOTSFORD, BC, V2T 6G5
(604) 856-8313 SIC 5032
LAFARGE CANADA INC p180
1080 Bradner Rd, ABBOTSFORD, BC, V4X 1H8
(604) 856-5521 SIC 5032
LAFARGE CANADA INC p202
22 Leeder St, COQUITLAM, BC, V3K 6P2
(604) 856-8313 SIC 5032
LAFARGE CANADA INC p298
268 E Kent Ave South, VANCOUVER, BC, V5X 4N6
(604) 322-3851 SIC 5032
LAFARGE CANADA INC p441
209 Kearney Lake Rd, ANNAPOLIS ROYAL, NS, B0S 1A0
(902) 532-5124 SIC 5032
LAFARGE CANADA INC p529
2080 Concession Rd 2, BRECHIN, ON, L0K 1B0
(705) 484-5881 SIC 5032
LAFARGE CANADA INC p560
7880 Keele St, CONCORD, ON, L4K 4G7
(905) 764-5260 SIC 5032
LAFARGE CANADA INC p682
575 Harrop Dr, MILTON, ON, L9T 3H3
(905) 876-4728 SIC 5032
LAFARGE CANADA INC p700
3520 Mavis Rd, MISSISSAUGA, ON, L5C 1T8
(905) 279-1608 SIC 5032
LAFARGE CANADA INC p731
6372 County Rd 9, NEW LOWELL, ON, L0M 1N0
(705) 446-2346 SIC 5032
LAFARGE CANADA INC p863
14204 Durham Rd 30, STOUFFVILLE, ON, L4A 3L4
(905) 738-7050 SIC 5032
LAFARGE CANADA INC p1212
4000 Rue Hickmore, SAINT-LAURENT, QC, H4T 1K2
(514) 344-1788 SIC 5032
LEHIGH HANSON MATERIALS LIMITED p18
2412 106 Ave Se, CALGARY, AB, T2C 3W5
(403) 279-5531 SIC 5032
LEHIGH HANSON MATERIALS LIMITED p96
15015 123 Ave Nw Suite 100, EDMONTON, AB, T5V 1J7
(780) 423-6300 SIC 5032
LEHIGH HANSON MATERIALS LIMITED p122
580 Memorial Dr, FORT MCMURRAY, AB, T9K 0N9
(780) 743-2180 SIC 5032
LEHIGH HANSON MATERIALS LIMITED p143
821 17 St Sw, MEDICINE HAT, AB, T1A 4X9
(403) 527-1303 SIC 5032
LEHIGH HANSON MATERIALS LIMITED p163
301 Petroleum Way, SHERWOOD PARK, AB, T8H 2G2
(780) 417-6776 SIC 5032
LEHIGH HANSON MATERIALS LIMITED p266
13980 Mitchell Rd, RICHMOND, BC, V6V 1M8
(604) 324-8191 SIC 5032
LEHIGH HANSON MATERIALS LIMITED p277
5784 Sechelt Inlet Rd, SECHELT, BC, V0N 3A3
(604) 885-7595 SIC 5032
LEHIGH HANSON MATERIALS LIMITED p304
Gd, VANCOUVER, BC, V6B 3W6
(604) 269-6440 SIC 5032
LEHIGH HANSON MATERIALS LIMITED p319
1280 77th Ave W, VANCOUVER, BC, V6P 3G8
(604) 269-6501 SIC 5032
LEHIGH HANSON MATERIALS LIMITED p319
9265 Oak St, VANCOUVER, BC, V6P 4B8
(604) 269-6700 SIC 5032
LEHIGH HANSON MATERIALS LIMITED p329
611 Bay St, VICTORIA, BC, V8T 1P5
(250) 382-8121 SIC 5032
LEHIGH HANSON MATERIALS LIMITED p370
2494 Ferrier St, WINNIPEG, MB, R2V 4P6
(204) 334-6002 SIC 5032
LEHIGH HANSON MATERIALS LIMITED p370
2494 Ferrier St, WINNIPEG, MB, R2V 4P6
(204) 339-9213 SIC 5032
LEHIGH HANSON MATERIALS LIMITED p1302
136 107th St E, SASKATOON, SK, S7N 3A5
(306) 374-9434 SIC 5032
MAYCO MIX LTD p243
1125 Cedar Rd, NANAIMO, BC, V9X 1K9
(250) 722-0064 SIC 5032
MSI STONE ULC p709
2140 Meadowpine Blvd, MISSISSAUGA, ON, L5N 6H6
(905) 812-6100 SIC 5032
NATIONAL CONCRETE ACCESSORIES CANADA INC p87
14760 116 Ave Nw, EDMONTON, AB, T5M 3G1
(780) 451-1212 SIC 5032
OLYMPIA TILE INTERNATIONAL INC p187
2350 Willingdon Ave, BURNABY, BC, V5C 5J6
(604) 294-2244 SIC 5032
OLYMPIA TILE INTERNATIONAL INC p1212
555 Rue Locke, SAINT-LAURENT, QC, H4T 1X7
(514) 345-8666 SIC 5032
PACIFIC WEST SYSTEMS SUPPLY LTD p85
14735 Yellowhead Trail Nw, EDMONTON, AB, T5L 3C4
(780) 452-5202 SIC 5032
PROULX, G. INC p1165
5275 Boul Wilfrid-Hamel Bureau 180, Quebec, QC, G2E 5M7
(418) 871-4300 SIC 5032
S.A.E. INVESTMENTS INC p498
15 Sarjeant Dr, BARRIE, ON, L4N 4V9
(705) 728-2460 SIC 5032
SABLES OLIMAG INC, LES p1246
725 Rue Caouette O, THETFORD MINES, QC, G6G 8C5
(418) 338-4425 SIC 5032
SABLIERE DRAPEAU (1986) INC p1015
205 Boul Du Royaume E, CHICOUTIMI, QC, G7H 5H2
(418) 549-0532 SIC 5032
SANTAFIORA PIETRE INTERNATIONAL INC p185
5338 Goring St, BURNABY, BC, V5B 3A3
(604) 430-8037 SIC 5032
SHOEMAKER DRYWALL SUPPLIES LTD p113
10050 29a Ave Nw, EDMONTON, AB, T6N 1A8
(780) 463-7413 SIC 5032
SHOEMAKER DRYWALL SUPPLIES LTD p366
235 De Baets St, WINNIPEG, MB, R2J 4A8
(204) 633-8747 SIC 5032
SUREWAY CONTRACTING LTD p115
7331 18 St Nw, EDMONTON, AB, T6P 1P9
(780) 449-4617 SIC 5032
TEMPO TILE LTD p762
853 Garyray Dr, NORTH YORK, ON, M9L 1R2
(416) 663-5065 SIC 5032
TIERRA SOL CERAMIC TILE LTD p188
4121 Halifax St, BURNABY, BC, V5C 3X3
(604) 435-5400 SIC 5032

SIC 5033 Roofing, siding, and insulation

518162 ALBERTA INC p828
272 St Andrew St, SARNIA, ON, N7T 8G8
(519) 336-9590 SIC 5033
577830 B.C. LTD p283
13237 King George Blvd, SURREY, BC, V3T 2T3
(604) 585-9955 SIC 5033
BEACON ROOFING SUPPLY CANADA COMPANY p557
8400 Keele St Unit 1, CONCORD, ON, L4K 2A6
(905) 761-1762 SIC 5033
BUHLER VERSATILE INDUSTRIES p1294
North Corman Industrial Park, SASKATOON, SK, S7K 0A1
(306) 931-3000 SIC 5033
CROWE INDUSTRIES LTD p609
116 Burris St, HAMILTON, ON, L8M 2J5
SIC 5033
GLASSCELL ISOFAB INC p585
1000 Martin Grove Rd Suite 1, ETOBICOKE, ON, M9W 4V8
(416) 241-8663 SIC 5033
GLASSCELL ISOFAB INC p828
272 St Andrew St, SARNIA, ON, N7T 8G8
(519) 336-6444 SIC 5033
GLASSCELL ISOFAB INC p1082
5760 Ch De La Cote-De-Liesse, MONTROYAL, QC, H4T 1B1
(514) 738-1916 SIC 5033
MATERIAUX DE CONSTRUCTION KP LTEE p682
2700 Highpoint Dr, MILTON, ON, L9T 5G9
(905) 875-5336 SIC 5033
NEXEO SOLUTIONS CANADA CORP p114
1720 106 Ave Nw, EDMONTON, AB, T6P 1X9
(780) 417-9385 SIC 5033
OC CANADA HOLDINGS COMPANY p116
831 Hayter Rd Nw, EDMONTON, AB, T6S 1A1
(780) 472-6644 SIC 5033
PARKER KAEFER INC p412
115 Melissa St Unit 2, RICHIBUCTO ROAD, NB, E3A 6V9
(506) 459-7551 SIC 5033
PRODUITS POUR TOITURES FRANSYL LTEE p1244
671 Rue Leveille, TERREBONNE, QC, J6W 1Z9
(450) 492-2392 SIC 5033
ROOFMART HOLDINGS LIMITED p520
305 Rutherford Rd S, BRAMPTON, ON, L6W 3R5
(905) 453-7870 SIC 5033
SUPERIOR PLUS LP p97
12416 184 St Nw, EDMONTON, AB, T5V 1T4
(780) 452-4966 SIC 5033
SUPERIOR PLUS LP p863
6 Sangster Rd, STOUFFVILLE, ON, L4A 7X4
(905) 640-6811 SIC 5033
TC GREEN TRADING INC p1305
739 Bayview Close, SASKATOON, SK, S7V 1B7
(306) 612-3339 SIC 5033

SIC 5039 Construction materials, nec

SIC 5039 Construction materials, nec

3436080 CANADA INC p572
5 Duke St, ELMIRA, ON, N3B 2W2
SIC 5039

45TH STREET LIMITED PARTNERSHIP p1299
701 45th St W, SASKATOON, SK, S7L 5W5
(306) 934-0600   SIC 5039

AFA FOREST PRODUCTS INC p228
19822 101 Ave, LANGLEY, BC, V1M 3G6
(604) 513-4850   SIC 5039

ALL-FAB BUILDING COMPONENTS INC p1281
610 Henderson Dr, REGINA, SK, S4N 5X3
(306) 721-8131   SIC 5039

ALLMAR INC p86
11641 151 St Nw, EDMONTON, AB, T5M 4E6
(780) 447-1605   SIC 5039

ALLMAR INC p185
3085 Norland Ave, BURNABY, BC, V5B 3A9
(604) 299-7531   SIC 5039

ALSIP'S INDUSTRIAL PRODUCTS LTD p367
1 Cole Ave, WINNIPEG, MB, R2L 1J3
(204) 667-3330   SIC 5039

BARBER GROUP INVESTMENTS INC p599
485 Southgate Dr, GUELPH, ON, N1G 3W6
SIC 5039

BEACON ROOFING SUPPLY CANADA COMPANY p1139
13145 Rue Prince-Arthur, POINTE-AUX-TREMBLES, QC, H1A 1A9
(514) 642-8691   SIC 5039

BEAUCHESNE, EDOUARD (1985) INC p1217
3211 Rue De L'industrie, SAINT-MATHIEU-DE-BELOEIL, QC, J3G 4S5
(450) 467-8776   SIC 5039

BIRD, J.W. AND COMPANY LIMITED p399
670 Wilsey Rd, FREDERICTON, NB, E3B 7K4
(506) 453-9915   SIC 5039

BROCK WHITE CANADA COMPANY, LLC p16
4880 104 Ave Se, CALGARY, AB, T2C 2H3
(403) 279-2710   SIC 5039

BROCK WHITE CANADA COMPANY, LLC p90
21359 115 Ave Nw, EDMONTON, AB, T5S 0K5
(780) 447-1774   SIC 5039

BROCK WHITE CANADA COMPANY, LLC p95
12959 156 St Nw, EDMONTON, AB, T5V 0A2
(780) 451-1580   SIC 5039

BROCK WHITE CANADA COMPANY, LLC p285
7678 132 St, SURREY, BC, V3W 4M9
(604) 576-9131   SIC 5039

BROCK WHITE CANADA COMPANY, LLC p372
879 Keewatin St, WINNIPEG, MB, R2X 2S7
(204) 772-3991   SIC 5039

CANAC-MARQUIS GRENIER LTEE p1146
947 Av Royale, Quebec, QC, G1E 1Z9
(418) 667-1729   SIC 5039

CANWEL BUILDING MATERIALS LTD p16
9229 Barlow Trail Se, CALGARY, AB, T2C 2N8
(403) 279-7108   SIC 5039

CANWEL BUILDING MATERIALS LTD p86
11553 154 St Nw, EDMONTON, AB, T5M 3N7
(780) 452-5395   SIC 5039

CANWEL BUILDING MATERIALS LTD p234
5350 275 St, LANGLEY, BC, V4W 0C1
(604) 607-6888   SIC 5039

CANWEL BUILDING MATERIALS LTD p284
9815 Robson Rd, SURREY, BC, V3V 2R9
(604) 585-2511   SIC 5039

CANWEL BUILDING MATERIALS LTD p310
1055 West Georgia St Suite 1100, VANCOUVER, BC, V6E 3P3
(604) 432-1400   SIC 5039

CANWEL BUILDING MATERIALS LTD p365
350 De Baets St, WINNIPEG, MB, R2J 0H4
(204) 633-4890   SIC 5039

CANWEL BUILDING MATERIALS LTD p372
1330 Inkster Blvd, WINNIPEG, MB, R2X 1P7
(204) 633-7003   SIC 5039

CANWEL BUILDING MATERIALS LTD p1077
50 Rue Saint-Denis, Maskinonge, QC, J0K 1N0
(819) 227-4449   SIC 5039

CARON & GAGNON LTEE p1073
171 Av Dalcourt, LOUISEVILLE, QC, J5V 1A6
SIC 5039

COASTAL DOOR & FRAME INC p450
40 Raddall Ave, DARTMOUTH, NS, B3B 1T2
(902) 468-2333   SIC 5039

COMPAGNIE COMMONWEALTH PLYWOOD LTEE, LA p1209
3500 Boul Pitfield, SAINT-LAURENT, QC, H4S 1W1
(514) 745-0260   SIC 5039

CONSOLIDATED GYPSUM SUPPLY LTD p57
4140 120 Ave Se, CALGARY, AB, T2Z 4H4
(403) 243-2633   SIC 5039

COPP BUILDING MATERIALS LIMITED p655
45 York St, LONDON, ON, N6A 1A4
(519) 679-9000   SIC 5039

CP DISTRIBUTORS LTD p99
4715 Eleniak Rd Nw, EDMONTON, AB, T6B 2N1
(780) 468-6754   SIC 5039

CP DISTRIBUTORS LTD p281
15050 54a Ave Suite 5, SURREY, BC, V3S 5X7
(604) 599-0900   SIC 5039

DOKA CANADA LTD./LTEE p506
12673 Coleraine Dr, BOLTON, ON, L7E 3B5
(905) 951-0225   SIC 5039

DOUBLE R BUILDING PRODUCTS LTD p3
1 Maple Leaf Rd, ALDERSYDE, AB, T0L 0A0
(403) 652-4011   SIC 5039

ENTREPRISES LISE LAVOIE INC, LES p1076
1407 Av De La Gare, MASCOUCHE, QC, J7K 3G6
(450) 474-0404   SIC 5039

ENTREPRISES P. BONHOMME LTEE, LES p1034
700 Rue Dollard, GATINEAU, QC, J8L 3H3
(819) 986-7155   SIC 5039

FBM CANADA GSD, INC p14
5155 48 Ave Se, CALGARY, AB, T2B 3S8
(403) 255-8157   SIC 5039

GIVESCO INC p1214
9495 Rue Pascal-Gagnon, SAINT-LEONARD, QC, H1P 1Z4
(514) 327-7175   SIC 5039

GOODFELLOW INC p1163
5100 Rue John-Molson, Quebec, QC, G1X 3X4
(418) 650-5100   SIC 5039

GROUPE BMR INC p1003
1501 Rue Ampere Bureau 200, BOUCHERVILLE, QC, J4B 5Z5
(450) 655-2441   SIC 5039

GROUPE COOPERATIF DYNACO p1180
191 138 Rte, SAINT-AUGUSTIN-DE-DESMAURES, QC, G3A 0G2
(418) 878-2023   SIC 5039

GROUPE ROYAL INC p1244
1085 Rue Des Cheminots, TERREBONNE, QC, J6W 0A1
(450) 492-5080   SIC 5039

HOME DEPOT OF CANADA INC p1123
4625 Rue Saint-Antoine O, Montreal, QC, H4C 1E2
(514) 846-4770   SIC 5039

J. D. IRVING, LIMITED p983
139 Sackville St, MONTAGUE, PE, C0A 1R0
(902) 838-4291   SIC 5039

JELD-WEN OF CANADA, LTD. p96
12704 156 St Nw, EDMONTON, AB, T5V 1K2
SIC 5039

KAYCAN LTEE p1142
160 Av Oneida, POINTE-CLAIRE, QC, H9R 1A8
(514) 694-7200   SIC 5039

LAFARGE CANADA INC p286
7455 132 St Suite 200, SURREY, BC, V3W 1J8
(604) 502-7660   SIC 5039

LAFARGE CANADA INC p593
1649 Bearbrook Rd, GLOUCESTER, ON, K1B 1B8
(613) 837-4223   SIC 5039

LAFARGE CANADA INC p666
5650 Richmond Dr, LONG SAULT, ON, K0C 1P0
(613) 534-2673   SIC 5039

MATERIAUX AUDET INC p1155
2795 Boul Pere-Lelievre, Quebec, QC, G1P 2X9
(418) 681-6261   SIC 5039

MATERIAUX BOMAT INC p1068
1212 Ch Industriel, Levis, QC, G7A 1B1
(418) 831-4848   SIC 5039

MATERIAUX DE CONSTRUCTION OLDCASTLE CANADA INC, LES p991
8145 Rue Bombardier, ANJOU, QC, H1J 1A5
(514) 640-5355   SIC 5039

MATERIAUX DE CONSTRUCTION OLDCASTLE CANADA INC, LES p1009
2 Av D'inverness, CANDIAC, QC, J5R 4W5
(450) 444-5214   SIC 5039

MATERIAUX DE CONSTRUCTION OLDCASTLE CANADA INC, LES p1187
500 Rue Saint-Eustache, SAINT-EUSTACHE, QC, J7R 7E7
(450) 491-7800   SIC 5039

MATERIAUX KOTT, S.E.N.C. p1192
3400 Boul Sir-Wilfrid-Laurier, SAINT-HUBERT, QC, J3Y 6T1
(450) 445-5688   SIC 5039

MCKILLICAN CANADIAN INC p96
16420 118 Ave Nw, EDMONTON, AB, T5V 1C8
(780) 453-3841   SIC 5039

MCKILLICAN CANADIAN INC p229
20233 100a Ave, LANGLEY, BC, V1M 3X6
(604) 513-8122   SIC 5039

ORGILL CANADA HARDLINES ULC p282
15055 54a Ave, SURREY, BC, V3S 5X7
(604) 576-6939   SIC 5039

PATENE BUILDING SUPPLIES LTD p389
102 De Vos Rd, WINNIPEG, MB, R3T 5Y1
(204) 275-3000   SIC 5039

PATENE BUILDING SUPPLIES LTD p614
255 Nebo Rd, HAMILTON, ON, L8W 2E1
(905) 574-1110   SIC 5039

PATENE BUILDING SUPPLIES LTD p637
1290 Victoria St N, KITCHENER, ON, N2B 3C9
(519) 745-1188   SIC 5039

PATENE BUILDING SUPPLIES LTD p665
1125 Wilton Grove Rd, LONDON, ON, N6N 1C9
(519) 649-1588   SIC 5039

PATENE BUILDING SUPPLIES LTD p680
7085 Auburn Rd, MILTON, ON, L9E 0T6
(905) 875-0279   SIC 5039

PITTSBURGH GLASS WORKS, ULC p19
4416 72 Ave Se Suite Side, CALGARY, AB, T2C 2C1
(403) 279-8831   SIC 5039

PLACEMENTS F R BOURGEOIS LTEE p1259
6 Rue Du Parc, VICTORIAVILLE, QC, G6P 3R5
(819) 752-4512   SIC 5039

PPG CANADA INC p444
81 Bluewater Rd, BEDFORD, NS, B4B 1H4
(902) 835-7281   SIC 5039

PROTEMP GLASS INC p561
421 Applewood Cres, CONCORD, ON, L4K 4J3
(905) 738-4246   SIC 5039

RITE-WAY FENCING (2000) INC p106
8625 63 Ave Nw, EDMONTON, AB, T6E 0E8
(780) 440-4300   SIC 5039

ROYAL GROUP, INC p562
750 Creditstone Rd, CONCORD, ON, L4K 5A5
(905) 738-4171   SIC 5039

ROYAL GROUP, INC p972
71 Royal Group Cres Suite 2, WOODBRIDGE, ON, L4H 1X9
(905) 264-5500   SIC 5039

ROYAL GROUP, INC p991
10401 Boul Ray-Lawson, ANJOU, QC, H1J 1M3
(514) 354-6891   SIC 5039

ROYAL GROUP, INC p1156
2395 Av Watt, Quebec, QC, G1P 3X2
(418) 653-6655   SIC 5039

SAAND INC p587
355 Attwell Dr, ETOBICOKE, ON, M9W 5C2
(416) 674-6945   SIC 5039

SHANAHAN'S BUILDING SPECIALTIES LIMITED p370
90 Park Lane Ave, WINNIPEG, MB, R2R 0K2
(204) 694-3301   SIC 5039

SKYLINE BUILDING SYSTEMS INC p160
261185 Wagon Wheel Way, ROCKY VIEW COUNTY, AB, T4A 0E2
(403) 277-0700   SIC 5039

SLEGG DEVELOPMENTS LTD p335
1496 Admirals Rd, VICTORIA, BC, V9A 2R1
(250) 388-5443   SIC 5039

SUPERIOR PLUS LP p93
10841 Winterburn Rd Nw, EDMONTON, AB, T5S 2A9
(780) 447-3326   SIC 5039

SUPERIOR PLUS LP p219
660 Kingston Ave, KAMLOOPS, BC, V2B 2C8
(250) 376-5781   SIC 5039

SUPERIOR PLUS LP p290
9698 192 St, SURREY, BC, V4N 4C6
(604) 513-2211   SIC 5039

SUPERIOR PLUS LP p388
1122 Kenaston Blvd, WINNIPEG, MB, R3P 0R7
(204) 488-4477   SIC 5039

SUPERIOR PLUS LP p538
1121 Walker's Line Unit 3, BURLINGTON, ON, L7N 2G4
(800) 561-3495   SIC 5039

SUPERIOR PLUS LP p547
36 Cherry Blossom Rd, CAMBRIDGE, ON, N3H 4R7
(519) 653-6111   SIC 5039

SUPERIOR PLUS LP p562
225 Spinnaker Way Suite 2, CONCORD, ON, L4K 5T8
(905) 660-4456   SIC 5039

SUPERIOR PLUS LP p1283
1048 Fleury St, REGINA, SK, S4N 4W8
(306) 721-2010   SIC 5039

TAMAR BUILDING PRODUCTS (1981) LTD p964
3957 Walker Rd, WINDSOR, ON, N8W 3T4
(519) 969-7060   SIC 5039

VICWEST INC p1305
3542 Millar Ave, SASKATOON, SK, S7P 0B6
(306) 664-8420   SIC 5039

WATSON BUILDING SUPPLIES INC p499
733 Bayview Dr, BARRIE, ON, L4N 9A5
(705) 734-0557   SIC 5039

WAYNE BUILDING PRODUCTS LTD p86
12603 123 St Nw, EDMONTON, AB, T5L 0H9
(780) 455-8929   SIC 5039

WESTERN CRYSTAL GLASS LTD p109
6424 Gateway Blvd Nw, EDMONTON, AB,

T6H 2H9
(780) 436-8780   *SIC* 5039

SIC 5043 Photographic equipment and supplies

FUJIFILM CANADA INC   p714
600 Suffolk Crt, MISSISSAUGA, ON, L5R 4G4
(905) 890-6611   *SIC* 5043
NIKON CANADA INC   p690
1366 Aerowood Dr, MISSISSAUGA, ON, L4W 1C1
(905) 625-9910   *SIC* 5043
VISTEK LTD   p60
1231 10 Ave Sw, CALGARY, AB, T3C 0J3
(403) 244-0333   *SIC* 5043

SIC 5044 Office equipment

406106 ALBERTA INC   p182
6741 Cariboo Rd Suite 101, BURNABY, BC, V3N 4A3
(604) 421-5677   *SIC* 5044
ACME UNITED LIMITED   p724
351 Foster St, MOUNT FOREST, ON, N0G 2L1
(519) 323-3101   *SIC* 5044
CANON CANADA INC   p22
2828 16 St Ne, CALGARY, AB, T2E 7K7
(403) 717-2900   *SIC* 5044
CANON CANADA INC   p307
999 Hastings St W Suite 1900, VANCOUVER, BC, V6C 2W2
(604) 296-8000   *SIC* 5044
CANON CANADA INC   p521
8000 Mississauga Rd, BRAMPTON, ON, L6Y 0C3
(905) 795-1111   *SIC* 5044
CANON CANADA INC   p644
500 Trillium Dr Unit 23, KITCHENER, ON, N2R 1E5
SIC 5044
CANON CANADA INC   p665
647 Wilton Grove Rd, LONDON, ON, N6N 1N7
SIC 5044
CANON CANADA INC   p784
2260 Walkley Rd, OTTAWA, ON, K1G 6A8
(613) 248-8060   *SIC* 5044
CANON CANADA INC   p1149
300 Rue Saint-Paul Bureau 410, Quebec, QC, G1K 7R1
(418) 687-5630   *SIC* 5044
CANON CANADA INC   p1209
8801 Rte Transcanadienne Bureau 176, SAINT-LAURENT, QC, H4S 1Z6
(514) 342-8821   *SIC* 5044
CONEX BUSINESS SYSTEMS INC   p91
18030 107 Ave Nw, EDMONTON, AB, T5S 1P4
(780) 484-6116   *SIC* 5044
CONEX BUSINESS SYSTEMS INC   p670
191 Mcnabb St, MARKHAM, ON, L3R 8H2
(905) 470-5400   *SIC* 5044
CONEX BUSINESS SYSTEMS INC   p845
50 Tiffield Rd, SCARBOROUGH, ON, M1V 5B7
(416) 321-8392   *SIC* 5044
DCB BUSINESS SYSTEMS GROUP INC   p635
1050 Gardiners Rd Suite 4, KINGSTON, ON, K7P 1R7
(905) 433-0611   *SIC* 5044
DIGITEX CANADA INC   p104
9943 109 St, EDMONTON, AB, T6E 5P3
(780) 442-2770   *SIC* 5044
DOCUCOM LIMITED PARTNERSHIP   p558
121 Romina Dr, CONCORD, ON, L4K 4Z9
SIC 5044
FRANCOTYP-POSTALIA CANADA INC p559
82 Corstate Ave Suite 2000, CONCORD, ON, L4K 4X2
(905) 761-6554   *SIC* 5044
GLORY GLOBAL SOLUTIONS (CANADA) INC   p1131
1111 Chomedey (A-13) E Unit9 200, Montreal, QC, H7W 5J8
(450) 686-8800   *SIC* 5044
GOVERNMENT OF THE PROVINCE OF BRITISH COLUMBIA   p334
742 Vanalman Ave, VICTORIA, BC, V8Z 3B5
(250) 952-4460   *SIC* 5044
KONICA MINOLTA BUSINESS SOLUTIONS (CANADA) LTD   p113
9651 25 Ave Nw, EDMONTON, AB, T6N 1H7
(780) 465-6232   *SIC* 5044
KONICA MINOLTA BUSINESS SOLUTIONS (CANADA) LTD   p266
21500 Westminster Hwy, RICHMOND, BC, V6V 2V1
(604) 276-1611   *SIC* 5044
KONICA MINOLTA BUSINESS SOLUTIONS (CANADA) LTD   p451
130 Eileen Stubbs Ave Suite 6, DARTMOUTH, NS, B3B 2C4
(902) 468-6176   *SIC* 5044
KONICA MINOLTA BUSINESS SOLUTIONS (CANADA) LTD   p689
5875 Explorer Dr, MISSISSAUGA, ON, L4W 0E1
(905) 890-6600   *SIC* 5044
KONICA MINOLTA BUSINESS SOLUTIONS (CANADA) LTD   p1209
8555 Rte Transcanadienne, SAINT-LAURENT, QC, H4S 1Z6
(514) 335-2157   *SIC* 5044
KONICA MINOLTA BUSINESS SOLUTIONS (CANADA) LTD   p1300
710 Cynthia St Unit 30, SASKATOON, SK, S7L 6A2
(306) 934-2909   *SIC* 5044
KYOCERA DOCUMENT SOLUTIONS CANADA, LTD   p719
6120 Kestrel Rd, MISSISSAUGA, ON, L5T 1S8
(905) 670-4425   *SIC* 5044
LANIEL (CANADA) INC   p1212
7101 Rte Transcanadienne, SAINT-LAURENT, QC, H4T 1A2
(514) 331-3031   *SIC* 5044
NCR CANADA CORP   p727
70 Bentley Ave Suite 206, NEPEAN, ON, K2E 6T8
(613) 745-6008   *SIC* 5044
NCR CANADA CORP   p954
50 Northland Rd, WATERLOO, ON, N2V 1N3
(905) 826-9000   *SIC* 5044
NEOPOST CANADA LIMITED   p673
150 Steelcase Rd W, MARKHAM, ON, L3R 3J9
(905) 475-3722   *SIC* 5044
NOVEXCO INC   p673
7303 Warden Ave Suite 200, MARKHAM, ON, L3R 5Y6
(905) 968-1320   *SIC* 5044
NOVEXCO INC   p1096
555 Rue Chabanel O Unite 901, Montreal, QC, H2N 2H7
(514) 385-9991   *SIC* 5044
PALASAD BILLIARDS LIMITED   p663
141 Pine Valley Blvd, LONDON, ON, N6K 3T6
(519) 685-1390   *SIC* 5044
PAYSTATION INC   p720
6345 Dixie Rd Unit 4, MISSISSAUGA, ON, L5T 2E6
(905) 364-0700   *SIC* 5044
PCAN MAILING SOLUTIONS INC   p685
3397 American Dr Unit 18-20, MISSISSAUGA, ON, L4V 1T8
SIC 5044
PITNEY BOWES OF CANADA LTD   p11
2150 29 St Ne Unit 30, CALGARY, AB, T1Y 7G4
(403) 219-0536   *SIC* 5044
PITNEY BOWES OF CANADA LTD   p106
9636 51 Ave Nw Suite 104, EDMONTON, AB, T6E 6A5
(780) 433-2562   *SIC* 5044
PITNEY BOWES OF CANADA LTD   p190
3001 Wayburne Dr Suite 125, BURNABY, BC, V5G 4W3
(778) 328-8900   *SIC* 5044
PITNEY BOWES OF CANADA LTD   p392
62 Scurfield Blvd Suite 2, WINNIPEG, MB, R3Y 1M5
(204) 489-2220   *SIC* 5044
PITNEY BOWES OF CANADA LTD   p434
31 Pippy Pl, ST. JOHN'S, NL, A1B 3X2
SIC 5044
PITNEY BOWES OF CANADA LTD   p657
633 Colborne St, LONDON, ON, N6B 2V3
(519) 850-1722   *SIC* 5044
PITNEY BOWES OF CANADA LTD   p690
5500 Explorer Dr Unit 2, MISSISSAUGA, ON, L4W 5C7
(519) 219-3000   *SIC* 5044
PITNEY BOWES OF CANADA LTD   p747
1200 Sheppard Ave E Suite 400, NORTH YORK, ON, M2K 2S5
SIC 5044
PITNEY BOWES OF CANADA LTD   p796
1145 Hunt Club Rd Suite 520, OTTAWA, ON, K1V 0Y3
(613) 247-1631   *SIC* 5044
PITNEY BOWES OF CANADA LTD   p814
1550 Bayly St, PICKERING, ON, L1W 3W1
(416) 281-2777   *SIC* 5044
PITNEY BOWES OF CANADA LTD   p814
1550 Bayly St, PICKERING, ON, L1W 3W1
SIC 5044
PITNEY BOWES OF CANADA LTD   p899
2200 Yonge St Suite 100, TORONTO, ON, M4S 2C6
(416) 484-3807   *SIC* 5044
RICOH CANADA INC   p82
10150 Jasper Ave Nw Suite 163, EDMONTON, AB, T5J 1W4
(780) 930-7100   *SIC* 5044
RICOH CANADA INC   p87
16011 116 Ave Nw, EDMONTON, AB, T5M 3Y1
(780) 930-7100   *SIC* 5044
RICOH CANADA INC   p221
971 Laval Cres, KAMLOOPS, BC, V2C 5P4
(604) 293-9700   *SIC* 5044
RICOH CANADA INC   p641
55 King St W Suite 800, KITCHENER, ON, N2G 4W1
(519) 743-5601   *SIC* 5044
RICOH CANADA INC   p691
5560 Explorer Dr Suite 100, MISSISSAUGA, ON, L4W 5M3
(905) 795-9659   *SIC* 5044
RICOH CANADA INC   p727
2 Gurdwara Rd Suite 102, NEPEAN, ON, K2E 1A2
(613) 226-8240   *SIC* 5044
RICOH CANADA INC   p750
4100 Yonge St Suite 600, NORTH YORK, ON, M2P 2B5
(416) 218-4360   *SIC* 5044
RICOH CANADA INC   p1205
460 Boul Montpellier, SAINT-LAURENT, QC, H4N 2G7
(514) 744-3610   *SIC* 5044
SUPREME OFFICE PRODUCTS LIMITED p87
16630 114 Ave Nw, EDMONTON, AB, T5M 3R8
(780) 452-6312   *SIC* 5044
TAB PRODUCTS OF CANADA, CO.   p744
136 Sparks Ave, NORTH YORK, ON, M2H 2S4
(416) 497-1552   *SIC* 5044
WBM OFFICE SYSTEMS INC   p29
4411 6 St Se Unit 150, CALGARY, AB, T2G 4E8
(403) 272-0707   *SIC* 5044
XEROX CANADA INC   p82
10180 101 St Nw Suite 1350, EDMONTON, AB, T5J 3S4
(780) 493-7800   *SIC* 5044
XEROX CANADA LTD   p61
37 Richard Way Sw Suite 200, CALGARY, AB, T3E 7M8
(403) 260-8800   *SIC* 5044
XEROX CANADA LTD   p313
1055 Georgia St W, VANCOUVER, BC, V6E 0B6
(604) 668-2300   *SIC* 5044
XEROX CANADA LTD   p391
895 Waverley St, WINNIPEG, MB, R3T 5P4
(204) 488-5100   *SIC* 5044
XEROX CANADA LTD   p453
237 Brownlow Ave Suite 100, DARTMOUTH, NS, B3B 2C6
(902) 470-3007   *SIC* 5044
XEROX CANADA LTD   p645
31 Mcbrine Dr Unit 4, KITCHENER, ON, N2R 1J1
(519) 893-6500   *SIC* 5044
XEROX CANADA LTD   p686
6800 Northwest Dr, MISSISSAUGA, ON, L4V 1Z1
(905) 672-4709   *SIC* 5044
XEROX CANADA LTD   p686
6800 Northwest Dr, MISSISSAUGA, ON, L4V 1Z1
(905) 672-4700   *SIC* 5044
XEROX CANADA LTD   p686
5925 Airport Rd, MISSISSAUGA, ON, L4V 1W1
(905) 672-4577   *SIC* 5044
XEROX CANADA LTD   p794
333 Preston St Suite 1000, OTTAWA, ON, K1S 5N4
(613) 230-1002   *SIC* 5044
XEROX CANADA LTD   p903
33 Bloor St E, TORONTO, ON, M4W 3H1
SIC 5044
XEROX CANADA LTD   p1122
3400 Boul De Maisonneuve O Bureau 900, Montreal, QC, H3Z 3G1
(514) 939-3769   *SIC* 5044

SIC 5045 Computers, peripherals, and software

1371185 ONTARIO INC   p265
3389 No. 6 Rd, RICHMOND, BC, V6V 1P6
SIC 5045
9066-7213 QUEBEC INC   p1007
3820 Rue Isabelle, BROSSARD, QC, J4Y 2R3
SIC 5045
ACCEO SOLUTIONS INC   p293
2985 Virtual Way Suite 260, VANCOUVER, BC, V5M 4X7
SIC 5045
ACRODEX INC   p15
10524 42 St Se Suite 3, CALGARY, AB, T2C 5C7
(403) 265-2667   *SIC* 5045
APPLE CANADA INC   p917
120 Bremner Blvd Suite 1600, TORONTO, ON, M5J 0A8
(647) 943-4400   *SIC* 5045
APPLE CANADA INC   p1019
3035 Boul Le Carrefour Bureau C14b, Cote Saint-Luc, QC, H7T 1C8
(450) 902-4400   *SIC* 5045
ASD SOLUTIONS LTD   p715
190 Statesman Dr, MISSISSAUGA, ON, L5S 1X7
(519) 271-4900   *SIC* 5045
ASI COMPUTER TECHNOLOGIES (CANADA) CORP   p669
3930 14th Ave Unit 1, MARKHAM, ON, L3R 0A8
(905) 470-1000   *SIC* 5045

SIC 5046 Commercial equipment, nec

AXISOURCE HOLDINGS INC p843
45 Commander Blvd Suite 1, SCARBOROUGH, ON, M1S 3Y3
SIC 5045

CANON CANADA INC p537
3375 North Service Rd Suite A 10, BURLINGTON, ON, L7N 3G2
SIC 5045

COMPUCOM CANADA CO. p687
1830 Matheson Blvd Unit 1, MISSISSAUGA, ON, L4W 0B3
(289) 261-3000 SIC 5045

COMPUGEN INC p10
3510 29 St Ne Suite 115, CALGARY, AB, T1Y 7E5
(403) 571-4400 SIC 5045

COMPUGEN INC p116
2627 Ellwood Dr Sw Suite 102, EDMONTON, AB, T6X 0P7
(780) 448-2525 SIC 5045

COMPUGEN INC p265
13151 Vanier Pl Suite 130, RICHMOND, BC, V6V 2J1
(604) 801-5500 SIC 5045

COMPUTER BOULEVARD INC p1295
1738 Quebec Ave Unit 27, SASKATOON, SK, S7K 1V9
(306) 242-1088 SIC 5045

COMPUTER SYSTEMS CENTRE CORP p927
275 College St, TORONTO, ON, M5T 1S2
(416) 927-8000 SIC 5045

DAIWA PRECISION INDUSTRIAL LTD p671
361 Alden Rd, MARKHAM, ON, L3R 3L4
(905) 940-2889 SIC 5045

DANBIE SYSTEMS GROUP INC p310
1188 Georgia St W Unit 1050, VANCOUVER, BC, V6E 4A2
(604) 685-4209 SIC 5045

DYADEM INTERNATIONAL LTD p743
155 Gordon Baker Rd Suite 401, NORTH YORK, ON, M2H 3N5
(416) 649-9200 SIC 5045

ECMM SOLUTION CANADA INC p584
123 Claireville Dr, ETOBICOKE, ON, M9W 6K9
SIC 5045

EMERSON ELECTRIC CANADA LIMITED p704
3580 Laird Rd Unit 1, MISSISSAUGA, ON, L5L 5Z7
(905) 569-8282 SIC 5045

EPIC INFORMATION SOLUTIONS INC p377
167 Sherbrook St, WINNIPEG, MB, R3C 2B7
(204) 453-2300 SIC 5045

ESIT CANADA ENTERPRISE SERVICES CO p43
150 6 Ave Sw Suite 3600, CALGARY, AB, T2P 3Y7
SIC 5045

ESIT CANADA ENTERPRISE SERVICES CO p801
100 Herzberg Rd, OTTAWA, ON, K2K 3B7
(613) 592-5111 SIC 5045

FORSYTHE INTERNATIONAL, INC p698
50 Burnhamthorpe Rd W Suite 708, MISSISSAUGA, ON, L5B 3C2
(905) 283-1800 SIC 5045

FUJITSU CANADA, INC p914
155 University Ave Suite 1600, TORONTO, ON, M5H 3B7
(905) 286-9666 SIC 5045

GLASSHOUSE SYSTEMS INC p753
885 Don Mills Road, NORTH YORK, ON, M3C 1V9
(416) 229-2950 SIC 5045

HERJAVEC GROUP INC, THE p801
555 Legget Dr Suite 530, OTTAWA, ON, K2K 2X3
(613) 271-2400 SIC 5045

IBM CANADA LIMITED p1285
1801 Hamilton St Suite 600, REGINA, SK, S4P 4B4

(306) 564-6601 SIC 5045

INGRAM MICRO INC p268
7451 Nelson Rd, RICHMOND, BC, V6W 1L7
(604) 247-1275 SIC 5045

INGRAM MICRO INC p714
55 Standish Crt Suite 1, MISSISSAUGA, ON, L5R 4A1
(905) 755-5000 SIC 5045

INTEL OF CANADA, LTD p585
200 Ronson Dr Suite 201, ETOBICOKE, ON, M9W 5Z9
(647) 259-0101 SIC 5045

INTERGRAPH CANADA LTD p24
1120 68 Ave Ne, CALGARY, AB, T2E 8S5
(403) 569-5500 SIC 5045

INTERMEC TECHNOLOGIES CANADA LTD p716
7065 Tranmere Dr Unit 3, MISSISSAUGA, ON, L5S 1M2
(905) 673-9333 SIC 5045

ISERVE INC p824
30 Via Renzo Dr Unit 1, RICHMOND HILL, ON, L4S 0B8
(905) 709-1130 SIC 5045

LEXMARK CANADA INC p874
125 Commerce Valley Dr W Unit 600, THORNHILL, ON, L3T 7W4
(905) 763-0560 SIC 5045

LIVEBLOCK AUCTIONS CANADA LTD p1285
2125 11th Ave Suite 200, REGINA, SK, S4P 3X3
(306) 523-4004 SIC 5045

MEDISOLUTION (2009) INC p1097
110 Boul Cremazie O Bureau 1200, Montreal, QC, H2P 1B9
(514) 850-5000 SIC 5045

MICROSOFT CANADA INC p312
1111 Georgia St W Suite 1100, VANCOUVER, BC, V6E 4M3
(604) 688-9811 SIC 5045

MICROSOFT CANADA INC p459
1969 Upper Water St Suite 2200, HALIFAX, NS, B3J 3R7
(902) 491-4470 SIC 5045

MICROSOFT CANADA INC p710
1950 Meadowvale Blvd, MISSISSAUGA, ON, L5N 8L9
(905) 568-0434 SIC 5045

MICROSOFT CANADA INC p791
100 Queen St Suite 500, OTTAWA, ON, K1P 1J9
(613) 232-0484 SIC 5045

MICROSOFT CANADA INC p1107
2000 Av Mcgill College Bureau 450, Montreal, QC, H3A 3H3
(514) 846-5800 SIC 5045

MULTIFORCE TECHNOLOGIES INC p1161
2954 Boul Laurier, Quebec, QC, G1V 2M4
(418) 780-8020 SIC 5045

NEXT GENERATION SOLUTIONS INC p581
401 The West Mall Suite 400, ETOBICOKE, ON, M9C 5J5
SIC 5045

NWD SYSTEMS (MONTREAL) INC p1063
4209 Des Laurentides (A-15) E, LAVAL-OUEST, QC, H7L 5W5
(514) 483-6040 SIC 5045

ONX ENTERPRISE SOLUTIONS LTD p874
165 Commerce Valley Dr W Suite 300, THORNHILL, ON, L3T 7V8
(905) 881-4414 SIC 5045

PANASONIC CANADA INC p1057
3075 Rue Louis-A.-Amos, LACHINE, QC, H8T 1C4
SIC 5045

PM CANADA INC p389
135 Innovation Dr Unit 300, WINNIPEG, MB, R3T 6A8
(204) 889-5320 SIC 5045

REYNOLDS AND REYNOLDS (CANADA) LIMITED p695
3 Robert Speck Pky Suite 700, MISSISSAUGA, ON, L4Z 2G5

(905) 267-6000 SIC 5045

REYNOLDS AND REYNOLDS (CANADA) LIMITED p991
11075 Boul Louis-H.-Lafontaine, ANJOU, QC, H1J 3A3
(514) 355-7550 SIC 5045

SHI CANADA ULC p754
895 Don Mills Rd Suite 200, NORTH YORK, ON, M3C 1W3
(888) 235-3871 SIC 5045

SIRSIDYNIX (CANADA) INC p954
611 Kumpf Dr Unit 300, WATERLOO, ON, N2V 1K8
SIC 5045

SYNNEX CANADA LIMITED p603
107 Woodlawn Rd W, GUELPH, ON, N1H 1B4
(519) 837-2444 SIC 5045

SYNNEX CANADA LIMITED p1207
3300 Boul De La Cote-Vertu Bureau 310, SAINT-LAURENT, QC, H4R 2B7
(514) 745-1690 SIC 5045

TASKTOP TECHNOLOGIES INCORPORATED p314
1500 Georgia St W Suite 1100, VANCOUVER, BC, V6G 2Z6
(778) 588-6896 SIC 5045

TECH DATA CANADA CORPORATION p268
7415 Nelson Rd Suite 115, RICHMOND, BC, V6W 1G3
(604) 270-3296 SIC 5045

TECHNOLOGIES METAFORE INC p1057
9900 Ch De La Cote-De-Liesse, LACHINE, QC, H8T 1A1
(514) 636-5127 SIC 5045

TECHNOLOGIES METAFORE INC p1162
1175 Av Lavigerie Locale 305, Quebec, QC, G1V 4P1
(418) 688-2655 SIC 5045

SIC 5046 Commercial equipment, nec

AUTHENTIQUE POSE CAFE INC, L' p1188
9555 10e Av, SAINT-GEORGES, QC, G5Y 8J8
(418) 228-3191 SIC 5046

DIGI CANADA INCORPORATED p558
87 Moyal Crt, CONCORD, ON, L4K 4R8
(905) 879-0833 SIC 5046

ECONO-RACK GROUP (2015) INC, THE p1192
5455 Rue Ramsay, SAINT-HUBERT, QC, J3Y 2S3
(514) 871-3811 SIC 5046

EVO MERCHANT SERVICES CORP. CANADA p1105
505 Boul De Maisonneuve O Bureau 150, Montreal, QC, H3A 3C2
SIC 5046

HENDRIX HOTEL & RESTAURANT EQUIPMENT & SUPPLIES LTD p531
3011 Highway 29 Rr 4, BROCKVILLE, ON, K6V 5T4
(613) 342-0616 SIC 5046

ITW CANADA INVESTMENTS LIMITED PARTNERSHIP p92
17250 172 Street Northwest, EDMONTON, AB, T5S 1P1
(780) 486-2325 SIC 5046

JESCOS PHOTO INC p1244
133 Rue Chapleau, TERREBONNE, QC, J6W 2T2
SIC 5046

METTLER-TOLEDO INC p991
9280 Rue Du Parcours, ANJOU, QC, H1J 2Z1
SIC 5046

NIVEL INC p1212
4850 Rue Bourg, SAINT-LAURENT, QC, H4T 1J2
(514) 735-4255 SIC 5046

PHILIPS ELECTRONICS LTD p762
5171 Steeles Ave W, NORTH YORK, ON,

M9L 1R5
SIC 5046

RUSSELL FOOD EQUIPMENT (EDMONTON) LIMITED p82
10225 106 St Nw, EDMONTON, AB, T5J 1H5
(780) 423-4221 SIC 5046

RUSSELL FOOD EQUIPMENT LIMITED p33
5707 4 St Se, CALGARY, AB, T2H 1K8
(403) 253-1383 SIC 5046

RUSSELL FOOD EQUIPMENT LIMITED p77
10808 120 St Nw, EDMONTON, AB, T5H 3P7
(780) 423-4221 SIC 5046

RUSSELL FOOD EQUIPMENT LIMITED p578
70 Coronet Rd Suite 1, ETOBICOKE, ON, M8Z 2M1
(416) 207-9000 SIC 5046

RUSSELL FOOD EQUIPMENT LIMITED p1216
5485 Boul Des Grandes-Prairies, SAINT-LEONARD, QC, H1R 1B1
(514) 382-1160 SIC 5046

RUSSELL FOOD EQUIPMENT LIMITED p1288
1475 Rose St, REGINA, SK, S4R 2A1
(306) 525-3333 SIC 5046

SANI PRO INC p436
99 Blackmarsh Rd, ST. JOHN'S, NL, A1E 1S6
(709) 579-2151 SIC 5046

WALLACE SIGN-CRAFTERS WEST LIMITED p270
2771 Simpson Rd, RICHMOND, BC, V6X 3H6
SIC 5046

SIC 5047 Medical and hospital equipment

1127770 B.C. LTD p299
777 Broadway W, VANCOUVER, BC, V5Z 4J7
SIC 5047

2188262 ONTARIO LTD p897
586 Eglinton Ave E Unit 208, TORONTO, ON, M4P 1P2
(416) 802-2382 SIC 5047

AGFA HEALTHCARE INC p713
5975 Falbourne St Suite 2, MISSISSAUGA, ON, L5R 3V8
(416) 241-1110 SIC 5047

AUDIOTECH HEALTHCARE CORPORATION p219
175 2nd Ave Suite 760, KAMLOOPS, BC, V2C 5W1
(250) 372-5847 SIC 5047

BC STEVENS COMPANY p209
8188 Swenson Way, DELTA, BC, V4G 1J6
(604) 634-3088 SIC 5047

BECKMAN COULTER CANADA INC p706
7075 Financial Dr, MISSISSAUGA, ON, L5N 6V8
(905) 819-1234 SIC 5047

BECTON DICKINSON CANADA INC p706
2100 Derry Rd W Suite 100, MISSISSAUGA, ON, L5N 0B3
(905) 288-6000 SIC 5047

BRASSELER CANADA INC p1147
4500 Boul Henri-Bourassa Bureau 230, Quebec, QC, G1H 3A5
(418) 622-1195 SIC 5047

C.D.M.V INC p16
5375 50 St Se Suite 7, CALGARY, AB, T2C 3W1
SIC 5047

C.D.M.V. INC p450
340 Wright Ave Unit 5, DARTMOUTH, NS, B3B 0B3
SIC 5047

C.D.M.V. INC p1162
3220 Av Watt Bureau 220, Quebec, QC, G1X 4Z6

(450) 771-2368   *SIC 5047*
C.D.M.V. INC
2999 Boul Choquette, SAINT-HYACINTHE, QC, J2S 6H5
(450) 771-2368   *SIC 5047*
CARDINAL HEALTH CANADA INC   p558
1000 Tesma Way, CONCORD, ON, L4K 5R8
(905) 417-2900   *SIC 5047*
CARDINAL HEALTH CANADA INC   p694
175 Britannia Rd E Suite 1, MISSISSAUGA, ON, L4Z 4B9
(905) 417-2900   *SIC 5047*
CARDINAL HEALTH CANADA INC   p718
1330 Meyerside Dr, MISSISSAUGA, ON, L5T 1C2
(905) 565-2302   *SIC 5047*
CHRISTIE INNOMED INC   p1186
516 Rue Dufour, SAINT-EUSTACHE, QC, J7R 0C3
(450) 472-9120   *SIC 5047*
CONVATEC CANADA LTEE   p1026
1425 Rte Transcanadienne Bureau 250, DORVAL, QC, H9P 2W9
(514) 822-5985   *SIC 5047*
COOK (CANADA) INC   p863
165 Mostar St, STOUFFVILLE, ON, L4A 0Y2
(905) 640-7110   *SIC 5047*
CORPORATION DE SOINS DE LA SANTE HOSPIRA   p1204
1111 Boul Dr.-Frederik-Philips Bureau 600, SAINT-LAURENT, QC, H4M 2X6
(514) 905-2600   *SIC 5047*
EDWARDS LIFESCIENCES (CANADA) INC p699
1290 Central Pky W Suite 300, MISSISSAUGA, ON, L5C 4R3
(905) 273-7138   *SIC 5047*
EMBLA SYSTEMS LTD   p623
1 Hines Rd Suite 202, KANATA, ON, K2K 3C7
(905) 829-5300   *SIC 5047*
FRESENIUS MEDICAL CARE CANADA INC p820
45 Staples Ave Suite 110, RICHMOND HILL, ON, L4B 4W6
(905) 770-0855   *SIC 5047*
FRESENIUS MEDICAL CARE CANADA INC p1057
1660 32e Av, LACHINE, QC, H8T 3R1
(514) 633-0013   *SIC 5047*
GAMBRO INC   p820
2 East Beaver Creek Rd Suite 4, RICHMOND HILL, ON, L4B 2N3
SIC 5047
GAMBRO INC   p1214
9157 Rue Champ D'eau, SAINT-LEONARD, QC, H1P 3M3
(514) 327-1635   *SIC 5047*
GENERAL ELECTRIC CANADA COMPANY p184
8525 Baxter Pl Suite 100, BURNABY, BC, V5A 4V7
(604) 451-3200   *SIC 5047*
GETINGE CANADA LIMITED   p688
1575 South Gateway Rd Suite C, MISSISSAUGA, ON, L4W 5J1
(905) 629-8777   *SIC 5047*
HENRY SCHEIN CANADA, INC   p10
4303 26 St Ne Suite 138, CALGARY, AB, T1Y 7K2
(403) 640-1422   *SIC 5047*
HENRY SCHEIN CANADA, INC   p18
5664 69 Ave Se Suite 106, CALGARY, AB, T2C 5B1
(403) 279-9599   *SIC 5047*
HENRY SCHEIN CANADA, INC   p208
1619 Foster's Way, DELTA, BC, V3M 6S7
(604) 527-8888   *SIC 5047*
HENRY SCHEIN CANADA, INC   p444
2 Bluewater Rd Suite 110, BEDFORD, NS, B4B 1G7
(902) 835-1103   *SIC 5047*
HENRY SCHEIN CANADA, INC   p559
221 Jacob Keffer Pky, CONCORD, ON, L4K 5T9
(905) 832-9101   *SIC 5047*
HENRY SCHEIN CANADA, INC   p625
30 Edgewater St Suite 110, KANATA, ON, K2L 1V8
(613) 836-7552   *SIC 5047*
HENRY SCHEIN CANADA, INC   p657
41 Adelaide St N Unit 57, LONDON, ON, N6B 3P4
(519) 432-4322   *SIC 5047*
HENRY SCHEIN CANADA, INC   p739
345 Townline Rd Ss 4, NIAGARA ON THE LAKE, ON, L0S 1J0
(905) 646-1711   *SIC 5047*
HENRY SCHEIN CANADA, INC   p1212
3403 Rue Griffith, SAINT-LAURENT, QC, H4T 1W5
(514) 337-3368   *SIC 5047*
HILL-ROM CANADA LTD   p689
1705 Tech Ave Unit 3, MISSISSAUGA, ON, L4W 0A2
(905) 206-1355   *SIC 5047*
HOLLISTER LIMITED   p490
95 Mary St, AURORA, ON, L4G 1G3
(905) 727-4344   *SIC 5047*
INTER V MEDICAL INC   p1215
5179 Boul Metropolitain E, SAINT-LEONARD, QC, H1R 1Z7
SIC 5047
IVOCLAR VIVADENT INC   p719
6600 Dixie Rd Unit 1, MISSISSAUGA, ON, L5T 2Y2
(905) 670-8499   *SIC 5047*
K C I MEDICAL CANADA INC   p722
75 Courtneypark Dr W Suite 2, MISSISSAUGA, ON, L5W 0E3
(905) 565-7187   *SIC 5047*
KANE VETERINARY SUPPLIES LTD   p92
11204 186 St Nw, EDMONTON, AB, T5S 2W2
(780) 453-1516   *SIC 5047*
LABORATOIRES ABBOTT LIMITEE   p672
505 Apple Creek Blvd Suite 4, MARKHAM, ON, L3R 5B1
(905) 947-5800   *SIC 5047*
MAQUET-DYNAMED INC   p673
235 Shields Crt, MARKHAM, ON, L3R 8V2
(905) 752-3300   *SIC 5047*
MEDICAL MART SUPPLIES LIMITED   p714
6200 Cantay Rd Suite 624, MISSISSAUGA, ON, L5R 3Y9
(905) 624-6200   *SIC 5047*
MOLNLYCKE HEALTH CARE INC   p766
2010 Winston Park Dr Suite 100, OAKVILLE, ON, L6H 6A3
(905) 829-1502   *SIC 5047*
MOTION SPECIALTIES INCORPORATED p692
2130 Dundas St E, MISSISSAUGA, ON, L4X 1L9
(905) 795-0400   *SIC 5047*
MOTION SPECIALTIES INCORPORATED p752
1925 Leslie St, NORTH YORK, ON, M3B 2M3
(416) 441-3585   *SIC 5047*
OTTO BOCK HEALTHCARE CANADA LTD p766
2897 Brighton Rd, OAKVILLE, ON, L6H 6C9
SIC 5047
PATTERSON DENTAIRE CANADA INC   p11
4152 27 St Ne Suite 112, CALGARY, AB, T1Y 7J8
(403) 250-9838   *SIC 5047*
PATTERSON DENTAIRE CANADA INC p101
6608 50 St Nw, EDMONTON, AB, T6B 2N7
(780) 465-9041   *SIC 5047*
PATTERSON DENTAIRE CANADA INC p208
1105 Cliveden Ave, DELTA, BC, V3M 6G9
SIC 5047
PATTERSON DENTAIRE CANADA INC p1119
1205 Boul Henri-Bourassa O, Montreal, QC, H3M 3E6
(514) 745-4040   *SIC 5047*
PATTERSON DENTAIRE CANADA INC p1152
255 Rue Fortin Bureau 160, Quebec, QC, G1M 3M2
(418) 688-6546   *SIC 5047*
PRAXAIR CANADA INC   p785
900 Ages Dr, OTTAWA, ON, K1G 6B3
(613) 733-8201   *SIC 5047*
RADION LABORATORIES LTD   p210
7198 Progress Way, DELTA, BC, V4G 1J2
(604) 946-7712   *SIC 5047*
SHOPPERS DRUG MART CORPORATION p540
3023 New St Suite 739, BURLINGTON, ON, L7R 1K3
(905) 632-2312   *SIC 5047*
SHOPPERS HOME HEALTH CARE (CANADA) INC   p535
4087 Harvester Rd Suite 11, BURLINGTON, ON, L7L 5M3
(905) 631-8664   *SIC 5047*
SHOPPERS HOME HEALTH CARE (CANADA) INC   p966
1624 Howard Ave, WINDSOR, ON, N8X 3T7
(519) 252-2715   *SIC 5047*
SIEMENS CANADA LIMITED   p267
4011 Viking Way Suite 150, RICHMOND, BC, V6V 2K9
(604) 233-1700   *SIC 5047*
SINCLAIR DENTAL CO. LTD   p25
2135 32 Ave Ne Suite 8, CALGARY, AB, T2E 6Z3
(403) 291-3611   *SIC 5047*
SINCLAIR DENTAL CO. LTD   p101
3844 53 Ave Nw, EDMONTON, AB, T6B 3N7
(780) 440-1311   *SIC 5047*
SINCLAIR DENTAL CO. LTD   p686
6275 Northam Dr Unit 5, MISSISSAUGA, ON, L4V 1Y8
(905) 740-2000   *SIC 5047*
SMITH & NEPHEW INC   p711
2280 Argentia Rd, MISSISSAUGA, ON, L5N 6H8
(905) 813-7770   *SIC 5047*
SMITH & NEPHEW INC   p1210
2250 Boul Alfred-Nobel Bureau 300, SAINT-LAURENT, QC, H4S 2C9
(514) 956-1010   *SIC 5047*
STERIS CANADA INC   p695
375 Britannia Rd E Unit 2, MISSISSAUGA, ON, L4Z 3E2
(905) 677-0863   *SIC 5047*
STEVENS COMPANY LIMITED, THE   p210
8188 Swenson Way, DELTA, BC, V4G 1J6
(604) 634-3088   *SIC 5047*
SUNRISE MEDICAL CANADA INC   p562
237 Romina Dr Unit 3, CONCORD, ON, L4K 4V3
(905) 660-2459   *SIC 5047*
SUPERIOR MEDICAL LIMITED   p756
520 Champagne Dr, NORTH YORK, ON, M3J 2T9
(416) 635-9797   *SIC 5047*
SYNTHES (CANADA) LTD   p711
2566 Meadowpine Blvd, MISSISSAUGA, ON, L5N 6P9
(905) 567-0440   *SIC 5047*
SYSTEMES DE DIFFUSION SPRAYLOGIK INC, LES   p1196
17420 Av Centrale, SAINT-HYACINTHE, QC, J2T 3L7
(450) 778-1850   *SIC 5047*
TRUDELL MEDICAL INTERNATIONAL EUROPE LIMITED   p651
725 Third St, LONDON, ON, N5V 5G4
(519) 455-7060   *SIC 5047*
TRUDELL MEDICAL MARKETING LIMITED p651
758 Third St, LONDON, ON, N5V 5J7
(519) 685-8800   *SIC 5047*
VIGIL HEALTH SOLUTIONS INC   p334
4464 Markham St Unit 2102, VICTORIA, BC, V8Z 7X8
(250) 383-6900   *SIC 5047*
VITALAIRE CANADA INC   p227
1980 Springfield Rd, KELOWNA, BC, V1Y 5V7
(250) 862-2350   *SIC 5047*

SIC 5048 Ophthalmic goods

CANOPTEC INC   p940
349 Evans Ave, TORONTO, ON, M8Z 1K2
(416) 521-9969   *SIC 5048*
CIBA VISION CANADA INC   p707
7 Rimini Mews, MISSISSAUGA, ON, L5N 4K1
(905) 821-3661   *SIC 5048*
NOVARTIS PHARMA CANADA INC   p710
2150 Torquay Mews, MISSISSAUGA, ON, L5N 2M6
SIC 5048
TEARLAB CORPORATION   p691
5090 Explorer Dr Suite 203, MISSISSAUGA, ON, L4W 4T9
(905) 636-0128   *SIC 5048*

SIC 5049 Professional equipment, nec

ANACHEMIA CANADA CO   p1055
255 Rue Norman, LACHINE, QC, H8R 1A3
(514) 489-5711   *SIC 5049*
BRUKER LTD   p681
555 Steeles Ave E, MILTON, ON, L9T 1Y6
(905) 876-4641   *SIC 5049*
CAMEO OPTICAL LTD   p1114
600 Rue Peel Bureau 302, Montreal, QC, H3C 2H1
(514) 938-3000   *SIC 5049*
CANON CANADA INC   p1206
4767 Rue Levy, SAINT-LAURENT, QC, H4R 2P9
(514) 745-6363   *SIC 5049*
CANSEL SURVEY EQUIPMENT INC   p22
236 40 Ave Ne, CALGARY, AB, T2E 2M7
(403) 243-1836   *SIC 5049*
CANSEL SURVEY EQUIPMENT INC   p450
100 Ilsley Ave Suite C & D, DARTMOUTH, NS, B3B 1L3
(902) 429-5002   *SIC 5049*
CANSEL SURVEY EQUIPMENT INC   p1206
2295 Rue Guenette, SAINT-LAURENT, QC, H4R 2E9
(888) 222-6735   *SIC 5049*
CENTENNIAL OPTICAL LIMITED   p1215
4555 Boul Des Grandes-Prairies Bureau 40, SAINT-LEONARD, QC, H1R 1A5
(514) 327-3891   *SIC 5049*
CENTRE DE VISION   p1056
1087 Rue Notre-Dame, LACHINE, QC, H8S 2C3
(514) 634-5952   *SIC 5049*
COMMISSION SCOLAIRE DE LA CAPITALE, LA   p1149
125 Rue Des Commissaires O Bureau 210, Quebec, QC, G1K 1M7
(418) 686-4040   *SIC 5049*
DRAEGER SAFETY CANADA LIMITED p688
2425 Skymark Ave Unit 1, MISSISSAUGA, ON, L4W 4Y6
(905) 212-6600   *SIC 5049*
EPPENDORF CANADA LTD   p708
2810 Argentia Rd Unit 2, MISSISSAUGA, ON, L5N 8L2
(905) 826-5525   *SIC 5049*
ESSILOR GROUPE CANADA INC   p577
347 Evans Ave, ETOBICOKE, ON, M8Z 1K2
(416) 252-5458   *SIC 5049*
ESSILOR NETWORK IN CANADA INC p188
7541 Conway Ave Suite 5, BURNABY, BC, V5E 2P7
(604) 437-5333   *SIC 5049*
FISHER SCIENTIFIC COMPANY   p91
10720 178 St Nw, EDMONTON, AB, T5S

1J3
(780) 486-8323 SIC 5049
FISHER SCIENTIFIC COMPANY p671
145 Renfrew Dr Suite 119, MARKHAM, ON, L3R 9R6
(905) 479-8700 SIC 5049
FISHER SCIENTIFIC COMPANY p726
112 Colonnade Rd, NEPEAN, ON, K2E 7L6
(613) 226-8874 SIC 5049
FISHER SCIENTIFIC COMPANY p957
111 Scotia Crt, WHITBY, ON, L1N 6J6
(905) 725-7341 SIC 5049
HOSKIN SCIENTIFIC LIMITED p1205
300 Rue Stinson, SAINT-LAURENT, QC, H4N 2E7
(514) 735-5267 SIC 5049
HOYA LENS CANADA INC p704
3330 Ridgeway Dr Unit 21, MISSISSAUGA, ON, L5L 5Z9
(905) 828-3477 SIC 5049
KTC TILBY LTD p277
2042 Mills Rd W Suite 2, SIDNEY, BC, V8L 5X4
(250) 656-6005 SIC 5049
M.D. CHARLTON CO. LTD p275
2200 Keating Cross Rd Suite E, SAANICHTON, BC, V8M 2A6
(250) 652-5266 SIC 5049
MARCH ALUMINUM LTD p975
172 Trowers Rd Unit 13, WOODBRIDGE, ON, L4L 8A7
(905) 851-7183 SIC 5049
MOTTLAB INC p534
5230 South Service Rd, BURLINGTON, ON, L7L 5K2
(905) 331-1877 SIC 5049
OPTIQUE NIKON CANADA INC p193
5542 Short St, BURNABY, BC, V5J 1L9
(604) 713-7400 SIC 5049
QUALITY EDGE CONVERTING LTD p366
94 Durand Rd, WINNIPEG, MB, R2J 3T2
(204) 256-4115 SIC 5049
RONOR INTERNATIONAL INC p1098
90 Rue Beaubien O Bureau 500, MONTREAL, QC, H2S 1V6
(514) 278-5787 SIC 5049
VWR EDUCATION, LTD p856
399 Vansickle Rd, ST CATHARINES, ON, L2S 3T4
(800) 387-9393 SIC 5049
VWR INTERNATIONAL CO. p712
2360 Argentia Rd, MISSISSAUGA, ON, L5N 5Z7
(905) 813-7377 SIC 5049
VWR INTERNATIONAL CO. p1082
8567 Ch Dalton, MONT-ROYAL, QC, H4T 1V5
(514) 344-3525 SIC 5049
XEROX CANADA LTD p675
3000 Steeles Ave E Suite 200, MARKHAM, ON, L3R 4T9
(905) 946-7522 SIC 5049

SIC 5051 Metals service centers and offices

A. M. CASTLE & CO. (CANADA) INC p706
2150 Argentia Rd, MISSISSAUGA, ON, L5N 2K7
(905) 858-3888 SIC 5051
A. M. CASTLE & CO. (CANADA) INC p1140
835 Av Selkirk, POINTE-CLAIRE, QC, H9R 3S2
(514) 694-9575 SIC 5051
ACIER ARGO LTEE p1025
2175 Boul Hymus, DORVAL, QC, H9P 1J8
(514) 634-8066 SIC 5051
ACIER GENDRON LTEE p1068
2270 Rue Garneau, LONGUEUIL, QC, J4G 1E7
(450) 442-9494 SIC 5051
ACIER NOVA INC p1058
6001 Rue Irwin, LASALLE, QC, H8N 1A1
(514) 789-0511 SIC 5051

ACIER PACIFIQUE INC p1213
845 Av Munck, SAINT-LAURENT, QC, H7S 1A9
(514) 384-4690 SIC 5051
ACIER PICARD INC p1255
1951 Ch De L'Energie, VARENNES, QC, J3X 1P7
(450) 649-9000 SIC 5051
ALGOMA STEEL INC p830
105 West St, SAULT STE. MARIE, ON, P6A 7B4
(705) 945-2351 SIC 5051
ANIXTER CANADA INC p95
12354 184 St Nw, EDMONTON, AB, T5V 0A5
(780) 452-8171 SIC 5051
ANIXTER CANADA INC p268
18371 Blundell Rd, RICHMOND, BC, V6W 1L8
(604) 276-0366 SIC 5051
C.F.F. STAINLESS STEELS INC p607
1840 Burlington St E, HAMILTON, ON, L8H 3L4
(905) 549-2603 SIC 5051
CANADA PIPE COMPANY ULC p476
156 James St, TIMBERLEA, NS, B3T 1P1
(902) 444-7350 SIC 5051
CANADIAN BRASS & COPPER CO p558
225 Doney Cres Suite 1, CONCORD, ON, L4K 1P6
(416) 736-0797 SIC 5051
CANADIAN SPECIALTY METALS ULC p162
20 Challenger Cres, SHERWOOD PARK, AB, T8H 2R1
(780) 416-6422 SIC 5051
CANADIAN SPECIALTY METALS ULC p1208
5775 Rue Kieran, SAINT-LAURENT, QC, H4S 0A3
(514) 339-1211 SIC 5051
CANTAK CORPORATION p42
355 4 Ave Sw Suite 1050, CALGARY, AB, T2P 0J1
(403) 269-5536 SIC 5051
CASCADIA METALS LTD p210
7630 Berg Rd, DELTA, BC, V4G 1G4
(604) 946-3890 SIC 5051
COILPLUS CANADA INC p621
18 Underwood Rd, INGERSOLL, ON, N5C 3V6
(519) 485-6393 SIC 5051
CONCORD STEEL CENTRE LIMITED p974
147 Ashbridge Cir, WOODBRIDGE, ON, L4L 3R5
(905) 856-1717 SIC 5051
CONSTRUCTIONS BEAUCE-ATLAS INC, LES p1227
600 1re Av Du Parc-Industriel, SAINTE-MARIE, QC, G6E 1B5
(418) 387-4872 SIC 5051
CRAWFORD METAL CORPORATION p650
3101 Gore Rd, LONDON, ON, N5V 5C8
(519) 659-2080 SIC 5051
CRAWFORD METAL CORPORATION p748
132 Sheppard Ave W Suite 200, NORTH YORK, ON, M2N 1M5
(416) 224-1515 SIC 5051
CRAWFORD METAL CORPORATION p944
300 West St, TRENTON, ON, K8V 2N3
(613) 394-1994 SIC 5051
CRAWFORD METAL CORPORATION p1069
2290 Rue De La Metropole, LONGUEUIL, QC, J4G 1E6
(450) 646-6000 SIC 5051
EDMONTON STEEL PLATE LTD p104
5545 89 St Nw, EDMONTON, AB, T6E 5W9
(780) 468-6722 SIC 5051
EFCO CANADA CO p2
527 East Lake Blvd Ne, AIRDRIE, AB, T4A 2G3
(403) 948-5426 SIC 5051
HALLMARK TUBULARS LTD p45
308 4 Ave Sw Suite 400, CALGARY, AB, T2P 0H7

(403) 266-3807 SIC 5051
HALLMARK TUBULARS LTD p147
1201 10 St, NISKU, AB, T9E 8L6
(780) 955-7955 SIC 5051
HARRIS STEEL ULC p451
150 Joseph Zatzman Dr, DARTMOUTH, NS, B3B 1P1
(902) 468-2526 SIC 5051
HARRIS STEEL ULC p649
152 Fielding Rd, LIVELY, ON, P3Y 1L5
(705) 682-1222 SIC 5051
HERCULES SLR INC p451
520 Windmill Rd Suite 499, DARTMOUTH, NS, B3B 1B3
(902) 468-0300 SIC 5051
HERCULES SLR INC p534
737 Oval Crt, BURLINGTON, ON, L7L 6A9
(905) 790-3112 SIC 5051
HORTON CBI, LIMITED p739
303 Townline Rd Suite 100, NIAGARA ON THE LAKE, ON, L0S 1J0
(905) 684-0012 SIC 5051
HOWCO GROUP CANADA LTD p100
7504 52 St Nw, EDMONTON, AB, T6B 2G3
(780) 439-6746 SIC 5051
JANCO STEEL LTD p861
925 Arvin Ave, STONEY CREEK, ON, L8E 5N9
(905) 643-3535 SIC 5051
LIFTING SOLUTIONS INC p100
3710 78 Ave Nw, EDMONTON, AB, T6B 3E5
(780) 784-7725 SIC 5051
MARMON/KEYSTONE CANADA INC p534
1220 Heritage Rd, BURLINGTON, ON, L7L 4X9
(905) 319-4646 SIC 5051
MARMON/KEYSTONE CANADA INC p1004
290 Ch Du Tremblay, BOUCHERVILLE, QC, J4B 5X9
(514) 527-9153 SIC 5051
METALIUM INC p1168
1635 Boul Jean-Talon O, Quebec, QC, G2K 2J5
(418) 656-0668 SIC 5051
MYER SALIT LIMITED p737
7771 Stanley Ave, NIAGARA FALLS, ON, L2G 0C7
(905) 354-5691 SIC 5051
RELIANCE METALS CANADA LIMITED p682
8055 Esquesing Line, MILTON, ON, L9T 5C8
(905) 878-1156 SIC 5051
RELIANCE METALS CANADA LIMITED p720
305 Pendant Dr, MISSISSAUGA, ON, L5T 2W9
(905) 564-0866 SIC 5051
RINGBALL CORPORATION p106
7606 Mcintyre Rd Nw, EDMONTON, AB, T6E 6Z1
(780) 465-3311 SIC 5051
RIVERVIEW STEEL CO. LTD p961
8165 Anchor Dr, WINDSOR, ON, N8N 5B7
(519) 979-8255 SIC 5051
RUSSEL METALS INC p101
4203 53 Ave Nw, EDMONTON, AB, T6B 3P4
(780) 220-9994 SIC 5051
RUSSEL METALS INC p101
5730 72a Ave Nw, EDMONTON, AB, T6B 3L1
SIC 5051
RUSSEL METALS INC p106
7016 99 St Nw, EDMONTON, AB, T6E 3R3
(780) 439-2051 SIC 5051
RUSSEL METALS INC p115
2165 70 Ave Nw, EDMONTON, AB, T6P 0B4
(780) 468-1115 SIC 5051
RUSSEL METALS INC p115
5910 17 St Nw, EDMONTON, AB, T6P 1S5
(780) 440-2000 SIC 5051
RUSSEL METALS INC p208
830 Carlisle Rd, DELTA, BC, V3M 5P4
(604) 525-0544 SIC 5051

RUSSEL METALS INC p241
1950 East Wellington Rd, NANAIMO, BC, V9S 5V2
(250) 753-1555 SIC 5051
RUSSEL METALS INC p262
990 Industrial Way, PRINCE GEORGE, BC, V2N 5S1
(250) 563-1274 SIC 5051
RUSSEL METALS INC p383
1359 St James St, WINNIPEG, MB, R3H 0K9
(204) 772-0321 SIC 5051
RUSSEL METALS INC p414
141 Crescent St, SACKVILLE, NB, E4L 3V2
(506) 364-1234 SIC 5051
RUSSEL METALS INC p466
28 Lakeside Park Dr, Lakeside, NS, B3T 1A3
(902) 876-7861 SIC 5051
RUSSEL METALS INC p547
15 Cherry Blossom Rd, CAMBRIDGE, ON, N3H 4R7
(519) 650-1666 SIC 5051
RUSSEL METALS INC p603
14 Curve Cres, GUELPH, ON, N1H 6H9
(519) 763-1114 SIC 5051
RUSSEL METALS INC p652
685 Hale St, LONDON, ON, N5W 1J1
(519) 451-1140 SIC 5051
RUSSEL METALS INC p711
1900 Minnesota Crt Suite 210, MISSISSAUGA, ON, L5N 3C9
(905) 567-8500 SIC 5051
RUSSEL METALS INC p785
2420 Stevenage Dr, OTTAWA, ON, K1G 3W3
(613) 738-2961 SIC 5051
RUSSEL METALS INC p989
1675 Rte De L'aeroport, AMOS, QC, J9T 3A2
(819) 732-8381 SIC 5051
RUSSEL METALS INC p1005
1331 Rue Graham-Bell Bureau 1, BOUCHERVILLE, QC, J4B 6A1
(450) 641-1130 SIC 5051
RUSSEL METALS INC p1015
2149 Rue De La Fonderie, CHICOUTIMI, QC, G7H 8C1
(418) 545-8881 SIC 5051
RUSSEL METALS INC p1163
5225 Rue John-Molson, Quebec, QC, G1X 3X4
(418) 656-9911 SIC 5051
RUSSEL METALS INC p1174
221 Rue Des Negociants, RIMOUSKI, QC, G5M 1B7
(418) 724-4937 SIC 5051
RUSSEL METALS INC p1181
167 Rue De Rotterdam, SAINT-AUGUSTIN-DE-DESMAURES, QC, G3A 2K2
(418) 878-5737 SIC 5051
RUSSEL METALS INC p1245
1025 Boul Des Entreprises, TERREBONNE, QC, J6Y 1V2
(514) 333-5380 SIC 5051
RUSSEL METALS INC p1283
475 E 1st Ave, REGINA, SK, S4N 4Z3
(306) 721-6411 SIC 5051
RUSSEL METALS INC p1297
922 51st St E, SASKATOON, SK, S7K 7K2
(306) 931-3338 SIC 5051
RYERSON CANADA, INC p106
7945 Coronet Rd Nw, EDMONTON, AB, T6E 4N7
(780) 469-0402 SIC 5051
RYERSON CANADA, INC p272
12311 Horseshoe Way, RICHMOND, BC, V7A 4X6
(604) 272-2422 SIC 5051
RYERSON CANADA, INC p390
1424 Willson Pl, WINNIPEG, MB, R3T 0Y3
(204) 284-4480 SIC 5051
RYERSON CANADA, INC p535
1219 Corporate Dr Suite 2, BURLINGTON, ON, L7L 5V5

(416) 622-3100   SIC 5051
RYERSON CANADA, INC   p1229
3399 Av Francis-Hughes, SAINTE-ROSE, QC, H7L 5A5
(450) 975-7171   SIC 5051
RYERSON CANADA, INC   p1256
200 Rue Du Cheminot, VAUDREUIL-DORION, QC, J7V 5V5
(450) 424-0153   SIC 5051
SAMUEL, SON & CO., LIMITED   p29
1401 17 Ave Se, CALGARY, AB, T2G 1J9
(403) 531-0600   SIC 5051
SAMUEL, SON & CO., LIMITED   p148
1709 8 St, NISKU, AB, T9E 7S8
(780) 955-7516   SIC 5051
SAMUEL, SON & CO., LIMITED   p208
1365 Derwent Way, DELTA, BC, V3M 5V9
(604) 521-3700   SIC 5051
SAMUEL, SON & CO., LIMITED   p230
9087c 198 St Unit 300, LANGLEY, BC, V1M 3B1
(604) 882-0429   SIC 5051
SAMUEL, SON & CO., LIMITED   p527
546 Elgin St, BRANTFORD, ON, N3S 7P8
(519) 758-2710   SIC 5051
SAMUEL, SON & CO., LIMITED   p535
735 Oval Crt, BURLINGTON, ON, L7L 6A9
(905) 632-3662   SIC 5051
SAMUEL, SON & CO., LIMITED   p535
1250 Appleby Line, BURLINGTON, ON, L7L 5G6
(905) 335-9195   SIC 5051
SAMUEL, SON & CO., LIMITED   p535
735 Oval Crt Suite 1, BURLINGTON, ON, L7L 6A9
(905) 632-3662   SIC 5051
SAMUEL, SON & CO., LIMITED   p546
133 Groh Ave, CAMBRIDGE, ON, N3C 1Y8
SIC 5051
SAMUEL, SON & CO., LIMITED   p562
21 Corrine Crt, CONCORD, ON, L4K 4W2
(905) 279-9580   SIC 5051
SAMUEL, SON & CO., LIMITED   p607
410 Nash Rd N, HAMILTON, ON, L8H 7R9
(905) 573-9100   SIC 5051
SAMUEL, SON & CO., LIMITED   p674
7455 Woodbine Ave, MARKHAM, ON, L3R 1A7
(905) 475-6464   SIC 5051
SAMUEL, SON & CO., LIMITED   p693
2370 Dixie Rd Suite 124, MISSISSAUGA, ON, L4Y 1Z4
(905) 279-9580   SIC 5051
SAMUEL, SON & CO., LIMITED   p711
6701 Financial Dr Suite 100, MISSISSAUGA, ON, L5N 7J7
(905) 270-5300   SIC 5051
SAMUEL, SON & CO., LIMITED   p861
12 Teal Ave, STONEY CREEK, ON, L8E 3Y5
(905) 561-8228   SIC 5051
SAMUEL, SON & CO., LIMITED   p995
21525 Av Clark-Graham, Baie-D'Urfe, QC, H9X 3T5
(514) 457-3399   SIC 5051
SAMUEL, SON & CO., LIMITED   p1019
2225 Av Francis-Hughes, Cote Saint-Luc, QC, H7S 1N5
(514) 384-5220   SIC 5051
SAMUEL, SON & CO., LIMITED   p1057
3289 Boul Jean-Baptiste-Deschamps, LACHINE, QC, H8T 3E4
(514) 631-5551   SIC 5051
SAMUEL, SON & CO., LIMITED   p1213
131 Rue Barr, SAINT-LAURENT, QC, H4T 1W6
(514) 735-6563   SIC 5051
SANDVIK CANADA, INC   p649
100 Magill St, LIVELY, ON, P3Y 1K7
(705) 692-5881   SIC 5051
SSAB SWEDISH STEEL LTD   p208
1031 Cliveden Ave, DELTA, BC, V3M 5V1
(604) 526-3700   SIC 5051
SSAB SWEDISH STEEL LTD   p1022
220 Rue Industrielle, DELSON, QC, J5B 1W4
(514) 364-1752   SIC 5051
STRUDELL INDUSTRIES   p587
1911 Albion Rd, ETOBICOKE, ON, M9W 5S8
(416) 675-2025   SIC 5051
THYSSENKRUPP MATERIALS CA, LTD   p1208
2700 Rue Cohen, SAINT-LAURENT, QC, H4R 2N6
SIC 5051
THYSSENKRUPP MATERIALS CA, LTD   p1224
21025 Rue Daoust, SAINTE-ANNE-DE-BELLEVUE, QC, H9X 0A3
(514) 782-9500   SIC 5051
TRANS AM PIPING PRODUCTS LTD   p115
1711 66 Ave Nw, EDMONTON, AB, T6P 1Y9
(780) 440-4567   SIC 5051
ULBRICH OF CANADA INC   p758
98 Norfinch Dr, NORTH YORK, ON, M3N 1X1
(416) 663-7130   SIC 5051
UNIFIED ALLOYS (EDMONTON) LTD   p234
26835 Gloucester Way, LANGLEY, BC, V4W 3Y3
(604) 607-6750   SIC 5051
VANGUARD STEEL LTD   p712
2160 Meadowpine Blvd, MISSISSAUGA, ON, L5N 6H6
(905) 821-1100   SIC 5051
VARSTEEL LTD   p20
55 Dufferin Pl Se, CALGARY, AB, T2C 4W3
(403) 279-7030   SIC 5051
VARSTEEL LTD   p137
2900 5 Ave N, LETHBRIDGE, AB, T1H 6K3
(403) 329-0233   SIC 5051
VARSTEEL LTD   p139
220 4 St S Suite 330, LETHBRIDGE, AB, T1J 4J7
(403) 320-1953   SIC 5051
VARSTEEL LTD   p148
602 13 Ave, NISKU, AB, T9E 7P6
(780) 955-1953   SIC 5051
VARSTEEL LTD   p210
8500 River Rd Unit 6, DELTA, BC, V4G 1B5
(604) 946-2717   SIC 5051
VARSTEEL LTD   p227
280 Bubna Rd, KELOWNA, BC, V4V 2N4
(250) 766-5222   SIC 5051
VARSTEEL LTD   p290
1933 96 Ave Unit 104, SURREY, BC, V4N 4C4
(604) 882-9344   SIC 5051
VARSTEEL LTD   p363
2475 Day St, WINNIPEG, MB, R2C 2X5
(204) 237-6533   SIC 5051
VARSTEEL LTD   p1286
2191 Albert St N, REGINA, SK, S4P 3E1
(306) 775-3634   SIC 5051
VARSTEEL LTD   p1298
2607 Wentz Ave, SASKATOON, SK, S7K 5J1
(306) 955-3777   SIC 5051
VOESTALPINE HIGH PERFORMANCE LETALS LTD   p712
2595 Meadowvale Blvd, MISSISSAUGA, ON, L5N 7Y3
(905) 812-9440   SIC 5051
VOESTALPINE ROTEC SUMMO CORP   p535
1180 Burloak Dr, BURLINGTON, ON, L7L 6B3
(905) 336-3306   SIC 5051
VOESTALPINE ROTEC SUMMO CORP   p535
1200 Burloak Dr, BURLINGTON, ON, L7L 6B4
(905) 336-0014   SIC 5051
WELDED TUBE OF CANADA CORP   p563
111 Rayette Rd, CONCORD, ON, L4K 2E9
(905) 669-1111   SIC 5051
WILKINSON STEEL AND METALS INC p107
9525 60 Ave Nw, EDMONTON, AB, T6E 0C3
(780) 434-8441   SIC 5051
WORTHINGTON INDUSTRIES OF CANADA INC   p882
97 Lyon Ave, TILBURY, ON, N0P 2L0
(519) 682-1313   SIC 5051

SIC 5063 Electrical apparatus and equipment

3100-7669 QUEBEC INC   p1032
1989 Rue Michelin, FABREVILLE, QC, H7L 5B7
(450) 973-7765   SIC 5063
4499034 CANADA INC   p287
19275 25 Ave, SURREY, BC, V3Z 3X1
(604) 542-4773   SIC 5063
ABB INC   p15
2 Smed Lane Suite 110, CALGARY, AB, T2C 4T5
(403) 806-1700   SIC 5063
ABB INC   p102
9418 39 Ave Nw, EDMONTON, AB, T6E 5T9
(780) 447-4677   SIC 5063
ADT CANADA INC   p1166
4715 Av Des Replats Bureau 265, Quebec, QC, G2J 1B8
(418) 822-2288   SIC 5063
ANIXTER CANADA INC   p713
200 Foster Cres, MISSISSAUGA, ON, L5R 3Y5
(905) 568-8999   SIC 5063
ANIXTER CANADA INC   p1056
3000 Rue Louis-A.-Amos, LACHINE, QC, H8T 3P8
(514) 636-3636   SIC 5063
BARRETT CORPORATION   p511
100 Corporation Dr, BRAMPTON, ON, L6S 6B5
(905) 789-7575   SIC 5063
BELL MOBILITE INC   p594
1420 Blair Pl Suite 700, GLOUCESTER, ON, K1J 9L8
SIC 5063
BREWS SUPPLY LTD   p90
18003 111 Ave Nw Suite 452, EDMONTON, AB, T5S 2P2
(780) 452-3730   SIC 5063
BROOK CROMPTON LTD   p584
264 Attwell Dr, ETOBICOKE, ON, M9W 5B2
(416) 675-3844   SIC 5063
CANADIAN ELECTRO DRIVES (2009) LTD   p255
1538 Kebet Way, PORT COQUITLAM, BC, V3C 5M5
(604) 468-8788   SIC 5063
CANARM LTD   p489
7686 Sixteenth Line Rr 4, ARTHUR, ON, N0G 1A0
(519) 848-3910   SIC 5063
CANARM LTD   p1127
2555 Rue Bernard-Lefebvre, Montreal, QC, H7C 0A5
(450) 665-2535   SIC 5063
CATHELLE INC   p1128
3465 Boul Industriel, Montreal, QC, H7L 4S3
SIC 5063
CSG SECURITY CORPORATION   p1162
2800 Rue Einstein Bureau 20, Quebec, QC, G1X 4N8
(418) 681-6045   SIC 5063
CUMMINS EST DU CANADA SEC   p450
50 Simmonds Dr, DARTMOUTH, NS, B3B 1R3
(902) 468-7938   SIC 5063
DIAMONDGEAR INDUSTRIAL MANUFACTURING LTD   p1
26229 Twp Rd 531a Suite 206, ACHESON, AB, T7X 5A4
(780) 451-3912   SIC 5063
DUBO ELECTRIQUE LTEE   p1086
5780 Rue Ontario E, Montreal, QC, H1N 0A2
(514) 255-7711   SIC 5063
E. B. HORSMAN & SON   p285
13055 80 Ave Suite 1, SURREY, BC, V3W 3B7
(604) 596-7111   SIC 5063
E.C.S. ELECTRICAL CABLE SUPPLY LTD   p100
7136 56 Ave Nw, EDMONTON, AB, T6B 1E4
(780) 665-1158   SIC 5063
E.C.S. ELECTRICAL CABLE SUPPLY LTD   p268
6900 Graybar Rd Unit 3135, RICHMOND, BC, V6W 0A5
(604) 207-1500   SIC 5063
EECOL ELECTRIC ULC   p55
63 Sunpark Dr Se, CALGARY, AB, T2X 3V4
(403) 253-1952   SIC 5063
ELECTROZAD SUPPLY COMPANY LIMITED   p650
500 Industrial Rd, LONDON, ON, N5V 1T7
(519) 452-3444   SIC 5063
EMERSON ELECTRIC CANADA LIMITED   p17
110 Quarry Park Blvd Se Suite 200, CALGARY, AB, T2C 3G3
(403) 258-6200   SIC 5063
EMERSON ELECTRIC CANADA LIMITED   p820
66 Leek Crescent, RICHMOND HILL, ON, L4B 1H1
(905) 948-3401   SIC 5063
ENERGIZER CANADA INC   p1057
9970 Ch De La Cote-De-Liesse Bureau 100, LACHINE, QC, H8T 1A1
SIC 5063
ENERSYS CANADA INC   p506
61 Parr Blvd Unit 3, BOLTON, ON, L7E 4E3
(905) 951-2228   SIC 5063
ENTREPRISES MICROTEC INC, LES   p990
8125 Boul Du Golf, ANJOU, QC, H1J 0B2
(514) 388-8177   SIC 5063
ENTREPRISES MICROTEC INC, LES   p1180
4780 Rue Saint-Felix, SAINT-AUGUSTIN-DE-DESMAURES, QC, G3A 2J9
(418) 864-7924   SIC 5063
EXCEL LIGHTING & MANUFACTURING LTD   p559
388 Romina Dr, CONCORD, ON, L4K 5X9
(416) 747-1388   SIC 5063
EXIDE TECHNOLOGIES CANADA CORPORATION   p708
6950 Creditview Rd Suite 3, MISSISSAUGA, ON, L5N 0A6
(905) 817-1773   SIC 5063
FAVA INVESTMENTS INC   p559
25 Interchange Way, CONCORD, ON, L4K 5W3
(905) 660-4111   SIC 5063
FRANKLIN EMPIRE INC   p547
28 Cherry Blossom Rd, CAMBRIDGE, ON, N3H 4R7
(519) 650-1182   SIC 5063
FRANKLIN EMPIRE INC   p1152
215 Rue Fortin, Quebec, QC, G1M 3M2
(418) 683-1725   SIC 5063
GERRIE ELECTRIC WHOLESALE LIMITED   p533
4104 South Service Rd, BURLINGTON, ON, L7L 4X5
(905) 681-3660   SIC 5063
GESTION H. LEVESQUE LTEE   p1006
2180 Boul Lapiniere, BROSSARD, QC, J4W 1M2
(450) 462-2116   SIC 5063
GLC CONTROLS INC   p13
3300 14 Ave Ne Suite 2, CALGARY, AB, T2A 6J4
SIC 5063
GRAYBAR CANADA LIMITED   p417
300 Charlotte St, SAINT JOHN, NB, E2L 5A4
(506) 634-2094   SIC 5063
GRAYBAR CANADA LIMITED   p433
47 Pippy Pl, ST. JOHN'S, NL, A1B 4H8
(709) 722-6161   SIC 5063
GRAYBAR CANADA LIMITED   p451
260 Brownlow Ave, DARTMOUTH, NS, B3B 1V9

(902) 468-6665   *SIC 5063*
GRAYBAR CANADA LIMITED   *p461*
3600 Joseph Howe Dr, HALIFAX, NS, B3L 4H7
(902) 457-8730   *SIC 5063*
GRAYBAR CANADA LIMITED   *p461*
3600 Joseph Howe Dr, HALIFAX, NS, B3L 4H7
(902) 457-8787   *SIC 5063*
GRAYBAR CANADA LIMITED   *p638*
130 Hayward Ave, KITCHENER, ON, N2C 2E4
(519) 576-5434   *SIC 5063*
GRAYBAR CANADA LIMITED   *p694*
5895 Whittle Rd, MISSISSAUGA, ON, L4Z 2H4
(905) 507-0533   *SIC 5063*
GRAYBAR CANADA LIMITED   *p783*
1730 Bantree St Unit 2, OTTAWA, ON, K1B 3W4
(613) 688-0124   *SIC 5063*
GRAYBAR CANADA LIMITED   *p964*
2760 Deziel Dr, WINDSOR, ON, N8W 5H8
(519) 944-4414   *SIC 5063*
GRAYBAR ELECTRIC CANADA LIMITED   *p451*
260 Brownlow Ave, DARTMOUTH, NS, B3B 1V9
(902) 468-6665   *SIC 5063*
GROUPE D'ECLAIRAGE LUXTEC INC   *p1165*
445 Av Saint-Jean-Baptiste Bureau 120, Quebec, QC, G2E 5N7
(418) 871-8039   *SIC 5063*
GUILLEVIN INTERNATIONAL CIE   *p92*
11220 180 St Nw, EDMONTON, AB, T5S 2X5
(780) 453-1884   *SIC 5063*
GUILLEVIN INTERNATIONAL CIE   *p185*
5344 Lougheed Hwy, BURNABY, BC, V5B 2Z8
(604) 438-8661   *SIC 5063*
GUILLEVIN INTERNATIONAL CIE   *p393*
1850 Vanier Blvd, BATHURST, NB, E2A 7B7
(506) 546-8220   *SIC 5063*
GUILLEVIN INTERNATIONAL CIE   *p433*
87 O'leary Ave, ST. JOHN'S, NL, A1B 2C9
(709) 722-1420   *SIC 5063*
GUILLEVIN INTERNATIONAL CIE   *p559*
8200 Jane St, CONCORD, ON, L4K 5A7
SIC 5063
IDEAL SUPPLY COMPANY LIMITED   *p497*
24 Cedar Pointe Dr, BARRIE, ON, L4N 5R7
(705) 728-5662   *SIC 5063*
IEM INDUSTRIAL ELECTRIC MFG. (CANADA) INC   *p234*
27353 58 Cres Unit 201, LANGLEY, BC, V4W 3W7
(866) 302-9836   *SIC 5063*
INDUSTRIES POLTEC LTEE, LES   *p1132*
10440 Av Henault, MONTREAL-NORD, QC, H1G 5R4
SIC 5063
INGRAM MICRO INC   *p1204*
7075 Place Robert-Joncas Bureau M100, SAINT-LAURENT, QC, H4M 2Z2
(514) 334-9785   *SIC 5063*
INTEGRATED DISTRIBUTION SYSTEMS LIMITED PARTNERSHIP   *p1190*
243 Rue Des Artisans, SAINT-GERMAIN-DE-GRANTHAM, QC, J0C 1K0
(819) 472-4076   *SIC 5063*
L. & B. ELECTRIC LIMITED   *p445*
94 Wentzell Dr, BRIDGEWATER, NS, B4V 3V4
(902) 543-9966   *SIC 5063*
LIGHTS ALIVE LTD   *p105*
3809 98 St Nw, EDMONTON, AB, T6E 5V4
(780) 438-6624   *SIC 5063*
MANUFACTURE LEVITON DU CANADA LTEE   *p1142*
165 Boul Hymus, POINTE-CLAIRE, QC, H9R 1E9
(514) 954-1840   *SIC 5063*

NCS INTERNATIONAL CO.   *p105*
4130 101 St Nw, EDMONTON, AB, T6E 0A5
(780) 468-5678   *SIC 5063*
NCS INTERNATIONAL CO.   *p202*
70 Glacier St, COQUITLAM, BC, V3K 5Y9
(604) 472-6980   *SIC 5063*
NCS INTERNATIONAL CO.   *p716*
7635 Tranmere Dr, MISSISSAUGA, ON, L5S 1L4
(905) 673-3571   *SIC 5063*
NCS INTERNATIONAL CO.   *p716*
7635 Tranmere Dr, MISSISSAUGA, ON, L5S 1L4
(905) 673-0660   *SIC 5063*
NII NORTHERN INTERNATIONAL INC   *p1022*
10 Rue Industrielle, DELSON, QC, J5B 1V8
(450) 638-4644   *SIC 5063*
O'NEIL, EARL ELECTRIC SUPPLY LIMITED   *p975*
150 Creditview Rd, WOODBRIDGE, ON, L4L 9N4
(416) 798-7722   *SIC 5063*
OSSO HOLDINGS LTD   *p780*
209 Bloor St E, OSHAWA, ON, L1H 3M3
(905) 576-4166   *SIC 5063*
PROTECTION INCENDIE VIKING INC   *p1001*
1935 Boul Lionel-Bertrand, BOISBRIAND, QC, J7H 1N8
(450) 430-7516   *SIC 5063*
PROTECTION INCENDIE VIKING INC   *p1210*
3005 Boul Pitfield, SAINT-LAURENT, QC, H4S 1H4
(514) 332-5110   *SIC 5063*
REXEL CANADA ELECTRICAL LTD   *p715*
5600 Keaton Cres, MISSISSAUGA, ON, L5R 3G3
(905) 712-4004   *SIC 5063*
RICHMOND INTERNATIONAL TECHNOLOGY CORP   *p267*
4460 Jacombs Rd Suite 102, RICHMOND, BC, V6V 2C5
(604) 273-8248   *SIC 5063*
RITTAL SYSTEMS LTD   *p720*
6485 Ordan Dr, MISSISSAUGA, ON, L5T 1X2
(905) 795-0777   *SIC 5063*
SIEMENS CANADA LIMITED   *p93*
10310 176 St Nw, EDMONTON, AB, T5S 1L3
(780) 452-3890   *SIC 5063*
SIEMENS CANADA LIMITED   *p452*
120 Troop Ave Suite 100, DARTMOUTH, NS, B3B 1Z1
(902) 468-9791   *SIC 5063*
SIEMENS CANADA LIMITED   *p1091*
8455 19e Av, Montreal, QC, H1Z 4J2
(514) 822-7311   *SIC 5063*
SONEPAR CANADA INC   *p512*
250 Chrysler Dr Unit 4, BRAMPTON, ON, L6S 6B6
(905) 696-2838   *SIC 5063*
STANPRO LIGHTING SYSTEMS INC   *p1027*
2233 Rue De L'aviation, DORVAL, QC, H9P 2X6
(514) 739-9984   *SIC 5063*
SUPREME LIGHTING & ELECTRIC SUPPLY LTD   *p669*
9 Laidlaw Blvd, MARKHAM, ON, L3P 1W5
(905) 477-3113   *SIC 5063*
TECO-WESTINGHOUSE MOTORS (CANADA) INC   *p93*
18060 109 Ave Nw, EDMONTON, AB, T5S 2K2
(780) 444-8933   *SIC 5063*
TEKNION FURNITURE SYSTEMS CO. LIMITED   *p887*
195 Nantucket Blvd, TORONTO, ON, M1P 2P2
(416) 759-3573   *SIC 5063*
THERMON CANADA INC   *p14*
333 28 St Ne, CALGARY, AB, T2A 7P4
(403) 273-5558   *SIC 5063*
THOMAS & BETTS (ONTARIO) LTD   *p711*
2233 Argentia Rd Suite 114, MISSIS-SAUGA, ON, L5N 2X7
(905) 858-1010   *SIC 5063*
THOMAS & BETTS, LIMITEE   *p845*
120 Nashdene Rd, SCARBOROUGH, ON, M1V 2W3
(416) 292-9782   *SIC 5063*
THOMAS & BETTS, LIMITEE   *p1007*
7900 Boul Taschereau, BROSSARD, QC, J4X 1C2
(450) 466-1102   *SIC 5063*
TORBRAM ELECTRIC SUPPLY CORPORATION   *p231*
6360 202 St Suite 103, LANGLEY, BC, V2Y 1N2
(604) 539-9331   *SIC 5063*
TORBRAM ELECTRIC SUPPLY CORPORATION   *p541*
10 Perdue Crt Unit 6, CALEDON, ON, L7C 3M6
(905) 495-0535   *SIC 5063*
TOTAL ELECTRIC SUPPLY LIMITED   *p541*
10 Perdue Crt Unit 6, CALEDON, ON, L7C 3M6
(905) 495-3538   *SIC 5063*
TRIVISION BROADBAND AND TELECOM INC   *p675*
7880 Woodbine Ave Suite A & B, MARKHAM, ON, L3R 2N7
(905) 474-1422   *SIC 5063*
ULTRASAVE LIGHTING LIMITED   *p675*
140 Amber St Unit 12, MARKHAM, ON, L3R 3J8
(905) 940-0888   *SIC 5063*
UNIVERSAL SALES, LIMITED   *p453*
14 Akerley Blvd, DARTMOUTH, NS, B3B 1J3
(902) 494-5377   *SIC 5063*
UTC FIRE & SECURITY CANADA   *p184*
7989 Enterprise St, BURNABY, BC, V5A 1V5
(604) 420-4436   *SIC 5063*
UTC FIRE & SECURITY CANADA INC   *p14*
Bay 8, CALGARY, AB, T2A 7W6
(403) 253-9236   *SIC 5063*
UTC FIRE & SECURITY CANADA INC   *p94*
10118 175 St Nw, EDMONTON, AB, T5S 1L1
(780) 452-6411   *SIC 5063*
VERTIV CANADA ULC   *p1211*
3001 Rue Douglas-B.-Floreani, SAINT-LAURENT, QC, H4S 1Y7
(514) 333-1966   *SIC 5063*
VIPOND INC   *p870*
95 Pacific Ave, SUDBURY, ON, P3C 3J1
(705) 675-2705   *SIC 5063*
VIPOND INC   *p1283*
205 E 1st Ave, REGINA, SK, S4N 4Z3
(306) 757-0003   *SIC 5063*
WEG ELECTRIC MOTORS   *p933*
64 Samor Rd, TORONTO, ON, M6A 1J6
(416) 781-4617   *SIC 5063*

SIC 5064 Electrical appliances, television and radio

BRADFORD WHITE - CANADA INC   *p605*
9 Brigden Gate, HALTON HILLS, ON, L7G 0A3
(905) 203-0600   *SIC 5064*
CLARION CANADA INC   *p764*
2239 Winston Park Dr, OAKVILLE, ON, L6H 5R1
(905) 829-4600   *SIC 5064*
COAST WHOLESALE APPLIANCES INC   *p31*
6128 Centre St Se, CALGARY, AB, T2H 0C4
(403) 243-8780   *SIC 5064*
D&M CANADA INC   *p671*
505 Apple Creek Blvd Unit 5, MARKHAM, ON, L3R 5B1
(905) 475-4085   *SIC 5064*
ELITE GROUP INC   *p1111*
1175 Place Du Frere-Andre, Montreal, QC, H3B 3X9
(514) 383-4720   *SIC 5064*
EMCO CORPORATION   *p383*
669 Century St, WINNIPEG, MB, R3H 0L9
(204) 925-9630   *SIC 5064*
GROUPE SEB CANADA INC   *p845*
345 Passmore Ave, SCARBOROUGH, ON, M1V 3N8
(416) 297-4131   *SIC 5064*
HAMILTON BEACH BRANDS CANADA, INC   *p672*
7300 Warden Ave Suite 201, MARKHAM, ON, L3R 9Z6
(905) 513-6222   *SIC 5064*
MC COMMERCIAL INC.   *p534*
5420 North Service Rd Suite 300, BURLINGTON, ON, L7L 6C7
(905) 315-2300   *SIC 5064*
MIELE LIMITED   *p561*
161 Four Valley Dr, CONCORD, ON, L4K 4V8
(905) 532-2270   *SIC 5064*
PANASONIC CANADA INC   *p25*
6835 8 St Ne, CALGARY, AB, T2E 7H7
SIC 5064
PANASONIC CANADA INC   *p690*
5770 Ambler Dr Suite 70, MISSISSAUGA, ON, L4W 2T3
(905) 624-5010   *SIC 5064*
PHILIPS ELECTRONICS LTD   *p677*
281 Hillmount Rd, MARKHAM, ON, L6C 2S3
(905) 201-4100   *SIC 5064*
SAMSUNG ELECTRONICS CANADA INC   *p711*
2050 Derry Rd W Suite 1, MISSISSAUGA, ON, L5N 0B9
(905) 542-3535   *SIC 5064*
SONY OF CANADA LTD   *p744*
115 Gordon Baker Rd, NORTH YORK, ON, M2H 3R6
(416) 499-1414   *SIC 5064*
SUNBEAM CORPORATION (CANADA) LIMITED   *p523*
20 Hereford St Suite B, BRAMPTON, ON, L6Y 0M1
(905) 593-6100   *SIC 5064*
TOSHIBA OF CANADA LIMITED   *p675*
75 Tiverton Crt, MARKHAM, ON, L3R 4M8
(905) 470-3500   *SIC 5064*
UVALUX INTERNATIONAL INC   *p978*
470 Industrial Ave, WOODSTOCK, ON, N4S 7L1
(519) 421-1212   *SIC 5064*

SIC 5065 Electronic parts and equipment, nec

3M CANADA COMPANY   *p797*
1545 Carling Ave Suite 700, OTTAWA, ON, K1Z 8P9
(613) 722-2070   *SIC 5065*
668824 ALBERTA LTD   *p9*
2930 32 Ave Ne, CALGARY, AB, T1Y 5J4
(403) 250-9107   *SIC 5065*
A A A ALARM SYSTEMS LTD   *p26*
118 50 Ave Se, CALGARY, AB, T2G 2A8
(403) 233-7454   *SIC 5065*
ABB INC   *p512*
201 Westcreek Blvd, BRAMPTON, ON, L6T 5S6
(905) 460-3000   *SIC 5065*
ADVANCED MOTION & CONTROLS LTD   *p496*
26 Saunders Rd, BARRIE, ON, L4N 9A8
(705) 726-2260   *SIC 5065*
ALLIANCE CORPORATION   *p706*
2395 Meadowpine Blvd, MISSISSAUGA, ON, L5N 7W6
(905) 821-4797   *SIC 5065*
ALLSTREAM BUSINESS INC   *p90*
10638 178 St Nw, EDMONTON, AB, T5S 1H4
(780) 486-1144   *SIC 5065*
ALLSTREAM BUSINESS INC   *p185*
6150 Lougheed Hwy, BURNABY, BC, V5B

2Z9
(604) 421-0505 SIC 5065
AMPHENOL CANADA CORP p833
605 Milner Ave, SCARBOROUGH, ON, M1B 5X6
(416) 291-4401 SIC 5065
APPLIED ELECTRONICS LIMITED p687
1260 Kamato Rd, MISSISSAUGA, ON, L4W 1Y1
(905) 625-4321 SIC 5065
ARGUS TELECOM INTERNATIONAL INC p1206
2505 Rue Guenette, SAINT-LAURENT, QC, H4R 2E9
(514) 331-0840 SIC 5065
ARROW ELECTRONICS CANADA LTD p463
155 Chain Lake Dr Suite 27, HALIFAX, NS, B3S 1B3
(902) 450-2600 SIC 5065
ARROW ELECTRONICS CANADA LTD p717
171 Superior Blvd Suite 2, MISSISSAUGA, ON, L5T 2L6
(905) 565-4405 SIC 5065
AVNET INTERNATIONAL (CANADA) LTD p706
6950 Creditview Rd Unit 2, MISSISSAUGA, ON, L5N 0A6
(905) 812-4400 SIC 5065
AVNET INTERNATIONAL (CANADA) LTD p726
190 Colonnade Rd Suite A, NEPEAN, ON, K2E 7J5
(613) 226-1700 SIC 5065
AVNET INTERNATIONAL (CANADA) LTD p1211
7575 Rte Transcanadienne Bureau 600, SAINT-LAURENT, QC, H4T 1V6
(514) 335-1000 SIC 5065
BELL MOBILITE INC p41
111 5 Ave Sw Suite 2100, CALGARY, AB, T2P 3Y6
SIC 5065
BELL MOBILITE INC p374
395 Notre Dame Ave, WINNIPEG, MB, R3B 1R2
(204) 943-5544 SIC 5065
BEST BUY CANADA LTD p511
9250 Airport Rd Suite 1, BRAMPTON, ON, L6S 6K5
(905) 494-7272 SIC 5065
CELLULAR ONE INC p1124
9280 Boul De L'acadie, Montreal, QC, H4N 3C5
(514) 385-0770 SIC 5065
CISCO SYSTEMS CANADA CO p323
595 Burard St, VANCOUVER, BC, V7X 1J1
(604) 647-2300 SIC 5065
CISCO SYSTEMS CANADA CO p918
88 Queens Quay W Suite 2700, TORONTO, ON, M5J 0B8
(416) 306-7000 SIC 5065
CONNEX TELECOMMUNICATIONS INC p533
940 Gateway, BURLINGTON, ON, L7L 5K7
(905) 632-6894 SIC 5065
CSG SECURITY CORPORATION p687
2740 Matheson Blvd E Unit 1, MISSISSAUGA, ON, L4W 4X3
(905) 629-2600 SIC 5065
CUBIC FIELD SERVICES CANADA LIMITED p69
Gd, COLD LAKE, AB, T9M 1P1
(780) 594-3970 SIC 5065
CURTIS INTERNATIONAL LTD p584
315 Attwell Dr, ETOBICOKE, ON, M9W 5C1
(416) 674-2123 SIC 5065
D & H CANADA ULC p522
7975 Heritage Rd Suite 20, BRAMPTON, ON, L6Y 5X5
(905) 796-0030 SIC 5065
EATON INDUSTRIES (CANADA) COMPANY p533
5050 Mainway, BURLINGTON, ON, L7L 5Z1
(905) 333-6442 SIC 5065

ELECTRO SONIC INC p192
5489 Byrne Rd Suite 173, BURNABY, BC, V5J 3J1
(604) 273-2911 SIC 5065
ELECTRO SONIC INC p671
55 Renfrew Dr Suite 100, MARKHAM, ON, L3R 8H3
(905) 946-0100 SIC 5065
ERICSSON CANADA INC p1081
8400 Boul Decarie, MONT-ROYAL, QC, H4P 2N2
(514) 345-7900 SIC 5065
ERICSSON CANADA INC p1081
8400 Boul Decarie, MONT-ROYAL, QC, H4P 2N2
(514) 345-7900 SIC 5065
FUSION CINE SALES & RENTALS INC p293
1469 Venables St, VANCOUVER, BC, V5L 2G1
(604) 879-0003 SIC 5065
GE MULTILIN p184
8525 Baxter Pl Suite 100, BURNABY, BC, V5A 4V7
(604) 421-8700 SIC 5065
GENESIS SECURITY INC p316
1770 Burrard St Unit 310, VANCOUVER, BC, V6J 3G7
(604) 669-0822 SIC 5065
GUILLEVIN INTERNATIONAL CIE p990
10301 Rue Renaude-Lapointe, ANJOU, QC, H1J 2T4
(514) 355-7582 SIC 5065
GUNNEBO CANADA INC p514
9 Van Der Graaf Crt, BRAMPTON, ON, L6T 5E5
(905) 595-4140 SIC 5065
HUB PARKING TECHNOLOGY CANADA LTD p709
2900 Argentia Rd Suite 1, MISSISSAUGA, ON, L5N 7X9
(905) 813-1966 SIC 5065
INMARSAT SOLUTIONS (CANADA) INC p429
34 Glencoe Dr, MOUNT PEARL, NL, A1N 4S8
SIC 5065
INTROTEL COMMUNICATIONS INC p689
5170 Timberlea Blvd Unit B, MISSISSAUGA, ON, L4W 2S5
(905) 625-8700 SIC 5065
IRWIN INDUSTRIAL AGENCIES LIMITED p490
205 Industrial Pkwy N Unit 2, AURORA, ON, L4G 4C4
(905) 889-9100 SIC 5065
KAM AND RONSON MEDIA GROUP INC p51
815 10 Ave Sw Suite 210, CALGARY, AB, T2R 0B4
SIC 5065
LAWSON PRODUCTS INC (ONTARIO) p650
1919 Trafalgar St, LONDON, ON, N5V 1A1
(519) 685-4280 SIC 5065
LES SYSTEMES FONEX DATA INC p1209
5400 Ch Saint-Francois, SAINT-LAURENT, QC, H4S 1P6
(514) 333-6639 SIC 5065
MOTOROLA SOLUTIONS CANADA INC p945
8133 Warden Ave, UNIONVILLE, ON, L6G 1B3
(905) 948-5200 SIC 5065
NORSTAN CANADA LTD p745
2225 Sheppard Ave E Suite 1600, NORTH YORK, ON, M2J 5C2
(416) 490-9500 SIC 5065
OMRON CANADA INC p834
885 Milner Ave, SCARBOROUGH, ON, M1B 5V8
(416) 286-6465 SIC 5065
OMRON ELECTRONIC COMPONENTS CANADA, INC p834
100 Consilium Pl Suite 802, SCARBOROUGH, ON, M1B 3E3
(416) 286-6465 SIC 5065

ON4 COMMUNICATIONS INC p300
628 12th Ave W, VANCOUVER, BC, V5Z 1M8
(888) 583-7158 SIC 5065
PAGING NETWORK OF CANADA INC p690
1685 Tech Ave Suite 1, MISSISSAUGA, ON, L4W 0A7
(905) 614-3100 SIC 5065
PANASONIC CANADA INC p690
5810 Ambler Dr Unit 4, MISSISSAUGA, ON, L4W 4J5
SIC 5065
POLYCOM CANADA LTD p190
3605 Gilmore Way Suite 200, BURNABY, BC, V5G 4X5
(604) 453-9400 SIC 5065
PRIORITY ELECTRONICS LTD p390
55 Trottier Bay, WINNIPEG, MB, R3T 3R3
(204) 284-0164 SIC 5065
ROVA PRODUCTS CANADA INC p512
30 Automatic Rd, BRAMPTON, ON, L6S 5N8
(905) 793-1955 SIC 5065
RYCOM INC p972
6201 7 Hwy Unit 8, WOODBRIDGE, ON, L4H 0K7
(905) 264-4800 SIC 5065
SAFETY NET SECURITY LTD p880
857 May St N, THUNDER BAY, ON, P7C 3S2
(807) 623-1844 SIC 5065
SIMBOL TEST SYSTEMS INC p1040
616 Rue Auguste-Mondoux, GATINEAU, QC, J9J 3K3
(819) 770-7771 SIC 5065
SONY OF CANADA LTD p959
1602 Tricont Ave, WHITBY, ON, L1N 7C3
SIC 5065
SYSTEMES WESTCON CANADA (WCSI) INC, LES p1027
2100 Rte Transcanadienne, DORVAL, QC, H9P 2N4
(514) 420-5400 SIC 5065
TOSHIBA OF CANADA LIMITED p1049
18050 Rte Transcanadienne, KIRKLAND, QC, H9J 4A1
(514) 390-7766 SIC 5065
TYCO ELECTRONICS CANADA ULC p267
13120 Vanier Pl Suite 110, RICHMOND, BC, V6V 2J2
(604) 276-8611 SIC 5065
TYCO INTEGRATED FIRE & SECURITY CANADA, INC p379
303 Balmoral St, WINNIPEG, MB, R3C 4A8
(204) 949-1404 SIC 5065
TYCO INTEGRATED FIRE & SECURITY CANADA, INC p727
14 Concourse Gate Suite 100, NEPEAN, ON, K2E 7S6
(613) 667-9355 SIC 5065
TYCO INTEGRATED FIRE & SECURITY CANADA, INC p1154
1990 Rue Cyrille-Duquet Bureau 165, Quebec, QC, G1N 4K8
(418) 683-4937 SIC 5065
VARITRON TECHNOLOGIES INC p1193
4811 Ch De La Savane, SAINT-HUBERT, QC, J3Y 9G1
(450) 926-1778 SIC 5065
WHIRLPOOL CANADA CO p712
6750 Century Ave Suite 200, MISSISSAUGA, ON, L5N 0B7
(905) 821-6400 SIC 5065
WHITE RADIO LP p536
940 Gateway, BURLINGTON, ON, L7L 5K7
(905) 632-6894 SIC 5065

SIC 5072 Hardware

ABLOY CANADA INC p1208
9630 Rte Transcanadienne, SAINT-LAURENT, QC, H4S 1V9
(514) 335-9500 SIC 5072

ADT CANADA INC p797
1600 Laperriere Ave Suite 200, OTTAWA, ON, K1Z 1B7
(613) 228-6000 SIC 5072
ALLMAR INC p15
4910 76 Ave Se, CALGARY, AB, T2C 2X2
(403) 236-2604 SIC 5072
ASSA ABLOY OF CANADA LTD p557
160 Four Valley Dr, CONCORD, ON, L4K 4T9
(905) 738-2466 SIC 5072
BLACK & DECKER CANADA INC p820
125 Mural St, RICHMOND HILL, ON, L4B 1M4
(905) 886-9511 SIC 5072
CANAROPA (1954) INC p584
1866 Kipling Ave, ETOBICOKE, ON, M9W 4J1
(416) 241-4445 SIC 5072
COOP FEDEREE, LA p1249
4225 Rue Saint-Joseph Bureau 379, Trois-Rivieres, QC, G8Z 4G3
(819) 379-8551 SIC 5072
DE LA FONTAINE & ASSOCIES INC p1007
7503 Boul Taschereau Bureau B, BROSSARD, QC, J4Y 1A2
(450) 676-8335 SIC 5072
DONALD CHOI CANADA LIMITED p953
147 Bathurst Drive, WATERLOO, ON, N2V 1Z4
(519) 886-5010 SIC 5072
EQUIPEMENTS INDUSTRIELS JOLIETTE INC p1045
1295 Rue De Lanaudiere, JOLIETTE, QC, J6E 3N9
(450) 756-0564 SIC 5072
FASTENERS & FITTINGS INC p17
7803 35 St Se, CALGARY, AB, T2C 1V3
(403) 279-2265 SIC 5072
FERCO FERRURES DE BATIMENTS INC p1229
2000 Rue Berlier, SAINTE-ROSE, QC, H7L 4S4
(450) 973-1437 SIC 5072
HDS CANADA, INC p974
100 Galcat Dr, WOODBRIDGE, ON, L4L 0B9
(905) 850-8085 SIC 5072
HOLLAND IMPORTS INC p187
3905 1st Ave Suite 200, BURNABY, BC, V5C 3W3
(604) 298-4484 SIC 5072
HOME DEPOT OF CANADA INC p387
1645 Kenaston Blvd, WINNIPEG, MB, R3P 2M4
(204) 928-7110 SIC 5072
HOME HARDWARE STORES LIMITED p565
10 Thirteenth St E, CORNWALL, ON, K6H 6V9
(613) 932-3225 SIC 5072
INDUSTRIES RAD INC p1215
6363 Boul Des Grandes-Prairies, SAINT-LEONARD, QC, H1P 1A5
(514) 321-6363 SIC 5072
MAKITA CANADA INC p272
11771 Hammersmith Way, RICHMOND, BC, V7A 5H6
(604) 272-3104 SIC 5072
MAKITA CANADA INC p958
1950 Forbes St, WHITBY, ON, L1N 7B7
(905) 571-2200 SIC 5072
MATERIAUX R.M. BIBEAU LTEE p1242
2425 Boul Saint-Louis, SOREL-TRACY, QC, J3R 4S6
(450) 743-3321 SIC 5072
MCFADDEN'S HARDWOOD & HARDWARE INC p765
2323 Winston Park Dr Suite 1, OAKVILLE, ON, L6H 6R7
(416) 674-3333 SIC 5072
QUINCAILLERIE RICHELIEU LTEE p19
5211 52 St Se, CALGARY, AB, T2C 4T2
(403) 203-2099 SIC 5072
QUINCAILLERIE RICHELIEU LTEE p267

12851 Rowan Pl Unit 150, RICHMOND, BC, V6V 2K5
(604) 278-4821   SIC 5072
QUINCAILLERIE RICHELIEU LTEE   p1069
800 Rue Beriault, LONGUEUIL, QC, J4G 1R8
(514) 259-3737   SIC 5072
QUINCAILLERIE RICHELIEU LTEE   p1069
800 Rue Beriault, LONGUEUIL, QC, J4G 1R8
(450) 674-0888   SIC 5072
QUINCAILLERIE RICHELIEU LTEE   p1130
4855 Nord Laval (A-440) O, Montreal, QC, H7P 5P9
(450) 687-5716   SIC 5072
SNAP-ON TOOLS OF CANADA LTD   p20
7403 48 St Se, CALGARY, AB, T2C 4H6
(403) 720-0525   SIC 5072
SOLUTIONS 2 GO INC   p516
15 Production Dr, BRAMPTON, ON, L6T 4N8
(905) 564-1140   SIC 5072
TAYMOR INDUSTRIES LTD   p721
6460 Kennedy Rd Suite A, MISSISSAUGA, ON, L5T 2X4
(905) 362-3660   SIC 5072
TAYMOR INDUSTRIES LTD   p756
205 Limestone Cres, NORTH YORK, ON, M3J 2R1
(416) 661-0292   SIC 5072
TECHTRONIC INDUSTRIES CANADA INC   p675
7303 Warden Ave Suite 202, MARKHAM, ON, L3R 5Y6
(905) 479-4355   SIC 5072

SIC 5074 Plumbing and heating equipment and supplies (hydronics)

176815 CANADA INC   p1208
6400 Rue Vanden-Abeele, SAINT-LAURENT, QC, H4S 1R9
(514) 333-5340   SIC 5074
2179321 ONTARIO LIMITED   p751
27 Larabee Cres, NORTH YORK, ON, M3A 3E6
(416) 219-1050   SIC 5074
A.O. SMITH ENTERPRISES LTD   p864
768 Erie St, STRATFORD, ON, N4Z 1A2
(519) 271-5800   SIC 5074
AQUIFER DISTRIBUTION LTD   p1294
227a Venture Cres, SASKATOON, SK, S7K 6N8
(306) 242-1567   SIC 5074
BARDON SUPPLIES LIMITED   p496
500 Dunlop St W, BARRIE, ON, L4N 9W5
(705) 722-9909   SIC 5074
BARDON SUPPLIES LIMITED   p501
405 College St E, BELLEVILLE, ON, K8N 4Z6
(613) 966-5643   SIC 5074
BARDON SUPPLIES LIMITED   p513
24 Melanie Dr, BRAMPTON, ON, L6T 4K9
(905) 791-4500   SIC 5074
BARDON SUPPLIES LIMITED   p633
670 Progress Ave, KINGSTON, ON, K7M 4W9
(613) 384-5870   SIC 5074
BARTLE & GIBSON CO LTD   p21
4300 21 St Ne, CALGARY, AB, T2E 9A6
(403) 291-1099   SIC 5074
BARTLE & GIBSON CO LTD   p255
1458 Mustang Pl, PORT COQUITLAM, BC, V3C 6L2
(604) 941-7318   SIC 5074
BOONE PLUMBING AND HEATING SUPPLY INC   p593
1282 Algoma Rd Suite 613, GLOUCESTER, ON, K1B 3W8
(613) 746-9960   SIC 5074
BRITA CANADA CORPORATION   p519
150 Biscayne Cres, BRAMPTON, ON, L6W 4V3

(905) 789-2465   SIC 5074
CAN AQUA INTERNATIONAL   p1180
3126 Rue Delisle, SAINT-AUGUSTIN-DE-DESMAURES, QC, G3A 2W4
(418) 872-8080   SIC 5074
CARMANAH TECHNOLOGIES CORPORATION   p335
203 Harbour Rd Suite 4, VICTORIA, BC, V9A 3S2
(250) 380-0052   SIC 5074
CCTF CORPORATION   p767
1387 Cornwall Rd, OAKVILLE, ON, L6J 7T5
SIC 5074
CORIX INFRASTRUCTURE INC   p176
3175 Turner St, ABBOTSFORD, BC, V2S 7T9
(604) 850-0441   SIC 5074
CRANE CANADA CO.   p1059
7800 Rue Elmslie, LASALLE, QC, H8N 3E5
(514) 766-8541   SIC 5074
DESCHENES & FILS LTEE   p1091
3901 Rue Jarry E Bureau 100, Montreal, QC, H1Z 2G1
(514) 374-3110   SIC 5074
DESCHENES & FILS LTEE   p1167
1105 Rue Des Rocailles, Quebec, QC, G2K 2K6
(418) 627-4711   SIC 5074
DESCO PLUMBING AND HEATING SUPPLY INC   p584
65 Worcester Rd Suite 416, ETOBICOKE, ON, M9W 5N7
(416) 213-1580   SIC 5074
ECCO HEATING PRODUCTS LTD   p17
11150 38 St Se Suite 11, CALGARY, AB, T2C 2Z6
(403) 259-4344   SIC 5074
EMCO CORPORATION   p17
7110 44 St Se, CALGARY, AB, T2C 4Z3
(403) 252-6621   SIC 5074
EMCO CORPORATION   p84
14635 121a Ave Nw, EDMONTON, AB, T5L 2T2
(780) 454-9551   SIC 5074
EMCO CORPORATION   p91
10930 184 St Nw Suite 745, EDMONTON, AB, T5S 2P8
(780) 452-3626   SIC 5074
EMCO CORPORATION   p96
15740 118 Ave Nw, EDMONTON, AB, T5V 1C4
(780) 447-4800   SIC 5074
EMCO CORPORATION   p114
3011 101 Ave Nw, EDMONTON, AB, T6P 1X7
(780) 440-7333   SIC 5074
EMCO CORPORATION   p128
11905 99 Ave, GRANDE PRAIRIE, AB, T8W 0C7
(780) 532-3363   SIC 5074
EMCO CORPORATION   p153
4605 61 St, RED DEER, AB, T4N 6Z2
(403) 346-7300   SIC 5074
EMCO CORPORATION   p189
3139 Sumner Ave, BURNABY, BC, V5G 3E3
(604) 412-2830   SIC 5074
EMCO CORPORATION   p189
3140 Gilmore Divers, BURNABY, BC, V5G 3B4
(604) 713-2200   SIC 5074
EMCO CORPORATION   p255
1585 Kebet Way, PORT COQUITLAM, BC, V3C 6L5
(604) 464-6975   SIC 5074
EMCO CORPORATION   p379
1336 Sargent Ave, WINNIPEG, MB, R3E 0G4
(204) 925-8711   SIC 5074
EMCO CORPORATION   p383
2030 Notre Dame Ave, WINNIPEG, MB, R3H 0J8
(204) 925-8444   SIC 5074
EMCO CORPORATION   p409
1180 St George Blvd Suite 22, MONCTON, NB, E1E 4K7

(506) 853-1440   SIC 5074
EMCO CORPORATION   p429
18 Bruce St, MOUNT PEARL, NL, A1N 4T4
(709) 747-0382   SIC 5074
EMCO CORPORATION   p451
111 Wright Ave, DARTMOUTH, NS, B3B 1K6
SIC 5074
EMCO CORPORATION   p460
6355 Lady Hammond Rd, HALIFAX, NS, B3K 2S2
(902) 453-4410   SIC 5074
EMCO CORPORATION   p654
944 Leathorne St, LONDON, ON, N5Z 3M5
(519) 686-7340   SIC 5074
EMCO CORPORATION   p735
4300 Stanley Ave, NIAGARA FALLS, ON, L2E 4Z4
SIC 5074
EMCO CORPORATION   p763
65 Huxley Rd, NORTH YORK, ON, M9M 1H5
(416) 742-6220   SIC 5074
EMCO CORPORATION   p787
535 Coventry Rd, OTTAWA, ON, K1K 2C5
SIC 5074
EMCO CORPORATION   p878
933 Tungsten St, THUNDER BAY, ON, P7B 5Z3
(807) 345-6543   SIC 5074
EMCO CORPORATION   p1125
4790 Rue Jean-Talon O, Montreal, QC, H4P 1W9
(514) 735-5747   SIC 5074
EMCO CORPORATION   p1130
3700 Des Laurentides (A-15) O, Montreal, QC, H7P 6A9
(450) 978-0314   SIC 5074
EMCO CORPORATION   p1153
380 Rue Morse, Quebec, QC, G1N 4L4
(418) 681-4671   SIC 5074
EMCO CORPORATION   p1249
2400 Rue De La Sidbec S, Trois-Rivieres, QC, G8Z 4H1
(819) 375-4743   SIC 5074
EMCO CORPORATION   p1282
615 Vennels St, REGINA, SK, S4N 6B1
(306) 525-2311   SIC 5074
EMCO CORPORATION   p1295
3009 Millar Ave, SASKATOON, SK, S7K 6G5
(306) 652-7474   SIC 5074
FLOCOR INC   p861
470 Seaman St, STONEY CREEK, ON, L8E 2V9
(905) 664-9230   SIC 5074
JUST ENERGY ONTARIO L.P   p656
124 Dundas St, LONDON, ON, N6A 1G1
(519) 434-4628   SIC 5074
MASCO CANADA LIMITED   p527
46 Bosworth Crt, BRANTFORD, ON, N3S 7Y3
SIC 5074
MOEN INC   p765
2816 Bristol Cir, OAKVILLE, ON, L6H 5S7
(905) 829-3400   SIC 5074
MONESSEN HEARTH CANADA, INC   p710
6975 Creditview Rd Unit 2, MISSISSAUGA, ON, L5N 8E9
SIC 5074
MUELLER CANADA LTD   p849
390 2nd Ave, SIMCOE, ON, N3Y 4K9
(519) 426-4551   SIC 5074
MUELLER CANADA LTD   p1027
1820 Ch Saint-Francois, DORVAL, QC, H9P 2P6
(514) 342-2100   SIC 5074
NALCO CANADA CO.   p540
1055 Truman St, BURLINGTON, ON, L7R 3V7
(905) 632-8791   SIC 5074
NEWTERRA LTD   p538
3310 South Service Rd Suite 307, BURLINGTON, ON, L7N 3M6
(800) 420-4056   SIC 5074
PRESTON PHIPPS INC   p1210
6400 Rue Vanden-Abeele, SAINT-LAURENT, QC, H4S 1R9
(514) 333-5340   SIC 5074
PROMINENT FLUID CONTROLS LTD   p600
490 Southgate Dr, GUELPH, ON, N1G 4P5
(519) 836-5692   SIC 5074
ROBINSON, B.A. CO. LTD   p19
5452 53 Ave Se, CALGARY, AB, T2C 4R3
(403) 723-9030   SIC 5074
ROBINSON, B.A. CO. LTD   p93
18511 104 Ave Nw, EDMONTON, AB, T5S 2V8
(780) 453-5714   SIC 5074
ROBINSON, B.A. CO. LTD   p300
2285 Cambie St, VANCOUVER, BC, V5Z 2T5
(604) 879-6847   SIC 5074
ROBINSON, B.A. CO. LTD   p383
619 Berry St, WINNIPEG, MB, R3H 0S2
(204) 784-0150   SIC 5074
SEXAUER LTD   p711
6990 Creditview Rd Unit 4, MISSISSAUGA, ON, L5N 8R9
(905) 821-8292   SIC 5074
SHERET, ANDREW HOLDINGS LIMITED   p329
721 Kings Rd, VICTORIA, BC, V8T 1W4
(250) 386-7744   SIC 5074
SHERET, ANDREW LIMITED   p241
2545 Mccullough Rd, NANAIMO, BC, V9S 4M9
(250) 758-7383   SIC 5074
SHERET, ANDREW LIMITED   p253
324 Duncan Ave W, PENTICTON, BC, V2A 7N1
(250) 493-9369   SIC 5074
SHERET, ANDREW LIMITED   p297
425 Broadway E, VANCOUVER, BC, V5T 1W9
(604) 874-8101   SIC 5074
SHERET, ANDREW LIMITED   p329
721 Kings Rd, VICTORIA, BC, V8T 1W4
(250) 386-7744   SIC 5074
UNIVERSAL SUPPLY CO. INC   p294
2835 12th Ave E, VANCOUVER, BC, V5M 4P9
(604) 253-4000   SIC 5074
WATER PIK TECHNOLOGIES CANADA INC   p675
625 Cochrane Dr, MARKHAM, ON, L3R 9R9
SIC 5074
WOLSELEY CANADA INC   p21
10775 42 St Se Unit 9, CALGARY, AB, T2C 5B2
(403) 243-8790   SIC 5074
WOLSELEY CANADA INC   p29
3604 8 St Se Suite 403, CALGARY, AB, T2G 3A7
(403) 287-2684   SIC 5074
WOLSELEY CANADA INC   p94
18404 116 Ave Nw, EDMONTON, AB, T5S 2W8
(780) 452-0340   SIC 5074
WOLSELEY CANADA INC   p97
12224 152 St Nw, EDMONTON, AB, T5V 1S1
(780) 454-0481   SIC 5074
WOLSELEY CANADA INC   p185
5950 Kingsland Dr, BURNABY, BC, V5B 4W7
(604) 294-3473   SIC 5074
WOLSELEY CANADA INC   p382
1300 St Matthews Ave, WINNIPEG, MB, R3G 3K4
(204) 786-7861   SIC 5074
WOLSELEY CANADA INC   p538
880 Laurentian Dr Suite 1, BURLINGTON, ON, L7N 3V6
(905) 335-7373   SIC 5074
WOLSELEY CANADA INC   p631
75 Harvey St, KINGSTON, ON, K7K 5C1

(613) 546-3141 SIC 5074
WOLSELEY CANADA INC p771
1330 South Service Rd W, OAKVILLE, ON, L6L 5T7
SIC 5074
WOLSELEY CANADA INC p1018
4133 Boul Industriel, Cote Saint-Luc, QC, H7L 6G9
(450) 624-2110 SIC 5074
WOLSELEY CANADA INC p1129
4075 Boul Industriel Bureau 624, Montreal, QC, H7L 6E3
(450) 628-5777 SIC 5074
WOLSELEY CANADA INC p1213
4200 Rue Hickmore, SAINT-LAURENT, QC, H4T 1K2
(514) 344-9378 SIC 5074
WOLSELEY CANADA INC p1240
230 Rue Leger, SHERBROOKE, QC, J1L 1M1
(819) 562-2662 SIC 5074
WOLSELEY CANADA INC p1288
1176 Hamilton St, REGINA, SK, S4R 2B2
(306) 525-6581 SIC 5074
WOLSELEY CANADA INC p1299
2744 1st Ave N, SASKATOON, SK, S7K 6M5
(306) 933-1033 SIC 5074

SIC 5075 Warm air heating and air conditioning

AIREAU QUALITE CONTROLE INC p999
660 Rue De La Sabliere, BOIS-DES-FILION, QC, J6Z 4T7
(450) 621-6661 SIC 5075
CARRIER ENTERPRISE CANADA, L.P. p27
3201 Ogden Rd Se Suite 1, CALGARY, AB, T2G 4N4
(403) 287-4800 SIC 5075
CARRIER ENTERPRISE CANADA, L.P. p232
20350 Langley Bypass Suite 200, LANGLEY, BC, V3A 5E7
(604) 539-4650 SIC 5075
CARRIER ENTERPRISE CANADA, L.P. p799
1050 Baxter Rd, OTTAWA, ON, K2C 3P1
(613) 820-0720 SIC 5075
CARRIER ENTERPRISE CANADA, L.P. p1228
2025 Boul Dagenais O, SAINTE-ROSE, QC, H7L 5V1
(514) 324-5050 SIC 5075
COMETAL S. L. INC p1047
2361 Rue De La Metallurgie, Jonquiere, QC, G7X 9V8
(418) 547-3322 SIC 5075
CWI CLIMATEWORX INTERNATIONAL INC p513
18 Chelsea Lane, BRAMPTON, ON, L6T 3Y4
(905) 405-0800 SIC 5075
DANFOSS INC p708
6711 Mississauga Rd Suite 306, MISSISSAUGA, ON, L5N 2W3
(905) 285-2050 SIC 5075
DESCAIR INC p1091
8335 Boul Saint-Michel, Montreal, QC, H1Z 3E6
(514) 744-6751 SIC 5075
ECCO HEATING PRODUCTS LTD p17
11150 38 St Se Suite 23, CALGARY, AB, T2C 2Z6
(403) 720-0895 SIC 5075
ECCO HEATING PRODUCTS LTD p184
7959 Enterprise St, BURNABY, BC, V5A 1V5
(604) 420-4323 SIC 5075
ECCO HEATING PRODUCTS LTD p1304
311 70th St E, SASKATOON, SK, S7P 0E1
(306) 242-5525 SIC 5075
ENERTRAK INC p1229
2875 Rue Jules-Brillant, SAINTE-ROSE, QC, H7P 6B2
(450) 973-2000 SIC 5075

GROUPE MASTER INC, LE p1004
1675 Boul De Montarville, BOUCHERVILLE, QC, J4B 7W4
(514) 527-2301 SIC 5075
HTS ENGINEERING LTD p800
1646 Woodward Dr, OTTAWA, ON, K2C 3R8
(613) 728-7400 SIC 5075
INDEPENDENT MECHANICAL SUPPLY INC p585
310 Carlingview Dr, ETOBICOKE, ON, M9W 5G1
(416) 679-1048 SIC 5075
LENNOX CANADA INC p581
400 Norris Glen Rd, ETOBICOKE, ON, M9C 1H5
(416) 621-9302 SIC 5075
LENNOX CANADA INC p638
45 Otonabee Dr Unit C, KITCHENER, ON, N2C 1L7
(519) 744-6841 SIC 5075
LENNOX CANADA INC p1287
1901 Dewdney Ave, REGINA, SK, S4R 8R2
SIC 5075
MITSUBISHI ELECTRIC SALES CANADA INC p673
4299 14th Ave, MARKHAM, ON, L3R 0J2
(905) 475-7728 SIC 5075
NATIONAL ENERGY EQUIPMENT INC p92
17107 118 Ave Nw, EDMONTON, AB, T5S 2V3
(780) 468-4454 SIC 5075
PARKER HANNIFIN CANADA p1019
2584 Boul Le Corbusier, Cote Saint-Luc, QC, H7S 2K8
(450) 668-3033 SIC 5075
ROBINSON, B.A. CO. LTD p1297
829 46th St E, SASKATOON, SK, S7K 0X2
(306) 664-2389 SIC 5075
SINCLAIR SUPPLY LTD p78
10914 120 St Nw, EDMONTON, AB, T5H 3P7
(780) 452-3110 SIC 5075
SOUTHERN SUPPLIES LIMITED p781
323 Bloor W, OSHAWA, ON, L1J 6X4
(905) 728-6216 SIC 5075
SPIRAX SARCO CANADA LIMITED p562
383 Applewood Cres, CONCORD, ON, L4K 4J3
(905) 660-5510 SIC 5075
TACKABERRY HEATING SUPPLIES LIMITED p634
639 Justus Dr Suite A, KINGSTON, ON, K7M 4H5
SIC 5075
TRENT METALS (2012) LIMITED p821
30 Mural St Unit 1, RICHMOND HILL, ON, L4B 1B5
(905) 886-5442 SIC 5075
UPONOR LTD p1283
662 E 1st Ave Suite 200, REGINA, SK, S4N 5T6
(306) 721-2449 SIC 5075
WOLSELEY CANADA INC p536
5145 North Service Rd, BURLINGTON, ON, L7L 5H6
(905) 335-4232 SIC 5075
WOLSELEY CANADA INC p1130
4200 Rue Louis-B.-Mayer, Montreal, QC, H7P 0G1
(450) 680-4040 SIC 5075

SIC 5078 Refrigeration equipment and supplies

CARRIER ENTERPRISE CANADA, L.P. p27
3201 Ogden Rd Se Suite 1, CALGARY, AB, T2G 4N4
(403) 243-0233 SIC 5078
DESCAIR INC p1091
8335 Boul Saint-Michel, Montreal, QC, H1Z 3E6
(514) 744-6751 SIC 5078
DSL LTD p84

14520 128 Ave Nw, EDMONTON, AB, T5L 3H6
(780) 452-7580 SIC 5078
EQUIPEMENTS DE SUPERMARCHES CONCEPT INTERNATIONAL INC p1170
429 Rue Des Industries, REPENTIGNY, QC, J5Z 4Y8
(450) 582-3017 SIC 5078
JONES FOOD STORE EQUIPMENT LTD p185
2896 Norland Ave, BURNABY, BC, V5B 3A6
(604) 294-6321 SIC 5078
TOROMONT INDUSTRIES LTD p448
19 Acadia St, DARTMOUTH, NS, B2Y 2N1
(902) 465-4836 SIC 5078
WOLSELEY CANADA INC p692
5235 Timberlea Blvd, MISSISSAUGA, ON, L4W 2S3
(905) 602-0223 SIC 5078

SIC 5082 Construction and mining machinery

ALUMA SYSTEMS INC p122
925 Memorial Dr, FORT MCMURRAY, AB, T9K 0K4
(780) 743-5011 SIC 5082
ALUMA SYSTEMS INC p449
40 Simmonds Dr, DARTMOUTH, NS, B3B 1R3
(902) 468-9533 SIC 5082
ATLANTIC TRACTORS & EQUIPMENT LIMITED p399
165 Urquhart Cres, FREDERICTON, NB, E3B 8K4
(506) 452-6651 SIC 5082
ATLANTIC TRACTORS & EQUIPMENT LIMITED p410
11 Lynds Ave, MONCTON, NB, E1H 1X6
(506) 852-4545 SIC 5082
ATLANTIC TRACTORS & EQUIPMENT LIMITED p450
175 Akerley Blvd, DARTMOUTH, NS, B3B 3Z6
(902) 468-0581 SIC 5082
ATLANTIC TRACTORS & EQUIPMENT LIMITED p982
130 Sherwood Rd, CHARLOTTETOWN, PE, C1E 0E4
(902) 894-7329 SIC 5082
ATLAS COPCO CANADA INC p649
200 Mumford Rd Suite A, LIVELY, ON, P3Y 1L2
(705) 673-6711 SIC 5082
ATLAS COPCO CANADA INC p717
1025 Tristar Dr, MISSISSAUGA, ON, L5T 1W5
(289) 562-6126 SIC 5082
BRANDT TRACTOR LTD p214
48 Alaska Hwy, FORT ST. JOHN, BC, V1J 4J1
(250) 785-6762 SIC 5082
BRANDT TRACTOR LTD p221
499 Chilcotin Rd, KAMLOOPS, BC, V2H 1G4
(250) 374-2115 SIC 5082
CARIBOU ROAD SERVICES LTD p257
5201 52nd Ave, POUCE COUPE, BC, V0C 2C0
(250) 786-5440 SIC 5082
CATERPILLAR MINING CANADA ULC p91
18131 118 Ave Nw, EDMONTON, AB, T5S 1M8
SIC 5082
CATERPILLAR MINING CANADA ULC p867
2555 Maley Dr Suite 3, SUDBURY, ON, P3A 4R7
SIC 5082
CATERPILLAR OF CANADA CORPORATION p1213
2900 Rue Joseph-A.-Bombardier, SAINT-LAURENT, QC, H7P 6E3
(450) 681-0681 SIC 5082

CERVUS CONTRACTORS EQUIPMENT LP p84
14504 Yellowhead Trail Nw, EDMONTON, AB, T5L 3C5
(780) 447-4441 SIC 5082
COMMERCIAL EQUIPMENT CORP p16
11199 48 St Se, CALGARY, AB, T2C 5H4
(403) 253-6421 SIC 5082
COMMERCIAL EQUIPMENT CORP p1282
105 N Mcdonald St, REGINA, SK, S4N 5W2
(306) 721-9575 SIC 5082
CREIGHTON ROCK DRILL LIMITED p716
2222 Drew Rd, MISSISSAUGA, ON, L5S 1B1
(905) 673-8200 SIC 5082
EQUIPMENT SALES & SERVICE LIMITED p649
15 Mumford Rd, LIVELY, ON, P3Y 1K9
(705) 692-7278 SIC 5082
FINNING INTERNATIONAL INC p68
7601 99 St Ss 55, CLAIRMONT, AB, T0H 0W0
(780) 831-2600 SIC 5082
FINNING INTERNATIONAL INC p88
16830 107 Ave Nw, Edmonton, AB, T5P 4C3
(780) 930-4800 SIC 5082
FINNING INTERNATIONAL INC p91
18131 118 Ave Nw, EDMONTON, AB, T5S 1M8
(780) 930-4949 SIC 5082
FINNING INTERNATIONAL INC p120
118 Macdonald Cres, FORT MCMURRAY, AB, T9H 4B2
(780) 743-2218 SIC 5082
FINNING INTERNATIONAL INC p136
4204 5 Ave N, LETHBRIDGE, AB, T1H 5S4
(403) 328-3366 SIC 5082
FINNING INTERNATIONAL INC p150
8710 87th Ave, PEACE RIVER, AB, T8S 1S2
(780) 624-1550 SIC 5082
FINNING INTERNATIONAL INC p155
6740 67 Ave, RED DEER, AB, T4P 1A9
(403) 347-1106 SIC 5082
FINNING INTERNATIONAL INC p205
815 Cranbrook St N, CRANBROOK, BC, V1C 3S2
(250) 489-6631 SIC 5082
FINNING INTERNATIONAL INC p213
295 Alaska Hwy, FORT NELSON, BC, V0C 1R0
(250) 774-8000 SIC 5082
FINNING INTERNATIONAL INC p214
10755 Finning Frontage Rd, FORT ST. JOHN, BC, V1J 4H6
(250) 787-7761 SIC 5082
FINNING INTERNATIONAL INC p217
Hwy 16 W, HOUSTON, BC, V0J 1Z0
(250) 845-2213 SIC 5082
FINNING INTERNATIONAL INC p220
1764 Kelly Douglas Rd, KAMLOOPS, BC, V2C 5S4
(250) 372-9552 SIC 5082
FINNING INTERNATIONAL INC p220
1967 Trans Canada Hwy E Suite 25, KAMLOOPS, BC, V2C 4A4
(250) 852-7500 SIC 5082
FINNING INTERNATIONAL INC p243
1922 Schoolhouse Rd, Nanaimo, BC, V9X 1T4
(250) 753-2441 SIC 5082
FINNING INTERNATIONAL INC p262
1100 Pacific St, PRINCE GEORGE, BC, V2N 5S3
(250) 563-0331 SIC 5082
FINNING INTERNATIONAL INC p289
19100 94 Ave, SURREY, BC, V4N 5C3
(604) 881-2600 SIC 5082
FINNING INTERNATIONAL INC p325
1714 Kalamalka Lake Rd, VERNON, BC, V1T 6V2
(250) 545-2321 SIC 5082
FINNING INTERNATIONAL INC p341
450 Mackenzie Ave S, WILLIAMS LAKE, BC, V2G 1C9

SIC 5082

(250) 392-3381 SIC 5082
FINNING INTERNATIONAL INC p438
Airport Rd, INUVIK, NT, X0E 0T0
(867) 777-2551 SIC 5082

FINNING INTERNATIONAL INC p1264
391 Yellowhead Alley, BATTLEFORD, SK, S0M 0E0
(306) 445-6151 SIC 5082

FINNING INTERNATIONAL INC p1301
3502 11th St W, SASKATOON, SK, S7M 1K7
(306) 382-3550 SIC 5082

GROUPE CANAM INC p407
95 Foundry St Suite 417, MONCTON, NB, E1C 5H7
(506) 857-3164 SIC 5082

HEWITT EQUIPEMENT LIMITEE p1142
4000 Aut Transcanadienne, POINTE-CLAIRE, QC, H9R 1B2
(514) 426-6700 SIC 5082

HEWITT EQUIPEMENT LIMITEE p1180
100 Rue De Rotterdam, SAINT-AUGUSTIN-DE-DESMAURES, QC, G3A 1T2
(418) 878-3000 SIC 5082

HEWITT EQUIPEMENT LIMITEE p1253
1200 3e Av E, VAL-D'OR, QC, J9P 0J6
(819) 825-5494 SIC 5082

HOOD LOGGING EQUIPMENT CANADA INCORPORATED p878
Gd Stn Csc, THUNDER BAY, ON, P7B 5E6
(807) 939-2641 SIC 5082

IMPACT OILFIELD SUPPLY INC p147
2714 5 St, NISKU, AB, T9E 0H1
(780) 466-7484 SIC 5082

INLAND KENWORTH LTD p234
26820 Gloucester Way, LANGLEY, BC, V4W 3V6
(604) 607-8555 SIC 5082

INTEGRATED DISTRIBUTION SYSTEMS LIMITED PARTNERSHIP p664
359 Tartan Dr Unit 1, LONDON, ON, N6M 1B1
(519) 685-1172 SIC 5082

INTEGRATED DISTRIBUTION SYSTEMS LIMITED PARTNERSHIP p692
1865 Sharlyn Rd, MISSISSAUGA, ON, L4X 2C5
(905) 624-5611 SIC 5082

JOY GLOBAL (CANADA) LTD p122
965 Memorial Dr, FORT MCMURRAY, AB, T9K 0K4
(780) 791-4016 SIC 5082

LIEBHERR-CANADA LTD p1
53016 Hwy 60 Unit 208, ACHESON, AB, T7X 5A7
(780) 962-6088 SIC 5082

LIEBHERR-CANADA LTD p121
98 Wilson Dr, FORT MCMURRAY, AB, T9H 0A1
(780) 791-2967 SIC 5082

LIEBHERR-CANADA LTD p1213
4250 Chomedey (A-13) O, SAINT-LAURENT, QC, H7R 6E9
(450) 963-7174 SIC 5082

LOCATION HEWITT INC p429
24 Third St, MOUNT PEARL, NL, A1N 2A5
(709) 282-5537 SIC 5082

LOCATION HEWITT INC p1234
400 Boul Laure, Sept-Iles, QC, G4R 1X4
(418) 962-7791 SIC 5082

MALMBERG TRUCK TRAILER EQUIPMENT LTD p728
25 Slack Rd, NEPEAN, ON, K2G 0B7
(613) 226-1320 SIC 5082

METSO MINERALS CANADA INC p602
644 Imperial Rd N, GUELPH, ON, N1H 7M3
(519) 821-7070 SIC 5082

NATIONAL-OILWELL CANADA LTD p158
1451 Hwy Ave Se, REDCLIFF, AB, T0J 2P0
(403) 548-8121 SIC 5082

NORTRAX CANADA INC p430
15 Allston St, MOUNT PEARL, NL, A1N 0A3
(709) 368-9660 SIC 5082

NORTRAX CANADA INC p550
189 Cardevco Rd Suite 2, CARP, ON, K0A 1L0
(613) 831-4044 SIC 5082

NORTRAX CANADA INC p1007
3855 Boul Matte, BROSSARD, QC, J4Y 2P4
(450) 444-1030 SIC 5082

ROCKY MOUNTAIN DEALERSHIPS INC p139
3939 1 Ave S, LETHBRIDGE, AB, T1J 4P8
(403) 327-3154 SIC 5082

ROCKY MOUNTAIN DEALERSHIPS INC p160
260180 Writing Creek Cres, ROCKY VIEW COUNTY, AB, T4A 0M9
(403) 513-7000 SIC 5082

ROCKY MOUNTAIN DEALERSHIPS INC p174
11140 100 St, WESTLOCK, AB, T7P 2C3
(780) 349-3720 SIC 5082

SANDVIK CANADA, INC p743
400 Kirkpatrick St Suite B, NORTH BAY, ON, P1B 8G5
(705) 476-6666 SIC 5082

SKYWAY CANADA LIMITED p20
6280 76 Ave Se Suite 20, CALGARY, AB, T2C 5N5
(403) 276-6666 SIC 5082

SMS CONSTRUCTION AND MINING SYSTEMS INC p1
53113 Range Road 263a, ACHESON, AB, T7X 5A5
(780) 948-2200 SIC 5082

SMS EQUIPMENT INC p1
53113 Range Road 263a, ACHESON, AB, T7X 5A5
(780) 454-0101 SIC 5082

SMS EQUIPMENT INC p15
3320 50 Ave Se, CALGARY, AB, T2B 3J4
(403) 569-1109 SIC 5082

SMS EQUIPMENT INC p87
16116 111 Ave Nw, EDMONTON, AB, T5M 2S1
(780) 451-2630 SIC 5082

SMS EQUIPMENT INC p121
310 Mackenzie Blvd, FORT MCMURRAY, AB, T9H 4C4
(780) 791-0616 SIC 5082

SMS EQUIPMENT INC p121
22k Highway 63 North, FORT MCMURRAY, AB, T9H 3G2
(780) 743-2622 SIC 5082

SMS EQUIPMENT INC p127
9116 108 St, GRANDE PRAIRIE, AB, T8V 4C8
(780) 532-9410 SIC 5082

SMS EQUIPMENT INC p256
1923 Mclean Ave, PORT COQUITLAM, BC, V3C 1N1
(604) 941-6611 SIC 5082

SMS EQUIPMENT INC p341
1115 Boundary St, WILLIAMS LAKE, BC, V2G 4K3
(250) 305-1060 SIC 5082

SMS EQUIPMENT INC p437
10 2nd Ave, WABUSH, NL, A0R 1B0
(709) 282-3777 SIC 5082

SMS EQUIPMENT INC p1181
120 Rue De New York, SAINT-AUGUSTIN-DE-DESMAURES, QC, G3A 0A8
(418) 870-1502 SIC 5082

SMS EQUIPMENT INC p1254
1085 3e Av E, VAL-D'OR, QC, J9P 0J7
(819) 874-3733 SIC 5082

TOROMONT INDUSTRIES LTD p63
85 Freeport Blvd Ne Suite 102, CALGARY, AB, T3J 4X8
(403) 517-1300 SIC 5082

TOROMONT INDUSTRIES LTD p425
22 Confederation Dr, CORNER BROOK, NL, A2H 6E3
(709) 634-8258 SIC 5082

TOROMONT INDUSTRIES LTD p548
290 Industrial Rd, CAMBRIDGE, ON, N3H 4R7
(519) 650-1211 SIC 5082

TOROMONT INDUSTRIES LTD p548
260 Industrial Rd, CAMBRIDGE, ON, N3H 4R7
(519) 650-4040 SIC 5082

TOROMONT INDUSTRIES LTD p563
548 Edgeley Blvd, CONCORD, ON, L4K 4G4
(416) 667-5900 SIC 5082

TOROMONT INDUSTRIES LTD p625
5 Edgewater St, KANATA, ON, K2L 1V7
(613) 836-5171 SIC 5082

TOROMONT INDUSTRIES LTD p649
25 Mumford Rd, LIVELY, ON, P3Y 1K9
(705) 692-4764 SIC 5082

TOROMONT INDUSTRIES LTD p665
50 Enterprise Dr, LONDON, ON, N6N 1A7
(519) 681-1900 SIC 5082

TOROMONT INDUSTRIES LTD p667
3740 Webster Cres Suite 3, MAIDSTONE, ON, N0R 1K0
(519) 737-7386 SIC 5082

TOROMONT INDUSTRIES LTD p775
8 Forestview Rd, ORILLIA, ON, L3V 6H1
(705) 327-1801 SIC 5082

TOROMONT INDUSTRIES LTD p833
1207 Great Northern Rd, SAULT STE. MARIE, ON, P6B 0B9
(705) 759-2444 SIC 5082

TOROMONT INDUSTRIES LTD p881
620 Beaverhall Pl, THUNDER BAY, ON, P7E 6G9
(807) 475-7535 SIC 5082

TOROMONT INDUSTRIES LTD p885
99 Jaguar Dr, TIMMINS, ON, P4R 0A9
(705) 268-9900 SIC 5082

TRACKS & WHEELS EQUIPMENT BROKERS INC p868
400 Hwy 69 N, SUDBURY, ON, P3A 4S9
(705) 566-5438 SIC 5082

TWD ROADS MANAGEMENT INC p632
1010 Middle Rd, KINGSTON, ON, K7L 4V3
SIC 5082

VARIPERM (CANADA) LIMITED p11
3424 26 St Ne Suite 10, CALGARY, AB, T1Y 4T7
(403) 250-7263 SIC 5082

WIG'S PUMPS AND WATERWORKS LTD p1299
227b Venture Cres, SASKATOON, SK, S7K 6N8
(306) 652-4276 SIC 5082

SIC 5083 Farm and garden machinery

A & I PRODUCTS CANADA INC p343
432 Railway St W, ALTONA, MB, R0G 0B0
(204) 324-8621 SIC 5083

AESTHETICS LANDSCAPE CONTRACTORS p860
1092 Highway 8, STONEY CREEK, ON, L8E 5H8
(905) 643-9933 SIC 5083

AGLAND CORP p141
Hwy 16, LLOYDMINSTER, AB, T9V 3A2
(780) 875-4471 SIC 5083

ATLANTIC TRAILER & EQUIPMENT LTD p429
8 Lintros Pl, MOUNT PEARL, NL, A1N 5K2
(709) 745-3260 SIC 5083

AUBIN & ST-PIERRE INC p1053
350 Rue Raygo Rr 1, La Presentation, QC, J0H 1B0
(450) 796-2966 SIC 5083

AVENUE MACHINERY CORP p176
1521 Sumas Way, ABBOTSFORD, BC, V2S 8M9
(604) 792-4111 SIC 5083

BAILLARGEON, YVES ET FILS CONTRACTEUR GENERAL INC p1191
3185 Rue Pasteur, SAINT-HUBERT, QC, J3Y 3Z6
(450) 656-4735 SIC 5083

CAN-AM TRACTOR LTD p552
9831 Longwoods Rd Suite 1, CHATHAM, ON, N7M 5J7
(519) 351-4300 SIC 5083

CERVUS LP p151
6610 46 Ave, PONOKA, AB, T4J 1J8
(403) 783-3337 SIC 5083

CONESTOGO AGRI SYSTEMS INC p486
7506 Wellington Road 11, ALMA, ON, N0B 1A0
(519) 638-3022 SIC 5083

CORIX INFRASTRUCTURE INC p17
8515 48 St Se Suite 1a, CALGARY, AB, T2C 2P8
(403) 203-4100 SIC 5083

DAIRYLAND AGRO SUPPLY LTD p1305
4030 Thatcher Ave, SASKATOON, SK, S7R 1A2
(306) 242-5850 SIC 5083

DOUGLAS LAKE CATTLE COMPANY p221
706 Carrier St, KAMLOOPS, BC, V2H 1G2
(250) 851-2044 SIC 5083

ENNS BROTHERS LTD p352
187 Pth 16 W, NEEPAWA, MB, R0J 1H0
(204) 476-3413 SIC 5083

ENNS BROTHERS LTD p353
65154 Rd 41 W, PORTAGE LA PRAIRIE, MB, R1N 3J9
(204) 857-3451 SIC 5083

EQUIPEMENTS ADRIEN PHANEUF INC, LES p1252
292 Rue Principale, UPTON, QC, J0H 2E0
(450) 549-5811 SIC 5083

EQUIPEMENTS VEILLEUX INC, LES p1016
544 Rue Main E, COATICOOK, QC, J1A 1N9
(819) 849-0300 SIC 5083

FUTURE AG INC p153
37337 Burnt Lake Trail Unit 69, RED DEER, AB, T4N 5G1
(403) 343-6101 SIC 5083

GARDENA CANADA LTD p514
100 Summerlea Rd, BRAMPTON, ON, L6T 4X3
(905) 792-9330 SIC 5083

GREENVALLEY EQUIPMENT INC p343
549 Industrial Dr, ALTONA, MB, R0G 0B0
(204) 324-6456 SIC 5083

GROUPE AGRITEX INC, LES p1190
305 Rte Marie-Victorin, SAINT-GERARD-MAJELLA, QC, J0G 1X1
(450) 789-2304 SIC 5083

GROUPE COOPERATIF DYNACO p1053
87 Rte 132 O, La Pocatiere, QC, G0R 1Z0
(418) 856-1765 SIC 5083

HURON TRACTOR LTD p553
802802 Grey Rd 40, CHATSWORTH, ON, N0H 1G0
(519) 794-2480 SIC 5083

HURON TRACTOR LTD p858
43900 Talbot Line, ST THOMAS, ON, N5P 3S7
(519) 631-7230 SIC 5083

IMMEUBLES HOULE ET CORRIVEAU INC p1191
12 122 Rte, SAINT-GUILLAUME, QC, J0C 1L0
(819) 396-2185 SIC 5083

JOHN DEERE CANADA ULC p117
9832 12 Ave Sw, EDMONTON, AB, T6X 0J5
(780) 638-6750 SIC 5083

JOHN DEERE CANADA ULC p1283
455 Park St, REGINA, SK, S4N 5B2
(306) 791-3200 SIC 5083

KUBOTA CANADA LTD p676
5900 14th Ave, MARKHAM, ON, L3S 4K4
(905) 294-7477 SIC 5083

MMD SALES LTD p5
6111 49 St, BARRHEAD, AB, T7N 1A4
(780) 674-2213 SIC 5083

MMD SALES LTD p92
17348 118 Ave Nw, EDMONTON, AB, T5S 2L7
(780) 481-4000 SIC 5083

MMD SALES LTD p173
10803 100 St, WESTLOCK, AB, T7P 2R7
(780) 349-3391 *SIC* 5083
MOKER & THOMPSON IMPLEMENTS LTD
p1281
3802 4th Ave E, PRINCE ALBERT, SK, S6W 1A4
(306) 763-6454 *SIC* 5083
MTD PRODUCTS LIMITED p640
97 Kant Ave, KITCHENER, ON, N2G 4J1
(519) 579-5500 *SIC* 5083
MTD PRODUCTS LIMITED p640
97 Kent Ave, KITCHENER, ON, N2G 3R2
(519) 579-5500 *SIC* 5083
MTD PRODUCTS LIMITED p1209
10655 Boul Henri-Bourassa O, SAINT-LAURENT, QC, H4S 1A1
(514) 956-6500 *SIC* 5083
NIEBOER FARM SUPPLIES (1977) LTD p148
233016 Hwy 519, NOBLEFORD, AB, T0L 1S0
(403) 824-3404 *SIC* 5083
NORDSTRONG EQUIPMENT LIMITED p367
5 Chester St, WINNIPEG, MB, R2L 1W5
(204) 667-1553 *SIC* 5083
NORDSTRONG EQUIPMENT LIMITED p720
400 Ambassador Dr, MISSISSAUGA, ON, L5T 2J3
(289) 562-6400 *SIC* 5083
NYKOLAISHEN FARM EQUIPMENT LTD p358
1930 Hwy 10, SWAN RIVER, MB, R0L 1Z0
(204) 734-3466 *SIC* 5083
O'NEIL'S FARM EQUIPMENT (1971) LIMITED p504
2461 Hwy 56, BINBROOK, ON, L0R 1C0
(905) 572-6714 *SIC* 5083
PENNER FARM SERVICES (AVONBANK) LTD p597
15456 Elginfield Rd Rr 3, GRANTON, ON, N0M 1V0
(519) 225-2507 *SIC* 5083
PRAIRIECOAST EQUIPMENT INC p118
11520 101 Ave, FAIRVIEW, AB, T0H 1L0
(780) 835-4440 *SIC* 5083
PRAIRIECOAST EQUIPMENT INC p198
44158 Progress Way, CHILLIWACK, BC, V2R 0W3
(250) 544-8010 *SIC* 5083
PREMIER EQUIPMENT LTD. p482
8911 Wellington Rd 124, ACTON, ON, L7J 2L9
(519) 833-9332 *SIC* 5083
RICHARDSON INTERNATIONAL (QUEBEC) LIMITEE p1241
10 Rue De La Reine, SOREL-TRACY, QC, J3P 4R2
(450) 743-3893 *SIC* 5083
ROCKY MOUNTAIN DEALERSHIPS INC p131
710 24 St Se, HIGH RIVER, AB, T1V 0B3
(403) 652-7944 *SIC* 5083
S. H. DAYTON LTD p356
144 Industrial Rd, SHOAL LAKE, MB, R0J 1Z0
(204) 759-2065 *SIC* 5083
SMS EQUIPMENT INC p1015
205 Rue Clement-Gilbert, CHICOUTIMI, QC, G7H 5B1
(418) 549-0022 *SIC* 5083
UNICOOP, COOPERATIVE AGRICOLE p1179
954 Rte Begin, SAINT-ANSELME, QC, G0R 2N0
(418) 885-9637 *SIC* 5083
UNICOOP, COOPERATIVE AGRICOLE p1179
954 Rte Begin, SAINT-ANSELME, QC, G0R 2N0
(418) 885-9637 *SIC* 5083
UNICOOP, COOPERATIVE AGRICOLE p1183
28 Rue De La Gare, SAINT-CHARLES-DE-BELLECHASSE, QC, G0R 2T0

(418) 887-3391 *SIC* 5083
UNITED FARMERS OF ALBERTA CO-OPERATIVE LIMITED p3
613 Edmonton Trail Ne, AIRDRIE, AB, T4B 3J6
(403) 948-5913 *SIC* 5083
UNITED FARMERS OF ALBERTA CO-OPERATIVE LIMITED p168
7007 50th Ave Nw, STETTLER, AB, T0C 2L1
(403) 742-3426 *SIC* 5083
UNITED FARMERS OF ALBERTA CO-OPERATIVE LIMITED p169
58 Slater Rd, STRATHMORE, AB, T1P 1J3
(403) 934-6684 *SIC* 5083
VINCENT FARM EQUIPMENT (SEAFORTH) INC p847
42787 Hydroline Rd, SEAFORTH, ON, N0K 1W0
(519) 527-0120 *SIC* 5083
WESTERN SALES (1986) LTD p1291
405 Hwy 7 W, ROSETOWN, SK, S0L 2V0
(306) 882-4291 *SIC* 5083
YOUNG'S EQUIPMENT INC p1309
350 South Service Rd, WEYBURN, SK, S4H 2L2
(306) 842-2629 *SIC* 5083

SIC 5084 Industrial machinery and equipment

121352 CANADA INC p1177
1156 Av Lariviere, ROUYN-NORANDA, QC, J9X 4K8
(819) 797-3300 *SIC* 5084
155501 CANADA INC p1203
180 Rue Authier, SAINT-LAURENT, QC, H4M 2C6
SIC 5084
ACKLANDS - GRAINGER INC p873
50 Minthorn Blvd, THORNHILL, ON, L3T 7X8
(905) 763-3474 *SIC* 5084
ADF DIESEL MONTREAL INC p1222
5 Ch De La Cote-Saint-Paul, SAINT-STANISLAS-DE-CHAMPLAIN, QC, G0X 3E0
(418) 328-8713 *SIC* 5084
AGILENT TECHNOLOGIES CANADA INC p706
6705 Millcreek Dr Unit 5, MISSISSAUGA, ON, L5N 5M4
(289) 290-3851 *SIC* 5084
AKHURST MACHINERY LIMITED p103
9615 63 Ave Nw, EDMONTON, AB, T6E 0G2
(780) 435-3936 *SIC* 5084
AKHURST MACHINERY LIMITED p207
1669 Foster's Way, DELTA, BC, V3M 6S7
(604) 540-1430 *SIC* 5084
AL-PACK ENTERPRISES LTD p980
5 Macmillan Cres, CHARLOTTETOWN, PE, C1A 8G3
(902) 628-6637 *SIC* 5084
ALLEGION CANADA INC p583
51 Worcester Rd, ETOBICOKE, ON, M9W 4K2
(416) 213-4500 *SIC* 5084
ALSTOM CANADA INC p537
845 Harrington Crt, BURLINGTON, ON, L7N 3P3
(905) 333-3667 *SIC* 5084
ALTEC INDUSTRIES LTD p681
831 Nipissing Rd, MILTON, ON, L9T 4Z4
(905) 875-2000 *SIC* 5084
AMADA CANADA LTD p1042
885 Rue Georges-Cros, GRANBY, QC, J2J 1E8
(514) 866-2012 *SIC* 5084
ANDRITZ LTEE p1056
2260 32e Av, LACHINE, QC, H8T 3H4
(514) 631-7700 *SIC* 5084
APEX DISTRIBUTION INC p1268
315a Kensington Ave, ESTEVAN, SK, S4A 2A6

(306) 634-2835 *SIC* 5084
APPLIED INDUSTRIAL TECHNOLOGIES, LP p21
4600 5 St Ne Suite 3, CALGARY, AB, T2E 7C3
(403) 230-2428 *SIC* 5084
APPLIED INDUSTRIAL TECHNOLOGIES, LP p114
8620 18 St Nw, EDMONTON, AB, T6P 1K5
(780) 464-5528 *SIC* 5084
APPLIED INDUSTRIAL TECHNOLOGIES, LP p993
5 Av Narcisse-Blais, BAIE-COMEAU, QC, G4Z 1T3
(418) 296-5575 *SIC* 5084
APPLIED INDUSTRIAL TECHNOLOGIES, LP p1294
3077 Faithfull Ave, SASKATOON, SK, S7K 8B3
(306) 934-3366 *SIC* 5084
AQUATECK WATER SYSTEMS DISTRIBUTORS LTD p783
2700 Lancaster Rd Suite 116, OTTAWA, ON, K1B 4T7
(613) 526-4613 *SIC* 5084
ARGO SALES INC p146
655 30 Ave, NISKU, AB, T9E 0R4
(780) 955-8660 *SIC* 5084
ARPAC STORAGE SYSTEMS CORPORATION p15
7220 44 St Se Suite 200, CALGARY, AB, T2C 3A7
(403) 236-9066 *SIC* 5084
ATLANTIC COMPRESSED AIR LTD p409
484 Edinburgh Dr, MONCTON, NB, E1E 2L1
(506) 858-9500 *SIC* 5084
ATLANTIS POMPE STE-FOY INC p1153
1844 Boul Wilfrid-Hamel, Quebec, QC, G1N 3Z2
(418) 681-7301 *SIC* 5084
ATLAS COPCO CANADA INC p706
2900 Argentia Rd Unit 13, MISSISSAUGA, ON, L5N 7X9
(905) 816-9369 *SIC* 5084
ATLAS COPCO CANADA INC p1024
30 Rue Montrose, DOLLARD-DES-ORMEAUX, QC, H9B 3J9
(514) 421-4121 *SIC* 5084
AVENUE INDUSTRIAL SUPPLY COMPANY LIMITED p820
35 Staples Ave Suite 110, RICHMOND HILL, ON, L4B 4W6
(905) 780-2200 *SIC* 5084
BAKER HUGHES CANADA COMPANY p40
401 9 Ave Sw Suite 1000, CALGARY, AB, T2P 3C5
(403) 537-3400 *SIC* 5084
BAKER HUGHES CANADA COMPANY p135
7016 45 St, LEDUC, AB, T9E 7E7
(780) 986-5559 *SIC* 5084
BAKER HUGHES CANADA COMPANY p147
1201 8 St, NISKU, AB, T9E 7M3
(780) 955-2020 *SIC* 5084
BAKER HUGHES CANADA COMPANY p154
8009 Edgar Industrial Cres, RED DEER, AB, T4P 3S2
(403) 340-3500 *SIC* 5084
BAKER HUGHES CANADA COMPANY p450
141b Joseph Zatzman Dr, DARTMOUTH, NS, B3B 1M7
SIC 5084
BARON OILFIELD SUPPLY p125
9515 108 St, GRANDE PRAIRIE, AB, T8V 5R7
(780) 532-5661 *SIC* 5084
BDI CANADA INC p519
52 Bramsteele Rd Unit 1, BRAMPTON, ON, L6W 3M5
(905) 459-5202 *SIC* 5084
BELTERRA CORPORATION p15
9160 52 St Se, CALGARY, AB, T2C 5A9
(403) 253-9333 *SIC* 5084
BERENDSEN FLUID POWER LTD p846
35a Ironside Cres Suite 1, SCARBOR-

OUGH, ON, M1X 1G5
(416) 335-5557 *SIC* 5084
BIZERBA CANADA INC p707
2810 Argentia Rd Unit 9, MISSISSAUGA, ON, L5N 8L2
(905) 816-0498 *SIC* 5084
BLACK & DECKER CANADA INC p530
100 Central Ave W, BROCKVILLE, ON, K6V 4N8
(613) 342-6641 *SIC* 5084
BORETS CANADA LTD p147
2305 8 St, NISKU, AB, T9E 7Z3
(780) 955-4795 *SIC* 5084
BOSCH REXROTH CANADA CORP p536
3426 Mainway, BURLINGTON, ON, L7M 1A8
(905) 335-5511 *SIC* 5084
BOSCH REXROTH CANADA CORP p954
490 Prince Charles Dr S, WELLAND, ON, L3B 5X7
(905) 735-0510 *SIC* 5084
BOSCH REXROTH CANADA CORP p1068
725 Rue Delage, LONGUEUIL, QC, J4G 2P8
(450) 928-1111 *SIC* 5084
BRANDT TRACTOR LTD p14
3555 46 Ave Se, CALGARY, AB, T2B 3B3
(403) 248-0018 *SIC* 5084
BRANDT TRACTOR LTD p68
7301 102 St Ss 55, CLAIRMONT, AB, T0H 0W0
(780) 532-3414 *SIC* 5084
BRANDT TRACTOR LTD p90
10630 176 St Nw, EDMONTON, AB, T5S 1M2
(780) 484-6613 *SIC* 5084
BRANDT TRACTOR LTD p119
360 Mackenzie Blvd Suite 5, FORT MCMURRAY, AB, T9H 4C4
(780) 791-6635 *SIC* 5084
BRANDT TRACTOR LTD p154
101 Burnt Park Dr, RED DEER, AB, T4P 0J7
(403) 343-7557 *SIC* 5084
BRANDT TRACTOR LTD p261
1049 Great St, PRINCE GEORGE, BC, V2N 2K8
(250) 562-1151 *SIC* 5084
BRANDT TRACTOR LTD p289
9500 190 St, SURREY, BC, V4N 3S2
(604) 882-8888 *SIC* 5084
BRANDT TRACTOR LTD p325
3104v 48 Ave, VERNON, BC, V1T 3R6
(250) 545-2188 *SIC* 5084
BRANDT TRACTOR LTD p388
3700 Mcgillivray Blvd, WINNIPEG, MB, R3T 5S3
(204) 231-2333 *SIC* 5084
BRANDT TRACTOR LTD p1294
2410 Millar Ave, SASKATOON, SK, S7K 3V2
(306) 664-4141 *SIC* 5084
C.B. ENGINEERING INC p27
5040 12a St Se, CALGARY, AB, T2G 5K9
(403) 259-6220 *SIC* 5084
CAMIONS INDUSTRIELS YALE INC p973
340 Hanlan Rd, WOODBRIDGE, ON, L4L 3P6
(905) 851-6620 *SIC* 5084
CANADIAN DEWATERING L.P. p16
8816 40 St Se, CALGARY, AB, T2C 2P2
(403) 291-3313 *SIC* 5084
CANADIAN DEWATERING L.P. p114
8350 1 St Nw, EDMONTON, AB, T6P 1X2
(780) 400-2260 *SIC* 5084
CANADIAN DEWATERING L.P. p289
19577 94 Ave, SURREY, BC, V4N 4E6
(604) 888-0042 *SIC* 5084
CANADIAN IPG CORPORATION p858
130 Woodworth Ave, ST THOMAS, ON, N5P 3K1
(519) 637-1945 *SIC* 5084
CHAMCO INDUSTRIES LTD p2
553 Kingsview Way Se Suite 110, AIRDRIE, AB, T4A 0C9
(403) 945-8134 *SIC* 5084

SIC 5084 Industrial machinery and equipment

CHAMCO INDUSTRIES LTD p65
8900 Venture Ave Se, CALGARY, AB, T3S 0A2
(403) 777-1200 SIC 5084

CHAMCO INDUSTRIES LTD p103
9515 51 Ave Nw, EDMONTON, AB, T6E 4W8
(780) 438-8076 SIC 5084

CISOLIFT DISTRIBUTION INC p1190
192 Rue Sylvestre Rr 2, SAINT-GERMAIN-DE-GRANTHAM, QC, J0C 1K0
(819) 395-3838 SIC 5084

CLYDE UNION CANADA LIMITED p16
3525 62 Ave Se, CALGARY, AB, T2C 1P5
(403) 236-8725 SIC 5084

COLUMBIA CONTAINERS LTD p293
2319 Commissioner St, VANCOUVER, BC, V5L 1A4
(604) 254-9461 SIC 5084

COMMANDER WAREHOUSE EQUIPMENT LTD p281
5225 192 St, SURREY, BC, V3S 8E5
(604) 574-5797 SIC 5084

COMMERCIAL EQUIPMENT CORP p289
9475 192 St, SURREY, BC, V4N 3R7
(604) 888-0513 SIC 5084

COMPRESSCO CANADA INC p17
5050 76 Ave Se, CALGARY, AB, T2C 2X2
(403) 279-5866 SIC 5084

CONTINENTAL ALLOYS & SERVICES INC p17
7520 114 Ave Se, CALGARY, AB, T2C 4T3
(403) 216-5150 SIC 5084

CONTROLES PROVAN ASSOCIES INC, LES p1209
2315 Rue Halpern, SAINT-LAURENT, QC, H4S 1S3
(514) 376-8000 SIC 5084

COPAP INC p1141
755 Boul Saint-Jean Bureau 305, POINTE-CLAIRE, QC, H9R 5M9
(514) 693-9150 SIC 5084

CRANE, JOHN CANADA INC p1206
2519 Rue Cohen, SAINT-LAURENT, QC, H4R 2N5
(514) 335-6335 SIC 5084

CRAWFORD PACKAGING INC p513
115 Walker Dr Unit A, BRAMPTON, ON, L6T 5P5
(905) 670-7904 SIC 5084

CUMMINS EST DU CANADA SEC p401
321 Doak Rd, FREDERICTON, NB, E3C 2E7
(506) 451-1929 SIC 5084

CUMMINS EST DU CANADA SEC p718
7175 Pacific Cir, MISSISSAUGA, ON, L5T 2A8
(905) 795-0050 SIC 5084

CUMMINS EST DU CANADA SEC p784
3189 Swansea Cres, OTTAWA, ON, K1G 3W5
(613) 736-1146 SIC 5084

CUMMINS WESTERN CANADA LIMITED PARTNERSHIP p14
4887 35 St Se, CALGARY, AB, T2B 3H6
(403) 569-1122 SIC 5084

CUMMINS WESTERN CANADA LIMITED PARTNERSHIP p91
11751 181 St Nw, EDMONTON, AB, T5S 2K5
(780) 455-2151 SIC 5084

CUMMINS WESTERN CANADA LIMITED PARTNERSHIP p1282
110 Kress St, REGINA, SK, S4N 5Y3
(306) 721-9710 SIC 5084

CUMMINS WESTERN CANADA LIMITED PARTNERSHIP p1295
3001 Faithfull Ave, SASKATOON, SK, S7K 8B3
(306) 933-4022 SIC 5084

CUT TECHNOLOGIES p1066
460 3e Av Bureau 100, Levis, QC, G6W 5M6
(418) 834-7772 SIC 5084

D.J. INDUSTRIAL SALES AND MANUFAC-

TURING INC p558
25 North Rivermede Rd Unit 1-3, CONCORD, ON, L4K 5V4
(416) 798-7575 SIC 5084

DIAMANT BOART TRUCO LTD p1209
9430 Rte Transcanadienne, SAINT-LAURENT, QC, H4S 1R7
(514) 335-2900 SIC 5084

DICKNER INC p1172
559 Rue De Lausanne, RIMOUSKI, QC, G5L 4A7
(418) 723-7936 SIC 5084

DNOW CANADA ULC p43
635 8 Ave Sw Unit 1800, CALGARY, AB, T2P 3M3
(403) 531-5600 SIC 5084

DNOW CANADA ULC p1268
314 Kensington Ave, ESTEVAN, SK, S4A 2A2
(306) 634-4731 SIC 5084

DRIVE PRODUCTS INC p1
26230 Township Road 531a Unit 111, ACHESON, AB, T7X 5A4
(780) 960-6826 SIC 5084

DRIVE PRODUCTS INC p57
3939 54 Ave Se, CALGARY, AB, T2Z 4V3
(403) 720-8033 SIC 5084

EAGLEWEST TRUCK AND CRANE INC p178
2170 Carpenter St, ABBOTSFORD, BC, V2T 6B4
(877) 577-4474 SIC 5084

EDMONTON GEAR CENTRE LTD p96
15729 118 Ave Nw, EDMONTON, AB, T5V 1B7
(780) 452-2344 SIC 5084

EII LIMITED p400
115 Whiting Rd, FREDERICTON, NB, E3B 5Y5
(506) 459-3004 SIC 5084

EII LIMITED p537
3250 Harvester Rd #3, BURLINGTON, ON, L7N 3T1
(905) 635-3113 SIC 5084

ELSTER SOLUTIONS CANADA, INC p537
1100 Walker's Line Suite 302, BURLINGTON, ON, L7N 2G3
(905) 634-4895 SIC 5084

EMCO CORPORATION p100
4103 84 Ave Nw, EDMONTON, AB, T6B 2Z3
(780) 463-7473 SIC 5084

ENDRESS + HAUSER CANADA LTD p533
1075 Sutton Dr, BURLINGTON, ON, L7L 5Z8
(905) 681-9292 SIC 5084

ENDRESS + HAUSER CANADA LTD p1212
6800 Ch De La Cote-De-Liesse Bureau 100, SAINT-LAURENT, QC, H4T 2A7
(514) 733-0254 SIC 5084

ENERFLEX LTD. p145
1269 Brier Park Dr Nw, MEDICINE HAT, AB, T1C 1T1
SIC 5084

EQUIPEMENT MOORE LTEE p1209
4955 Ch Saint-Francois, SAINT-LAURENT, QC, H4S 1P3
(514) 333-1212 SIC 5084

EQUIPEMENTS CONTRO VALVE INC, LES p537
3375 North Service Rd Unit B4 6, BURLINGTON, ON, L7N 3G2
(905) 319-5545 SIC 5084

EQUIPEMENTS SIGMA INC p1180
180 Rue De Rotterdam, SAINT-AUGUSTIN-DE-DESMAURES, QC, G3A 1T3
(418) 870-2885 SIC 5084

EQUIPEMENTS SIGMA INC p1189
3220 127e Rue, SAINT-GEORGES, QC, G5Y 6M5
(418) 228-8953 SIC 5084

EQUIPEMENTS SIGMA INC p1249
2000 Rue De La Sidbec S, Trois-Rivieres, QC, G8Z 4H1
(819) 379-9333 SIC 5084

ESAB GROUP CANADA INC p718
6010 Tomken Rd, MISSISSAUGA, ON, L5T 1X9
(905) 670-0220 SIC 5084

ESAB GROUP CANADA INC p1003
25 Rue De Lauzon Bureau B, BOUCHERVILLE, QC, J4B 1E7
(450) 655-4318 SIC 5084

ESIT CANADA ENTERPRISE SERVICES CO p1049
17500 Rte Transcanadienne, KIRKLAND, QC, H9J 2X8
SIC 5084

EXACTA TOOL 2010 ULC p524
120 Van Kirk Dr, BRAMPTON, ON, L7A 1B1
(905) 840-2240 SIC 5084

FALCON EQUIPMENT LTD p289
18412 96 Ave, SURREY, BC, V4N 3P8
(604) 888-5066 SIC 5084

FANUC CANADA, LTD p708
6774 Financial Dr, MISSISSAUGA, ON, L5N 7J6
(905) 812-2300 SIC 5084

FARM WORLD EQUIPMENT LTD p1270
Hwy 5 E, HUMBOLDT, SK, S0K 2A1
(306) 682-9920 SIC 5084

FINNING INTERNATIONAL INC p91
10235 180 St Nw, EDMONTON, AB, T5S 1C1
(780) 577-8988 SIC 5084

FINNING INTERNATIONAL INC p144
1791 30 St Sw, MEDICINE HAT, AB, T1B 3N5
(403) 525-4100 SIC 5084

FINNING INTERNATIONAL INC p279
749 Douglas Fir Rd, SPARWOOD, BC, V0B 2G0
(250) 425-6282 SIC 5084

FINNING INTERNATIONAL INC p307
666 Burrard St Suite 1000, VANCOUVER, BC, V6C 2X8
(604) 691-6444 SIC 5084

FLO-DRAULIC CONTROLS LTD p591
45 Sinclair Ave, GEORGETOWN, ON, L7G 4X4
(905) 702-9456 SIC 5084

FLUKE ELECTRONICS CANADA LP p694
400 Britannia Rd E Unit 1, MISSISSAUGA, ON, L4Z 1X9
(905) 890-7601 SIC 5084

FMC TECHNOLOGIES COMPANY p100
6703 68 Ave Nw, EDMONTON, AB, T6B 3E3
(780) 468-9231 SIC 5084

FREUD CANADA, INC p719
7450 Pacific Cir, MISSISSAUGA, ON, L5T 2A3
(905) 670-1025 SIC 5084

FUJITEC CANADA, INC p23
49 Aero Dr Ne Unit 8, CALGARY, AB, T2E 8Z9
(403) 730-5901 SIC 5084

FUJITEC CANADA, INC p820
15 East Wilmot St, RICHMOND HILL, ON, L4B 1A3
(905) 731-8681 SIC 5084

G.N. JOHNSTON EQUIPMENT CO. LTD p14
2880 45 Ave Se Unit 316, CALGARY, AB, T2B 3M1
(403) 258-1221 SIC 5084

G.N. JOHNSTON EQUIPMENT CO. LTD p91
11204 184 St Nw, EDMONTON, AB, T5S 2S6
(780) 483-7051 SIC 5084

G.N. JOHNSTON EQUIPMENT CO. LTD p207
581 Chester Rd Suite 105, DELTA, BC, V3M 6G7
(604) 524-0361 SIC 5084

G.N. JOHNSTON EQUIPMENT CO. LTD p383
85 Keith Rd, WINNIPEG, MB, R3H 0H7
(204) 633-4364 SIC 5084

G.N. JOHNSTON EQUIPMENT CO. LTD p451
15 Garland Ave Suite 3, DARTMOUTH, NS, B3B 0A6
(902) 468-1457 SIC 5084

G.N. JOHNSTON EQUIPMENT CO. LTD p688
5958 Ambler Dr, MISSISSAUGA, ON, L4W 2N3
(905) 625-9311 SIC 5084

G.N. JOHNSTON EQUIPMENT CO. LTD p714
5990 Avebury Rd, MISSISSAUGA, ON, L5R 3R2
(905) 712-6000 SIC 5084

G.N. JOHNSTON EQUIPMENT CO. LTD p783
2100 Bantree St Unit 10, OTTAWA, ON, K1B 5R4
(613) 745-0744 SIC 5084

G.N. JOHNSTON EQUIPMENT CO. LTD p1163
3200 Av Watt Bureau 105, Quebec, QC, G1X 4P8
(418) 650-1620 SIC 5084

G.N. JOHNSTON EQUIPMENT CO. LTD p1207
5000 Rue Levy, SAINT-LAURENT, QC, H4R 2P1
(514) 956-0020 SIC 5084

GE OIL & GAS ESP (CANADA), LTD p135
3917 81 Ave, LEDUC, AB, T9E 8S6
(780) 986-9816 SIC 5084

GROUPE LD INC p1128
1865 Boul Dagenais O, Montreal, QC, H7L 5A3
(450) 622-3220 SIC 5084

GROUPE MASKA INC p1195
550 Av Vaudreuil, SAINT-HYACINTHE, QC, J2S 4H2
(450) 372-1676 SIC 5084

GUILLEVIN INTERNATIONAL CIE p96
15304 131 Ave Nw, EDMONTON, AB, T5V 0A1
(780) 483-1060 SIC 5084

HARPER TRUCK CENTRES INC p779
720 Wilson Rd S, OSHAWA, ON, L1H 6E8
(905) 432-3838 SIC 5084

HAZMASTERS ENVIRONMENTAL CONTROLS INC p184
3131 Underhill Ave, BURNABY, BC, V5A 3C8
(604) 420-0025 SIC 5084

HEIDELBERG CANADA GRAPHIC EQUIPMENT LIMITED p719
6265 Kenway Dr, MISSISSAUGA, ON, L5T 2L3
(905) 362-4400 SIC 5084

HEWITT EQUIPEMENT LIMITEE p1016
1466 Rue Bersimis, CHICOUTIMI, QC, G7K 1H9
(418) 545-1560 SIC 5084

HEWITT MATERIAL HANDLING INC p559
425 Millway Ave, CONCORD, ON, L4K 3V8
(905) 669-6590 SIC 5084

INDUSTRIES B. RAINVILLE INC p1197
175 Rte 104, SAINT-JEAN-SUR-RICHELIEU, QC, J2X 5T7
(450) 347-5521 SIC 5084

INLAND CONTRACTING LTD p252
150 Industrial Pl, PENTICTON, BC, V2A 7C8
(250) 493-6791 SIC 5084

INLAND KENWORTH LTD p194
2900n Island Hwy, CAMPBELL RIVER, BC, V9W 2H5
(250) 287-8878 SIC 5084

INLAND KENWORTH LTD p252
1690 Fairview Rd, PENTICTON, BC, V2A 6A8
(250) 492-3939 SIC 5084

INTEGRATED DISTRIBUTION SYSTEMS LIMITED PARTNERSHIP p1
26313 Township Road 531a, ACHESON, AB, T7X 5A3
(780) 487-6700 SIC 5084

INTEGRATED DISTRIBUTION SYSTEMS LIMITED PARTNERSHIP p6
5424 Blackfalds Industrial Way, BLACKFALDS, AB, T0M 0J0
(403) 885-5604 SIC 5084

INTEGRATED DISTRIBUTION SYSTEMS

SIC 5084 Industrial machinery and equipment   2145

LIMITED PARTNERSHIP p57
4343 114 Ave Se, CALGARY, AB, T2Z 3M5
(403) 253-7601 SIC 5084
INTEGRATED DISTRIBUTION SYSTEMS LIMITED PARTNERSHIP p92
17604 105 Ave Nw, EDMONTON, AB, T5S 1G4
(780) 483-6641 SIC 5084
INTEGRATED DISTRIBUTION SYSTEMS LIMITED PARTNERSHIP p105
10025 51 Ave Nw, EDMONTON, AB, T6E 0A8
(780) 437-8200 SIC 5084
INTEGRATED DISTRIBUTION SYSTEMS LIMITED PARTNERSHIP p120
255 Macalpine Cres, FORT MCMURRAY, AB, T9H 4A5
(780) 791-6447 SIC 5084
INTEGRATED DISTRIBUTION SYSTEMS LIMITED PARTNERSHIP p120
430 Macalpine Cres, FORT MCMURRAY, AB, T9H 4B1
(780) 743-6252 SIC 5084
INTEGRATED DISTRIBUTION SYSTEMS LIMITED PARTNERSHIP p127
10906 97 Ave, GRANDE PRAIRIE, AB, T8V 3J8
(780) 532-2396 SIC 5084
INTEGRATED DISTRIBUTION SYSTEMS LIMITED PARTNERSHIP p155
7980 Edgar Industrial Dr, RED DEER, AB, T4P 3R2
(403) 346-8981 SIC 5084
INTEGRATED DISTRIBUTION SYSTEMS LIMITED PARTNERSHIP p218
1880 Kryczka Pl, KAMLOOPS, BC, V1S 1S4
(250) 374-5055 SIC 5084
INTEGRATED DISTRIBUTION SYSTEMS LIMITED PARTNERSHIP p229
9087 198 St, LANGLEY, BC, V1M 3B1
(604) 513-2216 SIC 5084
INTEGRATED DISTRIBUTION SYSTEMS LIMITED PARTNERSHIP p262
1140 Pacific St, PRINCE GEORGE, BC, V2N 5S3
(250) 562-7321 SIC 5084
INTEGRATED DISTRIBUTION SYSTEMS LIMITED PARTNERSHIP p369
2529 Inkster Blvd, WINNIPEG, MB, R2R 2Y4
(204) 452-8244 SIC 5084
INTEGRATED DISTRIBUTION SYSTEMS LIMITED PARTNERSHIP p391
75 Aimes Rd, WINNIPEG, MB, R3X 1V4
(204) 255-2214 SIC 5084
INTEGRATED DISTRIBUTION SYSTEMS LIMITED PARTNERSHIP p451
70 Raddall Ave, DARTMOUTH, NS, B3B 1T2
(902) 468-6200 SIC 5084
INTEGRATED DISTRIBUTION SYSTEMS LIMITED PARTNERSHIP p451
151 Thornhill Dr, DARTMOUTH, NS, B3B 1S2
(902) 468-7352 SIC 5084
INTEGRATED DISTRIBUTION SYSTEMS LIMITED PARTNERSHIP p593
4139 Belgreen Dr, GLOUCESTER, ON, K1G 3N2
(613) 739-2990 SIC 5084
INTEGRATED DISTRIBUTION SYSTEMS LIMITED PARTNERSHIP p649
140 Magill St, LIVELY, ON, P3Y 1K7
(705) 692-3656 SIC 5084
INTEGRATED DISTRIBUTION SYSTEMS LIMITED PARTNERSHIP p649
30 Vagnini Crt, LIVELY, ON, P3Y 1K8
(705) 692-0707 SIC 5084
INTEGRATED DISTRIBUTION SYSTEMS LIMITED PARTNERSHIP p650
571 Industrial Rd, LONDON, ON, N5V 1V2
(519) 455-7410 SIC 5084
INTEGRATED DISTRIBUTION SYSTEMS LIMITED PARTNERSHIP p692

3280 Wharton Way, MISSISSAUGA, ON, L4X 2C5
(905) 212-3300 SIC 5084
INTEGRATED DISTRIBUTION SYSTEMS LIMITED PARTNERSHIP p785
2450 Stevenage Dr, OTTAWA, ON, K1G 3W3
(613) 736-6060 SIC 5084
INTEGRATED DISTRIBUTION SYSTEMS LIMITED PARTNERSHIP p861
324 South Service Rd, STONEY CREEK, ON, L8E 2R4
(905) 561-9721 SIC 5084
INTEGRATED DISTRIBUTION SYSTEMS LIMITED PARTNERSHIP p1010
1970 Rue John-Yule, CHAMBLY, QC, J3L 6W3
(905) 212-3300 SIC 5084
INTEGRATED DISTRIBUTION SYSTEMS LIMITED PARTNERSHIP p1020
2000 Rue John-Molson, Cote Saint-Luc, QC, H7T 0H4
(450) 682-3737 SIC 5084
INTEGRATED DISTRIBUTION SYSTEMS LIMITED PARTNERSHIP p1020
2000 Rue John-Molson, Cote Saint-Luc, QC, H7T 0H4
(450) 682-3737 SIC 5084
INTEGRATED DISTRIBUTION SYSTEMS LIMITED PARTNERSHIP p1026
10955 Ch Cote-De-Liesse, DORVAL, QC, H9P 1A7
(514) 636-0680 SIC 5084
INTEGRATED DISTRIBUTION SYSTEMS LIMITED PARTNERSHIP p1153
205 Av Saint-Sacrement, Quebec, QC, G1N 3X5
(418) 681-3555 SIC 5084
INTEGRATED DISTRIBUTION SYSTEMS LIMITED PARTNERSHIP p1163
2997 Av Watt, Quebec, QC, G1X 3W1
(418) 651-4236 SIC 5084
INTEGRATED DISTRIBUTION SYSTEMS LIMITED PARTNERSHIP p1190
243 Rue Des Artisans, SAINT-GERMAIN-DE-GRANTHAM, QC, J0C 1K0
(819) 472-4076 SIC 5084
ITW CANADA INC p676
120 Travail Rd, MARKHAM, ON, L3S 3J1
(905) 201-8399 SIC 5084
JAMES ELECTRIC MOTOR SERVICES LTD p28
4020 8 St Se, CALGARY, AB, T2G 3A7
(403) 252-5477 SIC 5084
JAMES WESTERN STAR TRUCK & TRAILER LTD p214
9604 112 St, FORT ST. JOHN, BC, V1J 7H2
(250) 785-1475 SIC 5084
JAMES WESTERN STAR TRUCK & TRAILER LTD p341
50 Rose St, WILLIAMS LAKE, BC, V2G 4G5
(250) 392-5050 SIC 5084
JOHN BROOKS COMPANY LIMITED p689
1260 Kamato Rd, MISSISSAUGA, ON, L4W 1Y1
(905) 624-4200 SIC 5084
KAR INDUSTRIEL INC p719
6877 Edwards Blvd, MISSISSAUGA, ON, L5T 2T9
(905) 564-5587 SIC 5084
KENNAMETAL LTD p719
1305 Meyerside Dr, MISSISSAUGA, ON, L5T 1C9
 SIC 5084
KITO CANADA INC p187
3815 1st Ave Suite 309, BURNABY, BC, V5C 3V6
(888) 322-5486 SIC 5084
KITO CANADA INC p716
2400 Lucknow Dr Unit 36, MISSISSAUGA, ON, L5S 1T9
(905) 405-0905 SIC 5084
KONE INC p800
1735 Courtwood Cres Suite 1, OTTAWA,

ON, K2C 3J2
(613) 225-8222 SIC 5084
KONE INC p1209
3330 Rue De Miniac, SAINT-LAURENT, QC, H4S 1Y4
(514) 735-5353 SIC 5084
KUBOTA CANADA LTD p676
5900 14th Ave, MARKHAM, ON, L3S 4K4
(905) 294-7477 SIC 5084
KUDU INDUSTRIES INC p18
9112 40 St Se, CALGARY, AB, T2C 2P3
(403) 279-5838 SIC 5084
LAKESIDE PROCESS CONTROLS LTD p369
7 Sylvan Way, WINNIPEG, MB, R2R 2B9
(204) 633-9197 SIC 5084
LAKESIDE PROCESS CONTROLS LTD p709
2475 Hogan Dr, MISSISSAUGA, ON, L5N 0E9
(905) 412-0500 SIC 5084
LEAVITT MACHINERY AND RENTALS INC p92
11015 186 St Nw, EDMONTON, AB, T5S 2V5
(780) 451-7200 SIC 5084
LEE VALLEY TOOLS LTD p762
5701 Steeles Ave W, NORTH YORK, ON, M9L 1S7
(416) 746-0850 SIC 5084
LEMMER SPRAY SYSTEMS (BC) LTD p187
4141 Grandview Hwy, BURNABY, BC, V5C 4J1
(604) 430-3216 SIC 5084
LEON'S HEAVY EQUIPMENT LTD p122
100 Real Martin Dr Suite 14, FORT MCMURRAY, AB, T9K 2S1
(780) 715-0648 SIC 5084
LEVITT-SAFETY LIMITED p100
9241 48 St Nw, EDMONTON, AB, T6B 2R9
(780) 461-8088 SIC 5084
LIFT BOSS INC p74
7912 Yellowhead Trail Nw, EDMONTON, AB, T5B 1G3
(780) 474-9900 SIC 5084
LIFTOW LIMITED p606
21 Keefer Crt, HAMILTON, ON, L8E 4V4
(905) 561-3351 SIC 5084
LIFTOW LIMITED p644
1465 Strasburg Rd, KITCHENER, ON, N2R 1H2
(519) 748-5200 SIC 5084
LIFTOW LIMITED p664
403 Neptune Cres, LONDON, ON, N6M 1A2
(519) 659-0823 SIC 5084
LIFTOW LIMITED p845
145 Select Ave Unit 8, SCARBOROUGH, ON, M1V 5M8
(416) 298-7119 SIC 5084
LIFTOW LIMITED p845
145 Select Ave Unit 8, SCARBOROUGH, ON, M1V 5M8
(416) 745-9770 SIC 5084
LIFTOW LIMITED p1057
1936 32e Av, LACHINE, QC, H8T 3J7
(514) 633-9360 SIC 5084
LIFTOW LIMITED p1129
1445 Rue Bergar, Montreal, QC, H7L 4Z7
(450) 901-3500 SIC 5084
MAGNA IV ENGINEERING p1296
3040 Miners Ave Unit 7, SASKATOON, SK, S7K 5V1
(306) 955-8131 SIC 5084
MAISONS SIGNEES ERIC BEAULIEU INC, LES p1193
5350 Rue Armand-Frappier, SAINT-HUBERT, QC, J3Z 1J2
(450) 676-4413 SIC 5084
MAN DIESEL & TURBO CANADA LTD p312
1177 Hastings St W Suite 1930, VANCOUVER, BC, V6E 2K3
(604) 235-2254 SIC 5084
MARCOTTE SYSTEMES LTEE p1255
1471 Boul Lionel-Boulet Unit9 28, VARENNES, QC, J3X 1P7
(450) 652-6000 SIC 5084

MARKEM-IMAJE INC p689
5448 Timberlea Blvd, MISSISSAUGA, ON, L4W 2T7
(905) 624-5872 SIC 5084
MCCANN EQUIPMENT LTD p1026
10255 Ch Cote-De-Liesse, DORVAL, QC, H9P 1A3
(514) 636-6344 SIC 5084
METCON SALES AND ENGINEERING LIMITED p561
15 Connie Cres Unit 3, CONCORD, ON, L4K 1L3
(905) 738-2355 SIC 5084
METO CANADA INC p689
5466 Timberlea Blvd Suite 1, MISSISSAUGA, ON, L4W 2T7
(905) 212-9696 SIC 5084
METSO MINERALS CANADA INC p1207
4900 Boul Thimens, SAINT-LAURENT, QC, H4R 2B2
(514) 335-5426 SIC 5084
MILLER TECHNOLOGY INCORPORATED p742
175 Eloy Rd, NORTH BAY, ON, P1B 9T9
(705) 476-4501 SIC 5084
MOTION INDUSTRIES (CANADA), INC p742
600 Gormanville Rd, NORTH BAY, ON, P1B 9S7
(705) 476-3109 SIC 5084
NATIONAL ENERGY EQUIPMENT INC p991
10801 Boul Ray-Lawson Bureau 300, ANJOU, QC, H1J 1M5
(514) 355-2366 SIC 5084
NATIONAL ENERGY EQUIPMENT INC p1297
882 57th St E, SASKATOON, SK, S7K 5Z1
(306) 665-0223 SIC 5084
NATIONAL-OILWELL CANADA LTD p47
540 5 Ave Sw Suite 1100, CALGARY, AB, T2P 0M2
(403) 294-4500 SIC 5084
NATIONAL-OILWELL CANADA LTD p105
9120 34a Ave Nw, EDMONTON, AB, T6E 5P4
(780) 414-7602 SIC 5084
NATIONAL-OILWELL CANADA LTD p135
6621 45 St, LEDUC, AB, T9E 7E3
(780) 980-1490 SIC 5084
NATIONAL-OILWELL CANADA LTD p141
6452 66 St, LLOYDMINSTER, AB, T9V 3T6
(780) 875-5504 SIC 5084
NATIONAL-OILWELL CANADA LTD p141
Gd Rpo 10, LLOYDMINSTER, AB, T9V 2H2
 SIC 5084
NATIONAL-OILWELL CANADA LTD p147
1507 4 St, NISKU, AB, T9E 7M9
(780) 955-8828 SIC 5084
NATIONAL-OILWELL CANADA LTD p1268
314 Kensington Ave, ESTEVAN, SK, S4A 2A2
(306) 634-6494 SIC 5084
NEWFAST LIMITED p607
503 Woodward Ave Unit A, HAMILTON, ON, L8H 6N6
(905) 544-1100 SIC 5084
NORDSON CANADA, LIMITED p673
1211 Denison St, MARKHAM, ON, L3R 4B3
(905) 475-6730 SIC 5084
NORMAND, J.R. INC p1068
752 Rue J.-Ambroise-Craig, Levis, QC, G7A 2N2
(418) 831-3226 SIC 5084
NORTHERN BLOWER INC p362
901 Regent Ave W, WINNIPEG, MB, R2C 2Z8
(204) 222-4216 SIC 5084
NORTRAX CANADA INC p649
199 Mumford Rd Unit F, LIVELY, ON, P3Y 0A4
(705) 692-7272 SIC 5084
NORTRAX CANADA INC p660
16 Royce Crt, LONDON, ON, N6E 1L1
(519) 686-6400 SIC 5084
NORTRAX CANADA INC p881

▲ Public Company   ■ Public Company Family Member   HQ Headquarters   BR Branch   SL Single Location

1450 Walsh St W, THUNDER BAY, ON, P7E 6H6
(807) 474-2530   SIC 5084

NORTRAX CANADA INC   p884
101 Hwy W Suite 4087, TIMMINS, ON, P4N 7X8
(705) 268-7933   SIC 5084

NORTRAX QUEBEC INC   p1213
4500 Chomedey (A-13) O, SAINT-LAURENT, QC, H7R 6E9
(450) 625-3221   SIC 5084

NORWESCO INDUSTRIES (1983) LTD p105
9510 39 Ave Nw, EDMONTON, AB, T6E 5T9
(780) 437-5440   SIC 5084

NUCLEUS DISTRIBUTION INC   p690
5220 General Rd, MISSISSAUGA, ON, L4W 1G8
(800) 263-4283   SIC 5084

OMCAN MANUFACTURING & DISTRIBUTING COMPANY INC   p704
3115 Pepper Mill Crt, MISSISSAUGA, ON, L5L 4X5
(905) 828-0234   SIC 5084

OUTILLAGE PLACIDE MATHIEU INC p998
670 Rue Picard, BELOEIL, QC, J3G 5X9
(450) 467-3565   SIC 5084

P.S.I. FLUID POWER LTD   p29
4020 11a St Se, CALGARY, AB, T2G 3H3
(403) 253-2236   SIC 5084

PALFINGER INC   p737
7942 Dorchester Rd, NIAGARA FALLS, ON, L2G 7W7
(905) 374-3363   SIC 5084

PENTAIR CANADA, INC   p639
269 Trillium Dr, KITCHENER, ON, N2E 1W9
(519) 748-5470   SIC 5084

POINT FOUR SYSTEMS INC   p202
16 Fawcett Rd Unit 103, COQUITLAM, BC, V3K 6X9
(604) 759-2114   SIC 5084

PRAXAIR CANADA INC   p606
171 Brockley Dr, HAMILTON, ON, L8E 3C4
(905) 560-0533   SIC 5084

PRAXAIR CANADA INC   p650
1910 Oxford St E, LONDON, ON, N5V 2Z8
(519) 451-7931   SIC 5084

PRESSTEK CANADA CORP   p720
400 Ambassador Dr, MISSISSAUGA, ON, L5T 2J3
(905) 362-0610   SIC 5084

PRIME MATERIAL HANDLING EQUIPMENT LIMITED   p410
180 Commerce St, MONCTON, NB, E1H 2G2
(506) 388-8811   SIC 5084

PRO-BEL ENTERPRISES LIMITED   p483
765 Westney Rd S, AJAX, ON, L1S 6W1
(905) 427-0616   SIC 5084

PROCECO LTEE   p706
168 Queen St S Suite 202, MISSISSAUGA, ON, L5M 1K8
(905) 828-1517   SIC 5084

PRONGHORN CONTROLS LTD   p19
4919 72 Ave Se Unit 101, CALGARY, AB, T2C 3H3
(403) 292-0870   SIC 5084

PUMPS & PRESSURE INC   p106
8632 Coronet Rd Nw, EDMONTON, AB, T6E 4P3
(780) 430-9359   SIC 5084

PUMPS & PRESSURE INC   p136
3813 82 Ave, LEDUC, AB, T9E 0K2
(780) 980-9294   SIC 5084

PUMPS & PRESSURE INC   p155
7018 Johnstone Dr, RED DEER, AB, T4P 3Y6
(403) 340-3666   SIC 5084

REDHEAD EQUIPMENT   p1268
Gd Lcd Main, ESTEVAN, SK, S4A 2A1
(306) 634-4788   SIC 5084

REDHEAD EQUIPMENT   p1273
4404 37 Ave, LLOYDMINSTER, SK, S9N 0X5
(306) 825-3434   SIC 5084

REDHEAD EQUIPMENT   p1274
2420 Saskatchewan Dr S, MELFORT, SK, S0E 1A0
(306) 752-2273   SIC 5084

REDHEAD EQUIPMENT   p1281
3802 4th Ave E, PRINCE ALBERT, SK, S6W 1A4
(306) 763-6454   SIC 5084

REDHEAD EQUIPMENT   p1307
2604 South Service Rd W, SWIFT CURRENT, SK, S9H 5J9
(306) 773-2951   SIC 5084

REGULVAR INC   p1057
1600 55e Av, LACHINE, QC, H8T 3J5
(514) 636-2878   SIC 5084

REGULVAR INC   p1192
3510 1re Rue, SAINT-HUBERT, QC, J3Y 8Y5
(450) 443-6131   SIC 5084

REGULVAR INC   p1239
4101 Boul Industriel, SHERBROOKE, QC, J1L 2S7
(819) 829-1311   SIC 5084

REISER (CANADA) CO.   p539
1549 Yorkton Crt Unit 4, BURLINGTON, ON, L7P 5B7
(905) 631-6611   SIC 5084

RYDER MATERIAL HANDLING ULC p639
25 Beasley Dr, KITCHENER, ON, N2E 1W7
(519) 748-5252   SIC 5084

RYDER MATERIAL HANDLING ULC p652
2390 Scanlan St, LONDON, ON, N5W 6G8
(519) 451-1144   SIC 5084

RYDER MATERIAL HANDLING ULC p720
210 Annagem Blvd, MISSISSAUGA, ON, L5T 2V5
(905) 565-2100   SIC 5084

RYDER MATERIAL HANDLING ULC p785
2188 Thurston Dr, OTTAWA, ON, K1G 6E1
(613) 739-1484   SIC 5084

RYDER MATERIAL HANDLING ULC p1213
3430 Rue Griffith, SAINT-LAURENT, QC, H4T 1A7
(514) 342-3471   SIC 5084

SAMSON CONTROLS INC   p674
105 Riviera Dr Unit 1, MARKHAM, ON, L3R 5J7
(905) 474-0354   SIC 5084

SCHINDLER ELEVATOR CORPORATION p302
1206 William St, VANCOUVER, BC, V6A 2J2
(604) 253-2323   SIC 5084

SCHINDLER ELEVATOR CORPORATION p785
2200a Thurston Dr, OTTAWA, ON, K1G 6E1
(613) 727-1289   SIC 5084

SCN INDUSTRIEL INC   p1224
20701 Ch Sainte-Marie, SAINTE-ANNE-DE-BELLEVUE, QC, H9X 5X5
(514) 457-1709   SIC 5084

SERVICES FORESTIERS DE MONT-LAURIER LTEE   p1055
327 Ch Du Golf Rr 1, Lac-des-Ecorces, QC, J0W 1H0
(819) 623-3143   SIC 5084

SHELLEY, R G ENTERPRISES (1990) INC p752
41 Coldwater Rd, NORTH YORK, ON, M3B 1Y8
(416) 447-6471   SIC 5084

SICK LTD   p821
2 East Beaver Creek Rd Building #3, RICHMOND HILL, ON, L4B 2N3
(905) 771-1444   SIC 5084

SIMARK CONTROLS LTD   p20
10509 46 St Se, CALGARY, AB, T2C 5C2
(403) 236-0580   SIC 5084

SIMSON MAXWELL   p65
467 Exploration Ave Se, CALGARY, AB, T3S 0B4
(403) 252-8131   SIC 5084

SIMSON MAXWELL   p106
8750 58 Ave Nw, EDMONTON, AB, T6E 6G6
(780) 434-6431   SIC 5084

SKEANS ENGINEERING & MACHINERY LTD   p203
1900 Brigantine Dr, COQUITLAM, BC, V3K 7B5
(604) 777-4247   SIC 5084

SMC PNEUMATICS (CANADA) LTD   p766
2715 Bristol Cir Suite 2, OAKVILLE, ON, L6H 6X5
(905) 812-0400   SIC 5084

SMITH INTERNATIONAL CANADA LTD p52
396 11 Ave Sw Suite 710, CALGARY, AB, T2R 0C5
(403) 264-6077   SIC 5084

SMS EQUIPMENT INC   p289
19520 Telegraph Trail, SURREY, BC, V4N 4H1
(604) 888-9700   SIC 5084

SMS EQUIPMENT INC   p1027
1945 55e Av, DORVAL, QC, H9P 1G9
(514) 636-4950   SIC 5084

SOCIETE XYLEM CANADA   p603
55 Royal Rd, GUELPH, ON, N1H 1T1
(519) 821-1900   SIC 5084

SOLAR TURBINES CANADA LTD   p115
2510 84 Ave Nw, EDMONTON, AB, T6P 1K3
(780) 464-8900   SIC 5084

SOURCE ATLANTIC LIMITED   p416
331 Chesley Dr, SAINT JOHN, NB, E2K 5P2
(506) 635-7711   SIC 5084

SOURCE ATLANTIC LIMITED   p416
331 Chesley Dr, SAINT JOHN, NB, E2K 5P2
(506) 635-7711   SIC 5084

STAHL PETERBILT INC   p121
340 Mackenzie Blvd, FORT MCMURRAY, AB, T9H 4C4
(780) 715-3627   SIC 5084

STAHL PETERBILT INC   p128
12020 101 Ave, GRANDE PRAIRIE, AB, T8V 8B1
(780) 539-9991   SIC 5084

STIHL LIMITED   p665
1515 Sise Rd Suite 5666, LONDON, ON, N6N 1E1
(519) 681-3000   SIC 5084

STINSON EQUIPMENT LIMITED   p975
50 Roysun Rd, WOODBRIDGE, ON, L4L 8L8
(905) 669-2360   SIC 5084

STRONGCO ENGINEERED SYSTEMS INC p1156
2550 Av Dalton, Quebec, QC, G1P 3S4
(418) 653-2801   SIC 5084

SUREPOINT SERVICES INC   p148
1211 8a St, NISKU, AB, T9E 7R3
(780) 955-3939   SIC 5084

TARPON ENERGY SERVICES(PROCESS SYSTEMS)LTD   p20
7020 81 St Se, CALGARY, AB, T2C 5B8
(403) 234-8647   SIC 5084

TAUNTON ENGINEERING COMPANY INC p1240
262 Rue Pepin, SHERBROOKE, QC, J1L 2V8
(819) 563-7374   SIC 5084

TECHMATION ELECTRIC & CONTROLS INC   p1269
6 Hwy 39 E Unit 3, ESTEVAN, SK, S4A 2H7
(306) 634-5664   SIC 5084

TECUMSEH PRODUCTS OF CANADA, LIMITED   p492
200 Elm St, AYLMER, ON, N5H 2M8
(519) 765-1556   SIC 5084

TENAQUIP LIMITEE   p691
1110 Kamato Rd Unit 18, MISSISSAUGA, ON, L4W 2P3
(905) 890-2270   SIC 5084

THOMAS SKINNER & SON LIMITED   p267
13880 Vulcan Way, RICHMOND, BC, V6V 1K6
(604) 276-2131   SIC 5084

THYSSENKRUPP ELEVATOR (CANADA) LIMITED   p664
4093 Meadowbrook Dr S 114, LONDON, ON, N6L 1G2
(519) 977-0376   SIC 5084

TKS CONTROLS LTD   p168
4605 41 St, STETTLER, AB, T0C 2L0
(403) 740-4071   SIC 5084

TOMRA CANADA INC   p995
20500 Av Clark-Graham, Baie-D'Urfe, QC, H9X 4B6
(514) 457-4177   SIC 5084

TRC HYDRAULICS INC   p453
7 Mosher Dr, DARTMOUTH, NS, B3B 1E5
(902) 468-4605   SIC 5084

VIKING PUMP OF CANADA INC   p968
661 Grove Ave, WINDSOR, ON, N9A 6G7
(519) 256-5438   SIC 5084

W.F. WELDING & OVERHEAD CRANES LTD p148
705 23 Ave, NISKU, AB, T9E 7Y5
(780) 955-7671   SIC 5084

WAINBEE LIMITED   p267
2231 Vauxhall Pl, RICHMOND, BC, V6V 1Z5
(604) 278-4288   SIC 5084

WAINBEE LIMITED   p1143
215 Boul Brunswick, POINTE-CLAIRE, QC, H9R 4R7
(514) 697-8810   SIC 5084

WAINBEE LIMITED   p1234
453 Noel St, Sept-Iles, QC, G4R 1M1
(418) 962-4949   SIC 5084

WAJAX INDUSTRIAL COMPONENTS LIMITED PARTNERSHIP   p262
901 Great St, PRINCE GEORGE, BC, V2N 5R7
(250) 562-1334   SIC 5084

WAJAX INDUSTRIAL COMPONENTS LIMITED PARTNERSHIP   p1016
1006 Rue De La Rupert, CHICOUTIMI, QC, G7K 0A1
(418) 690-1447   SIC 5084

WAJAX INDUSTRIAL COMPONENTS LIMITED PARTNERSHIP   p1058
2202 52e Av, LACHINE, QC, H8T 2Y3
(514) 636-7366   SIC 5084

WAJAX INDUSTRIAL COMPONENTS LIMITED PARTNERSHIP   p1156
2785 Boul Wilfrid-Hamel, Quebec, QC, G1P 2H9
(418) 687-0204   SIC 5084

WAJAX LIMITED   p712
2250 Argentia Rd, MISSISSAUGA, ON, L5N 6A5
(905) 212-3300   SIC 5084

WALLACE EQUIPMENT LTD   p444
60 Symonds Rd, BEDFORD, NS, B4B 1H3
(902) 835-7474   SIC 5084

WATERFLOOD SERVICE & SALES LTD p142
2 County Energie Rd N, LLOYDMINSTER, AB, T9V 2E9
(780) 875-7638   SIC 5084

WEIR CANADA, INC   p107
4737 97 St Nw, EDMONTON, AB, T6E 5W2
(780) 438-1122   SIC 5084

WEIR CANADA, INC   p712
2360 Millrace Crt, MISSISSAUGA, ON, L5N 1W2
(905) 812-7100   SIC 5084

WEIR CANADA, INC   p1061
9401 Rue Wanklyn, LASALLE, QC, H8R 1Z2
(514) 366-4321   SIC 5084

WELDERS SUPPLIES LIMITED   p380
150 Mcphillips St, WINNIPEG, MB, R3E 2J9
(204) 772-9476   SIC 5084

WESTECH INDUSTRIAL LTD   p34
5636 Burbank Cres Se, CALGARY, AB, T2H 1Z6
(403) 252-8803   SIC 5084

WESTERN BELTING & HOSE (1986) LTD p188
6468 Beresford St, BURNABY, BC, V5E 1B6
(604) 451-4133   SIC 5084

WESTQUIP DIESEL SALES (ALTA) LTD p2
26229 Twp Rd 531a Suite 208, ACHESON,

AB, T7X 5A4
(780) 960-5560 SIC 5084
WGI WESTMAN GROUP INC p234
5741 Production Way, LANGLEY, BC, V3A 4N5
(604) 532-0203 SIC 5084
WOLSELEY INDUSTRIAL CANADA INC p1154
2150 Rue Lavoisier, Quebec, QC, G1N 4B1
(418) 683-2581 SIC 5084
YASKAWA CANADA INC p705
3530 Laird Rd Unit 3, MISSISSAUGA, ON, L5L 5Z7
(905) 569-6686 SIC 5084

SIC 5085 Industrial supplies

1046114 ONTARIO INC p684
6350 Viscount Rd, MISSISSAUGA, ON, L4V 1H3
(905) 672-0007 SIC 5085
3033441 NOVA SCOTIA COMPANY p162
172 Turbo Dr, SHERWOOD PARK, AB, T8H 2J6
(780) 464-7774 SIC 5085
3033441 NOVA SCOTIA COMPANY p545
1700 Bishop St N, CAMBRIDGE, ON, N1T 1T2
(519) 624-9451 SIC 5085
564438 ALBERTA LTD p90
18043 111 Ave Nw, EDMONTON, AB, T5S 2P2
(780) 453-3964 SIC 5085
A.R. THOMSON GROUP p154
7621 Edgar Industrial Dr Suite 3, RED DEER, AB, T4P 3R2
(403) 341-4511 SIC 5085
A.R. THOMSON GROUP p157
215 Clearview Dr, RED DEER COUNTY, AB, T4E 0A1
(403) 341-4511 SIC 5085
ABRASIVE TECHNOLOGY NA INC p1025
2250 Boul Hymus, DORVAL, QC, H9P 1J9
(514) 421-7396 SIC 5085
ACKLANDS - GRAINGER INC p26
4340 Manhattan Rd Se, CALGARY, AB, T2G 4B2
(403) 243-4291 SIC 5085
ACKLANDS - GRAINGER INC p84
14360 123 Ave Nw, EDMONTON, AB, T5L 2Y3
(780) 454-8180 SIC 5085
ACKLANDS - GRAINGER INC p86
11708 167 St Nw, EDMONTON, AB, T5M 3Z2
(780) 453-3684 SIC 5085
ACKLANDS - GRAINGER INC p95
15986 118 Ave Nw, EDMONTON, AB, T5V 1C4
(780) 453-3071 SIC 5085
ACKLANDS - GRAINGER INC p102
8468 Roper Rd Nw, EDMONTON, AB, T6E 6W4
(780) 465-0511 SIC 5085
ACKLANDS - GRAINGER INC p119
284 Macdonald Cres Suite 200, FORT MCMURRAY, AB, T9H 4B6
(780) 743-3344 SIC 5085
ACKLANDS - GRAINGER INC p125
11537 95 Ave, GRANDE PRAIRIE, AB, T8V 5P7
(780) 532-5541 SIC 5085
ACKLANDS - GRAINGER INC p186
2475 Douglas Rd, BURNABY, BC, V5C 5A9
(604) 299-1212 SIC 5085
ACKLANDS - GRAINGER INC p376
10 Fort St Suite 300, WINNIPEG, MB, R3C 1C4
(204) 956-0880 SIC 5085
ACKLANDS - GRAINGER INC p784
3020 Hawthorne Rd, OTTAWA, ON, K1G 3J6
(613) 744-5012 SIC 5085

ACKLANDS - GRAINGER INC p1040
415 Rue Robinson S, GRANBY, QC, J2G 7N2
(450) 375-1771 SIC 5085
ACKLANDS - GRAINGER INC p1260
757 Boul Pierre-Roux E, VICTORIAVILLE, QC, G6T 1S7
(819) 758-9991 SIC 5085
ACKLANDS - GRAINGER INC p1304
3602 Millar Ave, SASKATOON, SK, S7P 0B1
(306) 664-5500 SIC 5085
AGENCES W PELLETIER (1980) INC p1089
3075 Rue Sainte-Catherine E Bureau 1980, Montreal, QC, H1W 3X6
(514) 598-9777 SIC 5085
AIR LIQUIDE CANADA INC p717
6915 Davand Dr, MISSISSAUGA, ON, L5T 1L5
(905) 670-2222 SIC 5085
ALFA LAVAL INC p842
101 Milner Ave, SCARBOROUGH, ON, M1S 4S6
(416) 299-6101 SIC 5085
ALFAGOMMA CANADA INC p1208
6550 Rue Abrams Bureau 6540, SAINT-LAURENT, QC, H4S 1Y2
(514) 333-5577 SIC 5085
ANIXTER POWER SOLUTIONS CANADA INC p387
1099 Wilkes Avenue Unit 7, WINNIPEG, MB, R3P 2S2
(204) 284-3834 SIC 5085
ANIXTER POWER SOLUTIONS CANADA INC p555
188 Purdy Rd, COLBORNE, ON, K0K 1S0
(905) 355-2474 SIC 5085
ANIXTER POWER SOLUTIONS CANADA INC p762
601 Ormont Dr, NORTH YORK, ON, M9L 2W6
(416) 745-9292 SIC 5085
APPLIED INDUSTRIAL TECHNOLOGIES, LP p1304
143 Wheeler St, SASKATOON, SK, S7P 0A4
(306) 931-0888 SIC 5085
ATLAS COPCO CANADA INC p836
755 Progress Ave, SCARBOROUGH, ON, M1H 2W7
(416) 439-4181 SIC 5085
B.C. FASTENERS & TOOLS (2000) LTD p285
12824 Anvil Way Unit 101, SURREY, BC, V3W 8E7
(604) 599-5455 SIC 5085
B.G.E. SERVICE & SUPPLY LTD p119
305 Macdonald Cres Suite 4, FORT MCMURRAY, AB, T9H 4B7
(780) 743-2998 SIC 5085
BCB CORPORATE SERVICES LTD p99
5736 59 St Nw, EDMONTON, AB, T6B 3L4
(780) 465-0821 SIC 5085
BDI CANADA INC p717
6235 Tomken Rd, MISSISSAUGA, ON, L5T 1K2
(905) 238-3392 SIC 5085
BELTERRA CORPORATION p207
1609 Derwent Way, DELTA, BC, V3M 6K8
(604) 540-1950 SIC 5085
BELTERRA CORPORATION p261
2247 Quinn St S, PRINCE GEORGE, BC, V2N 2X4
(250) 562-1245 SIC 5085
BELTERRA CORPORATION p1245
1015 Rue Des Forges, TERREBONNE, QC, J6Y 0J9
(450) 621-8228 SIC 5085
BUCKET SHOP INC, THE p885
24 Government Rd S, TIMMINS, ON, P4R 1N4
(705) 531-2658 SIC 5085
BURKERT CONTROMATIC INC p533
5002 South Service Rd, BURLINGTON, ON, L7L 5Y7
(905) 632-3033 SIC 5085
CALGARY FASTENERS & TOOLS LTD p16

4550 72 Ave Se, CALGARY, AB, T2C 3Z2
(403) 279-7417 SIC 5085
CALGARY FASTENERS & TOOLS LTD p22
2211 32 Ave Ne, CALGARY, AB, T2E 6Z3
(403) 291-9177 SIC 5085
CALGARY FASTENERS & TOOLS LTD p27
1288 42 Ave Se Unit 1, CALGARY, AB, T2G 5P1
(403) 287-5340 SIC 5085
CAMCO CUTTING TOOLS LTD p223
124 Adams Rd Suite 101, KELOWNA, BC, V1X 7R2
SIC 5085
CAMFIL CANADA INC p1128
2785 Av Francis-Hughes, Montreal, QC, H7L 3J6
(450) 629-3030 SIC 5085
CARDINAL EQUIPMENT INC p740
161 Ferris Dr Suite 7, NORTH BAY, ON, P1A 4K2
(705) 840-2056 SIC 5085
CCTF CORPORATION p533
4151 North Service Rd Suite 2, BURLINGTON, ON, L7L 4X6
(905) 335-5320 SIC 5085
CHARLES JONES INDUSTRIAL LIMITED p724
4 Hawk St Suite 900, NANTICOKE, ON, N0A 1L0
(519) 587-2283 SIC 5085
CHARLES JONES INDUSTRIAL LIMITED p860
237 Arvin Ave, STONEY CREEK, ON, L8E 5S6
(905) 664-8448 SIC 5085
CHENG SHIN RUBBER CANADA, INC p511
400 Chrysler Dr Unit C, BRAMPTON, ON, L6S 5Z5
(905) 789-0882 SIC 5085
COLUMBIA VALVE & FITTING LTD p192
8678 Greenall Ave Suite 117, BURNABY, BC, V5J 3M6
(604) 629-9355 SIC 5085
COMMERCIAL BEARING SERVICE (1966) LTD. p104
4203 95 St Nw Suite 1966, EDMONTON, AB, T6E 5R6
(780) 432-1611 SIC 5085
COMPAGNIE MOTOPARTS INC p1138
1124 Rue Saint-Calixte, PLESSISVILLE, QC, G6L 1N8
(819) 362-7373 SIC 5085
CONREX STEEL LTD p584
46 Taber Rd, ETOBICOKE, ON, M9W 3A8
(416) 747-0511 SIC 5085
CONSOLIDATED INDUSTRIAL PRODUCTS INC p870
2502 Elm St, SUDBURY, ON, P3E 4R6
(705) 682-3387 SIC 5085
CONTITECH CANADA, INC p507
45 Raynes Ave, BOWMANVILLE, ON, L1C 1J3
(905) 623-2606 SIC 5085
CONTROLES LAURENTIDE LTEE p1049
18000 Rte Trans-Canada, KIRKLAND, QC, H9J 4A1
(514) 697-9230 SIC 5085
CORIX INFRASTRUCTURE INC p232
20239 Logan Ave Unit 100, LANGLEY, BC, V3A 4L5
(604) 539-9399 SIC 5085
CORPORATION DE VALVES TRUELINE, LA p1224
20675 Boul Industriel, SAINTE-ANNE-DE-BELLEVUE, QC, H9X 4B2
(514) 457-5777 SIC 5085
CRANE CANADA CO. p31
324 58 Ave Se, CALGARY, AB, T2H 0P1
(403) 252-7811 SIC 5085
CRANE CANADA CO. p593
1630 Star Top Rd, GLOUCESTER, ON, K1B 3W6
(613) 745-9135 SIC 5085
CRANE CANADA CO. p607

1755 Burlington St E, HAMILTON, ON, L8H 3L5
(905) 547-1951 SIC 5085
CRANE CANADA CO. p1282
335 E 6th Ave, REGINA, SK, S4N 6A6
(306) 525-1326 SIC 5085
DAEMAR INC p769
861 Cranberry Crt, OAKVILLE, ON, L6L 6J7
(905) 847-6500 SIC 5085
DNOW CANADA ULC p114
2603 76 Ave Nw, EDMONTON, AB, T6P 1P6
(780) 944-1000 SIC 5085
DRESSER-RAND CANADA, ULC p104
9330 45 Ave Nw, EDMONTON, AB, T6E 6S1
(780) 436-0604 SIC 5085
EAGLEBURGMANN CANADA INC p681
8699 Escarpment Way Suite 9, MILTON, ON, L9T 0J5
(905) 693-8782 SIC 5085
EMCO CORPORATION p1295
803 58th St E, SASKATOON, SK, S7K 6X5
(306) 652-5545 SIC 5085
ENDRIES INTERNATIONAL CANADA INC p545
255 Pinebush Rd Unit A, CAMBRIDGE, ON, N1T 1B9
(519) 740-3523 SIC 5085
ENERGIE VALERO INC p454
1356 Pleasant St, EASTERN PASSAGE, NS, B3G 1M4
(902) 468-7979 SIC 5085
ERIKS INDUSTRIAL SERVICES LP p116
9748 12 Ave Sw, EDMONTON, AB, T6X 0J5
(780) 437-1260 SIC 5085
FASTENAL CANADA LTEE p638
900 Wabanaki Dr, KITCHENER, ON, N2C 0B7
(519) 748-6566 SIC 5085
FASTENAL CANADA LTEE p779
350 Wentworth St E Suite 1, OSHAWA, ON, L1H 7R7
(905) 443-0428 SIC 5085
FESTO INC p688
5300 Explorer Dr, MISSISSAUGA, ON, L4W 5G4
(905) 624-9000 SIC 5085
FLOCOR INC p210
7168 Progress Way, DELTA, BC, V4G 1J2
(604) 940-1449 SIC 5085
FLOCOR INC p383
777 Century St, WINNIPEG, MB, R3H 0M2
(204) 774-3461 SIC 5085
FRANKLIN EMPIRE INC p942
350 Carlingview Dr, TORONTO, ON, M9W 5G6
(416) 248-0176 SIC 5085
GATES CANADA INC p527
225 Henry St Suite 8, BRANTFORD, ON, N3S 7R4
(519) 759-4141 SIC 5085
GREEN LINE HOSE & FITTINGS (B.C.) LTD p207
1477 Derwent Way, DELTA, BC, V3M 6N3
(604) 525-6800 SIC 5085
GREGG DISTRIBUTORS LIMITED PARTNERSHIP p31
5755 11 St Se, CALGARY, AB, T2H 1M7
(403) 253-6463 SIC 5085
GRIDUS TECHNOLOGY INC p894
127 Torrens Ave, TORONTO, ON, M4J 2P6
(416) 716-0735 SIC 5085
GROUPE J.S.V. INC, LE p999
28 Boul De La Seigneurie E, BLAINVILLE, QC, J7C 3V5
(450) 435-0717 SIC 5085
HAGEMEYER CANADA INC p100
4810 92 Ave Nw, EDMONTON, AB, T6B 2X4
(780) 468-3366 SIC 5085
HANSLER SMITH LIMITED p531
1385 California Ave, BROCKVILLE, ON, K6V 5V5
(613) 342-4408 SIC 5085
HILLMAN GROUP CANADA ULC, THE p838
376 Birchmount Rd, SCARBOROUGH, ON,

SIC 5087 Service establishment equipment

M1K 1M6
(416) 694-3351 SIC 5085
HILLMAN GROUP CANADA ULC, THE p1130
2591 Rue Debray, Montreal, QC, H7S 2J4
(450) 688-4292 SIC 5085
HOWELL PLUMBING SUPPLIES DASCO LIMITED p592
11 Armstrong Ave, GEORGETOWN, ON, L7G 4S1
(905) 877-2293 SIC 5085
HUOT, REAL INC p1155
2550 Av Dalton, Quebec, QC, G1P 3S4
(418) 651-2121 SIC 5085
HUOT, REAL INC p1155
2640 Av Dalton, Quebec, QC, G1P 3S4
(418) 634-5967 SIC 5085
I.R.P. INDUSTRIAL RUBBER LTD p719
6300 Edwards Blvd Unit 1, MISSISSAUGA, ON, L5T 2V7
(905) 670-5700 SIC 5085
ICS UNIVERSAL DRUM RECONDITIONING LIMITED PARTNERSHIP p937
110 Glen Scarlett Rd, TORONTO, ON, M6N 1P4
(416) 763-1102 SIC 5085
IFASTGROUPE 2004 L.P. p1217
2620 Rue Bernard-Pilon, SAINT-MATHIEU-DE-BELOEIL, QC, J3G 4S5
(450) 464-0547 SIC 5085
INLAND INDUSTRIAL SUPPLY LTD p113
9949 29a Ave Nw, EDMONTON, AB, T6N 1A9
(780) 413-0029 SIC 5085
JOINTS ETANCHES R.B. INC, LES p266
13680 Bridgeport Rd Suite 5, RICHMOND, BC, V6V 1V3
(604) 278-6808 SIC 5085
K&D PRATT GROUP INC p429
126 Glencoe Dr, MOUNT PEARL, NL, A1N 4S9
(709) 722-5690 SIC 5085
K&D PRATT GROUP INC p451
55 Akerley Blvd, DARTMOUTH, NS, B3B 1M3
(902) 468-1955 SIC 5085
KAR INDUSTRIEL INC p560
21 Bradwick Dr Unit 2, CONCORD, ON, L4K 1K6
(905) 738-8665 SIC 5085
KLINGSPOR INC p861
1175 Barton St Unit 1, STONEY CREEK, ON, L8E 5H1
(905) 643-0770 SIC 5085
KTI LIMITED p491
33 Isaacson Cres, AURORA, ON, L4G 0A4
(905) 727-8807 SIC 5085
LAWSON PRODUCTS INC. (ONTARIO) p709
7315 Rapistan Crt, MISSISSAUGA, ON, L5N 5Z4
(905) 567-1717 SIC 5085
LINCOLN ELECTRIC COMPANY OF CANADA LP p716
939 Gana Crt, MISSISSAUGA, ON, L5S 1N9
(905) 565-5600 SIC 5085
LINDE CANADA LIMITED p1215
5555 Boul Des Grandes-Prairies, SAINT-LEONARD, QC, H1R 1B4
(514) 323-6410 SIC 5085
M.A. STEWART & SONS LTD p286
12900 87 Ave, SURREY, BC, V3W 3H9
(604) 594-8431 SIC 5085
MARTIN SPROCKET & GEAR CANADA INC p493
320 Darrell Dr Suite 1, AYR, ON, N0B 1E0
(519) 621-0546 SIC 5085
MOMENTIS CANADA CORP p792
130 Slater St Suite 1100, OTTAWA, ON, K1P 6E2
(613) 233-8483 SIC 5085
MOTION INDUSTRIES (CANADA), INC p19
4155 75 Ave Se Suite 16, CALGARY, AB, T2C 2K8

(403) 236-5581 SIC 5085
MOTION INDUSTRIES (CANADA), INC p117
9860 12 Ave Sw, EDMONTON, AB, T6X 0J5
(780) 466-6501 SIC 5085
MOTION INDUSTRIES (CANADA), INC p512
1925 Williams Pky Unit 1, BRAMPTON, ON, L6S 2M3
(905) 595-2477 SIC 5085
MOTION INDUSTRIES (CANADA), INC p1305
40 3903 Arthur Rose Ave, SASKATOON, SK, S7P 0C8
(306) 931-7771 SIC 5085
MSC INDUSTRIAL SUPPLY ULC p500
4660 Delta Way, BEAMSVILLE, ON, L0R 1B4
(905) 563-4844 SIC 5085
MUELLER CANADA LTD p498
82 Hooper Rd, BARRIE, ON, L4N 8Z9
(705) 719-9965 SIC 5085
NCI CANADA INC p491
66 Don Hillock Dr, AURORA, ON, L4G 0H6
(905) 727-5545 SIC 5085
NEW-LINE PRODUCTS LTD p289
9415 189 St Unit 1, SURREY, BC, V4N 5L8
(604) 455-5400 SIC 5085
NSK CANADA INC p695
5585 Mcadam Rd, MISSISSAUGA, ON, L4Z 1N4
(905) 890-0740 SIC 5085
NTN BEARING CORPORATION OF CANADA LIMITED p722
305 Courtneypark Dr W, MISSISSAUGA, ON, L5W 1Y4
(905) 564-2700 SIC 5085
NUERA INC p1063
1980 Boul Dagenais O, LAVAL-OUEST, QC, H7L 5W2
(514) 955-1024 SIC 5085
PACE INVESTCO LTD p1142
193 Boul Brunswick, POINTE-CLAIRE, QC, H9R 5N2
(514) 630-6820 SIC 5085
PALL (CANADA) LIMITED p704
3450 Ridgeway Dr Unit 6, MISSISSAUGA, ON, L5L 0A2
(905) 542-0330 SIC 5085
PENTAIR VALVES & CONTROLS CANADA INC p101
5538 48 St Nw, EDMONTON, AB, T6B 2Z1
(780) 461-2228 SIC 5085
POLYBOTTLE GROUP LIMITED p106
6008 75 St Nw, EDMONTON, AB, T6E 2W6
(780) 468-6019 SIC 5085
PRAXAIR CANADA INC p101
6704 50 St Nw, EDMONTON, AB, T6B 3M9
(780) 438-9141 SIC 5085
PRECIMOLD INC p1009
9 Boul Marie-Victorin, CANDIAC, QC, J5R 4S8
(450) 659-2921 SIC 5085
PRIME FASTENERS LTD p93
10733 178 St Nw, EDMONTON, AB, T5S 1J6
(780) 484-2218 SIC 5085
PRIMESOURCE BUILDING PRODUCTS CANADA CORPORATION p268
7431 Nelson Rd Suite 110, RICHMOND, BC, V6W 1G3
(604) 231-0473 SIC 5085
PRINCESS AUTO LTD p11
2850 Hopewell Pl Ne, CALGARY, AB, T1Y 7J7
(403) 250-1133 SIC 5085
PRINCESS AUTO LTD p958
1550 Victoria St E, WHITBY, ON, L1N 9W7
(905) 665-8581 SIC 5085
PRINCESS GROUP INC p233
19878 Langley Bypass Unit 150, LANGLEY, BC, V3A 4Y1
(604) 534-9554 SIC 5085
PROCESS PRODUCTS LIMITED p561
100 Locke St, CONCORD, ON, L4K 5R4
(416) 781-3399 SIC 5085

PULTRALL INC p1246
700 9e Rue N, THETFORD MINES, QC, G6G 6Z5
(418) 335-3202 SIC 5085
RED-L DISTRIBUTORS LTD p147
3675 13 St, NISKU, AB, T9E 1C5
(780) 437-2630 SIC 5085
RELIANCE INDUSTRIAL PRODUCTS ULC p148
606 19 Ave, NISKU, AB, T9E 7W1
(780) 955-7115 SIC 5085
RINGBALL CORPORATION p193
7880 Fraser Park Dr, BURNABY, BC, V5J 5L8
(604) 294-3461 SIC 5085
RINGBALL CORPORATION p369
190 Omands Creek Blvd, WINNIPEG, MB, R2R 1V7
(204) 694-1455 SIC 5085
SCHAEFFLER CANADA INC p766
2871 Plymouth Dr, OAKVILLE, ON, L6H 5S5
(905) 829-2750 SIC 5085
SCIES ACME LTEE p1143
210 Boul Brunswick, POINTE-CLAIRE, QC, H9R 1A6
(514) 685-6266 SIC 5085
SDI SUPPLIES LTD p941
4935 Steeles Ave W, TORONTO, ON, M9L 1R4
(416) 745-8665 SIC 5085
SKF CANADA LIMITED p843
40 Executive Crt, SCARBOROUGH, ON, M1S 4N4
(416) 299-1220 SIC 5085
SKF CANADA LIMITED p1027
101 Av Lindsay, DORVAL, QC, H9P 2S6
(514) 636-5230 SIC 5085
SOCIETE INDUSTRIELLE JASON (CANADA) LTEE p1027
9135 Ch Cote-De-Liesse, DORVAL, QC, H9P 2N9
(514) 631-6781 SIC 5085
SOURCE ATLANTIC LIMITED p452
100 Raddall Ave, DARTMOUTH, NS, B3B 1T2
(902) 468-8100 SIC 5085
SPARTAN CONTROLS LTD p106
8403 51 Ave Nw, EDMONTON, AB, T6E 5L9
(780) 468-5463 SIC 5085
SPORTS ODESSA CANADA INC p1006
36 Rue Unifix, BROMONT, QC, J2L 1N6
(450) 534-4534 SIC 5085
STANLEY BLACK & DECKER CANADA CORPORATION p716
1030 Lorimar Dr, MISSISSAUGA, ON, L5S 1R8
(905) 364-0664 SIC 5085
SUN CHEMICAL LIMITED p267
13800 Vulcan Way, RICHMOND, BC, V6V 1K6
(604) 273-3791 SIC 5085
SWISSPLAS LIMITED p517
116 Walker Dr, BRAMPTON, ON, L6T 4G9
(905) 791-8825 SIC 5085
TENAQUIP LIMITEE p1233
22555 Aut Transcanadienne, SENNEVILLE, QC, H9X 3L7
(514) 457-7801 SIC 5085
THERMADYNE WELDING PRODUCTS CANADA LIMITED p770
2070 Wyecroft Rd, OAKVILLE, ON, L6L 5V6
(905) 827-1111 SIC 5085
THORDON BEARINGS INC p537
3225 Mainway, BURLINGTON, ON, L7M 1A6
(905) 335-1440 SIC 5085
TSUBAKI OF CANADA LIMITED p717
1630 Drew Rd, MISSISSAUGA, ON, L5S 1J6
(905) 676-0400 SIC 5085
TUNDRA PROCESS SOLUTIONS LTD p57
3200 118 Ave Se, CALGARY, AB, T2Z 3X1
(403) 255-5222 SIC 5085
TYROLIT WICKMAN INC p721

6165 Kennedy Rd, MISSISSAUGA, ON, L5T 2S8
(905) 565-9880 SIC 5085
WAJAX INDUSTRIAL COMPONENTS LIMITED PARTNERSHIP p712
2250 Argentia Rd, MISSISSAUGA, ON, L5N 6A5
(905) 813-8310 SIC 5085
WALTER SURFACE TECHNOLOGIES INC p1143
5977 Rte Transcanadienne, POINTE-CLAIRE, QC, H9R 1C1
(514) 630-2800 SIC 5085
WATTS WATER TECHNOLOGIES (CANADA) INC p536
5435 North Service Rd, BURLINGTON, ON, L7L 5H7
(905) 332-4090 SIC 5085
WESCO INDUSTRIES LTD p230
9663 199a St Unit 1, LANGLEY, BC, V1M 2X7
(604) 881-3000 SIC 5085
WFS LTD p646
213 Talbot St W, LEAMINGTON, ON, N8H 1N8
(519) 326-5767 SIC 5085
WFS LTD p665
645 Wilton Grove Rd, LONDON, ON, N6N 1N7
(519) 681-3790 SIC 5085
WFS LTD p692
1280 Aimco Blvd, MISSISSAUGA, ON, L4W 1B2
(905) 624-9546 SIC 5085
WHITESELL CANADA CORPORATION p563
590 Basaltic Rd, CONCORD, ON, L4K 5A2
(905) 879-0433 SIC 5085
WINDSOR PALLET LIMITED p960
2890 N Talbot, WINDSOR, ON, N0R 1K0
(519) 737-1406 SIC 5085
WOLSELEY INDUSTRIAL CANADA INC p107
3780 98 St Nw, EDMONTON, AB, T6E 6B4
(780) 468-7161 SIC 5085
WOLSELEY INDUSTRIAL CANADA INC p1211
4953 Boul De La Cote-Vertu, SAINT-LAURENT, QC, H4S 1E1
SIC 5085
WURTH CANADA LIMITED p598
345 Hanlon Creek Blvd, GUELPH, ON, N1C 0A1
(905) 564-6225 SIC 5085

SIC 5087 Service establishment equipment

821373 ONTARIO LTD p512
3 Brewster Rd Suite 5, BRAMPTON, ON, L6T 5G9
(905) 794-2074 SIC 5087
ACME SUPPLIES LTD p328
2311 Government St, VICTORIA, BC, V8T 4P4
(250) 383-8822 SIC 5087
AGENCES W PELLETIER (1980) INC p1204
1400 Boul Jules-Poitras, SAINT-LAURENT, QC, H4N 1X7
(514) 276-6700 SIC 5087
BEAUTE STAR BEDARD QUEBEC INC p1166
6500 Boul Pierre-Bertrand, Quebec, QC, G2J 1R4
(418) 627-6500 SIC 5087
BEAUTY SYSTEMS GROUP (CANADA) INC p15
5381 72 Ave Se Suite 54, CALGARY, AB, T2C 4X6
(403) 236-7662 SIC 5087
BEAUTY SYSTEMS GROUP (CANADA) INC p706
2345 Argentia Rd Suite 102, MISSISSAUGA, ON, L5N 8K4
(905) 817-2200 SIC 5087

BEAUTY SYSTEMS GROUP (CANADA) INC p717
395 Pendant Dr, MISSISSAUGA, ON, L5T 2W9
(905) 696-2600   SIC 5087

C.G. MAINTENANCE & SANITARY PRODUCTS INC p755
40 Saint Regis Cres, NORTH YORK, ON, M3J 1Y5
SIC 5087

CHAMPION PRODUCTS CORP p758
350 Norfinch Dr, North York, ON, M3N 1Y4
(416) 749-4242   SIC 5087

FIRE STOP ENTERPRISES LTD p476
2034 Balmoral Rd Rr 4, TATAMAGOUCHE, NS, B0K 1V0
(902) 657-2290   SIC 5087

JAN-MAR SALES LIMITED p578
514 Kipling Ave, ETOBICOKE, ON, M8Z 5E3
(416) 255-8535   SIC 5087

LEVITT-SAFETY LIMITED p256
1611 Broadway St Unit 106, PORT COQUITLAM, BC, V3C 2M7
(604) 464-6332   SIC 5087

MAISON AMI-CO (1981) INC, LA p1215
8455 Boul Langelier, SAINT-LEONARD, QC, H1P 2C5
(514) 351-7520   SIC 5087

PROTECTION INCENDIE VIKING INC p452
78 Trider Cres, DARTMOUTH, NS, B3B 1R6
(902) 468-3235   SIC 5087

RELIABLE WINDOW CLEANERS (SUDBURY) LIMITED p870
345 Regent St, SUDBURY, ON, P3C 4E1
(705) 675-5281   SIC 5087

SECURITE POLYGON INC p728
17g Enterprise Ave, NEPEAN, ON, K2G 0A7
(613) 225-9540   SIC 5087

STUDLEY CANADA LIMITED p761
900a Caledonia Rd, NORTH YORK, ON, M6B 3Y1
(416) 787-1441   SIC 5087

SUPERIOR SOLUTIONS LTD p770
851 Progress Crt, OAKVILLE, ON, L6L 6K1
(800) 921-5527   SIC 5087

SWISH MAINTENANCE LIMITED p766
2600 Bristol Cir Unit 1, OAKVILLE, ON, L6H 6Z7
(519) 340-3010   SIC 5087

SWISH MAINTENANCE LIMITED p766
2512 Bristol Cir, OAKVILLE, ON, L6H 5S1
(905) 829-9366   SIC 5087

SWISH MAINTENANCE LIMITED p959
500 Hopkins St, WHITBY, ON, L1N 2B9
(905) 666-1224   SIC 5087

TAKARA COMPANY, CANADA, LTD p702
2076 South Sheridan Way, MISSISSAUGA, ON, L5J 2M4
(905) 822-2755   SIC 5087

WESCLEAN EQUIPMENT & CLEANING SUPPLIES LTD p29
36 Highfield Cir Se, CALGARY, AB, T2G 5N5
(403) 243-0677   SIC 5087

WESCLEAN EQUIPMENT & CLEANING SUPPLIES LTD p87
11450 149 St Nw, EDMONTON, AB, T5M 1W7
(780) 451-1533   SIC 5087

WESCLEAN EQUIPMENT & CLEANING SUPPLIES LTD p185
4082 Mcconnell Crt, BURNABY, BC, V5A 3L8
(604) 421-7150   SIC 5087

WOLSELEY CANADA INC p34
5516 3 St Se, CALGARY, AB, T2H 1J9
(403) 243-6614   SIC 5087

SIC 5088 Transportation equipment and supplies

BOMBARDIER INC p790
50 O'connor St Suite 1425, OTTAWA, ON, K1P 6L2
(613) 237-4050   SIC 5088

BOMBARDIER TRANSPORTATION CANADA INC p1053
230 Rte O Bureau 130, La Pocatiere, QC, G0R 1Z0
(418) 856-1232   SIC 5088

COMPAGNIE DE TELEPHONE BELL DU CANADA OU BELL CANADA, LA p23
58 Aero Dr Ne Suite 101, CALGARY, AB, T2E 8Z9
SIC 5088

CUMMINS EASTERN MARINE INC p450
50 Simmonds Dr, DARTMOUTH, NS, B3B 1R3
(902) 468-7938   SIC 5088

D-J COMPOSITES INC p426
1 C. L. Dobbin Dr, GANDER, NL, A1V 2V3
(709) 256-6111   SIC 5088

HERCULES SLR INC p433
7 Pippy Pl Suite 5, ST. JOHN'S, NL, A1B 3X2
(709) 722-4221   SIC 5088

KARLO CORPORATION SUPPLY & SERVICES p990
10801 Boul Ray-Lawson Bureau 100, ANJOU, QC, H1J 1M5
(514) 255-5017   SIC 5088

MHD - ROCKLAND INC p1142
205 Boul Brunswick Bureau 100, POINTE-CLAIRE, QC, H9R 1A5
(514) 453-1632   SIC 5088

PORTEC, PRODUITS FERROVIAIRES LTEE p1142
172 Boul Brunswick, POINTE-CLAIRE, QC, H9R 5P9
(514) 695-8500   SIC 5088

PRODUITS MOBILICAB CANADA INC p987
280 Rue Bonin, ACTON VALE, QC, J0H 1A0
(450) 546-0999   SIC 5088

QUALITE PERFORMANCE MAGOG INC p1074
2400 Rue Sherbrooke, MAGOG, QC, J1X 4E6
(819) 843-0099   SIC 5088

RONSCO INC p1116
1440 Rue Sainte-Catherine O Bureau 712, Montreal, QC, H3G 1R8
(514) 866-1033   SIC 5088

SIC 5091 Sporting and recreation goods

6861083 CANADA INC p1039
53 Rue Du Blizzard, GATINEAU, QC, J9A 0C8
(819) 777-2222   SIC 5091

ADIDAS CANADA LIMITED p112
1409 99 St Nw Suite 103, EDMONTON, AB, T6N 0B4
(780) 440-1446   SIC 5091

ADIDAS CANADA LIMITED p192
3771 North Fraser Way Suite 7, BURNABY, BC, V5J 5G5
(604) 420-6646   SIC 5091

ADIDAS CANADA LIMITED p972
8100 27 Hwy Suite 1, WOODBRIDGE, ON, L4H 3N2
(905) 266-4200   SIC 5091

ADIDAS CANADA LIMITED p1206
3545 Boul Thimens, SAINT-LAURENT, QC, H4R 1V5
(514) 331-4943   SIC 5091

AMER SPORTS CANADA INC p246
2220 Dollarton Hwy Unit 110, NORTH VANCOUVER, BC, V7H 1A8
(604) 960-3001   SIC 5091

AMER SPORTS CANADA INC p670
2700 14th Ave Unit 1, MARKHAM, ON, L3R 0J1
(905) 470-9966   SIC 5091

AQUA-LUNG CANADA LTD p275
6820 Kirkpatrick Cres, SAANICHTON, BC, V8M 1Z9
(250) 652-5881   SIC 5091

BMG HOLDINGS LTD p403
32 Sawyer Rd, JACKSONVILLE, NB, E7M 3B7
(506) 328-8853   SIC 5091

CANADIAN MARKETING TEST CASE 204 LIMITED p713
5770 Hurontario St, MISSISSAUGA, ON, L5R 3G5
SIC 5091

COSMOPOLITAN INDUSTRIES GOLF CANADA LTD p1295
1302b Alberta Ave, SASKATOON, SK, S7K 1R5
(306) 477-4653   SIC 5091

DYACO CANADA INC p736
5955 Don Murie St, NIAGARA FALLS, ON, L2G 0A9
(905) 353-8955   SIC 5091

ICON DU CANADA INC p1200
950 Rue De L'industrie, Saint-Jerome, QC, J7Y 4B8
(450) 565-2955   SIC 5091

MERCURY MARINE LIMITED p682
8698 Escarpment Way, MILTON, ON, L9T 0M1
(905) 567-6372   SIC 5091

MERRITHEW CORPORATION p838
770 Birchmount Rd Unit 17, SCARBOROUGH, ON, M1K 5H3
(416) 752-1169   SIC 5091

MIZUNO CANADA LTD p689
5206 Timberlea Blvd, MISSISSAUGA, ON, L4W 2S5
(905) 629-0500   SIC 5091

MOMENTUM DISTRIBUTION INC p1193
2045 Rue Francis Bureau 200, SAINT-HUBERT, QC, J4T 0A6
(450) 466-5115   SIC 5091

NIKE CANADA CORP p113
9743 19 Ave Nw, EDMONTON, AB, T6N 1N5
(780) 409-8244   SIC 5091

NIKE CANADA CORP p738
7500 Lundy's Lane Suite B2, NIAGARA FALLS, ON, L2H 1G8
(905) 374-4420   SIC 5091

NIKE CANADA CORP p770
3509 Wyecroft Rd Suite J, OAKVILLE, ON, L6L 0B6
(905) 827-4677   SIC 5091

NIKE CANADA CORP p839
260 Brimley Rd, SCARBOROUGH, ON, M1M 3H8
(416) 264-8505   SIC 5091

NIKE CANADA CORP p930
200 Wellington St W Suite 500, TORONTO, ON, M5V 3C7
(416) 581-1585   SIC 5091

NORMARK INC p781
1350 Phillip Murray Ave, OSHAWA, ON, L1J 6Z9
(905) 571-3001   SIC 5091

PING CANADA CORPORATION p766
2790 Brighton Rd, OAKVILLE, ON, L6H 5T4
(905) 829-8004   SIC 5091

PUMA CANADA INC p1207
2315 Rue Cohen, SAINT-LAURENT, QC, H4R 2N7
(514) 339-2575   SIC 5091

SCP DISTRIBUTORS CANADA INC p527
373 Elgin St, BRANTFORD, ON, N3S 7P5
(519) 720-9219   SIC 5091

SHIMANO CANADA LTD p811
427 Pido Rd, PETERBOROUGH, ON, K9J 6X7
(705) 745-3232   SIC 5091

YAMAHA MOTOR CANADA LTD p744
480 Gordon Baker Rd, NORTH YORK, ON, M2H 3B4
(416) 498-1911   SIC 5091

SIC 5092 Toys and hobby goods and supplies

ARROW GAMES CORPORATION p736
6199 Don Murie St, NIAGARA FALLS, ON, L2G 0B1
(905) 354-7300   SIC 5092

ARROW GAMES CORPORATION p817
9515 Montrose Rd Unit 2, PORT ROBINSON, ON, L0S 1K0
(905) 354-7300   SIC 5092

CITIWELL INTERNATIONAL INC p755
401 Magnetic Dr Unit 9, NORTH YORK, ON, M3J 3H9
(905) 760-9686   SIC 5092

COATS CANADA INC p972
10 Roybridge Gate Suite 200, WOODBRIDGE, ON, L4H 3M8
(905) 850-9200   SIC 5092

HASBRO CANADA CORPORATION p1069
2350 Rue De La Province, LONGUEUIL, QC, J4G 1G2
(450) 670-9820   SIC 5092

INTERNATIONAL PLAYING CARD COMPANY LIMITED p515
845 Intermodal Dr Unit 1, BRAMPTON, ON, L6T 0C6
(905) 488-7102   SIC 5092

LUDIA INC p1102
410 Rue Saint-Nicolas Bureau 400, Montreal, QC, H2Y 2P5
(514) 313-3370   SIC 5092

NINTENDO OF CANADA LTD p294
2925 Virtual Way Suite 150, VANCOUVER, BC, V5M 4X5
(604) 279-1600   SIC 5092

SOLUTIONS 2 GO LATAM INC p516
15 Production Rd, BRAMPTON, ON, L6T 4N8
(905) 564-1140   SIC 5092

SONY INTERACTIVE ENTERTAINMENT CANADA INC p744
115 Gordon Baker Rd, NORTH YORK, ON, M2H 3R6
(416) 499-1414   SIC 5092

TRIBAL NOVA INC p1100
4200 Boul Saint-Laurent Bureau 1203, Montreal, QC, H2W 2R2
(514) 598-0444   SIC 5092

SIC 5093 Scrap and waste materials

1650473 ONTARIO INC p608
10 Hillyard St, HAMILTON, ON, L8L 8J9
(905) 522-9222   SIC 5093

1942675 ALBERTA LTD p99
6943 68 Ave, EDMONTON, AB, T6B 3E3
(780) 472-6806   SIC 5093

3158764 CANADA INC p1031
512 111 Rte, DUPUY, QC, J0Z 1X0
SIC 5093

A.B.C. RECYCLING LTD p182
8081 Meadow Ave, BURNABY, BC, V3N 2V9
(604) 522-9727   SIC 5093

ALLIED TEXTILES & REFUSE INC p1123
3700 Rue Saint-Patrick Bureau 200, MONTREAL, QC, H4E 1A2
(514) 932-5962   SIC 5093

ARCELORMITTAL OTTAWA INC p783
2555 Sheffield Rd, OTTAWA, ON, K1B 3V6
(613) 745-6000   SIC 5093

BENNY STARK LIMITED p937
200 Union St, TORONTO, ON, M6N 3M9
(416) 654-3464   SIC 5093

COOKSTOWN AUTO CENTRE LTD p564
5046 5th, COOKSTOWN, ON, L0L 1L0
(416) 364-0743   SIC 5093

FIBRES J. C. INC, LES p1118
1305 Rue De Montmorency, Montreal, QC, H3K 2G3
SIC 5093

GENERAL SCRAP PARTNERSHIP p31
5857 12 St Se, CALGARY, AB, T2H 2X9
(403) 252-7787   SIC 5093

GENERAL SCRAP PARTNERSHIP p362
135 Bismarck St, WINNIPEG, MB, R2C 4S1

(204) 222-4221   SIC 5093
GENERAL SCRAP PARTNERSHIP   p880
305 106th St, THUNDER BAY, ON, P7E 0A3
(807) 623-4559   SIC 5093
GENERAL SCRAP PARTNERSHIP   p1285
2881 Pasqua St N, REGINA, SK, S4P 3B1
(306) 775-3611   SIC 5093
GLOBAL TEXTILES EXPORT AND IMPORT INC   p424
657 Conception Bay Hwy, CONCEPTION BAY SOUTH, NL, A1X 3C5
(709) 834-9696   SIC 5093
PAPIERS DE PUBLICATION KRUGER INC   p1235
220 Rte De Windsor, SHERBROOKE, QC, J1C 0E6
(819) 846-2721   SIC 5093
POSNER METALS LIMITED   p607
610 Beach Rd, HAMILTON, ON, L8H 3L1
(905) 544-1881   SIC 5093
REVOLUTION ENVIRONMENTAL SOLUTIONS LP   p246
130 Forester St, NORTH VANCOUVER, BC, V7H 2M9
(604) 929-1283   SIC 5093
SRV INDUSTRIAL SUPPLY INC   p841
2500 Lawrence Ave E Suite 12, SCARBOROUGH, ON, M1P 2R7
(416) 757-1020   SIC 5093
THYSSENKRUPP MATERIALS CA, LTD   p1210
4700 Ch Du Bois-Franc, SAINT-LAURENT, QC, H4S 1A7
(514) 337-0161   SIC 5093
TRIPLE M METAL LP   p529
144 Mohawk Rd, BRANTFORD, ON, N3T 5L9
(519) 752-4351   SIC 5093
TRIPLE M METAL LP   p607
1640 Brampton St, HAMILTON, ON, L8H 3S1
(905) 545-7083   SIC 5093
WASTE MANAGEMENT OF CANADA CORPORATION   p944
270 West St, TRENTON, ON, K8V 2N3
SIC 5093
WAXMAN INDUSTRIAL SERVICES CORP   p536
4350 Harvester Rd, BURLINGTON, ON, L7L 5S4
(905) 639-1111   SIC 5093

SIC 5094 Jewelry and precious stones

DAVIS & WILLMOT INC   p892
2060 Queen St E Suite 51504, TORONTO, ON, M4E 1C9
SIC 5094
MARTIN ROSS GROUP INC   p756
250 Canarctic Dr, NORTH YORK, ON, M3J 2P4
SIC 5094
ONEIDA CANADA, LIMITED   p737
8699 Stanley Ave, NIAGARA FALLS, ON, L2G 0E1
(905) 356-1591   SIC 5094
RICHEMONT CANADA, INC   p691
4610 Eastgate Pky Unit 1, MISSISSAUGA, ON, L4W 3W6
(905) 602-8532   SIC 5094
ROLEX CANADA LTD   p900
50 St Clair Ave W, TORONTO, ON, M4V 3B7
(416) 968-1100   SIC 5094
ROYAL CANADIAN MINT   p366
520 Lagimodiere Blvd, WINNIPEG, MB, R2J 3E7
(204) 983-6400   SIC 5094
ROYAL CANADIAN MINT   p782
320 Sussex Dr, OTTAWA, ON, K1A 0G8
(613) 993-3500   SIC 5094
SWATCH GROUP (CANADA) LTD, THE p931
555 Richmond St W Suite 1105, Toronto, ON, M5V 3B1
(416) 703-1667   SIC 5094

SIC 5099 Durable goods, nec

167986 CANADA INC   p1025
1901 Rte Transcanadienne, DORVAL, QC, H9P 1J1
(514) 685-2202   SIC 5099
ACKLANDS - GRAINGER INC   p1211
4475 Rue Griffith, SAINT-LAURENT, QC, H4T 2A2
(514) 332-6105   SIC 5099
ADWOOD MANUFACTURING LTD   p90
10604 205 St Nw, EDMONTON, AB, T5S 1Z1
(780) 455-0912   SIC 5099
ALCO ELECTRONICS INC   p669
725 Denison St, MARKHAM, ON, L3R 1B8
(905) 477-7878   SIC 5099
ARZ GROUP LIMITED   p744
279 Yorkland Blvd, NORTH YORK, ON, M2J 1S5
(416) 847-0350   SIC 5099
BOIS D'OEUVRE CEDRICO INC   p1010
562 Rte 132 E, CAUSAPSCAL, QC, G0J 1J0
(418) 756-5727   SIC 5099
COSTCO WHOLESALE CANADA LTD   p10
2853 32 St Ne, CALGARY, AB, T1Y 6T7
(403) 299-1600   SIC 5099
COSTCO WHOLESALE CANADA LTD   p31
99 Heritage Gate Se, CALGARY, AB, T2H 3A7
(403) 313-7647   SIC 5099
COSTCO WHOLESALE CANADA LTD   p65
11588 Sarcee Trail Nw Suite 543, CALGARY, AB, T3R 0A1
(403) 516-3700   SIC 5099
COSTCO WHOLESALE CANADA LTD   p96
12450 149 St Nw Suite 154, EDMONTON, AB, T5V 1G9
(780) 453-8470   SIC 5099
COSTCO WHOLESALE CANADA LTD   p113
2616 91 St Nw, EDMONTON, AB, T6N 1N2
(780) 577-1201   SIC 5099
COSTCO WHOLESALE CANADA LTD   p126
9901 116 St, GRANDE PRAIRIE, AB, T8V 6H6
(780) 538-2911   SIC 5099
COSTCO WHOLESALE CANADA LTD   p139
3200 Mayor Magrath Dr S, LETHBRIDGE, AB, T1K 6Y6
(403) 320-8917   SIC 5099
COSTCO WHOLESALE CANADA LTD   p145
2350 Box Springs Blvd Nw Box Suite 593, MEDICINE HAT, AB, T1C 0C8
(403) 581-5700   SIC 5099
COSTCO WHOLESALE CANADA LTD   p157
37400 Highway 2 Unit 162, RED DEER COUNTY, AB, T4E 1B9
(403) 340-3736   SIC 5099
COSTCO WHOLESALE CANADA LTD   p160
293020 Crossiron Common Suite 300, ROCKY VIEW COUNTY, AB, T4A 0J6
(403) 516-5050   SIC 5099
COSTCO WHOLESALE CANADA LTD   p162
2201 Broadmoor Blvd, SHERWOOD PARK, AB, T8H 0A1
(780) 410-2521   SIC 5099
COSTCO WHOLESALE CANADA LTD   p176
1127 Sumas Way, ABBOTSFORD, BC, V2S 8H2
(604) 850-3458   SIC 5099
COSTCO WHOLESALE CANADA LTD   p184
3550 Brighton Ave Suite 51, BURNABY, BC, V5A 4W3
(604) 420-2668   SIC 5099
COSTCO WHOLESALE CANADA LTD   p218
1675 Versatile Dr, KAMLOOPS, BC, V1S 1W7
(250) 374-5336   SIC 5099
COSTCO WHOLESALE CANADA LTD   p223
2479 Highway 97 N, KELOWNA, BC, V1X 4J2
(250) 868-9515   SIC 5099
COSTCO WHOLESALE CANADA LTD   p230
20499 64 Ave, LANGLEY, BC, V2Y 1N5
(604) 539-8900   SIC 5099
COSTCO WHOLESALE CANADA LTD   p242
6700 Island Hwy N Suite 155, NANAIMO, BC, V9V 1K8
(250) 390-3231   SIC 5099
COSTCO WHOLESALE CANADA LTD   p254
2370 Ottawa St Suite 255, PORT COQUITLAM, BC, V3B 7Z1
(604) 552-2228   SIC 5099
COSTCO WHOLESALE CANADA LTD   p261
2555 Range Rd Suite 158, PRINCE GEORGE, BC, V2N 4G8
(250) 561-1176   SIC 5099
COSTCO WHOLESALE CANADA LTD   p269
9151 Bridgeport Rd Suite 54, RICHMOND, BC, V6X 3L9
(604) 270-3647   SIC 5099
COSTCO WHOLESALE CANADA LTD   p285
7423 King George Blvd Suite 55, SURREY, BC, V3W 5A8
(604) 635-3340   SIC 5099
COSTCO WHOLESALE CANADA LTD   p303
605 Expo Blvd, VANCOUVER, BC, V6B 1V4
(604) 622-5050   SIC 5099
COSTCO WHOLESALE CANADA LTD   p336
799 Mccallum Rd, VICTORIA, BC, V9B 6A2
(250) 391-1151   SIC 5099
COSTCO WHOLESALE CANADA LTD   p362
1499 Regent Ave W, WINNIPEG, MB, R2C 4M4
(204) 654-4214   SIC 5099
COSTCO WHOLESALE CANADA LTD   p383
1315 St James St Suite 57, WINNIPEG, MB, R3H 0K9
(204) 788-4754   SIC 5099
COSTCO WHOLESALE CANADA LTD   p414
300 Retail Dr, SAINT JOHN, NB, E2J 2R2
(506) 635-5300   SIC 5099
COSTCO WHOLESALE CANADA LTD   p450
137 Countryview Dr, DARTMOUTH, NS, B3B 0E7
(902) 481-7635   SIC 5099
COSTCO WHOLESALE CANADA LTD   p463
230 Chain Lake Dr, HALIFAX, NS, B3S 1C5
(902) 450-1078   SIC 5099
COSTCO WHOLESALE CANADA LTD   p484
150 Kingston Rd E, AJAX, ON, L1Z 1E5
(905) 619-6677   SIC 5099
COSTCO WHOLESALE CANADA LTD   p488
100 Legend Crt Suite 1105, ANCASTER, ON, L9K 1J3
(905) 304-0344   SIC 5099
COSTCO WHOLESALE CANADA LTD   p497
41 Mapleview Dr E, BARRIE, ON, L4N 9A9
(705) 728-2350   SIC 5099
COSTCO WHOLESALE CANADA LTD   p519
100 Biscayne Cres, BRAMPTON, ON, L6W 4S1
(905) 450-2092   SIC 5099
COSTCO WHOLESALE CANADA LTD   p538
1225 Brant St, BURLINGTON, ON, L7P 1X7
(905) 336-6714   SIC 5099
COSTCO WHOLESALE CANADA LTD   p626
770 Silver Seven Rd Suite Unit, KANATA, ON, K2V 0A1
(613) 270-5550   SIC 5099
COSTCO WHOLESALE CANADA LTD   p662
693 Wonderland Rd N Suite 530, LONDON, ON, N6H 4L1
(519) 474-5300   SIC 5099
COSTCO WHOLESALE CANADA LTD   p676
65 Kirkham Dr Suite 545, MARKHAM, ON, L3S 0A9
(905) 201-3500   SIC 5099
COSTCO WHOLESALE CANADA LTD   p678
1 Yorktech Dr Suite 151, MARKHAM, ON, L6G 1A6
(905) 477-5718   SIC 5099
COSTCO WHOLESALE CANADA LTD   p704
3180 Laird Rd, MISSISSAUGA, ON, L5L 6A5
(905) 828-3340   SIC 5099
COSTCO WHOLESALE CANADA LTD   p713
5900 Rodeo Dr Suite 526, MISSISSAUGA, ON, L5R 3S9
(905) 568-4828   SIC 5099
COSTCO WHOLESALE CANADA LTD   p726
415 West Hunt Club Rd, NEPEAN, ON, K2E 1C5
(613) 221-2010   SIC 5099
COSTCO WHOLESALE CANADA LTD   p824
35 John Birchall Rd Suite 592, RICHMOND HILL, ON, L4S 0B2
(905) 780-2100   SIC 5099
COSTCO WHOLESALE CANADA LTD   p842
1411 Warden Ave Suite 537, SCARBOROUGH, ON, M1R 2S3
(416) 288-0033   SIC 5099
COSTCO WHOLESALE CANADA LTD   p990
7373 Rue Bombardier, ANJOU, QC, H1J 2V2
(514) 493-4814   SIC 5099
COSTCO WHOLESALE CANADA LTD p1001
3600 Av Des Grandes Tourelles, BOISBRIAND, QC, J7H 0A1
(450) 420-4500   SIC 5099
COSTCO WHOLESALE CANADA LTD p1003
635 Ch De Touraine, BOUCHERVILLE, QC, J4B 5E4
(450) 645-2631   SIC 5099
COSTCO WHOLESALE CANADA LTD p1009
60 Rue Strasbourg, CANDIAC, QC, J5R 0B4
(450) 444-3453   SIC 5099
COSTCO WHOLESALE CANADA LTD p1036
1100 Boul Maloney O Bureau 542, GATINEAU, QC, J8T 6G3
(819) 246-4005   SIC 5099
COSTCO WHOLESALE CANADA LTD p1130
2999 Nord Laval A-440 O, Montreal, QC, H7P 5P4
(450) 686-7420   SIC 5099
COSTCO WHOLESALE CANADA LTD p1141
5701 Aut Transcanadienne, POINTE-CLAIRE, QC, H9R 1B7
(514) 426-5052   SIC 5099
COSTCO WHOLESALE CANADA LTD p1163
3233 Av Watt, Quebec, QC, G1X 4W2
(418) 656-0666   SIC 5099
COSTCO WHOLESALE CANADA LTD p1166
440 Rue Bouvier, Quebec, QC, G2J 1E3
(418) 627-5100   SIC 5099
COSTCO WHOLESALE CANADA LTD p1192
5025 Boul Cousineau, SAINT-HUBERT, QC, J3Y 3K7
(450) 443-3618   SIC 5099
COSTCO WHOLESALE CANADA LTD p1200
1001 Boul Jean-Baptiste-Rolland O, Saint-Jerome, QC, J7Y 4Y7
(450) 476-9000   SIC 5099
COSTCO WHOLESALE CANADA LTD p1290
665 University Park Dr Suite 520, REGINA, SK, S4V 2V8
(306) 789-8838   SIC 5099
COSTCO WHOLESALE CANADA LTD p1305
115 Marquis Dr W, SASKATOON, SK, S7R 1C7
(306) 933-4262   SIC 5099
CSG SECURITY CORPORATION   p624
8 Hearst Way, KANATA, ON, K2L 2P4
(613) 254-7422   SIC 5099
DOREL INDUSTRIES INC   p1205
873 Rue Hodge, SAINT-LAURENT, QC, H4N 2B1
(514) 332-3737   SIC 5099
EMI GROUP CANADA INC   p685
3109 American Dr, MISSISSAUGA, ON, L4V 0A2
(905) 677-5050   SIC 5099
ENTERTAINMENT ONE GP LIMITED   p31
5023 4 St E, CALGARY, AB, T2H 2A5
(403) 258-3880   SIC 5099
ENTERTAINMENT ONE GP LIMITED   p466
22 Glendale Ave Unit 8, LOWER SACKVILLE, NS, B4C 3M1
(902) 864-3773   SIC 5099

SIC 5112 Stationery and office supplies 2151

ENTERTAINMENT ONE GP LIMITED p514
70 Driver Rd Unit 1, BRAMPTON, ON, L6T 5V2
(905) 624-7337   SIC 5099

EQUIPEMENT D'INCENDIE PRIORITE INC p1212
7528 Ch De La Cote-De-Liesse, SAINT-LAURENT, QC, H4T 1E7
(514) 636-2431   SIC 5099

ESSENDANT CANADA, INC p718
6400 Ordan Dr, MISSISSAUGA, ON, L5T 2H6
(905) 670-1223   SIC 5099

FISKARS CANADA, INC p671
675 Cochrane Dr, MARKHAM, ON, L3R 0B8
(905) 940-8460   SIC 5099

G.T. WHOLESALE LIMITED p783
2001 Bantree St, OTTAWA, ON, K1B 4X3
(613) 747-6702   SIC 5099

GENTEC p671
90 Royal Crest, MARKHAM, ON, L3R 9X6
(905) 513-7733   SIC 5099

GEORGIAN BAY FIRE & SAFETY LTD p665
1031 Hubrey Rd Unit 10, LONDON, ON, N6N 1B4
(519) 686-1301   SIC 5099

GEORGIAN BAY FIRE & SAFETY LTD p865
51 Griffith Rd Suite 3, STRATFORD, ON, N5A 6S4
(519) 725-2206   SIC 5099

GROUPE AGF ACCES INC p672
1 Valleywood Dr Unit 1, MARKHAM, ON, L3R 5L9
(905) 474-9340   SIC 5099

HANDLEMAN COMPANY OF CANADA LIMITED p820
60 Leek Cres, RICHMOND HILL, ON, L4B 1H1
(905) 763-1999   SIC 5099

HAZMASTERS INC p484
4-651 Harwood Ave N, AJAX, ON, L1Z 0K4
(905) 231-0011   SIC 5099

HUDSON'S BAY COMPANY p514
8550 Airport Rd, BRAMPTON, ON, L6T 5A3
SIC 5099

HUDSON'S BAY COMPANY p585
145 Carrier Dr, ETOBICOKE, ON, M9W 5N5
(416) 798-5755   SIC 5099

LINDE CANADA LIMITED p1152
850 Rue Fernand-Dufour, Quebec, QC, G1M 3B1
(418) 780-3838   SIC 5099

LONG & MCQUADE LIMITED p795
2631 Alta Vista Dr, OTTAWA, ON, K1V 7T5
(613) 521-1909   SIC 5099

MITSUI & CO. (CANADA) LTD p323
1055 Dunsmuir Suite 3200, VANCOUVER, BC, V7X 1E6
(604) 331-3100   SIC 5099

PATTISON, JIM INDUSTRIES LTD p398
8 Av Miller, EDMUNDSTON, NB, E3V 4H4
(506) 735-5506   SIC 5099

PF RESOLU CANADA INC p994
1 Ch De La Scierie, BAIE-COMEAU, QC, G5C 2S9
(418) 589-9229   SIC 5099

PINNACLE RENEWABLE ENERGY INC p262
8545 Willow Cale Rd, PRINCE GEORGE, BC, V2N 6Z9
(250) 562-5562   SIC 5099

PROCTER & GAMBLE INC p874
211 Bayview Fairways Dr, THORNHILL, ON, L3T 2Z1
(416) 730-4872   SIC 5099

RICHARDS PACKAGING INC p1057
1939 Rue Onesime-Gagnon, LACHINE, QC, H8T 3M5
(514) 422-8690   SIC 5099

RUBIE'S COSTUME COMPANY (CANADA) p674
2710 14th Ave, MARKHAM, ON, L3R 0J1
(905) 470-0300   SIC 5099

SAMSONITE CANADA INC p865

753 Ontario St, STRATFORD, ON, N5A 7Y2
(519) 271-5040   SIC 5099

SMITHS DETECTION MONTREAL INC p1062
3225 Av Francis-Hughes Bureau 100, Laval, QC, H7L 5A5
SIC 5099

SOLOTECH QUEBEC INC p188
7475 Hedley Ave Suite 205, BURNABY, BC, V5E 2R1
(604) 620-9220   SIC 5099

SOLOTECH QUEBEC INC p1015
758 Rue D'alma, CHICOUTIMI, QC, G7H 4E6
(418) 602-3545   SIC 5099

SOLOTECH QUEBEC INC p1038
79 Rue Cremazie, GATINEAU, QC, J8Y 3P1
(819) 777-3681   SIC 5099

SOLOTECH QUEBEC INC p1088
5200 Rue Hochelaga Bureau 100, Montreal, QC, H1V 1G3
(514) 526-7721   SIC 5099

SOLOTECH QUEBEC INC p1152
465 Av Godin, Quebec, QC, G1M 3G7
(418) 682-4155   SIC 5099

SOMERSET GROUP LIMITED p562
99 Sante Dr, CONCORD, ON, L4K 3C4
(905) 761-4300   SIC 5099

SONY MUSIC ENTERTAINMENT CANADA INC p754
150 Ferrand Dr Suite 300, NORTH YORK, ON, M3C 3E5
(416) 589-3171   SIC 5099

SUPERIOR SAFETY INC p879
782 Macdonell St, THUNDER BAY, ON, P7B 4A6
(807) 344-3473   SIC 5099

SUPERTEK CANADA INC p1082
8605 Ch Darnley, MONT-ROYAL, QC, H4T 1X2
(514) 737-8354   SIC 5099

TANIZUL TIMBER LTD p214
Gd, FORT ST. JAMES, BC, V0J 1P0
(250) 648-3221   SIC 5099

TARGUS (CANADA) LTD p721
6725 Edwards Blvd, MISSISSAUGA, ON, L5T 2V9
(905) 564-9300   SIC 5099

TP-HOLIDAY GROUP LIMITED p1087
4875 Boul Des Grandes-Prairies, MONTREAL, QC, H1R 1X4
(514) 325-0660   SIC 5099

TYCO SAFETY PRODUCTS CANADA LTD p686
3210 Airway Dr, MISSISSAUGA, ON, L4V 1Y6
(888) 888-7838   SIC 5099

UNIVERSAL MUSIC CANADA INC p746
2450 Victoria Park Ave Suite 1, NORTH YORK, ON, M2J 5H3
(416) 718-4000   SIC 5099

WALLACE & CAREY INC p770
2226 South Service Rd W, OAKVILLE, ON, L6L 5N1
(905) 825-9640   SIC 5099

YAMAHA CANADA MUSIC LTD p844
135 Milner Ave, SCARBOROUGH, ON, M1S 3R1
(416) 298-1311   SIC 5099

SIC 5111 Printing and writing paper

ENTREPRISES ROLLAND INC, LES p1200
980 Rue De L'industrie, Saint-Jerome, QC, J7Y 4B8
(450) 569-0040   SIC 5111

FIDUCIE TECHNOLOGIES DE FIBRES AIKAWA p1240
72 Rue Queen, SHERBROOKE, QC, J1M 2C3
(819) 562-4754   SIC 5111

LOUKIL, SAID p1186
247 Rue Isabelle, SAINT-EUSTACHE, QC, J7P 4E9
SIC 5111

SCRAPBOOKER'S PARADISE LTD p13
2926 3 Ave Ne, CALGARY, AB, T2A 6T7
(403) 229-0500   SIC 5111

SPICERS CANADA ULC p63
1845 104 Ave Ne Suite 181, CALGARY, AB, T3J 0R2
(403) 351-5440   SIC 5111

SPICERS CANADA ULC p319
850 Kent Ave South W, VANCOUVER, BC, V6P 3G1
SIC 5111

SPICERS CANADA ULC p644
1460 Strasburg Rd, KITCHENER, ON, N2R 1K1
(519) 340-1450   SIC 5111

SPICERS CANADA ULC p975
200 Galcat Dr, WOODBRIDGE, ON, L4L 0B9
(905) 850-1170   SIC 5111

SPICERS CANADA ULC p975
200 Galcat Dr, WOODBRIDGE, ON, L4L 0B9
(905) 265-5000   SIC 5111

SPICERS CANADA ULC p991
10000 Boul Ray-Lawson, ANJOU, QC, H1J 1L8
(514) 351-3520   SIC 5111

VERITIV CANADA, INC p1213
4300 Rue Hickmore, SAINT-LAURENT, QC, H4T 1K2
(514) 367-3111   SIC 5111

XPEDX CANADA, INC p517
156 Parkshore Dr, BRAMPTON, ON, L6T 5M1
(905) 595-4351   SIC 5111

SIC 5112 Stationery and office supplies

A-LINE ATLANTIC INC p526
30 Sinclair Blvd, BRANTFORD, ON, N3S 7Y1
(519) 758-1953   SIC 5112

BELL AND HOWELL CANADA LTD p53
7620 Elbow Dr Sw, CALGARY, AB, T2V 1K2
(403) 640-4214   SIC 5112

BRASSARD BURO INC p1154
2747 Av Watt, Quebec, QC, G1P 3X3
(418) 657-5500   SIC 5112

BUREAUTIQUE COTE-SUD INC p1083
49 Rue Saint-Jean-Baptiste E, MONTMAGNY, QC, G5V 1J6
(418) 248-4949   SIC 5112

BUROPRO CITATION INC p997
600 Boul Sir-Wilfrid-Laurier, BELOEIL, QC, J3G 4J2
(450) 464-6464   SIC 5112

BUROPRO CITATION INC p1029
1050 Boul Rene-Levesque, DRUMMONDVILLE, QC, J2C 5W4
(819) 478-7878   SIC 5112

CAPITAL PRINTING & FORMS INC p84
14133 128a Ave Nw, EDMONTON, AB, T5L 4P5
(780) 453-5039   SIC 5112

CARLTON CARDS LIMITED p687
1820 Matheson Blvd Unit B1, MISSISSAUGA, ON, L4W 0B3
(905) 219-6410   SIC 5112

COVEY OFFICE GROUP INC p401
250 Alison Blvd, FREDERICTON, NB, E3C 0A9
(506) 458-8333   SIC 5112

DATA COMMUNICATIONS MANAGEMENT CORP p23
707 Barlow Trail Se Suite F, CALGARY, AB, T2E 8C2
SIC 5112

DATA COMMUNICATIONS MANAGEMENT CORP p116
9503 12 Ave Sw, EDMONTON, AB, T6X 0C3
(780) 462-9700   SIC 5112

DATA COMMUNICATIONS MANAGEMENT CORP p266
23220 Fraserwood Way, RICHMOND, BC, V6V 3C7
(604) 525-2055   SIC 5112

DATA COMMUNICATIONS MANAGEMENT CORP p594
1400 Blair Pl Suite 202, GLOUCESTER, ON, K1J 9B8
(613) 748-0420   SIC 5112

DATA COMMUNICATIONS MANAGEMENT CORP p952
465 Phillip St Suite 202, WATERLOO, ON, N2L 6C7
(519) 885-2440   SIC 5112

ENTREPRISES DOMINION BLUELINE INC, LES p1131
8681 Place Marien, MONTREAL-EST, QC, H1B 5W6
(514) 323-8982   SIC 5112

FACTOR FORMS WEST LTD p104
8411 Mcintyre Rd Nw, EDMONTON, AB, T6E 6G3
(780) 468-1111   SIC 5112

FOURNITURES DE BUREAU DENIS INC p407
123 Lutz St, MONCTON, NB, E1C 5E8
(506) 853-8920   SIC 5112

GRAND & TOY LIMITED p86
11522 168 St Nw, EDMONTON, AB, T5M 3T9
(780) 930-6910   SIC 5112

GRAND & TOY LIMITED p396
146 Boul Dieppe, DIEPPE, NB, E1A 6P8
(506) 862-2400   SIC 5112

GRAND & TOY LIMITED p451
15 Garland Ave Suite 1, DARTMOUTH, NS, B3B 0A6
(902) 450-1258   SIC 5112

GRAND & TOY LIMITED p606
15 Keefer Crt, HAMILTON, ON, L8E 4V4
(905) 561-3413   SIC 5112

GRAND & TOY LIMITED p785
900 Belfast Rd, OTTAWA, ON, K1G 0Z6
(613) 244-1212   SIC 5112

GRAND & TOY LIMITED p974
200 Aviva Park Dr, WOODBRIDGE, ON, L4L 9C7
(416) 401-6300   SIC 5112

GRAYBAR CANADA LIMITED p63
2765 48 Ave Ne Suite 105, CALGARY, AB, T3J 5M9
(403) 250-5554   SIC 5112

GREEN IMAGING SUPPLIES INC p704
3330 Ridgeway Dr Unit 17, MISSISSAUGA, ON, L5L 5Z9
(905) 607-2525   SIC 5112

HBI OFFICE PLUS INC p1287
1162 Osler St, REGINA, SK, S4R 5G9
(306) 757-5678   SIC 5112

J. D. IRVING, LIMITED p410
365 Frenette Ave, MONCTON, NB, E1H 3S5
(506) 859-5970   SIC 5112

MAXWELL PAPER CANADA INC p28
421 Manitou Rd Se, CALGARY, AB, T2G 4C2
(403) 216-8710   SIC 5112

MAXWELL PAPER CANADA INC p502
435 College St E, BELLEVILLE, ON, K8N 2Z2
(613) 962-7700   SIC 5112

MERANGUE INTERNATIONAL LIMITED p673
248 Steelcase Rd E, MARKHAM, ON, L3R 1G2
(905) 946-0707   SIC 5112

PENTEL STATIONERY OF CANADA LIMITED p274
5900 No. 2 Rd Suite 140, RICHMOND, BC, V7C 4R9
(604) 270-1566   SIC 5112

QRX TECHNOLOGY GROUP INC p561
200 Connie Cres Unit 4, CONCORD, ON, L4K 1M1

(905) 738-1688 SIC 5112
SUPREME OFFICE PRODUCTS LIMITED p343
120 6th St Ne, ALTONA, MB, R0G 0B0
(204) 324-5018 SIC 5112
SUPREME OFFICE PRODUCTS LIMITED p821
40 West Beaver Creek Rd, RICHMOND HILL, ON, L4B 1G5
(905) 762-7100 SIC 5112
SUPREME OFFICE PRODUCTS LIMITED p1283
310 Henderson Dr, REGINA, SK, S4N 5W7
(306) 566-8800 SIC 5112
XEROX CANADA LTD p416
400 Main St Suite 2040, SAINT JOHN, NB, E2K 4N5
(506) 634-7998 SIC 5112

SIC 5113 Industrial and personal service paper

A. & R. BELLEY INC p1238
965 Rue Cabana, SHERBROOKE, QC, J1K 2M3
(819) 563-2667 SIC 5113
ASIA PULP & PAPER (CANADA) LTD p1056
1820 46e Av, LACHINE, QC, H8T 2P2
(514) 631-2300 SIC 5113
BUNZL CANADA INC p533
4240 Harvester Rd Unit 3, BURLINGTON, ON, L7L 0E8
(905) 637-4040 SIC 5113
CHAMPION PRODUCTS CORP p947
10 Ronrose Dr, VAUGHAN, ON, L4K 4R3
(289) 695-3900 SIC 5113
DORFIN INC p559
66 Drumlin Cir Suite 5, CONCORD, ON, L4K 3E9
(905) 761-5522 SIC 5113
DOVERCO INC p762
5783 Steeles Ave W, NORTH YORK, ON, M9L 2W3
SIC 5113
EMBALLAGES CARROUSEL INC, LES p1003
1401 Rue Ampere, BOUCHERVILLE, QC, J4B 6C5
(450) 655-2025 SIC 5113
EMBALLAGES CARROUSEL INC, LES p1028
2540 Rte 139, DRUMMONDVILLE, QC, J2A 2P9
(819) 478-4967 SIC 5113
EMBALLAGES J.C. LTEE, LES p1028
2540 139 Rte, DRUMMONDVILLE, QC, J2A 2P9
(819) 478-4967 SIC 5113
EMBALLAGES MASKA INC p1193
7450 Av Pion, SAINT-HYACINTHE, QC, J2R 1R9
(450) 796-2040 SIC 5113
FELLOWES CANADA LTD p888
1261 Tapscott Rd, TORONTO, ON, M1X 1S9
(905) 475-6320 SIC 5113
GREAT LITTLE BOX COMPANY LTD, THE p210
7533 Progress Way, DELTA, BC, V4G 1E7
SIC 5113
GROUPE EMBALLAGE SPECIALISE S.E.C. p689
930 Britannia Rd E Unit J, MISSISSAUGA, ON, L4W 5M7
(905) 795-6033 SIC 5113
MARTIN-BROWER OF CANADA CO p709
6990 Creditview Rd Suite 4, MISSISSAUGA, ON, L5N 8R9
(905) 363-7000 SIC 5113
PACTIV CANADA INC p821
33 Staples Ave, RICHMOND HILL, ON, L4B 4W6
(905) 770-8810 SIC 5113

PRODUITS M.G.D. INC, LES p999
680 Boul Industriel, BLAINVILLE, QC, J7C 3V4
(450) 437-1414 SIC 5113
PROGRESS LUV2PAK INTERNATIONAL LTD p756
20 Tangiers Rd, NORTH YORK, ON, M3J 2B2
(416) 638-1221 SIC 5113
REBOX CORP p1212
7500 Ch De La Cote-De-Liesse, SAINT-LAURENT, QC, H4T 1E7
(514) 335-1717 SIC 5113
SHIPPERS SUPPLY INC p101
5219 47 St Nw, EDMONTON, AB, T6B 3N4
(780) 444-7777 SIC 5113
SNELLING PAPER & SANITATION LTD p380
1425 Whyte Ave Suite 200, WINNIPEG, MB, R3E 1V7
(204) 832-8001 SIC 5113

SIC 5122 Drugs, proprietaries, and sundries

139673 CANADA INC p987
1190 Rue Lemay, ACTON VALE, QC, J0H 1A0
(450) 546-0101 SIC 5122
1561109 ONTARIO INC p923
40 Bernard Ave, TORONTO, ON, M5R 1R2
(416) 460-0980 SIC 5122
6268595 CANADA INC p557
150 Connie Cres Suite 3, CONCORD, ON, L4K 1L9
(905) 660-3289 SIC 5122
A.G. PROFESSIONAL HAIR CARE PRODUCTS LTD p186
3765 William St, BURNABY, BC, V5C 3H8
(604) 294-8870 SIC 5122
ANSELL CANADA INC p1021
105 Rue Lauder, COWANSVILLE, QC, J2K 2K8
(450) 266-1850 SIC 5122
BAXTER CORPORATION p485
89 Centre St S, ALLISTON, ON, L9R 1J4
(705) 435-6261 SIC 5122
BAYER INC p584
77 Belfield Rd Suite 621, ETOBICOKE, ON, M9W 1G6
(416) 248-0771 SIC 5122
BAYER INC p601
75 Oxford St, GUELPH, ON, N1H 2M5
(905) 282-5541 SIC 5122
BIC INC p758
155 Oakdale Rd, NORTH YORK, ON, M3N 1W2
(416) 742-9173 SIC 5122
BODY BLUE 2006 INC p584
130 Claireville Dr, ETOBICOKE, ON, M9W 5Y3
(905) 677-8333 SIC 5122
BOIRON CANADA INC p1181
1300 Rue Rene-Descartes, SAINT-BRUNO, QC, J3V 0B7
(450) 723-2066 SIC 5122
CALEA LTD p687
2785 Skymark Ave Unit 2, MISSISSAUGA, ON, L4W 4Y3
(905) 238-1234 SIC 5122
CANADIAN ADDICTION TREATMENT PHARMACY LP p946
311 Mcarthur Ave Suite 105, VANIER, ON, K1L 6P1
(613) 749-2324 SIC 5122
CANARX SERVICES INC p965
235 Eugenie St W Suite 105d, WINDSOR, ON, N8X 2X7
(519) 973-3040 SIC 5122
CHANEL INC p1008
55 Boul Marie-Victorin, CANDIAC, QC, J5R 1B6
(450) 659-1981 SIC 5122
CLT LOGISTICS, INC p838
1020 Birchmount Rd Door 48, SCARBOR-OUGH, ON, M1K 1S1
(416) 686-1140 SIC 5122
CONGLOM INC p1206
4600 Boul Poirier, SAINT-LAURENT, QC, H4R 2C5
(514) 333-6666 SIC 5122
COTY CANADA INC p1026
1255 Rte Transcanadienne Bureau 200, DORVAL, QC, H9P 2V4
(514) 421-5050 SIC 5122
DSM NUTRITIONAL PRODUCTS CANADA INC p493
395 Waydom Dr Suite 2, AYR, ON, N0B 1E0
(519) 622-2200 SIC 5122
ELIZABETH ARDEN (CANADA) LIMITED p671
505 Apple Creek Blvd Unit 2, MARKHAM, ON, L3R 5B1
(905) 948-9990 SIC 5122
EMERAUD CANADA LIMITED p580
145 The West Mall, ETOBICOKE, ON, M9C 1C2
(416) 767-4200 SIC 5122
EMERGENT BIOSOLUTIONS CANADA INC p389
155 Innovation Dr, WINNIPEG, MB, R3T 5Y3
(204) 275-4200 SIC 5122
ESTEE LAUDER COSMETICS LTD p755
550 Petrolia Rd, NORTH YORK, ON, M3J 2W3
(905) 944-7600 SIC 5122
ESTEE LAUDER COSMETICS LTD p843
161 Commander Blvd, SCARBOROUGH, ON, M1S 3K9
(416) 292-1111 SIC 5122
FERRING INC p745
200 Yorkland Blvd Suite 500, NORTH YORK, ON, M2J 5C1
(416) 490-0121 SIC 5122
FRESENIUS KABI CANADA LTD p942
165 Galaxy Blvd Suite 100, TORONTO, ON, M9W 0C8
(905) 770-3711 SIC 5122
FRUITS & PASSION BOUTIQUES INC p889
1800 Sheppard Ave E Suite 33, TORONTO, ON, M2J 5A7
(416) 491-4622 SIC 5122
FRUITS & PASSION BOUTIQUES INC p1007
9180 Boul Leduc Bureau 280, BROSSARD, QC, J4Y 0N7
(450) 678-9620 SIC 5122
FRUITS & PASSION BOUTIQUES INC p1009
310 Ch Principal, CAP-AUX-MEULES, QC, G4T 1C9
(418) 986-3133 SIC 5122
FRUITS & PASSION BOUTIQUES INC p1263
59 Rue Saint-Georges, WINDSOR, QC, J1S 1J2
(819) 845-2723 SIC 5122
GALDERMA CANADA INC p873
105 Commerce Valley Dr W Suite 300, THORNHILL, ON, L3T 7W3
(905) 762-2500 SIC 5122
GLAXOSMITHKLINE CONSUMER HEALTHCARE INC p764
2030 Bristol Cir, OAKVILLE, ON, L6H 0H2
SIC 5122
GRACEWAY CANADA COMPANY p655
252 Pall Mall St Suite 302, LONDON, ON, N6A 5P6
(519) 432-7373 SIC 5122
GROUPE JEAN COUTU (PJC) INC, LE p1043
3216 Boul Taschereau, GREENFIELD PARK, QC, J4V 2H3
(450) 465-5225 SIC 5122
H-E-E-L CANADA INC p990
11025 Boul Louis-H.-Lafontaine, ANJOU, QC, H1J 3A3
(514) 353-4335 SIC 5122
HOFFMANN-LA ROCHE LIMITED p1025
201 Boul Armand-Frappier, DORVAL, QC, H7V 4A2

(450) 686-7050 SIC 5122
HYLAND'S HOMEOPATHIC CANADA INC p1243
381 139 Rte N, SUTTON, QC, J0E 2K0
(450) 538-6636 SIC 5122
ID BIOMEDICAL CORPORATION OF QUEBEC p1214
245 Boul Armand-Frappier, SAINT-LAURENT, QC, H7V 4A7
(450) 978-4599 SIC 5122
INVITROGEN CANADA INC p534
5250 Mainway, BURLINGTON, ON, L7L 5Z1
(905) 335-2255 SIC 5122
JAMIESON LABORATORIES LTD p961
9650 Twin Oaks Dr, WINDSOR, ON, N8N 5E7
(519) 979-5420 SIC 5122
KAO CANADA INC p722
75 Courtneypark Dr W Unit 2, MISSISSAUGA, ON, L5W 0E3
(905) 670-7890 SIC 5122
KOHL & FRISCH LIMITED p410
255 Urquhart Ave, MONCTON, NB, E1H 2R4
(506) 382-8222 SIC 5122
KOHL & FRISCH LIMITED p552
20 Currie St Unit D, CHATHAM, ON, N7M 6L9
(519) 380-9487 SIC 5122
KOHL & FRISCH LIMITED p560
7622 Keele St, CONCORD, ON, L4K 2R5
(905) 660-7622 SIC 5122
KOHL & FRISCH LIMITED p990
10600 Boul Du Golf Bureau 247, ANJOU, QC, H1J 2Y7
(514) 325-0622 SIC 5122
LABORATOIRES LALCO INC p1244
1542 Rue Nationale, TERREBONNE, QC, J6W 6M1
(450) 492-6435 SIC 5122
LAWTON'S DRUG STORES LIMITED p429
1 Home St, MOUNT PEARL, NL, A1N 4T5
(709) 738-0251 SIC 5122
LAWTON'S DRUG STORES LIMITED p452
81 Thornhill Dr, DARTMOUTH, NS, B3B 1R9
(902) 468-4637 SIC 5122
MARY KAY COSMETICS LTD p709
2020 Meadowvale Blvd, MISSISSAUGA, ON, L5N 6Y2
(905) 858-0020 SIC 5122
MCKESSON CORPORATION p673
131 Mcnabb St, MARKHAM, ON, L3R 5V7
(905) 943-9499 SIC 5122
MEDICAL PHARMACIES GROUP LIMITED p789
298 Dalhousie St, OTTAWA, ON, K1N 7E7
(613) 241-1871 SIC 5122
MEDISYSTEM PHARMACY LIMITED p752
75 Lesmill Rd Suite 3, NORTH YORK, ON, M3B 2T8
(416) 441-2293 SIC 5122
METRO RICHELIEU INC p1140
12225 Boul Industriel Bureau 100, POINTE-AUX-TREMBLES, QC, H1B 5M7
(514) 355-8350 SIC 5122
NU SKIN CANADA, INC p704
4085 Sladeview Cres, MISSISSAUGA, ON, L5L 5X3
(905) 569-5100 SIC 5122
PERFUMES ETC. LTD p720
6880 Columbus Rd Unit 2, MISSISSAUGA, ON, L5T 2G1
(905) 850-8060 SIC 5122
PIIDEA CANADA, LTD p1142
1 Av Holiday Bureau 701, POINTE-CLAIRE, QC, H9R 5N3
(514) 426-8100 SIC 5122
RESSOURCES NATURAL ALBERTON INC, LES p1070
695 Rue Saint-Charles O Unite 13, LONGUEUIL, QC, J4H 1H2
(514) 631-3333 SIC 5122
SERVICES DE GROSSISTE EN PHARMACIE PROFESSIONNELS INC p1108

666 Rue Sherbrooke O Bureau 4e, Montreal, QC, H3A 1E7
(514) 286-0660 SIC 5122
SHAKLEE CANADA INC p538
3100 Harvester Rd Unit 7, BURLINGTON, ON, L7N 3W8
(905) 681-1422 SIC 5122
SHIRE THERAPIES GENETIQUES HUMAINES (CANADA) INC p1210
2250 Boul Alfred-Nobel Bureau 500, SAINT-LAURENT, QC, H4S 2C9
(514) 787-2300 SIC 5122
SIGMACON ESTHETICS CORPORATION p756
436 Limestone Cres, NORTH YORK, ON, M3J 2S4
(416) 665-6616 SIC 5122
SUMMUM BEAUTE INTERNATIONAL INC p1192
4400 Boul Kimber, SAINT-HUBERT, QC, J3Y 8L4
(450) 678-3231 SIC 5122
SWISS NATURAL A DIVISION OF ALEANT PHARMACEUTICALS INT'L INC p821
35 Fulton Way, RICHMOND HILL, ON, L4B 2N4
(905) 886-9500 SIC 5122
TEVA CANADA LIMITED p1216
6455 Rue Jean-Talon E Bureau 100, SAINT-LEONARD, QC, H1S 3E8
SIC 5122
UNIPRIX INC p1013
711 Rue Sainte-Genevieve, CHICOUTIMI, QC, G7G 4Z4
(418) 549-9544 SIC 5122
UNIPRIX INC p1088
4349 Rue Belanger, Montreal, QC, H1T 1A8
(514) 725-5273 SIC 5122
VALEANT CANADA LP p563
520 Applewood Cres Suite 2, CONCORD, ON, L4K 4B4
(905) 695-7700 SIC 5122
VALEANT CANADA LP p1229
2150 Boul Saint-Elzear O, SAINTE-ROSE, QC, H7L 4A8
(514) 744-6792 SIC 5122
VITABATH INC p890
333 Rimrock Rd, TORONTO, ON, M3J 3J9
(416) 373-4459 SIC 5122

SIC 5131 Piece goods and notions

ALES GROUPE CANADA INC p1109
1255 Rue University Bureau 1600, Montreal, QC, H3B 3X4
(514) 932-3636 SIC 5131
CANSEW INC p759
28 Apex Rd, NORTH YORK, ON, M6A 2V2
(416) 782-1124 SIC 5131
CARSILCO INTERNATIONAL LTD p1262
1 Car Westmount Bureau 1150, WESTMOUNT, QC, H3Z 2P9
(514) 384-7440 SIC 5131
COLOMER CANADA, LTD p718
1055 Courtneypark Dr E Suite A, MISSISSAUGA, ON, L5T 1M7
(905) 565-7047 SIC 5131
KAO CANADA INC p202
1580 Brigantine Dr Unit 110, COQUITLAM, BC, V3K 7C1
SIC 5131
LEGGETT & PLATT CANADA CO. p1081
5675 Av Royalmount, MONT-ROYAL, QC, H4P 1K3
(514) 335-2520 SIC 5131
TELIO & CIE INC p1205
625 Rue Deslauriers, SAINT-LAURENT, QC, H4N 1W8
(514) 271-4607 SIC 5131
TEXTILES ABERTON LTEE p1124
3700 Rue Saint-Patrick, Montreal, QC, H4E 1A2
(514) 932-3711 SIC 5131
VANCOUVER QUILTING MANUFACTURING LTD p293
188 Victoria Dr, VANCOUVER, BC, V5L 4C3
(604) 253-7744 SIC 5131
WELLA CANADA, INC p715
5800 Avebury Rd Unit 1, MISSISSAUGA, ON, L5R 3M3
(905) 568-2494 SIC 5131

SIC 5136 Men's and boy's clothing

119155 CANADA LIMITED p800
159 Cleopatra Dr Suite 100, OTTAWA, ON, K2G 5X4
(613) 226-8680 SIC 5136
3019969 CANADA INC p1152
400 Rue Morse, Quebec, QC, G1N 4L4
(418) 683-2201 SIC 5136
4207602 CANADA INC p1104
2024 Rue Peel Bureau 400, Montreal, QC, H3A 1W5
(514) 881-2525 SIC 5136
85605 CANADA INC p1081
845 Av Plymouth, MONT-ROYAL, QC, H4P 1B2
SIC 5136
AMERELLA OF CANADA LTD p1081
5703 Rue Ferrier, MONT-ROYAL, QC, H4P 1N3
(514) 683-9511 SIC 5136
ATTRACTION INC p1055
672 Rue Du Parc, LAC-DROLET, QC, G0Y 1C0
(819) 549-2477 SIC 5136
AUTHENTIC T-SHIRT COMPANY ULC, THE p318
850 Kent Ave South W, VANCOUVER, BC, V6P 3G1
(778) 732-0258 SIC 5136
AUTHENTIC T-SHIRT COMPANY ULC, THE p687
1575 South Gateway Rd Unit D, MISSISSAUGA, ON, L4W 5J1
(905) 602-6411 SIC 5136
CLARKE PHILLIPS SUPPLY COMPANY LIMITED p564
7 Temperance St, COPPER CLIFF, ON, P0M 1N0
SIC 5136
CODET INC p1074
143 Rue Pomerleau, MAGOG, QC, J1X 5P7
(819) 847-4045 SIC 5136
CORPORATION UTEX p1081
4360 Ch De La Cote-De-Liesse Bureau 200, MONT-ROYAL, QC, H4N 2P7
(514) 737-4300 SIC 5136
FREEMARK APPAREL BRANDS GROUP INC p1081
5640 Rue Pare, MONT-ROYAL, QC, H4P 2M1
(514) 341-7333 SIC 5136
GANT PARIS DU CANADA LTEE, LE p1212
255 Montee De Liesse, SAINT-LAURENT, QC, H4T 1P5
(514) 345-0135 SIC 5136
GLOAPSO INC p1024
154 Rue Spring Garden, DOLLARD-DES-ORMEAUX, QC, H9B 2C6
(514) 817-7047 SIC 5136
GUESS? CANADA CORPORATION p1091
8275 19e Av, Montreal, QC, H1Z 4K2
(514) 593-4107 SIC 5136
HAGGAR CANADA CO. p1212
7445 Ch De La Cote-De-Liesse Bureau 300, SAINT-LAURENT, QC, H4T 1G2
(514) 322-5337 SIC 5136
HOUSE INC, THE p755
620 Supertest Rd Unit 9, NORTH YORK, ON, M3J 2M5
SIC 5136
HUGO BOSS CANADA INC p324
701 Georgia St W, VANCOUVER, BC, V7Y 1K8
(604) 683-6861 SIC 5136
HUGO BOSS CANADA INC p559
2600 Steeles Ave W Suite 2, CONCORD, ON, L4K 3C8
(905) 739-2677 SIC 5136
IMPORTATIONS-EXPORTATIONS BENISTI INC p1124
1650 Chabanel St West, Montreal, QC, H4N 3M8
(514) 384-0140 SIC 5136
INNOVATIVE GLOBAL SOLUTIONS INC p24
320 19 St Se, CALGARY, AB, T2E 6J6
(403) 204-1198 SIC 5136
JOHN WATSON LIMITED p18
6155 46 St Se, CALGARY, AB, T2C 5K6
(403) 279-2262 SIC 5136
LEISUREWEAR CANADA LTD p550
2345 Whittington Dr, Cavan Monaghan, ON, K9J 0G5
(705) 742-7461 SIC 5136
MAISON MERCER INC, LA p1119
9875 Rue Meilleur, Montreal, QC, H3L 3J6
(514) 388-3551 SIC 5136
MARK'S WORK WEARHOUSE LTD p709
2333 Millrace Crt Unit 2-4, MISSISSAUGA, ON, L5N 1W2
(905) 821-6850 SIC 5136
ONTARIO GLOVE MANUFACTURING COMPANY LIMITED, THE p952
500 Dotzert Crt, WATERLOO, ON, N2L 6A7
(800) 332-1810 SIC 5136
OUTDOOR OUTFITS LIMITED p930
372 Richmond St W Suite 400, TORONTO, ON, M5V 1X6
(416) 598-4111 SIC 5136
PHILCOS ENTERPRISER LTD p695
120 Brunel Rd, MISSISSAUGA, ON, L4Z 1T5
(905) 568-1823 SIC 5136
PVH CANADA, INC p312
1088 Robson St, VANCOUVER, BC, V6E 1A7
SIC 5136
PVH CANADA, INC p930
555 Richmond St W Suite 1106, TORONTO, ON, M5V 3B1
(416) 309-7200 SIC 5136
PVH CANADA, INC p1036
75 Boul De La Gappe, GATINEAU, QC, J8T 0B5
(819) 561-0630 SIC 5136
PVH CANADA, INC p1212
7445 Ch De La Cote-De-Liesse, SAINT-LAURENT, QC, H4T 1G2
(514) 278-6000 SIC 5136
SIGA INTERNATIONAL p756
81 Saint Regis Cres S, NORTH YORK, ON, M3J 1Y6
(416) 504-7442 SIC 5136
STORMTECH PERFORMANCE APPAREL LTD p520
396 Clarence St Unit 2, BRAMPTON, ON, L6W 1T5
(905) 796-0803 SIC 5136
TOMMY HILFIGER CANADA INC p59
3625 Shaganappi Trail Nw, CALGARY, AB, T3A 0E2
SIC 5136
TOMMY HILFIGER CANADA INC p113
1907 99 St Nw, EDMONTON, AB, T6N 1M7
(780) 465-6936 SIC 5136
TOMMY HILFIGER CANADA INC p544
34 Pinebush Rd Suite 1, CAMBRIDGE, ON, N1R 8K5
(519) 624-9104 SIC 5136
TOMMY HILFIGER CANADA INC p615
999 Upper Wentworth St, HAMILTON, ON, L9A 4X5
SIC 5136
TOMMY HILFIGER CANADA INC p660
1270 Wellington Rd Unit101, LONDON, ON, N6E 1M3
(519) 690-2269 SIC 5136
TOMMY HILFIGER CANADA INC p722
775 Britannia Rd W Unit 1, MISSISSAUGA, ON, L5V 2Y1
(905) 826-9645 SIC 5136
TOMMY HILFIGER CANADA INC p728
1363 Woodroffe Ave Unit D, NEPEAN, ON, K2G 1V7
(613) 727-3222 SIC 5136
TOMMY HILFIGER CANADA INC p931
555 Richmond St W Suite 1202, TORONTO, ON, M5V 3B1
(416) 703-3700 SIC 5136
TOMMY HILFIGER CANADA INC p1021
3035 Boul Le Carrefour, Cote Saint-Luc, QC, H7T 1C8
SIC 5136

SIC 5137 Women's and children's clothing

159211 CANADA INC p1124
11870 Boul Saint-Germain, Montreal, QC, H4J 2A2
SIC 5137
ACI BRANDS INC p767
2616 Sheridan Garden Dr, OAKVILLE, ON, L6J 7Z2
(905) 829-1566 SIC 5137
BCBG MAX AZRIA CANADA INC p580
25 The West Mall Suite 1766, ETOBICOKE, ON, M9C 1B8
(416) 695-0606 SIC 5137
BCBG MAX AZRIA CANADA INC p713
5985 Rodeo Dr Unit 9, MISSISSAUGA, ON, L5R 3X8
(905) 366-0197 SIC 5137
BCBG MAX AZRIA CANADA INC p1109
960 Rue Sainte-Catherine O, Montreal, QC, H3B 1E3
(514) 868-9561 SIC 5137
BOUTIQUE LA VIE EN ROSE INC p1172
419 Boul Jessop, RIMOUSKI, QC, G5L 7Y5
(418) 723-5512 SIC 5137
CHANDELLES ET CREATIONS ROBIN INC p1141
151 Av Alston, POINTE-CLAIRE, QC, H9R 5V9
(514) 426-5999 SIC 5137
CIE D'HABILLEMENT SE CE LTEE, LA p1211
6445 Ch De La Cote-De-Liesse, SAINT-LAURENT, QC, H4T 1S9
(514) 341-4440 SIC 5137
CLUB MONACO CORP p965
3100 Howard Ave, WINDSOR, ON, N8X 3Y8
SIC 5137
COLLECTIONS DE STYLE R.D. INTERNATIONALES LTEE, LES p1125
5275 Rue Ferrier Bureau 200, Montreal, QC, H4P 1L7
(514) 342-1222 SIC 5137
COMARK INC p955
800 Niagara St, WELLAND, ON, L3C 5Z4
(905) 788-9271 SIC 5137
COMMERCE CORNELL LTEE p108
111 St 51st Ave Unit 5, EDMONTON, AB, T6H 4M6
(780) 437-9406 SIC 5137
COMPAGNIE MEXX CANADA p1205
905 Rue Hodge, SAINT-LAURENT, QC, H4N 2B3
(514) 383-5555 SIC 5137
DEX BROS. CIE DE VETEMENTS LTEE p1205
390 Rue Deslauriers, SAINT-LAURENT, QC, H4N 1V8
(514) 383-2474 SIC 5137
ENCHANTRESS HOSIERY CORPORATION OF CANADA LTD p843
70 Weybright Crt Unit 1, SCARBOROUGH, ON, M1S 4E4
(416) 292-3330 SIC 5137
GROUPE STERLING INTIMITE INC, LE p1096
9600 Rue Meilleur Bureau 930, Montreal,

QC, H2N 2E3
(514) 385-0500 SIC 5137
INDUSTRIES ALGO LTEE, LES p1209
5555 Rue Cypihot, SAINT-LAURENT, QC, H4S 1R3
(514) 382-1240 SIC 5137
IRVING PERSONAL CARE LIMITED p397
100 Prom Midland, DIEPPE, NB, E1A 6X4
(506) 857-7713 SIC 5137
JMAX GLOBAL DISTRIBUTORS INC p266
3960 Jacombs Rd Suite 150, RICHMOND, BC, V6V 1Y6
SIC 5137
KIANGTEX COMPANY LIMITED p891
46 Hollinger Rd, TORONTO, ON, M4B 3G5
(416) 750-3771 SIC 5137
L. DAVIS TEXTILES (1991) INC p1041
231 Rue Saint-Charles S, GRANBY, QC, J2G 9M6
(450) 375-1665 SIC 5137
LE GROUPE LEMUR INC p1205
275 Rue Stinson Bureau 201, SAINT-LAURENT, QC, H4N 2E1
(514) 748-6234 SIC 5137
MANUFACTURIER DE BAS DE NYLON SPLENDID INC p1096
55 Rue De Louvain O Bureau 200, Montreal, QC, H2N 1A4
(514) 381-7687 SIC 5137
NATIONAL LOGISTICS SERVICES (2006) INC p719
475 Admiral Blvd Unit B, MISSISSAUGA, ON, L5T 2N1
(905) 696-7278 SIC 5137
POINT ZERO GIRLS CLUB INC p1125
1650 Chabanel St West, Montreal, QC, H4N 3M8
(514) 384-0140 SIC 5137
REITMANS (CANADA) LIMITEE p1251
4600 Boul Des Recollets, Trois-Rivieres, QC, G9A 0A1
(819) 379-6258 SIC 5137
S.D.R. DISTRIBUTION SERVICES p691
1880 Matheson Blvd E, MISSISSAUGA, ON, L4W 5N4
(905) 625-7377 SIC 5137
SCANIA INTERNATIONAL INC p1096
225 Rue Chabanel O Bureau 505, Montreal, QC, H2N 2C9
(514) 344-5270 SIC 5137
WESTCOAST CONTEMPO FASHIONS LIMITED p267
100-13551 Commerce Pky, RICHMOND, BC, V6V 2L1
(604) 231-0400 SIC 5137

SIC 5139 Footwear

ADIDAS CANADA LIMITED p972
8100 27 Hwy Suite 1, WOODBRIDGE, ON, L4H 3N2
(905) 266-4200 SIC 5139
CALERES CANADA, INC p807
1857 Rogers Rd, PERTH, ON, K7H 1P7
(613) 267-0348 SIC 5139
CORPORATION ASICS CANADA p1237
101 Rue Des Abenaquis Bureau 201, SHERBROOKE, QC, J1H 1H1
(819) 566-8866 SIC 5139
COTE-RECO INC p1022
100 12e Av, DESCHAILLONS-SUR-SAINT-LAURENT, QC, G0S 1G0
(819) 292-2323 SIC 5139
GROUPE ALDO INC, LE p1207
3665 Boul Poirier, SAINT-LAURENT, QC, H4R 3J2
(514) 747-5892 SIC 5139
TOTES ISOTONER CANADA LIMITED p721
6335 Shawson Dr, MISSISSAUGA, ON, L5T 1S7
(905) 564-4817 SIC 5139
WOLVERINE WORLD WIDE CANADA ULC p712

6225 Millcreek Dr, MISSISSAUGA, ON, L5N 0G2
(905) 285-9560 SIC 5139

SIC 5141 Groceries, general line

2278988 ONTARIO INC p1002
1620 Boul De Montarville, BOUCHERVILLE, QC, J4B 8P4
(450) 449-4911 SIC 5141
6931014 CANADA INC p1206
3100 Boul Thimens, SAINT-LAURENT, QC, H4R 0C9
(514) 904-6789 SIC 5141
ACOSTA CANADA CORPORATION p56
3445 114 Ave Se Suite 107, CALGARY, AB, T2Z 0K6
(403) 236-5505 SIC 5141
ACOSTA CANADA CORPORATION p228
9440 202 St Unit 100, LANGLEY, BC, V1M 4A6
(604) 881-1414 SIC 5141
ACOSTA CANADA CORPORATION p449
67 Wright Ave, DARTMOUTH, NS, B3B 1H2
(902) 468-2007 SIC 5141
ACOSTA CANADA CORPORATION p973
250 Rowntree Dairy Rd, WOODBRIDGE, ON, L4L 9J7
(905) 264-0466 SIC 5141
ACOSTA CANADA CORPORATION p1000
1700 Boul Lionel-Bertrand Bureau 100, BOISBRIAND, QC, J7H 1N7
(450) 435-1000 SIC 5141
ALIMENTS SAPUTO LIMITEE p1214
6869 Boul Metropolitain E, SAINT-LEONARD, QC, H1P 1X8
(514) 328-6662 SIC 5141
ALIMENTS TOUSAIN INC p1204
95 Rue Stinson, SAINT-LAURENT, QC, H4N 2E1
(514) 748-7353 SIC 5141
ALIMENTS WHYTE'S INC, LES p1128
1540 Rue Des Patriotes, Montreal, QC, H7L 2N6
(450) 625-1976 SIC 5141
ANDERSON WATTS LTD p185
6336 Darnley St, BURNABY, BC, V5B 3B1
(604) 291-7751 SIC 5141
ARTHUR ROGER & ASSOCIES INC p1063
2010 Boul Dagenais O, LAVAL-OUEST, QC, H7L 5W2
(450) 963-5080 SIC 5141
ASM CANADA, INC p21
5655 10 St Ne Suite 111, CALGARY, AB, T2E 8W7
(403) 253-4488 SIC 5141
ASM CANADA, INC p669
160 Mcnabb St Suite 330, MARKHAM, ON, L3R 4E4
(905) 475-9623 SIC 5141
ASM CANADA, INC p1129
2 Place Laval Unite 460, Montreal, QC, H7N 5N6
(450) 975-2525 SIC 5141
ATLANTIC GROCERY DISTRIBUTORS LIMITED p423
1 Hope Ave, BAY ROBERTS, NL, A0A 1G0
(709) 786-9720 SIC 5141
ATLANTIC RETAIL CO-OPERATIVES FEDERATION p474
440 Keltic Dr, SYDNEY, NS, B1L 1B8
SIC 5141
ATLANTIC WHOLESALERS LTD p409
100 Baig Blvd, MONCTON, NB, E1E 1C8
(506) 852-2000 SIC 5141
ATLANTIC WHOLESALERS LTD p409
520 St George Blvd, MONCTON, NB, E1E 2B5
(506) 852-2139 SIC 5141
ATLANTIC WHOLESALERS LTD p456
9996 Rte 16, GUYSBOROUGH, NS, B0H 1N0
(902) 533-4070 SIC 5141

BELLEMONT POWELL LTEE p1002
1570 Ampere St Bureau 508, BOUCHERVILLE, QC, J4B 7L4
(450) 641-2661 SIC 5141
BEN DESHAIES INC p1079
3900 Ch De La Lievre N, MONT-LAURIER, QC, J9L 3G4
(819) 623-6244 SIC 5141
BENTO NOUVEAU LTD p1062
1487 Rue Berlier, Laval, QC, H7L 3Z1
SIC 5141
BULK BARN FOODS LIMITED p661
1965 Hyde Park Rd, LONDON, ON, N6H 0A3
(519) 473-4897 SIC 5141
BUY-LOW FOODS LTD p229
19676 Telegraph Trail, LANGLEY, BC, V1M 3E5
(604) 888-1121 SIC 5141
COCA-COLA REFRESHMENTS CANADA COMPANY p1295
315 Circle Dr E, SASKATOON, SK, S7K 0T7
(306) 244-1577 SIC 5141
COLABOR LIMITED PARTNERSHIP p650
580 Industrial Rd, LONDON, ON, N5V 1V1
(800) 265-9267 SIC 5141
COLABOR LIMITED PARTNERSHIP p650
580 Industrial Rd, LONDON, ON, N5V 1V1
(519) 453-3410 SIC 5141
COLABOR LIMITED PARTNERSHIP p784
100 Legacy Rd, OTTAWA, ON, K1G 5T8
(613) 737-7000 SIC 5141
COLABOR LIMITED PARTNERSHIP p947
10 Ronrose Dr, VAUGHAN, ON, L4K 4R3
(800) 265-9267 SIC 5141
COSTCO WHOLESALE CANADA LTD p432
28 Stavanger Dr, ST. JOHN'S, NL, A1A 5E8
(709) 738-8610 SIC 5141
COSTCO WHOLESALE CANADA LTD p635
1015 Centennial Dr, KINGSTON, ON, K7P 3B7
(613) 549-2527 SIC 5141
COSTCO WHOLESALE CANADA LTD p659
4313 Wellington Rd S, LONDON, ON, N6E 2Z8
(519) 680-1027 SIC 5141
COSTCO WHOLESALE CANADA LTD p728
1849 Merivale Rd Suite 540, NEPEAN, ON, K2G 1E3
(613) 727-4786 SIC 5141
COSTCO WHOLESALE CANADA LTD p853
3 North Service Rd, ST CATHARINES, ON, L2N 7R1
(905) 646-2008 SIC 5141
COSTCO WHOLESALE CANADA LTD p868
1465 Kingsway, SUDBURY, ON, P3B 0A5
(705) 524-8255 SIC 5141
COSTCO WHOLESALE CANADA LTD p1006
9430 Boul Taschereau, BROSSARD, QC, J4X 2W2
(450) 444-4466 SIC 5141
FEDERATED CO-OPERATIVES LIMITED p13
2626 10 Ave Ne, CALGARY, AB, T2A 2M3
(403) 531-6665 SIC 5141
FEDERATED CO-OPERATIVES LIMITED p14
3333 52 St Se, CALGARY, AB, T2B 1N3
(403) 531-6684 SIC 5141
FEDERATED CO-OPERATIVES LIMITED p84
12852 141 St Nw, EDMONTON, AB, T5L 4N8
SIC 5141
FEDERATED CO-OPERATIVES LIMITED p96
13232 170 St Nw, EDMONTON, AB, T5V 1M7
(780) 447-5700 SIC 5141
FEDERATED CO-OPERATIVES LIMITED p130
10300 103 Ave, HIGH LEVEL, AB, T0H 1Z0
(780) 926-2231 SIC 5141
FEDERATED CO-OPERATIVES LIMITED p383

1615 King Edward St, WINNIPEG, MB, R3H 0R7
(204) 633-8950 SIC 5141
FEDERATED CO-OPERATIVES LIMITED p1282
2107 E Turvey Rd, REGINA, SK, S4N 3W1
(306) 721-7070 SIC 5141
FEDERATED CO-OPERATIVES LIMITED p1295
607 46th St E, SASKATOON, SK, S7K 0X1
(306) 244-1690 SIC 5141
FINDLAY FOODS (KINGSTON) LTD p633
675 Progress Ave, KINGSTON, ON, K7M 0C7
(613) 384-5331 SIC 5141
FLANAGAN FOODSERVICE INC p649
69 Magill St, LIVELY, ON, P3Y 1K6
(705) 692-5850 SIC 5141
FLANAGAN FOODSERVICE INC p803
16 East Ave Suite 2125, OWEN SOUND, ON, N4K 5P5
(519) 376-8407 SIC 5141
FORMAGGIO, PANE E. OPERATIONS LTD p293
1529 Pender St E, VANCOUVER, BC, V5L 1V9
(604) 215-8836 SIC 5141
FORTINOS SUPERMARKET LTD p614
1275 Rymal Rd E Suite 2, HAMILTON, ON, L8W 3N1
(905) 318-4532 SIC 5141
FORTINOS SUPERMARKET LTD p862
102 Highway 8, STONEY CREEK, ON, L8G 4H3
(905) 664-2886 SIC 5141
FREEMAN-ALIMENTEL INC p1003
1250 Rue Nobel Bureau 190, BOUCHERVILLE, QC, J4B 5H1
SIC 5141
FRESHPOINT VANCOUVER, LTD p241
4911 Wellington Rd, NANAIMO, BC, V9T 2H5
(250) 758-0191 SIC 5141
GARDEN CITY WAREHOUSING & DISTRIBUTION LTD p239
839 Old Victoria Rd, NANAIMO, BC, V9R 5Z9
(250) 754-5447 SIC 5141
GORDON FOOD SERVICE CANADA LTD p160
290212 Township Road 261, ROCKY VIEW COUNTY, AB, T4A 0V6
(403) 235-8555 SIC 5141
GORDON FOOD SERVICE CANADA LTD p272
12411 Horseshoe Way, RICHMOND, BC, V7A 4X6
(604) 277-7740 SIC 5141
GORDON FOOD SERVICE CANADA LTD p387
310 Sterling Lyon Pky, WINNIPEG, MB, R3P 0Y2
(204) 224-0134 SIC 5141
GORDON FOOD SERVICE CANADA LTD p785
1435 Sandford Fleming Ave Unit 120, OTTAWA, ON, K1G 3H3
(613) 842-9162 SIC 5141
GORDON FOOD SERVICE CANADA LTD p1003
550 Rue Louis-Pasteur, BOUCHERVILLE, QC, J4B 7Z1
(450) 655-4400 SIC 5141
GORDON FOOD SERVICE CANADA LTD p1165
800 Rue Armand-Viau, Quebec, QC, G2C 2E2
(418) 840-5600 SIC 5141
GREAT PACIFIC INDUSTRIES INC p278
3302 16 Hwy E, SMITHERS, BC, V0J 2N0
(250) 847-3313 SIC 5141
GROUPE F.G.B. 2000 INC, LE p1128
1225 Rue Bergar, Montreal, QC, H7L 4Z7

(450) 967-0076   SIC 5141
J-H QUALITY FOOD INC   p1128
1700 Montee Masson, Montreal, QC, H7E 4P2
(819) 469-7945   SIC 5141
JACE HOLDINGS LTD   p246
1893 Mills Rd, NORTH SAANICH, BC, V8L 5S9
(250) 483-1709   SIC 5141
JACE HOLDINGS LTD   p333
3475 Quadra St Suite 13, VICTORIA, BC, V8X 1G8
(250) 382-2751   SIC 5141
JAN K. OVERWEEL LIMITED   p974
3700 Steeles Ave W Suite 702, WOODBRIDGE, ON, L4L 8K8
(905) 850-9010   SIC 5141
JFC INTERNATIONAL (CANADA) INC   p183
8289 North Fraser Way Suite 102, BURNABY, BC, V3N 0B9
(604) 521-7556   SIC 5141
KRINOS FOODS CANADA LTD   p1207
5555 Boul Thimens, SAINT-LAURENT, QC, H4R 2H4
(514) 273-8529   SIC 5141
KROWN PRODUCE INC   p369
75 Meridian Dr Unit 5, WINNIPEG, MB, R2R 2V9
(204) 697-3300   SIC 5141
LOBLAW COMPANIES LIMITED   p362
701 Regent Ave W Suite 110, WINNIPEG, MB, R2C 1S3
(204) 987-7330   SIC 5141
LOBLAW COMPANIES LIMITED   p452
800 Windmill Rd, DARTMOUTH, NS, B3B 1L1
(902) 468-4347   SIC 5141
LOBLAW COMPANIES LIMITED   p659
1055 Hargrieve Rd Suite 244, LONDON, ON, N6E 1P6
(519) 686-4655   SIC 5141
LOBLAW COMPANIES LIMITED   p832
173 Trelawne Ave, SAULT STE. MARIE, ON, P6B 2N3
(705) 946-5462   SIC 5141
LOBLAW PROPERTIES LIMITED   p869
1160 Lorne St, SUDBURY, ON, P3C 4T2
SIC 5141
LOBLAWS INC   p24
2928 23 St Ne, CALGARY, AB, T2E 8R7
(403) 291-2810   SIC 5141
LOBLAWS INC   p32
222 58 Ave Se, CALGARY, AB, T2H 0N9
(403) 255-5590   SIC 5141
LOBLAWS INC   p62
5858 Signal Hill Ctr Sw Suite 1577, CALGARY, AB, T3H 3P8
(403) 686-8035   SIC 5141
LOBLAWS INC   p63
55 Freeport Blvd Ne, CALGARY, AB, T3J 4X9
(403) 567-4343   SIC 5141
LOBLAWS INC   p87
14740 111 Ave Nw, EDMONTON, AB, T5M 2P5
(780) 452-5411   SIC 5141
LOBLAWS INC   p92
17303 Stony Plain Rd Nw Suite 1573, EDMONTON, AB, T5S 1B5
(780) 486-8452   SIC 5141
LOBLAWS INC   p96
16104 121a Ave Nw, EDMONTON, AB, T5V 1B2
(780) 451-7391   SIC 5141
LOBLAWS INC   p105
6904 99 St Nw, EDMONTON, AB, T6E 6G1
(780) 431-1090   SIC 5141
LOBLAWS INC   p105
9910 69 Ave Nw, EDMONTON, AB, T6E 6G1
SIC 5141
LOBLAWS INC   p113
9711 23 Ave Nw, EDMONTON, AB, T6N 1K7
(780) 490-3935   SIC 5141

LOBLAWS INC   p131
1103 18 St Se, HIGH RIVER, AB, T1V 2A9
(403) 652-8654   SIC 5141
LOBLAWS INC   p134
5700 Highway 2a, LACOMBE, AB, T4L 1A3
(403) 782-7332   SIC 5141
LOBLAWS INC   p140
1706 Mayor Magrath Dr S, LETHBRIDGE, AB, T1K 2R5
(403) 320-2607   SIC 5141
LOBLAWS INC   p155
6350 67 St Unit 15, RED DEER, AB, T4P 3L7
(403) 347-4533   SIC 5141
LOBLAWS INC   p164
100 Main St S Suite 790, SLAVE LAKE, AB, T0G 2A3
(780) 849-2369   SIC 5141
LOBLAWS INC   p191
5335 Kingsway, BURNABY, BC, V5H 2G1
SIC 5141
LOBLAWS INC   p193
221 Hwy 16, BURNS LAKE, BC, V0J 1E0
(250) 692-1981   SIC 5141
LOBLAWS INC   p212
291 Cowichan Way Suite 1563, DUNCAN, BC, V9L 6P5
(250) 746-0529   SIC 5141
LOBLAWS INC   p243
402 Lakeside Dr, NELSON, BC, V1L 6B9
(250) 352-2930   SIC 5141
LOBLAWS INC   p252
200 Carmi Ave, PENTICTON, BC, V2A 3G5
(250) 493-5888   SIC 5141
LOBLAWS INC   p269
4651 No. 3 Rd Suite 1557, RICHMOND, BC, V6X 2C4
(604) 233-2418   SIC 5141
LOBLAWS INC   p286
7550 King George Blvd Suite 1, SURREY, BC, V3W 2T2
(604) 599-3722   SIC 5141
LOBLAWS INC   p291
4524 Feeney Ave, TERRACE, BC, V8G 1J2
(250) 638-1460   SIC 5141
LOBLAWS INC   p294
3185 Grandview Hwy, VANCOUVER, BC, V5M 2E9
(604) 436-6407   SIC 5141
LOBLAWS INC   p341
1000 South Lakeside Dr, WILLIAMS LAKE, BC, V2G 3A6
(250) 305-2150   SIC 5141
LOBLAWS INC   p361
175 Cargill Rd, WINKLER, MB, R6W 0K4
(204) 331-2501   SIC 5141
LOBLAWS INC   p366
1035 Gateway Rd Suite 1512, WINNIPEG, MB, R2K 4C1
(204) 987-7534   SIC 5141
LOBLAWS INC   p371
1200 Main St, WINNIPEG, MB, R2W 3S8
(204) 734-5190   SIC 5141
LOBLAWS INC   p371
1445 Main St, WINNIPEG, MB, R2W 3V8
SIC 5141
LOBLAWS INC   p375
600 Notre Dame Ave, WINNIPEG, MB, R3B 1S4
SIC 5141
LOBLAWS INC   p379
1385 Sargent Ave, WINNIPEG, MB, R3E 3P8
(204) 784-7901   SIC 5141
LOBLAWS INC   p383
1725 Ellice Ave, WINNIPEG, MB, R3H 1A6
(204) 775-8280   SIC 5141
LOBLAWS INC   p439
4910 50 Ave Suite 14, YELLOWKNIFE, NT, X1A 3S5
(867) 669-9100   SIC 5141
LOBLAWS INC   p783
2625 Sheffield Rd, OTTAWA, ON, K1B 1A8
(613) 741-4756   SIC 5141

LOBLAWS INC   p801
2065a Robertson Rd, OTTAWA, ON, K2H 5Y9
(613) 829-9770   SIC 5141
LOBLAWS INC   p878
319 Fort William Rd, THUNDER BAY, ON, P7B 2Z2
(807) 346-4669   SIC 5141
LOBLAWS INC   p958
400 Glen Hill Dr Suite 211, WHITBY, ON, L1N 7R6
(905) 668-2514   SIC 5141
LOBLAWS INC   p1042
80 Rue Saint-Jude N, GRANBY, QC, J2J 2T7
(450) 777-2875   SIC 5141
LOBLAWS INC   p1268
137 King St, ESTEVAN, SK, S4A 2T5
(306) 636-1600   SIC 5141
LOBLAWS INC   p1277
11403 Railway Ave E, NORTH BATTLEFORD, SK, S9A 2R7
(306) 445-3375   SIC 5141
LOBLAWS INC   p1281
4050 2nd Ave W, PRINCE ALBERT, SK, S6W 1A2
(306) 922-5506   SIC 5141
LOBLAWS INC   p1300
411 Confederation Dr, SASKATOON, SK, S7L 5C3
(306) 683-5634   SIC 5141
LOBLAWS INC   p1306
1501 North Service Rd E, SWIFT CURRENT, SK, S9H 3X6
(306) 778-5640   SIC 5141
LOBLAWS INC   p1311
2270 2nd Ave Suite 1530, WHITEHORSE, YT, Y1A 1C8
(867) 456-6618   SIC 5141
LOBLAWS SUPERMARKETS LIMITED p934
650 Dupont St Suite 1029, TORONTO, ON, M6G 4B1
(416) 588-3756   SIC 5141
LOBLAWS SUPERMARKETS LIMITED p950
24 Forwell Creek Rd, WATERLOO, ON, N2J 3Z3
(519) 880-0355   SIC 5141
LOEB CLUB PLUS GILLES DIONNE INC p1036
900 Boul Maloney O, GATINEAU, QC, J8T 3R6
(514) 243-5231   SIC 5141
MAPLE LEAF FOODS INC   p767
178 South Service Rd E, OAKVILLE, ON, L6J 0A5
(905) 815-6500   SIC 5141
METRO INC   p993
7151 Rue Jean-Talon E, ANJOU, QC, H1M 3N8
(514) 356-5800   SIC 5141
METRO INC   p1018
1600 Boul Saint-Martin E Bureau A, Cote Saint-Luc, QC, H7G 4S7
(514) 643-1000   SIC 5141
METRO ONTARIO INC   p543
95 Water St N, CAMBRIDGE, ON, N1R 3B5
(519) 623-3652   SIC 5141
METRO ONTARIO INC   p630
33 Barrack St Suite 949, KINGSTON, ON, K7K 1E7
(613) 546-7893   SIC 5141
METRO ONTARIO INC   p729
1811 Robertson Rd, NEPEAN, ON, K2H 8X3
(613) 721-7028   SIC 5141
METRO ONTARIO INC   p777
4510 Innes Rd, ORLEANS, ON, K4A 4C5
(613) 824-8850   SIC 5141
METRO ONTARIO INC   p783
1184 Old Innes Rd, OTTAWA, ON, K1B 3V3
(613) 747-2328   SIC 5141
METRO ONTARIO INC   p785
490 Industrial Ave, OTTAWA, ON, K1G 0Y9
(613) 737-1410   SIC 5141

METRO ONTARIO INC   p799
1360 Richmond Rd, OTTAWA, ON, K2B 8L4
(613) 828-4207   SIC 5141
METRO ONTARIO INC   p940
25 Vickers Rd, TORONTO, ON, M9B 1C1
(416) 234-6590   SIC 5141
METRO RICHELIEU INC   p999
259 Boul De La Seigneurie O, BLAINVILLE, QC, J7C 4N3
(450) 435-2882   SIC 5141
METRO RICHELIEU INC   p1039
181 Rue Principale, GATINEAU, QC, J9H 6A6
(819) 684-2010   SIC 5141
METRO RICHELIEU INC   p1130
3850 Boul Dagenais O, Montreal, QC, H7P 1W1
(450) 628-8143   SIC 5141
METRO RICHELIEU INC   p1155
635 Av Newton, Quebec, QC, G1P 4C4
(418) 871-7101   SIC 5141
METRO RICHELIEU INC   p1161
2360 Ch Sainte-Foy Bureau 2, Quebec, QC, G1V 4H2
(418) 656-0728   SIC 5141
METRO RICHELIEU INC   p1169
1370 Boul Pie-Xi N, Quebec, QC, G3J 1W7
(418) 842-8556   SIC 5141
METRO RICHELIEU INC   p1171
85 Boul Brien Bureau 101, REPENTIGNY, QC, J6A 8B6
(450) 581-3072   SIC 5141
METRO RICHELIEU INC   p1187
580 Boul Arthur-Sauve, SAINT-EUSTACHE, QC, J7R 5A8
(450) 623-7875   SIC 5141
METRO RICHELIEU INC   p1195
3800 Av Cusson, SAINT-HYACINTHE, QC, J2S 8V6
(450) 771-1651   SIC 5141
NATIONAL GROCERS CO. LTD   p899
22 St Clair Ave E Suite 1901, TORONTO, ON, M4T 2S7
(416) 922-2500   SIC 5141
NATIONAL IMPORTERS CANADA LTD p515
1555 Clark Blvd, BRAMPTON, ON, L6T 4G2
(905) 791-1322   SIC 5141
PASTENE ENTERPRISES ULC   p991
9101 Rue De L'innovation, ANJOU, QC, H1J 2X9
(514) 353-7997   SIC 5141
POULIN, NIKOL INC   p1189
3100 Boul Dionne, SAINT-GEORGES, QC, G5Y 3Y4
(418) 228-3267   SIC 5141
PRATTS WHOLESALE (SASK.) LTD p1287
1616 4th Ave, REGINA, SK, S4R 8C8
(306) 522-0101   SIC 5141
PRESTIGE SALES INC   p1097
50 Boul Cremazie O Bureau 700, Montreal, QC, H2P 2T4
SIC 5141
PRIMELINE FOOD PARTNERS LTD   p202
1580 Brigantine Dr Suite 200, COQUITLAM, BC, V3K 7C1
(604) 526-1788   SIC 5141
PROVIGO DISTRIBUTION INC   p635
775 Bayridge Dr, KINGSTON, ON, K7P 2P1
(613) 384-8800   SIC 5141
PROVIGO DISTRIBUTION INC   p1000
392 Ch De La Grande-Cote, BOISBRIAND, QC, J7G 1B1
SIC 5141
PROVIGO DISTRIBUTION INC   p1048
2460 Rue Cantin, Jonquiere, QC, G7X 8S6
(418) 547-3675   SIC 5141
PROVIGO DISTRIBUTION INC   p1055
3560 Rue Laval, Lac-Megantic, QC, G6B 2X4
(819) 583-4001   SIC 5141
PROVIGO DISTRIBUTION INC   p1056
3150 Rue Remembrance, LACHINE, QC, H8S 1X8
(514) 637-4606   SIC 5141

SIC 5142 Packaged frozen goods

PROVIGO DISTRIBUTION INC p1065
6700 Rue Saint-Georges, Levis, QC, G6V 4H3
(418) 833-3404 SIC 5141

PROVIGO DISTRIBUTION INC p1072
3708 Ch De Chambly, LONGUEUIL, QC, J4L 1N8
(450) 679-5952 SIC 5141

PROVIGO DISTRIBUTION INC p1073
95 Boul De Gaulle, LORRAINE, QC, J6Z 3R8
(450) 621-1115 SIC 5141

PROVIGO DISTRIBUTION INC p1122
6485 Rue Sherbrooke O, Montreal, QC, H4B 1N3
(514) 488-5521 SIC 5141

PROVIGO DISTRIBUTION INC p1122
7455 Rue Sherbrooke O, Montreal, QC, H4B 1S3
(514) 353-7930 SIC 5141

PROVIGO DISTRIBUTION INC p1134
1005 Boul Cure-Labelle, Montreal-Ouest, QC, H7V 2V6
(450) 681-3014 SIC 5141

PROVIGO DISTRIBUTION INC p1145
491 Rue Seigneuriale, Quebec, QC, G1B 3A6
(418) 661-6111 SIC 5141

PROVIGO DISTRIBUTION INC p1148
4260 Boul Henri-Bourassa, Quebec, QC, G1H 3A5
(418) 623-1501 SIC 5141

PROVIGO DISTRIBUTION INC p1162
2900 Ch Saint-Louis Bureau 7, Quebec, QC, G1W 4R7
(418) 653-6277 SIC 5141

PROVIGO DISTRIBUTION INC p1165
8000 Rue Armand-Viau Bureau 500, Quebec, QC, G2C 2E2
SIC 5141

PROVIGO DISTRIBUTION INC p1196
8 Rue Saint-Jacques Bureau 8037, SAINT-JACQUES, QC, J0K 2R0
(450) 839-7218 SIC 5141

PROVIGO DISTRIBUTION INC p1205
400 Av Sainte-Croix, SAINT-LAURENT, QC, H4N 3L4
(514) 383-3000 SIC 5141

PROVIGO DISTRIBUTION INC p1224
480 Boul Sainte-Anne, SAINTE-ANNE-DES-PLAINES, QC, J0N 1H0
(450) 478-1864 SIC 5141

PROVIGO DISTRIBUTION INC p1237
150 Rue Des Grandes-Fourches S, SHERBROOKE, QC, J1H 5G5
(819) 566-9300 SIC 5141

PROVIGO DISTRIBUTION INC p1259
60 Rue Carignan, VICTORIAVILLE, QC, G6P 4Z6
SIC 5141

PROVIGO INC p1254
502 Rue Giguere, VAL-D'OR, QC, J9P 7G6
(819) 825-5000 SIC 5141

ROLAND & FRERES LIMITEE p1218
22 Rue Fortier, Saint-Pacome, QC, G0L 3X0
(418) 852-2191 SIC 5141

RONALD A. CHISHOLM LIMITED p902
2 Bloor St W Suite 3300, TORONTO, ON, M4W 3K3
(416) 967-6000 SIC 5141

SAPUTO PRODUITS LAITIERS CANADA S.E.N.C. p87
16110 116 Ave Nw, EDMONTON, AB, T5M 3V4
(780) 486-8400 SIC 5141

SASKATOON CO-OPERATIVE ASSOCIATION LIMITED, THE p1300
1624 33rd St W, SASKATOON, SK, S7L 0X3
(306) 933-3865 SIC 5141

SINCERE TRADING OF K.B.A. CO-OPERATIVE LTD p581
169 The West Mall, ETOBICOKE, ON, M9C 1C2
SIC 5141

SOBEYS CAPITAL INCORPORATED p20
7704 30 St Se, CALGARY, AB, T2C 1M8
(403) 279-4483 SIC 5141

SOBEYS CAPITAL INCORPORATED p36
9919 Fairmount Dr Se Suite 120, CALGARY, AB, T2J 0S3
SIC 5141

SOBEYS CAPITAL INCORPORATED p97
12910 156 St Nw, EDMONTON, AB, T5V 1E9
(780) 447-1440 SIC 5141

SOBEYS CAPITAL INCORPORATED p373
840 Dufferin Ave, WINNIPEG, MB, R2X 0A3
(204) 586-7819 SIC 5141

SOBEYS CAPITAL INCORPORATED p373
1800 Inkster Blvd, WINNIPEG, MB, R2X 2Z5
(204) 632-7100 SIC 5141

SOBEYS CAPITAL INCORPORATED p468
12827 Lower Main St, MIDDLETON, NS, B0S 1P0
(902) 825-3404 SIC 5141

SOBEYS CAPITAL INCORPORATED p474
115 King St, STELLARTON, NS, B0K 0A2
(902) 752-8371 SIC 5141

SOBEYS CAPITAL INCORPORATED p474
123 Foord St, STELLARTON, NS, B0K 0A2
(902) 752-8371 SIC 5141

SOBEYS CAPITAL INCORPORATED p682
2701 Highpoint Dr, MILTON, ON, L9T 5G5
SIC 5141

SOBEYS CAPITAL INCORPORATED p686
6355 Viscount Rd, MISSISSAUGA, ON, L4V 1W2
SIC 5141

SOBEYS CAPITAL INCORPORATED p743
2555 Trout Lake Rd, NORTH BAY, ON, P1B 7S8
(705) 495-4221 SIC 5141

SOBEYS CAPITAL INCORPORATED p895
1015 Broadview Ave Suite 718, TORONTO, ON, M4K 2S1
(416) 421-5906 SIC 5141

SOBEYS CAPITAL INCORPORATED p933
145 Marlee Ave, TORONTO, ON, M6B 3H3
(416) 781-0145 SIC 5141

SOBEYS CAPITAL INCORPORATED p1132
11281 Boul Albert-Hudon, MONTREAL-NORD, QC, H1G 3J5
(514) 324-1010 SIC 5141

SOBEYS CAPITAL INCORPORATED p1132
11281 Boul Albert-Hudon, MONTREAL-NORD, QC, H1G 3J5
(514) 324-5700 SIC 5141

SOBEYS CAPITAL INCORPORATED p1178
333 Av Montemurro, ROUYN-NORANDA, QC, J9X 7C6
(819) 797-1900 SIC 5141

SOBEYS QUEBEC INC p1005
1500 Boul De Montarville, BOUCHERVILLE, QC, J4B 5Y3
(514) 324-1010 SIC 5141

SOBEYS QUEBEC INC p1121
4885 Av Van Horne, Montreal, QC, H3W 1J2
(514) 731-8336 SIC 5141

SOBEYS QUEBEC INC p1132
11281 Boul Albert-Hudon, MONTREAL-NORD, QC, H1G 3J5
(514) 324-1010 SIC 5141

SOBEYS QUEBEC INC p1156
950 Av Galilee Bureau 2008, Quebec, QC, G1P 4B7
(418) 681-1922 SIC 5141

SOBEYS QUEBEC INC p1216
7150 Boul Langelier, SAINT-LEONARD, QC, H1S 2X6
(514) 254-5454 SIC 5141

SOBEYS WEST INC p85
14360 Yellowhead Trail Nw, EDMONTON, AB, T5L 3C5
SIC 5141

SODEXO CANADA LTD p1266
528 2nd Ave, CARONPORT, SK, S0H 0S0
(306) 756-3402 SIC 5141

SYSCO CANADA, INC p1
26210 Township Road 531a, ACHESON, AB, T7X 5A4

SYSCO CANADA, INC p20
4639 72 Ave Se, CALGARY, AB, T2C 4H7
(403) 720-1300 SIC 5141

SYSCO CANADA, INC p256
1346 Kingsway Ave, PORT COQUITLAM, BC, V3C 6G4
(604) 944-4410 SIC 5141

SYSCO CANADA, INC p336
2881 Amy Rd, VICTORIA, BC, V9B 0B2
(250) 475-3311 SIC 5141

SYSCO CANADA, INC p397
611 Boul Ferdinand, DIEPPE, NB, E1A 7G1
(506) 857-6040 SIC 5141

SYSCO CANADA, INC p411
460 Macnaughton Ave, MONCTON, NB, E1H 2K1
(506) 857-8115 SIC 5141

SYSCO CANADA, INC p635
650 Cataraqui Woods Dr, KINGSTON, ON, K7P 2Y4
(613) 384-6666 SIC 5141

SYSCO CANADA, INC p716
7055 Kennedy Rd, MISSISSAUGA, ON, L5S 1Y7
(905) 670-8605 SIC 5141

SYSCO CANADA, INC p811
65 Elmdale Rd, PETERBOROUGH, ON, K9J 6X4
(705) 748-6701 SIC 5141

SYSCO CANADA, INC p867
106 Bay St, STURGEON FALLS, ON, P2B 3G6
(705) 753-4444 SIC 5141

SYSCO CANADA, INC p880
840 Mckellar St N, THUNDER BAY, ON, P7C 4A8
(807) 623-2331 SIC 5141

SYSCO CANADA, INC p1085
11625 55e Av Bureau 864, Montreal, QC, H1E 2K2
(514) 494-5200 SIC 5141

SYSCO CANADA, INC p1283
266 E Dewdney Ave, REGINA, SK, S4N 4G2
SIC 5141

THOMAS, LARGE & SINGER INC p1010
2050 Boul Industriel, CHAMBLY, QC, J3L 4V2
(450) 658-7501 SIC 5141

TREE OF LIFE CANADA ULC p203
91 Glacier St, COQUITLAM, BC, V3K 5Z1
(604) 941-8502 SIC 5141

TREE OF LIFE CANADA ULC p715
6030 Freemont Blvd, MISSISSAUGA, ON, L5R 3X4
(905) 507-6161 SIC 5141

VAN DE WATER-RAYMOND LTD p1229
2300 Rue Monterey, SAINTE-ROSE, QC, H7L 3H9
(450) 688-7580 SIC 5141

VIANDEX INC p1151
195 Rue Joly, Quebec, QC, G1L 1N7
(418) 681-2482 SIC 5141

WISMETTAC ASIAN FOODS, INC p272
11388 No. 5 Rd Suite 130, RICHMOND, BC, V7A 4E7
(604) 303-8620 SIC 5141

SIC 5142 Packaged frozen goods

0429746 B.C. LTD p207
1345 Cliveden Ave, DELTA, BC, V3M 6C7
(604) 515-4555 SIC 5142

0429746 B.C. LTD p664
2825 Innovation Dr, LONDON, ON, N6M 0B6
(519) 937-7777 SIC 5142

3886298 CANADA INC p1134
24 Rte Germain, NEWPORT, QC, G0C 2A0
(418) 343-2206 SIC 5142

9309-6774 QUEBEC INC p1250
9300 Boul Industriel, Trois-Rivieres, QC, G9A 5E1
(819) 539-8058 SIC 5142

BROOKFIELD FOODS LIMITED p450
1 Wright Ave, DARTMOUTH, NS, B3B 1G5
(902) 468-7417 SIC 5142

CAMPBELL COMPANY OF CANADA p648
1400 Mitchell Rd S, LISTOWEL, ON, N4W 3G7
SIC 5142

CAVENDISH FARMS CORPORATION p396
100 Prom Midland, DIEPPE, NB, E1A 6X4
(506) 858-7777 SIC 5142

CAVENDISH FARMS CORPORATION p983
Gd, KENSINGTON, PE, C0B 1M0
(902) 836-5555 SIC 5142

CENTENNIAL FOODSERVICE p1301
2020 St Patrick Ave, SASKATOON, SK, S7M 0L9
(306) 665-2999 SIC 5142

COASTAL PACIFIC XPRESS INC p16
4055 78 Ave Se, CALGARY, AB, T2C 2J6
(403) 509-0144 SIC 5142

COLABOR LIMITED PARTNERSHIP p718
6270 Kenway Dr, MISSISSAUGA, ON, L5T 2N3
(905) 795-2400 SIC 5142

DISTRIBUTION ALIMENTAIRE R T LTEE p1172
2188 132 Rte E Rr 1, RIMOUSKI, QC, G0L 1B0
SIC 5142

EXPORT PACKERS COMPANY LIMITED p511
3 Edvac Dr, BRAMPTON, ON, L6S 5X8
(905) 595-0777 SIC 5142

EXPORT PACKERS COMPANY LIMITED p514
107 Walker Dr, BRAMPTON, ON, L6T 5K5
(905) 792-9700 SIC 5142

GRAND FOREST HOLDINGS INCORPORATED p985
Gd, SUMMERSIDE, PE, C1N 4J9
(902) 836-5555 SIC 5142

LUVO CANADA INC p316
1580 Broadway W Suite 410, VANCOUVER, BC, V6J 5K8
(604) 730-0054 SIC 5142

METRO RICHELIEU INC p1241
250 Boul Fiset, SOREL-TRACY, QC, J3P 3P7
(450) 742-4563 SIC 5142

REUVEN INTERNATIONAL LIMITED p899
1881 Yonge St Suite 201, TORONTO, ON, M4S 3C4
(416) 929-1496 SIC 5142

SOBEYS WEST INC p179
31122 South Fraser Way, ABBOTSFORD, BC, V2T 6L5
(604) 854-1191 SIC 5142

SYSCO CANADA, INC p430
10 Old Placentia Rd, MOUNT PEARL, NL, A1N 4P5
(709) 748-1200 SIC 5142

SYSCO CANADA, INC p665
1011 Hubrey Rd, LONDON, ON, N6N 1B4
(519) 680-0800 SIC 5142

WHOLESOME HARVEST BAKING LTD. p1062
4000 Boul Industriel, Laval, QC, H7L 4R9
SIC 5142

SIC 5143 Dairy products, except dried or canned

2737-2895 QUEBEC INC p1052
2152 Ch Saint-Joseph, LA BAIE, QC, G7B 3N9
(418) 544-2622 SIC 5143

AGROPUR COOPERATIVE p196
47582 Yale Rd, CHILLIWACK, BC, V2P 7N1
SIC 5143

AGROPUR COOPERATIVE p228
13269 Simpson Rd, LADYSMITH, BC, V9G

1H8
(250) 245-7978 SIC 5143
AGROPUR COOPERATIVE p328
2220 Dowler Pl, VICTORIA, BC, V8T 4H3
(250) 360-5200 SIC 5143
AGROPUR COOPERATIVE p405
256 Lawlor Lane, MIRAMICHI, NB, E1V 3Z9
(506) 627-7720 SIC 5143
AGROPUR COOPERATIVE p777
1001 Dairy Dr, ORLEANS, ON, K4A 3N3
(613) 834-5700 SIC 5143
AGROPUR COOPERATIVE p1001
81 Rue Saint-Felix, BON-CONSEIL, QC, J0C 1A0
(819) 336-2727 SIC 5143
AGROPUR COOPERATIVE p1086
5635 Av Pierre-De Coubertin, Montreal, QC, H1N 1R1
(514) 254-8046 SIC 5143
AGROPUR COOPERATIVE p1194
995 Rue Johnson E, SAINT-HYACINTHE, QC, J2S 7V6
(450) 773-6493 SIC 5143
ALIMENTS SAPUTO LIMITEE p399
75 Whiting Rd, FREDERICTON, NB, E3B 5Y5
(506) 451-2400 SIC 5143
ALIMENTS ULTIMA INC p717
6400 Shawson Dr Unit 3, MISSISSAUGA, ON, L5T 1L8
(905) 565-8500 SIC 5143
ARLA FOODS INC p192
7525 Lowland Dr, BURNABY, BC, V5J 5L1
(604) 437-8561 SIC 5143
DANONE INC p688
1310 Aimco Blvd, MISSISSAUGA, ON, L4W 1B2
SIC 5143
DISTRIBUTION MFG INC p1124
387 Rue Deslauriers, Montreal, QC, H4N 1W2
(514) 344-5558 SIC 5143
FARMERS CO-OPERATIVE DAIRY LIMITED p460
Gd, HALIFAX, NS, B3K 5Y6
SIC 5143
FARMERS CO-OPERATIVE DAIRY LIMITED p472
1024 Salmon River Rd, SALMON RIVER, NS, B6L 4E1
(902) 895-7906 SIC 5143
FRULACT CANADA INC p635
1295 Centennial Dr, KINGSTON, ON, K7P 0R6
(613) 507-7500 SIC 5143
HEWITT'S DAIRY LIMITED p605
128 King St E, HAGERSVILLE, ON, N0A 1H0
(905) 768-3524 SIC 5143
KAWARTHA DAIRY LIMITED p505
89 Prince St W, BOBCAYGEON, ON, K0M 1A0
(705) 738-5123 SIC 5143
MARCHE VEGETARIEN INC, LE p1238
50 Boul Jacques-Cartier N, SHERBROOKE, QC, J1J 2Z8
(819) 823-7646 SIC 5143
NESTLE CANADA INC p512
9050 Airport Rd Suite 101, BRAMPTON, ON, L6S 6G9
(905) 458-3600 SIC 5143
NESTLE CANADA INC p685
6655 Goreway Dr, MISSISSAUGA, ON, L4V 1V6
SIC 5143
NESTLE CANADA INC p785
2370 Walkley Rd, OTTAWA, ON, K1G 4H9
SIC 5143
NORTHUMBERLAND COOPERATIVE LIMITED p407
1 Foundry St, MONCTON, NB, E1C 0L1
(506) 858-8900 SIC 5143
NUTRINOR COOPERATIVE p987
1545 Boul Saint-Jude, ALMA, QC, G8B 3L3

(418) 668-3051 SIC 5143
PRODUITS ALIMENTAIRES ANCO LTEE, LES p1193
4700 Rue Armand-Frappier, SAINT-HUBERT, QC, J3Z 1G5
(450) 443-4838 SIC 5143
SAPUTO INC p177
1799 Riverside Rd Suite 48, ABBOTSFORD, BC, V2S 4J8
(604) 853-2225 SIC 5143
SAPUTO PRODUITS LAITIERS CANADA S.E.N.C. p1163
3240 Av Watt Bureau 110, Quebec, QC, G1X 4X7
(418) 651-5220 SIC 5143
SAPUTO PRODUITS LAITIERS CANADA S.E.N.C. p1205
2365 Ch De La Cote-De-Liesse, SAINT-LAURENT, QC, H4N 2M7
(514) 856-0157 SIC 5143
SAPUTO PRODUITS LAITIERS CANADA S.E.N.C. p1205
100 Rue Stinson, SAINT-LAURENT, QC, H4N 2E7
(514) 328-3312 SIC 5143
SCOTSBURN CO-OPERATIVE SERVICES LIMITED p442
200 College St, ANTIGONISH, NS, B2G 1Y2
SIC 5143
SCOTSBURN CO-OPERATIVE SERVICES LIMITED p474
230 Ford St, STELLARTON, NS, B0K 0A2
(902) 752-6181 SIC 5143
SOBEYS WEST INC p383
940 Century St, WINNIPEG, MB, R3H 0V7
SIC 5143
UNILEVER CANADA INC p208
1460 Cliveden Ave, DELTA, BC, V3M 6L9
(604) 519-0600 SIC 5143

SIC 5144 Poultry and poultry products

BELWOOD POULTRY LIMITED p486
4272 4th Conc N, AMHERSTBURG, ON, N9V 2Y9
(519) 736-2236 SIC 5144
BURNBRAE FARMS LIMITED p666
3356 County Road 27, LYN, ON, K0E 1M0
(613) 345-5651 SIC 5144
CHAI POULTRY INC p895
115 Saulter St S, TORONTO, ON, M4M 3K8
(416) 462-1313 SIC 5144
COOP FEDEREE, LA p1193
3250 Boul Laurier E, SAINT-HYACINTHE, QC, J2R 2B6
(450) 773-6661 SIC 5144
DUNN-RITE FOOD PRODUCTS LTD p389
15 Trottier Bay, WINNIPEG, MB, R3T 3R3
(204) 452-8300 SIC 5144
GRAY, L. H. & SON LIMITED p866
644 Wright St, STRATHROY, ON, N7G 3H8
(519) 245-0480 SIC 5144
LILYDALE INC p75
7727 127 Ave Nw, EDMONTON, AB, T5C 1R9
(780) 448-0990 SIC 5144
LILYDALE INC p75
7503 127 Ave Nw, EDMONTON, AB, T5C 1R9
(780) 475-6607 SIC 5144
LILYDALE INC p105
9620 56 Ave Nw, EDMONTON, AB, T6E 0B3
(780) 435-3944 SIC 5144
LILYDALE INC p1079
9051 Rte Sir-Wilfrid-Laurier, MIRABEL, QC, J7N 1L6
SIC 5144
MAPLE LEAF FOODS INC p617
90 10th Ave, HANOVER, ON, N4N 3B8
(519) 364-3200 SIC 5144
NUTRI-OEUF INC p723
17350 Main St, MONKLAND, ON, K0C 1V0
(613) 346-2154 SIC 5144

PHLYN HOLDINGS LTD p390
199 Hamelin St, WINNIPEG, MB, R3T 0P2
(204) 452-8379 SIC 5144
TNT FOODS INTERNATIONAL INC p517
20 Westwyn Crt, BRAMPTON, ON, L6T 4T5
(905) 672-1787 SIC 5144
VOLAILLES DES GRANDES-PRAIRIES INC, LES p1118
370 Rue Des Seigneurs, Montreal, QC, H3J 2M9
(514) 939-2615 SIC 5144

SIC 5145 Confectionery

ARYZTA CANADA CO. p526
115 Sinclair Blvd Suite 1, BRANTFORD, ON, N3S 7X6
(519) 720-2000 SIC 5145
CONFISERIES REGAL INC p13
112 28 St Se Suite 103, CALGARY, AB, T2A 6J9
(403) 250-3701 SIC 5145
CONFISERIES REGAL INC p694
175 Britannia Rd E Unit 2, MISSISSAUGA, ON, L4Z 4B8
(905) 507-6868 SIC 5145
CONFISERIES REGAL INC p1206
4620 Boul Thimens, SAINT-LAURENT, QC, H4R 2B2
(514) 333-8540 SIC 5145
COURTNEY WHOLESALE CONFECTIONERY LIMITED p650
600 Third St, LONDON, ON, N5V 2C2
(519) 451-7440 SIC 5145
HERSHEY CANADA INC p55
14505 Bannister Rd Se Suite 101, CALGARY, AB, T2X 3J3
SIC 5145
JOHNVINCE FOODS p755
555 Steeprock Dr, NORTH YORK, ON, M3J 2Z6
(416) 636-6146 SIC 5145
LINDT & SPRUNGLI (CANADA), INC p915
181 University Ave Suite 900, TORONTO, ON, M5H 3M7
(416) 351-8566 SIC 5145
MORRIS NATIONAL INC p561
100 Jacob Keffer Pky, CONCORD, ON, L4K 4W3
(905) 879-7777 SIC 5145
P. A. FINE FOODS & DISTRIBUTORS LTD p1303
341 105th St E, SASKATOON, SK, S7N 1Z4
SIC 5145
PEPSICO CANADA ULC p210
7762 Progress Way Unit 5, DELTA, BC, V4G 1A4
SIC 5145
PEPSICO CANADA ULC p284
11811 103a Ave, SURREY, BC, V3V 0B5
(604) 587-8300 SIC 5145
PEPSICO CANADA ULC p418
35 Stinson Dr, SAINT JOHN, NB, E2M 7E3
(506) 674-0923 SIC 5145
PEPSICO CANADA ULC p430
5 Glencoe Dr, MOUNT PEARL, NL, A1N 4S4
(709) 748-2075 SIC 5145
PEPSICO CANADA ULC p520
12 Clipper Crt, BRAMPTON, ON, L6W 4T9
(905) 460-2400 SIC 5145
PEPSICO CANADA ULC p543
1185 Franklin Blvd Unit 1, CAMBRIDGE, ON, N1R 7Y5
(519) 740-5644 SIC 5145
PEPSICO CANADA ULC p665
40 Enterprise Dr Suite 2, LONDON, ON, N6N 1A7
(519) 668-4004 SIC 5145
PEPSICO CANADA ULC p800
37 Enterprise Ave, OTTAWA, ON, K2G 0A7
(613) 226-7301 SIC 5145
PEPSICO CANADA ULC p810

686 Rye St, PETERBOROUGH, ON, K9J 6W9
(705) 748-6162 SIC 5145
PEPSICO CANADA ULC p834
1 Water Tower Gate, SCARBOROUGH, ON, M1B 6C5
(416) 284-3200 SIC 5145
PEPSICO CANADA ULC p1152
235 Rue Fortin, Quebec, QC, G1M 3M2
(418) 681-6216 SIC 5145
PEPSICO CANADA ULC p1293
318 Edson St, SASKATOON, SK, S7J 0P9
(306) 242-5918 SIC 5145
POPPA CORN CORP p690
5135 Creekbank Rd Unit C, MISSISSAUGA, ON, L4W 1R3
(905) 212-9855 SIC 5145
ROTISSERIES ST-HUBERT LTEE, LES p991
9050 Imp De L'invention, ANJOU, QC, H1J 3A7
(514) 324-5400 SIC 5145
SUNSWEET FUNDRAISING INC p562
30 Rayette Rd, CONCORD, ON, L4K 2G3
(905) 669-6600 SIC 5145
TROPHY FOODS INC p721
71 Admiral Blvd, MISSISSAUGA, ON, L5T 2T1
(905) 564-3060 SIC 5145

SIC 5146 Fish and seafoods

602390 ONTARIO LIMITED p842
81 Scottfield Dr, SCARBOROUGH, ON, M1S 5R4
(416) 740-9000 SIC 5146
ALBION FISHERIES LTD p12
3320 14 Ave Ne Suite 5, CALGARY, AB, T2A 6J4
(403) 235-4531 SIC 5146
ALBION FISHERIES LTD p335
740 Tyee Rd, VICTORIA, BC, V9A 6X3
(250) 382-8286 SIC 5146
ALIMENTATION TRACY INC p1241
6950 Rte Marie-Victorin, SOREL-TRACY, QC, J3R 1S6
(450) 743-9999 SIC 5146
BARRY GROUP INC p423
3 Fish Plant Rd, BURGEO, NL, A0N 2H0
(709) 886-2325 SIC 5146
CALKINS & BURKE LIMITED p313
1500 Georgia St W Suite 800, VANCOUVER, BC, V6G 2Z6
(604) 669-3741 SIC 5146
CLEARWATER FINE FOODS INCORPORATED p473
84 Water St, SHELBURNE, NS, B0T 1W0
SIC 5146
CLEARWATER SEAFOODS LIMITED PARTNERSHIP p427
1 Plant Rd, GRAND BANK, NL, A0E 1W0
(709) 832-1550 SIC 5146
CONNORS BROS. CLOVER LEAF SEAFOODS COMPANY p394
180 Brunswick St, BLACKS HARBOUR, NB, E5H 1G6
(506) 456-1610 SIC 5146
CONNORS BROS. CLOVER LEAF SEAFOODS COMPANY p1017
1600 Boul Rue Martin E, Cote Saint-Luc, QC, H7G 4R8
(450) 667-2574 SIC 5146
CUSIMER (1991) INC p1080
52 1e Av O, MONT-LOUIS, QC, G0E 1T0
(418) 797-2728 SIC 5146
DAILY SEAFOOD INC p894
135 Blake St, TORONTO, ON, M4J 3E2
(416) 461-9449 SIC 5146
DELTA FOODS INTERNATIONAL INC p320
5630 Montgomery Pl, VANCOUVER, BC, V6T 2C7
(778) 370-0576 SIC 5146
GRAND HALE MARINE PRODUCTS COMPANY LIMITED p266

11551 Twigg Pl, RICHMOND, BC, V6V 2Y2
(604) 325-9393   SIC 5146
L. R. JACKSON FISHERIES LIMITED   p818
172 Main St, PORT STANLEY, ON, N5L 1H6
(519) 782-3562   SIC 5146
M.B. PRODUCT RESEARCH DISTRIBUTING INC   p560
270 Pennsylvania Ave Unit 11-13, CONCORD, ON, L4K 3Z7
(905) 660-1421   SIC 5146
METRO RICHELIEU INC   p1084
3785 Rue Francois-Bricault, Montreal, QC, H1B 0A2
(514) 355-7966   SIC 5146
MINIGOO FISHERIES INC   p983
195 Eagle Feather Trail, LENNOX ISLAND, PE, C0B 1P0
(902) 831-3325   SIC 5146
PATTISON, JIM INDUSTRIES LTD   p298
455 E Kent Ave North Suite 22, VANCOUVER, BC, V5X 4M2
(604) 324-7141   SIC 5146
PRESTEVE FOODS LIMITED   p956
20954 Erie St S, WHEATLEY, ON, N0P 2P0
(519) 825-4677   SIC 5146
SAN ANTONIO FISH MARKET INC   p975
130 Creditview Rd, WOODBRIDGE, ON, L4L 9N4
(905) 850-4088   SIC 5146
SEA MERCHANTS INC   p578
55 Vansco Rd, ETOBICOKE, ON, M8Z 5Z8
(416) 255-2700   SIC 5146
TFI FOODS LTD   p272
11231 Dyke Rd Suite 120, RICHMOND, BC, V7A 0A1
(604) 231-9966   SIC 5146
TFI FOODS LTD   p847
2900 Markham Rd, SCARBOROUGH, ON, M1X 1E6
(416) 299-7575   SIC 5146
TOPPITS FOODS LTD   p975
301 Chrislea Rd, WOODBRIDGE, ON, L4L 8N4
(905) 850-8900   SIC 5146

SIC 5147 Meats and meat products

9273-9127 QUEBEC INC   p1118
383 Rue Bridge, Montreal, QC, H3K 2C7
(514) 935-5446   SIC 5147
9278-3430 QUEBEC INC   p1092
4670 Rue D'iberville, Montreal, QC, H2H 2M2
(514) 527-7192   SIC 5147
9278-3455 QUEBEC INC   p1118
2715 Rue De Reading, Montreal, QC, H3K 1P7
(514) 937-8571   SIC 5147
A.C.D. WHOLESALE MEATS LTD   p937
140 Ryding Ave, TORONTO, ON, M6N 1H2
(416) 766-2200   SIC 5147
CENTENNIAL FOODSERVICE   p99
5116 67 Ave Nw, EDMONTON, AB, T6B 3N9
(780) 465-9991   SIC 5147
CHARCUTERIE LA TOUR EIFFEL INC p1151
485 Rue Des Entrepreneurs, Quebec, QC, G1M 2V2
(418) 687-2840   SIC 5147
CHOYS HOLDINGS INCORPORATED   p269
4751 Shell Rd Suite 2, Richmond, BC, V6X 3H4
(604) 270-6882   SIC 5147
CONCORD PREMIUM MEATS LTD   p1187
160 Rue Williams, SAINT-EUSTACHE, QC, J7R 0A4
(450) 623-7676   SIC 5147
CONESTOGA MEAT PACKERS LTD   p529
313 Menno St, BRESLAU, ON, N0B 1M0
(519) 648-2506   SIC 5147
DISTRIBUTIONS PAUL-EMILE DUBE LTEE p1172
385 Rue Des Chevaliers, RIMOUSKI, QC, G5L 1X3

(418) 724-2400   SIC 5147
GROBER INC   p545
425 Dobbie Dr, CAMBRIDGE, ON, N1T 1S9
(519) 740-8327   SIC 5147
GROUPE COLABOR INC   p990
9595 Boul Metropolitain E, ANJOU, QC, H1J 3C1
(514) 744-6641   SIC 5147
INDEPENDENT'S CHOICE DISTRIBUTION LTD   p1282
1450 Park St, REGINA, SK, S4N 2G2
(306) 546-5444   SIC 5147
INTERCITY PACKERS LTD   p96
13506 159 St Nw, EDMONTON, AB, T5V 0C6
(780) 477-7373   SIC 5147
INTERCITY PACKERS LTD   p96
13503 163 St Nw, EDMONTON, AB, T5V 0B5
(780) 477-7373   SIC 5147
INTERCITY PACKERS LTD   p292
1575 Kootenay St, VANCOUVER, BC, V5K 4Y3
(604) 291-7796   SIC 5147
INTERCITY PACKERS LTD   p719
6880 Pacific Cir, MISSISSAUGA, ON, L5T 1N8
(905) 670-1023   SIC 5147
LAWRENCE MEAT PACKING CO. LTD p206
11088 4th St, DAWSON CREEK, BC, V1G 4H8
(250) 782-5111   SIC 5147
MAPLE LEAF FOODS INC   p534
5100 Harvester Rd, BURLINGTON, ON, L7L 4X4
(905) 681-5050   SIC 5147
MAPLE LEAF FOODS INC   p749
5160 Yonge St Suite 300, NORTH YORK, ON, M2N 6L9
SIC 5147
MAPLE LEAF FOODS INC   p760
92 Cartwright Ave, NORTH YORK, ON, M6A 1V2
(416) 633-0389   SIC 5147
OLYMEL S.E.C.   p1004
1580 Rue Eiffel, BOUCHERVILLE, QC, J4B 5Y1
(450) 449-6344   SIC 5147
OLYMEL S.E.C.   p1248
531 Rue Des Erables, Trois-Rivieres, QC, G8T 7Z7
(819) 376-3770   SIC 5147
PRODUITS ALIMENTAIRES VIAU INC, LES p1133
10035 Av Plaza, MONTREAL-NORD, QC, H1H 4L5
(514) 321-8260   SIC 5147
PRODUITS ALIMENTAIRES VIAU INC, LES p1228
6625 Rue Ernest-Cormier, SAINTE-ROSE, QC, H7C 2V2
(450) 665-6100   SIC 5147
RETAIL READY FOODS INC   p916
130 Adelaide St W Suite 810, TORONTO, ON, M5H 3P5
(905) 812-8555   SIC 5147
SALAISON LEVESQUE INC   p1120
500 Av Beaumont, Montreal, QC, H3N 1T7
(514) 273-1702   SIC 5147
SURE GOOD FOODS LTD   p703
2333 North Sheridan Way Suite 100, MISSISSAUGA, ON, L5K 1A7
(905) 286-1619   SIC 5147
VIANDES BIOLOGIQUES DE CHARLEVOIX INC, LES   p1222
125 Rue Saint-Edouard, SAINT-URBAIN-DE-CHARLEVOIX, QC, G0A 4K0
(418) 639-1111   SIC 5147
VIANDES DROLET INC   p1068
816 Rue Alphonse-Desrochers, Levis, QC, G7A 5H9
(418) 831-8200   SIC 5147
WISMER DEVELOPMENTS INC   p528
38 Middleton St, BRANTFORD, ON, N3S 7V7
(519) 757-0663   SIC 5147

SIC 5148 Fresh fruits and vegetables

745822 ONTARIO LIMITED   p826
1593 Essex County Rd 34, RUTHVEN, ON, N0P 2G0
(519) 326-5743   SIC 5148
971016 ONTARIO LIMITED   p826
1621 Road 3, RUTHVEN, ON, N0P 2G0
SIC 5148
BRANT WHOLESALE LTD.   p527
112 Grey St, BRANTFORD, ON, N3S 4V9
(519) 756-8010   SIC 5148
CAPESPAN NORTH AMERICA LLC   p1211
6700 Ch De La Cote-De-Liesse Bureau 301, SAINT-LAURENT, QC, H4T 2B5
(514) 739-9181   SIC 5148
EVERYTHING PRODUCE LTD   p693
2501 Stanfield Rd Unit 4, MISSISSAUGA, ON, L4Y 1R6
(905) 615-9400   SIC 5148
FRESCADEL INTERNATIONAL INC   p1124
1370 Rue De Beauharnois O, MONTREAL, QC, H4N 1J5
(514) 382-3232   SIC 5148
FRESHPOINT VANCOUVER, LTD   p241
4911 Wellington Rd, NANAIMO, BC, V9T 2H5
(250) 758-0191   SIC 5148
FRESHPOINT VANCOUVER, LTD   p302
1020 Malkin Ave, VANCOUVER, BC, V6A 3S9
(604) 253-1551   SIC 5148
FRESHPOINT VANCOUVER, LTD   p947
1400 Creditstone Rd Unit A, VAUGHAN, ON, L4K 0E2
(416) 251-6112   SIC 5148
GAMBLES ONTARIO PRODUCE INC   p575
302 Dwight Ave, ETOBICOKE, ON, M8V 2W7
(877) 528-0444   SIC 5148
GAMBLES ONTARIO PRODUCE INC   p576
165 The Queensway Suite 240, ETOBICOKE, ON, M8Y 1H8
(416) 259-6391   SIC 5148
HECTOR LARIVEE INC   p1094
1755 Rue Bercy, Montreal, QC, H2K 2T9
(514) 521-8331   SIC 5148
ISLAND HOLDINGS LTD   p984
37288 Hwy 2, O'LEARY, PE, C0B 1V0
SIC 5148
J-D MARKETING (LEAMINGTON) INC   p635
2400 Graham, KINGSVILLE, ON, N9Y 2E5
(519) 733-3663   SIC 5148
JARDINS M.G. S.E.N.C., LES   p1227
985 Rang Saint-Simon, SAINTE-MADELEINE, QC, J0H 1S0
(450) 795-3459   SIC 5148
KELLER & SONS FARMING LTD   p346
Gd, CARBERRY, MB, R0K 0H0
(204) 763-4402   SIC 5148
KING & RAPHAEL TORONTO LIMITED p576
165 The Queensway Suite 226, ETOBICOKE, ON, M8Y 1H8
SIC 5148
LAKE ERIE MANAGEMENT INC   p826
1593 Essex County Rd 34, RUTHVEN, ON, N0P 2G0
(519) 326-5743   SIC 5148
LONGO BROTHERS FRUIT MARKETS INC p536
2900 Walker's Line, BURLINGTON, ON, L7M 4M8
(905) 331-1645   SIC 5148
MAPLE LEAF FOODS INC   p137
2720 2a Ave N, LETHBRIDGE, AB, T1H 5B4
(403) 380-9900   SIC 5148
MARCHANDS EN GROS DE FRUITS CANADAWIDE INC, LES   p1124
1370 Rue De Beauharnois O Bureau 200, Montreal, QC, H4N 1J5

(514) 382-3232   SIC 5148
MCCAIN PRODUCE INC   p398
8734 Main St Unit 1, FLORENCEVILLE-BRISTOL, NB, E7L 3G6
(506) 392-3036   SIC 5148
MCCAIN PRODUCE INC   p404
225 Lansdowne Rd, LANSDOWNE, NB, E7L 4A8
(506) 375-5019   SIC 5148
MCCAIN PRODUCE INC   p985
245 Macewen Rd, SUMMERSIDE, PE, C1N 5V2
(902) 888-5566   SIC 5148
METRO RICHELIEU INC   p1087
5400 Av Pierre-De Coubertin, Montreal, QC, H1N 1P7
SIC 5148
O'LEARY POTATO PACKERS LTD   p984
85 Ellis Ave, O'LEARY, PE, C0B 1V0
SIC 5148
PROVIGO DISTRIBUTION INC   p1004
180 Ch Du Tremblay, BOUCHERVILLE, QC, J4B 7W3
(450) 449-8000   SIC 5148
RUSSELL, J.E. PRODUCE LTD   p576
165 The Queensway Suite 332, ETOBICOKE, ON, M8Y 1H8
(416) 252-7838   SIC 5148
SOBEYS CAPITAL INCORPORATED   p430
10 Old Placentia Rd, MOUNT PEARL, NL, A1N 4P5
(709) 748-1200   SIC 5148
ST. DAVIDS HYDROPONICS LTD   p501
4860 Martin Rd, BEAMSVILLE, ON, L0R 1B1
(905) 562-5636   SIC 5148
SUNDINE PRODUCE INC   p686
6346 Viscount Rd, MISSISSAUGA, ON, L4V 1H3
(905) 362-9400   SIC 5148
THOMAS FRESH INC   p1294
213 Melville St, SASKATOON, SK, S7J 5H7
(306) 933-1900   SIC 5148
TOBIQUE FARMS OPERATING LIMITED p397
2424 Route 108, DSL DE DRUMMOND, NB, E3Y 2K7
(506) 553-9913   SIC 5148
VEG-PAK PRODUCE LIMITED   p576
25 Belvia Rd, ETOBICOKE, ON, M8W 3R2
(416) 255-7400   SIC 5148

SIC 5149 Groceries and related products, nec

3367771 CANADA INC   p1256
189 Boul Harwood, VAUDREUIL-DORION, QC, J7V 1Y3
(450) 455-2827   SIC 5149
A. LASSONDE INC   p1214
9430 Boul Langelier, SAINT-LEONARD, QC, H1P 3H8
(514) 323-8896   SIC 5149
ADM AGRI-INDUSTRIES COMPANY   p705
1770 Barbertown Rd, MISSISSAUGA, ON, L5M 2M5
(905) 826-2701   SIC 5149
ALEX COULOMBE LTEE   p1153
2300 Rue Cyrille-Duquet, Quebec, QC, G1N 2G5
(418) 687-2700   SIC 5149
AQUATERRA CORPORATION   p183
3600 Bainbridge Ave, BURNABY, BC, V5A 4X2
(604) 606-1903   SIC 5149
AQUATERRA CORPORATION   p268
6560 Mcmillan Way, RICHMOND, BC, V6W 1L2
(604) 232-7600   SIC 5149
AQUATERRA CORPORATION   p687
1200 Britannia Rd E, MISSISSAUGA, ON, L4W 4T5
(905) 795-6500   SIC 5149
ARCTIC BEVERAGES LP   p355

107 Mountain View Rd Unit 2, ROSSER, MB, R0H 1E0
(204) 633-8686   SIC 5149

BAKEMARK INGREDIENTS CANADA LIMITED p265
2480 Viking Way, RICHMOND, BC, V6V 1N2
(604) 303-1700   SIC 5149

BIOFORCE CANADA INC p1024
66 Boul Brunswick, DOLLARD-DES-ORMEAUX, QC, H9B 2L3
(514) 421-3441   SIC 5149

BOULANGERIE VACHON INC p1214
8770 Boul Langelier Bureau 230, SAINT-LEONARD, QC, H1P 3C6
(514) 326-5084   SIC 5149

BOULANGERIE VACHON INC p1227
380 Rue Notre-Dame N, SAINTE-MARIE, QC, G6E 2K7
(418) 387-5421   SIC 5149

BROOKSIDE FOODS LTD p178
3899 Mt Lehman Rd, ABBOTSFORD, BC, V2T 5W5
(604) 607-7665   SIC 5149

CAMPBELL COMPANY OF CANADA p992
7151 Rue Jean-Talon E Bureau 708, ANJOU, QC, H1M 3N8
SIC 5149

CANADA BREAD COMPANY, LIMITED p412
135 Melissa St Suite B, RICHIBUCTO ROAD, NB, E3A 6V9
(506) 452-8808   SIC 5149

CANADA BREAD COMPANY, LIMITED p614
155 Nebo Rd Suite 1, HAMILTON, ON, L8W 2E1
(905) 387-3935   SIC 5149

CANADA BREAD COMPANY, LIMITED p718
6645 Tomken Rd Unit 18, MISSISSAUGA, ON, L5T 2C3
SIC 5149

CANADA BREAD COMPANY, LIMITED p809
774 Rye St Unit 17, PETERBOROUGH, ON, K9J 6W9
(705) 745-6753   SIC 5149

CANDA SIX FORTUNE ENTERPRISE CO. LTD p192
8138 North Fraser Way, BURNABY, BC, V5J 0E7
(604) 432-9000   SIC 5149

CARDINAL HEALTH CANADA INC p1141
6800 Aut Transcanadienne, POINTE-CLAIRE, QC, H9R 5L4
SIC 5149

CARGILL LIMITED p66
46450 Range Rd 200 Rr 1 Lcd Main, CAMROSE, AB, T4V 2M9
(780) 678-3815   SIC 5149

CATALYST CAPITAL GROUP INC, THE p55
10233 Elbow Dr Sw Suite 100, CALGARY, AB, T2W 1E8
(403) 252-2404   SIC 5149

CATALYST CAPITAL GROUP INC, THE p254
2755 Lougheed Hwy Suite 10, PORT COQUITLAM, BC, V3B 5Y9
(403) 288-6700   SIC 5149

CLUB COFFEE L.P. p584
55 Carrier Dr Suite 1, ETOBICOKE, ON, M9W 5V9
(416) 675-1300   SIC 5149

COCA-COLA LTD p466
20 Lakeside Park Dr, LAKESIDE, NS, B3T 1L8
(902) 876-8661   SIC 5149

COCA-COLA LTD p743
3389 Steeles Ave E Suite 500, NORTH YORK, ON, M2H 3S8
SIC 5149

COCA-COLA REFRESHMENTS CANADA COMPANY p136
2920 9 Ave N, LETHBRIDGE, AB, T1H 5E4
(403) 328-8891   SIC 5149

COCA-COLA REFRESHMENTS CANADA COMPANY p201
2450 United Blvd Suite D, COQUITLAM, BC, V3K 6G2

SIC 5149

COCA-COLA REFRESHMENTS CANADA COMPANY p218
1484 Iron Mask Rd, KAMLOOPS, BC, V1S 1C7
(250) 374-7389   SIC 5149

COCA-COLA REFRESHMENTS CANADA COMPANY p241
4148 Mostar Rd, NANAIMO, BC, V9T 6C9
(250) 756-2788   SIC 5149

COCA-COLA REFRESHMENTS CANADA COMPANY p259
405 2nd Ave, PRINCE GEORGE, BC, V2L 2Z6
(250) 562-1289   SIC 5149

COCA-COLA REFRESHMENTS CANADA COMPANY p334
765 Vanalman Ave Suite 105, VICTORIA, BC, V8Z 3B8
(250) 727-2222   SIC 5149

COCA-COLA REFRESHMENTS CANADA COMPANY p345
1228 Victoria Ave E, BRANDON, MB, R7A 2A8
(204) 728-1525   SIC 5149

COCA-COLA REFRESHMENTS CANADA COMPANY p393
2200 Vanier Blvd, BATHURST, NB, E2A 7B7
(506) 546-8764   SIC 5149

COCA-COLA REFRESHMENTS CANADA COMPANY p429
51 Sagona Ave Unit 3, MOUNT PEARL, NL, A1N 4P9
(709) 576-1670   SIC 5149

COCA-COLA REFRESHMENTS CANADA COMPANY p454
418 Portsway Ave, EDWARDSVILLE, NS, B2A 4T8
(902) 567-2726   SIC 5149

COCA-COLA REFRESHMENTS CANADA COMPANY p460
Gd, HALIFAX, NS, B3K 5L8
(902) 876-8661   SIC 5149

COCA-COLA REFRESHMENTS CANADA COMPANY p474
101 Macgregor Ave, STELLARTON, NS, B0K 0A2
(902) 752-8505   SIC 5149

COCA-COLA REFRESHMENTS CANADA COMPANY p869
970 Lorne St, SUDBURY, ON, P3C 4R9
(705) 675-2404   SIC 5149

COCA-COLA REFRESHMENTS CANADA COMPANY p880
615 Beaverhall Pl, THUNDER BAY, ON, P7E 3N1
(807) 577-6406   SIC 5149

COCA-COLA REFRESHMENTS CANADA COMPANY p982
2 Aviation Ave, CHARLOTTETOWN, PE, C1E 2M1
SIC 5149

COCA-COLA REFRESHMENTS CANADA COMPANY p1037
885 Boul De La Carriere Bureau 1, GATINEAU, QC, J8Y 6S6
(819) 770-8877   SIC 5149

COCA-COLA REFRESHMENTS CANADA COMPANY p1042
940 Rue Andre-Line, GRANBY, QC, J2J 1E2
(450) 375-2429   SIC 5149

COCA-COLA REFRESHMENTS CANADA COMPANY p1151
990 Av Godin, Quebec, QC, G1M 2X9
(418) 686-4884   SIC 5149

COCA-COLA REFRESHMENTS CANADA COMPANY p1282
355 Henderson Dr, REGINA, SK, S4N 6B9
(800) 218-2653   SIC 5149

DAWN FOOD PRODUCTS (CANADA), LTD p514
275 Steelwell Rd, BRAMPTON, ON, L6T 0C8
(289) 505-4640   SIC 5149

DOMINO'S PIZZA NS CO p545
490 Pinebush Rd Unit 2, CAMBRIDGE, ON, N1T 0A5
(519) 620-6606   SIC 5149

EAUX VIVES WATER INC p1217
11 Ch Des Sabli res Bureau 6, SAINT-MATHIEU-D'HARRICANA, QC, J0Y 1M0
(819) 727-9000   SIC 5149

FGF BRANDS INC p762
1295 Ormont Dr, NORTH YORK, ON, M9L 2W6
(416) 742-7434   SIC 5149

FORTIER BEVERAGES LIMITED p555
158 Second Ave, COCHRANE, ON, P0L 1C0
(705) 272-4305   SIC 5149

FRESHOUSE FOODS LTD p509
65 Reagen's Industrial Pky, BRADFORD, ON, L3Z 0Z9
(905) 775-8880   SIC 5149

GABRIELLA'S KITCHEN INC p204
910 Fitzgerald Ave Unit 301, COURTENAY, BC, V9N 2R5
(250) 334-3209   SIC 5149

GIVAUDAN CANADA CO p688
2400 Matheson Blvd E, MISSISSAUGA, ON, L4W 5G9
(905) 282-9808   SIC 5149

GLOBAL COMMERCE DEVELOPMENT INC p269
11611 Bridgeport Rd, RICHMOND, BC, V6X 1T5
(604) 278-8688   SIC 5149

GROUPE PHOENICIA INC p764
1303 North Service Rd E Unit 4, OAKVILLE, ON, L6H 1A7
(905) 829-2488   SIC 5149

HANNIGAN'S HONEY INC p1305
Gd, SHELLBROOK, SK, S0J 2E0
(306) 747-7782   SIC 5149

HILL'S PET NUTRITION CANADA INC p709
6521 Mississauga Rd, MISSISSAUGA, ON, L5N 1A6
(800) 445-5777   SIC 5149

J.L. BRISSETTE LTEE p1223
24 Rue Brissette, SAINTE-AGATHE-DES-MONTS, QC, J8C 1T4
(819) 326-3263   SIC 5149

JAVA JIVE MERCHANTS LTD p105
9929 77 Ave Nw, EDMONTON, AB, T6E 1M6
SIC 5149

JJ BEAN INC p295
2206 Commercial Dr, VANCOUVER, BC, V5N 4B5
(604) 254-3723   SIC 5149

K+S SEL WINDSOR LTEE p990
10701 Boul Parkway, ANJOU, QC, H1J 1S1
(514) 352-7490   SIC 5149

LANTIC INC p170
5405 64 St, TABER, AB, T1G 2C4
(403) 223-3535   SIC 5149

LIBERTE NATURAL FOODS INC p1193
5000 Rue J.-A.-Bombardier, SAINT-HUBERT, QC, J3Z 1H1
(450) 926-5222   SIC 5149

MEAD JOHNSON NUTRITION (CANADA) CO p624
535 Legget Dr Suite 900, KANATA, ON, K2K 3B8
(613) 595-4700   SIC 5149

MULTI-MARQUES INC p1035
1731 Boul Maloney E, GATINEAU, QC, J8R 1B4
(819) 669-8155   SIC 5149

MULTI-MARQUES INC p1062
3443 Av Francis-Hughes Bureau 1, Laval, QC, H7L 5A6
(450) 629-9444   SIC 5149

NATURE'S SUNSHINE PRODUCTS OF CANADA LTD p515
44 Peel Centre Dr Unit 402, BRAMPTON, ON, L6T 4B5
(905) 458-6100   SIC 5149

NESTLE CANADA INC p217
66700 Othello Rd, HOPE, BC, V0X 1L1
(604) 860-4888   SIC 5149

NESTLE CANADA INC p602
101 Brock Rd S, GUELPH, ON, N1H 6H9
(519) 763-9462   SIC 5149

NESTLE CANADA INC p943
65 Carrier Dr, TORONTO, ON, M9W 5V9
(416) 675-1300   SIC 5149

ORGANIKA HEALTH PRODUCTS INC p272
11880 Machrina Way, RICHMOND, BC, V7A 4V1
SIC 5149

PATISSERIE ROLLAND INC p1070
170 Rue Saint-Charles O, LONGUEUIL, QC, J4H 1C9
(450) 674-4450   SIC 5149

PAULMAC'S PET FOOD INC p810
2365 Whittington Dr, PETERBOROUGH, ON, K9J 0G5
(905) 946-1200   SIC 5149

PEPSI COLA CANADA LTEE p1173
401 Boul De La Riviere, RIMOUSKI, QC, G5L 7R1
(418) 722-8080   SIC 5149

RFI CANADA PARTNERSHIP p945
178 Main St, UNIONVILLE, ON, L3R 2G9
(905) 534-1044   SIC 5149

ROLF C. HAGEN INC p843
5230 Finch Ave E Suite 8, SCARBOROUGH, ON, M1S 5A1
SIC 5149

SEQUEL NATURALS ULC p190
3001 Wayburne Dr Unit 101, BURNABY, BC, V5G 4W3
(604) 945-3133   SIC 5149

SHEARER'S FOODS CANADA, INC p313
1030 Georgia St W Suite 1900, VANCOUVER, BC, V6E 2Y3
(604) 654-8300   SIC 5149

ST-PIERRE, JULES LTEE p1080
1054 Boul Albiny-Paquette, MONT-LAURIER, QC, J9L 1M1
SIC 5149

STONEMILL BAKEHOUSE LIMITED, THE p888
365 Passmore Ave, TORONTO, ON, M1V 4B3
(416) 757-0582   SIC 5149

STORCK CANADA INC p695
2 Robert Speck Pky Suite 695, MISSISSAUGA, ON, L4Z 1H8
(905) 272-4480   SIC 5149

SUNOPTA INC p279
14014 Highway 97 N, SUMMERLAND, BC, V0H 1Z0
(250) 494-0335   SIC 5149

SUNOPTA INC p562
8755 Keele St, CONCORD, ON, L4K 2N1
(905) 738-4304   SIC 5149

TANNIS TRADING INC p786
2390 Stevenage Dr, OTTAWA, ON, K1G 3W3
(613) 736-6000   SIC 5149

TREE OF LIFE CANADA ULC p1208
5626 Boul Thimens, SAINT-LAURENT, QC, H4R 2K9
(514) 333-3343   SIC 5149

TROPHY TRADING INC p20
6210 44 St Se, CALGARY, AB, T2C 4L3
(403) 571-6887   SIC 5149

VISCOFAN CANADA INC p1206
290 Rue Benjamin-Hudon Bureau 2, SAINT-LAURENT, QC, H4N 1J4
(514) 333-1700   SIC 5149

WESTON BAKERIES LIMITED p34
5819 2 St Sw, CALGARY, AB, T2H 0H3
(403) 259-1500   SIC 5149

SIC 5153 Grain and field beans

BROADGRAIN COMMODITIES INC p907
18 King St E Suite 900, TORONTO, ON,

SIC 5154 Livestock

M5C 1C4
(416) 504-0070   SIC 5153
BUNGE CANADA
4605 Boul Lapiniere Bureau 160, BROSSARD, QC, J4Z 3T5
(450) 462-6100   SIC 5153
CARGILL LIMITED   p84
13020 127 Ave Nw, EDMONTON, AB, T5L 4Z5
(780) 454-0475   SIC 5153
CARGILL LIMITED   p993
14 Rte Maritime, BAIE-COMEAU, QC, G4Z 2L6
(418) 296-2233   SIC 5153
CARGILL LIMITED   p1010
7901 Rue Samuel-Hatt, CHAMBLY, QC, J3L 6V7
(450) 447-4600   SIC 5153
CARGILL LIMITED   p1266
Railroad Ave, CONGRESS, SK, S0H 0Y0
(306) 642-4956   SIC 5153
JAMES RICHARDSON & SONS, LIMITED   p375
1 Lombard Pl Suite 3000, WINNIPEG, MB, R3B 0Y1
(204) 953-7970   SIC 5153
LOUIS DREYFUS COMPANY CANADA ULC   p51
525 11 Ave Sw Suite 500, CALGARY, AB, T2R 0C9
(403) 205-3322   SIC 5153
PARRISH & HEIMBECKER, LIMITED   p139
1301 2 Ave S, LETHBRIDGE, AB, T1J 0E8
(403) 328-6622   SIC 5153
PARRISH & HEIMBECKER, LIMITED   p456
730 Marginal Rd, HALIFAX, NS, B3H 0A1
(902) 429-0622   SIC 5153
PARRISH & HEIMBECKER, LIMITED   p482
62 Mill St W, ACTON, ON, L7J 1G4
(519) 853-2850   SIC 5153
PARRISH & HEIMBECKER, LIMITED   p516
308 Orenda Rd, BRAMPTON, ON, L6T 1G1
(905) 789-8585   SIC 5153
PARRISH & HEIMBECKER, LIMITED   p547
140 King St W, CAMBRIDGE, ON, N3H 1B6
(519) 653-6267   SIC 5153
PARRISH & HEIMBECKER, LIMITED   p550
39648 Mount Carmel Dr, CENTRALIA, ON, N0M 1K0
(519) 228-6661   SIC 5153
PARRISH & HEIMBECKER, LIMITED   p568
24162 Denfield Rd Suite 2, DENFIELD, ON, N0M 1P0
(519) 666-1400   SIC 5153
PARRISH & HEIMBECKER, LIMITED   p600
150 Research Lane Suite 205, GUELPH, ON, N1G 4T2
(519) 821-0505   SIC 5153
PARRISH & HEIMBECKER, LIMITED   p617
252 14th St, HANOVER, ON, N4N 3C5
(519) 364-3263   SIC 5153
PARRISH & HEIMBECKER, LIMITED   p979
520 Main St, WYOMING, ON, N0N 1T0
(519) 845-3318   SIC 5153
PARRISH & HEIMBECKER, LIMITED   p1265
220 Main St, BIGGAR, SK, S0K 0M0
(306) 948-1990   SIC 5153
PARRISH & HEIMBECKER, LIMITED   p1297
817 48th St E, SASKATOON, SK, S7K 0X5
(306) 931-1655   SIC 5153
PARRISH & HEIMBECKER, LIMITED   p1297
75 33rd St E, SASKATOON, SK, S7K 0R8
(306) 667-8000   SIC 5153
PARRISH & HEIMBECKER, LIMITED   p1308
Hwy 39, WEYBURN, SK, S4H 2K8
(306) 842-7436   SIC 5153
PATERSON GLOBALFOODS INC   p350
544 Broadway Ave, KILLARNEY, MB, R0K 1G0
(204) 523-8936   SIC 5153
PATERSON GLOBALFOODS INC   p352
8 Stampede Dr, MORRIS, MB, R0G 1K0
(204) 746-2347   SIC 5153
PATERSON GLOBALFOODS INC   p1264

717 Highway 2, ASSINIBOIA, SK, S0H 0B0
(306) 642-5900   SIC 5153
RICHARDSON INTERNATIONAL LIMITED   p160
Gd Lcd Main, RYCROFT, AB, T0H 3A0
(780) 765-2270   SIC 5153
RICHARDSON INTERNATIONAL LIMITED   p248
375 Low Level Rd, NORTH VANCOUVER, BC, V7L 1A7
(604) 987-8855   SIC 5153
RICHARDSON INTERNATIONAL LIMITED   p376
1 Lombard Pl Suite 2800, WINNIPEG, MB, R3B 0X3
(204) 934-5961   SIC 5153
RICHARDSON INTERNATIONAL LIMITED   p1241
10 Rue De La Reine, SOREL-TRACY, QC, J3P 4R2
(450) 743-3893   SIC 5153
RICHARDSON MILLING LIMITED   p354
1 Can-Oat Dr, PORTAGE LA PRAIRIE, MB, R1N 3W1
(204) 857-9700   SIC 5153
RICHARDSON PIONEER LIMITED   p66
Gd Lcd Main, CAMROSE, AB, T4V 1X1
(780) 679-5230   SIC 5153
RICHARDSON PIONEER LIMITED   p134
Gd, LAVOY, AB, T0B 2S0
(780) 658-2408   SIC 5153
RICHARDSON PIONEER LIMITED   p347
Gd, DAUPHIN, MB, R7N 2T3
(204) 622-7665   SIC 5153
RICHARDSON PIONEER LIMITED   p376
1 Lombard Pl Suite 2700, WINNIPEG, MB, R3B 0X8
(204) 934-5961   SIC 5153
RICHARDSON PIONEER LIMITED   p1264
Gd, ASSINIBOIA, SK, S0H 0B0
(306) 642-3612   SIC 5153
SG CERESCO INC   p1222
164 Ch De La Grande-Ligne, SAINT-URBAIN-PREMIER, QC, J0S 1Y0
(450) 427-3831   SIC 5153
SIMPSON SEEDS INC   p1275
1170 N Service Rd, MOOSE JAW, SK, S0H 0N0
(306) 693-9402   SIC 5153
THOMPSONS LIMITED   p505
125 George St, BLENHEIM, ON, N0P 1A0
(519) 676-5446   SIC 5153
THOMPSONS LIMITED   p619
96 Nelson St, HENSALL, ON, N0M 1X0
(519) 262-2527   SIC 5153
THOMPSONS LIMITED   p628
23696 Kent Bridge Rd Rr 2, KENT BRIDGE, ON, N0P 1V0
(519) 352-6311   SIC 5153
THOMPSONS LIMITED   p723
3964 168 Rd, MITCHELL, ON, N0K 1N0
(519) 348-8433   SIC 5153

SIC 5154 Livestock

324007 ALBERTA LTD   p172
Gd Stn Main, VERMILION, AB, T9X 2C1
(780) 853-5372   SIC 5154
324007 ALBERTA LTD   p359
153158 Rd 58 N, VIRDEN, MB, R0M 2C0
(204) 748-2809   SIC 5154
324007 ALBERTA LTD   p1272
Gd Lcd Main, LLOYDMINSTER, SK, S9V 0X5
(306) 825-8831   SIC 5154
324007 ALBERTA LTD   p1279
Gd, PRINCE ALBERT, SK, S6V 5R5
(306) 763-8463   SIC 5154
324007 ALBERTA LTD   p1309
107 York Rd E, YORKTON, SK, S3N 2W4
(306) 783-9437   SIC 5154
BALOG AUCTION SERVICES INC   p138
Gd Lcd Main, LETHBRIDGE, AB, T1J 3Y2

(403) 320-1980   SIC 5154
CATTLEX LTD   p350
Gd, HAMIOTA, MB, R0M 0T0
(204) 764-2471   SIC 5154
GENERVATIONS INC   p548
44 Crawford Cres, Campbellville, ON, L0P 1B0
(905) 873-8700   SIC 5154
MCF HOLDINGS LTD   p28
3410b Ogden Rd Se, CALGARY, AB, T2G 4N5
(403) 290-0860   SIC 5154
NILSSON BROS. INC   p1264
200 Railway Ave N, ASSINIBOIA, SK, S0H 0B0
(306) 642-5358   SIC 5154
ONTARIO STOCKYARDS INC   p564
3807 89 Hwy, COOKSTOWN, ON, L0L 1L0
(705) 458-4000   SIC 5154
PIC CANADA LTD   p1271
Gd, KIPLING, SK, S0G 2S0
(306) 736-2883   SIC 5154
TRIPLE J LIVESTOCK LTD   p174
9004 110a St, WESTLOCK, AB, T7P 2N4
(780) 349-3153   SIC 5154
VALLEY LIVESTOCK SALES   p351
Hwy 10 E, MINITONAS, MB, R0L 1G0
SIC 5154

SIC 5159 Farm-product raw materials, nec

ALTA GENETICS INC   p4
263090 Range Road 11, BALZAC, AB, T0M 0E0
(403) 226-0666   SIC 5159
BARRETT HIDES INC   p496
75 Welham Rd, BARRIE, ON, L4N 8Y3
(705) 734-9905   SIC 5159
COMMERCANT DES PEAUX SHEFFREN LTEE   p1255
3697 Ch De La Baronnie, VARENNES, QC, J3X 1P7
(514) 248-1106   SIC 5159
COUVOIR JOLIBEC (1994) INC   p1188
90 Ch De Joliette, Saint-Felix-de-Valois, QC, J0K 2M0
(450) 889-5561   SIC 5159
ERIEVIEW ACRES INC   p635
1930 Seacliff Dr, KINGSVILLE, ON, N9Y 2N1
(519) 326-3013   SIC 5159
PREMIER HORTICULTURE LTEE   p149
4803 60 St, OLDS, AB, T4H 1V1
(403) 556-7328   SIC 5159
PREMIER HORTICULTURE LTEE   p354
Gd, RICHER, MB, R0E 1S0
SIC 5159
PREMIER HORTICULTURE LTEE   p357
Gd, STE ANNE, MB, R5H 1C1
(204) 422-9777   SIC 5159
PREMIER HORTICULTURE LTEE   p421
9789 Route 116, UPPER REXTON, NB, E4W 3C1
(506) 523-9161   SIC 5159
PREMIER HORTICULTURE LTEE   p1143
480 Rue Granier, POINTE-LEBEL, QC, G0H 1N0
(418) 589-6161   SIC 5159

SIC 5162 Plastics materials and basic shapes

EM PLASTIC & ELECTRIC PRODUCTS LIMITED   p514
14 Brewster Rd, BRAMPTON, ON, L6T 5B7
SIC 5162
FABCO PLASTIQUES INC   p667
2175 Teston Rd Po Box 2175 Stn Main, MAPLE, ON, L6A 1T3
(905) 832-0600   SIC 5162
GROUPE POLYALTO INC   p1212
4105 Rue Hickmore, SAINT-LAURENT, QC,

H4T 1S5
(514) 738-6817   SIC 5162
LAIRD PLASTICS (CANADA) INC   p520
155 Orenda Rd Unit 4, BRAMPTON, ON, L6W 1W3
(905) 595-4800   SIC 5162
MULTI-PLASTICS CANADA CO   p958
55 Moore Crt, WHITBY, ON, L1N 9Z8
(905) 430-7511   SIC 5162
SABIC INNOVATIVE PLASTICS CANADA INC   p555
44 Normar Rd, COBOURG, ON, K9A 4L7
(905) 372-6801   SIC 5162

SIC 5169 Chemicals and allied products, nec

AIR LIQUIDE CANADA INC   p15
3004 54 Ave Se, CALGARY, AB, T2C 0A7
(403) 777-4700   SIC 5169
AIR LIQUIDE CANADA INC   p608
680 Burlington St E, HAMILTON, ON, L8L 4J8
(905) 529-0500   SIC 5169
AIR LIQUIDE CANADA INC   p1151
225 Rue Fortin, Quebec, QC, G1M 3M2
(418) 683-1917   SIC 5169
AIR LIQUIDE CANADA INC   p1255
3575 Boul Marie Victorin, VARENNES, QC, J3X 1P9
(450) 652-0611   SIC 5169
AIRGAS CANADA INC   p207
634 Derwent Way, DELTA, BC, V3M 5P8
(604) 520-0355   SIC 5169
ARCH CHEMICALS CANADA, INC   p769
160 Warner Dr, OAKVILLE, ON, L6L 6E7
(905) 847-9878   SIC 5169
AZELIS CANADA INC   p1002
1570 Rue Ampere Bureau 106, BOUCHERVILLE, QC, J4B 7L4
(450) 449-6363   SIC 5169
BAKER HUGHES CANADA COMPANY   p40
401 9 Ave Sw Suite 1300, CALGARY, AB, T2P 3C5
(403) 537-3573   SIC 5169
BAYER CROPSCIENCE INC   p599
160 Research Lane Suite 5, GUELPH, ON, N1G 5B2
(519) 767-3366   SIC 5169
BRENNTAG CANADA INC   p16
3124 54 Ave Se, CALGARY, AB, T2C 0A8
(403) 720-5650   SIC 5169
BRENNTAG CANADA INC   p135
6628 45 St, LEDUC, AB, T9E 7C9
(780) 986-4544   SIC 5169
BRENNTAG CANADA INC   p229
20333 102b Ave, LANGLEY, BC, V1M 3H1
(604) 513-9009   SIC 5169
BRENNTAG CANADA INC   p364
681 Plinguet St, WINNIPEG, MB, R2J 2X2
(204) 233-3416   SIC 5169
BRENNTAG CANADA INC   p577
43 Jutland Rd, ETOBICOKE, ON, M8Z 2G6
(416) 259-8231   SIC 5169
BRENNTAG CANADA INC   p684
6395 Northwest Dr, MISSISSAUGA, ON, L4V 1K2
(905) 671-1511   SIC 5169
BRENNTAG CANADA INC   p1056
2900 Boul Jean-Baptiste-Deschamps, LACHINE, QC, H8T 1C8
(514) 636-9230   SIC 5169
BROLAIN DISTRIBUTORS LTD   p545
1731 Bishop St, CAMBRIDGE, ON, N1T 1N5
(519) 740-9311   SIC 5169
BRUDERHEIM ENERGY TERMINAL LTD   p9
555018 Range Road 202, BRUDERHEIM, AB, T0B 0S0
(403) 604-6605   SIC 5169
CANADA COLORS AND CHEMICALS (EASTERN) LIMITED   p901
175 Bloor St E Suite 1300, TORONTO, ON, M4W 3R8

(416) 443-5500   SIC 5169
CANADA COLORS AND CHEMICALS (EASTERN) LIMITED   p1208
9999 Rte Transcanadienne, SAINT-LAURENT, QC, H4S 1V1
(514) 333-7820   SIC 5169
CANADA COLORS AND CHEMICALS LIMITED   p135
7106 42 St, LEDUC, AB, T9E 0R8
(780) 224-3841   SIC 5169
CANADA COLORS AND CHEMICALS LIMITED   p519
238 Glidden Rd Suite 3, BRAMPTON, ON, L6W 1H8
(905) 459-1232   SIC 5169
CASCADE AQUA-TECH LTD   p185
3215 Norland Ave Suite 100, BURNABY, BC, V5B 3A9
(604) 291-6101   SIC 5169
CHAMPION TECHNOLOGIES ULC   p16
6040 46 St Se, CALGARY, AB, T2C 4P9
(403) 279-2835   SIC 5169
CHAMPION TECHNOLOGIES ULC   p42
Gd Lcd 1, CALGARY, AB, T2P 2G8
(403) 234-7881   SIC 5169
CHAMPION TECHNOLOGIES ULC   p42
815 8 Ave Sw Suite 1400, CALGARY, AB, T2P 3P2
(403) 234-7881   SIC 5169
CHAMPION TECHNOLOGIES ULC   p141
5201 63 St, LLOYDMINSTER, AB, T9V 2E7
(780) 875-7488   SIC 5169
CHARLES TENNANT & COMPANY (CANADA) LIMITED   p763
34 Clayson Rd, NORTH YORK, ON, M9M 2G8
(416) 741-9264   SIC 5169
CHARTON-HOBBS INC   p1257
3000 Boul Rene-Levesque Bureau 400, VERDUN, QC, H3E 1T9
(514) 353-8955   SIC 5169
CHEMTRADE LOGISTICS (US) INC   p743
155 Gordon Baker Rd Suite 300, NORTH YORK, ON, M2H 3N5
(416) 496-5856   SIC 5169
CHEMTRADE PERFORMANCE CHEMICALS US, LLC   p743
155 Gordon Baker Rd Suite 300, NORTH YORK, ON, M2H 3N5
(416) 496-5856   SIC 5169
CLARIANT (CANADA) INC   p941
2 Lone Oak Crt, TORONTO, ON, M9C 5R9
(416) 847-7000   SIC 5169
CLEARTECH INDUSTRIES LIMITED PARTNERSHIP   p91
11750 180 St Nw, EDMONTON, AB, T5S 1N7
SIC 5169
CLOROX COMPANY OF CANADA, LTD, THE   p519
150 Biscayne Cres, BRAMPTON, ON, L6W 4V3
(905) 595-8200   SIC 5169
COMPAGNIE DES CHEMINS DE FER NATIONAUX DU CANADA   p1211
8050 Boul Cavendish, SAINT-LAURENT, QC, H4T 1T1
(514) 734-2121   SIC 5169
COMPASS MINERALS CANADA CORP   p441
327 Smith Rd, AMHERST, NS, B4H 3Y4
(902) 667-3388   SIC 5169
DYNO NOBEL CANADA INC   p1230
2697 Boul Sainte-Sophie, SAINTE-SOPHIE, QC, J5J 2V3
(450) 438-8681   SIC 5169
EMERY OLEOCHEMICALS CANADA LTD   p577
425 Kipling Ave, ETOBICOKE, ON, M8Z 5C7
SIC 5169
EVONIK INDUSTRIES   p667
1380 County Road 2, MAITLAND, ON, K0E 1P0
(613) 348-7171   SIC 5169

EVONIK OIL ADDITIVES CANADA IN   p723
12695 County Road 28, MORRISBURG, ON, K0C 1X0
(613) 543-2983   SIC 5169
EXPLOSIVES LIMITED   p31
5511 6 St Se, CALGARY, AB, T2H 1L6
(403) 255-7776   SIC 5169
GALATA CHEMICALS (CANADA) INC   p509
10 Reagen's Industrial Pky, BRADFORD, ON, L3Z 2A4
(905) 775-5000   SIC 5169
GE WATER & PROCESS TECHNOLOGIES CANADA   p602
18 Royal Rd, GUELPH, ON, N1H 1G3
SIC 5169
HENKEL CANADA CORPORATION   p709
2515 Meadowpine Blvd Unit 1, MISSISSAUGA, ON, L5N 6C3
(905) 814-5391   SIC 5169
INTERNATIONAL SUPPLIERS AND CONTRACTORS INC   p994
19201 Av Clark-Graham, Baie-D'Urfe, QC, H9X 3P5
(514) 457-5362   SIC 5169
INVISTA (CANADA) COMPANY   p667
1400 County Rd 2, MAITLAND, ON, K0E 1P0
(613) 348-4204   SIC 5169
ITW CANADA INC   p592
35 Brownridge Rd Unit 1, GEORGETOWN, ON, L7G 0C6
(905) 693-8900   SIC 5169
J. D. IRVING, LIMITED   p417
225 Thorne Ave, SAINT JOHN, NB, E2L 4L9
(506) 633-4095   SIC 5169
KIMBERLY-CLARK INC   p993
7400 Boul Des Galeries D'anjou, ANJOU, QC, H1M 3M2
SIC 5169
L.V. LOMAS LIMITED   p1026
1660 Boul Hymus, DORVAL, QC, H9P 2N6
(514) 683-0660   SIC 5169
LES PETROLES R. TURMEL INC   p1055
4575 Rue Latulippe Bureau 1, Lac-Megantic, QC, G6B 3H1
(819) 583-3838   SIC 5169
LINDE CANADA LIMITED   p515
2090 Steeles Ave E, BRAMPTON, ON, L6T 1A7
(905) 790-3679   SIC 5169
LINDE CANADA LIMITED   p714
5860 Chedworth Way, MISSISSAUGA, ON, L5R 0A2
(905) 501-1700   SIC 5169
LINDE CANADA LIMITED   p1074
1980 Rue Saint-Patrice E, MAGOG, QC, J1X 3W5
(819) 847-3036   SIC 5169
LINDE CANADA LIMITED   p1152
579 Av Godin, Quebec, QC, G1M 3G7
(418) 688-0150   SIC 5169
MEGLOBAL CANADA INC   p153
Hwy 597 Prentiss Rd, RED DEER, AB, T4N 6N1
(403) 885-7000   SIC 5169
NCH CANADA INC   p515
247 Orenda Rd, BRAMPTON, ON, L6T 1E6
(905) 457-5220   SIC 5169
NEXEO SOLUTIONS CANADA CORP   p267
2060 Viceroy Pl Suite 100, RICHMOND, BC, V6V 1Y9
(800) 563-3435   SIC 5169
NEXEO SOLUTIONS CANADA CORP p1131
10515 Rue Notre-Dame E, MONTREAL-EST, QC, H1B 2V1
(514) 650-3865   SIC 5169
ORICA CANADA INC   p67
3 Mount W Hwy 24, CARSELAND, AB, T0J 0M0
(403) 936-2350   SIC 5169
ORICA CANADA INC   p869
62 Frood Rd, SUDBURY, ON, P3C 4Z3
(705) 674-1913   SIC 5169
POLAR EXPLOSIVES LTD   p439

349 Old Airport Rd Suite 104, YELLOWKNIFE, NT, X1A 3X6
(867) 880-4613   SIC 5169
POLYTECH CANADA INC   p961
5505 Rhodes Dr, WINDSOR, ON, N8N 2M1
SIC 5169
PRAXAIR CANADA INC   p114
9020 24 St Nw, EDMONTON, AB, T6P 1X8
(905) 803-1600   SIC 5169
PRAXAIR CANADA INC   p208
1470 Derwent Way, DELTA, BC, V3M 6H9
(604) 527-0700   SIC 5169
PRAXAIR CANADA INC   p367
650 Nairn Ave, WINNIPEG, MB, R2L 0X5
(204) 663-4393   SIC 5169
PRAXAIR CANADA INC   p373
635 Mcphillips St, WINNIPEG, MB, R2X 2H1
(204) 589-7363   SIC 5169
PRAXAIR CANADA INC   p520
165 Biscayne Cres, BRAMPTON, ON, L6W 4R3
(905) 450-9353   SIC 5169
PRAXAIR CANADA INC   p991
8151 Boul Metropolitain E, ANJOU, QC, H1J 1X6
(514) 353-3340   SIC 5169
PRAXAIR CANADA INC   p1131
10449 Boul Metropolitain E, MONTREAL-EST, QC, H1B 1A1
(514) 645-5020   SIC 5169
PRAXAIR CANADA INC   p1210
3200 Boul Pitfield Bureau 100, SAINT-LAURENT, QC, H4S 1K6
(514) 324-0202   SIC 5169
PROCTER & GAMBLE INC   p749
4711 Yonge St, NORTH YORK, ON, M2N 6K8
(416) 730-4141   SIC 5169
QUADRA CHIMIE LTEE   p210
7930 Vantage Way, DELTA, BC, V4G 1A8
(604) 940-2313   SIC 5169
QUADRA CHIMIE LTEE   p537
1100 Blair Rd, BURLINGTON, ON, L7M 1K9
(905) 336-9133   SIC 5169
QUADRA CHIMIE LTEE   p1256
3901 Rue F.-X.-Tessier, VAUDREUIL-DORION, QC, J7V 5V5
(450) 424-0161   SIC 5169
R.M. FERGUSON & COMPANY INC   p516
235 Advance Blvd Suite 1, BRAMPTON, ON, L6T 4J2
(905) 458-5553   SIC 5169
RUSTBLOCK CORROSION PRETECTION INC   p1215
5730 Boul Robert, SAINT-LEONARD, QC, H1P 1M4
(514) 722-1928   SIC 5169
SARDIS EXPLOSIVES (2000) LTD   p198
6890 Lickman Rd, CHILLIWACK, BC, V2R 4A9
(604) 858-6919   SIC 5169
SUPERIOR GENERAL PARTNER INC p1034
101 Ch Donaldson, GATINEAU, QC, J8L 3X3
(819) 986-1135   SIC 5169
T.F. WARREN GROUP INC   p529
57 Old Onondaga Rd W, BRANTFORD, ON, N3T 5M1
(519) 756-8222   SIC 5169
TEMPO CANADA INC   p772
1175 North Service Rd W Suite 200, OAKVILLE, ON, L6M 2W1
(905) 339-3309   SIC 5169
THAMES RIVER CHEMICAL CORP   p535
5230 Harvester Rd, BURLINGTON, ON, L7L 4X4
(905) 681-5353   SIC 5169
UNIVAR CANADA LTD   p97
16911 118 Ave Nw, EDMONTON, AB, T5V 1H3
(780) 452-6655   SIC 5169
UNIVAR CANADA LTD   p763
64 Arrow Rd, NORTH YORK, ON, M9M 2L9
(416) 740-5300   SIC 5169

UNIVAR CANADA LTD   p1027
2200 Ch Saint-Francois, DORVAL, QC, H9P 1K2
(514) 421-0303   SIC 5169
VITALAIRE CANADA INC   p94
18244 102 Ave Nw, EDMONTON, AB, T5S 1S7
(780) 944-0202   SIC 5169
VITALAIRE CANADA INC   p521
8 Bram Crt, BRAMPTON, ON, L6W 3R6
(905) 455-2449   SIC 5169
VITALAIRE CANADA INC   p712
6990 Creditview Rd Unit 6, MISSISSAUGA, ON, L5N 8R9
(905) 855-0414   SIC 5169
VITALAIRE CANADA INC   p788
1155 Lola St Suite 2, OTTAWA, ON, K1K 4C1
(613) 741-0202   SIC 5169
XL PERFORATING PARTNERSHIP   p21
6060 86 Ave Se, CALGARY, AB, T2C 4L7
(403) 255-7776   SIC 5169

SIC 5171 Petroleum bulk stations and terminals

3200221 MANITOBA LTD   p358
Po Box 779, STONEWALL, MB, R0C 2Z0
(204) 467-8282   SIC 5171
BEELAND CO-OPERATIVE ASSOCIATION LIMITED   p1307
1101 99 St, TISDALE, SK, S0E 1T0
(306) 873-2688   SIC 5171
BIRCH HILLS CO-OPERATIVE ASSOCIATION LIMITED   p1265
1 Wilson St, Birch Hills, SK, S0J 0G0
(306) 749-2255   SIC 5171
BOUCHER & JONES INC   p950
155 Roger St Suite 1, WATERLOO, ON, N2J 1B1
(519) 653-3501   SIC 5171
CHURCHBRIDGE CO-OPERATIVE ASSOCIATION LIMITED, THE   p1266
Gd, Churchbridge, SK, S0A 0M0
(306) 896-2575   SIC 5171
HERBERT CO-OPERATIVE ASSOCIATION LIMITED   p1270
32 Shaw St, Herbert, SK, S0H 2A0
SIC 5171
HUMBOLDT CO-OPERATIVE ASSOCIATION LIMITED, THE   p1270
520 Main St, HUMBOLDT, SK, S0K 2A1
(306) 682-2632   SIC 5171
INTERLAKE CONSUMERS CO-OPERATIVE LIMITED   p343
253 Main St, Arborg, MB, R0C 0A0
(204) 376-5245   SIC 5171
KENNEDY ENERGY   p359
861 Gordon Ave, THE PAS, MB, R9A 1K9
(204) 623-5435   SIC 5171
LAKELAND PETROLEUM SERVICES CO-OPERATIVE LTD   p7
6020 54 Ave, Bonnyville, AB, T9N 2M8
(780) 826-3349   SIC 5171
MAX FUEL DISTRIBUTORS LTD   p164
701 12 Ave Ne, SLAVE LAKE, AB, T0G 2A2
(780) 849-3820   SIC 5171
SUNCOR ENERGY INC   p257
1154 Glenayre Dr, PORT MOODY, BC, V3H 1J7
(604) 933-3000   SIC 5171
UPI INC   p603
7060 Wellington Road 124, GUELPH, ON, N1H 6J3
(519) 824-7370   SIC 5171

SIC 5172 Petroleum products, nec

9225-4002 QUEBEC INC   p1166
5150 Boul Pierre-Bertrand, Quebec, QC, G2J 1B7
(418) 621-5150   SIC 5172

993106 ALBERTA LTD p114
1444 78 Ave Nw, EDMONTON, AB, T6P 1L7
(780) 438-5930   SIC 5172
AFD PETROLEUM LTD p114
1444 78 Ave Nw, EDMONTON, AB, T6P 1L7
(780) 438-5930   SIC 5172
ARLYN ENTERPRISES LTD p15
6303 30 St Se Unit 112, CALGARY, AB, T2C 1R4
(403) 279-2223   SIC 5172
ASIG CANADA LTD p683
7440 Torbram Rd, MISSISSAUGA, ON, L4T 1G9
(905) 694-2813   SIC 5172
ASIG CANADA LTD p712
5600 Silver Dart Dr, MISSISSAUGA, ON, L5P 1B2
(905) 694-2846   SIC 5172
ASIG CANADA LTD p1299
2515 Airport Rd Suite 7, SASKATOON, SK, S7L 1M4
(306) 651-6018   SIC 5172
BLUE WATER (QUEBEC) LIMITED p450
40 Topple Dr, DARTMOUTH, NS, B3B 1L6
(902) 468-4900   SIC 5172
BW FOUNDERS HOLDCO LTD p450
30 Oland Crt, DARTMOUTH, NS, B3B 1V2
(902) 481-0515   SIC 5172
CANADA IMPERIAL OIL LIMITED p42
237 4 Ave Sw Suite 2480, CALGARY, AB, T2P 0H6
(800) 567-3776   SIC 5172
CANADA IMPERIAL OIL LIMITED p828
602 Christina St S, SARNIA, ON, N7T 7M5
(519) 339-2000   SIC 5172
CASE 'N DRUM OIL LP p659
3462 White Oak Rd, LONDON, ON, N6E 2Z9
(519) 681-3772   SIC 5172
CHEVRON LUBRICANTS CANADA INC p718
6975 Pacific Cir Suite A, MISSISSAUGA, ON, L5T 2H3
SIC 5172
COMPLETE AVIATION SERVICES LTD p809
Ss 5 Stn Delivery Centre, PETERBOROUGH, ON, K9J 6X6
(705) 745-8626   SIC 5172
COOP FEDEREE, LA p1007
4050 Boul Matte, BROSSARD, QC, J4Y 2Z2
(450) 444-1211   SIC 5172
DAVIS FUEL COMPANY LIMITED p532
22 King St, BURFORD, ON, N0E 1A0
(519) 449-2417   SIC 5172
DEVON CANADA CORPORATION p170
Gd, SWAN HILLS, AB, T0G 2C0
(780) 333-7800   SIC 5172
ENERGIE VALERO INC p428
208 Humphrey Rd, LABRADOR CITY, NL, A2V 2K2
(709) 944-5144   SIC 5172
ENERGIE VALERO INC p433
39 Pippy Pl, ST. JOHN'S, NL, A1B 3X2
(709) 754-1880   SIC 5172
ENERGIE VALERO INC p502
406 Maitland Dr Rr 5, BELLEVILLE, ON, K8N 4Z5
(613) 962-4504   SIC 5172
ENERGIE VALERO INC p1106
1801 Av Mcgill College Bureau 1300, Montreal, QC, H3A 2N4
(514) 982-8200   SIC 5172
FUCHS LUBRICANTS CANADA LTD p545
405 Dobbie Dr, CAMBRIDGE, ON, N1T 1S8
(519) 622-2040   SIC 5172
GIBSON ENERGY ULC p6
5503 63rd Ave, BLACKFOOT, AB, T0B 0L0
(780) 875-0070   SIC 5172
GIBSON ENERGY ULC p17
5205 76 Ave Se, CALGARY, AB, T2C 3C6
(403) 236-3933   SIC 5172
GIBSON ENERGY ULC p114
10534 17 St Nw, EDMONTON, AB, T6P 1P4
(780) 449-9350   SIC 5172
GIBSON ENERGY ULC p120
235 Macalpine Cres Suite 1a, FORT MCMURRAY, AB, T9H 4A5
(780) 715-1001   SIC 5172
GIBSON ENERGY ULC p126
9502 42 Ave, GRANDE PRAIRIE, AB, T8V 5N3
(780) 539-4427   SIC 5172
GIBSON ENERGY ULC p130
Rr 95 Hwy 13, HARDISTY, AB, T0B 1V0
(780) 888-8200   SIC 5172
GIBSON ENERGY ULC p141
5503 63 Ave, LLOYDMINSTER, AB, T9V 3T8
(780) 808-2400   SIC 5172
GIBSON ENERGY ULC p280
13733 116 Ave, SURREY, BC, V3R 0T2
(604) 589-8244   SIC 5172
GROUPE PETROLIER OLCO ULC p1132
2775 Av Georges-V, MONTREAL-EST, QC, H1L 6J7
(514) 645-6526   SIC 5172
KILDAIR SERVICE ULC p1243
1000 Montee Des Pionniers Bureau 110, TERREBONNE, QC, J6V 1S8
(450) 756-8091   SIC 5172
LUBRICOR INC p952
475 Conestogo Rd, WATERLOO, ON, N2L 4C9
(519) 884-8455   SIC 5172
MCKEOWN AND WOOD FUELS LIMITED p725
373 Centre St N, NAPANEE, ON, K7R 1P7
(613) 354-6505   SIC 5172
MOTOSEL INDUSTRIAL GROUP INC p202
204 Cayer St Unit 407, COQUITLAM, BC, V3K 5B1
(604) 629-8733   SIC 5172
NOCO CANADA COMPANY p579
5468 Dundas St W Suite 401, ETOBICOKE, ON, M9B 6E3
(416) 232-6626   SIC 5172
NOCO CANADA INC p940
2 Bradpenn Rd, TORONTO, ON, M8Z 5S9
(416) 201-9900   SIC 5172
PARKLAND FUEL CORPORATION p127
14605 97 St, GRANDE PRAIRIE, AB, T8V 7B6
(780) 538-2212   SIC 5172
PARKLAND FUEL CORPORATION p534
1122 International Blvd Suite 700, BURLINGTON, ON, L7L 6Z8
(905) 639-2060   SIC 5172
PETRO-CANADA LUBRICANTS INC p702
2310 Lakeshore Rd W, MISSISSAUGA, ON, L5J 1K2
(905) 804-3600   SIC 5172
PETROLES CREVIER INC p1207
2025 Rue Lucien-Thimens, SAINT-LAURENT, QC, H4R 1K8
(514) 331-2951   SIC 5172
PFI FUELS INC p881
1250 Rosslyn Rd, THUNDER BAY, ON, P7E 6V9
(807) 475-7667   SIC 5172
PHILIPPE GOSSELIN & ASSOCIES LIMITEE p1227
424 2e Av Du Parc-Industriel, SAINTE-MARIE, QC, G6E 1B6
(418) 387-5493   SIC 5172
PLH AVIATION SERVICES INC p25
2000 Airport Rd Ne Suite 124, CALGARY, AB, T2E 6W5
(403) 221-1920   SIC 5172
PLH AVIATION SERVICES INC p81
Gd, EDMONTON, AB, T5J 2G8
(780) 890-4400   SIC 5172
PLH AVIATION SERVICES INC p383
1860 Saskachewan Ave, WINNIPEG, MB, R3H 0G8
(204) 958-7670   SIC 5172
PLH AVIATION SERVICES INC p454
438 Cygnet Dr, ENFIELD, NS, B2T 1K3
(902) 873-3543   SIC 5172
PLH AVIATION SERVICES INC p796
265 Leckie Pvt, OTTAWA, ON, K1V 1S3
(613) 247-8722   SIC 5172
PROVMAR FUELS INC p609
605 James St N Suite 202, HAMILTON, ON, L8L 1J9
(905) 549-9402   SIC 5172
SAFETY-KLEEN CANADA INC. p210
7803 Progress Way, DELTA, BC, V4G 1A3
(604) 952-4700   SIC 5172
SERVICE D'ECHANGE RAPIDGAZ INC p1041
241 Rue Saint-Charles S, GRANBY, QC, J2G 7A7
(450) 375-6644   SIC 5172
SHELL CANADA LIMITED p185
201 Kensington Ave, BURNABY, BC, V5B 4B2
(604) 298-2484   SIC 5172
SHELL CANADA LIMITED p749
90 Sheppard Ave E Suite 600, NORTH YORK, ON, M2N 6Y2
(416) 227-7111   SIC 5172
SHELTON CORPORATION LIMITED p575
2200 Lake Shore Blvd W Suite 103, ETOBICOKE, ON, M8V 1A4
(416) 251-8517   SIC 5172
SINOCANADA PETROLEUM CORPORATION p49
444 7 Ave Sw Unit 800, CALGARY, AB, T2P 0X8
SIC 5172
SKF CANADA LIMITED p535
4380 South Service Rd Unit 17, BURLINGTON, ON, L7L 5Y6
(905) 631-1821   SIC 5172
SOCIETE PETROLIERE P.L.C. INC p1066
4 Rue Du Vallon E, Levis, QC, G6V 9J3
(418) 833-9602   SIC 5172
SUNCOR ENERGY PRODUCTS INC p829
1900 River Rd, SARNIA, ON, N7T 7J3
(519) 337-2301   SIC 5172
SUPER-SAVE ENTERPRISES LTD p1199
840 Rue De Martigny O, Saint-Jerome, QC, J5L 1Z6
(450) 438-2587   SIC 5172
TIDAL ENERGY MARKETING INC p50
237 4 Ave Sw Suite 2000, CALGARY, AB, T2P 4K3
(403) 205-7770   SIC 5172
TRAVEL CENTRE CANADA INC, THE p978
535 Mill St, WOODSTOCK, ON, N4S 7V6
(519) 421-3144   SIC 5172
UNITED FARMERS OF ALBERTA CO-OPERATIVE LIMITED p115
6510 20 St Nw, EDMONTON, AB, T6P 1Z2
(780) 450-0000   SIC 5172
WAKEFIELD CANADA INC p281
10824 152 St Suite 55, SURREY, BC, V3R 4H2
(604) 585-1030   SIC 5172
WAKEFIELD CANADA INC p576
3620 Lake Shore Blvd W, ETOBICOKE, ON, M8W 1N6
(416) 252-5511   SIC 5172
WILBUR, DAVID PRODUCTS LTD p982
155 Belvedere Ave, CHARLOTTETOWN, PE, C1A 2Y9
(902) 566-5011   SIC 5172

SIC 5181 Beer and ale

BREWERS RETAIL INC p519
69 First Gulf Blvd, BRAMPTON, ON, L6W 4T8
(905) 450-2799   SIC 5181
BREWERS RETAIL INC p876
184 Camelot St, THUNDER BAY, ON, P7A 4A9
(807) 345-3561   SIC 5181
BREWERS' DISTRIBUTOR LTD p12
2930 Centre Ave Ne, CALGARY, AB, T2A 4Y2
(403) 531-1050   SIC 5181
BREWERS' DISTRIBUTOR LTD p255
1711 Kingsway Ave, PORT COQUITLAM, BC, V3C 0B6
(604) 927-4055   SIC 5181
BREWERS' DISTRIBUTOR LTD p388
1370 Sony Pl Unit 300, WINNIPEG, MB, R3T 1N5
(204) 958-7930   SIC 5181
BREWERS' DISTRIBUTOR LTD p1293
2630a Jasper Ave, SASKATOON, SK, S7J 2K2
(306) 931-0110   SIC 5181
LABATT BREWING COMPANY LIMITED p1035
1675 Rue Atmec, GATINEAU, QC, J8R 3Y2
(800) 361-5252   SIC 5181
LABATT BREWING COMPANY LIMITED p1259
395 Boul Labbe N, VICTORIAVILLE, QC, G6P 1B1
SIC 5181
LIQUOR CONTROL BOARD OF ONTARIO, THE p795
1980 Bank St, OTTAWA, ON, K1V 0E8
(613) 733-6322   SIC 5181
MOLSON CANADA 2005 p410
170 Macnaughton Ave, MONCTON, NB, E1H 3L9
(506) 389-4355   SIC 5181
MOLSON CANADA 2005 p1035
1655 Rue Atmec, GATINEAU, QC, J8R 3Y2
(819) 669-1786   SIC 5181
MOLSON CANADA 2005 p1174
220 Montee Industrielle-Et-Commerciale, RIMOUSKI, QC, G5M 1A5
(418) 723-1786   SIC 5181
MOOSEHEAD BREWERIES LIMITED p452
656 Windmill Rd, DARTMOUTH, NS, B3B 1B8
(902) 468-7040   SIC 5181
PREMIUM BEER COMPANY INC, THE p943
275 Belfield Rd, TORONTO, ON, M9W 7H9
(905) 855-7743   SIC 5181

SIC 5182 Wine and distilled beverages

BEAM CANADA INC p576
3300 Bloor St W Ctr Tower 5th Suite 40, ETOBICOKE, ON, M8X 2X3
(416) 849-7300   SIC 5182
BISHOP'S CELLAR LIMITED, THE p457
1477 Lower Water St, HALIFAX, NS, B3J 3Z4
(902) 490-2675   SIC 5182
DIAGEO CANADA INC p1232
1 Rue Salaberry, SALABERRY-DE-VALLEYFIELD, QC, J6T 2G9
(450) 373-3230   SIC 5182
HIRAM WALKER & SONS LIMITED p961
156 East Pike Creek Rd, WINDSOR, ON, N8N 2L9
(519) 735-9486   SIC 5182
MIELZYNSKI, PETER AGENCIES LIMITED p765
231 Oak Park Blvd Suite 400, OAKVILLE, ON, L6H 7S8
(905) 257-2116   SIC 5182
SELECT WINE MERCHANTS LTD p305
1122 Mainland St Suite 470, VANCOUVER, BC, V6B 5L1
(604) 687-8199   SIC 5182
SOCIETE DES ALCOOLS DU QUEBEC p993
7500 Boul Des Galeries D'anjou Bureau 56, ANJOU, QC, H1M 3M4
(514) 353-3068   SIC 5182
SOCIETE DES ALCOOLS DU QUEBEC p1074
790 Rue Principale O, MAGOG, QC, J1X 2B3
(819) 843-4543   SIC 5182
SOCIETE DES ALCOOLS DU QUEBEC p1093

1690 Av Du Mont-Royal E, Montreal, QC, H2J 1Z5
(514) 521-8230 *SIC 5182*

SIC 5191 Farm supplies

AGRICO CANADA LIMITED p683
2896 Slough St Unit 6, MISSISSAUGA, ON, L4T 1G3
(905) 672-5700 *SIC 5191*

ASPLUNDH CANADA ULC p145
Gd, MILLARVILLE, AB, T0L 1K0
SIC 5191

ATLANTIC RETAIL CO-OPERATIVES FEDERATION p470
47 Minas Ware House Rd, NEW MINAS, NS, B4N 5A5
(902) 681-6124 *SIC 5191*

BAYER CROPSCIENCE INC p1281
295 Henderson Dr, REGINA, SK, S4N 6C2
(306) 721-4500 *SIC 5191*

BAYER CROPSCIENCE INC p1294
5 Clumbers Hwy 41, SASKATOON, SK, S7K 7E9
(306) 477-9400 *SIC 5191*

BRADFORD GREENHOUSES LIMITED p509
2433 12th Conc, BRADFORD, ON, L3Z 2B2
(905) 775-4769 *SIC 5191*

BRETT-YOUNG SEEDS LIMITED p391
Hwy 330 And Hwy 100 Sw Corner, WINNIPEG, MB, R3V 1L5
(204) 261-7932 *SIC 5191*

BULANI AGRO INC p1265
801 Hwy 4, BIGGAR, SK, S0K 0M0
(306) 948-1800 *SIC 5191*

CARGILL LIMITED p365
627 Plinguet St, WINNIPEG, MB, R2J 2W9
SIC 5191

CARGILL LIMITED p567
159 Talbot St Rr 1, COURTLAND, ON, N0J 1E0
(519) 688-2151 *SIC 5191*

CARGILL LIMITED p866
127 Zimmerman St, STRATHROY, ON, N7G 2G7
(519) 245-9600 *SIC 5191*

CARGILL LIMITED p1191
5928 Boul Cousineau Bureau 300, SAINT-HUBERT, QC, J3Y 7R9
(450) 676-8607 *SIC 5191*

CARGILL LIMITED p1275
Gd Lcd Main, MOOSE JAW, SK, S6H 4N6
(306) 693-3651 *SIC 5191*

COOP FEDEREE, LA p1003
1580 Rue Eiffel, BOUCHERVILLE, QC, J4B 5Y1
(450) 449-6344 *SIC 5191*

COOP FEDEREE, LA p1045
845 Rue Papineau, JOLIETTE, QC, J6E 2L6
(450) 759-2536 *SIC 5191*

COOP FEDEREE, LA p1184
249 Rue Principale, SAINT-DAMASE, QC, J0H 1J0
(450) 797-2691 *SIC 5191*

DLF PICKSEED CANADA INC p377
1884 Brookside Blvd, WINNIPEG, MB, R3C 2E6
(204) 633-0088 *SIC 5191*

FEDERATED CO-OPERATIVES LIMITED p1276
806 Park Ave, MOOSOMIN, SK, S0G 3N0
(306) 435-3331 *SIC 5191*

GASTRONOME ANIMAL INC, LE p1225
300 Rang Des Ecossais, SAINTE-BRIGIDE-D'IBERVILLE, QC, J0J 1X0
(450) 469-0921 *SIC 5191*

GRANDERIE FARM & COUNTRY LTD p571
1051 Broad St E, DUNNVILLE, ON, N1A 2Z1
(905) 774-6115 *SIC 5191*

GREEN PRAIRIE INTERNATIONAL INC p70
34 Mccool Cres, CROSSFIELD, AB, T0M 0S0

(403) 946-5567 *SIC 5191*

GROWERS SUPPLY COMPANY LIMITED p223
2605 Acland Rd, KELOWNA, BC, V1X 7J4
(250) 765-4500 *SIC 5191*

HALIFAX SEED COMPANY INCORPORATED p414
664 Rothesay Ave, SAINT JOHN, NB, E2H 2H4
(506) 632-9347 *SIC 5191*

JACK VAN KLAVEREN LIMITED p855
1894 Seventh St, ST CATHARINES, ON, L2R 6P9
(905) 641-5599 *SIC 5191*

JIFFY CANADA INC p345
30 9th St, BRANDON, MB, R7A 7T7
SIC 5191

M. VAN NOORT & SONS BULB COMPANY LIMITED p855
3930 Ninth St, ST CATHARINES, ON, L2R 6P9
(905) 641-2152 *SIC 5191*

MAHEU & MAHEU INC p1218
526 Rue De L'arena, SAINT-NICOLAS, QC, G7A 1E1
(418) 831-2600 *SIC 5191*

MITCHELL FEED MILL INC p723
135 Huron Rd Ss 1, MITCHELL, ON, N0K 1N0
(519) 348-8752 *SIC 5191*

NAICAM CO-OPERATIVE ASSOCIATION LIMITED, THE p1277
108 Centre St, NAICAM, SK, S0K 2Z0
(306) 874-2190 *SIC 5191*

NIEUWLAND FEED & SUPPLY LIMITED p569
96 Wellington St, DRAYTON, ON, N0G 1P0
(519) 638-3008 *SIC 5191*

NORTH WELLINGTON CO-OPERATIVE SERVICES INC p617
691 10th St, HANOVER, ON, N4N 1S1
(519) 364-4777 *SIC 5191*

NU-GRO LTD p210
7430 Hopcott Rd, DELTA, BC, V4G 1B6
(604) 940-0290 *SIC 5191*

OTTER FARM & HOME CO-OPERATIVE p181
3548 248 St Suite 3548, ALDERGROVE, BC, V4W 1Y7
(604) 607-6903 *SIC 5191*

PARKLAND AGRI SERVICES CORP p71
Gd, DIDSBURY, AB, T0M 0W0
(403) 335-3055 *SIC 5191*

PLACEMENTS RRJ INC, LES p1210
5800 Rue Kieran, SAINT-LAURENT, QC, H4S 2B5
(514) 336-6226 *SIC 5191*

PLANT PRODUCTS INC p646
50 Hazelton St, LEAMINGTON, ON, N8H 1B8
(519) 326-9037 *SIC 5191*

PRAIRIE MICRO-TECH (1996) INC p1287
2641 Albert St N, REGINA, SK, S4R 8R7
(306) 721-6066 *SIC 5191*

PREMIER TECH HOME & GARDEN INC p4
291227 Westland Dr, BALZAC, AB, T0M 0E0
(403) 516-3770 *SIC 5191*

PURATONE CORPORATION, THE p352
295 Main St, NIVERVILLE, MB, R0A 1E0
(204) 388-4741 *SIC 5191*

REDFERN FARM SERVICES LTD p354
101 2nd Ave, RIVERS, MB, R0K 1X0
(204) 328-5325 *SIC 5191*

RITCHIE FEED & SEED INC p728
1740 Woodroffe Ave Suite 1101, NEPEAN, ON, K2G 3R8
(613) 727-4430 *SIC 5191*

ROUSSEAU, R. & FILS LTEE p1196
236 Rue Sainte-Genevieve, SAINT-ISIDORE, QC, G0S 2S0
(418) 882-5656 *SIC 5191*

SANIMAX RCI INC p1194
6320 Boul Laurier E, SAINT-HYACINTHE, QC, J2R 2C5

(450) 799-4494 *SIC 5191*

SOUTH ESSEX FABRICATING INC p646
4 Seneca Rd, LEAMINGTON, ON, N8H 5H7
(519) 322-5995 *SIC 5191*

SOUTH WEST AG PARTNERS INC p949
1504 Lambton Line, WALLACEBURG, ON, N8A 4L2
(519) 627-1491 *SIC 5191*

SUN PARLOUR GROWER SUPPLY LIMITED p646
230 County Rd 31, LEAMINGTON, ON, N8H 3W2
(519) 326-8681 *SIC 5191*

SYLVITE AGRI-SERVICES LTD p818
2740 Couch Rd, PUTNAM, ON, N0L 2B0
(519) 485-5770 *SIC 5191*

SYNGENTA CROP PROTECTION CANADA, INC p33
6700 Macleod Trail Se Suite 300, CALGARY, AB, T2H 0L3
(403) 252-5867 *SIC 5191*

SYNGENTA CROP PROTECTION CANADA, INC p601
140 Research Lane, GUELPH, ON, N1G 4Z3
(519) 836-5665 *SIC 5191*

UNICOOP, COOPERATIVE AGRICOLE p1226
81 Rue Langevin, Sainte-Henedine, QC, G0S 2R0
SIC 5191

UNITED FARMERS OF ALBERTA CO-OPERATIVE LIMITED p66
4904 39 St, CAMROSE, AB, T4V 2N7
(780) 672-1115 *SIC 5191*

UNITED FARMERS OF ALBERTA CO-OPERATIVE LIMITED p128
15602 101 St, GRANDE PRAIRIE, AB, T8V 0P2
(780) 532-1281 *SIC 5191*

UNITED FARMERS OF ALBERTA CO-OPERATIVE LIMITED p157
28042 Hwy 11, RED DEER, AB, T4S 2L4
SIC 5191

UNITED FARMERS OF ALBERTA CO-OPERATIVE LIMITED p158
204 Burnt Lake, RED DEER COUNTY, AB, T4S 2L4
SIC 5191

UNITED FARMERS OF ALBERTA CO-OPERATIVE LIMITED p165
200 Diamond Ave, SPRUCE GROVE, AB, T7X 3A8
(780) 962-2282 *SIC 5191*

UNIVAR CANADA LTD p20
4220 78 Ave Se, CALGARY, AB, T2C 2Z5
(403) 236-1713 *SIC 5191*

VANDAELE SEEDS LTD p351
Gd, MEDORA, MB, R0M 1K0
(204) 665-2384 *SIC 5191*

WESTERN FEEDLOTS LTD p169
Gd Stn Main, STRATHMORE, AB, T1P 1J5
SIC 5191

WESTWAY HOLDINGS CANADA INC p1006
6 Rue De La Place-Du-Commerce Bureau 202, BROSSARD, QC, J4W 3J9
(450) 465-1715 *SIC 5191*

WIERENGA GREENHOUSES LIMITED p588
1768 Balfour St, FENWICK, ON, L0S 1C0
(905) 892-5962 *SIC 5191*

WILBUR-ELLIS COMPANY OF CANADA LIMITED p139
Gd Lcd Main, LETHBRIDGE, AB, T1J 3Y2
(403) 328-3311 *SIC 5191*

SIC 5192 Books, periodicals, and newspapers

BELL MEDIA INC p928
444 Front St W, TORONTO, ON, M5V 2S9
(416) 585-5000 *SIC 5192*

BIBLAIRIE G.G.C. LTEE p1238
3770 Boul Industriel, SHERBROOKE, QC,

J1L 1N6
(514) 525-4442 *SIC 5192*

CANADIAN LAWYER MAGAZINE INC p490
240 Edward St, AURORA, ON, L4G 3S9
(905) 841-6480 *SIC 5192*

DISTICOR DIRECT RETAILER SERVICES INC p482
695 Westney Rd S Unit 14, AJAX, ON, L1S 6M9
(905) 619-6565 *SIC 5192*

GREAT PACIFIC ENTERPRISES INC p326
1110 Waddington Dr, VERNON, BC, V1T 8T3
(250) 503-3880 *SIC 5192*

GREAT PACIFIC ENTERPRISES INC p537
3320 South Service Rd, BURLINGTON, ON, L7N 3M6
(905) 681-1113 *SIC 5192*

HARPERCOLLINS CANADA LIMITED p901
2 Bloor St E 20th Fl, TORONTO, ON, M4W 1A8
(416) 975-9334 *SIC 5192*

INDIGO BOOKS & MUSIC INC p514
100 Alfred Kuehne Blvd, BRAMPTON, ON, L6T 4K4
(905) 789-1234 *SIC 5192*

MEDIAS TRANSCONTINENTAL INC p1091
6965 6e Av, Montreal, QC, H2A 3E3
(514) 270-8088 *SIC 5192*

MOUNTAIN VIEW PUBLISHING INC p149
5021 51 St, OLDS, AB, T4H 1P6
(403) 556-7510 *SIC 5192*

NEWSWEST INC p32
5716 Burbank Rd Se, CALGARY, AB, T2H 1Z4
(403) 253-8856 *SIC 5192*

SCHOLASTIC CANADA LTD p677
175 Hillmount Rd, MARKHAM, ON, L6C 1Z7
(905) 887-7323 *SIC 5192*

UNIVERSITY OF WINDSOR p969
401 Sunset Ave Suite G07, WINDSOR, ON, N9B 3P4
(519) 973-7018 *SIC 5192*

SIC 5193 Flowers and florists supplies

3856011 CANADA INC p11
1108 53 Ave Suite 105, CALGARY, AB, T2A 1V5
(403) 250-5667 *SIC 5193*

615317 NB INC p394
891 Route 880, BERWICK, NB, E5P 3H5
(506) 433-6168 *SIC 5193*

7169311 MANITOBA LTD p382
975 Sherwin Rd Unit 1, WINNIPEG, MB, R3H 0T8
(855) 838-7852 *SIC 5193*

ACCESS FLOWER TRADING INC p768
700 Dorval Dr Suite 405, OAKVILLE, ON, L6K 3V3
(905) 849-1343 *SIC 5193*

FLORISTS SUPPLY LTD p383
35 Airport Rd, WINNIPEG, MB, R3H 0V5
(204) 632-1210 *SIC 5193*

PAN AMERICAN NURSERY PRODUCTS INC p680
525 6th Conc Rd W, MILLGROVE, ON, L0R 1V0
(905) 689-9919 *SIC 5193*

VAN BELLE NURSERY INC p178
4262 Wright St, ABBOTSFORD, BC, V2S 7Y8
SIC 5193

WESTBROOK FLORAL LTD p180
29349 58 Ave, ABBOTSFORD, BC, V4X 2G1
(604) 626-4343 *SIC 5193*

SIC 5194 Tobacco and tobacco products

99767 CANADA LTEE p1262
4795 Rue Sainte-Catherine O, WEST-

MOUNT, QC, H3Z 1S8
(514) 731-5654   SIC 5194
CHAD SMOKESHOPE 420 LTD.   p135
5111 50 St, LEDUC, AB, T9E 6X3
(780) 986-8560   SIC 5194
DISTRIBUTION G.V.A. (CANADA) INC p1129
1950 Boul Des Laurentides, Montreal, QC, H7M 2Y5
(450) 629-6660   SIC 5194
G.T. WHOLESALE LIMITED   p785
2480 Walkley Rd, OTTAWA, ON, K1G 6A9
(613) 521-8222   SIC 5194
ROTHMANS, BENSON & HEDGES INC p267
4311 Viking Way Suite 170, RICHMOND, BC, V6V 2K9
(604) 273-7200   SIC 5194
ROTHMANS, BENSON & HEDGES INC p366
19 Terracon Pl, WINNIPEG, MB, R2J 4B3
(204) 235-0056   SIC 5194
ROTHMANS, BENSON & HEDGES INC p520
174 Kennedy Rd S, BRAMPTON, ON, L6W 3G6
(905) 595-3000   SIC 5194
ROTHMANS, BENSON & HEDGES INC
p1091
8401 19e Av Bureau V, Montreal, QC, H1Z 4J2
(514) 593-7227   SIC 5194
SPIKE MARKS INC   p1205
275 Rue Stinson, SAINT-LAURENT, QC, H4N 2E1
(514) 737-0066   SIC 5194
TANNIS TRADING INC   p793
288 Catherine St, OTTAWA, ON, K1R 5T3
(613) 236-9572   SIC 5194
WALLACE & CAREY INC   p37
5445 8 St Ne,, CALGARY, AB, T2K 5R9
(403) 275-7360   SIC 5194
WALLACE & CAREY INC   p94
18023 111 Ave Nw, EDMONTON, AB, T5S 2P2
(780) 453-1507   SIC 5194

SIC 5198 Paints, varnishes, and supplies

AKZO NOBEL WOOD COATINGS LTD p1260
274 Rue Saint-Louis Bureau 6, WARWICK, QC, J0A 1M0
(819) 358-7500   SIC 5198
BRENNTAG CANADA INC   p584
35 Vulcan St, ETOBICOKE, ON, M9W 1L3
(416) 243-9615   SIC 5198
DYNAMIC PAINT PRODUCTS INC   p708
7040 Financial Dr, MISSISSAUGA, ON, L5N 7H5
(905) 812-9319   SIC 5198
GENERAL PAINT CORP   p514
11 Kenview Blvd Suite B, BRAMPTON, ON, L6T 5G5
SIC 5198
INNOVATIVE MANUFACTURING INC   p208
861 Derwent Way Suite 877, DELTA, BC, V3M 5R4
(604) 522-2811   SIC 5198
SHERWIN-WILLIAMS CANADA INC   p874
8500 Leslie St Suite 220, THORNHILL, ON, L3T 7M8
(905) 761-9185   SIC 5198
SOLIGNUM INC   p995
19500 Aut Transcanadienne, Baie-D'Urfe, QC, H9X 3S5
(514) 457-1512   SIC 5198

SIC 5199 Nondurable goods, nec

1009833 ALBERTA LTD   p1299
300 Confederation Dr Suite 40, SASKATOON, SK, S7L 4R6
(306) 978-6990   SIC 5199
ART IN MOTION LIMITED PARTNERSHIP
p201
2000 Hartley Ave, COQUITLAM, BC, V3K 6W5
(604) 525-3900   SIC 5199
BREETA SALES & MARKETING LTD   p289
9775 188 St Suite 104, SURREY, BC, V4N 3N2
(604) 888-2334   SIC 5199
CANADIAN TEST CASE 31 LTD   p707
6750 Century Ave Suite 305, MISSISSAUGA, ON, L5N 2V8
(905) 999-9999   SIC 5199
CHERISON ENTERPRISES INC   p558
53 Courtland Ave Suite 1, CONCORD, ON, L4K 3T2
(905) 882-6168   SIC 5199
CIE MATERIAUX DE CONSTRUCTION BP CANADA, LA   p1059
2850 Av Dollard, LASALLE, QC, H8N 2V2
(514) 364-0161   SIC 5199
COSTCO WHOLESALE CANADA LTD   p593
1900 Cyrville Rd, GLOUCESTER, ON, K1B 1A5
(613) 748-9966   SIC 5199
COSTCO WHOLESALE CANADA LTD p809
485 The Parkway, PETERBOROUGH, ON, K9J 0B3
(705) 750-2600   SIC 5199
COSTCO WHOLESALE CANADA LTD p974
71 Colossus Dr Suite 547, WOODBRIDGE, ON, L4L 9J8
(905) 264-8337   SIC 5199
COSTCO WHOLESALE CANADA LTD p1014
2500 Boul Talbot, CHICOUTIMI, QC, G7H 5B1
(418) 696-1112   SIC 5199
COSTCO WHOLESALE CANADA LTD p1239
3400 Rue King O, SHERBROOKE, QC, J1L 1C9
(819) 822-2121   SIC 5199
CP DISTRIBUTORS LTD   p1294
3719 Kochar Av, SASKATOON, SK, S7K 0B8
(306) 242-3315   SIC 5199
DANSON DECOR INC   p1209
3425 Rue Douglas-B.-Floreani, SAINT-LAURENT, QC, H4S 1Y6
(514) 335-2435   SIC 5199
DEZINECORP INC   p716
215 Statesmen Dr, MISSISSAUGA, ON, L5S 1X4
(905) 670-8741   SIC 5199
GANZ   p974
1 Pearce Rd, WOODBRIDGE, ON, L4L 3T2
(905) 851-6661   SIC 5199
GROUPE EMBALLAGE SPECIALISE S.E.C. p372
1310 Mountain Ave, WINNIPEG, MB, R2X 3A3
(204) 832-8001   SIC 5199
LOBLAWS INC   p628
16 Tenth Ave S, KENORA, ON, P9N 2J4
(807) 468-1770   SIC 5199
METRO RICHELIEU INC   p1136
1180 Av Bernard, OUTREMONT, QC, H2V 1V3
(514) 276-1244   SIC 5199
PREMIER TECH HOME & GARDEN INC
p710
1900 Minnesota Crt Suite 125, MISSISSAUGA, ON, L5N 3C9
(905) 812-8556   SIC 5199
PRODUITS MENAGERS FREUDENBERG INC   p674
15 Allstate Pky, MARKHAM, ON, L3R 5B4
(905) 669-9949   SIC 5199
ROLF C. HAGEN INC   p115
8770 24 St Nw, EDMONTON, AB, T6P 1X8
SIC 5199
ROLF C. HAGEN INC   p1210
2450 Av Marie-Curie, SAINT-LAURENT, QC, H4S 1N1
SIC 5199
RUBBER TECH. INTERNATIONAL LTD p136
Gd, LEGAL, AB, T0G 1L0
(780) 961-3229   SIC 5199
SCOTTS CANADA LTD   p711
2000 Argentia Rd Suite 300, MISSISSAUGA, ON, L5N 1P7
(905) 814-7425   SIC 5199
SEARS CANADA INC   p430
9 Glencoe Dr Unit 5740, MOUNT PEARL, NL, A1N 4S4
SIC 5199
SPAFAX CANADA INC   p902
2 Bloor St E Suite 1020, TORONTO, ON, M4W 1A8
(416) 350-2425   SIC 5199
SPAFAX CANADA INC   p1100
4200 Boul Saint-Laurent Bureau 707, MONTREAL, QC, H2W 2R2
(514) 844-2001   SIC 5199
STAEDTLER-MARS LIMITED   p722
850 Matheson Blvd W Unit 4, MISSISSAUGA, ON, L5V 0B4
(905) 501-9008   SIC 5199
WAL-MART CANADA CORP   p8
917 3 St W Suite 3658, BROOKS, AB, T1R 1L5
(403) 793-2111   SIC 5199
WESTFAIR DRUGS LTD   p20
3916 72 Ave Se, CALGARY, AB, T2C 2E2
(403) 279-1600   SIC 5199

SIC 5211 Lumber and other building materials

2757-5158 QUEBEC INC   p1063
4589 Aut 440 O Bureau 103, Laval, QC, H7W 0J7
(450) 688-9050   SIC 5211
9214-6489 QUEBEC INC   p1047
162 Rue Joseph-Gagne N, Jonquiere, QC, G7X 9H3
(418) 695-1793   SIC 5211
9353-0251 QUEBEC INC   p1000
770 Boul Du Cure-Boivin, BOISBRIAND, QC, J7G 2A7
(450) 434-6223   SIC 5211
ABB INC   p1056
2117 32e Av, LACHINE, QC, H8T 3J1
SIC 5211
AFA FOREST PRODUCTS INC   p1068
2085 Rue De La Metropole, LONGUEUIL, QC, J4G 1S9
(514) 598-7735   SIC 5211
ALWEATHER WINDOWS & DOORS LIMITED   p450
27 Troop Ave, DARTMOUTH, NS, B3B 2A7
(902) 468-2605   SIC 5211
AMC FORM TECHNOLOGIES   p350
35 Headingley St, HEADINGLEY, MB, R4H 0A8
(204) 633-8800   SIC 5211
BMP (1985) LIMITED   p633
731 Development Dr, KINGSTON, ON, K7M 4W6
(613) 389-6709   SIC 5211
BOIS TURCOTTE LTEE   p988
21 Rue Principale S, AMOS, QC, J9T 2J4
(819) 732-6407   SIC 5211
CANAC IMMOBILIER INC   p1050
6245 Boul Wilfrid-Hamel Bureau 400, L'ANCIENNE-LORETTE, QC, G2E 5W2
(418) 667-1313   SIC 5211
CANAC-MARQUIS GRENIER LTEE   p1013
2061 Boul Talbot, CHICOUTIMI, QC, G7H 8B2
(418) 698-2992   SIC 5211
CANAC-MARQUIS GRENIER LTEE   p1050
6235 Boul Wilfrid-Hamel, L'ANCIENNE-LORETTE, QC, G2E 5W2
(418) 872-2874   SIC 5211
CANAC-MARQUIS GRENIER LTEE   p1064
1805 Boul Alphonse-Desjardins, Levis, QC, G6V 9K5
(418) 833-6667   SIC 5211
CANAC-MARQUIS GRENIER LTEE   p1151
475 Boul Pierre-Bertrand, Quebec, QC, G1M 3T8
(418) 687-2960   SIC 5211
CANAC-MARQUIS GRENIER LTEE   p1163
1230 Rue Charles-Albanel, Quebec, QC, G1X 4V1
(418) 871-7900   SIC 5211
CANAC-MARQUIS GRENIER LTEE   p1173
228 Rue Des Negociants, RIMOUSKI, QC, G5M 1B6
(418) 723-0007   SIC 5211
CANROOF CORPORATION INC   p895
560 Commissioners St, TORONTO, ON, M4M 1A7
(416) 461-8122   SIC 5211
CARON & GUAY INC   p1151
615 Boul Pierre-Bertrand, Quebec, QC, G1M 3J3
(418) 683-7534   SIC 5211
CENTRAL BUILDERS' SUPPLY P.G. LIMITED   p251
1395 Island Hwy W, PARKSVILLE, BC, V9P 1Y8
(250) 752-5565   SIC 5211
CENTRAL HARDWARE LTD   p276
151 5 St Sw, SALMON ARM, BC, V1E 1S9
(250) 832-7722   SIC 5211
CINDERCRETE PRODUCTS LIMITED p1282
1773 Reynolds St, REGINA, SK, S4N 7L8
(306) 789-8080   SIC 5211
CO-OP DES DEUX RIVES   p1135
1455 Av Du Rocher Bureau 102, NORMANDIN, QC, G8M 3X5
(418) 274-2910   SIC 5211
COUPAL & FILS INC   p1083
349 117 Rte, MONT-TREMBLANT, QC, J8E 2X4
(819) 425-8771   SIC 5211
DAWSON CO-OPERATIVE UNION   p207
10020 Parkhill Dr, DAWSON CREEK, BC, V1T 3P8
(250) 782-3371   SIC 5211
DELTA CEDAR PRODUCTS LTD   p209
10008 River Rd, DELTA, BC, V4C 2R3
(604) 583-9100   SIC 5211
DISTRIBUTION BATH FITTER INC   p1187
225 Rue Roy, SAINT-EUSTACHE, QC, J7R 5R5
(450) 472-0024   SIC 5211
DOCDOR INDUSTRIES INC   p593
5649 Power Rd, GLOUCESTER, ON, K1G 3N4
(613) 749-3667   SIC 5211
DRYCO BUILDING SUPPLIES INC   p100
7350 68 Ave Nw, EDMONTON, AB, T6B 0A1
(780) 434-9481   SIC 5211
DUCHARME & FRERE INC   p1183
1221 Rue De Vimy, Saint-Cesaire, QC, J0L 1T0
(450) 469-3137   SIC 5211
ELMWOOD HARDWARE LTD   p396
205 Av Acadie, DIEPPE, NB, E1A 1G6
(506) 382-8100   SIC 5211
ENTREPRISES FREMAKI INC, LES p1032
120 105 Rte, EGAN, QC, J9E 3A9
(819) 449-1590   SIC 5211
ENTREPRISES NOVA INC, LES   p1170
3330 Ch De Kildare, RAWDON, QC, J0K 1S0
(450) 834-2555   SIC 5211
ENTREPRISES P. BONHOMME LTEE, LES
p1040
455 Ch Mcconnell, GATINEAU, QC, J9J 3M3
(819) 684-9859   SIC 5211
FERLAC INC   p1023
388 8e Av, DOLBEAU-MISTASSINI, QC, G8L 3E5
(418) 276-3918   SIC 5211
FERRELL BUILDERS SUPPLY LIMITED
p589
2560 Hwy 20, FONTHILL, ON, L0S 1E6
(905) 892-2694   SIC 5211
FLEXIFORCE CANADA INC   p178
2285 Queen St Suite 105, ABBOTSFORD, BC, V2T 6J3
(604) 854-8788   SIC 5211

SIC 5211 Lumber and other building materials

FOUR C'S MILLWORK LTD p120
330 Mackenzie Blvd, FORT MCMURRAY, AB, T9H 4C4
(780) 791-0955 *SIC* 5211

GABRIELE FLOOR & HOME p646
55 Talbot St W, LEAMINGTON, ON, N8H 1M5
(519) 326-1859 *SIC* 5211

GAMMA MURS ET FENETRES INTERNATIONAL INC p1050
6130 Boul Sainte-Anne Rr 4, L'ANGE GARDIEN, QC, G0A 2K0
(418) 822-1448 *SIC* 5211

GIBSONS BUILDING SUPPLIES LTD p216
924 Highway 101, GIBSONS, BC, V0N 1V7
(604) 886-8141 *SIC* 5211

GRIER CABINETS & DOORS INC p53
82 Ypres Green Sw, CALGARY, AB, T2T 6M1
SIC 5211

GROUPE COOPERATIF DYNACO p1077
515 Av Du Phare E, MATANE, QC, G4W 1A5
(418) 562-1590 *SIC* 5211

GROUPE COOPERATIF DYNACO p1083
111 Boul Tache O, MONTMAGNY, QC, G5V 3A6
(418) 248-0845 *SIC* 5211

GROUPE COOPERATIF DYNACO p1173
234 Av Leonidas S, RIMOUSKI, QC, G5L 2T2
(418) 723-2201 *SIC* 5211

GROUPE COOPERATIF DYNACO p1174
273 Boul De L'hotel-De-Ville, Riviere-du-Loup, QC, G5R 6H5
(418) 862-9316 *SIC* 5211

H. MATTEAU ET FILS (1987) INC p1135
2145 Boul Louis-Frechette, NICOLET, QC, J3T 1M9
(819) 293-5586 *SIC* 5211

H. MATTEAU ET FILS (1987) INC p1248
15 Rue Philippe-Francoeur, Trois-Rivieres, QC, G8T 9L7
(819) 374-4735 *SIC* 5211

HIGHLAND BUILDING SUPPLIES (2008) LTD p442
1639 Brierly Brook Rd, ANTIGONISH, NS, B2G 2K9
(902) 863-6242 *SIC* 5211

HOME DEPOT OF CANADA INC p65
11320 Sarcee Trail Nw, CALGARY, AB, T3R 0A1
(403) 374-3866 *SIC* 5211

HOME DEPOT OF CANADA INC p126
11222 103 Ave, GRANDE PRAIRIE, AB, T8V 7H1
(780) 831-3160 *SIC* 5211

HOME DEPOT OF CANADA INC p148
101 Southbank Blvd Unit 10, OKOTOKS, AB, T1S 0G1
(403) 995-4710 *SIC* 5211

HOME DEPOT OF CANADA INC p177
1956 Vedder Way, ABBOTSFORD, BC, V2S 8K1
(604) 851-4400 *SIC* 5211

HOME DEPOT OF CANADA INC p204
388 Lerwick Rd, COURTENAY, BC, V9N 9E5
(250) 334-5400 *SIC* 5211

HOME DEPOT OF CANADA INC p463
368 Lacewood Dr, HALIFAX, NS, B3S 1L8
(902) 457-3480 *SIC* 5211

HOME DEPOT OF CANADA INC p484
260 Kingston Rd E, AJAX, ON, L1Z 1G1
(905) 428-7939 *SIC* 5211

HOME DEPOT OF CANADA INC p488
122 Martindale Cres, ANCASTER, ON, L9K 1J9
(905) 304-5900 *SIC* 5211

HOME DEPOT OF CANADA INC p488
122 Martindale Cres, ANCASTER, ON, L9K 1J9
(905) 304-6826 *SIC* 5211

HOME DEPOT OF CANADA INC p519
49 First Gulf Blvd, BRAMPTON, ON, L6W 4R8
(905) 457-1800 *SIC* 5211

HOME DEPOT OF CANADA INC p536
3050 Davidson Crt, BURLINGTON, ON, L7M 4M9
(905) 331-1700 *SIC* 5211

HOME DEPOT OF CANADA INC p543
35 Pinebush Rd, CAMBRIDGE, ON, N1R 8E2
(519) 624-2700 *SIC* 5211

HOME DEPOT OF CANADA INC p552
8582 Pioneer Line, CHATHAM, ON, N7M 5J1
(519) 380-2040 *SIC* 5211

HOME DEPOT OF CANADA INC p566
1825 Brookdale Ave, CORNWALL, ON, K6J 5X7
(613) 930-4470 *SIC* 5211

HOME DEPOT OF CANADA INC p639
1400 Ottawa St S, KITCHENER, ON, N2E 4E2
(519) 569-4300 *SIC* 5211

HOME DEPOT OF CANADA INC p676
50 Kirkham Dr, MARKHAM, ON, L3S 4K7
(905) 201-2590 *SIC* 5211

HOME DEPOT OF CANADA INC p735
7190 Morrison St, NIAGARA FALLS, ON, L2E 7K5
(905) 371-7470 *SIC* 5211

HOME DEPOT OF CANADA INC p800
1900 Baseline Rd, OTTAWA, ON, K2C 3Z6
(613) 723-5900 *SIC* 5211

HOME DEPOT OF CANADA INC p810
500 Lansdowne St W, PETERBOROUGH, ON, K9J 8J7
(705) 876-4560 *SIC* 5211

HOME DEPOT OF CANADA INC p896
1000 Gerrard St E Suite 366, TORONTO, ON, M4M 3G6
(416) 462-6270 *SIC* 5211

HOME DEPOT OF CANADA INC p954
600 King St N, WATERLOO, ON, N2V 2J5
(519) 883-0580 *SIC* 5211

HOME DEPOT OF CANADA INC p1098
100 Rue Beaubien O, Montreal, QC, H2S 3S1
(514) 490-8030 *SIC* 5211

HOME DEPOT OF CANADA INC p1166
300 Rue Bouvier, Quebec, QC, G2J 1R8
(418) 634-8880 *SIC* 5211

HOME DEPOT OF CANADA INC p1166
1516 Av Jules-Verne, Quebec, QC, G2G 2R5
(418) 872-8007 *SIC* 5211

HOME DEPOT OF CANADA INC p1243
660 Montee Des Pionniers, TERREBONNE, QC, J6V 1N9
(450) 657-4400 *SIC* 5211

HOME DEPOT OF CANADA INC p1251
4500 Rue Real-Proulx, Trois-Rivieres, QC, G9A 6P9
(819) 379-3990 *SIC* 5211

HOME HARDWARE STORES LIMITED p174
6410 36 St, WETASKIWIN, AB, T9A 3B6
(780) 352-1984 *SIC* 5211

HOME HARDWARE STORES LIMITED p453
336 Lancaster Cres, DEBERT, NS, B0M 1G0
(902) 662-2800 *SIC* 5211

HOME HARDWARE STORES LIMITED p984
14 Kinlock Rd, STRATFORD, PE, C1B 1R1
SIC 5211

HOME HARDWARE STORES LIMITED p1076
100 Rue Ouellette, MARIEVILLE, QC, J3M 1A5
(450) 460-4419 *SIC* 5211

HOME IMPROVEMENT WAREHOUSE LTD, THE p13
2620 Centre Ave Ne, Calgary, AB, T2A 2L3
(403) 248-7333 *SIC* 5211

HOMEWAY COMPANY LIMITED p652
1801 Trafalgar St, LONDON, ON, N5W 1X7
(519) 453-6400 *SIC* 5211

J. D. IRVING, LIMITED p393
950 St. Anne St, BATHURST, NB, E2A 6X2

J. D. IRVING, LIMITED p395
290 Main St, CHIPMAN, NB, E4A 2M7
(506) 339-7910 *SIC* 5211

J. D. IRVING, LIMITED p397
40 Rue Champlain, DIEPPE, NB, E1A 1N3
(506) 859-5900 *SIC* 5211

J. D. IRVING, LIMITED p398
772 Rue Victoria, EDMUNDSTON, NB, E3V 3S9
(506) 735-1500 *SIC* 5211

J. D. IRVING, LIMITED p402
809 Bishop Dr Suite 16, FREDERICTON, NB, E3C 2M6
(506) 451-3000 *SIC* 5211

J. D. IRVING, LIMITED p405
2417 King George Hwy, MIRAMICHI, NB, E1V 6W1
(506) 778-2600 *SIC* 5211

J. D. IRVING, LIMITED p410
55 Trinity Dr, MONCTON, NB, E1G 2J7
(506) 862-3400 *SIC* 5211

J. D. IRVING, LIMITED p420
188 King St, ST STEPHEN, NB, E3L 2E2
(506) 466-1250 *SIC* 5211

J. D. IRVING, LIMITED p421
66 Lower Cove Rd, SUSSEX, NB, E4E 0B7
(506) 432-2930 *SIC* 5211

J. D. IRVING, LIMITED p429
60 Old Placentia Rd, MOUNT PEARL, NL, A1N 4Y1
(709) 748-3500 *SIC* 5211

J. D. IRVING, LIMITED p432
10 Stavanger Dr, ST. JOHN'S, NL, A1A 5E8
(709) 758-2500 *SIC* 5211

J. D. IRVING, LIMITED p449
35 Micmac Blvd, DARTMOUTH, NS, B3A 4Y8
(902) 469-2000 *SIC* 5211

J. D. IRVING, LIMITED p464
225 Chain Lake Dr, HALIFAX, NS, B3S 1C9
(902) 450-2000 *SIC* 5211

J. D. IRVING, LIMITED p467
874 Sackville Dr, LOWER SACKVILLE, NS, B4E 1R9
(902) 864-2000 *SIC* 5211

J. D. IRVING, LIMITED p470
9036 Commercial St Suite 2, NEW MINAS, NS, B4N 3E2
(902) 681-5993 *SIC* 5211

J. D. IRVING, LIMITED p477
104 Wade Rd, TRURO, NS, B2N 6S9
(902) 897-6300 *SIC* 5211

J. D. IRVING, LIMITED p480
116 Starrs Rd, YARMOUTH, NS, B5A 2T5
(902) 749-5000 *SIC* 5211

J. D. IRVING, LIMITED p985
19 Eustane St, SUMMERSIDE, PE, C1N 2V4
(902) 436-4291 *SIC* 5211

J.H. ENTERPRISES (1969) LIMITED p1292
3331 8th St E, SASKATOON, SK, S7H 4K1
(306) 373-4300 *SIC* 5211

J.H. ENTERPRISES (1969) LIMITED p1300
2505 Avenue C N, SASKATOON, SK, S7L 6A6
(306) 652-5322 *SIC* 5211

KINGDON LUMBER LIMITED p812
309 Lansdowne St E, PETERBOROUGH, ON, K9L 2A3
(705) 749-1144 *SIC* 5211

KITCHEN CRAFT OF CANADA p362
1500 Regent Ave W Suite 1, WINNIPEG, MB, R2C 3A8
(204) 661-6977 *SIC* 5211

KNIGHTS' OF MEAFORD LIMITED p679
76 Edwin St E, MEAFORD, ON, N4L 1C2
(519) 538-1510 *SIC* 5211

LESPERANCE, FRANCOIS INC p1017
164 Boul Des Laurentides, Cote Saint-Luc, QC, H7G 4P6
(450) 667-0255 *SIC* 5211

LOGIC INSULATION LTD p137
1217 39 St N, LETHBRIDGE, AB, T1H 6Y8
(403) 328-7755 *SIC* 5211

LOWE'S COMPANIES CANADA, ULC p10
2909 Sunridge Way Ne, CALGARY, AB, T1Y 7K7
(403) 277-0044 *SIC* 5211

LOWE'S COMPANIES CANADA, ULC p57
13417 52 St Se, CALGARY, AB, T2Z 0Z1
(403) 279-0450 *SIC* 5211

LOWE'S COMPANIES CANADA, ULC p92
10225 186 St Nw, EDMONTON, AB, T5S 0G5
(780) 486-2508 *SIC* 5211

LOWE'S COMPANIES CANADA, ULC p113
10141 13 Ave Nw, EDMONTON, AB, T6N 0B6
(780) 430-1344 *SIC* 5211

LOWE'S COMPANIES CANADA, ULC p160
261199 Crossiron Blvd Unit 300, ROCKY VIEW COUNTY, AB, T4A 0J6
(403) 567-7440 *SIC* 5211

LOWE'S COMPANIES CANADA, ULC p245
1085 Tanaka Crt, NEW WESTMINSTER, BC, V3M 0G2
(604) 527-7239 *SIC* 5211

LOWE'S COMPANIES CANADA, ULC p487
100 Portia Dr, ANCASTER, ON, L9G 0G1
(905) 304-7507 *SIC* 5211

LOWE'S COMPANIES CANADA, ULC p498
71 Bryne Dr, BARRIE, ON, L4N 8V8
(905) 952-2950 *SIC* 5211

LOWE'S COMPANIES CANADA, ULC p502
219 Millennium Pky, BELLEVILLE, ON, K8N 4Z5
(416) 730-7300 *SIC* 5211

LOWE'S COMPANIES CANADA, ULC p520
370 Kennedy Rd S, BRAMPTON, ON, L6W 4V2
(905) 874-5000 *SIC* 5211

LOWE'S COMPANIES CANADA, ULC p523
10111 Heart Lake Rd, BRAMPTON, ON, L6Z 0E4
(905) 840-2351 *SIC* 5211

LOWE'S COMPANIES CANADA, ULC p527
215 Henry St, BRANTFORD, ON, N3S 7R4
(519) 720-2060 *SIC* 5211

LOWE'S COMPANIES CANADA, ULC p560
100 Edgeley Blvd, CONCORD, ON, L4K 5W7
(905) 532-5630 *SIC* 5211

LOWE'S COMPANIES CANADA, ULC p578
1604 The Queensway, ETOBICOKE, ON, M8Z 1V1
(416) 253-2570 *SIC* 5211

LOWE'S COMPANIES CANADA, ULC p607
1945 Barton St E, HAMILTON, ON, L8H 2Y7
(905) 312-5670 *SIC* 5211

LOWE'S COMPANIES CANADA, ULC p661
1335 Fanshawe Park Rd W, LONDON, ON, N6G 0E3
(519) 474-5270 *SIC* 5211

LOWE'S COMPANIES CANADA, ULC p667
200 Mcnaughton Rd E, MAPLE, ON, L6A 4E2
(905) 879-2450 *SIC* 5211

LOWE'S COMPANIES CANADA, ULC p689
5150 Spectrum Way, MISSISSAUGA, ON, L4W 5G2
(905) 219-1000 *SIC* 5211

LOWE'S COMPANIES CANADA, ULC p733
18401 Yonge St, NEWMARKET, ON, L3Y 4V8
(905) 952-2950 *SIC* 5211

LOWE'S COMPANIES CANADA, ULC p738
7959 Mcleod Rd, NIAGARA FALLS, ON, L2H 0G5
(905) 374-5520 *SIC* 5211

LOWE'S COMPANIES CANADA, ULC p777
3828 Innes Rd, ORLEANS, ON, K1W 0C8
(613) 830-6370 *SIC* 5211

LOWE'S COMPANIES CANADA, ULC p813
1899 Brock Rd, PICKERING, ON, L1V 4H7
(905) 619-7530 *SIC* 5211

LOWE'S COMPANIES CANADA, ULC p845
6005 Steeles Ave E, SCARBOROUGH, ON,

▲ Public Company   ■ Public Company Family Member   **HQ** Headquarters   **BR** Branch   **SL** Single Location

M1V 5P7
(416) 940-4827   SIC 5211
LOWE'S COMPANIES CANADA, ULC   p869
1199 Marcus Dr, SUDBURY, ON, P3B 4K6
(705) 521-7200   SIC 5211
LOWE'S COMPANIES CANADA, ULC   p960
4005 Garrard Rd, WHITBY, ON, L1R 0J1
(905) 433-2870   SIC 5211
LOWE'S COMPANIES CANADA, ULC   p964
1848 Provincial Rd, WINDSOR, ON, N8W 5W3
(519) 967-3560   SIC 5211
LOWE'S COMPANIES CANADA, ULC   p1287
489 N Albert St, REGINA, SK, S4R 3C3
(306) 545-1386   SIC 5211
LOWE'S COMPANIES CANADA, ULC   p1290
4555 Gordon Rd, REGINA, SK, S4W 0B7
(306) 751-3000   SIC 5211
MAGLIO BUILDING CENTRE LTD   p243
29 Government Rd, NELSON, BC, V1L 4L9
(250) 352-6661   SIC 5211
MANUGYPSE INC   p1004
1289 Rue Newton, BOUCHERVILLE, QC, J4B 5H2
(450) 655-5100   SIC 5211
MARITIME DOOR & WINDOW LTD   p395
28 Rue Acadie, BOUCTOUCHE, NB, E4S 2T2
(506) 743-2469   SIC 5211
MARVIN WINDOWS INC   p719
1455 Courtneypark Dr E, MISSISSAUGA, ON, L5T 2E3
(905) 670-5052   SIC 5211
MATERIAUX BONHOMME INC   p1034
700 Rue Dollard, GATINEAU, QC, J8L 3H3
(819) 986-7155   SIC 5211
MATERIAUX BONHOMME INC   p1038
921 Boul Saint-Joseph, GATINEAU, QC, J8Z 1S8
(819) 595-2772   SIC 5211
MATERIAUX DE CONSTRUCTION LETOURNEAU INC   p1235
550 Rue Du Parc-Industriel, SHERBROOKE, QC, J1C 0J2
(888) 566-5633   SIC 5211
MATERIAUX LAURENTIENS INC   p1200
2159 Boul Du Cure-Labelle, Saint-Jerome, QC, J7Y 1T1
(450) 438-9780   SIC 5211
MATERIAUX PONT MASSON INC   p550
8 Racine St, CASSELMAN, ON, K0A 1M0
(613) 764-2876   SIC 5211
MATERIAUX PONT MASSON INC   p1079
9070 Rte Sir-Wilfrid-Laurier, MIRABEL, QC, J7N 0T2
(450) 371-1162   SIC 5211
MATERIAUX R.M. BIBEAU LTEE   p1226
1185 Rue Principale, SAINTE-JULIE, QC, J3E 0C3
(450) 649-3350   SIC 5211
MATERIAUX R.M. BIBEAU LTEE   p1255
1527 Ch Du Pays-Brule, VARENNES, QC, J3X 1P7
(450) 652-3997   SIC 5211
MATTAMY HOMES LIMITED   p682
1550 Derry Rd, MILTON, ON, L9T 1A1
(905) 875-2692   SIC 5211
MCDIARMID LUMBER LTD   p352
Gd, OAK BLUFF, MB, R0G 1N0
(204) 895-7938   SIC 5211
MCDIARMID LUMBER LTD   p367
1150 Nairn Ave Unit 12, WINNIPEG, MB, R2L 0Y5
(204) 661-4949   SIC 5211
MCKECHNIE, ANDY BUILDING MATERIALS LTD   p574
830 Centre St, ESPANOLA, ON, P5E 1J1
(705) 869-2130   SIC 5211
MCMUNN & YATES BUILDING SUPPLIES (THOMPSON) LTD   p359
44 Station Rd, THOMPSON, MB, R8N 0N7
(204) 778-8363   SIC 5211
MCMUNN & YATES BUILDING SUPPLIES LTD   p353

2712 Saskatchewan Ave W Hwy 1a W, PORTAGE LA PRAIRIE, MB, R1N 3C2
(204) 239-8750   SIC 5211
MCMUNN & YATES BUILDING SUPPLIES LTD   p370
2366 Mcphillips St, WINNIPEG, MB, R2V 4J6
(204) 940-4043   SIC 5211
MCMUNN & YATES BUILDING SUPPLIES LTD   p386
600 Pembina Hwy, WINNIPEG, MB, R3M 2M5
(204) 940-4040   SIC 5211
MEADOWS, W. R. OF CANADA   p682
70 Hannant Crt, Milton, ON, L9T 5C1
(905) 878-4122   SIC 5211
MODERN MOSAIC LIMITED   p737
8620 Oakwood Dr, NIAGARA FALLS, ON, L2G 0J2
(905) 356-3045   SIC 5211
MOFFATT & POWELL LIMITED   p588
265 Main St N Ss 3, EXETER, ON, N0M 1S3
(519) 235-2081   SIC 5211
MOULURES M. WARNET INC   p999
100 Rue Marius-Warnet, BLAINVILLE, QC, J7C 5P9
(450) 437-1209   SIC 5211
NELSON LUMBER COMPANY LTD   p1
53027 Hwy 60, ACHESON, AB, T7X 5A4
(800) 661-6526   SIC 5211
NELSON LUMBER COMPANY LTD   p7
5201 43 St, BONNYVILLE, AB, T9N 0B2
(780) 826-3140   SIC 5211
NELSON LUMBER COMPANY LTD   p85
12727 St Albert Trl Nw, EDMONTON, AB, T5L 4H5
(780) 452-9151   SIC 5211
NELSON LUMBER COMPANY LTD   p129
15603 94 St, GRANDE PRAIRIE, AB, T8X 0B9
(780) 532-5454   SIC 5211
NORQUAY CO-OPERATIVE ASSOCIATION LIMITED, THE   p1277
13 Hwy 49, NORQUAY, SK, S0A 2V0
(306) 594-2215   SIC 5211
NORTHERN COMFORT WINDOWS & DOORS LTD   p498
556 Bryne Dr Unit 7, Barrie, ON, L4N 9P6
(705) 733-9600   SIC 5211
NOTRE DAME AGENCIES LIMITED   p425
408 O'connell Dr, CORNER BROOK, NL, A2H 6G7
(709) 639-8700   SIC 5211
NOTRE DAME AGENCIES LIMITED   p427
28 Duggan St, GRAND FALLS-WINDSOR, NL, A2A 2K6
(709) 489-7655   SIC 5211
NOVA CAPITAL INCORPORATED   p442
35 Market Rd, ANTIGONISH, NS, B2G 3B5
(902) 863-6882   SIC 5211
NOVA CAPITAL INCORPORATED   p446
50 Empire Lane, CURRYS CORNER, NS, B0N 2T0
(902) 798-4488   SIC 5211
NOVA CAPITAL INCORPORATED   p472
16 Paint St Unit 1, PORT HAWKESBURY, NS, B9A 3J6
(902) 625-5555   SIC 5211
NOVA CAPITAL INCORPORATED   p474
60 Lawrence Blvd, STELLARTON, NS, B0K 1S0
(902) 755-2555   SIC 5211
OK BUILDERS SUPPLIES LTD   p226
1095 Ellis St, KELOWNA, BC, V1Y 1Z3
(250) 762-2422   SIC 5211
ORGILL CANADA HARDLINES ULC   p1068
1181 Ch Industriel, Levis, QC, G7A 1B2
(418) 836-1055   SIC 5211
PEACOCK LUMBER LIMITED   p778
328 Ritson Rd N, OSHAWA, ON, L1G 5P8
(905) 725-4744   SIC 5211
PIONEER BUILDING SUPPLIES LTD   p197
45754 Yale Rd, CHILLIWACK, BC, V2P 2N4
(604) 795-7238   SIC 5211

PLACAGE AU CHROME STE-FOY INC   p1181
50 Rue De Rotterdam, SAINT-AUGUSTIN-DE-DESMAURES, QC, G3A 1S9
(418) 878-3548   SIC 5211
PRENDIVILLE INDUSTRIES LTD   p359
68 Crane St, THOMPSON, MB, R8N 1N1
(204) 677-5060   SIC 5211
PRINCE ALBERT CO-OPERATIVE ASSOCIATION LIMITED, THE   p1281
275 38th St E, PRINCE ALBERT, SK, S6W 1A5
(306) 764-6491   SIC 5211
QUEST BRANDS INC   p516
1 Van Der Graaf Crt, BRAMPTON, ON, L6T 5E5
(905) 789-6868   SIC 5211
RAFUSE BUILDING SUPPLIES (1977) LTD   p480
200 Dykeland St, WOLFVILLE, NS, B4P 1A2
(902) 542-2211   SIC 5211
ROYAL GROUP, INC   p665
3886 Commerce Rd, LONDON, ON, N6N 1P8
(519) 644-0440   SIC 5211
S. & D. SMITH CENTRAL SUPPLIES LIMITED   p475
530 Grand Lake Rd, SYDNEY, NS, B1P 5T4
(902) 562-7000   SIC 5211
SARJEANT COMPANY LIMITED, THE   p884
2416 655 Hwy, TIMMINS, ON, P4N 8R9
(705) 264-2264   SIC 5211
SASKATOON CO-OPERATIVE ASSOCIATION LIMITED, THE   p1293
2010 8th St E, SASKATOON, SK, S7H 0T9
(306) 933-3817   SIC 5211
SLEGG DEVELOPMENTS LTD   p199
554 Anderton Rd, COMOX, BC, V9M 2J6
(250) 339-2207   SIC 5211
SOCIETE COOPERATIVE AGRICOLE DE LAC MEGANTIC-LAMBTON   p1058
136 Rue Principale, LAMBTON, QC, G0M 1H0
(418) 486-7474   SIC 5211
SOCIETE COOPERATIVE AGRICOLE DES APPALACHES   p1138
1850 Av Saint-Laurent, PLESSISVILLE, QC, G6L 2R2
(819) 362-8144   SIC 5211
SOLARIS INTERNATIONAL INC   p1050
6150 Boul Sainte-Anne Rr 4, L'ANGE GARDIEN, QC, G0A 2K0
(418) 822-0643   SIC 5211
SOO MILL & LUMBER COMPANY LIMITED   p833
539 Great Northern Rd, SAULT STE. MARIE, ON, P6B 5A1
(705) 759-0533   SIC 5211
STAR BUILDING MATERIALS LTD   p366
16 Speers Rd Suite 118, WINNIPEG, MB, R2J 1L8
(204) 233-8687   SIC 5211
STEEL-CRAFT DOOR SALES & SERVICE LTD   p1298
843 56th St E, SASKATOON, SK, S7K 5Y9
(306) 652-7131   SIC 5211
STORDOR INVESTMENTS LTD   p87
11703 160 St Nw, EDMONTON, AB, T5M 3Z3
(780) 451-0060   SIC 5211
SURMONT SAND & GRAVEL LTD   p121
431 Mackenzie Blvd, FORT MCMURRAY, AB, T9H 4C5
(780) 743-2533   SIC 5211
TENDANCES & CONCEPT MTL INC   p1099
4823 Boul Saint-Laurent Bureau A, Montreal, QC, H2T 1R6
(514) 504-7788   SIC 5211
THERMO DESIGN INSULATION LTD   p20
7124 Barlow Trail Se, CALGARY, AB, T2C 2E1
(403) 720-8203   SIC 5211
THOMAS, RENE & FILS INC   p1255
10 Rue Beauregard, VARENNES, QC, J3X 1R1

(450) 652-2927   SIC 5211
TIMBERTOWN BUILDING CENTRE LTD   p29
230 42 Ave Se, CALGARY, AB, T2G 1Y4
(403) 243-6500   SIC 5211
TIMBERTOWN BUILDING CENTRE LTD   p106
4840 99 St Nw, EDMONTON, AB, T6E 3N6
(780) 435-4747   SIC 5211
TOMLINSON, R. W. LIMITED   p947
8125 Russell Rd, VARS, ON, K0A 3H0
(613) 835-3395   SIC 5211
TUNDRA WINDOWS, DOORS & HARDWARE INC   p297
625 16th Ave E, VANCOUVER, BC, V5T 2V3
(604) 676-0008   SIC 5211
UNITED FARMERS OF ALBERTA CO-OPERATIVE LIMITED   p122
Gd Lcd Main, FORT MCMURRAY, AB, T9H 3E2
(780) 791-3232   SIC 5211
UNITED LUMBER AND BUILDING SUPPLIES COMPANY LIMITED   p506
12833 Hwy 50, BOLTON, ON, L7E 1M5
(905) 857-6970   SIC 5211
UNITED LUMBER AND BUILDING SUPPLIES COMPANY LIMITED   p592
333 Guelph St, GEORGETOWN, ON, L7G 4B3
(905) 873-8007   SIC 5211
VALMONT WC ENGINEERING GROUP LTD   p210
7984 River Rd, DELTA, BC, V4G 1E3
(604) 946-1256   SIC 5211
VITRERIE CLAUDE LTEE   p1041
110 Rue Court, GRANBY, QC, J2G 4Y9
(450) 372-3019   SIC 5211
WEBER CONSTRUCTION LTD   p1310
175 York Rd W, YORKTON, SK, S3N 3P3
(306) 783-8516   SIC 5211
WEST FRASER MILLS LTD   p132
99 West River Rd, HINTON, AB, T7V 1Y7
(780) 865-8900   SIC 5211
WESTERN BUILDING LTD   p425
25 Poplar Rd, CORNER BROOK, NL, A2H 4T6
(709) 634-3163   SIC 5211
WINDSOR BUILDING SUPPLIES LTD   p254
4740 Tebo Ave, PORT ALBERNI, BC, V9Y 8B1
(250) 724-5751   SIC 5211
WOLSELEY INDUSTRIAL CANADA INC   p1252
3160 Rue Bellefeuille, Trois-Rivieres, QC, G9A 5R5
(819) 379-0047   SIC 5211

SIC 5231 Paint, glass, and wallpaper stores

AKZO NOBEL COATINGS LTD   p1026
1405 55e Av, DORVAL, QC, H9P 2W3
(514) 631-8686   SIC 5231
CANAC-MARQUIS GRENIER LTEE   p1153
49 Rue Marie-De-L'incarnation, Quebec, QC, G1N 3E5
(418) 681-6221   SIC 5231
GENERAL PAINT CORP   p585
172 Belfield Rd, ETOBICOKE, ON, M9W 1H1
(416) 243-7578   SIC 5231
HOME DEPOT OF CANADA INC   p779
1481 Harmony Rd N, OSHAWA, ON, L1H 7K5
(905) 743-5600   SIC 5231
HOME DEPOT OF CANADA INC   p837
2911 Eglinton Ave E, SCARBOROUGH, ON, M1J 2E5
(416) 289-2500   SIC 5231
HOME DEPOT OF CANADA INC   p1034
243 Montee Paiement, GATINEAU, QC, J8P 6M7
(819) 246-4060   SIC 5231
RPM CANADA   p562
200 Confederation Pky, CONCORD, ON,

SIC 5251 Hardware stores

L4K 4T8
(800) 363-0667 *SIC* 5231

SIC 5251 Hardware stores

2950-4602 QUEBEC INC p1224
2 Boul Sainte-Anne, SAINTE-ANNE-DES-PLAINES, QC, J0N 1H0
(450) 478-1701 *SIC* 5251

8843848 CANADA INC p1056
2100 52e Av Bureau 100, LACHINE, QC, H8T 2Y5
(514) 556-3088 *SIC* 5251

9168-1924 QUEBEC INC p1175
400 Rue L'annonciation S, Riviere-Rouge, QC, J0T 1T0
(819) 275-2694 *SIC* 5251

AMCO WHOLESALE p258
1030 2nd Ave, PRINCE GEORGE, BC, V2L 3A9
(250) 564-4451 *SIC* 5251

APEX-NIAGARA TOOL LTD p854
54 Catherine St, ST CATHARINES, ON, L2R 7R5
(905) 704-1797 *SIC* 5251

BARFITT BROS. HARDWARE (AURORA) LTD p490
289 Wellington St E, AURORA, ON, L4G 6H6
(905) 727-4751 *SIC* 5251

BORDER CITY BUILDING CENTRE LTD p141
2802 50 Ave, LLOYDMINSTER, AB, T9V 2S3
(780) 875-7762 *SIC* 5251

BUILDERS ENERGY SERVICES LTD p164
Gd, SLAVE LAKE, AB, T0G 2A0
(780) 849-2342 *SIC* 5251

BUSY BEE MACHINE TOOLS LTD p557
130 Great Gulf Dr, CONCORD, ON, L4K 5W1
(800) 461-2879 *SIC* 5251

C. HEAD LIMITED p12
3516 8 Ave Ne Suite 326, CALGARY, AB, T2A 6K5
(403) 248-6400 *SIC* 5251

CANAC-MARQUIS GRENIER LTEE p1066
376 Av Taniata, Levis, QC, G6W 5M6
(418) 839-0621 *SIC* 5251

CANAC-MARQUIS GRENIER LTEE p1147
4250 Boul Henri-Bourassa, Quebec, QC, G1H 3A5
(418) 626-1144 *SIC* 5251

CANAC-MARQUIS GRENIER LTEE p1168
1230 Boul Louis-Xiv, Quebec, QC, G2L 1M2
(418) 628-0450 *SIC* 5251

CANAC-MARQUIS GRENIER LTEE p1189
15700 1re Av, SAINT-GEORGES, QC, G5Y 2A3
(418) 228-8999 *SIC* 5251

CANAC-MARQUIS GRENIER LTEE p1249
2350 Boul Des Recollets, Trois-Rivieres, QC, G8Z 3X7
(819) 374-2036 *SIC* 5251

CANAC-MARQUIS GRENIER LTEE p1258
635 Boul Jutras E, VICTORIAVILLE, QC, G6P 7H4
(819) 752-7775 *SIC* 5251

CASSIE CO ENTERPRISES LTD p648
500 Mitchell Rd S, LISTOWEL, ON, N4W 3G7
(519) 291-1960 *SIC* 5251

CHANTENAY HOLDINGS LIMITED p950
262 Weber St N, WATERLOO, ON, N2J 3H6
(519) 886-2950 *SIC* 5251

COMAX, COOPERATIVE AGRICOLE p1195
16755 Av Saint-Louis, SAINT-HYACINTHE, QC, J2T 3G4
(450) 773-2569 *SIC* 5251

COOP FEDEREE, LA p1053
2190 Boul De Comporte, LA MALBAIE, QC, G5A 1N2
(418) 439-3991 *SIC* 5251

COOP VAL-NORD, LA p1054
357 2e Rue E, LA SARRE, QC, J9Z 2H6
(819) 333-2307 *SIC* 5251

COOPERATIVE AGRICOLE DU PRE-VERT p993
444 Rue Binette, ASBESTOS, QC, J1T 3Z1
(819) 879-4950 *SIC* 5251

FEDERATED CO-OPERATIVES LIMITED p1279
108 Ash St, PORCUPINE PLAIN, SK, S0E 1H0
(306) 278-2022 *SIC* 5251

FERLAC INC p1012
935 3e Rue, CHIBOUGAMAU, QC, G8P 1R4
(418) 748-7664 *SIC* 5251

FERLAC INC p1175
255 Boul Marcotte, ROBERVAL, QC, G8H 1Z3
(418) 275-2356 *SIC* 5251

FLOWSERVE CANADA CORP p974
120 Vinyl Crt, WOODBRIDGE, ON, L4L 4A3
(905) 856-1140 *SIC* 5251

GEERLINKS BUILDING CENTRE AND FURNITURE LIMITED p859
295 Wellington St, ST THOMAS, ON, N5R 2S6
(519) 631-0095 *SIC* 5251

GILMER'S BUILDING CENTRE LIMITED p817
177 Toronto Rd Suite 1, PORT HOPE, ON, L1A 3V5
(905) 885-4568 *SIC* 5251

GRANT LUMBER BUILDING CENTRES LTD p636
15 Kirkland St E, KIRKLAND LAKE, ON, P2N 1N9
(705) 567-3383 *SIC* 5251

GREG SAARI MERCHANDISING LTD p57
4155 126 Ave Se, CALGARY, AB, T2Z 0A1
(403) 257-4729 *SIC* 5251

GROUPE COOPERATIF DYNACO p1053
205 Av Industrielle Bureau 200, La Pocatiere, QC, G0R 1Z0
(418) 856-3807 *SIC* 5251

GROUPE COOPERATIF DYNACO p1219
230 Rue Rochette, SAINT-PASCAL, QC, G0L 3Y0
(418) 492-6343 *SIC* 5251

GROUPE COOPERATIF DYNACO p1243
562 Rue Commerciale N, TEMISCOUATA-SUR-LE-LAC, QC, G0L 1E0
(418) 854-6705 *SIC* 5251

H. MATTEAU ET FILS (1987) INC p1234
1650 Rue Trudel, SHAWINIGAN, QC, G9N 0A2
(819) 539-8328 *SIC* 5251

HOLLAND IMPORTS INC p187
3905 1st Ave, BURNABY, BC, V5C 3W3
(604) 294-1743 *SIC* 5251

HOME DEPOT OF CANADA INC p2
2925 Main St Se, AIRDRIE, AB, T4B 3G5
(403) 945-3865 *SIC* 5251

HOME DEPOT OF CANADA INC p13
343 36 St Ne, CALGARY, AB, T2A 7S9
(403) 248-3040 *SIC* 5251

HOME DEPOT OF CANADA INC p38
1818 16 Ave Nw, CALGARY, AB, T2M 0L8
(403) 284-7931 *SIC* 5251

HOME DEPOT OF CANADA INC p56
390 Shawville Blvd Se, CALGARY, AB, T2Y 3S4
(403) 201-5611 *SIC* 5251

HOME DEPOT OF CANADA INC p57
5125 126 Ave Se, CALGARY, AB, T2Z 0B2
(403) 257-8756 *SIC* 5251

HOME DEPOT OF CANADA INC p64
5019 Nose Hill Dr Nw, CALGARY, AB, T3L 0A2
(403) 241-4066 *SIC* 5251

HOME DEPOT OF CANADA INC p64
388 Country Hills Blvd Ne Unit 100, CALGARY, AB, T3K 5J6
(403) 226-7500 *SIC* 5251

HOME DEPOT OF CANADA INC p73
13304 50 St Nw, EDMONTON, AB, T5A 4Z8
(780) 478-7133 *SIC* 5251

HOME DEPOT OF CANADA INC p86
1 Westmount Shopping Ctr Nw Suite 604, EDMONTON, AB, T5M 3L7
(780) 732-9225 *SIC* 5251

HOME DEPOT OF CANADA INC p95
17404 99 Ave Nw, EDMONTON, AB, T5T 5L5
(780) 486-6124 *SIC* 5251

HOME DEPOT OF CANADA INC p109
6725 104 St Nw, EDMONTON, AB, T6H 2L3
(780) 431-4743 *SIC* 5251

HOME DEPOT OF CANADA INC p116
4430 17 St Nw, EDMONTON, AB, T6T 0B4
(780) 577-3575 *SIC* 5251

HOME DEPOT OF CANADA INC p116
6218 Currents Dr Nw, EDMONTON, AB, T6W 0L8
(780) 989-7460 *SIC* 5251

HOME DEPOT OF CANADA INC p140
3708 Mayor Magrath Dr S, LETHBRIDGE, AB, T1K 7V1
(403) 331-3581 *SIC* 5251

HOME DEPOT OF CANADA INC p141
7705 44 St, LLOYDMINSTER, AB, T9V 0X9
(780) 870-9420 *SIC* 5251

HOME DEPOT OF CANADA INC p144
1851 Strachan Rd Se, MEDICINE HAT, AB, T1B 4V7
(403) 581-4300 *SIC* 5251

HOME DEPOT OF CANADA INC p156
2030 50 Ave, RED DEER, AB, T4R 3A2
(403) 358-7550 *SIC* 5251

HOME DEPOT OF CANADA INC p163
390 Baseline Rd Suite 200, SHERWOOD PARK, AB, T8H 1X1
(780) 417-7875 *SIC* 5251

HOME DEPOT OF CANADA INC p165
168 Highway 16a, SPRUCE GROVE, AB, T7X 3X3
(780) 960-5600 *SIC* 5251

HOME DEPOT OF CANADA INC p167
750 St Albert Trail, ST. ALBERT, AB, T8N 7H5
(780) 458-4026 *SIC* 5251

HOME DEPOT OF CANADA INC p187
3950 Henning Dr, BURNABY, BC, V5C 6M2
(604) 294-3077 *SIC* 5251

HOME DEPOT OF CANADA INC p194
1482 Island Hwy, CAMPBELL RIVER, BC, V9W 8C9
(250) 286-5400 *SIC* 5251

HOME DEPOT OF CANADA INC p197
8443 Eagle Landing Pky Unit 100, CHILLIWACK, BC, V2P 0E2
(604) 703-1502 *SIC* 5251

HOME DEPOT OF CANADA INC p202
1900 United Blvd Suite D, COQUITLAM, BC, V3K 6Z1
(604) 540-6277 *SIC* 5251

HOME DEPOT OF CANADA INC p205
2000 Mcphee Rd, CRANBROOK, BC, V1C 0A3
(250) 420-4250 *SIC* 5251

HOME DEPOT OF CANADA INC p212
2980 Drinkwater Rd Unit 1, DUNCAN, BC, V9L 6C6
(250) 737-2360 *SIC* 5251

HOME DEPOT OF CANADA INC p221
1020 Hillside Dr, KAMLOOPS, BC, V2E 2N1
(250) 371-4300 *SIC* 5251

HOME DEPOT OF CANADA INC p224
2515 Enterprise Way, KELOWNA, BC, V1X 7K2
(250) 979-4501 *SIC* 5251

HOME DEPOT OF CANADA INC p230
6550 200 St, LANGLEY, BC, V2Y 1P2
(604) 514-1788 *SIC* 5251

HOME DEPOT OF CANADA INC p241
6555 Metral Dr, NANAIMO, BC, V9T 2L9
(250) 390-7663 *SIC* 5251

HOME DEPOT OF CANADA INC p255
1069 Nicola Ave, PORT COQUITLAM, BC, V3B 8B2
(604) 468-3360 *SIC* 5251

HOME DEPOT OF CANADA INC p262
5959 O'grady Rd, PRINCE GEORGE, BC, V2N 6Z5
(250) 906-3610 *SIC* 5251

HOME DEPOT OF CANADA INC p266
2700 Sweden Way, RICHMOND, BC, V6V 2W8
(604) 303-7360 *SIC* 5251

HOME DEPOT OF CANADA INC p279
39251 Discovery Way, SQUAMISH, BC, V8B 0M9
(604) 892-8800 *SIC* 5251

HOME DEPOT OF CANADA INC p284
12701 110 Ave, SURREY, BC, V3V 3J7
(604) 580-2159 *SIC* 5251

HOME DEPOT OF CANADA INC p287
2525 160 St, SURREY, BC, V3Z 0C8
(604) 542-3520 *SIC* 5251

HOME DEPOT OF CANADA INC p300
2388 Cambie St, VANCOUVER, BC, V5Z 2T8
(604) 675-1260 *SIC* 5251

HOME DEPOT OF CANADA INC p302
900 Terminal Ave, VANCOUVER, BC, V6A 4G4
(604) 608-0569 *SIC* 5251

HOME DEPOT OF CANADA INC p326
5501 Anderson Way, VERNON, BC, V1T 9V1
(250) 550-1600 *SIC* 5251

HOME DEPOT OF CANADA INC p327
3986 Shelbourne St, VICTORIA, BC, V8N 3E3
(250) 853-5350 *SIC* 5251

HOME DEPOT OF CANADA INC p336
2400 Millstream Rd, VICTORIA, BC, V9B 3R3
(250) 391-6001 *SIC* 5251

HOME DEPOT OF CANADA INC p338
840 Main St Suite E1, WEST VANCOUVER, BC, V7T 2Z3
(604) 913-2630 *SIC* 5251

HOME DEPOT OF CANADA INC p339
3550 Carrington Rd Unit 401, WESTBANK, BC, V4T 2Z1
(250) 707-2300 *SIC* 5251

HOME DEPOT OF CANADA INC p345
801 18th St N, BRANDON, MB, R7A 7S1
(204) 571-3300 *SIC* 5251

HOME DEPOT OF CANADA INC p362
1590 Regent Ave W, WINNIPEG, MB, R2C 3B4
(204) 654-5400 *SIC* 5251

HOME DEPOT OF CANADA INC p368
1999 Bishop Grandin Blvd, WINNIPEG, MB, R2M 5S1
(204) 253-7649 *SIC* 5251

HOME DEPOT OF CANADA INC p370
845 Leila Ave, WINNIPEG, MB, R2V 3J7
(204) 336-5530 *SIC* 5251

HOME DEPOT OF CANADA INC p381
727 Empress St, WINNIPEG, MB, R3G 3P5
(204) 779-0703 *SIC* 5251

HOME DEPOT OF CANADA INC p401
1450 Regent St, FREDERICTON, NB, E3C 0A4
(506) 462-9460 *SIC* 5251

HOME DEPOT OF CANADA INC p407
235 Mapleton Rd, MONCTON, NB, E1C 0G9
(506) 853-8150 *SIC* 5251

HOME DEPOT OF CANADA INC p414
55 Lcd Crt, SAINT JOHN, NB, E2J 5E5
(506) 632-9440 *SIC* 5251

HOME DEPOT OF CANADA INC p433
70 Kelsey Dr, ST. JOHN'S, NL, A1B 5C7
(709) 570-2400 *SIC* 5251

HOME DEPOT OF CANADA INC p451
40 Finnian Row, DARTMOUTH, NS, B3B 0B6
(902) 460-4700 *SIC* 5251

HOME DEPOT OF CANADA INC p475
50 Sydney Port Access Rd, SYDNEY, NS,

B1P 7H2
(902) 564-3250 SIC 5251

HOME DEPOT OF CANADA INC p490
15360 Bayview Ave, AURORA, ON, L4G 7J1
(905) 726-4500 SIC 5251

HOME DEPOT OF CANADA INC p497
10 Barrie View Dr, BARRIE, ON, L4N 8V4
(705) 733-2800 SIC 5251

HOME DEPOT OF CANADA INC p503
210 Bell Blvd, BELLEVILLE, ON, K8P 5L8
(613) 961-5340 SIC 5251

HOME DEPOT OF CANADA INC p508
20 Lcd Dr, BRACEBRIDGE, ON, P1L 0A1
(705) 646-5600 SIC 5251

HOME DEPOT OF CANADA INC p509
470 Holland St W, BRADFORD, ON, L3Z 0A2
(905) 778-2100 SIC 5251

HOME DEPOT OF CANADA INC p510
60 Great Lakes Dr, BRAMPTON, ON, L6R 2K7
(905) 792-5430 SIC 5251

HOME DEPOT OF CANADA INC p511
9105 Airport Rd, BRAMPTON, ON, L6S 0B8
(905) 494-2200 SIC 5251

HOME DEPOT OF CANADA INC p521
9515 Mississauga Rd, BRAMPTON, ON, L6X 0Z8
(905) 453-3900 SIC 5251

HOME DEPOT OF CANADA INC p525
25 Holiday Dr, BRANTFORD, ON, N3R 7J4
(519) 757-3534 SIC 5251

HOME DEPOT OF CANADA INC p531
2120 Parkedale Ave, BROCKVILLE, ON, K6V 7N6
(613) 498-9600 SIC 5251

HOME DEPOT OF CANADA INC p549
570 Mcneely Ave, CARLETON PLACE, ON, K7C 0A7
(613) 253-3870 SIC 5251

HOME DEPOT OF CANADA INC p554
1050 Depalma Dr, COBOURG, ON, K9A 0A8
(905) 377-7600 SIC 5251

HOME DEPOT OF CANADA INC p556
10 High St, COLLINGWOOD, ON, L9Y 3J6
(705) 446-3100 SIC 5251

HOME DEPOT OF CANADA INC p580
193 North Queen St, ETOBICOKE, ON, M9C 1A7
(416) 626-9800 SIC 5251

HOME DEPOT OF CANADA INC p585
1983 Kipling Ave, ETOBICOKE, ON, M9W 4J4
(416) 746-1357 SIC 5251

HOME DEPOT OF CANADA INC p593
1616 Cyrville Rd, GLOUCESTER, ON, K1B 3L8
(613) 744-1700 SIC 5251

HOME DEPOT OF CANADA INC p602
63 Woodlawn Rd W, GUELPH, ON, N1H 1G8
(519) 780-3400 SIC 5251

HOME DEPOT OF CANADA INC p606
350 Centennial Pky N, HAMILTON, ON, L8E 2X4
(905) 561-9755 SIC 5251

HOME DEPOT OF CANADA INC p620
9 Ott Dr, HUNTSVILLE, ON, P1H 0A2
(705) 788-5000 SIC 5251

HOME DEPOT OF CANADA INC p626
10 Frank Nighbor Pl Suite Frnt, KANATA, ON, K2V 1B9
(613) 271-7577 SIC 5251

HOME DEPOT OF CANADA INC p633
606 Gardiners Rd, KINGSTON, ON, K7M 3X9
(613) 384-3511 SIC 5251

HOME DEPOT OF CANADA INC p644
100 Gateway Park Dr, KITCHENER, ON, N2P 2J4
(519) 650-3900 SIC 5251

HOME DEPOT OF CANADA INC p652
448 Clarke Rd, LONDON, ON, N5W 6H1
(519) 457-5800 SIC 5251

HOME DEPOT OF CANADA INC p653
600 Fanshawe Park Rd E, LONDON, ON, N5X 1L1
(519) 850-5900 SIC 5251

HOME DEPOT OF CANADA INC p664
3035 Wonderland Rd S, LONDON, ON, N6L 1R4
(519) 691-1400 SIC 5251

HOME DEPOT OF CANADA INC p672
3155 Highway 7 E, MARKHAM, ON, L3R 0T9
(905) 940-5900 SIC 5251

HOME DEPOT OF CANADA INC p678
1201 Castlemore Ave, MARKHAM, ON, L6E 0G5
(905) 201-5500 SIC 5251

HOME DEPOT OF CANADA INC p680
16775 12 Hwy, MIDLAND, ON, L4R 0A9
(705) 527-8800 SIC 5251

HOME DEPOT OF CANADA INC p682
1013 Maple Ave, MILTON, ON, L9T 0A5
(905) 864-1200 SIC 5251

HOME DEPOT OF CANADA INC p700
3065 Mavis Rd, MISSISSAUGA, ON, L5C 1T7
(905) 281-6230 SIC 5251

HOME DEPOT OF CANADA INC p709
2920 Argentia Rd, MISSISSAUGA, ON, L5N 8C5
(905) 814-3860 SIC 5251

HOME DEPOT OF CANADA INC p714
650 Matheson Blvd W, MISSISSAUGA, ON, L5R 3T2
(905) 712-5913 SIC 5251

HOME DEPOT OF CANADA INC p721
5975 Terry Fox Way, MISSISSAUGA, ON, L5V 3E4
(905) 285-4000 SIC 5251

HOME DEPOT OF CANADA INC p730
3779 Strandherd Dr, NEPEAN, ON, K2J 5M4
(613) 843-7900 SIC 5251

HOME DEPOT OF CANADA INC p733
17850 Yonge St, NEWMARKET, ON, L3Y 8S1
(905) 898-0090 SIC 5251

HOME DEPOT OF CANADA INC p742
1275 Seymour St, NORTH BAY, ON, P1B 9V6
(705) 845-2300 SIC 5251

HOME DEPOT OF CANADA INC p753
1 Concorde Gate Suite 900, NORTH YORK, ON, M3C 4H9
(416) 609-0852 SIC 5251

HOME DEPOT OF CANADA INC p755
2375 Steeles Ave W, NORTH YORK, ON, M3J 3A8
(416) 664-9800 SIC 5251

HOME DEPOT OF CANADA INC p757
90 Billy Bishop Way, NORTH YORK, ON, M3K 2C8
(416) 373-6000 SIC 5251

HOME DEPOT OF CANADA INC p761
825 Caledonia Rd, NORTH YORK, ON, M6B 3X8
(416) 780-4730 SIC 5251

HOME DEPOT OF CANADA INC p763
2233 Sheppard Ave W, NORTH YORK, ON, M9M 2Z7
SIC 5251

HOME DEPOT OF CANADA INC p765
2555 Bristol Cir, OAKVILLE, ON, L6H 5W9
(905) 829-5900 SIC 5251

HOME DEPOT OF CANADA INC p767
99 Cross Ave, OAKVILLE, ON, L6J 2W7
(905) 815-5000 SIC 5251

HOME DEPOT OF CANADA INC p770
3300 South Service Rd W, OAKVILLE, ON, L6L 0B1
(905) 469-7110 SIC 5251

HOME DEPOT OF CANADA INC p773
49 Fourth Ave, ORANGEVILLE, ON, L9W 1G7
(519) 940-9061 SIC 5251

HOME DEPOT OF CANADA INC p777
2121 Tenth Line Rd Suite 1, ORLEANS, ON, K4A 4C5
(613) 590-2030 SIC 5251

HOME DEPOT OF CANADA INC p795
2056 Bank St, OTTAWA, ON, K1V 7Z8
(613) 739-5300 SIC 5251

HOME DEPOT OF CANADA INC p803
1590 20th Ave E, OWEN SOUND, ON, N4K 5N3
(519) 372-3970 SIC 5251

HOME DEPOT OF CANADA INC p806
27 Robinson Lane, PEMBROKE, ON, K8A 0A5
(613) 732-6550 SIC 5251

HOME DEPOT OF CANADA INC p813
1105a Kingston Rd, PICKERING, ON, L1V 1B5
(905) 421-2000 SIC 5251

HOME DEPOT OF CANADA INC p820
50 Red Maple Rd, RICHMOND HILL, ON, L4B 4K1
(905) 763-2311 SIC 5251

HOME DEPOT OF CANADA INC p824
1706 Elgin Mills Rd E, RICHMOND HILL, ON, L4S 1M6
(905) 787-7200 SIC 5251

HOME DEPOT OF CANADA INC p826
1350 Quinn Dr, SARNIA, ON, N7S 6L5
(519) 333-2302 SIC 5251

HOME DEPOT OF CANADA INC p832
530 Great Northern Rd, SAULT STE. MARIE, ON, P6B 4Z9
(705) 254-1150 SIC 5251

HOME DEPOT OF CANADA INC p834
60 Grand Marshall Dr, SCARBOROUGH, ON, M1B 5N6
(416) 283-3166 SIC 5251

HOME DEPOT OF CANADA INC p853
20 Ymca Dr, ST CATHARINES, ON, L2N 7R6
(905) 937-5900 SIC 5251

HOME DEPOT OF CANADA INC p868
1500 Marcus Dr, SUDBURY, ON, P3B 4K5
(705) 525-2960 SIC 5251

HOME DEPOT OF CANADA INC p878
359 Main St, THUNDER BAY, ON, P7B 5L6
(807) 624-1100 SIC 5251

HOME DEPOT OF CANADA INC p885
2143 Riverside Dr, TIMMINS, ON, P4R 0A1
(705) 360-8750 SIC 5251

HOME DEPOT OF CANADA INC p893
101 Wicksteed Ave, TORONTO, ON, M4G 4H9
(416) 467-2300 SIC 5251

HOME DEPOT OF CANADA INC p937
2121 St Clair Ave W, TORONTO, ON, M6N 5A8
(416) 766-2800 SIC 5251

HOME DEPOT OF CANADA INC p958
1700 Victoria St E, WHITBY, ON, L1N 9K6
(905) 571-5900 SIC 5251

HOME DEPOT OF CANADA INC p960
4200 Garden St, WHITBY, ON, L1R 3K5
(905) 655-2900 SIC 5251

HOME DEPOT OF CANADA INC p962
6570 Tecumseh Rd E, WINDSOR, ON, N8T 1E6
(519) 974-5420 SIC 5251

HOME DEPOT OF CANADA INC p964
1925 Division Rd, WINDSOR, ON, N8W 1Z7
(519) 967-3700 SIC 5251

HOME DEPOT OF CANADA INC p965
655 Sydney Ave, WINDSOR, ON, N8X 5C4
(519) 967-3706 SIC 5251

HOME DEPOT OF CANADA INC p974
140 Northview Blvd, WOODBRIDGE, ON, L4L 8T2
(905) 851-1800 SIC 5251

HOME DEPOT OF CANADA INC p978
901 Juliana Dr, WOODSTOCK, ON, N4V 1B9
(519) 421-5500 SIC 5251

HOME DEPOT OF CANADA INC p990
11300 Rue Renaude-Lapointe, ANJOU, QC, H1J 2V7
(514) 356-3650 SIC 5251

HOME DEPOT OF CANADA INC p1001
2400 Boul Du Faubourg, BOISBRIAND, QC, J7H 1S3
(450) 971-6061 SIC 5251

HOME DEPOT OF CANADA INC p1042
165 Rue Simonds N, GRANBY, QC, J2J 0R7
(450) 375-5544 SIC 5251

HOME DEPOT OF CANADA INC p1043
500 Av Auguste, GREENFIELD PARK, QC, J4V 3R4
(450) 462-5020 SIC 5251

HOME DEPOT OF CANADA INC p1066
500 Rue De La Concorde, Levis, QC, G6W 8A8
(418) 834-7050 SIC 5251

HOME DEPOT OF CANADA INC p1124
1000 Rue Sauve O Bureau 1000, Montreal, QC, H4N 3L5
(514) 333-6868 SIC 5251

HOME DEPOT OF CANADA INC p1129
1400 Boul Le Corbusier, Montreal, QC, H7N 6J5
(450) 680-2225 SIC 5251

HOME DEPOT OF CANADA INC p1142
185 Boul Hymus, POINTE-CLAIRE, QC, H9R 1E9
(514) 630-8631 SIC 5251

HOME DEPOT OF CANADA INC p1182
901 Rue De L'Etang, SAINT-BRUNO, QC, J3V 6N8
(450) 461-2000 SIC 5251

HOME DEPOT OF CANADA INC p1184
490 Voie De La Desserte Bureau 132, SAINT-CONSTANT, QC, J5A 2S6
(450) 633-2030 SIC 5251

HOME DEPOT OF CANADA INC p1200
1045 Boul Du Grand-Heron, Saint-Jerome, QC, J7Y 3P2
(450) 565-6020 SIC 5251

HOME DEPOT OF CANADA INC p1239
1355 Boul Du Plateau-Saint-Joseph, SHERBROOKE, QC, J1L 3E2
(819) 348-4481 SIC 5251

HOME DEPOT OF CANADA INC p1256
55 Boul De La Cite-Des-Jeunes, VAUDREUIL-DORION, QC, J7V 8C1
(450) 510-2600 SIC 5251

HOME DEPOT OF CANADA INC p1260
160 Boul Arthabaska O, VICTORIAVILLE, QC, G6S 0P2
(819) 752-0700 SIC 5251

HOME DEPOT OF CANADA INC p1282
1867 E Victoria Ave, REGINA, SK, S4N 6E6
(306) 761-1919 SIC 5251

HOME DEPOT OF CANADA INC p1291
1030 N Pasqua St, REGINA, SK, S4X 4V3
(306) 564-5700 SIC 5251

HOME DEPOT OF CANADA INC p1296
707 Circle Dr E, SASKATOON, SK, S7K 0V1
(306) 651-6250 SIC 5251

HOME DEPOT OF CANADA INC p1305
3043 Clarence Ave S Suite 1, SASKATOON, SK, S7T 0B5
(306) 657-4100 SIC 5251

HOME HARDWARE STORES LIMITED p588
745 St David St N, FERGUS, ON, N1M 2L1
(519) 843-1171 SIC 5251

HUDSON'S BAY COMPANY p813
1300 Kingston Rd, PICKERING, ON, L1V 3M9
(905) 831-8506 SIC 5251

HYFLEX ASSEMBLIES LTD p1305
3711 Mitchelmore Ave, SASKATOON, SK, S7P 0C5
(306) 934-8886 SIC 5251

J. D. IRVING, LIMITED p393
15 Av Savoie, ATHOLVILLE, NB, E3N 4A8
(506) 753-7662 SIC 5251

JEMARICA INC p825
9040 County Road 17 Suite 623, ROCK-

LAND, ON, K4K 1V5
(613) 446-4410 SIC 5251
JUUSOLA, JACK SALES LTD p276
2090 10 Ave Sw, SALMON ARM, BC, V1E 0E1
(250) 832-5030 SIC 5251
LEE VALLEY TOOLS LTD p32
7261 11 St Se, CALGARY, AB, T2H 2S1
(403) 253-2066 SIC 5251
LEE VALLEY TOOLS LTD p92
18403 104 Ave Nw, EDMONTON, AB, T5S 2V8
(780) 444-6153 SIC 5251
LEE VALLEY TOOLS LTD p202
1401 United Blvd, COQUITLAM, BC, V3K 6Y7
(604) 515-8896 SIC 5251
LEE VALLEY TOOLS LTD p298
1180 Marine Dr Se, VANCOUVER, BC, V5X 2V6
(604) 261-2262 SIC 5251
LEE VALLEY TOOLS LTD p650
2100 Oxford St E Suite 11, LONDON, ON, N5V 4A4
(519) 659-7981 SIC 5251
LEE VALLEY TOOLS LTD p801
1090 Morrison Dr, OTTAWA, ON, K2H 1C2
(613) 596-0350 SIC 5251
LEE VALLEY TOOLS LTD p834
1275 Morningside Ave Suite 1, SCARBOROUGH, ON, M1B 3W1
(416) 286-7574 SIC 5251
MCMUNN & YATES BUILDING SUPPLIES LTD p388
940 Elmhurst Rd, WINNIPEG, MB, R3R 3X7
(204) 837-1347 SIC 5251
MEADOW LAKE HOME HARDWARE BUILDING CENTRE LTD p1274
802 1st St W, MEADOW LAKE, SK, S9X 1E2
(306) 236-4467 SIC 5251
MICHEL THIBAUDEAU INC p1042
70 Rue Simonds N, GRANBY, QC, J2J 2L1
(450) 378-9884 SIC 5251
MISTEREL INC p565
201 Ninth St E, CORNWALL, ON, K6H 2V1
(613) 933-0592 SIC 5251
NORTHERN HARDWARE & FURNITURE CO., LTD p259
1386 3rd Ave, PRINCE GEORGE, BC, V2L 3E9
(250) 563-7161 SIC 5251
NORTHERN METALIC SALES (G.P.) LTD p127
9708 108 St, GRANDE PRAIRIE, AB, T8V 4E2
(780) 539-9555 SIC 5251
NUTRINOR COOPERATIVE p1183
535 6e Rang S, SAINT-BRUNO-LAC-SAINT-JEAN, QC, G0W 2L0
(418) 343-3812 SIC 5251
PEAVEY INDUSTRIES LIMITED p135
5301 Discovery Way, LEDUC, AB, T9E 8N4
(780) 980-1800 SIC 5251
PEAVEY INDUSTRIES LIMITED p142
6206 44 St, LLOYDMINSTER, AB, T9V 1V9
(780) 875-5589 SIC 5251
PEAVEY INDUSTRIES LIMITED p157
2410 50 Ave, RED DEER, AB, T4R 1M3
(403) 346-6402 SIC 5251
PEAVEY INDUSTRIES LIMITED p168
6610 50 Ave, STETTLER, AB, T0C 2L2
(403) 742-5600 SIC 5251
PEAVEY INDUSTRIES LIMITED p206
1300 Alaska Ave, DAWSON CREEK, BC, V1G 1Z3
(250) 782-4056 SIC 5251
PEAVEY INDUSTRIES LIMITED p1278
11442 Railway Ave E, NORTH BATTLEFORD, SK, S9A 3P7
(306) 445-6171 SIC 5251
PEAVEY INDUSTRIES LIMITED p1290
3939 E Quance Gate, REGINA, SK, S4V 3A4
(306) 789-9811 SIC 5251

PEAVEY INDUSTRIES LIMITED p1297
820c 51st St E, SASKATOON, SK, S7K 0X8
(306) 242-0981 SIC 5251
PEAVEY INDUSTRIES LIMITED p1307
1150 Central Ave N Suite 1005, SWIFT CURRENT, SK, S9H 4C8
(306) 773-9558 SIC 5251
POTVIN & BOUCHARD INC p1052
2880 Av Du Port, LA BAIE, QC, G7B 3P6
(418) 544-3000 SIC 5251
PRINCESS AUTO LTD p57
4143 114 Ave Se, CALGARY, AB, T2Z 0H3
(403) 723-9904 SIC 5251
PRINCESS AUTO LTD p87
11150 163 St Nw, EDMONTON, AB, T5M 3R5
(780) 483-0244 SIC 5251
PRINCESS AUTO LTD p155
6833 66 St, RED DEER, AB, T4P 3T5
(403) 342-6181 SIC 5251
PRINCESS AUTO LTD p202
15d King Edward St, COQUITLAM, BC, V3K 4S8
(604) 777-0735 SIC 5251
PRINCESS AUTO LTD p346
1855 18th St N, BRANDON, MB, R7C 1A6
(204) 726-0601 SIC 5251
PRINCESS AUTO LTD p362
475 Panet Rd, WINNIPEG, MB, R2C 2Z1
(204) 667-4630 SIC 5251
PRINCESS AUTO LTD p410
50 Cabela's Crt, MONCTON, NB, E1G 5V7
(506) 388-4400 SIC 5251
PRINCESS AUTO LTD p452
81 Wright Ave, DARTMOUTH, NS, B3B 1H4
(902) 468-8396 SIC 5251
PRINCESS AUTO LTD p572
18195 Leslie St, EAST GWILLIMBURY, ON, L9N 0M2
(905) 952-2107 SIC 5251
PRINCESS AUTO LTD p607
1850 Barton St E, HAMILTON, ON, L8H 2Y6
(905) 561-9400 SIC 5251
PRINCESS AUTO LTD p720
6608 Dixie Rd, MISSISSAUGA, ON, L5T 2Z9
(905) 564-1011 SIC 5251
PRINCESS AUTO LTD p785
1111 Ages Dr, OTTAWA, ON, K1G 6L3
(613) 247-1651 SIC 5251
PRINCESS AUTO LTD p827
1370 Quinn Dr, SARNIA, ON, N7S 6M8
(519) 542-1661 SIC 5251
PRINCESS AUTO LTD p1290
3701 E Quance Gate, REGINA, SK, S4V 3A4
(306) 721-5115 SIC 5251
PROUDFOOTS INCORPORATED p474
339 South Foord St, STELLARTON, NS, B0K 0A2
(902) 752-4600 SIC 5251
PROUDFOOTS INCORPORATED p474
130 Vista Dr, STELLARTON, NS, B0K 0A2
(902) 752-1585 SIC 5251
QUAD CITY BUILDING MATERIALS LTD p205
1901 Mcphee Rd, CRANBROOK, BC, V1C 7J2
(250) 426-6288 SIC 5251
QUINCAILLERIE NOTRE-DAME DE ST-HENRI INC p1118
2400 Rue Saint-Patrick, Montreal, QC, H3K 1B7
(514) 931-2561 SIC 5251
QUINCAILLERIE RICHELIEU LTEE p452
71 Ilsley Ave Unit 3, DARTMOUTH, NS, B3B 1L5
(902) 468-2324 SIC 5251
QUINCAILLERIE RICHELIEU LTEE p638
800 Wilson Ave Suite 2, KITCHENER, ON, N2C 0A2
(519) 578-3770 SIC 5251
QUINCAILLERIE RICHELIEU LTEE p685
6420 Viscount Rd, MISSISSAUGA, ON, L4V

1H3
(905) 672-1500 SIC 5251
QUINCAILLERIE RICHELIEU LTEE p1156
4500 Boul Wilfrid-Hamel, Quebec, QC, G1P 2J9
(418) 872-5310 SIC 5251
ROCH GAUTHIER ET FILS INC p1064
1655 Boul De La Cite-Des-Jeunes, Les Cedres, QC, J7T 1K9
(450) 452-4764 SIC 5251
ROGER GRENIER INC p1183
378 Av Pie-X, SAINT-CHRISTOPHE-D'ARTHABASK, QC, G6R 0M2
(819) 357-8282 SIC 5251
SHERWOOD HARDWARE LTD p981
115 St. Peters Rd, CHARLOTTETOWN, PE, C1A 5P3
(902) 892-8509 SIC 5251
SIMPSON, S. B. GROUP INC p537
3210 Mainway, BURLINGTON, ON, L7M 1A5
(905) 335-6575 SIC 5251
SOCIETE COOPERATIVE AGRICOLE DE PRINCEVILLE p1144
170 Rue Monseigneur-Poirier, PRINCEVILLE, QC, G6L 4S5
(819) 364-5331 SIC 5251
SOCIETE COOPERATIVE AGRICOLE LA SEIGNEURIE p1178
1107 Av Daigle, SAINT-AGAPIT, QC, G0S 1Z0
(418) 888-3938 SIC 5251
STARRETT, L. S. CO. OF CANADA LIMITED, THE p691
1244 Kamato Rd, MISSISSAUGA, ON, L4W 1Y1
(905) 624-2750 SIC 5251
STEWIACKE HARDWARE & BUILDING SUPPLIES LIMITED p466
275 George St, LANESVILLE, NS, B0N 2J0
SIC 5251
TSC STORES L.P. p486
4874 Concession Rd 7, ALLISTON, ON, L9R 1V1
(705) 435-8845 SIC 5251
TSC STORES L.P. p651
1000 Clarke Rd, LONDON, ON, N5V 3A9
(519) 453-5270 SIC 5251
TSC STORES L.P. p773
207211 Hwy 9 E, ORANGEVILLE, ON, L9W 2Z2
(519) 940-8810 SIC 5251
TSC STORES L.P. p883
121 Concession St E, TILLSONBURG, ON, N4G 4W4
(519) 842-7001 SIC 5251
UNIROPE LIMITED p693
3070 Universal Dr, MISSISSAUGA, ON, L4X 2C8
(905) 624-5131 SIC 5251

SIC 5261 Retail nurseries and garden stores

CENTRE JARDIN HAMEL INC p1050
6029 Boul Wilfrid-Hamel, L'ANCIENNE-LORETTE, QC, G2E 2H3
(418) 872-9705 SIC 5261
CHS COUNTRY OPERATIONS CANADA, INC p6
714 1 Ave, BEISEKER, AB, T0M 0G0
(403) 947-3767 SIC 5261
COOP UNIFORCE, LA p1241
291 Rue Saint-Patrice, SHERRINGTON, QC, J0L 2N0
(450) 454-3986 SIC 5261
DAVEY TREE EXPERT CO. OF CANADA, LIMITED p239
13 Victoria Cres Suite 20, NANAIMO, BC, V9R 5B9
(250) 755-1288 SIC 5261
DEVRY GREENHOUSES (1989) LTD p196
10074 Reeves Rd, CHILLIWACK, BC, V2P 6H4

(604) 794-3874 SIC 5261
ENNS BROTHERS LTD p357
340 Pth 12 N, STEINBACH, MB, R5G 1T6
(204) 326-1305 SIC 5261
FAIRWAY COLONY FARMS LTD p347
Po Box 330, DOUGLAS, MB, R0K 0R0
(204) 763-8707 SIC 5261
FERME LE COMPTOIR RICHELIEU INC p1241
350 Rue Du College, SOREL-TRACY, QC, J3P 6T7
(450) 742-9444 SIC 5261
GRO-BARK (ONTARIO) LTD p541
816 Mayfield Rd, CALEDON, ON, L7C 0Y6
(905) 846-1515 SIC 5261
HOME DEPOT OF CANADA INC p774
3225 Monarch Dr, ORILLIA, ON, L3V 7Z4
(705) 327-6500 SIC 5261
K & C SILVICULTURE LTD p153
Gd Stn Postal Box Ctr Box, RED DEER, AB, T4N 5E6
SIC 5261
LEE VALLEY TOOLS LTD p536
3060 Davidson Crt Unit 3, BURLINGTON, ON, L7M 4X7
(905) 319-9110 SIC 5261
MANDEVILLE GARDEN CENTER LTD p193
4746 Marine Dr, BURNABY, BC, V5J 3G6
(604) 434-4118 SIC 5261
MASTER GARDENERS OF OTTAWA-CARLETON p782
930 Carling Ave, OTTAWA, ON, K1A 0C6
(613) 236-0034 SIC 5261
MMD SALES LTD p101
4630 51 Ave Nw, EDMONTON, AB, T6B 2W2
(780) 438-2484 SIC 5261
PRT GROWING SERVICES LTD p253
12682 Woolridge Rd, PITT MEADOWS, BC, V3Y 1Z1
(604) 465-6276 SIC 5261
RICHARDSON PIONEER LIMITED p160
Gd, RYCROFT, AB, T0H 3A0
(780) 765-2000 SIC 5261
SHERIDAN NURSERIES LIMITED p639
100 Elmsdale Dr, KITCHENER, ON, N2E 1H6
(519) 743-4146 SIC 5261
SHERIDAN NURSERIES LIMITED p692
2069 Burnhamthorpe Rd E, MISSISSAUGA, ON, L4X 2S7
(905) 624-3722 SIC 5261
SHERIDAN NURSERIES LIMITED p702
606 Southdown Rd Suite 32, MISSISSAUGA, ON, L5J 2Y4
(905) 822-0251 SIC 5261
SHERIDAN NURSERIES LIMITED p747
784 Sheppard Ave E, NORTH YORK, ON, M2K 1C3
SIC 5261
SHERIDAN NURSERIES LIMITED p837
1774 Ellesmere Rd, SCARBOROUGH, ON, M1H 2V5
(416) 438-6931 SIC 5261
SHERIDAN NURSERIES LIMITED p897
2827 Yonge St, TORONTO, ON, M4N 2J4
(416) 481-6429 SIC 5261
SHERIDAN NURSERIES LIMITED p959
410 Taunton Rd W, WHITBY, ON, L1P 2A9
(905) 686-0844 SIC 5261
VAN DONGEN LANDSCAPING & NURSERIES LTD p619
6750 Trafalgar Rd Suite 1, HORNBY, ON, L0P 1E0
(905) 878-1105 SIC 5261

SIC 5311 Department stores

A B C COMPANY LIMITED p575
123 Fourth St, ETOBICOKE, ON, M8V 2Y6
(905) 812-5941 SIC 5311
ARMY & NAVY DEPT. STORE LIMITED p12
1107 33 St Ne Unit 1, CALGARY, AB, T2A

2170 SIC 5311 Department stores

6T2
(403) 248-6660 SIC 5311
ARMY & NAVY DEPT. STORE LIMITED p103
10411 82 Ave Nw Suite 5, EDMONTON, AB, T6E 2A1
(780) 433-5503 SIC 5311
ARMY & NAVY DEPT. STORE LIMITED p232
5501 204 St Unit 100, LANGLEY, BC, V3A 5N8
(604) 514-1774 SIC 5311
ARMY & NAVY DEPT. STORE LIMITED p244
502 Columbia St, NEW WESTMINSTER, BC, V3L 1B1
(604) 526-4661 SIC 5311
ARMY & NAVY DEPT. STORE LIMITED p303
27 Hastings St W Suite 25, VANCOUVER, BC, V6B 1G5
(604) 682-6644 SIC 5311
BPSR CORPORATION p575
123 Fourth St, ETOBICOKE, ON, M8V 2Y6
(905) 999-9999 SIC 5311
CHILDREN'S PLACE (CANADA) LP, THE p935
900 Dufferin St Suite 10, TORONTO, ON, M6H 4A9
(416) 535-8935 SIC 5311
CONCEPT MODE LAVAL INC p1140
2330 Chomedey (A-13) 0 Bureau 13, POINTE-CLAIRE, QC, H7X 4G8
(450) 689-4442 SIC 5311
COOPERATIVE DE ST LOUIS, LIMITEE, LA p419
10547 Rue Principale Unite 1, SAINT-LOUIS-DE-KENT, NB, E4X 1E8
(506) 876-2431 SIC 5311
COSTCO WHOLESALE CANADA LTD p572
18182 Yonge St, EAST GWILLIMBURY, ON, L9N 0J3
(905) 954-4733 SIC 5311
DOLLARAMA S.E.C. p361
955 Main St Unit 1, WINKLER, MB, R6W 0L7
(204) 331-4723 SIC 5311
DOLLARAMA S.E.C. p401
5 Trinity Ave, FREDERICTON, NB, E3C 0B7
(506) 472-9744 SIC 5311
DOLLARAMA S.E.C. p425
1 Mount Bernard Ave, CORNER BROOK, NL, A2H 6Y5
(709) 634-0364 SIC 5311
DOLLARAMA S.E.C. p633
690 Gardiners Rd Unit 7, KINGSTON, ON, K7M 3X9
(613) 384-5680 SIC 5311
DOLLARAMA S.E.C. p702
1865 Lakeshore Rd W Suite 3, MISSISSAUGA, ON, L5J 4P1
(905) 855-9469 SIC 5311
DOLLARAMA S.E.C. p851
4858 Hwy 101 E Suite 104, SOUTH PORCUPINE, ON, P0N 1K0
(705) 235-0831 SIC 5311
DOLLARAMA S.E.C. p858
1010 Talbot St, ST THOMAS, ON, N5P 4N2
(519) 633-3457 SIC 5311
DOLLARAMA S.E.C. p893
45 Overlea Blvd Suite 2, TORONTO, ON, M4H 1C3
(416) 425-2830 SIC 5311
DOLLARAMA S.E.C. p965
3214 Dougall Ave Unit B, WINDSOR, ON, N8X 1S6
(519) 972-4661 SIC 5311
DOTY, RONALD T. LIMITED p508
Hwy 118 W, BRACEBRIDGE, ON, P1L 1V4
(705) 645-5261 SIC 5311
E.D.M. LASALLE INC p1059
7427 Boul Newman Bureau 36, LASALLE, QC, H8N 1X3
(514) 365-6633 SIC 5311
GAUTHIER, CHRIS J. HOLDINGS LTD p638
385 Fairway Rd S Suite 4a, KITCHENER, ON, N2C 2N9
(519) 894-6257 SIC 5311

GESTION ALAIN LAFOREST INC p987
50 Boul Saint-Luc, ALMA, QC, G8B 6K1
(418) 662-6618 SIC 5311
GIANT TIGER STORES LIMITED p785
2480 Walkley Rd, OTTAWA, ON, K1G 6A9
(613) 521-8222 SIC 5311
GRANITE DEPARTMENT STORES INC p424
956 Conception Bay Hwy Unit 2, CONCEPTION BAY SOUTH, NL, A1X 6Z6
(709) 834-3411 SIC 5311
GRANITE DEPARTMENT STORES INC p429
7 Commonwealth Ave, MOUNT PEARL, NL, A1N 1W3
(709) 368-8192 SIC 5311
GRANITE DEPARTMENT STORES INC p432
Fall River Plaza 272 Torbay Rd, ST. JOHN'S, NL, A1A 4E1
(709) 579-1401 SIC 5311
HOLT, RENFREW & CIE, LIMITEE p307
737 Dunsmuir St, VANCOUVER, BC, V6C 1N5
(604) 681-3121 SIC 5311
HOLT, RENFREW & CIE, LIMITEE p375
393 Portage Ave Suite 200, WINNIPEG, MB, R3B 3H6
(204) 942-7321 SIC 5311
HOLT, RENFREW & CIE, LIMITEE p875
370 Steeles Ave W, THORNHILL, ON, L4J 6X1
(905) 886-7444 SIC 5311
HOPE DISTRIBUTION & SALES INC p255
2125 Hawkins St Suite 609, PORT COQUITLAM, BC, V3B 0G6
(604) 468-6951 SIC 5311
HUDSON'S BAY COMPANY p10
2525 36 St Ne, CALGARY, AB, T1Y 5T4
(403) 261-0759 SIC 5311
HUDSON'S BAY COMPANY p10
3333 Sunridge Way Ne, CALGARY, AB, T1Y 7H5
SIC 5311
HUDSON'S BAY COMPANY p31
33 Heritage Gate Se, CALGARY, AB, T2H 3A7
(403) 538-0083 SIC 5311
HUDSON'S BAY COMPANY p31
6455 Macleod Trail Sw, CALGARY, AB, T2H 0K3
(403) 255-6121 SIC 5311
HUDSON'S BAY COMPANY p35
100 Anderson Rd Se, CALGARY, AB, T2J 3V1
(403) 278-9520 SIC 5311
HUDSON'S BAY COMPANY p45
200 8 Ave Sw, CALGARY, AB, T2P 1B5
(403) 262-0345 SIC 5311
HUDSON'S BAY COMPANY p57
4916 130 Ave Se Unit 164, CALGARY, AB, T2Z 0G4
(403) 216-4033 SIC 5311
HUDSON'S BAY COMPANY p58
3625 Shaganappi Trail Nw, CALGARY, AB, T3A 0E2
(403) 286-1220 SIC 5311
HUDSON'S BAY COMPANY p61
3915 51 St Sw Unit 10, CALGARY, AB, T3E 6N1
(403) 685-4394 SIC 5311
HUDSON'S BAY COMPANY p62
8888 Country Hills Blvd Nw Suite 600, CALGARY, AB, T3G 5T4
(403) 974-7100 SIC 5311
HUDSON'S BAY COMPANY p69
312 5 Ave W Suite 24, COCHRANE, AB, T4C 2E3
SIC 5311
HUDSON'S BAY COMPANY p75
1 Londonderry Mall Nw Unit 86, EDMONTON, AB, T5C 3C8
(780) 478-2931 SIC 5311
HUDSON'S BAY COMPANY p76
650 Kingsway Garden Mall Nw, EDMONTON, AB, T5G 3E6
(780) 479-7100 SIC 5311

HUDSON'S BAY COMPANY p92
17531 Stony Plain Rd Nw, EDMONTON, AB, T5S 2S1
(780) 496-9354 SIC 5311
HUDSON'S BAY COMPANY p95
8882 170 St Nw Suite 1001, EDMONTON, AB, T5T 3J7
(780) 444-1550 SIC 5311
HUDSON'S BAY COMPANY p109
150 Southgate Shopping Ctr Nw, EDMONTON, AB, T6H 4M7
(780) 435-9211 SIC 5311
HUDSON'S BAY COMPANY p113
9738 19 Ave Nw, EDMONTON, AB, T6N 1K6
(780) 414-5850 SIC 5311
HUDSON'S BAY COMPANY p129
602 2 Ave W, HANNA, AB, T0J 1P0
(403) 854-5814 SIC 5311
HUDSON'S BAY COMPANY p138
200 4 Ave S Suite 200, LETHBRIDGE, AB, T1J 4C9
(403) 329-3131 SIC 5311
HUDSON'S BAY COMPANY p144
3292 Dunmore Rd Se Suite F7, MEDICINE HAT, AB, T1B 2R4
(403) 526-7888 SIC 5311
HUDSON'S BAY COMPANY p156
4900 Molly Bannister Dr, RED DEER, AB, T4R 1N9
(403) 347-2211 SIC 5311
HUDSON'S BAY COMPANY p167
375 St Albert Trail Suite 300, ST. ALBERT, AB, T8N 3K8
(780) 458-5800 SIC 5311
HUDSON'S BAY COMPANY p171
5001 50th Ave, VALLEYVIEW, AB, T0H 3N0
(780) 524-2500 SIC 5311
HUDSON'S BAY COMPANY p177
32900 South Fraser Way Suite 2, ABBOTSFORD, BC, V2S 5A1
(604) 853-7711 SIC 5311
HUDSON'S BAY COMPANY p177
1425 Sumas Way Unit 106, ABBOTSFORD, BC, V2S 8M9
(604) 855-7506 SIC 5311
HUDSON'S BAY COMPANY p191
4850 Kingsway, BURNABY, BC, V5H 4P2
(604) 436-1196 SIC 5311
HUDSON'S BAY COMPANY p199
2929 Barnet Hwy Suite 100, COQUITLAM, BC, V3B 5R9
(604) 468-4453 SIC 5311
HUDSON'S BAY COMPANY p218
1320 Trans Canada Hwy W Suite 300, KAMLOOPS, BC, V1S 1J1
(250) 372-8271 SIC 5311
HUDSON'S BAY COMPANY p218
516 13th Ave Rr 4, INVERMERE, BC, V0A 1K0
(250) 341-6173 SIC 5311
HUDSON'S BAY COMPANY p224
1500 Banks Rd Unit 102, KELOWNA, BC, V1X 7Y1
(250) 860-9052 SIC 5311
HUDSON'S BAY COMPANY p226
2271 Harvey Ave Suite 1415, KELOWNA, BC, V1Y 6H3
(250) 860-2483 SIC 5311
HUDSON'S BAY COMPANY p232
19705 Fraser Hwy Suite 320, LANGLEY, BC, V3A 7E9
(604) 530-8434 SIC 5311
HUDSON'S BAY COMPANY p241
6631 Island Hwy N Suite 1a, NANAIMO, BC, V9T 4T7
(250) 390-3141 SIC 5311
HUDSON'S BAY COMPANY p244
4633 10th Ave, NEW HAZELTON, BC, V0J 2J0
SIC 5311
HUDSON'S BAY COMPANY p245
805 Boyd St, NEW WESTMINSTER, BC, V3M 5X2
(604) 525-7362 SIC 5311

HUDSON'S BAY COMPANY p252
2111 Main St Suite 160, PENTICTON, BC, V2A 6V1
(250) 493-1900 SIC 5311
HUDSON'S BAY COMPANY p253
19150 Lougheed Hwy Suite 129, PITT MEADOWS, BC, V3Y 2H6
SIC 5311
HUDSON'S BAY COMPANY p259
1600 15th Ave Suite 140, PRINCE GEORGE, BC, V2L 3X3
(250) 563-0211 SIC 5311
HUDSON'S BAY COMPANY p264
155 Malcolm Dr Suite 12, QUESNEL, BC, V2J 3K2
SIC 5311
HUDSON'S BAY COMPANY p269
5300 No. 3 Rd Unit 101, RICHMOND, BC, V6X 2X9
(604) 248-0475 SIC 5311
HUDSON'S BAY COMPANY p271
6060 Minoru Blvd Suite 100, RICHMOND, BC, V6Y 1Y2
(604) 273-3844 SIC 5311
HUDSON'S BAY COMPANY p280
1400 Guildford Town Ctr, SURREY, BC, V3R 7B7
(604) 588-2111 SIC 5311
HUDSON'S BAY COMPANY p295
1409 Kingsway, VANCOUVER, BC, V5N 2R6
(604) 874-4811 SIC 5311
HUDSON'S BAY COMPANY p300
650 41st Ave W, VANCOUVER, BC, V5Z 2M9
(604) 261-3311 SIC 5311
HUDSON'S BAY COMPANY p307
674 Granville St Suite 9999, VANCOUVER, BC, V6C 1Z6
(604) 681-6211 SIC 5311
HUDSON'S BAY COMPANY p326
4900 27 St Suite 10, VERNON, BC, V1T 2C7
(250) 545-5331 SIC 5311
HUDSON'S BAY COMPANY p331
1150 Douglas St Suite 1, VICTORIA, BC, V8W 2C8
(250) 385-1311 SIC 5311
HUDSON'S BAY COMPANY p334
3125 Douglas St, VICTORIA, BC, V8Z 3K3
(250) 386-3322 SIC 5311
HUDSON'S BAY COMPANY p338
725 Park Royal N, WEST VANCOUVER, BC, V7T 1H9
(604) 925-1411 SIC 5311
HUDSON'S BAY COMPANY p362
1580 Regent Ave W Unit 20, WINNIPEG, MB, R2C 2Y9
(204) 667-8407 SIC 5311
HUDSON'S BAY COMPANY p378
450 Portage Ave, WINNIPEG, MB, R3C 0E7
(204) 783-2112 SIC 5311
HUDSON'S BAY COMPANY p381
1485 Portage Ave, WINNIPEG, MB, R3G 0W4
(204) 975-3228 SIC 5311
HUDSON'S BAY COMPANY p407
1100 Main St, MONCTON, NB, E1C 1H4
SIC 5311
HUDSON'S BAY COMPANY p438
77b Woodland Dr, HAY RIVER, NT, X0E 1G1
(867) 874-6881 SIC 5311
HUDSON'S BAY COMPANY p449
21 Micmac Blvd, DARTMOUTH, NS, B3A 4K7
(902) 469-6680 SIC 5311
HUDSON'S BAY COMPANY p462
7067 Chebucto Rd Suite 111, HALIFAX, NS, B3L 4R5
SIC 5311
HUDSON'S BAY COMPANY p463
201 Chain Lake Dr, HALIFAX, NS, B3S 1C8
(902) 450-0273 SIC 5311
HUDSON'S BAY COMPANY p494
465 Bayfield St, BARRIE, ON, L4M 4Z9

SIC 5311 Department stores

(705) 726-2200 SIC 5311
HUDSON'S BAY COMPANY p497
436 Bryne Dr, BARRIE, ON, L4N 9R1
(705) 734-0793 SIC 5311
HUDSON'S BAY COMPANY p514
25 Peel Centre Dr Suite 3, BRAMPTON, ON, L6T 3R5
(905) 793-5100 SIC 5311
HUDSON'S BAY COMPANY p514
8925 Torbram Rd, BRAMPTON, ON, L6T 4G1
(905) 792-4400 SIC 5311
HUDSON'S BAY COMPANY p522
499 Main St S Suite 60e, BRAMPTON, ON, L6Y 1N7
  SIC 5311
HUDSON'S BAY COMPANY p540
900 Maple Ave, BURLINGTON, ON, L7S 2J8
(416) 681-0030 SIC 5311
HUDSON'S BAY COMPANY p540
900 Maple Ave, BURLINGTON, ON, L7S 2J8
(905) 681-0030 SIC 5311
HUDSON'S BAY COMPANY p540
777 Guelph Line Unit 8, BURLINGTON, ON, L7R 3N2
(905) 634-8866 SIC 5311
HUDSON'S BAY COMPANY p543
355 Hespeler Rd Unit 1, CAMBRIDGE, ON, N1R 8J9
(519) 622-4919 SIC 5311
HUDSON'S BAY COMPANY p559
3200 Highway 7, CONCORD, ON, L4K 5Z5
(905) 760-1759 SIC 5311
HUDSON'S BAY COMPANY p580
1880 The Queensway, ETOBICOKE, ON, M9C 5H5
(416) 847-0494 SIC 5311
HUDSON'S BAY COMPANY p580
25 The West Mall, ETOBICOKE, ON, M9C 1B8
(416) 626-4711 SIC 5311
HUDSON'S BAY COMPANY p585
500 Rexdale Blvd, ETOBICOKE, ON, M9W 6K5
(416) 674-6000 SIC 5311
HUDSON'S BAY COMPANY p615
999 Upper Wentworth St, HAMILTON, ON, L9A 4X5
(905) 318-8008 SIC 5311
HUDSON'S BAY COMPANY p633
945 Gardiners Rd, KINGSTON, ON, K7M 7H4
(613) 384-3888 SIC 5311
HUDSON'S BAY COMPANY p639
245 Strasburg Rd, KITCHENER, ON, N2E 3W7
(519) 584-2073 SIC 5311
HUDSON'S BAY COMPANY p659
1105 Wellington Rd Suite 5, LONDON, ON, N6E 1V4
(519) 685-4100 SIC 5311
HUDSON'S BAY COMPANY p661
1680 Richmond St, LONDON, ON, N6G 3Y9
(519) 675-0080 SIC 5311
HUDSON'S BAY COMPANY p672
5000 Highway 7 E, MARKHAM, ON, L3R 4M9
(905) 513-1770 SIC 5311
HUDSON'S BAY COMPANY p694
4561 Hurontario St, MISSISSAUGA, ON, L4Z 3X3
(416) 789-8011 SIC 5311
HUDSON'S BAY COMPANY p698
100 City Centre Dr Suite 200, MISSISSAUGA, ON, L5B 2C9
(905) 270-7600 SIC 5311
HUDSON'S BAY COMPANY p705
5100 Erin Mills Pky Unit Y001, MISSISSAUGA, ON, L5M 4Z5
(905) 820-8300 SIC 5311
HUDSON'S BAY COMPANY p745
1800 Sheppard Ave E Suite 1, NORTH YORK, ON, M2J 5A7
(416) 491-2010 SIC 5311
HUDSON'S BAY COMPANY p748
6500 Yonge St, NORTH YORK, ON, M2M 3X4
(416) 226-4202 SIC 5311
HUDSON'S BAY COMPANY p760
3401 Dufferin St, NORTH YORK, ON, M6A 2T9
(416) 789-8011 SIC 5311
HUDSON'S BAY COMPANY p760
698 Lawrence Ave W, North York, ON, M6A 3A5
(416) 256-3200 SIC 5311
HUDSON'S BAY COMPANY p765
240 Leighland Ave, OAKVILLE, ON, L6H 3H6
(905) 842-4811 SIC 5311
HUDSON'S BAY COMPANY p776
110 Place D'orleans Dr, ORLEANS, ON, K1C 2L9
(613) 837-8274 SIC 5311
HUDSON'S BAY COMPANY p781
419 King St W, OSHAWA, ON, L1J 2K5
(905) 571-1211 SIC 5311
HUDSON'S BAY COMPANY p787
1200 St. Laurent Blvd, OTTAWA, ON, K1K 3B8
(613) 748-6105 SIC 5311
HUDSON'S BAY COMPANY p789
73 Rideau St, OTTAWA, ON, K1N 5W8
(613) 241-7511 SIC 5311
HUDSON'S BAY COMPANY p822
9350 Yonge St Suite 1999, RICHMOND HILL, ON, L4C 5G2
(905) 883-1222 SIC 5311
HUDSON'S BAY COMPANY p838
1 Eglinton Sq, SCARBOROUGH, ON, M1L 2K1
(416) 759-4771 SIC 5311
HUDSON'S BAY COMPANY p841
300 Borough Dr Suite 2, SCARBOROUGH, ON, M1P 4P5
(416) 296-0555 SIC 5311
HUDSON'S BAY COMPANY p856
221 Glendale Ave, ST CATHARINES, ON, L2T 2K9
(905) 688-4441 SIC 5311
HUDSON'S BAY COMPANY p901
2 Bloor St E Suite 52, TORONTO, ON, M4W 3H7
(416) 972-3333 SIC 5311
HUDSON'S BAY COMPANY p901
2 Bloor St E Suite 52, TORONTO, ON, M4W 3H7
(416) 972-3313 SIC 5311
HUDSON'S BAY COMPANY p908
176 Yonge St, TORONTO, ON, M5C 2L7
(416) 861-9111 SIC 5311
HUDSON'S BAY COMPANY p914
401 Bay St Suite 500, TORONTO, ON, M5H 2Y4
(800) 521-2364 SIC 5311
HUDSON'S BAY COMPANY p958
1650 Victoria St E, WHITBY, ON, L1N 9L4
  SIC 5311
HUDSON'S BAY COMPANY p966
3030 Howard Ave, WINDSOR, ON, N8X 4T3
(519) 966-4666 SIC 5311
HUDSON'S BAY COMPANY p990
7550 Rue Beclard, ANJOU, QC, H1J 2X7
  SIC 5311
HUDSON'S BAY COMPANY p1006
2151 Boul Lapiniere, BROSSARD, QC, J4W 2T5
(450) 466-3220 SIC 5311
HUDSON'S BAY COMPANY p1020
3045 Boul Le Carrefour, Cote Saint-Luc, QC, H7T 1C7
(450) 687-1540 SIC 5311
HUDSON'S BAY COMPANY p1028
386 Av Dorval, DORVAL, QC, H9S 3H7
(514) 631-6741 SIC 5311
HUDSON'S BAY COMPANY p1036
1100 Boul Maloney O, GATINEAU, QC, J8T 6G3
(819) 243-7036 SIC 5311
HUDSON'S BAY COMPANY p1087
4150 Rue Jean-Talon E, Montreal, QC, H1S 2V4
(514) 728-4571 SIC 5311
HUDSON'S BAY COMPANY p1124
1001 Rue Du Marche-Central, Montreal, QC, H4N 1J8
(514) 383-8939 SIC 5311
HUDSON'S BAY COMPANY p1142
6790 Aut Transcanadienne, POINTE-CLAIRE, QC, H9R 1C5
(514) 697-4870 SIC 5311
HUDSON'S BAY COMPANY p1142
6815 Rte Transcanadienne Unite Y005, POINTE-CLAIRE, QC, H9R 1C4
(514) 426-9031 SIC 5311
HUDSON'S BAY COMPANY p1152
550 Boul Wilfrid-Hamel, Quebec, QC, G1M 2S6
(418) 627-3416 SIC 5311
HUDSON'S BAY COMPANY p1161
2740 Boul Laurier, Quebec, QC, G1V 4P7
(418) 627-5959 SIC 5311
HUDSON'S BAY COMPANY p1168
5401 Boul Des Galeries, Quebec, QC, G2K 1N4
(418) 627-5922 SIC 5311
HUDSON'S BAY COMPANY p1168
1540 Boul Lebourgneuf, Quebec, QC, G2K 2M4
(418) 263-0288 SIC 5311
HUDSON'S BAY COMPANY p1176
401 Boul Labelle, Rosemere, QC, J7A 3T2
(450) 433-6991 SIC 5311
HUDSON'S BAY COMPANY p1182
800 Rue De L'Etang, SAINT-BRUNO, QC, J3V 6K8
(450) 653-6398 SIC 5311
HUDSON'S BAY COMPANY p1182
800 Boul Des Promenades, SAINT-BRUNO, QC, J3V 5J9
(450) 653-4455 SIC 5311
HUDSON'S BAY COMPANY p1230
880 Chomedey (A-13) O, SAINTE-ROSE, QC, H7X 3S9
(450) 969-0041 SIC 5311
HUDSON'S BAY COMPANY p1274
719 1st Ave W, MEADOW LAKE, SK, S9X 1T6
(306) 236-3666 SIC 5311
HUDSON'S BAY COMPANY p1285
2150 11th Ave, REGINA, SK, S4P 0J5
(306) 525-8511 SIC 5311
HUDSON'S BAY COMPANY p1290
2080 Prince Of Wales Dr, REGINA, SK, S4V 3A6
(306) 721-1571 SIC 5311
HUDSON'S BAY COMPANY p1296
201 1st Ave S, SASKATOON, SK, S7K 1J5
(306) 242-7611 SIC 5311
HUDSON'S BAY COMPANY p1302
1723 Preston Ave N Unit 211, SASKATOON, SK, S7N 4V2
(306) 955-3790 SIC 5311
INVESTISSEMENT PIERRE MARCOTTE LIMITEE, LES p1182
900 Rue De L'Etang, SAINT-BRUNO, QC, J3V 6K8
(450) 653-0222 SIC 5311
K.F.S. LIMITED p884
227 Third Ave, TIMMINS, ON, P4N 1C9
  SIC 5311
KINGSMILL'S, LIMITED p656
130 Dundas St, LONDON, ON, N6A 1G2
  SIC 5311
MAGASINS HART INC p1034
999 Rue Dollard Bureau 19, GATINEAU, QC, J8L 3E6
(819) 986-7223 SIC 5311
MAGASINS HART INC p1127
900 Place Paul-Kane, Montreal, QC, H7C 2T2
(450) 661-4155 SIC 5311
MAGASINS KORVETTE LTEE, LES p1183
941 112 Rte, Saint-Cesaire, QC, J0L 1T0
(450) 469-2686 SIC 5311
MAGASINS KORVETTE LTEE, LES p1249
2325 Boul Des Recollets, Trois-Rivieres, QC, G8Z 3X6
(819) 374-4625 SIC 5311
MAISON SIMONS INC, LA p1020
3025 Boul Le Carrefour Bureau Y008, Cote Saint-Luc, QC, H7T 1C7
(514) 282-1840 SIC 5311
MAISON SIMONS INC, LA p1182
600 Boul Des Promenades, SAINT-BRUNO, QC, J3V 6L9
(514) 282-1840 SIC 5311
MCCARTHY-ELLIS MERCANTILE LTD p548
130 Grand Rd, CAMPBELLFORD, ON, K0L 1L0
(705) 653-3250 SIC 5311
MICHAEL ROSSY LTEE p1134
965 Boul Cure-Labelle, Montreal-Ouest, QC, H7V 2V7
  SIC 5311
MICHAEL ROSSY LTEE p1205
450 Boul Lebeau, SAINT-LAURENT, QC, H4N 1R7
(514) 335-6255 SIC 5311
NORTH WEST COMPANY INC, THE p481
Gd, ARVIAT, NU, X0C 0E0
(867) 857-2826 SIC 5311
RESEAU TEL-SYNERGIE INC p743
1500 Fisher St, NORTH BAY, ON, P1B 2H3
(705) 840-1027 SIC 5311
SEARS CANADA INC p11
3350 Sunridge Way Ne, CALGARY, AB, T1Y 7K5
(403) 219-0320 SIC 5311
SEARS CANADA INC p13
3800 Memorial Dr Ne Suite 1600, CALGARY, AB, T2A 2K2
(403) 273-2323 SIC 5311
SEARS CANADA INC p33
6455 Macleod Trail Sw Suite 1000, CALGARY, AB, T2H 0K3
  SIC 5311
SEARS CANADA INC p36
100 Anderson Rd Se Suite 1, CALGARY, AB, T2J 3V1
(403) 225-8536 SIC 5311
SEARS CANADA INC p39
1616 14 Ave Nw, CALGARY, AB, T2N 1M6
(403) 289-7777 SIC 5311
SEARS CANADA INC p76
50 Kingsway Garden Mall Nw, EDMONTON, AB, T5G 0W2
(780) 479-8431 SIC 5311
SEARS CANADA INC p95
8770 170 St Nw, EDMONTON, AB, T5T 3J7
(780) 444-1450 SIC 5311
SEARS CANADA INC p109
5015 111 St Nw Unit 100, EDMONTON, AB, T6H 4M6
(780) 438-2098 SIC 5311
SEARS CANADA INC p128
12429 99 St, GRANDE PRAIRIE, AB, T8V 6Y5
(780) 513-5270 SIC 5311
SEARS CANADA INC p139
401 1 Ave S, LETHBRIDGE, AB, T1J 4L8
  SIC 5311
SEARS CANADA INC p142
5211 44 St Suite 121, LLOYDMINSTER, AB, T9V 0A7
(780) 875-1111 SIC 5311
SEARS CANADA INC p145
3292 Dunmore Rd Se, MEDICINE HAT, AB, T1B 2R4
(403) 526-5552 SIC 5311
SEARS CANADA INC p154
5423 57 St Suite 516, RED DEER, AB, T4N 2K8
(403) 343-6650 SIC 5311

▲ Public Company   ■ Public Company Family Member   **HQ** Headquarters   **BR** Branch   **SL** Single Location

SEARS CANADA INC p177
32900 South Fraser Way, ABBOTSFORD, BC, V2S 5A1
(604) 504-5574 SIC 5311

SEARS CANADA INC p182
9850 Austin Rd, BURNABY, BC, V3J 7B3
SIC 5311

SEARS CANADA INC p187
4567 Lougheed Hwy Suite 100, BURNABY, BC, V5C 3Z7
(604) 299-5511 SIC 5311

SEARS CANADA INC p191
4750 Kingsway, BURNABY, BC, V5H 2C2
(604) 433-3211 SIC 5311

SEARS CANADA INC p198
45585 Luckakuck Way, CHILLIWACK, BC, V2R 1A1
(604) 858-5211 SIC 5311

SEARS CANADA INC p200
2929 Barnet Hwy Suite 300, COQUITLAM, BC, V3B 5R5
(604) 464-8600 SIC 5311

SEARS CANADA INC p218
1320 Trans Canada Hwy W Suite 275, KAMLOOPS, BC, V1S 1J2
(250) 374-6611 SIC 5311

SEARS CANADA INC p242
4750 Rutherford Rd, NANAIMO, BC, V9T 4K6
(250) 756-4111 SIC 5311

SEARS CANADA INC p250
943 Marine Dr, NORTH VANCOUVER, BC, V7P 1S1
(604) 985-7722 SIC 5311

SEARS CANADA INC p262
3199 Massey Dr, PRINCE GEORGE, BC, V2N 3M7
(250) 564-8111 SIC 5311

SEARS CANADA INC p281
1730 Guildford Town Ctr, SURREY, BC, V3R 7B8
(604) 584-4149 SIC 5311

SEARS CANADA INC p329
3190 Shelbourne St, VICTORIA, BC, V8T 3A8
(250) 595-9111 SIC 5311

SEARS CANADA INC p363
1555 Regent Ave W Suite 14, WINNIPEG, MB, R2C 4J2
(204) 661-8470 SIC 5311

SEARS CANADA INC p370
2311 Mcphillips St, WINNIPEG, MB, R2V 3C9
(204) 338-4621 SIC 5311

SEARS CANADA INC p381
1515 Portage Ave, WINNIPEG, MB, R3G 0W7
(204) 775-7011 SIC 5311

SEARS CANADA INC p394
1300 St. Peter Ave, BATHURST, NB, E2A 3A6
(506) 546-7800 SIC 5311

SEARS CANADA INC p397
43 Rue Champlain, DIEPPE, NB, E1A 4T2
(506) 853-4002 SIC 5311

SEARS CANADA INC p402
1325 Regent St, FREDERICTON, NB, E3C 1A2
(506) 452-1591 SIC 5311

SEARS CANADA INC p412
200 Main St, PLASTER ROCK, NB, E7G 2E2
SIC 5311

SEARS CANADA INC p415
441 Westmorland Rd, SAINT JOHN, NB, E2J 4K2
(506) 632-3630 SIC 5311

SEARS CANADA INC p425
54 Maple Valley Rd, CORNER BROOK, NL, A2H 3C5
(709) 634-6934 SIC 5311

SEARS CANADA INC p438
119 Mackenzie Rd, INUVIK, NT, X0E 0T0
(867) 777-4849 SIC 5311

SEARS CANADA INC p462
7101 Chebucto Rd, HALIFAX, NS, B3L 1N3
(902) 454-5009 SIC 5311

SEARS CANADA INC p462
7001 Mumford Rd, HALIFAX, NS, B3L 2H8
(902) 454-5111 SIC 5311

SEARS CANADA INC p470
9256 Commercial St, NEW MINAS, NS, B4N 4A9
(902) 681-1566 SIC 5311

SEARS CANADA INC p470
689 Westville Rd, NEW GLASGOW, NS, B2H 2J6
SIC 5311

SEARS CANADA INC p478
245 Robie St, TRURO, NS, B2N 5N6
(902) 893-1101 SIC 5311

SEARS CANADA INC p504
390 North Front St, BELLEVILLE, ON, K8P 3E1
(613) 966-3661 SIC 5311

SEARS CANADA INC p516
25 Peel Centre Dr, BRAMPTON, ON, L6T 3R5
(905) 458-1141 SIC 5311

SEARS CANADA INC p520
295 Queen St E, BRAMPTON, ON, L6W 3R1
SIC 5311

SEARS CANADA INC p526
84 Lynden Rd Suite 1, BRANTFORD, ON, N3R 5V1
(519) 756-7451 SIC 5311

SEARS CANADA INC p531
2399 Parkedale Ave Unit 1047, BROCKVILLE, ON, K6V 3G9
(613) 345-1163 SIC 5311

SEARS CANADA INC p541
900 Maple Ave, BURLINGTON, ON, L7S 2J8
(905) 632-4111 SIC 5311

SEARS CANADA INC p544
355 Hespeler Rd, CAMBRIDGE, ON, N1R 6B3
(519) 623-2327 SIC 5311

SEARS CANADA INC p555
1111 Elgin St W, COBOURG, ON, K9A 5H7
SIC 5311

SEARS CANADA INC p565
1 Water St E, CORNWALL, ON, K6H 6M2
(613) 938-9305 SIC 5311

SEARS CANADA INC p587
500 Rexdale Blvd, ETOBICOKE, ON, M9W 6K5
(416) 798-3800 SIC 5311

SEARS CANADA INC p601
435 Stone Rd W Suite 100, GUELPH, ON, N1G 2X6
(519) 822-3280 SIC 5311

SEARS CANADA INC p606
75 Centennial Pky N, HAMILTON, ON, L8E 2P2
(905) 545-4741 SIC 5311

SEARS CANADA INC p615
999 Upper Wentworth St, HAMILTON, ON, L9A 4X5
(905) 389-4441 SIC 5311

SEARS CANADA INC p638
200 Fairway Rd S, KITCHENER, ON, N2C 1W9
(519) 894-2300 SIC 5311

SEARS CANADA INC p662
530 Oxford St W, LONDON, ON, N6H 1T6
SIC 5311

SEARS CANADA INC p663
785 Wonderland Rd S, LONDON, ON, N6K 1M6
(519) 641-5311 SIC 5311

SEARS CANADA INC p674
5000 Highway 7 E, MARKHAM, ON, L3R 4M9
SIC 5311

SEARS CANADA INC p699
100 City Centre Dr Suite 1, MISSISSAUGA, ON, L5B 2C9
SIC 5311

SEARS CANADA INC p706
5100 Erin Mills Pky Unit Y002, MISSISSAUGA, ON, L5M 4Z5
(905) 607-2300 SIC 5311

SEARS CANADA INC p734
17600 Yonge St Suite 1, NEWMARKET, ON, L3Y 4Z1
(905) 898-2300 SIC 5311

SEARS CANADA INC p745
1800 Sheppard Ave E Unit 200, NORTH YORK, ON, M2J 5A7
(416) 502-3737 SIC 5311

SEARS CANADA INC p760
3401 Dufferin St Suite 1, NORTH YORK, ON, M6A 2T9
SIC 5311

SEARS CANADA INC p766
240 Leighland Ave Suite 142, OAKVILLE, ON, L6H 3H6
(905) 842-9410 SIC 5311

SEARS CANADA INC p781
419 King St W Suite 1, OSHAWA, ON, L1J 2K5
(905) 576-1711 SIC 5311

SEARS CANADA INC p788
1250 St. Laurent Blvd, OTTAWA, ON, K1K 3B9
(613) 746-4311 SIC 5311

SEARS CANADA INC p798
2165 Carling Ave, OTTAWA, ON, K2A 1H2
(613) 729-2561 SIC 5311

SEARS CANADA INC p804
1350 16th St E Suite 1, OWEN SOUND, ON, N4K 6P9
(519) 376-8080 SIC 5311

SEARS CANADA INC p811
637 Lansdowne St W, PETERBOROUGH, ON, K9J 7C5
(705) 743-6611 SIC 5311

SEARS CANADA INC p813
1355 Kingston Rd, PICKERING, ON, L1V 1B8
(905) 420-8000 SIC 5311

SEARS CANADA INC p827
1380 London Rd Unit 3, SARNIA, ON, N7S 1P8
(519) 542-2121 SIC 5311

SEARS CANADA INC p831
293 Bay St, SAULT STE. MARIE, ON, P6A 1X3
(705) 949-7611 SIC 5311

SEARS CANADA INC p833
115a Northern Ave E Suite A, SAULT STE. MARIE, ON, P6B 4H5
SIC 5311

SEARS CANADA INC p841
300 Borough Dr Suite 2, SCARBOROUGH, ON, M1P 4P5
(416) 296-0171 SIC 5311

SEARS CANADA INC p865
1067 Ontario St, STRATFORD, ON, N5A 6W6
(519) 273-1630 SIC 5311

SEARS CANADA INC p868
1349 Lasalle Blvd Suite 50, SUDBURY, ON, P3A 1Z3
(705) 566-4000 SIC 5311

SEARS CANADA INC p874
2900 Steeles Ave E, THORNHILL, ON, L3T 4X1
SIC 5311

SEARS CANADA INC p885
1500 Riverside Dr, TIMMINS, ON, P4R 1A1
(705) 268-8788 SIC 5311

SEARS CANADA INC p907
290 Yonge St Suite 700, TORONTO, ON, M5B 2C3
(416) 941-2253 SIC 5311

SEARS CANADA INC p966
3050 Howard Ave, WINDSOR, ON, N8X 3Y7
(519) 966-2822 SIC 5311

SEARS CANADA INC p988
705 Av Du Pont N Bureau 45, ALMA, QC, G8B 6T5
(418) 662-2222 SIC 5311

SEARS CANADA INC p993
7451 Boul Des Galeries D'anjou, ANJOU, QC, H1M 3A3
(514) 353-7770 SIC 5311

SEARS CANADA INC p1006
2151 Boul Lapiniere, BROSSARD, QC, J4W 2T5
(450) 465-1000 SIC 5311

SEARS CANADA INC p1007
8505 Boul Taschereau, BROSSARD, QC, J4Y 1A4
SIC 5311

SEARS CANADA INC p1020
3005 Boul Le Carrefour Bureau Y005, Cote Saint-Luc, QC, H7T 1C7
(450) 682-1200 SIC 5311

SEARS CANADA INC p1031
755 Boul Rene-Levesque, DRUMMONDVILLE, QC, J2C 6Y7
(819) 478-1381 SIC 5311

SEARS CANADA INC p1038
320 Boul Saint-Joseph Bureau 1, GATINEAU, QC, J8Y 3Y9
(819) 776-4187 SIC 5311

SEARS CANADA INC p1041
60 Rue Evangeline, GRANBY, QC, J2G 8K3
(450) 777-0476 SIC 5311

SEARS CANADA INC p1046
1195 Boul Firestone, JOLIETTE, QC, J6E 2W4
(450) 759-5858 SIC 5311

SEARS CANADA INC p1059
7101 Boul Newman, LASALLE, QC, H8N 1X1
SIC 5311

SEARS CANADA INC p1066
1200 Boul Alphonse-Desjardins, Levis, QC, G6V 6Y8
(418) 833-4711 SIC 5311

SEARS CANADA INC p1143
6701 Aut Transcanadienne, POINTE-CLAIRE, QC, H9R 5J2
(514) 694-8815 SIC 5311

SEARS CANADA INC p1152
500 Boul Wilfrid-Hamel, Quebec, QC, G1M 2S5
(418) 529-9861 SIC 5311

SEARS CANADA INC p1168
5401 Boul Des Galeries Bureau 1, Quebec, QC, G2K 1N4
(418) 624-7311 SIC 5311

SEARS CANADA INC p1171
100 Boul Brien, REPENTIGNY, QC, J6A 5N4
(450) 582-5532 SIC 5311

SEARS CANADA INC p1176
401 Boul Labelle, Rosemere, QC, J7A 3T2
(450) 433-1001 SIC 5311

SEARS CANADA INC p1186
379 Boul Arthur-Sauve, SAINT-EUSTACHE, QC, J7P 2B1
(450) 491-5000 SIC 5311

SEARS CANADA INC p1190
8585 Boul Lacroix, SAINT-GEORGES, QC, G5Y 5L6
(418) 228-2222 SIC 5311

SEARS CANADA INC p1200
900 Boul Grignon Bureau 111, Saint-Jerome, QC, J7Y 3S7
(450) 432-2110 SIC 5311

SEARS CANADA INC p1207
1655 Rue Beaulac, SAINT-LAURENT, QC, H4R 1Z1
(514) 335-5824 SIC 5311

SEARS CANADA INC p1207
3055 Boul De La Cote-Vertu, SAINT-LAURENT, QC, H4R 1Y6
(514) 335-7770 SIC 5311

SEARS CANADA INC p1216
6875 Rue Jean-Talon E, SAINT-LEONARD, QC, H1S 1N2
SIC 5311

BUSINESSES BY INDUSTRY CLASSIFICATION

SIC 5311 Department stores 2173

SEARS CANADA INC p1239
3150 Boul De Portland, SHERBROOKE, QC, J1L 1K3
(819) 563-9440 SIC 5311

SEARS CANADA INC p1241
525 Rue De Ramezay, SOREL-TRACY, QC, J3P 8B4
(450) 746-2508 SIC 5311

SEARS CANADA INC p1249
4225 Boul Des Forges, Trois-Rivieres, QC, G8Y 1W2
(819) 379-6163 SIC 5311

SEARS CANADA INC p1260
1111 Boul Jutras E, VICTORIAVILLE, QC, G6S 1C1
(819) 357-4000 SIC 5311

SEARS CANADA INC p1276
1235 Main St N Suite 28, MOOSE JAW, SK, S6H 6M4
(306) 692-7851 SIC 5311

SEARS CANADA INC p1277
11 Main St, NORQUAY, SK, S0A 2V0
(306) 594-2258 SIC 5311

SEARS CANADA INC p1280
1499 Central Ave, PRINCE ALBERT, SK, S6V 4W4
(306) 764-1466 SIC 5311

SEARS CANADA INC p1298
1 Midtown Plaza, SASKATOON, SK, S7K 1K1
(306) 653-2060 SIC 5311

SPORTS DIX 30 INC p1007
9550 Boul Leduc Bureau 15, BROSSARD, QC, J4Y 0B3
(450) 926-2000 SIC 5311

SUPER DISCOUNT STORE INC p676
46 Norman Ross Dr, MARKHAM, ON, L3S 2Z1
(416) 939-5451 SIC 5311

TIGRE VAL D'OR LIMITEE p1254
825 3e Av, VAL-D'OR, QC, J9P 1T2
(819) 825-8106 SIC 5311

TORA CAP-DE-LA-MADELEINE LIMITEE p1248
800 Boul Thibeau, Trois-Rivieres, QC, G8T 7A6
(819) 697-3833 SIC 5311

TORA INGERSOLL LIMITED p621
111 Charles St E, INGERSOLL, ON, N5C 1J9
(519) 485-0520 SIC 5311

TORA SAINT-CHARLES-BORROMEE LIMITEE p1183
197 Rue De La Visitation Bureau 109, Saint-Charles-Borromee, QC, J6E 4N6
(450) 760-3568 SIC 5311

TORA ST CATHARINES (WELLAND) LIMITED p855
120 Welland Ave, ST CATHARINES, ON, L2R 2N3
(905) 685-1167 SIC 5311

TVI INC p660
4465 Wellington Rd S, LONDON, ON, N6E 2Z8
(519) 680-3711 SIC 5311

WAL-MART CANADA CORP p3
2881 Main St Se Suite 1050, AIRDRIE, AB, T4B 3G5
(403) 945-1295 SIC 5311

WAL-MART CANADA CORP p14
3800 Memorial Dr Ne Suite 1100, CALGARY, AB, T2A 2K2
(403) 235-2352 SIC 5311

WAL-MART CANADA CORP p26
1110 57 Ave Ne Suite 3013, CALGARY, AB, T2E 9B7
(403) 730-0990 SIC 5311

WAL-MART CANADA CORP p34
7979 11 St Se Suite 1089, CALGARY, AB, T2H 0B8
(403) 301-2051 SIC 5311

WAL-MART CANADA CORP p36
9650 Macleod Trail Se, CALGARY, AB, T2J 0P7
(403) 258-3988 SIC 5311

WAL-MART CANADA CORP p37
5005 Northland Drive Nw, CALGARY, AB, T2L 2K1
(403) 247-8585 SIC 5311

WAL-MART CANADA CORP p37
5005 Northland Dr Nw Suite 3011, CALGARY, AB, T2L 2K1
(403) 288-0711 SIC 5311

WAL-MART CANADA CORP p56
310 Shawville Blvd Se Suite 100, CALGARY, AB, T2Y 3S4
(403) 201-5415 SIC 5311

WAL-MART CANADA CORP p58
4705 130 Ave Se, CALGARY, AB, T2Z 4J2
(403) 726-0430 SIC 5311

WAL-MART CANADA CORP p60
1212 37 St Sw Suite 3009, CALGARY, AB, T3C 1S3
(403) 242-2205 SIC 5311

WAL-MART CANADA CORP p62
8888 Country Hills Blvd Nw Suite 200, CALGARY, AB, T3G 5T4
(403) 567-1502 SIC 5311

WAL-MART CANADA CORP p66
6800 48 Ave Unit 400, CAMROSE, AB, T4V 4T1
(780) 608-1211 SIC 5311

WAL-MART CANADA CORP p70
4702 43 Ave Suite 3640, COLD LAKE, AB, T9M 1M9
(780) 840-2340 SIC 5311

WAL-MART CANADA CORP p72
5217 Power Centre Blvd, DRAYTON VALLEY, AB, T7A 0A5
(780) 514-3207 SIC 5311

WAL-MART CANADA CORP p73
1801 South Railway Ave, DRUMHELLER, AB, T0J 0Y0
(403) 820-7744 SIC 5311

WAL-MART CANADA CORP p94
18521 Stony Plain Rd Nw Suite 3027, EDMONTON, AB, T5S 2V9
(780) 487-8626 SIC 5311

WAL-MART CANADA CORP p98
13703 40 St Nw Suite 3028, EDMONTON, AB, T5Y 3B5
(780) 476-4460 SIC 5311

WAL-MART CANADA CORP p99
5004 98 Ave Nw Suite 1, EDMONTON, AB, T6A 0A1
(780) 466-2002 SIC 5311

WAL-MART CANADA CORP p113
1203 Parsons Rd Nw Suite 3029, EDMONTON, AB, T6N 0A9
(780) 461-1509 SIC 5311

WAL-MART CANADA CORP p117
5750 2 Ave, EDSON, AB, T7E 0A1
(780) 723-6357 SIC 5311

WAL-MART CANADA CORP p122
2 Hospital St, FORT MCMURRAY, AB, T9H 5E4
(780) 790-6012 SIC 5311

WAL-MART CANADA CORP p124
9551 87 Ave, FORT SASKATCHEWAN, AB, T8L 4N3
(780) 998-3633 SIC 5311

WAL-MART CANADA CORP p128
11050 103 Ave, GRANDE PRAIRIE, AB, T8V 7H1
(780) 513-3740 SIC 5311

WAL-MART CANADA CORP p132
900 Carmichael Lane Suite 100, HINTON, AB, T7V 1Y6
(780) 865-1421 SIC 5311

WAL-MART CANADA CORP p136
Hwy 2nd And 50 Ave, LEDUC, AB, T9E 2A1
(780) 986-7574 SIC 5311

WAL-MART CANADA CORP p137
3195 26 Ave N Suite 1078, LETHBRIDGE, AB, T1H 5P3
(403) 380-6722 SIC 5311

WAL-MART CANADA CORP p140
3700 Mayor Magrath Dr S Suite 3048, LETHBRIDGE, AB, T1K 7T6
(403) 328-6277 SIC 5311

WAL-MART CANADA CORP p142
4210 70 Ave Suite 3168, LLOYDMINSTER, AB, T9V 2X3
(780) 875-4777 SIC 5311

WAL-MART CANADA CORP p145
2051 Strachan Rd Se, MEDICINE HAT, AB, T1B 0G4
(403) 504-4410 SIC 5311

WAL-MART CANADA CORP p149
6900 46 St Unit 400, OLDS, AB, T4H 0A2
(403) 556-3844 SIC 5311

WAL-MART CANADA CORP p150
9701 78 St, PEACE RIVER, AB, T8S 0A3
(780) 624-8911 SIC 5311

WAL-MART CANADA CORP p151
1100 Table Mountain Rd, PINCHER CREEK, AB, T0K 1W0
(403) 627-1790 SIC 5311

WAL-MART CANADA CORP p154
6375 50 Ave, RED DEER, AB, T4N 4C7
(403) 346-6650 SIC 5311

WAL-MART CANADA CORP p157
2010 50 Ave Suite 3194, RED DEER, AB, T4R 3A2
(403) 358-5842 SIC 5311

WAL-MART CANADA CORP p162
239 Wye Rd, SHERWOOD PARK, AB, T8B 1N1
(780) 464-2105 SIC 5311

WAL-MART CANADA CORP p164
1500 Main St Sw, SLAVE LAKE, AB, T0G 2A4
(780) 849-9579 SIC 5311

WAL-MART CANADA CORP p167
700 St Albert Trail Suite 3087, ST. ALBERT, AB, T8N 7A5
(780) 458-1629 SIC 5311

WAL-MART CANADA CORP p168
4724 70th St, STETTLER, AB, T0C 2L1
(403) 742-4404 SIC 5311

WAL-MART CANADA CORP p169
200 Ranch Market, STRATHMORE, AB, T1P 0A8
(403) 934-9776 SIC 5311

WAL-MART CANADA CORP p170
3420 47 Ave, SYLVAN LAKE, AB, T4S 0B6
(403) 887-7590 SIC 5311

WAL-MART CANADA CORP p171
4500 64 St Suite 1, TABER, AB, T1G 0A4
(403) 223-3458 SIC 5311

WAL-MART CANADA CORP p172
6809 16a Hwy W, VEGREVILLE, AB, T9C 0A2
(780) 632-6016 SIC 5311

WAL-MART CANADA CORP p173
2901 13 Ave Suite 1062, WAINWRIGHT, AB, T9W 0A2
(780) 842-3144 SIC 5311

WAL-MART CANADA CORP p175
5005 Dahl Dr, WHITECOURT, AB, T7S 1X6
(780) 706-3323 SIC 5311

WAL-MART CANADA CORP p178
1812 Vedder Way Suite 3019, ABBOTSFORD, BC, V2S 8K1
(604) 854-3575 SIC 5311

WAL-MART CANADA CORP p182
9855 Austin Rd Suite 300, BURNABY, BC, V3J 1N5
(604) 421-0661 SIC 5311

WAL-MART CANADA CORP p195
1477 Island Hwy, CAMPBELL RIVER, BC, V9W 8E5
(250) 287-3631 SIC 5311

WAL-MART CANADA CORP p198
45610 Luckakuck Way Unit 200, CHILLIWACK, BC, V2R 1A2
(604) 858-5100 SIC 5311

WAL-MART CANADA CORP p205
2100 Willowbrook Dr Suite 3183, CRANBROOK, BC, V1C 7H2
(250) 489-9102 SIC 5311

WAL-MART CANADA CORP p207
600 Highway 2, DAWSON CREEK, BC, V1G 0A4
(250) 719-0128 SIC 5311

WAL-MART CANADA CORP p212
3020 Drinkwater Rd, DUNCAN, BC, V9L 6C6
(250) 748-2566 SIC 5311

WAL-MART CANADA CORP p215
9007 96a St, FORT ST. JOHN, BC, V1J 7B6
(250) 261-5544 SIC 5311

WAL-MART CANADA CORP p221
1055 Hillside Dr Unit 100, KAMLOOPS, BC, V2E 2S5
(250) 374-1591 SIC 5311

WAL-MART CANADA CORP p224
1555 Banks Rd, KELOWNA, BC, V1X 7Y8
(250) 860-8811 SIC 5311

WAL-MART CANADA CORP p237
3900 Crawford Ave Suite 100, MERRITT, BC, V1K 0A4
(250) 315-1366 SIC 5311

WAL-MART CANADA CORP p239
31956 Lougheed Hwy Suite 1119, MISSION, BC, V2V 0C6
(604) 820-0048 SIC 5311

WAL-MART CANADA CORP p242
6801 Island Hwy N Suite 3059, NANAIMO, BC, V9T 6N8
(250) 758-0343 SIC 5311

WAL-MART CANADA CORP p244
1000 Lakeside Dr, NELSON, BC, V1L 5Z4
(250) 352-3782 SIC 5311

WAL-MART CANADA CORP p245
805 Boyd St, NEW WESTMINSTER, BC, V3M 5X2
(604) 524-1291 SIC 5311

WAL-MART CANADA CORP p250
925 Marine Dr Suite 3057, NORTH VANCOUVER, BC, V7P 1S2
(604) 984-6830 SIC 5311

WAL-MART CANADA CORP p253
275 Green Ave W Suite 135, PENTICTON, BC, V2A 7J2
(250) 493-6681 SIC 5311

WAL-MART CANADA CORP p254
3355 Johnston Rd, PORT ALBERNI, BC, V9Y 8K1
(250) 720-0912 SIC 5311

WAL-MART CANADA CORP p258
7100 Alberni St Suite 23, POWELL RIVER, BC, V8A 5K9
(604) 485-9811 SIC 5311

WAL-MART CANADA CORP p262
6565 Southridge Ave Suite 3651, PRINCE GEORGE, BC, V2N 6Z4
(250) 906-3203 SIC 5311

WAL-MART CANADA CORP p264
890 Rita Rd, QUESNEL, BC, V2J 7J3
(250) 747-4464 SIC 5311

WAL-MART CANADA CORP p279
39210 Discovery Way Suite 1015, SQUAMISH, BC, V8B 0N1
(604) 815-4625 SIC 5311

WAL-MART CANADA CORP p281
1000 Guildford Town Ctr, SURREY, BC, V3R 7C3
(604) 581-1932 SIC 5311

WAL-MART CANADA CORP p287
12451 88 Ave, SURREY, BC, V3W 1P8
(604) 597-7117 SIC 5311

WAL-MART CANADA CORP p288
2355 160 St, SURREY, BC, V3Z 9N6
(604) 541-9015 SIC 5311

WAL-MART CANADA CORP p291
4427 16 Hwy W, TERRACE, BC, V8G 5L5
(250) 615-4728 SIC 5311

WAL-MART CANADA CORP p292
1601 Marcolin Dr Suite 1011, TRAIL, BC, V1R 4Y1
(250) 364-1802 SIC 5311

WAL-MART CANADA CORP p292
1601 Marcolin Dr Suite 1011, TRAIL, BC, V1R 4Y1
(250) 364-2688 SIC 5311

▲ Public Company   ■ Public Company Family Member   **HQ** Headquarters   **BR** Branch   **SL** Single Location

WAL-MART CANADA CORP p295
3585 Grandview Hwy, VANCOUVER, BC, V5M 2G7
(604) 435-6905   SIC 5311

WAL-MART CANADA CORP p327
2200 58 Ave Suite 3169, VERNON, BC, V1T 9T2
(250) 558-0425   SIC 5311

WAL-MART CANADA CORP p334
3460 Saanich Rd Suite 3109, VICTORIA, BC, V8Z 0B9
(250) 475-3356   SIC 5311

WAL-MART CANADA CORP p346
903 18th St N, BRANDON, MB, R7A 7S1
(204) 726-5821   SIC 5311

WAL-MART CANADA CORP p347
1450 Main St S Unit A, DAUPHIN, MB, R7N 3H4
(204) 638-4808   SIC 5311

WAL-MART CANADA CORP p354
2348 Sissons Dr, PORTAGE LA PRAIRIE, MB, R1N 0G5
(204) 857-5011   SIC 5311

WAL-MART CANADA CORP p359
300 Mystery Lake Rd Suite 3102, THOMPSON, MB, R8N 0M2
(204) 778-4669   SIC 5311

WAL-MART CANADA CORP p361
1000 Navigator Rd, WINKLER, MB, R6W 0L8
(204) 325-4160   SIC 5311

WAL-MART CANADA CORP p363
1576 Regent Ave W, WINNIPEG, MB, R2C 3B4
(204) 669-3575   SIC 5311

WAL-MART CANADA CORP p368
1225 St Mary's Rd Suite 54, WINNIPEG, MB, R2M 5E6
(204) 256-7027   SIC 5311

WAL-MART CANADA CORP p371
2370 Mcphillips St Suite 3118, WINNIPEG, MB, R2V 4J6
(204) 334-2273   SIC 5311

WAL-MART CANADA CORP p382
1001 Empress St, WINNIPEG, MB, R3G 3P8
(204) 284-6900   SIC 5311

WAL-MART CANADA CORP p386
3655 Portage Ave, WINNIPEG, MB, R3K 2G6
(204) 897-3410   SIC 5311

WAL-MART CANADA CORP p388
1665 Kenaston Blvd, WINNIPEG, MB, R3P 2M4
(204) 488-2052   SIC 5311

WAL-MART CANADA CORP p393
4 Rue Jagoe, ATHOLVILLE, NB, E3N 5C3
(506) 753-7105   SIC 5311

WAL-MART CANADA CORP p394
900 St. Anne St, BATHURST, NB, E2A 6X2
(506) 546-0500   SIC 5311

WAL-MART CANADA CORP p398
805 Rue Victoria Suite 1033, EDMUNDSTON, NB, E3V 3T3
(506) 735-8412   SIC 5311

WAL-MART CANADA CORP p399
125 Two Nations Xg Suite 1067, FREDERICTON, NB, E3A 0T3
(506) 444-8817   SIC 5311

WAL-MART CANADA CORP p402
1399 Regent St, FREDERICTON, NB, E3C 1A3
(506) 452-1511   SIC 5311

WAL-MART CANADA CORP p402
494 Ch Madawaska, GRAND-SAULT/GRAND FALLS, NB, E3Y 1A3
(506) 473-6837   SIC 5311

WAL-MART CANADA CORP p405
200 Douglastown Blvd, MIRAMICHI, NB, E1V 7T9
(506) 778-8224   SIC 5311

WAL-MART CANADA CORP p408
25 Plaza Blvd Suite 3659, MONCTON, NB, E1C 0G3
(506) 853-7394   SIC 5311

WAL-MART CANADA CORP p415
450 Westmorland Rd Suite 3091, SAINT JOHN, NB, E2J 4Z2
(506) 634-6600   SIC 5311

WAL-MART CANADA CORP p421
80 Main St, SUSSEX, NB, E4E 1Y6
(506) 432-9333   SIC 5311

WAL-MART CANADA CORP p422
430 Connell St, WOODSTOCK, NB, E7M 5R5
(506) 324-8099   SIC 5311

WAL-MART CANADA CORP p424
120 Columbus Dr, CARBONEAR, NL, A1Y 1B3
(709) 596-5009   SIC 5311

WAL-MART CANADA CORP p425
16 Murphy Sq, CORNER BROOK, NL, A2H 1R4
(709) 634-2310   SIC 5311

WAL-MART CANADA CORP p426
55 Av Roe, GANDER, NL, A1V 0H6
(709) 256-7581   SIC 5311

WAL-MART CANADA CORP p427
19 Cromer Ave, GRAND FALLS-WINDSOR, NL, A2A 2K5
(709) 489-5739   SIC 5311

WAL-MART CANADA CORP p428
500 Vanier Ave Suite 1035, LABRADOR CITY, NL, A2V 2W7
(709) 944-3378   SIC 5311

WAL-MART CANADA CORP p429
272 Atlantic St, MARYSTOWN, NL, A0E 2M0
(709) 279-3022   SIC 5311

WAL-MART CANADA CORP p430
16 Merchant Dr, MOUNT PEARL, NL, A1N 5J5
(709) 364-4214   SIC 5311

WAL-MART CANADA CORP p432
90 Aberdeen Ave, ST. JOHN'S, NL, A1A 5N6
(709) 738-4350   SIC 5311

WAL-MART CANADA CORP p435
75 Kelsey Dr, ST. JOHN'S, NL, A1B 0C7
(709) 722-6707   SIC 5311

WAL-MART CANADA CORP p437
42 Queen St, STEPHENVILLE, NL, A2N 3A7
(709) 643-5018   SIC 5311

WAL-MART CANADA CORP p439
313 Old Airport Rd, YELLOWKNIFE, NT, X1A 3T3
(867) 873-4545   SIC 5311

WAL-MART CANADA CORP p441
46 Robert Angus Dr, AMHERST, NS, B4H 4R7
(902) 661-3476   SIC 5311

WAL-MART CANADA CORP p442
50 Market St, ANTIGONISH, NS, B2G 3B4
(902) 867-1279   SIC 5311

WAL-MART CANADA CORP p443
141 Damascus Rd, BEDFORD, NS, B4A 0C2
(902) 865-4000   SIC 5311

WAL-MART CANADA CORP p445
60 New Pine Grove Rd, BRIDGEWATER, NS, B4V 4H2
(902) 543-8680   SIC 5311

WAL-MART CANADA CORP p453
90 Lamont Terr, DARTMOUTH, NS, B3B 0B5
(902) 461-4474   SIC 5311

WAL-MART CANADA CORP p453
492 Hwy 303, DIGBY, NS, B0V 1A0
(902) 245-6020   SIC 5311

WAL-MART CANADA CORP p462
6990 Mumford Rd Suite 3636, HALIFAX, NS, B3L 4W4
(902) 454-7990   SIC 5311

WAL-MART CANADA CORP p464
220 Chain Lake Dr, HALIFAX, NS, B3S 1C5
(902) 450-5570   SIC 5311

WAL-MART CANADA CORP p470
713 Westville Rd Suite 3061, NEW GLASGOW, NS, B2H 2J6
(902) 928-0008   SIC 5311

WAL-MART CANADA CORP p470
9097 Commercial St Suite 3738, NEW MINAS, NS, B4N 3E6
(902) 681-4271   SIC 5311

WAL-MART CANADA CORP p472
47 Paint St Unit 17, PORT HAWKESBURY, NS, B9A 3J9
(902) 625-0954   SIC 5311

WAL-MART CANADA CORP p475
800 Grand Lake Rd, SYDNEY, NS, B1P 6S9
(902) 562-1110   SIC 5311

WAL-MART CANADA CORP p476
65 Keltic Dr, SYDNEY, NS, B1S 1P4
(902) 562-3353   SIC 5311

WAL-MART CANADA CORP p478
140 Wade Rd, TRURO, NS, B2N 7H3
(902) 893-5582   SIC 5311

WAL-MART CANADA CORP p480
108 Starrs Rd, YARMOUTH, NS, B5A 2T5
(902) 749-2306   SIC 5311

WAL-MART CANADA CORP p485
270 Kingston Rd E, AJAX, ON, L1Z 1G1
(905) 426-6160   SIC 5311

WAL-MART CANADA CORP p486
30 Dunham Dr, ALLISTON, ON, L9R 0G1
(705) 435-7100   SIC 5311

WAL-MART CANADA CORP p486
30 Dunham Dr, ALLISTON, ON, L9R 0G1
(705) 435-5129   SIC 5311

WAL-MART CANADA CORP p487
400 Sandwich St S Suite 1, AMHERSTBURG, ON, N9V 3L4
(519) 736-5600   SIC 5311

WAL-MART CANADA CORP p488
1051 Garner Rd W Suite 3127, ANCASTER, ON, L9G 3K9
(905) 648-9980   SIC 5311

WAL-MART CANADA CORP p491
135 First Commerce Dr, AURORA, ON, L4G 0G2
(905) 841-0300   SIC 5311

WAL-MART CANADA CORP p495
450 Bayfield St, BARRIE, ON, L4M 5A2
(705) 728-2833   SIC 5311

WAL-MART CANADA CORP p499
35 Mapleview Dr W, BARRIE, ON, L4N 9H5
(705) 728-8931   SIC 5311

WAL-MART CANADA CORP p499
35 Mapleview Dr W, BARRIE, ON, L4N 9H5
(705) 728-9122   SIC 5311

WAL-MART CANADA CORP p503
274 Cloverleaf Dr, BELLEVILLE, ON, K8N 4Z5
(613) 966-9466   SIC 5311

WAL-MART CANADA CORP p508
40 Depot Dr, BRACEBRIDGE, ON, P1L 0A1
(705) 646-0550   SIC 5311

WAL-MART CANADA CORP p509
545 Holland St W, BRADFORD, ON, L3Z 0C1
(905) 775-1610   SIC 5311

WAL-MART CANADA CORP p517
30 Coventry Rd, BRAMPTON, ON, L6T 5P9
(905) 793-1983   SIC 5311

WAL-MART CANADA CORP p518
50 Quarry Edge Dr, BRAMPTON, ON, L6V 4K2
(905) 874-0112   SIC 5311

WAL-MART CANADA CORP p526
300 King George Rd Suite 1, BRANTFORD, ON, N3R 5L7
(519) 759-3450   SIC 5311

WAL-MART CANADA CORP p532
1942 Parkedale Ave Suite 3006, BROCKVILLE, ON, K6V 7N4
(613) 342-9293   SIC 5311

WAL-MART CANADA CORP p537
4515 Dundas St Suite 1, BURLINGTON, ON, L7M 5B4
(905) 331-0027   SIC 5311

WAL-MART CANADA CORP p544
22 Pinebush Rd, CAMBRIDGE, ON, N1R 8K5
(519) 624-7467   SIC 5311

WAL-MART CANADA CORP p551
881 St Clair St, CHATHAM, ON, N7L 0E9
(519) 352-1142   SIC 5311

WAL-MART CANADA CORP p555
73 Strathy Rd, COBOURG, ON, K9A 5W8
(905) 373-1239   SIC 5311

WAL-MART CANADA CORP p557
10 Cambridge, COLLINGWOOD, ON, L9Y 0A1
(705) 445-0139   SIC 5311

WAL-MART CANADA CORP p563
101 Edgeley Blvd Suite 3145, CONCORD, ON, L4K 4Z4
(905) 761-7945   SIC 5311

WAL-MART CANADA CORP p566
950 Brookdale Ave, CORNWALL, ON, K6J 4P5
(613) 933-8366   SIC 5311

WAL-MART CANADA CORP p570
Hwy 17 E, DRYDEN, ON, P8N 2Y6
(807) 223-7190   SIC 5311

WAL-MART CANADA CORP p582
165 North Queen St Suite 3031, ETOBICOKE, ON, M9C 1A7
(416) 239-7090   SIC 5311

WAL-MART CANADA CORP p587
2245 Islington Ave Suite 3740, ETOBICOKE, ON, M9W 3W7
(416) 747-6499   SIC 5311

WAL-MART CANADA CORP p590
750 Garrison Rd, FORT ERIE, ON, L2A 1N7
(905) 991-9971   SIC 5311

WAL-MART CANADA CORP p590
1250 King's Hwy, FORT FRANCES, ON, P9A 2X6
(807) 274-1373   SIC 5311

WAL-MART CANADA CORP p592
300 Guelph St Suite 3034, GEORGETOWN, ON, L7G 4B1
(905) 873-0400   SIC 5311

WAL-MART CANADA CORP p596
35400 Huron Rd, GODERICH, ON, N7A 3X8
(519) 524-5060   SIC 5311

WAL-MART CANADA CORP p603
11 Woodlawn Rd W, GUELPH, ON, N1H 1G8
(519) 767-1600   SIC 5311

WAL-MART CANADA CORP p606
510 Centennial Pky N, HAMILTON, ON, L8E 0G2
(905) 561-7600   SIC 5311

WAL-MART CANADA CORP p616
675 Upper James St, HAMILTON, ON, L9C 2Z5
(905) 389-6333   SIC 5311

WAL-MART CANADA CORP p617
2190 Rymal Rd Suite 1042, HANNON, ON, L0R 1P0
(905) 692-7000   SIC 5311

WAL-MART CANADA CORP p617
1100 10th St, HANOVER, ON, N4N 3B8
(519) 364-0867   SIC 5311

WAL-MART CANADA CORP p620
111 Howland Dr Unit 10, HUNTSVILLE, ON, P1H 2P4
(705) 787-1137   SIC 5311

WAL-MART CANADA CORP p626
350 Government Rd E, KAPUSKASING, ON, P5N 2X7
(705) 335-6111   SIC 5311

WAL-MART CANADA CORP p626
500 Earl Grey Dr, KANATA, ON, K2T 1B6
(613) 599-6765   SIC 5311

WAL-MART CANADA CORP p628
24 Miikana Way Unit 1, KENORA, ON, P9N 4J1
(807) 468-6379   SIC 5311

WAL-MART CANADA CORP p628
23550 Woodbine Ave Suite 1012, KESWICK, ON, L4P 0E2
(905) 476-7330   SIC 5311

WAL-MART CANADA CORP p635

BUSINESSES BY INDUSTRY CLASSIFICATION — SIC 5311 Department stores — 2175

1130 Midland Ave, KINGSTON, ON, K7P 2X9
(613) 384-9071 *SIC* 5311
WAL-MART CANADA CORP *p639*
2960 Kingsway Dr Suite 3045, KITCHENER, ON, N2C 1X1
(519) 894-6600 *SIC* 5311
WAL-MART CANADA CORP *p640*
1400 Ottawa St S Unit E, KITCHENER, ON, N2E 4E2
(519) 745-2297 *SIC* 5311
WAL-MART CANADA CORP *p646*
288 Erie St S Suite 3164, LEAMINGTON, ON, N8H 3C5
(519) 326-3900 *SIC* 5311
WAL-MART CANADA CORP *p652*
330 Clarke Rd, LONDON, ON, N5W 6G4
(519) 455-8910 *SIC* 5311
WAL-MART CANADA CORP *p660*
1105 Wellington Rd Suite 3051, LONDON, ON, N6E 1V4
(519) 681-7500 *SIC* 5311
WAL-MART CANADA CORP *p675*
5000 Highway 7 E Unit Y006a, MARKHAM, ON, L3R 4M9
(905) 477-6060 *SIC* 5311
WAL-MART CANADA CORP *p677*
500 Copper Creek Dr Suite 1109, MARKHAM, ON, L6B 0S1
(905) 472-9582 *SIC* 5311
WAL-MART CANADA CORP *p680*
16845 12 Hwy, MIDLAND, ON, L4R 0A9
(705) 526-4754 *SIC* 5311
WAL-MART CANADA CORP *p683*
1280 Steeles Ave E Suite 1000, MILTON, ON, L9T 6R1
(905) 864-6027 *SIC* 5311
WAL-MART CANADA CORP *p699*
100 City Centre Dr Suite 100, MISSISSAUGA, ON, L5B 2G7
(905) 270-9300 *SIC* 5311
WAL-MART CANADA CORP *p705*
2150 Burnhamthorpe Rd W, MISSISSAUGA, ON, L5L 3A2
(905) 608-0922 *SIC* 5311
WAL-MART CANADA CORP *p712*
1940 Argentia Rd, MISSISSAUGA, ON, L5N 1P9
(905) 821-2111 *SIC* 5311
WAL-MART CANADA CORP *p712*
3155 Argentia Rd, MISSISSAUGA, ON, L5N 8E1
(905) 821-8150 *SIC* 5311
WAL-MART CANADA CORP *p722*
800 Matheson Blvd W Suite 1061, MISSISSAUGA, ON, L5V 2N6
(905) 817-9688 *SIC* 5311
WAL-MART CANADA CORP *p730*
3651 Strandherd Dr, NEPEAN, ON, K2J 4G8
(613) 823-8714 *SIC* 5311
WAL-MART CANADA CORP *p731*
133 11 Hwy N, NEW LISKEARD, ON, P0J 1P0
(705) 647-6344 *SIC* 5311
WAL-MART CANADA CORP *p734*
17940 Yonge St, NEWMARKET, ON, L3Y 8S4
(905) 853-8811 *SIC* 5311
WAL-MART CANADA CORP *p736*
7190 Morrison St, NIAGARA FALLS, ON, L2E 7K5
(905) 371-3999 *SIC* 5311
WAL-MART CANADA CORP *p743*
1500 Fisher St Suite 102, NORTH BAY, ON, P1B 2H3
(705) 472-1704 *SIC* 5311
WAL-MART CANADA CORP *p766*
234 Hays Blvd, OAKVILLE, ON, L6H 6M4
(905) 257-5740 *SIC* 5311
WAL-MART CANADA CORP *p775*
175 Murphy Rd, ORILLIA, ON, L3V 0B5
(705) 325-7403 *SIC* 5311
WAL-MART CANADA CORP *p777*
3900 Innes Rd, ORLEANS, ON, K1W 1K9
(613) 837-9399 *SIC* 5311
WAL-MART CANADA CORP *p780*
1471 Harmony Rd N Suite 3161, OSHAWA, ON, L1H 7K5
(905) 404-6581 *SIC* 5311
WAL-MART CANADA CORP *p782*
680 Laval Dr Suite 1056, OSHAWA, ON, L1J 0B5
(905) 438-1400 *SIC* 5311
WAL-MART CANADA CORP *p786*
450 Terminal Ave Suite 1031, OTTAWA, ON, K1G 0Z3
(613) 562-0500 *SIC* 5311
WAL-MART CANADA CORP *p796*
2210 Bank St, OTTAWA, ON, K1V 1J5
(613) 247-1184 *SIC* 5311
WAL-MART CANADA CORP *p804*
1555 18th Ave E, OWEN SOUND, ON, N4K 6Y3
(519) 371-6900 *SIC* 5311
WAL-MART CANADA CORP *p805*
1 Pine Dr, PARRY SOUND, ON, P2A 3C3
(705) 746-1573 *SIC* 5311
WAL-MART CANADA CORP *p806*
1108 Pembroke St E, PEMBROKE, ON, K8A 8P7
(613) 735-4997 *SIC* 5311
WAL-MART CANADA CORP *p808*
1002 Chemong Rd Suite 3071, PETERBOROUGH, ON, K9H 7E2
(705) 742-1685 *SIC* 5311
WAL-MART CANADA CORP *p813*
1899 Brock Rd Unit B, PICKERING, ON, L1V 4H7
(905) 619-9588 *SIC* 5311
WAL-MART CANADA CORP *p817*
5122 Hwy 21, PORT ELGIN, ON, N0H 2C0
(519) 389-6150 *SIC* 5311
WAL-MART CANADA CORP *p819*
980 O'brien Rd Suite 1, RENFREW, ON, K7V 0B4
(613) 432-4676 *SIC* 5311
WAL-MART CANADA CORP *p822*
255 Silver Linden Dr, RICHMOND HILL, ON, L4B 4V5
(905) 747-0628 *SIC* 5311
WAL-MART CANADA CORP *p827*
1444 Quinn Dr, SARNIA, ON, N7S 6M8
(519) 542-4272 *SIC* 5311
WAL-MART CANADA CORP *p829*
Gd Lcd Main, SARNIA, ON, N7T 7H7
(519) 542-1854 *SIC* 5311
WAL-MART CANADA CORP *p835*
785 Milner Ave, SCARBOROUGH, ON, M1B 3C3
(416) 281-2929 *SIC* 5311
WAL-MART CANADA CORP *p839*
800 Warden Ave, SCARBOROUGH, ON, M1L 4T7
(416) 615-2697 *SIC* 5311
WAL-MART CANADA CORP *p842*
300 Borough Dr Suite 2, SCARBOROUGH, ON, M1P 4P5
(416) 290-1916 *SIC* 5311
WAL-MART CANADA CORP *p844*
3850 Sheppard Ave E Suite 3000, SCARBOROUGH, ON, M1T 3L4
(416) 291-4100 *SIC* 5311
WAL-MART CANADA CORP *p846*
5995 Steeles Ave E Suite Side, SCARBOROUGH, ON, M1V 5P7
(416) 297-5330 *SIC* 5311
WAL-MART CANADA CORP *p849*
160 Queensway E, SIMCOE, ON, N3Y 0A8
(519) 426-6900 *SIC* 5311
WAL-MART CANADA CORP *p850*
114 Lombard St, SMITHS FALLS, ON, K7A 5B8
(613) 284-0838 *SIC* 5311
WAL-MART CANADA CORP *p852*
525 Welland Ave, ST CATHARINES, ON, L2M 6P3
(905) 685-4100 *SIC* 5311
WAL-MART CANADA CORP *p856*
420 Vansickle Rd Suite 2, ST CATHARINES, ON, L2S 0C7
(905) 687-9212 *SIC* 5311
WAL-MART CANADA CORP *p859*
1063 Talbot St Unit 60, ST THOMAS, ON, N5P 1G4
(519) 637-7100 *SIC* 5311
WAL-MART CANADA CORP *p863*
1050 Hoover Park Dr, STOUFFVILLE, ON, L4A 0K2
(905) 640-8848 *SIC* 5311
WAL-MART CANADA CORP *p866*
150 Carroll St E, STRATHROY, ON, N7G 4G2
(519) 245-7200 *SIC* 5311
WAL-MART CANADA CORP *p868*
1349 Lasalle Blvd Suite 3097, SUDBURY, ON, P3A 1Z2
(705) 566-3700 *SIC* 5311
WAL-MART CANADA CORP *p879*
777 Memorial Ave, THUNDER BAY, ON, P7B 6S2
(807) 346-9441 *SIC* 5311
WAL-MART CANADA CORP *p883*
400 Simcoe St, TILLSONBURG, ON, N4G 4X1
(519) 842-7770 *SIC* 5311
WAL-MART CANADA CORP *p885*
1870 Riverside Dr, TIMMINS, ON, P4R 1N7
(705) 267-6451 *SIC* 5311
WAL-MART CANADA CORP *p935*
900 Dufferin St Suite 3106, TORONTO, ON, M6H 4B1
(416) 537-2561 *SIC* 5311
WAL-MART CANADA CORP *p937*
1305 Lawrence Ave W, TORONTO, ON, M6L 1A5
(416) 244-1171 *SIC* 5311
WAL-MART CANADA CORP *p938*
2525 St Clair Ave W, TORONTO, ON, M6N 4Z5
(416) 763-7325 *SIC* 5311
WAL-MART CANADA CORP *p944*
Hwy 2 At 2nd Dughill Rd, TRENTON, ON, K8V 5P7
(613) 394-2191 *SIC* 5311
WAL-MART CANADA CORP *p946*
6 Welwood Dr, UXBRIDGE, ON, L9P 1Z7
(905) 862-0721 *SIC* 5311
WAL-MART CANADA CORP *p949*
100 Stonebridge Blvd, WASAGA BEACH, ON, L9Z 0C1
(705) 422-7100 *SIC* 5311
WAL-MART CANADA CORP *p949*
60 Mcnaughton Ave Unit 16, WALLACEBURG, ON, N8A 1R9
(519) 627-8840 *SIC* 5311
WAL-MART CANADA CORP *p950*
90 Dundas St E Suite 1107, WATERDOWN, ON, L9H 0C2
(905) 690-7090 *SIC* 5311
WAL-MART CANADA CORP *p954*
335 Farmer's Market Rd Suite 3156, WATERLOO, ON, N2V 0A4
(519) 746-6700 *SIC* 5311
WAL-MART CANADA CORP *p955*
102 Primeway Dr, WELLAND, ON, L3B 0A1
(905) 735-3500 *SIC* 5311
WAL-MART CANADA CORP *p960*
4100 Baldwin St S, WHITBY, ON, L1R 3H8
(905) 655-0206 *SIC* 5311
WAL-MART CANADA CORP *p963*
7100 Tecumseh Rd E Suite 3115, WINDSOR, ON, N8T 1E6
(519) 945-3065 *SIC* 5311
WAL-MART CANADA CORP *p970*
3120 Dougall Ave, WINDSOR, ON, N9E 1S7
(519) 969-8121 *SIC* 5311
WAL-MART CANADA CORP *p972*
8300 27 Hwy, WOODBRIDGE, ON, L4H 0R9
(905) 851-4648 *SIC* 5311
WAL-MART CANADA CORP *p978*
499 Norwich Ave, WOODSTOCK, ON, N4S 9A2
(519) 539-5120 *SIC* 5311
WAL-MART CANADA CORP *p983*
80 Buchanan Dr, CHARLOTTETOWN, PE, C1E 2E5
(902) 628-4600 *SIC* 5311
WAL-MART CANADA CORP *p985*
511 Granville St, SUMMERSIDE, PE, C1N 5J4
(902) 432-3570 *SIC* 5311
WAL-MART CANADA CORP *p988*
1755 Av Du Pont S Bureau 5795, ALMA, QC, G8B 7W7
(418) 480-3887 *SIC* 5311
WAL-MART CANADA CORP *p994*
630 Boul Lafleche Bureau 3002, BAIE-COMEAU, QC, G5C 2Y3
(418) 589-9971 *SIC* 5311
WAL-MART CANADA CORP *p1007*
9000 Boul Leduc Unite 102, BROSSARD, QC, J4Y 0E6
(450) 672-5000 *SIC* 5311
WAL-MART CANADA CORP *p1015*
3017-1451 Boul Talbot, CHICOUTIMI, QC, G7H 5N8
(418) 693-1500 *SIC* 5311
WAL-MART CANADA CORP *p1019*
1660 Boul Le Corbusier, Cote Saint-Luc, QC, H7S 1Z2
(450) 681-1126 *SIC* 5311
WAL-MART CANADA CORP *p1022*
1770 Rue Du S, COWANSVILLE, QC, J2K 3G8
(450) 263-8981 *SIC* 5311
WAL-MART CANADA CORP *p1031*
1205 Boul Rene-Levesque, DRUMMONDVILLE, QC, J2C 7V4
(819) 472-7446 *SIC* 5311
WAL-MART CANADA CORP *p1036*
51 Boul De La Gappe Bureau 1086, GATINEAU, QC, J8T 0B5
(819) 246-4633 *SIC* 5311
WAL-MART CANADA CORP *p1036*
640 Boul Maloney O, GATINEAU, QC, J8T 8K7
(819) 246-8808 *SIC* 5311
WAL-MART CANADA CORP *p1039*
35 Boul Du Plateau, GATINEAU, QC, J9A 3G1
(819) 772-1911 *SIC* 5311
WAL-MART CANADA CORP *p1042*
75 Rue Simonds N, GRANBY, QC, J2J 2S3
(450) 777-8863 *SIC* 5311
WAL-MART CANADA CORP *p1046*
1505 Boul Firestone Bureau 521, JOLIETTE, QC, J6E 9E5
(450) 752-8210 *SIC* 5311
WAL-MART CANADA CORP *p1049*
17000 Rte Transcanadienne, KIRKLAND, QC, H9J 2M5
(514) 695-3040 *SIC* 5311
WAL-MART CANADA CORP *p1055*
3130 Rue Laval, Lac-Megantic, QC, G6B 1A4
(819) 583-2882 *SIC* 5311
WAL-MART CANADA CORP *p1058*
480 Av Bethany, LACHUTE, QC, J8H 4H5
(450) 562-0258 *SIC* 5311
WAL-MART CANADA CORP *p1060*
6797 Boul Newman, LASALLE, QC, H8N 3E4
(514) 368-2248 *SIC* 5311
WAL-MART CANADA CORP *p1066*
5303 Rue Louis-H.-La Fontaine, Levis, QC, G6V 8X4
(418) 833-8555 *SIC* 5311
WAL-MART CANADA CORP *p1067*
700 Rue De La Concorde, Levis, QC, G6W 8A8
(418) 834-5115 *SIC* 5311
WAL-MART CANADA CORP *p1073*
1999 Boul Roland-Therrien, LONGUEUIL, QC, J4N 1A3
(450) 448-2688 *SIC* 5311
WAL-MART CANADA CORP *p1075*

▲ Public Company ■ Public Company Family Member **HQ** Headquarters **BR** Branch **SL** Single Location

1935 Rue Sherbrooke, MAGOG, QC, J1X 2T5
(819) 868-3895   SIC 5311

WAL-MART CANADA CORP   p1076
155 Montee Masson Bureau 3149, MASCOUCHE, QC, J7K 3B4
(450) 474-2679   SIC 5311

WAL-MART CANADA CORP   p1077
150 Rue Piuze, MATANE, QC, G4W 4T2
(418) 566-6037   SIC 5311

WAL-MART CANADA CORP   p1126
5400 Rue Jean-Talon O, Montreal, QC, H4P 2T5
(514) 735-5295   SIC 5311

WAL-MART CANADA CORP   p1133
6140 Boul Henri-Bourassa E, MONTREAL-NORD, QC, H1G 5X3
(514) 324-7853   SIC 5311

WAL-MART CANADA CORP   p1136
44 Av De L'auberge, ORFORD, QC, J1X 6J3
SIC 5311

WAL-MART CANADA CORP   p1146
224 Av Joseph-Casavant, Quebec, QC, G1C 7Z3
(418) 660-4943   SIC 5311

WAL-MART CANADA CORP   p1166
1470 Av Jules-Verne Bureau 3146, Quebec, QC, G2G 2R5
(418) 874-6068   SIC 5311

WAL-MART CANADA CORP   p1171
100 Boul Brien Bureau 66, REPENTIGNY, QC, J6A 5N4
(450) 654-8886   SIC 5311

WAL-MART CANADA CORP   p1174
415 Montee Industrielle-Et-Commerciale Bureau 3198, RIMOUSKI, QC, G5M 1Y1
(418) 722-1990   SIC 5311

WAL-MART CANADA CORP   p1175
100 Rue Des Cerisiers, Riviere-du-Loup, QC, G5R 6E8
(418) 862-3003   SIC 5311

WAL-MART CANADA CORP   p1176
401 Boul Labelle Bureau 3080, Rosemere, QC, J7A 3T2
(450) 435-2982   SIC 5311

WAL-MART CANADA CORP   p1178
275 Boul Rideau Bureau 3136, ROUYN-NORANDA, QC, J9X 5Y6
(819) 762-0619   SIC 5311

WAL-MART CANADA CORP   p1182
1475 Boul Saint-Bruno, SAINT-BRUNO, QC, J3V 6J1
(450) 653-9996   SIC 5311

WAL-MART CANADA CORP   p1184
500 Voie De La Desserte Unite 132, SAINT-CONSTANT, QC, J5A 2S5
(450) 632-2192   SIC 5311

WAL-MART CANADA CORP   p1187
764 Boul Arthur-Sauve Bureau 3089, SAINT-EUSTACHE, QC, J7R 4K3
(450) 491-6922   SIC 5311

WAL-MART CANADA CORP   p1190
750 107e Rue, SAINT-GEORGES, QC, G5Y 0A1
(418) 220-0010   SIC 5311

WAL-MART CANADA CORP   p1194
5950 Rue Martineau, SAINT-HYACINTHE, QC, J2R 2H6
(450) 796-4001   SIC 5311

WAL-MART CANADA CORP   p1197
100 Boul Omer-Marcil, SAINT-JEAN-SUR-RICHELIEU, QC, J2W 2X2
(450) 349-0666   SIC 5311

WAL-MART CANADA CORP   p1201
1030 Boul Du Grand-Heron, Saint-Jerome, QC, J7Y 5K8
(450) 438-6776   SIC 5311

WAL-MART CANADA CORP   p1216
7445 Boul Langelier, SAINT-LEONARD, QC, H1S 1V6
(514) 899-1889   SIC 5311

WAL-MART CANADA CORP   p1223
400 Rue Laverdure, SAINTE-AGATHE-DES-MONTS, QC, J8C 0A2

(819) 326-9559   SIC 5311

WAL-MART CANADA CORP   p1228
5205 Boul Robert-Bourassa, SAINTE-ROSE, QC, H7E 0A3
(450) 661-7447   SIC 5311

WAL-MART CANADA CORP   p1230
700 Chomedey (A-13) O, SAINTE-ROSE, QC, H7X 3S9
(450) 969-3226   SIC 5311

WAL-MART CANADA CORP   p1232
2050 Boul Monseigneur-Langlois, SALABERRY-DE-VALLEYFIELD, QC, J6S 5R1
(450) 371-9026   SIC 5311

WAL-MART CANADA CORP   p1234
1005 Boul Laure Bureau 500, Sept-Iles, QC, G4R 4S6
(418) 968-5151   SIC 5311

WAL-MART CANADA CORP   p1235
1600 Boul Royal, SHAWINIGAN, QC, G9N 8S8
(819) 537-0113   SIC 5311

WAL-MART CANADA CORP   p1240
4050 Boul Josaphat-Rancourt Bureau 3086, SHERBROOKE, QC, J1L 3C6
(819) 823-1661   SIC 5311

WAL-MART CANADA CORP   p1246
1025 Boul Frontenac E, THETFORD MINES, QC, G6G 6S7
(418) 338-4894   SIC 5311

WAL-MART CANADA CORP   p1248
300 Rue Barkoff, Trois-Rivieres, QC, G8T 2A3
(819) 379-2992   SIC 5311

WAL-MART CANADA CORP   p1254
1855 3e Av Bureau 3139, VAL-D'OR, QC, J9P 7A9
(819) 874-8411   SIC 5311

WAL-MART CANADA CORP   p1257
3050 Rue De La Gare, VAUDREUIL-DORION, QC, J7V 0H1
(450) 510-3314   SIC 5311

WAL-MART CANADA CORP   p1260
110 Boul Arthabaska O, VICTORIAVILLE, QC, G6S 0P2
(819) 758-5136   SIC 5311

WAL-MART CANADA CORP   p1269
413 Kensington Ave, ESTEVAN, SK, S4A 2A5
(306) 634-2110   SIC 5311

WAL-MART CANADA CORP   p1271
710 11th Avenue E, KINDERSLEY, SK, S0L 1S2
(306) 463-1330   SIC 5311

WAL-MART CANADA CORP   p1276
551 Thatcher Dr E Suite 3173, MOOSE JAW, SK, S6J 1L8
(306) 693-3218   SIC 5311

WAL-MART CANADA CORP   p1278
601 Carlton Trail Suite 1, NORTH BATTLEFORD, SK, S9A 4A9
(306) 445-8105   SIC 5311

WAL-MART CANADA CORP   p1280
800 15th St E Suite 100, PRINCE ALBERT, SK, S6V 8E3
(306) 764-9770   SIC 5311

WAL-MART CANADA CORP   p1289
2715 Gordon Rd, REGINA, SK, S4S 6H7
(306) 584-0061   SIC 5311

WAL-MART CANADA CORP   p1290
2150 Prince Of Wales Dr, REGINA, SK, S4V 3A6
(306) 780-3700   SIC 5311

WAL-MART CANADA CORP   p1291
3939 Rochdale Blvd, REGINA, SK, S4X 4P7
(306) 543-3237   SIC 5311

WAL-MART CANADA CORP   p1302
225 Betts Ave, SASKATOON, SK, S7M 1L2
(306) 382-5454   SIC 5311

WAL-MART CANADA CORP   p1304
1706 Preston Ave N Suite 3084, SASKATOON, SK, S7N 4Y1
(306) 373-2300   SIC 5311

WAL-MART CANADA CORP   p1305

3035 Clarence Ave S, SASKATOON, SK, S7T 0B6
(306) 653-8200   SIC 5311

WAL-MART CANADA CORP   p1307
1800 22nd Ave Ne, SWIFT CURRENT, SK, S9H 0E5
(306) 778-3489   SIC 5311

WAL-MART CANADA CORP   p1308
1000 Sims Ave, WEYBURN, SK, S4H 3N9
(306) 842-6030   SIC 5311

WAL-MART CANADA CORP   p1310
240 Hamilton Rd, YORKTON, SK, S3N 4C6
(306) 782-9820   SIC 5311

WAL-MART CANADA CORP   p1311
9021 Quartz Rd, WHITEHORSE, YT, Y1A 4P9
(867) 667-2652   SIC 5311

SIC 5331 Variety stores

CANADIAN TEST CASE 36 LIMITED   p707
6750 Century Ave Suite 305, MISSISSAUGA, ON, L5N 2V8
(905) 999-9999   SIC 5331

CUMBERLAND, K. W. LTD   p652
825 Central Ave, LONDON, ON, N5W 3R1
(519) 679-8845   SIC 5331

DOLLARAMA S.E.C.   p57
4307 130 Ave Se Suite 94, CALGARY, AB, T2Z 3V8
(403) 726-1295   SIC 5331

DOLLARAMA S.E.C.   p98
4278 137 Ave Nw Unit 1a, EDMONTON, AB, T5Y 2W7
(780) 456-1810   SIC 5331

DOLLARAMA S.E.C.   p135
5309 Discovery Way Unit 1, LEDUC, AB, T9E 8N4
(780) 986-9666   SIC 5331

DOLLARAMA S.E.C.   p165
187 Highway 16a Unit 104, SPRUCE GROVE, AB, T7X 4P9
(780) 960-8455   SIC 5331

DOLLARAMA S.E.C.   p169
100 Ranch Market Suite 105e, STRATHMORE, AB, T1P 0A8
(403) 934-6351   SIC 5331

DOLLARAMA S.E.C.   p389
1910 Pembina Hwy Suite 2, WINNIPEG, MB, R3T 4S5
(204) 275-6468   SIC 5331

DOLLARAMA S.E.C.   p423
99 Powell Dr, CARBONEAR, NL, A1Y 1A5
(709) 596-8625   SIC 5331

DOLLARAMA S.E.C.   p436
430 Topsail Rd Suite 200, ST. JOHN'S, NL, A1E 4N1
(709) 747-4300   SIC 5331

DOLLARAMA S.E.C.   p441
133 Church St, ANTIGONISH, NS, B2G 2E3
(902) 863-5237   SIC 5331

DOLLARAMA S.E.C.   p476
7 Keltic Dr, SYDNEY, NS, B1S 1P4
(902) 539-0473   SIC 5331

DOLLARAMA S.E.C.   p509
537 Holland Street W, BRADFORD, ON, L3Z 0C1
(905) 778-0312   SIC 5331

DOLLARAMA S.E.C.   p522
499 Main St S Unit 204, BRAMPTON, ON, L6Y 1N7
(905) 866-6948   SIC 5331

DOLLARAMA S.E.C.   p559
3255 Rutherford Rd Unit 37, CONCORD, ON, L4K 5Y5
(905) 738-1393   SIC 5331

DOLLARAMA S.E.C.   p566
1400 Vincent Massey Dr, CORNWALL, ON, K6J 5N4
(613) 930-2464   SIC 5331

DOLLARAMA S.E.C.   p584
2257 Islington Ave, ETOBICOKE, ON, M9W 3W6

(416) 640-1564   SIC 5331

DOLLARAMA S.E.C.   p614
998 Upper Wentworth, HAMILTON, ON, L9A 4V8
(905) 388-9265   SIC 5331

DOLLARAMA S.E.C.   p759
20 Orfus Rd, NORTH YORK, ON, M6A 1L6
(416) 782-1273   SIC 5331

DOLLARAMA S.E.C.   p822
606 Major Mackenzie Dr E, RICHMOND HILL, ON, L4C 1J9
(905) 883-3859   SIC 5331

DOLLARAMA S.E.C.   p866
70 Carroll St E, STRATHROY, ON, N7G 4G2
(519) 245-7439   SIC 5331

DOLLARAMA S.E.C.   p987
705 Av Du Pont N, ALMA, QC, G8B 6T5
(418) 480-3149   SIC 5331

DOLLARAMA S.E.C.   p1006
7250 Boul Taschereau Bureau 30, BROSSARD, QC, J4W 1M9
(450) 672-1840   SIC 5331

DOLLARAMA S.E.C.   p1014
392 Rue Des Sagueneens, CHICOUTIMI, QC, G7H 5S5
(418) 543-4092   SIC 5331

DOLLARAMA S.E.C.   p1023
1271 Boul Wallberg, DOLBEAU-MISTASSINI, QC, G8L 1H3
(418) 276-9400   SIC 5331

DOLLARAMA S.E.C.   p1028
352 Av Dorval, DORVAL, QC, H9S 3H8
(514) 556-3032   SIC 5331

DOLLARAMA S.E.C.   p1047
3880 Boul Harvey, Jonquiere, QC, G7X 8R6
(418) 547-8617   SIC 5331

DOLLARAMA S.E.C.   p1049
2989 Boul Saint-Charles, KIRKLAND, QC, H9H 3B5
(514) 428-5895   SIC 5331

DOLLARAMA S.E.C.   p1081
5805 Av Royalmount, MONT-ROYAL, QC, H4P 0A1
(514) 737-1006   SIC 5331

DOLLARAMA S.E.C.   p1093
1665 Av Du Mont-Royal E, Montreal, QC, H2J 1Z6
(514) 598-7519   SIC 5331

DOLLARAMA S.E.C.   p1117
1616 Rue Sainte-Catherine O Unite 300, Montreal, QC, H3H 1L7
(514) 904-2814   SIC 5331

DOLLARAMA S.E.C.   p1132
5610 Boul Henri-Bourassa E, MONTREAL-NORD, QC, H1G 2T2
(514) 323-7511   SIC 5331

DOLLARAMA S.E.C.   p1145
749 Rue Clemenceau, Quebec, QC, G1C 7T9
(418) 661-6722   SIC 5331

DOLLARAMA S.E.C.   p1145
3333 Rue Du Carrefour, Quebec, QC, G1C 5R9
(418) 667-8690   SIC 5331

DOLLARAMA S.E.C.   p1152
245 Rue Soumande Bureau 1, Quebec, QC, G1M 3H6
(418) 263-0170   SIC 5331

DOLLARAMA S.E.C.   p1160
2700 Boul Laurier Bureau 167, Quebec, QC, G1V 2L8
(418) 659-5976   SIC 5331

DOLLARAMA S.E.C.   p1174
298 Boul Armand-Theriault, Riviere-du-Loup, QC, G5R 4C2
(418) 868-0207   SIC 5331

DOLLARAMA S.E.C.   p1177
4 15e Rue Bureau 4, ROUYN-NORANDA, QC, J9X 2J8
(819) 762-6473   SIC 5331

DOLLARAMA S.E.C.   p1200
1950 Du Cure-Labelle Blvd, Saint-Jerome, QC, J7Y 1S1
(450) 432-5624   SIC 5331

SIC 5399 Miscellaneous general merchandise

DOLLARAMA S.E.C. p1251
4445 Boul Gene-H.-Kruger, Trois-Rivieres, QC, G9A 4N3
(819) 840-8754   SIC 5331

DOLLARAMA S.E.C. p1305
513 Nelson Rd, SASKATOON, SK, S7S 1P4
(306) 651-1265   SIC 5331

HUDSON'S BAY COMPANY p1080
2435 Ch Rockland, MONT-ROYAL, QC, H3P 2Z3
(514) 739-5521   SIC 5331

LITTLE BEAVER ENTERPRISES LTD p645
9930 Glendon Dr, KOMOKA, ON, N0L 1R0
(519) 471-1200   SIC 5331

SIC 5399 Miscellaneous general merchandise

980443 ONTARIO INC p636
1005 Ottawa St N Suite 72, KITCHENER, ON, N2A 1H2
SIC 5399

AMBASSADOR DUTY FREE MANAGEMENT SERVICES LIMITED p969
707 Patricia Rd, WINDSOR, ON, N9B 0B5
(519) 977-9100   SIC 5399

ANGUS TIGER LIMITED p488
3 Massey St Unit 4, ANGUS, ON, L0M 1B0
(705) 424-1890   SIC 5399

ARMY & NAVY DEPT. STORE LIMITED p74
100 Londonderry Mall Unit A, EDMONTON, AB, T5C 3C8
SIC 5399

AUTO LAC INC p405
2491 King George Hwy, MIRAMICHI, NB, E1V 6W3
(506) 773-9448   SIC 5399

CANADIAN TIRE CORPORATION, LIMITED p353
2445 Saskatchewan Ave W, PORTAGE LA PRAIRIE, MB, R1N 4A6
(204) 857-3591   SIC 5399

CANADIAN TIRE CORPORATION, LIMITED p423
95 Columbus Dr, CARBONEAR, NL, A1Y 1A6
(709) 596-5103   SIC 5399

CANADIAN TIRE CORPORATION, LIMITED p511
9263 Airport Rd, BRAMPTON, ON, L6S 0B6
(905) 494-6303   SIC 5399

COSTCO WHOLESALE CANADA LTD p391
2365 Mcgillivray Blvd Suite 1, WINNIPEG, MB, R3Y 0A1
(204) 487-5100   SIC 5399

COSTCO WHOLESALE CANADA LTD p410
25 Trinity Dr Suite 217, MONCTON, NB, E1G 2J7
(506) 858-7959   SIC 5399

COSTCO WHOLESALE CANADA LTD p577
50 Queen Elizabeth Blvd Suite 524, ETOBICOKE, ON, M8Z 1M1
(416) 251-2832   SIC 5399

COSTCO WHOLESALE CANADA LTD p644
4438 King St E Suite 512, KITCHENER, ON, N2P 2G4
(519) 650-3662   SIC 5399

COSTCO WHOLESALE CANADA LTD p757
100 Billy Bishop Way Suite 535, NORTH YORK, ON, M3K 2C8
(416) 635-8175   SIC 5399

COSTCO WHOLESALE CANADA LTD p963
4411 Walker Rd Suite 534, WINDSOR, ON, N8W 3T6
(519) 972-1899   SIC 5399

COSTCO WHOLESALE CANADA LTD p1118
300 Rue Bridge, Montreal, QC, H3K 2C3
(514) 938-5170   SIC 5399

COSTCO WHOLESALE CANADA LTD p1124
1015 Rue Du Marche-Central, MONTREAL, QC, H4N 3J8
(514) 381-1251   SIC 5399

COSTCO WHOLESALE CANADA LTD p1250
3000 Boul Des Recollets, Trois-Rivieres, QC, G9A 6J2
(819) 693-5758   SIC 5399

DOLLARAMA S.E.C. p13
3800 Memorial Dr Ne Suite 1153, CALGARY, AB, T2A 2K2
(403) 537-0338   SIC 5399

DOLLARAMA S.E.C. p385
3421 Portage Ave Suite 15, WINNIPEG, MB, R3K 2C9
(204) 832-5440   SIC 5399

DOLLARAMA S.E.C. p407
80 Mapleton Rd, MONCTON, NB, E1C 7W8
(506) 859-9211   SIC 5399

DOLLARAMA S.E.C. p477
245 Robie St, TRURO, NS, B2N 5N6
(902) 893-7789   SIC 5399

DOLLARAMA S.E.C. p525
410 Fairview Dr, BRANTFORD, ON, N3R 7V7
(519) 758-8826   SIC 5399

DOLLARAMA S.E.C. p565
1380 Second St E Unit 20, CORNWALL, ON, K6H 2B8
(613) 933-4028   SIC 5399

DOLLARAMA S.E.C. p641
385 Frederick St, KITCHENER, ON, N2H 2P2
(519) 579-1104   SIC 5399

DOLLARAMA S.E.C. p696
93 Dundas St E Unit 2, MISSISSAUGA, ON, L5A 1W7
(905) 281-9895   SIC 5399

DOLLARAMA S.E.C. p730
3777 Strandherd Dr, NEPEAN, ON, K2J 4B1
(613) 823-2519   SIC 5399

DOLLARAMA S.E.C. p771
290 North Service Rd W, OAKVILLE, ON, L6M 2S2
(905) 337-8104   SIC 5399

DOLLARAMA S.E.C. p795
1670 Heron Rd Unit 150, OTTAWA, ON, K1V 0C2
(613) 247-1692   SIC 5399

DOLLARAMA S.E.C. p835
2900 Ellesmere Rd, SCARBOROUGH, ON, M1E 4B8
(416) 283-3091   SIC 5399

DOLLARAMA S.E.C. p935
900 Dufferin St Suite 9000, TORONTO, ON, M6H 4A9
(416) 538-2558   SIC 5399

DOLLARAMA S.E.C. p974
7600 Weston Rd Unit 27, WOODBRIDGE, ON, L4L 8B7
(780) 723-4754   SIC 5399

DOLLARAMA S.E.C. p993
300 Boul La Salle Bureau 23, BAIE-COMEAU, QC, G4Z 2K2
(418) 294-4426   SIC 5399

DOLLARAMA S.E.C. p1026
11250 Ch Cote-De-Liesse, DORVAL, QC, H9P 1A9
(514) 631-9319   SIC 5399

DOLLARAMA S.E.C. p1080
939 Boul Albiny-Paquette, MONT-LAURIER, QC, J9L 3J1
(819) 623-7001   SIC 5399

DOLLARAMA S.E.C. p1124
1033 Rue Du Marche-Central, Montreal, QC, H4N 1J8
(514) 387-3910   SIC 5399

DOLLARAMA S.E.C. p1167
5401 Boul Des Galeries Bureau 1, Quebec, QC, G2K 1N4
SIC 5399

DOLLARAMA S.E.C. p1192
5950 Boul Cousineau, SAINT-HUBERT, QC, J3Y 7R9
(450) 443-7307   SIC 5399

DOLLARAMA S.E.C. p1206
3131 Boul De La Cote-Vertu, SAINT-LAURENT, QC, H4R 1Y8
(514) 333-0264   SIC 5399

DOLLARAMA S.E.C. p1227
1116 Boul Vachon N Bureau 47, SAINTE-MARIE, QC, G6E 1N7
(418) 387-8121   SIC 5399

DOLLARAMA S.E.C. p1246
224 Boul Frontenac O, THETFORD MINES, QC, G6G 6N7
(418) 335-9107   SIC 5399

EASTALTA CO-OP LTD p173
1027 3 Ave, WAINWRIGHT, AB, T9W 1T6
(780) 842-3678   SIC 5399

GOSTLIN, DAN ENTERPRISES INC p591
705 King St E, GANANOQUE, ON, K7G 1H4
(613) 382-3900   SIC 5399

GREAT PACIFIC INDUSTRIES INC p280
9014 152 St Suite 2218, SURREY, BC, V3R 4E7
(604) 930-1133   SIC 5399

HUDSON'S BAY COMPANY p4
125 Banff Ave, BANFF, AB, T1L 1A1
(403) 762-5525   SIC 5399

HUDSON'S BAY COMPANY p255
985 Nicola Ave Suite 105, PORT COQUITLAM, BC, V3B 8B2
(604) 464-9506   SIC 5399

HUDSON'S BAY COMPANY p475
800 Grand Lake Rd, SYDNEY, NS, B1P 6S9
(902) 539-8350   SIC 5399

J. D. IRVING, LIMITED p395
183 Irving Blvd, BOUCTOUCHE, NB, E4S 3K3
(506) 743-2438   SIC 5399

KEVIN P. SMITH HOLDINGS LTD p555
Po Box 1058, COCHRANE, ON, P0L 1C0
(705) 272-4341   SIC 5399

KILLARNEY-CARTWRIGHT CONSUMERS CO-OP LTD p350
414 Broadway Ave, KILLARNEY, MB, R0K 1G0
(204) 523-4653   SIC 5399

LAST MOUNTAIN CO-OPERATIVE LIMITED p1281
Hwy 6 N, Raymore, SK, S0A 3J0
(306) 746-2019   SIC 5399

LOBLAWS INC p167
101 St Albert Rd Suite 1, ST. ALBERT, AB, T8N 6L5
(780) 418-6818   SIC 5399

LOBLAWS INC p194
1424 Island Hwy Suite 1524, CAMPBELL RIVER, BC, V9W 8C9
(250) 830-2736   SIC 5399

LOBLAWS INC p385
3193 Portage Ave, WINNIPEG, MB, R3K 0W4
(204) 831-3528   SIC 5399

LOBLAWS INC p1279
591 15th St E Suite 1581, PRINCE ALBERT, SK, S6V 1G3
(306) 953-8120   SIC 5399

LOBLAWS INC p1291
4450 Rochdale Blvd Suite 1585, REGINA, SK, S4X 4N9
(306) 546-6618   SIC 5399

MAGASINS LECOMPTE INC p1251
385 Rue Des Forges, Trois-Rivieres, QC, G9A 2H4
(819) 694-1112   SIC 5399

MAGASINS LECOMPTE INC p1259
119 Rue Notre-Dame E, VICTORIAVILLE, QC, G6P 3Z8
(819) 758-2626   SIC 5399

MOUAT'S TRADING CO. LTD p276
106 Fulford-Ganges Rd, SALT SPRING ISLAND, BC, V8K 2S3
(250) 537-5551   SIC 5399

MOUNTAIN EQUIPMENT CO-OPERATIVE p266
13333 Vulcan Way Suite 11, RICHMOND, BC, V6V 1K4
SIC 5399

MTF MAINLAND DISTRIBUTORS INC p234
26868 56 Ave Unit 101, LANGLEY, BC, V4W 1N9
(604) 626-4465   SIC 5399

NORTH WEST COMPANY LP, THE p481
Gd, CAMBRIDGE BAY, NU, X0B 0C0
(867) 983-2571   SIC 5399

NUANCE GROUP (CANADA) INC, THE p685
5925 Airport Rd Suite 300, MISSISSAUGA, ON, L4V 1W1
(905) 673-7299   SIC 5399

NUANCE GROUP (CANADA) INC, THE p712
3111 Convair Dr, MISSISSAUGA, ON, L5P 1B2
(905) 672-0591   SIC 5399

O'LEARY FARMERS' CO-OPERATIVE ASSOCIATION LTD p984
500 Main St, O'LEARY, PE, C0B 1V0
(902) 859-2550   SIC 5399

PUGLIA, P. M. SALES LTD p1276
1350 Main St N, MOOSE JAW, SK, S6H 8B9
(306) 693-0888   SIC 5399

QUALITY CALL CARE SOLUTIONS INC p87
700 Westmount Ctr, EDMONTON, AB, T5M 3L7
SIC 5399

RED APPLE STORES INC p685
6877 Goreway Dr Suite 3, MISSISSAUGA, ON, L4V 1L9
(905) 293-9700   SIC 5399

RED DEER CO-OP LIMITED p154
4738 Riverside Dr, RED DEER, AB, T4N 2N7
(403) 341-5600   SIC 5399

SEARS CANADA INC p85
13932 137 Ave Nw, EDMONTON, AB, T5L 5H1
(780) 456-5050   SIC 5399

SEARS CANADA INC p98
4302 118 Ave Nw, EDMONTON, AB, T5W 1A6
(780) 479-6890   SIC 5399

SEARS CANADA INC p173
215 Centre St, VULCAN, AB, T0L 2B0
SIC 5399

SEARS CANADA INC p256
1488 Coast Meridian Rd, PORT COQUITLAM, BC, V3C 6P7
(604) 468-5149   SIC 5399

SEARS CANADA INC p334
765 Vanalman Ave Suite 101, VICTORIA, BC, V8Z 3B8
SIC 5399

SEARS CANADA INC p1288
1908 7th Ave, REGINA, SK, S4R 5E1
(306) 569-1711   SIC 5399

SOUTHERN PLAINS CO-OPERATIVE LIMITED p1269
826 4th St, ESTEVAN, SK, S4A 0W1
(306) 637-4300   SIC 5399

TIGNISH CO-OPERATIVE ASSOCIATION LIMITED p985
283 Business St, TIGNISH, PE, C0B 2B0
(902) 882-2080   SIC 5399

TORA COWANSVILLE LIMITEE p1022
179 Rue Principale, COWANSVILLE, QC, J2K 1J3
(450) 266-3869   SIC 5399

TORA L'ANNONCIATION LIMITEE p1175
1620 Rue Principale N, Riviere-Rouge, QC, J0T 1T0
(819) 275-3777   SIC 5399

TORA MAGOG LIMITEE p1074
1730 Rue Sherbrooke, MAGOG, QC, J1X 2T3
(819) 843-3043   SIC 5399

TORA STRATFORD LIMITED p865
477 Huron St, STRATFORD, ON, N5A 5T8
(519) 272-2029   SIC 5399

VALUE VILLAGE STORES, INC p11
3405 34 St Ne, CALGARY, AB, T1Y 6T6
(403) 291-3323   SIC 5399

VALUE VILLAGE STORES, INC p34
104 58 Ave Se Unit 10, CALGARY, AB, T2H 0N7
(403) 255-5501   SIC 5399

VALUE VILLAGE STORES, INC p76
11850 103 St Nw, EDMONTON, AB, T5G

SIC 5399 Miscellaneous general merchandise

2J2
(780) 477-0025   SIC 5399
VALUE VILLAGE STORES, INC   p89
204 Mayfield Common Nw, EDMONTON, AB, T5P 4B3
(780) 484-4177   SIC 5399
VALUE VILLAGE STORES, INC   p102
8930 82 Ave Nw, EDMONTON, AB, T6C 0Z3
(780) 468-1259   SIC 5399
VALUE VILLAGE STORES, INC   p107
10127 34 Ave Nw, EDMONTON, AB, T6E 6J8
(780) 414-5859   SIC 5399
VALUE VILLAGE STORES, INC   p140
1616 Mayor Magrath Dr S, LETHBRIDGE, AB, T1K 2R5
(403) 320-5358   SIC 5399
VALUE VILLAGE STORES, INC   p157
2235 50 Ave, RED DEER, AB, T4R 1M7
(403) 343-3000   SIC 5399
VALUE VILLAGE STORES, INC   p163
270 Baseline Rd Unit 280, SHERWOOD PARK, AB, T8H 1R4
(780) 449-0024   SIC 5399
VALUE VILLAGE STORES, INC   p180
31970 South Fraser Way, ABBOTSFORD, BC, V2T 1V6
(604) 850-3712   SIC 5399
VALUE VILLAGE STORES, INC   p183
7350 Edmonds St, BURNABY, BC, V3N 1A8
(604) 540-4066   SIC 5399
VALUE VILLAGE STORES, INC   p198
45150 Luckakuck Way Suite 1, CHILLIWACK, BC, V2R 3C7
(604) 847-0667   SIC 5399
VALUE VILLAGE STORES, INC   p200
2739 Barnet Hwy, COQUITLAM, BC, V3E 1K9
(604) 464-9179   SIC 5399
VALUE VILLAGE STORES, INC   p201
552 Clarke Rd Unit 301, COQUITLAM, BC, V3J 3X5
(604) 937-7087   SIC 5399
VALUE VILLAGE STORES, INC   p204
360 Old Island Hwy, COURTENAY, BC, V9N 3P3
(250) 334-3085   SIC 5399
VALUE VILLAGE STORES, INC   p221
444 Seymour St, KAMLOOPS, BC, V2C 2G6
(250) 374-6609   SIC 5399
VALUE VILLAGE STORES, INC   p224
190 Aurora Cres, KELOWNA, BC, V1X 7M3
(250) 491-1356   SIC 5399
VALUE VILLAGE STORES, INC   p233
20501 56 Ave, LANGLEY, BC, V3A 3Y9
(604) 533-1663   SIC 5399
VALUE VILLAGE STORES, INC   p237
11998 207 St Unit 4, MAPLE RIDGE, BC, V2X 1X7
(604) 463-6053   SIC 5399
VALUE VILLAGE STORES, INC   p240
530 Fifth St Suite 101, NANAIMO, BC, V9R 1P1
(250) 741-0803   SIC 5399
VALUE VILLAGE STORES, INC   p260
1666 Spruce St, PRINCE GEORGE, BC, V2L 2R2
(250) 561-0311   SIC 5399
VALUE VILLAGE STORES, INC   p287
6925 King George Blvd, SURREY, BC, V3W 5A1
(604) 635-1341   SIC 5399
VALUE VILLAGE STORES, INC   p293
1820 Venables St, VANCOUVER, BC, V5L 2H7
(604) 252-9509   SIC 5399
VALUE VILLAGE STORES, INC   p293
1820 Hastings St E, VANCOUVER, BC, V5L 1T2
(604) 254-4282   SIC 5399
VALUE VILLAGE STORES, INC   p296
6415 Victoria Dr, VANCOUVER, BC, V5P 3X5
(604) 327-4434   SIC 5399

VALUE VILLAGE STORES, INC   p327
5608 24 St, VERNON, BC, V1T 9T3
(250) 558-2900   SIC 5399
VALUE VILLAGE STORES, INC   p329
1810 Store St, VICTORIA, BC, V8T 4R4
(250) 380-9422   SIC 5399
VALUE VILLAGE STORES, INC   p346
1408 1st St N, BRANDON, MB, R7C 1A4
(204) 727-8050   SIC 5399
VALUE VILLAGE STORES, INC   p367
970 Nairn Ave, WINNIPEG, MB, R2L 0Y2
(204) 661-9045   SIC 5399
VALUE VILLAGE STORES, INC   p369
942 Jefferson Ave, WINNIPEG, MB, R2P 1W1
(204) 694-6844   SIC 5399
VALUE VILLAGE STORES, INC   p384
1695 Ellice Ave Unit 2053, WINNIPEG, MB, R3H 0A9
(204) 774-1315   SIC 5399
VALUE VILLAGE STORES, INC   p391
1729 Pembina Hwy, WINNIPEG, MB, R3T 2G6
(204) 261-8719   SIC 5399
VALUE VILLAGE STORES, INC   p402
317 Bishop Dr, FREDERICTON, NB, E3C 2M6
(506) 455-7676   SIC 5399
VALUE VILLAGE STORES, INC   p408
15 Plaza Blvd, MONCTON, NB, E1C 0E8
(506) 382-3003   SIC 5399
VALUE VILLAGE STORES, INC   p415
212 Mcallister Dr, SAINT JOHN, NB, E2J 2S7
(506) 696-5301   SIC 5399
VALUE VILLAGE STORES, INC   p435
161 Kenmount Rd, ST. JOHN'S, NL, A1B 3P9
(709) 726-5200   SIC 5399
VALUE VILLAGE STORES, INC   p448
275 Pleasant St, DARTMOUTH, NS, B2Y 3S2
(902) 463-4054   SIC 5399
VALUE VILLAGE STORES, INC   p464
165 Chain Lake Dr, HALIFAX, NS, B3S 1B3
(902) 450-5134   SIC 5399
VALUE VILLAGE STORES, INC   p475
370 Welton St, SYDNEY, NS, B1P 5S4
(902) 562-6205   SIC 5399
VALUE VILLAGE STORES, INC   p485
155 Harwood Ave N Unit D, AJAX, ON, L1Z 0A1
(905) 427-9338   SIC 5399
VALUE VILLAGE STORES, INC   p499
165 Wellington St W, BARRIE, ON, L4N 1L7
(705) 733-9224   SIC 5399
VALUE VILLAGE STORES, INC   p504
151 Bell Blvd, BELLEVILLE, ON, K8P 5N8
(613) 968-9188   SIC 5399
VALUE VILLAGE STORES, INC   p517
150 West Dr Unit 12, BRAMPTON, ON, L6T 4P9
(905) 451-7975   SIC 5399
VALUE VILLAGE STORES, INC   p526
595 West St, BRANTFORD, ON, N3R 7C5
(519) 751-4424   SIC 5399
VALUE VILLAGE STORES, INC   p540
2340 Fairview St, BURLINGTON, ON, L7R 2E4
(905) 631-6990   SIC 5399
VALUE VILLAGE STORES, INC   p544
480 Hespeler Rd, CAMBRIDGE, ON, N1R 7R9
(519) 624-1812   SIC 5399
VALUE VILLAGE STORES, INC   p553
80 Keil Dr S, CHATHAM, ON, N7M 3H1
(519) 354-9325   SIC 5399
VALUE VILLAGE STORES, INC   p563
1520 Steeles Ave W, CONCORD, ON, L4K 3B9
(905) 761-7990   SIC 5399
VALUE VILLAGE STORES, INC   p566
1400 Vincent Massey Dr, CORNWALL, ON, K6J 5N4

(613) 938-0226   SIC 5399
VALUE VILLAGE STORES, INC   p587
45 Woodbine Downs Blvd Suite 3a, ETOBICOKE, ON, M9W 6N5
(416) 675-7450   SIC 5399
VALUE VILLAGE STORES, INC   p595
1162 Cyrville Rd, GLOUCESTER, ON, K1J 7S9
(613) 749-4977   SIC 5399
VALUE VILLAGE STORES, INC   p603
214 Silvercreek Pky N, GUELPH, ON, N1H 7P8
(519) 821-9994   SIC 5399
VALUE VILLAGE STORES, INC   p613
530 Fennell Ave E, HAMILTON, ON, L8V 1S9
(905) 318-0409   SIC 5399
VALUE VILLAGE STORES, INC   p634
1300 Bath Rd, KINGSTON, ON, K7M 4X4
(613) 536-5051   SIC 5399
VALUE VILLAGE STORES, INC   p642
120 Ottawa St N, KITCHENER, ON, N2H 3K5
(519) 576-4403   SIC 5399
VALUE VILLAGE STORES, INC   p676
7655 Markham Rd Units C-1 & C-2, MARKHAM, ON, L3S 4S1
(905) 201-6164   SIC 5399
VALUE VILLAGE STORES, INC   p693
3130 Dixie Rd, MISSISSAUGA, ON, L4Y 2A6
(905) 949-4440   SIC 5399
VALUE VILLAGE STORES, INC   p728
1375 Clyde Ave, NEPEAN, ON, K2G 3H7
(613) 288-1390   SIC 5399
VALUE VILLAGE STORES, INC   p734
130 Davis Dr Suite 9, NEWMARKET, ON, L3Y 2N1
(905) 953-1344   SIC 5399
VALUE VILLAGE STORES, INC   p737
6278 Lundy's Lane, NIAGARA FALLS, ON, L2G 1T6
(905) 354-6336   SIC 5399
VALUE VILLAGE STORES, INC   p741
390 Lakeshore Dr, NORTH BAY, ON, P1A 2C7
(705) 476-1888   SIC 5399
VALUE VILLAGE STORES, INC   p746
2776 Victoria Park Ave, NORTH YORK, ON, M2J 4A8
(416) 499-4041   SIC 5399
VALUE VILLAGE STORES, INC   p757
1030 Wilson Ave, NORTH YORK, ON, M3K 1G6
(416) 633-2623   SIC 5399
VALUE VILLAGE STORES, INC   p777
4420 Innes Rd, ORLEANS, ON, K4A 3W3
(613) 837-9080   SIC 5399
VALUE VILLAGE STORES, INC   p796
1824 Bank St, OTTAWA, ON, K1V 7Y6
(613) 526-5551   SIC 5399
VALUE VILLAGE STORES, INC   p811
1101 Lansdowne St W, PETERBOROUGH, ON, K9J 7M2
(705) 741-2644   SIC 5399
VALUE VILLAGE STORES, INC   p823
10620 Yonge St, RICHMOND HILL, ON, L4C 3C8
(905) 737-7444   SIC 5399
VALUE VILLAGE STORES, INC   p827
1379 London Rd, SARNIA, ON, N7S 1P6
(519) 541-0153   SIC 5399
VALUE VILLAGE STORES, INC   p833
248 Northern Ave E, SAULT STE. MARIE, ON, P6B 4H6
(705) 256-1801   SIC 5399
VALUE VILLAGE STORES, INC   p836
3701 Lawrence Ave E Suite 1, SCARBOROUGH, ON, M1G 1P7
(416) 439-4464   SIC 5399
VALUE VILLAGE STORES, INC   p839
1525 Victoria Park Ave, SCARBOROUGH, ON, M1L 2T3
(416) 752-0060   SIC 5399

VALUE VILLAGE STORES, INC   p855
360 Ontario St, ST CATHARINES, ON, L2R 5L8
(905) 688-7764   SIC 5399
VALUE VILLAGE STORES, INC   p862
840 Queenston Rd, STONEY CREEK, ON, L8G 4A8
(905) 664-8884   SIC 5399
VALUE VILLAGE STORES, INC   p868
799 Notre Dame Ave, SUDBURY, ON, P3A 2T2
(705) 525-2339   SIC 5399
VALUE VILLAGE STORES, INC   p879
915 Memorial Ave, THUNDER BAY, ON, P7B 4A1
(807) 345-3232   SIC 5399
VALUE VILLAGE STORES, INC   p892
2119 Danforth Ave, TORONTO, ON, M4C 1K1
(416) 698-0621   SIC 5399
VALUE VILLAGE STORES, INC   p896
924 Queen St E, TORONTO, ON, M4M 1J5
(416) 778-4818   SIC 5399
VALUE VILLAGE STORES, INC   p935
1319 Bloor St W, TORONTO, ON, M6H 1P3
(416) 539-0585   SIC 5399
VALUE VILLAGE STORES, INC   p937
605 Rogers Rd, TORONTO, ON, M6M 1B9
(416) 247-7372   SIC 5399
VALUE VILLAGE STORES, INC   p959
1801 Dundas St E, WHITBY, ON, L1N 7C5
(905) 571-4977   SIC 5399
VALUE VILLAGE STORES, INC   p963
6711 Tecumseh Rd E, WINDSOR, ON, N8T 3K7
(519) 944-1372   SIC 5399
VALUE VILLAGE STORES, INC   p964
4322 Walker Rd, WINDSOR, ON, N8W 3T5
(519) 250-0199   SIC 5399
VALUE VILLAGE STORES, INC   p981
339 University Ave Unit 5, CHARLOTTETOWN, PE, C1A 4M8
(902) 566-4084   SIC 5399
VALUE VILLAGE STORES, INC   p1024
3399 Boul Des Sources, DOLLARD-DES-ORMEAUX, QC, H9B 1Z8
(514) 684-1326   SIC 5399
VALUE VILLAGE STORES, INC   p1035
361 Boul Maloney O, GATINEAU, QC, J8P 7E9
(819) 663-4343   SIC 5399
VALUE VILLAGE STORES, INC   p1043
3860 Boul Taschereau, GREENFIELD PARK, QC, J4V 2H9
(450) 923-4767   SIC 5399
VALUE VILLAGE STORES, INC   p1070
1401 Ch De Chambly Bureau 31a, LONGUEUIL, QC, J4J 3X6
(450) 677-1677   SIC 5399
VALUE VILLAGE STORES, INC   p1126
4906 Rue Jean-Talon O, Montreal, QC, H4P 1W9
(514) 739-1962   SIC 5399
VALUE VILLAGE STORES, INC   p1132
5630 Boul Henri-Bourassa E, MONTREAL-NORD, QC, H1G 2T2
(514) 327-7447   SIC 5399
VALUE VILLAGE STORES, INC   p1134
875 Boul Cure-Labelle, Montreal-Ouest, QC, H7V 2V2
(450) 978-4191   SIC 5399
VALUE VILLAGE STORES, INC   p1148
2555 Boul Montmorency, Quebec, QC, G1J 5J3
(418) 660-5840   SIC 5399
VALUE VILLAGE STORES, INC   p1163
3355 Rue De La Perade, Quebec, QC, G1X 3V3
(418) 651-2772   SIC 5399
VALUE VILLAGE STORES, INC   p1198
1000 Boul Du Seminaire N Bureau 7, SAINT-JEAN-SUR-RICHELIEU, QC, J3A 1E5
(450) 359-9661   SIC 5399
VALUE VILLAGE STORES, INC   p1216

▲ Public Company   ■ Public Company Family Member   **HQ** Headquarters   **BR** Branch   **SL** Single Location

SIC 5411 Grocery stores

6779 Rue Jean-Talon E, SAINT-LEONARD, QC, H1S 1N2
(514) 254-0433   SIC 5399
VALUE VILLAGE STORES, INC   p1288
1230 Broad St, REGINA, SK, S4R 1Y3
(306) 522-1228   SIC 5399
WAL-MART CANADA CORP   p825
3001 Richelieu St, ROCKLAND, ON, K4K 0B5
(613) 446-5730   SIC 5399
WAL-MART CANADA CORP   p1252
4520 Boul Gene-H.-Kruger, Trois-Rivieres, QC, G9A 4N1
(819) 372-1181   SIC 5399
WDFG VANCOUVER LP   p273
Gd, RICHMOND, BC, V7B 1W2
(604) 243-1708   SIC 5399
WILLIAM B. RATTRAY HOLDINGS INC p485
250 Kingston Rd E Suite 160, AJAX, ON, L1Z 1G1
(905) 683-2277   SIC 5399
XS CARGO GP INC   p868
900 Lasalle Blvd, SUDBURY, ON, P3A 5W8
SIC 5399

SIC 5411 Grocery stores

1011191 ONTARIO INC   p946
3140 Old Hwy 69 N Suite 28, VAL CARON, ON, P3N 1G3
(705) 897-4958   SIC 5411
1034867 ONTARIO INC   p836
629 Markham Rd, SCARBOROUGH, ON, M1H 2A4
(416) 439-3333   SIC 5411
1048271 ONTARIO INC   p805
1200 Pembroke St W, PEMBROKE, ON, K8A 7T1
(613) 735-5335   SIC 5411
119859 CANADA INC   p1100
3701 Boul Saint-Laurent, Montreal, QC, H2X 2V7
(514) 844-1874   SIC 5411
131387 CANADA INC   p1075
231 Rue Herault Rr 1, MANSFIELD, QC, J0X 1R0
(819) 683-2740   SIC 5411
132087 CANADA INC   p1123
6675 Boul Monk, Montreal, QC, H4E 3J2
(514) 767-5323   SIC 5411
1373372 ONTARIO LTD   p677
9255 Woodbine Ave, MARKHAM, ON, L6C 1Y9
SIC 5411
1500451 ONTARIO LIMITED   p494
165 Wellington St E, BARRIE, ON, L4M 2C7
(705) 737-0389   SIC 5411
1594414 ONTARIO LIMITED   p835
4473 Kingston Rd, SCARBOROUGH, ON, M1E 2N7
(416) 281-9140   SIC 5411
1690651 ONTARIO INC   p524
265 King George Rd, BRANTFORD, ON, N3R 6Y1
(519) 759-0571   SIC 5411
2020799 ONTARIO LIMITED   p778
600 Grandview St S Suite 17, OSHAWA, ON, L1H 8P4
(905) 728-8401   SIC 5411
2627 W 16TH AVENUE HOLDINGS LTD p317
2627 16th Ave W, VANCOUVER, BC, V6K 3C2
(604) 736-0009   SIC 5411
2788331 CANADA INC   p1190
701 Av Saint-Georges, SAINT-GEORGES-DE-CHAMPLAIN, QC, G9T 5K4
(819) 533-5445   SIC 5411
2857-4077 QUEBEC INC   p1042
850 7e Av, Grand-Mere, QC, G9T 2B8
(819) 533-4553   SIC 5411
287912 ONTARIO LTD   p782
2193 Keene Rd, Otonabee, ON, K9J 6X7
(705) 743-6141   SIC 5411

330626 ALBERTA LTD   p174
4802 51 St Suite 1, WHITECOURT, AB, T7S 1R9
(780) 778-5900   SIC 5411
3459128 CANADA INC   p1133
705 Boul Cure-Labelle, MONTREAL-OUEST, QC, H7V 2T8
(450) 978-2333   SIC 5411
3855155 CANADA INC   p1116
1420 Rue Du Fort, Montreal, QC, H3H 2C4
(514) 274-8008   SIC 5411
450252 ONTARIO LTD   p847
95 Main St S, SEAFORTH, ON, N0K 1W0
(519) 527-1631   SIC 5411
49TH PARALLEL GROCERY LIMITED p243
1824 Cedar Rd, NANAIMO, BC, V9X 1H9
(250) 722-7010   SIC 5411
508173 ALBERTA LTD   p174
5016 50 Ave, WHITECOURT, AB, T7S 1S8
(780) 778-6656   SIC 5411
551382 BC LTD   p295
1645 1st Ave E Suite 98, VANCOUVER, BC, V5N 1A8
(604) 254-1214   SIC 5411
558297 ONTARIO INC   p807
3025 Petawawa Blvd Suite 6, PETAWAWA, ON, K8H 1X9
(613) 687-5000   SIC 5411
617400 SASKATCHEWAN LTD   p1288
4250 Albert St, REGINA, SK, S4S 3R9
(306) 585-0579   SIC 5411
677957 ONTARIO INC   p732
869 Mulock Dr Suite 1, NEWMARKET, ON, L3Y 8S3
(905) 853-3356   SIC 5411
7-ELEVEN CANADA, INC   p21
311 16 Ave Ne, CALGARY, AB, T2E 1K1
(403) 276-2111   SIC 5411
7-ELEVEN CANADA, INC   p34
9128 Macleod Trail Se, CALGARY, AB, T2J 0P5
(403) 255-6540   SIC 5411
7-ELEVEN CANADA, INC   p65
5010 48 Ave, CAMROSE, AB, T4V 0J5
(780) 672-1126   SIC 5411
7-ELEVEN CANADA, INC   p94
1017 Potter Greens Dr Nw, EDMONTON, AB, T5T 6A4
(780) 443-2482   SIC 5411
7-ELEVEN CANADA, INC   p119
10002 Franklin Ave, FORT MCMURRAY, AB, T9H 2K6
(780) 715-0781   SIC 5411
7-ELEVEN CANADA, INC   p152
5925 54 Ave, RED DEER, AB, T4N 4M7
(403) 343-7111   SIC 5411
7-ELEVEN CANADA, INC   p196
5001 Access Rd S, CHETWYND, BC, V0C 1J0
(250) 788-3710   SIC 5411
7-ELEVEN CANADA, INC   p240
1602 Bowen Rd, NANAIMO, BC, V9S 1G6
(250) 753-4233   SIC 5411
7-ELEVEN CANADA, INC   p265
3531 Viking Way Unit 7, RICHMOND, BC, V6V 1W1
(604) 273-2008   SIC 5411
7-ELEVEN CANADA, INC   p366
554 Keenleyside St, WINNIPEG, MB, R2K 3H2
(204) 985-0135   SIC 5411
7-ELEVEN CANADA, INC   p367
456 Talbot Ave, WINNIPEG, MB, R2L 0R5
(204) 985-0142   SIC 5411
7-ELEVEN CANADA, INC   p391
5 Scurfield Blvd Unit 30, WINNIPEG, MB, R3Y 1G3
(204) 487-3663   SIC 5411
7-ELEVEN CANADA, INC   p1279
606 Branion Dr, PRINCE ALBERT, SK, S6V 2S1
(306) 764-8355   SIC 5411
7-ELEVEN CANADA, INC   p1279
215 15th St W, PRINCE ALBERT, SK, S6V

3P9
(306) 764-2101   SIC 5411
783312 ONTARIO LIMITED   p696
2281 Camilla Rd, MISSISSAUGA, ON, L5A 2K2
(905) 848-4840   SIC 5411
9095-9133 QUEBEC INC   p1012
625 Boul Sainte-Genevieve, CHICOUTIMI, QC, G7G 2E5
(418) 545-7680   SIC 5411
9128-3820 QUEBEC INC   p1049
461 Ch De Knowlton, KNOWLTON, QC, J0E 1V0
(450) 243-6692   SIC 5411
9150-3979 QUEBEC INC   p1214
8700 Boul Langelier, SAINT-LEONARD, QC, H1P 3C6
(514) 323-0740   SIC 5411
9158-9325 QUEBEC INC   p1196
1015 Rue Des Lilas, SAINT-JEAN-CHRYSOSTOME, QC, G6Z 3K4
(418) 834-8077   SIC 5411
9181-8153 QUEBEC INC   p1134
680 Ch Du Village Rr 2, MORIN-HEIGHTS, QC, J0R 1H0
(450) 226-5769   SIC 5411
9230-9970 QUEBEC INC   p1164
2295 Av Chauveau Bureau 200, Quebec, QC, G2C 0G7
(418) 842-3381   SIC 5411
982598 ONTARIO LIMITED   p569
65 Main St, DOWLING, ON, P0M 1R0
(705) 855-9018   SIC 5411
ALIMENTATION FRANCOIS GERMAIN INC p999
425 Boul Adolphe-Chapleau, BOIS-DES-FILION, QC, J6Z 1H9
SIC 5411
ALIMENTATION MARC BOUGIE INC p1090
3185 Rue Beaubien E, Montreal, QC, H1Y 1H5
(514) 721-2433   SIC 5411
ALIMENTATION NORMAND HUDON INC p1100
3575 Av Du Parc Bureau 5100, Montreal, QC, H2X 3P9
(514) 843-3530   SIC 5411
ALIMENTATION OLIVIER,GUY INC p1180
3525 Rue De L'hetriere, SAINT-AUGUSTIN-DE-DESMAURES, QC, G3A 0C1
(418) 872-4444   SIC 5411
ANNABLE FOODS LTD   p275
2027 Columbia Ave, ROSSLAND, BC, V0G 1Y0
(250) 362-5206   SIC 5411
ARCTIC CO-OPERATIVES LIMITED p481
Gd, GJOA HAVEN, NU, X0B 1J0
(867) 360-7271   SIC 5411
ASKEW'S FOOD SERVICE LTD   p181
3305 Smith Dr Unit 8, ARMSTRONG, BC, V0E 1B1
(250) 546-3039   SIC 5411
ASKEW'S FOOD SERVICE LTD   p275
111 Lakeshore Dr Ne, SALMON ARM, BC, V1E 4N3
(250) 832-2064   SIC 5411
ATLANTIC RETAIL CO-OPERATIVES FEDERATION   p406
20 Record St, Moncton, NB, E1C 1A6
(506) 858-6173   SIC 5411
ATLANTIC RETAIL CO-OPERATIVES FEDERATION   p406
80 Mapleton Rd, MONCTON, NB, E1C 7W8
(506) 858-6173   SIC 5411
ATLANTIC RETAIL CO-OPERATIVES FEDERATION   p412
1 Market St, QUISPAMSIS, NB, E2E 4B1
(506) 847-6520   SIC 5411
ATLANTIC RETAIL CO-OPERATIVES FEDERATION   p413
11 Wright St, SACKVILLE, NB, E4L 4P8
(506) 536-0679   SIC 5411
ATLANTIC RETAIL CO-OPERATIVES FEDERATION   p1051

1069 Ch Du Gros-Cap, L'Etang-du-Nord, QC, G4T 3M9
(418) 986-2219   SIC 5411
ATLANTIC WHOLESALERS LTD   p393
700 St. Peter Ave, BATHURST, NB, E2A 2Y7
(506) 547-3180   SIC 5411
ATLANTIC WHOLESALERS LTD   p398
116 Main St, FREDERICTON, NB, E3A 9N6
(506) 474-1270   SIC 5411
ATLANTIC WHOLESALERS LTD   p402
240 Ch Madawaska, GRAND-SAULT/GRAND FALLS, NB, E3Y 1A5
(506) 473-4619   SIC 5411
ATLANTIC WHOLESALERS LTD   p404
2 Johnson Ave, MIRAMICHI, NB, E1N 3B7
(506) 773-9792   SIC 5411
ATLANTIC WHOLESALERS LTD   p404
153 Harvey Rd Unit 1, MCADAM, NB, E6J 1A1
(506) 784-2536   SIC 5411
ATLANTIC WHOLESALERS LTD   p410
89 Trinity Dr, MONCTON, NB, E1G 2J7
(506) 383-4919   SIC 5411
ATLANTIC WHOLESALERS LTD   p411
1198 Onondaga St, OROMOCTO, NB, E2V 1B8
(506) 357-5982   SIC 5411
ATLANTIC WHOLESALERS LTD   p412
425 Coverdale Rd, RIVERVIEW, NB, E1B 3K3
(506) 387-5992   SIC 5411
ATLANTIC WHOLESALERS LTD   p414
168 Rothesay Ave, SAINT JOHN, NB, E2J 2B5
(506) 648-1320   SIC 5411
ATLANTIC WHOLESALERS LTD   p414
168 Rothesay Ave, SAINT JOHN, NB, E2J 2B5
(506) 648-1325   SIC 5411
ATLANTIC WHOLESALERS LTD   p415
650 Somerset St, SAINT JOHN, NB, E2K 2Y7
(506) 658-6054   SIC 5411
ATLANTIC WHOLESALERS LTD   p420
229j Boul J D Gauthier Suite 2, SHIPPAGAN, NB, E8S 1N2
(506) 336-0820   SIC 5411
ATLANTIC WHOLESALERS LTD   p421
10 Lower Cove Rd, SUSSEX, NB, E4E 0B7
(506) 433-9820   SIC 5411
ATLANTIC WHOLESALERS LTD   p421
3409 Rue Principale Suite 31, TRACADIE-SHEILA, NB, E1X 1C7
(506) 393-1155   SIC 5411
ATLANTIC WHOLESALERS LTD   p422
350 Connell St, WOODSTOCK, NB, E7M 5G8
(506) 328-1100   SIC 5411
ATLANTIC WHOLESALERS LTD   p423
4 Fernwood Crt, BOTWOOD, NL, A0H 1E0
(709) 257-4230   SIC 5411
ATLANTIC WHOLESALERS LTD   p441
126 Albion St S, AMHERST, NS, B4H 2X3
(902) 661-0703   SIC 5411
ATLANTIC WHOLESALERS LTD   p441
26 Market St, ANTIGONISH, NS, B2G 3B4
(902) 863-6711   SIC 5411
ATLANTIC WHOLESALERS LTD   p441
21 St Anthony St, ANNAPOLIS ROYAL, NS, B0S 1A0
(902) 532-7791   SIC 5411
ATLANTIC WHOLESALERS LTD   p441
100 Post Rd, ANTIGONISH, NS, B2G 2K4
(902) 863-4046   SIC 5411
ATLANTIC WHOLESALERS LTD   p443
1650 Bedford Hwy, BEDFORD, NS, B4A 4J7
(902) 832-3117   SIC 5411
ATLANTIC WHOLESALERS LTD   p444
197 Commercial St, BERWICK, NS, B0P 1E0
(902) 538-8818   SIC 5411
ATLANTIC WHOLESALERS LTD   p444
21 Davison Dr, BRIDGEWATER, NS, B4V 3K8

▲ Public Company   ■ Public Company Family Member   **HQ** Headquarters   **BR** Branch   **SL** Single Location

SIC 5411 Grocery stores

(902) 543-1809 *SIC* 5411
ATLANTIC WHOLESALERS LTD p444
240 Dufferin St, BRIDGEWATER, NS, B4V 2G7
(902) 543-4661 *SIC* 5411
ATLANTIC WHOLESALERS LTD p446
920 Cole Harbour Rd, DARTMOUTH, NS, B2V 2J5
(902) 462-4500 *SIC* 5411
ATLANTIC WHOLESALERS LTD p453
470 Warwick St, DIGBY, NS, B0V 1A0
(902) 245-4108 *SIC* 5411
ATLANTIC WHOLESALERS LTD p454
295 Highway 214, ELMSDALE, NS, B2S 2L1
(902) 883-1180 *SIC* 5411
ATLANTIC WHOLESALERS LTD p455
155 Reserve St, GLACE BAY, NS, B1A 4W3
(902) 842-9609 *SIC* 5411
ATLANTIC WHOLESALERS LTD p456
1075 Barrington St, HALIFAX, NS, B3H 4P1
(902) 492-3240 *SIC* 5411
ATLANTIC WHOLESALERS LTD p463
210 Chain Lake Dr, HALIFAX, NS, B3S 1C5
(902) 450-5317 *SIC* 5411
ATLANTIC WHOLESALERS LTD p465
451 Main St, KENTVILLE, NS, B4N 1K9
(902) 678-3893 *SIC* 5411
ATLANTIC WHOLESALERS LTD p466
470 Main St, KINGSTON, NS, B0P 1R0
(902) 765-3516 *SIC* 5411
ATLANTIC WHOLESALERS LTD p466
50 Milton Rd, LIVERPOOL, NS, B0T 1K0
(902) 354-5776 *SIC* 5411
ATLANTIC WHOLESALERS LTD p467
745 Sackville Dr, LOWER SACKVILLE, NS, B4E 2R2
(902) 864-2299 *SIC* 5411
ATLANTIC WHOLESALERS LTD p470
9064 Commercial St, NEW MINAS, NS, B4N 3E4
(902) 681-0665 *SIC* 5411
ATLANTIC WHOLESALERS LTD p471
125 King St Suite 321, NORTH SYDNEY, NS, B2A 3S1
(902) 794-7111 *SIC* 5411
ATLANTIC WHOLESALERS LTD p474
332 Welton St, SYDNEY, NS, B1P 5S4
(902) 562-8281 *SIC* 5411
ATLANTIC WHOLESALERS LTD p475
1225 Kings Rd, SYDNEY, NS, B1S 1E1
(902) 539-7657 *SIC* 5411
ATLANTIC WHOLESALERS LTD p479
11 Cole Dr, WINDSOR, NS, B0N 2T0
(902) 798-9537 *SIC* 5411
ATLANTIC WHOLESALERS LTD p980
465 University Ave, CHARLOTTETOWN, PE, C1A 4N9
(902) 569-2850 *SIC* 5411
ATLANTIC WHOLESALERS LTD p980
499 Main St, ALBERTON, PE, C0B 1B0
(902) 853-2220 *SIC* 5411
ATLANTIC WHOLESALERS LTD p982
680 University Ave, CHARLOTTETOWN, PE, C1E 1E3
(902) 368-8163 *SIC* 5411
ATLANTIC WHOLESALERS LTD p983
Broadway St Suite 31, KENSINGTON, PE, C0B 1M0
(902) 836-4709 *SIC* 5411
ATLANTIC WHOLESALERS LTD p983
509 Main St, MONTAGUE, PE, C0A 1R0
(902) 838-5421 *SIC* 5411
ATLANTIC WHOLESALERS LTD p984
535 Granville St, SUMMERSIDE, PE, C1N 6N4
(902) 888-1581 *SIC* 5411
BAIE STE-ANNE CO-OPERATIVE LTD p393
5575 Route 117, BAIE-SAINTE-ANNE, NB, E9A 1H2
(506) 228-4211 *SIC* 5411
BATEMAN FOODS (1995) LTD p73
13504 Victoria Trail Nw, EDMONTON, AB, T5A 5C9
(780) 432-1535 *SIC* 5411

BORDERLAND CO-OPERATIVE LIMITED p1291
125 Ellis St, ROCANVILLE, SK, S0A 3L0
(306) 645-2160 *SIC* 5411
BOURASSA, S. (ST-SAUVEUR) LTEE p1221
105b Av Guindon Rr 6, SAINT-SAUVEUR, QC, J0R 1R6
(450) 227-4737 *SIC* 5411
BULK BARN FOODS LIMITED p822
9350 Yonge St Suite A6, RICHMOND HILL, ON, L4C 5G2
(905) 883-3036 *SIC* 5411
BULK BARN FOODS LIMITED p840
300 Borough Dr Suite 2, SCARBOROUGH, ON, M1P 4P5
(416) 279-1180 *SIC* 5411
BUY-LOW FOODS LTD p4
4919 48 St, ATHABASCA, AB, T9S 1B9
(780) 675-2236 *SIC* 5411
BUY-LOW FOODS LTD p12
200 52 St Ne Suite 11, CALGARY, AB, T2A 4K8
SIC 5411
BUY-LOW FOODS LTD p16
7100 44 St Se, CALGARY, AB, T2C 2V7
(403) 236-6300 *SIC* 5411
BUY-LOW FOODS LTD p216
7370 4th St, GRAND FORKS, BC, V0H 1H0
(250) 442-5560 *SIC* 5411
BUY-LOW FOODS LTD p232
4121 200 St, LANGLEY, BC, V3A 1K8
(604) 533-1823 *SIC* 5411
BUY-LOW FOODS LTD p235
155 Main St, LILLOOET, BC, V0K 1V0
(250) 256-7922 *SIC* 5411
BUY-LOW FOODS LTD p253
4647 Johnston Rd, PORT ALBERNI, BC, V9Y 5M5
(250) 723-4811 *SIC* 5411
BUY-LOW FOODS LTD p283
10636 King George Blvd, SURREY, BC, V3T 2X3
SIC 5411
BUY-LOW FOODS LTD p297
370 Broadway E, VANCOUVER, BC, V5T 4G5
(604) 872-5776 *SIC* 5411
BUY-LOW FOODS LTD p298
6095 Fraser St, VANCOUVER, BC, V5W 2Z8
(604) 321-9828 *SIC* 5411
BUY-LOW FOODS LTD p303
990 Seymour St, VANCOUVER, BC, V6B 3L9
(604) 682-3071 *SIC* 5411
BUY-LOW FOODS LTD p325
5301 25 Ave Suite 108, VERNON, BC, V1T 9R1
(250) 503-1110 *SIC* 5411
BUY-LOW FOODS LTD p337
891 Anders Rd, WEST KELOWNA, BC, V1Z 1K2
(250) 769-6502 *SIC* 5411
BUYNFLY FOOD LIMITED p428
208 Humber Ave, LABRADOR CITY, NL, A2V 1K9
(709) 944-4003 *SIC* 5411
C-MAC MICROCIRCUITS ULC p1239
3000 Boul Industriel, SHERBROOKE, QC, J1L 1V8
(819) 821-4524 *SIC* 5411
CALGARY CO-OPERATIVE ASSOCIATION LIMITED p12
3330 17 Ave Se Suite 5, CALGARY, AB, T2A 0P9
(403) 299-4461 *SIC* 5411
CALGARY CO-OPERATIVE ASSOCIATION LIMITED p22
540 16 Ave Ne, CALGARY, AB, T2E 1K4
(403) 299-4276 *SIC* 5411
CALGARY CO-OPERATIVE ASSOCIATION LIMITED p35
1221 Canyon Meadows Dr Se Suite 95, CALGARY, AB, T2J 6G2

(403) 299-4350 *SIC* 5411
CALGARY CO-OPERATIVE ASSOCIATION LIMITED p37
4122 Brentwood Rd Nw Suite 4, CALGARY, AB, T2L 1K8
(403) 299-4301 *SIC* 5411
CALGARY CO-OPERATIVE ASSOCIATION LIMITED p61
35 Crowfoot Way Nw, CALGARY, AB, T3G 2L4
(403) 216-4500 *SIC* 5411
CALGARY CO-OPERATIVE ASSOCIATION LIMITED p169
320 2nd St, STRATHMORE, AB, T1P 1K1
(403) 934-3121 *SIC* 5411
CANADA POST CORPORATION p335
1153 Esquimalt Rd, VICTORIA, BC, V9A 3N7
(250) 382-4399 *SIC* 5411
CANADIAN CHOICE WHOLESALERS LTD p303
1202 Richards St, VANCOUVER, BC, V6B 3G2
(604) 633-2392 *SIC* 5411
CARMAN CO-OP (1959) LTD p346
61 Main St, Carman, MB, R0G 0J0
(204) 745-2073 *SIC* 5411
CHEVREFILS, E. & FILS INC p1093
1293 Av Laurier E Bureau 1290, Montreal, QC, H2J 1H2
(514) 524-8788 *SIC* 5411
CLARENVILLE AREA CONSUMERS CO-OPERATIVE SOCIETY LTD p424
238 Memorial Dr, CLARENVILLE, NL, A5A 1N9
(709) 466-2622 *SIC* 5411
CO-OP SASKATOON STONEBRID p1305
106 Stonebridge Blvd, SASKATOON, SK, S7T 0J1
(306) 933-0306 *SIC* 5411
CO-OPERATIVE REGIONALE DE NIPISSING-SUDBURY LIMITED p740
22 Notre Dame St W, NOELVILLE, ON, P0M 2N0
(705) 898-2226 *SIC* 5411
COMMUNITY NATURAL FOODS LTD p31
202 61 Ave Sw, CALGARY, AB, T2H 0B4
(403) 541-0606 *SIC* 5411
CONCORD FOOD CENTRE INC p824
13144 Yonge St, RICHMOND HILL, ON, L4E 1A4
(905) 773-5212 *SIC* 5411
COOPER MARKET LTD p217
559 Old Hope Princeton Way, HOPE, BC, V0X 1L4
(604) 869-3663 *SIC* 5411
COOPER MARKET LTD p218
3435 Westsyde Rd Suite 18, KAMLOOPS, BC, V2B 7H1
(250) 579-5414 *SIC* 5411
COOPER MARKET LTD p218
1800 Tranquille Rd Unit 38, KAMLOOPS, BC, V2B 3L9
(250) 376-5757 *SIC* 5411
COOPER MARKET LTD p219
2101 Trans Canada Hwy E Unit 9, KAMLOOPS, BC, V2C 4A6
(250) 374-4343 *SIC* 5411
COOPER MARKET LTD p223
3155 Lakeshore Rd Unit 45, KELOWNA, BC, V1W 3S9
(250) 860-0608 *SIC* 5411
COOPER MARKET LTD p223
301 Highway 33 W Unit 10, KELOWNA, BC, V1X 1X8
(250) 765-5690 *SIC* 5411
COOPER MARKET LTD p228
9522 Main St Unit 10, LAKE COUNTRY, BC, V4V 2L9
(250) 766-9009 *SIC* 5411
COOPER MARKET LTD p237
1700 Garcia St Unit 1700, MERRITT, BC, V1K 1B8
(250) 378-5564 *SIC* 5411

COOPER MARKET LTD p264
555 Victoria St, REVELSTOKE, BC, V0E 2S0
(250) 837-4372 *SIC* 5411
COOPER MARKET LTD p325
2707 43 Ave, VERNON, BC, V1T 3L2
SIC 5411
COOPER MARKET LTD p337
2484 Main St Unit 32, WEST KELOWNA, BC, V4T 2G2
(250) 768-2272 *SIC* 5411
COOPERATIVE AGRICOLE D'EMBRUN LIMITED, LA p573
Gd, EMBRUN, ON, K0A 1W0
(613) 443-2892 *SIC* 5411
COOPERATIVE D'APPROVISIONNEMENT DE CHAMBORD p1010
1945 169 Rte, CHAMBORD, QC, G0W 1G0
(418) 342-6495 *SIC* 5411
COOPERATIVE DES CONSOMMATEURS DE LORETTEVILLE p1155
2300 Boul Pere-Lelievre, Quebec, QC, G1P 2X5
(418) 682-4197 *SIC* 5411
CORNEAU & CANTIN CHICOUTIMI INC p1168
2000 Boul Talbot, Quebec, QC, G2N 0C4
(418) 698-9556 *SIC* 5411
CORNEAU & CANTIN LTEE p1047
3650 Rue Du Roi-Georges, Jonquiere, QC, G7X 1V1
(418) 542-9556 *SIC* 5411
COUCHE-TARD INC p1009
87b Boul Marie-Victorin, CANDIAC, QC, J5R 1C3
(450) 444-0110 *SIC* 5411
COUCHE-TARD INC p1011
125 Boul Maple, Chateauguay, QC, J6J 5C3
(450) 691-1162 *SIC* 5411
COUCHE-TARD INC p1024
4500 Boul Saint-Jean, DOLLARD-DES-ORMEAUX, QC, H9H 2A6
(514) 624-8264 *SIC* 5411
COUCHE-TARD INC p1036
730 Boul Du Mont-Royal, GATINEAU, QC, J8V 2S3
(819) 243-7686 *SIC* 5411
COUCHE-TARD INC p1042
825 Rue Maisonneuve, GRANBY, QC, J2J 1S5
(450) 777-8025 *SIC* 5411
COUCHE-TARD INC p1047
3754 Boul Du Royaume, Jonquiere, QC, G7X 1Y3
(418) 547-9292 *SIC* 5411
COUCHE-TARD INC p1051
711 Rue Saint-Etienne, L'ASSOMPTION, QC, J5W 1Y9
(450) 589-7536 *SIC* 5411
COUCHE-TARD INC p1057
685 32e Av, LACHINE, QC, H8T 3G6
(514) 634-1708 *SIC* 5411
COUCHE-TARD INC p1076
6 Av Napoleon, MASCOUCHE, QC, J7L 3A8
(450) 477-6441 *SIC* 5411
COUCHE-TARD INC p1088
4500 Rue Beaubien E, Montreal, QC, H1T 3Y1
(514) 729-5696 *SIC* 5411
COUCHE-TARD INC p1090
3000 Rue Masson, Montreal, QC, H1Y 1X6
(514) 374-2158 *SIC* 5411
COUCHE-TARD INC p1095
1420 Rue Legendre E Bureau 5, Montreal, QC, H2M 1H5
(514) 388-3096 *SIC* 5411
COUCHE-TARD INC p1104
159 Rue Saint-Antoine O Bureau 161, Montreal, QC, H2Z 2A7
(514) 866-0675 *SIC* 5411
COUCHE-TARD INC p1116
1287 Boul De Maisonneuve O, Montreal, QC, H3G 1M3
(514) 843-4458 *SIC* 5411

▲ Public Company   ■ Public Company Family Member   HQ Headquarters   BR Branch   SL Single Location

BUSINESSES BY INDUSTRY CLASSIFICATION

SIC 5411 Grocery stores

COUCHE-TARD INC p1119
500 Rue Fleury E, Montreal, QC, H3L 1G5
(514) 389-0357   SIC 5411

COUCHE-TARD INC p1120
5405 Ch De La Cote-Des-Neiges, Montreal, QC, H3T 1Y7
(514) 739-8444   SIC 5411

COUCHE-TARD INC p1127
8050 Av Marcel-Villeneuve, Montreal, QC, H7A 4C5
(450) 665-4367   SIC 5411

COUCHE-TARD INC p1128
258 Boul Sainte-Rose, Montreal, QC, H7L 1M2
(450) 625-3260   SIC 5411

COUCHE-TARD INC p1132
6331 Boul Henri-Bourassa E, MONTREAL-NORD, QC, H1G 2V4
(514) 321-7680   SIC 5411

COUCHE-TARD INC p1145
2438 Boul Louis-Xiv, Quebec, QC, G1C 1B3
(418) 663-3537   SIC 5411

COUCHE-TARD INC p1145
1375 Boul Des Chutes, Quebec, QC, G1C 1W3
(418) 661-8609   SIC 5411

COUCHE-TARD INC p1146
3190 Rue Alexandra, Quebec, QC, G1E 6W2
(418) 663-3024   SIC 5411

COUCHE-TARD INC p1151
3240 1re Av, Quebec, QC, G1L 3P9
(418) 623-3152   SIC 5411

COUCHE-TARD INC p1164
11498 Boul Valcartier, Quebec, QC, G2A 2M6
(418) 845-1362   SIC 5411

COUCHE-TARD INC p1166
825 Boul Lebourgneuf Bureau 304, Quebec, QC, G2J 0B9
(418) 624-8255   SIC 5411

COUCHE-TARD INC p1192
3990 Ch De Chambly, SAINT-HUBERT, QC, J3Y 3M3
(450) 656-5721   SIC 5411

COUCHE-TARD INC p1192
4960 Montee Saint-Hubert, SAINT-HUBERT, QC, J3Y 1V1
(450) 678-7037   SIC 5411

COUCHE-TARD INC p1198
290 Ch Du Grand-Bernier N Bureau 491, SAINT-JEAN-SUR-RICHELIEU, QC, J3B 4R4
(450) 358-2233   SIC 5411

COUCHE-TARD INC p1200
2260 Rue Schulz, Saint-Jerome, QC, J7Y 5B3
(450) 431-8721   SIC 5411

COUCHE-TARD INC p1200
10 Boul De La Salette, Saint-Jerome, QC, J7Y 5C8
(450) 438-4285   SIC 5411

COUCHE-TARD INC p1206
2555 Rue Des Nations, SAINT-LAURENT, QC, H4R 3C8
(514) 336-2626   SIC 5411

COUCHE-TARD INC p1206
1275 Boul Alexis-Nihon, SAINT-LAURENT, QC, H4R 2K1
(514) 337-5980   SIC 5411

COUCHE-TARD INC p1223
955 Boul De Sainte-Adele, Sainte-Adele, QC, J8B 2N4
(450) 229-4746   SIC 5411

COUCHE-TARD INC p1236
1780 Rue King E, SHERBROOKE, QC, J1G 5G6
(819) 564-0011   SIC 5411

COUCHE-TARD INC p1238
2525 Rue King O, SHERBROOKE, QC, J1J 2G9
(819) 564-7767   SIC 5411

COUCHE-TARD INC p1240
4980 Boul Bourque, SHERBROOKE, QC, J1N 2A7

(819) 564-8475   SIC 5411

COUCHE-TARD INC p1248
365 Rue Saint-Maurice, Trois-Rivieres, QC, G8T 4V1
(819) 379-2999   SIC 5411

COUCHE-TARD INC p1249
3575 Rue Papineau, Trois-Rivieres, QC, G8Z 1P8
(819) 374-4737   SIC 5411

COUCHE-TARD INC p1250
555 Cote Richelieu, Trois-Rivieres, QC, G9A 5V4
(819) 373-9782   SIC 5411

COUCHE-TARD INC p1258
4460 Rue De Verdun, VERDUN, QC, H4G 1M2
(514) 761-1617   SIC 5411

DAUPHIN CONSUMERS COOPERATIVE LTD p347
18 3rd Ave Ne, DAUPHIN, MB, R7N 0Y6
(204) 638-6003   SIC 5411

DOLLARAMA S.E.C. p721
885 Plymouth Dr Unit 1, MISSISSAUGA, ON, L5V 0B5
(905) 363-1028   SIC 5411

DOLLARAMA S.E.C. p1045
44 Place Bourget S, JOLIETTE, QC, J6E 5E7
(450) 759-9588   SIC 5411

DOLLARAMA S.E.C. p1206
2065 Boul Marcel-Laurin, SAINT-LAURENT, QC, H4R 1K4
(514) 332-7400   SIC 5411

DONG-PHUONG ORIENTAL MARKET LTD p13
4527 8 Ave Se Suite 237, CALGARY, AB, T2A 0A7
(403) 569-0778   SIC 5411

DONG-PHUONG ORIENTAL MARKET LTD p77
10725 97 St Nw, EDMONTON, AB, T5H 2L9
(780) 424-8011   SIC 5411

DONG-PHUONG ORIENTAL MARKET LTD p379
1051 Winnipeg Ave, WINNIPEG, MB, R3E 0S2
(204) 272-8011   SIC 5411

DUFRESNE, L. & FILS LTEE p1254
2500 Rue De L'Eglise, VAL-DAVID, QC, J0T 2N0
(819) 322-2030   SIC 5411

ECKVILLE CO-OPERATIVE ASSOCIATION LIMITED, THE p73
4924 50 Ave, ECKVILLE, AB, T0M 0X0
(403) 746-2102   SIC 5411

ENERGIE VALERO INC p1214
2662 Cote Saint-Charles, SAINT-LAZARE, QC, J7T 2H9
(450) 458-7666   SIC 5411

ESQUIMALT ENTERPRISES LTD p335
1153 Esquimalt Rd Suite 3, VICTORIA, BC, V9A 3N7
(250) 708-3900   SIC 5411

FAIRWAY HOLDINGS (1994) LTD p254
3737 10th Ave, PORT ALBERNI, BC, V9Y 4W5
(250) 724-1442   SIC 5411

FARM BOY 2012 INC p624
457 Hazeldean Rd Suite 28, KANATA, ON, K2L 1V1
(613) 836-8085   SIC 5411

FARMBOY MARKETS LIMITED p809
754 Lansdowne St W, PETERBOROUGH, ON, K9J 1Z3
(705) 745-2811   SIC 5411

FCL ENTERPRISES CO-OPERATIVE p1295
401 22nd St E, SASKATOON, SK, S7K 0H2
(306) 244-3311   SIC 5411

FEDERATED CO-OPERATIVES LIMITED p130
4920 53 Ave, HIGH PRAIRIE, AB, T0G 1E0
(780) 523-3430   SIC 5411

FEDERATED CO-OPERATIVES LIMITED p133

601 Patricia St, JASPER, AB, T0E 1E0
(780) 852-3200   SIC 5411

FEDERATED CO-OPERATIVES LIMITED p220
945 Laval Cres, KAMLOOPS, BC, V2C 5P4
(250) 372-2043   SIC 5411

FEDERATED CO-OPERATIVES LIMITED p349
55 Centre St, GIMLI, MB, R0C 1B1
(204) 642-7447   SIC 5411

FEDERATED CO-OPERATIVES LIMITED p355
335 Main St, SELKIRK, MB, R1A 1T2
(204) 482-8147   SIC 5411

FEDERATED CO-OPERATIVES LIMITED p358
420 Main St Suite 4, STONEWALL, MB, R0C 2Z0
(204) 467-8469   SIC 5411

FEDERATED CO-OPERATIVES LIMITED p391
3477 Pembina Hwy, WINNIPEG, MB, R3V 1A4
(204) 275-2391   SIC 5411

FEDERATED CO-OPERATIVES LIMITED p1264
409 Centre St, ASSINIBOIA, SK, S0H 0B0
(306) 642-3347   SIC 5411

FIRST STREET HOLDINGS LTD p277
2531 Beacon Ave Suite 12, SIDNEY, BC, V8L 1Y1
(250) 656-0727   SIC 5411

FOAM LAKE CO-OPERATIVE ASSOCIATION LIMITED p1269
329 Main St, FOAM LAKE, SK, S0A 1A0
(306) 272-3301   SIC 5411

FOCENCO LIMITED p437
383 Connecticut Dr, STEPHENVILLE, NL, A2N 2Y6
(709) 637-6600   SIC 5411

FOODLAND p567
420 Lyndoch St, CORUNNA, ON, N0N 1G0
(519) 862-5213   SIC 5411

FORTINO'S (MAJOR MACKENZIE) LTD p667
2911 Major Mackenzie Dr, MAPLE, ON, L6A 3N9
(905) 417-0484   SIC 5411

FORTINOS (MALL 1994) LTD p613
65 Mall Rd, HAMILTON, ON, L8V 5B8
(905) 387-7673   SIC 5411

FORTINOS SUPERMARKET LTD p518
60 Quarry Edge Dr, BRAMPTON, ON, L6V 4K2
(905) 453-3600   SIC 5411

FORTINOS SUPERMARKET LTD p541
1059 Plains Rd E, BURLINGTON, ON, L7T 4K1
(905) 634-1591   SIC 5411

FORTINOS SUPERMARKET LTD p582
1530 Albion Rd, ETOBICOKE, ON, M9V 1B4
SIC 5411

FORTINOS SUPERMARKET LTD p974
3940 Highway 7, WOODBRIDGE, ON, L4L 9C3
(905) 851-5642   SIC 5411

FOSTER'S RED & WHITE LTD p532
4 Robinson Dr, BRUCE MINES, ON, P0R 1C0
(705) 785-3728   SIC 5411

FOUR PLUS FOOD MARKET LTD p97
3425 118 Ave Nw, EDMONTON, AB, T5W 0Z3
(780) 474-0931   SIC 5411

FRANKFORD FOODLAND p590
30 Mill St, FRANKFORD, ON, K0K 2C0
(613) 398-7879   SIC 5411

FRESH AND WILD GOURMET FOOD MARKET p929
69 Spadina Ave, TORONTO, ON, M5V 3P8
(416) 979-8155   SIC 5411

FRESON MARKET LTD p8
330 Fairview Ave W, BROOKS, AB, T1R 1K7

(403) 362-4109   SIC 5411

FRESON MARKET LTD p118
10905 101 Ave, FAIRVIEW, AB, T0H 1L0
(780) 835-2716   SIC 5411

FRESON MARKET LTD p124
13 Commercial Crt, FOX CREEK, AB, T0H 1P0
(780) 622-3779   SIC 5411

FRESON MARKET LTD p126
11417 99 St, GRANDE PRAIRIE, AB, T8V 2H6
(780) 532-2920   SIC 5411

FRESON MARKET LTD p126
8038 100 St, GRANDE PRAIRIE, AB, T8V 6H7
(780) 539-0760   SIC 5411

FRESON MARKET LTD p129
602 2nd Ave W, HANNA, AB, T0J 1P0
(403) 854-3553   SIC 5411

FRESON MARKET LTD p130
5032 53rd Ave, HIGH PRAIRIE, AB, T0G 1E0
(780) 523-3253   SIC 5411

FRESON MARKET LTD p131
108 Athabasca Ave Unit 1, HINTON, AB, T7V 2A5
(780) 865-4801   SIC 5411

FRESON MARKET LTD p131
632 Carmichael Lane, HINTON, AB, T7V 1S8
(780) 865-3061   SIC 5411

FRESON MARKET LTD p150
7900 99 Ave, PEACE RIVER, AB, T8S 1Y7
(780) 624-7673   SIC 5411

GARDEN BASKET FOOD MARKETS INCORPORATED, THE p677
9271 Markham Rd, MARKHAM, ON, L6E 1A1
(905) 471-0777   SIC 5411

GESTION QUADRIVIUM LTEE p1090
2506 Rue Beaubien E, Montreal, QC, H1Y 1G2
SIC 5411

GESTION REJEAN MASSON INC p1248
165 Boul Sainte-Madeleine, Trois-Rivieres, QC, G8T 3L7
(819) 375-4824   SIC 5411

GRANDE CHEESE COMPANY LIMITED p759
22 Orfus Rd, NORTH YORK, ON, M6A 1L6
(416) 787-7670   SIC 5411

GREAT PACIFIC INDUSTRIES INC p74
8124 112 Ave Nw, EDMONTON, AB, T5B 4W4
(780) 471-6244   SIC 5411

GREAT PACIFIC INDUSTRIES INC p75
1 Londonderry Mall Nw, EDMONTON, AB, T5C 3C8
(780) 473-7820   SIC 5411

GREAT PACIFIC INDUSTRIES INC p80
10180 109 St Nw, EDMONTON, AB, T5J 5B4
(780) 423-5678   SIC 5411

GREAT PACIFIC INDUSTRIES INC p89
360 Mayfield Common Nw, EDMONTON, AB, T5P 4B3
(780) 484-1088   SIC 5411

GREAT PACIFIC INDUSTRIES INC p98
9510 160 Ave Nw, EDMONTON, AB, T5Z 3S5
(780) 472-7400   SIC 5411

GREAT PACIFIC INDUSTRIES INC p105
10368 78 Ave Nw, EDMONTON, AB, T6E 6T2
(780) 438-0385   SIC 5411

GREAT PACIFIC INDUSTRIES INC p110
3361 Calgary Trail Nw, EDMONTON, AB, T6J 6V1
(780) 437-3322   SIC 5411

GREAT PACIFIC INDUSTRIES INC p120
8406 Franklin Ave, FORT MCMURRAY, AB, T9H 2J3
(780) 791-4077   SIC 5411

GREAT PACIFIC INDUSTRIES INC p126

▲ Public Company   ■ Public Company Family Member   HQ Headquarters   BR Branch   SL Single Location

SIC 5411 Grocery stores

10819 106 Ave, GRANDE PRAIRIE, AB, T8V 7X1
(780) 402-2522   SIC 5411
GREAT PACIFIC INDUSTRIES INC   p136
1112 2a Ave N, LETHBRIDGE, AB, T1H 0E3
(403) 380-6000   SIC 5411
GREAT PACIFIC INDUSTRIES INC   p153
6720 52 Ave, RED DEER, AB, T4N 4K9
(403) 343-7744   SIC 5411
GREAT PACIFIC INDUSTRIES INC   p156
3020 22 St Suite 300, RED DEER, AB, T4R 3J5
(403) 309-0520   SIC 5411
GREAT PACIFIC INDUSTRIES INC   p163
60 Broadway Blvd, SHERWOOD PARK, AB, T8H 2A2
(780) 449-7208   SIC 5411
GREAT PACIFIC INDUSTRIES INC   p166
740 St Albert Trail, ST. ALBERT, AB, T8N 7H5
(780) 419-2065   SIC 5411
GREAT PACIFIC INDUSTRIES INC   p176
157 Cariboo Hwy Suite 97, 100 MILE HOUSE, BC, V0K 2E0
(250) 395-2543   SIC 5411
GREAT PACIFIC INDUSTRIES INC   p177
2140 Sumas Way, ABBOTSFORD, BC, V2S 2C7
(604) 504-4453   SIC 5411
GREAT PACIFIC INDUSTRIES INC   p181
26310 Fraser Hwy Unit 100, ALDERGROVE, BC, V4W 2Z7
(604) 607-6550   SIC 5411
GREAT PACIFIC INDUSTRIES INC   p187
4399 Lougheed Hwy Suite 996, BURNABY, BC, V5C 3Y7
(604) 298-8412   SIC 5411
GREAT PACIFIC INDUSTRIES INC   p188
7155 Kingsway Unit 200, BURNABY, BC, V5E 2V1
(604) 540-1368   SIC 5411
GREAT PACIFIC INDUSTRIES INC   p191
6200 Mckay Ave Suite 120, BURNABY, BC, V5H 4L7
(604) 433-3760   SIC 5411
GREAT PACIFIC INDUSTRIES INC   p192
7501 Market Cross, BURNABY, BC, V5J 0A3
(604) 433-4816   SIC 5411
GREAT PACIFIC INDUSTRIES INC   p197
46020 Yale Rd, CHILLIWACK, BC, V2P 7V2
(604) 792-7520   SIC 5411
GREAT PACIFIC INDUSTRIES INC   p199
2991 Lougheed Hwy Suite 6, COQUITLAM, BC, V3B 6J6
(604) 552-1772   SIC 5411
GREAT PACIFIC INDUSTRIES INC   p204
2701 Cliffe Ave, COURTENAY, BC, V9N 2L8
SIC 5411
GREAT PACIFIC INDUSTRIES INC   p205
505 Victoria Ave N, CRANBROOK, BC, V1C 6S3
(250) 489-3461   SIC 5411
GREAT PACIFIC INDUSTRIES INC   p206
1000 Northwest Blvd Suite 3, CRESTON, BC, V0B 1G6
(250) 428-0030   SIC 5411
GREAT PACIFIC INDUSTRIES INC   p209
7015 120 St Suite 963, DELTA, BC, V4E 2A9
(604) 596-2944   SIC 5411
GREAT PACIFIC INDUSTRIES INC   p211
5186 Ladner Trunk Rd Suite 936, DELTA, BC, V4K 1W3
(604) 946-5251   SIC 5411
GREAT PACIFIC INDUSTRIES INC   p213
792 2nd Ave, FERNIE, BC, V0B 1M0
(250) 423-4607   SIC 5411
GREAT PACIFIC INDUSTRIES INC   p214
10345 100 St, FORT ST. JOHN, BC, V1J 3Z2
(250) 785-2985   SIC 5411
GREAT PACIFIC INDUSTRIES INC   p214
488 Stuart Dr, FORT ST. JAMES, BC, V0J 1P0

(250) 996-8333   SIC 5411
GREAT PACIFIC INDUSTRIES INC   p216
1020 10th Ave S, GOLDEN, BC, V0A 1H0
(250) 344-5315   SIC 5411
GREAT PACIFIC INDUSTRIES INC   p216
441 Central Ave, GRAND FORKS, BC, V0H 1H0
(250) 442-2778   SIC 5411
GREAT PACIFIC INDUSTRIES INC   p220
1210 Summit Dr Suite 100, KAMLOOPS, BC, V2C 6M1
(250) 374-6685   SIC 5411
GREAT PACIFIC INDUSTRIES INC   p226
1876 Cooper Rd Suite 101, KELOWNA, BC, V1Y 9N6
(250) 860-1444   SIC 5411
GREAT PACIFIC INDUSTRIES INC   p227
1545 Warren Ave, KIMBERLEY, BC, V1A 1R4
(250) 427-2313   SIC 5411
GREAT PACIFIC INDUSTRIES INC   p228
535 Mountainview Sq Suite 34, KITIMAT, BC, V8C 2N1
(250) 632-7262   SIC 5411
GREAT PACIFIC INDUSTRIES INC   p230
20255 64 Ave Suite 1, LANGLEY, BC, V2Y 1M9
(604) 532-5833   SIC 5411
GREAT PACIFIC INDUSTRIES INC   p232
20151 Fraser Hwy Suite 100, LANGLEY, BC, V3A 4E4
(604) 533-2911   SIC 5411
GREAT PACIFIC INDUSTRIES INC   p236
20395 Lougheed Hwy Suite 300, MAPLE RIDGE, BC, V2X 2P9
(604) 465-8606   SIC 5411
GREAT PACIFIC INDUSTRIES INC   p236
22703 Lougheed Hwy Suite 935, MAPLE RIDGE, BC, V2X 2V5
(604) 463-3329   SIC 5411
GREAT PACIFIC INDUSTRIES INC   p238
32555 London Ave Suite 400, MISSION, BC, V2V 6M7
(604) 826-9564   SIC 5411
GREAT PACIFIC INDUSTRIES INC   p239
510 Broadway St, NAKUSP, BC, V0G 1R0
(250) 265-3662   SIC 5411
GREAT PACIFIC INDUSTRIES INC   p240
1501 Estevan Rd Suite 949, NANAIMO, BC, V9S 3Y3
SIC 5411
GREAT PACIFIC INDUSTRIES INC   p241
3200 Island Hwy N, NANAIMO, BC, V9T 1W1
(250) 751-1414   SIC 5411
GREAT PACIFIC INDUSTRIES INC   p241
4750 Rutherford Rd Suite 175, NANAIMO, BC, V9T 4K6
(250) 758-5741   SIC 5411
GREAT PACIFIC INDUSTRIES INC   p243
1200 Lakeside Dr, NELSON, BC, V1L 5Z3
(250) 352-7617   SIC 5411
GREAT PACIFIC INDUSTRIES INC   p246
333 Brooksbank Ave Suite 200, NORTH VANCOUVER, BC, V7J 3S8
(604) 983-3033   SIC 5411
GREAT PACIFIC INDUSTRIES INC   p246
1199 Lynn Valley Rd Suite 1221, NORTH VANCOUVER, BC, V7J 3H2
(604) 980-4857   SIC 5411
GREAT PACIFIC INDUSTRIES INC   p251
826 Island Hwy W Suite 20, PARKSVILLE, BC, V9P 2B7
(250) 248-8944   SIC 5411
GREAT PACIFIC INDUSTRIES INC   p252
2111 Main St Suite 100, PENTICTON, BC, V2A 6W6
(250) 492-2011   SIC 5411
GREAT PACIFIC INDUSTRIES INC   p255
2385 Ottawa St, PORT COQUITLAM, BC, V3B 8A4
(604) 464-9984   SIC 5411
GREAT PACIFIC INDUSTRIES INC   p259
1600 15th Ave Suite 100, PRINCE GEORGE, BC, V2L 3X3
(250) 564-4525   SIC 5411
GREAT PACIFIC INDUSTRIES INC   p260
555 Central St W, PRINCE GEORGE, BC, V2M 3C6
(250) 563-8112   SIC 5411
GREAT PACIFIC INDUSTRIES INC   p263
247 Bridge St, PRINCETON, BC, V0X 1W0
(250) 295-6322   SIC 5411
GREAT PACIFIC INDUSTRIES INC   p264
155 Malcolm Dr Suite 7, QUESNEL, BC, V2J 3K2
(250) 992-8718   SIC 5411
GREAT PACIFIC INDUSTRIES INC   p266
23200 Gilley Rd Unit 100, RICHMOND, BC, V6V 2L6
(604) 522-8608   SIC 5411
GREAT PACIFIC INDUSTRIES INC   p269
8200 Ackroyd Rd, RICHMOND, BC, V6X 1B5
(604) 278-3229   SIC 5411
GREAT PACIFIC INDUSTRIES INC   p276
1151 10 Ave Sw Suite 100, SALMON ARM, BC, V1E 1T3
(250) 832-2278   SIC 5411
GREAT PACIFIC INDUSTRIES INC   p279
113 Red Cedar Dr, SPARWOOD, BC, V0B 2G0
(250) 425-6489   SIC 5411
GREAT PACIFIC INDUSTRIES INC   p279
1301 Pemberton Ave, SQUAMISH, BC, V0N 3G0
(250) 892-5976   SIC 5411
GREAT PACIFIC INDUSTRIES INC   p286
12130 Nordel Way Suite 939, SURREY, BC, V3W 1P6
(604) 501-9354   SIC 5411
GREAT PACIFIC INDUSTRIES INC   p288
1641 152 St, SURREY, BC, V4A 4N3
(604) 536-4522   SIC 5411
GREAT PACIFIC INDUSTRIES INC   p290
3033 152 St Suite 903, SURREY, BC, V4P 3K1
(604) 538-5467   SIC 5411
GREAT PACIFIC INDUSTRIES INC   p291
4741 Lakelse Ave Suite 280, TERRACE, BC, V8G 4R9
(250) 635-5950   SIC 5411
GREAT PACIFIC INDUSTRIES INC   p326
4900 27 St Unit 425, VERNON, BC, V1T 7G7
(250) 542-8825   SIC 5411
GREAT PACIFIC INDUSTRIES INC   p332
3510 Blanshard St Suite 977, VICTORIA, BC, V8X 1W3
(250) 475-3300   SIC 5411
GREAT PACIFIC INDUSTRIES INC   p335
172 Wilson St Unit 100, VICTORIA, BC, V9A 7N6
(250) 389-6115   SIC 5411
GREAT PACIFIC INDUSTRIES INC   p337
2475 Dobbin Rd Suite 1, WEST KELOWNA, BC, V4T 2E9
(250) 768-2323   SIC 5411
GREAT PACIFIC INDUSTRIES INC   p341
730 Oliver St, WILLIAMS LAKE, BC, V2G 1N1
(250) 392-7225   SIC 5411
GROUPE ADONIS INC   p1020
2425 Boul Cure-Labelle, Cote Saint-Luc, QC, H7T 1R3
(450) 978-2333   SIC 5411
GROUPE ADONIS INC   p1178
4601 Boul Des Sources, ROXBORO, QC, H8Y 3C5
(514) 685-5050   SIC 5411
GROUPE DE COURTAGE OMNI LTEE p1239
4056 Rue Lesage, SHERBROOKE, QC, J1L 0B6
(819) 562-5505   SIC 5411
H.Y. LOUIE CO. LIMITED   p222
1940 Kane Rd Suite 101, KELOWNA, BC, V1V 2J9
(250) 868-3009   SIC 5411

H.Y. LOUIE CO. LIMITED   p231
2410 200 St, LANGLEY, BC, V2Z 1X1
(604) 530-7013   SIC 5411
H.Y. LOUIE CO. LIMITED   p280
14865 108 Ave, SURREY, BC, V3R 1W2
(604) 584-2616   SIC 5411
H.Y. LOUIE CO. LIMITED   p297
2949 Main St Suite 10, VANCOUVER, BC, V5T 3G4
(604) 873-8377   SIC 5411
H.Y. LOUIE CO. LIMITED   p322
909 Burrard St Suite 110, VANCOUVER, BC, V6Z 2N2
(604) 605-0612   SIC 5411
H.Y. LOUIE CO. LIMITED   p340
4330 Northlands Blvd, WHISTLER, BC, V0N 1B4
(604) 938-2850   SIC 5411
HANSEN'S YOUR INDEPENDENT GROCER p588
62 Thames Rd W Ss 3, EXETER, ON, N0M 1S3
(519) 235-6131   SIC 5411
HIGHLAND FARMS INC   p887
850 Ellesmere Rd, TORONTO, ON, M1P 2W5
(416) 298-1999   SIC 5411
IRVING OIL LIMITED   p411
16 Smith St, PETITCODIAC, NB, E4Z 4W1
(506) 756-2567   SIC 5411
ITALIAN CENTRE SHOP SOUTH LTD p109
5028 104a St Nw, EDMONTON, AB, T6H 6A2
(780) 989-4869   SIC 5411
JACE HOLDINGS LTD   p211
1270 56 St, DELTA, BC, V4L 2A4
(604) 948-9210   SIC 5411
JACE HOLDINGS LTD   p238
2720 Mill Bay Rd, MILL BAY, BC, V0R 2P1
(250) 743-3261   SIC 5411
JACE HOLDINGS LTD   p239
650 Terminal Ave Unit 3, NANAIMO, BC, V9R 5E2
(250) 754-6273   SIC 5411
JACE HOLDINGS LTD   p275
6772 Kirkpatrick Cres, SAANICHTON, BC, V8M 1Z9
(250) 483-1616   SIC 5411
JACE HOLDINGS LTD   p335
1495 Admirals Rd, VICTORIA, BC, V9A 2P8
(250) 361-3637   SIC 5411
JEFF'S NO FRILLS   p574
53 Arthur Ave, ESSEX, ON, N8M 2N1
(519) 776-4944   SIC 5411
JESSUP FOOD & HERITAGE LTD   p631
1 Fort Henry Dr, KINGSTON, ON, K7L 4V8
(613) 530-2550   SIC 5411
KELLAND FOODS LTD   p199
1220 Guthrie Rd, COMOX, BC, V9M 4A6
(250) 890-1005   SIC 5411
KELLAND FOODS LTD   p239
530 Fifth St Suite 100, NANAIMO, BC, V9R 1P1
(250) 754-6012   SIC 5411
KELLAND FOODS LTD   p240
2220 Bowen Rd Suite 7, NANAIMO, BC, V9S 1H9
(250) 758-3733   SIC 5411
KELLAND FOODS LTD   p243
2443 Collins Cres Unit 1, NANOOSE BAY, BC, V9P 9A1
(250) 468-7131   SIC 5411
KELLAND FOODS LTD   p254
2943 10th Ave, PORT ALBERNI, BC, V9Y 2N5
(250) 723-3397   SIC 5411
KIN'S FARM LTD   p211
5227 Ladner Trunk Rd, DELTA, BC, V4K 1W4
(604) 940-0733   SIC 5411
KIN'S FARM LTD   p274
8120 No. 2 Rd Suite 176, RICHMOND, BC, V7C 5J8
(604) 275-1401   SIC 5411

▲ Public Company   ■ Public Company Family Member   HQ Headquarters   BR Branch   SL Single Location

KIN'S FARM LTD *p280*
2695 Guildford Town Ctr Suite 1285, SURREY, BC, V3R 7C1
(604) 583-6181   *SIC* 5411

KIN'S FARM LTD *p296*
7060 Kerr St, VANCOUVER, BC, V5S 4W2
(604) 451-1329   *SIC* 5411

KINDERSLEY AND DISTRICT CO-OPERATIVE LIMITED *p1271*
Gd, KINDERSLEY, SK, S0L 1S0
(306) 463-3722   *SIC* 5411

KITCHEN TABLE INCORPORATED, THE *p940*
595 Bay St, TORONTO, ON, M7A 2B4
(416) 977-2225   *SIC* 5411

L & M FOOD MARKET (ONTARIO) LIMITED *p570*
320 Main St E, DUNDALK, ON, N0C 1B0
(519) 923-3630   *SIC* 5411

L & M FOOD MARKET (ONTARIO) LIMITED *p571*
344 Garafraxa St, DURHAM, ON, N0G 1R0
(519) 369-3130   *SIC* 5411

L & M FOOD MARKET (ONTARIO) LIMITED *p573*
169 Geddes St, ELORA, ON, N0B 1S0
SIC 5411

L & M FOOD MARKET (ONTARIO) LIMITED *p724*
445 Main St N, MOUNT FOREST, ON, N0G 2L1
SIC 5411

L & M FOOD MARKET (ONTARIO) LIMITED *p804*
150 Main W, PALMERSTON, ON, N0G 2P0
(519) 343-2266   *SIC* 5411

LAFLAMME, HENRI INC *p1039*
126 Rue Principale, GATINEAU, QC, J9H 3M4
(819) 684-4156   *SIC* 5411

LARNY HOLDINGS LIMITED *p786*
2520 St. Laurent Blvd Suite 201, OTTAWA, ON, K1H 1B1
(613) 736-7962   *SIC* 5411

LEWISPORTE CO-OP LTD *p428*
465 Main St, LEWISPORTE, NL, A0G 3A0
(709) 535-6728   *SIC* 5411

LINFORD FOODS LTD *p117*
Gd Stn Main, EDSON, AB, T7E 1T1
(780) 723-3753   *SIC* 5411

LOBLAW COMPANIES LIMITED *p24*
3225 12 St Ne, CALGARY, AB, T2E 7S9
(403) 291-7700   *SIC* 5411

LOBLAW COMPANIES LIMITED *p72*
1252 Hwy 9 S, DRUMHELLER, AB, T0J 0Y0
(403) 823-4795   *SIC* 5411

LOBLAW COMPANIES LIMITED *p132*
5080 43 Ave, INNISFAIL, AB, T4G 1Y9
(403) 227-5037   *SIC* 5411

LOBLAW COMPANIES LIMITED *p159*
5520 46 St Suite 640, ROCKY MOUNTAIN HOUSE, AB, T4T 1X1
(403) 846-4700   *SIC* 5411

LOBLAW COMPANIES LIMITED *p423*
Gd, BAY ROBERTS, NL, A0A 1G0
(709) 786-6001   *SIC* 5411

LOBLAW COMPANIES LIMITED *p424*
27 Grand Bay Rd, CHANNEL-PORT-AUX-BASQUES, NL, A0M 1C0
SIC 5411

LOBLAW COMPANIES LIMITED *p486*
401 Ottawa St, ALMONTE, ON, K0A 1A0
(613) 256-2080   *SIC* 5411

LOBLAW COMPANIES LIMITED *p505*
105 Causley St, BLIND RIVER, ON, P0R 1B0
(705) 356-1311   *SIC* 5411

LOBLAW COMPANIES LIMITED *p522*
1 Presidents Choice Cir, BRAMPTON, ON, L6Y 5S5
(905) 459-2500   *SIC* 5411

LOBLAW COMPANIES LIMITED *p539*
2025 Guelph Line, BURLINGTON, ON, L7P 4M8

(905) 336-6566   *SIC* 5411

LOBLAW COMPANIES LIMITED *p555*
31 Hwy 11 W Unit 1, COCHRANE, ON, P0L 1C0
(705) 272-4238   *SIC* 5411

LOBLAW COMPANIES LIMITED *p613*
499 Mohawk Rd E, HAMILTON, ON, L8V 4L7
(905) 574-6819   *SIC* 5411

LOBLAW COMPANIES LIMITED *p622*
320 Main St, IROQUOIS FALLS, ON, P0K 1G0
(705) 232-5153   *SIC* 5411

LOBLAW COMPANIES LIMITED *p639*
750 Ottawa St S, KITCHENER, ON, N2E 1B6
(519) 744-7704   *SIC* 5411

LOBLAW COMPANIES LIMITED *p647*
55 Angeline St N, LINDSAY, ON, K9V 5B7
(705) 324-5622   *SIC* 5411

LOBLAW COMPANIES LIMITED *p658*
179 Wortley Rd, LONDON, ON, N6C 3P6
(519) 645-6983   *SIC* 5411

LOBLAW COMPANIES LIMITED *p689*
925 Rathburn Rd E Unit A, MISSISSAUGA, ON, L4W 4C3
(905) 276-6560   *SIC* 5411

LOBLAW COMPANIES LIMITED *p714*
5970 Mclaughlin Rd Suite A, MISSISSAUGA, ON, L5R 3X9
(905) 568-8551   *SIC* 5411

LOBLAW COMPANIES LIMITED *p794*
64 Isabella St, OTTAWA, ON, K1S 1V4
(613) 232-4831   *SIC* 5411

LOBLAW COMPANIES LIMITED *p892*
50 Musgrave St, TORONTO, ON, M4E 3W2
(416) 694-6263   *SIC* 5411

LOBLAW COMPANIES LIMITED *p910*
10 Lower Jarvis St, TORONTO, ON, M5E 1Z2
(416) 304-0611   *SIC* 5411

LOBLAW COMPANIES LIMITED *p934*
1951 Eglinton Ave W, TORONTO, ON, M6E 2J7
(416) 256-1686   *SIC* 5411

LOBLAW COMPANIES LIMITED *p1006*
1575 Rue Panama, BROSSARD, QC, J4W 2S8
(450) 466-2828   *SIC* 5411

LOBLAW COMPANIES LIMITED *p1021*
1122 Rue Du Sud, COWANSVILLE, QC, J2K 2Y3
SIC 5411

LOBLAW COMPANIES LIMITED *p1189*
8200 Boul Lacroix, SAINT-GEORGES, QC, G5Y 2B5
(418) 227-9228   *SIC* 5411

LOBLAW COMPANIES LIMITED *p1195*
2000 Boul Casavant O, SAINT-HYACINTHE, QC, J2S 7K2
(450) 771-6601   *SIC* 5411

LOBLAW FINANCIAL HOLDINGS INC *p437*
62 Prince Rupert Dr, STEPHENVILLE, NL, A2N 3W7
(709) 643-0862   *SIC* 5411

LOBLAW PROPERTIES LIMITED *p462*
3711 Joseph Howe Dr, HALIFAX, NS, B3L 4H8
(902) 468-8866   *SIC* 5411

LOBLAW PROPERTIES LIMITED *p478*
46 Elm St, TRURO, NS, B2N 3H6
(902) 895-4306   *SIC* 5411

LOBLAW PROPERTIES LIMITED *p700*
1250 South Service Rd, MISSISSAUGA, ON, L5E 1V4
(905) 891-1021   *SIC* 5411

LOBLAW PROPERTIES LIMITED *p937*
605 Rogers Rd Suite 208, TORONTO, ON, M6M 1B9
(416) 653-1951   *SIC* 5411

LOBLAWS INC *p2*
1050 Yankee Valley Blvd Se, AIRDRIE, AB, T4A 2E4
(403) 912-3800   *SIC* 5411

LOBLAWS INC *p6*
12361 20th Ave, BLAIRMORE, AB, T0K 0E0
SIC 5411

LOBLAWS INC *p10*
3575 20 Ave Ne, CALGARY, AB, T1Y 6R3
(403) 280-8222   *SIC* 5411

LOBLAWS INC *p18*
6810 40 St Se, CALGARY, AB, T2C 2A5
(905) 459-2500   *SIC* 5411

LOBLAWS INC *p32*
20 Heritage Meadows Rd Se Unit, CALGARY, AB, T2H 3C1
(403) 692-6201   *SIC* 5411

LOBLAWS INC *p37*
7020 4 St Nw, CALGARY, AB, T2K 1C4
(403) 516-8519   *SIC* 5411

LOBLAWS INC *p55*
10505 Southport Rd Sw Suite 1, CALGARY, AB, T2W 3N2
(403) 225-6207   *SIC* 5411

LOBLAWS INC *p56*
15915 Macleod Trail Se Unit 100, CALGARY, AB, T2Y 3R9
(403) 254-3637   *SIC* 5411

LOBLAWS INC *p58*
5251 Country Hills Blvd Nw Suite 1575, CALGARY, AB, T3A 5H8
(403) 241-4027   *SIC* 5411

LOBLAWS INC *p63*
3633 Westwinds Dr Ne Unit 100, CALGARY, AB, T3J 5K3
(403) 590-3347   *SIC* 5411

LOBLAWS INC *p64*
100 Country Village Rd Ne Suite 1543, CALGARY, AB, T3K 5Z2
(403) 567-4219   *SIC* 5411

LOBLAWS INC *p66*
4920 48 St, CAMROSE, AB, T4V 4L5
SIC 5411

LOBLAWS INC *p68*
100 Rainbow Rd Unit 301, CHESTERMERE, AB, T1X 0V3
(403) 273-0111   *SIC* 5411

LOBLAWS INC *p69*
210 5 Ave, COCHRANE, AB, T4C 1X3
(403) 932-0402   *SIC* 5411

LOBLAWS INC *p72*
5212 50 St, DRAYTON VALLEY, AB, T7A 1S6
(780) 542-2645   *SIC* 5411

LOBLAWS INC *p85*
12350 137 Ave Nw, EDMONTON, AB, T5L 4X6
(780) 406-3768   *SIC* 5411

LOBLAWS INC *p109*
4821 Calgary Trail Nw Suite 1570, EDMONTON, AB, T6H 5W8
(780) 430-2797   *SIC* 5411

LOBLAWS INC *p116*
4410 17 St Nw, EDMONTON, AB, T6T 0C1
(780) 450-2041   *SIC* 5411

LOBLAWS INC *p119*
1906 8th Ave, FORT MACLEOD, AB, T0L 0Z0
(403) 553-7900   *SIC* 5411

LOBLAWS INC *p121*
9 Haineault St, FORT MCMURRAY, AB, T9H 1R8
(780) 790-3827   *SIC* 5411

LOBLAWS INC *p127*
12225 99 St Suite 1544, GRANDE PRAIRIE, AB, T8V 6X9
(780) 831-3827   *SIC* 5411

LOBLAWS INC *p128*
10702 83 Ave, GRANDE PRAIRIE, AB, T8W 0G9
(780) 538-2362   *SIC* 5411

LOBLAWS INC *p132*
5040 43 Ave, INNISFAIL, AB, T4G 1Y9
(403) 227-4138   *SIC* 5411

LOBLAWS INC *p133*
10527 101 Ave, LAC LA BICHE, AB, T0A 2C0
(780) 623-6400   *SIC* 5411

LOBLAWS INC *p135*
3915 50 St, LEDUC, AB, T9E 6R3
(780) 980-8212   *SIC* 5411

LOBLAWS INC *p140*
1706 Mayor Magrath Dr S, LETHBRIDGE, AB, T1K 2R5
(403) 320-2368   *SIC* 5411

LOBLAWS INC *p141*
5031 44 St, LLOYDMINSTER, AB, T9V 0A6
(780) 871-8000   *SIC* 5411

LOBLAWS INC *p144*
1792 Trans Canada Way Se Suite 1550, MEDICINE HAT, AB, T1B 4C6
(403) 528-5727   *SIC* 5411

LOBLAWS INC *p146*
8901 100 St, MORINVILLE, AB, T8R 1V5
(780) 939-2915   *SIC* 5411

LOBLAWS INC *p150*
7613 100 Ave, PEACE RIVER, AB, T8S 1M5
(780) 618-2465   *SIC* 5411

LOBLAWS INC *p153*
5016 51 Ave, RED DEER, AB, T4N 4H5
(403) 350-3531   *SIC* 5411

LOBLAWS INC *p163*
410 Baseline Rd Suite 100, SHERWOOD PARK, AB, T8H 2A7
(780) 417-5212   *SIC* 5411

LOBLAWS INC *p165*
100 Jennifer Heil Way Suite 10, SPRUCE GROVE, AB, T7X 4B8
(780) 960-7400   *SIC* 5411

LOBLAWS INC *p166*
5701 50 Ave, ST PAUL, AB, T0A 3A1
(780) 645-7030   *SIC* 5411

LOBLAWS INC *p168*
5701 47 Ave, STETTLER, AB, T0C 2L0
(403) 742-9186   *SIC* 5411

LOBLAWS INC *p169*
900 Pine Rd Suite 101, STRATHMORE, AB, T1P 0A2
(403) 934-6510   *SIC* 5411

LOBLAWS INC *p170*
70 Hewlett Park Landng Suite 9076, SYLVAN LAKE, AB, T4S 2J3
(403) 887-1302   *SIC* 5411

LOBLAWS INC *p172*
4734 50 Ave Suite 3958, VEGREVILLE, AB, T9C 1L1
(780) 603-2600   *SIC* 5411

LOBLAWS INC *p173*
2601 14 Ave, WAINWRIGHT, AB, T9W 1V5
(780) 806-5100   *SIC* 5411

LOBLAWS INC *p174*
5217 50 Ave, WETASKIWIN, AB, T9A 0S7
(780) 352-8402   *SIC* 5411

LOBLAWS INC *p177*
32900 South Fraser Way Suite 3, ABBOTSFORD, BC, V2S 5A1
(604) 859-6501   *SIC* 5411

LOBLAWS INC *p181*
3100 272 St Suite 1, ALDERGROVE, BC, V4W 3N7
(604) 856-5101   *SIC* 5411

LOBLAWS INC *p199*
215 Port Augusta St, COMOX, BC, V9M 3M9
(250) 339-7651   *SIC* 5411

LOBLAWS INC *p200*
3000 Lougheed Hwy Suite 205, COQUITLAM, BC, V3B 1C5
(604) 468-6735   *SIC* 5411

LOBLAWS INC *p202*
1301 Lougheed Hwy, COQUITLAM, BC, V3K 6P9
(604) 520-8339   *SIC* 5411

LOBLAWS INC *p205*
2100 17th St N Suite 1553, CRANBROOK, BC, V1C 7J1
(250) 420-2118   *SIC* 5411

LOBLAWS INC *p206*
1501 Cook St, CRESTON, BC, V0B 1G0
(250) 402-6020   *SIC* 5411

LOBLAWS INC *p209*
8195 120 St, DELTA, BC, V4C 6P7
(604) 592-5218   *SIC* 5411

SIC 5411 Grocery stores

LOBLAWS INC p213
1792 9th Ave, FERNIE, BC, V0B 1M0
(250) 423-7387 SIC 5411

LOBLAWS INC p214
9116 107 St, FORT ST. JOHN, BC, V1J 6E3
(250) 262-2000 SIC 5411

LOBLAWS INC p220
910 Columbia St W Suite 1522, KAMLOOPS, BC, V2C 1L2
(250) 371-6418 SIC 5411

LOBLAWS INC p224
2280 Baron Rd Suite 1564, KELOWNA, BC, V1X 7W3
(250) 717-2536 SIC 5411

LOBLAWS INC p247
333 Seymour Blvd Suite 1560, NORTH VANCOUVER, BC, V7J 2J4
(604) 904-5537 SIC 5411

LOBLAWS INC p252
2210 Main St Suite 100, PENTICTON, BC, V2A 5H8
(250) 487-7700 SIC 5411

LOBLAWS INC p253
19800 Lougheed Hwy Suite 201, PITT MEADOWS, BC, V3Y 2W1
(604) 460-4319 SIC 5411

LOBLAWS INC p254
3455 Johnston Rd, PORT ALBERNI, BC, V9Y 8K1
(250) 723-1624 SIC 5411

LOBLAWS INC p262
2155 Ferry Ave, PRINCE GEORGE, BC, V2N 5E8
(250) 960-1300 SIC 5411

LOBLAWS INC p264
2335 Maple Dr E, QUESNEL, BC, V2J 7J6
(250) 747-2803 SIC 5411

LOBLAWS INC p276
360 Trans Canada Hwy Sw Suite 2, SALMON ARM, BC, V1E 1B4
(250) 804-0285 SIC 5411

LOBLAWS INC p282
18699 Fraser Hwy, SURREY, BC, V3S 7Y3
(604) 576-3125 SIC 5411

LOBLAWS INC p293
1460 Hastings St E, VANCOUVER, BC, V5L 1S3
(604) 253-3349 SIC 5411

LOBLAWS INC p325
2110 Ryley Ave, VANDERHOOF, BC, V0J 3A0
(250) 567-6000 SIC 5411

LOBLAWS INC p326
2306 Highway 6 Unit 100, VERNON, BC, V1T 7E3
(250) 558-1199 SIC 5411

LOBLAWS INC p326
2501 34 St, VERNON, BC, V1T 9S3
(250) 260-4550 SIC 5411

LOBLAWS INC p326
5001 Anderson Way, VERNON, BC, V1T 9V1
(250) 550-2319 SIC 5411

LOBLAWS INC p339
2341 Bering Rd, WESTBANK, BC, V4T 2P4
SIC 5411

LOBLAWS INC p345
920 Victoria Ave, BRANDON, MB, R7A 1A7
(204) 729-4646 SIC 5411

LOBLAWS INC p347
15 1st Ave Ne, DAUPHIN, MB, R7N 3M3
(204) 622-2930 SIC 5411

LOBLAWS INC p357
130 Pth 12 N, STEINBACH, MB, R5G 1T4
(204) 320-4101 SIC 5411

LOBLAWS INC p357
276 Main St, STEINBACH, MB, R5G 1Y8
(204) 346-6304 SIC 5411

LOBLAWS INC p359
Hwy 10 Po Box 12 Stn Main, THE PAS, MB, R9A 1K3
(204) 623-4799 SIC 5411

LOBLAWS INC p370
2132 Mcphillips St, WINNIPEG, MB, R2V 3C8
(204) 631-6250 SIC 5411

LOBLAWS INC p389
80 Bison Dr Suite 1509, WINNIPEG, MB, R3T 4Z7
(204) 275-4118 SIC 5411

LOBLAWS INC p420
195 King St, ST STEPHEN, NB, E3L 2E4
(506) 465-1457 SIC 5411

LOBLAWS INC p425
5 Murphy Sq Suite 926, CORNER BROOK, NL, A2H 1R4
(709) 634-9450 SIC 5411

LOBLAWS INC p428
252 Main St, LEWISPORTE, NL, A0G 3A0
(709) 535-6381 SIC 5411

LOBLAWS INC p432
370 Newfoundland Dr, ST. JOHN'S, NL, A1A 4A2
(709) 576-1160 SIC 5411

LOBLAWS INC p484
30 Kingston Rd W Suite 1012, AJAX, ON, L1T 4K8
(905) 683-2272 SIC 5411

LOBLAWS INC p491
15900 Bayview Ave Suite 1, AURORA, ON, L4G 7Y3
(905) 726-9532 SIC 5411

LOBLAWS INC p522
85 Steeles Ave W, BRAMPTON, ON, L6Y 0K3
(905) 451-0917 SIC 5411

LOBLAWS INC p531
1972 Parkedale Ave Suite 1017, BROCKVILLE, ON, K6V 7N4
(613) 498-0994 SIC 5411

LOBLAWS INC p551
791 St Clair St, CHATHAM, ON, N7L 0E9
(519) 352-4982 SIC 5411

LOBLAWS INC p592
171 Guelph St Suite 2811, GEORGETOWN, ON, L7G 4A1
(905) 877-7005 SIC 5411

LOBLAWS INC p598
361 South Service Rd Suite 2806, GRIMSBY, ON, L3M 4E8
(905) 309-3911 SIC 5411

LOBLAWS INC p605
100 Rorke Ave, HAILEYBURY, ON, P0J 1K0
SIC 5411

LOBLAWS INC p625
760 Eagleson Rd, KANATA, ON, K2M 0A7
(613) 254-6050 SIC 5411

LOBLAWS INC p628
538 Park St, KENORA, ON, P9N 1A1
(807) 468-4587 SIC 5411

LOBLAWS INC p643
875 Highland Rd W Suite 178, KITCHENER, ON, N2N 2Y2
(519) 745-4781 SIC 5411

LOBLAWS INC p646
201 Talbot St E, LEAMINGTON, ON, N8H 3X5
SIC 5411

LOBLAWS INC p662
1205 Oxford St W, LONDON, ON, N6H 1V9
(519) 641-3653 SIC 5411

LOBLAWS INC p668
2 Hemlo Dr, MARATHON, ON, P0T 2E0
(807) 229-8006 SIC 5411

LOBLAWS INC p680
9292 93 Hwy, MIDLAND, ON, L4R 4K4
(705) 527-0388 SIC 5411

LOBLAWS INC p682
820 Main St E Suite 2810, MILTON, ON, L9T 0J4
(905) 875-3600 SIC 5411

LOBLAWS INC p700
3045 Mavis Rd Suite 2841, MISSISSAUGA, ON, L5C 1T7
(905) 275-6171 SIC 5411

LOBLAWS INC p709
3050 Argentia Rd, MISSISSAUGA, ON, L5N 8E1
(905) 785-3150 SIC 5411

LOBLAWS INC p753
825 Don Mills Rd Suite 1077, NORTH YORK, ON, M3C 1V4
(416) 391-0080 SIC 5411

LOBLAWS INC p755
51 Gerry Fitzgerald Dr Suite 1033, NORTH YORK, ON, M3J 3N4
(416) 665-7636 SIC 5411

LOBLAWS INC p759
3501 Yonge St, NORTH YORK, ON, M4N 2N5
(416) 481-8105 SIC 5411

LOBLAWS INC p765
201 Oak Park Blvd Suite 1024, OAKVILLE, ON, L6H 7T4
(905) 257-9330 SIC 5411

LOBLAWS INC p777
4270 Innes Rd Suite 1071, ORLEANS, ON, K4A 5E6
(613) 824-8914 SIC 5411

LOBLAWS INC p780
1385 Harmony Rd N Suite 1043, OSHAWA, ON, L1H 7K5
(905) 433-9569 SIC 5411

LOBLAWS INC p795
2210c Bank St Suite 1188, OTTAWA, ON, K1V 1J5
(613) 733-1377 SIC 5411

LOBLAWS INC p797
190 Richmond Rd Suite 1009, OTTAWA, ON, K1Z 6W6
(613) 722-5890 SIC 5411

LOBLAWS INC p827
600 Murphy Rd, SARNIA, ON, N7S 5T7
(519) 383-8300 SIC 5411

LOBLAWS INC p837
755 Brimley Rd, SCARBOROUGH, ON, M1J 1C5
(416) 279-0802 SIC 5411

LOBLAWS INC p858
1063 Talbot St Unit 50, ST THOMAS, ON, N5P 1G4
(519) 637-6358 SIC 5411

LOBLAWS INC p867
1485 Lasalle Blvd, SUDBURY, ON, P3A 5H7
(705) 560-4961 SIC 5411

LOBLAWS INC p878
600 Harbour Expy, THUNDER BAY, ON, P7B 6P4
(807) 343-4500 SIC 5411

LOBLAWS INC p894
720 Broadview Ave, TORONTO, ON, M4K 2P1
(416) 778-8762 SIC 5411

LOBLAWS INC p896
17 Leslie St, TORONTO, ON, M4M 3H9
(416) 469-2897 SIC 5411

LOBLAWS INC p941
2549 Weston Rd, TORONTO, ON, M9N 2A7
(416) 246-1906 SIC 5411

LOBLAWS INC p946
100 Mcarthur Ave, VANIER, ON, K1L 8H5
(613) 744-0705 SIC 5411

LOBLAWS INC p947
2911 Major Mackenzie Dr Suite 80, VAUGHAN, ON, L6A 3N9
(905) 417-0490 SIC 5411

LOBLAWS INC p949
25 45th St S, WASAGA BEACH, ON, L9Z 1A7
(705) 429-4315 SIC 5411

LOBLAWS INC p960
200 Taunton Rd W Suite 1058, WHITBY, ON, L1R 3H8
(905) 665-1164 SIC 5411

LOBLAWS INC p964
4371 Walker Rd Suite 567, WINDSOR, ON, N8W 3T6
(519) 972-3904 SIC 5411

LOBLAWS INC p1049
16900 Rte Transcanadienne, KIRKLAND, QC, H9H 4M7
(514) 426-3005 SIC 5411

LOBLAWS INC p1065
50 Rte Du President-Kennedy Bureau 190, Levis, QC, G6V 6W8
(418) 837-9505 SIC 5411

LOBLAWS INC p1171
86 Boul Brien, REPENTIGNY, QC, J6A 5K7
(450) 581-8866 SIC 5411

LOBLAWS INC p1182
1402 Rue Roberval, SAINT-BRUNO, QC, J3V 5J2
(450) 653-0433 SIC 5411

LOBLAWS INC p1205
300 Av Sainte-Croix, SAINT-LAURENT, QC, H4N 3K4
(514) 747-0944 SIC 5411

LOBLAWS INC p1249
3725 Boul Des Forges, Trois-Rivieres, QC, G8Y 4P2
(819) 374-8980 SIC 5411

LOBLAWS INC p1254
1500 Ch Sullivan Bureau 24, VAL-D'OR, QC, J9P 1M1
(819) 824-3595 SIC 5411

LOBLAWS INC p1271
608 12th Ave E Rr 2, KINDERSLEY, SK, S0L 1S2
(306) 463-1651 SIC 5411

LOBLAWS INC p1274
620a Sasketchewan Ave, MELFORT, SK, S0E 1A0
(306) 752-9725 SIC 5411

LOBLAWS INC p1274
828 9th St W, MEADOW LAKE, SK, S9X 1S9
(306) 236-8330 SIC 5411

LOBLAWS INC p1274
290 Prince William Dr, MELVILLE, SK, S0A 2P0
(306) 728-6615 SIC 5411

LOBLAWS INC p1274
100 Halifax St W, MELVILLE, SK, S0A 2P0
(306) 728-6610 SIC 5411

LOBLAWS INC p1277
101 Railway Ave W, NIPAWIN, SK, S0E 1E0
(306) 862-8780 SIC 5411

LOBLAWS INC p1285
1341 Broadway Ave, REGINA, SK, S4P 1E5
(306) 569-1059 SIC 5411

LOBLAWS INC p1287
921 Broad St, REGINA, SK, S4R 8G9
(306) 525-2125 SIC 5411

LOBLAWS INC p1289
3960 Albert St Suite 9037, REGINA, SK, S4S 3R1
(306) 584-9444 SIC 5411

LOBLAWS INC p1290
2055 Prince Of Wales Dr Suite 1584, REGINA, SK, S4V 3A3
(306) 546-6518 SIC 5411

LOBLAWS INC p1292
2901 8th St E Suite 1535, SASKATOON, SK, S7H 0V4
(306) 978-7040 SIC 5411

LOBLAWS INC p1292
1018 Taylor St E, SASKATOON, SK, S7H 1W5
(306) 343-6690 SIC 5411

LOBLAWS INC p1292
2105 8th St E Unit 51, SASKATOON, SK, S7H 0T8
(306) 373-3010 SIC 5411

LOBLAWS INC p1296
2815 Wanuskewin Rd, SASKATOON, SK, S7K 8E6
(306) 249-9200 SIC 5411

LOBLAWS INC p1296
7 Assiniboine Dr, SASKATOON, SK, S7K 1H1
(306) 242-7444 SIC 5411

LOBLAWS INC p1301
2410 22nd St W Suite 1, SASKATOON, SK, S7M 5S6
(306) 384-3019 SIC 5411

LOBLAWS INC p1302

SIC 5411 Grocery stores

910 Broadway Ave, SASKATOON, SK, S7N 1B7
(306) 242-4764   SIC 5411
LOBLAWS INC   p1302
30 Kenderdine Rd, SASKATOON, SK, S7N 4M8
(306) 343-3400   SIC 5411
LOBLAWS INC   p1305
315 Herold Rd, SASKATOON, SK, S7V 1J7
(306) 664-5033   SIC 5411
LOBLAWS SUPERMARKETS LIMITED p402
791 Route 776, GRAND MANAN, NB, E5G 3C4
(506) 662-8152   SIC 5411
LOBLAWS SUPERMARKETS LIMITED p418
621 Fairville Blvd, SAINT JOHN, NB, E2M 4X5
(506) 633-2420   SIC 5411
LOBLAWS SUPERMARKETS LIMITED p484
30 Kingston Rd W Suite 1012, AJAX, ON, L1T 4K8
(905) 683-5573   SIC 5411
LOBLAWS SUPERMARKETS LIMITED p492
657 John St N, AYLMER, ON, N5H 2R2
(519) 765-2811   SIC 5411
LOBLAWS SUPERMARKETS LIMITED p507
2375 Highway 2 Suite 300, BOWMANVILLE, ON, L1C 5A3
(905) 623-2600   SIC 5411
LOBLAWS SUPERMARKETS LIMITED p522
1 Presidents Choice Cir, BRAMPTON, ON, L6Y 5S5
(905) 459-2500   SIC 5411
LOBLAWS SUPERMARKETS LIMITED p556
12 Hurontario St, COLLINGWOOD, ON, L9Y 2L6
(705) 445-0461   SIC 5411
LOBLAWS SUPERMARKETS LIMITED p579
380 The East Mall, ETOBICOKE, ON, M9B 6L5
(416) 695-8990   SIC 5411
LOBLAWS SUPERMARKETS LIMITED p579
270 The Kingsway, ETOBICOKE, ON, M9A 3T7
(416) 231-0931   SIC 5411
LOBLAWS SUPERMARKETS LIMITED p592
300 Guelph St, GEORGETOWN, ON, L7G 4B1
(905) 877-4711   SIC 5411
LOBLAWS SUPERMARKETS LIMITED p594
1980 Ogilvie Rd, GLOUCESTER, ON, K1J 9L3
(613) 746-5724   SIC 5411
LOBLAWS SUPERMARKETS LIMITED p595
671 River Rd, GLOUCESTER, ON, K1V 2G2
(613) 822-4749   SIC 5411
LOBLAWS SUPERMARKETS LIMITED p618
1560 Cameron St Suite 820, HAWKESBURY, ON, K6A 3S5
(613) 632-9215   SIC 5411
LOBLAWS SUPERMARKETS LIMITED p632
1100 Princess St Suite 1040, KINGSTON, ON, K7L 5G8
(613) 530-3861   SIC 5411
LOBLAWS SUPERMARKETS LIMITED p635
1048 Midland Ave, KINGSTON, ON, K7P 2X9
(613) 389-4119   SIC 5411
LOBLAWS SUPERMARKETS LIMITED p647
400 Kent St W, LINDSAY, ON, K9V 6K2
(705) 878-4605   SIC 5411
LOBLAWS SUPERMARKETS LIMITED p658
7 Base Line Rd E, LONDON, ON, N6C 5Z8
SIC 5411
LOBLAWS SUPERMARKETS LIMITED p659
635 Southdale Rd E, LONDON, ON, N6E 3W6
(519) 686-8007   SIC 5411
LOBLAWS SUPERMARKETS LIMITED p664
3040 Wonderland Rd S, LONDON, ON, N6L 1A6
(519) 668-0719   SIC 5411
LOBLAWS SUPERMARKETS LIMITED p664
3040 Wonderland Rd S, LONDON, ON, N6L 1A6
(519) 668-5383   SIC 5411
LOBLAWS SUPERMARKETS LIMITED p669
200 Bullock Dr, MARKHAM, ON, L3P 1W2
(905) 294-6277   SIC 5411
LOBLAWS SUPERMARKETS LIMITED p693
1125 Bloor St, MISSISSAUGA, ON, L4Y 2N6
(905) 279-1353   SIC 5411
LOBLAWS SUPERMARKETS LIMITED p701
250 Lakeshore Rd W, MISSISSAUGA, ON, L5H 1G6
(905) 271-9925   SIC 5411
LOBLAWS SUPERMARKETS LIMITED p721
6085 Creditview Rd, MISSISSAUGA, ON, L5V 2A8
(905) 607-1578   SIC 5411
LOBLAWS SUPERMARKETS LIMITED p722
7070 Mclaughlin Rd, MISSISSAUGA, ON, L5W 1W7
(905) 565-6490   SIC 5411
LOBLAWS SUPERMARKETS LIMITED p727
1460 Merivale Rd, NEPEAN, ON, K2E 5P2
(613) 226-6001   SIC 5411
LOBLAWS SUPERMARKETS LIMITED p730
3201 Greenbank Rd Suite 1035, NEPEAN, ON, K2J 4H9
(613) 825-0812   SIC 5411
LOBLAWS SUPERMARKETS LIMITED p733
18120 Yonge St, NEWMARKET, ON, L3Y 4V8
(905) 830-4072   SIC 5411
LOBLAWS SUPERMARKETS LIMITED p749
5095 Yonge St, NORTH YORK, ON, M2N 6Z4
(416) 512-9430   SIC 5411
LOBLAWS SUPERMARKETS LIMITED p755
3685 Keele St, NORTH YORK, ON, M3J 3H6
(416) 398-3021   SIC 5411
LOBLAWS SUPERMARKETS LIMITED p768
173 Lakeshore Rd W, OAKVILLE, ON, L6K 1E7
(905) 845-4946   SIC 5411
LOBLAWS SUPERMARKETS LIMITED p776
1226 Place D'orleans Dr Suite 3935, ORLEANS, ON, K1C 7K3
(613) 834-4074   SIC 5411
LOBLAWS SUPERMARKETS LIMITED p781
481 Gibb St, OSHAWA, ON, L1J 1Z4
(905) 743-0043   SIC 5411
LOBLAWS SUPERMARKETS LIMITED p800
1980 Baseline Rd, OTTAWA, ON, K2C 0C6
(613) 723-3200   SIC 5411
LOBLAWS SUPERMARKETS LIMITED p813
1792 Liverpool Rd, PICKERING, ON, L1V 4G6
(905) 831-6301   SIC 5411
LOBLAWS SUPERMARKETS LIMITED p822
9325 Yonge St, RICHMOND HILL, ON, L4C 0A8
(905) 737-1988   SIC 5411
LOBLAWS SUPERMARKETS LIMITED p822
10909 Yonge St, RICHMOND HILL, ON, L4C 3E3
(905) 737-1222   SIC 5411
LOBLAWS SUPERMARKETS LIMITED p825
46 Main St W, RIDGETOWN, ON, N0P 2C0
(519) 674-3473   SIC 5411
LOBLAWS SUPERMARKETS LIMITED p837
3401 Lawrence Ave E, SCARBOROUGH, ON, M1H 1B2
(416) 438-4392   SIC 5411
LOBLAWS SUPERMARKETS LIMITED p891
1150 Victoria Park Ave, TORONTO, ON, M4B 2K4
(416) 755-5661   SIC 5411
LOBLAWS SUPERMARKETS LIMITED p893
301 Moore Ave, TORONTO, ON, M4G 1E1
(416) 425-0604   SIC 5411
LOBLAWS SUPERMARKETS LIMITED p899
12 St Clair Ave E, TORONTO, ON, M4T 1L7
(416) 960-8108   SIC 5411
LOBLAWS SUPERMARKETS LIMITED p939
3671 Dundas St W, TORONTO, ON, M6S 2T3
(416) 769-7171   SIC 5411
LOBLAWS SUPERMARKETS LIMITED p955
390 Lincoln St, WELLAND, ON, L3B 4N4
(905) 732-3367   SIC 5411
LOBLAWS SUPERMARKETS LIMITED p955
821 Niagara St, WELLAND, ON, L3C 1M4
(905) 732-9010   SIC 5411
LOBLAWS SUPERMARKETS LIMITED p958
303 Brock St S, WHITBY, ON, L1N 4K3
(905) 668-5940   SIC 5411
LOBLAWS SUPERMARKETS LIMITED p960
3100 Garden St Unit 2, WHITBY, ON, L1R 2G8
(866) 987-6453   SIC 5411
LOBLAWS SUPERMARKETS LIMITED p983
25 Meadowbank Rd Unit 17, CORNWALL, PE, C0A 1H0
(902) 628-6787   SIC 5411
LOBLAWS SUPERMARKETS LIMITED p1089
2925 Rue Rachel E, Montreal, QC, H1W 3Z8
(514) 522-4442   SIC 5411
LOBLAWS SUPERMARKETS LIMITED p1163
3111 Av Watt, Quebec, QC, G1X 3W2
(418) 657-1133   SIC 5411
LOBLAWS SUPERMARKETS LIMITED p1257
42 Place Du Commerce, VERDUN, QC, H3E 1J5
(514) 761-7207   SIC 5411
LONGO BROTHERS FRUIT MARKETS INC p672
3085 Highway 7 E, MARKHAM, ON, L3R 0J5
(905) 479-8877   SIC 5411
LONGO BROTHERS FRUIT MARKETS INC p683
7085 Goreway Dr, MISSISSAUGA, ON, L4T 3X6
SIC 5411
LONGO BROTHERS FRUIT MARKETS INC p704
3163 Winston Churchill Blvd, MISSISSAUGA, ON, L5L 2W1
(905) 828-0008   SIC 5411
LONGO BROTHERS FRUIT MARKETS INC p705
5636 Glen Erin Dr Unit 1, MISSISSAUGA, ON, L5M 6B1
(905) 567-4450   SIC 5411
LONGO BROTHERS FRUIT MARKETS INC p975
8401 Weston Rd, WOODBRIDGE, ON, L4L 1A6
(905) 850-6161   SIC 5411
LUCKETT RETAIL MANAGEMENT INC p443
1595 Bedford Hwy Suite 122, BEDFORD, NS, B4A 3Y4
(902) 835-4997   SIC 5411
M & M MEAT SHOPS LTD   p709
2240 Argentia Rd Suite 100, MISSISSAUGA, ON, L5N 2K7
(905) 465-6325   SIC 5411
MAC'S CONVENIENCE STORES INC   p72
175 South Railway Ave, DRUMHELLER, AB, T0J 0Y6
(403) 823-2207   SIC 5411
MAC'S CONVENIENCE STORES INC   p596
50 Victoria St N, GODERICH, ON, N7A 2R6
(519) 524-8992   SIC 5411
MAC'S CONVENIENCE STORES INC   p868
2142 Lasalle Blvd, SUDBURY, ON, P3A 2A7
(705) 560-2399   SIC 5411
MAC'S CONVENIENCE STORES INC   p875
7241 Bathurst St Suite 2, THORNHILL, ON, L4J 3W1
(905) 731-0013   SIC 5411
MAC'S CONVENIENCE STORES INC   p881
1315 Arthur St E, THUNDER BAY, ON, P7E 5N3
(807) 623-9419   SIC 5411
MAC'S CONVENIENCE STORES INC   p885
305 Milner Ave Suite 400, TORONTO, ON, M1B 0A5
(416) 291-4441   SIC 5411
MAGASIN CO-OP DE ST-PAMPHILE   p1219
12 Rue Principale, SAINT-PAMPHILE, QC, G0R 3X0
(418) 356-3373   SIC 5411
MAPLE LEAF FOODS INC   p1179
254 Rue Principale, SAINT-ANSELME, QC, G0R 2N0
(418) 885-4474   SIC 5411
MAPLE LODGE FARMS LTD   p522
8175 Winston Churchill Blvd, BRAMPTON, ON, L6Y 0A3
(905) 454-5388   SIC 5411
MARCHE A DESROCHERS INC   p1261
10 Rue Du Centre-Sportif, WARWICK, QC, J0A 1M0
(819) 358-4950   SIC 5411
MARCHE BEL AIR INC   p1046
180 Rue Beaudry N, JOLIETTE, QC, J6E 6A6
(450) 759-8731   SIC 5411
MARCHE BELLEMARE INC   p1192
5350 Grande Allee Bureau 1353, SAINT-HUBERT, QC, J3Y 1A3
(450) 676-0220   SIC 5411
MARCHE CORRIVEAU INC   p1134
370 Rue Saint-Jacques, NAPIERVILLE, QC, J0J 1L0
(450) 245-3316   SIC 5411
MARCHE DUNN (1990) INC   p1260
1904 Boul Des Laurentides, VIMONT, QC, H7M 2P9
(450) 669-2633   SIC 5411
MARCHE H. DAUPHINAIS INC   p1058
60 202 Rte, LACOLLE, QC, J0J 1J0
(450) 246-3037   SIC 5411
MARCHE LAMBERT ET FRERES INC p1010
3500 Boul Frechette, CHAMBLY, QC, J3L 6Z6
(450) 447-1983   SIC 5411
MARCHE LAMBERT ET FRERES INC p1182
23 Boul Seigneurial O, SAINT-BRUNO, QC, J3V 2G9
(450) 653-4466   SIC 5411
MARCHE LAMBERT ET FRERES INC p1184
400 132 Rte, SAINT-CONSTANT, QC, J5A 2J8
SIC 5411
MARCHE LEBLANC MONTEE PAIEMENT INC   p1034
435 Montee Paiement, GATINEAU, QC, J8P 0B1
(819) 561-5478   SIC 5411
MARCHE METRO LEBLANC MALONEY INC   p1034
910 Boul Maloney E, GATINEAU, QC, J8P 1H5
(819) 643-2353   SIC 5411
MARCHES PEPIN INC, LES   p998
865 Boul Yvon-L'heureux N, BELOEIL, QC, J3G 6P5
(450) 467-3512   SIC 5411
MARCHES PILON MCKINNON INC, LES p1136
4 Rue Bridge, ORMSTOWN, QC, J0S 1K0
(450) 829-2252   SIC 5411
MEDICINE HAT CO-OP LIMITED   p145
3030 13 Ave Se Suite 100, MEDICINE HAT, AB, T1B 1E3
(403) 528-6604   SIC 5411
METRO INC   p531
237 King St W, BROCKVILLE, ON, K6V 3S2
(613) 345-4260   SIC 5411
METRO INC   p992
6500 Boul Joseph-Renaud, ANJOU, QC, H1K 3V4
(514) 354-0282   SIC 5411
METRO ONTARIO INC   p432
55 Stavanger Dr, ST. JOHN'S, NL, A1A 5E8
(709) 576-3576   SIC 5411
METRO ONTARIO INC   p483

▲ Public Company   ■ Public Company Family Member   HQ Headquarters   BR Branch   SL Single Location

SIC 5411 Grocery stores

280 Harwood Ave S, AJAX, ON, L1S 2J1
(905) 683-6951 SIC 5411

METRO ONTARIO INC p489
375 Daniel St S, ARNPRIOR, ON, K7S 3K6
(613) 623-6273 SIC 5411

METRO ONTARIO INC p489
70 Elgin St W, ARNPRIOR, ON, K7S 1N5
(613) 623-2380 SIC 5411

METRO ONTARIO INC p491
1 Henderson Dr Unit 1, AURORA, ON, L4G 4J7
(905) 727-0185 SIC 5411

METRO ONTARIO INC p495
400 Bayfield St Suite 1, BARRIE, ON, L4M 5A1
(705) 722-8284 SIC 5411

METRO ONTARIO INC p500
28 Bay's St, BARRYS BAY, ON, K0J 1B0
(613) 756-7098 SIC 5411

METRO ONTARIO INC p502
470 Dundas St E Suite 7, BELLEVILLE, ON, K8N 1G1
SIC 5411

METRO ONTARIO INC p504
150 Sidney St, BELLEVILLE, ON, K8P 5E2
SIC 5411

METRO ONTARIO INC p504
110 North Front St, BELLEVILLE, ON, K8P 5J8
(613) 962-0056 SIC 5411

METRO ONTARIO INC p508
505 Muskoka Rd Hwy Suite 118, BRACEBRIDGE, ON, P1L 1T3
(705) 645-8751 SIC 5411

METRO ONTARIO INC p510
20 Great Lakes Dr, BRAMPTON, ON, L6R 2K7
(905) 789-6161 SIC 5411

METRO ONTARIO INC p518
227 Vodden St E, BRAMPTON, ON, L6V 1N2
(905) 451-7842 SIC 5411

METRO ONTARIO INC p520
156 Main St S, BRAMPTON, ON, L6W 2C9
(905) 459-6212 SIC 5411

METRO ONTARIO INC p520
1 Bartley Bull Pky, BRAMPTON, ON, L6W 3T7
(905) 456-1212 SIC 5411

METRO ONTARIO INC p523
180 Sandalwood Pky E, BRAMPTON, ON, L6Z 1Y4
(905) 846-2222 SIC 5411

METRO ONTARIO INC p524
10088 Mclaughlin Rd Suite 1, BRAMPTON, ON, L7A 2X6
SIC 5411

METRO ONTARIO INC p525
371 St Paul Ave, BRANTFORD, ON, N3R 4N5
(519) 758-0300 SIC 5411

METRO ONTARIO INC p525
84 Lynden Rd, BRANTFORD, ON, N3R 6B8
(519) 759-5850 SIC 5411

METRO ONTARIO INC p531
3049 Jefferson Dr, BROCKVILLE, ON, K6V 6N7
(613) 345-0272 SIC 5411

METRO ONTARIO INC p534
5353 Lakeshore Rd, BURLINGTON, ON, L7L 1C8
(905) 634-1804 SIC 5411

METRO ONTARIO INC p534
2010 Appleby Line, BURLINGTON, ON, L7L 6M6
(905) 331-7900 SIC 5411

METRO ONTARIO INC p538
3365 Fairview St, BURLINGTON, ON, L7N 3N9
(905) 634-1896 SIC 5411

METRO ONTARIO INC p539
1505 Guelph Line, BURLINGTON, ON, L7P 3B6
(905) 336-2525 SIC 5411

METRO ONTARIO INC p546
100 Jamieson Pky, CAMBRIDGE, ON, N3C 4B3
(519) 658-1150 SIC 5411

METRO ONTARIO INC p550
21 Richer Cir, CASSELMAN, ON, K0A 1M0
(613) 764-3882 SIC 5411

METRO ONTARIO INC p553
3442 Errington Ave Suite 1, CHELMSFORD, ON, P0M 1L0
(705) 855-4328 SIC 5411

METRO ONTARIO INC p556
640 First St, COLLINGWOOD, ON, L9Y 4Y7
(705) 444-5252 SIC 5411

METRO ONTARIO INC p565
1315 Second St E Unit 282, CORNWALL, ON, K6H 7C4
(613) 932-0514 SIC 5411

METRO ONTARIO INC p566
960 Brookdale Ave Suite 16, CORNWALL, ON, K6J 4P5
(613) 933-4341 SIC 5411

METRO ONTARIO INC p571
107 Bridge St, DUNNVILLE, ON, N1A 2G9
(905) 774-6852 SIC 5411

METRO ONTARIO INC p571
15 Governors Rd, DUNDAS, ON, L9H 6L9
(905) 627-4791 SIC 5411

METRO ONTARIO INC p571
119 Osler Dr, DUNDAS, ON, L9H 6X4
(905) 628-0177 SIC 5411

METRO ONTARIO INC p579
201 Lloyd Manor Rd, ETOBICOKE, ON, M9B 6H6
(416) 236-3217 SIC 5411

METRO ONTARIO INC p579
250 The East Mall, ETOBICOKE, ON, M9B 3Y8
(416) 233-4149 SIC 5411

METRO ONTARIO INC p582
1500 Royal York Rd Suite 1, ETOBICOKE, ON, M9P 3B6
(416) 244-7169 SIC 5411

METRO ONTARIO INC p591
333 King St E, GANANOQUE, ON, K7G 1G6
(613) 382-7090 SIC 5411

METRO ONTARIO INC p592
235 Guelph St, GEORGETOWN, ON, L7G 4A8
(905) 877-5648 SIC 5411

METRO ONTARIO INC p593
2636 Innes Rd, GLOUCESTER, ON, K1B 4Z5
(613) 837-1845 SIC 5411

METRO ONTARIO INC p594
1930 Montreal Rd, GLOUCESTER, ON, K1J 6N2
(613) 744-2961 SIC 5411

METRO ONTARIO INC p596
397 Bayfield Rd, GODERICH, ON, N7A 4E9
(519) 524-7818 SIC 5411

METRO ONTARIO INC p599
380 Eramosa Rd, GUELPH, ON, N1E 6R2
(519) 824-8700 SIC 5411

METRO ONTARIO INC p600
500 Edinburgh Rd S, GUELPH, ON, N1G 4Z1
(519) 763-3552 SIC 5411

METRO ONTARIO INC p602
222 Silvercreek Pky N, GUELPH, ON, N1H 7P8
(519) 766-4666 SIC 5411

METRO ONTARIO INC p606
2500 Barton St E, HAMILTON, ON, L8E 4A2
(905) 578-5454 SIC 5411

METRO ONTARIO INC p608
1900 King St E, HAMILTON, ON, L8K 1W1
(905) 545-5929 SIC 5411

METRO ONTARIO INC p612
845 King St W, HAMILTON, ON, L8S 1K4
(905) 523-5044 SIC 5411

METRO ONTARIO INC p613
724 Mohawk Rd E, HAMILTON, ON, L8T 2P8

(905) 575-1113 SIC 5411

METRO ONTARIO INC p614
505 Rymal Rd E Suite 3, HAMILTON, ON, L8W 3X1
(905) 574-5298 SIC 5411

METRO ONTARIO INC p614
1070 Stone Church Rd E, HAMILTON, ON, L8W 3K8
SIC 5411

METRO ONTARIO INC p616
640 Mohawk Rd W, HAMILTON, ON, L9C 1X6
(905) 388-5596 SIC 5411

METRO ONTARIO INC p616
751 Upper James St, HAMILTON, ON, L9C 3A1
(905) 575-5545 SIC 5411

METRO ONTARIO INC p620
70 King William St Suite 5a, HUNTSVILLE, ON, P1H 2A5
(705) 789-9619 SIC 5411

METRO ONTARIO INC p627
2615 Hwy 43 Rr 5, KEMPTVILLE, ON, K0G 1J0
(613) 258-1266 SIC 5411

METRO ONTARIO INC p628
199 Simcoe Ave, KESWICK, ON, L4P 2H6
(905) 476-7298 SIC 5411

METRO ONTARIO INC p632
310 Barrie St, KINGSTON, ON, K7L 5L4
(613) 542-5795 SIC 5411

METRO ONTARIO INC p634
1225 Princess St, KINGSTON, ON, K7M 3E1
(613) 544-8202 SIC 5411

METRO ONTARIO INC p634
1300 Bath Rd, KINGSTON, ON, K7M 4X4
(613) 544-9317 SIC 5411

METRO ONTARIO INC p634
466 Gardiners Rd, KINGSTON, ON, K7M 7W8
(613) 384-6334 SIC 5411

METRO ONTARIO INC p635
775 Bayridge Dr, KINGSTON, ON, K7P 2P1
(613) 384-8800 SIC 5411

METRO ONTARIO INC p638
655 Fairway Rd S, KITCHENER, ON, N2C 1X4
(519) 896-5100 SIC 5411

METRO ONTARIO INC p643
370 Highland Rd W Suite 1, KITCHENER, ON, N2M 5J9
(519) 744-4100 SIC 5411

METRO ONTARIO INC p643
851 Fischer Hallman Rd, KITCHENER, ON, N2M 5N8
(519) 570-2500 SIC 5411

METRO ONTARIO INC p646
288 Erie St S, LEAMINGTON, ON, N8H 3C5
(519) 322-1414 SIC 5411

METRO ONTARIO INC p647
363 Kent St W, LINDSAY, ON, K9V 2Z7
(705) 878-3300 SIC 5411

METRO ONTARIO INC p648
975 Wallace Ave N, LISTOWEL, ON, N4W 1M6
(519) 291-5500 SIC 5411

METRO ONTARIO INC p652
155 Clarke Rd, LONDON, ON, N5W 5C9
(519) 455-5604 SIC 5411

METRO ONTARIO INC p653
1030 Adelaide St N, LONDON, ON, N5Y 2M9
(519) 672-8994 SIC 5411

METRO ONTARIO INC p653
1299 Oxford St E, LONDON, ON, N5Y 4W5
(519) 453-8510 SIC 5411

METRO ONTARIO INC p658
395 Wellington Rd, LONDON, ON, N6C 5Z6
(519) 680-2317 SIC 5411

METRO ONTARIO INC p661
1225 Wonderland Rd N, LONDON, ON, N6G 2V9
(519) 472-5601 SIC 5411

METRO ONTARIO INC p662
509 Commissioners Rd W, LONDON, ON, N6J 1Y5
(519) 473-2857 SIC 5411

METRO ONTARIO INC p662
301 Oxford St W, LONDON, ON, N6H 1S6
(519) 433-1708 SIC 5411

METRO ONTARIO INC p663
1244 Commissioners Rd W, LONDON, ON, N6K 1C7
(519) 473-3389 SIC 5411

METRO ONTARIO INC p678
1220 Castlemore Ave, MARKHAM, ON, L6E 0H7
(905) 209-9200 SIC 5411

METRO ONTARIO INC p682
500 Laurier Ave, MILTON, ON, L9T 4R3
(905) 876-1117 SIC 5411

METRO ONTARIO INC p689
4141 Dixie Rd Unit 2, MISSISSAUGA, ON, L4W 1V5
(905) 238-1366 SIC 5411

METRO ONTARIO INC p696
377 Burnhamthorpe Rd E, MISSISSAUGA, ON, L5A 3Y1
(905) 270-2143 SIC 5411

METRO ONTARIO INC p696
1585 Mississauga Valley Blvd, MISSISSAUGA, ON, L5A 3W9
(905) 566-9100 SIC 5411

METRO ONTARIO INC p702
910 Southdown Rd Unit 46, MISSISSAUGA, ON, L5J 2Y4
(905) 823-4900 SIC 5411

METRO ONTARIO INC p703
2225 Erin Mills Pky, MISSISSAUGA, ON, L5K 1T9
(905) 829-3737 SIC 5411

METRO ONTARIO INC p704
3476 Glen Erin Dr, MISSISSAUGA, ON, L5L 3R4
(905) 569-2162 SIC 5411

METRO ONTARIO INC p710
6677 Meadowvale Town Centre Cir, MISSISSAUGA, ON, L5N 2R5
(905) 826-2717 SIC 5411

METRO ONTARIO INC p710
3221 Derry Rd W Suite 16, MISSISSAUGA, ON, L5N 7L7
(905) 785-1844 SIC 5411

METRO ONTARIO INC p725
35 Alkenbrack St, NAPANEE, ON, K7R 4C4
(613) 354-2882 SIC 5411

METRO ONTARIO INC p730
900 Greenbank Rd, NEPEAN, ON, K2J 4P6
(613) 823-4458 SIC 5411

METRO ONTARIO INC p730
3201 Strandherd Dr, NEPEAN, ON, K2J 5N1
(613) 823-8825 SIC 5411

METRO ONTARIO INC p731
83303 Highway 11b, NEW LISKEARD, ON, P0J 1P0
(705) 647-7649 SIC 5411

METRO ONTARIO INC p732
16640 Yonge St Unit 1, NEWMARKET, ON, L3X 2N8
(905) 853-5100 SIC 5411

METRO ONTARIO INC p733
17725 Yonge St Suite 1, NEWMARKET, ON, L3Y 7C1
(905) 895-9700 SIC 5411

METRO ONTARIO INC p733
1111 Davis Dr, NEWMARKET, ON, L3Y 9E5
(905) 853-5355 SIC 5411

METRO ONTARIO INC p738
3770 Montrose Rd, NIAGARA FALLS, ON, L2H 3C8
(905) 371-3200 SIC 5411

METRO ONTARIO INC p740
390 Lakeshore Dr, NORTH BAY, ON, P1A 2C7
(705) 840-2424 SIC 5411

METRO ONTARIO INC p745
2452 Sheppard Ave E, NORTH YORK, ON,

M2J 1X1
(416) 756-2513 SIC 5411
METRO ONTARIO INC p747
291 York Mills Rd, NORTH YORK, ON, M2L 1L3
(416) 444-5809 SIC 5411
METRO ONTARIO INC p749
20 Church Ave, NORTH YORK, ON, M2N 0B7
(416) 229-6200 SIC 5411
METRO ONTARIO INC p751
1277 York Mills Rd, NORTH YORK, ON, M3A 1Z5
(416) 444-7921 SIC 5411
METRO ONTARIO INC p754
600 Sheppard Ave W, NORTH YORK, ON, M3H 2S1
(416) 636-5136 SIC 5411
METRO ONTARIO INC p757
2200 Jane St, NORTH YORK, ON, M3M 1A4
(416) 241-5732 SIC 5411
METRO ONTARIO INC p757
1090 Wilson Ave, NORTH YORK, ON, M3K 1G6
(416) 635-0284 SIC 5411
METRO ONTARIO INC p760
3090 Bathurst St, NORTH YORK, ON, M6A 2A1
(416) 783-1227 SIC 5411
METRO ONTARIO INC p765
478 Dundas St W, OAKVILLE, ON, L6H 6Y3
(905) 257-2500 SIC 5411
METRO ONTARIO INC p765
1011 Upper Middle Rd E Suite 412, OAKVILLE, ON, L6H 5Z9
(905) 849-4911 SIC 5411
METRO ONTARIO INC p768
530 Kerr St, OAKVILLE, ON, L6K 3C7
SIC 5411
METRO ONTARIO INC p770
1521 Rebecca St, OAKVILLE, ON, L6L 1Z8
(905) 827-5421 SIC 5411
METRO ONTARIO INC p773
150 First St Suite 7, ORANGEVILLE, ON, L9W 3T7
(519) 941-6391 SIC 5411
METRO ONTARIO INC p774
975 West Ridge Blvd, ORILLIA, ON, L3V 8A3
(705) 326-5200 SIC 5411
METRO ONTARIO INC p774
70 Front St N, ORILLIA, ON, L3V 4R8
(705) 323-9334 SIC 5411
METRO ONTARIO INC p776
6509 Jeanne D'arc Blvd N, ORLEANS, ON, K1C 2R1
(613) 837-1170 SIC 5411
METRO ONTARIO INC p776
1675e Tenth Line Rd, ORLEANS, ON, K1E 3P6
(613) 837-2614 SIC 5411
METRO ONTARIO INC p778
285 Taunton Rd E Suite 4, OSHAWA, ON, L1G 3V2
(905) 432-2197 SIC 5411
METRO ONTARIO INC p781
149 Midtown Dr, OSHAWA, ON, L1J 3Z7
(905) 723-7731 SIC 5411
METRO ONTARIO INC p782
555 Rossland Rd E, OSHAWA, ON, L1K 1K8
(905) 579-5862 SIC 5411
METRO ONTARIO INC p795
3310 Mccarthy Rd, OTTAWA, ON, K1V 9S1
(613) 523-2774 SIC 5411
METRO ONTARIO INC p795
2515 Bank St, OTTAWA, ON, K1V 0Y4
(613) 731-7410 SIC 5411
METRO ONTARIO INC p795
1670 Heron Rd, OTTAWA, ON, K1V 0C2
(613) 731-0066 SIC 5411
METRO ONTARIO INC p803
1350 16th St E, OWEN SOUND, ON, N4K 6N7
(519) 376-9261 SIC 5411

METRO ONTARIO INC p803
1070 2nd Ave E, OWEN SOUND, ON, N4K 2H7
(519) 371-0222 SIC 5411
METRO ONTARIO INC p806
1100 Pembroke St E Suite 891, PEMBROKE, ON, K8A 6Y7
(613) 735-1846 SIC 5411
METRO ONTARIO INC p808
1154 Chemong Rd Suite 9, PETERBOROUGH, ON, K9H 7J6
(705) 745-3381 SIC 5411
METRO ONTARIO INC p813
1822 Whites Rd Suite 11, PICKERING, ON, L1V 4M1
(905) 420-8838 SIC 5411
METRO ONTARIO INC p816
124 Clarence St, PORT COLBORNE, ON, L3K 3G3
(905) 834-8800 SIC 5411
METRO ONTARIO INC p817
125 Hope St S, PORT HOPE, ON, L1A 4C2
(905) 885-8194 SIC 5411
METRO ONTARIO INC p819
83 Raglan St S, RENFREW, ON, K7V 1P8
(613) 432-3013 SIC 5411
METRO ONTARIO INC p824
1070 Major Mackenzie Dr E, RICHMOND HILL, ON, L4S 1P3
(905) 770-1400 SIC 5411
METRO ONTARIO INC p825
9030 County Road 17, ROCKLAND, ON, K4K 1V5
(613) 446-2825 SIC 5411
METRO ONTARIO INC p829
191 Indian Rd S, SARNIA, ON, N7T 3W3
(519) 344-1500 SIC 5411
METRO ONTARIO INC p829
560 Exmouth St, SARNIA, ON, N7T 5P5
(519) 337-8308 SIC 5411
METRO ONTARIO INC p831
625 Trunk Rd, SAULT STE. MARIE, ON, P6A 3T1
(705) 949-7260 SIC 5411
METRO ONTARIO INC p831
150 Churchill Blvd, SAULT STE. MARIE, ON, P6A 3Z9
(705) 254-7070 SIC 5411
METRO ONTARIO INC p833
275 Second Line W, SAULT STE. MARIE, ON, P6C 2J4
(705) 949-0350 SIC 5411
METRO ONTARIO INC p835
261 Port Union Rd, SCARBOROUGH, ON, M1C 2L3
(416) 284-7792 SIC 5411
METRO ONTARIO INC p836
255 Morningside Ave, SCARBOROUGH, ON, M1E 3E6
(416) 284-2158 SIC 5411
METRO ONTARIO INC p836
2900 Ellesmere Rd Suite 587, SCARBOROUGH, ON, M1E 4B8
(416) 284-5320 SIC 5411
METRO ONTARIO INC p837
3221 Eglinton Ave E, SCARBOROUGH, ON, M1J 2H7
(416) 261-4204 SIC 5411
METRO ONTARIO INC p841
16 William Kitchen Rd Suite 535, SCARBOROUGH, ON, M1P 5B7
(416) 321-0500 SIC 5411
METRO ONTARIO INC p842
15 Ellesmere Rd, SCARBOROUGH, ON, M1R 4B7
(416) 391-0626 SIC 5411
METRO ONTARIO INC p846
2900 Warden Ave, SCARBOROUGH, ON, M1W 2S8
(416) 497-6734 SIC 5411
METRO ONTARIO INC p849
150 West St, SIMCOE, ON, N3Y 5C1
(519) 426-2010 SIC 5411
METRO ONTARIO INC p849

140 Queensway E, SIMCOE, ON, N3Y 4Y7
(519) 426-8092 SIC 5411
METRO ONTARIO INC p850
275 Brockville St Suite 4, SMITHS FALLS, ON, K7A 4Z6
(613) 283-5858 SIC 5411
METRO ONTARIO INC p851
Gd, SOUTH PORCUPINE, ON, P0N 1K0
(705) 235-3535 SIC 5411
METRO ONTARIO INC p853
101 Lakeshore Rd, ST CATHARINES, ON, L2N 2T6
(905) 934-0131 SIC 5411
METRO ONTARIO INC p859
417 Wellington St Suite 1, ST THOMAS, ON, N5R 5J5
(519) 633-8780 SIC 5411
METRO ONTARIO INC p863
5612 Main St, STOUFFVILLE, ON, L4A 8B7
(905) 642-8600 SIC 5411
METRO ONTARIO INC p868
900 Lasalle Blvd, SUDBURY, ON, P3A 5W8
(705) 560-9500 SIC 5411
METRO ONTARIO INC p869
400 Notre Dame Ave, SUDBURY, ON, P3C 5K5
(705) 675-5845 SIC 5411
METRO ONTARIO INC p870
1933 Regent St, SUDBURY, ON, P3E 5R2
SIC 5411
METRO ONTARIO INC p874
300 John St, THORNHILL, ON, L3T 5W4
(905) 886-0983 SIC 5411
METRO ONTARIO INC p874
300 John St, THORNHILL, ON, L3T 5W4
(905) 886-0983 SIC 5411
METRO ONTARIO INC p874
8190 Bayview Ave, THORNHILL, ON, L3T 2S2
(905) 731-2300 SIC 5411
METRO ONTARIO INC p875
800 Steeles Ave W, THORNHILL, ON, L4J 7L2
SIC 5411
METRO ONTARIO INC p877
640 River St, THUNDER BAY, ON, P7A 3S4
(807) 345-8342 SIC 5411
METRO ONTARIO INC p881
505 Arthur St W, THUNDER BAY, ON, P7E 5R5
(807) 475-0276 SIC 5411
METRO ONTARIO INC p881
1101 Arthur St W, THUNDER BAY, ON, P7E 5S2
(807) 577-3910 SIC 5411
METRO ONTARIO INC p883
225 Broadway St, TILLSONBURG, ON, N4G 3R2
(519) 842-3625 SIC 5411
METRO ONTARIO INC p884
140 Algonquin Blvd W, TIMMINS, ON, P4N 8M2
(705) 268-5481 SIC 5411
METRO ONTARIO INC p884
105 Brunette Rd, TIMMINS, ON, P4N 2R1
(705) 268-9922 SIC 5411
METRO ONTARIO INC p892
1500 Woodbine Ave, TORONTO, ON, M4C 4G9
(416) 422-0076 SIC 5411
METRO ONTARIO INC p893
45 Overlea Blvd Suite 2, TORONTO, ON, M4H 1C3
(416) 421-1732 SIC 5411
METRO ONTARIO INC p895
1070 Pape Ave, TORONTO, ON, M4K 3W5
(416) 467-8519 SIC 5411
METRO ONTARIO INC p896
3142 Yonge St, TORONTO, ON, M4N 2K6
(416) 484-0750 SIC 5411
METRO ONTARIO INC p897
40 Eglinton Ave E, TORONTO, ON, M4P 3A2
(416) 759-1952 SIC 5411

METRO ONTARIO INC p897
2300 Yonge St Suite 752, TORONTO, ON, M4P 1E4
(416) 483-7340 SIC 5411
METRO ONTARIO INC p897
656 Eglinton Ave E, TORONTO, ON, M4P 1P1
(416) 482-7422 SIC 5411
METRO ONTARIO INC p906
89 Gould St, TORONTO, ON, M5B 2R1
(416) 862-7171 SIC 5411
METRO ONTARIO INC p910
80 Front St E Suite 804, TORONTO, ON, M5E 1T4
(416) 703-9393 SIC 5411
METRO ONTARIO INC p926
425 Bloor St W, TORONTO, ON, M5S 1X6
(416) 923-9099 SIC 5411
METRO ONTARIO INC p934
735 College St, TORONTO, ON, M6G 1C5
(416) 533-2515 SIC 5411
METRO ONTARIO INC p936
100 Lynn Williams St Suite 572, TORONTO, ON, M6K 3N6
(416) 588-1300 SIC 5411
METRO ONTARIO INC p937
1411 Lawrence Ave W, TORONTO, ON, M6L 1A4
(416) 248-5846 SIC 5411
METRO ONTARIO INC p944
53 Quinte St, TRENTON, ON, K8V 3S8
(613) 394-2525 SIC 5411
METRO ONTARIO INC p946
50 Beechwood Ave, VANIER, ON, K1L 8B3
(613) 744-6676 SIC 5411
METRO ONTARIO INC p956
325 Thorold Rd, WELLAND, ON, L3C 3W4
(905) 735-4320 SIC 5411
METRO ONTARIO INC p958
601 Dundas St W, WHITBY, ON, L1N 2N3
SIC 5411
METRO ONTARIO INC p958
70 Thickson Rd S, WHITBY, ON, L1N 7T2
(905) 668-5334 SIC 5411
METRO ONTARIO INC p960
4111 Thickson Rd N, WHITBY, ON, L1R 2X3
(905) 655-1553 SIC 5411
METRO ONTARIO INC p961
11729 Tecumseh Rd E, WINDSOR, ON, N8N 1L8
(519) 979-9366 SIC 5411
METRO ONTARIO INC p962
6740 Wyandotte St E, WINDSOR, ON, N8S 1P6
(519) 948-5676 SIC 5411
METRO ONTARIO INC p963
2090 Lauzon Rd, WINDSOR, ON, N8T 2Z3
(519) 944-7335 SIC 5411
METRO ONTARIO INC p968
880 Goyeau St, WINDSOR, ON, N9A 1H8
(519) 258-3064 SIC 5411
METRO ONTARIO INC p969
2750 Tecumseh Rd W, WINDSOR, ON, N9B 3P9
(519) 256-1891 SIC 5411
METRO ONTARIO INC p972
9600 Islington Ave, WOODBRIDGE, ON, L4H 2T1
SIC 5411
METRO ONTARIO INC p977
868 Dundas St, WOODSTOCK, ON, N4S 1G7
(519) 537-7021 SIC 5411
METRO ONTARIO PHARMACIES LIMITED p583
900 Albion Rd, ETOBICOKE, ON, M9V 1A5
(416) 743-4485 SIC 5411
METRO ONTARIO PHARMACIES LIMITED p771
280 North Service Rd W, OAKVILLE, ON, L6M 2S2
(905) 337-7694 SIC 5411
METRO RICHELIEU INC p566
1400 Vincent Massey Dr, CORNWALL, ON,

SIC 5411 Grocery stores

K6J 5N4
SIC 5411

METRO RICHELIEU INC p613
967 Fennell Ave E, HAMILTON, ON, L8T 1R1
(905) 318-7777 SIC 5411

METRO RICHELIEU INC p996
50 Boul Saint-Charles Bureau 17, BEACONSFIELD, QC, H9W 2X3
(514) 695-5811 SIC 5411

METRO RICHELIEU INC p998
600 Boul Sir-Wilfrid-Laurier, BELOEIL, QC, J3G 4J2
(450) 467-1878 SIC 5411

METRO RICHELIEU INC p1004
575 Ch De Touraine Bureau 300, BOUCHERVILLE, QC, J4B 5E4
(450) 655-8111 SIC 5411

METRO RICHELIEU INC p1012
200 Boul D'anjou Bureau 626, Chateauguay, QC, J6K 1C5
(450) 691-2880 SIC 5411

METRO RICHELIEU INC p1014
299 Rue Des Sagueneens, CHICOUTIMI, QC, G7H 3A5
(418) 696-4114 SIC 5411

METRO RICHELIEU INC p1022
1775 Rue Du Sud, COWANSVILLE, QC, J2K 3G8
(450) 263-2955 SIC 5411

METRO RICHELIEU INC p1024
3291 Boul Des Sources, DOLLARD-DES-ORMEAUX, QC, H9B 1Z6
(514) 685-0071 SIC 5411

METRO RICHELIEU INC p1030
565 Boul Saint-Joseph Bureau 4, DRUMMONDVILLE, QC, J2C 2B6
(819) 474-2702 SIC 5411

METRO RICHELIEU INC p1036
720 Boul Maloney O, GATINEAU, QC, J8T 8K7
(819) 243-5117 SIC 5411

METRO RICHELIEU INC p1038
725a Boul De La Carriere, GATINEAU, QC, J8Y 6T9
(819) 595-1344 SIC 5411

METRO RICHELIEU INC p1039
65 Boul Du Plateau, GATINEAU, QC, J9A 3G1
(819) 772-2230 SIC 5411

METRO RICHELIEU INC p1043
5012 Boul Taschereau, GREENFIELD PARK, QC, J4V 2J2
(450) 672-8966 SIC 5411

METRO RICHELIEU INC p1046
1445 Boul Firestone, JOLIETTE, QC, J6E 9E5
(450) 752-0088 SIC 5411

METRO RICHELIEU INC p1047
3460 Boul Saint-Francois, Jonquiere, QC, G7X 8L3
(418) 547-9356 SIC 5411

METRO RICHELIEU INC p1059
7401 Boul Newman, LASALLE, QC, H8N 1X3
(514) 366-9512 SIC 5411

METRO RICHELIEU INC p1065
44 Rte Du President-Kennedy, Levis, QC, G6V 6C5
(418) 835-6313 SIC 5411

METRO RICHELIEU INC p1072
Super C, Longueuil, QC, J4N 1P4
(450) 448-8229 SIC 5411

METRO RICHELIEU INC p1072
2901 Ch De Chambly, LONGUEUIL, QC, J4L 1M7
(450) 651-6886 SIC 5411

METRO RICHELIEU INC p1085
8115 Boul Maurice-Duplessis, Montreal, QC, H1E 2S6
(514) 648-5077 SIC 5411

METRO RICHELIEU INC p1088
2050 Boul Pie-Ix, Montreal, QC, H1V 2C8
(514) 521-6799 SIC 5411

METRO RICHELIEU INC p1117
147 Av Atwater, Montreal, QC, H3J 2J4
(514) 939-3542 SIC 5411

METRO RICHELIEU INC p1127
4400 Boul De La Concorde E, Montreal, QC, H7C 2R4
(450) 661-4525 SIC 5411

METRO RICHELIEU INC p1132
6000 Boul Henri-Bourassa E, MONTREAL-NORD, QC, H1G 2T6
(514) 323-4370 SIC 5411

METRO RICHELIEU INC p1135
450 Boul Don-Quichotte, Notre-Dame-De-L'Ile-Perrot, QC, J7V 0J9
(514) 425-6111 SIC 5411

METRO RICHELIEU INC p1140
1400 Boul Saint-Jean-Baptiste, POINTE-AUX-TREMBLES, QC, H1B 4A5
(514) 640-5167 SIC 5411

METRO RICHELIEU INC p1142
325 Boul Saint-Jean, POINTE-CLAIRE, QC, H9R 3J1
(514) 697-6520 SIC 5411

METRO RICHELIEU INC p1146
600 Rue Cambronne, Quebec, QC, G1E 6X1
(418) 663-1554 SIC 5411

METRO RICHELIEU INC p1166
1480 Av Jules-Verne, Quebec, QC, G2G 2R5
(418) 864-7171 SIC 5411

METRO RICHELIEU INC p1173
395 Montee Industrielle-Et-Commerciale, RIMOUSKI, QC, G5M 1Y1
(418) 723-9862 SIC 5411

METRO RICHELIEU INC p1196
61 2e Rang E, SAINT-JEAN-PORT-JOLI, QC, G0R 3G0
(418) 598-3371 SIC 5411

METRO RICHELIEU INC p1197
600 Rue Pierre-Caisse Bureau 2000, SAINT-JEAN-SUR-RICHELIEU, QC, J3A 1M1
(450) 348-0927 SIC 5411

METRO RICHELIEU INC p1216
6775 Rue Jean-Talon E, SAINT-LEONARD, QC, H1S 1N2
(514) 252-0230 SIC 5411

METRO RICHELIEU INC p1232
398 Ch Larocque, SALABERRY-DE-VALLEYFIELD, QC, J6T 4C5
(450) 370-1444 SIC 5411

METRO RICHELIEU INC p1234
3283 Boul Royal, SHAWINIGAN, QC, G9N 8K7
(819) 539-7498 SIC 5411

METRO RICHELIEU INC p1236
1775 Rue King E, SHERBROOKE, QC, J1G 5G7
(819) 563-0110 SIC 5411

METRO RICHELIEU INC p1237
350 Rue Belvedere N, SHERBROOKE, QC, J1H 4B1
(819) 564-6014 SIC 5411

METRO RICHELIEU INC p1251
750 Boul Du Saint-Maurice, Trois-Rivieres, QC, G9A 3P6
(819) 371-1120 SIC 5411

METRO RICHELIEU INC p1256
44 Boul De La Cite-Des-Jeunes, VAUDREUIL-DORION, QC, J7V 9L5
(450) 455-6222 SIC 5411

METRO RICHELIEU INC p1259
601 Boul Jutras E, VICTORIAVILLE, QC, G6P 7H4
(819) 752-6659 SIC 5411

METRO RICHELIEU INC p1263
4840 Rue Sherbrooke O, WESTMOUNT, QC, H3Z 1G8
(514) 488-4083 SIC 5411

MICHAEL - ANGELO'S MARKET PLACE INC p704
4099 Erin Mills Pky Unit 14, MISSISSAUGA, ON, L5L 3P9
(905) 820-3300 SIC 5411

MIDISLAND HOLDINGS LTD p242
4750 Rutherford Rd Suite 103, NANAIMO, BC, V9T 4K6
(250) 729-2611 SIC 5411

NESO CORPORATION LTD p359
Gd Stn Main, THE PAS, MB, R9A 1K2
(204) 627-7200 SIC 5411

NORTH OF 53 CONSUMERS COOPERATIVE LIMITED p348
31 Main St Unit 29, Flin Flon, MB, R8A 1J5
(204) 687-7548 SIC 5411

NORTH WEST COMPANY INC, THE p438
81 Woodland Dr, HAY RIVER, NT, X0E 1G1
(867) 874-6545 SIC 5411

NORTH WEST COMPANY LP, THE p98
14097 Victoria Trail Nw, EDMONTON, AB, T5Y 2B6
(780) 472-7780 SIC 5411

NORTH WEST COMPANY LP, THE p124
Gd, FOX LAKE, AB, T0H 1R0
(780) 659-3920 SIC 5411

NORTH WEST COMPANY LP, THE p343
Gd, ASHERN, MB, R0C 0E0
(204) 768-3864 SIC 5411

NORTH WEST COMPANY LP, THE p347
Gd, CROSS LAKE, MB, R0B 0J0
(204) 676-2371 SIC 5411

NORTH WEST COMPANY LP, THE p349
Gd, GODS LAKE NARROWS, MB, R0B 0M0
(204) 335-2323 SIC 5411

NORTH WEST COMPANY LP, THE p352
Gd, NORWAY HOUSE, MB, R0B 1B0
(204) 359-6258 SIC 5411

NORTH WEST COMPANY LP, THE p353
General Store, OXFORD HOUSE, MB, R0B 1C0
(204) 538-2359 SIC 5411

NORTH WEST COMPANY LP, THE p356
Gd, SPLIT LAKE, MB, R0B 1P0
(204) 342-2260 SIC 5411

NORTH WEST COMPANY LP, THE p357
Po Box 230, ST THERESA POINT, MB, R0B 1J0
(204) 462-2012 SIC 5411

NORTH WEST COMPANY LP, THE p357
Gd, STEVENSON ISLAND, MB, R0B 2H0
(204) 456-2333 SIC 5411

NORTH WEST COMPANY LP, THE p366
2049 Dugald Rd, WINNIPEG, MB, R2J 0H3
(204) 943-7461 SIC 5411

NORTH WEST COMPANY LP, THE p384
100 Murray Park Rd, WINNIPEG, MB, R3J 3Y6
(204) 832-3700 SIC 5411

NORTH WEST COMPANY LP, THE p438
Gd, FORT SIMPSON, NT, X0E 0N0
(867) 695-2391 SIC 5411

NORTH WEST COMPANY LP, THE p438
Gd, TUKTOYAKTUK, NT, X0E 1C0
(867) 977-2211 SIC 5411

NORTH WEST COMPANY LP, THE p438
Gd, FORT SMITH, NT, X0E 0P0
(867) 897-8811 SIC 5411

NORTH WEST COMPANY LP, THE p438
160 Mackenzie Rd, INUVIK, NT, X0E 0T0
(867) 777-2582 SIC 5411

NORTH WEST COMPANY LP, THE p481
Gd, GJOA HAVEN, NU, X0B 1J0
(867) 360-7261 SIC 5411

NORTH WEST COMPANY LP, THE p481
Gd, ARVIAT, NU, X0C 0E0
(867) 857-2826 SIC 5411

NORTH WEST COMPANY LP, THE p481
Gd, KUGLUKTUK, NU, X0B 0E0
(867) 982-4171 SIC 5411

NORTH WEST COMPANY LP, THE p481
Gd, CAPE DORSET, NU, X0A 0C0
(867) 897-8811 SIC 5411

NORTH WEST COMPANY LP, THE p568
Gd, DEER LAKE, ON, P0V 1N0
(807) 775-2351 SIC 5411

NORTH WEST COMPANY LP, THE p627
Gd, KASHECHEWAN, ON, P0L 1S0
(705) 275-4574 SIC 5411

NORTH WEST COMPANY LP, THE p723
20 1st St, MOOSONEE, ON, P0L 1Y0
(705) 336-2280 SIC 5411

NORTH WEST COMPANY LP, THE p723
1 Mookijunabeg Dr, MOOSE FACTORY, ON, P0L 1W0
(705) 658-4522 SIC 5411

NORTH WEST COMPANY LP, THE p815
Gd, PIKANGIKUM, ON, P0V 2L0
(807) 773-5913 SIC 5411

NORTH WEST COMPANY LP, THE p826
Gd, SANDY LAKE, ON, P0V 1V0
(807) 774-4451 SIC 5411

NORTH WEST COMPANY LP, THE p1016
Gd, CHISASIBI, QC, J0M 1E0
(819) 855-2810 SIC 5411

NORTH WEST COMPANY LP, THE p1049
Gd, KUUJJUAQ, QC, J0M 1C0
(819) 964-2877 SIC 5411

NORTH WEST COMPANY LP, THE p1261
120 Rue Waskaganish, WASKAGANISH, QC, J0M 1R0
(819) 895-8865 SIC 5411

NORTH WEST COMPANY LP, THE p1270
Gd, ILE-A-LA-CROSSE, SK, S0M 1C0
(306) 833-2188 SIC 5411

NORTH WEST COMPANY LP, THE p1271
2 Mission St, LA LOCHE, SK, S0M 1G0
(306) 822-2008 SIC 5411

NORTH WEST COMPANY LP, THE p1287
2735 Avonhurst Dr, REGINA, SK, S4R 3J3
(306) 789-3155 SIC 5411

OAK LANE ENTERPRISES LTD p334
4420 West Saanich Rd, VICTORIA, BC, V8Z 3E9
(250) 708-3900 SIC 5411

OAK LANE ENTERPRISES LTD p335
1153 Esquimalt Rd, VICTORIA, BC, V9A 3N7
(250) 382-8001 SIC 5411

ORCHARD GLEN GARDEN FRESH TRADITIONS INC p857
Gd, ST DAVIDS, ON, L0S 1P0
(905) 262-5531 SIC 5411

PATTISON, JIM INDUSTRIES LTD p184
9000 University High St, BURNABY, BC, V5A 0C1
(604) 298-1522 SIC 5411

PEMBERTON VALLEY SUPERMARKET p251
7438 Prospect St Rr 1, PEMBERTON, BC, V0N 2L1
(604) 894-2009 SIC 5411

POIRIER & FILS LTEE p1214
1869 Ch Sainte-Angelique, SAINT-LAZARE, QC, J7T 2X9
(450) 455-6165 SIC 5411

PRAIRIE CO-OPERATIVE LIMITED p1269
321 Broadway St W, FORT QU'APPELLE, SK, S0G 1S0
(306) 332-5623 SIC 5411

PRINCE ALBERT CO-OPERATIVE ASSOCIATION LIMITED, THE p1272
950 Boardman St, LA RONGE, SK, S0J 1L0
(306) 425-2343 SIC 5411

PRINCE ALBERT CO-OPERATIVE ASSOCIATION LIMITED, THE p1272
950 Boardman St, LA RONGE, SK, S0J 1L0
(306) 425-2281 SIC 5411

PROVIGO DISTRIBUTION INC p634
1225 Princess St, KINGSTON, ON, K7M 3E1
(613) 544-8202 SIC 5411

PROVIGO DISTRIBUTION INC p785
2261 Walkley Rd, OTTAWA, ON, K1G 3G8
(613) 526-5994 SIC 5411

PROVIGO DISTRIBUTION INC p797
345 Carleton Ave, OTTAWA, ON, K1Y 0K3
(613) 725-3065 SIC 5411

PROVIGO DISTRIBUTION INC p987
845 Av Du Pont N, ALMA, QC, G8B 6W6
(418) 668-5215 SIC 5411

PROVIGO DISTRIBUTION INC p988
1055 Av Du Pont S Bureau 1, ALMA, QC,

G8B 2V7
(418) 668-2205 *SIC* 5411
PROVIGO DISTRIBUTION INC *p*989
33 Boul Saint-Benoit E, AMQUI, QC, G5J 2B8
(418) 629-4444 *SIC* 5411
PROVIGO DISTRIBUTION INC *p*989
472 4e Rue E, AMOS, QC, J9T 1Y4
(819) 732-2115 *SIC* 5411
PROVIGO DISTRIBUTION INC *p*993
205 1re Av, ASBESTOS, QC, J1T 1Y3
(819) 879-5457 *SIC* 5411
PROVIGO DISTRIBUTION INC *p*994
570 Boul Lafleche, BAIE-COMEAU, QC, G5C 1C3
(418) 589-9020 *SIC* 5411
PROVIGO DISTRIBUTION INC *p*995
30 Rue Racine, BAIE-SAINT-PAUL, QC, G3Z 2R1
(418) 240-3510 *SIC* 5411
PROVIGO DISTRIBUTION INC *p*997
1305 Boul Becancour, Becancour, QC, G9H 3V1
(819) 298-2444 *SIC* 5411
PROVIGO DISTRIBUTION INC *p*1004
520 Boul Du Fort-Saint-Louis, BOUCHERVILLE, QC, J4B 1S5
(450) 641-4985 *SIC* 5411
PROVIGO DISTRIBUTION INC *p*1004
1235 Rue Nobel, BOUCHERVILLE, QC, J4B 8E4
SIC 5411
PROVIGO DISTRIBUTION INC *p*1006
7200 Boul Taschereau, BROSSARD, QC, J4W 1N1
(450) 672-3201 *SIC* 5411
PROVIGO DISTRIBUTION INC *p*1013
2120 Rue Roussel, CHICOUTIMI, QC, G7G 1W3
(418) 543-9113 *SIC* 5411
PROVIGO DISTRIBUTION INC *p*1015
180 Boul Barrette, CHICOUTIMI, QC, G7H 7W8
(418) 549-9357 *SIC* 5411
PROVIGO DISTRIBUTION INC *p*1022
31 Boul Georges-Gagne S, DELSON, QC, J5B 2E4
(450) 638-5041 *SIC* 5411
PROVIGO DISTRIBUTION INC *p*1023
224 Boul Saint-Michel, DOLBEAU-MISTASSINI, QC, G8L 4P5
SIC 5411
PROVIGO DISTRIBUTION INC *p*1025
482 138 Rte, DONNACONA, QC, G3M 1C2
(418) 285-5101 *SIC* 5411
PROVIGO DISTRIBUTION INC *p*1028
960 Ch Herron, DORVAL, QC, H9S 1B3
SIC 5411
PROVIGO DISTRIBUTION INC *p*1031
325 Boul Saint-Joseph, DRUMMONDVILLE, QC, J2C 8P7
SIC 5411
PROVIGO DISTRIBUTION INC *p*1033
25 138 Rte E Bureau 100, FORESTVILLE, QC, G0T 1E0
(418) 587-2202 *SIC* 5411
PROVIGO DISTRIBUTION INC *p*1034
130 Av Lepine, GATINEAU, QC, J8L 4M4
(819) 281-5232 *SIC* 5411
PROVIGO DISTRIBUTION INC *p*1036
800 Boul Maloney O, GATINEAU, QC, J8T 3R6
(819) 561-9244 *SIC* 5411
PROVIGO DISTRIBUTION INC *p*1036
25 Ch De La Savane, GATINEAU, QC, J8T 8A4
(819) 243-3149 *SIC* 5411
PROVIGO DISTRIBUTION INC *p*1038
775 Boul Saint-Joseph, GATINEAU, QC, J8Y 4C1
(819) 771-7701 *SIC* 5411
PROVIGO DISTRIBUTION INC *p*1039
1 Boul Du Plateau, GATINEAU, QC, J9A 3G1

(819) 777-2747 *SIC* 5411
PROVIGO DISTRIBUTION INC *p*1041
320 Boul Leclerc O, GRANBY, QC, J2G 1V3
(450) 372-8014 *SIC* 5411
PROVIGO DISTRIBUTION INC *p*1043
3398 Boul Taschereau, GREENFIELD PARK, QC, J4V 2H7
(450) 671-8183 *SIC* 5411
PROVIGO DISTRIBUTION INC *p*1046
909 Boul Firestone, JOLIETTE, QC, J6E 2W4
(450) 755-2781 *SIC* 5411
PROVIGO DISTRIBUTION INC *p*1050
1201 Aut Duplessis, L'ANCIENNE-LORETTE, QC, G2G 2B4
(418) 872-2400 *SIC* 5411
PROVIGO DISTRIBUTION INC *p*1061
8475 Rue Francois-Chartrand, Laval, QC, H7A 4J3
(450) 665-7361 *SIC* 5411
PROVIGO DISTRIBUTION INC *p*1065
7777 Boul Guillaume-Couture, Levis, QC, G6V 6Z1
(418) 837-5496 *SIC* 5411
PROVIGO DISTRIBUTION INC *p*1072
1150 Rue King-George, LONGUEUIL, QC, J4N 1P3
(450) 647-1717 *SIC* 5411
PROVIGO DISTRIBUTION INC *p*1072
2655 Ch De Chambly, LONGUEUIL, QC, J4L 1M3
(450) 448-5771 *SIC* 5411
PROVIGO DISTRIBUTION INC *p*1073
550 Boul Saint-Laurent E, LOUISEVILLE, QC, J5V 2R5
(819) 228-2715 *SIC* 5411
PROVIGO DISTRIBUTION INC *p*1074
1350 Rue Sherbrooke, MAGOG, QC, J1X 2T3
(819) 868-8630 *SIC* 5411
PROVIGO DISTRIBUTION INC *p*1077
595 Av Du Phare E, MATANE, QC, G4W 1A9
(418) 562-9066 *SIC* 5411
PROVIGO DISTRIBUTION INC *p*1081
2300 Ch Lucerne, MONT-ROYAL, QC, H3R 2J8
SIC 5411
PROVIGO DISTRIBUTION INC *p*1087
7600 Rue Sherbrooke E, Montreal, QC, H1N 3W1
(514) 257-4511 *SIC* 5411
PROVIGO DISTRIBUTION INC *p*1091
2323 Boul Henri-Bourassa E, Montreal, QC, H2B 1T4
(514) 381-1301 *SIC* 5411
PROVIGO DISTRIBUTION INC *p*1096
8305 Av Papineau, Montreal, QC, H2M 2G2
(514) 376-6457 *SIC* 5411
PROVIGO DISTRIBUTION INC *p*1101
3421 Av Du Parc, Montreal, QC, H2X 2H6
(514) 281-0488 *SIC* 5411
PROVIGO DISTRIBUTION INC *p*1120
375 Rue Jean-Talon O, Montreal, QC, H3N 2Y8
(514) 948-2600 *SIC* 5411
PROVIGO DISTRIBUTION INC *p*1122
5595 Av De Monkland, Montreal, QC, H4A 1E1
(514) 482-7273 *SIC* 5411
PROVIGO DISTRIBUTION INC *p*1132
6475 Boul Leger, MONTREAL-NORD, QC, H1G 1L4
(514) 321-0503 *SIC* 5411
PROVIGO DISTRIBUTION INC *p*1137
14875 Boul De Pierrefonds, PIERRE-FONDS, QC, H9H 4M5
(514) 626-8687 *SIC* 5411
PROVIGO DISTRIBUTION INC *p*1138
1877 Rue Bilodeau, PLESSISVILLE, QC, G6L 5N2
(819) 362-7370 *SIC* 5411
PROVIGO DISTRIBUTION INC *p*1139
20 Rue De La Mer, Pointe-a-la-Croix, QC, G0C 1L0

(418) 788-5111 *SIC* 5411
PROVIGO DISTRIBUTION INC *p*1139
12780 Rue Sherbrooke E, POINTE-AUX-TREMBLES, QC, H1A 4Y3
(514) 498-2675 *SIC* 5411
PROVIGO DISTRIBUTION INC *p*1144
8 Boul Des Iles, PORT-CARTIER, QC, G5B 2J4
(418) 766-6121 *SIC* 5411
PROVIGO DISTRIBUTION INC *p*1152
552 Boul Wilfrid-Hamel, Quebec, QC, G1M 3E5
(418) 640-1700 *SIC* 5411
PROVIGO DISTRIBUTION INC *p*1156
5150 Boul De L'ormiere, Quebec, QC, G1P 4B2
(418) 872-3866 *SIC* 5411
PROVIGO DISTRIBUTION INC *p*1159
955 Boul Rene-Levesque O, Quebec, QC, G1S 1T7
(418) 527-3481 *SIC* 5411
PROVIGO DISTRIBUTION INC *p*1162
3440 Ch Des Quatre-Bourgeois Bureau 8047, Quebec, QC, G1W 4T3
(418) 653-6241 *SIC* 5411
PROVIGO DISTRIBUTION INC *p*1170
3399 Rue Queen, RAWDON, QC, J0K 1S0
(450) 834-2644 *SIC* 5411
PROVIGO DISTRIBUTION INC *p*1172
44 Rue Craig, RICHMOND, QC, J0B 2H0
(819) 826-2413 *SIC* 5411
PROVIGO DISTRIBUTION INC *p*1173
419 Boul Jessop, RIMOUSKI, QC, G5L 7Y5
(418) 723-0506 *SIC* 5411
PROVIGO DISTRIBUTION INC *p*1175
215 Boul De L'hotel-De-Ville, Riviere-du-Loup, QC, G5R 5H4
(418) 863-4100 *SIC* 5411
PROVIGO DISTRIBUTION INC *p*1176
339 Boul Labelle, Rosemere, QC, J7A 2H7
(450) 437-0471 *SIC* 5411
PROVIGO DISTRIBUTION INC *p*1177
23 Rue D'Evain, ROUYN-NORANDA, QC, J0Z 1Y0
(819) 768-3018 *SIC* 5411
PROVIGO DISTRIBUTION INC *p*1186
199 25e Av, SAINT-EUSTACHE, QC, J7P 2V1
(450) 491-5588 *SIC* 5411
PROVIGO DISTRIBUTION INC *p*1193
7900 Boul Cousineau, SAINT-HUBERT, QC, J3Z 1H2
(450) 676-4144 *SIC* 5411
PROVIGO DISTRIBUTION INC *p*1196
15000 Av Saint-Louis, SAINT-HYACINTHE, QC, J2T 3E2
(450) 771-2737 *SIC* 5411
PROVIGO DISTRIBUTION INC *p*1197
200 Boul Omer-Marcil, SAINT-JEAN-SUR-RICHELIEU, QC, J2W 2V1
(450) 348-0998 *SIC* 5411
PROVIGO DISTRIBUTION INC *p*1197
1000 Boul Du Seminaire N Bureau 6, SAINT-JEAN-SUR-RICHELIEU, QC, J3A 1E5
(450) 348-3813 *SIC* 5411
PROVIGO DISTRIBUTION INC *p*1199
429 Rue Saint-Jacques, SAINT-JEAN-SUR-RICHELIEU, QC, J3B 2M1
(450) 347-6811 *SIC* 5411
PROVIGO DISTRIBUTION INC *p*1200
900 Boul Grignon, Saint-Jerome, QC, J7Y 3S7
(450) 436-3824 *SIC* 5411
PROVIGO DISTRIBUTION INC *p*1202
500 Boul Des Laurentides, Saint-Jerome, QC, J7Z 4M2
(450) 431-2886 *SIC* 5411
PROVIGO DISTRIBUTION INC *p*1203
1461 Av Victoria, SAINT-LAMBERT, QC, J4R 1R5
(450) 671-6205 *SIC* 5411
PROVIGO DISTRIBUTION INC *p*1207
1757 Boul Marcel-Laurin, SAINT-LAURENT, QC, H4R 1J5

(514) 747-2203 *SIC* 5411
PROVIGO DISTRIBUTION INC *p*1217
1095 Rue Saint-Isidore, SAINT-LIN-LAURENTIDES, QC, J5M 2V5
(450) 439-5986 *SIC* 5411
PROVIGO DISTRIBUTION INC *p*1220
91 Rue Lachapelle E, Saint-Remi, QC, J0L 2L0
SIC 5411
PROVIGO DISTRIBUTION INC *p*1221
50 Av Saint-Denis, SAINT-SAUVEUR, QC, J0R 1R4
(450) 227-2827 *SIC* 5411
PROVIGO DISTRIBUTION INC *p*1226
101 Boul Des Hauts-Bois, SAINTE-JULIE, QC, J3E 3J8
(450) 649-2421 *SIC* 5411
PROVIGO DISTRIBUTION INC *p*1227
1030 Boul Vachon N, SAINTE-MARIE, QC, G6E 1M5
(418) 387-5779 *SIC* 5411
PROVIGO DISTRIBUTION INC *p*1228
2840 Boul Des Promenades, SAINTE-MARTHE-SUR-LE-LAC, QC, J0N 1P0
(450) 472-3551 *SIC* 5411
PROVIGO DISTRIBUTION INC *p*1229
444 Boul Cure-Labelle, SAINTE-ROSE, QC, H7P 4W7
(450) 625-4221 *SIC* 5411
PROVIGO DISTRIBUTION INC *p*1234
1005 Boul Laure, Sept-Iles, QC, G4R 4S6
(418) 968-1213 *SIC* 5411
PROVIGO DISTRIBUTION INC *p*1234
649 Boul Laure Bureau 100, Sept-Iles, QC, G4R 1X8
(418) 962-2240 *SIC* 5411
PROVIGO DISTRIBUTION INC *p*1236
800 Rue King E, SHERBROOKE, QC, J1G 1C7
(819) 562-8684 *SIC* 5411
PROVIGO DISTRIBUTION INC *p*1240
169 Rue Queen, SHERBROOKE, QC, J1M 1K1
(819) 823-0448 *SIC* 5411
PROVIGO DISTRIBUTION INC *p*1244
1345 Boul Moody, TERREBONNE, QC, J6W 3L1
(450) 471-1009 *SIC* 5411
PROVIGO DISTRIBUTION INC *p*1244
390 Montee Des Pionniers, TERREBONNE, QC, J6V 1S6
(450) 657-7710 *SIC* 5411
PROVIGO DISTRIBUTION INC *p*1246
805 Boul Frontenac E, THETFORD MINES, QC, G6G 6L5
(418) 338-2136 *SIC* 5411
PROVIGO DISTRIBUTION INC *p*1248
320 Rue Barkoff, Trois-Rivieres, QC, G8T 2A3
(819) 378-4932 *SIC* 5411
PROVIGO DISTRIBUTION INC *p*1250
5875 Boul Jean-Xxiii, Trois-Rivieres, QC, G8Z 4N8
(819) 378-8759 *SIC* 5411
PROVIGO DISTRIBUTION INC *p*1255
2020 Boul Rene-Gaultier, VARENNES, QC, J3X 1N9
(450) 652-9809 *SIC* 5411
PROVIGO DISTRIBUTION INC *p*1260
120 Boul Arthabaska O, VICTORIAVILLE, QC, G6S 0P2
(819) 752-7732 *SIC* 5411
PROVIGO INC *p*989
82 1re Av E, AMOS, QC, J9T 4B2
(819) 727-9433 *SIC* 5411
PROVIGO INC *p*998
175 Boul Sir-Wilfrid-Laurier, BELOEIL, QC, J3G 4G8
(450) 464-3514 *SIC* 5411
PROVIGO INC *p*999
1083 Boul Du Cure-Labelle Bureau 101, BLAINVILLE, QC, J7C 3M9
(450) 435-2489 *SIC* 5411
PROVIGO INC *p*1005

SIC 5411 Grocery stores

1001 Boul De Montarville Bureau 1, BOUCHERVILLE, QC, J4B 6P5
(450) 449-0081   SIC 5411
PROVIGO INC   p1029
1850 Boul Saint-Joseph, DRUMMONDVILLE, QC, J2B 1R3
(819) 472-1197   SIC 5411
PROVIGO INC   p1035
381 Boul Maloney E, GATINEAU, QC, J8P 1E3
(819) 663-5374   SIC 5411
PROVIGO INC   p1039
375 Ch D'aylmer Bureau 5, GATINEAU, QC, J9H 1A5
(819) 682-4433   SIC 5411
PROVIGO INC   p1054
1200 Boul Ducharme Bureau 1, LA TUQUE, QC, G9X 3Z9
(819) 523-8125   SIC 5411
PROVIGO INC   p1058
355 Rue Principale, LACHUTE, QC, J8H 2Z7
(450) 566-0761   SIC 5411
PROVIGO INC   p1084
101 Boul Tache O, MONTMAGNY, QC, G5V 3T8
(418) 248-0912   SIC 5411
PROVIGO INC   p1090
2535 Rue Masson, Montreal, QC, H1Y 1V7
(514) 527-2413   SIC 5411
PROVIGO INC   p1119
10455 Boul Saint-Laurent, Montreal, QC, H3L 2P1
(514) 387-7183   SIC 5411
PROVIGO INC   p1133
10200 Boul Pie-Ix, MONTREAL-NORD, QC, H1H 3Z1
(514) 321-3111   SIC 5411
PROVIGO INC   p1146
699 Rue Clemenceau, Quebec, QC, G1C 4N6
(418) 666-0155   SIC 5411
PROVIGO INC   p1148
1160 Boul Louis-Xiv, Quebec, QC, G1H 6V6
(418) 628-7672   SIC 5411
PROVIGO INC   p1164
9550 Boul De L'ormiere, Quebec, QC, G2B 3Z6
(418) 843-1732   SIC 5411
PROVIGO INC   p1167
350 Rue Bouvier, Quebec, QC, G2J 1R8
(418) 623-5475   SIC 5411
PROVIGO INC   p1181
93 Rue Principale, SAINT-BONIFACE-DE-SHAWINIGAN, QC, G0X 2L0
(819) 535-3322   SIC 5411
PROVIGO INC   p1203
1115 Rue Decarie, SAINT-LAURENT, QC, H4L 3M8
(514) 748-6805   SIC 5411
PROVIGO INC   p1215
5850 Boul Des Grandes-Prairies, SAINT-LEONARD, QC, H1P 1A2
SIC 5411
PROVIGO INC   p1216
5915 Rue Belanger, SAINT-LEONARD, QC, H1T 1G8
(514) 259-4216   SIC 5411
PROVIGO INC   p1232
70 Rue Dufferin, SALABERRY-DE-VALLEYFIELD, QC, J6S 1Y2
(450) 377-7670   SIC 5411
PROVIGO INC   p1235
1643 Rue D'youville, SHAWINIGAN, QC, G9N 8M8
(819) 536-4412   SIC 5411
PROVIGO INC   p1256
501 Av Saint-Charles, VAUDREUIL-DORION, QC, J7V 8V9
(450) 455-6161   SIC 5411
PUSATERI'S LIMITED   p759
1539 Avenue Rd, NORTH YORK, ON, M5M 3X4
(416) 785-9124   SIC 5411

QUILAKWA INVESTMENTS LTD   p213
5655 Hwy 97a Rr 3, ENDERBY, BC, V0E 1V3
(250) 838-9422   SIC 5411
R & L CONVENIENCE ENTERPRISES INC   p413
1 Ellis Dr, ROTHESAY, NB, E2E 1A1
(506) 847-2600   SIC 5411
RABBA, J. COMPANY LIMITED, THE   p715
20 Kingsbridge Garden Cir Suite 1, MISSISSAUGA, ON, L5R 3K7
(905) 568-3479   SIC 5411
RABBA, J. COMPANY LIMITED, THE   p766
1289 Marlborough Crt Unit 5, OAKVILLE, ON, L6H 2R9
(905) 815-8279   SIC 5411
RABBA, J. COMPANY LIMITED, THE   p902
40 Asquith Ave, TORONTO, ON, M4W 1J6
(416) 967-5326   SIC 5411
RABBA, J. COMPANY LIMITED, THE   p903
9 Isabella St, TORONTO, ON, M4Y 1M7
(416) 928-2300   SIC 5411
RABBA, J. COMPANY LIMITED, THE   p903
37 Charles St W, TORONTO, ON, M4Y 2R4
(416) 964-3409   SIC 5411
RABBA, J. COMPANY LIMITED, THE   p903
148 Wellesley St E, TORONTO, ON, M4Y 1J3
(416) 925-2100   SIC 5411
RABBA, J. COMPANY LIMITED, THE   p931
361 Front St W, TORONTO, ON, M5V 3R5
(416) 205-9600   SIC 5411
RADCO FOOD STORES LTD   p146
10003 100 St, MORINVILLE, AB, T8R 1R5
(780) 939-4418   SIC 5411
RAVEN ENTERPRISES INC.   p1280
200 28th St E, PRINCE ALBERT, SK, S6V 1X2
(306) 922-3663   SIC 5411
RED BARN COUNTRY MARKET LTD   p333
5325 Cordova Bay Rd Suite 129, VICTORIA, BC, V8Y 2L3
(250) 658-2998   SIC 5411
RED BARN COUNTRY MARKET LTD   p334
751 Vanalman Ave, VICTORIA, BC, V8Z 3B8
(250) 479-6817   SIC 5411
RED BARN COUNTRY MARKET LTD   p337
5550 West Saanich Rd, VICTORIA, BC, V9E 2G1
(250) 479-8349   SIC 5411
RED DEER CO-OP LIMITED   p134
5842 Highway 2a Unit 1, LACOMBE, AB, T4L 2G5
(403) 782-6200   SIC 5411
RIVERBEND CO-OPERATIVE LTD   p1267
912 Railway St, DAVIDSON, SK, S0G 1A0
(306) 567-2013   SIC 5411
RIVERBEND CO-OPERATIVE LTD   p1278
102 Saskatchewan Ave, Outlook, SK, S0L 2N0
(306) 867-8614   SIC 5411
RIVERSIDE PRICE CHOPPER   p962
8100 Wyandotte St E, WINDSOR, ON, N8S 1T3
(519) 251-8875   SIC 5411
ROMES YOUR INDEPENDANT GROCER INC   p833
44 Great Northern Rd, SAULT STE. MARIE, ON, P6B 4Y5
(705) 253-1726   SIC 5411
SAMSON CREE NATION CHIEF AND COUNCIL   p132
Gd, HOBBEMA, AB, T0C 1N0
(780) 585-3793   SIC 5411
SASKATOON CO-OPERATIVE ASSOCIATION LIMITED, THE   p1293
2511 8th St E, SASKATOON, SK, S7H 0V4
(306) 933-3886   SIC 5411
SHAUNAVON CO-OPERATIVE ASSOCIATION LIMITED   p1305
591 3rd St W, SHAUNAVON, SK, S0N 2M0
(306) 297-2663   SIC 5411
SHERWOOD CO-OPERATIVE ASSOCIATION LIMITED   p1290

2925 E Quance St, REGINA, SK, S4V 3B7
(306) 791-9300   SIC 5411
SHERWOOD CO-OPERATIVE ASSOCIATION LIMITED   p1291
5805 Rochdale Blvd, REGINA, SK, S4X 2P9
(306) 791-9300   SIC 5411
SHERWOOD PARK FOODS LTD   p163
590 Baseline Rd Suite 100, SHERWOOD PARK, AB, T8H 1Y4
SIC 5411
SOBEY'S EXTRA 548   p415
44 East Point, SAINT JOHN, NB, E2J 0H5
(506) 658-1329   SIC 5411
SOBEYS CAPITAL INCORPORATED   p5
5700 50 St, BEAUMONT, AB, T4X 1M8
(780) 929-2749   SIC 5411
SOBEYS CAPITAL INCORPORATED   p56
150 Millrise Blvd Sw Unit 3109, CALGARY, AB, T2Y 5G7
(403) 873-5085   SIC 5411
SOBEYS CAPITAL INCORPORATED   p56
2335 162 Ave Sw Suite 100, CALGARY, AB, T2Y 4S6
(403) 873-0101   SIC 5411
SOBEYS CAPITAL INCORPORATED   p57
20 Mckenzie Towne Ave Se, CALGARY, AB, T2Z 3S7
(403) 257-4343   SIC 5411
SOBEYS CAPITAL INCORPORATED   p64
11300 Tuscany Blvd Nw Suite 2020, CALGARY, AB, T3L 2V7
(403) 375-0595   SIC 5411
SOBEYS CAPITAL INCORPORATED   p67
950 Railway Ave Suite 1127, CANMORE, AB, T1W 1P4
(403) 678-6326   SIC 5411
SOBEYS CAPITAL INCORPORATED   p68
1 St W Suite 4920, CLARESHOLM, AB, T0L 0T0
(403) 625-2555   SIC 5411
SOBEYS CAPITAL INCORPORATED   p69
305 1 St W, COCHRANE, AB, T4C 1X8
(403) 932-3222   SIC 5411
SOBEYS CAPITAL INCORPORATED   p70
6403 51 St, COLD LAKE, AB, T9M 1C8
(780) 594-3335   SIC 5411
SOBEYS CAPITAL INCORPORATED   p82
10404 Jasper Ave Nw Suite 3023, EDMONTON, AB, T5J 1Z3
(780) 429-9922   SIC 5411
SOBEYS CAPITAL INCORPORATED   p85
13140 St Albert Trail Nw, EDMONTON, AB, T5L 4P6
(780) 486-4800   SIC 5411
SOBEYS CAPITAL INCORPORATED   p98
15367 Castle Downs Rd Nw, EDMONTON, AB, T5X 6C3
(780) 472-0100   SIC 5411
SOBEYS CAPITAL INCORPORATED   p98
5119 167 Ave Nw, EDMONTON, AB, T5Y 0L2
(780) 478-4740   SIC 5411
SOBEYS CAPITAL INCORPORATED   p111
2011 111 St Nw, EDMONTON, AB, T6J 4V9
(780) 435-1166   SIC 5411
SOBEYS CAPITAL INCORPORATED   p111
2011 111 St Nw, EDMONTON, AB, T6J 4V9
(780) 435-1224   SIC 5411
SOBEYS CAPITAL INCORPORATED   p112
18370 Lessard Rd Nw Suite 3073, EDMONTON, AB, T6M 2W8
(780) 441-3502   SIC 5411
SOBEYS CAPITAL INCORPORATED   p112
5011 23 Ave Nw, EDMONTON, AB, T6L 7G5
(780) 485-6622   SIC 5411
SOBEYS CAPITAL INCORPORATED   p115
2430 Rabbit Hill Rd Nw, EDMONTON, AB, T6R 3B5
(780) 989-1610   SIC 5411
SOBEYS CAPITAL INCORPORATED   p116
3819 34 St Nw, EDMONTON, AB, T6T 1K9
(780) 463-8383   SIC 5411
SOBEYS CAPITAL INCORPORATED   p121
19 Riedel St Unit 300, FORT MCMURRAY,

AB, T9H 5P8
(780) 791-1550   SIC 5411
SOBEYS CAPITAL INCORPORATED   p122
210 Thickwood Blvd, FORT MCMURRAY, AB, T9K 1X9
(780) 743-9339   SIC 5411
SOBEYS CAPITAL INCORPORATED   p124
10004 99 Ave, FORT SASKATCHEWAN, AB, T8L 3Y1
(780) 998-5429   SIC 5411
SOBEYS CAPITAL INCORPORATED   p134
5110 Highway 2a, LACOMBE, AB, T4L 1Y7
(403) 782-7871   SIC 5411
SOBEYS CAPITAL INCORPORATED   p137
327 Bluefox Blvd N, LETHBRIDGE, AB, T1H 6T3
(403) 320-5154   SIC 5411
SOBEYS CAPITAL INCORPORATED   p139
721 3 Ave S, LETHBRIDGE, AB, T1J 4C3
SIC 5411
SOBEYS CAPITAL INCORPORATED   p142
4227 75 Ave, LLOYDMINSTER, AB, T9V 2X4
(780) 871-0955   SIC 5411
SOBEYS CAPITAL INCORPORATED   p142
4227 75 Ave, LLOYDMINSTER, AB, T9V 2X4
(780) 875-3215   SIC 5411
SOBEYS CAPITAL INCORPORATED   p146
10003 100 St, MORINVILLE, AB, T8R 1R5
(780) 939-2209   SIC 5411
SOBEYS CAPITAL INCORPORATED   p149
6700 46 St Suite 300, OLDS, AB, T4H 0A2
(403) 556-3113   SIC 5411
SOBEYS CAPITAL INCORPORATED   p149
201 Southridge Dr Suite 700, OKOTOKS, AB, T1S 2E1
(403) 995-4088   SIC 5411
SOBEYS CAPITAL INCORPORATED   p151
819 Main St, PINCHER CREEK, AB, T0K 1W0
SIC 5411
SOBEYS CAPITAL INCORPORATED   p157
2110 50 Ave, RED DEER, AB, T4R 2K1
(403) 348-0848   SIC 5411
SOBEYS CAPITAL INCORPORATED   p159
5427 52 Ave, ROCKY MOUNTAIN HOUSE, AB, T4T 1S9
(403) 845-3371   SIC 5411
SOBEYS CAPITAL INCORPORATED   p159
4419 52 Ave, ROCKY MOUNTAIN HOUSE, AB, T4T 1A3
(403) 846-0038   SIC 5411
SOBEYS CAPITAL INCORPORATED   p163
590 Baseline Rd Unit 100, SHERWOOD PARK, AB, T8H 1Y4
(780) 417-0419   SIC 5411
SOBEYS CAPITAL INCORPORATED   p165
11 Westway Rd, SPRUCE GROVE, AB, T7X 3X3
(780) 962-4121   SIC 5411
SOBEYS CAPITAL INCORPORATED   p167
392 St Albert Rd, ST. ALBERT, AB, T8N 5J9
(780) 459-5909   SIC 5411
SOBEYS CAPITAL INCORPORATED   p168
4607 50 St, STETTLER, AB, T0C 2L0
(403) 742-5025   SIC 5411
SOBEYS CAPITAL INCORPORATED   p169
100 Ranch Market Suite 100, STRATHMORE, AB, T1P 0A8
(403) 934-4512   SIC 5411
SOBEYS CAPITAL INCORPORATED   p174
4703 50 St, WETASKIWIN, AB, T9A 1J6
(780) 352-2227   SIC 5411
SOBEYS CAPITAL INCORPORATED   p216
624 9 Ave N, GOLDEN, BC, V0A 1H0
(250) 344-2361   SIC 5411
SOBEYS CAPITAL INCORPORATED   p345
1645 18th St Suite B, BRANDON, MB, R7A 5C6
(204) 726-5255   SIC 5411
SOBEYS CAPITAL INCORPORATED   p346
3409 Victoria Ave, BRANDON, MB, R7B 2L8
(204) 727-3431   SIC 5411

BUSINESSES BY INDUSTRY CLASSIFICATION

SIC 5411 Grocery stores

SOBEYS CAPITAL INCORPORATED p346
3409 Victoria Ave, BRANDON, MB, R7B 2L8
(204) 727-3443   SIC 5411

SOBEYS CAPITAL INCORPORATED p357
178 Pth 12 N Unit 1, STEINBACH, MB, R5G 1T7
(204) 326-1316   SIC 5411

SOBEYS CAPITAL INCORPORATED p363
7 Reenders Dr, WINNIPEG, MB, R2C 5K5
(204) 669-9966   SIC 5411

SOBEYS CAPITAL INCORPORATED p367
965 Henderson Hwy, WINNIPEG, MB, R2K 2M2
(204) 338-0349   SIC 5411

SOBEYS CAPITAL INCORPORATED p368
1939 Bishop Grandin Blvd, WINNIPEG, MB, R2M 5S1
(204) 255-5064   SIC 5411

SOBEYS CAPITAL INCORPORATED p369
1500 Dakota St Suite 1, WINNIPEG, MB, R2N 3Y7
(204) 253-3663   SIC 5411

SOBEYS CAPITAL INCORPORATED p369
1303 Jefferson Ave, WINNIPEG, MB, R2P 1S7
SIC 5411

SOBEYS CAPITAL INCORPORATED p373
1870 Burrows Ave, WINNIPEG, MB, R2X 3C3
(204) 697-1997   SIC 5411

SOBEYS CAPITAL INCORPORATED p385
3635 Portage Ave, WINNIPEG, MB, R3K 2G6
(204) 832-8605   SIC 5411

SOBEYS CAPITAL INCORPORATED p388
1660 Kenaston Blvd, WINNIPEG, MB, R3P 2M6
(204) 489-7007   SIC 5411

SOBEYS CAPITAL INCORPORATED p394
850 St. Peter Ave, BATHURST, NB, E2A 4K4
(506) 548-3577   SIC 5411

SOBEYS CAPITAL INCORPORATED p395
140 Roseberry St, CAMPBELLTON, NB, E3N 2G9
SIC 5411

SOBEYS CAPITAL INCORPORATED p398
26 Rue Michaud, EDMUNDSTON, NB, E3V 1X3
(506) 739-8871   SIC 5411

SOBEYS CAPITAL INCORPORATED p398
580 Rue Victoria, EDMUNDSTON, NB, E3V 3N1
SIC 5411

SOBEYS CAPITAL INCORPORATED p399
463 Brookside Dr Suite 349, FREDERICTON, NB, E3A 8V4
(506) 450-7109   SIC 5411

SOBEYS CAPITAL INCORPORATED p399
180 Main St, FREDERICTON, NB, E3A 1C8
(506) 472-7431   SIC 5411

SOBEYS CAPITAL INCORPORATED p401
1150 Prospect St, FREDERICTON, NB, E3B 3C1
(506) 458-8891   SIC 5411

SOBEYS CAPITAL INCORPORATED p403
535 Boul Everard H Daigle, GRAND-SAULT/GRAND FALLS, NB, E3Z 2R7
(506) 473-5604   SIC 5411

SOBEYS CAPITAL INCORPORATED p405
273 Pleasant St, MIRAMICHI, NB, E1V 1Y7
(506) 622-2098   SIC 5411

SOBEYS CAPITAL INCORPORATED p405
2485 King George Hwy Suite 1, MIRAMICHI, NB, E1V 6W3
(506) 778-2404   SIC 5411

SOBEYS CAPITAL INCORPORATED p408
55 Vaughan Harvey Blvd, MONCTON, NB, E1C 0N3
(506) 855-0546   SIC 5411

SOBEYS CAPITAL INCORPORATED p408
1380 Mountain Rd, MONCTON, NB, E1C 2T8
(506) 858-8283   SIC 5411

SOBEYS CAPITAL INCORPORATED p411
1 Lewis St, OROMOCTO, NB, E2V 4K5
(506) 357-9831   SIC 5411

SOBEYS CAPITAL INCORPORATED p411
375 Miramichi Rd Suite 860, OROMOCTO, NB, E2V 4T4
(506) 446-5030   SIC 5411

SOBEYS CAPITAL INCORPORATED p413
140a Hampton Rd, ROTHESAY, NB, E2E 2R1
(506) 847-5697   SIC 5411

SOBEYS CAPITAL INCORPORATED p413
1160 Findlay Blvd, RIVERVIEW, NB, E1B 0J6
(506) 386-4616   SIC 5411

SOBEYS CAPITAL INCORPORATED p415
519 Westmorland Rd, SAINT JOHN, NB, E2J 3W9
(506) 633-1187   SIC 5411

SOBEYS CAPITAL INCORPORATED p415
120 Mcdonald St, SAINT JOHN, NB, E2J 1M5
SIC 5411

SOBEYS CAPITAL INCORPORATED p416
149 Lansdowne Ave Suite 233, SAINT JOHN, NB, E2K 2Z9
(506) 652-4470   SIC 5411

SOBEYS CAPITAL INCORPORATED p418
3701 Westfield Road Suite 562, SAINT JOHN, NB, E2M 7T4
(506) 738-2353   SIC 5411

SOBEYS CAPITAL INCORPORATED p418
1 Plaza Ave, SAINT JOHN, NB, E2M 0C2
(506) 674-1460   SIC 5411

SOBEYS CAPITAL INCORPORATED p420
183 Main St Suite 738, SHEDIAC, NB, E4P 2A5
(506) 532-0842   SIC 5411

SOBEYS CAPITAL INCORPORATED p421
426 Rue Du Moulin, TRACADIE-SHEILA, NB, E1X 1A4
SIC 5411

SOBEYS CAPITAL INCORPORATED p422
370 Connell St Unit 11, WOODSTOCK, NB, E7M 5G9
(506) 328-6819   SIC 5411

SOBEYS CAPITAL INCORPORATED p423
Gd, BAY ROBERTS, NL, A0A 1G0
(709) 786-7194   SIC 5411

SOBEYS CAPITAL INCORPORATED p424
8 Goff Ave, CARBONEAR, NL, A1Y 1A6
(709) 596-0659   SIC 5411

SOBEYS CAPITAL INCORPORATED p424
350 Conception Bay Hwy, CONCEPTION BAY SOUTH, NL, A1X 7A3
(709) 834-9052   SIC 5411

SOBEYS CAPITAL INCORPORATED p424
27 Grand Bay Rd, CHANNEL-PORT-AUX-BASQUES, NL, A0M 1C0
(709) 695-7689   SIC 5411

SOBEYS CAPITAL INCORPORATED p425
1 Mount Bernard Ave Suite 861, CORNER BROOK, NL, A2H 6Y5
(709) 639-7193   SIC 5411

SOBEYS CAPITAL INCORPORATED p425
631 Conception Bay Hwy, CONCEPTION BAY SOUTH, NL, A1X 7L4
SIC 5411

SOBEYS CAPITAL INCORPORATED p426
230 Airport Blvd, GANDER, NL, A1V 1L7
(709) 256-4860   SIC 5411

SOBEYS CAPITAL INCORPORATED p427
66 Hardy Ave, GRAND FALLS-WINDSOR, NL, A2A 2V4
(709) 489-3846   SIC 5411

SOBEYS CAPITAL INCORPORATED p427
Highway Route #210, GRAND BANK, NL, A0E 1W0
(709) 832-0091   SIC 5411

SOBEYS CAPITAL INCORPORATED p427
21 Cromer Ave, GRAND FALLS-WINDSOR, NL, A2A 1X3
(709) 489-8054   SIC 5411

SOBEYS CAPITAL INCORPORATED p428
465 Main St, LEWISPORTE, NL, A0G 3A0

(709) 535-8535   SIC 5411

SOBEYS CAPITAL INCORPORATED p429
23 Columbia Dr, MARYSTOWN, NL, A0E 2M0
(709) 279-2471   SIC 5411

SOBEYS CAPITAL INCORPORATED p430
Gd, PLACENTIA, NL, A0B 2Y0
(709) 227-5172   SIC 5411

SOBEYS CAPITAL INCORPORATED p430
50 Old Placentia Rd, MOUNT PEARL, NL, A1N 4Y1
(709) 745-8501   SIC 5411

SOBEYS CAPITAL INCORPORATED p432
360 Torbay Rd, ST. JOHN'S, NL, A1A 4E1
(709) 726-0522   SIC 5411

SOBEYS CAPITAL INCORPORATED p432
10 Elizabeth Ave Suite 744, ST. JOHN'S, NL, A1A 5L4
(709) 753-3426   SIC 5411

SOBEYS CAPITAL INCORPORATED p434
48 Kenmount Rd, ST. JOHN'S, NL, A1B 1W3
(709) 753-9298   SIC 5411

SOBEYS CAPITAL INCORPORATED p435
8 Merrymeeting Rd, ST. JOHN'S, NL, A1C 2V5
(709) 726-2387   SIC 5411

SOBEYS CAPITAL INCORPORATED p436
45 Ropewalk Lane, ST. JOHN'S, NL, A1E 4P1
(709) 739-8663   SIC 5411

SOBEYS CAPITAL INCORPORATED p436
470 Topsail Rd Suite 340, ST. JOHN'S, NL, A1E 2C3
(709) 748-1250   SIC 5411

SOBEYS CAPITAL INCORPORATED p437
42 Queen St, STEPHENVILLE, NL, A2N 3A7
SIC 5411

SOBEYS CAPITAL INCORPORATED p437
1588 Torbay Rd, TORBAY, NL, A1K 1H1
(709) 437-1389   SIC 5411

SOBEYS CAPITAL INCORPORATED p441
142 Albion St S Suite 729, AMHERST, NS, B4H 4H4
(902) 667-2251   SIC 5411

SOBEYS CAPITAL INCORPORATED p442
151 Church St, ANTIGONISH, NS, B2G 2E2
(902) 863-6022   SIC 5411

SOBEYS CAPITAL INCORPORATED p442
3552 Hwy 3, BARRINGTON PASSAGE, NS, B0W 1G0
(902) 637-3063   SIC 5411

SOBEYS CAPITAL INCORPORATED p443
961 Bedford Hwy, BEDFORD, NS, B4A 1A9
(902) 835-3335   SIC 5411

SOBEYS CAPITAL INCORPORATED p444
223 Commercial St, BERWICK, NS, B0P 1E0
(902) 538-3686   SIC 5411

SOBEYS CAPITAL INCORPORATED p445
349 Lahave St Suite 322, BRIDGEWATER, NS, B4V 2T6
(902) 543-9244   SIC 5411

SOBEYS CAPITAL INCORPORATED p447
612 Main St Suite 622, DARTMOUTH, NS, B2W 5M5
(902) 433-0140   SIC 5411

SOBEYS CAPITAL INCORPORATED p447
100 Main St Suite 250, DARTMOUTH, NS, B2X 1R5
(902) 434-6696   SIC 5411

SOBEYS CAPITAL INCORPORATED p447
4 Forest Hills Pky, DARTMOUTH, NS, B2W 5G7
(902) 435-3909   SIC 5411

SOBEYS CAPITAL INCORPORATED p448
551 Portland St, DARTMOUTH, NS, B2Y 4B1
(902) 469-8396   SIC 5411

SOBEYS CAPITAL INCORPORATED p448
211 Pleasant St, DARTMOUTH, NS, B2Y 3R5
(902) 466-2776   SIC 5411

SOBEYS CAPITAL INCORPORATED p449
6 Primrose St, DARTMOUTH, NS, B3A 4C5
(902) 463-2910   SIC 5411

SOBEYS CAPITAL INCORPORATED p453
110 Warwick St, DIGBY, NS, B0V 1A0
(902) 245-6183   SIC 5411

SOBEYS CAPITAL INCORPORATED p454
3286 Hwy 2, FALL RIVER, NS, B2T 1L8
(902) 860-2291   SIC 5411

SOBEYS CAPITAL INCORPORATED p454
269 Highway 214 Unit 1, ELMSDALE, NS, B2S 1K1
(902) 883-8111   SIC 5411

SOBEYS CAPITAL INCORPORATED p455
144 Reserve St, GLACE BAY, NS, B1A 4W5
(902) 842-1033   SIC 5411

SOBEYS CAPITAL INCORPORATED p455
25 Brookside St, GLACE BAY, NS, B1A 1K2
(902) 849-7205   SIC 5411

SOBEYS CAPITAL INCORPORATED p457
1120 Queen St, HALIFAX, NS, B3H 2R9
(902) 422-7605   SIC 5411

SOBEYS CAPITAL INCORPORATED p461
2651 Windsor St Suite 554, HALIFAX, NS, B3K 5C7
(902) 455-8508   SIC 5411

SOBEYS CAPITAL INCORPORATED p462
287 Lacewood Dr Suite 644, HALIFAX, NS, B3M 3Y7
(902) 457-2102   SIC 5411

SOBEYS CAPITAL INCORPORATED p463
279 Herring Cove Rd, HALIFAX, NS, B3P 1M2
(902) 477-2817   SIC 5411

SOBEYS CAPITAL INCORPORATED p464
8990 Highway 7, HEAD OF JEDDORE, NS, B0J 1P0
(902) 889-2794   SIC 5411

SOBEYS CAPITAL INCORPORATED p466
180 Bristol Ave, LIVERPOOL, NS, B0T 1K0
(902) 354-4225   SIC 5411

SOBEYS CAPITAL INCORPORATED p467
752 Sackville Dr Suite 670, LOWER SACKVILLE, NS, B4E 1R7
(902) 865-5057   SIC 5411

SOBEYS CAPITAL INCORPORATED p468
170 Commercial St, MIDDLETON, NS, B0S 1P0
(902) 825-6444   SIC 5411

SOBEYS CAPITAL INCORPORATED p470
9256 Commercial St, NEW MINAS, NS, B4N 4A9
(902) 681-3723   SIC 5411

SOBEYS CAPITAL INCORPORATED p470
38 George St Suite 652, NEW GLASGOW, NS, B2H 2K1
(902) 752-6258   SIC 5411

SOBEYS CAPITAL INCORPORATED p471
116 King St, NORTH SYDNEY, NS, B2A 3R7
(902) 794-7088   SIC 5411

SOBEYS CAPITAL INCORPORATED p472
622 Reeves St Unit 1, PORT HAWKESBURY, NS, B9A 2R7
(902) 625-1242   SIC 5411

SOBEYS CAPITAL INCORPORATED p472
239 West River Rd, PICTOU, NS, B0K 1H0
(902) 485-5841   SIC 5411

SOBEYS CAPITAL INCORPORATED p473
3500 Emerald St, SCOTCHTOWN, NS, B1H 1H5
(902) 862-8770   SIC 5411

SOBEYS CAPITAL INCORPORATED p473
21 Main St, SPRINGHILL, NS, B0M 1X0
(902) 597-8777   SIC 5411

SOBEYS CAPITAL INCORPORATED p474
123 Foord St, Stellarton, NS, B0K 0A2
(902) 662-2132   SIC 5411

SOBEYS CAPITAL INCORPORATED p474
293 Foord St, STELLARTON, NS, B0K 1S0
(902) 755-1830   SIC 5411

SOBEYS CAPITAL INCORPORATED p475
800 Grand Lake Rd, SYDNEY, NS, B1P 6S9
SIC 5411

SOBEYS CAPITAL INCORPORATED p475

▲ Public Company   ■ Public Company Family Member   HQ Headquarters   BR Branch   SL Single Location

272b Prince St, SYDNEY, NS, B1P 5K6
(902) 562-1762   SIC 5411

SOBEYS CAPITAL INCORPORATED p476
39 Pitt St, SYDNEY MINES, NS, B1V 1R7
(902) 736-6416   SIC 5411

SOBEYS CAPITAL INCORPORATED p476
95 Keltic Dr, SYDNEY, NS, B1S 1P4
(902) 562-5110   SIC 5411

SOBEYS CAPITAL INCORPORATED p476
95 Keltic Dr, SYDNEY, NS, B1S 1P4
(902) 562-5110   SIC 5411

SOBEYS CAPITAL INCORPORATED p478
241 Pictou Rd, TRURO, NS, B2N 2S7
(902) 893-7986   SIC 5411

SOBEYS CAPITAL INCORPORATED p478
68 Robie St Suite 594, TRURO, NS, B2N 1L2
(902) 893-9388   SIC 5411

SOBEYS CAPITAL INCORPORATED p478
985 Prince St, TRURO, NS, B2N 1H7
(902) 895-9785   SIC 5411

SOBEYS CAPITAL INCORPORATED p478
3650 Hammonds Plains Rd Suite 684, UPPER TANTALLON, NS, B3Z 4R3
(902) 826-1046   SIC 5411

SOBEYS CAPITAL INCORPORATED p479
50 Empire Lane Wentworth Rd, WINDSOR, NS, B0N 2T0
(902) 798-0992   SIC 5411

SOBEYS CAPITAL INCORPORATED p480
130 Starrs Rd, YARMOUTH, NS, B5A 4E5
SIC 5411

SOBEYS CAPITAL INCORPORATED p480
76 Starrs Rd, YARMOUTH, NS, B5A 2T5
(902) 742-2882   SIC 5411

SOBEYS CAPITAL INCORPORATED p484
260 Kingston Rd W, AJAX, ON, L1T 4E4
(905) 426-7144   SIC 5411

SOBEYS CAPITAL INCORPORATED p484
1935 Ravenscroft Rd, AJAX, ON, L1T 0K4
(905) 686-7475   SIC 5411

SOBEYS CAPITAL INCORPORATED p486
161 Young St, ALLISTON, ON, L9R 2A9
(705) 434-9512   SIC 5411

SOBEYS CAPITAL INCORPORATED p487
83 Sandwich St S, AMHERSTBURG, ON, N9V 1Z5
(519) 736-4520   SIC 5411

SOBEYS CAPITAL INCORPORATED p488
977 Golf Links Rd, ANCASTER, ON, L9K 1K1
(905) 648-3534   SIC 5411

SOBEYS CAPITAL INCORPORATED p488
247 Mill St, ANGUS, ON, L0M 1B2
(705) 424-1588   SIC 5411

SOBEYS CAPITAL INCORPORATED p491
15500 Bayview Ave, AURORA, ON, L4G 7J1
(905) 726-2530   SIC 5411

SOBEYS CAPITAL INCORPORATED p494
337 Hastings St N, BANCROFT, ON, K0L 1C0
(613) 332-6664   SIC 5411

SOBEYS CAPITAL INCORPORATED p495
409 Bayfield St Suite C1, BARRIE, ON, L4M 6E5
(705) 739-1100   SIC 5411

SOBEYS CAPITAL INCORPORATED p495
320 Bayfield St, BARRIE, ON, L4M 3C1
(705) 734-6212   SIC 5411

SOBEYS CAPITAL INCORPORATED p499
37 Mapleview Dr W, BARRIE, ON, L4N 9H5
(705) 728-9858   SIC 5411

SOBEYS CAPITAL INCORPORATED p501
4610 Ontario St, BEAMSVILLE, ON, L0R 1B3
(905) 563-1088   SIC 5411

SOBEYS CAPITAL INCORPORATED p510
3998 Cottrelle Blvd, BRAMPTON, ON, L6P 2R1
(905) 794-2263   SIC 5411

SOBEYS CAPITAL INCORPORATED p512
930 North Park Dr, BRAMPTON, ON, L6S 3Y5
(905) 458-7673   SIC 5411

SOBEYS CAPITAL INCORPORATED p523
380 Bovaird Dr E Suite 29, BRAMPTON, ON, L6Z 2S8
(905) 840-0770   SIC 5411

SOBEYS CAPITAL INCORPORATED p523
499 Main St S, BRAMPTON, ON, L6Y 1N7
SIC 5411

SOBEYS CAPITAL INCORPORATED p523
8975 Chinguacousy Rd, BRAMPTON, ON, L6Y 0J2
(905) 796-1517   SIC 5411

SOBEYS CAPITAL INCORPORATED p523
11965 Hurontario St, BRAMPTON, ON, L6Z 4P7
(905) 846-5658   SIC 5411

SOBEYS CAPITAL INCORPORATED p527
655 Colborne St, BRANTFORD, ON, N3S 3M8
SIC 5411

SOBEYS CAPITAL INCORPORATED p527
655 Colborne St, BRANTFORD, ON, N3S 3M8
SIC 5411

SOBEYS CAPITAL INCORPORATED p539
1250 Brant St, BURLINGTON, ON, L7P 1X8
(905) 332-3373   SIC 5411

SOBEYS CAPITAL INCORPORATED p539
2201 Brant St, BURLINGTON, ON, L7P 3N8
(905) 335-2466   SIC 5411

SOBEYS CAPITAL INCORPORATED p542
15771 Airport Rd, CALEDON EAST, ON, L7C 1K2
(905) 584-9677   SIC 5411

SOBEYS CAPITAL INCORPORATED p544
75 Dundas St, CAMBRIDGE, ON, N1R 6G5
(519) 620-9022   SIC 5411

SOBEYS CAPITAL INCORPORATED p545
130 Cedar St, CAMBRIDGE, ON, N1S 1W4
(519) 622-8906   SIC 5411

SOBEYS CAPITAL INCORPORATED p549
110 Lansdowne Ave, CARLETON PLACE, ON, K7C 2T7
(613) 253-6141   SIC 5411

SOBEYS CAPITAL INCORPORATED p549
26 Industrial Ave, CARLETON PLACE, ON, K7C 3T2
(613) 256-5401   SIC 5411

SOBEYS CAPITAL INCORPORATED p553
215 Park Ave W, CHATHAM, ON, N7M 1W3
(519) 380-0550   SIC 5411

SOBEYS CAPITAL INCORPORATED p556
55 Mountain Rd, COLLINGWOOD, ON, L9Y 4M2
(705) 445-7080   SIC 5411

SOBEYS CAPITAL INCORPORATED p570
303 Government St, DRYDEN, ON, P8N 2P4
SIC 5411

SOBEYS CAPITAL INCORPORATED p574
800 Centre St Suite 500, ESPANOLA, ON, P5E 1J3
(705) 869-6777   SIC 5411

SOBEYS CAPITAL INCORPORATED p588
15 Lindsay St, FENELON FALLS, ON, K0M 1N0
(705) 887-3611   SIC 5411

SOBEYS CAPITAL INCORPORATED p589
110 20 Hwy E, FONTHILL, ON, L0S 1E0
(905) 892-2570   SIC 5411

SOBEYS CAPITAL INCORPORATED p590
450 Garrison Rd, FORT ERIE, ON, L2A 1N2
(905) 871-0463   SIC 5411

SOBEYS CAPITAL INCORPORATED p590
310 Garrison Rd, FORT ERIE, ON, L2A 1M7
(905) 994-7467   SIC 5411

SOBEYS CAPITAL INCORPORATED p592
325 Guelph St, GEORGETOWN, ON, L7G 4B3
(905) 873-0622   SIC 5411

SOBEYS CAPITAL INCORPORATED p597
225 Edward St, GRAVENHURST, ON, P1P 1K8
(705) 684-8302   SIC 5411

SOBEYS CAPITAL INCORPORATED p597
55 Main St E, GRAND BEND, ON, N0M 1T0
(519) 238-8944   SIC 5411

SOBEYS CAPITAL INCORPORATED p598
44 Livingston Ave, GRIMSBY, ON, L3M 1L1
(905) 945-9973   SIC 5411

SOBEYS CAPITAL INCORPORATED p606
700 Queenston Rd Unit A, HAMILTON, ON, L8G 1A3
(905) 560-8111   SIC 5411

SOBEYS CAPITAL INCORPORATED p609
869 Barton St E, HAMILTON, ON, L8L 3B4
(905) 549-3573   SIC 5411

SOBEYS CAPITAL INCORPORATED p614
905 Rymal Rd E, HAMILTON, ON, L8W 3M2
(905) 383-9930   SIC 5411

SOBEYS CAPITAL INCORPORATED p617
236 10th St, HANOVER, ON, N4N 1N9
(519) 364-2891   SIC 5411

SOBEYS CAPITAL INCORPORATED p618
38 Ottawa St E, HAVELOCK, ON, K0L 1Z0
(705) 778-3881   SIC 5411

SOBEYS CAPITAL INCORPORATED p620
12 Cann St, HUNTSVILLE, ON, P1H 1H3
(705) 789-9172   SIC 5411

SOBEYS CAPITAL INCORPORATED p622
2080 Jans Blvd, INNISFIL, ON, L9S 4Y8
(705) 431-6667   SIC 5411

SOBEYS CAPITAL INCORPORATED p625
700 Terry Fox Dr, KANATA, ON, K2L 4H4
(613) 831-1444   SIC 5411

SOBEYS CAPITAL INCORPORATED p626
840 March Rd, KANATA, ON, K2W 0C9
(613) 599-8965   SIC 5411

SOBEYS CAPITAL INCORPORATED p629
814 Durham St, KINCARDINE, ON, N2Z 3B9
(519) 395-0022   SIC 5411

SOBEYS CAPITAL INCORPORATED p639
1187 Fischer Hallman Rd Suite 852, KITCHENER, ON, N2E 4H9
(519) 576-1280   SIC 5411

SOBEYS CAPITAL INCORPORATED p639
720 Westmount Rd E, KITCHENER, ON, N2E 2M6
(519) 578-7851   SIC 5411

SOBEYS CAPITAL INCORPORATED p643
274 Highland Rd W, KITCHENER, ON, N2M 3C5
(519) 744-6561   SIC 5411

SOBEYS CAPITAL INCORPORATED p643
274 Highland Rd W, KITCHENER, ON, N2M 3C5
(519) 744-6561   SIC 5411

SOBEYS CAPITAL INCORPORATED p658
645 Commissioners Rd E, LONDON, ON, N6C 2T9
(519) 685-9581   SIC 5411

SOBEYS CAPITAL INCORPORATED p666
40 Elgin St, MADOC, ON, K0K 2K0
(613) 473-4240   SIC 5411

SOBEYS CAPITAL INCORPORATED p669
9580 Mccowan Rd Unit G, MARKHAM, ON, L3P 8M1
(905) 887-4366   SIC 5411

SOBEYS CAPITAL INCORPORATED p682
20 Market Dr, MILTON, ON, L9T 3H5
SIC 5411

SOBEYS CAPITAL INCORPORATED p684
7205 Goreway Dr Unit1, MISSISSAUGA, ON, L4T 2T9
(905) 677-0239   SIC 5411

SOBEYS CAPITAL INCORPORATED p691
1680 Tech Ave Unit 1, MISSISSAUGA, ON, L4W 5S9
SIC 5411

SOBEYS CAPITAL INCORPORATED p700
4040 Creditview Rd, MISSISSAUGA, ON, L5C 3Y8
SIC 5411

SOBEYS CAPITAL INCORPORATED p702
1375 Southdown Rd, MISSISSAUGA, ON, L5J 2Z1
(905) 855-1317   SIC 5411

SOBEYS CAPITAL INCORPORATED p703
2458 Dundas St W Unit 4, MISSISSAUGA, ON, L5K 1R8
SIC 5411

SOBEYS CAPITAL INCORPORATED p706
5602 Tenth Line W, MISSISSAUGA, ON, L5M 7L9
(905) 858-2899   SIC 5411

SOBEYS CAPITAL INCORPORATED p711
6040 Glen Erin Dr, MISSISSAUGA, ON, L5N 3M4
(905) 826-0582   SIC 5411

SOBEYS CAPITAL INCORPORATED p724
19263 48 Hwy, MOUNT ALBERT, ON, L0G 1M0
(905) 473-7406   SIC 5411

SOBEYS CAPITAL INCORPORATED p729
2150 Robertson Rd Suite 1, NEPEAN, ON, K2H 9S1
(613) 726-8038   SIC 5411

SOBEYS CAPITAL INCORPORATED p731
338 Waterloo St Suite 3, NEW HAMBURG, ON, N3A 0C5
(519) 662-2620   SIC 5411

SOBEYS CAPITAL INCORPORATED p734
17730 Leslie St, NEWMARKET, ON, L3Y 3E4
SIC 5411

SOBEYS CAPITAL INCORPORATED p739
3714 Portage Rd, NIAGARA FALLS, ON, L2J 2K9
(905) 371-2270   SIC 5411

SOBEYS CAPITAL INCORPORATED p740
13305 Highway 27 Unit 1, NOBLETON, ON, L0G 1N0
SIC 5411

SOBEYS CAPITAL INCORPORATED p743
1899 Algonquin Ave, NORTH BAY, ON, P1B 4Y8
(705) 472-4001   SIC 5411

SOBEYS CAPITAL INCORPORATED p751
6201 Bathurst St, NORTH YORK, ON, M2R 2A5
(416) 223-8585   SIC 5411

SOBEYS CAPITAL INCORPORATED p768
511 Maple Grove Dr Suite 4, OAKVILLE, ON, L6J 6X8
(905) 849-0691   SIC 5411

SOBEYS CAPITAL INCORPORATED p770
2441 Lakeshore Rd W, OAKVILLE, ON, L6L 5V5
(905) 825-2278   SIC 5411

SOBEYS CAPITAL INCORPORATED p771
1500 Upper Middle Rd W, OAKVILLE, ON, L6M 0C2
(905) 847-1909   SIC 5411

SOBEYS CAPITAL INCORPORATED p771
1500 Upper Middle Rd W, OAKVILLE, ON, L6M 0C2
(905) 847-1909   SIC 5411

SOBEYS CAPITAL INCORPORATED p773
500 Riddell Rd, ORANGEVILLE, ON, L9W 5L1
(519) 941-1339   SIC 5411

SOBEYS CAPITAL INCORPORATED p776
1887 St. Joseph Blvd, ORLEANS, ON, K1C 7J2
(613) 590-0993   SIC 5411

SOBEYS CAPITAL INCORPORATED p778
1150 Simcoe St N, OSHAWA, ON, L1G 4W7
(905) 576-9562   SIC 5411

SOBEYS CAPITAL INCORPORATED p780
564 King St E, OSHAWA, ON, L1H 1G5
(905) 571-4835   SIC 5411

SOBEYS CAPITAL INCORPORATED p782
1377 Wilson Rd N, OSHAWA, ON, L1K 2Z5
(905) 440-4687   SIC 5411

SOBEYS CAPITAL INCORPORATED p788
318 Mcarthur Ave, OTTAWA, ON, K1L 6N8
(613) 744-4343   SIC 5411

SOBEYS CAPITAL INCORPORATED p804
307 Grand River St N, PARIS, ON, N3L 2N9
(519) 442-4485   SIC 5411

SOBEYS CAPITAL INCORPORATED p804
915 10th St W, OWEN SOUND, ON, N4K

BUSINESSES BY INDUSTRY CLASSIFICATION SIC 5411 Grocery stores **2193**

5S2
(519) 376-8872 SIC 5411
SOBEYS CAPITAL INCORPORATED p805
25 Pine Dr, PARRY SOUND, ON, P2A 3B7
(705) 746-4809 SIC 5411
SOBEYS CAPITAL INCORPORATED p811
950 Lansdowne St W, PETERBOROUGH, ON, K9J 1Z9
SIC 5411
SOBEYS CAPITAL INCORPORATED p813
1899 Brock Rd Suite F, PICKERING, ON, L1V 4H7
(905) 619-9130 SIC 5411
SOBEYS CAPITAL INCORPORATED p813
650 Kingston Rd, PICKERING, ON, L1V 1A6
(905) 837-8611 SIC 5411
SOBEYS CAPITAL INCORPORATED p824
1430 Major Mackenzie Dr E, RICHMOND HILL, ON, L4S 0A1
(905) 770-9370 SIC 5411
SOBEYS CAPITAL INCORPORATED p826
124 Craig St, RUSSELL, ON, K4R 1A1
(613) 445-5308 SIC 5411
SOBEYS CAPITAL INCORPORATED p827
1330 Exmouth St, SARNIA, ON, N7S 3X9
SIC 5411
SOBEYS CAPITAL INCORPORATED p834
1150 Morningside Ave, SCARBOROUGH, ON, M1B 3A4
(416) 284-8864 SIC 5411
SOBEYS CAPITAL INCORPORATED p836
3750 Lawrence Ave E, SCARBOROUGH, ON, M1G 1R1
SIC 5411
SOBEYS CAPITAL INCORPORATED p837
1255 Mccowan Rd, SCARBOROUGH, ON, M1H 3K3
(416) 431-2555 SIC 5411
SOBEYS CAPITAL INCORPORATED p843
2361 Brimley Rd, SCARBOROUGH, ON, M1S 3L6
SIC 5411
SOBEYS CAPITAL INCORPORATED p849
438 Norfolk St S, SIMCOE, ON, N3Y 2X3
(519) 426-4799 SIC 5411
SOBEYS CAPITAL INCORPORATED p850
176 Griffin St N Unit 174, SMITHVILLE, ON, L0R 2A0
SIC 5411
SOBEYS CAPITAL INCORPORATED p852
400 Scott St, ST CATHARINES, ON, L2M 3W4
(905) 935-9974 SIC 5411
SOBEYS CAPITAL INCORPORATED p856
344 Glendale Ave, ST CATHARINES, ON, L2T 4E3
(905) 680-8563 SIC 5411
SOBEYS CAPITAL INCORPORATED p863
5857 Main St, STOUFFVILLE, ON, L4A 2S9
(905) 640-0883 SIC 5411
SOBEYS CAPITAL INCORPORATED p864
30 Queensland Rd, STRATFORD, ON, N4Z 1H4
(519) 273-2631 SIC 5411
SOBEYS CAPITAL INCORPORATED p875
9200 Bathurst St, THORNHILL, ON, L4J 8W1
(905) 731-7600 SIC 5411
SOBEYS CAPITAL INCORPORATED p883
678 Broadway St, TILLSONBURG, ON, N4G 3S9
(519) 688-1734 SIC 5411
SOBEYS CAPITAL INCORPORATED p892
2451 Danforth Ave Suite 938, TORONTO, ON, M4C 1L1
(416) 698-6868 SIC 5411
SOBEYS CAPITAL INCORPORATED p900
81 St Clair Ave E Suite 693, TORONTO, ON, M4T 1M7
(416) 413-0594 SIC 5411
SOBEYS CAPITAL INCORPORATED p920
207 Queens Quay W Suite 867, TORONTO, ON, M5J 1A7
(416) 603-8689 SIC 5411

SOBEYS CAPITAL INCORPORATED p932
100 King St W Suite 3900, TORONTO, ON, M5X 2A1
(613) 447-7472 SIC 5411
SOBEYS CAPITAL INCORPORATED p934
840 Dupont St, TORONTO, ON, M6G 1Z8
(416) 534-3588 SIC 5411
SOBEYS CAPITAL INCORPORATED p935
1245 Dupont St, TORONTO, ON, M6H 2A6
(416) 537-2670 SIC 5411
SOBEYS CAPITAL INCORPORATED p939
199 Roncesvalles Ave, TORONTO, ON, M6R 2L5
(416) 588-3363 SIC 5411
SOBEYS CAPITAL INCORPORATED p939
3400 Dundas St W, TORONTO, ON, M6S 2S1
(416) 767-1510 SIC 5411
SOBEYS CAPITAL INCORPORATED p940
1255 The Queensway, TORONTO, ON, M8Z 1S1
(416) 252-5845 SIC 5411
SOBEYS CAPITAL INCORPORATED p940
125 The Queensway, TORONTO, ON, M8Y 1H6
(416) 259-1758 SIC 5411
SOBEYS CAPITAL INCORPORATED p942
1731 Weston Rd, TORONTO, ON, M9N 1V5
SIC 5411
SOBEYS CAPITAL INCORPORATED p943
260 Queen St N, TOTTENHAM, ON, L0G 1W0
(905) 936-1077 SIC 5411
SOBEYS CAPITAL INCORPORATED p944
30 Ontario St, TRENTON, ON, K8V 5S9
(613) 394-2791 SIC 5411
SOBEYS CAPITAL INCORPORATED p949
62 Mcnaughton Ave, WALLACEBURG, ON, N8A 1R9
SIC 5411
SOBEYS CAPITAL INCORPORATED p950
792 Old Highway 24, WATERFORD, ON, N0E 1Y0
(519) 443-8609 SIC 5411
SOBEYS CAPITAL INCORPORATED p951
94 Bridgeport Rd E, WATERLOO, ON, N2J 2J9
(519) 885-4170 SIC 5411
SOBEYS CAPITAL INCORPORATED p953
450 Columbia St W, WATERLOO, ON, N2T 2W1
(519) 880-9143 SIC 5411
SOBEYS CAPITAL INCORPORATED p956
609 South Pelham Rd, WELLAND, ON, L3C 3C7
(905) 735-7467 SIC 5411
SOBEYS CAPITAL INCORPORATED p959
350 Brock St S, WHITBY, ON, L1N 4K4
(905) 666-1691 SIC 5411
SOBEYS CAPITAL INCORPORATED p959
1615 Dundas St E, WHITBY, ON, L1N 2L1
(905) 435-0780 SIC 5411
SOBEYS CAPITAL INCORPORATED p963
7676 Tecumseh Rd E, WINDSOR, ON, N8T 1E9
SIC 5411
SOBEYS CAPITAL INCORPORATED p968
799 Crawford Ave, WINDSOR, ON, N9A 5C7
(519) 252-4777 SIC 5411
SOBEYS CAPITAL INCORPORATED p971
19 Amy Croft Dr, WINDSOR, ON, N9K 1C7
(519) 735-4110 SIC 5411
SOBEYS CAPITAL INCORPORATED p972
3737 Major Mackenzie Dr, WOODBRIDGE, ON, L4H 0A2
(905) 303-3144 SIC 5411
SOBEYS CAPITAL INCORPORATED p978
379 Springbank Ave N, WOODSTOCK, ON, N4T 1R3
(519) 421-3340 SIC 5411
SOBEYS CAPITAL INCORPORATED p980
2238 Ohalloran Rd, BLOOMFIELD STATION, PE, C0B 1E0

(902) 859-1981 SIC 5411
SOBEYS CAPITAL INCORPORATED p981
400 University Ave Suite 870, CHARLOTTETOWN, PE, C1A 4N6
(902) 626-3334 SIC 5411
SOBEYS CAPITAL INCORPORATED p982
679 University Ave, CHARLOTTETOWN, PE, C1E 1E5
(902) 566-3218 SIC 5411
SOBEYS CAPITAL INCORPORATED p984
531 Main St, MONTAGUE, PE, C0A 1R0
(902) 838-3370 SIC 5411
SOBEYS CAPITAL INCORPORATED p984
9 Kinlock Rd Suite 621, STRATFORD, PE, C1B 1P8
(902) 894-3800 SIC 5411
SOBEYS CAPITAL INCORPORATED p985
98 Water St, SUMMERSIDE, PE, C1N 4N6
(902) 436-4640 SIC 5411
SOBEYS CAPITAL INCORPORATED p985
868-475 Granville St, SUMMERSIDE, PE, C1N 3N9
(902) 436-5795 SIC 5411
SOBEYS CAPITAL INCORPORATED p1012
90 Boul D'anjou, Chateauguay, QC, J6K 1C3
(450) 692-3446 SIC 5411
SOBEYS CAPITAL INCORPORATED p1043
143 Grande Allee O, Grande-Riviere, QC, G0C 1V0
(418) 385-3494 SIC 5411
SOBEYS CAPITAL INCORPORATED p1134
120 Boul Perron O, NEW RICHMOND, QC, G0C 2B0
(418) 392-4237 SIC 5411
SOBEYS CAPITAL INCORPORATED p1146
969 Av Nordique Bureau 458, Quebec, QC, G1C 7S8
(418) 667-5700 SIC 5411
SOBEYS CAPITAL INCORPORATED p1156
5005 Boul De L'ormiere Bureau 445, Quebec, QC, G1P 1K6
(418) 877-3922 SIC 5411
SOBEYS CAPITAL INCORPORATED p1158
255 Ch Sainte-Foy, Quebec, QC, G1R 1T5
(418) 524-9890 SIC 5411
SOBEYS CAPITAL INCORPORATED p1173
395 Av Sirois, RIMOUSKI, QC, G5L 8R2
(418) 724-2244 SIC 5411
SOBEYS CAPITAL INCORPORATED p1175
254 Boul De L'hotel-De-Ville Bureau 451, Riviere-du-Loup, QC, G5R 1M4
(418) 862-7861 SIC 5411
SOBEYS CAPITAL INCORPORATED p1237
775 Rue Galt O Bureau 514, SHERBROOKE, QC, J1H 1Z1
(819) 564-8686 SIC 5411
SOBEYS CAPITAL INCORPORATED p1240
3950 Rue King O Bureau B, SHERBROOKE, QC, J1L 1P6
(819) 563-5172 SIC 5411
SOBEYS CAPITAL INCORPORATED p1248
645 Boul Thibeau, Trois-Rivieres, QC, G8T 6Z6
(819) 376-1551 SIC 5411
SOBEYS CAPITAL INCORPORATED p1256
585 Av Saint-Charles, VAUDREUIL-DORION, QC, J7V 8P9
(450) 424-3549 SIC 5411
SOBEYS CAPITAL INCORPORATED p1268
440 King St, ESTEVAN, SK, S4A 2B4
(306) 637-2550 SIC 5411
SOBEYS CAPITAL INCORPORATED p1270
2304 Quill Ctr, HUMBOLDT, SK, S0K 2A1
(306) 682-2133 SIC 5411
SOBEYS CAPITAL INCORPORATED p1289
4250 Albert St, REGINA, SK, S4S 3R9
(306) 585-0366 SIC 5411
SOBEYS CAPITAL INCORPORATED p1291
4101 Rochdale Blvd, REGINA, SK, S4X 4P7
(306) 546-5881 SIC 5411
SOBEYS CAPITAL INCORPORATED p1293
3907 8th St E, SASKATOON, SK, S7H 5M7
(306) 651-1800 SIC 5411
SOBEYS CAPITAL INCORPORATED p1293

1550 8th St E, SASKATOON, SK, S7H 0T3
(306) 477-5800 SIC 5411
SOBEYS CAPITAL INCORPORATED p1303
1739 Preston Ave N, SASKATOON, SK, S7N 4V2
(306) 668-9901 SIC 5411
SOBEYS CAPITAL INCORPORATED p1309
277 Broadway St E, YORKTON, SK, S3N 3G7
SIC 5411
SOBEYS INC p474
115 King St, STELLARTON, NS, B0K 0A2
(902) 752-8371 SIC 5411
SOBEYS QUEBEC INC p1015
1324 Boul Talbot, CHICOUTIMI, QC, G7H 4B8
(418) 549-9751 SIC 5411
SOBEYS QUEBEC INC p1017
35 Rue Principale E, COOKSHIRE-EATON, QC, J0B 1M0
(819) 875-5455 SIC 5411
SOBEYS QUEBEC INC p1023
850 Ch D'oka, DEUX-MONTAGNES, QC, J7R 1L7
(450) 473-6280 SIC 5411
SOBEYS QUEBEC INC p1060
8130 Boul Champlain, LASALLE, QC, H8P 1B4
(514) 364-4777 SIC 5411
SOBEYS QUEBEC INC p1067
1060 Boul Guillaume-Couture, Levis, QC, G6W 5M6
(418) 834-3811 SIC 5411
SOBEYS QUEBEC INC p1076
65 Montee Masson, MASCOUCHE, QC, J7K 3B4
(450) 474-2444 SIC 5411
SOBEYS QUEBEC INC p1096
9150 Rue Lajeunesse, Montreal, QC, H2M 1S2
(514) 381-6511 SIC 5411
SOBEYS QUEBEC INC p1098
900 Rue Saint-Zotique E, Montreal, QC, H2S 1M8
(514) 270-9440 SIC 5411
SOBEYS QUEBEC INC p1132
11281 Boul Albert-Hudon, MONTREAL-NORD, QC, H1G 3J5
(514) 324-1010 SIC 5411
SOBEYS QUEBEC INC p1167
5555 Boul Des Gradins, Quebec, QC, G2J 1C8
(418) 622-5262 SIC 5411
SOBEYS QUEBEC INC p1184
400 132 Rte Bureau 100, SAINT-CONSTANT, QC, J5A 2J8
SIC 5411
SOBEYS QUEBEC INC p1186
299 Boul Arthur-Sauve, SAINT-EUSTACHE, QC, J7P 2B1
(450) 472-1558 SIC 5411
SOBEYS QUEBEC INC p1192
5935 Boul Payer, SAINT-HUBERT, QC, J3Y 6W6
SIC 5411
SOBEYS QUEBEC INC p1224
6 Boul Sainte-Anne O, SAINTE-ANNE-DES-MONTS, QC, G4V 1P3
SIC 5411
SOBEYS QUEBEC INC p1236
2240 Rue King E, SHERBROOKE, QC, J1G 5G8
(819) 566-8282 SIC 5411
SOBEYS QUEBEC INC p1244
675 Boul Des Seigneurs, TERREBONNE, QC, J6W 1T5
(450) 492-5580 SIC 5411
SOBEYS QUEBEC INC p1246
5671 Boul Laurier Bureau 117, TERREBONNE, QC, J7M 1T7
(450) 477-4077 SIC 5411
SOBEYS QUEBEC INC p1255
1777 132 Rte, VARENNES, QC, J3X 1P7
(450) 929-0405 SIC 5411

▲ Public Company ■ Public Company Family Member HQ Headquarters BR Branch SL Single Location

SIC 5411 Grocery stores

SOBEYS WEST INC p3
505 Main St, AIRDRIE, AB, T4B 2B8
(403) 948-4838 SIC 5411

SOBEYS WEST INC p4
318 Main St, BANFF, AB, T1L 1B4
(403) 762-5378 SIC 5411

SOBEYS WEST INC p8
550 Cassils Rd W Suite 100, BROOKS, AB, T1R 0W3
(403) 362-6851 SIC 5411

SOBEYS WEST INC p11
3550 32 Ave Ne Suite 286, CALGARY, AB, T1Y 6J2
(403) 291-2035 SIC 5411

SOBEYS WEST INC p14
1440 52 St Ne Suite 300, CALGARY, AB, T2A 4T8
(403) 235-1437 SIC 5411

SOBEYS WEST INC p14
399 36 St Ne, CALGARY, AB, T2A 7R4
(403) 248-0848 SIC 5411

SOBEYS WEST INC p20
7740 18 St Se, CALGARY, AB, T2C 2N5
(403) 236-0559 SIC 5411

SOBEYS WEST INC p25
1818 Centre St Ne Suite 20, CALGARY, AB, T2E 2S6
(403) 276-3328 SIC 5411

SOBEYS WEST INC p25
1020 64 Ave Ne, CALGARY, AB, T2E 7V8
(403) 730-3500 SIC 5411

SOBEYS WEST INC p36
11011 Bonaventure Dr Se, CALGARY, AB, T2J 6S1
(403) 278-5225 SIC 5411

SOBEYS WEST INC p36
9737 Macleod Trail Sw, CALGARY, AB, T2J 0P6
(403) 252-8199 SIC 5411

SOBEYS WEST INC p36
755 Lake Bonavista Dr Se Suite 1, CALGARY, AB, T2J 0N3
(403) 271-1616 SIC 5411

SOBEYS WEST INC p37
3636 Brentwood Rd Nw, CALGARY, AB, T2L 1K8
(403) 289-1424 SIC 5411

SOBEYS WEST INC p37
5607 4 St Nw, CALGARY, AB, T2K 1B3
(403) 730-5080 SIC 5411

SOBEYS WEST INC p37
3636 Morley Tr Nw, CALGARY, AB, T2L 1K8
(403) 289-9890 SIC 5411

SOBEYS WEST INC p37
215 42 Ave Se, CALGARY, AB, T2K 0H3
SIC 5411

SOBEYS WEST INC p39
410 10 St Nw, CALGARY, AB, T2N 1V9
(403) 270-3054 SIC 5411

SOBEYS WEST INC p39
1632 14 Ave Nw Unit 1846, CALGARY, AB, T2N 1M7
(403) 210-0002 SIC 5411

SOBEYS WEST INC p52
813 11 Ave Sw, CALGARY, AB, T2R 0E6
(403) 264-1375 SIC 5411

SOBEYS WEST INC p53
2425 34 Ave Sw, CALGARY, AB, T2T 6E3
(403) 240-1098 SIC 5411

SOBEYS WEST INC p53
524 Elbow Dr Sw, CALGARY, AB, T2S 2H6
(403) 228-6141 SIC 5411

SOBEYS WEST INC p54
1600 90 Ave Sw, CALGARY, AB, T2V 5A8
(403) 255-2755 SIC 5411

SOBEYS WEST INC p55
2525 Woodview Dr Sw Suite 280, CALGARY, AB, T2W 4N4
(403) 238-1400 SIC 5411

SOBEYS WEST INC p56
70 Shawville Blvd Se, CALGARY, AB, T2Y 2Z3
(403) 256-1401 SIC 5411

SOBEYS WEST INC p58
3625 Shaganappi Trail Nw, CALGARY, AB, T3A 0E2
(403) 286-5510 SIC 5411

SOBEYS WEST INC p58
5005 Dalhousie Dr Nw Suite 291, CALGARY, AB, T3A 5R8
(403) 202-0425 SIC 5411

SOBEYS WEST INC p59
5048 16 Ave Nw, CALGARY, AB, T3B 0N3
(403) 288-3219 SIC 5411

SOBEYS WEST INC p62
99 Crowfoot Cres Nw, CALGARY, AB, T3G 2L5
(403) 239-9000 SIC 5411

SOBEYS WEST INC p63
55 Castleridge Blvd Ne, CALGARY, AB, T3J 3J8
(403) 293-0321 SIC 5411

SOBEYS WEST INC p63
850 Saddletowne Cir Ne, CALGARY, AB, T3J 0H5
(403) 293-1670 SIC 5411

SOBEYS WEST INC p64
8120 Beddington Blvd Nw, CALGARY, AB, T3K 2A8
(403) 295-6895 SIC 5411

SOBEYS WEST INC p66
6800 48 Ave Suite 200, CAMROSE, AB, T4V 4T1
(780) 672-1211 SIC 5411

SOBEYS WEST INC p67
1200 Railway Ave Unit 2244, CANMORE, AB, T1W 1P4
(403) 609-4655 SIC 5411

SOBEYS WEST INC p68
135 Chestermere Station Way Unit 100, CHESTERMERE, AB, T1X 1V2
(403) 410-9700 SIC 5411

SOBEYS WEST INC p69
304 5 Ave W, COCHRANE, AB, T4C 2A5
(403) 851-1290 SIC 5411

SOBEYS WEST INC p74
8118 118 Ave Nw, EDMONTON, AB, T5B 0S1
(780) 461-4880 SIC 5411

SOBEYS WEST INC p74
500 Manning Cross Nw, EDMONTON, AB, T5A 5A1
(780) 475-2896 SIC 5411

SOBEYS WEST INC p76
9499 137 Ave Nw Suite 200, EDMONTON, AB, T5E 5R8
(780) 406-6455 SIC 5411

SOBEYS WEST INC p78
10930 82 St Nw, EDMONTON, AB, T5H 1L8
(780) 433-6930 SIC 5411

SOBEYS WEST INC p82
1858230 82nd Ave, EDMONTON, AB, T5J 2K2
(780) 469-9452 SIC 5411

SOBEYS WEST INC p83
11410 104 Ave Nw, EDMONTON, AB, T5K 2S5
(780) 424-0666 SIC 5411

SOBEYS WEST INC p85
12950 137 Ave Nw, EDMONTON, AB, T5L 4Y8
(780) 377-2402 SIC 5411

SOBEYS WEST INC p87
601 Westmount Shopping Center, EDMONTON, AB, T5M 3L7
(780) 451-1860 SIC 5411

SOBEYS WEST INC p95
6655 178 St Nw Suite 600, EDMONTON, AB, T5T 4J5
(780) 481-7646 SIC 5411

SOBEYS WEST INC p95
2534 Guardian Rd Nw, Edmonton, AB, T5T 1K8
(780) 490-0418 SIC 5411

SOBEYS WEST INC p98
3004 118 Ave Nw, EDMONTON, AB, T5W 4W3
(780) 477-6923 SIC 5411

SOBEYS WEST INC p99
8720 156 Ave Nw, EDMONTON, AB, T5Z 3B4
(780) 486-0584 SIC 5411

SOBEYS WEST INC p99
5004 98 Ave Nw Unit 1062, EDMONTON, AB, T6A 0A1
(780) 466-9001 SIC 5411

SOBEYS WEST INC p102
8330 82 Ave Nw, EDMONTON, AB, T6C 0Y6
(780) 469-9464 SIC 5411

SOBEYS WEST INC p111
100 Millbourne Shopping Centre Nw, EDMONTON, AB, T6K 3L6
(780) 462-4424 SIC 5411

SOBEYS WEST INC p111
2331 66 St Nw Suite 341, EDMONTON, AB, T6K 4B4
(780) 450-8180 SIC 5411

SOBEYS WEST INC p111
2304 109 St Nw, EDMONTON, AB, T6J 3S8
(780) 430-4278 SIC 5411

SOBEYS WEST INC p115
576 Riverbend Sq Nw Suite 802, EDMONTON, AB, T6R 2E3
(780) 434-6124 SIC 5411

SOBEYS WEST INC p121
131 Signal Rd, FORT MCMURRAY, AB, T9H 4N6
(780) 791-3909 SIC 5411

SOBEYS WEST INC p121
9601 Franklin Ave, FORT MCMURRAY, AB, T9H 2J8
(780) 790-1988 SIC 5411

SOBEYS WEST INC p124
9450 86 Ave, FORT SASKATCHEWAN, AB, T8L 4P4
(780) 998-4065 SIC 5411

SOBEYS WEST INC p128
8060 100 St, GRANDE PRAIRIE, AB, T8V 6H7
(780) 833-8620 SIC 5411

SOBEYS WEST INC p128
9925 114 Ave, GRANDE PRAIRIE, AB, T8V 4A9
(780) 532-1627 SIC 5411

SOBEYS WEST INC p131
900 Carmichael Lane Suite 500, HINTON, AB, T7V 1Y6
(780) 865-5978 SIC 5411

SOBEYS WEST INC p136
6112 50 St Suite 6112, LEDUC, AB, T9E 6N7
(780) 986-0390 SIC 5411

SOBEYS WEST INC p137
1702 23 St N, LETHBRIDGE, AB, T1H 5B3
(403) 320-2231 SIC 5411

SOBEYS WEST INC p139
550 University Dr W Suite 1, LETHBRIDGE, AB, T1J 4T3
(403) 329-6382 SIC 5411

SOBEYS WEST INC p140
2750 Fairway Plaza Rd S, LETHBRIDGE, AB, T1K 6Z3
(403) 328-8444 SIC 5411

SOBEYS WEST INC p142
5211 44 St, LLOYDMINSTER, AB, T9V 0A7
(780) 875-3448 SIC 5411

SOBEYS WEST INC p144
97 8 St Nw, MEDICINE HAT, AB, T1A 6N9
SIC 5411

SOBEYS WEST INC p144
615 Division Ave S, MEDICINE HAT, AB, T1A 2J9
(403) 504-2920 SIC 5411

SOBEYS WEST INC p145
3292 Dunmore Rd Se Suite 139, MEDICINE HAT, AB, T1B 2R4
(403) 526-7778 SIC 5411

SOBEYS WEST INC p149
610 Big Rock Lane, OKOTOKS, AB, T1S 1L2
(403) 938-9341 SIC 5411

SOBEYS WEST INC p154
4408 50 Ave, RED DEER, AB, T4N 3Z6

(403) 346-1886 SIC 5411

SOBEYS WEST INC p162
985 Fir St, SHERWOOD PARK, AB, T8A 4N5
(780) 467-0177 SIC 5411

SOBEYS WEST INC p162
2020 Sherwood Dr, SHERWOOD PARK, AB, T8A 3H9
(780) 467-3037 SIC 5411

SOBEYS WEST INC p165
94 Mcleod Ave, Spruce Grove, AB, T7X 1R2
(780) 962-9183 SIC 5411

SOBEYS WEST INC p167
2 Hebert Rd Suite 300, ST. ALBERT, AB, T8N 5T8
(780) 460-9356 SIC 5411

SOBEYS WEST INC p167
395 St Albert Trail, ST. ALBERT, AB, T8N 5Z9
(780) 458-3620 SIC 5411

SOBEYS WEST INC p170
4926 46 Ave, TABER, AB, T1G 2A4
(403) 223-5749 SIC 5411

SOBEYS WEST INC p176
535 Caribou Hwy S, 100 MILE HOUSE, BC, V0K 2E0
(250) 395-4952 SIC 5411

SOBEYS WEST INC p179
32500 South Fraser Way Unit 100, ABBOTSFORD, BC, V2T 4W1
(604) 852-3558 SIC 5411

SOBEYS WEST INC p181
27566 Fraser Hwy, ALDERGROVE, BC, V4W 3N5
(604) 857-1351 SIC 5411

SOBEYS WEST INC p182
9855 Austin Rd, BURNABY, BC, V3J 1N4
(604) 420-8091 SIC 5411

SOBEYS WEST INC p185
6564 Hastings St, BURNABY, BC, V5B 1S2
(604) 291-0118 SIC 5411

SOBEYS WEST INC p188
4440 Hastings St Suite E, BURNABY, BC, V5C 2K2
(604) 205-7497 SIC 5411

SOBEYS WEST INC p195
1721 Columbia Ave, CASTLEGAR, BC, V1N 2W6
(250) 365-7771 SIC 5411

SOBEYS WEST INC p197
45850 Yale Rd, CHILLIWACK, BC, V2P 2N9
(604) 795-6428 SIC 5411

SOBEYS WEST INC p198
45610 Luckakuck Way, CHILLIWACK, BC, V2R 1A2
(604) 858-8115 SIC 5411

SOBEYS WEST INC p200
3051 Lougheed Hwy Suite 100, COQUITLAM, BC, V3B 1C6
(604) 941-6894 SIC 5411

SOBEYS WEST INC p201
580 Clarke Rd, COQUITLAM, BC, V3J 0G4
SIC 5411

SOBEYS WEST INC p203
1033 Austin Ave, COQUITLAM, BC, V3K 3P2
(604) 939-2850 SIC 5411

SOBEYS WEST INC p205
1200 Baker St, CRANBROOK, BC, V1C 1A8
(250) 417-0221 SIC 5411

SOBEYS WEST INC p207
11200 8 St, DAWSON CREEK, BC, V1G 3R4
(250) 782-9561 SIC 5411

SOBEYS WEST INC p209
6401 120 St, DELTA, BC, V4E 3G3
(604) 596-5634 SIC 5411

SOBEYS WEST INC p215
9123 100 Ave, FORT ST. JOHN, BC, V1J 1X6
(250) 261-5477 SIC 5411

SOBEYS WEST INC p219
750 Fortune Dr, KAMLOOPS, BC, V2B 2L2
(250) 376-4129 SIC 5411

BUSINESSES BY INDUSTRY CLASSIFICATION

SIC 5411 Grocery stores

SOBEYS WEST INC p221
945 Columbia St W, KAMLOOPS, BC, V2C 1L5
(250) 372-1994 SIC 5411

SOBEYS WEST INC p228
370 Davis Rd, LADYSMITH, BC, V9G 1T9
(250) 245-2033 SIC 5411

SOBEYS WEST INC p231
6153 200 St, LANGLEY, BC, V2Y 1A2
(604) 530-6131 SIC 5411

SOBEYS WEST INC p233
20871 Fraser Hwy, LANGLEY, BC, V3A 4G7
(604) 534-4363 SIC 5411

SOBEYS WEST INC p236
20201 Lougheed Hwy Suite 300, MAPLE RIDGE, BC, V2X 2P6
(604) 460-7200 SIC 5411

SOBEYS WEST INC p244
610 Sixth St Unit 198, NEW WESTMINSTER, BC, V3L 3C2
(604) 520-5937 SIC 5411

SOBEYS WEST INC p244
800 Mcbride Blvd, NEW WESTMINSTER, BC, V3L 2B8
SIC 5411

SOBEYS WEST INC p245
800 Carnarvon St Suite 220, NEW WESTMINSTER, BC, V3M 0G3
(604) 522-2019 SIC 5411

SOBEYS WEST INC p246
1175 Mt Seymour Rd, NORTH VANCOUVER, BC, V7H 2Y4
(604) 924-1302 SIC 5411

SOBEYS WEST INC p247
1170 27th St E, NORTH VANCOUVER, BC, V7J 1S1
(604) 988-7095 SIC 5411

SOBEYS WEST INC p249
1300 Lonsdale Ave, NORTH VANCOUVER, BC, V7M 2H8
SIC 5411

SOBEYS WEST INC p249
2601 Westview Dr Unit 780, NORTH VANCOUVER, BC, V7N 3X4
(604) 988-4476 SIC 5411

SOBEYS WEST INC p254
3756 10th Ave, PORT ALBERNI, BC, V9Y 4W6
(250) 723-6212 SIC 5411

SOBEYS WEST INC p256
2850 Shaughnessy St Suite 1100, PORT COQUITLAM, BC, V3C 6K5
(604) 945-7018 SIC 5411

SOBEYS WEST INC p258
7040 Barnet St, POWELL RIVER, BC, V8A 2A1
(604) 485-4244 SIC 5411

SOBEYS WEST INC p272
10151 No. 3 Rd Unit 100, RICHMOND, BC, V7A 4R6
(604) 271-8678 SIC 5411

SOBEYS WEST INC p274
8671 No. 1 Rd, RICHMOND, BC, V7C 1V2
(604) 241-4013 SIC 5411

SOBEYS WEST INC p276
360 Trans Canada Hwy Sw Unit 1, SALMON ARM, BC, V1E 1B4
(250) 832-8086 SIC 5411

SOBEYS WEST INC p277
2345 Beacon Ave, SIDNEY, BC, V8L 1W9
(250) 656-2735 SIC 5411

SOBEYS WEST INC p278
3664 16 Hwy E Rr 6, SMITHERS, BC, V0J 2N6
(250) 847-4744 SIC 5411

SOBEYS WEST INC p282
5710 175 St, SURREY, BC, V3S 4T7
SIC 5411

SOBEYS WEST INC p287
7450 120 St, SURREY, BC, V3W 3M9
(604) 594-7341 SIC 5411

SOBEYS WEST INC p287
7165 138 St, SURREY, BC, V3W 7T9
(604) 594-4515 SIC 5411

SOBEYS WEST INC p288
12825 16 Ave, SURREY, BC, V4A 1N5
(604) 531-3422 SIC 5411

SOBEYS WEST INC p295
1780 Broadway E, VANCOUVER, BC, V5N 1W3
(604) 873-0225 SIC 5411

SOBEYS WEST INC p296
3410 Kingsway, VANCOUVER, BC, V5R 5L4
(604) 439-0090 SIC 5411

SOBEYS WEST INC p300
650 41st Ave W, VANCOUVER, BC, V5Z 2M9
(604) 263-5502 SIC 5411

SOBEYS WEST INC p300
555 12th Ave W Unit 40, VANCOUVER, BC, V5Z 3X7
(604) 872-5077 SIC 5411

SOBEYS WEST INC p300
990 King Edward Ave W, VANCOUVER, BC, V5Z 2E2
(604) 733-0073 SIC 5411

SOBEYS WEST INC p301
555 12th Ave W, VANCOUVER, BC, V5Z 3X7
(604) 872-8762 SIC 5411

SOBEYS WEST INC p314
1641 Davie St, VANCOUVER, BC, V6G 1W1
(604) 669-8131 SIC 5411

SOBEYS WEST INC p314
1766 Robson St, VANCOUVER, BC, V6G 1E2
(604) 683-0202 SIC 5411

SOBEYS WEST INC p317
2315 4th Ave W, VANCOUVER, BC, V6K 1P2
(604) 737-9803 SIC 5411

SOBEYS WEST INC p317
2733 Broadway W, VANCOUVER, BC, V6K 2G5
(604) 732-5030 SIC 5411

SOBEYS WEST INC p319
8555 Granville St, VANCOUVER, BC, V6P 0C3
(604) 263-7267 SIC 5411

SOBEYS WEST INC p319
4575 10th Ave W, VANCOUVER, BC, V6R 2J2
(604) 228-0891 SIC 5411

SOBEYS WEST INC p326
4300 32 St, VERNON, BC, V1T 9H1
(250) 542-2627 SIC 5411

SOBEYS WEST INC p328
1950 Foul Bay Rd, VICTORIA, BC, V8R 5A7
(250) 370-1669 SIC 5411

SOBEYS WEST INC p335
3170 Tillicum Rd Unit 108, VICTORIA, BC, V9A 7C7
(250) 384-7714 SIC 5411

SOBEYS WEST INC p339
5385 Headland Dr, WEST VANCOUVER, BC, V7W 3C7
(604) 926-2034 SIC 5411

SOBEYS WEST INC p341
451 Oliver St, WILLIAMS LAKE, BC, V2G 1M5
(250) 398-8380 SIC 5411

SOBEYS WEST INC p345
921 18th St N Suite 921, BRANDON, MB, R7A 7S1
(204) 726-8014 SIC 5411

SOBEYS WEST INC p345
1020 Victoria Ave, BRANDON, MB, R7A 1A9
(204) 728-4124 SIC 5411

SOBEYS WEST INC p346
1610 18th St N, BRANDON, MB, R7C 1A5
SIC 5411

SOBEYS WEST INC p352
Gd, NEEPAWA, MB, R0J 1H0
(204) 476-5423 SIC 5411

SOBEYS WEST INC p355
318 Manitoba Ave, SELKIRK, MB, R1A 0Y7
(204) 482-5775 SIC 5411

SOBEYS WEST INC p357
143 Pth 12 N, STEINBACH, MB, R5G 1T5
(204) 346-1555 SIC 5411

SOBEYS WEST INC p363
1615 Regent Ave W Unit 500, WINNIPEG, MB, R2C 5C6
(204) 663-6862 SIC 5411

SOBEYS WEST INC p363
105 Pandora Ave E, WINNIPEG, MB, R2C 0A1
(204) 222-6878 SIC 5411

SOBEYS WEST INC p363
654 Kildare Ave E, WINNIPEG, MB, R2C 0P8
(204) 222-6902 SIC 5411

SOBEYS WEST INC p368
850 Dakota St, WINNIPEG, MB, R2M 5R9
(204) 254-6516 SIC 5411

SOBEYS WEST INC p370
850 Keewatin St Suite 12, WINNIPEG, MB, R2R 0Z5
(204) 632-6763 SIC 5411

SOBEYS WEST INC p371
841 Leila Ave, WINNIPEG, MB, R2V 3J7
(204) 339-4113 SIC 5411

SOBEYS WEST INC p371
1441 Main St, WINNIPEG, MB, R2W 3V6
(204) 589-7135 SIC 5411

SOBEYS WEST INC p373
3059 Ness Ave, WINNIPEG, MB, R2Y 0G1
SIC 5411

SOBEYS WEST INC p380
1265 Empress St, WINNIPEG, MB, R3E 3N9
(204) 786-8494 SIC 5411

SOBEYS WEST INC p381
1485 Portage Ave Suite 160e, WINNIPEG, MB, R3G 0W4
(204) 775-6348 SIC 5411

SOBEYS WEST INC p385
1612 Ness Ave, WINNIPEG, MB, R3J 0H7
(204) 775-2414 SIC 5411

SOBEYS WEST INC p386
1120 Grant Ave, Winnipeg, MB, R3M 2A6
(204) 452-7197 SIC 5411

SOBEYS WEST INC p386
655 Osborne St, WINNIPEG, MB, R3L 2B7
(204) 475-0793 SIC 5411

SOBEYS WEST INC p388
3900 Grant Ave Suite 20, WINNIPEG, MB, R3R 3C2
(204) 837-5339 SIC 5411

SOBEYS WEST INC p388
2025 Corydon Ave Suite 150, WINNIPEG, MB, R3P 0N5
(204) 489-6498 SIC 5411

SOBEYS WEST INC p388
1625 Kenaston Blvd, WINNIPEG, MB, R3P 2M4
(204) 488-9404 SIC 5411

SOBEYS WEST INC p390
1345 Waverley St Suite 300, WINNIPEG, MB, R3T 5Y7
(204) 487-5797 SIC 5411

SOBEYS WEST INC p390
1319 Pembina Hwy, WINNIPEG, MB, R3T 2B6
(204) 284-0973 SIC 5411

SOBEYS WEST INC p390
2860 Pembina Hwy, WINNIPEG, MB, R3T 3L9
SIC 5411

SOBEYS WEST INC p570
75 Whyte Ave, DRYDEN, ON, P8N 3E6
(807) 223-3276 SIC 5411

SOBEYS WEST INC p628
400 First Ave S, KENORA, ON, P9N 1W4
(807) 468-5868 SIC 5411

SOBEYS WEST INC p1276
200 1st Ave Nw, MOOSE JAW, SK, S6H 1K9
(306) 693-8033 SIC 5411

SOBEYS WEST INC p1280
2995 2nd Ave W, PRINCE ALBERT, SK, S6V 5V5

(306) 922-1245 SIC 5411

SOBEYS WEST INC p1283
2223 E Victoria Ave, REGINA, SK, S4N 6E4
(306) 789-3191 SIC 5411

SOBEYS WEST INC p1288
3859 Sherwood Dr, REGINA, SK, S4R 4A8
(306) 545-6292 SIC 5411

SOBEYS WEST INC p1288
353 N Albert St, REGINA, SK, S4R 3C3
(306) 543-8749 SIC 5411

SOBEYS WEST INC p1289
2627 Gordon Rd, REGINA, SK, S4S 6H7
(306) 586-5140 SIC 5411

SOBEYS WEST INC p1290
2931 13th Ave, REGINA, SK, S4T 1N8
(306) 522-5453 SIC 5411

SOBEYS WEST INC p1293
3310 8th St E Unit 200, SASKATOON, SK, S7H 5M3
(306) 955-4646 SIC 5411

SOBEYS WEST INC p1293
3310 8th St E, SASKATOON, SK, S7H 5M3
(306) 955-4644 SIC 5411

SOBEYS WEST INC p1293
1501 8th St E, SASKATOON, SK, S7H 5J6
(306) 373-0030 SIC 5411

SOBEYS WEST INC p1293
1501 8th St E Suite 4, SASKATOON, SK, S7H 5J6
SIC 5411

SOBEYS WEST INC p1298
134 Primrose Dr, SASKATOON, SK, S7K 5S6
(306) 242-6090 SIC 5411

SOBEYS WEST INC p1301
302 33rd St W, SASKATOON, SK, S7L 0V4
(306) 244-2250 SIC 5411

SOBEYS WEST INC p1301
300 Confederation Dr Suite 100, SASKATOON, SK, S7L 4R6
(306) 384-9599 SIC 5411

SOBEYS WEST INC p1303
1739 Preston Ave N, SASKATOON, SK, S7N 4V2
(306) 668-9901 SIC 5411

SOBEYS WEST INC p1307
1 Springs Dr, SWIFT CURRENT, SK, S9H 3X6
(306) 773-6325 SIC 5411

SOUTHERN PLAINS CO-OPERATIVE LIMITED p1266
214 Main St, CARLYLE, SK, S0C 0R0
(306) 453-2222 SIC 5411

ST. PAUL AND DISTRICT CO-OPERATIVE ASSOCIATION LIMITED p118
4901 50th Ave, ELK POINT, AB, T0A 1A0
(780) 724-3895 SIC 5411

STARSKY FINE FOODS MISSISSAUGA INC p704
3115 Dundas St W, MISSISSAUGA, ON, L5L 3R8
(905) 363-2000 SIC 5411

STEWART DRUGS HANNA (1984) LTD p130
610 2nd Ave W, HANNA, AB, T0J 1P0
(403) 854-4154 SIC 5411

SUPER MARCHE COLLIN INC p1006
2004 Boul De Rome, BROSSARD, QC, J4W 3M7
(450) 671-8885 SIC 5411

SUPER MARCHE G BRETON INC p1041
65 Rue Principale, GRANBY, QC, J2G 2T7
(450) 378-9926 SIC 5411

SUPER MARCHE LAPLANTE INC p1032
999 Rue Principale E, FARNHAM, QC, J2N 1M9
(450) 293-4210 SIC 5411

SUPER MARCHE LARIVE INC p1032
999 Rue Principale E, FARNHAM, QC, J2N 1M9
(450) 293-4210 SIC 5411

SUPER MARCHE MELLON INC p1047
2085 Boul Mellon, Jonquiere, QC, G7S 3G4
(418) 548-7557 SIC 5411

SUPER MARCHE ROGER RODRIGUE INC

▲ Public Company ■ Public Company Family Member HQ Headquarters BR Branch SL Single Location

SIC 5421 Meat and fish markets

*p*1190
1990 Boul Dionne, SAINT-GEORGES, QC, G5Y 3W8
(418) 228-2375 SIC 5411

SUPERMARCHE MALO INC *p*1221
31 MontUe RUmi-Henri, SAINT-ROCH-DE-L'ACHIGAN, QC, J0K 3H0
(450) 588-2811 SIC 5411

SUPERMARCHE A R G INC *p*1022
175 Rue Principale, COWANSVILLE, QC, J2K 3L9
(450) 263-3310 SIC 5411

SUPERMARCHE B.M. INC *p*1144
149 Rue Du College, PONT-ROUGE, QC, G3H 3B3
(418) 873-2015 SIC 5411

SUPERMARCHE BOUCHER INC *p*1185
870 Rue Principale, SAINT-DONAT-DE-MONTCALM, QC, J0T 2C0
(819) 424-7679 SIC 5411

SUPERMARCHE CREVIER L'ASSOMPTION INC *p*1051
860 Boul De L'ange-Gardien N, L'ASSOMPTION, QC, J5W 1P1
(450) 589-5738 SIC 5411

SUPERMARCHE PERRIER ET MARTEL INC *p*1213
6155 Boul Arthur-Sauve, SAINT-LAURENT, QC, H7R 3X8
(450) 627-4496 SIC 5411

SUPERMARCHE RIENDEAU INC *p*1226
1700 Ch Du Fer-A-Cheval Bureau 102, SAINTE-JULIE, QC, J3E 1G2
SIC 5411

SUPERMARCHES GP INC, LES *p*989
30 Boul Saint-Benoit E Bureau 12, AMQUI, QC, G5J 2B7
(418) 629-3560 SIC 5411

SUPERMARCHES GP INC, LES *p*1067
2150 Boul Guillaume-Couture, Levis, QC, G6W 2S6
(418) 839-6003 SIC 5411

SUPERMARCHES GP INC, LES *p*1077
750 Av Du Phare O Bureau 4415, MATANE, QC, G4W 3W8
(418) 562-4434 SIC 5411

SUPERMARCHES GP INC, LES *p*1079
40 Av Doucet, MONT-JOLI, QC, G5H 0B8
(418) 775-8848 SIC 5411

SUPERMARCHES GP INC, LES *p*1079
1665 Boul Benoit-Gaboury, MONT-JOLI, QC, G5H 3J1
(418) 775-2214 SIC 5411

SUPERMARCHES GP INC, LES *p*1147
8500 Boul Henri-Bourassa Bureau 122, Quebec, QC, G1G 5X1
(418) 626-1056 SIC 5411

SUPERMARCHES GP INC, LES *p*1163
2800 Rue Einstein Bureau 20, Quebec, QC, G1X 4N8
SIC 5411

SUPERMARCHES GP INC, LES *p*1224
2 Boul Sainte-Anne E, SAINTE-ANNE-DES-MONTS, QC, G4V 1M5
(418) 763-2026 SIC 5411

SUPERMARCHES GP INC, LES *p*1243
633 Rue Commerciale N Unite 100, TEMISCOUATA-SUR-LE-LAC, QC, G0L 1E0
(418) 854-2177 SIC 5411

SUPERMARCHES JACQUES DAIGLE INC *p*1000
25 Boul Des Entreprises, BOISBRIAND, QC, J7G 3K6
(450) 430-1396 SIC 5411

SYDNEY CO-OPERATIVE SOCIETY LIMITED *p*475
512 Prince St, SYDNEY, NS, B1P 5L9
SIC 5411

SYSCO CANADA, INC *p*390
1570 Clarence Ave, WINNIPEG, MB, R3T 1T6
(204) 478-4000 SIC 5411

T & T SUPERMARKET INC *p*14
999 36 St Ne Suite 800, CALGARY, AB, T2A 7X6
(403) 569-6888 SIC 5411

T & T SUPERMARKET INC *p*95
8882 170 St Nw Suite 2580, EDMONTON, AB, T5T 4M2
(780) 483-6638 SIC 5411

T & T SUPERMARKET INC *p*192
4800 Kingsway Suite 147, BURNABY, BC, V5H 4J2
(604) 436-4881 SIC 5411

T & T SUPERMARKET INC *p*270
3700 No. 3 Rd Suite 1000, RICHMOND, BC, V6X 3X2
(604) 276-8808 SIC 5411

T & T SUPERMARKET INC *p*270
8181 Cambie Rd Suite 1000, RICHMOND, BC, V6X 3X9
SIC 5411

T & T SUPERMARKET INC *p*305
179 Keefer Pl, VANCOUVER, BC, V6B 6L4
(604) 899-8836 SIC 5411

T & T SUPERMARKET INC *p*674
7070 Warden Ave, MARKHAM, ON, L3R 5Y2
(905) 470-8113 SIC 5411

T & T SUPERMARKET INC *p*875
1 Promenade Cir, THORNHILL, ON, L4J 4P8
(905) 763-8113 SIC 5411

TODD'S YIG 803 LTD *p*605
5121 County Rd 21 Rr 3, HALIBURTON, ON, K0M 1S0
(705) 455-9775 SIC 5411

TREATY ENTERPRISE INC *p*467
10 Treaty Trail, LOWER TRURO, NS, B6L 1V9
(902) 897-2650 SIC 5411

VALLEYVIEW CONSUMERS CO-OP LTD *p*360
250 Princess St W, VIRDEN, MB, R0M 2C0
(204) 748-2520 SIC 5411

VALUMART LTD *p*903
55 Bloor St W, TORONTO, ON, M4W 1A5
(416) 923-8831 SIC 5411

VANAN FOODS LIMITED *p*90
9106 142 St Nw, EDMONTON, AB, T5R 0M7
(780) 483-1525 SIC 5411

VILLAGE MARKETS LTD *p*278
6660 Sooke Rd Unit 1400, SOOKE, BC, V9Z 0A5
(250) 642-4134 SIC 5411

WESTVIEW CO-OPERATIVE ASSOCIATION LIMITED *p*67
400 10th Ave S, CARSTAIRS, AB, T0M 0N0
(403) 337-3361 SIC 5411

WHOLE FOODS MARKET CANADA INC *p*338
925 Main St, WEST VANCOUVER, BC, V7T 2Z3
(604) 678-0500 SIC 5411

WHOLE FOODS MARKET CANADA INC *p*699
155 Square One Dr, MISSISSAUGA, ON, L5B 0E2
(905) 275-9393 SIC 5411

YEO, JAMIE SUPERMARKET LTD *p*815
97 Main St, PICTON, ON, K0K 2T0
(613) 476-3246 SIC 5411

YUMMY MARKET INC *p*755
4400 Dufferin St Unit B-4, NORTH YORK, ON, M3H 6A8
(416) 665-0040 SIC 5411

ZEHRMART INC *p*500
620 Yonge St, BARRIE, ON, L4N 4E6
(705) 735-2390 SIC 5411

ZEHRMART INC *p*507
487 Queen St S, BOLTON, ON, L7E 2B4
(905) 951-7505 SIC 5411

ZEHRMART INC *p*523
1 Presidents Choice Cir, BRAMPTON, ON, L6Y 5S5
(905) 459-2500 SIC 5411

ZEHRMART INC *p*526
410 Fairview Dr Suite 1, BRANTFORD, ON, N3R 7V7
(519) 754-4932 SIC 5411

ZEHRMART INC *p*545
400 Conestoga Blvd, CAMBRIDGE, ON, N1R 7L7
(519) 620-1376 SIC 5411

ZEHRMART INC *p*589
800 Tower St S, FERGUS, ON, N1M 2R3
(519) 843-5500 SIC 5411

ZEHRMART INC *p*596
Hwy 8 S, GODERICH, ON, N7A 4C6
(519) 524-2229 SIC 5411

ZEHRMART INC *p*599
297 Eramosa Rd, GUELPH, ON, N1E 2M7
(519) 763-4550 SIC 5411

ZEHRMART INC *p*629
24018 Woodbine Ave, KESWICK, ON, L4P 3E9
(905) 476-1318 SIC 5411

ZEHRMART INC *p*637
1375 Weber St E, KITCHENER, ON, N2A 3Y7
(519) 748-4570 SIC 5411

ZEHRMART INC *p*642
385 Frederick St, KITCHENER, ON, N2H 2P2
SIC 5411

ZEHRMART INC *p*849
125 Queensway E, SIMCOE, ON, N3Y 5M7
(519) 426-7743 SIC 5411

ZEHRMART INC *p*853
285 Geneva St, ST CATHARINES, ON, L2N 2G1
(905) 646-7420 SIC 5411

ZEHRMART INC *p*951
315 Lincoln Rd Suite 1, WATERLOO, ON, N2J 4H7
(519) 885-1360 SIC 5411

ZEHRMART INC *p*953
450 Erb St W, WATERLOO, ON, N2T 1H4
(519) 886-4900 SIC 5411

ZEHRMART INC *p*956
821 Niagara St, WELLAND, ON, L3C 1M4
(905) 732-9380 SIC 5411

ZEHRMART INC *p*971
5890 Malden Rd, WINDSOR, ON, N9H 1S4
(519) 966-6030 SIC 5411

SIC 5421 Meat and fish markets

AQUARIUM SERVICES WAREHOUSE OUTLETS INC *p*693
850 Dundas St E, MISSISSAUGA, ON, L4Y 2B8
(905) 276-6900 SIC 5421

BARRY GROUP INC *p*393
12 Allee Frigault, ANSE-BLEUE, NB, E8N 2J2
SIC 5421

BOUCHERIE COTE INC *p*1000
387 Ch De La Grande-Cote, BOISBRIAND, QC, J7G 1A9
(450) 437-6877 SIC 5421

COUNTRY GOOD MEATS & DELICATESSEN LTD *p*880
310 Mountdale Ave, THUNDER BAY, ON, P7E 6G8
SIC 5421

FABKO FOOD LTD *p*74
8715 126 Ave Nw, EDMONTON, AB, T5B 1G8
(780) 471-1758 SIC 5421

FRIGOVIANDE INC *p*1086
6065 Rue Hochelaga, Montreal, QC, H1N 1X7
(514) 256-0400 SIC 5421

LIONS GATE FISHERIES LTD *p*291
612 Campbell St, TOFINO, BC, V0R 2Z0
(250) 725-3731 SIC 5421

OCEAN CHOICE INTERNATIONAL L.P. *p*423
28 Campbell St Suite 10, BONAVISTA, NL, A0C 1B0

(709) 468-7840 SIC 5421

PERL'S MEAT PRODUCTS LIMITED *p*761
3015 Bathurst St, NORTH YORK, ON, M6B 3B5
(416) 787-4234 SIC 5421

PROVIGO INC *p*1020
3500 Boul Saint-Martin O, Cote Saint-Luc, QC, H7T 2W4
(450) 688-2969 SIC 5421

R DENNINGER LIMITED *p*540
699 Guelph Line, BURLINGTON, ON, L7R 3M7
(905) 639-0510 SIC 5421

SIC 5431 Fruit and vegetable markets

131289 CANADA INC *p*1041
252 Rue Denison E, GRANBY, QC, J2H 2R6
(450) 375-3941 SIC 5431

2739-9708 QUEBEC INC *p*1121
5192 Ch De La Cote-Saint-Luc, Montreal, QC, H3W 2G9
(514) 738-1384 SIC 5431

2747-6043 QUEBEC INC *p*997
245 Rue Duvernay, BELOEIL, QC, J3G 2M3
(450) 467-2140 SIC 5431

964211 ONTARIO LTD *p*1035
215 Rue Bellehumeur, GATINEAU, QC, J8T 8H3
SIC 5431

AGRI-MONDO INC *p*1002
165 Rue J.-A.-Bombardier, BOUCHERVILLE, QC, J4B 8P1
(450) 449-9899 SIC 5431

ARAMARK CANADA LTD. *p*379
727 Mcdermot Ave, WINNIPEG, MB, R3E 3P5
(204) 779-1365 SIC 5431

ARPENTS VERTS, FRUITS & LEGUMES INC, LES *p*1082
365 Boul Sir-Wilfrid-Laurier Bureau 107, MONT-SAINT-HILAIRE, QC, J3H 6A2
SIC 5431

ATRIUM GROUP INC, THE *p*457
1515 Dresden Row, HALIFAX, NS, B3J 4B1
(902) 425-5700 SIC 5431

BASSANO FARMS LTD *p*5
415 10 St, BASSANO, AB, T0J 0B0
(403) 641-3933 SIC 5431

BOLTHOUSE FARMS CANADA INC *p*956
303 Milo Rd, WHEATLEY, ON, N0P 2P0
(519) 825-3412 SIC 5431

BRANT FOOD CENTER LTD *p*528
94 Grey St, BRANTFORD, ON, N3T 2T5
(519) 756-8002 SIC 5431

FANTASY FRUIT MARKET (1987) LTD. *p*768
427 Speers Rd Unit 1, OAKVILLE, ON, L6K 3S8
SIC 5431

FARM BOY 2012 INC *p*565
814 Sydney St, CORNWALL, ON, K6H 3J8
(613) 938-8566 SIC 5431

FARM BOY 2012 INC *p*787
585 Montreal Rd, OTTAWA, ON, K1K 4K4
(613) 744-3463 SIC 5431

FINES HERBES DE CHEZ NOUS INC, LES *p*1217
116 Ch Trudeau, SAINT-MATHIEU-DE-BELOEIL, QC, J3G 0E3
(450) 464-2920 SIC 5431

H & W PRODUCE CORPORATION *p*98
14083 Victoria Trail Nw, EDMONTON, AB, T5Y 2B6
(780) 478-8780 SIC 5431

KIN'S FARM LTD *p*290
2990 152 St Unit 101, SURREY, BC, V4P 3N7
(604) 538-6872 SIC 5431

KIN'S HOLDINGS LTD *p*271
6060 Minoru Blvd Unit 1460, RICHMOND, BC, V6Y 2V7
(604) 214-0253 SIC 5431

LOBLAWS INC *p*5

5201 30 Ave, BEAUMONT, AB, T4X 1T9
(780) 929-2043   *SIC* 5431
LOBLAWS INC   *p*173
10851 100 St, WESTLOCK, AB, T7P 2R5
(780) 349-7040   *SIC* 5431
LOCOCO, A. WHOLESALE LTD   *p*606
2371 Barton St E, HAMILTON, ON, L8E 2W9
(905) 561-3229   *SIC* 5431
LONGO BROTHERS FRUIT MARKETS INC   *p*522
7700 Hurontario St Suite 202, BRAMPTON, ON, L6Y 4M3
(905) 455-3135   *SIC* 5431
LONGO BROTHERS FRUIT MARKETS INC   *p*540
1225 Fairview St, BURLINGTON, ON, L7S 1Y3
(905) 637-3804   *SIC* 5431
LONGO BROTHERS FRUIT MARKETS INC   *p*765
338 Dundas St E, OAKVILLE, ON, L6H 6Z9
(905) 257-5633   *SIC* 5431
MAISON DE LA POMME DE FRELIGHSBURG INC   *p*1033
32 237 Rte N, FRELIGHSBURG, QC, J0J 1C0
(450) 298-5275   *SIC* 5431
MARCHE VEGETARIEN INC, LE   *p*1030
1100 Boul Saint-Joseph, DRUMMONDVILLE, QC, J2C 2C7
SIC 5431
MARCHE VEGETARIEN INC, LE   *p*1248
665 Boul Thibeau, Trois-Rivieres, QC, G8T 6Z6
SIC 5431
METRO RICHELIEU INC   *p*1146
2968 Boul Sainte-Anne, Quebec, QC, G1E 3J3
SIC 5431
METRO RICHELIEU INC   *p*1180
60 Rue D'anvers, SAINT-AUGUSTIN-DE-DESMAURES, QC, G3A 1S4
(418) 878-8676   *SIC* 5431
QUALITY GREENS LTD   *p*226
1889 Spall Rd Unit 101, KELOWNA, BC, V1Y 4R2
(250) 763-8200   *SIC* 5431
SMALL POTATOES URBAN DELIVERY INC   *p*13
3200 14 Ave Ne Unit 3, CALGARY, AB, T2A 6J4
(403) 615-3663   *SIC* 5431
SMITH'S MARKETS INC   *p*868
971 Lasalle Blvd, SUDBURY, ON, P3A 1X7
(705) 560-3663   *SIC* 5431

SIC 5441 Candy, nut, and confectionery stores

ARAMARK CANADA LTD.   *p*706
6880 Financial Dr Suite 200, MISSISSAUGA, ON, L5N 7Y5
SIC 5441
HERSHEY CANADA INC   *p*449
99 Wyse Rd, DARTMOUTH, NS, B3A 0C1
SIC 5441
HUDSON DUFRY - EDMONTON   *p*117
Po Box 9898, EDMONTON, AB, T9E 0V3
(780) 890-7263   *SIC* 5441
PURDY, R.C. CHOCOLATES LTD   *p*300
650 41st Ave W Suite 183, VANCOUVER, BC, V5Z 2M9
SIC 5441

SIC 5451 Dairy products stores

AGROPUR COOPERATIVE   *p*706
6535 Millcreek Dr Unit 42, MISSISSAUGA, ON, L5N 2M2
(905) 812-3002   *SIC* 5451
ALIMENTS SAPUTO LIMITEE   *p*344
365 Park Ave E, BRANDON, MB, R7A 7A5

(204) 725-8600   *SIC* 5451
AMALGAMATED DAIRIES LIMITED   *p*984
400 Read Dr, SUMMERSIDE, PE, C1N 5A9
(902) 888-5000   *SIC* 5451
BIG MOO ICE CREAM PARLOURS, THE   *p*170
4603 Lakeshore Dr, SYLVAN LAKE, AB, T4S 1C3
(403) 887-5533   *SIC* 5451
FROMAGERIES PIMAR INC, LES   *p*1098
220 Rue Jean-Talon E, Montreal, QC, H2R 1S7
(514) 272-1161   *SIC* 5451
NUTRINOR COOPERATIVE   *p*1183
535 6e Rang O, SAINT-BRUNO-LAC-SAINT-JEAN, QC, G0W 2L0
(418) 343-3772   *SIC* 5451

SIC 5461 Retail bakeries

1279028 ONTARIO LIMITED   *p*661
755 Wonderland Rd N, LONDON, ON, N6H 4L1
(519) 473-7772   *SIC* 5461
1360548 ONTARIO LIMITED   *p*557
370 North Rivermede Rd Unit 1, CONCORD, ON, L4K 3N2
(905) 669-5883   *SIC* 5461
1456882 ONTARIO LTD   *p*759
3401 Dufferin St, NORTH YORK, ON, M6A 2T9
(416) 789-3533   *SIC* 5461
1555965 ONTARIO INC   *p*614
473 Concession St, HAMILTON, ON, L9A 1C1
(905) 383-7160   *SIC* 5461
1788741 ONTARIO INC   *p*738
6161 Thorold Stone Rd Suite 3, NIAGARA FALLS, ON, L2J 1A4
(905) 357-6600   *SIC* 5461
2850401 CANADA INC   *p*1244
2021 Ch Gascon, TERREBONNE, QC, J6X 4H2
(450) 964-9333   *SIC* 5461
3116506 CANADA INC   *p*1072
2479 Ch De Chambly, LONGUEUIL, QC, J4L 1M2
(450) 468-4406   *SIC* 5461
3169693 CANADA INC   *p*1109
895 Rue De La Gauchetiere O Bureau 401, Montreal, QC, H3B 4G1
(514) 393-1247   *SIC* 5461
651233 ONTARIO INC   *p*615
630 Stone Church Rd W, HAMILTON, ON, L9B 1A7
(905) 389-3487   *SIC* 5461
9013-3489 QUEBEC INC   *p*1236
1105 Rue King E, SHERBROOKE, QC, J1G 1E5
SIC 5461
9015-9492 QUEBEC INC   *p*1122
3025 Rue Saint-Ambroise, Montreal, QC, H4C 2C2
(514) 932-0328   *SIC* 5461
9038-7200 QUEBEC INC   *p*1186
255 25e Av Bureau 926, SAINT-EUSTACHE, QC, J7P 4Y1
(450) 974-3493   *SIC* 5461
ACE BAKERY LIMITED   *p*715
580 Secretariat Crt, MISSISSAUGA, ON, L5S 2A5
(905) 565-8138   *SIC* 5461
ACE BAKERY LIMITED   *p*761
1 Hafis Rd, NORTH YORK, ON, M6M 2V6
(416) 241-3600   *SIC* 5461
ADAMS 22 HOLDINGS LTD   *p*211
2628 Beverly St, DUNCAN, BC, V9L 5C7
(250) 709-2205   *SIC* 5461
ART-IS-IN BAKERY INC   *p*792
250 City Centre Ave Unit 112, OTTAWA, ON, K1R 6K7
(613) 695-1226   *SIC* 5461
BAGOS BUN BAKERY LTD   *p*513

8 Atlas Crt, BRAMPTON, ON, L6T 5C1
(905) 458-0388   *SIC* 5461
BD CANADA LTD   *p*185
6558 Hastings St Unit 141, BURNABY, BC, V5B 1S2
(604) 205-6937   *SIC* 5461
BD CANADA LTD   *p*301
369 Terminal Ave Suite 210, VANCOUVER, BC, V6A 4C4
(604) 296-3500   *SIC* 5461
BEE BELL HEALTH BAKERY INC   *p*103
10416 80 Ave Nw, EDMONTON, AB, T6E 5T7
SIC 5461
BERRY, DON HOLDINGS INC   *p*804
194 Grand River St N, PARIS, ON, N3L 2N3
SIC 5461
BOSS BAKERY & RESTAURANT LTD, THE   *p*301
532 Main St, VANCOUVER, BC, V6A 2T9
(604) 683-3860   *SIC* 5461
BOULANGERIE GADOUA LTEE   *p*1222
561 Rue Principale, SAINT-THOMAS, QC, J0K 3L0
SIC 5461
BOULANGERIE ST-METHODE INC   *p*987
14 Rue Principale E, ADSTOCK, QC, G0N 1S0
(418) 422-2246   *SIC* 5461
BREADKO NATIONAL BAKING LTD   *p*717
6310 Kestrel Rd, MISSISSAUGA, ON, L5T 1Z3
(905) 670-4949   *SIC* 5461
CANADA BREAD COMPANY, LIMITED   *p*16
2425 52 Ave Se Suite 2, CALGARY, AB, T2C 4X7
(403) 236-4505   *SIC* 5461
CANADA BREAD COMPANY, LIMITED   *p*414
30 Whitebone Way, SAINT JOHN, NB, E2J 4W2
(506) 633-1185   *SIC* 5461
CANADA BREAD COMPANY, LIMITED   *p*1228
3455 Av Francis-Hughes, SAINTE-ROSE, QC, H7L 5A5
(450) 669-2222   *SIC* 5461
CHEZ PIGGY RESTAURANT LIMITED   *p*631
44 Princess St, KINGSTON, ON, K7L 1A4
(613) 544-7790   *SIC* 5461
CHRI-GYN LTD   *p*500
5005 South Service Rd Ss 1, BEAMSVILLE, ON, L0R 1B4
(905) 563-1760   *SIC* 5461
CHUDLEIGH'S LTD   *p*681
8501 Chudleigh Way, MILTON, ON, L9T 0L9
(905) 878-8781   *SIC* 5461
COOKIES GRILL   *p*197
44335 Yale Rd Suite 3a, CHILLIWACK, BC, V2R 4H2
(604) 792-0444   *SIC* 5461
COREY CRAIG LTD   *p*410
1810 Mountain Rd, MONCTON, NB, E1G 1A9
(506) 862-7651   *SIC* 5461
COREY CRAIG LTD   *p*412
748 Coverdale Rd Suite 2111, RIVERVIEW, NB, E1B 3L2
SIC 5461
COREY CRAIG LTD   *p*413
217 Main St, SACKVILLE, NB, E4L 4B9
(506) 536-1076   *SIC* 5461
COURTICE DONUTS LTD   *p*567
1403 Highway 2, COURTICE, ON, L1E 2J6
(905) 728-0026   *SIC* 5461
CRUST CRAFT INC   *p*84
13211 146 St Nw, EDMONTON, AB, T5L 4S8
(780) 466-1333   *SIC* 5461
D'AVERSA, NINO BAKERY LIMITED   *p*755
1 Toro Rd, NORTH YORK, ON, M3J 2A4
(416) 638-3271   *SIC* 5461
DOWN EAST HOSPITALITY INCORPORATED   *p*447
577 Main St, DARTMOUTH, NS, B2W 4K1

(902) 434-8282   *SIC* 5461
ELYOD INVESTMENTS LIMITED   *p*828
775 Exmouth St, SARNIA, ON, N7T 5P7
(519) 332-6741   *SIC* 5461
EPIC FOOD SERVICES INC   *p*236
22987 Dewdney Trunk Rd, MAPLE RIDGE, BC, V2X 3K8
(604) 466-0671   *SIC* 5461
GOLDEN WEST BAKERY LTD   *p*207
1111 Derwent Way, DELTA, BC, V3M 5R4
(604) 525-2491   *SIC* 5461
GOLDILOCKS BAKE SHOP (CANADA) INC   *p*316
1606 Broadway W, VANCOUVER, BC, V6J 1X6
(604) 736-2464   *SIC* 5461
HARVARD RESTAURANTS LTD   *p*413
430 Coverdale Rd, RIVERVIEW, NB, E1B 3K1
(506) 862-7634   *SIC* 5461
HKH OPPORTUNITIES INC   *p*509
118 Holland St W, BRADFORD, ON, L3Z 2B4
(905) 775-0282   *SIC* 5461
J & S HOLDINGS INC   *p*365
1040 Beaverhill Blvd Suite 1, WINNIPEG, MB, R2J 4B1
(204) 255-8431   *SIC* 5461
K.M. BAKERY   *p*927
438 Dundas St W, TORONTO, ON, M5T 1G7
SIC 5461
LAARK ENTERPRISES LIMITED   *p*958
516 Brock St N, WHITBY, ON, L1N 4J2
(905) 430-3703   *SIC* 5461
LERON ENTERPRISES LTD   *p*642
504 Lancaster St W, KITCHENER, ON, N2K 1L9
(519) 570-3186   *SIC* 5461
LEWIS BAKERIES (1996) INC   *p*656
200 Albert St, LONDON, ON, N6A 1M1
(519) 434-5252   *SIC* 5461
MACDONALD, R & G ENTERPRISES LIMITED   *p*472
603 Reeves St, PORT HAWKESBURY, NS, B9A 2R8
(902) 625-1199   *SIC* 5461
MAISON DU BAGEL INC   *p*1099
263 Rue Saint-Viateur O, Montreal, QC, H2V 1Y1
(514) 276-8044   *SIC* 5461
MAISON DU BAGEL INC   *p*1099
158 Rue Saint-Viateur O, Montreal, QC, H2T 2L3
(514) 270-2972   *SIC* 5461
MAJA HOLDINGS LTD   *p*447
4 Forest Hills Pky Suite 317, DARTMOUTH, NS, B2W 5G7
(902) 462-2032   *SIC* 5461
MATTCO SERVICES LIMITED   *p*507
350 Waverley Rd, BOWMANVILLE, ON, L1C 4Y4
(905) 623-0175   *SIC* 5461
MEGLEEN INC   *p*841
1 William Kitchen Rd Suite 1, SCARBOROUGH, ON, M1P 5B7
(416) 293-1010   *SIC* 5461
MORZOC INVESTMENT INC   *p*853
275 Geneva St, ST CATHARINES, ON, L2N 2E9
(905) 935-0071   *SIC* 5461
MULTI-MARQUES INC   *p*1067
845 Rue Jean-Marchand, Levis, QC, G6V 9G4
(418) 837-3611   *SIC* 5461
MURPHY, D.P. INC   *p*981
435 University Ave, CHARLOTTETOWN, PE, C1A 4N7
(902) 892-8925   *SIC* 5461
MURPHY, D.P. INC   *p*981
125 Kent St, CHARLOTTETOWN, PE, C1A 1N3
(902) 892-3322   *SIC* 5461
MURPHY, D.P. INC   *p*985
466 Granville St, SUMMERSIDE, PE, C1N

4K6
(902) 888-2324 *SIC* 5461
NATURO PAIN INC p987
14 Rue Principale E Rr 1, ADSTOCK, QC, G0N 1S0
(418) 422-2246 *SIC* 5461
NELSON, NELSON FOODS INC p849
15 Queensway E, SIMCOE, ON, N3Y 4Y2
(519) 428-0101 *SIC* 5461
PATISSERIE DE GASCOGNE INC p1099
237 Av Laurier E, Montreal, QC, H2T 1G2
(514) 490-0235 *SIC* 5461
PIONEER FOOD SERVICES LIMITED p536
3500 Dundas St Suite 5, BURLINGTON, ON, L7M 4B8
(905) 336-8533 *SIC* 5461
PIONEER FOOD SERVICES LIMITED p958
1 Paisley Crt Suite 1076, WHITBY, ON, L1N 9L2
(905) 665-1206 *SIC* 5461
REDPATH FOODS INC p300
521 8th Ave W, VANCOUVER, BC, V5Z 1C6
(604) 873-1393 *SIC* 5461
RYASH COFFEE CORPORATION p677
9251 Woodbine Ave, MARKHAM, ON, L6C 1Y9
(905) 887-8444 *SIC* 5461
S. GUMPERT CO. OF CANADA LTD p696
2500 Tedlo St, MISSISSAUGA, ON, L5A 4A9
(905) 279-2600 *SIC* 5461
SNOW CAP ENTERPRISES LTD p183
5698 Trapp Ave Suite 564, BURNABY, BC, V3N 5G4
(604) 515-3202 *SIC* 5461
SPRINGER INVESTMENTS LTD p415
97 Loch Lomond Rd, SAINT JOHN, NB, E2J 1X6
(506) 847-9168 *SIC* 5461
STONEMILL BAKEHOUSE LIMITED, THE p910
92 Front St E Unit B27, TORONTO, ON, M5E 1C4
(416) 601-1853 *SIC* 5461
SWISS PASTRIES & DELICATESSEN OF OTTAWA LIMITED p593
1423 Star Top Rd, GLOUCESTER, ON, K1B 3W5
(613) 749-2389 *SIC* 5461
TETI BAKERY INC p587
27 Signal Hill Ave Suite 3, ETOBICOKE, ON, M9W 6V8
(416) 798-8777 *SIC* 5461
TIM HORTONS p34
5 Heritage Gate Se Unit 1, CALGARY, AB, T2H 3A7
(403) 692-6629 *SIC* 5461
TIM HORTONS p57
11488 24 St Se Suite 400, CALGARY, AB, T2Z 4C9
(403) 236-3749 *SIC* 5461
TIM HORTONS p142
4301 75 Ave, LLOYDMINSTER, AB, T9V 2X4
(780) 808-2600 *SIC* 5461
TIM HORTONS p504
165 College St W, BELLEVILLE, ON, K8P 2G7
(613) 967-2197 *SIC* 5461
TIM HORTONS p865
166 Ontario St, STRATFORD, ON, N5A 3H4
(519) 273-2421 *SIC* 5461
TIM HORTONS LTD p603
1 Nicholas Beaver Rd, GUELPH, ON, N1H 6H9
(519) 822-4748 *SIC* 5461
UNIFILLER SYSTEMS INC p210
7621 Macdonald Rd, DELTA, BC, V4G 1N3
(604) 940-2233 *SIC* 5461
VEGFRESH INC p762
1290 Ormont Dr, NORTH YORK, ON, M9L 2V4
(416) 667-0518 *SIC* 5461
WALL, BOB ENTERPRISES INC p734

1111 Davis Dr Unit 5, NEWMARKET, ON, L3Y 8X2
(905) 853-9300 *SIC* 5461
WESTON BAKERIES LIMITED p441
35 Tantramar Cres, AMHERST, NS, B4H 4J6
(902) 661-2253 *SIC* 5461
WESTON BAKERIES LIMITED p1035
255 Ch Industriel, GATINEAU, QC, J8R 3V8
(819) 669-7246 *SIC* 5461
WILSON'S INVESTMENTS LIMITED p470
3400 Plummer Ave, NEW WATERFORD, NS, B1H 1Y9
(902) 862-8393 *SIC* 5461
WILSON'S INVESTMENTS LIMITED p475
396 Welton St, SYDNEY, NS, B1P 5S7
(902) 562-5033 *SIC* 5461
YIKES ENTERPRISES LTD p11
3508 32 Ave Ne Unit 500, CALGARY, AB, T1Y 6J2
(403) 291-2925 *SIC* 5461
YORKDALE CAFE LTD p898
2377 Yonge St Suite 823, TORONTO, ON, M4P 2C8
(416) 484-4231 *SIC* 5461

SIC 5499 Miscellaneous food stores

3248 KING GEORGE HWY HOLDINGS LTD p290
3248 King George Blvd, SURREY, BC, V4P 1A5
(604) 541-3902 *SIC* 5499
3819299 CANADA INC p1019
2600 Boul Daniel-Johnson, Cote Saint-Luc, QC, H7T 2K1
(450) 973-3804 *SIC* 5499
546073 ONTARIO LIMITED p894
348 Danforth Ave Suite 8, TORONTO, ON, M4K 1N8
(416) 466-2129 *SIC* 5499
9020-5758 QUEBEC INC p1007
8600 Boul Leduc, BROSSARD, QC, J4Y 0G6
(450) 443-4127 *SIC* 5499
9020-5758 QUEBEC INC p1066
1218 Rue De La Concorde, Levis, QC, G6W 0M7
(418) 903-5454 *SIC* 5499
CAFE MORGANE ROYALE INC p1250
4945 Boul Gene-H.-Kruger, Trois-Rivieres, QC, G9A 4N5
(819) 694-1118 *SIC* 5499
CANADIAN HICKORY FARMS LTD p820
200 West Beaver Creek Rd Unit 14, RICHMOND HILL, ON, L4B 1B4
(905) 669-5929 *SIC* 5499
CANADIAN TEST CASE 158 p1105
505 Boul De Maisonneuve O Bureau 906, MONTREAL, QC, H3A 3C2
(514) 904-1496 *SIC* 5499
CHRISTMAS NATURAL FOODS (WHOLESALERS) LTD p183
5589 Trapp Ave App Ave, BURNABY, BC, V3N 0B2
(604) 524-9964 *SIC* 5499
COMMUNITY NATURAL FOODS LTD p60
1304 10 Ave Sw, CALGARY, AB, T3C 0J2
(403) 229-0164 *SIC* 5499
DAMSAR INC p1092
8115 Av Papineau, Montreal, QC, H2E 2H7
(514) 374-0177 *SIC* 5499
DAVIDSTEA INC p225
2271 Harvey Ave, KELOWNA, BC, V1Y 6H2
(250) 862-1331 *SIC* 5499
DAVIDSTEA INC p280
2695 Guildford Town Ctr, SURREY, BC, V3R 7C1
(604) 580-2300 *SIC* 5499
DAVIDSTEA INC p992
7999 Boul Des Galeries D'anjou, ANJOU, QC, H1M 1W9
(514) 353-0571 *SIC* 5499
DAVIDSTEA INC p1006

2151 Boul Lapiniere, BROSSARD, QC, J4W 2T5
(450) 671-4848 *SIC* 5499
DAVIDSTEA INC p1020
3035 Boul Le Carrefour, Cote Saint-Luc, QC, H7T 1C8
(450) 681-0776 *SIC* 5499
DAVIDSTEA INC p1239
3050 Boul De Portland Bureau 14a, SHERBROOKE, QC, J1L 1K1
(819) 346-4208 *SIC* 5499
DAVIDSTEA INC p1248
4225 Boul Des Forges, Trois-Rivieres, QC, G8Y 1W2
(819) 693-9333 *SIC* 5499
ECS COFFEE INC p533
1370 Artisans Crt, BURLINGTON, ON, L7L 5Y2
(905) 631-1524 *SIC* 5499
EXCELDOR COOPERATIVE p1003
1205 Rue Ampere Bureau 201, BOUCHERVILLE, QC, J4B 7M6
SIC 5499
GROUPE WESTCO INC p419
9 Rue Westco, SAINT-FRANCOIS-DE-MADAWASKA, NB, E7A 1A5
(506) 992-3112 *SIC* 5499
LIBERTE NATURAL FOODS INC p515
91 Delta Park Blvd Unit 2, BRAMPTON, ON, L6T 5E7
(905) 458-8696 *SIC* 5499
MIDEAST FOOD DISTRIBUTORS (1987) LTD p785
1010 Belfast Rd, OTTAWA, ON, K1G 4A2
(613) 244-2525 *SIC* 5499
NATURE'S EMPORIUM BULK & HEALTH FOODS LTD p732
16655 Yonge St Suite 27, NEWMARKET, ON, L3X 1V6
(905) 898-1844 *SIC* 5499
NATURISTE INC p1087
7275 Rue Sherbrooke E Bureau 5, Montreal, QC, H1N 1E9
(514) 352-4741 *SIC* 5499
NUTTER'S BULK & NATURAL FOODS (MEDICINE HAT) LTD p144
1601 Dunmore Rd Se Suite 107, MEDICINE HAT, AB, T1A 1Z8
(800) 665-5122 *SIC* 5499
PROVIGO DISTRIBUTION INC p1036
800 Boul Maloney O, GATINEAU, QC, J8T 3R6
(819) 561-9244 *SIC* 5499
STARBUCKS COFFEE CANADA, INC p297
2980 Main St, VANCOUVER, BC, V5T 3G3
(604) 873-5176 *SIC* 5499
STARBUCKS COFFEE CANADA, INC p315
2288 Granville St, VANCOUVER, BC, V6H 4H7
(604) 732-8961 *SIC* 5499

SIC 5511 New and used car dealers

0427802 MANITOBA LTD p361
1459 Regent Ave W, WINNIPEG, MB, R2C 3B2
(204) 661-8181 *SIC* 5511
1364279 ONTARIO INC p595
2559 Bank St, GLOUCESTER, ON, K1T 1M8
(613) 736-7022 *SIC* 5511
1428309 ONTARIO LTD p973
5585 Highway 7, WOODBRIDGE, ON, L4L 1T5
SIC 5511
1712790 ONTARIO LTD p686
5500 Dixie Rd, MISSISSAUGA, ON, L4W 4N3
(905) 282-9998 *SIC* 5511
1887780 NOVA SCOTIA LIMITED p460
3330 Kempt Rd, HALIFAX, NS, B3K 4X1
SIC 5511
2177761 ONTARIO INC p703

2477 Motorway Blvd Suite 3, MISSISSAUGA, ON, L5L 3R2
(905) 828-8488 *SIC* 5511
2320-3755 QUEBEC INC p1024
3800 Boul Des Sources, DOLLARD-DES-ORMEAUX, QC, H9B 1Z9
(514) 685-5555 *SIC* 5511
2424-4931 QUEBEC INC p1233
119 Rue Monseigneur-Blanche, Sept-Iles, QC, G4R 3G7
(418) 962-2555 *SIC* 5511
2572567 CANADA INC p446
102 Penhorn Dr, DARTMOUTH, NS, B2W 1K9
(902) 469-9050 *SIC* 5511
2732-2304 QUEBEC INC p1177
1225 Av Lariviere, ROUYN-NORANDA, QC, J9X 6M6
(819) 762-6565 *SIC* 5511
290756 ALBERTA LTD p61
710 Crowfoot Cres Nw, CALGARY, AB, T3G 4S3
(403) 374-3374 *SIC* 5511
2971-0886 QUEBEC INC p1148
Pr Succ B, Quebec, QC, G1K 6Z9
SIC 5511
3065359 CANADA INC p1147
7777 Boul Henri-Bourassa, Quebec, QC, G1H 3G1
(418) 626-7777 *SIC* 5511
306632 SASKATCHEWAN LTD p1277
2222 100th St, NORTH BATTLEFORD, SK, S9A 0X6
(306) 445-4491 *SIC* 5511
3098524 CANADA INC p1148
2505 Boul Henri-Bourassa, Quebec, QC, G1J 3X2
(418) 648-9518 *SIC* 5511
313679 ALBERTA LTD p154
7620 50 Ave, RED DEER, AB, T4P 2A8
(403) 340-2224 *SIC* 5511
3857387 CANADA INC p1025
2311 Place Transcanadienne, DORVAL, QC, H9P 2X7
(514) 683-2030 *SIC* 5511
3981240 CANADA INC p904
259 Lake Shore Blvd E, TORONTO, ON, M5A 3T7
SIC 5511
487244 ALBERTA LTD p134
6217 50 St, LEDUC, AB, T9E 7A9
(780) 986-9665 *SIC* 5511
506555 ONTARIO LIMITED p805
1356 Pembroke St E, Pembroke, ON, K8A 6W2
(613) 735-0166 *SIC* 5511
534118 ONTARIO CORPORATION p632
2440 Princess St, Kingston, ON, K7M 3G4
(613) 549-1479 *SIC* 5511
604329 SASKATCHEWAN LTD p1286
444 Broad St, REGINA, SK, S4R 1X3
(306) 525-8848 *SIC* 5511
6202683 CANADA INC p989
7050 Boul Henri-Bourassa E, ANJOU, QC, H1E 7K7
(514) 328-7777 *SIC* 5511
75040 MANITOBA LTD p385
3690 Portage Ave, WINNIPEG, MB, R3K 0Z8
(888) 219-5989 *SIC* 5511
9003-4406 QUEBEC INC p1139
169 Boul Sainte-Anne, Pointe-Au-Pere, QC, G5M 1C3
(418) 725-0911 *SIC* 5511
9031-6332 QUEBEC INC p1252
1080 3e Av, VAL-D'OR, QC, J9P 1T6
(819) 825-9000 *SIC* 5511
9043-3798 QUEBEC INC p1249
5110 Boul Jean-Xxiii, Trois-Rivieres, QC, G8Z 4A7
(819) 374-5323 *SIC* 5511
9045-4604 QUEBEC INC p1029
1200 Boul Rene-Levesque, DRUMMONDVILLE, QC, J2C 5W4

▲ Public Company   ■ Public Company Family Member   **HQ** Headquarters   **BR** Branch   **SL** Single Location

(819) 474-3930 *SIC* 5511
9063-6465 QUEBEC INC p1186
272 Rue Dubois, Saint-Eustache, QC, J7P 4W9
(514) 875-3922 *SIC* 5511
9101-2468 QUEBEC INC p1240
5119 Boul Bourque, Sherbrooke, QC, J1N 2K6
(819) 564-8664 *SIC* 5511
9118-8706 QUEBEC INC. p1145
585 Rue Clemenceau, Quebec, QC, G1C 7Z9
(418) 667-3131 *SIC* 5511
9119-6832 QUEBEC INC p1066
1 Ch Des Iles, Levis, QC, G6W 8B6
(418) 835-6161 *SIC* 5511
9124-5704 QUEBEC INC p1002
1175 Rue Ampere, BOUCHERVILLE, QC, J4B 7M6
(450) 655-2350 *SIC* 5511
9154-7323 QUEBEC INC. p1166
5055 Boul Des Gradins, Quebec, QC, G2J 1E5
(418) 626-8600 *SIC* 5511
9213-9286 QUEBEC INC p1177
1355 Av Lariviere, ROUYN-NORANDA, QC, J9X 6M6
(819) 762-5000 *SIC* 5511
9229-3786 QUEBEC INC p1024
160 Rue Commerciale, DONNACONA, QC, G3M 1W1
9246-4759 QUEBEC INC p1058
8000 Boul Newman, LASALLE, QC, H8N 1X9
(514) 595-5666 *SIC* 5511
A.M.L. HOLDINGS LTD p242
6800 Island Hwy N, NANAIMO, BC, V9V 1A3
(250) 390-3031 *SIC* 5511
AGENCES KYOTO LTEE, LES p1078
16500 Montee Guenette, MIRABEL, QC, J7J 2E2
(450) 438-1255 *SIC* 5511
AGINCOURT AUTOHAUS INC p844
3450 Sheppard Ave E, SCARBOROUGH, ON, M1T 3K4
SIC 5511
ALEX WILLIAMSON MOTOR SALES LIMITED p945
1 Banff Rd, UXBRIDGE, ON, L9P 1S9
(905) 852-3357 *SIC* 5511
ALIX AUTOMOBILES INC p1092
6807 Av De Lorimier, Montreal, QC, H2G 2P8
(514) 376-9191 *SIC* 5511
ALLIANCE FORD INC p1223
90 Boul Norbert-Morin, SAINTE-AGATHE-DES-MONTS, QC, J8C 3K8
(514) 875-1925 *SIC* 5511
APPLEWOOD MOTORS INC p232
19764 Langley Bypass, Langley, BC, V3A 7B1
(604) 533-7881 *SIC* 5511
ARI FINANCIAL SERVICES INC p1018
2570 Boul Le Corbusier, Cote Saint-Luc, QC, H7S 2K8
(450) 978-7070 *SIC* 5511
AU ROYAUME CHRYSLER DODGE JEEP p1223
700 Rue Principale, SAINTE-AGATHE-DES-MONTS, QC, J8C 1L3
(819) 326-4524 *SIC* 5511
AUTO CAMIONS MICHEL AUGER INC p1170
575 Rue Notre-Dame, REPENTIGNY, QC, J6A 2T6
(514) 891-9950 *SIC* 5511
AUTO COITEUX MONTREAL LTEE p1092
5265 Av Papineau, Montreal, QC, H2H 1W1
(514) 521-3201 *SIC* 5511
AUTOCANADA INC p687
5515 Ambler Dr, MISSISSAUGA, ON, L4W 3Z1
(905) 238-8080 *SIC* 5511

AUTOCANADA NORTHLAND MOTORS GP INC p259
2021 Highway 16 W, PRINCE GEORGE, BC, V2L 0A4
(250) 564-6663 *SIC* 5511
AUTOMOBILE KAMOURASKA (1992) INC p1219
255 Av Patry, SAINT-PASCAL, QC, G0L 3Y0
(418) 492-3432 *SIC* 5511
AUTOMOBILES ACADIA INC p1151
999 Av Galibois, Quebec, QC, G1M 3S4
(418) 681-6000 *SIC* 5511
AUTOMOBILES AUTOHAUS LTEE, LES p1059
1855 Av Dollard, LASALLE, QC, H8N 1T9
AUTOMOBILES LAFRENIERE INC p1135
525 131 Rte, NOTRE-DAME-DES-PRAIRIES, QC, J6E 0M1
(450) 752-2002 *SIC* 5511
AUTOMOBILES NIQUET INC, LES p1181
1917 Boul Sir-Wilfrid-Laurier Bureau 116, SAINT-BRUNO, QC, J3V 0G8
(450) 653-1553 *SIC* 5511
AUTOMOBILES NIQUET INC, LES p1181
1905 Boul Sir-Wilfrid-Laurier, SAINT-BRUNO, QC, J3V 0G8
(450) 653-1553 *SIC* 5511
AUTOMOBILES NORD SUD INC p1200
325 Rue John-F.-Kennedy, Saint-Jerome, QC, J7Y 4B5
(450) 438-1273 *SIC* 5511
AUTOMOBILES ST-EUSTACHE INC p998
16 Rue De Braine, BLAINVILLE, QC, J7B 1Z1
(514) 927-8977 *SIC* 5511
AUTOMOBILES VAL ESTRIE INC p1238
4141 Rue King O, SHERBROOKE, QC, J1L 1P5
(819) 563-4466 *SIC* 5511
AUTOS R. CHAGNON DE GRANBY INC p1042
1711 Rue Principale, GRANBY, QC, J2J 0M9
(450) 378-9963 *SIC* 5511
AVANTE AUTOMOBILE CORPORATION p822
10414 Yonge St, RICHMOND HILL, ON, L4C 3C3
(905) 780-9999 *SIC* 5511
BEAR, JOHN PONTIAC BUICK CADILLAC LTD p616
1200 Upper James St, Hamilton, ON, L9C 3B1
(905) 575-9400 *SIC* 5511
BEL-AIR AUTOMOBILES INC p776
1485 Youville Dr, ORLEANS, ON, K1C 4R1
(613) 830-3401 *SIC* 5511
BEL-AIR AUTOMOBILES INC p787
450 Mcarthur Ave, OTTAWA, ON, K1K 1G4
(613) 741-3270 *SIC* 5511
BENZY HOGAN INVESTMENTS LTD p541
181 Plains Rd W, BURLINGTON, ON, L7T 0B1
SIC 5511
BIRCHWOOD PONTIAC BUICK LIMITED p385
3965 Portage Ave Unit 40, Winnipeg, MB, R3K 2H1
(204) 837-5811 *SIC* 5511
BLAINVILLE TOYOTA INC p1230
120 Boul Desjardins E, SAINTE-THERESE, QC, J7E 1C8
(450) 435-3685 *SIC* 5511
BMW CANADA INC p315
2040 Burrard St, VANCOUVER, BC, V6J 3H5
(604) 736-7381 *SIC* 5511
BOW MEL CHRYSLER LTD p211
461 Trans Canada Hwy, DUNCAN, BC, V9L 3R7
(250) 748-8144 *SIC* 5511
BOYER, PETER CHEVROLET PONTIAC BUICK LTD p725

401 Hwy 41, NAPANEE, ON, K7R 3L1
(613) 354-2166 *SIC* 5511
BRAMGATE AUTOMOTIVE INC p518
268 Queen St E, BRAMPTON, ON, L6V 1B9
(905) 459-6040 *SIC* 5511
BROWN, BARRIE PONTIAC BUICK GMC LTD p194
2700 Island Hwy, CAMPBELL RIVER, BC, V9W 2H5
(250) 287-7272 *SIC* 5511
BUDD BROTHERS HOLDING COMPANY LTD p769
2400 South Service Rd W, OAKVILLE, ON, L6L 5M9
(905) 845-1610 *SIC* 5511
BUDD, STUART & SONS LIMITED p769
2430 South Service Rd W, OAKVILLE, ON, L6L 5M9
(905) 845-1443 *SIC* 5511
BUTLER CHEVROLET PONTIAC BUICK CADILLAC LTD p805
1370 Pembroke St W, PEMBROKE, ON, K8A 7M3
(613) 735-3147 *SIC* 5511
CALGARY PETERBILT LTD p157
27 Burnt Lake Cres, RED DEER COUNTY, AB, T4S 0K6
(403) 342-5100 *SIC* 5511
CALMONT TRUCK CENTRE LTD p90
11403 174 St Nw, EDMONTON, AB, T5S 2P4
(780) 451-2680 *SIC* 5511
CAM CLARK FORD SALES LTD p2
925 Veterans Blvd Nw Bay 1, AIRDRIE, AB, T4A 2G6
(403) 948-6660 *SIC* 5511
CAMIONS FREIGHTLINER M.B. TROIS-RIVIERES LTEE p1252
300 Rue Quenneville, Trois-Rivieres, QC, G9B 1X6
(819) 377-9997 *SIC* 5511
CAMIONS FREIGHTLINER QUEBEC INC p1154
2380 Av Dalton, Quebec, QC, G1P 3X1
(418) 657-2425 *SIC* 5511
CARROLL PONTIAC BUICK GMC LTD p462
44 Bedford Hwy, HALIFAX, NS, B3M 2J2
SIC 5511
CENTRE DU CAMION BEAUDOIN INC p1028
5360 Rue Saint-Roch S, DRUMMONDVILLE, QC, J2B 6V4
(819) 478-8186 *SIC* 5511
CHAREST AUTOMOBILE LTEE p1260
275 Boul Pierre-Roux E Bureau 443, VICTORIAVILLE, QC, G6T 1S9
(819) 758-8271 *SIC* 5511
CHRISTIN AUTOMOBILE INC p1139
12011 Rue Sherbrooke E, Pointe-Aux-Trembles, QC, H1B 1C6
(514) 640-1050 *SIC* 5511
CLARK, J & SON LIMITED p421
50 Leonard Dr, SUSSEX, NB, E4E 2R4
(506) 433-1160 *SIC* 5511
COASTAL FORD SALES LIMITED p297
3333 Main St, VANCOUVER, BC, V5V 3M8
(604) 873-2363 *SIC* 5511
COMPLEXE AUTO 440 DE LAVAL INC p1020
3670 Sud Laval A-440 O, Cote Saint-Luc, QC, H7P 2H6
(450) 682-3670 *SIC* 5511
COURTESY CHRYSLER DODGE JEEP p31
125 Glendeer Cir Se, CALGARY, AB, T2H 2S8
(403) 255-9100 *SIC* 5511
CROSBY AUDI INC p637
2350 Shirley Dr, KITCHENER, ON, N2B 3X4
(519) 514-0100 *SIC* 5511
CROSS & NORMAN (1986) LTD p232
20027 Fraser Hwy, LANGLEY, BC, V3A 4E4
(604) 534-7927 *SIC* 5511
CROSSTOWN OLDSMOBILE CHEVROLET LTD p867
280 Falconbridge Rd, SUDBURY, ON, P3A 5K3

(705) 566-4804 *SIC* 5511
CUSTOM TRUCK SALES INC p1282
520 Park St, REGINA, SK, S4N 0T6
(306) 569-9021 *SIC* 5511
CUSTOM TRUCK SALES INC p1299
2410 Northridge Dr, SASKATOON, SK, S7L 7L6
(306) 931-1911 *SIC* 5511
D B D AUTO INC p1129
1215 Boul Des Laurentides, Montreal, QC, H7M 2Y1
(450) 668-6393 *SIC* 5511
DAMS FORD LINCOLN SALES LTD p280
14530 104 Ave, Surrey, BC, V3R 1L9
(604) 588-9921 *SIC* 5511
DAVIES AUTO ELECTRIC LIMITED p692
2571 Wharton Glen Ave, MISSISSAUGA, ON, L4X 2A8
(905) 279-6300 *SIC* 5511
DEDMAN, DAVID PONTIAC BUICK GMC LTD p1309
115 Palliser Way, YORKTON, SK, S3N 4C6
(306) 783-8080 *SIC* 5511
DENNISON AUTO LTD p186
4780 Hastings St, BURNABY, BC, V5C 2K7
(604) 294-2111 *SIC* 5511
DES LAURENTIDES FORD INC p1201
380 Boul Des Laurentides, Saint-Jerome, QC, J7Z 4M1
(514) 332-2264 *SIC* 5511
DESCHAMPS CHEVROLET PONTIAC BUICK CADILLAC GMC LTEE p1226
333 Boul Armand-Frappier, SAINTE-JULIE, QC, J3E 0C7
(450) 649-9333 *SIC* 5511
DESJARDINS CHEVROLET INC p1012
190 Boul Saint-Jean-Baptiste, Chateauguay, QC, J6K 3B6
(514) 990-9899 *SIC* 5511
DESTINATION AUTO VENTURE INC p186
4278 Lougheed Hwy, BURNABY, BC, V5C 3Y5
(604) 291-8122 *SIC* 5511
DEVON CHEVROLET LTD p71
7 Saskatchewan Ave W, DEVON, AB, T9G 1B2
(780) 987-2433 *SIC* 5511
DIAMOND INTERNATIONAL TRUCKS LTD p91
17020 118 Ave Nw, EDMONTON, AB, T5S 1S4
(780) 732-4468 *SIC* 5511
DINGWALL FORD SALES LTD p569
246 Grand Trunk Ave, DRYDEN, ON, P8N 2X2
(807) 223-2235 *SIC* 5511
DISTRIBUTION DENIS JALBERT INC p1048
16710 Rte Transcanadienne, KIRKLAND, QC, H9H 4M7
(514) 695-6662 *SIC* 5511
DONNELLY PONTIAC BUICK GMC LTD p795
2496 Bank St, OTTAWA, ON, K1V 8S2
(613) 737-5000 *SIC* 5511
DONWAY FORD SALES LIMITED p838
1975 Eglinton Ave E, SCARBOROUGH, ON, M1L 2N1
(416) 751-2200 *SIC* 5511
DOWNSVIEW CHRYSLER PLYMOUTH (1964) LTD p755
199 Rimrock Rd, North York, ON, M3J 3C6
(416) 635-1660 *SIC* 5511
DOWNTOWN FINE CARS INC p904
68 Parliament St, TORONTO, ON, M5A 0B2
(416) 363-2818 *SIC* 5511
DUCHARME MOTORS LTD p69
3817 50 St, COLD LAKE, AB, T9M 1K6
(780) 594-1000 *SIC* 5511
DUCHESNE AUTO LIMITEE p987
520 Boul De Quen, ALMA, QC, G8B 5P8
(418) 669-9000 *SIC* 5511
DUECK CHEVROLET BUICK CADILLAC GMC LIMITED p268
12100 Featherstone Way, RICHMOND, BC,

V6W 1K9
(604) 273-1311 SIC 5511
DUMAIS, G. AUTOMOBILES LTEE p1054
1608 Boul Ducharme, LA TUQUE, QC, G9X 4R9
(819) 523-4541 SIC 5511
DUPONT, B. AUTO INC p1055
1404 277 Rte, LAC-ETCHEMIN, QC, G0R 1S0
(418) 625-6701 SIC 5511
E G AUTOMOBILES INC p1065
5035 Rue Louis-H.-La Fontaine, Levis, QC, G6V 8X4
(418) 833-2135 SIC 5511
EAGLE NORTH HOLDINGS INC p547
2400 Eagle St N, CAMBRIDGE, ON, N3H 4R7
(519) 653-7030 SIC 5511
EASTGATE FORD SALES & SERVICE (1982) COMPANY INC p607
1831 Barton St E, HAMILTON, ON, L8H 2Y7
(905) 578-2000 SIC 5511
EASTWAY CHRYSLER DODGE JEEP LTD p837
2851 Eglinton Ave E, SCARBOROUGH, ON, M1J 2E2
(416) 264-2501 SIC 5511
EASTWAY SALES & LEASING INC p961
9375 Tecumseh Rd E, WINDSOR, ON, N8R 1A1
(519) 979-1900 SIC 5511
EDMONTON KENWORTH LTD p141
6101 63 Ave, LLOYDMINSTER, AB, T9V 3T6
(780) 871-0950 SIC 5511
EINSTEIN NISSAN INC p1163
5250 Rue John-Molson, Quebec, QC, G1X 3X4
(418) 650-5353 SIC 5511
ENTOUR AUTOMOBILES INC p1184
270 132 Rte, SAINT-CONSTANT, QC, J5A 2C9
(450) 632-7155 SIC 5511
FINCH CHRYSLER DODGE JEEP RAM LTD p662
590 Wharncliffe Rd S, LONDON, ON, N6J 2N4
(519) 686-1988 SIC 5511
FLAG AUTOMOTIVE SALES & LEASE LTD p280
15250 104 Ave, SURREY, BC, V3R 6N8
(604) 581-8281 SIC 5511
FORT MOTORS LTD p214
11104 Alaska Rd, FORT ST. JOHN, BC, V1J 5T5
SIC 5511
FOSS, ROY CHEVROLET LTD p974
2 Auto Park Cir, Woodbridge, ON, L4L 8R1
(905) 850-1000 SIC 5511
FREIGHTLINER MANITOBA LTD p346
1731 Middleton Ave, BRANDON, MB, R7C 1A7
(204) 726-0000 SIC 5511
FREIGHTLINER OF RED DEER INC p155
8046 Edgar Industrial Cres, RED DEER, AB, T4P 3R3
(403) 309-8225 SIC 5511
FRONTIER PETERBILT SALES LTD p1268
1 Frontier St Suite 1, ESTEVAN, SK, S4A 2K9
(306) 636-6320 SIC 5511
FRONTIER PETERBILT SALES LTD p1273
5201 40 Ave, LLOYDMINSTER, SK, S9V 2B7
(306) 825-3553 SIC 5511
FRONTIER PETERBILT SALES LTD p1282
1507 E Ross Ave, REGINA, SK, S4N 7E5
(306) 789-7383 SIC 5511
FRONTIER PETERBILT SALES LTD p1296
303 50th St E, SASKATOON, SK, S7K 6C1
(306) 242-3411 SIC 5511
FUNDY MOTORS (1995) LTD p417
160 Rothesay Ave, SAINT JOHN, NB, E2L 3V5

(506) 633-1333 SIC 5511
G & M CHEVROLET-CADILLAC LTD p398
605 Rue Victoria, EDMUNDSTON, NB, E3V 3M8
(506) 735-3331 SIC 5511
GABRIEL MONTREAL-NORD, S.E.C. p1132
6464 Boul Henri-Bourassa E, MONTREAL-NORD, QC, H1G 5W9
(514) 323-7777 SIC 5511
GARAGE REJEAN ROY INC p1259
465 Boul Des Bois-Francs N, VICTORIAVILLE, QC, G6P 1H1
(819) 758-8000 SIC 5511
GEAR-O-RAMA SUPPLY LTD p206
9300 Golf Course Rd, DAWSON CREEK, BC, V1G 4E9
(250) 782-8126 SIC 5511
GESTION CARBO LTEE p1012
117 Boul Saint-Jean-Baptiste, Chateauguay, QC, J6K 3B1
(450) 691-4130 SIC 5511
GLOBOCAM (MONTREAL) INC p1140
155 Av Reverchon, POINTE-CLAIRE, QC, H9P 1K1
(514) 344-4000 SIC 5511
GLOVER INTERNATIONAL TRUCKS LTD p17
5425 90 Ave Se, CALGARY, AB, T2C 4Z6
(403) 723-6666 SIC 5511
GRAHAM AUTOMOTIVE SALES INC p729
2185 Robertson Rd, NEPEAN, ON, K2H 5Z2
(613) 596-1515 SIC 5511
GRAHAM AUTOMOTIVE SALES LTD p729
155 Robertson Rd, NEPEAN, ON, K2H 5Z2
(613) 596-1515 SIC 5511
GRAVEL CHEVROLET GEO OLDSMOBILE LTEE p1006
5900 Boul Marie-Victorin, BROSSARD, QC, J4W 1A4
(450) 466-2233 SIC 5511
GREAT WEST KENWORTH LTD p31
5909 6 St Se, CALGARY, AB, T2H 1L8
(403) 253-7555 SIC 5511
GREAVETTE CHEVROLET PONTIAC BUICK CADILLAC GMC LTD p508
375 Echostone Dr, BRACEBRIDGE, ON, P1L 1T6
(705) 645-2241 SIC 5511
GROUPE CHASSE INC p1093
819 Rue Rachel E, Montreal, QC, H2J 2H7
(514) 527-3411 SIC 5511
GROVE PONTIAC BUICK GMC LTD p165
Highway 16a W, SPRUCE GROVE, AB, T7X 3B2
SIC 5511
GUY THIBAULT CHEVROLET BUICK GMC CADILLAC LTEE p1083
500 Av Saint-David Bureau 224, MONTMAGNY, QC, G5V 4P9
(418) 248-7122 SIC 5511
HARPER TRUCK CENTRES INC p814
1555 Sandy Beach Rd, PICKERING, ON, L1W 3S2
SIC 5511
HAWKINS TRUCK MART LTD p410
565 Venture Dr, MONCTON, NB, E1H 2P4
(506) 854-7383 SIC 5511
HAYWORTH EQUIPMENT SALES INC p1
26229 Twp Rd 531a, ACHESON, AB, T7X 5A4
(780) 962-9100 SIC 5511
HICKMAN MOTORS LIMITED p423
121 Columbus Dr, CARBONEAR, NL, A1Y 1A6
(709) 596-5005 SIC 5511
HICKMAN MOTORS LIMITED p424
16 Shoal Harbour Dr, CLARENVILLE, NL, A5A 2C4
(709) 466-2661 SIC 5511
HICKMAN MOTORS LIMITED p433
20 Peet St, ST. JOHN'S, NL, A1B 4S6
(709) 757-4364 SIC 5511
HOGAN CHEVROLET BUICK GMC LIMITED

p843
5000 Sheppard Ave E, Scarborough, ON, M1S 4L9
(416) 291-5054 SIC 5511
HONDA CANADA INC p249
816 Automall Dr, NORTH VANCOUVER, BC, V7P 3R8
(604) 984-0331 SIC 5511
HONDA CANADA INC p813
1800 Kingston Rd, PICKERING, ON, L1V 1C6
(905) 831-5400 SIC 5511
HOPPER PONTIAC BUICK GMC p742
550 Mckeown Ave, NORTH BAY, ON, P1B 7M2
(705) 472-3110 SIC 5511
HOSKINS FORD SALES LTD p278
3146 16 Hwy E Rr 6, SMITHERS, BC, V0J 2N6
(250) 847-2241 SIC 5511
HOTTE AUTOMOBILE INC p618
640 Main St W, HAWKESBURY, ON, K6A 2J3
(613) 632-1159 SIC 5511
HUNT CLUB MOTORS LIMITED p595
2655 Bank St, GLOUCESTER, ON, K1T 1N1
(613) 521-2300 SIC 5511
HYUNDAI CANADA INC p524
100 Canam Cres, BRAMPTON, ON, L7A 1A9
(905) 451-1699 SIC 5511
HYUNDAI CANADA INC p1287
444 Broad St, REGINA, SK, S4R 1X3
(306) 525-8848 SIC 5511
INLAND AUTO CENTRE LTD p206
11600 8 St, Dawson Creek, BC, V1G 4R7
(250) 782-5507 SIC 5511
INLAND DIESEL LTD p262
1015 Great St, Prince George, BC, V2N 2K8
SIC 5511
INLAND KENWORTH p217
226 Nadina Ave, HOUSTON, BC, V0J 1Z0
(250) 845-2333 SIC 5511
INLAND KENWORTH LTD p220
865 Notre Dame Dr, KAMLOOPS, BC, V2C 5N8
(250) 374-4406 SIC 5511
INLAND KENWORTH LTD p240
2365 Northfield Rd, NANAIMO, BC, V9S 3C3
(250) 758-5288 SIC 5511
INLAND KENWORTH LTD p325
1051 Middleton Way, VERNON, BC, V1B 2N3
(250) 545-4424 SIC 5511
INLAND KENWORTH LTD p341
1560 Broadway Ave S, WILLIAMS LAKE, BC, V2G 2X3
(250) 392-7101 SIC 5511
IRL INTERNATIONAL TRUCK CENTRES LTD p325
7156 Meadowlark Rd, VERNON, BC, V1B 3R6
(250) 545-2381 SIC 5511
IRL INTERNATIONAL TRUCK CENTRES LTD p341
4775 Cattle Dr, WILLIAMS LAKE, BC, V2G 5E8
(250) 392-1446 SIC 5511
IRWIN, DICK GROUP LTD, THE p105
9688 34 Ave Nw, EDMONTON, AB, T6E 6S9
(780) 463-7888 SIC 5511
IRWIN, DICK GROUP LTD, THE p257
2400 Barnet Hwy, PORT MOODY, BC, V3H 1W3
(604) 461-3326 SIC 5511
IRWIN, DICK GROUP LTD, THE p257
2400 Barnet Hwy, PORT MOODY, BC, V3H 1W3
(604) 461-0633 SIC 5511
JANZEN CHEVROLET BUICK GMC LTD p361
145 Boundary Trail, WINKLER, MB, R6W

4B5
(204) 325-9511 SIC 5511
JIM WILSON CHEVROLET BUICK GMC INC p774
20 Mulcahy Ct, ORILLIA, ON, L3V 6H9
(705) 329-2000 SIC 5511
JOHN BEAR BUICK GMC LTD p853
333 Lake St, ST CATHARINES, ON, L2N 7T3
(905) 934-2571 SIC 5511
JOLIETTE DODGE CHRYSLER LTEE p1046
305 Rue Du Cure-Majeau, JOLIETTE, QC, J6E 8S9
(450) 586-6002 SIC 5511
KALAWSKY PONTIAC BUICK G M C (1989) LTD p195
1700 Columbia Ave, Castlegar, BC, V1N 2W4
(250) 365-2155 SIC 5511
KARLO TRADE CENTRE LTD p362
1401 Regent Ave W, WINNIPEG, MB, R2C 3B2
(204) 661-6644 SIC 5511
KASSIK INVESTMENTS INC p952
527 King St N, WATERLOO, ON, N2L 5Z6
(519) 885-5091 SIC 5511
KELTIC MOTORS 1978 LIMITED p442
100 Main St, ANTIGONISH, NS, B2G 2N8
(902) 863-2771 SIC 5511
KEN SARGENT GMC BUICK LTD p127
12308 100 St, GRANDE PRAIRIE, AB, T8V 4H7
(780) 532-8865 SIC 5511
KEY CHEVROLET CADILLAC LTD p1309
441 Broadway St E, YORKTON, SK, S3N 3G3
(306) 782-2268 SIC 5511
KEYSTONE FORD SALES LTD p362
1300 Regent Ave W, Winnipeg, MB, R2C 3A8
(204) 661-9555 SIC 5511
KIA CANADA INC p433
497 Kenmount Rd, ST. JOHN'S, NL, A1B 3P9
(709) 726-4542 SIC 5511
KINGLAND FORD SALES LTD p438
9 Aspen Rd, HAY RIVER, NT, X0E 0R6
SIC 5511
KINGLAND FORD SALES LTD p439
20 Yellowknife Airport, YELLOWKNIFE, NT, X1A 3T2
(867) 920-9200 SIC 5511
KIRBY INTERNATIONAL TRUCKS LTD p534
5280 South Service Rd, BURLINGTON, ON, L7L 5H5
(905) 681-6500 SIC 5511
KITCHENER KIA p638
300 Homer Watson Blvd, KITCHENER, ON, N2C 2S8
(519) 571-2828 SIC 5511
LABRADOR MOTORS LIMITED p427
12 Loring Dr, HAPPY VALLEY-GOOSE BAY, NL, A0P 1C0
(709) 896-2452 SIC 5511
LABRADOR MOTORS LIMITED p428
80 Avalon Dr, LABRADOR CITY, NL, A2V 2Y2
(709) 944-3633 SIC 5511
LALLIER AUTOMOBILE (QUEBEC) INC p1153
2000 Rue Cyrille-Duquet, Quebec, QC, G1N 2E8
(418) 687-2525 SIC 5511
LALLY FORD SALES p882
78 Mill St W, TILBURY, ON, N0P 2L0
(519) 969-3673 SIC 5511
LANG, MAC SUNDRIDGE LIMITED p871
156 Main St Suite 539, SUNDRIDGE, ON, P0A 1Z0
(705) 384-5352 SIC 5511
LAURIER PONTIAC BUICK GMC CADILLAC HUMMER LTEE p1163
3001 Av Kepler, Quebec, QC, G1X 3V4
(418) 659-6420 SIC 5511

▲ Public Company   ■ Public Company Family Member   HQ Headquarters   BR Branch   SL Single Location

LEVIS SUZUKI p1065
1925 Boul Alphonse-Desjardins, Levis, QC, G6V 9K5
(418) 835-5050   SIC 5511

LOCATION DAGENAIS INC p1225
2700 Rue Etienne-Lenoir, Sainte-Dorothee, QC, H7R 0A3
(450) 625-2415   SIC 5511

LOCATION JEAN LEGARE LTEE p1089
3035 Rue Hochelaga, Montreal, QC, H1W 1G1
(514) 522-6466   SIC 5511

LONE STAR INC p32
175 Glendeer Cir Se, CALGARY, AB, T2H 2S8
(403) 255-1994   SIC 5511

LOUISVILLE TRUCK CENTRE INC p1300
3750 Idylwyld Dr N, SASKATOON, SK, S7L 6G3
(306) 931-6611   SIC 5511

LOUNSBURY COMPANY LIMITED p393
1870 St. Peter Ave, BATHURST, NB, E2A 7J4
(506) 547-0707   SIC 5511

LOUNSBURY COMPANY LIMITED p396
456 William St, DALHOUSIE, NB, E8C 2X7
(506) 684-3341   SIC 5511

LOUNSBURY COMPANY LIMITED p405
855 King George Hwy Suite 356, MIRAMICHI, NB, E1V 1P9
(506) 622-2311   SIC 5511

LOUNSBURY COMPANY LIMITED p407
2155 Main St W, MONCTON, NB, E1C 9P2
(506) 857-4300   SIC 5511

LOUNSBURY COMPANY LIMITED p409
725 St George Blvd, MONCTON, NB, E1E 2C2
(506) 857-4345   SIC 5511

LSL HOLDINGS INC p615
55 Rymal Rd E, HAMILTON, ON, L9B 1B9
SIC 5511

M T K AUTO WEST LTD p270
10780 Cambie Rd, Richmond, BC, V6X 1K8
(604) 233-0700   SIC 5511

M T K AUTO WEST LTD p270
10700 Cambie Rd Suite 410, RICHMOND, BC, V6X 1K8
(604) 233-0700   SIC 5511

MAIN STREET AUTO IMPORTERS LTD p742
600 Mckeown Ave, NORTH BAY, ON, P1B 7M2
(705) 472-2222   SIC 5511

MARK MOTORS OF OTTAWA (1987) LIMITED p787
611 Montreal Rd Suite 1, OTTAWA, ON, K1K 0T8
(613) 749-4275   SIC 5511

MARKVILLE CHEVROLET INC p669
5336 Highway 7 E, MARKHAM, ON, L3P 1B9
(905) 294-1440   SIC 5511

MARSHALL, STEVE MOTORS (1996) LTD p195
2300 N Island Hwy, CAMPBELL RIVER, BC, V9W 2G8
(250) 287-9171   SIC 5511

MAXIM TRANSPORTATION SERVICES INC p1279
Hwy 2 S, PRINCE ALBERT, SK, S6V 5S2
(306) 922-1900   SIC 5511

MAXIM TRANSPORTATION SERVICES INC p1283
475 Henderson Dr, REGINA, SK, S4N 5W8
(306) 721-9700   SIC 5511

MAZDA CANADA INC p975
7635 Martin Grove Rd, WOODBRIDGE, ON, L4L 2C5
(905) 850-8111   SIC 5511

MAZDA CANADA INC p1074
2940 Rue Sherbrooke, MAGOG, QC, J1X 4G4
(819) 843-2424   SIC 5511

MECANICAM AUTO p1092
5612 Rue Cartier, Montreal, QC, H2G 2T9

(514) 271-3131   SIC 5511

MERCEDES-BENZ CANADA INC p250
1375 Marine Dr, NORTH VANCOUVER, BC, V7P 3E5
(604) 984-7780   SIC 5511

MERCEDES-BENZ CANADA INC p266
5691 Parkwood Way, RICHMOND, BC, V6V 2M6
(604) 278-7662   SIC 5511

MERCEDES-BENZ CANADA INC p294
3550 Lougheed Hwy, VANCOUVER, BC, V5M 2A3
(604) 676-3778   SIC 5511

MERCEDES-BENZ CANADA INC p578
1156 The Queensway, ETOBICOKE, ON, M8Z 1R4
(416) 255-1132   SIC 5511

MERCEDES-BENZ CANADA INC p662
600 Wharncliffe Rd S, LONDON, ON, N6J 2N4
(519) 668-0600   SIC 5511

MERCEDES-BENZ CANADA INC p667
9300 Jane St, MAPLE, ON, L6A 0C5
(905) 585-9300   SIC 5511

MERCEDES-BENZ CANADA INC p733
230 Mulock Dr, NEWMARKET, ON, L3Y 9B8
(905) 853-6868   SIC 5511

MERCEDES-BENZ CANADA INC p945
8350 Kennedy Rd, UNIONVILLE, ON, L3R 0W4
(905) 305-1088   SIC 5511

MERCEDES-BENZ CANADA INC p1024
4525 Boul Saint-Jean, DOLLARD-DES-ORMEAUX, QC, H9H 2A7
(514) 620-5900   SIC 5511

MERCEDES-BENZ CANADA INC p1043
4844 Boul Taschereau, GREENFIELD PARK, QC, J4V 2J2
(450) 672-2720   SIC 5511

MILLS NISSAN LTD p117
1275 101 St Sw, EDMONTON, AB, T6X 1A1
(780) 463-5700   SIC 5511

MIRAMICHI CHRYSLER DODGE JEEP INC p405
1155 King George Hwy, MIRAMICHI, NB, E1V 5J7
(506) 622-3900   SIC 5511

MONT-BLEU FORD INC p1034
375 Boul Maloney O, Gatineau, QC, J8P 3W1
(819) 669-0111   SIC 5511

MORAND FORD LINCOLN LTEE p1225
4105 132 Rte, SAINTE-CATHERINE, QC, J5C 1V9
(450) 632-1340   SIC 5511

MORREY AUTO GROUP LTD p250
818 Automall Dr, North Vancouver, BC, V7P 3R8
(604) 984-9211   SIC 5511

MOTOR WORKS ONE HOLDINGS INC p802
510 Motor Works Pvt, OTTAWA, ON, K2R 0A5
(613) 656-6526   SIC 5511

MOTOR WORKS TWO HOLDINGS INC p802
520 Motor Works Pvt, OTTAWA, ON, K2R 0A5
(613) 656-6536   SIC 5511

MURRAY CHEVROLET PONTIAC BUICK GMC FORT ST. JOHN p214
11204 Alaska Rd, FORT ST. JOHN, BC, V1J 5T5
(250) 787-7280   SIC 5511

MURRAY CHEVROLET PONTIAC BUICK GMC MERRITT LIMITED PARTNERSHIP p237
2049 Nicola Ave, MERRITT, BC, V1K 1B8
(250) 378-9255   SIC 5511

MURRAY MOTORS YARMOUTH LIMITED PARTNERSHIP p442
349 Oak Park Rd, BARRINGTON, NS, B0W 1E0
(902) 637-4045   SIC 5511

NETHERCOTT CHEVROLET INC p615
1591 Upper James St, HAMILTON, ON, L9B

1K2
SIC 5511

NORTH BAY CHRYSLER LTD p740
352 Lakeshore Dr, NORTH BAY, ON, P1A 2C2
(705) 472-0820   SIC 5511

NORTH HILL MOTORS (1975) LTD p2
139 East Lake Cres Ne, Airdrie, AB, T4A 2H7
(403) 948-2600   SIC 5511

NORTHLAND CHRYSLER INC p1274
802 1st Ave W, MEADOW LAKE, SK, S9X 1Z6
(306) 236-4411   SIC 5511

NORTHWEST MOTORS (RED DEER) LIMITED p153
3115 50 Ave, RED DEER, AB, T4N 3X8
(403) 346-2035   SIC 5511

O'FARRELL, W. A. CHEVROLET LIMITED p470
465 Westville Rd, NEW GLASGOW, NS, B2H 2J6
SIC 5511

OPENROAD AUTO GROUP LIMITED p188
6984 Kingsway, BURNABY, BC, V5E 1E6
(604) 525-4667   SIC 5511

OPENROAD AUTO GROUP LIMITED p250
828 Automall Dr, NORTH VANCOUVER, BC, V7P 3R8
(604) 929-6736   SIC 5511

OPENROAD AUTO GROUP LIMITED p267
5571 Parkwood Way, RICHMOND, BC, V6V 2M7
(604) 606-9033   SIC 5511

OPENROAD AUTO GROUP LIMITED p267
5631 Parkwood Way, RICHMOND, BC, V6V 2M6
(604) 273-5533   SIC 5511

ORANGEVILLE CHRYSLER LIMITED p773
207 163 Hwy Suite 9, ORANGEVILLE, ON, L9W 2Z7
(519) 942-8400   SIC 5511

ORTYNSKY AUTOMOTIVE COMPANY LTD p367
980 Nairn Ave, WINNIPEG, MB, R2L 0Y2
(204) 654-0440   SIC 5511

ORTYNSKY NISSAN LTD p367
980 Nairn Ave, WINNIPEG, MB, R2L 0Y2
(204) 669-0791   SIC 5511

OTTAWA MOTOR SALES (1987) LIMITED p796
2496 Bank St, OTTAWA, ON, K1V 8S2
(613) 523-5230   SIC 5511

PACCAR OF CANADA LTD p1212
7500 Rte Transcanadienne, SAINT-LAURENT, QC, H4T 1A5
(514) 735-2581   SIC 5511

PACIFIC MAINLAND HOLDINGS LTD p202
1288 Lougheed Hwy, COQUITLAM, BC, V3K 6S4
(604) 522-6140   SIC 5511

PARKER MOTORS (1946) LTD p252
1765 Main St, PENTICTON, BC, V2A 5H1
(250) 492-2839   SIC 5511

PARKWAY NISSAN LTD p606
191 Centennial Pky N, HAMILTON, ON, L8E 1H8
(905) 667-9001   SIC 5511

PARKWAY PONTIAC BUICK INC p1210
9595 Rte Transcanadienne, SAINT-LAURENT, QC, H4S 1T6
(514) 333-5140   SIC 5511

PATTISON, JIM INDUSTRIES LTD p191
5400 Kingsway, BURNABY, BC, V5H 2E9
(604) 629-1800   SIC 5511

PATTISON, JIM INDUSTRIES LTD p255
2385 Ottawa St Unit B, PORT COQUITLAM, BC, V3B 8A4
(604) 552-1700   SIC 5511

PATTISON, JIM INDUSTRIES LTD p280
15389 Guildford Dr, SURREY, BC, V3R 0H9
(604) 583-8886   SIC 5511

PATTISON, JIM INDUSTRIES LTD p315
1395 Broadway W, VANCOUVER, BC, V6H

1G9
(604) 681-8829   SIC 5511

PATTISON, JIM INDUSTRIES LTD p322
1290 Burrard St, VANCOUVER, BC, V6Z 1Z4
(604) 682-0377   SIC 5511

PATTISON, JIM INDUSTRIES LTD p329
2735 Douglas St, VICTORIA, BC, V8T 4M4
(250) 382-8131   SIC 5511

PATTISON, JIM INDUSTRIES LTD p334
625 Frances Ave, VICTORIA, BC, V8Z 1A2
(250) 386-3516   SIC 5511

PENINSULA MOTOR SALES LTD p804
202392 Sunset Strip, Owen Sound, ON, N4K 5N7
(519) 376-3252   SIC 5511

PERFORMANCE TOYOTA LTD p853
262 Lake St, ST CATHARINES, ON, L2N 4H1
(905) 934-7246   SIC 5511

PETERBILT OF ONTARIO INC p493
7 Cochran Dr Suite 97, AYR, ON, N0B 1E0
(519) 622-7799   SIC 5511

PETERBILT OF ONTARIO INC p654
31 Buchanan Crt, LONDON, ON, N5Z 4P9
(519) 686-1000   SIC 5511

PETERBILT OF ONTARIO INC p742
3410 Highway 11 N, NORTH BAY, ON, P1B 8G3
(705) 472-4000   SIC 5511

PETERBILT OF ONTARIO INC p958
1311 Hopkins St, WHITBY, ON, L1N 2C2
(905) 665-8888   SIC 5511

PETERBILT PACIFIC INC p289
19470 96 Ave, SURREY, BC, V4N 4C2
(604) 888-1411   SIC 5511

PFAFF MOTORS INC p975
101 Auto Park Cir, WOODBRIDGE, ON, L4L 8R1
(905) 851-0852   SIC 5511

PICKERING AUTOMOBILES INC p483
250 Westney Rd S, AJAX, ON, L1S 7P9
(905) 428-8888   SIC 5511

PINERIDGE FORD SALES LTD p1274
413 4 Hwy S, MEADOW LAKE, SK, S9X 1Z5
(306) 236-1810   SIC 5511

PLACEMENTS GILLES ARNOLD INC p1047
2595 Rue Godbout, Jonquiere, QC, G7S 5S9
(418) 548-0821   SIC 5511

PLAMONDON AUTOS INC p1010
125 138 Rte, Cap-Sante, QC, G0A 1L0
(418) 285-3311   SIC 5511

PRINCESS AUTO LTD p336
1037 Langford Pky, VICTORIA, BC, V9B 0A5
(250) 391-5652   SIC 5511

PTC AUTOMOTIVE MAPLE LTD p668
230 Sweetriver Blvd, MAPLE, ON, L6A 4V3
(905) 417-1170   SIC 5511

QUE-BOURG AUTO (1984) LTEE p1148
7777 Boul Henri-Bourassa, Quebec, QC, G1H 3G1
(418) 626-7777   SIC 5511

R. S. AUTO INC p1234
109 Rue Monseigneur-Blanche, Sept-Iles, QC, G4R 4Y3
(418) 962-7668   SIC 5511

REVELL MOTORS LIMITED p948
6628 38 Hwy, VERONA, ON, K0H 2W0
(613) 374-2133   SIC 5511

RJAMES MANAGEMENT GROUP LTD p221
2072 Falcon Rd, KAMLOOPS, BC, V2C 4J3
(250) 374-1431   SIC 5511

RJAMES MANAGEMENT GROUP LTD p224
150 Edwards Rd, KELOWNA, BC, V1X 7J5
(250) 765-5555   SIC 5511

RON MACGILLIVRAY CHEVROLET LTD p442
75 St Andrews St, ANTIGONISH, NS, B2G 2G9
(902) 863-2803   SIC 5511

SAULNIER AUTOMOBILES INC p1186
160 Rue Dubois, SAINT-EUSTACHE, QC,

J7P 4W9
(450) 623-9004   SIC 5511
SCOTIA HYUNDAI
108 Robert Angus Dr, AMHERST, NS, B4H 4R7
(902) 661-5000   SIC 5511
SEA TO SKY FORD SALES LTD p279
1180 Hunter Pl, SQUAMISH, BC, V8B 0B7
(604) 892-3673   SIC 5511
SISLEY MOTORS LIMITED p483
170 Westney Rd S, AJAX, ON, L1S 2C8
(905) 427-0111   SIC 5511
SMYL MOTORS LTD p166
5015 44 St Ss 2, ST PAUL, AB, T0A 3A2
(780) 645-4414   SIC 5511
SOMERSET CHEVROLET CORVETTE LTD p905
291 Lake Shore Blvd E, TORONTO, ON, M5A 1B9
(416) 368-8878   SIC 5511
SOUTH SHORE CHEVROLET p445
15133 Hebbville Rd, BRIDGEWATER, NS, B4V 2W4
(902) 543-2493   SIC 5511
SOUTH WEST CHRYSLER DODGE INC p663
658 Wharncliffe Rd S, LONDON, ON, N6J 2N4
(519) 649-2121   SIC 5511
SOUTHCENTER AUTO INC p1301
321 Circle Dr W, SASKATOON, SK, S7L 5S8
(306) 373-3711   SIC 5511
SOUTHSIDE NISSAN LTD p298
290 Marine Dr Sw, VANCOUVER, BC, V5X 2R5
(604) 324-4644   SIC 5511
SPV MOTORS GP INC p163
2365 Broadmoor Blvd, SHERWOOD PARK, AB, T8H 1N1
(780) 400-4800   SIC 5511
ST-LEONARD TOYOTA (1992) LTEE p1216
7665 Boul Lacordaire, SAINT-LEONARD, QC, H1S 2A7
(514) 252-1373   SIC 5511
ST-ONGE FORD INC p1042
1870 6e Ave, Grand-Mere, QC, G9T 2K7
(819) 538-3357   SIC 5511
STAMPEDE PONTIAC BUICK (1988) LTD p49
1110 9 Ave Sw, CALGARY, AB, T2P 1M1
SIC 5511
STEELE AUTO GROUP LIMITED p461
3363 Kempt Rd, HALIFAX, NS, B3K 4X5
(902) 453-2110   SIC 5511
STEELE MAZDA p447
15 Lansing Crt, DARTMOUTH, NS, B2W 0K3
(902) 462-6600   SIC 5511
STERLING TRUCK & TRAILER SALES LTD p1301
2326 Northridge Dr, SASKATOON, SK, S7L 1B9
(306) 242-7988   SIC 5511
STOP 23 AUTO SALES LTD p648
910 Wallace Ave N, Listowel, ON, N4W 1M5
(519) 291-5757   SIC 5511
SUBARU OF KINGSTON p634
399 Bath Rd, KINGSTON, ON, K7M 7C9
(613) 546-7000   SIC 5511
SUNSHINE MOTORS (1996) LTD p277
1633 Field Rd, SECHELT, BC, V0N 3A1
(604) 885-5131   SIC 5511
SUPERCARS INC p434
220 Kenmount Rd, ST. JOHN'S, NL, A1B 3T2
(709) 726-8555   SIC 5511
SURGENOR PONTIAC BUICK LIMITED p634
261 Binnington Crt, KINGSTON, ON, K7P 9H2
(613) 548-1100   SIC 5511
SURGENOR PONTIAC BUICK LIMITED p783
1571 Liverpool Crt, OTTAWA, ON, K1B 4L1

(613) 745-0024   SIC 5511
SUZUKI CANADA (ES2-S1) INC p821
100 East Beaver Creek Rd, RICHMOND HILL, ON, L4B 1J6
(905) 889-2677   SIC 5511
SUZUKI CANADA INC. p434
324 Freshwater Rd, ST. JOHN'S, NL, A1B 1C2
(709) 754-4676   SIC 5511
T.R.Y. JACKSON BROTHERS LIMITED p499
181 Mapleview Dr W, BARRIE, ON, L4N 9E8
(705) 726-0288   SIC 5511
TALLMAN TRUCK CENTRE LIMITED p531
2420 Parkedale Ave, BROCKVILLE, ON, K6V 3G8
(613) 345-3668   SIC 5511
TALLMAN TRUCK CENTRE LIMITED p783
2716 Sheffield Rd, OTTAWA, ON, K1B 3V9
(613) 741-1231   SIC 5511
TARTAN SALES (1973) LTD p6
202 10 St, Beaverlodge, AB, T0H 0C0
SIC 5511
TAYLOR CHRYSLER DODGE INC p606
260 Centennial Pky N, Hamilton, ON, L8E 2X4
(905) 561-0333   SIC 5511
TAYLOR FORD SALES LTD p406
10 Lewisville Rd, MONCTON, NB, E1A 2K2
(506) 857-2300   SIC 5511
TAYLOR MOTOR SALES LTD p1276
1743 Main St N, MOOSE JAW, SK, S6J 1L6
(306) 694-1355   SIC 5511
TEAM TRUCK CENTRES LIMITED p665
1040 Wilton Grove Rd, LONDON, ON, N6N 1C7
(519) 453-2970   SIC 5511
TEAM TRUCK CENTRES LIMITED p667
4155 County Rd 46, MAIDSTONE, ON, N0R 1K0
(519) 737-6176   SIC 5511
THIBAULT CHEVROLET CADILLAC BUICK GMC DE ROUYN-NORANDA LTEE p1178
375 Boul Rideau, ROUYN-NORANDA, QC, J9X 5Y7
(819) 762-1751   SIC 5511
THOR MOTORS ORILLIA (1978) LTD p775
201 Gill St, Orillia, ON, L3V 6K7
(705) 326-6447   SIC 5511
TISDALE SALES & SERVICES LTD p1271
105 11 Ave E, Kindersley, SK, S0L 1S0
(306) 463-2686   SIC 5511
TOYOTA CANADA INC p962
9375 Tecumseh Rd E, WINDSOR, ON, N8R 1A1
(519) 979-1900   SIC 5511
TRANSASIAN FINE CARS LTD p905
183 Front St E, TORONTO, ON, M5A 1E7
(416) 867-1577   SIC 5511
TURPIN GROUP LTD p626
2500 Palladium Dr Unit 200, KANATA, ON, K2V 1E2
SIC 5511
UNIONVILLE MOTORS (1973) LIMITED p945
4630 Highway 7, UNIONVILLE, ON, L3R 1M5
SIC 5511
VICTORIA FORD ALLIANCE LTD p330
2829 Douglas St, VICTORIA, BC, V8T 4M6
(250) 384-1144   SIC 5511
VISION CHEVROLET BUICK GMC INC p1022
30 Rte 132, DELSON, QC, J5B 1H3
(450) 659-5471   SIC 5511
VOLKSWAGEN GROUP CANADA INC p1195
5705 Av Trudeau, SAINT-HYACINTHE, QC, J2S 1H5
(514) 875-3915   SIC 5511
WAYCON INTERNATIONAL TRUCKS LTD p596
33910 Airport Rd, GODERICH, ON, N7A 3Y2
(519) 524-7379   SIC 5511
WAYCON INTERNATIONAL TRUCKS LTD p603

48 Dawson Rd, GUELPH, ON, N1H 5V1
(519) 821-0070   SIC 5511
WEBB'S FORD LTD p172
4802 50 St, Vermilion, AB, T9X 1M3
(780) 853-2841   SIC 5511
WEIDNER MOTORS LIMITED p134
5640 Highway 2a, Lacombe, AB, T4L 1A3
(403) 782-3626   SIC 5511
WEINS CANADA INC p675
3120 Steeles Ave E, MARKHAM, ON, L3R 1G9
(905) 948-0977   SIC 5511
WEINS CANADA INC p824
11552 Yonge St, RICHMOND HILL, ON, L4E 3N7
(905) 883-8812   SIC 5511
WESTERGARD MOTORS (DRUMHELLER) LTD p73
1011 Hwy 9 S, Drumheller, AB, T0J 0Y0
(403) 823-2500   SIC 5511
WESTERN STAR TRUCKS (NORTH) LTD p2
26124 Township Rd 531a, ACHESON, AB, T7X 5A1
(780) 453-3452   SIC 5511
WESTERN STAR TRUCKS (NORTH) LTD p128
7802 110 St, GRANDE PRAIRIE, AB, T8W 1M3
(780) 513-2236   SIC 5511
WESTLOCK MOTORS LTD p5
6201 49th St, BARRHEAD, AB, T7N 1A4
(780) 674-2236   SIC 5511
WESTWARD FORD SALES LTD p354
Gd Lcd Main, PORTAGE LA PRAIRIE, MB, R1N 3A7
(204) 857-3912   SIC 5511
WILLIAMS, JIM LEASING LIMITED p500
165 Bradford St, BARRIE, ON, L4N 3B4
(705) 739-8020   SIC 5511
WOOD MOTORS (1972) LIMITED p401
880 Prospect Rd, FREDERICTON, NB, E3B 2T8
(506) 452-6611   SIC 5511
WOOD WHEATON HONDA p262
2500 Range Rd, PRINCE GEORGE, BC, V2N 0C3
(250) 562-9391   SIC 5511
WOODRIDGE FORD LINCOLN LTD p149
4 Westland Rd, OKOTOKS, AB, T1S 1N1
(403) 938-2222   SIC 5511

SIC 5521 Used car dealers

392268 ALBERTA LTD p154
7414 50 Ave, RED DEER, AB, T4P 1X7
(403) 347-3300   SIC 5521
487244 ALBERTA LTD p90
10212 178 St Nw, EDMONTON, AB, T5S 1H3
(780) 483-7516   SIC 5521
AUTOMOBILES DELEC INC p1076
3550 Av De La Gare, MASCOUCHE, QC, J7K 3C1
(514) 722-5555   SIC 5521
CARCANADA CORPORATION p356
136 Lakeside Rd, SPRINGFIELD, MB, R2J 4G8
SIC 5521
CORPORATIF RENAUD INC p1193
3475 Boul Taschereau, SAINT-HUBERT, QC, J4T 2G1
(450) 462-9991   SIC 5521
EXCEL AUTOMOBILES MONTREAL LTEE p1081
5470 Rue Pare, MONT-ROYAL, QC, H4P 2M1
(514) 342-6363   SIC 5521
FIND-A-CAR AUTO SALES & BROKERING INC p819
6104 Perth St, RICHMOND, ON, K0A 2Z0
SIC 5521
FORD MOTOR COMPANY OF CANADA, LIMITED p968

3223 Lauzon Pky, WINDSOR, ON, N9A 6X3
(519) 944-8784   SIC 5521
JOHN SCOTTI AUTOMOTIVE LTEE p1215
4315 Boul Metropolitain E, SAINT-LEONARD, QC, H1R 1Z4
(514) 725-9394   SIC 5521
MANN MOTOR PRODUCTS LTD p1279
500 Marquis Rd E, PRINCE ALBERT, SK, S6V 8B3
(306) 765-2240   SIC 5521
MAXIM TRUCK COLLISION & RECYCLING LTD p96
13240 170 St Nw, EDMONTON, AB, T5V 1M7
(780) 448-3830   SIC 5521
O'REGAN MOTORS LIMITED p447
60 Baker Dr Unit B, DARTMOUTH, NS, B2W 6L4
(902) 466-5775   SIC 5521
REGENCY AUTO INVESTMENTS INC p187
4278 Lougheed Hwy, BURNABY, BC, V5C 3Y5
(604) 879-8411   SIC 5521
RENBALDO HOLDINGS INC p762
5395 Steeles Ave W, NORTH YORK, ON, M9L 1R6
(416) 749-9522   SIC 5521
SOUTH TRAIL CHRYSLER LTD p57
6103 130 Ave Se, CALGARY, AB, T2Z 0N3
(587) 349-7272   SIC 5521
WHEELS & DEALS LTD p399
402 Saint Marys St, FREDERICTON, NB, E3A 8H5
(506) 459-6832   SIC 5521

SIC 5531 Auto and home supply stores

ACTION CAR AND TRUCK ACCESSORIES INC p408
200 Horsman Rd, MONCTON, NB, E1E 0E8
(506) 877-1237   SIC 5531
ACTION VAN & TRUCK WORLD LTD p813
1050 Squires Beach Rd, PICKERING, ON, L1W 3N8
(905) 428-7373   SIC 5531
AJ HOLDINGS LTD p412
525 Pinewood Rd, RIVERVIEW, NB, E1B 0K3
(506) 386-3400   SIC 5531
B & I TRUCK PARTS INC p496
480 Dunlop St W, BARRIE, ON, L4N 9W5
(705) 737-3201   SIC 5531
BAKER, WALTER & CHANTAL SALES LTD p487
1060 Wilson St W, ANCASTER, ON, L9G 3K9
(905) 304-0000   SIC 5531
BEVERLY GROUP INC, THE p570
525 6 Hwy, DUNDAS, ON, L9H 7K1
(905) 525-9240   SIC 5531
CANADIAN ECO RUBBER LTD p513
8 Bramwin Crt Suite 18, BRAMPTON, ON, L6T 5G2
(905) 487-2824   SIC 5531
CANADIAN TIRE ASSOCIATE STORE p131
868 Carmichael Lane, HINTON, AB, T7V 1Y6
(780) 865-6198   SIC 5531
CANADIAN TIRE ASSOCIATE STORE LTD p276
2090 10 Ave Sw, SALMON ARM, BC, V1E 1T4
(250) 832-5474   SIC 5531
CANADIAN TIRE CORPORATION, LIMITED p14
1817 52 St Se Suite 714, CALGARY, AB, T2B 2Y5
(403) 204-7854   SIC 5531
CANADIAN TIRE CORPORATION, LIMITED p37
637 Goddard Ave Ne, CALGARY, AB, T2K 6K1
(403) 274-5901   SIC 5531

SIC 5531 Auto and home supply stores

CANADIAN TIRE CORPORATION, LIMITED p90
10103 175 St Nw, EDMONTON, AB, T5S 1L9
(780) 489-5561   SIC 5531

CANADIAN TIRE CORPORATION, LIMITED p149
6900 46 St Unit 600, OLDS, AB, T4H 0A2
(403) 556-9949   SIC 5531

CANADIAN TIRE CORPORATION, LIMITED p218
480 Sarah Rd, INVERMERE, BC, V0A 1K3
(250) 342-4433   SIC 5531

CANADIAN TIRE CORPORATION, LIMITED p272
11388 Steveston Hwy, RICHMOND, BC, V7A 5J5
(604) 271-6651   SIC 5531

CANADIAN TIRE CORPORATION, LIMITED p332
801 Royal Oak Dr, VICTORIA, BC, V8X 4V1
(250) 727-6561   SIC 5531

CANADIAN TIRE CORPORATION, LIMITED p341
1050 South Lakeside Dr, WILLIAMS LAKE, BC, V2G 3A6
(250) 392-3303   SIC 5531

CANADIAN TIRE CORPORATION, LIMITED p424
1 High St, CHANNEL-PORT-AUX-BASQUES, NL, A0M 1C0
(709) 695-2158   SIC 5531

CANADIAN TIRE CORPORATION, LIMITED p449
201 Wyse Rd, DARTMOUTH, NS, B3A 1N1
(902) 463-0460   SIC 5531

CANADIAN TIRE CORPORATION, LIMITED p600
127 Stone Rd W Unit 42, GUELPH, ON, N1G 5G4
(519) 822-9521   SIC 5531

CANADIAN TIRE CORPORATION, LIMITED p627
311 Ryans Well Dr, KEMPTVILLE, ON, K0G 1J0
(613) 258-3479   SIC 5531

CANADIAN TIRE CORPORATION, LIMITED p707
6400 Millcreek Dr Suite 16, MISSISSAUGA, ON, L5N 3E7
(905) 814-8578   SIC 5531

CANADIAN TIRE CORPORATION, LIMITED p741
1016 Fisher St Suite 782, NORTH BAY, ON, P1B 2G4
(705) 476-2162   SIC 5531

CANADIAN TIRE CORPORATION, LIMITED p812
1095 Kingston Rd, PICKERING, ON, L1V 1B5
(905) 420-1332   SIC 5531

CANADIAN TIRE CORPORATION, LIMITED p815
13321 Loyalist Pky Rr 1, PICTON, ON, K0K 2T0
(613) 476-7407   SIC 5531

CANADIAN TIRE CORPORATION, LIMITED p883
234 Spruce St S Suite 783, TIMMINS, ON, P4N 2M5
(705) 264-4400   SIC 5531

CANADIAN TIRE CORPORATION, LIMITED p901
839 Yonge St Suite 150, TORONTO, ON, M4W 2H2
(416) 925-9592   SIC 5531

CANADIAN TIRE CORPORATION, LIMITED p1033
39 Montee De Sandy Beach, Gaspe, QC, G4X 2A9
(418) 368-6868   SIC 5531

CANADIAN TIRE CORPORATION, LIMITED p1288
2965 Gordon Rd Suite 65, REGINA, SK, S4S 6H7
(306) 585-1334   SIC 5531

CANADIAN TIRE CORPORATION, LIMITED p1299
301 Confederation Dr, SASKATOON, SK, S7L 5C3
(306) 384-1212   SIC 5531

CANADIAN TIRE CORPORATION, LIMITED p1301
2305 22nd St W Unit 6, SASKATOON, SK, S7M 0V6
(306) 384-2220   SIC 5531

CARLSTAR GROUP ULC, THE p387
115 Lowson Cres, WINNIPEG, MB, R3P 1A6
(204) 488-4974   SIC 5531

CARQUEST CANADA LTD p1002
1670 Rue Eiffel Bureau 100, BOUCHERVILLE, QC, J4B 7W1
(450) 641-5700   SIC 5531

CARRIER TRUCK CENTER INC p977
645 Athlone Ave, WOODSTOCK, ON, N4S 7V8
(519) 539-9837   SIC 5531

COAST TIRE & AUTO SERVICE LTD p415
130 Somerset St Suite 150, SAINT JOHN, NB, E2K 2X4
(506) 674-9620   SIC 5531

CRANE CARRIER (CANADA) LIMITED p450
656 Windmill Rd, DARTMOUTH, NS, B3B 1B8
(902) 468-6220   SIC 5531

CURTIN, AUSTIN SALES LTD p8
404 Cassils Rd W Suite 212, BROOKS, AB, T1R 0W3
(403) 362-4222   SIC 5531

CURTIN, AUSTIN SALES LTD p69
6703 51 St Suite 450, COLD LAKE, AB, T9M 1Z9
(780) 594-3501   SIC 5531

FORT GARRY INDUSTRIES LTD p155
170 Queens Dr, RED DEER, AB, T4P 0R5
(403) 343-1383   SIC 5531

FOUNTAIN TIRE HOLDINGS LTD p72
55058 58 Ave, DRAYTON VALLEY, AB, T7A 1R7
(780) 542-4001   SIC 5531

FOUNTAIN TIRE LTD p13
615 Moraine Rd Ne, CALGARY, AB, T2A 2P4
(403) 272-9763   SIC 5531

FOUNTAIN TIRE LTD p28
819 46 Ave Se, CALGARY, AB, T2G 2A5
(403) 221-8473   SIC 5531

FOUNTAIN TIRE LTD p37
4911 Northland Dr Nw, CALGARY, AB, T2L 2K3
(403) 286-3386   SIC 5531

FOUNTAIN TIRE LTD p116
1006 103a St Sw Suite 103, EDMONTON, AB, T6W 2P6
(780) 464-3700   SIC 5531

FOUNTAIN TIRE LTD p166
220 Carnegie Dr Suite 208, ST. ALBERT, AB, T8N 5A7
(780) 418-3418   SIC 5531

FOUNTAIN TIRE LTD p210
7993 Progress Way, DELTA, BC, V4G 1A3
(604) 940-6388   SIC 5531

FOUNTAIN TIRE LTD p221
916 Yellowhead Hwy, KAMLOOPS, BC, V2H 1A2
(250) 851-7600   SIC 5531

FOUNTAIN TIRE LTD p885
2090 Riverside Dr Suite 26, TIMMINS, ON, P4R 0A2
(705) 267-8473   SIC 5531

FOUNTAIN TIRE LTD p1296
2922 Millar Ave, SASKATOON, SK, S7K 5X7
(306) 242-3233   SIC 5531

FRISBY TIRE CO. (1974) LIMITED p595
1780 Queensdale Ave, GLOUCESTER, ON, K1T 1J8
(613) 521-4080   SIC 5531

GAMEX INC p1044
609 Rue Principale, Ile-aux-Noix, QC, J0J 1G0
(450) 246-3881   SIC 5531

GARAGE VILLEMAIRE & FILS INC p1045
980 Ch Des Prairies, JOLIETTE, QC, J6E 0L4
(450) 752-1000   SIC 5531

GESTION DENIS M. ROSSIGNOL INC p1043
4909 Boul Taschereau Bureau 190, GREENFIELD PARK, QC, J4V 3K3
(450) 676-1818   SIC 5531

GESTION MICHEL SEGUIN INC p1229
500 Aut Chomedey, SAINTE-ROSE, QC, H7X 3S9
(450) 969-4141   SIC 5531

GLOVER INTERNATIONAL TRUCKS LTD p2
78 East Lake Cres Ne, AIRDRIE, AB, T4A 2H4
(403) 948-2011   SIC 5531

GOODYEAR CANADA INC p166
220 Carnegie Dr, ST. ALBERT, AB, T8N 5B1
SIC 5531

GROUND EFFECTS LTD p964
3940 North Service Rd E, WINDSOR, ON, N8W 5X2
(519) 944-9065   SIC 5531

H.S. PIKE HOLDINGS INC p568
366 Burkes Rd Rr 1, DEEP RIVER, ON, K0J 1P0
(613) 584-3337   SIC 5531

HAYES, J.A. HOLDINGS LTD p213
1791 9th Ave, FERNIE, BC, V0B 1M5
(250) 423-4222   SIC 5531

INLAND KENWORTH LTD p205
816 Industrial Road 1, CRANBROOK, BC, V1C 4C6
(250) 426-6205   SIC 5531

INVESTISSEMENTS YVES GAGNE LTEE p1161
1170 Rte De L'Eglise, Quebec, QC, G1V 3W7
(418) 659-4882   SIC 5531

JHAJ HOLDINGS LTD p220
874 Notre Dame Dr, KAMLOOPS, BC, V2C 6L5
(250) 372-1991   SIC 5531

JUUSOLA, JACK SALES LTD p218
944 8th St, KAMLOOPS, BC, V2B 2X5
(250) 376-2013   SIC 5531

JUUSOLA, JACK SALES LTD p276
2090 10 Ave Sw, SALMON ARM, BC, V1E 0E1
(250) 832-9600   SIC 5531

KAL TIRE LTD p1
26308 Township Road 531a, ACHESON, AB, T7X 5A3
(780) 960-3930   SIC 5531

KAL TIRE LTD p24
2363 20 Ave Ne, CALGARY, AB, T2E 8T1
(403) 291-2177   SIC 5531

KAL TIRE LTD p39
1616 14 Ave Nw, CALGARY, AB, T2N 1M6
(587) 318-3044   SIC 5531

KAL TIRE LTD p85
14720 Yellowhead Trail Nw, EDMONTON, AB, T5L 3C5
(780) 451-5417   SIC 5531

KAL TIRE LTD p120
Gd Lcd Main, FORT MCMURRAY, AB, T9H 3E2
(780) 790-0101   SIC 5531

KAL TIRE LTD p153
6719 52 Ave, RED DEER, AB, T4N 4K8
(403) 343-2255   SIC 5531

KAL TIRE LTD p153
5030 67 St, RED DEER, AB, T4N 2R6
(403) 346-4124   SIC 5531

KAL TIRE LTD p155
8050 49 Ave, RED DEER, AB, T4P 2V7
(403) 347-8851   SIC 5531

KAL TIRE LTD p163
27 Strathmoor Dr, SHERWOOD PARK, AB, T8H 0C1
(780) 417-9500   SIC 5531

KAL TIRE LTD p177
975 Coutts Way, ABBOTSFORD, BC, V2S 7M2
(604) 853-5981   SIC 5531

KAL TIRE LTD p179
31180 Peardonville Rd, ABBOTSFORD, BC, V2T 6K6
(604) 854-1161   SIC 5531

KAL TIRE LTD p198
43850 Progress Way Unit 2, CHILLIWACK, BC, V2R 0C3
(604) 701-6153   SIC 5531

KAL TIRE LTD p202
1851 Lougheed Hwy, COQUITLAM, BC, V3K 3T7
(604) 524-1166   SIC 5531

KAL TIRE LTD p222
788 Mt Paul Way, KAMLOOPS, BC, V2H 1B5
(250) 374-6258   SIC 5531

KAL TIRE LTD p229
20140 98 Ave, LANGLEY, BC, V1M 3G1
(604) 882-3911   SIC 5531

KAL TIRE LTD p260
1073 Central St W, PRINCE GEORGE, BC, V2M 3C9
(250) 562-2105   SIC 5531

KAL TIRE LTD p262
750 Boundary Rd, PRINCE GEORGE, BC, V2N 5T2
(250) 561-1525   SIC 5531

KAL TIRE LTD p269
2633 No. 5 Rd, RICHMOND, BC, V6X 2S8
(604) 278-9181   SIC 5531

KAL TIRE LTD p369
1777 Brookside Blvd, WINNIPEG, MB, R2R 2Y1
(204) 694-8560   SIC 5531

KAL TIRE LTD p878
590 Central Ave, THUNDER BAY, ON, P7B 6B2
(807) 345-0600   SIC 5531

KAL TIRE LTD p1296
2907 Faithfull Ave, SASKATOON, SK, S7K 8E8
(306) 931-7133   SIC 5531

KAO TIRE CENTRE p693
2403 Stanfield Rd, MISSISSAUGA, ON, L4Y 1R6
(905) 848-3500   SIC 5531

KENOPIC, W. V. & SONS LIMITED p819
1050 O'brien Rd, RENFREW, ON, K7V 0B4
(613) 432-8117   SIC 5531

LKQ CANADA AUTO PARTS INC p151
430054 Don Laing Busine Pk Rr 4 Stn Main, PONOKA, AB, T4J 1R4
(403) 783-5189   SIC 5531

LORDCO PARTS LTD p191
5459 Kingsway, BURNABY, BC, V5H 2G1
(604) 412-9970   SIC 5531

LORDCO PARTS LTD p197
45771 Yale Rd, CHILLIWACK, BC, V2P 2N5
(604) 792-1999   SIC 5531

LORDCO PARTS LTD p200
1024 Westwood St, COQUITLAM, BC, V3C 3L5
(604) 942-7354   SIC 5531

LORDCO PARTS LTD p204
2401 Cliffe Ave Unit 1, COURTENAY, BC, V9N 2L5
(250) 338-6266   SIC 5531

LORDCO PARTS LTD p205
2201 Cranbrook St N, CRANBROOK, BC, V1C 5M6
(250) 417-0888   SIC 5531

LORDCO PARTS LTD p220
940 Notre Dame Dr, KAMLOOPS, BC, V2C 6J2
(250) 374-9912   SIC 5531

LORDCO PARTS LTD p226
1656 Dilworth Dr, KELOWNA, BC, V1Y 7V3
(250) 763-3621   SIC 5531

LORDCO PARTS LTD p233

5825 200 St, LANGLEY, BC, V3A 1M7
(604) 533-6607   SIC 5531
LORDCO PARTS LTD   p238
32885 London Ave, MISSION, BC, V2V 6M7
(604) 826-7121   SIC 5531
LORDCO PARTS LTD   p239
140 Terminal Ave Suite 1, NANAIMO, BC, V9R 5C5
(250) 753-1711   SIC 5531
LORDCO PARTS LTD   p242
6580a Island Hwy N Suite A, NANAIMO, BC, V9V 1K8
(250) 390-9232   SIC 5531
LORDCO PARTS LTD   p250
1500 Fell Ave, NORTH VANCOUVER, BC, V7P 3E7
(604) 984-0277   SIC 5531
LORDCO PARTS LTD   p262
3463 22nd Ave, PRINCE GEORGE, BC, V2N 1B4
(250) 612-0223   SIC 5531
LORDCO PARTS LTD   p269
5355 No. 3 Rd, RICHMOND, BC, V6X 2C7
(604) 276-1866   SIC 5531
LORDCO PARTS LTD   p276
51 Lakeshore Dr Ne, SALMON ARM, BC, V1E 4N3
(250) 832-7030   SIC 5531
LORDCO PARTS LTD   p286
13537 72 Ave, SURREY, BC, V3W 2N9
(604) 543-7513   SIC 5531
LORDCO PARTS LTD   p297
338 2nd Ave E, VANCOUVER, BC, V5T 1C1
(604) 879-9391   SIC 5531
LORDCO PARTS LTD   p336
2901 Jacklin Rd, VICTORIA, BC, V9B 3Y6
(250) 391-1438   SIC 5531
MAGASIN JEAN DUMAS INC   p1044
Boul Pr, HOPE, QC, G0C 2K0
(418) 752-5050   SIC 5531
MAGASIN MYRLANIE INC   p1124
9050 Boul De L'acadie, Montreal, QC, H4N 2S5
(514) 388-6464   SIC 5531
MAGNA SEATING INC   p977
460 Industrial Ave, WOODSTOCK, ON, N4S 7L1
SIC 5531
MULROONEY, K TRUCKING LIMITED   p592
1280 Mcadoo's Lane, GLENBURNIE, ON, K0H 1S0
(613) 548-4427   SIC 5531
PETERBILT MANITOBA LTD   p346
1809 18th St N, BRANDON, MB, R7C 1A6
(204) 725-1991   SIC 5531
PNEUS RATTE INC   p1249
2420 Boul Des Recollets, Trois-Rivieres, QC, G8Z 3X7
(819) 379-9993   SIC 5531
POWRMATIC DU CANADA LTEE   p991
9500 Boul Ray-Lawson, ANJOU, QC, H1J 1L0
(514) 493-6400   SIC 5531
PRINCESS AUTO LTD   p498
11 Commerce Park Dr, BARRIE, ON, L4N 8X1
(705) 739-0575   SIC 5531
PRINCESS AUTO LTD   p963
3575 Forest Glade Dr, WINDSOR, ON, N8T 0A3
(519) 974-1261   SIC 5531
PRO AUTO LTD   p380
1400 Saskatchewan Ave Suite A, WINNIPEG, MB, R3E 0L3
(204) 982-3005   SIC 5531
PRO AUTO LTD   p756
301 Flint Rd Unit 2, NORTH YORK, ON, M3J 2J2
(416) 739-7735   SIC 5531
RALPH'S AUTO SUPPLY (B.C.) LTD   p284
10731 120 St, SURREY, BC, V3V 4G5
SIC 5531
RELAIS PNEUS FREINS ET SUSPENSIONS INC, LE   p1240

4255 Boul Bourque, SHERBROOKE, QC, J1N 1S4
(819) 566-7722   SIC 5531
ROY DANIEL LTEE   p1236
1850 Rue King E, SHERBROOKE, QC, J1G 5G6
(819) 566-0303   SIC 5531
ROYAL TIRE SERVICE LTD   p833
55 Black Rd, SAULT STE. MARIE, ON, P6B 0A3
(705) 254-6664   SIC 5531
SASKATOON WHOLESALE TIRE LTD   p1298
2705 Wentz Ave, SASKATOON, SK, S7K 4B6
(306) 244-9512   SIC 5531
SERVICE DE PNEUS AUCLAIR INC   p1152
385 Rue Des Entrepreneurs, Quebec, QC, G1M 1B4
(418) 683-1010   SIC 5531
SERVICES DE PNEUS DESHARNAIS INC   p1154
710 Boul Charest O, Quebec, QC, G1N 2C1
(418) 681-6041   SIC 5531
TEAM TRUCK CENTRES LIMITED   p639
599 Wabanaki Dr, KITCHENER, ON, N2C 2G3
(519) 893-4150   SIC 5531
TEX-DON LTD   p729
2135 Robertson Rd, NEPEAN, ON, K2H 5Z2
(613) 829-9580   SIC 5531
TOYO TIRE CANADA INC.   p268
7791 Nelson Rd Unit 120, RICHMOND, BC, V6W 1G3
(604) 304-1941   SIC 5531
UAP INC   p26
2727 23 St Ne Suite 271, CALGARY, AB, T2E 7M1
(403) 250-7334   SIC 5531
UAP INC   p1010
950 Av Simard, CHAMBLY, QC, J3L 4X2
(450) 658-3893   SIC 5531
UNI-SELECT QUEBEC INC   p1190
325 107e Rue, SAINT-GEORGES, QC, G5Y 3J8
(418) 228-8817   SIC 5531
UNIVERSAL INDUSTRIAL SUPPLY GROUP INC   p764
Gd, NORWOOD, ON, K0L 2V0
(705) 639-5452   SIC 5531
WAL-MART CANADA CORP   p231
20202 66 Ave, LANGLEY, BC, V2Y 1P3
(604) 539-5210   SIC 5531
WAYCON INTERNATIONAL TRUCKS LTD   p553
700 Richmond St, CHATHAM, ON, N7M 5J5
(519) 352-7242   SIC 5531
WORLDPAC CANADA INC   p267
13480 Crestwood Pl Unit 120, RICHMOND, BC, V6V 2K1
(604) 248-1059   SIC 5531
YOKOHAMA TIRE (CANADA) INC   p230
9325 200 St Suite 500, LANGLEY, BC, V1M 3A7
(604) 546-9656   SIC 5531

SIC 5541 Gasoline service stations

1162006 ONTARIO LTD   p923
1467 Bathurst St, TORONTO, ON, M5P 3G8
(416) 653-1144   SIC 5541
1197767 ONTARIO LTD   p729
3766 Fallowfield Rd, NEPEAN, ON, K2J 1A1
(613) 825-8765   SIC 5541
1211084 ONTARIO LTD   p632
765 Gardiners Rd, KINGSTON, ON, K7M 3Y5
(613) 384-2010   SIC 5541
730 TRUCK STOP INC   p549
2085 Shanly Rd, CARDINAL, ON, K0E 1E0
(613) 657-3155   SIC 5541
A. M. CASTLE & CO. (CANADA) INC   p114
2503 84 Ave Nw, EDMONTON, AB, T6P 1K1

(780) 417-4130   SIC 5541
APACHE CANADA LTD   p170
Gd, SWAN HILLS, AB, T0G 2C0
BEAUSEJOUR CONSUMERS CO-OPERATIVE LIMITED   p344
822 Park Ave, BRANDON, MB, R7A 0A1
(204) 268-1824   SIC 5541
BLUEWAVE ENERGY LTD   p117
7539 1a Ave, EDSON, AB, T7E 1X6
(780) 712-6111   SIC 5541
BLUEWAVE ENERGY LTD   p125
14125 99 St Suite 101, GRANDE PRAIRIE, AB, T8V 7G2
(780) 814-6111   SIC 5541
BLUEWAVE ENERGY LTD   p450
30 Oland Crt, DARTMOUTH, NS, B3B 1V2
(902) 481-0515   SIC 5541
BLUEWAVE ENERGY LTD   p450
201 Brownlow Ave Unit 15, DARTMOUTH, NS, B3B 1W2
(902) 468-2244   SIC 5541
BOYLE CO-OPERATIVE ASSOCIATION LIMITED   p7
4802 Taylor Rd, BOYLE, AB, T0A 0M0
(780) 689-3751   SIC 5541
CREEWAY GAS LLP   p1302
335 Packham Ave Suite 112, SASKATOON, SK, S7N 4S1
(306) 955-8835   SIC 5541
DAVIS FUEL COMPANY LIMITED   p664
7340 Colonel Talbot Rd, LONDON, ON, N6L 1H8
(519) 652-2310   SIC 5541
DOMO GASOLINE CORPORATION LTD   p377
270 Fort St, WINNIPEG, MB, R3C 1E5
(204) 943-5920   SIC 5541
EASTON'S 28 SERVICE CENTRE LTD   p671
3100 Steeles Ave E Suite 401, MARKHAM, ON, L3R 8T3
(905) 940-9409   SIC 5541
ENERGIE VALERO INC   p1068
1505 Rte Des Rivieres, Levis, QC, G7A 2N9
(418) 831-0464   SIC 5541
ENERGIE VALERO INC   p1130
4575 Nord Laval (A-440) O, Montreal, QC, H7P 4W6
(450) 973-9916   SIC 5541
ENTREPRISES C LEMAY INC, LES   p1147
1349 D'oleron Car, Quebec, QC, G1G 4W1
(418) 626-2427   SIC 5541
ENTREPRISES CD VARIN INC, LES   p1003
181 Boul De Mortagne, BOUCHERVILLE, QC, J4B 1A9
(450) 641-9536   SIC 5541
FIFTH WHEEL CORPORATION   p598
398 North Service Rd, GRIMSBY, ON, L3M 4E8
SIC 5541
FLYING J CANADA INC   p57
1511 40th St Se, CALGARY, AB, T2Z 4V6
(403) 720-5908   SIC 5541
FLYING J CANADA INC   p665
3700 Highbury Ave S, LONDON, ON, N6N 1P3
(519) 686-9154   SIC 5541
FLYING J CANADA INC   p688
1400 Britannia Rd E, MISSISSAUGA, ON, L4W 1C8
(905) 564-6216   SIC 5541
FLYING J CANADA INC   p725
628 County Rd 41, NAPANEE, ON, K7R 3L1
(613) 354-7044   SIC 5541
FLYING J CANADA INC   p1072
2801 Boul Jacques-Cartier E, LONGUEUIL, QC, J4N 1L8
SIC 5541
FLYING J CANADA INC   p1184
1 Rang Saint Andre, Saint-Cyprien-de-Napierville, QC, J0J 1L0
(450) 245-3539   SIC 5541
FLYING J CANADA INC   p1256
2900 Boul De La Gare, VAUDREUIL-

DORION, QC, J7V 9J5
SIC 5541
FORTISBC ENERGY INC   p291
2945 Highway Dr, TRAIL, BC, V1R 2T2
(250) 368-4013   SIC 5541
HANNAFIN, E.J. ENTERPRISES LIMITED   p502
57 Canniffton Rd, BELLEVILLE, ON, K8N 4V1
(613) 966-7017   SIC 5541
HUSKY OIL OPERATIONS LIMITED   p627
470 Lakeview Dr, KENORA, ON, P9N 0H2
(807) 468-7740   SIC 5541
HUSKY OIL OPERATIONS LIMITED   p880
3131 Arthur St W, THUNDER BAY, ON, P7C 4B1
(807) 939-2619   SIC 5541
IRVING OIL LIMITED   p478
5210 St Margarets Bay Rd, UPPER TANTALLON, NS, B3Z 4H3
(902) 826-1924   SIC 5541
IRVING OIL LIMITED   p1179
960 185 Rte, SAINT-ANTONIN, QC, G0L 2J0
(418) 862-8108   SIC 5541
KEYERA ENERGY LTD   p168
Gd, STETTLER, AB, T0C 2L0
(403) 742-7200   SIC 5541
KTW HOLDINGS LTD   p263
580 Highway W, PRINCETON, BC, V0X 1W0
(250) 372-0451   SIC 5541
LAST MOUNTAIN CO-OPERATIVE LIMITED   p1281
Highway 6 Highway 15, RAYMORE, SK, S0A 3J0
(306) 746-2012   SIC 5541
LAWDAN INVESTMENTS LTD   p325
683 Commonage Rd, VERNON, BC, V1H 1G3
(250) 542-1707   SIC 5541
LLOYDMINSTER AND DISTRICT CO-OPERATIVE LIMITED   p141
5002 18 St, LLOYDMINSTER, AB, T9V 1V4
(780) 872-7000   SIC 5541
LOBLAWS INC   p1289
3958 Albert St, REGINA, SK, S4S 3R1
(306) 790-2550   SIC 5541
LOVELY IMPORTS & RETAILS LTD   p755
3720 Keele St, NORTH YORK, ON, M3J 2V9
(416) 636-0568   SIC 5541
MAPM ENTERPRISES   p365
1011 Marion St, WINNIPEG, MB, R2J 0K9
(204) 231-5997   SIC 5541
NISKU TRUCK STOP LTD   p135
8020 Sparrow Dr Suite 201, LEDUC, AB, T9E 7G3
(780) 986-5312   SIC 5541
NOCO CANADA INC   p724
220 17 Hwy W, NAIRN CENTRE, ON, P0M 2L0
(705) 869-4100   SIC 5541
OCEANS RETAIL INVESTMENTS INC   p180
2054 Whatcom Rd Suite 1, ABBOTSFORD, BC, V3G 2K8
(604) 850-8951   SIC 5541
OGILVIE, BRIAN HOLDING LTD   p153
88 Howarth St Suite 5, RED DEER, AB, T4N 6V9
(403) 342-6307   SIC 5541
PARKLAND FUEL CORPORATION   p127
14605 97 St, GRANDE PRAIRIE, AB, T8V 7B6
(780) 538-2212   SIC 5541
PARKLAND INDUSTRIES LIMITED PARTNERSHIP   p329
2659 Douglas St Suite 200, VICTORIA, BC, V8T 4M3
(250) 478-0331   SIC 5541
PORTAGE CONSUMERS CO OP LTD   p354
2275 Saskatchewan Ave W, PORTAGE LA PRAIRIE, MB, R1N 3B3
(204) 856-2127   SIC 5541
PRAIRIE LUBE LTD   p11

3315 32 Ave Ne, CALGARY, AB, T1Y 6M5
(403) 216-6973   SIC 5541
PRAXAIR CANADA INC p262
1601 Central St W, PRINCE GEORGE, BC, V2N 1P6
(250) 563-3641   SIC 5541
RED RIVER COOPERATIVE LTD p355
275 Main St, SELKIRK, MB, R1A 1S5
(204) 785-2909   SIC 5541
ROLLS-ROYCE CANADA LIMITEE p430
142 Glencoe Dr, MOUNT PEARL, NL, A1N 4S9
(709) 364-3053   SIC 5541
SASKATOON CO-OPERATIVE ASSOCIATION LIMITED, THE p1274
7 Centennial Dr Unit 8, MARTENSVILLE, SK, S0K 2T0
(306) 933-0390   SIC 5541
SASKATOON CO-OPERATIVE ASSOCIATION LIMITED, THE p1293
2505 8th St E, SASKATOON, SK, S7H 0V4
(306) 933-3893   SIC 5541
SASKATOON CO-OPERATIVE ASSOCIATION LIMITED, THE p1300
1628 33rd St W Suite 30080, SASKATOON, SK, S7L 0X3
(306) 933-3873   SIC 5541
SASKATOON CO-OPERATIVE ASSOCIATION LIMITED, THE p1302
3370 Fairlight Dr, SASKATOON, SK, S7M 5H9
(306) 933-3823   SIC 5541
SHELL CANADA LIMITED p111
2203 110 St Nw, EDMONTON, AB, T6J 6P4
(780) 435-8319   SIC 5541
SHELL CANADA LIMITED p149
61 Riverside Dr, OKOTOKS, AB, T1S 1M3
(403) 938-3227   SIC 5541
SHELL CANADA LIMITED p531
250 Laurier Blvd, BROCKVILLE, ON, K6V 5V7
(613) 498-5700   SIC 5541
SHELL CANADA LIMITED p704
3255 Dundas St W, MISSISSAUGA, ON, L5L 5V7
(905) 607-0842   SIC 5541
SIMSAK CORPORATION p495
341 Bayfield St, BARRIE, ON, L4M 3C3
(705) 737-3488   SIC 5541
SUNCOR ENERGY INC p243
2345 Island Hwy E, NANOOSE BAY, BC, V9P 9E2
(250) 468-7441   SIC 5541
SUNCOR ENERGY INC p839
1896 Eglinton Ave E, SCARBOROUGH, ON, M1L 2L9
(416) 751-8896   SIC 5541
SUNCOR ENERGY INC p1000
20905 Ch De La Cote N, BOISBRIAND, QC, J7E 4H5
(450) 435-5998   SIC 5541
SUNCOR ENERGY PRODUCTS INC p715
6015 Mclaughlin Rd, MISSISSAUGA, ON, L5R 1B9
(905) 507-8100   SIC 5541
TSUU T'INA MECHANICAL SERVICES LTD p171
9911 Chula Blvd Sw Suite 250, TSUU T'INA, AB, T2W 6H6
(403) 251-7695   SIC 5541
UPI INC p945
8894 County Road 56, UTOPIA, ON, L0M 1T0
(705) 726-8915   SIC 5541
W.O. STINSON & SON LIMITED p489
7 Van Jumar Dr, ARNPRIOR, ON, K7S 3G8
(613) 623-4207   SIC 5541
W.O. STINSON & SON LIMITED p794
4728 Bank St, OTTAWA, ON, K1T 3W7
(613) 822-7400   SIC 5541
WINKLER CONSUMERS COOPERATIVE LTD p361
411 Main St, WINKLER, MB, R6W 4B2
(204) 325-8021   SIC 5541

YORKTON CO-OPERATIVE ASSOCIATION LIMITED, THE p1271
695 Nykolaishen St, KAMSACK, SK, S0A 1S0
(306) 542-2616   SIC 5541
ZAN-NOR CONSTRUCTION & MANAGEMENT LIMITED p822
50 West Beaver Creek Rd Unit B, RICHMOND HILL, ON, L4B 1G5
(905) 707-1130   SIC 5541

SIC 5551 Boat dealers

MMD SALES LTD p14
3444 44 Ave Se, CALGARY, AB, T2B 3J9
(403) 301-0096   SIC 5551
RAYBURN'S MARINE WORLD LTD p224
2330 Enterprise Way, KELOWNA, BC, V1X 4H7
(250) 860-4232   SIC 5551
ROLLS-ROYCE CANADA LIMITEE p811
597 The Queensway, PETERBOROUGH, ON, K9J 7J6
(705) 743-9249   SIC 5551
SUDBURY CYCLE CENTRE INC p869
3085 Kingsway, SUDBURY, ON, P3B 2G5
SIC 5551
THOMAS MARINE p1229
357 Boul Cure-Labelle, SAINTE-ROSE, QC, H7L 3A3
(450) 625-2476   SIC 5551

SIC 5561 Recreational vehicle dealers

9207-1869 QUEBEC INC p1062
2785 Boul Saint-Elzear O, Laval, QC, H7P 4J8
SIC 5561
CAREFREE COACH & RV LTD p99
4510 51 Ave Nw, Edmonton, AB, T6B 2W2
SIC 5561
FRASERWAY RV LIMITED PARTNERSHIP p180
2866 Mt Lehman Rd, ABBOTSFORD, BC, V4X 2N6
(604) 853-1566   SIC 5561
FRASERWAY RV LIMITED PARTNERSHIP p232
20467 Langley Bypass, LANGLEY, BC, V3A 5E8
(604) 530-3030   SIC 5561
MINARD'S LEISURE WORLD LTD p1308
921 Government Rd S, WEYBURN, SK, S4H 3R3
(306) 842-3288   SIC 5561
SICARD HOLIDAY CAMPERS LIMITED p850
7526 Regional Road 20, SMITHVILLE, ON, L0R 2A0
(905) 957-3344   SIC 5561
ULTRA SALES AND SERVICE LTD p157
29 Petrolia Dr, RED DEER COUNTY, AB, T4E 1B3
(403) 347-5546   SIC 5561

SIC 5571 Motorcycle dealers

2630-6241 QUEBEC INC p993
305 Boul La Salle, Baie-Comeau, QC, G4Z 2L5
(418) 296-9191   SIC 5571
9048-4270 QUEBEC INC p1218
594 Ch Olivier, SAINT-NICOLAS, QC, G7A 2N6
(418) 836-5050   SIC 5571
AUTUMN ENTERPRISES INC p157
37473 Highway 2, RED DEER COUNTY, AB, T4E 1B3
(403) 341-3040   SIC 5571
BANNGATE HOLDINGS LTD p325
3001 43 Ave Unit 3, VERNON, BC, V1T 3L4
(250) 542-0058   SIC 5571

BORDER CITY R.V. CENTRE LTD p1272
Gd Lcd Main, LLOYDMINSTER, SK, S9V 0X5
(306) 875-0345   SIC 5571
CARTER MOTOR CARS LTD p315
1502 3rd Ave W Suite 604, VANCOUVER, BC, V6J 1J7
(604) 736-8708   SIC 5571
DEELEY, TREV MOTORCYCLES (1991) LTD p294
1875 Boundary Rd, VANCOUVER, BC, V5M 3Y7
(604) 291-1875   SIC 5571
DION MOTO INC p1220
840 Cote Joyeuse, Saint-Raymond, QC, G3L 4B3
(418) 337-2776   SIC 5571
REDHEAD EQUIPMENT LTD p1297
9010 North Service Road, SASKATOON, SK, S7K 7E8
(306) 931-4600   SIC 5571
ROSMAN, MIKE AUTO & R.V. SALES p325
6395 Hwy 97, Vernon, BC, V1B 3R4
(250) 545-1611   SIC 5571
ROYAL J & M DISTRIBUTING INC p869
3085 Kingsway, SUDBURY, ON, P3B 2G5
(705) 566-8111   SIC 5571
STE-MARIE, CLAUDE SPORT INC p1192
5925 Ch De Chambly, SAINT-HUBERT, QC, J3Y 3R4
(450) 678-4700   SIC 5571
TRAVELAND R.V. RENTALS LTD p233
20257 Langley Bypass, LANGLEY, BC, V3A 6K9
(604) 532-8128   SIC 5571

SIC 5599 Automotive dealers, nec

3373738 CANADA INC p1034
655 Boul Maloney E, GATINEAU, QC, J8P 1G2
(819) 669-6111   SIC 5599
BOMBARDIER INC p1025
595 Boul Stuart-Graham N, DORVAL, QC, H4Y 1E2
(514) 420-4000   SIC 5599
BOMBARDIER INC p1076
2042 Ch Laverdure, MARICOURT, QC, J0E 2L2
(514) 861-9481   SIC 5599
BOMBARDIER PRODUITS RECREATIFS INC p1238
75 Rue J.-A.-Bombardier, SHERBROOKE, QC, J1L 1W3
(819) 566-3000   SIC 5599
CLEAN HARBORS LODGING SERVICES LTD p86
14907 111 Ave Nw, EDMONTON, AB, T5M 2P6
(780) 450-6526   SIC 5599
EQUIPEMENTS PIERRE CHAMPIGNY LTEE p987
280 Rue Bonin Rr 4, ACTON VALE, QC, J0H 1A0
(450) 546-0999   SIC 5599

SIC 5611 Men's and boys' clothing stores

BCBG MAX AZRIA CANADA INC p906
218 Yonge St, TORONTO, ON, M5B 2H6
(416) 640-2766   SIC 5611
BOUTIQUE TRISTAN & ISEUT INC p788
50 Rideau St Suite 300, OTTAWA, ON, K1N 9J7
(613) 567-5507   SIC 5611
CLUB MONACO CORP p897
2610 Yonge St, TORONTO, ON, M4P 2J4
(416) 487-0841   SIC 5611
EDDIE BAUER OF CANADA INC p339
4295 Blackcomb Way Suite 116, WHISTLER, BC, V0N 1B4
SIC 5611

FREED STORAGE LIMITED p965
1526 Ottawa St, WINDSOR, ON, N8X 2G5
(519) 258-6532   SIC 5611
FRUIT OF THE LOOM CANADA, INC p708
2550 Argentia Rd Suite 207, MISSISSAUGA, ON, L5N 5R1
(905) 607-5500   SIC 5611
HARRY ROSEN INC p45
317 7 Ave Sw, CALGARY, AB, T2P 2Y9
(403) 294-0992   SIC 5611
HARRY ROSEN INC p580
25 The West Mall Suite 114, ETOBICOKE, ON, M9C 1B8
(416) 620-6967   SIC 5611
HARRY ROSEN INC p714
5985 Rodeo Dr Unit 1, MISSISSAUGA, ON, L5R 3X8
(905) 890-3100   SIC 5611
HARRY ROSEN INC p759
3401 Dufferin St Suite 37, NORTH YORK, ON, M6A 2T9
(416) 787-4231   SIC 5611
HARRY ROSEN INC p789
50 Rideau St Suite 329, OTTAWA, ON, K1N 9J7
(416) 935-9200   SIC 5611
HARRY ROSEN INC p906
218 Yonge St Suite 3015, TORONTO, ON, M5B 2H6
(416) 598-8885   SIC 5611
HARRY ROSEN INC p926
82 Bloor St W, TORONTO, ON, M5S 1L9
(416) 972-0556   SIC 5611
HOLT, RENFREW & CIE, LIMITEE p80
10180 101 St Nw, EDMONTON, AB, T5J 3S4
(780) 425-5300   SIC 5611
HOLT, RENFREW & CIE, LIMITEE p1161
2452 Boul Laurier, Quebec, QC, G1V 2L1
(514) 842-5111   SIC 5611
JEAN BLEU INC, LE p1057
1895 46e Av, LACHINE, QC, H8T 2N9
(514) 631-3300   SIC 5611
K.F.S. LIMITED p730
3161 Greenbank Rd Unit 5, NEPEAN, ON, K2J 4H9
SIC 5611
LADY'S A CHAMP (1995) LIMITED, THE p663
795 Wonderland Rd S, LONDON, ON, N6K 3C2
(519) 615-0243   SIC 5611
LE CHATEAU INC p58
3625 Shaganappi Trail Nw, CALGARY, AB, T3A 0E2
(403) 288-8110   SIC 5611
LE CHATEAU INC p381
1485 Portage Ave Unit 200, WINNIPEG, MB, R3G 0W4
(204) 774-5012   SIC 5611
MARK'S WORK WEARHOUSE LTD p432
95 Aberdeen Ave, ST. JOHN'S, NL, A1A 5P6
(709) 722-9870   SIC 5611
MARK'S WORK WEARHOUSE LTD p491
15380 Bayview Ave, AURORA, ON, L4G 7J1
(905) 713-2935   SIC 5611
MARK'S WORK WEARHOUSE LTD p1043
3388 Boul Taschereau Bureau 794, GREENFIELD PARK, QC, J4V 2H7
(450) 671-3750   SIC 5611
MOORES THE SUIT PEOPLE INC p62
92 Crowfoot Terr Nw, CALGARY, AB, T3G 4J8
(403) 247-9666   SIC 5611
MOORES THE SUIT PEOPLE INC p110
3279 Calgary Trail Nw Suite 3281, EDMONTON, AB, T6J 5X8
(780) 439-1818   SIC 5611
MOORES THE SUIT PEOPLE INC p384
1600 Ness Ave Suite 310, WINNIPEG, MB, R3J 3W7
(204) 783-2857   SIC 5611
MOORES THE SUIT PEOPLE INC p434
41 Kelsey Dr, ST. JOHN'S, NL, A1B 5C8

SIC 5621 Women's clothing stores

(709) 579-7951 *SIC* 5611
MOORES THE SUIT PEOPLE INC *p*586
129 Carlingview Dr, ETOBICOKE, ON, M9W 5E7
(416) 675-1900 *SIC* 5611
MOORES THE SUIT PEOPLE INC *p*692
2150 Dundas St E, MISSISSAUGA, ON, L4X 1L9
(905) 276-6666 *SIC* 5611
MOORES THE SUIT PEOPLE INC *p*799
2525 Carling Ave, OTTAWA, ON, K2B 7Z2
(613) 726-0450 *SIC* 5611
MOORES THE SUIT PEOPLE INC *p*970
3164 Dougall Ave, WINDSOR, ON, N9E 1S6
(519) 972-7707 *SIC* 5611
MOORES THE SUIT PEOPLE INC *p*1112
966 Rue Sainte-Catherine O, Montreal, QC, H3B 1E3
(514) 845-1548 *SIC* 5611
MOORES THE SUIT PEOPLE INC *p*1216
6835 Rue Jean-Talon E, SAINT-LEONARD, QC, H1S 1N2
(514) 253-6555 *SIC* 5611
MOORES THE SUIT PEOPLE INC *p*1287
921 Albert St, REGINA, SK, S4R 2P6
(306) 525-2762 *SIC* 5611
RANDY RIVER INC *p*760
107a Orfus Rd, NORTH YORK, ON, M6A 1M4
(416) 785-1771 *SIC* 5611
STILES' CLOTHIERS INC *p*73
322-261055 Crossiron Blvd, EDMONTON, AB, T4A 0G3
(403) 452-6110 *SIC* 5611
STOLLERY, FRANK LIMITED *p*902
1 Bloor St W, TORONTO, ON, M4W 1A3
SIC 5611
TOMMY HILFIGER CANADA INC *p*738
7500 Lundy's Lane Suite B5, NIAGARA FALLS, ON, L2H 1G8
(905) 354-6194 *SIC* 5611
TOMMY HILFIGER CANADA INC *p*1162
2450 Boul Laurier, Quebec, QC, G1V 2L1
(418) 657-2960 *SIC* 5611
WAL-MART CANADA CORP *p*507
150 Mcewan Dr E, BOLTON, ON, L7E 2Y3
(905) 857-7004 *SIC* 5611

SIC 5621 Women's clothing stores

163972 CANADA INC *p*1096
9600 Rue Meilleur Bureau 730, Montreal, QC, H2N 2E3
(514) 385-3629 *SIC* 5621
2518879 ONTARIO INC *p*651
1712 Dundas St, LONDON, ON, N5W 3C9
(519) 659-8725 *SIC* 5621
3127885 CANADA INC *p*759
111 Orfus Rd, NORTH YORK, ON, M6A 1M4
(416) 785-1771 *SIC* 5621
372831 BC LTD *p*254
3261 Coast Meridian Rd, PORT COQUITLAM, BC, V3B 3N3
(604) 941-4711 *SIC* 5621
595028 ALBERTA LTD *p*77
11825 105 Ave Nw, EDMONTON, AB, T5H 0L9
(780) 421-7361 *SIC* 5621
6938001 CANADA INC *p*1096
433 Rue Chabanel O Bureau 801, Montreal, QC, H2N 2J6
(514) 383-0026 *SIC* 5621
9212-4007 QUEBEC INC *p*1100
3670 Boul Saint-Laurent, Montreal, QC, H2X 2V4
(514) 670-6110 *SIC* 5621
9264-6231 QUEBEC INC *p*1242
281 Rue Edward-Assh, STE-CATHERINE-DE-LA-J-CARTIE, QC, G3N 1A3
(418) 875-1839 *SIC* 5621
ALEVA GENERATIONS INC *p*1211
6125 Ch De La Cote-De-Liesse, SAINT-LAURENT, QC, H4T 1C8

(514) 228-7989 *SIC* 5621
ALIKAT ENTERPRISES INC *p*851
17 Keefer Rd, ST CATHARINES, ON, L2M 6K4
(905) 684-8134 *SIC* 5621
ARITZIA LP *p*301
611 Alexander St Suite 118, VANCOUVER, BC, V6A 1E1
(604) 251-3132 *SIC* 5621
ARITZIA LP *p*324
701 Georgia St W Suite 53d, VANCOUVER, BC, V7Y 1K8
(604) 681-9301 *SIC* 5621
ARITZIA LP *p*333
3147 Douglas St Unit 165, VICTORIA, BC, V8Z 6E3
(250) 220-6963 *SIC* 5621
ARITZIA LP *p*557
1 Bass Pro Mills Dr, CONCORD, ON, L4K 5W4
(905) 669-8049 *SIC* 5621
ARITZIA LP *p*580
25 The West Mall, ETOBICOKE, ON, M9C 1B8
(416) 695-8493 *SIC* 5621
BOOTLEGGER CLOTHING INC *p*232
19705 Fraser Hwy Suite 219, LANGLEY, BC, V3A 7E9
(604) 534-6410 *SIC* 5621
BOOTLEGGER CLOTHING INC *p*265
4460 Jacombs Rd, RICHMOND, BC, V6V 2C5
(604) 276-8400 *SIC* 5621
BOUTIQUE JACOB INC *p*190
4700 Kingsway Suite 2135, BURNABY, BC, V5H 4M1
SIC 5621
BOUTIQUE JACOB INC *p*299
650 41st Ave W Unit 179, VANCOUVER, BC, V5Z 2M9
SIC 5621
BOUTIQUE JACOB INC *p*540
900 Maple Ave Unit 110, BURLINGTON, ON, L7S 2J8
SIC 5621
BOUTIQUE JACOB INC *p*638
2960 Kingsway Dr, KITCHENER, ON, N2C 1X1
SIC 5621
BOUTIQUE JACOB INC *p*713
5875 Rodeo Dr, MISSISSAUGA, ON, L5R 4C1
SIC 5621
BOUTIQUE JACOB INC *p*759
3401 Dufferin St, NORTH YORK, ON, M6A 2T9
SIC 5621
BOUTIQUE JACOB INC *p*788
50 Rideau St Suite 275, OTTAWA, ON, K1N 9J7
SIC 5621
BOUTIQUE JACOB INC *p*875
1 Promenade Cir, THORNHILL, ON, L4J 4P8
SIC 5621
BOUTIQUE JACOB INC *p*901
55 Bloor St W, TORONTO, ON, M4W 1A5
SIC 5621
BOUTIQUE JACOB INC *p*1019
3035 Boul Le Carrefour, Cote Saint-Luc, QC, H7T 1C8
(450) 681-5231 *SIC* 5621
BOUTIQUE JACOB INC *p*1115
1220 Rue Sainte-Catherine O, Montreal, QC, H3G 1P1
(514) 228-7986 *SIC* 5621
BOUTIQUE JACOB INC *p*1211
6125 Ch De La Cote-De-Liesse, SAINT-LAURENT, QC, H4T 1C8
(514) 228-7989 *SIC* 5621
BOUTIQUE LE PENTAGONE INC *p*1242
281 Rue Edward-Assh, STE-CATHERINE-DE-LA-J-CARTIE, QC, G3N 1A3
(418) 875-1839 *SIC* 5621

BOUTIQUE TRISTAN & ISEUT INC *p*1118
20 Rue Des Seigneurs, Montreal, QC, H3K 3K3
(514) 937-4601 *SIC* 5621
BOUTIQUE TRISTAN & ISEUT INC *p*1182
401 Boul Des Promenades Bureau 4, SAINT-BRUNO, QC, J3V 6A8
(450) 653-9253 *SIC* 5621
BULGIN HOLDINGS LIMITED *p*435
354 Water St, ST. JOHN'S, NL, A1C 1C4
(709) 722-0311 *SIC* 5621
CLUB MONACO CORP *p*31
6455 Macleod Trail Sw Unit 119, CALGARY, AB, T2H 0K3
(403) 262-6507 *SIC* 5621
CLUB MONACO CORP *p*322
701 Georgia St W, VANCOUVER, BC, V7S 1S2
(604) 687-5550 *SIC* 5621
CLUB MONACO CORP *p*580
25 The West Mall Suite D38, ETOBICOKE, ON, M9C 1B8
SIC 5621
CLUB MONACO CORP *p*744
1800 Sheppard Ave E Suite 138, NORTH YORK, ON, M2J 5A7
(416) 499-1266 *SIC* 5621
CLUB MONACO CORP *p*787
1200 St. Laurent Blvd Suite 314, OTTAWA, ON, K1K 3B8
(613) 741-0886 *SIC* 5621
CLUB MONACO CORP *p*840
300 Borough Dr Suite 302, SCARBOROUGH, ON, M1P 4P5
SIC 5621
CLUB MONACO CORP *p*925
157 Bloor St W, TORONTO, ON, M5S 1P7
(416) 591-8837 *SIC* 5621
CLUB MONACO CORP *p*1105
1455 Rue Peel Bureau 226, Montreal, QC, H3A 1T5
SIC 5621
COMARK INC *p*372
1670 Inkster Blvd, WINNIPEG, MB, R2X 2W8
(204) 633-5500 *SIC* 5621
COMARK INC *p*707
6789 Millcreek Dr, MISSISSAUGA, ON, L5N 5M4
(905) 567-7375 *SIC* 5621
COMARK INC *p*1018
930 Boul Saint-Martin O, Cote Saint-Luc, QC, H7S 2K9
(450) 967-9467 *SIC* 5621
COMARK SERVICES INC *p*707
6789 Millcreek Dr, MISSISSAUGA, ON, L5N 5M4
(905) 567-7375 *SIC* 5621
CONCEPT MODE STE-FOY INC *p*1162
999 Av De Bourgogne Bureau A1, Quebec, QC, G1W 4S6
(418) 653-3214 *SIC* 5621
CYRS LTEE *p*1129
1789 Boul Des Laurentides, Montreal, QC, H7M 2P7
(450) 669-5644 *SIC* 5621
DARREN MASON & ASSOCIATES LTD *p*933
89 Tycos Dr Unit 101, TORONTO, ON, M6B 1W3
(416) 969-9875 *SIC* 5621
DAVID'S BRIDAL CANADA INC *p*232
20070 Langley Bypass Suite 10, LANGLEY, BC, V3A 9J7
(604) 533-7240 *SIC* 5621
DYNAMITE STORES INC. *p*1081
5592 Rue Ferrier Bureau 262, MONT-ROYAL, QC, H4P 1M2
(514) 733-3962 *SIC* 5621
ECLIPSE STORES INC *p*435
354 Water St Suite 401, ST. JOHN'S, NL, A1C 1C4
(709) 722-0311 *SIC* 5621
EDWARD CHAPMAN LADIES' SHOP LIMITED *p*314

2596 Granville St, VANCOUVER, BC, V6H 3G8
(604) 732-1958 *SIC* 5621
FAIRWEATHER LTD *p*190
4700 Kingsway Suite 2187, BURNABY, BC, V5H 4M1
(604) 227-1044 *SIC* 5621
FAIRWEATHER LTD *p*514
25 Peel Centre Dr, BRAMPTON, ON, L6T 3R5
(905) 793-4697 *SIC* 5621
FAIRWEATHER LTD *p*659
1105 Wellington Rd, LONDON, ON, N6E 1V4
(519) 686-7421 *SIC* 5621
FAIRWEATHER LTD *p*789
50 Rideau St Unit 216, OTTAWA, ON, K1N 9J7
SIC 5621
FAIRWEATHER LTD *p*932
100 King St W, TORONTO, ON, M5X 2A1
SIC 5621
FOREVER XXI ULC *p*540
900 Maple Ave, BURLINGTON, ON, L7S 2J8
(905) 681-6111 *SIC* 5621
HENNES & MAURITZ *p*841
300 Borough Dr Unit 2, SCARBOROUGH, ON, M1P 4P5
(416) 290-6670 *SIC* 5621
HOLT, RENFREW & CIE, LIMITEE *p*307
737 Dunsmuir St, VANCOUVER, BC, V6C 1N5
(604) 681-3121 *SIC* 5621
HOLT, RENFREW & CIE, LIMITEE *p*791
240 Sparks St, OTTAWA, ON, K1P 6C9
(905) 922-4658 *SIC* 5621
HOLT, RENFREW & CIE, LIMITEE *p*901
50 Bloor St W Suite 200, TORONTO, ON, M4W 1A1
(416) 922-2333 *SIC* 5621
HOLT, RENFREW & CIE, LIMITEE *p*901
60 Bloor St W Suite 1100, TORONTO, ON, M4W 3B8
(416) 922-2333 *SIC* 5621
JEAN MACHINE CLOTHING INC *p*709
6789 Millcreek Dr, MISSISSAUGA, ON, L5N 5M4
(416) 498-6601 *SIC* 5621
JM (RETAIL) INC *p*585
100 Ronson Dr, ETOBICOKE, ON, M9W 1B6
SIC 5621
LE CHATEAU INC *p*606
75 Centennial Pky N Suite E1, HAMILTON, ON, L8E 2P2
(905) 573-8890 *SIC* 5621
LE CHATEAU INC *p*856
221 Glendale Ave, ST CATHARINES, ON, L2T 2K9
(905) 682-7046 *SIC* 5621
LE CHATEAU INC *p*1205
105 Boul Marcel-Laurin, SAINT-LAURENT, QC, H4N 2M3
(514) 738-7000 *SIC* 5621
MAGASIN LAURA (P.V.) INC *p*35
100 Anderson Rd Se Unit 37, CALGARY, AB, T2J 3V1
(403) 225-0880 *SIC* 5621
MAGASIN LAURA (P.V.) INC *p*58
3625 Shaganappi Trail Nw, CALGARY, AB, T3A 0E2
(403) 202-1424 *SIC* 5621
MAGASIN LAURA (P.V.) INC *p*728
1667 Merivale Rd, NEPEAN, ON, K2G 3K2
(613) 727-9198 *SIC* 5621
MAGASIN LAURA (P.V.) INC *p*745
1800 Sheppard Ave E Suite 218, NORTH YORK, ON, M2J 5A7
(416) 490-6326 *SIC* 5621
MAGASIN LAURA (P.V.) INC *p*760
3401 Dufferin St, NORTH YORK, ON, M6A 2T9
(416) 256-9831 *SIC* 5621

▲ Public Company   ■ Public Company Family Member   **HQ** Headquarters   **BR** Branch   **SL** Single Location

SIC 5632 Women's accessory and specialty stores

MAGASIN LAURA (P.V.) INC p841
300 Borough Dr, SCARBOROUGH, ON, M1P 4P5
(416) 296-1064   SIC 5621

MAGASIN LAURA (P.V.) INC p966
3100 Howard Ave, WINDSOR, ON, N8X 3Y8
(519) 250-0953   SIC 5621

MAGASIN LAURA (P.V.) INC p975
200 Windflower Gate Unit 300, WOODBRIDGE, ON, L4L 9L3
(905) 264-2934   SIC 5621

MAGASINS UREKA INC p1195
2235 Boul Casavant O, SAINT-HYACINTHE, QC, J2S 7E5
(450) 223-1333   SIC 5621

MODE LE GRENIER INC p991
8501 Boul Ray-Lawson, ANJOU, QC, H1J 1K6
(514) 354-0650   SIC 5621

NORTHERN REFLECTIONS LTD p368
1225 St Mary's Rd Suite 32, WINNIPEG, MB, R2M 5E5
(204) 255-5025   SIC 5621

NORTHERN REFLECTIONS LTD p531
2399 Parkedale Ave, BROCKVILLE, ON, K6V 3G9
(613) 345-0166   SIC 5621

NORTHERN REFLECTIONS LTD p579
21 Four Seasons Pl Suite 200, ETOBICOKE, ON, M9B 6J8
(416) 626-2500   SIC 5621

NORTHERN REFLECTIONS LTD p663
785 Wonderland Rd S Unit J15, LONDON, ON, N6K 1M6
(519) 472-3848   SIC 5621

NORTHERN REFLECTIONS LTD p682
55 Ontario St S Unit 1, MILTON, ON, L9T 2M3
(905) 875-0522   SIC 5621

NORTHERN REFLECTIONS LTD p738
7555 Montrose Rd, NIAGARA FALLS, ON, L2H 2E9
(905) 374-6531   SIC 5621

NORTHERN REFLECTIONS LTD p805
70 Joseph St Unit 301, PARRY SOUND, ON, P2A 2G5
(705) 746-4248   SIC 5621

NORTHERN REFLECTIONS LTD p939
2198 Bloor St W, TORONTO, ON, M6S 1N4
(416) 769-8378   SIC 5621

NORTHERN REFLECTIONS LTD p963
7654 Tecumseh Rd E, WINDSOR, ON, N8T 1E9
(519) 974-8067   SIC 5621

PLACEMENTS ARDEN INC, LES p1210
2575 Boul Pitfield, SAINT-LAURENT, QC, H4S 1T2
(514) 383-4442   SIC 5621

REITMANS (CANADA) LIMITEE p56
85 Shawville Blvd Se Suite 510, CALGARY, AB, T2Y 3W5
(403) 254-5553   SIC 5621

REITMANS (CANADA) LIMITEE p145
3201 13 Ave Se, MEDICINE HAT, AB, T1B 1E2
(403) 526-5813   SIC 5621

REITMANS (CANADA) LIMITEE p148
201 Southridge Dr Unit 315, OKOTOKS, AB, T1S 2E1
(403) 995-1872   SIC 5621

REITMANS (CANADA) LIMITEE p179
32700 South Fraser Way Unit 55, ABBOTSFORD, BC, V2T 4M5
(604) 870-8929   SIC 5621

REITMANS (CANADA) LIMITEE p256
2850 Shaughnessy St Suite 2103, PORT COQUITLAM, BC, V3C 6K5
SIC 5621

REITMANS (CANADA) LIMITEE p262
6007 Southridge Ave, PRINCE GEORGE, BC, V2N 6Z4
SIC 5621

REITMANS (CANADA) LIMITEE p290
3091 152 St Suite 330, SURREY, BC, V4P 3K1
(604) 538-8828   SIC 5621

REITMANS (CANADA) LIMITEE p334
3147 Douglas St Unit 213, VICTORIA, BC, V8Z 6E3
(250) 381-2214   SIC 5621

REITMANS (CANADA) LIMITEE p362
1592 Regent Ave W Unit 3, WINNIPEG, MB, R2C 3B4
(204) 668-5683   SIC 5621

REITMANS (CANADA) LIMITEE p368
1225 St Mary's Rd, WINNIPEG, MB, R2M 5E5
(204) 255-2224   SIC 5621

REITMANS (CANADA) LIMITEE p421
138 Main St, SUSSEX, NB, E4E 3E1
(506) 432-6244   SIC 5621

REITMANS (CANADA) LIMITEE p424
69 Manitoba Dr, CLARENVILLE, NL, A5A 1K3
(709) 466-7096   SIC 5621

REITMANS (CANADA) LIMITEE p516
25 Peel Centre Dr, BRAMPTON, ON, L6T 3R5
(905) 793-4477   SIC 5621

REITMANS (CANADA) LIMITEE p639
1400 Ottawa St S Unit 7, KITCHENER, ON, N2E 4E2
SIC 5621

REITMANS (CANADA) LIMITEE p660
765 Exeter Rd Suite 211, LONDON, ON, N6E 3T1
(519) 686-1782   SIC 5621

REITMANS (CANADA) LIMITEE p682
1250 Steeles Ave E, MILTON, ON, L9T 6R1
(905) 878-8750   SIC 5621

REITMANS (CANADA) LIMITEE p730
3161 Greenbank Rd Suite 1a, NEPEAN, ON, K2J 4H9
(613) 823-4053   SIC 5621

REITMANS (CANADA) LIMITEE p789
50 Rideau St, OTTAWA, ON, K1N 9J7
SIC 5621

REITMANS (CANADA) LIMITEE p837
3495 Lawrence Ave E, SCARBOROUGH, ON, M1H 1B3
(416) 431-0271   SIC 5621

REITMANS (CANADA) LIMITEE p865
1067 Ontario St, STRATFORD, ON, N5A 6W6
(519) 273-5940   SIC 5621

REITMANS (CANADA) LIMITEE p869
1599 Marcus Dr Suite 3, SUDBURY, ON, P3B 4K6
(705) 560-0102   SIC 5621

REITMANS (CANADA) LIMITEE p907
218 Yonge St, TORONTO, ON, M5B 2H6
(416) 598-3563   SIC 5621

REITMANS (CANADA) LIMITEE p977
493 Norwich Ave, WOODSTOCK, ON, N4S 9A2
(519) 539-3518   SIC 5621

REITMANS (CANADA) LIMITEE p1017
7021 Ch De La Cote-Saint-Luc, Cote Saint-Luc, QC, H4V 1J2
SIC 5621

REITMANS (CANADA) LIMITEE p1031
1025 Boul Rene-Levesque Bureau 2, DRUMMONDVILLE, QC, J2C 7V4
(819) 478-3915   SIC 5621

REITMANS (CANADA) LIMITEE p1113
724 Rue Sainte-Catherine O, Montreal, QC, H3B 1B9
(514) 954-0087   SIC 5621

REITMANS (CANADA) LIMITEE p1119
250 Rue Sauve O, Montreal, QC, H3L 1Z2
(514) 384-1140   SIC 5621

REITMANS (CANADA) LIMITEE p1125
1007 Rue Du Marche-Central Bureau B, Montreal, QC, H4N 1J8
(514) 388-1925   SIC 5621

REITMANS (CANADA) LIMITEE p1143
755 Boul Saint-Jean, POINTE-CLAIRE, QC, H9R 5M9
(514) 693-9701   SIC 5621

SARIHAN HOLDINGS LTD. p272
12240 Horseshoe Way Suite 14, RICHMOND, BC, V7A 4X9
SIC 5621

THYME MATERNITE p1176
401 Boul Labelle, Rosemere, QC, J7A 3T2
(450) 420-9054   SIC 5621

TOMMY HILFIGER CANADA INC p1015
1401 Boul Talbot, CHICOUTIMI, QC, G7H 5N6
(418) 698-3408   SIC 5621

WEST 49 GROUP INC p734
17600 Yonge St Suite 15, NEWMARKET, ON, L3Y 4Z1
(905) 898-2359   SIC 5621

YM INC. (SALES) p38
5111 Northland Dr Nw Unit 180, CALGARY, AB, T2L 2J8
SIC 5621

YM INC. (SALES) p59
3625 Shaganappi Trail Nw, CALGARY, AB, T3A 0E2
(403) 286-1726   SIC 5621

YM INC. (SALES) p62
5975 Signal Hill Ctr Sw Unit H4, CALGARY, AB, T3H 3P8
(403) 390-7985   SIC 5621

YM INC. (SALES) p77
1 Kingsway Garden Mall Nw, EDMONTON, AB, T5G 3A6
(780) 471-1737   SIC 5621

YM INC. (SALES) p95
8882 170 St Nw Unit E-101, EDMONTON, AB, T5T 4M2
(780) 481-1458   SIC 5621

YM INC. (SALES) p114
1974 99 St Nw Unit 9 5a, EDMONTON, AB, T6N 1K9
(780) 485-9494   SIC 5621

YM INC. (SALES) p227
2271 Harvey Ave, KELOWNA, BC, V1Y 6H2
(250) 712-0362   SIC 5621

YM INC. (SALES) p284
10153 King George Unit 204/206, SURREY, BC, V3T 2W1
(604) 580-1348   SIC 5621

YM INC. (SALES) p368
1225 St Mary's Rd, WINNIPEG, MB, R2M 5E5
SIC 5621

YM INC. (SALES) p448
21 Micmac Dr, DARTMOUTH, NS, B2X 2H4
(902) 463-2215   SIC 5621

YM INC. (SALES) p475
800 Grand Lake Rd, SYDNEY, NS, B1P 6S9
(902) 539-5453   SIC 5621

YM INC. (SALES) p545
355 Hespeler Rd Unit 348/349, CAMBRIDGE, ON, N1R 6B3
SIC 5621

YM INC. (SALES) p699
100 City Centre Dr, MISSISSAUGA, ON, L5B 2C9
(905) 275-1011   SIC 5621

YM INC. (SALES) p701
1250 South Service Rd Unit 156, MISSISSAUGA, ON, L5E 1V4
(905) 274-9984   SIC 5621

YM INC. (SALES) p738
7500 Lundy's Lane Unit 11c, NIAGARA FALLS, ON, L2H 1G8
(905) 371-3287   SIC 5621

YM INC. (SALES) p760
3401 Dufferin St Suite 104, NORTH YORK, ON, M6A 2T9
(416) 789-7819   SIC 5621

YM INC. (SALES) p782
419 King St W, OSHAWA, ON, L1J 2K5
(905) 579-5756   SIC 5621

YM INC. (SALES) p788
1200 St. Laurent Blvd, OTTAWA, ON, K1K 3B8
(613) 749-4691   SIC 5621

YM INC. (SALES) p808
360 George St N, PETERBOROUGH, ON, K9H 7E7
(705) 741-2901   SIC 5621

YM INC. (SALES) p811
L 026b-645 Lansdowne St W, PETERBOROUGH, ON, K9J 7Y5
(705) 740-2061   SIC 5621

YM INC. (SALES) p842
2300 Lawrence Ave E Unit 15, SCARBOROUGH, ON, M1P 2R2
(416) 752-7772   SIC 5621

YM INC. (SALES) p842
300 Borough Dr Suite 204, SCARBOROUGH, ON, M1P 4P5
(416) 296-0203   SIC 5621

YM INC. (SALES) p885
1500 Riverside Dr Unit 49, TIMMINS, ON, P4R 1A1
(705) 264-2770   SIC 5621

YM INC. (SALES) p907
220 Yonge St Suite 125, TORONTO, ON, M5B 2H1
(416) 598-9428   SIC 5621

YM INC. (SALES) p935
900 Dufferin St, TORONTO, ON, M6H 4B1
(416) 536-5248   SIC 5621

YM INC. (SALES) p966
3100 Howard Ave Unit 24, WINDSOR, ON, N8X 3Y8
(519) 966-1897   SIC 5621

YM INC. (SALES) p1015
1401 Boul Talbot, CHICOUTIMI, QC, G7H 5N6
(418) 549-9982   SIC 5621

YM INC. (SALES) p1182
1011 Boul Saint-Bruno, SAINT-BRUNO, QC, J3V 6P4
(450) 653-5299   SIC 5621

YM INC. (SALES) p1216
4254 Rue Jean-Talon E, SAINT-LEONARD, QC, H1S 1J7
(514) 725-7449   SIC 5621

SIC 5632 Women's accessory and specialty stores

168662 CANADA INC p1097
260 Rue Gary-Carter, Montreal, QC, H2R 2V7
(514) 384-7691   SIC 5632

BOUTIQUE LA VIE EN ROSE INC p232
20150 Langley Bypass Unit 10, LANGLEY, BC, V3A 9J8
(604) 539-0257   SIC 5632

BOUTIQUE LA VIE EN ROSE INC p510
40 Great Lakes Dr, BRAMPTON, ON, L6R 2K7
(905) 458-5336   SIC 5632

BOUTIQUE LA VIE EN ROSE INC p540
900 Maple Ave, BURLINGTON, ON, L7S 2J8
(905) 681-0049   SIC 5632

BOUTIQUE LA VIE EN ROSE INC p670
5000 Highway 7 E, MARKHAM, ON, L3R 4M9
(905) 513-6594   SIC 5632

BOUTIQUE LA VIE EN ROSE INC p700
1250 South Service Rd Suite 100, MISSISSAUGA, ON, L5E 1V4
(905) 278-2043   SIC 5632

BOUTIQUE LA VIE EN ROSE INC p725
100 Bayshore Dr Unit 54, NEPEAN, ON, K2B 8C1
(613) 828-8383   SIC 5632

BOUTIQUE LA VIE EN ROSE INC p779
1471 Harmony Rd N Unit 2, OSHAWA, ON, L1H 7K5
(905) 429-2066   SIC 5632

BOUTIQUE LA VIE EN ROSE INC p788
50 Rideau St, OTTAWA, ON, K1N 9J7
(613) 563-2959   SIC 5632

BOUTIQUE LA VIE EN ROSE INC p906
218 Yonge St, TORONTO, ON, M5B 2H6

(416) 595-0898 SIC 5632
BOUTIQUE LA VIE EN ROSE INC p1013
1401 Boul Talbot, CHICOUTIMI, QC, G7H 5N6
(418) 690-2537 SIC 5632
BOUTIQUE LA VIE EN ROSE INC p1049
3204 Rue Jean-Yves, KIRKLAND, QC, H9J 2R6
(514) 630-9288 SIC 5632
BOUTIQUE LA VIE EN ROSE INC p1088
4320 Av Pierre-De Coubertin, Montreal, QC, H1V 1A6
(514) 256-9446 SIC 5632
BOUTIQUE LA VIE EN ROSE INC p1140
2430 Chomedey (A-13) O, POINTE-CLAIRE, QC, H7X 4G8
(450) 689-7779 SIC 5632
BOUTIQUE LA VIE EN ROSE INC p1200
900 Boul Grignon, Saint-Jerome, QC, J7Y 3S7
(450) 565-2999 SIC 5632
CLUB MONACO CORP p381
1485 Portage Ave Suite 257, WINNIPEG, MB, R3G 0W4
(204) 788-4391 SIC 5632
FOREVER XXI ULC p733
17600 Yonge St, NEWMARKET, ON, L3Y 4Z1
(905) 954-1359 SIC 5632
HOLT, RENFREW & CIE, LIMITEE p942
396 Humberline Dr, TORONTO, ON, M9W 6J7
(416) 675-9200 SIC 5632
MCGREGOR INDUSTRIES INC p578
70 The East Mall, ETOBICOKE, ON, M8Z 5W2
(416) 252-3716 SIC 5632
MICHAEL KORS (CANADA) HOLDINGS LTD p1116
3424 Rue Simpson, Montreal, QC, H3G 2J3
(514) 737-5677 SIC 5632
STRAUSS, LEVI & CO. (CANADA) INC p587
90 Claireville Dr, ETOBICOKE, ON, M9W 5Y1
(416) 679-2049 SIC 5632
STRAUSS, LEVI & CO. (CANADA) INC p821
1725 16th Ave Suite 200, RICHMOND HILL, ON, L4B 4C6
(905) 763-4400 SIC 5632
UNDERCOVER WEAR FASHIONS & LINGERIE p231
4888 236 St, LANGLEY, BC, V2Z 2S5
SIC 5632
VICTORIA'S SECRET (CANADA) CORP. p1027
1608 Boul Saint-Regis, DORVAL, QC, H9P 1H6
(514) 684-7700 SIC 5632

SIC 5641 Children's and infants' wear stores

9271-9756 QUEBEC INC p1096
9310 Boul Saint-Laurent Bureau 1117b, Montreal, QC, H2N 1N4
(514) 562-5596 SIC 5641
BONNIE TOGS CHILDREN'S LIMITED p542
65 Struck Crt, CAMBRIDGE, ON, N1R 8L2
(519) 624-6574 SIC 5641
BONNIE TOGS CHILDREN'S LIMITED p973
200 Windflower Gate, WOODBRIDGE, ON, L4L 9L3
(905) 264-8411 SIC 5641
CHILDREN'S PLACE (CANADA) LP, THE p30
6455 Macleod Trail Sw, CALGARY, AB, T2H 0K3
(403) 255-3620 SIC 5641
CHILDREN'S PLACE (CANADA) LP, THE p190
4700 Kingsway Suite 1211, BURNABY, BC, V5H 4M1
(604) 430-6030 SIC 5641
CHILDREN'S PLACE (CANADA) LP, THE p513
25 Peel Centre Dr, BRAMPTON, ON, L6T 3R5
(905) 799-8626 SIC 5641
CHILDREN'S PLACE (CANADA) LP, THE p558
1 Bass Pro Mills Dr Suite F4, CONCORD, ON, L4K 5W4
(905) 738-1435 SIC 5641
CHILDREN'S PLACE (CANADA) LP, THE p584
500 Rexdale Blvd, ETOBICOKE, ON, M9W 6K5
(416) 798-3683 SIC 5641
CHILDREN'S PLACE (CANADA) LP, THE p633
945 Gardiners Rd, KINGSTON, ON, K7M 7H4
(613) 634-2567 SIC 5641
CHILDREN'S PLACE (CANADA) LP, THE p713
6040 Cantay Rd, MISSISSAUGA, ON, L5R 4J2
(905) 502-0353 SIC 5641
CHILDREN'S PLACE (CANADA) LP, THE p733
17600 Yonge St, NEWMARKET, ON, L3Y 4Z1
(905) 953-9260 SIC 5641
CHILDREN'S PLACE (CANADA) LP, THE p787
1200 St. Laurent Blvd Suite 535, OTTAWA, ON, K1K 3B8
(613) 741-4547 SIC 5641
CHILDREN'S PLACE (CANADA) LP, THE p798
92-2121 Carling Ave, OTTAWA, ON, K2A 1S3
(613) 798-9339 SIC 5641
CHILDREN'S PLACE (CANADA) LP, THE p812
1355 Kingston Rd, PICKERING, ON, L1V 1B8
(905) 420-5624 SIC 5641
CHILDREN'S PLACE (CANADA) LP, THE p822
9350 Yonge St, RICHMOND HILL, ON, L4C 5G2
(905) 884-4991 SIC 5641
CHILDREN'S PLACE (CANADA) LP, THE p867
1349 Lasalle Blvd, SUDBURY, ON, P3A 1Z2
(705) 524-9645 SIC 5641
CHILDREN'S PLACE (CANADA) LP, THE p992
7999 Boul Des Galeries D'anjou, ANJOU, QC, H1M 1W9
(514) 351-9109 SIC 5641
CHILDREN'S PLACE (CANADA) LP, THE p1019
3035 Boul Le Carrefour, Cote Saint-Luc, QC, H7T 1C8
(450) 973-5208 SIC 5641
CHILDREN'S PLACE (CANADA) LP, THE p1160
2700 Boul Laurier, Quebec, QC, G1V 2L8
(418) 652-3589 SIC 5641
J.M. CLEMENT LTEE p1161
2450 Boul Laurier, Quebec, QC, G1V 2L1
(418) 653-1602 SIC 5641
J.M. CLEMENT LTEE p1166
5830 Boul Pierre-Bertrand Bureau 400, Quebec, QC, G2J 1B7
(418) 626-0006 SIC 5641
J.M. CLEMENT LTEE p1168
5401 Boul Des Galeries, Quebec, QC, G2K 1N4
(418) 627-3472 SIC 5641
J.M. CLEMENT LTEE p1176
401 Boul Labelle, Rosemere, QC, J7A 3T2
(450) 437-7368 SIC 5641

SIC 5651 Family clothing stores

1404136 ONTARIO LIMITED p899
1510 Yonge St, TORONTO, ON, M4T 1Z6
(416) 962-8662 SIC 5651
9028-3409 QUEBEC INC p1240
4801 Boul Bourque, SHERBROOKE, QC, J1N 2G6
(819) 563-2602 SIC 5651
ALMAS, R. F. COMPANY LIMITED p604
2146 Sandusk Rd, HAGERSVILLE, ON, N0A 1H0
(905) 768-3170 SIC 5651
AUBAINERIE CONCEPT MODE INC, L' p1253
965 Rue Germain, VAL-D'OR, QC, J9P 7H7
(819) 824-4377 SIC 5651
AUBAINERIE CONCEPT MODE, L p1012
80 Boul D'anjou, Chateauguay, QC, J6K 1C3
(450) 699-0444 SIC 5651
BELOW THE BELT LTD p1294
177 Midtown Plaza Suite 205, SASKATOON, SK, S7K 1J9
(306) 934-8891 SIC 5651
BOOTLEGGER CLOTHING INC p156
4900 Molly Bannister Dr Unit 113, RED DEER, AB, T4R 1N9
(403) 346-2170 SIC 5651
BOOTLEGGER CLOTHING INC p494
509 Bayfield St, BARRIE, ON, L4M 4Z8
(705) 726-3630 SIC 5651
BOOTLEGGER CLOTHING INC p877
1000 Fort William Rd Unit 1, THUNDER BAY, ON, P7B 6B9
(807) 623-1103 SIC 5651
BOUTIQUE TRISTAN & ISEUT INC p1019
3035 Boul Le Carrefour, Cote Saint-Luc, QC, H7T 1C8
(450) 687-6382 SIC 5651
BOUTIQUE TRISTAN & ISEUT INC p1110
1001 Rue Sainte-Catherine O, Montreal, QC, H3B 1H2
(514) 271-7787 SIC 5651
CLAUDE CROTEAU ET FILLES INC p1247
500 Rue Barkoff, Trois-Rivieres, QC, G8T 9P5
(819) 379-4566 SIC 5651
CLAUDETTE CROTEAU INC p1062
70 Boul Des Laurentides, Laval, QC, H7G 2T3
(450) 669-5415 SIC 5651
CLUB MONACO CORP p461
7001 Mumford Rd Suite 183, HALIFAX, NS, B3L 2H8
(902) 453-3520 SIC 5651
CLUB MONACO CORP p789
50 Rideau St Suite 347, OTTAWA, ON, K1N 9J7
(613) 230-0245 SIC 5651
CLUB MONACO CORP p928
403 Queen St W, TORONTO, ON, M5V 2A5
(416) 979-5633 SIC 5651
CONCEPT MODE 47 INC p1130
1605 Boul Le Corbusier, Montreal, QC, H7S 1Z3
(450) 681-3317 SIC 5651
CONCEPT MODE CHATEAUGAY INC p1012
80 Boul D'anjou Bureau 450, Chateauguay, QC, J6K 1C3
(450) 699-0444 SIC 5651
COWS INC p982
397 Capital Dr, CHARLOTTETOWN, PE, C1E 2E2
(902) 566-5558 SIC 5651
CROTEAU, J. A. (1989) INC p1216
4265 Rue Jean-Talon E Bureau 2, SAINT-LEONARD, QC, H1S 1J9
(514) 374-4230 SIC 5651
CULTURES UNITED LIMITED p23
1420 40 Ave Ne Suite 16, CALGARY, AB, T2E 6L1
(403) 543-4999 SIC 5651
DENIS CROTEAU INC p1037
9 Boul Montclair Bureau 19, GATINEAU, QC, J8Y 2E2
(819) 770-6886 SIC 5651
DON MICHAEL HOLDINGS INC p190
4700 Kingsway Suite 1119, BURNABY, BC, V5H 4M1
(604) 435-5554 SIC 5651
DON MICHAEL HOLDINGS INC p310
1001 Robson St, VANCOUVER, BC, V6E 1A9
(604) 683-4305 SIC 5651
DON MICHAEL HOLDINGS INC p580
25 The West Mall Suite 25, ETOBICOKE, ON, M9C 1B8
(416) 622-8494 SIC 5651
DON MICHAEL HOLDINGS INC p759
3401 Dufferin St Suite 117, NORTH YORK, ON, M6A 2T9
(416) 783-3371 SIC 5651
DON MICHAEL HOLDINGS INC p761
75 Tycos Dr, NORTH YORK, ON, M6B 1W3
(416) 781-7540 SIC 5651
DON MICHAEL HOLDINGS INC p897
2670 Yonge St, TORONTO, ON, M4P 2J5
(416) 482-6773 SIC 5651
DON MICHAEL HOLDINGS INC p906
220 Yonge St, TORONTO, ON, M5B 2H1
(416) 593-9640 SIC 5651
DON MICHAEL HOLDINGS INC p925
80 Bloor St W, TORONTO, ON, M5S 2V1
(416) 323-3289 SIC 5651
DON MICHAEL HOLDINGS INC p965
3100 Howard Ave, WINDSOR, ON, N8X 3Y8
(519) 966-3994 SIC 5651
EDDIE BAUER OF CANADA INC p31
6455 Macleod Trail Sw Suite 1229, CALGARY, AB, T2H 0K8
(403) 262-6454 SIC 5651
EDDIE BAUER OF CANADA INC p789
50 Rideau St Unit 308, OTTAWA, ON, K1N 9J7
(613) 567-3010 SIC 5651
EQUIPEMENTS LAPIERRE INC, LES p1217
183 Rue Boisvert, SAINT-LUDGER, QC, G0M 1W0
(819) 548-5395 SIC 5651
FIRST EFFORT INVESTMENTS LIMITED p659
1105 Wellington Rd Unit 119, LONDON, ON, N6E 1V4
(519) 686-4368 SIC 5651
FOOT LOCKER CANADA CO p461
7001 Mumford Rd Suite 1800, HALIFAX, NS, B3L 2H8
(902) 454-0649 SIC 5651
FOOT LOCKER CANADA CO. p789
50 Rideau St Suite 108, OTTAWA, ON, K1N 9J7
(613) 563-2884 SIC 5651
FOOT LOCKER CANADA CO. p935
900 Dufferin St Unit 10, TORONTO, ON, M6H 4A9
(416) 534-0076 SIC 5651
FOREVER 21 p708
2450 Hogan Dr, MISSISSAUGA, ON, L5N 0G4
(905) 567-6486 SIC 5651
FOREVER XXI ULC p95
8882 170 St Nw Unit 1205, EDMONTON, AB, T5T 4J2
(780) 930-2014 SIC 5651
FOREVER XXI ULC p745
1800 Sheppard Ave E, NORTH YORK, ON, M2J 5A7
(416) 494-6363 SIC 5651
FREEMARK APPAREL BRANDS RETAIL BE INC p1081
5640 Rue Pare, MONT-ROYAL, QC, H4P 2M1
(514) 341-7333 SIC 5651
FRENCH CONNECTION (CANADA) LIMITED p559
1 Bass Pro Mills Dr Unit 528, CONCORD, ON, L4K 5W4
SIC 5651

SIC 5651 Family clothing stores

GAP (CANADA) INC p4
317 Banff Ave Suite 9m, BANFF, AB, T1L 1B1
(403) 760-8630 SIC 5651

GAP (CANADA) INC p31
6455 Macleod Trail Sw Suite 151, CALGARY, AB, T2H 0K3
(403) 640-1305 SIC 5651

GAP (CANADA) INC p31
6455 Macleod Trail Sw Suite 210, CALGARY, AB, T2H 0K3
(403) 640-1303 SIC 5651

GAP (CANADA) INC p35
100 Anderson Rd Se Suite 239, CALGARY, AB, T2J 3V1
(403) 278-7200 SIC 5651

GAP (CANADA) INC p44
317 7 Ave Sw Unit 228, CALGARY, AB, T2P 2Y9
(403) 264-8886 SIC 5651

GAP (CANADA) INC p58
3625 Shaganappi Trail Nw, CALGARY, AB, T3A 0E2
(403) 288-5188 SIC 5651

GAP (CANADA) INC p76
243 Kingsway Garden Mall, EDMONTON, AB, T5G 3A6
(780) 474-1622 SIC 5651

GAP (CANADA) INC p95
8882 170 St Nw Suite 2568, EDMONTON, AB, T5T 4M2
(780) 486-1266 SIC 5651

GAP (CANADA) INC p95
8882 170 St Nw Suite 1622, EDMONTON, AB, T5T 4M2
(780) 444-1616 SIC 5651

GAP (CANADA) INC p113
1414 Parsons Rd Nw, EDMONTON, AB, T6N 0B5
(780) 468-4848 SIC 5651

GAP (CANADA) INC p138
501 1 Ave S, LETHBRIDGE, AB, T1J 4L9
(403) 320-6956 SIC 5651

GAP (CANADA) INC p156
4900 Molly Bannister Dr Suite 165, RED DEER, AB, T4R 1N9
(403) 314-4050 SIC 5651

GAP (CANADA) INC p177
32900 South Fraser Way Suite 201, ABBOTSFORD, BC, V2S 5A1
(604) 859-7700 SIC 5651

GAP (CANADA) INC p190
4800 Kingsway Suite 221, BURNABY, BC, V5H 4J2
(604) 438-7900 SIC 5651

GAP (CANADA) INC p190
4700 Kingsway Suite 2138, BURNABY, BC, V5H 4M1
(604) 431-6559 SIC 5651

GAP (CANADA) INC p199
2929 Barnet Hwy Suite 2830, COQUITLAM, BC, V3B 5R5
(604) 472-0101 SIC 5651

GAP (CANADA) INC p241
6631 Island Hwy N Suite 110, NANAIMO, BC, V9T 4T7
(250) 390-6886 SIC 5651

GAP (CANADA) INC p271
6551 No. 3 Rd Suite 1640, RICHMOND, BC, V6Y 2B6
SIC 5651

GAP (CANADA) INC p271
6551 No. 3 Rd Suite 1924, RICHMOND, BC, V6Y 2B6
(604) 270-6747 SIC 5651

GAP (CANADA) INC p271
6551 No. 3 Rd Suite 1928, RICHMOND, BC, V6Y 2B6
(604) 270-6412 SIC 5651

GAP (CANADA) INC p280
2232 Guildford Town Ctr, SURREY, BC, V3R 7B9
(604) 582-2522 SIC 5651

GAP (CANADA) INC p300
650 41st Ave W Suite 109, VANCOUVER, BC, V5Z 2M9
(604) 267-3741 SIC 5651

GAP (CANADA) INC p311
1098 Robson St, VANCOUVER, BC, V6E 1A7
(604) 331-8285 SIC 5651

GAP (CANADA) INC p311
1125 Robson St Suite 9, VANCOUVER, BC, V6E 1B5
(604) 683-0906 SIC 5651

GAP (CANADA) INC p324
701 Georgia St W, VANCOUVER, BC, V7Y 1K8
(604) 688-1630 SIC 5651

GAP (CANADA) INC p324
701 Georgia St W, VANCOUVER, BC, V7Y 1K8
(604) 682-5503 SIC 5651

GAP (CANADA) INC p331
1319 Government St, VICTORIA, BC, V8W 1Y9
(250) 920-9925 SIC 5651

GAP (CANADA) INC p338
640 Park Royal N, WEST VANCOUVER, BC, V7T 1H9
(604) 925-3639 SIC 5651

GAP (CANADA) INC p338
640 Park Royal N, WEST VANCOUVER, BC, V7T 1H9
(604) 913-2461 SIC 5651

GAP (CANADA) INC p340
4308 Main St Suite 5, WHISTLER, BC, V0N 1B4
(604) 938-6364 SIC 5651

GAP (CANADA) INC p368
1225 St Mary's Rd Suite 4, WINNIPEG, MB, R2M 5E5
(204) 254-0077 SIC 5651

GAP (CANADA) INC p381
1485 Portage Ave, WINNIPEG, MB, R3G 0W4
(204) 775-5216 SIC 5651

GAP (CANADA) INC p381
1485 Portage Ave Suite L115, WINNIPEG, MB, R3G 0W4
(204) 775-5330 SIC 5651

GAP (CANADA) INC p396
477 Rue Paul, DIEPPE, NB, E1A 4X5
(506) 382-9005 SIC 5651

GAP (CANADA) INC p433
48 Kenmount Rd, ST. JOHN'S, NL, A1B 1W3
(709) 753-3007 SIC 5651

GAP (CANADA) INC p449
21 Micmac Blvd Suite 300, DARTMOUTH, NS, B3A 4K7
SIC 5651

GAP (CANADA) INC p461
7001 Mumford Rd, HALIFAX, NS, B3L 2H8
(902) 454-8071 SIC 5651

GAP (CANADA) INC p514
89 Walker Dr, BRAMPTON, ON, L6T 5K5
(905) 793-8888 SIC 5651

GAP (CANADA) INC p521
9500 Mclaughlin Rd, BRAMPTON, ON, L6X 0B8
(905) 460-2060 SIC 5651

GAP (CANADA) INC p540
900 Maple Ave Suite 9, BURLINGTON, ON, L7S 2J8
(905) 637-2658 SIC 5651

GAP (CANADA) INC p559
1 Bass Pro Mills Dr, CONCORD, ON, L4K 5W4
(905) 761-7577 SIC 5651

GAP (CANADA) INC p580
25 The West Mall Suite 1127, ETOBICOKE, ON, M9C 1B8
(416) 622-3797 SIC 5651

GAP (CANADA) INC p614
999 Upper Wentworth St, HAMILTON, ON, L9A 4X5
(905) 574-3444 SIC 5651

GAP (CANADA) INC p631
230 Princess St, KINGSTON, ON, K7L 1B2
(613) 545-4046 SIC 5651

GAP (CANADA) INC p638
2960 Kingsway Dr, KITCHENER, ON, N2C 1X1
(519) 894-2120 SIC 5651

GAP (CANADA) INC p659
1105 Wellington Rd Unit 87, LONDON, ON, N6E 1V4
(519) 685-1699 SIC 5651

GAP (CANADA) INC p661
1680 Richmond St, LONDON, ON, N6G 3Y9
(519) 673-1399 SIC 5651

GAP (CANADA) INC p661
1680 Richmond St, LONDON, ON, N6G 3Y9
(519) 850-8820 SIC 5651

GAP (CANADA) INC p671
5000 Highway 7 E, MARKHAM, ON, L3R 4M9
(905) 513-6477 SIC 5651

GAP (CANADA) INC p725
100 Bayshore Dr Unit D12, NEPEAN, ON, K2B 8C1
(613) 721-1129 SIC 5651

GAP (CANADA) INC p725
100 Bayshore Dr, NEPEAN, ON, K2B 8C1
(613) 828-8131 SIC 5651

GAP (CANADA) INC p733
17600 Yonge St, NEWMARKET, ON, L3Y 4Z1
(905) 836-1738 SIC 5651

GAP (CANADA) INC p741
1500 Fisher St, NORTH BAY, ON, P1B 2H3
(705) 498-6589 SIC 5651

GAP (CANADA) INC p746
2901 Bayview Ave Suite 41, NORTH YORK, ON, M2K 1E6
(416) 733-0021 SIC 5651

GAP (CANADA) INC p747
2901 Bayview Ave Suite 41, NORTH YORK, ON, M2K 1E6
(416) 250-1958 SIC 5651

GAP (CANADA) INC p747
2901 Bayview Ave, NORTH YORK, ON, M2K 1E6
(416) 250-1958 SIC 5651

GAP (CANADA) INC p759
3401 Dufferin St Suite 12d, NORTH YORK, ON, M6A 2T9
(416) 782-0814 SIC 5651

GAP (CANADA) INC p759
3401 Dufferin St Suite 12, NORTH YORK, ON, M6A 2T9
(416) 783-2995 SIC 5651

GAP (CANADA) INC p781
419 King St W, OSHAWA, ON, L1J 2K5
(905) 438-0865 SIC 5651

GAP (CANADA) INC p787
1200 St. Laurent Blvd, OTTAWA, ON, K1K 3B8
(613) 746-1070 SIC 5651

GAP (CANADA) INC p789
50 Rideau St Suite 213, OTTAWA, ON, K1N 9J7
(613) 569-4100 SIC 5651

GAP (CANADA) INC p838
1900 Eglinton Ave E, SCARBOROUGH, ON, M1L 2L9
(416) 285-8915 SIC 5651

GAP (CANADA) INC p841
300 Borough Dr Suite 2, SCARBOROUGH, ON, M1P 4P5
(416) 296-0528 SIC 5651

GAP (CANADA) INC p868
110 Donna St, SUDBURY, ON, P3B 4K6
(705) 524-5469 SIC 5651

GAP (CANADA) INC p875
1 Promenade Cir, THORNHILL, ON, L4J 4P8
(905) 886-9509 SIC 5651

GAP (CANADA) INC p878
339 Main St, THUNDER BAY, ON, P7B 5L6
(807) 344-6344 SIC 5651

GAP (CANADA) INC p878
1000 Fort William Rd, THUNDER BAY, ON, P7B 6B9
(807) 624-0500 SIC 5651

GAP (CANADA) INC p897
2635 Yonge St, TORONTO, ON, M4P 2J6
(416) 487-1583 SIC 5651

GAP (CANADA) INC p897
2574 Yonge St, TORONTO, ON, M4P 2J3
(416) 440-0187 SIC 5651

GAP (CANADA) INC p901
60 Bloor St W Suite 1501, TORONTO, ON, M4W 3B8
(416) 921-2225 SIC 5651

GAP (CANADA) INC p906
220 Yonge St, TORONTO, ON, M5B 2H1
(416) 591-0512 SIC 5651

GAP (CANADA) INC p906
220 Yonge St, TORONTO, ON, M5B 2H1
(416) 595-6336 SIC 5651

GAP (CANADA) INC p906
260 Yonge St, TORONTO, ON, M5B 2L9
(416) 599-8802 SIC 5651

GAP (CANADA) INC p925
80 Bloor St W, TORONTO, ON, M5S 2V1
SIC 5651

GAP (CANADA) INC p925
80 Bloor St W, TORONTO, ON, M5S 2V1
(416) 515-0018 SIC 5651

GAP (CANADA) INC p929
375 Queen St W, TORONTO, ON, M5V 2A5
(416) 591-3517 SIC 5651

GAP (CANADA) INC p952
550 King St N, WATERLOO, ON, N2L 5W6
(519) 746-8874 SIC 5651

GAP (CANADA) INC p965
3100 Howard Ave, WINDSOR, ON, N8X 3Y8
SIC 5651

GAP (CANADA) INC p1020
3035 Boul Le Carrefour, Cote Saint-Luc, QC, H7T 1C8
(450) 686-4027 SIC 5651

GAP (CANADA) INC p1059
7077 Boul Newman Bureau 111, LASALLE, QC, H8N 1X1
(514) 367-1114 SIC 5651

GAP (CANADA) INC p1080
2305 Ch Rockland Bureau 240, MONTROYAL, QC, H3P 3E9
(514) 737-2334 SIC 5651

GAP (CANADA) INC p1093
4210 Rue Saint-Denis, Montreal, QC, H2J 2K8
(514) 848-0058 SIC 5651

GAP (CANADA) INC p1111
777 Rue Sainte-Catherine O, Montreal, QC, H3B 1C8
(514) 842-3509 SIC 5651

GAP (CANADA) INC p1111
705 Rue Sainte-Catherine O, Montreal, QC, H3B 4G5
(514) 281-5033 SIC 5651

GAP (CANADA) INC p1141
6801 Aut Transcanadienne Bureau E7a, POINTE-CLAIRE, QC, H9R 5J2
(514) 426-8281 SIC 5651

GAP (CANADA) INC p1161
2452 Boul Laurier Bureau E04, Quebec, QC, G1V 2L1
SIC 5651

GAP (CANADA) INC p1182
302 Boul Des Promenades, SAINT-BRUNO, QC, J3V 6A7
(450) 441-7977 SIC 5651

GAP (CANADA) INC p1296
21 Plaza Midtown, SASKATOON, SK, S7K 1J9
(306) 653-8484 SIC 5651

GAP (CANADA) INC p1296
21st St E, SASKATOON, SK, S7K 0B3
(306) 653-8488 SIC 5651

GESTION ALEM INC p1076
161 Montee Masson, MASCOUCHE, QC, J7K 3B4
(450) 474-3315 SIC 5651

▲ Public Company ■ Public Company Family Member **HQ** Headquarters **BR** Branch **SL** Single Location

SIC 5651 Family clothing stores

GROUPE BIKINI VILLAGE INC p1226
2101 Rue Nobel Bureau A, SAINTE-JULIE, QC, J3E 1Z8
(450) 449-1310   SIC 5651

H & M HENNES & MAURITZ INC p559
1 Bass Pro Mills Dr, CONCORD, ON, L4K 5W4
(905) 760-1769   SIC 5651

H&M HENNES & MAURITZ INC p911
1 Dundas St W Suite 1808, TORONTO, ON, M5G 1Z3
(416) 623-4300   SIC 5651

HOLT, RENFREW & CIE, LIMITEE p45
8 Ave Sw Unit 510, CALGARY, AB, T2P 4H9
(403) 269-7341   SIC 5651

HOLT, RENFREW & CIE, LIMITEE p1116
1300 Rue Sherbrooke O, Montreal, QC, H3G 1H9
(514) 842-5111   SIC 5651

HUDSON'S BAY COMPANY p80
220 Edmonton City Centre Nw, EDMONTON, AB, T5J 2Y9
(780) 701-0162   SIC 5651

JEANS WARWICK INDUSTRIE INC p1261
3 Rue Menard, WARWICK, QC, J0A 1M0
(819) 358-3900   SIC 5651

LE CHATEAU INC p381
1395 Ellice Ave Suite 170, WINNIPEG, MB, R3G 0G3
(204) 788-1388   SIC 5651

LE CHATEAU INC p433
48 Kenmount Rd, ST. JOHN'S, NL, A1B 1W3
(709) 726-1899   SIC 5651

LE CHATEAU INC p615
999 Upper Wentworth St, HAMILTON, ON, L9A 4X5
(905) 385-4379   SIC 5651

LE CHATEAU INC p841
300 Borough Dr Suite 2, SCARBOROUGH, ON, M1P 4P5
(416) 296-3434   SIC 5651

LE CHATEAU INC p906
220 Yonge St Unit B 10-12, TORONTO, ON, M5B 2H1
(416) 979-3122   SIC 5651

LE CHATEAU INC p1020
3003 Boul Le Carrefour, Cote Saint-Luc, QC, H7T 1C7
(450) 688-4142   SIC 5651

MAGASIN LAURA (P.V.) INC p1036
1076 Boul Maloney O, GATINEAU, QC, J8T 3R6
(819) 561-8071   SIC 5651

MAGASINS J.L. TAYLOR INC, LES p1202
556 Av Victoria, SAINT-LAMBERT, QC, J4P 2J5
(450) 672-9722   SIC 5651

MAISON SIMONS INC, LA p1161
2450 Boul Laurier, Quebec, QC, G1V 2L1
(418) 692-3630   SIC 5651

MAISON SIMONS INC, LA p1239
3050 Boul De Portland, SHERBROOKE, QC, J1L 1K1
(819) 829-1840   SIC 5651

MARK'S WORK WEARHOUSE LTD p10
3014 Sunridge Blvd Ne, CALGARY, AB, T1Y 7G6
(403) 250-9942   SIC 5651

MARK'S WORK WEARHOUSE LTD p32
33 Heritage Meadows Way Se Unit S8, CALGARY, AB, T2H 3B8
(403) 278-4885   SIC 5651

MARK'S WORK WEARHOUSE LTD p32
6636 Macleod Trail Sw, CALGARY, AB, T2H 0K6
(403) 253-5708   SIC 5651

MARK'S WORK WEARHOUSE LTD p56
350 Shawville Blvd Se Suite 240, CALGARY, AB, T2Y 3S4
(403) 201-4110   SIC 5651

MARK'S WORK WEARHOUSE LTD p95
8882 170 St Nw Unit 1109, EDMONTON, AB, T5T 3J7
(780) 444-1831   SIC 5651

MARK'S WORK WEARHOUSE LTD p128
9821 116 St, GRANDE PRAIRIE, AB, T8W 0C7
(780) 532-9233   SIC 5651

MARK'S WORK WEARHOUSE LTD p141
4107 80 Ave Suite 113, LLOYDMINSTER, AB, T9V 0X9
(780) 875-1221   SIC 5651

MARK'S WORK WEARHOUSE LTD p272
11380 Steveston Hwy Suite 120, RICHMOND, BC, V7A 5J5
(604) 241-4016   SIC 5651

MARK'S WORK WEARHOUSE LTD p345
911 18th St N, BRANDON, MB, R7A 7S1
(204) 725-1508   SIC 5651

MARK'S WORK WEARHOUSE LTD p443
1595 Bedford Hwy Suite 199, BEDFORD, NS, B4A 3Y4
(902) 832-0119   SIC 5651

MARK'S WORK WEARHOUSE LTD p498
27 Caplan Ave, BARRIE, ON, L4N 6K3
(705) 739-3512   SIC 5651

MARK'S WORK WEARHOUSE LTD p504
214 Bell Blvd, BELLEVILLE, ON, K8P 5L8
(613) 966-4583   SIC 5651

MARK'S WORK WEARHOUSE LTD p510
30 Great Lakes Dr Suite 111, BRAMPTON, ON, L6R 2K7
(905) 790-1599   SIC 5651

MARK'S WORK WEARHOUSE LTD p593
1940 Innes Rd, GLOUCESTER, ON, K1B 3K5
(613) 744-2499   SIC 5651

MARK'S WORK WEARHOUSE LTD p676
7700 Markham Rd Unit 2, MARKHAM, ON, L3S 4S1
(905) 201-6330   SIC 5651

MARK'S WORK WEARHOUSE LTD p680
16825 Hwy 12, MIDLAND, ON, L4R 0A9
(705) 526-1301   SIC 5651

MARK'S WORK WEARHOUSE LTD p693
1180 Dundas St E, MISSISSAUGA, ON, L4Y 2C1
(905) 275-6760   SIC 5651

MARK'S WORK WEARHOUSE LTD p733
17820 Yonge St, NEWMARKET, ON, L3Y 8S1
(905) 895-7707   SIC 5651

MARK'S WORK WEARHOUSE LTD p765
2501 Hyde Park Gate, OAKVILLE, ON, L6H 6G6
(905) 829-0844   SIC 5651

MARK'S WORK WEARHOUSE LTD p795
2210 Bank St, OTTAWA, ON, K1V 1J5
(613) 733-8648   SIC 5651

MARK'S WORK WEARHOUSE LTD p827
1380 London Rd, SARNIA, ON, N7S 1P8
(519) 542-3429   SIC 5651

MARK'S WORK WEARHOUSE LTD p832
548 Great Northern Rd, SAULT STE. MARIE, ON, P6B 4Z9
(705) 256-2247   SIC 5651

MARK'S WORK WEARHOUSE LTD p838
1900 Eglinton Ave E, SCARBOROUGH, ON, M1L 2L9
(416) 759-4124   SIC 5651

MARK'S WORK WEARHOUSE LTD p853
285 Geneva St, ST CATHARINES, ON, L2N 2G1
(905) 934-6464   SIC 5651

MARK'S WORK WEARHOUSE LTD p878
969 Fort William Rd Unit 1, THUNDER BAY, ON, P7B 3A6
(807) 344-1634   SIC 5651

MARK'S WORK WEARHOUSE LTD p1279
800 15th St E Suite 540, PRINCE ALBERT, SK, S6V 8E3
(306) 922-3414   SIC 5651

MARK'S WORK WEARHOUSE LTD p1302
1715 Preston Ave N Suite 101, SASKATOON, SK, S7N 4V2
(306) 477-1444   SIC 5651

MODE CHOC (ALMA) LTEE p1065
5475 Rue Wilfrid-Halle Bureau 1004, Levis, QC, G6V 9J1
(418) 838-2846   SIC 5651

MODE CHOC (ALMA) LTEE p1176
879 Boul Saint-Joseph, ROBERVAL, QC, G8H 2L8
(418) 275-2231   SIC 5651

MODE CHOC (ALMA) LTEE p1189
610 90e Rue, SAINT-GEORGES, QC, G5Y 3L2
(418) 221-6850   SIC 5651

MOUNTAIN EQUIPMENT CO-OPERATIVE p331
1450 Government St, VICTORIA, BC, V8W 1Z2
(250) 386-2667   SIC 5651

OLD NAVY (CANADA) INC p10
2525 36 St Ne Suite 3, CALGARY, AB, T1Y 5T4
(403) 590-9501   SIC 5651

OLD NAVY (CANADA) INC p85
13158 137 Ave, EDMONTON, AB, T5L 5G6
(780) 478-4477   SIC 5651

OLD NAVY (CANADA) INC p226
2271 Harvey Ave Ste 877, KELOWNA, BC, V1Y 6H2
(250) 860-0151   SIC 5651

OLD NAVY (CANADA) INC p231
20202 66 Ave Suite 210, LANGLEY, BC, V2Y 1P3
(604) 539-8559   SIC 5651

OLD NAVY (CANADA) INC p271
6551 No. 3 Rd Suite 1410, RICHMOND, BC, V6Y 2B6
(604) 303-6700   SIC 5651

OLD NAVY (CANADA) INC p335
3170 Tillicum Rd Suite 150, VICTORIA, BC, V9A 7C5
(250) 386-8797   SIC 5651

OLD NAVY (CANADA) INC p338
860 Main St Suite 1d, WEST VANCOUVER, BC, V7T 2Z3
(604) 921-8808   SIC 5651

OLD NAVY (CANADA) INC p381
830 St James St, WINNIPEG, MB, R3G 3J7
(204) 786-3868   SIC 5651

OLD NAVY (CANADA) INC p414
90 Consumers Dr, SAINT JOHN, NB, E2J 4Z3
(506) 634-7597   SIC 5651

OLD NAVY (CANADA) INC p484
20 Kingston Rd W, AJAX, ON, L1T 4K8
(905) 426-1221   SIC 5651

OLD NAVY (CANADA) INC p495
468 Bayfield St, BARRIE, ON, L4M 5A2
(705) 725-0067   SIC 5651

OLD NAVY (CANADA) INC p504
390 North Front St, BELLEVILLE, ON, K8P 3E1
(613) 962-0484   SIC 5651

OLD NAVY (CANADA) INC p543
70 Pinebush Rd, CAMBRIDGE, ON, N1R 8K5
(519) 621-4612   SIC 5651

OLD NAVY (CANADA) INC p600
435 Stone Rd W, GUELPH, ON, N1G 2X6
(519) 763-4158   SIC 5651

OLD NAVY (CANADA) INC p615
999 Upper Wentworth St, HAMILTON, ON, L9A 4X5
(905) 318-4506   SIC 5651

OLD NAVY (CANADA) INC p639
1400 Ottawa St S, KITCHENER, ON, N2E 4E2
(519) 568-7463   SIC 5651

OLD NAVY (CANADA) INC p698
100 City Centre Dr Unit E6, MISSISSAUGA, ON, L5B 2C9
(905) 275-5155   SIC 5651

OLD NAVY (CANADA) INC p705
5100 Erin Mills Pky Unit B200a, MISSISSAUGA, ON, L5M 4Z5
(905) 828-0521   SIC 5651

OLD NAVY (CANADA) INC p733
17600 Yonge St Suite 257, NEWMARKET, ON, L3Y 4Z1
(905) 830-1892   SIC 5651

OLD NAVY (CANADA) INC p841
300 Borough Dr Suite 2, SCARBOROUGH, ON, M1P 4P5
(416) 279-1143   SIC 5651

OLD NAVY (CANADA) INC p869
1599 Marcus Dr Unit 1, SUDBURY, ON, P3B 4K6
(705) 525-8233   SIC 5651

OLD NAVY (CANADA) INC p879
389 Main St, THUNDER BAY, ON, P7B 5L6
(807) 622-8800   SIC 5651

OLD NAVY (CANADA) INC p886
6 Lebovic Ave Unit 1, TORONTO, ON, M1L 4V9
(416) 757-1481   SIC 5651

OLD NAVY (CANADA) INC p933
1 Yorkdale Rd, TORONTO, ON, M6A 3A1
(416) 787-9384   SIC 5651

OLD NAVY (CANADA) INC p966
3100 Howard Ave, WINDSOR, ON, N8X 3Y8
(519) 250-8112   SIC 5651

OLD NAVY (CANADA) INC p1020
3035 Boul Le Carrefour, Cote Saint-Luc, QC, H7T 1C8
(450) 682-9410   SIC 5651

OLD NAVY (CANADA) INC p1142
6801 Aut Transcanadienne, POINTE-CLAIRE, QC, H9R 5J2
(514) 630-7771   SIC 5651

OLD NAVY (CANADA) INC p1182
1241 Boul Des Promenades, SAINT-BRUNO, QC, J3V 6H1
(450) 441-6300   SIC 5651

OLD NAVY (CANADA) INC p1290
3120 E Quance St, REGINA, SK, S4V 3B8
(306) 775-1860   SIC 5651

OLD NAVY (CANADA) INC p1303
1715 Preston Ave N, SASKATOON, SK, S7N 4V2
(306) 653-4420   SIC 5651

PANTORAMA INDUSTRIES INC, LES p1112
705 Rue Sainte-Catherine O, Montreal, QC, H3B 4G5
(514) 286-1574   SIC 5651

PNB NATION LLC p1205
95 Rue Gince, SAINT-LAURENT, QC, H4N 1J7
(514) 384-3872   SIC 5651

R. CROTEAU RIMOUSKI INC p994
625 Boul Lafleche, BAIE-COMEAU, QC, G5C 1C5
(418) 589-7267   SIC 5651

STRAUSS, LEVI & CO. (CANADA) INC p1113
705 Rue Sainte-Catherine O, Montreal, QC, H3B 4G5
(514) 286-1318   SIC 5651

SUPREME MUNSINGWEAR CANADA INC p905
2 Berkeley St Suite 4, TORONTO, ON, M5A 4J5
(647) 344-2026   SIC 5651

THRIFT MAGIC LP p651
1345 Huron St Suite 1a, LONDON, ON, N5V 2E3
(519) 455-1112   SIC 5651

TILLEY ENDURABLES, INC p921
207 Queens Quay W Suite 108, TORONTO, ON, M5J 1A7
(416) 203-0463   SIC 5651

TILLEY ENDURABLES, INC p1137
1050 Av Laurier O, OUTREMONT, QC, H2V 2K8
(514) 272-7791   SIC 5651

TLS FASHIONS INC p761
2782a Dufferin St, NORTH YORK, ON, M6B 3R7
(416) 293-4044   SIC 5651

TOMMY HILFIGER CANADA INC p95
8882 170 St Nw Unit 2560, EDMONTON, AB, T5T 4M2
(780) 443-3999   SIC 5651

TOMMY HILFIGER CANADA INC p271

BUSINESSES BY INDUSTRY CLASSIFICATION

SIC 5651 Family clothing stores 2211

6551 No. 3 Rd Suite 500, RICHMOND, BC, V6Y 2B7
SIC 5651

TOMMY HILFIGER CANADA INC p290
3091 152 St Suite 300, SURREY, BC, V4P 3K1
SIC 5651

TOMMY HILFIGER CANADA INC p382
1485 Portage Ave, WINNIPEG, MB, R3G 0W4
(204) 784-1340 SIC 5651

TOMMY HILFIGER CANADA INC p388
1585 Kenaston Blvd Suite 14, WINNIPEG, MB, R3P 2N3
(204) 487-7240 SIC 5651

TOMMY HILFIGER CANADA INC p564
3311 County Rd 89 Unit B26, COOKSTOWN, ON, L0L 1L0
(705) 458-8601 SIC 5651

TOMMY HILFIGER CANADA INC p786
550 Terminal Ave Suite B20, OTTAWA, ON, K1G 0Z3
(613) 789-6185 SIC 5651

TOMMY HILFIGER CANADA INC p790
50 Rideau St Unit 205, OTTAWA, ON, K1N 9J7
SIC 5651

TOMMY HILFIGER CANADA INC p813
1899 Brock Rd Suite G12, PICKERING, ON, L1V 4H7
(905) 426-9677 SIC 5651

TOMMY HILFIGER CANADA INC p971
1555 Talbot Rd Suite 180, WINDSOR, ON, N9H 2N2
(519) 250-7922 SIC 5651

TOMMY HILFIGER CANADA INC p1006
500 Place Champetre, BROMONT, QC, J2L 0A1
(450) 534-2389 SIC 5651

TOMMY HILFIGER CANADA INC p1021
2400 Boul Chomedey, Cote Saint-Luc, QC, H7T 2W3
(450) 689-0039 SIC 5651

TOMMY HILFIGER CANADA INC p1143
6801 Aut Transcanadienne, POINTE-CLAIRE, QC, H9R 5J2
SIC 5651

TOMMY HILFIGER CANADA INC p1221
170 Ch Du Lac-Millette, SAINT-SAUVEUR, QC, J0R 1R6
(450) 227-4002 SIC 5651

VENTE AU DETAIL PARASUCO INC p760
3401 Dufferin St Unit 321, NORTH YORK, ON, M6A 2T9
SIC 5651

WEST 49 GROUP INC p182
9855 Austin Rd Suite 248, BURNABY, BC, V3J 1N4
(604) 420-8778 SIC 5651

WEST 49 GROUP INC p322
748 Burrard St, VANCOUVER, BC, V6Z 2V6
SIC 5651

WINNERS MERCHANTS INTERNATIONAL L.P. p11
3351 20 Ave Ne, CALGARY, AB, T1Y 7A8
(403) 285-4949 SIC 5651

WINNERS MERCHANTS INTERNATIONAL L.P. p11
3221 Sunridge Way Ne Suite 400, CALGARY, AB, T1Y 7M4
(403) 250-2461 SIC 5651

WINNERS MERCHANTS INTERNATIONAL L.P. p26
901 64 Ave Ne Suite F1, CALGARY, AB, T2E 7P4
(403) 730-8387 SIC 5651

WINNERS MERCHANTS INTERNATIONAL L.P. p34
8228 Macleod Trail Se Suite 168, CALGARY, AB, T2H 2B8
(403) 252-7678 SIC 5651

WINNERS MERCHANTS INTERNATIONAL L.P. p37
5111 Northland Dr Nw Suite 200, CALGARY, AB, T2L 2J8
(403) 247-8100 SIC 5651

WINNERS MERCHANTS INTERNATIONAL L.P. p50
128 8 Ave Sw, CALGARY, AB, T2P 1B3
(403) 262-7606 SIC 5651

WINNERS MERCHANTS INTERNATIONAL L.P. p56
85 Shawville Blvd Se Suite 400, CALGARY, AB, T2Y 3W5
(403) 201-7460 SIC 5651

WINNERS MERCHANTS INTERNATIONAL L.P. p58
4307 130 Ave Se Suite 100, CALGARY, AB, T2Z 3V8
(587) 471-1522 SIC 5651

WINNERS MERCHANTS INTERNATIONAL L.P. p59
4896 82 St Nw, CALGARY, AB, T3B 2P7
(403) 288-2224 SIC 5651

WINNERS MERCHANTS INTERNATIONAL L.P. p62
5498 Signal Hill Ctr Sw, CALGARY, AB, T3H 3P8
(403) 246-4999 SIC 5651

WINNERS MERCHANTS INTERNATIONAL L.P. p65
11686 Sarcee Trail Nw, CALGARY, AB, T3R 0A1
(403) 275-8228 SIC 5651

WINNERS MERCHANTS INTERNATIONAL L.P. p75
1 Londonderry Mall Nw, EDMONTON, AB, T5C 3C8
(780) 456-5044 SIC 5651

WINNERS MERCHANTS INTERNATIONAL L.P. p86
13630 137 Ave Nw, EDMONTON, AB, T5L 5G6
(780) 476-4041 SIC 5651

WINNERS MERCHANTS INTERNATIONAL L.P. p86
13546 137 Ave Nw, EDMONTON, AB, T5L 5E9
(780) 478-5005 SIC 5651

WINNERS MERCHANTS INTERNATIONAL L.P. p89
300 Mayfield Common Nw, EDMONTON, AB, T5P 4B3
(780) 444-2445 SIC 5651

WINNERS MERCHANTS INTERNATIONAL L.P. p95
8882 170 St Nw, EDMONTON, AB, T5T 4M2
(780) 444-0744 SIC 5651

WINNERS MERCHANTS INTERNATIONAL L.P. p99
5055 101 Ave Nw Unit 135, EDMONTON, AB, T6A 0G7
(780) 490-0606 SIC 5651

WINNERS MERCHANTS INTERNATIONAL L.P. p111
3355 Calgary Trail Nw, EDMONTON, AB, T6J 6V1
(780) 440-4490 SIC 5651

WINNERS MERCHANTS INTERNATIONAL L.P. p111
3411 Calgary Trail Nw, EDMONTON, AB, T6J 6Z2
(780) 485-8843 SIC 5651

WINNERS MERCHANTS INTERNATIONAL L.P. p116
2058 38 Ave Nw, EDMONTON, AB, T6T 0B9
(780) 461-0030 SIC 5651

WINNERS MERCHANTS INTERNATIONAL L.P. p128
10502 109a St Unit 101, GRANDE PRAIRIE, AB, T8V 7Y3
(780) 402-9797 SIC 5651

WINNERS MERCHANTS INTERNATIONAL L.P. p128
11517 Westgate Dr Suite 117, GRANDE PRAIRIE, AB, T8V 3B1
(780) 532-1508 SIC 5651

WINNERS MERCHANTS INTERNATIONAL L.P. p139
501 1 Ave S Unit 2, LETHBRIDGE, AB, T1J 4L9
(403) 320-6677 SIC 5651

WINNERS MERCHANTS INTERNATIONAL L.P. p145
3201 13 Ave Se Unit 105, MEDICINE HAT, AB, T1B 1E2
(403) 527-8238 SIC 5651

WINNERS MERCHANTS INTERNATIONAL L.P. p157
5001 19 St Suite 700, RED DEER, AB, T4R 3R1
(403) 340-1717 SIC 5651

WINNERS MERCHANTS INTERNATIONAL L.P. p163
390 Baseline Rd Suite 346, SHERWOOD PARK, AB, T8H 1X1
(780) 417-4124 SIC 5651

WINNERS MERCHANTS INTERNATIONAL L.P. p163
5000 Emerald Dr Unit 375, SHERWOOD PARK, AB, T8H 0P5
(780) 417-0480 SIC 5651

WINNERS MERCHANTS INTERNATIONAL L.P. p168
375 St Albert Trail Suite 191, ST. ALBERT, AB, T8N 3K8
(780) 418-6363 SIC 5651

WINNERS MERCHANTS INTERNATIONAL L.P. p174
10200 102 Ave, WESTLOCK, AB, T7P 2H9
(780) 420-1801 SIC 5651

WINNERS MERCHANTS INTERNATIONAL L.P. p178
1335 Sumas Way Unit 100, ABBOTSFORD, BC, V2S 8H2
(604) 556-7558 SIC 5651

WINNERS MERCHANTS INTERNATIONAL L.P. p188
1899 Rosser Ave Unit 100, BURNABY, BC, V5C 6R5
(604) 294-0117 SIC 5651

WINNERS MERCHANTS INTERNATIONAL L.P. p192
4700 Kingsway Unit 604, BURNABY, BC, V5H 4M1
(604) 430-3457 SIC 5651

WINNERS MERCHANTS INTERNATIONAL L.P. p200
3000 Lougheed Hwy Suite 114, COQUITLAM, BC, V3B 1C5
(604) 468-2210 SIC 5651

WINNERS MERCHANTS INTERNATIONAL L.P. p203
101 Schoolhouse St Unit 260, COQUITLAM, BC, V3K 4X8
(604) 523-2210 SIC 5651

WINNERS MERCHANTS INTERNATIONAL L.P. p203
101 Schoolhouse St, COQUITLAM, BC, V3K 4X8
(604) 524-2602 SIC 5651

WINNERS MERCHANTS INTERNATIONAL L.P. p204
3199 Cliffe Ave, COURTENAY, BC, V9N 2L9
(250) 703-0161 SIC 5651

WINNERS MERCHANTS INTERNATIONAL L.P. p205
1500 Cranbrook St N, CRANBROOK, BC, V1C 3S8
(250) 417-0949 SIC 5651

WINNERS MERCHANTS INTERNATIONAL L.P. p224
1575 Banks Rd Suite 400, KELOWNA, BC, V1X 7Y8
(250) 763-6002 SIC 5651

WINNERS MERCHANTS INTERNATIONAL L.P. p227
1835 Gordon Dr, KELOWNA, BC, V1Y 3H4
(250) 860-0267 SIC 5651

WINNERS MERCHANTS INTERNATIONAL L.P. p234
20015 Langley Bypass, LANGLEY, BC, V3A 8R6
(604) 532-0325 SIC 5651

WINNERS MERCHANTS INTERNATIONAL L.P. p234
20150 Langley Bypass Suite 100, LANGLEY, BC, V3A 9J8
(604) 532-0377 SIC 5651

WINNERS MERCHANTS INTERNATIONAL L.P. p242
6631 Island Hwy N Suite 147, NANAIMO, BC, V9T 4T7
(250) 751-0308 SIC 5651

WINNERS MERCHANTS INTERNATIONAL L.P. p247
1199 Lynn Valley Rd, NORTH VANCOUVER, BC, V7J 3H2
(604) 990-8230 SIC 5651

WINNERS MERCHANTS INTERNATIONAL L.P. p253
2210 Main St, PENTICTON, BC, V2A 5H8
(250) 487-1141 SIC 5651

WINNERS MERCHANTS INTERNATIONAL L.P. p253
19800 Lougheed Hwy Suite 160, PITT MEADOWS, BC, V3Y 2W1
(604) 465-4330 SIC 5651

WINNERS MERCHANTS INTERNATIONAL L.P. p262
3900 Walls Ave Suite 101, PRINCE GEORGE, BC, V2N 4L4
(250) 562-9465 SIC 5651

WINNERS MERCHANTS INTERNATIONAL L.P. p271
5300 No. 3 Rd Suite 856, RICHMOND, BC, V6X 2X9
(604) 279-9466 SIC 5651

WINNERS MERCHANTS INTERNATIONAL L.P. p287
12101 72 Ave Suite 105, SURREY, BC, V3W 2M1
(604) 501-0153 SIC 5651

WINNERS MERCHANTS INTERNATIONAL L.P. p288
15715 Croydon Dr, SURREY, BC, V3Z 2L5
(604) 535-0115 SIC 5651

WINNERS MERCHANTS INTERNATIONAL L.P. p322
798 Granville St Suite 300, VANCOUVER, BC, V6Z 3C3
(604) 683-1058 SIC 5651

WINNERS MERCHANTS INTERNATIONAL L.P. p327
4900 27 St Suite 600, VERNON, BC, V1T 7G7
(250) 545-5954 SIC 5651

WINNERS MERCHANTS INTERNATIONAL L.P. p336
3170 Tillicum Rd, VICTORIA, BC, V9A 7C5
(250) 361-4511 SIC 5651

WINNERS MERCHANTS INTERNATIONAL L.P. p337
2945 Jacklin Rd Suite 400, VICTORIA, BC, V9B 5E3
(250) 391-1829 SIC 5651

WINNERS MERCHANTS INTERNATIONAL L.P. p338
782 Park Royal N, WEST VANCOUVER, BC, V7T 1H9
(604) 913-2990 SIC 5651

WINNERS MERCHANTS INTERNATIONAL L.P. p339
2002 Park Royal S Unit 1120, WEST VANCOUVER, BC, V7T 2W4
(604) 926-0944 SIC 5651

WINNERS MERCHANTS INTERNATIONAL L.P. p346
901 18th St, BRANDON, MB, R7A 7S1
(204) 729-9029 SIC 5651

WINNERS MERCHANTS INTERNATIONAL L.P. p363
1520 Regent Ave W, WINNIPEG, MB, R2C 3B4
(204) 654-0945 SIC 5651

WINNERS MERCHANTS INTERNATIONAL

▲ Public Company   ■ Public Company Family Member   HQ Headquarters   BR Branch   SL Single Location

SIC 5651 Family clothing stores

L.P. *p371*
2305 Mcphillips St Suite 214, WINNIPEG, MB, R2V 3E1
(204) 334-4834 *SIC* 5651

WINNERS MERCHANTS INTERNATIONAL L.P. *p382*
1320 Ellice Ave, WINNIPEG, MB, R3G 0E9
(204) 774-9070 *SIC* 5651

WINNERS MERCHANTS INTERNATIONAL L.P. *p386*
3625 Portage Ave, WINNIPEG, MB, R3K 2G6
(204) 889-8733 *SIC* 5651

WINNERS MERCHANTS INTERNATIONAL L.P. *p388*
1585 Kenaston Blvd Unit K6, WINNIPEG, MB, R3P 2N3
(204) 487-7512 *SIC* 5651

WINNERS MERCHANTS INTERNATIONAL L.P. *p391*
2127 Pembina Hwy, WINNIPEG, MB, R3T 5L1
(204) 261-1804 *SIC* 5651

WINNERS MERCHANTS INTERNATIONAL L.P. *p402*
9 Av Riocan Suite 1, FREDERICTON, NB, E3C 0B9
(506) 457-6264 *SIC* 5651

WINNERS MERCHANTS INTERNATIONAL L.P. *p408*
35 Plaza Blvd, MONCTON, NB, E1C 0E8
(506) 859-8981 *SIC* 5651

WINNERS MERCHANTS INTERNATIONAL L.P. *p410*
107 Trinity Dr, MONCTON, NB, E1G 2J7
(506) 860-6700 *SIC* 5651

WINNERS MERCHANTS INTERNATIONAL L.P. *p415*
88 Consumers Dr, SAINT JOHN, NB, E2J 4Z3
(506) 634-7921 *SIC* 5651

WINNERS MERCHANTS INTERNATIONAL L.P. *p432*
60 Aberdeen Ave, ST. JOHN'S, NL, A1A 5T3
(709) 738-7500 *SIC* 5651

WINNERS MERCHANTS INTERNATIONAL L.P. *p435*
48 Kenmount Rd, ST. JOHN'S, NL, A1B 1W3
(709) 745-7000 *SIC* 5651

WINNERS MERCHANTS INTERNATIONAL L.P. *p443*
181 Damascus Rd, BEDFORD, NS, B4A 0C2
(902) 835-1662 *SIC* 5651

WINNERS MERCHANTS INTERNATIONAL L.P. *p447*
650 Portland St, DARTMOUTH, NS, B2W 6A3
(902) 434-2121 *SIC* 5651

WINNERS MERCHANTS INTERNATIONAL L.P. *p447*
21 Micmac Dr, DARTMOUTH, NS, B2X 2H4
(902) 461-9177 *SIC* 5651

WINNERS MERCHANTS INTERNATIONAL L.P. *p462*
6970 Mumford Rd, HALIFAX, NS, B3L 4W6
(902) 454-5500 *SIC* 5651

WINNERS MERCHANTS INTERNATIONAL L.P. *p464*
206 Chain Lake Dr, HALIFAX, NS, B3S 1C5
(902) 450-5114 *SIC* 5651

WINNERS MERCHANTS INTERNATIONAL L.P. *p464*
9 Washmill Lake Dr, HALIFAX, NS, B3S 0A2
(902) 450-5007 *SIC* 5651

WINNERS MERCHANTS INTERNATIONAL L.P. *p485*
125 Harwood Ave N, AJAX, ON, L1Z 1E6
(905) 426-5659 *SIC* 5651

WINNERS MERCHANTS INTERNATIONAL L.P. *p485*
40 Kingston Rd E, AJAX, ON, L1Z 1E9
(905) 426-3850 *SIC* 5651

WINNERS MERCHANTS INTERNATIONAL L.P. *p488*
14 Martindale Cres, ANCASTER, ON, L9K 1J9
(905) 304-9612 *SIC* 5651

WINNERS MERCHANTS INTERNATIONAL L.P. *p488*
44 Legend Crt, ANCASTER, ON, L9K 1J3
(905) 304-8277 *SIC* 5651

WINNERS MERCHANTS INTERNATIONAL L.P. *p491*
14740 Yonge St, AURORA, ON, L4G 7H8
(905) 751-0378 *SIC* 5651

WINNERS MERCHANTS INTERNATIONAL L.P. *p496*
509 Bayfield St, BARRIE, ON, L4M 4Z8
(705) 726-6663 *SIC* 5651

WINNERS MERCHANTS INTERNATIONAL L.P. *p496*
320 Bayfield St, BARRIE, ON, L4M 3C1
(705) 739-1200 *SIC* 5651

WINNERS MERCHANTS INTERNATIONAL L.P. *p500*
37 Molson Park Dr E, BARRIE, ON, L4N 9A9
(705) 792-1437 *SIC* 5651

WINNERS MERCHANTS INTERNATIONAL L.P. *p503*
390 Front St Unit 292, BELLEVILLE, ON, K8N 2Z8
(613) 966-5738 *SIC* 5651

WINNERS MERCHANTS INTERNATIONAL L.P. *p507*
471 Queen St S, BOLTON, ON, L7E 2B5
(905) 951-7317 *SIC* 5651

WINNERS MERCHANTS INTERNATIONAL L.P. *p511*
80 Great Lakes Dr Unit 153, BRAMPTON, ON, L6R 2K7
(905) 789-7132 *SIC* 5651

WINNERS MERCHANTS INTERNATIONAL L.P. *p517*
10 Coventry Rd, BRAMPTON, ON, L6T 5P9
(905) 458-0218 *SIC* 5651

WINNERS MERCHANTS INTERNATIONAL L.P. *p517*
55 West Dr, BRAMPTON, ON, L6T 4A1
(905) 451-7200 *SIC* 5651

WINNERS MERCHANTS INTERNATIONAL L.P. *p523*
499 Main St S Suite 183b, BRAMPTON, ON, L6Y 1N7
(905) 457-1552 *SIC* 5651

WINNERS MERCHANTS INTERNATIONAL L.P. *p526*
84 Lynden Rd Suite C15, BRANTFORD, ON, N3R 6B8
(519) 750-0556 *SIC* 5651

WINNERS MERCHANTS INTERNATIONAL L.P. *p536*
2445 Appleby Line, BURLINGTON, ON, L7L 0B6
(905) 332-7878 *SIC* 5651

WINNERS MERCHANTS INTERNATIONAL L.P. *p540*
777 Guelph Line Unit G16, BURLINGTON, ON, L7R 3N2
(905) 631-0521 *SIC* 5651

WINNERS MERCHANTS INTERNATIONAL L.P. *p545*
22 Pinebush Rd, CAMBRIDGE, ON, N1R 8K5
(519) 740-9597 *SIC* 5651

WINNERS MERCHANTS INTERNATIONAL L.P. *p545*
600 Hespeler Rd Unit 73b, CAMBRIDGE, ON, N1R 8H2
(519) 624-6063 *SIC* 5651

WINNERS MERCHANTS INTERNATIONAL L.P. *p563*
1 Bass Pro Mill Dr, CONCORD, ON, L4K 5N4
(905) 660-0595 *SIC* 5651

WINNERS MERCHANTS INTERNATIONAL L.P. *p566*
501 Tollgate Rd W, CORNWALL, ON, K6H 0B4
(613) 936-8099 *SIC* 5651

WINNERS MERCHANTS INTERNATIONAL L.P. *p580*
250 The East Mall, ETOBICOKE, ON, M9B 3Y8
(416) 207-0245 *SIC* 5651

WINNERS MERCHANTS INTERNATIONAL L.P. *p582*
1840 The Queensway, ETOBICOKE, ON, M9C 5H5
(416) 621-4275 *SIC* 5651

WINNERS MERCHANTS INTERNATIONAL L.P. *p587*
160 Queen's Plate Dr, ETOBICOKE, ON, M9W 6Y9
(416) 746-7588 *SIC* 5651

WINNERS MERCHANTS INTERNATIONAL L.P. *p592*
280 Guelph St, GEORGETOWN, ON, L7G 4B1
(905) 702-5705 *SIC* 5651

WINNERS MERCHANTS INTERNATIONAL L.P. *p603*
130 Silvercreek Pky N, GUELPH, ON, N1H 7Y5
(519) 823-2636 *SIC* 5651

WINNERS MERCHANTS INTERNATIONAL L.P. *p606*
75 Centennial Pky N, HAMILTON, ON, L8E 2P2
(905) 561-2301 *SIC* 5651

WINNERS MERCHANTS INTERNATIONAL L.P. *p616*
1508 Upper James St, HAMILTON, ON, L9B 1K3
(905) 318-6555 *SIC* 5651

WINNERS MERCHANTS INTERNATIONAL L.P. *p634*
636 Gardiners Rd, KINGSTON, ON, K7M 3X9
(613) 389-3659 *SIC* 5651

WINNERS MERCHANTS INTERNATIONAL L.P. *p634*
656 Gardiners Rd Unit 19, KINGSTON, ON, K7M 3X9
(613) 634-2696 *SIC* 5651

WINNERS MERCHANTS INTERNATIONAL L.P. *p639*
655 Fairway Rd S, KITCHENER, ON, N2C 1X4
(519) 893-6655 *SIC* 5651

WINNERS MERCHANTS INTERNATIONAL L.P. *p651*
1925 Dundas St, LONDON, ON, N5V 1P7
(519) 451-0872 *SIC* 5651

WINNERS MERCHANTS INTERNATIONAL L.P. *p653*
50 North Centre Rd Suite D, LONDON, ON, N5X 3W1
(519) 645-6121 *SIC* 5651

WINNERS MERCHANTS INTERNATIONAL L.P. *p660*
765 Exeter Rd Unit 101, LONDON, ON, N6E 3T1
(519) 649-2880 *SIC* 5651

WINNERS MERCHANTS INTERNATIONAL L.P. *p664*
3075 Wonderland Rd S Unit E, LONDON, ON, N6L 1R4
(519) 681-5471 *SIC* 5651

WINNERS MERCHANTS INTERNATIONAL L.P. *p675*
5000 Highway 7, MARKHAM, ON, L3R 4M9
(905) 415-1441 *SIC* 5651

WINNERS MERCHANTS INTERNATIONAL L.P. *p675*
3105 Highway 7 E, MARKHAM, ON, L3R 0T9
(905) 513-8464 *SIC* 5651

WINNERS MERCHANTS INTERNATIONAL L.P. *p675*
5000 Highway 7, MARKHAM, ON, L3R 4M9
(905) 415-1441 *SIC* 5651

WINNERS MERCHANTS INTERNATIONAL L.P. *p686*
3185 American Dr, MISSISSAUGA, ON, L4V 1B8
(905) 672-2228 *SIC* 5651

WINNERS MERCHANTS INTERNATIONAL L.P. *p692*
4141 Dixie Rd Unit A2, MISSISSAUGA, ON, L4W 1V5
(905) 602-0941 *SIC* 5651

WINNERS MERCHANTS INTERNATIONAL L.P. *p692*
4141 Dixie Rd, MISSISSAUGA, ON, L4W 1V5
(905) 602-1742 *SIC* 5651

WINNERS MERCHANTS INTERNATIONAL L.P. *p699*
3900 Grand Park Dr, MISSISSAUGA, ON, L5B 4M6
(905) 848-0973 *SIC* 5651

WINNERS MERCHANTS INTERNATIONAL L.P. *p701*
1250 South Service Rd Unit 86, MISSISSAUGA, ON, L5E 1V4
(905) 278-0030 *SIC* 5651

WINNERS MERCHANTS INTERNATIONAL L.P. *p702*
1865 Lakeshore Rd W, MISSISSAUGA, ON, L5J 4P1
(905) 403-0049 *SIC* 5651

WINNERS MERCHANTS INTERNATIONAL L.P. *p706*
2670 Erin Centre Blvd, MISSISSAUGA, ON, L5M 5P5
(905) 820-6811 *SIC* 5651

WINNERS MERCHANTS INTERNATIONAL L.P. *p712*
3135 Argentia Rd Unit G6, MISSISSAUGA, ON, L5N 8E1
(905) 785-8475 *SIC* 5651

WINNERS MERCHANTS INTERNATIONAL L.P. *p715*
60 Standish Crt, MISSISSAUGA, ON, L5R 0G1
(905) 405-8000 *SIC* 5651

WINNERS MERCHANTS INTERNATIONAL L.P. *p715*
650 Matheson Blvd W Suite 3, MISSISSAUGA, ON, L5R 3T2
(905) 712-4555 *SIC* 5651

WINNERS MERCHANTS INTERNATIONAL L.P. *p715*
6075 Mavis Rd Unit 2, MISSISSAUGA, ON, L5R 4G6
(905) 502-6200 *SIC* 5651

WINNERS MERCHANTS INTERNATIONAL L.P. *p715*
60 Standish Crt, MISSISSAUGA, ON, L5R 0G1
(905) 405-8000 *SIC* 5651

WINNERS MERCHANTS INTERNATIONAL L.P. *p725*
100 Bayshore Dr, NEPEAN, ON, K2B 8C1
(613) 721-6451 *SIC* 5651

WINNERS MERCHANTS INTERNATIONAL L.P. *p728*
1651 Merivale Rd, NEPEAN, ON, K2G 3K2
(613) 226-3574 *SIC* 5651

WINNERS MERCHANTS INTERNATIONAL L.P. *p729*
1821 Robertson Rd Unit 4, NEPEAN, ON, K2H 8X3
(613) 726-6677 *SIC* 5651

WINNERS MERCHANTS INTERNATIONAL L.P. *p730*
101 Marketplace Ave Unit 2, NEPEAN, ON, K2J 5G5
(613) 825-2347 *SIC* 5651

WINNERS MERCHANTS INTERNATIONAL L.P. *p734*
17940 Yonge St, NEWMARKET, ON, L3Y 8S4
(905) 830-4418 *SIC* 5651

WINNERS MERCHANTS INTERNATIONAL

SIC 5651 Family clothing stores

L.P. *p734*
17890 Yonge St, NEWMARKET, ON, L3Y 8S1
(905) 830-1815 *SIC* 5651

WINNERS MERCHANTS INTERNATIONAL L.P. *p738*
7555 Montrose Rd Suite A3, NIAGARA FALLS, ON, L2H 2E9
(905) 358-8893 *SIC* 5651

WINNERS MERCHANTS INTERNATIONAL L.P. *p743*
850 Mckeown Ave, NORTH BAY, ON, P1B 8M1
(705) 475-9292 *SIC* 5651

WINNERS MERCHANTS INTERNATIONAL L.P. *p746*
2450 Sheppard Ave E, NORTH YORK, ON, M2J 1X1
(416) 502-2248 *SIC* 5651

WINNERS MERCHANTS INTERNATIONAL L.P. *p756*
81 Gerry Fitzgerald, NORTH YORK, ON, M3J 3N4
(416) 665-7380 *SIC* 5651

WINNERS MERCHANTS INTERNATIONAL L.P. *p757*
1700 Wilson Ave, NORTH YORK, ON, M3L 1B2
(416) 235-0286 *SIC* 5651

WINNERS MERCHANTS INTERNATIONAL L.P. *p760*
3090 Bathurst St Suite 1, NORTH YORK, ON, M6A 2A1
(416) 782-4469 *SIC* 5651

WINNERS MERCHANTS INTERNATIONAL L.P. *p767*
2460 Winston Churchill Blvd Suite 1, OAKVILLE, ON, L6H 6J5
(905) 829-9086 *SIC* 5651

WINNERS MERCHANTS INTERNATIONAL L.P. *p767*
2431 Trafalgar Rd, OAKVILLE, ON, L6H 6K7
(905) 257-2104 *SIC* 5651

WINNERS MERCHANTS INTERNATIONAL L.P. *p772*
200 North Service Rd W, OAKVILLE, ON, L6M 2Y1
(905) 338-5700 *SIC* 5651

WINNERS MERCHANTS INTERNATIONAL L.P. *p774*
55 Fourth St, ORANGEVILLE, ON, L9W 1G7
(519) 943-1240 *SIC* 5651

WINNERS MERCHANTS INTERNATIONAL L.P. *p777*
4220 Innes Rd Suite 4, ORLEANS, ON, K4A 5E6
(613) 834-9722 *SIC* 5651

WINNERS MERCHANTS INTERNATIONAL L.P. *p780*
891 Taunton Rd E, OSHAWA, ON, L1H 7K5
(905) 433-8181 *SIC* 5651

WINNERS MERCHANTS INTERNATIONAL L.P. *p784*
1501 Innes Rd Suite 417, OTTAWA, ON, K1B 1C5
(613) 740-1299 *SIC* 5651

WINNERS MERCHANTS INTERNATIONAL L.P. *p787*
1235 Donald St, OTTAWA, ON, K1J 8W3
(613) 746-0727 *SIC* 5651

WINNERS MERCHANTS INTERNATIONAL L.P. *p796*
2210 Bank St, OTTAWA, ON, K1V 1J5
(613) 736-6588 *SIC* 5651

WINNERS MERCHANTS INTERNATIONAL L.P. *p811*
950 Lansdowne St W, PETERBOROUGH, ON, K9J 1Z9
(705) 876-7722 *SIC* 5651

WINNERS MERCHANTS INTERNATIONAL L.P. *p813*
1899 Brock Rd, PICKERING, ON, L1V 4H7
(905) 683-9819 *SIC* 5651

WINNERS MERCHANTS INTERNATIONAL L.P. *p822*
45 Red Maple Rd Unit 7, RICHMOND HILL, ON, L4B 4M6
(905) 889-5456 *SIC* 5651

WINNERS MERCHANTS INTERNATIONAL L.P. *p823*
10520 Yonge St Suite 35b, RICHMOND HILL, ON, L4C 3C7
(905) 770-8754 *SIC* 5651

WINNERS MERCHANTS INTERNATIONAL L.P. *p827*
1470 Quinn Dr, SARNIA, ON, N7S 6M8
(519) 383-1613 *SIC* 5651

WINNERS MERCHANTS INTERNATIONAL L.P. *p833*
44 Great Northern Rd, SAULT STE. MARIE, ON, P6B 4Y5
(705) 942-0266 *SIC* 5651

WINNERS MERCHANTS INTERNATIONAL L.P. *p837*
3495 Lawrence Ave E, SCARBOROUGH, ON, M1H 1B3
(416) 289-1145 *SIC* 5651

WINNERS MERCHANTS INTERNATIONAL L.P. *p839*
50 Ashtonbee Rd, SCARBOROUGH, ON, M1L 4R5
(416) 750-8066 *SIC* 5651

WINNERS MERCHANTS INTERNATIONAL L.P. *p844*
47 Milner Ave, SCARBOROUGH, ON, M1S 3P6
(416) 754-1215 *SIC* 5651

WINNERS MERCHANTS INTERNATIONAL L.P. *p856*
221 Glendale Ave, ST CATHARINES, ON, L2T 2K9
(905) 684-3657 *SIC* 5651

WINNERS MERCHANTS INTERNATIONAL L.P. *p856*
221 Glendale Ave Unit 6151, ST CATHARINES, ON, L2T 2K9
(905) 641-9481 *SIC* 5651

WINNERS MERCHANTS INTERNATIONAL L.P. *p862*
75 Centennial Pky N, STONEY CREEK, ON, L8G 2C7
(905) 560-7366 *SIC* 5651

WINNERS MERCHANTS INTERNATIONAL L.P. *p869*
1499 Marcus Dr Suite 2, SUDBURY, ON, P3B 4K6
(705) 560-7883 *SIC* 5651

WINNERS MERCHANTS INTERNATIONAL L.P. *p869*
1399 Marcus Dr, SUDBURY, ON, P3B 4K6
(705) 521-1522 *SIC* 5651

WINNERS MERCHANTS INTERNATIONAL L.P. *p875*
1054 Centre St, THORNHILL, ON, L4J 3M8
(905) 731-3201 *SIC* 5651

WINNERS MERCHANTS INTERNATIONAL L.P. *p879*
777 Memorial Ave, THUNDER BAY, ON, P7B 6S2
(807) 346-6886 *SIC* 5651

WINNERS MERCHANTS INTERNATIONAL L.P. *p879*
1000 Fort William Rd, THUNDER BAY, ON, P7B 6B9
(807) 622-8866 *SIC* 5651

WINNERS MERCHANTS INTERNATIONAL L.P. *p885*
1500 Riverside Dr Suite 1, TIMMINS, ON, P4R 1A1
(705) 267-6082 *SIC* 5651

WINNERS MERCHANTS INTERNATIONAL L.P. *p887*
1900 Eglinton Ave E, TORONTO, ON, M1L 2L9
(416) 757-6420 *SIC* 5651

WINNERS MERCHANTS INTERNATIONAL L.P. *p893*
147 Laird Dr, TORONTO, ON, M4G 4K1
(416) 425-2777 *SIC* 5651

WINNERS MERCHANTS INTERNATIONAL L.P. *p896*
1000 Gerrard St E, TORONTO, ON, M4M 3G6
(416) 466-2796 *SIC* 5651

WINNERS MERCHANTS INTERNATIONAL L.P. *p907*
195 Yonge St, TORONTO, ON, M5B 1M4
(416) 941-9185 *SIC* 5651

WINNERS MERCHANTS INTERNATIONAL L.P. *p907*
444 Yonge St Unit G3, TORONTO, ON, M5B 2H4
(416) 598-8800 *SIC* 5651

WINNERS MERCHANTS INTERNATIONAL L.P. *p927*
110 Bloor St W, TORONTO, ON, M5S 2W7
(416) 920-0193 *SIC* 5651

WINNERS MERCHANTS INTERNATIONAL L.P. *p931*
57 Spadina Ave Suite 201, TORONTO, ON, M5V 2J2
(416) 585-2052 *SIC* 5651

WINNERS MERCHANTS INTERNATIONAL L.P. *p935*
900 Dufferin St, TORONTO, ON, M6H 4B1
(416) 534-9774 *SIC* 5651

WINNERS MERCHANTS INTERNATIONAL L.P. *p940*
1255 The Queensway, TORONTO, ON, M8Z 1S1
(416) 251-9871 *SIC* 5651

WINNERS MERCHANTS INTERNATIONAL L.P. *p951*
663a Erb St W, WATERLOO, ON, N2J 3Z4
(519) 576-3699 *SIC* 5651

WINNERS MERCHANTS INTERNATIONAL L.P. *p953*
578 King St N, WATERLOO, ON, N2L 6L3
(519) 885-2782 *SIC* 5651

WINNERS MERCHANTS INTERNATIONAL L.P. *p953*
550 King St N, WATERLOO, ON, N2L 5W6
(519) 747-1919 *SIC* 5651

WINNERS MERCHANTS INTERNATIONAL L.P. *p956*
800 Niagara St N, WELLAND, ON, L3C 5Z6
(905) 788-3914 *SIC* 5651

WINNERS MERCHANTS INTERNATIONAL L.P. *p959*
1650 Victoria St E Unit 3, WHITBY, ON, L1N 9L4
(905) 433-4588 *SIC* 5651

WINNERS MERCHANTS INTERNATIONAL L.P. *p959*
1650 Victoria St E Unit 7, WHITBY, ON, L1N 9L4
(905) 432-7732 *SIC* 5651

WINNERS MERCHANTS INTERNATIONAL L.P. *p963*
7201 Tecumseh Rd E Suite 1, WINDSOR, ON, N8T 3K4
(519) 974-8519 *SIC* 5651

WINNERS MERCHANTS INTERNATIONAL L.P. *p965*
4324 Walker Rd, WINDSOR, ON, N8W 3T5
(519) 966-0260 *SIC* 5651

WINNERS MERCHANTS INTERNATIONAL L.P. *p976*
200 Windflower Gate, WOODBRIDGE, ON, L4L 9L3
(905) 850-9880 *SIC* 5651

WINNERS MERCHANTS INTERNATIONAL L.P. *p976*
7601 Weston Rd Suite 129, WOODBRIDGE, ON, L4L 9J9
(905) 851-3361 *SIC* 5651

WINNERS MERCHANTS INTERNATIONAL L.P. *p976*
7575 Weston Rd Unit 112, WOODBRIDGE, ON, L4L 9K5
(905) 850-8131 *SIC* 5651

WINNERS MERCHANTS INTERNATIONAL L.P. *p983*
670 University Ave, CHARLOTTETOWN, PE, C1E 1H6
(902) 894-5511 *SIC* 5651

WINNERS MERCHANTS INTERNATIONAL L.P. *p1001*
3430 Av Des Grandes Tourelles, BOIS-BRIAND, QC, J7H 0A2
(450) 420-5215 *SIC* 5651

WINNERS MERCHANTS INTERNATIONAL L.P. *p1005*
1405 Ch De Touraine Bureau 582, BOUCHERVILLE, QC, J4B 5E4
(450) 650-0145 *SIC* 5651

WINNERS MERCHANTS INTERNATIONAL L.P. *p1007*
9650 Boul Leduc Bureau 15, BROSSARD, QC, J4Y 0B3
(450) 443-5546 *SIC* 5651

WINNERS MERCHANTS INTERNATIONAL L.P. *p1015*
1401 Boul Talbot Bureau D1, CHICOUTIMI, QC, G7H 5N6
(418) 690-0303 *SIC* 5651

WINNERS MERCHANTS INTERNATIONAL L.P. *p1017*
6900 Boul Decarie Bureau 3550, Cote Saint-Luc, QC, H3X 2T8
(514) 733-4200 *SIC* 5651

WINNERS MERCHANTS INTERNATIONAL L.P. *p1039*
129 Boul Du Plateau, GATINEAU, QC, J9A 3G1
(819) 966-0120 *SIC* 5651

WINNERS MERCHANTS INTERNATIONAL L.P. *p1042*
140 Rue Saint-Jude N, GRANBY, QC, J2J 2L5
(450) 378-8300 *SIC* 5651

WINNERS MERCHANTS INTERNATIONAL L.P. *p1043*
3390 Boul Taschereau, GREENFIELD PARK, QC, J4V 2H7
(450) 923-2540 *SIC* 5651

WINNERS MERCHANTS INTERNATIONAL L.P. *p1049*
3200 Rue Jean-Yves, KIRKLAND, QC, H9J 2R6
(514) 428-0633 *SIC* 5651

WINNERS MERCHANTS INTERNATIONAL L.P. *p1060*
2101 Av Dollard, LASALLE, QC, H8N 1S2
(514) 595-5545 *SIC* 5651

WINNERS MERCHANTS INTERNATIONAL L.P. *p1066*
82 Rte Du President-Kennedy, Levis, QC, G6V 6C9
(418) 833-0031 *SIC* 5651

WINNERS MERCHANTS INTERNATIONAL L.P. *p1076*
121 Montee Masson, MASCOUCHE, QC, J7K 3B4
(450) 474-4423 *SIC* 5651

WINNERS MERCHANTS INTERNATIONAL L.P. *p1087*
7275 Rue Sherbrooke E Bureau 2000, Montreal, QC, H1N 1E9
(514) 798-1908 *SIC* 5651

WINNERS MERCHANTS INTERNATIONAL L.P. *p1087*
7275 Rue Sherbrooke E Bureau 2000, Montreal, QC, H1N 1E9
(514) 798-1908 *SIC* 5651

WINNERS MERCHANTS INTERNATIONAL L.P. *p1108*
1500 Av Mcgill College, Montreal, QC, H3A 3J5
(514) 788-4949 *SIC* 5651

WINNERS MERCHANTS INTERNATIONAL L.P. *p1122*
1500 Av Atwater Bureau F48, Montreal, QC, H3Z 1X5
(514) 939-3327 *SIC* 5651

▲ Public Company ■ Public Company Family Member **HQ** Headquarters **BR** Branch **SL** Single Location

SIC 5661 Shoe stores

WINNERS MERCHANTS INTERNATIONAL L.P. p1133
6136 Boul Henri-Bourassa E, MONTREAL-NORD, QC, H1G 5X3
(514) 798-2129   SIC 5651

WINNERS MERCHANTS INTERNATIONAL L.P. p1140
1050 Desste Chomedey (A-13) O, POINTE-CLAIRE, QC, H7X 4C9
(450) 969-2007   SIC 5651

WINNERS MERCHANTS INTERNATIONAL L.P. p1143
6801 Aut Transcanadienne, POINTE-CLAIRE, QC, H9R 5J2
(514) 782-1308   SIC 5651

WINNERS MERCHANTS INTERNATIONAL L.P. p1146
3333 Rue Du Carrefour Bureau 211, Quebec, QC, G1C 5R9
(418) 666-6522   SIC 5651

WINNERS MERCHANTS INTERNATIONAL L.P. p1167
575 Boul Lebourgneuf, Quebec, QC, G2J 1R9
(418) 621-0621   SIC 5651

WINNERS MERCHANTS INTERNATIONAL L.P. p1176
20c Boul Bouthillier, Rosemere, QC, J7A 4B4
(450) 437-6615   SIC 5651

WINNERS MERCHANTS INTERNATIONAL L.P. p1182
1201 Boul Saint-Bruno, SAINT-BRUNO, QC, J3V 6P4
(450) 653-7312   SIC 5651

WINNERS MERCHANTS INTERNATIONAL L.P. p1198
600 Rue Pierre-Caisse, SAINT-JEAN-SUR-RICHELIEU, QC, J3A 1M1
(450) 348-3588   SIC 5651

WINNERS MERCHANTS INTERNATIONAL L.P. p1201
1105 Boul Jean-Baptiste-Rolland O, Saint-Jerome, QC, J7Y 4Y7
(450) 569-9597   SIC 5651

WINNERS MERCHANTS INTERNATIONAL L.P. p1208
3205 Boul De La Cote-Vertu, SAINT-LAURENT, QC, H4R 1Y5
(514) 334-6222   SIC 5651

WINNERS MERCHANTS INTERNATIONAL L.P. p1208
3205 Boul De La Cote-Vertu, SAINT-LAURENT, QC, H4R 1Y5
(514) 332-7682   SIC 5651

WINNERS MERCHANTS INTERNATIONAL L.P. p1216
4375 Rue Jean-Talon E, SAINT-LEONARD, QC, H1S 1J9
(514) 374-0880   SIC 5651

WINNERS MERCHANTS INTERNATIONAL L.P. p1240
3050 Boul De Portland, SHERBROOKE, QC, J1L 1K1
(819) 780-1307   SIC 5651

WINNERS MERCHANTS INTERNATIONAL L.P. p1244
570 Montee Des Pionniers, TERREBONNE, QC, J6V 1N9
(450) 654-4634   SIC 5651

WINNERS MERCHANTS INTERNATIONAL L.P. p1252
4125 Boul Des Recollets, Trois-Rivieres, QC, G9A 6M1
(819) 370-2001   SIC 5651

WINNERS MERCHANTS INTERNATIONAL L.P. p1290
2135 Prince Of Wales Dr, REGINA, SK, S4V 3A4
(306) 789-9998   SIC 5651

WINNERS MERCHANTS INTERNATIONAL L.P. p1293
2319 8th St E, SASKATOON, SK, S7H 0V4
(306) 664-1077   SIC 5651

WMI - 99 HOLDING COMPANY p634
370 Select Dr, KINGSTON, ON, K7M 8T4
SIC 5651

SIC 5661 Shoe stores

2169-5762 QUEBEC INC p1242
281 Rue Edward-Assh, STE-CATHERINE-DE-LA-J-CARTIE, QC, G3N 1A3
(418) 875-1839   SIC 5661

ADIDAS CANADA LIMITED p526
156 Adams Blvd, BRANTFORD, ON, N3S 7V5
(519) 752-7311   SIC 5661

ADIDAS CANADA LIMITED p737
7500 Lundy's Ln Suite B12b19, NIAGARA FALLS, ON, L2H 1G8
(289) 341-0003   SIC 5661

CANADA WEST SHOE MANUFACTURING INC p372
1250 Fife St, WINNIPEG, MB, R2X 2N6
(204) 632-4110   SIC 5661

CANADIAN FOOTWEAR (1982) LTD p374
128 Adelaide St, WINNIPEG, MB, R3A 0W5
(204) 944-7460   SIC 5661

CHAUSSURES BROWNS INC p759
3401 Dufferin St Suite 100, NORTH YORK, ON, M6A 2T9
(416) 787-0313   SIC 5661

CHAUSSURES BROWNS INC p1110
1191 Rue Sainte-Catherine O, Montreal, QC, H3B 1K4
(514) 987-1206   SIC 5661

CHAUSSURES BROWNS INC p1160
2450 Boul Laurier, Quebec, QC, G1V 2L1
(418) 659-1922   SIC 5661

CHAUSSURES BROWNS INC p1206
2255 Rue Cohen, SAINT-LAURENT, QC, H4R 2N7
(514) 334-5000   SIC 5661

CHURGIN, ARNOLD SHOES LIMITED p42
227 8 Ave Sw, CALGARY, AB, T2P 1B7
(403) 262-3366   SIC 5661

FGL SPORTS LTD p76
140 Kingsway Garden Mall Nw, EDMONTON, AB, T5G 3A6
(780) 474-4082   SIC 5661

FGL SPORTS LTD p94
8882 170 St Nw Suite 2680, EDMONTON, AB, T5T 4J2
(780) 484-7135   SIC 5661

FGL SPORTS LTD p596
397 Bayfield Rd Suite 31/32, GODERICH, ON, N7A 4E9
(519) 524-8300   SIC 5661

FGL SPORTS LTD p885
1500 Riverside Dr, TIMMINS, ON, P4R 1A1
(705) 268-5972   SIC 5661

FGL SPORTS LTD p906
260 Yonge St Suite 18, TORONTO, ON, M5B 2L9
(416) 598-2456   SIC 5661

FGL SPORTS LTD p1282
2223 E Victoria Ave, REGINA, SK, S4N 6E4
(306) 565-8585   SIC 5661

FOOT LOCKER CANADA CO p95
8882 170 St Nw Unit W L-111, EDMONTON, AB, T5T 4M2
(780) 444-1398   SIC 5661

FOOT LOCKER CANADA CO p449
2nd Fl, DARTMOUTH, NS, B3A 4K7
(902) 461-1652   SIC 5661

FOOT LOCKER CANADA CO p540
900 Maple Ave, BURLINGTON, ON, L7S 2J8
(905) 333-4221   SIC 5661

FOOT LOCKER CANADA CO p559
1 Bass Pro Mills Dr, CONCORD, ON, L4K 5W4
(905) 738-0564   SIC 5661

FOOT LOCKER CANADA CO p762
230 Barmac Dr, NORTH YORK, ON, M9L 2Z3
(416) 748-4210   SIC 5661

FOOT LOCKER CANADA CO. p31
6455 Macleod Trail Sw Suite 22, CALGARY, AB, T2H 0K3
(403) 255-3641   SIC 5661

FOOT LOCKER CANADA CO. p95
8882 170 St Nw Suite 2297, EDMONTON, AB, T5T 4M2
(780) 484-3161   SIC 5661

FOOT LOCKER CANADA CO. p311
1124 Robson St, VANCOUVER, BC, V6E 1B2
(604) 608-1804   SIC 5661

FOOT LOCKER CANADA CO. p840
300 Borough Dr Suite 2, SCARBOROUGH, ON, M1P 4P5
(416) 296-2137   SIC 5661

FOOT LOCKER CANADA CO. p906
218 Yonge St Unit 2022, TORONTO, ON, M5B 2H6
(416) 598-1860   SIC 5661

FOOT LOCKER CANADA CO. p906
247 Yonge St, TORONTO, ON, M5B 1N8
(416) 368-4569   SIC 5661

FOOT LOCKER CANADA CO. p933
3401 Dufferin St Unit 193, TORONTO, ON, M6A 2T9
(416) 785-5260   SIC 5661

FOOT LOCKER CANADA CO. p1020
3035 Boul Le Carrefour, Cote Saint-Luc, QC, H7T 1C8
(450) 682-3733   SIC 5661

FOOT LOCKER CANADA CO. p1292
201 1st St E Suite 301, SASKATOON, SK, S7H 1R8
(306) 244-1848   SIC 5661

GENFOOT INC p1057
1940 55e Av, LACHINE, QC, H8T 3H3
(514) 341-3950   SIC 5661

GROUPE ALDO INC, LE p95
8882 170 St Nw Suite 1674, EDMONTON, AB, T5T 4M2
(780) 484-2839   SIC 5661

GROUPE ALDO INC, LE p191
4700 Kingsway Suite 2300, BURNABY, BC, V5H 4M1
(604) 430-6364   SIC 5661

GROUPE ALDO INC, LE p311
1025 Robson St Unit 128, VANCOUVER, BC, V6E 1A9
(604) 683-2443   SIC 5661

GROUPE ALDO INC, LE p322
972 Granville St, VANCOUVER, BC, V6Z 1L2
(604) 605-8939   SIC 5661

GROUPE ALDO INC, LE p759
3401 Dufferin St Suite 114, NORTH YORK, ON, M6A 2T9
(416) 783-9472   SIC 5661

GROUPE ALDO INC, LE p800
2685 Iris St, OTTAWA, ON, K2C 3S4
(613) 820-1682   SIC 5661

GROUPE ALDO INC, LE p906
220 Yonge St Suite 600, TORONTO, ON, M5B 2H1
(416) 979-2477   SIC 5661

GROUPE ALDO INC, LE p906
332 Yonge St, TORONTO, ON, M5B 1R8
(416) 596-1390   SIC 5661

GROUPE ALDO INC, LE p947
3900 Highway 7, VAUGHAN, ON, L4L 9C3
(905) 264-4562   SIC 5661

GROUPE ALDO INC, LE p1182
1195 Boul Des Promenades, SAINT-BRUNO, QC, J3V 6H1
(450) 441-0030   SIC 5661

GROUPE ALDO INC, LE p1229
850 Chomedey (A-13) O, SAINTE-ROSE, QC, H7X 3S9
(450) 969-1296   SIC 5661

GROUPE PANDA DETAIL INC. p1069
667 Rue Giffard, LONGUEUIL, QC, J4G 1Y3
(450) 646-6889   SIC 5661

GROUPE YELLOW INC p1036
680 Boul Maloney O, GATINEAU, QC, J8T 8K7
SIC 5661

GROUPE YELLOW INC p1099
5665 Boul Saint-Laurent, Montreal, QC, H2T 1S9
(514) 273-0424   SIC 5661

GROUPE YELLOW INC p1167
1040 Rue Bouvier, Quebec, QC, G2K 1L9
(418) 623-0975   SIC 5661

TOWN SHOES LIMITED p62
72 Crowfoot Terr Nw Suite 28, CALGARY, AB, T3G 4J8
(403) 547-7777   SIC 5661

TOWN SHOES LIMITED p62
5657 Signal Hill Ctr Sw Unit 2, CALGARY, AB, T3H 3P8
(403) 246-8666   SIC 5661

TOWN SHOES LIMITED p85
13360 137 Ave Nw, EDMONTON, AB, T5L 5C9
(780) 482-4803   SIC 5661

TOWN SHOES LIMITED p89
318 Mayfield Common Nw, EDMONTON, AB, T5P 4B3
(780) 444-1441   SIC 5661

TOWN SHOES LIMITED p113
2022 99 St Nw, EDMONTON, AB, T6N 1L3
(780) 433-4466   SIC 5661

TOWN SHOES LIMITED p233
20150 Langley Bypass Suite 40, LANGLEY, BC, V3A 9J8
(604) 539-9992   SIC 5661

TOWN SHOES LIMITED p338
2002 Park Royal S Unit 2021, WEST VANCOUVER, BC, V7T 2W4
(604) 922-2253   SIC 5661

TOWN SHOES LIMITED p388
1559 Kenaston Blvd Suite 1, WINNIPEG, MB, R3P 2N3
(204) 489-6992   SIC 5661

TOWN SHOES LIMITED p432
85 Aberdeen Ave Unit 2, ST. JOHN'S, NL, A1A 5P6
SIC 5661

TOWN SHOES LIMITED p488
14 Martindale Cres, ANCASTER, ON, L9K 1J9
SIC 5661

TOWN SHOES LIMITED p510
80 Great Lakes Dr Suite 152, BRAMPTON, ON, L6R 2K7
(905) 789-8181   SIC 5661

TOWN SHOES LIMITED p563
1 Bass Pro Mills Dr Suite 330, CONCORD, ON, L4K 5W4
(905) 669-2828   SIC 5661

TOWN SHOES LIMITED p582
171 North Queen St Suite 3, ETOBICOKE, ON, M9C 1A7
(416) 622-3883   SIC 5661

TOWN SHOES LIMITED p675
3175 Highway 7 E Unit 300, MARKHAM, ON, L3R 0T9
(905) 477-0697   SIC 5661

TOWN SHOES LIMITED p760
3110 Bathurst St Unit 7b, NORTH YORK, ON, M6A 2A1
(416) 787-5136   SIC 5661

TOWN SHOES LIMITED p786
2277 Riverside Dr Unit 40, OTTAWA, ON, K1H 7X6
(613) 731-8858   SIC 5661

TOWN SHOES LIMITED p975
7575 Weston Rd Unit 255, WOODBRIDGE, ON, L4L 9K5
(905) 850-8081   SIC 5661

TOWN SHOES LIMITED p1290
2038 Prince Of Wales Dr, REGINA, SK, S4V 3A6
(306) 781-0033   SIC 5661

SIC 5699 Miscellaneous apparel and accessory stores

1125151 ONTARIO LIMITED p583
6931 Steeles Ave W Suite 1, ETOBICOKE, ON, M9W 6K7
(416) 675-9235 SIC 5699

9099-9012 QUEBEC INC p1016
709 Rue Merrill, COATICOOK, QC, J1A 2S2
SIC 5699

ADIDAS CANADA LIMITED p387
1599 Kenaston Blvd Suite 300, WINNIPEG, MB, R3P 2N3
(204) 928-4810 SIC 5699

BLACK & LEE FORMAL WEAR RENTALS LTD p317
2082 41st Ave W, VANCOUVER, BC, V6M 1Y8
SIC 5699

CANADIAN UNIFORM LIMITED p758
75 Norfinch Dr, NORTH YORK, ON, M3N 1W8
(416) 252-9321 SIC 5699

CINTAS CANADA LIMITED p965
1550 Elsmere Ave, WINDSOR, ON, N8X 4H3
(519) 254-3213 SIC 5699

COLUMBIA SPORTSWEAR CANADA LIMITED p969
1650 Huron Church Rd, WINDSOR, ON, N9C 2L1
SIC 5699

EDDIE BAUER OF CANADA INC p35
100 Anderson Rd Se Suite 306, CALGARY, AB, T2J 3V1
(403) 278-6440 SIC 5699

EDDIE BAUER OF CANADA INC p94
8882 170 St Nw Suite 2393, EDMONTON, AB, T5T 4M2
(780) 444-1440 SIC 5699

EDDIE BAUER OF CANADA INC p241
6631 Island Hwy N Suite 80, NANAIMO, BC, V9T 4T7
(250) 390-9388 SIC 5699

EDDIE BAUER OF CANADA INC p300
650 41st Ave W Suite 279, VANCOUVER, BC, V5Z 2M9
SIC 5699

EDDIE BAUER OF CANADA INC p334
3147 Douglas St Suite 638, VICTORIA, BC, V8Z 6E3
(250) 383-1322 SIC 5699

EDDIE BAUER OF CANADA INC p396
477 Rue Paul, DIEPPE, NB, E1A 4X5
(506) 854-8444 SIC 5699

EDDIE BAUER OF CANADA INC p974
201 Aviva Park Dr, WOODBRIDGE, ON, L4L 9C1
(800) 426-8020 SIC 5699

FGL SPORTS LTD p190
4700 Kingsway Suite 1150, BURNABY, BC, V5H 4M1
(604) 436-1001 SIC 5699

FGL SPORTS LTD p280
1214 Guildford Town Ctr, SURREY, BC, V3R 7B7
(604) 585-7293 SIC 5699

FGL SPORTS LTD p362
1570 Regent Ave W, WINNIPEG, MB, R2C 3B4
(204) 669-0808 SIC 5699

FGL SPORTS LTD p433
48 Kenmount Rd, ST. JOHN'S, NL, A1B 1W3
(709) 739-0155 SIC 5699

FGL SPORTS LTD p813
1355 Kingston Rd Suite 120, PICKERING, ON, L1V 1B8
(905) 420-1208 SIC 5699

FOOT LOCKER CANADA CO p381
1485 Portage Ave Suite 307, WINNIPEG, MB, R3G 0W4
(204) 943-4639 SIC 5699

FOOT LOCKER CANADA CO. p95
8882 170 St, EDMONTON, AB, T5T 4M2
(780) 444-1534 SIC 5699

FOOT LOCKER CANADA CO. p514

25 Peel Centre Dr, BRAMPTON, ON, L6T 3R5
(905) 790-1366 SIC 5699

GESTION SETR INC p1248
4125 Boul Des Forges Bureau 1, Trois-Rivieres, QC, G8Y 1W1
(819) 376-4343 SIC 5699

LEONE INTERNATIONAL MARKETING INC p308
757 Hastings St W Unit R112, VANCOUVER, BC, V6C 1A1
(604) 685-9327 SIC 5699

LULULEMON ATHLETICA CANADA INC p109
223a 109 St, EDMONTON, AB, T6H 3B9
(780) 471-1200 SIC 5699

MAISON DE VETEMENTS PIACENTE LTEE, LA p1215
4435 Boul Des Grandes-Prairies, SAINT-LEONARD, QC, H1R 3N4
(514) 324-1240 SIC 5699

MARK'S WORK WEARHOUSE LTD p32
1035 64 Ave Se Suite 30, CALGARY, AB, T2H 2J7
(403) 255-9220 SIC 5699

MARK'S WORK WEARHOUSE LTD p85
12222 137 Ave Nw Suite 121, EDMONTON, AB, T5L 4X5
(780) 478-6681 SIC 5699

MARK'S WORK WEARHOUSE LTD p113
1404 99 St Nw, EDMONTON, AB, T6N 0A8
(780) 468-6793 SIC 5699

MARK'S WORK WEARHOUSE LTD p121
19 Riedel St Suite 200, FORT MCMURRAY, AB, T9H 5P8
(780) 791-5151 SIC 5699

MARK'S WORK WEARHOUSE LTD p242
6334 Metral Dr, NANAIMO, BC, V9T 2L8
(250) 390-1793 SIC 5699

MARK'S WORK WEARHOUSE LTD p329
530 Chatham St Unit 1, VICTORIA, BC, V8T 5K1
(250) 382-1166 SIC 5699

MARK'S WORK WEARHOUSE LTD p452
30 Lamont Terr, DARTMOUTH, NS, B3B 0B5
(902) 464-1128 SIC 5699

MARK'S WORK WEARHOUSE LTD p777
2055 Tenth Line Rd Suite 7, ORLEANS, ON, K4A 4C5
(613) 824-7729 SIC 5699

MARK'S WORK WEARHOUSE LTD p780
1397 Harmony Rd N, OSHAWA, ON, L1H 7K5
(905) 571-5992 SIC 5699

MARK'S WORK WEARHOUSE LTD p803
1605 16th St E, OWEN SOUND, ON, N4K 5N3
(519) 376-2677 SIC 5699

MARK'S WORK WEARHOUSE LTD p904
167 Queen St E, TORONTO, ON, M5A 1S2
(416) 626-2729 SIC 5699

MARK'S WORK WEARHOUSE LTD p1084
3500 Boul Du Tricentenaire, Montreal, QC, H1B 0A3
(514) 645-9882 SIC 5699

MARK'S WORK WEARHOUSE LTD p1311
2 Chilkoot Way, WHITEHORSE, YT, Y1A 6T5
(867) 633-8457 SIC 5699

NIKE CANADA CORP p971
1555 Talbot Rd, WINDSOR, ON, N9H 2N2
SIC 5699

RIVER CITY SPORTS INC p363
1074 Henderson Hwy, WINNIPEG, MB, R2G 1L1
(204) 654-5085 SIC 5699

RJM56 INVESTMENTS INC p498
134 Anne St S, BARRIE, ON, L4N 6A2
(416) 593-6900 SIC 5699

RJM56 INVESTMENTS INC p845
12 Trojan Gate, SCARBOROUGH, ON, M1V 3B8
(416) 492-3311 SIC 5699

SIGVARIS CORPORATION p1207
4535 Rue Dobrin, SAINT-LAURENT, QC, H4R 2L8
(514) 336-2362 SIC 5699

UNIFORMES LOFT INC, LES p1120
6744 Rue Hutchison, Montreal, QC, H3N 1Y4
(514) 270-6044 SIC 5699

WEST 49 (2015) INC p397
477 Rue Paul, DIEPPE, NB, E1A 4X5
(506) 855-6295 SIC 5699

WHOLESALE SPORTS CANADA LTD p34
25 Heritage Meadows Way Se, CALGARY, AB, T2H 0A7
(403) 253-5566 SIC 5699

SIC 5712 Furniture stores

1569243 ONTARIO INC p496
316 Bayview Dr, BARRIE, ON, L4N 8X9
(705) 719-4870 SIC 5712

446987 ONTARIO INC p410
78 Wyse St, MONCTON, NB, E1G 0Z5
(506) 383-3358 SIC 5712

446987 ONTARIO INC p483
20 Kingston Rd W, AJAX, ON, L1T 4K8
(905) 683-0819 SIC 5712

446987 ONTARIO INC p510
70 Great Lakes Dr Suite 148, BRAMPTON, ON, L6R 2K7
(905) 458-7533 SIC 5712

446987 ONTARIO INC p512
3389 Steeles Ave E, BRAMPTON, ON, L6T 5W4
(905) 494-1118 SIC 5712

446987 ONTARIO INC p669
5000 Highway 7 E Suite 328, MARKHAM, ON, L3R 4M9
(905) 470-0604 SIC 5712

446987 ONTARIO INC p764
2501 Hyde Park Gate, OAKVILLE, ON, L6H 6G6
(905) 829-2988 SIC 5712

446987 ONTARIO INC p973
16 Famous Ave Suite 145, WOODBRIDGE, ON, L4L 9M3
(905) 264-1211 SIC 5712

AMEUBLEMENTS TANGUAY INC p1013
1990 Boul Talbot, CHICOUTIMI, QC, G7H 7Y3
(418) 698-4411 SIC 5712

AMEUBLEMENTS TANGUAY INC p1064
1600 Boul Alphonse-Desjardins, Levis, QC, G6V 0G9
(418) 833-4511 SIC 5712

AMEUBLEMENTS TANGUAY INC p1154
4875 Boul De L'ormiere, Quebec, QC, G1P 1K6
(418) 871-4411 SIC 5712

AMEUBLEMENTS TANGUAY INC p1164
7200 Rue Armand-Viau, Quebec, QC, G2C 2A7
(418) 847-4411 SIC 5712

AMEUBLEMENTS TANGUAY INC p1167
5000 Boul Des Galeries, Quebec, QC, G2K 2L5
(418) 622-5051 SIC 5712

AMEUBLEMENTS TANGUAY INC p1173
375 Montee Industrielle-Et-Commerciale, RIMOUSKI, QC, G5M 1Y1
(418) 725-4411 SIC 5712

AMEUBLEMENTS TANGUAY INC p1174
245 Boul De L'hotel-De-Ville, Riviere-du-Loup, QC, G5R 5H5
(418) 867-4711 SIC 5712

AMEUBLEMENTS TANGUAY INC p1249
2200 Boul Des Recollets, Trois-Rivieres, QC, G8Z 3X5
(819) 373-1111 SIC 5712

BAD BOY FURNITURE WAREHOUSE LIMITED p496
42 Caplan Ave, BARRIE, ON, L4N 0M5
(705) 722-7132 SIC 5712

BAD BOY FURNITURE WAREHOUSE LIMITED p840
1119 Kennedy Rd, SCARBOROUGH, ON, M1P 2K8
(416) 750-8888 SIC 5712

BRICK WAREHOUSE LP, THE p30
9 Heritage Meadows Way Se, CALGARY, AB, T2H 0A7
(403) 692-1100 SIC 5712

BRICK WAREHOUSE LP, THE p77
10705 101 St Nw, EDMONTON, AB, T5H 2S4
(780) 497-4900 SIC 5712

BRICK WAREHOUSE LP, THE p84
12222 137 Ave Nw Suite 101, EDMONTON, AB, T5L 4X5
(780) 472-4272 SIC 5712

BRICK WAREHOUSE LP, THE p94
8770 170 St Suite 1480, EDMONTON, AB, T5T 4M2
(780) 444-1000 SIC 5712

BRICK WAREHOUSE LP, THE p119
19 Riedel St Suite 110, FORT MCMURRAY, AB, T9H 5P8
(780) 743-5777 SIC 5712

BRICK WAREHOUSE LP, THE p125
11345 104 Ave, GRANDE PRAIRIE, AB, T8V 0N7
(780) 538-2525 SIC 5712

BRICK WAREHOUSE LP, THE p139
3727 Mayor Magrath Dr S, LETHBRIDGE, AB, T1K 8A8
(403) 320-2900 SIC 5712

BRICK WAREHOUSE LP, THE p156
5111 22 St Suite 7, RED DEER, AB, T4R 2K1
(403) 340-2000 SIC 5712

BRICK WAREHOUSE LP, THE p176
2067 Sumas Way, ABBOTSFORD, BC, V2S 8H6
(604) 504-1771 SIC 5712

BRICK WAREHOUSE LP, THE p183
3100 Production Way Suite 103, BURNABY, BC, V5A 4R4
(604) 415-4900 SIC 5712

BRICK WAREHOUSE LP, THE p199
3000 Lougheed Hwy Suite 122, COQUITLAM, BC, V3B 1C5
(604) 941-0808 SIC 5712

BRICK WAREHOUSE LP, THE p219
1689 Trans Canada Hwy E, KAMLOOPS, BC, V2C 3Z5
(250) 314-1115 SIC 5712

BRICK WAREHOUSE LP, THE p223
948 Mccurdy Rd Suite 100, KELOWNA, BC, V1X 2P7
(250) 765-2220 SIC 5712

BRICK WAREHOUSE LP, THE p230
20020 Willowbrook Dr Suite 400, LANGLEY, BC, V2Y 2T4
(604) 539-3900 SIC 5712

BRICK WAREHOUSE LP, THE p241
6361 Hammond Bay Rd, NANAIMO, BC, V9T 5Y1
(250) 390-3999 SIC 5712

BRICK WAREHOUSE LP, THE p261
2454 Ferry Ave, PRINCE GEORGE, BC, V2N 0B1
(250) 614-8080 SIC 5712

BRICK WAREHOUSE LP, THE p269
3100 St. Edwards Dr Unit 150, RICHMOND, BC, V6X 4C4
(604) 270-8829 SIC 5712

BRICK WAREHOUSE LP, THE p283
10153 King George Blvd Suite 2151, SURREY, BC, V3T 2W3
(604) 588-0808 SIC 5712

BRICK WAREHOUSE LP, THE p294
2999 Grandview Hwy, VANCOUVER, BC, V5M 2E4
(604) 433-2000 SIC 5712

BRICK WAREHOUSE LP, THE p328
2835 Douglas St, VICTORIA, BC, V8T 4M6
(250) 360-2300 SIC 5712

SIC 5712 Furniture stores

BRICK WAREHOUSE LP, THE p336
2945 Jacklin Rd Suite 500, VICTORIA, BC, V9B 5E3
(250) 380-1133   SIC 5712

BRICK WAREHOUSE LP, THE p338
2205 Park Royal S, WEST VANCOUVER, BC, V7T 2W5
(604) 921-4600   SIC 5712

BRICK WAREHOUSE LP, THE p496
52 Caplan Ave, BARRIE, ON, L4N 9J2
(705) 721-4106   SIC 5712

BRICK WAREHOUSE LP, THE p503
200 Bell Blvd, BELLEVILLE, ON, K8P 5L8
(613) 967-1006   SIC 5712

BRICK WAREHOUSE LP, THE p519
188 Clarence St, BRAMPTON, ON, L6W 1T4
(905) 454-3100   SIC 5712

BRICK WAREHOUSE LP, THE p525
410 Fairview Dr, BRANTFORD, ON, N3R 7V7
(519) 753-3700   SIC 5712

BRICK WAREHOUSE LP, THE p533
990 Fraser Dr, BURLINGTON, ON, L7L 5P5
(905) 333-5533   SIC 5712

BRICK WAREHOUSE LP, THE p593
1960 Cyrville Rd, GLOUCESTER, ON, K1B 1A5
(613) 746-8600   SIC 5712

BRICK WAREHOUSE LP, THE p615
1441 Upper James St, HAMILTON, ON, L9B 1K2
(905) 387-7002   SIC 5712

BRICK WAREHOUSE LP, THE p633
770 Gardiners Rd Unit 1, KINGSTON, ON, K7M 3X9
(613) 634-5200   SIC 5712

BRICK WAREHOUSE LP, THE p644
4283 King St E, KITCHENER, ON, N2P 2E9
(519) 653-1099   SIC 5712

BRICK WAREHOUSE LP, THE p664
1040 Wharncliffe Rd S, LONDON, ON, N6L 1H2
(519) 649-6464   SIC 5712

BRICK WAREHOUSE LP, THE p677
9809 Hwy 48, MARKHAM, ON, L6E 0E5
(905) 201-3470   SIC 5712

BRICK WAREHOUSE LP, THE p692
1607 Dundas St E, MISSISSAUGA, ON, L4X 1L5
(905) 629-2900   SIC 5712

BRICK WAREHOUSE LP, THE p713
5800 Mclaughlin Rd Unit 2, MISSISSAUGA, ON, L5R 4B7
(905) 502-7500   SIC 5712

BRICK WAREHOUSE LP, THE p717
6765 Kennedy Rd, MISSISSAUGA, ON, L5T 0A2
(905) 696-3400   SIC 5712

BRICK WAREHOUSE LP, THE p727
565 West Hunt Club Rd, NEPEAN, ON, K2G 5W5
(613) 225-8898   SIC 5712

BRICK WAREHOUSE LP, THE p733
17940 Yonge St Suite A, NEWMARKET, ON, L3Y 8S4
(905) 830-5888   SIC 5712

BRICK WAREHOUSE LP, THE p754
4250 Dufferin St, NORTH YORK, ON, M3H 5W4
(416) 635-5522   SIC 5712

BRICK WAREHOUSE LP, THE p763
2625b Weston Rd Unit 7, NORTH YORK, ON, M9N 3W1
(416) 249-1211   SIC 5712

BRICK WAREHOUSE LP, THE p803
1125 8th St E, OWEN SOUND, ON, N4K 1M5
(519) 371-8061   SIC 5712

BRICK WAREHOUSE LP, THE p809
1200 Lansdowne St W, PETERBOROUGH, ON, K9J 2A1
(705) 743-8676   SIC 5712

BRICK WAREHOUSE LP, THE p826
1379 London Rd Suite 3, SARNIA, ON, N7S 1P6
(519) 542-1461   SIC 5712

BRICK WAREHOUSE LP, THE p840
1165 Kennedy Rd, SCARBOROUGH, ON, M1P 2K8
(416) 751-2150   SIC 5712

BRICK WAREHOUSE LP, THE p840
19 William Kitchen Rd, SCARBOROUGH, ON, M1P 5B7
(416) 751-3383   SIC 5712

BRICK WAREHOUSE LP, THE p867
747 Notre Dame Ave, SUDBURY, ON, P3A 2T2
(705) 560-9911   SIC 5712

BRICK WAREHOUSE LP, THE p877
869 Fort William Rd, THUNDER BAY, ON, P7B 0A9
(807) 475-7300   SIC 5712

BRICK WAREHOUSE LP, THE p909
63 Yonge St, TORONTO, ON, M5E 1Z1
SIC 5712

BRICK WAREHOUSE LP, THE p935
1352 Dufferin St, TORONTO, ON, M6H 4G4
(416) 535-3000   SIC 5712

BRICK WAREHOUSE LP, THE p963
4001 Legacy Park Dr Suite B, WINDSOR, ON, N8W 5S6
(519) 969-1585   SIC 5712

BRICK WAREHOUSE LP, THE p973
137 Chrislea Rd, WOODBRIDGE, ON, L4L 8N6
(905) 850-5300   SIC 5712

BRICK WAREHOUSE LP, THE p1000
3400 Av Des Grandes Tourelles, BOISBRIAND, QC, J7H 0A2
(450) 420-4224   SIC 5712

BRICK WAREHOUSE LP, THE p1035
920 Boul Maloney O, GATINEAU, QC, J8T 3R6
(819) 568-5115   SIC 5712

BRICK WAREHOUSE LP, THE p1059
6867 Boul Newman, LASALLE, QC, H8N 3E4
(514) 595-9900   SIC 5712

BRICK WAREHOUSE LP, THE p1191
1451 Boul Des Promenades, SAINT-HUBERT, QC, J3Y 5K2
(450) 926-9400   SIC 5712

BRICK WAREHOUSE LP, THE p1243
274 Montee Des Pionniers, TERREBONNE, QC, J6V 1S6
(450) 657-7171   SIC 5712

BRICK WAREHOUSE LP, THE p1279
1403 Central Ave Unit 1, PRINCE ALBERT, SK, S6V 7J4
(306) 763-1775   SIC 5712

BRICK WAREHOUSE LP, THE p1287
2425 7th Ave N, REGINA, SK, S4R 0K4
(306) 924-2020   SIC 5712

BRICK WAREHOUSE LP, THE p1294
2035 1st Ave N, SASKATOON, SK, S7K 6W1
(306) 244-1400   SIC 5712

CHINTZ & COMPANY DECORATIVE FURNISHINGS INC p77
10502 105 Ave Nw, EDMONTON, AB, T5H 0K8
(780) 428-8181   SIC 5712

CLUB MONACO CORP p314
2912 Granville St, VANCOUVER, BC, V6H 3J7
SIC 5712

COVEY OFFICE GROUP INC p400
896 Prospect St, FREDERICTON, NB, E3B 2T8
(506) 458-8333   SIC 5712

DE BOER'S FURNITURE LIMITED p558
275 Drumlin Cir, CONCORD, ON, L4K 3E4
SIC 5712

DESLAURIER CUSTOM CABINETS INC p799
1050 Baxter Rd Unit 7cd, OTTAWA, ON, K2C 3P1

(613) 596-5155   SIC 5712

DICKS AND COMPANY LIMITED p436
385 Empire Ave, ST. JOHN'S, NL, A1E 1W6
(709) 579-5111   SIC 5712

ETHAN ALLEN (CANADA) INC p266
2633 Sweden Way Unit 170, RICHMOND, BC, V6V 2Z6
(604) 821-1191   SIC 5712

ETHAN ALLEN (CANADA) INC p703
2161 Dundas St W, MISSISSAUGA, ON, L5K 2E2
(905) 828-2264   SIC 5712

FOURNITURES DE BUREAU DENIS INC p783
2500 Lancaster Rd, OTTAWA, ON, K1B 4S5
(613) 739-8900   SIC 5712

FOURNITURES DE BUREAU DENIS INC p1063
2725 Rue Michelin, LAVAL-OUEST, QC, H7L 5X6
(450) 681-5300   SIC 5712

G2MC INC p1130
2323 Des Laurentides (A-15) E, Montreal, QC, H7S 1Z7
(450) 682-3022   SIC 5712

GESTION LOUIS-ARTHUR BRANCHAUD INC p1032
52 105 Rte, EGAN, QC, J9E 3A9
(819) 449-2610   SIC 5712

GRAND & TOY LIMITED p953
588 Colby Dr Suite 1, WATERLOO, ON, N2V 1A2
(519) 888-9605   SIC 5712

GROUPE BMTC INC p1006
9500 Boul Taschereau, BROSSARD, QC, J4X 2W2
(450) 619-6777   SIC 5712

GROUPE BMTC INC p1006
8220 Boul Taschereau, BROSSARD, QC, J4X 1C2
(450) 465-3339   SIC 5712

GROUPE BMTC INC p1036
500 Boul De La Gappe, GATINEAU, QC, J8T 8A8
(819) 561-5007   SIC 5712

GROUPE BMTC INC p1042
50 Rue Simonds N, GRANBY, QC, J2J 2L1
(450) 372-5656   SIC 5712

GROUPE BMTC INC p1129
1770 Boul Des Laurentides, Montreal, QC, H7M 2Y4
(450) 667-8333   SIC 5712

GROUPE BMTC INC p1129
1770 Boul Des Laurentides, Montreal, QC, H7M 2Y4
(450) 667-3211   SIC 5712

GROUPE BMTC INC p1140
12605 Rue Sherbrooke E, POINTE-AUX-TREMBLES, QC, H1B 1C8
(514) 645-3332   SIC 5712

GROUPE BMTC INC p1171
145 Rue De La Fayette, REPENTIGNY, QC, J6A 8K3
(450) 470-0815   SIC 5712

GROUPE BMTC INC p1187
640 Boul Arthur-Sauve, SAINT-EUSTACHE, QC, J7R 5A8
(450) 473-6767   SIC 5712

GROUPE BMTC INC p1195
3300 Av Cusson, SAINT-HYACINTHE, QC, J2S 8N9
(450) 774-6116   SIC 5712

GROUPE BMTC INC p1200
21 Rue Gauthier, Saint-Jerome, QC, J7Y 0A3
(450) 431-9338   SIC 5712

GROUPE BMTC INC p1216
6700 Rue Jean-Talon E, SAINT-LEONARD, QC, H1S 1N1
(514) 254-9455   SIC 5712

GROUPE BMTC INC p1231
125 Boul Desjardins E, SAINTE-THERESE, QC, J7E 1C5
(450) 430-0555   SIC 5712

GROUPE BMTC INC p1239
3950 Boul Josaphat-Rancourt, SHERBROOKE, QC, J1L 3C6
(819) 562-4242   SIC 5712

GROUPE DAGENAIS M.D.C. INC p1005
117 Boul De Bromont, BROMONT, QC, J2L 2K7
SIC 5712

GROUPE GAGNON FRERES INC p1014
1460 Boul Talbot, CHICOUTIMI, QC, G7H 4C2
(418) 690-3366   SIC 5712

HAUSER INDUSTRIES INC p950
330 Weber St N, WATERLOO, ON, N2J 3H6
(519) 747-3818   SIC 5712

HUDSON'S BAY COMPANY p230
20202 66 Ave Suite F1, LANGLEY, BC, V2Y 1P3
(604) 539-8673   SIC 5712

HUDSON'S BAY COMPANY p704
3050 Vega Blvd, MISSISSAUGA, ON, L5L 5X8
(905) 607-0909   SIC 5712

IKEA CANADA LIMITED PARTNERSHIP p578
1475 The Queensway, ETOBICOKE, ON, M8Z 1T3
(416) 646-4532   SIC 5712

IKEA CANADA LIMITED PARTNERSHIP p1004
586 Ch De Touraine, BOUCHERVILLE, QC, J4B 5E4
SIC 5712

IKEA CANADA LIMITED PARTNERSHIP p1212
9090 Boul Cavendish, SAINT-LAURENT, QC, H4T 1Z8
(514) 904-8619   SIC 5712

IKEA LIMITED p113
1311 102 St Nw, EDMONTON, AB, T6N 1M3
(780) 433-6000   SIC 5712

JORDANS INTERIORS LTD p202
1539 United Blvd Suite D, COQUITLAM, BC, V3K 6Y7
(604) 522-9855   SIC 5712

JORDANS INTERIORS LTD p315
1470 Broadway W, VANCOUVER, BC, V6H 1H4
(604) 733-1174   SIC 5712

JYSK LINEN'N FURNITURE INC p85
13150 137 Ave Nw, EDMONTON, AB, T5L 4Z6
(780) 457-5515   SIC 5712

JYSK LINEN'N FURNITURE INC p110
3803 Calgary Trail Nw Unit 500, EDMONTON, AB, T6J 5M8
(780) 701-1791   SIC 5712

JYSK LINEN'N FURNITURE INC p127
10502 109a St Unit 103, GRANDE PRAIRIE, AB, T8V 7Y3
(780) 882-7925   SIC 5712

JYSK LINEN'N FURNITURE INC p241
3200 Island Hwy N Suite 85, NANAIMO, BC, V9T 1W1
(250) 758-2590   SIC 5712

JYSK LINEN'N FURNITURE INC p256
1435 Broadway St, PORT COQUITLAM, BC, V3C 6L6
(604) 472-0722   SIC 5712

JYSK LINEN'N FURNITURE INC p389
2089 Pembina Hwy, WINNIPEG, MB, R3T 5L1
(204) 261-9333   SIC 5712

JYSK LINEN'N FURNITURE INC p778
1199 Ritson Rd N, OSHAWA, ON, L1G 8B9
(905) 233-7227   SIC 5712

JYSK LINEN'N FURNITURE INC p1251
2930 Blvd Des Recollets, TROIS-RIVIERES, QC, G9A 6J2
(819) 801-1904   SIC 5712

JYSK LINEN'N FURNITURE INC p1292
3311 8th St E Suite 12, SASKATOON, SK, S7H 4K1
(306) 651-7360   SIC 5712

▲ Public Company   ■ Public Company Family Member   HQ Headquarters   BR Branch   SL Single Location

SIC 5719 Miscellaneous homefurnishings 2217

L.J.B LIMITED p32
6999 11 St Se Suite 110, CALGARY, AB, T2H 2S1
(403) 253-8200 SIC 5712

LA-Z-BOY CANADA RETAIL, LTD p32
7300 11 St Se, CALGARY, AB, T2H 2S9
(403) 259-1000 SIC 5712

LEON'S FURNITURE LIMITED p116
13730 140 St Nw, EDMONTON, AB, T6V 1J8
(780) 456-4455 SIC 5712

LEON'S FURNITURE LIMITED p158
10 Mckenzie Dr, RED DEER COUNTY, AB, T4S 2H4
(403) 340-0234 SIC 5712

LEON'S FURNITURE LIMITED p266
2633 Sweden Way Unit 110, RICHMOND, BC, V6V 2Z6
(604) 214-2440 SIC 5712

LEON'S FURNITURE LIMITED p383
1755 Ellice Ave, WINNIPEG, MB, R3H 1A6
(204) 783-0533 SIC 5712

LEON'S FURNITURE LIMITED p452
140 Akerley Blvd, DARTMOUTH, NS, B3B 2E4
(902) 468-5201 SIC 5712

LEON'S FURNITURE LIMITED p497
81 Bryne Dr, BARRIE, ON, L4N 8V8
(705) 730-1777 SIC 5712

LEON'S FURNITURE LIMITED p538
3167 North Service Rd, BURLINGTON, ON, L7N 3G2
(905) 335-1811 SIC 5712

LEON'S FURNITURE LIMITED p560
8701 Jane St Unit 1, CONCORD, ON, L4K 2M6
(800) 374-3437 SIC 5712

LEON'S FURNITURE LIMITED p602
121 Silvercreek Pky N, GUELPH, ON, N1H 3T3
(519) 767-5366 SIC 5712

LEON'S FURNITURE LIMITED p638
286 Fairway Rd S, KITCHENER, ON, N2C 1W9
(519) 894-1850 SIC 5712

LEON'S FURNITURE LIMITED p664
947 Wharncliffe Rd S, LONDON, ON, N6L 1J9
(519) 680-2111 SIC 5712

LEON'S FURNITURE LIMITED p694
201 Britannia Rd E, MISSISSAUGA, ON, L4Z 3X8
(905) 501-9505 SIC 5712

LEON'S FURNITURE LIMITED p733
25 Harry Walker Pky N, NEWMARKET, ON, L3Y 7B3
(905) 953-1617 SIC 5712

LEON'S FURNITURE LIMITED p739
440 Taylor Rd, NIAGARA ON THE LAKE, ON, L0S 1J0
(905) 682-8519 SIC 5712

LEON'S FURNITURE LIMITED p795
1718 Heron Rd, OTTAWA, ON, K1V 6A1
(613) 737-3530 SIC 5712

LEON'S FURNITURE LIMITED p799
2600 Queensview Dr, OTTAWA, ON, K2B 8H6
(613) 820-6446 SIC 5712

LEON'S FURNITURE LIMITED p822
10875 Yonge St, RICHMOND HILL, ON, L4C 3E3
(905) 770-4424 SIC 5712

LEON'S FURNITURE LIMITED p832
682 Second Line E, SAULT STE. MARIE, ON, P6B 4K3
(705) 946-2510 SIC 5712

LEON'S FURNITURE LIMITED p834
20 Mclevin Ave, SCARBOROUGH, ON, M1B 2V5
(416) 291-3818 SIC 5712

LEON'S FURNITURE LIMITED p867
817 Notre Dame Ave, SUDBURY, ON, P3A 2T2
(705) 524-5366 SIC 5712

LEON'S FURNITURE LIMITED p892
2872 Danforth Ave, TORONTO, ON, M4C 1M1
(416) 699-7143 SIC 5712

LEON'S FURNITURE LIMITED p941
10 Suntract Rd, TORONTO, ON, M9N 3N9
(416) 243-8300 SIC 5712

LEON'S FURNITURE LIMITED p955
803 Niagara St, WELLAND, ON, L3C 1M4
(905) 735-2880 SIC 5712

LEON'S FURNITURE LIMITED p958
1500 Victoria St E, WHITBY, ON, L1N 9M3
(905) 430-9050 SIC 5712

LEON'S FURNITURE LIMITED p964
700 Division Rd, WINDSOR, ON, N8W 5R9
(519) 969-7403 SIC 5712

LEON'S FURNITURE LIMITED p990
11201 Rue Renaude-Lapointe, ANJOU, QC, H1J 2T4
(514) 353-7506 SIC 5712

LEON'S FURNITURE LIMITED p1020
2000 Boul Daniel-Johnson, Cote Saint-Luc, QC, H7T 1A3
(450) 688-3851 SIC 5712

LEON'S FURNITURE LIMITED p1026
2020 Rte Transcanadienne, DORVAL, QC, H9P 2N4
(514) 684-6116 SIC 5712

LEON'S FURNITURE LIMITED p1146
3333 Rue Du Carrefour Bureau H, Quebec, QC, G1C 5R9
(418) 667-4040 SIC 5712

LEON'S FURNITURE LIMITED p1163
2840 Rue Einstein, Quebec, QC, G1X 5H3
(418) 683-9600 SIC 5712

LEON'S FURNITURE LIMITED p1300
126 Cardinal Cres, SASKATOON, SK, S7L 6H6
(306) 664-1062 SIC 5712

LZB ENTERPRISES LTD p269
3100 St. Edwards Dr Suite 110, RICHMOND, BC, V6X 4C4
(604) 248-0330 SIC 5712

MATELAS DAUPHIN INC p1162
999 Av De Bourgogne, Quebec, QC, G1W 4S6
(418) 652-3411 SIC 5712

MCCRUM'S DIRECT SALES LTD p18
5805 76 Ave Se Unit 5, CALGARY, AB, T2C 5L8
(403) 259-4939 SIC 5712

MERCEDES CORP p857
1386 King St N, ST JACOBS, ON, N0B 2N0
(519) 664-2293 SIC 5712

MEUBLES GEMO INC p1041
633 Rue Dufferin, GRANBY, QC, J2H 0Y7
(450) 372-3988 SIC 5712

MEUBLES JCPERREAULT INC p1049
17850 Rte Transcanadienne, KIRKLAND, QC, H9J 4A1
(514) 695-2311 SIC 5712

MEUBLES JCPERREAULT INC p1221
5 Rue Industrielle, SAINT-ROCH-DE-L'ACHIGAN, QC, J0K 3H0
(450) 588-7211 SIC 5712

MEUBLES MARCHAND INC, LES p1254
1767 3e Av, VAL-D'OR, QC, J9P 1W3
(819) 874-8777 SIC 5712

N. TEPPERMAN LIMITED p551
535 Grand Ave E, CHATHAM, ON, N7L 3Z2
(519) 351-6034 SIC 5712

N. TEPPERMAN LIMITED p663
481 Wharncliffe Rd S, LONDON, ON, N6J 2N1
(519) 433-5353 SIC 5712

N. TEPPERMAN LIMITED p664
1150 Wharncliffe Rd S, LONDON, ON, N6L 1K3
(519) 433-5353 SIC 5712

OWEN & COMPANY LIMITED p184
8651 Eastlake Dr, BURNABY, BC, V5A 4T7
(604) 421-9203 SIC 5712

PITNEY BOWES OF CANADA LTD p383
550 Century St Suite 350, WINNIPEG, MB, R3H 0Y1
(204) 489-2220 SIC 5712

S. SETLAKWE LTEE p1190
190 Boul Industriel Rr 2, SAINT-GERMAIN-DE-GRANTHAM, QC, J0C 1K0
(819) 395-5464 SIC 5712

SCAN DESIGNS LTD p202
1655 Brigantine Dr, COQUITLAM, BC, V3K 7B4
(604) 524-3447 SIC 5712

SEARS CANADA INC p498
42 Caplan Ave Suite A, BARRIE, ON, L4N 0M5
(705) 727-9287 SIC 5712

SEARS CANADA INC p1018
690 Boul Le Corbusier, Cote Saint-Luc, QC, H7N 0A9
(450) 682-0495 SIC 5712

SEARS CANADA INC p1168
1700 Rue Bouvier, Quebec, QC, G2K 1N8
(418) 260-9084 SIC 5712

SLEEP COUNTRY CANADA INC p11
2777 23 Ave Ne Unit 31, CALGARY, AB, T1Y 7L6
(403) 569-7717 SIC 5712

SLEEP COUNTRY CANADA INC p245
805 Boyd St Suite 100, NEW WESTMINSTER, BC, V3M 5X2
(604) 515-9711 SIC 5712

SLEEP COUNTRY CANADA INC p336
1045 Henry Eng Pl, VICTORIA, BC, V9B 6B2
(250) 475-2755 SIC 5712

SLEEP COUNTRY CANADA INC p370
111 Inksbrook Dr Unit 8, WINNIPEG, MB, R2R 2V7
(204) 632-9458 SIC 5712

SLEEP COUNTRY CANADA INC p660
3600 White Oak Rd Unit 5, LONDON, ON, N6E 2Z9
(519) 691-0886 SIC 5712

SLEEP COUNTRY CANADA INC p1143
59 Boul Hymus, POINTE-CLAIRE, QC, H9R 1E2
(514) 695-6376 SIC 5712

SMITTY'S SHOPPING CENTRE LIMITED p617
170 3rd St, HANOVER, ON, N4N 1B2
(519) 364-3800 SIC 5712

STRUC-TUBE LTEE p1213
6000 Rte Transcanadienne, SAINT-LAURENT, QC, H4T 1X9
(514) 333-9747 SIC 5712

TDG FURNITURE INC p11
2930 32 Ave Ne, CALGARY, AB, T1Y 5J4
(403) 250-3166 SIC 5712

TDG FURNITURE INC p140
3732 Mayor Magrath Dr S, LETHBRIDGE, AB, T1K 7V1
(403) 320-4528 SIC 5712

TDG FURNITURE INC p366
230 Panet Rd, WINNIPEG, MB, R2J 0S3
(204) 989-9888 SIC 5712

TDG FURNITURE INC p384
1750 Ellice Ave, WINNIPEG, MB, R3H 0B3
(204) 989-9900 SIC 5712

TDG FURNITURE INC p384
1000 St James St, WINNIPEG, MB, R3H 0K3
(204) 783-6400 SIC 5712

TDG FURNITURE INC p510
70 Great Lakes Dr Unit 149, BRAMPTON, ON, L6R 2K7
(905) 799-3284 SIC 5712

TODAY'S COLONIAL FURNITURE 2000 INC p777
1680 Vimont Crt Suite 100, ORLEANS, ON, K4A 3M3
(613) 837-5900 SIC 5712

UNITED FURNITURE WAREHOUSE LP p78
12016 107 Ave Nw, EDMONTON, AB, T5H 0Z2
(780) 452-7354 SIC 5712

UNITED FURNITURE WAREHOUSE LP p122
441 Gregoire Dr, FORT MCMURRAY, AB, T9H 4K7
(780) 791-1888 SIC 5712

SIC 5713 Floor covering stores

66295 MANITOBA LTD p388
1280 Pembina Hwy, WINNIPEG, MB, R3T 2B2
(204) 452-8100 SIC 5713

98599 CANADA LTD p443
961 Bedford Hwy, BEDFORD, NS, B4A 1A9
(902) 425-2411 SIC 5713

COUVRE-PLANCHERS PELLETIER INC p1066
4600 Boul Guillaume-Couture, Levis, QC, G6W 5N6
(418) 837-3681 SIC 5713

COUVRE-PLANCHERS PELLETIER INC p1166
5000 Av Des Replats, Quebec, QC, G2J 1N2
(418) 624-1290 SIC 5713

GESCO INDUSTRIES INC p1212
6660 Ch De La Cote-De-Liesse, SAINT-LAURENT, QC, H4T 1E3
(514) 341-6181 SIC 5713

JORDANS RUGS LTD p202
1539 United Blvd Suite D, COQUITLAM, BC, V3K 6Y7
(604) 522-9852 SIC 5713

JORDANS RUGS LTD p329
2680 Blanshard St, VICTORIA, BC, V8T 5E1
(250) 385-6746 SIC 5713

JOUJAN BROTHERS FLOORING INC p143
941 South Railway St Se Unit 3, MEDICINE HAT, AB, T1A 2W3
(403) 528-8008 SIC 5713

LANCTOT, J.C. INC p1196
148 Rue Boyer, SAINT-ISIDORE-DE-LAPRAIRIE, QC, J0L 2A0
(450) 692-4655 SIC 5713

TRI-JAY CARPETS (1989) p34
7003 5 St Se Unit H, CALGARY, AB, T2H 2G2
(403) 253-4441 SIC 5713

SIC 5714 Drapery and upholstery stores

BOUTIQUE LINEN CHEST (PHASE II) INC p1080
2305 Ch Rockland Bureau 500, MONT-ROYAL, QC, H3P 3E9
(514) 341-7810 SIC 5714

INTEGRITY WALL SYSTEMS INC p337
1371 Courtland Ave, VICTORIA, BC, V9E 2C5
(250) 480-5500 SIC 5714

SIC 5719 Miscellaneous homefurnishings

1024399 ONTARIO INC p860
3 Iber Rd Unit 2, STITTSVILLE, ON, K2S 1E6
(613) 836-4488 SIC 5719

1803661 ONTARIO INC p860
3 Iber Rd Unit 2, STITTSVILLE, ON, K2S 1E6
(613) 836-4488 SIC 5719

333308 ONTARIO LTD p900
55 Bloor St W Suite 506, TORONTO, ON, M4W 1A5
(416) 964-2900 SIC 5719

429149 B.C. LTD p182
8168 Glenwood Dr, BURNABY, BC, V3N 5E9
(604) 549-2000 SIC 5719

9254-7983 QUEBEC INC p1151
560 Boul Wilfrid-Hamel, Quebec, QC, G1M 2S9
(418) 529-6261 SIC 5719

ASHLEY, WILLIAM LTD p697

▲ Public Company ■ Public Company Family Member HQ Headquarters BR Branch SL Single Location

SIC 5722 Household appliance stores

100 City Centre Dr, MISSISSAUGA, ON, L5B 2C9
SIC 5719

BATH & BODY WORKS INC *p367*
1225 St Mary's Rd Suite 95, WINNIPEG, MB, R2M 5E5
(204) 256-3636 *SIC* 5719

BATH & BODY WORKS INC *p764*
240 Leighland Ave Suite 228, OAKVILLE, ON, L6H 3H6
(905) 845-3385 *SIC* 5719

BENIX & CO. INC *p759*
98 Orfus Rd, NORTH YORK, ON, M6A 1L9
(416) 784-0732 *SIC* 5719

BOUCLAIR INC *p1141*
152 Av Alston, POINTE-CLAIRE, QC, H9R 6B4
(514) 426-0115 *SIC* 5719

BOUTIQUE LINEN CHEST (PHASE II) INC *p1006*
7350 Boul Taschereau Bureau 49, BROSSARD, QC, J4W 1M9
(450) 671-2202 *SIC* 5719

BOUTIQUE LINEN CHEST (PHASE II) INC *p1063*
4455 Des Laurentides (A-15) E, LAVAL-OUEST, QC, H7L 5X8
(514) 331-5260 *SIC* 5719

BOUTIQUE LINEN CHEST (PHASE II) INC *p1110*
625 Rue Sainte-Catherine O Bureau 222, Montreal, QC, H3B 1B7
(514) 282-9525 *SIC* 5719

BOUTIQUE LINEN CHEST (PHASE II) INC *p1160*
2700 Boul Laurier Bureau 2800, Quebec, QC, G1V 2L8
(418) 658-5218 *SIC* 5719

BOUTIQUE LINEN CHEST (PHASE II) INC *p1171*
100 Boul Brien, REPENTIGNY, QC, J6A 5N4
(450) 585-7907 *SIC* 5719

HUDSON'S BAY COMPANY *p37*
5111 Northland Dr Nw Suite 555, CALGARY, AB, T2L 2J8
SIC 5719

HUDSON'S BAY COMPANY *p85*
13554 137 Ave Nw, EDMONTON, AB, T5L 5E9
(780) 456-8006 *SIC* 5719

HUDSON'S BAY COMPANY *p191*
4800 Kingsway Suite 118, BURNABY, BC, V5H 4J2
(604) 629-0144 *SIC* 5719

HUDSON'S BAY COMPANY *p336*
759 Mccallum Rd, VICTORIA, BC, V9B 6A2
SIC 5719

HUDSON'S BAY COMPANY *p381*
710 St James St, WINNIPEG, MB, R3G 3J7
(204) 779-4663 *SIC* 5719

HUDSON'S BAY COMPANY *p387*
1585 Kenaston Blvd Suite 10, WINNIPEG, MB, R3P 2N3
(204) 488-3631 *SIC* 5719

HUDSON'S BAY COMPANY *p626*
255 Kanata Ave Unit A, KANATA, ON, K2T 1K5
(613) 287-0140 *SIC* 5719

HUDSON'S BAY COMPANY *p633*
770 Gardiners Rd Unit A2, KINGSTON, ON, K7M 3X9
(613) 384-7522 *SIC* 5719

HUDSON'S BAY COMPANY *p672*
3275 Highway 7, MARKHAM, ON, L3R 3P9
(905) 415-2706 *SIC* 5719

HUDSON'S BAY COMPANY *p709*
3135 Argentia Rd Unit 1, MISSISSAUGA, ON, L5N 8E1
(905) 824-6653 *SIC* 5719

HUDSON'S BAY COMPANY *p721*
765 Britannia Rd W Unit 1, MISSISSAUGA, ON, L5V 2Y1
(905) 363-0433 *SIC* 5719

HUDSON'S BAY COMPANY *p856*

399 Louth St Unit 2, ST CATHARINES, ON, L2S 4A2
(905) 346-0958 *SIC* 5719

HUDSON'S BAY COMPANY *p914*
401 Bay St Suite 601, TORONTO, ON, M5H 2Y4
(416) 861-6728 *SIC* 5719

HUDSON'S BAY COMPANY *p1076*
111 Montee Masson, MASCOUCHE, QC, J7K 3B4
(450) 966-0002 *SIC* 5719

INDUSTRIES MON-TEX LTEE *p1207*
4105 Boul Thimens, SAINT-LAURENT, QC, H4R 2K7
(514) 933-7493 *SIC* 5719

KITCHEN STUFF PLUS INC *p704*
3050 Vega Blvd Unit 5, MISSISSAUGA, ON, L5L 5X8
SIC 5719

KITCHEN STUFF PLUS INC *p841*
29 William Kitchen Rd Unit J3, SCARBOROUGH, ON, M1P 5B7
(416) 291-0533 *SIC* 5719

KITCHEN STUFF PLUS INC *p897*
2287 Yonge St Suite 200, TORONTO, ON, M4P 2C6
SIC 5719

KITCHEN STUFF PLUS INC *p903*
703 Yonge St, TORONTO, ON, M4Y 2B2
(416) 944-2718 *SIC* 5719

KITCHEN STUFF PLUS INC *p933*
125 Tycos Dr, TORONTO, ON, M6B 1W6
(416) 944-2847 *SIC* 5719

LEON'S FURNITURE LIMITED *p100*
4939 52 Ave Nw, EDMONTON, AB, T6B 3L5
(780) 468-5511 *SIC* 5719

NAPOLEON HOME COMFORT BARRIE INC *p495*
24 Napoleon Rd, BARRIE, ON, L4M 0G8
(705) 721-1214 *SIC* 5719

OPUS FRAMING LTD *p315*
1360 Johnston St, VANCOUVER, BC, V6H 3S1
(604) 736-7028 *SIC* 5719

PASSION CUISINE ET GOURMET *p1255*
2020 Boul Rene-Gaultier Bureau 36, VARENNES, QC, J3X 1N9
(450) 929-2942 *SIC* 5719

ROBINSON, B.A. CO. LTD *p300*
2285 Cambie St, VANCOUVER, BC, V5Z 2T5
(604) 879-2494 *SIC* 5719

ROBINSON, B.A. CO. LTD *p381*
995 Milt Stegall Dr, WINNIPEG, MB, R3G 3H7
SIC 5719

SEARS CANADA INC *p488*
45 Legend Crt, ANCASTER, ON, L9K 1J3
SIC 5719

SEARS CANADA INC *p1166*
1430 Av Jules-Verne, Quebec, QC, G2G 2V6
(418) 871-9595 *SIC* 5719

STOKES INC *p1081*
5660 Rue Ferrier, MONT-ROYAL, QC, H4P 1M7
(514) 341-4334 *SIC* 5719

WILLIAMS-SONOMA CANADA, INC *p315*
2600 Granville St, VANCOUVER, BC, V6H 3H8
(604) 678-9897 *SIC* 5719

WILLIAMS-SONOMA CANADA, INC *p582*
25 The West Mall Suite 1394, ETOBICOKE, ON, M9C 1B8
(416) 621-9005 *SIC* 5719

WINNERS MERCHANTS INTERNATIONAL L.P. *p89*
300 Mayfield Common Nw, EDMONTON, AB, T5P 4B3
(780) 487-9042 *SIC* 5719

SIC 5722 Household appliance stores

1100833 ONTARIO LIMITED *p934*
672 Dupont St Suite 201, TORONTO, ON, M6G 1Z6
(416) 535-1555 *SIC* 5722

BRICK WAREHOUSE LP, THE *p469*
280 Stellarton Rd, NEW GLASGOW, NS, B2H 1M5
(902) 752-0309 *SIC* 5722

BRICK WAREHOUSE LP, THE *p1124*
8701 Boul De L'acadie, Montreal, QC, H4N 3K1
(514) 381-1313 *SIC* 5722

BROKERHOUSE DISTRIBUTORS INC *p584*
108 Woodbine Downs Blvd Unit 4, ETOBICOKE, ON, M9W 5S6
(416) 798-3537 *SIC* 5722

ELECTROLUX CANADA CORP *p1026*
1789 Av Cardinal, DORVAL, QC, H9P 1Y5
(514) 636-4600 *SIC* 5722

N. TEPPERMAN LIMITED *p827*
1380 London Rd, SARNIA, ON, N7S 1P8
(519) 541-0100 *SIC* 5722

NAIRN VACUUM & APPLIANCE *p367*
929 Nairn Ave, WINNIPEG, MB, R2L 0X9
(204) 668-4901 *SIC* 5722

ONWARD MULTI-CORP INC *p637*
932 Victoria St N, KITCHENER, ON, N2B 1W4
(519) 578-0300 *SIC* 5722

R.A.C.E. MECHANICAL SYSTEMS INC *p777*
9 Cobbledick St, ORONO, ON, L0B 1M0
(905) 983-9800 *SIC* 5722

RELIABLE PARTS LTD *p25*
1058 72 Ave Ne, CALGARY, AB, T2E 8V9
(403) 281-1863 *SIC* 5722

RELIABLE PARTS LTD *p202*
85 North Bend St, COQUITLAM, BC, V3K 6N1
(604) 941-1355 *SIC* 5722

SEARS CANADA INC *p236*
20475 Lougheed Hwy Suite 10, MAPLE RIDGE, BC, V2X 9B6
(604) 460-8077 *SIC* 5722

SERVICE DE L'ESTRIE (VENTE & REPARATION) INC *p1237*
225 Rue Wellington S, SHERBROOKE, QC, J1H 5E1
(819) 563-0563 *SIC* 5722

SLANT/FIN LTD/LTEE *p720*
400 Ambassador Dr, MISSISSAUGA, ON, L5T 2J3
(905) 677-8400 *SIC* 5722

TRAIL APPLIANCES LTD *p34*
6880 11 St Se, CALGARY, AB, T2H 2T9
(403) 253-5442 *SIC* 5722

TRAIL APPLIANCES LTD *p107*
9880 47 Ave Nw, EDMONTON, AB, T6E 5P3
(780) 434-9414 *SIC* 5722

SIC 5731 Radio, television, and electronic stores

1039658 ONTARIO INC *p793*
1123 Bank St, OTTAWA, ON, K1S 3X4
SIC 5731

668824 ALBERTA LTD *p88*
10421 170 St Nw, EDMONTON, AB, T5P 4T2
(780) 444-7007 *SIC* 5731

668824 ALBERTA LTD *p102*
10133 34 Ave Nw, EDMONTON, AB, T6E 6J8
(780) 438-6242 *SIC* 5731

668824 ALBERTA LTD *p1294*
2731 Faithfull Ave, SASKATOON, SK, S7K 7C3
(306) 664-3666 *SIC* 5731

AUDIO WAREHOUSE LTD *p1286*
1330 Cornwall St, REGINA, SK, S4R 2H5
(306) 352-1838 *SIC* 5731

BELL MOBILITE INC *p687*
5055 Satellite Dr Unit 1, MISSISSAUGA, ON, L4W 5K7
SIC 5731

BEST BUY CANADA LTD *p30*
8180 11 St Se Unit 300, CALGARY, AB, T2H 3B5
(403) 258-7975 *SIC* 5731

BEST BUY CANADA LTD *p79*
10304 109 St Nw, EDMONTON, AB, T5J 1M3
(780) 498-5505 *SIC* 5731

BEST BUY CANADA LTD *p90*
17539 Stony Plain Rd Nw, EDMONTON, AB, T5S 2S1
(780) 443-6700 *SIC* 5731

BEST BUY CANADA LTD *p110*
3451 Calgary Trail Nw, EDMONTON, AB, T6J 6Z2
SIC 5731

BEST BUY CANADA LTD *p125*
11120 100 Ave, GRANDE PRAIRIE, AB, T8V 7L2
SIC 5731

BEST BUY CANADA LTD *p144*
3292 Dunmore Rd Se Unit 600, MEDICINE HAT, AB, T1B 2R4
(403) 527-0982 *SIC* 5731

BEST BUY CANADA LTD *p156*
5001 19 St Unit 800, RED DEER, AB, T4R 3R1
(403) 314-5645 *SIC* 5731

BEST BUY CANADA LTD *p156*
5250 22 St Suite 110, RED DEER, AB, T4R 2T4
SIC 5731

BEST BUY CANADA LTD *p190*
4805 Kingsway, BURNABY, BC, V5H 4T6
(778) 452-2250 *SIC* 5731

BEST BUY CANADA LTD *p199*
1135 Pinetree Way, COQUITLAM, BC, V3B 7K5
(604) 468-5500 *SIC* 5731

BEST BUY CANADA LTD *p203*
3245 Cliffe Ave Suite 1, COURTENAY, BC, V9N 2L9
(250) 334-9791 *SIC* 5731

BEST BUY CANADA LTD *p230*
20202 66 Ave Suite 3f, LANGLEY, BC, V2Y 1P3
(604) 530-7787 *SIC* 5731

BEST BUY CANADA LTD *p232*
20150 Langley Bypass Suite 90, LANGLEY, BC, V3A 9J8
SIC 5731

BEST BUY CANADA LTD *p241*
3200 Island Hwy N Unit 87, NANAIMO, BC, V9T 1W1
(250) 729-8632 *SIC* 5731

BEST BUY CANADA LTD *p261*
3900 Walls Ave Suite 701, PRINCE GEORGE, BC, V2N 4L4
(250) 561-2277 *SIC* 5731

BEST BUY CANADA LTD *p283*
10025 King George Blvd Unit 2153, SURREY, BC, V3T 5H9
(604) 580-7788 *SIC* 5731

BEST BUY CANADA LTD *p283*
10145 King George Blvd Unit 3200, SURREY, BC, V3T 5H9
(604) 588-5666 *SIC* 5731

BEST BUY CANADA LTD *p285*
7538 120 St, SURREY, BC, V3W 3N1
(778) 578-5746 *SIC* 5731

BEST BUY CANADA LTD *p299*
2220 Cambie St, VANCOUVER, BC, V5Z 2T7
(604) 638-4966 *SIC* 5731

BEST BUY CANADA LTD *p321*
798 Granville St Suite 200, VANCOUVER, BC, V6Z 3C3
(604) 683-2502 *SIC* 5731

BEST BUY CANADA LTD *p325*
5600 24 St, VERNON, BC, V1T 9T3
(250) 542-0701 *SIC* 5731

BEST BUY CANADA LTD *p338*
2100 Park Royal S, WEST VANCOUVER, BC, V7T 2W4

BUSINESSES BY INDUSTRY CLASSIFICATION

SIC 5734 Computer and software stores

(604) 913-3336 *SIC* 5731
BEST BUY CANADA LTD
901 18th St N Suite A, BRANDON, MB, R7A 7S1
(204) 727-6826 *SIC* 5731
BEST BUY CANADA LTD p361
1570 Regent Ave W, WINNIPEG, MB, R2C 3B4
(204) 667-9140 *SIC* 5731
BEST BUY CANADA LTD p361
1580 Regent Ave W Unit 10, WINNIPEG, MB, R2C 2Y9
(204) 661-8157 *SIC* 5731
BEST BUY CANADA LTD p388
1910 Pembina Hwy Unit 6, WINNIPEG, MB, R3T 4S5
(204) 982-0551 *SIC* 5731
BEST BUY CANADA LTD p399
1220 Prospect St, FREDERICTON, NB, E3B 3C1
(506) 452-1600 *SIC* 5731
BEST BUY CANADA LTD p406
50 Plaza Blvd, MONCTON, NB, E1C 0G4
(506) 853-5188 *SIC* 5731
BEST BUY CANADA LTD p414
80 Consumers Dr, SAINT JOHN, NB, E2J 4Z3
(506) 657-3680 *SIC* 5731
BEST BUY CANADA LTD p450
119 Gale Terr, DARTMOUTH, NS, B3B 0C4
(902) 468-0075 *SIC* 5731
BEST BUY CANADA LTD p474
800 Grand Lake Rd Unit E60, SYDNEY, NS, B1P 6S9
(902) 539-5877 *SIC* 5731
BEST BUY CANADA LTD p484
20 Kingston Rd W, AJAX, ON, L1T 4K8
(905) 619-6977 *SIC* 5731
BEST BUY CANADA LTD p494
411 Bayfield St Suite 1, BARRIE, ON, L4M 6E5
(705) 727-4950 *SIC* 5731
BEST BUY CANADA LTD p505
86 Pillsworth Rd, BOLTON, ON, L7E 4G8
SIC 5731
BEST BUY CANADA LTD p513
25 Peel Centre Dr Unit 451, BRAMPTON, ON, L6T 3R5
(905) 494-2179 *SIC* 5731
BEST BUY CANADA LTD p538
1200 Brant St Unit 1, BURLINGTON, ON, L7P 5C6
SIC 5731
BEST BUY CANADA LTD p551
802 St Clair St, CHATHAM, ON, N7L 0E8
(519) 354-5525 *SIC* 5731
BEST BUY CANADA LTD p572
175 Green Lane E, EAST GWILLIMBURY, ON, L9N 0C9
(905) 954-1262 *SIC* 5731
BEST BUY CANADA LTD p594
1525 City Prk Dr, GLOUCESTER, ON, K1J 1H3
SIC 5731
BEST BUY CANADA LTD p599
151 Stone Rd W, GUELPH, ON, N1G 5L4
(519) 766-4660 *SIC* 5731
BEST BUY CANADA LTD p625
745 Kanata Ave Suite Gg1, KANATA, ON, K2T 1H9
(613) 287-3912 *SIC* 5731
BEST BUY CANADA LTD p633
616 Gardiners Rd Unit 1, KINGSTON, ON, K7M 9B8
SIC 5731
BEST BUY CANADA LTD p633
770 Gardiners Rd, KINGSTON, ON, K7M 3X9
(613) 887-2599 *SIC* 5731
BEST BUY CANADA LTD p638
215 Fairway Rd S, KITCHENER, ON, N2C 1X2
(519) 783-0333 *SIC* 5731
BEST BUY CANADA LTD p644

50 Gateway Park Dr, KITCHENER, ON, N2P 2J4
SIC 5731
BEST BUY CANADA LTD p652
1735 Richmond St Suite 111, LONDON, ON, N5X 3Y2
(519) 640-2900 *SIC* 5731
BEST BUY CANADA LTD p661
1885 Hyde Park Rd, LONDON, ON, N6H 0A3
SIC 5731
BEST BUY CANADA LTD p670
5000 Highway 7 E Unit D, MARKHAM, ON, L3R 4M9
(905) 754-3025 *SIC* 5731
BEST BUY CANADA LTD p703
3050 Vega Blvd Suite 3, MISSISSAUGA, ON, L5L 5X8
SIC 5731
BEST BUY CANADA LTD p707
2975 Argentia Rd, MISSISSAUGA, ON, L5N 0A2
(905) 285-9948 *SIC* 5731
BEST BUY CANADA LTD p741
1500 Fisher St, NORTH BAY, ON, P1B 2H3
(705) 472-2126 *SIC* 5731
BEST BUY CANADA LTD p757
695 Wilson Ave, NORTH YORK, ON, M3K 1E3
(416) 635-6574 *SIC* 5731
BEST BUY CANADA LTD p763
2625a Weston Rd, NORTH YORK, ON, M9N 3V8
(416) 242-6162 *SIC* 5731
BEST BUY CANADA LTD p773
99 First St, ORANGEVILLE, ON, L9W 2E8
(519) 940-8206 *SIC* 5731
BEST BUY CANADA LTD p774
3200 Monarch Dr Unit 1, ORILLIA, ON, L3V 8A2
(705) 325-0519 *SIC* 5731
BEST BUY CANADA LTD p777
2020 Mer Bleue Rd Unit C2, ORLEANS, ON, K4A 0G2
(613) 830-2706 *SIC* 5731
BEST BUY CANADA LTD p778
1471 Harmony Rd N, OSHAWA, ON, L1H 7K5
(905) 433-4455 *SIC* 5731
BEST BUY CANADA LTD p787
380 Coventry Rd, OTTAWA, ON, K1K 2C6
(613) 212-0333 *SIC* 5731
BEST BUY CANADA LTD p795
2210 Bank St Unit B1, OTTAWA, ON, K1V 1J5
(613) 526-7450 *SIC* 5731
BEST BUY CANADA LTD p820
225 High Tech Rd Unit C, RICHMOND HILL, ON, L4B 0A6
(905) 695-3906 *SIC* 5731
BEST BUY CANADA LTD p826
1380 Exmouth St, SARNIA, ON, N7S 3X9
(519) 542-4388 *SIC* 5731
BEST BUY CANADA LTD p832
548 Great Northern Rd, SAULT STE. MARIE, ON, P6B 4Z9
(705) 942-0722 *SIC* 5731
BEST BUY CANADA LTD p838
50 Ashtonbee Rd Unit 2, SCARBOROUGH, ON, M1L 4R5
(416) 615-2879 *SIC* 5731
BEST BUY CANADA LTD p840
480 Progress Ave, SCARBOROUGH, ON, M1P 5J1
(416) 296-7020 *SIC* 5731
BEST BUY CANADA LTD p855
420 Vansickle Rd Suite 1, ST CATHARINES, ON, L2S 0C7
(905) 378-0333 *SIC* 5731
BEST BUY CANADA LTD p897
2400 Yonge St, TORONTO, ON, M4P 2H4
(416) 489-4726 *SIC* 5731
BEST BUY CANADA LTD p910
65 Dundas St W, TORONTO, ON, M5G 2C3

(416) 642-8321 *SIC* 5731
BEST BUY CANADA LTD p937
10 Old Stock Yards Rd, TORONTO, ON, M6N 5G8
(416) 766-1577 *SIC* 5731
BEST BUY CANADA LTD p945
8601 Warden Ave Suite 1, UNIONVILLE, ON, L3R 0B5
SIC 5731
BEST BUY CANADA LTD p957
1751 Victoria St E, WHITBY, ON, L1N 9W4
(905) 666-3453 *SIC* 5731
BEST BUY CANADA LTD p963
4379 Walker Rd, WINDSOR, ON, N8W 3T6
(519) 967-2070 *SIC* 5731
BEST BUY CANADA LTD p973
7850 Weston Rd Suite 1, WOODBRIDGE, ON, L4L 9N8
(905) 264-3191 *SIC* 5731
BEST BUY CANADA LTD p992
7400 Boul Des Roseraies, ANJOU, QC, H1M 3X8
(514) 356-2168 *SIC* 5731
BEST BUY CANADA LTD p992
7200 Boul Des Roseraies, ANJOU, QC, H1M 2T5
SIC 5731
BEST BUY CANADA LTD p1013
1401 Boul Talbot, CHICOUTIMI, QC, G7H 5N6
(418) 698-6701 *SIC* 5731
BEST BUY CANADA LTD p1035
920 Boul Maloney O, GATINEAU, QC, J8T 3R6
(819) 966-2222 *SIC* 5731
BEST BUY CANADA LTD p1042
90 Rue Simonds N, GRANBY, QC, J2J 2L1
(450) 372-0883 *SIC* 5731
BEST BUY CANADA LTD p1043
1800 Av Auguste, GREENFIELD PARK, QC, J4V 3R4
(450) 443-3817 *SIC* 5731
BEST BUY CANADA LTD p1043
1000 Av Auguste, GREENFIELD PARK, QC, J4V 3R4
(450) 766-2300 *SIC* 5731
BEST BUY CANADA LTD p1059
7077 Boul Newman, LASALLE, QC, H8N 1X1
(514) 368-6570 *SIC* 5731
BEST BUY CANADA LTD p1109
470 Rue Sainte-Catherine O, Montreal, QC, H3B 1A6
(514) 393-2600 *SIC* 5731
BEST BUY CANADA LTD p1117
2313 Rue Sainte-Catherine O Bureau 108, Montreal, QC, H3H 1N2
SIC 5731
BEST BUY CANADA LTD p1124
8871 Boul De L'acadie, Montreal, QC, H4N 3K1
(514) 905-4269 *SIC* 5731
BEST BUY CANADA LTD p1141
6815 Rte Transcanadienne, POINTE-CLAIRE, QC, H9R 1C4
(514) 782-2400 *SIC* 5731
BEST BUY CANADA LTD p1145
847 Rue Clemenceau, QUEBEC, QC, G1C 2K6
SIC 5731
BEST BUY CANADA LTD p1167
1475 Boul Lebourgneuf, Quebec, QC, G2K 2G3
(418) 263-1044 *SIC* 5731
BEST BUY CANADA LTD p1181
1235 Boul Des Promenades, SAINT-BRUNO, QC, J3V 6H1
(450) 461-1557 *SIC* 5731
BEST BUY CANADA LTD p1203
7075 Place Robert-Joncas Bureau M101, SAINT-LAURENT, QC, H4M 2Z2
(514) 905-7700 *SIC* 5731
BEST BUY CANADA LTD p1243
790 Montee Des Pionniers, TERREBONNE,

QC, J6V 1N9
(450) 470-9636 *SIC* 5731
BEST BUY CANADA LTD p1250
4520 Boul Des Recollets Bureau 900a, Trois-Rivieres, QC, G9A 4N2
(819) 379-6161 *SIC* 5731
BEST BUY CANADA LTD p1256
3090 Boul De La Gare, VAUDREUIL-DORION, QC, J7V 0H1
(450) 455-8434 *SIC* 5731
BEST BUY CANADA LTD p1279
800 15th St E Unit 300, PRINCE ALBERT, SK, S6V 8E3
(306) 922-9410 *SIC* 5731
BEST BUY CANADA LTD p1281
1825e Victoria Ave, REGINA, SK, S4N 6E6
(306) 791-4000 *SIC* 5731
BEST BUY CANADA LTD p1290
2125 Prince Of Wales Dr, REGINA, SK, S4V 3A4
(306) 546-0100 *SIC* 5731
BEST BUY CANADA LTD p1302
1723 Preston Ave N Unit 221, SASKATOON, SK, S7N 4V2
(306) 955-6800 *SIC* 5731
COX RADIO & TV LTD p418
843 Fairville Blvd, SAINT JOHN, NB, E2M 5T9
(506) 635-8207 *SIC* 5731
DOYON, G. T. V. (SHERBROOKE) INC p1239
525 Rue Northrop-Frye, SHERBROOKE, QC, J1L 2Y3
(819) 565-3177 *SIC* 5731
FILLION, LOUIS ELECTRONIQUE INC p1086
5690 Rue Sherbrooke E, Montreal, QC, H1N 1A1
(514) 254-6041 *SIC* 5731
GLOBALSTAR CANADA SATELLITE CO. p714
115 Matheson Blvd W Unit 100, MISSISSAUGA, ON, L5R 3L1
(905) 890-1377 *SIC* 5731
PANASONIC CANADA INC p187
4175 Dawson St, BURNABY, BC, V5C 4B3
SIC 5731
SOURCE (BELL) ELECTRONICS INC, THE p495
279 Bayview Dr, BARRIE, ON, L4M 4W5
(705) 728-2262 *SIC* 5731
STEVE'S T.V. & APPLIANCES LIMITED p642
385 Frederick St, KITCHENER, ON, N2H 2P2
(519) 744-3528 *SIC* 5731

SIC 5734 Computer and software stores

AFFINIO INC p461
2717 Joseph Howe Dr Suite 300, HALIFAX, NS, B3L 4T9
(866) 991-3263 *SIC* 5734
BEST BUY CANADA LTD p30
6909 Macleod Trail Sw, CALGARY, AB, T2H 0L6
SIC 5734
BEST BUY CANADA LTD p56
350 Shawville Blvd Se Unit 110, CALGARY, AB, T2Y 3S4
(403) 509-9120 *SIC* 5734
BEST BUY CANADA LTD p283
10232c Whalley Blvd Suite 10232, SURREY, BC, V3T 4H2
SIC 5734
ELECTRONICS BOUTIQUE CANADA INC p514
8995 Airport Rd Suite 512, BRAMPTON, ON, L6T 5T2
(905) 790-9262 *SIC* 5734
ESIT CANADA ENTERPRISE SERVICES CO p373
99 Corbett Dr, WINNIPEG, MB, R2Y 1V4
(204) 837-5507 *SIC* 5734
ESIT CANADA ENTERPRISE SERVICES CO

▲ Public Company   ■ Public Company Family Member   **HQ** Headquarters   **BR** Branch   **SL** Single Location

SIC 5735 Record and prerecorded tape stores

p377
200 Graham Ave Suite 810, WINNIPEG, MB, R3C 4L5
(204) 942-4725   *SIC 5734*
ESIT CANADA ENTERPRISE SERVICES CO   *p458*
1718 Argyle St Suite 420, HALIFAX, NS, B3J 3N6
SIC 5734
ESIT CANADA ENTERPRISE SERVICES CO   *p458*
1969 Upper Water St, HALIFAX, NS, B3J 3R7
SIC 5734
ESIT CANADA ENTERPRISE SERVICES CO   *p659*
1100 Dearness Dr Unit 15, LONDON, ON, N6E 1N9
(888) 447-4636   *SIC 5734*
ESIT CANADA ENTERPRISE SERVICES CO   *p806*
235 Pembroke St E, PEMBROKE, ON, K8A 3J8
SIC 5734
GAMESTOP CORP   *p1176*
401 Boul Labelle, Rosemere, QC, J7A 3T2
SIC 5734
HARTCO INC   *p1287*
1060 Winnipeg St, REGINA, SK, S4R 8P8
(306) 525-0537   *SIC 5734*
INVESTISSEMENTS HARTCO INC   *p304*
595 Georgia St W, VANCOUVER, BC, V6B 1Z5
(604) 688-2662   *SIC 5734*
ITEX INC   *p623*
555 Legget Dr Suite 730, KANATA, ON, K2K 2X3
(613) 599-5550   *SIC 5734*
LENOVO (CANADA) INC   *p1112*
630 Boul Rene Levesque O Bureau 2330, Montreal, QC, H3B 1S6
(514) 390-5020   *SIC 5734*
MAGASINS HART INC   *p727*
3 Roydon Pl, NEPEAN, ON, K2E 1A3
(613) 727-0099   *SIC 5734*
MEMORY EXPRESS INC   *p10*
3305 32 St Ne, CALGARY, AB, T1Y 5X7
SIC 5734
MEMORY EXPRESS INC   *p32*
120 58 Ave Se, CALGARY, AB, T2H 0N7
(403) 253-5676   *SIC 5734*
NETSUITE INC   *p690*
5800 Explorer Dr Suite 100, MISSISSAUGA, ON, L4W 5K9
(905) 219-8534   *SIC 5734*
NORTHERN MICRO INC   *p1162*
3107 Av Des Hotels Bureau 2, Quebec, QC, G1W 4W5
(418) 654-1733   *SIC 5734*
SIMPLY COMPUTING INC   *p329*
2639 Quadra St, VICTORIA, BC, V8T 4E3
(250) 412-6899   *SIC 5734*
T L D COMPUTERS INC   *p272*
12251 Horseshoe Way Unit 100, RICHMOND, BC, V7A 4V4
(604) 272-6000   *SIC 5734*
TECHNOLOGIES METAFORE INC   *p798*
1545 Carling Ave Suite 110, OTTAWA, ON, K1Z 8P9
(613) 727-0386   *SIC 5734*
VERTISOFT INC   *p1260*
990 Boul Pierre-Roux E, VICTORIAVILLE, QC, G6T 0K9
(819) 751-6660   *SIC 5734*
WESTKEY GRAPHICS LTD   *p185*
3212 Lake City Way, BURNABY, BC, V5A 3A4
(604) 421-7778   *SIC 5734*
WESTWORLD COMPUTERS LTD   *p26*
1000 Centre St Ne, CALGARY, AB, T2E 7W6
(403) 221-9499   *SIC 5734*
XMG STUDIO INC   *p910*
67 Yonge St Suite 1600, TORONTO, ON, M5E 1J8
(416) 619-0700   *SIC 5734*

SIC 5735 Record and prerecorded tape stores

AUDIO WAREHOUSE LTD   *p1294*
1601 Quebec Ave, SASKATOON, SK, S7K 1V6
(306) 664-8885   *SIC 5735*
CD WAREHOUSE INC   *p727*
1383 Clyde Ave, NEPEAN, ON, K2G 3H7
(613) 225-9027   *SIC 5735*
GROUPE ARCHAMBAULT INC   *p1095*
500 Rue Sainte-Catherine E, Montreal, QC, H2L 2C6
(514) 849-6201   *SIC 5735*

SIC 5736 Musical instrument stores

712934 ALBERTA LTD   *p74*
11931 Wayne Gretzky Dr, EDMONTON, AB, T5B 1Z7
(780) 471-2001   *SIC 5736*
AXE MUSIC INC   *p27*
4114 Macleod Trail Se, CALGARY, AB, T2G 2R7
(403) 243-5200   *SIC 5736*
B & J MUSIC LTD   *p696*
2360 Tedlo St, MISSISSAUGA, ON, L5A 3V3
(905) 896-3001   *SIC 5736*
GROUPE ARCHAMBAULT INC   *p993*
7500 Boul Des Galeries D'anjou Bureau 50, ANJOU, QC, H1M 3M4
(514) 351-2230   *SIC 5736*
GROUPE ARCHAMBAULT INC   *p1003*
584 Ch De Touraine Bureau 104, BOUCHERVILLE, QC, J4B 8S5
(450) 552-8080   *SIC 5736*
GROUPE ARCHAMBAULT INC   *p1006*
2151 Boul Lapiniere Bureau G30, BROSSARD, QC, J4W 2T5
(450) 671-0801   *SIC 5736*
GROUPE ARCHAMBAULT INC   *p1014*
1120 Boul Talbot, CHICOUTIMI, QC, G7H 7R2
(418) 698-1586   *SIC 5736*
GROUPE ARCHAMBAULT INC   *p1019*
1545 Boul Le Corbusier, Cote Saint-Luc, QC, H7S 2K6
(450) 978-7275   *SIC 5736*
GROUPE ARCHAMBAULT INC   *p1086*
5655 Av Pierre-De Coubertin, Montreal, QC, H1N 1R2
(514) 272-4049   *SIC 5736*
GROUPE ARCHAMBAULT INC   *p1100*
175 Rue Sainte-Catherine O, Montreal, QC, H2X 1Z8
(514) 281-0367   *SIC 5736*
GROUPE ARCHAMBAULT INC   *p1167*
1580 Boul Lebourgneuf, Quebec, QC, G2K 2M4
(418) 380-8118   *SIC 5736*
LONG & MCQUADE LIMITED   *p32*
225 58 Ave Se, CALGARY, AB, T2H 0N8
(403) 244-5555   *SIC 5736*
LONG & MCQUADE LIMITED   *p247*
1363 Main St, NORTH VANCOUVER, BC, V7J 1C4
(604) 986-3118   *SIC 5736*
LONG & MCQUADE LIMITED   *p255*
1360 Dominion Ave, PORT COQUITLAM, BC, V3B 8G7
(604) 464-1011   *SIC 5736*
LONG & MCQUADE LIMITED   *p302*
368 Terminal Ave, VANCOUVER, BC, V6A 3W9
(604) 734-4886   *SIC 5736*
LONG & MCQUADE LIMITED   *p386*
651 Stafford St, WINNIPEG, MB, R3M 2X7
(204) 284-8992   *SIC 5736*
LONG & MCQUADE LIMITED   *p407*
245 Carson Dr, MONCTON, NB, E1C 0M5
(506) 857-1987   *SIC 5736*
LONG & MCQUADE LIMITED   *p518*
370 Main St N, BRAMPTON, ON, L6V 4A4
(905) 450-4334   *SIC 5736*
LONG & MCQUADE LIMITED   *p536*
3180 Mainway, BURLINGTON, ON, L7M 1A5
(905) 319-7919   *SIC 5736*
LONG & MCQUADE LIMITED   *p700*
900 Rathburn Rd W, MISSISSAUGA, ON, L5C 4L4
(905) 273-3939   *SIC 5736*
LONG & MCQUADE LIMITED   *p755*
2777 Steeles Ave W Suite 5, NORTH YORK, ON, M3J 3K5
(416) 663-8612   *SIC 5736*
LONG & MCQUADE LIMITED   *p778*
902 Simcoe St N, OSHAWA, ON, L1G 4W2
(905) 434-1773   *SIC 5736*
LONG & MCQUADE LIMITED   *p935*
925 Bloor St W, TORONTO, ON, M6H 1L5
(416) 588-7886   *SIC 5736*
MAGASIN DE MUSIQUE STEVE INC   *p789*
308 Rideau St, OTTAWA, ON, K1N 5Y5
(613) 789-1131   *SIC 5736*
ORGUES LETOURNEAU LTEE   *p1196*
16355 Av Savoie, SAINT-HYACINTHE, QC, J2T 3N1
(450) 223-1018   *SIC 5736*
PRICE, GORDON MUSIC LTD   *p106*
10828 82 Ave Nw, EDMONTON, AB, T6E 2B3
(780) 439-0007   *SIC 5736*
ST JOHN'S MUSIC LTD   *p33*
105 58 Ave Se, CALGARY, AB, T2H 0N8
(403) 265-6300   *SIC 5736*
ST JOHN'S MUSIC LTD   *p381*
1330 Portage Ave, WINNIPEG, MB, R3G 0V6
(204) 783-8899   *SIC 5736*
TOM LEE MUSIC CO. LTD   *p305*
650 Georgia St W Suite 310, VANCOUVER, BC, V6B 4N7
(604) 685-8471   *SIC 5736*

SIC 5812 Eating places

0319637 B.C. LTD   *p313*
8901 Stanley Park Dr, Vancouver, BC, V6G 3E2
(604) 681-7275   *SIC 5812*
0735290 MANITOBA LTD   *p363*
1919 Henderson Hwy Unit 9, WINNIPEG, MB, R2G 1P4
(204) 334-1162   *SIC 5812*
1004839 ONTARIO LIMITED   *p703*
3105 Dundas St W Suite 101, MISSISSAUGA, ON, L5L 3R8
(905) 569-7000   *SIC 5812*
10052787 CANADA INC   *p1256*
48 Boul De La Cite-Des-Jeunes Bureau 100, VAUDREUIL-DORION, QC, J7V 9L5
(450) 218-0505   *SIC 5812*
101011657 SASKATCHEWAN LTD   *p1288*
3915 Albert St, REGINA, SK, S4S 3R4
SIC 5812
101055401 SASKATCHEWAN LTD   *p1291*
2404 8th St E, SASKATOON, SK, S7H 0V6
(306) 374-3344   *SIC 5812*
1021416 ALBERTA LTD   *p2*
216 Edmonton Trail Ne, AIRDRIE, AB, T4B 1R9
(403) 948-9335   *SIC 5812*
1036028 ONTARIO LIMITED   *p817*
Gd Lcd Main, PORT HOPE, ON, L1A 3V4
SIC 5812
1036028 ONTARIO LIMITED   *p943*
Highway 401, TRENTON, ON, K8V 6B4
(613) 392-4603   *SIC 5812*
1036274 ONTARIO INC   *p564*
1901 Mcconnell Ave Ss 42, CORNWALL, ON, K6H 0B9
(613) 933-8363   *SIC 5812*
10464 NEWFOUNDLAND LTD   *p425*
41 Maple Valley Rd, CORNER BROOK, NL, A2H 6T2
(709) 639-2222   *SIC 5812*
1051107 ONTARIO LTD   *p812*
1725 Kingston Rd Suite 25, PICKERING, ON, L1V 4L9
(905) 619-1000   *SIC 5812*
1063967 ALBERTA CORPORATION   *p125*
10007 99 Ave, GRANDE PRAIRIE, AB, T8V 0R7
(780) 538-3828   *SIC 5812*
1069000 ONTARIO LTD   *p654*
304 Talbot St, LONDON, ON, N6A 2R4
SIC 5812
1073197 ONTARIO LTD   *p894*
576 Danforth Ave, TORONTO, ON, M4K 1R1
(416) 466-2931   *SIC 5812*
1078505 ONTARIO INC   *p819*
125 York Blvd, RICHMOND HILL, ON, L4B 3B4
SIC 5812
1085098 ONTARIO LTD   *p623*
329 March Rd, KANATA, ON, K2K 2E1
(613) 591-3895   *SIC 5812*
1094285 ONTARIO LIMITED   *p746*
2901 Bayview Ave Suite 107, NORTH YORK, ON, M2K 1E6
(416) 227-1271   *SIC 5812*
1094285 ONTARIO LIMITED   *p899*
1560 Yonge St, TORONTO, ON, M4T 2S9
(905) 338-5233   *SIC 5812*
1094285 ONTARIO LIMITED   *p916*
207 Queens Quay W, TORONTO, ON, M5J 1A7
SIC 5812
1095141 ONTARIO LIMITED   *p669*
7225 Woodbine Ave Suite 119, MARKHAM, ON, L3R 1A3
(905) 940-2199   *SIC 5812*
1121859 ONTARIO LIMITED   *p900*
1 Benvenuto Pl Suite 220, TORONTO, ON, M4V 2L1
(416) 961-8011   *SIC 5812*
1148305 ONTARIO INC   *p580*
1750 The Queensway Suite 443, ETOBICOKE, ON, M9C 5H5
(416) 622-6677   *SIC 5812*
115768 CANADA INC   *p1103*
1130 Rue Jeanne-Mance, Montreal, QC, H2Z 1L7
(514) 861-3166   *SIC 5812*
116106 CANADA INC   *p1233*
810 Boul Laure, Sept-Iles, QC, G4R 0E8
(418) 962-1254   *SIC 5812*
1172413 ONTARIO INC   *p624*
651 Terry Fox Dr Suite Side, KANATA, ON, K2L 4E7
(613) 836-3680   *SIC 5812*
1180207 ONTARIO LIMITED   *p601*
232 Silvercreek Pky N, GUELPH, ON, N1H 7P8
(519) 836-5858   *SIC 5812*
1184892 ALBERTA LTD   *p26*
115 9 Ave Se Suite 294, CALGARY, AB, T2G 0P5
(403) 246-3636   *SIC 5812*
1193055 ONTARIO LIMITED   *p524*
45 King George Rd, BRANTFORD, ON, N3R 5K2
(519) 751-4042   *SIC 5812*
1202937 ONTARIO INC.   *p788*
54 York St, OTTAWA, ON, K1N 5T1
(613) 241-3474   *SIC 5812*
1212551 ONTARIO INC   *p654*
915 Commissioners Rd E, LONDON, ON, N5Z 3H9
(519) 649-1678   *SIC 5812*
1212551 ONTARIO INC   *p654*
95 Pond Mills Rd, LONDON, ON, N5Z 3X3
(519) 645-1917   *SIC 5812*
1213874 ONTARIO INC   *p805*

▲ Public Company   ■ Public Company Family Member   HQ Headquarters   BR Branch   SL Single Location

BUSINESSES BY INDUSTRY CLASSIFICATION   SIC 5812 Eating places   2221

100 Pembroke St E, PEMBROKE, ON, K8A 8A3
(613) 732-9955   SIC 5812
1214391 ONTARIO INC   p507
101 Clarington Blvd, BOWMANVILLE, ON, L1C 4Z3
(905) 697-3702   SIC 5812
122164 CANADA LIMITED   p601
10 Fox Run Dr, GUELPH, ON, N1H 6H9
(519) 763-7200   SIC 5812
122164 CANADA LIMITED   p893
45 Wicksteed Ave, TORONTO, ON, M4G 4H9
(416) 421-8559   SIC 5812
1248741 ONTARIO LTD   p788
47 Clarence St, OTTAWA, ON, K1N 9K1
(613) 241-1343   SIC 5812
1248776 ONTARIO INC   p624
6 Edgewater St Suite 6458, KANATA, ON, K2L 1V8
(613) 831-9183   SIC 5812
1260848 ONTARIO INC   p606
706 Queenston Rd, HAMILTON, ON, L8G 1A2
(905) 560-9615   SIC 5812
1260848 ONTARIO INC   p642
Westmount Rd W, KITCHENER, ON, N2M 5C4
(519) 744-1585   SIC 5812
1260848 ONTARIO INC   p642
700 Westmount Rd W, KITCHENER, ON, N2M 1R9
(519) 581-0679   SIC 5812
1260848 ONTARIO INC   p642
354 Highland Rd W, KITCHENER, ON, N2M 3C7
(519) 744-4427   SIC 5812
1260848 ONTARIO INC   p950
109 King St N Unit D, WATERLOO, ON, N2J 2X5
(519) 884-6774   SIC 5812
126677 CANADA LIMITED   p783
1620 Michael St, OTTAWA, ON, K1B 3T7
(613) 741-2800   SIC 5812
128374 CANADA LTD   p1035
343 Boul Greber, GATINEAU, QC, J8T 5R3
SIC 5812
1287788 ONTARIO LTD   p962
7780 Tecumseh Rd E, WINDSOR, ON, N8T 1E9
(519) 945-1800   SIC 5812
1295224 ONTARIO INC   p882
258 Broadway St, Tillsonburg, ON, N4G 3R4
(519) 688-7674   SIC 5812
1298051 ONTARIO INC   p764
2035 Winston Park Dr, OAKVILLE, ON, L6H 6P5
(905) 829-3233   SIC 5812
1307761 ONTARIO LTD   p967
1190 Wyandotte St W, WINDSOR, ON, N9A 5Y5
(519) 254-6107   SIC 5812
1310281 ONTARIO INC   p593
1820 Ogilvie Rd, GLOUCESTER, ON, K1J 7P4
(613) 748-6931   SIC 5812
1324743 ONTARIO LIMITED   p632
630 Gardiners Rd, KINGSTON, ON, K7M 3X9
(613) 384-5988   SIC 5812
1326760 ONTARIO INC   p668
6040 Highway 7 E Unit 1, MARKHAM, ON, L3P 3A8
(905) 294-8736   SIC 5812
1327601 ONTARIO INC   p717
50 Courtneypark Dr E, MISSISSAUGA, ON, L5T 2Y3
(905) 565-6225   SIC 5812
1327698 ONTARIO LTD   p582
1751 Albion Rd, ETOBICOKE, ON, M9V 1C3
(416) 746-6962   SIC 5812
1335270 ONTARIO LTD   p693
87 Matheson Blvd E, MISSISSAUGA, ON, L4Z 2Y5
(905) 502-8000   SIC 5812
1339877 ONTARIO LTD   p632
670 Gardiners Rd, KINGSTON, ON, K7M 3X9
(613) 634-6220   SIC 5812
1346674 ONTARIO LIMITED   p735
4800 Bender St, NIAGARA FALLS, ON, L2E 6W7
(905) 374-4444   SIC 5812
1351786 ONTARIO LTD   p840
37 William Kitchen Rd, SCARBOROUGH, ON, M1P 5B7
(800) 361-3111   SIC 5812
1381111 ONTARIO LTD   p898
2200 Yonge St Suite 603, TORONTO, ON, M4S 2C6
(416) 486-2222   SIC 5812
1382769 ONTARIO LIMITED   p632
650 Gardiners Rd, KINGSTON, ON, K7M 3X9
(613) 384-7784   SIC 5812
141081 CANADA INC   p1029
570 Boul Saint-Joseph, DRUMMONDVILLE, QC, J2C 2B9
(819) 477-3334   SIC 5812
1413249 ONTARIO INC   p957
75 Consumers Dr Suite 17, WHITBY, ON, L1N 9S2
(905) 665-6575   SIC 5812
1427732 ONTARIO INC   p864
1067 Ontario St Suite 2, STRATFORD, ON, N5A 6W6
(519) 272-2701   SIC 5812
1430499 ALBERTA LTD   p68
29 Alberta Rd, CLARESHOLM, AB, T0L 0T0
(403) 625-2546   SIC 5812
1498882 ONTARIO INC   p649
1915 Dundas St Suite Side, LONDON, ON, N5V 5J9
(519) 451-5737   SIC 5812
1514444 ONTARIO INC   p727
526 West Hunt Club Rd, NEPEAN, ON, K2G 7B5
(613) 274-2746   SIC 5812
1534825 ONTARIO INC   p807
3119 Petawawa Blvd, PETAWAWA, ON, K8H 1X9
(613) 687-0841   SIC 5812
1561716 ONTARIO LTD   p583
930 Dixon Rd, ETOBICOKE, ON, M9W 1J9
(416) 674-7777   SIC 5812
1561716 ONTARIO LTD   p812
705 Kingston Rd, PICKERING, ON, L1V 6K3
(905) 420-3334   SIC 5812
1561716 ONTARIO LTD   p912
212 King St W, TORONTO, ON, M5H 1K5
(416) 408-4064   SIC 5812
1565720 ONTARIO LIMITED   p524
84 Lynden Rd, BRANTFORD, ON, N3R 6B8
(519) 754-0303   SIC 5812
1608296 ONTARIO LIMITED   p959
4170 Baldwin St S, WHITBY, ON, L1R 3H8
(905) 655-2075   SIC 5812
163048 CANADA INC   p1050
6476 Boul Wilfrid-Hamel, L'ANCIENNE-LORETTE, QC, G2E 2J1
(418) 872-3000   SIC 5812
1638825 ONTARIO LTD   p802
1605 16th St E, OWEN SOUND, ON, N4K 5N3
(519) 370-2003   SIC 5812
164074 CANADA INC   p916
151 Front St W, TORONTO, ON, M5J 2N1
SIC 5812
170TH C.T. GRILL INC   p21
2480 37 Ave Ne, CALGARY, AB, T2E 8S6
(403) 291-0520   SIC 5812
170TH C.T. GRILL INC   p110
10333 34 Ave Nw, EDMONTON, AB, T6J 6V1
(780) 430-0606   SIC 5812
1726837 ONTARIO INC   p686
1290 Crestlawn Dr Bldg 1, MISSISSAUGA, ON, L4W 1A6
(905) 282-1600   SIC 5812
173569 CANADA INC   p1035
325 Boul Greber Bureau C, GATINEAU, QC, J8T 8J3
(819) 246-2243   SIC 5812
175246 CANADA INC   p1137
4928 Boul Des Sources Bureau 2545, PIERREFONDS, QC, H8Y 3C9
(514) 684-0779   SIC 5812
175246 CANADA INC   p1206
3330 Boul De La Cote-Vertu, SAINT-LAURENT, QC, H4R 1P8
(514) 331-3177   SIC 5812
1767168 ONTARIO LTD   p569
2147 Dorchester Rd, DORCHESTER, ON, N0L 1G2
(519) 268-1100   SIC 5812
2004995 ONTARIO INC   p921
66 Wellington St W, TORONTO, ON, M5K 1J3
(416) 777-1144   SIC 5812
2010665 ONTARIO LTD   p973
25 Woodstream Blvd Suite 1, WOODBRIDGE, ON, L4L 7Y8
(905) 265-7843   SIC 5812
2065858 ONTARIO LIMITED   p511
9055 Airport Rd, BRAMPTON, ON, L6S 0B8
(905) 793-0443   SIC 5812
206684 BC LTD   p278
3720 Highway 16 W, SMITHERS, BC, V0J 2N1
(250) 847-6142   SIC 5812
2070403 ONTARIO INC   p638
509 Wilson Ave Suite 16, KITCHENER, ON, N2C 2M4
(519) 893-3100   SIC 5812
2111964 ONTARIO INC   p496
350 Yonge St, BARRIE, ON, L4N 4C8
(705) 739-9788   SIC 5812
2158390 ONTARIO INC   p825
3002 Richelieu St, ROCKLAND, ON, K4K 0B5
(613) 446-7772   SIC 5812
23RD AVENUE PIZZA LTD   p110
11023 23 Ave Nw, EDMONTON, AB, T6J 6P9
(780) 435-5005   SIC 5812
2419658 ONTARIO INC   p676
7680 Markham Rd Suite 1, MARKHAM, ON, L3S 4S1
(905) 201-0477   SIC 5812
2420-5064 QUEBEC INC   p1040
604 Rue Principale, GRANBY, QC, J2G 2X7
(450) 372-3848   SIC 5812
2528-6360 QUEBEC INC   p1228
1171 Ch Saint-Henri Bureau 1, SAINTE-MARTHE, QC, J0P 1W0
(450) 459-4241   SIC 5812
2540-9392 QUEBEC INC   p1219
995 Rte Prevost Bureau 1, Saint-Pierre-Ile-D'Orleans, QC, G0A 4E0
(418) 828-2287   SIC 5812
2639-6564 QUEBEC INC   p1002
1150a Rue Volta, BOUCHERVILLE, QC, J4B 7A2
(450) 641-2243   SIC 5812
2646-2937 QUEBEC INC   p1082
61 Montee Ryan Bureau 2534, MONT-TREMBLANT, QC, J8E 1S3
SIC 5812
28 AUGUSTA FUND LTD   p30
6920 Macleod Trail Se, CALGARY, AB, T2H 0L3
(403) 259-3119   SIC 5812
2814048 MANITOBA LTD   p361
1576 Regent Ave W, WINNIPEG, MB, R2C 3B4
(204) 949-6004   SIC 5812
281558 B.C. LTD   p248
153 16th St W, NORTH VANCOUVER, BC, V7M 1T3
(604) 985-0414   SIC 5812
2852-7414 QUEBEC INC   p1013
805 Boul Talbot, CHICOUTIMI, QC, G7H 4B3
(418) 698-8877   SIC 5812
289900 ONTARIO LIMITED   p736
8921 Sodom Rd, NIAGARA FALLS, ON, L2G 0T4
(905) 295-4436   SIC 5812
293967 ALBERTA LTD   p166
470 St Albert Rd Suite 20, ST. ALBERT, AB, T8N 5J9
(780) 458-6884   SIC 5812
2957-3243 QUEBEC INC   p1258
139 Boul Des Bois-Francs S, VICTORIAVILLE, QC, G6P 4S4
(819) 758-5311   SIC 5812
2959-0411 QUEBEC INC   p1159
2955 Boul Laurier, Quebec, QC, G1V 2M2
(418) 654-3644   SIC 5812
2970-7163 QUEBEC INC.   p1241
1115 Rte Marie-Victorin, SOREL-TRACY, QC, J3R 1L7
(450) 742-1655   SIC 5812
2973-8424 QUEBEC INC   p1165
5233 Boul Wilfrid-Hamel, Quebec, QC, G2E 2H1
(418) 871-8182   SIC 5812
300826 ALBERTA LTD   p54
10456 Southport Rd Sw, CALGARY, AB, T2W 3M5
SIC 5812
3008754 MANITOBA LTD   p344
1630 Park Ave, BRANDON, MB, R7A 1J5
(204) 728-5930   SIC 5812
301726 ALBERTA LTD   p122
8751 94 St, FORT SASKATCHEWAN, AB, T8L 4P7
(780) 998-9999   SIC 5812
3090-0872 QUEBEC INC   p1115
1225 Rue Crescent, Montreal, QC, H3G 2B1
(514) 861-4111   SIC 5812
3091-0418 QUEBEC INC   p1133
545 Boul Cure-Labelle, Montreal-Ouest, QC, H7V 2T3
(450) 681-0600   SIC 5812
3091-0418 QUEBEC INC   p1170
358 Rue Notre-Dame, REPENTIGNY, QC, J6A 2S5
SIC 5812
3094176 NOVA SCOTIA LIMITED   p448
510 Portland St, DARTMOUTH, NS, B2Y 4W7
(902) 462-3344   SIC 5812
3104346 CANADA INC   p1094
576 Rue Sainte-Catherine E Bureau 111, Montreal, QC, H2L 2E1
(514) 845-3345   SIC 5812
3108392 MANITOBA LTD   p367
1050 Nairn Ave, WINNIPEG, MB, R2L 0Y4
(204) 668-4414   SIC 5812
3111326 CANADA INC   p1013
1611 Boul Talbot, CHICOUTIMI, QC, G7H 4C3
(418) 698-8611   SIC 5812
3177743 MANITOBA LTD   p355
1018 Manitoba Ave, SELKIRK, MB, R1A 4M2
(204) 785-7777   SIC 5812
3177743 MANITOBA LTD   p384
2517 Portage Ave, WINNIPEG, MB, R3J 0P1
(204) 925-4101   SIC 5812
3193560 CANADA INC   p1035
120 Boul De L'hopital Bureau 105, GATINEAU, QC, J8T 8M2
(819) 561-3354   SIC 5812
337450 ALBERTA LTD   p38
2420 16 Ave Ne, CALGARY, AB, T2M 0M5
(403) 289-6900   SIC 5812
340107 ALBERTA LTD   p77
10665 109 St Nw, EDMONTON, AB, T5H 3B5
(780) 474-6466   SIC 5812
340107 ALBERTA LTD   p98
15327 97 St Nw, EDMONTON, AB, T5X 5V3

▲ Public Company   ■ Public Company Family Member   **HQ** Headquarters   **BR** Branch   **SL** Single Location

SIC 5812 Eating places

(780) 476-6474   *SIC* 5812
340107 ALBERTA LTD   p166
595 St Albert Trail, ST. ALBERT, AB, T8N 6G5
(780) 459-1411   *SIC* 5812
35790 MANITOBA LTD   p346
1836 Brandon Ave, BRANDON, MB, R7B 3G8
(204) 725-4223   *SIC* 5812
360641 BC LTD   p299
555 12th Ave W Unit 201, VANCOUVER, BC, V5Z 3X7
(604) 879-8038   *SIC* 5812
361680 ALBERTA LTD   p102
10501 82 Ave Nw, EDMONTON, AB, T6E 2A3
(780) 439-9829   *SIC* 5812
3819299 CANADA INC   p1229
760 Chomedey (A-13) O, SAINTE-ROSE, QC, H7X 3S9
(450) 969-3435   *SIC* 5812
387742 ONTARIO LIMITED   p590
831 King's Hwy, FORT FRANCES, ON, P9A 2X5
(807) 274-8535   *SIC* 5812
3992 BC INC   p197
45225 Luckakuck Way, CHILLIWACK, BC, V2R 3C7
(604) 858-5512   *SIC* 5812
4115155 MANITOBA LIMITED   p353
2180 Saskatchewan Ave W, PORTAGE LA PRAIRIE, MB, R1N 0P3
(204) 239-8200   *SIC* 5812
423027 BC LTD   p185
4219a Lougheed Hwy Unit A, BURNABY, BC, V5C 3Y6
(604) 299-7600   *SIC* 5812
429512 ONTARIO LIMITED   p727
117 Centrepointe Dr Suite 117, NEPEAN, ON, K2G 5X3
(613) 695-2800   *SIC* 5812
429512 ONTARIO LIMITED   p793
779 Bank St, OTTAWA, ON, K1S 3V5
(613) 235-2624   *SIC* 5812
4317572 CANADA INC   p1166
5540 Boul Des Gradins, Quebec, QC, G2J 1R7
(418) 622-0555   *SIC* 5812
4372752 MANITOBA LTD   p376
326 Broadway Suite 400, WINNIPEG, MB, R3C 0S5
(204) 943-4997   *SIC* 5812
458291 BC LTD   p253
19167 Ford Rd, PITT MEADOWS, BC, V3Y 2B6
(604) 465-9237   *SIC* 5812
458890 B.C. LTD   p211
101 Trans Canada Hwy, DUNCAN, BC, V9L 3P8
(250) 748-5151   *SIC* 5812
458984 ONTARIO LIMITED   p751
125 Moatfield Dr, NORTH YORK, ON, M3B 3L6
(416) 391-1424   *SIC* 5812
471540 B.C. LTD   p332
3965 Quadra St, VICTORIA, BC, V8X 1J8
(250) 727-3931   *SIC* 5812
483696 ALBERTA LTD   p102
7921 Coronet Rd Nw, EDMONTON, AB, T6E 4N7
(780) 465-4651   *SIC* 5812
4TH STREET ROSE RESTAURANT LTD   p52
2116 4 St Sw, CALGARY, AB, T2S 1W7
SIC 5812
500408 N.B. INC   p398
370 Main St, FREDERICTON, NB, E3A 1E5
(506) 462-9950   *SIC* 5812
5055091 MANITOBA INC   p359
4 Moak Cres, THOMPSON, MB, R8N 2B7
(204) 677-0111   *SIC* 5812
510011 ONTARIO LIMITED   p657
276 Dundas St, LONDON, ON, N6B 1T6
(519) 439-0188   *SIC* 5812
510487 ONTARIO LIMITED   p883
760 Algonquin Blvd, TIMMINS, ON, P4N 7E3
(705) 267-6467   *SIC* 5812
516447 ALBERTA LTD   p140
5501 44 St, LLOYDMINSTER, AB, T9V 0B1
(780) 875-3809   *SIC* 5812
517235 ALBERTA LTD   p26
200 8 Ave Se, CALGARY, AB, T2G 0K7
(403) 290-1012   *SIC* 5812
530093 ONTARIO LIMITED   p917
207 Queens Quay W Suite 200, TORONTO, ON, M5J 1A7
(416) 203-1233   *SIC* 5812
535688 ONTARIO LTD   p807
98 Dufferin St, PERTH, ON, K7H 3A7
(613) 267-3353   *SIC* 5812
570230 ONTARIO INC   p658
387 Wellington Rd, LONDON, ON, N6C 4P9
(519) 680-1830   *SIC* 5812
588990 ONTARIO INC   p569
520 Government St, DRYDEN, ON, P8N 2P7
(807) 223-4884   *SIC* 5812
6143580 CANADA INC.   p1148
10 Rue Saint-Antoine, Quebec, QC, G1K 4C9
(418) 692-1022   *SIC* 5812
6173306 CANADA INC   p988
12 1re Av E Bureau 49, AMOS, QC, J9T 1H3
(819) 727-9441   *SIC* 5812
6173306 CANADA INC   p1054
616 2e Rue E, LA SARRE, QC, J9Z 2S5
(819) 339-5619   *SIC* 5812
642354 ALBERTA LTD   p2
185 East Lake Cres Ne, AIRDRIE, AB, T4A 2H7
(403) 912-1230   *SIC* 5812
668977 ALBERTA INC   p55
235 Shawville Blvd Se, CALGARY, AB, T2Y 3H9
(403) 256-6999   *SIC* 5812
689109 ALBERTA LTD   p9
2791 32 Ave Ne, CALGARY, AB, T1Y 2G1
(403) 291-2229   *SIC* 5812
7073674 CANADA LTD   p790
77 Bank St, OTTAWA, ON, K1P 5N2
(613) 831-2235   *SIC* 5812
715639 ALBERTA LTD   p55
70 Shawville Blvd Se Suite 400, CALGARY, AB, T2Y 2Z3
(403) 256-5681   *SIC* 5812
715639 ALBERTA LTD   p56
4307 130 Ave Se Suite 190, CALGARY, AB, T2Z 3V8
(403) 257-5337   *SIC* 5812
718695 ONTARIO INC   p616
1170 Upper James St, HAMILTON, ON, L9C 3B1
(905) 574-7880   *SIC* 5812
733644 ALBERTA LTD   p156
2079 50 Ave, RED DEER, AB, T4R 1Z4
(403) 986-4312   *SIC* 5812
742994 ONTARIO INC   p644
600 Doon Village Rd, KITCHENER, ON, N2P 1G6
(519) 748-0221   *SIC* 5812
756694 ONTARIO LTD   p731
54 May St, NEW LISKEARD, ON, P0J 1P0
(705) 647-4733   *SIC* 5812
770976 ONTARIO LIMITED   p763
2625g Weston Rd, NORTH YORK, ON, M9N 3X2
(416) 242-5090   *SIC* 5812
779414 ONTARIO INC   p599
304 Stone Rd W, GUELPH, ON, N1G 4W4
(519) 836-4950   *SIC* 5812
816793 ONTARIO INC   p644
4396 King St E Suite 4, KITCHENER, ON, N2P 2G4
(519) 650-0331   *SIC* 5812
817936 ALBERTA LTD   p39
513 8 Ave Sw Suite 126, CALGARY, AB, T2P 1G1
(403) 508-9999   *SIC* 5812
820229 ONTARIO LIMITED   p838
2206 Eglinton Ave E, SCARBOROUGH, ON, M1L 4S7
(416) 288-1177   *SIC* 5812
824416 ONTARIO LTD   p755
1027 Finch Ave W, NORTH YORK, ON, M3J 2C7
(416) 736-6000   *SIC* 5812
825371 ABERTA LTD   p174
Gd Stn Main, WHITECOURT, AB, T7S 1S1
(780) 778-6611   *SIC* 5812
826788 ONTARIO LTD   p903
467 Church St Suite 3, TORONTO, ON, M4Y 2C5
(416) 972-0887   *SIC* 5812
841065 ONTARIO INC   p776
250 Centrum Blvd Suite Side, ORLEANS, ON, K1E 3J1
(613) 834-0088   *SIC* 5812
8649545 CANADA INC   p1115
1232 Rue De La Montagne, Montreal, QC, H3G 1Z1
(514) 392-1970   *SIC* 5812
867907 ONTARIO LIMITED   p735
4414 Portage Rd, NIAGARA FALLS, ON, L2E 6A5
(905) 354-2521   *SIC* 5812
876224 ONTARIO LIMITED   p508
150 Muskoka Rd 118 W, BRACEBRIDGE, ON, P1L 1T4
(705) 645-7947   *SIC* 5812
876350 ALBERTA LTD   p149
4520 46 St, OLDS, AB, T4H 1A1
(403) 556-7988   *SIC* 5812
882547 ONTARIO INC   p540
1235 Fairview St Suite 1, BURLINGTON, ON, L7S 2H9
(905) 632-6000   *SIC* 5812
9010-5826 QUEBEC INC   p1115
1459 Rue Crescent, Montreal, QC, H3G 2B2
(514) 288-3814   *SIC* 5812
9013-1194 QUEBEC INC   p1075
83 Rue Principale N, MANIWAKI, QC, J9E 2B5
(819) 449-3600   *SIC* 5812
9016-1126 QUEBEC INC   p1100
180 Rue Sainte-Catherine O, Montreal, QC, H2X 3Y2
(514) 282-7444   *SIC* 5812
9016-7974 QUA BEC INC   p1247
830 Boul Thibeau, Trois-Rivieres, QC, G8T 7A6
(819) 376-6664   *SIC* 5812
9017-2438 QUEBEC INC   p1088
5350 Rue Sherbrooke E, Montreal, QC, H1V 1A1
SIC 5812
9017-6165 QUEBEC INC   p1252
1690 3e Av, VAL-D'OR, QC, J9P 1W2
(819) 825-9118   *SIC* 5812
9025-5159 QUEBEC INC   p1024
3839 Boul Saint-Jean, DOLLARD-DES-ORMEAUX, QC, H9G 1X2
(514) 626-6440   *SIC* 5812
9030-5582 QUEBEC INC   p1245
1460 Ch Gascon Bureau 101, TERREBONNE, QC, J6X 2Z5
(450) 492-5225   *SIC* 5812
9046-2680 QUEBEC INC   p1244
1030 Boul Moody, TERREBONNE, QC, J6W 3K9
(450) 492-5156   *SIC* 5812
9046-2680 QUEBEC INC   p1245
2980 Ch Gascon, TERREBONNE, QC, J6X 3Z3
(450) 477-1600   *SIC* 5812
9050-6347 QUEBEC INC   p1124
1805 Rue Sauve O Unite 202, Montreal, QC, H4N 3B8
(514) 332-2255   *SIC* 5812
9054-2747 QUEBEC INC   p1040
791 Rue Principale, GRANBY, QC, J2G 2Y6
(450) 777-3511   *SIC* 5812
9057-6455 QUEBEC INC   p1139
12575 Rue Sherbrooke E Bureau 205, POINTE-AUX-TREMBLES, QC, H1B 1C8
(514) 645-2771   *SIC* 5812
9059-4300 QUEBEC INC   p1173
367 Montee Industrielle-Et-Commerciale, RIMOUSKI, QC, G5M 1Y1
(418) 721-2003   *SIC* 5812
9059-5307 QUEBEC INC   p992
7999 Boul Des Galeries D'anjou, ANJOU, QC, H1M 1W9
(514) 355-7330   *SIC* 5812
9061-3845 QUEBEC INC   p1221
21a Av De La Gare, SAINT-SAUVEUR, QC, J0R 1R0
(450) 227-8803   *SIC* 5812
9061-9552 QUEBEC INC   p1017
489 Boul Des Laurentides Bureau 133, Cote Saint-Luc, QC, H7G 2V2
(450) 669-9009   *SIC* 5812
9061-9552 QUEBEC INC   p1228
3099 Boul De La Concorde E, SAINTE-ROSE, QC, H7E 2C1
(450) 664-2995   *SIC* 5812
9064-4048 QUEBEC INC   p1045
1505 Boul Base-De-Roc, JOLIETTE, QC, J6E 0L1
(450) 759-6900   *SIC* 5812
9067-7022 QUEBEC INC   p1013
1494 Boul Talbot, CHICOUTIMI, QC, G7H 4C2
(418) 696-3158   *SIC* 5812
9070-9734 QUEBEC INC   p1225
1580 Boul Des Ecluses, SAINTE-CATHERINE, QC, J5C 2B4
(450) 638-9018   *SIC* 5812
9098-2067 QUEBEC INC   p1199
1 Rue John-F.-Kennedy, Saint-Jerome, J7Y 4B4
(450) 660-6200   *SIC* 5812
9098-2067 QUEBEC INC   p1199
2001 Boul Du Cure-Labelle, Saint-Jerome, QC, J7Y 1S2
(450) 431-6411   *SIC* 5812
9101-5925 QUEBEC INC   p1040
603 Rue Principale, GRANBY, QC, J2G 2X9
(450) 777-3030   *SIC* 5812
9101-6451 QUEBEC INC   p1216
4266 Rue Jean-Talon E Bureau 3004, SAINT-LEONARD, QC, H1S 1J7
(514) 376-9119   *SIC* 5812
9104-4974 QUEBEC INC   p998
1135 Boul Du Cure-Labelle, BLAINVILLE, QC, J7C 2N2
(450) 420-5083   *SIC* 5812
9107-1696 QUEBEC INC   p1035
1000 Boul Maloney O, GATINEAU, QC, J8T 3R6
(819) 243-8080   *SIC* 5812
9113-9303 QUEBEC INC   p1170
515 Rue Leclerc Bureau 102, REPENTIGNY, QC, J6A 8G9
SIC 5812
911587 ONTARIO LTD   p978
570 Norwich Ave, WOODSTOCK, ON, N4V 1C6
(519) 539-1337   *SIC* 5812
911640 ALBERTA LTD   p75
9499 137 Ave Nw Suite 239, EDMONTON, AB, T5E 5R8
(780) 406-3838   *SIC* 5812
9122-6910 QUEBEC INC   p1250
4520 Boul Des Recollets, Trois-Rivieres, QC, G9A 4N2
(819) 370-1099   *SIC* 5812
9124-4269 QUEBEC INC   p987
1049 Av Du Pont S, ALMA, QC, G8B 0E8
(418) 662-1178   *SIC* 5812
9126-5546 QUEBEC INC   p1169
2815 Boul Laurier, Qui obec, QC, G1V 4H3
(418) 658-2583   *SIC* 5812
9130-4930 QUEBEC INC   p1226
1940 Rue Leonard-De Vinci, SAINTE-JULIE, QC, J3E 1Y8
(450) 922-3131   *SIC* 5812

▲ Public Company   ■ Public Company Family Member   **HQ** Headquarters   **BR** Branch   **SL** Single Location

SIC 5812 Eating places 2223

9132-1554 QUEBEC INC p1036
2 Rue Montcalm, GATINEAU, QC, J8X 4B4
(819) 778-3880 *SIC* 5812

9136-8910 QUEBEC INC p1000
355 Montee Sanche Bureau 2600, BOISBRIAND, QC, J7G 2E7
(450) 434-2223 *SIC* 5812

9139-4874 QUEBEC INC p1006
2151 Boul Lapiniere, BROSSARD, QC, J4W 2T5
(450) 766-0404 *SIC* 5812

914068 ONTARIO INC p787
1200 St. Laurent Blvd Suite 500, OTTAWA, ON, K1K 3B8
(613) 747-0888 *SIC* 5812

9161-7340 QUEBEC INC p1197
180 Boul Omer-Marcil Bureau 2884, SAINT-JEAN-SUR-RICHELIEU, QC, J2W 2V1
(450) 359-0169 *SIC* 5812

9172-2785 QUEBEC INC p1052
1000 Rue Bagot, LA BAIE, QC, G7B 2N9
(418) 544-2224 *SIC* 5812

918962 ONTARIO INC p449
107 Shubie Dr, DARTMOUTH, NS, B3B 0C3
(902) 468-6080 *SIC* 5812

918962 ONTARIO INC p927
133 John St, TORONTO, ON, M5V 2E4
(416) 595-9100 *SIC* 5812

9192-2732 QUEBEC INC p1064
5865 Rue Des Arpents, Levis, QC, G6V 6Y1
(418) 837-4774 *SIC* 5812

9193-9298 QUEBEC INC p1156
813 Av Cartier, Quebec, QC, G1R 2R8
(418) 529-0068 *SIC* 5812

9230-5713 QUEBEC INC p1244
569 Boul Des Seigneurs, TERREBONNE, QC, J6W 1T5
(450) 471-9912 *SIC* 5812

9252-6698 QUEBEC INC p1068
510 Rue De Bernieres, Levis, QC, G7A 1E1
(418) 830-1234 *SIC* 5812

9264-7387 QUEBEC INC p1117
1708 Rue Notre-Dame O, Montreal, QC, H3J 1M3
(514) 439-1130 *SIC* 5812

9277-9230 QUEBEC INC p1243
950 Montee Des Pionniers, TERREBONNE, QC, J6V 1S8
(450) 704-0605 *SIC* 5812

9284-3473 QUEBEC INC p1116
1980 Rue Sherbrooke O Bureau 29, MONTREAL, QC, H3H 1E8
(514) 935-9993 *SIC* 5812

9292-2871 QUEBEC INC p1164
2335 Boul Bastien, Quebec, QC, G2B 1B3
(418) 842-9160 *SIC* 5812

9292-2897 QUEBEC INC p1164
2335 Boul Bastien, Quebec, QC, G2B 1B3
(418) 842-9160 *SIC* 5812

934571 ONTARIO LIMITED p692
2200 Dundas St E Unit 1, MISSISSAUGA, ON, L4X 2V3
(905) 275-9430 *SIC* 5812

939927 ONTARIO LIMITED p583
200 Queen's Plate Dr, ETOBICOKE, ON, M9W 6Y9
(416) 746-6000 *SIC* 5812

939935 ONTARIO LIMITED p669
7660 Woodbine Ave, MARKHAM, ON, L3R 2N2
(905) 479-6000 *SIC* 5812

940734 ONTARIO LIMITED p638
670 Fairway Rd S, KITCHENER, ON, N2C 1X3
(519) 894-0811 *SIC* 5812

945575 ALBERTA LTD p148
10 Southridge Dr, OKOTOKS, AB, T1S 1N1
(403) 995-0224 *SIC* 5812

954559 ONTARIO INC p955
830 Niagara St, WELLAND, ON, L3C 1M3
(905) 735-4040 *SIC* 5812

956240 ONTARIO INC p631
390 Princess St, KINGSTON, ON, K7L 1B8
(613) 547-5553 *SIC* 5812

957358 ONTARIO INC p884
1120 Riverside Dr, TIMMINS, ON, P4R 1A2
(705) 268-9555 *SIC* 5812

95781 CANADA INC p1099
3927 Rue Saint-Denis, Montreal, QC, H2W 2M4
(514) 845-5333 *SIC* 5812

968563 ONTARIO INC p852
498 Ontario St, ST CATHARINES, ON, L2N 4N1
(905) 937-7070 *SIC* 5812

975445 ONTARIO INC p539
2084 Old Lakeshore Rd, BURLINGTON, ON, L7R 1A3
(905) 634-2084 *SIC* 5812

976668 ONTARIO LTD p630
33 Benson St, KINGSTON, ON, K7K 5W2
(613) 547-9744 *SIC* 5812

977619 ONTARIO INC p788
67 Clarence St, OTTAWA, ON, K1N 5P5
(613) 562-0674 *SIC* 5812

979786 ONTARIO LIMITED p917
146 Front St W, TORONTO, ON, M5J 1G2
(416) 977-8840 *SIC* 5812

985907 ONTARIO LIMITED p831
389 Great Northern Rd, SAULT STE. MARIE, ON, P6B 4Z8
(705) 941-9999 *SIC* 5812

995475 ONTARIO LTD p630
417 Weller Ave, KINGSTON, ON, K7K 6K3
(613) 547-7900 *SIC* 5812

A & W FOOD SERVICES OF CANADA INC p5
4902 50 Ave, BARRHEAD, AB, T7N 1A6
(780) 674-7666 *SIC* 5812

A & W FOOD SERVICES OF CANADA INC p11
3120 17 Ave Se, CALGARY, AB, T2A 0P9
(403) 273-1373 *SIC* 5812

A & W FOOD SERVICES OF CANADA INC p59
1320 14 St Sw, CALGARY, AB, T3C 1C5
(403) 244-2761 *SIC* 5812

A & W FOOD SERVICES OF CANADA INC p136
1250 2a Ave N, LETHBRIDGE, AB, T1H 0E3
(403) 381-3444 *SIC* 5812

A & W FOOD SERVICES OF CANADA INC p157
121 Leva Ave, RED DEER COUNTY, AB, T4E 1B2
(403) 343-6893 *SIC* 5812

A & W FOOD SERVICES OF CANADA INC p180
7211 Morrow Rd, AGASSIZ, BC, V0M 1A0
(604) 796-2070 *SIC* 5812

A & W FOOD SERVICES OF CANADA INC p188
6535 Kingsway, BURNABY, BC, V5E 1E1
(604) 433-6212 *SIC* 5812

A & W FOOD SERVICES OF CANADA INC p195
1982 Columbia Ave, CASTLEGAR, BC, V1N 2W7
(250) 365-4990 *SIC* 5812

A & W FOOD SERVICES OF CANADA INC p197
8249 Eagle Landing Pky Unit 500, CHILLIWACK, BC, V2R 0P9
(604) 392-1128 *SIC* 5812

A & W FOOD SERVICES OF CANADA INC p241
5800 Turner Rd Suite 701, NANAIMO, BC, V9T 6J4
(250) 756-4076 *SIC* 5812

A & W FOOD SERVICES OF CANADA INC p258
1716 20th Ave, PRINCE GEORGE, BC, V2L 4B8
(250) 564-2311 *SIC* 5812

A & W FOOD SERVICES OF CANADA INC p279
10355 152 St, SURREY, BC, V3R 7C3
(604) 498-4370 *SIC* 5812

A & W FOOD SERVICES OF CANADA INC p285
7330 King George Blvd, SURREY, BC, V3W 5A5
(604) 590-2226 *SIC* 5812

A & W FOOD SERVICES OF CANADA INC p285
12133 72 Ave, SURREY, BC, V3W 2M1
(604) 596-2224 *SIC* 5812

A & W FOOD SERVICES OF CANADA INC p335
860 Esquimalt Rd, VICTORIA, BC, V9A 3M4
(250) 388-5221 *SIC* 5812

A & W FOOD SERVICES OF CANADA INC p361
1639 Regent Ave W, WINNIPEG, MB, R2C 4H9
(204) 668-8303 *SIC* 5812

A & W FOOD SERVICES OF CANADA INC p364
107 Vermillion Rd Suite 10, WINNIPEG, MB, R2J 4A9
(204) 255-2176 *SIC* 5812

A & W FOOD SERVICES OF CANADA INC p367
1225 St Mary's Rd, WINNIPEG, MB, R2M 5E5
(204) 255-9338 *SIC* 5812

A & W FOOD SERVICES OF CANADA INC p372
817 Keewatin St, WINNIPEG, MB, R2X 3B9
(204) 697-2033 *SIC* 5812

A & W FOOD SERVICES OF CANADA INC p380
1520 Portage Ave, WINNIPEG, MB, R3G 0W8
(204) 774-3275 *SIC* 5812

A & W FOOD SERVICES OF CANADA INC p385
3095 Portage Ave, WINNIPEG, MB, R3K 0W4
(204) 885-7633 *SIC* 5812

A & W FOOD SERVICES OF CANADA INC p388
867 Waverley St, WINNIPEG, MB, R3T 5P4
(204) 487-0381 *SIC* 5812

A & W FOOD SERVICES OF CANADA INC p424
96 Conception Bay Hwy, CONCEPTION BAY SOUTH, NL, A1W 3A5
(709) 834-1987 *SIC* 5812

A & W FOOD SERVICES OF CANADA INC p438
22 Otto Dr, YELLOWKNIFE, NT, X1A 2T8
(867) 669-7071 *SIC* 5812

A & W FOOD SERVICES OF CANADA INC p637
933 Victoria St N, KITCHENER, ON, N2B 3C6
(519) 576-1859 *SIC* 5812

A & W FOOD SERVICES OF CANADA INC p669
5000 Highway 7 E Unit 8, MARKHAM, ON, L3R 4M9
(905) 513-1059 *SIC* 5812

A & W FOOD SERVICES OF CANADA INC p732
16650 Yonge St, NEWMARKET, ON, L3X 2N8
(905) 868-9020 *SIC* 5812

A & W FOOD SERVICES OF CANADA INC p787
1200 St. Laurent Blvd Unit 607, OTTAWA, ON, K1K 3B8
(613) 741-8950 *SIC* 5812

A & W FOOD SERVICES OF CANADA INC p788
50 Rideau St Unit J, OTTAWA, ON, K1N 9J7
(613) 230-2753 *SIC* 5812

A & W FOOD SERVICES OF CANADA INC p856
221 Glendale Ave Suite 1009, ST CATHARINES, ON, L2T 2K9
(905) 684-1884 *SIC* 5812

A & W FOOD SERVICES OF CANADA INC p951
550 King St N Suite F12, WATERLOO, ON, N2L 5W6
(519) 747-9394 *SIC* 5812

A & W FOOD SERVICES OF CANADA INC p953
335 Farmer's Market Rd Unit 201, WATERLOO, ON, N2V 0A4
(519) 746-0550 *SIC* 5812

A & W FOOD SERVICES OF CANADA INC p989
99 235 Rte, ANGE-GARDIEN, QC, J0E 1E0
(450) 293-0029 *SIC* 5812

A & W FOOD SERVICES OF CANADA INC p1006
2151 Boul Lapiniere, BROSSARD, QC, J4W 2T5
(450) 672-1966 *SIC* 5812

A & W FOOD SERVICES OF CANADA INC p1031
5000 Rue Girardin, DRUMMONDVILLE, QC, J2E 1A1
(819) 474-7255 *SIC* 5812

A & W FOOD SERVICES OF CANADA INC p1147
4685 1re Av, Quebec, QC, G1H 2T1
(418) 623-2336 *SIC* 5812

A & W FOOD SERVICES OF CANADA INC p1286
2701 Avonhurst Dr, REGINA, SK, S4R 3J3
(306) 545-6441 *SIC* 5812

A & W FOOD SERVICES OF CANADA INC p1288
4315 Albert St, REGINA, SK, S4S 3R6
SIC 5812

A & W FOOD SERVICES OF CANADA INC p1291
2512 8th St E, SASKATOON, SK, S7H 0V6
(306) 374-6464 *SIC* 5812

A & W FOOD SERVICES OF CANADA INC p1294
822 51st St E, SASKATOON, SK, S7K 0X8
(306) 931-3376 *SIC* 5812

A & W FOOD SERVICES OF CANADA INC p1311
2222 2nd Ave, WHITEHORSE, YT, Y1A 1C8
(867) 633-3772 *SIC* 5812

A POWER INTERNATIONAL TRADING COMPANY p313
1575 Robson St, VANCOUVER, BC, V6G 1C3
(604) 872-0712 *SIC* 5812

A SPLENDID AFFAIR p62
10 Coachway Rd Sw Unit 143, CALGARY, AB, T3H 1E5
(403) 228-6280 *SIC* 5812

ABATTEURS JACQUES ELEMENT INC, LES p1069
650 Boul Roland-Therrien, LONGUEUIL, QC, J4H 3V9
(450) 928-2761 *SIC* 5812

ABBOTSFORD RESTAURANTS LTD p176
2142 West Railway St, ABBOTSFORD, BC, V2S 2E2
(604) 855-9893 *SIC* 5812

ABDOULAH ENTERPRISES LTD p1286
433 N Albert St, REGINA, SK, S4R 3C3
SIC 5812

ABREY ENTERPRISES INC p207
1285 Cliveden Ave, DELTA, BC, V3M 6M5
(604) 718-1125 *SIC* 5812

ABREY ENTERPRISES INC p244
515 Sixth St, NEW WESTMINSTER, BC, V3L 3B9
(604) 718-1172 *SIC* 5812

ACADEMY OF SPHERICAL ARTS LTD, THE p936
1 Snooker St, TORONTO, ON, M6K 1G1
(416) 532-3075 *SIC* 5812

ACCOR CANADA INC p788
33 Nicholas St, OTTAWA, ON, K1N 9M7
(613) 760-4771 *SIC* 5812

ADLYS HOTELS INC p950

SIC 5812 Eating places

59 King St N, WATERLOO, ON, N2J 2X2
(519) 886-3350   *SIC* 5812
AFFINITY FOOD GROUP INC   *p*550
720 Grand Ave W, CHATHAM, ON, N7L 1C6
SIC 5812
AFFINITY FOOD GROUP INC   *p*965
1411 Ouellette Ave, WINDSOR, ON, N8X 1K1
(519) 254-2440   *SIC* 5812
AFTA RESTAURANT LTD   *p*1284
2050 Halifax St, REGINA, SK, S4P 1T7
(306) 790-9440   *SIC* 5812
AGNEW, J. E. FOOD SERVICES LTD   *p*630
285 Ontario St, KINGSTON, ON, K7K 2X7
SIC 5812
AGNEW, J. E. FOOD SERVICES LTD   *p*631
681 Princess St, KINGSTON, ON, K7L 1E8
(613) 544-0201   *SIC* 5812
AGNEW, J. E. FOOD SERVICES LTD   *p*631
312 Princess St, KINGSTON, ON, K7L 1B6
(613) 544-0563   *SIC* 5812
AGNEW, J. E. FOOD SERVICES LTD   *p*632
2260 Princess St, KINGSTON, ON, K7M 3G4
SIC 5812
AGNEW, J. E. FOOD SERVICES LTD   *p*632
4037 Bath Rd, KINGSTON, ON, K7M 4Y5
(613) 389-3322   *SIC* 5812
AGNEW, J. E. FOOD SERVICES LTD   *p*632
506 Gardiners Rd, KINGSTON, ON, K7M 7W9
(613) 384-7137   *SIC* 5812
AGNEW, J. E. FOOD SERVICES LTD   *p*1245
5481 Boul Laurier, TERREBONNE, QC, J7M 1C3
(450) 477-5736   *SIC* 5812
AL-BARAKA INVESTMENTS INC   *p*301
1520 Main St, VANCOUVER, BC, V6A 2W8
(604) 986-5778   *SIC* 5812
ALAN ARSENAULT HOLDINGS LTD   *p*64
500 Country Hills Blvd Ne Unit 900, CALGARY, AB, T3K 5H2
(403) 226-9331   *SIC* 5812
ALBERTS RESTAURANTS LTD   *p*94
1640 Burlington Ave, EDMONTON, AB, T5T 3J7
(780) 444-3105   *SIC* 5812
ALBERTS RESTAURANTS LTD   *p*103
5107 99 St Nw, EDMONTON, AB, T6E 5B7
SIC 5812
ALBERTS RESTAURANTS LTD   *p*108
10362 51 Ave Nw, EDMONTON, AB, T6H 5X6
(780) 437-7081   *SIC* 5812
ALBERTS RESTAURANTS LTD   *p*156
5250 22 St Suite 60, RED DEER, AB, T4R 2T4
(403) 358-3223   *SIC* 5812
ALBERTS RESTAURANTS LTD   *p*162
26 Strathmoor Dr, SHERWOOD PARK, AB, T8H 2B6
SIC 5812
ALDERGROVE FOODS LTD   *p*178
32520 South Fraser Way, ABBOTSFORD, BC, V2T 1X5
(604) 850-1012   *SIC* 5812
ALEX MARION RESTAURANTS LTD   *p*1281
940 E Victoria Ave, REGINA, SK, S4N 7A9
SIC 5812
ALIK ENTERPRISES LTD   *p*339
4222 Village Sq, WHISTLER, BC, V0N 1B4
(604) 932-4540   *SIC* 5812
ALIMENTS CARAVAN INC, LES   *p*1203
1565 Boul De La Cote-Vertu Bureau 2314, SAINT-LAURENT, QC, H4L 2A1
(514) 336-9489   *SIC* 5812
ALIMENTS OLYMPUS (CANADA), LES *p*1043
3201 Boul Taschereau, GREENFIELD PARK, QC, J4V 2H4
SIC 5812
ALIMENTS SAVEURS DU MONDE INC, LES *p*1012
105 Rue Principale, Chateauguay, QC, J6K 1G2
(450) 699-0819   *SIC* 5812
ALLEN, LARRY HOLDINGS (1997) LTD *p*260
1924 3rd Ave, PRINCE GEORGE, BC, V2M 1G7
(250) 564-4103   *SIC* 5812
ALMA MATER SOCIETY OF THE UNIVERSITY OF BRITISH COLUMBIA VANCOUVER *p*319
6138 Sub Blvd Suite 101a, VANCOUVER, BC, V6T 2A5
(604) 822-4396   *SIC* 5812
AMATO PIZZA INC   *p*906
429a Yonge St, TORONTO, ON, M5B 1T1
(416) 977-8989   *SIC* 5812
AMATO PIZZA INC   *p*927
534 Queen St W, TORONTO, ON, M5V 2B5
(416) 703-8989   *SIC* 5812
ANDREW PELLER LIMITED   *p*598
697 South Service Rd, GRIMSBY, ON, L3M 4E8
(905) 643-4131   *SIC* 5812
ANGIE'S KITCHEN LIMITED   *p*851
1761 Erbs Rd W, ST AGATHA, ON, N0B 2L0
(519) 747-1700   *SIC* 5812
ANGIE'S KITCHEN LIMITED   *p*951
47 Erb St W, WATERLOO, ON, N2L 1S8
(519) 886-2540   *SIC* 5812
ANGUS G FOODS INC   *p*447
588 Portland St, DARTMOUTH, NS, B2W 2M3
(902) 435-3181   *SIC* 5812
ANTON'S PASTA LTD   *p*186
4260 Hastings St, BURNABY, BC, V5C 2J6
(604) 299-6636   *SIC* 5812
APPLE AMERICAN   *p*254
2325 Ottawa St Suite 300, PORT COQUITLAM, BC, V3B 8A4
SIC 5812
APPLEBEE'S NEIGHBORHOOD GRILL & BAR *p*503
265 North Front St, BELLEVILLE, ON, K8P 3C3
SIC 5812
ARAMARK CANADA LTD.   *p*107
125 University Campus Nw, EDMONTON, AB, T6G 2H6
(780) 492-5800   *SIC* 5812
ARAMARK CANADA LTD.   *p*222
3333 University Way Suite 124, KELOWNA, BC, V1V 1V7
(250) 807-9208   *SIC* 5812
ARAMARK CANADA LTD.   *p*393
1750 Sunset Dr, BATHURST, NB, E2A 4L7
(506) 544-3449   *SIC* 5812
ARAMARK CANADA LTD.   *p*399
59 Dineen Dr, FREDERICTON, NB, E3B 9V7
(506) 460-0310   *SIC* 5812
ARAMARK CANADA LTD.   *p*456
923 Robie St, HALIFAX, NS, B3H 3C3
(902) 420-5599   *SIC* 5812
ARAMARK CANADA LTD.   *p*741
100 College Dr, NORTH BAY, ON, P1B 8K9
(705) 472-7548   *SIC* 5812
ARAMARK CANADA LTD.   *p*752
770 Don Mills Rd, NORTH YORK, ON, M3C 1T3
(416) 696-5530   *SIC* 5812
ARAMARK CANADA LTD.   *p*812
2151 East Bank Dr, PETERBOROUGH, ON, K9L 1Z8
(705) 741-0399   *SIC* 5812
ARAMARK CANADA LTD.   *p*870
935 Ramsey Lake Rd Suite 705, SUDBURY, ON, P3E 2C6
(705) 673-6559   *SIC* 5812
ARAMARK CANADA LTD.   *p*877
955 Oliver Rd, THUNDER BAY, ON, P7B 5E1
(807) 343-8337   *SIC* 5812
ARAMARK CANADA LTD.   *p*900
200 Bloor St E Suite 1, TORONTO, ON, M4W 1E5
(416) 926-3654   *SIC* 5812
ARAMARK CANADA LTD.   *p*903
1 Mount Pleasant Rd, TORONTO, ON, M4Y 2Y5
(416) 935-7487   *SIC* 5812
ARAMARK CANADA LTD.   *p*905
290 Yonge St Suite 600, TORONTO, ON, M5B 1C8
(416) 204-1802   *SIC* 5812
ARAMARK CANADA LTD.   *p*924
100 St. George St, TORONTO, ON, M5S 3G3
(416) 591-6557   *SIC* 5812
ARAMARK CANADA LTD.   *p*924
21 Classic Ave Suite 1008, TORONTO, ON, M5S 2Z3
SIC 5812
ARAMARK CANADA LTD.   *p*943
105 East Mall, TORONTO, ON, N8Z 5X9
(800) 263-6344   *SIC* 5812
ARAMARK CANADA LTD.   *p*1154
2350 Av Watt, Quebec, QC, G1P 4M7
(418) 650-2929   *SIC* 5812
ARAMARK MANAGEMENT SERVICES OF CANADA INC *p*69
302 Quigley Dr, COCHRANE, AB, T4C 1X9
(403) 932-6422   *SIC* 5812
ARAMARK QUEBEC INC   *p*1021
222 Rue Mercier, COWANSVILLE, QC, J2K 3R9
(450) 263-6660   *SIC* 5812
ARAMARK QUEBEC INC   *p*1053
870 Ch De Saint-Jean, LA PRAIRIE, QC, J5R 2L5
(450) 444-2793   *SIC* 5812
ARAMARK QUEBEC INC   *p*1154
3400 Boul Neuvialle, Quebec, QC, G1P 3A8
(418) 681-1459   *SIC* 5812
ARAMARK QUEBEC INC   *p*1211
4900 Rue Fisher, SAINT-LAURENT, QC, H4T 1J6
(514) 341-7770   *SIC* 5812
ARAMARK QUEBEC INC   *p*1233
441 Av Brochu Bureau 101, Sept-Iles, QC, G4R 2W9
(418) 968-7537   *SIC* 5812
ARBUTUS WEST ENTERPRISES LTD *p*228
Gd Stn Main, LADYSMITH, BC, V9G 1B9
(250) 245-2303   *SIC* 5812
ARCHIBALD INC   *p*1169
1530 Av Des Affaires, Quebec, QC, G3J 1Y8
(418) 407-6033   *SIC* 5812
ARIVLE ENTERPRISES LTD   *p*186
4512 Lougheed Hwy, BURNABY, BC, V5C 3Z4
(604) 294-0471   *SIC* 5812
ARIZONA B BAR & GRILL INC   *p*584
215 Carlingview Dr, ETOBICOKE, ON, M9W 5X8
(416) 674-7772   *SIC* 5812
ARJENAM FOODS LIMITED   *p*468
8226 Highway 1, METEGHAN, NS, B0W 2J0
(902) 645-2919   *SIC* 5812
ASHTON CASSE-CROUTE INC   *p*1147
520 Boul Louis-Xiv, Quebec, QC, G1H 4N8
(418) 628-7352   *SIC* 5812
ASHTON CASSE-CROUTE INC   *p*1151
600 Rue Du Marais, Quebec, QC, G1M 3R1
(418) 682-6565   *SIC* 5812
ASHTON CASSE-CROUTE INC   *p*1151
550 Boul Wilfrid-Hamel, Quebec, QC, G1M 2S6
(418) 648-0895   *SIC* 5812
ASHTON CASSE-CROUTE INC   *p*1156
640 Grande Allee E, Quebec, QC, G1R 2K5
(418) 522-3449   *SIC* 5812
ASHTON CASSE-CROUTE INC   *p*1159
2700 Boul Laurier, Quebec, QC, G1V 2L8
(418) 656-1096   *SIC* 5812
ASHTON CASSE-CROUTE INC   *p*1164
9375 Boul De L'ormiere, Quebec, QC, G2B 3K7
SIC 5812
ASHTON CASSE-CROUTE INC   *p*1167
5401 Boul Des Galeries, Quebec, QC, G2K 1N4
(418) 622-5052   *SIC* 5812
AT THE CROSSROADS FAMILY RESTAURANT LTD *p*572
384 Arthur St S, ELMIRA, ON, N3B 2P4
(519) 669-9428   *SIC* 5812
AUBE, J.-P. RESTAURANT SERVICES LTD *p*883
522 Algonquin Blvd E Unit 520, TIMMINS, ON, P4N 1B7
(705) 264-7323   *SIC* 5812
AUBE, J.-P. RESTAURANT SERVICES LTD *p*884
1870 Riverside Dr, TIMMINS, ON, P4R 1N7
(705) 267-4411   *SIC* 5812
AUBERGE DU POMMIER INC   *p*750
4150 Yonge St, NORTH YORK, ON, M2P 2C6
(416) 222-2220   *SIC* 5812
AULDE DOUBLINER   *p*788
62 William St, OTTAWA, ON, K1N 7A3
(613) 241-0066   *SIC* 5812
AUTUMN INVESTMENTS LTD   *p*180
3070 264 St Suite B, ALDERGROVE, BC, V4W 3E1
(604) 856-0344   *SIC* 5812
B & C DALLNER HOLDINGS INC   *p*804
2227 Elginfield Rd Rr 5, PARKHILL, ON, N0M 2K0
(519) 294-1052   *SIC* 5812
B S D RESTAURANTS LIMITED   *p*470
9148 Commercial St, NEW MINAS, NS, B4N 3E5
(902) 681-1203   *SIC* 5812
B&B HOSPITALITY INC   *p*615
1400 Upper James St Suite 26, HAMILTON, ON, L9B 1K3
(905) 385-9998   *SIC* 5812
B.B. INVESTMENTS INC   *p*64
388 Country Hills Blvd Ne Suite 600, CALGARY, AB, T3K 5J6
(403) 226-7171   *SIC* 5812
BADALI'S, JOE PIAZZA ON FRONT INC *p*917
156 Front St W, TORONTO, ON, M5J 2L6
(416) 977-3064   *SIC* 5812
BANFF CARIBOU PROPERTIES LTD *p*4
117 Banff Ave, BANFF, AB, T0L 0C0
(403) 760-3030   *SIC* 5812
BANGKOK GARDEN INC   *p*910
18 Elm St, TORONTO, ON, M5G 1G7
(416) 977-6748   *SIC* 5812
BAR BUONANOTTE INC   *p*1100
3518 Boul Saint-Laurent, Montreal, QC, H2X 2V1
(514) 848-0644   *SIC* 5812
BARILLET JONQUIERE INC, LE   *p*1047
2523 Rue Saint-Dominique, Jonquiere, QC, G7X 6K1
(418) 547-2668   *SIC* 5812
BARNSLEY INVESTMENTS LTD   *p*2
104 Edmonton Trail Ne Suite 1, AIRDRIE, AB, T4B 1S1
(403) 948-6000   *SIC* 5812
BARTLE BROS INC   *p*598
204 Victoria Rd S, GUELPH, ON, N1E 5R1
(519) 766-9751   *SIC* 5812
BATON ROUGE   *p*721
5860 Mavis Rd, MISSISSAUGA, ON, L5V 3B7
SIC 5812
BATON ROUGE RESTAURANT   *p*625
790 Kanata Ave Unit M3, KANATA, ON, K2T 1H8
(613) 591-3655   *SIC* 5812
BAY STREET BISTRO INC   *p*792
160 Bay St, OTTAWA, ON, K1R 7X8
SIC 5812
BEATTY FOODS LTD   *p*482
374 Queen St E, ACTON, ON, L7J 2Y5
(519) 853-9128   *SIC* 5812
BEATTY FOODS LTD   *p*517
372 Main St N, BRAMPTON, ON, L6V 1P8

(905) 455-2841 SIC 5812
BEATTY FOODS LTD p518
50 Quarry Edge Dr, BRAMPTON, ON, L6V 4K2
(905) 451-8371 SIC 5812
BEATTY FOODS LTD p523
11670 Hurontario St, BRAMPTON, ON, L7A 1R2
(905) 846-3677 SIC 5812
BEAUGARTE (QUEBEC INC) p1159
2590 Boul Laurier Bureau 150, Quebec, QC, G1V 4M6
(418) 659-2442 SIC 5812
BEAUGARTE (QUEBEC) INC p1160
2600 Boul Laurier, Quebec, QC, G1V 4W1
(418) 659-2442 SIC 5812
BEAUMAC MANAGEMENT LIMITED p804
307 Grand River St N, PARIS, ON, N3L 2N9
(519) 442-5964 SIC 5812
BEAUPORT STE-ANNE INC, LE p1146
220 Boul Sainte-Anne, Quebec, QC, G1E 3L7
(418) 666-9444 SIC 5812
BEDFORD INVESTMENTS LTD p443
772 Bedford Hwy, BEDFORD, NS, B4A 1A2
(902) 835-9033 SIC 5812
BEIGNES G.L.C. INC, LES p1226
1911 Ch Du Fer-A-Cheval, SAINTE-JULIE, QC, J3E 2T4
(450) 649-0756 SIC 5812
BEIGNES TIM HORTON INC p1189
9024 Boul Lacroix, SAINT-GEORGES, QC, G5Y 5P4
(418) 227-5989 SIC 5812
BENNETT RESTAURANT p433
75 Kelsey Dr, ST. JOHN'S, NL, A1B 0C7
(709) 726-5190 SIC 5812
BENNETT RESTAURANT LTD p433
54 Kenmount Rd, ST. JOHN'S, NL, A1B 1W2
(709) 754-1254 SIC 5812
BENTLEY'S HOSPITALITY INC p864
99 Ontario St, STRATFORD, ON, N5A 3H1
(519) 271-1121 SIC 5812
BIAMONTE INVESTMENTS LTD p737
7600 Lundy's Lane, NIAGARA FALLS, ON, L2H 1H1
(905) 354-2211 SIC 5812
BILLY K'S RESTAURANT INC p564
1380 Second St E, CORNWALL, ON, K6H 2B8
SIC 5812
BIMAC MANAGEMENT LIMITED p525
300 King George Rd Suite 1, BRANTFORD, ON, N3R 5L7
(519) 756-2046 SIC 5812
BLCO ENTERPRISES LTD p165
170 Highway 16a, SPRUCE GROVE, AB, T7X 3X3
(780) 962-4822 SIC 5812
BLT FOODS LTD p414
499 Rothesay Ave, SAINT JOHN, NB, E2J 2C6
(506) 633-1098 SIC 5812
BOADEN CATERING LIMITED p696
505 Queensway E Unit 12, MISSISSAUGA, ON, L5A 4B4
(905) 276-1161 SIC 5812
BOATHOUSE RESTAURANTS OF CANADA p340
14935 Marine Dr, WHITE ROCK, BC, V4B 1C3
(604) 536-7320 SIC 5812
BONNYVILLE NEIGHBOURHOOD INN INC p7
5011 66 St, BONNYVILLE, AB, T9N 2L9
(780) 826-3300 SIC 5812
BONTERRA RESTAURANTS INC p41
101 6 St Sw Suite 120, CALGARY, AB, T2P 5K7
(403) 262-8480 SIC 5812
BOONE FOOD SERVICES LIMITED p477
245 Robie St, TRURO, NS, B2N 5N6
(902) 453-5330 SIC 5812
BORGES, P J INC p599
502 Edinburgh Rd S, GUELPH, ON, N1G 4Z1
(519) 823-5787 SIC 5812
BOROUGHQUEST LIMITED p809
898 Monaghan Rd Unit 4b, PETERBOROUGH, ON, K9J 5K4
(705) 749-1100 SIC 5812
BOSTON PIZZA p168
70 Boulder Blvd, STONY PLAIN, AB, T7Z 1V7
(780) 963-5006 SIC 5812
BOSTON PIZZA p169
800 Pine Rd Suite 114, STRATHMORE, AB, T1P 0A2
(403) 934-0017 SIC 5812
BOSTON PIZZA p213
1602 7th Ave, FERNIE, BC, V0B 1M0
(250) 423-2634 SIC 5812
BOSTON PIZZA p679
16835 12 Hwy, MIDLAND, ON, L4R 0A9
(705) 526-9966 SIC 5812
BOSTON PIZZA p705
2915 Eglinton Ave W, MISSISSAUGA, ON, L5M 6J3
(905) 569-0517 SIC 5812
BOSTON PIZZA p953
597 King St N, WATERLOO, ON, N2V 2N3
(519) 880-1828 SIC 5812
BOSTON PIZZA p977
431 Norwich Ave, WOODSTOCK, ON, N4S 3W4
(519) 536-7800 SIC 5812
BOSTON PIZZA #209 p1306
1601 North Service Rd E, SWIFT CURRENT, SK, S9H 3X6
(306) 778-7666 SIC 5812
BOSTON PIZZA INTERNATIONAL INC p139
2041 Mayor Magrath Dr S, LETHBRIDGE, AB, T1K 2S2
(403) 327-4590 SIC 5812
BOSTON PIZZA INTERNATIONAL INC p340
285 Donald Rd, WILLIAMS LAKE, BC, V2G 4K4
(250) 398-7600 SIC 5812
BOSTON PIZZA INTERNATIONAL INC p405
98 Douglastown Blvd, MIRAMICHI, NB, E1V 0A3
(506) 778-9940 SIC 5812
BOSTON PIZZA INTERNATIONAL INC p441
135 Church St, ANTIGONISH, NS, B2G 2E2
(902) 867-3444 SIC 5812
BOSTON PIZZA INTERNATIONAL INC p590
840 King's Hwy, FORT FRANCES, ON, P9A 2X4
(807) 274-2727 SIC 5812
BOSTON PIZZA INTERNATIONAL INC p809
821 Rye St, PETERBOROUGH, ON, K9J 6X1
(705) 740-2775 SIC 5812
BOSTON PIZZA INTERNATIONAL INC p832
601 Great Northern Rd, SAULT STE. MARIE, ON, P6B 5A1
(705) 949-5560 SIC 5812
BOSTON PIZZA INTERNATIONAL INC p992
7300 Boul Des Roseraies, ANJOU, QC, H1M 2T5
(514) 788-4848 SIC 5812
BOSTON PIZZA INTERNATIONAL INC p1019
450 Prom Du Centropolis, Cote Saint-Luc, QC, H7T 3C2
(450) 688-2229 SIC 5812
BOSTON PIZZA INTERNATIONAL INC p1068
1432 Rte Des Rivieres, Levis, QC, G7A 2N9
(418) 831-1999 SIC 5812
BOSTON PIZZA INTERNATIONAL INC p1076
150 Montee Masson Bureau 622, MASCOUCHE, QC, J7K 3B5
(450) 474-6363 SIC 5812
BOSTON PIZZA INTERNATIONAL INC p1238
550 Rue Jean-Paul-Perrault, SHERBROOKE, QC, J1L 3A6
(819) 565-0606 SIC 5812
BOSTON PIZZA INTERNATIONAL INC p1276
1650 Main St N, MOOSE JAW, SK, S6J 1L3
(306) 691-2222 SIC 5812
BOSTON PIZZA INTERNATIONAL INC p1290
2660 E Quance St, REGINA, SK, S4V 2X5
(306) 779-4500 SIC 5812
BOSTON PIZZA ORLEANS p776
3884 Innes Rd, ORLEANS, ON, K1W 1K9
(613) 590-0881 SIC 5812
BOUVIDARD LTEE p995
25 Rue Saint-Jean-Baptiste, BAIE-SAINT-PAUL, QC, G3Z 1M2
(418) 435-5585 SIC 5812
BRADBURYS RESTAURANTS (1994) LTD p178
32080 Marshall Rd, ABBOTSFORD, BC, V2T 1A1
(604) 854-3344 SIC 5812
BRAMBURYTOWN HOLDINGS CORP p741
1899 Algonquin Ave, NORTH BAY, ON, P1B 4Y8
SIC 5812
BRANTMAC MANAGEMENT LIMITED p525
73 King George Rd, BRANTFORD, ON, N3R 5K2
(519) 756-7350 SIC 5812
BRENTWOOD LANES CANADA LTD p965
2482 Dougall Ave, WINDSOR, ON, N8X 1T2
(519) 966-2724 SIC 5812
BREWSTERS BREW PUB & BRASSERIE (ALBERTA) INC p61
25 Crowfoot Terr Nw, CALGARY, AB, T3G 4J8
(403) 208-2739 SIC 5812
BREWSTERS BREW PUB & BRASSERIE (ALBERTA) INC p98
15327 Castle Downs Rd Nw, EDMONTON, AB, T5X 6C3
(780) 425-4677 SIC 5812
BREWSTERS BREW PUB & BRASSERIE INC p1287
480 N Mccarthy Blvd, REGINA, SK, S4R 7M2
(306) 522-2739 SIC 5812
BRIGAR ENTERPRISES INC p496
3 Sarjeant Dr, BARRIE, ON, L4N 4V9
(705) 739-4811 SIC 5812
BTO VENTURES LTD p21
2475 27 Ave Ne, CALGARY, AB, T2E 8M1
(403) 717-0670 SIC 5812
BUBBLETEASE INC p670
400 Esna Park Dr Suite 11, MARKHAM, ON, L3R 3K2
(905) 940-2660 SIC 5812
BUFFET NICO INC p1219
14 Plage Poisson, SAINT-PIERRE-LES-BECQUETS, QC, G0X 2Z0
(819) 376-8093 SIC 5812
BUFFET NICO INC p1219
485 Rte Marie-Victorin Bureau 2, SAINT-PIERRE-LES-BECQUETS, QC, G0X 2Z0
(819) 376-8093 SIC 5812
BUFFETS JE RECOIS INC, LES p1164
2405 Rue De Celles Bureau 3, Quebec, QC, G2C 1K7
(418) 626-1010 SIC 5812
BURGESS, JOHN WILLIAM ENTERPRISES INC p693
1327 Dundas St E, MISSISSAUGA, ON, L4Y 2C7
(905) 275-6867 SIC 5812
BURGESS, JOHN WILLIAM ENTERPRISES INC p697
151 City Centre Dr Unit 303, MISSISSAUGA, ON, L5B 1M7
(905) 306-7942 SIC 5812
C & P BAKERY LTD p420
131 King St Suite 638, ST STEPHEN, NB, E3L 2C7
(506) 465-0180 SIC 5812
C & P BAKERY LTD p420
203 Mowat Dr, ST ANDREWS, NB, E5B 2N9
(506) 529-4080 SIC 5812
C & P BAKERY LTD p420
78 Milltown Blvd Suite 76, ST STEPHEN, NB, E3L 1G6
SIC 5812
C.M.L. FOODS LTD p973
205 Marycroft Ave Unit 14, WOODBRIDGE, ON, L4L 5X8
(905) 856-2948 SIC 5812
CACTUS CAFE 'EL PIQUANTE' INC p1241
30 Rue Du Roi, SOREL-TRACY, QC, J3P 4M5
(450) 742-8208 SIC 5812
CACTUS RESTAURANTS LTD p186
4219 Lougheed Hwy, BURNABY, BC, V5C 3Y6
SIC 5812
CACTUS RESTAURANTS LTD p190
4653 Kingsway, BURNABY, BC, V5H 2B3
(604) 431-8448 SIC 5812
CACTUS RESTAURANTS LTD p201
101 Schoolhouse St Suite 110, COQUITLAM, BC, V3K 4X8
(604) 777-0440 SIC 5812
CACTUS RESTAURANTS LTD p208
7907 120 St, DELTA, BC, V4C 6P6
(604) 591-1707 SIC 5812
CACTUS RESTAURANTS LTD p223
1575 Banks Rd Suite 200, KELOWNA, BC, V1X 7Y8
(250) 763-6752 SIC 5812
CACTUS RESTAURANTS LTD p241
5800 Turner Rd Unit 8, NANAIMO, BC, V9T 6J4
(250) 729-0011 SIC 5812
CACTUS RESTAURANTS LTD p249
1598 Pemberton Ave, NORTH VANCOUVER, BC, V7P 2S2
(604) 986-5776 SIC 5812
CACTUS RESTAURANTS LTD p269
5500 No. 3 Rd, RICHMOND, BC, V6X 2C8
(604) 244-9969 SIC 5812
CACTUS RESTAURANTS LTD p303
357 Davie St, Vancouver, BC, V6B 1R2
(604) 685-8070 SIC 5812
CACTUS RESTAURANTS LTD p310
1136 Robson St, VANCOUVER, BC, V6E 1B2
(604) 687-3278 SIC 5812
CACTUS RESTAURANTS LTD p315
1530 Broadway W, VANCOUVER, BC, V6J 5K9
(604) 733-0434 SIC 5812
CAFE CHERRIER INC p1100
3635 Rue Saint-Denis, Montreal, QC, H2X 3L6
(514) 843-4308 SIC 5812
CAFETERIA DE LA CAPITALE INC p1154
2590 Av Watt, Quebec, QC, G1P 4S2
(418) 653-3329 SIC 5812
CAFETERIAS MONCHATEAU LTEE p1154
455 Rue Braille, Quebec, QC, G1P 3V2
(418) 653-8331 SIC 5812
CALGARY EXHIBITION AND STAMPEDE LIMITED p27
1801 Big Four Trail Se, CALGARY, AB, T2G 2W1
(403) 261-0108 SIC 5812
CALGARY TOWER FACILITIES LTD p41
101 9 Ave Sw, CALGARY, AB, T2P 1J9
(403) 266-7171 SIC 5812
CALKINS CONSULTING INC p155
6620 Orr Dr, RED DEER, AB, T4P 3V8
(403) 341-3561 SIC 5812
CAMPBELL, JAMES INC p493
141 Hastings St N, BANCROFT, ON, K0L 1C0
(613) 332-2029 SIC 5812
CAMPBELL, JAMES INC p647
333 Kent St W, LINDSAY, ON, K9V 2Z7
(705) 324-6668 SIC 5812
CAMPBELL, JAMES INC p808

SIC 5812 Eating places

360 George St N, PETERBOROUGH, ON, K9H 7E7
(705) 876-6227 SIC 5812

CAMPBELL, JAMES INC p809
978 Lansdowne St W, PETERBOROUGH, ON, K9J 1Z9
(705) 743-6731 SIC 5812

CAMPBELL, JAMES INC p812
400 Lansdowne St E, PETERBOROUGH, ON, K9L 0B2
(705) 741-2887 SIC 5812

CANADIAN DINERS (1995) L.P. LTD p787
1130 St. Laurent Blvd, OTTAWA, ON, K1K 3B6
(613) 747-9190 SIC 5812

CANADIAN TEST CASE 177 CORP p707
6750 Century Ave Suite 305, MISSISSAUGA, ON, L5N 2V8
(905) 812-5920 SIC 5812

CANALTA p7
4402 41 Ave, BONNYVILLE, AB, T9N 2E5
(403) 846-2343 SIC 5812

CANLAN ICE SPORTS CORP p755
989 Murray Ross Pky, NORTH YORK, ON, M3J 3M4
(416) 661-4423 SIC 5812

CANTEEN OF CANADA LIMITED p687
5560 Explorer Dr Suite 400, MISSISSAUGA, ON, L4W 5M3
(416) 258-4636 SIC 5812

CAPILANO HEIGHTS RESTAURANT CO. LTD p250
5020 Capilano Rd, NORTH VANCOUVER, BC, V7R 4K7
(604) 987-9511 SIC 5812

CAPITAL TRAITEUR MONTREAL INC p1104
201 Av Viger O, Montreal, QC, H2Z 1X7
(514) 871-3111 SIC 5812

CAPITAL TRAITEUR MONTREAL INC p1104
159 Rue Saint-Antoine O Bureau 400, Montreal, QC, H2Z 2A7
(514) 875-1897 SIC 5812

CAPITOLE DE QUEBEC INC, LE p1156
972 Rue Saint-Jean, Quebec, QC, G1R 1R5
(418) 694-9930 SIC 5812

CARA FOODS p368
1221 St Mary's Rd, WINNIPEG, MB, R2M 5L5
(204) 254-2128 SIC 5812

CARA FOODS p1049
3100 Rue Jean-Yves, KIRKLAND, QC, H9J 2R6
SIC 5812

CARA FOODS INC p303
1109 Hamilton St, VANCOUVER, BC, V6B 5P6
SIC 5812

CARA FOODS INTERNATIONAL LTD p824
1620 Elgin Mills Rd E, RICHMOND HILL, ON, L4S 0B2
(905) 508-4139 SIC 5812

CARA OPERATIONS LIMITED p56
265 Shawville Blvd Se, CALGARY, AB, T2Y 3H9
(403) 254-1900 SIC 5812

CARA OPERATIONS LIMITED p57
4307 130 Ave Se Unit 180, CALGARY, AB, T2Z 3V8
SIC 5812

CARA OPERATIONS LIMITED p61
112 Crowfoot Terr Nw, CALGARY, AB, T3G 4J8
(403) 241-9740 SIC 5812

CARA OPERATIONS LIMITED p61
28 Crowfoot Cir Nw, CALGARY, AB, T3G 2T3
SIC 5812

CARA OPERATIONS LIMITED p62
5622 Signal Hill Ctr Sw, CALGARY, AB, T3H 3P8
(403) 217-1100 SIC 5812

CARA OPERATIONS LIMITED p83
11736 104 Ave Nw, EDMONTON, AB, T5K 2P3

(403) 217-7780 SIC 5812

CARA OPERATIONS LIMITED p90
17115 100 Ave Nw, EDMONTON, AB, T5S 1T9
(780) 641-2352 SIC 5812

CARA OPERATIONS LIMITED p110
3203 Calgary Trail Nw, EDMONTON, AB, T6J 5X8
(780) 477-9402 SIC 5812

CARA OPERATIONS LIMITED p112
1708 99 St Nw, EDMONTON, AB, T6N 1M5
(780) 469-9013 SIC 5812

CARA OPERATIONS LIMITED p156
1935 50 Ave, RED DEER, AB, T4R 1Z4
SIC 5812

CARA OPERATIONS LIMITED p156
2004 50 Ave Unit 195, RED DEER, AB, T4R 3A2
(403) 352-0030 SIC 5812

CARA OPERATIONS LIMITED p160
975 Broadmoor Blvd Suite 42, SHERWOOD PARK, AB, T8A 5W9
(780) 944-0202 SIC 5812

CARA OPERATIONS LIMITED p166
445 St Albert Trail Suite 10, ST. ALBERT, AB, T8N 6T9
(780) 458-7770 SIC 5812

CARA OPERATIONS LIMITED p178
32470 South Fraser Way Unit 1, ABBOTSFORD, BC, V2T 1X3
SIC 5812

CARA OPERATIONS LIMITED p186
3860 Lougheed Hwy, BURNABY, BC, V5C 6N4
SIC 5812

CARA OPERATIONS LIMITED p197
8249 Eagle Landing Pky Suite 600, CHILLIWACK, BC, V2R 0P9
(604) 701-3480 SIC 5812

CARA OPERATIONS LIMITED p199
2929 Barnet Hwy Suite 1046, COQUITLAM, BC, V3B 5R5
(604) 472-7772 SIC 5812

CARA OPERATIONS LIMITED p221
1055 Hillside Dr Unit 600, KAMLOOPS, BC, V2E 2S5
(250) 314-0714 SIC 5812

CARA OPERATIONS LIMITED p223
1500 Banks Rd Unit 400, KELOWNA, BC, V1X 7Y1
(250) 861-7888 SIC 5812

CARA OPERATIONS LIMITED p225
1455 Harvey Ave Suite 1475, KELOWNA, BC, V1Y 6E9
(250) 762-6362 SIC 5812

CARA OPERATIONS LIMITED p232
20075 Langley Bypass, LANGLEY, BC, V3A 8R6
(604) 514-9000 SIC 5812

CARA OPERATIONS LIMITED p236
20395 Lougheed Hwy Suite 680, MAPLE RIDGE, BC, V2X 2P9
SIC 5812

CARA OPERATIONS LIMITED p241
4715 Rutherford Rd, NANAIMO, BC, V9T 5S5
(250) 758-2388 SIC 5812

CARA OPERATIONS LIMITED p273
6260 Miller Rd, RICHMOND, BC, V7B 1B3
(604) 278-9144 SIC 5812

CARA OPERATIONS LIMITED p283
9666 King George Hwy, SURREY, BC, V3T 2V4
SIC 5812

CARA OPERATIONS LIMITED p287
16071 24 Ave Suite 3097, SURREY, BC, V3Z 9H7
(604) 542-5230 SIC 5812

CARA OPERATIONS LIMITED p310
1145 Robson St, VANCOUVER, BC, V6E 1B5
(604) 682-4477 SIC 5812

CARA OPERATIONS LIMITED p317
3204 Broadway W, VANCOUVER, BC, V6K 2H4
(604) 732-8100 SIC 5812

CARA OPERATIONS LIMITED p339
4555 Blackcomb Way, WHISTLER, BC, V0N 1B4
(604) 905-5422 SIC 5812

CARA OPERATIONS LIMITED p339
2115 Louie Dr, WESTBANK, BC, V4T 1Y2
(250) 707-1900 SIC 5812

CARA OPERATIONS LIMITED p361
1574 Regent Ave W, WINNIPEG, MB, R2C 3B4
(204) 668-2723 SIC 5812

CARA OPERATIONS LIMITED p380
665 Empress St, WINNIPEG, MB, R3G 3P7
(204) 789-9939 SIC 5812

CARA OPERATIONS LIMITED p382
2000 Wellington Ave Suite 249, WINNIPEG, MB, R3H 1C2
SIC 5812

CARA OPERATIONS LIMITED p396
9 Champlain St, DIEPPE, NB, E1A 1N4
(506) 859-8608 SIC 5812

CARA OPERATIONS LIMITED p401
6 Av Trinity, FREDERICTON, NB, E3C 0B8
(506) 457-1483 SIC 5812

CARA OPERATIONS LIMITED p460
3434 Kempt Rd, HALIFAX, NS, B3K 4X7
(902) 454-8495 SIC 5812

CARA OPERATIONS LIMITED p466
560 Sackville Dr, LOWER SACKVILLE, NS, B4C 2S2
SIC 5812

CARA OPERATIONS LIMITED p484
50 Kingston Rd E, AJAX, ON, L1Z 1G1
SIC 5812

CARA OPERATIONS LIMITED p486
36 Young St, ALLISTON, ON, L9R 1P8
(705) 434-9990 SIC 5812

CARA OPERATIONS LIMITED p488
771 Golf Links Rd, ANCASTER, ON, L9K 1L5
(905) 304-4980 SIC 5812

CARA OPERATIONS LIMITED p488
771 Golf Links Rd, ANCASTER, ON, L9K 1L5
(905) 304-5100 SIC 5812

CARA OPERATIONS LIMITED p494
458 Bayfield St, BARRIE, ON, L4M 5A2
(705) 735-6598 SIC 5812

CARA OPERATIONS LIMITED p494
397 Bayfield St, BARRIE, ON, L4M 3C5
(705) 737-5272 SIC 5812

CARA OPERATIONS LIMITED p496
75 Barrie View Dr, BARRIE, ON, L4N 8V4
(705) 733-0791 SIC 5812

CARA OPERATIONS LIMITED p497
150 Park Place Blvd, BARRIE, ON, L4N 6P1
(705) 722-7667 SIC 5812

CARA OPERATIONS LIMITED p497
27 Mapleview Dr W, BARRIE, ON, L4N 9H5
(705) 739-2220 SIC 5812

CARA OPERATIONS LIMITED p503
15 Bell Blvd, BELLEVILLE, ON, K8P 4S5
(613) 962-7010 SIC 5812

CARA OPERATIONS LIMITED p503
170 Bell Blvd, BELLEVILLE, ON, K8P 5L2
(613) 967-9970 SIC 5812

CARA OPERATIONS LIMITED p506
20 Mcewan Dr E, BOLTON, ON, L7E 2Y3
(905) 857-9913 SIC 5812

CARA OPERATIONS LIMITED p507
170 Liberty St S, BOWMANVILLE, ON, L1C 4W4
(905) 623-0650 SIC 5812

CARA OPERATIONS LIMITED p511
9065 Airport Rd Suite 3034, BRAMPTON, ON, L6S 0B8
(905) 799-6129 SIC 5812

CARA OPERATIONS LIMITED p511
2870 Queen St E, BRAMPTON, ON, L6S 6E8
(905) 791-5655 SIC 5812

CARA OPERATIONS LIMITED p513
150 West Dr, BRAMPTON, ON, L6T 4P9
(905) 457-0504 SIC 5812

CARA OPERATIONS LIMITED p518
70 Quarry Edge Dr, BRAMPTON, ON, L6V 4K2
(905) 796-1700 SIC 5812

CARA OPERATIONS LIMITED p519
2 County Court Blvd Suite 170, BRAMPTON, ON, L6W 3W8
(905) 452-0947 SIC 5812

CARA OPERATIONS LIMITED p519
289 Queen St E, BRAMPTON, ON, L6W 2C2
SIC 5812

CARA OPERATIONS LIMITED p525
84 Lynden Rd Suite 1771, BRANTFORD, ON, N3R 6B8
(519) 759-6990 SIC 5812

CARA OPERATIONS LIMITED p525
57 King George Rd, BRANTFORD, ON, N3R 5K2
(519) 759-2142 SIC 5812

CARA OPERATIONS LIMITED p527
218 Henry St Suite 1, BRANTFORD, ON, N3S 0E3
(519) 770-0573 SIC 5812

CARA OPERATIONS LIMITED p530
358 Stewart Blvd, BROCKVILLE, ON, K6V 4X1
(613) 498-1465 SIC 5812

CARA OPERATIONS LIMITED p536
4511 Dundas St, BURLINGTON, ON, L7M 5B4
(905) 335-2051 SIC 5812

CARA OPERATIONS LIMITED p538
2025 Guelph Line Suite 1, BURLINGTON, ON, L7P 4M8
SIC 5812

CARA OPERATIONS LIMITED p542
40 Pinebush Rd, CAMBRIDGE, ON, N1R 8K5
(519) 620-2411 SIC 5812

CARA OPERATIONS LIMITED p543
600 Hespeler Rd, CAMBRIDGE, ON, N1R 8H2
(519) 620-7887 SIC 5812

CARA OPERATIONS LIMITED p549
10455 Hwy #7, CARLETON PLACE, ON, K7C 3P2
(613) 257-5248 SIC 5812

CARA OPERATIONS LIMITED p551
25 St Clair St, CHATHAM, ON, N7L 3H6
(519) 352-1262 SIC 5812

CARA OPERATIONS LIMITED p552
804 Richmond St, CHATHAM, ON, N7M 5J5
(519) 351-0330 SIC 5812

CARA OPERATIONS LIMITED p556
371 First St, COLLINGWOOD, ON, L9Y 1B3
(705) 444-5711 SIC 5812

CARA OPERATIONS LIMITED p566
960 Brookdale Ave Suite 18, CORNWALL, ON, K6J 4P5
(613) 930-2353 SIC 5812

CARA OPERATIONS LIMITED p576
2955 Bloor St W, ETOBICOKE, ON, M8X 1B8
(416) 233-4573 SIC 5812

CARA OPERATIONS LIMITED p577
805 The Queensway, ETOBICOKE, ON, M8Z 1N6
(416) 251-6746 SIC 5812

CARA OPERATIONS LIMITED p584
648 Dixon Rd, ETOBICOKE, ON, M9W 1J1
(416) 244-1841 SIC 5812

CARA OPERATIONS LIMITED p588
793 Tower St S, FERGUS, ON, N1M 2R2
(519) 843-3527 SIC 5812

CARA OPERATIONS LIMITED p591
320 Guelph St, GEORGETOWN, ON, L7G 4B5
(905) 873-6392 SIC 5812

CARA OPERATIONS LIMITED p591
256 Guelph St Suite 3, GEORGETOWN, ON, L7G 4B1

BUSINESSES BY INDUSTRY CLASSIFICATION

SIC 5812 Eating places 2227

CARA OPERATIONS LIMITED
Hwy 11 S, GRAVENHURST, ON, P1P 1R1
(705) 684-8288   SIC 5812

CARA OPERATIONS LIMITED p600
201 Stone Rd W, GUELPH, ON, N1G 5L4
(519) 766-1549   SIC 5812

CARA OPERATIONS LIMITED p606
200 Centennial Pky N, HAMILTON, ON, L8E 4A1
   SIC 5812

CARA OPERATIONS LIMITED p606
724 Queenston Rd, HAMILTON, ON, L8G 1A2
(905) 561-8284   SIC 5812

CARA OPERATIONS LIMITED p606
735 Queenston Rd, HAMILTON, ON, L8G 1A1
(905) 561-8323   SIC 5812

CARA OPERATIONS LIMITED p612
875 Main St W, HAMILTON, ON, L8S 4P9
(905) 524-0995   SIC 5812

CARA OPERATIONS LIMITED p614
1575 Upper Ottawa St, HAMILTON, ON, L8W 3E2
(905) 574-5555   SIC 5812

CARA OPERATIONS LIMITED p615
1550 Upper James St, HAMILTON, ON, L9B 2L6
(905) 575-8696   SIC 5812

CARA OPERATIONS LIMITED p615
1508 Upper James St, HAMILTON, ON, L9B 1K3
(905) 318-3992   SIC 5812

CARA OPERATIONS LIMITED p625
130 Earl Grey Dr, KANATA, ON, K2T 1B6
(613) 599-4343   SIC 5812

CARA OPERATIONS LIMITED p630
85 Dalton Ave, KINGSTON, ON, K7K 6C2
(613) 547-0100   SIC 5812

CARA OPERATIONS LIMITED p637
1157 Victoria St N, KITCHENER, ON, N2B 3C8
(519) 584-2880   SIC 5812

CARA OPERATIONS LIMITED p638
560 Fairway Rd S, KITCHENER, ON, N2C 1X3
(519) 894-1311   SIC 5812

CARA OPERATIONS LIMITED p638
589 Fairway Rd S, KITCHENER, ON, N2C 1X4
   SIC 5812

CARA OPERATIONS LIMITED p639
740 Ottawa St S, KITCHENER, ON, N2E 1B6
(519) 579-0524   SIC 5812

CARA OPERATIONS LIMITED p642
525 Highland Rd E, KITCHENER, ON, N2M 3W9
(519) 578-7030   SIC 5812

CARA OPERATIONS LIMITED p642
188 Highland Rd W, KITCHENER, ON, N2M 3C2
   SIC 5812

CARA OPERATIONS LIMITED p643
235 Ira Needles Blvd, KITCHENER, ON, N2N 0B2
(519) 568-8008   SIC 5812

CARA OPERATIONS LIMITED p644
4391 King St E, KITCHENER, ON, N2P 2G1
   SIC 5812

CARA OPERATIONS LIMITED p647
330 Kent St W, LINDSAY, ON, K9V 4T7
(705) 324-0800   SIC 5812

CARA OPERATIONS LIMITED p652
92 Fanshawe Park Rd E, LONDON, ON, N5X 4C5
(519) 672-0968   SIC 5812

CARA OPERATIONS LIMITED p653
1141 Highbury Ave N, LONDON, ON, N5Y 1A5
(519) 453-8100   SIC 5812

CARA OPERATIONS LIMITED p659
1067 Wellington Rd Suite 1135, LONDON, ON, N6E 2H5
(519) 681-1600   SIC 5812

CARA OPERATIONS LIMITED p660
1335 Fanshawe Park Rd W, LONDON, ON, N6G 0E3
(519) 473-6694   SIC 5812

CARA OPERATIONS LIMITED p661
735 Wonderland Rd N, LONDON, ON, N6H 4L1
(519) 657-5241   SIC 5812

CARA OPERATIONS LIMITED p670
3131 Highway 7 E, MARKHAM, ON, L3R 0T9
(905) 470-6700   SIC 5812

CARA OPERATIONS LIMITED p670
7359 Woodbine Ave, MARKHAM, ON, L3R 1A7
(905) 305-9948   SIC 5812

CARA OPERATIONS LIMITED p677
2890 Major Mackenzie Dr E Unit C, MARKHAM, ON, L6C 0G6
(905) 887-1050   SIC 5812

CARA OPERATIONS LIMITED p681
1230 Steeles Ave E, MILTON, ON, L9T 6R1
(905) 760-2244   SIC 5812

CARA OPERATIONS LIMITED p681
45 Chisholm Dr, MILTON, ON, L9T 4A6
(905) 876-4731   SIC 5812

CARA OPERATIONS LIMITED p687
1485 Aerowood Dr, MISSISSAUGA, ON, L4W 1C2
(905) 624-8501   SIC 5812

CARA OPERATIONS LIMITED p687
1495 Aerowood Dr, MISSISSAUGA, ON, L4W 1C2
(905) 206-9811   SIC 5812

CARA OPERATIONS LIMITED p694
30 Bristol Rd E, MISSISSAUGA, ON, L4Z 3K8
(905) 568-3262   SIC 5812

CARA OPERATIONS LIMITED p694
5031 Hurontario St, MISSISSAUGA, ON, L4Z 3X7
(905) 890-6500   SIC 5812

CARA OPERATIONS LIMITED p705
2575 Eglinton Ave W, MISSISSAUGA, ON, L5M 7E1
   SIC 5812

CARA OPERATIONS LIMITED p707
6430 Erin Mills Pky, MISSISSAUGA, ON, L5N 3P3
(905) 858-5849   SIC 5812

CARA OPERATIONS LIMITED p707
6465 Millcreek Dr, MISSISSAUGA, ON, L5N 5R3
   SIC 5812

CARA OPERATIONS LIMITED p707
6430 Erin Mills Pky, MISSISSAUGA, ON, L5N 3P3
(905) 858-0809   SIC 5812

CARA OPERATIONS LIMITED p718
60 Courtneypark Dr E Bldg G, MISSISSAUGA, ON, L5T 2Y3
(905) 564-7391   SIC 5812

CARA OPERATIONS LIMITED p728
1711 Merivale Rd, NEPEAN, ON, K2G 3K2
(613) 288-0517   SIC 5812

CARA OPERATIONS LIMITED p733
18162 Yonge St, NEWMARKET, ON, L3Y 4V8
(905) 853-5345   SIC 5812

CARA OPERATIONS LIMITED p733
1111 Davis Dr Unit 44, NEWMARKET, ON, L3Y 8X2
(905) 853-3311   SIC 5812

CARA OPERATIONS LIMITED p733
18158 Yonge St, NEWMARKET, ON, L3Y 4V8
(905) 895-6336   SIC 5812

CARA OPERATIONS LIMITED p736
4960 Clifton Hill, NIAGARA FALLS, ON, L2G 3N4
(905) 353-0051   SIC 5812

CARA OPERATIONS LIMITED p736
6666 Lundy's Lane, NIAGARA FALLS, ON, L2G 1V5
(905) 356-1028   SIC 5812

CARA OPERATIONS LIMITED p737
3770 Montrose Rd Suite 6, NIAGARA FALLS, ON, L2H 3K3
(905) 354-9660   SIC 5812

CARA OPERATIONS LIMITED p741
1899 Algonquin Ave, NORTH BAY, ON, P1B 4Y8
(705) 474-7191   SIC 5812

CARA OPERATIONS LIMITED p746
3343 Bayview Ave, NORTH YORK, ON, M2K 1G4
(416) 730-9599   SIC 5812

CARA OPERATIONS LIMITED p746
3253 Bayview Ave, NORTH YORK, ON, M2K 1G4
(416) 250-0050   SIC 5812

CARA OPERATIONS LIMITED p748
5095 Yonge St Unit A13, NORTH YORK, ON, M2N 6Z4
   SIC 5812

CARA OPERATIONS LIMITED p751
861 York Mills Rd Suite 1, NORTH YORK, ON, M3B 1Y2
   SIC 5812

CARA OPERATIONS LIMITED p755
1113 Finch Ave W, NORTH YORK, ON, M3J 2P7
   SIC 5812

CARA OPERATIONS LIMITED p759
950 Lawrence Ave W, NORTH YORK, ON, M6A 1C4
(416) 783-8262   SIC 5812

CARA OPERATIONS LIMITED p759
3401 Dufferin St Suite 17, NORTH YORK, ON, M6A 2T9
   SIC 5812

CARA OPERATIONS LIMITED p764
2530 Hyde Park Gate, OAKVILLE, ON, L6H 6M2
(905) 829-9932   SIC 5812

CARA OPERATIONS LIMITED p768
450 South Service Rd W, OAKVILLE, ON, L6K 2H4
(905) 842-5510   SIC 5812

CARA OPERATIONS LIMITED p769
3549 Wyecroft Rd, OAKVILLE, ON, L6L 0B7
(905) 825-9134   SIC 5812

CARA OPERATIONS LIMITED p769
3537 Wyecroft Rd Suite 3041, OAKVILLE, ON, L6L 0B7
(905) 827-1691   SIC 5812

CARA OPERATIONS LIMITED p773
115 Fifth Ave, ORANGEVILLE, ON, L9W 5B7
(519) 940-4004   SIC 5812

CARA OPERATIONS LIMITED p774
390 Memorial Ave, ORILLIA, ON, L3V 0T7
(705) 327-6667   SIC 5812

CARA OPERATIONS LIMITED p779
555 Simcoe St S, OSHAWA, ON, L1H 8K8
(905) 728-8833   SIC 5812

CARA OPERATIONS LIMITED p784
1910 St. Laurent Blvd, OTTAWA, ON, K1G 1A4
(613) 733-2200   SIC 5812

CARA OPERATIONS LIMITED p788
700 Sussex Dr Unit 201, OTTAWA, ON, K1N 1K4
(613) 789-5432   SIC 5812

CARA OPERATIONS LIMITED p795
2216 Bank St, OTTAWA, ON, K1V 1J6
(613) 731-3058   SIC 5812

CARA OPERATIONS LIMITED p797
675 Kirkwood Ave, OTTAWA, ON, K1Z 8N7
   SIC 5812

CARA OPERATIONS LIMITED p799
1100 Baxter Rd, OTTAWA, ON, K2C 4B1
   SIC 5812

CARA OPERATIONS LIMITED p799
1080 Baxter Rd, OTTAWA, ON, K2C 4B1
(613) 721-1373   SIC 5812

CARA OPERATIONS LIMITED p803
1350 16th St E, OWEN SOUND, ON, N4K 6N7
(519) 372-1992   SIC 5812

CARA OPERATIONS LIMITED p805
1290 Pembroke St W, PEMBROKE, ON, K8A 7A2
(613) 735-3279   SIC 5812

CARA OPERATIONS LIMITED p809
870 The Parkway, PETERBOROUGH, ON, K9J 8S5
(705) 743-9385   SIC 5812

CARA OPERATIONS LIMITED p822
9350 Yonge St Suite 1209, RICHMOND HILL, ON, L4C 5G2
(905) 737-4307   SIC 5812

CARA OPERATIONS LIMITED p822
9625 Yonge St, RICHMOND HILL, ON, L4C 5T2
(905) 884-1515   SIC 5812

CARA OPERATIONS LIMITED p823
13085 Yonge St, RICHMOND HILL, ON, L4E 3S8
(905) 773-1988   SIC 5812

CARA OPERATIONS LIMITED p832
332 Great Northern Rd, SAULT STE. MARIE, ON, P6B 4Z7
(705) 256-2677   SIC 5812

CARA OPERATIONS LIMITED p835
4410 Kingston Rd Suite 201, SCARBOROUGH, ON, M1E 2N5
(416) 281-0230   SIC 5812

CARA OPERATIONS LIMITED p840
300 Borough Dr Suite 2, SCARBOROUGH, ON, M1P 4P5
(416) 290-0464   SIC 5812

CARA OPERATIONS LIMITED p843
41 Milner Ave, SCARBOROUGH, ON, M1S 3P6
(416) 321-5684   SIC 5812

CARA OPERATIONS LIMITED p844
2555 Victoria Park Ave Suite 19, SCARBOROUGH, ON, M1T 1A3
(416) 494-9693   SIC 5812

CARA OPERATIONS LIMITED p852
327 Lake St, ST CATHARINES, ON, L2N 7T3
(905) 938-7050   SIC 5812

CARA OPERATIONS LIMITED p852
10 Ymca Dr, ST CATHARINES, ON, L2N 7R6
(905) 646-5200   SIC 5812

CARA OPERATIONS LIMITED p856
221 Glendale Ave Unit 60a, ST CATHARINES, ON, L2T 2K9
   SIC 5812

CARA OPERATIONS LIMITED p856
221 Glendale Ave, ST CATHARINES, ON, L2T 2K9
(905) 684-1145   SIC 5812

CARA OPERATIONS LIMITED p859
415 Wellington St, ST THOMAS, ON, N5R 5K5
(519) 637-8962   SIC 5812

CARA OPERATIONS LIMITED p864
684 Ontario St, STRATFORD, ON, N5A 3J7
(519) 271-2171   SIC 5812

CARA OPERATIONS LIMITED p868
894 Kingsway, SUDBURY, ON, P3B 2E5
(519) 679-9660   SIC 5812

CARA OPERATIONS LIMITED p870
2169 Regent St, SUDBURY, ON, P3E 5V3
(705) 523-1222   SIC 5812

CARA OPERATIONS LIMITED p873
2910 Steeles Ave E, THORNHILL, ON, L3T 7X1
(905) 709-0550   SIC 5812

CARA OPERATIONS LIMITED p878
805 Memorial Ave, THUNDER BAY, ON, P7B 3Z7
(807) 345-0400   SIC 5812

CARA OPERATIONS LIMITED p878
615 Sibley Dr, THUNDER BAY, ON, P7B 6Z8
(807) 622-1000   SIC 5812

▲ Public Company   ■ Public Company Family Member   **HQ** Headquarters   **BR** Branch   **SL** Single Location

CARA OPERATIONS LIMITED
1500 Riverside Dr, TIMMINS, ON, P4R 1A1
(705) 360-5999 *SIC 5812*

CARA OPERATIONS LIMITED p893
60 Overlea Blvd Suite 1208, TORONTO, ON, M4H 1B6
(416) 696-2268 *SIC 5812*

CARA OPERATIONS LIMITED p924
238 Bloor St W, TORONTO, ON, M5S 1T8
SIC 5812

CARA OPERATIONS LIMITED p928
132 John St, TORONTO, ON, M5V 2E3
(416) 595-1990 *SIC 5812*

CARA OPERATIONS LIMITED p934
570 Bloor St W, TORONTO, ON, M6G 1K1
(416) 538-3100 *SIC 5812*

CARA OPERATIONS LIMITED p936
75 Hanna Ave Suite 3, TORONTO, ON, M6K 3N7
(416) 535-2662 *SIC 5812*

CARA OPERATIONS LIMITED p937
590 Keele St, TORONTO, ON, M6N 3E2
(416) 760-7893 *SIC 5812*

CARA OPERATIONS LIMITED p943
283 Dundas St E, TRENTON, ON, K8V 1M1
(613) 394-5780 *SIC 5812*

CARA OPERATIONS LIMITED p945
3760 Highway 7, UNIONVILLE, ON, L3R 0N2
SIC 5812

CARA OPERATIONS LIMITED p945
5070 Highway 7 E, UNIONVILLE, ON, L3R 5R9
(905) 305-1809 *SIC 5812*

CARA OPERATIONS LIMITED p953
410 The Boardwalk, WATERLOO, ON, N2T 0A6
(519) 579-4949 *SIC 5812*

CARA OPERATIONS LIMITED p957
195 Consumers Dr, WHITBY, ON, L1N 1C4
(905) 665-0605 *SIC 5812*

CARA OPERATIONS LIMITED p957
175 Consumers Dr, WHITBY, ON, L1N 1C4
(905) 666-1411 *SIC 5812*

CARA OPERATIONS LIMITED p962
7011 Tecumseh Rd E, WINDSOR, ON, N8T 3K7
(519) 945-6585 *SIC 5812*

CARA OPERATIONS LIMITED p963
5011 Legacy Park Dr, WINDSOR, ON, N8W 5S6
SIC 5812

CARA OPERATIONS LIMITED p969
1690 Huron Church Rd, WINDSOR, ON, N9C 0A9
(519) 973-4686 *SIC 5812*

CARA OPERATIONS LIMITED p970
3095 Dougall Ave, WINDSOR, ON, N9E 1S3
(519) 972-4826 *SIC 5812*

CARA OPERATIONS LIMITED p971
9 Amy Croft Dr, WINDSOR, ON, N9K 1C7
(519) 735-3390 *SIC 5812*

CARA OPERATIONS LIMITED p973
3737 Rutherford Rd, WOODBRIDGE, ON, L4L 1A6
(905) 264-4017 *SIC 5812*

CARA OPERATIONS LIMITED p973
3900 Highway 7, WOODBRIDGE, ON, L4L 9C3
(905) 850-1580 *SIC 5812*

CARA OPERATIONS LIMITED p977
511 Norwich Ave, WOODSTOCK, ON, N4S 9A2
(519) 537-3117 *SIC 5812*

CARA OPERATIONS LIMITED p977
623 Dundas St, WOODSTOCK, ON, N4S 1E1
(519) 539-9881 *SIC 5812*

CARA OPERATIONS LIMITED p992
7265 Boul Des Galeries D'anjou, ANJOU, QC, H1M 2W2
(514) 352-7655 *SIC 5812*

CARA OPERATIONS LIMITED p1018
1925 Boul Saint-Martin O, Cote Saint-Luc, QC, H7S 1N2
(450) 687-6575 *SIC 5812*

CARA OPERATIONS LIMITED p1025
730 Ch De La Cote-Vertu, DORVAL, QC, H4S 1Y9
(514) 422-7031 *SIC 5812*

CARA OPERATIONS LIMITED p1025
1185 Rue Rodolphe-Page Bureau 1, DORVAL, QC, H4Y 1H3
(514) 636-5824 *SIC 5812*

CARA OPERATIONS LIMITED p1035
180 Boul Greber, GATINEAU, QC, J8T 6K2
(819) 243-3024 *SIC 5812*

CARA OPERATIONS LIMITED p1044
95 Montee Lavigne, HUDSON, QC, J0P 1H0
(450) 458-1999 *SIC 5812*

CARA OPERATIONS LIMITED p1072
1165 Ch Du Tremblay, LONGUEUIL, QC, J4N 1R4
(450) 647-6000 *SIC 5812*

CARA OPERATIONS LIMITED p1140
1130 Chomedey (A-13) O, POINTE-CLAIRE, QC, H7X 4C9
(450) 689-9990 *SIC 5812*

CARA OPERATIONS LIMITED p1176
170 Boul Labelle, Rosemere, QC, J7A 2H1
(450) 437-2840 *SIC 5812*

CARA OPERATIONS LIMITED p1191
5060 Boul Cousineau Bureau 2324, SAINT-HUBERT, QC, J3Y 7G5
(450) 445-2247 *SIC 5812*

CARA OPERATIONS LIMITED p1197
240 Boul Omer-Marcil, SAINT-JEAN-SUR-RICHELIEU, QC, J2W 2V1
(450) 348-6422 *SIC 5812*

CARA OPERATIONS LIMITED p1237
2360 Rue King O, SHERBROOKE, QC, J1J 2E8
(819) 565-0909 *SIC 5812*

CARA OPERATIONS LIMITED p1260
2060 Boul Des Laurentides, VIMONT, QC, H7M 2R5
(450) 667-1417 *SIC 5812*

CARA OPERATIONS LIMITED p1282
1875 E Victoria Ave, REGINA, SK, S4N 6E6
(306) 949-4955 *SIC 5812*

CARA OPERATIONS LIMITED p1288
2655 Gordon Rd, REGINA, SK, S4S 6H7
(306) 569-1557 *SIC 5812*

CARA OPERATIONS QUEBEC LTD p554
70 Strathy Rd E, COBOURG, ON, K9A 5X4
(905) 377-0533 *SIC 5812*

CARA OPERATIONS QUEBEC LTD p558
199 Four Valley Dr, CONCORD, ON, L4K 0B8
(905) 760-2244 *SIC 5812*

CARA OPERATIONS QUEBEC LTD p577
1001 The Queensway, ETOBICOKE, ON, M8Z 6C7
(416) 255-0464 *SIC 5812*

CARA RESTAURANTS p232
20100 Langley Bypass, LANGLEY, BC, V3A 9J7
(604) 532-6799 *SIC 5812*

CARREFOUR 78 (1993) INC p1005
100 Boul De Bromont Unite 8, BROMONT, QC, J2L 2K6
(450) 534-0223 *SIC 5812*

CARTER, DWAYNE ENTERPRISES LTD p384
2359 Ness Ave Suite 2, WINNIPEG, MB, R3J 1A5
(204) 949-3227 *SIC 5812*

CARTER, DWAYNE ENTERPRISES LTD p385
3401 Portage Ave, WINNIPEG, MB, R3K 0W9
(204) 949-6022 *SIC 5812*

CARTER, DWAYNE ENTERPRISES LTD p385
3655 Portage Ave Unit 64, WINNIPEG, MB, R3K 2G6
(204) 949-6014 *SIC 5812*

CASEY'S GRILL AND BAR p651
310 Clarke Rd, LONDON, ON, N5W 6G4
(519) 455-4392 *SIC 5812*

CASEY'S GRILL HOUSE & BEVERAGE CO., p969
1760 Huron Church Rd, WINDSOR, ON, N9C 2L4
SIC 5812

CASEY'S GRILLHOUSE & BEVERAGE CO p780
419 King St W, OSHAWA, ON, L1J 2K5
(905) 576-3333 *SIC 5812*

CATERERS (YORK) LIMITED p754
37 Southbourne Ave, NORTH YORK, ON, M3H 1A4
(416) 783-4293 *SIC 5812*

CATERING HEADQUARTERS LTD p22
3716 2 St Ne, CALGARY, AB, T2E 3H7
(403) 245-5774 *SIC 5812*

CATERING, PHYLLIS p355
Gd, SARTO, MB, R0A 1X0
(204) 434-6475 *SIC 5812*

CATHEDRAL VILLAGE RESTAURANT LTD p1284
2062 Albert St, REGINA, SK, S4P 2T7
(306) 359-1661 *SIC 5812*

CAUSEWAY RESTAURANTS LTD p331
812 Wharf St, VICTORIA, BC, V8W 1T3
(250) 381-2244 *SIC 5812*

CAVCO FOOD SERVICES LTD p639
715 Ottawa St S, KITCHENER, ON, N2E 3H5
(519) 569-7224 *SIC 5812*

CAVCO FOOD SERVICES LTD p642
431 Highland Rd W, KITCHENER, ON, N2M 3C6
(519) 578-8630 *SIC 5812*

CCFGLM ONTARIO LIMITED p577
1255 The Queensway, ETOBICOKE, ON, M8Z 1S1
(416) 252-5000 *SIC 5812*

CENTURY HOSPITALITY GROUP LTD p79
10155 102 St Nw Suite 2550, EDMONTON, AB, T5J 4G8
(780) 424-0400 *SIC 5812*

CHADWICK FOOD SERVICE MANAGEMENT INCORPORATED p443
200 Waterfront Dr Suite 225, BEDFORD, NS, B4A 4J4
(902) 832-9489 *SIC 5812*

CHARCOAL STEAK HOUSE INC p636
2980 King St E, KITCHENER, ON, N2A 1A9
(519) 893-6570 *SIC 5812*

CHARLTOM RESTAURANTS LIMITED p443
1511 Bedford Hwy, BEDFORD, NS, B4A 1E3
(902) 832-1050 *SIC 5812*

CHARLTOM RESTAURANTS LIMITED p447
4 Forest Hills Pky, DARTMOUTH, NS, B2W 5G7
SIC 5812

CHARLTOM RESTAURANTS LIMITED p461
6169 Quinpool Rd, HALIFAX, NS, B3L 4P8
(902) 429-3824 *SIC 5812*

CHARLTOM RESTAURANTS LIMITED p463
11 Lakelands Blvd, HALIFAX, NS, B3S 1G4
(902) 450-5643 *SIC 5812*

CHATEAU POULET DU QUEBEC LTEE p1177
44 Av Quebec, ROUYN-NORANDA, QC, J9X 6P9
(819) 764-6741 *SIC 5812*

CHAUHAN FOOD SERVICES INC p939
3487 Dundas St W, TORONTO, ON, M6S 2S5
(416) 763-3113 *SIC 5812*

CHEBUCTO VENTURES CORP p214
8911 117 Ave, FORT ST. JOHN, BC, V1J 6B8
(250) 787-7501 *SIC 5812*

CHEESECAKE CAFE & BAKERY INC, THE p30
7600 Macleod Trail Se, CALGARY, AB, T2H 0L9
(403) 255-7443 *SIC 5812*

CHELSEA FOOD SERVICES LIMITED p429
26 Commonwealth Ave, MOUNT PEARL, NL, A1N 1W6
(709) 364-9360 *SIC 5812*

CHELSEA FOOD SERVICES LIMITED p432
571 Torbay Rd, ST. JOHN'S, NL, A1A 5G9
(709) 753-4941 *SIC 5812*

CHELSEA FOOD SERVICES LIMITED p433
336 Freshwater Rd, ST. JOHN'S, NL, A1B 1C2
SIC 5812

CHENOY'S DELICATESSEN & STEAK HOUSE INC p1024
3616 Boul Saint-Jean, DOLLARD-DES-ORMEAUX, QC, H9G 1X1
(514) 620-2584 *SIC 5812*

CHERRY TREE ENTERPRISES INC p812
1099 Kingston Rd Suite 1, PICKERING, ON, L1V 1B5
(905) 831-2665 *SIC 5812*

CHES'S SNACKS LIMITED p435
9 Freshwater Rd, ST. JOHN'S, NL, A1C 2N1
(709) 722-4083 *SIC 5812*

CHEZ HENRI MAJEAU ET FILS INC p1183
30 Rue De La Visitation, Saint-Charles-Borromee, QC, J6E 4M8
(450) 759-1113 *SIC 5812*

CHEZ LOUIS POULET ET PIZZA INC p1028
2815 Boul Lemire, DRUMMONDVILLE, QC, J2B 8E7
(819) 474-3494 *SIC 5812*

CHEZ LOUIS POULET ET PIZZA INC p1030
150 Rue Saint-Georges, DRUMMONDVILLE, QC, J2C 4H1
(819) 474-5158 *SIC 5812*

CHIC RESTO-POP INC, LE p1089
1500 Av D'orleans, Montreal, QC, H1W 3R1
(514) 521-4089 *SIC 5812*

CHICAGO CHOP HOUSE LTD, THE p42
604 8 Ave Sw, CALGARY, AB, T2P 1G4
SIC 5812

CHILLER'S BREW PUB AND EATERY p1275
510 Home St W, MOOSE JAW, SK, S6H 7P4
(306) 694-5100 *SIC 5812*

CHINA TOWN & CO LTD p462
381 Bedford Hwy, HALIFAX, NS, B3M 2L3
(902) 443-2444 *SIC 5812*

CHIRO FOODS LIMITED p94
17118 90 Ave Nw, EDMONTON, AB, T5T 4C8
(780) 438-8848 *SIC 5812*

CHIRO FOODS LIMITED p110
4130 Calgary Trail Nw Suite 606, EDMONTON, AB, T6J 6Y6
(780) 438-3102 *SIC 5812*

CHIRO FOODS LIMITED p162
99 Wye Rd Suite 43, SHERWOOD PARK, AB, T8B 1M1
(780) 449-3366 *SIC 5812*

CHIRO FOODS LIMITED p166
2 Hebert Rd Suite 100, ST. ALBERT, AB, T8N 5T8
(780) 460-2060 *SIC 5812*

CHIRO FOODS LIMITED p803
1313 16th St E, OWEN SOUND, ON, N4K 1Z4
(519) 371-8009 *SIC 5812*

CHISHOLM, R. FOOD SERVICES INC p740
140 Lakeshore Dr, NORTH BAY, ON, P1A 2A8
(705) 474-9770 *SIC 5812*

CHISHOLM, R. FOOD SERVICES INC p741
1500 Fisher St, NORTH BAY, ON, P1B 2H3
(705) 494-6003 *SIC 5812*

CHISHOLM, R. FOOD SERVICES INC p866
195 Front St, STURGEON FALLS, ON, P2B 2J4
(705) 753-5155 *SIC 5812*

CHUNG KEE NOODLE SHOP LTD p269
8291 Alexandra Rd Suite 185, RICHMOND, BC, V6X 1C3
(604) 231-8141 *SIC 5812*

CIRCLE HOLDINGS INC p393
2 Rue Jagoe, ATHOLVILLE, NB, E3N 5C3
(506) 753-1881 *SIC 5812*

CIRCLE HOLDINGS INC *p395*
75 Roseberry St Suite 550, CAMPBELL-TON, NB, E3N 2G6
(506) 789-9148 *SIC 5812*

CIRCLE HOLDINGS INC *p396*
414 William St, DALHOUSIE, NB, E8C 2X2
(506) 684-5569 *SIC 5812*

CIVEO CROWN CAMP SERVICES LTD *p119*
Gd Lcd Main, FORT MCMURRAY, AB, T9H 3E2
SIC 5812

CLS CATERING SERVICES LTD *p273*
3560 Jericho Rd, RICHMOND, BC, V7B 1C2
(604) 273-4438 *SIC 5812*

CLS CATERING SERVICES LTD *p712*
2950 Convair Dr, MISSISSAUGA, ON, L5P 1A2
(905) 676-3218 *SIC 5812*

CLUB DE GOLF DE COWANSVILLE INC *p1021*
225 Ch Du Golf, COWANSVILLE, QC, J2K 3G6
(450) 263-3131 *SIC 5812*

CLUB DE GOLF SOREL-TRACY LES DUNES INC *p1241*
12000 Ch Saint-Roch, SOREL-TRACY, QC, J3R 5E8
(450) 742-4444 *SIC 5812*

COAST HOTELS LIMITED *p330*
146 Kingston St, VICTORIA, BC, V8V 1V4
(250) 480-1999 *SIC 5812*

COJALY INC *p1256*
601 Av Saint-Charles, VAUDREUIL-DORION, QC, J7V 8G4
(450) 455-0409 *SIC 5812*

COMMISSION TOURISTIQUE DU PORT-JOLI INC, LA *p1196*
547 Av De Gaspe E, SAINT-JEAN-PORT-JOLI, QC, G0R 3G0
(418) 598-3061 *SIC 5812*

COMPASS GROUP CANADA LTD *p722*
1 Prologis Blvd Suite 400, MISSISSAUGA, ON, L5W 0G2
(905) 795-5100 *SIC 5812*

CONCEPT ECO-PLEIN AIR LE BALUCHON INC *p1219*
3550 Ch Des Trembles Rr 3, SAINT-PAULIN, QC, J0K 3G0
(819) 268-2695 *SIC 5812*

CONCEPT FOODS LTD *p1292*
2806 8th St E, SASKATOON, SK, S7H 0V9
(306) 373-6655 *SIC 5812*

CONCEPT GRILLS LTD *p1295*
123 2nd Ave S Unit 10, SASKATOON, SK, S7K 7E6
(306) 244-9899 *SIC 5812*

CONCORDE FOOD SERVICES (1996) LTD *p1290*
2525 E Quance St, REGINA, SK, S4V 2X8
(306) 791-3020 *SIC 5812*

CONCORDE FOOD SERVICES (1996) LTD *p1292*
3110 8th St E Unit 11, SASKATOON, SK, S7H 0W2
(306) 668-3050 *SIC 5812*

CONCORDE FOOD SERVICES (1996) LTD *p1295*
202 Primrose Dr Suite 8, SASKATOON, SK, S7K 6Y6
(306) 668-3070 *SIC 5812*

CONSOLIDATED RESTAURANTS LIMITED *p447*
620 Portland St, DARTMOUTH, NS, B2W 2M3
SIC 5812

COOPERATIVE DES TRAVAILLEURS ET TRAVAILLEUSES PREMIER DEFI LAVAL *p1213*
1111 Boul Des Laurentides, SAINT-LAURENT, QC, H7N 5B5
(450) 668-7085 *SIC 5812*

COOPERATIVE DES TRAVAILLEUSES ET TRAVAILLEURS EN RESTAURATION LA DEMOCRATE *p1089*

2901 Rue Sherbrooke E, Montreal, QC, H1W 1B2
SIC 5812

COPPOLA'S RISTORANTE *p854*
203 Carlton St, ST CATHARINES, ON, L2R 1S1
(905) 688-6694 *SIC 5812*

COQ D'ANJOU INC, AU *p992*
6531 Av Baldwin, ANJOU, QC, H1K 3C4
(514) 351-7160 *SIC 5812*

COQ PONT VIAU INC, AU *p1133*
30 Rue Du Pont-Viau, Montreal-Ouest, QC, H7N 2X9
(450) 667-9550 *SIC 5812*

COR-BON ENTERPRISES LTD *p1276*
1707 Main St N, MOOSE JAW, SK, S6J 1L6
(306) 692-9891 *SIC 5812*

COREY CRAIG LTD *p396*
477 Rue Paul, DIEPPE, NB, E1A 4X5
(506) 862-7637 *SIC 5812*

COREY CRAIG LTD *p406*
10 Plaza Blvd, MONCTON, NB, E1C 0G4
(506) 389-7366 *SIC 5812*

COREY CRAIG LTD *p406*
1166 Mountain Rd, MONCTON, NB, E1C 2T5
(506) 862-7631 *SIC 5812*

COREY CRAIG LTD *p407*
7 St George St, MONCTON, NB, E1C 1S8
(506) 862-7638 *SIC 5812*

COREY CRAIG LTD *p409*
1840 Main St, MONCTON, NB, E1E 4S7
(506) 862-7658 *SIC 5812*

COREY CRAIG LTD *p409*
750 St George Blvd, MONCTON, NB, E1E 2C6
(506) 862-7636 *SIC 5812*

COREY CRAIG LTD *p412*
4 Park Dr, RICHIBUCTO, NB, E4W 4G5
(506) 524-9087 *SIC 5812*

COREY CRAIG LTD *p419*
2980 Fredericton Rd Suite 112, SALISBURY, NB, E4J 2G1
(506) 372-4522 *SIC 5812*

COREY CRAIG LTD *p420*
534 Main St, SHEDIAC, NB, E4P 2H1
(506) 533-3990 *SIC 5812*

CORRON INVESTMENTS INC *p584*
25 Carrier Dr, ETOBICOKE, ON, M9W 6J1
(416) 674-1207 *SIC 5812*

COSMOS CAFE INC *p1157*
575 Grande Allee E, Quebec, QC, G1R 2K4
(418) 640-0606 *SIC 5812*

COUNTRY BOY FAMILY RESTAURANT INC *p638*
5 Manitou Dr Suite 107, KITCHENER, ON, N2C 2J6
(519) 893-2120 *SIC 5812*

COUNTRY GARDEN LTD *p274*
52892 Bunker Rd, ROSEDALE, BC, V0X 1X1
SIC 5812

CROSSROADS FOODS ONTARIO INC *p489*
2 Staye Court Dr, ARNPRIOR, ON, K7S 0E7
(613) 623-1000 *SIC 5812*

CROSSROADS FOODS ONTARIO INC *p489*
201 Madawaska Blvd, ARNPRIOR, ON, K7S 1S6
(613) 622-7525 *SIC 5812*

CROWN JEWEL INVESTMENTS LTD *p134*
5846 Highway 2a, LACOMBE, AB, T4L 2G5
(403) 782-9988 *SIC 5812*

CUISINES DE L'AIR CULIN-AIR INC, LES *p1026*
9553 Ch Cote-De-Liesse, DORVAL, QC, H9P 1A3
(514) 441-4277 *SIC 5812*

CUISINES DE L'AIR CULIN-AIR INC, LES *p1166*
604 6e Rue De L'aeroport, Quebec, QC, G2G 2S9
(418) 871-4038 *SIC 5812*

CUISINES NUTRI-DELI INC, LES *p1201*
535 Rue Filion, Saint-Jerome, QC, J7Z 1J6

(450) 438-5278 *SIC 5812*

CULINARY CAPERS CATERING INC *p316*
1545 3rd Ave W, VANCOUVER, BC, V6J 1J8
(604) 875-0123 *SIC 5812*

CUSTOM CUISINE CATERING LIMITED *p662*
1260 Gainsborough Rd, LONDON, ON, N6H 5K8
(519) 963-1426 *SIC 5812*

D B P ALBERTA INC *p58*
5005 Dalhousie Dr Nw Suite 703, CALGARY, AB, T3A 5R8
(403) 288-1700 *SIC 5812*

DAA GROUP LIMITED *p449*
180 Wyse Rd, DARTMOUTH, NS, B3A 1M6
(902) 466-4400 *SIC 5812*

DAIRY BOY SALES LTD *p196*
9055 Young Rd, CHILLIWACK, BC, V2P 4R3
(604) 792-8531 *SIC 5812*

DAIRY QUEEN CANADA INC *p519*
133 Queen St E, BRAMPTON, ON, L6W 2A9
(905) 453-5591 *SIC 5812*

DAKOTA HOLDINGS LIMITED *p444*
640 Granville St E, BRIDGETOWN, NS, B0S 1C0
(902) 665-4555 *SIC 5812*

DAKOTA HOLDINGS LIMITED *p468*
241 Main St, MIDDLETON, NS, B0S 1P0
(902) 825-2145 *SIC 5812*

DALE & DALE PIZZA INC *p363*
686 Springfield Rd Unit 7, WINNIPEG, MB, R2G 4G3
(204) 987-5554 *SIC 5812*

DALE & DALE PIZZA INC *p372*
1353 Mcphillips St Unit B, WINNIPEG, MB, R2X 3A6
(204) 987-5552 *SIC 5812*

DALE & DALE PIZZA INC *p385*
3059 Portage Ave Unit C, WINNIPEG, MB, R3K 0W4
(204) 987-5555 *SIC 5812*

DANIEL ET DANIEL CATERING INC *p904*
248 Carlton St, TORONTO, ON, M5A 2L1
(416) 968-9275 *SIC 5812*

DAWNAL QUICK SERVE LTD *p218*
1465 Trans Canada Hwy W, KAMLOOPS, BC, V1S 1A1
(250) 374-1922 *SIC 5812*

DAWNAL QUICK SERVE LTD *p218*
661 Fortune Dr, KAMLOOPS, BC, V2B 2K7
(250) 376-0222 *SIC 5812*

DAWNAL QUICK SERVE LTD *p220*
301 Victoria St, KAMLOOPS, BC, V2C 2A3
(250) 314-6493 *SIC 5812*

DAWNAL QUICK SERVE LTD *p220*
500 Notre Dame Dr Unit 800, KAMLOOPS, BC, V2C 6T6
(250) 314-3686 *SIC 5812*

DAWNAL QUICK SERVE LTD *p237*
3360 Airport Rd, MERRITT, BC, V1K 1M5
(250) 378-2170 *SIC 5812*

DE SOUSA PRAJA ENTERPRISES INC *p688*
5165 Dixie Rd Suite 1, MISSISSAUGA, ON, L4W 4G1
(905) 238-0798 *SIC 5812*

DEANE HOUSE AT FORT CALGARY, THE *p27*
806 9 Ave Se, CALGARY, AB, T2G 0S2
(403) 269-7747 *SIC 5812*

DEBMAR HOLDINGS LIMITED *p838*
10 Lebovic Ave, SCARBOROUGH, ON, M1L 4V9
SIC 5812

DELUXE FRENCH FRIES LTD *p396*
450 Rue Paul, DIEPPE, NB, E1A 5T5
(506) 388-1920 *SIC 5812*

DELUXE FRENCH FRIES LTD *p407*
857 Mountain Rd, MONCTON, NB, E1C 2R9
(506) 858-8310 *SIC 5812*

DENCAN RESTAURANT INC *p37*
5015 4 St Ne, CALGARY, AB, T2K 6K2
(403) 295-2504 *SIC 5812*

DENCAN RESTAURANTS INC *p23*

1804 19 St Ne Suite 11, CALGARY, AB, T2E 4Y3
(403) 250-7177 *SIC 5812*

DENCAN RESTAURANTS INC *p31*
7215 Macleod Trail Sw, CALGARY, AB, T2H 0L8
(403) 253-4818 *SIC 5812*

DENCAN RESTAURANTS INC *p91*
17635 Stony Plain Rd Nw, EDMONTON, AB, T5S 1E3
(780) 450-3663 *SIC 5812*

DENCAN RESTAURANTS INC *p91*
17635 Stony Plain Rd Nw Unit 6647, EDMONTON, AB, T5S 1E3
(780) 487-3663 *SIC 5812*

DENCAN RESTAURANTS INC *p110*
3604 Gateway Blvd Nw, EDMONTON, AB, T6J 7A9
(780) 438-3663 *SIC 5812*

DENCAN RESTAURANTS INC *p156*
2940 50 Ave Ste 81, RED DEER, AB, T4R 1M4
(403) 348-5040 *SIC 5812*

DENCAN RESTAURANTS INC *p161*
975 Broadmoor Blvd Unit 44, SHERWOOD PARK, AB, T8A 5W9
(780) 467-7893 *SIC 5812*

DENCAN RESTAURANTS INC *p190*
5605 Kingsway, BURNABY, BC, V5H 2G4
(604) 434-9016 *SIC 5812*

DENCAN RESTAURANTS INC *p202*
500 Austin Ave, COQUITLAM, BC, V3K 3M7
(604) 939-6545 *SIC 5812*

DENCAN RESTAURANTS INC *p205*
405 Cranbrook St N, CRANBROOK, BC, V1C 3R5
(250) 426-8866 *SIC 5812*

DENCAN RESTAURANTS INC *p218*
898 Tranquille Rd Suite 77, KAMLOOPS, BC, V2B 3J4
(250) 554-4480 *SIC 5812*

DENCAN RESTAURANTS INC *p220*
570 Columbia St Unit 6852, KAMLOOPS, BC, V2C 2V1
(250) 374-6369 *SIC 5812*

DENCAN RESTAURANTS INC *p225*
2130 Harvey Ave, KELOWNA, BC, V1Y 6G8
(250) 860-1133 *SIC 5812*

DENCAN RESTAURANTS INC *p229*
8855 202 St Unit 7034, LANGLEY, BC, V1M 2N9
(604) 888-6073 *SIC 5812*

DENCAN RESTAURANTS INC *p249*
2050 Marine Dr, NORTH VANCOUVER, BC, V7P 1V7
(604) 980-8210 *SIC 5812*

DENCAN RESTAURANTS INC *p252*
939 Burnaby Ave, PENTICTON, BC, V2A 1G7
(250) 490-9390 *SIC 5812*

DENCAN RESTAURANTS INC *p260*
1650 Central St E, PRINCE GEORGE, BC, V2M 3C2
(250) 562-6723 *SIC 5812*

DENCAN RESTAURANTS INC *p264*
1891 Fraser Dr, REVELSTOKE, BC, V0E 2S0
(250) 837-2034 *SIC 5812*

DENCAN RESTAURANTS INC *p291*
4828 16 Hwy W, TERRACE, BC, V8G 1L6
(250) 635-2295 *SIC 5812*

DENCAN RESTAURANTS INC *p310*
1098 Davie St, VANCOUVER, BC, V6E 1M3
(604) 689-0509 *SIC 5812*

DENCAN RESTAURANTS INC *p316*
1755 Broadway W Suite 310, VANCOUVER, BC, V6J 4S5
(604) 730-6620 *SIC 5812*

DENCAN RESTAURANTS INC *p318*
622 Marine Dr Sw, VANCOUVER, BC, V6P 5Y1
(604) 325-3712 *SIC 5812*

DENCAN RESTAURANTS INC *p321*
845 Burrard St, VANCOUVER, BC, V6Z 2K6

▲ Public Company   ■ Public Company Family Member   HQ Headquarters   BR Branch   SL Single Location

(604) 682-5511 SIC 5812
DENCAN RESTAURANTS INC p325
4201 32 St Suite 6501, VERNON, BC, V1T 5P3
(250) 542-0079 SIC 5812
DENCAN RESTAURANTS INC p334
3100 Douglas St Unit 7767, VICTORIA, BC, V8Z 3K2
(250) 382-3844 SIC 5812
DENCAN RESTAURANTS INC p341
664 Oliver St, WILLIAMS LAKE, BC, V2G 1M6
(250) 398-5343 SIC 5812
DENCAN RESTAURANTS INC p725
628 County Rd 1, NAPANEE, ON, K7R 3L2
(613) 354-3556 SIC 5812
DENCAN RESTAURANTS INC p1282
1800 E Victoria Ave Suite A, REGINA, SK, S4N 7K3
(306) 949-2447 SIC 5812
DENCAN RESTAURANTS INC p1300
310 Circle Dr W, SASKATOON, SK, S7L 0Y5
(306) 653-7700 SIC 5812
DENDRES CORP p500
4748 Ontario St, BEAMSVILLE, ON, L0R 1B4
(905) 563-3331 SIC 5812
DENDRES CORP p598
34 Livingston Ave, GRIMSBY, ON, L3M 1L1
(905) 945-5491 SIC 5812
DENDRES CORP p851
525 Welland Ave, ST CATHARINES, ON, L2M 6P3
(905) 688-5461 SIC 5812
DENDRES CORP p851
500 Welland Ave, ST CATHARINES, ON, L2M 5V5
(905) 688-5461 SIC 5812
DENDRES CORP p853
95 Hartzel Rd, ST CATHARINES, ON, L2P 1N2
SIC 5812
DENDRES CORP p856
210 Glendale Ave, ST CATHARINES, ON, L2T 3Y6
(905) 688-8877 SIC 5812
DENNYS RESTAURANT p79
10803 104 Ave Nw, EDMONTON, AB, T5J 4Z5
(780) 425-8408 SIC 5812
DEVERY D. INVESTMENTS INC p291
4603 Keith Ave, TERRACE, BC, V8G 1K2
(250) 635-8128 SIC 5812
DHILLON FOOD SERVICES LTD p259
820 Victoria St, PRINCE GEORGE, BC, V2L 5P1
(250) 563-2331 SIC 5812
DION HOLDINGS LTD p368
1131 St Mary's Rd, WINNIPEG, MB, R2M 3T9
(204) 257-1521 SIC 5812
DIRTY JERSEY SPORTS GRILL p962
6675 Tecumseh Rd E, WINDSOR, ON, N8T 1E7
(519) 944-9990 SIC 5812
DOCKSIDE BREWING COMPANY LTD p314
1253 Johnston St, VANCOUVER, BC, V6H 3R9
(604) 685-7070 SIC 5812
DOCTOR'S HOUSE DINING CORP, THE p645
21 Nashville Rd, KLEINBURG, ON, L0J 1C0
(905) 893-1615 SIC 5812
DOMSASK HOLDING LTD p1291
5875 Rochdale Blvd, REGINA, SK, S4X 2P9
(306) 545-4545 SIC 5812
DON CHERRY'S SPORTS GRILL INC p805
72 James St, PARRY SOUND, ON, P2A 1T5
(705) 746-1270 SIC 5812
DONEX ENTERPRISES (BARRIE) INC p497
13 Susan Pl, BARRIE, ON, L4N 5P3
(705) 739-1375 SIC 5812
DONEX ENTERPRISES (BARRIE) INC p497
109 Mapleview Dr W, BARRIE, ON, L4N 9H7

(705) 735-3371 SIC 5812
DOPKO FOOD SERVICES LTD p174
5517 37a Ave, WETASKIWIN, AB, T9A 3A5
(780) 986-5322 SIC 5812
DOUBLE B INVESTMENTS INC p61
140 Crowfoot Cres Nw, CALGARY, AB, T3G 2W1
(403) 239-3333 SIC 5812
DOWN EAST HOSPITALITY INCORPORATED p448
335 Prince Albert Rd Suite 1, DARTMOUTH, NS, B2Y 1N7
(902) 434-7500 SIC 5812
DUBE MANAGEMENT LTD p1306
1121 6th Ave Ne, SWIFT CURRENT, SK, S9H 4S1
(306) 778-4840 SIC 5812
DUMVILLE RESTAURANTS LTD p418
777 Fairville Blvd, SAINT JOHN, NB, E2M 5T8
(506) 635-8335 SIC 5812
DYNAPPLE MANAGEMENT CORP p494
326 Bayfield St, BARRIE, ON, L4M 3B9
(705) 739-8597 SIC 5812
E S G TORBRAM LTD p511
2400 Queen St E, BRAMPTON, ON, L6S 5X9
(905) 458-9470 SIC 5812
EAGLE RESTAURANT MANAGEMENT INC p840
400 Progress Ave, SCARBOROUGH, ON, M1P 5J1
(416) 290-0029 SIC 5812
EAGLE'S NEST COFFEE AND BAKED GOODS INC p493
234 Hastings St N, BANCROFT, ON, K0L 1C0
(613) 332-0299 SIC 5812
EARL'S ON TOP RESTAURANT LTD p225
211 Bernard Ave, KELOWNA, BC, V1Y 6N2
(250) 763-2777 SIC 5812
EARL'S RESTAURANT (CLAREVIEW) LTD p73
13330 50 St Nw, EDMONTON, AB, T5A 4Z8
(780) 473-9008 SIC 5812
EARL'S RESTAURANT (LETHBRIDGE) LTD p138
203 13 St S, LETHBRIDGE, AB, T1J 4M2
(403) 320-7677 SIC 5812
EARL'S RESTAURANT (NANAIMO) LTD p241
2980 Island Hwy N Unit 100, NANAIMO, BC, V9T 5V4
SIC 5812
EARL'S RESTAURANT (WHITE ROCK) LTD p288
1767 152 St Suite 7, SURREY, BC, V4A 4N3
SIC 5812
EARL'S RESTAURANT VERNON LTD p325
3101 Highway 6, VERNON, BC, V1T 9H6
(250) 542-3370 SIC 5812
EARL'S RESTAURANTS LTD p35
10640 Macleod Trail Se, CALGARY, AB, T2J 0P8
(403) 278-7860 SIC 5812
EARL'S RESTAURANTS LTD p38
1110 16 Ave Nw, CALGARY, AB, T2M 0K8
(403) 289-2566 SIC 5812
EARL'S RESTAURANTS LTD p52
2401 4 St Sw, CALGARY, AB, T2S 1X5
(403) 228-4141 SIC 5812
EARL'S RESTAURANTS LTD p58
5005 Dalhousie Dr Nw Suite 605, CALGARY, AB, T3A 5R8
(403) 247-1143 SIC 5812
EARL'S RESTAURANTS LTD p83
11830 Jasper Ave Nw, EDMONTON, AB, T5K 0N7
(780) 488-6582 SIC 5812
EARL'S RESTAURANTS LTD p88
9961 170 St Nw, EDMONTON, AB, T5P 4S2
(780) 481-2229 SIC 5812
EARL'S RESTAURANTS LTD p107
8629 112 St Nw, EDMONTON, AB, T6G 1K8

(780) 408-3914 SIC 5812
EARL'S RESTAURANTS LTD p133
600 Patricia St 2nd Fl, JASPER, AB, T0E 1E0
(780) 852-2393 SIC 5812
EARL'S RESTAURANTS LTD p144
3215 Dunmore Rd Se Suite G, MEDICINE HAT, AB, T1B 2H2
(403) 528-3275 SIC 5812
EARL'S RESTAURANTS LTD p176
32900 South Fraser Way Suite 1, ABBOTSFORD, BC, V2S 5A1
SIC 5812
EARL'S RESTAURANTS LTD p186
3850 Lougheed Hwy, BURNABY, BC, V5C 6N4
(604) 291-1019 SIC 5812
EARL'S RESTAURANTS LTD p190
4361 Kingsway, BURNABY, BC, V5H 1Z9
(604) 432-7329 SIC 5812
EARL'S RESTAURANTS LTD p197
45583 Luckakuck Way, CHILLIWACK, BC, V2R 1A3
(604) 858-3360 SIC 5812
EARL'S RESTAURANTS LTD p220
1210 Summit Dr Suite 800, KAMLOOPS, BC, V2C 6M1
(250) 372-3275 SIC 5812
EARL'S RESTAURANTS LTD p249
949 3rd St W Suite 108b, NORTH VANCOUVER, BC, V7P 3P7
(604) 984-4606 SIC 5812
EARL'S RESTAURANTS LTD p255
2850 Shaughnessy St Suite 5100, PORT COQUITLAM, BC, V3C 6K5
(604) 941-1733 SIC 5812
EARL'S RESTAURANTS LTD p260
1440 Central St E, PRINCE GEORGE, BC, V2M 3C1
(250) 562-1527 SIC 5812
EARL'S RESTAURANTS LTD p271
5300 3 Rd Nw Suite 304, RICHMOND, BC, V6Y 1X9
(604) 303-9702 SIC 5812
EARL'S RESTAURANTS LTD p286
7236 120 St, SURREY, BC, V3W 3M9
SIC 5812
EARL'S RESTAURANTS LTD p300
901 Broadway W, VANCOUVER, BC, V5Z 1K3
(604) 734-0098 SIC 5812
EARL'S RESTAURANTS LTD p310
1185 Robson St, VANCOUVER, BC, V6E 1B5
(604) 669-0020 SIC 5812
EARL'S RESTAURANTS LTD p316
1601 Broadway W, VANCOUVER, BC, V6J 1W9
(604) 736-5663 SIC 5812
EARL'S RESTAURANTS LTD p331
1703 Blanshard St, VICTORIA, BC, V8W 2J8
SIC 5812
EARL'S RESTAURANTS LTD p338
303 Marine Dr, WEST VANCOUVER, BC, V7P 3J8
(604) 984-4341 SIC 5812
EARL'S RESTAURANTS LTD p377
191 Main St, WINNIPEG, MB, R3C 1A7
(204) 989-0103 SIC 5812
EARL'S RESTAURANTS LTD p389
2005 Pembina Hwy, WINNIPEG, MB, R3T 5W7
SIC 5812
EARL'S RESTAURANTS LTD p1288
2606 28th Ave, REGINA, SK, S4S 6P3
(306) 584-7733 SIC 5812
EARL'S RESTAURANTS LTD p1295
610 2nd Ave N, SASKATOON, SK, S7K 2C8
(306) 664-4060 SIC 5812
EARLS MARKET SQUARE LTD p126
9825 100 St, GRANDE PRAIRIE, AB, T8V 6X3
(780) 538-3275 SIC 5812

EARLS RESTAURANT (BANFF) LTD p4
229 Banff Ave, BANFF, AB, T1L 1B9
(403) 762-4414 SIC 5812
EARLS RESTAURANT (LANGLEY) LTD p230
6339 200 St Suite 600, LANGLEY, BC, V2Y 1A2
(604) 534-8750 SIC 5812
EARLS RESTAURANT (RED DEER) LTD p156
2111 50 Ave, RED DEER, AB, T4R 1Z4
(403) 342-4055 SIC 5812
EARLS RESTAURANT GUILDFORD LTD p280
10160 152 St, SURREY, BC, V3R 9W3
(604) 584-0840 SIC 5812
EAST SIDE MARIO'S p664
3079 Wonderland Rd S, LONDON, ON, N6L 1R4
(519) 649-6566 SIC 5812
EAST SIDE MARIO'S p740
285 Lakeshore Dr, NORTH BAY, ON, P1A 2B9
(705) 497-9555 SIC 5812
EAST SIDE MARIO'S p774
315 Memorial Ave, ORILLIA, ON, L3V 5Y1
(705) 329-2800 SIC 5812
EAST SIDE MARIO'S p813
1355 Kingston Rd Suite 101, PICKERING, ON, L1V 1B8
(905) 839-5811 SIC 5812
EAST SIDE MARIO'S p950
450 King St N Suite Side, WATERLOO, ON, N2J 2Z6
(226) 647-2587 SIC 5812
EAST SIDE MARIO'S - SHAWNESSY p56
16061 Macleod Trail Se Unit 500, CALGARY, AB, T2Y 3S5
(403) 262-4326 SIC 5812
EAST SIDE MARIO'S INC p643
446 Highland Rd W, KITCHENER, ON, N2M 3C7
SIC 5812
EAST SIDE MARIOS p510
130 Great Lakes Dr Suite 125, BRAMPTON, ON, L6R 2K7
(905) 790-0040 SIC 5812
EAST SIDE MARIOS p854
332 Ontario St, ST CATHARINES, ON, L2R 5L8
SIC 5812
EASTON'S 28 RESTAURANTS LTD p817
Hwy 28 & 401, PORT HOPE, ON, L1A 3V6
(905) 885-1400 SIC 5812
EC RESTAURANTS (CANADA) CORP p31
6001 1a St Sw Suite 200, CALGARY, AB, T2H 0G5
(403) 263-4323 SIC 5812
EDEN TRATTORIA 11 p575
58 Marine Parade Dr Suite Ph10, ETOBICOKE, ON, M8V 4G1
(416) 255-5588 SIC 5812
ELECTRIC FOODS INC p13
3663 12 Ave Ne, CALGARY, AB, T2A 7T1
(403) 248-7640 SIC 5812
ELGIN STREET HOLDINGS INC p802
361 Elgin St Unit 1, OTTAWA, ON, K2P 1M7
(613) 238-2949 SIC 5812
ELIZABETHAN CATERING SERVICES LTD p165
55 Alberta Ave, SPRUCE GROVE, AB, T7X 4B9
(780) 962-3663 SIC 5812
ELIZABETHS BAKERY LTD p61
79 Crowfoot Way Nw, CALGARY, AB, T3G 2R2
(403) 239-2583 SIC 5812
ELM STREET RESTAURANTS INC p251
494 Island Hwy W, PARKSVILLE, BC, V9P 1H2
(250) 248-0094 SIC 5812
ELYOD INVESTMENTS LIMITED p828
137 Indian Rd S, SARNIA, ON, N7T 3W3
(519) 344-0262 SIC 5812

EMA PROPERTIES (MANITOBA) LTD p381
650 St James St, WINNIPEG, MB, R3G 3J5
(204) 772-4002 *SIC* 5812

ENERGETIC FOODS INCORPORATED p458
1680 Lower Water St, HALIFAX, NS, B3J 1S4
SIC 5812

ENTERPRISE 1000 INC p614
990 Upper Wentworth St Suite 11, HAMILTON, ON, L9A 5E9
(905) 389-4611 *SIC* 5812

ENTERPRISE 1000 INC p614
999 Upper Wentworth St, HAMILTON, ON, L9A 4X5
(905) 383-1337 *SIC* 5812

ENTREPRISES GILLES BENNY INC, LES p1188
1010 Ch De Joliette, Saint-Felix-de-Valois, QC, J0K 2M0
(450) 889-7272 *SIC* 5812

ENTREPRISES JAEVARI INC, LES p1094
850 Rue Sainte-Catherine E, Montreal, QC, H2L 2E2
(514) 847-0881 *SIC* 5812

ENTREPRISES JMC (1973) LTEE, LES p1009
101 Ch Saint-Francois-Xavier, CANDIAC, QC, J5R 4V4
(450) 632-4723 *SIC* 5812

ENTREPRISES JMC (1973) LTEE, LES p1184
500 Voie De La Desserte, SAINT-CONSTANT, QC, J5A 2S5
(450) 635-4100 *SIC* 5812

ENTREPRISES MACBAIE INC, LES p1013
717 Boul Sainte-Genevieve, CHICOUTIMI, QC, G7G 4Z4
(418) 696-5017 *SIC* 5812

ENTREPRISES MACBAIE INC, LES p1014
1451 Boul Talbot, CHICOUTIMI, QC, G7H 5N8
(418) 693-4753 *SIC* 5812

ENTREPRISES MACBAIE INC, LES p1014
1401 Boul Talbot Bureau 1, CHICOUTIMI, QC, G7H 5N6
(418) 545-3593 *SIC* 5812

ENTREPRISES MACBAIE INC, LES p1052
1082 Rue Aime-Gravel, LA BAIE, QC, G7B 2M5
(418) 545-3593 *SIC* 5812

ENTREPRISES MARVAIS INC, LES p1255
321 Boul De La Marine, VARENNES, QC, J3X 1Z4
(450) 929-0186 *SIC* 5812

ENTREPRISES MICHEL MARCHAND INC, LES p1060
8100 Boul Champlain, LASALLE, QC, H8P 1B3
(514) 364-4313 *SIC* 5812

ENTREPRISES MTY TIKI MING INC, LES p685
6585 Airport Rd Unit B, MISSISSAUGA, ON, L4V 1E5
(905) 678-7525 *SIC* 5812

ENTREPRISES TOURISTIQUES RIVENVEL LTEE, LES p1077
109 Rue Saint-Jean, MATANE, QC, G4W 2G8
(418) 562-0578 *SIC* 5812

ENTREPRISES VANA INC p1095
1703 Rue Sainte-Catherine E, MONTREAL, QC, H2L 2J5
(514) 523-2139 *SIC* 5812

ENTREPRISES VANA INC p1097
7275 Saint-Laurent, Montreal, QC, H2R 1W5
(514) 664-4545 *SIC* 5812

EQUIPE PCJ INC p1071
822 Rue Saint-Laurent O, LONGUEUIL, QC, J4K 1C3
(450) 651-1154 *SIC* 5812

ERNIE O'S RESTAURANT & PUB (EDSON) INC p117
4404 5 Ave, EDSON, AB, T7E 1B7

(780) 723-3500 *SIC* 5812

ERNIE O'S RESTAURANT & PUB (EDSON) INC p124
1042 Highway Ave, FOX CREEK, AB, T0H 1P0
(780) 622-3600 *SIC* 5812

ESM BAYERS INC p463
186 Chain Lake Dr, HALIFAX, NS, B3S 1C5
(902) 450-1311 *SIC* 5812

F & J CHEETHAM (WINDSOR) LIMITED p963
3410 Walker Rd, WINDSOR, ON, N8W 3S3
(519) 967-9090 *SIC* 5812

F & J CHEETHAM (WINDSOR) LIMITED p967
2220 Wyandotte St E, WINDSOR, ON, N8Y 1E7
(519) 258-4797 *SIC* 5812

F. W. KNECHTEL FOODS LTD p816
214 Main St, PORT DOVER, ON, N0A 1N0
(519) 583-1048 *SIC* 5812

FACULTY CLUB OF THE UNIVERSITY OF ALBERTA EDMONTON, THE p107
11435 Saskatchewan Dr Nw, EDMONTON, AB, T6G 2G9
(780) 492-4231 *SIC* 5812

FAMOUS COFFEE SHOP, THE p736
6380 Fallsview Blvd Unit R 1, NIAGARA FALLS, ON, L2G 7Y6
(905) 354-7775 *SIC* 5812

FAMZ RESTAURANT (1985) LIMITEDPARTNERSHIP p828
321 Christina St N, SARNIA, ON, N7T 5V6
(519) 344-1911 *SIC* 5812

FAST FOODS (P.E.I.) LTD p985
62 Water St, SUMMERSIDE, PE, C1N 1A5
(902) 436-5717 *SIC* 5812

FIVE FISHERMEN LIMITED, THE p458
1740 Argyle St, HALIFAX, NS, B3J 2B6
(902) 454-9344 *SIC* 5812

FLOATA SEAFOOD RESTAURANT (CHINATOWN) LTD p301
180 Keefer St Suite 400, VANCOUVER, BC, V6A 4E9
(604) 602-0368 *SIC* 5812

FLYING WEDGE PIZZA CO. LTD p288
15355 24 Ave Suite 810, SURREY, BC, V4A 2H9
SIC 5812

FM RESTO DESIGN INC p1106
1446 Rue Peel, Montreal, QC, H3A 1S8
(514) 848-0988 *SIC* 5812

FOG CITY BREWING COMPANY LIMITED p433
48 Kenmount Rd Suite 200, ST. JOHN'S, NL, A1B 1W3
(709) 726-4848 *SIC* 5812

FOREVER IN DOUGH INC p113
9804 22 Ave Nw, EDMONTON, AB, T6N 1L1
(780) 463-9086 *SIC* 5812

FORT MCMURRAY PIZZA LTD p120
10202 Macdonald Ave, FORT MCMURRAY, AB, T9H 1T4
(780) 743-5056 *SIC* 5812

FORT SASKATCHEWAN FAST-FOOD ENTERPRISES LTD p123
9910 99 Ave, FORT SASKATCHEWAN, AB, T8L 4G8
(780) 998-0880 *SIC* 5812

FORTES, JOE SEAFOOD & CHOP HOUSE LTD p311
777 Thurlow St, VANCOUVER, BC, V6E 3V5
(604) 669-1940 *SIC* 5812

FOUNDATION RESTAURANT p789
18 York St Suite B, OTTAWA, ON, K1N 5S6
(613) 562-9331 *SIC* 5812

FOUR NORTH VENTURES LTD p175
4111 Kepler St, WHITECOURT, AB, T7S 0A3
(780) 779-2710 *SIC* 5812

FRANK'S FEATHER AND FIN LIMITED p736
5470 Drummond Rd Unit 1, NIAGARA FALLS, ON, L2G 4K9

(905) 353-8550 *SIC* 5812

FRATELLI GOUP INC p797
309 Richmond Rd, OTTAWA, ON, K1Z 6X3
(613) 722-6772 *SIC* 5812

FRESHII INC p901
1055 Yonge St, TORONTO, ON, M4W 2L2
(647) 350-2001 *SIC* 5812

FRIENDSHIP FOOD COMPANY LTD, THE p199
2991 Lougheed Hwy Suite 10, COQUITLAM, BC, V3B 6J6
(604) 464-8953 *SIC* 5812

FULL MOON FOODS LTD p332
3442 Saanich Rd Suite 34, VICTORIA, BC, V8X 1W7
(250) 360-1660 *SIC* 5812

FULMER DEVELOPMENT CORPORATION, THE p2
108 Edmonton Trail Ne, AIRDRIE, AB, T4B 1R9
(403) 912-3440 *SIC* 5812

FUTURITY LIMITED p430
1316 Topsail Rd, PARADISE, NL, A1L 1N9
(709) 782-8467 *SIC* 5812

G & G PIZZA INC p214
9824 100 St, FORT ST. JOHN, BC, V1J 3Y1
(250) 787-0455 *SIC* 5812

G.R.B. RESTAURANT INC p484
268 Kingston Rd E, AJAX, ON, L1Z 1G1
(905) 426-9741 *SIC* 5812

G.R.R. HOLDINGS LTD p384
2553 Portage Ave, WINNIPEG, MB, R3J 0P3
(204) 885-5275 *SIC* 5812

GABOUR FOODS LTD p518
320 Main St N Suite 14, BRAMPTON, ON, L6V 4A3
(905) 454-3977 *SIC* 5812

GAR-DON ENTERPRISES LTD p275
2401 Mount Newton Cross Rd, SAANICHTON, BC, V8M 1T8
SIC 5812

GENERATION 3 HOLDINGS INC p738
6161 Thorold Stone Rd Unit 15, NIAGARA FALLS, ON, L2J 1A4
(905) 356-9823 *SIC* 5812

GESTION AJJARO INC p1227
900 Boul Vachon N, SAINTE-MARIE, QC, G6E 1M2
(418) 387-2877 *SIC* 5812

GESTION C.F.L.M. LTEE, LA p1234
1515 Rue Trudel, SHAWINIGAN, QC, G9N 8K8
(819) 537-6671 *SIC* 5812

GESTION CEBA INC p1179
470 Rte 273, SAINT-APOLLINAIRE, QC, G0S 2E0
(418) 881-4444 *SIC* 5812

GESTION GEORGES ABRAHAM INC p1014
433 Rue Racine E, CHICOUTIMI, QC, G7H 1T5
(418) 543-2875 *SIC* 5812

GESTION LOUIS GIGUERE INC p1201
305 Boul Des Laurentides, Saint-Jerome, QC, J7Z 4L8
(450) 436-3595 *SIC* 5812

GESTION LOUMA INC p1236
1325 12e Av N, SHERBROOKE, QC, J1E 3P6
(819) 566-4844 *SIC* 5812

GESTION MAHEL INC p1186
130 Rue Dubois, SAINT-EUSTACHE, QC, J7P 4W9
(450) 974-0440 *SIC* 5812

GESTION MARC ST-GERMAIN INC p1158
1525 Rue Sheppard, Quebec, QC, G1S 1K1
(418) 681-6035 *SIC* 5812

GESTION MENARD PLANTE INC p1148
7685 1re Av, Quebec, QC, G1H 2Y1
(418) 627-0161 *SIC* 5812

GESTION N. AUGER INC p1065
44d Rte Du President-Kennedy, Levis, QC, G6V 6C5
(418) 833-3241 *SIC* 5812

GESTION N. AUGER INC p1065
5480 Rue Saint-Georges, LEVIS, QC, G6V 4M6
(418) 833-3241 *SIC* 5812

GESTION N. AUGER INC p1083
85 Boul Tache E, MONTMAGNY, QC, G5V 4J8
(418) 248-5911 *SIC* 5812

GESTION N. AUGER INC p1157
649 Grande Allee E, Quebec, QC, G1R 2K4
(418) 524-2439 *SIC* 5812

GESTION PIERRE BARRETTE INC p1164
9430 Boul De L'ormiere, Quebec, QC, G2B 3K6
(418) 842-4143 *SIC* 5812

GESTION PROKARD INC p1249
5901 Boul Jean-Xxiii, TROIS-RIVIERES, QC, G8Z 4N8
(819) 373-9799 *SIC* 5812

GESTION R.Y. MENARD INC p1235
2180 105e Av, SHAWINIGAN, QC, G9P 1N8
SIC 5812

GESTION R.Y. MENARD INC p1249
2600 Boul Des Recollets Bureau 2205, Trois-Rivieres, QC, G8Z 3X7
(819) 376-3777 *SIC* 5812

GESTION RESTO GRANBY INC p1041
940 Rue Principale, GRANBY, QC, J2G 2Z4
(450) 378-4656 *SIC* 5812

GESTION RESTO ST-HYACINTHE INC p1195
1315 Rue Johnson O, SAINT-HYACINTHE, QC, J2S 8S4
(450) 774-7770 *SIC* 5812

GESTION VALMIRA INC p1039
25 Rue De L'embellie, GATINEAU, QC, J9A 3K3
(819) 595-4989 *SIC* 5812

GESTION VINNY INC p1161
2950 Boul Laurier, Quebec, QC, G1V 2M4
(418) 659-4484 *SIC* 5812

GESTION YVES MAGNAN INC. p1118
2602 Rue Saint-Patrick, Montreal, QC, H3K 1B8
(514) 935-9647 *SIC* 5812

GESTIONS J.L. FRECHETTE INC p1006
1155 Boul De Rome Bureau 112, BROSSARD, QC, J4W 3J1
(450) 671-8686 *SIC* 5812

GIBSON'S, TIM HOLDINGS PARRY SOUND LTD p805
1 Mall Dr, PARRY SOUND, ON, P2A 3A9
(705) 746-8467 *SIC* 5812

GILLEY RESTAURANTS LTD p232
19651 Fraser Hwy, LANGLEY, BC, V3A 4C6
(604) 534-1222 *SIC* 5812

GLENN'S RESTAURANT LTD p157
125 Leva Ave Unit 5, RED DEER COUNTY, AB, T4E 1B2
(403) 346-5448 *SIC* 5812

GOLD RUSH PIZZA INC p339
1826 Marine Dr, WEST VANCOUVER, BC, V7V 1J6
(604) 922-3013 *SIC* 5812

GOLDEN ARCH FOOD SERVICES LTD p258
6777 Hart Hwy, PRINCE GEORGE, BC, V2K 3A5
(250) 962-8281 *SIC* 5812

GOLDEN ARCH FOOD SERVICES LTD p259
2001 Victoria St, PRINCE GEORGE, BC, V2L 2L8
(250) 563-2287 *SIC* 5812

GOLDEN ARCH FOOD SERVICES LTD p497
80 Barrie View Dr, BARRIE, ON, L4N 8V4
(705) 735-1700 *SIC* 5812

GOLF'S STEAK HOUSE INC p642
598 Lancaster St W, KITCHENER, ON, N2K 1M3
(519) 579-4050 *SIC* 5812

GOLFBC HOLDINGS INC p340
8080 Nicklaus North Blvd, WHISTLER, BC, V0N 1B8
(604) 938-9898 *SIC* 5812

GOOSE CREEK INVESTMENTS LIMITED p881

2121 Highway 61, THUNDER BAY, ON, P7J 1G4
(807) 475-3544   SIC 5812
GOOSEBERRY'S RESTAURANT LTD   p135
5230 50 Ave, LEDUC, AB, T9E 6V2
(780) 986-1600   SIC 5812
GOVERNING COUNCIL OF THE SALVATION ARMY IN CANADA, THE   p945
253 Victoria St, TWEED, ON, K0K 3J0
(613) 478-3375   SIC 5812
GOVERNORS OF THE UNIVERSITY OF ALBERTA, THE   p108
66 University Campus Nw, EDMONTON, AB, T6G 2J7
(780) 492-3101   SIC 5812
GRAFTON CONNOR GROUP INC   p458
1741 Grafton St, HALIFAX, NS, B3J 2C6
(902) 454-9344   SIC 5812
GRAINFIELDS PANCAKE & WAFFLE HOUSE INC   p1279
600 15th St E, PRINCE ALBERT, SK, S6V 8B1
(306) 922-7500   SIC 5812
GRAINFIELDS PANCAKE & WAFFLE HOUSE INC   p1292
2105 8th St E Suite 1, SASKATOON, SK, S7H 0T8
(306) 955-1989   SIC 5812
GRAINFIELDS PANCAKE & WAFFLE HOUSE INC   p1296
810 Circle Dr E Unit 100, SASKATOON, SK, S7K 3T8
(306) 933-1986   SIC 5812
GRANDI COMPANY LIMITED   p588
870 Tower St S, FERGUS, ON, N1M 3N7
(519) 787-5125   SIC 5812
GRANDI COMPANY LIMITED   p600
372 Stone Rd W, GUELPH, ON, N1G 4T8
(519) 763-8842   SIC 5812
GRANDI COMPANY LIMITED   p602
735 Woolwich St, GUELPH, ON, N1H 3Z2
SIC 5812
GRANDI COMPANY LIMITED   p602
243 Woodlawn Rd W, GUELPH, ON, N1H 8J1
(519) 826-0507   SIC 5812
GRANDI COMPANY LIMITED   p602
65 Gordon St, GUELPH, ON, N1H 4H5
(519) 836-3070   SIC 5812
GRANDI COMPANY LIMITED   p672
5000 Highway 7 E, MARKHAM, ON, L3R 4M9
(905) 415-1424   SIC 5812
GRASSWOOD PARK HOLDINGS LTD   p1296
Hwy 11 S, SASKATOON, SK, S7K 4E3
(306) 373-1888   SIC 5812
GRAYDON FOODS LTD   p636
155 Government Rd W, KIRKLAND LAKE, ON, P2N 2E8
(705) 568-8595   SIC 5812
GRAYDON FOODS LTD   p731
11b North Hwy, NEW LISKEARD, ON, P0J 1P0
(705) 647-8088   SIC 5812
GREAT STEAK HOUSE INC, THE   p259
582 George St, PRINCE GEORGE, BC, V2L 1R7
(250) 563-1768   SIC 5812
GREEK SPOT FAMILY RESTAURANT INC   p1302
900 Central Ave, SASKATOON, SK, S7N 2G8
(306) 249-0900   SIC 5812
GRILL VOO DOO LTEE, LE   p1157
575 Grande Allee E Suite 200, Quebec, QC, G1R 2K4
(418) 647-2000   SIC 5812
GRIZZLY GRILL INC, THE   p631
395 Princess St, KINGSTON, ON, K7L 1B9
(613) 544-7566   SIC 5812
GROUPE ALIMENTAIRE NORDIQUE INC, LE   p1228
2592 Rang Saint-Joseph, Sainte-Perpetue, QC, J0C 1R0

(819) 336-6444   SIC 5812
GROUPE ALLOS INC   p1028
444 Av Dorval Bureau 115, DORVAL, QC, H9S 3H7
(514) 636-6060   SIC 5812
GROUPE D'ALIMENTATION MTY INC   p1130
2121 Boul Le Carrefour, Montreal, QC, H7S 2J7
(450) 688-6371   SIC 5812
GROUPE NAMESH, S.E.C.   p1064
152 Rue Saint-Marcellin O, LES ESCOUMINS, QC, G0T 1K0
(418) 233-3122   SIC 5812
GROUPE NORMANDIN INC   p1166
986 Rue Bouvier, Quebec, QC, G2J 1A3
(418) 627-1265   SIC 5812
GROUPE RESTAURANTS IMVESCOR INC   p884
355 Algonquin Blvd E, TIMMINS, ON, P4N 1B5
(705) 264-3000   SIC 5812
GROUPE RESTAURANTS IMVESCOR INC   p1036
370 Boul Greber Unite 200, GATINEAU, QC, J8T 5R6
(819) 561-8000   SIC 5812
GROUPE RESTAURANTS IMVESCOR INC   p1049
2945 Boul Saint-Charles, KIRKLAND, QC, H9H 3B5
(514) 695-8720   SIC 5812
GROUPE RESTAURANTS IMVESCOR INC   p1075
100 Rue Principale S Bureau 24, MANIWAKI, QC, J9E 3L4
(819) 441-1234   SIC 5812
GROUPE RESTAURANTS IMVESCOR INC   p1086
7275 Rue Sherbrooke E Bureau 148, Montreal, QC, H1N 1E9
(514) 355-4955   SIC 5812
GROUPE RESTAURANTS IMVESCOR INC   p1100
150 Rue Sainte-Catherine O Bureau 5, Montreal, QC, H2X 3Y2
(514) 845-8128   SIC 5812
GROUPE RESTAURANTS IMVESCOR INC   p1119
10490 Rue Lajeunesse, Montreal, QC, H3L 2E5
(514) 385-0123   SIC 5812
GROUPE RESTAURANTS IMVESCOR INC   p1148
7900 Boul Henri-Bourassa, Quebec, QC, G1H 3G3
(418) 628-5887   SIC 5812
GROUPE RESTAURANTS IMVESCOR INC   p1173
117 Rue Saint-Germain O, RIMOUSKI, QC, G5L 4B6
(418) 723-3030   SIC 5812
GROUPE RESTAURANTS IMVESCOR INC   p1198
419 Rue Saint-Jacques, SAINT-JEAN-SUR-RICHELIEU, QC, J3B 2M1
(450) 347-8133   SIC 5812
GROUPE RESTAURANTS IMVESCOR INC   p1238
1705 Rue King O, SHERBROOKE, QC, J1J 2C8
(819) 564-1090   SIC 5812
GROUPE RESTOS PLAISIRS INC, LE   p1150
84 Rue Dalhousie Bureau 140, Quebec, QC, G1K 8M5
(418) 692-4455   SIC 5812
GROUPE RESTOS PLAISIRS INC, LE   p1150
46 Boul Champlain, Quebec, QC, G1K 4H7
(418) 694-0303   SIC 5812
GROUPE RESTOS PLAISIRS INC, LE   p1157
46 Boul Rene-Levesque O, Quebec, QC, G1R 2A4
(418) 523-2013   SIC 5812
GROUPE RESTOS PLAISIRS INC, LE   p1159
1326 Av Maguire, Quebec, QC, G1T 1Z3

(418) 684-2013   SIC 5812
GROUPE RESTOS PLAISIRS INC, LE   p1162
3121 Boul Hochelaga, Quebec, QC, G1W 2P9
(418) 658-4415   SIC 5812
GROUPE SPORTSCENE INC   p1001
2555 Rue D'annemasse, BOISBRIAND, QC, J7H 0A3
(450) 437-2011   SIC 5812
GROUPE SPORTSCENE INC   p1007
9300 Boul Leduc, BROSSARD, QC, J4Y 0B3
(450) 656-4011   SIC 5812
GROUPE SPORTSCENE INC   p1012
72 Boul Saint-Jean-Baptiste Bureau 120, Chateauguay, QC, J6K 4Y7
SIC 5812
GROUPE SPORTSCENE INC   p1030
400 Boul Saint-Joseph, DRUMMONDVILLE, QC, J2C 2A8
(819) 474-6373   SIC 5812
GROUPE SPORTSCENE INC   p1059
7077 Boul Newman Bureau 150, LASALLE, QC, H8N 1X1
(514) 363-1403   SIC 5812
GROUPE SPORTSCENE INC   p1065
5500 Boul Guillaume-Couture, Levis, QC, G6V 4Z2
(418) 835-6000   SIC 5812
GROUPE SPORTSCENE INC   p1102
114 Rue Saint-Paul E, Montreal, QC, H2Y 1G6
(514) 288-1115   SIC 5812
GROUPE SPORTSCENE INC   p1111
1212 Rue De La Gauchetiere O, Montreal, QC, H3B 2S2
(514) 925-2255   SIC 5812
GROUPE SPORTSCENE INC   p1116
1437 Boul Rene-Levesque O, Montreal, QC, H3G 1T7
SIC 5812
GROUPE SPORTSCENE INC   p1125
5485 Rue Des Jockeys, Montreal, QC, H4P 2T7
(514) 731-2020   SIC 5812
GROUPE SPORTSCENE INC   p1142
6321 Aut Transcanadienne Bureau 148, POINTE-CLAIRE, QC, H9R 5A5
(514) 694-4915   SIC 5812
GROUPE SPORTSCENE INC   p1147
8000 Boul Henri-Bourassa, Quebec, QC, G1G 4C7
SIC 5812
GROUPE SPORTSCENE INC   p1182
2250 Boul Sir-Wilfrid-Laurier, SAINT-BRUNO, QC, J3V 4P6
(450) 461-1115   SIC 5812
GROUPE SPORTSCENE INC   p1184
280 Voie De La Desserte, SAINT-CONSTANT, QC, J5A 2C9
(450) 635-0111   SIC 5812
GROUPE SPORTSCENE INC   p1231
100 Place Fabien-Drapeau, SAINTE-THERESE, QC, J7E 5W6
(450) 434-2243   SIC 5812
GROUPE SPORTSCENE INC   p1245
2247 Ch Gascon Bureau 403, TERREBONNE, QC, J6X 4H3
(450) 961-2243   SIC 5812
GROUPE SPORTSCENE INC   p1248
4210 Boul Des Forges, Trois-Rivieres, QC, G8Y 1W3
(819) 376-1537   SIC 5812
GROUPE TORA INC   p1186
413 Boul Arthur-Sauve, SAINT-EUSTACHE, QC, J7P 2B2
(450) 491-6060   SIC 5812
GWN PIZZA CORP   p164
604 Main St S Ss 3, SLAVE LAKE, AB, T0G 2A3
(780) 849-9699   SIC 5812
HALDIMAND FAMILY RESTAURANTS LIMITED   p542
282 Argyle St S, CALEDONIA, ON, N3W

1K7
(905) 765-9660   SIC 5812
HAMILL'S DRIVE INN LTD   p153
4202 50 Ave, RED DEER, AB, T4N 3Z3
(403) 346-3518   SIC 5812
HANLEY HOSPITALITY INC   p957
5939 Baldwin St S, WHITBY, ON, L1M 2J7
(905) 655-6693   SIC 5812
HANSON RESTAURANTS (TB) INC   p552
1070 Richmond St, CHATHAM, ON, N7M 5J5
SIC 5812
HANSON RESTAURANTS INC   p62
160 Stewart Green Sw, CALGARY, AB, T3H 3C8
SIC 5812
HANSON RESTAURANTS INC   p774
385 Memorial Ave Suite 2039, ORILLIA, ON, L3V 0T7
(705) 326-2667   SIC 5812
HANSON RESTAURANTS INC   p810
1165 Lansdowne St W, PETERBOROUGH, ON, K9J 7M2
SIC 5812
HARADROS FOOD SERVICES INC   p1292
1820 8th St E Suite 200, SASKATOON, SK, S7H 0T6
(306) 955-5555   SIC 5812
HARADROS FOOD SERVICES INC   p1301
2202 22nd St W, SASKATOON, SK, S7M 0V4
(306) 683-3333   SIC 5812
HARD ROCK CAFE   p736
5685 Falls Ave, NIAGARA FALLS, ON, L2G 3K6
(905) 356-7625   SIC 5812
HARMONIE FOODS LIMITED   p432
551 Torbay Rd, ST. JOHN'S, NL, A1A 5G9
(709) 726-4050   SIC 5812
HARPO ENTERPRISES   p281
17960 56 Ave, SURREY, BC, V3S 1C7
(604) 575-1690   SIC 5812
HARVARD RESTAURANTS LTD   p396
473 Rue Paul, DIEPPE, NB, E1A 5R4
(506) 862-7656   SIC 5812
HARVARD RESTAURANTS LTD   p407
1100 Mountain Rd, MONCTON, NB, E1C 2T2
(506) 862-7647   SIC 5812
HARVARD RESTAURANTS LTD   p451
106 Ilsley Ave Unit 6741, DARTMOUTH, NS, B3B 1L3
SIC 5812
HAUGENS BBQ. LTD   p817
13801 Hwy 7 & 12, PORT PERRY, ON, L9L 1B5
(905) 985-2402   SIC 5812
HAWTHORNE PARK INC   p280
14476 104 Ave, SURREY, BC, V3R 1L9
(604) 587-1040   SIC 5812
HEWITT'S DAIRY LIMITED   p605
4210 Highway 6 Rr 6, HAGERSVILLE, ON, N0A 1H0
(905) 768-5266   SIC 5812
HIP RESTAURANTS LTD   p765
1011 Upper Middle Rd E Suite C3, OAKVILLE, ON, L6H 5Z9
(647) 403-2494   SIC 5812
HOAM LTD   p977
525 Norwich Ave, WOODSTOCK, ON, N4S 9A2
(519) 421-7300   SIC 5812
HOCKENHULL LAND & CATTLE CO. LTD   p878
27 Cumberland St S, THUNDER BAY, ON, P7B 2T3
(807) 345-5833   SIC 5812
HOCO LIMITED   p736
4946 Clifton Hill, NIAGARA FALLS, ON, L2G 3N4
(905) 357-5911   SIC 5812
HOITO RESTAURANT LTD   p878
314 Bay St, THUNDER BAY, ON, P7B 1S1
(807) 345-6323   SIC 5812

HON'S WUN-TUN HOUSE LTD p244
408 Sixth St, NEW WESTMINSTER, BC, V3L 3B2
(604) 520-6661 SIC 5812

HON'S WUN-TUN HOUSE LTD p302
280 Keefer St, VANCOUVER, BC, V6A 1X5
(604) 688-0871 SIC 5812

HON'S WUN-TUN HOUSE LTD p311
1339 Robson St, VANCOUVER, BC, V6E 1C6
(604) 685-0871 SIC 5812

HORIZON NORTH CAMP & CATERING PARTNERSHIP p100
5637 67 Ave Nw, EDMONTON, AB, T6B 2R8
(780) 395-7300 SIC 5812

HORNBY STREET (VANCOUVER) RESTAURANTS LTD p307
595 Hornby St Suite 600, VANCOUVER, BC, V6C 2E8
(604) 687-4044 SIC 5812

HOSTELLERIE LES TROIS TILLEULS INC p1217
290 Rue Richelieu, SAINT-MARC-SUR-RICHELIEU, QC, J0L 2E0
(514) 856-7787 SIC 5812

HOT BELLY MAMAS p808
380 George St N, PETERBOROUGH, ON, K9H 3R3
(705) 745-3544 SIC 5812

HOT HOUSE RESTAURANT AND BAR p909
35 Church St, TORONTO, ON, M5E 1T3
(416) 366-7800 SIC 5812

HOUGHTAM ENTERPRISES p368
1225 St Mary's Rd Suite 49, WINNIPEG, MB, R2M 5E5
(204) 257-1132 SIC 5812

HOUSTON PIZZA RESTAURANT LTD p1289
3422 Hill Ave, REGINA, SK, S4S 0W9
(306) 584-0888 SIC 5812

HRC CANADA INC p1116
1458 Rue Crescent, Montreal, QC, H3G 2B6
SIC 5812

HU-A-KAM ENTERPRISES INC p893
1787 Bayview Ave, TORONTO, ON, M4G 3C5
(416) 292-0459 SIC 5812

HU-A-KAM ENTERPRISES INC p897
20 Eglinton Ave E, TORONTO, ON, M4P 1A9
(416) 489-3773 SIC 5812

HU-A-KAM ENTERPRISES INC p901
345 Bloor St E Suite 1, TORONTO, ON, M4W 3J6
(416) 967-1081 SIC 5812

HU-A-KAM ENTERPRISES INC p903
675 Yonge St, TORONTO, ON, M4Y 2B2
(416) 413-1442 SIC 5812

HUBERT, GUY & ASSOCIES INC p1020
4150 Boul Saint-Martin O, Cote Saint-Luc, QC, H7T 1C1
(450) 688-3252 SIC 5812

HY'S OF CANADA LTD p308
637 Hornby St, VANCOUVER, BC, V6C 2G3
(604) 684-3311 SIC 5812

HY'S OF CANADA LTD p375
1 Lombard Pl, WINNIPEG, MB, R3B 0X3
(204) 942-1000 SIC 5812

HY'S OF CANADA LTD p791
170 Queen St, OTTAWA, ON, K1P 5E1
(613) 234-4545 SIC 5812

HY'S OF CANADA LTD p914
120 Adelaide St W Suite 101, TORONTO, ON, M5H 1T1
(416) 364-6600 SIC 5812

HY'S STEAK HOUSE EASTERN p914
120 Adelaide St W, TORONTO, ON, M5H 1T1
(416) 364-6600 SIC 5812

HY'S STEAK HOUSE LTD p340
4308 Main St, WHISTLER, BC, V0N 1B4
(604) 905-5555 SIC 5812

HYNES RESTAURANT LTD p407
495 Mountain Rd, MONCTON, NB, E1C 2N4
(506) 382-3432 SIC 5812

IDQ CANADA INC p436
672 Topsail Rd, ST. JOHN'S, NL, A1E 2E2
(709) 368-2671 SIC 5812

IMAGO RESTAURANTS INC p897
40 Eglinton Ave E, TORONTO, ON, M4P 3A2
SIC 5812

IMAGO RESTAURANTS INC p906
220 Yonge St, TORONTO, ON, M5B 2H1
SIC 5812

IMAGO RESTAURANTS INC p924
39 Prince Arthur Ave, TORONTO, ON, M5R 1B2
(416) 964-2441 SIC 5812

IMVESCOR RESTAURANT GROUP INC p395
78 Irving Blvd, BOUCTOUCHE, NB, E4S 3L4
(506) 743-8010 SIC 5812

IMVESCOR RESTAURANT GROUP INC p765
2005 Winston Park Dr, OAKVILLE, ON, L6H 6P5
(905) 829-2279 SIC 5812

IMVESCOR RESTAURANT GROUP INC p1070
999 Ch De Chambly, LONGUEUIL, QC, J4H 3Z8
(450) 677-7373 SIC 5812

IMVESCOR RESTAURANT GROUP INC p1168
1875 Rue Bouvier, Quebec, QC, G2K 0B5
(418) 624-2525 SIC 5812

INLAND RESTAURANTS (KAMLOOPS) LTD p224
130 Hollywood Rd S, KELOWNA, BC, V1X 3S9
(250) 868-3311 SIC 5812

INLAND RESTAURANTS (KELOWNA) LTD p218
800 Fortune Dr Unit 6500, KAMLOOPS, BC, V2B 2L5
(250) 376-4155 SIC 5812

INLAND RESTAURANTS (KELOWNA) LTD p326
5101 26 St, VERNON, BC, V1T 8G4
(250) 542-9832 SIC 5812

INN ON THE TWENTY LTD p622
3836 Main St, JORDAN STATION, ON, L0R 1S0
(905) 562-7313 SIC 5812

INTERWEST RESTAURANTS INC p193
5970 Kingsway, BURNABY, BC, V5J 1H2
(604) 437-9911 SIC 5812

INTERWEST RESTAURANTS INC p294
3698 Grandview Hwy, VANCOUVER, BC, V5M 2G9
(604) 433-3431 SIC 5812

INTERWEST RESTAURANTS PARTNERSHIP p245
805 Boyd St Suite 100, NEW WESTMINSTER, BC, V3M 5X2
(604) 515-0132 SIC 5812

INTERWEST RESTAURANTS PARTNERSHIP p282
17911 56 Ave, SURREY, BC, V3S 1E2
(604) 574-4494 SIC 5812

ISLANDSAND HOLDINGS INC p981
150 Queen St, CHARLOTTETOWN, PE, C1A 4B5
(902) 368-1728 SIC 5812

ITALIAN SOCIETY PRINCIPE DI PIEMONTE p880
340 Waterloo St S, THUNDER BAY, ON, P7E 6H9
(807) 623-2415 SIC 5812

J B'S MONGOLIAN GRILL INC p655
645 Richmond St, LONDON, ON, N6A 3G7
(519) 645-6400 SIC 5812

J D C RESTAURANTS LTD p580
195 North Queen St, ETOBICOKE, ON, M9C 1A7
(416) 621-2952 SIC 5812

J E M & RESTAURANTS LTD p327
3990 Shelbourne St, VICTORIA, BC, V8N 3E2
(250) 477-9922 SIC 5812

J'MIRALCO INC p402
230 Ch Madawaska, GRAND-SAULT/GRAND FALLS, NB, E3Y 1A7
(506) 473-4473 SIC 5812

J.D. FOODS LTD p220
555 Notre Dame Dr Suite 1, KAMLOOPS, BC, V2C 1E6
(250) 374-4973 SIC 5812

J.F. & L. RESTAURANTS LIMITED p581
25 The West Mall Suite 1019, ETOBICOKE, ON, M9C 1B8
(416) 621-4465 SIC 5812

J.F. & L. RESTAURANTS LIMITED p743
5941 Leslie St, NORTH YORK, ON, M2H 1J8
(416) 493-4444 SIC 5812

J.F. & L. RESTAURANTS LIMITED p875
1 Promenade Cir, THORNHILL, ON, L4J 4P8
(905) 764-3444 SIC 5812

J.J.-SAKO'S HOLDINGS LTD p1300
305 Idylwyld Dr N Suite 3, SASKATOON, SK, S7L 0Z1
(306) 665-8383 SIC 5812

J.M.P. SAYLES HOLDINGS INC p446
7 Cole Dr, CURRYS CORNER, NS, B0N 2T0
(902) 798-0767 SIC 5812

J.M.P. SAYLES HOLDINGS INC p479
4 King St Exten, WINDSOR, NS, B0N 2T0
(902) 798-4715 SIC 5812

J.W. VENTURES INC p346
1790 Highland Ave, BRANDON, MB, R7C 1A7
(204) 571-3152 SIC 5812

JACK FRIDAY'S LIMITED p458
1740 Argyle St, HALIFAX, NS, B3J 2B6
(902) 454-9344 SIC 5812

JACOBS CATERING LTD p875
613 Clark Ave W, THORNHILL, ON, L4J 5V3
(905) 886-3832 SIC 5812

JALM HOLDINGS LTD p314
1696 Duranleau St Suite 200, VANCOUVER, BC, V6H 3S4
(604) 687-4400 SIC 5812

JARDINS NELSON INC p1102
407 Place Jacques-Cartier, Montreal, QC, H2Y 3B1
(514) 861-5731 SIC 5812

JARVIS, S. M. FOOD SERVICES LTD p488
1015 Golf Links Rd, ANCASTER, ON, L9K 1L6
(905) 648-7915 SIC 5812

JASPER AVENUE PIZZA LIMITED p81
10620 Jasper Ave Nw, EDMONTON, AB, T5J 2A3
(780) 423-2333 SIC 5812

JAYARMIKER INVESTMENTS LTD p588
261 Main St N Ss 3, EXETER, ON, N0M 1S3
(519) 271-5866 SIC 5812

JB MONGOLIAN GRILL INC p952
170 University Ave W, WATERLOO, ON, N2L 3E9
(519) 747-4400 SIC 5812

JCC RESTAURANT SERVICES LIMITED p844
3305 Sheppard Ave E, SCARBOROUGH, ON, M1T 3K2
(416) 491-7751 SIC 5812

JCC RESTAURANT SERVICES LIMITED p846
2936 Finch Ave E, SCARBOROUGH, ON, M1W 2T4
(416) 497-2166 SIC 5812

JENKEL INVESTMENTS LTD p636
1020 Ottawa St N Suite E, KITCHENER, ON, N2A 3Z3
(519) 896-2115 SIC 5812

JENKEL INVESTMENTS LTD p637
1138 Victoria St N, KITCHENER, ON, N2B 3C9
(519) 741-1884 SIC 5812

JERITRISH COMPANY LTD p627
900 Highway 17 E, KENORA, ON, P9N 1L9
(807) 468-3018 SIC 5812

JERRY'S FOOD EMPORIUM LTD p1292
1115 Grosvenor Ave Unit 1, SASKATOON, SK, S7H 4G2
(306) 373-6555 SIC 5812

JESSUP FOOD & HERITAGE LTD p631
343 King St E, KINGSTON, ON, K7L 3B5
(613) 530-2550 SIC 5812

JIT HOLDINGS INCORPORATED p669
5284 Highway 7, MARKHAM, ON, L3P 1B9
(905) 294-6654 SIC 5812

JJ BEAN INC p293
1904 Powell St, VANCOUVER, BC, V5L 1J3
(604) 254-0169 SIC 5812

JOE & ANH ENTERPRISES INC p837
2990 Eglinton Ave E, SCARBOROUGH, ON, M1J 2E7
SIC 5812

JOEY CROWFOOT p62
50 Crowfoot Way Nw, CALGARY, AB, T3G 4C8
(403) 547-5639 SIC 5812

JOEY TOMATO'S p323
505 Burrard St Suite 950, VANCOUVER, BC, V7X 1M4
(604) 699-5639 SIC 5812

JOEY TOMATO'S (EAU CLAIRE) INC p46
208 Barclay Parade Sw, CALGARY, AB, T2P 4R4
(403) 263-6336 SIC 5812

JOEY TOMATO'S KITCHENS INC p83
11228 Jasper Ave Nw, EDMONTON, AB, T5K 2V2
(780) 420-1996 SIC 5812

JOEY TOMATO'S KITCHENS INC p163
222 Baseline Rd Unit 250, SHERWOOD PARK, AB, T8H 1S8
(780) 449-1161 SIC 5812

JOEY TOMATO'S KITCHENS INC p202
550 Lougheed Hwy, COQUITLAM, BC, V3K 3S3
(604) 939-3077 SIC 5812

JOHN'S RESTAURANT & GIFTS (SARNIA) LIMITED p829
1643 London Line, SARNIA, ON, N7W 1A9
(519) 542-9821 SIC 5812

JOPAMAR HOLDINGS INC p773
93 First St, ORANGEVILLE, ON, L9W 2E8
(519) 941-4009 SIC 5812

JORIDO FOODS SERVICES LTD p1289
4315 Albert St, REGINA, SK, S4S 3R6
(306) 584-5151 SIC 5812

JORIDO FOODS SERVICES LTD p1296
5 Midtown Plaza, SASKATOON, SK, S7K 1J9
(306) 242-1433 SIC 5812

JORIDO FOODS SERVICES LTD p1301
2222 22nd St W, SASKATOON, SK, S7M 0V4
(306) 382-7123 SIC 5812

JOSE & GEORGES INC p1063
654 Ch Du Bord-De-L'eau, Laval, QC, H7X 1V3
(450) 689-6007 SIC 5812

JOSE'S NOODLE FACTORY p966
2731 Howard Ave, WINDSOR, ON, N8X 3X4
(519) 972-1760 SIC 5812

JRK RESTAURANTS LTD p1292
2600 8th St E Unit 340, SASKATOON, SK, S7H 0V7
(306) 955-4616 SIC 5812

JRKB HOLDINS LTD p333
3510 Blanshard St Suite 102, VICTORIA, BC, V8X 1W3
(250) 477-5561 SIC 5812

JRM 277 INVESTMENTS LIMITED p477
184 Pictou Rd, TRURO, NS, B2N 2T1
(902) 893-7979 SIC 5812

JRM 277 INVESTMENTS LIMITED p478
322 Willow St, TRURO, NS, B2N 5A5
(902) 897-0404 SIC 5812

JUNIOR'S DRIVE-IN LTD. p378

▲ Public Company   ■ Public Company Family Member   HQ Headquarters   BR Branch   SL Single Location

558 Portage Ave, WINNIPEG, MB, R3C 0G3
(204) 774-6370 SIC 5812
JUST USU COFFEE ROASTERS CO-OPERATIVE LIMITED p480
11865 Highway 1, WOLFVILLE, NS, B4P 2R3
(902) 542-7474 SIC 5812
JUSTIN RESTAURANTS INC p471
101 King St, NORTH SYDNEY, NS, B2A 3S1
(902) 794-7255 SIC 5812
JUSTIN RESTAURANTS INC p475
417 Welton St, SYDNEY, NS, B1P 5S6
(902) 539-3636 SIC 5812
JUSTIN RESTAURANTS INC p476
65 Keltic Dr, SYDNEY, NS, B1S 1P4
SIC 5812
JUSTIN RESTAURANTS INC p476
1189 Kings Rd, SYDNEY, NS, B1S 1E1
(902) 539-7706 SIC 5812
K. K. FOODS LTD p399
540 Union St, FREDERICTON, NB, E3A 3N2
(506) 453-1229 SIC 5812
K.A.M. 1200 HOLDINGS LTD p220
1203 Summit Dr Suite C, KAMLOOPS, BC, V2C 6C5
(250) 374-7821 SIC 5812
K.A.S.A. HOLDINGS LTD p346
1907 Richmond Ave, BRANDON, MB, R7B 0T4
(204) 725-2244 SIC 5812
KAIZEN FOODS LTD p682
8501 Regional Road 25, MILTON, ON, L9T 9C2
(905) 878-8712 SIC 5812
KAMAKURA JAPANESE CUISINE p300
601 Broadway W Unit 3, VANCOUVER, BC, V5Z 4C2
SIC 5812
KAMEI ROYALE JAPANESE RESTAURANT LTD p191
4700 Kingsway Suite 15e, BURNABY, BC, V5H 4M1
SIC 5812
KATAND ENTERPRISES INC p560
1600 Langstaff Rd, CONCORD, ON, L4K 3S3
(905) 669-7574 SIC 5812
KAY CEE KAY RESTAURANTS LIMITED p846
4125 Steeles Ave E, SCARBOROUGH, ON, M1W 3T4
SIC 5812
KEG RESTAURANT p250
800 Marine Dr, NORTH VANCOUVER, BC, V7P 1R8
SIC 5812
KEG RESTAURANTS LTD p13
425 36 St Ne, CALGARY, AB, T2A 6K3
(403) 235-5858 SIC 5812
KEG RESTAURANTS LTD p32
7104 Macleod Trail Se, CALGARY, AB, T2H 0L3
(403) 253-2534 SIC 5812
KEG RESTAURANTS LTD p39
1923 Uxbridge Dr Nw, CALGARY, AB, T2N 2V2
(403) 282-0020 SIC 5812
KEG RESTAURANTS LTD p95
9960 170 St Nw, EDMONTON, AB, T5T 6G7
(780) 414-1114 SIC 5812
KEG RESTAURANTS LTD p105
8020 105 St Nw, EDMONTON, AB, T6E 4Z4
(780) 432-7494 SIC 5812
KEG RESTAURANTS LTD p113
1631 102 St Nw, EDMONTON, AB, T6N 1M3
SIC 5812
KEG RESTAURANTS LTD p187
4510 Still Creek Ave, BURNABY, BC, V5C 0B5
(604) 294-4626 SIC 5812
KEG RESTAURANTS LTD p200
2991 Lougheed Hwy Unit 130, COQUITLAM, BC, V3B 6J6

(604) 464-5340 SIC 5812
KEG RESTAURANTS LTD
500 Lorne St, KAMLOOPS, BC, V2C 1W3
(250) 374-5347 SIC 5812
KEG RESTAURANTS LTD p245
800 Columbia St, NEW WESTMINSTER, BC, V3M 1B8
SIC 5812
KEG RESTAURANTS LTD p286
7948 120 St, SURREY, BC, V3W 3N2
(604) 591-6161 SIC 5812
KEG RESTAURANTS LTD p288
15180 32 Ave Divers, SURREY, BC, V3Z 3M1
(604) 542-9733 SIC 5812
KEG RESTAURANTS LTD p312
1121 Alberni St Ste 310, VANCOUVER, BC, V6E 4T9
(604) 685-4388 SIC 5812
KEG RESTAURANTS LTD p315
1499 Anderson St, VANCOUVER, BC, V6H 3R5
(604) 685-4735 SIC 5812
KEG RESTAURANTS LTD p333
3940 Quadra St, VICTORIA, BC, V8X 1J6
(250) 479-1651 SIC 5812
KEG RESTAURANTS LTD p378
115 Garry St, WINNIPEG, MB, R3C 1G5
(204) 942-7619 SIC 5812
KEG RESTAURANTS LTD p391
2034 Mcgillivray Blvd, WINNIPEG, MB, R3Y 1V5
(204) 477-5300 SIC 5812
KEG RESTAURANTS LTD p435
135 Harbour Dr, ST. JOHN'S, NL, A1C 6N6
(709) 726-4534 SIC 5812
KEG RESTAURANTS LTD p521
70 Gillingham Dr, BRAMPTON, ON, L6X 4X7
(905) 456-3733 SIC 5812
KEG RESTAURANTS LTD p581
291 The West Mall Suite 512, ETOBICOKE, ON, M9C 4Z6
(416) 626-3707 SIC 5812
KEG RESTAURANTS LTD p631
300 King St E, KINGSTON, ON, K7L 3B4
(613) 549-1333 SIC 5812
KEG RESTAURANTS LTD p752
1977 Leslie St, NORTH YORK, ON, M3B 2M3
(416) 446-1045 SIC 5812
KEG RESTAURANTS LTD p765
300 Hays Blvd, OAKVILLE, ON, L6H 7P3
(905) 257-2700 SIC 5812
KEG RESTAURANTS LTD p770
3130 South Service Rd W, OAKVILLE, ON, L6L 6T1
(905) 681-1810 SIC 5812
KEG RESTAURANTS LTD p781
255 Stevenson Rd S, OSHAWA, ON, L1J 6Y4
(905) 571-3212 SIC 5812
KEG RESTAURANTS LTD p789
75 York St, OTTAWA, ON, K1N 5T2
(613) 241-8514 SIC 5812
KEG RESTAURANTS LTD p821
162 York Blvd, RICHMOND HILL, ON, L4B 3J6
(905) 882-0500 SIC 5812
KEG RESTAURANTS LTD p837
60 Estate Dr, SCARBOROUGH, ON, M1H 2Z1
(416) 438-1452 SIC 5812
KEG RESTAURANTS LTD p856
344 Glendale Ave, ST CATHARINES, ON, L2T 4E3
(905) 680-4585 SIC 5812
KEG RESTAURANTS LTD p878
735 Hewitson St, THUNDER BAY, ON, P7B 6B5
(807) 623-1960 SIC 5812
KEG RESTAURANTS LTD p903
515 Jarvis St, TORONTO, ON, M4Y 2H7
(416) 964-6609 SIC 5812

KEG RESTAURANTS LTD p909
56 The Esplanade, TORONTO, ON, M5E 1A7
(416) 367-0685 SIC 5812
KEG RESTAURANTS LTD p930
560 King St W, TORONTO, ON, M5V 0L5
(416) 364-7227 SIC 5812
KEG RESTAURANTS LTD p942
927 Dixon Rd, TORONTO, ON, M9W 1J8
(416) 675-2311 SIC 5812
KEG STEAKHOUSE & BAR, THE p952
42 Northfield Dr E, WATERLOO, ON, N2L 6A1
(519) 725-4444 SIC 5812
KEG STEAKHOUSE AND BAR p85
13960 137 Ave Nw, EDMONTON, AB, T5L 5H1
(780) 472-0707 SIC 5812
KELSEY'S p362
1582 Regent Ave W, WINNIPEG, MB, R2C 3B4
SIC 5812
KELSEY'S RESTAURANT (ORILLIA) LTD p774
405 Memorial Ave Suite 2, ORILLIA, ON, L3V 0T7
(705) 327-2900 SIC 5812
KELSEY'S RESTAURANTS INC p730
75 Marketplace Ave Suite 6, NEPEAN, ON, K2J 5G4
(613) 843-0662 SIC 5812
KELSEY'S RESTAURANTS INC p767
387 Gloucester Ave, OAKVILLE, ON, L6J 3X3
SIC 5812
KELSEY'S RESTAURANTS INC p940
1011 The Queensway, TORONTO, ON, M8Z 6C7
(416) 646-1856 SIC 5812
KELSEY'S ROAD HOUSE (LONDON) LTD p653
900 Oxford St E Suite 18, LONDON, ON, N5Y 5A1
(519) 455-9464 SIC 5812
KENMAR FOOD SERVICES LTD p378
444 St Mary Ave Suite 135, WINNIPEG, MB, R3C 3T1
(204) 942-4414 SIC 5812
KEVJAS INC p995
44 Boul Saint-Charles, BEACONSFIELD, QC, H9W 5Z6
(514) 694-3427 SIC 5812
KIL INVESTMENTS LTD p400
251 Woodstock Rd, FREDERICTON, NB, E3B 2H8
(506) 454-2400 SIC 5812
KILMAR ENTERPRISES LTD p140
1358 Mayor Magrath Dr S, LETHBRIDGE, AB, T1K 2R2
(403) 320-6600 SIC 5812
KISUMAR PIZZA LTD p345
860 18th St, BRANDON, MB, R7A 5B7
(204) 726-0600 SIC 5812
KITANA INCORPORATED p832
458 Great Northern Rd, SAULT STE. MARIE, ON, P6B 4Z9
SIC 5812
KJMAL ENTERPRISES LTD p1279
800 15th St E Unit 800, PRINCE ALBERT, SK, S6V 8E3
(306) 922-6366 SIC 5812
KJMAL ENTERPRISES LTD p1289
4651 Albert St, REGINA, SK, S4S 6B6
(306) 584-5656 SIC 5812
KLASSIC CATERING LTD p179
30455 Progressive Way Suite 1, ABBOTSFORD, BC, V2T 6W3
(604) 864-8250 SIC 5812
KOBE JAPANESE STEAK HOUSES LTD p312
1042 Alberni St, VANCOUVER, BC, V6E 1A3
(604) 684-2451 SIC 5812
KOOLINI ITALIAN CUISINI LIMITED p964

1520 Tecumseh Rd E, WINDSOR, ON, N8W 1C4
(519) 254-5665 SIC 5812
KOUYAS ENTERPRISES LIMITED p474
255 Foord St, STELLARTON, NS, B0K 1S0
(902) 752-5655 SIC 5812
KP PORTFOLIO INC p765
2355 Trafalgar Rd, OAKVILLE, ON, L6H 6N9
(905) 257-1294 SIC 5812
L'AVIATIC CLUB INC p1150
450 Rue De La Gare-Du-Palais Bureau 104, Quebec, QC, G1K 3X2
(418) 522-0133 SIC 5812
LAGILL ENTERPRISES INC p968
525 University Ave W, WINDSOR, ON, N9A 5R4
(519) 253-0012 SIC 5812
LAIKA ENTERPRISES LTD p233
5978 Glover Rd, LANGLEY, BC, V3A 4H9
(604) 530-1322 SIC 5812
LAKEHEAD UNIVERSITY STUDENT UNION p878
955 Oliver Rd, THUNDER BAY, ON, P7B 5E1
(807) 343-8551 SIC 5812
LANDIER ENTERPRISES LTD p393
390 Main St, BATHURST, NB, E2A 1B2
(506) 546-8093 SIC 5812
LANDIER ENTERPRISES LTD p393
1420 Vanier Blvd, BATHURST, NB, E2A 7B7
(506) 546-8093 SIC 5812
LANDIER ENTERPRISES LTD p393
575 Bridge St, BATHURST, NB, E2A 1W7
(506) 546-3040 SIC 5812
LANDIER ENTERPRISES LTD p394
794 Rue Principale, BERESFORD, NB, E8K 2G1
(506) 542-1397 SIC 5812
LANSDOWNE HOLDINGS LTD p105
10854 82 Ave Nw, EDMONTON, AB, T6E 2B3
(780) 433-3151 SIC 5812
LAPOINTE FISH LIMITED p624
60 Colchester Sq Unit 1, KANATA, ON, K2K 2Z9
(613) 599-1424 SIC 5812
LAPOINTE FISH LIMITED p729
194 Robertson Rd, NEPEAN, ON, K2H 9J5
(613) 596-9654 SIC 5812
LAST BEST PLACE CORP, THE p930
145 John St, TORONTO, ON, M5V 2E4
SIC 5812
LAUGHTON, JAMES ENTERPRISES INC p962
6807 Tecumseh Rd E, WINDSOR, ON, N8T 3K7
(519) 945-9191 SIC 5812
LAVOIE, J. P. & SONS LTD p419
2986 Fredericton Rd, SALISBURY, NB, E4J 2G1
(506) 372-3333 SIC 5812
LAVTOR HOLDINGS (ALBERTA) LTD p76
1 Kingsway Garden Mall Nw Suite 555, EDMONTON, AB, T5G 3A6
SIC 5812
LAVTOR HOLDINGS (ALBERTA) LTD p92
18310 Stony Plain Rd Nw, EDMONTON, AB, T5S 1A7
(780) 483-6457 SIC 5812
LAVTOR HOLDINGS (ALBERTA) LTD p157
37438 Highway 2, RED DEER COUNTY, AB, T4E 1B2
SIC 5812
LAWRENZO FOODS LTD p698
100 City Centre Dr Suite 1031, Mississauga, ON, L5B 2C9
(905) 276-3898 SIC 5812
LAZY GOURMET LTD, THE p316
1605 5th Ave W, VANCOUVER, BC, V6J 1N5
(604) 734-2507 SIC 5812
LE BIFTHEQUE INC p1212
6705 Ch De La Cote-De-Liesse, SAINT-LAURENT, QC, H4T 1E5

SIC 5812 Eating places

LE FLYS INC p1164
2335 Boul Bastien, Quebec, QC, G2B 1B3
(418) 842-9160 SIC 5812

LE PORT-JOLIEN INC p1164
2335 Boul Bastien, Quebec, QC, G2B 1B3
(418) 842-9160 SIC 5812

LE PUB UNIVERSITAIRE INC p1161
2325 Rue De L'universite Bureau 1312, Quebec, QC, G1V 0B3
(418) 656-7075 SIC 5812

LE ST-ANSELME INC p1179
679 Rte Begin, SAINT-ANSELME, QC, G0R 2N0
(418) 885-9601 SIC 5812

LE STMA INC p1164
2335 Boul Bastien, Quebec, QC, G2B 1B3
(418) 842-9160 SIC 5812

LEALIN LTD p395
185 Roseberry St, CAMPBELLTON, NB, E3N 2H4
(506) 759-8888 SIC 5812

LEALIN LTD p1011
550 Av Daigneault, CHANDLER, QC, G0C 1K0
SIC 5812

LEGENDARY CANADIAN ENTERPRISES LTD p269
4151 Hazelbridge Way Unit 3580, RICHMOND, BC, V6X 4J7
(604) 303-9739 SIC 5812

LEMIQUE ENTERPRISES LTD p346
1021 Middleton Ave, BRANDON, MB, R7C 1A8
(204) 725-0547 SIC 5812

LES ENTREPRISES DORO J.C.S. INC p1215
6050 Boul Des Grandes-Prairies Bureau 204, SAINT-LEONARD, QC, H1P 1A2
(514) 722-3676 SIC 5812

LES ENTREPRISES DORO J.C.S. INC p1215
9216 Boul Lacordaire, SAINT-LEONARD, QC, H1R 2B7
(514) 322-9143 SIC 5812

LETO STEAK & SEAFOOD HOUSE LTD p134
4944 Highway 2a, LACOMBE, AB, T4L 1J9
(403) 782-4647 SIC 5812

LICK'S ICE CREAM & BURGER SHOPS INC p615
1441 Upper James St, HAMILTON, ON, L9B 1K2
SIC 5812

LICK'S ICE CREAM & BURGER SHOPS INC p771
270 North Service Rd W, OAKVILLE, ON, L6M 2R8
SIC 5812

LICK'S ICE CREAM & BURGER SHOPS INC p795
1788 Bank St, OTTAWA, ON, K1V 7Y6
SIC 5812

LICK'S ICE CREAM & BURGER SHOPS INC p836
4543 Kingston Rd, SCARBOROUGH, ON, M1E 2P1
(416) 287-9300 SIC 5812

LICK'S ICE CREAM & BURGER SHOPS INC p894
654 Danforth Ave, TORONTO, ON, M4J 1L1
SIC 5812

LICK'S ICE CREAM & BURGER SHOPS INC p895
1960 Queen St E, TORONTO, ON, M4L 1H8
SIC 5812

LIFESTYLE RESTAURANT LTD p300
950 Broadway W Suite 201, VANCOUVER, BC, V5Z 1K7
(604) 231-0055 SIC 5812

LITTLE CEASAR p615
930 Upper Paradise Rd, HAMILTON, ON, L9B 2N1
(905) 387-4510 SIC 5812

LOCAL EATERY & REFUGE INC p534
4155 Fairview St, BURLINGTON, ON, L7L 2A4
(905) 633-9464 SIC 5812

LOCAL HEROES INC p728
1400 Clyde Ave, NEPEAN, ON, K2G 3J2
(613) 224-3873 SIC 5812

LOCAL HEROES INC p785
1760 St. Laurent Blvd, OTTAWA, ON, K1G 1A2
(613) 737-9292 SIC 5812

LOCOMOTIVE INVESTMENTS INC p696
2350 Cawthra Rd, MISSISSAUGA, ON, L5A 2X1
(416) 596-6532 SIC 5812

LONE STAR GROUP OF COMPANIES LIMITED p787
1211 Lemieux St, OTTAWA, ON, K1J 1A2
(613) 742-9378 SIC 5812

LONE STAR GROUP OF COMPANIES LIMITED p958
75 Consumers Dr, WHITBY, ON, L1N 9S2
(905) 665-3077 SIC 5812

LOUIS LUNCHEONETTE INC p1236
386 Rue King E, SHERBROOKE, QC, J1G 1A8
(819) 563-5581 SIC 5812

LUCAS & MARCO INC p578
1000 Islington Ave, ETOBICOKE, ON, M8Z 4P8
(416) 255-4152 SIC 5812

LUCAS & MARCO INC p938
10 The Queensway, TORONTO, ON, M6R 1B4
(416) 538-2444 SIC 5812

LUDWICK CATERING LTD p348
3184 Birds Hill Rd, EAST ST PAUL, MB, R2E 1H1
(204) 668-8091 SIC 5812

LYNDA AND ALBERT ENTERPRISES INC p433
273 Portugal Cove Rd, ST. JOHN'S, NL, A1B 2N8
(709) 738-1171 SIC 5812

LYNK, R.K. ENTERPRISES LIMITED p475
390 Welton St, SYDNEY, NS, B1P 5S4
(902) 539-2555 SIC 5812

LYNSOS INC p868
1463 Lasalle Blvd, SUDBURY, ON, P3A 1Z8
(705) 560-2500 SIC 5812

M & J GALLANT FOODS INC p786
1950 Walkley Rd, OTTAWA, ON, K1H 1W1
(613) 739-0311 SIC 5812

M & K RESTAURANT MANAGEMENT (CORNWALL) INC p566
1397 Brookdale Ave, CORNWALL, ON, K6J 5X1
(613) 932-0995 SIC 5812

M & V ENTERPRISES LTD p99
5515 101 Ave Nw, EDMONTON, AB, T6A 3Z7
(780) 465-0771 SIC 5812

M A & T J HOLDINGS LTD p179
30340 Automall Dr, ABBOTSFORD, BC, V2T 5M1
(604) 857-7733 SIC 5812

M BOTLAXO LTD p439
5102 48 St, YELLOWKNIFE, NT, X1A 1N6
(867) 920-2000 SIC 5812

M J L GOODEATS CORP p543
355 Hespeler Rd Suite 262, CAMBRIDGE, ON, N1R 6B3
(519) 622-5218 SIC 5812

M. A. T. ENTERPRISES INC p498
411 Dunlop St W, BARRIE, ON, L4N 1C3
(705) 735-6470 SIC 5812

M. A. T. ENTERPRISES INC p731
883337 Hwy 65 Dymond, NEW LISKEARD, ON, P0J 1P0
(705) 647-5414 SIC 5812

M. A. T. ENTERPRISES INC p774
545 Memorial Ave, ORILLIA, ON, L3V 7Z5
(705) 325-5550 SIC 5812

M. A. T. ENTERPRISES INC p884
54 Waterloo Rd Suite 3, TIMMINS, ON, P4N 8P3

M. C. MOORE HOLDINGS LTD p723
235 Ontario St Ss 1, MITCHELL, ON, N0K 1N0
(519) 348-0396 SIC 5812

M. S. J .N. INC p1249
5848 Boul Jean-Xxiii, Trois-Rivieres, QC, G8Z 4B5
(819) 378-4114 SIC 5812

M. S. J .N. INC p1249
3800 Boul Des Forges, Trois-Rivieres, QC, G8Y 4R2
(819) 373-8201 SIC 5812

MAC'S FOODS LTD p416
5 Wellesley Ave, SAINT JOHN, NB, E2K 2V1
(506) 642-2424 SIC 5812

MACKINNON RESTAURANTS INC p486
137 Yonge St W, ALLISTON, ON, L9R 1V1
(705) 434-0003 SIC 5812

MACWILL INC p1052
1082 Rue Aime-Gravel, LA BAIE, QC, G7B 2M5
(418) 544-3369 SIC 5812

MANCHU WOK (CANADA) INC p191
4820 Kingsway Unit 343, BURNABY, BC, V5H 4P1
(604) 439-9637 SIC 5812

MANDARIN RESTAURANT p732
16655 Yonge St Unit 100, NEWMARKET, ON, L3X 1V6
(905) 898-7100 SIC 5812

MANSFIELD FOODS #3 - 611 LTD p198
45373 Luckakuck Way, CHILLIWACK, BC, V2R 3C7
(604) 858-0616 SIC 5812

MANU FORTI CORPORATION LTD p483
222 Bayly St W, AJAX, ON, L1S 3V4
(905) 686-2133 SIC 5812

MAPLE RIDGE STEAK HOUSE LTD p236
20640 Dewdney Trunk Rd, MAPLE RIDGE, BC, V2X 3E5
(604) 465-8911 SIC 5812

MARBLE RESTAURANTS LTD p105
9054 51 Ave Nw Suite 200, EDMONTON, AB, T6E 5X4
(780) 462-5755 SIC 5812

MARIO VINCENT p1031
225 Boul Saint-Joseph O, DRUMMONDVILLE, QC, J2E 1A9
(819) 477-0222 SIC 5812

MARKET HOSPITALITY CORP p498
141 Mapleview Dr W, BARRIE, ON, L4N 9H7
(705) 726-9876 SIC 5812

MARKHAM SUITES HOTEL LIMITED p678
8500 Warden Ave, MARKHAM, ON, L6G 1A5
(905) 415-7638 SIC 5812

MARLU INC p1248
300 Rue Barkoff, Trois-Rivieres, QC, G8T 2A3
(819) 373-7921 SIC 5812

MARLU INC p1251
4585 Boul Gene-H.-Kruger, Trois-Rivieres, QC, G9A 4N4
(819) 375-8202 SIC 5812

MARLU INC p1251
4520 Boul Des Recollets, Trois-Rivieres, QC, G9A 4N2
(819) 373-5408 SIC 5812

MARPOLE HOUSE RESTAURANT LTD p319
1041 Marine Dr Sw Unit 635, VANCOUVER, BC, V6P 6L6
(604) 263-6675 SIC 5812

MARTIN DESSERT INC p1068
500 Rue De Bernieres, Levis, QC, G7A 1E1
(418) 836-1234 SIC 5812

MC SOUND INVESTMENTS INC p679
334 Sykes St, MEAFORD, ON, N4L 1X1
(519) 538-2905 SIC 5812

MC SOUND INVESTMENTS INC p803
1015 10th St W, OWEN SOUND, ON, N4K 5S2
(519) 371-3363 SIC 5812

MCAMM ENTERPRIZES LTD p573
24 Yonge St N Unit D, ELMVALE, ON, L0L 1P0
(705) 322-4444 SIC 5812

MCAMM ENTERPRIZES LTD p680
9195 Hwy 93, MIDLAND, ON, L4R 4K4
(705) 526-4631 SIC 5812

MCBURL CORP p534
4490 Fairview St, BURLINGTON, ON, L7L 5P9
SIC 5812

MCBURL CORP p536
2991 Walker's Line, BURLINGTON, ON, L7M 4K5
(905) 336-8761 SIC 5812

MCBURL CORP p539
1505 Guelph Line, BURLINGTON, ON, L7P 3B6
(905) 336-2331 SIC 5812

MCBURL CORP p540
689 Guelph Line, BURLINGTON, ON, L7R 3M7
(905) 639-1661 SIC 5812

MCCRAM INC p421
3458 Rue Principale, TRACADIE-SHEILA, NB, E1X 1C8
(506) 394-1111 SIC 5812

MCDONALD RESTAURANT OF CANADA p399
94 Main St, FREDERICTON, NB, E3A 9N6
(506) 450-0470 SIC 5812

MCDONALD'S p179
2532 Clearbrook Rd, ABBOTSFORD, BC, V2T 2Y4
(604) 870-5360 SIC 5812

MCDONALD'S RESTAURANT p534
2040 Appleby Line Unit H, BURLINGTON, ON, L7L 6M6
(905) 336-6364 SIC 5812

MCDONALD'S RESTAURANT p1287
525 N Albert St, REGINA, SK, S4R 8E2
(306) 543-0236 SIC 5812

MCDONALD'S RESTAURANTS p180
3230 Mt Lehman Rd Unit 100, ABBOTSFORD, BC, V4X 2M9
(604) 857-7990 SIC 5812

MCDONALD'S RESTAURANTS p276
3010 11 Ave Ne, SALMON ARM, BC, V1E 2S8
(250) 832-3919 SIC 5812

MCDONALD'S RESTAURANTS p335
1149 Esquimalt Rd, VICTORIA, BC, V9A 3N6
(250) 405-7294 SIC 5812

MCDONALD'S RESTAURANTS p370
1887 Main St, WINNIPEG, MB, R2V 2A7
(204) 949-6029 SIC 5812

MCDONALD'S RESTAURANTS p400
1177 Prospect St, FREDERICTON, NB, E3B 3B9
(506) 444-6231 SIC 5812

MCDONALD'S RESTAURANTS p676
7630 Markham Rd, MARKHAM, ON, L3S 4S1
(905) 472-3900 SIC 5812

MCDONALD'S RESTAURANTS p719
930 Derry Rd E, MISSISSAUGA, ON, L5T 2X6
(905) 565-7151 SIC 5812

MCDONALD'S RESTAURANTS p817
175 Rose Glen Rd, PORT HOPE, ON, L1A 3V6
(905) 885-2480 SIC 5812

MCDONALD'S RESTAURANTS p855
385 Ontario St, ST CATHARINES, ON, L2R 5L3
(905) 688-0244 SIC 5812

MCDONALD'S RESTAURANTS LTD p220
1751 Trans Canada Hwy E, KAMLOOPS, BC, V2C 3Z6
(250) 374-1718 SIC 5812

MCDONALD'S RESTAURANTS LTD p329
1644 Hillside Ave, VICTORIA, BC, V8T 2C5
SIC 5812

MCDONALD'S RESTAURANTS OF

CANADA LIMITED
5326 72 Ave Se, CALGARY, AB, T2C 4X5
(403) 663-4390 *SIC* 5812
MCDONALD'S RESTAURANTS OF CANADA LIMITED p74
13504 Fort Rd Nw, EDMONTON, AB, T5A 1C5
(780) 414-8316 *SIC* 5812
MCDONALD'S RESTAURANTS OF CANADA LIMITED p81
15 Edmonton City Centre Nw, EDMONTON, AB, T5J 2Y7
(780) 414-8343 *SIC* 5812
MCDONALD'S RESTAURANTS OF CANADA LIMITED p83
11660 104 Ave Nw, EDMONTON, AB, T5K 2T7
(780) 414-8405 *SIC* 5812
MCDONALD'S RESTAURANTS OF CANADA LIMITED p85
14220 Yellowhead Trail Nw, EDMONTON, AB, T5L 3C2
(780) 414-8351 *SIC* 5812
MCDONALD'S RESTAURANTS OF CANADA LIMITED p89
14920 87 Ave Nw, EDMONTON, AB, T5R 4E8
(780) 414-8333 *SIC* 5812
MCDONALD'S RESTAURANTS OF CANADA LIMITED p92
17720 100 Ave Nw, EDMONTON, AB, T5S 1S9
(780) 414-8395 *SIC* 5812
MCDONALD'S RESTAURANTS OF CANADA LIMITED p97
3004 118 Ave Nw, EDMONTON, AB, T5W 4W3
(780) 477-5885 *SIC* 5812
MCDONALD'S RESTAURANTS OF CANADA LIMITED p98
8770 170th St Unit 1592, EDMONTON, AB, T5Z 2Y7
SIC 5812
MCDONALD'S RESTAURANTS OF CANADA LIMITED p102
8110 Argyll Rd Nw, EDMONTON, AB, T6C 4B1
(780) 414-8525 *SIC* 5812
MCDONALD'S RESTAURANTS OF CANADA LIMITED p105
3404 99 St Nw, EDMONTON, AB, T6E 5X5
(780) 463-0302 *SIC* 5812
MCDONALD'S RESTAURANTS OF CANADA LIMITED p109
6104 109 St Nw, EDMONTON, AB, T6H 1M2
(780) 414-8428 *SIC* 5812
MCDONALD'S RESTAURANTS OF CANADA LIMITED p110
2323 111 St Nw, EDMONTON, AB, T6J 5E5
SIC 5812
MCDONALD'S RESTAURANTS OF CANADA LIMITED p110
11007 23 Ave Nw, EDMONTON, AB, T6J 6P9
(780) 414-8377 *SIC* 5812
MCDONALD'S RESTAURANTS OF CANADA LIMITED p112
5360 23 Ave Nw, EDMONTON, AB, T6L 6X2
(780) 414-8449 *SIC* 5812
MCDONALD'S RESTAURANTS OF CANADA LIMITED p115
494 Riverbend Sq Nw, EDMONTON, AB, T6R 2E3
(780) 414-8403 *SIC* 5812
MCDONALD'S RESTAURANTS OF CANADA LIMITED p116
14003 127 St Nw, EDMONTON, AB, T6V 1E7
(780) 414-8457 *SIC* 5812
MCDONALD'S RESTAURANTS OF CANADA LIMITED p121
2 Hospital St, FORT MCMURRAY, AB, T9H 5E4
(780) 715-2050 *SIC* 5812
MCDONALD'S RESTAURANTS OF CANADA LIMITED p121
450 Gregoire Dr, FORT MCMURRAY, AB, T9H 3R2
(780) 791-0551 *SIC* 5812
MCDONALD'S RESTAURANTS OF CANADA LIMITED p121
96 Signal Rd, FORT MCMURRAY, AB, T9H 5G4
(780) 790-9157 *SIC* 5812
MCDONALD'S RESTAURANTS OF CANADA LIMITED p161
950 Ordze Rd, SHERWOOD PARK, AB, T8A 4L8
(780) 467-6490 *SIC* 5812
MCDONALD'S RESTAURANTS OF CANADA LIMITED p161
1 Kaska Rd, SHERWOOD PARK, AB, T8A 4E7
(780) 449-6221 *SIC* 5812
MCDONALD'S RESTAURANTS OF CANADA LIMITED p163
590 Baseline Rd Suite 200, SHERWOOD PARK, AB, T8H 1Y4
(780) 417-2801 *SIC* 5812
MCDONALD'S RESTAURANTS OF CANADA LIMITED p163
22 Strathmoor Dr, SHERWOOD PARK, AB, T8H 2B6
(780) 417-7304 *SIC* 5812
MCDONALD'S RESTAURANTS OF CANADA LIMITED p167
10 Galarneau Pl, ST. ALBERT, AB, T8N 2Y3
(780) 460-4488 *SIC* 5812
MCDONALD'S RESTAURANTS OF CANADA LIMITED p167
369 St Albert Trail, ST. ALBERT, AB, T8N 0R1
(780) 458-1121 *SIC* 5812
MCDONALD'S RESTAURANTS OF CANADA LIMITED p167
700 St Albert Trail, ST. ALBERT, AB, T8N 7A5
(780) 460-4640 *SIC* 5812
MCDONALD'S RESTAURANTS OF CANADA LIMITED p182
9855 Austin Rd Unit 300, BURNABY, BC, V3J 1N5
(604) 718-1140 *SIC* 5812
MCDONALD'S RESTAURANTS OF CANADA LIMITED p187
4410 Still Creek Dr, BURNABY, BC, V5C 6C6
(604) 718-1090 *SIC* 5812
MCDONALD'S RESTAURANTS OF CANADA LIMITED p187
4805 Hastings St, BURNABY, BC, V5C 2L1
(604) 718-1015 *SIC* 5812
MCDONALD'S RESTAURANTS OF CANADA LIMITED p187
4400 Still Creek Dr, BURNABY, BC, V5C 6C6
(604) 294-2181 *SIC* 5812
MCDONALD'S RESTAURANTS OF CANADA LIMITED p191
4700 Kingsway Suite 1160, BURNABY, BC, V5H 4M1
(604) 718-1005 *SIC* 5812
MCDONALD'S RESTAURANTS OF CANADA LIMITED p197
45816 Yale Rd, CHILLIWACK, BC, V2P 2N7
(604) 795-5911 *SIC* 5812
MCDONALD'S RESTAURANTS OF CANADA LIMITED p201
515 North Rd, COQUITLAM, BC, V3J 1N7
(604) 937-4690 *SIC* 5812
MCDONALD'S RESTAURANTS OF CANADA LIMITED p202
1095 Woolridge St, COQUITLAM, BC, V3K 7A9
(604) 718-1170 *SIC* 5812
MCDONALD'S RESTAURANTS OF CANADA LIMITED p209
7005 120 St, DELTA, BC, V4E 2A9
(604) 592-1330 *SIC* 5812
MCDONALD'S RESTAURANTS OF CANADA LIMITED p212
5883 Trans Canada Hwy, DUNCAN, BC, V9L 3R9
(250) 715-2370 *SIC* 5812
MCDONALD'S RESTAURANTS OF CANADA LIMITED p228
370 Davis Rd Suite 1, LADYSMITH, BC, V9G 1T9
(250) 245-7560 *SIC* 5812
MCDONALD'S RESTAURANTS OF CANADA LIMITED p228
9522 Main St Unit 20, LAKE COUNTRY, BC, V4V 2L9
(250) 766-1228 *SIC* 5812
MCDONALD'S RESTAURANTS OF CANADA LIMITED p231
20020 Willowbrook Dr Suite 100, LANGLEY, BC, V2Y 2T4
(604) 539-4620 *SIC* 5812
MCDONALD'S RESTAURANTS OF CANADA LIMITED p233
19780 Fraser Hwy, LANGLEY, BC, V3A 4C9
(604) 514-1820 *SIC* 5812
MCDONALD'S RESTAURANTS OF CANADA LIMITED p233
21558 Fraser Hwy, LANGLEY, BC, V3A 8R2
(604) 514-5470 *SIC* 5812
MCDONALD'S RESTAURANTS OF CANADA LIMITED p236
22780 Lougheed Hwy, MAPLE RIDGE, BC, V2X 2V6
(604) 463-7858 *SIC* 5812
MCDONALD'S RESTAURANTS OF CANADA LIMITED p248
2001 Lonsdale Ave, NORTH VANCOUVER, BC, V7M 2K4
(604) 987-6815 *SIC* 5812
MCDONALD'S RESTAURANTS OF CANADA LIMITED p250
1219 Marine Dr, NORTH VANCOUVER, BC, V7P 1T3
(604) 904-4390 *SIC* 5812
MCDONALD'S RESTAURANTS OF CANADA LIMITED p250
925 Marine Dr, NORTH VANCOUVER, BC, V7P 1S2
(604) 985-6757 *SIC* 5812
MCDONALD'S RESTAURANTS OF CANADA LIMITED p252
1804 Main St, PENTICTON, BC, V2A 5H3
(250) 493-0826 *SIC* 5812
MCDONALD'S RESTAURANTS OF CANADA LIMITED p255
2330 Ottawa St, PORT COQUITLAM, BC, V3B 7Z1
(604) 552-6380 *SIC* 5812
MCDONALD'S RESTAURANTS OF CANADA LIMITED p266
2760 Sweden Way, RICHMOND, BC, V6V 2X1
(604) 718-1150 *SIC* 5812
MCDONALD'S RESTAURANTS OF CANADA LIMITED p270
10700 Cambie Rd Suite 115, RICHMOND, BC, V6X 1K8
(604) 718-1023 *SIC* 5812
MCDONALD'S RESTAURANTS OF CANADA LIMITED p270
8191 Alderbridge Way, RICHMOND, BC, V6X 3A9
(604) 718-1088 *SIC* 5812
MCDONALD'S RESTAURANTS OF CANADA LIMITED p273
6086 Russ Baker Way Suite 6020, RICHMOND, BC, V7B 1B4
(604) 718-1013 *SIC* 5812
MCDONALD'S RESTAURANTS OF CANADA LIMITED p277
2220 Beacon Ave, SIDNEY, BC, V8L 1X1
(250) 655-6040 *SIC* 5812
MCDONALD'S RESTAURANTS OF CANADA LIMITED p278
6661 Sooke Rd Unit 107, SOOKE, BC, V9Z 0A1
(250) 642-1200 *SIC* 5812
MCDONALD'S RESTAURANTS OF CANADA LIMITED p280
10250 152 St, SURREY, BC, V3R 6N7
(604) 587-3380 *SIC* 5812
MCDONALD'S RESTAURANTS OF CANADA LIMITED p280
1000 Guildford Town Ctr, SURREY, BC, V3R 7C3
SIC 5812
MCDONALD'S RESTAURANTS OF CANADA LIMITED p282
17635 64 Ave, SURREY, BC, V3S 1Z2
(604) 575-1670 *SIC* 5812
MCDONALD'S RESTAURANTS OF CANADA LIMITED p282
15574 Fraser Hwy, SURREY, BC, V3S 2V9
(604) 507-7900 *SIC* 5812
MCDONALD'S RESTAURANTS OF CANADA LIMITED p283
10240 King George Blvd, SURREY, BC, V3T 2W5
(604) 587-7015 *SIC* 5812
MCDONALD'S RESTAURANTS OF CANADA LIMITED p284
11011 Scott Rd, SURREY, BC, V3V 8B9
(604) 580-4040 *SIC* 5812
MCDONALD'S RESTAURANTS OF CANADA LIMITED p284
12930 96 Ave, SURREY, BC, V3V 6A8
(604) 587-3390 *SIC* 5812
MCDONALD'S RESTAURANTS OF CANADA LIMITED p288
1789 152 St, SURREY, BC, V4A 4N3
(604) 541-7010 *SIC* 5812
MCDONALD'S RESTAURANTS OF CANADA LIMITED p293
1965 Powell St, VANCOUVER, BC, V5L 1J2
(604) 254-7504 *SIC* 5812
MCDONALD'S RESTAURANTS OF CANADA LIMITED p293
2599 Hastings St E, VANCOUVER, BC, V5K 1Z2
SIC 5812
MCDONALD'S RESTAURANTS OF CANADA LIMITED p295
2021 Kingsway, VANCOUVER, BC, V5N 2T2
(604) 718-1060 *SIC* 5812
MCDONALD'S RESTAURANTS OF CANADA LIMITED p302
1527 Main St, VANCOUVER, BC, V6A 2W5
(604) 718-1075 *SIC* 5812
MCDONALD'S RESTAURANTS OF CANADA LIMITED p302
1150 Station St Suite 1, VANCOUVER, BC, V6A 4C7
SIC 5812
MCDONALD'S RESTAURANTS OF CANADA LIMITED p304
275 Robson St Suite 211, VANCOUVER, BC, V6B 0E7
(604) 689-0804 *SIC* 5812
MCDONALD'S RESTAURANTS OF CANADA LIMITED p304
86 Pender St W Unit 1001, VANCOUVER, BC, V6B 6N8
(604) 718-1165 *SIC* 5812
MCDONALD'S RESTAURANTS OF CANADA LIMITED p314
1701 Robson St, VANCOUVER, BC, V6G 1C9
(604) 718-1020 *SIC* 5812
MCDONALD'S RESTAURANTS OF CANADA LIMITED p317
2391 4th Ave W, VANCOUVER, BC, V6K 1P2
(604) 718-1185 *SIC* 5812
MCDONALD'S RESTAURANTS OF CANADA LIMITED p320
5728 University Blvd Suite 101, VANCOUVER, BC, V6T 1K6
(604) 221-2570 *SIC* 5812

SIC 5812 Eating places

MCDONALD'S RESTAURANTS OF CANADA LIMITED p330
980 Pandora Ave, VICTORIA, BC, V8V 3P3
(250) 953-8190   SIC 5812

MCDONALD'S RESTAURANTS OF CANADA LIMITED p362
15 Reenders Dr, WINNIPEG, MB, R2C 5K5
(204) 949-3221   SIC 5812

MCDONALD'S RESTAURANTS OF CANADA LIMITED p362
1425 Regent Ave W, WINNIPEG, MB, R2C 3B2
(204) 949-6061   SIC 5812

MCDONALD'S RESTAURANTS OF CANADA LIMITED p363
1460 Henderson Hwy, WINNIPEG, MB, R2G 1N4
(204) 949-6074   SIC 5812

MCDONALD'S RESTAURANTS OF CANADA LIMITED p364
77 Goulet St, WINNIPEG, MB, R2H 0R5
(204) 949-6018   SIC 5812

MCDONALD'S RESTAURANTS OF CANADA LIMITED p365
65 Vermillion Rd, WINNIPEG, MB, R2J 3W7
(204) 949-6015   SIC 5812

MCDONALD'S RESTAURANTS OF CANADA LIMITED p368
1225 St Mary's Rd Suite 54, WINNIPEG, MB, R2M 5E6
(204) 949-5419   SIC 5812

MCDONALD'S RESTAURANTS OF CANADA LIMITED p368
1501 St Mary's Rd, WINNIPEG, MB, R2M 5L5
(204) 949-6042   SIC 5812

MCDONALD'S RESTAURANTS OF CANADA LIMITED p369
994 Keewatin St, WINNIPEG, MB, R2R 2V1
(204) 949-6079   SIC 5812

MCDONALD'S RESTAURANTS OF CANADA LIMITED p370
847 Leila Ave, WINNIPEG, MB, R2V 3J7
(204) 949-6066   SIC 5812

MCDONALD'S RESTAURANTS OF CANADA LIMITED p371
1186 Main St, WINNIPEG, MB, R2W 3S7
(204) 949-5244   SIC 5812

MCDONALD'S RESTAURANTS OF CANADA LIMITED p372
1301 Mcphillips St, WINNIPEG, MB, R2X 2L9
(204) 949-6073   SIC 5812

MCDONALD'S RESTAURANTS OF CANADA LIMITED p373
484 Mcphillips St, WINNIPEG, MB, R2X 2H2
(204) 949-6060   SIC 5812

MCDONALD'S RESTAURANTS OF CANADA LIMITED p378
333 St Mary Ave Suite 102, WINNIPEG, MB, R3C 4A5
(204) 949-6038   SIC 5812

MCDONALD'S RESTAURANTS OF CANADA LIMITED p381
1251 Portage Ave, WINNIPEG, MB, R3G 0T7
(204) 949-6058   SIC 5812

MCDONALD'S RESTAURANTS OF CANADA LIMITED p381
664 Portage Ave, WINNIPEG, MB, R3G 0M4
(204) 949-6035   SIC 5812

MCDONALD'S RESTAURANTS OF CANADA LIMITED p381
1001 Empress St, WINNIPEG, MB, R3G 3P8
(204) 949-5121   SIC 5812

MCDONALD'S RESTAURANTS OF CANADA LIMITED p381
1440 Ellice Ave, WINNIPEG, MB, R3G 0G4
(204) 949-5123   SIC 5812

MCDONALD'S RESTAURANTS OF CANADA LIMITED p384
2475 Portage Ave, WINNIPEG, MB, R3J 0N6
(204) 949-6053   SIC 5812

MCDONALD'S RESTAURANTS OF CANADA LIMITED p386
425 Nathaniel St Suite 1187, WINNIPEG, MB, R3M 3X1
(204) 949-6031   SIC 5812

MCDONALD'S RESTAURANTS OF CANADA LIMITED p386
375 Osborne St, WINNIPEG, MB, R3L 2A2
(204) 949-6044   SIC 5812

MCDONALD'S RESTAURANTS OF CANADA LIMITED p386
630 Pembina Hwy, WINNIPEG, MB, R3M 2M5
(204) 949-6091   SIC 5812

MCDONALD'S RESTAURANTS OF CANADA LIMITED p389
3045 Pembina Hwy, WINNIPEG, MB, R3T 4R6
(204) 949-6083   SIC 5812

MCDONALD'S RESTAURANTS OF CANADA LIMITED p389
2027 Pembina Hwy, WINNIPEG, MB, R3T 5W7
(204) 949-6019   SIC 5812

MCDONALD'S RESTAURANTS OF CANADA LIMITED p392
1725 Kenaston Blvd, WINNIPEG, MB, R3Y 1V5
(204) 949-5128   SIC 5812

MCDONALD'S RESTAURANTS OF CANADA LIMITED p397
420 Rue Paul, DIEPPE, NB, E1A 1Y1
(506) 862-1604   SIC 5812

MCDONALD'S RESTAURANTS OF CANADA LIMITED p398
805 Rue Victoria, EDMUNDSTON, NB, E3V 3T3
(506) 736-6336   SIC 5812

MCDONALD'S RESTAURANTS OF CANADA LIMITED p402
1381 Regent St, FREDERICTON, NB, E3C 1A2
(506) 444-6234   SIC 5812

MCDONALD'S RESTAURANTS OF CANADA LIMITED p410
10 Ensley Dr, MONCTON, NB, E1G 2W6
(506) 862-1616   SIC 5812

MCDONALD'S RESTAURANTS OF CANADA LIMITED p410
10 Ensley Dr, MONCTON, NB, E1G 2W6
(506) 862-1620   SIC 5812

MCDONALD'S RESTAURANTS OF CANADA LIMITED p411
100 Macdonald Ave, OROMOCTO, NB, E2V 2R2
(506) 357-9841   SIC 5812

MCDONALD'S RESTAURANTS OF CANADA LIMITED p416
91 Millidge Ave, SAINT JOHN, NB, E2K 2M3
SIC 5812

MCDONALD'S RESTAURANTS OF CANADA LIMITED p424
229 Columbus Dr, CARBONEAR, NL, A1Y 1A3
SIC 5812

MCDONALD'S RESTAURANTS OF CANADA LIMITED p443
1493 Bedford Hwy, BEDFORD, NS, B4A 1E3
(902) 835-8851   SIC 5812

MCDONALD'S RESTAURANTS OF CANADA LIMITED p454
3291 Highway 2, FALL RIVER, NS, B2T 1J5
(902) 860-3007   SIC 5812

MCDONALD'S RESTAURANTS OF CANADA LIMITED p474
4 Westwood Blvd, STILLWATER LAKE, NS, B3Z 1H3
(902) 826-1763   SIC 5812

MCDONALD'S RESTAURANTS OF CANADA LIMITED p498
201 Fairview Rd, BARRIE, ON, L4N 9B1
(905) 823-8500   SIC 5812

MCDONALD'S RESTAURANTS OF CANADA LIMITED p498
85 Dunlop St W, BARRIE, ON, L4N 1A5
(705) 726-6500   SIC 5812

MCDONALD'S RESTAURANTS OF CANADA LIMITED p510
45 Mountainash Rd, BRAMPTON, ON, L6R 1W4
(905) 458-7488   SIC 5812

MCDONALD'S RESTAURANTS OF CANADA LIMITED p512
2450 Queen St E, BRAMPTON, ON, L6S 5X9
(905) 793-5295   SIC 5812

MCDONALD'S RESTAURANTS OF CANADA LIMITED p515
30 Coventry Rd, BRAMPTON, ON, L6T 5P9
(905) 789-0030   SIC 5812

MCDONALD'S RESTAURANTS OF CANADA LIMITED p515
2439 Steeles Ave E, BRAMPTON, ON, L6T 5J9
(905) 494-1134   SIC 5812

MCDONALD'S RESTAURANTS OF CANADA LIMITED p518
344 Queen St E, BRAMPTON, ON, L6V 1C3
(905) 459-8800   SIC 5812

MCDONALD'S RESTAURANTS OF CANADA LIMITED p520
539 Steeles Ave E Suite 2, BRAMPTON, ON, L6W 4S2
(905) 453-4954   SIC 5812

MCDONALD'S RESTAURANTS OF CANADA LIMITED p522
7690 Hurontario St, BRAMPTON, ON, L6Y 5B5
(905) 456-2233   SIC 5812

MCDONALD'S RESTAURANTS OF CANADA LIMITED p524
30 Brisdale Dr, BRAMPTON, ON, L7A 3G1
(905) 495-1122   SIC 5812

MCDONALD'S RESTAURANTS OF CANADA LIMITED p531
2454 Parkedale Ave, BROCKVILLE, ON, K6V 3G8
(613) 342-5551   SIC 5812

MCDONALD'S RESTAURANTS OF CANADA LIMITED p543
Gd Stn Galt, CAMBRIDGE, ON, N1R 5S8
SIC 5812

MCDONALD'S RESTAURANTS OF CANADA LIMITED p546
401 Westbound Hwy, CAMBRIDGE, ON, N3C 4B1
SIC 5812

MCDONALD'S RESTAURANTS OF CANADA LIMITED p564
3464 County Rd 89, COOKSTOWN, ON, L0L 1L0
SIC 5812

MCDONALD'S RESTAURANTS OF CANADA LIMITED p575
2736 Lake Shore Blvd W, ETOBICOKE, ON, M8V 1H1
(416) 259-3201   SIC 5812

MCDONALD'S RESTAURANTS OF CANADA LIMITED p581
25 The West Mall Suite 416, ETOBICOKE, ON, M9C 1B8
(416) 626-0559   SIC 5812

MCDONALD'S RESTAURANTS OF CANADA LIMITED p611
2 King St W, HAMILTON, ON, L8P 1A1
SIC 5812

MCDONALD'S RESTAURANTS OF CANADA LIMITED p650
1950 Dundas St, LONDON, ON, N5V 1P5
(519) 451-5590   SIC 5812

MCDONALD'S RESTAURANTS OF CANADA LIMITED p653
1159 Highbury Ave N, LONDON, ON, N5Y 1A6
(519) 451-6830   SIC 5812

MCDONALD'S RESTAURANTS OF CANADA LIMITED p653
103 Fanshawe Park Rd E, LONDON, ON, N5X 3V9
(519) 660-6950   SIC 5812

MCDONALD'S RESTAURANTS OF CANADA LIMITED p656
151 Dundas St, LONDON, ON, N6A 5R7
(519) 661-0645   SIC 5812

MCDONALD'S RESTAURANTS OF CANADA LIMITED p659
1105 Wellington Rd, LONDON, ON, N6E 1V4
(519) 680-0503   SIC 5812

MCDONALD'S RESTAURANTS OF CANADA LIMITED p660
4350 Wellington Rd S, LONDON, ON, N6E 2Z6
(519) 686-8860   SIC 5812

MCDONALD'S RESTAURANTS OF CANADA LIMITED p660
1074 Wellington Rd, LONDON, ON, N6E 1M2
(519) 691-1042   SIC 5812

MCDONALD'S RESTAURANTS OF CANADA LIMITED p661
1280 Fanshawe Park Rd W, LONDON, ON, N6G 5B1
(519) 473-4043   SIC 5812

MCDONALD'S RESTAURANTS OF CANADA LIMITED p662
462 Wharncliffe Rd S, LONDON, ON, N6J 2M9
(519) 673-0680   SIC 5812

MCDONALD'S RESTAURANTS OF CANADA LIMITED p663
1033 Wonderland Rd S, LONDON, ON, N6K 3V1
(519) 668-0141   SIC 5812

MCDONALD'S RESTAURANTS OF CANADA LIMITED p667
2810 Major Mackenzie Dr, MAPLE, ON, L6A 3L2
(905) 303-0804   SIC 5812

MCDONALD'S RESTAURANTS OF CANADA LIMITED p683
3510 Derry Rd E, MISSISSAUGA, ON, L4T 3V7
(905) 677-8711   SIC 5812

MCDONALD'S RESTAURANTS OF CANADA LIMITED p700
796 Burnhamthorpe Rd W Unit A, MISSISSAUGA, ON, L5C 2R9
(905) 275-3011   SIC 5812

MCDONALD'S RESTAURANTS OF CANADA LIMITED p703
2225 Erin Mills Pky, MISSISSAUGA, ON, L5K 1T9
(905) 403-8112   SIC 5812

MCDONALD'S RESTAURANTS OF CANADA LIMITED p705
5636 Glen Erin Dr Unit 12, MISSISSAUGA, ON, L5M 6B1
(905) 812-7187   SIC 5812

MCDONALD'S RESTAURANTS OF CANADA LIMITED p714
5995 Mavis Rd, MISSISSAUGA, ON, L5R 3T7
(905) 712-4335   SIC 5812

MCDONALD'S RESTAURANTS OF CANADA LIMITED p730
3340 Fallowfield Rd, NEPEAN, ON, K2J 5L1
(613) 843-8898   SIC 5812

MCDONALD'S RESTAURANTS OF CANADA LIMITED p730
3773 Strandherd Dr, NEPEAN, ON, K2J 4B1
(613) 823-7838   SIC 5812

MCDONALD'S RESTAURANTS OF CANADA LIMITED p739
1835 Niagara Stone Rd, NIAGARA ON THE LAKE, ON, L0S 1J0
SIC 5812

MCDONALD'S RESTAURANTS OF CANADA LIMITED p747
1125 Sheppard Ave E, NORTH YORK, ON, M2K 1C5

▲ Public Company   ■ Public Company Family Member   HQ Headquarters   BR Branch   SL Single Location

SIC 5812 Eating places

(416) 224-1145   SIC 5812
MCDONALD'S RESTAURANTS OF CANADA LIMITED   p753
1 Mcdonalds Pl, NORTH YORK, ON, M3C 3L4
(416) 443-1000   SIC 5812
MCDONALD'S RESTAURANTS OF CANADA LIMITED   p753
747 Don Mills Rd Suite 13, NORTH YORK, ON, M3C 1T2
(416) 429-1266   SIC 5812
MCDONALD'S RESTAURANTS OF CANADA LIMITED   p756
150 Rimrock Rd, NORTH YORK, ON, M3J 3A6
(416) 630-8381   SIC 5812
MCDONALD'S RESTAURANTS OF CANADA LIMITED   p758
1831 Finch Ave W Suite 56, NORTH YORK, ON, M3N 2V2
(416) 636-7601   SIC 5812
MCDONALD'S RESTAURANTS OF CANADA LIMITED   p763
2625f Weston Rd, NORTH YORK, ON, M9N 3X2
(416) 241-5505   SIC 5812
MCDONALD'S RESTAURANTS OF CANADA LIMITED   p763
2020 Jane St, NORTH YORK, ON, M9N 2V3
(416) 248-6648   SIC 5812
MCDONALD'S RESTAURANTS OF CANADA LIMITED   p765
2510 Hampshire Gate, OAKVILLE, ON, L6H 6A2
(905) 829-1227   SIC 5812
MCDONALD'S RESTAURANTS OF CANADA LIMITED   p773
95 First St, ORANGEVILLE, ON, L9W 2E8
(519) 940-0197   SIC 5812
MCDONALD'S RESTAURANTS OF CANADA LIMITED   p776
2643 St. Joseph Blvd, ORLEANS, ON, K1C 1G4
(613) 837-2866   SIC 5812
MCDONALD'S RESTAURANTS OF CANADA LIMITED   p777
4416 Innes Rd, ORLEANS, ON, K4A 3W3
(613) 841-6633   SIC 5812
MCDONALD'S RESTAURANTS OF CANADA LIMITED   p787
594 Montreal Rd, OTTAWA, ON, K1K 0T9
(613) 741-0093   SIC 5812
MCDONALD'S RESTAURANTS OF CANADA LIMITED   p789
99 Rideau St, OTTAWA, ON, K1N 9L8
(613) 241-4414   SIC 5812
MCDONALD'S RESTAURANTS OF CANADA LIMITED   p795
2380 Bank St, OTTAWA, ON, K1V 8S1
(613) 526-1258   SIC 5812
MCDONALD'S RESTAURANTS OF CANADA LIMITED   p795
1771 Walkley Rd, OTTAWA, ON, K1V 1L2
(613) 733-8354   SIC 5812
MCDONALD'S RESTAURANTS OF CANADA LIMITED   p802
252 Elgin St, OTTAWA, ON, K2P 1L9
(613) 236-6769   SIC 5812
MCDONALD'S RESTAURANTS OF CANADA LIMITED   p813
1300 Kingston Rd, PICKERING, ON, L1V 3M9
(905) 839-5665   SIC 5812
MCDONALD'S RESTAURANTS OF CANADA LIMITED   p813
1899 Brock Rd, PICKERING, ON, L1V 4H7
(905) 683-0944   SIC 5812
MCDONALD'S RESTAURANTS OF CANADA LIMITED   p819
980 O'brien Rd, RENFREW, ON, K7V 0B4
(613) 433-9546   SIC 5812
MCDONALD'S RESTAURANTS OF CANADA LIMITED   p837
1280 Markham Rd, SCARBOROUGH, ON, M1H 2Y9
(416) 438-3344   SIC 5812
MCDONALD'S RESTAURANTS OF CANADA LIMITED   p838
3150 St Clair Ave E, SCARBOROUGH, ON, M1L 1V6
(416) 751-9014   SIC 5812
MCDONALD'S RESTAURANTS OF CANADA LIMITED   p841
300 Borough Dr Suite 2, SCARBOROUGH, ON, M1P 4P5
(416) 279-0722   SIC 5812
MCDONALD'S RESTAURANTS OF CANADA LIMITED   p841
2701 Lawrence Ave E, SCARBOROUGH, ON, M1P 2S2
(416) 752-2610   SIC 5812
MCDONALD'S RESTAURANTS OF CANADA LIMITED   p844
3850 Sheppard Ave E Suite 222, SCARBOROUGH, ON, M1T 3L4
(416) 754-4337   SIC 5812
MCDONALD'S RESTAURANTS OF CANADA LIMITED   p845
1571 Sandhurst Cir Suite 102, SCARBOROUGH, ON, M1V 1V2
(416) 292-6706   SIC 5812
MCDONALD'S RESTAURANTS OF CANADA LIMITED   p856
420 Vansickle Rd, ST CATHARINES, ON, L2S 0C7
(905) 687-8820   SIC 5812
MCDONALD'S RESTAURANTS OF CANADA LIMITED   p862
385 Highway 8, STONEY CREEK, ON, L8G 5A2
(905) 662-1423   SIC 5812
MCDONALD'S RESTAURANTS OF CANADA LIMITED   p872
1631 Manning Rd, TECUMSEH, ON, N8N 2L9
(519) 735-8122   SIC 5812
MCDONALD'S RESTAURANTS OF CANADA LIMITED   p877
81 Cumberland St N, THUNDER BAY, ON, P7A 4M1
(807) 344-1513   SIC 5812
MCDONALD'S RESTAURANTS OF CANADA LIMITED   p878
853 Red River Rd, THUNDER BAY, ON, P7B 1K3
(807) 767-7551   SIC 5812
MCDONALD'S RESTAURANTS OF CANADA LIMITED   p881
201 Arthur St W, THUNDER BAY, ON, P7E 5P7
(807) 577-8718   SIC 5812
MCDONALD'S RESTAURANTS OF CANADA LIMITED   p885
31 Tapscott Rd, TORONTO, ON, M1B 4Y7
(416) 754-8071   SIC 5812
MCDONALD'S RESTAURANTS OF CANADA LIMITED   p889
6170 Bathurst St, TORONTO, ON, M2R 2A2
(416) 226-0351   SIC 5812
MCDONALD'S RESTAURANTS OF CANADA LIMITED   p893
45 Overlea Blvd Suite 2, TORONTO, ON, M4H 1C3
SIC 5812
MCDONALD'S RESTAURANTS OF CANADA LIMITED   p894
1045 Pape Ave, TORONTO, ON, M4K 3W3
(416) 423-3475   SIC 5812
MCDONALD'S RESTAURANTS OF CANADA LIMITED   p897
1 Eglinton Ave E, TORONTO, ON, M4P 3A1
(416) 701-9560   SIC 5812
MCDONALD'S RESTAURANTS OF CANADA LIMITED   p899
11 St Clair Ave E, TORONTO, ON, M4T 1L8
(416) 323-3173   SIC 5812
MCDONALD'S RESTAURANTS OF CANADA LIMITED   p905
121 Front St E, TORONTO, ON, M5A 4S5
(416) 868-9998   SIC 5812
MCDONALD'S RESTAURANTS OF CANADA LIMITED   p906
218 Yonge St, TORONTO, ON, M5B 2H6
(416) 422-7500   SIC 5812
MCDONALD'S RESTAURANTS OF CANADA LIMITED   p926
192a Bloor St W, TORONTO, ON, M5S 1T8
SIC 5812
MCDONALD'S RESTAURANTS OF CANADA LIMITED   p927
344 Bathurst St, TORONTO, ON, M5T 2S3
(416) 362-5499   SIC 5812
MCDONALD'S RESTAURANTS OF CANADA LIMITED   p927
160 Spadina Ave, TORONTO, ON, M5T 2C2
(416) 703-7401   SIC 5812
MCDONALD'S RESTAURANTS OF CANADA LIMITED   p930
710 King St W, TORONTO, ON, M5V 2Y6
(416) 504-7268   SIC 5812
MCDONALD'S RESTAURANTS OF CANADA LIMITED   p935
900 Dufferin St Unit 200, TORONTO, ON, M6H 4B1
(416) 537-0934   SIC 5812
MCDONALD'S RESTAURANTS OF CANADA LIMITED   p935
1185 Dupont St, TORONTO, ON, M6H 2A5
(416) 536-4188   SIC 5812
MCDONALD'S RESTAURANTS OF CANADA LIMITED   p937
630 Keele St, TORONTO, ON, M6N 3E2
(416) 604-1496   SIC 5812
MCDONALD'S RESTAURANTS OF CANADA LIMITED   p938
2365 Dundas St W, TORONTO, ON, M6P 1W7
(416) 536-3715   SIC 5812
MCDONALD'S RESTAURANTS OF CANADA LIMITED   p945
5225 Highway 7 E, UNIONVILLE, ON, L3R 1N3
(905) 477-2891   SIC 5812
MCDONALD'S RESTAURANTS OF CANADA LIMITED   p945
3760 Highway 7, UNIONVILLE, ON, L3R 0N2
(905) 513-8978   SIC 5812
MCDONALD'S RESTAURANTS OF CANADA LIMITED   p962
7777 Tecumseh Rd E, WINDSOR, ON, N8T 1G3
(519) 945-4751   SIC 5812
MCDONALD'S RESTAURANTS OF CANADA LIMITED   p964
2780 Tecumseh Rd E, WINDSOR, ON, N8W 1G3
(519) 945-3634   SIC 5812
MCDONALD'S RESTAURANTS OF CANADA LIMITED   p966
3195 Howard Ave, WINDSOR, ON, N8X 3Y9
(519) 966-0131   SIC 5812
MCDONALD'S RESTAURANTS OF CANADA LIMITED   p968
77 Wyandotte St E, WINDSOR, ON, N9A 3H1
(519) 258-7428   SIC 5812
MCDONALD'S RESTAURANTS OF CANADA LIMITED   p969
883 Huron Church Rd, WINDSOR, ON, N9C 2K3
(519) 258-3531   SIC 5812
MCDONALD'S RESTAURANTS OF CANADA LIMITED   p969
5631 Ojibway Pky, WINDSOR, ON, N9C 4J5
(519) 250-5311   SIC 5812
MCDONALD'S RESTAURANTS OF CANADA LIMITED   p970
3354 Dougall Ave, WINDSOR, ON, N9E 1S6
(519) 966-0454   SIC 5812
MCDONALD'S RESTAURANTS OF CANADA LIMITED   p972
9600 Islington Ave Suite C1, WOODBRIDGE, ON, L4H 2T1
(905) 893-3909   SIC 5812
MCDONALD'S RESTAURANTS OF CANADA LIMITED   p999
797 Boul Du Cure-Labelle, BLAINVILLE, QC, J7C 3P5
(450) 979-7131   SIC 5812
MCDONALD'S RESTAURANTS OF CANADA LIMITED   p1019
2005 Boul Saint-Martin O, Cote Saint-Luc, QC, H7S 1N3
(450) 688-8531   SIC 5812
MCDONALD'S RESTAURANTS OF CANADA LIMITED   p1033
180 Boul De Gaspe, Gaspe, QC, G4X 1B1
(418) 368-7070   SIC 5812
MCDONALD'S RESTAURANTS OF CANADA LIMITED   p1036
80 Boul Greber, GATINEAU, QC, J8T 3P8
(819) 561-1436   SIC 5812
MCDONALD'S RESTAURANTS OF CANADA LIMITED   p1036
2335 Rue Saint-Louis Bureau 3, GATINEAU, QC, J8V 1J2
(819) 246-3221   SIC 5812
MCDONALD'S RESTAURANTS OF CANADA LIMITED   p1036
640 Boul Maloney O, GATINEAU, QC, J8T 8K7
(819) 246-8202   SIC 5812
MCDONALD'S RESTAURANTS OF CANADA LIMITED   p1090
2530 Rue Masson, Montreal, QC, H1Y 1V8
(514) 525-1220   SIC 5812
MCDONALD'S RESTAURANTS OF CANADA LIMITED   p1098
7275 Boul Saint-Laurent, Montreal, QC, H2R 1W5
(514) 276-6878   SIC 5812
MCDONALD'S RESTAURANTS OF CANADA LIMITED   p1102
1 Rue Notre-Dame E, Montreal, QC, H2Y 1B6
(514) 285-8720   SIC 5812
MCDONALD'S RESTAURANTS OF CANADA LIMITED   p1116
1472 Rue Sainte-Catherine O, Montreal, QC, H3G 1S8
(514) 935-5159   SIC 5812
MCDONALD'S RESTAURANTS OF CANADA LIMITED   p1132
6140 Boul Henri-Bourassa E, MONTREAL-NORD, QC, H1G 5X3
(514) 321-0467   SIC 5812
MCDONALD'S RESTAURANTS OF CANADA LIMITED   p1171
185 Rue Notre-Dame, REPENTIGNY, QC, J6A 2R3
(450) 581-8520   SIC 5812
MCDONALD'S RESTAURANTS OF CANADA LIMITED   p1174
100 Rue Des Cerisiers, Riviere-du-Loup, QC, G5R 6E8
(418) 863-4242   SIC 5812
MCDONALD'S RESTAURANTS OF CANADA LIMITED   p1176
401 Boul Labelle, Rosemere, QC, J7A 3T2
(450) 979-6633   SIC 5812
MCDONALD'S RESTAURANTS OF CANADA LIMITED   p1203
400 Boul Sir-Wilfrid-Laurier, SAINT-LAMBERT, QC, J4R 2M2
(450) 466-1020   SIC 5812
MCDONALD'S RESTAURANTS OF CANADA LIMITED   p1216
7445 Boul Langelier, SAINT-LEONARD, QC, H1S 1V6
(514) 252-1105   SIC 5812
MCDONALD'S RESTAURANTS OF CANADA LIMITED   p1221
105 Av Guindon, SAINT-SAUVEUR, QC, J0R 1R6
(450) 227-2331   SIC 5812

BUSINESSES BY INDUSTRY CLASSIFICATION

SIC 5812 Eating places 2239

MCDONALD'S RESTAURANTS OF CANADA LIMITED p1258
4300 Boul Lasalle, VERDUN, QC, H4G 2A8
(514) 767-7924   SIC 5812

MCDONALD'S RESTAURANTS OF CANADA LIMITED p1283
924 E Victoria Ave, REGINA, SK, S4N 7A9
(306) 525-2621   SIC 5812

MCDONALD'S RESTAURANTS OF CANADA LIMITED p1289
1105 Kramer Blvd, REGINA, SK, S4S 5W4
(306) 586-3400   SIC 5812

MCDONALD'S RESTAURANTS OF CANADA LIMITED p1289
2620 Dewdney Ave, REGINA, SK, S4T 0X3
(306) 525-6611   SIC 5812

MCDONALD'S RESTAURANTS OF CANADA LIMITED p1291
6210 Rochdale Blvd, REGINA, SK, S4X 4K8
(306) 543-6300   SIC 5812

MCDONALD'S RESTAURANTS OF CANADA LIMITED p1291
1955 Prince Of Wales Dr, REGINA, SK, S4Z 1A5
(306) 781-1340   SIC 5812

MCDONALD'S RESTAURANTS OF CANADA LIMITED p1292
1706 Preston Ave, SASKATOON, SK, S7H 2V8
(306) 955-8677   SIC 5812

MCDONALD'S RESTAURANTS OF CANADA LIMITED p1296
905 51st St E, SASKATOON, SK, S7K 7E4
(306) 955-8667   SIC 5812

MCDONALD'S RESTAURANTS OF CANADA LIMITED p1296
102 2nd Ave N, SASKATOON, SK, S7K 2B2
SIC 5812

MCDONALD'S RESTAURANTS OF CANADA LIMITED p1300
1803 Idylwyld Dr N, SASKATOON, SK, S7L 1B6
(306) 955-8665   SIC 5812

MCDONALD'S RESTAURANTS OF CANADA LIMITED p1301
2225 22nd St W, SASKATOON, SK, S7M 0V5
(306) 955-8660   SIC 5812

MCDONALD'S RESTAURANTS OF CANADA LIMITED p1301
225 Betts Ave, SASKATOON, SK, S7M 1L2
(306) 955-8676   SIC 5812

MCDONALDS p337
3605 Gellatly Rd, WEST KELOWNA, BC, V4T 2E6
(250) 768-3806   SIC 5812

MCDONALDS RESTAURANT p850
81 Lombard St, SMITHS FALLS, ON, K7A 4Y9
(613) 283-8633   SIC 5812

MCDONALDS RESTAURANT p1292
3510 8th St E Unit 1, SASKATOON, SK, S7H 0W6
(306) 955-8674   SIC 5812

MCDONALDS RESTAURANT OF CANADA INC p972
9200 Weston Rd Unit E, WOODBRIDGE, ON, L4H 2P8
(905) 832-0424   SIC 5812

MCFADZEN HOLDINGS LIMITED p403
31 Kingswood Way, HANWELL, NB, E3C 2L4
(506) 444-9500   SIC 5812

MCG RESTAURANTS LTD p76
10628 Kingsway Nw, EDMONTON, AB, T5G 0W8
(780) 944-0232   SIC 5812

MCG RESTAURANTS LTD p85
13551 St Albert Trail Nw, EDMONTON, AB, T5L 5E7
(780) 488-8492   SIC 5812

MCG. RESTAURANTS (WONDERLAND) INC p400
280 King St, FREDERICTON, NB, E3B 1E2

(506) 458-1212   SIC 5812

MCG. RESTAURANTS (WONDERLAND) INC p662
666 Wonderland Rd N, LONDON, ON, N6H 4K9
(519) 473-5702   SIC 5812

MCG. RESTAURANTS (WONDERLAND) INC p771
270 North Service Rd W, OAKVILLE, ON, L6M 2R8
(905) 338-1422   SIC 5812

MCG. RESTAURANTS (WONDERLAND) INC p952
160 University Ave W, WATERLOO, ON, N2L 3E9
(519) 886-6490   SIC 5812

MCGREGOR, DONALD INVESTMENTS LTD p32
6455 Macleod Trail Sw Suite 607, CALGARY, AB, T2H 0K9
(403) 252-6023   SIC 5812

MCKEEN RESTAURANT, THE p492
200 Talbot St W, AYLMER, ON, N5H 1K1
(519) 773-5377   SIC 5812

MCKENNCO INC p982
124 Capital Dr, CHARLOTTETOWN, PE, C1E 1E7
(902) 566-6704   SIC 5812

MCKENNCO INC p985
481 Granville St, SUMMERSIDE, PE, C1N 4P7
(902) 436-5462   SIC 5812

MCM FOOD SERVICES INC p251
310 Island Hwy W, PARKSVILLE, BC, V9P 1K8
(250) 248-8885   SIC 5812

MCMATT INVESTMENTS LTD p105
10305 80 Ave Nw, EDMONTON, AB, T6E 1T8
(780) 414-8445   SIC 5812

MCMATT INVESTMENTS LTD p111
4202 66 St Nw, EDMONTON, AB, T6K 4A2
(780) 414-8369   SIC 5812

MCMATT INVESTMENTS LTD p116
3841 34 St Nw, EDMONTON, AB, T6T 1K9
(780) 414-8370   SIC 5812

MCPORT CITY FOOD SERVICES LIMITED p412
175 Hampton Rd, QUISPAMSIS, NB, E2E 4J8
(506) 847-9003   SIC 5812

MCPORT CITY FOOD SERVICES LIMITED p414
111 Mcallister Dr, SAINT JOHN, NB, E2J 2S6
(506) 634-2704   SIC 5812

MCPORT CITY FOOD SERVICES LIMITED p416
399 Main St, SAINT JOHN, NB, E2K 1J3
(506) 634-0256   SIC 5812

MCPORT CITY FOOD SERVICES LIMITED p417
39 King St, SAINT JOHN, NB, E2L 4W3
(506) 634-2700   SIC 5812

MCRAY'S ROAD HOUSE GRILL p121
606 Signal Rd, FORT MCMURRAY, AB, T9H 4Z4
(780) 790-1135   SIC 5812

MCSHEEP INVESTMENTS INC p924
142 Cumberland St, TORONTO, ON, M5R 1A8
(416) 968-2828   SIC 5812

MCSOUND INVESTMENTS INC p803
1015 10th St W, OWEN SOUND, ON, N4K 5S2
(519) 371-8948   SIC 5812

MCT & T FOODS DBA INC p223
3100 Lakeshore Rd, KELOWNA, BC, V1W 3T1
(250) 860-3450   SIC 5812

ME-N-EDS PIZZA PARLOUR LTD p188
7110 Hall Ave, BURNABY, BC, V5E 3B1
(604) 521-8881   SIC 5812

ME-N-EDS PIZZA PARLOUR LTD p202

1121 Austin Ave, COQUITLAM, BC, V3K 3P4
(604) 931-2468   SIC 5812

MEADOWOOD INVESTMENTS LIMITED PARTNERSHIP p368
150 Meadowood Dr Unit 7, WINNIPEG, MB, R2M 5L7
(204) 256-1242   SIC 5812

MED GRILL RESTAURANTS LTD p334
4512 West Saanich Rd, VICTORIA, BC, V8Z 3G4
(250) 727-3444   SIC 5812

MEGLEEN INC p886
2862 Ellesmere Rd Suite 2, TORONTO, ON, M1E 4B8
(416) 282-1499   SIC 5812

MELISSA'S MISSTEAK RESTAURANT LTD p4
218 Lynx St, BANFF, AB, T1L 1A9
(403) 762-5511   SIC 5812

MELO, ALBERT FOODS LIMITED p714
5980 Mclaughlin Rd, MISSISSAUGA, ON, L5R 3X9
(905) 507-0838   SIC 5812

MERCATO INTERNATIONAL LTD p53
2224 4 St Sw, CALGARY, AB, T2S 1W9
(403) 263-5535   SIC 5812

MERRICK'S FINE FOODS INC p77
10560 114 St Nw, EDMONTON, AB, T5H 3J7
(780) 413-0278   SIC 5812

MEZZE MANAGEMENT LTD p169
380 Ridge Rd, STRATHMORE, AB, T1P 1B5
(403) 934-0000   SIC 5812

MIDWEST RESTAURANT INC p1283
2037 Park St, REGINA, SK, S4N 6S2
(306) 781-5655   SIC 5812

MIFIN FOODS LIMITED p578
1255 The Queensway Suite 1745, ETOBICOKE, ON, M8Z 1S1
(416) 251-4100   SIC 5812

MILLBANK HOME BAKERY AND COUNTRY CAFE LTD p680
4060 Perth Line Suite 72, MILLBANK, ON, N0K 1L0
(519) 595-4407   SIC 5812

MILLER, P.G. ENTERPRISES LIMITED p491
135 First Commerce Dr, AURORA, ON, L4G 0G2
(905) 841-5584   SIC 5812

MILLER, P.G. ENTERPRISES LIMITED p733
17760 Yonge St, NEWMARKET, ON, L3Y 8P4
(905) 895-1222   SIC 5812

MILLER, P.G. ENTERPRISES LIMITED p733
1100 Davis Dr, NEWMARKET, ON, L3Y 8W8
(905) 853-0118   SIC 5812

MILLER, P.G. ENTERPRISES LIMITED p733
17155 Yonge St, NEWMARKET, ON, L3Y 5L8
(905) 895-3990   SIC 5812

MILLER, P.G. ENTERPRISES LIMITED p824
13081 Yonge St, RICHMOND HILL, ON, L4E 3M2
(905) 773-6777   SIC 5812

MILLS GROUP INC, THE p520
285 Queen St E, BRAMPTON, ON, L6W 2C2
(905) 453-5818   SIC 5812

MITTON HILL ENTERPRISES LIMITED p394
194 Beardsley Rd, BEARDSLEY, NB, E7M 3Z7
(506) 325-9321   SIC 5812

MITTON HILL ENTERPRISES LIMITED p398
8826 Main St, FLORENCEVILLE-BRISTOL, NB, E7L 2A1
(506) 392-9009   SIC 5812

MITTON HILL ENTERPRISES LIMITED p403
542 Main St, HARTLAND, NB, E7P 2N5
(506) 375-6658   SIC 5812

MITTON HILL ENTERPRISES LIMITED p422
360 Connell St, WOODSTOCK, NB, E7M 5G9

(506) 328-0106   SIC 5812

MITTON'S FOOD SERVICE INC p397
533 Rue Champlain, DIEPPE, NB, E1A 1P2
(506) 855-5533   SIC 5812

MITTON'S FOOD SERVICE INC p413
264 Coverdale Rd, RIVERVIEW, NB, E1B 3J2
(506) 386-5229   SIC 5812

MITTON, V CO LTD p981
365 University Ave, CHARLOTTETOWN, PE, C1A 4N2
(902) 892-1892   SIC 5812

MKJ SIMAN INVESTMENTS INC p579
5250 Dundas St W, ETOBICOKE, ON, M9B 1A9
(416) 234-8900   SIC 5812

MOLLY BLOOM'S IRISH PUB INC p656
700 Richmond St Suite G, LONDON, ON, N6A 5C7
(519) 675-1212   SIC 5812

MON 3047 INC p626
140 Earl Grey Dr, KANATA, ON, K2T 1B6
(613) 270-0518   SIC 5812

MONCTON GRECO RESTAURANTS (1983) LTD p407
120 Killam Dr, MONCTON, NB, E1C 3R7
(506) 853-1051   SIC 5812

MONGOS GRILL LIMITED LIABILITY CORP p362
1570 Regent Ave W Unit 4, WINNIPEG, MB, R2C 3B4
(204) 786-6646   SIC 5812

MONK MCQUEENS FRESH SEAFOOD & OYSTER BARS INC p300
601 Stamp's Landng, VANCOUVER, BC, V5Z 3Z1
SIC 5812

MONTANA'S COOKHOUSE p334
315 Burnside Rd W, VICTORIA, BC, V8Z 7L6
(250) 978-9333   SIC 5812

MONTANA'S COOKHOUSE SALOON p113
1720 99 St Nw, EDMONTON, AB, T6N 1M5
(780) 466-8520   SIC 5812

MONTANA'S COOKHOUSE SALOON p498
66 Barrie View Dr, BARRIE, ON, L4N 8V4
(705) 726-3375   SIC 5812

MONTANA'S RESTAURANT p556
79 Balsam St, COLLINGWOOD, ON, L9Y 3Y6
(705) 444-0278   SIC 5812

MONTANAS COOKHOUSE p733
17440 Yonge St, NEWMARKET, ON, L3Y 6Y9
(905) 898-4546   SIC 5812

MOORE ENTERPRISES INC p399
370 Main St, FREDERICTON, NB, E3A 1E5
(506) 462-9950   SIC 5812

MOORE ENTERPRISES INC p400
1050 Woodstock Rd, FREDERICTON, NB, E3B 7R8
(506) 450-3778   SIC 5812

MOORE ENTERPRISES INC p400
973 Prospect St, FREDERICTON, NB, E3B 2T7
(506) 462-9946   SIC 5812

MOR-WEN RESTAURANTS LTD p860
1010 Stittsville Main St, STITTSVILLE, ON, K2S 1B9
(613) 831-2738   SIC 5812

MORIAH FOOD SERVICES LTD p934
1168 St Clair Ave W, TORONTO, ON, M6E 1B4
(416) 652-9536   SIC 5812

MORIAH FOOD SERVICES LTD p939
2218 Bloor St W, TORONTO, ON, M6S 1N4
(416) 762-9949   SIC 5812

MORIN & ROULEAU INC p1067
4300 Boul Guillaume-Couture, Levis, QC, G6W 6N1
(418) 833-8677   SIC 5812

MORIN & ROULEAU INC p1067
4300 Boul Guillaume-Couture, Levis, QC, G6W 6N1

▲ Public Company   ■ Public Company Family Member   HQ Headquarters   BR Branch   SL Single Location

(418) 833-8677   SIC 5812
MORMAC LTD   p413
222 Main St, SACKVILLE, NB, E4L 4C1
(506) 364-1997   SIC 5812
MORTON'S OF CHICAGO/CANADA, INC   p924
4 Avenue Rd, TORONTO, ON, M5R 2E8
(416) 925-0648   SIC 5812
MORZOC INVESTMENT INC   p853
145 Hartzel Rd, ST CATHARINES, ON, L2P 1N6
(905) 684-6253   SIC 5812
MOTEL BOULEVARD CARTIER INC   p1175
80 Boul Cartier, Riviere-du-Loup, QC, G5R 2M9
(418) 867-3008   SIC 5812
MOUNTAIN VIEW RESTAURANT INC   p131
506 Carmichael Lane Suite 100, HINTON, AB, T7V 1S8
(780) 817-2400   SIC 5812
MOXIE'S CLASSIC GRILL   p195
1360 Island Hwy, CAMPBELL RIVER, BC, V9W 8C9
(250) 830-1500   SIC 5812
MOXIE'S CLASSIC GRILL   p381
1485 Portage Ave Suite 234, WINNIPEG, MB, R3G 0W4
(204) 783-1840   SIC 5812
MOXIE'S CLASSIC GRILL   p495
509 Bayfield St, BARRIE, ON, L4M 4Z8
(705) 733-5252   SIC 5812
MOXIE'S CLASSIC GRILL   p966
3100 Howard Ave Unit 20, WINDSOR, ON, N8X 3Y8
(519) 250-3390   SIC 5812
MOXIE'S LTD   p330
1010 Yates St Suite 1, VICTORIA, BC, V8V 3M6
(250) 360-1660   SIC 5812
MOXIE'S RESTAURANTS INC   p145
3090 Dunmore Rd Se, MEDICINE HAT, AB, T1B 2X2
(403) 528-8628   SIC 5812
MOXIE'S RESTAURANTS, LIMITED PARTNERSHIP   p53
1331 17 Ave Sw, CALGARY, AB, T2T 0C4
SIC 5812
MOXIE'S RESTAURANTS, LIMITED PARTNERSHIP   p55
10606 Southport Rd Sw, CALGARY, AB, T2W 3M5
(403) 225-9598   SIC 5812
MOXIE'S RESTAURANTS, LIMITED PARTNERSHIP   p58
3625 Shaganappi Trail Nw, CALGARY, AB, T3A 0E2
(403) 288-2663   SIC 5812
MOXIE'S RESTAURANTS, LIMITED PARTNERSHIP   p62
120 Stewart Green Sw, CALGARY, AB, T3H 3C8
(403) 246-0366   SIC 5812
MOXIE'S RESTAURANTS, LIMITED PARTNERSHIP   p63
25 Hopewell Way Ne, CALGARY, AB, T3J 4V7
(403) 291-4636   SIC 5812
MOXIE'S RESTAURANTS, LIMITED PARTNERSHIP   p63
31 Hopewell Way Ne, CALGARY, AB, T3J 4V7
(403) 543-2600   SIC 5812
MOXIE'S RESTAURANTS, LIMITED PARTNERSHIP   p139
1621 3 Ave S, LETHBRIDGE, AB, T1J 0L1
(403) 320-1102   SIC 5812
MOXIE'S RESTAURANTS, LIMITED PARTNERSHIP   p260
1804 Central St E, PRINCE GEORGE, BC, V2M 3C3
(250) 564-4700   SIC 5812
MOXIE'S RESTAURANTS, LIMITED PARTNERSHIP   p270
3233 St. Edwards Dr, RICHMOND, BC, V6X 3K9
(604) 303-1111   SIC 5812
MOXIE'S RESTAURANTS, LIMITED PARTNERSHIP   p312
808 Bute St, VANCOUVER, BC, V6E 1Y4
SIC 5812
MOXIE'S RESTAURANTS, LIMITED PARTNERSHIP   p362
1615 Regent Ave W Suite 200, WINNIPEG, MB, R2C 5C6
(204) 654-3345   SIC 5812
MOXIE'S RESTAURANTS, LIMITED PARTNERSHIP   p698
100 City Centre Dr Unit 2-730, MISSISSAUGA, ON, L5B 2C9
(905) 276-6555   SIC 5812
MOXIE'S RESTAURANTS, LIMITED PARTNERSHIP   p749
4950 Yonge St Suite 105, NORTH YORK, ON, M2N 6K1
(416) 226-3217   SIC 5812
MUGGS, J J INC   p586
500 Rexdale Blvd, ETOBICOKE, ON, M9W 6K5
SIC 5812
MUGGS, J J INC   p920
60 Harbour St, TORONTO, ON, M5J 1B7
(416) 777-2111   SIC 5812
MULTI RESTAURANTS INC   p1125
5000 Rue Jean-Talon O Bureau 240, Montreal, QC, H4P 1W9
(514) 739-7939   SIC 5812
MURPHY INVESTMENTS LTD   p981
113 Longworth Ave, CHARLOTTETOWN, PE, C1A 5B1
(902) 566-4466   SIC 5812
MURPHY, D.P. INC   p981
20 Mount Edward Rd, CHARLOTTETOWN, PE, C1A 5R8
(902) 892-3222   SIC 5812
MURPHY, D.P. INC   p981
375 Grafton St E, CHARLOTTETOWN, PE, C1A 1M1
(902) 892-0078   SIC 5812
MURPHY, D.P. INC   p981
147 St. Peters Rd, CHARLOTTETOWN, PE, C1A 5P6
(902) 892-2711   SIC 5812
MURPHY, D.P. INC   p982
625 North River Rd, CHARLOTTETOWN, PE, C1E 1J8
(902) 894-5133   SIC 5812
MURPHY, D.P. INC   p983
95 Main St N, MONTAGUE, PE, C0A 1R0
(902) 838-4553   SIC 5812
MURPHY, D.P. INC   p983
25 Meadow Bank Rd, CORNWALL, PE, C0A 1H0
(902) 626-3112   SIC 5812
MURPHY, D.P. INC   p985
81 Water St, SUMMERSIDE, PE, C1N 6A3
(902) 436-2851   SIC 5812
MURPHY, D.P. INC   p993
7295 Boul Des Galeries D'anjou, ANJOU, QC, H1M 2W2
(514) 355-3230   SIC 5812
NAAM NATURAL FOODS LTD   p317
2724 4th Ave W, VANCOUVER, BC, V6K 1R1
(604) 738-7151   SIC 5812
NASCO FOOD INC   p727
430 West Hunt Club Rd, NEPEAN, ON, K2E 1B2
(613) 228-0684   SIC 5812
NASCO FOOD INC   p784
1675e Tenth Line Rd, OTTAWA, ON, K1E 3P6
(613) 834-6638   SIC 5812
NEIGHBOURHOOD GROUP OF COMPANIES LIMITED, THE   p644
4336 King St E, KITCHENER, ON, N2P 3W6
(519) 219-9007   SIC 5812
NEW GLASGOW RECREATION CENTRE (1980) INC   p983
604 Rte 258 Rr 3, HUNTER RIVER, PE, C0A 1N0
(902) 964-2870   SIC 5812
NEW YORK HOSPITALITY INC   p736
4608 Bender St, NIAGARA FALLS, ON, L2E 6V7
(905) 374-8332   SIC 5812
NEWGEN RESTAURANT SERVICES INC   p586
15 Carlson Crt, ETOBICOKE, ON, M9W 6A2
(416) 675-8818   SIC 5812
NEWGEN RESTAURANT SERVICES INC   p714
5975 Mavis Rd, MISSISSAUGA, ON, L5R 3T7
(905) 502-8555   SIC 5812
NEWGEN RESTAURANT SERVICES INC   p789
61 York St, OTTAWA, ON, K1N 5T2
(613) 241-6525   SIC 5812
NEWMARCO FOOD LIMITED   p491
15370 Bayview Ave, AURORA, ON, L4G 7J1
(905) 841-4065   SIC 5812
NIAGARA PARKS COMMISSION, THE   p736
6650 Niagara Pky, NIAGARA FALLS, ON, L2E 6T2
(905) 354-3631   SIC 5812
NIAGARA PARKS COMMISSION, THE   p736
6345 Niagara Pkwy, NIAGARA FALLS, ON, L2E 6T2
(905) 356-2217   SIC 5812
NIAGARA PARKS COMMISSION, THE   p739
14184 Niagara River Pkwy, NIAGARA ON THE LAKE, ON, L0S 1J0
(905) 262-4274   SIC 5812
NICK'S STEAKHOUSE & PIZZA (1981) LTD   p38
2430 Crowchild Trail Nw, CALGARY, AB, T2M 4N5
(403) 282-9278   SIC 5812
NOLEX ENTERPRISES LTD   p255
2755 Lougheed Hwy Unit 42, PORT COQUITLAM, BC, V3B 5Y9
(604) 941-5345   SIC 5812
NORBA INVESTMENTS LTD   p520
200 County Court Blvd, BRAMPTON, ON, L6W 4K7
(905) 450-9433   SIC 5812
NORBA INVESTMENTS LTD   p521
400 Queen St W Suite 3, BRAMPTON, ON, L6X 1B3
(905) 874-9929   SIC 5812
NORFOLK FAMILY RESTAURANTS LTD   p849
77 Queensway E, SIMCOE, ON, N3Y 4M5
(519) 426-8084   SIC 5812
NORMA DONUTS LIMITED   p816
429 Main St W, PORT COLBORNE, ON, L3K 3W2
(905) 834-7484   SIC 5812
NORTH HILL HOLDINGS INC   p155
7494 50 Ave, RED DEER, AB, T4P 1X7
(403) 342-4446   SIC 5812
NORTHERN APPLE RESTAURANTS INC   p156
5250 22 St Suite 50, RED DEER, AB, T4R 2T4
SIC 5812
NORTHWEST FOOD SERVICES LTD   p1287
368 N Mccarthy Blvd, REGINA, SK, S4R 7M2
(306) 522-7918   SIC 5812
NORVAN ENTERPRISES (1982) LTD   p368
246 Dunkirk Dr, WINNIPEG, MB, R2M 3W9
(204) 257-0373   SIC 5812
O'BRYAN'S, KELLY NEIGHBOURHOOD RESTAURANT (2000) LTD   p226
262 Bernard Ave, KELOWNA, BC, V1Y 6N4
(250) 861-1338   SIC 5812
O'MALLEY'S CATERING & RENTAL LTD   p733
580 Steven Crt Suite 5, NEWMARKET, ON, L3Y 6Z2
(905) 895-5082   SIC 5812
OKANAGAN GENERAL PARTNERSHIP   p222
3333 University Way, KELOWNA, BC, V1V 1V7
(250) 807-9851   SIC 5812
OLD SPAGHETTI FACTORY (EDMONTON) LTD   p95
8882 170 St Nw Suite 1632, EDMONTON, AB, T5T 4M2
(780) 444-2181   SIC 5812
OLD SPAGHETTI FACTORY (WHISTLER) LTD   p340
4154 Village Green, WHISTLER, BC, V0N 1B4
(604) 938-1081   SIC 5812
OLD SPAGHETTI FACTORY, THE   p4
317 Banff Ave 2nd Fl, BANFF, AB, T1L 1A2
(403) 760-2779   SIC 5812
OLIVE GARDEN   p381
1544 Portage Ave, WINNIPEG, MB, R3G 0W9
(204) 774-9725   SIC 5812
OLIVE GARDEN ITALIAN RESTAURANT   p233
20080 Langley Bypass, LANGLEY, BC, V3A 9J7
(604) 514-3499   SIC 5812
OLYMPIA BANQUET CENTRE INC   p607
1162 Barton St E, HAMILTON, ON, L8H 2V6
(905) 643-4291   SIC 5812
ONTARIO RIBS INC   p910
56 The Esplanade Suite 201, TORONTO, ON, M5E 1A7
(416) 864-9775   SIC 5812
OPM (SOUTH EDMONTON) LTD   p113
1820 99 St Nw, EDMONTON, AB, T6N 1M5
(780) 989-5898   SIC 5812
OTTAWA RESTAURANT INVESTMENTS LIMITED   p800
1363 Woodroffe Ave Suite B, OTTAWA, ON, K2G 1V7
(613) 225-6887   SIC 5812
OUT TO LUNCH CUISINE INC   p302
1175 Union St, VANCOUVER, BC, V6A 2C7
(604) 681-7177   SIC 5812
PACIFIC INN CATERING   p288
1160 King George Blvd, SURREY, BC, V4A 4Z2
(604) 535-1432   SIC 5812
PACIFIC LINK RETAIL GROUP   p272
11320 Steveston Hwy Suite 110, RICHMOND, BC, V7A 5J5
(604) 277-8467   SIC 5812
PAESE RISTORANTE KING ST. LTD   p754
3829 Bathurst St, NORTH YORK, ON, M3H 3N1
(416) 631-6585   SIC 5812
PAIVA, J FOODS LTD   p950
267 Weber St N, WATERLOO, ON, N2J 3H8
(519) 884-9410   SIC 5812
PALASAD BILLIARDS LIMITED   p653
777 Adelaide St N, LONDON, ON, N5Y 2L8
(519) 649-9991   SIC 5812
PANAGO PIZZA INC   p177
3033 Immel St Unit 510, ABBOTSFORD, BC, V2S 6S2
(604) 504-4930   SIC 5812
PANAGO PIZZA INC   p212
180 Central Rd Suite 9, DUNCAN, BC, V9L 4X3
(250) 709-3200   SIC 5812
PANAGO PIZZA INC   p220
1350 Summit Dr Unit 1, KAMLOOPS, BC, V2C 1T8
(250) 851-2250   SIC 5812
PANZEX VANCOUVER INC   p340
4270 Mountain Sq, WHISTLER, BC, V0N 1B4
(604) 932-6945   SIC 5812
PARC DINING & BANQUET LTD, LE   p561
20 North Rivermede Rd, CONCORD, ON, L4K 2H2
SIC 5812
PASLEY, MAX ENTERPRISES LIMITED   p10

BUSINESSES BY INDUSTRY CLASSIFICATION

SIC 5812 Eating places **2241**

2740 32 Ave Ne, CALGARY, AB, T1Y 5S5
(403) 291-0256 *SIC* 5812
PASLEY, MAX ENTERPRISES LIMITED *p10*
2665 Sunridge Way Ne, CALGARY, AB, T1Y 7K7
(403) 663-6300 *SIC* 5812
PASLEY, MAX ENTERPRISES LIMITED *p10*
1920 68 St, CALGARY, AB, T1Y 6Y7
(403) 280-6388 *SIC* 5812
PASLEY, MAX ENTERPRISES LIMITED *p13*
3660 12 Ave Ne, CALGARY, AB, T2A 6R4
(403) 273-1219 *SIC* 5812
PASLEY, MAX ENTERPRISES LIMITED *p13*
3835 Memorial Dr Ne, CALGARY, AB, T2A 2K2
(403) 569-1754 *SIC* 5812
PASLEY, MAX ENTERPRISES LIMITED *p19*
20 Riverglen Dr Se, CALGARY, AB, T2C 3J3
(403) 236-4122 *SIC* 5812
PASLEY, MAX ENTERPRISES LIMITED *p29*
3912 Macleod Trail Se, CALGARY, AB, T2G 2R5
(403) 243-7828 *SIC* 5812
PASLEY, MAX ENTERPRISES LIMITED *p33*
7212 Macleod Trail Se, CALGARY, AB, T2H 0L9
SIC 5812
PASLEY, MAX ENTERPRISES LIMITED *p35*
9311 Macleod Trail Sw, CALGARY, AB, T2J 0P6
(403) 253-2088 *SIC* 5812
PASLEY, MAX ENTERPRISES LIMITED *p35*
9650 Macleod Trail Se, CALGARY, AB, T2J 0P7
(403) 252-8929 *SIC* 5812
PASLEY, MAX ENTERPRISES LIMITED *p35*
13780 Bow Bottom Trail Se, CALGARY, AB, T2J 6T5
(403) 271-7411 *SIC* 5812
PASLEY, MAX ENTERPRISES LIMITED *p37*
6820 4 St Nw, CALGARY, AB, T2K 1C2
(403) 295-1004 *SIC* 5812
PASLEY, MAX ENTERPRISES LIMITED *p38*
2320 16 Ave Nw, CALGARY, AB, T2M 0M5
(403) 289-9050 *SIC* 5812
PASLEY, MAX ENTERPRISES LIMITED *p48*
222 8 Ave Sw, CALGARY, AB, T2P 1B5
(403) 265-8096 *SIC* 5812
PASLEY, MAX ENTERPRISES LIMITED *p53*
1422 17 Ave Sw, CALGARY, AB, T2T 0C3
(403) 245-4154 *SIC* 5812
PASLEY, MAX ENTERPRISES LIMITED *p53*
1032 17 Ave Sw Suite 400, CALGARY, AB, T2T 0A5
(403) 245-0846 *SIC* 5812
PASLEY, MAX ENTERPRISES LIMITED *p54*
1600 90 Ave Sw Suite D267, CALGARY, AB, T2V 5A8
(403) 258-3311 *SIC* 5812
PASLEY, MAX ENTERPRISES LIMITED *p56*
250 Shawville Blvd Se Suite 10, CALGARY, AB, T2Y 2Z7
(403) 254-0310 *SIC* 5812
PASLEY, MAX ENTERPRISES LIMITED *p59*
8235 Bowridge Cres Nw, CALGARY, AB, T3B 5A5
(403) 288-3203 *SIC* 5812
PASLEY, MAX ENTERPRISES LIMITED *p61*
3611 17 Ave Sw, CALGARY, AB, T3E 0B9
(403) 249-0780 *SIC* 5812
PASLEY, MAX ENTERPRISES LIMITED *p62*
100 Stewart Green Sw Unit 100, CALGARY, AB, T3H 3C8
(403) 246-1577 *SIC* 5812
PASLEY, MAX ENTERPRISES LIMITED *p62*
63 Crowfoot Way Nw, CALGARY, AB, T3G 2R2
(403) 241-1785 *SIC* 5812
PASLEY, MAX ENTERPRISES LIMITED *p62*
8888 Country Hills Blvd Nw Suite 200, CALGARY, AB, T3G 5T4
(403) 375-0845 *SIC* 5812
PASLEY, MAX ENTERPRISES LIMITED *p63*
5219 Falsbridge Dr Ne, CALGARY, AB, T3J 3C1
(403) 293-4052 *SIC* 5812
PASLEY, MAX ENTERPRISES LIMITED *p137*
444 Mayor Magrath Dr N, LETHBRIDGE, AB, T1H 6H7
(403) 328-0050 *SIC* 5812
PASLEY, MAX ENTERPRISES LIMITED *p139*
550 University Dr W Suite 31, LETHBRIDGE, AB, T1J 4T3
(403) 380-2228 *SIC* 5812
PASLEY, MAX ENTERPRISES LIMITED *p139*
217 3 Ave S, LETHBRIDGE, AB, T1J 4L6
(403) 328-8844 *SIC* 5812
PASLEY, MAX ENTERPRISES LIMITED *p140*
3700 Mayor Magrath Dr S, LETHBRIDGE, AB, T1K 7T6
(403) 320-2899 *SIC* 5812
PASLEY, MAX ENTERPRISES LIMITED *p140*
2430 Fairway Plaza Rd S, LETHBRIDGE, AB, T1K 6Z3
(403) 329-1919 *SIC* 5812
PASLEY, MAX ENTERPRISES LIMITED *p153*
7149 50 Ave, RED DEER, AB, T4N 4E4
(403) 342-2226 *SIC* 5812
PASLEY, MAX ENTERPRISES LIMITED *p153*
4840 52 Ave, RED DEER, AB, T4N 6Y8
(403) 347-7171 *SIC* 5812
PASLEY, MAX ENTERPRISES LIMITED *p156*
3020 22 St Ste 800, RED DEER, AB, T4R 3J5
(403) 341-7819 *SIC* 5812
PASLEY, MAX ENTERPRISES LIMITED *p157*
2502 50 Ave, RED DEER, AB, T4R 1M3
(403) 347-1700 *SIC* 5812
PATATES PLUS INC *p1169*
1111 Boul Pie-Xi N, Quebec, QC, G3K 2S8
(418) 842-1323 *SIC* 5812
PEACE VALLEY INNS LTD *p150*
9609 101 St, PEACE RIVER, AB, T8S 1J6
(780) 624-3141 *SIC* 5812
PEARN, ROY E. ENTERPRISES LIMITED *p775*
320 Memorial Ave, ORILLIA, ON, L3V 5X6
(705) 325-9851 *SIC* 5812
PENCE RESTAURANT SERVICES LTD *p856*
221 Glendale Ave, ST CATHARINES, ON, L2T 2K9
(905) 687-1991 *SIC* 5812
PEPPERS, SAMMY J GOURMET GRILL AND BAR *p231*
19925 Willowbrook Dr Suite 101, LANGLEY, BC, V2Y 1A7
(604) 514-0224 *SIC* 5812
PERKINS FAMILY RESTAURANT, THE *p586*
600 Dixon Rd, ETOBICOKE, ON, M9W 1J1
(416) 240-7511 *SIC* 5812
PERKINS RESTAURANT *p737*
5685 Falls Ave, NIAGARA FALLS, ON, L2G 3K6
(905) 371-8688 *SIC* 5812
PETERS' DRIVE INN *p25*
219 16 Ave Ne, CALGARY, AB, T2E 1J9
(403) 277-2747 *SIC* 5812
PETIT COIN BRETON LTEE, AU *p1161*
2600 Boul Laurier Unite 1, Quebec, QC, G1V 4W1
(418) 653-6051 *SIC* 5812
PHIL'S RESTAURANTS LTD *p38*
2312 16 Ave Nw, CALGARY, AB, T2M 0M5
(403) 284-9696 *SIC* 5812
PHIL'S RESTAURANTS LTD *p54*
907 Glenmore Trail Sw, CALGARY, AB, T2V 2H6
(403) 252-6061 *SIC* 5812
PHIL'S RESTAURANTS LTD *p153*
4312 49 Ave, RED DEER, AB, T4N 3W6
(403) 347-1220 *SIC* 5812
PHILON RESTAURANTS INC *p650*
1326 Huron St, LONDON, ON, N5V 2E2
(519) 455-0172 *SIC* 5812
PHILON RESTAURANTS INC *p653*
109 Fanshawe Park Rd E, LONDON, ON, N5X 3W1
(519) 660-6545 *SIC* 5812
PHILON RESTAURANTS INC *p660*
1300 Wellington Rd, LONDON, ON, N6E 1M3
(519) 680-1556 *SIC* 5812
PHILON RESTAURANTS INC *p663*
1009 Wonderland Rd S, LONDON, ON, N6K 3V1
(519) 649-1001 *SIC* 5812
PHOENIX GRILL LTD, THE *p56*
16061 Macleod Trail Se Suite 335, CALGARY, AB, T2Y 3S5
(403) 509-9111 *SIC* 5812
PIKE, JIM LTD *p249*
2601 Westview Dr Suite 600, NORTH VANCOUVER, BC, V7N 3X3
(604) 985-0203 *SIC* 5812
PINEHILL MANAGEMENT CORP *p11*
2121 36 St Ne, CALGARY, AB, T1Y 5S3
SIC 5812
PINKY SKOOPMORE'S ICE CREAM FUN *p459*
1888 Brunswick St, HALIFAX, NS, B3J 3J8
(902) 431-1700 *SIC* 5812
PINNACLE CATERERS LTD *p920*
40 Bay St Suite 300, TORONTO, ON, M5J 2X2
(416) 815-5720 *SIC* 5812
PIONEER FAST FOODS INC *p615*
1550 Upper James St, HAMILTON, ON, L9B 2L6
(905) 389-1787 *SIC* 5812
PIONEER FAST FOODS INC *p616*
869 Upper James St, HAMILTON, ON, L9C 3A3
(905) 388-9238 *SIC* 5812
PIONEER FAST FOODS INC *p958*
1601 Champlain Ave, WHITBY, ON, L1N 9M1
(905) 432-9866 *SIC* 5812
PIONEER FOOD SERVICES LIMITED *p487*
1180 2 Hwy Suite 2, ANCASTER, ON, L9G 3K9
(905) 648-5222 *SIC* 5812
PIONEER FOOD SERVICES LIMITED *p526*
1290 Colborne St E, BRANTFORD, ON, N3R 0C3
(519) 759-7155 *SIC* 5812
PIONEER FOOD SERVICES LIMITED *p539*
2400 Guelph Line Suite 16, BURLINGTON, ON, L7P 4M7
(905) 332-9779 *SIC* 5812
PIONEER FOOD SERVICES LIMITED *p607*
1600 Barton St E, HAMILTON, ON, L8H 2X9
(905) 549-3385 *SIC* 5812
PIONEER FOOD SERVICES LIMITED *p619*
4452 Trafalgar Rd, HORNBY, ON, L0P 1E0
(905) 875-3799 *SIC* 5812
PIONEER FOOD SERVICES LIMITED *p771*
1530 North Service Rd W, OAKVILLE, ON, L6M 4A1
(905) 465-3989 *SIC* 5812
PIPER FOODS INC *p766*
375 Iroquois Shore Rd, OAKVILLE, ON, L6H 1M3
(905) 842-6865 *SIC* 5812
PIPER FOODS INC *p767*
227 Cross Ave, OAKVILLE, ON, L6J 2W9
(905) 337-2976 *SIC* 5812
PIZZA PIZZA LIMITED *p488*
193 Mill St Plaza, ANGUS, ON, L0M 1B0
(705) 424-1111 *SIC* 5812
PIZZA PIZZA LIMITED *p508*
200 King St E, BOWMANVILLE, ON, L1C 1P3
(905) 697-1111 *SIC* 5812
PIZZA PIZZA LIMITED *p578*
58 Advance Rd, ETOBICOKE, ON, M8Z 2T7
(416) 236-1894 *SIC* 5812
PIZZA PIZZA LIMITED *p785*
770 Industrial Ave Suite 8, OTTAWA, ON, K1G 4H3
(613) 737-1111 *SIC* 5812
PIZZERIA COMO LTEE *p1053*
577 Boul Taschereau, LA PRAIRIE, QC, J5R 1V4
(450) 659-5497 *SIC* 5812
PIZZERIA DEMERS INC *p1236*
936 Rue Du Conseil, SHERBROOKE, QC, J1G 1L7
(819) 564-2811 *SIC* 5812
PLACEMENTS ASHTON LEBLOND INC, LES *p1146*
505 Boul Sainte-Anne, Quebec, QC, G1E 3L5
SIC 5812
PLACEMENTS ASHTON LEBLOND INC, LES *p1148*
570 80e Rue O, Quebec, QC, G1H 4N8
(418) 628-7352 *SIC* 5812
PLACEMENTS ASHTON LEBLOND INC, LES *p1152*
550 Boul Wilfrid-Hamel, Quebec, QC, G1M 2S6
(418) 682-2288 *SIC* 5812
PLACEMENTS ASHTON LEBLOND INC, LES *p1157*
54 Cote Du Palais, Quebec, QC, G1R 4H8
(418) 692-3055 *SIC* 5812
PLACEMENTS ASHTON LEBLOND INC, LES *p1161*
2700 Boul Laurier, Quebec, QC, G1V 2L8
(418) 656-1096 *SIC* 5812
PLACEMENTS ASHTON LEBLOND INC, LES *p1218*
455 Rte Du Pont, SAINT-NICOLAS, QC, G7A 2N9
SIC 5812
PLACEMENTS SELTEC LTEE, LES *p1246*
5531 Boul Laurier, TERREBONNE, QC, J7M 1T7
(450) 968-3322 *SIC* 5812
PLACEMENTS SERGAKIS INC *p1008*
5773 Boul Taschereau, BROSSARD, QC, J4Z 1A5
(450) 462-4587 *SIC* 5812
PLAZA VENTURES LTD *p326*
3101 Highway 6 Suite 119, VERNON, BC, V1T 9H6
(250) 549-4317 *SIC* 5812
POINT PLUS RESTAURANT-BAR INC, AU *p1259*
192 Boul Des Bois-Francs S, VICTORIAVILLE, QC, G6P 4S7
(819) 758-9927 *SIC* 5812
POLMAR ENTERPRISES LTD *p231*
20020 Willowbrook Dr Suite 200, LANGLEY, BC, V2Y 2T4
(604) 530-4910 *SIC* 5812
PORTE DE LA MAURICIE INC, LA *p1263*
4 Rue Sainte-Anne, YAMACHICHE, QC, G0X 3L0
(819) 228-9434 *SIC* 5812
PRIME ENTERPRISES INC *p537*
4000 Mainway, BURLINGTON, ON, L7M 4B9
(905) 336-9232 *SIC* 5812
PRIME ENTERPRISES INC *p863*
244 Upper Centennial Pky, STONEY CREEK, ON, L8J 2V6
(905) 662-0462 *SIC* 5812
PRIME RESTAURANTS *p600*
370 Stone Rd W Suite Side, GUELPH, ON, N1G 4V9
(519) 763-7861 *SIC* 5812
PRIME RESTAURANTS INC *p163*
270 Baseline Rd Suite 200, SHERWOOD PARK, AB, T8H 1R4
SIC 5812
PRIME RESTAURANTS INC *p483*
100 Westney Rd S Suite 11, AJAX, ON, L1S 7H3
(905) 619-2229 *SIC* 5812
PRIME RESTAURANTS INC *p541*
900 Maple Ave, BURLINGTON, ON, L7S 2J8
SIC 5812
PRIME RESTAURANTS INC *p606*
750 Queenston Rd Suite Side, HAMILTON,

ON, L8G 1A4
(905) 573-9442 SIC 5812
PRIME RESTAURANTS INC p615
1389 Upper James St Suite Side, HAMILTON, ON, L9B 1K2
(905) 574-3890 SIC 5812
PRIME RESTAURANTS INC p626
106 Government Rd W, KAPUSKASING, ON, P5N 2X8
(705) 337-1500 SIC 5812
PRIME RESTAURANTS INC p632
200 Ontario St, KINGSTON, ON, K7L 2Y9
(613) 544-7474 SIC 5812
PRIME RESTAURANTS INC p715
10 Kingsbridge Garden Cir Suite 600, MISSISSAUGA, ON, L5R 3K6
(905) 568-0000 SIC 5812
PRIME RESTAURANTS INC p729
1861 Robertson Rd, NEPEAN, ON, K2H 9N5
(613) 820-3278 SIC 5812
PRIME RESTAURANTS INC p792
44 Sparks St, OTTAWA, ON, K1P 5A8
(613) 230-4433 SIC 5812
PRIME RESTAURANTS INC p829
130 Seaway Rd, SARNIA, ON, N7T 8A5
(519) 336-1999 SIC 5812
PRIME RESTAURANTS INC p839
12 Lebovic Ave Suite 9, SCARBOROUGH, ON, M1L 4V9
(416) 285-6631 SIC 5812
PRIME RESTAURANTS INC p869
1070 Kingsway, SUDBURY, ON, P3B 2E5
(705) 560-6888 SIC 5812
PRIME RESTAURANTS INC p920
123 Front St W, TORONTO, ON, M5J 2M2
SIC 5812
PRIME RESTAURANTS INC p1004
1165 Rue Volta, BOUCHERVILLE, QC, J4B 7M7
(450) 641-4800 SIC 5812
PRINCE ALBERT DEVELOPMENT CORPORATION p1279
3680 2nd Ave W, PRINCE ALBERT, SK, S6V 5G2
(306) 922-5000 SIC 5812
PRINGLES, MELANIE RESTAURANT LTD p958
80 Thickson Rd S, WHITBY, ON, L1N 7T2
(905) 430-1959 SIC 5812
PRISAL HOLDINGS LTD p244
228 Sixth St, NEW WESTMINSTER, BC, V3L 3A4
(604) 525-2611 SIC 5812
PRISZM LP p25
1320 Edmonton Trail Ne, CALGARY, AB, T2E 3K7
(403) 276-6235 SIC 5812
PRISZM LP p108
8517 109 St Nw, EDMONTON, AB, T6G 1E4
SIC 5812
PRISZM LP p191
5094 Kingsway, BURNABY, BC, V5H 2E7
(604) 433-2220 SIC 5812
PRISZM LP p198
45367 Luckakuck Way, CHILLIWACK, BC, V2R 3C7
(604) 858-3799 SIC 5812
PRISZM LP p220
470 Columbia St, KAMLOOPS, BC, V2C 2T5
(250) 372-2733 SIC 5812
PRISZM LP p221
555 Notre Dame Dr Suite B, KAMLOOPS, BC, V2C 1E6
(250) 374-6534 SIC 5812
PRISZM LP p231
19971 64 Ave, LANGLEY, BC, V2Y 1G9
(604) 530-2032 SIC 5812
PRISZM LP p252
1897 Main St, PENTICTON, BC, V2A 5H2
(250) 492-0003 SIC 5812
PRISZM LP p286
12121 72 Ave, SURREY, BC, V3W 2M1

(604) 543-7879 SIC 5812
PRISZM LP p291
4750 Lakelse Ave, TERRACE, BC, V8G 1R6
(250) 635-3663 SIC 5812
PRISZM LP p332
533 Yates St, VICTORIA, BC, V8W 1K7
SIC 5812
PRISZM LP p337
3620 Gellatly Rd, WEST KELOWNA, BC, V4T 2E6
SIC 5812
PRISZM LP p345
1350 18th St Unit 2, BRANDON, MB, R7A 5C4
(204) 725-0425 SIC 5812
PRISZM LP p354
2390 Sissons Dr, PORTAGE LA PRAIRIE, MB, R1N 0G5
SIC 5812
PRISZM LP p355
58 Main St, SELKIRK, MB, R1A 1R1
(204) 785-2211 SIC 5812
PRISZM LP p357
105 Pth 12 N, STEINBACH, MB, R5G 1T5
(204) 326-5555 SIC 5812
PRISZM LP p378
141 Donald St, WINNIPEG, MB, R3C 1M1
SIC 5812
PRISZM LP p397
477 Rue Paul, DIEPPE, NB, E1A 4X5
(905) 677-3813 SIC 5812
PRISZM LP p446
960 Cole Harbour Rd, DARTMOUTH, NS, B2V 1E6
SIC 5812
PRISZM LP p462
6310 Quinpool Rd, HALIFAX, NS, B3L 1A5
(902) 492-8587 SIC 5812
PRISZM LP p470
9024 Commercial St, NEW MINAS, NS, B4N 3E2
(902) 681-7900 SIC 5812
PRISZM LP p480
536 Main St, YARMOUTH, NS, B5A 1H8
(902) 742-4581 SIC 5812
PRISZM LP p484
15 Westney Rd N Unit 2, AJAX, ON, L1T 1P5
(905) 428-3324 SIC 5812
PRISZM LP p495
315 Bayfield St, BARRIE, ON, L4M 3C2
(705) 726-7220 SIC 5812
PRISZM LP p512
9025 Torbram Rd Suite 12, BRAMPTON, ON, L6S 3L2
(905) 791-5540 SIC 5812
PRISZM LP p518
190 Queen St E, BRAMPTON, ON, L6V 1B3
(905) 457-7422 SIC 5812
PRISZM LP p520
1 Steeles Ave E Unit 1, BRAMPTON, ON, L6W 4J4
(905) 452-9851 SIC 5812
PRISZM LP p529
27 Dalhousie St, BRANTFORD, ON, N3T 2H6
(519) 753-4623 SIC 5812
PRISZM LP p543
499 Dundas St, CAMBRIDGE, ON, N1R 5R8
(519) 621-7000 SIC 5812
PRISZM LP p552
541 Queen St, CHATHAM, ON, N7M 2J4
(519) 354-1030 SIC 5812
PRISZM LP p561
101 Exchange Ave, CONCORD, ON, L4K 5R6
(416) 739-2900 SIC 5812
PRISZM LP p583
1743 Albion Rd, ETOBICOKE, ON, M9V 1C3
(416) 743-7486 SIC 5812
PRISZM LP p586
2068 Kipling Ave, ETOBICOKE, ON, M9W 4J9

SIC 5812
PRISZM LP p615
999 Upper Wentworth St, HAMILTON, ON, L9A 4X5
(905) 318-6565 SIC 5812
PRISZM LP p625
475 Hazeldean Rd, KANATA, ON, K2L 1V1
(613) 836-4011 SIC 5812
PRISZM LP p676
2002 Middlefield Rd Unit 2, MARKHAM, ON, L3S 1Y5
(905) 472-2338 SIC 5812
PRISZM LP p680
375 King St, MIDLAND, ON, L4R 3M7
(705) 526-5522 SIC 5812
PRISZM LP p684
7161 Goreway Dr, MISSISSAUGA, ON, L4T 2T5
(905) 677-3813 SIC 5812
PRISZM LP p703
2125 Erin Mills Pky Unit 14a, MISSISSAUGA, ON, L5K 1T7
(905) 858-1898 SIC 5812
PRISZM LP p725
1 Richmond Blvd Unit B1, NAPANEE, ON, K7R 3S3
(613) 354-4344 SIC 5812
PRISZM LP p737
6566 Lundy's Lane, NIAGARA FALLS, ON, L2G 1V2
SIC 5812
PRISZM LP p761
1635 Lawrence Ave W Suite 13, NORTH YORK, ON, M6L 3C9
(416) 241-6006 SIC 5812
PRISZM LP p808
786 Chemong Rd, PETERBOROUGH, ON, K9H 5Z3
(705) 742-2519 SIC 5812
PRISZM LP p831
161 Trunk Rd, SAULT STE. MARIE, ON, P6A 3S5
(705) 946-2792 SIC 5812
PRISZM LP p832
389 Great Northern Rd, SAULT STE. MARIE, ON, P6B 4Z8
(705) 946-2791 SIC 5812
PRISZM LP p853
294 Lake St, ST CATHARINES, ON, L2N 4H2
(905) 934-3972 SIC 5812
PRISZM LP p949
78 Mcnaughton Ave, WALLACEBURG, ON, N8A 1R9
(519) 627-9663 SIC 5812
PRISZM LP p970
1797 Huron Church Rd, WINDSOR, ON, N9C 2L3
SIC 5812
PRISZM LP p970
3006 Dougall Ave, WINDSOR, ON, N9E 1S4
(519) 969-7290 SIC 5812
PRISZM LP p1011
129 Boul D'anjou, Chateauguay, QC, J6J 2R3
SIC 5812
PRISZM LP p1022
1533 Rue Du Sud, COWANSVILLE, QC, J2K 2Z4
SIC 5812
PRISZM LP p1035
258 Rue Notre-Dame, GATINEAU, QC, J8P 1K4
(819) 663-8686 SIC 5812
PRISZM LP p1036
164 Boul Greber, GATINEAU, QC, J8T 6K2
(819) 561-2663 SIC 5812
PRISZM LP p1065
140 Rte Du President-Kennedy, Levis, QC, G6V 6C9
(418) 833-4486 SIC 5812
PRISZM LP p1070
140 Boul Sainte-Foy, LONGUEUIL, QC, J4J 1W6

SIC 5812
PRISZM LP p1091
8575 Boul Pie-Ix, Montreal, QC, H1Z 3T9
(514) 729-4903 SIC 5812
PRISZM LP p1092
1700 Rue Jarry E, Montreal, QC, H2E 1B3
(514) 725-5527 SIC 5812
PRISZM LP p1146
315 Boul Sainte-Anne, Quebec, QC, G1E 3L4
SIC 5812
PRISZM LP p1163
3309 Ch Sainte-Foy, Quebec, QC, G1X 1S2
(418) 656-1228 SIC 5812
PRISZM LP p1171
85 Boul Brien Bureau 13, REPENTIGNY, QC, J6A 8B6
(450) 582-3046 SIC 5812
PRISZM LP p1187
104 Boul Arthur-Sauve, SAINT-EUSTACHE, QC, J7R 2H7
(450) 473-2474 SIC 5812
PRISZM LP p1189
1550 1re Av, SAINT-GEORGES, QC, G5Y 3N2
(418) 228-7042 SIC 5812
PRISZM LP p1192
5925 Boul Cousineau, SAINT-HUBERT, QC, J3Y 7P5
SIC 5812
PRISZM LP p1195
1220 Rue Gauvin, SAINT-HYACINTHE, QC, J2S 7X5
(450) 773-6606 SIC 5812
PRISZM LP p1216
9205 Boul Lacordaire, SAINT-LEONARD, QC, H1R 2B6
(514) 325-3521 SIC 5812
PRISZM LP p1234
602 Boul Laure, Sept-Iles, QC, G4R 1X9
(418) 962-7487 SIC 5812
PRISZM LP p1236
665 Rue Du Conseil, SHERBROOKE, QC, J1G 1K7
(819) 562-1144 SIC 5812
PRISZM LP p1244
947 Boul Des Seigneurs, TERREBONNE, QC, J6W 3W5
(450) 471-1103 SIC 5812
PRISZM LP p1246
31 Boul Frontenac O, THETFORD MINES, QC, G6G 1M8
(418) 338-4121 SIC 5812
PRISZM LP p1258
351 Rue Regina, VERDUN, QC, H4G 2G7
(514) 766-9288 SIC 5812
PRISZM LP p1273
4411 50 Ave, LLOYDMINSTER, SK, S9V 0P3
(306) 820-4532 SIC 5812
PRODUIT FREDERIC INC p1031
880 Rue Cormier, DRUMMONDVILLE, QC, J2C 2N6
(819) 472-4569 SIC 5812
PROSPECT INVESTMENTS LTD p401
1034 Prospect St, FREDERICTON, NB, E3B 3C1
(506) 458-9057 SIC 5812
PROSPECT POINT CAFE LTD p314
5601 Stanley Park Dr, VANCOUVER, BC, V6G 3E2
(604) 669-2737 SIC 5812
PROVIDENCE UNIVERSITY COLLEGE AND THEOLOGICAL SEMINARY p353
11 College Dr Unit 82835001, OTTERBURNE, MB, R0A 1G0
(204) 433-7732 SIC 5812
PUB LE CAMELEON INC p1259
66 Rue Notre-Dame E, VICTORIAVILLE, QC, G6P 3Z6
(819) 758-8222 SIC 5812
QSR EDMONTON (2009) LTD p85
13338 137 Ave Nw, EDMONTON, AB, T5L 4Z6

BUSINESSES BY INDUSTRY CLASSIFICATION

(780) 406-0486   SIC 5812
QSR SERVICES CORP   p198
45625 Luckakuck Way, CHILLIWACK, BC, V2R 1A3
(604) 858-4148   SIC 5812
QUALIDEC CORPORATION   p648
970 Wallace Ave N, LISTOWEL, ON, N4W 1M5
(519) 291-3653   SIC 5812
QUALIDEC CORPORATION   p951
55 Northfield Dr E, WATERLOO, ON, N2K 3T6
(519) 884-5503   SIC 5812
QUARTERDECK BREWING CO LTD   p305
601 Cordova St W, VANCOUVER, BC, V6B 1G1
(604) 689-9151   SIC 5812
QUICKER FOODS INC   p543
430 Hespeler Rd, CAMBRIDGE, ON, N1R 6J7
(519) 623-4700   SIC 5812
R-MAG 118 INC   p1074
1615 Ch De La Riviere-Aux-Cerises Bureau 2, MAGOG, QC, J1X 3W3
(819) 847-3366   SIC 5812
R. G. MC. GROUP LIMITED   p394
620 St. Peter Ave, BATHURST, NB, E2A 2Y7
(506) 548-9555   SIC 5812
R.A.S. FOOD SERVICES INC   p570
397 Government St, DRYDEN, ON, P8N 2P4
(807) 223-6621   SIC 5812
R.A.S. FOOD SERVICES INC   p590
862 King's Hwy, FORT FRANCES, ON, P9A 2X4
SIC 5812
R.A.S. FOOD SERVICES INC   p628
209 Main St S, KENORA, ON, P9N 1T3
(807) 468-5732   SIC 5812
R.A.S. FOOD SERVICES INC   p879
807 Red River Rd, THUNDER BAY, ON, P7B 1K3
(807) 767-5360   SIC 5812
R.A.S. FOOD SERVICES INC   p881
635 Arthur St W, THUNDER BAY, ON, P7E 5R6
(807) 475-7516   SIC 5812
R.E.D. HOLDINGS INC   p127
11469 100 Ave, GRANDE PRAIRIE, AB, T8V 5M6
(780) 513-2330   SIC 5812
R.K.M. INVESTMENTS LIMITED   p476
1102 Kings Rd, SYDNEY, NS, B1S 1C7
(902) 567-1499   SIC 5812
RAND-BRO ENTERPRISES LTD   p127
12520 100 St, GRANDE PRAIRIE, AB, T8V 4H8
(780) 538-1991   SIC 5812
RANDY KUNTZ CATERING COMPANY LIMITED   p1285
Gd Stn Main, REGINA, SK, S4P 3C7
(306) 539-0008   SIC 5812
RC FOODS LTD   p354
25 26th St Nw, PORTAGE LA PRAIRIE, MB, R1N 3C5
(204) 857-6893   SIC 5812
RED DEER RIBS LTD.   p77
10544 114 St Nw, EDMONTON, AB, T5H 3J7
(780) 429-1259   SIC 5812
RED LOBSTER HOSPITALITY LLC   p13
312 35 St Ne, CALGARY, AB, T2A 6S7
(403) 248-8111   SIC 5812
RED LOBSTER HOSPITALITY LLC   p33
6100 Macleod Trl Sw Suite 100, CALGARY, AB, T2H 0K5
(403) 252-8818   SIC 5812
RED LOBSTER HOSPITALITY LLC   p93
10121 171 St Nw, EDMONTON, AB, T5S 1S6
(780) 484-0700   SIC 5812
RED LOBSTER HOSPITALITY LLC   p93
10111 171 St Nw, EDMONTON, AB, T5S 1S6

(780) 484-0660   SIC 5812
RED LOBSTER HOSPITALITY LLC   p111
4110 Calgary Trl Nw, EDMONTON, AB, T6J 6Y6
(780) 437-3434   SIC 5812
RED LOBSTER HOSPITALITY LLC   p111
4111 Calgary Trl Nw, EDMONTON, AB, T6J 6S6
(780) 436-8510   SIC 5812
RED LOBSTER HOSPITALITY LLC   p362
51 Reenders Dr, WINNIPEG, MB, R2C 5E8
(204) 661-8129   SIC 5812
RED LOBSTER HOSPITALITY LLC   p381
1544 Portage Ave, WINNIPEG, MB, R3G 0W9
(204) 774-9725   SIC 5812
RED LOBSTER HOSPITALITY LLC   p381
1540 Portage Ave, WINNIPEG, MB, R3G 0W9
(204) 783-9434   SIC 5812
RED LOBSTER HOSPITALITY LLC   p495
319 Bayfield St, BARRIE, ON, L4M 3C2
(705) 728-2401   SIC 5812
RED LOBSTER HOSPITALITY LLC   p518
368 Queen St E Suite 6, BRAMPTON, ON, L6V 1C3
(905) 459-6334   SIC 5812
RED LOBSTER HOSPITALITY LLC   p526
67 King George Rd, BRANTFORD, ON, N3R 5K2
(519) 759-7121   SIC 5812
RED LOBSTER HOSPITALITY LLC   p540
2423 Fairview St, BURLINGTON, ON, L7R 2E3
(905) 637-3454   SIC 5812
RED LOBSTER HOSPITALITY LLC   p581
1790 The Queensway, ETOBICOKE, ON, M9C 5H5
(416) 620-9990   SIC 5812
RED LOBSTER HOSPITALITY LLC   p658
667 Wellington Rd, LONDON, ON, N6C 4R4
(519) 668-0220   SIC 5812
RED LOBSTER HOSPITALITY LLC   p728
1595 Merivale Rd, NEPEAN, ON, K2G 3J4
(613) 727-0035   SIC 5812
RED LOBSTER HOSPITALITY LLC   p737
6220 Lundy's Ln, NIAGARA FALLS, ON, L2G 1T6
(905) 357-1303   SIC 5812
RED LOBSTER HOSPITALITY LLC   p760
3200 Dufferin St, NORTH YORK, ON, M6A 3B2
(416) 785-7930   SIC 5812
RED LOBSTER HOSPITALITY LLC   p781
311 King St W, OSHAWA, ON, L1J 2J8
(905) 434-1143   SIC 5812
RED LOBSTER HOSPITALITY LLC   p785
1499 St. Laurent Blvd, OTTAWA, ON, K1G 0Z9
(613) 744-7560   SIC 5812
RED LOBSTER HOSPITALITY LLC   p811
870 Lansdowne St W, PETERBOROUGH, ON, K9J 1Z7
(705) 876-1840   SIC 5812
RED LOBSTER HOSPITALITY LLC   p844
3252 Sheppard Ave E, SCARBOROUGH, ON, M1T 3K3
(416) 491-2507   SIC 5812
RED LOBSTER HOSPITALITY LLC   p868
1600 Lasalle Blvd, SUDBURY, ON, P3A 1Z7
SIC 5812
RED LOBSTER HOSPITALITY LLC   p874
7291 Yonge St, THORNHILL, ON, L3T 2A9
(905) 731-3550   SIC 5812
RED LOBSTER HOSPITALITY LLC   p912
20 Dundas St W, TORONTO, ON, M5G 2C2
(416) 348-8938   SIC 5812
RED LOBSTER HOSPITALITY LLC   p963
6575 Tecumseh Rd E, WINDSOR, ON, N8T 1E7
(519) 948-7677   SIC 5812
RED LOBSTER HOSPITALITY LLC   p1292
2501 8th St E, SASKATOON, SK, S7H 0V4
(306) 373-8333   SIC 5812

RED OAK CATERING INC   p436
50 Hamlyn Rd Suite 466, ST. JOHN'S, NL, A1E 5X7
(709) 368-6808   SIC 5812
RED ROBIN RESTAURANT (BROADWAY) LTD   p315
1001 Broadway W Suite 200, VANCOUVER, BC, V6H 4B1
SIC 5812
RED ROBIN RESTAURANT (BURNABY) LTD   p182
9628 Cameron St, BURNABY, BC, V3J 1M2
(604) 421-7266   SIC 5812
RED ROBIN RESTAURANT (CAPILANO) LTD   p250
801 Marine Dr Suite 100, NORTH VANCOUVER, BC, V7P 3K6
SIC 5812
RED ROBIN RESTAURANT (WHITEMUD LANDING) LTD   p111
4211 106 St Nw Unit 230, EDMONTON, AB, T6J 6P3
(780) 438-2473   SIC 5812
REDBERRY FRANCHISING CORP   p13
4818 17 Ave Se, CALGARY, AB, T2A 0V2
(403) 215-1012   SIC 5812
REDBERRY FRANCHISING CORP   p33
7110 Macleod Trail Se, CALGARY, AB, T2H 0L3
(403) 216-8525   SIC 5812
REDBERRY FRANCHISING CORP   p260
1023 Central St W, PRINCE GEORGE, BC, V2M 3C9
(250) 561-8700   SIC 5812
REDBERRY FRANCHISING CORP   p345
1605 18th St, BRANDON, MB, R7A 5C6
(204) 727-2329   SIC 5812
REDBERRY FRANCHISING CORP   p362
1571 Regent Ave W, WINNIPEG, MB, R2C 3B3
(204) 987-8426   SIC 5812
REDBERRY FRANCHISING CORP   p366
71 Vermillion Rd, WINNIPEG, MB, R2J 3W7
(204) 987-8429   SIC 5812
REDBERRY FRANCHISING CORP   p370
1430 Mcphillips St, WINNIPEG, MB, R2V 3C5
(204) 987-8423   SIC 5812
REDBERRY FRANCHISING CORP   p381
333 Home St, WINNIPEG, MB, R3G 1X5
(204) 987-8428   SIC 5812
REDBERRY FRANCHISING CORP   p386
244 Osborne St, WINNIPEG, MB, R3L 1Z5
(204) 987-8433   SIC 5812
REDBERRY FRANCHISING CORP   p401
1140 Smythe St, FREDERICTON, NB, E3B 3H5
(506) 453-1462   SIC 5812
REDBERRY FRANCHISING CORP   p483
345 Mackenzie Ave, AJAX, ON, L1S 2G2
(905) 686-2331   SIC 5812
REDBERRY FRANCHISING CORP   p526
605 West St, BRANTFORD, ON, N3R 7C5
SIC 5812
REDBERRY FRANCHISING CORP   p544
561 Hespeler Rd Suite 23, CAMBRIDGE, ON, N1R 6J4
(519) 623-2402   SIC 5812
REDBERRY FRANCHISING CORP   p555
985 Elgin St W, COBOURG, ON, K9A 5J3
SIC 5812
REDBERRY FRANCHISING CORP   p562
23 Jacob Keffer Pky, CONCORD, ON, L4K 5N8
(905) 303-6428   SIC 5812
REDBERRY FRANCHISING CORP   p565
1317 Second St E, CORNWALL, ON, K6H 7C4
(613) 937-3877   SIC 5812
REDBERRY FRANCHISING CORP   p578
1560 The Queensway, ETOBICOKE, ON, M8Z 1T5
(416) 201-8239   SIC 5812
REDBERRY FRANCHISING CORP   p586

500 Rexdale Blvd, ETOBICOKE, ON, M9W 6K5
(416) 679-8777   SIC 5812
REDBERRY FRANCHISING CORP   p602
200 Silvercreek Pky N, GUELPH, ON, N1H 7P7
(519) 763-8281   SIC 5812
REDBERRY FRANCHISING CORP   p637
809 Victoria St N, KITCHENER, ON, N2B 3C3
(519) 578-1391   SIC 5812
REDBERRY FRANCHISING CORP   p638
300 Fairway Rd S, KITCHENER, ON, N2C 1W9
(519) 893-5330   SIC 5812
REDBERRY FRANCHISING CORP   p643
443 Highland Rd W, KITCHENER, ON, N2M 3C6
SIC 5812
REDBERRY FRANCHISING CORP   p660
1001 Wellington Rd Suite B, LONDON, ON, N6E 1W4
(519) 685-9620   SIC 5812
REDBERRY FRANCHISING CORP   p663
660 Wonderland Rd S, LONDON, ON, N6K 1L8
SIC 5812
REDBERRY FRANCHISING CORP   p674
3088 Highway 7 E, MARKHAM, ON, L3R 5A1
(905) 479-8594   SIC 5812
REDBERRY FRANCHISING CORP   p690
4141 Dixie Rd Unit 228, MISSISSAUGA, ON, L4W 1V5
(905) 624-1664   SIC 5812
REDBERRY FRANCHISING CORP   p695
5645 Hurontario St, MISSISSAUGA, ON, L4Z 1S7
(905) 890-5780   SIC 5812
REDBERRY FRANCHISING CORP   p698
100 City Centre Dr Unit 1-830, MISSISSAUGA, ON, L5B 2C9
(905) 279-5005   SIC 5812
REDBERRY FRANCHISING CORP   p700
769 Burnhamthorpe Rd W, MISSISSAUGA, ON, L5C 3A6
(905) 281-0932   SIC 5812
REDBERRY FRANCHISING CORP   p701
1490 Dixie Rd, MISSISSAUGA, ON, L5E 3E5
(905) 274-1607   SIC 5812
REDBERRY FRANCHISING CORP   p711
6465 Mississauga Rd, MISSISSAUGA, ON, L5N 1A6
(905) 821-3464   SIC 5812
REDBERRY FRANCHISING CORP   p720
6010 Dixie Rd, MISSISSAUGA, ON, L5T 1A6
(905) 670-1870   SIC 5812
REDBERRY FRANCHISING CORP   p729
45 Robertson Rd, NEPEAN, ON, K2H 5Y9
SIC 5812
REDBERRY FRANCHISING CORP   p737
6235 Lundy's Lane, NIAGARA FALLS, ON, L2G 1T5
(905) 357-3210   SIC 5812
REDBERRY FRANCHISING CORP   p757
1077 Wilson Ave, NORTH YORK, ON, M3K 1G7
(416) 638-2222   SIC 5812
REDBERRY FRANCHISING CORP   p760
940 Lawrence Ave W Suite 709, NORTH YORK, ON, M6A 1C4
(416) 256-9439   SIC 5812
REDBERRY FRANCHISING CORP   p763
2372 Finch Ave W, NORTH YORK, ON, M9M 2C7
(416) 749-9087   SIC 5812
REDBERRY FRANCHISING CORP   p766
2460 Winston Churchill Blvd Suite 1, OAKVILLE, ON, L6H 6J5
(905) 829-4792   SIC 5812
REDBERRY FRANCHISING CORP   p778
1327 Simcoe St N, OSHAWA, ON, L1G 4X1

▲ Public Company   ■ Public Company Family Member   **HQ** Headquarters   **BR** Branch   **SL** Single Location

SIC 5812

REDBERRY FRANCHISING CORP p781
338 King St W, OSHAWA, ON, L1J 2J9
(905) 571-2334   SIC 5812

REDBERRY FRANCHISING CORP p887
1607 Birchmount Rd, TORONTO, ON, M1P 2J3
(416) 292-8840   SIC 5812

REDBERRY FRANCHISING CORP p887
2571 Lawrence Ave E, TORONTO, ON, M1P 4W5
(416) 757-2401   SIC 5812

REDBERRY FRANCHISING CORP p894
66 Overlea Blvd, TORONTO, ON, M4H 1C4
SIC 5812

REDBERRY FRANCHISING CORP p896
11 Leslie St, TORONTO, ON, M4M 3H9
(416) 462-0264   SIC 5812

REDBERRY FRANCHISING CORP p907
243 Yonge St, TORONTO, ON, M5B 1N8
(416) 368-7190   SIC 5812

REDBERRY FRANCHISING CORP p936
1194 King St W, TORONTO, ON, M6K 1E6
(416) 588-4955   SIC 5812

REDBERRY FRANCHISING CORP p951
396 King St N, WATERLOO, ON, N2J 2Z3
SIC 5812

REDBERRY FRANCHISING CORP p958
1650 Victoria St E, WHITBY, ON, L1N 9L4
(905) 436-6556   SIC 5812

REDBERRY FRANCHISING CORP p961
7955 Tecumseh Rd E, WINDSOR, ON, N8R 1A1
(519) 945-7922   SIC 5812

REDBERRY FRANCHISING CORP p964
2850 Tecumseh Rd E, WINDSOR, ON, N8W 1G4
(519) 948-3161   SIC 5812

REDBERRY FRANCHISING CORP p968
570 Goyeau St, WINDSOR, ON, N9A 1H2
SIC 5812

REDBERRY FRANCHISING CORP p969
2530 Tecumseh Rd W, WINDSOR, ON, N9B 3R2
(519) 258-3423   SIC 5812

REDBERRY FRANCHISING CORP p1005
8 Boul De Bromont Bureau 102, BROMONT, QC, J2L 2K1
(450) 534-2565   SIC 5812

REDBERRY FRANCHISING CORP p1031
350 Boul Saint-Joseph, DRUMMONDVILLE, QC, J2C 2A8
(819) 477-0245   SIC 5812

REDBERRY FRANCHISING CORP p1036
104 Boul Greber, GATINEAU, QC, J8T 3P8
(819) 568-5159   SIC 5812

REDBERRY FRANCHISING CORP p1038
650 Boul Saint-Joseph, GATINEAU, QC, J8Y 4A8
SIC 5812

REDBERRY FRANCHISING CORP p1041
855 Rue Principale, GRANBY, QC, J2G 2Y9
(450) 375-9412   SIC 5812

REDBERRY FRANCHISING CORP p1059
7077 Boul Newman, LASALLE, QC, H8N 1X1
(514) 365-5532   SIC 5812

REDBERRY FRANCHISING CORP p1062
1505 Boul Saint-Martin O, Laval, QC, H7S 1N1
(450) 669-1736   SIC 5812

REDBERRY FRANCHISING CORP p1065
94 Rte Du President-Kennedy, Levis, QC, G6V 6C9
(418) 833-9371   SIC 5812

REDBERRY FRANCHISING CORP p1070
1395 Ch De Chambly, LONGUEUIL, QC, J4J 5C6
SIC 5812

REDBERRY FRANCHISING CORP p1087
6348 Rue Sherbrooke E Bureau 3411, Montreal, QC, H1N 3P6
(514) 252-9634   SIC 5812

REDBERRY FRANCHISING CORP p1096
55 Boul Cremazie O, Montreal, QC, H2N 1L3
(514) 389-9542   SIC 5812

REDBERRY FRANCHISING CORP p1113
500 Rue Sainte-Catherine O, Montreal, QC, H3B 1A6
(514) 861-3455   SIC 5812

REDBERRY FRANCHISING CORP p1140
12595 Rue Sherbrooke E, POINTE-AUX-TREMBLES, QC, H1B 1C8
(514) 640-7779   SIC 5812

REDBERRY FRANCHISING CORP p1197
930 Rue Douglas, SAINT-JEAN-SUR-RICHELIEU, QC, J3A 1V1
(450) 359-7745   SIC 5812

REDBERRY FRANCHISING CORP p1236
736 Rue King E, SHERBROOKE, QC, J1G 1C4
(819) 564-3221   SIC 5812

REDBERRY FRANCHISING CORP p1239
3005 Rue King O, SHERBROOKE, QC, J1L 1C7
(819) 566-6555   SIC 5812

REDBERRY FRANCHISING CORP p1244
1110 Boul Moody, TERREBONNE, QC, J6W 3K9
SIC 5812

REDBERRY FRANCHISING CORP p1259
230 Boul Des Bois-Francs S, VICTORIAVILLE, QC, G6P 4T1
(819) 758-4838   SIC 5812

REDBERRY FRANCHISING CORP p1292
1515 8th St E, SASKATOON, SK, S7H 0T2
SIC 5812

REDBERRY FRANCHISING CORP p1300
101 Confederation Dr, SASKATOON, SK, S7L 5C3
(306) 382-5310   SIC 5812

REDBERRY FRANCHISING CORP p1303
1747 Preston Ave N, SASKATOON, SK, S7N 4V2
(306) 933-9445   SIC 5812

REDD'S ROADHOUSE RESTAURANTS LTD p329
3020 Blanshard St, VICTORIA, BC, V8T 5C7
(250) 382-7262   SIC 5812

REDPATH FOODS INC p315
3105 Oak St, VANCOUVER, BC, V6H 2L2
(604) 733-4838   SIC 5812

REDWOOD GRILL INCORPORATED p464
30 Fairfax Dr, HALIFAX, NS, B3S 1P1
(902) 446-4243   SIC 5812

REGENCY CATERERS LTD p297
68 2nd Ave E Suite 300, VANCOUVER, BC, V5T 1B1
(604) 708-2550   SIC 5812

REGENT RESTAURANT INC p139
1255 3 Ave S, LETHBRIDGE, AB, T1J 0K1
(403) 328-7800   SIC 5812

RESORTS OF THE CANADIAN ROCKIES INC p213
5339 Fernie Ski Hill Rd Rr 6, FERNIE, BC, V0B 1M6
(250) 423-2444   SIC 5812

RESTAURANT A LA RIVE INC p1084
153 Rue Saint-Louis, MONTMAGNY, QC, G5V 1N4
(418) 248-3494   SIC 5812

RESTAURANT AIX INC p1103
711 Cote De La Place-D'armes, Montreal, QC, H2Y 2X6
(514) 904-1201   SIC 5812

RESTAURANT AUX ANCIENS CANADIENS INC p1158
34 Rue Saint-Louis, Quebec, QC, G1R 3Z1
(418) 692-1627   SIC 5812

RESTAURANT B.C.L. INC p1259
609 Boul Des Bois-Francs S, VICTORIAVILLE, QC, G6P 5X1
(819) 357-9226   SIC 5812

RESTAURANT BAR-B INC p1118
675 Rue Butler, Montreal, QC, H3K 3B3
(514) 937-2811   SIC 5812

RESTAURANT CONTINENTAL INC p1158
26 Rue Saint-Louis, Quebec, QC, G1R 3Y9

(418) 694-9995   SIC 5812

RESTAURANT D. LAFLEUR INC p1061
99 Av Lafleur, LASALLE, QC, H8R 3G8
SIC 5812

RESTAURANT DU VIEUX PORT INC p1103
39 Rue Saint-Paul E, Montreal, QC, H2Y 1G2
(514) 866-3175   SIC 5812

RESTAURANT E.S.M. INC p1005
2 Rue Saint-Martin, BROMONT, QC, J2L 3L2
(450) 534-0947   SIC 5812

RESTAURANT GREC BAIE-JOLIE INC p1252
9151 Rue Notre-Dame O, Trois-Rivieres, QC, G9B 6T2
(819) 377-2511   SIC 5812

RESTAURANT INNOVATIONS INC p644
20 Heldmann Rd, KITCHENER, ON, N2P 0A6
SIC 5812

RESTAURANT LA CAGE AUX SPORTS INC p1197
880 Boul Du Seminaire N, SAINT-JEAN-SUR-RICHELIEU, QC, J3A 1B5
(450) 359-6484   SIC 5812

RESTAURANT LA STANZA INC p1231
380 Boul Labelle, SAINTE-THERESE, QC, J7E 2Y1
SIC 5812

RESTAURANT LE CHALET BAR-B-Q INC p1122
5456 Rue Sherbrooke O, Montreal, QC, H4A 1V9
(514) 489-7235   SIC 5812

RESTAURANT LE FRIAND'OEUF INC p1231
190 Boul Du Cure-Labelle, SAINTE-THERESE, QC, J7E 2X5
(450) 437-1261   SIC 5812

RESTAURANT LES BON GARS INC p1118
675 Rue Butler, Montreal, QC, H3K 3B3
(514) 937-2811   SIC 5812

RESTAURANT LES TROIS MOUSSAILLONS INC p1067
8000 Av Des Eglises, Levis, QC, G6X 1X4
(418) 832-2962   SIC 5812

RESTAURANT LES TROIS MOUSSAILLONS INC p1067
481 Av Taniata, Levis, QC, G6W 5M6
(418) 834-1265   SIC 5812

RESTAURANT LES TROIS MOUSSAILLONS INC p1158
1151 Rue Saint-Jean, Quebec, QC, G1R 1S3
(418) 692-4848   SIC 5812

RESTAURANT LES TROIS MOUSSAILLONS INC p1164
9400 Boul De L'ormiere, Quebec, QC, G2B 3K6
(418) 843-7826   SIC 5812

RESTAURANT LOUJAC INC p1058
237 Av Bethany, LACHUTE, QC, J8H 2M9
(450) 562-8569   SIC 5812

RESTAURANT LOUJAC INC p1078
17515 Ch Charles, MIRABEL, QC, J7J 1P3
(450) 434-1112   SIC 5812

RESTAURANT LOUJAC INC p1200
2040 Boul Du Cure-Labelle, Saint-Jerome, QC, J7Y 1S4
(450) 438-1761   SIC 5812

RESTAURANT MACGEORGES INC p1125
7475 Boul Decarie, Montreal, QC, H4P 2G9
(514) 738-3588   SIC 5812

RESTAURANT NEWTOWN INC p1116
1476 Rue Crescent, Montreal, QC, H3G 2B6
(514) 284-6555   SIC 5812

RESTAURANT NORMANDIN (STE-FOY) INC p1164
2335 Boul Bastien, Quebec, QC, G2B 1B3
(418) 842-9160   SIC 5812

RESTAURANT NORMANDIN INC p1022
139 2e Rang, DESCHAMBAULT, QC, G0A 1S0
(418) 286-6733   SIC 5812

RESTAURANT NORMANDIN INC p1031
130 Boul Saint-Joseph, DRUMMONDVILLE, QC, J2C 2A8
(819) 472-7522   SIC 5812

RESTAURANT NORMANDIN INC p1065
7405 Boul Guillaume-Couture, Levis, QC, G6V 7A3
(418) 835-1177   SIC 5812

RESTAURANT NORMANDIN INC p1067
2080 Boul Guillaume-Couture, Levis, QC, G6W 2S6
(418) 839-5861   SIC 5812

RESTAURANT NORMANDIN INC p1068
679 Av Taniata, Levis, QC, G6Z 2C1
(418) 834-8343   SIC 5812

RESTAURANT NORMANDIN INC p1084
25 Boul Tache E, MONTMAGNY, QC, G5V 1B6
(418) 248-3667   SIC 5812

RESTAURANT NORMANDIN INC p1147
15021 Boul Henri-Bourassa, Quebec, QC, G1G 3Z2
(418) 626-7216   SIC 5812

RESTAURANT NORMANDIN INC p1147
875 Av Royale, Quebec, QC, G1E 1Z9
(418) 663-1722   SIC 5812

RESTAURANT NORMANDIN INC p1148
4960 3e Av O, Quebec, QC, G1H 6G4
(418) 627-1420   SIC 5812

RESTAURANT NORMANDIN INC p1156
2185 Boul Pere-Lelievre, Quebec, QC, G1P 2X2
(418) 683-4967   SIC 5812

RESTAURANT NORMANDIN INC p1161
2500 Ch Sainte-Foy, Quebec, QC, G1V 1T5
(418) 653-4844   SIC 5812

RESTAURANT NORMANDIN INC p1164
2335 Boul Bastien, Quebec, QC, G2B 1B3
(418) 842-9160   SIC 5812

RESTAURANT NORMANDIN INC p1169
1037 Boul Pie-Xi N, Quebec, QC, G3K 2S3
(418) 845-0373   SIC 5812

RESTAURANT NORMANDIN INC p1175
83 Boul Cartier, Riviere-du-Loup, QC, G5R 2N1
(418) 867-1366   SIC 5812

RESTAURANT NORMANDIN INC p1190
8780 Boul Lacroix, SAINT-GEORGES, QC, G5Y 2B5
(418) 227-2027   SIC 5812

RESTAURANT NORMANDIN INC p1218
530 Rte Du Pont, SAINT-NICOLAS, QC, G7A 2N9
(418) 831-1991   SIC 5812

RESTAURANT NORMANDIN INC p1226
2001 Rue Nobel, SAINTE-JULIE, QC, J3E 1Z8
(450) 922-9221   SIC 5812

RESTAURANT NORMANDIN INC p1250
1350 Boul Des Recollets, Trois-Rivieres, QC, G8Z 4L5
(819) 691-0507   SIC 5812

RESTAURANT SYLVAIN VINCENT INC, LES p1080
850 Boul Albiny-Paquette, MONT-LAURIER, QC, J9L 1L4
(819) 623-6811   SIC 5812

RESTAURANT SYLVAIN VINCENT INC, LES p1223
690 Rue Principale, SAINTE-AGATHE-DES-MONTS, QC, J8C 1L3
(819) 326-2053   SIC 5812

RESTAURANTS DUMAS LTEE, LES p1032
410 Boul Cure-Labelle, FABREVILLE, QC, H7P 2P1
(450) 628-0171   SIC 5812

RESTAURANTS LA PIZZAIOLLE INC, LES p1093
4801 Rue Saint-Denis, Montreal, QC, H2J 2L7
(514) 499-9711   SIC 5812

RESTAURANTS LUC HARVEY INC, LES p1222
505 34e Av, SAINT-ZOTIQUE, QC, J0P 1Z0

(450) 267-4242 SIC 5812
RESTAURANTS MAC-VIC INC, LES p1195
3200 Boul Laframboise, SAINT-HYACINTHE, QC, J2S 4Z5
(450) 261-8880 SIC 5812
RESTAURANTS MAC-VIC INC, LES p1195
3005 Boul Laframboise, SAINT-HYACINTHE, QC, J2S 4Z6
(450) 774-5955 SIC 5812
RESTAURANTS MAC-VIC INC, LES p1199
661 Boul Du Seminaire N, SAINT-JEAN-SUR-RICHELIEU, QC, J3B 5M2
(450) 348-4664 SIC 5812
RESTAURANTS MICHEL DESCHENES INC, LES p989
330 Boul Saint-Benoit O, AMQUI, QC, G5J 2G2
(418) 629-6633 SIC 5812
RESTAURANTS MICHEL DESCHENES INC, LES p1173
395 Boul Saint-Germain, RIMOUSKI, QC, G5L 3N5
(418) 724-6868 SIC 5812
RESTAURANTS MICHEL DESCHENES INC, LES p1173
395 Boul Saint-Germain, RIMOUSKI, QC, G5L 3N5
(418) 724-6868 SIC 5812
RESTAURANTS MIKA INC, LES p1148
4100 1re Av, Quebec, QC, G1H 2S4
(418) 627-1641 SIC 5812
RESTAURANTS MIKA INC, LES p1169
1154 Rue De La Faune, Quebec, QC, G3E 1T2
(418) 845-6323 SIC 5812
RESTAURANTS MIKA INC, LES p1243
2766 Boul Talbot, STONEHAM-ET-TEWKESBURY, QC, G3C 1K1
(418) 848-3838 SIC 5812
RESTAURANTS ON THE GO INC p924
1200 Bay St Suite 504, TORONTO, ON, M5R 2A5
(416) 932-3999 SIC 5812
RESTAURANTS RENE BOISVERT INC, LES p1025
325 138 Rte, DONNACONA, QC, G3M 1C4
(418) 285-0404 SIC 5812
RESTAURANTS RENE BOISVERT INC, LES p1050
6565 Boul Wilfrid-Hamel, L'ANCIENNE-LORETTE, QC, G2E 5W3
(418) 871-5866 SIC 5812
RESTAURANTS SERQUA INC, LES p1245
1415 Boul Moody, TERREBONNE, QC, J6X 4C8
(450) 471-1161 SIC 5812
RESTAURANTS T.S.N.A. INC p1071
100 Place Charles Le Moyne Bureau 109, LONGUEUIL, QC, J4K 2T4
(450) 442-2295 SIC 5812
RESTAURANTS T.S.N.A. INC p1072
2689 Ch De Chambly, LONGUEUIL, QC, J4L 1M3
SIC 5812
RESTAURATION MIMAR INC p1221
725 Ch Jean-Adam, SAINT-SAUVEUR, QC, J0R 1R3
(450) 227-4664 SIC 5812
RESTO CARTOON INC p1103
420 Place Jacques-Cartier, Montreal, QC, H2Y 3B3
SIC 5812
RESTO DU FAUBOURG DRUMMOND INC. p1031
161 Boul Saint-Joseph, DRUMMONDVILLE, QC, J2C 2A7
(819) 475-6222 SIC 5812
RFGOP RESTAURANT HOLDINGS LTD p233
19996 Fraser Hwy, LANGLEY, BC, V3A 4E3
(604) 530-0884 SIC 5812
RFGOP RESTAURANT HOLDINGS LTD p250
1493 Marine Dr, NORTH VANCOUVER, BC, V7P 1T5
SIC 5812
RFGOP RESTAURANT HOLDINGS LTD p283
10344 King George Blvd, SURREY, BC, V3T 2W5
(604) 584-3371 SIC 5812
RICHTREE MARKET RESTAURANTS INC p698
100 City Centre Dr Suite 138, MISSISSAUGA, ON, L5B 2C9
(905) 272-1010 SIC 5812
RICHTREE MARKET RESTAURANTS INC p789
50 Rideau St Suite 115, OTTAWA, ON, K1N 9J7
SIC 5812
RICHTREE MARKET RESTAURANTS INC p907
220 Yonge St, TORONTO, ON, M5B 2H1
(416) 506-0113 SIC 5812
RICHTREE MARKET RESTAURANTS INC p920
181 Bay St Suite 867, TORONTO, ON, M5J 2T3
(416) 366-8122 SIC 5812
RICHTREE MARKET RESTAURANTS INC p923
40 Yonge Blvd, TORONTO, ON, M5M 3G5
(416) 366-8986 SIC 5812
RICMAR ENTERPRISES LTD p586
925 Dixon Rd, ETOBICOKE, ON, M9W 1J8
(416) 674-3031 SIC 5812
RISTORANTE PARADISO (2000) LIMITED p768
125 Lakeshore Rd E, OAKVILLE, ON, L6J 1H3
(905) 338-1594 SIC 5812
RIVER CAFE p48
25 Prince's Island Pk Sw, CALGARY, AB, T2P 0R1
(403) 261-1915 SIC 5812
RIVERHOUSE ENTERPRISES LTD p204
1760 Riverside Lane, COURTENAY, BC, V9N 8C7
SIC 5812
RJKN GROUP INC p581
25 The West Mall, ETOBICOKE, ON, M9C 1B8
(416) 622-0515 SIC 5812
RJMB RESTAURANTS LTD p229
20394 88 Ave, LANGLEY, BC, V1M 2Y6
(604) 881-6220 SIC 5812
RKJL FOODS LTD p591
670 King St E, GANANOQUE, ON, K7G 1H3
(613) 382-4466 SIC 5812
RKJL FOODS LTD p632
285 Princess St, KINGSTON, ON, K7L 1B4
(613) 549-3999 SIC 5812
RKJL FOODS LTD p634
30 Beaver Cres, KINGSTON, ON, K7M 7C1
(613) 542-4228 SIC 5812
RKJL FOODS LTD p772
Hwy 401 W, ODESSA, ON, K0H 2H0
SIC 5812
RKL FOODS LTD p219
750 Fortune Dr Suite 7a, KAMLOOPS, BC, V2B 2L2
(250) 376-6632 SIC 5812
ROBIE & KEMPT SERVICES LIMITED p461
6034 Lady Hammond Rd, HALIFAX, NS, B3K 2R6
(902) 455-2894 SIC 5812
ROBIE & KEMPT SERVICES LIMITED p476
1844 St Margarets Bay Rd, TIMBERLEA, NS, B3T 1B8
(902) 431-2992 SIC 5812
ROBINSON, KEN & SONS (1978) LTD p247
1254 Lynn Valley Rd, NORTH VANCOUVER, BC, V7J 2A3
(604) 990-2910 SIC 5812
ROCK THE BYWARD MARKET CORPORATION p789
73 York St, OTTAWA, ON, K1N 5T2

(613) 241-2442 SIC 5812
RODNEY'S OYSTER HOUSE CORP p931
469 King St W Suite Lower, TORONTO, ON, M5V 3M4
(416) 363-8105 SIC 5812
ROLLY'S RESTAURANT p217
Gd, HOPE, BC, V0X 1L0
(604) 869-7448 SIC 5812
ROMA RIBS LTD p140
3716 Mayor Magrath Dr S, LETHBRIDGE, AB, T1K 7V1
SIC 5812
ROMA RIBS LTD p200
3025 Lougheed Hwy Suite 650, COQUITLAM, BC, V3B 6S2
SIC 5812
ROMA RIBS LTD p378
330 St Mary Ave Suite 620, WINNIPEG, MB, R3C 3Z5
(204) 944-0792 SIC 5812
ROMA RIBS LTD p390
1500 Pembina Hwy, WINNIPEG, MB, R3T 2E3
(204) 477-5195 SIC 5812
ROMA RIBS LTD p586
10 Carlson Crt, ETOBICOKE, ON, M9W 6L2
SIC 5812
ROMA RIBS LTD p966
3100 Howard Ave Unit D10, WINDSOR, ON, N8X 3Y8
(519) 250-1067 SIC 5812
ROSE REISMAN CATERING INC p894
18 Banigan Dr, TORONTO, ON, M4H 1E9
(416) 467-7758 SIC 5812
ROTHESAY HOLDINGS LTD p296
2504 Kingsway, VANCOUVER, BC, V5R 5G9
(604) 438-5518 SIC 5812
ROTISSERIE NOJO INC p1038
531 Boul Saint-Joseph, GATINEAU, QC, J8Y 4A1
(819) 778-0880 SIC 5812
ROTISSERIE ROUYN-NORANDA INC p1178
60 Av Quebec, ROUYN-NORANDA, QC, J9X 6P9
(819) 797-2151 SIC 5812
ROTISSERIE STE-ADELE p1223
500 Boul De Sainte-Adele, Sainte-Adele, QC, J8B 2N2
(450) 229-6655 SIC 5812
ROTISSERIES AU COQ LTEE, LES p1258
5531 Rue De Verdun, VERDUN, QC, H4H 1K9
(514) 769-8516 SIC 5812
ROTISSERIES DU HAUT RICHELIEU LTEE, LES p1198
960 Boul Du Seminaire N, SAINT-JEAN-SUR-RICHELIEU, QC, J3A 1L2
(450) 348-6876 SIC 5812
ROTISSERIES DU NORD INC, LES p1254
1785 3e Av, VAL-D'OR, QC, J9P 1W3
(819) 825-8444 SIC 5812
ROTISSERIES LANAUDIERE INC, LES p1011
99 Rue Emile-Despins, CHARLEMAGNE, QC, J5Z 3L6
(450) 581-0645 SIC 5812
ROTISSERIES MONT TREMBLANT INC p1083
330 Rue De Saint-Jovite, MONT-TREMBLANT, QC, J8E 2Z9
(819) 425-2721 SIC 5812
ROTISSERIES R. J. P. INC p1199
365 Boul Du Seminaire N, SAINT-JEAN-SUR-RICHELIEU, QC, J3B 8C5
(450) 348-1191 SIC 5812
ROTISSERIES ST-HUBERT LTEE, LES p999
860 Boul Michele-Bohec, BLAINVILLE, QC, J7C 5E2
(450) 979-3377 SIC 5812
ROTISSERIES ST-HUBERT LTEE, LES p1005
500 Rue Albanel, BOUCHERVILLE, QC, J4B 2Z6

(450) 449-9366 SIC 5812
ROTISSERIES ST-HUBERT LTEE, LES p1008
6325 Boul Taschereau, BROSSARD, QC, J4Z 1A6
(514) 385-5555 SIC 5812
ROTISSERIES ST-HUBERT LTEE, LES p1029
2875 Boul Saint-Joseph Bureau 230, DRUMMONDVILLE, QC, J2B 7P5
(819) 475-8888 SIC 5812
ROTISSERIES ST-HUBERT LTEE, LES p1057
665 32e Av, LACHINE, QC, H8T 3G6
(514) 637-4417 SIC 5812
ROTISSERIES ST-HUBERT LTEE, LES p1072
1901 Boul Roland-Therrien, LONGUEUIL, QC, J4N 1A3
(450) 448-4748 SIC 5812
ROTISSERIES ST-HUBERT LTEE, LES p1080
1108 Boul Albiny-Paquette, MONT-LAURIER, QC, J9L 1M1
(819) 623-4040 SIC 5812
ROTISSERIES ST-HUBERT LTEE, LES p1086
7870 Rue Sherbrooke E, Montreal, QC, H1L 1A5
(514) 385-5555 SIC 5812
ROTISSERIES ST-HUBERT LTEE, LES p1087
6225 Rue Sherbrooke E, Montreal, QC, H1N 1C3
(514) 259-6939 SIC 5812
ROTISSERIES ST-HUBERT LTEE, LES p1098
6355 Rue Saint-Hubert, Montreal, QC, H2S 2L9
(514) 274-4477 SIC 5812
ROTISSERIES ST-HUBERT LTEE, LES p1101
100 Rue Sainte-Catherine E, Montreal, QC, H2X 1K7
(514) 284-3440 SIC 5812
ROTISSERIES ST-HUBERT LTEE, LES p1113
1180 Av Des Canadiens-De-Montreal, Montreal, QC, H3B 2S2
(514) 866-0500 SIC 5812
ROTISSERIES ST-HUBERT LTEE, LES p1176
21 Boul De L'anse, ROBERVAL, QC, G8H 1Z1
(418) 275-5994 SIC 5812
ROTISSERIES YVES VINCENT INC, LES p1246
203 Boul Frontenac O, THETFORD MINES, QC, G6G 6K2
(418) 335-7557 SIC 5812
ROXSON ENTERPRISES LIMITED p489
80 Mcgonigal St W, ARNPRIOR, ON, K7S 1M3
SIC 5812
ROYAL CAMP SERVICES LTD p101
7111 67 St Nw, EDMONTON, AB, T6B 3L7
(780) 463-8000 SIC 5812
ROYAL EDITION INC, THE p946
325 Toronto St S, UXBRIDGE, ON, L9P 1Z7
(905) 852-6680 SIC 5812
RTM OPERATING COMPANY OF CANADA INC p226
2070 Harvey Ave Suite 16, KELOWNA, BC, V1Y 8P8
(250) 763-0006 SIC 5812
RTM OPERATING COMPANY OF CANADA INC p362
1573 Regent Ave W, WINNIPEG, MB, R2C 3B3
(204) 954-7481 SIC 5812
RTM OPERATING COMPANY OF CANADA INC p504
281 North Front St, BELLEVILLE, ON, K8P 3C3

(613) 966-1844 *SIC* 5812
RUTH'S CHRIS STEAK HOUSE EDMONTON p82
10103 100 St Nw, EDMONTON, AB, T5J 0N8
(780) 990-0123 *SIC* 5812
RYANS, PATRICK O. LTD p968
25 Pitt St E, WINDSOR, ON, N9A 2V3
SIC 5812
S & T ALLARD FOOD LTD p127
10206 100 St Suite 640, GRANDE PRAIRIE, AB, T8V 3K1
(780) 532-6660 *SIC* 5812
SABRITIN HOSPITALITY INC p523
370 Bovaird Dr E, BRAMPTON, ON, L6Z 2S8
(905) 846-3321 *SIC* 5812
SALISBURY HOUSE OF CANADA LTD p370
787 Leila Ave, WINNIPEG, MB, R2V 3J7
(204) 594-7257 *SIC* 5812
SALTLIK STEAKHOUSE p4
221 Bear St, BANFF, AB, T1L 1B3
(403) 762-2467 *SIC* 5812
SALVERDA ENTERPRISES INC p542
172 Argyle St N, CALEDONIA, ON, N3W 2J7
(905) 765-8888 *SIC* 5812
SALVERDA ENTERPRISES INC p605
5 Railway St, HAGERSVILLE, ON, N0A 1H0
(905) 768-7777 *SIC* 5812
SAM FIRESTONE CATERERS LIMITED p759
470 Glencairn Ave, NORTH YORK, ON, M5N 1V8
(416) 782-8022 *SIC* 5812
SAMBA BRAZILIAN STEAK HOUSE (CHURRASCARIA) LTD p313
1122 Alberni St, VANCOUVER, BC, V6E 1A5
SIC 5812
SAN MIGUEL FOODS LTD p491
1 Henderson Dr Unit 4, AURORA, ON, L4G 4J7
(905) 727-7918 *SIC* 5812
SARNIA PIZZA LIMITED p827
1400 Exmouth St, SARNIA, ON, N7S 3X9
(519) 542-7500 *SIC* 5812
SASKATCHEWAN OPPORTUNITIES CORPORATION p1303
111 Research Dr Suite 106, SASKATOON, SK, S7N 3R2
(306) 249-5344 *SIC* 5812
SASKATOON BUTCHER & BAKER INC p1293
2910 8th St E, SASKATOON, SK, S7H 0W1
(306) 955-7777 *SIC* 5812
SCHMIDT, KEN RESTAURANT INC p944
18 Monogram Pl, TRENTON, ON, K8V 5P8
(613) 394-4533 *SIC* 5812
SCOTT, T ENTERPRISES LIMITED p467
629 Sackville Dr, LOWER SACKVILLE, NS, B4C 2S4
(902) 865-6618 *SIC* 5812
SCOTT, T ENTERPRISES LIMITED p467
808 Sackville Dr, LOWER SACKVILLE, NS, B4E 1R7
SIC 5812
SCOTT, T ENTERPRISES LIMITED p467
84 Beaver Bank Rd, LOWER SACKVILLE, NS, B4E 1J7
(902) 864-7141 *SIC* 5812
SDR MANAGEMENT LTD p49
205 Riverfront Ave Sw Suite 803, CALGARY, AB, T2P 5K4
(403) 261-9913 *SIC* 5812
SECOND CUP LTD, THE p167
19 Bellerose Dr Suite 30, ST. ALBERT, AB, T8N 5E1
(780) 458-8163 *SIC* 5812
SECOND CUP LTD, THE p889
5095 Yonge St, TORONTO, ON, M2N 6Z4
(416) 227-9332 *SIC* 5812
SECOND CUP LTD, THE p920
145 Queens Quay W, TORONTO, ON, M5J 2H4

(416) 203-7880 *SIC* 5812
SELECTOTEL p989
340 Boul Saint-Benoit O, AMQUI, QC, G5J 2G2
(418) 629-2241 *SIC* 5812
SEQUOIA COMPANY OF RESTAURANTS INC p314
1583 Coal Harbour Quay, VANCOUVER, BC, V6G 3E7
(604) 687-5684 *SIC* 5812
SERVICE DE GESTION REALMINT LTEE p1108
1420 Rue Peel Bureau 1420, Montreal, QC, H3A 1S8
(514) 288-3090 *SIC* 5812
SHAREVENTURES PORTAGE INC p390
1510 Pembina Hwy, WINNIPEG, MB, R3T 2E3
(204) 452-3079 *SIC* 5812
SHARK CLUBS OF CANADA INC p264
940 Chew Ave, QUESNEL, BC, V2J 6R8
(250) 747-0311 *SIC* 5812
SHIGS ENTERPRISES LTD p293
912 Clark Dr, VANCOUVER, BC, V5L 3J8
(604) 251-3711 *SIC* 5812
SHIP & ANCHOR PUB LTD p53
534 17 Ave Sw, CALGARY, AB, T2S 0B1
(403) 245-3333 *SIC* 5812
SHIRWOOD FOOD SERVICES LTD p505
164 Craigleith Rd, BLUE MOUNTAINS, ON, L9Y 0S4
SIC 5812
SHONAN ENTERPRISES INC p340
4272 Mountain Sq, WHISTLER, BC, V0N 1B4
(604) 932-3330 *SIC* 5812
SHOOTING STAR EVENTS INC p145
54 Taylor Cres Se, MEDICINE HAT, AB, T1B 3X6
(403) 527-2345 *SIC* 5812
SILVER GREEN HOLDINGS LIMITED p1311
2241 2nd Ave, WHITEHORSE, YT, Y1A 5W1
(867) 667-4992 *SIC* 5812
SILVERBIRCH NO. 41 OPERATIONS LIMITED PARTNERSHIP p293
2205 Commissioner St, VANCOUVER, BC, V5L 1A4
SIC 5812
SINIL RESTAURANTS LTD p11
3709 26 Ave Ne, CALGARY, AB, T1Y 4S3
(403) 285-3799 *SIC* 5812
SIR CORP p36
9823 Macleod Trail Sw, CALGARY, AB, T2J 0P6
(403) 252-2246 *SIC* 5812
SIR CORP p464
184 Chain Lake Dr, HALIFAX, NS, B3S 1C5
(902) 450-1370 *SIC* 5812
SIR CORP p488
839 Golf Links Rd, ANCASTER, ON, L9K 1L5
(905) 304-1721 *SIC* 5812
SIR CORP p498
70 Mapleview Dr W, BARRIE, ON, L4N 9H6
(705) 722-4737 *SIC* 5812
SIR CORP p516
154 West Dr, BRAMPTON, ON, L6T 5P1
(905) 457-5200 *SIC* 5812
SIR CORP p538
3140 South Service Rd, BURLINGTON, ON, L7N 3J3
(905) 333-0066 *SIC* 5812
SIR CORP p562
255 Bass Pro Mills Dr Unit 504, CONCORD, ON, L4K 0A2
(905) 532-0857 *SIC* 5812
SIR CORP p581
1900 The Queensway, ETOBICOKE, ON, M9C 5H5
(416) 621-6255 *SIC* 5812
SIR CORP p653
88 Fanshawe Park Rd E, LONDON, ON, N5X 4C5

(519) 663-2091 *SIC* 5812
SIR CORP p660
1070 Wellington Rd Suite 1, LONDON, ON, N6E 3V8
(519) 680-3800 *SIC* 5812
SIR CORP p698
299 Rathburn Rd W, MISSISSAUGA, ON, L5B 4C1
(905) 279-3342 *SIC* 5812
SIR CORP p698
219 Rathburn Rd W, MISSISSAUGA, ON, L5B 4C1
(905) 566-4662 *SIC* 5812
SIR CORP p699
209 Rathburn Rd W, MISSISSAUGA, ON, L5B 4C1
(905) 281-1721 *SIC* 5812
SIR CORP p737
6380 Fallsview Blvd, NIAGARA FALLS, ON, L2G 7X5
(905) 354-0030 *SIC* 5812
SIR CORP p766
2015 Winston Park Dr, OAKVILLE, ON, L6H 6P5
(905) 829-3250 *SIC* 5812
SIR CORP p821
155 York Blvd, RICHMOND HILL, ON, L4B 3B4
(905) 771-9191 *SIC* 5812
SIR CORP p841
580 Progress Ave, SCARBOROUGH, ON, M1P 2K2
(416) 296-0965 *SIC* 5812
SIR CORP p855
400 Ontario St, ST CATHARINES, ON, L2R 5L8
(905) 988-5677 *SIC* 5812
SIR CORP p887
430 Progress Ave Unit 10, TORONTO, ON, M1P 5J1
(416) 296-1400 *SIC* 5812
SIR CORP p907
382 Yonge St Unit 8, TORONTO, ON, M5B 1S8
(416) 597-8838 *SIC* 5812
SIR CORP p920
144 Front St W, TORONTO, ON, M5J 2L7
(416) 585-2121 *SIC* 5812
SIR CORP p931
333 King St W, TORONTO, ON, M5V 1J5
SIC 5812
SIR CORP p932
77 Adelaide St W, TORONTO, ON, M5X 1B1
(416) 862-7337 *SIC* 5812
SIR CORP p943
25 Carlson Crt, TORONTO, ON, M9W 6A2
(416) 213-1688 *SIC* 5812
SIR CORP p959
75 Consumers Dr Unit E1, WHITBY, ON, L1N 9S2
(905) 666-9429 *SIC* 5812
SIR CORP p975
20 Colossus Dr, WOODBRIDGE, ON, L4L 9J5
(905) 850-3565 *SIC* 5812
SIR CORP p1043
3500 Boul Taschereau, GREENFIELD PARK, QC, J4V 2H7
(450) 671-4444 *SIC* 5812
SIRA RESTAURANTS LTD p739
6161 Thorold Stone Rd, NIAGARA FALLS, ON, L2J 1A4
(905) 356-8856 *SIC* 5812
SIZZLING IN MISSISSAUGA INC p699
77 City Centre Dr Unit 100, MISSISSAUGA, ON, L5B 1M5
(905) 897-8555 *SIC* 5812
SIZZLING IN TORONTO, INC p916
145 Richmond St W, TORONTO, ON, M5H 2L2
(416) 955-1455 *SIC* 5812
SJR FOOD SERVICES LTD p211
5776 Ladner Trunk Rd, DELTA, BC, V4K 1X6
(604) 940-3770 *SIC* 5812

SJR FOOD SERVICES LTD p211
1835 56 St Unit 44, DELTA, BC, V4L 2M1
(604) 948-3630 *SIC* 5812
SKL 4 EVER LTD p868
914 Newgate Ave, SUDBURY, ON, P3A 5J9
(705) 560-3030 *SIC* 5812
SLAU LIMITED p793
700 Somerset St W, OTTAWA, ON, K1R 6P6
(613) 236-0555 *SIC* 5812
SLEMON PARK CORPORATION p984
12 Redwood Ave, SLEMON PARK, PE, C0B 2A0
(902) 432-1774 *SIC* 5812
SMARDANKA RESTAURANTS LIMITED p939
2448 Bloor St W, TORONTO, ON, M6S 1R2
SIC 5812
SMITTY'S CANADA LIMITED p11
2620 32 St Ne Suite 2612, CALGARY, AB, T1Y 7L8
(403) 285-5656 *SIC* 5812
SMITTY'S CANADA LIMITED p13
3800 Memorial Dr Ne Suite 1405, CALGARY, AB, T2A 2K2
(403) 508-6931 *SIC* 5812
SMITTY'S CANADA LIMITED p60
1200 37 St Sw Suite 7, CALGARY, AB, T3C 1S2
(403) 249-1044 *SIC* 5812
SMITTY'S CANADA LIMITED p177
1965 Sumas Way, ABBOTSFORD, BC, V2S 4L5
(604) 853-1911 *SIC* 5812
SMITTY'S CANADA LIMITED p443
1552 Bedford Hwy, BEDFORD, NS, B4A 1E4
(902) 835-7204 *SIC* 5812
SMITTY'S CANADA LIMITED p1307
105 North Service Rd E, SWIFT CURRENT, SK, S9H 3T4
(306) 773-5353 *SIC* 5812
SMITTY'S FAMILY RESTAURANT p464
362 Lacewood Dr Suite 1, HALIFAX, NS, B3S 1M7
(902) 457-6032 *SIC* 5812
SMSI TRAVEL CENTRES INC p749
45 Sheppard Ave E Suite 302, NORTH YORK, ON, M2N 5W9
(416) 221-4900 *SIC* 5812
SNAKES & LATTES INC p934
600 Bloor St W Suite 3, TORONTO, ON, M6G 1K4
(647) 342-9229 *SIC* 5812
SNOWLINE RESTAURANTS INC p340
4429 Sundial Pl, WHISTLER, BC, V0N 1B4
(604) 932-5151 *SIC* 5812
SNUG HARBOUR SEAFOOD BAR & GRILL p701
14 Stavebank Rd S, MISSISSAUGA, ON, L5G 2T1
(905) 274-5000 *SIC* 5812
SOCIETE DE DEVELOPPEMENT DE LA BAIE-JAMES p1169
381 Rte De La Baie James, RADISSON, QC, J0Y 2X0
(819) 638-8502 *SIC* 5812
SOCIETE DES CASINOS DU QUEBEC INC, LA p1038
3 Boul Du Casino, GATINEAU, QC, J8Y 6X4
(819) 790-6410 *SIC* 5812
SOCIETE DES ETABLISSEMENTS DE PLEIN AIR DU QUEBEC p1146
2490 Av Royale, Quebec, QC, G1C 1S1
(418) 663-3330 *SIC* 5812
SODEXO CANADA LTD p61
4825 Mount Royal Gate Sw, CALGARY, AB, T3E 6K6
(403) 240-6328 *SIC* 5812
SODEXO CANADA LTD p109
4485 Gateway Blvd Nw, EDMONTON, AB, T6H 5C3
(780) 431-1100 *SIC* 5812
SODEXO CANADA LTD p140
4401 University Dr W, LETHBRIDGE, AB, T1K 3M4

BUSINESSES BY INDUSTRY CLASSIFICATION

SIC 5812 Eating places 2247

(403) 329-2491   *SIC* 5812
SODEXO CANADA LTD
33844 King Rd, ABBOTSFORD, BC, V2S 7M8
(604) 854-4531   *SIC* 5812
SODEXO CANADA LTD p231
7600 Glover Rd, LANGLEY, BC, V2Y 1Y1
(604) 513-2009   *SIC* 5812
SODEXO CANADA LTD p248
231 15th St E, NORTH VANCOUVER, BC, V7L 2L7
(604) 984-3753   *SIC* 5812
SODEXO CANADA LTD p271
6111 Minoru Blvd, RICHMOND, BC, V6Y 1Y4
(604) 244-5314   *SIC* 5812
SODEXO CANADA LTD p277
5544 Sunshine Coast Hwy, SECHELT, BC, V0N 3A0
(604) 885-0244   *SIC* 5812
SODEXO CANADA LTD p319
700 57th Ave W, VANCOUVER, BC, V6P 1S1
(604) 322-8342   *SIC* 5812
SODEXO CANADA LTD p401
21 Pacey Dr, FREDERICTON, NB, E3B 5A3
(506) 474-8030   *SIC* 5812
SODEXO CANADA LTD p442
Gd, ANTIGONISH, NS, B2G 2W5
(902) 867-2491   *SIC* 5812
SODEXO CANADA LTD p457
6350 Coburg Rd, HALIFAX, NS, B3H 2A1
(902) 423-1756   *SIC* 5812
SODEXO CANADA LTD p457
6136 University Ave Suite 322, HALIFAX, NS, B3H 4J2
(902) 494-2126   *SIC* 5812
SODEXO CANADA LTD p535
1100 Burloak Dr Unit 401, BURLINGTON, ON, L7L 6B2
(905) 632-8592   *SIC* 5812
SODEXO CANADA LTD p565
1950 Montreal Rd, CORNWALL, ON, K6H 6L2
(613) 936-5800   *SIC* 5812
SODEXO CANADA LTD p632
75 Bader Lane, KINGSTON, ON, K7L 3N8
(613) 533-2953   *SIC* 5812
SODEXO CANADA LTD p783
125 Sussex Dr, OTTAWA, ON, K1A 0G2
(613) 789-9389   *SIC* 5812
SODEXO CANADA LTD p926
41 Classic Ave, TORONTO, ON, M5S 2Z3
(416) 598-2029   *SIC* 5812
SODEXO CANADA LTD p926
21 Sussex Ave Unit 3, TORONTO, ON, M5S 1J6
(416) 598-2820   *SIC* 5812
SODEXO CANADA LTD p934
2339 Dufferin St, TORONTO, ON, M6E 4Z5
(416) 781-1178   *SIC* 5812
SODEXO CANADA LTD p1158
1060 Rue Louis-Alexandre-Taschereau, Quebec, QC, G1R 5E6
(418) 648-6368   *SIC* 5812
SODEXO CANADA LTD p1224
21275 Rue Lakeshore Bureau 2000, SAINTE-ANNE-DE-BELLEVUE, QC, H9X 3L9
(514) 457-6610   *SIC* 5812
SODEXO CANADA LTD p1250
3351 Boul Des Forges, Trois-Rivieres, QC, G8Z 4M3
(819) 376-5215   *SIC* 5812
SODEXO QUEBEC LIMITEE p406
18 Av Antonine-Maillet, MONCTON, NB, E1A 3E9
(506) 858-4142   *SIC* 5812
SODEXO QUEBEC LIMITEE p1025
730 Ch De La Cote-Vertu Bureau 1007, DORVAL, QC, H4S 1Y9
(514) 633-8167   *SIC* 5812
SOHI HOLDINGS INC p879
679 Memorial Ave, THUNDER BAY, ON, P7B 3Z6
(807) 345-4096   *SIC* 5812
SOLE RESTAURANT AND WINE BAR p952
83 Erb St W Unit 2, WATERLOO, ON, N2L 6C2
(519) 747-5622   *SIC* 5812
SOLTA ENTERPRISES INC p783
1899 Cyrville Rd, OTTAWA, ON, K1B 1A9   *SIC* 5812
SONOMA MANAGEMENT LTD p314
1105 Denman St, VANCOUVER, BC, V6G 2M7
(604) 662-3344   *SIC* 5812
SORRENTO'S LTD p390
2077 Pembina Hwy Suite 4, WINNIPEG, MB, R3T 5J9
(204) 269-5934   *SIC* 5812
SOTTO SOTTO RISTORANTE LIMITED p924
116a Avenue Rd, TORONTO, ON, M5R 2H4
(416) 962-0011   *SIC* 5812
SOURCES 40 WESTT INC p1143
2305 Aut Transcanadienne, POINTE-CLAIRE, QC, H9R 5Z5
(514) 428-9378   *SIC* 5812
SOUTH ALBERTA RIBS (2002) LTD p33
6712 Macleod Trail Se, CALGARY, AB, T2H 0L3
(403) 301-7427   *SIC* 5812
SOUTH HILL HOLDINGS INC p154
3215 50 Ave, RED DEER, AB, T4N 3Y1
(403) 343-7777   *SIC* 5812
SPAGO RESTAURANT INC p898
2472 Yonge St, TORONTO, ON, M4P 2H5   *SIC* 5812
SPATSIZI REMOTE SERVICES CORPORATION p207
Gd, DEASE LAKE, BC, V0C 1L0
(250) 771-5484   *SIC* 5812
SPECTRA GROUP OF GREAT RESTAURANTS INC, THE p316
1880 1st Ave W, VANCOUVER, BC, V6J 1G5   *SIC* 5812
SPECTRA HOSPITALITY GROUP INC p315
2996 Granville St, VANCOUVER, BC, V6H 3J7
(604) 733-5699   *SIC* 5812
SPEEDY CREEK (1997) LTD p93
17724 102 Ave Nw, EDMONTON, AB, T5S 1H5   *SIC* 5812
SPENCER'S AT THE WATERFRONT p541
1340 Lakeshore Rd, BURLINGTON, ON, L7S 1Y2
(905) 633-7494   *SIC* 5812
SPINNAKERS BREWPUB & GUESTHOUSES INC p335
308 Catherine St, VICTORIA, BC, V9A 3S8
(250) 386-2739   *SIC* 5812
SPRINGER INVESTMENTS LTD p415
447 Rothesay Ave, SAINT JOHN, NB, E2J 2C3
(506) 633-8450   *SIC* 5812
SPRUCE GROVE PIZZA LTD p165
201 Calahoo Rd, SPRUCE GROVE, AB, T7X 1R1
(780) 962-0224   *SIC* 5812
SQUARE ARCH LTD p840
2480 Gerrard St E, SCARBOROUGH, ON, M1N 4C3
(416) 690-3658   *SIC* 5812
ST. JAMES GATE LTD p408
14 Church St, MONCTON, NB, E1C 4Y9
(506) 388-4283   *SIC* 5812
STADUS FOOD SERVICE LTD p174
5517 37a Ave, Wetaskiwin, AB, T9A 3A5
(780) 352-3103   *SIC* 5812
STAR WALK BUFFET INC p845
648 Silver Star Blvd, SCARBOROUGH, ON, M1V 5N1
(416) 299-0928   *SIC* 5812
STARBUCKS COFFEE CANADA, INC p3
114 Sierra Springs Dr Se Unit 101, AIRDRIE, AB, T4B 3G6
(403) 945-8107   *SIC* 5812
STARBUCKS COFFEE CANADA, INC p11
2555 32 St Ne Suite 500, CALGARY, AB, T1Y 7J6
(403) 219-3501   *SIC* 5812
STARBUCKS COFFEE CANADA, INC p25
951 General Ave Ne Suite 6, CALGARY, AB, T2E 9E1
(403) 269-2006   *SIC* 5812
STARBUCKS COFFEE CANADA, INC p33
6455 Macleod Trail Sw Suite 178, CALGARY, AB, T2H 0K3
(403) 640-9846   *SIC* 5812
STARBUCKS COFFEE CANADA, INC p33
33 Heritage Meadows Way Se Suite 214, CALGARY, AB, T2H 3B8
(403) 253-4518   *SIC* 5812
STARBUCKS COFFEE CANADA, INC p36
9631 Macleod Trail Sw, CALGARY, AB, T2J 0P6   *SIC* 5812
STARBUCKS COFFEE CANADA, INC p53
723 17 Ave Sw, CALGARY, AB, T2S 0B6
(403) 209-2888   *SIC* 5812
STARBUCKS COFFEE CANADA, INC p53
3531 Garrison Gate Sw, CALGARY, AB, T2T 6E4
(403) 685-4500   *SIC* 5812
STARBUCKS COFFEE CANADA, INC p58
5005 Dalhousie Dr Nw Suite 195, CALGARY, AB, T3A 5R8
(403) 202-1555   *SIC* 5812
STARBUCKS COFFEE CANADA, INC p59
5149 Country Hills Blvd Nw Suite 238, CALGARY, AB, T3A 5K8
(403) 226-9867   *SIC* 5812
STARBUCKS COFFEE CANADA, INC p62
274 Stewart Green Sw, CALGARY, AB, T3H 3C8
(403) 246-4100   *SIC* 5812
STARBUCKS COFFEE CANADA, INC p64
11300 Tuscany Blvd Nw, CALGARY, AB, T3L 2V7
(403) 208-0203   *SIC* 5812
STARBUCKS COFFEE CANADA, INC p65
12294 Symons Valley Rd Nw Unit 103, CALGARY, AB, T3P 0A3
(403) 516-0297   *SIC* 5812
STARBUCKS COFFEE CANADA, INC p69
120 5 Ave W Suite 301, COCHRANE, AB, T4C 0A4
(403) 932-9856   *SIC* 5812
STARBUCKS COFFEE CANADA, INC p82
10116 109 St Nw, EDMONTON, AB, T5J 1M7
(780) 425-5133   *SIC* 5812
STARBUCKS COFFEE CANADA, INC p85
13682 137 Ave Nw, EDMONTON, AB, T5L 4Z8
(780) 455-5302   *SIC* 5812
STARBUCKS COFFEE CANADA, INC p106
10380 78 Ave Nw, EDMONTON, AB, T6E 6T2
(780) 430-6950   *SIC* 5812
STARBUCKS COFFEE CANADA, INC p113
1751 102 St Nw, EDMONTON, AB, T6N 0B1
(780) 490-6599   *SIC* 5812
STARBUCKS COFFEE CANADA, INC p115
14239 23 Ave Nw, EDMONTON, AB, T6R 3E7
(780) 433-3331   *SIC* 5812
STARBUCKS COFFEE CANADA, INC p116
961 James Mowatt Trail Sw, EDMONTON, AB, T6W 1S4
(780) 435-3081   *SIC* 5812
STARBUCKS COFFEE CANADA, INC p122
112 Riverstone Ridge Unit 107, FORT MCMURRAY, AB, T9K 1S6
(780) 743-6331   *SIC* 5812
STARBUCKS COFFEE CANADA, INC p124
9378 Southfort Dr Suite 101, FORT SASKATCHEWAN, AB, T8L 0C5
(780) 589-4430   *SIC* 5812
STARBUCKS COFFEE CANADA, INC p128
10948 100 Ave, GRANDE PRAIRIE, AB, T8V 7G5
(780) 832-4857   *SIC* 5812
STARBUCKS COFFEE CANADA, INC p139
701 1 Ave S, LETHBRIDGE, AB, T1J 4V7
(403) 329-9091   *SIC* 5812
STARBUCKS COFFEE CANADA, INC p149
201 Southridge Dr Unit 111, OKOTOKS, AB, T1S 2E1
(403) 995-1924   *SIC* 5812
STARBUCKS COFFEE CANADA, INC p154
37400 Hwy 2 Unit 144a, RED DEER, AB, T4N 1E3
(403) 340-0396   *SIC* 5812
STARBUCKS COFFEE CANADA, INC p162
1000 Alder Ave Unit 25, SHERWOOD PARK, AB, T8A 2G2
(780) 467-2836   *SIC* 5812
STARBUCKS COFFEE CANADA, INC p167
5 Giroux Rd Unit 510, ST. ALBERT, AB, T8N 6J8
(780) 458-2364   *SIC* 5812
STARBUCKS COFFEE CANADA, INC p178
1399 Sumas Way Unit 100, ABBOTSFORD, BC, V2S 8M9
(604) 864-6035   *SIC* 5812
STARBUCKS COFFEE CANADA, INC p180
3250 Mt Lehman Rd, ABBOTSFORD, BC, V4X 2M9
(604) 856-2531   *SIC* 5812
STARBUCKS COFFEE CANADA, INC p182
2271 Austin Rd Suite 215a, BURNABY, BC, V3J 1N4
(604) 415-5336   *SIC* 5812
STARBUCKS COFFEE CANADA, INC p185
6568 Hastings St Suite 101, BURNABY, BC, V5B 1S2
(604) 205-9044   *SIC* 5812
STARBUCKS COFFEE CANADA, INC p191
4700 Kingsway Suite 2255, BURNABY, BC, V5H 4M1
(604) 436-2500   *SIC* 5812
STARBUCKS COFFEE CANADA, INC p191
4700 Kingsway Suite 1174, BURNABY, BC, V5H 4M1
(604) 431-9996   *SIC* 5812
STARBUCKS COFFEE CANADA, INC p201
1980 Como Lake Ave Suite A, COQUITLAM, BC, V3J 3R3
(604) 937-7781   *SIC* 5812
STARBUCKS COFFEE CANADA, INC p211
5263 Ladner Trunk Rd, DELTA, BC, V4K 1W4
(604) 940-8394   *SIC* 5812
STARBUCKS COFFEE CANADA, INC p212
2755 Beverly St, DUNCAN, BC, V9L 6X2
(250) 737-1077   *SIC* 5812
STARBUCKS COFFEE CANADA, INC p212
350 Trunk Rd Suite 1, DUNCAN, BC, V9L 2P6
(250) 746-9394   *SIC* 5812
STARBUCKS COFFEE CANADA, INC p221
1967 Trans Canada Hwy E Unit 90c, KAMLOOPS, BC, V2C 4A4
(250) 314-4120   *SIC* 5812
STARBUCKS COFFEE CANADA, INC p223
3151 Lakeshore Rd Suite 55, KELOWNA, BC, V1W 3S9
(250) 762-6273   *SIC* 5812
STARBUCKS COFFEE CANADA, INC p224
2709 Highway 97 N, KELOWNA, BC, V1X 4J8
(250) 860-7632   *SIC* 5812
STARBUCKS COFFEE CANADA, INC p227
2271 Harvey Ave Suite 1264, KELOWNA, BC, V1Y 6H2
(250) 762-8851   *SIC* 5812
STARBUCKS COFFEE CANADA, INC p230
20159 88 Ave, LANGLEY, BC, V1M 0A4
(604) 455-0393   *SIC* 5812
STARBUCKS COFFEE CANADA, INC p233
20151 Fraser Hwy, LANGLEY, BC, V3A 4E4
(604) 533-7015   *SIC* 5812
STARBUCKS COFFEE CANADA, INC p237

▲ Public Company   ■ Public Company Family Member   **HQ** Headquarters   **BR** Branch   **SL** Single Location

SIC 5812 Eating places

22645 Dewdney Trunk Rd Unit 100, MAPLE RIDGE, BC, V2X 3K1
(604) 463-1320 SIC 5812
STARBUCKS COFFEE CANADA, INC p238
32555 London Ave Unit 370, MISSION, BC, V2V 6M7
(604) 820-0025 SIC 5812
STARBUCKS COFFEE CANADA, INC p242
6334 Metral Dr, NANAIMO, BC, V9T 2L8
(250) 390-9861 SIC 5812
STARBUCKS COFFEE CANADA, INC p242
3200 Island Hwy N Suite 120c, NANAIMO, BC, V9T 1W1
(250) 758-5955 SIC 5812
STARBUCKS COFFEE CANADA, INC p245
800 Mcbride Blvd Suite 21, NEW WESTMINSTER, BC, V3L 2B8
(604) 525-5277 SIC 5812
STARBUCKS COFFEE CANADA, INC p247
333 Brooksbank Ave Suite 510, NORTH VANCOUVER, BC, V7J 3S8
(604) 986-4255 SIC 5812
STARBUCKS COFFEE CANADA, INC p250
1276 Marine Dr, NORTH VANCOUVER, BC, V7P 1T2
(604) 987-1191 SIC 5812
STARBUCKS COFFEE CANADA, INC p250
3127 Edgemont Blvd, NORTH VANCOUVER, BC, V7R 2N7
(604) 985-8750 SIC 5812
STARBUCKS COFFEE CANADA, INC p256
2564 Shaughnessy St Suite 101, PORT COQUITLAM, BC, V3C 3G4
(604) 552-0674 SIC 5812
STARBUCKS COFFEE CANADA, INC p262
3161 Massey Dr Suite 101, PRINCE GEORGE, BC, V2N 2S9
(250) 562-4272 SIC 5812
STARBUCKS COFFEE CANADA, INC p267
12571 Bridgeport Rd Unit 110, RICHMOND, BC, V6V 1J4
(604) 279-9328 SIC 5812
STARBUCKS COFFEE CANADA, INC p272
11688 Steveston Hwy Suite 1166, RICHMOND, BC, V7A 1N6
(604) 241-5900 SIC 5812
STARBUCKS COFFEE CANADA, INC p274
8100 No. 2 Rd Suite 130, RICHMOND, BC, V7C 5J9
(604) 241-7842 SIC 5812
STARBUCKS COFFEE CANADA, INC p281
10174 152 St, SURREY, BC, V3R 6N7
(604) 951-6633 SIC 5812
STARBUCKS COFFEE CANADA, INC p281
8898 152 St, SURREY, BC, V3R 4E4
(604) 951-9373 SIC 5812
STARBUCKS COFFEE CANADA, INC p288
15355 24 Ave Suite 900, SURREY, BC, V4A 2H9
SIC 5812
STARBUCKS COFFEE CANADA, INC p293
2795 Hastings St E, VANCOUVER, BC, V5K 1Z8
(604) 215-2424 SIC 5812
STARBUCKS COFFEE CANADA, INC p295
1752 Commercial Dr, VANCOUVER, BC, V5N 4A3
(604) 251-5397 SIC 5812
STARBUCKS COFFEE CANADA, INC p295
2517 Commercial Dr, VANCOUVER, BC, V5N 4C1
(604) 875-6065 SIC 5812
STARBUCKS COFFEE CANADA, INC p296
7010 Kerr St, VANCOUVER, BC, V5S 4W2
(604) 439-9555 SIC 5812
STARBUCKS COFFEE CANADA, INC p299
128 6th Ave W Suite 200, VANCOUVER, BC, V5Y 1K6
(604) 871-1192 SIC 5812
STARBUCKS COFFEE CANADA, INC p301
682 Broadway W, VANCOUVER, BC, V5Z 1G1
(604) 708-0030 SIC 5812
STARBUCKS COFFEE CANADA, INC p305

601 Cordova St W Suite 54, VANCOUVER, BC, V6B 1G1
(604) 685-3758 SIC 5812
STARBUCKS COFFEE CANADA, INC p313
1301 Robson St, VANCOUVER, BC, V6E 1C6
(604) 801-5820 SIC 5812
STARBUCKS COFFEE CANADA, INC p313
1100 Robson St Suite 100, VANCOUVER, BC, V6E 1B2
SIC 5812
STARBUCKS COFFEE CANADA, INC p314
1795 Davie St, VANCOUVER, BC, V6G 1W5
(604) 899-4322 SIC 5812
STARBUCKS COFFEE CANADA, INC p316
1500 2nd Ave W, VANCOUVER, BC, V6J 1H2
(604) 736-5477 SIC 5812
STARBUCKS COFFEE CANADA, INC p317
2902 Broadway W Suite 166, VANCOUVER, BC, V6K 2G8
(604) 736-7876 SIC 5812
STARBUCKS COFFEE CANADA, INC p319
8002 Granville St, VANCOUVER, BC, V6P 4Z4
(604) 266-9222 SIC 5812
STARBUCKS COFFEE CANADA, INC p320
5761 Dalhousie Rd, VANCOUVER, BC, V6T 2H9
(604) 221-0200 SIC 5812
STARBUCKS COFFEE CANADA, INC p320
6190 Agronomy Rd, VANCOUVER, BC, V6T 1Z3
(604) 221-6434 SIC 5812
STARBUCKS COFFEE CANADA, INC p322
788 Robson St, VANCOUVER, BC, V6Z 1A1
(604) 681-1901 SIC 5812
STARBUCKS COFFEE CANADA, INC p322
720 Granville St, VANCOUVER, BC, V6Z 1E4
(604) 633-9801 SIC 5812
STARBUCKS COFFEE CANADA, INC p330
320 Cook St, VICTORIA, BC, V8V 3X6
(250) 380-7606 SIC 5812
STARBUCKS COFFEE CANADA, INC p333
777 Royal Oak Dr Suite 550, VICTORIA, BC, V8X 4V1
(250) 744-4225 SIC 5812
STARBUCKS COFFEE CANADA, INC p335
3170 Tillicum Rd Suite 101a, VICTORIA, BC, V9A 7C5
(250) 414-0442 SIC 5812
STARBUCKS COFFEE CANADA, INC p336
782 Goldstream Ave, VICTORIA, BC, V9B 2X3
(250) 474-3937 SIC 5812
STARBUCKS COFFEE CANADA, INC p369
726 St Anne's Rd Suite A, WINNIPEG, MB, R2N 0A2
(204) 253-0401 SIC 5812
STARBUCKS COFFEE CANADA, INC p381
1485 Portage Ave Suite 153, WINNIPEG, MB, R3G 0W4
(204) 772-3659 SIC 5812
STARBUCKS COFFEE CANADA, INC p382
1430 Ellice Ave Suite 1, WINNIPEG, MB, R3G 0G4
(204) 774-1084 SIC 5812
STARBUCKS COFFEE CANADA, INC p452
32 Foulis Row, DARTMOUTH, NS, B3B 0E1
(902) 481-9006 SIC 5812
STARBUCKS COFFEE CANADA, INC p485
90 Kingston Rd E Suite 3, AJAX, ON, L1Z 1G1
(905) 426-5885 SIC 5812
STARBUCKS COFFEE CANADA, INC p488
737 Golf Links Rd Suite 1, ANCASTER, ON, L9K 1L5
(905) 304-7070 SIC 5812
STARBUCKS COFFEE CANADA, INC p504
390 North Front St, BELLEVILLE, ON, K8P 3E1
(613) 962-0479 SIC 5812
STARBUCKS COFFEE CANADA, INC p531

1981 Parkedale Ave Suite D, BROCKVILLE, ON, K6V 0B4
SIC 5812
STARBUCKS COFFEE CANADA, INC p535
675 Appleby Line, BURLINGTON, ON, L7L 2Y5
(905) 637-7018 SIC 5812
STARBUCKS COFFEE CANADA, INC p576
2940 Bloor St W, ETOBICOKE, ON, M8X 1B6
(416) 236-9191 SIC 5812
STARBUCKS COFFEE CANADA, INC p581
1950 The Queensway, ETOBICOKE, ON, M9C 5H5
(416) 626-1995 SIC 5812
STARBUCKS COFFEE CANADA, INC p595
2401 City Park Dr, GLOUCESTER, ON, K1J 1G1
(613) 744-2663 SIC 5812
STARBUCKS COFFEE CANADA, INC p601
435 Stone Rd W, GUELPH, ON, N1G 2X6
(519) 822-5733 SIC 5812
STARBUCKS COFFEE CANADA, INC p613
1100 Wilson St E, HAMILTON, ON, L8S 4K5
(905) 304-8494 SIC 5812
STARBUCKS COFFEE CANADA, INC p626
400 Earl Grey Dr Suite 1, KANATA, ON, K2T 1B9
(613) 599-6680 SIC 5812
STARBUCKS COFFEE CANADA, INC p644
135 Gateway Park Dr, KITCHENER, ON, N2P 2J9
(519) 653-1333 SIC 5812
STARBUCKS COFFEE CANADA, INC p651
162 Dundas St, LONDON, ON, N5V 1A1
(519) 434-2424 SIC 5812
STARBUCKS COFFEE CANADA, INC p660
1037 Wellington Rd Suite 2, LONDON, ON, N6E 1W4
(519) 680-9889 SIC 5812
STARBUCKS COFFEE CANADA, INC p674
7333 Woodbine Ave Unit 1, MARKHAM, ON, L3R 1A7
(905) 513-6767 SIC 5812
STARBUCKS COFFEE CANADA, INC p682
16 Market Dr, MILTON, ON, L9T 3H5
(905) 878-8300 SIC 5812
STARBUCKS COFFEE CANADA, INC p699
189 Rathburn Rd W, MISSISSAUGA, ON, L5B 4C1
(905) 896-7070 SIC 5812
STARBUCKS COFFEE CANADA, INC p701
111 Lakeshore Rd W, MISSISSAUGA, ON, L5H 1E9
(905) 278-7562 SIC 5812
STARBUCKS COFFEE CANADA, INC p704
3235 Dundas St W Suite 1, MISSISSAUGA, ON, L5L 5V7
(905) 608-0633 SIC 5812
STARBUCKS COFFEE CANADA, INC p749
5140 Yonge St Suite 1205, NORTH YORK, ON, M2N 6L7
(416) 228-7300 SIC 5812
STARBUCKS COFFEE CANADA, INC p766
330 Dundas St E Unit 5, OAKVILLE, ON, L6H 6Z9
(905) 257-4244 SIC 5812
STARBUCKS COFFEE CANADA, INC p768
321 Cornwall Rd Unit 114, OAKVILLE, ON, L6J 7Z5
(905) 844-8668 SIC 5812
STARBUCKS COFFEE CANADA, INC p771
223 North Service Rd W Unit A, OAKVILLE, ON, L6M 3R2
(905) 815-8551 SIC 5812
STARBUCKS COFFEE CANADA, INC p782
419 King St W Suite 1135, OSHAWA, ON, L1J 2K5
(905) 438-9838 SIC 5812
STARBUCKS COFFEE CANADA, INC p782
1365 Wilson Rd N, OSHAWA, ON, L1K 2Z5
(905) 728-8312 SIC 5812
STARBUCKS COFFEE CANADA, INC p789
47 Rideau St, OTTAWA, ON, K1N 5W8

(613) 562-0588 SIC 5812
STARBUCKS COFFEE CANADA, INC p796
2210 Bank St, OTTAWA, ON, K1V 1J5
(613) 733-3227 SIC 5812
STARBUCKS COFFEE CANADA, INC p798
421 Richmond Rd Suite 101, OTTAWA, ON, K2A 4H1
(613) 715-9796 SIC 5812
STARBUCKS COFFEE CANADA, INC p823
10520 Yonge St Suite 35b, RICHMOND HILL, ON, L4C 3C7
(905) 508-7474 SIC 5812
STARBUCKS COFFEE CANADA, INC p853
285 Geneva St, ST CATHARINES, ON, L2N 2G1
(905) 935-0330 SIC 5812
STARBUCKS COFFEE CANADA, INC p862
377 Highway 8 Suite 369, STONEY CREEK, ON, L8G 1E7
(905) 664-9494 SIC 5812
STARBUCKS COFFEE CANADA, INC p869
1425 Kingsway, SUDBURY, ON, P3B 0A2
(705) 525-5060 SIC 5812
STARBUCKS COFFEE CANADA, INC p874
7355 Bayview Ave Suite 1b, THORNHILL, ON, L3T 5Z2
(905) 771-9229 SIC 5812
STARBUCKS COFFEE CANADA, INC p875
7077 Bathurst St Suite 6, THORNHILL, ON, L4J 2J6
(905) 764-2332 SIC 5812
STARBUCKS COFFEE CANADA, INC p904
450 Yonge St, TORONTO, ON, M4Y 1W9
(416) 922-6696 SIC 5812
STARBUCKS COFFEE CANADA, INC p904
8 Wellesley St E Suite 1105, TORONTO, ON, M4Y 3B2
(416) 927-8277 SIC 5812
STARBUCKS COFFEE CANADA, INC p907
10 Dundas St E Suite 128, TORONTO, ON, M5B 2G9
(416) 593-9790 SIC 5812
STARBUCKS COFFEE CANADA, INC p916
4 King St W, TORONTO, ON, M5H 1B6
(416) 363-5983 SIC 5812
STARBUCKS COFFEE CANADA, INC p926
110 Bloor St W, TORONTO, ON, M5S 2W7
(416) 921-2525 SIC 5812
STARBUCKS COFFEE CANADA, INC p926
55 Harbord St, TORONTO, ON, M5S 2W6
(416) 598-2220 SIC 5812
STARBUCKS COFFEE CANADA, INC p927
205 College St, TORONTO, ON, M5T 1P9
(416) 341-0101 SIC 5812
STARBUCKS COFFEE CANADA, INC p945
201 Main St, UNIONVILLE, ON, L3R 2G8
(905) 944-0703 SIC 5812
STARBUCKS COFFEE CANADA, INC p951
247 King St N, WATERLOO, ON, N2J 2Y8
(519) 886-0101 SIC 5812
STARBUCKS COFFEE CANADA, INC p953
650 Erb St W, WATERLOO, ON, N2T 2Z7
(519) 886-5237 SIC 5812
STARBUCKS COFFEE CANADA, INC p972
3737 Major Mackenzie Dr Suite 101, WOODBRIDGE, ON, L4H 0A2
(905) 303-7097 SIC 5812
STARBUCKS COFFEE CANADA, INC p1159
1363 Av Maguire Bureau 300, Quebec, QC, G1T 1Z2
SIC 5812
STARBUCKS COFFEE CANADA, INC p1162
1200 Av De Germain-Des-Pres, Quebec, QC, G1V 3M7
(418) 650-9444 SIC 5812
STARBUCKS COFFEE CANADA, INC p1293
2311 8th St E Suite A, SASKATOON, SK, S7H 0V4
(306) 955-7434 SIC 5812
STARBUCKS COFFEE CANADA, INC p1298
100 2nd Ave S, SASKATOON, SK, S7K 1K5
(306) 665-5558 SIC 5812
STEELE FOODS LTD p599
380 Eramosa Rd Unit 18, GUELPH, ON,

BUSINESSES BY INDUSTRY CLASSIFICATION

SIC 5812 Eating places 2249

N1E 6R2
(519) 763-8016 *SIC* 5812
STEER HOLDINGS LTD p382
1405 Portage Ave, WINNIPEG, MB, R3G 0W1
(204) 783-1612 *SIC* 5812
STEVESTON RESTAURANTS LTD p272
11151 No. 5 Rd, RICHMOND, BC, V7A 4E8
(604) 272-1399 *SIC* 5812
STONE CROCK INC, THE p857
1398 King St N, ST JACOBS, ON, N0B 2N0
(519) 664-2575 *SIC* 5812
STONEWATER GROUP OF FRANCHISES p215
9324 Alaska Rd, FORT ST. JOHN, BC, V1J 6L5
(250) 262-4151 *SIC* 5812
STUDY BREAK LIMITED p595
5480 Canotek Rd Suite 20, GLOUCESTER, ON, K1J 9H7
(613) 745-6389 *SIC* 5812
SUBACH LIMITED p478
79 Robie St, TRURO, NS, B2N 1K8
(902) 895-6699 *SIC* 5812
SUN SUI WAH SEAFOOD RESTAURANT LTD p298
3888 Main St, VANCOUVER, BC, V5V 3N9
(604) 872-8822 *SIC* 5812
SUNDANCE LTD p435
33a George St, ST. JOHN'S, NL, A1C 5X3
(709) 753-7822 *SIC* 5812
SUNNY HOLDINGS LIMITED p38
1140 16 Ave Nw, CALGARY, AB, T2M 0K8
SIC 5812
SUTHERLAND INVESTMENTS INC p428
465 Main St, LEWISPORTE, NL, A0G 3A0
(709) 535-0588 *SIC* 5812
SWISS CHALET p113
2203 99 St Nw, EDMONTON, AB, T6N 1J7
(780) 988-2233 *SIC* 5812
SYDAX DEVELOPMENTS LIMITED p448
300 Prince Albert Rd, DARTMOUTH, NS, B2Y 4J2
(902) 468-8817 *SIC* 5812
SYMONS THE BAKER LTD p1269
1305 9th St, ESTEVAN, SK, S4A 1J1
(306) 634-6456 *SIC* 5812
SYSCO CANADA, INC p466
1 Duck Pond Rd Suite 1, LAKESIDE, NS, B3T 1M5
(902) 876-2311 *SIC* 5812
T & L EAGLES INVESTMENTS INC p518
225 Vodden St E, BRAMPTON, ON, L6V 4M1
(905) 457-6692 *SIC* 5812
T & L EAGLES INVESTMENTS INC p520
87 Kennedy Rd S, BRAMPTON, ON, L6W 3G1
(905) 457-4641 *SIC* 5812
T. T. P. INVESTMENTS LTD p109
4810 Calgary Trail Nw, EDMONTON, AB, T6H 5H5
(780) 463-4499 *SIC* 5812
T.T.O.C.S. LIMITED p782
419 King St W Suite Side, OSHAWA, ON, L1J 2K5
SIC 5812
T.W.Y. ENTERPRISES LTD p363
1631 Regent Ave W, WINNIPEG, MB, R2C 4H9
(204) 669-1029 *SIC* 5812
TANDEM FOODS INC p254
4152 Redford St, PORT ALBERNI, BC, V9Y 3R5
(250) 723-4747 *SIC* 5812
TAYLYX LTD p725
475 Centre St N, NAPANEE, ON, K7R 3S4
(613) 354-9707 *SIC* 5812
TDL GROUP CORP, THE p20
7460 51 St Se, CALGARY, AB, T2C 4B4
(403) 203-7400 *SIC* 5812
TDL GROUP CORP, THE p68
120 John Morris Way Suite 300, CHESTERMERE, AB, T1X 1V3

(403) 248-0000 *SIC* 5812
TDL GROUP CORP, THE p154
6721 50 Ave Suite 7, RED DEER, AB, T4N 4C9
SIC 5812
TDL GROUP CORP, THE p163
240 590th Baseline Rd, SHERWOOD PARK, AB, T8H 1Y4
SIC 5812
TDL GROUP CORP, THE p163
222 Baseline Rd Suite 340, SHERWOOD PARK, AB, T8H 1S8
(780) 467-0803 *SIC* 5812
TDL GROUP CORP, THE p234
26585 Gloucester Way, LANGLEY, BC, V4W 3S8
(604) 857-5430 *SIC* 5812
TDL GROUP CORP, THE p453
478 Macelmon Rd, DEBERT, NS, B0M 1G0
(902) 662-2155 *SIC* 5812
TDL GROUP CORP, THE p453
476 Macelmon Rd, DEBERT, NS, B0M 1G0
(902) 662-2522 *SIC* 5812
TDL GROUP CORP, THE p473
85 Ohio Rd Suite 1772, SHELBURNE, NS, B0T 1W0
(902) 875-2513 *SIC* 5812
TDL GROUP CORP, THE p486
105 Sadler Dr, ALMONTE, ON, K0A 1A0
(613) 256-2157 *SIC* 5812
TDL GROUP CORP, THE p488
1290 Cormorant Rd, ANCASTER, ON, L9G 4V5
(905) 304-2620 *SIC* 5812
TDL GROUP CORP, THE p549
10418 Hwy 7, CARLETON PLACE, ON, K7C 3P1
(613) 253-0446 *SIC* 5812
TDL GROUP CORP, THE p565
360 Balmoral Ave, CORNWALL, ON, K6H 6K1
(613) 933-3386 *SIC* 5812
TDL GROUP CORP, THE p604
950 Southgate Dr, GUELPH, ON, N1L 1S7
(519) 824-1304 *SIC* 5812
TDL GROUP CORP, THE p669
1443 16th Ave, MARKHAM, ON, L3P 7R2
SIC 5812
TDL GROUP CORP, THE p768
135 Trafalgar Rd, OAKVILLE, ON, L6J 3G4
(905) 845-0421 *SIC* 5812
TDL GROUP CORP, THE p775
352 Bay St, ORILLIA, ON, L3V 3X4
(705) 327-3645 *SIC* 5812
TDL GROUP CORP, THE p910
73 Front St E Unit 8, TORONTO, ON, M5E 1B8
(416) 363-1055 *SIC* 5812
TDL GROUP CORP, THE p921
207 Queens Quay W, TORONTO, ON, M5J 1A7
(416) 214-9474 *SIC* 5812
TDL GROUP CORP, THE p962
5720 Wyandotte St E, WINDSOR, ON, N8S 1M5
(519) 944-5549 *SIC* 5812
TEJAZZ MANAGEMENT SERVICES INC p249
4238 St. Pauls Ave, NORTH VANCOUVER, BC, V7N 1T5
(604) 986-9475 *SIC* 5812
TEMPLE GARDENS MINERAL SPA INC p1276
24 Fairford St E, MOOSE JAW, SK, S6H 0C7
(306) 693-7778 *SIC* 5812
TEN RESTAURANT & WINE BAR INC p701
139 Lakeshore Rd E, MISSISSAUGA, ON, L5G 1E5
(905) 271-0016 *SIC* 5812
THE GOLDEN GRIDDLE CORPORATION p538
3485 Harvester Rd, BURLINGTON, ON, L7N 3T3
SIC 5812

THE GOLDEN GRIDDLE CORPORATION p737
4946 Clifton Hill, NIAGARA FALLS, ON, L2G 3N4
(905) 358-3601 *SIC* 5812
THEODORE RESTAURANTS INC p726
1896 Prince Of Wales Dr Suite 1, NEPEAN, ON, K2C 3W9
(613) 224-6556 *SIC* 5812
THEODORE RESTAURANTS INC p726
1896 Prince Of Wales Dr Suite 12, NEPEAN, ON, K2C 3W9
(613) 224-7004 *SIC* 5812
THEODORE RESTAURANTS INC p860
1261 Stittsville Main St, STITTSVILLE, ON, K2S 2E4
(613) 831-1841 *SIC* 5812
THICKSON ROAD INVESTMENTS LIMITED p959
718 Centre St N, WHITBY, ON, L1N 9A9
SIC 5812
THUNDER APPLE NORTH INC p879
1155 Alloy Dr, THUNDER BAY, ON, P7B 6M8
(807) 346-5994 *SIC* 5812
THYS INVESTMENTS LTD p169
4201 South Park Dr, STONY PLAIN, AB, T7Z 1L1
(780) 968-6441 *SIC* 5812
TIAKA FOODS INC p562
10 Jacob Keffer Pky Unit 1, CONCORD, ON, L4K 5E3
(905) 303-7244 *SIC* 5812
TIDEVIEW ENTERPRISES LIMITED p467
104 Tidal Bore Rd, LOWER TRURO, NS, B6L 1T9
SIC 5812
TIL-VAN HOLDINGS LTD p265
122 Hwy 23 N, REVELSTOKE, BC, V0E 2S0
(250) 837-5119 *SIC* 5812
TIM HORTONS p26
4015 Centre St Nw, CALGARY, AB, T2E 2Y4
(403) 230-8999 *SIC* 5812
TIM HORTONS p233
20270 Logan Ave, LANGLEY, BC, V3A 4L6
(604) 530-4909 *SIC* 5812
TIM HORTONS p326
2601 Highway 6 Unit 14, VERNON, BC, V1T 5G4
(250) 260-7740 *SIC* 5812
TIM HORTONS p436
30 Ropewalk Lane, ST. JOHN'S, NL, A1E 5T2
(709) 739-6325 *SIC* 5812
TIM HORTONS p489
8008 Wellington Rd Suite 109, ARTHUR, ON, N0G 1A0
(519) 848-5333 *SIC* 5812
TIM HORTONS p526
226 West St, BRANTFORD, ON, N3R 3V2
(519) 756-4555 *SIC* 5812
TIM HORTONS p610
1470 6 Hwy N, HAMILTON, ON, L8N 2Z7
(905) 690-2200 *SIC* 5812
TIM HORTONS p706
2655 Eglinton Ave W, MISSISSAUGA, ON, L5M 7E1
(905) 828-7722 *SIC* 5812
TIM HORTONS p712
3285 Derry Rd W Suite 101, MISSISSAUGA, ON, L5N 7L7
(905) 824-2814 *SIC* 5812
TIM HORTONS p777
2020 Trim Rd, ORLEANS, ON, K4A 0G4
(613) 830-2712 *SIC* 5812
TIM HORTONS p819
780 O'brien Rd, RENFREW, ON, K7V 3Z4
(613) 432-9071 *SIC* 5812
TIM HORTONS p852
579 Carlton St, ST CATHARINES, ON, L2M 4Y1
(905) 937-3900 *SIC* 5812
TIM HORTONS p1040
405 Ch Vanier, GATINEAU, QC, J9J 3H9

(819) 682-4949 *SIC* 5812
TIM HORTONS p1278
11404 Railway Ave E, NORTH BATTLEFORD, SK, S9A 3P7
(306) 445-4474 *SIC* 5812
TIM HORTONS INVESTMENTS INC p896
731 Eastern Ave, TORONTO, ON, M4M 3H6
(416) 466-3580 *SIC* 5812
TIMBER 188 INC p512
2452 Queen St E, BRAMPTON, ON, L6S 5X9
(905) 791-8168 *SIC* 5812
TOKHASEPYAN FAMILY ENTERPRISES LIMITED p962
9945 Tecumseh Rd E, WINDSOR, ON, N8R 1A5
(519) 735-8445 *SIC* 5812
TOLLCORP RESTAURANTS p140
3120 Fairway St S, LETHBRIDGE, AB, T1K 6T9
(403) 327-6700 *SIC* 5812
TOMANICK GROUP, THE p149
10 Southridge Dr, OKOTOKS, AB, T1S 1N1
(403) 995-0224 *SIC* 5812
TONY MAC LIMITED p909
127 Church St, TORONTO, ON, M5C 2G5
(416) 368-1562 *SIC* 5812
TOOR & ASSOCIATES INC p772
270 North Service Rd W, OAKVILLE, ON, L6M 2R8
(905) 849-8100 *SIC* 5812
TOOR RESTAURANTS MANAGEMENT INC p834
785 Milner Ave, SCARBOROUGH, ON, M1B 3C3
(416) 282-0770 *SIC* 5812
TOP EDGE HOLDINGS LTD p318
5367 West Boulevard Unit 607, VANCOUVER, BC, V6M 3W4
(604) 266-1288 *SIC* 5812
TOP OF VANCOUVER REVOLVING RESTAURANT (1993) LTD p305
555 Hastings St W Suite 3400, VANCOUVER, BC, V6B 4N6
(604) 683-9391 *SIC* 5812
TORBA RESTAURANTS INC p499
6 Fairview Rd, BARRIE, ON, L4N 4P3
(705) 727-0233 *SIC* 5812
TORBA RESTAURANTS INC p499
450 Bryne Dr, BARRIE, ON, L4N 9R1
(705) 735-4143 *SIC* 5812
TORBA RESTAURANTS INC p740
368 Lakeshore Dr, NORTH BAY, ON, P1A 2C2
(705) 472-7240 *SIC* 5812
TOTO ENTERPRISES LTD p313
1154 Robson St, VANCOUVER, BC, V6E 1B2
(604) 688-7338 *SIC* 5812
TRAVERS FOOD SERVICE LTD p50
202 6 Ave Sw Suite 610, CALGARY, AB, T2P 2R9
SIC 5812
TRAVERS FOOD SERVICE LTD p107
9647 45 Ave Nw, EDMONTON, AB, T6E 5Z8
(780) 437-5665 *SIC* 5812
TRAVERS FOOD SERVICE LTD p146
9903 90 Ave, MORINVILLE, AB, T8R 1K7
SIC 5812
TRIPLE ANGLE ENTERPRISES LTD p145
2301 Trans Canada Way Se, MEDICINE HAT, AB, T1B 4E9
(403) 527-9311 *SIC* 5812
TRUE NORTH RESTAURANTS INC p544
355 Hespeler Rd Suite 276, CAMBRIDGE, ON, N1R 6B3
(519) 740-8220 *SIC* 5812
TRUE NORTH RESTAURANTS INC p722
5700 Mavis Rd Suite 1, MISSISSAUGA, ON, L5V 2N6
SIC 5812
TUESDAY RESTAURANT COMPANY LTD, THE p1289
3806 Albert St Suite 400, REGINA, SK, S4S

▲ Public Company   ■ Public Company Family Member   **HQ** Headquarters   **BR** Branch   **SL** Single Location

3R2
(306) 584-0611 SIC 5812
TURTLE JACK'S RESTAURANT INC p520
200 County Court Blvd, BRAMPTON, ON, L6W 4K7
(905) 457-3733 SIC 5812
TURTLE JACK'S RESTAURANT INC p702
980 Southdown Rd Unit E1, MISSISSAUGA, ON, L5J 2Y4
(905) 822-1998 SIC 5812
TURTLE JACK'S RESTAURANT INC p863
143 Upper Centennial Pky, STONEY CREEK, ON, L8J 0B2
(905) 662-3120 SIC 5812
TWINCORP INC p483
252 Bayly St W, AJAX, ON, L1S 3V4
(905) 686-3023 SIC 5812
TWINCORP INC p517
3 Gateway Blvd, BRAMPTON, ON, L6T 4X2
(905) 793-5811 SIC 5812
TWINCORP INC p520
295 Queen St E, BRAMPTON, ON, L6W 3R1
(905) 454-8888 SIC 5812
TWINCORP INC p551
328 St Clair St, CHATHAM, ON, N7L 3K1
SIC 5812
TWINCORP INC p606
744 Queenston Rd, HAMILTON, ON, L8G 1A4
(905) 573-0733 SIC 5812
TWINCORP INC p611
460 Main St W, HAMILTON, ON, L8P 1K7
(905) 525-4890 SIC 5812
TWINCORP INC p637
1020 Ottawa St N Unit D, KITCHENER, ON, N2A 3Z3
(519) 894-1615 SIC 5812
TWINCORP INC p639
951 Homer Watson Blvd, KITCHENER, ON, N2C 0A7
(519) 748-9051 SIC 5812
TWINCORP INC p639
2969 Kingsway Dr, KITCHENER, ON, N2C 2H7
SIC 5812
TWINCORP INC p643
751 Victoria St S, KITCHENER, ON, N2M 5N4
SIC 5812
TWINCORP INC p652
1584 Dundas St, LONDON, ON, N5W 3C1
(519) 455-1938 SIC 5812
TWINCORP INC p654
1145 Highbury Ave N, LONDON, ON, N5Y 1A5
(519) 455-9737 SIC 5812
TWINCORP INC p768
546 Trafalgar Rd, OAKVILLE, ON, L6J 3J2
SIC 5812
TWINCORP INC p782
299 King St W, OSHAWA, ON, L1J 2J8
(905) 721-7525 SIC 5812
TWINCORP INC p827
1182 London Rd, SARNIA, ON, N7S 1P4
(519) 383-7875 SIC 5812
TWINCORP INC p844
4186 Finch Ave E Suite 30, SCARBOROUGH, ON, M1S 4T5
(416) 292-1447 SIC 5812
TWINCORP INC p865
1067 Ontario St, STRATFORD, ON, N5A 6W6
SIC 5812
TWINCORP INC p956
800 Niagara St, WELLAND, ON, L3C 5Z4
SIC 5812
TWINCORP INC p966
300 Tecumseh Rd E Suite 500, WINDSOR, ON, N8X 5E8
(519) 971-7268 SIC 5812
TWINCORP INC p970
1790 Huron Church Rd, WINDSOR, ON, N9C 2L4

(519) 977-0662 SIC 5812
TWINCORP INC p978
670 Dundas St, WOODSTOCK, ON, N4S 1E6
(519) 539-9801 SIC 5812
TZOGAS ENTERPRISES INC p782
245 King St W Suite 15, OSHAWA, ON, L1J 2J7
(905) 579-5529 SIC 5812
U.B. RESTAURANT INC p760
506 Lawrence Ave W, NORTH YORK, ON, M6A 1A1
(416) 789-0519 SIC 5812
ULTIMA HOLDINGS LTD p162
967 Ordze Rd, SHERWOOD PARK, AB, T8A 4L7
(780) 467-2223 SIC 5812
ULTRA SUPPER CLUB INC p931
314 Queen St W, TORONTO, ON, M5V 2A2
(416) 263-0330 SIC 5812
UNCLE RAY'S RESTAURANT CO. LTD p195
1361 16th Ave, CAMPBELL RIVER, BC, V9W 2C9
(250) 287-2631 SIC 5812
UNDERHILL FOOD SERVICES LTD p136
6504 Sparrow Dr, LEDUC, AB, T9E 6T9
(780) 986-5323 SIC 5812
UNIVERSITY OF BRITISH COLUMBIA, THE p321
2071 West Mall, VANCOUVER, BC, V6T 1Z2
(604) 822-2018 SIC 5812
UNIVERSITY OF MANITOBA p390
545 University Cres, WINNIPEG, MB, R3T 5S6
(204) 474-9449 SIC 5812
UNIVERSITY OF WATERLOO p952
200 University Ave W Suite 103, WATERLOO, ON, N2L 3G1
(519) 888-4700 SIC 5812
UNIVERSITY STUDENT COUNCIL OF THE UNIVERSITY OF WESTERN ONTARIO p657
1151 Richmond St Rm 340, LONDON, ON, N6A 3K7
(519) 661-3574 SIC 5812
UPPER CRUST CATERERS LTD p108
10909 86 Ave Nw, EDMONTON, AB, T6G 0W8
(780) 758-5599 SIC 5812
V A V HOLDINGS LIMITED p895
568 Danforth Ave, TORONTO, ON, M4K 1R1
(416) 461-5470 SIC 5812
VAKHOS RESTAURANT LIMITED p1301
221 Idylwyld Dr N, SASKATOON, SK, S7L 6V6
(306) 244-7777 SIC 5812
VALART INC p357
141 Pth 12 N, STEINBACH, MB, R5G 1T5
(204) 346-0700 SIC 5812
VALLEY KING FOODS INC p253
1717 Main St, PENTICTON, BC, V2A 5G9
(250) 493-8411 SIC 5812
VALLEY KING FOODS INC p326
2505 53 Ave, VERNON, BC, V1T 8G6
(250) 545-1312 SIC 5812
VIEILLE MAISON DU SPAGHETTI INC, LA p1158
625 Grande Allee E, Quebec, QC, G1R 2K4
(418) 529-6697 SIC 5812
VINCENT, SYLVAIN p1083
387 117 Rte, MONT-TREMBLANT, QC, J8E 2X4
(819) 425-1333 SIC 5812
VITO'S PIZZERIA FOOD PRODUCTION LTD p408
726 Mountain Rd, MONCTON, NB, E1C 2P9
(506) 858-5000 SIC 5812
VUE LOINTAINE INC p1202
1195 Boul Des Laurentides, Saint-Jerome, QC, J7Z 7L3
(450) 565-9020 SIC 5812
W.O.W. HOSPITALITY CONCEPTS INC p379
15 Forks Market Rd, WINNIPEG, MB, R3C 0A2

(204) 947-6653 SIC 5812
WAHA ENTERPRISES INC p725
100 Bayshore Dr, NEPEAN, ON, K2B 8C1
(613) 721-2918 SIC 5812
WALKER TOWNE PIZZA INC p965
4450 Walker Rd, WINDSOR, ON, N8W 3T5
(519) 250-7670 SIC 5812
WALKER, J. B. & M. LIMITED p700
3411 Mavis Rd, MISSISSAUGA, ON, L5C 1T7
(905) 272-4545 SIC 5812
WALL, BOB ENTERPRISES INC p734
1166 Davis Dr, NEWMARKET, ON, L3Y 8X4
(905) 853-0607 SIC 5812
WARING HOUSE RESTAURANT AND INN p815
395 Sandy Hook Rd, PICTON, ON, K0K 2T0
(613) 476-7492 SIC 5812
WATER STREET (VANCOUVER) SPAGHETTI CORP p332
703 Douglas St, VICTORIA, BC, V8W 2B4
(250) 381-8444 SIC 5812
WATER STREET SPAGHETTI CORPORATION, THE p50
222 3 St Sw, CALGARY, AB, T2P 1P9
(403) 263-7223 SIC 5812
WATER TOWER RESTAURANT (2000) LTD p174
5527a 49 Ave, WETASKIWIN, AB, T9A 0R5
(780) 352-9235 SIC 5812
WATSON, T.J. ENTERPRISES INC p966
275 Tecumseh Rd W, WINDSOR, ON, N8X 1G2
(519) 252-7574 SIC 5812
WATSON, T.J. ENTERPRISES INC p970
1420 Huron Church Rd, WINDSOR, ON, N9C 2L1
(519) 252-4343 SIC 5812
WATTS' GROUP LIMITED p921
156 Front St W Suite 610, TORONTO, ON, M5J 2L6
(416) 755-1374 SIC 5812
WAY, G RESTAURANTS SERVICES LTD p526
299 Wayne Gretzky Pky, BRANTFORD, ON, N3R 8A5
(519) 751-2304 SIC 5812
WDI COFFEE INC p424
153 Main Hwy, CONCEPTION BAY SOUTH, NL, A0A 2Y0
(709) 834-6333 SIC 5812
WDI COFFEE INC p425
911 Conception Bay Hwy Suite 907, CONCEPTION BAY SOUTH, NL, A1X 7R8
(709) 834-2422 SIC 5812
WEN DUNCAN FOODS LTD p212
5845 Trans Canada Hwy, DUNCAN, BC, V9L 3R9
(250) 748-3424 SIC 5812
WEN HARBOURSIDE FOODS LTD p240
660 Terminal Ave, NANAIMO, BC, V9R 5E2
(250) 754-0705 SIC 5812
WENDCORP HOLDINGS INC p224
2330 Highway 97 N Suite 220, KELOWNA, BC, V1X 4H8
(250) 768-8988 SIC 5812
WENDCORP HOLDINGS INC p528
78 Icomm Dr, BRANTFORD, ON, N3S 2X5
(519) 753-7708 SIC 5812
WENDCORP HOLDINGS INC p849
413 Norfolk St N Unit 6399, SIMCOE, ON, N3Y 3P4
(519) 426-4800 SIC 5812
WENDCORP HOLDINGS INC p951
221 Weber St N, WATERLOO, ON, N2J 3H5
(519) 746-2728 SIC 5812
WENDCORP HOLDINGS INC p956
530 Niagara St, WELLAND, ON, L3C 1L8
(905) 788-0930 SIC 5812
WENDY'S OLD FASHIONED HAMBURGERS p526
68 King George Rd, BRANTFORD, ON, N3R 5K4
SIC 5812

WENDY'S RESTAURANTS OF CANADA INC p2
180 East Lake Cres Ne, AIRDRIE, AB, T4A 2H8
(403) 948-2108 SIC 5812
WENDY'S RESTAURANTS OF CANADA INC p11
3232 Sunridge Blvd Ne, CALGARY, AB, T1Y 7G6
(403) 250-8990 SIC 5812
WENDY'S RESTAURANTS OF CANADA INC p14
475 36 St Ne, CALGARY, AB, T2A 6K3
(403) 273-4740 SIC 5812
WENDY'S RESTAURANTS OF CANADA INC p15
4605 25 St Se, CALGARY, AB, T2B 3R9
(403) 272-7333 SIC 5812
WENDY'S RESTAURANTS OF CANADA INC p26
1181 49 Ave Ne, CALGARY, AB, T2E 8V2
(403) 730-5250 SIC 5812
WENDY'S RESTAURANTS OF CANADA INC p34
444 58 Ave Se Suite 112, CALGARY, AB, T2H 0P4
(403) 259-5668 SIC 5812
WENDY'S RESTAURANTS OF CANADA INC p34
8911 Bonaventure Dr Se, CALGARY, AB, T2H 2Z5
(403) 252-5494 SIC 5812
WENDY'S RESTAURANTS OF CANADA INC p34
7109 Macleod Trail Sw, CALGARY, AB, T2H 0L8
(403) 253-5333 SIC 5812
WENDY'S RESTAURANTS OF CANADA INC p34
5 Heritage Gate Se Unit 2, CALGARY, AB, T2H 3A7
(403) 258-2570 SIC 5812
WENDY'S RESTAURANTS OF CANADA INC p37
4122 Brentwood Rd Nw, CALGARY, AB, T2L 1K8
(403) 282-5216 SIC 5812
WENDY'S RESTAURANTS OF CANADA INC p39
1927 Uxbridge Dr Nw, CALGARY, AB, T2N 2V2
(403) 282-5831 SIC 5812
WENDY'S RESTAURANTS OF CANADA INC p50
111 5 Ave Sw, CALGARY, AB, T2P 3Y6
(403) 290-0489 SIC 5812
WENDY'S RESTAURANTS OF CANADA INC p53
1304 17 Ave Sw, CALGARY, AB, T2T 0C3
(403) 245-0252 SIC 5812
WENDY'S RESTAURANTS OF CANADA INC p56
303 Shawville Blvd Se Suite 410, CALGARY, AB, T2Y 3W6
(403) 254-4540 SIC 5812
WENDY'S RESTAURANTS OF CANADA INC p59
8435 Bowfort Rd Nw Suite 300, CALGARY, AB, T3B 2V2
(403) 286-6660 SIC 5812
WENDY'S RESTAURANTS OF CANADA INC p60
1720 37 St Sw, CALGARY, AB, T3C 3R1
(403) 246-0065 SIC 5812
WENDY'S RESTAURANTS OF CANADA INC p76
10107 111 Ave Nw, EDMONTON, AB, T5G 0B5
SIC 5812
WENDY'S RESTAURANTS OF CANADA INC p76
9630 137 Ave Nw Suite 823, EDMONTON, AB, T5E 6H7
(780) 475-9547 SIC 5812

WENDY'S RESTAURANTS OF CANADA INC
p94
17007 109 Ave Nw, EDMONTON, AB, T5S 2H8
(780) 487-9701   *SIC* 5812
WENDY'S RESTAURANTS OF CANADA INC
p95
9598 170 St Nw, EDMONTON, AB, T5T 5R5
(780) 484-2160   *SIC* 5812
WENDY'S RESTAURANTS OF CANADA INC
p107
10195 34 Ave Nw, EDMONTON, AB, T6E 6J8
(780) 462-7560   *SIC* 5812
WENDY'S RESTAURANTS OF CANADA INC
p108
8427 112 St Nw, EDMONTON, AB, T6G 1K5
(780) 434-6608   *SIC* 5812
WENDY'S RESTAURANTS OF CANADA INC
p112
6510 28 Ave Nw, EDMONTON, AB, T6L 6N3
(780) 450-1427   *SIC* 5812
WENDY'S RESTAURANTS OF CANADA INC
p113
1850 102 St Nw Unit 2, EDMONTON, AB, T6N 1N3
(780) 461-6967   *SIC* 5812
WENDY'S RESTAURANTS OF CANADA INC
p145
2375 Trans Canada Way Se, MEDICINE HAT, AB, T1B 4E9
(403) 529-0600   *SIC* 5812
WENDY'S RESTAURANTS OF CANADA INC
p149
18 Southridge Dr Suite 6877, OKOTOKS, AB, T1S 1N1
(403) 995-2552   *SIC* 5812
WENDY'S RESTAURANTS OF CANADA INC
p151
4750 Highway 2a, PONOKA, AB, T4J 1K3
(403) 783-6338   *SIC* 5812
WENDY'S RESTAURANTS OF CANADA INC
p154
6781 50 Ave, RED DEER, AB, T4N 4C9
(403) 343-1071   *SIC* 5812
WENDY'S RESTAURANTS OF CANADA INC
p157
2410 50 Ave, RED DEER, AB, T4R 1M3
(403) 346-9466   *SIC* 5812
WENDY'S RESTAURANTS OF CANADA INC
p157
37444 Highway 2 Suite 2, RED DEER COUNTY, AB, T4E 1B2
(403) 341-5432   *SIC* 5812
WENDY'S RESTAURANTS OF CANADA INC
p162
198 Ordze Ave, SHERWOOD PARK, AB, T8B 1M6
(780) 467-3924   *SIC* 5812
WENDY'S RESTAURANTS OF CANADA INC
p167
470 St Albert Trail Unit 10, ST. ALBERT, AB, T8N 5J9
(780) 459-9690   *SIC* 5812
WENDY'S RESTAURANTS OF CANADA INC
p174
4912 56 St, WETASKIWIN, AB, T9A 1V8
(780) 352-9350   *SIC* 5812
WENDY'S RESTAURANTS OF CANADA INC
p180
32733 South Fraser Way, ABBOTSFORD, BC, V2T 3S3
(604) 853-0911   *SIC* 5812
WENDY'S RESTAURANTS OF CANADA INC
p180
30340 Automall Dr, ABBOTSFORD, BC, V2T 5M1
(604) 857-5336   *SIC* 5812
WENDY'S RESTAURANTS OF CANADA INC
p198
7615 Vedder Rd, CHILLIWACK, BC, V2R 4E8
(604) 858-2323   *SIC* 5812
WENDY'S RESTAURANTS OF CANADA INC
p203
100 Schoolhouse St Suite 101, COQUITLAM, BC, V3K 6V9
(604) 520-6528   *SIC* 5812
WENDY'S RESTAURANTS OF CANADA INC
p230
19875 96 Ave Unit 2, LANGLEY, BC, V1M 3C7
(604) 513-2253   *SIC* 5812
WENDY'S RESTAURANTS OF CANADA INC
p234
19644 Fraser Hwy, LANGLEY, BC, V3A 4C5
(604) 533-2143   *SIC* 5812
WENDY'S RESTAURANTS OF CANADA INC
p237
20201 Lougheed Hwy Suite 100, MAPLE RIDGE, BC, V2X 2P6
(604) 460-8183   *SIC* 5812
WENDY'S RESTAURANTS OF CANADA INC
p245
715 Sixth St, NEW WESTMINSTER, BC, V3L 3C6
(604) 522-1134   *SIC* 5812
WENDY'S RESTAURANTS OF CANADA INC
p247
1488 Main St, NORTH VANCOUVER, BC, V7J 1C8
(604) 986-1770   *SIC* 5812
WENDY'S RESTAURANTS OF CANADA INC
p256
1320 Kingsway Ave, PORT COQUITLAM, BC, V3C 6P4
(604) 468-8840   *SIC* 5812
WENDY'S RESTAURANTS OF CANADA INC
p270
4700 No. 3 Rd, RICHMOND, BC, V6X 3C2
SIC 5812
WENDY'S RESTAURANTS OF CANADA INC
p281
10125 152 St, SURREY, BC, V3R 4G6
(604) 581-8832   *SIC* 5812
WENDY'S RESTAURANTS OF CANADA INC
p285
9412 120 St, SURREY, BC, V3V 4B9
(604) 581-7744   *SIC* 5812
WENDY'S RESTAURANTS OF CANADA INC
p288
1750 152 St, SURREY, BC, V4A 7Z7
SIC 5812
WENDY'S RESTAURANTS OF CANADA INC
p290
15959 Fraser Hwy, SURREY, BC, V4N 0Y3
(604) 599-0219   *SIC* 5812
WENDY'S RESTAURANTS OF CANADA INC
p298
10 Marine Dr Se, VANCOUVER, BC, V5X 2S3
(604) 327-2912   *SIC* 5812
WENDY'S RESTAURANTS OF CANADA INC
p299
480 8th Ave W, VANCOUVER, BC, V5Y 1N9
(604) 875-8933   *SIC* 5812
WENDY'S RESTAURANTS OF CANADA INC
p313
1150 Alberni St, VANCOUVER, BC, V6E 1A5
(604) 408-5885   *SIC* 5812
WENDY'S RESTAURANTS OF CANADA INC
p336
1800 Island Hwy, VICTORIA, BC, V9B 1J2
(250) 478-7511   *SIC* 5812
WENDY'S RESTAURANTS OF CANADA INC
p371
1420 Mcphillips St, WINNIPEG, MB, R2V 3C5
(204) 632-8322   *SIC* 5812
WENDY'S RESTAURANTS OF CANADA INC
p391
1710 Pembina Hwy, WINNIPEG, MB, R3T 2G2
(204) 261-1845   *SIC* 5812
WENDY'S RESTAURANTS OF CANADA INC
p416
40 University Ave, SAINT JOHN, NB, E2K 5B4
(506) 633-7415   *SIC* 5812
WENDY'S RESTAURANTS OF CANADA INC
p449
118 Wyse Rd, DARTMOUTH, NS, B3A 1N7
(902) 463-4013   *SIC* 5812
WENDY'S RESTAURANTS OF CANADA INC
p461
3580 Kempt Rd, HALIFAX, NS, B3K 4X8
(902) 455-6065   *SIC* 5812
WENDY'S RESTAURANTS OF CANADA INC
p467
750 Sackville Dr, LOWER SACKVILLE, NS, B4E 1R7
(902) 864-3745   *SIC* 5812
WENDY'S RESTAURANTS OF CANADA INC
p475
300 Welton St, SYDNEY, NS, B1P 5S4
(902) 562-1113   *SIC* 5812
WENDY'S RESTAURANTS OF CANADA INC
p483
80 Bayly St W, AJAX, ON, L1S 1N9
(905) 427-2332   *SIC* 5812
WENDY'S RESTAURANTS OF CANADA INC
p485
274 Kingston Rd E, AJAX, ON, L1Z 1G1
(905) 427-4555   *SIC* 5812
WENDY'S RESTAURANTS OF CANADA INC
p488
977 Golf Links Rd, ANCASTER, ON, L9K 1K1
(905) 648-7963   *SIC* 5812
WENDY'S RESTAURANTS OF CANADA INC
p489
2 Staye Court Dr, ARNPRIOR, ON, K7S 0E7
(613) 623-8910   *SIC* 5812
WENDY'S RESTAURANTS OF CANADA INC
p503
350 N Front St, BELLEVILLE, ON, K8N 5M5
(613) 967-9636   *SIC* 5812
WENDY'S RESTAURANTS OF CANADA INC
p521
353 Main St N, BRAMPTON, ON, L6X 1N6
(905) 452-8915   *SIC* 5812
WENDY'S RESTAURANTS OF CANADA INC
p524
10041 Mclaughlin Rd, BRAMPTON, ON, L7A 2X5
(905) 840-0476   *SIC* 5812
WENDY'S RESTAURANTS OF CANADA INC
p532
3040 Parkedale Ave, BROCKVILLE, ON, K6V 3G6
SIC 5812
WENDY'S RESTAURANTS OF CANADA INC
p540
2387 Fairview St, BURLINGTON, ON, L7R 2E3
(905) 333-1199   *SIC* 5812
WENDY'S RESTAURANTS OF CANADA INC
p541
145 Plains Rd E, BURLINGTON, ON, L7T 2C4
(905) 634-4882   *SIC* 5812
WENDY'S RESTAURANTS OF CANADA INC
p544
225 Franklin Blvd, CAMBRIDGE, ON, N1R 8P1
(519) 740-1287   *SIC* 5812
WENDY'S RESTAURANTS OF CANADA INC
p551
450 St Clair St, CHATHAM, ON, N7L 3K7
(519) 351-6653   *SIC* 5812
WENDY'S RESTAURANTS OF CANADA INC
p563
9151 Keele St, CONCORD, ON, L4K 5B4
(905) 832-1257   *SIC* 5812
WENDY'S RESTAURANTS OF CANADA INC
p563
1600 Langstaff Rd, CONCORD, ON, L4K 3S3
(905) 669-6163   *SIC* 5812
WENDY'S RESTAURANTS OF CANADA INC
p579
1569 The Queensway, ETOBICOKE, ON, M8Z 1T8
(416) 251-7991   *SIC* 5812
WENDY'S RESTAURANTS OF CANADA INC
p580
5250 Dundas St W, ETOBICOKE, ON, M9B 1A9
(416) 234-8666   *SIC* 5812
WENDY'S RESTAURANTS OF CANADA INC
p587
2136 Kipling Ave, ETOBICOKE, ON, M9W 4K5
(416) 745-3118   *SIC* 5812
WENDY'S RESTAURANTS OF CANADA INC
p590
165 Garrison Rd, FORT ERIE, ON, L2A 1M3
(905) 871-5621   *SIC* 5812
WENDY'S RESTAURANTS OF CANADA INC
p598
424 South Service Rd, GRIMSBY, ON, L3M 4E8
(905) 309-6071   *SIC* 5812
WENDY'S RESTAURANTS OF CANADA INC
p613
1585 Main St W, HAMILTON, ON, L8S 1E6
(905) 527-1464   *SIC* 5812
WENDY'S RESTAURANTS OF CANADA INC
p614
967 Rymal Rd E, HAMILTON, ON, L8W 3M2
(905) 388-8988   *SIC* 5812
WENDY'S RESTAURANTS OF CANADA INC
p631
17 Warne Cres, KINGSTON, ON, K7K 6Z5
(613) 547-4546   *SIC* 5812
WENDY'S RESTAURANTS OF CANADA INC
p632
1043 Princess St, KINGSTON, ON, K7L 1H3
(613) 549-0160   *SIC* 5812
WENDY'S RESTAURANTS OF CANADA INC
p634
485 Gardiners Rd, KINGSTON, ON, K7M 7W9
(613) 384-6885   *SIC* 5812
WENDY'S RESTAURANTS OF CANADA INC
p639
685 Fairway Rd S, KITCHENER, ON, N2C 1X4
SIC 5812
WENDY'S RESTAURANTS OF CANADA INC
p643
350 Westmount Rd W, KITCHENER, ON, N2M 5C4
(519) 745-3786   *SIC* 5812
WENDY'S RESTAURANTS OF CANADA INC
p648
329 Kent St W, LINDSAY, ON, K9V 2Z7
(705) 878-8238   *SIC* 5812
WENDY'S RESTAURANTS OF CANADA INC
p652
676 Highbury Ave N, LONDON, ON, N5W 5R3
(519) 452-3080   *SIC* 5812
WENDY'S RESTAURANTS OF CANADA INC
p653
60 North Centre Rd Unit 1, LONDON, ON, N5X 3W1
(519) 660-8968   *SIC* 5812
WENDY'S RESTAURANTS OF CANADA INC
p654
1104 Adelaide St N, LONDON, ON, N5Y 2N5
(519) 850-3535   *SIC* 5812
WENDY'S RESTAURANTS OF CANADA INC
p657
243 Oxford St E, LONDON, ON, N6A 1V2
(519) 434-0695   *SIC* 5812
WENDY'S RESTAURANTS OF CANADA INC
p660
1376 Wellington Rd, LONDON, ON, N6E 1M3
(519) 681-2609   *SIC* 5812
WENDY'S RESTAURANTS OF CANADA INC
p662
654 Wonderland Rd N, LONDON, ON, N6H

SIC 5812 Eating places

3E5
(519) 471-4667 SIC 5812
WENDY'S RESTAURANTS OF CANADA INC p663
375 Southdale Rd W, LONDON, ON, N6J 4G8
(519) 681-0977 SIC 5812
WENDY'S RESTAURANTS OF CANADA INC p684
3650 Derry Rd E, MISSISSAUGA, ON, L4T 3V7
(905) 671-4901 SIC 5812
WENDY'S RESTAURANTS OF CANADA INC p686
6585 Airport Rd Unit B, MISSISSAUGA, ON, L4V 1E5
(905) 678-7846 SIC 5812
WENDY'S RESTAURANTS OF CANADA INC p692
1520 Aimco Blvd, MISSISSAUGA, ON, L4W 5K1
(905) 624-0453 SIC 5812
WENDY'S RESTAURANTS OF CANADA INC p693
1739 Dundas St E, MISSISSAUGA, ON, L4X 1L5
SIC 5812
WENDY'S RESTAURANTS OF CANADA INC p696
44 Britannia Rd E, MISSISSAUGA, ON, L4Z 3W7
SIC 5812
WENDY'S RESTAURANTS OF CANADA INC p703
2400 Dundas St W Unit 14, MISSISSAUGA, ON, L5K 2R8
(905) 855-8953 SIC 5812
WENDY'S RESTAURANTS OF CANADA INC p706
2655 Eglinton Ave W, MISSISSAUGA, ON, L5M 7E1
(905) 828-2515 SIC 5812
WENDY'S RESTAURANTS OF CANADA INC p712
6966 Financial Dr Bldg F, MISSISSAUGA, ON, L5N 8J4
(905) 821-4538 SIC 5812
WENDY'S RESTAURANTS OF CANADA INC p712
6449 Erin Mills Pky, MISSISSAUGA, ON, L5N 4H4
(905) 819-6787 SIC 5812
WENDY'S RESTAURANTS OF CANADA INC p721
1420 Mid-Way Blvd, MISSISSAUGA, ON, L5T 2S4
(905) 564-2373 SIC 5812
WENDY'S RESTAURANTS OF CANADA INC p721
25 Aventura Crt Suite 6680, MISSISSAUGA, ON, L5T 3A1
SIC 5812
WENDY'S RESTAURANTS OF CANADA INC p734
17725 Yonge St, NEWMARKET, ON, L3Y 7C1
(905) 853-9861 SIC 5812
WENDY'S RESTAURANTS OF CANADA INC p737
6948 Mcleod Rd, NIAGARA FALLS, ON, L2G 7K3
SIC 5812
WENDY'S RESTAURANTS OF CANADA INC p737
4850 Clifton Hill, NIAGARA FALLS, ON, L2G 3N4
(905) 358-4789 SIC 5812
WENDY'S RESTAURANTS OF CANADA INC p737
6363 Lundy's Lane, NIAGARA FALLS, ON, L2G 1T8
(905) 357-0666 SIC 5812
WENDY'S RESTAURANTS OF CANADA INC p743

925 Mckeown Ave, NORTH BAY, ON, P1B 9P3
(705) 476-1937 SIC 5812
WENDY'S RESTAURANTS OF CANADA INC p750
5095 Yonge St Unit 12a, NORTH YORK, ON, M2N 6Z4
(416) 221-4866 SIC 5812
WENDY'S RESTAURANTS OF CANADA INC p752
861 York Mills Rd Unit 1, NORTH YORK, ON, M3B 1Y2
SIC 5812
WENDY'S RESTAURANTS OF CANADA INC p756
1050 Finch Ave W, NORTH YORK, ON, M3J 2E2
SIC 5812
WENDY'S RESTAURANTS OF CANADA INC p760
1002 Lawrence Ave W, NORTH YORK, ON, M6A 1C8
(416) 783-2574 SIC 5812
WENDY'S RESTAURANTS OF CANADA INC p768
2960 South Sheridan Way, OAKVILLE, ON, L6J 7T4
(905) 829-9139 SIC 5812
WENDY'S RESTAURANTS OF CANADA INC p768
2304 Royal Windsor Dr, OAKVILLE, ON, L6J 7Y1
(905) 845-8094 SIC 5812
WENDY'S RESTAURANTS OF CANADA INC p769
240 Wyecroft Rd, OAKVILLE, ON, L6K 2G7
(905) 337-8041 SIC 5812
WENDY'S RESTAURANTS OF CANADA INC p782
323 King St W, OSHAWA, ON, L1J 2J8
(905) 579-9750 SIC 5812
WENDY'S RESTAURANTS OF CANADA INC p796
2456 Bank St, OTTAWA, ON, K1V 8S2
(613) 738-7980 SIC 5812
WENDY'S RESTAURANTS OF CANADA INC p799
2545 Carling Ave, OTTAWA, ON, K2B 7H6
(613) 829-4429 SIC 5812
WENDY'S RESTAURANTS OF CANADA INC p811
961 Lansdowne St W, PETERBOROUGH, ON, K9J 1Z5
(705) 745-5253 SIC 5812
WENDY'S RESTAURANTS OF CANADA INC p811
1124 Chemong Rd, PETERBOROUGH, ON, K9J 6X2
(705) 745-7629 SIC 5812
WENDY'S RESTAURANTS OF CANADA INC p812
705 Ashburnham Dr, PETERBOROUGH, ON, K9L 1P7
(705) 749-2835 SIC 5812
WENDY'S RESTAURANTS OF CANADA INC p813
742 Kingston Rd, PICKERING, ON, L1V 1A8
(905) 421-9266 SIC 5812
WENDY'S RESTAURANTS OF CANADA INC p836
2908 Ellesmere Rd, SCARBOROUGH, ON, M1E 4B8
(416) 208-9902 SIC 5812
WENDY'S RESTAURANTS OF CANADA INC p839
4 Lebovic Ave, SCARBOROUGH, ON, M1L 4V9
(416) 751-4834 SIC 5812
WENDY'S RESTAURANTS OF CANADA INC p839
960 Warden Ave, SCARBOROUGH, ON, M1L 4C9
SIC 5812
WENDY'S RESTAURANTS OF CANADA INC p842

1460 Kennedy Rd, SCARBOROUGH, ON, M1P 2L7
(416) 752-8195 SIC 5812
WENDY'S RESTAURANTS OF CANADA INC p844
438 Nugget Ave, SCARBOROUGH, ON, M1S 4A4
(416) 754-2196 SIC 5812
WENDY'S RESTAURANTS OF CANADA INC p852
525 Welland Ave, ST CATHARINES, ON, L2M 6P3
SIC 5812
WENDY'S RESTAURANTS OF CANADA INC p853
342 Lake St, ST CATHARINES, ON, L2N 4H4
(905) 934-6421 SIC 5812
WENDY'S RESTAURANTS OF CANADA INC p854
145 Hartzel Rd, ST CATHARINES, ON, L2P 1N6
(905) 704-1010 SIC 5812
WENDY'S RESTAURANTS OF CANADA INC p879
950 Memorial Ave, THUNDER BAY, ON, P7B 4A2
(807) 343-0406 SIC 5812
WENDY'S RESTAURANTS OF CANADA INC p896
731 Eastern Ave, TORONTO, ON, M4M 3H6
(416) 465-9904 SIC 5812
WENDY'S RESTAURANTS OF CANADA INC p904
475 Yonge St, TORONTO, ON, M4Y 1X7
(416) 921-9045 SIC 5812
WENDY'S RESTAURANTS OF CANADA INC p971
5 Amy Croft Dr, WINDSOR, ON, N9K 1C7
(519) 735-3331 SIC 5812
WENDY'S RESTAURANTS OF CANADA INC p976
4100 Steeles Ave W, WOODBRIDGE, ON, L4L 3S8
(905) 265-8212 SIC 5812
WENDY'S RESTAURANTS OF CANADA INC p985
56 Water St, SUMMERSIDE, PE, C1N 4T8
(902) 436-5075 SIC 5812
WENDY'S RESTAURANTS OF CANADA INC p1011
251 Boul D'anjou, Chateauguay, QC, J6J 2R4
(450) 692-1733 SIC 5812
WENDY'S RESTAURANTS OF CANADA INC p1024
3600 Boul Des Sources, DOLLARD-DES-ORMEAUX, QC, H9B 1Z9
(514) 683-6263 SIC 5812
WENDY'S RESTAURANTS OF CANADA INC p1121
5180 Boul Decarie, Montreal, QC, H3X 2H9
(514) 481-4060 SIC 5812
WENDY'S RESTAURANTS OF CANADA INC p1244
400 Montee Des Pionniers, TERREBONNE, QC, J6V 1S6
SIC 5812
WEST 50 POURHOUSE & GRILLE INC p699
50 Burnhamthorpe Rd W Suite 202, MISSISSAUGA, ON, L5B 3C2
(905) 949-9378 SIC 5812
WESTERN FOOD SERVICES LTD p78
11000 Stadium Rd Nw Suite 114, EDMONTON, AB, T5H 4E2
(780) 474-9733 SIC 5812
WESTERN FOOD SERVICES LTD p1305
3515 Thatcher Ave Suite 301, SASKATOON, SK, S7R 1C4
(306) 242-2912 SIC 5812
WESTMOUNT RESTAURANT INC p87
11320 Groat Rd Nw, EDMONTON, AB, T5M 4E7

(780) 452-8585 SIC 5812
WGP-225 HOLDINGS LTD p222
1936 Kane Rd, KELOWNA, BC, V1V 2J9
(250) 712-0919 SIC 5812
WGP-225 HOLDINGS LTD p227
1901 Harvey Ave, KELOWNA, BC, V1Y 6G5
(250) 869-0855 SIC 5812
WHISTLER & BLACKCOMB MOUNTAIN RESORTS LIMITED p340
4545 Blackcomb Way, WHISTLER, BC, V0N 1B4
(604) 938-7707 SIC 5812
WHITE SPOT LIMITED p136
5230 50 Ave, LEDUC, AB, T9E 6V2
(780) 980-1394 SIC 5812
WHITE SPOT LIMITED p182
4075 North Rd, BURNABY, BC, V3J 1S3
(604) 421-4620 SIC 5812
WHITE SPOT LIMITED p188
4129 Lougheed Hwy, BURNABY, BC, V5C 3Y6
(604) 299-4423 SIC 5812
WHITE SPOT LIMITED p195
1329 Island Hwy, CAMPBELL RIVER, BC, V9W 8C2
(250) 287-9350 SIC 5812
WHITE SPOT LIMITED p200
3025 Lougheed Hwy Suite 500, COQUITLAM, BC, V3B 6S2
(604) 942-9224 SIC 5812
WHITE SPOT LIMITED p219
675 Tranquille Rd Unit 669, KAMLOOPS, BC, V2B 3H7
(778) 470-5581 SIC 5812
WHITE SPOT LIMITED p241
130 Terminal Ave N, NANAIMO, BC, V9S 4J3
(250) 754-2241 SIC 5812
WHITE SPOT LIMITED p247
333 Brooksbank Ave Suite 1100, NORTH VANCOUVER, BC, V7J 3S8
(604) 988-6717 SIC 5812
WHITE SPOT LIMITED p249
2205 Lonsdale Ave, NORTH VANCOUVER, BC, V7M 2K8
(604) 987-0024 SIC 5812
WHITE SPOT LIMITED p253
1770 Main St Unit 101, PENTICTON, BC, V2A 5G8
(250) 492-0038 SIC 5812
WHITE SPOT LIMITED p271
6551 No. 3 Rd Suite 1902, RICHMOND, BC, V6Y 2B6
(604) 278-3911 SIC 5812
WHITE SPOT LIMITED p271
5880 No. 3 Rd, RICHMOND, BC, V6X 2E1
(604) 273-1556 SIC 5812
WHITE SPOT LIMITED p279
1200 Hunter Pl Unit 410, SQUAMISH, BC, V8B 0G8
(604) 892-7477 SIC 5812
WHITE SPOT LIMITED p284
13580 102 Ave, SURREY, BC, V3T 5C5
(604) 581-2511 SIC 5812
WHITE SPOT LIMITED p298
1126 Marine Dr Se, VANCOUVER, BC, V5X 2V7
(604) 325-8911 SIC 5812
WHITE SPOT LIMITED p301
2850 Cambie St, VANCOUVER, BC, V5Z 2V5
SIC 5812
WHITE SPOT LIMITED p301
650 41st Ave W Suite 613a, VANCOUVER, BC, V5Z 2M9
(604) 261-2820 SIC 5812
WHITE SPOT LIMITED p303
1455 Quebec St Unit 55, VANCOUVER, BC, V6A 3Z7
(604) 647-0003 SIC 5812
WHITE SPOT LIMITED p306
405 Dunsmuir St, VANCOUVER, BC, V6B 1X4
(604) 899-6072 SIC 5812

▲ Public Company   ■ Public Company Family Member   **HQ** Headquarters   **BR** Branch   **SL** Single Location

BUSINESSES BY INDUSTRY CLASSIFICATION

SIC 5813 Drinking places

WHITE SPOT LIMITED p314
1616 Georgia St W, VANCOUVER, BC, V6G 2V5
(604) 681-8034 *SIC* 5812

WHITE SPOT LIMITED p317
2518 Broadway W, VANCOUVER, BC, V6K 2G1
(604) 731-2434 *SIC* 5812

WHITE SPOT LIMITED p327
4400 32 St Suite 800, VERNON, BC, V1T 9H2
(250) 545-7119 *SIC* 5812

WHITE SPOT LIMITED p337
941 Langford Pky, VICTORIA, BC, V9B 0A5
(778) 433-8800 *SIC* 5812

WHITE SPOT LIMITED p338
752 Marine Dr Unit 1108, WEST VANCOUVER, BC, V7T 1A6
(604) 922-4520 *SIC* 5812

WILD BILL'S SALOON INC p67
737 Main St, CANMORE, AB, T1W 2B2
(403) 762-0333 *SIC* 5812

WILDE HOSPITALITY GROUP LTD p168
140 St Albert Trail Suite 700, ST. ALBERT, AB, T8N 7C8
(780) 458-5313 *SIC* 5812

WILPAT INDUSTRIES LTD p224
570 Highway 33 W, KELOWNA, BC, V1X 7K8
(250) 765-9477 *SIC* 5812

WILPAT INDUSTRIES LTD p227
1740 Gordon Dr, KELOWNA, BC, V1Y 3H2
(250) 762-5452 *SIC* 5812

WILPAT INDUSTRIES LTD p337
2557 Dobbin Rd, WEST KELOWNA, BC, V4T 2J6
(250) 768-4331 *SIC* 5812

WILSON FOODS BOWMANVILLE LTD p508
2387 Highway 2, BOWMANVILLE, ON, L1C 5A3
(905) 623-4200 *SIC* 5812

WILSON FOODS CENTRE LTD p732
1000 Regional Rd 17, NEWCASTLE, ON, L1B 1L9
(905) 987-0505 *SIC* 5812

WILSON FOODS CENTRE LTD p780
1369 Harmony Rd N, OSHAWA, ON, L1H 7K5
(905) 436-6277 *SIC* 5812

WILSON FOODS CENTRE LTD p782
419 King St W, OSHAWA, ON, L1J 2K5
(905) 576-3400 *SIC* 5812

WILSON FOODS KINGSWAY LTD p780
1300 King St E, OSHAWA, ON, L1H 8J4
(905) 434-7111 *SIC* 5812

WILSON'S INVESTMENTS LIMITED p453
29 Commercial St, DOMINION, NS, B1G 1B3
(902) 849-2077 *SIC* 5812

WILSON'S INVESTMENTS LIMITED p474
915 Victoria Rd, SYDNEY, NS, B1N 1K5
SIC 5812

WINDY O'NEILL'S @ BLUE INC p505
108 Jozo Weider Blvd Unit C, BLUE MOUNTAINS, ON, L9Y 3Z2
(705) 446-9989 *SIC* 5812

WING MACHINE INC, THE p905
246 Parliament St, TORONTO, ON, M5A 3A4
(416) 961-1000 *SIC* 5812

WINNIPEG (TRANSCONA LIONS CLUB) INC p363
2070 Dugald Rd, WINNIPEG, MB, R2C 3G7
(204) 222-1640 *SIC* 5812

WINSTON CHURCHILL PIZZA LIMITED p767
2011 Winston Park Dr, OAKVILLE, ON, L6H 6P5
(905) 829-8370 *SIC* 5812

WONDERLAND PIZZA LTD p664
3090 Wonderland Rd S, LONDON, ON, N6L 1A6
(519) 472-5001 *SIC* 5812

WOODBRIDGE ENTERPRISES LTD p201

531 Clarke Rd, COQUITLAM, BC, V3J 3X4
(604) 936-4222 *SIC* 5812

YALETOWN BREWING COMPANY & RESTAURANT CORP p273
4760 Inglis Dr, RICHMOND, BC, V7B 1W4
(604) 273-0278 *SIC* 5812

YANJACO INC p1257
435 Boul Harwood, VAUDREUIL-DORION, QC, J7V 7W1
(450) 455-3336 *SIC* 5812

YANJACO INC p1257
640 Rue Chicoine Bureau E, VAUDREUIL-DORION, QC, J7V 9J4
(450) 455-9615 *SIC* 5812

YELLOWKNIFE INN LTD p439
5010 49th St, YELLOWKNIFE, NT, X1A 2N4
(867) 873-2601 *SIC* 5812

YESNABY INVESTMENTS LTD p264
105 North Star Rd, QUESNEL, BC, V2J 5K2
(250) 992-6868 *SIC* 5812

YIKES ENTERPRISES LTD p26
1341 32 Ave Ne, CALGARY, AB, T2E 7Z5
(403) 291-2966 *SIC* 5812

YORK STREET HOSPITALITY LTD p790
73 York St, OTTAWA, ON, K1N 5T2
(613) 599-0230 *SIC* 5812

YORKDALE CAFE LTD p761
1 Yorkdale Rd Suite 1574, NORTH YORK, ON, M6A 3A1
(416) 787-6268 *SIC* 5812

YORKDALE CAFE LTD p842
300 Borough Dr Suite 2, SCARBOROUGH, ON, M1P 4P5
SIC 5812

ZUCHTER BERK CREATIVE CATERERS INC p752
1895 Leslie St, NORTH YORK, ON, M3B 2M3
(416) 386-1086 *SIC* 5812

SIC 5813 Drinking places

1883865 ALBERTA LTD p39
840 9 Ave Sw, CALGARY, AB, T2P 1L7
(403) 398-7623 *SIC* 5813

2166-2440 QUEBEC INC p1258
19 Boul Des Bois-Francs S, VICTORIAVILLE, QC, G6P 4S2
(819) 758-7176 *SIC* 5813

2538-1245 QUEBEC INC p1013
381 Rue Racine E, CHICOUTIMI, QC, G7H 1S8
(418) 543-9025 *SIC* 5813

3453871 CANADA INC p1256
2400 Rang Saint-Antoine Bureau 3, VAUDREUIL-DORION, QC, J7V 8P2
(450) 455-1100 *SIC* 5813

515331 N.B. INC p406
125 Westmorland St, MONCTON, NB, E1C 0S3
(506) 850-1060 *SIC* 5813

599515 ALBERTA LTD p52
730 17 Ave Sw, CALGARY, AB, T2S 0B7
(403) 228-3566 *SIC* 5813

865072 ONTARIO LIMITED p618
931 Front St, HEARST, ON, P0L 1N0
(705) 362-4304 *SIC* 5813

9022-1672 QUEBEC INC p1151
955 Boul Pierre-Bertrand, Quebec, QC, G1M 2E8
SIC 5813

9065-1837 QUEBEC INC p1250
300 Rue Des Forges, Trois-Rivieres, QC, G9A 2G8
(819) 370-2005 *SIC* 5813

9117-4383 QUEBEC INC p1101
407 Rue Mcgill Bureau 101, Montreal, QC, H2Y 2G3
(514) 849-0333 *SIC* 5813

995812 ALBERTA LTD p39
840 9 Ave Sw, CALGARY, AB, T2P 1L7
(403) 398-7623 *SIC* 5813

AIRLINER MOTOR HOTEL (1972) LTD p315

2233 Burrard St Suite 309, VANCOUVER, BC, V6J 3H9
SIC 5813

ATHABASCA VALLEY HOTEL ENTERPRISES INC p131
124 Athabasca Ave, HINTON, AB, T7V 2A5
(780) 865-2241 *SIC* 5813

BEREZAN MANAGEMENT (B.C.) LTD p284
12867 96 Ave, SURREY, BC, V3V 6V9
SIC 5813

BOURGABEC INC p1156
600 Grande Allee E, Quebec, QC, G1R 2K5
(418) 522-0393 *SIC* 5813

BRASSERIE LE GRAND BOURG INC p1147
8500 Boul Henri-Bourassa Bureau 8, Quebec, QC, G1G 5X1
(418) 623-5757 *SIC* 5813

BREWSTERS BREW PUB & BRASSERIE (ALBERTA) INC p51
834 11 Ave Sw, CALGARY, AB, T2R 0E5
(403) 265-2739 *SIC* 5813

CEEPS-BARNEYS LIMITED p655
671 Richmond St, LONDON, ON, N6A 3G7
(519) 432-1425 *SIC* 5813

CHRISCO RESTAURANTS LIMITED p457
1575 Argyle St, HALIFAX, NS, B3J 2B2
(902) 492-8844 *SIC* 5813

CLAIREBEC INC p1141
600 Boul Saint-Jean, POINTE-CLAIRE, QC, H9R 3J9
(514) 695-2071 *SIC* 5813

COOPERATIVE TRAVAILLEURS TRAVAILLEUSES CAFE-CAMPUS p1100
57 Rue Prince-Arthur E, Montreal, QC, H2X 1B4
(514) 844-1010 *SIC* 5813

COPPER BLUES p505
156 Jozo Weider Blvd Unit 3, BLUE MOUNTAINS, ON, L9Y 3Z2
(705) 446-2643 *SIC* 5813

COWBOYS COUNTRY SALOON LTD p91
10102 180 St Nw, EDMONTON, AB, T5S 1N4
(780) 444-3224 *SIC* 5813

DEVANEY, PATRICK V. INVESTMENTS LTD p79
10235 101 St Nw Suite 195, EDMONTON, AB, T5J 3G1
(780) 426-7827 *SIC* 5813

DUBLINS IRISH PUB LTD p1301
3322 Fairlight Dr, SASKATOON, SK, S7M 3Y4
(306) 382-5467 *SIC* 5813

FIONN MACCOOL'S p484
36 Kingston Rd E, AJAX, ON, L1Z 1G1
(905) 619-9048 *SIC* 5813

FOUR WINDS HOTELS MANAGEMENT CORP p130
10302 97 St, HIGH LEVEL, AB, T0H 1Z0
(780) 926-3736 *SIC* 5813

GILLNETTER PUB CO (1989) LTD p255
1864 Argue St, PORT COQUITLAM, BC, V3C 5K4
(604) 941-5599 *SIC* 5813

GOTHAM STEAKHOUSE & COCKTAIL BAR LIMITED PARTNERSHIP p304
615 Seymour St, VANCOUVER, BC, V6B 3K3
(604) 605-8282 *SIC* 5813

GRAFTONS CONNOR PROPERTY INC p458
1741 Grafton St, HALIFAX, NS, B3J 2C6
(902) 454-9344 *SIC* 5813

HOTEL CHARTRAND & FILS INC p1214
1897 Ch Sainte-Angelique, SAINT-LAZARE, QC, J7T 2Y2
(450) 455-3544 *SIC* 5813

HRC CANADA INC p906
279 Yonge St, TORONTO, ON, M5B 1N8
(416) 362-3636 *SIC* 5813

IMMOBILIER JACK ASTOR'S (DORVAL) INC p1024
3051 Boul Des Sources, DOLLARD-DES-ORMEAUX, QC, H9B 1Z6
(514) 685-5225 *SIC* 5813

IMMOBILIER SKI BROMONT INC p1005
150 Rue Champlain, BROMONT, QC, J2L 1A2
(450) 534-2200 *SIC* 5813

IRISH TIMES PUB CO LTD p331
1200 Government St, VICTORIA, BC, V8W 1Y3
(250) 383-5531 *SIC* 5813

KENNEDY'S TAVERN AND CATERING INCORPORATED p851
1750 Erb Rd W, ST AGATHA, ON, N0B 2L0
(519) 747-1313 *SIC* 5813

KERAN HOLDINGS LTD p312
1022 Davie St, VANCOUVER, BC, V6E 1M3
(604) 685-1300 *SIC* 5813

L.J.D. PROPERTIES LTD p229
19935 96 Ave, LANGLEY, BC, V1M 3C7
(604) 888-8083 *SIC* 5813

LABATT BREWING COMPANY LIMITED p1059
2505 Rue Senkus, LASALLE, QC, H8N 2X8
(514) 595-2505 *SIC* 5813

LONGHORN PUB LTD, THE p340
4284 Mountain Sq, WHISTLER, BC, V0N 1B4
(604) 932-5999 *SIC* 5813

MILLERS LANDING PUB LTD p256
1979 Brown St, PORT COQUITLAM, BC, V3C 2N4
(604) 941-8822 *SIC* 5813

MURPHY INVESTMENTS LTD p981
126 Sydney St, CHARLOTTETOWN, PE, C1A 1G4
(902) 626-2337 *SIC* 5813

NEIGHBOURHOOD GROUP OF COMPANIES LIMITED, THE p899
1954 Yonge St, TORONTO, ON, M4S 1Z4
(519) 836-3948 *SIC* 5813

NEW PALACE CABARET LIMITED, THE p459
1721 Brunswick St, HALIFAX, NS, B3J 2G4
(902) 420-0015 *SIC* 5813

O'CONNOR'S IRISH PUB p802
650 Kanata Ave, OTTAWA, ON, K2T 1H6
(613) 270-0367 *SIC* 5813

OUTLAWS GROUP INC p33
7400 Macleod Trail Se Suite 24, CALGARY, AB, T2H 0L9
(403) 255-4646 *SIC* 5813

PLACEMENTS 11655 INC, LES p1189
11655 1re Av, SAINT-GEORGES, QC, G5Y 2C7
(418) 228-3651 *SIC* 5813

PLACEMENTS SERGAKIS INC p1122
6820 Rue Saint-Jacques, Montreal, QC, H4B 1V8
(514) 484-8695 *SIC* 5813

ROBINSON HALL LIMITED p656
398 Talbot St, LONDON, ON, N6A 2R9
(519) 433-2200 *SIC* 5813

SALON BAR CHEZ MAURICE INC p1158
575 Grande Allee E Bureau 300, Quebec, QC, G1R 2K4
(418) 647-2000 *SIC* 5813

SCHANKS INTERNATIONAL INC p36
9627 Macleod Trail Sw, CALGARY, AB, T2J 0P6
(403) 253-7300 *SIC* 5813

SHARK CLUBS OF CANADA INC p128
9898 99 St, GRANDE PRAIRIE, AB, T8V 2H2
(780) 513-5450 *SIC* 5813

SIR CORP p626
125 Roland Michener Dr Suite B1, KANATA, ON, K2T 1G7
(613) 271-1041 *SIC* 5813

SIR CORP p941
1900 The Queensway, TORONTO, ON, M9C 5H5
(416) 626-2700 *SIC* 5813

SKI BROMONT.COM, SOCIETE EN COMMANDITE p1005
150 Rue Champlain, BROMONT, QC, J2L 1A2

▲ Public Company   ■ Public Company Family Member   HQ Headquarters   BR Branch   SL Single Location

(450) 534-2200 SIC 5813
SLEEMAN BREWERIES LTD p1163
2955 Av Watt Bureau B, Quebec, QC, G1X 3W1
(418) 658-1834 SIC 5813
SOUND STAGE ENTERTAINMENT INC p1283
641 E Victoria Ave, REGINA, SK, S4N 0P1
(306) 359-7440 SIC 5813
SWANS ENTERPRISES LTD p332
506 Pandora Ave Suite 203, VICTORIA, BC, V8W 1N6
(250) 361-3310 SIC 5813
TOTAL HOSPITALITY SERVICES INC p968
670 Ouellette Ave, WINDSOR, ON, N9A 1B9
(519) 977-9116 SIC 5813
TRASHETERIA INC p603
52 Macdonell St, GUELPH, ON, N1H 2Z3
(519) 767-1694 SIC 5813
VILLAGE MANOR (TO) LTD p924
14 Madison Ave, TORONTO, ON, M5R 2S1
(416) 927-1722 SIC 5813
WILD APPLE GRILL p223
3762 Lakeshore Rd, KELOWNA, BC, V1W 3L4
(250) 860-4488 SIC 5813
ZANTAV LIMITED p907
359 Yonge St, TORONTO, ON, M5B 1S1
SIC 5813

SIC 5912 Drug stores and proprietary stores

123273 CANADA INC p1002
1001 Boul De Montarville Bureau 49, BOUCHERVILLE, QC, J4B 6P5
(450) 641-1151 SIC 5912
123273 CANADA INC p1040
751 Rue Principale Bureau 121, GRANBY, QC, J2G 2Y6
(450) 375-5596 SIC 5912
123273 CANADA INC p1071
832 Rue Saint-Laurent O, LONGUEUIL, QC, J4K 1C3
(450) 677-6311 SIC 5912
123273 CANADA INC p1096
370 Rue Jarry E, Montreal, QC, H2P 1T9
(514) 382-4730 SIC 5912
123273 CANADA INC p1170
100 Boul Brien, REPENTIGNY, QC, J6A 5N4
(450) 585-7880 SIC 5912
123273 CANADA INC p1170
910 Boul Iberville Bureau 171, REPENTIGNY, QC, J5Y 2P9
(450) 585-7725 SIC 5912
123273 CANADA INC p1201
25 Rue Saint-Georges, Saint-Jerome, QC, J7Z 4Z1
(450) 432-1120 SIC 5912
148200 CANADA INC p1138
101 Boul Cardinal-Leger Unite 11, PINCOURT, QC, J7W 3Y3
(514) 425-5885 SIC 5912
151332 CANADA INC p1169
3637 Rue Queen, RAWDON, QC, J0K 1S0
(450) 834-2523 SIC 5912
153926 CANADA INC p1034
381 Boul Maloney E Bureau 15, GATINEAU, QC, J8P 1E3
(819) 663-4164 SIC 5912
2310-3393 QUEBEC INC p1028
4534 Boul Saint-Joseph Bureau 289, DRUMMONDVILLE, QC, J2A 1B5
(819) 472-7442 SIC 5912
2955-7196 QUEBEC INC p1133
965 Boul Cure-Labelle, Montreal-Ouest, QC, H7V 2V7
(450) 681-1683 SIC 5912
2970-9177 QUEBEC INC p1203
1051 Rue D9carie Unit9 52, SAINT-LAURENT, QC, H4L 3M8
(514) 748-7725 SIC 5912
3097-0230 QUEBEC INC p1118
148 Rue Fleury O, Montreal, QC, H3L 1T4

(514) 387-6436 SIC 5912
9003-3416 QUEBEC INC p1012
503 3e Rue, CHIBOUGAMAU, QC, G8P 1N8
(418) 748-2606 SIC 5912
9159-9159 QUEBEC INC p1140
6815 Rte Transcanadienne Unit9 28c, POINTE-CLAIRE, QC, H9R 5J1
(514) 695-4211 SIC 5912
98002 CANADA LTEE p1073
325 Rue Sherbrooke Bureau 133, MAGOG, QC, J1X 2R9
(819) 843-1115 SIC 5912
ADAMS PHARMACY LTD p631
1011 Princess St Suite 1209, KINGSTON, ON, K7L 1H3
(613) 531-5373 SIC 5912
ASSOCIATED MARITIME PHARMACIES LIMITED p454
269 Highway 214 Unit 2, ELMSDALE, NS, B2S 1K1
(902) 883-8018 SIC 5912
ATLANTIC WHOLESALERS LTD p469
394 Westville Rd, NEW GLASGOW, NS, B2H 2J7
(902) 928-0066 SIC 5912
BAXANDALL DRUGS LTD p107
8210 109 St Nw, EDMONTON, AB, T6G 1C8
(780) 433-3121 SIC 5912
BLACK MOUNTAIN PHARMACY (1979) LTD p223
590 Highway 33 W Unit 11, KELOWNA, BC, V1X 6A8
(250) 860-1707 SIC 5912
BOUCTOUCHE PHARMACY LTD p394
30 Irving Blvd Suite 200, BOUCTOUCHE, NB, E4S 3L2
(506) 743-2434 SIC 5912
BREAU, RAYMOND LTD p402
276 Boul Broadway, GRAND-SAULT/GRAND FALLS, NB, E3Z 2K2
(506) 473-3300 SIC 5912
BRIDGEWATER PHARMACY LIMITED p444
215 Dominion St Suite 511, BRIDGEWATER, NS, B4V 2K7
(902) 543-3418 SIC 5912
CANADA POST CORPORATION p1162
2900 Ch Saint-Louis, Quebec, QC, G1W 4R7
(418) 651-1374 SIC 5912
CANADADRUGS.COM LP p365
24 Terracon Pl, WINNIPEG, MB, R2J 4G7
SIC 5912
CANCAP PHARMACEUTICAL LTD p265
13111 Vanier Pl Unit 180, RICHMOND, BC, V6V 2J1
(604) 278-2188 SIC 5912
CARLETON PLACE DRUG MART INC p860
1250c Stittsville Main St Suite 21, STITTSVILLE, ON, K2S 1S9
(613) 836-3881 SIC 5912
CENTRE D'ESCOMPTE RACINE INC p1168
1440 Boul Louis-Xiv, Quebec, QC, G2L 1M3
(418) 626-1000 SIC 5912
CHARTIER & PAROLIN INC p1090
9021 Boul Saint-Michel, Montreal, QC, H1Z 3G3
(514) 955-0800 SIC 5912
CHEN, J PHARMACY INC p934
725 College St Suite 813, TORONTO, ON, M6G 1C5
(416) 534-2375 SIC 5912
CHEVERIE PHARMACY SERVICES INC p441
158 Robert Angus Dr, AMHERST, NS, B4H 4R7
(902) 667-3784 SIC 5912
CHOO KIN ENTERPRISES LTD p194
984 Shoppers Row, CAMPBELL RIVER, BC, V9W 2C5
(250) 287-8311 SIC 5912
COCHRANE, D. ROSS PHARMACY LIMITED p480
442 Main St, WOLFVILLE, NS, B4P 1E2
(902) 542-3624 SIC 5912

DAMAD HOLDINGS INC p463
315 Herring Cove Rd, HALIFAX, NS, B3R 1V5
(902) 477-1210 SIC 5912
DANIEL DESRUISSEAUX, GERARD LALIBERTE, NATHALIE CHOUINARD, PHARMACIENS S.E.N.C. p1031
150 Rue Angus S Bureau 1, EAST ANGUS, QC, J0B 1R0
(819) 832-4343 SIC 5912
DEMERS, LISE & JEAN PHARMACIEN ET ASSOCIES ENR p1158
905 Boul Rene-Levesque O, Quebec, QC, G1S 1T7
(418) 683-3631 SIC 5912
DESJARDINS & MALLETTE PHARMACIENS, S.E.N.C. p1079
13960 Rue Saint-Simon Bureau 1, MIRABEL, QC, J7N 1P4
(450) 565-0529 SIC 5912
DISTRIBUTIONS NORYVE INC p988
76 1re Av O Bureau 108, AMOS, QC, J9T 1T8
(819) 732-3306 SIC 5912
DOMINION DRUG STORES LIMITED p329
1644 Hillside Ave Suite 83, VICTORIA, BC, V8T 2C5
(250) 595-5111 SIC 5912
DRAFFIN, R. PHARMACY (1970) LTD p138
200 4 Ave S, LETHBRIDGE, AB, T1J 4C9
(403) 327-3364 SIC 5912
DYCK'S DRUGS (1994) LTD p225
1460 St. Paul St, KELOWNA, BC, V1Y 2E6
(250) 762-3333 SIC 5912
ENTREPRISES COMMERCIALES PAUL A MEUNIER INC, LES p1021
101 Rue Albert Bureau 106, COWANSVILLE, QC, J2K 2W4
(450) 263-2666 SIC 5912
FAMILIPRIX INC p1182
1556 Rue Montarville, SAINT-BRUNO, QC, J3V 3T7
(450) 653-1331 SIC 5912
FAMILIPRIX INC p1187
380 Boul Arthur-Sauve Bureau 1781, SAINT-EUSTACHE, QC, J7R 2J4
(450) 983-3121 SIC 5912
FINANCIERE MICADCO INC p1164
9550 Boul De L'ormiere, Quebec, QC, G2B 3Z6
(418) 842-9221 SIC 5912
FRASER, D.H. LTD p284
9558 120 St Suite 167, SURREY, BC, V3V 4C1
SIC 5912
FRESON MARKET LTD p5
5020 49 St, BARRHEAD, AB, T7N 1G4
(780) 674-3784 SIC 5912
GABAPHARM INC p1090
2980 Rue Belanger, Montreal, QC, H1Y 1A9
(514) 725-9338 SIC 5912
GESTION CHRISTIAN BASTIEN INC p1234
78 Rue Lemaire, Sept-Iles, QC, G4S 1A3
(418) 968-4946 SIC 5912
GESTION DANIEL DUBE INC p1065
6700 Rue Saint-Georges Bureau 105, Levis, QC, G6V 4H3
(418) 837-9363 SIC 5912
GESTION DELTA SIGMA INC p1035
710 Montee Paiement Bureau 110, GATINEAU, QC, J8R 4A3
(819) 669-1734 SIC 5912
GESTION LAVOIE PERRAULT INC p1146
1100 Av Larue, Quebec, QC, G1C 6H4
(418) 667-5499 SIC 5912
GESTION SFTP p1137
4955 Rue Saint-Pierre, PIERREFONDS, QC, H9H 5M9
(514) 624-8838 SIC 5912
GESTIONS GUILTREE INC p1248
3950 Boul Des Forges Bureau 25, Trois-Rivieres, QC, G8Y 1V7
(819) 375-1730 SIC 5912
GIROSI INC p1088

4466 Rue Beaubien E, Montreal, QC, H1T 3Y8
(514) 728-3674 SIC 5912
GREAT PACIFIC INDUSTRIES INC p322
177 Davie St, VANCOUVER, BC, V6Z 2Y1
(604) 975-7544 SIC 5912
GROUPE JEAN COUTU (PJC) INC, LE p410
1789 Mountain Rd, MONCTON, NB, E1G 5C4
(506) 387-9001 SIC 5912
GROUPE JEAN COUTU (PJC) INC, LE p485
Gd, ALEXANDRIA, ON, K0C 1A0
(613) 525-3333 SIC 5912
GROUPE JEAN COUTU (PJC) INC, LE p565
5 Ninth St E, CORNWALL, ON, K6H 6R3
(613) 938-7339 SIC 5912
GROUPE JEAN COUTU (PJC) INC, LE p1014
413 Rue Racine E, CHICOUTIMI, QC, G7H 1S8
(418) 543-7921 SIC 5912
GROUPE JEAN COUTU (PJC) INC, LE p1039
181 Rue Principale, GATINEAU, QC, J9H 6A6
(819) 684-0006 SIC 5912
GROUPE JEAN COUTU (PJC) INC, LE p1067
3535 Av Des Eglises, Levis, QC, G6X 1W8
(418) 832-4449 SIC 5912
GROUPE JEAN COUTU (PJC) INC, LE p1074
448 Rue Saint-Patrice O, MAGOG, QC, J1X 1W9
(819) 843-3366 SIC 5912
GROUPE JEAN COUTU (PJC) INC, LE p1078
13400 Boul Du Cure-Labelle Bureau 220, MIRABEL, QC, J7J 1G9
(450) 971-5145 SIC 5912
GROUPE JEAN COUTU (PJC) INC, LE p1080
1365 Av Beaumont, MONT-ROYAL, QC, H3P 2H7
(514) 738-2401 SIC 5912
GROUPE JEAN COUTU (PJC) INC, LE p1090
3245 Rue Masson, Montreal, QC, H1Y 1Y4
(514) 374-3611 SIC 5912
GROUPE JEAN COUTU (PJC) INC, LE p1119
930 Rue Jean-Talon O, Montreal, QC, H3N 1S8
(514) 276-3155 SIC 5912
GROUPE JEAN COUTU (PJC) INC, LE p1229
580 Boul Cure-Labelle Bureau 1, SAINTE-ROSE, QC, H7L 4V6
(450) 963-9507 SIC 5912
GROUPE JEAN COUTU (PJC) INC, LE p1231
253 Boul Labelle, SAINTE-THERESE, QC, J7E 2X6
(450) 437-9151 SIC 5912
GROUPE JEAN COUTU (PJC) INC, LE p1238
1470 Rue King O, SHERBROOKE, QC, J1J 2C2
(819) 564-3111 SIC 5912
GROUPE JEAN COUTU (PJC) INC, LE p1258
4061 Rue Wellington, VERDUN, QC, H4G 1V6
(514) 761-4591 SIC 5912
HANBALI, JEFF DRUGS LTD p611
113 Herkimer St, HAMILTON, ON, L8P 2G8
(905) 527-2133 SIC 5912
HENDERSON'S PHARMACY LIMITED p876
15 Front St S, THOROLD, ON, L2V 1W8
(905) 227-2511 SIC 5912
KATES' PHARMACY LTD p264
225 St Laurent Ave, QUESNEL, BC, V2J 2C8
(250) 992-2214 SIC 5912

SIC 5912 Drug stores and proprietary stores

KONA DRUGS LTD p260
737 Central St W, PRINCE GEORGE, BC, V2M 3C6
(250) 562-2311 *SIC* 5912

L J M MARKETING INC p1087
6420 Rue Sherbrooke E Bureau 55, Montreal, QC, H1N 3P6
(514) 259-6991 *SIC* 5912

LAPORTE, MARCEL PHARMACY INC p567
420 Lyndoch St, CORUNNA, ON, N0N 1G0
(519) 862-1451 *SIC* 5912

LASANTE CONSEIL INC p1036
430 Boul De L'hopital Bureau 102, GATINEAU, QC, J8V 1T7
(819) 776-9107 *SIC* 5912

LAWTON'S DRUG STORES LIMITED p399
435 Brookside Dr Suite 5, FREDERICTON, NB, E3A 8V4
(506) 450-4161 *SIC* 5912

LAWTON'S DRUG STORES LIMITED p405
355 Elmwood Dr, MONCTON, NB, E1A 1X6
(506) 857-2212 *SIC* 5912

LAWTON'S DRUG STORES LIMITED p414
519 Westmorland Rd, SAINT JOHN, NB, E2J 3W9
(506) 633-8984 *SIC* 5912

LAWTON'S DRUG STORES LIMITED p417
39 King St Suite 115, SAINT JOHN, NB, E2L 4W3
(506) 634-1422 *SIC* 5912

LAWTON'S DRUG STORES LIMITED p429
8 Centennial St, MOUNT PEARL, NL, A1N 1G5
(709) 368-2663 *SIC* 5912

LAWTON'S DRUG STORES LIMITED p432
12 Gleneyre St Suite 173, ST. JOHN'S, NL, A1A 2M7
(709) 753-3111 *SIC* 5912

LAWTON'S DRUG STORES LIMITED p433
48 Kenmount Rd Suite 142, ST. JOHN'S, NL, A1B 1W3
(709) 722-5460 *SIC* 5912

LAWTON'S DRUG STORES LIMITED p436
466 Topsail Rd, ST. JOHN'S, NL, A1E 2C2
(709) 364-0188 *SIC* 5912

LAWTON'S DRUG STORES LIMITED p443
967 Bedford Hwy, BEDFORD, NS, B4A 1A9
(902) 832-4388 *SIC* 5912

LAWTON'S DRUG STORES LIMITED p446
950 Cole Harbour Rd, DARTMOUTH, NS, B2V 1E6
(902) 435-5600 *SIC* 5912

LAWTON'S DRUG STORES LIMITED p449
6 Primrose St Suite 123, DARTMOUTH, NS, B3A 4C5
(902) 463-2030 *SIC* 5912

LAWTON'S DRUG STORES LIMITED p451
236 Brownlow Ave Suite 270, DARTMOUTH, NS, B3B 1V5
(902) 468-1000 *SIC* 5912

LAWTON'S DRUG STORES LIMITED p455
290 Commercial St, GLACE BAY, NS, B1A 3C6
(902) 849-7573 *SIC* 5912

LAWTON'S DRUG STORES LIMITED p456
5991 Spring Garden Rd Suite 132, HALIFAX, NS, B3H 1Y6
(902) 423-9356 *SIC* 5912

LAWTON'S DRUG STORES LIMITED p458
5675 Spring Garden Rd Suite 6a, HALIFAX, NS, B3J 1H1
(902) 422-9686 *SIC* 5912

LAWTON'S DRUG STORES LIMITED p458
5201 Duke St Suite 144, HALIFAX, NS, B3J 1N9
(902) 429-5436 *SIC* 5912

LAWTON'S DRUG STORES LIMITED p460
5515 Duffus St Suite 172, HALIFAX, NS, B3K 2M5
(902) 454-7471 *SIC* 5912

LAWTON'S DRUG STORES LIMITED p462
287 Lacewood Dr Suite 128, HALIFAX, NS, B3M 3Y7
(902) 443-4446 *SIC* 5912

LAWTON'S DRUG STORES LIMITED p465
363 Main St, KENTVILLE, NS, B4N 1K7
(902) 678-3308 *SIC* 5912

LAWTON'S DRUG STORES LIMITED p467
528 Sackville Dr, LOWER SACKVILLE, NS, B4C 2R8
(902) 865-9393 *SIC* 5912

LAWTON'S DRUG STORES LIMITED p469
810 East River Rd, NEW GLASGOW, NS, B2H 3S3
(902) 752-1860 *SIC* 5912

LAWTON'S DRUG STORES LIMITED p470
3415 Plummer Ave, NEW WATERFORD, NS, B1H 1Z2
(902) 862-6409 *SIC* 5912

LAWTON'S DRUG STORES LIMITED p475
719 George St, SYDNEY, NS, B1P 1L3
(902) 564-8200 *SIC* 5912

LAWTON'S DRUG STORES LIMITED p479
625 O'brien St, WINDSOR, NS, B0N 2T0
(902) 798-2202 *SIC* 5912

LAWTON'S DRUG STORES LIMITED p480
76 Starrs Rd, YARMOUTH, NS, B5A 2T5
(902) 742-1900 *SIC* 5912

LAWTON'S INCORPORATED p462
7071 Bayers Rd Suite 112, HALIFAX, NS, B3L 2C2
(902) 453-1920 *SIC* 5912

LOBLAWS INC p67
120 2 St E, CARDSTON, AB, T0K 0K0
(403) 653-3341 *SIC* 5912

LOBLAWS INC p122
251 Powder Dr, FORT MCMURRAY, AB, T9K 2W6
(780) 788-1402 *SIC* 5912

LOBLAWS INC p204
757 Ryan Rd, COURTENAY, BC, V9N 3R6
(250) 334-6900 *SIC* 5912

LOBLAWS INC p226
1835 Gordon Dr Suite 136, KELOWNA, BC, V1Y 3H4
(250) 861-1525 *SIC* 5912

LOBLAWS INC p238
32136 Lougheed Hwy Suite 1559, MISSION, BC, V2V 1A4
(604) 820-6436 *SIC* 5912

LOBLAWS INC p335
846 Viewfield Rd, VICTORIA, BC, V9A 4V1
(250) 381-4078 *SIC* 5912

LOBLAWS INC p336
835 Langford Pky, VICTORIA, BC, V9B 4V5
(250) 391-3135 *SIC* 5912

LOBLAWS INC p1270
2019 8 Ave, HUMBOLDT, SK, S0K 2A1
(306) 682-8335 *SIC* 5912

LOBLAWS INC p1285
1341 Broadway Ave, REGINA, SK, S4P 1E5
(306) 569-7575 *SIC* 5912

LOBLAWS INC p1287
336 N Mccarthy Blvd, REGINA, SK, S4R 7M2
(306) 924-2620 *SIC* 5912

LONDON DRUGS LIMITED p10
3545 32 Ave Ne, CALGARY, AB, T1Y 6M6
(403) 571-4931 *SIC* 5912

LONDON DRUGS LIMITED p32
8330 Macleod Trail Se Suite 30, CALGARY, AB, T2H 2V2
(403) 571-4930 *SIC* 5912

LONDON DRUGS LIMITED p61
5255 Richmond Rd Sw Suite 300, CALGARY, AB, T3E 7C4
(403) 571-4932 *SIC* 5912

LONDON DRUGS LIMITED p64
8120 Beddington Blvd Nw Unit 400, CALGARY, AB, T3K 2A8
(403) 571-4940 *SIC* 5912

LONDON DRUGS LIMITED p76
9450 137 Ave Nw Suite 120, EDMONTON, AB, T5E 6C2
(780) 944-4521 *SIC* 5912

LONDON DRUGS LIMITED p83
11704 104 Ave Nw Suite 45, EDMONTON, AB, T5K 2T6
(780) 944-4545 *SIC* 5912

LONDON DRUGS LIMITED p89
14951 Stony Plain Rd Nw, EDMONTON, AB, T5P 4W1
(780) 944-4522 *SIC* 5912

LONDON DRUGS LIMITED p127
10820 104b Ave, GRANDE PRAIRIE, AB, T8V 7L6
(780) 538-3700 *SIC* 5912

LONDON DRUGS LIMITED p127
10820 104b Ave Suite 34, GRANDE PRAIRIE, AB, T8V 7L6
(780) 538-3717 *SIC* 5912

LONDON DRUGS LIMITED p138
905 1 Ave S Suite 110, LETHBRIDGE, AB, T1J 4M7
(403) 320-8899 *SIC* 5912

LONDON DRUGS LIMITED p156
50 Mclean St Unite 109, RED DEER, AB, T4R 1W7
(403) 342-1242 *SIC* 5912

LONDON DRUGS LIMITED p167
19 Bellerose Dr Suite 10, ST. ALBERT, AB, T8N 5E1
(780) 944-4548 *SIC* 5912

LONDON DRUGS LIMITED p179
32700 South Fraser Way Suite 26, ABBOTSFORD, BC, V2T 4M5
(604) 852-0936 *SIC* 5912

LONDON DRUGS LIMITED p182
9855 Austin Rd Unit 101, BURNABY, BC, V3J 1N4
(604) 448-4825 *SIC* 5912

LONDON DRUGS LIMITED p191
4970 Kingsway, BURNABY, BC, V5H 2E2
(604) 448-4806 *SIC* 5912

LONDON DRUGS LIMITED p200
2929 Barnet Hwy Unit 1030, COQUITLAM, BC, V3B 5R5
(604) 464-3322 *SIC* 5912

LONDON DRUGS LIMITED p220
450 Lansdowne St Suite 68, KAMLOOPS, BC, V2C 1Y3
(250) 372-0028 *SIC* 5912

LONDON DRUGS LIMITED p245
60 Tenth St, NEW WESTMINSTER, BC, V3M 3X3
(604) 524-1326 *SIC* 5912

LONDON DRUGS LIMITED p269
5951 No. 3 Rd, RICHMOND, BC, V6X 2E3
(604) 278-4521 *SIC* 5912

LONDON DRUGS LIMITED p272
12251 Horseshoe Way, RICHMOND, BC, V7A 4X5
(604) 272-7400 *SIC* 5912

LONDON DRUGS LIMITED p280
2340 Guildford Town Ctr, SURREY, BC, V3R 7B9
(604) 588-7881 *SIC* 5912

LONDON DRUGS LIMITED p283
10348 King George Blvd, SURREY, BC, V3T 2W5
(604) 448-4808 *SIC* 5912

LONDON DRUGS LIMITED p300
525 Broadway W, VANCOUVER, BC, V5Z 1E6
(604) 872-5177 *SIC* 5912

LONDON DRUGS LIMITED p312
1187 Robson St Suite 19, VANCOUVER, BC, V6E 1B5
(604) 448-4819 *SIC* 5912

LONDON DRUGS LIMITED p314
1650 Davie St, VANCOUVER, BC, V6G 1V9
(604) 669-2884 *SIC* 5912

LONDON DRUGS LIMITED p318
2091 42nd Ave W Suite 10, VANCOUVER, BC, V6M 2B4
(604) 448-4810 *SIC* 5912

LONDON DRUGS LIMITED p322
710 Granville St, VANCOUVER, BC, V6Z 1E4
(604) 685-5292 *SIC* 5912

LONDON DRUGS LIMITED p326
4400 32 St Suite 700, VERNON, BC, V1T 9H2
(250) 549-1551 *SIC* 5912

LONDON DRUGS LIMITED p336
1907 Sooke Rd, VICTORIA, BC, V9B 1V8
(250) 474-0900 *SIC* 5912

LUSSIER, BERNARD INC p1187
578 Boul Arthur-Sauve Bureau 231, SAINT-EUSTACHE, QC, J7R 5A8
(450) 473-2711 *SIC* 5912

LUSSIER, BERNARD INC p1228
3003 Ch D'oka, SAINTE-MARTHE-SUR-LE-LAC, QC, J0N 1P0
(450) 473-5480 *SIC* 5912

MAGASINS D'ESCOMPTE PLUS MART, LES p1059
2101 Av Dollard Unite 12, LASALLE, QC, H8N 1S2
(514) 363-4402 *SIC* 5912

MARSH, GLENDA PHARMACY LTD p345
1350 18th St Suite 3, BRANDON, MB, R7A 5C4
(204) 729-8100 *SIC* 5912

MATTHEWS, MARK PHARMACY LTD p774
4435 Burnside Line, ORILLIA, ON, L3V 7X8
(705) 326-7373 *SIC* 5912

MCKESSON CORPORATION p868
555 Barrydowne Rd, SUDBURY, ON, P3A 3T4
(705) 566-5200 *SIC* 5912

MCMAHON DISTRIBUTEUR PHARMACEUTIQUE INC p1161
2450 Boul Laurier, Quebec, QC, G1V 2L1
(418) 653-9333 *SIC* 5912

MCMAHON DISTRIBUTEUR PHARMACEUTIQUE INC p1164
9550 Boul De L'ormiere, Quebec, QC, G2B 3Z6
(418) 842-9221 *SIC* 5912

MEDICAL PHARMACIES GROUP LIMITED p586
170 Brockport Dr Unit 102, ETOBICOKE, ON, M9W 5C8
(416) 213-0844 *SIC* 5912

MEDICAL PHARMACIES GROUP LIMITED p593
1100 Algoma Rd, GLOUCESTER, ON, K1B 0A3
(613) 244-8620 *SIC* 5912

MEDICAL PHARMACIES GROUP LIMITED p611
45 Frid St Suite 5, HAMILTON, ON, L8P 4M3
(905) 522-7741 *SIC* 5912

MEDICAL PHARMACIES GROUP LIMITED p642
569 Lancaster St W, KITCHENER, ON, N2K 3M9
(519) 576-1001 *SIC* 5912

MEDICAL PHARMACIES GROUP LIMITED p727
36 Antares Dr Suite 100, NEPEAN, ON, K2E 7W5
SIC 5912

MEDICAL PHARMACIES GROUP LIMITED p780
117 King St E, OSHAWA, ON, L1H 1B9
(905) 576-9090 *SIC* 5912

MEDICAL PHARMACIES GROUP LIMITED p934
351 Christie St, TORONTO, ON, M6G 3C3
(416) 530-1055 *SIC* 5912

MEDICAL PHARMACIES GROUP LIMITED p964
2425 Tecumseh Rd E Suite 100, WINDSOR, ON, N8W 1E6
(519) 252-3700 *SIC* 5912

MEDISYSTEM PHARMACY LIMITED p660
1100 Dearness Dr Unit 27-30, LONDON, ON, N6E 1N9
(519) 681-9020 *SIC* 5912

MEDITRUST PHARMACY SERVICES INC p823
9665 Bayview Ave Unit 27, RICHMOND HILL, ON, L4C 9V4
(905) 770-6618 *SIC* 5912

SIC 5912 Drug stores and proprietary stores

METRO ONTARIO PHARMACIES LIMITED p538
3365 Fairview St, BURLINGTON, ON, L7N 3N9
(905) 634-2391   SIC 5912

MILL BAY PHARMACY LTD p238
2720 Mill Bay Rd Suite 230, MILL BAY, BC, V0R 2P1
SIC 5912

MURPHY'S PHARMACIES INC p981
24 St. Peters Rd, CHARLOTTETOWN, PE, C1A 5N4
(902) 894-8553   SIC 5912

MURPHY'S PHARMACIES INC p984
13 Stratford Rd, STRATFORD, PE, C1B 1T4
(902) 569-2259   SIC 5912

MUZYK, D.J. DRUGS LTD p748
1515 Steeles Ave E, NORTH YORK, ON, M2M 3Y7
(416) 226-1313   SIC 5912

NARDINI, JOHN DRUGS LIMITED p862
377 Highway 8, STONEY CREEK, ON, L8G 1E7
(905) 662-9996   SIC 5912

ORANO LIMITED p831
293 Bay St Suite 1, SAULT STE. MARIE, ON, P6A 1X3
(705) 949-7331   SIC 5912

PARAMOUNT PHARMACIES LIMITED p470
3435 Plummer Ave Suite 529, NEW WATERFORD, NS, B1H 1Z4
(902) 862-7186   SIC 5912

PARAMOUNT PHARMACIES LIMITED p475
351 Charlotte St, SYDNEY, NS, B1P 1E1
(902) 564-4141   SIC 5912

PARTROSE DRUGS LIMITED p581
666 Burnhamthorpe Rd, ETOBICOKE, ON, M9C 2Z4
(416) 621-2330   SIC 5912

PAS SUPER THRIFTY DRUG MART 1984 LTD, THE p359
Hwy 10, THE PAS, MB, R9A 1P8
(204) 623-5150   SIC 5912

PASLOSKI, DARRELL PHARMACY LTD p1311
211 Main St Suite 100, WHITEHORSE, YT, Y1A 2B2
(867) 667-2485   SIC 5912

PAYLESS CORP p652
1551 Dundas St Suite 11, LONDON, ON, N5W 5Y5
(519) 451-0510   SIC 5912

PEMAC PHARMACY LIMITED p456
1124 Bridge St, GREENWOOD, NS, B0P 1N0
(902) 765-3060   SIC 5912

PERTH DOWNTOWN PHARMASAVE (PAMELA NEWTON) LTD p807
57 Foster St Suite 762, PERTH, ON, K7H 1R9
(613) 267-1578   SIC 5912

PHABERVIN INC p1235
2312 Av Saint-Marc, SHAWINIGAN, QC, G9N 2J7
(819) 539-5479   SIC 5912

PHARMA PLUS DRUGMARTS LTD p366
35 Lakewood Blvd, WINNIPEG, MB, R2J 2M8
(204) 982-4120   SIC 5912

PHARMA PLUS DRUGMARTS LTD p388
6650 Roblin Blvd, WINNIPEG, MB, R3R 2P9
SIC 5912

PHARMA PLUS DRUGMARTS LTD p482
372 Queen St E, ACTON, ON, L7J 2Y5
(519) 853-2220   SIC 5912

PHARMA PLUS DRUGMARTS LTD p483
240 Harwood Ave S, AJAX, ON, L1S 2H6
(905) 683-1210   SIC 5912

PHARMA PLUS DRUGMARTS LTD p483
955 Westney Rd S Unit 7, AJAX, ON, L1S 3K7
(905) 683-1314   SIC 5912

PHARMA PLUS DRUGMARTS LTD p501
4486 Ontario St, BEAMSVILLE, ON, L0R 1B5
(905) 563-7122   SIC 5912

PHARMA PLUS DRUGMARTS LTD p508
125 Muskoka Rd, BRACEBRIDGE, ON, P1L 1H6
(705) 645-8738   SIC 5912

PHARMA PLUS DRUGMARTS LTD p518
227 Vodden St E, BRAMPTON, ON, L6V 1N2
(905) 457-2955   SIC 5912

PHARMA PLUS DRUGMARTS LTD p521
400 Queen St W, BRAMPTON, ON, L6X 1B3
(905) 459-4570   SIC 5912

PHARMA PLUS DRUGMARTS LTD p523
499 Main St S, BRAMPTON, ON, L6Y 1N7
SIC 5912

PHARMA PLUS DRUGMARTS LTD p534
5111 New St, BURLINGTON, ON, L7L 1V2
(905) 637-2331   SIC 5912

PHARMA PLUS DRUGMARTS LTD p568
11 Champlain St, DEEP RIVER, ON, K0J 1P0
SIC 5912

PHARMA PLUS DRUGMARTS LTD p579
4890 Dundas St W, ETOBICOKE, ON, M9A 1B5
(416) 239-8360   SIC 5912

PHARMA PLUS DRUGMARTS LTD p580
250 The East Mall, ETOBICOKE, ON, M9B 3Y8
(416) 239-3511   SIC 5912

PHARMA PLUS DRUGMARTS LTD p582
250 Wincott Dr, ETOBICOKE, ON, M9R 2R5
(416) 248-9538   SIC 5912

PHARMA PLUS DRUGMARTS LTD p617
342 10th St, HANOVER, ON, N4N 1P4
(519) 364-2300   SIC 5912

PHARMA PLUS DRUGMARTS LTD p632
1036 Princess St, KINGSTON, ON, K7L 1H2
(613) 542-4241   SIC 5912

PHARMA PLUS DRUGMARTS LTD p632
1036 Princess Street Unit D101, KINGSTON, ON, K7L 1H2
(613) 542-1211   SIC 5912

PHARMA PLUS DRUGMARTS LTD p637
1005 Ottawa St N, KITCHENER, ON, N2A 1H2
(519) 893-7171   SIC 5912

PHARMA PLUS DRUGMARTS LTD p647
51 Kent St W, LINDSAY, ON, K9V 2X9
(705) 328-1500   SIC 5912

PHARMA PLUS DRUGMARTS LTD p660
1795 Ernest Ave, LONDON, ON, N6E 2V5
(519) 681-0340   SIC 5912

PHARMA PLUS DRUGMARTS LTD p662
740 Hyde Park Rd, LONDON, ON, N6H 5W9
(519) 471-1780   SIC 5912

PHARMA PLUS DRUGMARTS LTD p722
1240 Eglinton Ave W Suite B7, MISSISSAUGA, ON, L5V 1N3
(905) 858-7903   SIC 5912

PHARMA PLUS DRUGMARTS LTD p728
1363 Woodroffe Ave Unit B, NEPEAN, ON, K2G 1V7
(613) 224-7621   SIC 5912

PHARMA PLUS DRUGMARTS LTD p737
6484 Lundy's Lane, NIAGARA FALLS, ON, L2G 1T6
(905) 354-3314   SIC 5912

PHARMA PLUS DRUGMARTS LTD p742
1500 Fisher St, NORTH BAY, ON, P1B 2H3
(705) 476-2205   SIC 5912

PHARMA PLUS DRUGMARTS LTD p744
3555 Don Mills Rd, NORTH YORK, ON, M2H 3N3
(416) 494-8102   SIC 5912

PHARMA PLUS DRUGMARTS LTD p749
288 Sheppard Ave E, NORTH YORK, ON, M2N 3B1
(416) 222-5454   SIC 5912

PHARMA PLUS DRUGMARTS LTD p781
419 King St W, OSHAWA, ON, L1J 2K5
(905) 728-5101   SIC 5912

PHARMA PLUS DRUGMARTS LTD p796
1670 Heron Rd, OTTAWA, ON, K1V 0C2
(613) 731-8087   SIC 5912

PHARMA PLUS DRUGMARTS LTD p798
2121 Carling Ave Unit 34, OTTAWA, ON, K2A 1S3
(613) 722-4588   SIC 5912

PHARMA PLUS DRUGMARTS LTD p804
72 Grand River St N, PARIS, ON, N3L 2M2
(519) 442-2203   SIC 5912

PHARMA PLUS DRUGMARTS LTD p813
1900 Dixie Rd, PICKERING, ON, L1V 6M4
(905) 420-8735   SIC 5912

PHARMA PLUS DRUGMARTS LTD p823
9325 Yonge St, RICHMOND HILL, ON, L4C 0A8
(905) 508-5958   SIC 5912

PHARMA PLUS DRUGMARTS LTD p823
9665 Bayview Ave, RICHMOND HILL, ON, L4C 9V4
(905) 770-7377   SIC 5912

PHARMA PLUS DRUGMARTS LTD p831
129 Trunk Rd, SAULT STE. MARIE, ON, P6A 3S4
(705) 253-3254   SIC 5912

PHARMA PLUS DRUGMARTS LTD p840
2447 Kingston Rd Unit 103, SCARBOROUGH, ON, M1N 1V4
(416) 264-2444   SIC 5912

PHARMA PLUS DRUGMARTS LTD p851
174 Albert St S, SOUTHAMPTON, ON, N0H 2L0
(519) 797-2113   SIC 5912

PHARMA PLUS DRUGMARTS LTD p868
555 Barrydowne Rd, SUDBURY, ON, P3A 3T4
(705) 566-0220   SIC 5912

PHARMA PLUS DRUGMARTS LTD p875
1 Promenade Cir, THORNHILL, ON, L4J 4P8
(905) 764-0620   SIC 5912

PHARMA PLUS DRUGMARTS LTD p893
325 Moore Ave, TORONTO, ON, M4G 3T6
(416) 423-5201   SIC 5912

PHARMA PLUS DRUGMARTS LTD p900
1481 Yonge St, TORONTO, ON, M4T 1Z2
(416) 921-2171   SIC 5912

PHARMA PLUS DRUGMARTS LTD p903
63 Wellesley St E, TORONTO, ON, M4Y 1G7
(416) 924-7760   SIC 5912

PHARMA PLUS DRUGMARTS LTD p932
100 King St W, TORONTO, ON, M5X 2A1
(416) 362-6406   SIC 5912

PHARMA PLUS DRUGMARTS LTD p951
425 University Ave E, WATERLOO, ON, N2K 4C9
(519) 743-5738   SIC 5912

PHARMA PLUS DRUGMARTS LTD p972
55 Josephine St, WINGHAM, ON, N0G 2W0
(519) 357-2170   SIC 5912

PHARMACIE ANGUS INC p1032
150 Rue Angus S Bureau 1, EAST ANGUS, QC, J0B 1R0
(819) 832-4343   SIC 5912

PHARMACIE CHARLES RIVEST INC p1070
1748 Ch De Chambly, LONGUEUIL, QC, J4J 3X5
(450) 651-2000   SIC 5912

PHARMACIE JEAN COUTU p1170
155 Boul Lacombe Unite 160, REPENTIGNY, QC, J5Z 3C4
(450) 654-6747   SIC 5912

PHARMACIE SPYRIDON KOUTSOURIS p1120
375 Rue Jean-Talon O, Montreal, QC, H3N 2Y8
(514) 272-5565   SIC 5912

PHARMACY NORTH INC p375
393 Portage Ave Unit 400, WINNIPEG, MB, R3B 3H6
SIC 5912

PHARMASAVE DRUGS (NATIONAL) LTD p326
3101 30 Ave, VERNON, BC, V1T 2C4
(250) 542-4181   SIC 5912

PHARMX REXALL DRUG STORES (ALBERTA) LTD p150
789 Main St, PINCHER CREEK, AB, T0K 1W0
(403) 627-3195   SIC 5912

PHARMX REXALL DRUG STORES (ALBERTA) LTD p151
4502 50 St, PONOKA, AB, T4J 1J5
(403) 783-5568   SIC 5912

PROSPECT HUMAN SERVICES SOCIETY p13
915 33 St Ne, CALGARY, AB, T2A 6T2
(403) 273-2822   SIC 5912

QUESNEL, MICHEL p1077
550 Av Du Phare E, MATANE, QC, G4W 1A7
(418) 566-2894   SIC 5912

R. HOLMES PHARMACY LTD p405
4 Johnson Ave Suite 12, MIRAMICHI, NB, E1N 3B7
(506) 773-4412   SIC 5912

RAINBOW ENTERPRISES LTD p430
5 First Ave, PASADENA, NL, A0L 1K0
(709) 686-2063   SIC 5912

RAMVAL INC p1098
6500 Rue Saint-Hubert, Montreal, QC, H2S 2M3
(514) 272-8233   SIC 5912

REXALL PHARMACY GROUP LTD p4
317 Banff Ave, BANFF, AB, T1L 1C3
(403) 762-2245   SIC 5912

REXALL PHARMACY GROUP LTD p55
290 Midpark Way Se Suite 120, CALGARY, AB, T2X 1P1
(403) 254-9600   SIC 5912

REXALL PHARMACY GROUP LTD p109
5015 111 St Nw, EDMONTON, AB, T6H 4M6
(780) 434-0451   SIC 5912

REXALL PHARMACY GROUP LTD p163
101 Bremner Dr Suite 5, SHERWOOD PARK, AB, T8H 0M5
SIC 5912

REXALL PHARMACY GROUP LTD p171
4705 50 Ave, VALLEYVIEW, AB, T0H 3N0
(780) 524-3508   SIC 5912

REXALL PHARMACY GROUP LTD p177
3033 Immel St Suite 150, ABBOTSFORD, BC, V2S 6S2
SIC 5912

REXALL PHARMACY GROUP LTD p332
649 Fort St, VICTORIA, BC, V8W 1G1
(250) 384-1195   SIC 5912

REXALL PHARMACY GROUP LTD p489
22 Baskin Dr, ARNPRIOR, ON, K7S 3G8
(613) 623-6591   SIC 5912

REXALL PHARMACY GROUP LTD p502
173 Dundas St E, BELLEVILLE, ON, K8N 1C9
(613) 966-6297   SIC 5912

REXALL PHARMACY GROUP LTD p506
405 Queen St S, BOLTON, ON, L7E 2B5
(905) 857-3766   SIC 5912

REXALL PHARMACY GROUP LTD p526
260 St Paul Ave, BRANTFORD, ON, N3R 4M7
(519) 756-6363   SIC 5912

REXALL PHARMACY GROUP LTD p571
60 Hatt St, DUNDAS, ON, L9H 7T6
(905) 627-2909   SIC 5912

REXALL PHARMACY GROUP LTD p595
1980 Ogilvie Rd Suite 144, GLOUCESTER, ON, K1J 9L3
(613) 745-9497   SIC 5912

REXALL PHARMACY GROUP LTD p607
234 Parkdale Ave N, HAMILTON, ON, L8H 5X5
(905) 547-2174   SIC 5912

REXALL PHARMACY GROUP LTD p613
1119 Fennell Ave E, HAMILTON, ON, L8T 1S2
(905) 383-3386   SIC 5912

REXALL PHARMACY GROUP LTD p615
930 Upper Paradise Rd Suite 13, HAMILTON, ON, L9B 2N1

(905) 318-5383   SIC 5912
REXALL PHARMACY GROUP LTD   p674
131 Mcnabb St, MARKHAM, ON, L3R 5V7
(905) 943-9499   SIC 5912
REXALL PHARMACY GROUP LTD   p695
5965 Coopers Ave, MISSISSAUGA, ON, L4Z 1R9
(905) 501-7800   SIC 5912
REXALL PHARMACY GROUP LTD   p799
2525 Carling Ave, OTTAWA, ON, K2B 7Z2
(613) 828-1119   SIC 5912
REXALL PHARMACY GROUP LTD   p823
10870 Yonge St, RICHMOND HILL, ON, L4C 3E4
(905) 508-5395   SIC 5912
REXALL PHARMACY GROUP LTD   p833
612 Second Line W, SAULT STE. MARIE, ON, P6C 2K7
(705) 759-3115   SIC 5912
REXALL PHARMACY GROUP LTD   p850
144 Griffin St S, SMITHVILLE, ON, L0R 2A0
(905) 957-3943   SIC 5912
REXALL PHARMACY GROUP LTD   p867
228 King St, STURGEON FALLS, ON, P2B 1R9
(705) 753-0150   SIC 5912
REXALL PHARMACY GROUP LTD   p887
3030 Lawrence Ave E Suite 316, TORONTO, ON, M1P 2T7
(416) 438-6668   SIC 5912
ROBERGE, JULES A INC   p1246
926 Rue Labbe Bureau 160, THETFORD MINES, QC, G6G 2A8
(418) 335-2903   SIC 5912
ROULSTON'S DISCOUNT DRUGS LIMITED   p849
140 Queensway E, SIMCOE, ON, N3Y 4Y7
(519) 426-8011   SIC 5912
ROYMICK INC   p1075
600 Re Royale Bureau198, MALARTIC, QC, J0Y 1Z0
(819) 757-6777   SIC 5912
S.L. DEVISON PHARMACIES INC   p946
150 Montreal Rd, VANIER, ON, K1L 8H2
(613) 842-7544   SIC 5912
SERVICE DRUG LTD   p339
5331 Headland Dr, WEST VANCOUVER, BC, V7W 3C6
(604) 926-5331   SIC 5912
SERVICES DE SANTE JEAN-PHILIPPE PARE INC   p1255
2020 Boul Rene-Gaultier, VARENNES, QC, J3X 1N9
(450) 652-3967   SIC 5912
SHOPPERS DRUG MART   p397
477 Rue Paul Suite 181, DIEPPE, NB, E1A 4X5
(506) 857-0820   SIC 5912
SHOPPERS DRUG MART   p632
136 Princess St, KINGSTON, ON, K7L 1A7
(613) 544-5330   SIC 5912
SHOPPERS DRUG MART CORPORATION   p3
505 Main St S, AIRDRIE, AB, T4B 3K3
(403) 948-5858   SIC 5912
SHOPPERS DRUG MART CORPORATION   p53
504 Elbow Dr Sw, CALGARY, AB, T2S 2H6
(403) 228-3338   SIC 5912
SHOPPERS DRUG MART CORPORATION   p653
1295 Highbury Ave N, LONDON, ON, N5Y 5L3
(519) 453-3141   SIC 5912
SHOPPERS DRUG MART CORPORATION   p745
243 Consumers Rd, NORTH YORK, ON, M2J 4W8
(416) 493-1220   SIC 5912
SHOPPERS DRUG MART CORPORATION   p806
88 Main St Suite 1004, PENETANGUISHENE, ON, L9M 1T4
(705) 549-2332   SIC 5912
SHOPPERS DRUG MART CORPORATION   p808
865 Chemong Rd, PETERBOROUGH, ON, K9H 5Z5
(705) 745-2401   SIC 5912
SHOPPERS DRUG MART CORPORATION   p812
1840 Lansdowne St W, PETERBOROUGH, ON, K9K 2M9
(705) 749-6547   SIC 5912
SHOPPERS DRUG MART CORPORATION   p852
286 Bunting Rd Suite 22, ST CATHARINES, ON, L2M 7S5
(905) 688-6733   SIC 5912
SHOPPERS DRUG MART CORPORATION   p859
204 First Ave, ST THOMAS, ON, N5R 4P5
(519) 633-1146   SIC 5912
SHOPPERS DRUG MART CORPORATION   p964
4451 Tecumseh Rd E, WINDSOR, ON, N8W 1K6
(519) 948-8108   SIC 5912
SHOPPERS DRUG MART CORPORATION   p969
2670 Tecumseh Rd W Suite 762, WINDSOR, ON, N9B 3P9
(519) 252-5779   SIC 5912
SHOPPERS DRUG MART INC   p93
17835 106a Ave Nw Suite 201, EDMONTON, AB, T5S 1V8
(780) 484-3979   SIC 5912
SHOPPERS DRUG MART INC   p744
202 Sparks Ave, NORTH YORK, ON, M2H 2S4
(416) 701-1351   SIC 5912
SHOPPERS HOME HEALTH CARE (CANADA) INC   p25
2720 12 St Ne Suite 1, CALGARY, AB, T2E 7N4
(403) 250-2200   SIC 5912
SHOPPERS HOME HEALTH CARE (CANADA) INC   p101
91 Ave Nw Suite 4619, EDMONTON, AB, T6B 2M7
(780) 465-3310   SIC 5912
SPEARS & MACLEOD PHARMACY LIMITED   p480
333 Main St Suite 519, YARMOUTH, NS, B5A 1E5
(902) 742-7825   SIC 5912
STEPHEN MACDONALD PHARMACY INC   p789
334 Cumberland St, OTTAWA, ON, K1N 7J2
(705) 325-2377   SIC 5912
SULLIVAN, EVAN PHARMACY LIMITED   p504
390 North Front St, BELLEVILLE, ON, K8P 3E1
(613) 966-7298   SIC 5912
SURANI, B. DRUGS LTD   p728
1642 Merivale Rd Suite 910, NEPEAN, ON, K2G 4A1
(613) 226-1155   SIC 5912
UNIPRIX INC   p996
330 Rue Ellice, BEAUHARNOIS, QC, J6N 1X3
(450) 429-3004   SIC 5912
UNIPRIX INC   p1024
3708 Boul Saint-Jean, DOLLARD-DES-ORMEAUX, QC, H9G 1X1
(514) 620-9160   SIC 5912
UNIPRIX INC   p1039
210 Ch D'aylmer, GATINEAU, QC, J9H 1A2
(819) 684-6594   SIC 5912
UNIPRIX INC   p1050
1372 Rue Saint-Jacques, L'ANCIENNE-LORETTE, QC, G2E 2X1
(418) 872-2857   SIC 5912
UNIPRIX INC   p1051
330 Boul De L'ange-Gardien, L'ASSOMPTION, QC, J5W 1S3
(450) 589-4741   SIC 5912

UNIPRIX INC   p1053
611 1re Rue Poire, La Pocatiere, QC, G0R 1Z0
(418) 856-3094   SIC 5912
UNIPRIX INC   p1066
40 Rte Du President-Kennedy Bureau 101, Levis, QC, G6V 6C4
(418) 835-3300   SIC 5912
UNIPRIX INC   p1072
825 Rue Saint-Laurent O, LONGUEUIL, QC, J4K 2V1
(450) 677-2876   SIC 5912
UNIPRIX INC   p1072
1615 Boul Jacques-Cartier E Bureau 120, LONGUEUIL, QC, J4M 2X1
(450) 468-5040   SIC 5912
UNIPRIX INC   p1098
1275 Rue Villeray, Montreal, QC, H2R 1J9
(514) 274-1114   SIC 5912
UNIPRIX INC   p1099
5647 Av Du Parc, Montreal, QC, H2V 4H2
(514) 276-9353   SIC 5912
UNIPRIX INC   p1178
100 Rue Du Terminus O, ROUYN-NORANDA, QC, J9X 6H7
(819) 797-1422   SIC 5912
UNIPRIX INC   p1220
897 Rue Notre-Dame, Saint-Remi, QC, J0L 2L0
(450) 454-3981   SIC 5912
UNIPRIX INC   p1236
610 Rue King E, SHERBROOKE, QC, J1G 1B8
(819) 569-9251   SIC 5912
UNIPRIX PHARMACY   p1048
2095 Rue Sainte-Famille, Jonquiere, QC, G7X 4W8
(418) 547-3689   SIC 5912
VALLEY DRUG MART LTD   p468
26 Commercial St, MIDDLETON, NS, B0S 1P0
(902) 825-4822   SIC 5912
VALUE DRUG MART ASSOCIATES LTD   p97
16504 121a Ave Nw, EDMONTON, AB, T5V 1J9
(780) 453-1701   SIC 5912
VARIETES CHARRON & LECLERC, SENC   p1055
6240 Rue Salaberry, Lac-Megantic, QC, G6B 1H8
(819) 583-2123   SIC 5912
VINCAR LTEE   p1063
3366 Boul Sainte-Rose, LAVAL-OUEST, QC, H7R 1T8
(450) 627-7777   SIC 5912
WADLAND PHARMACY LIMITED   p867
12035 Highway 17 E, STURGEON FALLS, ON, P2B 2S6
(705) 753-5850   SIC 5912
WAL-MART CANADA CORP   p774
95 First St Suite 3142, ORANGEVILLE, ON, L9W 2E8
(519) 940-9558   SIC 5912
WESTFAIR DRUGS LTD   p26
3225 12 St Ne, CALGARY, AB, T2E 7S9
(403) 291-7700   SIC 5912
WONG, VICKY C.K. DRUGS LTD   p677
9255 Woodbine Ave Suite 27, MARKHAM, ON, L6C 1Y9
(905) 887-3000   SIC 5912
ZAHID, M. DRUGS LTD   p732
665 Stonehaven Ave, NEWMARKET, ON, L3X 0G2
(905) 836-9697   SIC 5912

SIC 5921 Liquor stores

586307 ALBERTA LTD   p61
7422 Crowfoot Rd Nw Unit 201, CALGARY, AB, T3G 3N7
(403) 296-2200   SIC 5921
9217-5637 QUEBEC INC   p1222
734 Rue Notre-Dame, SAINT-SULPICE, QC, J5W 3W7
(514) 771-7161   SIC 5921
ANDREW PELLER LIMITED   p224
1125 Richter St, KELOWNA, BC, V1Y 2K6
(250) 762-3332   SIC 5921
BREWERS RETAIL INC   p496
30 Anne St S, BARRIE, ON, L4N 2C6
(705) 728-4043   SIC 5921
BREWERS RETAIL INC   p518
198 Queen St E, BRAMPTON, ON, L6V 1B7
(905) 451-4685   SIC 5921
BREWERS RETAIL INC   p591
236 Guelph St, GEORGETOWN, ON, L7G 4B1
(905) 873-9191   SIC 5921
BREWERS RETAIL INC   p630
121 Cataraqui St, KINGSTON, ON, K7K 1Z8
(613) 548-7786   SIC 5921
BREWERS RETAIL INC   p636
1255 Weber St E, KITCHENER, ON, N2A 1C2
(519) 894-9120   SIC 5921
BREWERS RETAIL INC   p649
50 Vagnini Crt, LIVELY, ON, P3Y 1K8
(705) 692-7663   SIC 5921
BREWERS RETAIL INC   p664
280 Sovereign Rd, LONDON, ON, N6M 1B3
(519) 451-3699   SIC 5921
BREWERS RETAIL INC   p784
2750 Swansea Cres, OTTAWA, ON, K1G 6R8
(613) 738-8615   SIC 5921
BREWERS RETAIL INC   p860
414 Dewitt Rd, STONEY CREEK, ON, L8E 4B7
(905) 664-7921   SIC 5921
BREWERS RETAIL INC   p939
3524 Dundas St W, TORONTO, ON, M6S 2S1
(416) 767-0441   SIC 5921
BRICK BREWING CO. LIMITED   p637
400 Bingemans Centre Dr, KITCHENER, ON, N2B 3X9
(519) 742-2732   SIC 5921
DOVER CORPORATION (CANADA) LIMITED   p703
2458 Dundas St W Unit A, MISSISSAUGA, ON, L5K 1R8
(905) 822-1776   SIC 5921
GLOBAL VINTNERS INC   p855
301 Louth St Unit B3, ST CATHARINES, ON, L2S 3V6
(905) 708-6680   SIC 5921
GOVERNMENT OF THE PROVINCE OF BRITISH COLUMBIA   p216
375 Nimpkish Plz, GOLD RIVER, BC, V0P 1G0
(250) 283-2919   SIC 5921
GOVERNMENT OF THE PROVINCE OF BRITISH COLUMBIA   p226
1835 Dilworth Dr Suite 109, KELOWNA, BC, V1Y 9T1
(250) 861-7339   SIC 5921
HESTER CREEK ESTATE WINERY LTD   p251
877 Rd 8, OLIVER, BC, V0H 1T1
(250) 498-4435   SIC 5921
LABATT BREWING COMPANY LIMITED   p1155
375 Rue Lachance, Quebec, QC, G1P 2H3
(418) 687-5050   SIC 5921
LIQUOR CONTROL BOARD OF ONTARIO, THE   p498
37 Caplan Ave, BARRIE, ON, L4N 6K3
(705) 726-6021   SIC 5921
LIQUOR CONTROL BOARD OF ONTARIO, THE   p515
80 Peel Centre Dr Suite A, BRAMPTON, ON, L6T 4G8
(905) 793-8027   SIC 5921
LIQUOR CONTROL BOARD OF ONTARIO, THE   p520
545 Steeles Ave E, BRAMPTON, ON, L6W 4S2
(905) 454-7980   SIC 5921

LIQUOR CONTROL BOARD OF ONTARIO, THE p523
170 Sandalwood Pky E, BRAMPTON, ON, L6Z 1Y5
(905) 846-4373 SIC 5921

LIQUOR CONTROL BOARD OF ONTARIO, THE p556
1 First St Unit 1, COLLINGWOOD, ON, L9Y 1A1
(705) 445-3341 SIC 5921

LIQUOR CONTROL BOARD OF ONTARIO, THE p576
2946 Bloor St W, ETOBICOKE, ON, M8X 1B7
(416) 239-3065 SIC 5921

LIQUOR CONTROL BOARD OF ONTARIO, THE p600
615 Scottsdale Dr, GUELPH, ON, N1G 3P4
SIC 5921

LIQUOR CONTROL BOARD OF ONTARIO, THE p626
300 Earl Grey Dr Suite 24, KANATA, ON, K2T 1B8
(613) 592-1849 SIC 5921

LIQUOR CONTROL BOARD OF ONTARIO, THE p630
34 Barrack St, KINGSTON, ON, K7K 7A9
(613) 549-5092 SIC 5921

LIQUOR CONTROL BOARD OF ONTARIO, THE p643
324 Highland Rd W Unit 6, KITCHENER, ON, N2M 5G2
(519) 745-8781 SIC 5921

LIQUOR CONTROL BOARD OF ONTARIO, THE p665
955 Wilton Grove Rd Suite 950, LONDON, ON, N6N 1C9
(519) 681-0310 SIC 5921

LIQUOR CONTROL BOARD OF ONTARIO, THE p693
2460 Stanfield Rd Suite 941, MISSISSAUGA, ON, L4Y 1S2
(905) 949-3522 SIC 5921

LIQUOR CONTROL BOARD OF ONTARIO, THE p694
5035 Hurontario St Unit 9, MISSISSAUGA, ON, L4Z 3X7
(905) 501-9784 SIC 5921

LIQUOR CONTROL BOARD OF ONTARIO, THE p698
3020 Elmcreek Rd, MISSISSAUGA, ON, L5B 4M3
(905) 949-6100 SIC 5921

LIQUOR CONTROL BOARD OF ONTARIO, THE p701
200 Lakeshore Rd E, MISSISSAUGA, ON, L5G 1G3
(905) 278-7931 SIC 5921

LIQUOR CONTROL BOARD OF ONTARIO, THE p757
675 Wilson Ave, NORTH YORK, ON, M3K 1E3
(416) 636-5349 SIC 5921

LIQUOR CONTROL BOARD OF ONTARIO, THE p763
2625d Weston Rd, NORTH YORK, ON, M9N 3W2
(416) 243-3320 SIC 5921

LIQUOR CONTROL BOARD OF ONTARIO, THE p765
1011 Upper Middle Rd E, OAKVILLE, ON, L6H 5Z9
(905) 849-9934 SIC 5921

LIQUOR CONTROL BOARD OF ONTARIO, THE p770
1527 Rebecca St, OAKVILLE, ON, L6L 1Z8
(905) 827-5072 SIC 5921

LIQUOR CONTROL BOARD OF ONTARIO, THE p789
275 Rideau St, OTTAWA, ON, K1N 5Y2
(613) 789-5226 SIC 5921

LIQUOR CONTROL BOARD OF ONTARIO, THE p795
1980 Bank St, OTTAWA, ON, K1V 0E8

(613) 523-7763 SIC 5921

LIQUOR CONTROL BOARD OF ONTARIO, THE p802
4220 Innes Rd Unit 2, OTTAWA, ON, K4A 5E6
(613) 837-5527 SIC 5921

LIQUOR CONTROL BOARD OF ONTARIO, THE p822
8783 Yonge St, RICHMOND HILL, ON, L4C 6Z1
(905) 886-3511 SIC 5921

LIQUOR CONTROL BOARD OF ONTARIO, THE p837
3441 Lawrence Ave E, SCARBOROUGH, ON, M1H 1B2
(416) 431-0791 SIC 5921

LIQUOR CONTROL BOARD OF ONTARIO, THE p838
3111 Danforth Ave, SCARBOROUGH, ON, M1L 1A9
(416) 699-7003 SIC 5921

LIQUOR CONTROL BOARD OF ONTARIO, THE p878
1010 Dawson Rd, THUNDER BAY, ON, P7B 5J4
(807) 767-8882 SIC 5921

LIQUOR CONTROL BOARD OF ONTARIO, THE p893
147 Laird Dr Unit 2, TORONTO, ON, M4G 4K1
(416) 425-6282 SIC 5921

LIQUOR CONTROL BOARD OF ONTARIO, THE p902
55 Bloor St W Unit 200, TORONTO, ON, M4W 1A5
(416) 925-5266 SIC 5921

LIQUOR CONTROL BOARD OF ONTARIO, THE p909
55 Lake Shore Blvd E Suite 886, TORONTO, ON, M5E 1A4
(416) 864-6777 SIC 5921

LIQUOR CONTROL BOARD OF ONTARIO, THE p909
43 Freeland St, TORONTO, ON, M5E 1L7
(416) 365-5863 SIC 5921

LIQUOR CONTROL BOARD OF ONTARIO, THE p909
55 Lake Shore Blvd E Suite 874, TORONTO, ON, M5E 1A4
(416) 365-5900 SIC 5921

LIQUOR CONTROL BOARD OF ONTARIO, THE p909
1 Yonge St 13th Floor, TORONTO, ON, M5E 1E5
(416) 365-5778 SIC 5921

LIQUOR CONTROL BOARD OF ONTARIO, THE p923
1717 Avenue Rd Suite 307, TORONTO, ON, M5M 0A2
(416) 785-6389 SIC 5921

LIQUOR CONTROL BOARD OF ONTARIO, THE p924
232 Dupont St, TORONTO, ON, M5R 1V7
(416) 922-7066 SIC 5921

LIQUOR CONTROL BOARD OF ONTARIO, THE p936
1230 Dundas St W, TORONTO, ON, M6J 1X5
(416) 536-4634 SIC 5921

LIQUOR CONTROL BOARD OF ONTARIO, THE p939
3520 Dundas St W, TORONTO, ON, M6S 2S1
(416) 762-8215 SIC 5921

LIQUOR CONTROL BOARD OF ONTARIO, THE p952
571 King St N, WATERLOO, ON, N2L 5Z7
(519) 884-8140 SIC 5921

LIQUOR CONTROL BOARD OF ONTARIO, THE p958
2000 Boundary Rd, WHITBY, ON, L1N 7G4
(905) 723-3417 SIC 5921

LIQUOR CONTROL BOARD OF ONTARIO, THE p966

3155 Howard Ave, WINDSOR, ON, N8X 4Y8
(519) 972-1772 SIC 5921

LIQUOR CONTROL BOARD OF ONTARIO, THE p975
7850 Weston Rd, WOODBRIDGE, ON, L4L 9N8
(905) 851-2500 SIC 5921

MANITOBA LIQUOR AND LOTTERIES CORPORATION p352
393 Mountain Ave, NEEPAWA, MB, R0J 1H0
(204) 476-5769 SIC 5921

MANITOBA LIQUOR AND LOTTERIES CORPORATION p355
446 Main St, SELKIRK, MB, R1A 1V7
(204) 482-2360 SIC 5921

MANITOBA LIQUOR AND LOTTERIES CORPORATION p365
67 Vermillion Rd Unit 21, WINNIPEG, MB, R2J 3W7
(204) 987-4043 SIC 5921

MANITOBA LIQUOR AND LOTTERIES CORPORATION p368
827 Dakota St Suite 5, WINNIPEG, MB, R2M 5M2
(204) 987-4020 SIC 5921

MANITOBA LIQUOR AND LOTTERIES CORPORATION p370
915 Leila Ave Suite 2, WINNIPEG, MB, R2V 3J7
(204) 987-4005 SIC 5921

MANITOBA LIQUOR AND LOTTERIES CORPORATION p378
333 St Mary Ave, WINNIPEG, MB, R3C 4A5
(204) 987-4003 SIC 5921

MANITOBA LIQUOR AND LOTTERIES CORPORATION p381
923 Portage Ave, WINNIPEG, MB, R3G 0P6
(204) 987-4025 SIC 5921

MANITOBA LIQUOR AND LOTTERIES CORPORATION p386
1120 Grant Ave, WINNIPEG, MB, R3M 2A6
(204) 987-4045 SIC 5921

MANITOBA LIQUOR AND LOTTERIES CORPORATION p389
2855 Pembina Hwy, WINNIPEG, MB, R3T 2H5
(204) 987-4040 SIC 5921

MARK ANTHONY GROUP INC p936
249 Dufferin St Suite 202, TORONTO, ON, M6K 1Z5
(647) 428-3123 SIC 5921

MOUNTAIN DEW INVESTMENTS LTD p67
738 Main St, CANMORE, AB, T1W 2B6
SIC 5921

NEW BRUNSWICK LIQUOR CORPORATION p397
513 Rue Regis, DIEPPE, NB, E1A 1Y2
(506) 852-2373 SIC 5921

NEW BRUNSWICK LIQUOR CORPORATION p400
170 Wilsey Rd, FREDERICTON, NB, E3B 5J1
(506) 452-6826 SIC 5921

NEW BRUNSWICK LIQUOR CORPORATION p407
936 Mountain Rd, MONCTON, NB, E1C 2S2
(506) 852-2380 SIC 5921

NEWFOUNDLAND LABRADOR LIQUOR CORPORATION p434
90 Kenmount Rd, ST. JOHN'S, NL, A1B 3R1
(709) 724-1100 SIC 5921

NOVA SCOTIA LIQUOR CORPORATION p449
210 Wyse Rd, DARTMOUTH, NS, B3A 1M9
(902) 466-2240 SIC 5921

NOVA SCOTIA LIQUOR CORPORATION p456
1075 Barrington St, HALIFAX, NS, B3H 4P1
(902) 424-3754 SIC 5921

NOVA SCOTIA LIQUOR CORPORATION p462
117 Kearney Lake Rd, HALIFAX, NS, B3M 4N9
(902) 443-9607 SIC 5921

NOVA SCOTIA LIQUOR CORPORATION p462
6169 Quinpool Rd, HALIFAX, NS, B3L 4P8
(902) 423-7126 SIC 5921

NOVA SCOTIA LIQUOR CORPORATION p463
279 Herring Cove Rd, HALIFAX, NS, B3P 1M2
(902) 477-4615 SIC 5921

NOVA SCOTIA LIQUOR CORPORATION p464
93 Chain Lake Dr, HALIFAX, NS, B3S 1A3
(902) 450-6752 SIC 5921

NOVA SCOTIA LIQUOR CORPORATION p467
720 Sackville Dr, LOWER SACKVILLE, NS, B4E 3A4
(902) 864-3883 SIC 5921

NOVA SCOTIA LIQUOR CORPORATION p470
9256 Commercial St Suite 15, NEW MINAS, NS, B4N 4A9
(902) 681-3557 SIC 5921

NOVA SCOTIA LIQUOR CORPORATION p476
7 Keltic Dr, SYDNEY, NS, B1S 1P4
(902) 539-9150 SIC 5921

PRINCE EDWARD ISLAND LIQUOR CONTROL COMMISSION p982
193 Malpeque Rd, CHARLOTTETOWN, PE, C1E 0C4
(902) 368-4299 SIC 5921

SASKATCHEWAN LIQUOR AND GAMING AUTHORITY, THE p1288
416 N Albert St, REGINA, SK, S4R 3C1
(306) 787-4261 SIC 5921

SASKATCHEWAN LIQUOR AND GAMING AUTHORITY, THE p1293
3120 8th St E Unit 110, SASKATOON, SK, S7H 0W2
(306) 933-5318 SIC 5921

SASKATCHEWAN LIQUOR AND GAMING AUTHORITY, THE p1300
200 Confederation Dr, SASKATOON, SK, S7L 4R6
(306) 933-5315 SIC 5921

SLEEMAN BREWERIES LTD p452
612 Windmill Rd, DARTMOUTH, NS, B3B 1B5
SIC 5921

SOCIETE DES ALCOOLS DU QUEBEC p988
555 Av Du Pont N, ALMA, QC, G8B 7W9
(418) 668-4657 SIC 5921

SOCIETE DES ALCOOLS DU QUEBEC p996
110 Beaurepaire Dr, BEACONSFIELD, QC, H9W 0A1
(514) 694-4195 SIC 5921

SOCIETE DES ALCOOLS DU QUEBEC p998
788 Av Gilles-Villeneuve, BERTHIERVILLE, QC, J0K 1A0
(450) 836-4414 SIC 5921

SOCIETE DES ALCOOLS DU QUEBEC p999
259 Boul De La Seigneurie O, BLAINVILLE, QC, J7C 4N3
(450) 434-9164 SIC 5921

SOCIETE DES ALCOOLS DU QUEBEC p1001
2735 Rue D'annemasse, BOISBRIAND, QC, J7H 0A5
(450) 437-4772 SIC 5921

SOCIETE DES ALCOOLS DU QUEBEC p1015
1075 Boul Talbot, CHICOUTIMI, QC, G7H 4B5
(418) 543-4011 SIC 5921

SOCIETE DES ALCOOLS DU QUEBEC p1021
250 Prom Du Centropolis, Cote Saint-Luc, QC, H7T 2Z6
(450) 978-3189 SIC 5921

SOCIETE DES ALCOOLS DU QUEBEC p1031
695 Boul Saint-Joseph, DRUMMONDVILLE, QC, J2C 2B6

BUSINESSES BY INDUSTRY CLASSIFICATION SIC 5941 Sporting goods and bicycle shops

(819) 478-8184 SIC 5921
SOCIETE DES ALCOOLS DU QUEBEC p1037
210 Rue Champlain, GATINEAU, QC, J8X 3R5
(819) 777-1955 SIC 5921
SOCIETE DES ALCOOLS DU QUEBEC p1042
910 7e Av, Grand-Mere, QC, G9T 2B8
(819) 538-4466 SIC 5921
SOCIETE DES ALCOOLS DU QUEBEC p1046
975 Boul Firestone, JOLIETTE, QC, J6E 2W4
SIC 5921
SOCIETE DES ALCOOLS DU QUEBEC p1048
3821 Boul Harvey, Jonquiere, QC, G7X 2Z8
(418) 542-6301 SIC 5921
SOCIETE DES ALCOOLS DU QUEBEC p1049
2955 Boul Saint-Charles, KIRKLAND, QC, H9H 3B5
(514) 694-2042 SIC 5921
SOCIETE DES ALCOOLS DU QUEBEC p1060
2500 Boul Angrignon, LASALLE, QC, H8N 0C1
(514) 364-4343 SIC 5921
SOCIETE DES ALCOOLS DU QUEBEC p1066
50 Rte Du President-Kennedy, Levis, QC, G6V 6W8
(418) 835-0946 SIC 5921
SOCIETE DES ALCOOLS DU QUEBEC p1070
1611 Boul Roland-Therrien, LONGUEUIL, QC, J4J 5C5
(450) 468-3811 SIC 5921
SOCIETE DES ALCOOLS DU QUEBEC p1079
13855 Ch Saint-Simon, MIRABEL, QC, J7N 1P3
(450) 436-2607 SIC 5921
SOCIETE DES ALCOOLS DU QUEBEC p1081
2305 Ch Rockland Bureau 502.1, MONT-ROYAL, QC, H3P 3E9
(514) 733-6414 SIC 5921
SOCIETE DES ALCOOLS DU QUEBEC p1083
1122 Rue De Saint-Jovite, MONT-TREMBLANT, QC, J8E 3J9
(819) 425-6301 SIC 5921
SOCIETE DES ALCOOLS DU QUEBEC p1085
12401 Boul Rodolphe-Forget, Montreal, QC, H1E 0A2
(514) 648-8382 SIC 5921
SOCIETE DES ALCOOLS DU QUEBEC p1086
560 Av Hector, Montreal, QC, H1L 3W9
(514) 254-8686 SIC 5921
SOCIETE DES ALCOOLS DU QUEBEC p1087
7500 Rue Tellier, Montreal, QC, H1N 3W5
(514) 254-6000 SIC 5921
SOCIETE DES ALCOOLS DU QUEBEC p1087
560 Rue Hector-Barsalou, Montreal, QC, H1N 3T2
(514) 254-6000 SIC 5921
SOCIETE DES ALCOOLS DU QUEBEC p1087
6360 Rue Sherbrooke E, Montreal, QC, H1N 3P6
(514) 251-4711 SIC 5921
SOCIETE DES ALCOOLS DU QUEBEC p1090
2685 Rue Masson, Montreal, QC, H1Y 1W3
(514) 721-2226 SIC 5921
SOCIETE DES ALCOOLS DU QUEBEC p1090
4850 Rue Molson, Montreal, QC, H1Y 3J8

(514) 254-6000 SIC 5921
SOCIETE DES ALCOOLS DU QUEBEC p1094
905 Av De Lorimier, Montreal, QC, H2K 3V9
(514) 254-6000 SIC 5921
SOCIETE DES ALCOOLS DU QUEBEC p1098
900 Rue Beaubien E, Montreal, QC, H2S 1T1
(514) 270-1776 SIC 5921
SOCIETE DES ALCOOLS DU QUEBEC p1113
677 Rue Sainte-Catherine O Unite M-31, Montreal, QC, H3B 5K4
(514) 282-9445 SIC 5921
SOCIETE DES ALCOOLS DU QUEBEC p1119
450 Boul Henri-Bourassa O, Montreal, QC, H3L 0A2
(514) 336-4266 SIC 5921
SOCIETE DES ALCOOLS DU QUEBEC p1120
5252 Ch De La Cote-Des-Neiges Local 112, Montreal, QC, H3S 2A9
(514) 738-6375 SIC 5921
SOCIETE DES ALCOOLS DU QUEBEC p1175
235 Boul De L'hotel-De-Ville, Riviere-du-Loup, QC, G5R 4E5
(418) 862-0299 SIC 5921
SOCIETE DES ALCOOLS DU QUEBEC p1207
3111 Boul De La Cote-Vertu, SAINT-LAURENT, QC, H4R 1Y5
(514) 337-1158 SIC 5921
SOCIETE DES ALCOOLS DU QUEBEC p1223
423 Boul De Sainte-Adele, Sainte-Adele, QC, J8B 2N1
(450) 229-7673 SIC 5921
SOCIETE DES ALCOOLS DU QUEBEC p1226
1700 Ch Du Fer-A-Cheval Unite 102, SAINTE-JULIE, QC, J3E 1G2
(450) 649-6564 SIC 5921
SOCIETE DES ALCOOLS DU QUEBEC p1232
2150 Boul Monseigneur-Langlois, SALABERRY-DE-VALLEYFIELD, QC, J6S 5R1
(450) 377-8332 SIC 5921
SOCIETE DES ALCOOLS DU QUEBEC p1241
340 Boul Poliquin, SOREL-TRACY, QC, J3P 0G4
(450) 746-2711 SIC 5921
SOCIETE DES ALCOOLS DU QUEBEC p1244
1100 Boul Des Seigneurs, TERREBONNE, QC, J6W 3W4
(450) 471-9180 SIC 5921
SOCIETE DES ALCOOLS DU QUEBEC p1245
2151 Ch Gascon, TERREBONNE, QC, J6X 4H2
(450) 964-9551 SIC 5921
SOCIETE DES ALCOOLS DU QUEBEC p1257
44 Place Du Commerce, VERDUN, QC, H3E 1J5
(514) 766-4432 SIC 5921

SIC 5932 Used merchandise stores

1313256 ONTARIO INC p965
2491 Dougall Ave, WINDSOR, ON, N8X 1T3
(519) 946-0283 SIC 5932
BIBLES FOR MISSIONS THRIFT STORE p570
33 King St E, DUNDAS, ON, L9H 5R1
(905) 627-2412 SIC 5932
CANADIAN TEST CASE 87 p707
6750 Century Ave Suite 305, MISSIS-

SAUGA, ON, L5N 2V8
(905) 999-9999 SIC 5932
CARDINAL METAL INC p1131
10305 Boul Metropolitain E, MONTREAL-EST, QC, H1B 1A1
(450) 659-1572 SIC 5932
CORPORATION REGIONALE DE DEVELOPPEMENT DE LA RECUPERATION ET DU RECYCLAGE REGION 02 p987
1000 Boul Saint-Jude, ALMA, QC, G8B 3L1
(418) 668-8502 SIC 5932
GOODWILL INDUSTRIES, ONTARIO GREAT LAKES p636
1348 Weber St E, KITCHENER, ON, N2A 1C4
(519) 894-0628 SIC 5932
GOODWILL INDUSTRIES, ONTARIO GREAT LAKES p661
1225 Wonderland Rd N, LONDON, ON, N6G 2V9
(519) 472-1959 SIC 5932
GOODWILL INDUSTRIES-ESSEX KENT LAMBTON INC p551
255 Grand Ave W, CHATHAM, ON, N7L 1C3
(519) 351-9486 SIC 5932
GOVERNING COUNCIL OF THE SALVATION ARMY IN CANADA, THE p18
2355 52 Ave Se Suite 29, CALGARY, AB, T2C 4X7
(403) 287-9470 SIC 5932
GOVERNING COUNCIL OF THE SALVATION ARMY IN CANADA, THE p138
1249 3 Ave S, LETHBRIDGE, AB, T1J 0K1
(403) 328-2860 SIC 5932
GOVERNING COUNCIL OF THE SALVATION ARMY IN CANADA, THE p204
2966 Kilpatrick Ave Suite 12, COURTENAY, BC, V9N 8P1
(250) 338-8151 SIC 5932
GOVERNING COUNCIL OF THE SALVATION ARMY IN CANADA, THE p225
1447 Ellis St, KELOWNA, BC, V1Y 2A3
(250) 762-5182 SIC 5932
GOVERNING COUNCIL OF THE SALVATION ARMY IN CANADA, THE p1275
175 1st Ave Ne, MOOSE JAW, SK, S6H 0Y9
(306) 692-2844 SIC 5932
LEBLANC, GUY ENTERPRISES LIMITED p445
61 North St, BRIDGEWATER, NS, B4V 2V7
(902) 245-2458 SIC 5932
MENNONITE CENTRAL COMMITTEE CANADA p345
414 Pacific Ave, BRANDON, MB, R7A 0H5
SIC 5932
S G ENTERPRISES INC p836
570 Coronation Dr, SCARBOROUGH, ON, M1E 2K1
(416) 724-5950 SIC 5932
SHANAHAN'S LIMITED PARTNERSHIP p97
17439 129 Ave Nw, EDMONTON, AB, T5V 0C1
(780) 489-5444 SIC 5932
ST VINCENT DE PAUL SOCIETY p332
833 Yates St, VICTORIA, BC, V8W 1M1
(250) 382-3213 SIC 5932
THRIFT MAGIC LP p209
11930 88 Ave, DELTA, BC, V4C 3C8
(604) 599-6116 SIC 5932

SIC 5941 Sporting goods and bicycle shops

2173-4108 QUEBEC INC p1229
640 Chomedey (A-13) O, SAINTE-ROSE, QC, H7X 3S9
SIC 5941
2427-9028 QUEBEC INC p1165
1475 Av Jules-Verne, Quebec, QC, G2G 2R8
(418) 871-5150 SIC 5941
2535-0356 QUEBEC INC p1029
1015 Boul Saint-Joseph, DRUMMONDVILLE, QC, J2C 2C4

(819) 477-0442 SIC 5941
687336 ONTARIO LIMITED p717
335 Superior Blvd, MISSISSAUGA, ON, L5T 2L6
(905) 565-6840 SIC 5941
9023-4436 QUEBEC INC p1159
2450 Boul Laurier, Quebec, QC, G1V 2L1
(418) 780-8035 SIC 5941
9218-7384 QUEBEC INC p1000
3330 Av Des Grandes Tourelles, BOISBRIAND, QC, J7H 0A2
(450) 419-4677 SIC 5941
9218-7384 QUEBEC INC p1002
1155 Place Nobel Bureau C, BOUCHERVILLE, QC, J4B 7L3
(450) 645-9998 SIC 5941
9218-7384 QUEBEC INC p1007
9850 Boul Leduc Bureau 10, BROSSARD, QC, J4Y 0B4
(450) 812-7413 SIC 5941
ADIDAS CANADA LIMITED p906
10 Dundas St E, TORONTO, ON, M5B 2G9
(416) 915-8140 SIC 5941
ADIDAS CANADA LIMITED p1000
3414 Av Des Grandes Tourelles, BOISBRIAND, QC, J7H 0A2
(450) 420-3434 SIC 5941
ARLIE'S SPORT SHOP (DOWNTOWN) LTD p856
221 Glendale Ave, ST CATHARINES, ON, L2T 2K9
(905) 684-8730 SIC 5941
BARON OUTDOOR PRODUCTS LTD p670
8365 Woodbine Ave Suite 1, MARKHAM, ON, L3R 2P4
(905) 944-0682 SIC 5941
BASS PRO SHOPS CANADA INC p557
1 Bass Pro Mills Dr, CONCORD, ON, L4K 5W4
(905) 761-4000 SIC 5941
BEAULIEU, CLAUDE SPORT INC p1176
401 Boul Labelle Bureau A25, Rosemere, QC, J7A 3T2
(450) 435-3820 SIC 5941
BEAULIEU, CLAUDE SPORT INC p1200
900 Boul Grignon, Saint-Jerome, QC, J7Y 3S7
(450) 432-9400 SIC 5941
BUSHTUKAH INC p797
203 Richmond Rd, OTTAWA, ON, K1Z 6W4
(613) 232-0211 SIC 5941
CABELA'S RETAIL CANADA INC p22
851 64 Ave Ne, CALGARY, AB, T2E 3B8
(403) 910-0200 SIC 5941
CABELA'S RETAIL CANADA INC p365
25 De Baets St, WINNIPEG, MB, R2J 4G5
(204) 788-4867 SIC 5941
CABELA'S RETAIL CANADA INC p387
580 Sterling Lyon Pky, WINNIPEG, MB, R3P 1E9
(204) 786-8966 SIC 5941
CLEVE'S SPORTING GOODS LIMITED p400
1055 Prospect St, FREDERICTON, NB, E3B 3B9
SIC 5941
CLEVE'S SPORTING GOODS LIMITED p410
125 Trinity Dr, MONCTON, NB, E1G 2J7
(506) 855-2040 SIC 5941
CLEVE'S SPORTING GOODS LIMITED p463
204 Chain Lake Dr, HALIFAX, NS, B3S 1C5
(902) 450-5353 SIC 5941
CLEVE'S SPORTING GOODS LIMITED p480
76 Starrs Rd, YARMOUTH, NS, B5A 2T5
(902) 742-8135 SIC 5941
COMOR SPORTS CENTRE LTD p315
1980 Burrard St, VANCOUVER, BC, V6J 3H2
(604) 736-7547 SIC 5941
CORBETT'S SKIS & SNOWBOARDS INC p768
144 Speers Rd, OAKVILLE, ON, L6K 2E7
(905) 845-1566 SIC 5941
CORDEE PLEIN AIR INC, LA p1020
2777 Boul Saint-Martin O, Cote Saint-Luc,

▲ Public Company ■ Public Company Family Member HQ Headquarters BR Branch SL Single Location

QC, H7T 2Y7
(514) 524-1326 SIC 5941

ECO OUTDOOR SPORTS LTD p321
792 Granville St, VANCOUVER, BC, V6Z 1E4
(604) 677-4770 SIC 5941

EMPIRE SPORTS INC p1003
1155c Place Nobel, BOUCHERVILLE, QC, J4B 7L3
(450) 645-9998 SIC 5941

EQUIPEMENTS SPORTIFS PRO HOCKEY LIFE INC, LES p113
1412 99 St Nw, EDMONTON, AB, T6N 0A8
(780) 409-8395 SIC 5941

EQUIPEMENTS SPORTIFS PRO HOCKEY LIFE INC, LES p1192
1701 Boul Des Promenades, SAINT-HUBERT, QC, J3Y 5K2
(450) 656-1701 SIC 5941

ERNIE'S SPORTS (S3) INC p128
9815 116 St, GRANDE PRAIRIE, AB, T8W 0C7
(780) 814-5372 SIC 5941

ESI CANADA p1105
625 Av Du President-Kennedy Bureau 1600, Montreal, QC, H3A 1K2
(514) 844-4420 SIC 5941

FGL SPORTS LTD p4
122 Banff Ave, BANFF, AB, T1L 1C1
(403) 760-8249 SIC 5941

FGL SPORTS LTD p10
2525 36 St Ne Unit 250a, CALGARY, AB, T1Y 5T4
(403) 285-2435 SIC 5941

FGL SPORTS LTD p23
901 64 Ave Ne Unit G1, CALGARY, AB, T2E 7P4
(403) 274-6040 SIC 5941

FGL SPORTS LTD p31
6455 Macleod Trail Sw Unit L6, CALGARY, AB, T2H 0K3
(403) 255-2161 SIC 5941

FGL SPORTS LTD p35
100 Anderson Rd Se Unit 76, CALGARY, AB, T2J 3V1
(403) 225-1411 SIC 5941

FGL SPORTS LTD p57
4307 130 Ave Se Unit 96, CALGARY, AB, T2Z 3V8
(403) 257-8129 SIC 5941

FGL SPORTS LTD p60
1200 37 St Sw Unit 54, CALGARY, AB, T3C 1S2
(403) 249-4303 SIC 5941

FGL SPORTS LTD p61
48 Crawford Cres, CALGARY, AB, T3G 4J8
(403) 241-4803 SIC 5941

FGL SPORTS LTD p76
9499 137 Ave Nw Suite 1086, EDMONTON, AB, T5E 5R8
(780) 478-5457 SIC 5941

FGL SPORTS LTD p95
8882 170 St Nw Unit 2551, EDMONTON, AB, T5T 4M2
(780) 487-5607 SIC 5941

FGL SPORTS LTD p110
3803 Calgary Trail Nw Unit 190, EDMONTON, AB, T6J 5M8
(780) 435-8488 SIC 5941

FGL SPORTS LTD p120
19 Riedel St Unit 102, FORT MCMURRAY, AB, T9H 5P8
(780) 747-7010 SIC 5941

FGL SPORTS LTD p138
501 1 Ave S Unit Bo1, LETHBRIDGE, AB, T1J 4L9
(403) 329-3318 SIC 5941

FGL SPORTS LTD p141
7501 44 St Unit 102, LLOYDMINSTER, AB, T9V 0X9
(780) 872-5246 SIC 5941

FGL SPORTS LTD p144
3214 Dunmore Rd Se Unit 100, MEDICINE HAT, AB, T1B 2X2

(403) 526-5614 SIC 5941

FGL SPORTS LTD p153
4747 67 St Unit 150, RED DEER, AB, T4N 6H3
(403) 346-1244 SIC 5941

FGL SPORTS LTD p161
2020 Sherwood Dr Unit 15, SHERWOOD PARK, AB, T8A 3H9
(780) 467-4712 SIC 5941

FGL SPORTS LTD p166
375 St Albert Trail Suite 103, ST. ALBERT, AB, T8N 3K8
(780) 460-0220 SIC 5941

FGL SPORTS LTD p182
9855 Austin Rd Unit 102, BURNABY, BC, V3J 1N4
(604) 415-5150 SIC 5941

FGL SPORTS LTD p190
6200 Mckay Ave Suite 128, BURNABY, BC, V5H 4L7
(604) 433-1115 SIC 5941

FGL SPORTS LTD p192
5771 Marine Way Unit 600, BURNABY, BC, V5J 0A6
(778) 329-9381 SIC 5941

FGL SPORTS LTD p199
2929 Barnet Hwy Unit 1048, COQUITLAM, BC, V3B 5R5
(604) 945-9511 SIC 5941

FGL SPORTS LTD p199
2929 Barnet Hwy Unit 1400, COQUITLAM, BC, V3B 5R5
(604) 464-5122 SIC 5941

FGL SPORTS LTD p218
1320 Trans Canada Hwy W Unit Y0500, KAMLOOPS, BC, V1S 1J2
(250) 314-1602 SIC 5941

FGL SPORTS LTD p225
2271 Harvey Ave Unit 1410, KELOWNA, BC, V1Y 6H2
(250) 860-7669 SIC 5941

FGL SPORTS LTD p232
20150 Langley Bypass Unit 60, LANGLEY, BC, V3A 9J8
(604) 530-1404 SIC 5941

FGL SPORTS LTD p241
6631 Island Hwy N Unit 126, NANAIMO, BC, V9T 4T7
(250) 390-1581 SIC 5941

FGL SPORTS LTD p252
2701 Skaha Lake Rd Unit 101, PENTICTON, BC, V2A 9B8
(250) 276-8370 SIC 5941

FGL SPORTS LTD p253
19800 Lougheed Hwy Unit 405, PITT MEADOWS, BC, V3Y 2W1
(604) 460-6612 SIC 5941

FGL SPORTS LTD p259
1600 15th Ave Suite 195, PRINCE GEORGE, BC, V2L 3X3
(250) 563-9914 SIC 5941

FGL SPORTS LTD p260
795 Central St W, PRINCE GEORGE, BC, V2M 3C6
(250) 563-8889 SIC 5941

FGL SPORTS LTD p261
3115 Massey Dr Suite 152, PRINCE GEORGE, BC, V2N 2S9
(250) 561-3002 SIC 5941

FGL SPORTS LTD p280
1214 Guildford Town Ctr, SURREY, BC, V3R 7B7
(604) 585-7293 SIC 5941

FGL SPORTS LTD p286
12101 72 Ave Unit 120, SURREY, BC, V3W 2M1
(604) 572-7008 SIC 5941

FGL SPORTS LTD p299
18 Broadway W, VANCOUVER, BC, V5Y 1P2
(604) 874-6530 SIC 5941

FGL SPORTS LTD p316
1625 Chestnut St, VANCOUVER, BC, V6J 4M6

(604) 731-6181 SIC 5941

FGL SPORTS LTD p324
777 Dunsmuir St, VANCOUVER, BC, V7Y 1A1
(604) 687-7668 SIC 5941

FGL SPORTS LTD p325
4900 27 St Unit 0340, VERNON, BC, V1T 7G7
(250) 260-2860 SIC 5941

FGL SPORTS LTD p331
1150 Douglas St Unit 311a, VICTORIA, BC, V8W 3M9
(250) 388-5103 SIC 5941

FGL SPORTS LTD p332
805 Cloverdale Ave Suite 104, VICTORIA, BC, V8X 2S9
(250) 475-6851 SIC 5941

FGL SPORTS LTD p338
1000 Park Royal S, WEST VANCOUVER, BC, V7T 1A1
(604) 922-3336 SIC 5941

FGL SPORTS LTD p370
1375 Mcphillips St Unit 1, WINNIPEG, MB, R2V 3V1
(204) 334-2190 SIC 5941

FGL SPORTS LTD p389
1910 Pembina Hwy Unit 3, WINNIPEG, MB, R3T 4S5
(204) 275-2775 SIC 5941

FGL SPORTS LTD p401
1381 Regent St Unit Y200a, FREDERICTON, NB, E3C 1A2
(506) 474-0625 SIC 5941

FGL SPORTS LTD p414
519 Westmorland Rd, SAINT JOHN, NB, E2J 3W9
(506) 696-6228 SIC 5941

FGL SPORTS LTD p425
54 Maple Valley Rd Unit M-02a, CORNER BROOK, NL, A2H 3C5
(709) 634-4700 SIC 5941

FGL SPORTS LTD p432
75 Aberdeen Dr, ST. JOHN'S, NL, A1A 5N6
(709) 739-7708 SIC 5941

FGL SPORTS LTD p436
430 Topsail Rd Unit 3, ST. JOHN'S, NL, A1E 4N1
(709) 364-7068 SIC 5941

FGL SPORTS LTD p436
430 Topsail Rd Unit 102, ST. JOHN'S, NL, A1E 4N1
(709) 364-7068 SIC 5941

FGL SPORTS LTD p436
430 Topsail Rd Unit 102, ST. JOHN'S, NL, A1E 4N1
(709) 364-7068 SIC 5941

FGL SPORTS LTD p463
215 Chain Lake Dr Unit F, HALIFAX, NS, B3S 1C9
(902) 450-1014 SIC 5941

FGL SPORTS LTD p470
9107 Commercial St, NEW MINAS, NS, B4N 3E7
(902) 681-1485 SIC 5941

FGL SPORTS LTD p475
800 Grand Lake Rd Unit E57, SYDNEY, NS, B1P 6S9
(902) 539-8597 SIC 5941

FGL SPORTS LTD p477
245 Robie St Unit 109, TRURO, NS, B2N 5N6
(902) 895-3383 SIC 5941

FGL SPORTS LTD p484
135 Harwood Ave N Unit 1, AJAX, ON, L1Z 1E8
(905) 683-3807 SIC 5941

FGL SPORTS LTD p488
14 Martindale Cres Unit 2, ANCASTER, ON, L9K 1J9
(905) 304-9234 SIC 5941

FGL SPORTS LTD p494
353 Bayfield St, BARRIE, ON, L4M 3C3
(705) 725-0434 SIC 5941

FGL SPORTS LTD p503

390 North Front St Suite 200, BELLEVILLE, ON, K8P 3E1
(613) 962-3113 SIC 5941

FGL SPORTS LTD p506
12730 50 Hwy Unit 1, BOLTON, ON, L7E 4G1
(905) 857-2090 SIC 5941

FGL SPORTS LTD p510
30 Great Lakes Dr Unit 112, BRAMPTON, ON, L6R 2K7
(905) 792-1830 SIC 5941

FGL SPORTS LTD p514
25 Peel Centre Dr, BRAMPTON, ON, L6T 3R5
(905) 789-8965 SIC 5941

FGL SPORTS LTD p519
295 Queen St E, BRAMPTON, ON, L6W 3R1
(905) 454-7880 SIC 5941

FGL SPORTS LTD p519
547 Steeles Ave E Unit 1b, BRAMPTON, ON, L6W 4S2
(905) 456-7161 SIC 5941

FGL SPORTS LTD p525
84 Lynden Rd, BRANTFORD, ON, N3R 6B8
(519) 750-0101 SIC 5941

FGL SPORTS LTD p533
2445 Appleby Line Unit A03, BURLINGTON, ON, L7L 0B6
(905) 331-2560 SIC 5941

FGL SPORTS LTD p539
777 Guelph Line, BURLINGTON, ON, L7R 3N2
(905) 637-6868 SIC 5941

FGL SPORTS LTD p543
600 Hespeler Rd Unit 83, CAMBRIDGE, ON, N1R 8H2
(519) 620-4499 SIC 5941

FGL SPORTS LTD p551
653 Grand Ave W, CHATHAM, ON, N7L 1C5
(519) 354-0123 SIC 5941

FGL SPORTS LTD p554
1111 Elgin St W Unit M7, COBOURG, ON, K9A 5H7
(905) 372-4199 SIC 5941

FGL SPORTS LTD p559
2160 Highway 7 Suite 6, CONCORD, ON, L4K 1W6
(905) 669-2030 SIC 5941

FGL SPORTS LTD p577
1255 The Queensway, ETOBICOKE, ON, M8Z 1S1
(416) 255-2391 SIC 5941

FGL SPORTS LTD p614
970 Upper Wentworth St Suite 2, HAMILTON, ON, L9A 4V8
(905) 388-1566 SIC 5941

FGL SPORTS LTD p614
999 Upper Wentworth St, HAMILTON, ON, L9A 4X5
(905) 383-5012 SIC 5941

FGL SPORTS LTD p625
785 Kanata Ave Unit Q1, KANATA, ON, K2T 1H9
(613) 271-1513 SIC 5941

FGL SPORTS LTD p633
945 Gardiners Rd Suite Y006, KINGSTON, ON, K7M 7H4
(613) 634-0798 SIC 5941

FGL SPORTS LTD p638
655 Fairway Rd S, KITCHENER, ON, N2C 1X4
(519) 896-2310 SIC 5941

FGL SPORTS LTD p650
1925 Dundas St Unit 14, LONDON, ON, N5V 1P7
(519) 457-4848 SIC 5941

FGL SPORTS LTD p653
1735 Richmond St Unit 3, LONDON, ON, N5X 3Y2
(519) 645-0350 SIC 5941

FGL SPORTS LTD p658
332 Wellington Rd Suite 5, LONDON, ON, N6C 4P6

SIC 5941 Sporting goods and bicycle shops

FGL SPORTS LTD p661
1250 Fanshawe Park Rd W Unit 101, LONDON, ON, N6G 5B1
(519) 641-8153   SIC 5941

FGL SPORTS LTD p664
3165 Wonderland Road S, LONDON, ON, N6L 1R4
(519) 668-1776   SIC 5941

FGL SPORTS LTD p671
5000 Highway 7 E Unit 20a, MARKHAM, ON, L3R 4M9
(905) 940-6400   SIC 5941

FGL SPORTS LTD p681
55 Ontario St S Unit D18, MILTON, ON, L9T 2M3
(905) 693-8546   SIC 5941

FGL SPORTS LTD p705
5100 Erin Mills Pky Unit Y003, MISSISSAUGA, ON, L5M 4Z5
(905) 828-8341   SIC 5941

FGL SPORTS LTD p705
2921 Eglinton Ave W, MISSISSAUGA, ON, L5M 6J3
(905) 820-4605   SIC 5941

FGL SPORTS LTD p721
785 Britannia Rd W Unit 1, MISSISSAUGA, ON, L5V 2Y1
(905) 542-9595   SIC 5941

FGL SPORTS LTD p728
1642 Merivale Rd Unit 0580, NEPEAN, ON, K2G 4A1
(613) 225-6674   SIC 5941

FGL SPORTS LTD p733
404-1111 Davis Dr, NEWMARKET, ON, L3Y 9E5
(905) 853-7965   SIC 5941

FGL SPORTS LTD p738
7555 Montrose Rd Suite A30, NIAGARA FALLS, ON, L2H 2E9
(905) 354-6239   SIC 5941

FGL SPORTS LTD p740
300 Lakeshore Dr Unit 101, NORTH BAY, ON, P1A 3V2
(705) 840-5007   SIC 5941

FGL SPORTS LTD p745
1800 Sheppard Ave E Unit 2074, NORTH YORK, ON, M2J 5A7
(416) 502-2931   SIC 5941

FGL SPORTS LTD p764
2460 Winston Churchill Blvd Unit 2, OAKVILLE, ON, L6H 6J5
(905) 829-4721   SIC 5941

FGL SPORTS LTD p764
261 Oak Walk Dr Unit 1, OAKVILLE, ON, L6H 6M3
(905) 257-7538   SIC 5941

FGL SPORTS LTD p769
3465 Wyecroft Rd Unit B, OAKVILLE, ON, L6L 0B6
(905) 847-9445   SIC 5941

FGL SPORTS LTD p771
270 North Service Rd W Unit C08, OAKVILLE, ON, L6M 2R8
(905) 338-7224   SIC 5941

FGL SPORTS LTD p774
3275 Monarch Dr Unit 1, ORILLIA, ON, L3V 7Z4
(705) 326-4411   SIC 5941

FGL SPORTS LTD p776
110 Place D'orleans Dr Unit 2400, ORLEANS, ON, K1C 2L9
(613) 824-9933   SIC 5941

FGL SPORTS LTD p778
285 Taunton Rd E, OSHAWA, ON, L1G 3V2
(905) 434-3998   SIC 5941

FGL SPORTS LTD p803
1350 16th St E, OWEN SOUND, ON, N4K 6N7
(519) 371-5114   SIC 5941

FGL SPORTS LTD p806
1100 Pembroke St E Unit 503, PEMBROKE, ON, K8A 6Y7
(613) 735-3016   SIC 5941

FGL SPORTS LTD p809
81 George St N, PETERBOROUGH, ON, K9J 3G3
(705) 740-9770   SIC 5941

FGL SPORTS LTD p809
645 Lansdowne St W Unit L019a, PETERBOROUGH, ON, K9J 7Y5
(705) 742-8951   SIC 5941

FGL SPORTS LTD p813
699 Kingston Rd, PICKERING, ON, L1V 3N7
(905) 831-6360   SIC 5941

FGL SPORTS LTD p813
1355 Kingston Rd Unit 120, PICKERING, ON, L1V 1B8
(905) 420-1208   SIC 5941

FGL SPORTS LTD p826
595 Murphy Rd, SARNIA, ON, N7S 6K1
(519) 344-8140   SIC 5941

FGL SPORTS LTD p840
300 Borough Dr Suite 2, SCARBOROUGH, ON, M1P 4P5
(416) 296-0413   SIC 5941

FGL SPORTS LTD p856
221 Glendale Ave Unit 119, ST CATHARINES, ON, L2T 2K9
(905) 687-4808   SIC 5941

FGL SPORTS LTD p863
1010 Hoover Park Dr Unit 3, STOUFFVILLE, ON, L4A 0K2
(905) 640-3919   SIC 5941

FGL SPORTS LTD p864
1067 Ontario St Unit S2, STRATFORD, ON, N5A 6W6
(519) 273-4838   SIC 5941

FGL SPORTS LTD p867
1349 Lasalle Blvd, SUDBURY, ON, P3A 1Z2
(705) 525-8181   SIC 5941

FGL SPORTS LTD p875
1 Promenade Cir Unit 117 8, THORNHILL, ON, L4J 4P8
(905) 707-0557   SIC 5941

FGL SPORTS LTD p887
1455 Mccowan Rd, TORONTO, ON, M1S 5K7
(416) 335-7227   SIC 5941

FGL SPORTS LTD p889
4783 Yonge St, TORONTO, ON, M2N 5M5
(416) 225-0929   SIC 5941

FGL SPORTS LTD p893
B3 147 Laird Dr Unit 300, TORONTO, ON, M4G 4K1
(416) 421-6093   SIC 5941

FGL SPORTS LTD p904
167 Queen St E Unit B1, TORONTO, ON, M5A 1S2
(416) 621-6796   SIC 5941

FGL SPORTS LTD p906
220 Yonge St, TORONTO, ON, M5B 2H1
(416) 598-1626   SIC 5941

FGL SPORTS LTD p942
500 Rexdale Blvd Unit A22a, TORONTO, ON, M9W 6K5
(416) 746-5073   SIC 5941

FGL SPORTS LTD p950
24 Forwell Creek Rd, WATERLOO, ON, N2J 3Z3
(519) 886-1433   SIC 5941

FGL SPORTS LTD p952
550 King St N, WATERLOO, ON, N2L 5W6
(519) 886-6336   SIC 5941

FGL SPORTS LTD p955
800 Niagara St Suite 1, WELLAND, ON, L3C 5Z4
(905) 732-9715   SIC 5941

FGL SPORTS LTD p957
1650 Victoria St E Suite 1, WHITBY, ON, L1N 9L4
(905) 571-4500   SIC 5941

FGL SPORTS LTD p960
320 Taunton Rd E, WHITBY, ON, L1R 0H4
(905) 655-9195   SIC 5941

FGL SPORTS LTD p961
13580 Tecumseh Rd E, WINDSOR, ON, N8N 3N7
(519) 979-4855   SIC 5941

FGL SPORTS LTD p964
3051 Legacy Park Dr, WINDSOR, ON, N8W 5S6
(519) 969-2526   SIC 5941

FGL SPORTS LTD p965
3100 Howard Ave, WINDSOR, ON, N8X 3Y8
(519) 972-8379   SIC 5941

FGL SPORTS LTD p974
7850 Weston Rd, WOODBRIDGE, ON, L4L 9N8
(905) 264-2848   SIC 5941

FGL SPORTS LTD p982
670 University Ave Unit 1, CHARLOTTETOWN, PE, C1E 1H6
(902) 628-6088   SIC 5941

FGL SPORTS LTD p1130
4855 Rue Louis-B.-Mayer, Montreal, QC, H7P 6C8
(450) 687-5200   SIC 5941

FGL SPORTS LTD p1275
1235 Main St N Unit 13, MOOSE JAW, SK, S6H 6M4
(306) 694-7777   SIC 5941

FGL SPORTS LTD p1279
1403 Central Ave Unit 500, PRINCE ALBERT, SK, S6V 7J4
(306) 922-5791   SIC 5941

FGL SPORTS LTD p1288
2635 Gordon Rd, REGINA, SK, S4S 6H7
(306) 522-2200   SIC 5941

FGL SPORTS LTD p1292
3310 8th St E Suite 740, SASKATOON, SK, S7H 5M3
(306) 651-3960   SIC 5941

FGL SPORTS LTD p1295
201 Midtown Plaza Unit T215c, SASKATOON, SK, S7K 1J9
(306) 955-7733   SIC 5941

FGL SPORTS LTD p1300
301 Confederation Drive Unit 120, SASKATOON, SK, S7L 5C3
(306) 931-8833   SIC 5941

GOLF TOWN LIMITED p56
47 Shawville Blvd Se, CALGARY, AB, T2Y 3P3
(403) 201-9301   SIC 5941

GOLF TOWN LIMITED p65
11450 Sarcee Trail Nw, CALGARY, AB, T3R 0A1
(403) 275-4100   SIC 5941

GOLF TOWN LIMITED p85
13635 St Albert Trail Nw, EDMONTON, AB, T5L 5E7
(780) 482-4653   SIC 5941

GOLF TOWN LIMITED p113
1940 99 St Nw, EDMONTON, AB, T6N 1K9
(780) 988-6000   SIC 5941

GOLF TOWN LIMITED p156
5111 22 St Unit 6, RED DEER, AB, T4R 2K1
(403) 341-9898   SIC 5941

GOLF TOWN LIMITED p199
2929 Barnet Hwy Unit 2142, COQUITLAM, BC, V3B 5R5
(604) 944-7976   SIC 5941

GOLF TOWN LIMITED p232
20150 Langley Bypass Unit 110, LANGLEY, BC, V3A 9J8
(604) 539-9320   SIC 5941

GOLF TOWN LIMITED p336
2401a Millstream Rd Unit 141, VICTORIA, BC, V9B 3R5
(250) 391-4500   SIC 5941

GOLF TOWN LIMITED p381
915 Empress St Unit 600, WINNIPEG, MB, R3G 3P8
(204) 775-5534   SIC 5941

GOLF TOWN LIMITED p391
2355 Mcgillivray Blvd Unit 150, WINNIPEG, MB, R3Y 0A1
(204) 488-7480   SIC 5941

GOLF TOWN LIMITED p451
80 Gale Terr, DARTMOUTH, NS, B3B 0B7
(902) 481-0479   SIC 5941

GOLF TOWN LIMITED p488
1100 Golf Links Rd Unit 1, ANCASTER, ON, L9K 1J8
(905) 304-7405   SIC 5941

GOLF TOWN LIMITED p490
52 First Commerce Dr Unit 1, AURORA, ON, L4G 0H5
(905) 841-0191   SIC 5941

GOLF TOWN LIMITED p511
9145 Airport Rd Unit 1, BRAMPTON, ON, L6S 0B8
SIC 5941

GOLF TOWN LIMITED p577
1561 The Queensway, ETOBICOKE, ON, M8Z 1T8
(416) 503-8330   SIC 5941

GOLF TOWN LIMITED p633
690 Gardiners Rd Unit B003, KINGSTON, ON, K7M 3X9
(613) 389-3735   SIC 5941

GOLF TOWN LIMITED p672
3265 Highway 7 E Unit 1, MARKHAM, ON, L3R 3P9
(905) 479-6978   SIC 5941

GOLF TOWN LIMITED p676
7655 Markham Rd Unit 1, MARKHAM, ON, L3S 3J9
SIC 5941

GOLF TOWN LIMITED p704
3050 Vega Blvd Unit 10, MISSISSAUGA, ON, L5L 5X8
(905) 569-2088   SIC 5941

GOLF TOWN LIMITED p785
500 Terminal Ave Unit A20, OTTAWA, ON, K1G 0Z3
(613) 241-9859   SIC 5941

GOLF TOWN LIMITED p841
23 William Kitchen Rd, SCARBOROUGH, ON, M1P 5B7
(416) 335-4888   SIC 5941

GOLF TOWN LIMITED p855
275 Fourth Ave Unit 300, ST CATHARINES, ON, L2S 0C2
(905) 641-1599   SIC 5941

GOLF TOWN LIMITED p872
1695 Manning Rd, TECUMSEH, ON, N8N 2L9
(519) 739-9707   SIC 5941

GOLF TOWN LIMITED p958
1635 Victoria St E Unit A14, WHITBY, ON, L1N 9W4
(905) 579-7486   SIC 5941

GOLF TOWN LIMITED p974
55 Colossus Dr Unit 122, WOODBRIDGE, ON, L4L 9J8
(905) 264-8809   SIC 5941

GOLF TOWN LIMITED p1018
920 Boul Le Corbusier, Cote Saint-Luc, QC, H7N 0A8
(450) 687-0648   SIC 5941

GOLF TOWN LIMITED p1124
1001 Rue Du Marche-Central, Montreal, QC, H4N 1J8
(514) 382-4666   SIC 5941

GOLF TOWN LIMITED p1141
2315 Aut Transcanadienne Bureau A, POINTE-CLAIRE, QC, H9R 5Z5
(514) 693-0055   SIC 5941

GOLF TOWN LIMITED p1192
1571 Boul Des Promenades, SAINT-HUBERT, QC, J3Y 5K2
(450) 926-0110   SIC 5941

GOLF TOWN LIMITED p1214
6745 Boul Metropolitain E, SAINT-LEONARD, QC, H1P 1X8
(514) 329-2069   SIC 5941

GOLF TOWN LIMITED p1305
3015 Clarence Ave S Unit 110, SASKATOON, SK, S7T 0B4
(306) 652-4571   SIC 5941

GOLF TOWN OPERATING LIMITED PARTNERSHIP p1001
3410 Av Des Grandes Tourelles, BOIS-

SIC 5942 Book stores

BRIAND, QC, J7H 0A2
(450) 420-5418 *SIC* 5941
GOLF TOWN OPERATING LIMITED PARTNERSHIP p1009
30 Rue Strasbourg, CANDIAC, QC, J5R 0B4
(450) 659-6929 *SIC* 5941
GOLF TOWN OPERATING LIMITED PARTNERSHIP p1036
91 Boul De La Gappe Bureau B4, GATINEAU, QC, J8T 0B5
(819) 246-6601 *SIC* 5941
GOLF TOWN OPERATING LIMITED PARTNERSHIP p1062
920 Boul Le Corbusier, Laval, QC, H7N 0A8
(450) 687-0648 *SIC* 5941
GROUPE LALIBERTE SPORTS INC p1012
298 Boul D'anjou, Chateauguay, QC, J6K 1C6
(450) 699-3939 *SIC* 5941
GROUPE LALIBERTE SPORTS INC p1059
7077 Boul Newman Bureau 500, LASALLE, QC, H8N 1X1
(514) 419-4105 *SIC* 5941
GROUPE LALIBERTE SPORTS INC p1083
348 Rue De Saint-Jovite, MONT-TREMBLANT, QC, J8E 2Z9
(819) 425-3421 *SIC* 5941
GROUPE LALIBERTE SPORTS INC p1100
1610 Rue Saint-Denis, Montreal, QC, H2X 3K2
(514) 844-2228 *SIC* 5941
HIGH OUTPUT SPORTS CANADA INC p316
1745 4th Ave W, VANCOUVER, BC, V6J 1M2
(604) 734-7547 *SIC* 5941
JOYING CANADA INC p802
71 Somerset St W Suite 1750, OTTAWA, ON, K2P 2G2
(613) 238-7743 *SIC* 5941
LTP SPORTS GROUP INC p975
321 Hanlan Rd, WOODBRIDGE, ON, L4L 3R7
(905) 851-1133 *SIC* 5941
MICON SPORTS LTD p796
1701 Bank St, OTTAWA, ON, K1V 7Z4
(613) 731-6006 *SIC* 5941
MIRCOM TECHNOLOGIES LTD p1212
381 Rue Mccaffrey, SAINT-LAURENT, QC, H4T 1Z7
(514) 343-9644 *SIC* 5941
MOUNTAIN EQUIPMENT CO-OPERATIVE p51
830 10 Ave Sw, CALGARY, AB, T2R 0A9
(403) 269-2420 *SIC* 5941
MOUNTAIN EQUIPMENT CO-OPERATIVE p286
13340 76 Ave, SURREY, BC, V3W 2W1
(604) 598-0515 *SIC* 5941
MOUNTAIN EQUIPMENT CO-OPERATIVE p375
303 Portage Ave, WINNIPEG, MB, R3B 2B4
(204) 943-4202 *SIC* 5941
MOUNTAIN EQUIPMENT CO-OPERATIVE p459
1550 Granville St, HALIFAX, NS, B3J 1X1
(902) 421-2667 *SIC* 5941
MOUNTAIN EQUIPMENT CO-OPERATIVE p798
366 Richmond Rd, OTTAWA, ON, K2A 0E8
(613) 729-2700 *SIC* 5941
MOUNTAIN EQUIPMENT CO-OPERATIVE p930
400 King St W, TORONTO, ON, M5V 1K2
(416) 340-2667 *SIC* 5941
MOUNTAIN EQUIPMENT CO-OPERATIVE p1125
8989 Boul De L'acadie, Montreal, QC, H4N 3K1
(514) 788-5878 *SIC* 5941
NAUTILUS PLUS INC p1011
47 Boul Saint-Jean-Baptiste, Chateauguay, QC, J6J 3H5
(514) 666-0668 *SIC* 5941
NAUTILUS PLUS INC p1038
425 Boul Saint-Joseph Bureau 64, GATINEAU, QC, J8Y 3Z8
(819) 420-4646 *SIC* 5941
NIKE CANADA CORP p926
110 Bloor St W, TORONTO, ON, M5S 2W7
SIC 5941
NORSEMAN INC p33
7208 Macleod Trail Se, CALGARY, AB, T2H 0L9
(403) 252-3338 *SIC* 5941
OAKCREEK GOLF & TURF INC p289
18785 96 Ave, SURREY, BC, V4N 3P5
(604) 882-8399 *SIC* 5941
OAKDALE GOLF AND COUNTRY CLUB, LIMITED,THE p757
2388 Jane St, NORTH YORK, ON, M3M 1A8
(416) 245-7361 *SIC* 5941
RADIUM RESORT INC p264
7565 Columbia Ave, RADIUM HOT SPRINGS, BC, V0A 1M0
(250) 347-6200 *SIC* 5941
SAIL PLEIN AIR INC p1043
3680 Boul Taschereau, GREENFIELD PARK, QC, J4V 2H8
SIC 5941
SAIL PLEIN AIR INC p1115
932 Rue Notre-Dame O, Montreal, QC, H3C 1J9
SIC 5941
SAIL PLEIN AIR INC p1130
2850 Av Jacques-Bureau, Montreal, QC, H7P 0B7
(450) 688-6264 *SIC* 5941
SAIL PLEIN AIR INC p1143
187a Boul Hymus, POINTE-CLAIRE, QC, H9R 1E9
(514) 694-4259 *SIC* 5941
SHOOTING EDGE INC, THE p33
77 Ave Bay Suite 510, CALGARY, AB, T2H 1C3
(403) 720-4867 *SIC* 5941
SKIIS LTD p556
445 First St, COLLINGWOOD, ON, L9Y 1B7
(705) 445-9777 *SIC* 5941
SNOW COVERS SPORTS INC p316
1701 3rd Ave W, VANCOUVER, BC, V6J 1K7
(604) 738-3715 *SIC* 5941
SPORTING LIFE INC p581
25 The West Mall Suite 7, ETOBICOKE, ON, M9C 1B8
(416) 620-7002 *SIC* 5941
SPORTING LIFE INC p898
2454 Yonge St, TORONTO, ON, M4P 2H5
(416) 485-4440 *SIC* 5941
SPORTING LIFE INC p899
130 Merton St 6th Fl, TORONTO, ON, M4S 1A4
(416) 485-1685 *SIC* 5941
STM SPORTS TRADE MALL LTD p329
508 Discovery St, VICTORIA, BC, V8T 1G8
(250) 383-6443 *SIC* 5941
SURF PARADISE INC p535
4380 South Service Rd Unit 20, BURLINGTON, ON, L7L 5Y6
(905) 637-4448 *SIC* 5941
TOMMY & LEFEBVRE INC p1036
530 Boul De La Gappe, GATINEAU, QC, J8T 8A8
SIC 5941
UNITED FARMERS OF ALBERTA CO-OPERATIVE LIMITED p34
25 Heritage Meadows Way Se, CALGARY, AB, T2H 0A7
(403) 253-5566 *SIC* 5941
WESTON GOLF AND COUNTRY CLUB LIMITED, THE p582
50 St Phillips Rd, ETOBICOKE, ON, M9P 2N6
(416) 241-5254 *SIC* 5941
WHOLESALE SPORTS CANADA LTD p384
1225 St James St, WINNIPEG, MB, R3H 0K9
(204) 663-1094 *SIC* 5941

SIC 5942 Book stores

BLACK BOND BOOKS LTD p238
32555 London Ave Suite 344, MISSION, BC, V2V 6M7
SIC 5942
DALHOUSIE UNIVERSITY p456
6136 University Ave Suite 314, HALIFAX, NS, B3H 4J2
(902) 494-2460 *SIC* 5942
GOVERNORS OF THE UNIVERSITY OF CALGARY, THE p39
2500 University Dr Nw Suite 250, CALGARY, AB, T2N 1N4
(403) 220-5537 *SIC* 5942
INDIGO BOOKS & MUSIC INC p10
2555 32 St Ne Suite 500, CALGARY, AB, T1Y 7J6
(403) 250-9171 *SIC* 5942
INDIGO BOOKS & MUSIC INC p32
6455 Macleod Trail Sw Suite 21, CALGARY, AB, T2H 0K3
(403) 212-0090 *SIC* 5942
INDIGO BOOKS & MUSIC INC p35
9631 Macleod Trail Sw, CALGARY, AB, T2J 0P6
(403) 212-1442 *SIC* 5942
INDIGO BOOKS & MUSIC INC p45
317 7 Ave Sw, CALGARY, AB, T2P 2Y9
(403) 263-7333 *SIC* 5942
INDIGO BOOKS & MUSIC INC p56
16061 Macleod Trail Se Unit 212, CALGARY, AB, T2Y 3S5
(403) 201-5660 *SIC* 5942
INDIGO BOOKS & MUSIC INC p58
5005 Dalhousie Dr Nw Suite 171, CALGARY, AB, T3A 5R8
(403) 202-4600 *SIC* 5942
INDIGO BOOKS & MUSIC INC p62
66 Crowfoot Terr Nw, CALGARY, AB, T3G 4J8
(403) 208-8490 *SIC* 5942
INDIGO BOOKS & MUSIC INC p95
8882 170 St Nw Suite 1384, EDMONTON, AB, T5T 4M2
(780) 444-2555 *SIC* 5942
INDIGO BOOKS & MUSIC INC p95
9952 170 St Nw, EDMONTON, AB, T5T 6G7
(780) 487-6500 *SIC* 5942
INDIGO BOOKS & MUSIC INC p110
3227 Calgary Trail Nw, EDMONTON, AB, T6J 5X8
(780) 431-9694 *SIC* 5942
INDIGO BOOKS & MUSIC INC p113
1837 99 St Nw, EDMONTON, AB, T6N 1K8
(780) 432-4488 *SIC* 5942
INDIGO BOOKS & MUSIC INC p156
5250 22 St Unit 10, RED DEER, AB, T4R 2T4
(403) 309-2427 *SIC* 5942
INDIGO BOOKS & MUSIC INC p161
2020 Sherwood Dr Suite 104, SHERWOOD PARK, AB, T8A 3H9
(780) 449-3331 *SIC* 5942
INDIGO BOOKS & MUSIC INC p167
445 St Albert Trail Suite 30, ST. ALBERT, AB, T8N 6T9
(780) 419-7114 *SIC* 5942
INDIGO BOOKS & MUSIC INC p191
4700 Kingsway Unit 1174, BURNABY, BC, V5H 4M1
(604) 431-0463 *SIC* 5942
INDIGO BOOKS & MUSIC INC p221
1395 Hillside Dr Suite 4, KAMLOOPS, BC, V2E 2R7
(250) 377-8468 *SIC* 5942
INDIGO BOOKS & MUSIC INC p232
20015 Langley Bypass Suite 115, LANGLEY, BC, V3A 8R6
(604) 514-8663 *SIC* 5942
INDIGO BOOKS & MUSIC INC p242
6670 Mary Ellen Dr, NANAIMO, BC, V9V 1T7
(250) 390-0380 *SIC* 5942
INDIGO BOOKS & MUSIC INC p269
8171 Ackroyd Rd Suite 180, RICHMOND, BC, V6X 3K1
SIC 5942
INDIGO BOOKS & MUSIC INC p286
12101 72 Ave Suite 100, SURREY, BC, V3W 2M1
(604) 501-2877 *SIC* 5942
INDIGO BOOKS & MUSIC INC p314
2505 Granville St, VANCOUVER, BC, V6H 3G7
(604) 731-7822 *SIC* 5942
INDIGO BOOKS & MUSIC INC p322
788 Robson St, VANCOUVER, BC, V6Z 1A1
SIC 5942
INDIGO BOOKS & MUSIC INC p331
1212 Douglas St, VICTORIA, BC, V8W 2E5
(250) 380-9009 *SIC* 5942
INDIGO BOOKS & MUSIC INC p368
1225 St Mary's Rd Suite 85, WINNIPEG, MB, R2M 5E5
(204) 256-0777 *SIC* 5942
INDIGO BOOKS & MUSIC INC p381
695 Empress St, WINNIPEG, MB, R3G 3P6
(204) 775-5999 *SIC* 5942
INDIGO BOOKS & MUSIC INC p387
1590 Kenaston Blvd Suite 100, WINNIPEG, MB, R3P 0Y4
(204) 488-6621 *SIC* 5942
INDIGO BOOKS & MUSIC INC p397
1 Bass Pro Drive, DIEPPE, NB, E1A 6S5
(506) 855-8075 *SIC* 5942
INDIGO BOOKS & MUSIC INC p402
1381 Regent St, FREDERICTON, NB, E3C 1A2
(506) 459-2616 *SIC* 5942
INDIGO BOOKS & MUSIC INC p433
70 Kenmount Rd, ST. JOHN'S, NL, A1B 1W2
(709) 726-0375 *SIC* 5942
INDIGO BOOKS & MUSIC INC p463
188 Chain Lake Dr, HALIFAX, NS, B3S 1C5
(902) 450-1023 *SIC* 5942
INDIGO BOOKS & MUSIC INC p484
90 Kingston Rd E Suite 8, AJAX, ON, L1Z 1G1
(905) 426-4431 *SIC* 5942
INDIGO BOOKS & MUSIC INC p488
737 Golf Links Rd Unit 1, ANCASTER, ON, L9K 1L5
(905) 648-7155 *SIC* 5942
INDIGO BOOKS & MUSIC INC p497
76 Barrie View Dr, BARRIE, ON, L4N 8V4
(705) 735-6735 *SIC* 5942
INDIGO BOOKS & MUSIC INC p518
52 Quarry Edge Dr, BRAMPTON, ON, L6V 4K2
(905) 456-7177 *SIC* 5942
INDIGO BOOKS & MUSIC INC p538
3315 Fairview St Suite 3, BURLINGTON, ON, L7N 3N9
(905) 681-2410 *SIC* 5942
INDIGO BOOKS & MUSIC INC p539
1250 Brant St Suite 102, BURLINGTON, ON, L7P 1X8
(905) 331-1860 *SIC* 5942
INDIGO BOOKS & MUSIC INC p580
1950 The Queensway, ETOBICOKE, ON, M9C 5H5
(416) 364-4499 *SIC* 5942
INDIGO BOOKS & MUSIC INC p594
2401 City Park Dr, GLOUCESTER, ON, K1J 1G1
(613) 744-5175 *SIC* 5942
INDIGO BOOKS & MUSIC INC p659
1037 Wellington Rd, LONDON, ON, N6E 1W4
(519) 685-1008 *SIC* 5942
INDIGO BOOKS & MUSIC INC p672
3175 Highway 7 E, MARKHAM, ON, L3R 0T9
(905) 477-1756 *SIC* 5942
INDIGO BOOKS & MUSIC INC p698
189 Rathburn Rd W, MISSISSAUGA, ON,

▲ Public Company ■ Public Company Family Member **HQ** Headquarters **BR** Branch **SL** Single Location

L5B 4C1
(905) 281-8342   SIC 5942

INDIGO BOOKS & MUSIC INC   p704
3050 Vega Blvd Unit 1, MISSISSAUGA, ON, L5L 5X8
(905) 820-9910   SIC 5942

INDIGO BOOKS & MUSIC INC   p705
5015 Glen Erin Dr, MISSISSAUGA, ON, L5M 0R7
(905) 820-8336   SIC 5942

INDIGO BOOKS & MUSIC INC   p733
17440 Yonge St, NEWMARKET, ON, L3Y 6Y9
(905) 836-8508   SIC 5942

INDIGO BOOKS & MUSIC INC   p747
2901 Bayview Ave Suite 132, NORTH YORK, ON, M2K 1E6
(416) 222-6323   SIC 5942

INDIGO BOOKS & MUSIC INC   p760
3401 Dufferin St Suite 29, NORTH YORK, ON, M6A 2T9
(416) 781-6660   SIC 5942

INDIGO BOOKS & MUSIC INC   p771
310 North Service Rd W Unit G, OAKVILLE, ON, L6M 2R7
(905) 815-8197   SIC 5942

INDIGO BOOKS & MUSIC INC   p781
419 King St W Suite 1135, OSHAWA, ON, L1J 2K5
(905) 438-8593   SIC 5942

INDIGO BOOKS & MUSIC INC   p795
2210 Bank St, OTTAWA, ON, K1V 1J5
(613) 521-9199   SIC 5942

INDIGO BOOKS & MUSIC INC   p810
873 Lansdowne St W, PETERBOROUGH, ON, K9J 1Z5
(705) 740-2272   SIC 5942

INDIGO BOOKS & MUSIC INC   p841
20 William Kitchen Rd, SCARBOROUGH, ON, M1P 5B7
(416) 335-4311   SIC 5942

INDIGO BOOKS & MUSIC INC   p841
300 Borough Dr Suite 2, SCARBOROUGH, ON, M1P 4P5
SIC 5942

INDIGO BOOKS & MUSIC INC   p868
1425 Kingsway, SUDBURY, ON, P3B 0A2
(705) 525-5616   SIC 5942

INDIGO BOOKS & MUSIC INC   p901
55 Bloor St W, TORONTO, ON, M4W 1A5
(416) 925-3536   SIC 5942

INDIGO BOOKS & MUSIC INC   p906
220 Yonge St Suite 103, TORONTO, ON, M5B 2H1
(416) 591-3622   SIC 5942

INDIGO BOOKS & MUSIC INC   p911
20 Edward St, TORONTO, ON, M5G 1C9
(416) 977-7009   SIC 5942

INDIGO BOOKS & MUSIC INC   p929
468 King St W Suite 500, TORONTO, ON, M5V 1L8
(416) 646-8945   SIC 5942

INDIGO BOOKS & MUSIC INC   p929
142 John St, TORONTO, ON, M5V 2E3
SIC 5942

INDIGO BOOKS & MUSIC INC   p929
82 Peter St Suite 300, TORONTO, ON, M5V 2G5
(416) 598-8000   SIC 5942

INDIGO BOOKS & MUSIC INC   p950
428 King St N, WATERLOO, ON, N2J 2Z6
(519) 886-4015   SIC 5942

INDIGO BOOKS & MUSIC INC   p974
3900 Highway 7 Unit 1, WOODBRIDGE, ON, L4L 9C3
(905) 264-6401   SIC 5942

INDIGO BOOKS & MUSIC INC   p981
465 University Ave Unit 1, CHARLOTTE-TOWN, PE, C1A 4N9
(902) 569-9213   SIC 5942

INDIGO BOOKS & MUSIC INC   p1112
1171 Rue Sainte-Catherine O Bureau 777, Montreal, QC, H3B 1K4
SIC 5942

INDIGO BOOKS & MUSIC INC   p1289
2625 Gordon Rd, REGINA, SK, S4S 6H7
(306) 569-6060   SIC 5942

LIBRAIRIE RENAUD-BRAY INC   p1008
6925 Boul Taschereau, BROSSARD, QC, J4Z 1A7
(450) 443-5350   SIC 5942

LIBRAIRIE RENAUD-BRAY INC   p1020
3035 Boul Le Carrefour, Cote Saint-Luc, QC, H7T 1C8
(450) 681-3032   SIC 5942

LIBRAIRIE RENAUD-BRAY INC   p1087
5655 Av Pierre-De Coubertin, Montreal, QC, H1N 1R2
(514) 272-4049   SIC 5942

LIBRAIRIE RENAUD-BRAY INC   p1092
1691 Rue Fleury E, Montreal, QC, H2C 1T1
(514) 384-9920   SIC 5942

LIBRAIRIE RENAUD-BRAY INC   p1099
5117 Av Du Parc, Montreal, QC, H2V 4G3
(514) 276-7651   SIC 5942

LIBRAIRIE RENAUD-BRAY INC   p1142
6815 Rte Transcanadienne, POINTE-CLAIRE, QC, H9R 1C4
(514) 782-1222   SIC 5942

LIBRAIRIE RENAUD-BRAY INC   p1161
2700 Boul Laurier, Quebec, QC, G1V 2L8
(418) 659-1021   SIC 5942

LIBRAIRIE RENAUD-BRAY INC   p1205
775 Boul Lebeau, SAINT-LAURENT, QC, H4N 1S5
(514) 335-9814   SIC 5942

SCHOLASTIC CANADA LTD   p978
225 Bysham Park Dr Suite 15, WOODSTOCK, ON, N4T 1P1
(519) 421-3232   SIC 5942

SIMON FRASER UNIVERSITY   p305
555 Hastings St W Suite 17u, VANCOUVER, BC, V6B 4N5
(778) 782-5235   SIC 5942

UNIVERSITY OF MANITOBA   p390
66 Chancellors Cir Suite 107, WINNIPEG, MB, R3T 2N2
(204) 474-6511   SIC 5942

UNIVERSITY OF VICTORIA   p328
3800a Finnerty Rd Suite 168, VICTORIA, BC, V8P 5C2
(250) 721-8311   SIC 5942

YORK UNIVERSITY   p756
4700 Keele St Suite 335, NORTH YORK, ON, M3J 1P3
(416) 736-5024   SIC 5942

SIC 5943 Stationery stores

A.J. BUS LINES LIMITED   p572
2 Charles Walk, ELLIOT LAKE, ON, P5A 2A3
(705) 848-3013   SIC 5943

BEATTIE STATIONERY LIMITED   p855
399 Vansickle Rd Suite 3056, ST CATHARINES, ON, L2S 3T4
(905) 688-4040   SIC 5943

CAN ALTA BINDERY CORP   p103
8445 Davies Rd Nw, EDMONTON, AB, T6E 4N3
(780) 466-9973   SIC 5943

E. MADILL OFFICE COMPANY (2001) LTD   p228
1300 Rocky Creek Rd, LADYSMITH, BC, V9G 1K4
(250) 245-3455   SIC 5943

FOURNITURES DE BUREAU DENIS INC   p1153
1415 Rue Frank-Carrel, Quebec, QC, G1N 4N7
(418) 682-3113   SIC 5943

GRAND & TOY LIMITED   p192
4560 Tillicum St, BURNABY, BC, V5J 5L4
(604) 324-5151   SIC 5943

GRAND & TOY LIMITED   p391
15 Scurfield Blvd, WINNIPEG, MB, R3Y 1V4
(204) 284-5100   SIC 5943

GRAND & TOY LIMITED   p659
1100 Dearness Dr Unit 18, LONDON, ON, N6E 1N9
(519) 685-2604   SIC 5943

GRAND & TOY LIMITED   p753
33 Green Belt Dr, NORTH YORK, ON, M3C 1M1
(416) 391-8100   SIC 5943

GRAND & TOY LIMITED   p1057
2275 52e Av, LACHINE, QC, H8T 2Y8
(514) 636-7733   SIC 5943

JUTEAU & RUEL INC   p1201
70 Rue Belanger, Saint-Jerome, QC, J7Z 1A1
(450) 436-3630   SIC 5943

KMCA ACQUISITION CORPORATION   p383
791 Bradford St, WINNIPEG, MB, R3H 0N2
(204) 633-9264   SIC 5943

LOWERYS, LIMITED   p878
540 Central Ave, THUNDER BAY, ON, P7B 6B4
(807) 344-6666   SIC 5943

RGO OFFICE PRODUCTS EDMONTON LTD   p76
11624 120 St Nw, EDMONTON, AB, T5G 2Y2
(780) 413-6600   SIC 5943

SPEEDEE PRINTERS LTD   p278
1156 Main St, SMITHERS, BC, V0J 2N0
(250) 847-9712   SIC 5943

STAPLES CANADA INC   p11
3030 32 Ave Ne, CALGARY, AB, T1Y 7A9
(403) 735-6336   SIC 5943

STAPLES CANADA INC   p14
565 36 St Ne Unit 121, CALGARY, AB, T2A 6K3
(403) 204-3644   SIC 5943

STAPLES CANADA INC   p20
3619 61 Ave Se Suite 100, CALGARY, AB, T2C 4T8
(403) 509-2230   SIC 5943

STAPLES CANADA INC   p25
25 Aero Dr Ne Suite 4, CALGARY, AB, T2E 8Z9
(403) 516-4022   SIC 5943

STAPLES CANADA INC   p33
321 61 Ave Sw Suite 3, CALGARY, AB, T2H 2W7
(403) 259-6928   SIC 5943

STAPLES CANADA INC   p57
4307 130 Ave Se Unit 90, CALGARY, AB, T2Z 3V8
(403) 257-8167   SIC 5943

STAPLES CANADA INC   p58
3625 Shaganappi Trail Nw, CALGARY, AB, T3A 0E2
(403) 247-2281   SIC 5943

STAPLES CANADA INC   p60
1215 9 Ave Sw, CALGARY, AB, T3C 0H9
(403) 263-0200   SIC 5943

STAPLES CANADA INC   p62
5662 Signal Hill Ctr Sw, CALGARY, AB, T3H 3P8
(403) 217-7070   SIC 5943

STAPLES CANADA INC   p64
130 Country Village Rd Ne Unit 307, CALGARY, AB, T3K 6B8
(403) 509-3265   SIC 5943

STAPLES CANADA INC   p66
6800 48 Ave Suite 360, CAMROSE, AB, T4V 4T1
(780) 608-4100   SIC 5943

STAPLES CANADA INC   p74
13118 50 St Nw, EDMONTON, AB, T5A 5B5
(780) 472-7379   SIC 5943

STAPLES CANADA INC   p85
13154 137 Ave Nw, EDMONTON, AB, T5L 4Z6
(780) 447-4949   SIC 5943

STAPLES CANADA INC   p95
9580 170 St Nw Suite 41, EDMONTON, AB, T5T 5R5
(780) 487-4949   SIC 5943

STAPLES CANADA INC   p109
6510 Gateway Blvd Nw Suite 142, EDMONTON, AB, T6H 5Z5
(780) 414-1601   SIC 5943

STAPLES CANADA INC   p111
4122 Calgary Trail Nw, EDMONTON, AB, T6J 6Y6
(780) 433-4554   SIC 5943

STAPLES CANADA INC   p113
1960 101 St Nw, EDMONTON, AB, T6N 1K1
(780) 414-0361   SIC 5943

STAPLES CANADA INC   p121
8544 Manning Ave, FORT MCMURRAY, AB, T9H 5G2
(780) 799-8100   SIC 5943

STAPLES CANADA INC   p124
9410 86 St Suite 107, FORT SASKATCHEWAN, AB, T8L 2R1
(780) 992-6012   SIC 5943

STAPLES CANADA INC   p128
10160 108 St, GRANDE PRAIRIE, AB, T8V 7B1
(780) 814-6020   SIC 5943

STAPLES CANADA INC   p136
5305 Discovery Way Suite 274, LEDUC, AB, T9E 8N4
(780) 980-4336   SIC 5943

STAPLES CANADA INC   p139
501 1 Ave S Suite 118, LETHBRIDGE, AB, T1J 4L9
(403) 317-4530   SIC 5943

STAPLES CANADA INC   p142
4219 75 Ave, LLOYDMINSTER, AB, T9V 2X4
(780) 808-2010   SIC 5943

STAPLES CANADA INC   p145
1910 Strachan Rd Se Suite 113, MEDICINE HAT, AB, T1B 4K4
(403) 504-2460   SIC 5943

STAPLES CANADA INC   p154
4747 67 St Unit 211, RED DEER, AB, T4N 6H3
(403) 314-3085   SIC 5943

STAPLES CANADA INC   p157
37400 Hwy 2 Suite 150d, RED DEER COUNTY, AB, T4E 1B9
(403) 357-1760   SIC 5943

STAPLES CANADA INC   p163
390 Baseline Rd Unit 350, SHERWOOD PARK, AB, T8H 1X1
(780) 417-7510   SIC 5943

STAPLES CANADA INC   p167
445 St Albert Trail Unit 40, ST. ALBERT, AB, T8N 6T9
(780) 418-3650   SIC 5943

STAPLES CANADA INC   p179
32500 South Fraser Way Suite 110, ABBOTSFORD, BC, V2T 4W1
(604) 870-3440   SIC 5943

STAPLES CANADA INC   p188
4265 Lougheed Hwy Suite 84, BURNABY, BC, V5C 3Y6
(604) 320-6800   SIC 5943

STAPLES CANADA INC   p195
1440 Island Hwy, CAMPBELL RIVER, BC, V9W 8C9
(250) 286-4390   SIC 5943

STAPLES CANADA INC   p198
7491 Vedder Rd Suite 101, CHILLIWACK, BC, V2R 6E7
(604) 824-8474   SIC 5943

STAPLES CANADA INC   p203
1220 Seguin Dr, COQUITLAM, BC, V3K 6W8
(604) 517-2100   SIC 5943

STAPLES CANADA INC   p204
3299 Cliffe Ave Unit 2, COURTENAY, BC, V9N 2L9
(250) 334-8357   SIC 5943

STAPLES CANADA INC   p205
1500 Cranbrook St N Unit 43, CRANBROOK, BC, V1C 3S8
(250) 417-2346   SIC 5943

STAPLES CANADA INC   p209
7315 120 St, DELTA, BC, V4C 6P5

(604) 501-7820 SIC 5943
STAPLES CANADA INC p215
9600 93 Ave Suite 3010, FORT ST. JOHN, BC, V1J 5Z2
(250) 794-3000 SIC 5943
STAPLES CANADA INC p221
1395 Hillside Dr Suite 1, KAMLOOPS, BC, V2E 2R7
(250) 377-4550 SIC 5943
STAPLES CANADA INC p224
2339 Highway 97 N Suite 430, KELOWNA, BC, V1X 4H9
(250) 979-7920 SIC 5943
STAPLES CANADA INC p231
20055 Willowbrook Dr Suite 200, LANGLEY, BC, V2Y 2T5
(604) 514-2160 SIC 5943
STAPLES CANADA INC p237
20050 Lougheed Hwy, MAPLE RIDGE, BC, V2X 0P5
(604) 465-3429 SIC 5943
STAPLES CANADA INC p238
32525 London Ave Unit 900, MISSION, BC, V2V 6M7
(604) 814-3850 SIC 5943
STAPLES CANADA INC p241
2000 Island Hwy N Suite 100, NANAIMO, BC, V9S 5W3
(250) 751-7770 SIC 5943
STAPLES CANADA INC p242
6581 Aulds Rd Suite 100, NANAIMO, BC, V9T 6J6
(250) 390-5900 SIC 5943
STAPLES CANADA INC p250
1999 Marine Dr, NORTH VANCOUVER, BC, V7P 3J3
(604) 990-2900 SIC 5943
STAPLES CANADA INC p253
102 Warren Ave E Suite 100, PENTICTON, BC, V2A 8X3
(250) 770-2990 SIC 5943
STAPLES CANADA INC p260
1600 15th Ave Suite 206, PRINCE GEORGE, BC, V2L 3X3
(250) 614-4270 SIC 5943
STAPLES CANADA INC p267
2780 Sweden Way Suite 110, RICHMOND, BC, V6V 2X1
(604) 303-7850 SIC 5943
STAPLES CANADA INC p271
6390 No. 3 Rd Suite 1, RICHMOND, BC, V6Y 2B3
(604) 270-9599 SIC 5943
STAPLES CANADA INC p284
10136 King George Blvd, SURREY, BC, V3T 2W4
(604) 582-6789 SIC 5943
STAPLES CANADA INC p290
3037 152 St, SURREY, BC, V4P 3K1
(604) 541-3850 SIC 5943
STAPLES CANADA INC p291
4645 Greig Ave, TERRACE, BC, V8G 5P9
(250) 635-7797 SIC 5943
STAPLES CANADA INC p305
901 Seymour St, VANCOUVER, BC, V6B 3M1
(604) 602-5959 SIC 5943
STAPLES CANADA INC p313
1055 Georgia St W Unit 220, VANCOUVER, BC, V6E 0B6
(604) 678-4873 SIC 5943
STAPLES CANADA INC p315
1322 Broadway W, VANCOUVER, BC, V6H 1H2
(604) 678-9449 SIC 5943
STAPLES CANADA INC p320
2135 Allison Rd Unit 101, VANCOUVER, BC, V6T 1T5
(604) 221-4780 SIC 5943
STAPLES CANADA INC p326
3202 32 St, VERNON, BC, V1T 5M8
(250) 503-3300 SIC 5943
STAPLES CANADA INC p333
780 Tolmie Ave Suite 3, VICTORIA, BC, V8X 3W4
(250) 383-8178 SIC 5943
STAPLES CANADA INC p336
789 Mccallum Rd, VICTORIA, BC, V9B 6A2
(250) 391-3070 SIC 5943
STAPLES CANADA INC p338
2105 Park Royal S, WEST VANCOUVER, BC, V7T 2W5
(604) 913-4270 SIC 5943
STAPLES CANADA INC p341
850 Oliver St Suite 105, WILLIAMS LAKE, BC, V2G 3W1
(250) 305-2500 SIC 5943
STAPLES CANADA INC p345
1645 18th St Unit A, BRANDON, MB, R7A 5C6
(204) 571-5640 SIC 5943
STAPLES CANADA INC p357
190 Pth 12 N, STEINBACH, MB, R5G 1T6
(204) 320-4670 SIC 5943
STAPLES CANADA INC p363
1540 Regent Ave W, WINNIPEG, MB, R2C 3B4
(204) 661-1563 SIC 5943
STAPLES CANADA INC p371
843 Leila Ave Suite 4, WINNIPEG, MB, R2V 3J7
(204) 925-4510 SIC 5943
STAPLES CANADA INC p384
947 St James St, WINNIPEG, MB, R3H 0X2
(204) 783-7874 SIC 5943
STAPLES CANADA INC p385
3669 Portage Ave, WINNIPEG, MB, R3K 2G6
(204) 925-4518 SIC 5943
STAPLES CANADA INC p390
1910 Pembina Hwy Unit 9, WINNIPEG, MB, R3T 4S5
(204) 269-5928 SIC 5943
STAPLES CANADA INC p394
1300 St. Peter Ave Suite 109, BATHURST, NB, E2A 3A6
(506) 545-9060 SIC 5943
STAPLES CANADA INC p401
1150 Prospect St, FREDERICTON, NB, E3B 3C1
(506) 462-4060 SIC 5943
STAPLES CANADA INC p405
99 Douglastown Blvd Suite 275, MIRAMICHI, NB, E1V 0A4
(506) 622-6050 SIC 5943
STAPLES CANADA INC p410
125 Trinity Dr, MONCTON, NB, E1G 2J7
(506) 863-1400 SIC 5943
STAPLES CANADA INC p415
176 Rothesay Ave, SAINT JOHN, NB, E2J 2B5
(506) 646-7530 SIC 5943
STAPLES CANADA INC p419
11 Boul Centre Madawaska Suite 9, SAINT-BASILE, NB, E7C 1R7
(506) 736-6956 SIC 5943
STAPLES CANADA INC p425
14 Murphy Sq, CORNER BROOK, NL, A2H 1R4
(709) 634-9500 SIC 5943
STAPLES CANADA INC p432
34 Stavanger Dr, ST. JOHN'S, NL, A1A 5E8
(709) 753-4920 SIC 5943
STAPLES CANADA INC p434
65 Kelsey Dr, ST. JOHN'S, NL, A1B 5C8
(709) 722-4350 SIC 5943
STAPLES CANADA INC p442
36 Market St, ANTIGONISH, NS, B2G 3B4
(902) 863-6787 SIC 5943
STAPLES CANADA INC p447
114 Woodlawn Rd Suite 257, DARTMOUTH, NS, B2W 2S7
(902) 466-1487 SIC 5943
STAPLES CANADA INC p452
202 Brownlow Ave, DARTMOUTH, NS, B3B 1T5
(902) 468-3412 SIC 5943
STAPLES CANADA INC p461
2003 Gottingen St, HALIFAX, NS, B3K 3B1
(902) 474-5100 SIC 5943
STAPLES CANADA INC p464
215 Chain Lake Dr Unit A, HALIFAX, NS, B3S 1C9
(902) 450-5241 SIC 5943
STAPLES CANADA INC p470
9081 Commercial St, NEW MINAS, NS, B4N 3E6
(902) 681-3840 SIC 5943
STAPLES CANADA INC p470
556 Westville Rd, NEW GLASGOW, NS, B2H 2J8
(902) 752-5291 SIC 5943
STAPLES CANADA INC p475
800 Grand Lake Rd, SYDNEY, NS, B1P 6S9
(902) 539-4027 SIC 5943
STAPLES CANADA INC p478
68 Robie St, TRURO, NS, B2N 1L2
(902) 895-1572 SIC 5943
STAPLES CANADA INC p480
110 Starrs Rd, YARMOUTH, NS, B5A 2T5
(902) 749-0417 SIC 5943
STAPLES CANADA INC p483
16 Harwood Ave S, AJAX, ON, L1S 7L8
(905) 686-1422 SIC 5943
STAPLES CANADA INC p486
92 Young St, ALLISTON, ON, L9R 1P8
(705) 434-4992 SIC 5943
STAPLES CANADA INC p488
1015 Golf Links Rd Suite 1, ANCASTER, ON, L9K 1L6
(905) 648-6047 SIC 5943
STAPLES CANADA INC p491
14800 Yonge St Unit 180, AURORA, ON, L4G 1N3
(905) 713-0367 SIC 5943
STAPLES CANADA INC p499
36 Barrie View Dr, BARRIE, ON, L4N 8V4
(705) 733-3329 SIC 5943
STAPLES CANADA INC p504
190 Bell Blvd, BELLEVILLE, ON, K8P 5L2
(613) 961-7399 SIC 5943
STAPLES CANADA INC p506
471 Queen St S Suite 2, BOLTON, ON, L7E 2B5
(905) 951-1640 SIC 5943
STAPLES CANADA INC p508
500 Muskoka Rd 118 W Unit 102, BRACEBRIDGE, ON, P1L 1T4
(705) 646-2775 SIC 5943
STAPLES CANADA INC p517
2937 Queen St E, BRAMPTON, ON, L6T 5J1
(905) 791-4522 SIC 5943
STAPLES CANADA INC p523
499 Main St S, BRAMPTON, ON, L6Y 1N7
(905) 796-2403 SIC 5943
STAPLES CANADA INC p526
595 West St, BRANTFORD, ON, N3R 7C5
(519) 752-3367 SIC 5943
STAPLES CANADA INC p531
2399 Parkedale Ave, BROCKVILLE, ON, K6V 3G9
(613) 498-2616 SIC 5943
STAPLES CANADA INC p537
3060 Davidson Crt Unit C2, BURLINGTON, ON, L7M 4X7
(905) 332-1071 SIC 5943
STAPLES CANADA INC p544
26 Pinebush Rd, CAMBRIDGE, ON, N1R 8K5
(519) 622-5280 SIC 5943
STAPLES CANADA INC p556
15 Balsam St Unit 1, COLLINGWOOD, ON, L9Y 5H6
(705) 445-0505 SIC 5943
STAPLES CANADA INC p565
7 Ninth St E, CORNWALL, ON, K6H 6R3
(613) 936-6952 SIC 5943
STAPLES CANADA INC p581
1750 The Queensway Suite 1, ETOBICOKE, ON, M9C 5H5
(416) 620-5674 SIC 5943
STAPLES CANADA INC p587
180 Queen's Plate Dr Suite 10, ETOBICOKE, ON, M9W 6Y9
(416) 749-9932 SIC 5943
STAPLES CANADA INC p603
20 Woodlawn Rd E, GUELPH, ON, N1H 1G7
(519) 822-2344 SIC 5943
STAPLES CANADA INC p615
970 Upper Wentworth St, HAMILTON, ON, L9A 4V8
(905) 383-7913 SIC 5943
STAPLES CANADA INC p617
2130 Rymal Rd Suite 103, HANNON, ON, L0R 1P0
(905) 692-7215 SIC 5943
STAPLES CANADA INC p626
8141 Campeau Dr, KANATA, ON, K2T 1B7
(613) 592-3538 SIC 5943
STAPLES CANADA INC p630
105 Queen St, KINGSTON, ON, K7K 1A5
(613) 542-3585 SIC 5943
STAPLES CANADA INC p634
616 Gardiners Rd Suite 2, KINGSTON, ON, K7M 9B8
(613) 634-2112 SIC 5943
STAPLES CANADA INC p639
245 Strasburg Rd, KITCHENER, ON, N2E 3W7
(519) 571-7420 SIC 5943
STAPLES CANADA INC p646
16 Seacliff Dr E, LEAMINGTON, ON, N8H 2L2
(519) 324-1370 SIC 5943
STAPLES CANADA INC p647
363 Kent St W Unit 600, LINDSAY, ON, K9V 2Z7
(705) 328-3427 SIC 5943
STAPLES CANADA INC p651
1925 Dundas St, LONDON, ON, N5V 1P7
(519) 659-3428 SIC 5943
STAPLES CANADA INC p658
332 Wellington Rd, LONDON, ON, N6C 4P6
(519) 645-7042 SIC 5943
STAPLES CANADA INC p664
3080 Wonderland Rd S, LONDON, ON, N6L 1A6
(519) 690-2049 SIC 5943
STAPLES CANADA INC p674
3175 Highway 7 E Unit 200, MARKHAM, ON, L3R 0T9
(905) 479-3101 SIC 5943
STAPLES CANADA INC p676
7725 Markham Rd, MARKHAM, ON, L3S 3J9
(905) 472-0746 SIC 5943
STAPLES CANADA INC p680
9226 93 Hwy, MIDLAND, ON, L4R 4K4
(705) 526-5510 SIC 5943
STAPLES CANADA INC p682
1220 Steeles Ave E Unit G6, MILTON, ON, L9T 6R1
(905) 878-2434 SIC 5943
STAPLES CANADA INC p691
5170 Dixie Rd, MISSISSAUGA, ON, L4W 1E3
(905) 602-6056 SIC 5943
STAPLES CANADA INC p691
1530 Aimco Blvd, MISSISSAUGA, ON, L4W 5K1
(905) 602-5889 SIC 5943
STAPLES CANADA INC p692
2040 Dundas St E Unit 1, MISSISSAUGA, ON, L4X 2X8
(905) 279-4392 SIC 5943
STAPLES CANADA INC p699
3950 Grand Park Dr Suite 1, MISSISSAUGA, ON, L5B 4M6
(905) 306-7888 SIC 5943
STAPLES CANADA INC p711
3135 Argentia Rd Unit 2, MISSISSAUGA, ON, L5N 8E1
(905) 785-0864 SIC 5943
STAPLES CANADA INC p722
5900 Mavis Rd, MISSISSAUGA, ON, L5V

BUSINESSES BY INDUSTRY CLASSIFICATION

STAPLES CANADA INC
2P5
(905) 813-3134   SIC 5943

STAPLES CANADA INC p728
1595 Merivale Rd, NEPEAN, ON, K2G 3J4
(613) 226-7989   SIC 5943

STAPLES CANADA INC p730
101 Marketplace Ave, NEPEAN, ON, K2J 5G5
(613) 825-0457   SIC 5943

STAPLES CANADA INC p731
Gd, NEW LISKEARD, ON, P0J 1P0
(705) 647-7718   SIC 5943

STAPLES CANADA INC p734
17810 Yonge St, NEWMARKET, ON, L3Y 8S1
(905) 898-3956   SIC 5943

STAPLES CANADA INC p736
7190 Morrison St, NIAGARA FALLS, ON, L2E 7K5
(905) 358-0650   SIC 5943

STAPLES CANADA INC p743
1899 Algonquin Ave, NORTH BAY, ON, P1B 4Y8
(705) 472-7223   SIC 5943

STAPLES CANADA INC p760
3150 Dufferin St, NORTH YORK, ON, M6A 2T1
(416) 785-5335   SIC 5943

STAPLES CANADA INC p766
2460 Winston Churchill Blvd, OAKVILLE, ON, L6H 6J5
(905) 829-1960   SIC 5943

STAPLES CANADA INC p771
320 North Service Rd W, OAKVILLE, ON, L6M 2R7
(905) 338-6535   SIC 5943

STAPLES CANADA INC p773
88 First St, ORANGEVILLE, ON, L9W 3J6
(519) 942-1360   SIC 5943

STAPLES CANADA INC p775
135 Murphy Rd, ORILLIA, ON, L3V 0B5
(705) 329-3074   SIC 5943

STAPLES CANADA INC p777
2085 Tenth Line Rd, ORLEANS, ON, K4A 4C5
(613) 830-8100   SIC 5943

STAPLES CANADA INC p781
410 Gibb St W, OSHAWA, ON, L1J 0B2
(905) 404-4392   SIC 5943

STAPLES CANADA INC p787
1233 Donald St Unit 20, OTTAWA, ON, K1J 8W3
(613) 745-4773   SIC 5943

STAPLES CANADA INC p796
2210 Bank St, OTTAWA, ON, K1V 1J5
(613) 521-3030   SIC 5943

STAPLES CANADA INC p802
403 Bank St, OTTAWA, ON, K2P 1Y6
(613) 235-2525   SIC 5943

STAPLES CANADA INC p804
1077 10th St W, OWEN SOUND, ON, N4K 5S2
(519) 372-2228   SIC 5943

STAPLES CANADA INC p806
1100 Pembroke St E Suite 100, PEMBROKE, ON, K8A 6Y7
(613) 735-0437   SIC 5943

STAPLES CANADA INC p811
109 Park St S Suite 160, PETERBOROUGH, ON, K9J 3R8
(705) 741-1130   SIC 5943

STAPLES CANADA INC p813
1755 Pickering Pky, PICKERING, ON, L1V 6K5
(905) 683-4620   SIC 5943

STAPLES CANADA INC p824
1700 Elgin Mills Rd E Suite 2, RICHMOND HILL, ON, L4S 0B2
(905) 770-1600   SIC 5943

STAPLES CANADA INC p827
1379 London Rd Suite 2, SARNIA, ON, N7S 1P6
(519) 542-4461   SIC 5943

STAPLES CANADA INC p834
850 Milner Ave, SCARBOROUGH, ON, M1B 5N7
(416) 208-7728   SIC 5943

STAPLES CANADA INC p839
1980 Eglinton Ave E, SCARBOROUGH, ON, M1L 2M6
(416) 752-1091   SIC 5943

STAPLES CANADA INC p842
95 Ellesmere Rd, SCARBOROUGH, ON, M1R 4B7
(416) 444-5237   SIC 5943

STAPLES CANADA INC p852
185 Bunting Rd, ST CATHARINES, ON, L2M 3Y2
(905) 685-4921   SIC 5943

STAPLES CANADA INC p853
10 Ymca Dr, ST CATHARINES, ON, L2N 7R6
(905) 937-4292   SIC 5943

STAPLES CANADA INC p858
1063 Talbot St Suite 3, ST THOMAS, ON, N5P 1G4
(519) 631-1810   SIC 5943

STAPLES CANADA INC p865
1076 Ontario St, STRATFORD, ON, N5A 6Z3
(519) 273-5305   SIC 5943

STAPLES CANADA INC p868
747 Notre Dame Ave, SUDBURY, ON, P3A 2T2
(705) 525-1180   SIC 5943

STAPLES CANADA INC p869
1425 Kingsway Suite 146, SUDBURY, ON, P3B 0A2
(705) 524-6227   SIC 5943

STAPLES CANADA INC p875
1450 Clark Ave W Suite 1, THORNHILL, ON, L4J 7R5
(905) 669-5096   SIC 5943

STAPLES CANADA INC p879
767 Memorial Ave Suite 37, THUNDER BAY, ON, P7B 3Z7
(807) 343-2506   SIC 5943

STAPLES CANADA INC p883
200 Broadway St, TILLSONBURG, ON, N4G 5A7
(519) 688-2196   SIC 5943

STAPLES CANADA INC p885
1485 Riverside Dr Suite 97, TIMMINS, ON, P4R 1M8
(705) 360-4200   SIC 5943

STAPLES CANADA INC p892
3003 Danforth Ave, TORONTO, ON, M4C 1M9
(416) 686-4711   SIC 5943

STAPLES CANADA INC p893
945 Eglinton Ave E, TORONTO, ON, M4G 4B5
(416) 696-0043   SIC 5943

STAPLES CANADA INC p896
1000 Gerrard St E Unit Dd16, TORONTO, ON, M4M 3G6
(416) 466-4900   SIC 5943

STAPLES CANADA INC p902
1140 Yonge St, TORONTO, ON, M4W 2L8
(416) 961-4949   SIC 5943

STAPLES CANADA INC p905
250 Front St E, TORONTO, ON, M5A 1E9
(416) 368-3331   SIC 5943

STAPLES CANADA INC p908
89 Yonge St, TORONTO, ON, M5C 1S8
(416) 203-3525   SIC 5943

STAPLES CANADA INC p912
375 University Ave, TORONTO, ON, M5G 2J5
(416) 598-4818   SIC 5943

STAPLES CANADA INC p938
542 Keele St, TORONTO, ON, M6N 3E2
(416) 762-2816   SIC 5943

STAPLES CANADA INC p946
4 Banff Rd Unit 101, UXBRIDGE, ON, L9P 1S9
(905) 862-2614   SIC 5943

STAPLES CANADA INC p954
620 King St N, WATERLOO, ON, N2V 2J5
(519) 888-1716   SIC 5943

STAPLES CANADA INC p956
800 Niagara St Suite 102, WELLAND, ON, L3C 5Z4
(905) 714-7607   SIC 5943

STAPLES CANADA INC p963
7126 Tecumseh Rd E, WINDSOR, ON, N8T 1E6
(519) 948-1283   SIC 5943

STAPLES CANADA INC p964
4511 Walker Rd, WINDSOR, ON, N8W 3T6
(519) 972-5127   SIC 5943

STAPLES CANADA INC p966
2550 Ouellette Ave, WINDSOR, ON, N8X 1L7
(519) 966-9495   SIC 5943

STAPLES CANADA INC p975
57 Northview Blvd Ste 4, WOODBRIDGE, ON, L4L 8X9
(905) 856-6588   SIC 5943

STAPLES CANADA INC p977
497 Norwich Ave, WOODSTOCK, ON, N4S 9A2
(519) 421-3202   SIC 5943

STAPLES CANADA INC p982
655 University Ave, CHARLOTTETOWN, PE, C1E 1E5
(902) 894-5011   SIC 5943

STAPLES CANADA INC p985
57 Water St, SUMMERSIDE, PE, C1N 1A4
(902) 432-3838   SIC 5943

STAPLES CANADA INC p991
11250 Rue Renaude-Lapointe, ANJOU, QC, H1J 2V7
(514) 354-6052   SIC 5943

STAPLES CANADA INC p1001
3420 Av Des Grandes Tourelles, BOISBRIAND, QC, J7H 0A2
(450) 420-3537   SIC 5943

STAPLES CANADA INC p1005
582 Ch De Touraine Bureau 301, BOUCHERVILLE, QC, J4B 5E4
(450) 655-0505   SIC 5943

STAPLES CANADA INC p1008
6555 Boul Taschereau, BROSSARD, QC, J4Z 1A7
(450) 445-2229   SIC 5943

STAPLES CANADA INC p1009
40 Rue Strasbourg, CANDIAC, QC, J5R 0B4
(450) 659-1012   SIC 5943

STAPLES CANADA INC p1015
1470 Boulevard Talbot, CHICOUTIMI, QC, G7H 4C2
(418) 543-3477   SIC 5943

STAPLES CANADA INC p1019
1600 Boul Le Corbusier Bureau 99, Cote Saint-Luc, QC, H7S 1Y9
(450) 973-1070   SIC 5943

STAPLES CANADA INC p1031
565 Boul Saint-Joseph, DRUMMONDVILLE, QC, J2C 2B6
(819) 474-3147   SIC 5943

STAPLES CANADA INC p1035
235 Montee Paiement, GATINEAU, QC, J8P 6M7
(819) 246-9470   SIC 5943

STAPLES CANADA INC p1039
55a Boul Du Plateau, GATINEAU, QC, J9A 3G1
(819) 770-2332   SIC 5943

STAPLES CANADA INC p1041
921 Rue Principale, GRANBY, QC, J2G 2Z5
(450) 776-7555   SIC 5943

STAPLES CANADA INC p1043
3344 Boul Taschereau Bureau C, GREENFIELD PARK, QC, J4V 2H7
(450) 466-7772   SIC 5943

STAPLES CANADA INC p1046
845 Boul Firestone, JOLIETTE, QC, J6E 2W4
(450) 752-5515   SIC 5943

STAPLES CANADA INC p1047
2380 Boul Rene-Levesque, Jonquiere, QC, G7S 5Y5
(418) 542-1646   SIC 5943

STAPLES CANADA INC p1049
3330 Rue Jean-Yves, KIRKLAND, QC, H9J 2R6
SIC 5943

STAPLES CANADA INC p1060
7097 Boul Newman, LASALLE, QC, H8N 1X1
(514) 364-3872   SIC 5943

STAPLES CANADA INC p1066
80 Rte Du President-Kennedy, Levis, QC, G6V 6C9
(418) 833-7547   SIC 5943

STAPLES CANADA INC p1072
2790 De Chambly Ch, LONGUEUIL, QC, J4L 1M9
(450) 670-1698   SIC 5943

STAPLES CANADA INC p1076
145 Montee Masson Bureau 138, MASCOUCHE, QC, J7K 3B4
(450) 474-6555   SIC 5943

STAPLES CANADA INC p1087
7275 Rue Sherbrooke E Unite 316, Montreal, QC, H1N 1E9
(514) 351-6776   SIC 5943

STAPLES CANADA INC p1095
845 Rue Sainte-Catherine E, Montreal, QC, H2L 2E4
(514) 843-8647   SIC 5943

STAPLES CANADA INC p1113
895 Rue De La Gauchetiere O Bureau 240, Montreal, QC, H3B 4G1
(514) 879-1515   SIC 5943

STAPLES CANADA INC p1115
770 Rue Notre-Dame O, Montreal, QC, H3C 1J5
(514) 875-0977   SIC 5943

STAPLES CANADA INC p1125
1041 Rue Du Marche-Central Bureau 49, Montreal, QC, H4N 1J8
(514) 383-6323   SIC 5943

STAPLES CANADA INC p1125
4205 Rue Jean-Talon O, Montreal, QC, H4P 2T6
(514) 344-3044   SIC 5943

STAPLES CANADA INC p1130
4141 Nord Laval (A-440) O, Montreal, QC, H7P 4W6
(450) 680-4200   SIC 5943

STAPLES CANADA INC p1133
10651 Boul Pie-Ix, MONTREAL-NORD, QC, H1H 4A3
SIC 5943

STAPLES CANADA INC p1134
1000 Boul Chomedey, Montreal-Ouest, QC, H7V 3X8
(450) 689-6763   SIC 5943

STAPLES CANADA INC p1143
365 Boul Brunswick, POINTE-CLAIRE, QC, H9R 4S1
(514) 694-5578   SIC 5943

STAPLES CANADA INC p1146
843 Rue Clemenceau, Quebec, QC, G1C 2K6
(418) 660-5222   SIC 5943

STAPLES CANADA INC p1154
1400 Rue Cyrille-Duquet, Quebec, QC, G1N 2E5
(418) 527-4114   SIC 5943

STAPLES CANADA INC p1161
2975 Boul Laurier, Quebec, QC, G1V 2M2
(418) 652-8300   SIC 5943

STAPLES CANADA INC p1166
1510 Av Jules-Verne, Quebec, QC, G2G 2R5
(418) 871-4443   SIC 5943

STAPLES CANADA INC p1167
565 Boul Lebourgneuf, Quebec, QC, G2J 1R9
(418) 622-5044   SIC 5943

STAPLES CANADA INC p1174
390 Montee Industrielle-Et-Commerciale, RIMOUSKI, QC, G5M 1X1

▲ Public Company   ■ Public Company Family Member   HQ Headquarters   BR Branch   SL Single Location

SIC 5944 Jewelry stores

(418) 724-7033   *SIC 5943*
STAPLES CANADA INC   p1182
1465 Boul Saint-Bruno, SAINT-BRUNO, QC, J3V 6J1
(450) 441-2414   *SIC 5943*
STAPLES CANADA INC   p1187
660 Boul Arthur-Sauve, SAINT-EUSTACHE, QC, J7R 5A8
(450) 623-4543   *SIC 5943*
STAPLES CANADA INC   p1190
8585 Boul Lacroix, SAINT-GEORGES, QC, G5Y 5L6
(418) 222-5025   *SIC 5943*
STAPLES CANADA INC   p1194
5970 Rue Martineau, SAINT-HYACINTHE, QC, J2R 2H6
(450) 796-4575   *SIC 5943*
STAPLES CANADA INC   p1198
1000 Boul Du Seminaire N, SAINT-JEAN-SUR-RICHELIEU, QC, J3A 1E5
(450) 359-7750   *SIC 5943*
STAPLES CANADA INC   p1201
1135 Boul Jean-Baptiste-Rolland O, Saint-Jerome, QC, J7Y 4Y7
(450) 436-3708   *SIC 5943*
STAPLES CANADA INC   p1207
3660 Boul De La Cote-Vertu, SAINT-LAURENT, QC, H4R 1P8
(514) 338-1036   *SIC 5943*
STAPLES CANADA INC   p1216
4625 Rue Jean-Talon E, SAINT-LEONARD, QC, H1S 1K3
(514) 593-6813   *SIC 5943*
STAPLES CANADA INC   p1231
315 Boul Du Cure-Labelle, SAINTE-THERESE, QC, J7E 2Y2
(450) 435-7121   *SIC 5943*
STAPLES CANADA INC   p1232
1560 Boul Monseigneur-Langlois, SALABERRY-DE-VALLEYFIELD, QC, J6S 1E3
(450) 373-7070   *SIC 5943*
STAPLES CANADA INC   p1235
1 Rue La Plaza-De-Mauricie, SHAWINIGAN, QC, G9N 7C1
(819) 539-4300   *SIC 5943*
STAPLES CANADA INC   p1240
3325 Boul De Portland, SHERBROOKE, QC, J1L 2P1
(819) 562-1966   *SIC 5943*
STAPLES CANADA INC   p1241
450 Boul Poliquin Bureau 5004, SOREL-TRACY, QC, J3P 7R5
(450) 743-3888   *SIC 5943*
STAPLES CANADA INC   p1244
590 Montee Des Pionniers, TERREBONNE, QC, J6V 1N9
(450) 657-9600   *SIC 5943*
STAPLES CANADA INC   p1248
400 Rue Barkoff, Trois-Rivieres, QC, G8T 9P5
(819) 371-4848   *SIC 5943*
STAPLES CANADA INC   p1251
4000 Boul Des Recollets Bureau 42, Trois-Rivieres, QC, G9A 6K9
(819) 370-8679   *SIC 5943*
STAPLES CANADA INC   p1257
54 Boul De La Cite-Des-Jeunes Bureau 100, VAUDREUIL-DORION, QC, J7V 9L5
(450) 455-2015   *SIC 5943*
STAPLES CANADA INC   p1260
1111 Boul Jutras E, VICTORIAVILLE, QC, G6S 1C1
(819) 357-4484   *SIC 5943*
STAPLES CANADA INC   p1263
4036 Rue Sainte-Catherine O, WESTMOUNT, QC, H3Z 1P2
(514) 846-0844   *SIC 5943*
STAPLES CANADA INC   p1276
451 Thatcher Dr E, MOOSE JAW, SK, S6J 1L8
(306) 694-6800   *SIC 5943*
STAPLES CANADA INC   p1278
11429 Railway Ave E, NORTH BATTLEFORD, SK, S9A 3G8
(306) 446-5200   *SIC 5943*
STAPLES CANADA INC   p1280
800 15th St Suite 240, PRINCE ALBERT, SK, S6V 8E3
(306) 922-1711   *SIC 5943*
STAPLES CANADA INC   p1288
660 Albert St, REGINA, SK, S4R 2P3
(306) 546-1870   *SIC 5943*
STAPLES CANADA INC   p1290
2640 E Quance St Suite 82, REGINA, SK, S4V 2X5
(306) 791-7790   *SIC 5943*
STAPLES CANADA INC   p1293
2327 8th St E, SASKATOON, SK, S7H 0V4
(306) 955-6536   *SIC 5943*
STAPLES CANADA INC   p1298
810 Circle Dr E Suite 105, SASKATOON, SK, S7K 3T8
(306) 955-6044   *SIC 5943*
STAPLES CANADA INC   p1309
210 Hamilton Rd Suite 167, YORKTON, SK, S3N 4E5
(306) 782-9300   *SIC 5943*
SUPREME OFFICE PRODUCTS LIMITED   p1298
2346 Millar Ave, SASKATOON, SK, S7K 2Y2
(306) 667-3210   *SIC 5943*
WESTKEY GRAPHICS LTD   p183
8315 Riverbend Crt, BURNABY, BC, V3N 5E7
(604) 549-2350   *SIC 5943*

SIC 5944 Jewelry stores

ANN-LOUISE JEWELLERS LTD   p296
18 2nd Ave E, VANCOUVER, BC, V5T 1B1
(604) 873-6341   *SIC 5944*
BEN MOSS JEWELLERS WESTERN CANADA LTD   p374
201 Portage Ave Suite 300, WINNIPEG, MB, R3B 3K6
(204) 947-6682   *SIC 5944*
BIZOU INTERNATIONAL INC   p1189
8585 Boul Lacroix, SAINT-GEORGES, QC, G5Y 5L6
(418) 227-0424   *SIC 5944*
CHARM JEWELRY LIMITED   p448
140 Portland St, DARTMOUTH, NS, B2Y 1J1
(902) 463-7177   *SIC 5944*
EUROPEAN & CO. INC   p759
1 Yorkdale Rd Unit 402, NORTH YORK, ON, M6A 3A1
(416) 785-8801   *SIC 5944*
GRIFFIN JEWELLERY DESIGNS INC   p820
50 West Wilmot St Suite 201, RICHMOND HILL, ON, L4B 1M5
(905) 882-0004   *SIC 5944*
GROUPE BIRKS INC   p789
50 Rideau St Suite 333, OTTAWA, ON, K1N 9J7
(613) 236-3641   *SIC 5944*
GROUPE BIRKS INC   p901
55 Bloor St W Unit 152, TORONTO, ON, M4W 1A5
(416) 922-2266   *SIC 5944*
MONTRES BIG TIME INC   p1124
9250 Boul De L'acadie Bureau 340, Montreal, QC, H4N 3C5
(514) 384-6464   *SIC 5944*
PUGWASH HOLDINGS LTD   p93
11248 170 St Nw, EDMONTON, AB, T5S 2X1
(780) 484-6342   *SIC 5944*
SPENCE DIAMONDS LTD   p301
550 6th Ave W Suite 410, VANCOUVER, BC, V5Z 1A1
(604) 739-9928   *SIC 5944*
SWAROVSKI CANADA LIMITED   p674
80 Gough Rd Unit 2, MARKHAM, ON, L3R 6E8
(905) 752-0498   *SIC 5944*
TIFFANY & CO. CANADA   p322
723 Burrard St, VANCOUVER, BC, V6Z 2P1
(604) 630-1300   *SIC 5944*
TIFFANY & CO. CANADA   p926
150 Bloor St W Suite M108, TORONTO, ON, M5S 2X9
(416) 921-3900   *SIC 5944*

SIC 5945 Hobby, toy, and game shops

BENJO INC   p1148
550 Boul Charest E, Quebec, QC, G1K 3J3
(418) 640-0001   *SIC 5945*
BENJO INC   p1149
520 Boul Charest E Bureau 233, Quebec, QC, G1K 3J3
(418) 692-7470   *SIC 5945*
CALENDAR CLUB OF CANADA LIMITED PARTNERSHIP   p804
6 Adams St Suite A, PARIS, ON, N3L 3X4
(519) 442-8355   *SIC 5945*
CERAMIQUE DECORS M.S.F. INC   p1147
4220 3e Av O, Quebec, QC, G1H 6T1
(418) 627-0123   *SIC 5945*
MASTERMIND LP   p823
9350 Yonge St, RICHMOND HILL, ON, L4C 5G2
(905) 508-5001   *SIC 5945*
MASTERMIND LP   p896
3350 Yonge St, TORONTO, ON, M4N 2M7
(416) 487-7177   *SIC 5945*
MENNONITE CENTRAL COMMITTEE CANADA   p731
65 Heritage Dr, NEW HAMBURG, ON, N3A 2J3
(519) 662-1879   *SIC 5945*
MICHAELS OF CANADA, ULC   p32
8180 11 St Se Unit 400, CALGARY, AB, T2H 3B5
(403) 640-1633   *SIC 5945*
MICHAELS OF CANADA, ULC   p85
13640 137 Ave Nw, EDMONTON, AB, T5L 5G6
(780) 456-4650   *SIC 5945*
MICHAELS OF CANADA, ULC   p221
1055 Hillside Dr Suite 200, KAMLOOPS, BC, V2E 2S5
(250) 571-1066   *SIC 5945*
MICHAELS OF CANADA, ULC   p242
6677 Mary Ellen Dr, NANAIMO, BC, V9V 1T7
(250) 390-5309   *SIC 5945*
MICHAELS OF CANADA, ULC   p498
33 Molson Park Dr E Unit 1, BARRIE, ON, L4N 9A9
(705) 726-4474   *SIC 5945*
MICHAELS OF CANADA, ULC   p512
9065 Airport Rd Unit 20, BRAMPTON, ON, L6S 0B8
(905) 595-0874   *SIC 5945*
MICHAELS OF CANADA, ULC   p541
1881 Fairview St, BURLINGTON, ON, L7S 2K4
(905) 639-8146   *SIC 5945*
MICHAELS OF CANADA, ULC   p543
18a Pinebush Rd Unit 1, CAMBRIDGE, ON, N1R 8K5
(519) 740-1100   *SIC 5945*
MICHAELS OF CANADA, ULC   p653
1737 Richmond St, LONDON, ON, N5X 3Y2
(519) 661-2688   *SIC 5945*
MICHAELS OF CANADA, ULC   p771
200 North Service Rd W, OAKVILLE, ON, L6M 2Y1
(905) 842-1555   *SIC 5945*
MICHAELS OF CANADA, ULC   p777
4220 Innes Rd Suite 2, ORLEANS, ON, K4A 5E6
(613) 590-1813   *SIC 5945*
MICHAELS OF CANADA, ULC   p1290
2088 Prince Of Wales Dr, REGINA, SK, S4V 3A6
(306) 585-9892   *SIC 5945*
MICHAELS OF CANADA, ULC   p1302
1723 Preston Ave N Unit 201, SASKATOON, SK, S7N 4V2
(306) 975-1810   *SIC 5945*
OMER DESERRES INC   p1101
334 Rue Sainte-Catherine E, Montreal, QC, H2X 1L7
(514) 842-3021   *SIC 5945*
SAM KOTZER LIMITED   p576
77 Fima Cres, ETOBICOKE, ON, M8W 3R1
(416) 532-1114   *SIC 5945*
TOYS 'R' US (CANADA) LTD   p36
10450 Macleod Trail Se, CALGARY, AB, T2J 0P8
(403) 974-8686   *SIC 5945*
TOYS 'R' US (CANADA) LTD   p59
3625 Shaganappi Trail Nw, CALGARY, AB, T3A 0E2
(403) 974-8683   *SIC 5945*
TOYS 'R' US (CANADA) LTD   p76
13029 97 St Nw, EDMONTON, AB, T5E 4C4
(780) 944-9404   *SIC 5945*
TOYS 'R' US (CANADA) LTD   p95
9908 170 St Nw, EDMONTON, AB, T5T 5L5
(780) 944-9414   *SIC 5945*
TOYS 'R' US (CANADA) LTD   p139
225 1 Ave S, LETHBRIDGE, AB, T1J 4P2
(403) 328-3677   *SIC 5945*
TOYS 'R' US (CANADA) LTD   p157
4900 Molly Bannister Dr Suite 171, RED DEER, AB, T4R 1N9
(403) 341-8760   *SIC 5945*
TOYS 'R' US (CANADA) LTD   p192
4800 Kingsway, BURNABY, BC, V5H 4J2
(604) 668-8330   *SIC 5945*
TOYS 'R' US (CANADA) LTD   p203
1110 Lougheed Hwy, COQUITLAM, BC, V3K 6S4
(604) 654-4775   *SIC 5945*
TOYS 'R' US (CANADA) LTD   p221
500 Notre Dame Dr Unit 100, KAMLOOPS, BC, V2C 6T6
(250) 851-8250   *SIC 5945*
TOYS 'R' US (CANADA) LTD   p227
2020 Harvey Ave, KELOWNA, BC, V1Y 8J8
(250) 862-8697   *SIC 5945*
TOYS 'R' US (CANADA) LTD   p233
19705 Fraser Hwy Suite 100, LANGLEY, BC, V3A 7E9
(604) 534-8607   *SIC 5945*
TOYS 'R' US (CANADA) LTD   p242
6631 Island Hwy N, NANAIMO, BC, V9T 4T7
(250) 390-1993   *SIC 5945*
TOYS 'R' US (CANADA) LTD   p270
5300 No. 3 Rd Suite 314, RICHMOND, BC, V6X 2X9
(604) 654-4790   *SIC 5945*
TOYS 'R' US (CANADA) LTD   p363
1560 Regent Ave W, WINNIPEG, MB, R2C 3B4
(204) 982-8690   *SIC 5945*
TOYS 'R' US (CANADA) LTD   p397
477 Rue Paul, DIEPPE, NB, E1A 4X5
(506) 859-8697   *SIC 5945*
TOYS 'R' US (CANADA) LTD   p402
1381 Regent St, FREDERICTON, NB, E3C 1A2
(506) 457-9206   *SIC 5945*
TOYS 'R' US (CANADA) LTD   p415
519 Westmorland Rd, SAINT JOHN, NB, E2J 3W9
(506) 635-8697   *SIC 5945*
TOYS 'R' US (CANADA) LTD   p434
58 Kenmount Rd, ST. JOHN'S, NL, A1B 1W2
(709) 722-8697   *SIC 5945*
TOYS 'R' US (CANADA) LTD   p517
150 West Dr, BRAMPTON, ON, L6T 4P9
(905) 454-8697   *SIC 5945*
TOYS 'R' US (CANADA) LTD   p563
2777 Langstaff Rd, CONCORD, ON, L4K 4M5
(905) 660-2000   *SIC 5945*
TOYS 'R' US (CANADA) LTD   p635
1020 Midland Ave, KINGSTON, ON, K7P

2X9
(613) 634-8697 *SIC 5945*
TOYS 'R' US (CANADA) LTD p639
419 Fairway Rd S, KITCHENER, ON, N2C 1X4
(519) 894-8697 *SIC 5945*
TOYS 'R' US (CANADA) LTD p728
1683 Merivale Rd, NEPEAN, ON, K2G 3K2
(613) 228-8697 *SIC 5945*
TOYS 'R' US (CANADA) LTD p772
290 North Service Rd W, OAKVILLE, ON, L6M 2S2
(905) 849-1860 *SIC 5945*
TOYS 'R' US (CANADA) LTD p788
1200 St. Laurent Blvd Suite 77, OTTAWA, ON, K1K 3B8
(613) 749-8697 *SIC 5945*
TOYS 'R' US (CANADA) LTD p853
87 Meadowvale Dr, ST CATHARINES, ON, L2N 3Z8
(905) 646-8697 *SIC 5945*
TOYS 'R' US (CANADA) LTD p875
300 Steeles Ave W, THORNHILL, ON, L4J 1A1
(416) 222-8697 *SIC 5945*
TOYS 'R' US (CANADA) LTD p898
2300 Yonge St, TORONTO, ON, M4P 1E4
(416) 322-1599 *SIC 5945*
TOYS 'R' US (CANADA) LTD p935
900 Dufferin St Unit 200, TORONTO, ON, M6H 4B1
(416) 532-8697 *SIC 5945*
TOYS 'R' US (CANADA) LTD p941
690 Evans Ave, TORONTO, ON, M9C 1A1
(416) 621-8697 *SIC 5945*
TOYS 'R' US (CANADA) LTD p959
50 Thickson Rd S, WHITBY, ON, L1N 7T2
(905) 668-2090 *SIC 5945*
TOYS 'R' US (CANADA) LTD p975
200 Windflower Gate, WOODBRIDGE, ON, L4L 9L3
(905) 265-8697 *SIC 5945*
TOYS 'R' US (CANADA) LTD p1001
3450 Av Des Grandes Tourelles, BOIS-BRIAND, QC, J7H 0A2
(450) 435-7588 *SIC 5945*
TOYS 'R' US (CANADA) LTD p1008
6855 Boul Taschereau, BROSSARD, QC, J4Z 1A7
(450) 445-1889 *SIC 5945*
TOYS 'R' US (CANADA) LTD p1021
2600 Boul Daniel-Johnson, Cote Saint-Luc, QC, H7T 2K1
(450) 682-6194 *SIC 5945*
TOYS 'R' US (CANADA) LTD p1162
2700 Boul Laurier, Quebec, QC, G1V 2L8
(418) 656-8697 *SIC 5945*
TOYS 'R' US (CANADA) LTD p1182
655 Boul Des Promenades, SAINT-BRUNO, QC, J3V 6A8
(450) 441-8697 *SIC 5945*
TOYS 'R' US (CANADA) LTD p1240
3050 Boul De Portland, SHERBROOKE, QC, J1L 1K1
(819) 820-8697 *SIC 5945*
TOYS 'R' US (CANADA) LTD p1249
4125 Boul Des Forges, Trois-Rivieres, QC, G8Y 1W1
(819) 370-8697 *SIC 5945*
TOYS 'R' US (CANADA) LTD p1302
300 Idylwyld Dr S, SASKATOON, SK, S7M 5T4
(306) 653-8697 *SIC 5945*

SIC 5946 Camera and photographic supply stores

FUJIFILM CANADA INC p210
6805 Dennett Pl Unit 200, DELTA, BC, V4G 1N4
SIC 5946
LENS & SHUTTER CAMERAS LTD p322
910 Beatty St, VANCOUVER, BC, V6Z 3G6
(604) 681-4680 *SIC 5946*

MCBAIN CAMERA LTD p77
10805 107 Ave Nw, EDMONTON, AB, T5H 0W9
(780) 420-0404 *SIC 5946*
SANEAL CAMERA SUPPLIES LTD p60
1402 11 Ave Sw, CALGARY, AB, T3C 0M8
(403) 228-1865 *SIC 5946*
VISTEK WEST CALGARY INC p78
10569 109 St Nw, EDMONTON, AB, T5H 3B1
(780) 484-0333 *SIC 5946*

SIC 5947 Gift, novelty, and souvenir shop

647802 ONTARIO LIMITED p735
4199 River Rd, NIAGARA FALLS, ON, L2E 3E7
(905) 357-1133 *SIC 5947*
8603600 CANADA INC p801
27 Northside Rd Unit 2710, OTTAWA, ON, K2H 8S1
(613) 265-4095 *SIC 5947*
ALLCARD LIMITED p547
765 Boxwood Dr Suite 650, CAMBRIDGE, ON, N3E 1A4
(519) 650-9515 *SIC 5947*
AZ TRADING CO. LTD p268
7080 River Rd Suite 223, RICHMOND, BC, V6X 1X5
(604) 214-3600 *SIC 5947*
BOUCLAIR INC p1019
2585 Boul Daniel-Johnson, Cote Saint-Luc, QC, H7T 1S8
(450) 682-5541 *SIC 5947*
COMMUNITY LIVING CHATHAM-KENT p551
1099 Park Ave W, CHATHAM, ON, N7L 0A1
(519) 352-5418 *SIC 5947*
COUTTS, WILLIAM E. COMPANY, LIMITED p35
755 Lake Bonavista Dr Se Unit 173, CALGARY, AB, T2J 0N3
(403) 278-7862 *SIC 5947*
COUTTS, WILLIAM E. COMPANY, LIMITED p54
1600 90 Ave Sw Unit A126, CALGARY, AB, T2V 5A8
SIC 5947
COUTTS, WILLIAM E. COMPANY, LIMITED p490
100 Vandorf Sideroad, AURORA, ON, L4G 3G9
SIC 5947
COUTTS, WILLIAM E. COMPANY, LIMITED p539
777 Guelph Line Suite E6, BURLINGTON, ON, L7R 3N2
(905) 637-6647 *SIC 5947*
COUTTS, WILLIAM E. COMPANY, LIMITED p735
7190 Morrison St Suite 3, NIAGARA FALLS, ON, L2E 7K5
(905) 356-5582 *SIC 5947*
COUTTS, WILLIAM E. COMPANY, LIMITED p1141
6801 Rte Transcanadienne, POINTE-CLAIRE, QC, H9R 5J2
(514) 695-5325 *SIC 5947*
ETOBICOKE HOSPITAL VOLUNTEER ASSOCIATION GIFT SHOP p582
101 Humber College Blvd, ETOBICOKE, ON, M9V 1R8
(416) 747-3400 *SIC 5947*
FAIRMONT HOTELS & RESORTS INC p67
102 Boulder Cres Suite 7, CANMORE, AB, T1W 1L2
(403) 678-6866 *SIC 5947*
FORTRESS OF LOUISBOURG ASSOCIATION p455
259 Park Service Rd, FORTRESS OF LOUISBOURG, NS, B1C 2L2
(902) 733-2280 *SIC 5947*
HACHETTE DISTRIBUTION SERVICES (CANADA) INC p929

370 King St W Suite 600, TORONTO, ON, M5V 1J9
(416) 863-6400 *SIC 5947*
HUDSON GROUP CANADA, INC p454
1 Bell Blvd Suite 1621, ENFIELD, NS, B2T 1K2
(902) 873-3282 *SIC 5947*
MARIPOSA MARKET LTD p774
109 Mississaga St E, ORILLIA, ON, L3V 1V6
(705) 325-8885 *SIC 5947*
MASTERMIND LP p940
4242 Dundas St W Suite 12, TORONTO, ON, M8X 1Y6
(416) 239-1600 *SIC 5947*
MINIT CANADA LTD p644
61 Mcbrine Pl, Kitchener, ON, N2R 1H5
(519) 748-2211 *SIC 5947*
MISTER KEYS LIMITED p561
161 North Rivermede Rd Unit 5, Concord, ON, L4K 2V3
(905) 738-1811 *SIC 5947*
NICKEL CENTRE PHARMACY INC p946
3140 Old Hwy 69 N Suite 17, VAL CARON, ON, P3N 1G3
(705) 897-1867 *SIC 5947*
PANIER & CADEAU INC, LE p1143
274 Ch Du Bord-Du-Lac Lakeshore, POINTE-CLAIRE, QC, H9S 4K9
(514) 695-7038 *SIC 5947*
PARTY CITY CANADA INC p233
20150 Langley Bypass Unit 20 & 30, LANGLEY, BC, V3A 9J8
(604) 534-1623 *SIC 5947*
PARTY CITY CANADA INC p495
400 Bayfield St Suite 53, BARRIE, ON, L4M 5A1
(705) 719-7498 *SIC 5947*
PARTY CITY CANADA INC p704
3050 Vega Blvd Unit 5, MISSISSAUGA, ON, L5L 5X8
(905) 607-2789 *SIC 5947*
PARTY CITY CANADA INC p852
286 Bunting Rd Suite 26, ST CATHARINES, ON, L2M 7S5
(905) 684-8795 *SIC 5947*
PARTY CITY CANADA INC p890
1225 Finch Ave W, TORONTO, ON, M3J 2E8
(416) 631-7688 *SIC 5947*
QUESNEL CRAFTERS SOCIETY p264
102 Carson Ave, QUESNEL, BC, V2J 2A8
(250) 991-0419 *SIC 5947*
SAN FRANCISCO GIFTS LTD p106
9762 54 Ave Nw, EDMONTON, AB, T6E 0A9
SIC 5947
SOU'WESTER GIFT & RESTAURANT COMPANY LIMITED p471
178 Peggys Point Rd, PEGGYS COVE, NS, B3Z 3S2
(902) 823-2349 *SIC 5947*
TORONTO EAST GENERAL GIFT SHOP p892
825 Coxwell Ave, TORONTO, ON, M4C 3E7
(416) 469-6050 *SIC 5947*

SIC 5948 Luggage and leather goods stores

BENTLEY CANADA INC p1081
5375-85 Rue Pare Bureau 201, MONT-ROYAL, QC, H4P 1P7
(514) 341-9646 *SIC 5948*
CUIRS BENTLEY INC p1212
6125 Ch De La Cote-De-Liesse, SAINT-LAURENT, QC, H4T 1C8
(514) 341-9333 *SIC 5948*
KUNY'S LEATHER MANUFACTURING COMPANY LTD p135
5901 44a St, LEDUC, AB, T9E 7B8
(780) 986-1151 *SIC 5948*
LEVY'S LEATHERS LIMITED p375
190 Disraeli Fwy, WINNIPEG, MB, R3B 2Z4
(204) 957-5139 *SIC 5948*
SAXON LEATHER LTD p374

310 Ross Ave, WINNIPEG, MB, R3A 0L4
(204) 956-4011 *SIC 5948*

SIC 5949 Sewing, needlework, and piece goods

ATLANTIC FABRICS LIMITED p447
114 Woodlawn Rd, DARTMOUTH, NS, B2W 2S7
(902) 434-1440 *SIC 5949*
BOUCLAIR INC p1216
4425 Rue Jean-Talon E, SAINT-LEONARD, QC, H1S 1J9
SIC 5949
C & M TEXTILES INC p1097
7500 Rue Saint-Hubert, Montreal, QC, H2R 2N6
(514) 272-0247 *SIC 5949*
FABRICLAND DISTRIBUTORS (WESTERN) CORP p13
495 36 St Ne Suite 104, CALGARY, AB, T2A 6K3
(403) 248-8380 *SIC 5949*
FABRICLAND DISTRIBUTORS INC p537
3515 Fairview St, BURLINGTON, ON, L7N 2R4
(905) 639-2516 *SIC 5949*
FABRICLAND DISTRIBUTORS INC p663
476 Wonderland Rd S, LONDON, ON, N6K 3T1
(519) 641-6951 *SIC 5949*
FABRICLAND DISTRIBUTORS INC p732
16655 Yonge St Unit 29, NEWMARKET, ON, L3X 1V6
(905) 898-3908 *SIC 5949*
FABRICLAND DISTRIBUTORS INC p838
1980 Eglinton Ave E, SCARBOROUGH, ON, M1L 2M6
(416) 752-8119 *SIC 5949*
FABRICLAND DISTRIBUTORS INC p878
1186 Memorial Ave, THUNDER BAY, ON, P7B 5K5
(807) 622-4111 *SIC 5949*
FABRICLAND DISTRIBUTORS INC p962
7683 Tecumseh Rd E, WINDSOR, ON, N8T 3H1
(519) 974-1090 *SIC 5949*
FABRICLAND PACIFIC/MIDWEST LIMITED p13
495 36 St Ne Suite 104, CALGARY, AB, T2A 6K3
(403) 248-8380 *SIC 5949*
FABRICLAND PACIFIC/MIDWEST LIMITED p31
7130 Fisher Rd Se Suite 1, CALGARY, AB, T2H 0W3
(403) 212-0097 *SIC 5949*
FABRICLAND PACIFIC/MIDWEST LIMITED p55
10233 Elbow Dr Sw Suite 110, CALGARY, AB, T2W 1E8
(403) 271-8244 *SIC 5949*
FABRICLAND PACIFIC/MIDWEST LIMITED p75
1 Londonderry Mall Nw Unit 202, EDMONTON, AB, T5C 3C8
(780) 478-0435 *SIC 5949*
FABRICLAND PACIFIC/MIDWEST LIMITED p156
2119 50 Ave Unit 2, RED DEER, AB, T4R 1Z4
(403) 343-1277 *SIC 5949*
FABRICLAND PACIFIC/MIDWEST LIMITED p220
2121 Trans Canada Hwy E, KAMLOOPS, BC, V2C 4A6
(250) 374-3360 *SIC 5949*
FABRICLAND PACIFIC/MIDWEST LIMITED p223
2455 Highway 97 N, KELOWNA, BC, V1X 4J2
SIC 5949
FABRICLAND PACIFIC/MIDWEST LIMITED

p335
3170 Tillicum Rd Suite 31, VICTORIA, BC, V9A 7C5
(250) 475-7501   SIC 5949
FABRICLAND PACIFIC/MIDWEST LIMITED   p362
1532 Regent Ave W Suite 7, WINNIPEG, MB, R2C 3B4
(204) 661-6426   SIC 5949
FABRICVILLE MARITIMES INC   p746
1210 Sheppard Ave E Suite 304, NORTH YORK, ON, M2K 1E3
(416) 658-2200   SIC 5949
GEO. SHEARD FABRICS LTD   p1016
84 Rue Merrill, COATICOOK, QC, J1A 1X4
(819) 849-6311   SIC 5949
NORFOLK KNITTERS LIMITED   p546
215 Queen St W, CAMBRIDGE, ON, N3C 1G6
(519) 658-8182   SIC 5949
NORFOLK KNITTERS LIMITED   p660
360 Exeter Rd Suite 2, LONDON, ON, N6E 2Z4
(519) 686-3502   SIC 5949

SIC 5961 Catalog and mail-order houses

9267-8010 QUEBEC INC   p1040
338 Rue Saint-Jacques, GRANBY, QC, J2G 3N2
(450) 372-4447   SIC 5961
BUYATAB ONLINE INC   p303
B1 788 Beatty St, VANCOUVER, BC, V6B 2M1
(604) 678-3275   SIC 5961
CSL BEHRING CANADA, INC   p790
55 Metcalfe St Suite 1460, OTTAWA, ON, K1P 6L5
(613) 232-3111   SIC 5961
PRINCESS AUTO LTD   p635
1010 Centennial Dr, KINGSTON, ON, K7P 2S5
(613) 530-3790   SIC 5961
SEARS CANADA INC   p102
82 Ave 83rd St, EDMONTON, AB, T6C 4E3
(780) 468-6611   SIC 5961
SEARS CANADA INC   p581
25 The West Mall, ETOBICOKE, ON, M9C 1B8
SIC 5961
SEARS CANADA INC   p789
50 Rideau St Suite 113, OTTAWA, ON, K1N 9J7
SIC 5961
SPECTRUM EDUCATIONAL SUPPLIES LIMITED   p734
150 Pony Dr, NEWMARKET, ON, L3Y 7B6
(905) 898-0031   SIC 5961
TOYS 'R' US (CANADA) LTD   p111
3940 Gateway Blvd Nw, EDMONTON, AB, T6J 7A9
(780) 944-9424   SIC 5961

SIC 5962 Merchandising machine operators

1177972 ONTARIO LIMITED   p875
221 Racco Pky Unit A, THORNHILL, ON, L4J 8X9
(416) 674-8880   SIC 5962
ARAMARK CANADA LTD.   p207
1585 Cliveden Ave Unit 1, DELTA, BC, V3M 6M1
(604) 521-5727   SIC 5962
ARAMARK CANADA LTD.   p577
105 The East Mall Unit 1, ETOBICOKE, ON, M8Z 5X9
(416) 231-3186   SIC 5962
ARAMARK CANADA LTD.   p759
750 Lawrence Ave W Suite 2623, NORTH YORK, ON, M6A 1B8
(416) 784-7714   SIC 5962
ARAMARK CANADA LTD.   p835
105 East Ave Unit 1, SCARBOROUGH, ON, M1C 3K9
(416) 649-2051   SIC 5962
ARAMARK CANADA LTD.   p860
903 Barton St Suite 5, STONEY CREEK, ON, L8E 5P5
(905) 643-4550   SIC 5962
IRCO AUTOMATION INC   p534
1080 Clay Ave Unit 3, BURLINGTON, ON, L7L 0A1
(905) 336-2862   SIC 5962
J. C. VENDING (ONTARIO) LIMITED   p638
625 Wabanaki Dr Unit 6, KITCHENER, ON, N2C 2G3
(519) 893-7044   SIC 5962
RYAN COMPANY LIMITED   p334
723a Vanalman Ave, VICTORIA, BC, V8Z 3B6
(250) 388-4254   SIC 5962

SIC 5963 Direct selling establishments

ALIMENTS MARTEL INC   p1035
212 Boul De L'aeroport, GATINEAU, QC, J8R 3X3
(819) 663-0835   SIC 5963
AQUATERRA CORPORATION   p268
6560 Mcmillan Way, RICHMOND, BC, V6W 1L2
(604) 232-7610   SIC 5963
ARITZIA LP   p744
1800 Sheppard E, NORTH YORK, ON, M2J 5A7
(416) 494-5166   SIC 5963
CAISSEN WATER TECHNOLOGIES INC   p658
865 Commissioners Rd E, LONDON, ON, N6C 2V4
(519) 685-0445   SIC 5963
CAISSEN WATER TECHNOLOGIES INC   p664
2800 Roxburgh Rd Unit 4, LONDON, ON, N6N 1K9
(519) 963-0338   SIC 5963
COMPAGNIE DE TELEPHONE BELL DU CANADA OU BELL CANADA, LA   p294
2980 Virtual Way, VANCOUVER, BC, V5M 4X3
(604) 678-3101   SIC 5963
EMBASSY OF MEXICO   p1105
2055 Rue Peel Bureau 100, Montreal, QC, H3A 1V4
(514) 288-2502   SIC 5963
EVERYDAY STYLE LTD   p962
7675 Tranby Ave, WINDSOR, ON, N8S 2B7
(519) 258-7905   SIC 5963
HUDSON'S BAY COMPANY   p242
6950 Island Hwy N Unit 200, NANAIMO, BC, V9V 1W3
(250) 390-1479   SIC 5963
INTELESERVICES CANADA INC   p855
15 Church St, ST CATHARINES, ON, L2R 3B5
(905) 684-7273   SIC 5963
MARK'S WORK WEARHOUSE LTD   p3
202 Veterans Blvd Ne Suite 100, AIRDRIE, AB, T4B 3P2
(403) 948-7768   SIC 5963
METROLAND MEDIA GROUP LTD   p491
250 Industrial Pky N, AURORA, ON, L4G 4C3
SIC 5963
NOBLE CULINARY INC   p839
127 Manville Rd Suite 14, SCARBOROUGH, ON, M1L 4J7
(416) 288-9713   SIC 5963
NORTHERN RESPONSE (INTERNATIONAL) LTD   p821
50 Staples Ave, RICHMOND HILL, ON, L4B 0A7
(905) 737-6698   SIC 5963
PEPSICO FOOD CANADA   p690
5550 Explorer Dr Suite 800, MISSISSAUGA, ON, L4W 0C3
(289) 374-5000   SIC 5963
SODEXO CANADA LTD   p154
212 Medley Dr, RED DEER, AB, T4N 6A1
(403) 340-7870   SIC 5963
TRADER CORPORATION   p797
950 Gladstone Ave, OTTAWA, ON, K1Y 3E6
SIC 5963
TRENTWAY-WAGAR INC   p503
75 Bridge St E, BELLEVILLE, ON, K8N 1L9
(613) 962-2163   SIC 5963
WATERGROUP COMPANIES INC   p107
4150 101 St Nw, EDMONTON, AB, T6E 0A5
(780) 489-5502   SIC 5963
WILLIAMS-SONOMA CANADA, INC   p34
6455 Macleod Trail Sw Suite 106a, CALGARY, AB, T2H 0K3
(403) 259-2100   SIC 5963

SIC 5983 Fuel oil dealers

ENERGIE VALERO INC   p667
31 Church St, MAITLAND, ON, K0E 1P0
(613) 348-3265   SIC 5983
ENERGIE VALERO INC   p1106
2200 Av Mcgill College Unite 400, Montreal, QC, H3A 3P8
(514) 493-5201   SIC 5983
FRANCIS FUELS LTD   p726
28 Concourse Gate Suite 105, Nepean, ON, K2E 7T7
(613) 723-4567   SIC 5983
LAMOTHE ENERGIE INC   p997
31 Rue Victoria S, BEDFORD, QC, J0J 1A0
(450) 248-2442   SIC 5983
PAUL GRAND'MAISON INC   p1202
200 Boul Lachapelle, Saint-Jerome, QC, J7Z 7L2
(450) 438-1266   SIC 5983
PETROLES BRADLEY INC   p1178
225 Rue Saguenay, ROUYN-NORANDA, QC, J9X 5N4
SIC 5983
PHILIP BURGESS LTD   p446
88 Sanford Dr, CURRYS CORNER, NS, B0N 2T0
(902) 798-2204   SIC 5983
PRAIRIE NORTH CO-OPERATIVE LIMITED   p1274
Hwy 3 W, MELFORT, SK, S0E 1A0
(306) 752-2555   SIC 5983
THOMPSON, D.W. AGENCIES LIMITED   p441
34 Clinton St, AMHERST, NS, B4H 1K3
(902) 447-2210   SIC 5983
UNIVERSAL TERMINALS INC   p622
Gd, IROQUOIS, ON, K0E 1K0
SIC 5983
WILSON FUEL CO. LIMITED   p467
473 Cobequid Rd, LOWER SACKVILLE, NS, B4C 4E9
(902) 444-4246   SIC 5983

SIC 5984 Liquefied petroleum gas dealers

AUTOGAS PROPANE LTD   p192
5605 Byrne Rd, BURNABY, BC, V5J 3J1
(604) 433-4900   SIC 5984
DOWLER-KARN LIMITED   p828
1494 Plank Rd, SARNIA, ON, N7T 7H3
(519) 332-3481   SIC 5984
FEDERATED CO-OPERATIVES LIMITED   p1282
2260 Emmett Hall Rd, REGINA, SK, S4N 3M3
(306) 782-9000   SIC 5984
GAZ PROPANE RAINVILLE INC   p1201
1460 Boul Saint-Antoine, Saint-Jerome, QC, J7Z 7M2
(450) 431-0627   SIC 5984
NUTRINOR COOPERATIVE   p1183
555 6e Rang S, SAINT-BRUNO-LAC-SAINT-JEAN, QC, G0W 2L0
(418) 343-2888   SIC 5984
PETROLE LEVAC PETROLEUM INC   p857
5552 Rue St Catharine, ST ISIDORE, ON, K0C 2B0
(613) 524-2079   SIC 5984
PRIMEMAX ENERGY INC   p493
2558 Cedar Creek Rd Suite 1, AYR, ON, N0B 1E0
(519) 740-8209   SIC 5984
SPARLING'S PROPANE CO. LIMITED   p505
82948 London Rd, BLYTH, ON, N0M 1H0
(519) 523-4256   SIC 5984
SPARLING'S PROPANE CO. LIMITED   p589
774304 10 Hwy, FLESHERTON, ON, N0C 1E0
(519) 924-3331   SIC 5984
SUPERIOR PLUS LP   p203
51 Glacier St, COQUITLAM, BC, V3K 5Y6
(604) 552-8700   SIC 5984
SUPERIOR PLUS LP   p241
2585 Mccullough Rd, NANAIMO, BC, V9S 4M9
(250) 739-2573   SIC 5984
SUPERIOR PLUS LP   p411
480 Macnaughton Ave, MONCTON, NB, E1H 2K1
(506) 388-4304   SIC 5984
SUPERIOR PLUS LP   p434
287 Kenmount Rd, ST. JOHN'S, NL, A1B 3P9
(709) 726-1780   SIC 5984
SUPERIOR PLUS LP   p466
1526 Keltic Dr, LEITCHES CREEK, NS, B2A 4Y1
(902) 539-1060   SIC 5984
SUPERIOR PLUS LP   p499
789 Bayview Dr, BARRIE, ON, L4N 9A5
(705) 726-1861   SIC 5984
SUPERIOR PLUS LP   p503
686a Dundas St W, BELLEVILLE, ON, K8N 4Z2
(613) 962-9151   SIC 5984
SUPERIOR PLUS LP   p603
7022 Wellington Rd, GUELPH, ON, N1H 6H8
(807) 223-2980   SIC 5984
SUPERIOR PLUS LP   p727
63 Roydon Pl, NEPEAN, ON, K2E 1A3
(613) 727-8807   SIC 5984
SUPERIOR PLUS LP   p743
1366 Main St W, NORTH BAY, ON, P1B 2W6
(705) 494-6000   SIC 5984
SUPERIOR PLUS LP   p1067
485 2e Av, Levis, QC, G6W 5M6
(418) 839-9434   SIC 5984
VOMAR INDUSTRIES INC   p508
40 Port Darlington Rd, BOWMANVILLE, ON, L1C 3K3
(905) 697-0907   SIC 5984

SIC 5992 Florists

3856011 CANADA INC   p192
8560 Roseberry Ave Unit 1, BURNABY, BC, V5J 3N3
(604) 412-9760   SIC 5992
421229 ONTARIO LIMITED   p717
7255 Pacific Cir, MISSISSAUGA, ON, L5T 1V1
(905) 564-5581   SIC 5992
626394 ONTARIO INC   p955
684 South Pelham Rd, WELLAND, ON, L3C 3C8
(905) 735-5744   SIC 5992
ATLANTIC WHOLESALERS LTD   p480
104 Starrs Rd, YARMOUTH, NS, B5A 2T5
(902) 742-3392   SIC 5992
BUNCHES FLOWER COMPANY   p107
7108 109 St Nw, EDMONTON, AB, T6G 1B8
(780) 447-5359   SIC 5992
FLORISTS SUPPLY LTD   p86
14620 112 Ave Nw, EDMONTON, AB, T5M 2T9

(780) 424-4576   SIC 5992
GREENGATE GARDEN CENTRES LTD   p56
14111 Macleod Trail Sw, CALGARY, AB, T2Y 1M6
(403) 256-1212   SIC 5992
HOLE'S GREENHOUSES & GARDENS LTD
p167
101 Riel Dr, ST. ALBERT, AB, T8N 3X4
(780) 651-7355   SIC 5992
RATANA INTERNATIONAL LTD   p298
8310 Manitoba St, VANCOUVER, BC, V5X 3A5
(604) 321-6776   SIC 5992
ROSA FLORA GROWERS LIMITED   p571
Gd Lcd Main, DUNNVILLE, ON, N1A 2W9
(905) 774-8044   SIC 5992
RUTLEDGE FLOWERS AT YORKDALE INC
p899
635 Mount Pleasant Rd Suite A, TORONTO, ON, M4S 2M9
(416) 783-6355   SIC 5992
SAVOIR FLEUR INC   p1213
935 Rue Reverchon, SAINT-LAURENT, QC, H4T 4L2
(514) 733-6087   SIC 5992

SIC 5995 Optical goods stores

ESSILOR GROUPE CANADA INC   p23
3625 12 St Ne, CALGARY, AB, T2E 6P4
(403) 250-1539   SIC 5995
FAMILY VISION CARE LTD   p83
11208 104 Ave Nw, EDMONTON, AB, T5K 2X4
(780) 421-0816   SIC 5995
GRAY, L. H. & SON LIMITED   p648
955 Tremaine Ave S, LISTOWEL, ON, N4W 3G9
(519) 291-5150   SIC 5995
GROUPE VISION NEW LOOK INC   p1182
105 Boul Des Promenades, SAINT-BRUNO, QC, J3V 5K2
(450) 441-0812   SIC 5995
HAKIM OPTICAL LABORATORY LIMITED
p886
3430 Lawrence Ave E, TORONTO, ON, M1H 1A9
(416) 439-5351   SIC 5995
LABORATOIRES D'OPTIQUE S.D.L. INC
p1229
1450 Boul Dagenais O, SAINTE-ROSE, QC, H7L 5C7
(450) 622-8668   SIC 5995
MMG CANADA LIMITED   p578
10 Vansco Rd, ETOBICOKE, ON, M8Z 5J4
(416) 251-2831   SIC 5995
OPTIQUE DIRECTE INC   p1210
4405 Ch Du Bois-Franc Bureau 100, SAINT-LAURENT, QC, H4S 1A8
(514) 336-4444   SIC 5995
OPTIQUE NIKON CANADA INC   p184
2999 Underhill Ave Unit 103, BURNABY, BC, V5A 3C2
(604) 713-7400   SIC 5995
VOGUE OPTICAL GROUP INC   p981
5 Brackley Point Rd, CHARLOTTETOWN, PE, C1A 6X8
(902) 566-3326   SIC 5995

SIC 5999 Miscellaneous retail stores, nec

1009833 ALBERTA LTD   p9
3363 26 Ave Ne, CALGARY, AB, T1Y 6L4
(403) 543-7711   SIC 5999
1009833 ALBERTA LTD   p61
40 Crowfoot Terr Nw, CALGARY, AB, T3G 4J8
(403) 543-7969   SIC 5999
1009833 ALBERTA LTD   p125
10310 108a St, GRANDE PRAIRIE, AB, T8V 7M1
(780) 513-4409   SIC 5999
1009833 ALBERTA LTD   p156
5250 22 St Suite 100, RED DEER, AB, T4R 2T4
(403) 309-4800   SIC 5999
1009833 ALBERTA LTD   p254
1097 Nicola Ave Suite 110, PORT COQUITLAM, BC, V3B 8B2
(604) 464-9770   SIC 5999
1147699 ONTARIO LTD   p589
6974 Forest Rd, FOREST, ON, N0N 1J0
(519) 786-5335   SIC 5999
1252336 ONTARIO LTD   p549
106 Reis Rd, CARP, ON, K0A 1L0
(613) 836-1473   SIC 5999
144503 CANADA INC   p1062
1600 Boul Le Corbusier Bureau 502, Laval, QC, H7S 1Y9
(450) 687-5710   SIC 5999
2330-2029 QUEBEC INC   p1090
5135 10e Av, Montreal, QC, H1Y 2G5
(514) 525-3757   SIC 5999
2758792 CANADA INC   p1024
3352 Boul Des Sources, DOLLARD-DES-ORMEAUX, QC, H9B 1Z9
(514) 684-6846   SIC 5999
3086011 NOVA SCOTIA LIMITED   p448
313 Prince Albert Rd, DARTMOUTH, NS, B2Y 1N3
(902) 469-5850   SIC 5999
3499481 CANADA INC   p268
4551 No. 3 Rd, RICHMOND, BC, V6X 2C3
(604) 214-1306   SIC 5999
3499481 CANADA INC   p406
1380 Mountain Rd, MONCTON, NB, E1C 2T8
(506) 854-7387   SIC 5999
3499481 CANADA INC   p463
215e Chain Lake Dr, HALIFAX, NS, B3S 1C9
SIC 5999
3499481 CANADA INC   p658
765 Exeter Rd Suite F2, LONDON, ON, N6E 3T1
(519) 681-6300   SIC 5999
3499481 CANADA INC   p727
1547 Merivale Rd, NEPEAN, ON, K2G 4V3
(613) 224-1212   SIC 5999
668824 ALBERTA LTD   p1281
2530 E Victoria Ave, REGINA, SK, S4N 6M5
(306) 790-7755   SIC 5999
9064-2166 QUEBEC INC   p1191
1415 Boul Des Promenades Bureau 111, SAINT-HUBERT, QC, J3Y 5K2
(450) 465-9371   SIC 5999
ACUITY HOLDINGS, INC   p1026
660 Av Lepine, DORVAL, QC, H9P 1G2
(514) 631-9041   SIC 5999
ADVANCE ELECTRONICS LTD   p380
1300 Portage Ave, WINNIPEG, MB, R3G 0V1
(204) 786-6541   SIC 5999
AGG HOLDINGS LTD   p525
300 King George Rd, BRANTFORD, ON, N3R 5L8
(519) 752-8088   SIC 5999
AGRATURF EQUIPMENT SERVICES INC
p492
3160 Alps Rd, AYR, ON, N0B 1E0
(519) 632-8998   SIC 5999
AGRATURF EQUIPMENT SERVICES INC
p567
170 County Road 13, COURTLAND, ON, N0J 1E0
(519) 688-1011   SIC 5999
AGRITRAC EQUIPMENT LTD   p172
6425 55 Ave, VEGREVILLE, AB, T9C 1T5
(780) 632-6677   SIC 5999
AGRITRAC EQUIPMENT LTD   p173
11140 100 St, WESTLOCK, AB, T7P 2C3
(780) 349-3720   SIC 5999
ANIMALERIE DYNO INC   p1164
8925 Boul De L'ormiere, Quebec, QC, G2C 1C4
(418) 843-1466   SIC 5999
APEX COMMUNICATIONS INC   p272
11666 Steveston Hwy Suite 3120, RICHMOND, BC, V7A 5J3
(604) 274-3300   SIC 5999
APEX COMMUNICATIONS INC   p283
13734 104 Ave Suite 201, SURREY, BC, V3T 1W5
(604) 583-3300   SIC 5999
AQUARIUM SERVICES WAREHOUSE OUTLETS INC   p840
1295 Kennedy Rd, SCARBOROUGH, ON, M1P 2L4
(416) 757-3281   SIC 5999
AUDIO VISUAL SYSTEMS INTEGRATION INC   p77
10552 106 St Nw, EDMONTON, AB, T5H 2X6
(780) 426-7454   SIC 5999
AUDIO VISUAL SYSTEMS INTEGRATION INC   p186
3830 1st Ave, BURNABY, BC, V5C 3W1
(604) 877-1400   SIC 5999
AUDIO VISUAL SYSTEMS INTEGRATION INC   p328
1950 Government St Unit 12, VICTORIA, BC, V8T 4N8
(250) 385-3458   SIC 5999
BAINS ULTRA INC   p1068
1200 Ch Industriel Bureau 4, Levis, QC, G7A 1B1
(418) 831-7132   SIC 5999
BEAUTY SYSTEMS GROUP (CANADA) INC
p30
5734 Burbank Cres Se, CALGARY, AB, T2H 1Z6
(403) 253-9128   SIC 5999
BELL MOBILITE INC   p1028
200 Boul Bouchard Bureau 500, DORVAL, QC, H9S 5X5
(514) 420-7700   SIC 5999
BEST BUY CANADA LTD   p9
3221 Sunridge Way Ne Suite 500, CALGARY, AB, T1Y 7M4
(403) 717-1000   SIC 5999
BEST BUY CANADA LTD   p112
9931 19 Ave Nw, EDMONTON, AB, T6N 1M4
(780) 431-6700   SIC 5999
BEST BUY CANADA LTD   p190
6200 Mckay Ave Unit 144, BURNABY, BC, V5H 4L7
(604) 434-3844   SIC 5999
BEST BUY CANADA LTD   p229
19890 92a Ave, LANGLEY, BC, V1M 3A9
(604) 419-5500   SIC 5999
BEST BUY CANADA LTD   p625
255 Kanata Ave Unit D1, KANATA, ON, K2T 1K5
SIC 5999
BEST BUY CANADA LTD   p659
1080 Wellington Rd, LONDON, ON, N6E 1M2
(519) 686-2160   SIC 5999
BEST BUY CANADA LTD   p713
6075 Mavis Rd Unit 1, MISSISSAUGA, ON, L5R 4G6
(905) 361-8251   SIC 5999
BEST BUY CANADA LTD   p727
1701 Merivale Rd, NEPEAN, ON, K2G 3K2
(613) 212-0146   SIC 5999
BEST BUY CANADA LTD   p732
17890 Yonge St, NEWMARKET, ON, L3Y 8S1
SIC 5999
BEST BUY CANADA LTD   p748
5095 Yonge St Unit A14, NORTH YORK, ON, M2N 6Z4
(416) 642-7980   SIC 5999
BEST BUY CANADA LTD   p877
767 Memorial Ave Suite 1, THUNDER BAY, ON, P7B 3Z7
(807) 346-1900   SIC 5999
BEST BUY CANADA LTD   p893
845 Eglinton Ave E, TORONTO, ON, M4G 4G9
(647) 253-1270   SIC 5999
BEST BUY CANADA LTD   p951
580 King St N Unit B, WATERLOO, ON, N2L 6L3
(519) 886-1073   SIC 5999
BEST BUY CANADA LTD   p982
191 Buchanan Dr, CHARLOTTETOWN, PE, C1E 2E4
(902) 626-2081   SIC 5999
BEST BUY CANADA LTD   p1062
1560 Boul Le Corbusier, Laval, QC, H7S 1Y8
(450) 781-2030   SIC 5999
BEST BUY CANADA LTD   p1141
6321 Aut Transcanadienne Bureau 121, POINTE-CLAIRE, QC, H9R 5A5
(514) 428-1999   SIC 5999
BEST BUY CANADA LTD   p1200
1125 Boul Jean-Baptiste-Rolland O, Saint-Jerome, QC, J7Y 4Y7
SIC 5999
BEST BUY CANADA LTD   p1206
3820 Boul De La C Te-Vertu, SAINT-LAURENT, QC, H4R 1P8
(514) 906-2500   SIC 5999
BODY SHOP CANADA LIMITED, THE   p94
8882 170 St Nw Suite 1742, EDMONTON, AB, T5T 4J2
(780) 481-1945   SIC 5999
BODY SHOP CANADA LIMITED, THE   p751
33 Kern Rd, NORTH YORK, ON, M3B 1S9
SIC 5999
BOSLEY'S PET FOOD PLUS INC   p274
6751 Westminster Hwy Suite 140, RICHMOND, BC, V7C 4V4
SIC 5999
BRIDGESTONE CANADA INC   p636
1005 Ottawa St N Suite 26, KITCHENER, ON, N2A 1H2
(519) 893-9013   SIC 5999
CAISSE DESJARDINS DU MONT-BELLEVUE DE SHERBROOKE   p1237
1815 Rue King O Bureau 300, SHERBROOKE, QC, J1J 2E3
(819) 821-2201   SIC 5999
CANADA FIRE EQUIPMENT INC   p628
31 Bache Ave, KESWICK, ON, L4P 0C7
(905) 535-2777   SIC 5999
CANADIAN SECURITY CONCEPTS INC
p657
303 Richmond St Suite 204, LONDON, ON, N6B 2H8
(519) 642-0444   SIC 5999
CANADIAN TIRE CORPORATION, LIMITED
p1120
6700 Ch De La Cote-Des-Neiges Bureau 240, Montreal, QC, H3S 2B2
(514) 737-2954   SIC 5999
CANON CANADA INC   p901
175 Bloor St E Suite 1200, TORONTO, ON, M4W 3R8
(416) 491-9330   SIC 5999
CERVUS AG EQUIPMENT LTD   p1274
2320 Saskatchewan Dr, MELFORT, SK, S0E 1A0
(306) 752-9344   SIC 5999
CERVUS AG EQUIPMENT LTD   p1308
406 1 St Ave W, WATROUS, SK, S0K 4T0
(306) 946-3362   SIC 5999
CERVUS LP   p84
14566 Yellowhead Trail Nw, EDMONTON, AB, T5L 3C5
(780) 448-4522   SIC 5999
CERVUS LP   p149
4310 50 Ave, OLDS, AB, T4H 1A5
(403) 556-6961   SIC 5999
CERVUS LP   p168
Hwy 12 W, STETTLER, AB, T0C 2L0
(403) 742-4427   SIC 5999
CERVUS LP   p171
102 1st Avenue N, TROCHU, AB, T0M 2C0
(403) 442-3982   SIC 5999
CHINA EDUCATION RESOURCES INC p303
515 Pender St W Suite 300, VANCOUVER, BC, V6B 6H5

(604) 331-2388 SIC 5999
CISCO SYSTEMS CANADA CO p1105
1800 Av Mcgill College Bureau 700, Montreal, QC, H3A 3J6
(514) 847-6800 SIC 5999
CLASSIC CARE PHARMACY CORPORATION p533
1320 Heine Crt, BURLINGTON, ON, L7L 6L9
(905) 631-9027 SIC 5999
CLEF DE SOL INC, LA p1166
840 Rue Bouvier, Quebec, QC, G2J 1A3
(418) 627-0840 SIC 5999
COMPLETE COMMUNICATION SYSTEMS INC p862
905 Queenston Rd, STONEY CREEK, ON, L8G 1B6
(905) 664-1158 SIC 5999
CONEX BUSINESS SYSTEMS INC p1118
1467 Rue Wellington, Montreal, QC, H3K 1V6
(514) 527-2381 SIC 5999
CRH CANADA GROUP INC p584
1184 Martin Grove Rd, ETOBICOKE, ON, M9W 5M9
(416) 744-2206 SIC 5999
CRH CANADA GROUP INC p641
5 Johnston St, KITCHENER, ON, N2H 6N4
(519) 749-6120 SIC 5999
CROOKS, J R HEALTH CARE SERVICES INC p878
285 Memorial Ave, THUNDER BAY, ON, P7B 6H4
(807) 345-6564 SIC 5999
CRUICKSHANK CONSTRUCTION LIMITED p597
4139 Hwy 34, GREEN VALLEY, ON, K0C 1L0
(613) 525-4000 SIC 5999
DANS UN JARDIN CANADA INC p1003
240 Boul Industriel, BOUCHERVILLE, QC, J4B 2X4
(450) 449-2121 SIC 5999
DELTA POWER EQUIPMENT p589
6974 Forest Rd, FOREST, ON, N0N 1J0
(519) 786-5335 SIC 5999
DOLLARAMA S.E.C. p490
15260 Yonge St, AURORA, ON, L4G 1N4
(905) 751-0517 SIC 5999
DOLLARAMA S.E.C. p591
235 Guelph St Unit 2, GEORGETOWN, ON, L7G 4A8
(905) 873-0379 SIC 5999
DOLLARAMA S.E.C. p658
395 Wellington Rd Unit 8, LONDON, ON, N6C 5Z6
(519) 668-7837 SIC 5999
DOLLARAMA S.E.C. p774
187 Memorial Ave Suite 289, ORILLIA, ON, L3V 5X7
(705) 327-2659 SIC 5999
DOLLARAMA S.E.C. p892
3003 Danforth Ave Suite 230, TORONTO, ON, M4C 1M9
(416) 691-7607 SIC 5999
DOLLARAMA S.E.C. p992
7500 Boul Des Galeries D'anjou Bureau 16, ANJOU, QC, H1M 3M4
(514) 353-2823 SIC 5999
DOLLARAMA S.E.C. p1127
5845 Boul Robert-Bourassa, Montreal, QC, H7E 0A4
(450) 661-4038 SIC 5999
DOUGLAS LAKE CATTLE COMPANY p221
519 Mt Paul Way, KAMLOOPS, BC, V2H 1A9
(250) 828-6788 SIC 5999
EASTERN ONTARIO WATER TECHNOLOGY LTD p726
78 Auriga Dr Suite 1, NEPEAN, ON, K2E 7X7
(613) 225-9175 SIC 5999
ELECTROTEMP TECHNOLOGIES INC p694
406 Watline Ave, MISSISSAUGA, ON, L4Z 1X2
(905) 361-1544 SIC 5999
ELITE SPORTSWEAR & AWARDS LTD p84
14703 118 Ave Nw, EDMONTON, AB, T5L 2M7
(780) 454-9775 SIC 5999
EQUITRAC INC p1219
345 Rang 2 E, SAINT-PASCAL, QC, G0L 3Y0
(418) 492-3068 SIC 5999
ESTEE LAUDER COSMETICS LTD p94
8882 170 St Nw Suite 2339, EDMONTON, AB, T5T 4M2
(780) 930-2166 SIC 5999
ESTEE LAUDER COSMETICS LTD p789
73 Rideau St, OTTAWA, ON, K1N 5W8
(613) 241-7511 SIC 5999
FEDERATION DES COOPERATIVES DU NOUVEAU-QUEBEC, LA p1045
Gd, INUKJUAK, QC, J0M 1M0
(819) 254-8969 SIC 5999
FIRST BASE SOLUTIONS INC p671
140 Renfrew Dr Suite 100, MARKHAM, ON, L3R 6B3
(905) 477-3600 SIC 5999
FIRST CANADIAN PERSONAL ALARM & EMERGENCY HOME RESPONSE SYSTEM p741
1033 Hammond St Suite 97, NORTH BAY, ON, P1B 2H7
(705) 495-2792 SIC 5999
FRANK FLAMAN SALES LTD p147
2310 Sparrow Dr, NISKU, AB, T9E 8A2
(780) 955-3400 SIC 5999
GREEN ESSENTIAL SERVICES INC p914
250 University Ave Suite 200, TORONTO, ON, M5H 3E5
(866) 820-2284 SIC 5999
GREEN TRACTORS INC p772
114 Heights Rd, OMEMEE, ON, K0L 2W0
(705) 799-2427 SIC 5999
GREENLINE EQUIPMENT LTD p1276
Po Box 860, MOOSOMIN, SK, S0G 3N0
(306) 435-3301 SIC 5999
GROUPE AGRITEX INC, LE p1183
230 Rue Marquis, Saint-Celestin, QC, J0C 1G0
(819) 229-3686 SIC 5999
GROUPE AGRITEX INC, LES p1030
150 Rue Robert-Bernard, DRUMMONDVILLE, QC, J2C 8N1
(819) 474-0002 SIC 5999
GROUPE AGRITEX INC, LES p1172
1006 Rue Craig, RICHMOND, QC, J0B 2H0
(819) 826-3707 SIC 5999
GROUPE COOPERATIF DYNACO p1174
411 Rue Temiscouata, Riviere-du-Loup, QC, G5R 6B3
(418) 867-1062 SIC 5999
HEARX HEARING INC p618
290 Mcgill St Suite A, HAWKESBURY, ON, K6A 1P8
(877) 268-1045 SIC 5999
HELIX ADVANCED COMMUNICATIONS & INFRASTRUCTURE, INC p24
4001b 19 St Ne Suite 14, CALGARY, AB, T2E 6X8
(403) 265-2355 SIC 5999
HENKEL CONSUMER GOODS CANADA INC p709
2515 Meadowpine Blvd, MISSISSAUGA, ON, L5N 6C3
(905) 814-6511 SIC 5999
HI-PRO FEEDS LP p126
12805 97b St, GRANDE PRAIRIE, AB, T8V 6K1
(780) 532-3151 SIC 5999
HI-PRO FEEDS LP p148
Hwy 2a 306 Ave, OKOTOKS, AB, T1S 1A2
(403) 938-8350 SIC 5999
HI-PRO FEEDS LP p149
5902 48 Ave, OLDS, AB, T4H 1V1
(403) 556-3395 SIC 5999
HOLDING BELL MOBILITE INC p689
5099 Creekbank Rd, MISSISSAUGA, ON, L4W 5N2
(416) 674-2220 SIC 5999
HOME DEPOT OF CANADA INC p286
7350 120 St, SURREY, BC, V3W 3M9
(604) 590-2796 SIC 5999
HUAWEI TECHNOLOGIES CANADA p623
303 Terry Fox Dr Suite 400, KANATA, ON, K2K 3J1
(613) 595-1900 SIC 5999
HURON TRACTOR LTD p872
37 Elgin Rd, THAMESFORD, ON, N0M 2M0
(519) 285-3845 SIC 5999
INTERNATIONAL AQUATIC SERVICES LTD p755
4496 Chesswood Dr, NORTH YORK, ON, M3J 2B9
(416) 665-6400 SIC 5999
JONES FEED MILLS LIMITED p857
2755 Lobsinger Line, ST CLEMENTS, ON, N0B 2M0
(519) 699-5200 SIC 5999
JUMP.CA WIRELESS SUPPLY CORP p1285
2102 11th Ave, REGINA, SK, S4P 3Y6
(306) 569-0062 SIC 5999
KANE VETERINARY SUPPLIES LTD p543
30 Struck Crt, CAMBRIDGE, ON, N1R 8L2
(519) 740-0733 SIC 5999
KONICA MINOLTA BUSINESS SOLUTIONS (CANADA) LTD p32
1315 73 Ave Se, CALGARY, AB, T2H 2X4
(403) 253-6485 SIC 5999
KONICA MINOLTA BUSINESS SOLUTIONS (CANADA) LTD p187
4170 Still Creek Dr Suite 100, BURNABY, BC, V5C 6C6
(604) 855-4899 SIC 5999
KONICA MINOLTA BUSINESS SOLUTIONS (CANADA) LTD p594
1900 City Park Dr Suite 100, GLOUCESTER, ON, K1J 1A3
(613) 749-5588 SIC 5999
KONICA MINOLTA BUSINESS SOLUTIONS (CANADA) LTD p930
200 Wellington St W Suite 310, TORONTO, ON, M5V 3C7
(416) 777-2679 SIC 5999
KONICA MINOLTA BUSINESS SOLUTIONS (CANADA) LTD p1153
1995 Rue Frank-Carrel Bureau 106, Quebec, QC, G1N 4H9
(418) 687-5121 SIC 5999
KOYMAN GALLERIES LIMITED p785
1771 St. Laurent Blvd, OTTAWA, ON, K1G 3V4
(613) 526-1562 SIC 5999
LAFARGE CANADA INC p120
Gd Lcd Main, FORT MCMURRAY, AB, T9H 3E2
(780) 743-8655 SIC 5999
LAFARGE CANADA INC p185
7500 Barnet Hwy, BURNABY, BC, V5B 2A9
(604) 294-3286 SIC 5999
LE GROUPE F&P SRI p1009
21 Rue Paul-Gauguin Bureau 103, CANDIAC, QC, J5R 3X8
(450) 638-2212 SIC 5999
LEVITT-SAFETY LIMITED p893
33 Laird Dr, TORONTO, ON, M4G 3S8
(416) 425-6659 SIC 5999
LINDE CANADA LIMITED p664
234 Exeter Rd Suite A, LONDON, ON, N6L 1A3
(519) 686-4150 SIC 5999
LUSH HANDMADE COSMETICS LTD p578
63 Advance Rd Unit 826, ETOBICOKE, ON, M8Z 2S6
(416) 538-7360 SIC 5999
LUSH HANDMADE COSMETICS LTD p698
100 City Centre Dr Suite 2422, MISSISSAUGA, ON, L5B 2C9
(905) 277-5874 SIC 5999
LUSH HANDMADE COSMETICS LTD p930
312 Queen St W, TORONTO, ON, M5V 2A2
(416) 599-5874 SIC 5999
M.D. CHARLTON CO. LTD p704
4100b Sladeview Cres Unit 4, MISSISSAUGA, ON, L5L 5Z3
(905) 625-9846 SIC 5999
MAGASINS HART INC p1138
101 Boul Cardinal-Leger, PINCOURT, QC, J7W 3Y3
(514) 320-6395 SIC 5999
MAGASINS TREVI INC p1078
12775 Rue Brault, MIRABEL, QC, J7J 0C4
(450) 973-1249 SIC 5999
MAGNA SEATING INC p719
400 Courtneypark Dr E Unit 1, MISSISSAUGA, ON, L5T 2S5
(905) 669-1050 SIC 5999
MAPLE FARM EQUIPMENT PARTNERSHIP p1276
Hwy 8 N, MOOSOMIN, SK, S0G 3N0
(306) 435-3301 SIC 5999
MAPLE FARM EQUIPMENT PARTNERSHIP p1279
705 Highway Ave E, PREECEVILLE, SK, S0A 3B0
(306) 547-2007 SIC 5999
MASTERMIND LP p491
14872 Yonge St, AURORA, ON, L4G 1N2
(905) 841-9119 SIC 5999
MAZERGROUP LTD p350
Po Box 21, HARTNEY, MB, R0M 0X0
(204) 858-2000 SIC 5999
MAZERGROUP LTD p352
Gd, NEEPAWA, MB, R0J 1H0
(204) 476-2364 SIC 5999
MAZERGROUP LTD p353
Hwy 1a W, PORTAGE LA PRAIRIE, MB, R1N 3C3
(204) 857-8711 SIC 5999
MAZERGROUP LTD p356
Po Box 508, SHOAL LAKE, MB, R0J 1Z0
(204) 759-2126 SIC 5999
MEGA TECHNICAL HOLDINGS LTD p101
7116 67 St Nw, EDMONTON, AB, T6B 3A6
(780) 438-9330 SIC 5999
MILLER FARM EQUIPMENT 2005 INC p345
10 Campbell's Trailer Crt, BRANDON, MB, R7A 5Y5
(204) 725-2273 SIC 5999
MONDOU, J. E. LTEE p991
10400 Rue Renaude-Lapointe, ANJOU, QC, H1J 2V7
(514) 322-8645 SIC 5999
MUELLER CANADA LTD p1200
230 Rue Castonguay, Saint-Jerome, QC, J7Y 2J7
(450) 436-2288 SIC 5999
NATIONAL HEARING SERVICES INC p331
645 Fort St Suite 312, VICTORIA, BC, V8W 1G2
(250) 413-2100 SIC 5999
NUDURA INC p498
27 Hooper Rd Unit 10, BARRIE, ON, L4N 9S3
(705) 726-9499 SIC 5999
O'NEIL, EARL ELECTRIC SUPPLY LIMITED p841
85 Progress Ave, SCARBOROUGH, ON, M1P 2Y7
(416) 609-1010 SIC 5999
OMER DESERRES INC p722
785 Britannia Rd W, MISSISSAUGA, ON, L5V 2Y1
(905) 363-2791 SIC 5999
OMER DESERRES INC p766
2501 Hyde Park Gate, OAKVILLE, ON, L6H 6G6
(905) 829-9181 SIC 5999
OMER DESERRES INC p892
2056 Danforth Ave, TORONTO, ON, M4C 1J6
(416) 422-2443 SIC 5999
OMER DESERRES INC p1095
1265 Rue Berri Bureau 1000, Montreal, QC, H2L 4X4

▲ Public Company   ■ Public Company Family Member   **HQ** Headquarters   **BR** Branch   **SL** Single Location

SIC 5999 Miscellaneous retail stores, nec

(514) 842-6695   SIC 5999
OMER DESERRES INC   p1125
1001 Rue Du Marche-Central, Montreal, QC, H4N 1J8
(514) 908-0505   SIC 5999
OMER DESERRES INC   p1168
1505 Boul Lebourgneuf, Quebec, QC, G2K 2G3
(418) 266-0303   SIC 5999
OMER DESERRES INC   p1193
4055 Boul Taschereau, SAINT-HUBERT, QC, J4T 2G6
(450) 443-6669   SIC 5999
PACIFIC LINK COMMUNICATIONS INC p161
2020 Sherwood Dr Unit 16a, SHERWOOD PARK, AB, T8A 3H9
(780) 464-3914   SIC 5999
PACIFIC LINK COMMUNICATIONS INC p504
390 North Front St, BELLEVILLE, ON, K8P 3E1
(613) 968-8042   SIC 5999
PACIFIC LINK COMMUNICATIONS INC p506
40 Mcewan Dr E Suite 9, BOLTON, ON, L7E 2Y3
(905) 951-1888   SIC 5999
PACIFIC LINK COMMUNICATIONS INC p507
2377 Hwy 2 Clarington Pl Suite 106, BOWMANVILLE, ON, L1C 5A5
(905) 697-8800   SIC 5999
PACIFIC LINK COMMUNICATIONS INC p508
295 Wellington St Unit 6, BRACEBRIDGE, ON, P1L 1P3
(705) 646-2000   SIC 5999
PACIFIC LINK COMMUNICATIONS INC p515
25 Peel Centre Dr, BRAMPTON, ON, L6T 3R5
(905) 791-1140   SIC 5999
PACIFIC LINK COMMUNICATIONS INC p526
84 Lynden Rd, BRANTFORD, ON, N3R 6B8
(519) 756-6742   SIC 5999
PACIFIC LINK COMMUNICATIONS INC p552
100 King St W, CHATHAM, ON, N7M 6A9
(519) 351-7976   SIC 5999
PACIFIC LINK COMMUNICATIONS INC p565
1 Water St E, CORNWALL, ON, K6H 6M2
(613) 932-1676   SIC 5999
PACIFIC LINK COMMUNICATIONS INC p581
25 The West Mall, ETOBICOKE, ON, M9C 1B8
(416) 622-2252   SIC 5999
PACIFIC LINK COMMUNICATIONS INC p586
500 Rexdale Blvd, ETOBICOKE, ON, M9W 6K5
(416) 798-3178   SIC 5999
PACIFIC LINK COMMUNICATIONS INC p600
435 Stone Rd W Suite 204, GUELPH, ON, N1G 2X6
(519) 821-3792   SIC 5999
PACIFIC LINK COMMUNICATIONS INC p606
75 Centennial Pky N, HAMILTON, ON, L8E 2P2
SIC 5999
PACIFIC LINK COMMUNICATIONS INC p650
1920 Dundas St, LONDON, ON, N5V 3P1
(519) 451-5120   SIC 5999
PACIFIC LINK COMMUNICATIONS INC p673
7357 Woodbine Ave Suite 4, MARKHAM, ON, L3R 1A7
(905) 470-2355   SIC 5999
PACIFIC LINK COMMUNICATIONS INC p673
4300 Steeles Ave E, MARKHAM, ON, L3R 0Y5
(905) 305-8700   SIC 5999
PACIFIC LINK COMMUNICATIONS INC p673
570 Alden Rd Suite 11, MARKHAM, ON, L3R 8N5
(905) 305-8100   SIC 5999
PACIFIC LINK COMMUNICATIONS INC p673
570 Alden Rd Suite 13, MARKHAM, ON, L3R 8N5
(905) 305-8100   SIC 5999
PACIFIC LINK COMMUNICATIONS INC p680
297 King St, MIDLAND, ON, L4R 3M5
(705) 527-6424   SIC 5999

PACIFIC LINK COMMUNICATIONS INC p703
2225 Erin Mills Pky Unit A1, MISSISSAUGA, ON, L5K 1T9
(905) 823-1200   SIC 5999
PACIFIC LINK COMMUNICATIONS INC p728
1541 Merivale Rd, NEPEAN, ON, K2G 5W1
(613) 723-4400   SIC 5999
PACIFIC LINK COMMUNICATIONS INC p738
3714 Portage Rd Suite 11, NIAGARA FALLS, ON, L2J 2K9
(905) 357-7225   SIC 5999
PACIFIC LINK COMMUNICATIONS INC p748
6252 Yonge St, NORTH YORK, ON, M2M 3X4
(416) 221-3222   SIC 5999
PACIFIC LINK COMMUNICATIONS INC p756
170 Rimrock Rd, NORTH YORK, ON, M3J 3A6
(416) 667-1489   SIC 5999
PACIFIC LINK COMMUNICATIONS INC p758
1 York Gate Blvd, NORTH YORK, ON, M3N 3A1
SIC 5999
PACIFIC LINK COMMUNICATIONS INC p760
3401 Dufferin St, NORTH YORK, ON, M6A 2T9
SIC 5999
PACIFIC LINK COMMUNICATIONS INC p788
1200 St. Laurent Blvd Suite 21, OTTAWA, ON, K1K 3B8
(613) 741-8029   SIC 5999
PACIFIC LINK COMMUNICATIONS INC p806
1018 Pembroke St E, PEMBROKE, ON, K8A 3M2
(613) 732-2825   SIC 5999
PACIFIC LINK COMMUNICATIONS INC p810
645 Lansdowne St W, PETERBOROUGH, ON, K9J 7Y5
(705) 742-2555   SIC 5999
PACIFIC LINK COMMUNICATIONS INC p813
1355 Kingston Rd, PICKERING, ON, L1V 1B8
(905) 837-1212   SIC 5999
PACIFIC LINK COMMUNICATIONS INC p827
1380 London Rd, SARNIA, ON, N7S 1P8
(519) 542-1864   SIC 5999
PACIFIC LINK COMMUNICATIONS INC p834
31 Tapscott Rd Suite 25, SCARBOROUGH, ON, M1B 4Y7
SIC 5999
PACIFIC LINK COMMUNICATIONS INC p845
1571 Sandhurst Cir, SCARBOROUGH, ON, M1V 1V2
(416) 298-9800   SIC 5999
PACIFIC LINK COMMUNICATIONS INC p875
1 Promenade Cir, THORNHILL, ON, L4J 4P8
SIC 5999
PACIFIC LINK COMMUNICATIONS INC p897
2323 Yonge St Unit 101, TORONTO, ON, M4P 2C9
(416) 322-7091   SIC 5999
PACIFIC LINK COMMUNICATIONS INC p906
218 Yonge St, TORONTO, ON, M5B 2H6
(416) 596-1006   SIC 5999
PACIFIC LINK COMMUNICATIONS INC p935
900 Dufferin St, TORONTO, ON, M6H 4B1
(416) 535-3403   SIC 5999
PACIFIC LINK COMMUNICATIONS INC p956
800 Niagara St, WELLAND, ON, L3C 5Z4
(905) 788-2355   SIC 5999
PACIFIC LINK COMMUNICATIONS INC p966
3100 Howard Ave, WINDSOR, ON, N8X 3Y8
(519) 966-5606   SIC 5999
PACIFIC LINK COMMUNICATIONS INC p977
1147 Dundas St Suite 4, WOODSTOCK, ON, N4S 8W3
(905) 301-8100   SIC 5999
PATTISON AGRICULTURE LIMITED p1270
Hwy 5 E, HUMBOLDT, SK, S0K 2A1
(306) 682-2572   SIC 5999
PATTISON AGRICULTURE LIMITED p1307
Highway 14 W, UNITY, SK, S0K 4L0
(306) 228-2696   SIC 5999

PDL MOBILITY LIMITED   p24
2420 42 Ave Ne, CALGARY, AB, T2E 7T6
(403) 291-5400   SIC 5999
PENTAGON FARM CENTRE LTD   p174
592 Highway 44 S, WESTLOCK, AB, T7P 2P1
(780) 349-3113   SIC 5999
PETON DISTRIBUTORS INC   p586
1211 Martin Grove Rd, ETOBICOKE, ON, M9W 4X2
(416) 742-7138   SIC 5999
PIONEER CO-OPERATIVE ASSOCIATION LIMITED, THE   p1307
1150 Central Ave N Suite 2000, SWIFT CURRENT, SK, S9H 0G1
(306) 778-8876   SIC 5999
PISCINES LAUNIER INC   p1251
5825 Boul Gene-H.-Kruger, Trois-Rivieres, QC, G9A 4P1
(819) 375-7771   SIC 5999
PLANTERS EQUIPMENT LIMITED   p465
Gd, KENTVILLE, NS, B4N 3X1
(902) 678-5555   SIC 5999
PREMIER EQUIPMENT LTD.   p573
275 Church St W, ELMIRA, ON, N3B 1N3
(519) 669-5453   SIC 5999
PREMIER EQUIPMENT LTD.   p648
Gd Lcd Main, LISTOWEL, ON, N4W 3H1
(519) 291-5390   SIC 5999
PREMIER EQUIPMENT LTD.   p977
537098 Oxford Road 34, WOODSTOCK, ON, N4S 7W1
(519) 655-2200   SIC 5999
PRINCESS AUTO LTD   p226
1920 Spall Rd, KELOWNA, BC, V1Y 4R1
(250) 860-6191   SIC 5999
PRINCESS AUTO LTD   p1300
2802 Idylwyld Dr N, SASKATOON, SK, S7L 5Y6
(306) 665-8022   SIC 5999
PURATONE CORPORATION, THE   p361
550 Centennial St, WINKLER, MB, R6W 1J4
(204) 325-8371   SIC 5999
RADIO-ONDE INC   p1016
1265 Rue Bersimis, CHICOUTIMI, QC, G7K 1A4
(418) 545-9215   SIC 5999
RES PRECAST INC   p586
514 Carlingview Dr, ETOBICOKE, ON, M9W 5R3
SIC 5999
RIDLEY INC   p345
1202 17th St E, BRANDON, MB, R7A 7C3
(204) 728-0231   SIC 5999
RIDLEY INC   p366
17 Speers Rd, WINNIPEG, MB, R2J 1M1
(204) 233-8418   SIC 5999
RIMER ALCO NORTH AMERICA INC   p351
205 Stephen St, MORDEN, MB, R6M 1V2
(204) 822-6595   SIC 5999
RITCHIE BROS. AUCTIONEERS (INTERNATIONAL) LTD   p193
9500 Glenlyon Pky Suite 300, BURNABY, BC, V5J 0C6
(778) 331-5500   SIC 5999
ROBINSON, B.A. CO. LTD   p383
1760 Ellice Ave, WINNIPEG, MB, R3H 0B6
(204) 789-0006   SIC 5999
ROGERS COMMUNICATIONS INC   p82
10303 Jasper Ave Nw Suite 1950, EDMONTON, AB, T5J 3N6
(780) 429-1400   SIC 5999
SCOTT SAFETY SUPPLY SERVICES LTD   p175
5012 Caxton St W, WHITECOURT, AB, T7S 0A6
(780) 778-3389   SIC 5999
SEARS CANADA INC   p661
1680 Richmond St Suite 2, LONDON, ON, N6G 3Y9
(519) 660-4254   SIC 5999
SEARS CANADA INC   p879
880 Fort William Rd, THUNDER BAY, ON, P7B 2S4

(807) 622-6811   SIC 5999
SECURITAS CANADA LIMITED   p447
175 Main St Suite 201, DARTMOUTH, NS, B2X 1S1
(902) 434-2442   SIC 5999
SERVICES INDUSTRIELS SYSTEMEX (S.I.S.) INC   p1081
8260 Ch Devonshire Unite 240, MONT-ROYAL, QC, H4P 2P7
(514) 738-6323   SIC 5999
SHOPPERS DRUG MART CORPORATION p891
104 Bartley Dr, TORONTO, ON, M4A 1C5
(416) 752-8885   SIC 5999
SHOPPERS HOME HEALTH CARE (CANADA) INC   p643
379 Gage Ave, KITCHENER, ON, N2M 5E1
(519) 579-6200   SIC 5999
SHOPPERS HOME HEALTH CARE (CANADA) INC   p786
2405 St Laurent Blvd, OTTAWA, ON, K1G 5B4
(613) 737-6335   SIC 5999
SHOPPERS HOME HEALTH CARE (ONTARIO) INC   p758
104 Bartley Dr, NORTH YORK, ON, M4A 1C5
(416) 752-8885   SIC 5999
SIEMENS CANADA LIMITED   p1091
8455 19e Av, Montreal, QC, H1Z 4J2
(418) 622-2991   SIC 5999
SOURCE (BELL) ELECTRONICS INC, THE p4
4913a 49 St, ATHABASCA, AB, T9S 1C5
(780) 675-5557   SIC 5999
SOURCE (BELL) ELECTRONICS INC, THE p11
2525 36 St Ne Unit 155, CALGARY, AB, T1Y 5T4
(403) 590-0433   SIC 5999
SOURCE (BELL) ELECTRONICS INC, THE p14
3800 Memorial Dr Ne Suite 1528, CALGARY, AB, T2A 2K2
(403) 272-3088   SIC 5999
SOURCE (BELL) ELECTRONICS INC, THE p62
5963 Signal Hill Ctr Sw, CALGARY, AB, T3H 3P8
SIC 5999
SOURCE (BELL) ELECTRONICS INC, THE p75
250 Londonderry Mall Nw, EDMONTON, AB, T5C 3C8
(780) 406-4706   SIC 5999
SOURCE (BELL) ELECTRONICS INC, THE p99
1042 Capilano Mall, EDMONTON, AB, T6A 0A1
SIC 5999
SOURCE (BELL) ELECTRONICS INC, THE p154
4747 67 St Suite 464, RED DEER, AB, T4N 6H3
(403) 314-4430   SIC 5999
SOURCE (BELL) ELECTRONICS INC, THE p162
2020 Sherwood Dr Suite 104, SHERWOOD PARK, AB, T8A 3H9
(780) 416-1140   SIC 5999
SOURCE (BELL) ELECTRONICS INC, THE p237
11900 Haney Pl Suite 127, MAPLE RIDGE, BC, V2X 8R9
(604) 466-1690   SIC 5999
SOURCE (BELL) ELECTRONICS INC, THE p242
6631 Island Hwy N Unit 374, NANAIMO, BC, V9T 4T7
(250) 390-1693   SIC 5999
SOURCE (BELL) ELECTRONICS INC, THE p271
6551 No. 3 Rd Suite 1236a, RICHMOND, BC, V6Y 2B6

▲ Public Company   ■ Public Company Family Member   HQ Headquarters   BR Branch   SL Single Location

(604) 273-1475   SIC 5999
SOURCE (BELL) ELECTRONICS INC, THE p288
  1711 152 St Suite 122, SURREY, BC, V4A 4N3
  (604) 531-9323   SIC 5999
SOURCE (BELL) ELECTRONICS INC, THE p329
  1644 Hillside Ave Unit 6, VICTORIA, BC, V8T 2C5
    SIC 5999
SOURCE (BELL) ELECTRONICS INC, THE p332
  1150 Douglas St Suite 119, VICTORIA, BC, V8W 3M9
  (250) 385-1149   SIC 5999
SOURCE (BELL) ELECTRONICS INC, THE p359
  300 Mystery Lake Rd, THOMPSON, MB, R8N 0M2
  (204) 677-3709   SIC 5999
SOURCE (BELL) ELECTRONICS INC, THE p371
  2305 Mcphillips St Unit 133, WINNIPEG, MB, R2V 3E1
  (204) 338-1301   SIC 5999
SOURCE (BELL) ELECTRONICS INC, THE p381
  393 Portege Ave, WINNIPEG, MB, R3G 3H6
    SIC 5999
SOURCE (BELL) ELECTRONICS INC, THE p385
  3653 Portage Ave Suite 3, WINNIPEG, MB, R3K 2G6
  (204) 832-9163   SIC 5999
SOURCE (BELL) ELECTRONICS INC, THE p388
  1659 Kenaston Blvd Suite 4, WINNIPEG, MB, R3P 2M4
    SIC 5999
SOURCE (BELL) ELECTRONICS INC, THE p408
  1100 Main St, MONCTON, NB, E1C 1H4
  (506) 389-3694   SIC 5999
SOURCE (BELL) ELECTRONICS INC, THE p415
  519 Westmorland Rd, SAINT JOHN, NB, E2J 3W9
  (506) 633-1945   SIC 5999
SOURCE (BELL) ELECTRONICS INC, THE p499
  21 Commerce Park Dr Suite A, BARRIE, ON, L4N 8X1
  (705) 726-6965   SIC 5999
SOURCE (BELL) ELECTRONICS INC, THE p510
  150 Great Lakes Dr Suite 133, BRAMPTON, ON, L6R 2K7
  (905) 793-6452   SIC 5999
SOURCE (BELL) ELECTRONICS INC, THE p553
  801 St Clair St, CHATHAM, ON, N7M 5J7
    SIC 5999
SOURCE (BELL) ELECTRONICS INC, THE p562
  1 Bass Pro Mills Dr, CONCORD, ON, L4K 5W4
  (905) 761-7453   SIC 5999
SOURCE (BELL) ELECTRONICS INC, THE p579
  270 The Kingsway Suite 160, ETOBICOKE, ON, M9A 3T7
    SIC 5999
SOURCE (BELL) ELECTRONICS INC, THE p580
  250 The East Mall Suite 279, ETOBICOKE, ON, M9B 3Y8
  (416) 239-0290   SIC 5999
SOURCE (BELL) ELECTRONICS INC, THE p581
  25 The West Mall, ETOBICOKE, ON, M9C 1B8
    SIC 5999
SOURCE (BELL) ELECTRONICS INC, THE p592
  262 Guelph St, GEORGETOWN, ON, L7G 4B1
  (905) 877-5411   SIC 5999
SOURCE (BELL) ELECTRONICS INC, THE p598
  44 Livingston Ave Unit 1006a, GRIMSBY, ON, L3M 1L1
  (905) 945-3871   SIC 5999
SOURCE (BELL) ELECTRONICS INC, THE p647
  401 Kent St W Unit 17, LINDSAY, ON, K9V 4Z1
  (705) 324-1901   SIC 5999
SOURCE (BELL) ELECTRONICS INC, THE p660
  1105 Wellington Rd Suite 69, LONDON, ON, N6E 1V4
  (519) 681-5914   SIC 5999
SOURCE (BELL) ELECTRONICS INC, THE p661
  1680 Richmond St Suite 190, LONDON, ON, N6G 3Y9
  (519) 660-1984   SIC 5999
SOURCE (BELL) ELECTRONICS INC, THE p663
  785 Wonderland Rd S, LONDON, ON, N6K 1M6
    SIC 5999
SOURCE (BELL) ELECTRONICS INC, THE p674
  5000 Highway 7 E, MARKHAM, ON, L3R 4M9
  (905) 477-0156   SIC 5999
SOURCE (BELL) ELECTRONICS INC, THE p711
  6677 Meadowvale Town Centre Cir, MISSISSAUGA, ON, L5N 2R5
  (905) 369-0136   SIC 5999
SOURCE (BELL) ELECTRONICS INC, THE p715
  6045 Mavis Rd Unit 3, MISSISSAUGA, ON, L5R 4G6
  (905) 890-8168   SIC 5999
SOURCE (BELL) ELECTRONICS INC, THE p758
  1 York Gate Blvd Suite 109, NORTH YORK, ON, M3N 3A1
    SIC 5999
SOURCE (BELL) ELECTRONICS INC, THE p760
  526 Lawrence Ave W, NORTH YORK, ON, M6A 1A1
  (416) 782-6379   SIC 5999
SOURCE (BELL) ELECTRONICS INC, THE p760
  700 Lawrence Ave W Suite 120, NORTH YORK, ON, M6A 3B4
  (416) 256-7282   SIC 5999
SOURCE (BELL) ELECTRONICS INC, THE p770
  1515 Rebecca St Suite 34, OAKVILLE, ON, L6L 5G8
  (905) 825-5778   SIC 5999
SOURCE (BELL) ELECTRONICS INC, THE p776
  110 Place D'orleans Dr Suite 3, ORLEANS, ON, K1C 2L9
  (613) 830-4606   SIC 5999
SOURCE (BELL) ELECTRONICS INC, THE p778
  1100 Simcoe St N, OSHAWA, ON, L1G 4W6
  (905) 725-6775   SIC 5999
SOURCE (BELL) ELECTRONICS INC, THE p788
  1045 St. Laurent Blvd, OTTAWA, ON, K1K 3B1
    SIC 5999
SOURCE (BELL) ELECTRONICS INC, THE p798
  2121 Carling Ave, OTTAWA, ON, K2A 1S3
  (613) 722-6052   SIC 5999
SOURCE (BELL) ELECTRONICS INC, THE p879
  1000 Fort William Rd Suite 32a, THUNDER BAY, ON, P7B 6B9
  (807) 622-8530   SIC 5999
SOURCE (BELL) ELECTRONICS INC, THE p879
  1020 Dawson Rd, THUNDER BAY, ON, P7B 1K6
    SIC 5999
SOURCE (BELL) ELECTRONICS INC, THE p885
  31 Tapscott Rd, TORONTO, ON, M1B 4Y7
  (416) 754-8419   SIC 5999
SOURCE (BELL) ELECTRONICS INC, THE p892
  3003 Danforth Ave, TORONTO, ON, M4C 1M9
  (416) 699-9794   SIC 5999
SOURCE (BELL) ELECTRONICS INC, THE p907
  220 Yonge St Suite 201, TORONTO, ON, M5B 2H1
  (416) 979-7776   SIC 5999
SOURCE (BELL) ELECTRONICS INC, THE p931
  200 Wellington St W Suite 1200, TORONTO, ON, M5V 3G2
    SIC 5999
SOURCE (BELL) ELECTRONICS INC, THE p938
  2151 St Clair Ave W Unit 103, TORONTO, ON, M6N 1K5
  (416) 604-3224   SIC 5999
SOURCE (BELL) ELECTRONICS INC, THE p940
  1255 The Queensway, TORONTO, ON, M8Z 1S1
    SIC 5999
SOURCE (BELL) ELECTRONICS INC, THE p944
  266 Dundas St E, TRENTON, ON, K8V 5Z9
  (613) 394-4253   SIC 5999
SOURCE (BELL) ELECTRONICS INC, THE p949
  30 Mcnaughton Ave, WALLACEBURG, ON, N8A 1R9
  (519) 628-5963   SIC 5999
SOURCE (BELL) ELECTRONICS INC, THE p1198
  600 Rue Pierre-Caisse, SAINT-JEAN-SUR-RICHELIEU, QC, J3A 1M1
  (450) 349-9889   SIC 5999
SOURCE (BELL) ELECTRONICS INC, THE p1298
  201 1st Ave S Unit 255, SASKATOON, SK, S7K 1J5
  (306) 384-7704   SIC 5999
SOURCE ATLANTIC LIMITED p452
  14 Akerley Blvd, DARTMOUTH, NS, B3B 1J3
  (902) 494-5054   SIC 5999
SOUTH COUNTRY EQUIPMENT LTD p1276
  40 Main St N, MOSSBANK, SK, S0H 3G0
  (306) 354-2411   SIC 5999
SPARTAN CONTROLS LTD p106
  8403 51 Ave Nw, EDMONTON, AB, T6E 5L9
  (780) 468-5463   SIC 5999
SPI SANTE SECURITE INC p999
  60 Rue Gaston-Dumoulin, BLAINVILLE, QC, J7C 0A3
  (450) 420-2012   SIC 5999
TOROMONT INDUSTRIES LTD p348
  Hwy 1 W, ELIE, MB, R0H 0H0
  (204) 353-3850   SIC 5999
TOSHIBA OF CANADA LIMITED p93
  18030 107 Ave Nw, EDMONTON, AB, T5S 1P4
  (780) 484-6116   SIC 5999
TOSHIBA OF CANADA LIMITED p786
  695 Industrial Ave, OTTAWA, ON, K1G 0Z1
  (613) 249-9900   SIC 5999
TYCO INTEGRATED FIRE & SECURITY CANADA, INC p548
  125 Mcgovern Dr Unit 8, CAMBRIDGE, ON, N3H 4R7
  (519) 650-5056   SIC 5999
UNITED FARMERS OF ALBERTA CO-OPERATIVE LIMITED p131
  2006 10 Ave Se, HIGH RIVER, AB, T1V 2A6
  (403) 652-2733   SIC 5999
UNITED FARMERS OF ALBERTA CO-OPERATIVE LIMITED p137
  2905 2 Ave N, LETHBRIDGE, AB, T1H 6M1
  (403) 328-5531   SIC 5999
UNITED FARMERS OF ALBERTA CO-OPERATIVE LIMITED p143
  4606 42 Ave Nw, MAYERTHORPE, AB, T0E 1N0
  (780) 786-4451   SIC 5999
UPTOWN COMMUNICATION HOUSE INC p746
  1800 Sheppard Ave E Suite 217, NORTH YORK, ON, M2J 5A7
  (416) 492-8800   SIC 5999
UTC FIRE & SECURITY CANADA p373
  1127 Keewatin St, WINNIPEG, MB, R2X 2Z3
  (204) 633-5242   SIC 5999
UTC FIRE & SECURITY CANADA p992
  8205 Boul Du Golf, ANJOU, QC, H1J 0B2
  (514) 321-9961   SIC 5999
VIDEOJET TECHNOLOGIES CANADA L.P. p686
  6500 Viscount Rd, Mississauga, ON, L4V 1H3
  (905) 673-1341   SIC 5999
VPC GROUP INC p563
  111 Snidercroft Rd Unit B, CONCORD, ON, L4K 2J8
    SIC 5999
WAL-MART CANADA CORP p540
  2065 Fairview St, BURLINGTON, ON, L7R 0B4
  (905) 637-3100   SIC 5999
WATERGROUP COMPANIES INC p665
  2800 Roxburgh Rd Unit 4d, LONDON, ON, N6N 1K9
  (519) 685-0445   SIC 5999
WATERGROUP COMPANIES INC p1310
  76 Seventh Ave S Suite 1, YORKTON, SK, S3N 3V2
  (306) 782-0718   SIC 5999
WBM OFFICE SYSTEMS INC p1283
  414 Mcdonald St, REGINA, SK, S4N 6E1
  (306) 791-2100   SIC 5999
WEBB'S MACHINERY (VEGREVILLE) LTD p172
  5342 50 Ave, VEGREVILLE, AB, T9C 1M3
  (780) 632-6772   SIC 5999
WOLSELEY CANADA INC p333
  840 Cloverdale Ave, VICTORIA, BC, V8X 2S8
  (250) 475-1120   SIC 5999
XEROX CANADA LTD p748
  5650 Yonge St Suite 900, NORTH YORK, ON, M2M 4G7
  (416) 733-6501   SIC 5999
YAK COMMUNICATIONS (CANADA) CORP p1006
  1 Rue De La Place-Du-Commerce Bureau 340, BROSSARD, QC, J4W 2Z7
  (514) 737-4377   SIC 5999
YVES ROCHER AMERIQUE DU NORD INC p1069
  2199 Boul Fernand-Lafontaine, LONGUEUIL, QC, J4G 2V7
  (450) 442-9555   SIC 5999
YVES ROCHER AMERIQUE DU NORD INC p1103
  465 Rue Mcgill, Montreal, QC, H2Y 2H1
  (514) 523-4144   SIC 5999

SIC 6011 Federal reserve banks

BANK OF CANADA p687
  5990 Explorer Dr, MISSISSAUGA, ON, L4W 5G3
    SIC 6011

SIC 6021 National commercial banks

BANK OF CANADA p1257
1001 Rue Levert, VERDUN, QC, H3E 1V4
(514) 888-4310 SIC 6011

BMO LIFE ASSURANCE COMPANY p1101
119 Rue Saint-Jacques, Montreal, QC, H2Y 1L6
(514) 877-7373 SIC 6011

CANADIAN IMPERIAL BANK OF COMMERCE p1114
610 Rue Saint-Jacques, Montreal, QC, H3C 1C7
(514) 845-2119 SIC 6011

HSBC BANK CANADA p302
601 Main St, VANCOUVER, BC, V6A 2V4
(604) 668-4682 SIC 6011

SIC 6021 National commercial banks

BANK OF CHINA (CANADA) p873
50 Minthorn Blvd Suite 600, THORNHILL, ON, L3T 7X8
(905) 771-6886 SIC 6021

BANK OF MONTREAL p9
2555 32 St Ne Suite 150, CALGARY, AB, T1Y 7J6
(403) 234-1715 SIC 6021

BANK OF MONTREAL p40
350 7 Ave Sw Suite 900, CALGARY, AB, T2P 3N9
(403) 503-7409 SIC 6021

BANK OF MONTREAL p54
10233 Elbow Dr Sw Suite 345, CALGARY, AB, T2W 1E8
(403) 234-3844 SIC 6021

BANK OF MONTREAL p60
5249 Richmond Rd Sw Suite 1, CALGARY, AB, T3E 7C4
(403) 234-1886 SIC 6021

BANK OF MONTREAL p61
101 Crowfoot Way Nw, CALGARY, AB, T3G 2R2
(403) 234-2896 SIC 6021

BANK OF MONTREAL p76
208 Kingsway Garden Mall Nw, EDMONTON, AB, T5G 3A6
(780) 441-6528 SIC 6021

BANK OF MONTREAL p88
236 Mayfield Common Nw, EDMONTON, AB, T5P 4B3
(780) 441-6525 SIC 6021

BANK OF MONTREAL p107
11630 87 Ave Nw, EDMONTON, AB, T6G 0Y2
(780) 441-6580 SIC 6021

BANK OF MONTREAL p118
Gd, FORT MACKAY, AB, T0P 1C0
(780) 762-3500 SIC 6021

BANK OF MONTREAL p119
9920 Franklin Ave, FORT MCMURRAY, AB, T9H 2K5
(780) 790-6992 SIC 6021

BANK OF MONTREAL p125
10705 West Side Dr, GRANDE PRAIRIE, AB, T8V 8J4
(780) 538-8150 SIC 6021

BANK OF MONTREAL p138
606 4 Ave S, LETHBRIDGE, AB, T1J 0N7
(403) 382-3200 SIC 6021

BANK OF MONTREAL p186
4567 Lougheed Hwy Suite 72, BURNABY, BC, V5C 4A1
(604) 665-6660 SIC 6021

BANK OF MONTREAL p196
46115 Yale Rd, CHILLIWACK, BC, V2P 2P2
(604) 792-1971 SIC 6021

BANK OF MONTREAL p203
585 England Ave, COURTENAY, BC, V9N 2N2
(250) 334-3181 SIC 6021

BANK OF MONTREAL p211
1206 56 St, DELTA, BC, V4L 2A4
(604) 668-1412 SIC 6021

BANK OF MONTREAL p224
1141 Harvey Ave, KELOWNA, BC, V1Y 6E8
(250) 861-1660 SIC 6021

BANK OF MONTREAL p235
22410 Lougheed Hwy, MAPLE RIDGE, BC, V2X 2T6
(604) 463-2444 SIC 6021

BANK OF MONTREAL p243
298 Baker St, NELSON, BC, V1L 4H3
(250) 352-5321 SIC 6021

BANK OF MONTREAL p244
610 Sixth Ave Suite 125, NEW WESTMINSTER, BC, V3L 3C2
(604) 665-3770 SIC 6021

BANK OF MONTREAL p251
220 Island Hwy W Suite 1, PARKSVILLE, BC, V9P 2P3
(250) 248-5711 SIC 6021

BANK OF MONTREAL p252
195 Main St Suite 201, PENTICTON, BC, V2A 6K1
(250) 492-4240 SIC 6021

BANK OF MONTREAL p269
3880 No. 3 Rd Suite 100, RICHMOND, BC, V6X 2C1
(604) 668-1388 SIC 6021

BANK OF MONTREAL p283
10155 King George Blvd, SURREY, BC, V3T 5H9
(604) 668-1180 SIC 6021

BANK OF MONTREAL p285
7140 120 St, SURREY, BC, V3W 3M8
(604) 668-1560 SIC 6021

BANK OF MONTREAL p288
1626 Martin Dr Suite 2, SURREY, BC, V4A 6E7
(604) 531-5581 SIC 6021

BANK OF MONTREAL p293
3290 Grandview Hwy, VANCOUVER, BC, V5M 2G2
(604) 665-2514 SIC 6021

BANK OF MONTREAL p298
8156 Main St, VANCOUVER, BC, V5X 3L6
(604) 668-1404 SIC 6021

BANK OF MONTREAL p299
777 Broadway W Suite 105, VANCOUVER, BC, V5Z 4J7
(604) 665-7179 SIC 6021

BANK OF MONTREAL p301
168 Pender St E, VANCOUVER, BC, V6A 1T5
(604) 665-7225 SIC 6021

BANK OF MONTREAL p319
4502 10th Ave W, VANCOUVER, BC, V6R 2J1
(604) 665-7097 SIC 6021

BANK OF MONTREAL p319
4395 Dunbar St, VANCOUVER, BC, V6S 2G2
(604) 665-7093 SIC 6021

BANK OF MONTREAL p323
595 Burrard St, VANCOUVER, BC, V7X 1L7
(604) 668-1218 SIC 6021

BANK OF MONTREAL p327
3616 Shelbourne St, VICTORIA, BC, V8P 5J5
(250) 389-2460 SIC 6021

BANK OF MONTREAL p339
5377 Headland Dr, WEST VANCOUVER, BC, V7W 3C7
(604) 668-1213 SIC 6021

BANK OF MONTREAL p361
1565 Regent Ave W Suite 4, WINNIPEG, MB, R2C 3B3
(204) 985-2459 SIC 6021

BANK OF MONTREAL p399
505 King St, FREDERICTON, NB, E3B 1E7
(506) 453-0280 SIC 6021

BANK OF MONTREAL p406
633 Main St Suite 250, MONCTON, NB, E1C 9X9
(506) 853-5724 SIC 6021

BANK OF MONTREAL p416
15 Market Sq, SAINT JOHN, NB, E2L 1E8
(506) 632-0202 SIC 6021

BANK OF MONTREAL p422
656 Main St, WOODSTOCK, NB, E7M 2G9
(506) 328-6631 SIC 6021

BANK OF MONTREAL p435
238 Water St, ST. JOHN'S, NL, A1C 1A9
(709) 758-2055 SIC 6021

BANK OF MONTREAL p462
21 Alma Cres, HALIFAX, NS, B3N 2C4
(902) 421-3400 SIC 6021

BANK OF MONTREAL p490
15252 Yonge St, AURORA, ON, L4G 1N4
(905) 727-4228 SIC 6021

BANK OF MONTREAL p494
509 Bayfield St Unit J016, BARRIE, ON, L4M 4Z8
(705) 734-7930 SIC 6021

BANK OF MONTREAL p500
2 Opeongo Line, BARRYS BAY, ON, K0J 1B0
(613) 756-2693 SIC 6021

BANK OF MONTREAL p501
201 Front St, BELLEVILLE, ON, K8N 5A4
(613) 967-4300 SIC 6021

BANK OF MONTREAL p521
499 Main St S, BRAMPTON, ON, L6Y 1N7
(905) 459-9330 SIC 6021

BANK OF MONTREAL p537
865 Harrington Crt, BURLINGTON, ON, L7N 3P3
(905) 319-4800 SIC 6021

BANK OF MONTREAL p538
1505 Guelph Line, BURLINGTON, ON, L7P 3B6
(905) 336-2484 SIC 6021

BANK OF MONTREAL p566
159 Pitt St, CORNWALL, ON, K6J 3P5
(613) 938-5617 SIC 6021

BANK OF MONTREAL p575
863 Browns Line, ETOBICOKE, ON, M8W 3V7
(416) 259-3236 SIC 6021

BANK OF MONTREAL p576
3022 Bloor St W, ETOBICOKE, ON, M8X 1C4
(416) 231-2255 SIC 6021

BANK OF MONTREAL p577
1230 The Queensway, ETOBICOKE, ON, M8Z 1R8
(416) 259-9691 SIC 6021

BANK OF MONTREAL p582
1530 Albion Rd Suite 215, ETOBICOKE, ON, M9V 1B4
(416) 740-5705 SIC 6021

BANK OF MONTREAL p601
78 St Georges Sq, GUELPH, ON, N1H 6K9
(519) 824-3920 SIC 6021

BANK OF MONTREAL p631
297 King St E, KINGSTON, ON, K7L 3B3
(613) 545-3005 SIC 6021

BANK OF MONTREAL p633
945 Gardiners Rd, KINGSTON, ON, K7M 7H4
(613) 384-5634 SIC 6021

BANK OF MONTREAL p640
1074 King St E, KITCHENER, ON, N2G 2N2
(519) 885-9262 SIC 6021

BANK OF MONTREAL p655
270 Dundas St, LONDON, ON, N6A 1H3
(519) 667-6129 SIC 6021

BANK OF MONTREAL p693
985 Dundas St E, MISSISSAUGA, ON, L4Y 2B9
(905) 279-6530 SIC 6021

BANK OF MONTREAL p726
1454 Merivale Rd, NEPEAN, ON, K2E 5P1
(613) 564-6100 SIC 6021

BANK OF MONTREAL p729
250 Greenbank Rd Suite 15, NEPEAN, ON, K2H 8X4
(613) 564-6490 SIC 6021

BANK OF MONTREAL p741
154 Main St E, NORTH BAY, ON, P1B 1A8
(705) 472-2620 SIC 6021

BANK OF MONTREAL p747
5925 Yonge St, NORTH YORK, ON, M2M 3V7
(416) 221-5561 SIC 6021

BANK OF MONTREAL p748
4881 Yonge St, NORTH YORK, ON, M2N 5X3
(416) 549-6592 SIC 6021

BANK OF MONTREAL p757
1700 Wilson Ave, NORTH YORK, ON, M3L 1B2
(416) 247-6281 SIC 6021

BANK OF MONTREAL p757
1951 Sheppard Ave W, NORTH YORK, ON, M3L 1Y8
(416) 743-0222 SIC 6021

BANK OF MONTREAL p761
2953 Bathurst St, NORTH YORK, ON, M6B 3B2
(416) 789-7915 SIC 6021

BANK OF MONTREAL p778
600 King St E, OSHAWA, ON, L1H 1G6
SIC 6021

BANK OF MONTREAL p778
38 Simcoe St S, OSHAWA, ON, L1H 4G2
(905) 432-6700 SIC 6021

BANK OF MONTREAL p796
1247 Wellington St W, OTTAWA, ON, K1Y 3A3
(613) 564-6090 SIC 6021

BANK OF MONTREAL p801
160 Elgin St Suite 200, OTTAWA, ON, K2P 2C4
(613) 564-6037 SIC 6021

BANK OF MONTREAL p803
899 2nd Ave E, OWEN SOUND, ON, N4K 2H2
(519) 376-4130 SIC 6021

BANK OF MONTREAL p836
1225 Mccowan Rd Suite 2986, SCARBOROUGH, ON, M1H 3K3
(416) 438-9900 SIC 6021

BANK OF MONTREAL p838
627 Pharmacy Ave, SCARBOROUGH, ON, M1L 3H3
(416) 759-9371 SIC 6021

BANK OF MONTREAL p838
2739 Eglinton Ave E, SCARBOROUGH, ON, M1K 2S2
(416) 267-1157 SIC 6021

BANK OF MONTREAL p844
2350 Kennedy Rd, SCARBOROUGH, ON, M1T 3H1
(416) 291-7987 SIC 6021

BANK OF MONTREAL p846
3550 Pharmacy Ave, SCARBOROUGH, ON, M1W 3Z3
(416) 490-4300 SIC 6021

BANK OF MONTREAL p854
191 Welland Ave, ST CATHARINES, ON, L2R 2P2
SIC 6021

BANK OF MONTREAL p862
910 Queenston Rd, STONEY CREEK, ON, L8G 1B5
(905) 662-4903 SIC 6021

BANK OF MONTREAL p870
79 Durham St, SUDBURY, ON, P3E 3M5
(705) 670-2235 SIC 6021

BANK OF MONTREAL p870
2017 Long Lake Rd, SUDBURY, ON, P3E 4M8
(705) 522-2090 SIC 6021

BANK OF MONTREAL p873
8500 Leslie St Suite 101, THORNHILL, ON, L3T 7M8
SIC 6021

BANK OF MONTREAL p877
256 Red River Rd, THUNDER BAY, ON, P7B 1A8
(807) 343-1450 SIC 6021

BANK OF MONTREAL p898
2210 Yonge St, TORONTO, ON, M4S 2B8
(416) 488-1145 SIC 6021

BANK OF MONTREAL p910

700 University Ave Suite 1, TORONTO, ON, M5G 1X7
(416) 867-5330   SIC 6021
BANK OF MONTREAL p913
6 King St W, TORONTO, ON, M5H 1C3
(416) 867-6636   SIC 6021
BANK OF MONTREAL p932
100 King St W Suite 2100, TORONTO, ON, M5X 2A1
(416) 867-5050   SIC 6021
BANK OF MONTREAL p932
302 Bay St, TORONTO, ON, M5X 1A1
(416) 867-6404   SIC 6021
BANK OF MONTREAL p933
1226 St Clair Ave W, TORONTO, ON, M6E 1B4
(416) 652-3444   SIC 6021
BANK OF MONTREAL p939
2330 Bloor St W, TORONTO, ON, M6S 1P3
(416) 769-4151   SIC 6021
BANK OF MONTREAL p950
3 King St S, WATERLOO, ON, N2J 1N9
(519) 885-9250   SIC 6021
BANK OF MONTREAL p959
3960 Brock St N, WHITBY, ON, L1R 3E1
(905) 665-2740   SIC 6021
BANK OF MONTREAL p963
1435 Tecumseh Rd E, WINDSOR, ON, N8W 1C2
    SIC 6021
BANK OF MONTREAL p976
534 Dundas St, WOODSTOCK, ON, N4S 1C5
(519) 539-2057   SIC 6021
BANK OF MONTREAL p980
105 Grafton St Suite 100, CHARLOTTE-TOWN, PE, C1A 7L2
(902) 892-2437   SIC 6021
BANK OF MONTREAL p998
1099 Boul Du Cure-Labelle, BLAINVILLE, QC, J7C 2M2
(450) 434-1855   SIC 6021
BANK OF MONTREAL p1037
320 Boul Saint-Joseph Bureau 348, GATINEAU, QC, J8Y 3Y8
(819) 775-7930   SIC 6021
BANK OF MONTREAL p1040
399 Rue Principale, GRANBY, QC, J2G 2W7
(450) 375-6748   SIC 6021
BANK OF MONTREAL p1044
54 Rue Cameron, HUDSON, QC, J0P 1H0
(450) 458-5316   SIC 6021
BANK OF MONTREAL p1046
2840 Place Davis, Jonquiere, QC, G7S 2C5
(418) 548-7133   SIC 6021
BANK OF MONTREAL p1070
279 Rue Saint-Charles O, LONGUEUIL, QC, J4H 1E4
(450) 463-5008   SIC 6021
BANK OF MONTREAL p1101
105 Rue Saint-Jacques Bureau 2, Montreal, QC, H2Y 1L6
(514) 877-7816   SIC 6021
BANK OF MONTREAL p1109
1205 Rue Sainte-Catherine O Bureau 2118, Montreal, QC, H3B 1K7
(514) 877-6850   SIC 6021
BANK OF MONTREAL p1109
670 Rue Sainte-Catherine O, Montreal, QC, H3B 1C1
(514) 877-8010   SIC 6021
BANK OF MONTREAL p1120
5145 Ch De La Cote-Des-Neiges, Montreal, QC, H3T 1X9
(514) 341-2240   SIC 6021
BANK OF MONTREAL p1121
5353 Ch Queen-Mary, Montreal, QC, H3X 1V2
(514) 877-8186   SIC 6021
BANK OF MONTREAL p1122
5501 Av De Monkland, Montreal, QC, H4A 1C8
(514) 877-9028   SIC 6021
BANK OF MONTREAL p1124

9150 Boul De L'acadie Bureau 10, Montreal, QC, H4N 2T2
(514) 382-8060   SIC 6021
BANK OF MONTREAL p1158
1375 Ch Sainte-Foy, Quebec, QC, G1S 2N2
(418) 688-5800   SIC 6021
BANK OF MONTREAL p1159
2700 Boul Laurier, Quebec, QC, G1V 2L8
(418) 577-1834   SIC 6021
BANK OF MONTREAL p1191
7171 Boul Cousineau Bureau100, SAINT-HUBERT, QC, J3Y 8N2
(450) 926-1122   SIC 6021
BANK OF MONTREAL p1223
40 Boul Norbert-Morin Bureau 234, SAINTE-AGATHE-DES-MONTS, QC, J8C 2V6
(819) 326-1030   SIC 6021
BANK OF MONTREAL p1238
2959 Rue King O, SHERBROOKE, QC, J1L 1C7
(819) 822-5145   SIC 6021
BANK OF MONTREAL p1248
4125 Boul Des Forges, Trois-Rivieres, QC, G8Y 1W1
(819) 372-4050   SIC 6021
BANK OF MONTREAL p1278
202 Franklin St S, OUTLOOK, SK, S0L 2N0
(306) 867-8689   SIC 6021
BANK OF MONTREAL p1284
2103 11th Ave Suite 1171, REGINA, SK, S4P 3Z8
(306) 569-5602   SIC 6021
BANK OF MONTREAL p1294
134 Primrose Dr Suite 58, SASKATOON, SK, S7K 5S6
(306) 934-5745   SIC 6021
BANK OF NOVA SCOTIA, THE p9
2220 68 St Ne Suite 600, CALGARY, AB, T1Y 6Y7
(403) 299-3090   SIC 6021
BANK OF NOVA SCOTIA, THE p30
8706 Macleod Trail Se, CALGARY, AB, T2H 0M4
(403) 221-6874   SIC 6021
BANK OF NOVA SCOTIA, THE p38
1204 Kensington Rd Nw Suite 100, CALGARY, AB, T2N 3P5
(403) 974-7070   SIC 6021
BANK OF NOVA SCOTIA, THE p38
1941 Uxbridge Dr Nw Suite 12, CALGARY, AB, T2N 2V2
(403) 221-6800   SIC 6021
BANK OF NOVA SCOTIA, THE p40
700 2 St Sw Suite 2000, CALGARY, AB, T2P 2W1
(403) 221-6585   SIC 6021
BANK OF NOVA SCOTIA, THE p40
240 8 Ave Sw Suite 315, CALGARY, AB, T2P 1B5
(403) 221-6401   SIC 6021
BANK OF NOVA SCOTIA, THE p53
1401 17 Ave Sw, CALGARY, AB, T2T 0C6
(403) 221-6821   SIC 6021
BANK OF NOVA SCOTIA, THE p55
34 Midlake Blvd Se, CALGARY, AB, T2X 2X7
(403) 221-6595   SIC 6021
BANK OF NOVA SCOTIA, THE p60
6449 Crowchild Trail Sw, CALGARY, AB, T3E 5R7
(403) 221-6846   SIC 6021
BANK OF NOVA SCOTIA, THE p61
1829 Ranchlands Blvd Nw Suite 171, CALGARY, AB, T3G 2A7
(403) 221-6810   SIC 6021
BANK OF NOVA SCOTIA, THE p61
8888 Country Hills Blvd Nw Suite 404, CALGARY, AB, T3G 5T4
(403) 662-3270   SIC 6021
BANK OF NOVA SCOTIA, THE p63
850 Saddletowne Cir Ne Suite 32, CALGARY, AB, T3J 0H5
(403) 299-6018   SIC 6021
BANK OF NOVA SCOTIA, THE p64

356 Cranston Rd Se Suite 5000, CALGARY, AB, T3M 0S9
(403) 221-6627   SIC 6021
BANK OF NOVA SCOTIA, THE p74
8108 118 Ave Nw, EDMONTON, AB, T5B 0S1
(780) 448-7735   SIC 6021
BANK OF NOVA SCOTIA, THE p75
13150 97 St Nw, EDMONTON, AB, T5E 4C6
(780) 448-7756   SIC 6021
BANK OF NOVA SCOTIA, THE p79
10050 Jasper Ave Nw, EDMONTON, AB, T5J 1V7
(780) 448-7600   SIC 6021
BANK OF NOVA SCOTIA, THE p86
232 Westmount Shopping Center Nw Suite 232, EDMONTON, AB, T5M 3L7
(780) 413-4330   SIC 6021
BANK OF NOVA SCOTIA, THE p97
3210 118 Ave Nw Suite 166, EDMONTON, AB, T5W 4W1
    SIC 6021
BANK OF NOVA SCOTIA, THE p99
6304 90 Ave Nw, EDMONTON, AB, T6B 0P2
(780) 448-7860   SIC 6021
BANK OF NOVA SCOTIA, THE p108
6304 104 St Nw, EDMONTON, AB, T6H 2K9
    SIC 6021
BANK OF NOVA SCOTIA, THE p111
2331 66 St Nw Suite 119, EDMONTON, AB, T6K 4B4
(780) 448-7960   SIC 6021
BANK OF NOVA SCOTIA, THE p116
3804 17 St Nw, EDMONTON, AB, T6T 0C2
(780) 448-7711   SIC 6021
BANK OF NOVA SCOTIA, THE p119
9541 Franklin Ave, FORT MCMURRAY, AB, T9H 3Z7
(780) 743-3386   SIC 6021
BANK OF NOVA SCOTIA, THE p122
287 Powder Dr, FORT MCMURRAY, AB, T9K 0M3
    SIC 6021
BANK OF NOVA SCOTIA, THE p125
9834 100 Ave, GRANDE PRAIRIE, AB, T8V 0T8
(780) 532-9250   SIC 6021
BANK OF NOVA SCOTIA, THE p132
4949 50 St, INNISFAIL, AB, T4G 1S7
(403) 227-0158   SIC 6021
BANK OF NOVA SCOTIA, THE p135
5419 50 St, LEDUC, AB, T9E 6Z7
(780) 986-4441   SIC 6021
BANK OF NOVA SCOTIA, THE p138
702 3 Ave S, LETHBRIDGE, AB, T1J 0H6
(403) 382-3300   SIC 6021
BANK OF NOVA SCOTIA, THE p152
4421 50 Ave, RED DEER, AB, T4N 3Z5
(403) 340-4794   SIC 6021
BANK OF NOVA SCOTIA, THE p152
5002 50 St, RED DEER, AB, T4N 1Y3
(403) 340-4780   SIC 6021
BANK OF NOVA SCOTIA, THE p160
993 Fir St Suite 15, SHERWOOD PARK, AB, T8A 4N5
(780) 467-2276   SIC 6021
BANK OF NOVA SCOTIA, THE p166
138 Gradin Park Plaza, ST. ALBERT, AB, T8N 1B4
    SIC 6021
BANK OF NOVA SCOTIA, THE p170
10 Hewlett Park Landng Unit 13a, SYLVAN LAKE, AB, T4S 2J3
(403) 887-1340   SIC 6021
BANK OF NOVA SCOTIA, THE p194
961 Alder St, CAMPBELL RIVER, BC, V9W 2R1
(250) 286-4350   SIC 6021
BANK OF NOVA SCOTIA, THE p196
46059 Yale Rd, CHILLIWACK, BC, V2P 2M1
(604) 702-3250   SIC 6021
BANK OF NOVA SCOTIA, THE p199
2929 Barnet Hwy Suite 2308, COQUITLAM, BC, V3B 5R5

(604) 927-7075   SIC 6021
BANK OF NOVA SCOTIA, THE p201
465 North Rd, COQUITLAM, BC, V3K 3V9
(604) 933-3300   SIC 6021
BANK OF NOVA SCOTIA, THE p203
392 5th St, COURTENAY, BC, V9N 1K1
(250) 703-4800   SIC 6021
BANK OF NOVA SCOTIA, THE p211
435 Trunk Rd, DUNCAN, BC, V9L 2P5
(250) 715-3850   SIC 6021
BANK OF NOVA SCOTIA, THE p214
9915 100 St, FORT ST. JOHN, BC, V1J 3Y3
(250) 262-5150   SIC 6021
BANK OF NOVA SCOTIA, THE p219
276 Victoria St, KAMLOOPS, BC, V2C 2A2
(250) 314-3950   SIC 6021
BANK OF NOVA SCOTIA, THE p222
3275 Lakeshore Rd Suite 100, KELOWNA, BC, V1W 3S9
(250) 712-3075   SIC 6021
BANK OF NOVA SCOTIA, THE p224
488 Bernard Ave, KELOWNA, BC, V1Y 6N7
(250) 712-4055   SIC 6021
BANK OF NOVA SCOTIA, THE p232
20555 56 Ave Unit 101, LANGLEY, BC, V3A 3Y9
(604) 532-6750   SIC 6021
BANK OF NOVA SCOTIA, THE p243
502 Baker St Suite 5, NELSON, BC, V1L 4H9
(250) 354-5590   SIC 6021
BANK OF NOVA SCOTIA, THE p257
7030 Alberni St, POWELL RIVER, BC, V8A 2C3
(604) 485-3175   SIC 6021
BANK OF NOVA SCOTIA, THE p259
390 Victoria St, PRINCE GEORGE, BC, V2L 4X4
(250) 960-4700   SIC 6021
BANK OF NOVA SCOTIA, THE p265
13340 Smallwood Pl Suite 205, RICHMOND, BC, V6V 1W8
(800) 663-9215   SIC 6021
BANK OF NOVA SCOTIA, THE p271
6300 No. 3 Rd, RICHMOND, BC, V6Y 2B3
(604) 668-3079   SIC 6021
BANK OF NOVA SCOTIA, THE p275
391 Hudson St Nw, SALMON ARM, BC, V1E 2S1
(250) 833-3500   SIC 6021
BANK OF NOVA SCOTIA, THE p280
15170 104 Ave, SURREY, BC, V3R 1N3
(604) 586-3200   SIC 6021
BANK OF NOVA SCOTIA, THE p285
7378 120 St, SURREY, BC, V3W 3M9
(604) 501-3325   SIC 6021
BANK OF NOVA SCOTIA, THE p285
13790 72 Ave Suite 101, SURREY, BC, V3W 2P4
(604) 501-5353   SIC 6021
BANK OF NOVA SCOTIA, THE p290
4602 Lakelse Ave, TERRACE, BC, V8G 1R1
(250) 635-8500   SIC 6021
BANK OF NOVA SCOTIA, THE p293
2800 1st Ave E Unit 244, VANCOUVER, BC, V5M 4P1
(604) 668-2075   SIC 6021
BANK OF NOVA SCOTIA, THE p301
268 Keefer St Suite 101, VANCOUVER, BC, V6A 1X5
(604) 668-2163   SIC 6021
BANK OF NOVA SCOTIA, THE p306
409 Granville St Unit 700, VANCOUVER, BC, V6C 1T2
(604) 630-4000   SIC 6021
BANK OF NOVA SCOTIA, THE p306
510 Burrard St Suite 408, VANCOUVER, BC, V6C 3A8
(604) 718-1500   SIC 6021
BANK OF NOVA SCOTIA, THE p306
815 Hastings St W Suite 300, VANCOUVER, BC, V6C 1B4
(604) 668-3032   SIC 6021
BANK OF NOVA SCOTIA, THE p325

SIC 6021 National commercial banks

3213 30 Ave, VERNON, BC, V1T 2C6
(250) 260-5500   SIC 6021
BANK OF NOVA SCOTIA, THE   p328
1644 Hillside Ave Suite 77, VICTORIA, BC, V8T 2C5
(250) 953-5560   SIC 6021
BANK OF NOVA SCOTIA, THE   p328
2669 Douglas St, VICTORIA, BC, V8T 4M2
(250) 953-2500   SIC 6021
BANK OF NOVA SCOTIA, THE   p330
702 Yates St, VICTORIA, BC, V8W 1L4
(250) 953-5400   SIC 6021
BANK OF NOVA SCOTIA, THE   p340
15190 North Bluff Rd, WHITE ROCK, BC, V4B 3E5
(604) 541-3400   SIC 6021
BANK OF NOVA SCOTIA, THE   p344
1003 Rosser Ave, BRANDON, MB, R7A 0L5
(204) 729-3360   SIC 6021
BANK OF NOVA SCOTIA, THE   p344
1570 18th St Suite 49, BRANDON, MB, R7A 5C5
(204) 729-3870   SIC 6021
BANK OF NOVA SCOTIA, THE   p367
1150 Nairn Ave, WINNIPEG, MB, R2L 0Y5
(204) 985-3700   SIC 6021
BANK OF NOVA SCOTIA, THE   p370
843 Leila Ave Suite 2, WINNIPEG, MB, R2V 3J7
(204) 985-3250   SIC 6021
BANK OF NOVA SCOTIA, THE   p370
1970 Main St, WINNIPEG, MB, R2V 2B6
SIC 6021
BANK OF NOVA SCOTIA, THE   p376
200 Portage Ave, WINNIPEG, MB, R3C 2R7
(204) 985-3011   SIC 6021
BANK OF NOVA SCOTIA, THE   p393
1300 St. Peter Ave Suite 202, BATHURST, NB, E2A 3A6
(506) 548-9921   SIC 6021
BANK OF NOVA SCOTIA, THE   p393
325 Main St, AROOSTOOK, NB, E7H 2Z4
(506) 392-8020   SIC 6021
BANK OF NOVA SCOTIA, THE   p398
490 King St, FREDERICTON, NB, E3A 0A1
(506) 452-9800   SIC 6021
BANK OF NOVA SCOTIA, THE   p405
139 Henry St, MIRAMICHI, NB, E1V 2N5
(506) 622-1461   SIC 6021
BANK OF NOVA SCOTIA, THE   p406
796 Mountain Rd, MONCTON, NB, E1C 2R4
(506) 857-3646   SIC 6021
BANK OF NOVA SCOTIA, THE   p406
780 Main St, MONCTON, NB, E1C 1E6
(506) 857-3636   SIC 6021
BANK OF NOVA SCOTIA, THE   p411
1024 Onondaga St Suite 80044, OROMOCTO, NB, E2V 1B8
(506) 357-8441   SIC 6021
BANK OF NOVA SCOTIA, THE   p414
533 Westmorland Rd, SAINT JOHN, NB, E2J 2G5
(506) 658-3200   SIC 6021
BANK OF NOVA SCOTIA, THE   p416
39 King St, SAINT JOHN, NB, E2L 4W3
(506) 658-3365   SIC 6021
BANK OF NOVA SCOTIA, THE   p416
40 Charlotte St Suite 420, SAINT JOHN, NB, E2L 2H6
SIC 6021
BANK OF NOVA SCOTIA, THE   p418
35 Main St W, SAINT JOHN, NB, E2M 3M9
(506) 658-3360   SIC 6021
BANK OF NOVA SCOTIA, THE   p422
570 Main St, WOODSTOCK, NB, E7M 2C3
(506) 328-3341   SIC 6021
BANK OF NOVA SCOTIA, THE   p423
92 Powell Dr, CARBONEAR, NL, A1Y 1A5
(709) 596-4680   SIC 6021
BANK OF NOVA SCOTIA, THE   p424
236a Memorial Dr, CLARENVILLE, NL, A5A 1N9
(709) 466-4601   SIC 6021
BANK OF NOVA SCOTIA, THE   p425

62 Broadway, CORNER BROOK, NL, A2H 4C8
(709) 637-4720   SIC 6021
BANK OF NOVA SCOTIA, THE   p426
68 Elizabeth Dr, GANDER, NL, A1V 1J8
(709) 256-1500   SIC 6021
BANK OF NOVA SCOTIA, THE   p427
26 Cromer Ave, GRAND FALLS-WINDSOR, NL, A2A 1X2
(709) 489-1700   SIC 6021
BANK OF NOVA SCOTIA, THE   p429
Po Box 70 Rpo Centennial Sq, MOUNT PEARL, NL, A1N 2C1
(709) 576-7796   SIC 6021
BANK OF NOVA SCOTIA, THE   p433
48 Kenmount Rd, ST. JOHN'S, NL, A1B 1W3
(709) 576-1300   SIC 6021
BANK OF NOVA SCOTIA, THE   p433
37 Rowan St, ST. JOHN'S, NL, A1B 2X2
(709) 576-1199   SIC 6021
BANK OF NOVA SCOTIA, THE   p441
255 Main St, ANTIGONISH, NS, B2G 2C1
(902) 863-4800   SIC 6021
BANK OF NOVA SCOTIA, THE   p444
Gd Lcd Main, BRIDGEWATER, NS, B4V 2V8
SIC 6021
BANK OF NOVA SCOTIA, THE   p447
21 Micmac Dr, DARTMOUTH, NS, B2X 2H4
(902) 420-4921   SIC 6021
BANK OF NOVA SCOTIA, THE   p448
93 Portland St Suite 91, DARTMOUTH, NS, B2Y 1H5
(902) 420-4940   SIC 6021
BANK OF NOVA SCOTIA, THE   p456
6005 Coburg Rd, HALIFAX, NS, B3H 1Y8
(902) 420-4929   SIC 6021
BANK OF NOVA SCOTIA, THE   p457
5201 Duke St Suite Upper, HALIFAX, NS, B3J 1N9
(902) 420-4971   SIC 6021
BANK OF NOVA SCOTIA, THE   p457
1709 Hollis St, HALIFAX, NS, B3J 1W1
(902) 420-3567   SIC 6021
BANK OF NOVA SCOTIA, THE   p457
1465 Brenton St Suite 301, HALIFAX, NS, B3J 3T3
(902) 420-7100   SIC 6021
BANK OF NOVA SCOTIA, THE   p462
255 Lacewood Dr, HALIFAX, NS, B3M 4G2
(902) 420-3590   SIC 6021
BANK OF NOVA SCOTIA, THE   p465
47 Aberdeen St, KENTVILLE, NS, B4N 2M9
(902) 678-2181   SIC 6021
BANK OF NOVA SCOTIA, THE   p466
518 Sackville Dr, LOWER SACKVILLE, NS, B4C 2R8
(902) 864-2228   SIC 6021
BANK OF NOVA SCOTIA, THE   p468
301 Main St Unit 293, MIDDLETON, NS, B0S 1P0
(902) 825-4894   SIC 6021
BANK OF NOVA SCOTIA, THE   p471
302 Commercial St, NORTH SYDNEY, NS, B2A 1C2
(902) 794-4754   SIC 6021
BANK OF NOVA SCOTIA, THE   p478
3650 Hammonds Plains Rd Suite 368, UPPER TANTALLON, NS, B3Z 4R3
(902) 826-2124   SIC 6021
BANK OF NOVA SCOTIA, THE   p480
389 Main St, YARMOUTH, NS, B5A 4B1
(902) 742-7116   SIC 6021
BANK OF NOVA SCOTIA, THE   p483
15 Westney Rd N Suite 2, AJAX, ON, L1T 1P5
(905) 427-3255   SIC 6021
BANK OF NOVA SCOTIA, THE   p485
13 Victoria St W, ALLISTON, ON, L9R 1S9
(705) 435-4344   SIC 6021
BANK OF NOVA SCOTIA, THE   p488
17 King St Unit 15, ANGUS, ON, L0M 1B2
(705) 424-5588   SIC 6021
BANK OF NOVA SCOTIA, THE   p488

851 Golf Links Rd, ANCASTER, ON, L9K 1L5
(905) 304-4100   SIC 6021
BANK OF NOVA SCOTIA, THE   p488
169 John St N, ARNPRIOR, ON, K7S 2N8
(613) 623-7314   SIC 6021
BANK OF NOVA SCOTIA, THE   p488
17 King St Unit 5, ANGUS, ON, L0M 1B2
(705) 424-5761   SIC 6021
BANK OF NOVA SCOTIA, THE   p490
14720 Yonge St, AURORA, ON, L4G 7H8
(905) 727-1307   SIC 6021
BANK OF NOVA SCOTIA, THE   p493
50 Hastings St N, BANCROFT, ON, K0L 1C0
(613) 332-2040   SIC 6021
BANK OF NOVA SCOTIA, THE   p494
509 Bayfield St, BARRIE, ON, L4M 4Z8
(705) 726-3690   SIC 6021
BANK OF NOVA SCOTIA, THE   p496
1 Dunlop St W, BARRIE, ON, L4N 1A1
(705) 726-0217   SIC 6021
BANK OF NOVA SCOTIA, THE   p496
19 Mapleview Dr W, BARRIE, ON, L4N 9H5
(705) 725-2670   SIC 6021
BANK OF NOVA SCOTIA, THE   p496
190 Minet's Point Rd, BARRIE, ON, L4N 8J8
(705) 725-7320   SIC 6021
BANK OF NOVA SCOTIA, THE   p503
305 North Front St, BELLEVILLE, ON, K8P 3C3
(613) 962-3408   SIC 6021
BANK OF NOVA SCOTIA, THE   p503
390 North Front St, BELLEVILLE, ON, K8P 3E1
(613) 967-6750   SIC 6021
BANK OF NOVA SCOTIA, THE   p507
100 Clarington Blvd, BOWMANVILLE, ON, L1C 4Z3
(905) 623-2122   SIC 6021
BANK OF NOVA SCOTIA, THE   p508
248 Manitoba St Suite 5, BRACEBRIDGE, ON, P1L 2E1
SIC 6021
BANK OF NOVA SCOTIA, THE   p513
36 Avondale Blvd, BRAMPTON, ON, L6T 1H3
SIC 6021
BANK OF NOVA SCOTIA, THE   p521
1 Main St S, BRAMPTON, ON, L6Y 1M8
(905) 451-7330   SIC 6021
BANK OF NOVA SCOTIA, THE   p521
7700 Hurontario St Unit 301, BRAMPTON, ON, L6Y 4M3
(905) 453-7020   SIC 6021
BANK OF NOVA SCOTIA, THE   p525
61 Lynden Rd, BRANTFORD, ON, N3R 7J9
(519) 751-5030   SIC 6021
BANK OF NOVA SCOTIA, THE   p528
170 Colborne St, BRANTFORD, ON, N3T 2G6
(519) 751-5000   SIC 6021
BANK OF NOVA SCOTIA, THE   p530
7 King St W, BROCKVILLE, ON, K6V 3P7
(613) 342-0140   SIC 6021
BANK OF NOVA SCOTIA, THE   p539
547 Brant St, BURLINGTON, ON, L7R 2G6
(905) 637-5509   SIC 6021
BANK OF NOVA SCOTIA, THE   p542
72 Main St, CAMBRIDGE, ON, N1R 1V7
(519) 740-4050   SIC 6021
BANK OF NOVA SCOTIA, THE   p542
544 Hespeler Rd, CAMBRIDGE, ON, N1R 6J8
(519) 740-4004   SIC 6021
BANK OF NOVA SCOTIA, THE   p549
85 Bridge St, CARLETON PLACE, ON, K7C 2V4
(613) 253-5400   SIC 6021
BANK OF NOVA SCOTIA, THE   p550
635 Grand Ave W, CHATHAM, ON, N7L 1C5
(519) 354-5110   SIC 6021
BANK OF NOVA SCOTIA, THE   p551
213 King St W Suite 518, CHATHAM, ON, N7M 1E6

(519) 354-5560   SIC 6021
BANK OF NOVA SCOTIA, THE   p554
68 King St W, COBOURG, ON, K9A 2M3
(905) 372-3361   SIC 6021
BANK OF NOVA SCOTIA, THE   p556
247 Hurontario St, COLLINGWOOD, ON, L9Y 2M4
(705) 445-0580   SIC 6021
BANK OF NOVA SCOTIA, THE   p570
101 Osler Dr Suite 138, DUNDAS, ON, L9H 4H4
(905) 627-9273   SIC 6021
BANK OF NOVA SCOTIA, THE   p577
85 The East Mall, ETOBICOKE, ON, M8Z 5W4
(416) 503-1800   SIC 6021
BANK OF NOVA SCOTIA, THE   p577
1037 The Queensway, ETOBICOKE, ON, M8Z 6C7
(416) 503-1550   SIC 6021
BANK OF NOVA SCOTIA, THE   p579
270 The Kingsway Suite 8, ETOBICOKE, ON, M9A 3T7
(416) 233-2136   SIC 6021
BANK OF NOVA SCOTIA, THE   p579
250 The East Mall, ETOBICOKE, ON, M9B 3Y8
(416) 233-5547   SIC 6021
BANK OF NOVA SCOTIA, THE   p589
200 Garrison Rd, FORT ERIE, ON, L2A 5S6
(905) 871-5824   SIC 6021
BANK OF NOVA SCOTIA, THE   p594
2339 Ogilvie Rd, GLOUCESTER, ON, K1J 8M6
(613) 741-6265   SIC 6021
BANK OF NOVA SCOTIA, THE   p594
2400 City Park Dr, GLOUCESTER, ON, K1J 1H6
(613) 748-6001   SIC 6021
BANK OF NOVA SCOTIA, THE   p607
1255 Barton St E, HAMILTON, ON, L8H 2V4
(905) 549-3521   SIC 6021
BANK OF NOVA SCOTIA, THE   p609
12 King St E, HAMILTON, ON, L8N 4G9
(905) 528-7501   SIC 6021
BANK OF NOVA SCOTIA, THE   p613
997a Fennell Ave E, HAMILTON, ON, L8T 1R1
(905) 574-9010   SIC 6021
BANK OF NOVA SCOTIA, THE   p616
630 Upper James St, HAMILTON, ON, L9C 2Z1
(905) 575-6520   SIC 6021
BANK OF NOVA SCOTIA, THE   p619
70 King William St, HUNTSVILLE, ON, P1H 2A5
SIC 6021
BANK OF NOVA SCOTIA, THE   p624
482 Hazeldean Rd, KANATA, ON, K2L 1V4
(613) 831-2922   SIC 6021
BANK OF NOVA SCOTIA, THE   p625
8111 Campeau Dr, KANATA, ON, K2T 1B7
(613) 591-2020   SIC 6021
BANK OF NOVA SCOTIA, THE   p627
139 Prescott St, KEMPTVILLE, ON, K0G 1J0
(613) 258-5961   SIC 6021
BANK OF NOVA SCOTIA, THE   p627
40 Main St S, KENORA, ON, P9N 1S7
(807) 468-6483   SIC 6021
BANK OF NOVA SCOTIA, THE   p631
168 Wellington St, KINGSTON, ON, K7L 3E4
(613) 544-3033   SIC 6021
BANK OF NOVA SCOTIA, THE   p631
145 Princess St Suite 143, KINGSTON, ON, K7L 1A8
(613) 530-2010   SIC 6021
BANK OF NOVA SCOTIA, THE   p640
64 King St W, KITCHENER, ON, N2G 1A3
(519) 571-6400   SIC 6021
BANK OF NOVA SCOTIA, THE   p647
165 Kent St W, LINDSAY, ON, K9V 4S2
(705) 324-2123   SIC 6021

▲ Public Company   ■ Public Company Family Member   **HQ** Headquarters   **BR** Branch   **SL** Single Location

SIC 6021 National commercial banks

BANK OF NOVA SCOTIA, THE p653
1250 Highbury Ave N, LONDON, ON, N5Y 6M7
(519) 451-4930   SIC 6021

BANK OF NOVA SCOTIA, THE p655
420 Richmond St, LONDON, ON, N6A 3C9
(519) 642-5000   SIC 6021

BANK OF NOVA SCOTIA, THE p659
639 Southdale Rd E, LONDON, ON, N6E 3M2
(519) 686-0301   SIC 6021

BANK OF NOVA SCOTIA, THE p661
301 Oxford St W, LONDON, ON, N6H 1S6
(519) 642-5044   SIC 6021

BANK OF NOVA SCOTIA, THE p668
101 Main St N, MARKHAM, ON, L3P 1X9
(905) 294-3113   SIC 6021

BANK OF NOVA SCOTIA, THE p670
7321 Woodbine Ave, MARKHAM, ON, L3R 3V7
(905) 940-6350   SIC 6021

BANK OF NOVA SCOTIA, THE p679
291 King St, MIDLAND, ON, L4R 3M5
(705) 526-2237   SIC 6021

BANK OF NOVA SCOTIA, THE p683
7205 Goreway Dr Unit 39, MISSISSAUGA, ON, L4T 2T9
(905) 678-4300   SIC 6021

BANK OF NOVA SCOTIA, THE p684
6725 Airport Rd Suite 100, MISSISSAUGA, ON, L4V 1V2
SIC 6021

BANK OF NOVA SCOTIA, THE p693
49 Matheson Blvd E Suite 3, MISSISSAUGA, ON, L4Z 2Y5
SIC 6021

BANK OF NOVA SCOTIA, THE p693
2 Robert Speck Pky Suite 100, MISSISSAUGA, ON, L4Z 1H8
(905) 276-4540   SIC 6021

BANK OF NOVA SCOTIA, THE p702
2225 Erin Mills Pky Suite 1000, MISSISSAUGA, ON, L5K 2S9
(905) 822-5354   SIC 6021

BANK OF NOVA SCOTIA, THE p712
6120 Midfield Rd, MISSISSAUGA, ON, L5P 1B1
(905) 677-3422   SIC 6021

BANK OF NOVA SCOTIA, THE p713
660 Eglinton Ave W, MISSISSAUGA, ON, L5R 3V2
(905) 568-4010   SIC 6021

BANK OF NOVA SCOTIA, THE p727
1649 Merivale Rd, NEPEAN, ON, K2G 3K2
(613) 226-3983   SIC 6021

BANK OF NOVA SCOTIA, THE p732
17900 Yonge St, NEWMARKET, ON, L3Y 8S1
(905) 853-7445   SIC 6021

BANK OF NOVA SCOTIA, THE p732
1100 Davis Dr, NEWMARKET, ON, L3Y 8W8
(905) 830-5900   SIC 6021

BANK OF NOVA SCOTIA, THE p738
6225 Thorold Stone Rd, NIAGARA FALLS, ON, L2J 1A6
(905) 356-4495   SIC 6021

BANK OF NOVA SCOTIA, THE p741
1500 Fisher St, NORTH BAY, ON, P1B 2H3
(705) 472-5680   SIC 6021

BANK OF NOVA SCOTIA, THE p741
204 Main St W, NORTH BAY, ON, P1B 2T7
(705) 494-4689   SIC 6021

BANK OF NOVA SCOTIA, THE p746
2901 Bayview Ave Suite 109, NORTH YORK, ON, M2K 1E6
(416) 590-7910   SIC 6021

BANK OF NOVA SCOTIA, THE p747
6416 Yonge St, NORTH YORK, ON, M2M 3X4
(416) 590-7488   SIC 6021

BANK OF NOVA SCOTIA, THE p748
5075 Yonge St, NORTH YORK, ON, M2N 6C6
(416) 590-7320   SIC 6021

BANK OF NOVA SCOTIA, THE p752
885 Lawrence Ave E, NORTH YORK, ON, M3C 1P7
(416) 448-7050   SIC 6021

BANK OF NOVA SCOTIA, THE p755
845 Finch Ave W, NORTH YORK, ON, M3J 2C7
(416) 665-8742   SIC 6021

BANK OF NOVA SCOTIA, THE p762
2 Toryork Dr, NORTH YORK, ON, M9L 1X6
(416) 749-4900   SIC 6021

BANK OF NOVA SCOTIA, THE p771
1500 Upper Middle Rd W Unit 10, OAKVILLE, ON, L6M 3G3
(905) 847-0220   SIC 6021

BANK OF NOVA SCOTIA, THE p773
97 First St, ORANGEVILLE, ON, L9W 2E8
(519) 941-5544   SIC 6021

BANK OF NOVA SCOTIA, THE p774
56 Mississaga St E, ORILLIA, ON, L3V 1V5
(705) 325-1341   SIC 6021

BANK OF NOVA SCOTIA, THE p776
110 Place D'orleans Dr, ORLEANS, ON, K1C 2L9
(613) 824-6691   SIC 6021

BANK OF NOVA SCOTIA, THE p778
75 King St W, OSHAWA, ON, L1H 8W7
(905) 723-1630   SIC 6021

BANK OF NOVA SCOTIA, THE p780
800 King St W, OSHAWA, ON, L1J 2L5
(905) 404-6950   SIC 6021

BANK OF NOVA SCOTIA, THE p790
119 Queen St Suite 501, OTTAWA, ON, K1P 6L8
(613) 564-7974   SIC 6021

BANK OF NOVA SCOTIA, THE p790
118 Sparks St, OTTAWA, ON, K1P 5B6
(613) 564-5100   SIC 6021

BANK OF NOVA SCOTIA, THE p793
828 Bank St, OTTAWA, ON, K1S 3W1
(613) 564-5333   SIC 6021

BANK OF NOVA SCOTIA, THE p795
2714 Alta Vista Dr, OTTAWA, ON, K1V 7T4
(613) 731-3660   SIC 6021

BANK OF NOVA SCOTIA, THE p798
2121 Carling Ave, OTTAWA, ON, K2A 1S3
(613) 798-2000   SIC 6021

BANK OF NOVA SCOTIA, THE p801
186 Bank St, OTTAWA, ON, K2P 1W6
(613) 564-5307   SIC 6021

BANK OF NOVA SCOTIA, THE p803
857 2nd Ave E, OWEN SOUND, ON, N4K 2H2
(519) 376-8480   SIC 6021

BANK OF NOVA SCOTIA, THE p805
81 Pembroke St W, PEMBROKE, ON, K8A 5M7
(613) 732-2826   SIC 6021

BANK OF NOVA SCOTIA, THE p808
111 Hunter St W, PETERBOROUGH, ON, K9H 7G5
(705) 748-2886   SIC 6021

BANK OF NOVA SCOTIA, THE p809
780 Clonsilla Ave, PETERBOROUGH, ON, K9J 5Y3
(705) 748-5681   SIC 6021

BANK OF NOVA SCOTIA, THE p815
211 Main St, PICTON, ON, K0K 2T0
(613) 476-3207   SIC 6021

BANK OF NOVA SCOTIA, THE p819
215 Raglan St S, RENFREW, ON, K7V 1R2
(613) 432-5818   SIC 6021

BANK OF NOVA SCOTIA, THE p820
420 Highway 7 E Unit 38, RICHMOND HILL, ON, L4B 3K2
(905) 731-6915   SIC 6021

BANK OF NOVA SCOTIA, THE p822
10355 Yonge St, RICHMOND HILL, ON, L4C 3C1
(905) 884-1107   SIC 6021

BANK OF NOVA SCOTIA, THE p826
1116 Concession St, RUSSELL, ON, K4R 1C8
(613) 445-2880   SIC 6021

BANK OF NOVA SCOTIA, THE p828
238 Indian Rd S, SARNIA, ON, N7T 3W4
(519) 339-1330   SIC 6021

BANK OF NOVA SCOTIA, THE p828
560 Exmouth St, SARNIA, ON, N7T 5P5
(519) 339-1300   SIC 6021

BANK OF NOVA SCOTIA, THE p830
293 Bay St Suite 79, SAULT STE. MARIE, ON, P6A 1X3
(705) 254-7660   SIC 6021

BANK OF NOVA SCOTIA, THE p836
3475 Lawrence Ave E, SCARBOROUGH, ON, M1H 1B2
(416) 439-2333   SIC 6021

BANK OF NOVA SCOTIA, THE p838
2201 Eglinton Ave E Suite 1, SCARBOROUGH, ON, M1L 4S2
(416) 701-7307   SIC 6021

BANK OF NOVA SCOTIA, THE p838
1940 Eglinton Ave E, SCARBOROUGH, ON, M1L 4R1
(416) 288-4645   SIC 6021

BANK OF NOVA SCOTIA, THE p838
2668 Eglinton Ave E, SCARBOROUGH, ON, M1K 2S3
(416) 266-4446   SIC 6021

BANK OF NOVA SCOTIA, THE p840
300 Borough Dr Unit 2, SCARBOROUGH, ON, M1P 4P5
(416) 296-5626   SIC 6021

BANK OF NOVA SCOTIA, THE p845
250 Alton Towers Cir Suite 1, SCARBOROUGH, ON, M1V 3Z4
(416) 297-6500   SIC 6021

BANK OF NOVA SCOTIA, THE p846
2900 Warden Ave, SCARBOROUGH, ON, M1W 2S8
(416) 497-7012   SIC 6021

BANK OF NOVA SCOTIA, THE p849
92 Lombard St, SMITHS FALLS, ON, K7A 4G5
(613) 284-4111   SIC 6021

BANK OF NOVA SCOTIA, THE p854
185 St. Paul St Ste 177, ST CATHARINES, ON, L2R 3M5
(905) 684-2021   SIC 6021

BANK OF NOVA SCOTIA, THE p855
500 Glenridge Ave, ST CATHARINES, ON, L2S 3A1
(905) 684-6988   SIC 6021

BANK OF NOVA SCOTIA, THE p864
1 Ontario St, STRATFORD, ON, N5A 3G7
(519) 272-8250   SIC 6021

BANK OF NOVA SCOTIA, THE p867
1094 Barrydowne Rd, SUDBURY, ON, P3A 3V3
(705) 560-2700   SIC 6021

BANK OF NOVA SCOTIA, THE p875
7700 Bathurst St Suite 18, THORNHILL, ON, L4J 7Y3
(905) 731-8009   SIC 6021

BANK OF NOVA SCOTIA, THE p877
745 Hewitson St, THUNDER BAY, ON, P7B 6B5
(807) 623-5626   SIC 6021

BANK OF NOVA SCOTIA, THE p877
225 Red River Rd, THUNDER BAY, ON, P7B 1A7
(807) 343-5600   SIC 6021

BANK OF NOVA SCOTIA, THE p882
199 Broadway St, TILLSONBURG, ON, N4G 3P9
(519) 688-6400   SIC 6021

BANK OF NOVA SCOTIA, THE p883
1 Pine St S Suite Bank, TIMMINS, ON, P4N 2J9
(705) 268-8030   SIC 6021

BANK OF NOVA SCOTIA, THE p892
2072 Danforth Ave, TORONTO, ON, M4C 1J6
(416) 425-8444   SIC 6021

BANK OF NOVA SCOTIA, THE p894
661 Danforth Ave, TORONTO, ON, M4J 1L2
SIC 6021

BANK OF NOVA SCOTIA, THE p894
363 Broadview Ave, TORONTO, ON, M4K 2M7
(416) 465-3531   SIC 6021

BANK OF NOVA SCOTIA, THE p903
555 Yonge St, TORONTO, ON, M4Y 3A6
(416) 515-2800   SIC 6021

BANK OF NOVA SCOTIA, THE p907
20 Adelaide St E Suite 601, TORONTO, ON, M5C 2T6
(416) 866-4666   SIC 6021

BANK OF NOVA SCOTIA, THE p907
100 Yonge St Suite 1801, TORONTO, ON, M5C 2W1
(416) 866-7075   SIC 6021

BANK OF NOVA SCOTIA, THE p912
40 King St W Suite 1500, TORONTO, ON, M5H 3Y2
(416) 933-1392   SIC 6021

BANK OF NOVA SCOTIA, THE p913
392 Bay St, TORONTO, ON, M5H 3K5
(416) 866-5700   SIC 6021

BANK OF NOVA SCOTIA, THE p927
292 Spadina Ave, TORONTO, ON, M5T 2E7
(416) 866-4612   SIC 6021

BANK OF NOVA SCOTIA, THE p927
347 Bathurst St, TORONTO, ON, M5T 2S7
(416) 866-6651   SIC 6021

BANK OF NOVA SCOTIA, THE p928
222 Queen St W, TORONTO, ON, M5V 1Z3
(416) 866-6591   SIC 6021

BANK OF NOVA SCOTIA, THE p934
643 College St, TORONTO, ON, M6G 1B7
(416) 537-2191   SIC 6021

BANK OF NOVA SCOTIA, THE p939
2295 Bloor St W, TORONTO, ON, M6S 1P1
(416) 760-2330   SIC 6021

BANK OF NOVA SCOTIA, THE p943
68 Dundas St W, TRENTON, ON, K8V 3P3
(613) 392-2531   SIC 6021

BANK OF NOVA SCOTIA, THE p948
541 James St, WALLACEBURG, ON, N8A 2P1
(519) 627-2268   SIC 6021

BANK OF NOVA SCOTIA, THE p949
1263 Mosley St Unit 1, WASAGA BEACH, ON, L9Z 9Y7
(705) 429-0977   SIC 6021

BANK OF NOVA SCOTIA, THE p950
115 King St S, WATERLOO, ON, N2J 5A3
(519) 886-2500   SIC 6021

BANK OF NOVA SCOTIA, THE p962
7041 Tecumseh Rd E, WINDSOR, ON, N8T 3K7
(519) 974-4530   SIC 6021

BANK OF NOVA SCOTIA, THE p963
3751 Tecumseh Rd E, WINDSOR, ON, N8W 1H8
(519) 974-4500   SIC 6021

BANK OF NOVA SCOTIA, THE p967
388 Ouellette Ave, WINDSOR, ON, N9A 1A6
(519) 973-5300   SIC 6021

BANK OF NOVA SCOTIA, THE p971
3889 Dougall Ave, WINDSOR, ON, N9G 1X3
(519) 969-0251   SIC 6021

BANK OF NOVA SCOTIA, THE p972
9333 Weston Rd Unit 1, WOODBRIDGE, ON, L4H 3G8
(905) 303-5990   SIC 6021

BANK OF NOVA SCOTIA, THE p973
7600 Weston Rd Suite 3, WOODBRIDGE, ON, L4L 8B7
(905) 850-1805   SIC 6021

BANK OF NOVA SCOTIA, THE p976
485 Dundas St, WOODSTOCK, ON, N4S 1C3
(519) 421-5295   SIC 6021

BANK OF NOVA SCOTIA, THE p980
135 St. Peters Rd, CHARLOTTETOWN, PE, C1A 5P3
(902) 894-5013   SIC 6021

BANK OF NOVA SCOTIA, THE p980

BUSINESSES BY INDUSTRY CLASSIFICATION

SIC 6021 National commercial banks

Gd, CHARLOTTETOWN, PE, C1A 7L4
(902) 566-5004   SIC 6021
BANK OF NOVA SCOTIA, THE   p984
274 Water St, SUMMERSIDE, PE, C1N 1B8
(902) 436-2204   SIC 6021
BANK OF NOVA SCOTIA, THE   p1006
2151 Boul Lapiniere Bureau A27, BROSSARD, QC, J4W 2T5
(450) 672-4570   SIC 6021
BANK OF NOVA SCOTIA, THE   p1072
2235 Boul Roland-Therrien, LONGUEUIL, QC, J4N 1P2
(450) 647-4770   SIC 6021
BANK OF NOVA SCOTIA, THE   p1076
258 Montee Masson, MASCOUCHE, QC, J7K 3B5
(450) 474-7575   SIC 6021
BANK OF NOVA SCOTIA, THE   p1081
2380 Ch Lucerne, MONT-ROYAL, QC, H3R 2J8
(514) 735-2261   SIC 6021
BANK OF NOVA SCOTIA, THE   p1096
352 Rue Chabanel O, Montreal, QC, H2N 1G6
(514) 385-2447   SIC 6021
BANK OF NOVA SCOTIA, THE   p1105
1900 Av Mcgill College, Montreal, QC, H3A 3L2
SIC 6021
BANK OF NOVA SCOTIA, THE   p1105
1002 Rue Sherbrooke O Bureau 200, Montreal, QC, H3A 3L6
(514) 499-5432   SIC 6021
BANK OF NOVA SCOTIA, THE   p1105
1800 Av Mcgill College Bureau 1600, Montreal, QC, H3A 3K9
(514) 281-8811   SIC 6021
BANK OF NOVA SCOTIA, THE   p1105
1002 Rue Sherbrooke O Bureau 600, Montreal, QC, H3A 3L6
(514) 287-3600   SIC 6021
BANK OF NOVA SCOTIA, THE   p1109
1111 Rue Sainte-Catherine O, Montreal, QC, H3B 1J4
SIC 6021
BANK OF NOVA SCOTIA, THE   p1116
1922 Rue Sainte-Catherine O Bureau 300, Montreal, QC, H3H 1M4
(514) 846-8017   SIC 6021
BANK OF NOVA SCOTIA, THE   p1125
7885 Boul Decarie, Montreal, QC, H4P 2H2
(514) 731-6844   SIC 6021
BANK OF NOVA SCOTIA, THE   p1141
6815 Aut Transcanadienne Bureau 21, POINTE-CLAIRE, QC, H9R 1C4
(514) 695-5230   SIC 6021
BANK OF NOVA SCOTIA, THE   p1256
3070 Boul De La Gare, VAUDREUIL-DORION, QC, J7V 0H1
(450) 455-2233   SIC 6021
BANK OF NOVA SCOTIA, THE   p1275
303 Main St N, MOOSE JAW, SK, S6H 0W2
(306) 693-3691   SIC 6021
BANK OF NOVA SCOTIA, THE   p1279
800 15th St E Suite 230, PRINCE ALBERT, SK, S6V 8E3
(306) 764-3401   SIC 6021
BANK OF NOVA SCOTIA, THE   p1284
1901 Hamilton St, REGINA, SK, S4P 2C7
(306) 780-1200   SIC 6021
BANK OF NOVA SCOTIA, THE   p1286
3835 Sherwood Dr, REGINA, SK, S4R 4A8
(306) 780-1220   SIC 6021
BANK OF NOVA SCOTIA, THE   p1292
1004 8th St E, SASKATOON, SK, S7H 0R9
(306) 668-1480   SIC 6021
BANK OF NOVA SCOTIA, THE   p1292
3510 8th St E, SASKATOON, SK, S7H 0W6
(306) 668-1600   SIC 6021
BANK OF NOVA SCOTIA, THE   p1294
111 2nd Ave S, SASKATOON, SK, S7K 1K6
(306) 668-1400   SIC 6021
BANK OF NOVA SCOTIA, THE   p1299
201 Avenue S N, SASKATOON, SK, S7L 2Z7
SIC 6021
BANK OF NOVA SCOTIA, THE   p1301
306 20th St W Suite 20, SASKATOON, SK, S7M 0X2
(306) 668-1540   SIC 6021
BANK OF NOVA SCOTIA, THE   p1301
2410 22nd St W Unit 9, SASKATOON, SK, S7M 5S6
(306) 668-1565   SIC 6021
BANK OF NOVA SCOTIA, THE   p1311
212 Main St, WHITEHORSE, YT, Y1A 2B1
(867) 667-6231   SIC 6021
BANK OF TOKYO-MITSUBISHI UFJ (CANADA)   p306
666 Burrard St Unit 950, VANCOUVER, BC, V6C 3L1
(604) 691-7300   SIC 6021
BANQUE LAURENTIENNE DU CANADA   p576
2972 Bloor St W, ETOBICOKE, ON, M8X 1B9
(416) 236-1761   SIC 6021
BANQUE LAURENTIENNE DU CANADA   p655
150 Dufferin Ave, LONDON, ON, N6A 5N6
(519) 888-1717   SIC 6021
BANQUE LAURENTIENNE DU CANADA   p747
5615 Yonge St, NORTH YORK, ON, M2M 4G3
(416) 250-8080   SIC 6021
BANQUE LAURENTIENNE DU CANADA   p989
7050 Rue Jarry, ANJOU, QC, H1J 1G4
(514) 351-1279   SIC 6021
BANQUE LAURENTIENNE DU CANADA   p1018
1899 Boul Rene-Laennec, Cote Saint-Luc, QC, H7M 5E2
(450) 629-1459   SIC 6021
BANQUE LAURENTIENNE DU CANADA   p1040
40 Rue Evangeline, GRANBY, QC, J2G 8K1
(450) 378-7942   SIC 6021
BANQUE LAURENTIENNE DU CANADA   p1045
373 Rue Notre-Dame, JOLIETTE, QC, J6E 3H5
(450) 759-3132   SIC 6021
BANQUE LAURENTIENNE DU CANADA   p1060
8262 Boul Champlain, LASALLE, QC, H8P 1B5
(514) 367-1411   SIC 6021
BANQUE LAURENTIENNE DU CANADA   p1060
8787 Boul Newman, LASALLE, QC, H8R 1Y9
(514) 363-0113   SIC 6021
BANQUE LAURENTIENNE DU CANADA   p1070
4 Rue Saint-Charles E, LONGUEUIL, QC, J4H 1A9
(514) 284-7809   SIC 6021
BANQUE LAURENTIENNE DU CANADA   p1075
111 Boul Desjardins, MANIWAKI, QC, J9E 2C9
(800) 252-1846   SIC 6021
BANQUE LAURENTIENNE DU CANADA   p1087
4155 Rue Belanger, Montreal, QC, H1T 1A2
(514) 376-6963   SIC 6021
BANQUE LAURENTIENNE DU CANADA   p1089
3720 Rue Ontario E, Montreal, QC, H1W 1R9
(514) 523-1144   SIC 6021
BANQUE LAURENTIENNE DU CANADA   p1094
936 Rue Sainte-Catherine E, Montreal, QC, H2L 2E7
(514) 842-8093   SIC 6021
BANQUE LAURENTIENNE DU CANADA   p1096
555 Rue Chabanel O Unite 1500, Montreal, QC, H2N 2H7
(514) 284-4600   SIC 6021
BANQUE LAURENTIENNE DU CANADA   p1097
10 Rue Jean-Talon E, Montreal, QC, H2R 1S3
(514) 273-1585   SIC 6021
BANQUE LAURENTIENNE DU CANADA   p1109
1100 Boul Rene-Levesque O, Montreal, QC, H3B 4N4
(514) 874-0750   SIC 6021
BANQUE LAURENTIENNE DU CANADA   p1114
1390 Rue Barre, Montreal, QC, H3C 5X9
(514) 989-1487   SIC 6021
BANQUE LAURENTIENNE DU CANADA   p1119
2490 Rue De Salaberry, Montreal, QC, H3M 1K9
(514) 334-7481   SIC 6021
BANQUE LAURENTIENNE DU CANADA   p1123
4080 Rue Saint-Jacques, Montreal, QC, H4C 1J2
(514) 935-9624   SIC 6021
BANQUE LAURENTIENNE DU CANADA   p1124
1805 Rue Sauve O Bureau 105, Montreal, QC, H4N 3B8
(514) 748-6150   SIC 6021
BANQUE LAURENTIENNE DU CANADA   p1126
6640 Av Somerled, Montreal, QC, H4V 1T2
(514) 481-2728   SIC 6021
BANQUE LAURENTIENNE DU CANADA   p1136
1447 Av Van Horne, OUTREMONT, QC, H2V 1K9
(514) 274-7792   SIC 6021
BANQUE LAURENTIENNE DU CANADA   p1159
2828 Boul Laurier Bureau 100, Quebec, QC, G1V 0B9
(418) 659-4955   SIC 6021
BANQUE LAURENTIENNE DU CANADA   p1203
1430 Rue Poirier, SAINT-LAURENT, QC, H4L 1H3
(514) 252-1846   SIC 6021
BANQUE LAURENTIENNE DU CANADA   p1215
4725 Rue Jarry E, SAINT-LEONARD, QC, H1R 1X7
(514) 374-0817   SIC 6021
BANQUE LAURENTIENNE DU CANADA   p1258
5501 Rue De Verdun, VERDUN, QC, H4H 1K9
SIC 6021
BANQUE LAURENTIENNE DU CANADA   p1262
4287 Rue Sherbrooke O, WESTMOUNT, QC, H3Z 1C8
(514) 481-0318   SIC 6021
BANQUE NATIONALE DU CANADA   p40
407 8 Ave Sw Suite 1000, CALGARY, AB, T2P 1E5
(403) 294-4917   SIC 6021
BANQUE NATIONALE DU CANADA   p776
5929 Jeanne D'arc Blvd S Suite Aa, ORLEANS, ON, K1C 6V8
(613) 830-9327   SIC 6021
BANQUE NATIONALE DU CANADA   p788
242 Rideau St, OTTAWA, ON, K1N 0B7
(613) 241-9110   SIC 6021
BANQUE NATIONALE DU CANADA   p913
145 King St W Suite 710, TORONTO, ON, M5H 1J8
(416) 864-7981   SIC 6021
BANQUE NATIONALE DU CANADA   p913
121 King St W Suite 1700, TORONTO, ON, M5H 3T9
(416) 864-7791   SIC 6021
BANQUE NATIONALE DU CANADA   p932
130 King St W Suite 3200, TORONTO, ON, M5X 2A2
(416) 864-7759   SIC 6021
BANQUE NATIONALE DU CANADA   p988
101 1re Av O, AMOS, QC, J9T 1V1
(819) 727-9391   SIC 6021
BANQUE NATIONALE DU CANADA   p993
277 1re Av, ASBESTOS, QC, J1T 1Y6
(819) 879-5471   SIC 6021
BANQUE NATIONALE DU CANADA   p997
180 Boul Sir-Wilfrid-Laurier, BELOEIL, QC, J3G 4G7
(450) 467-0231   SIC 6021
BANQUE NATIONALE DU CANADA   p1006
8200 Boul Taschereau Bureau 1400, BROSSARD, QC, J4X 2S6
(450) 923-1000   SIC 6021
BANQUE NATIONALE DU CANADA   p1010
1117 Boul De Perigny, CHAMBLY, QC, J3L 1W7
(450) 658-4374   SIC 6021
BANQUE NATIONALE DU CANADA   p1011
99 Boul D'anjou, Chateauguay, QC, J6J 2R2
(450) 692-1990   SIC 6021
BANQUE NATIONALE DU CANADA   p1013
1180 Boul Talbot Bureau 201, CHICOUTIMI, QC, G7H 4B6
(418) 545-1655   SIC 6021
BANQUE NATIONALE DU CANADA   p1018
3 Place Laval Bureau 60, Cote Saint-Luc, QC, H7N 1A2
(450) 442-9091   SIC 6021
BANQUE NATIONALE DU CANADA   p1024
3550 Boul Des Sources, DOLLARD-DES-ORMEAUX, QC, H9B 1Z9
(514) 684-5670   SIC 6021
BANQUE NATIONALE DU CANADA   p1028
1950 Boul Saint-Joseph, DRUMMONDVILLE, QC, J2B 1R2
(819) 477-9494   SIC 6021
BANQUE NATIONALE DU CANADA   p1040
193 Rue Principale, GRANBY, QC, J2G 2V5
(450) 372-5859   SIC 6021
BANQUE NATIONALE DU CANADA   p1051
60 Boul Don-Quichotte, L'Ile-Perrot, QC, J7V 6L7
(514) 453-7142   SIC 6021
BANQUE NATIONALE DU CANADA   p1059
8449 Boul Newman, LASALLE, QC, H8N 2Y7
(514) 367-0112   SIC 6021
BANQUE NATIONALE DU CANADA   p1062
2500 Boul Daniel-Johnson Bureau 100, Laval, QC, H7T 2P6
(450) 686-7030   SIC 6021
BANQUE NATIONALE DU CANADA   p1064
49b Rte Du President-Kennedy Bureau 200, Levis, QC, G6V 6C3
(418) 833-8020   SIC 6021
BANQUE NATIONALE DU CANADA   p1097
8091 Rue Saint-Denis, Montreal, QC, H2R 2G2
(514) 381-2391   SIC 6021
BANQUE NATIONALE DU CANADA   p1101
500 Place D'armes Bureau 500, Montreal, QC, H2Y 2W3
(514) 271-4166   SIC 6021
BANQUE NATIONALE DU CANADA   p1101
500 Place D'armes Bureau 500, Montreal, QC, H2Y 2W3
(514) 394-6642   SIC 6021
BANQUE NATIONALE DU CANADA   p1105
955 Boul De Maisonneuve O, Montreal, QC, H3A 1M4
(514) 281-9620   SIC 6021
BANQUE NATIONALE DU CANADA   p1118
451 Boul Henri-Bourassa E, Montreal, QC, H3L 1C5
(514) 387-6291   SIC 6021
BANQUE NATIONALE DU CANADA   p1120

▲ Public Company   ■ Public Company Family Member   HQ Headquarters   BR Branch   SL Single Location

5355 Ch De La Cote-Des-Neiges, Montreal, QC, H3T 1Y4
(514) 340-9550 SIC 6021
BANQUE NATIONALE DU CANADA p1126
2 Complexe Desjardins, Montreal, QC, H5B 1B4
(514) 281-9650 SIC 6021
BANQUE NATIONALE DU CANADA p1127
3131 Boul De La Concorde E Bureau A, Montreal, QC, H7E 4W4
(450) 661-4132 SIC 6021
BANQUE NATIONALE DU CANADA p1131
47 Boul Samson, Montreal, QC, H7X 3R8
(450) 689-2120 SIC 6021
BANQUE NATIONALE DU CANADA p1132
6425 Boul Leger, MONTREAL-NORD, QC, H1G 6J7
(514) 327-1611 SIC 6021
BANQUE NATIONALE DU CANADA p1137
14965 Boul De Pierrefonds, PIERREFONDS, QC, H9H 4M5
(514) 626-7330 SIC 6021
BANQUE NATIONALE DU CANADA p1145
945 Av Nordique, Quebec, QC, G1C 7S8
(418) 661-8772 SIC 6021
BANQUE NATIONALE DU CANADA p1147
8500 Boul Henri-Bourassa Bureau 213, Quebec, QC, G1G 5X1
(418) 628-8565 SIC 6021
BANQUE NATIONALE DU CANADA p1147
4605 1re Av, Quebec, QC, G1H 2T1
(418) 628-1331 SIC 6021
BANQUE NATIONALE DU CANADA p1156
150 Boul Rene-Levesque E, Quebec, QC, G1R 5B1
(418) 647-6100 SIC 6021
BANQUE NATIONALE DU CANADA p1156
333 Grande Allee E Bureau 400, Quebec, QC, G1R 5W3
(418) 521-6400 SIC 6021
BANQUE NATIONALE DU CANADA p1169
1135 Boul Pie-Xi N, Quebec, QC, G3K 2P8
(418) 847-7069 SIC 6021
BANQUE NATIONALE DU CANADA p1170
100 Boul Brien Bureau 54, REPENTIGNY, QC, J6A 5N4
(450) 585-8111 SIC 6021
BANQUE NATIONALE DU CANADA p1170
165 Rue Notre-Dame, REPENTIGNY, QC, J6A 0A8
(450) 585-5900 SIC 6021
BANQUE NATIONALE DU CANADA p1174
295 Boul Armand-Theriault, Riviere-du-Loup, QC, G5R 5H3
(418) 862-7248 SIC 6021
BANQUE NATIONALE DU CANADA p1186
761 Boul Arthur-Sauve, SAINT-EUSTACHE, QC, J7R 4K3
(450) 472-8772 SIC 6021
BANQUE NATIONALE DU CANADA p1189
11485 1re Av, SAINT-GEORGES, QC, G5Y 2C7
(418) 228-8828 SIC 6021
BANQUE NATIONALE DU CANADA p1194
1955 Rue Des Cascades, SAINT-HYACINTHE, QC, J2S 8K9
(450) 773-6111 SIC 6021
BANQUE NATIONALE DU CANADA p1198
400 Boul Du Seminaire N Bureau D1, SAINT-JEAN-SUR-RICHELIEU, QC, J3B 5L2
(450) 348-6131 SIC 6021
BANQUE NATIONALE DU CANADA p1201
265 Rue Saint-Georges Bureau 100, Saint-Jerome, QC, J7Z 5A1
(450) 436-3314 SIC 6021
BANQUE NATIONALE DU CANADA p1206
1130 Boul Marcel-Laurin, SAINT-LAURENT, QC, H4R 1J7
(514) 332-4220 SIC 6021
BANQUE NATIONALE DU CANADA p1214
8020 Boul Langelier, SAINT-LEONARD, QC, H1P 3K1
(514) 327-4133 SIC 6021
BANQUE NATIONALE DU CANADA p1215

8730 Boul Provencher, SAINT-LEONARD, QC, H1R 3N7
(514) 729-1886 SIC 6021
BANQUE NATIONALE DU CANADA p1226
1033 Boul Armand-Frappier, SAINTE-JULIE, QC, J3E 3R5
(450) 649-1141 SIC 6021
BANQUE NATIONALE DU CANADA p1227
160 Rue Notre-Dame N, SAINTE-MARIE, QC, G6E 3Z9
(418) 387-2333 SIC 6021
BANQUE NATIONALE DU CANADA p1230
206 Boul Du Cure-Labelle, SAINTE-THERESE, QC, J7E 2X7
(450) 430-2077 SIC 6021
BANQUE NATIONALE DU CANADA p1236
578 Rue King E, SHERBROOKE, QC, J1G 1B5
(819) 346-8448 SIC 6021
BANQUE NATIONALE DU CANADA p1238
3075 Boul De Portland, SHERBROOKE, QC, J1L 2Y7
(819) 563-4011 SIC 6021
BANQUE NATIONALE DU CANADA p1241
58 Rue Du Roi, SOREL-TRACY, QC, J3P 4M7
(450) 742-5684 SIC 6021
BANQUE NATIONALE DU CANADA p1244
1080 Boul Des Seigneurs, TERREBONNE, QC, J6W 3W4
(450) 471-3768 SIC 6021
BANQUE NATIONALE DU CANADA p1245
2135 Ch Gascon, TERREBONNE, QC, J6X 4H2
(450) 964-4859 SIC 6021
BANQUE NATIONALE DU CANADA p1247
305 Rue Barkoff, Trois-Rivieres, QC, G8T 2A5
(819) 376-3735 SIC 6021
BANQUE NATIONALE DU CANADA p1250
324 Rue Des Forges Bureau 200, Trois-Rivieres, QC, G9A 2G8
(819) 378-2771 SIC 6021
BANQUE NATIONALE DU CANADA p1258
174 Rue Notre-Dame E Bureau 2e, VICTORIAVILLE, QC, G6P 4A1
(819) 758-5261 SIC 6021
BANQUE TORONTO-DOMINION, LA p5
5037 50 St, BARRHEAD, AB, T7N 1A5
(780) 674-2216 SIC 6021
BANQUE TORONTO-DOMINION, LA p9
2045 34 St Ne, CALGARY, AB, T1Y 6Z2
(403) 292-1254 SIC 6021
BANQUE TORONTO-DOMINION, LA p14
1804 36 St Se, CALGARY, AB, T2B 0X6
(403) 299-3429 SIC 6021
BANQUE TORONTO-DOMINION, LA p27
305 Centre St Sw, CALGARY, AB, T2G 2B9
(403) 292-1830 SIC 6021
BANQUE TORONTO-DOMINION, LA p34
755 Lake Bonavista Dr Se, CALGARY, AB, T2J 0N3
(403) 299-3400 SIC 6021
BANQUE TORONTO-DOMINION, LA p34
10816 Macleod Trail Se Suite 234, CALGARY, AB, T2J 5N8
(403) 271-0202 SIC 6021
BANQUE TORONTO-DOMINION, LA p40
317 7 Ave Sw Suite 180, CALGARY, AB, T2P 2Y9
(403) 292-1221 SIC 6021
BANQUE TORONTO-DOMINION, LA p40
300 5 Ave Sw Suite 31, CALGARY, AB, T2P 3C4
(403) 292-1012 SIC 6021
BANQUE TORONTO-DOMINION, LA p40
355 4 Ave Sw, CALGARY, AB, T2P 0J1
(403) 292-1165 SIC 6021
BANQUE TORONTO-DOMINION, LA p53
1600 90 Ave Sw Suite C143, CALGARY, AB, T2V 5A8
(403) 252-5352 SIC 6021
BANQUE TORONTO-DOMINION, LA p55
69 Shawville Blvd Se, CALGARY, AB, T2Y 3P3

(403) 215-5670 SIC 6021
BANQUE TORONTO-DOMINION, LA p56
4307 130 Ave Se Suite 20, CALGARY, AB, T2Z 3V8
(403) 257-7120 SIC 6021
BANQUE TORONTO-DOMINION, LA p58
5005 Dalhousie Dr Nw Suite 303, CALGARY, AB, T3A 5R8
(403) 543-7280 SIC 6021
BANQUE TORONTO-DOMINION, LA p58
4880 32 Ave Nw, CALGARY, AB, T3A 4N7
(403) 299-3255 SIC 6021
BANQUE TORONTO-DOMINION, LA p61
260 Crowfoot Cres Nw, CALGARY, AB, T3G 3N5
(403) 299-3418 SIC 6021
BANQUE TORONTO-DOMINION, LA p64
8118 Beddington Blvd Nw, CALGARY, AB, T3K 2R6
(403) 275-4033 SIC 6021
BANQUE TORONTO-DOMINION, LA p73
13318 50 St Nw, EDMONTON, AB, T5A 4Z8
(780) 456-8578 SIC 6021
BANQUE TORONTO-DOMINION, LA p74
36 Londonderry Mall Nw, EDMONTON, AB, T5C 3C8
(780) 448-8630 SIC 6021
BANQUE TORONTO-DOMINION, LA p75
13711 93 St Nw, EDMONTON, AB, T5E 5V6
(780) 475-6671 SIC 6021
BANQUE TORONTO-DOMINION, LA p79
10088 102 Ave Nw Suite 2601, EDMONTON, AB, T5J 2Z1
(780) 448-8156 SIC 6021
BANQUE TORONTO-DOMINION, LA p79
400 Edmonton City Centre Nw Suite 445, EDMONTON, AB, T5J 4H5
(780) 415-7283 SIC 6021
BANQUE TORONTO-DOMINION, LA p83
11704 Jasper Ave Nw, EDMONTON, AB, T5K 0N3
(780) 448-8480 SIC 6021
BANQUE TORONTO-DOMINION, LA p94
6655 178 St Nw Suite 120, EDMONTON, AB, T5T 4J5
(780) 448-8360 SIC 6021
BANQUE TORONTO-DOMINION, LA p98
12645 142 Ave Nw, EDMONTON, AB, T5X 5Y8
(780) 472-2400 SIC 6021
BANQUE TORONTO-DOMINION, LA p103
10864 82 Ave Nw, EDMONTON, AB, T6E 2B3
(780) 448-8450 SIC 6021
BANQUE TORONTO-DOMINION, LA p103
10864 82 Ave Nw, EDMONTON, AB, T6E 2B3
(780) 448-8435 SIC 6021
BANQUE TORONTO-DOMINION, LA p110
2325 111 St Nw, EDMONTON, AB, T6J 5E5
(780) 448-8282 SIC 6021
BANQUE TORONTO-DOMINION, LA p110
4108 Calgary Trail Nw, EDMONTON, AB, T6J 6Y6
(780) 434-6481 SIC 6021
BANQUE TORONTO-DOMINION, LA p111
133 Millbourne Shopping Centre Nw, EDMONTON, AB, T6K 3L6
(780) 462-4625 SIC 6021
BANQUE TORONTO-DOMINION, LA p139
2033 Mayor Magrath Dr S, LETHBRIDGE, AB, T1K 2S2
(403) 381-5030 SIC 6021
BANQUE TORONTO-DOMINION, LA p143
601 3 St Se, MEDICINE HAT, AB, T1A 0H4
(403) 528-6300 SIC 6021
BANQUE TORONTO-DOMINION, LA p156
5001 19 St Unit 500, RED DEER, AB, T4R 3R1
(403) 342-4700 SIC 6021
BANQUE TORONTO-DOMINION, LA p165
100 Jennifer Heil Way Ste 10, SPRUCE GROVE, AB, T7X 4B8

(780) 962-0404 SIC 6021
BANQUE TORONTO-DOMINION, LA p174
5002 50 Ave, WETASKIWIN, AB, T9A 0S4
(780) 361-5200 SIC 6021
BANQUE TORONTO-DOMINION, LA p176
2130 Sumas Way, ABBOTSFORD, BC, V2S 2C7
(604) 870-3950 SIC 6021
BANQUE TORONTO-DOMINION, LA p178
32435 South Fraser Way Suite 1, ABBOTSFORD, BC, V2T 1X4
(604) 850-5921 SIC 6021
BANQUE TORONTO-DOMINION, LA p186
1933 Willingdon Ave Suite 2, BURNABY, BC, V5C 5J3
(604) 654-3939 SIC 6021
BANQUE TORONTO-DOMINION, LA p219
500 Notre Dame Dr Suite 500, KAMLOOPS, BC, V2C 6T6
(250) 314-3000 SIC 6021
BANQUE TORONTO-DOMINION, LA p224
1950 Harvey Ave Suite 150, KELOWNA, BC, V1Y 8J8
(250) 762-4142 SIC 6021
BANQUE TORONTO-DOMINION, LA p235
20398 Dewdney Trunk Rd Unit 200, MAPLE RIDGE, BC, V2X 3E3
(604) 460-2925 SIC 6021
BANQUE TORONTO-DOMINION, LA p235
22709 Lougheed Hwy Unit 560, MAPLE RIDGE, BC, V2X 2V5
(604) 466-6800 SIC 6021
BANQUE TORONTO-DOMINION, LA p238
32555 London Ave Suite 140, MISSION, BC, V2V 6M7
(604) 820-5600 SIC 6021
BANQUE TORONTO-DOMINION, LA p240
1150 Terminal Ave N Suite 1, NANAIMO, BC, V9S 5L6
(250) 754-7731 SIC 6021
BANQUE TORONTO-DOMINION, LA p244
610 Sixth St Suite 237, NEW WESTMINSTER, BC, V3L 3C2
(604) 654-5394 SIC 6021
BANQUE TORONTO-DOMINION, LA p249
1315 Marine Dr, NORTH VANCOUVER, BC, V7P 3E5
(604) 984-4282 SIC 6021
BANQUE TORONTO-DOMINION, LA p251
115 Alberni Hwy, PARKSVILLE, BC, V9P 2G9
(250) 248-7329 SIC 6021
BANQUE TORONTO-DOMINION, LA p252
390 Main St, PENTICTON, BC, V2A 5C3
(250) 492-0145 SIC 6021
BANQUE TORONTO-DOMINION, LA p252
2210 Main St Suite 130, PENTICTON, BC, V2A 5H8
(250) 770-2333 SIC 6021
BANQUE TORONTO-DOMINION, LA p253
3008 3rd Ave, PORT ALBERNI, BC, V9Y 2A5
(250) 720-4810 SIC 6021
BANQUE TORONTO-DOMINION, LA p259
400 Victoria St Suite 390, PRINCE GEORGE, BC, V2L 2J7
(250) 614-2950 SIC 6021
BANQUE TORONTO-DOMINION, LA p271
6020 No. 3 Rd, RICHMOND, BC, V6Y 2B3
(604) 606-0700 SIC 6021
BANQUE TORONTO-DOMINION, LA p277
2406 Beacon Ave, SIDNEY, BC, V8L 1X4
(250) 655-5244 SIC 6021
BANQUE TORONTO-DOMINION, LA p290
2429 152 St Unit 100, SURREY, BC, V4P 1N4
(604) 541-2052 SIC 6021
BANQUE TORONTO-DOMINION, LA p299
511 41st Ave W, VANCOUVER, BC, V5Z 2M7
(604) 261-7266 SIC 6021
BANQUE TORONTO-DOMINION, LA p313
1690 Davie St, VANCOUVER, BC, V6G 1V9
(604) 683-5644 SIC 6021

BUSINESSES BY INDUSTRY CLASSIFICATION   SIC 6021 National commercial banks   2279

BANQUE TORONTO-DOMINION, LA p318
8005 Granville St, VANCOUVER, BC, V6P 4Z5
(604) 257-7830 SIC 6021

BANQUE TORONTO-DOMINION, LA p319
3396 Broadway W, VANCOUVER, BC, V6R 2B2
SIC 6021

BANQUE TORONTO-DOMINION, LA p323
1055 Dunsmuir St, VANCOUVER, BC, V7X 1L4
(604) 659-7452 SIC 6021

BANQUE TORONTO-DOMINION, LA p324
700 Georgia St W, VANCOUVER, BC, V7Y 1K8
(604) 654-3665 SIC 6021

BANQUE TORONTO-DOMINION, LA p324
700 Georgia St W Suite 1000, VANCOUVER, BC, V7Y 1K8
(604) 482-8400 SIC 6021

BANQUE TORONTO-DOMINION, LA p327
3675 Shelbourne St, VICTORIA, BC, V8P 4H1
(250) 405-5260 SIC 6021

BANQUE TORONTO-DOMINION, LA p328
2000 Cadboro Bay Rd, VICTORIA, BC, V8R 5G5
(250) 592-8111 SIC 6021

BANQUE TORONTO-DOMINION, LA p332
3530 Blanshard St, VICTORIA, BC, V8X 1W3
(250) 356-4121 SIC 6021

BANQUE TORONTO-DOMINION, LA p335
184 Wilson St Suite 100, VICTORIA, BC, V9A 7N6
(250) 405-6100 SIC 6021

BANQUE TORONTO-DOMINION, LA p343
137 3rd St, BIRCH RIVER, MB, R0L 0E0
SIC 6021

BANQUE TORONTO-DOMINION, LA p358
302 Edwards Ave, THE PAS, MB, R9A 1K6
(204) 627-4501 SIC 6021

BANQUE TORONTO-DOMINION, LA p358
501 Main St E, SWAN RIVER, MB, R0L 1Z0
(204) 734-4544 SIC 6021

BANQUE TORONTO-DOMINION, LA p359
300 Mystery Lake Rd, THOMPSON, MB, R8N 0M2
(204) 677-6083 SIC 6021

BANQUE TORONTO-DOMINION, LA p361
1615 Regent Ave W Suite 800, WINNIPEG, MB, R2C 5C6
(204) 988-2700 SIC 6021

BANQUE TORONTO-DOMINION, LA p367
270 St Anne's Rd, WINNIPEG, MB, R2M 3A4
SIC 6021

BANQUE TORONTO-DOMINION, LA p370
1375 Mcphillips St Suite 7, WINNIPEG, MB, R2V 3V1
(204) 985-4560 SIC 6021

BANQUE TORONTO-DOMINION, LA p370
2305 Mcphillips St Suite 400, WINNIPEG, MB, R2V 3E1
(204) 988-2457 SIC 6021

BANQUE TORONTO-DOMINION, LA p374
201 Portage Ave Suite 300, WINNIPEG, MB, R3B 3K6
(204) 988-2811 SIC 6021

BANQUE TORONTO-DOMINION, LA p399
77 Westmorland St Suite 100, FREDERICTON, NB, E3B 6Z3
(506) 458-8228 SIC 6021

BANQUE TORONTO-DOMINION, LA p406
860 Main St Suite 500, MONCTON, NB, E1C 1G2
(506) 853-4370 SIC 6021

BANQUE TORONTO-DOMINION, LA p416
44 Chipman Hill Suite 200, SAINT JOHN, NB, E2L 2A9
(506) 634-1870 SIC 6021

BANQUE TORONTO-DOMINION, LA p443
1475 Bedford Hwy, BEDFORD, NS, B4A 3Z5
(902) 835-7400 SIC 6021

BANQUE TORONTO-DOMINION, LA p461
6239 Quinpool Rd, HALIFAX, NS, B3L 1A4
(902) 422-7471 SIC 6021

BANQUE TORONTO-DOMINION, LA p465
42 Webster St, KENTVILLE, NS, B4N 1H7
(902) 678-2131 SIC 6021

BANQUE TORONTO-DOMINION, LA p487
98 Wilson St W, ANCASTER, ON, L9G 1N3
(905) 648-1805 SIC 6021

BANQUE TORONTO-DOMINION, LA p494
33 Collier St Suite Fl2, BARRIE, ON, L4M 1G5
(705) 721-6001 SIC 6021

BANQUE TORONTO-DOMINION, LA p494
320 Bayfield St, BARRIE, ON, L4M 3C1
(705) 721-6005 SIC 6021

BANQUE TORONTO-DOMINION, LA p501
202 Front St, BELLEVILLE, ON, K8N 2Z2
(613) 967-2222 SIC 6021

BANQUE TORONTO-DOMINION, LA p507
2379 Highway 2, BOWMANVILLE, ON, L1C 5A4
(905) 623-2514 SIC 6021

BANQUE TORONTO-DOMINION, LA p510
90 Great Lakes Dr, BRAMPTON, ON, L6R 2K7
(905) 790-8557 SIC 6021

BANQUE TORONTO-DOMINION, LA p513
25 Peel Centre Dr, BRAMPTON, ON, L6T 3R5
(905) 793-4880 SIC 6021

BANQUE TORONTO-DOMINION, LA p519
295a Queen St E, BRAMPTON, ON, L6W 3R1
(905) 451-4280 SIC 6021

BANQUE TORONTO-DOMINION, LA p521
545 Steeles Ave W, BRAMPTON, ON, L6Y 4E7
(905) 454-3540 SIC 6021

BANQUE TORONTO-DOMINION, LA p521
7686 Hurontario St, BRAMPTON, ON, L6Y 5B5
(905) 457-3201 SIC 6021

BANQUE TORONTO-DOMINION, LA p528
70 Market St, BRANTFORD, ON, N3T 2Z7
(519) 759-5679 SIC 6021

BANQUE TORONTO-DOMINION, LA p532
2000 Appleby Line Unit G1, BURLINGTON, ON, L7L 6M6
(905) 332-2240 SIC 6021

BANQUE TORONTO-DOMINION, LA p538
1505 Guelph Line, BURLINGTON, ON, L7P 3B6
(905) 335-1990 SIC 6021

BANQUE TORONTO-DOMINION, LA p542
81 Main St, CAMBRIDGE, ON, N1R 1W1
SIC 6021

BANQUE TORONTO-DOMINION, LA p542
200 Franklin Blvd, CAMBRIDGE, ON, N1R 8N8
(519) 622-1010 SIC 6021

BANQUE TORONTO-DOMINION, LA p547
699 King St E, CAMBRIDGE, ON, N3H 3N7
(519) 653-2363 SIC 6021

BANQUE TORONTO-DOMINION, LA p556
104 Hurontario St, COLLINGWOOD, ON, L9Y 2L8
(705) 445-4881 SIC 6021

BANQUE TORONTO-DOMINION, LA p556
104 Hurontario St, COLLINGWOOD, ON, L9Y 2L9
(705) 445-8243 SIC 6021

BANQUE TORONTO-DOMINION, LA p570
82 King St W, DUNDAS, ON, L9H 1T9
(905) 627-3559 SIC 6021

BANQUE TORONTO-DOMINION, LA p591
29 Main St S, GEORGETOWN, ON, L7G 3G2
(905) 877-2266 SIC 6021

BANQUE TORONTO-DOMINION, LA p594
1648 Montreal Rd, GLOUCESTER, ON, K1J 6N5
(613) 745-6533 SIC 6021

BANQUE TORONTO-DOMINION, LA p597
81 Crescent St Suite 24, GRAND BEND, ON, N0M 1T0
(519) 238-8435 SIC 6021

BANQUE TORONTO-DOMINION, LA p598
350 Eramosa Rd, GUELPH, ON, N1E 2M9
(519) 763-2020 SIC 6021

BANQUE TORONTO-DOMINION, LA p601
170 Silvercreek Pky N, GUELPH, ON, N1H 7P7
(519) 824-8100 SIC 6021

BANQUE TORONTO-DOMINION, LA p608
1900 King St E, HAMILTON, ON, L8K 1W1
(905) 545-7903 SIC 6021

BANQUE TORONTO-DOMINION, LA p610
100 King St W Suite 500, HAMILTON, ON, L8P 1A2
(905) 527-3626 SIC 6021

BANQUE TORONTO-DOMINION, LA p610
100 King St W Suite 1500, HAMILTON, ON, L8P 1A2
(905) 527-3626 SIC 6021

BANQUE TORONTO-DOMINION, LA p613
1119 Fennell Ave E, HAMILTON, ON, L8T 1S2
(905) 387-9500 SIC 6021

BANQUE TORONTO-DOMINION, LA p624
457 Hazeldean Rd Unit 28, KANATA, ON, K2L 1V1
(613) 592-8947 SIC 6021

BANQUE TORONTO-DOMINION, LA p631
27 Princess St Suite 202, KINGSTON, ON, K7L 1A3
(613) 544-5450 SIC 6021

BANQUE TORONTO-DOMINION, LA p638
2960 Kingsway Dr, KITCHENER, ON, N2C 1X1
(519) 885-8520 SIC 6021

BANQUE TORONTO-DOMINION, LA p640
381 King St W Suite 3rd, KITCHENER, ON, N2G 1B8
(519) 579-2160 SIC 6021

BANQUE TORONTO-DOMINION, LA p642
272 Highland Rd W, KITCHENER, ON, N2M 3C5
(519) 749-3277 SIC 6021

BANQUE TORONTO-DOMINION, LA p644
123 Pioneer Dr Suite 1, KITCHENER, ON, N2P 2A3
(519) 885-8555 SIC 6021

BANQUE TORONTO-DOMINION, LA p648
195 Main St E, LISTOWEL, ON, N4W 2B5
(519) 291-2840 SIC 6021

BANQUE TORONTO-DOMINION, LA p653
1314 Huron St, LONDON, ON, N5Y 4V2
(519) 451-0453 SIC 6021

BANQUE TORONTO-DOMINION, LA p654
1086 Commissioners Rd E, LONDON, ON, N5Z 4W8
(519) 649-2370 SIC 6021

BANQUE TORONTO-DOMINION, LA p655
220 Dundas St, LONDON, ON, N6A 1H3
(519) 663-1560 SIC 6021

BANQUE TORONTO-DOMINION, LA p655
380 Wellington St Suite 10, LONDON, ON, N6A 5B5
(519) 640-2856 SIC 6021

BANQUE TORONTO-DOMINION, LA p657
275 Dundas St, LONDON, ON, N6B 3L1
(519) 663-1500 SIC 6021

BANQUE TORONTO-DOMINION, LA p659
1420 Ernest Ave, LONDON, ON, N6E 2H8
(519) 686-6810 SIC 6021

BANQUE TORONTO-DOMINION, LA p661
215 Oxford St W, LONDON, ON, N6H 1S5
(519) 438-8311 SIC 6021

BANQUE TORONTO-DOMINION, LA p664
3029 Wonderland Rd S, LONDON, ON, N6L 1R4
(519) 668-3504 SIC 6021

BANQUE TORONTO-DOMINION, LA p667
2933 Major Mackenzie Dr, MAPLE, ON, L6A 3N9
(905) 832-2000 SIC 6021

BANQUE TORONTO-DOMINION, LA p670
7077 Kennedy Rd, MARKHAM, ON, L3R 0N8
(905) 946-8824 SIC 6021

BANQUE TORONTO-DOMINION, LA p681
252 Main St E, MILTON, ON, L9T 1N8
(905) 878-2834 SIC 6021

BANQUE TORONTO-DOMINION, LA p697
3037 Clayhill Rd, MISSISSAUGA, ON, L5B 4L2
(905) 949-6565 SIC 6021

BANQUE TORONTO-DOMINION, LA p699
1177 Central Pky W Suite 35, MISSISSAUGA, ON, L5C 4P3
(905) 896-3188 SIC 6021

BANQUE TORONTO-DOMINION, LA p713
20 Milverton Dr Suite 10, MISSISSAUGA, ON, L5R 3G2
(905) 568-3600 SIC 6021

BANQUE TORONTO-DOMINION, LA p713
728 Bristol Rd W, MISSISSAUGA, ON, L5R 4A3
(905) 507-0870 SIC 6021

BANQUE TORONTO-DOMINION, LA p722
7060 Mclaughlin Rd, MISSISSAUGA, ON, L5W 1W7
(905) 565-7220 SIC 6021

BANQUE TORONTO-DOMINION, LA p727
1547 Merivale Rd, NEPEAN, ON, K2G 4V3
(613) 226-7353 SIC 6021

BANQUE TORONTO-DOMINION, LA p727
1642 Merivale Rd, NEPEAN, ON, K2G 4A1
(613) 226-2224 SIC 6021

BANQUE TORONTO-DOMINION, LA p732
1155 Davis Dr, NEWMARKET, ON, L3Y 8R1
(905) 830-9650 SIC 6021

BANQUE TORONTO-DOMINION, LA p740
300 Lakeshore Dr, NORTH BAY, ON, P1A 3V2
(705) 474-1724 SIC 6021

BANQUE TORONTO-DOMINION, LA p741
240 Main St E, NORTH BAY, ON, P1B 1B1
(705) 472-4370 SIC 6021

BANQUE TORONTO-DOMINION, LA p743
3555 Don Mills Rd, NORTH YORK, ON, M2H 3N3
(416) 498-3331 SIC 6021

BANQUE TORONTO-DOMINION, LA p747
2518 Bayview Ave, NORTH YORK, ON, M2L 1A9
(416) 444-4457 SIC 6021

BANQUE TORONTO-DOMINION, LA p764
2325 Trafalgar Rd, OAKVILLE, ON, L6H 6N9
(905) 257-0255 SIC 6021

BANQUE TORONTO-DOMINION, LA p787
562 Montreal Rd, OTTAWA, ON, K1K 0T9
(613) 783-6210 SIC 6021

BANQUE TORONTO-DOMINION, LA p787
525 Coventry Rd, OTTAWA, ON, K1K 2C5
(613) 782-1219 SIC 6021

BANQUE TORONTO-DOMINION, LA p792
360 Albert St Suite 1100, OTTAWA, ON, K1R 7X7
(613) 783-1993 SIC 6021

BANQUE TORONTO-DOMINION, LA p793
1158 Bank St, OTTAWA, ON, K1S 3X8
(613) 783-6222 SIC 6021

BANQUE TORONTO-DOMINION, LA p795
2470 Bank St, OTTAWA, ON, K1V 8S2
(613) 526-2128 SIC 6021

BANQUE TORONTO-DOMINION, LA p796
1620 Scott St, OTTAWA, ON, K1Y 4S7
SIC 6021

BANQUE TORONTO-DOMINION, LA p797
1309 Carling Ave, OTTAWA, ON, K1Z 7L3
(613) 728-2681 SIC 6021

BANQUE TORONTO-DOMINION, LA p798
1800 Carling Ave, OTTAWA, ON, K2A 1E2
(613) 728-1802 SIC 6021

BANQUE TORONTO-DOMINION, LA p801
263 Elgin St, OTTAWA, ON, K2P 1L8
(613) 783-6260 SIC 6021

BANQUE TORONTO-DOMINION, LA p803
901 2nd Ave E, OWEN SOUND, ON, N4K 2H5

▲ Public Company   ■ Public Company Family Member   **HQ** Headquarters   **BR** Branch   **SL** Single Location

(519) 376-6510 SIC 6021
BANQUE TORONTO-DOMINION, LA p803
985 2nd Ave E Suite 101, OWEN SOUND, ON, N4K 2H5
(519) 376-2535 SIC 6021
BANQUE TORONTO-DOMINION, LA p809
Gd, PETERBOROUGH, ON, K9J 7H7
(705) 745-5777 SIC 6021
BANQUE TORONTO-DOMINION, LA p819
270 Raglan St S, RENFREW, ON, K7V 1R4
(613) 432-3682 SIC 6021
BANQUE TORONTO-DOMINION, LA p820
200-500 Highway 7 E, RICHMOND HILL, ON, L4B 1J1
(905) 764-7730 SIC 6021
BANQUE TORONTO-DOMINION, LA p832
44 Great Northern Rd, SAULT STE. MARIE, ON, P6B 4Y5
(705) 254-7355 SIC 6021
BANQUE TORONTO-DOMINION, LA p836
740 Progress Ave, SCARBOROUGH, ON, M1H 2X3
(416) 983-5204 SIC 6021
BANQUE TORONTO-DOMINION, LA p838
2428 Eglinton Ave E, SCARBOROUGH, ON, M1K 2P7
(416) 751-3810 SIC 6021
BANQUE TORONTO-DOMINION, LA p840
26 William Kitchen Rd, SCARBOROUGH, ON, M1P 5B7
(416) 292-2201 SIC 6021
BANQUE TORONTO-DOMINION, LA p842
85 Ellesmere Rd, SCARBOROUGH, ON, M1R 4B7
(416) 441-2041 SIC 6021
BANQUE TORONTO-DOMINION, LA p844
3477 Sheppard Ave E, SCARBOROUGH, ON, M1T 3K6
(416) 291-9566 SIC 6021
BANQUE TORONTO-DOMINION, LA p848
135 Queensway E, SIMCOE, ON, N3Y 4M5
(519) 426-9230 SIC 6021
BANQUE TORONTO-DOMINION, LA p851
364 Scott St, ST CATHARINES, ON, L2M 3W4
(905) 934-6225 SIC 6021
BANQUE TORONTO-DOMINION, LA p852
37 Lakeshore Rd, ST CATHARINES, ON, L2N 2T2
(905) 646-4141 SIC 6021
BANQUE TORONTO-DOMINION, LA p856
240 Glendale Ave, ST CATHARINES, ON, L2T 2L2
(905) 684-8719 SIC 6021
BANQUE TORONTO-DOMINION, LA p862
800 Queenston Rd, STONEY CREEK, ON, L8G 1A7
(905) 664-6510 SIC 6021
BANQUE TORONTO-DOMINION, LA p864
41 Downie St, STRATFORD, ON, N5A 1W7
(519) 271-4160 SIC 6021
BANQUE TORONTO-DOMINION, LA p870
1935 Paris St Suite 3, SUDBURY, ON, P3E 3C6
(705) 522-2370 SIC 6021
BANQUE TORONTO-DOMINION, LA p873
67 Bruce St, THORNBURY, ON, N0H 2P0
(519) 599-2622 SIC 6021
BANQUE TORONTO-DOMINION, LA p873
7967 Yonge St, THORNHILL, ON, L3T 2C4
(905) 881-3252 SIC 6021
BANQUE TORONTO-DOMINION, LA p882
200 Broadway St Suite 205, TILLSONBURG, ON, N4G 5A7
(519) 842-8401 SIC 6021
BANQUE TORONTO-DOMINION, LA p891
801 O'connor Dr, TORONTO, ON, M4B 2S7
(416) 757-1361 SIC 6021
BANQUE TORONTO-DOMINION, LA p897
2453 Yonge St, TORONTO, ON, M4P 2H6
(416) 932-1500 SIC 6021
BANQUE TORONTO-DOMINION, LA p898
1955 Yonge St, TORONTO, ON, M4S 1Z6
(416) 481-4423 SIC 6021

BANQUE TORONTO-DOMINION, LA p899
2 St Clair Ave E Suite 100, TORONTO, ON, M4T 2T5
(416) 944-4054 SIC 6021
BANQUE TORONTO-DOMINION, LA p913
11 King St W, TORONTO, ON, M5H 4C7
SIC 6021
BANQUE TORONTO-DOMINION, LA p917
161 Bay St Suite 3200, TORONTO, ON, M5J 2T2
(416) 361-5400 SIC 6021
BANQUE TORONTO-DOMINION, LA p921
Gd, TORONTO, ON, M5K 1A2
(416) 982-4888 SIC 6021
BANQUE TORONTO-DOMINION, LA p921
55 King St W, TORONTO, ON, M5K 1A2
(416) 982-2322 SIC 6021
BANQUE TORONTO-DOMINION, LA p921
66 Wellington St W, TORONTO, ON, M5K 1A2
(416) 982-7650 SIC 6021
BANQUE TORONTO-DOMINION, LA p921
15th St, TORONTO, ON, M5K 1A2
(416) 982-6703 SIC 6021
BANQUE TORONTO-DOMINION, LA p921
66 Wellington St West Rd, TORONTO, ON, M5K 1A2
(416) 982-8641 SIC 6021
BANQUE TORONTO-DOMINION, LA p921
100 Wellington St W, TORONTO, ON, M5K 1Y6
(416) 982-5146 SIC 6021
BANQUE TORONTO-DOMINION, LA p921
79 Wellington St W, TORONTO, ON, M5K 1A2
(416) 982-8990 SIC 6021
BANQUE TORONTO-DOMINION, LA p921
100 Wellington St, TORONTO, ON, M5K 1A2
(416) 982-8910 SIC 6021
BANQUE TORONTO-DOMINION, LA p921
77 King St W Suite 3000, TORONTO, ON, M5K 2A1
(416) 864-6448 SIC 6021
BANQUE TORONTO-DOMINION, LA p928
443 Queen St W, TORONTO, ON, M5V 2B1
(416) 982-2535 SIC 6021
BANQUE TORONTO-DOMINION, LA p933
687 St Clair Ave W, TORONTO, ON, M6C 1B2
(416) 653-1130 SIC 6021
BANQUE TORONTO-DOMINION, LA p939
3422 Dundas St W, TORONTO, ON, M6S 2S1
SIC 6021
BANQUE TORONTO-DOMINION, LA p941
1746 Jane St, TORONTO, ON, M9N 2S9
(416) 244-1121 SIC 6021
BANQUE TORONTO-DOMINION, LA p945
4630 Highway 7, UNIONVILLE, ON, L3R 1M5
(905) 475-9960 SIC 6021
BANQUE TORONTO-DOMINION, LA p953
460 Erb St W, WATERLOO, ON, N2T 1N5
(519) 885-8586 SIC 6021
BANQUE TORONTO-DOMINION, LA p957
209 Dundas St E Suite 500, WHITBY, ON, L1N 7H8
(905) 665-8016 SIC 6021
BANQUE TORONTO-DOMINION, LA p957
80 Thickson Rd S Suite 2, WHITBY, ON, L1N 7T2
(905) 666-9933 SIC 6021
BANQUE TORONTO-DOMINION, LA p960
13300 Tecumseh Rd E, WINDSOR, ON, N8N 4R8
(519) 735-0010 SIC 6021
BANQUE TORONTO-DOMINION, LA p962
7404 Tecumseh Rd E, WINDSOR, ON, N8T 1E9
(519) 944-8822 SIC 6021
BANQUE TORONTO-DOMINION, LA p965
3100 Howard Ave, WINDSOR, ON, N8X 3Y8
(519) 969-0181 SIC 6021

BANQUE TORONTO-DOMINION, LA p965
1407 Ottawa St, WINDSOR, ON, N8X 2G1
(519) 256-6363 SIC 6021
BANQUE TORONTO-DOMINION, LA p970
1550 Grand Marais Rd W, WINDSOR, ON, N9E 4L1
(519) 972-1990 SIC 6021
BANQUE TORONTO-DOMINION, LA p976
539 Dundas St, WOODSTOCK, ON, N4S 1C6
(519) 539-2002 SIC 6021
BANQUE TORONTO-DOMINION, LA p980
192 Queen St, CHARLOTTETOWN, PE, C1A 4B5
(902) 629-2265 SIC 6021
BANQUE TORONTO-DOMINION, LA p1013
255 Rue Racine E Bureau 100, CHICOUTIMI, QC, G7H 7L2
(418) 549-0412 SIC 6021
BANQUE TORONTO-DOMINION, LA p1024
3720 Boul Des Sources, DOLLARD-DES-ORMEAUX, QC, H9B 1Z9
(514) 683-0391 SIC 6021
BANQUE TORONTO-DOMINION, LA p1037
349 Boul Saint-Joseph, GATINEAU, QC, J8Y 3Z4
(819) 770-5672 SIC 6021
BANQUE TORONTO-DOMINION, LA p1039
181 Rue Principale Bureau A7, GATINEAU, QC, J9H 6A6
(819) 682-5375 SIC 6021
BANQUE TORONTO-DOMINION, LA p1072
2665 Ch De Chambly, LONGUEUIL, QC, J4L 1M3
(450) 647-5243 SIC 6021
BANQUE TORONTO-DOMINION, LA p1089
2959 Rue Sherbrooke E, Montreal, QC, H1W 1B2
(514) 289-0361 SIC 6021
BANQUE TORONTO-DOMINION, LA p1101
500 Rue Saint-Jacques Bureau 151, Montreal, QC, H2Y 1S1
(514) 289-0799 SIC 6021
BANQUE TORONTO-DOMINION, LA p1141
265 Boul Saint-Jean Bureau A, POINTE-CLAIRE, QC, H9R 3J1
(514) 695-2590 SIC 6021
BANQUE TORONTO-DOMINION, LA p1166
5685 Boul Des Gradins, Quebec, QC, G2J 1V1
(418) 624-2966 SIC 6021
BANQUE TORONTO-DOMINION, LA p1171
100 Boul Brien Bureau 145, REPENTIGNY, QC, J6A 5N4
(450) 582-1881 SIC 6021
BANQUE TORONTO-DOMINION, LA p1206
3131 Boul De La Cote-Vertu, SAINT-LAURENT, QC, H4R 1Y8
(514) 337-2772 SIC 6021
BANQUE TORONTO-DOMINION, LA p1241
1005 Rte Marie-Victorin Bureau 250, SOREL-TRACY, QC, J3R 1L5
(450) 742-2769 SIC 6021
BANQUE TORONTO-DOMINION, LA p1279
2805 6th Ave E Unit 107, PRINCE ALBERT, SK, S6V 6Z6
(306) 953-8230 SIC 6021
BNP PARIBAS (CANADA) p921
77 King St W Suite 4100, TORONTO, ON, M5K 2A1
(416) 365-9600 SIC 6021
BNP PARIBAS (CANADA) p1104
1981 Av Mcgill College Bureau 515, Montreal, QC, H3A 2W8
(514) 285-6000 SIC 6021
CAISSE DESJARDINS DE KILDARE p1228
21 Rue Louis-Charles-Panet, Sainte-Melanie, QC, J0K 3A0
(450) 752-0602 SIC 6021
CAISSE DESJARDINS DE LA ROUGE p1135
2260 Ch Du Tour-Du-Lac, NOMININGUE, QC, J0W 1R0
(819) 278-0520 SIC 6021
CAISSE DESJARDINS DES VERTS-

SOMMETS DE L'ESTRIE p1217
225 Rte 253 S, SAINT-MALO, QC, J0B 2Y0
(819) 849-9822 SIC 6021
CANADA TRUST COMPANY, THE p318
2198 41st Ave W, VANCOUVER, BC, V6M 1Z1
(604) 261-1301 SIC 6021
CANADA TRUST COMPANY, THE p340
1584 Johnston Rd, WHITE ROCK, BC, V4B 3Z7
SIC 6021
CANADA TRUST COMPANY, THE p386
1114 Corydon Ave, WINNIPEG, MB, R3M 0Y9
(204) 985-4400 SIC 6021
CANADA TRUST COMPANY, THE p387
2030 Corydon Ave, WINNIPEG, MB, R3P 0N2
(204) 985-4620 SIC 6021
CANADA TRUST COMPANY, THE p600
585 Scottsdale Dr, GUELPH, ON, N1G 3E7
SIC 6021
CANADA TRUST COMPANY, THE p962
5790 Wyandotte St E, WINDSOR, ON, N8S 1M5
(519) 944-4355 SIC 6021
CANADA TRUST COMPANY, THE p1275
145 Main St N, MOOSE JAW, SK, S6H 0V9
SIC 6021
CANADIAN IMPERIAL BANK OF COMMERCE p10
3070 Sunridge Blvd Ne, CALGARY, AB, T1Y 7G6
(403) 221-6018 SIC 6021
CANADIAN IMPERIAL BANK OF COMMERCE p12
200 52 St Ne Suite 2, CALGARY, AB, T2A 4K8
SIC 6021
CANADIAN IMPERIAL BANK OF COMMERCE p12
122 17th Ave Sw, CALGARY, AB, T2A 0R1
(403) 974-6371 SIC 6021
CANADIAN IMPERIAL BANK OF COMMERCE p30
6200 Macleod Trail Sw, CALGARY, AB, T2H 0K6
(403) 974-2744 SIC 6021
CANADIAN IMPERIAL BANK OF COMMERCE p38
2015 16 Ave Nw, CALGARY, AB, T2M 0M3
(403) 974-2734 SIC 6021
CANADIAN IMPERIAL BANK OF COMMERCE p42
309 8 Ave Sw Suite 1, CALGARY, AB, T2P 1C6
(403) 974-1021 SIC 6021
CANADIAN IMPERIAL BANK OF COMMERCE p42
333 7 Ave Sw Suite 600, CALGARY, AB, T2P 2Z1
(403) 232-2400 SIC 6021
CANADIAN IMPERIAL BANK OF COMMERCE p42
205 5 Ave Sw Suite 110, CALGARY, AB, T2P 2V7
(403) 974-6326 SIC 6021
CANADIAN IMPERIAL BANK OF COMMERCE p42
717 7 Ave Sw, CALGARY, AB, T2P 0Z3
(403) 974-2761 SIC 6021
CANADIAN IMPERIAL BANK OF COMMERCE p63
5242 Falsbridge Dr Ne, CALGARY, AB, T3J 3G1
(403) 974-2787 SIC 6021
CANADIAN IMPERIAL BANK OF COMMERCE p73
13610 50 St Nw Suite 2769, EDMONTON, AB, T5A 4Y3
(780) 473-3550 SIC 6021
CANADIAN IMPERIAL BANK OF COMMERCE p79
10102 Jasper Ave Nw, EDMONTON, AB,

T5J 1W5
(780) 429-7744 SIC 6021
CANADIAN IMPERIAL BANK OF COMMERCE
11504 104 Ave Nw, EDMONTON, AB, T5K 2S5
(780) 408-1183 SIC 6021
CANADIAN IMPERIAL BANK OF COMMERCE p89
15630 87 Ave Nw, EDMONTON, AB, T5R 5W9
(780) 408-1202 SIC 6021
CANADIAN IMPERIAL BANK OF COMMERCE p97
3924 118 Ave Nw, EDMONTON, AB, T5W 0Z9
(780) 408-1125 SIC 6021
CANADIAN IMPERIAL BANK OF COMMERCE p107
8207 112 St Nw, EDMONTON, AB, T6G 2L9
(780) 432-1620 SIC 6021
CANADIAN IMPERIAL BANK OF COMMERCE p119
8553 Manning Ave, FORT MCMURRAY, AB, T9H 3N7
(780) 743-3312 SIC 6021
CANADIAN IMPERIAL BANK OF COMMERCE p123
9903 101 St, FORT SASKATCHEWAN, AB, T8L 1V6
(780) 998-2261 SIC 6021
CANADIAN IMPERIAL BANK OF COMMERCE p125
9933 100 Ave, GRANDE PRAIRIE, AB, T8V 0V1
(780) 538-8300 SIC 6021
CANADIAN IMPERIAL BANK OF COMMERCE p130
10004 100 Ave Ss 1, HIGH LEVEL, AB, T0H 1Z0
(780) 926-2211 SIC 6021
CANADIAN IMPERIAL BANK OF COMMERCE p138
701 4 Ave S, LETHBRIDGE, AB, T1J 0P1
(403) 382-2000 SIC 6021
CANADIAN IMPERIAL BANK OF COMMERCE p143
501 3 St Se, MEDICINE HAT, AB, T1A 0H2
(403) 528-6100 SIC 6021
CANADIAN IMPERIAL BANK OF COMMERCE p144
3292 Dunmore Rd Se Suite 113, MEDICINE HAT, AB, T1B 2R4
(403) 528-6145 SIC 6021
CANADIAN IMPERIAL BANK OF COMMERCE p151
5002 50 St, PONOKA, AB, T4J 1R7
(403) 783-5581 SIC 6021
CANADIAN IMPERIAL BANK OF COMMERCE p162
590 Baseline Rd Suite 160, SHERWOOD PARK, AB, T8H 1Y4
(780) 417-7677 SIC 6021
CANADIAN IMPERIAL BANK OF COMMERCE p178
32041 South Fraser Way, ABBOTSFORD, BC, V2T 1W3
(604) 870-3123 SIC 6021
CANADIAN IMPERIAL BANK OF COMMERCE p190
4755 Kingsway, BURNABY, BC, V5H 4W2
(604) 665-1379 SIC 6021
CANADIAN IMPERIAL BANK OF COMMERCE p195
1801 Columbia Ave, CASTLEGAR, BC, V1N 3Y2
(250) 365-3325 SIC 6021
CANADIAN IMPERIAL BANK OF COMMERCE p196
9245 Young Rd, CHILLIWACK, BC, V2P 4R3
(604) 702-3130 SIC 6021
CANADIAN IMPERIAL BANK OF COMMERCE p201
552 Clarke Rd Unit 403, COQUITLAM, BC, V3J 3X5
(604) 933-2133 SIC 6021
CANADIAN IMPERIAL BANK OF COMMERCE p204
825 Cliffe Ave, COURTENAY, BC, V9N 2J8
(250) 338-6751 SIC 6021
CANADIAN IMPERIAL BANK OF COMMERCE p204
919 Baker St, CRANBROOK, BC, V1C 1A4
(800) 465-2422 SIC 6021
CANADIAN IMPERIAL BANK OF COMMERCE p214
9959 100 Ave, FORT ST. JOHN, BC, V1J 1Y4
(250) 785-8101 SIC 6021
CANADIAN IMPERIAL BANK OF COMMERCE p219
304 Victoria St, KAMLOOPS, BC, V2C 2A5
(250) 314-3188 SIC 6021
CANADIAN IMPERIAL BANK OF COMMERCE p225
2107 Harvey Ave, KELOWNA, BC, V1Y 9X4
(250) 470-1650 SIC 6021
CANADIAN IMPERIAL BANK OF COMMERCE p225
328 Bernard Ave Ste 2, KELOWNA, BC, V1Y 6N5
(250) 763-6611 SIC 6021
CANADIAN IMPERIAL BANK OF COMMERCE p239
650 Terminal Ave Suite 66, NANAIMO, BC, V9R 5E2
(250) 716-2060 SIC 6021
CANADIAN IMPERIAL BANK OF COMMERCE p248
1601 Lonsdale Ave, NORTH VANCOUVER, BC, V7M 2J5
(604) 981-2402 SIC 6021
CANADIAN IMPERIAL BANK OF COMMERCE p252
295 Main St, PENTICTON, BC, V2A 5B1
(250) 770-3333 SIC 6021
CANADIAN IMPERIAL BANK OF COMMERCE p253
2995 3rd Ave, PORT ALBERNI, BC, V9Y 2A6
(250) 720-2300 SIC 6021
CANADIAN IMPERIAL BANK OF COMMERCE p259
1410 3rd Ave, PRINCE GEORGE, BC, V2L 3G2
(250) 614-6444 SIC 6021
CANADIAN IMPERIAL BANK OF COMMERCE p261
3055 Massey Dr Suite 233, PRINCE GEORGE, BC, V2N 2S9
(250) 614-6400 SIC 6021
CANADIAN IMPERIAL BANK OF COMMERCE p271
6011 No. 3 Rd, RICHMOND, BC, V6Y 2B2
(604) 665-6106 SIC 6021
CANADIAN IMPERIAL BANK OF COMMERCE p276
310 Alexander St Ne, SALMON ARM, BC, V1E 1E7
(250) 833-3334 SIC 6021
CANADIAN IMPERIAL BANK OF COMMERCE p295
1427 Kingsway, VANCOUVER, BC, V5N 2R6
(604) 665-1039 SIC 6021
CANADIAN IMPERIAL BANK OF COMMERCE p301
501 Main St Suite 1, VANCOUVER, BC, V6A 2V2
(604) 665-2071 SIC 6021
CANADIAN IMPERIAL BANK OF COMMERCE p310
1036 Georgia St W, VANCOUVER, BC, V6E 3C7
(604) 665-1478 SIC 6021
CANADIAN IMPERIAL BANK OF COMMERCE p310
1066 Hastings St W Suite 1600, VANCOUVER, BC, V6E 3X1
(604) 688-4330 SIC 6021
CANADIAN IMPERIAL BANK OF COMMERCE p323
Gd, VANCOUVER, BC, V7X 1K8
(604) 661-2307 SIC 6021
CANADIAN IMPERIAL BANK OF COMMERCE p325
3201 30 Ave, VERNON, BC, V1T 2C6
(250) 260-6300 SIC 6021
CANADIAN IMPERIAL BANK OF COMMERCE p331
1175 Douglas St Suite 210, VICTORIA, BC, V8W 2E1
(800) 465-2422 SIC 6021
CANADIAN IMPERIAL BANK OF COMMERCE p341
220 Oliver St, WILLIAMS LAKE, BC, V2G 1M1
(250) 392-2351 SIC 6021
CANADIAN IMPERIAL BANK OF COMMERCE p344
803 Rosser Ave, BRANDON, MB, R7A 0L1
(204) 726-3000 SIC 6021
CANADIAN IMPERIAL BANK OF COMMERCE p361
1586 Regent Ave W, WINNIPEG, MB, R2C 3B4
(204) 944-5900 SIC 6021
CANADIAN IMPERIAL BANK OF COMMERCE p363
1433 Henderson Hwy, WINNIPEG, MB, R2G 1N3
(204) 944-6415 SIC 6021
CANADIAN IMPERIAL BANK OF COMMERCE p367
1545 St Mary's Rd, WINNIPEG, MB, R2M 3V8
(204) 944-6803 SIC 6021
CANADIAN IMPERIAL BANK OF COMMERCE p377
333 St Mary Ave Suite 87, WINNIPEG, MB, R3C 4A5
(204) 944-5057 SIC 6021
CANADIAN IMPERIAL BANK OF COMMERCE p377
375 Main St, WINNIPEG, MB, R3C 2P3
(204) 944-6963 SIC 6021
CANADIAN IMPERIAL BANK OF COMMERCE p380
1485 Portage Ave, WINNIPEG, MB, R3G 0W4
(204) 944-5868 SIC 6021
CANADIAN IMPERIAL BANK OF COMMERCE p382
37 Stevenson Rd, WINNIPEG, MB, R3H 0H9
(204) 944-5129 SIC 6021
CANADIAN IMPERIAL BANK OF COMMERCE p385
3369 Portage Ave, WINNIPEG, MB, R3K 0W9
(204) 944-6029 SIC 6021
CANADIAN IMPERIAL BANK OF COMMERCE p386
1120 Grant Ave Suite 17, WINNIPEG, MB, R3M 2A6
(204) 944-5063 SIC 6021
CANADIAN IMPERIAL BANK OF COMMERCE p389
2866 Pembina Hwy Suite 10, WINNIPEG, MB, R3T 2J1
(204) 944-5119 SIC 6021
CANADIAN IMPERIAL BANK OF COMMERCE p400
1142 Smythe St, FREDERICTON, NB, E3B 3H5
(506) 458-8774 SIC 6021
CANADIAN IMPERIAL BANK OF COMMERCE p400
448 Queen St, FREDERICTON, NB, E3B 1B6
(506) 452-9100 SIC 6021
CANADIAN IMPERIAL BANK OF COMMERCE p406
759 Main St, MONCTON, NB, E1C 1E5
(506) 859-3717 SIC 6021
CANADIAN IMPERIAL BANK OF COMMERCE p414
70 Consumers Dr, SAINT JOHN, NB, E2J 4Z3
(506) 633-7750 SIC 6021
CANADIAN IMPERIAL BANK OF COMMERCE p435
215 Water St Suite 800, ST. JOHN'S, NL, A1C 6C9
(709) 576-8800 SIC 6021
CANADIAN IMPERIAL BANK OF COMMERCE p436
15 Hamlyn Rd, ST. JOHN'S, NL, A1E 6E2
(709) 576-8909 SIC 6021
CANADIAN IMPERIAL BANK OF COMMERCE p436
470 Topsail Rd, ST. JOHN'S, NL, A1E 2C3
(709) 576-8877 SIC 6021
CANADIAN IMPERIAL BANK OF COMMERCE p457
1809 Barrington St Suite 1501, HALIFAX, NS, B3J 3K8
(902) 428-4750 SIC 6021
CANADIAN IMPERIAL BANK OF COMMERCE p457
5367 Cogswell St, HALIFAX, NS, B3J 3X5
(902) 420-3920 SIC 6021
CANADIAN IMPERIAL BANK OF COMMERCE p463
18 Parkland Dr, HALIFAX, NS, B3S 1T5
(902) 428-4701 SIC 6021
CANADIAN IMPERIAL BANK OF COMMERCE p477
813 Prince St, TRURO, NS, B2N 1G7
(902) 895-5341 SIC 6021
CANADIAN IMPERIAL BANK OF COMMERCE p484
15 Westney Rd N Suite 2, AJAX, ON, L1T 1P4
(905) 683-1412 SIC 6021
CANADIAN IMPERIAL BANK OF COMMERCE p494
46 Dunlop St E, BARRIE, ON, L4M 1A3
(705) 728-2459 SIC 6021
CANADIAN IMPERIAL BANK OF COMMERCE p501
237 Front St, BELLEVILLE, ON, K8N 2Z4
(613) 966-2641 SIC 6021
CANADIAN IMPERIAL BANK OF COMMERCE p505
257 Main St, BLOOMFIELD, ON, K0K 1G0
(613) 393-3150 SIC 6021
CANADIAN IMPERIAL BANK OF COMMERCE p509
549 Holland St W, BRADFORD, ON, L3Z 0C1
(905) 775-9304 SIC 6021
CANADIAN IMPERIAL BANK OF COMMERCE p510
630 Peter Robertson Blvd Unit 9, BRAMPTON, ON, L6R 1T4
(905) 793-5644 SIC 6021
CANADIAN IMPERIAL BANK OF COMMERCE p513
16 Lisa St, BRAMPTON, ON, L6T 5R2
(905) 451-1497 SIC 6021
CANADIAN IMPERIAL BANK OF COMMERCE p525
84 Lynden Rd, BRANTFORD, ON, N3R 6B8
(519) 759-1250 SIC 6021
CANADIAN IMPERIAL BANK OF COMMERCE p530
98 King St W, BROCKVILLE, ON, K6V 3P9
(613) 342-6651 SIC 6021
CANADIAN IMPERIAL BANK OF COMMERCE p539
2400 Fairview St, BURLINGTON, ON, L7R 2E4
(905) 632-5622 SIC 6021
CANADIAN IMPERIAL BANK OF COMMERCE p542

11 Main St, CAMBRIDGE, ON, N1R 1V5
(519) 621-5030   SIC 6021
CANADIAN IMPERIAL BANK OF COMMERCE p552
99 King St E, CHATHAM, ON, N7M 3M9
(519) 352-7150   SIC 6021
CANADIAN IMPERIAL BANK OF COMMERCE p554
51 King St W, COBOURG, ON, K9A 2M1
(905) 372-4381   SIC 6021
CANADIAN IMPERIAL BANK OF COMMERCE p556
86 Hurontario St, COLLINGWOOD, ON, L9Y 2L8
(705) 445-2780   SIC 6021
CANADIAN IMPERIAL BANK OF COMMERCE p564
1 Second St W, CORNWALL, ON, K6H 5E3
(613) 932-3200   SIC 6021
CANADIAN IMPERIAL BANK OF COMMERCE p574
33 Talbot St N, ESSEX, ON, N8M 1A3
(519) 776-5226   SIC 6021
CANADIAN IMPERIAL BANK OF COMMERCE p577
1582 The Queensway Suite 1508, ETOBICOKE, ON, M8Z 1V1
(416) 255-4483   SIC 6021
CANADIAN IMPERIAL BANK OF COMMERCE p582
89 Humber College Blvd, ETOBICOKE, ON, M9V 4B8
(416) 749-4116   SIC 6021
CANADIAN IMPERIAL BANK OF COMMERCE p582
1500 Royal York Rd Suite 1, ETOBICOKE, ON, M9P 3B6
(416) 249-5013   SIC 6021
CANADIAN IMPERIAL BANK OF COMMERCE p582
1530 Albion Rd, ETOBICOKE, ON, M9V 1B4
(416) 741-2102   SIC 6021
CANADIAN IMPERIAL BANK OF COMMERCE p590
203 Scott St, FORT FRANCES, ON, P9A 1G8
(807) 274-5391   SIC 6021
CANADIAN IMPERIAL BANK OF COMMERCE p601
59 Wyndham St N, GUELPH, ON, N1H 4E7
(519) 766-6400   SIC 6021
CANADIAN IMPERIAL BANK OF COMMERCE p616
673d Upper James St, HAMILTON, ON, L9C 5R9
(905) 387-1382   SIC 6021
CANADIAN IMPERIAL BANK OF COMMERCE p628
24 The Queensway S, KESWICK, ON, L4P 1Y9
(905) 476-4362   SIC 6021
CANADIAN IMPERIAL BANK OF COMMERCE p631
256 Bagot St, KINGSTON, ON, K7L 3G5
(613) 546-8000   SIC 6021
CANADIAN IMPERIAL BANK OF COMMERCE p633
785 Gardiners Rd, KINGSTON, ON, K7M 7H8
(613) 384-2514   SIC 6021
CANADIAN IMPERIAL BANK OF COMMERCE p639
245 Strasburg Rd Unit C, KITCHENER, ON, N2E 3W7
(519) 578-2450   SIC 6021
CANADIAN IMPERIAL BANK OF COMMERCE p640
1 King St E Suite 200, KITCHENER, ON, N2G 2K4
(519) 742-4432   SIC 6021
CANADIAN IMPERIAL BANK OF COMMERCE p641
385 Frederick St, KITCHENER, ON, N2H 2P2
(519) 744-4151   SIC 6021
CANADIAN IMPERIAL BANK OF COMMERCE p646
69 Erie St S, LEAMINGTON, ON, N8H 3B2
(519) 326-6141   SIC 6021
CANADIAN IMPERIAL BANK OF COMMERCE p647
66 Kent St W, LINDSAY, ON, K9V 2Y2
(705) 324-2183   SIC 6021
CANADIAN IMPERIAL BANK OF COMMERCE p648
105 Main St W, LISTOWEL, ON, N4W 1A2
(519) 291-1920   SIC 6021
CANADIAN IMPERIAL BANK OF COMMERCE p653
1299 Oxford St E, LONDON, ON, N5Y 4W5
(519) 452-7400   SIC 6021
CANADIAN IMPERIAL BANK OF COMMERCE p667
34 Huron St & Barker St, MANITOUWADGE, ON, P0T 2C0
(807) 826-3201   SIC 6021
CANADIAN IMPERIAL BANK OF COMMERCE p670
7125 Woodbine Ave, MARKHAM, ON, L3R 1A3
(905) 475-6754   SIC 6021
CANADIAN IMPERIAL BANK OF COMMERCE p680
274 King St, MIDLAND, ON, L4R 3M6
(705) 526-2256   SIC 6021
CANADIAN IMPERIAL BANK OF COMMERCE p731
6 Armstrong St, NEW LISKEARD, ON, P0J 1P0
(705) 647-6877   SIC 6021
CANADIAN IMPERIAL BANK OF COMMERCE p741
195 Main St W, NORTH BAY, ON, P1B 2T6
(705) 474-8900   SIC 6021
CANADIAN IMPERIAL BANK OF COMMERCE p748
4841 Yonge St, NORTH YORK, ON, M2N 5X2
(416) 223-7361   SIC 6021
CANADIAN IMPERIAL BANK OF COMMERCE p748
5255 Yonge St, NORTH YORK, ON, M2N 6P4
(416) 223-8772   SIC 6021
CANADIAN IMPERIAL BANK OF COMMERCE p757
1098 Wilson Ave, NORTH YORK, ON, M3M 1G7
(416) 633-9156   SIC 6021
CANADIAN IMPERIAL BANK OF COMMERCE p757
1700 Wilson Ave, NORTH YORK, ON, M3L 1B2
(416) 244-5632   SIC 6021
CANADIAN IMPERIAL BANK OF COMMERCE p761
1400 Lawrence Ave W, NORTH YORK, ON, M6L 1A7
(416) 235-2387   SIC 6021
CANADIAN IMPERIAL BANK OF COMMERCE p761
2866 Dufferin St, NORTH YORK, ON, M6B 3S6
(416) 781-5610   SIC 6021
CANADIAN IMPERIAL BANK OF COMMERCE p763
2340 Finch Ave W, NORTH YORK, ON, M9M 2C7
(416) 749-6062   SIC 6021
CANADIAN IMPERIAL BANK OF COMMERCE p767
197 Lakeshore Rd E, OAKVILLE, ON, L6J 1H5
(905) 845-4327   SIC 6021
CANADIAN IMPERIAL BANK OF COMMERCE p769
1515 Rebecca St, OAKVILLE, ON, L6L 5G8
(800) 465-2422   SIC 6021
CANADIAN IMPERIAL BANK OF COMMERCE p774
1 Mississaga St W, ORILLIA, ON, L3V 3A5
(705) 325-4441   SIC 6021
CANADIAN IMPERIAL BANK OF COMMERCE p780
419 King St W, OSHAWA, ON, L1J 2K5
(905) 576-9560   SIC 6021
CANADIAN IMPERIAL BANK OF COMMERCE p786
2217 Riverside Dr E, OTTAWA, ON, K1H 1A1
(613) 736-6010   SIC 6021
CANADIAN IMPERIAL BANK OF COMMERCE p790
119 Sparks St, OTTAWA, ON, K1P 5B5
(613) 564-8600   SIC 6021
CANADIAN IMPERIAL BANK OF COMMERCE p809
825 Monaghan Rd, PETERBOROUGH, ON, K9J 5K2
(705) 742-0445   SIC 6021
CANADIAN IMPERIAL BANK OF COMMERCE p812
376 Kingston Rd Suite 1, PICKERING, ON, L1V 6K4
(905) 509-2560   SIC 6021
CANADIAN IMPERIAL BANK OF COMMERCE p817
145 Queen St, PORT PERRY, ON, L9L 1B8
(905) 985-4444   SIC 6021
CANADIAN IMPERIAL BANK OF COMMERCE p820
300 West Beaver Creek Rd Suite 201, RICHMOND HILL, ON, L4B 3B1
(905) 886-1370   SIC 6021
CANADIAN IMPERIAL BANK OF COMMERCE p822
9335 Yonge St, RICHMOND HILL, ON, L4C 1V4
(905) 884-4460   SIC 6021
CANADIAN IMPERIAL BANK OF COMMERCE p826
1170 London Rd, SARNIA, ON, N7S 1P4
(519) 337-0373   SIC 6021
CANADIAN IMPERIAL BANK OF COMMERCE p828
478 Exmouth St, SARNIA, ON, N7T 5P3
(519) 336-2276   SIC 6021
CANADIAN IMPERIAL BANK OF COMMERCE p830
530 Queen St E Suite 100, SAULT STE. MARIE, ON, P6A 2A1
(705) 254-6633   SIC 6021
CANADIAN IMPERIAL BANK OF COMMERCE p835
371 Old Kingston Rd, SCARBOROUGH, ON, M1C 1B7
(416) 282-1477   SIC 6021
CANADIAN IMPERIAL BANK OF COMMERCE p838
2 Lebovic Ave, SCARBOROUGH, ON, M1L 4V9
(416) 757-6780   SIC 6021
CANADIAN IMPERIAL BANK OF COMMERCE p838
2705 Eglinton Ave E, SCARBOROUGH, ON, M1K 2S2
(416) 266-5314   SIC 6021
CANADIAN IMPERIAL BANK OF COMMERCE p839
2472 Kingston Rd, SCARBOROUGH, ON, M1N 1V3
(800) 465-2422   SIC 6021
CANADIAN IMPERIAL BANK OF COMMERCE p848
5 Norfolk St S, SIMCOE, ON, N3Y 2V8
(519) 426-4630   SIC 6021
CANADIAN IMPERIAL BANK OF COMMERCE p849
50 Front, SIOUX LOOKOUT, ON, P8T 1A1
(807) 737-2331   SIC 6021
CANADIAN IMPERIAL BANK OF COMMERCE p858
440 Talbot St, ST THOMAS, ON, N5P 1B9
(519) 631-1280   SIC 6021
CANADIAN IMPERIAL BANK OF COMMERCE p864
30 Downie St, STRATFORD, ON, N5A 1W5
(519) 271-0920   SIC 6021
CANADIAN IMPERIAL BANK OF COMMERCE p867
1349 Lasalle Blvd, SUDBURY, ON, P3A 1Z2
(705) 566-2458   SIC 6021
CANADIAN IMPERIAL BANK OF COMMERCE p875
800 Steeles Ave W Suite 712, THORNHILL, ON, L4J 7L2
(905) 660-3476   SIC 6021
CANADIAN IMPERIAL BANK OF COMMERCE p877
2 Cumberland St S, THUNDER BAY, ON, P7B 2T2
(807) 343-3710   SIC 6021
CANADIAN IMPERIAL BANK OF COMMERCE p880
127 Arthur St W, THUNDER BAY, ON, P7E 5P7
(807) 474-3600   SIC 6021
CANADIAN IMPERIAL BANK OF COMMERCE p882
200 Broadway St, TILLSONBURG, ON, N4G 5A7
(519) 842-7331   SIC 6021
CANADIAN IMPERIAL BANK OF COMMERCE p883
236 Third Ave, TIMMINS, ON, P4N 1E1
(705) 264-4234   SIC 6021
CANADIAN IMPERIAL BANK OF COMMERCE p909
33 Yonge St Suite 700, TORONTO, ON, M5E 1G4
(416) 980-3799   SIC 6021
CANADIAN IMPERIAL BANK OF COMMERCE p913
150 York St Suite 300, TORONTO, ON, M5H 3S5
(416) 307-3563   SIC 6021
CANADIAN IMPERIAL BANK OF COMMERCE p918
20 Bay St Suite 416, TORONTO, ON, M5J 2N8
(416) 980-3699   SIC 6021
CANADIAN IMPERIAL BANK OF COMMERCE p923
25 King St Crt, TORONTO, ON, M5L 1A2
(416) 980-4552   SIC 6021
CANADIAN IMPERIAL BANK OF COMMERCE p923
462 Spadina Rd, TORONTO, ON, M5P 2W4
(416) 487-1396   SIC 6021
CANADIAN IMPERIAL BANK OF COMMERCE p923
199 Bay St, TORONTO, ON, M5L 1G9
(416) 980-7777   SIC 6021
CANADIAN IMPERIAL BANK OF COMMERCE p934
1164 St Clair Ave W, TORONTO, ON, M6E 1B3
(416) 652-1152   SIC 6021
CANADIAN IMPERIAL BANK OF COMMERCE p943
91 Dundas St W, TRENTON, ON, K8V 3P4
(613) 394-3364   SIC 6021
CANADIAN IMPERIAL BANK OF COMMERCE p945
4360 Highway 7 E, UNIONVILLE, ON, L3R 1L9
(905) 477-2540   SIC 6021
CANADIAN IMPERIAL BANK OF COMMERCE p949
9 Hamilton St N, WATERDOWN, ON, L0R 2H0
(905) 689-6685   SIC 6021
CANADIAN IMPERIAL BANK OF COMMERCE p951
550 King St N, WATERLOO, ON, N2L 5W6

SIC 6021 National commercial banks 2283

(519) 884-9230 SIC 6021
CANADIAN IMPERIAL BANK OF COMMERCE p957
101 Brock St N, WHITBY, ON, L1N 4H3
(905) 668-3352 SIC 6021
CANADIAN IMPERIAL BANK OF COMMERCE
80 Thickson Rd S, WHITBY, ON, L1N 7T2
(905) 430-1801 SIC 6021
CANADIAN IMPERIAL BANK OF COMMERCE p962
6800 Tecumseh Rd E, WINDSOR, ON, N8T 1E6
(519) 948-5295 SIC 6021
CANADIAN IMPERIAL BANK OF COMMERCE p965
3100 Howard Ave, WINDSOR, ON, N8X 3Y8
(519) 969-5932 SIC 6021
CANADIAN IMPERIAL BANK OF COMMERCE p965
1395 Ottawa St, WINDSOR, ON, N8X 2E9
(519) 256-3441 SIC 6021
CANADIAN IMPERIAL BANK OF COMMERCE p967
100 Ouellette Ave Suite 203, WINDSOR, ON, N9A 6T3
(519) 977-7000 SIC 6021
CANADIAN IMPERIAL BANK OF COMMERCE p970
3168 Dougall Ave, WINDSOR, ON, N9E 1S6
(519) 969-8720 SIC 6021
CANADIAN IMPERIAL BANK OF COMMERCE p971
5870 Malden Rd, WINDSOR, ON, N9H 1S4
(519) 969-3712 SIC 6021
CANADIAN IMPERIAL BANK OF COMMERCE p973
8535 27 Hwy, WOODBRIDGE, ON, L4L 1A7
(905) 264-6184 SIC 6021
CANADIAN IMPERIAL BANK OF COMMERCE p973
7850 Weston Rd Suite 2, WOODBRIDGE, ON, L4L 9N8
(905) 851-7003 SIC 6021
CANADIAN IMPERIAL BANK OF COMMERCE p980
465 University Ave, CHARLOTTETOWN, PE, C1A 4N9
(902) 892-3477 SIC 6021
CANADIAN IMPERIAL BANK OF COMMERCE p1006
7250 Boul Taschereau Bureau 1, BROSSARD, QC, J4W 1M9
(450) 672-5880 SIC 6021
CANADIAN IMPERIAL BANK OF COMMERCE p1045
95 Place Bourget N Bureau 204, JOLIETTE, QC, J6E 5E6
(450) 756-4521 SIC 6021
CANADIAN IMPERIAL BANK OF COMMERCE p1059
7077 Boul Newman, LASALLE, QC, H8N 1X1
(514) 365-0592 SIC 6021
CANADIAN IMPERIAL BANK OF COMMERCE p1096
343 Rue Chabanel O, Montreal, QC, H2N 2G1
(514) 388-7900 SIC 6021
CANADIAN IMPERIAL BANK OF COMMERCE p1141
6341 Aut Transcanadienne Bureau 120, POINTE-CLAIRE, QC, H9R 5A5
(514) 697-1227 SIC 6021
CANADIAN IMPERIAL BANK OF COMMERCE p1176
299 Boul Labelle, Rosemere, QC, J7A 2H7
(450) 437-0550 SIC 6021
CANADIAN IMPERIAL BANK OF COMMERCE p1204
249 Boul De La Cote-Vertu, SAINT-LAURENT, QC, H4N 1C8
(514) 334-3405 SIC 6021
CANADIAN IMPERIAL BANK OF COMMERCE

CANADIAN IMPERIAL BANK OF COMMERCE p1239
3050 Boul De Portland, SHERBROOKE, QC, J1L 1K1
(819) 569-9911 SIC 6021
CANADIAN IMPERIAL BANK OF COMMERCE p1253
824 3e Av, VAL-D'OR, QC, J9P 1T1
(819) 825-8830 SIC 6021
CANADIAN IMPERIAL BANK OF COMMERCE p1272
4915 50 St, LLOYDMINSTER, SK, S9V 0N1
(306) 825-4424 SIC 6021
CANADIAN IMPERIAL BANK OF COMMERCE p1279
1132 Central Ave, PRINCE ALBERT, SK, S6V 4V6
(306) 764-6692 SIC 6021
CANADIAN IMPERIAL BANK OF COMMERCE p1284
1800 Hamilton St Suite 200, REGINA, SK, S4P 4K7
(306) 359-8585 SIC 6021
CANADIAN IMPERIAL BANK OF COMMERCE p1284
2412 11th Ave, REGINA, SK, S4P 0K3
(306) 337-6000 SIC 6021
CANADIAN IMPERIAL BANK OF COMMERCE p1295
201 21st St E Unit 21, SASKATOON, SK, S7K 0B8
(306) 668-3488 SIC 6021
CANADIAN IMPERIAL BANK OF COMMERCE p1311
110 Main St, WHITEHORSE, YT, Y1A 2A8
(867) 667-2534 SIC 6021
CANADIAN WESTERN BANK p10
2810 32 Ave Ne, CALGARY, AB, T1Y 5J4
(403) 250-8838 SIC 6021
CANADIAN WESTERN BANK p16
6127 Barlow Trail Se, CALGARY, AB, T2C 4W8
(403) 269-9882 SIC 6021
CANADIAN WESTERN BANK p30
6606 Macleod Trail Sw, CALGARY, AB, T2H 0K6
(403) 252-2299 SIC 6021
CANADIAN WESTERN BANK p42
606 4 St Sw Suite 400, CALGARY, AB, T2P 1T1
(403) 262-8700 SIC 6021
CANADIAN WESTERN BANK p57
5222 130 Ave Se Suite 300, CALGARY, AB, T2Z 0G4
(403) 257-8235 SIC 6021
CANADIAN WESTERN BANK p79
10303 Jasper Ave Nw, EDMONTON, AB, T5J 3N6
(780) 423-8801 SIC 6021
CANADIAN WESTERN BANK p87
12230 Jasper Ave Nw Suite 100, EDMONTON, AB, T5N 3K3
(780) 424-4846 SIC 6021
CANADIAN WESTERN BANK p90
17603 100 Ave Nw, EDMONTON, AB, T5S 2M1
(780) 484-7407 SIC 6021
CANADIAN WESTERN BANK p125
11226 100 Ave, GRANDE PRAIRIE, AB, T8V 7L2
(780) 831-1888 SIC 6021
CANADIAN WESTERN BANK p152
4822 51 Ave, RED DEER, AB, T4N 4H3
(403) 341-4000 SIC 6021
CANADIAN WESTERN BANK p201
101 Schoolhouse St Suite 310, COQUITLAM, BC, V3K 4X8
(604) 540-8829 SIC 6021
CANADIAN WESTERN BANK p225
1674 Bertram St Suite 100, KELOWNA, BC, V1Y 9G4
(250) 862-8008 SIC 6021
CANADIAN WESTERN BANK p241
6475 Metral Dr Unit 101, NANAIMO, BC, V9T 2L9

(250) 390-0088 SIC 6021
CANADIAN WESTERN BANK p285
7548 120 St Suite 1, SURREY, BC, V3W 3N1
(604) 591-1898 SIC 6021
CANADIAN WESTERN BANK p307
666 Burrard St 22nd Fl, VANCOUVER, BC, V6C 2X8
(604) 669-0081 SIC 6021
CANADIAN WESTERN BANK p377
230 Portage Ave, WINNIPEG, MB, R3C 0B1
(204) 956-4669 SIC 6021
CIBC MELLON TRUST COMPANY p41
333 7 Ave Sw Unit 600, CALGARY, AB, T2P 2Z1
(403) 232-2400 SIC 6021
CITIZENS BANK OF CANADA p303
401 Hastings St W Suite 401, VANCOUVER, BC, V6B 1L5
(604) 708-7800 SIC 6021
CITIZENS BANK OF CANADA p307
815 Hastings St W Suite 401, VANCOUVER, BC, V6C 1B4
(604) 682-7171 SIC 6021
COMPAGNIE TRUST ROYAL, LA p610
100 King St W Suite 900, HAMILTON, ON, L8P 1A2
SIC 6021
COMPAGNIE TRUST ROYAL, LA p1110
1 Place Ville-Marie Bureau 600, Montreal, QC, H3B 1Z5
SIC 6021
EFFORT TRUST COMPANY, THE p609
242 Main St E Suite 240, HAMILTON, ON, L8N 1H5
(905) 528-8956 SIC 6021
EQUITABLE BANK p51
1333 8 St Sw Suite 600, CALGARY, AB, T2R 1M6
(403) 440-1200 SIC 6021
FINANCIERE BANQUE NATIONALE INC p375
200 Waterfront Dr Suite 400, WINNIPEG, MB, R3B 3P1
(204) 925-2250 SIC 6021
FINANCIERE BANQUE NATIONALE INC p1111
1 Place Ville-Marie Bureau 1805, Montreal, QC, H3B 4A9
(514) 879-5200 SIC 6021
FINANCIERE BANQUE NATIONALE INC p1160
2600 Boul Laurier Bureau 700, Quebec, QC, G1V 4W2
(418) 654-2323 SIC 6021
HOME TRUST COMPANY p854
15 Church St Suite 100, ST CATHARINES, ON, L2R 3B5
SIC 6021
HOME TRUST COMPANY p914
145 King St W Suite 2300, TORONTO, ON, M5H 1J8
(416) 360-4663 SIC 6021
HSBC BANK CANADA p28
111 3 Ave Se Suite 212, CALGARY, AB, T2G 0B7
(403) 233-8303 SIC 6021
HSBC BANK CANADA p45
407 8 Ave Sw, CALGARY, AB, T2P 1E5
(403) 261-8910 SIC 6021
HSBC BANK CANADA p80
10250 101 St Nw Suite 1530, EDMONTON, AB, T5J 3P4
(780) 428-1144 SIC 6021
HSBC BANK CANADA p80
10561 Jasper Ave Nw, EDMONTON, AB, T5J 1Z4
(780) 423-3563 SIC 6021
HSBC BANK CANADA p187
4106 Hastings St, BURNABY, BC, V5C 2J4
(604) 294-9431 SIC 6021
HSBC BANK CANADA p189
3555 Gilmore Way Suite 300, BURNABY, BC, V5G 4S1

(604) 273-1961 SIC 6021
HSBC BANK CANADA p191
5210 Kingsway, BURNABY, BC, V5H 2E9
(604) 438-6411 SIC 6021
HSBC BANK CANADA p194
1000 Shoppers Row, CAMPBELL RIVER, BC, V9W 2C6
(250) 286-0011 SIC 6021
HSBC BANK CANADA p197
9345 Main St, CHILLIWACK, BC, V2P 4M3
(604) 795-9181 SIC 6021
HSBC BANK CANADA p202
405 North Rd Suite 1, COQUITLAM, BC, V3K 3V9
(604) 939-8366 SIC 6021
HSBC BANK CANADA p205
928 Baker St, CRANBROOK, BC, V1C 1A5
(250) 426-7221 SIC 6021
HSBC BANK CANADA p226
384 Bernard Ave, KELOWNA, BC, V1Y 6N5
(250) 763-3939 SIC 6021
HSBC BANK CANADA p226
1950 Cooper Rd, KELOWNA, BC, V1Y 8K5
(250) 762-2811 SIC 6021
HSBC BANK CANADA p232
20045 Langley Bypass, LANGLEY, BC, V3A 8R6
(604) 530-5331 SIC 6021
HSBC BANK CANADA p236
11955 224 St, MAPLE RIDGE, BC, V2X 6B4
(604) 467-1131 SIC 6021
HSBC BANK CANADA p241
6551 Aulds Rd Suite 101, NANAIMO, BC, V9T 6K2
(250) 390-0668 SIC 6021
HSBC BANK CANADA p244
504 Sixth St, NEW WESTMINSTER, BC, V3L 3B4
(604) 524-9751 SIC 6021
HSBC BANK CANADA p252
201 Main St, PENTICTON, BC, V2A 5B1
(250) 492-2704 SIC 6021
HSBC BANK CANADA p255
2755 Lougheed Hwy Suite 41, PORT COQUITLAM, BC, V3B 5Y9
(604) 464-6444 SIC 6021
HSBC BANK CANADA p259
299 Victoria St Unit 110, PRINCE GEORGE, BC, V2L 5B8
(250) 564-9800 SIC 6021
HSBC BANK CANADA p269
4380 No. 3 Rd Suite 1010, RICHMOND, BC, V6X 3V7
(604) 270-8711 SIC 6021
HSBC BANK CANADA p271
6168 No. 3 Rd, RICHMOND, BC, V6Y 2B3
(604) 276-8700 SIC 6021
HSBC BANK CANADA p283
10388 City Pky, SURREY, BC, V3T 4Y8
(604) 584-1371 SIC 6021
HSBC BANK CANADA p298
6373 Fraser St, VANCOUVER, BC, V5W 3A3
(604) 324-2481 SIC 6021
HSBC BANK CANADA p300
5812 Cambie St, VANCOUVER, BC, V5Z 3A8
(604) 325-1868 SIC 6021
HSBC BANK CANADA p302
1295 Napier St, VANCOUVER, BC, V6A 2H7
SIC 6021
HSBC BANK CANADA p307
885 Georgia St W, VANCOUVER, BC, V6C 3G1
(604) 685-1000 SIC 6021
HSBC BANK CANADA p307
888 Dunsmuir St Suite 900, VANCOUVER, BC, V6C 3K4
(604) 641-1893 SIC 6021
HSBC BANK CANADA p307
885 Georgia St W Suite 620, VANCOUVER, BC, V6C 3E8
(604) 641-1122 SIC 6021

HSBC BANK CANADA p311
1188 Georgia St W Suite 108, VANCOUVER, BC, V6E 4A2
(604) 687-7441   SIC 6021

HSBC BANK CANADA p314
1010 Denman St, VANCOUVER, BC, V6G 2M5
(604) 683-8189   SIC 6021

HSBC BANK CANADA p318
2164 41st Ave W, VANCOUVER, BC, V6M 1Z1
(604) 261-4251   SIC 6021

HSBC BANK CANADA p318
8118 Granville St, VANCOUVER, BC, V6P 4Z4
(604) 266-8087   SIC 6021

HSBC BANK CANADA p319
4480 10th Ave W, VANCOUVER, BC, V6R 2H9
(604) 228-1421   SIC 6021

HSBC BANK CANADA p326
3321 30 Ave, VERNON, BC, V1T 2C9
(250) 503-5888   SIC 6021

HSBC BANK CANADA p331
752 Fort St, VICTORIA, BC, V8W 1H2
(250) 388-5511   SIC 6021

HSBC BANK CANADA p332
771 Vernon Ave Suite 100, VICTORIA, BC, V8X 5A7
(250) 388-6465   SIC 6021

HSBC BANK CANADA p378
330 St Mary Ave Suite 110, WINNIPEG, MB, R3C 3Z5
(204) 956-1632   SIC 6021

HSBC BANK CANADA p609
40 King St E, HAMILTON, ON, L8N 1A3
(905) 525-8730   SIC 6021

HSBC BANK CANADA p672
3000 Steeles Ave E, MARKHAM, ON, L3R 4T9
(905) 475-3777   SIC 6021

HSBC BANK CANADA p672
4390 Steeles Ave E, MARKHAM, ON, L3R 9V7
(905) 513-8801   SIC 6021

HSBC BANK CANADA p672
19 Allstate Pky Suite 2, MARKHAM, ON, L3R 5A4
(905) 415-4723   SIC 6021

HSBC BANK CANADA p693
888 Dundas St E, MISSISSAUGA, ON, L4Y 4G6
(905) 277-5300   SIC 6021

HSBC BANK CANADA p705
1675 The Chase Suite 18, MISSISSAUGA, ON, L5M 5Y7
(905) 608-0115   SIC 6021

HSBC BANK CANADA p743
3640 Victoria Park Ave Suite 301, NORTH YORK, ON, M2H 3B2
(416) 756-2333   SIC 6021

HSBC BANK CANADA p791
131 Queen St, OTTAWA, ON, K1P 0A1
(613) 238-3331   SIC 6021

HSBC BANK CANADA p820
330 Highway 7 E Suite 111, RICHMOND HILL, ON, L4B 3P8
(905) 881-7007   SIC 6021

HSBC BANK CANADA p838
1940 Eglinton Ave E Suite 1, SCARBOROUGH, ON, M1L 4R1
(416) 752-8910   SIC 6021

HSBC BANK CANADA p843
4438 Sheppard Ave E Suite 102a, SCARBOROUGH, ON, M1S 5V9
(416) 291-5717   SIC 6021

HSBC BANK CANADA p845
15 Milliken Blvd, SCARBOROUGH, ON, M1V 1V3
(416) 321-8017   SIC 6021

HSBC BANK CANADA p919
70 York St Suite 800, TORONTO, ON, M5J 1S9
(416) 868-8000   SIC 6021

HSBC BANK CANADA p926
150 Bloor St W Suite 116, TORONTO, ON, M5S 2X9
(416) 968-7622   SIC 6021

HSBC BANK CANADA p927
222 Spadina Ave Unite 101, TORONTO, ON, M5T 3B3
(416) 348-8888   SIC 6021

HSBC BANK CANADA p927
421 Dundas St W, TORONTO, ON, M5T 2W4
(416) 598-3982   SIC 6021

HSBC BANK CANADA p1020
3030 Boul Le Carrefour Bureau 100, Cote Saint-Luc, QC, H7T 2P5
(450) 687-6920   SIC 6021

HSBC BANK CANADA p1106
2001 Av Mcgill College Bureau 160, Montreal, QC, H3A 1G1
(514) 288-8858   SIC 6021

HSBC BANK CANADA p1124
8999 Boul De L'acadie, Montreal, QC, H4N 3K1
(514) 381-8566   SIC 6021

HSBC BANK CANADA p1142
1000 Boul Saint-Jean Bureau 110, POINTE-CLAIRE, QC, H9R 5P1
(514) 697-8831   SIC 6021

HSBC BANK CANADA p1296
321 21st St E Suite 200, SASKATOON, SK, S7K 0C1
(306) 244-2331   SIC 6021

ICICI BANK CANADA p753
150 Ferrand Dr Suite 1200, NORTH YORK, ON, M3C 3E5
(416) 847-7881   SIC 6021

INDUSTRIAL AND COMMERCIAL BANK OF CHINA (CANADA) p914
333 Bay St Suite 3710, TORONTO, ON, M5H 2R2
(416) 366-5588   SIC 6021

INVESTORS GROUP TRUST CO. LTD p375
447 Portage Ave, WINNIPEG, MB, R3B 3H5
(204) 943-0361   SIC 6021

KEB HANA BANK CANADA p749
4950 Yonge St Suite 103, NORTH YORK, ON, M2N 6K1
(416) 222-5200   SIC 6021

MBNA CANADA BANK p593
1600 James Naismith Dr Suite 800, GLOUCESTER, ON, K1B 5N8
(613) 907-4800   SIC 6021

OAK RIDGES MORAINE LAND TRUST p733
18462 Bathurst St, NEWMARKET, ON, L3Y 4V9
(905) 853-3171   SIC 6021

PEACE HILLS TRUST COMPANY p132
Gd, HOBBEMA, AB, T0C 1N0
(780) 585-3013   SIC 6021

ROYAL BANK OF CANADA p11
2640 52 St Ne Unit 100, CALGARY, AB, T1Y 3R6
(403) 292-3355   SIC 6021

ROYAL BANK OF CANADA p13
5269 Memorial Dr Se Suite 1, CALGARY, AB, T2A 4V1
(403) 292-2424   SIC 6021

ROYAL BANK OF CANADA p33
411 58 Ave Se, CALGARY, AB, T2H 0P5
(403) 299-7420   SIC 6021

ROYAL BANK OF CANADA p37
4820 Northland Dr Nw Ste 220, CALGARY, AB, T2L 2L3
(403) 292-2477   SIC 6021

ROYAL BANK OF CANADA p37
728 Northmount Dr Nw Suite 17, CALGARY, AB, T2K 3K2
(403) 292-2440   SIC 6021

ROYAL BANK OF CANADA p48
335 8th Ave Sw 11th Flr, CALGARY, AB, T2P 2N4
SIC 6021

ROYAL BANK OF CANADA p48
502 4 Ave Sw Suite 300, CALGARY, AB, T2P 0J6
SIC 6021

ROYAL BANK OF CANADA p63
5445 Falsbridge Dr Ne, CALGARY, AB, T3J 3E8
(403) 292-2400   SIC 6021

ROYAL BANK OF CANADA p64
8220 Centre St Ne Suite 111, CALGARY, AB, T3K 1J7
(403) 292-8292   SIC 6021

ROYAL BANK OF CANADA p66
5102 50 Ave, CAMROSE, AB, T4V 0S7
(780) 672-7751   SIC 6021

ROYAL BANK OF CANADA p67
1000 Railway Ave, CANMORE, AB, T1W 1P4
(403) 678-3180   SIC 6021

ROYAL BANK OF CANADA p69
130 1st Ave W, COCHRANE, AB, T4C 1A5
(403) 932-2231   SIC 6021

ROYAL BANK OF CANADA p76
9499 137 Ave Nw Unit 1032, EDMONTON, AB, T5E 5R8
SIC 6021

ROYAL BANK OF CANADA p77
10567 Kingsway Nw, EDMONTON, AB, T5H 4K1
(780) 448-6112   SIC 6021

ROYAL BANK OF CANADA p82
10107 Jasper Ave Nw Suite 301, EDMONTON, AB, T5J 1W9
(780) 448-6611   SIC 6021

ROYAL BANK OF CANADA p82
Gd Stn Main, EDMONTON, AB, T5J 2G8
(519) 821-5610   SIC 6021

ROYAL BANK OF CANADA p83
11604 104 Ave Nw Suite 3, EDMONTON, AB, T5K 2T7
(780) 448-6340   SIC 6021

ROYAL BANK OF CANADA p89
15103 Stony Plain Rd Nw Suite 5, EDMONTON, AB, T5P 3Y2
SIC 6021

ROYAL BANK OF CANADA p106
9042 51 Ave Nw, EDMONTON, AB, T6E 5X4
(780) 448-6845   SIC 6021

ROYAL BANK OF CANADA p106
10843 82 Ave Nw, EDMONTON, AB, T6E 2B2
(780) 448-6900   SIC 6021

ROYAL BANK OF CANADA p118
5119 50th St, EVANSBURG, AB, T0E 0T0
(780) 727-3566   SIC 6021

ROYAL BANK OF CANADA p121
8540 Manning Ave, FORT MCMURRAY, AB, T9H 5G2
(780) 743-3327   SIC 6021

ROYAL BANK OF CANADA p123
9916 102 St, FORT SASKATCHEWAN, AB, T8L 2C3
(780) 998-3721   SIC 6021

ROYAL BANK OF CANADA p127
10102 100 Ave, GRANDE PRAIRIE, AB, T8V 0V5
(780) 538-6590   SIC 6021

ROYAL BANK OF CANADA p136
10 Leduc Towne Ctr, LEDUC, AB, T9E 7K6
(780) 986-2266   SIC 6021

ROYAL BANK OF CANADA p142
4716 50 Ave, LLOYDMINSTER, AB, T9V 0W4
(780) 871-5800   SIC 6021

ROYAL BANK OF CANADA p144
580 3 St Se, MEDICINE HAT, AB, T1A 0H3
(403) 528-6400   SIC 6021

ROYAL BANK OF CANADA p163
390 Baseline Rd Suite 160, SHERWOOD PARK, AB, T8H 1X1
(780) 449-7700   SIC 6021

ROYAL BANK OF CANADA p165
112 King St, SPRUCE GROVE, AB, T7X 0J6
(780) 962-2872   SIC 6021

ROYAL BANK OF CANADA p168
4920 51 Ave Ss 2, STETTLER, AB, T0C 2L2
(403) 742-2382   SIC 6021

ROYAL BANK OF CANADA p171
Sunset Blvd Suite &, TURNER VALLEY, AB, T0L 2A0
(403) 933-4364   SIC 6021

ROYAL BANK OF CANADA p174
4916 50 Ave, WETASKIWIN, AB, T9A 3P8
(780) 352-6011   SIC 6021

ROYAL BANK OF CANADA p176
200 Birch Ave, 100 MILE HOUSE, BC, V0K 2E0
(250) 395-7460   SIC 6021

ROYAL BANK OF CANADA p177
32900 South Fraser Way Suite 142, ABBOTSFORD, BC, V2S 5A1
(604) 853-8384   SIC 6021

ROYAL BANK OF CANADA p179
31975 South Fraser Way, ABBOTSFORD, BC, V2T 1V5
(604) 855-5349   SIC 6021

ROYAL BANK OF CANADA p185
6570 Hastings St, BURNABY, BC, V5B 1S2
(604) 665-5925   SIC 6021

ROYAL BANK OF CANADA p187
4382 Hastings St, BURNABY, BC, V5C 2J9
(604) 665-5900   SIC 6021

ROYAL BANK OF CANADA p195
1290 Shoppers Row, CAMPBELL RIVER, BC, V9W 2C8
(250) 286-5500   SIC 6021

ROYAL BANK OF CANADA p201
1962 Como Lake Ave, COQUITLAM, BC, V3J 3R3
(604) 927-5633   SIC 6021

ROYAL BANK OF CANADA p204
1015 Ryan Rd, COURTENAY, BC, V9N 3R6
(250) 334-6150   SIC 6021

ROYAL BANK OF CANADA p206
10324 10 St, DAWSON CREEK, BC, V1G 3T6
(250) 782-9441   SIC 6021

ROYAL BANK OF CANADA p209
7157 120 St, DELTA, BC, V4E 2A9
(604) 665-0484   SIC 6021

ROYAL BANK OF CANADA p212
395 Trunk Rd, DUNCAN, BC, V9L 2P4
(250) 746-2400   SIC 6021

ROYAL BANK OF CANADA p215
10312 100 St, FORT ST. JOHN, BC, V1J 3Z1
(250) 787-0681   SIC 6021

ROYAL BANK OF CANADA p219
789 Fortune Dr, KAMLOOPS, BC, V2B 2L3
(250) 376-8822   SIC 6021

ROYAL BANK OF CANADA p221
186 Victoria St, KAMLOOPS, BC, V2C 5R3
(250) 371-1500   SIC 6021

ROYAL BANK OF CANADA p224
301 Highway 33 W Unit 48, KELOWNA, BC, V1X 1X8
(250) 765-7761   SIC 6021

ROYAL BANK OF CANADA p227
1840 Cooper Rd, KELOWNA, BC, V1Y 8K5
(250) 860-3727   SIC 6021

ROYAL BANK OF CANADA p228
378 City Centre, KITIMAT, BC, V8C 1T6
(250) 639-9281   SIC 6021

ROYAL BANK OF CANADA p231
19888 Willowbrook Dr, LANGLEY, BC, V2Y 1K9
(604) 533-6800   SIC 6021

ROYAL BANK OF CANADA p236
11855 224 St, MAPLE RIDGE, BC, V2X 6B1
(604) 501-7180   SIC 6021

ROYAL BANK OF CANADA p238
33114 1st Ave, MISSION, BC, V2V 1G4
(604) 820-4700   SIC 6021

ROYAL BANK OF CANADA p242
6631 Island Hwy N Suite 246, NANAIMO, BC, V9T 4T7
(250) 390-4311   SIC 6021

ROYAL BANK OF CANADA p243
401 Baker St, NELSON, BC, V1L 4H7
(250) 354-4111   SIC 6021

SIC 6021 National commercial banks

ROYAL BANK OF CANADA　p247
1501 Lynn Valley Rd, NORTH VANCOUVER, BC, V7J 2B1
(604) 981-7880　SIC 6021

ROYAL BANK OF CANADA　p251
152 S Alberni Hwy, PARKSVILLE, BC, V9P 2G5
(250) 248-8321　SIC 6021

ROYAL BANK OF CANADA　p254
2925 3rd Ave, PORT ALBERNI, BC, V9Y 2A6
SIC 6021

ROYAL BANK OF CANADA　p256
2581 Shaughnessy St, PORT COQUITLAM, BC, V3C 3G3
(604) 927-5500　SIC 6021

ROYAL BANK OF CANADA　p258
7035 Barnet St Suite 101, POWELL RIVER, BC, V8A 1Z9
(604) 485-7991　SIC 6021

ROYAL BANK OF CANADA　p262
3161 Massey Dr Unit 57, PRINCE GEORGE, BC, V2N 2S9
(250) 960-4540　SIC 6021

ROYAL BANK OF CANADA　p264
201 St Laurent Ave, QUESNEL, BC, V2J 2C8
(250) 992-2127　SIC 6021

ROYAL BANK OF CANADA　p270
8171 Ackroyd Rd Suite 1950, RICHMOND, BC, V6X 3K1
(604) 668-4997　SIC 6021

ROYAL BANK OF CANADA　p272
10111 No. 3 Rd Suite 125, RICHMOND, BC, V7A 1W6
(604) 665-8132　SIC 6021

ROYAL BANK OF CANADA　p276
340 Alexander St Ne, SALMON ARM, BC, V1E 4N8
(250) 832-8071　SIC 6021

ROYAL BANK OF CANADA　p278
1106 Main St, SMITHERS, BC, V0J 2N0
(250) 847-4405　SIC 6021

ROYAL BANK OF CANADA　p279
38100 Second Ave, SQUAMISH, BC, V0N 3G0
(604) 892-3555　SIC 6021

ROYAL BANK OF CANADA　p282
17931 56 Ave, SURREY, BC, V3S 1E2
(604) 576-5550　SIC 6021

ROYAL BANK OF CANADA　p284
9490 120 St, SURREY, BC, V3V 4B9
(604) 665-8992　SIC 6021

ROYAL BANK OF CANADA　p294
1716 Renfrew St, VANCOUVER, BC, V5M 3H8
(604) 665-8040　SIC 6021

ROYAL BANK OF CANADA　p295
1715 Commercial Dr, VANCOUVER, BC, V5N 4A4
(604) 665-8050　SIC 6021

ROYAL BANK OF CANADA　p298
6505 Fraser St, VANCOUVER, BC, V5X 3T4
(604) 665-0882　SIC 6021

ROYAL BANK OF CANADA　p298
4095 Main St, VANCOUVER, BC, V5V 3P5
(604) 665-3111　SIC 6021

ROYAL BANK OF CANADA　p300
650 41st Ave W Suite 611, VANCOUVER, BC, V5Z 2M9
(604) 665-0100　SIC 6021

ROYAL BANK OF CANADA　p300
505 Broadway W, VANCOUVER, BC, V5Z 1E7
(604) 665-8650　SIC 6021

ROYAL BANK OF CANADA　p305
685 Hastings St W, VANCOUVER, BC, V6B 1N9
(604) 665-6766　SIC 6021

ROYAL BANK OF CANADA　p313
1055 Georgia St W Suite 500, VANCOUVER, BC, V6E 3N9
(604) 665-5281　SIC 6021

ROYAL BANK OF CANADA　p313
1025 Georgia St W Suite 1000, VANCOUVER, BC, V6E 3N9
(604) 665-8376　SIC 6021

ROYAL BANK OF CANADA　p315
1489 Broadway W, VANCOUVER, BC, V6H 1H6
(604) 717-2262　SIC 6021

ROYAL BANK OF CANADA　p315
1497 Broadway W, VANCOUVER, BC, V6H 1H7
(604) 665-5700　SIC 6021

ROYAL BANK OF CANADA　p318
2208 41st Ave W, VANCOUVER, BC, V6M 1Z8
(604) 665-0550　SIC 6021

ROYAL BANK OF CANADA　p325
2517 Burrard Ave, VANDERHOOF, BC, V0J 3A0
(250) 567-4776　SIC 6021

ROYAL BANK OF CANADA　p326
3131 30 Ave, VERNON, BC, V1T 2C4
(250) 558-4300　SIC 6021

ROYAL BANK OF CANADA　p327
3970 Shelbourne St, VICTORIA, BC, V8N 3E2
(250) 356-4626　SIC 6021

ROYAL BANK OF CANADA　p330
304 Cook St, VICTORIA, BC, V8V 3X6
SIC 6021

ROYAL BANK OF CANADA　p334
306 Burnside Rd W, VICTORIA, BC, V8Z 1M1
(250) 356-4675　SIC 6021

ROYAL BANK OF CANADA　p338
672 Park Royal N, WEST VANCOUVER, BC, V7T 1H9
(604) 981-6500　SIC 6021

ROYAL BANK OF CANADA　p339
1705 Marine Dr, WEST VANCOUVER, BC, V7V 1J5
(604) 981-6550　SIC 6021

ROYAL BANK OF CANADA　p340
1588 Johnston Rd, WHITE ROCK, BC, V4B 3Z7
(604) 665-8125　SIC 6021

ROYAL BANK OF CANADA　p341
51 Fourth Ave N, WILLIAMS LAKE, BC, V2G 4S1
(250) 398-2500　SIC 6021

ROYAL BANK OF CANADA　p343
602 Park Ave, BEAUSEJOUR, MB, R0E 0C0
(204) 268-1766　SIC 6021

ROYAL BANK OF CANADA　p345
740 Rosser Ave, BRANDON, MB, R7A 0K9
(204) 726-3100　SIC 6021

ROYAL BANK OF CANADA　p345
661 18th St, BRANDON, MB, R7A 5B3
(204) 726-3116　SIC 6021

ROYAL BANK OF CANADA　p347
202 Main St N, DAUPHIN, MB, R7N 1C4
(204) 638-4920　SIC 6021

ROYAL BANK OF CANADA　p349
94 Main St, FLIN FLON, MB, R8A 1K1
(204) 687-7551　SIC 6021

ROYAL BANK OF CANADA　p366
111 Vermillion Rd, WINNIPEG, MB, R2J 4A9
(204) 988-6590　SIC 6021

ROYAL BANK OF CANADA　p370
2350 Mcphillips St, WINNIPEG, MB, R2V 4J6
(204) 988-6035　SIC 6021

ROYAL BANK OF CANADA　p370
1846 Main St, WINNIPEG, MB, R2V 3H2
(204) 988-5830　SIC 6021

ROYAL BANK OF CANADA　p378
220 Portage Ave Unit 900, WINNIPEG, MB, R3C 0A5
(204) 988-4000　SIC 6021

ROYAL BANK OF CANADA　p385
3297 Portage Ave, WINNIPEG, MB, R3K 0W7
SIC 6021

ROYAL BANK OF CANADA　p387
1700 Corydon Ave Suite 100, WINNIPEG, MB, R3N 0K1
(204) 988-5750　SIC 6021

ROYAL BANK OF CANADA　p390
1525 Buffalo Pl, WINNIPEG, MB, R3T 1L9
(204) 954-9054　SIC 6021

ROYAL BANK OF CANADA　p390
2855 Pembina Hwy Suite 26, WINNIPEG, MB, R3T 2H5
(204) 988-6062　SIC 6021

ROYAL BANK OF CANADA　p390
1300 Pembina Hwy, WINNIPEG, MB, R3T 2B4
(204) 988-6410　SIC 6021

ROYAL BANK OF CANADA　p394
230 Main St, BATHURST, NB, E2A 1A8
(506) 547-1020　SIC 6021

ROYAL BANK OF CANADA　p401
1206 Prospect St Suite 3, FREDERICTON, NB, E3B 3C1
(506) 458-0817　SIC 6021

ROYAL BANK OF CANADA　p401
504 Queen St, FREDERICTON, NB, E3B 1B9
(506) 453-1710　SIC 6021

ROYAL BANK OF CANADA　p439
4920 52 St Suite 1, YELLOWKNIFE, NT, X1A 3T1
(867) 873-5961　SIC 6021

ROYAL BANK OF CANADA　p441
248 St. George St, ANNAPOLIS ROYAL, NS, B0S 1A0
(902) 532-2371　SIC 6021

ROYAL BANK OF CANADA　p445
565 King St, BRIDGEWATER, NS, B4V 1B3
(902) 543-7161　SIC 6021

ROYAL BANK OF CANADA　p446
111 Water St, CURRYS CORNER, NS, B0N 2T0
(902) 798-5721　SIC 6021

ROYAL BANK OF CANADA　p452
202 Brownlow Ave Suite 100, DARTMOUTH, NS, B3B 1T5
(902) 421-8825　SIC 6021

ROYAL BANK OF CANADA　p462
6390 Quinpool Rd, HALIFAX, NS, B3L 4N2
(902) 421-8420　SIC 6021

ROYAL BANK OF CANADA　p462
271 Lacewood Dr, HALIFAX, NS, B3M 4K3
(902) 421-8435　SIC 6021

ROYAL BANK OF CANADA　p463
339 Herring Cove Rd, HALIFAX, NS, B3R 1V5
(902) 421-8494　SIC 6021

ROYAL BANK OF CANADA　p468
6 Commercial St, MIDDLETON, NS, B0S 1P0
(902) 825-3417　SIC 6021

ROYAL BANK OF CANADA　p471
291 Commercial St, NORTH SYDNEY, NS, B2A 1B9
SIC 6021

ROYAL BANK OF CANADA　p475
325 Prince St, SYDNEY, NS, B1P 5K6
(902) 567-7452　SIC 6021

ROYAL BANK OF CANADA　p478
940 Prince St, TRURO, NS, B2N 1H5
(902) 843-3333　SIC 6021

ROYAL BANK OF CANADA　p479
Gd, WEYMOUTH, NS, B0W 3T0
(902) 837-5136　SIC 6021

ROYAL BANK OF CANADA　p483
2 Harwood Ave S, AJAX, ON, L1S 7L8
(905) 683-2291　SIC 6021

ROYAL BANK OF CANADA　p498
128 Wellington St W Suite 308, BARRIE, ON, L4N 8J6
(705) 725-7800　SIC 6021

ROYAL BANK OF CANADA　p501
549 Notre-Dame St N, BELLE RIVER, ON, N0R 1A0
(519) 728-3413　SIC 6021

ROYAL BANK OF CANADA　p504
246 North Front St, BELLEVILLE, ON, K8P 3C2
(613) 969-6101　SIC 6021

ROYAL BANK OF CANADA　p516
25 Peel Centre Dr Suite 792, BRAMPTON, ON, L6T 3R5
(905) 790-7120　SIC 6021

ROYAL BANK OF CANADA　p523
164 Sandalwood Pky E, BRAMPTON, ON, L6Z 3S4
(905) 840-1644　SIC 6021

ROYAL BANK OF CANADA　p526
95 Lynden Rd, BRANTFORD, ON, N3R 7J9
(519) 758-2500　SIC 6021

ROYAL BANK OF CANADA　p529
22 Colborne St Suite 522, BRANTFORD, ON, N3T 2G2
(519) 758-2056　SIC 6021

ROYAL BANK OF CANADA　p544
480 Hespeler Rd, CAMBRIDGE, ON, N1R 7R9
(519) 623-1012　SIC 6021

ROYAL BANK OF CANADA　p548
15 Doxsee Ave N, CAMPBELLFORD, ON, K0L 1L0
(705) 653-2210　SIC 6021

ROYAL BANK OF CANADA　p549
93 Bridge St, CARLETON PLACE, ON, K7C 2V4
(613) 257-3800　SIC 6021

ROYAL BANK OF CANADA　p552
171 Keil Dr S, CHATHAM, ON, N7M 3H3
(519) 354-4340　SIC 6021

ROYAL BANK OF CANADA　p552
190 King St E, CHATHAM, ON, N7M 3N4
(519) 354-1680　SIC 6021

ROYAL BANK OF CANADA　p555
66 King St W, COBOURG, ON, K9A 2L9
(905) 372-2101　SIC 6021

ROYAL BANK OF CANADA　p562
3300 Highway 7 Suite 100, CONCORD, ON, L4K 4M3
(905) 738-3200　SIC 6021

ROYAL BANK OF CANADA　p578
1233 The Queensway, ETOBICOKE, ON, M8Z 1S1
(416) 253-8465　SIC 6021

ROYAL BANK OF CANADA　p579
4860 Dundas St W, ETOBICOKE, ON, M9A 1B5
(416) 239-8175　SIC 6021

ROYAL BANK OF CANADA　p588
100 St Andrew St E, FERGUS, ON, N1M 1P8
(519) 843-2590　SIC 6021

ROYAL BANK OF CANADA　p592
232 Guelph St, GEORGETOWN, ON, L7G 4B1
(905) 877-2244　SIC 6021

ROYAL BANK OF CANADA　p600
987 Gordon St Suite 1, GUELPH, ON, N1G 4W3
(519) 821-5610　SIC 6021

ROYAL BANK OF CANADA　p602
117 Silvercreek Pky N, GUELPH, ON, N1H 3T2
(519) 767-4750　SIC 6021

ROYAL BANK OF CANADA　p609
1405 King St E, HAMILTON, ON, L8M 1H7
(905) 576-5521　SIC 6021

ROYAL BANK OF CANADA　p611
100 King St W Suite 900, HAMILTON, ON, L8P 1A2
(905) 521-2000　SIC 6021

ROYAL BANK OF CANADA　p612
1845 Main St W, HAMILTON, ON, L8S 1J2
(905) 521-2021　SIC 6021

ROYAL BANK OF CANADA　p613
810 Upper Gage Ave, HAMILTON, ON, L8V 4K4
(905) 575-4911　SIC 6021

ROYAL BANK OF CANADA　p616
801 Mohawk Rd W, HAMILTON, ON, L9C 6C2
(905) 388-8550　SIC 6021

ROYAL BANK OF CANADA　p621

156 Thames St S, INGERSOLL, ON, N5C 2T4
(519) 485-3710   SIC 6021
ROYAL BANK OF CANADA   p624
360 March Rd, KANATA, ON, K2K 2T5
(613) 592-5793   SIC 6021
ROYAL BANK OF CANADA   p625
500 Hazeldean Rd Unit 103, KANATA, ON, K2L 2B5
(613) 831-2981   SIC 6021
ROYAL BANK OF CANADA   p628
144 Main St S, KENORA, ON, P9N 1S9
(807) 468-8921   SIC 6021
ROYAL BANK OF CANADA   p629
3803 Loggers Way, KINBURN, ON, K0A 2H0
(613) 832-2323   SIC 6021
ROYAL BANK OF CANADA   p643
413 Highland Rd W, KITCHENER, ON, N2M 3C6
(519) 575-2280   SIC 6021
ROYAL BANK OF CANADA   p645
50 Queen St, LAKEFIELD, ON, K0L 2H0
(705) 652-6713   SIC 6021
ROYAL BANK OF CANADA   p646
35 Talbot St W, LEAMINGTON, ON, N8H 1M3
(519) 322-2821   SIC 6021
ROYAL BANK OF CANADA   p646
33 Princess St Suite 201, LEAMINGTON, ON, N8H 5C5
SIC 6021
ROYAL BANK OF CANADA   p652
1670 Dundas St, LONDON, ON, N5W 3C7
(519) 457-5700   SIC 6021
ROYAL BANK OF CANADA   p653
96 Fanshawe Park Rd E, LONDON, ON, N5X 4C5
(519) 660-4200   SIC 6021
ROYAL BANK OF CANADA   p653
621 Huron St, LONDON, ON, N5Y 4J7
(519) 661-1144   SIC 6021
ROYAL BANK OF CANADA   p656
383 Richmond St Suite 801, LONDON, ON, N6A 3C4
(519) 661-1180   SIC 6021
ROYAL BANK OF CANADA   p663
440 Boler Rd Suite 412, LONDON, ON, N6K 4L2
(519) 641-5000   SIC 6021
ROYAL BANK OF CANADA   p667
5539 Main St, MANOTICK, ON, K4M 1A1
(613) 692-5400   SIC 6021
ROYAL BANK OF CANADA   p674
7481 Woodbine Ave Suite 200, MARKHAM, ON, L3R 2W1
(905) 474-4010   SIC 6021
ROYAL BANK OF CANADA   p674
7750 Kennedy Rd, MARKHAM, ON, L3R 0A7
(905) 513-0309   SIC 6021
ROYAL BANK OF CANADA   p682
55 Ontario St S, MILTON, ON, L9T 2M3
(905) 875-0600   SIC 6021
ROYAL BANK OF CANADA   p685
6205 Airport Rd Ste 100, MISSISSAUGA, ON, L4V 1E1
(905) 671-6262   SIC 6021
ROYAL BANK OF CANADA   p693
1125 Bloor St E, MISSISSAUGA, ON, L4Y 2N6
(905) 897-8160   SIC 6021
ROYAL BANK OF CANADA   p703
2155 Leanne Blvd, MISSISSAUGA, ON, L5K 2K8
SIC 6021
ROYAL BANK OF CANADA   p711
6040 Glen Erin Dr Unit 7, MISSISSAUGA, ON, L5N 3M4
(905) 542-7430   SIC 6021
ROYAL BANK OF CANADA   p715
25 Milverton Dr, MISSISSAUGA, ON, L5R 3G2
(905) 568-1800   SIC 6021
ROYAL BANK OF CANADA   p720

6240 Dixie Rd, MISSISSAUGA, ON, L5T 1A6
(905) 564-5740   SIC 6021
ROYAL BANK OF CANADA   p728
117 Centrepointe Dr, NEPEAN, ON, K2G 5X3
(613) 727-8130   SIC 6021
ROYAL BANK OF CANADA   p734
17600 Yonge St, NEWMARKET, ON, L3Y 4Z1
(905) 895-5551   SIC 6021
ROYAL BANK OF CANADA   p743
105 Main St W, NORTH BAY, ON, P1B 2T6
(705) 472-5470   SIC 6021
ROYAL BANK OF CANADA   p745
1510 Finch Ave E, NORTH YORK, ON, M2J 4Y6
(416) 491-0050   SIC 6021
ROYAL BANK OF CANADA   p747
2514 Bayview Ave, NORTH YORK, ON, M2L 1A9
(416) 510-3080   SIC 6021
ROYAL BANK OF CANADA   p748
1545 Steeles Ave E, NORTH YORK, ON, M2M 3Y7
(416) 512-4680   SIC 6021
ROYAL BANK OF CANADA   p761
2765 Dufferin St, NORTH YORK, ON, M6B 3R6
(416) 789-7637   SIC 6021
ROYAL BANK OF CANADA   p766
2460 Winston Churchill Blvd Suite 5, OAKVILLE, ON, L6H 6J5
(905) 829-8665   SIC 6021
ROYAL BANK OF CANADA   p768
279 Lakeshore Rd E, OAKVILLE, ON, L6J 1H9
(905) 845-4224   SIC 6021
ROYAL BANK OF CANADA   p770
1005 Speers Rd, OAKVILLE, ON, L6L 2X5
(905) 842-2360   SIC 6021
ROYAL BANK OF CANADA   p775
40 Peter St S, ORILLIA, ON, L3V 5A9
(705) 326-6417   SIC 6021
ROYAL BANK OF CANADA   p778
27 Simcoe St N, OSHAWA, ON, L1G 4R7
(905) 723-8511   SIC 6021
ROYAL BANK OF CANADA   p778
1050 Simcoe St N, OSHAWA, ON, L1G 4W5
(905) 576-6010   SIC 6021
ROYAL BANK OF CANADA   p780
40 King St W Suite 800, OSHAWA, ON, L1H 1A4
SIC 6021
ROYAL BANK OF CANADA   p786
1535 Bank St, OTTAWA, ON, K1H 7Z1
(613) 733-7993   SIC 6021
ROYAL BANK OF CANADA   p788
551 Montreal Rd, OTTAWA, ON, K1K 0V1
(613) 749-4579   SIC 6021
ROYAL BANK OF CANADA   p792
90 Sparks St Suite 300, OTTAWA, ON, K1P 5B4
(613) 564-3100   SIC 6021
ROYAL BANK OF CANADA   p797
1145 Wellington St W, OTTAWA, ON, K1Y 2Y9
(613) 722-8351   SIC 6021
ROYAL BANK OF CANADA   p798
2158 Carling Ave, OTTAWA, ON, K2A 1H1
(613) 725-3145   SIC 6021
ROYAL BANK OF CANADA   p798
2121 Carling Ave Suite 34, OTTAWA, ON, K2A 1S3
(613) 725-3181   SIC 6021
ROYAL BANK OF CANADA   p817
210 Queen St, PORT PERRY, ON, L9L 1B9
(905) 985-7316   SIC 6021
ROYAL BANK OF CANADA   p823
9555 Yonge St Suite 25, RICHMOND HILL, ON, L4C 9M5
(905) 780-8100   SIC 6021
ROYAL BANK OF CANADA   p831
602 Queen St E, SAULT STE. MARIE, ON,

P6A 2A4
(705) 759-7000   SIC 6021
ROYAL BANK OF CANADA   p844
2075 Kennedy Rd Suite 600, SCARBOROUGH, ON, M1T 3V3
(416) 292-6466   SIC 6021
ROYAL BANK OF CANADA   p845
4751 Steeles Ave E, SCARBOROUGH, ON, M1V 4S5
(416) 412-6900   SIC 6021
ROYAL BANK OF CANADA   p848
1043 Elizabeth St, SHARBOT LAKE, ON, K0H 2P0
(613) 279-3191   SIC 6021
ROYAL BANK OF CANADA   p852
380 Scott St, ST CATHARINES, ON, L2M 3W4
(905) 934-4303   SIC 6021
ROYAL BANK OF CANADA   p854
108 Hartzel Rd, ST CATHARINES, ON, L2P 1N4
(905) 688-3350   SIC 6021
ROYAL BANK OF CANADA   p858
367 Talbot St, ST THOMAS, ON, N5P 1B7
SIC 6021
ROYAL BANK OF CANADA   p858
1099 Talbot St, ST THOMAS, ON, N5P 1G4
(519) 631-7369   SIC 6021
ROYAL BANK OF CANADA   p862
917 Queenston Rd, STONEY CREEK, ON, L8G 1B8
(905) 664-6412   SIC 6021
ROYAL BANK OF CANADA   p866
38 Front St W, STRATHROY, ON, N7G 1X4
(519) 245-1420   SIC 6021
ROYAL BANK OF CANADA   p868
1720 Lasalle Blvd, SUDBURY, ON, P3A 2A1
(705) 566-1710   SIC 6021
ROYAL BANK OF CANADA   p871
1879 Regent St, SUDBURY, ON, P3E 3Z7
(705) 522-7170   SIC 6021
ROYAL BANK OF CANADA   p871
72 Durham St, SUDBURY, ON, P3E 3M6
(705) 688-4710   SIC 6021
ROYAL BANK OF CANADA   p880
504 Edward St N, THUNDER BAY, ON, P7C 4P9
(807) 473-1700   SIC 6021
ROYAL BANK OF CANADA   p881
201 Frederica St W, THUNDER BAY, ON, P7E 3W1
SIC 6021
ROYAL BANK OF CANADA   p883
121 Broadway St, TILLSONBURG, ON, N4G 3P7
(519) 842-7321   SIC 6021
ROYAL BANK OF CANADA   p884
38 Pine St N Suite 101, TIMMINS, ON, P4N 6K6
(705) 267-7171   SIC 6021
ROYAL BANK OF CANADA   p900
26 St Clair Ave E, TORONTO, ON, M4T 1L7
(416) 974-7840   SIC 6021
ROYAL BANK OF CANADA   p903
468 Yonge St, TORONTO, ON, M4Y 1X3
(416) 974-7763   SIC 6021
ROYAL BANK OF CANADA   p920
88 Queens Quay W Suite 300, TORONTO, ON, M5J 0B8
(416) 313-5378   SIC 6021
ROYAL BANK OF CANADA   p920
200 Bay St, TORONTO, ON, M5J 2J5
(416) 974-3940   SIC 6021
ROYAL BANK OF CANADA   p931
320 Front St W Suite 1400, TORONTO, ON, M5V 3B6
(416) 955-8527   SIC 6021
ROYAL BANK OF CANADA   p952
50 Westmount Rd N, WATERLOO, ON, N2L 2R5
(519) 747-8300   SIC 6021
ROYAL BANK OF CANADA   p954
585 Weber St N, WATERLOO, ON, N2V 1V8
(519) 747-8360   SIC 6021

ROYAL BANK OF CANADA   p959
307 Brock St S, WHITBY, ON, L1N 4K3
(905) 665-7200   SIC 6021
ROYAL BANK OF CANADA   p966
2669 Howard Ave, WINDSOR, ON, N8X 4Z3
(519) 966-1410   SIC 6021
ROYAL BANK OF CANADA   p968
245 Ouellette Ave, WINDSOR, ON, N9A 7J2
(519) 255-8637   SIC 6021
ROYAL BANK OF CANADA   p970
1600 Huron Church Rd, WINDSOR, ON, N9C 2L1
(519) 256-3485   SIC 6021
ROYAL BANK OF CANADA   p971
3854 Dougall Ave, WINDSOR, ON, N9G 1X2
(519) 972-3373   SIC 6021
ROYAL BANK OF CANADA   p975
131 Woodbridge Ave, WOODBRIDGE, ON, L4L 2S6
(905) 851-2284   SIC 6021
ROYAL BANK OF CANADA   p977
452 Dundas St, WOODSTOCK, ON, N4S 1C1
(519) 537-5574   SIC 6021
ROYAL BANK OF CANADA   p988
510 Rue Sacre-Coeur O, ALMA, QC, G8B 1L9
(418) 662-8510   SIC 6021
ROYAL BANK OF CANADA   p1006
7250 Boul Taschereau Bureau 2, BROSSARD, QC, J4W 1M9
(450) 923-5130   SIC 6021
ROYAL BANK OF CANADA   p1009
201 Boul De L'industrie, CANDIAC, QC, J5R 6A6
(450) 659-9681   SIC 6021
ROYAL BANK OF CANADA   p1017
5755 Boul Cavendish, Cote Saint-Luc, QC, H4W 2X8
(514) 874-2226   SIC 6021
ROYAL BANK OF CANADA   p1023
4400 Boul Des Sources, DOLLARD-DES-ORMEAUX, QC, H8Y 3B7
(514) 684-8110   SIC 6021
ROYAL BANK OF CANADA   p1059
7191 Boul Newman, LASALLE, QC, H8N 2K3
(514) 368-0996   SIC 6021
ROYAL BANK OF CANADA   p1070
2068 Ch De Chambly, LONGUEUIL, QC, J4J 3Y7
(450) 442-5570   SIC 6021
ROYAL BANK OF CANADA   p1070
43 Rue Saint-Charles O Bureau 101, LONGUEUIL, QC, J4H 1C5
(450) 442-5611   SIC 6021
ROYAL BANK OF CANADA   p1080
1427 Boul Graham, MONT-ROYAL, QC, H3P 3M9
(514) 340-3080   SIC 6021
ROYAL BANK OF CANADA   p1085
7945 Boul Maurice-Duplessis, Montreal, QC, H1E 1M5
(514) 494-7977   SIC 6021
ROYAL BANK OF CANADA   p1113
1140 Rue Sainte-Catherine O Bureau 7, Montreal, QC, H3B 1H7
(514) 874-3043   SIC 6021
ROYAL BANK OF CANADA   p1115
Cp 11444 Succ Centre Ville, Montreal, QC, H3C 5J4
SIC 6021
ROYAL BANK OF CANADA   p1120
5700 Ch De La Cote-Des-Neiges, Montreal, QC, H3T 2A6
(514) 340-3130   SIC 6021
ROYAL BANK OF CANADA   p1121
4851 Av Van Horne, Montreal, QC, H3W 1J2
(514) 340-3050   SIC 6021
ROYAL BANK OF CANADA   p1134
965 Boul Cure-Labelle, Montreal-Ouest, QC, H7V 2V7
(450) 686-3446   SIC 6021

SIC 6021 National commercial banks

ROYAL BANK OF CANADA
1307 Av Van Horne, OUTREMONT, QC, H2V 1K7
(514) 495-5904 SIC 6021

ROYAL BANK OF CANADA p1138
101 Boul Cardinal-Leger, PINCOURT, QC, J7W 3Y3
(514) 453-2294 SIC 6021

ROYAL BANK OF CANADA p1143
321 Boul Saint-Jean, POINTE-CLAIRE, QC, H9R 3J1
SIC 6021

ROYAL BANK OF CANADA p1158
700 Rue D'youville, Quebec, QC, G1R 3P2
(418) 692-6800 SIC 6021

ROYAL BANK OF CANADA p1158
140 Grande Allee E Bureau 100, Quebec, QC, G1R 5M8
(418) 648-6996 SIC 6021

ROYAL BANK OF CANADA p1161
2450 Boul Laurier, Quebec, QC, G1V 2L1
(418) 654-2454 SIC 6021

ROYAL BANK OF CANADA p1171
85 Boul Brien Bureau B, REPENTIGNY, QC, J6A 8B6
(450) 581-0854 SIC 6021

ROYAL BANK OF CANADA p1182
30 Boul Clairevue O, SAINT-BRUNO, QC, J3V 1P8
(450) 653-7846 SIC 6021

ROYAL BANK OF CANADA p1190
12095 1re Av, SAINT-GEORGES, QC, G5Y 2E2
(418) 227-7901 SIC 6021

ROYAL BANK OF CANADA p1202
635 Av Victoria, SAINT-LAMBERT, QC, J4P 3R4
(450) 923-5320 SIC 6021

ROYAL BANK OF CANADA p1204
9900 Boul Cavendish Bureau 310, SAINT-LAURENT, QC, H4M 2V2
SIC 6021

ROYAL BANK OF CANADA p1216
4286 Rue Jean-Talon E, SAINT-LEONARD, QC, H1S 1J7
(514) 722-3568 SIC 6021

ROYAL BANK OF CANADA p1231
60 Rue Turgeon, SAINTE-THERESE, QC, J7E 3H4
(450) 433-2202 SIC 6021

ROYAL BANK OF CANADA p1251
3105 Boul Des Recollets, Trois-Rivieres, QC, G9A 6M1
(819) 691-4150 SIC 6021

ROYAL BANK OF CANADA p1254
689 3e Av, VAL-D'OR, QC, J9P 1S7
(819) 824-5150 SIC 6021

ROYAL BANK OF CANADA p1263
1 Car Westmount Bureau 100, WESTMOUNT, QC, H3Z 2P9
(514) 874-5793 SIC 6021

ROYAL BANK OF CANADA p1268
1202 4th St, ESTEVAN, SK, S4A 0W9
(306) 637-4800 SIC 6021

ROYAL BANK OF CANADA p1270
503 Main St, ITUNA, SK, S0A 1N0
(306) 795-2661 SIC 6021

ROYAL BANK OF CANADA p1271
401 Main St, KINDERSLEY, SK, S0L 1S0
(306) 463-5330 SIC 6021

ROYAL BANK OF CANADA p1276
52 High St W, MOOSE JAW, SK, S6H 1S3
(306) 691-4100 SIC 6021

ROYAL BANK OF CANADA p1280
801 15th St E, PRINCE ALBERT, SK, S6V 0C7
(306) 953-5700 SIC 6021

ROYAL BANK OF CANADA p1288
2441 7th Ave N, REGINA, SK, S4R 0K4
(306) 780-2811 SIC 6021

ROYAL BANK OF CANADA p1293
2802 8th St E, SASKATOON, SK, S7H 0V9
(306) 933-3780 SIC 6021

ROYAL BANK OF CANADA p1297
154 1st Ave S, SASKATOON, SK, S7K 1K2
(306) 933-3400 SIC 6021

ROYAL BANK OF CANADA p1300
15 Worobetz Pl Suite 15, SASKATOON, SK, S7L 6R4
(306) 933-3586 SIC 6021

ROYAL BANK OF CANADA p1307
261 1st Ave Nw, SWIFT CURRENT, SK, S9H 0N1
(306) 778-4100 SIC 6021

ROYAL BANK OF CANADA p1311
4110 4th Ave, WHITEHORSE, YT, Y1A 4N7
(867) 667-6416 SIC 6021

ROYAL TRUST CORPORATION OF CANADA p36
755 Lake Bonavista Dr Se Suite 115, CALGARY, AB, T2J 0N3
(403) 299-5040 SIC 6021

ROYAL TRUST CORPORATION OF CANADA p37
4820 Northland Dr Nw Suite 220, CALGARY, AB, T2L 2L3
(403) 299-5270 SIC 6021

ROYAL TRUST CORPORATION OF CANADA p154
4943 50 St, RED DEER, AB, T4N 1Y1
(403) 340-7200 SIC 6021

ROYAL TRUST CORPORATION OF CANADA p313
1055 Georgia St W Suite 600, VANCOUVER, BC, V6E 4P3
(604) 665-9817 SIC 6021

ROYAL TRUST CORPORATION OF CANADA p459
5161 George St Suite 1103, HALIFAX, NS, B3J 1M7
(902) 421-7446 SIC 6021

ROYAL TRUST CORPORATION OF CANADA p931
155 Wellington St W Suite 1000, TORONTO, ON, M5V 3K7
(416) 955-5254 SIC 6021

ROYAL TRUST CORPORATION OF CANADA p1028
316 Av Dorval, DORVAL, QC, H9S 3H7
(514) 636-4740 SIC 6021

TORONTO DOMINION LIFE INSURANCE COMPANY p922
55 King St W, TORONTO, ON, M5K 1A2
(416) 982-8222 SIC 6021

TORONTO-DOMINION BANK, THE p5
5037 50th St, BARRHEAD, AB, T7N 1A5
(780) 674-2216 SIC 6021

TORONTO-DOMINION BANK, THE p11
2045 34th St Ne, CALGARY, AB, T1Y 6Z2
(403) 292-1400 SIC 6021

TORONTO-DOMINION BANK, THE p26
1216 Centre St Ne, CALGARY, AB, T2E 2R4
(403) 230-2207 SIC 6021

TORONTO-DOMINION BANK, THE p36
9737 Macleod Trail Sw Suite 200, CALGARY, AB, T2J 0P6
(403) 299-3475 SIC 6021

TORONTO-DOMINION BANK, THE p50
340 5 Ave Sw Suite 340, CALGARY, AB, T2P 0L3
(403) 292-1100 SIC 6021

TORONTO-DOMINION BANK, THE p66
4888 50 St, CAMROSE, AB, T4V 1P7
(780) 672-7795 SIC 6021

TORONTO-DOMINION BANK, THE p82
10004 Jasper Ave Nw Suite 500, EDMONTON, AB, T5J 1R3
(780) 448-8251 SIC 6021

TORONTO-DOMINION BANK, THE p122
8600 Franklin Ave Suite 504, FORT MCMURRAY, AB, T9H 4G8
(780) 743-2261 SIC 6021

TORONTO-DOMINION BANK, THE p154
4902 50 Ave, RED DEER, AB, T4N 4A8
(403) 340-7400 SIC 6021

TORONTO-DOMINION BANK, THE p162
2020 Sherwood Dr Suite 30, SHERWOOD PARK, AB, T8A 3H9
(780) 449-9300 SIC 6021

TORONTO-DOMINION BANK, THE p167
11 Inglewood Dr Suite 1, ST. ALBERT, AB, T8N 5E2
SIC 6021

TORONTO-DOMINION BANK, THE p178
32817 South Fraser Way, ABBOTSFORD, BC, V2S 2A6
(604) 870-2200 SIC 6021

TORONTO-DOMINION BANK, THE p197
46017 Yale Rd, CHILLIWACK, BC, V2P 2M1
(604) 795-9166 SIC 6021

TORONTO-DOMINION BANK, THE p221
301 Victoria St Suite 102, KAMLOOPS, BC, V2C 2A3
(250) 314-5035 SIC 6021

TORONTO-DOMINION BANK, THE p249
1400 Lonsdale Ave, NORTH VANCOUVER, BC, V7M 2J1
(604) 981-5600 SIC 6021

TORONTO-DOMINION BANK, THE p270
5300 No. 3 Rd Unit 626, RICHMOND, BC, V6X 2X9
(604) 273-0821 SIC 6021

TORONTO-DOMINION BANK, THE p298
6499 Fraser St, VANCOUVER, BC, V5W 3A6
(604) 327-4366 SIC 6021

TORONTO-DOMINION BANK, THE p305
1001 Hamilton St, VANCOUVER, BC, V6B 5T4
(604) 482-2780 SIC 6021

TORONTO-DOMINION BANK, THE p309
717 Pender St W Suite 400, VANCOUVER, BC, V6C 1G9
SIC 6021

TORONTO-DOMINION BANK, THE p315
2801 Granville St, VANCOUVER, BC, V6H 3J2
(604) 654-3775 SIC 6021

TORONTO-DOMINION BANK, THE p318
2105 41st Ave W, VANCOUVER, BC, V6M 1Z6
SIC 6021

TORONTO-DOMINION BANK, THE p326
5000 Anderson Way, VERNON, BC, V1T 9V2
(250) 550-1250 SIC 6021

TORONTO-DOMINION BANK, THE p338
632 Park Royal N, WEST VANCOUVER, BC, V7T 1H9
(604) 926-5484 SIC 6021

TORONTO-DOMINION BANK, THE p408
860 Main St, MONCTON, NB, E1C 1G2
(506) 853-4370 SIC 6021

TORONTO-DOMINION BANK, THE p460
1785 Barrington St, HALIFAX, NS, B3J 0B2
(902) 420-8040 SIC 6021

TORONTO-DOMINION BANK, THE p470
156 Riverside Pky, NEW GLASGOW, NS, B2H 5R3
(902) 755-0068 SIC 6021

TORONTO-DOMINION BANK, THE p478
22 Inglis Pl, TRURO, NS, B2N 4B4
SIC 6021

TORONTO-DOMINION BANK, THE p484
15 Westney Rd N Suite 2, AJAX, ON, L1T 1P4
(905) 686-1218 SIC 6021

TORONTO-DOMINION BANK, THE p491
14845 Yonge St Suite 11, AURORA, ON, L4G 6H8
(905) 727-4123 SIC 6021

TORONTO-DOMINION BANK, THE p491
15255 Yonge St, AURORA, ON, L4G 1N5
(905) 727-2220 SIC 6021

TORONTO-DOMINION BANK, THE p495
534 Bayfield St, BARRIE, ON, L4M 5A2
(705) 728-4878 SIC 6021

TORONTO-DOMINION BANK, THE p504
1475 Hwy 7a, BETHANY, ON, L0A 1A0
(705) 277-2042 SIC 6021

TORONTO-DOMINION BANK, THE p517
8125 Dixie Rd, BRAMPTON, ON, L6T 2J9
(905) 793-6666 SIC 6021

TORONTO-DOMINION BANK, THE p518
130 Brickyard Way, BRAMPTON, ON, L6V 4N1
(905) 451-1355 SIC 6021

TORONTO-DOMINION BANK, THE p531
133 King St W Suite 204, BROCKVILLE, ON, K6V 6Z1
(613) 345-1815 SIC 6021

TORONTO-DOMINION BANK, THE p531
125 Stewart Blvd, BROCKVILLE, ON, K6V 4W4
(613) 345-1810 SIC 6021

TORONTO-DOMINION BANK, THE p539
2025 Guelph Line Suite 36, BURLINGTON, ON, L7P 4M8
(905) 336-1012 SIC 6021

TORONTO-DOMINION BANK, THE p546
180 Holiday Inn Dr, CAMBRIDGE, ON, N3C 1Z4
(519) 658-5752 SIC 6021

TORONTO-DOMINION BANK, THE p555
1 King St W, COBOURG, ON, K9A 2L8
(905) 372-5471 SIC 6021

TORONTO-DOMINION BANK, THE p582
4335 Bloor St W, ETOBICOKE, ON, M9C 2A5
(416) 621-8320 SIC 6021

TORONTO-DOMINION BANK, THE p582
250 Wincott Dr Suite 1, ETOBICOKE, ON, M9R 2R5
(416) 248-6631 SIC 6021

TORONTO-DOMINION BANK, THE p595
2544 Bank St, GLOUCESTER, ON, K1T 1M9
SIC 6021

TORONTO-DOMINION BANK, THE p610
46 King St E, HAMILTON, ON, L8N 1A6
(905) 521-2450 SIC 6021

TORONTO-DOMINION BANK, THE p616
781 Mohawk Rd W, HAMILTON, ON, L9C 7B7
(905) 575-9221 SIC 6021

TORONTO-DOMINION BANK, THE p626
110 Earl Grey Dr, KANATA, ON, K2T 1B7
(613) 599-8020 SIC 6021

TORONTO-DOMINION BANK, THE p632
1060 Princess St, KINGSTON, ON, K7L 1H2
(613) 546-2666 SIC 6021

TORONTO-DOMINION BANK, THE p634
750 Gardiners Rd, KINGSTON, ON, K7M 3X9
(613) 384-1553 SIC 6021

TORONTO-DOMINION BANK, THE p635
741 Bayridge Dr, KINGSTON, ON, K7P 2P2
(613) 384-7200 SIC 6021

TORONTO-DOMINION BANK, THE p641
381 King St W Suite 1, KITCHENER, ON, N2G 1B8
(519) 579-2160 SIC 6021

TORONTO-DOMINION BANK, THE p666
2478 Main St, LONDON, ON, N6P 1R2
SIC 6021

TORONTO-DOMINION BANK, THE p666
290 Main St, LUCAN, ON, N0M 2J0
(519) 227-4446 SIC 6021

TORONTO-DOMINION BANK, THE p667
18 St Lawrence St W, MADOC, ON, K0K 2K0
(613) 473-4245 SIC 6021

TORONTO-DOMINION BANK, THE p675
7085 Woodbine Ave, MARKHAM, ON, L3R 1A3
(905) 475-6291 SIC 6021

TORONTO-DOMINION BANK, THE p684
Gd, MISSISSAUGA, ON, L4T 1A1
(905) 820-7100 SIC 6021

TORONTO-DOMINION BANK, THE p691
925 Rathburn Rd E, MISSISSAUGA, ON, L4W 4C3
(905) 848-3390 SIC 6021

TORONTO-DOMINION BANK, THE p696
1585 Mississauga Valley Blvd, MISSISSAUGA, ON, L5A 3W9

▲ Public Company   ■ Public Company Family Member   **HQ** Headquarters   **BR** Branch   **SL** Single Location

(905) 275-0991   SIC 6021
TORONTO-DOMINION BANK, THE   p699
2580 Hurontario St, MISSISSAUGA, ON, L5B 1N5
(905) 277-9474   SIC 6021
TORONTO-DOMINION BANK, THE   p702
2425 Truscott Dr, MISSISSAUGA, ON, L5J 2B4
(905) 822-4501   SIC 6021
TORONTO-DOMINION BANK, THE   p725
24 Dundas St E, NAPANEE, ON, K7R 1H6
(613) 354-2137   SIC 6021
TORONTO-DOMINION BANK, THE   p734
130 Davis Dr Suite 24, NEWMARKET, ON, L3Y 2N1
(905) 898-6831   SIC 6021
TORONTO-DOMINION BANK, THE   p739
3643 Portage Rd, NIAGARA FALLS, ON, L2J 2K8
(905) 356-6931   SIC 6021
TORONTO-DOMINION BANK, THE   p746
1800 Sheppard Ave E Suite 1, NORTH YORK, ON, M2J 5A7
(416) 491-0567   SIC 6021
TORONTO-DOMINION BANK, THE   p747
2885 Bayview Ave, NORTH YORK, ON, M2K 0A3
(416) 733-1015   SIC 6021
TORONTO-DOMINION BANK, THE   p747
686 Finch Ave E, NORTH YORK, ON, M2K 2E6
(416) 225-7791   SIC 6021
TORONTO-DOMINION BANK, THE   p760
3401 Dufferin St, North York, ON, M6A 2T9
SIC 6021
TORONTO-DOMINION BANK, THE   p761
2793 Bathurst St, NORTH YORK, ON, M6B 3A4
(416) 781-6131   SIC 6021
TORONTO-DOMINION BANK, THE   p766
321 Iroquois Shore Rd, OAKVILLE, ON, L6H 1M3
(905) 845-6621   SIC 6021
TORONTO-DOMINION BANK, THE   p770
1515 Rebecca St Suite 36, OAKVILLE, ON, L6L 5G8
(905) 827-1107   SIC 6021
TORONTO-DOMINION BANK, THE   p773
89 Broadway Ave, ORANGEVILLE, ON, L9W 1K2
(519) 941-1850   SIC 6021
TORONTO-DOMINION BANK, THE   p780
4 King St W, OSHAWA, ON, L1H 1A3
(905) 576-6281   SIC 6021
TORONTO-DOMINION BANK, THE   p782
22 Stevenson Rd S, OSHAWA, ON, L1J 5L9
(905) 427-7870   SIC 6021
TORONTO-DOMINION BANK, THE   p786
2269 Riverside Dr Suite 1, OTTAWA, ON, K1H 8K2
(613) 731-4220   SIC 6021
TORONTO-DOMINION BANK, THE   p792
45 O'connor St Suite 1100, OTTAWA, ON, K1P 1A4
(613) 782-1201   SIC 6021
TORONTO-DOMINION BANK, THE   p813
1822 Whites Rd Suite 1, PICKERING, ON, L1V 4M1
(905) 420-8312   SIC 6021
TORONTO-DOMINION BANK, THE   p813
1794 Liverpool Rd, PICKERING, ON, L1V 4G7
(905) 831-6114   SIC 6021
TORONTO-DOMINION BANK, THE   p813
1355 Kingston Rd, PICKERING, ON, L1V 1B8
(905) 831-2873   SIC 6021
TORONTO-DOMINION BANK, THE   p816
45 Clarence St, PORT COLBORNE, ON, L3K 3G1
(905) 835-2437   SIC 6021
TORONTO-DOMINION BANK, THE   p823
10909 Yonge St Suite 13, RICHMOND HILL, ON, L4C 3E3

(905) 508-4511   SIC 6021
TORONTO-DOMINION BANK, THE   p827
1210 London Rd, SARNIA, ON, N7S 1P4
(519) 383-8320   SIC 6021
TORONTO-DOMINION BANK, THE   p836
4515 Kingston Rd, SCARBOROUGH, ON, M1E 2P1
(416) 281-6701   SIC 6021
TORONTO-DOMINION BANK, THE   p837
680 Markham Rd, SCARBOROUGH, ON, M1H 2A7
(416) 439-5534   SIC 6021
TORONTO-DOMINION BANK, THE   p838
697 Mccowan Rd, SCARBOROUGH, ON, M1J 1K2
(416) 431-4810   SIC 6021
TORONTO-DOMINION BANK, THE   p853
270 Geneva St, ST CATHARINES, ON, L2N 2E8
SIC 6021
TORONTO-DOMINION BANK, THE   p863
5887 Main St Suite 1, STOUFFVILLE, ON, L4A 1N2
(905) 640-4000   SIC 6021
TORONTO-DOMINION BANK, THE   p868
2208 Lasalle Blvd, SUDBURY, ON, P3A 2A8
(705) 566-2313   SIC 6021
TORONTO-DOMINION BANK, THE   p870
43 Elm St Suite 210, SUDBURY, ON, P3C 1S4
(705) 669-4000   SIC 6021
TORONTO-DOMINION BANK, THE   p875
100 Steeles Ave W Suite 1, THORNHILL, ON, L4J 7Y1
(905) 882-0300   SIC 6021
TORONTO-DOMINION BANK, THE   p879
231 Red River Rd, THUNDER BAY, ON, P7B 1A7
(807) 346-3175   SIC 6021
TORONTO-DOMINION BANK, THE   p879
1039 Memorial Ave, THUNDER BAY, ON, P7B 4A4
(807) 626-1565   SIC 6021
TORONTO-DOMINION BANK, THE   p889
5400 Yonge St, TORONTO, ON, M2N 5R5
(416) 225-5767   SIC 6021
TORONTO-DOMINION BANK, THE   p890
12 Concord Pl, TORONTO, ON, M3C 2R8
(416) 462-2054   SIC 6021
TORONTO-DOMINION BANK, THE   p892
1684 Danforth Ave Suite 1, TORONTO, ON, M4C 1H6
(416) 466-2317   SIC 6021
TORONTO-DOMINION BANK, THE   p892
3060 Danforth Ave, TORONTO, ON, M4C 1N2
(416) 698-2871   SIC 6021
TORONTO-DOMINION BANK, THE   p898
2263 Yonge St, TORONTO, ON, M4P 2C6
(416) 932-1500   SIC 6021
TORONTO-DOMINION BANK, THE   p909
110 Yonge St Suite 2587, TORONTO, ON, M5C 1T4
(416) 361-8600   SIC 6021
TORONTO-DOMINION BANK, THE   p912
777 Bay St Suite 248, TORONTO, ON, M5G 2C8
(416) 982-4364   SIC 6021
TORONTO-DOMINION BANK, THE   p916
141 Adelaide St W Suite 1700, TORONTO, ON, M5H 3L5
(416) 982-8768   SIC 6021
TORONTO-DOMINION BANK, THE   p921
70 University Ave Suite 1105, TORONTO, ON, M5J 2M4
(416) 982-2322   SIC 6021
TORONTO-DOMINION BANK, THE   p922
55 King St W, TORONTO, ON, M5K 1A2
(416) 983-3434   SIC 6021
TORONTO-DOMINION BANK, THE   p922
55 King St W, TORONTO, ON, M5K 1A2
(416) 982-2322   SIC 6021
TORONTO-DOMINION BANK, THE   p922
55 King St W, TORONTO, ON, M5K 1A2

(416) 982-5722   SIC 6021
TORONTO-DOMINION BANK, THE   p922
55 King St W, TORONTO, ON, M5K 1A2
(416) 982-5084   SIC 6021
TORONTO-DOMINION BANK, THE   p922
66 Wellington St W, TORONTO, ON, M5K 1A2
(416) 944-5746   SIC 6021
TORONTO-DOMINION BANK, THE   p927
220 Bloor St W, TORONTO, ON, M5S 3B7
(416) 766-9200   SIC 6021
TORONTO-DOMINION BANK, THE   p934
1886 Eglinton Ave W, TORONTO, ON, M6E 2J6
(416) 785-7742   SIC 6021
TORONTO-DOMINION BANK, THE   p935
574 Bloor St W, TORONTO, ON, M6G 1K1
(416) 534-9211   SIC 6021
TORONTO-DOMINION BANK, THE   p940
1498 Islington Ave, TORONTO, ON, M9A 3L7
(416) 239-4352   SIC 6021
TORONTO-DOMINION BANK, THE   p942
1440 Royal York Rd, TORONTO, ON, M9P 3B1
(416) 243-0855   SIC 6021
TORONTO-DOMINION BANK, THE   p945
8545 Mccowan Rd Suite 7, UNIONVILLE, ON, L3P 1W9
(905) 471-4200   SIC 6021
TORONTO-DOMINION BANK, THE   p946
1 Brock St W, UXBRIDGE, ON, L9P 1P6
(905) 852-3324   SIC 6021
TORONTO-DOMINION BANK, THE   p956
845 Niagara St, WELLAND, ON, L3C 1M4
(905) 732-2461   SIC 6021
TORONTO-DOMINION BANK, THE   p975
7766 Martin Grove Rd Suite 1, WOODBRIDGE, ON, L4L 2C7
(905) 851-3975   SIC 6021
TORONTO-DOMINION BANK, THE   p1017
5800 Boul Cavendish, Cote Saint-Luc, QC, H4W 2T5
(514) 369-2622   SIC 6021
TORONTO-DOMINION BANK, THE   p1028
890 Ch Herron, DORVAL, QC, H9S 1B3
(514) 631-6754   SIC 6021
TORONTO-DOMINION BANK, THE   p1104
525 Av Viger O Bureau 100, Montreal, QC, H2Z 0B2
(514) 289-0799   SIC 6021
TORONTO-DOMINION BANK, THE   p1203
1825 Av O'brien, SAINT-LAURENT, QC, H4L 3W6
(514) 956-0909   SIC 6021
TORONTO-DOMINION BANK, THE   p1272
139 Kaiser Wilhelm Ave, LANGENBURG, SK, S0A 2A0
(306) 743-2691   SIC 6021
TORONTO-DOMINION BANK, THE   p1289
4240 Albert St, REGINA, SK, S4S 3R9
(306) 780-0406   SIC 6021
TORONTO-DOMINION BANK, THE   p1293
3020 8th St E, SASKATOON, SK, S7H 0W2
(306) 975-7300   SIC 6021
TORONTO-DOMINION BANK, THE   p1298
234 Primrose Dr Suite 242, SASKATOON, SK, S7K 6Y6
(306) 975-7330   SIC 6021
UBS BANK (CANADA)   p916
154 University Ave Suite 700, TORONTO, ON, M5H 3Y9
(416) 343-1800   SIC 6021
VALIANT TRUST COMPANY   p50
606 4 St Sw Suite 310, CALGARY, AB, T2P 1T1
(403) 233-2801   SIC 6021
ZAG BANK   p34
6807 Railway St Se Unit 120, CALGARY, AB, T2H 2V6
(403) 774-4253   SIC 6021

SIC 6036 Savings institutions, except federal

ALBERTA TREASURY BRANCHES   p2
404 Main St Se, AIRDRIE, AB, T4B 3C3
(403) 948-5828   SIC 6036
ALBERTA TREASURY BRANCHES   p5
Gd Stn Main, BARRHEAD, AB, T7N 1B8
(780) 674-2241   SIC 6036
ALBERTA TREASURY BRANCHES   p8
219 2 St E, BROOKS, AB, T1R 0G8
(403) 362-3351   SIC 6036
ALBERTA TREASURY BRANCHES   p12
3620 17 Ave Se, CALGARY, AB, T2A 0R9
(403) 297-6507   SIC 6036
ALBERTA TREASURY BRANCHES   p21
6715 8 St Ne Suite 144, CALGARY, AB, T2E 7H7
(403) 541-4300   SIC 6036
ALBERTA TREASURY BRANCHES   p30
33 Heritage Meadows Way Se Suite 1200, CALGARY, AB, T2H 3B8
(403) 974-3599   SIC 6036
ALBERTA TREASURY BRANCHES   p30
6455 Macleod Trail Sw Suite 264, CALGARY, AB, T2H 0K3
(403) 297-6503   SIC 6036
ALBERTA TREASURY BRANCHES   p37
3630 Brentwood Rd Nw, CALGARY, AB, T2L 1K8
(403) 297-8164   SIC 6036
ALBERTA TREASURY BRANCHES   p38
217 16 Ave Nw Suite 200, CALGARY, AB, T2M 0H5
(403) 974-5222   SIC 6036
ALBERTA TREASURY BRANCHES   p51
919 11 Ave Sw Suite 700, CALGARY, AB, T2R 1P3
(403) 541-4119   SIC 6036
ALBERTA TREASURY BRANCHES   p62
601 Stewart Green Sw, CALGARY, AB, T3H 3C8
(403) 297-3900   SIC 6036
ALBERTA TREASURY BRANCHES   p66
4887 50 St, CAMROSE, AB, T4V 1P6
(780) 672-3331   SIC 6036
ALBERTA TREASURY BRANCHES   p71
5017 51 Ave, DRAYTON VALLEY, AB, T7A 1S2
(780) 542-4406   SIC 6036
ALBERTA TREASURY BRANCHES   p71
1820 20 St, DIDSBURY, AB, T0M 0W0
(403) 335-3386   SIC 6036
ALBERTA TREASURY BRANCHES   p73
350 Manning Cross Nw, EDMONTON, AB, T5A 5A1
(780) 422-6003   SIC 6036
ALBERTA TREASURY BRANCHES   p74
8804 118 Ave Nw, EDMONTON, AB, T5B 0T4
(780) 427-4171   SIC 6036
ALBERTA TREASURY BRANCHES   p75
12703 97 St Nw, EDMONTON, AB, T5E 4C1
(780) 422-9438   SIC 6036
ALBERTA TREASURY BRANCHES   p78
9888 Jasper Ave Nw Suite 100, EDMONTON, AB, T5J 1P1
(780) 408-7500   SIC 6036
ALBERTA TREASURY BRANCHES   p78
10020 100 St Nw Suite 2100, EDMONTON, AB, T5J 0N3
(780) 408-7000   SIC 6036
ALBERTA TREASURY BRANCHES   p83
11366 104 Ave Nw, EDMONTON, AB, T5K 2W9
(780) 422-4800   SIC 6036
ALBERTA TREASURY BRANCHES   p84
13304 137 Ave Nw, EDMONTON, AB, T5L 4Z6
(780) 427-7353   SIC 6036
ALBERTA TREASURY BRANCHES   p90
17107 Stony Plain Rd Nw, EDMONTON, AB, T5S 2M9
(780) 408-7474   SIC 6036
ALBERTA TREASURY BRANCHES   p103
8008 104 St Nw, EDMONTON, AB, T6E 4E2

▲ Public Company   ■ Public Company Family Member   **HQ** Headquarters   **BR** Branch   **SL** Single Location

(780) 427-4162 SIC 6036
ALBERTA TREASURY BRANCHES p117
313 50 St W, EDSON, AB, T7E 1T8
(780) 723-5571 SIC 6036
ALBERTA TREASURY BRANCHES p119
11 Haineault St, FORT MCMURRAY, AB, T9H 1R8
(780) 790-3300 SIC 6036
ALBERTA TREASURY BRANCHES p123
9964 99 Ave, FORT SASKATCHEWAN, AB, T8L 4G8
(780) 998-5161 SIC 6036
ALBERTA TREASURY BRANCHES p129
232 2 Ave W, HANNA, AB, T0J 1P0
(403) 854-4404 SIC 6036
ALBERTA TREASURY BRANCHES p131
207 Pembina Ave, HINTON, AB, T7V 2B3
(780) 865-2294 SIC 6036
ALBERTA TREASURY BRANCHES p132
4962 50th St, INNISFAIL, AB, T4G 1S7
(403) 227-3350 SIC 6036
ALBERTA TREASURY BRANCHES p135
4821 50 Ave, LEDUC, AB, T9E 6X6
(780) 986-2226 SIC 6036
ALBERTA TREASURY BRANCHES p138
727 4 Ave S, LETHBRIDGE, AB, T1J 0P1
(403) 381-5431 SIC 6036
ALBERTA TREASURY BRANCHES p138
601 Mayor Magrath Dr S, LETHBRIDGE, AB, T1J 4M5
(403) 382-4388 SIC 6036
ALBERTA TREASURY BRANCHES p142
4910 50 St, MAYERTHORPE, AB, T0E 1N0
(780) 786-2207 SIC 6036
ALBERTA TREASURY BRANCHES p150
769 Main St, PINCHER CREEK, AB, T0K 1W0
(403) 627-3304 SIC 6036
ALBERTA TREASURY BRANCHES p150
9904 100 Ave, PEACE RIVER, AB, T8S 1S2
(780) 618-3282 SIC 6036
ALBERTA TREASURY BRANCHES p151
5013 50th St, PROVOST, AB, T0B 3S0
(780) 753-2247 SIC 6036
ALBERTA TREASURY BRANCHES p152
4919 59 St Suite 101, RED DEER, AB, T4N 6C9
(403) 340-5384 SIC 6036
ALBERTA TREASURY BRANCHES p159
4515 52 Ave, ROCKY MOUNTAIN HOUSE, AB, T4T 1A6
(403) 844-2004 SIC 6036
ALBERTA TREASURY BRANCHES p162
550 Baseline Rd Unit 100, SHERWOOD PARK, AB, T8H 2G8
(780) 464-4444 SIC 6036
ALBERTA TREASURY BRANCHES p162
201 Wye Rd, SHERWOOD PARK, AB, T8B 1N1
(780) 449-6770 SIC 6036
ALBERTA TREASURY BRANCHES p164
4518 50 St, SPIRIT RIVER, AB, T0H 3G0
(780) 864-3650 SIC 6036
ALBERTA TREASURY BRANCHES p165
16 Mcleod Ave, SPRUCE GROVE, AB, T7X 3Y1
(780) 962-6000 SIC 6036
ALBERTA TREASURY BRANCHES p172
4931 50th St Gd, VEGREVILLE, AB, T9C 1V5
(780) 632-2340 SIC 6036
ALBERTA TREASURY BRANCHES p173
10532 100 Ave, WESTLOCK, AB, T7P 2J9
(780) 349-4481 SIC 6036
ALBERTA TREASURY BRANCHES p174
5115 50 Ave, WHITECOURT, AB, T7S 1S8
(780) 778-2442 SIC 6036
CAISSE DESJARDINS DU LAC-MEMPHREMAGOG p1075
342 Rue Principale, MANSONVILLE, QC, J0E 1X0
(819) 843-3328 SIC 6036
CANADIAN IMPERIAL BANK OF COMMERCE p199

3000 Lincoln Ave, COQUITLAM, BC, V3B 7L9
(604) 927-2767 SIC 6036
STUDENT LOAN CORPORATION OF NEWFOUNDLAND AND LABRADOR, THE p434
Gd, ST. JOHN'S, NL, A1B 4J6
(709) 729-2729 SIC 6036

SIC 6062 State credit unions

ACADIAN CREDIT UNION LIMITED p446
15089 Cabot Trail, CHETICAMP, NS, B0E 1H0
(902) 224-2055 SIC 6062
ACCESS CREDIT UNION LIMITED p343
129 Third Ave Ne, ALTONA, MB, R0G 0B0
(204) 324-6437 SIC 6062
ACCESS CREDIT UNION LIMITED p351
430 Stephen St, MORDEN, MB, R6M 1T6
(204) 822-4485 SIC 6062
ADVANCE SAVINGS CREDIT UNION LIMITED p412
620 Coverdale Rd Unit 6, RIVERVIEW, NB, E1B 3K6
(506) 386-2830 SIC 6062
AFFINITY CREDIT UNION p1305
31 Main St, SHELLBROOK, SK, S0J 2E0
(306) 934-4000 SIC 6062
AFFINITY CREDIT UNION p1308
210 Main St, WATROUS, SK, S0K 4T0
(306) 946-3312 SIC 6062
ALTERNA SAVINGS p583
165 Attwell Dr, ETOBICOKE, ON, M9W 5Y5
(416) 252-5621 SIC 6062
ALTERNA SAVINGS p924
800 Bay St, TORONTO, ON, M5S 3A9
(416) 252-5621 SIC 6062
ALTERNA SAVINGS AND CREDIT UNION LIMITED p801
90k Robertson Rd, OTTAWA, ON, K2H 5Z1
(613) 560-0100 SIC 6062
BLUESHORE FINANCIAL CREDIT UNION p248
1100 Lonsdale Ave Suite 101, NORTH VANCOUVER, BC, V7M 2H1
(604) 903-2660 SIC 6062
BLUESHORE FINANCIAL CREDIT UNION p339
4321 Village Gate Blvd, WHISTLER, BC, V0N 1B4
(604) 905-4310 SIC 6062
CAISSE D'ECONOMIE SOLIDAIRE DESJARDINS p1093
2175 Boul De Maisonneuve E Bureau 150, Montreal, QC, H2K 4S3
(514) 598-2122 SIC 6062
CAISSE D'ECONOMIE SOLIDAIRE DESJARDINS p1149
155 Boul Charest E Bureau 500, Quebec, QC, G1K 3G6
(418) 647-1527 SIC 6062
CAISSE DESJARDINS CITE-DU-NORD DE MONTREAL p1095
555 Boul Cremazie E, MONTREAL, QC, H2M 1L8
(514) 384-2530 SIC 6062
CAISSE DESJARDINS DE VAUDREUIL-SOULANGES p1222
1004 Rue Principale, SAINT-ZOTIQUE, QC, J0P 1Z0
(450) 763-5500 SIC 6062
CAISSE DESJARDINS DE VAUDREUIL-SOULANGES p1256
170 Boul Harwood, VAUDREUIL-DORION, QC, J7V 1Y2
(450) 455-7901 SIC 6062
CAISSE DESJARDINS DE BEARN-FABRE-LORRAINVILLE p1073
1 Rue Notre-Dame O, LORRAINVILLE, QC, J0Z 2R0
SIC 6062
CAISSE DESJARDINS DE BEAUCE-CENTRE p1247

247 Rue Notre-Dame, TRING-JONCTION, QC, G0N 1X0
(418) 397-5238 SIC 6062
CAISSE DESJARDINS DE BOUCHERVILLE p1002
500 Boul Du Fort-Saint-Louis, BOUCHERVILLE, QC, J4B 1S4
(450) 655-9041 SIC 6062
CAISSE DESJARDINS DE CHIBOUGAMAU p1012
519 3e Rue, CHIBOUGAMAU, QC, G8P 1N8
(418) 748-6461 SIC 6062
CAISSE DESJARDINS DE CHICOUTIMI p1013
1685 Boul Talbot Bureau 700, CHICOUTIMI, QC, G7H 7Y4
(418) 543-1700 SIC 6062
CAISSE DESJARDINS DE DRUMMONDVILLE p1029
460 Boul Saint-Joseph, DRUMMONDVILLE, QC, J2C 2A8
(819) 474-2524 SIC 6062
CAISSE DESJARDINS DE DRUMMONDVILLE p1029
460 Boul Saint-Joseph, DRUMMONDVILLE, QC, J2C 2A8
(819) 474-2524 SIC 6062
CAISSE DESJARDINS DE GRANBY-HAUTE-YAMASKA p1040
190 Rue Deragon, GRANBY, QC, J2G 5H9
(450) 777-5353 SIC 6062
CAISSE DESJARDINS DE HULL-AYLMER p1036
30 Rue Victoria Bureau 100, GATINEAU, QC, J8X 0A8
(819) 776-3000 SIC 6062
CAISSE DESJARDINS DE HULL-AYLMER p1037
880 Boul De La Carriere Bureau 100, GATINEAU, QC, J8Y 6T5
(819) 778-1400 SIC 6062
CAISSE DESJARDINS DE HULL-AYLMER p1039
219 Boul Du Plateau, GATINEAU, QC, J9A 0N4
(819) 776-3000 SIC 6062
CAISSE DESJARDINS DE L'ANSE DE LA POCATIERE p1221
1009 Rte De La Seigneurie, SAINT-ROCH-DES-AULNAIES, QC, G0R 4E0
(418) 856-2340 SIC 6062
CAISSE DESJARDINS DE L'EDUCATION p1085
9405 Rue Sherbrooke E Bureau 2500, Montreal, QC, H1L 6P3
(514) 351-7295 SIC 6062
CAISSE DESJARDINS DE L'EDUCATION p1089
3705 Rue Sherbrooke E, Montreal, QC, H1X 1Z9
(514) 351-7295 SIC 6062
CAISSE DESJARDINS DE L'ERABLE p1138
1658 Rue Saint-Calixte, PLESSISVILLE, QC, G6L 1P9
(819) 362-3236 SIC 6062
CAISSE DESJARDINS DE L'ILE-DES-SOEURS-VERDUN p1257
4162 Rue Wellington, VERDUN, QC, H4G 1V7
(514) 766-8591 SIC 6062
CAISSE DESJARDINS DE L'OUEST DE LA MAURICIE p1073
75 Av Saint-Laurent Bureau 300, LOUISEVILLE, QC, J5V 1J6
(819) 228-9422 SIC 6062
CAISSE DESJARDINS DE L'OUEST DE LA MAURICIE p1185
1234 Rue Principale, Saint-Etienne-des-Gres, QC, G0X 2P0
(819) 535-2018 SIC 6062
CAISSE DESJARDINS DE L'OUEST DE LA MAURICIE p1223
2310 Rue Paul-Lemay, Sainte-Angele-de-Premont, QC, J0K 1R0

(819) 268-2138 SIC 6062
CAISSE DESJARDINS DE L'OUEST DE LAVAL p1062
4791 Boul Dagenais O, Laval, QC, H7R 1L7
(450) 962-1800 SIC 6062
CAISSE DESJARDINS DE L'OUEST DE LAVAL p1229
440 Desste Chomedey (A-13) O, SAINTE-ROSE, QC, H7X 3S9
(450) 962-1800 SIC 6062
CAISSE DESJARDINS DE LA BAIE p1052
1262 6e Av, LA BAIE, QC, G7B 1R4
(418) 544-7365 SIC 6062
CAISSE DESJARDINS DE LA CHAUDIERE p1203
1240 Rue Du Pont, SAINT-LAMBERT-DE-LAUZON, QC, G0S 2W0
(418) 831-2674 SIC 6062
CAISSE DESJARDINS DE LA NOUVELLE-ACADIE p1196
4 Rue Beaudry, SAINT-JACQUES, QC, J0K 2R0
(450) 839-7211 SIC 6062
CAISSE DESJARDINS DE LA PETITE-NATION p1137
276 Rue Papineau, PAPINEAUVILLE, QC, J0V 1R0
(819) 983-7313 SIC 6062
CAISSE DESJARDINS DE LA PETITE-NATION p1179
79 Rue Principale, Saint-Andre-Avellin, QC, J0V 1W0
(819) 983-7313 SIC 6062
CAISSE DESJARDINS DE LA REGION DE THETFORD p987
37 Rue Principale O, ADSTOCK, QC, G0N 1S0
(418) 422-2083 SIC 6062
CAISSE DESJARDINS DE LA RIVE-NORD DU SAGUENAY p1012
2212 Rue Roussel, CHICOUTIMI, QC, G7G 1W7
(418) 549-4273 SIC 6062
CAISSE DESJARDINS DE LA RIVE-NORD DU SAGUENAY p1032
122 Boul Saint-David, FALARDEAU, QC, G0V 1C0
(418) 549-4273 SIC 6062
CAISSE DESJARDINS DE LASALLE p1060
8180 Boul Champlain, LASALLE, QC, H8P 1B4
(514) 366-6231 SIC 6062
CAISSE DESJARDINS DE LEVIS p1064
1200 Boul Alphonse-Desjardins, Levis, QC, G6V 6Y8
(418) 833-5515 SIC 6062
CAISSE DESJARDINS DE LIMOILOU p1151
800 3e Av, Quebec, QC, G1L 2W9
(418) 628-0155 SIC 6062
CAISSE DESJARDINS DE LORIMIER-VILLERAY p1089
3250 Rue Masson, Montreal, QC, H1X 1R2
(514) 376-7676 SIC 6062
CAISSE DESJARDINS DE LORIMIER-VILLERAY p1096
8164 Rue Saint-Hubert, Montreal, QC, H2P 1Z2
(514) 376-7676 SIC 6062
CAISSE DESJARDINS DE MEKINAC-DES CHENAUX p1222
400 Rue Notre-Dame, SAINT-TITE, QC, G0X 3H0
(418) 365-7591 SIC 6062
CAISSE DESJARDINS DE NICOLET p995
324 Rte Marie-Victorin, BAIE-DU-FEBVRE, QC, J0G 1A0
(819) 293-8570 SIC 6062
CAISSE DESJARDINS DE PORT-CARTIER p1144
8 Boul Des Iles Bureau 7, PORT-CARTIER, QC, G5B 2J4
(418) 766-3032 SIC 6062
CAISSE DESJARDINS DE RIMOUSKI p1172
100 Rue Julien-Rehel, RIMOUSKI, QC, G5L

0G6
(418) 723-3368 SIC 6062
CAISSE DESJARDINS DE RIVIERE-DES-PRAIRIES p1084
8300 Boul Maurice-Duplessis, Montreal, QC, H1E 3A3
(514) 648-5800 SIC 6062
CAISSE DESJARDINS DE SAINT-HUBERT p1191
5040 Boul Gaetan-Boucher, SAINT-HUBERT, QC, J3Y 7R8
(450) 443-0047 SIC 6062
CAISSE DESJARDINS DE SAINT-HUBERT p1191
5045 Boul Cousineau, SAINT-HUBERT, QC, J3Y 3K7
(450) 443-0047 SIC 6062
CAISSE DESJARDINS DE SAINT-JEROME p1201
100 Place Du Cure-Labelle, Saint-Jerome, QC, J7Z 1Z6
(450) 436-5335 SIC 6062
CAISSE DESJARDINS DE SAINTE-FOY p1162
3211 Ch Sainte-Foy, Quebec, QC, G1X 1R3
(418) 653-0515 SIC 6062
CAISSE DESJARDINS DE SALABERRY-DE-VALLEYFIELD p1231
120 Rue Alexandre, SALABERRY-DE-VALLEYFIELD, QC, J6S 3K4
(450) 377-4177 SIC 6062
CAISSE DESJARDINS DE SALABERRY-DE-VALLEYFIELD p1232
15 Rue Saint-Thomas, SALABERRY-DE-VALLEYFIELD, QC, J6T 4J1
(450) 377-4177 SIC 6062
CAISSE DESJARDINS DE SAULT-AU-RECOLLET-MONTREAL-NORD p1132
5640 Boul Leger, MONTREAL-NORD, QC, H1G 1K5
(514) 322-9310 SIC 6062
CAISSE DESJARDINS DE VARENNES p1255
50 Rue La Gabelle Bureau 100, VARENNES, QC, J3X 2J4
(450) 652-0607 SIC 6062
CAISSE DESJARDINS DES BOIS-FRANCS p1258
932 Boul Des Bois-Francs S, VICTORIAVILLE, QC, G6P 5V8
SIC 6062
CAISSE DESJARDINS DES DEUX-RIVIERES DE SHERBROOKE p1236
1261 Rue King E, SHERBROOKE, QC, J1G 1E7
(819) 565-9991 SIC 6062
CAISSE DESJARDINS DES GRANDS BOULEVARDS DE LAVAL p1018
387 Rue Laurier, Cote Saint-Luc, QC, H7N 2P3
(450) 663-6020 SIC 6062
CAISSE DESJARDINS DES RIVIERES CHAUDIERE ET ETCHEMIN p1067
730 Av Taniata Unite 100, Levis, QC, G6Z 2C5
(418) 839-8819 SIC 6062
CAISSE DESJARDINS DES RIVIERES DE QUEBEC p1164
2240 Boul Bastien, QUEBEC, QC, G2B 1B6
(418) 842-1214 SIC 6062
CAISSE DESJARDINS DES SEIGNEURIES DE BELLECHASE p996
310 Rte Du Fleuve, BEAUMONT, QC, G0R 1C0
(418) 887-3337 SIC 6062
CAISSE DESJARDINS DES SEIGNEURIES DE BELLECHASE p1222
361 Rue Principale, SAINT-VALLIER, QC, G0R 4J0
(418) 887-3337 SIC 6062
CAISSE DESJARDINS DES SEIGNEURIES DE LA FRONTIERE p1181
765 Rue Principale, SAINT-BLAISE-SUR-RICHELIEU, QC, J0J 1W0

(450) 291-5100 SIC 6062
CAISSE DESJARDINS DES SEIGNEURIES DE LA FRONTIERE p1196
20 Rue Principale, SAINT-JACQUES-LE-MINEUR, QC, J0J 1Z0
(450) 346-8810 SIC 6062
CAISSE DESJARDINS DES TROIS-RIVIERES p1250
1200 Rue Royale, Trois-Rivieres, QC, G9A 4J2
(819) 376-1200 SIC 6062
CAISSE DESJARDINS DU CARREFOUR DES LACS p1188
385 Rue Principale, SAINT-FERDINAND, QC, G0N 1N0
(418) 428-9509 SIC 6062
CAISSE DESJARDINS DU CARREFOUR DES LACS p1202
118 Av Saint-Joseph, SAINT-JOSEPH-DE-COLERAINE, QC, G0N 1B0
(418) 423-7501 SIC 6062
CAISSE DESJARDINS DU CENTRE DE LA NOUVELLE-BEAUCE p1181
1497 Rue Saint-Georges, SAINT-BERNARD, QC, G0S 2G0
SIC 6062
CAISSE DESJARDINS DU CENTRE DE LOTBINIERE p1061
377 Rue Saint-Joseph, LAURIER-STATION, QC, G0S 1N0
(418) 728-9222 SIC 6062
CAISSE DESJARDINS DU CENTRE-EST DE LA METROPOLE p1216
4565 Rue Jean-Talon E, SAINT-LEONARD, QC, H1S 3H6
(514) 725-5050 SIC 6062
CAISSE DESJARDINS DU CENTRE-VILLE DE QUEBEC p1149
510 Rue Saint-Francois E, Quebec, QC, G1K 2Z4
(418) 687-2810 SIC 6062
CAISSE DESJARDINS DU CENTRE-VILLE DE QUEBEC p1149
135 Rue Saint-Vallier O, Quebec, QC, G1K 1J9
(418) 687-2810 SIC 6062
CAISSE DESJARDINS DU CENTRE-VILLE DE QUEBEC p1149
390 Boul Charest E Bureau 200, Quebec, QC, G1K 3H4
(418) 529-8585 SIC 6062
CAISSE DESJARDINS DU COEUR DES HAUTES-LAURENTIDES p1135
104 Rue Principale, NOTRE-DAME-DU-LAUS, QC, J0X 2M0
(819) 623-4400 SIC 6062
CAISSE DESJARDINS DU COEUR-DE-L'ILE p1092
2050 Boul Rosemont, MONTREAL, QC, H2G 1T1
(514) 376-7676 SIC 6062
CAISSE DESJARDINS DU DOMAINE-DU-ROY p1187
1297 Boul Du Sacre-Coeur, Saint-Felicien, QC, G8K 2R1
(418) 679-1381 SIC 6062
CAISSE DESJARDINS DU HAUT-RICHELIEU p1197
175 Boul Omer-Marcil, SAINT-JEAN-SUR-RICHELIEU, QC, J2W 0A3
(450) 359-5933 SIC 6062
CAISSE DESJARDINS DU MONT-BELLEVUE DE SHERBROOKE p1238
2370 Rue Galt O Bureau 2, SHERBROOKE, QC, J1K 2W7
(819) 566-4363 SIC 6062
CAISSE DESJARDINS DU NORD DE LAVAL p1032
269 Boul Sainte-Rose Bureau 318, FABREVILLE, QC, H7L 0A2
(450) 625-5558 SIC 6062
CAISSE DESJARDINS DU NORD DE LAVAL p1228
396 Boul Cure-Labelle, SAINTE-ROSE, QC,

H7L 4T7
(450) 622-8130 SIC 6062
CAISSE DESJARDINS DU NORD DE SHERBROOKE p1236
630 Rue King E, SHERBROOKE, QC, J1G 1B8
(819) 566-0050 SIC 6062
CAISSE DESJARDINS DU NORD DE SHERBROOKE p1237
1268 Rue Prospect, SHERBROOKE, QC, J1J 1J5
SIC 6062
CAISSE DESJARDINS DU NORD DE SHERBROOKE p1263
89 2e Av, WINDSOR, QC, J1S 1Z5
(819) 845-2424 SIC 6062
CAISSE DESJARDINS DU PLATEAU MONT-CALM p1156
1165 Av De Bourlamaque, Quebec, QC, G1R 2P9
SIC 6062
CAISSE DESJARDINS DU SUD DE LA BEAUCE p1222
629 Rue Principale, Saint-Theophile, QC, G0M 2A0
(418) 685-3078 SIC 6062
CAISSE DESJARDINS DU VIEUX-LONGUEUIL p1070
1 Rue Saint-Charles O, LONGUEUIL, QC, J4H 1C4
(450) 646-9811 SIC 6062
CAISSE DESJARDINS DU VIEUX-MOULIN (BEAUPORT) p1145
3341 Rue Du Carrefour, Quebec, QC, G1C 8J9
(418) 667-4440 SIC 6062
CAISSE DESJARDINS GODEFROY p997
4265 Boul De Port-Royal, Becancour, QC, G9H 1Z3
(819) 233-2333 SIC 6062
CAISSE DESJARDINS PIERRE-LE GARDEUR p1243
1000 Montee Des Pionniers Unite 100, TERREBONNE, QC, J6V 1S8
(450) 581-4740 SIC 6062
CAISSE DESJARDINS THERESE-DE BLAINVILLE p1230
200 Boul Du Cure-Labelle Bureau 100, SAINTE-THERESE, QC, J7E 2X5
(450) 430-6550 SIC 6062
CAISSE DESJARDINS VALLEE DE LA MATAPEDIA p989
15 Rue Du Pont, AMQUI, QC, G5J 2P4
(418) 629-2271 SIC 6062
CAISSE POPULAIRE DE LA PRAIRIE p1053
1600 Ch De Saint-Jean, LA PRAIRIE, QC, J5R 0J1
(450) 659-5431 SIC 6062
CAISSE POPULAIRE DE TIMMINS LIMITEE, LA p883
45 Mountjoy St N, TIMMINS, ON, P4N 8H7
(705) 268-9724 SIC 6062
CAISSE POPULAIRE DES VOYAGEURS INC p779
600 Grandview St S, OSHAWA, ON, L1H 8P4
(905) 432-7336 SIC 6062
CAISSE POPULAIRE DES VOYAGEURS INC p867
1380 Lasalle Blvd, SUDBURY, ON, P3A 1Z6
(705) 566-3644 SIC 6062
CAISSE POPULAIRE DESJARDINS D'ALMA p1054
1350 Rue Principale, LABRECQUE, QC, G0W 2S0
(418) 669-1414 SIC 6062
CAISSE POPULAIRE DESJARDINS DE CHARLESBOURG p1147
14070 Boul Henri-Bourassa, Quebec, QC, G1G 5S9
(418) 626-1146 SIC 6062
CAISSE POPULAIRE DESJARDINS DE L'ENVOLEE p998
1070 Boul Du Cure-Labelle, BLAINVILLE,

QC, J7C 2M7
(450) 430-4603 SIC 6062
CAISSE POPULAIRE DESJARDINS DE L'ENVOLEE p1224
148 Boul Sainte-Anne, SAINTE-ANNE-DES-PLAINES, QC, J0N 1H0
(450) 430-4603 SIC 6062
CAISSE POPULAIRE DESJARDINS DE L'EST DE DRUMMOND p1184
4155 Rue Principale, SAINT-CYRILLE-DE-WENDOVER, QC, J1Z 1C7
(819) 397-4243 SIC 6062
CAISSE POPULAIRE DESJARDINS DE LA HAUTE-GASPESIE p1224
10 1re Av E, SAINTE-ANNE-DES-MONTS, QC, G4V 1A3
(418) 763-2214 SIC 6062
CAISSE POPULAIRE DESJARDINS DE LA MALBAIE p1052
130 Rue John-Nairne, LA MALBAIE, QC, G5A 1Y1
(418) 665-4443 SIC 6062
CAISSE POPULAIRE DESJARDINS DE POINTE-AUX-TREMBLES p1084
850 Rue Notre-Dame E Bureau 15, Montreal, QC, H1A 1X6
SIC 6062
CAISSE POPULAIRE DESJARDINS DE POINTE-AUX-TREMBLES p1084
13990 Rue De Montigny, Montreal, QC, H1A 1J6
(514) 640-5200 SIC 6062
CAISSE POPULAIRE DESJARDINS DE POINTE-AUX-TREMBLES p1139
13120 Rue Sherbrooke E, POINTE-AUX-TREMBLES, QC, H1A 3W2
(514) 640-5200 SIC 6062
CAISSE POPULAIRE DESJARDINS DE QUEBEC p1156
550 Rue Saint-Jean, QUEBEC, QC, G1R 1P6
(418) 522-6806 SIC 6062
CAISSE POPULAIRE DESJARDINS DE RICHELIEU-SAINT-MATHIAS p1171
1111 3e Rue, RICHELIEU, QC, J3L 3Z2
(450) 658-0649 SIC 6062
CAISSE POPULAIRE DESJARDINS DE RIVIERE-DU-LOUP p1174
106 Rue Lafontaine, Riviere-du-Loup, QC, G5R 3A1
(418) 862-7255 SIC 6062
CAISSE POPULAIRE DESJARDINS DE SAINT-JEAN-CHRYSOSTOME p1196
730 Rue Commerciale, SAINT-JEAN-CHRYSOSTOME, QC, G6Z 2C5
(418) 839-8819 SIC 6062
CAISSE POPULAIRE DESJARDINS DE SAINT-JEAN-SUR-RICHELIEU p1198
25 Rue Saint-Jacques, SAINT-JEAN-SUR-RICHELIEU, QC, J3B 2J6
(450) 347-5553 SIC 6062
CAISSE POPULAIRE DESJARDINS DE SAINT-JEAN-SUR-RICHELIEU p1198
211 Rue Mayrand, SAINT-JEAN-SUR-RICHELIEU, QC, J3B 3L1
(450) 347-5553 SIC 6062
CAISSE POPULAIRE DESJARDINS DE SAINT-LAURENT p1206
3500 Boul De La Cote-Vertu Bureau 160, SAINT-LAURENT, QC, H4R 2X7
(514) 748-8821 SIC 6062
CAISSE POPULAIRE DESJARDINS DES MILLE-ILES p1061
600 Montee Du Moulin Bureau 6, Laval, QC, H7A 1Z6
(450) 661-7274 SIC 6062
CAISSE POPULAIRE DESJARDINS DES MILLE-ILES p1127
4433 Boul De La Concorde E, Montreal, QC, H7C 1M4
(450) 661-7274 SIC 6062
CAISSE POPULAIRE DESJARDINS DES RAMEES p1044
142 Rte 199, HAVRE-AUBERT, QC, G4T

9B6
(418) 937-2361 SIC 6062
CAISSE POPULAIRE DESJARDINS DES RAMEES p1051
1278 Ch De La Verniere, L'Etang-du-Nord, QC, G4T 3E6
(418) 986-2319 SIC 6062
CAISSE POPULAIRE DESJARDINS DU PIEMONT LAURENTIEN p1050
1638 Rue Notre-Dame, L'ANCIENNE-LORETTE, QC, G2E 3B6
(418) 872-1445 SIC 6062
CAISSE POPULAIRE DESJARDINS LE MANOIR p1245
4771 Boul Laurier, TERREBONNE, QC, J7M 1S9
(450) 474-2474 SIC 6062
CAISSE POPULAIRE PEMBINA LTEE p352
151 Notre Dame Ave W, NOTRE DAME DE LOURDES, MB, R0G 1M0
(204) 248-2332 SIC 6062
CENTRAL 1 CREDIT UNION p259
879 Victoria St, PRINCE GEORGE, BC, V2L 2K7
(250) 562-5415 SIC 6062
CENTRAL 1 CREDIT UNION p315
1441 Creekside Dr, VANCOUVER, BC, V6J 4S7
(604) 734-2511 SIC 6062
CHINOOK CREDIT UNION LTD p132
111 Centre St, HUSSAR, AB, T0J 1S0
(403) 787-3733 SIC 6062
CHINOOK CREDIT UNION LTD p169
100 2nd Ave, STRATHMORE, AB, T1P 1K1
(403) 934-3358 SIC 6062
CHRISTIAN CREDIT UNION LTD p84
13504 142 St Nw, Edmonton, AB, T5L 4Z2
(780) 426-7165 SIC 6062
COAST CAPITAL SAVINGS CREDIT UNION p208
8445 120 St, DELTA, BC, V4C 6R2
(604) 517-7100 SIC 6062
COAST CAPITAL SAVINGS CREDIT UNION p281
17730 56 Ave, SURREY, BC, V3S 1C7
(604) 517-7017 SIC 6062
COAST CAPITAL SAVINGS CREDIT UNION p335
3170 Tillicum Rd Unit 169, VICTORIA, BC, V9A 7C9
(250) 483-7000 SIC 6062
COAST CAPITAL SAVINGS CREDIT UNION p340
15241 Thrift Ave, WHITE ROCK, BC, V4B 2K9
(604) 517-7020 SIC 6062
COASTAL COMMUNITY CREDIT UNION p196
9781 Willow St, CHEMAINUS, BC, V0R 1K0
(250) 246-4704 SIC 6062
COASTAL COMMUNITY CREDIT UNION p239
59 Wharf St Unit 220, NANAIMO, BC, V9R 2X3
(250) 716-2331 SIC 6062
COASTAL COMMUNITY CREDIT UNION p239
59 Wharf St Suite 111, NANAIMO, BC, V9R 2X3
(888) 741-1010 SIC 6062
COASTAL COMMUNITY CREDIT UNION p239
50 Tenth St Suite 111, NANAIMO, BC, V9R 6L1
SIC 6062
COASTAL COMMUNITY CREDIT UNION p251
1400 Alberni Hwy, PARKSVILLE, BC, V9P 2N6
(250) 248-3275 SIC 6062
COMMUNITY SAVINGS CREDIT UNION p283
13450 102 Ave Suite 1600, SURREY, BC, V3T 5X3

(604) 654-2000 SIC 6062
CONEXUS CREDIT UNION 2006 p1264
400 Centre St, ASSINIBOIA, SK, S0H 0B0
(306) 642-3343 SIC 6062
CONEXUS CREDIT UNION 2006 p1275
80 High St W, MOOSE JAW, SK, S6H 1S3
(306) 691-4800 SIC 6062
CONEXUS CREDIT UNION 2006 p1279
2800 2nd Ave W, PRINCE ALBERT, SK, S6V 5Z4
(306) 953-6100 SIC 6062
CONEXUS CREDIT UNION 2006 p1287
265 N Albert St, REGINA, SK, S4R 3C2
(306) 780-1845 SIC 6062
CONEXUS CREDIT UNION 2006 p1291
1040 N Pasqua St, REGINA, SK, S4X 4V3
(306) 780-1892 SIC 6062
CONEXUS CREDIT UNION 2006 p1310
109 Main St, YOUNG, SK, S0K 4Y0
(306) 259-2122 SIC 6062
CONNECT FIRST CREDIT UNION LTD p10
2640 52 St Ne Suite 116, CALGARY, AB, T1Y 3R6
(403) 736-4680 SIC 6062
CONNECT FIRST CREDIT UNION LTD p62
5735 Signal Hill Ctr Sw, CALGARY, AB, T3H 3P8
(403) 736-4560 SIC 6062
COPPERFIN CREDIT UNION LIMITED p627
346 Second St S Suite 2, KENORA, ON, P9N 1G5
(807) 467-4400 SIC 6062
CREDIT UNION CENTRAL OF CANADA p181
2941 272 St, ALDERGROVE, BC, V4W 3R3
(604) 856-7724 SIC 6062
CREDIT UNION CENTRAL OF CANADA p460
6074 Lady Hammond Rd, HALIFAX, NS, B3K 2R7
(902) 453-0680 SIC 6062
CROSSROADS FINANCIAL LIMITED p1265
113 2nd Ave E, CANORA, SK, S0A 0L0
(306) 563-5641 SIC 6062
DIAMOND NORTH MANAGEMENT LTD p1277
100 First Ave W, NIPAWIN, SK, S0E 1E0
(306) 862-4651 SIC 6062
FEDERATION DES CAISSES DESJARDINS DU QUEBEC p996
555 Rue Ellice, BEAUHARNOIS, QC, J6N 1X8
(450) 225-0335 SIC 6062
FEDERATION DES CAISSES DESJARDINS DU QUEBEC p997
1780 Av Des Hirondelles, Becancour, QC, G9H 4L7
(819) 298-2844 SIC 6062
FEDERATION DES CAISSES DESJARDINS DU QUEBEC p1006
1850 Rue Panama Bureau 300, BROSSARD, QC, J4W 3C6
(450) 465-8555 SIC 6062
FEDERATION DES CAISSES DESJARDINS DU QUEBEC p1012
235 Ch De La Haute-Riviere, Chateauguay, QC, J6K 5B1
(450) 692-1000 SIC 6062
FEDERATION DES CAISSES DESJARDINS DU QUEBEC p1034
420 Boul Maloney E Bureau 107, GATINEAU, QC, J8P 7N8
(819) 669-3508 SIC 6062
FEDERATION DES CAISSES DESJARDINS DU QUEBEC p1065
95 Rue Des Commandeurs, Levis, QC, G6V 6P4
(418) 835-8444 SIC 6062
FEDERATION DES CAISSES DESJARDINS DU QUEBEC p1104
425 Av Viger O Bureau 900, Montreal, QC, H2Z 1W5
(514) 397-4789 SIC 6062
FEDERATION DES CAISSES DESJARDINS DU QUEBEC p1111
1241 Rue Peel, Montreal, QC, H3B 5L4
(514) 875-4266 SIC 6062
FEDERATION DES CAISSES DESJARDINS DU QUEBEC p1126
1 Complex Desjardins, Montreal, QC, H5B 1B2
(514) 281-7000 SIC 6062
FEDERATION DES CAISSES DESJARDINS DU QUEBEC p1206
3500 Boul De La Cote-Vertu Bureau 165, SAINT-LAURENT, QC, H4R 2X7
(514) 748-2999 SIC 6062
FEDERATION DES CAISSES DESJARDINS DU QUEBEC p1219
627 Ch Royal, Saint-Pierre-Ile-D'Orleans, QC, G0A 4E0
(418) 828-1501 SIC 6062
FEDERATION DES CAISSES DESJARDINS DU QUEBEC p1220
2880 25e Av, SAINT-PROSPER-DE-DORCHESTER, QC, G0M 1Y0
(418) 594-8227 SIC 6062
FEDERATION DES CAISSES DESJARDINS DU QUEBEC p1225
6276 Rue Principale, SAINTE-CROIX, QC, G0S 2H0
(418) 926-3240 SIC 6062
FEDERATION DES CAISSES POPULAIRE ACADIENNES INC, LA p396
821 Rue Principale, CLAIR, NB, E7A 2H7
(506) 992-2158 SIC 6062
FEDERATION DES CAISSES POPULAIRE ACADIENNES INC, LA p404
587 Rue Centrale, MEMRAMCOOK, NB, E4K 3R5
(506) 758-9329 SIC 6062
FEDERATION DES CAISSES POPULAIRE ACADIENNES INC, LA p404
71 Rue Principale, LAMEQUE, NB, E8T 1N2
(506) 344-1500 SIC 6062
FINANCIERE BANQUE NATIONALE INC p1111
1155 Rue Metcalfe Bureau 1438, Montreal, QC, H3B 4S9
(514) 843-3088 SIC 6062
FIRSTONTARIO CREDIT UNION LIMITED p607
1299 Barton St E, HAMILTON, ON, L8H 2V4
(800) 616-8878 SIC 6062
FIRSTONTARIO CREDIT UNION LIMITED p613
486 Upper Sherman Ave, HAMILTON, ON, L8V 3L8
(905) 389-5533 SIC 6062
FIRSTONTARIO CREDIT UNION LIMITED p854
148 Niagara St, ST CATHARINES, ON, L2R 4L4
(905) 685-5555 SIC 6062
FIRSTONTARIO CREDIT UNION LIMITED p855
275 4th Ave Suite D006, ST CATHARINES, ON, L2S 0C2
(905) 685-5555 SIC 6062
GULF AND FRASER FISHERMEN'S CREDIT UNION p183
7375 Kingsway, BURNABY, BC, V3N 3B5
(604) 419-8888 SIC 6062
GULF AND FRASER FISHERMEN'S CREDIT UNION p269
7971 Westminster Hwy, RICHMOND, BC, V6X 1A4
(604) 419-8888 SIC 6062
HERITAGE CREDIT UNION LIMITED p448
155 Ochterloney St Suite 1, DARTMOUTH, NS, B2Y 1C9
(902) 463-4220 SIC 6062
INNOVATION CREDIT UNION LIMITED p1277
1202 102nd St, NORTH BATTLEFORD, SK, S9A 1G3
(306) 446-7000 SIC 6062
INTERIOR SAVINGS CREDIT UNION p218
430 Tranquille Rd Suite 100, KAMLOOPS, BC, V2B 3H1
(250) 376-6255 SIC 6062
INTERIOR SAVINGS CREDIT UNION p224
185 Rutland Rd S, KELOWNA, BC, V1X 2Z3
(250) 469-6575 SIC 6062
INTERIOR SAVINGS CREDIT UNION p226
2071 Harvey Ave, KELOWNA, BC, V1Y 8M1
(250) 860-7400 SIC 6062
INTERIOR SAVINGS CREDIT UNION p228
9522 Main St Suite 30, LAKE COUNTRY, BC, V4V 2L9
(250) 766-3663 SIC 6062
INTERIOR SAVINGS CREDIT UNION p251
6287 Main St, OLIVER, BC, V0H 1T0
(250) 498-3457 SIC 6062
INTERIOR SAVINGS CREDIT UNION p337
3718 Elliott Rd, WEST KELOWNA, BC, V4T 2H7
(250) 469-6550 SIC 6062
ISLAND SAVINGS CREDIT UNION p212
499 Canada Ave Suite 300, DUNCAN, BC, V9L 1T7
(250) 748-4728 SIC 6062
ISLAND SAVINGS CREDIT UNION p238
2720 Mill Bay Rd, MILL BAY, BC, V0R 2P1
(250) 743-5534 SIC 6062
ISLAND SAVINGS CREDIT UNION p276
124 Mcphillips Ave, SALT SPRING ISLAND, BC, V8K 2T5
(250) 537-5587 SIC 6062
ISLAND SAVINGS CREDIT UNION p334
3195 Douglas St, VICTORIA, BC, V8Z 3K3
(250) 385-4476 SIC 6062
KAWARTHA CREDIT UNION LIMITED p810
645 Lansdowne St W, PETERBOROUGH, ON, K9J 7Y5
(705) 743-1630 SIC 6062
KINDRED CREDIT UNION LIMITED p572
25 Hampton St, ELMIRA, ON, N3B 1L6
(519) 669-1529 SIC 6062
KOOTENAY SAVINGS CREDIT UNION p228
200 Wallinger Ave, KIMBERLEY, BC, V1A 1Z1
(250) 427-2288 SIC 6062
KOOTENAY SAVINGS CREDIT UNION p292
1199 Cedar Ave Suite 300, TRAIL, BC, V1R 4B8
(250) 368-2647 SIC 6062
LAKELAND CREDIT UNION LTD p69
5217 50 Ave, COLD LAKE, AB, T9M 1P3
(780) 594-4011 SIC 6062
LAMBTON FINANCIAL CREDIT UNION LIMITED p827
1295 London Rd, SARNIA, ON, N7S 1P6
(519) 542-9059 SIC 6062
LIBRO CREDIT UNION LIMITED p656
167 Central Ave Suite 200, LONDON, ON, N6A 1M6
(519) 673-4130 SIC 6062
LIBRO CREDIT UNION LIMITED p827
1315 Exmouth St, SARNIA, ON, N7S 3Y1
(519) 542-5578 SIC 6062
LIBRO CREDIT UNION LIMITED p866
72 Front St W, STRATHROY, ON, N7G 1X7
(519) 245-1261 SIC 6062
MERIDIAN CREDIT UNION LIMITED p589
1401 Pelham St, FONTHILL, ON, L0S 1E0
(905) 892-2626 SIC 6062
MERIDIAN CREDIT UNION LIMITED p735
4780 Portage Rd, NIAGARA FALLS, ON, L2E 6A8
(905) 356-2275 SIC 6062
MERIDIAN CREDIT UNION LIMITED p813
1550 Kingston Rd Unit 25, PICKERING, ON, L1V 1C3
(905) 831-1121 SIC 6062
MERIDIAN CREDIT UNION LIMITED p852
400 Scott St, ST CATHARINES, ON, L2M 3W4
(905) 934-9561 SIC 6062
MERIDIAN CREDIT UNION LIMITED p853
531 Lake St, ST CATHARINES, ON, L2N 4H6

(905) 937-7111   SIC 6062
MERIDIAN CREDIT UNION LIMITED   p912
777 Bay St Suite 118, TORONTO, ON, M5G 2C8
(416) 597-4400   SIC 6062
MERIDIAN CREDIT UNION LIMITED   p948
Gd, VIRGIL, ON, L0S 1T0
(905) 468-2131   SIC 6062
METRO CREDIT UNION LTD   p981
281 University Ave, CHARLOTTETOWN, PE, C1A 4M3
(902) 892-4100   SIC 6062
NORTHERN CREDIT UNION LIMITED   p881
111 Frederica St W, THUNDER BAY, ON, P7E 3V8
(807) 475-5817   SIC 6062
NOVENTIS CREDIT UNION LIMITED   p349
34 Centre St, GIMLI, MB, R0C 1B0
(204) 642-6450   SIC 6062
NOVENTIS CREDIT UNION LIMITED   p357
21 Main St, STARBUCK, MB, R0G 2P0
(204) 735-2394   SIC 6062
ONTARIO PROVINCIAL POLICE ASSOCIATION CREDIT UNION LIMITED   p495
123 Ferris Lane, BARRIE, ON, L4M 2Y1
(705) 726-5656   SIC 6062
PROSPERA CREDIT UNION   p177
33655 Essendene Ave Suite 20, ABBOTSFORD, BC, V2S 2G5
(604) 853-3317   SIC 6062
PROSPERA CREDIT UNION   p197
45820 Wellington Ave, CHILLIWACK, BC, V2P 2C9
SIC 6062
PROSPERA CREDIT UNION   p198
7565 Vedder Rd, CHILLIWACK, BC, V2R 4E8
(604) 858-7080   SIC 6062
PROSPERA CREDIT UNION   p280
15288 Fraser Hwy Suite 100, SURREY, BC, V3R 3P4
SIC 6062
PROSPERA CREDIT UNION   p283
13747 104 Ave, SURREY, BC, V3T 1W6
(604) 588-0111   SIC 6062
SERVUS CREDIT UNION LTD   p5
4929 50 Ave, BARRHEAD, AB, T7N 1A4
(780) 674-3348   SIC 6062
SERVUS CREDIT UNION LTD   p76
11311 Kingsway Nw, EDMONTON, AB, T5G 0X3
(780) 496-2142   SIC 6062
SERVUS CREDIT UNION LTD   p76
12809 82 St Nw, EDMONTON, AB, T5E 2S9
(780) 496-2100   SIC 6062
SERVUS CREDIT UNION LTD   p78
10303 107 Ave Nw, EDMONTON, AB, T5H 0V7
(780) 496-2133   SIC 6062
SERVUS CREDIT UNION LTD   p95
17010 90 Ave Nw Suite 148, EDMONTON, AB, T5T 1L6
(780) 496-2300   SIC 6062
SERVUS CREDIT UNION LTD   p97
14909 121a Ave Nw, EDMONTON, AB, T5V 1P3
(780) 455-9500   SIC 6062
SERVUS CREDIT UNION LTD   p128
9930 99 Ave, GRANDE PRAIRIE, AB, T8V 0R5
(780) 831-2928   SIC 6062
SERVUS CREDIT UNION LTD   p142
5012 49 St, LLOYDMINSTER, AB, T9V 0K2
(780) 875-4434   SIC 6062
SERVUS CREDIT UNION LTD   p145
3150 13 Ave Se Suite 101, MEDICINE HAT, AB, T1B 1E3
(403) 528-6540   SIC 6062
SERVUS CREDIT UNION LTD   p154
4901 48 St Suite 201, RED DEER, AB, T4N 6M4
(403) 342-5533   SIC 6062
SERVUS CREDIT UNION LTD   p154
6757 50 Ave, RED DEER, AB, T4N 4C9

(403) 343-8955   SIC 6062
SERVUS CREDIT UNION LTD   p163
800 Bethel Dr, SHERWOOD PARK, AB, T8H 2N4
(780) 449-7760   SIC 6062
SERVUS CREDIT UNION LTD   p166
4738 50 Ave, ST PAUL, AB, T0A 3A0
(780) 645-3357   SIC 6062
SERVUS CREDIT UNION LTD   p167
565 St Albert Trail, ST. ALBERT, AB, T8N 6G5
(780) 460-3260   SIC 6062
SUNOVA CREDIT UNION LIMITED   p358
410 Centre Ave, STONEWALL, MB, R0C 2Z0
(204) 467-5574   SIC 6062
SUNRISE CREDIT UNION LIMITED   p359
197 Broadway, TREHERNE, MB, R0G 2V0
(204) 723-3250   SIC 6062
SUNRISE CREDIT UNION LIMITED   p360
220 7th Ave S, VIRDEN, MB, R0M 2C0
(204) 748-2907   SIC 6062
SUNSHINE COAST CREDIT UNION   p277
5655 Teredo St, SECHELT, BC, V0N 3A0
(604) 740-2662   SIC 6062
SWAN VALLEY CREDIT UNION LIMITED   p358
913 Main St, SWAN RIVER, MB, R0L 1Z0
(204) 734-7828   SIC 6062
VALLEY FIRST CREDIT UNION   p253
2111 Main St Suite 135, PENTICTON, BC, V2A 6W6
(250) 493-7773   SIC 6062
VALLEY FIRST CREDIT UNION   p326
3101 Highway 6 Unit 110, VERNON, BC, V1T 9H6
(250) 558-5266   SIC 6062
VANCOUVER CITY SAVINGS CREDIT UNION   p188
4302 Hastings St, BURNABY, BC, V5C 2J9
(604) 877-7062   SIC 6062
VANCOUVER CITY SAVINGS CREDIT UNION   p192
6100 Mckay Ave Suite 120a, BURNABY, BC, V5H 4L6
SIC 6062
VANCOUVER CITY SAVINGS CREDIT UNION   p198
45617 Luckakuck Way, CHILLIWACK, BC, V2R 1A3
(604) 824-8300   SIC 6062
VANCOUVER CITY SAVINGS CREDIT UNION   p209
7211 120 St, DELTA, BC, V4C 6P5
(604) 877-7193   SIC 6062
VANCOUVER CITY SAVINGS CREDIT UNION   p231
20055 Willowbrook Dr Suite 100, LANGLEY, BC, V2Y 2T5
(604) 877-7233   SIC 6062
VANCOUVER CITY SAVINGS CREDIT UNION   p237
22824 Lougheed Hwy Suite 29, MAPLE RIDGE, BC, V2X 2V6
(604) 877-7293   SIC 6062
VANCOUVER CITY SAVINGS CREDIT UNION   p270
5900 No. 3 Rd Suite 100, RICHMOND, BC, V6X 3P7
(604) 877-7263   SIC 6062
VANCOUVER CITY SAVINGS CREDIT UNION   p281
15175 101 Ave Unit 108, SURREY, BC, V3R 7Z1
(604) 877-7302   SIC 6062
VANCOUVER CITY SAVINGS CREDIT UNION   p285
12820 96 Ave, SURREY, BC, V3V 6A8
(604) 877-7440   SIC 6062
VANCOUVER CITY SAVINGS CREDIT UNION   p287
7555 King George Blvd, SURREY, BC, V3W 5A8
(604) 877-7271   SIC 6062

VANCOUVER CITY SAVINGS CREDIT UNION   p296
3305 Kingsway, VANCOUVER, BC, V5R 5K6
(604) 877-7134   SIC 6062
VANCOUVER CITY SAVINGS CREDIT UNION   p298
4205 Main St, VANCOUVER, BC, V5V 3P8
(604) 877-7092   SIC 6062
VANCOUVER CITY SAVINGS CREDIT UNION   p298
6288 Fraser St, VANCOUVER, BC, V5W 3A1
(604) 877-7072   SIC 6062
VANCOUVER CITY SAVINGS CREDIT UNION   p301
5594 Cambie St, VANCOUVER, BC, V5Z 3Y5
(604) 683-1956   SIC 6062
VANCOUVER CITY SAVINGS CREDIT UNION   p302
1285 Main St, VANCOUVER, BC, V6A 4B6
(604) 877-7640   SIC 6062
VANCOUVER CITY SAVINGS CREDIT UNION   p302
183 Terminal Ave, VANCOUVER, BC, V6A 4G2
(604) 683-1956   SIC 6062
VANCOUVER CITY SAVINGS CREDIT UNION   p330
3075 Douglas St, VICTORIA, BC, V8T 4N3
(250) 519-7423   SIC 6062
VANGUARD CREDIT UNION LIMITED   p350
50 Maple Ave E, HAMIOTA, MB, R0M 0T0
(204) 764-6230   SIC 6062
VANTAGEONE CREDIT UNION   p327
3108 33 Ave, VERNON, BC, V1T 2N7
(250) 545-9251   SIC 6062
VERMILION CREDIT UNION LTD   p172
5019 50 Ave, VERMILION, AB, T9X 1A7
(780) 853-2822   SIC 6062
VISION CREDIT UNION LTD.   p66
5007 51 St, CAMROSE, AB, T4V 1S6
(780) 672-6341   SIC 6062
WESTMINSTER SAVINGS CREDIT UNION   p246
960 Quayside Dr Suite 108, NEW WESTMINSTER, BC, V3M 6G2
(604) 517-0100   SIC 6062
WESTMINSTER SAVINGS CREDIT UNION   p284
13450 102 Ave Suite 1900, SURREY, BC, V3T 5Y1
(604) 517-0100   SIC 6062
WEYBURN CREDIT UNION LIMITED   p1308
205 Coteau Ave, WEYBURN, SK, S4H 0G5
(306) 842-6641   SIC 6062
YOUR NEIGHBOURHOOD CREDIT UNION LIMITED   p545
385 Hespeler Rd, CAMBRIDGE, ON, N1R 6J1
(519) 622-3377   SIC 6062

SIC 6081 Foreign bank and branches and agencies

ASSOCIATED FOREIGN EXCHANGE, ULC   p928
200 Front St W Suite 2203, TORONTO, ON, M5V 3K2
(416) 360-2136   SIC 6081
SOCIETE GENERALE (CANADA)   p1108
1501 Av Mcgill College Bureau 1800, Montreal, QC, H3A 3M8
(514) 841-6000   SIC 6081

SIC 6082 Foreign trade and international banks

HSBC BANK CANADA   p296
3366 Kingsway, VANCOUVER, BC, V5R 5L2
(604) 430-3261   SIC 6082

SIC 6091 Nondeposit trust facilities

CANADIAN WESTERN TRUST COMPANY   p303
750 Cambie St Suite 300, VANCOUVER, BC, V6B 0A2
(604) 685-2081   SIC 6091
CIBC MELLON GLOBAL SECURITIES SERVICES COMPANY   p655
150 Dufferin Ave 5th Fl, LONDON, ON, N6A 5N6
(519) 873-2218   SIC 6091

SIC 6099 Functions related to deposit banking

1082267 ALBERTA LTD   p328
1640 Oak Bay Ave Unit 201, VICTORIA, BC, V8R 1B2
(250) 920-9750   SIC 6099
AMEX CANADA INC   p799
1840 Woodward Dr, OTTAWA, ON, K2C 0P7
(613) 226-8641   SIC 6099
AMEX CANADA INC   p889
2225 Sheppard Ave E, TORONTO, ON, M2J 5C2
(905) 474-8000   SIC 6099
CAMBRIDGE MERCANTILE CORP   p1203
9800 Boul Cavendish Bureau 505, SAINT-LAURENT, QC, H4M 2V9
(514) 956-6005   SIC 6099
CARD ONE PLUS LTD   p897
40 Eglinton Ave E Suite 502, TORONTO, ON, M4P 3A2
SIC 6099
CARDTRONICS CANADA, LTD   p136
1530 33 St N Unit 3, LETHBRIDGE, AB, T1H 5H3
(403) 327-2162   SIC 6099
CASH MONEY CHEQUE CASHING INC p967
596 Wyandotte St W, WINDSOR, ON, N9A 5X6
(519) 258-3559   SIC 6099
CEFEX - CENTRE FOR FIDUCIARY EXCELLENCE LLC   p584
20 Carlson Crt Suite 100, ETOBICOKE, ON, M9W 7K6
(416) 401-8702   SIC 6099
CUSTOM HOUSE ULC   p334
3680 Uptown Blvd Suite 300, VICTORIA, BC, V8Z 0B9
(888) 987-7612   SIC 6099
CUSTOM HOUSE ULC   p913
330 Bay St Suite 300, TORONTO, ON, M5H 2S8
(905) 882-6004   SIC 6099
CUSTOM HOUSE ULC   p913
330 Bay St Suite 405, TORONTO, ON, M5H 2S8
(905) 949-6000   SIC 6099
DIRECTCASH PAYMENTS INC   p685
3269 American Dr Suite 1, MISSISSAUGA, ON, L4V 1V4
(905) 678-7373   SIC 6099
ENCAISSEMENT DE CHEQUE MONTREAL LTEE   p1097
7166 Rue Saint-Hubert, Montreal, QC, H2R 2N1
SIC 6099
EVERLINK PAYMENT SERVICES INC   p676
125 Commerce Valley Dr W Suite 100, MARKHAM, ON, L3T 7W4
(905) 946-5898   SIC 6099
FX CONNECTORS LTD   p331
1208 Wharf St Suite 106, VICTORIA, BC, V8W 3B9
(250) 380-7888   SIC 6099
GFX PARTNERS INC   p906
229 Yonge St Suite 502, TORONTO, ON, M5B 1N9
(416) 217-3088   SIC 6099
HATCH CORPORATION   p407

BUSINESSES BY INDUSTRY CLASSIFICATION   SIC 6153 Short-term business credit institutions, except agricultural   2293

860 Main St Suite 700, MONCTON, NB, E1C 1G2
(506) 857-8708   SIC 6099
HSBC BANK CANADA   p791
30 Metcalfe St, OTTAWA, ON, K1P 5L4
(613) 238-3331   SIC 6099
MINCORP EXCHANGE INC   p915
20 Queen St W Unit 702, TORONTO, ON, M5H 3R3
SIC 6099
NATIONAL MONEY MART COMPANY   p329
401 Garbally Rd, VICTORIA, BC, V8T 5M3
(250) 595-5211   SIC 6099
NATIONAL MONEY MART COMPANY   p581
703 Evans Ave Suite 600, ETOBICOKE, ON, M9C 5E9
(647) 260-3104   SIC 6099
ROYAL TRUST CORPORATION OF CANADA   p417
100 King St, SAINT JOHN, NB, E2L 1G4
(506) 632-8080   SIC 6099
SOBEYS CAPITAL INCORPORATED   p984
Gd, MONTAGUE, PE, C0A 1R0
(902) 838-3388   SIC 6099
TRAVELEX CANADA LIMITED   p909
100 Yonge St, TORONTO, ON, M5C 2W1
(416) 359-3700   SIC 6099

SIC 6111 Federal and federally sponsored credit agencies

ALBERTA INNOVATES - HEALTH SOLUTIONS   p78
10104 103 Ave Nw Suite 1500, EDMONTON, AB, T5J 0H8
(780) 423-5727   SIC 6111
EXPORT DEVELOPMENT CANADA   p782
150 Slater St, OTTAWA, ON, K1A 1K3
(613) 598-2500   SIC 6111
EXPORT DEVELOPMENT CANADA   p914
150 York St Suite 810, TORONTO, ON, M5H 3S5
(416) 640-7600   SIC 6111
EXPORT DEVELOPMENT CANADA   p1126
800 Rue Du Square-Victoria Bureau 4520, Montreal, QC, H4Z 1A1
(514) 215-7200   SIC 6111
GROUPECHO CANADA INC   p1152
455 Rue Du Marais Bureau 235, Quebec, QC, G1M 3A2
(418) 681-1545   SIC 6111
IMPORTATIONS DE-RO-MA (1983) LTEE   p1128
3750 Av Francis-Hughes, Montreal, QC, H7L 5A9
(450) 667-6549   SIC 6111
LANGLEY, CORPORATION OF THE TOWNSHIP OF   p231
4700 224 St, LANGLEY, BC, V2Z 1N4
(604) 532-7300   SIC 6111
PROVINCE OF PEI   p981
94 Euston St, CHARLOTTETOWN, PE, C1A 1W4
(902) 368-6300   SIC 6111

SIC 6141 Personal credit institutions

AMERICREDIT FINANCIAL SERVICES OF CANADA LTD   p811
200 Jameson Dr, PETERBOROUGH, ON, K9K 2N3
(705) 876-3900   SIC 6141
BANQUE DE DEVELOPPEMENT DU CANADA   p40
444 7 Ave Sw Suite 110, CALGARY, AB, T2P 0X8
(403) 292-5600   SIC 6141
BANQUE DE DEVELOPPEMENT DU CANADA   p224
313 Bernard Ave, KELOWNA, BC, V1Y 6N6
(250) 470-4802   SIC 6141
BANQUE DE DEVELOPPEMENT DU CANADA   p230
6424 200 St Suite 101b, LANGLEY, BC, V2Y 2T3
(604) 532-5151   SIC 6141
BANQUE DE DEVELOPPEMENT DU CANADA   p241
6581 Aulds Rd Unit 500, NANAIMO, BC, V9T 6J6
(250) 754-0247   SIC 6141
BANQUE DE DEVELOPPEMENT DU CANADA   p281
5577 153a St Unit 301, SURREY, BC, V3S 5K7
(604) 586-2410   SIC 6141
BANQUE DE DEVELOPPEMENT DU CANADA   p323
505 Burrard St Suite 2100, VANCOUVER, BC, V7X 1M6
(604) 676-0021   SIC 6141
BANQUE DE DEVELOPPEMENT DU CANADA   p344
940 Princess Ave Unit 10, BRANDON, MB, R7A 0P6
(877) 232-2269   SIC 6141
BANQUE DE DEVELOPPEMENT DU CANADA   p377
155 Carlton St Suite 1100, WINNIPEG, MB, R3C 3H8
(204) 983-7900   SIC 6141
BANQUE DE DEVELOPPEMENT DU CANADA   p387
1655 Kenaston Blvd Suite 200, WINNIPEG, MB, R3P 2M4
(204) 984-7442   SIC 6141
BANQUE DE DEVELOPPEMENT DU CANADA   p435
215 Water St Suite 800, ST. JOHN'S, NL, A1C 6C9
(709) 772-5505   SIC 6141
BANQUE DE DEVELOPPEMENT DU CANADA   p457
2000 Barrington St Suite 1400, HALIFAX, NS, B3J 3K1
(902) 426-0341   SIC 6141
BANQUE DE DEVELOPPEMENT DU CANADA   p477
622 Prince St, TRURO, NS, B2N 1G4
(902) 895-6377   SIC 6141
BANQUE DE DEVELOPPEMENT DU CANADA   p480
396 Main St, YARMOUTH, NS, B5A 1E9
SIC 6141
BANQUE DE DEVELOPPEMENT DU CANADA   p532
4145 North Service Rd Suite 401, BURLINGTON, ON, L7L 6A3
(905) 315-9248   SIC 6141
BANQUE DE DEVELOPPEMENT DU CANADA   p655
380 Wellington St, LONDON, ON, N6A 5B5
(519) 645-4229   SIC 6141
BANQUE DE DEVELOPPEMENT DU CANADA   p693
4310 Sherwoodtowne Blvd, MISSISSAUGA, ON, L4Z 4C4
(905) 566-6499   SIC 6141
BANQUE DE DEVELOPPEMENT DU CANADA   p717
1450 Meyerside Dr Suite 600, MISSISSAUGA, ON, L5T 2N5
(905) 565-9740   SIC 6141
BANQUE DE DEVELOPPEMENT DU CANADA   p790
55 Metcalfe St Suite 1400, OTTAWA, ON, K1P 6L5
(877) 232-2269   SIC 6141
BANQUE DE DEVELOPPEMENT DU CANADA   p832
153 Great Northern Rd, SAULT STE. MARIE, ON, P6B 4Y9
(877) 232-2269   SIC 6141
BANQUE DE DEVELOPPEMENT DU CANADA   p834
305 Milner Ave Suite 112, SCARBOROUGH, ON, M1B 3V4
(416) 952-7900   SIC 6141
BANQUE DE DEVELOPPEMENT DU CANADA   p868
233 Brady St E Unit 10, SUDBURY, ON, P3B 4H5
(888) 463-6232   SIC 6141
BANQUE DE DEVELOPPEMENT DU CANADA   p913
121 King St W Suite 1200, TORONTO, ON, M5H 3T9
(416) 973-0341   SIC 6141
BANQUE DE DEVELOPPEMENT DU CANADA   p1002
1570 Rue Ampere Bureau 300, BOUCHERVILLE, QC, J4B 7L4
(888) 463-6232   SIC 6141
BANQUE DE DEVELOPPEMENT DU CANADA   p1019
2525 Boul Daniel-Johnson Bureau 100, Cote Saint-Luc, QC, H7T 1S9
(450) 973-3727   SIC 6141
BANQUE DE DEVELOPPEMENT DU CANADA   p1109
5 Place Ville-Marie Bureau 12525, Montreal, QC, H3B 2G2
(514) 496-7946   SIC 6141
BANQUE DE DEVELOPPEMENT DU CANADA   p1109
5 Place Ville-Marie Bureau 400, Montreal, QC, H3B 5E7
(514) 283-5904   SIC 6141
BANQUE DE DEVELOPPEMENT DU CANADA   p1158
1134 Grande Allee O, Quebec, QC, G1S 1E5
(418) 648-3972   SIC 6141
BANQUE DE DEVELOPPEMENT DU CANADA   p1279
135 21st St E, PRINCE ALBERT, SK, S6V 1L9
SIC 6141
E C S RECOVERY SYSTEMS INC   p929
555 Richmond St W, TORONTO, ON, M5V 3B1
(416) 628-5653   SIC 6141
EASYFINANCIAL SERVICES INC   p697
33 City Centre Dr Suite 510, MISSISSAUGA, ON, L5B 2N5
(905) 272-2788   SIC 6141
EXOVA CANADA INC   p281
19575 55a Ave Suite 104, SURREY, BC, V3S 8P8
(604) 514-3322   SIC 6141
FORD CREDIT CANADA LIMITED   p80
Gd Stn Main, EDMONTON, AB, T5J 2G8
(877) 636-7346   SIC 6141
FORD CREDIT CANADA LIMITED   p384
1612 Ness Ave Suite 300, WINNIPEG, MB, R3J 0H7
(204) 786-5865   SIC 6141
FORD CREDIT CANADA LIMITED   p659
1069 Wellington Rd Suite 208, LONDON, ON, N6E 2H6
SIC 6141
FORD CREDIT CANADA LIMITED   p767
The Canadian Rd, OAKVILLE, ON, L6J 5C7
(905) 845-2511   SIC 6141
HONDA CANADA FINANCE INC   p677
180 Honda Blvd Suite 200, MARKHAM, ON, L6C 0H9
(905) 888-4188   SIC 6141
HONDA CANADA FINANCE INC   p1004
1750 Rue Eiffel, BOUCHERVILLE, QC, J4B 7W1
(450) 641-9062   SIC 6141
HSBC BANK CANADA   p524
11670 Hurontario St Unit 2, BRAMPTON, ON, L7A 1R2
SIC 6141
HSBC BANK CANADA   p828
889 Exmouth St Unit 5, SARNIA, ON, N7T 5R3
SIC 6141
INGLE INTERNATIONAL INC.   p929
460 Richmond St W Suite 100, TORONTO, ON, M5V 1Y1
(416) 730-8488   SIC 6141
INSTALOANS INC   p92
17631 103 Ave Nw, EDMONTON, AB, T5S 1N8
(780) 408-5110   SIC 6141
INSTALOANS INC   p131
183 Pembina Ave, HINTON, AB, T7V 2B2
(780) 817-3880   SIC 6141
LONDON LIFE INSURANCE COMPANY   p884
80 Mountjoy St N Suite A, TIMMINS, ON, P4N 4V7
(705) 264-2204   SIC 6141
TD FINANCING SERVICES HOME INC   p896
25 Booth Ave Suite 101, TORONTO, ON, M4M 2M3
(416) 463-4422   SIC 6141
TOYOTA CREDIT CANADA INC   p675
80 Micro Crt Suite 200, MARKHAM, ON, L3R 9Z5
(905) 513-8200   SIC 6141

SIC 6153 Short-term business credit institutions, except agricultural

9134417 CANADA INC   p265
3371 No. 6 Rd, RICHMOND, BC, V6V 1P6
(604) 258-0354   SIC 6153
ACCORD FINANCIAL CORP   p1262
3500 Boul De Maisonneuve O Bureau 1510, WESTMOUNT, QC, H3Z 3C1
(514) 932-8223   SIC 6153
ACCUTRAC CAPITAL SOLUTIONS INC p774
174 West St S 2 Fl, ORILLIA, ON, L3V 6L4
(866) 531-2615   SIC 6153
AMEX CANADA INC   p670
80 Micro Crt Suite 300, MARKHAM, ON, L3R 9Z5
(905) 475-2177   SIC 6153
BANQUE NATIONALE DU CANADA   p1109
28e Etage 600, Rue De La Gauchetiere O, Montreal, QC, H3B 4L2
(514) 394-4385   SIC 6153
CANADIAN TIRE SERVICES LIMITED   p955
1000 East Main St, WELLAND, ON, L3B 3Z3
(905) 735-3131   SIC 6153
CHRYSLER FINANCIAL SERVICES CANADA INC   p967
1 Riverside Dr W, WINDSOR, ON, N9A 5K3
(519) 973-2000   SIC 6153
CIT FINANCIAL LTD   p41
700 4 Ave Sw Suite 1070, CALGARY, AB, T2P 3J4
(403) 265-5700   SIC 6153
CIT FINANCIAL LTD   p917
207 Queens Quay W Suite 700, TORONTO, ON, M5J 1A7
(416) 507-2400   SIC 6153
CITIBANK CANADA   p908
1 Toronto St Suite 1200, TORONTO, ON, M5C 2V6
(416) 369-6399   SIC 6153
CRELOGIX ACCEPTANCE CORPORATION p186
4445 Lougheed Hwy Suite 900, BURNABY, BC, V5C 0E4
(604) 293-1131   SIC 6153
FINANCIERE ACCORD INC   p1262
3500 Boul De Maisonneuve O Bureau 500, WESTMOUNT, QC, H3Z 3C1
(514) 932-8223   SIC 6153
GENERAL ELECTRIC CAPITAL CANADA p44
530 8 Ave Sw Suite 2120, CALGARY, AB, T2P 3S8
SIC 6153
GENERAL ELECTRIC CAPITAL CANADA p708
2300 Meadowvale Blvd, MISSISSAUGA, ON, L5N 5P9

▲ Public Company   ■ Public Company Family Member   HQ Headquarters   BR Branch   SL Single Location

SIC 6159 Miscellaneous business credit institutions

(905) 858-5100 *SIC* 6153
HSBC RETAIL SERVICES LIMITED *p*751
101 Duncan Mill Rd Suite 500, NORTH YORK, ON, M3B 1Z3
(416) 443-3600 *SIC* 6153
IPS OF CANADA, U.L.C. *p*942
170 Attwell Dr Suite 550, TORONTO, ON, M9W 5Z5
(800) 293-1136 *SIC* 6153
JOHN DEERE FINANCIAL INC *p*770
3430 Superior Crt, OAKVILLE, ON, L6L 0C4
(905) 319-9100 *SIC* 6153
ZENITH MERCHANT SERVICES INC *p*1108
2075 Boul Robert-Bourassa Bureau 1500, Montreal, QC, H3A 2L1
(514) 228-1235 *SIC* 6153

SIC 6159 Miscellaneous business credit institutions

ACC FARMERS' FINANCIAL *p*603
660 Speedvale Ave W Unit 201, GUELPH, ON, N1K 1E5
(519) 766-0544 *SIC* 6159
AGRICULTURE FINANCIAL SERVICES CORPORATION *p*134
5718 56 Ave, LACOMBE, AB, T4L 1B1
(403) 782-8200 *SIC* 6159
AGRICULTURE FINANCIAL SERVICES CORPORATION *p*134
5030 50 St, LACOMBE, AB, T4L 1W8
(403) 782-4641 *SIC* 6159
ALBERTA TREASURY BRANCHES *p*112
5331 23 Ave Nw, EDMONTON, AB, T6L 7G4
(780) 422-2600 *SIC* 6159
ALBERTA TREASURY BRANCHES *p*152
4911 51 St Suite 100, RED DEER, AB, T4N 6V4
(403) 340-5130 *SIC* 6159
BANK OF MONTREAL *p*1129
2 Place Laval Bureau 270, Montreal, QC, H7N 5N6
(450) 975-2884 *SIC* 6159
CAISSE DESJARDINS - CENTREDE SERVICE *p*1093
1685 Rue Rachel E, Montreal, QC, H2J 2K6
(514) 524-3551 *SIC* 6159
CAISSE DESJARDINS DE DRUMMONDVILLE *p*1029
905 Rue Gauthier, DRUMMONDVILLE, QC, J2C 0A1
(819) 474-2524 *SIC* 6159
CITICAPITAL LIMITED *p*918
123 Front St W Suite 1500, TORONTO, ON, M5J 2M3
(800) 991-4046 *SIC* 6159
CITICORP VENDOR FINANCE, LTD *p*918
123 Front St W Suite 1500, TORONTO, ON, M5J 2M3
(800) 991-4046 *SIC* 6159
CONCENTRA BANK *p*1284
2055 Albert St, REGINA, SK, S4P 2T8
(306) 566-7440 *SIC* 6159
CTL CORP *p*764
1660 North Service Rd E Suite 102, OAKVILLE, ON, L6H 7G3
(905) 815-9510 *SIC* 6159
CWB MAXIUM FINANCIAL INC *p*820
30 Vogell Rd Suite 1, RICHMOND HILL, ON, L4B 3K6
(905) 780-6150 *SIC* 6159
FARM CREDIT CANADA *p*96
12040 149 St Nw, EDMONTON, AB, T5V 1P2
(780) 495-4488 *SIC* 6159
FARM CREDIT CANADA *p*176
1520 Mccallum Rd Suite 200, ABBOTSFORD, BC, V2S 8A3
(604) 870-2417 *SIC* 6159
FARM CREDIT CANADA *p*409
1133 St George Blvd Suite 200, MONCTON, NB, E1E 4E1
(506) 851-6595 *SIC* 6159
FARM CREDIT CANADA *p*623
309 Legget Dr Suite 102, KANATA, ON, K2K 3A3
(613) 271-7640 *SIC* 6159
FARM CREDIT CANADA *p*1065
1655 Boul Alphonse-Desjardins Bureau 180, Levis, QC, G6V 0B7
(418) 837-5184 *SIC* 6159
FARM CREDIT CANADA *p*1194
3271 Boul Laframboise Bureau 200, SAINT-HYACINTHE, QC, J2S 4Z6
(450) 771-7080 *SIC* 6159
FARM CREDIT CANADA *p*1285
1800 Hamilton St, REGINA, SK, S4P 4L3
(306) 780-8100 *SIC* 6159
FARM CREDIT CANADA *p*1295
810 Circle Dr E Suite 109, SASKATOON, SK, S7K 3T8
(306) 975-4248 *SIC* 6159
FEDERATION DES CAISSES DESJARDINS DU QUEBEC *p*1145
3333 Rue Du Carrefour Bureau 280, Quebec, QC, G1C 5R9
(418) 660-2229 *SIC* 6159
GENERAL ELECTRIC CAPITAL EQUIPMENT FINANCE INC *p*914
11 King St W Suite 1500, TORONTO, ON, M5H 4C7
(416) 646-8370 *SIC* 6159
GENERAL MOTORS FINANCIAL OF CANADA, LTD. *p*889
2001 Sheppard Ave E Suite 600, TORONTO, ON, M2J 4Z8
(416) 753-4000 *SIC* 6159
GREAT-WEST LIFE ASSURANCE COMPANY, THE *p*745
2005 Sheppard Ave E Suite 600, NORTH YORK, ON, M2J 5B4
(416) 492-4300 *SIC* 6159
HEWITT EQUIPEMENT LIMITEE *p*1038
61 Rue Jean-Proulx, GATINEAU, QC, J8Z 1W2
(819) 770-1601 *SIC* 6159
HONDA CANADA FINANCE INC *p*266
13711 International Pl Suite 110, RICHMOND, BC, V6V 2Z8
(604) 278-9250 *SIC* 6159
ITW CANADA INVESTMENTS LIMITED PARTNERSHIP *p*1049
16715 Boul Hymus, KIRKLAND, QC, H9H 5M8
(514) 426-9248 *SIC* 6159
LEASE LINK CANADA CORP *p*92
10471 178 St Nw Suite 205, EDMONTON, AB, T5S 1R5
(780) 414-0616 *SIC* 6159
MACQUARIE NORTH AMERICA LTD *p*308
550 Burrard St Suite 2400, VANCOUVER, BC, V6C 2B5
(604) 605-3944 *SIC* 6159
MANITOBA AGRICULTURAL SERVICES CORPORATION *p*345
1525 1st St Unit 100, BRANDON, MB, R7A 7A1
(204) 726-6850 *SIC* 6159
MERCADO CAPITAL CORPORATION *p*28
4411 6 St Se Suite 180, CALGARY, AB, T2G 4E8
(403) 215-6117 *SIC* 6159
MERIDIAN ONECAP CREDIT CORP *p*191
4710 Kingsway Suite 1500, BURNABY, BC, V5H 4M2
(604) 646-2247 *SIC* 6159
NATIONAL LEASING GROUP INC *p*389
1525 Buffalo Pl, WINNIPEG, MB, R3T 1L9
(204) 954-9000 *SIC* 6159
RBC CAPITAL MARKETS REAL ESTATE GROUP INC *p*920
200 Bay St, TORONTO, ON, M5J 2W7
(416) 842-8900 *SIC* 6159
RCAP LEASING INC *p*534
5575 North Service Rd Suite 300, BURLINGTON, ON, L7L 6M1
(905) 639-3995 *SIC* 6159
ROYAL BANK OF CANADA *p*576
3250 Bloor St W Suite 800, ETOBICOKE, ON, M8X 2X9
SIC 6159
ROYNAT CAPITAL INC *p*916
40 King St W, TORONTO, ON, M5H 3Y2
(416) 933-2730 *SIC* 6159
SILVER CHEF RENTALS INC *p*297
887 Great Northern Way Suite 160, VANCOUVER, BC, V5T 4T5
(866) 311-3805 *SIC* 6159
TD ASSET FINANCE CORP *p*922
55 King St W, TORONTO, ON, M5K 1A2
SIC 6159
TD AUTO FINANCE (CANADA) INC. *p*896
25 Booth Ave Suite 101, TORONTO, ON, M4M 2M3
(416) 463-4422 *SIC* 6159
TFG FINANCIAL CORPORATION *p*188
4180 Lougheed Hwy Suite 500, BURNABY, BC, V5C 6A7
(604) 473-3844 *SIC* 6159
UNITED RENTALS OF CANADA, INC *p*167
23 Renault Cres, ST. ALBERT, AB, T8N 4B7
(780) 458-2700 *SIC* 6159
WELLS FARGO EQUIPMENT FINANCE COMPANY *p*746
2550 Victoria Park Ave Suite 700, NORTH YORK, ON, M2J 5A9
(416) 498-6464 *SIC* 6159

SIC 6162 Mortgage bankers and loan correspondents

2786591 CANADA INC *p*1037
251 Boul Saint-Joseph Bureau 2, GATINEAU, QC, J8Y 3X5
(819) 775-2590 *SIC* 6162
BASIC MORTGAGE CORP *p*822
10211 Yonge St Unit 201, RICHMOND HILL, ON, L4C 3B3
(905) 508-6300 *SIC* 6162
CANADIAN HOME INCOME PLAN CORPORATION *p*898
1881 Yonge St Suite 300, TORONTO, ON, M4S 3C4
(416) 925-2447 *SIC* 6162
CONEXUS CREDIT UNION 2006 *p*1284
1960 Albert St Suite 205, REGINA, SK, S4P 2T1
(306) 244-3702 *SIC* 6162
FEDERATION DES CAISSES DESJARDINS DU QUEBEC *p*992
7755 Boul Louis-H.-Lafontaine Bureau 30711, ANJOU, QC, H1K 4M6
(514) 376-4420 *SIC* 6162
FIRST NATIONAL FINANCIAL CORPORATION *p*44
800 5 Ave Sw Suite 600, CALGARY, AB, T2P 3T6
(403) 509-0900 *SIC* 6162
FIRST NATIONAL FINANCIAL CORPORATION *p*304
1090 Homer St Suite 200, VANCOUVER, BC, V6B 2W9
(604) 681-5300 *SIC* 6162
FNF CANADA COMPANY *p*718
55 Superior Blvd, MISSISSAUGA, ON, L5T 2X9
(289) 562-0088 *SIC* 6162
GET A BETTER MORTGAGE *p*576
642 The Queensway, ETOBICOKE, ON, M8Y 1K5
(416) 252-9000 *SIC* 6162
HERITAGE LENDING GROUP LTD *p*54
6707 Elbow Dr Sw, CALGARY, AB, T2V 0E3
(403) 255-5750 *SIC* 6162
HSBC BANK CANADA *p*189
3555 Gilmore Way Suite 399, BURNABY, BC, V5G 4S1
(604) 216-2270 *SIC* 6162
INVESTORS GROUP INC *p*834
305 Milner Ave Suite 701, SCARBOROUGH, ON, M1B 3V4
(416) 292-7229 *SIC* 6162
INVIS INC *p*230
20434 64 Ave Suite 200, LANGLEY, BC, V2Y 1N4
(604) 308-1528 *SIC* 6162
LEAGUE SAVINGS & MORTGAGE COMPANY *p*461
6074 Lady Hammond Rd, HALIFAX, NS, B3K 2R7
(902) 453-4220 *SIC* 6162
LEAGUE SAVINGS & MORTGAGE COMPANY *p*461
6074 Lady Hammond Rd, HALIFAX, NS, B3K 2R7
(902) 453-0680 *SIC* 6162
MAPLERIDGE CAPITAL CORPORATION *p*749
5000 Yonge St Suite 1408, NORTH YORK, ON, M2N 7E9
SIC 6162
MCAP SERVICE CORPORATION *p*641
101 Frederick St Suite 600, KITCHENER, ON, N2H 6R2
(519) 743-7800 *SIC* 6162
MORTGAGE ALLIANCE *p*575
3385 Lake Shore Blvd W, ETOBICOKE, ON, M8W 1N2
SIC 6162
PEOPLES FINANCIAL CORPORATION *p*920
95 Wellington St W Suite 915, TORONTO, ON, M5J 2N7
(416) 861-1315 *SIC* 6162
RBC DOMINION SECURITIES INC *p*647
189 Kent St W, LINDSAY, ON, K9V 5G6
(705) 324-6151 *SIC* 6162
SCDA (2015) INC *p*309
625 Howe St Suite 1400, VANCOUVER, BC, V6C 2T6
(604) 664-8040 *SIC* 6162
SOCIETE D'HYPOTHEQUE DE LA BANQUE ROYALE *p*1115
1 Place Ville-Marie, Montreal, QC, H3C 3A9
(514) 874-7222 *SIC* 6162
XCEED MORTGAGE CORPORATION *p*916
200 King St W Suite 600, TORONTO, ON, M5H 3T4
(416) 203-5933 *SIC* 6162

SIC 6163 Loan brokers

2786591 CANADA INC *p*1159
2785 Boul Laurier Bureau Rc 100, Quebec, QC, G1V 2L9
(418) 659-7738 *SIC* 6163
CANADA LIFE MORTGAGE SERVICES LTD *p*910
330 University Ave, TORONTO, ON, M5G 1R8
(416) 597-6981 *SIC* 6163
CENTUM MORTGAGE SPECIALISTS *p*457
1649 Brunswick St, HALIFAX, NS, B3J 2G3
(902) 420-9090 *SIC* 6163
JORDAN MORTGAGE SERVICES (WINDSOR) INC. *p*964
3200 Deziel Dr Suite 212, WINDSOR, ON, N8W 5K8
SIC 6163
MCAP FINANCIAL CORPORATION *p*915
200 King St W Suite 400, TORONTO, ON, M5H 3T4
(416) 368-8844 *SIC* 6163
MORTGAGEBROKERS.COM INC *p*563
260 Edgeley Blvd Suite 11, CONCORD, ON, L4K 3Y4
(877) 410-4848 *SIC* 6163

SIC 6211 Security brokers and dealers

6080090 CANADA INC *p*1284
2010 11th Ave, REGINA, SK, S4P 0J3
(306) 777-0500 *SIC* 6211
9120-5583 QUEBEC INC *p*1176

236 Boul Labelle, Rosemere, QC, J7A 2H4
(450) 435-2200   SIC 6211

ADT CANADA INC p686
855 Matheson Blvd E Unit 15, MISSISSAUGA, ON, L4W 4L6
(905) 206-0430   SIC 6211

ALBERTA TREASURY BRANCHES p168
5014 50 St, STONY PLAIN, AB, T7Z 1T2
(780) 963-2214   SIC 6211

AON BENFIELD CANADA ULC p279
15225 104 Ave Suite 320, SURREY, BC, V3R 6Y8
SIC 6211

ARROW CAPITAL MANAGEMENT INC p907
36 Toronto St Suite 750, TORONTO, ON, M5C 2C5
(416) 323-0477   SIC 6211

ASSANTE CAPITAL MANAGEMENT LTD p460
5548 Kaye St Suite 201, HALIFAX, NS, B3K 1Y5
(902) 423-1200   SIC 6211

ASSANTE CAPITAL MANAGEMENT LTD p610
175 Longwood Rd S Suite 400, HAMILTON, ON, L8P 0A1
(905) 526-0485   SIC 6211

ASSANTE CAPITAL MANAGEMENT LTD p642
487 Riverbend Dr, KITCHENER, ON, N2K 3S3
(519) 772-5509   SIC 6211

ASSANTE CAPITAL MANAGEMENT LTD p697
350 Burnhamthorpe Rd W Suite 218, MISSISSAUGA, ON, L5B 3J1
(905) 272-2750   SIC 6211

ASSANTE CAPITAL MANAGEMENT LTD p746
1210 Sheppard Ave E Suite 307, NORTH YORK, ON, M2K 1E3
(416) 494-2300   SIC 6211

ASSANTE CAPITAL MANAGEMENT LTD p801
301 Moodie Dr Suite 121, OTTAWA, ON, K2H 9C4
(613) 729-7526   SIC 6211

ASSANTE CAPITAL MANAGEMENT LTD p820
550 Highway 7 E Suite 328, RICHMOND HILL, ON, L4B 3Z4
(905) 771-1535   SIC 6211

ASSANTE CAPITAL MANAGEMENT LTD p1294
500 Spadina Cres E Suite 301, SASKATOON, SK, S7K 4H9
(306) 665-3244   SIC 6211

BANK OF TOKYO-MITSUBISHI UFJ (CANADA) p917
200 Bay St Suite 1700, TORONTO, ON, M5J 2J1
(416) 865-0220   SIC 6211

BANQUE TORONTO-DOMINION, LA p748
4950 Yonge St Suite 1600, NORTH YORK, ON, M2N 6K1
(416) 512-6788   SIC 6211

BAYCOR INDUSTRIES LTD p40
404 6 Ave Sw Suite 300, CALGARY, AB, T2P 0R9
(403) 294-0600   SIC 6211

BIRCH HILL EQUITY PARTNERS II LTD p921
100 Wellington St W Suite 2300, TORONTO, ON, M5K 1B7
(416) 775-3800   SIC 6211

BMO INVESTORLINE INC p932
100 King St W Suite 1, TORONTO, ON, M5X 2A1
(416) 867-6300   SIC 6211

BMO INVESTORLINE INC p1104
2015 Rue Peel Unite 200, Montreal, QC, H3A 1T8
(888) 776-6886   SIC 6211

BMO NESBITT BURNS INC p40
888 3 St Sw Suite 4100, CALGARY, AB, T2P 5C5
(403) 260-9300   SIC 6211

BMO NESBITT BURNS INC p40
333 7 Ave Sw Suite 2200, CALGARY, AB, T2P 2Z1
(403) 515-1500   SIC 6211

BMO NESBITT BURNS INC p40
525 8 Ave Sw Suite 3200, CALGARY, AB, T2P 1G1
(403) 261-9550   SIC 6211

BMO NESBITT BURNS INC p288
1959 152 St Suite 270, SURREY, BC, V4A 9E3
(604) 535-4300   SIC 6211

BMO NESBITT BURNS INC p306
885 Georgia St W Suite 1800, VANCOUVER, BC, V6C 3E8
(604) 608-2201   SIC 6211

BMO NESBITT BURNS INC p330
730 View St Suite 1000, VICTORIA, BC, V8W 3Y7
(250) 361-2412   SIC 6211

BMO NESBITT BURNS INC p376
360 Main St Suite 1400, WINNIPEG, MB, R3C 3Z3
(204) 949-2500   SIC 6211

BMO NESBITT BURNS INC p399
65 Regent St Suite 200, FREDERICTON, NB, E3B 7H8
(506) 458-8570   SIC 6211

BMO NESBITT BURNS INC p457
1969 Upper Water St Suite 1901, HALIFAX, NS, B3J 3R7
(902) 429-3710   SIC 6211

BMO NESBITT BURNS INC p612
77 James St N Suite 301, HAMILTON, ON, L8R 2K3
(905) 570-8600   SIC 6211

BMO NESBITT BURNS INC p655
255 Queens Ave Suite 1900, LONDON, ON, N6A 5R8
(519) 672-8560   SIC 6211

BMO NESBITT BURNS INC p697
90 Burnhamthorpe Rd W Suite 210, MISSISSAUGA, ON, L5B 3C3
(905) 897-9200   SIC 6211

BMO NESBITT BURNS INC p748
4881 Yonge St 9th Flr, NORTH YORK, ON, M2N 5X3
(416) 590-7600   SIC 6211

BMO NESBITT BURNS INC p767
132 Trafalgar Rd, OAKVILLE, ON, L6J 3G5
(905) 337-2000   SIC 6211

BMO NESBITT BURNS INC p788
303 Dalhousie St Suite 300, OTTAWA, ON, K1N 7E8
(613) 562-6400   SIC 6211

BMO NESBITT BURNS INC p790
269 Laurier Ave W Suite 201, OTTAWA, ON, K1P 5J9
(613) 567-6232   SIC 6211

BMO NESBITT BURNS INC p797
1600 Carling Ave Suite 700, OTTAWA, ON, K1Z 1B4
(613) 798-4200   SIC 6211

BMO NESBITT BURNS INC p836
100 Consilium Pl Suite 106, SCARBOROUGH, ON, M1H 3E3
(416) 296-0040   SIC 6211

BMO NESBITT BURNS INC p877
1139 Alloy Dr Suite 210, THUNDER BAY, ON, P7B 6M8
(807) 343-1900   SIC 6211

BMO NESBITT BURNS INC p932
100 King St W Fl 44, TORONTO, ON, M5X 1A1
(416) 365-6000   SIC 6211

BMO NESBITT BURNS INC p932
1 First Canadian Pl 21st Fl, TORONTO, ON, M5X 1H3
(416) 359-4000   SIC 6211

BMO NESBITT BURNS INC p932
1 First Canadian Place 38th Fl, TORONTO, ON, M5X 1H3
(416) 359-4440   SIC 6211

BMO NESBITT BURNS INC p936
1360 King St W, TORONTO, ON, M6K 1H3
(416) 365-6008   SIC 6211

BMO NESBITT BURNS INC p939
95 Grosvenor St Suite 600, TORONTO, ON, M7A 1Z1
(416) 325-0755   SIC 6211

BMO NESBITT BURNS INC p951
20 Erb St W Suite 601, WATERLOO, ON, N2L 1T2
(519) 886-3100   SIC 6211

BMO NESBITT BURNS INC p967
100 Ouellette Ave Suite 1100, WINDSOR, ON, N9A 6T3
(519) 977-6697   SIC 6211

BMO NESBITT BURNS INC p1006
1850 Rue Panama Bureau 400, BROSSARD, QC, J4W 3C6
(450) 466-5500   SIC 6211

BMO NESBITT BURNS INC p1104
1501 Av Mcgill College Bureau 3000, Montreal, QC, H3A 3M8
(514) 282-5800   SIC 6211

BMO NESBITT BURNS INC p1159
2828 Boul Laurier, Quebec, QC, G1V 0B9
(418) 647-3124   SIC 6211

BMO NESBITT BURNS INC p1284
2103 11th Ave Suite 1171, REGINA, SK, S4P 3Z8
(306) 780-9700   SIC 6211

CAISSE DESJARDINS DU SUD DE LA CHAUDIERE p1217
140 1re Av E, SAINT-MARTIN, QC, G0M 1B0
(418) 382-5391   SIC 6211

CANACCORD GENUITY CORP p42
450 1 St Sw Suite 2200, CALGARY, AB, T2P 5H1
(403) 508-3800   SIC 6211

CANACCORD GENUITY CORP p79
10180 101 St Nw Suite 2700, EDMONTON, AB, T5J 3S4
(780) 408-1500   SIC 6211

CANACCORD GENUITY CORP p178
32071 South Fraser Way Suite 2, ABBOTSFORD, BC, V2T 1W3
(604) 504-1504   SIC 6211

CANACCORD GENUITY CORP p324
609 Granville St Suite 2100, VANCOUVER, BC, V7Y 1H2
(604) 331-1444   SIC 6211

CANACCORD GENUITY CORP p324
609 Granville St Suite 2200, VANCOUVER, BC, V7Y 1H2
(604) 684-5992   SIC 6211

CANACCORD GENUITY CORP p1110
1250 Boul Rene-Levesque O Bureau 2000, Montreal, QC, H3B 4W8
(514) 844-5443   SIC 6211

CANACCORD GENUITY GROUP INC p306
609 Granville St Suite 2200, VANCOUVER, BC, V6C 1X6
(604) 643-7300   SIC 6211

CANADIAN IMPERIAL BANK OF COMMERCE p790
50 O'connor St Suite 800, OTTAWA, ON, K1P 6L2
(613) 783-7344   SIC 6211

CANADIAN NORTHERN SHIELD INSURANCE COMPANY p331
1675 Douglas St Suite 510, VICTORIA, BC, V8W 2G5
(250) 388-5454   SIC 6211

CASGRAIN & COMPAGNIE LIMITEE p1110
1200 Av Mcgill College, Montreal, QC, H3B 4G7
(514) 871-8080   SIC 6211

CIBC WORLD MARKETS INC p41
250 6 Ave Sw, CALGARY, AB, T2P 3H7
(403) 767-3587   SIC 6211

CIBC WORLD MARKETS INC p41
855 2 St Sw Suite 900, CALGARY, AB, T2P 4J7
(403) 260-0500   SIC 6211

CIBC WORLD MARKETS INC p41
607 8 Ave Sw Suite 600, CALGARY, AB, T2P 0A7
(403) 508-3200   SIC 6211

CIBC WORLD MARKETS INC p79
10180 101 St Nw Suite 1800, EDMONTON, AB, T5J 3S4
(780) 429-8900   SIC 6211

CIBC WORLD MARKETS INC p288
1688 152 St Unit 408, SURREY, BC, V4A 4N2
(604) 535-3700   SIC 6211

CIBC WORLD MARKETS INC p310
1285 Pender St W Suite 400, VANCOUVER, BC, V6E 4B1
(604) 685-3434   SIC 6211

CIBC WORLD MARKETS INC p323
1055 Dunsmuir Unit 2434, VANCOUVER, BC, V7X 1K8
(604) 661-2300   SIC 6211

CIBC WORLD MARKETS INC p330
730 View St Suite 900, VICTORIA, BC, V8W 3Y7
(250) 388-5131   SIC 6211

CIBC WORLD MARKETS INC p374
1 Lombard Pl Suite 1000, WINNIPEG, MB, R3B 3N9
(204) 942-0311   SIC 6211

CIBC WORLD MARKETS INC p416
44 Chipman Hill Suite 500, SAINT JOHN, NB, E2L 2A9
(506) 634-1220   SIC 6211

CIBC WORLD MARKETS INC p435
215 Water St Suite 77, ST. JOHN'S, NL, A1C 6C9
(709) 576-2700   SIC 6211

CIBC WORLD MARKETS INC p457
1969 Upper Water St Suite 1801, HALIFAX, NS, B3J 3R7
(902) 425-6900   SIC 6211

CIBC WORLD MARKETS INC p496
126 Wellington St W Suite 100, BARRIE, ON, L4N 1K9
(705) 728-6215   SIC 6211

CIBC WORLD MARKETS INC p539
390 Brant St Suite 500, BURLINGTON, ON, L7R 4J4
(905) 634-2200   SIC 6211

CIBC WORLD MARKETS INC p554
72 King St W Suite 302, COBOURG, ON, K9A 2M3
(905) 372-5330   SIC 6211

CIBC WORLD MARKETS INC p610
21 King St W Suite 600, HAMILTON, ON, L8P 4W7
(905) 526-4700   SIC 6211

CIBC WORLD MARKETS INC p623
555 Legget Dr Suite 1030, KANATA, ON, K2K 2X3
(613) 783-6848   SIC 6211

CIBC WORLD MARKETS INC p655
255 Queens Ave Suite 2200, LONDON, ON, N6A 5R8
(519) 660-3704   SIC 6211

CIBC WORLD MARKETS INC p697
1 City Centre Dr Suite 1100, MISSISSAUGA, ON, L5B 1M2
(905) 272-2200   SIC 6211

CIBC WORLD MARKETS INC p750
4110 Yonge St Suite 600, NORTH YORK, ON, M2P 2B7
(416) 229-5900   SIC 6211

CIBC WORLD MARKETS INC p767
277 Lakeshore Rd E Suite 905, OAKVILLE, ON, L6J 6J3
(905) 842-6770   SIC 6211

CIBC WORLD MARKETS INC p790
50 O'connor St Suite 800, OTTAWA, ON, K1P 6L2
(613) 237-5775   SIC 6211

CIBC WORLD MARKETS INC p873
123 Commerce Valley Dr E Suite 100, THORNHILL, ON, L3T 7W8

(905) 762-2300 SIC 6211
CIBC WORLD MARKETS INC p913
100 Simcoe St Suite 200, TORONTO, ON, M5H 3G2
(416) 594-7950 SIC 6211
CIBC WORLD MARKETS INC p913
200 King St W Suite 800, TORONTO, ON, M5H 3T4
(416) 594-8999 SIC 6211
CIBC WORLD MARKETS INC p917
22 Front St W Suite 700, TORONTO, ON, M5J 2W5
(416) 956-3766 SIC 6211
CIBC WORLD MARKETS INC p917
181 Bay St Suite 600, TORONTO, ON, M5J 2T3
(416) 369-8100 SIC 6211
CIBC WORLD MARKETS INC p917
161 Bay St Suite 700, TORONTO, ON, M5J 2S1
(416) 594-7000 SIC 6211
CIBC WORLD MARKETS INC p923
199 Bay St, TORONTO, ON, M5L 1A2
(416) 304-2680 SIC 6211
CIBC WORLD MARKETS INC p941
25 King St, TORONTO, ON, M9N 1K8
(416) 594-7897 SIC 6211
CIBC WORLD MARKETS INC p950
255 King St N Suite 400, WATERLOO, ON, N2J 4V2
(519) 888-6688 SIC 6211
CIBC WORLD MARKETS INC p973
7050 Weston Rd Suite 600, WOODBRIDGE, ON, L4L 8G7
(905) 856-9336 SIC 6211
CIBC WORLD MARKETS INC p1019
2540 Boul Daniel-Johnson Bureau 800, Cote Saint-Luc, QC, H7T 2S3
(450) 688-1004 SIC 6211
CIBC WORLD MARKETS INC p1105
600 Boul De Maisonneuve O Bureau 3050, Montreal, QC, H3A 3J2
(514) 847-6300 SIC 6211
CIBC WORLD MARKETS INC p1110
1 Place Ville-Marie Bureau 4125, Montreal, QC, H3B 3P9
(514) 392-7600 SIC 6211
CIBC WORLD MARKETS INC p1203
9900 Boul Cavendish Bureau 100, SAINT-LAURENT, QC, H4M 2V2
(514) 856-2286 SIC 6211
CIBC WORLD MARKETS INC p1284
1801 Hamilton St Unit 420, REGINA, SK, S4P 4B4
(306) 359-1577 SIC 6211
CIBC WORLD MARKETS INC p1294
119 4th Ave S Suite 500, Saskatoon, SK, S7K 5X2
(306) 975-3800 SIC 6211
CITIGROUP GLOBAL MARKETS CANADA INC p918
161 Bay St Suite 4600, TORONTO, ON, M5J 2S1
(416) 866-2300 SIC 6211
CREDENTIAL SECURITIES INC p276
124 Mcphillips Ave, SALT SPRING ISLAND, BC, V8K 2T5
(250) 537-8868 SIC 6211
CREDENTIAL SECURITIES INC p310
1111 Georgia St W Suite 800, VANCOUVER, BC, V6E 4T6
(604) 714-3900 SIC 6211
CREDIT SUISSE SECURITIES (CANADA) INC p932
1 First Canadian Pl Suite 2900, TORONTO, ON, M5X 1C9
(416) 352-4500 SIC 6211
CSG SECURITY CORPORATION p12
1470 28 St Ne Suite 7, CALGARY, AB, T2A 7W6
(403) 233-9191 SIC 6211
D+H LIMITED PARTNERSHIP p918
120 Bremner Blvd 30th Fl, TORONTO, ON, M5J 0A8

(416) 696-7700 SIC 6211
DEANS KNIGHT INCOME CORPORATION p307
999 Hastings St W Suite 1500, VANCOUVER, BC, V6C 2W2
(604) 669-0212 SIC 6211
DH CORPORATION p100
5712 59 St Nw, EDMONTON, AB, T6B 3L4
(780) 468-2646 SIC 6211
DH CORPORATION p671
81 Whitehall Dr, MARKHAM, ON, L3R 9T1
(905) 944-1231 SIC 6211
DH CORPORATION p1069
830 Rue Delage, LONGUEUIL, QC, J4G 2V4
(450) 463-6372 SIC 6211
DUNDEE SECURITIES CORPORATION p323
1055 Dunsmuir Suite 3424, VANCOUVER, BC, V7X 1K8
(604) 647-2888 SIC 6211
DUNDEE SECURITIES CORPORATION p873
105 Commerce Valley Dr W Suite 408, THORNHILL, ON, L3T 7W3
(905) 763-2339 SIC 6211
DUNDEE SECURITIES CORPORATION p1057
10340 Ch De La Cote-De-Liesse Unite 150, LACHINE, QC, H8T 1A3
(514) 227-2700 SIC 6211
DUNDEE SECURITIES CORPORATION p1111
1000 Rue De La Gauchetiere O Bureau 1100, Montreal, QC, H3B 4W5
(514) 396-0333 SIC 6211
EDWARD D. JONES & CO. CANADA HOLDING CO., INC p697
90 Burnhamthorpe Rd W Suite 902, MISSISSAUGA, ON, L5B 3C3
(905) 306-8600 SIC 6211
FEDERATION DES CAISSES DESJARDINS DU QUEBEC p1059
2140 Av Dollard, LASALLE, QC, H8N 1S6
SIC 6211
FEDERATION DES CAISSES DESJARDINS DU QUEBEC p1160
2640 Boul Laurier Bureau 1400, Quebec, QC, G1V 5C2
(418) 650-6350 SIC 6211
FINANCIERE BANQUE NATIONALE INC p44
450 1 St Sw Suite 2800, CALGARY, AB, T2P 5H1
(403) 531-8400 SIC 6211
FINANCIERE BANQUE NATIONALE INC p44
450 1 St Sw Suite 2800, CALGARY, AB, T2P 5H1
(403) 531-8400 SIC 6211
FINANCIERE BANQUE NATIONALE INC p80
10180 101 St Nw Unit 3500, EDMONTON, AB, T5J 3S4
(780) 412-6600 SIC 6211
FINANCIERE BANQUE NATIONALE INC p287
2121 160 St, SURREY, BC, V3Z 9N6
(604) 541-4925 SIC 6211
FINANCIERE BANQUE NATIONALE INC p307
666 Burrard St Suite 3300, VANCOUVER, BC, V6C 2X8
(604) 623-6777 SIC 6211
FINANCIERE BANQUE NATIONALE INC p331
737 Yates St Suite 700, VICTORIA, BC, V8W 1L6
(250) 953-8400 SIC 6211
FINANCIERE BANQUE NATIONALE INC p767
105 Robinson St, OAKVILLE, ON, L6J 1G1
(905) 842-1925 SIC 6211
FINANCIERE BANQUE NATIONALE INC p941
130 King St Suite 3200, TORONTO, ON, M9N 1L5

(416) 869-3707 SIC 6211
FINANCIERE BANQUE NATIONALE INC p1014
1180 Boul Talbot Bureau 201, CHICOUTIMI, QC, G7H 4B6
(418) 549-8888 SIC 6211
FINANCIERE BANQUE NATIONALE INC p1062
2500 Boul Daniel-Johnson Bureau 610, Laval, QC, H7T 2P6
(450) 686-5700 SIC 6211
FINANCIERE BANQUE NATIONALE INC p1141
1 Av Holiday Bureau 145, POINTE-CLAIRE, QC, H9R 5N3
(514) 426-2522 SIC 6211
FINANCIERE BANQUE NATIONALE INC p1157
500 Rue Grande Allee E Bureau 400, Quebec, QC, G1R 2J7
(418) 649-2525 SIC 6211
FINANCIERE BANQUE NATIONALE INC p1171
534 Rue Notre-Dame Bureau 201, REPENTIGNY, QC, J6A 2T8
(450) 582-7001 SIC 6211
FINANCIERE BANQUE NATIONALE INC p1195
1355 Rue Johnson O Bureau 4100, SAINT-HYACINTHE, QC, J2S 8W7
(450) 774-5354 SIC 6211
FINANCIERE BANQUE NATIONALE INC p1238
1802 Rue King O Bureau 200, SHERBROOKE, QC, J1J 0A2
(819) 566-7212 SIC 6211
FINANCIERE BANQUE NATIONALE INC p1260
650 Boul Jutras E Bureau 150, VICTORIAVILLE, QC, G6S 1E1
(819) 758-3191 SIC 6211
GLC ASSET MANAGEMENT GROUP LTD p655
255 Dufferin Ave, LONDON, ON, N6A 4K1
(519) 432-7229 SIC 6211
GLOBAL SECURITIES CORPORATION p323
3 Bentall Ctr Suite 1100, VANCOUVER, BC, V7X 1C4
(604) 689-5400 SIC 6211
GMP SECURITIES L.P. p914
145 King St W Suite 300, TORONTO, ON, M5H 1J8
(416) 367-8600 SIC 6211
GOLDMAN SACHS CANADA INC p44
855 2 St Sw Suite 3835, CALGARY, AB, T2P 4J8
(403) 233-3445 SIC 6211
GROWTH WORKS LTD p311
1055 Georgia St W Suite 2600, VANCOUVER, BC, V6E 3R5
(604) 895-7279 SIC 6211
GROWTHWORKS ENTERPRISES LTD p458
1801 Hollis St Suite 310, HALIFAX, NS, B3J 3N4
(902) 423-9367 SIC 6211
HAYWOOD SECURITIES INC p45
808 1 St Sw Suite 301, CALGARY, AB, T2P 1M9
(403) 509-1900 SIC 6211
HAYWOOD SECURITIES INC p919
181 Bay St Unit 2910, TORONTO, ON, M5J 2T3
(416) 507-2300 SIC 6211
HSBC CAPITAL (CANADA) INC p307
885 Georgia St W Suite 1100, VANCOUVER, BC, V6C 3E8
(604) 631-8088 SIC 6211
HSBC SECURITIES (CANADA) INC p45
407 8 Ave Sw Suite 800, CALGARY, AB, T2P 1E5
(403) 218-3838 SIC 6211
HSBC SECURITIES (CANADA) INC p791
50 O'corner St Suit 1602, OTTAWA, ON,

K1P 6L2
(613) 236-0103 SIC 6211
HSBC SECURITIES (CANADA) INC p919
70 York St Suite 800, TORONTO, ON, M5J 1S9
(416) 868-8000 SIC 6211
HSBC SECURITIES (CANADA) INC p919
70 York St, TORONTO, ON, M5J 1S9
(416) 947-2700 SIC 6211
HSBC SECURITIES (CANADA) INC p1106
2001 Av Mcgill College Bureau 300, Montreal, QC, H3A 1G1
(514) 393-6071 SIC 6211
IGM FINANCIAL INC p280
10428 153 St Suite 100, SURREY, BC, V3R 1E1
(604) 581-8005 SIC 6211
IGM FINANCIAL INC p462
7001 Mumford Rd Suite 207, HALIFAX, NS, B3L 2H8
(902) 423-8294 SIC 6211
INDEPENDENT FINANCIAL SERVICES LTD p1296
1001 3rd Ave N, SASKATOON, SK, S7K 2K5
(306) 244-7385 SIC 6211
INDUSTRIELLE ALLIANCE VALEURS MOBILIERES INC p1106
2200 Av Mcgill College Bureau 350, Montreal, QC, H3A 3P8
(514) 499-1066 SIC 6211
INVESCO CANADA LTD p749
5140 Yonge St Suite 800, NORTH YORK, ON, M2N 6X7
(800) 874-6275 SIC 6211
INVESTORS GROUP FINANCIAL SERVICES INC p200
2963 Glen Dr Suite 305, COQUITLAM, BC, V3B 2P7
(604) 941-4697 SIC 6211
INVESTORS GROUP FINANCIAL SERVICES INC p345
857 18th St Suite A, BRANDON, MB, R7A 5B8
(204) 729-2000 SIC 6211
INVESTORS GROUP FINANCIAL SERVICES INC p400
1133 Regent St Suite 405, FREDERICTON, NB, E3B 3Z2
(506) 458-9930 SIC 6211
INVESTORS GROUP FINANCIAL SERVICES INC p672
675 Cochrane Dr Suite 301, MARKHAM, ON, L3R 0B8
(905) 415-2440 SIC 6211
INVESTORS GROUP SECURITIES INC p733
17310 Yonge St Unit 10a, NEWMARKET, ON, L3Y 7S1
(905) 895-6718 SIC 6211
ITG CANADA CORP p932
130 King St W Suite 1040, TORONTO, ON, M5X 2A2
(416) 874-0900 SIC 6211
JENNINGS CAPITAL INC p909
33 Yonge St Suite 320, TORONTO, ON, M5E 1G4
(416) 304-2195 SIC 6211
LETKO BROSSEAU & ASSOCIES INC p1107
1800 Av Mcgill College Bureau 2510, Montreal, QC, H3A 3J6
(514) 499-1200 SIC 6211
LLEWELLYN GROUP INC, THE p724
107 Queen St Ss 1, MORRISTON, ON, N0B 2C0
SIC 6211
MACDOUGALL, MACDOUGALL & MACTIER INC p915
200 King St W Suite 1806, TORONTO, ON, M5H 3T4
(416) 597-7900 SIC 6211
MACKIE RESEACH CAPITAL CORPORATION p46
140 4 Ave Sw Unit 1330, CALGARY, AB, T2P 3N3
(403) 265-7400 SIC 6211

SIC 6211 Security brokers and dealers 2297

MACKIE RESEACH CAPITAL CORPORATION *p923*
199 Bay St Suite 4500, TORONTO, ON, M5L 1G2
(416) 860-7600   *SIC* 6211

MACQUARIE CAPITAL MARKETS CANADA LTD *p308*
550 Burrard St Suite 500, VANCOUVER, BC, V6C 2B5
(604) 605-3944   *SIC* 6211

MACQUARIE CAPITAL MARKETS CANADA LTD *p910*
26 Wellington St E Suite 300, TORONTO, ON, M5E 1S2
SIC 6211

MACQUARIE CAPITAL MARKETS CANADA LTD *p919*
181 Bay St Suite 3100, TORONTO, ON, M5J 2T3
(416) 848-3500   *SIC* 6211

MACQUARIE CAPITAL MARKETS CANADA LTD *p919*
181 Bay St Suite 900, TORONTO, ON, M5J 2T3
(416) 848-3500   *SIC* 6211

MANULIFE SECURITIES INCORPORATED *p695*
3 Robert Speck Pky Suite 200, MISSISSAUGA, ON, L4Z 2G5
(905) 896-1822   *SIC* 6211

MANULIFE SECURITIES INVESTMENT SERVICES INC *p768*
710 Dorval Dr Unit 505, OAKVILLE, ON, L6K 3V7
SIC 6211

MAVRIX FUND MANAGEMENT *p312*
1055 Georgia St W Suite 2600, VANCOUVER, BC, V6E 3R5
(604) 647-5614   *SIC* 6211

MD MANAGEMENT LIMITED *p88*
10339 124 St Nw Suite 300, EDMONTON, AB, T5N 3W1
(780) 436-1333   *SIC* 6211

MERRILL LYNCH CANADA INC *p46*
255 5 Ave Sw Suite 2620, CALGARY, AB, T2P 3G6
(403) 231-7300   *SIC* 6211

MERRILL LYNCH CANADA INC *p919*
181 Bay St Suite 400, TORONTO, ON, M5J 2V8
(416) 369-7400   *SIC* 6211

MERRILL LYNCH CANADA INC *p1112*
1250 Boul Rene-Levesque O Bureau 3100, Montreal, QC, H3B 4W8
(514) 846-3500   *SIC* 6211

MGI SECURITIES INC *p910*
26 Wellington St E Suite 900, TORONTO, ON, M5E 1S2
(416) 864-6477   *SIC* 6211

NAI COMMERCIAL B.C. LTD *p312*
535 Thurlow St Suite 100, VANCOUVER, BC, V6E 3L2
(604) 683-7535   *SIC* 6211

NATIONAL BANK FINANCIAL LTD *p459*
1969 Upper Water St Unit 1601, HALIFAX, NS, B3J 3R7
(902) 496-7700   *SIC* 6211

NATIONAL BANK FINANCIAL LTD *p915*
121 King St W Suite 600, TORONTO, ON, M5H 3T9
(877) 864-1859   *SIC* 6211

NORTHERN FINANCIAL CORPORATION *p915*
145 King St W Suite 2020, TORONTO, ON, M5H 1J8
SIC 6211

NORTHERN SECURITIES INC *p308*
400 Burrard St Suite 1110, VANCOUVER, BC, V6C 3A6
SIC 6211

NORTHERN SECURITIES INC *p915*
145 King St W Suite 2020, TORONTO, ON, M5H 1J8
SIC 6211

ODLUM BROWN LIMITED *p308*
250 Howe St Suite 1100, VANCOUVER, BC, V6C 3S9
(604) 669-1600   *SIC* 6211

PI FINANCIAL CORP *p915*
40 King St W Suite 3401, TORONTO, ON, M5H 3Y2
(416) 883-9040   *SIC* 6211

RAYMOND JAMES (USA) LTD *p48*
525 8 Ave Sw Suite 161, CALGARY, AB, T2P 1G1
(403) 221-0333   *SIC* 6211

RAYMOND JAMES (USA) LTD *p82*
10060 Jasper Ave Nw Suite 2300, EDMONTON, AB, T5J 3R8
(780) 414-2500   *SIC* 6211

RAYMOND JAMES (USA) LTD *p179*
2881 Garden St Unit 200, ABBOTSFORD, BC, V2T 4X1
(604) 855-0654   *SIC* 6211

RAYMOND JAMES (USA) LTD *p226*
1726 Dolphin Ave Suite 500, KELOWNA, BC, V1Y 9R9
(250) 979-2700   *SIC* 6211

RAYMOND JAMES (USA) LTD *p305*
333 Seymour St Suite 1450, VANCOUVER, BC, V6B 5A6
(604) 639-8600   *SIC* 6211

RAYMOND JAMES (USA) LTD *p309*
925 Georgia St W Suite 2100, VANCOUVER, BC, V6C 3L2
(604) 654-7258   *SIC* 6211

RAYMOND JAMES (USA) LTD *p332*
1175 Douglas St Suite 1000, VICTORIA, BC, V8W 2E1
(250) 405-2400   *SIC* 6211

RAYMOND JAMES (USA) LTD *p792*
45 O'connor St Suite 750, OTTAWA, ON, K1P 1A4
(613) 369-4600   *SIC* 6211

RAYMOND JAMES (USA) LTD *p1297*
105 21st St E Suite 700, SASKATOON, SK, S7K 0B3
(306) 651-4250   *SIC* 6211

RBC DEXIA INVESTORS SERVICES *p48*
335 8 Ave Sw, CALGARY, AB, T2P 1C9
(403) 292-3978   *SIC* 6211

RBC DOMINION SECURITIES INC *p48*
333 7 Ave Sw Suite 1400, CALGARY, AB, T2P 2Z1
(403) 266-9691   *SIC* 6211

RBC DOMINION SECURITIES INC *p82*
10235 101 St Nw Suite 2400, EDMONTON, AB, T5J 3G1
(780) 428-0601   *SIC* 6211

RBC DOMINION SECURITIES INC *p139*
204 1 Ave S, LETHBRIDGE, AB, T1J 0A4
SIC 6211

RBC DOMINION SECURITIES INC *p245*
960 Quayside Dr Suite 201, NEW WESTMINSTER, BC, V3M 6G2
(604) 257-7400   *SIC* 6211

RBC DOMINION SECURITIES INC *p288*
2626 Croydon Dr Unit 400, SURREY, BC, V3Z 0S8
(604) 535-3800   *SIC* 6211

RBC DOMINION SECURITIES INC *p326*
Gd Lcd Main, VERNON, BC, V1T 6L9
(250) 549-4050   *SIC* 6211

RBC DOMINION SECURITIES INC *p332*
730 View St Suite 500, VICTORIA, BC, V8W 3Y7
(250) 356-4800   *SIC* 6211

RBC DOMINION SECURITIES INC *p375*
1 Lombard Pl Suite 800, WINNIPEG, MB, R3B 0Y2
(204) 982-3450   *SIC* 6211

RBC DOMINION SECURITIES INC *p407*
633 Main St Suite 650, MONCTON, NB, E1C 9X9
(506) 869-5444   *SIC* 6211

RBC DOMINION SECURITIES INC *p417*
44 Chipman Hill Suite 800, SAINT JOHN, NB, E2L 2A9

(506) 637-7500   *SIC* 6211

RBC DOMINION SECURITIES INC *p459*
1959 Upper Water St Suite 1400, HALIFAX, NS, B3J 3N2
(902) 424-1000   *SIC* 6211

RBC DOMINION SECURITIES INC *p521*
50 Queen St W Suite 300, BRAMPTON, ON, L6X 4H3
SIC 6211

RBC DOMINION SECURITIES INC *p538*
3405 Harvester Rd Unit 105, BURLINGTON, ON, L7N 3N1
SIC 6211

RBC DOMINION SECURITIES INC *p576*
3250 Bloor St W Suite 705, ETOBICOKE, ON, M8X 2X9
(416) 231-6766   *SIC* 6211

RBC DOMINION SECURITIES INC *p611*
100 King St W Unit 900, HAMILTON, ON, L8P 1A2
(905) 546-5716   *SIC* 6211

RBC DOMINION SECURITIES INC *p695*
4 Robert Speck Pky Suite 1100, MISSISSAUGA, ON, L4Z 1S1
(800) 323-6645   *SIC* 6211

RBC DOMINION SECURITIES INC *p734*
17120 Leslie St Suite 200, NEWMARKET, ON, L3Y 8K7
(905) 895-2377   *SIC* 6211

RBC DOMINION SECURITIES INC *p792*
45 O'connor St Suite 900, OTTAWA, ON, K1P 1A4
(613) 566-7500   *SIC* 6211

RBC DOMINION SECURITIES INC *p801*
303 Moodie Dr Ste 5500, OTTAWA, ON, K2H 9R4
(613) 721-4670   *SIC* 6211

RBC DOMINION SECURITIES INC *p855*
63 Church St Suite 400, ST CATHARINES, ON, L2R 3C4
(905) 988-5888   *SIC* 6211

RBC DOMINION SECURITIES INC *p879*
1001 William St Suite 300, THUNDER BAY, ON, P7B 6M1
(807) 343-2042   *SIC* 6211

RBC DOMINION SECURITIES INC *p951*
95 King St S Suite 202, WATERLOO, ON, N2J 5A2
(519) 747-8007   *SIC* 6211

RBC DOMINION SECURITIES INC *p981*
134 Kent St Suite 602, CHARLOTTETOWN, PE, C1A 8R8
(902) 566-5544   *SIC* 6211

RBC DOMINION SECURITIES INC *p1107*
1501 Av Mcgill College Bureau 2150, Montreal, QC, H3A 3M8
(514) 840-7644   *SIC* 6211

RBC DOMINION SECURITIES INC *p1113*
1000 Rue De La Gauchetiere O Bureau 4000, Montreal, QC, H3B 4W5
(514) 878-5000   *SIC* 6211

RBC DOMINION SECURITIES INC *p1237*
455 Rue King O Bureau 320, SHERBROOKE, QC, J1H 6E9
(819) 829-5533   *SIC* 6211

RBC DOMINION SECURITIES INC *p1251*
25 Rue Des Forges Bureau 100, Trois-Rivieres, QC, G9A 6A7
(819) 379-3600   *SIC* 6211

RBC DOMINION SECURITIES INC *p1297*
410 22nd St E Suite 1070, SASKATOON, SK, S7K 5T6
(306) 956-5200   *SIC* 6211

RBC DOMINION SECURITIES LIMITED *p656*
148 Fullarton St Suite 1900, LONDON, ON, N6A 5P3
(519) 675-2000   *SIC* 6211

RBC DOMINION SECURITIES LIMITED *p771*
435 North Service Rd W Suite 101, OAKVILLE, ON, L6M 4X8
(905) 469-7000   *SIC* 6211

RBC DOMINION SECURITIES LIMITED *p1161*
2828 Boul Laurier Bureau 800, Quebec, QC,

G1V 0B9
(418) 527-2008   *SIC* 6211

RICHARDSON CAPITAL LIMITED *p375*
1 Lombard Pl Suite 3000, WINNIPEG, MB, R3B 0Y1
(204) 953-7969   *SIC* 6211

ROYAL BANK OF CANADA *p309*
666 Burrard St Suite 2100, VANCOUVER, BC, V6C 2X8
(604) 257-7110   *SIC* 6211

ROYAL MUTUAL FUNDS INC *p409*
1199 St George Blvd, MONCTON, NB, E1E 4N4
(506) 864-7000   *SIC* 6211

SCOTIA CAPITAL INC *p49*
119 6 Ave Sw Suite 300, CALGARY, AB, T2P 0P8
(403) 298-4000   *SIC* 6211

SCOTIA CAPITAL INC *p82*
10104 103 Ave Nw Suite 2000, EDMONTON, AB, T5J 0H8
(780) 497-3200   *SIC* 6211

SCOTIA CAPITAL INC *p227*
1620 Dickson Ave Suite 600, KELOWNA, BC, V1Y 9Y2
(250) 868-5500   *SIC* 6211

SCOTIA CAPITAL INC *p288*
1676 Martin Dr Suite 100, SURREY, BC, V4A 6E7
(604) 535-4743   *SIC* 6211

SCOTIA CAPITAL INC *p305*
650 Georgia St W Unit 1100, VANCOUVER, BC, V6B 4N9
(604) 668-2094   *SIC* 6211

SCOTIA CAPITAL INC *p329*
1803 Douglas St Suite 400, VICTORIA, BC, V8T 5C3
(250) 389-2110   *SIC* 6211

SCOTIA CAPITAL INC *p339*
1555 Marine Dr, WEST VANCOUVER, BC, V7V 1H9
(604) 913-7013   *SIC* 6211

SCOTIA CAPITAL INC *p378*
200 Portage Ave Suite 501, WINNIPEG, MB, R3C 3X2
(204) 944-0025   *SIC* 6211

SCOTIA CAPITAL INC *p417*
1 Market Sq Suite 402, SAINT JOHN, NB, E2L 4Z6
(506) 634-8021   *SIC* 6211

SCOTIA CAPITAL INC *p435*
235 Water St Suite 802, ST. JOHN'S, NL, A1C 1B6
(709) 576-1305   *SIC* 6211

SCOTIA CAPITAL INC *p459*
1959 Upper Water St, HALIFAX, NS, B3J 3N2
(902) 420-2220   *SIC* 6211

SCOTIA CAPITAL INC *p465*
1 Webster St, KENTVILLE, NS, B4N 1H4
(902) 678-0777   *SIC* 6211

SCOTIA CAPITAL INC *p521*
1 Nelson St W Unit 6, BRAMPTON, ON, L6X 3E4
(905) 796-2424   *SIC* 6211

SCOTIA CAPITAL INC *p611*
1 King St W Suite 1402, HAMILTON, ON, L8P 1A4
(905) 570-7960   *SIC* 6211

SCOTIA CAPITAL INC *p624*
505 March Rd Suite 250, KANATA, ON, K2K 3A4
(613) 271-6600   *SIC* 6211

SCOTIA CAPITAL INC *p656*
148 Fullarton St Unit 1801, LONDON, ON, N6A 5P3
(519) 679-9490   *SIC* 6211

SCOTIA CAPITAL INC *p699*
90 Burnhamthorpe Rd W Suite 1400, MISSISSAUGA, ON, L5B 3C3
(905) 848-1300   *SIC* 6211

SCOTIA CAPITAL INC *p749*
4950 Yonge St Suite 1200, NORTH YORK, ON, M2N 6K1

(416) 226-9505 SIC 6211
SCOTIA CAPITAL INC p771
1235 North Service Rd W Suite 200, OAKVILLE, ON, L6M 2W2
(905) 842-9000 SIC 6211
SCOTIA CAPITAL INC p793
350 Albert St Suite 2100, OTTAWA, ON, K1R 1A4
(613) 563-0991 SIC 6211
SCOTIA CAPITAL INC p837
300 Consilium Pl Suite 101, SCARBOROUGH, ON, M1H 3G2
(416) 296-0043 SIC 6211
SCOTIA CAPITAL INC p855
80 King St Suite 705, ST CATHARINES, ON, L2R 7G1
(905) 641-7700 SIC 6211
SCOTIA CAPITAL INC p898
2300 Yonge St Suite 2000, TORONTO, ON, M4P 1E4
(416) 945-4840 SIC 6211
SCOTIA CAPITAL INC p916
40 King St W Suite Lower, TORONTO, ON, M5H 3Y2
(416) 863-7072 SIC 6211
SCOTIA CAPITAL INC p1020
3090 Boul Le Carrefour Bureau 125, Cote Saint-Luc, QC, H7T 2J7
(450) 680-3100 SIC 6211
SCOTIA CAPITAL INC p1108
1002 Rue Sherbrooke O Bureau 600, Montreal, QC, H3A 3L6
(514) 287-3600 SIC 6211
SCOTIA CAPITAL INC p1108
1002 Rue Sherbrooke O Bureau 840, Montreal, QC, H3A 3L6
(514) 287-3600 SIC 6211
SCOTIA CAPITAL INC p1108
1002 Rue Sherbrooke O Bureau 1210, Montreal, QC, H3A 3L6
SIC 6211
SCOTIA CAPITAL INC p1143
620 Boul Saint-Jean Bureau 102, POINTE-CLAIRE, QC, H9R 3K2
(514) 428-8400 SIC 6211
SCOTIA CAPITAL INC p1289
3303 Hillsdale St Suite 305, REGINA, SK, S4S 6W9
(306) 352-5005 SIC 6211
SCOTIA CAPITAL INC p1298
410 22nd St E Unit 700, SASKATOON, SK, S7K 5T6
(306) 665-5300 SIC 6211
SCOTT LAND & LEASE LTD p87
11634 142 St Nw Suite 100, EDMONTON, AB, T5M 1V4
(780) 428-2212 SIC 6211
SECURITE ABCO INC p1184
1215 Rue Des Bouleaux, SAINT-CYRILLE-DE-WENDOVER, QC, J1Z 1L5
(819) 477-7618 SIC 6211
SECURITY OFFICER CAREER COLLEGE p106
8055 Coronet Rd Nw, EDMONTON, AB, T6E 4N7
SIC 6211
SERVICES AIRBASE INC, LES p1027
81 Av Lindsay, DORVAL, QC, H9P 2S6
(514) 735-5260 SIC 6211
TD ASSET MANAGEMENT INC p793
360 Albert St Suite 1100, OTTAWA, ON, K1R 7X7
(613) 783-6197 SIC 6211
TD ASSET MANAGEMENT INC p900
2 St Clair Ave E 6th Fl, TORONTO, ON, M4T 2T5
(416) 983-0239 SIC 6211
TD CAPITAL GROUP LIMITED p922
100 Wellington St W, TORONTO, ON, M5K 1A2
(800) 430-6095 SIC 6211
TD CAPITAL TRUST p922
55 King St W, TORONTO, ON, M5K 1A2
SIC 6211

TD PARALLEL PRIVATE EQUITY INVESTORS LTD p922
55 King St, TORONTO, ON, M5K 1A2
SIC 6211
TD SECURITIES INC p889
5700 Yonge St, TORONTO, ON, M2M 4K2
(416) 512-6611 SIC 6211
TD SECURITIES INC p922
66 Wellington St W, TORONTO, ON, M5K 1A2
(416) 307-8500 SIC 6211
TD TIMBERLANE INVESTMENTS LIMITED p324
700 Georgia St W Suite 1700, VANCOUVER, BC, V7Y 1K8
(604) 654-3332 SIC 6211
TD WATERHOUSE CANADA INC p376
201 Portage Ave Suite 1670, WINNIPEG, MB, R3B 3K6
(204) 988-2748 SIC 6211
TD WATERHOUSE CANADA INC p460
1601 Lower Water St Suite Lower, HALIFAX, NS, B3J 3P6
(902) 420-3202 SIC 6211
TD WATERHOUSE CANADA INC p520
201 County Court Blvd Suite 402, BRAMPTON, ON, L6W 4L2
(905) 456-2070 SIC 6211
TD WATERHOUSE CANADA INC p535
5515 North Service Rd Suite 400, BURLINGTON, ON, L7L 6G4
(905) 331-7511 SIC 6211
TD WATERHOUSE CANADA INC p576
3250 Bloor St W Suite 126, ETOBICOKE, ON, M8X 2X9
SIC 6211
TD WATERHOUSE CANADA INC p656
380 Wellington St, LONDON, ON, N6A 5B5
(519) 640-8530 SIC 6211
TD WATERHOUSE CANADA INC p750
4950 Yonge St Suite 1600, North York, ON, M2N 6K1
(416) 512-6776 SIC 6211
TD WATERHOUSE CANADA INC p856
25 Corporate Park Dr Suite 101, ST CATHARINES, ON, L2S 3W2
(905) 704-1405 SIC 6211
TD WATERHOUSE CANADA INC p874
220 Commerce Valley Dr W Unit 100, THORNHILL, ON, L3T 0A8
(905) 764-7730 SIC 6211
TD WATERHOUSE CANADA INC p887
60 Wind Pl N, TORONTO, ON, M1S 5L5
SIC 6211
TD WATERHOUSE CANADA INC p922
79 Wellington W, TORONTO, ON, M5K 1A1
(416) 307-6672 SIC 6211
TD WATERHOUSE CANADA INC p926
77 Bloor St W Suite 3, TORONTO, ON, M5S 1M2
(416) 982-7686 SIC 6211
TD WATERHOUSE CANADA INC p1103
500 Rue Saint-Jacques Unite 6, Montreal, QC, H2Y 0A2
(514) 289-8439 SIC 6211
TD WATERHOUSE CANADA INC p1114
1000 Rue De La Gauchetiere O Bureau 2600, Montreal, QC, H3B 4W5
(514) 842-0707 SIC 6211
THOMSON, WILLIAM E ASSOCIATES INC p916
390 Bay St Suite 1102, TORONTO, ON, M5H 2Y2
(416) 947-1300 SIC 6211
TIO NETWORKS CORP p309
250 Howe St Suite 1500, VANCOUVER, BC, V6C 3R8
(604) 298-4636 SIC 6211
TYCO INTEGRATED FIRE & SECURITY CANADA, INC p606
45 Goderich Rd Suite 1, HAMILTON, ON, L8E 4W8
(905) 297-8795 SIC 6211
UNION SECURITIES LTD p379

360 Main St Suite 1520, WINNIPEG, MB, R3C 3Z3
(204) 982-0012 SIC 6211
UNION SECURITIES LTD p910
33 Yonge St Suite 901, TORONTO, ON, M5E 1G4
(416) 777-0600 SIC 6211
UNITED FINANCIAL CORPORATION p900
21 St Clair Ave E Suite 204, TORONTO, ON, M4T 1L9
(416) 968-2310 SIC 6211
UTC FIRE & SECURITY CANADA INC p686
6305 Northam Dr Suite 14, MISSISSAUGA, ON, L4V 1W9
(905) 678-7650 SIC 6211
VALEURS MOBILIERES BANQUE LAURENTIENNE INC p1108
1981 Av Mcgill College Bureau 1900, Montreal, QC, H3A 3K3
(514) 350-2800 SIC 6211
VALEURS MOBILIERES DESJARDINS INC p994
990 Boul Lafleche 2e Etage, BAIE-COMEAU, QC, G5C 2W9
(418) 280-1204 SIC 6211
VALEURS MOBILIERES DESJARDINS INC p1007
9120 Boul Leduc Bureau 205, BROSSARD, QC, J4Y 0L3
(450) 671-6788 SIC 6211
VALEURS MOBILIERES DESJARDINS INC p1021
2550 Boul Daniel-Johnson Bureau 140, Cote Saint-Luc, QC, H7T 2L1
(450) 682-5858 SIC 6211
VALEURS MOBILIERES DESJARDINS INC p1114
1170 Rue Peel Bureau 105, Montreal, QC, H3B 4P2
(514) 842-2685 SIC 6211
VALEURS MOBILIERES DESJARDINS INC p1114
1 Place Ville-Marie Bureau 3401, Montreal, QC, H3B 3N6
(514) 876-1441 SIC 6211
VALEURS MOBILIERES DESJARDINS INC p1127
2 Complexe Desjardins Tour E 15 +Tage, Montreal, QC, H5B 1J2
(514) 286-3180 SIC 6211
VALEURS MOBILIERES DESJARDINS INC p1150
70 Rue Dalhousie Bureau 500, Quebec, QC, G1K 4B2
(418) 692-3668 SIC 6211
VALEURS MOBILIERES DESJARDINS INC p1162
2640 Boul Laurier Bureau 1400, QUEBEC, QC, G1V 5C2
(418) 650-6350 SIC 6211
VALEURS MOBILIERES DESJARDINS INC p1237
300 Rue Belvedere N Bureau 201, SHERBROOKE, QC, J1H 4B1
(819) 820-2999 SIC 6211
VANCOUVER CITY SAVINGS CREDIT UNION p309
900 Hastings St W Suite 310, VANCOUVER, BC, V6C 1E5
(604) 709-5838 SIC 6211
WOLVERTON SECURITIES LTD p50
335 8 Ave Sw Suite 2100, CALGARY, AB, T2P 1C9
SIC 6211

SIC 6221 Commodity contracts brokers, dealers

2107453 ONTARIO LTD. p706
7111 Syntex Dr, MISSISSAUGA, ON, L5N 8C3
(647) 960-9377 SIC 6221
DISTRIBUTIONS NORCAP INTERNATIONAL INC, LES p1146

54 Rue Deschamps, Quebec, QC, G1E 3E5
(418) 661-5747 SIC 6221
GROUPE DE COURTAGE OMNI LTEE p1163
3200 Av Watt, Quebec, QC, G1X 4P8
(418) 871-2802 SIC 6221
LOUIS DREYFUS COMPANY CANADA ULC p578
55 Torlake Cres, ETOBICOKE, ON, M8Z 1B4
(416) 259-7851 SIC 6221
THYSSENKRUPP MATERIALS CA, LTD p562
2821 Langstaff Rd, CONCORD, ON, L4K 5C6
(905) 669-0247 SIC 6221

SIC 6231 Security and commodity exchanges

CANADIAN STOCK TRANSFER COMPANY INC p913
320 Bay St Suite 1000, TORONTO, ON, M5H 4A6
(888) 402-1644 SIC 6231
INDUSTRIELLE ALLIANCE VALEURS MOBILIERES INC p1159
1040 Av Belvedere Bureau 101, Quebec, QC, G1S 3G3
(418) 681-2442 SIC 6231
TAK INTERNATIONAL LTD p83
11507 100 Ave Nw, EDMONTON, AB, T5K 2R2
(780) 482-1495 SIC 6231
TSX INC p305
650 Georgia St W Unit 2700, VANCOUVER, BC, V6B 4N9
(604) 689-3334 SIC 6231
TSX VENTURE EXCHANGE INC p50
300 5 Ave Sw, CALGARY, AB, T2P 3C4
(403) 218-2800 SIC 6231

SIC 6282 Investment advice

6142974 CANADA INC p900
175 Bloor St E Suite 606, TORONTO, ON, M4W 3R8
(416) 934-1436 SIC 6282
ADDENDA CAPITAL INC p1058
2101 Av Dollard Bureau 38, LASALLE, QC, H8N 1S2
(514) 368-5610 SIC 6282
ADDENDA CAPITAL INC p1109
800 Boul Rene-Levesque O Bureau 2750, Montreal, QC, H3B 1X9
(514) 287-0223 SIC 6282
AGF MANAGEMENT LIMITED p1109
1 Place Ville-Marie Unite 1630, Montreal, QC, H3B 2B6
(514) 982-0070 SIC 6282
ASSOCIATION OF MUNICIPALITIES OF ONTARIO p912
200 University Ave Suite 801, TORONTO, ON, M5H 3C6
(416) 971-9856 SIC 6282
B2B BANK FINANCIAL SERVICES INC p910
199 Bay St Suite 610, TORONTO, ON, M5G 1M5
(416) 926-0221 SIC 6282
BICK FINANCIAL SECURITY CORPORATION p487
241 Wilson St E, ANCASTER, ON, L9G 2B8
(905) 648-9559 SIC 6282
BOREALIS CAPITAL CORPORATION p599
435 Stone Rd W Suite 204, GUELPH, ON, N1G 2X6
(519) 265-9077 SIC 6282
CI FINANCIAL CORP p907
2 Queen St E, TORONTO, ON, M5C 3G7
(416) 364-1145 SIC 6282
CIBC INVESTOR SERVICES INC p1110
1155 Boul Rene-Levesque O Bureau 1501, Montreal, QC, H3B 2J6

SIC 6282 Investment advice

(514) 876-3343 SIC 6282
CIBC PRIVATE INVESTMENT COUNSEL INC p909
55 Yonge St Suite 700, TORONTO, ON, M5E 1J4
(416) 980-8651 SIC 6282
CIBC WORLD MARKETS INC p630
366 King St E Suite 500, KINGSTON, ON, K7K 6Y3
(613) 531-5522 SIC 6282
CONNOR, CLARK & LUNN INVESTMENT MANAGEMENT LTD p310
1111 Georgia St W Suite 2200, VANCOUVER, BC, V6E 4M3
(604) 685-2020 SIC 6282
CONNOR, CLARK & LUNN INVESTMENT MANAGEMENT LTD p913
181 University Ave Suite 300, TORONTO, ON, M5H 3M7
(416) 862-2020 SIC 6282
DIBRINA SURE FINANCIAL GROUP INC p869
62 Frood Rd Suite 302, SUDBURY, ON, P3C 4Z3
(705) 688-9011 SIC 6282
DUNDEE CAPITAL MARKETS INC p908
1 Adelaide St E Suite 2100, TORONTO, ON, M5C 2V9
(416) 350-3388 SIC 6282
FIERA CAPITAL CORPORATION p44
607 8 Ave Sw Suite 300, CALGARY, AB, T2P 0A7
(403) 699-9000 SIC 6282
FINANCIERE BANQUE NATIONALE INC p655
380 Wellington St Suite 802, LONDON, ON, N6A 5B5
(519) 646-5711 SIC 6282
FINANCIERE BANQUE NATIONALE INC p1251
7200 Rue Marion, Trois-Rivieres, QC, G9A 0A5
(819) 379-0000 SIC 6282
FRANKLIN TEMPLETON INVESTMENTS CORP p44
350 7 Ave Sw Suite 3000, CALGARY, AB, T2P 3N9
(403) 266-4664 SIC 6282
GESTION D'ACTIFS MANUVIE ACCORD (2015) INC p1106
1001 Boul De Maisonneuve O Bureau 700, Montreal, QC, H3A 3C8
(514) 499-6844 SIC 6282
GOODMAN & COMPANY, INVESTMENT COUNSEL LTD p929
379 Adelaide St W, TORONTO, ON, M5V 1S5
SIC 6282
GRANVILLE WEST GROUP LTD p311
1075 Georgia St W Suite 1425, VANCOUVER, BC, V6E 3C9
(604) 687-5570 SIC 6282
GREYSTONE MANAGED INVESTMENTS INC p1288
1230 Blackfoot Dr Unit 300, REGINA, SK, S4S 7G4
(306) 779-6400 SIC 6282
GWL REALTY ADVISORS INC p44
530 8 Ave Sw Suite 1900, CALGARY, AB, T2P 3S8
(403) 777-0410 SIC 6282
GWL REALTY ADVISORS INC p266
13575 Commerce Pky Ave Suite 150, RICHMOND, BC, V6V 2L1
(604) 586-1400 SIC 6282
GWL REALTY ADVISORS INC p698
50 Burnhamthorpe Rd W Suite 502, MISSISSAUGA, ON, L5B 3C2
(905) 361-8197 SIC 6282
GWL REALTY ADVISORS INC p923
25 King St W, TORONTO, ON, M5L 2A1
(416) 364-2281 SIC 6282
HAMBLIN, WATSA INVESTMENT COUNSEL LTD p919
95 Wellington St W Suite 802, TORONTO, ON, M5J 2N7
(416) 366-9544 SIC 6282
HEWITT ASSOCIATES CORP p292
401 W Toronto Suite 1200, VANCOUVER, BC, D6B 5A1
(604) 683-7311 SIC 6282
HOLLISWEALTH ADVISORY SERVICES INC. p602
50 Yarmouth St, GUELPH, ON, N1H 4G3
(519) 836-5190 SIC 6282
HOLLISWEALTH ADVISORY SERVICES INC. p663
785 Wonderland Rd S Suite 251, LONDON, ON, N6K 1M6
(519) 672-8101 SIC 6282
HOLLISWEALTH ADVISORY SERVICES INC. p750
200 Finch Ave W Suite 390, NORTH YORK, ON, M2R 3W4
SIC 6282
HOLLISWEALTH ADVISORY SERVICES INC. p908
1 Adelaide St E Suite 2700, TORONTO, ON, M5C 2V9
(416) 350-3250 SIC 6282
HOLLISWEALTH INC p324
609 Granville St Suite 700, VANCOUVER, BC, V7Y 1G5
(604) 669-1143 SIC 6282
HOWSON TATTERSALL INVESTMENT COUNSEL LIM p919
70 University Ave Suite 1100, TORONTO, ON, M5J 2M4
SIC 6282
HSBC GLOBAL ASSET MANGEMENT (CANADA) LIMITED p311
1066 Hastings St W, VANCOUVER, BC, V6E 3X1
(604) 257-1000 SIC 6282
HSBC INVESTMENT FUNDS (CANADA) INC. p311
1066 Hastings St W Suite 1900, VANCOUVER, BC, V6E 3X1
(604) 257-1090 SIC 6282
IA CLARINGTON INVESTMENTS INC p51
1414 8 St Sw, CALGARY, AB, T2R 1J6
(403) 806-1078 SIC 6282
IA CLARINGTON INVESTMENTS INC p911
522 University Ave Suite 700, TORONTO, ON, M5G 1W7
(416) 860-9880 SIC 6282
IGM FINANCIAL INC p733
17310 Yonge St Unit 10a, NEWMARKET, ON, L3Y 7S1
(905) 895-6718 SIC 6282
IGM FINANCIAL INC p1159
1122 Grande Allee O, Quebec, QC, G1S 4Z5
(418) 681-0990 SIC 6282
INFRA-PSP CANADA INC p1112
1250 Boul Rene-Levesque O Bureau 700, Montreal, QC, H3B 4W8
(514) 937-2772 SIC 6282
INVESTORS GROUP FINANCIAL SERVICES INC p331
737 Yates St Suite 600, VICTORIA, BC, V8W 1L6
(250) 388-4234 SIC 6282
INVESTORS GROUP FINANCIAL SERVICES INC p426
71 Elizabeth Dr, GANDER, NL, A1V 1J9
(709) 651-3565 SIC 6282
INVESTORS GROUP FINANCIAL SERVICES INC p1038
228 Boul Saint-Joseph Bureau 400, GATINEAU, QC, J8Y 3X4
(819) 243-6497 SIC 6282
INVESTORS GROUP FINANCIAL SERVICES INC p1262
4 Car Westmount Bureau 250, WESTMOUNT, QC, H3Z 2S6
(514) 935-3520 SIC 6282
INVESTORS GROUP TRUST CO. LTD p745
200 Yorkland Blvd Unit 300, NORTH YORK, ON, M2J 5C1
SIC 6282
JUST ENERGY GROUP INC p719
6345 Dixie Rd Suite 200, MISSISSAUGA, ON, L5T 2E6
(905) 670-4440 SIC 6282
LEITH WHEELER INVESTMENT COUNSEL LTD p308
400 Burrard St Suite 1500, VANCOUVER, BC, V6C 3A6
(604) 683-3391 SIC 6282
MACKENZIE FINANCIAL CORPORATION p308
200 Burrard St Suite 400, VANCOUVER, BC, V6C 3L6
(604) 685-4231 SIC 6282
MACQUARIE CAPITAL MARKETS CANADA LTD p458
1969 Upper Water St Suite 2004, HALIFAX, NS, B3J 3R7
SIC 6282
MD MANAGEMENT LIMITED p462
7051 Bayers Rd Suite 500, HALIFAX, NS, B3L 2C1
(902) 425-4646 SIC 6282
MFS INVESTMENT MANAGEMENT CANADA LIMITED p922
77 King St W Suite 3500, TORONTO, ON, M5K 2A1
(416) 862-9800 SIC 6282
MINA MAR GROUP INC p695
4 Robert Speck Pky 15th Floor, MISSISSAUGA, ON, L4Z 1S1
SIC 6282
NORTH GROUP FINANCE LIMITED p308
925 West Georgia St Suite 1000, VANCOUVER, BC, V6C 3L2
(604) 689-7565 SIC 6282
NT GLOBAL ADVISORS INC p915
145 King St W Suite 1910, TORONTO, ON, M5H 1J8
(416) 366-2020 SIC 6282
RBC DOMINION SECURITIES INC p66
5102 50 Ave, CAMROSE, AB, T4V 0S7
(780) 672-8776 SIC 6282
RBC DOMINION SECURITIES INC p179
31975 South Fraser Way, ABBOTSFORD, BC, V2T 1V5
(604) 855-5349 SIC 6282
RBC DOMINION SECURITIES INC p226
1708 Dolphin Ave Suite 1100, KELOWNA, BC, V1Y 9S4
(250) 395-4259 SIC 6282
RBC DOMINION SECURITIES INC p270
5811 Cooney Rd Suite 401, RICHMOND, BC, V6X 3M1
(604) 718-3000 SIC 6282
RBC DOMINION SECURITIES INC p309
666 Burrard St Unit 2500, VANCOUVER, BC, V6C 2X8
(604) 257-7200 SIC 6282
RBC DOMINION SECURITIES INC p312
1055 West Georgia St, VANCOUVER, BC, V6E 3S5
(604) 257-7120 SIC 6282
RBC DOMINION SECURITIES INC p318
2052 41st Ave W Suite 200, VANCOUVER, BC, V6M 1Y8
(604) 665-0688 SIC 6282
RBC DOMINION SECURITIES INC p338
250 15th St Suite 201, WEST VANCOUVER, BC, V7T 2X4
(604) 981-6600 SIC 6282
RBC DOMINION SECURITIES INC p498
11 Victoria St Suite 100, BARRIE, ON, L4N 6T3
(705) 725-7400 SIC 6282
RBC DOMINION SECURITIES INC p749
5140 Yonge St Unit 1100, NORTH YORK, ON, M2N 6L7
(416) 733-5200 SIC 6282
RBC DOMINION SECURITIES INC p794
333 Preston St Suite 1100, OTTAWA, ON, K1S 5N4
(613) 564-4800 SIC 6282
RBC DOMINION SECURITIES INC p808
60 Hunter St E, PETERBOROUGH, ON, K9H 1G5
(705) 743-4275 SIC 6282
RBC DOMINION SECURITIES INC p821
260 East Beaver Creek Rd Suite 500, RICHMOND HILL, ON, L4B 3M3
(905) 764-6404 SIC 6282
RBC DOMINION SECURITIES INC p837
111 Grangeway Ave Suite 2, SCARBOROUGH, ON, M1H 3E9
(416) 289-2886 SIC 6282
RBC DOMINION SECURITIES INC p897
2345 Yonge St Suite 1000, TORONTO, ON, M4P 2E5
(416) 974-0202 SIC 6282
RBC DOMINION SECURITIES INC p920
200 Bay St, TORONTO, ON, M5J 2W7
(416) 842-2000 SIC 6282
RBC DOMINION SECURITIES INC p967
1922 Wyandotte St E Suite 200, WINDSOR, ON, N8Y 1E4
(519) 252-3663 SIC 6282
RBC DOMINION SECURITIES INC p1020
545 Prom Du Centropolis Bureau 200, Cote Saint-Luc, QC, H7T 0A3
(450) 686-3434 SIC 6282
RBC GLOBAL ASSET MANAGEMENT (U.S.) INC. p930
155 Wellington St W 22 Flr, TORONTO, ON, M5V 3K7
(416) 974-5008 SIC 6282
RBC INVESTOR SERVICES TRUST p920
200 Bay St, TORONTO, ON, M5J 2J5
SIC 6282
RBC INVESTOR SERVICES TRUST p931
155 Wellington St W 7 Fl, TORONTO, ON, M5V 3H1
(416) 955-6251 SIC 6282
ROBINSON, W. A. & ASSOCIATES LTD p848
Gd, SHARBOT LAKE, ON, K0H 2P0
(613) 279-2116 SIC 6282
ROYAL BANK VENTURES INC p920
200 Bay St, TORONTO, ON, M5J 2J5
(416) 974-2493 SIC 6282
SUN LIFE ASSURANCE COMPANY OF CANADA p951
227 King St S Suite 3010, WATERLOO, ON, N2J 1R2
(519) 888-2076 SIC 6282
SUN LIFE FINANCIAL INVESTMENT SERVICES (CANADA) INC p327
3962 Borden St Suite 101, VICTORIA, BC, V8P 3H8
(250) 385-1471 SIC 6282
T.E. FINANCIAL CONSULTANTS LTD p910
26 Wellington St E Unit 710, TORONTO, ON, M5E 1S2
(416) 366-1451 SIC 6282
TD ASSET MANAGEMENT INC p49
324 8 Ave Sw Suite 1200, CALGARY, AB, T2P 2Z2
(403) 299-8600 SIC 6282
TD ASSET MANAGEMENT INC p695
25 Watline Ave, MISSISSAUGA, ON, L4Z 2Z1
(905) 501-8200 SIC 6282
TD INVESTMENT SERVICES INC p922
55 King St W, TORONTO, ON, M5K 1A2
(416) 944-5728 SIC 6282
TD WATERHOUSE CANADA INC p1113
1000 Rue De La Gauchetiere O Bureau 2600, Montreal, QC, H3B 4W5
(514) 289-8400 SIC 6282
UBS GLOBAL ASSET MANAGEMENT (CANADA) INC p921
161 Bay St Suite 4000, TORONTO, ON, M5J 2S1
(416) 681-5200 SIC 6282
WESTCAP MGT. LTD p1299
410 22nd St E Suite 1300, SASKATOON, SK, S7K 5T6
(306) 652-5557 SIC 6282

SIC 6289 Security and commodity service

WORLDSOURCE FINANCIAL MANAGEMENT INC p675
625 Cochrane Dr Suite 700, MARKHAM, ON, L3R 9R9
(905) 940-0044   SIC 6282

SIC 6289 Security and commodity service

CANADIAN IMPERIAL BANK OF COMMERCE p1105
2001 Boul Robert-Bourassa Unite 1600, Montreal, QC, H3A 2A6
(514) 285-3600   SIC 6289

CIBC MELLON TRUST COMPANY p1105
2001 Boul Robert-Bourassa Unite 1600, Montreal, QC, H3A 2A6
(514) 285-3600   SIC 6289

COMPUTERSHARE TRUST COMPANY OF CANADA p820
88a East Beaver Creek Rd Unit 3, RICHMOND HILL, ON, L4B 4A8
(905) 771-4390   SIC 6289

GOVERNMENT OF THE PROVINCE OF ALBERTA p83
9820 106 St Nw Suite 534, EDMONTON, AB, T5K 2J6
(780) 427-3076   SIC 6289

SERVICES FINANCIERS PENSON CANADA INC p1103
360 Rue Saint-Jacques Bureau 1201, Montreal, QC, H2Y 1P5
SIC 6289

SHANNAHAN'S INVESTIGATION SECURITY LIMITED p397
777 Av Aviation Suite 10, DIEPPE, NB, E1A 7Z5
(506) 855-6615   SIC 6289

SOCIETE DU DROITS DE REPRODUCTIONS DES AUTEURS, COMPOSITEURS ET EDITEURS AU CANADA INC p1103
759 Rue Du Square-Victoria Bureau 420, Montreal, QC, H2Y 2J7
(514) 845-3268   SIC 6289

SIC 6311 Life insurance

ASSUMPTION MUTUAL LIFE INSURANCE COMPANY p396
411 Rue Champlain, DIEPPE, NB, E1A 1P2
(506) 857-9400   SIC 6311

ASSURANCES H. BRALEY LTEE, LES p1141
1868 Boul Des Sources, Suite 400, POINTE-CLAIRE, QC, H9R 5R2
(514) 620-0051   SIC 6311

AXA ASSURANCES INC p310
1090 Georgia St W Suite 1350, VANCOUVER, BC, V6E 3V7
SIC 6311

AXA ASSURANCES INC p436
35 Blackmarsh Rd, ST. JOHN'S, NL, A1E 1S4
(709) 726-8974   SIC 6311

AXA ASSURANCES INC p1159
2640 Boul Laurier Bureau 900, Quebec, QC, G1V 5C2
(418) 654-9918   SIC 6311

BANQUE NATIONALE DU CANADA p1109
1100 Boul Robert-Bourassa Unite 12e, Montreal, QC, H3B 3A5
(514) 871-7500   SIC 6311

BFL CANADA INSURANCE SERVICES p38
1167 Kensington Cres Nw Suite 200, CALGARY, AB, T2N 1X7
(403) 451-4132   SIC 6311

CANADA LIFE ASSURANCE COMPANY, THE p913
390 Bay St Suite 1100, TORONTO, ON, M5H 2Y2
(416) 342-5406   SIC 6311

CANADA LIFE ASSURANCE COMPANY, THE p1284
1901 Scarth St Suite 414, REGINA, SK, S4P 4L4
(306) 751-6000   SIC 6311

CANADA LOYAL FINANCIAL LIMITED p764
2866 Portland Dr, OAKVILLE, ON, L6H 5W8
(905) 829-5514   SIC 6311

CANADIAN TEST CASE 49 LTD p707
6750 Century Ave Suite 305, MISSISSAUGA, ON, L5N 2V8
(905) 999-9999   SIC 6311

CAPITALE ASSUREUR DE L'ADMINISTRATION PUBLIQUE INC, LA p1156
625 Rue Jacques-Parizeau, Quebec, QC, G1R 2G5
(418) 644-4106   SIC 6311

CLARICA MEEL HOLDINGS LIMITED p409
1133 St George Blvd Suite 400, MONCTON, NB, E1E 4E1
(506) 857-3663   SIC 6311

CO-OPERATORS GENERAL INSURANCE COMPANY p406
10 Record St, MONCTON, NB, E1C 0B2
(506) 853-1336   SIC 6311

COASTAL COMMUNITY INSURANCE SERVICES 2007 LTD p239
59 Wharf St Suite 220, NANAIMO, BC, V9R 2X3
SIC 6311

COMPAGNIE D'ASSURANCE SONNET p310
1055 Georgia St W Suite 1900, VANCOUVER, BC, V6E 0B6
SIC 6311

CUMIS LIFE INSURANCE COMPANY p539
151 North Service Rd, BURLINGTON, ON, L7R 4C2
(905) 632-1221   SIC 6311

DESJARDINS SECURITE FINANCIERE, COMPAGNIE D'ASSURANCE VIE p31
5920 1a St Sw Suite 203, CALGARY, AB, T2H 0G3
(403) 265-9770   SIC 6311

DESJARDINS SECURITE FINANCIERE, COMPAGNIE D'ASSURANCE VIE p189
4400 Dominion St Suite 500, BURNABY, BC, V5G 4G3
(604) 685-9099   SIC 6311

DESJARDINS SECURITE FINANCIERE, COMPAGNIE D'ASSURANCE VIE p610
120 King St W Suite 210, HAMILTON, ON, L8P 4V2
(905) 570-1200   SIC 6311

DESJARDINS SECURITE FINANCIERE, COMPAGNIE D'ASSURANCE VIE p900
95 St Clair Ave W Suite 100, TORONTO, ON, M4V 1N7
(416) 926-2700   SIC 6311

DESJARDINS SECURITE FINANCIERE, COMPAGNIE D'ASSURANCE VIE p913
145 King St W Suite 2750, TORONTO, ON, M5H 1J8
SIC 6311

DESJARDINS SECURITE FINANCIERE, COMPAGNIE D'ASSURANCE VIE p1008
6400 Av Auteuil Bureau 300, BROSSARD, QC, J4Z 3P5
(450) 462-9231   SIC 6311

DESJARDINS SECURITE FINANCIERE, COMPAGNIE D'ASSURANCE VIE p1033
110 Rue De La Reine, Gaspe, QC, G4X 1T3
(418) 368-2625   SIC 6311

DESJARDINS SECURITE FINANCIERE, COMPAGNIE D'ASSURANCE VIE p1041
66 Rue Court Bureau 210, GRANBY, QC, J2G 4Y5
(450) 378-0088   SIC 6311

DESJARDINS SECURITE FINANCIERE, COMPAGNIE D'ASSURANCE VIE p1065
5790 Boul Etienne-Dallaire Bureau 3950, Levis, QC, G6V 8V6
(418) 838-3940   SIC 6311

DESJARDINS SECURITE FINANCIERE, COMPAGNIE D'ASSURANCE VIE p1065
150 Rue Des Commandeurs, Levis, QC, G6V 6P8
(418) 838-7800   SIC 6311

DESJARDINS SECURITE FINANCIERE, COMPAGNIE D'ASSURANCE VIE p1065
95 Rue Des Commandeurs, Levis, QC, G6V 6P6
(418) 838-7800   SIC 6311

DESJARDINS SECURITE FINANCIERE, COMPAGNIE D'ASSURANCE VIE p1100
150 Rue Sainte-Catherine O, Montreal, QC, H2X 3Y2
(514) 350-8700   SIC 6311

DESJARDINS SECURITE FINANCIERE, COMPAGNIE D'ASSURANCE VIE p1126
1 Complex Desjardins, Montreal, QC, H5B 1E2
(514) 285-7700   SIC 6311

DESJARDINS SECURITE FINANCIERE, COMPAGNIE D'ASSURANCE VIE p1126
2 Complexe Desjardins Tour E, Montreal, QC, H5B 1E2
(514) 350-8700   SIC 6311

DESJARDINS SECURITE FINANCIERE, COMPAGNIE D'ASSURANCE VIE p1126
1 Complexe Desjardins, Montreal, QC, H5B 1E2
(514) 285-3000   SIC 6311

DESJARDINS SECURITE FINANCIERE, COMPAGNIE D'ASSURANCE VIE p1129
500 Boul Saint-Martin O Bureau 220, Montreal, QC, H7M 3Y2
(450) 629-0342   SIC 6311

EMPIRE LIFE INSURANCE COMPANY, THE p533
5500 North Service Rd Suite 402, BURLINGTON, ON, L7L 6W6
(905) 336-1209   SIC 6311

EMPIRE LIFE INSURANCE COMPANY, THE p744
2550 Victoria Park Ave Suite 800, NORTH YORK, ON, M2J 5A9
(416) 494-6834   SIC 6311

EMPIRE LIFE INSURANCE COMPANY, THE p899
2 St Clair Ave E 5th Flr, TORONTO, ON, M4T 2T5
(416) 494-4431   SIC 6311

EMPIRE LIFE INSURANCE COMPANY, THE p1105
600 Boul De Maisonneuve O Bureau 1600, Montreal, QC, H3A 3J2
(514) 842-0003   SIC 6311

FAVREAU, GENDRON ASSURANCE ET SERVICES FINANCIERS INC p996
505 Rue Des E?rables, BEAUHARNOIS, QC, J6N 1T3
(450) 429-3755   SIC 6311

GARANTIES PRIVILEGE PLUS INC p1165
540 Rue Michel-Fragasso, Quebec, QC, G2E 5N4
(418) 780-0111   SIC 6311

GORE MUTUAL INSURANCE COMPANY p323
505 Burrard St Suite 1780, VANCOUVER, BC, V7X 1M6
(604) 682-0998   SIC 6311

GREAT-WEST LIFE ASSURANCE COMPANY, THE p51
906 12 Ave Sw Suite 300, CALGARY, AB, T2R 1K7
(403) 262-2393   SIC 6311

GREAT-WEST LIFE ASSURANCE COMPANY, THE p283
13401 108 Ave Suite 1260, SURREY, BC, V3T 5T3
SIC 6311

GREAT-WEST LIFE ASSURANCE COMPANY, THE p311
1177 Hastings St W Suite 1500, VANCOUVER, BC, V6E 3Y9
(604) 331-2430   SIC 6311

GREAT-WEST LIFE ASSURANCE COMPANY, THE p377
60 Osborne St N, WINNIPEG, MB, R3C 1V3
(204) 926-5394   SIC 6311

GREAT-WEST LIFE ASSURANCE COMPANY, THE p611
1 King St W Suite 825, HAMILTON, ON, L8P 1A4
(905) 317-2650   SIC 6311

GREAT-WEST LIFE ASSURANCE COMPANY, THE p633
1473 John Counter Blvd Suite 3, KINGSTON, ON, K7M 8Z6
(613) 545-5670   SIC 6311

GREAT-WEST LIFE ASSURANCE COMPANY, THE p655
140 Fullarton St Suite 1002, LONDON, ON, N6A 5P2
(519) 434-3268   SIC 6311

GREAT-WEST LIFE ASSURANCE COMPANY, THE p779
2 Simcoe St S Suite 400, OSHAWA, ON, L1H 8C1
(905) 571-2676   SIC 6311

GREAT-WEST LIFE ASSURANCE COMPANY, THE p797
11 Holland Ave Unit 410, OTTAWA, ON, K1Y 4S1
(613) 761-3950   SIC 6311

GREAT-WEST LIFE ASSURANCE COMPANY, THE p830
421 Bay St Suite 606, SAULT STE. MARIE, ON, P6A 1X3
SIC 6311

GREAT-WEST LIFE ASSURANCE COMPANY, THE p911
330 University Ave Suite 400, TORONTO, ON, M5G 1R7
(416) 552-5050   SIC 6311

GREAT-WEST LIFE ASSURANCE COMPANY, THE p914
200 King St W Suite 400, TORONTO, ON, M5H 3T4
SIC 6311

GREAT-WEST LIFE ASSURANCE COMPANY, THE p927
190 Simcoe St, TORONTO, ON, M5T 3M3
(416) 597-1440   SIC 6311

GREAT-WEST LIFE ASSURANCE COMPANY, THE p1062
2500 Boul Daniel-Johnson Bureau 1004, Laval, QC, H7T 2P6
(450) 978-6134   SIC 6311

GREAT-WEST LIFE ASSURANCE COMPANY, THE p1106
1800 Av Mcgill College Bureau 2010, Montreal, QC, H3A 3J6
(514) 878-6182   SIC 6311

GREAT-WEST LIFE ASSURANCE COMPANY, THE p1285
2010 11th Ave Suite 600, REGINA, SK, S4P 0J3
(306) 761-7500   SIC 6311

GROUPE PROMUTUEL FEDERATION DE SOCIETE MUTUELLES D'ASSURANCES GENERALES p1053
48 Boul Taschereau, LA PRAIRIE, QC, J5R 6C1
(450) 444-0988   SIC 6311

INDEPENDENT ORDER OF FORESTERS, THE p81
10235 101 St Nw Suite 1311, EDMONTON, AB, T5J 3E8
(780) 425-2948   SIC 6311

INDUSTRIELLE ALLIANCE, ASSURANCE ET SERVICES FINANCIERS INC p425
4 Herald Ave Suite 401, CORNER BROOK, NL, A2H 4B4
(709) 634-0071   SIC 6311

INDUSTRIELLE ALLIANCE, ASSURANCE ET SERVICES FINANCIERS INC p911
522 University Ave Suite 400, TORONTO, ON, M5G 1Y7
(416) 487-0242   SIC 6311

INDUSTRIELLE ALLIANCE, ASSURANCE ET SERVICES FINANCIERS INC p1030
333 Rue Janelle, DRUMMONDVILLE, QC,

J2C 3E2
(819) 478-4159 *SIC* 6311
INDUSTRIELLE ALLIANCE, ASSURANCE ET SERVICES FINANCIERS INC p1076
500 Montee Masson Bureau 200, MASCOUCHE, QC, J7K 2L5
(450) 474-2225 *SIC* 6311
INDUSTRIELLE ALLIANCE, ASSURANCE ET SERVICES FINANCIERS INC p1124
9001 Boul De L'acadie Bureau 404, Montreal, QC, H4N 3H5
(514) 381-4411 *SIC* 6311
INDUSTRIELLE ALLIANCE, ASSURANCE ET SERVICES FINANCIERS INC p1148
4635 1re Av Bureau 200, Quebec, QC, G1H 2T1
(418) 627-3550 *SIC* 6311
INDUSTRIELLE ALLIANCE, ASSURANCE ET SERVICES FINANCIERS INC p1152
455 Rue Du Marais Bureau 295, Quebec, QC, G1M 3A2
(418) 687-9449 *SIC* 6311
INDUSTRIELLE ALLIANCE, ASSURANCE ET SERVICES FINANCIERS INC p1187
430 Boul Arthur-Sauve Bureau 2070, SAINT-EUSTACHE, QC, J7R 6V7
(450) 473-9808 *SIC* 6311
INDUSTRIELLE ALLIANCE, ASSURANCE ET SERVICES FINANCIERS INC p1189
11535 1re Av Bureau 370, SAINT-GEORGES, QC, G5Y 7H5
(418) 228-7171 *SIC* 6311
INTACT INSURANCE COMPANY p911
700 University Ave Suite 1500, TORONTO, ON, M5G 0A1
(416) 341-1464 *SIC* 6311
IVARI CANADA ULC p749
5000 Yonge St Suite 500, NORTH YORK, ON, M2N 7E9
(416) 883-5000 *SIC* 6311
IVARI CANADA ULC p1106
2001 Av Mcgill Coll ge Bureau 410, Montreal, QC, H3A 1G1
(514) 846-9844 *SIC* 6311
LONDON LIFE INSURANCE COMPANY p46
605 5 Ave Sw, CALGARY, AB, T2P 3H5
(403) 265-3733 *SIC* 6311
LONDON LIFE INSURANCE COMPANY p51
227 11 Ave Sw Suite 500, CALGARY, AB, T2R 1R9
(403) 261-4690 *SIC* 6311
LONDON LIFE INSURANCE COMPANY p81
10250 101 St Nw Suite 1400, EDMONTON, AB, T5J 3P4
(780) 428-8585 *SIC* 6311
LONDON LIFE INSURANCE COMPANY p191
4710 Kingsway Suite 2238, BURNABY, BC, V5H 4M2
(604) 438-1232 *SIC* 6311
LONDON LIFE INSURANCE COMPANY p255
2755 Lougheed Hwy Suite 410, PORT COQUITLAM, BC, V3B 5Y9
SIC 6311
LONDON LIFE INSURANCE COMPANY p283
13401 108 Ave Suite 400, SURREY, BC, V3T 5T3
(604) 585-2424 *SIC* 6311
LONDON LIFE INSURANCE COMPANY p312
1111 Georgia St W Suite 1200, VANCOUVER, BC, V6E 4M3
(604) 685-6521 *SIC* 6311
LONDON LIFE INSURANCE COMPANY p331
1675 Douglas St Suite 620, VICTORIA, BC, V8W 2G5
(250) 475-1100 *SIC* 6311
LONDON LIFE INSURANCE COMPANY p387
124 Nature Park Way, WINNIPEG, MB, R3P 0X7

(204) 489-1012 *SIC* 6311
LONDON LIFE INSURANCE COMPANY p407
777 Main St Suite 900, MONCTON, NB, E1C 1E9
(506) 853-6111 *SIC* 6311
LONDON LIFE INSURANCE COMPANY p417
55 Union St Suite 650, SAINT JOHN, NB, E2L 5B7
(506) 634-7300 *SIC* 6311
LONDON LIFE INSURANCE COMPANY p433
10 Rowan St, ST. JOHN'S, NL, A1B 2X1
(709) 722-7861 *SIC* 6311
LONDON LIFE INSURANCE COMPANY p458
1959 Upper Water St, HALIFAX, NS, B3J 3N2
(902) 422-1631 *SIC* 6311
LONDON LIFE INSURANCE COMPANY p502
100 1 Millennium Pky, BELLEVILLE, ON, K8N 4Z5
(613) 968-6449 *SIC* 6311
LONDON LIFE INSURANCE COMPANY p531
7 King St W Suite 200, BROCKVILLE, ON, K6V 3P7
(613) 342-4401 *SIC* 6311
LONDON LIFE INSURANCE COMPANY p546
260 Holiday Inn Dr Suite 30, CAMBRIDGE, ON, N3C 4E8
(519) 249-0708 *SIC* 6311
LONDON LIFE INSURANCE COMPANY p594
1223 Michael St Suite 300, GLOUCESTER, ON, K1J 7T2
(613) 748-3455 *SIC* 6311
LONDON LIFE INSURANCE COMPANY p656
255 Queens Ave Suite 400, LONDON, ON, N6A 5R8
(519) 435-7900 *SIC* 6311
LONDON LIFE INSURANCE COMPANY p672
3760 14th Ave Suite 100, MARKHAM, ON, L3R 3T7
(905) 475-0122 *SIC* 6311
LONDON LIFE INSURANCE COMPANY p698
1 City Centre Dr Suite 1600, MISSISSAUGA, ON, L5B 1M2
(905) 276-1177 *SIC* 6311
LONDON LIFE INSURANCE COMPANY p760
970 Lawrence Ave W Suite 600, NORTH YORK, ON, M6A 3B6
(416) 789-4527 *SIC* 6311
LONDON LIFE INSURANCE COMPANY p829
265 Front St N Suite 505, SARNIA, ON, N7T 7X1
(519) 336-5540 *SIC* 6311
LONDON LIFE INSURANCE COMPANY p831
477 Queen St E, SAULT STE. MARIE, ON, P6A 1Z5
(705) 256-5618 *SIC* 6311
LONDON LIFE INSURANCE COMPANY p856
24 Park Dr Suite 200, ST CATHARINES, ON, L2S 2W2
(905) 688-0864 *SIC* 6311
LONDON LIFE INSURANCE COMPANY p869
144 Pine St Suite 600, SUDBURY, ON, P3C 1X3
(705) 675-8341 *SIC* 6311
LONDON LIFE INSURANCE COMPANY p911
330 University Ave Suite 110, TORONTO, ON, M5G 1R7

(416) 366-2971 *SIC* 6311
LONDON LIFE INSURANCE COMPANY p966
140 Ouellette Pl Suite 200, WINDSOR, ON, N8X 1L9
(519) 967-1180 *SIC* 6311
LONDON LIFE INSURANCE COMPANY p993
7151 Rue Jean-Talon E Bureau 204, ANJOU, QC, H1M 3N8
SIC 6311
LONDON LIFE INSURANCE COMPANY p1014
901 Boul Talbot Bureau 102, CHICOUTIMI, QC, G7H 6N7
(418) 543-4471 *SIC* 6311
LONDON LIFE INSURANCE COMPANY p1020
3090 Boul Le Carrefour Bureau 400, Cote Saint-Luc, QC, H7T 2J7
(450) 687-3971 *SIC* 6311
LONDON LIFE INSURANCE COMPANY p1071
1111 Rue Saint-Charles O Unite 950, LONGUEUIL, QC, J4K 5G4
(450) 928-1321 *SIC* 6311
LONDON LIFE INSURANCE COMPANY p1107
1800 Av Mcgill College Unite 1100, Montreal, QC, H3A 3J6
(514) 931-4242 *SIC* 6311
LONDON LIFE INSURANCE COMPANY p1207
3773 Boul De La Cote-Vertu Bureau 200, SAINT-LAURENT, QC, H4R 2M3
(514) 331-5838 *SIC* 6311
LONDON LIFE INSURANCE COMPANY p1296
606 Spadina Cres E Suite 1400, SASKATOON, SK, S7K 3H1
(306) 934-7060 *SIC* 6311
MANUFACTURERS LIFE INSURANCE COMPANY, THE p46
855 2 St Sw Suite 2310, CALGARY, AB, T2P 4J7
SIC 6311
MANUFACTURERS LIFE INSURANCE COMPANY, THE p308
510 Burrard St Suite 1000, VANCOUVER, BC, V6C 3A8
(604) 681-6136 *SIC* 6311
MANUFACTURERS LIFE INSURANCE COMPANY, THE p312
1095 Pender St W Suite 700, VANCOUVER, BC, V6E 2M6
(604) 681-4660 *SIC* 6311
MANUFACTURERS LIFE INSURANCE COMPANY, THE p462
2727 Joseph Howe Dr, HALIFAX, NS, B3L 4G6
(902) 453-4300 *SIC* 6311
MANUFACTURERS LIFE INSURANCE COMPANY, THE p673
600 Cochrane Dr Suite 200, MARKHAM, ON, L3R 5K3
SIC 6311
MANUFACTURERS LIFE INSURANCE COMPANY, THE p797
1525 Carling Ave Suite 600, OTTAWA, ON, K1Z 8R9
(613) 724-6200 *SIC* 6311
MANUFACTURERS LIFE INSURANCE COMPANY, THE p950
500 King St N, WATERLOO, ON, N2J 4C6
(519) 747-7000 *SIC* 6311
MANUFACTURERS LIFE INSURANCE COMPANY, THE p1107
2000 Rue Mansfield Unite 300, Montreal, QC, H3A 2Z4
(514) 288-6268 *SIC* 6311
MANULIFE CANADA LTD p642
500 King St N, KITCHENER, ON, N2J 4Z6
(519) 747-7000 *SIC* 6311
MANULIFE FINANCIAL CORPORATION

p640
25 Water St S, KITCHENER, ON, N2G 4Z4
(519) 747-7000 *SIC* 6311
MELOCHE MONNEX INC p1204
1111 Boul Dr.-Frederik-Philips Bureau 105, SAINT-LAURENT, QC, H4M 2X6
(514) 335-6660 *SIC* 6311
METROPOLITAN LIFE INSURANCE COMPANY p793
360 Albert St Suite 1750, OTTAWA, ON, K1R 7X7
SIC 6311
PRIMERICA LIFE INSURANCE COMPANY OF CANADA p711
2000 Argentia Rd Suite 5, MISSISSAUGA, ON, L5N 1P7
(905) 812-3520 *SIC* 6311
RBC GENERAL INSURANCE COMPANY p837
111 Grangeway Ave Suite 400, SCARBOROUGH, ON, M1H 3E9
(416) 289-5600 *SIC* 6311
RBC LIFE INSURANCE COMPANY p294
2985 Virtual Way Suite 300, VANCOUVER, BC, V5M 4X7
(604) 718-4300 *SIC* 6311
RBC LIFE INSURANCE COMPANY p711
6880 Financial Dr Suite 1000, MISSISSAUGA, ON, L5N 8E8
(905) 816-2746 *SIC* 6311
RBC LIFE INSURANCE COMPANY p1063
3100 Boul Le Carrefour Bureau 115, Laval, QC, H7T 2K7
SIC 6311
RELIABLE LIFE INSURANCE COMPANY p611
100 King St W, HAMILTON, ON, L8P 1A2
(905) 525-5031 *SIC* 6311
RGA LIFE REINSURANCE COMPANY OF CANADA p1107
1981 Av Mcgill College Unite 1300, Montreal, QC, H3A 3A8
(514) 985-5260 *SIC* 6311
RGA LIFE REINSURANCE COMPANY OF CANADA p1113
1255 Rue Peel Bureau 1000, Montreal, QC, H3B 2T9
(514) 985-5502 *SIC* 6311
SCDA (2015) INC p49
639 5 Ave Sw Suite 1400, CALGARY, AB, T2P 0M9
(403) 296-9400 *SIC* 6311
SCDA (2015) INC p309
625 Howe St Suite 900, VANCOUVER, BC, V6C 2T6
(604) 664-8030 *SIC* 6311
SCDA (2015) INC p1116
1245 Rue Sherbrooke O Bureau 2100, Montreal, QC, H3G 1G3
(514) 499-8855 *SIC* 6311
SUN LIFE ASSURANCE COMPANY OF CANADA p33
5980 Centre St Se, CALGARY, AB, T2H 0C1
(403) 266-2061 *SIC* 6311
SUN LIFE ASSURANCE COMPANY OF CANADA p49
140 4 Ave Sw Suite 1530, CALGARY, AB, T2P 3N3
(403) 266-8959 *SIC* 6311
SUN LIFE ASSURANCE COMPANY OF CANADA p62
600 Crowfoot Cres Nw Suite 300, CALGARY, AB, T3G 0B4
(403) 231-8600 *SIC* 6311
SUN LIFE ASSURANCE COMPANY OF CANADA p128
10104 97 Ave Suite 103, GRANDE PRAIRIE, AB, T8V 7X6
(780) 532-2388 *SIC* 6311
SUN LIFE ASSURANCE COMPANY OF CANADA p139
404 Scenic Dr S, LETHBRIDGE, AB, T1J 4S3
(403) 328-3306 *SIC* 6311

▲ Public Company   ■ Public Company Family Member   **HQ** Headquarters   **BR** Branch   **SL** Single Location

SIC 6321 Accident and health insurance

SUN LIFE ASSURANCE COMPANY OF CANADA p192
4720 Kingsway Suite 720, BURNABY, BC, V5H 4N2
(604) 438-5528 SIC 6311

SUN LIFE ASSURANCE COMPANY OF CANADA p221
275 Lansdowne St Suite 600, KAMLOOPS, BC, V2C 6H6
(250) 374-5308 SIC 6311

SUN LIFE ASSURANCE COMPANY OF CANADA p273
3600 Lysander Ln Suite 120, RICHMOND, BC, V7B 1C3
(604) 279-2388 SIC 6311

SUN LIFE ASSURANCE COMPANY OF CANADA p281
10470 152 St Suite 170, SURREY, BC, V3R 0Y3
(604) 588-5232 SIC 6311

SUN LIFE ASSURANCE COMPANY OF CANADA p317
1508 Broadway W Suite 701, VANCOUVER, BC, V6J 1W8
(604) 683-6905 SIC 6311

SUN LIFE ASSURANCE COMPANY OF CANADA p327
3962 Borden St Suite 101, VICTORIA, BC, V8P 3H8
(250) 385-1471 SIC 6311

SUN LIFE ASSURANCE COMPANY OF CANADA p359
90 Thompson Dr Unit 7, THOMPSON, MB, R8N 1Y9
(204) 778-7071 SIC 6311

SUN LIFE ASSURANCE COMPANY OF CANADA p425
8 Murphy Sq Unit C1, CORNER BROOK, NL, A2H 1R4
(709) 634-3105 SIC 6311

SUN LIFE ASSURANCE COMPANY OF CANADA p504
366 North Front St, BELLEVILLE, ON, K8P 5E6
(613) 962-8606 SIC 6311

SUN LIFE ASSURANCE COMPANY OF CANADA p634
785 Midpark Dr, KINGSTON, ON, K7M 7G3
(613) 634-1664 SIC 6311

SUN LIFE ASSURANCE COMPANY OF CANADA p674
3100 Steeles Ave E Suite 500, MARKHAM, ON, L3R 8T3
(905) 415-9659 SIC 6311

SUN LIFE ASSURANCE COMPANY OF CANADA p695
4 Robert Speck Pky Suite 1200, MISSISSAUGA, ON, L4Z 1S1
(905) 276-7140 SIC 6311

SUN LIFE ASSURANCE COMPANY OF CANADA p746
2255 Sheppard Ave E Suite 135a, NORTH YORK, ON, M2J 4Y1
(416) 496-4500 SIC 6311

SUN LIFE ASSURANCE COMPANY OF CANADA p794
333 Preston St Suite 800, OTTAWA, ON, K1S 5N4
(613) 567-9700 SIC 6311

SUN LIFE ASSURANCE COMPANY OF CANADA p794
865 Carling Ave Suite 400, OTTAWA, ON, K1S 5S8
(613) 728-1223 SIC 6311

SUN LIFE ASSURANCE COMPANY OF CANADA p804
1000 1st Ave W, OWEN SOUND, ON, N4K 4K5
(519) 376-6850 SIC 6311

SUN LIFE ASSURANCE COMPANY OF CANADA p811
950 Lansdowne St W, PETERBOROUGH, ON, K9J 1Z9
(705) 742-0474 SIC 6311

SUN LIFE ASSURANCE COMPANY OF CANADA p821
225 East Beaver Creek Rd Suite 720, RICHMOND HILL, ON, L4B 3P4
(905) 763-8188 SIC 6311

SUN LIFE ASSURANCE COMPANY OF CANADA p844
2075 Kennedy Rd Suite 1300, SCARBOROUGH, ON, M1T 3V3
(416) 412-0401 SIC 6311

SUN LIFE ASSURANCE COMPANY OF CANADA p921
1 University Ave Suite 201, TORONTO, ON, M5J 2P1
(416) 366-8771 SIC 6311

SUN LIFE ASSURANCE COMPANY OF CANADA p982
184 Buchanan Dr, CHARLOTTETOWN, PE, C1E 2H8
(902) 894-8513 SIC 6311

SUN LIFE ASSURANCE COMPANY OF CANADA p1015
255 Rue Racine E Bureau 200, CHICOUTIMI, QC, G7H 7L2
(418) 549-5161 SIC 6311

SUN LIFE ASSURANCE COMPANY OF CANADA p1038
15 Rue Gamelin Bureau 601, GATINEAU, QC, J8Y 6N5
(819) 771-6208 SIC 6311

SUN LIFE ASSURANCE COMPANY OF CANADA p1063
3100 Boul Le Carrefour Bureau 770, Laval, QC, H7T 2K7
(450) 682-6550 SIC 6311

SUN LIFE ASSURANCE COMPANY OF CANADA p1067
994 Rue De La Concorde, Levis, QC, G6W 5M6
(418) 839-4909 SIC 6311

SUN LIFE ASSURANCE COMPANY OF CANADA p1113
1001 Rue Du Square-Dorchester Bureau 600, Montreal, QC, H3B 1N1
(514) 731-7961 SIC 6311

SUN LIFE ASSURANCE COMPANY OF CANADA p1113
1155 Rue Metcalfe Bureau 20, Montreal, QC, H3B 2V9
(514) 866-6411 SIC 6311

SUN LIFE ASSURANCE COMPANY OF CANADA p1143
1 Av Holiday Bureau 255, POINTE-CLAIRE, QC, H9R 5N3
(514) 426-1788 SIC 6311

SUN LIFE ASSURANCE COMPANY OF CANADA p1168
5500 Boul Des Galeries Bureau 400, Quebec, QC, G2K 2E2
(418) 623-7250 SIC 6311

SUN LIFE ASSURANCE COMPANY OF CANADA p1173
97 Rue Saint-Germain E, RIMOUSKI, QC, G5L 1A5
(418) 723-7831 SIC 6311

SUN LIFE ASSURANCE COMPANY OF CANADA p1204
1111 Boul Dr.-Frederik-Philips Bureau 200, SAINT-LAURENT, QC, H4M 2X6
(514) 335-3445 SIC 6311

SUN LIFE ASSURANCE COMPANY OF CANADA p1240
2665 Rue King O Bureau 500, SHERBROOKE, QC, J1L 2G5
(819) 569-6328 SIC 6311

SUN LIFE ASSURANCE COMPANY OF CANADA p1250
1055 Boul Des Forges Bureau 440, Trois-Rivieres, QC, G8Z 4J8
(819) 375-7737 SIC 6311

SUN LIFE ASSURANCE COMPANY OF CANADA p1286
2002 Victoria Ave Suite 1200, REGINA, SK, S4P 0R7

(306) 757-8631 SIC 6311

SUN LIFE FINANCIAL INVESTMENT SERVICES (CANADA) INC p401
570 Queen St Suite 200, FREDERICTON, NB, E3B 6Z6
(506) 458-8074 SIC 6311

SUN LIFE FINANCIAL INVESTMENT SERVICES (CANADA) INC p1198
365 Rue Normand Bureau 200, SAINT-JEAN-SUR-RICHELIEU, QC, J3A 1T6
(450) 348-9239 SIC 6311

SUN LIFE FINANCIAL INVESTMENT SERVICES (CANADA) INC p1202
500 Boul Des Laurentides Bureau 260, Saint-Jerome, QC, J7Z 4M2
SIC 6311

SUN LIFE FINANCIAL TRUST INC p658
1 Commissioners Rd E Unit 101, LONDON, ON, N6C 5Z3
(519) 680-2382 SIC 6311

TD LIFE INSURANCE COMPANY p922
55 King St W, TORONTO, ON, M5K 1A2
SIC 6311

TD WATERHOUSE CANADA INC p495
33 Collier St, BARRIE, ON, L4M 1G5
(705) 726-3353 SIC 6311

TYCO INTEGRATED FIRE & SECURITY CANADA, INC p593
1257 Algoma Rd Unit 4, GLOUCESTER, ON, K1B 3W7
(613) 699-6710 SIC 6311

WAWANESA LIFE INSURANCE COMPANY, THE p52
708 11 Ave Sw Suite 600, CALGARY, AB, T2R 0E4
(403) 536-9258 SIC 6311

WAWANESA LIFE INSURANCE COMPANY, THE p379
200 Main St Suite 400, WINNIPEG, MB, R3C 1A8
(204) 985-3940 SIC 6311

WAWANESA LIFE INSURANCE COMPANY, THE p750
4110 Yonge St Suite 100, NORTH YORK, ON, M2P 2B7
(519) 886-4320 SIC 6311

WESTERN FINANCIAL GROUP INC p131
1010 24 St Se, HIGH RIVER, AB, T1V 2A7
(403) 652-2663 SIC 6311

WESTERN FINANCIAL GROUP INC p207
1020 104 Ave, DAWSON CREEK, BC, V1G 4Y8
(250) 782-4505 SIC 6311

WESTERN LIFE ASSURANCE COMPANY p382
717 Portage Ave 4th Floor, WINNIPEG, MB, R3G 0M8
(204) 786-6431 SIC 6311

WORLD FINANCIAL GROUP INSURANCE AGENCY OF CANADA INC p1299
20 51 St Suite 200, SASKATOON, SK, S7K 0X8
(306) 651-5260 SIC 6311

SIC 6321 Accident and health insurance

ACADIA STUDENTS' UNION INC p479
30 Highland Ave, WOLFVILLE, NS, B4P 2R5
(902) 585-2110 SIC 6321

ASSOCIATION D'HOSPITALISATION CANASSURANCE p580
185 The West Mall Suite 610, ETOBICOKE, ON, M9C 5L5
(416) 626-1688 SIC 6321

BENEFIT PLAN ADMINISTRATORS LIMITED p757
1263 Wilson Ave Suite 205, NORTH YORK, ON, M3M 3G2
(416) 240-7480 SIC 6321

CIGNA LIFE INSURANCE COMPANY OF CANADA p918
25 York St Suite 1400, TORONTO, ON, M5J 2V5

(416) 368-2911 SIC 6321

GREAT-WEST LIFE ASSURANCE COMPANY, THE p80
10110 104 St Nw Suite 202, EDMONTON, AB, T5J 4R5
(780) 917-7776 SIC 6321

GREAT-WEST LIFE ASSURANCE COMPANY, THE p311
1075 Georgia St W Suite 900, VANCOUVER, BC, V6E 4N4
(604) 646-1200 SIC 6321

GREAT-WEST LIFE ASSURANCE COMPANY, THE p797
11 Holland Ave Suite 300, OTTAWA, ON, K1Y 4W4
(613) 761-3940 SIC 6321

GREAT-WEST LIFE ASSURANCE COMPANY, THE p909
33 Yonge St Suite 105, TORONTO, ON, M5E 1G4
(416) 359-2929 SIC 6321

GROUPE SANTE MEDISYS INC p578
365 Evans Ave Suite 100, ETOBICOKE, ON, M8Z 1K2
(416) 251-2611 SIC 6321

HEALTH CANADA p1012
623 3e Rue, CHIBOUGAMAU, QC, G8P 3A2
SIC 6321

LA CAPITALE FINANCIAL SECURITY INSURANCE COMPANY p283
13889 104 Ave Suite 300, SURREY, BC, V3T 1W8
(604) 589-1381 SIC 6321

LA CAPITALE FINANCIAL SECURITY INSURANCE COMPANY p722
7150 Derrycrest Dr Suite 1150, MISSISSAUGA, ON, L5W 0E5
(905) 795-2300 SIC 6321

MANUFACTURERS LIFE INSURANCE COMPANY, THE p745
4 Lansing Sq Suite 201, NORTH YORK, ON, M2J 5A2
(416) 496-1602 SIC 6321

MEDAVIE INC p407
644 Main St, MONCTON, NB, E1C 1E2
(506) 853-1811 SIC 6321

MEDAVIE INC p1107
550 Rue Sherbrooke O Bureau 1200, Montreal, QC, H3A 1B9
(514) 286-7778 SIC 6321

OTTAWA-CARLETON ASSOCIATION FOR PERSONS WITH DEVELOPMENTAL DISABILITIES p787
171 Donald St, OTTAWA, ON, K1K 1N1
(613) 744-8504 SIC 6321

PROFORMANCE ADJUSTING SOLUTIONS p813
1101 Kingston Rd Suite 280, PICKERING, ON, L1V 1B5
(905) 420-3111 SIC 6321

SELECTCARE WORLDWIDE CORP p912
438 University Ave Suite 1201, TORONTO, ON, M5G 2K8
(416) 340-7265 SIC 6321

WFG SECURITIES OF CANADA INC p86
14315 118 Ave Nw Suite 148, EDMONTON, AB, T5L 4S6
(780) 451-2520 SIC 6321

SIC 6324 Hospital and medical service plans

ALBERTA HEALTH SERVICES p66
1100 Hospital Pl, CANMORE, AB, T1W 1N2
(403) 678-3769 SIC 6324

CANADIAN TEST CASE 29-B p713
5770 Hurontario St, MISSISSAUGA, ON, L5R 3G5
(905) 812-5922 SIC 6324

CLAIMSECURE INC p869
40 Elm St Suite 225, SUDBURY, ON, P3C 0A2
(705) 673-2541 SIC 6324

BUSINESSES BY INDUSTRY CLASSIFICATION

SIC 6331 Fire, marine, and casualty insurance

GREAT-WEST LIFE ASSURANCE COMPANY, THE *p377*
100 Osborne St N Suite 4c, WINNIPEG, MB, R3C 1V3
(204) 946-1190   *SIC 6324*

GREEN SHIELD CANADA *p914*
155 University Ave, TORONTO, ON, M5H 3B7
(416) 867-1777   *SIC 6324*

LAKERIDGE HEALTH *p507*
47 Liberty St S, BOWMANVILLE, ON, L1C 2N4
(905) 623-3331   *SIC 6324*

LAKERIDGE HEALTH *p778*
1 Hospital Crt, OSHAWA, ON, L1G 2B9
(905) 576-8711   *SIC 6324*

NORTHERN HEALTH AUTHORITY *p194*
741 Ctr St, BURNS LAKE, BC, V0J 1E0
(250) 692-2400   *SIC 6324*

ORDRE DES DENTISTES DU QUEBEC *p1107*
2020 Boul Robert-Bourassa Bureau 2160, Montreal, QC, H3A 2A5
(514) 281-0300   *SIC 6324*

PLATINUM HEALTH BENEFITS SOLUTIONS INC *p690*
5090 Explorer Dr Suite 501, MISSISSAUGA, ON, L4W 4T9
(905) 602-0404   *SIC 6324*

ROUGE VALLEY HEALTH SYSTEM *p483*
580 Harwood Ave S Suite 199, AJAX, ON, L1S 2J4
(905) 683-2320   *SIC 6324*

ST. JOSEPH'S HEALTH CARE, LONDON *p656*
298 Grosvenor St, LONDON, ON, N6A 1Y8
(519) 646-6000   *SIC 6324*

SUN LIFE ASSURANCE COMPANY OF CANADA *p313*
1140 Pender St W Suite 1160, VANCOUVER, BC, V6E 4N8
(604) 681-9231   *SIC 6324*

SIC 6331 Fire, marine, and casualty insurance

AGRICORP *p599*
1 Stone Rd W, GUELPH, ON, N1G 4Y2
(888) 247-4999   *SIC 6331*

ALLSTATE INSURANCE COMPANY OF CANADA *p992*
7100 Rue Jean-Talon E Bureau 120, ANJOU, QC, H1M 3S3
(514) 356-4780   *SIC 6331*

AVIVA CANADA INC *p1109*
630 Boul Rene-Levesque O Bureau 900, Montreal, QC, H3B 1S6
(514) 876-5029   *SIC 6331*

AVIVA INSURANCE COMPANY OF CANADA *p40*
140 4 Ave Sw Suite 2400, CALGARY, AB, T2P 3W4
(403) 750-0600   *SIC 6331*

AVIVA INSURANCE COMPANY OF CANADA *p78*
10250 101 St Nw Suite 1700, EDMONTON, AB, T5J 3P4
(780) 428-1822   *SIC 6331*

AVIVA INSURANCE COMPANY OF CANADA *p321*
1125 Howe St Suite 1100, VANCOUVER, BC, V6Z 2Y6
(604) 669-2626   *SIC 6331*

AVIVA INSURANCE COMPANY OF CANADA *p374*
201 Portage Ave Suite 900, WINNIPEG, MB, R3B 3K6
(204) 942-0424   *SIC 6331*

AVIVA INSURANCE COMPANY OF CANADA *p610*
1 King St W Suite 600, HAMILTON, ON, L8P 1A4
(905) 523-5936   *SIC 6331*

AVIVA INSURANCE COMPANY OF CANADA *p655*
255 Queens Ave Suite 1500, LONDON, ON, N6A 5R8
(519) 438-2981   *SIC 6331*

AVIVA INSURANCE COMPANY OF CANADA *p838*
2206 Eglinton Ave E Suite 160, SCARBOROUGH, ON, M1L 4S8
(416) 288-1800   *SIC 6331*

AVIVA INSURANCE COMPANY OF CANADA *p1109*
630 Boul Rene-Levesque O Bureau 700, Montreal, QC, H3B 1S6
(514) 399-1200   *SIC 6331*

AVIVA INSURANCE COMPANY OF CANADA *p1167*
1305 Boul Lebourgneuf Bureau 207, Quebec, QC, G2K 2E4
(418) 621-9393   *SIC 6331*

AXA INSURANCE (CANADA) *p655*
250 York St Suite 200, LONDON, ON, N6A 6K2
(519) 679-9440   *SIC 6331*

AXA INSURANCE (CANADA) *p747*
5700 Yonge St Suite 1400, NORTH YORK, ON, M2M 4K2
(416) 218-4175   *SIC 6331*

AYR FARMERS' MUTUAL INSURANCE COMPANY *p492*
1400 Northumberland St Rr 1, AYR, ON, N0B 1E0
(519) 632-7413   *SIC 6331*

BOILER INSPECTION AND INSURANCE COMPANY OF CANADA, THE *p913*
390 Bay St Suite 2000, TORONTO, ON, M5H 2Y2
(416) 363-5491   *SIC 6331*

CHUBB INSURANCE COMPANY OF CANADA *p907*
1 Adelaide St E Suite 1500, TORONTO, ON, M5C 2V9
(416) 863-0550   *SIC 6331*

CO-OPERATORS FINANCIAL SERVICES LIMITED *p433*
19 Crosbie Pl Suite 1, ST. JOHN'S, NL, A1B 3Y8
(709) 758-1178   *SIC 6331*

CO-OPERATORS GROUP LIMITED, THE *p657*
291 King St, LONDON, ON, N6B 1R8
SIC 6331

CO-OPERATORS GROUP LIMITED, THE *p728*
1547 Merivale Rd Suite 40, NEPEAN, ON, K2G 4V3
(613) 727-3663   *SIC 6331*

CO-OPERATORS GROUP LIMITED, THE *p1305*
407 Ludlow St Suite 101, SASKATOON, SK, S7S 1P3
(306) 934-7317   *SIC 6331*

COMMISSION DE LA SANTE ET DE LA SECURITE DU TRAVAIL *p1233*
700 Boul Laure Bureau 236, Sept-Iles, QC, G4R 1Y1
(418) 964-3900   *SIC 6331*

COMMISSION DES NORMES, DE LEQUITE, DE LA SANTE ET DE LA SECURITE DU TRAVAIL, LA *p1149*
524 Rue Bourdages Bureau 370, Quebec, QC, G1K 7E2
(877) 639-0744   *SIC 6331*

COMPAGNIE D'ASSURANCE BELAIR INC, LA *p910*
700 University Ave Suite 1100, TORONTO, ON, M5G 0A2
(416) 250-6363   *SIC 6331*

COMPAGNIE D'ASSURANCE BELAIR INC, LA *p992*
7101 Rue Jean-Talon E Bureau 300, ANJOU, QC, H1M 3T6
(514) 270-1700   *SIC 6331*

COMPAGNIE D'ASSURANCE BELAIR INC, LA *p1167*
5400 Boul Des Galeries Bureau 500, Quebec, QC, G2K 2B4
(418) 877-1199   *SIC 6331*

COMPAGNIE D'ASSURANCE SONNET *p1110*
5 Place Ville-Marie Bureau 1400, Montreal, QC, H3B 0A8
(514) 875-5790   *SIC 6331*

CONTINENTAL CASUALTY COMPANY *p922*
66 Wellington St W Suite 3700, TORONTO, ON, M5K 1E9
(416) 542-7300   *SIC 6331*

DESJARDINS ASSURANCES GENERALES INC *p1065*
6300 Boul De La Rive-Sud, Levis, QC, G6V 6P9
(418) 835-4850   *SIC 6331*

DOMINION OF CANADA GENERAL INSURANCE COMPANY, THE *p914*
165 University Ave Suite 101, TORONTO, ON, M5H 3B9
(416) 362-7231   *SIC 6331*

ECONOMICAL MUTUAL INSURANCE COMPANY *p43*
801 6 Ave Sw Suite 2700, CALGARY, AB, T2P 3W2
(403) 265-8590   *SIC 6331*

ECONOMICAL MUTUAL INSURANCE COMPANY *p80*
10250 101 St Nw Suite 1600, EDMONTON, AB, T5J 3P4
(780) 426-5925   *SIC 6331*

ECONOMICAL MUTUAL INSURANCE COMPANY *p310*
1055 Georgia St W Suite 1900, VANCOUVER, BC, V6E 0B6
(604) 684-1194   *SIC 6331*

ECONOMICAL MUTUAL INSURANCE COMPANY *p409*
1600 Main St Suite 200, MONCTON, NB, E1E 1G5
(506) 857-2211   *SIC 6331*

ECONOMICAL MUTUAL INSURANCE COMPANY *p450*
238a Brownlow Ave Suite 310, DARTMOUTH, NS, B3B 2B4
(902) 835-6214   *SIC 6331*

ECONOMICAL MUTUAL INSURANCE COMPANY *p497*
204 Pine Dr, BARRIE, ON, L4N 4H5
(705) 722-3975   *SIC 6331*

ECONOMICAL MUTUAL INSURANCE COMPANY *p610*
120 King St W Suite 750, HAMILTON, ON, L8P 4V2
SIC 6331

ECONOMICAL MUTUAL INSURANCE COMPANY *p642*
590 Riverbend Dr, KITCHENER, ON, N2K 3S2
(519) 570-8335   *SIC 6331*

ECONOMICAL MUTUAL INSURANCE COMPANY *p655*
148 Fullarton St Suite 1200, LONDON, ON, N6A 5P3
(519) 673-5990   *SIC 6331*

ECONOMICAL MUTUAL INSURANCE COMPANY *p697*
77 City Centre Dr Suite 400, MISSISSAUGA, ON, L5B 1M5
(905) 896-4916   *SIC 6331*

ECONOMICAL MUTUAL INSURANCE COMPANY *p747*
5700 Yonge St Suite 1600, NORTH YORK, ON, M2M 4K2
(416) 590-9040   *SIC 6331*

ECONOMICAL MUTUAL INSURANCE COMPANY *p794*
343 Preston St Suite 500, OTTAWA, ON, K1S 1N4
(613) 567-7060   *SIC 6331*

ECONOMICAL MUTUAL INSURANCE COMPANY *p850*
100 Elmsley St N, SMITHS FALLS, ON, K7A 2H2
SIC 6331

ECONOMICAL MUTUAL INSURANCE COMPANY *p977*
959 Dundas St Suite 200, WOODSTOCK, ON, N4S 1H2
(519) 539-9883   *SIC 6331*

ECONOMICAL MUTUAL INSURANCE COMPANY *p1111*
5 Place Ville-Marie Unite 1400, Montreal, QC, H3B 2G2
(514) 875-5790   *SIC 6331*

ECONOMICAL MUTUAL INSURANCE COMPANY *p1160*
1175 Av Lavigerie Bureau 30, Quebec, QC, G1V 4P1
SIC 6331

FEDERATED INSURANCE COMPANY OF CANADA *p23*
2443 Pegasus Rd Ne, CALGARY, AB, T2E 8C3
(403) 254-8500   *SIC 6331*

FEDERATED INSURANCE COMPANY OF CANADA *p377*
255 Commerce Drive, WINNIPEG, MB, R3C 3C9
(204) 786-6431   *SIC 6331*

FEDERATED INSURANCE COMPANY OF CANADA *p714*
5770 Hurontario St Suite 710, MISSISSAUGA, ON, L5R 3G5
(905) 507-2777   *SIC 6331*

FEDERATED INSURANCE COMPANY OF CANADA *p1020*
3100 Boul Le Carrefour Bureau 660, Cote Saint-Luc, QC, H7T 2K7
(450) 687-8650   *SIC 6331*

GORE MUTUAL INSURANCE COMPANY *p323*
505 Burrard St Unit 1780, VANCOUVER, BC, V7X 1M6
(604) 682-0998   *SIC 6331*

GOUVERNEMENT DE LA PROVINCE DE QUEBEC *p1038*
15 Rue Gamelin, GATINEAU, QC, J8Y 6N5
(819) 778-8600   *SIC 6331*

GOUVERNEMENT DE LA PROVINCE DE QUEBEC *p1165*
1400 Av Saint-Jean-Baptiste Bureau 180, Quebec, QC, G2E 5B7
(418) 528-2035   *SIC 6331*

GOUVERNEMENT DE LA PROVINCE DE QUEBEC *p1165*
5055 Boul Wilfrid-Hamel Bureau 100, Quebec, QC, G2E 2G6
(418) 838-5602   *SIC 6331*

GOUVERNEMENT DE LA PROVINCE DE QUEBEC *p1200*
85 Rue De Martigny O, Saint-Jerome, QC, J7Y 3R8
(450) 431-4000   *SIC 6331*

GOVERNMENT OF ONTARIO *p926*
151 Bloor St W Suite 704, TORONTO, ON, M5S 1S4
(416) 327-0020   *SIC 6331*

GOVERNMENT OF THE PROVINCE OF ALBERTA *p134*
5718 56 Ave, LACOMBE, AB, T4L 1B1
(403) 782-8309   *SIC 6331*

GOVERNMENT OF THE PROVINCE OF BRITISH COLUMBIA *p274*
6951 Westminster Hwy, RICHMOND, BC, V7C 1C6
(604) 273-2266   *SIC 6331*

GROUPE PROMUTUEL FEDERATION DE SOCIETE MUTUELLES D'ASSURANCES GENERALES *p998*
756 Rue Laurier, BELOEIL, QC, J3G 4J9
(450) 446-7777   *SIC 6331*

H.B. GROUP INSURANCE MANAGEMENT LTD *p714*
5600 Cancross Crt, MISSISSAUGA, ON, L5R 3E9
(905) 507-6156   *SIC 6331*

▲ Public Company   ■ Public Company Family Member   **HQ** Headquarters   **BR** Branch   **SL** Single Location

SIC 6331 Fire, marine, and casualty insurance

HOMETURF LTD p716
7123 Fir Tree Dr, MISSISSAUGA, ON, L5S 1G4
(905) 791-8873 SIC 6331

INDUSTRIELLE ALLIANCE, ASSURANCE AUTO ET HABITATION INC p1159
925 Grande Allee O Bureau 230, Quebec, QC, G1S 1C1
(450) 473-4490 SIC 6331

INDUSTRIELLE ALLIANCE, ASSURANCE ET SERVICES FINANCIERS INC p1008
4255 Boul Lapiniere Bureau 120, BROSSARD, QC, J4Z 0C7
(450) 465-0630 SIC 6331

INSURANCE CORPORATION OF BRITISH COLUMBIA p202
1575 Hartley Ave, COQUITLAM, BC, V3K 6Z7
(604) 777-4627 SIC 6331

INSURANCE CORPORATION OF BRITISH COLUMBIA p204
505 Crown Isle Blvd, COURTENAY, BC, V9N 9W1
(250) 338-7731 SIC 6331

INSURANCE CORPORATION OF BRITISH COLUMBIA p205
126 Briar Ave Nw, CRANBROOK, BC, V1C 5S3
(250) 426-5246 SIC 6331

INSURANCE CORPORATION OF BRITISH COLUMBIA p212
5151 Polkey Rd, DUNCAN, BC, V9L 6W3
(250) 748-3121 SIC 6331

INSURANCE CORPORATION OF BRITISH COLUMBIA p233
6000 Production Way, LANGLEY, BC, V3A 6L5
(604) 530-7111 SIC 6331

INSURANCE CORPORATION OF BRITISH COLUMBIA p236
22811 Dewdney Trunk Rd, MAPLE RIDGE, BC, V2X 9J7
(604) 463-3999 SIC 6331

INSURANCE CORPORATION OF BRITISH COLUMBIA p239
6460 Applecroix Rd, NANAIMO, BC, V9R 6E6
(250) 390-4511 SIC 6331

INSURANCE CORPORATION OF BRITISH COLUMBIA p245
747 Boyd St, NEW WESTMINSTER, BC, V3M 5X2
(604) 525-3671 SIC 6331

INSURANCE CORPORATION OF BRITISH COLUMBIA p248
151 Esplanade W Suite 135, NORTH VANCOUVER, BC, V7M 3H9
(604) 661-2800 SIC 6331

INSURANCE CORPORATION OF BRITISH COLUMBIA p252
90 Industrial Ave E, PENTICTON, BC, V2A 3H8
(250) 493-4181 SIC 6331

INSURANCE CORPORATION OF BRITISH COLUMBIA p262
4001 15th Ave, PRINCE GEORGE, BC, V2N 2X3
(250) 562-4311 SIC 6331

INSURANCE CORPORATION OF BRITISH COLUMBIA p269
5740 Minoru Blvd, RICHMOND, BC, V6X 2A9
(604) 232-4350 SIC 6331

INSURANCE CORPORATION OF BRITISH COLUMBIA p280
10262 152a St, SURREY, BC, V3R 6T8
(604) 584-3211 SIC 6331

INSURANCE CORPORATION OF BRITISH COLUMBIA p280
10470 152 St Suite 405, SURREY, BC, V3R 0Y4
(604) 520-8222 SIC 6331

INSURANCE CORPORATION OF BRITISH COLUMBIA p286

7565 132 St Suite 207, SURREY, BC, V3W 1K5
SIC 6331

INSURANCE CORPORATION OF BRITISH COLUMBIA p286
13665 68 Ave, SURREY, BC, V3W 0Y6
(604) 597-7600 SIC 6331

INSURANCE CORPORATION OF BRITISH COLUMBIA p286
13072 88 Ave Suite 100, SURREY, BC, V3W 3K3
(604) 507-3640 SIC 6331

INSURANCE CORPORATION OF BRITISH COLUMBIA p286
13426 78 Ave, SURREY, BC, V3W 8J6
(604) 596-8573 SIC 6331

INSURANCE CORPORATION OF BRITISH COLUMBIA p291
2985 Highway Dr, TRAIL, BC, V1R 2T2
(250) 368-5261 SIC 6331

INSURANCE CORPORATION OF BRITISH COLUMBIA p316
1855 Burrard St Unit 2, VANCOUVER, BC, V6J 3G9
(604) 736-1969 SIC 6331

INSURANCE CORPORATION OF BRITISH COLUMBIA p326
2302 48 Ave, VERNON, BC, V1T 8K8
(250) 542-2301 SIC 6331

INSURANCE CORPORATION OF BRITISH COLUMBIA p329
425 Dunedin St, VICTORIA, BC, V8T 5H7
(250) 480-5600 SIC 6331

INTACT INSURANCE COMPANY p45
321 6 Ave Sw Suite 1200, CALGARY, AB, T2P 3H3
(403) 269-7961 SIC 6331

INTACT INSURANCE COMPANY p308
999 Hastings St W Suite 1100, VANCOUVER, BC, V6C 2W2
(604) 891-5400 SIC 6331

INTACT INSURANCE COMPANY p336
2401 Millstream Rd Suite 246, VICTORIA, BC, V9B 3R5
(250) 385-0866 SIC 6331

INTACT INSURANCE COMPANY p378
386 Broadway Suite 805, WINNIPEG, MB, R3C 3R6
(204) 942-8402 SIC 6331

INTACT INSURANCE COMPANY p407
869 Main St, MONCTON, NB, E1C 1G5
(506) 854-7281 SIC 6331

INTACT INSURANCE COMPANY p451
20 Hector Gate Suite 200, DARTMOUTH, NS, B3B 0K3
(902) 420-1732 SIC 6331

INTACT INSURANCE COMPANY p655
255 Queens Ave Suite 900, LONDON, ON, N6A 5R8
(519) 432-6721 SIC 6331

INTACT INSURANCE COMPANY p709
6925 Century Ave Suite 900, MISSISSAUGA, ON, L5N 0E3
(905) 858-1070 SIC 6331

INTACT INSURANCE COMPANY p787
1400 St. Laurent Blvd Suite 300, OTTAWA, ON, K1K 4H4
(613) 748-3000 SIC 6331

INTACT INSURANCE COMPANY p911
700 University Ave Suite 1500, TORONTO, ON, M5G 0A1
(416) 341-1464 SIC 6331

INTACT INSURANCE COMPANY p993
7101 Rue Jean-Talon E Bureau 1000, ANJOU, QC, H1M 0A5
(514) 388-5466 SIC 6331

JOHNSON INC p88
12220 Stony Plain Rd Nw Suite 301, EDMONTON, AB, T5N 3Y4
(780) 465-7818 SIC 6331

JOHNSON INC p92
11120 178 St Nw, EDMONTON, AB, T5S 1P2
(780) 483-0408 SIC 6331

MANITOBA PUBLIC INSURANCE CORPORATION, THE p345
731 1st St, BRANDON, MB, R7A 6C3
(204) 729-9400 SIC 6331

MANITOBA PUBLIC INSURANCE CORPORATION, THE p383
125 King Edward St E, WINNIPEG, MB, R3H 0V9
(204) 985-7111 SIC 6331

MELOCHE MONNEX INC p462
7051 Bayers Rd Suite 200, HALIFAX, NS, B3L 2C1
(902) 420-1112 SIC 6331

MUNICH REINSURANCE COMPANY OF CANADA p915
390 Bay St Suite 2300, TORONTO, ON, M5H 2Y2
(416) 366-9206 SIC 6331

NORTHBRIDGE COMMERCIAL INSURANCE CORPORATION p915
105 Adelaide St W, TORONTO, ON, M5H 1P9
(416) 350-4400 SIC 6331

NORTHBRIDGE GENERAL INSURANCE CORPORATION p915
105 Adelaide St W Suit 700, TORONTO, ON, M5H 1P9
(416) 350-4400 SIC 6331

NORTHBRIDGE PERSONAL INSURANCE CORPORATION p323
555 Burrard St Suite 600, VANCOUVER, BC, V7X 1M8
(604) 683-0255 SIC 6331

OLD REPUBLIC INSURANCE COMPANY OF CANADA p611
100 King St W Suite 1100, HAMILTON, ON, L8P 1A2
(905) 523-5936 SIC 6331

PEMBRIDGE INSURANCE COMPANY p101
4999 98 Ave Nw Suite 108, EDMONTON, AB, T6B 2X3
(780) 490-3000 SIC 6331

PERSONAL INSURANCE COMPANY, THE p48
855 2 St Sw Unit 710, CALGARY, AB, T2P 4J7
(403) 265-5931 SIC 6331

PERSONAL INSURANCE COMPANY, THE p595
1900 City Park Dr Suite 300, GLOUCESTER, ON, K1J 1A3
(613) 742-5000 SIC 6331

PERSONAL INSURANCE COMPANY, THE p695
3 Robert Speck Pky Suite 550, MISSISSAUGA, ON, L4Z 3Z9
(905) 306-5252 SIC 6331

PILOT INSURANCE COMPANY p898
90 Eglinton Ave W Suite 102, TORONTO, ON, M4R 2E4
(416) 487-5141 SIC 6331

PORTAGE LA PRAIRIE MUTUAL INSURANCE CO, THE p88
12220 Stony Plain Rd Nw Suite 310, EDMONTON, AB, T5N 3Y4
(780) 423-3102 SIC 6331

PORTAGE LA PRAIRIE MUTUAL INSURANCE CO, THE p443
1595 Bedford Hwy Suite 502, BEDFORD, NS, B4A 3Y4
(902) 835-1054 SIC 6331

PREMIER MARINE INSURANCE MANAGERS GROUP (WEST) INC p309
625 Howe St Suite 625, VANCOUVER, BC, V6C 2T6
(604) 697-5730 SIC 6331

PRIMMUM INSURANCE COMPANY p1020
2990 Av Pierre-Peladeau Bureau 200, Cote Saint-Luc, QC, H7T 0B1
(514) 874-1686 SIC 6331

PRIMMUM INSURANCE COMPANY p1097
50 Boul Cremazie O Bureau 1200, Montreal, QC, H2P 1B6
(514) 382-6060 SIC 6331

PROVINCE OF NEWFOUNDLAND & LABRADOR p432
148 Forest Rd Suite 148, ST. JOHN'S, NL, A1A 1E6
(709) 778-1000 SIC 6331

RBC GENERAL INSURANCE COMPANY p711
6880 Financial Dr Suite 200, MISSISSAUGA, ON, L5N 7Y5
(905) 816-5400 SIC 6331

RBC GENERAL INSURANCE COMPANY p912
483 Bay St Suite 1000, TORONTO, ON, M5G 2E7
(416) 777-4594 SIC 6331

ROYAL & SUN ALLIANCE INSURANCE COMPANY OF CANADA p52
326 11 Ave Sw Suite 300, CALGARY, AB, T2R 0C5
(403) 233-6000 SIC 6331

ROYAL & SUN ALLIANCE INSURANCE COMPANY OF CANADA p452
50 Garland Ave Suite 101, DARTMOUTH, NS, B3B 0A3
(902) 493-1500 SIC 6331

ROYAL & SUN ALLIANCE INSURANCE COMPANY OF CANADA p703
2225 Erin Mills Pky Suite 1000, MISSISSAUGA, ON, L5K 2S9
(905) 403-2333 SIC 6331

ROYAL & SUN ALLIANCE INSURANCE COMPANY OF CANADA p1107
2000 Av Mcgill College Bureau 800, Montreal, QC, H3A 3H3
(514) 847-8000 SIC 6331

SASKATCHEWAN CROP INSURANCE CORPORATION p1274
484 Prince William Dr, MELVILLE, SK, S0A 2P0
(306) 728-7200 SIC 6331

SASKATCHEWAN CROP INSURANCE CORPORATION p1278
1192 102nd St, NORTH BATTLEFORD, SK, S9A 1E8
(888) 935-0028 SIC 6331

SASKATCHEWAN CROP INSURANCE CORPORATION p1307
350 Cheadle St W, SWIFT CURRENT, SK, S9H 4G3
(888) 935-0007 SIC 6331

SASKATCHEWAN CROP INSURANCE CORPORATION p1309
38 Fifth Ave N, YORKTON, SK, S3N 0Y8
(306) 786-1375 SIC 6331

SASKATCHEWAN GOVERNMENT INSURANCE p1276
105 4th Ave Nw, MOOSE JAW, SK, S6H 7P1
(306) 691-4500 SIC 6331

SASKATCHEWAN GOVERNMENT INSURANCE p1278
1002 103rd St, NORTH BATTLEFORD, SK, S9A 1K4
(306) 446-1900 SIC 6331

SASKATCHEWAN GOVERNMENT INSURANCE p1280
501 15th St E, PRINCE ALBERT, SK, S6V 1G3
(306) 953-8000 SIC 6331

SASKATCHEWAN GOVERNMENT INSURANCE p1283
440 Fleet St, REGINA, SK, S4N 7N7
(306) 775-6000 SIC 6331

SASKATCHEWAN GOVERNMENT INSURANCE p1283
460 Fleet St, REGINA, SK, S4N 7N7
(306) 775-6025 SIC 6331

SASKATCHEWAN GOVERNMENT INSURANCE p1283
440 Fleet St, REGINA, SK, S4N 7N7
(306) 775-6000 SIC 6331

SASKATCHEWAN GOVERNMENT INSURANCE p1286
2260 11th Ave Suite 18, REGINA, SK, S4P 0J9

(306) 751-1200 SIC 6331
SASKATCHEWAN GOVERNMENT INSURANCE p1286
2260 11th Ave, REGINA, SK, S4P 2N7
(306) 775-6000 SIC 6331
SASKATCHEWAN GOVERNMENT INSURANCE p1297
623 2nd Ave N, SASKATOON, SK, S7K 0H3
(306) 683-2382 SIC 6331
SASKATCHEWAN GOVERNMENT INSURANCE p1300
2318 Northridge Dr, SASKATOON, SK, S7L 1B9
(306) 683-2110 SIC 6331
SASKATCHEWAN GOVERNMENT INSURANCE p1307
110 3rd Ave Nw, SWIFT CURRENT, SK, S9H 0R8
(306) 778-4900 SIC 6331
SASKATCHEWAN GOVERNMENT INSURANCE p1309
276 Myrtle Ave, YORKTON, SK, S3N 1R4
(306) 786-2430 SIC 6331
SF INSURANCE PLACEMENT CORPORATION OF CANADA p491
333 First Commerce Dr, AURORA, ON, L4G 8A4
(905) 750-4100 SIC 6331
SGI CANADA INSURANCE SERVICES LTD p1301
345 Fairmont Dr, SASKATOON, SK, S7M 5N5
(306) 683-4450 SIC 6331
SWISS REINSURANCE COMPANY CANADA p916
150 King St W Suite 2200, TORONTO, ON, M5H 1J9
(416) 408-0272 SIC 6331
UNICA INSURANCE INC p723
7150 Derrycrest Dr Suite 1, MISSISSAUGA, ON, L5W 0E5
(905) 677-9777 SIC 6331
UNIQUE ASSURANCES GENERALES INC, L' p1150
625 Rue Saint Amable, Quebec, QC, G1K 0E1
(418) 683-2711 SIC 6331
WAWANESA MUTUAL INSURANCE COMPANY, THE p52
708 11 Ave Sw Suite 600, CALGARY, AB, T2R 0E4
(403) 266-8600 SIC 6331
WAWANESA MUTUAL INSURANCE COMPANY, THE p107
8657 51 Ave Nw Suite 100, EDMONTON, AB, T6E 6A8
(780) 469-5700 SIC 6331
WAWANESA MUTUAL INSURANCE COMPANY, THE p137
234 22 St N, LETHBRIDGE, AB, T1H 3R7
(403) 329-4655 SIC 6331
WAWANESA MUTUAL INSURANCE COMPANY, THE p317
1985 Broadway W Suite 400, VANCOUVER, BC, V6J 4Y3
(604) 739-5400 SIC 6331
WAWANESA MUTUAL INSURANCE COMPANY, THE p360
107 4th St, WAWANESA, MB, R0K 2G0
(204) 824-2132 SIC 6331
WAWANESA MUTUAL INSURANCE COMPANY, THE p379
191 Broadway Suite 100, WINNIPEG, MB, R3C 3P1
(204) 985-3811 SIC 6331
WAWANESA MUTUAL INSURANCE COMPANY, THE p379
200 Main St Suite 700, WINNIPEG, MB, R3C 1A8
(204) 985-3811 SIC 6331
WAWANESA MUTUAL INSURANCE COMPANY, THE p410
1010 St George Blvd, MONCTON, NB, E1E 4R5

(506) 853-1010 SIC 6331
WAWANESA MUTUAL INSURANCE COMPANY, THE p750
4110 Yonge St Suite 100, NORTH YORK, ON, M2P 2B7
(416) 250-9292 SIC 6331
WAWANESA MUTUAL INSURANCE COMPANY, THE p1081
8585 Boul Decarie, MONT-ROYAL, QC, H4P 2J4
(514) 342-2211 SIC 6331
WESTMINSTER MUTUAL INSURANCE COMPANY p504
14122 Belmont Rd, BELMONT, ON, N0L 1B0
(519) 644-1663 SIC 6331
WORKER'S SAFETY AND COMPENSATION COMMISSION p439
5022 49 St, YELLOWKNIFE, NT, X1A 3R8
(867) 920-3888 SIC 6331
WORKERS' COMPENSATION BOARD ALBERTA p26
4311 12 St Ne Suite 150, CALGARY, AB, T2E 4P9
(403) 517-6000 SIC 6331
WORKERS' COMPENSATION BOARD ALBERTA p83
9912 107 St Nw, EDMONTON, AB, T5K 1G5
(780) 498-3999 SIC 6331
WORKERS' COMPENSATION BOARD OF BRITISH COLUMBIA p180
2774 Trethewey St, ABBOTSFORD, BC, V2T 3R1
(604) 556-2000 SIC 6331
WORKERS' COMPENSATION BOARD OF BRITISH COLUMBIA p204
801 30th St, COURTENAY, BC, V9N 8G6
(250) 334-8701 SIC 6331
WORKERS' COMPENSATION BOARD OF BRITISH COLUMBIA p227
2045 Enterprise Way Unit 110, KELOWNA, BC, V1Y 9T5
(250) 717-4301 SIC 6331
WORKERS' COMPENSATION BOARD OF BRITISH COLUMBIA p242
4980 Wills Rd, NANAIMO, BC, V9T 6C6
(604) 273-2266 SIC 6331
WORKERS' COMPENSATION BOARD OF BRITISH COLUMBIA p244
524 Kootenay St, NELSON, BC, V1L 6B4
(250) 354-5700 SIC 6331
WORKERS' COMPENSATION BOARD OF BRITISH COLUMBIA p260
1066 Vancouver St, PRINCE GEORGE, BC, V2L 5M4
(250) 563-9264 SIC 6331
WORKERS' COMPENSATION BOARD OF BRITISH COLUMBIA p333
4514 Chatterton Way, VICTORIA, BC, V8X 5H2
(250) 881-3400 SIC 6331
WORKPLACE HEALTH SAFETY & COMPENSATION COMMISSION OF NEWFOUNDLAND AND LABRADOR p425
2 Herald Ave, CORNER BROOK, NL, A2H 4B5
(709) 637-2700 SIC 6331
WORKPLACE HEALTH SAFETY & COMPENSATION COMMISSION OF NEWFOUNDLAND AND LABRADOR p432
148 Forest Rd Unit 146, ST. JOHN'S, NL, A1A 1E6
(709) 778-1000 SIC 6331
WORKPLACE HEALTH, SAFETY & COMPENSATION COMMISSION OF NEW BRUNSWICK p403
166 Boul Broadway Suite 300, GRAND-SAULT/GRAND FALLS, NB, E3Z 2J9
(506) 475-2550 SIC 6331
WORKPLACE HEALTH, SAFETY & COMPENSATION COMMISSION OF NEW BRUNSWICK p418
1 Portland St, Saint John, NB, E2L 3X9
(506) 632-2200 SIC 6331

WORKPLACE SAFETY & INSURANCE BOARD, THE p611
120 King St W, HAMILTON, ON, L8P 4V2
SIC 6331
WORKPLACE SAFETY & INSURANCE BOARD, THE p641
55 King St W Suite 502, KITCHENER, ON, N2G 4W1
SIC 6331
WORKPLACE SAFETY & INSURANCE BOARD, THE p657
148 Fullarton St Suite 402, LONDON, ON, N6A 5P3
(519) 663-2331 SIC 6331
WORKPLACE SAFETY & INSURANCE BOARD, THE p792
180 Kent St Suite 400, OTTAWA, ON, K1P 0B6
(416) 344-1000 SIC 6331
WORKPLACE SAFETY & INSURANCE BOARD, THE p855
301 St. Paul St Suite 1, ST CATHARINES, ON, L2R 7R4
SIC 6331
WORKPLACE SAFETY & INSURANCE BOARD, THE p871
30 Cedar St, SUDBURY, ON, P3E 1A4
(705) 677-4260 SIC 6331
WORKPLACE SAFETY & INSURANCE BOARD, THE p966
2485 Ouellette Ave, WINDSOR, ON, N8X 1L5
SIC 6331

SIC 6351 Surety insurance

GENWORTH FINANCIAL MORTGAGE INSURANCE COMPANY CANADA p764
2060 Winston Park Dr Suite 300, OAKVILLE, ON, L6H 5R7
(905) 287-5300 SIC 6351
GENWORTH FINANCIAL MORTGAGE INSURANCE COMPANY CANADA p1106
999 Boul De Maisonneuve O Bureau 1800, Montreal, QC, H3A 3L4
(514) 215-3166 SIC 6351
GESTION LYRAS INC p1223
8 Rue Sainte-Agathe, SAINTE-AGATHE-DES-MONTS, QC, J8C 2J4
(819) 326-3030 SIC 6351
GROUPE PPP LTEE, LE p1167
1165 Boul Lebourgneuf Bureau 250, Quebec, QC, G2K 2C9
(418) 623-8155 SIC 6351
INDUSTRIELLE ALLIANCE, ASSURANCE ET SERVICES FINANCIERS INC p993
7100 Rue Jean-Talon E Bureau 805, ANJOU, QC, H1M 3S3
(514) 353-5420 SIC 6351
INDUSTRIELLE ALLIANCE, ASSURANCE ET SERVICES FINANCIERS INC p1130
4455 Nord Laval (A-440) O Unite 200, Montreal, QC, H7P 4W6
(450) 781-1328 SIC 6351
QUALITE HABITATION p993
7400 Boul Les Galeries D'anjou Bureau 205, ANJOU, QC, H1M 3M2
(514) 354-7526 SIC 6351
SSQ SOCIETE D'ASSURANCE-VIE INC p749
110 Sheppard Ave E Unit 500, NORTH YORK, ON, M2N 6Y8
(416) 221-3477 SIC 6351
TARION WARRANTY CORPORATION p750
5160 Yonge St, NORTH YORK, ON, M2N 6L9
(416) 229-9200 SIC 6351
TRAVELERS INSURANCE COMPANY OF CANADA p916
165 University Ave Suite 101, TORONTO, ON, M5H 3B9
(416) 362-7231 SIC 6351
TRAVELERS INSURANCE COMPANY OF CANADA p1114
1010 Rue De La Gauchetiere O Bureau 1100, Montreal, QC, H3B 2N2
(514) 875-0060 SIC 6351
WCC WARRANTY COMPANY OF CANADA LTD p1101
300 Leo-Pariseau St, Montreal, QC, H2X 4B3
(514) 448-5496 SIC 6351
ZURICH CANADIAN HOLDINGS LIMITED p309
510 Burrard St Suite 709, VANCOUVER, BC, V6C 3A8
(604) 685-9241 SIC 6351

SIC 6361 Title insurance

FIRST CANADIAN TITLE COMPANY LIMITED p767
2235 Sheridan Garden Dr Suite 745, OAKVILLE, ON, L6J 7Y5
(905) 287-1000 SIC 6361
FNF CANADA COMPANY p708
2700 Argentia Rd, MISSISSAUGA, ON, L5N 5V4
(905) 813-7174 SIC 6361
FNF CANADA COMPANY p718
55 Superior Blvd, MISSISSAUGA, ON, L5T 2X9
(289) 562-0088 SIC 6361

SIC 6371 Pension, health, and welfare funds

CPP INVESTMENT BOARD PRIVATE HOLDINGS (2) INC. p907
One Queen St E Suite 2500, TORONTO, ON, M5C 2W5
(416) 868-4075 SIC 6371
PHILLIPS, HAGER & NORTH INVESTMENT MANAGEMENT LTD p308
200 Burrard St Suite 2000, VANCOUVER, BC, V6C 3L6
(604) 408-6000 SIC 6371
SYNDICAT DES PROFESSIONNELLES EN SOINS DE SANTE LAC ST-JEAN EST p988
300 Boul Champlain, ALMA, QC, G8B 3N8
(418) 662-1424 SIC 6371
UNIVERSITY OF BRITISH COLUMBIA, THE p321
2389 Health Sciences Mall Unit 201, VANCOUVER, BC, V6T 1Z3
(604) 822-8100 SIC 6371
WINNIPEG CIVICS EMPLOYEES' BENEFITS PROGRAM, THE p376
185 King St, WINNIPEG, MB, R3B 1J1
(204) 986-2522 SIC 6371

SIC 6399 Insurance carriers, nec

RBC GENERAL INSURANCE COMPANY p1113
1100 Boul Rene-Levesque O Bureau 710, Montreal, QC, H3B 4N4
(514) 954-1205 SIC 6399
SYM-TECH INC p821
150 West Beaver Creek, RICHMOND HILL, ON, L4B 1B4
(905) 889-5390 SIC 6399

SIC 6411 Insurance agents, brokers, and service

4211596 CANADA INC p78
10020 101a Ave Nw Suite 800, EDMONTON, AB, T5J 3G2
(780) 423-6801 SIC 6411
4211596 CANADA INC p306
666 Burrard St Suite 200, VANCOUVER, BC, V6C 2X8

(604) 688-8909   SIC 6411
A.M.A. INSURANCE AGENCY LTD   p108
10310 39a Ave, EDMONTON, AB, T6H 5X9
(780) 430-5555   SIC 6411
AGENCE ANDRE BEAULNE LTEE   p1215
5055 Boul Metropolitain E Bureau 200, SAINT-LEONARD, QC, H1R 1Z7
(514) 329-3333   SIC 6411
AGRICULTURE FINANCIAL SERVICES CORPORATION   p137
905 4 Ave S Suite 200, LETHBRIDGE, AB, T1J 0P4
(403) 381-5474   SIC 6411
AIG INSURANCE COMPANY OF CANADA   p323
595 Burrard St Suite 2073, VANCOUVER, BC, V7X 1G4
(604) 684-1514   SIC 6411
AIG INSURANCE COMPANY OF CANADA   p1104
2000 Av Mcgill College Bureau 1200, Montreal, QC, H3A 3H3
(514) 842-0603   SIC 6411
ALLSTATE INSURANCE COMPANY OF CANADA   p27
4639 Manhattan Rd Se Suite 125, CALGARY, AB, T2G 4B3
(403) 974-8700   SIC 6411
ALLSTATE INSURANCE COMPANY OF CANADA   p406
60 Queen St, MONCTON, NB, E1C 0J1
(506) 859-7820   SIC 6411
ALLSTATE INSURANCE COMPANY OF CANADA   p1165
1150 Aut Duplessis Unit 600, Quebec, QC, G2G 2B5
(819) 569-5911   SIC 6411
ANDERSON, PAT AGENCIES LTD   p190
4680 Kingsway Suite 200, BURNABY, BC, V5H 4L9
(604) 430-8887   SIC 6411
AON CANADA INC   p78
10025 102a Ave Nw Unit 700, EDMONTON, AB, T5J 2Z2
(780) 423-1444   SIC 6411
AON CANADA INC   p321
900 Howe St, VANCOUVER, BC, V6Z 2M4
(604) 688-4442   SIC 6411
AON CANADA INC   p374
1 Lombard Pl Suite 1800, WINNIPEG, MB, R3B 2A3
(204) 956-1070   SIC 6411
AON CANADA INC   p1109
700 Rue De La Gauchetiere O Unite 1800, Montreal, QC, H3B 0A5
(514) 842-5000   SIC 6411
AON CANADA INC   p1284
2103 11th Ave Suite 1000, REGINA, SK, S4P 3Z8
(306) 569-6700   SIC 6411
AON PARIZEAU INC   p1109
700 Rue De La Gauchetiere O Bureau 1600, Montreal, QC, H3B 0A4
(514) 842-5000   SIC 6411
AON PARIZEAU INC   p1159
2600 Boul Laurier Bureau 750, Quebec, QC, G1V 4W2
(418) 529-1234   SIC 6411
AON REED STENHOUSE INC   p26
1100 1 St Se Suite 4fl, CALGARY, AB, T2G 1B1
(403) 267-7010   SIC 6411
AON REED STENHOUSE INC   p78
10025 102a Ave Nw Suite 900, EDMONTON, AB, T5J 0Y2
(780) 423-9801   SIC 6411
AON REED STENHOUSE INC   p303
401 W Georgia St Suite 1200, VANCOUVER, BC, V6B 5A1
(604) 688-4442   SIC 6411
AON REED STENHOUSE INC   p328
1803 Douglas St, VICTORIA, BC, V8T 5C3
(250) 388-7577   SIC 6411
AON REED STENHOUSE INC   p432

125 Kelsey Dr Suite 100, ST. JOHN'S, NL, A1B 0L2
(709) 739-1000   SIC 6411
AON REED STENHOUSE INC   p457
1969 Upper Water St Suite 1001, HALIFAX, NS, B3J 3R7
(902) 429-7310   SIC 6411
AON REED STENHOUSE INC   p654
255 Queens Ave Suite 1400, LONDON, ON, N6A 5R8
(519) 433-3441   SIC 6411
AON REED STENHOUSE INC   p764
2010 Winston Park Dr Suite 200, OAKVILLE, ON, L6H 6A3
(905) 829-5008   SIC 6411
AON REED STENHOUSE INC   p793
333 Preston St Suite 600 Preston Sq Tower 1, OTTAWA, ON, K1S 5N4
(613) 722-7070   SIC 6411
AON REED STENHOUSE INC   p877
1205 Amber Dr Unit 100, THUNDER BAY, ON, P7B 6M4
(807) 346-7450   SIC 6411
AON REED STENHOUSE INC   p917
20 Bay St Suite 2400, TORONTO, ON, M5J 2N8
(416) 868-5500   SIC 6411
AON REED STENHOUSE INC   p1109
700 De La Gauchetiere O Bureau 1800, Montreal, QC, H3B 0A4
(514) 842-5000   SIC 6411
AON REED STENHOUSE INC   p1284
2103 11th Ave Suite 1000, REGINA, SK, S4P 3Z8
(306) 569-6700   SIC 6411
ARTHUR J. GALLAGHER CANADA LIMITED   p396
1040 Rue Champlain Suite 200, DIEPPE, NB, E1A 8L8
(506) 862-2070   SIC 6411
ASSURANCES FONTAINE LEMAY & ASS INC, LES   p1067
893 Av Taniata, Levis, QC, G6Z 2E3
(418) 839-5951   SIC 6411
ASSURANCES JEAN-CLAUDE LECLERC INC   p1031
230 Boul Saint-Joseph O, DRUMMONDVILLE, QC, J2E 0G3
(819) 477-3156   SIC 6411
ASSURANCES ROLAND GROULX INC, LES   p1018
666 Boul Saint-Martin O Bureau 120, Cote Saint-Luc, QC, H7M 5G4
SIC 6411
AVIVA CANADA INC   p448
99 Wyse Rd Suite 1600, DARTMOUTH, NS, B3A 4S5
(902) 460-3100   SIC 6411
AVIVA CANADA INC   p678
10 Aviva Way Suite 100, MARKHAM, ON, L6G 0G1
(416) 288-1800   SIC 6411
AVIVA CANADA INC   p697
33 City Centre Dr Suite 300, MISSISSAUGA, ON, L5B 2N5
(905) 949-3900   SIC 6411
AVIVA CANADA INC   p1096
555 Rue Chabanel O Bureau 900, Montreal, QC, H2N 2H8
(514) 850-4100   SIC 6411
AVIVA INSURANCE COMPANY OF CANADA   p416
1 Germain St Suite 902, SAINT JOHN, NB, E2L 4V1
(506) 634-1111   SIC 6411
AVIVA INSURANCE COMPANY OF CANADA   p728
161 Greenbank Rd Suite 250, NEPEAN, ON, K2H 5V6
(613) 235-6776   SIC 6411
AVIVA INSURANCE COMPANY OF CANADA   p912
121 King St W Suite 1400, TORONTO, ON, M5H 3T9

(416) 363-9363   SIC 6411
AXA ASSISTANCE CANADA INC   p1104
2001 Boul Robert-Bourassa Bureau 1850, Montreal, QC, H3A 2L8
(514) 285-9053   SIC 6411
AXIS INSURANCE MANAGERS INC   p313
1455 Georgia St W Suite 600, VANCOUVER, BC, V6G 2T3
(604) 731-5328   SIC 6411
AXIS INSURANCE MANAGERS INC   p313
1455 W Georgia St Unit 600, VANCOUVER, BC, V6G 2T3
(604) 685-4288   SIC 6411
BARTON INSURANCE BROKERS LTD   p264
103 East 1 St Suite 101, REVELSTOKE, BC, V0E 2S0
(250) 837-5211   SIC 6411
BEAZLEY CANADA LIMITED   p917
55 University Ave Suite 550, TORONTO, ON, M5J 2H7
(416) 601-2155   SIC 6411
BMO LIFE ASSURANCE COMPANY   p909
60 Yonge St, TORONTO, ON, M5E 1H5
(416) 596-3900   SIC 6411
BOILER INSPECTION AND INSURANCE COMPANY OF CANADA, THE   p1110
800 Boul Rene-Levesque O Bureau 1735, Montreal, QC, H3B 1X9
(514) 861-8261   SIC 6411
BRITISH COLUMBIA AUTOMOBILE ASSOCIATION   p199
2773 Barnet Hwy Suite 50, COQUITLAM, BC, V3B 1C2
(604) 268-5750   SIC 6411
BROWN BROS. AGENCIES LIMITED   p329
565 Manchester Rd Suite 204, VICTORIA, BC, V8T 2N7
(250) 385-8771   SIC 6411
BROWN BROS. AGENCIES LIMITED   p330
1125 Blanshard St, VICTORIA, BC, V8W 2H7
(250) 385-8771   SIC 6411
CANADA BROKERLINK (ONTARIO) INC p27
4124 9 St Se Suite 100, CALGARY, AB, T2G 3C4
(403) 209-6300   SIC 6411
CANADA BROKERLINK (ONTARIO) INC p90
17520 111 Ave Nw, EDMONTON, AB, T5S 0A2
(780) 474-8911   SIC 6411
CANADA BROKERLINK (ONTARIO) INC p877
1139 Alloy Dr Suite 110, THUNDER BAY, ON, P7B 6M8
(807) 622-6155   SIC 6411
CANADA BROKERLINK INC   p809
201 George St N Unit 201, PETERBOROUGH, ON, K9J 3G7
(705) 743-4211   SIC 6411
CANADA BROKERLINK INC   p877
1139 Alloy Dr Suite 110, THUNDER BAY, ON, P7B 6M8
(807) 623-4343   SIC 6411
CANADA BROKERLINK INC   p909
48 Yonge St Suite 700, TORONTO, ON, M5E 1G6
(416) 368-6511   SIC 6411
CANADIAN NORTHERN SHIELD INSURANCE COMPANY   p225
1633 Ellis St Suite 400, KELOWNA, BC, V1Y 2A8
(250) 712-1236   SIC 6411
CANADIAN NORTHERN SHIELD INSURANCE COMPANY   p303
555 Hastings St W Suite 1900, VANCOUVER, BC, V6B 4N5
(604) 662-2900   SIC 6411
CAPITALE GESTION FINANCIERE INC, LA p1160
650-2875 Boul Laurier, Quebec, QC, G1V 5B1
(418) 644-0038   SIC 6411
CAPRI INSURANCE SERVICES LTD   p325
2702 48 Ave, VERNON, BC, V1T 3R4

(250) 542-0291   SIC 6411
CAPRI INTERCITY FINANCIAL CORP   p225
1835 Gordon Dr Suite 204, KELOWNA, BC, V1Y 3H5
(250) 860-2426   SIC 6411
CGU INSURANCE CO. OF CANADA   p610
1 King St W Suite 600, HAMILTON, ON, L8P 1A4
SIC 6411
CHARLES TAYLOR CONSULTING SERVICES (CANADA) INC   p42
321 6 Ave Sw Suite 910, CALGARY, AB, T2P 3H3
(403) 266-3336   SIC 6411
CLAIMSPRO LP   p670
600 Alden Rd Suite 600, MARKHAM, ON, L3R 0E7
(519) 944-3552   SIC 6411
CLARICA TRUSTCO INC   p79
10303 Jasper Ave Nw Suite 2928, EDMONTON, AB, T5J 3N6
(780) 424-8171   SIC 6411
CNA CANADA   p921
66 Wellington St W Suite 3700, TORONTO, ON, M5K 1J5
(416) 542-7300   SIC 6411
CNA CANADA   p1105
1800 Av Mcgill College Bureau 520, Montreal, QC, H3A 3J6
(514) 398-9572   SIC 6411
CO-OPERATORS GENERAL INSURANCE COMPANY   p450
202 Brownlow Ave Suite 302, DARTMOUTH, NS, B3B 1T5
(902) 468-2789   SIC 6411
CO-OPERATORS GENERAL INSURANCE COMPANY   p545
1720 Bishop St Suite 200, CAMBRIDGE, ON, N1T 1T2
(519) 623-8405   SIC 6411
CO-OPERATORS GENERAL INSURANCE COMPANY   p601
130 Macdonell St, GUELPH, ON, N1H 2Z6
(519) 824-4400   SIC 6411
CO-OPERATORS GENERAL INSURANCE COMPANY   p614
1575 Upper Ottawa St Unit B4, HAMILTON, ON, L8W 3E2
(905) 560-9067   SIC 6411
CO-OPERATORS GENERAL INSURANCE COMPANY   p635
1020 Bayridge Dr, KINGSTON, ON, K7P 2S2
(613) 384-4700   SIC 6411
CO-OPERATORS GENERAL INSURANCE COMPANY   p699
1270 Central Pky W Suite 600, MISSISSAUGA, ON, L5C 4P4
SIC 6411
CO-OPERATORS GROUP LIMITED, THE p86
14310 111 Ave Nw Suite 500, EDMONTON, AB, T5M 3Z7
(780) 448-7000   SIC 6411
CO-OPERATORS GROUP LIMITED, THE p497
14 Cedar Pointe Dr Suite 1502, BARRIE, ON, L4N 5R7
(705) 739-7700   SIC 6411
CO-OPERATORS GROUP LIMITED, THE p670
7300 Warden Ave Suite 110, MARKHAM, ON, L3R 9Z6
(905) 470-7300   SIC 6411
CO-OPERATORS GROUP LIMITED, THE p867
363 Falconbridge Rd Suite 1, SUDBURY, ON, P3A 5K5
(705) 566-1300   SIC 6411
CO-OPERATORS GROUP LIMITED, THE p1284
1920 College Ave, REGINA, SK, S4P 1C4
(306) 347-6200   SIC 6411
COAST CAPITAL SAVINGS CREDIT UNION p329

415 Gorge Rd E Suite 102, VICTORIA, BC, V8T 2W1
(250) 483-7000   SIC 6411
COMPAGNIE D'ASSURANCE BELAIR INC, LA   p799
1111 Prince Of Wales Dr Suite 200, OTTAWA, ON, K2C 3T2
(613) 744-3279   SIC 6411
COMPAGNIE D'ASSURANCE SONNET p882
38 Brock St E, TILLSONBURG, ON, N4G 1Z5
(519) 688-3344   SIC 6411
CORNERSTONE INSURANCE BROKERS LTD   p974
8001 Weston Rd Suite 300, WOODBRIDGE, ON, L4L 9C8
(905) 856-1981   SIC 6411
COUGHLIN & ASSOCIATES LTD   p377
175 Hargrave St Suite 100, WINNIPEG, MB, R3C 3R8
(204) 942-4438   SIC 6411
COWAN INSURANCE GROUP LTD   p609
105 Main St E Suite 602, HAMILTON, ON, L8N 1G6
(905) 523-8507   SIC 6411
CRAIN & SCHOOLEY INSURANCE BROKERS LTD   p807
81 Gore St E, PERTH, ON, K7H 1J1
(613) 267-1194   SIC 6411
CRAWFORD & COMPANY (CANADA) INC   p23
3115 12 St Ne Suite 300, CALGARY, AB, T2E 7J2
(403) 266-3933   SIC 6411
CRAWFORD & COMPANY (CANADA) INC   p79
10709 Jasper Ave Nw Suite 600, EDMONTON, AB, T5J 3N3
(780) 486-8000   SIC 6411
CRAWFORD & COMPANY (CANADA) INC   p294
2985 Virtual Way Suite 280, VANCOUVER, BC, V5M 4X7
(604) 739-3816   SIC 6411
CRAWFORD & COMPANY (CANADA) INC   p610
38 James St S, HAMILTON, ON, L8P 4W6
(905) 529-9600   SIC 6411
CRAWFORD & COMPANY (CANADA) INC   p642
539 Riverbend Dr, KITCHENER, ON, N2K 3S3
(519) 578-5540   SIC 6411
CRAWFORD & COMPANY (CANADA) INC   p799
955 Green Valley Cres Suite 285, OTTAWA, ON, K2C 3V4
(613) 233-5661   SIC 6411
CRAWFORD & COMPANY (CANADA) INC   p854
55 King St Suite 300, ST CATHARINES, ON, L2R 3H5
(905) 688-6391   SIC 6411
CRAWFORD & COMPANY (CANADA) INC   p918
123 Front St W Suite 300, TORONTO, ON, M5J 2M2
(416) 867-1188   SIC 6411
CRAWFORD & COMPANY (CANADA) INC   p950
180 King St S Ste 610, WATERLOO, ON, N2J 1P8
(519) 578-4053   SIC 6411
CRAWFORD & COMPANY (CANADA) INC   p992
7171 Rue Jean-Talon E Bureau 500, ANJOU, QC, H1M 3N2
(514) 748-7300   SIC 6411
CRI CREDIT GROUP SERVICES INC   p186
4185 Still Creek Dr Unit 350a, BURNABY, BC, V5C 6G9
(604) 438-7785   SIC 6411
CT FINANCIAL ASSURANCE COMPANY   p921

55 King St W, TORONTO, ON, M5K 1A2
SIC 6411
CUNNINGHAM LINDSEY CANADA LIMITED   p610
25 Main St W Suite 1810, HAMILTON, ON, L8P 1H1
(905) 528-1481   SIC 6411
CUNNINGHAM LINDSEY CANADA LIMITED   p610
67 Frid St Unit 5, HAMILTON, ON, L8P 4M3
(905) 524-1523   SIC 6411
CUNNINGHAM LINDSEY CANADA LIMITED   p908
2 Toronto St, TORONTO, ON, M5C 2B6
(416) 869-3232   SIC 6411
CUNNINGHAM LINDSEY CANADA LIMITED   p918
70 University Ave Suite 1000, TORONTO, ON, M5J 2M4
(416) 596-8020   SIC 6411
CUNNINGHAM LINDSEY CANADA LIMITED   p1117
1250 Rue Guy Bureau 1000, Montreal, QC, H3H 2T4
(514) 938-5400   SIC 6411
DALTON TIMMIS INSURANCE GROUP INC   p536
4125 Upper Middle Rd Suite 1, BURLINGTON, ON, L7M 4X5
(905) 633-9019   SIC 6411
DARLING INSURANCE AND REALTY LIMITED   p809
193 Aylmer St N, PETERBOROUGH, ON, K9J 3K2
(705) 742-4245   SIC 6411
DESJARDINS GROUPE D'ASSURANCES GENERALES INC   p688
5070 Dixie Rd, MISSISSAUGA, ON, L4W 1C9
(905) 366-4430   SIC 6411
DESJARDINS GROUPE D'ASSURANCES GENERALES INC   p1126
1 Complexe Desjardins Bureau 1, Montreal, QC, H5B 1B1
(514) 350-8300   SIC 6411
DESJARDINS HOLDING FINANCIER INC   p1126
1 Rue Complexe Desjardins S 40e etage, Montreal, QC, H5B 1J1
(418) 838-7870   SIC 6411
DESJARDINS SECURITE FINANCIERE, COMPAGNIE D'ASSURANCE VIE   p519
350a Rutherford Rd S Unit 7, BRAMPTON, ON, L6W 3P6
SIC 6411
DESJARDINS SECURITE FINANCIERE, COMPAGNIE D'ASSURANCE VIE   p1006
7305 Boul Marie-Victorin, BROSSARD, QC, J4W 1A6
(450) 672-1758   SIC 6411
DESJARDINS SECURITE FINANCIERE, COMPAGNIE D'ASSURANCE VIE   p1030
235 Rue Heriot Bureau 435, DRUMMONDVILLE, QC, J2C 6X5
(819) 477-5300   SIC 6411
DESJARDINS SECURITE FINANCIERE, COMPAGNIE D'ASSURANCE VIE   p1238
1650 Rue King O Bureau 100, SHERBROOKE, QC, J1J 2C3
(819) 821-2131   SIC 6411
DOMINION OF CANADA GENERAL INSURANCE COMPANY, THE   p43
777 8 Ave Sw Suite 1700, CALGARY, AB, T2P 3R5
(403) 231-6600   SIC 6411
DOMINION OF CANADA GENERAL INSURANCE COMPANY, THE   p310
1055 Georgia St W Suite 2400, VANCOUVER, BC, V6E 0B6
(604) 684-8127   SIC 6411
DOMINION OF CANADA GENERAL INSURANCE COMPANY, THE   p657
285 King St Suite 501, LONDON, ON, N6B 3M6

(519) 433-7201   SIC 6411
DOMINION OF CANADA GENERAL INSURANCE COMPANY, THE   p771
1275 North Service Rd W Suite 103, OAKVILLE, ON, L6M 3G4
(905) 825-6400   SIC 6411
DOMINION OF CANADA GENERAL INSURANCE COMPANY, THE   p791
155 Queen St Suite 300, OTTAWA, ON, K1P 6L1
(613) 233-1363   SIC 6411
DOMINION OF CANADA GENERAL INSURANCE COMPANY, THE   p837
300 Consilium Pl Suite 300, SCARBOROUGH, ON, M1H 3G2
(289) 333-2000   SIC 6411
DOMINION OF CANADA GENERAL INSURANCE COMPANY, THE   p914
165 Unversity Ave, TORONTO, ON, M5H 3R3
(416) 362-7231   SIC 6411
ELFA INSURANCE SERVICES INC   p671
3950 14th Ave Unit 105, MARKHAM, ON, L3R 0A9
(905) 470-1038   SIC 6411
ELITE INSURANCE COMPANY   p321
1125 Howe St Suite 1100, VANCOUVER, BC, V6Z 2Y6
(604) 669-2626   SIC 6411
ENCON GROUP INC   p696
55 Standish Crt Unit 600, MISSISSAUGA, ON, L5A 4R1
(905) 755-2030   SIC 6411
ESI CANADA   p714
5770 Hurontario St, MISSISSAUGA, ON, L5R 3G5
(905) 712-8615   SIC 6411
FAIRFAX FINANCIAL HOLDINGS LIMITED   p918
95 Wellington Street West Suite 800, TORONTO, ON, M5J 2N7
(416) 367-4941   SIC 6411
FEDERATED INSURANCE COMPANY OF CANADA   p662
735 Wonderland Rd N Suite 200, LONDON, ON, N6H 4L1
(519) 473-5610   SIC 6411
FOSTER PARK BROKERS INC   p91
17704 103 Ave Nw Suite 200, EDMONTON, AB, T5S 1J9
(780) 489-4961   SIC 6411
GALLAGHER BASSETT CANADA INC p750
4311 Yonge St Suite 404, NORTH YORK, ON, M2P 1N6
(416) 861-8212   SIC 6411
GENEX SERVICES OF CANADA INC   p688
2800 Skymark Ave Suite 401, MISSISSAUGA, ON, L4W 5A6
SIC 6411
GLOBAL AEROSPACE UNDERWRITING MANAGERS (CANADA) LIMITED   p671
100 Renfrew Dr Suite 200, MARKHAM, ON, L3R 9R6
(905) 479-2244   SIC 6411
GLOBALEX GESTION DE RISQUES INC   p1106
2001 Av Mcgill College Bureau 600, Montreal, QC, H3A 1G1
(514) 382-9625   SIC 6411
GOUVERNEMENT DE LA PROVINCE DE QUEBEC   p1150
333 Boul Jean-Lesage, Quebec, QC, G1K 8Z2
(418) 528-4338   SIC 6411
GPL ASSURANCE INC   p1020
3131 Boul Saint-Martin O Bureau 600, Cote Saint-Luc, QC, H7T 2Z5
(450) 978-5599   SIC 6411
GRANITE HEALTH SOLUTIONS LP   p533
1122 International Blvd Suite 104, BURLINGTON, ON, L7L 6Z8
(800) 363-8900   SIC 6411
GREAT-WEST LIFE ASSURANCE COMPANY, THE   p45

734 7 Ave Sw Suite 1101, CALGARY, AB, T2P 3P8
SIC 6411
GREAT-WEST LIFE ASSURANCE COMPANY, THE   p45
300 5 Ave Sw Suite 1400, CALGARY, AB, T2P 3C4
(403) 515-5900   SIC 6411
GREAT-WEST LIFE ASSURANCE COMPANY, THE   p126
10134 97 Ave Suite 203, GRANDE PRAIRIE, AB, T8V 7X6
(780) 532-2818   SIC 6411
GREAT-WEST LIFE ASSURANCE COMPANY, THE   p458
1801 Hollis St Suite 1900, HALIFAX, NS, B3J 3N4
(902) 429-8374   SIC 6411
GREAT-WEST LIFE ASSURANCE COMPANY, THE   p641
101 Frederick St Suite 900, KITCHENER, ON, N2H 6R2
SIC 6411
GREAT-WEST LIFE ASSURANCE COMPANY, THE   p1106
2001 Boul Robert-Bourassa Unite 1000, Montreal, QC, H3A 2A6
(514) 350-7975   SIC 6411
GREAT-WEST LIFE ASSURANCE COMPANY, THE   p1166
815 Boul Lebourgneuf Unite 310, Quebec, QC, G2J 0C1
(418) 650-4200   SIC 6411
GROUPE CLOUTIER INC   p1167
1145 Boul Lebourgneuf Bureau 130, Quebec, QC, G2K 0K8
(418) 624-6690   SIC 6411
GROUPE CYR INC   p1186
104 Rue Dubois, SAINT-EUSTACHE, QC, J7P 4W9
(450) 472-5332   SIC 6411
GROUPE ESTRIE-RICHELIEU, COMPAGNIE D'ASSURANCE, LE   p1220
414 Rte Marie-Victorin, SAINT-PIERRE-LES-BECQUETS, QC, G0X 2Z0
SIC 6411
GROUPE LYRAS INC   p1000
1400 Boul De La Grande-Allee Bureau, BOISBRIAND, QC, J7G 2Z8
SIC 6411
GROUPE PROMUTUEL FEDERATION DE SOCIETE MUTUELLES D'ASSURANCES GENERALES   p1177
100 Av Du Lac, ROUYN-NORANDA, QC, J9X 4N4
(819) 762-8105   SIC 6411
GROUPE PROMUTUEL FEDERATION DE SOCIETE MUTUELLES D'ASSURANCES GENERALES   p1186
200 Rue Dubois, SAINT-EUSTACHE, QC, J7P 4W9
(450) 623-5774   SIC 6411
GROUPE PROMUTUEL FEDERATION DE SOCIETE MUTUELLES D'ASSURANCES GENERALES   p1235
34 Av Victoria, SHAWVILLE, QC, J0X 2Y0
(819) 647-2953   SIC 6411
GROUPE PROMUTUEL FEDERATION DE SOCIETE MUTUELLES D'ASSURANCES GENERALES   p1261
210 Rue Lewis O, WATERLOO, QC, J0E 2N0
(450) 539-0384   SIC 6411
GROUPE VEZINA & ASSOCIES LTEE, LE   p1201
446 Rue Saint-Georges, Saint-Jerome, QC, J7Z 5B1
(450) 436-2922   SIC 6411
GROUPEMENT DES ASSUREURS AUTOMOBILES   p1126
800 Place-Victoria Bureau 2410, Montreal, QC, H4Z 0A2
(514) 288-1537   SIC 6411
GROUPHEALTH BENEFIT SOLUTIONS

SIC 6411 Insurance agents, brokers, and service

p287
2626 Croydon Dr Suite 200, SURREY, BC, V3Z 0S8
(604) 542-4100   SIC 6411
GUARANTEE CO OF NORTH AMERICA, (THE)   *p593*
36 Parkridge Cres, GLOUCESTER, ON, K1B 3E7
SIC 6411
GUARANTEE COMPANY OF NORTH AMERICA, THE   *p748*
4950 Yonge St Suite 1400, NORTH YORK, ON, M2N 6K1
(416) 223-9582   SIC 6411
GUARANTEE COMPANY OF NORTH AMERICA, THE   *p748*
4950 Yonge St Suite 1400, NORTH YORK, ON, M2N 6K1
(416) 223-9580   SIC 6411
GUARANTEE COMPANY OF NORTH AMERICA, THE   *p977*
954 Dundas St, WOODSTOCK, ON, N4S 7Z9
(519) 539-9868   SIC 6411
GUARANTEE COMPANY OF NORTH AMERICA, THE   *p1112*
1010 Rue De La Gauchetiere O Bureau 1560, Montreal, QC, H3B 2R4
(514) 866-6351   SIC 6411
GUY CARPENTER & COMPANY LTD   *p919*
120 Bremner Blvd Suite 800, TORONTO, ON, M5J 0A8
(416) 979-0123   SIC 6411
H.B. GROUP INSURANCE MANAGEMENT LTD   *p31*
8500 Macleod Trail Se Suite 220s, CALGARY, AB, T2H 2N1
(403) 265-7211   SIC 6411
H.B. GROUP INSURANCE MANAGEMENT LTD   *p714*
5600 Cancross Crt Suite A, MISSISSAUGA, ON, L5R 3E9
(905) 507-6156   SIC 6411
H.B. GROUP INSURANCE MANAGEMENT LTD   *p1020*
3080 Boul Le Carrefour Bureau 700, Cote Saint-Luc, QC, H7T 2R5
(450) 681-4950   SIC 6411
HEALTHCARE INSURANCE RECIPROCAL OF CANADA   *p363*
1200 Rothesay St, WINNIPEG, MB, R2G 1T7
(204) 943-4125   SIC 6411
HOOPER-HOLMES CANADA LIMITED   *p846*
1059 Mcnicoll Ave, SCARBOROUGH, ON, M1W 3W6
(416) 493-2800   SIC 6411
HOOPER-HOLMES CANADA LIMITED   *p1148*
1900 Av Mailloux Bureau 270, Quebec, QC, G1J 5B9
(418) 661-7776   SIC 6411
HUB FINANCIAL INC   *p974*
3700 Steeles Ave W Unit 1001, WOODBRIDGE, ON, L4L 8K8
(905) 264-1634   SIC 6411
HUB INTERNATIONAL INSURANCE BROKERS   *p187*
4350 Still Creek Dr Suite 400, BURNABY, BC, V5C 0G5
(604) 293-1481   SIC 6411
HUGH WOOD CANADA LTD   *p750*
4120 Yonge St Suite 201, NORTH YORK, ON, M2P 2B8
(416) 229-6600   SIC 6411
HYGEIA CORPORATION   *p911*
777 Bay St Suite 2700, TORONTO, ON, M5G 2C8
(888) 249-4342   SIC 6411
INDUSTRIELLE ALLIANCE, ASSURANCE ET SERVICES FINANCIERS INC   *p594*
1900 City Park Dr Suite 510, GLOUCESTER, ON, K1J 1A3
(613) 744-8255   SIC 6411

INDUSTRIELLE ALLIANCE, ASSURANCE ET SERVICES FINANCIERS INC   *p867*
1210 Lasalle Blvd, SUDBURY, ON, P3A 1Y5
(705) 524-5755   SIC 6411
INDUSTRIELLE ALLIANCE, ASSURANCE ET SERVICES FINANCIERS INC   *p987*
100 Rue Saint-Joseph Bureau 202, ALMA, QC, G8B 7A6
(418) 668-0177   SIC 6411
INDUSTRIELLE ALLIANCE, ASSURANCE ET SERVICES FINANCIERS INC   *p989*
8 Boul Saint-Benoit O Unite 2, AMQUI, QC, G5J 2C6
(418) 629-4653   SIC 6411
INDUSTRIELLE ALLIANCE, ASSURANCE ET SERVICES FINANCIERS INC   *p1006*
2 Rue De La Place-Du-Commerce Bureau 200, BROSSARD, QC, J4W 2T8
(450) 672-6410   SIC 6411
INDUSTRIELLE ALLIANCE, ASSURANCE ET SERVICES FINANCIERS INC   *p1014*
345 Rue Des Sagueneens Bureau 120, CHICOUTIMI, QC, G7H 6K9
(418) 549-6914   SIC 6411
INDUSTRIELLE ALLIANCE, ASSURANCE ET SERVICES FINANCIERS INC   *p1020*
3030 Boul Le Carrefour Bureau 702, Cote Saint-Luc, QC, H7T 2P5
(450) 681-1614   SIC 6411
INDUSTRIELLE ALLIANCE, ASSURANCE ET SERVICES FINANCIERS INC   *p1038*
1160 Boul Saint-Joseph Unite 101, GATINEAU, QC, J8Z 1T3
(819) 771-6645   SIC 6411
INDUSTRIELLE ALLIANCE, ASSURANCE ET SERVICES FINANCIERS INC   *p1041*
615 Rue Principale, GRANBY, QC, J2G 2Y1
(450) 372-4054   SIC 6411
INDUSTRIELLE ALLIANCE, ASSURANCE ET SERVICES FINANCIERS INC   *p1043*
2120 Av Victoria Bureau 10, GREENFIELD PARK, QC, J4V 1M9
(450) 672-3510   SIC 6411
INDUSTRIELLE ALLIANCE, ASSURANCE ET SERVICES FINANCIERS INC   *p1045*
40 Rue Gauthier S Bureau 2100, JOLIETTE, QC, J6E 4J4
(450) 756-2189   SIC 6411
INDUSTRIELLE ALLIANCE, ASSURANCE ET SERVICES FINANCIERS INC   *p1047*
3639 Boul Harvey Bureau 100, Jonquiere, QC, G7X 3B2
(418) 542-9004   SIC 6411
INDUSTRIELLE ALLIANCE, ASSURANCE ET SERVICES FINANCIERS INC   *p1059*
7655 Boul Newman Bureau 207, LASALLE, QC, H8N 1X7
(514) 364-0179   SIC 6411
INDUSTRIELLE ALLIANCE, ASSURANCE ET SERVICES FINANCIERS INC   *p1082*
370 Boul Sir-Wilfrid-Laurier Bureau 203, MONT-SAINT-HILAIRE, QC, J3H 5V3
(450) 467-0993   SIC 6411
INDUSTRIELLE ALLIANCE, ASSURANCE ET SERVICES FINANCIERS INC   *p1086*
5125 Rue Du Trianon Bureau 400, Montreal, QC, H1M 2S5
(514) 353-3230   SIC 6411
INDUSTRIELLE ALLIANCE, ASSURANCE ET SERVICES FINANCIERS INC   *p1159*
925 Grande Allee O Bureau 200, Quebec, QC, G1S 4Z4
(418) 686-7738   SIC 6411
INDUSTRIELLE ALLIANCE, ASSURANCE ET SERVICES FINANCIERS INC   *p1171*
155 Rue Notre-Dame Bureau 60, REPENTIGNY, QC, J6A 5L3
(450) 582-3013   SIC 6411
INDUSTRIELLE ALLIANCE, ASSURANCE ET SERVICES FINANCIERS INC   *p1173*
180 Rue Des Gouverneurs Bureau 001, RIMOUSKI, QC, G5L 8G1
(418) 723-3236   SIC 6411
INDUSTRIELLE ALLIANCE, ASSURANCE ET SERVICES FINANCIERS INC   *p1174*
186 Rue Fraser Bureau 300, Riviere-du-Loup, QC, G5R 1C8
(418) 862-0141   SIC 6411
INDUSTRIELLE ALLIANCE, ASSURANCE ET SERVICES FINANCIERS INC   *p1195*
1050 Boul Casavant O Bureau 1003, SAINT-HYACINTHE, QC, J2S 8B9
(450) 773-7493   SIC 6411
INDUSTRIELLE ALLIANCE, ASSURANCE ET SERVICES FINANCIERS INC   *p1214*
6555 Boul Metropolitain E Bureau 403, SAINT-LEONARD, QC, H1P 3H3
(514) 324-3811   SIC 6411
INDUSTRIELLE ALLIANCE, ASSURANCE ET SERVICES FINANCIERS INC   *p1215*
4555 Boul Metropolitain E Bureau 200, SAINT-LEONARD, QC, H1R 1Z4
(514) 721-6220   SIC 6411
INDUSTRIELLE ALLIANCE, ASSURANCE ET SERVICES FINANCIERS INC   *p1216*
6455 Rue Jean-Talon E, SAINT-LEONARD, QC, H1S 3E8
(514) 729-3281   SIC 6411
INDUSTRIELLE ALLIANCE, ASSURANCE ET SERVICES FINANCIERS INC   *p1221*
75 Av De La Gare, SAINT-SAUVEUR, QC, J0R 1R6
SIC 6411
INDUSTRIELLE ALLIANCE, ASSURANCE ET SERVICES FINANCIERS INC   *p1239*
2655 Rue King O Bureau 137, SHERBROOKE, QC, J1L 2G4
(819) 348-9906   SIC 6411
INDUSTRIELLE ALLIANCE, ASSURANCE ET SERVICES FINANCIERS INC   *p1246*
1310 Rue Notre-Dame E Bureau 200, THETFORD MINES, QC, G6G 2V5
(418) 338-8556   SIC 6411
INDUSTRIELLE ALLIANCE, FIDUCIE INC   *p1074*
45 Rue Du Centre Bureau 200, MAGOG, QC, J1X 5B6
(819) 847-0494   SIC 6411
INSURANCE BUREAU OF CANADA   *p889*
2235 Sheppard Ave E Suite 1100, TORONTO, ON, M2J 5B5
(416) 445-5912   SIC 6411
INSURANCE BUREAU OF CANADA   *p911*
777 Bay St Suite 2400, TORONTO, ON, M5G 2C8
(416) 362-2031   SIC 6411
INSURANCE BUREAU OF CANADA   *p1126*
800 Rue Du Square-Victoria Bureau 2410, Montreal, QC, H4Z 0A2
(514) 288-4321   SIC 6411
INSURANCE BUREAU OF CANADA   *p1245*
4150 Sainte Catherine O, TERREBONNE, QC, J6X 3P2
SIC 6411
INSURANCE CENTRE INC, THE   *p630*
321 Concession St, KINGSTON, ON, K7K 2B9
(613) 544-5313   SIC 6411
INSURANCELAND INC   *p842*
85 Ellesmere Rd Unit F10, SCARBOROUGH, ON, M1R 4B7
(416) 449-5125   SIC 6411
INTACT INSURANCE COMPANY   *p294*
2955 Virtual Way Suite 400, VANCOUVER, BC, V5M 4X6
(604) 683-5566   SIC 6411
INTEGRATED FINANCIAL GROUP INC   *p89*
10220 156 St Nw Suite 200, EDMONTON, AB, T5P 2R1
(780) 454-6505   SIC 6411
INTEGRO (CANADA) LTD   *p923*
199 Bay St Suite 4800, TORONTO, ON, M5L 1E8
(416) 619-8000   SIC 6411
JARDINE LLOYD THOMPSON CANADA INC   *p51*
220 12 Ave Sw Suite 400, CALGARY, AB, T2R 0E9

(403) 262-4605   SIC 6411
JARDINE LLOYD THOMPSON CANADA INC   *p312*
1111 Georgia St W Suite 1600, VANCOUVER, BC, V6E 4G2
(604) 682-4211   SIC 6411
JARDINE LLOYD THOMPSON CANADA INC   *p919*
55 University Ave Suite 800, TORONTO, ON, M5J 2H7
(416) 941-9551   SIC 6411
JOHNSON INC   *p46*
736 8 Ave Sw Suite 300, CALGARY, AB, T2P 1H4
(403) 263-6424   SIC 6411
JOHNSON INC   *p433*
95 Elizabeth Ave, ST. JOHN'S, NL, A1B 1R6
(709) 737-1500   SIC 6411
JOHNSON INC   *p464*
84 Chain Lake Dr Suite 200, HALIFAX, NS, B3S 1A2
(902) 453-1010   SIC 6411
JOHNSON INC   *p733*
1111 Davis Dr Unit 42, NEWMARKET, ON, L3Y 8X2
(905) 952-2600   SIC 6411
JOHNSON INC   *p821*
1595 16th Ave Suite 700, RICHMOND HILL, ON, L4B 3S5
(905) 764-4900   SIC 6411
JOHNSON INC   *p958*
500 Brock St S, WHITBY, ON, L1N 4K7
(905) 668-6025   SIC 6411
JOHNSTON, MEIER INSURANCE AGENCIES LTD   *p201*
1944 Como Lake Ave, COQUITLAM, BC, V3J 3R3
(604) 937-3601   SIC 6411
JOHNSTON, MEIER INSURANCE AGENCIES LTD   *p231*
19978 72 Ave Unit 101, LANGLEY, BC, V2Y 1R7
(604) 533-0333   SIC 6411
JONES BROWN INC   *p46*
639 5 Ave Sw Suite 800, CALGARY, AB, T2P 0M9
(403) 265-1920   SIC 6411
JONES DESLAURIERS INSURANCE MANAGEMENT INC   *p502*
1 Millennium Pky Suite 103, BELLEVILLE, ON, K8N 4Z5
(613) 967-2000   SIC 6411
JOSSLIN INSURANCE BROKERS LIMITED   *p636*
1082 Weber St E, KITCHENER, ON, N2A 1B8
(519) 893-7008   SIC 6411
LA CAPITALE FINANCIAL SECURITY INSURANCE COMPANY   *p1300*
2345 Avenue C N Suite 5, SASKATOON, SK, S7L 5Z5
(306) 955-3000   SIC 6411
LLOYD SADD INSURANCE BROKERS LTD   *p88*
10240 124 St Suite 700, EDMONTON, AB, T5N 3W6
(780) 483-4544   SIC 6411
LONDON LIFE INSURANCE COMPANY   *p634*
1473 John Counter Blvd Suite 301, KINGSTON, ON, K7M 8Z6
(613) 544-9600   SIC 6411
LONDON LIFE INSURANCE COMPANY   *p813*
1465 Pickering Pky Suite 300, PICKERING, ON, L1V 7G7
(905) 831-3600   SIC 6411
LONDON LIFE INSURANCE COMPANY   *p844*
2075 Kennedy Rd Suite 300, SCARBOROUGH, ON, M1T 3V3
(416) 291-0451   SIC 6411
LONDON LIFE INSURANCE COMPANY   *p1107*

2001 Boul Robert-Bourassa Unite 800, Montreal, QC, H3A 2A6
(514) 350-5500   SIC 6411
LONDON LIFE INSURANCE COMPANY   p1285
2100 Broad St Suite 405, REGINA, SK, S4P 1Y5
SIC 6411
LOYALIST INSURANCE BROKERS LIMITED   p488
911 Golf Links Rd Suite 111, ANCASTER, ON, L9K 1H9
(905) 648-6767   SIC 6411
LUSSIER DALE PARIZEAU INC   p1168
1170 Boul Lebourgneuf Bureau 305, Quebec, QC, G2K 2E3
(418) 627-1080   SIC 6411
MANUFACTURERS LIFE INSURANCE COMPANY, THE   p270
4671 No. 3 Rd Suite 110, RICHMOND, BC, V6X 2C3
(604) 273-6388   SIC 6411
MANUFACTURERS LIFE INSURANCE COMPANY, THE   p642
630 Riverbend Dr Suite 101, KITCHENER, ON, N2K 3S2
(519) 571-1001   SIC 6411
MANUFACTURERS LIFE INSURANCE COMPANY, THE   p869
272 Larch St, SUDBURY, ON, P3B 1M1
(705) 674-1974   SIC 6411
MANUFACTURERS LIFE INSURANCE COMPANY, THE   p1107
2000 Rue Mansfield Unite 200, Montreal, QC, H3A 2Z4
(514) 845-2122   SIC 6411
MANULIFE CANADA LTD   p673
600 Cochrane Dr Suite 200, MARKHAM, ON, L3R 5K3
SIC 6411
MARSH CANADA LIMITED   p46
222 3 Ave Sw Suite 1100, CALGARY, AB, T2P 0B4
(403) 290-7900   SIC 6411
MARSH CANADA LIMITED   p81
10180 101 St Suite 680, EDMONTON, AB, T5J 3S4
(780) 917-4874   SIC 6411
MARSH CANADA LIMITED   p81
10180 101 St Nw Suite 680, EDMONTON, AB, T5J 3S4
(780) 917-4850   SIC 6411
MARSH CANADA LIMITED   p308
550 Burrard St Suite 800, VANCOUVER, BC, V6C 2K1
(604) 443-3554   SIC 6411
MARSH CANADA LIMITED   p459
1801 Hollis St Suite 1300, HALIFAX, NS, B3J 3N4
(902) 429-6710   SIC 6411
MARSH CANADA LIMITED   p641
55 King St W Suite 205, KITCHENER, ON, N2G 4W1
(519) 585-3280   SIC 6411
MARSH CANADA LIMITED   p801
1130 Morrison Dr Suite 280, OTTAWA, ON, K2H 9N6
(613) 725-5050   SIC 6411
MARSH CANADA LIMITED   p915
200 King St W Suite 1806, TORONTO, ON, M5H 3T4
(416) 979-0123   SIC 6411
MARSH CANADA LIMITED   p919
120 Bremner Blvd Suite 800, TORONTO, ON, M5J 0A8
(416) 349-4700   SIC 6411
MARSH CANADA LIMITED   p919
120 Bremner Blvd Suite 800, TORONTO, ON, M5J 0A8
(416) 868-2600   SIC 6411
MARSH CANADA LIMITED   p1107
1981 Av Mcgill College Bureau 820, Montreal, QC, H3A 3T4
(514) 285-5800   SIC 6411

MARSH CANADA LIMITED   p1296
122 1st Ave S Suite 301, SASKATOON, SK, S7K 7E5
(306) 683-6960   SIC 6411
MASTERS INSURANCE LIMITED   p561
7501 Keele St Suite 400, CONCORD, ON, L4K 1Y2
(905) 738-4164   SIC 6411
MCLEAN HALLMARK INSURANCE GROUP LTD   p673
10 Konrad Cres, MARKHAM, ON, L3R 8T7
(416) 364-4000   SIC 6411
MELOCHE MONNEX ASSURANCE ET SERVICES FINANCIERS INC   p81
10115 100a St Nw Suite 600, EDMONTON, AB, T5J 2W2
(780) 429-1112   SIC 6411
MELOCHE MONNEX FINANCIAL SERVICES INC   p673
101 Mcnabb St, MARKHAM, ON, L3R 4H8
(416) 484-1112   SIC 6411
MELOCHE MONNEX INC   p28
125 9 Ave Se Suite 1200, CALGARY, AB, T2G 0P6
(403) 269-1112   SIC 6411
MELOCHE MONNEX INC   p81
10025 102a Ave Nw Suite 2300, EDMONTON, AB, T5J 2Z2
(800) 268-8955   SIC 6411
MELOCHE MONNEX INC   p414
420 Rothesay Ave, SAINT JOHN, NB, E2J 2C4
(506) 643-5823   SIC 6411
MELOCHE MONNEX INC   p1097
50 Boul Cremazie O Bureau 1200, Montreal, QC, H2P 1B6
(514) 382-6060   SIC 6411
MERCER CONSULTATION (QUEBEC) LTEE   p1107
600 Boul De Maisonneuve O Unite 1100, Montreal, QC, H3A 3J2
(514) 282-7282   SIC 6411
MIG MANITOBA INSURANCE GROUP   p381
1401 Portage Ave, WINNIPEG, MB, R3G 0W1
(204) 944-8400   SIC 6411
MILLENNIUM INSURANCE CORPORATION   p161
340 Sioux Rd, SHERWOOD PARK, AB, T8A 3X6
(780) 467-1500   SIC 6411
MORNEAU SHEPELL INC   p294
2925 Virtual Way Suite 10, VANCOUVER, BC, V5M 4X5
(604) 688-9839   SIC 6411
NACORA INSURANCE BROKERS LTD p714
77 Foster Cres, MISSISSAUGA, ON, L5R 0K1
(905) 507-1551   SIC 6411
NATIONAL BANK LIFE INSURANCE COMPANY INC   p1112
1100 Boul Robert-Bourassa Unite 12, Montreal, QC, H3B 3A5
(514) 871-7500   SIC 6411
NEZIOL INSURANCE BROKERS LTD   p526
53 Charing Cross St Suite 1, BRANTFORD, ON, N3R 7K9
(519) 759-2110   SIC 6411
NEZIOL INSURANCE BROKERS LTD   p766
2421 Bristol Cir Unit 203, OAKVILLE, ON, L6H 5S9
(905) 274-8840   SIC 6411
NORDIC INSURANCE COMPANY OF CANADA, THE   p81
10130 103 St Nw Unit 800, EDMONTON, AB, T5J 3N9
(780) 945-5000   SIC 6411
NORTHBRIDGE COMMERCIAL INSURANCE CORPORATION   p81
10707 100 Ave, Fl 10, EDMONTON, AB, T5J 3M1
(780) 421-7890   SIC 6411
NORTHBRIDGE FINANCIAL CORPORATION   p1112

1000 Rue De La Gauchetiere O, Montreal, QC, H3B 4W5
(514) 843-1111   SIC 6411
NORTHBRIDGE INDEMNITY INSURANCE CORPORATION   p323
595 Burrard St Suite 1500, VANCOUVER, BC, V7X 1G4
(604) 683-5511   SIC 6411
PAISLEY-MANOR INSURANCE BROKERS INC   p752
1446 Don Mills Rd Suite 110, NORTH YORK, ON, M3B 3N3
(416) 510-1177   SIC 6411
PEACE HILLS GENERAL INSURANCE COMPANY   p81
10709 Jasper Ave Nw Suite 300, EDMONTON, AB, T5J 3N3
(780) 424-3986   SIC 6411
PEAK REALTY LTD   p952
410 Conestogo Rd Suite 210, WATERLOO, ON, N2L 4E2
(519) 747-0231   SIC 6411
PHOENIX INSURANCE GROUP GRANDE PRAIRIE INC   p127
9909 102 St 4th Fl, GRANDE PRAIRIE, AB, T8V 2V4
(780) 513-5300   SIC 6411
PMA ASSURANCES INC   p1042
632 6e Av, Grand-Mere, QC, G9T 2H5
(819) 538-8626   SIC 6411
PMT ROY ASSURANCE ET SERVICES FINANCIERS INC   p1173
140 Rue Saint-Germain O Bureau 100, RIMOUSKI, QC, G5L 4B5
(418) 724-4127   SIC 6411
PRECEPT GROUP INC, THE   p952
375 Hagey Blvd Suite 302, WATERLOO, ON, N2L 6R5
(519) 747-5210   SIC 6411
PROGRAMMED INSURANCE BROKERS INC   p573
49 Industrial Dr, ELMIRA, ON, N3B 3B1
(519) 669-1631   SIC 6411
PROMUTUEL BEAUCE-ETCHEMINS, SOCIETE MUTUELLE D'ASSURANCE GENERALE   p996
650 Boul Renault, BEAUCEVILLE, QC, G5X 3P2
(418) 397-4147   SIC 6411
PROMUTUEL DU LAC AU FJORD   p987
790 Av Du Pont S, ALMA, QC, G8B 2V4
(418) 662-6595   SIC 6411
PROMUTUEL PORTNEUF-CHAMPLAIN SOCIETE, MUTUAL D'ASSURANCE GENERALE   p1166
1528 Av Jules-Verne, Quebec, QC, G2G 2R5
(418) 872-2430   SIC 6411
PROMUTUEL PORTNEUF-CHAMPLAIN SOCIETE, MUTUAL D'ASSURANCE GENERALE   p1218
401 Rue Principale, SAINT-NARCISSE, QC, G0X 2Y0
(418) 328-8270   SIC 6411
PROMUTUEL TEMISCOUTA SOCIETE MUTUELLE D'ASSURANCE GENERALE   p1243
592b Rue Commerciale N, TEMISCOUATA-SUR-LE-LAC, QC, G0L 1E0
(418) 854-2016   SIC 6411
RBC INSURANCE COMPANY OF CANADA   p711
6880 Financial Dr Suite 200, MISSISSAUGA, ON, L5N 7Y5
(905) 949-3663   SIC 6411
RE/MAX PERFORMANCE INC   p1257
1 Place Du Commerce Bureau 160, VERDUN, QC, H3E 1A2
(514) 766-1002   SIC 6411
ROYAL & SUN ALLIANCE INSURANCE COMPANY OF CANADA   p910
10 Wellington St E, TORONTO, ON, M5E 1C5
(416) 366-7511   SIC 6411

ROYAL & SUN ALLIANCE INSURANCE COMPANY OF CANADA   p1108
1001 Boul De Maisonneuve O Bureau 1004, Montreal, QC, H3A 3C8
(514) 844-1116   SIC 6411
ROYAL & SUN ALLIANCE INSURANCE COMPANY OF CANADA   p1159
2475 Boul Laurier, Quebec, QC, G1T 1C4
(418) 622-2040   SIC 6411
ROYAL BANK OF CANADA   p874
8500 Leslie St Suite 400, THORNHILL, ON, L3T 7P8
(905) 882-3900   SIC 6411
RUSSELL INVESTMENTS CANADA LIMITED   p932
100 King St W Suite 5900, TORONTO, ON, M5X 2A1
(416) 362-8411   SIC 6411
SCDA (2015) INC   p1108
2045 Rue Stanley Bureau 1200, Montreal, QC, H3A 2V4
(514) 284-6924   SIC 6411
SCM INSURANCE SERVICES INC   p36
210 8826 Blackfoot Trail, CALGARY, AB, T2J 3J1
(403) 228-5800   SIC 6411
SCM INSURANCE SERVICES INC   p101
4999 98 Ave Nw Suite 310, EDMONTON, AB, T6B 2X3
(780) 466-6544   SIC 6411
SCM INSURANCE SERVICES INC   p187
3999 Henning Dr Suite 101, BURNABY, BC, V5C 6P9
(604) 684-1581   SIC 6411
SCM INSURANCE SERVICES INC   p245
668 Carnarvon St Suite 303, NEW WESTMINSTER, BC, V3M 5Y6
(604) 519-6070   SIC 6411
SCM INSURANCE SERVICES INC   p390
1479 Buffalo Pl Suite 200, WINNIPEG, MB, R3T 1L7
(204) 985-1777   SIC 6411
SCM INSURANCE SERVICES INC   p611
120 King St W Suite 660, HAMILTON, ON, L8P 4V2
(905) 529-1387   SIC 6411
SCM INSURANCE SERVICES INC   p658
746 Base Line Rd E Suite 210, LONDON, ON, N6C 5Z2
(519) 645-6500   SIC 6411
SCM INSURANCE SERVICES INC   p691
1550 Enterprise Rd Suite 125, MISSISSAUGA, ON, L4W 4P4
(905) 564-0654   SIC 6411
SCM INSURANCE SERVICES INC   p800
1737 Woodward Dr Suite 103, OTTAWA, ON, K2C 0P9
(613) 798-1998   SIC 6411
SCM INSURANCE SERVICES INC   p898
2323 Yonge St Suite 501, TORONTO, ON, M4P 2C9
(416) 360-7434   SIC 6411
SCM INSURANCE SERVICES INC   p966
3155 Howard Ave Suite 202, WINDSOR, ON, N8X 4Y8
(519) 258-3555   SIC 6411
SCM INSURANCE SERVICES INC   p1035
510 Boul Maloney E Bureau 104, GATINEAU, QC, J8P 1E7
(819) 663-6068   SIC 6411
SCM INSURANCE SERVICES INC   p1096
255 Boul Cremazie E Bureau 1070, Montreal, QC, H2M 1L5
(514) 331-1030   SIC 6411
SCM INSURANCE SERVICES INC   p1161
2954 Boul Laurier Bureau 420, Quebec, QC, G1V 4T2
(418) 651-3525   SIC 6411
SECURITE NATIONALE COMPAGNIE D'ASSURANCE   p1097
50 Boul Cremazie O Bureau 1200, Montreal, QC, H2P 1B6
(514) 382-6060   SIC 6411
SEDGWICK CMS CANADA INC   p686

5915 Airport Rd Suite 200, MISSISSAUGA, ON, L4V 1T1
(905) 671-7800 SIC 6411
SGI CANADA INSURANCE SERVICES LTD p106
4220 98 St Nw Suite 303, EDMONTON, AB, T6E 6A1
(780) 435-1488 SIC 6411
SGI CANADA INSURANCE SERVICES LTD p1291
1100 Mcintosh St N, REGINA, SK, S4X 4C7
(306) 751-1307 SIC 6411
SHILLINGTON ROWLANDS INSURANCE INC p552
121 Heritage Rd, CHATHAM, ON, N7M 5W7
(519) 352-2860 SIC 6411
SOVEREIGN GENERAL INSURANCE COMPANY, THE p33
6700 Macleod Trl Se Suite 140, CALGARY, AB, T2H 0L3
(403) 298-4200 SIC 6411
SOVEREIGN GENERAL INSURANCE COMPANY, THE p52
550 11 Ave Sw Unit 900, CALGARY, AB, T2R 1M7
(403) 781-1250 SIC 6411
SOVEREIGN GENERAL INSURANCE COMPANY, THE p313
1095 Pender St W Unit 1400, VANCOUVER, BC, V6E 2M6
(604) 602-8300 SIC 6411
SSQ SOCIETE D'ASSURANCE-VIE INC p1094
1200 Av Papineau Bureau 460, Montreal, QC, H2K 4R5
(514) 521-7365 SIC 6411
STATE FARM INSURANCE p535
5420 North Service Rd Suite 400, BURLINGTON, ON, L7L 6C7
(905) 315-3900 SIC 6411
STATE FARM INSURANCE p814
1845 Clements Rd Suite 200, PICKERING, ON, L1W 3R8
(905) 420-8500 SIC 6411
SUN LIFE ASSURANCE COMPANY OF CANADA p634
1471 John Counter Blvd Suite 101, KINGSTON, ON, K7M 8S8
(613) 545-9660 SIC 6411
SUN LIFE ASSURANCE COMPANY OF CANADA p865
342 Erie St Suite 107, STRATFORD, ON, N5A 2N4
(519) 271-0740 SIC 6411
SUN LIFE ASSURANCE COMPANY OF CANADA p993
7101 Rue Jean-Talon E Bureau 812, ANJOU, QC, H1M 3N7
(514) 353-3177 SIC 6411
SUN LIFE ASSURANCES (CANADA) LIMITEE p1113
1155 Rue Metcalfe Bureau 1024, Montreal, QC, H3B 2V9
(514) 866-6411 SIC 6411
SUN LIFE FINANCIAL INVESTMENT SERVICES (CANADA) INC p33
5980 Centre St Se, CALGARY, AB, T2H 0C1
(403) 266-2061 SIC 6411
SUN LIFE FINANCIAL TRUST INC p82
10123 99 T, EDMONTON, AB, T5J 3H1
(780) 441-4474 SIC 6411
SUN LIFE FINANCIAL TRUST INC p961
8255 Anchor Dr, WINDSOR, ON, N8N 5G1
(519) 739-7777 SIC 6411
TD DIRECT INSURANCE INC p922
55 King St W, TORONTO, ON, M5K 1A2
SIC 6411
TD HOME AND AUTO INSURANCE COMPANY p674
675 Cochrane Dr Suite 100, MARKHAM, ON, L3R 0B8
(905) 415-8400 SIC 6411
THE COMMONWELL MUTUAL INSURANCE GROUP p807

96 South St, PERTH, ON, K7H 0A2
(613) 267-5561 SIC 6411
TIC AGENCIES LTD p249
2609 Westview Dr Suite 300, NORTH VANCOUVER, BC, V7N 4M2
SIC 6411
TOTTEN INSURANCE GROUP INC p912
20 Dundas St W Suite 910, TORONTO, ON, M5G 2C2
(416) 342-1159 SIC 6411
TRAVELERS INSURANCE COMPANY OF CANADA p306
650 Georgia St W Suite 2500, VANCOUVER, BC, V6B 4N7
(604) 682-2663 SIC 6411
TREASURE'S LTD p90
14727 87 Ave Nw Suite 300, EDMONTON, AB, T5R 4E5
(780) 452-4405 SIC 6411
TURQUOISE, CABINET EN ASSURANCE DE DOMMAGES ET SERVICES FINANCIERS INC, LA p1244
1190 Rue Levis, TERREBONNE, QC, J6W 5S6
(450) 961-4567 SIC 6411
TURQUOISE, CABINET EN ASSURANCE DE DOMMAGES INC, LA p1036
500 Boul Greber Bureau 103, GATINEAU, QC, J8T 7W3
(819) 243-3211 SIC 6411
VANCOUVER ISLAND INSURANCENTRES INC p204
364 8th St Unit 109, COURTENAY, BC, V9N 1N3
(250) 338-1401 SIC 6411
VEZINA ASSURANCES INC p1089
4374 Av Pierre-De Coubertin Bureau 220, Montreal, QC, H1V 1A6
(514) 253-5221 SIC 6411
WEDGEWOOD INSURANCE LIMITED p437
15 Toulinquet St, TWILLINGATE, NL, A0G 4M0
SIC 6411
WESTERN FINANCIAL GROUP (NETWORK) INC p260
790 Central St E, PRINCE GEORGE, BC, V2M 3B7
(250) 565-4924 SIC 6411
WESTERN FINANCIAL GROUP INC p171
5300 47 Ave, TABER, AB, T1G 1R1
(403) 223-8123 SIC 6411
WESTLAND INSURANCE LIMITED PARTNERSHIP p288
2121 160 St Unit 200, SURREY, BC, V3Z 9N6
(604) 543-7788 SIC 6411
WFG SECURITIES OF CANADA INC p242
3260 Norwell Dr Suite 200, NANAIMO, BC, V9T 1X5
(250) 751-7595 SIC 6411
WHITLEY, DOUG INSURANCE BROKER LIMITED p944
41 Dundas St W, TRENTON, ON, K8V 3N9
(613) 392-1283 SIC 6411
WILLIS CANADA INC p933
100 King St W Suite 4700, TORONTO, ON, M5X 1K7
(416) 368-9641 SIC 6411
XL SPECIALTY INSURANCE COMPANY p909
100 Yonge St Ste 1200, TORONTO, ON, M5C 2W1
(416) 363-7818 SIC 6411
ZLC FINANCIAL GROUP LTD p309
666 Burrard St Suite 1200, VANCOUVER, BC, V6C 2X8
(604) 684-3863 SIC 6411
ZURICH CANADIAN HOLDINGS LIMITED p1114
1100 Boul Rene-Levesque O Bureau 1840, Montreal, QC, H3B 4N4
(514) 393-7222 SIC 6411
ZURICH INSURANCE COMPANY LTD p324
505 Burrard St Suite 2050, VANCOUVER,

BC, V7X 1M6
(604) 844-3407 SIC 6411
ZURICH INSURANCE COMPANY LTD p933
100 King St W Suite 5500, TORONTO, ON, M5X 2A1
(416) 586-3000 SIC 6411

SIC 6512 Nonresidential building operators

1388688 ONTARIO LIMITED p521
499 Main St S Suite 56, BRAMPTON, ON, L6Y 1N7
(905) 459-1337 SIC 6512
20 VIC MANAGEMENT INC p185
4567 Lougheed Hwy Suite 260, BURNABY, BC, V5C 3Z6
(604) 299-0606 SIC 6512
20 VIC MANAGEMENT INC p367
1225 St Mary's Rd Suite 86, WINNIPEG, MB, R2M 5E5
(204) 257-4449 SIC 6512
20 VIC MANAGEMENT INC p461
7001 Mumford Rd Suite 202, HALIFAX, NS, B3L 2H8
(902) 454-8666 SIC 6512
20 VIC MANAGEMENT INC p798
2121 Carling Ave Suite 201, OTTAWA, ON, K2A 1H2
(613) 725-1546 SIC 6512
20 VIC MANAGEMENT INC p812
1355 Kingston Rd Suite 20, PICKERING, ON, L1V 1B8
(905) 831-6066 SIC 6512
2046223 ONTARIO INC p482
31 Barr Rd Unit 14, AJAX, ON, L1S 3Y1
SIC 6512
4010205 CANADA INC p1115
1425 Boul Rene-Levesque O Bureau 406, Montreal, QC, H3G 1T7
SIC 6512
73559 ALBERTA LTD p30
5728 1 St Sw, CALGARY, AB, T2H 0E2
(403) 252-7651 SIC 6512
9130-1093 QUEBEC INC p1103
1001 Rue Du Square-Victoria Bureau 500, Montreal, QC, H2Z 2B5
(514) 841-7600 SIC 6512
9130-1093 QUEBEC INC p1246
805 Boul Frontenac E, THETFORD MINES, QC, G6G 6L5
(418) 338-6388 SIC 6512
9130-1093 QUEBEC INC p1246
805 Boul Frontenac E, THETFORD MINES, QC, G6G 6L5
(418) 338-6388 SIC 6512
9130-1168 QUEBEC INC p1103
1001 Rue Du Square-Victoria Bureau 500, Montreal, QC, H2Z 2B5
(514) 841-7600 SIC 6512
9130-1168 QUEBEC INC p1174
298 Boul Armand-Theriault Bureau 2, Riviere-du-Loup, QC, G5R 4C2
(418) 862-7848 SIC 6512
ALLDRITT DEVELOPMENT LIMITED p86
14310 111 Ave Nw Suite 305, EDMONTON, AB, T5M 3Z7
(780) 453-5631 SIC 6512
AQUILINI GROUP PROPERTIES LIMITED PARTNERSHIP p1101
208 Rue Saint-Antoine O, Montreal, QC, H2Y 0A6
(514) 288-8886 SIC 6512
ARCTURUS REALTY CORPORATION p936
100 Princes Blvd, TORONTO, ON, M6K 3C3
(416) 263-3034 SIC 6512
BEAUWARD SHOPPING CENTRES LTD p1194
3200 Boul Laframboise Bureau 1009, SAINT-HYACINTHE, QC, J2S 4Z5
(450) 773-8282 SIC 6512
BLACKWOOD PARTNERS CORPORATION p283
10153 King George Blvd Suite 2153, SUR-

REY, BC, V3T 2W1
(604) 587-7778 SIC 6512
BRANDT PROPERTIES LTD p1284
Hwy 1 E, REGINA, SK, S4P 3R8
(306) 525-1314 SIC 6512
BROOKFIELD PROPERTIES LTD p917
181 Bay St Suite 330, TORONTO, ON, M5J 2T3
(416) 369-2300 SIC 6512
CADILLAC FAIRVIEW CORPORATION LIMITED, THE p30
6455 Macleod Trail Sw Suite B1, CALGARY, AB, T2H 0K8
(403) 259-5241 SIC 6512
CADILLAC FAIRVIEW CORPORATION LIMITED, THE p58
3625 Shaganappi Trail Nw Unit 214, CALGARY, AB, T3A 0E2
(403) 286-8733 SIC 6512
CADILLAC FAIRVIEW CORPORATION LIMITED, THE p324
609 Granville St Suite 910, VANCOUVER, BC, V7Y 1H4
(604) 688-7236 SIC 6512
CADILLAC FAIRVIEW CORPORATION LIMITED, THE p494
509 Bayfield St Suite K003, BARRIE, ON, L4M 4Z8
(705) 726-9411 SIC 6512
CADILLAC FAIRVIEW CORPORATION LIMITED, THE p614
999 Upper Wentworth St Suite 145, HAMILTON, ON, L9A 4X5
(905) 387-4455 SIC 6512
CADILLAC FAIRVIEW CORPORATION LIMITED, THE p633
945 Gardiners Rd, KINGSTON, ON, K7M 7H4
(613) 389-7900 SIC 6512
CADILLAC FAIRVIEW CORPORATION LIMITED, THE p638
2960 Kingsway Dr, KITCHENER, ON, N2C 1X1
(519) 894-2450 SIC 6512
CADILLAC FAIRVIEW CORPORATION LIMITED, THE p660
1680 Richmond St Suite 23, LONDON, ON, N6G 3Y9
(519) 667-4884 SIC 6512
CADILLAC FAIRVIEW CORPORATION LIMITED, THE p670
5000 Highway 7 E, MARKHAM, ON, L3R 4M9
(905) 477-6600 SIC 6512
CADILLAC FAIRVIEW CORPORATION LIMITED, THE p705
5100 Erin Mills Pky Suite 235, MISSISSAUGA, ON, L5M 4Z5
(905) 569-1981 SIC 6512
CADILLAC FAIRVIEW CORPORATION LIMITED, THE p753
75 The Donway W Suite 910, NORTH YORK, ON, M3C 2E9
(416) 447-6087 SIC 6512
CADILLAC FAIRVIEW CORPORATION LIMITED, THE p906
220 Yonge St Suite 110, TORONTO, ON, M5B 2H1
(416) 598-8700 SIC 6512
CADILLAC FAIRVIEW CORPORATION LIMITED, THE p913
20 Queen St W Suite 500, TORONTO, ON, M5H 3R4
(416) 598-8200 SIC 6512
CADILLAC FAIRVIEW CORPORATION LIMITED, THE p922
66 Wellington St W Suite 3800, TORONTO, ON, M5K 1A1
(416) 869-1144 SIC 6512
CADILLAC FAIRVIEW CORPORATION LIMITED, THE p928
200 Front St W Suite 2207, TORONTO, ON, M5V 3K2
(416) 340-6615 SIC 6512

CADILLAC FAIRVIEW CORPORATION LIMITED, THE p992
7999 Boul Des Galeries D'anjou Bureau 2220, ANJOU, QC, H1M 1W6
(514) 353-4411 SIC 6512

CARREFOUR DE L'ESTRIE INC p1262
4141 Rue Sherbrooke O Bureau 400, WESTMOUNT, QC, H3Z 1B8
(514) 931-7261 SIC 6512

CORPORATION DU THEATRE L'ETOILE p1007
6000 Boul De Rome Bureau 240, BROSSARD, QC, J4Y 0B6
(450) 676-1030 SIC 6512

CORPORATION OF THE CITY OF VICTORIA, THE p331
720 Douglas St, VICTORIA, BC, V8W 3M7
(250) 361-1000 SIC 6512

CROMBIE DEVELOPMENTS LIMITED p400
1150 Prospect St Suite 535, FREDERICTON, NB, E3B 3C1
SIC 6512

CROMBIE DEVELOPMENTS LIMITED p433
48 Kenmount Rd, ST. JOHN'S, NL, A1B 1W3
(709) 753-7144 SIC 6512

CROMBIE DEVELOPMENTS LIMITED p457
2000 Barrington St Suite 1210, HALIFAX, NS, B3J 3K1
(902) 429-3660 SIC 6512

CROMBIE DEVELOPMENTS LIMITED p474
115 King St, STELLARTON, NS, B0K 0A2
(902) 755-4440 SIC 6512

D. P. MURPHY (NB) INC p415
400 Main St, SAINT JOHN, NB, E2K 4N5
(506) 642-2622 SIC 6512

DEVELOPPEMENT OLYMBEC INC p1205
333 Boul Decarie Bureau 500, SAINTLAURENT, QC, H4N 3M9
(514) 344-3334 SIC 6512

DEVELOPPEMENT OLYMBEC INC p1251
125 Rue Des Forges Bureau 200, Trois-Rivieres, QC, G9A 2G7
(819) 374-7526 SIC 6512

DUPONT REALTY INC p1141
6000 Aut Transcanadienne, POINTECLAIRE, QC, H9R 1B9
(514) 697-8840 SIC 6512

EMBERS SERVICES LIMITED p655
80 Dufferin Ave, LONDON, ON, N6A 1K4
(519) 672-4510 SIC 6512

ENTREPRISE DE CONSTRUCTION GASTON MORIN LTEE p1023
310 Rue De Quen, DOLBEAU-MISTASSINI, QC, G8L 5N1
(418) 276-4166 SIC 6512

FEDERAL LEASING CORPORATION LTD p1111
1010 Rue Sainte-Catherine O Bureau 1200, Montreal, QC, H3B 3S3
(514) 282-1155 SIC 6512

FORTIS PROPERTIES CORPORATION p458
1496 Hollis St, HALIFAX, NS, B3J 3Z1
(902) 423-4444 SIC 6512

GUILDFORD TOWN CENTRE LIMITED PARTNERSHIP p280
2695 Guildford Town Ctr, SURREY, BC, V3R 7C1
(604) 582-7101 SIC 6512

IMMEUBLES CARREFOUR RICHELIEU LTEE, LES p1059
7077 Boul Newman Bureau 1, LASALLE, QC, H8N 1X1
(514) 363-9413 SIC 6512

IVANHOE CAMBRIDGE II INC. p109
5015 111 St Nw Suite 51, EDMONTON, AB, T6H 4M6
(780) 435-3721 SIC 6512

IVANHOE CAMBRIDGE II INC. p540
900 Maple Ave, BURLINGTON, ON, L7S 2J8
(905) 681-2900 SIC 6512

IVANHOE CAMBRIDGE II INC. p559
1 Bass Pro Mills Dr Suite A1, CONCORD, ON, L4K 5W4

(905) 879-1777 SIC 6512

IVANHOE CAMBRIDGE INC p35
11012 Macleod Trail Se Suite 750, CALGARY, AB, T2J 6A5
(403) 278-8588 SIC 6512

IVANHOE CAMBRIDGE INC p191
4720 Kingsway Suite 604, BURNABY, BC, V5H 4N2
(604) 438-4715 SIC 6512

IVANHOE CAMBRIDGE INC p300
650 41st Ave W Suite 700, VANCOUVER, BC, V5Z 2M9
(604) 263-2672 SIC 6512

IVANHOE CAMBRIDGE INC p1106
770 Rue Sherbrooke O Bureau 540, Montreal, QC, H3A 1G1
(514) 861-9393 SIC 6512

IVANHOE CAMBRIDGE INC p1112
1000 Rue De La Gauchetiere O Bureau 610, Montreal, QC, H3B 4W5
(514) 395-1000 SIC 6512

LANSDOWNE MALL INC p810
645 Lansdowne St W, PETERBOROUGH, ON, K9J 7Y5
(705) 748-2961 SIC 6512

LARCO INVESTMENTS LTD p338
2002 Park Royal S, WEST VANCOUVER, BC, V7T 2W4
(604) 925-9547 SIC 6512

LOBLAW PROPERTIES LIMITED p522
1 Presidents Choice Cir, BRAMPTON, ON, L6Y 5S5
(905) 459-2500 SIC 6512

LOBLAW PROPERTIES LIMITED p810
769 Borden Ave, PETERBOROUGH, ON, K9J 0B6
(705) 748-6020 SIC 6512

MAGIL LAURENTIENNE GESTION IMMOBILIERE INC p1126
800 Rue Du Square-Victoria Bureau 4120, Montreal, QC, H4Z 1A1
(514) 875-6010 SIC 6512

MILMAN INDUSTRIES INC p870
2502 Elm St, SUDBURY, ON, P3E 4R6
(705) 682-9277 SIC 6512

MINTO PROPERTIES INC p791
180 Kent St Suite 200, OTTAWA, ON, K1P 0B6
(613) 786-3000 SIC 6512

MORGUARD INVESTMENTS LIMITED p200
2929 Barnet Hwy Suite 2201, COQUITLAM, BC, V3B 5R5
(604) 464-1511 SIC 6512

MORGUARD INVESTMENTS LIMITED p345
1570 18th St Suite 61, BRANDON, MB, R7A 5C5
(204) 728-3255 SIC 6512

MORGUARD INVESTMENTS LIMITED p515
25 Peel Centre Dr Suite 127, BRAMPTON, ON, L6T 3R5
(905) 793-4682 SIC 6512

MORGUARD INVESTMENTS LIMITED p742
1500 Fisher St Suite 200, NORTH BAY, ON, P1B 2H3
(705) 472-8110 SIC 6512

MORGUARD INVESTMENTS LIMITED p787
1200 St. Laurent Blvd Suite 199, OTTAWA, ON, K1K 3B8
(613) 745-6858 SIC 6512

MORGUARD INVESTMENTS LIMITED p1292
3510 8th St E Suite 10, SASKATOON, SK, S7H 0W6
(306) 955-6611 SIC 6512

ORLANDO CORPORATION p747
2901 Bayview Ave Suite 32, NORTH YORK, ON, M2K 1E6
(416) 226-0404 SIC 6512

OXFORD PROPERTIES GROUP INC p47
300-205 5 Ave Sw, CALGARY, AB, T2P 2V7
(403) 261-0621 SIC 6512

OXFORD PROPERTIES GROUP INC p76
320 Kingsway Garden Mall Nw Suite 320, EDMONTON, AB, T5G 3A6

(780) 479-5955 SIC 6512

OXFORD PROPERTIES GROUP INC p312
1055 Hastings St W Suite 1850, VANCOUVER, BC, V6E 2E9
(604) 893-3200 SIC 6512

OXFORD PROPERTIES GROUP INC p793
350 Albert St Suite 200, OTTAWA, ON, K1R 1A4
(613) 594-0238 SIC 6512

OXFORD PROPERTIES GROUP INC p902
160 Bloor St E Unit 1000, TORONTO, ON, M4W 1B9
(416) 927-7274 SIC 6512

OXFORD PROPERTIES GROUP INC p920
200 Bay St Suite 900, TORONTO, ON, M5J 2J2
(416) 865-8300 SIC 6512

OXFORD PROPERTIES GROUP INC p920
10 Bay St Suite 810, TORONTO, ON, M5J 2R8
(416) 360-4611 SIC 6512

OXFORD PROPERTIES GROUP INC p930
315 Front St W Suite 1, TORONTO, ON, M5V 3A4
(416) 408-5551 SIC 6512

OXFORD PROPERTIES GROUP INC p1112
1250 Boul Rene-Levesque O Bureau 410, Montreal, QC, H3B 4W8
(514) 939-7229 SIC 6512

PARK ROYAL SHOPPING CENTRE HOLDINGS LTD p338
100 Park Royal S Suite 100, WEST VANCOUVER, BC, V7T 1A2
(604) 925-2700 SIC 6512

PLACEMENTS PAMBEC INC p1161
2846 Rue Jules-Dallaire, Quebec, QC, G1V 2J8
(418) 651-6905 SIC 6512

PLAZACORP RETAIL PROPERTIES LTD p995
90 Rue Morgan Bureau 200, Baie-D'Urfe, QC, H9X 3A8
(514) 457-7007 SIC 6512

POLARIS REALTY (CANADA) LIMITED p1113
800 Boul Rene-Levesque O Bureau 1125, Montreal, QC, H3B 1X9
(514) 861-5501 SIC 6512

POMERLEAU INC p1161
1175 Av Lavigerie Bureau 50, Quebec, QC, G1V 4P1
(418) 626-2314 SIC 6512

PROMANAC SERVICES IMMOBILIERS (1992) LTEE p1103
500 Place D'armes Bureau 2300, Montreal, QC, H2Y 2W2
(514) 282-7654 SIC 6512

PROMENADES DE L'OUTAOUAIS LTD, LES p1036
1100 Boul Maloney O, GATINEAU, QC, J8T 6G3
(819) 205-1340 SIC 6512

SEARS CANADA INC p1286
1720 Hamilton St Suite 100, REGINA, SK, S4P 4A5
(306) 569-1344 SIC 6512

SECOND REAL PROPERTIES LIMITED p611
100 King St, HAMILTON, ON, L8P 1A2
(905) 522-3501 SIC 6512

SHAWA ENTERPRISES CORP p1113
1250 Rue University Bureau 921, Montreal, QC, H3B 3B8
SIC 6512

SLEEPING BAY BUILDING CORP p145
3292 Dunmore Rd Se Suite F7, MEDICINE HAT, AB, T1B 2R4
(403) 526-4888 SIC 6512

SMARTREIT MANAGEMENT INC p562
700 Applewood Cres Suite 100, CONCORD, ON, L4K 5X3
(905) 760-6200 SIC 6512

SOCIETE QUEBECOISE DES INFRASTRUCTURES p1094

600 Rue Fullum Bureau 1105, Montreal, QC, H2K 4L1
(514) 873-6504 SIC 6512

SOCIETE QUEBECOISE DES INFRASTRUCTURES p1103
445 Rue Saint-Gabriel, Montreal, QC, H2Y 3A2
(514) 873-5485 SIC 6512

SOCIETE QUEBECOISE DES INFRASTRUCTURES p1103
1 Rue Notre-Dame E Bureau 1165, Montreal, QC, H2Y 1B6
(514) 873-6316 SIC 6512

SOCIETE QUEBECOISE DES INFRASTRUCTURES p1156
2700 Rue Einstein Bureau Erc130, Quebec, QC, G1P 3W8
(418) 643-7846 SIC 6512

SOCIETE QUEBECOISE DES INFRASTRUCTURES p1158
675 Boul Rene-Levesque E Bureau 500, Quebec, QC, G1R 5V7
(418) 644-2040 SIC 6512

SOCIETE QUEBECOISE DES INFRASTRUCTURES p1251
100 Rue Laviolette Bureau Rc 01, Trois-Rivieres, QC, G9A 5S9
(819) 371-6035 SIC 6512

TIDAN INC p415
212 Mcallister Dr Suite 102, SAINT JOHN, NB, E2J 2S7
(506) 649-4444 SIC 6512

TRIOVEST REALTY ADVISORS INC p565
1 Water St E, CORNWALL, ON, K6H 6M2
(613) 938-2118 SIC 6512

TRIOVEST REALTY ADVISORS INC p606
75 Centennial Pky N, HAMILTON, ON, L8E 2P2
(905) 561-2444 SIC 6512

TRIOVEST REALTY ADVISORS INC p1108
999 Boul De Maisonneuve O Bureau 800, Montreal, QC, H3A 3L4
(514) 879-1597 SIC 6512

VAUGHAN PROMENADE SHOPPING CENTRE INC p875
1 Promenade Cir Suite 316, THORNHILL, ON, L4J 4P8
(905) 764-0022 SIC 6512

WESBILD HOLDINGS LTD p309
666 Burrard St Suite 2650, VANCOUVER, BC, V6C 2X8
(604) 694-8800 SIC 6512

WESGROUP PROPERTIES LIMITED PARTNERSHIP p324
1055 Dunsmuir St Suite 2000, VANCOUVER, BC, V7X 1J1
(604) 632-1727 SIC 6512

WESTCLIFF DEVELOPMENT LTD p1108
600 Boul De Maisonneuve O Bureau 2600, Montreal, QC, H3A 3J2
(514) 499-8300 SIC 6512

WESTCLIFF MANAGEMENT LTD p1041
40 Rue Evangeline, GRANBY, QC, J2G 8K1
(450) 378-5598 SIC 6512

WESTCLIFF MANAGEMENT LTD p1060
7077 Boul Newman, LASALLE, QC, H8N 1X1
(514) 363-9413 SIC 6512

WESTCLIFF MANAGEMENT LTD p1201
900 Boul Grignon Bureau 4, Saint-Jerome, QC, J7Y 3S7
(450) 431-0042 SIC 6512

WESTCLIFF MANAGEMENT LTD p1244
1185 Boul Moody Unite 552, TERREBONNE, QC, J6W 3Z5
(450) 471-9726 SIC 6512

WITTINGTON PROPERTIES LIMITED p900
22 St Clair Ave E Suite 400, TORONTO, ON, M4T 2S3
(416) 967-7923 SIC 6512

SIC 6513 Apartment building operators

SIC 6513 Apartment building operators

1230172 ONTARIO INC p799
110 Central Park Dr Suite 512, OTTAWA, ON, K2C 4G3
(613) 727-2773   SIC 6513

1716530 ONTARIO INC p727
22 Barnstone Dr, NEPEAN, ON, K2G 2P9
(613) 843-9887   SIC 6513

488491 ONTARIO INC p772
355 Broadway Suite 1, ORANGEVILLE, ON, L9W 3Y3
(519) 941-5161   SIC 6513

678114 ONTARIO INC p769
380 Sherin Dr, Oakville, ON, L6L 4J3
(905) 847-1413   SIC 6513

9095-1302 QUEBEC INC p1035
60 Rue De La Futaie Bureau 512, GATINEAU, QC, J8T 8P5
(819) 568-2355   SIC 6513

ALL SENIORS CARE LIVING CENTRES LTD p64
21 Auburn Bay St Se Suite 428, CALGARY, AB, T3M 2A9
(403) 234-9695   SIC 6513

ALL SENIORS CARE LIVING CENTRES LTD p901
175 Bloor St E Suite 601, TORONTO, ON, M4W 3R8
(416) 323-3773   SIC 6513

ALL SENIORS CARE LIVING CENTRES LTD p1284
1535 Anson Rd Suite 140, REGINA, SK, S4P 0C2
(306) 565-0515   SIC 6513

AMICA AT WINDSOR p966
4909 Riverside Dr E Suite 207, WINDSOR, ON, N8Y 0A4
(519) 948-5500   SIC 6513

AON INC p808
131 Charlotte St Suite 333, PETERBOROUGH, ON, K9J 2T6
(705) 876-1314   SIC 6513

BEACH ARMS RETIREMENT LODGE INC p895
505 Kingston Rd, TORONTO, ON, M4L 1V5
(416) 698-0414   SIC 6513

CALLING FOUNDATION, THE p317
2740 King Edward Ave W Suite 233, VANCOUVER, BC, V6L 3H5
(604) 737-1125   SIC 6513

CANMARC REIT p450
11 Akerley Blvd Suite 200, DARTMOUTH, NS, B3B 0H1
SIC 6513

CHARTWELL MASTER CARE LP p59
1945 Veteran's Way Nw, CALGARY, AB, T3B 5Y7
(587) 287-3937   SIC 6513

CHARTWELL MASTER CARE LP p238
32700 Seventh Ave, MISSION, BC, V2V 2C1
(604) 826-4747   SIC 6513

CHARTWELL MASTER CARE LP p875
784 Centre St, THORNHILL, ON, L4J 9G7
(905) 771-1013   SIC 6513

CHARTWELL RETIREMENT RESIDENCES p597
300 Muskoka Rd N Suite 308, GRAVENHURST, ON, P1P 1N8
(705) 687-3356   SIC 6513

CHARTWELL RETIREMENT RESIDENCES p723
3 Fifth St W, MORRISBURG, ON, K0C 1X0
(613) 543-3984   SIC 6513

CHARTWELL RETIREMENT RESIDENCES p733
17290 Leslie St Suite 1, NEWMARKET, ON, L3Y 3E1
(905) 967-1331   SIC 6513

CHARTWELL RETIREMENT RESIDENCES p875
784 Centre St Suite 404, THORNHILL, ON, L4J 9G7
(905) 771-1013   SIC 6513

CHARTWELL RETIREMENT RESIDENCES p955

163 First Ave, WELLAND, ON, L3C 0A3
(905) 735-5333   SIC 6513

CHARTWELL SENIORS HOUSING REAL ESTATE INVESTMENT TRUST p325
4751 23 St, VERNON, BC, V1T 4K7
(250) 545-5704   SIC 6513

CHARTWELL SENIORS HOUSING REAL ESTATE INVESTMENT TRUST p490
145 Murray Dr, AURORA, ON, L4G 2C7
(905) 841-2777   SIC 6513

CHARTWELL SENIORS HOUSING REAL ESTATE INVESTMENT TRUST p501
1700 County Rd 22, BELLE RIVER, ON, N0R 1A0
(519) 727-0034   SIC 6513

CHARTWELL SENIORS HOUSING REAL ESTATE INVESTMENT TRUST p736
3584 Bridgewater St, NIAGARA FALLS, ON, L2G 6H1
(905) 295-6288   SIC 6513

COMMUNITY LIFECARE INC p658
81 Grand Ave, London, ON, N6C 1M2
(519) 432-1162   SIC 6513

COUNTY STETTLER HOUSING AUTHORITY, THE p168
611 50th Ave, STETTLER, AB, T0C 2L1
(403) 742-9220   SIC 6513

CROWN RIDGE HEALTH CARE SERVICES INC p725
328 Dundas St W Suite 222, NAPANEE, ON, K7R 4B5
(613) 354-8188   SIC 6513

CSH FOUR TEDDINGTON PARK INC p896
4 Teddington Park Ave, TORONTO, ON, M4N 2C3
(416) 481-2986   SIC 6513

CSH PARKWAY INC p812
1645 Pickering Pky, PICKERING, ON, L1V 7E9
(905) 426-6603   SIC 6513

DIVERSICARE CANADA MANAGEMENT SERVICES CO., INC p54
1111 Glenmore Trail Sw, CALGARY, AB, T2V 4C9
(403) 253-7576   SIC 6513

DIVERSICARE CANADA MANAGEMENT SERVICES CO., INC p567
1460 Highway 2, COURTICE, ON, L1E 3C4
(905) 579-0800   SIC 6513

DIVERSICARE CANADA MANAGEMENT SERVICES CO., INC p736
5781 Dunn St, NIAGARA FALLS, ON, L2G 2N9
(905) 354-2733   SIC 6513

DIVERSICARE CANADA MANAGEMENT SERVICES CO., INC p859
45 Metcalfe St, ST THOMAS, ON, N5R 5Y1
(519) 631-9393   SIC 6513

DIVERSICARE CANADA MANAGEMENT SERVICES CO., INC p863
40 Freel Lane Suite 412, STOUFFVILLE, ON, L4A 0P5
(905) 642-2902   SIC 6513

DYMON STORAGE CORPORATION p794
920 Bank St Suite 711, OTTAWA, ON, K1S 1M8
(613) 230-9900   SIC 6513

EMPIRE LIVING CENTRE INC p741
425 Fraser St Suite 505, NORTH BAY, ON, P1B 3X1
(705) 474-9555   SIC 6513

F. D. L. COMPAGNIE LTEE p1106
455 Rue Sherbrooke O, Montreal, QC, H3A 1B7
(514) 284-3634   SIC 6513

GESTION IMMOBILIERE LUC MAURICE INC p1231
25 Rue Du Marche Bureau 435, SAINTE-THERESE, QC, J7E 5T2
(450) 433-6544   SIC 6513

HOMESTEAD LAND HOLDINGS LIMITED p798
2001 Carling Ave, OTTAWA, ON, K2A 3W5
(613) 729-4115   SIC 6513

ICORR PROPERTIES MANAGEMENT INC p655
700 Richmond St Suite 100, LONDON, ON, N6A 5C7
(519) 432-1888   SIC 6513

IDEA PARTNER MARKETING INC, THE p317
2799 Yew St, VANCOUVER, BC, V6K 4W2
(604) 736-1640   SIC 6513

KBK NO 51 VENTURES LTD p312
1128 Alberni St, VANCOUVER, BC, V6E 4R6
(604) 683-1399   SIC 6513

KILLAM PROPERTIES INC p407
1111 Main St Suite 207, MONCTON, NB, E1C 1H3
(506) 857-0066   SIC 6513

KILLAM PROPERTIES INC p416
55 Magazine St Suite 101, SAINT JOHN, NB, E2K 2S5
(506) 652-7368   SIC 6513

KILLAM PROPERTIES INC p449
171 Victoria Rd Unit 6, DARTMOUTH, NS, B3A 1W1
(902) 464-3786   SIC 6513

KINGSWAY ARMS MANAGEMENT (AT CARLETON PLACE) INC p549
6 Arthur St, CARLETON PLACE, ON, K7C 4S4
(613) 253-7360   SIC 6513

L'ANCIEN PENSIONNAT COTE-SAINT-PAUL INC p1123
1734 Av De L'Eglise, Montreal, QC, H4E 1G5
(514) 903-1734   SIC 6513

L'INDUSTRIELLE-ALLIANCE SERVICES IMMOBILIERS INC p1163
3810 Rue De Marly, Quebec, QC, G1X 4B1
(418) 651-7308   SIC 6513

LARLYN PROPERTY MANAGEMENT LIMITED p716
7370 Bramalea Rd Unit 20, MISSISSAUGA, ON, L5S 1N6
(905) 672-3355   SIC 6513

MACLAB ENTERPRISES CORPORATION p81
10205 100 Ave Nw Suite 3400, EDMONTON, AB, T5J 4B5
(780) 420-4000   SIC 6513

MAINSTREET EQUITY CORP p28
305 10 Ave Se, CALGARY, AB, T2G 0W2
(403) 215-6060   SIC 6513

MASTERPIECE INC p156
3100 22 St, RED DEER, AB, T4R 3N7
(403) 341-5522   SIC 6513

METROPOLITAN REGIONAL HOUSING AUTHORITY p463
2 Indigo Walk, HALIFAX, NS, B3R 1G2
(902) 420-6049   SIC 6513

MORGUARD CORPORATION p696
3665 Arista Way Suite 2026, MISSISSAUGA, ON, L5A 4A3
(905) 896-6500   SIC 6513

NANAIMO SENIORS VILLAGE VENTURES LTD p242
6085 Uplands Dr, NANAIMO, BC, V9V 1T8
(250) 760-2325   SIC 6513

OTEL ENTERPRISES INC p592
222 Mountainview Rd N, GEORGETOWN, ON, L7G 3R2
(905) 877-1800   SIC 6513

PACIFICA RESORT LIVING RETIREMENT, THE p290
2525 King George Blvd, SURREY, BC, V4P 0C8
(604) 535-9194   SIC 6513

PLACEMENTS ROCKHILL LTEE, LES p1121
4858 Ch De La Cote-Des-Neiges Bureau 503, Montreal, QC, H3V 1G8
(514) 738-4704   SIC 6513

QUEEN'S SQUARE TERRACE p545
201 43-10 Melville St N, CAMBRIDGE, ON, N1S 1H5
(519) 621-2777   SIC 6513

RESIDENCE FLORALIES LASALLE INC p1060

8200 Rue George, LASALLE, QC, H8P 3T6
(514) 363-8200   SIC 6513

RESIDENCES ALLEGRO, S.E.C., LES p284
13853 102 Ave Suite 213, SURREY, BC, V3T 5P6
(604) 581-1555   SIC 6513

RESIDENCES ALLEGRO, S.E.C., LES p886
65 Livingston Rd, TORONTO, ON, M1E 1L1
(416) 264-4348   SIC 6513

RESIDENCES ALLEGRO, S.E.C., LES p966
590 Grand Marais Rd E, WINDSOR, ON, N8X 3H4
(519) 969-0330   SIC 6513

REVERA INC p48
301 7 St Sw, CALGARY, AB, T2P 1Y6
(403) 269-3114   SIC 6513

REVERA INC p145
223 Park Meadows Dr Se Suite 127, MEDICINE HAT, AB, T1B 4K7
(403) 504-5123   SIC 6513

REVERA INC p227
863 Leon Ave Suite 204, KELOWNA, BC, V1Y 9V4
(250) 860-0725   SIC 6513

REVERA INC p289
16028 83 Ave Suite 332, SURREY, BC, V4N 0N2
(604) 590-2889   SIC 6513

REVERA INC p339
2095 Marine Dr Suite 126, WEST VANCOUVER, BC, V7V 4V5
(604) 922-7616   SIC 6513

REVERA INC p388
125 Portsmouth Blvd, WINNIPEG, MB, R3P 2M3
(204) 284-5432   SIC 6513

REVERA INC p489
15 Arthur St, ARNPRIOR, ON, K7S 1A1
(613) 623-0414   SIC 6513

REVERA INC p535
500 Appleby Line Suite 119, BURLINGTON, ON, L7L 5Z6
(905) 333-1611   SIC 6513

REVERA INC p598
85 Main St E, GRIMSBY, ON, L3M 1N6
(905) 945-7044   SIC 6513

REVERA INC p617
101 10th St Suite 2006, HANOVER, ON, N4N 1M9
(519) 364-4320   SIC 6513

REVERA INC p643
20 Fieldgate St, KITCHENER, ON, N2M 5K3
(519) 741-0221   SIC 6513

REVERA INC p657
279 Horton St E Suite 405, LONDON, ON, N6B 1L3
(519) 434-4544   SIC 6513

REVERA INC p691
1500 Rathburn Rd E, MISSISSAUGA, ON, L4W 4L7
(905) 238-0800   SIC 6513

REVERA INC p738
7860 Lundy's Lane Suite 205, NIAGARA FALLS, ON, L2H 1H1
(905) 356-1511   SIC 6513

REVERA INC p760
3705 Bathurst St, NORTH YORK, ON, M6A 2E8
(416) 789-7670   SIC 6513

REVERA INC p860
1354 Stittsville Main St Suite 102, STITTSVILLE, ON, K2S 1V4
(613) 836-2216   SIC 6513

REVERA INC p900
54 Foxbar Rd, TORONTO, ON, M4V 2G6
(416) 968-1331   SIC 6513

REVERA INC p933
1035 Eglinton Ave W Suite 302, TORONTO, ON, M6C 2C8
(416) 787-5626   SIC 6513

REVERA INC p955
110 First St, WELLAND, ON, L3B 4S2
(905) 735-3322   SIC 6513

REVERA INC p1309

94 Russell Dr, YORKTON, SK, S3N 3W2
(306) 782-5552   SIC 6513
SCHLEGEL VILLAGES INC p603
60 Woodlawn Rd E, GUELPH, ON, N1H 8M8
(519) 822-5272   SIC 6513
SHELTER CANADIAN PROPERTIES LIMITED p36
10325 Bonaventure Dr Se Suite 400, CALGARY, AB, T2J 5R8
(403) 271-0041   SIC 6513
SHELTER CANADIAN PROPERTIES LIMITED p386
7 Evergreen Pl Suite 2600, WINNIPEG, MB, R3L 2T3
(204) 474-5975   SIC 6513
SIFTON PROPERTIES LIMITED p663
600 Longworth Rd Suite 118, LONDON, ON, N6K 4X9
(519) 472-1115   SIC 6513
SILVERADO LAND CORP p263
292 Crescent Rd E, QUALICUM BEACH, BC, V9K 0A5
(250) 752-5776   SIC 6513
SOCIETE DE GESTION COGIR INC p1078
701 Ch Du Richelieu Bureau 139, MCMASTERVILLE, QC, J3G 6T5
(450) 467-7667   SIC 6513
SOCIETE DE GESTION COGIR INC p1159
650 Av Murray, Quebec, QC, G1S 4V8
(418) 527-7001   SIC 6513
SOCIETE DE GESTION COGIR S.E.N.C. p1070
70 Rue Levis, LONGUEUIL, QC, J4H 4C2
(450) 442-4221   SIC 6513
SOCIETE DE GESTION COGIR S.E.N.C. p1071
100 Boul La Fayette Unite 426, LONGUEUIL, QC, J4K 5H6
(450) 674-8111   SIC 6513
SPECIALTY CARE INC p499
44 Donald St Suite 229, BARRIE, ON, L4N 1E3
(705) 722-5750   SIC 6513
SPECIALTY CARE INC p548
18 Trent Dr Rr 1, CAMPBELLFORD, ON, K0L 1L0
(705) 653-3100   SIC 6513
STEEVES & ROZEMA ENTERPRISES LIMITED p551
850 Grand Ave W Suite 116, CHATHAM, ON, N7L 5H5
(519) 351-7220   SIC 6513
STEEVES & ROZEMA ENTERPRISES LIMITED p643
44 Lanark Cres Suite 101, KITCHENER, ON, N2N 2Z8
(519) 743-0121   SIC 6513
STEEVES & ROZEMA ENTERPRISES LIMITED p829
711 Indian Rd N, SARNIA, ON, N7T 7Z5
(519) 332-8877   SIC 6513
TEN TEN SINCLAIR HOUSING INC p385
299 Queen St Suite 208, WINNIPEG, MB, R3J 3V5
(204) 885-7519   SIC 6513
TIDAN INC p418
100 Prince Edward St, SAINT JOHN, NB, E2L 4M5
(506) 649-4445   SIC 6513
UNIVERSAL PROPERTY MANAGEMENT LIMITED p457
5415 Victoria Rd Suite 214, HALIFAX, NS, B3H 4K5
(902) 830-1863   SIC 6513
WHISKI JACK RESORTS LTD p340
4319 Main St Suite 104, WHISTLER, BC, V0N 1B4
SIC 6513

SIC 6514 Dwelling operators, except apartments

EVANGELICAL HOUSING SOCIETY OF ALBERTA p143
2801 13 Ave Se, Medicine Hat, AB, T1A 3R1
(403) 526-6951   SIC 6514
GATEWAY HOMES INC p451
1000 Windmill Rd Suite 17, Dartmouth, NS, B3B 1L7
(902) 454-0145   SIC 6514
HEART RIVER HOUSING p130
4600 Pleasant View Dr, High Prairie, AB, T0G 1E0
(780) 523-5282   SIC 6514
MASTER AND FELLOWS OF MASSEY COLLEGE, THE p926
4 Devonshire Pl, TORONTO, ON, M5S 2E1
(416) 978-2892   SIC 6514

SIC 6519 Real property lessors, nec

123179 CANADA INC p1109
1117 Rue Sainte-Catherine O Bureau 303, Montreal, QC, H3B 1H9
(514) 844-2612   SIC 6519
ARTIS US HOLDINGS II GP, INC p376
360 Main St Suite 300, WINNIPEG, MB, R3C 3Z3
(204) 947-1250   SIC 6519
ARTIS US HOLDINGS II, LLC p376
360 Main Street Suite 300, WINNIPEG, MB, R3C 3Z3
(204) 494-1250   SIC 6519
CONCORDE GROUP CORP p1292
1171 8th St E, SASKATOON, SK, S7H 0S3
(306) 668-3000   SIC 6519
ENTERPRISE UNIVERSAL INC p52
2210 2 St Sw Unit B250, CALGARY, AB, T2S 3C3
(403) 228-4431   SIC 6519
ERSKINE GREEN LIMITED p751
1 Valleybrook Dr Suite 201, NORTH YORK, ON, M3B 2S7
(416) 487-3883   SIC 6519
GOUVERNEMENT DE LA PROVINCE DE QUEBEC p1080
142 Rue Godard, MONT-LAURIER, QC, J9L 3T7
(819) 623-5781   SIC 6519
MORGUARD CORPORATION p793
350 Sparks St Suite 402, OTTAWA, ON, K1R 7S8
(613) 237-6373   SIC 6519
ONTREA INC p823
9350 Yonge St Suite 205, RICHMOND HILL, ON, L4C 5G2
(905) 883-1400   SIC 6519
RESSOURCES MSV INC p1113
1155 Boul Robert-Bourassa Unite 1405, Montreal, QC, H3B 3A7
(418) 748-7691   SIC 6519
SASKATCHEWAN OPPORTUNITIES CORPORATION p1289
10 Research Dr Suite 140, REGINA, SK, S4S 7J7
(306) 798-7275   SIC 6519
SASKATCHEWAN OPPORTUNITIES CORPORATION p1303
15 Innovation Blvd Suite 114, SASKATOON, SK, S7N 2X8
(306) 933-6295   SIC 6519
TRIOVEST REALTY ADVISORS INC p82
10025 Jasper Ave Nw Suite 48, EDMONTON, AB, T5J 2B8
(780) 990-1768   SIC 6519
VARIETES LNJF INC p1054
84 5e Av E Bureau 73, LA SARRE, QC, J9Z 1K9
(819) 333-5458   SIC 6519
WALTON INTERNATIONAL GROUP INC p82
10060 Jasper Ave Nw Suite 1450, Edmonton, AB, T5J 3R8
SIC 6519

SIC 6531 Real estate agents and managers

20 VIC MANAGEMENT INC p39
333 7 Ave Sw Suite 900, CALGARY, AB, T2P 2Z1
(403) 441-4901   SIC 6531
20 VIC MANAGEMENT INC p856
221 Glendale Ave, ST CATHARINES, ON, L2T 2K9
(905) 687-6622   SIC 6531
285 PEMBINA INC p386
285 Pembina Hwy, WINNIPEG, MB, R3L 2E1
(204) 284-0802   SIC 6531
4010205 CANADA INC p1071
1010 Rue De Serigny, LONGUEUIL, QC, J4K 5G7
(450) 651-3702   SIC 6531
4395612 MANITOBA LTD p387
1450 Corydon Ave Suite 2, WINNIPEG, MB, R3N 0J3
(204) 989-5000   SIC 6531
501420 NB INC p408
320b Edinburgh Dr, MONCTON, NB, E1E 2L1
(506) 383-3305   SIC 6531
501420 NB INC p413
103 Hampton Rd, ROTHESAY, NB, E2E 3L3
(506) 847-2020   SIC 6531
501420 NB INC p461
7075 Bayers Rd Suite 216, HALIFAX, NS, B3L 2C2
(902) 453-1700   SIC 6531
501420 NB INC p470
8999 Commercial St, NEW MINAS, NS, B4N 3E3
(902) 681-4663   SIC 6531
8TH AVENUE ELITE REALTY LTD p281
15252 32 Ave Unit 210, SURREY, BC, V3S 0R7
SIC 6531
9059-2114 QUEBEC INC p1067
8389 Av Sous-Le-Vent Bureau 300, Levis, QC, G6X 1K7
(418) 832-2222   SIC 6531
9065-0805 QUEBEC INC p1047
2395 Rue Saint-Dominique, Jonquiere, QC, G7X 6L1
(418) 542-7587   SIC 6531
9081-3239 QUEBEC INC p1147
7100 Boul Henri-Bourassa, Quebec, QC, G1H 3E4
(418) 627-5517   SIC 6531
9123-2017 QUEBEC INC p1117
1982 Rue Notre-Dame O Bureau 2, Montreal, QC, H3J 1M8
SIC 6531
9291-5487 QUEBEC INC p1008
4305 Boul Lapiniere Bureau 100, BROSSARD, QC, J4Z 3H8
(450) 677-0007   SIC 6531
A&M REALTY PARTNERS INC p313
1500 Georgia St W Suite 1750, VANCOUVER, BC, V6G 2Z6
(604) 909-2111   SIC 6531
ALTUS GROUP LIMITED p1109
1100 Boul Rene-Levesque O Bureau 1600, Montreal, QC, H3B 4N4
(514) 392-7700   SIC 6531
ARBOR MEMORIAL SERVICES INC p408
1167 Salisbury Rd, MONCTON, NB, E1E 3V9
(506) 858-9470   SIC 6531
ARBOR MEMORIAL SERVICES INC p483
1757 Church St N, AJAX, ON, L1T 4R3
(905) 428-2051   SIC 6531
ARBOR MEMORIAL SERVICES INC p483
541 Taunton Rd W, AJAX, ON, L1T 4T2
(289) 275-2047   SIC 6531
ARBOR MEMORIAL SERVICES INC p612
1895 Main St W, HAMILTON, ON, L8S 1J2
(905) 528-1128   SIC 6531
ARBOR MEMORIAL SERVICES INC p649
2001 Dundas St, LONDON, ON, N5V 1P6

(519) 451-2410   SIC 6531
ARBOR MEMORIAL SERVICES INC p1141
701 Av Donegani, POINTE-CLAIRE, QC, H9R 5G6
(514) 694-9294   SIC 6531
ARBOR MEMORIAL SERVICES INC p1284
Po Box 4620 Stn Main, REGINA, SK, S4P 3Y3
(306) 791-6777   SIC 6531
ARCTURUS REALTY CORPORATION p1090
4100 Rue Molson Bureau 340, Montreal, QC, H1Y 3N1
(514) 737-8635   SIC 6531
AVISON YOUNG COMMERCIAL REAL ESTATE (ONTARIO) INC p697
77 City Centre Dr Suite 301, MISSISSAUGA, ON, L5B 1M5
(905) 712-2100   SIC 6531
BANK OF NOVA SCOTIA, THE p917
61 Front St W Suite 120, TORONTO, ON, M5J 1E5
(416) 866-7871   SIC 6531
BANQUE NATIONALE DU CANADA p1109
1100 Boul Robert-Bourassa Bureau 12e, Montreal, QC, H3B 3A5
(514) 394-5000   SIC 6531
BARRHEAD & DISTRICT SOCIAL HOUSING ASSOCIATION p5
4321 52 Ave, BARRHEAD, AB, T7N 1M6
(780) 674-2787   SIC 6531
BC HOUSING MANAGEMENT COMMISSION p178
31935 South Fraser Way Suite 240, ABBOTSFORD, BC, V2T 5N7
(604) 850-5900   SIC 6531
BC HOUSING MANAGEMENT COMMISSION p333
3440 Douglas St Unit 201, VICTORIA, BC, V8Z 3L5
(250) 475-7550   SIC 6531
BCIMC REALTY CORPORATION p706
6880 Financial Dr Suite 100, MISSISSAUGA, ON, L5N 7Y5
(905) 819-6750   SIC 6531
BENTAL REAL ESTATE SERVICES LP p917
55 University Ave Suite 300, TORONTO, ON, M5J 2H7
SIC 6531
BENTALL KENNEDY (CANADA) LIMITED PARTNERSHIP p323
505 Burrard St Suite 770, VANCOUVER, BC, V7X 1M4
(604) 646-2800   SIC 6531
BENTALL KENNEDY (CANADA) LIMITED PARTNERSHIP p584
10 Carlson Crt Suite 500, ETOBICOKE, ON, M9W 6L2
(416) 674-7707   SIC 6531
BENTALL KENNEDY (CANADA) LIMITED PARTNERSHIP p707
6880 Financial Dr 1 Fl, MISSISSAUGA, ON, L5N 7Y5
(905) 542-8881   SIC 6531
BENTALL KENNEDY (CANADA) LIMITED PARTNERSHIP p790
50 O'connor St Suite 315, OTTAWA, ON, K1P 6L2
(613) 236-6452   SIC 6531
BENTALL KENNEDY (CANADA) LIMITED PARTNERSHIP p917
1 York St Suite 1100, TORONTO, ON, M5J 2L9
(416) 681-3400   SIC 6531
BENTALL KENNEDY (CANADA) LIMITED PARTNERSHIP p1109
1155 Rue Metcalfe Bureau 55, Montreal, QC, H3B 2V6
(514) 393-8820   SIC 6531
BOSA PROPERTIES INC p188
7155 Kingsway Suite 1200, BURNABY, BC, V5E 2V1
(604) 412-0313   SIC 6531
BROOKFIELD GLOBAL INTEGRATED SOLUTIONS CANADA LP p623

350 Terry Fox Dr Suite 12, KANATA, ON, K2K 2W5
(613) 254-8834   SIC 6531
BROOKFIELD PROPERTIES (CDHI) LTD p917
181 Bay St Suite 330, TORONTO, ON, M5J 2T3
(416) 363-9491   SIC 6531
BROOKFIELD PROPERTIES LTD p41
111 5 Ave Sw Suite 327, CALGARY, AB, T2P 3Y6
(403) 265-2430   SIC 6531
BROOKFIELD PROPERTIES LTD p41
335 8 Ave Sw Suite 800, CALGARY, AB, T2P 1C9
(403) 266-8922   SIC 6531
BROOKFIELD PROPERTIES LTD p917
181 Bay St Suite 220, TORONTO, ON, M5J 2T3
(416) 777-6480   SIC 6531
BROOKFIELD RESIDENTIAL SERVICES LTD p917
99 Harbour Sq Suite 77, TORONTO, ON, M5J 2H2
(416) 203-2004   SIC 6531
CADILLAC FAIRVIEW CORPORATION LIMITED, THE p380
1485 Portage Ave Suite 66q, WINNIPEG, MB, R3G 0W4
(204) 784-2501   SIC 6531
CANADA LANDS COMPANY CLC LIMITED p457
1505 Barrington St Suite 1205, HALIFAX, NS, B3J 3K5
(416) 952-6100   SIC 6531
CANADA LANDS COMPANY CLC LIMITED p918
1 University Ave Suite 1200, TORONTO, ON, M5J 2P1
(416) 952-6100   SIC 6531
CANADA LANDS COMPANY CLC LIMITED p928
301 Front St W, TORONTO, ON, M5V 2T6
(416) 868-6937   SIC 6531
CANADIAN REAL ESTATE INVESTMENT TRUST p42
140 4 Ave Sw Suite 210, CALGARY, AB, T2P 3N3
(403) 235-3443   SIC 6531
CANADIAN TIRE REAL ESTATE LIMITED p898
2180 Yonge St, TORONTO, ON, M4S 2B9
(416) 480-3000   SIC 6531
CANADIAN TIRE REAL ESTATE LIMITED p1072
2211 Boul Roland-Therrien Bureau 256, LONGUEUIL, QC, J4N 1P2
(450) 448-1177   SIC 6531
CANADIAN URBAN MANAGEMENT LIMITED p77
10572 105 St Nw, EDMONTON, AB, T5H 2W7
(780) 424-7722   SIC 6531
CAPITALE DU MONT-ROYAL COURTIER IMMOBILIER AGREE, LA p1093
1152 Av Du Mont-Royal E, Montreal, QC, H2J 1X8
(514) 597-2121   SIC 6531
CASE REALTY LIMITED p840
55 Town Centre Crt Suite 100, SCARBOROUGH, ON, M1P 4X4
(416) 751-6533   SIC 6531
CATHOLIC CEMETERIES-ARCHDIOCESE OF TORONTO p974
7300 27 Hwy, WOODBRIDGE, ON, L4L 1A5
(905) 851-5822   SIC 6531
CBRE LIMITED p41
530 8 Ave Sw Suite 500, CALGARY, AB, T2P 3S8
(403) 536-1290   SIC 6531
CBRE LIMITED p41
530 8 Ave Sw Suite 500, CALGARY, AB, T2P 3S8
(403) 263-4444   SIC 6531

CBRE LIMITED p79
10180 101 St Nw Suite 1220, EDMONTON, AB, T5J 3S4
(780) 424-5475   SIC 6531
CBRE LIMITED p310
1021 Hastings St W Suite 2500, VANCOUVER, BC, V6E 0C3
(604) 662-3000   SIC 6531
CBRE LIMITED p377
570 Portage Ave Fl 2, WINNIPEG, MB, R3C 0G4
(204) 943-5700   SIC 6531
CBRE LIMITED p655
380 Wellington St Suite 30, LONDON, ON, N6A 5B5
(519) 673-6444   SIC 6531
CBRE LIMITED p744
2001 Sheppard Ave E Suite 300, NORTH YORK, ON, M2J 4Z8
(416) 494-0600   SIC 6531
CBRE LIMITED p913
40 King St W Suite 4100, TORONTO, ON, M5H 3Y4
(416) 947-7661   SIC 6531
CBRE LIMITED p942
87 Skyway Ave Suite 100, TORONTO, ON, M9W 6R3
(416) 674-7900   SIC 6531
CENTRACT SETTLEMENT SERVICES INC p753
39 Wynford Dr, NORTH YORK, ON, M3C 3K5
(416) 510-5300   SIC 6531
CENTRECORP MANAGEMENT SERVICES LIMITED p924
94 Cumberland St Suite 600, TORONTO, ON, M5R 1A3
(416) 972-1803   SIC 6531
CENTURY 21 B J ROTH REALTY LTD p494
355 Bayfield St Suite 5, BARRIE, ON, L4M 3C3
(705) 721-9111   SIC 6531
CENTURY 21 B J ROTH REALTY LTD p497
300 Lakeshore Dr Unit 100, BARRIE, ON, L4N 0B4
(705) 737-3664   SIC 6531
CENTURY 21 BAMBER REALTY LTD p53
1612 17 Ave Sw, CALGARY, AB, T2T 0E3
(403) 875-4653   SIC 6531
CENTURY 21 KING'S QUAY REAL ESTATE INC p670
7300 Warden Ave Suite 401, MARKHAM, ON, L3R 9Z6
(905) 940-3428   SIC 6531
CENTURY 21 LANTHORN REAL ESTATE LTD p943
441 Front St, TRENTON, ON, K8V 6C1
(613) 392-2511   SIC 6531
CENTURY 21 REGAL REALTY INC p843
4030 Sheppard Ave E Suite 2, SCARBOROUGH, ON, M1S 1S6
(416) 291-0929   SIC 6531
CENTURY 21 TODAY REALTY LTD p738
8123 Lundy's Lane Suite 10, NIAGARA FALLS, ON, L2H 1H3
(905) 356-9100   SIC 6531
CIBC WORLD MARKETS INC p1160
2954 Boul Laurier Bureau 650, Quebec, QC, G1V 4T2
(418) 652-8011   SIC 6531
CITADEL WEST GENERAL PARTNER LTD p42
505 3 St Sw Suite 200, CALGARY, AB, T2P 3E6
(403) 213-9716   SIC 6531
CMN CALGARY INC p41
335 8 Ave Sw Suite 1000, CALGARY, AB, T2P 1C9
(403) 266-5544   SIC 6531
COAST REALTY GROUP LTD p194
1211 Cypress St, CAMPBELL RIVER, BC, V9W 2Z3
(250) 830-8088   SIC 6531
COAST REALTY GROUP LTD p258

4766 Joyce Ave, Powell River, BC, V8A 3B6
(604) 414-7441   SIC 6531
COLDWELL BANKER HORIZON REALTY LTD p225
1470 Harvey Ave Suite 14, KELOWNA, BC, V1Y 9K8
(250) 860-7500   SIC 6531
COLDWELL BANKER NEUMANN REAL ESTATE p600
824 Gordon St Unit 2, GUELPH, ON, N1G 1Y7
(519) 821-3600   SIC 6531
COLLIERS MACAULAY NICOLLS INC p225
546 Leon Ave Unit 304, KELOWNA, BC, V1Y 6J6
(250) 763-2300   SIC 6531
COLLIERS MACAULAY NICOLLS INC p331
1175 Douglas St Suite 1110, VICTORIA, BC, V8W 2E1
(250) 388-6454   SIC 6531
COLLIERS MACAULAY NICOLLS INC p744
245 Yorkland Blvd Suite 200, NORTH YORK, ON, M2J 4W9
(416) 492-2000   SIC 6531
COLLIERS MACAULAY NICOLLS INC p792
340 Albert St Suite 930, OTTAWA, ON, K1R 7Y6
(613) 567-8050   SIC 6531
COLLIERS MCCLOCKLIN REAL ESTATE CORP p1295
728 Spadina Cres E Suite 101, SASKATOON, SK, S7K 3H2
(306) 653-4410   SIC 6531
CONSOLIDATED REAL ESTATE SERVICES INC p51
602 12 Ave Sw Unit 500, CALGARY, AB, T2R 1J3
SIC 6531
CORPORATION D'EXPLOITATION CANDEREL LTEE p1105
2000 Rue Peel Bureau 900, Montreal, QC, H3A 2W5
(514) 842-8636   SIC 6531
CORPORATION OF THE CITY OF KITCHENER p641
243 Weber St E, KITCHENER, ON, N2H 1E9
(519) 741-2880   SIC 6531
CORPORATION OF THE COUNTY OF RENFREW p819
450 O'brien Rd Suite 105, RENFREW, ON, K7V 3Z2
(613) 432-3679   SIC 6531
COURTIERS INTER-QUEBEC INC, LES p1145
900 Boul Raymond, Quebec, QC, G1B 3G3
SIC 6531
COURTIERS INTER-QUEBEC INC, LES p1160
2960 Boul Laurier Bureau 50, Quebec, QC, G1V 4S1
(418) 653-0488   SIC 6531
COURTIERS INTER-QUEBEC INC, LES p1164
9105 Boul De L'ormiere, Quebec, QC, G2B 3K2
(418) 843-1151   SIC 6531
CREIT MANAGEMENT L.P. p41
140 4 Ave Sw Suite 210, CALGARY, AB, T2P 3N3
(403) 235-3443   SIC 6531
CUSHMAN & WAKEFIELD LTD p43
111 5 Ave Sw Suite 1730, CALGARY, AB, T2P 3Y6
(403) 261-1111   SIC 6531
CUSHMAN & WAKEFIELD LTD p324
700 Georgia St W, VANCOUVER, BC, V7Y 1K8
(604) 683-3111   SIC 6531
CUSHMAN & WAKEFIELD LTD p713
5770 Hurontario St Suite 200, MISSISSAUGA, ON, L5R 3G5
(905) 568-9500   SIC 6531
CUSHMAN & WAKEFIELD LTD p791

99 Bank St Suite 700, OTTAWA, ON, K1P 6B9
(613) 236-7777   SIC 6531
CUSHMAN & WAKEFIELD LTD p909
33 Yonge St Suite 1000, TORONTO, ON, M5E 1S9
(416) 862-0611   SIC 6531
CUSHMAN & WAKEFIELD LTD p1212
6505 Rte Transcanadienne Bureau 600, SAINT-LAURENT, QC, H4T 1S3
(514) 747-2100   SIC 6531
CW EDMONTON INC p79
10088 102 Ave Nw Unit 2700, EDMONTON, AB, T5J 2Z1
(780) 420-1177   SIC 6531
DEVENCORE REAL ESTATE SERVICES LTD./DEVENCORE SERVICES IMMOBILIERS LTEE p802
150 Metcalfe St Suite 1401, OTTAWA, ON, K2P 1P1
(613) 235-1330   SIC 6531
DFH REAL ESTATE LTD p336
650 Goldstream Ave, VICTORIA, BC, V9B 2W8
(250) 474-6003   SIC 6531
DREAM OFFICE LP p908
30 Adelaide St E Suite 301, TORONTO, ON, M5C 3H1
(416) 365-3535   SIC 6531
DREAM OFFICE MANAGEMENT CORP p908
30 Adelaide St E Suite 301, TORONTO, ON, M5C 3H1
(416) 365-3535   SIC 6531
DTZ BARNICKE LIMITED p918
161 Bay St Suite 4040, TORONTO, ON, M5J 2S1
(416) 863-1215   SIC 6531
ELITE REALTY T. W. INC p688
5090 Explorer Dr Unit 100, MISSISSAUGA, ON, L4W 4T9
(905) 629-1515   SIC 6531
ENGIE SERVICES INC p1025
975 Boul Romeo-Vachon N Bureau 317, DORVAL, QC, H4Y 1H2
(514) 631-7020   SIC 6531
FISHER, DEBBIE & LOCHHEAD, DAN p325
5603 27 St, VERNON, BC, V1T 8Z5
(250) 549-4161   SIC 6531
FOREST HILL REAL ESTATE INC p748
500 Sheppard Ave E Suite 201, NORTH YORK, ON, M2N 6H7
(416) 226-1987   SIC 6531
GLOBAL LINK REALTY GROUP INC p672
340 Ferrier St Suite 8, MARKHAM, ON, L3R 2Z5
(905) 475-0028   SIC 6531
GRAND VALLEY REAL ESTATE LIMITED p543
471 Hespeler Rd Unit 4, CAMBRIDGE, ON, N1R 6J2
(519) 621-2000   SIC 6531
GRAND VALLEY REAL ESTATE LIMITED p643
370 Highland Rd W Unit 15c, KITCHENER, ON, N2M 5J9
(519) 745-7000   SIC 6531
GROUPE IMMOBILIER DESJARDINS INC p1127
1 Complexe Desjardins S 25e etage, Montreal, QC, H5B 1B3
(514) 281-7000   SIC 6531
GROUPE SUTTON ACTUEL INC p1070
115 Rue Saint-Charles O, LONGUEUIL, QC, J4H 1C7
(450) 651-1079   SIC 6531
GROUPE SUTTON SYNERGIE INC p1170
3618 Rue Queen, RAWDON, QC, J0K 1S0
(450) 834-8840   SIC 6531
GWL REALTY ADVISORS INC p302
650 Georgia St E Suite 1600, VANCOUVER, BC, V6A 2A1
(604) 713-6450   SIC 6531
GWL REALTY ADVISORS INC p698

1 City Centre Dr Suite 300, MISSISSAUGA, ON, L5B 1M2
(905) 275-6600 SIC 6531

GWL REALTY ADVISORS INC p1106
2001 Boul Robert-Bourassa, Montreal, QC, H3A 2A6
(514) 350-7940 SIC 6531

H&R PROPERTY MANAGEMENT LTD p757
3625 Dufferin St Suite 409, NORTH YORK, ON, M3K 1Z2
(416) 635-0163 SIC 6531

HOMELIFE BENCHMARK REALTY CORP p280
9128 152 St Suite 102, SURREY, BC, V3R 4E7
(604) 306-3888 SIC 6531

HOMELIFE FRONTIER REALTY INC p875
7620 Yonge St Suite 400, THORNHILL, ON, L4J 1V9
(416) 218-8800 SIC 6531

HOMELIFE METRO PARK REALTY p559
9222 Keele St Suite 11, CONCORD, ON, L4K 5A3
(905) 303-9558 SIC 6531

HOMELIFE REALTY ONE LTD p903
501 Parliament St, TORONTO, ON, M4X 1P3
(416) 922-5533 SIC 6531

HOMELIFE/METROPARK REALTY INC p559
9222 Keele St Unit 11, CONCORD, ON, L4K 5A3
(416) 798-7777 SIC 6531

INTRAWEST RESORT OWNERSHIP CORPORATION p304
375 Water St Suite 326, VANCOUVER, BC, V6B 5C6
(604) 689-8816 SIC 6531

IVANHOE CAMBRIDGE INC p1102
747 Rue Du Square-Victoria Bureau 247, Montreal, QC, H2Y 3Y9
(514) 982-9888 SIC 6531

JON WOOD p257
3137 St Johns St, PORT MOODY, BC, V3H 2C8
SIC 6531

JONES LANG LASALLE REAL ESTATE SERVICES, INC p308
355 Burrard St 14th Flr, VANCOUVER, BC, V6C 2G6
(604) 998-6001 SIC 6531

JONES LANG LASALLE REAL ESTATE SERVICES, INC p914
22 Adelaide St W 26th Fl East Tower, TORONTO, ON, M5H 4E3
(416) 304-6000 SIC 6531

JONES LANG LASALLE REAL ESTATE SERVICES, INC p1112
1 Place Ville-Marie Bureau 2121, Montreal, QC, H3B 2C6
(514) 849-8849 SIC 6531

K & G APARTMENT HOLDINGS INC p897
299 Roehampton Ave, TORONTO, ON, M4P 1S2
(416) 487-2844 SIC 6531

KERRISDALE REALTY LTD p187
4567 Lougheed Hwy, BURNABY, BC, V5C 3Z6
(604) 437-9431 SIC 6531

LAKES OF MUSKOKA REALTY INC p597
390 Muskoka Rd S Suite 5, GRAVENHURST, ON, P1P 1J4
(705) 687-3496 SIC 6531

LAKES OF MUSKOKA REALTY INC p620
395 Centre St N Unit 100, HUNTSVILLE, ON, P1H 2P9
(705) 789-9677 SIC 6531

LEPINE-CLOUTIER LTEE p1166
301 Rang Sainte-Anne, Quebec, QC, G2G 0G9
(418) 871-2372 SIC 6531

LIVING GROUP OF COMPANIES INC p672
7030 Woodbine Ave Suite 300, MARKHAM, ON, L3R 6G2
(905) 477-2090 SIC 6531

LIVING REALTY INC p672
7030 Woodbine Ave Suite 300, MARKHAM, ON, L3R 6G2
(905) 474-0590 SIC 6531

LIVING REALTY INC p700
1177 Central Pky W Unit 32, MISSISSAUGA, ON, L5C 4P3
(905) 896-0002 SIC 6531

LIVING REALTY INC p747
685 Sheppard Ave E Suite 501, NORTH YORK, ON, M2K 1B6
(416) 223-8833 SIC 6531

LUSSIER DALE PARIZEAU INC p1107
1001 Boul De Maisonneuve O Bureau 310, Montreal, QC, H3A 3C8
(514) 840-9918 SIC 6531

MACDONALD COMMECIAL REAL ESTATE SERVICES LTD p316
1827 5th Ave W, VANCOUVER, BC, V6J 1P5
SIC 6531

MACDONALD REALTY (1974) LTD p339
1575 Marine Dr, WEST VANCOUVER, BC, V7V 1H9
(604) 926-6718 SIC 6531

MADIKAP 2000 INC p1262
4150 Rue Sherbrooke O Bureau 400, WESTMOUNT, QC, H3Z 1C2
(514) 989-9909 SIC 6531

MAGIC REALTY INC p829
380 London Rd, SARNIA, ON, N7T 4W7
(519) 542-4005 SIC 6531

MAISON OGILVY INC, LA p1116
1307 Rue Sainte-Catherine O, Montreal, QC, H3G 1P7
(514) 842-7711 SIC 6531

MANOR WINDSOR REALTY LTD p964
3276 Walker Rd, WINDSOR, ON, N8W 3R8
(519) 250-8800 SIC 6531

MARK ANTHONY PROPERTIES LTD p251
7151 Sibco Landfill, OLIVER, BC, V0H 1T0
(250) 485-4400 SIC 6531

MAX WRIGHT REAL ESTATE CORPORATION p331
752 Douglas St, VICTORIA, BC, V8W 3M6
(250) 380-3933 SIC 6531

MCINTEE, WILFRED & CO. LIMITED p803
733 9th Ave E Suite 3, OWEN SOUND, ON, N4K 3E6
SIC 6531

MEDALLION PROPERTIES INC p760
970 Lawrence Ave W Suite 304, NORTH YORK, ON, M6A 3B6
(416) 256-3900 SIC 6531

MELLOR, DAVID A. CONSULTANTS INC p1182
1503 Place De L'hotel-De-Ville, SAINT-BRUNO, QC, J3V 5Y6
(450) 441-1576 SIC 6531

MEMORIAL GARDENS CANADA LIMITED p65
17 Ave Sw, CALGARY, AB, T3Z 3K2
(403) 217-3700 SIC 6531

MEMORIAL GARDENS CANADA LIMITED p98
16102 Fort Rd Nw, EDMONTON, AB, T5Y 6A2
(780) 472-9007 SIC 6531

MEMORIAL GARDENS CANADA LIMITED p725
3700 Prince Of Wales Dr, NEPEAN, ON, K2C 3H2
(613) 692-3588 SIC 6531

MEMORIAL GARDENS CANADA LIMITED p887
2700 Kingston Rd, TORONTO, ON, M1M 1M5
(416) 267-4653 SIC 6531

MEMORIAL GARDENS CANADA LIMITED p1024
4239 Boul Des Sources, DOLLARD-DES-ORMEAUX, QC, H9B 2A6
(514) 683-6700 SIC 6531

METROPOLITAIN REGIONAL HOUSING AUTHORITY p449
15 Green Rd, DARTMOUTH, NS, B3A 4Y6
(902) 420-2163 SIC 6531

METROPOLITAN LIFE HOLDINGS LIMITED p791
99 Bank St, OTTAWA, ON, K1P 6B9
(613) 560-7446 SIC 6531

METVIEW REALTY LIMITED p791
130 Albert St Suite 210, OTTAWA, ON, K1P 5G4
(613) 230-5174 SIC 6531

MID-LAND GROUP REALTY INC p821
330 Highway 7 E Suite 502, RICHMOND HILL, ON, L4B 3P8
(905) 709-0828 SIC 6531

MINTO APARTMENTS LIMITED p749
90 Sheppard Ave E Suite 500, NORTH YORK, ON, M2N 3A1
(416) 977-0777 SIC 6531

MONTFORT RENAISSANCE INC p789
162 Murray St, OTTAWA, ON, K1N 5M8
(613) 789-5144 SIC 6531

MORGUARD INVESTMENTS LIMITED p47
505 3 St Sw Suite 200, CALGARY, AB, T2P 3E6
(403) 233-0274 SIC 6531

MORGUARD INVESTMENTS LIMITED p55
10201 Southport Rd Sw Suite 108, CALGARY, AB, T2W 4X9
(403) 253-8838 SIC 6531

MORGUARD INVESTMENTS LIMITED p304
333 Seymour St Suite 400, VANCOUVER, BC, V6B 5A6
(604) 681-9474 SIC 6531

MORGUARD INVESTMENTS LIMITED p334
3531 Uptown Blvd Unit 221, VICTORIA, BC, V8Z 0B9
(250) 383-8093 SIC 6531

MORGUARD INVESTMENTS LIMITED p378
363 Broadway Suite 1400, WINNIPEG, MB, R3C 3N9
(204) 632-9500 SIC 6531

MORGUARD INVESTMENTS LIMITED p698
55 City Centre Dr Suite 800, MISSISSAUGA, ON, L5B 1M3
(905) 281-3800 SIC 6531

MORGUARD INVESTMENTS LIMITED p793
350 Sparks St Suite 402, OTTAWA, ON, K1R 7S8
(613) 237-6373 SIC 6531

MORGUARD INVESTMENTS LIMITED p926
77 Bloor Street W Suite 1704, TORONTO, ON, M5S 1M2
(416) 921-3149 SIC 6531

MOUNT PLEASANT GROUP OF CEMETERIES p824
1591 Elgin Mills Rd E, RICHMOND HILL, ON, L4S 1M9
(905) 737-1720 SIC 6531

MOUNT PLEASANT GROUP OF CEMETERIES p886
625 Birchmount Rd, TORONTO, ON, M1K 1R1
(416) 267-8229 SIC 6531

MULTIPLE REALTY LTD p270
9780 Cambie Rd Unit 110, RICHMOND, BC, V6X 1K4
(604) 273-8555 SIC 6531

MUNICIPAL PROPERTY ASSESSMENT CORPORATION p885
601 Milner Ave Suite 200, TORONTO, ON, M1B 6B8
(416) 299-0313 SIC 6531

N R S WESTBURN REALTY LTD p187
4259 Hastings St, BURNABY, BC, V5C 2J5
(604) 240-2215 SIC 6531

NANAIMO REALTY CO LTD p240
2000 Island Hwy N Suite 275, NANAIMO, BC, V9S 5W3
(250) 713-0494 SIC 6531

NEWFOUNDLAND AND LABRADOR HOUSING CORPORATION p427
5 Hardy Ave, GRAND FALLS-WINDSOR, NL, A2A 2P8
(709) 292-1000 SIC 6531

NEWFOUNDLAND AND LABRADOR HOUSING CORPORATION p436
2 Canada Dr, ST. JOHN'S, NL, A1E 0A1
(709) 724-3000 SIC 6531

NORTHGATE CONTRACTORS INC p151
41 Home Rd, RAINBOW LAKE, AB, T0H 2Y0
(780) 448-9222 SIC 6531

NORTHVIEW APARTMENT REAL ESTATE INVESTMENT TRUST p121
117 Stroud Bay Suite 118, FORT MCMURRAY, AB, T9H 4Y8
(780) 790-0806 SIC 6531

NORTHVIEW APARTMENT REAL ESTATE INVESTMENT TRUST p481
1089 Airport Rd, IQALUIT, NU, X0A 0H0
(867) 979-3537 SIC 6531

NORTHWEST TERRITORIES NON-PROFIT HOUSING CORPORATION p439
Gd Lcd Main, YELLOWKNIFE, NT, X1A 2L8
(867) 873-7873 SIC 6531

ONE WEST HOLDINGS LTD p322
88 Pacific Blvd, VANCOUVER, BC, V6Z 2Z4
(604) 899-8800 SIC 6531

ONTARIO REALTY CORPORATION p600
1 Stone Rd W 4th Fl, GUELPH, ON, N1G 4Y2
(519) 826-3182 SIC 6531

OTTAWA COMMUNITY HOUSING CORPORATION p727
39 Auriga Dr, NEPEAN, ON, K2E 7Y8
(613) 731-7223 SIC 6531

OXCAP INC p915
130 Adelaide St W Suite 1100, TORONTO, ON, M5H 3P5
(416) 865-8264 SIC 6531

OXFORD PROPERTIES GROUP INC p47
520 3 Ave Sw Suite 2900, CALGARY, AB, T2P 0R3
(403) 206-6400 SIC 6531

OXFORD PROPERTIES GROUP INC p920
200 Bay St Suite 1305, TORONTO, ON, M5J 2J1
(416) 865-8300 SIC 6531

PANDA REALTY INC p162
2016 Sherwood Dr, SHERWOOD PARK, AB, T8A 3X3
SIC 6531

PARK PROPERTY MANAGEMENT INC p674
16 Esna Park Dr Suite 200, MARKHAM, ON, L3R 5X1
(905) 940-1718 SIC 6531

PARKER REALTY LTD p982
535 North River Rd Suite 1, CHARLOTTETOWN, PE, C1E 1J6
(902) 566-4663 SIC 6531

PERFORMANCE REALTY LTD p594
5300 Canotek Rd Suite 201, GLOUCESTER, ON, K1J 1A4
(613) 744-2000 SIC 6531

PLAZA ATLANTIC LTD p400
527 Queen St Suite 110, FREDERICTON, NB, E3B 1B8
(506) 451-1826 SIC 6531

POLARIS REALTY (CANADA) LIMITED p305
555 Hastings St W Suite 2000, VANCOUVER, BC, V6B 4N6
(604) 689-7304 SIC 6531

PROFESSIONAL GROUP INC, THE p106
9222 51 Ave Nw, EDMONTON, AB, T6E 5L8
(780) 439-9818 SIC 6531

PROMPTON REAL ESTATE SERVICES INC p322
179 Davie St Suite 201, VANCOUVER, BC, V6Z 2Y1
(604) 899-2333 SIC 6531

PROPERTIES TERRA INCOGNITA INC p1101
3530 Boul Saint-Laurent Bureau 500, Montreal, QC, H2X 2V1
(514) 847-3536 SIC 6531

PRUDENTIAL TOWN CENTRE REALTY p702

1680 Lakeshore Rd W, MISSISSAUGA, ON, L5J 1J5
(905) 823-0020 SIC 6531

PUBLIC SAFETY CANADA p411
66 Broad Rd Suite 204, OROMOCTO, NB, E2V 1C2
(506) 422-2000 SIC 6531

R M R REAL ESTATE LIMITED p817
1894 Scugog St Suite 1, PORT PERRY, ON, L9L 1H7
(905) 985-9777 SIC 6531

R M R REAL ESTATE LIMITED p958
10 Sunray St Suite 23, WHITBY, ON, L1N 9B5
(905) 430-6655 SIC 6531

RANCHO REALTY SERVICES (MANITOBA) LTD p113
3203 93 St Nw Suite 200, EDMONTON, AB, T6N 0B2
(780) 463-2132 SIC 6531

RE-MAX DES MILLE-ILES INC p1244
293 Montee Des Pionniers, TERREBONNE, QC, J6V 1H4
(450) 582-5544 SIC 6531

RE/MAX 2000 REALTY INC p934
1221 St Clair Ave W, TORONTO, ON, M6E 1B5
(416) 656-3500 SIC 6531

RE/MAX A-B REALTY LTD p865
88 Wellington St, STRATFORD, ON, N5A 2L2
(519) 273-2821 SIC 6531

RE/MAX ABILITY REAL ESTATE LTD p781
379 Bond St W Suite 300, OSHAWA, ON, L1J 8R7
(905) 434-7777 SIC 6531

RE/MAX CROWN REAL ESTATE LTD p1290
234 University Park Dr, REGINA, SK, S4V 1A3
(306) 789-7666 SIC 6531

RE/MAX DE LA POINTE INC p1139
13150 Rue Sherbrooke E Bureau 201, POINTE-AUX-TREMBLES, QC, H1A 4B1
(514) 644-0000 SIC 6531

RE/MAX GARDEN CITY REALTY INC BROKERAGE p540
720 Guelph Line, BURLINGTON, ON, L7R 4E2
(905) 333-3500 SIC 6531

RE/MAX GARDEN CITY REALTY INC BROKERAGE p598
64 Main St W, GRIMSBY, ON, L3M 1R6
(905) 945-0660 SIC 6531

RE/MAX HALLMARK REALTY LTD p892
2237 Queen St E, TORONTO, ON, M4E 1G1
(416) 357-1059 SIC 6531

RE/MAX LONGUEUIL INC p1070
50 Rue Saint-Charles O Bureau 100, LONGUEUIL, QC, J4H 1C6
(450) 651-8331 SIC 6531

RE/MAX METRO-CITY REALTY LTD p595
1740 Montreal Rd, GLOUCESTER, ON, K1J 6N3
(613) 748-1223 SIC 6531

RE/MAX METRO-CITY REALTY LTD p729
31 Northside Rd Unit 202, NEPEAN, ON, K2H 8S1
(613) 721-5551 SIC 6531

RE/MAX METRO-CITY REALTY LTD p776
2315 St. Joseph Blvd, ORLEANS, ON, K1C 1E7
(613) 841-2111 SIC 6531

RE/MAX METRO-CITY REALTY LTD p796
1217 Walkley Rd, OTTAWA, ON, K1V 6P9
(613) 737-7200 SIC 6531

RE/MAX METRO-CITY REALTY LTD p802
344 O'connor St, OTTAWA, ON, K2P 1W1
(613) 563-1155 SIC 6531

RE/MAX PERFORMANCE INC p1202
15 Rue Du Prince-Arthur, SAINT-LAMBERT, QC, J4P 1X1
(450) 466-4000 SIC 6531

RE/MAX PERFORMANCE REALTY INC p700
1140 Burnhamthorpe Rd W Suite 141, MISSISSAUGA, ON, L5C 4E9
(905) 270-2000 SIC 6531

RE/MAX PRIVILEGE INC p1192
5920 Boul Cousineau, SAINT-HUBERT, QC, J3Y 7R9
(450) 678-3150 SIC 6531

RE/MAX PROFESSIONALS INC p579
270 The Kingsway Suite 200, ETOBICOKE, ON, M9A 3T7
(416) 236-1241 SIC 6531

RE/MAX PROFESSIONALS INC p700
1645 Dundas St W, MISSISSAUGA, ON, L5C 1E3
(905) 270-8840 SIC 6531

RE/MAX REAL ESTATE CENTRE INC p520
2 County Court Blvd Suite 150, BRAMPTON, ON, L6W 3W8
(905) 456-1177 SIC 6531

RE/MAX REAL ESTATE CENTRE INC p547
766 Hespeler Rd Suite 202, CAMBRIDGE, ON, N3H 5L8
(519) 623-6200 SIC 6531

RE/MAX REAL ESTATE CENTRE INC p600
679 Southgate Dr Suite 101, GUELPH, ON, N1G 4S2
(519) 837-1300 SIC 6531

RE/MAX REALTRON REALTY INC p749
183 Willowdale Ave, NORTH YORK, ON, M2N 4Y9
(416) 225-4900 SIC 6531

RE/MAX REALTRON REALTY INC p761
2815 Bathurst St, NORTH YORK, ON, M6B 3A4
(416) 782-8882 SIC 6531

RE/MAX REALTRON REALTY INC p837
885 Progress Ave Suite 209, SCARBOROUGH, ON, M1H 3G3
(416) 289-3333 SIC 6531

RE/MAX REALTRON REALTY INC p875
7646 Yonge St, THORNHILL, ON, L4J 1V9
(905) 764-6000 SIC 6531

RE/MAX REALTY SPECIALISTS INC p600
679 Southgate Dr Suite 101, GUELPH, ON, N1G 4S2
(519) 837-1300 SIC 6531

RE/MAX REALTY SPECIALISTS INC p706
2691 Credit Valley Rd Suite 101, MISSISSAUGA, ON, L5M 7A1
(905) 828-3434 SIC 6531

RE/MAX REALTY SPECIALISTS INC p711
6850 Millcreek Dr Unit 200, MISSISSAUGA, ON, L5N 4J9
(905) 858-3434 SIC 6531

RE/MAX REALTY SPECIALISTS LTD p407
11 Ocean Limited Way Suite 101, MONCTON, NB, E1C 0H1
(506) 384-3300 SIC 6531

RE/MAX REALTY SPECIALISTS LTD p424
54 Conception Bay Hwy, CONCEPTION BAY SOUTH, NL, A1W 3A1
(709) 834-2066 SIC 6531

RE/MAX ROUGE RIVER REALTY LTD p834
31 Tapscott Rd Suite 37, SCARBOROUGH, ON, M1B 4Y7
SIC 6531

RE/MAX SIGNATURE INC p1103
510 Rue Mcgill, Montreal, QC, H2Y 2H6
(514) 788-4444 SIC 6531

RE/MAX SIGNATURE INC p1226
633 Boul Armand-Frappier Bureau 102, SAINTE-JULIE, QC, J3E 3R4
(450) 922-7777 SIC 6531

RE/MAX TMS INC p999
926 Boul Du Cure-Labelle, BLAINVILLE, QC, J7C 2L7
(450) 433-1151 SIC 6531

RE/MAX TWIN CITY REALTY INC p544
1400 Bishop St N, CAMBRIDGE, ON, N1R 6W8
(519) 740-3690 SIC 6531

RE/MAX TWIN CITY REALTY INC p952
83 Erb St W, WATERLOO, ON, N2L 6C2
(519) 744-2653 SIC 6531

RE/MAX WEST REALTY INC p506
1 Queensgate Blvd Unit 9, BOLTON, ON, L7E 2X7
(905) 857-7653 SIC 6531

RE/MAX WEST REALTY INC p835
6074 Kingston Rd, SCARBOROUGH, ON, M1C 1K4
(416) 281-0027 SIC 6531

RE/MAX WEST REALTY INC p934
570 Bloor St W, TORONTO, ON, M6G 1K1
(416) 588-6777 SIC 6531

REALTY FIRM INC, THE p658
395 Wellington Rd Unit 11b, LONDON, ON, N6C 5Z6
(519) 601-1160 SIC 6531

REGIONAL GROUP (TORONTO) INC. p586
135 Queen's Plate Dr Suite 300, ETOBICOKE, ON, M9W 6V1
SIC 6531

REMAX GEORGIAN BAY REALTY LTD p680
833 King St, MIDLAND, ON, L4R 0B7
(705) 526-9366 SIC 6531

RIOCAN PROPERTY SERVICES INC p760
700 Lawrence Ave W Suite 315, NORTH YORK, ON, M6A 3B4
(416) 256-0256 SIC 6531

RIOCAN REAL ESTATE INVESTMENT TRUST p933
700 Lawrence Ave W Suite 310, TORONTO, ON, M6A 3B4
(416) 866-3033 SIC 6531

RIOCAN REAL ESTATE INVESTMENT TRUST p1059
7475 Boul Newman Bureau 500, LASALLE, QC, H8N 1X3
(514) 363-4151 SIC 6531

RLK REALTY LTD p337
2475 Dobbin Rd Suite 11, WEST KELOWNA, BC, V4T 2E9
(250) 768-2161 SIC 6531

ROMAN CATHOLIC EPISCOPAL CORPORATION OF THE DIOCESE OF HAMILTON IN ONTARIO, THE p541
600 Spring Gardens Rd, BURLINGTON, ON, L7T 1J1
(905) 522-7727 SIC 6531

ROYAL LE PAGE FIRST CONTACT REALTY p498
299 Lakeshore Dr, BARRIE, ON, L4N 7Y9
(705) 727-6111 SIC 6531

ROYAL LE PAGE MAXIMUM REALTY p975
7694 Islington Ave, WOODBRIDGE, ON, L4L 1W3
(416) 324-2626 SIC 6531

ROYAL LEPAGE (1598) p1081
1301 Ch Canora, MONT-ROYAL, QC, H3P 2J5
(514) 735-2281 SIC 6531

ROYAL LEPAGE LIMITED p89
15057 Stony Plain Rd Nw Suite 200, EDMONTON, AB, T5P 4W1
(780) 488-0000 SIC 6531

ROYAL LEPAGE LIMITED p111
3018 Calgary Trail Nw, EDMONTON, AB, T6J 6V4
(780) 915-4980 SIC 6531

ROYAL LEPAGE LIMITED p154
3608 50 Ave Suite 6, RED DEER, AB, T4N 3Y6
(403) 346-8900 SIC 6531

ROYAL LEPAGE LIMITED p339
2407 Marine Dr, WEST VANCOUVER, BC, V7V 1L3
(604) 926-6011 SIC 6531

ROYAL LEPAGE LIMITED p576
3031 Bloor St W, ETOBICOKE, ON, M8X 1C5
(416) 236-1871 SIC 6531

ROYAL LEPAGE LIMITED p701
1654 Lakeshore Rd E, MISSISSAUGA, ON, L5G 1E2
(905) 278-5273 SIC 6531

ROYAL LEPAGE LIMITED p706
5055 Plantation Pl Unit 1, MISSISSAUGA, ON, L5M 6J3
(905) 828-1122 SIC 6531

ROYAL LEPAGE LIMITED p768
326 Lakeshore Rd E, OAKVILLE, ON, L6J 1J6
(905) 845-4267 SIC 6531

ROYAL LEPAGE LIMITED p776
250 Centrum Blvd Suite 107, ORLEANS, ON, K1E 3J1
(613) 446-5544 SIC 6531

ROYAL LEPAGE LIMITED p896
3080 Yonge St Suite 2060, TORONTO, ON, M4N 3N1
(416) 487-4311 SIC 6531

ROYAL LEPAGE LIMITED p899
477 Mount Pleasant Rd, TORONTO, ON, M4S 2L9
(416) 268-9420 SIC 6531

ROYAL LEPAGE LIMITED p939
2320 Bloor St W, TORONTO, ON, M6S 1P2
(416) 762-8255 SIC 6531

ROYAL LEPAGE LIMITED p944
253 Dundas St E, TRENTON, ON, K8V 1M1
(613) 243-0909 SIC 6531

ROYAL LEPAGE LIMITED p1044
472b Rue Main, HUDSON, QC, J0P 1H0
SIC 6531

ROYAL LEPAGE MEADOWTOWNE REALTY BROKERAGE p711
6948 Financial Dr, MISSISSAUGA, ON, L5N 8J4
(905) 821-3200 SIC 6531

ROYAL LEPAGE NIAGARA REAL ESTATE CENTRE p598
22 Main St W, GRIMSBY, ON, L3M 1R4
(905) 945-1234 SIC 6531

ROYAL LEPAGE NIAGARA REAL ESTATE CENTRE p738
3770 Montrose Rd Suite 1, NIAGARA FALLS, ON, L2H 3K3
(905) 357-3000 SIC 6531

ROYAL LEPAGE NIAGARA REAL ESTATE CENTRE p956
637 Niagara St Unit 2, WELLAND, ON, L3C 1L9
(905) 734-4545 SIC 6531

ROYAL LEPAGE PRIME REAL ESTATE p364
1877 Henderson Hwy, WINNIPEG, MB, R2G 1P4
(204) 989-7900 SIC 6531

ROYAL LEPAGE PRINCE GEORGE p262
3166 Massey Dr, PRINCE GEORGE, BC, V2N 2S9
(250) 564-4488 SIC 6531

SARAZEN REALTY LTD p625
300 Eagleson Rd Suite 46, KANATA, ON, K2M 1C9
(613) 831-4455 SIC 6531

SARAZEN REALTY LTD p799
1090 Ambleside Dr Suite 108, OTTAWA, ON, K2B 8G7
(613) 596-4133 SIC 6531

SASKATCHEWAN HOUSING CORPORATION p1280
800 Central Ave, PRINCE ALBERT, SK, S6V 6Z2
SIC 6531

SASKATCHEWAN HOUSING CORPORATION p1286
1920 Broad St Suite 900, REGINA, SK, S4P 3V6
(306) 787-4177 SIC 6531

SAULT STE MARIE HOUSING CORPORATION p831
180 Brock St, SAULT STE. MARIE, ON, P6A 3B7
(705) 946-2077 SIC 6531

SCDA (2015) INC p49
639 5 Ave Sw, CALGARY, AB, T2P 0M9
SIC 6531

SCDA (2015) INC p1117
1600 Boul Rene-Levesque O, Montreal, QC, H3H 1P9
SIC 6531

SERVICE CORPORATION INTERNATIONAL

(CANADA) LIMITED p390
1291 Mcgillivray Blvd, WINNIPEG, MB, R3T 5Y4
(204) 925-1120 SIC 6531
SEVENTH LEVEL MANAGEMENT LTD p36
11012 Macleod Trail Se Suite 600, CALGARY, AB, T2J 6A5
(403) 837-1195 SIC 6531
SHAWN & ASSOCIATES MANAGEMENT LTD p83
9515 107 St Nw Suite 402, EDMONTON, AB, T5K 2C1
SIC 6531
SHAWN & ASSOCIATES MANAGEMENT LTD p154
4920 51 St Suite 304, RED DEER, AB, T4N 6K8
SIC 6531
SNC-LAVALIN O&M SOLUTIONS INC p1101
87 Rue Ontario O Bureau 200, MONTREAL, QC, H2X 0A7
(514) 840-8660 SIC 6531
SNC-LAVALIN OPERATIONS & MAINTENANCE INC p580
304 The East Mall, ETOBICOKE, ON, M9B 6E2
(416) 207-4700 SIC 6531
SNC-LAVALIN OPERATIONS & MAINTENANCE INC p783
150 Tunney's Pasture Drwy, OTTAWA, ON, K1A 0T6
SIC 6531
SO, JAMES REALTY LTD p744
3790 Victoria Park Ave Suite 200, NORTH YORK, ON, M2H 3H7
SIC 6531
SOCIETE IMMOBILIERE M.C.M. INC, LA p1083
979 Rue De Saint-Jovite, MONT-TREMBLANT, QC, J8E 3J8
(819) 429-6464 SIC 6531
SOCIETE QUEBECOISE DES INFRASTRUCTURES p1158
1075 Rue De L'amerique-Francaise, Quebec, QC, G1R 5P8
(418) 646-1766 SIC 6531
SOCIETE XYLEM CANADA p587
93 Claireville Dr, ETOBICOKE, ON, M9W 6K9
(416) 679-1199 SIC 6531
STATE REALTY LIMITED p487
1122 Wilson St W, ANCASTER, ON, L9G 3K9
(905) 648-4451 SIC 6531
STATE REALTY LIMITED p614
987 Rymal Rd E, HAMILTON, ON, L8W 3M2
(905) 574-4600 SIC 6531
STERN REALTY (1994) LTD p318
6272 East Boulevard, VANCOUVER, BC, V6M 3V7
(604) 266-1364 SIC 6531
SUTTON GROUP 1ST WEST REALTY INC p200
3030 Lincoln Ave Suite 118, COQUITLAM, BC, V3B 6B4
SIC 6531
SUTTON GROUP REALTY SYSTEMS INC p939
2186 Bloor St W, TORONTO, ON, M6S 1N3
(416) 762-4200 SIC 6531
SUTTON GROUP-CAPITAL REALTY LTD p434
451 Kenmount Rd, ST. JOHN'S, NL, A1B 3P9
(709) 726-6262 SIC 6531
SUTTON GROUP-SECURITY REAL ESTATE INC p934
1239 St Clair Ave W, TORONTO, ON, M6E 1B5
(416) 654-1010 SIC 6531
SUTTON PREMIER REALTY p281
15357 104 Ave Suite 200, SURREY, BC, V3R 1N5
(604) 580-0495 SIC 6531

TONKO REALTY ADVISORS (B.C.) LTD p309
789 Pender St W Suite 600, VANCOUVER, BC, V6C 1H2
(604) 684-1198 SIC 6531
TOOLE PEET & CO LIMITED p53
1135 17 Ave Sw, CALGARY, AB, T2T 0B6
(403) 245-4366 SIC 6531
TOOLE, P.J. & COTE REAL ESTATE LTD p52
309 10 Ave Sw, CALGARY, AB, T2R 0A5
(403) 233-9638 SIC 6531
TORONTO COMMUNITY HOUSING CORPORATION p902
931 Yonge St Suite 400, TORONTO, ON, M4W 2H2
(416) 981-5500 SIC 6531
TRADEWINDS REALTY INCORPORATED p446
5 Pleasant St, CHESTER, NS, B0J 1J0
(902) 275-5613 SIC 6531
TRADEWORLD REALTY INC p874
300 John St Unit 500, THORNHILL, ON, L3T 5W4
(416) 250-1323 SIC 6531
TRANSGLOBE PROPERTY MANAGEMENT SERVICES LTD p686
5935 Airport Rd Suite 600, MISSISSAUGA, ON, L4V 1W5
SIC 6531
TRILAND REALTY LTD p653
235 North Centre Rd Suite 1, LONDON, ON, N5X 4E7
(519) 661-0380 SIC 6531
TRIOVEST REALTY ADVISORS INC p921
40 University Ave Suite 1200, TORONTO, ON, M5J 1T1
(416) 362-0045 SIC 6531
UNIVERSITY OF WESTERN ONTARIO, THE p657
1151 Richmond St Suite 3, LONDON, ON, N6A 5B9
(519) 661-3549 SIC 6531
WESTCORP PROPERTIES INC p108
8215 112 St Nw Suite 200, EDMONTON, AB, T6G 2C8
SIC 6531
WINDSOR-ESSEX COUNTY HOUSING CORPORATION p969
945 Mcdougall St, WINDSOR, ON, N9A 1L9
(519) 254-1681 SIC 6531
YORK CONDOMINIUM CORPORATION NO 382 p575
2045 Lake Shore Blvd W, ETOBICOKE, ON, M8V 2Z6
(416) 252-7701 SIC 6531

SIC 6541 Title abstract offices

LAND TITLE & SURVEY AUTHORITY OF BRITISH COLUMBIA p244
88 Sixth St, NEW WESTMINSTER, BC, V3L 5B3
(604) 660-2595 SIC 6541
ONTARIO PUBLIC SERVICE EMPLOYEES UNION PENSION PLAN TRUST FUND p942
130 King St Suite 700, TORONTO, ON, M9N 1L5
(416) 681-3016 SIC 6541
WEST COAST TITLE SEARCH LTD p322
840 Howe St Suite 100, VANCOUVER, BC, V6Z 2L2
(604) 659-8700 SIC 6541

SIC 6552 Subdividers and developers, nec

ALLDRITT DEVELOPMENT LIMITED p288
2055 152 St Suite 300, SURREY, BC, V4A 4N7
(604) 536-5525 SIC 6552
CANADIAN HORIZONS LAND INVESTMENT CORPORATION p42
645 7 Ave Sw Suite 900, CALGARY, AB, T2P 4G8

(403) 539-4814 SIC 6552
DREAM ASSET MANAGEMENT CORPORATION p1292
2100 8th St E Suite 112, SASKATOON, SK, S7H 0V1
(306) 374-6100 SIC 6552
EDGEWORTH PROPERTIES INC p80
10088 102 Ave Nw Suite 1905, EDMONTON, AB, T5J 2Z1
SIC 6552
EDGEWORTH PROPERTIES INC p533
5500 North Service Rd Suite 106, BURLINGTON, ON, L7L 6W6
SIC 6552
GEORGIAN CONSTRUCTION COMPANY LIMITED, THE p694
160 Traders Blvd E Suite 200, MISSISSAUGA, ON, L4Z 3K7
HOPEWELL DEVELOPMENT CORPORATION p53
2020 4 St Sw Suite 410, CALGARY, AB, T2S 1W3
(403) 232-8821 SIC 6552
JANDEL HOMES LTD p1
26230 Twp Rd 531a, ACHESON, AB, T7X 5A4
(780) 960-4232 SIC 6552
LAW DEVELOPMENT GROUP (1989) LIMITED p560
8000 Jane St Suite 201, CONCORD, ON, L4K 5B8
(416) 331-9688 SIC 6552
MATTAMY DEVELOPMENT CORPORATION p561
500, CONCORD, ON, L4K 4G7
(905) 907-8888 SIC 6552
MAVI DEVELOPMENTS INC p923
491 Eglinton Ave W Suite 503, TORONTO, ON, M5N 1A8
(416) 510-8181 SIC 6552
PACRIM DEVELOPMENTS INC p462
117 Kearney Lake Rd Suite 11, HALIFAX, NS, B3M 4N9
(902) 457-0144 SIC 6552
POTSDAM TOWNHOUSES LIMITED p752
100 Scarsdale Rd Suite 100, NORTH YORK, ON, M3B 2R8
(416) 449-3300 SIC 6552
SANDRINGHAM PLACE INC p562
30 Floral Pky Suite 300, CONCORD, ON, L4K 4R1
(905) 669-5571 SIC 6552
TIP TOP LOFTS DEVELOPMENT INC p931
637 Lake Shore Blvd W Suite 1009, TORONTO, ON, M5V 3J6
(416) 863-0202 SIC 6552
WAMGREN LTD, THE p83
10213 111 St Nw, EDMONTON, AB, T5K 2V6
(780) 423-5525 SIC 6552
YONGE BAYVIEW HOLDINGS INC p563
30 Floral Pky, CONCORD, ON, L4K 4R1
(905) 669-9714 SIC 6552

SIC 6553 Cemetery subdividers and developers

327647 BRITISH COLUMBIA LTD p310
1095 Pender St W Suite 900, VANCOUVER, BC, V6E 2M6
(604) 662-3838 SIC 6553
ACRES ENTERPRISES LTD p219
971 Camosun Cres, KAMLOOPS, BC, V2C 6G1
(250) 372-7456 SIC 6553
AON INC p808
307 Aylmer St N, PETERBOROUGH, ON, K9J 7M4
(705) 742-5445 SIC 6553
ARBOR MEMORIAL SERVICES INC p596
12492 Woodbine Ave S, GORMLEY, ON, L0H 1G0

(905) 888-0734 SIC 6553
BATISE INVESTMENTS LIMITED p757
3625 Dufferin St Suite 503, NORTH YORK, ON, M3K 1Z2
(416) 635-7520 SIC 6553
BENTALL KENNEDY (CANADA) LIMITED PARTNERSHIP p41
112 4 Ave Sw Suite 1300, CALGARY, AB, T2P 0H3
(403) 303-2400 SIC 6553
BROOKLIN ESTATES GENERAL PARTNER INC. p973
3700 Steeles Ave W Suite 800, WOODBRIDGE, ON, L4L 8M9
(905) 850-8508 SIC 6553
BYRON-HILL GROUP CANADA INC p751
255 Duncan Mill Rd Suite 310, NORTH YORK, ON, M3B 3H9
(905) 590-1555 SIC 6553
CADILLAC FAIRVIEW CORPORATION LIMITED, THE p906
250 Yonge St Suite 610, TORONTO, ON, M5B 2L7
(416) 598-8500 SIC 6553
CANDEREL STONERIDGE EQUITY GROUP INC p924
1075 Bay St Suite 400, TORONTO, ON, M5S 2B1
(416) 593-6366 SIC 6553
CANDEREL STONERIDGE EQUITY GROUP INC p924
130 Bloor St W Suite 502, TORONTO, ON, M5S 1N5
(416) 922-4579 SIC 6553
CARMA DEVELOPERS LTD p79
10414 103 Ave Nw Suite 200, EDMONTON, AB, T5J 0J1
(780) 423-1910 SIC 6553
CEDARDALE REALTY HOLDINGS INC p558
7077 Keele St Suite 102, CONCORD, ON, L4K 0B6
(905) 738-0754 SIC 6553
CITY OF WINNIPEG, THE p382
3001 Notre Dame Ave, WINNIPEG, MB, R3H 1B8
(204) 986-4299 SIC 6553
DANIELS CORPORATION, THE p708
2885 Argentia Rd Unit 1, MISSISSAUGA, ON, L5N 8G6
(905) 502-5300 SIC 6553
DREAM ASSET MANAGEMENT CORPORATION p1288
1230 Blackfoot Dr Suite 105, REGINA, SK, S4S 7G4
(306) 347-8100 SIC 6553
FERCAN DEVELOPMENTS INC p612
77 James St N, HAMILTON, ON, L8R 2K3
(905) 522-7808 SIC 6553
GEORGIAN TAYLOR WOODS INC p694
160 Traders Blvd E Suite 200, MISSISSAUGA, ON, L4Z 3K7
SIC 6553
GESTION CANDEREL INC p1106
2000 Rue Peel Bureau 900, Montreal, QC, H3A 2W5
(514) 842-8636 SIC 6553
HARDMAN GROUP LIMITED, THE p458
1226 Hollis St, Halifax, NS, B3J 1T6
(902) 429-3743 SIC 6553
JD DEVELOPMENT REGINA STREET LIMITED p672
3601 Highway 7 E Suite 610, MARKHAM, ON, L3R 0M3
(905) 479-9898 SIC 6553
KANATA ENTERTAINMENT HOLDINGS INC p906
10 Dundas St E Suite 1002, TORONTO, ON, M5B 2G9
(416) 408-3080 SIC 6553
KANEFF PROPERTIES LIMITED p522
8501 Mississauga Rd Ste 200, BRAMPTON, ON, L6Y 5G8
(905) 454-0221 SIC 6553
MEMORIAL GARDENS CANADA LIMITED

▲ Public Company   ■ Public Company Family Member   **HQ** Headquarters   **BR** Branch   **SL** Single Location

*p*89

10132 163 St Nw, EDMONTON, AB, T5P 4X3

(780) 489-1602   SIC 6553

MEMORIAL GARDENS CANADA LIMITED *p*162

52356 Range Road 210 Suite 232, SHERWOOD PARK, AB, T8G 1A6

(780) 467-0971   SIC 6553

MEMORIAL GARDENS CANADA LIMITED *p*282

14644 72 Ave, SURREY, BC, V3S 2E7

(604) 596-7196   SIC 6553

MEMORIAL GARDENS CANADA LIMITED *p*385

4000 Portage Ave, WINNIPEG, MB, R3K 1W3

(204) 982-8100   SIC 6553

MEMORIAL GARDENS CANADA LIMITED *p*612

1895 Main St W, HAMILTON, ON, L8S 1J2

(905) 522-5790   SIC 6553

MEMORIAL GARDENS CANADA LIMITED *p*743

33 Memory Gardens Lane, NORTH YORK, ON, M2H 3K4

(416) 493-9580   SIC 6553

MEMORIAL GARDENS CANADA LIMITED *p*765

3164 Ninth Line, OAKVILLE, ON, L6H 7A8

(905) 257-8822   SIC 6553

MEMORIAL GARDENS CANADA LIMITED *p*772

1185 3 Hwy, OLDCASTLE, ON, N0R 1L0

(519) 969-6340   SIC 6553

MEMORIAL GARDENS CANADA LIMITED *p*1285

Hwy 1 E, REGINA, SK, S4P 3Y3

(306) 791-6789   SIC 6553

MOUNT PLEASANT GROUP OF CEMETERIES *p*889

160 Beecroft Rd, TORONTO, ON, M2N 5Z5

(416) 221-3404   SIC 6553

MUSKOKA WHARF CORPORATION *p*597

275 Steamship Bay Rd, GRAVENHURST, ON, P1P 1Z9

(705) 687-0006   SIC 6553

PARKLANE VENTURES LTD *p*323

1055 Dunsmuir St Suite 2000, VANCOUVER, BC, V7X 1L5

(604) 648-1800   SIC 6553

PIER MAC PETROLEUM INSTALLATION LTD *p*222

3185 Via Centrale Unit 4, KELOWNA, BC, V1V 2A7

(250) 765-3155   SIC 6553

PRESIDENT CANADA SYNDICATES INC *p*193

3888 North Fraser Way Suite 8, BURNABY, BC, V5J 5H6

(604) 432-9848   SIC 6553

RANCHO REALTY (EDMONTON) LTD *p*113

3203 93 St Nw Suite 300, EDMONTON, AB, T6N 0B2

(780) 463-1126   SIC 6553

RANKA ENTERPRISES INC *p*674

7261 Victoria Park Ave, MARKHAM, ON, L3R 2M7

(905) 752-1081   SIC 6553

SCANFIELD HOLDINGS LIMITED *p*939

2 Jane St Suite 211, TORONTO, ON, M6S 4W8

(416) 763-4531   SIC 6553

SIFTON PROPERTIES LIMITED *p*656

195 Dufferin Ave Suite 800, LONDON, ON, N6A 1K7

(519) 434-1000   SIC 6553

SIGNET DEVELOPMENT CORPORATION *p*762

150 Signet Dr, NORTH YORK, ON, M9L 1T9

(416) 749-9300   SIC 6553

WESTBANK PROJECTS CORP *p*309

1067 Cordova St W Suite 501, VANCOUVER, BC, V6C 1C7

(604) 685-8986   SIC 6553

SIC 6712 Bank holding companies

0725671 B.C. LTD *p*183

3600 Bainbridge Ave, BURNABY, BC, V5A 4X2

(604) 606-1903   SIC 6712

1024591 ONTARIO INC *p*645

56 Rue Longueil, L'ORIGNAL, ON, K0B 1K0

(613) 675-4614   SIC 6712

1140102 ALBERTA LTD *p*39

855 2 St Sw Suite 1800, CALGARY, AB, T2P 4J8

(403) 645-2000   SIC 6712

120776 CANADA INC *p*1073

700 Rue Canadel, LOUISEVILLE, QC, J5V 3A4

(819) 228-8471   SIC 6712

1421239 ONTARIO INC *p*505

124 Commercial Rd, BOLTON, ON, L7E 1K4

(905) 951-6800   SIC 6712

1597823 ALBERTA LTD *p*158

Hwy 11 Range Rd 70, ROCKY MOUNTAIN HOUSE, AB, T4T 1A7

(403) 845-3072   SIC 6712

161251 CANADA INC *p*996

355 Rue Dupont, Beaupre, QC, G0A 1E0

(418) 827-8347   SIC 6712

173532 CANADA INC *p*1215

7870 Rue Fleuricourt, SAINT-LEONARD, QC, H1R 2L3

(514) 274-2870   SIC 6712

176441 CANADA INC *p*1119

11177 Rue Hamon, Montreal, QC, H3M 3E4

(514) 335-0310   SIC 6712

2018429 ONTARIO LTD *p*542

48 Cowansview Rd, CAMBRIDGE, ON, N1R 7N3

(519) 740-3757   SIC 6712

2321-1998 QUEBEC INC *p*1127

1070 Montee Masson, Montreal, QC, H7C 2R2

(450) 661-1515   SIC 6712

2434-1281 QUEBEC INC *p*1198

800 Rue Pierre-Caisse, SAINT-JEAN-SUR-RICHELIEU, QC, J3B 7Y5

(450) 348-6031   SIC 6712

2618-1833 QUEBEC INC *p*1097

274 Rue Jean-Talon E, Montreal, QC, H2R 1S7

(514) 273-3224   SIC 6712

2732-0100 QUEBEC INC *p*1183

1212 Av Saint-Alphonse Rr 2, SAINT-BRUNO-LAC-SAINT-JEAN, QC, G0W 2L0

(418) 343-2989   SIC 6712

3358097 CANADA INC *p*1246

4680 Boul Frontenac E, THETFORD MINES, QC, G6H 4G5

(418) 338-8588   SIC 6712

3401987 CANADA INC. *p*1056

900 Rue Du Pacifique, LACHINE, QC, H8S 1C4

(514) 367-3001   SIC 6712

3522997 CANADA INC *p*1211

180 Montee De Liesse, SAINT-LAURENT, QC, H4T 1N7

(514) 341-6161   SIC 6712

3952851 CANADA INC *p*1229

2875 Rue Jules-Brillant, SAINTE-ROSE, QC, H7P 6B2

SIC 6712

4441028 CANADA INC *p*1114

740 Rue Notre-Dame O Bureau 1120, Montreal, QC, H3C 3X6

(514) 871-1033   SIC 6712

512844 ALBERTA LTD *p*137

3939 1 Ave S, LETHBRIDGE, AB, T1J 4P8

(403) 327-3154   SIC 6712

580799 ALBERTA LTD *p*119

316 Mackay Cres, FORT MCMURRAY, AB, T9H 4E4

(780) 791-5477   SIC 6712

621828 ONTARIO LTD *p*577

7a Taymall Ave, ETOBICOKE, ON, M8Z 3Y8

(416) 252-1186   SIC 6712

722140 ONTARIO LIMITED *p*684

3160 Caravelle Dr, MISSISSAUGA, ON, L4V 1K9

SIC 6712

725024 ALBERTA LTD *p*15

11158 42 St Se, CALGARY, AB, T2C 0J9

(403) 279-7600   SIC 6712

762695 ONTARIO LIMITED *p*686

2770 Matheson Blvd E, MISSISSAUGA, ON, L4W 4M5

(905) 238-3466   SIC 6712

9029-4307 QUEBEC INC *p*1258

34 Rue De L'artisan, VICTORIAVILLE, QC, G6P 7E3

(819) 752-5743   SIC 6712

9029-5015 QUEBEC INC *p*1029

915 Rue Hains, DRUMMONDVILLE, QC, J2C 3A1

(819) 478-4971   SIC 6712

9042-0654 QUEBEC INC *p*1188

2030 127e Rue, SAINT-GEORGES, QC, G5Y 2W8

(418) 227-4279   SIC 6712

9053-3837 QUEBEC INC *p*1188

11400 1re Av, SAINT-GEORGES, QC, G5Y 5S4

(418) 227-1515   SIC 6712

9064-3792 QUEBEC INC *p*1068

2025 Rue De La Metropole, LONGUEUIL, QC, J4G 1S9

(450) 676-9141   SIC 6712

9107-7081 QUEBEC INC *p*1073

351 Rue Notre-Dame N, LOUISEVILLE, QC, J5V 1X9

(819) 228-9497   SIC 6712

9111-3829 QUEBEC INC *p*1047

1180 Bellevue St, Jonquiere, QC, G7X 1A5

(418) 543-1632   SIC 6712

9121-1128 QUEBEC INC *p*1140

188 Av Oneida, POINTE-CLAIRE, QC, H9R 1A8

(514) 694-3439   SIC 6712

9122-1994 QUEBEC INC *p*1029

350 Rue Rocheleau, DRUMMONDVILLE, QC, J2C 7S7

(819) 477-6891   SIC 6712

9183-0943 QUEBEC INC *p*1128

2130 Boul Dagenais O, Montreal, QC, H7L 5X9

(450) 963-9558   SIC 6712

ABC GROUP *p*973

100 Hanlan Rd Suite 3, WOODBRIDGE, ON, L4L 4V8

(905) 392-0485   SIC 6712

ACCURISTIX *p*764

2905 Bristol Cir, OAKVILLE, ON, L6H 6Z5

(905) 829-9927   SIC 6712

AGENCE DE VOYAGES D'AUTOMOBILE ET TOURING CLUB DU QUEBEC INC *p*1166

444 Rue Bouvier, Quebec, QC, G2J 1E3

(418) 624-8222   SIC 6712

AIM HOLDING TRUST *p*201

2000 Brigantine Dr, COQUITLAM, BC, V3K 7B5

(604) 525-3900   SIC 6712

AMEC FOSTER WHEELER INC *p*39

801 6 Ave Sw Suite 900, CALGARY, AB, T2P 3W3

(403) 298-4170   SIC 6712

ANGLIN ENTERPRISES INC *p*965

220 Tecumseh Rd W, WINDSOR, ON, N8X 1G1

(519) 727-4398   SIC 6712

AON GROUP INC *p*808

307 Aylmer St N, PETERBOROUGH, ON, K9J 7M4

(705) 742-3801   SIC 6712

ARBOR MEMORIAL SERVICES INC *p*743

33 Memory Gardens Lane, NORTH YORK, ON, M2H 3K4

(416) 493-9580   SIC 6712

ASSURANCE MARTIN & CYR INC *p*1101

460 Rue Mcgill, Montreal, QC, H2Y 2H2

(514) 527-9546   SIC 6712

BAUER PARTNERSHIP *p*684

6490 Viscount Rd, MISSISSAUGA, ON, L4V 1H3

SIC 6712

BELLM, A. J. HOLDINGS INC *p*539

2300 Fairview St, BURLINGTON, ON, L7R 2E4

(905) 632-5371   SIC 6712

BLUNDELL INDUSTRIES LTD *p*269

11351 River Rd, RICHMOND, BC, V6X 1Z6

(604) 270-3300   SIC 6712

BROWNSVILLE HOLDINGS INC *p*492

Gd Lcd Main, AYLMER, ON, N5H 2R7

(519) 866-3446   SIC 6712

BRUINSMA HOLDINGS LTD *p*83

10232 112 St Nw Suite 200, EDMONTON, AB, T5K 1M4

(780) 421-4300   SIC 6712

BWI HOLDINGS INC *p*15

3915 61 Ave Se, CALGARY, AB, T2C 1V5

(403) 255-2900   SIC 6712

CABCOR INC *p*1238

980 Rue Panneton, SHERBROOKE, QC, J1K 2B2

(819) 566-2401   SIC 6712

CANADIAN-BRITISH CONSULTING GROUP LIMITED *p*457

1489 Hollis St, HALIFAX, NS, B3J 3M5

(902) 421-7241   SIC 6712

CCD LIMITED PARTNERSHIP *p*716

1115 Cardiff Blvd, MISSISSAUGA, ON, L5S 1L8

(905) 564-2115   SIC 6712

CCI ENTERTAINMENT LTD *p*924

18 Dupont St, TORONTO, ON, M5R 1V2

(416) 964-8750   SIC 6712

CEGER INC *p*1015

1180 Rue Bersimis, CHICOUTIMI, QC, G7K 1A5

(418) 543-4938   SIC 6712

CLEAN HARBORS INDUSTRIAL SERVICES CANADA, INC *p*68

Gd, CLAIRMONT, AB, T0H 0W0

(780) 567-2992   SIC 6712

COBRA INTERNATIONAL SYSTEMES DE FIXATIONS CIE LTEE *p*990

8051 Boul Metropolitain E, ANJOU, QC, H1J 1J8

(514) 354-2240   SIC 6712

CONTRANS HOLDING II LP *p*978

1179 Ridgeway Rd, WOODSTOCK, ON, N4V 1E3

(519) 421-4600   SIC 6712

COOPERATIVE DE L'UNIVERSITE LAVAL *p*1160

2305 Rue De L'universite Bureau 1100, Quebec, QC, G1V 0B4

(418) 656-2600   SIC 6712

CORPORATION ADFAST *p*1209

2670 Rue Paulus, SAINT-LAURENT, QC, H4S 1G1

(514) 337-7307   SIC 6712

CORPORATION TRIBOSPEC, LA *p*1061

220 Av Lafleur, LASALLE, QC, H8R 4C9

(514) 595-7579   SIC 6712

CROSS ISLAND INC *p*850

4972 Spring Creek Rd, SMITHVILLE, ON, L0R 2A0

(905) 957-3326   SIC 6712

DATA & AUDIO-VISUAL ENTERPRISES HOLDINGS INC *p*918

161 Bay St Suite 2300, TORONTO, ON, M5J 2S1

(416) 361-1959   SIC 6712

DISTRI-CARR LTEE *p*1153

214 Av Saint-Sacrement Bureau 130, Quebec, QC, G1N 3X6

SIC 6712

DSL INTERNATIONAL LTD *p*84

14520 128 Ave Nw, EDMONTON, AB, T5L 3H6

BUSINESSES BY INDUSTRY CLASSIFICATION   SIC 6712 Bank holding companies 2319

(780) 452-7580 SIC 6712
E.C.L. INVESTMENTS LIMITED p474
115 King St, STELLARTON, NS, B0K 0A2
(902) 755-4440 SIC 6712
EARL'S MEDICINE HAT LTD p249
949 3rd St W, NORTH VANCOUVER, BC, V7P 3P7
(604) 984-4606 SIC 6712
ECL PROPERTIES LIMITED p474
115 King St, STELLARTON, NS, B0K 0A2
(902) 755-4440 SIC 6712
EDJAR FOOD GROUP INC p671
7650 Birchmount Rd, MARKHAM, ON, L3R 6B9
(905) 474-0710 SIC 6712
ENTREPRISES CANDEREL INC p1106
2000 Rue Peel Bureau 900, Montreal, QC, H3A 2W5
(514) 842-8636 SIC 6712
ENTREPRISES RAILQUIP INC, LES p994
325 Av Lee, Baie-D'Urfe, QC, H9X 3S3
(514) 457-4760 SIC 6712
F.M.C. INVESTMENT SERVICES LIMITED p688
5255 Orbitor Dr, MISSISSAUGA, ON, L4W 5M6
(905) 629-8000 SIC 6712
FARROW GROUP INC p969
2001 Huron Church Rd, WINDSOR, ON, N9C 2L6
(519) 252-4415 SIC 6712
FIDUCIE FAMILLE VACHON INC p1187
516 Rue Du Parc, SAINT-EUSTACHE, QC, J7R 5B2
(450) 472-9120 SIC 6712
FINANCIERE MICADCO INC p1149
600 Boul Charest E Bureau 3036, Quebec, QC, G1K 3J4
(418) 529-6121 SIC 6712
FORCETEK INC p1069
430 Boul Guimond, LONGUEUIL, QC, J4G 1P8
(450) 463-3344 SIC 6712
FRESCHE SOLUTIONS INC p1114
995 Rue Wellington Unit9 200, MONTREAL, QC, H3C 1V3
(514) 747-7007 SIC 6712
GAGNON HOLDINGS LTD p402
9 Quai Des Robichaud Rd, GRAND-BARACHOIS, NB, E4P 8A4
(506) 532-2445 SIC 6712
GEM HEALTH CARE GROUP LIMITED p463
15 Shoreham Ln Suite 101, HALIFAX, NS, B3P 2R3
(902) 429-6227 SIC 6712
GESCLADO INC p1229
1400 Boul Dagenais O, SAINTE-ROSE, QC, H7L 5C7
(450) 622-1600 SIC 6712
GESTAIR LTEE p1192
6100 Rte De L'aeroport, SAINT-HUBERT, QC, J3Y 8Y9
(450) 656-1710 SIC 6712
GESTION ANDRE LEROUX INC p1072
1992 Rue Jean-Paul-Riopelle, LONGUEUIL, QC, J4N 1P6
(450) 448-6798 SIC 6712
GESTION ARMELLE INC p1227
1116 Boul Vachon N Bureau 36, SAINTE-MARIE, QC, G6E 1N7
(418) 387-3120 SIC 6712
GESTION C.T.M.A. INC p1009
435 Ch Avila-Arseneau, CAP-AUX-MEULES, QC, G4T 1J3
(418) 986-6600 SIC 6712
GESTION CENTRIA COMMERCE INC p1020
3131 Boul Saint-Martin O, Cote Saint-Luc, QC, H7T 2Z5
(514) 874-0122 SIC 6712
GESTION JEAN & GUY HURTEAU INC p1009
21 Rue Paul-Gauguin, CANDIAC, QC, J5R 3X8
(450) 638-2212 SIC 6712

GESTION L. FECTEAU LTEE p1135
3150 Ch Royal, NOTRE-DAME-DES-PINS, QC, G0M 1K0
(418) 774-3324 SIC 6712
GESTION LABERGE INC p1050
6245 Boul Wilfrid-Hamel, L'ANCIENNE-LORETTE, QC, G2E 5W2
(418) 667-1313 SIC 6712
GESTION MICHEL BIRON INC p1135
111 Rue Du 12-Novembre, NICOLET, QC, J3T 1S3
(819) 293-6125 SIC 6712
GESTION MICHEL JULIEN INC p1003
115 Rue De Lauzon, BOUCHERVILLE, QC, J4B 1E7
(450) 641-3150 SIC 6712
GESTION ROCH GAUTHIER INC p1220
68 Rue Sainte-Catherine, SAINT-POLYCARPE, QC, J0P 1X0
(450) 265-3256 SIC 6712
GESTIONS MILLER CARMICHAEL INC p1120
3822 Av De Courtrai, Montreal, QC, H3S 1C1
(514) 735-4361 SIC 6712
GESTRUDO INC p1171
34 Rue Belmont Rr 5, RICHMOND, QC, J0B 2H0
(819) 826-5941 SIC 6712
GREAT PACIFIC CAPITAL CORPORATION p307
1067 Cordova St W Suite 1800, VANCOUVER, BC, V6C 1C7
(604) 688-6764 SIC 6712
GROUPE CEDRICO INC p1144
39 Rue Saint-Jean-Baptiste Bureau 1, PRICE, QC, G0J 1Z0
(418) 775-7516 SIC 6712
GROUPE CONSEIL RES PUBLICA INC p1106
2001 Av Mcgill College Bureau 800, Montreal, QC, H3A 1G1
(514) 843-7171 SIC 6712
GROUPE DESCHENES INC p1091
3901 Rue Jarry E Bureau 250, Montreal, QC, H1Z 2G1
(514) 253-3110 SIC 6712
GROUPE FERTEK INC p1229
3000 Av Francis-Hughes, SAINTE-ROSE, QC, H7L 3J5
(450) 663-8700 SIC 6712
GROUPE GAUDREAULT INC, LE p1170
1500 Rue Raymond-Gaudreault, REPENTIGNY, QC, J5Y 4E3
(450) 585-1210 SIC 6712
GYRO-TRAC INC p1169
2033 Rue Des Perseides, Quebec, QC, G3E 2G3
 SIC 6712
HAMPTON LUMBER MILLS - CANADA, LTD p193
Gd, BURNS LAKE, BC, V0J 1E0
(250) 692-7177 SIC 6712
HUSKY INJECTION MOLDING SYSTEMS LTD p506
500 Queen St S, BOLTON, ON, L7E 5S5
(905) 951-5000 SIC 6712
INCURSUS LIMITED p923
21 Melinda St Suite 805, TORONTO, ON, M5L 1G4
(416) 365-3313 SIC 6712
INEOS CANADA COMPANY p153
Gd Stn Postal Box Ctr, RED DEER, AB, T4N 5E6
(403) 314-4500 SIC 6712
INTEGRATED DISTRIBUTION SYSTEMS LIMITED PARTNERSHIP p18
5735 53 St Se, CALGARY, AB, T2C 4V1
(403) 279-7278 SIC 6712
ITML HOLDINGS INC p527
75 Plant Farm Blvd, BRANTFORD, ON, N3S 7W2
(519) 753-2666 SIC 6712
IVANHOE CAPITAL CORPORATION p308

999 Canada Pl Suite 654, VANCOUVER, BC, V6C 3E1
(604) 688-7166 SIC 6712
JARDINE BROOK HOLDINGS LIMITED p417
300 Union St, SAINT JOHN, NB, E2L 4Z2
(506) 632-5110 SIC 6712
LAKOTA DRILLING INC p147
1704 5 St, NISKU, AB, T9E 8P8
(780) 955-7535 SIC 6712
LES PLACEMENTS E.G.B. INC p1209
9000 Boul Henri-Bourassa O, SAINT-LAURENT, QC, H4S 1L5
(514) 336-3213 SIC 6712
LES PLACEMENTS ROGER POIRIER INC p1216
7388 Boul Viau, SAINT-LEONARD, QC, H1S 2N9
(514) 727-2847 SIC 6712
LOBLAWS INC p294
3189 Grandview Hwy, VANCOUVER, BC, V5M 2E9
(604) 439-5400 SIC 6712
LONE STAR GROUP OF COMPANIES HOLDINGS INC p727
32 Colonnade Rd Suite 900, NEPEAN, ON, K2E 7J6
(613) 727-1966 SIC 6712
LUMENPULSE INC p1118
1751 Rue Richardson Bureau 1505, Montreal, QC, H3K 1G6
(514) 937-3003 SIC 6712
M T N ENTERPRISES INC p838
120 Sinnott Rd, SCARBOROUGH, ON, M1L 4N1
(416) 285-2051 SIC 6712
MACKIE TRANSPORTATION HOLDINGS INC p87
11417 163 St Nw, EDMONTON, AB, T5M 3Y3
(587) 881-0400 SIC 6712
MAGNA INTERNATIONAL INC p491
455 Magna Dr, AURORA, ON, L4G 7A9
(905) 713-6322 SIC 6712
MAGNASONIC INC. p673
300 Alden Rd, MARKHAM, ON, L3R 4C1
(905) 940-5089 SIC 6712
MAMMOET CANADA HOLDINGS INC p602
7504 Mclean Rd E, GUELPH, ON, N1H 6H9
(519) 740-0550 SIC 6712
MEDISYS HOLDING LP p1107
500 Rue Sherbrooke O Bureau 1100, Montreal, QC, H3A 3C6
(514) 845-1211 SIC 6712
MILTON HYDRO SERVICES INC p682
8069 Lawson Rd, MILTON, ON, L9T 5C4
(905) 876-4611 SIC 6712
MOORE CANADA CORPORATION p719
6100 Vipond Dr, MISSISSAUGA, ON, L5T 2X1
(905) 362-3100 SIC 6712
MUNICH-CANADA MANAGEMENT CORPORATION LTD p915
390 Bay St Suite 2200, TORONTO, ON, M5H 2Y2
(416) 359-2147 SIC 6712
MYRSA MANAGEMENT SERVICES LTD p863
3 Anderson Blvd Suite 1, STOUFFVILLE, ON, L4A 7X4
(416) 291-9756 SIC 6712
NIRADIA ENTERPRISES INC p208
460 Fraserview Pl, DELTA, BC, V3M 6H4
(604) 523-6188 SIC 6712
NOVA CAPITAL INCORPORATED p442
17 Central Ave, ANTIGONISH, NS, B2G 2L4
(902) 863-6534 SIC 6712
NOVA PETROCHEMICALS LTD p47
1000 7 Ave Sw, CALGARY, AB, T2P 5L5
(403) 750-3600 SIC 6712
OPTIMA CAPITAL PARTNERS INC p157
96 Poplar St Suite 100, RED DEER COUNTY, AB, T4E 1B4
 SIC 6712
PARRISH & HEIMBECKER, LIMITED p375

201 Portage Ave Suite 1400, WINNIPEG, MB, R3B 3K6
(204) 956-2030 SIC 6712
PASS CONSTRUCTION CO. LTD p217
1148 6th Ave Rr 4, HOPE, BC, V0X 1L4
 SIC 6712
PATENE (1997) LIMITED p604
641 Speedvale Ave W, GUELPH, ON, N1K 1E6
(519) 822-1890 SIC 6712
PEACOCK CAPITAL LTD p4
229 Bear St 3 Fl, BANFF, AB, T1L 1B1
(403) 762-2642 SIC 6712
PLACEMENTS BELCAND MONT-ROYAL INC, LES p1258
211 Rue Gordon, VERDUN, QC, H4G 2R2
(514) 766-2311 SIC 6712
PLACEMENTS SAMUEL S SEGAL INC p1019
2205 Av Francis-Hughes, Cote Saint-Luc, QC, H7S 1N5
 SIC 6712
PORTES GARAGA: STANDARD + INC p1190
8500 25e Av, SAINT-GEORGES, QC, G6A 1K5
(418) 227-2828 SIC 6712
PRIME RESTAURANT HOLDINGS INC p715
10 Kingsbridge Garden Cir Suite 600, MISSISSAUGA, ON, L5R 3K6
(905) 568-0000 SIC 6712
PROPRIETES IMMOBILIERE GRAND DUC INC, LES p1082
125 Ch Des Patriotes S, MONT-SAINT-HILAIRE, QC, J3H 3G5
(450) 464-5250 SIC 6712
QUATTRO CAPITAL INC. p101
6907 36 St Nw, EDMONTON, AB, T6B 2Z6
(780) 465-0341 SIC 6712
QUICK INC p314
1500 Georgia St W Suite 1800, VANCOUVER, BC, V6G 2Z6
(604) 685-5200 SIC 6712
R A F HOLDINGS LTD p485
989 Harwood Ave N, AJAX, ON, L1Z 1Y7
(905) 426-3186 SIC 6712
R.B.F. HOLDINGS LIMITED p527
100 Market St S, BRANTFORD, ON, N3S 2E5
(519) 759-8220 SIC 6712
RELIANCE INDUSTRIAL INVESTMENTS LTD p147
606 19 Ave, NISKU, AB, T9E 7W1
(780) 955-7115 SIC 6712
RENEWPLAST INC p1107
2000 Rue Peel Bureau 900, Montreal, QC, H3A 2W5
(514) 842-8636 SIC 6712
ROGERS COMMUNICATIONS CANADA INC p903
1 Mount Pleasant Rd Suite 115, TORONTO, ON, M4Y 2Y5
(416) 935-1100 SIC 6712
SAPPORO CANADA INC p604
551 Clair Rd W, GUELPH, ON, N1L 1E9
(519) 822-1834 SIC 6712
SAVM INC p25
3530 11a St Ne Suite 1, CALGARY, AB, T2E 6M7
(403) 250-7878 SIC 6712
SCHWAN'S CANADA CORPORATION p1057
2900 Rue Louis-A.-Amos, LACHINE, QC, H8T 3K6
(514) 631-9275 SIC 6712
SERVICES MATREC INC p1005
4 Ch Du Tremblay Bureau 625, BOUCHERVILLE, QC, J4B 6Z5
(450) 641-3070 SIC 6712
SOUTH COUNTRY AG LTD p1276
40 Main St, MOSSBANK, SK, S0H 3G0
 SIC 6712
SUREPOINT HOLDINGS INC p49
800 6 Ave Sw Suite 950, CALGARY, AB, T2P 3G3

▲ Public Company   ■ Public Company Family Member   **HQ** Headquarters   **BR** Branch   **SL** Single Location

SIC 6719 Holding companies, nec

(403) 532-4948 SIC 6712
TECHNILAB PHARMA INC p1078
17800 Rue Lapointe, MIRABEL, QC, J7J 1P3
(450) 433-7673 SIC 6712
TELUS COMMUNICATIONS (QUEBEC) INC p1173
6 Rue Jules-A.-Brillant Bureau 20602, RIMOUSKI, QC, G5L 1W8
(418) 723-2271 SIC 6712
TERRACE TOTEM HOLDINGS LTD p291
4631 Keith Ave, TERRACE, BC, V8G 1K3
(250) 635-4984 SIC 6712
THOMAS DOWNIE HOLDINGS LTD p305
814 Richards St Suite 100, VANCOUVER, BC, V6B 3A7
(604) 687-4559 SIC 6712
TMS TRANSPORTATION MANAGEMENT SERVICES LTD p230
9975 199b St, LANGLEY, BC, V1M 3G4
(604) 882-2550 SIC 6712
TRAFICTOURS CANADA INC p1101
300 Rue Leo-Pariseau Bureau 600, MONTREAL, QC, H2X 4C2
(514) 987-1660 SIC 6712
TRILOGY RETAIL ENTERPRISES L.P p921
161 Bay St Suite 4900, TORONTO, ON, M5J 2S1
(416) 943-4110 SIC 6712
VALUE INDUSTRIES WESTERN LTD p315
1245 Broadway W Suite 400, Vancouver, BC, V6H 1G7
(604) 606-7017 SIC 6712
VISION 7 COMMUNICATIONS INC p1150
300 Rue Saint-Paul Bureau 300, Quebec, QC, G1K 7R1
(418) 647-2727 SIC 6712
WILLIAM NEWPORT HOLDINGS LIMITED p453
208 Lancaster Cres, DEBERT, NS, B0M 1G0
(902) 662-3840 SIC 6712
WOODHAVEN CAPITAL CORP p137
3125 24 Ave N, LETHBRIDGE, AB, T1H 5G2
(403) 320-7070 SIC 6712

SIC 6719 Holding companies, nec

2809630 CANADA INC p1262
4150 Rue Sherbrooke O Bureau 400, WESTMOUNT, QC, H3Z 1C2
(514) 989-9909 SIC 6719
300322 ONTARIO LIMITED p654
150 Dufferin Ave Suite 100, LONDON, ON, N6A 5N6
(519) 672-5272 SIC 6719
9015-7009 QUEBEC INC p1015
1235 Rue Bersimis, CHICOUTIMI, QC, G7K 1A4
(418) 549-0744 SIC 6719
AMEC FOSTER WHEELER INC p39
801 6th Ave Sw Unit 900, CALGARY, AB, T2P 3W3
(403) 298-4170 SIC 6719
AMEC FOSTER WHEELER INC p764
2020 Winston Park Dr Suite 700, OAKVILLE, ON, L6H 6X7
(905) 829-5400 SIC 6719
BCR PROPERTIES LTD p248
221 Esplanade W Suite 600, NORTH VANCOUVER, BC, V7M 3J3
(604) 678-4701 SIC 6719
BML GROUP LIMITED p684
5905 Campus Rd, MISSISSAUGA, ON, L4V 1P9
(905) 676-1293 SIC 6719
CANAC-MARQUIS GRENIER LTEE p1050
6245 Boul Wilfrid-Hamel, L'ANCIENNE-LORETTE, QC, G2E 5W2
(418) 667-1313 SIC 6719
CENTRE BAY YACHT STATION LTD p246
1103 Heritage Blvd, NORTH VANCOUVER, BC, V7J 3G8
(604) 986-0010 SIC 6719

CHARTWELL RETIREMENT RESIDENCES p963
1750 North Service Rd E, WINDSOR, ON, N8W 1Y3
(519) 972-3330 SIC 6719
CLARKE INC p1174
199 Rue Hayward, Riviere-du-Loup, QC, G5R 6A7
(418) 862-9545 SIC 6719
CONALJAN INC p1094
4045 Rue Parthenais, Montreal, QC, H2K 3T8
(514) 522-2121 SIC 6719
CROWN INVESTMENTS CORPORATION OF SASKATCHEWAN p1302
15 Innovation Blvd Suite 114, SASKATOON, SK, S7N 2X8
(306) 933-6259 SIC 6719
CSB HOLDINGS LTD p73
12907 57 St Nw, EDMONTON, AB, T5A 0E7
(780) 437-6188 SIC 6719
CUSHMAN & WAKEFIELD LTD p79
10088 102 Ave Suite 2700, EDMONTON, AB, T5J 2Z1
(780) 420-1177 SIC 6719
EDGESTONE CAPITAL PARTNERS, INC p914
141 Adelaide St W Suite 1002, TORONTO, ON, M5H 3L5
(416) 860-3740 SIC 6719
FIDUCIAIRES DU FONDS DE PLACEMENT IMMOBILIER COMINAR, LES p44
700 2 St Sw Suite 400, CALGARY, AB, T2P 2W1
(403) 296-2916 SIC 6719
FIDUCIAIRES DU FONDS DE PLACEMENT IMMOBILIER COMINAR, LES p791
222 Queen St Suite 300, OTTAWA, ON, K1P 5V9
(613) 569-8151 SIC 6719
GENSTAR CAPITAL, ULC p533
1001 Corporate Dr, BURLINGTON, ON, L7L 5V5
(905) 319-5645 SIC 6719
GLOBAL UPHOLSTERY CO. INC p755
1350 Flint Rd, NORTH YORK, ON, M3J 2J7
(416) 661-3660 SIC 6719
GRAHAM GROUP LTD p57
10909 27 St Se, CALGARY, AB, T2Z 3V9
(403) 570-5000 SIC 6719
HAR-HAR HOLDINGS INC p644
575 Trillium Dr, KITCHENER, ON, N2R 1J9
(519) 895-1932 SIC 6719
HYDRO-QUEBEC INTERNATIONAL INC p1104
75 Boul Rene-Levesque O Bureau 101, Montreal, QC, H2Z 1A4
(514) 289-2211 SIC 6719
IGM FINANCIAL INC p248
1200 Lonsdale Ave Suite 200, NORTH VANCOUVER, BC, V7M 3H6
(604) 986-1200 SIC 6719
IMMEUBLES GABRIEL AZOUZ INC p1132
7000 Boul Henri-Bourassa E, MONTREAL-NORD, QC, H1G 6C4
(514) 327-7777 SIC 6719
IVANHOE CAMBRIDGE INC p919
95 Wellington St W Suite 300, TORONTO, ON, M5J 2R2
(416) 369-1200 SIC 6719
KIK HOLDCO COMPANY INC p560
101 Macintosh Blvd, CONCORD, ON, L4K 4R5
(905) 660-0444 SIC 6719
LARCO INVESTMENTS LTD p338
100 Park Royal S Suite 300, WEST VANCOUVER, BC, V7T 1A2
(604) 925-2700 SIC 6719
MARK ANTHONY PROPERTIES LTD p297
887 Great Northern Way Suite 101, VANCOUVER, BC, V5T 4T5
(604) 263-9994 SIC 6719
PARKBRIDGE LIFESTYLE COMMUNITIES INC p47

500 4 Ave Sw Suite 1500, CALGARY, AB, T2P 2V6
(403) 215-2100 SIC 6719
PARKBRIDGE LIFESTYLE COMMUNITIES INC p829
5700 Blackwell Siderd, SARNIA, ON, N7W 1B7
(519) 542-7800 SIC 6719
PARKBRIDGE LIFESTYLE COMMUNITIES INC p949
690 River Rd W Suite 1, WASAGA BEACH, ON, L9Z 2P1
(705) 429-8559 SIC 6719
PPC CANADA ENTERPRISES CORP p308
625 Howe St Suite 410, VANCOUVER, BC, V6C 2T6
(604) 687-0407 SIC 6719
PROVIGO INC p995
90 Rue Morgan, Baie-D'Urfe, QC, H9X 3A8
(514) 457-2321 SIC 6719
PROVIGO INC p1123
6000 Rue Laurendeau, Montreal, QC, H4E 3X4
(514) 766-7367 SIC 6719
REALEX PROPERTIES CORP p48
606 4 St Sw Suite 1200, CALGARY, AB, T2P 1T1
SIC 6719
STATE STREET TRUST COMPANY CANADA p908
30 Adelaide St E Suite 1100, TORONTO, ON, M5C 3G8
(416) 362-1100 SIC 6719
STATE STREET TRUST COMPANY CANADA p933
100 King St W Suite 2800, TORONTO, ON, M5X 2A1
(416) 214-4846 SIC 6719
TD ASSET MANAGEMENT INC p922
79 Wellington St W, TORONTO, ON, M5K 1A1
(416) 307-6672 SIC 6719
TRUSTING INVESTMENT & CONSULTING CO., LTD p274
10891 Hogarth Dr, RICHMOND, BC, V7E 3Z9
(778) 321-7399 SIC 6719
VC LEMIEUX HOLDINGS INC p1280
1800 6th Ave E, PRINCE ALBERT, SK, S6V 2K3
(306) 764-3485 SIC 6719

SIC 6722 Management investment, open-end

ACKER FINLEY CANADA FOCUS FUND p912
181 University Ave Suite 1400, TORONTO, ON, M5H 3M7
(416) 777-9005 SIC 6722
AGF ALL WORLD TAX ADVANTAGE GROUP LIMITED p917
Gd, TORONTO, ON, M5J 2W7
(416) 367-1900 SIC 6722
AGF CANADIAN RESOURCES FUND LIMITED p921
66 Wellington St W, TORONTO, ON, M5K 1E9
(800) 268-8583 SIC 6722
ALIGNVEST CAPITAL MANAGEMENT INC p932
100 King St W Suite 7050, TORONTO, ON, M5X 1C7
(416) 775-1009 SIC 6722
ALPHAPRO MANAGEMENT INC p909
26 Wellington St E Suite 700, TORONTO, ON, M5E 1S2
(416) 933-5745 SIC 6722
AMI PARTNERS INC p909
26 Wellington St E Suite 800, TORONTO, ON, M5E 1S2
SIC 6722
ARROW DIVERSIFIED FUND p907

36 Toronto St Suite 750, TORONTO, ON, M5C 2C5
(416) 323-0477 SIC 6722
BRANDES U.S. SMALL CAP EQUITY FUND p917
20 Bay St Suite 400, TORONTO, ON, M5J 2N8
(416) 306-5700 SIC 6722
BRIDGEHOUSE ASSET MANAGERS p917
20 Bay St Suite 400, TORONTO, ON, M5J 2N8
(416) 306-5700 SIC 6722
CANADIAN APARTMENT PROPERTIES REAL ESTATE INVESTMENT TRUST p909
11 Church St Suite 401, TORONTO, ON, M5E 1W1
(416) 861-5771 SIC 6722
CIBC WORLD MARKETS INC p318
2052 West 41st Avenue Suite 401, VANCOUVER, BC, V6M 1Y8
(604) 267-7110 SIC 6722
CITIGROUP GLOBAL MARKETS CANADA INC p687
2920 Matheson Blvd E, MISSISSAUGA, ON, L4W 5R6
(905) 624-9889 SIC 6722
CLAYMORE CANADIAN FINANCIAL MONTHLY INCOME ETF p913
200 University Ave Suite 13th, TORONTO, ON, M5H 3C6
SIC 6722
COUNSEL SELECT SMALL CAP p688
2680 Skymark Ave, MISSISSAUGA, ON, L4W 5L6
(905) 625-9885 SIC 6722
CRITERION GLOBAL DIVIDEND FUND p918
95 Wellington St W Suite 1400, TORONTO, ON, M5J 2N7
(416) 642-5998 SIC 6722
EDGEPOINT CANADIAN PORTFOLIO p925
150 Bloor St W Suite 200, TORONTO, ON, M5S 2X9
(416) 963-9353 SIC 6722
EDGESTONE CAPITAL EQUITY PARTNERS INC p932
130 King St W Suite 600, TORONTO, ON, M5X 2A2
(416) 860-3740 SIC 6722
ELLIOTT & PAGE LIMITED p901
200 Bloor St E Suite 1, TORONTO, ON, M4W 1E5
(416) 581-8300 SIC 6722
FIDELITY CANADA ULC p911
483 Bay St Suite 300, TORONTO, ON, M5G 2N7
(416) 307-5200 SIC 6722
FIDELITY INVESTMENTS CANADA ULC p906
250 Yonge St Suite 700, TORONTO, ON, M5B 2L7
(416) 307-5478 SIC 6722
FIDELITY INVESTMENTS CANADA ULC p911
483 Bay St Suite 200, TORONTO, ON, M5G 2N7
(416) 307-5200 SIC 6722
FIDELITY INVESTMENTS CANADA ULC p1131
100 Rue De La Gauchetiere O Bureau 1400, Montreal, QC, M5G 2N7
(514) 866-7360 SIC 6722
FONDS DE SOLIDARITE DES TRAVAILLEURS DU QUEBEC (F.T.Q.) p1095
8717 Rue Berri, Montreal, QC, H2M 2T9
(514) 383-3663 SIC 6722
GESTION UNIVERSITAS INC p1162
3005 Av Maricourt Bureau 250, Quebec, QC, G1W 4T8
(418) 651-8975 SIC 6722
HILLSDALE CANADIAN PERFORMANCE EQUITY p922
100 Wellington St W Suite 2100, TORONTO, ON, M5K 1J3
(416) 913-3900 SIC 6722

IGM FINANCIAL INC p1006
1850 Rue Panama Bureau 600, BROSSARD, QC, J4W 3C6
(450) 443-6496 SIC 6722

INVESTORS GROUP FINANCIAL SERVICES INC p655
254 Pall Mall St Suite 100, LONDON, ON, N6A 5P6
(519) 679-8993 SIC 6722

INVESTORS GROUP INC p518
24 Queen St E Suite 200, BRAMPTON, ON, L6V 1A3
(905) 450-2891 SIC 6722

INVESTORS PREMIUM MONEY MARKET FUND p378
447 Portage Ave, WINNIPEG, MB, R3C 3B6
(204) 957-7383 SIC 6722

ISHARES DEX ALL CORPORATE BOND INDEX FUND p921
161 Bay St Suite 2500, TORONTO, ON, M5J 2S1
(866) 486-4874 SIC 6722

JARISLOWSKY, FRASER LIMITEE p914
20 Queen St W Suite 3100, TORONTO, ON, M5H 3R3
(416) 363-7417 SIC 6722

LEITH WHEELER FIXED INCOME FUND p308
400 Burrard St Suite 1500, VANCOUVER, BC, V6C 3A6
(604) 683-3391 SIC 6722

LOGIQ ASSET MANAGEMENT INC p922
77 King Street W 21st Floor, TORONTO, ON, M5K 2A1
(416) 597-9595 SIC 6722

MACKENZIE FINANCIAL CORPORATION p930
180 Queen St W Suite 1600, TORONTO, ON, M5V 3K1
(416) 355-2537 SIC 6722

MACKENZIE INTERNATIONAL GROWTH CLASS p930
180 Queen St W Suite 1600, TORONTO, ON, M5V 3K1
(416) 922-5322 SIC 6722

MANULIFE SECURITIES INVESTMENT SERVICES INC p611
168 Jackson St W, HAMILTON, ON, L8P 1L9
(905) 529-3863 SIC 6722

MANULIFE SECURITIES INVESTMENT SERVICES INC p695
3 Robert Speck Pky Suite 200, MISSISSAUGA, ON, L4Z 2G5
(905) 896-1822 SIC 6722

MANULIFE SECURITIES INVESTMENT SERVICES INC p1204
9800 Boul Cavendish Bureau 200, SAINT-LAURENT, QC, H4M 2V9
(514) 788-4884 SIC 6722

MARQUEST CANADIAN EQUITY INCOME FUND p919
161 Bay St Suite 4420, TORONTO, ON, M5J 2S1
(416) 777-7350 SIC 6722

MAVRIX AMERICAN GROWTH FUND p908
36 Lombard St Suite 2200, TORONTO, ON, M5C 2X3
(416) 362-3077 SIC 6722

MAVRIX GLOBAL FUND INC p932
130 King St W Suite 2200, TORONTO, ON, M5X 2A2
(416) 362-3077 SIC 6722

MCLEAN BUDDEN GLOBAL EQUITY FUND p915
145 King St W Suite 2525, TORONTO, ON, M5H 1J8
(416) 862-9800 SIC 6722

MCLEAN BUDDEN LTD p915
145 King St W Suite 2525, TORONTO, ON, M5H 1J8
(416) 862-9800 SIC 6722

MD MANAGEMENT LIMITED p384
1661 Portage Ave Suite 606, WINNIPEG, MB, R3J 3T7
(204) 783-2463 SIC 6722

MD MANAGEMENT LIMITED p656
380 Wellington St Suite 1400, LONDON, ON, N6A 5B5
(519) 432-0883 SIC 6722

MD MANAGEMENT LIMITED p797
1565 Carling Ave Suite 200, OTTAWA, ON, K1Z 8R1
(613) 722-7688 SIC 6722

MD MANAGEMENT LIMITED p912
522 University Ave Suite 1100, TORONTO, ON, M5G 1W7
(416) 598-1442 SIC 6722

MD MANAGEMENT LIMITED p1161
2590 Boul Laurier Bureau 560, Quebec, QC, G1V 4M6
(418) 657-6601 SIC 6722

MD MANAGEMENT LIMITED p1161
2600 Boul Laurier Unite 2460, Quebec, QC, G1V 4W1
(418) 657-6601 SIC 6722

MORNEAU SHEPELL INC p1126
800 Rue Du Square-Victoria, Montreal, QC, H4Z 1A1
(514) 878-9090 SIC 6722

NATIONAL BANK CORPORATE CASH MANAGEMENT FUND p1112
1100 Boul Robert-Bourassa Unite 12e, Montreal, QC, H3B 3A5
SIC 6722

NORTHWATER CAPITAL MANAGEMENT INC p920
181 Bay St Suite 4700, TORONTO, ON, M5J 2T3
(416) 360-5435 SIC 6722

PICTON MAHONEY GLOBAL LONG SHORT EQUITY FUND p910
33 Yonge St Suite 830, TORONTO, ON, M5E 1G4
(416) 955-4108 SIC 6722

SPROTT BULL/BEAR RSP p920
200 Bay St Suite 2700, TORONTO, ON, M5J 2J1
(416) 943-6707 SIC 6722

TDAM USA INC p921
161 Bay St Suite 3200, TORONTO, ON, M5J 2T2
(416) 982-6681 SIC 6722

TEMPLETON, FRANKLIN MUTUAL BEACON FUND p916
200 King St W Suite 1500, TORONTO, ON, M5H 3T4
(416) 957-6000 SIC 6722

TRIMAC TRANSPORTATION SERVICES LIMITED PARTNERSHIP p97
15410 Yellowhead Trail Nw, EDMONTON, AB, T5V 1A1
(780) 447-1190 SIC 6722

TRIMAC TRANSPORTATION SERVICES LIMITED PARTNERSHIP p132
301 Kelley Rd, HINTON, AB, T7V 1H2
(780) 865-7599 SIC 6722

TRIMAC TRANSPORTATION SERVICES LIMITED PARTNERSHIP p230
9930 197 St, LANGLEY, BC, V1M 3G5
(604) 888-2002 SIC 6722

TRIMAC TRANSPORTATION SERVICES LIMITED PARTNERSHIP p240
125 Tenth St, NANAIMO, BC, V9R 6Z5
(250) 754-0085 SIC 6722

SIC 6726 Investment offices, nec

FAS BENEFIT ADMINISTRATORS LTD p80
10154 - 108 St Nw, EDMONTON, AB, T5J 1L3
(780) 452-5161 SIC 6726

FIDELITY INVESTMENTS CANADA ULC p1111
1000 Rue De La Gauchetiere O Bureau 1400, Montreal, QC, H3B 4W5
(514) 866-7360 SIC 6726

GESTION D'ACTIFS CIBC INC p918
161 Bay St Suite 2320, TORONTO, ON, M5J 2S1
(416) 364-5620 SIC 6726

SIC 6732 Trusts: educational, religious, etc.

FUTURPRENEUR CANADA p914
100 Adelaide St W, TORONTO, ON, M5H 1S3
(416) 408-2923 SIC 6732

KNOWLEDGE FIRST FINANCIAL INC p698
50 Burnhamthorpe Rd W Suite 1000, MISSISSAUGA, ON, L5B 4A5
(905) 270-8777 SIC 6732

UNITED WAY/CENTRAIDE OTTAWA p788
363 Coventry Rd, Ottawa, ON, K1K 2C5
(613) 228-6700 SIC 6732

SIC 6733 Trusts, nec

CANACCORD GENUITY CORP p790
45 O'connor St Suite 830, OTTAWA, ON, K1P 1A4
SIC 6733

COMPUTERSHARE TRUST COMPANY OF CANADA p918
100 University Ave Suite 800, TORONTO, ON, M5J 2Y1
(416) 263-9200 SIC 6733

COMPUTERSHARE TRUST COMPANY OF CANADA p1105
1500 Boul Robert-Bourassa Bureau 700, Montreal, QC, H3A 3S8
(514) 982-7888 SIC 6733

DELOITTE LLP p1014
901 Boul Talbot Bureau 400, CHICOUTIMI, QC, G7H 0A1
(418) 549-6650 SIC 6733

FIDUCIE DESJARDINS INC p1126
2 Complexe Desjardinstour E, Montreal, QC, H5B 1C1
(514) 499-8440 SIC 6733

FIDUCIE DESJARDINS INC p1126
1 Complexe Desjardins Tour S, Montreal, QC, H5B 1E4
(514) 286-9441 SIC 6733

GOVERNMENT OF THE PROVINCE OF ALBERTA p28
411 1 St Se Suite 2100, CALGARY, AB, T2G 4Y5
(403) 297-6541 SIC 6733

TAYLOR LEIBOW INC p610
105 Main St E Suite 700, HAMILTON, ON, L8N 1G6
(905) 523-0000 SIC 6733

SIC 6792 Oil royalty traders

PROGRESS LAND SERVICES LTD p85
14815 119 Ave Nw Suite 300, EDMONTON, AB, T5L 2N9
(780) 454-4717 SIC 6792

VARCO CANADA ULC p26
2935 19 St Ne, CALGARY, AB, T2E 7A2
(403) 264-9646 SIC 6792

SIC 6794 Patent owners and lessors

9100-9647 QUEBEC INC p1165
2800 Av Saint-Jean-Baptiste Bureau 235, Quebec, QC, G2E 6J5
(418) 527-7775 SIC 6794

ASTRAL MEDIA RADIO INC p1037
15 Rue Taschereau, GATINEAU, QC, J8Y 2V6
(819) 243-5555 SIC 6794

BODY SHOP CANADA LIMITED, THE p759
1 Yorkdale Rd Suite 510, NORTH YORK, ON, M6A 3A1
(416) 782-2948 SIC 6794

BOSTON PIZZA INTERNATIONAL INC p697
1 City Centre Dr Suite 708, MISSISSAUGA, ON, L5B 1M2
(905) 848-2700 SIC 6794

BOSTON PIZZA INTERNATIONAL INC p1019
3030 Boul Le Carrefour Bureau 802, Cote Saint-Luc, QC, H7T 2P5
(450) 687-2004 SIC 6794

CHAIRMAN'S BRAND CORPORATION p840
77 Progress Ave, SCARBOROUGH, ON, M1P 2Y7
(416) 288-8515 SIC 6794

CRUISESHIPCENTERS INTERNATIONAL INC p310
1055 Hastings St W Suite 400, VANCOUVER, BC, V6E 2E9
(604) 685-1221 SIC 6794

FIRST CHOICE HAIRCUTTERS LTD p708
6400 Millcreek Dr, MISSISSAUGA, ON, L5N 3E7
(905) 858-8100 SIC 6794

GOUVERNEMENT DE LA PROVINCE DE QUEBEC p1102
390 Rue Notre-Dame O Bureau 100, Montreal, QC, H2Y 1T9
(514) 873-2371 SIC 6794

GROUPE CAFE VIENNE 1998 INC, LE p1115
1422 Rue Notre-Dame O, Montreal, QC, H3C 1K9
(514) 935-5553 SIC 6794

GROUPE RESTAURANTS IMVESCOR INC p1125
8250 Boul Decarie Bureau 310, Montreal, QC, H4P 2P5
(514) 341-1544 SIC 6794

KUMON CANADA INC p821
88b East Beaver Creek Rd Unit 4, RICHMOND HILL, ON, L4B 4W2
(905) 763-8911 SIC 6794

LIV CANADA GIFT GROUP INC p515
294 Walker Dr Unit 2, BRAMPTON, ON, L6T 4Z2
(905) 790-9023 SIC 6794

MR. SUBMARINE LIMITED p749
4576 Yonge St Suite 600, NORTH YORK, ON, M2N 6N4
(416) 225-5545 SIC 6794

OXFORD LEARNING CENTRES, INC p662
747 Hyde Park Rd Suite 230, LONDON, ON, N6H 3S3
(519) 473-1207 SIC 6794

REDBERRY FRANCHISING CORP p581
401 The West Mall Suite 700, ETOBICOKE, ON, M9C 5J4
(416) 626-6464 SIC 6794

ROTISSERIES ST-HUBERT LTEE, LES p1020
2500 Boul Daniel-Johnson Bureau 700, Cote Saint-Luc, QC, H7T 2P6
(450) 435-0674 SIC 6794

SHRED-IT AMERICA INC p768
2794 South Sheridan Way, OAKVILLE, ON, L6J 7T4
(905) 829-2794 SIC 6794

SOCIETY OF COMPOSERS, AUTHORS AND MUSIC PUBLISHERS OF CANADA p313
1166 Alberni St Suite 504, VANCOUVER, BC, V6E 3Z3
(604) 689-8872 SIC 6794

SOCIETY OF COMPOSERS, AUTHORS AND MUSIC PUBLISHERS OF CANADA p1108
600 Boul De Maisonneuve O Bureau 500, Montreal, QC, H3A 3J2
(514) 844-8377 SIC 6794

SUPERCLUB VIDEOTRON LTEE, LE p1093
4545 Rue Frontenac Bureau 101, Montreal, QC, H2H 2R7
(514) 372-5200 SIC 6794

TT ESSEX INC p768
1400 Cornwall Rd Unit 5, OAKVILLE, ON,

L6J 7W5
(905) 829-8686 *SIC* 6794
WALT DISNEY COMPANY (CANADA) LTD, THE *p931*
200 Front St W Suite 2900, TORONTO, ON, M5V 3L4
(416) 695-2918 *SIC* 6794

SIC 6798 Real estate investment trusts

FIRST NATIONAL FINANCIAL CORPORATION *p1106*
2000 Rue Peel Bureau 200, Montreal, QC, H3A 2W5
(514) 499-7918 *SIC* 6798
MORGUARD INVESTMENTS LIMITED *p698*
55 City Centre Dr Suite 800, MISSISSAUGA, ON, L5B 1M3
(905) 281-3800 *SIC* 6798
SNC-LAVALIN INC *p395*
88 Sr Green Rd Suite 101, CAMPBELLTON, NB, E3N 3Y6
(506) 759-6350 *SIC* 6798

SIC 6799 Investors, nec

ETG COMMODITIES INC *p718*
6220 Shawson Dr, MISSISSAUGA, ON, L5T 1J8
(416) 900-4148 *SIC* 6799
FIDUCIAIRES DU FONDS DE PLACEMENT IMMOBILIER COMINAR, LES *p451*
32 Akerley Blvd Suite 103, DARTMOUTH, NS, B3B 1N1
(902) 469-8151 *SIC* 6799
GROWTHWORKS CAPITAL LTD *p311*
1055 Georgia St W Suite 2600, VANCOUVER, BC, V6E 0B6
(604) 633-1418 *SIC* 6799
HOMBURG REALTY FUNDS INCORPORATED *p1122*
3400 Boul De Maisonneuve O Bureau 1010, Montreal, QC, H3Z 3B8
(514) 931-0374 *SIC* 6799
INVESTORS GROUP FINANCIAL SERVICES INC *p1305*
203 Stonebridge Blvd Suite 300, SASKATOON, SK, S7T 0G3
(306) 955-9190 *SIC* 6799
KIMATSU ENTERPRISES *p749*
5334 Yonge St, NORTH YORK, ON, M2N 6V1
SIC 6799
LONDON AGRICULTURAL COMMODITIES INC *p662*
1615 North Routledge Pk Unit 43, LONDON, ON, N6H 5L6
(519) 473-9333 *SIC* 6799
MERRILL LYNCH COMMODITIES CANADA, ULC *p459*
1969 Upper Water St Suite 1300, HALIFAX, NS, B3J 3R7
(800) 681-2100 *SIC* 6799
ONTARIO CENTRES OF EXCELLENCE INC *p703*
2655 North Sheridan Way Suite 250, MISSISSAUGA, ON, L5K 2P8
(905) 823-2020 *SIC* 6799
PACIFIC LINK MINING CORP *p312*
1055 Georgia St W Suite 2772, VANCOUVER, BC, V6E 3P3
SIC 6799
SCOULAR CANADA LTD *p55*
10201 Southport Rd Sw Suite 1110, CALGARY, AB, T2W 4X9
(403) 720-9050 *SIC* 6799
SEMPRA ENERGY TRADING (CALGARY) ULC *p49*
440 2 Ave Sw Suite 650, CALGARY, AB, T2P 5E9
(403) 750-2450 *SIC* 6799
VOLAILLES MIRABEL LTEE *p1079*
9051 Rte Sir-Wilfrid-Laurier, MIRABEL, QC, J7N 1L6
(450) 258-0444 *SIC* 6799

SIC 7011 Hotels and motels

0773278 B.C LTD *p180*
20955 Hemlock Valley Rd, AGASSIZ, BC, V0M 1A1
(604) 797-6882 *SIC* 7011
1006823 BC LTD *p1243*
165 Rue Du Bord-De-L'eau, TADOUSSAC, QC, G0T 2A0
(418) 235-4421 *SIC* 7011
1075992 ALBERTA LTD *p190*
4405 Central Blvd, BURNABY, BC, V5H 4M3
(604) 438-1881 *SIC* 7011
1090769 ONTARIO INC *p960*
2508 Windermere Rd, WINDERMERE, ON, P0B 1P0
(705) 769-3611 *SIC* 7011
1110 HOWE HOLDINGS INCORPORATED *p321*
1110 Howe St, VANCOUVER, BC, V6Z 1R2
(604) 684-2151 *SIC* 7011
1118174 ONTARIO LIMITED *p897*
808 Mount Pleasant Rd, TORONTO, ON, M4P 2L2
(416) 487-5101 *SIC* 7011
1133940 ALBERTA LTD *p102*
10454 82 Ave Nw, EDMONTON, AB, T6E 4Z7
(780) 465-8150 *SIC* 7011
1175328 ONTARIO LIMITED *p801*
111 Cooper St, OTTAWA, ON, K2P 2E3
(613) 238-1331 *SIC* 7011
1206953 ONTARIO INC *p631*
237 Ontario St, KINGSTON, ON, K7L 2Z4
(613) 549-6300 *SIC* 7011
1210632 ONTARIO INC *p827*
283 Christina St N, SARNIA, ON, N7T 5V4
(519) 337-7571 *SIC* 7011
1212360 ONTARIO LIMITED *p619*
42 Delawana Rd, HONEY HARBOUR, ON, P0E 1E0
(705) 756-2424 *SIC* 7011
1333375 ONTARIO LIMITED *p717*
6090 Dixie Rd, MISSISSAUGA, ON, L5T 1A6
(905) 670-0050 *SIC* 7011
134736 CANADA INC *p1077*
250 Av Du Phare E, MATANE, QC, G4W 3N4
(418) 566-2651 *SIC* 7011
1364084 ONTARIO INC *p876*
3530 Schmon Pky Suite 11, THOROLD, ON, L2V 4Y6
(905) 984-8484 *SIC* 7011
1379025 ONTARIO LIMITED *p376*
330 York Ave Suite 508, WINNIPEG, MB, R3C 0N9
(204) 942-0101 *SIC* 7011
1406284 ONTARIO INC *p557*
3201 Highway 7, CONCORD, ON, L4K 5Z7
(905) 660-4700 *SIC* 7011
1504953 ALBERTA LTD *p50*
119 12 Ave Sw, CALGARY, AB, T2R 0G8
(403) 206-9565 *SIC* 7011
1526439 ONTARIO LIMITED *p627*
470 First Ave S, KENORA, ON, P9N 1W5
(807) 468-5521 *SIC* 7011
1548383 ONTARIO INC *p916*
249 Queens Quay W Suite 109, TORONTO, ON, M5J 2N5
(416) 203-3333 *SIC* 7011
156307 CANADA INC *p1012*
473 3e Rue, CHIBOUGAMAU, QC, G8P 1N6
(418) 748-2669 *SIC* 7011
1646419 ONTARIO INC *p774*
400 Memorial Ave, ORILLIA, ON, L3V 0T7
(705) 325-9511 *SIC* 7011
1694863 ONTARIO LTD *p835*
4694 Kingston Rd, SCARBOROUGH, ON, M1E 2P9
(416) 913-7184 *SIC* 7011
1946338 ONTARIO LIMITED *p235*
600 Ebadora Ln, MALAHAT, BC, V0R 2L0
(250) 856-0188 *SIC* 7011
19959 YUKON INC *p217*
3240 Village Way, HEFFLEY CREEK, BC, V0E 1Z1
(250) 578-6000 *SIC* 7011
2114185 ONTARIO CORP *p605*
4252 County Rd 21 Rr 3, HALIBURTON, ON, K0M 1S0
(705) 457-1800 *SIC* 7011
2159-2993 QUEBEC INC *p993*
8 Av Cabot, BAIE-COMEAU, QC, G4Z 1L8
(418) 296-3391 *SIC* 7011
2316-7240 QUEBEC INC *p1029*
600 Boul Saint-Joseph, DRUMMONDVILLE, QC, J2C 2C1
(819) 478-4141 *SIC* 7011
2318-7081 QUEBEC INC *p1013*
1080 Boul Talbot, CHICOUTIMI, QC, G7H 4B6
(418) 543-1521 *SIC* 7011
2343-7393 QUEBEC INC *p1250*
1620 Rue Notre-Dame Centre, Trois-Rivieres, QC, G9A 6E5
(819) 376-1991 *SIC* 7011
2850-1799 QUEBEC INC *p1136*
44 Av De L'auberge, ORFORD, QC, J1X 6J3
(819) 843-1616 *SIC* 7011
2852-7885 QUEBEC INC *p1022*
11 Rue Des Pins, DESCHAMBAULT, QC, G0A 1S0
(418) 286-4959 *SIC* 7011
2855-6512 QUEBEC INC *p1082*
125 Ch Des Patriotes S, MONT-SAINT-HILAIRE, QC, J3H 3G5
(450) 446-6060 *SIC* 7011
287706 ALBERTA LTD *p152*
4707 50 St, RED DEER, AB, T4N 1X3
SIC 7011
2958-3465 QUEBEC INC *p1174*
311 Boul De L'hotel-De-Ville, Riviere-du-Loup, QC, G5R 5S4
(418) 862-9520 *SIC* 7011
2968-5278 QUEBEC INC *p1177*
41 6e Rue, ROUYN-NORANDA, QC, J9X 1Y8
(819) 762-2341 *SIC* 7011
297943 ALBERTA LTD *p160*
2016 Sherwood Dr Suite 15, SHERWOOD PARK, AB, T8A 3X3
(780) 467-1234 *SIC* 7011
2990181 CANADA INC *p1088*
5000 Rue Sherbrooke E, Montreal, QC, H1V 1A1
(514) 253-3365 *SIC* 7011
3025235 NOVA SCOTIA ULC *p1104*
1050 Rue Sherbrooke O, Montreal, QC, H3A 2R6
(514) 985-6225 *SIC* 7011
3032948 NOVA SCOTIA LIMITED *p477*
437 Prince St, TRURO, NS, B2N 1E6
(902) 895-1651 *SIC* 7011
3056309 CANADA INC *p1104*
3407 Rue Peel, Montreal, QC, H3A 1W7
(514) 288-4141 *SIC* 7011
3089-3242 QUEBEC INC *p1159*
3031 Boul Laurier, Quebec, QC, G1V 2M2
(418) 658-2727 *SIC* 7011
3090-9626 QUEBEC INC *p1082*
100 Ch Champagne, MONT-TREMBLANT, QC, J8E 1V4
(819) 425-2772 *SIC* 7011
3092-4435 QUEBEC INC *p1175*
1225 Boul Marcotte, ROBERVAL, QC, G8H 2P1
(418) 275-7511 *SIC* 7011
3096-0876 QUEBEC INC *p1116*
1740 Boul Rene-Levesque O, Montreal, QC, H3H 1R3
(514) 931-8916 *SIC* 7011
3098-6145 QUEBEC INC *p987*
1000 Boul Des Cascades, ALMA, QC, G8B 3G4
(418) 668-7419 *SIC* 7011
3099-8488 QUEBEC INC *p987*
120 Rte Du Mont-Adstock, ADSTOCK, QC, G0N 1S0
(418) 422-2242 *SIC* 7011
3229211 MANITOBA LTD *p344*
150 5th St, BRANDON, MB, R7A 3K4
(204) 727-6404 *SIC* 7011
323416 B.C. LTD *p211*
6005 17a Hwy, DELTA, BC, V4K 5B8
(604) 946-4404 *SIC* 7011
3269001 MANITOBA LTD *p359*
146 Selkirk Ave, THOMPSON, MB, R8N 0N1
(204) 677-4551 *SIC* 7011
3327770 MANITOBA LTD *p358*
Hwy 10 North, THE PAS, MB, R9A 1K8
(204) 623-1800 *SIC* 7011
3529495 CANADA INC *p1211*
7300 Ch De La Cote-De-Liesse, SAINT-LAURENT, QC, H4T 1E7
(514) 733-8818 *SIC* 7011
356746 HOLDINGS INC *p206*
11705 8 St, DAWSON CREEK, BC, V1G 4N9
SIC 7011
357672 B.C. LTD *p213*
742 Hwy 3 Rr 5, FERNIE, BC, V0B 1M5
(250) 423-6871 *SIC* 7011
3794873 CANADA LTD *p1104*
475 Rue Sherbrooke O, Montreal, QC, H3A 2L9
SIC 7011
393450 ONTARIO LIMITED *p726*
2259 Prince Of Wales Dr, NEPEAN, ON, K2E 6Z8
(613) 226-5813 *SIC* 7011
464161 ALBERTA LTD *p99*
4520 76 Ave Nw, EDMONTON, AB, T6B 0A5
(780) 468-5400 *SIC* 7011
490892 B.C. LTD *p239*
1 Terminal Ave N, NANAIMO, BC, V9R 5R4
(250) 753-3051 *SIC* 7011
524986 SASKATCHEWAN LTD *p140*
5621 44 St, LLOYDMINSTER, AB, T9V 0B2
(780) 875-7000 *SIC* 7011
541907 ONTARIO LIMITED *p295*
2075 Kingsway, VANCOUVER, BC, V5N 2T2
(604) 876-5531 *SIC* 7011
552653 ONTARIO INC *p978*
580 Bruin Blvd, WOODSTOCK, ON, N4V 1E5
(519) 537-5586 *SIC* 7011
600653 SASKATCHEWAN LTD *p1271*
601 11th Ave E, KINDERSLEY, SK, S0L 1S2
(306) 463-6555 *SIC* 7011
623878 ALBERTA LTD *p5*
6011 49 St, BARRHEAD, AB, T7N 1A5
(780) 674-3300 *SIC* 7011
628656 SASKATCHEWAN LTD *p1291*
1800 Prince Of Wales Dr, REGINA, SK, S4Z 1A4
(306) 789-3883 *SIC* 7011
659725 NEW BRUNSWICK INC *p422*
215 Beardsley Rd, WOODSTOCK, NB, E7M 4E1
(506) 328-9848 *SIC* 7011
682523 ALBERTA LTD *p239*
515 Broadway Dr, NAKUSP, BC, V0G 1R0
(250) 265-3618 *SIC* 7011
725961 ALBERTA LIMITED *p130*
9802 97 St Ss 1, HIGH LEVEL, AB, T0H 1Z0
(780) 926-8844 *SIC* 7011
742718 ALBERTA LTD *p110*
4235 Gateway Blvd Nw, EDMONTON, AB, T6J 5H2
(780) 438-1222 *SIC* 7011
7790643 CANADA INC *p1080*
2265 Crois Ainsley, MONT-ROYAL, QC, H3P 2S8
(450) 228-2571 *SIC* 7011
801 WEST GEORGIA LTD *p306*
801 Georgia St W, VANCOUVER, BC, V6C

BUSINESSES BY INDUSTRY CLASSIFICATION
SIC 7011 Hotels and motels 2323

1P7
(604) 682-5566 SIC 7011
87878 CANADA LTEE p1159
3055 Boul Laurier, Quebec, QC, G1V 4X2
(418) 651-2440 SIC 7011
8815003 CANADA INC p1156
1225 Cours Du General-De Montcalm, Quebec, QC, G1R 4W6
(418) 647-2222 SIC 7011
9003-7755 QUEBEC INC p1069
900 Rue Saint-Charles E, LONGUEUIL, QC, J4H 3Y2
(450) 646-8100 SIC 7011
9026-6511 QUEBEC INC p1178
1657 Ch De L'avalanche, SAINT-ADOLPHE-D'HOWARD, QC, J0T 2B0
(819) 327-3232 SIC 7011
9027-3111 QUEBEC INC p1252
932 3e Av, VAL-D'OR, QC, J9P 1T3
(819) 824-9651 SIC 7011
9027-7757 QUEBEC INC p1104
410 Rue Sherbrooke O, Montreal, QC, H3A 1B3
(514) 844-8844 SIC 7011
9041-1273 QUEBEC INC p1104
2045 Rue Peel, Montreal, QC, H3A 1T6
(514) 982-6064 SIC 7011
9101-8713 QUEBEC INC p1159
2825 Boul Laurier, Quebec, QC, G1V 2L9
(418) 653-4975 SIC 7011
9102-8001 QUEBEC INC p1159
2815 Boul Laurier, Quebec, QC, G1V 4H3
(418) 658-2793 SIC 7011
9122-9831 QUEBEC INC p1188
250 Rang Des Iles, Saint-Gedeon, QC, G0W 2P0
(418) 345-2589 SIC 7011
9145-1971 QUEBEC INC p1116
1808 Rue Sherbrooke O, Montreal, QC, H3H 1E5
(514) 933-8111 SIC 7011
9164-2033 QUEBEC INC p1002
1228 Rue Nobel, BOUCHERVILLE, QC, J4B 5H1
(450) 655-9966 SIC 7011
9185-2335 QUEBEC INC p1045
450 Rue Saint-Thomas, JOLIETTE, QC, J6E 3R1
(450) 752-2525 SIC 7011
9187-7571 QUEBEC INC p1162
3125 Boul Hochelaga, Quebec, QC, G1W 2P9
(418) 653-7267 SIC 7011
9207-4616 QUEBEC INC p1025
555 Boul Mcmillan, DORVAL, QC, H9P 1B7
(514) 631-2411 SIC 7011
941624 ALBERTA LTD p130
9616 Hwy 58, HIGH LEVEL, AB, T0H 1Z0
(780) 821-1000 SIC 7011
9711864 CANADA INC p984
180 Mill River Resort Rd, O'LEARY, PE, C0B 1V0
(902) 859-3555 SIC 7011
9828-3573 QUEBEC INC p1116
1005 Rue Guy, Montreal, QC, H3H 2K4
(514) 938-0810 SIC 7011
ACCENT INNS INC p186
3777 Henning Dr, BURNABY, BC, V5C 6N5
(604) 473-5000 SIC 7011
ACCENT INNS INC p219
1325 Columbia St W, KAMLOOPS, BC, V2C 6P4
(250) 374-8877 SIC 7011
ACCENT INNS INC p224
1140 Harvey Ave, KELOWNA, BC, V1Y 6E7
(250) 862-8888 SIC 7011
ACCENT INNS INC p268
10551 St. Edwards Dr, RICHMOND, BC, V6X 3L8
(604) 273-3311 SIC 7011
ACCENT INNS INC p332
3233 Maple St, VICTORIA, BC, V8X 4Y9
(250) 475-7500 SIC 7011
ACCOR CANADA INC p513

160 Steelwell Rd Suite 126, BRAMPTON, ON, L6T 5T3
(905) 451-3313 SIC 7011
ACCOR CANADA INC p696
3670 Hurontario St, MISSISSAUGA, ON, L5B 1P3
(905) 896-1000 SIC 7011
ACCOR CANADA INC p788
33 Nicholas St, OTTAWA, ON, K1N 9M7
(613) 760-4771 SIC 7011
ACCOR CANADA INC p889
3 Park Home Ave, TORONTO, ON, M2N 6L3
(416) 733-2929 SIC 7011
ACCOR CANADA INC p909
45 The Esplanade, TORONTO, ON, M5E 1W2
(416) 367-8900 SIC 7011
AINSWORTH HOT SPRINGS LTD p180
3609 Highway 31, AINSWORTH HOT SPRINGS, BC, V0G 1A0
(250) 229-4212 SIC 7011
ALBERT AT BAY SUITE HOTEL LTD p792
435 Albert St, OTTAWA, ON, K1R 7X4
(613) 238-8858 SIC 7011
ALGONQUIN PROPERTIES LIMITED p420
184 Adolphus St, ST ANDREWS, NB, E5B 1T7
(506) 529-8823 SIC 7011
ALLIED DON VALLEY HOTEL INC p752
175 Wynford Dr, NORTH YORK, ON, M3C 1J3
(416) 449-4111 SIC 7011
AMSTEL INVESTMENTS INC p410
2550 Mountain Rd, MONCTON, NB, E1G 1B4
(506) 383-5050 SIC 7011
AMSTEL INVESTMENTS INC p412
114 Millennium Dr, QUISPAMSIS, NB, E2E 0C6
(506) 849-8050 SIC 7011
ANGEL STAR HOLDINGS LTD p330
740 Burdett Ave Suite 1901, VICTORIA, BC, V8W 1B2
(250) 382-4221 SIC 7011
APX HOSPITALITY MANAGEMENT INC p90
18335 105 Ave Nw Suite 101, EDMONTON, AB, T5S 2K9
(780) 484-1515 SIC 7011
AQUILINI INVESTMENT GROUP INC p262
815 1st Ave W, PRINCE RUPERT, BC, V8J 1B3
(250) 624-9060 SIC 7011
AQUILINI INVESTMENT GROUP INC p406
1005 Main St, MONCTON, NB, E1C 1G9
(506) 854-6340 SIC 7011
ATHABASCA MOTOR HOTEL (1972) LTD p133
510 Patricia St, JASPER, AB, T0E 1E0
(780) 852-3386 SIC 7011
ATLANTIC HOTELS PARTNERSHIP p303
510 Hastings St W, VANCOUVER, BC, V6B 1L8
(604) 687-8813 SIC 7011
ATLIFIC INC p134
210 Village Rd, LAKE LOUISE, AB, T0L 1E0
(403) 522-3791 SIC 7011
ATLIFIC INC p330
728 Humboldt St, VICTORIA, BC, V8W 3Z5
(250) 480-3800 SIC 7011
ATLIFIC INC p339
4429 Sundial Pl, WHISTLER, BC, V0N 1B4
(604) 932-4004 SIC 7011
ATLIFIC INC p388
1330 Pembina Hwy, WINNIPEG, MB, R3T 2B4
(204) 452-4747 SIC 7011
ATLIFIC INC p436
44 Queen St, STEPHENVILLE, NL, A2N 2M5
(709) 643-6666 SIC 7011
ATLIFIC INC p584
231 Carlingview Dr, ETOBICOKE, ON, M9W 5E8
(416) 675-0411 SIC 7011

ATLIFIC INC p599
716 Gordon St, GUELPH, ON, N1G 1Y6
(519) 836-1240 SIC 7011
ATLIFIC INC p657
383 Colborne St, LONDON, ON, N6B 3P5
(519) 433-7222 SIC 7011
ATLIFIC INC p736
4960 Clifton Hill, NIAGARA FALLS, ON, L2G 3N4
(905) 358-3293 SIC 7011
ATLIFIC INC p883
Algonquin Po Box 730 Stn Main, TIMMINS, ON, P4N 7G2
(705) 268-7171 SIC 7011
ATLIFIC INC p1069
900 Rue Saint-Charles E, LONGUEUIL, QC, J4H 3Y2
(450) 646-8100 SIC 7011
AUBERGE DE LA POINTE INC p1174
10 Boul Cartier, Riviere-du-Loup, QC, G5R 6A1
(418) 862-3514 SIC 7011
AUBERGE DE LA RIVE INC p1241
165 Ch Sainte-Anne, SOREL-TRACY, QC, J3P 6J7
(450) 742-5691 SIC 7011
AUBERGE DU LAC SACACOMIE INC p1179
4000 Ch Yvon-Plante, SAINT-ALEXIS-DES-MONTS, QC, J0K 1V0
(819) 265-4444 SIC 7011
AUBERGE DU PORTAGE LTEE p1136
671 Rte Du Fleuve, NOTRE-DAME-DU-PORTAGE, QC, G0L 1Y0
(418) 862-3601 SIC 7011
AUBERGE SAINT-ANTOINE INC p1148
10 Rue Saint-Antoine, Quebec, QC, G1K 4C9
(418) 692-2211 SIC 7011
AUBERGE WEST BROME (CONDOS) INC p1261
128 Rte 139, West Brome, QC, J0E 2P0
(450) 266-7552 SIC 7011
AVIAWEST RESORTS INC p243
1600 Stroulger Rd Unit 1, NANOOSE BAY, BC, V9P 9B7
(250) 468-7121 SIC 7011
AVIAWEST RESORTS INC p303
868 Hamilton St, VANCOUVER, BC, V6B 6A2
SIC 7011
BALMORAL INVESTMENTS LTD p275
2476 Mount Newton Cross Rd, SAANICHTON, BC, V8M 2B8
(250) 652-1146 SIC 7011
BALMORAL INVESTMENTS LTD p336
101 Island Hwy, VICTORIA, BC, V9B 1E8
(250) 388-7807 SIC 7011
BANFF CARIBOU PROPERTIES LTD p4
901 Hidden Ridge Way, BANFF, AB, T1L 1H8
(403) 762-3544 SIC 7011
BANFF CARIBOU PROPERTIES LTD p4
1029 Banff Ave, BANFF, AB, T1L 1A2
(403) 762-5531 SIC 7011
BANFF CARIBOU PROPERTIES LTD p4
337 Banff Ave, BANFF, AB, T1L 1B1
(403) 762-2207 SIC 7011
BANFF CARIBOU PROPERTIES LTD p4
521 Banff Ave, BANFF, AB, T1L 1B7
(403) 762-5887 SIC 7011
BATTERY MANAGEMENT INC p431
100 Signal Hill Rd, ST. JOHN'S, NL, A1A 1B3
SIC 7011
BAYVIEW WILDWOOD RESORT LIMITED p847
1500 Port Stanton Pky Rr 1, SEVERN BRIDGE, ON, P0E 1N0
(705) 689-2338 SIC 7011
BELLA VISTA INN LTD p1270
Hwy 5, HUMBOLDT, SK, S0K 2A1
(306) 682-2686 SIC 7011
BELLSTAR HOTELS & RESORTS LTD p66
107 Montane Rd Unit 100, CANMORE, AB,

T1W 3J2
(403) 678-9350 SIC 7011
BENC HOTEL HOLDINGS LIMITED p867
225 Falconbridge Rd, SUDBURY, ON, P3A 5K4
(705) 566-3601 SIC 7011
BERUSCHI ENTERPRISES LTD p264
112 1 St E, REVELSTOKE, BC, V0E 2S0
(250) 837-2107 SIC 7011
BEST VALUE MOTEL INC p630
33 Benson St, KINGSTON, ON, K7K 5W2
(613) 546-3661 SIC 7011
BEST WESTERN HOTEL p622
2793 Beacon Blvd, JORDAN STATION, ON, L0R 1S0
(905) 562-4155 SIC 7011
BLACK SAXON III INC p741
201 Pinewood Park Dr, NORTH BAY, ON, P1B 8Z4
(705) 472-0810 SIC 7011
BLUE BOY MOTOR HOTEL LTD p298
725 Marine Dr Se, VANCOUVER, BC, V5X 2T9
(604) 321-6611 SIC 7011
BLUE MOUNTAIN RESORTS LIMITED PARTNERSHIP p505
108 Jozo Weider Blvd, BLUE MOUNTAINS, ON, L9Y 3Z2
(705) 445-0231 SIC 7011
BLUE TREE HOTELS GP ULC p79
10135 100 St Nw, EDMONTON, AB, T5J 0N7
(780) 426-3636 SIC 7011
BLUE TREE HOTELS INVESTMENT (CANADA), LTD p917
Westin Harbour Castle, Toronto, ON, M5J 1A6
(416) 869-1600 SIC 7011
BOND PLACE HOTEL LTD p906
65 Dundas St E, TORONTO, ON, M5B 2G8
(416) 362-6061 SIC 7011
BRAD-LEA MEADOWS LIMITED p552
615 Richmond St, CHATHAM, ON, N7M 1R2
(519) 436-5506 SIC 7011
BROWNINGS HOLDINGS LTD p429
7 Park Ave, MOUNT PEARL, NL, A1N 1J1
(709) 364-7725 SIC 7011
CADE HOLDING INC p736
6400 Lundy's Lane, NIAGARA FALLS, ON, L2G 1T6
(905) 356-1161 SIC 7011
CALGARY RAMADA DOWNTOWN LIMITED PARTNERSHIP p41
708 8 Ave Sw, CALGARY, AB, T2P 1H2
(403) 263-7600 SIC 7011
CALLAGHAN INN LIMITED p143
954 7 St Sw, MEDICINE HAT, AB, T1A 7R7
(403) 527-8844 SIC 7011
CAMBRIDGE HOTEL AND CONFERENCE CENTRE LIMITED p547
700 Hespeler Rd, CAMBRIDGE, ON, N3H 5L8
(519) 622-1505 SIC 7011
CAMBRIDGE SUITES LIMITED, THE p457
1601 Lower Water St Suite 700, HALIFAX, NS, B3J 3P6
(902) 421-1601 SIC 7011
CAMROSE RESORT CASINO p66
3201 48 Ave, CAMROSE, AB, T4V 0K9
(780) 679-0904 SIC 7011
CANAD CORPORATION OF CANADA INC p370
2100 Mcphillips St, WINNIPEG, MB, R2V 3T9
(204) 633-0024 SIC 7011
CANAD CORPORATION OF MANITOBA LTD p361
826 Regent Ave W, WINNIPEG, MB, R2C 3A8
(204) 224-1681 SIC 7011
CANAD CORPORATION OF MANITOBA LTD p365
1034 Elizabeth Rd, WINNIPEG, MB, R2J 1B3

▲ Public Company   ■ Public Company Family Member   HQ Headquarters   BR Branch   SL Single Location

(204) 253-2641   SIC 7011
CANAD CORPORATION OF MANITOBA LTD   p369
930 Jefferson Ave Suite 3, WINNIPEG, MB, R2P 1W1
(204) 697-1495   SIC 7011
CANAD CORPORATION OF MANITOBA LTD   p389
1792 Pembina Hwy, WINNIPEG, MB, R3T 2G2
(204) 269-6955   SIC 7011
CANADIAN MOUNTAIN HOLIDAYS LIMITED PARTNERSHIP   p4
217 Bear St, BANFF, AB, T1L 1J6
(403) 762-7100   SIC 7011
CANADIAN MOUNTAIN HOLIDAYS LIMITED PARTNERSHIP   p239
515 Broadway St, NAKUSP, BC, V0G 1R0
(250) 265-3121   SIC 7011
CANADIAN MOUNTAIN HOLIDAYS LIMITED PARTNERSHIP   p264
Highway 23 N, REVELSTOKE, BC, V0E 2S0
(250) 837-4245   SIC 7011
CANADIAN NIAGARA HOTELS INC   p736
5875 Falls Ave, NIAGARA FALLS, ON, L2G 3K7
(905) 374-4445   SIC 7011
CANADIAN PACIFIC RAILWAY COMPANY   p133
1 Old Lodge Rd, JASPER, AB, T0E 1E0
(780) 852-6406   SIC 7011
CANADIAN PACIFIC RAILWAY COMPANY   p339
4599 Chateau Blvd, WHISTLER, BC, V0N 1B4
(604) 938-2086   SIC 7011
CANADIAN PACIFIC RAILWAY COMPANY   p610
20 Studholme Rd, HAMILTON, ON, L8P 4Z1
(905) 523-9433   SIC 7011
CANADIAN PACIFIC RAILWAY COMPANY   p619
7251 Trafalgar Rd, HORNBY, ON, L0P 1E0
(905) 693-1270   SIC 7011
CANADIAN PACIFIC RAILWAY COMPANY   p918
70 York St Suite 1200, TORONTO, ON, M5J 1S9
SIC 7011
CANADIAN PACIFIC RAILWAY COMPANY   p1287
2305 Dewdney Ave, REGINA, SK, S4R 8R2
(306) 777-0801   SIC 7011
CANADIAN ROCKY MOUNTAIN RESORTS LTD   p213
Gd, FIELD, BC, V0A 1G0
(250) 343-6418   SIC 7011
CANMARC REIT   p980
200 Pownal St, CHARLOTTETOWN, PE, C1A 3W8
(902) 892-2496   SIC 7011
CARRIAGE HILLS VACATION OWNERS ASSOCIATION   p848
90 Highland Dr, SHANTY BAY, ON, L0L 2L0
(705) 835-5858   SIC 7011
CAVALIER ENTERPRISES LTD   p1295
620 Spadina Cres E, SASKATOON, SK, S7K 3T5
(306) 652-6770   SIC 7011
CENTRE CITY CAPITAL LIMITED   p701
15 Stavebank Rd S Suite 804, MISSISSAUGA, ON, L5G 2T2
(905) 891-7770   SIC 7011
CENTRE DE SKI LE RELAIS (1988) INC.   p1055
1084 Boul Du Lac, LAC-BEAUPORT, QC, G3B 0X5
(418) 849-1851   SIC 7011
CHARTIER HOTELS LTD   p1275
955 Thatcher Dr E, MOOSE JAW, SK, S6H 4N9
(306) 692-4894   SIC 7011
CHATEAU BROMONT INC   p1005
95 Rue De Montmorency, BROMONT, QC, J2L 2J1
(450) 534-3133   SIC 7011
CHATEAU BROMONT INC   p1005
90 Rue De Stanstead, BROMONT, QC, J2L 1K6
(450) 534-3433   SIC 7011
CHATEAU CANMORE RESORT INC   p66
1720 Bow Valley Trail, CANMORE, AB, T1W 2X3
SIC 7011
CHATEAU GRANVILLE INC   p321
1100 Granville St, VANCOUVER, BC, V6Z 2B6
(604) 669-7070   SIC 7011
CHATEAU LACOMBE HOTEL LTD   p79
10111 Bellamy Hill Nw, EDMONTON, AB, T5J 1N7
(780) 428-6611   SIC 7011
CHATEAU MONT-SAINTE-ANNE INC   p996
500 Boul Du Beau-Pre, Beaupre, QC, G0A 1E0
(418) 827-1862   SIC 7011
CHEEMA SYSTEMS LTD   p358
439 Fischer Ave, THE PAS, MB, R9A 1M3
(204) 623-5446   SIC 7011
CHILLIWACK SALISH PLACE ENTERPRISES INC   p307
409 Granville St Unit 1207, VANCOUVER, BC, V6C 1T2
SIC 7011
CHIP REIT NO 20 OPERATIONS LIMITED PARTNERSHIP   p1299
2002 Airport Dr, SASKATOON, SK, S7L 6M4
(306) 242-1440   SIC 7011
CHIP REIT NO 23 OPERATIONS LIMITED PARTNERSHIP   p687
5050 Orbitor Dr, MISSISSAUGA, ON, L4W 4X2
(905) 238-9600   SIC 7011
CHIP REIT NO 29 OPERATIONS LIMITED PARTNERSHIP   p66
511 Bow Valley Trail, CANMORE, AB, T1W 1N7
(403) 678-3625   SIC 7011
CHIP REIT NO. 40 OPERATIONS LIMITED PARTERSHIP   p335
45 Songhees Rd, VICTORIA, BC, V9A 6T3
(250) 360-2999   SIC 7011
CITY HOTELS LIMITED   p429
76 Atlantic St, MARYSTOWN, NL, A0E 2M0
(709) 279-1600   SIC 7011
CITY HOTELS LIMITED   p432
106 Airport Rd, ST. JOHN'S, NL, A1A 4Y3
(709) 753-3500   SIC 7011
CITY HOTELS LIMITED   p433
102 Kenmount Rd Suite 102, ST. JOHN'S, NL, A1B 3R2
(709) 722-9330   SIC 7011
CIVEO PREMIUM CAMP SERVICES LTD   p119
10020 Franklin Ave Suite 207, FORT MCMURRAY, AB, T9H 2K6
SIC 7011
CLDH MEADOWVALE INC   p707
6750 Mississauga Rd, MISSISSAUGA, ON, L5N 2L3
(905) 826-0940   SIC 7011
CLIFTON ENTERPRISES INC   p290
4620 Lakelse Ave, TERRACE, BC, V8G 1R1
(250) 635-6300   SIC 7011
CLUB TREMBLANT INC   p1082
121 Rue Cuttle, MONT-TREMBLANT, QC, J8E 1B9
(819) 425-2731   SIC 7011
COAST HOTELS LIMITED   p13
1316 33 St Ne, CALGARY, AB, T2A 6B6
(403) 248-8888   SIC 7011
COAST HOTELS LIMITED   p79
10155 105 St Nw, EDMONTON, AB, T5J 1E2
(780) 425-2083   SIC 7011
COAST HOTELS LIMITED   p133
Gd, JASPER, AB, T0E 1E0
(780) 852-4900   SIC 7011
COAST HOTELS LIMITED   p194
975 Shoppers Row, CAMPBELL RIVER, BC, V9W 2C4
(250) 287-9225   SIC 7011
COAST HOTELS LIMITED   p225
1171 Harvey Ave, KELOWNA, BC, V1Y 6E8
(250) 860-6060   SIC 7011
COAST HOTELS LIMITED   p239
11 Bastion St, NANAIMO, BC, V9R 6E4
(250) 753-6601   SIC 7011
COAST HOTELS LIMITED   p259
770 Brunswick St, PRINCE GEORGE, BC, V2L 2C2
(250) 563-0121   SIC 7011
COAST HOTELS LIMITED   p313
1763 Comox St, VANCOUVER, BC, V6G 1P6
(604) 688-7711   SIC 7011
COAST HOTELS LIMITED   p330
146 Kingston St, VICTORIA, BC, V8V 1V4
(250) 360-1211   SIC 7011
COAST HOTELS LIMITED   p339
4899 Painted Cliff Rd, WHISTLER, BC, V0N 1B4
(604) 905-3400   SIC 7011
COAST TSAWWASSEN INN   p211
1665 56 St, DELTA, BC, V4L 2B2
(604) 943-8221   SIC 7011
COGIRES INC   p1157
1220 Place George-V O, Quebec, QC, G1R 5B8
(418) 522-3848   SIC 7011
COLMAR INVESTMENTS INC   p398
480 Riverside Dr, FREDERICTON, NB, E3A 8C2
(506) 460-5500   SIC 7011
COMMISSION SCOLAIRE DE MONTREAL   p1121
5530 Av Dupuis, Montreal, QC, H3X 1N8
(514) 596-5287   SIC 7011
COMMONWEALTH HOSPITALITY LTD   p456
1980 Robie St, HALIFAX, NS, B3H 3G5
(902) 423-1161   SIC 7011
COMMONWEALTH HOSPITALITY LTD   p537
3063 South Service Rd, BURLINGTON, ON, L7N 3E9
(905) 639-4443   SIC 7011
COMMONWEALTH HOSPITALITY LTD   p830
208 St Mary's River Dr, SAULT STE. MARIE, ON, P6A 5V4
(705) 945-6950   SIC 7011
COMMONWEALTH HOSPITALITY LTD   p1104
99 Av Viger O, Montreal, QC, H2Z 1E9
(514) 878-9888   SIC 7011
COMPAGNIE DE VILLEGIATURE ET DE DEVELOPEMENT GRAND LODGE INC, LA   p1082
2396 Rue Labelle, MONT-TREMBLANT, QC, J8E 1T8
(819) 425-2734   SIC 7011
CONCORD VAUGHAN LTD PARTNERSHIP   p947
150 Interchange Way, VAUGHAN, ON, L4K 5P7
(905) 660-9938   SIC 7011
CONCUPISCO INC   p1117
2100 Boul De Maisonneuve O, Montreal, QC, H3H 1K6
SIC 7011
CONGDON CONSTRUCTION (1986) LTD   p330
425 Quebec St Suite 124, VICTORIA, BC, V8V 1W7
(250) 388-5463   SIC 7011
CONKRISDA HOLDINGS LIMITED   p659
1150 Wellington Rd, LONDON, ON, N6E 1M3
(519) 681-0600   SIC 7011
COOPERATIVE DE SOLIDARITE DU MONT LAC-VERT   p1044
173 Ch Du Vallon, Hebertville, QC, G8N 1M5
(418) 344-4000   SIC 7011
COQUITLAM INN AND CONVENTION CEN-TRE LTD   p202
319 North Rd, COQUITLAM, BC, V3K 3V8
(604) 931-9011   SIC 7011
CORNELL HOLDINGS LTD   p329
3020 Blanshard St, VICTORIA, BC, V8T 5C7
(250) 382-4400   SIC 7011
CORPORATE VENTURES INC   p119
10131 Franklin Ave, FORT MCMURRAY, AB, T9H 2K8
(780) 762-0227   SIC 7011
CORPORATION DES HOTELS INTERCONTINENTAL (MONTREAL), LA   p1102
360 Rue Saint-Antoine O, Montreal, QC, H2Y 3X4
(514) 987-9900   SIC 7011
COSMOPOLITAN SUITES & SPA   p909
8 Colborne St, TORONTO, ON, M5E 1E1
(416) 350-2000   SIC 7011
COUPLES RESORT INC   p960
Gd, WHITNEY, ON, K0J 2M0
(613) 637-1179   SIC 7011
COURTENAY LODGE LTD   p204
1590 Cliffe Ave, COURTENAY, BC, V9N 2K4
(250) 338-7741   SIC 7011
CREEBURN LAKE LODGE LIMITED PARTNERSHIP   p119
Gd, FORT MCMURRAY, AB, T9H 3E2
(780) 788-2310   SIC 7011
CREST HOTEL LTD   p263
222 1st Ave W, PRINCE RUPERT, BC, V8J 1A8
(250) 624-6771   SIC 7011
CROWNE PLAZA MONCTON DOWNTOWN HOTEL   p407
1005 Main St, MONCTON, NB, E1C 1G9
(506) 854-6340   SIC 7011
CYM HOSPITALITY INC   p903
475 Yonge St, TORONTO, ON, M4Y 1X7
(416) 924-0611   SIC 7011
CYPRESS BOWL ULC   p338
3755 Cypress Bowl Rd, WEST VANCOUVER, BC, V7S 3E7
(604) 926-5612   SIC 7011
D. L. PAGANI LIMITED   p600
716 Gordon St, GUELPH, ON, N1G 1Y6
(519) 836-1240   SIC 7011
DAGMAR RESORT LIMITED   p489
1220 Lakeridge Rd Rr 1, ASHBURN, ON, L0B 1A0
(905) 649-2002   SIC 7011
DAVIE STREET MANAGEMENT SERVICES LTD   p303
322 Davie St, VANCOUVER, BC, V6B 5Z6
(604) 642-6787   SIC 7011
DAYS INN SUITES WEST EDMONTON   p91
10010 179a St Nw, EDMONTON, AB, T5S 2T1
(780) 444-4440   SIC 7011
DEBRA'S HOTELS INC   p58
5353 Crowchild Trail Nw, CALGARY, AB, T3A 1W9
SIC 7011
DEER LODGE HOTELS LTD   p1299
106 Circle Dr W, SASKATOON, SK, S7L 4L6
(306) 242-8881   SIC 7011
DELTA HOTELS LIMITED   p108
4404 Gateway Blvd Nw, EDMONTON, AB, T6H 5C2
(780) 434-6415   SIC 7011
DELTA HOTELS LIMITED   p108
10320 45 Ave Nw, EDMONTON, AB, T6H 5K3
(780) 436-9770   SIC 7011
DELTA HOTELS LIMITED   p304
550 Hastings St W, VANCOUVER, BC, V6B 1L6
(604) 689-8188   SIC 7011
DELTA HOTELS LIMITED   p335
45 Songhees Rd, VICTORIA, BC, V9A 6T3
(250) 360-2999   SIC 7011
DELTA HOTELS LIMITED   p377
350 St Mary Ave, WINNIPEG, MB, R3C 3J2
(204) 944-7278   SIC 7011
DELTA HOTELS LIMITED   p600

BUSINESSES BY INDUSTRY CLASSIFICATION SIC 7011 Hotels and motels 2325

50 Stone Rd W, GUELPH, ON, N1G 0A9
(519) 780-3700   SIC 7011
DELTA SHERBROOKE p1239
2685 Rue King O, SHERBROOKE, QC, J1L 1C1
(819) 822-1989   SIC 7011
DEVELOPPEMENT OWL'S HEAD INC p1075
40 Ch Mont Owl's Head, MANSONVILLE, QC, J0E 1X0
(450) 292-3342   SIC 7011
DIMENSION 3 HOSPITALITY CORPORATION p10
2799 Sunridge Way Ne, CALGARY, AB, T1Y 7K7
(403) 250-3297   SIC 7011
DOLEMO DEVELOPMENT CORPORATION p120
9713 Hardin St, FORT MCMURRAY, AB, T9H 1L2
(780) 743-3301   SIC 7011
DOLEMO DEVELOPMENT CORPORATION p126
12102 100 St, GRANDE PRAIRIE, AB, T8V 5P1
(780) 539-5561   SIC 7011
DOLEMO DEVELOPMENT CORPORATION p214
9223 100 St, FORT ST. JOHN, BC, V1J 3X3
(250) 263-6880   SIC 7011
EASTON & YORK ENTERPRISES INC p809
1074 Lansdowne St W, PETERBOROUGH, ON, K9J 1Z9
(705) 748-6801   SIC 7011
EASTON'S GROUP OF HOTELS INC p519
90 Biscayne Cres, BRAMPTON, ON, L6W 4S1
(905) 455-9000   SIC 7011
EASTON'S GROUP OF HOTELS INC p685
3299 Caroga Dr, MISSISSAUGA, ON, L4V 1A3
(905) 673-9800   SIC 7011
EASTON'S GROUP OF HOTELS INC p867
1710 The Kingsway, SUDBURY, ON, P3A 0A3
(705) 525-7700   SIC 7011
EASTON'S TORONTO AIRPORT HOTEL (COROGA) LP p671
3100 Steeles Ave E, MARKHAM, ON, L3R 8T3
(905) 940-9409   SIC 7011
EDMONTON CY LIMITED PARTNERSHIP p80
1 Thornton Crt Nw, EDMONTON, AB, T5J 2E7
(780) 423-9999   SIC 7011
ELDORADO KINGSWAY HOTEL LTD p296
2330 Kingsway, VANCOUVER, BC, V5R 5G9
SIC 7011
ELK ISLAND LODGE INC p368
54 Golden Willow Cres, WINNIPEG, MB, R2M 4E2
(204) 253-0878   SIC 7011
ELKHORN RANCH & RESORT LTD p353
3 Mooswa Dr E, ONANOLE, MB, R0J 1N0
(204) 848-2802   SIC 7011
ELM HURST INN p621
415 Harris St, INGERSOLL, ON, N5C 3J8
(519) 485-5321   SIC 7011
ELMHIRST'S RESORT (KEENE) LIMITED p627
1045 Settlers Line Rr 1, KEENE, ON, K0L 2G0
(705) 295-4591   SIC 7011
ELORA MILL LIMITED, THE p573
77 Mill St W, ELORA, ON, N0B 1S0
SIC 7011
EMBASSY WEST HOTEL p797
1400 Carling Ave Suite 517, OTTAWA, ON, K1Z 7L8
(613) 729-4321   SIC 7011
ENTREPRISES D'HOTELLERIE DUQUETTE INC, LES p1080
111 Boul Albiny-Paquette, MONT-LAURIER, QC, J9L 1J2
(819) 623-3555   SIC 7011
ENTREPRISES DE STONEHAM INC, LES p1243
600 Ch Du Hibou, STONEHAM-ET-TEWKESBURY, QC, G3C 1T3
(418) 848-2415   SIC 7011
ENTREPRISES H. PEPIN (1991) INC, LES p1229
379 Boul Cure-Labelle, SAINTE-ROSE, QC, H7L 3A3
(450) 625-0773   SIC 7011
ERIE BEACH HOTEL LIMITED p816
19 Walker St, PORT DOVER, ON, N0A 1N0
(519) 583-1391   SIC 7011
ESSAG CANADA INC p514
30 Peel Centre Dr, BRAMPTON, ON, L6T 4G3
SIC 7011
ESTHER'S INN LTD p260
1151 Commercial Cres, PRINCE GEORGE, BC, V2M 6W6
(250) 564-3311   SIC 7011
EXECUTIVE HOTELS GENERAL PARTNERSHIP p202
405 North Rd, COQUITLAM, BC, V3K 3V9
(604) 936-9399   SIC 7011
EXECUTIVE HOTELS GENERAL PARTNERSHIP p269
7311 Westminster Hwy, RICHMOND, BC, V6X 1A3
(604) 278-5555   SIC 7011
EXECUTIVE HOTELS GENERAL PARTNERSHIP p322
1379 Howe St, VANCOUVER, BC, V6Z 1R7
(604) 688-7678   SIC 7011
EXECUTIVE HOUSE LTD p331
777 Douglas St, VICTORIA, BC, V8W 2B5
(250) 388-5111   SIC 7011
F. G. M. HOLDINGS LTD p278
3251 16 Hwy E Rr 6, SMITHERS, BC, V0J 2N6
(250) 847-8827   SIC 7011
FAIRMONT HOTELS & RESORTS INC p4
405 Spray Ave, Banff, AB, T1L 1J4
(403) 762-6860   SIC 7011
FAIRMONT HOTELS & RESORTS INC p44
133 9 Ave Sw, CALGARY, AB, T2P 2M3
(403) 262-1234   SIC 7011
FAIRMONT HOTELS & RESORTS INC p44
133 9 Ave Sw, CALGARY, AB, T2P 2M3
(403) 262-3473   SIC 7011
FAIRMONT HOTELS & RESORTS INC p44
255 Barclay Parade Sw, CALGARY, AB, T2P 5C2
(403) 266-7200   SIC 7011
FAIRMONT HOTELS & RESORTS INC p80
10065 100 St Nw, EDMONTON, AB, T5J 0N6
(780) 424-5181   SIC 7011
FAIRMONT HOTELS & RESORTS INC p133
1 Lodge Rd, JASPER, AB, T0E 1E0
(780) 852-3301   SIC 7011
FAIRMONT HOTELS & RESORTS INC p134
111 Lake Louise Dr, Lake Louise, AB, T0L 1E0
(403) 522-1818   SIC 7011
FAIRMONT HOTELS & RESORTS INC p273
3111 Grant Mcconachie Way, RICHMOND, BC, V7B 0A6
(604) 207-5200   SIC 7011
FAIRMONT HOTELS & RESORTS INC p307
900 Canada Pl, VANCOUVER, BC, V6C 3L5
(604) 691-1991   SIC 7011
FAIRMONT HOTELS & RESORTS INC p307
900 Georgia St W, VANCOUVER, BC, V6C 2W6
(604) 684-3131   SIC 7011
FAIRMONT HOTELS & RESORTS INC p331
721 Government St, VICTORIA, BC, V8W 1W5
(250) 384-8111   SIC 7011
FAIRMONT HOTELS & RESORTS INC p340
4599 Chateau Blvd, WHISTLER, BC, V0N 1B4
(604) 938-8000   SIC 7011
FAIRMONT HOTELS & RESORTS INC p375
2 Lombard Pl, WINNIPEG, MB, R3B 0Y3
(204) 985-6213   SIC 7011
FAIRMONT HOTELS & RESORTS INC p420
184 Adolphus St, ST ANDREWS, NB, E5B 1T7
(506) 529-8823   SIC 7011
FAIRMONT HOTELS & RESORTS INC p789
1 Rideau St, OTTAWA, ON, K1N 8S7
(613) 241-1414   SIC 7011
FAIRMONT HOTELS & RESORTS INC p1053
181 Rue Richelieu Bureau 200, LA MALBAIE, QC, G5A 1X7
(418) 665-3703   SIC 7011
FAIRMONT HOTELS & RESORTS INC p1083
1000 Ch Kenauk Bureau D, MONTEBELLO, QC, J0V 1L0
(819) 423-5573   SIC 7011
FAIRMONT HOTELS & RESORTS INC p1083
392 Rue Notre-Dame, MONTEBELLO, QC, J0V 1L0
(819) 423-6341   SIC 7011
FAIRMONT HOTELS & RESORTS INC p1111
900 Boul Rene-Levesque O, Montreal, QC, H3B 4A5
(514) 861-3511   SIC 7011
FAIRMONT HOTELS INC p307
900 Canada Pl, VANCOUVER, BC, V6C 3L5
(604) 691-1832   SIC 7011
FAIRMONT HOTELS INC p1111
900 Boul Rene-Levesque O, Montreal, QC, H3B 4A5
(514) 861-3511   SIC 7011
FERME AMBROISE-FAFARD INC p995
50 Rue De La Ferme, BAIE-SAINT-PAUL, QC, G3Z 0G2
(418) 240-2055   SIC 7011
FERN RESORT LTD p774
4432 Fern Resort Rd, ORILLIA, ON, L3V 6H5
(705) 325-2256   SIC 7011
FIDELITAS HOLDING COMPANY LIMITED p802
30 Cartier St, OTTAWA, ON, K2P 2E7
(613) 238-8040   SIC 7011
FINANCE ELKAY (QUEBEC) INC p1116
1240 Rue Drummond, Montreal, QC, H3G 1V7
(514) 866-6492   SIC 7011
FIVE BROTHERS HOSPITALITY PARTNERSHIP p853
2 North Service Rd, ST CATHARINES, ON, L2N 4G9
(905) 934-8000   SIC 7011
FOUR POINTS BY SHERATON EDMONTON GATEWAY p116
10010 12 Ave Sw, EDMONTON, AB, T6X 0P9
(780) 801-4000   SIC 7011
FOUR POINTS HOTEL SHERATON WINNIPEG INTERNATIONAL AIRPORT p383
1999 Wellington Ave, WINNIPEG, MB, R3H 1H5
(204) 775-5222   SIC 7011
FOX CREEK DEVELOPMENTS 2011 LTD p124
313 1 Ave, FOX CREEK, AB, T0H 1P0
(780) 548-3338   SIC 7011
FREDERICTON MOTOR INN LTD p401
1315 Regent St, FREDERICTON, NB, E3C 1A1
(506) 455-1430   SIC 7011
FRHI HOTELS & RESORTS (CANADA) INC p44
133 9 Ave Sw, CALGARY, AB, T2P 2M3
(403) 262-1234   SIC 7011
FRIENDSHIP DEVELOPMENTS LTD p330
330 Quebec St, VICTORIA, BC, V8V 1W3
(250) 381-3456   SIC 7011
FRIENDSHIP INNS LIMITED p449
379 Windmill Rd, DARTMOUTH, NS, B3A 1J6
(902) 465-7777   SIC 7011
FS WHISTLER HOLDINGS LIMITED p339
4591 Blackcomb Way, WHISTLER, BC, V0N 1B4
(604) 935-3400   SIC 7011
G. D. P. INVESTMENTS LTD p254
4277 Stamp Ave, PORT ALBERNI, BC, V9Y 7X8
(250) 724-7171   SIC 7011
GAMEHOST INC p126
10810 107a Ave, GRANDE PRAIRIE, AB, T8V 7A9
(780) 538-3900   SIC 7011
GARDEN OF THE GULF COURT AND MOTEL INCORPORATED p985
618 Water St E, SUMMERSIDE, PE, C1N 4H7
(902) 436-2295   SIC 7011
GATEWAY CASINOS & ENTERTAINMENT INC p245
350 Gifford St Suite 1, NEW WESTMINSTER, BC, V3M 7A3
(604) 777-2946   SIC 7011
GATEWAY CASINOS & ENTERTAINMENT INC p325
4900 Anderson Way, VERNON, BC, V1T 9V2
(250) 545-5428   SIC 7011
GEORGIAN COURT HOTEL INC p304
773 Beatty St, VANCOUVER, BC, V6B 2M4
(604) 682-5555   SIC 7011
GESTION ANOCINQ LTEE p988
132 1re Av O, AMOS, QC, J9T 1V2
(819) 732-7712   SIC 7011
GESTION HOTEL QUINTESSENCE INC p1083
3004 Ch De La Chapelle, MONT-TREMBLANT, QC, J8E 1E1
(819) 425-3400   SIC 7011
GESTION J.L.T. UNIVERSELLE INC p1030
915 Rue Hains, DRUMMONDVILLE, QC, J2C 3A1
(819) 472-2942   SIC 7011
GESTION R.H.B. INC p1189
11750 1re Av, SAINT-GEORGES, QC, G5Y 2C8
(418) 228-3141   SIC 7011
GLENGARRY MOTEL & RESTAURANT LIMITED p477
150 Willow St, TRURO, NS, B2N 4Z6
(902) 893-4311   SIC 7011
GOLDENCARE HOLDINGS LTD p24
2335 Pegasus Rd Ne, CALGARY, AB, T2E 8C3
(403) 717-1999   SIC 7011
GORDON HOTELS & MOTOR INNS LTD p384
1975 Portage Ave, WINNIPEG, MB, R3J 0J9
(204) 888-4806   SIC 7011
GOUVERNEMENT DE LA PROVINCE DE QUEBEC p1182
330 Rang Des Vingt-Cinq E, SAINT-BRUNO, QC, J3V 4P6
(450) 653-7544   SIC 7011
GOUVERNEUR INC p1095
1415 Rue Saint-Hubert, Montreal, QC, H2L 3Y9
(514) 842-4881   SIC 7011
GOUVERNEUR INC p1173
155 Boul Rene-Lepage E Bureau 72, RIMOUSKI, QC, G5L 1P2
(418) 723-4422   SIC 7011
GOUVERNEUR INC p1177
41 6e Rue, ROUYN-NORANDA, QC, J9X 1Y8
(819) 762-2341   SIC 7011
GOUVERNEUR INC p1233
666 Boul Laure, Sept-Iles, QC, G4R 1X9
(418) 962-7071   SIC 7011
GRAND CANADIAN RESORTS INC p67
91 Three Sisters Dr, CANMORE, AB, T1W 3A1
(403) 678-0018   SIC 7011
GRAND HOTEL COMPANY LIMITED p480

▲ Public Company   ■ Public Company Family Member   HQ Headquarters   BR Branch   SL Single Location

417 Main St, YARMOUTH, NS, B5A 1G3
(902) 742-2446   SIC 7011
GREEN, E. HOLDINGS LTD   p386
160 Osborne St, WINNIPEG, MB, R3L 1Y6
(204) 452-9824   SIC 7011
GRID DEVELOPMENTS LTD   p8
1217 2 St W, BROOKS, AB, T1R 1P7
(403) 362-6666   SIC 7011
GROUP FIVE INVESTORS LTD   p165
Gd Lcd Main, SPRUCE GROVE, AB, T7X 3A1
(780) 962-5000   SIC 7011
GROUPE GERMAIN INC   p929
30 Mercer St, TORONTO, ON, M5V 1H3
(416) 345-9500   SIC 7011
GROUPE GERMAIN INC   p1106
2050 Rue Mansfield, Montreal, QC, H3A 1Y9
(514) 849-2050   SIC 7011
GROUPE GERMAIN INC   p1115
120 Rue Peel Bureau 5, Montreal, QC, H3C 0L8
(514) 954-4414   SIC 7011
GROUPE GERMAIN INC   p1150
126 Rue Saint-Pierre, Quebec, QC, G1K 4A8
(418) 692-2224   SIC 7011
GROUPE GERMAIN INC   p1159
1200 Rue Des Soeurs-Du-Bon-Pasteur Bureau 500, Quebec, QC, G1S 0B1
(418) 687-1123   SIC 7011
GROUPE HOTELIER GRAND CHATEAU INC   p1019
2225 Des Laurentides (A-15) E, Cote Saint-Luc, QC, H7S 1Z6
(450) 682-2225   SIC 7011
GROUPE HOTELIER GRAND CHATEAU INC   p1020
2440 Des Laurentides (A-15) O, Cote Saint-Luc, QC, H7T 1X5
(450) 687-2440   SIC 7011
GROUPE LARO ALTA INC   p996
355 Rue Dupont Bureau 827, Beaupre, QC, G0A 1E0
(418) 827-8347   SIC 7011
GROUPE LES MANOIRS DU QUEBEC INC   p1221
246 Ch Du Lac-Millette, SAINT-SAUVEUR, QC, J0R 1R3
(450) 227-1811   SIC 7011
GROUPE LES MANOIRS DU QUEBEC INC   p1221
246 Ch Du Lac-Millette, SAINT-SAUVEUR, QC, J0R 1R3
(800) 361-0505   SIC 7011
GROUPE MARINEAU LTEE   p1054
3250 Boul Ducharme, LA TUQUE, QC, G9X 4T3
(819) 523-4551   SIC 7011
GRUYICH SERVICES INC   p589
1485 Garrison Rd, FORT ERIE, ON, L2A 1P8
(905) 871-8333   SIC 7011
GTS HOLDINGS LIMITED   p633
1217 Princess St, KINGSTON, ON, K7M 3E1
(613) 549-2211   SIC 7011
GUILDFORD HOTEL LTD   p289
10410 158 St, SURREY, BC, V4N 5C2
(604) 930-4700   SIC 7011
GUILDWOOD INN LIMITED, THE   p815
1400 Venetian Blvd, POINT EDWARD, ON, N7T 7W6
(519) 337-7577   SIC 7011
H2 CANMORE LODGING LP   p67
511 Bow Valley Trail, CANMORE, AB, T1W 1N7
(403) 678-3625   SIC 7011
HARBOUR TOWERS LIMITED PARTNERSHIP   p330
345 Quebec St, VICTORIA, BC, V8V 1W4
(250) 385-2405   SIC 7011
HI-CAL HOLDINGS LTD   p131
1104 11 Ave Se, HIGH RIVER, AB, T1V 1P2

(403) 652-3834   SIC 7011
HIGHLAND INN CORPORATION   p680
924 King St, MIDLAND, ON, L4R 0B8
(705) 526-9307   SIC 7011
HILLS HEALTH & GUEST RANCH LTD, THE   p176
4871 Cariboo Hwy Suite 97, 108 MILE RANCH, BC, V0K 2Z0
(250) 791-5225   SIC 7011
HILTON CANADA CO.   p417
1 Market Sq, SAINT JOHN, NB, E2L 4Z6
(506) 693-8484   SIC 7011
HILTON CANADA CO.   p685
5875 Airport Rd, MISSISSAUGA, ON, L4V 1N1
(905) 677-9900   SIC 7011
HILTON CANADA CO.   p1157
1100 Boul Rene-Levesque E Bureau 1797, Quebec, QC, G1R 5V2
(418) 647-2411   SIC 7011
HILTON VANCOUVER METROTOWN   p191
6083 Mckay Ave, BURNABY, BC, V5H 2W7
(604) 438-1200   SIC 7011
HMC AP CANADA COMPANY   p709
6750 Mississauga Rd, MISSISSAUGA, ON, L5N 2L3
(905) 542-4039   SIC 7011
HOLIDAY INN (NIAGARA FALLS) LIMITED   p736
5339 Murray St, NIAGARA FALLS, ON, L2G 2J3
(905) 356-1333   SIC 7011
HOLIDAY INN - MACLEOD TRAIL SOUTH   p28
4206 Macleod Trail Se, CALGARY, AB, T2G 2R7
(403) 287-2700   SIC 7011
HOLIDAY INN TORONTO AIRPORT EAST   p585
600 Dixon Rd, ETOBICOKE, ON, M9W 1J1
(416) 240-7511   SIC 7011
HOLIDAY PARK RESORT LTD   p227
415 Commonwealth Rd Unit 1, KELOWNA, BC, V4V 1P4
(250) 766-4255   SIC 7011
HOLIDAY PARK RV & CONDO RESORT LTD   p227
415 Commonwealth Rd Unit 1, KELOWNA, BC, V4V 1P4
(250) 766-4255   SIC 7011
HOLLOWAY LODGING LIMITED PARTNERSHIP   p120
435 Gregoire Dr, FORT MCMURRAY, AB, T9H 4K7
SIC 7011
HOLLOWAY LODGING LIMITED PARTNERSHIP   p126
10745 117 Ave, GRANDE PRAIRIE, AB, T8V 7N6
(780) 402-2378   SIC 7011
HORSESHOE VALLEY LIMITED PARTNERSHIP   p494
1101 Horseshoe Valley Rd, BARRIE, ON, L4M 4Y8
(705) 835-2790   SIC 7011
HOSPITALITE R.D. (AEROPORT) INC   p1212
6600 Ch De La Cote-De-Liesse, SAINT-LAURENT, QC, H4T 1E3
(514) 270-7000   SIC 7011
HOTEL & GOLF MARIGOT INC   p1147
7900 Rue Du Marigot, Quebec, QC, G1G 6T8
(418) 627-8008   SIC 7011
HOTEL 550 WELLINGTON GP LTD   p929
550 Wellington St W, TORONTO, ON, M5V 2V4
(416) 640-7778   SIC 7011
HOTEL BERNIERES INC   p1218
535 Rue De L'arena, SAINT-NICOLAS, QC, G7A 1C9
(418) 831-3119   SIC 7011
HOTEL DES ESKERS INC   p988
201 Av Authier, AMOS, QC, J9T 1W1
(819) 732-5386   SIC 7011

HOTEL EUROPA INC   p1116
1240 Rue Drummond, Montreal, QC, H3G 1V7
(514) 866-6492   SIC 7011
HOTEL FAR HILLS LTEE   p1254
3399 Rue Du Far Hills Inn, VAL-MORIN, QC, J0T 2R0
(819) 322-2014   SIC 7011
HOTEL FORESTEL VAL-D'OR INC   p1253
1001 3e Av, VAL-D'OR, QC, J9P 1T4
(819) 825-5660   SIC 7011
HOTEL NEWFOUNDLAND (1982)   p435
Cavendish Sq, ST. JOHN'S, NL, A1C 5W8
(709) 726-4980   SIC 7011
HOTEL PALACE ROYAL INC   p1157
775 Av Honore-Mercier, Quebec, QC, G1R 6A5
(418) 694-2000   SIC 7011
HOTEL PLACE D'ARMES (MONTREAL) INC   p1102
55 Rue Saint-Jacques Unite 300, Montreal, QC, H2Y 1K9
(514) 842-1887   SIC 7011
HOTEL RUBY FOO'S INC   p1125
7655 Boul Decarie, Montreal, QC, H4P 2H2
(514) 731-7701   SIC 7011
HOTEL SASKATCHEWAN (1990) LTD   p304
1118 Homer St Suite 425, VANCOUVER, BC, V6B 6L5
(604) 688-8291   SIC 7011
HOTEL ST-PAUL DE MONTREAL INC   p1102
355 Rue Mcgill, Montreal, QC, H2Y 2E8
(514) 380-2220   SIC 7011
HOTEL VALLEE DES FORTS INC   p1199
725 Boul Du Seminaire N, SAINT-JEAN-SUR-RICHELIEU, QC, J3B 8H1
(450) 348-7376   SIC 7011
HOTELS COTE-DE-LIESSE INC   p1126
6500 Ch De La Cote-De-Liesse, MONTREAL, QC, H4T 1E3
(514) 739-6440   SIC 7011
HOTELS OF ISLINGTON LIMITED   p582
2180 Islington Ave, ETOBICOKE, ON, M9P 3P1
(416) 240-9090   SIC 7011
HOWARD JOHNSON HOTELS & SUITES   p334
4670 Elk Lake Dr, VICTORIA, BC, V8Z 5M1
(250) 658-8989   SIC 7011
HUBER DEVELOPMENT LTD   p216
1049 Trans Canada Hwy W, GOLDEN, BC, V0A 1H2
(250) 344-7990   SIC 7011
HUBER DEVELOPMENT LTD   p216
1049 Trans Canada Hwy W, GOLDEN, BC, V0A 1H2
(250) 344-7990   SIC 7011
HUBER DEVELOPMENT LTD   p226
1675 Abbott St, KELOWNA, BC, V1Y 8S3
(250) 860-7900   SIC 7011
HUBER DEVELOPMENT LTD   p243
701 Lakeside Dr, NELSON, BC, V1L 6G3
(250) 352-7222   SIC 7011
IHG HARILELA HOTELS LTD   p1212
7880 Ch De La Cote-De-Liesse, SAINT-LAURENT, QC, H4T 1E7
(514) 788-5120   SIC 7011
IMMEUBLES J.C. MILOT INC, LES   p1030
600 Rue Saint-Joseph, DRUMMONDVILLE, QC, J2C 2C1
(819) 478-4141   SIC 7011
IMMEUBLES JACQUES ROBITAILLE INC, LES   p1161
3055 Boul Laurier, Quebec, QC, G1V 4X2
(418) 651-2440   SIC 7011
IMMEUBLES JACQUES ROBITAILLE INC, LES   p1162
3115 Av Des Hotels, Quebec, QC, G1W 3Z6
(418) 658-5120   SIC 7011
IMMEUBLES JACQUES ROBITAILLE INC, LES   p1166
7175 Boul Wilfrid-Hamel, Quebec, QC, G2G 1B6
(418) 872-9831   SIC 7011

IMMEUBLES OCEANIE INC   p1117
1808 Rue Sherbrooke O, Montreal, QC, H3H 1E5
(514) 933-3611   SIC 7011
INN AT BAY FORTUNE, THE   p984
758 310 Rte Rr 4, SOURIS, PE, C0A 2B0
(902) 687-3745   SIC 7011
INN AT THE PARK INC   p59
8220 Bowridge Cres Nw, CALGARY, AB, T3B 2V1
(403) 288-4441   SIC 7011
INN OF THE SOUTH HOTEL (1986) LTD   p205
803 Cranbrook St N, CRANBROOK, BC, V1C 3S2
(250) 489-4301   SIC 7011
INN VEST HOTELS GP VIII LTD   p626
101 Kanata Ave, KANATA, ON, K2T 1E6
(613) 271-3057   SIC 7011
INNVEST HOTELS LP   p742
1325 Seymour St, NORTH BAY, ON, P1B 9V6
(705) 476-7700   SIC 7011
INNVEST HOTELS LP   p791
100 Kent St, OTTAWA, ON, K1P 5R7
(613) 238-1122   SIC 7011
INNVEST PROPERTIES CORP   p92
17610 100 Ave Nw, EDMONTON, AB, T5S 1S9
(780) 484-4415   SIC 7011
INNVEST PROPERTIES CORP   p118
11232 101 Ave, FAIRVIEW, AB, T0H 1L0
(780) 835-4921   SIC 7011
INNVEST PROPERTIES CORP   p198
45405 Luckakuck Way, CHILLIWACK, BC, V2R 3C7
(604) 858-0636   SIC 7011
INNVEST PROPERTIES CORP   p346
925 Middleton Ave, BRANDON, MB, R7C 1A8
(204) 727-6232   SIC 7011
INNVEST PROPERTIES CORP   p381
1445 Portage Ave, WINNIPEG, MB, R3G 3P4
(204) 774-5110   SIC 7011
INNVEST PROPERTIES CORP   p383
1770 Sargent Ave, WINNIPEG, MB, R3H 0C8
(204) 783-5627   SIC 7011
INNVEST PROPERTIES CORP   p393
1170 St. Peter Ave, BATHURST, NB, E2A 2Z9
(506) 547-8000   SIC 7011
INNVEST PROPERTIES CORP   p398
5 Bateman Ave, EDMUNDSTON, NB, E3V 3L1
(506) 739-8361   SIC 7011
INNVEST PROPERTIES CORP   p400
797 Prospect St, FREDERICTON, NB, E3B 5Y4
(506) 453-0800   SIC 7011
INNVEST PROPERTIES CORP   p449
456 Windmill Rd, DARTMOUTH, NS, B3A 1J7
(902) 463-9900   SIC 7011
INNVEST PROPERTIES CORP   p469
740 Westville Rd, NEW GLASGOW, NS, B2H 2J8
(902) 755-6450   SIC 7011
INNVEST PROPERTIES CORP   p476
368 Kings Rd, SYDNEY, NS, B1S 1A8
(902) 562-0200   SIC 7011
INNVEST PROPERTIES CORP   p477
12 Meadow Dr, TRURO, NS, B2N 5V4
(902) 893-0330   SIC 7011
INNVEST PROPERTIES CORP   p503
200 North Park St, BELLEVILLE, ON, K8P 2Y9
(613) 966-7703   SIC 7011
INNVEST PROPERTIES CORP   p503
407 North Front St, BELLEVILLE, ON, K8P 3C8
(613) 962-9211   SIC 7011
INNVEST PROPERTIES CORP   p602
480 Silvercreek Pky N, GUELPH, ON, N1H

7R5
(519) 763-1900 SIC 7011
INNVEST PROPERTIES CORP p620
86 King William St, HUNTSVILLE, ON, P1H 1E4
(705) 789-1701 SIC 7011
INNVEST PROPERTIES CORP p625
222 Hearst Way, KANATA, ON, K2L 3A2
(613) 592-2200 SIC 7011
INNVEST PROPERTIES CORP p630
55 Warne Cres, KINGSTON, ON, K7K 6Z5
(613) 546-9500 SIC 7011
INNVEST PROPERTIES CORP p631
2 Princess St, KINGSTON, ON, K7L 1A2
(613) 549-8400 SIC 7011
INNVEST PROPERTIES CORP p633
1454 Princess St, KINGSTON, ON, K7M 3E5
(613) 549-5550 SIC 7011
INNVEST PROPERTIES CORP p659
1120 Dearness Dr, LONDON, ON, N6E 1N9
(519) 680-1024 SIC 7011
INNVEST PROPERTIES CORP p694
50 Britannia Rd E, MISSISSAUGA, ON, L4Z 2G2
(905) 890-1200 SIC 7011
INNVEST PROPERTIES CORP p733
1230 Journey's End Cir, NEWMARKET, ON, L3Y 8Z6
(905) 895-3355 SIC 7011
INNVEST PROPERTIES CORP p742
1200 O'brien St, NORTH BAY, ON, P1B 9B3
(905) 624-7801 SIC 7011
INNVEST PROPERTIES CORP p758
66 Norfinch Dr Suite 115, NORTH YORK, ON, M3N 1X1
(416) 736-4700 SIC 7011
INNVEST PROPERTIES CORP p774
75 Progress Dr, ORILLIA, ON, L3V 0T7
(705) 327-7744 SIC 7011
INNVEST PROPERTIES CORP p781
605 Bloor St W, OSHAWA, ON, L1J 5Y6
(905) 434-5000 SIC 7011
INNVEST PROPERTIES CORP p793
402 Queen St, OTTAWA, ON, K1R 5A7
(613) 236-1133 SIC 7011
INNVEST PROPERTIES CORP p813
533 Kingston Rd, PICKERING, ON, L1V 3N7
(905) 831-6200 SIC 7011
INNVEST PROPERTIES CORP p832
333 Great Northern Rd Suite 293, SAULT STE. MARIE, ON, P6B 4Z8
(705) 759-8000 SIC 7011
INNVEST PROPERTIES CORP p834
20 Milner Business Crt, SCARBOROUGH, ON, M1B 3M6
(416) 299-9500 SIC 7011
INNVEST PROPERTIES CORP p868
440 Second Ave N, SUDBURY, ON, P3B 4A4
(705) 560-4502 SIC 7011
INNVEST PROPERTIES CORP p880
660 Arthur St W Suite 307, THUNDER BAY, ON, P7E 5R8
(807) 475-3155 SIC 7011
INNVEST PROPERTIES CORP p908
111 Lombard St, TORONTO, ON, M5C 2T9
(416) 367-5555 SIC 7011
INNVEST PROPERTIES CORP p919
200 Bay St Suite 2200, TORONTO, ON, M5J 2J2
(416) 607-7100 SIC 7011
INNVEST PROPERTIES CORP p958
1700 Champlain Ave, WHITBY, ON, L1N 6A7
(905) 432-8800 SIC 7011
INNVEST PROPERTIES CORP p968
277 Riverside Dr W, WINDSOR, ON, N9A 5K4
(519) 973-5555 SIC 7011
INNVEST PROPERTIES CORP p968
250 Dougall Ave, WINDSOR, ON, N9A 7C6
(519) 977-9707 SIC 7011

INNVEST PROPERTIES CORP p970
2955 Dougall Ave, WINDSOR, ON, N9E 1S1
(519) 966-7800 SIC 7011
INNVEST PROPERTIES CORP p970
2330 Huron Church Rd, WINDSOR, ON, N9E 3S6
(519) 972-1100 SIC 7011
INNVEST PROPERTIES CORP p985
618 Water St E, SUMMERSIDE, PE, C1N 4H7
(902) 436-2295 SIC 7011
INNVEST PROPERTIES CORP p994
745 Boul Lafleche, BAIE-COMEAU, QC, G5C 1C7
(418) 589-8252 SIC 7011
INNVEST PROPERTIES CORP p1004
96 Boul De Mortagne, BOUCHERVILLE, QC, J4B 5M7
(450) 641-2880 SIC 7011
INNVEST PROPERTIES CORP p1007
7863 Boul Taschereau, BROSSARD, QC, J4Y 1A4
(450) 678-9350 SIC 7011
INNVEST PROPERTIES CORP p1019
2035 Des Laurentides (A-15) E, Cote Saint-Luc, QC, H7S 1Z6
(450) 686-6777 SIC 7011
INNVEST PROPERTIES CORP p1026
340 Av Michel-Jasmin, DORVAL, QC, H9P 1C1
(514) 636-3391 SIC 7011
INNVEST PROPERTIES CORP p1030
1055 Rue Hains, DRUMMONDVILLE, QC, J2C 6G6
(819) 477-4000 SIC 7011
INNVEST PROPERTIES CORP p1037
131 Rue Laurier, GATINEAU, QC, J8X 3W3
(819) 770-8550 SIC 7011
INNVEST PROPERTIES CORP p1050
1255 Aut Duplessis, L'ANCIENNE-LORETTE, QC, G2G 2B4
(418) 872-5900 SIC 7011
INNVEST PROPERTIES CORP p1065
10 Rue Du Terroir, Levis, QC, G6V 9J3
(418) 835-5605 SIC 7011
INNVEST PROPERTIES CORP p1142
700 Boul Saint-Jean, POINTE-CLAIRE, QC, H9R 3K2
(514) 697-6210 SIC 7011
INNVEST PROPERTIES CORP p1142
6300 Aut Transcanadienne, POINTE-CLAIRE, QC, H9R 1B9
(514) 426-5060 SIC 7011
INNVEST PROPERTIES CORP p1166
7320 Boul Wilfrid-Hamel, Quebec, QC, G2G 1C1
(418) 872-5038 SIC 7011
INNVEST PROPERTIES CORP p1173
455 Boul Saint-Germain Bureau 340, RIMOUSKI, QC, G5L 3P2
(418) 724-2500 SIC 7011
INNVEST PROPERTIES CORP p1174
85 Boul Cartier, Riviere-du-Loup, QC, G5R 4X4
(418) 867-4162 SIC 7011
INNVEST PROPERTIES CORP p1233
854 Boul Laure, Sept-Iles, QC, G4R 1Y7
(418) 968-6005 SIC 7011
INNVEST PROPERTIES CORP p1254
1665 3e Av, VAL-D'OR, QC, J9P 1V9
(819) 825-9360 SIC 7011
INNVEST PROPERTIES CORP p1280
3863 2nd Ave W, PRINCE ALBERT, SK, S6W 1A1
(306) 763-4466 SIC 7011
INNVEST PROPERTIES CORP p1291
3221 Eastgate Dr, REGINA, SK, S4Z 1A4
(306) 789-5522 SIC 7011
INNVEST PROPERTIES CORP p1300
2155 Northridge Dr, SASKATOON, SK, S7L 6X6
(306) 934-1122 SIC 7011
INNVEST REAL ESTATE INVESTMENT TRUST p407

750 Main St, MONCTON, NB, E1C 1E6
(506) 854-4344 SIC 7011
INNVEST REIT p689
5090 Explorer Dr Suite 700, MISSISSAUGA, ON, L4W 4T9
(905) 629-3400 SIC 7011
INTERNATIONAL HOTEL HALIFAX LTD p454
60 Sky Blvd, ENFIELD, NS, B2T 1K3
(902) 873-3000 SIC 7011
INTERNATIONAL HOTEL OF CALGARY LTD, THE p45
220 4 Ave Sw, CALGARY, AB, T2P 0H5
(403) 265-9600 SIC 7011
INTRAWEST RESORT CLUB GROUP p340
4580 Chateau Blvd, WHISTLER, BC, V0N 1B4
(604) 938-3030 SIC 7011
INTRAWEST RESORT CLUB GROUP p505
276 Jozo Weider Blvd, BLUE MOUNTAINS, ON, L9Y 3Z2
(705) 443-4500 SIC 7011
INTRAWEST RESORT CLUB GROUP p1083
200 Ch Des Saisons, MONT-TREMBLANT, QC, J8E 1G1
(819) 681-3535 SIC 7011
INTRAWEST ULC p249
788 Harbourside Dr Suite 100, NORTH VANCOUVER, BC, V7P 3R7
(604) 904-7135 SIC 7011
INTRAWEST ULC p304
375 Water St Suite 710, VANCOUVER, BC, V6B 5C6
(604) 695-8200 SIC 7011
INTRAWEST ULC p340
4553 Blackcomb Way, WHISTLER, BC, V0N 1B4
(604) 938-7700 SIC 7011
INTRAWEST ULC p505
220 Mountain Dr, BLUE MOUNTAINS, ON, L9Y 0V9
(705) 443-8080 SIC 7011
INTRAWEST ULC p505
108 Jozo Weider Blvd, BLUE MOUNTAINS, ON, L9Y 3Z2
(705) 445-0231 SIC 7011
INVEST REIT p740
700 Lakeshore Dr, NORTH BAY, ON, P1A 2G4
(705) 474-5800 SIC 7011
J.J.'S HOSPITALITY LIMITED p832
360 Great Northern Rd Suite 787, SAULT STE. MARIE, ON, P6B 4Z7
(705) 945-7614 SIC 7011
JAS DAY INVESTMENTS LTD p133
94 Geikie St, JASPER, AB, T0E 1E0
(780) 852-4431 SIC 7011
JAS DAY INVESTMENTS LTD p133
94 Gielke St, JASPER, AB, T0E 1E0
(780) 852-4431 SIC 7011
JAS DAY INVESTMENTS LTD p133
96 Geikie St, JASPER, AB, T0E 1E0
(780) 852-5644 SIC 7011
JAS DAY INVESTMENTS LTD p133
86 Connaught Dr, JASPER, AB, T0E 1E0
(780) 852-4471 SIC 7011
JASPER INN INVESTMENTS LTD p67
1402 Bow Valley Trail, CANMORE, AB, T1W 1N5
(403) 609-4656 SIC 7011
JASPER INN INVESTMENTS LTD p168
4620 48 St, STONY PLAIN, AB, T7Z 1L4
(780) 963-7810 SIC 7011
JASPER INN INVESTMENTS LTD p168
3301 43 Ave, STONY PLAIN, AB, T7Z 1L1
(780) 963-0222 SIC 7011
JORDAN ENTERPRISES LIMITED p214
9830 100 Ave, FORT ST. JOHN, BC, V1J 1Y5
(250) 787-0521 SIC 7011
KAMLOOPS TOWNE LODGE LTD p218
1250 Rogers Way, KAMLOOPS, BC, V1S 1N5
(250) 828-6660 SIC 7011

KARLENE DEVELOPMENTS LIMITED p448
313 Prince Albert Rd, DARTMOUTH, NS, B2Y 1N3
(902) 469-5850 SIC 7011
KARLENE DEVELOPMENTS LIMITED p476
560 Kings Rd, SYDNEY, NS, B1S 1B9
(902) 539-8101 SIC 7011
KHATIJA INVESTMENTS LTD p38
2231 Banff Trail Nw, CALGARY, AB, T2M 4L2
(403) 289-9800 SIC 7011
KHATIJA INVESTMENTS LTD p51
1330 8 St Sw, CALGARY, AB, T2R 1B6
(403) 228-6900 SIC 7011
KIMWEST HOTELS ENTERPRISES LTD p791
140 Slater St, OTTAWA, ON, K1P 5H6
(613) 238-2888 SIC 7011
KINGFISHER INN LTD p204
4330 Island Hwy S, COURTENAY, BC, V9N 9R9
(250) 338-1323 SIC 7011
KINGFISHER INNS LTD p1277
1203 8th St W, NIPAWIN, SK, S0E 1E0
(306) 862-9801 SIC 7011
KSD ENTERPRISES LTD p1037
35 Rue Laurier, GATINEAU, QC, J8X 4E9
(819) 778-6111 SIC 7011
LAC LA RONGE MOTOR HOTEL (1983) LTD p1271
1120 La Ronge Ave, LA RONGE, SK, S0J 1L0
(306) 425-2190 SIC 7011
LADCO COMPANY LIMITED p384
2520 Portage Ave, WINNIPEG, MB, R3J 3T6
(204) 885-4478 SIC 7011
LAIS HOTEL PROPERTIES LIMITED p739
6 Pinot Trail, NIAGARA ON THE LAKE, ON, L0S 1J0
(905) 468-3246 SIC 7011
LAKE LOUISE SKI AREA LTD, THE p134
1 Whitehorn Rd, LAKE LOUISE, AB, T0L 1E0
(403) 522-3555 SIC 7011
LAKEVIEW MANAGEMENT INC p72
4302 50 St, DRAYTON VALLEY, AB, T7A 1M4
(780) 542-3200 SIC 7011
LAKEVIEW MANAGEMENT INC p123
10115 88 Ave, FORT SASKATCHEWAN, AB, T8L 4K1
(780) 998-7888 SIC 7011
LAKEVIEW MANAGEMENT INC p213
4507 50th Ave, FORT NELSON, BC, V0C 1R0
(250) 233-5001 SIC 7011
LAKEVIEW MANAGEMENT INC p346
1880 18th St N, BRANDON, MB, R7C 1A5
(204) 728-1880 SIC 7011
LAKEVIEW MANAGEMENT INC p378
185 Carlton St Suite 600, WINNIPEG, MB, R3C 3J1
(204) 947-1161 SIC 7011
LAKEVIEW MANAGEMENT INC p383
1999 Wellington Ave, WINNIPEG, MB, R3H 1H5
(204) 775-5222 SIC 7011
LAMBETH HOLDINGS LTD p191
5411 Kingsway, BURNABY, BC, V5H 2G1
(604) 438-1383 SIC 7011
LAMPLIGHTER INNS (LONDON) LIMITED p658
591 Wellington Rd, LONDON, ON, N6C 4R3
(519) 681-7151 SIC 7011
LANDMARK INN LEASING CORPORATION p878
1010 Dawson Rd, THUNDER BAY, ON, P7B 5J4
(807) 767-1681 SIC 7011
LARCO INVESTMENTS LTD p930
1 Blue Jays Way Suite 1, TORONTO, ON, M5V 1J4
(416) 341-7100 SIC 7011
LASALLE MOTEL CO KINGSTON LTD p633

2360 Princess St, KINGSTON, ON, K7M 3G4
(613) 546-4233   SIC 7011
LEADON (REGINA) OPERATIONS LP p1285
1975 Broad St, REGINA, SK, S4P 1Y2
(306) 525-6767   SIC 7011
LES INVESTISSEMENTS RAMAN 'S.E.N.C.' p1107
1110 Rue Sherbrooke O Bureau 301, Montreal, QC, H3A 1G8
(514) 844-3951   SIC 7011
LICKMAN TRAVEL CENTRE INC p198
43971 Industrial Way Suite 2, CHILLIWACK, BC, V2R 3A4
(604) 795-3828   SIC 7011
LIGHTHOUSE CAMP SERVICES LTD p28
714 1 St Se Unit 300, CALGARY, AB, T2G 2G8
(403) 265-5190   SIC 7011
LINCOLN MOTOR HOTEL CO LTD p372
1030 Mcphillips St, WINNIPEG, MB, R2X 2K7
(204) 589-7314   SIC 7011
LITTLE INN OF BAYFIELD LIMITED, THE p500
26 Main St N, BAYFIELD, ON, N0M 1G0
(519) 565-2611   SIC 7011
LODGING OVATIONS CORP p340
2036 London Lane, WHISTLER, BC, V0N 1B2
(604) 938-9999   SIC 7011
LUNDY'S REGENCY ARMS CORP p736
7280 Lundy's Lane, NIAGARA FALLS, ON, L2G 1W2
(905) 358-3621   SIC 7011
LUXURY HOTELS INTERNATIONAL OF CANADA, ULC p28
110 9 Ave Se, CALGARY, AB, T2G 5A6
(403) 266-7331   SIC 7011
LUXURY HOTELS INTERNATIONAL OF CANADA, ULC p407
600 Main St, MONCTON, NB, E1C 0M6
(506) 854-7100   SIC 7011
LUXURY HOTELS INTERNATIONAL OF CANADA, ULC p458
1919 Upper Water St, HALIFAX, NS, B3J 3J5
(902) 421-1700   SIC 7011
LUXURY HOTELS INTERNATIONAL OF CANADA, ULC p585
901 Dixon Rd, ETOBICOKE, ON, M9W 1J5
(416) 674-9400   SIC 7011
LUXURY HOTELS INTERNATIONAL OF CANADA, ULC p585
17 Reading Crt, ETOBICOKE, ON, M9W 7K7
(416) 798-2900   SIC 7011
LUXURY HOTELS INTERNATIONAL OF CANADA, ULC p683
1050 Paignton House Rd, MINETT, ON, P0B 1G0
(705) 765-1900   SIC 7011
LUXURY HOTELS INTERNATIONAL OF CANADA, ULC p791
161 Laurier Ave W, OTTAWA, ON, K1P 5J2
(613) 231-2020   SIC 7011
LUXURY HOTELS INTERNATIONAL OF CANADA, ULC p795
1172 Walkley Rd, OTTAWA, ON, K1V 2P7
(613) 523-9600   SIC 7011
LUXURY HOTELS INTERNATIONAL OF CANADA, ULC p912
525 Bay St, TORONTO, ON, M5G 2L2
(416) 597-9200   SIC 7011
LUXURY HOTELS INTERNATIONAL OF CANADA, ULC p1025
800 Place Leigh-Capreol, DORVAL, QC, H4Y 0A5
(514) 636-6700   SIC 7011
M AND R MELO'S LIMITED p634
1550 Princess St, KINGSTON, ON, K7M 9E3
(613) 541-4683   SIC 7011
MACAULAY RESORTS LIMITED p442

368 Shore Rd, BADDECK, NS, B0E 1B0
(902) 295-3500   SIC 7011
MACLAB ENTERPRISES CORPORATION p439
5303 52 St Suite 100, YELLOWKNIFE, NT, X1A 1V1
(867) 873-8700   SIC 7011
MACY HOLDINGS LIMITED p793
435 Albert St, OTTAWA, ON, K1R 7X4
(613) 238-8858   SIC 7011
MALIGNE LODGE LTD p133
100 Juniper St, JASPER, AB, T0E 1E0
(780) 852-4987   SIC 7011
MANGA HOTELS (DARTMOUTH) INC p449
101 Wyse Rd, DARTMOUTH, NS, B3A 1L9
(902) 463-1100   SIC 7011
MANOIR DU LAC DELAGE INC p1055
40 Av Du Lac, LAC-DELAGE, QC, G3C 5C4
(418) 848-0691   SIC 7011
MANOIR DU LAC ETCHEMIN INC p1055
1415 Rte 227, LAC-ETCHEMIN, QC, G0R 1S0
(418) 625-2101   SIC 7011
MANOIR DU LAC WILLIAM INC p1188
3180 Rue Principale, SAINT-FERDINAND, QC, G0N 1N0
(418) 428-9188   SIC 7011
MANOIR HOVEY (1985) INC p1009
575 Ch Hovey, CANTON-DE-HATLEY, QC, J0B 2C0
(819) 842-2421   SIC 7011
MANTEO BEACH CLUB LTD p223
3766 Lakeshore Rd, KELOWNA, BC, V1W 3L4
(250) 860-1031   SIC 7011
MARBLE MOUNTAIN DEVELOPMENT CORPORATION p425
Trans Canada Hwy, CORNER BROOK, NL, A2H 2N2
(709) 637-7601   SIC 7011
MARBOR HOLDINGS LTD p243
422 Vernon St, NELSON, BC, V1L 4E5
(250) 352-5331   SIC 7011
MARCHE AU CHALET (1978) INC p1223
1300 Boul De Sainte-Adele, Sainte-Adele, QC, J8B 2N5
(450) 229-4256   SIC 7011
MARITIME INNS & RESORTS INCORPORATED p442
158 Main St, ANTIGONISH, NS, B2G 2B7
(902) 863-4001   SIC 7011
MARKHAM WOODBINE HOSPITALITY LTD p673
7095 Woodbine Ave, MARKHAM, ON, L3R 1A3
SIC 7011
MARKHAM WOODBINE HOSPITALITY LTD p673
3100 Steeles Ave E Suite 601, MARKHAM, ON, L3R 8T3
(905) 940-9409   SIC 7011
MARQUEE HOTELS LTD p200
2857 Mara Dr, COQUITLAM, BC, V3C 5L3
(604) 506-2336   SIC 7011
MARQUEE HOTELS OAKVILLE INC p767
2774 South Sheridan Way, OAKVILLE, ON, L6J 7T4
(905) 829-1145   SIC 7011
MARRIOTT COURTYARD MONTREAL AIRPORT p1204
7000 Place Robert-Joncas, SAINT-LAURENT, QC, H4M 2Z5
(514) 339-5333   SIC 7011
MAYFAIR PROPERTIES LTD p331
642 Johnson St, VICTORIA, BC, V8W 1M6
(250) 388-5513   SIC 7011
MAYFIELD INVESTMENTS LTD p81
10010 106 St Nw Suite 1005, EDMONTON, AB, T5J 3L8
(780) 424-2921   SIC 7011
MAYFIELD INVESTMENTS LTD p144
1051 Ross Glen Dr Se, MEDICINE HAT, AB, T1B 3T8
(403) 502-8185   SIC 7011

MAYFIELD SUITES GENERAL PARTNER INC p689
5400 Dixie Rd, MISSISSAUGA, ON, L4W 4T4
(905) 238-0159   SIC 7011
MCINTOSH COUNTRY INN INC p724
12495 County Road 28, MORRISBURG, ON, K0C 1X0
(613) 543-3788   SIC 7011
MELO, J.S. INC p632
285 King St E, KINGSTON, ON, K7L 3B1
(613) 544-4434   SIC 7011
MILLCROFT HOSPITALITY SERVICES INC p486
55 John St, ALTON, ON, L7K 0C4
(519) 941-8111   SIC 7011
MONT BLANC SOCIETE EN COMMANDITE p1187
1006 Rte 117, SAINT-FAUSTIN-LAC-CARRE, QC, J0T 1J2
(819) 688-2444   SIC 7011
MONT-ORFORD INC p1136
4380 Ch Du Parc, ORFORD, QC, J1X 7N9
(819) 843-6548   SIC 7011
MOTEL ADAMS INC p1033
20 Rue Adams, Gaspe, QC, G4X 1E4
(418) 368-6666   SIC 7011
MOTEL LE GASPESIANA p1226
460 Rte De La Mer, SAINTE-FLAVIE, QC, G0J 2L0
(418) 775-7233   SIC 7011
MOTEL VILLA MON REPOS INC p1054
32 111 Rte E, LA SARRE, QC, J9Z 1R7
(819) 333-2224   SIC 7011
MOUNT LAYTON HOT SPRING RESORT LTD p291
Gd Lcd Main, TERRACE, BC, V8G 4A1
(250) 798-2214   SIC 7011
MOUNTAIN INN AT RIBBON CREEK LIMITED PARTNERSHIP, THE p770
380 Sherin Dr, OAKVILLE, ON, L6L 4J3
(905) 847-6120   SIC 7011
MR. SPORT HOTEL HOLDINGS LTD p296
3484 Kingsway Suite 101, VANCOUVER, BC, V5R 5L6
(604) 433-8255   SIC 7011
MURPHY, D.P. INC p400
665 Prospect St, FREDERICTON, NB, E3B 6B8
(506) 459-0035   SIC 7011
MURPHY, K.W. LTD p982
200 Trans Canada Hwy, CHARLOTTETOWN, PE, C1E 2E8
SIC 7011
N & S HOTEL GROUP INC p240
70 Church St, NANAIMO, BC, V9R 5H4
(250) 754-6835   SIC 7011
NIAGARA 21ST GROUP INC p737
6740 Fallsview Blvd, NIAGARA FALLS, ON, L2G 3W6
(905) 357-7300   SIC 7011
NIAGARA IMPERIAL MOTEL LIMITED p737
5851 Victoria Ave, NIAGARA FALLS, ON, L2G 3L6
(905) 356-2648   SIC 7011
NILE PROPERTIES (1988) LTD p29
3630 Macleod Trail Se, CALGARY, AB, T2G 2P9
(403) 287-3900   SIC 7011
NOR-SHAM HOTELS INC p703
2125 North Sheridan Way, MISSISSAUGA, ON, L5K 1A3
(905) 855-2000   SIC 7011
NORBRO HOLDINGS LTD p565
1515 Vincent Massey Dr, CORNWALL, ON, K6H 5R6
(613) 932-0451   SIC 7011
NORSEMEN INN CAMROSE CORPORATION p66
6505 48 Ave, CAMROSE, AB, T4V 3K3
(780) 672-9171   SIC 7011
NORTHAMPTON INNS (OAKVILLE EAST) INC p606
51 Keefer Crt, HAMILTON, ON, L8E 4W8

(905) 578-1212   SIC 7011
NORTHAMPTON INNS (OAKVILLE) INC p770
754 Bronte Rd, OAKVILLE, ON, L6L 6R8
(905) 847-6667   SIC 7011
NORTHBURY HOTEL LIMITED p870
50 Brady St, SUDBURY, ON, P3E 1C8
(705) 675-5602   SIC 7011
NORTHERN MOTOR INN LTD p291
3086 16 Hwy E, THORNHILL, BC, V8G 3N5
(250) 635-6375   SIC 7011
NORTHLAND PROPERTIES CORPORATION p33
8001 11 St Se, CALGARY, AB, T2H 0B8
(403) 252-7263   SIC 7011
NORTHLAND PROPERTIES CORPORATION p47
888 7 Ave Sw, CALGARY, AB, T2P 3J3
(403) 237-8626   SIC 7011
NORTHLAND PROPERTIES CORPORATION p139
421 Mayor Magrath Dr S, LETHBRIDGE, AB, T1J 3L8
(403) 320-8055   SIC 7011
NORTHLAND PROPERTIES CORPORATION p156
2818 50 Ave, RED DEER, AB, T4R 1M4
(403) 343-7400   SIC 7011
NORTHLAND PROPERTIES CORPORATION p195
1944 Columbia Ave, CASTLEGAR, BC, V1N 2W7
(250) 365-8444   SIC 7011
NORTHLAND PROPERTIES CORPORATION p226
2130 Harvey Ave, KELOWNA, BC, V1Y 6G8
(250) 860-6409   SIC 7011
NORTHLAND PROPERTIES CORPORATION p237
1051 Frontage St Se, MCBRIDE, BC, V0J 2E0
(250) 569-2285   SIC 7011
NORTHLAND PROPERTIES CORPORATION p260
1650 Central St E, PRINCE GEORGE, BC, V2M 3C2
(250) 563-8131   SIC 7011
NORTHLAND PROPERTIES CORPORATION p265
1901 Laforme Blvd, REVELSTOKE, BC, V0E 2S0
(250) 837-5271   SIC 7011
NORTHLAND PROPERTIES CORPORATION p270
10251 St. Edwards Dr, RICHMOND, BC, V6X 2M9
(604) 278-9611   SIC 7011
NORTHLAND PROPERTIES CORPORATION p305
180 Georgia St W, VANCOUVER, BC, V6B 4P4
(604) 681-2211   SIC 7011
NORTHLAND PROPERTIES CORPORATION p312
1160 Davie St, VANCOUVER, BC, V6E 1N1
(604) 681-7263   SIC 7011
NORTHLAND PROPERTIES CORPORATION p316
1755 Broadway W Suite 310, VANCOUVER, BC, V6J 4S5
(604) 730-6610   SIC 7011
NORTHLAND PROPERTIES CORPORATION p329
2852 Douglas St, VICTORIA, BC, V8T 4M5
(250) 388-0788   SIC 7011
NORTHLAND PROPERTIES CORPORATION p586
55 Reading Crt, ETOBICOKE, ON, M9W 7K7
(416) 798-8840   SIC 7011
NORTHLAND PROPERTIES CORPORATION p1071
999 Rue De Serigny, LONGUEUIL, QC, J4K 2T1

NORTHLAND PROPERTIES CORPORATION p1283
1800 E Victoria Ave Suite A, REGINA, SK, S4N 7K3
(306) 757-2444 SIC 7011

NORTHLAND PROPERTIES CORPORATION p1300
310 Circle Dr W, SASKATOON, SK, S7L 0Y5
(306) 477-4844 SIC 7011

NORTHSTAR HOSPITALITY LIMITED PARTNERSHIP p915
145 Richmond St W Suite 212, TORONTO, ON, M5H 2L2
(416) 869-3456 SIC 7011

NORWOOD HOTEL CO LTD p364
112 Marion St, WINNIPEG, MB, R2H 0T1
(204) 233-4475 SIC 7011

NUNASTAR PROPERTIES INC p439
4825 49th Ave, YELLOWKNIFE, NT, X1A 2R3
(867) 873-3531 SIC 7011

OAK BAY MARINA LTD p292
1943 Peninsula Rd, UCLUELET, BC, V0R 3A0
(250) 726-7771 SIC 7011

OAK'S INN (WALLACEBURG) INC p949
80 Mcnaughton Ave, WALLACEBURG, ON, N8A 1R9
SIC 7011

OAKWAY HOLDINGS LTD p283
9850 King George Blvd, SURREY, BC, V3T 4Y3
SIC 7011

OAKWOOD INN & GOLF CLUB (GRAND BEND) INC p597
70671 Bluewater Hwy, GRAND BEND, ON, N0M 1T0
(519) 238-2324 SIC 7011

OHR SPRING MANAGEMENT LTD p340
4899 Painted Cliff Rd, WHISTLER, BC, V0N 1B4
(604) 905-3400 SIC 7011

OLD ORCHARD INN LIMITED p480
153 Greenwich Rd S, WOLFVILLE, NS, B4P 2R2
(902) 542-5751 SIC 7011

ONGWANADA HOSPITAL p630
424 Montreal St, KINGSTON, ON, K7K 3H7
(613) 548-4417 SIC 7011

P C V INVESTMENTS LIMITED p471
172 Lodge Rd, PICTOU, NS, B0K 1H0
(902) 485-4322 SIC 7011

P R HOTELS LTD p224
1655 Powick Rd, KELOWNA, BC, V1X 4L1
(250) 763-2800 SIC 7011

P SUN'S ENTERPRISES (VANCOUVER) LTD p330
463 Belleville St, VICTORIA, BC, V8V 1X3
(250) 386-0450 SIC 7011

PACIFIC SHORES RESORT & SPA LTD p243
1600 Stroulger Rd Unit 1, NANOOSE BAY, BC, V9P 9B7
(250) 468-7121 SIC 7011

PAUL'S RESTAURANTS LTD p330
680 Montreal St, VICTORIA, BC, V8V 1Z8
(250) 412-3194 SIC 7011

PEACE HILLS INVESTMENTS LTD p135
5207 50 Ave, LEDUC, AB, T9E 6V3
(780) 986-2241 SIC 7011

PENRITH INVESTMENTS LTD p300
711 Broadway W, VANCOUVER, BC, V5Z 3Y2
(778) 330-2400 SIC 7011

PENTICTON COURTYARD INN LTD p252
1050 Eckhardt Ave W, PENTICTON, BC, V2A 2C3
(250) 492-8926 SIC 7011

PHILIP, S & F HOLDINGS LTD p278
1528 Whiffin Spit Rd, SOOKE, BC, V9Z 0T1
(250) 642-3421 SIC 7011

PLACE LOUIS RIEL ALL-SUITE HOTEL p378
190 Smith St Suite 119, WINNIPEG, MB, R3C 1J8
(204) 947-6961 SIC 7011

PLATINUM INVESTMENTS LTD p93
17610 Stony Plain Rd Nw, EDMONTON, AB, T5S 1A2
(780) 443-2233 SIC 7011

PLATINUM INVESTMENTS LTD p93
18304 100 Ave Nw, EDMONTON, AB, T5S 2V2
(780) 484-7280 SIC 7011

PLATINUM INVESTMENTS LTD p93
10011 184 St Nw, EDMONTON, AB, T5S 0C7
(780) 638-6070 SIC 7011

PLAZA 500 HOTELS LTD p300
500 12th Ave W, VANCOUVER, BC, V5Z 1M2
(604) 873-1811 SIC 7011

PLAZA II CORPORATION, THE p902
90 Bloor St E, TORONTO, ON, M4W 1A7
(416) 961-8000 SIC 7011

POMEROY LODGING LP p215
9320 Alaska Rd, FORT ST. JOHN, BC, V1J 6L5
(250) 262-3030 SIC 7011

PRES DU LAC LTD p419
10039 Route 144, SAINT-ANDRE, NB, E3Y 3H5
(506) 473-1300 SIC 7011

PRESTON HOSPITALITY INC p547
210 Preston Pky, CAMBRIDGE, ON, N3H 5N1
(519) 653-2690 SIC 7011

PRETTY ESTATES LTD p217
14282 Morris Valley Rd, HARRISON MILLS, BC, V0M 1L0
(604) 796-1000 SIC 7011

PRINCE ARTHUR HOTEL (1983) LTD p877
17 Cumberland St N, THUNDER BAY, ON, P7A 4K8
(807) 345-5411 SIC 7011

QUARTERDECK COTTAGES & RESTAURANT LIMITED p472
7499 Rte 3, PORT MOUTON, NS, B0T 1T0
(902) 683-2998 SIC 7011

R P B HOLDINGS LTD p314
1755 Davie St, VANCOUVER, BC, V6G 1W5
(604) 682-1831 SIC 7011

R. DEGRACE HOLDINGS LTD p394
1450 Vanier Blvd, BATHURST, NB, E2A 7B7
(506) 548-3335 SIC 7011

RADISSON SUITE HOTEL HALIFAX p459
1649 Hollis St, HALIFAX, NS, B3J 1V8
(902) 429-7233 SIC 7011

RDVC INVESTMENTS LTD p123
8750 84 St, FORT SASKATCHEWAN, AB, T8L 4P5
(780) 998-2898 SIC 7011

REMAI DURAND VENTURES INC p93
17803 Stony Plain Rd Nw, EDMONTON, AB, T5S 1B4
(780) 484-8000 SIC 7011

REMAI HOLDINGS II LTD p142
5620 44 St, LLOYDMINSTER, AB, T9V 0B6
(780) 875-6113 SIC 7011

REMAI INVESTMENT CORPORATION p1273
4320 44 St, LLOYDMINSTER, SK, S9V 1Z9
(306) 825-4400 SIC 7011

REMAI INVESTMENT CORPORATION p1309
345 Broadway St W, YORKTON, SK, S3N 0N8
SIC 7011

REMAI KORPACH VENTURES INC p136
8450 Sparrow Dr, LEDUC, AB, T9E 7G4
(780) 986-1840 SIC 7011

RENAISSANCE LEISURE GROUP (2004) INC p597
1209 Muskoka Beach Rd, GRAVENHURST, ON, P1P 1R1
(705) 687-2233 SIC 7011

RENDEZ-VOUS RESTAURANT FORT FRANCES LIMITED p590
1201 Idlywild Dr, FORT FRANCES, ON, P9A 3M3
(807) 274-9811 SIC 7011

RESORTS INTERNATIONAL (NIAGARA) INC p738
8444 Lundy's Lane, NIAGARA FALLS, ON, L2H 1H4
(905) 356-8444 SIC 7011

RESORTS OF THE CANADIAN ROCKIES INC p228
301 North Star Blvd, KIMBERLEY, BC, V1A 2Y5
(250) 427-4881 SIC 7011

RESORTS OF THE CANADIAN ROCKIES INC p228
500 Stemwinder Dr, KIMBERLEY, BC, V1A 2Y6
(250) 427-5175 SIC 7011

RESTAURANT & BAR THURSDAY INC p1116
1430 Rue De La Montagne, Montreal, QC, H3G 1Z5
(514) 288-5656 SIC 7011

RESTOTEL CONSULTANTS INC p1053
250 Ch Des Falaises, LA MALBAIE, QC, G5A 2V2
(418) 665-3731 SIC 7011

RIVERVIEW LODGE LIMITED, THE p570
148 Earl Ave, DRYDEN, ON, P8N 1Y1
(807) 223-2371 SIC 7011

RODAS INVESTMENTS LIMITED p792
88 Albert St, OTTAWA, ON, K1P 5E9
(613) 235-1413 SIC 7011

ROSE CORPORATION, THE p596
81175 Benmiller Li, GODERICH, ON, N7A 3Y1
(519) 524-2100 SIC 7011

ROYAL EQUATOR INC p695
100 Traders Blvd E, MISSISSAUGA, ON, L4Z 2H7
(905) 890-9110 SIC 7011

ROYAL HOST INC p38
1804 Crowchild Trail Nw, CALGARY, AB, T2M 3Y7
(403) 289-0241 SIC 7011

ROYAL HOST INC p144
1100 Redcliff Dr Sw, MEDICINE HAT, AB, T1A 5E5
(403) 527-2275 SIC 7011

ROYAL HOST INC p586
925 Dixon Rd, ETOBICOKE, ON, M9W 1J8
(416) 674-2222 SIC 7011

ROYAL HOST INC p660
800 Exeter Rd, LONDON, ON, N6E 1L5
(519) 681-1200 SIC 7011

ROYAL HOST INC p768
590 Argus Rd, OAKVILLE, ON, L6J 3J3
(905) 842-5000 SIC 7011

ROYAL TOWERS HOTEL INC p244
140 Sixth St, NEW WESTMINSTER, BC, V3L 2Z9
(604) 524-4689 SIC 7011

ROYAL WEST EDMONTON INN LTD p93
10010 178 St Nw, EDMONTON, AB, T5S 1T3
(780) 484-6000 SIC 7011

ROYCO HOTELS & RESORTS LTD p270
3071 St Edwards Dr, RICHMOND, BC, V6X 3K4
(604) 278-5155 SIC 7011

ROYCO HOTELS & RESORTS LTD p498
55 Hart Dr, BARRIE, ON, L4N 5M3
(705) 734-9500 SIC 7011

ROYCO HOTELS & RESORTS LTD p970
2330 Huron Church Rd, WINDSOR, ON, N9E 3S6
(519) 972-1100 SIC 7011

RUTTAN ENTERPRISES LTD p198
Gd, CLEARWATER, BC, V0E 1N0
(250) 674-2340 SIC 7011

S.J. SULEMAN INVESTMENTS LIMITED p156
6500 67 St, RED DEER, AB, T4P 1A2
(403) 342-6567 SIC 7011

SACPYR INVESTMENTS LTD p212
6474 Trans Canada Hwy, DUNCAN, BC, V9L 6C6
(250) 748-2722 SIC 7011

SAINT-RAYMOND, VILLE DE p1220
1226 Rang Notre-Dame, SAINT-RAYMOND, QC, G3L 1N4
(418) 337-2866 SIC 7011

SAM JAKES INN INC p679
118 Main St, MERRICKVILLE, ON, K0G 1N0
(613) 269-3712 SIC 7011

SAMORAIS LTEE p1116
1180 Rue De La Montagne, Montreal, QC, H3G 1Z1
(514) 861-6000 SIC 7011

SANDS MOTOR HOTEL LTD p74
12340 Fort Rd Nw, EDMONTON, AB, T5B 4H5
(780) 474-5476 SIC 7011

SANTEK INVESTMENTS (1991) INC p580
1 Valhalla Inn Rd, ETOBICOKE, ON, M9B 1S9
SIC 7011

SASCO DEVELOPMENTS LTD p1276
1590 Main St N, MOOSE JAW, SK, S6J 1L3
(306) 693-7550 SIC 7011

SASKATCHEWAN GAMING CORPORATION p1276
21 Fairford St E, MOOSE JAW, SK, S6H 0C8
(306) 694-3888 SIC 7011

SASKATCHEWAN INDIAN GAMING AUTHORITY INC p1297
204 Dakota Dunes Way, SASKATOON, SK, S7K 2L2
(306) 477-7777 SIC 7011

SAWRIDGE ENTERPRISES LTD p121
530 Mackenzie Blvd, FORT MCMURRAY, AB, T9H 4C8
(780) 791-7900 SIC 7011

SAWRIDGE ENTERPRISES LTD p133
76 Connaught Dr, JASPER, AB, T0E 1E0
(780) 852-5111 SIC 7011

SAYANI INVESTMENTS LTD p187
4201 Lougheed Hwy, BURNABY, BC, V5C 3Y6
(604) 278-5555 SIC 7011

SAYANI INVESTMENTS LTD p202
405 North Rd, COQUITLAM, BC, V3K 3V9
(604) 936-9399 SIC 7011

SCHOONER COVE HOLDINGS LTD p251
Gd Stn Main, PARKSVILLE, BC, V9P 2G2
SIC 7011

SEA TO SKY HOTEL INC p216
Gd, GARIBALDI HIGHLANDS, BC, V0N 1T0
(604) 898-4874 SIC 7011

SEARCHMONT SKI ASSOCIATION INC p847
103 Searchmont Resort Rd, SEARCHMONT, ON, P0S 1J0
(705) 781-2340 SIC 7011

SENATOR HOTELS LIMITED p869
390 Elgin St, SUDBURY, ON, P3B 1B1
(705) 675-1273 SIC 7011

SENATOR HOTELS LIMITED p884
14 Mountjoy St S, TIMMINS, ON, P4N 1S4
(705) 267-6211 SIC 7011

SEVEN OAKS MOTOR INN LTD p1288
777 Albert St, REGINA, SK, S4R 2P6
(306) 757-0121 SIC 7011

SEVERN LODGE LIMITED, THE p818
116 Gloucester Trail, PORT SEVERN, ON, L0K 1S0
(705) 756-2722 SIC 7011

SFJ HOSPITALITY INC p67
901 Mountain St, CANMORE, AB, T1W 0C9
(403) 678-8880 SIC 7011

SHAW WIN HOTEL LTD p55
400 Midpark Way Se, CALGARY, AB, T2X 3S4
(403) 514-0099 SIC 7011

SHAW WIN HOTEL LTD p93
18220 100 Ave Nw, EDMONTON, AB, T5S 2V2
(780) 443-1000 SIC 7011

SHEARWATER MARINE LIMITED p211
1 Shearwater Rd, DENNY ISLAND, BC, V0T 1B0
(250) 957-2305 SIC 7011

SHERATON GATEWAY LIMITED PARTNERSHIP p712
6320 Silver Dart Dr, MISSISSAUGA, ON, L5P 1C4
(905) 672-7000 SIC 7011

SILVER HOTEL (AMBLER) INC p711
2501 Argentia Rd, MISSISSAUGA, ON, L5N 4G8
(905) 858-2424 SIC 7011

SILVER HOTEL (OAKVILLE) INC p766
360 Oakville Place Dr, OAKVILLE, ON, L6H 6K8
(905) 845-7561 SIC 7011

SILVERBIRCH HOTELS AND RESORTS LIMITED PARTNERSHIP p128
11201 100 Ave, GRANDE PRAIRIE, AB, T8V 5M6
(780) 539-6000 SIC 7011

SILVERBIRCH HOTELS AND RESORTS LIMITED PARTNERSHIP p1126
900 Rue De La Gauchetiere O Bureau 10750, Montreal, QC, H5A 1E4
(514) 878-2332 SIC 7011

SILVERBIRCH NO 1 LIMITED PARTNERSHIP p322
1234 Hornby St, VANCOUVER, BC, V6Z 1W2
(604) 601-5254 SIC 7011

SILVERTIP LODGE INC p4
217 Bear St, BANFF, AB, T1L 1J6
(403) 762-7100 SIC 7011

SIOUX LOOKOUT FIRST NATIONS HEALTH AUTHORITY p849
76 7 Ave, SIOUX LOOKOUT, ON, P8T 1B8
(807) 737-3850 SIC 7011

SKI CLUB OF THE CANADIAN ROCKIES LIMITED, THE p134
200 Pipestone Rd, LAKE LOUISE, AB, T0L 1E0
(403) 522-3989 SIC 7011

SKWLAX INVESTMENTS INC p196
1663 Little Shuswap Lake Rd Rr 2, CHASE, BC, V0E 1M2
(250) 679-3090 SIC 7011

SMJR HOLDINGS LTD p739
500 York Rd Suite 4, NIAGARA ON THE LAKE, ON, L0S 1J0
(905) 984-4200 SIC 7011

SOCIETE DE GESTION CAP-AUX-PIERRES INC p1158
57 Rue Sainte-Anne, Quebec, QC, G1R 3X4
(418) 692-2480 SIC 7011

SOCIETE DE GESTION V. V. F. DE ST-ETIENNE INC p1137
99 Ch Saint-Etienne, PETIT-SAGUENAY, QC, G0V 1N0
(418) 272-3193 SIC 7011

SOCIETE DES ETABLISSEMENTS DE PLEIN AIR DU QUEBEC p1083
1 Rte 117, MONTCERF-LYTTON, QC, J0W 1N0
SIC 7011

SOCIETE EN COMMANDITE 901 SQUARE VICTORIA p1104
901 Rue Du Square-Victoria Bureau 1471, Montreal, QC, H2Z 1R1
(514) 395-3100 SIC 7011

SOCIETE EN COMMANDITE AUBERGE GODEFROY p997
17575 Boul Becancour, Becancour, QC, G9H 1A5
(819) 233-2200 SIC 7011

SOCIETE EN COMMANDITE HOTEL CAVENDISH p1204
6500 Place Robert-Joncas, SAINT-LAURENT, QC, H4M 2Z5
(514) 336-9333 SIC 7011

SOCIETE EN COMMANDITE HOTEL PLACE D'YOUVILLE p1158
850 Place D'youville, Quebec, QC, G1R 3P6

(418) 694-4004 SIC 7011

SOCIETE EN COMMANDITE LE SAGUENAY p1047
2675 Boul Du Royaume, Jonquiere, QC, G7S 5B8
(418) 548-3124 SIC 7011

SOCIETE EN COMMANDITE MANOIR RICHELIEU p1053
181 Rue Richelieu Bureau 200, LA MALBAIE, QC, G5A 1X7
(418) 665-3703 SIC 7011

SONCO GAMING NEW BRUNSWICK LIMITED PARTNERSHIP p410
21 Casino Dr, MONCTON, NB, E1G 0R7
(506) 859-7770 SIC 7011

SOUTH BEACH CASINO INC p355
1 Ocean Dr, SCANTERBURY, MB, R0E 1W0
(204) 766-2100 SIC 7011

SPIRIT RIDGE VINEYARD RESORT INC p251
1200 Rancher Creek Rd, OSOYOOS, BC, V0H 1V6
(250) 495-5445 SIC 7011

SPRINGFIELD HOTELS (HALIFAX) INCORPORATED p454
200 Pratt Whitney Dr, ENFIELD, NS, B2T 0A2
(902) 873-1400 SIC 7011

STANHOPE BEACH INN LTD p986
16 Cottage Cres., YORK, PE, C0A 1P0
(902) 672-2048 SIC 7011

STANLEY BRIDGE COUNTRY RESORT INC p983
Gd, KENSINGTON, PE, C0B 1M0
(902) 886-2882 SIC 7011

STANLEY PARK INVESTMENTS LTD p36
12025 Lake Fraser Dr Se, CALGARY, AB, T2J 7G5
(403) 225-3000 SIC 7011

STARWOOD CANADA ULC p49
320 4 Ave Sw, CALGARY, AB, T2P 2S6
(403) 266-1611 SIC 7011

STARWOOD CANADA ULC p712
Gd, MISSISSAUGA, ON, L5P 1C4
(905) 672-7000 SIC 7011

STARWOOD CANADA ULC p789
11 Colonel By Dr, OTTAWA, ON, K1N 9H4
(613) 560-7000 SIC 7011

STARWOOD HOTEL p711
2501 Argentia Rd, MISSISSAUGA, ON, L5N 4G8
(905) 858-2424 SIC 7011

STARWOOD HOTELS & RESORTS, INC p1113
1201 Boul Rene-Levesque O Bureau 217, Montreal, QC, H3B 2L7
(514) 878-2046 SIC 7011

STATION MONT TREMBLANT INC p1083
1000 Ch Des Voyageurs, MONT-TREMBLANT, QC, J8E 1T1
(819) 681-3000 SIC 7011

STATION MONT-TREMBLANT SOCIETE EN COMMANDITE p1083
1000 Ch Des Voyageurs, MONT-TREMBLANT, QC, J8E 1T1
(819) 681-2000 SIC 7011

STRATFORD HOTEL LIMITED p865
107 Erie St, STRATFORD, ON, N5A 2M5
(519) 273-3666 SIC 7011

STRATHMERE FARM INC p743
1980 Phelan Rd W, NORTH GOWER, ON, K0A 2T0
(613) 489-2409 SIC 7011

STURGEON HOTEL LTD p167
156 St Albert Trail Suite 10, ST. ALBERT, AB, T8N 0P5
(780) 459-5551 SIC 7011

SUDBURY REGENT STREET INC p871
2270 Regent St, SUDBURY, ON, P3E 0B4
(705) 523-8100 SIC 7011

SUNWAPTA FALLS RESORT LTD p133
Gd, JASPER, AB, T0E 1E0
(780) 852-4852 SIC 7011

SUTTON PLACE GRANDE LIMITED p82

10235 101 St Nw, EDMONTON, AB, T5J 3E8
(780) 428-7111 SIC 7011

SUTTON PLACE GRANDE LIMITED p926
955 Bay St, TORONTO, ON, M5S 2A2
SIC 7011

SYLVIA HOTEL LIMITED p314
1154 Gilford St, VANCOUVER, BC, V6G 2P6
(604) 681-9321 SIC 7011

T & C MOTOR HOTEL LTD p15
1825 50 St Se, CALGARY, AB, T2B 1M6
(403) 272-9881 SIC 7011

T & V HOSPITALITY INC p340
2131 Lake Placid Rd, WHISTLER, BC, V0N 1B2
(604) 966-5711 SIC 7011

TALISMAN MOUNTAIN RESORT LTD p629
150 Talisman Blvd, KIMBERLEY, ON, N0C 1G0
SIC 7011

THE GRAND WINNIPEG AIRPORT HOTEL BY LAKEVIEW p384
1979 Wellington Ave, WINNIPEG, MB, R3H 1H5
(204) 479-2493 SIC 7011

THE LAKE LOUISE SKI AREA LTD p52
1333 8 St Sw Suite 908, CALGARY, AB, T2R 1M6
(403) 244-4449 SIC 7011

THE OTHER PLACE HOTEL LTD p346
210 18th St N, BRANDON, MB, R7A 6P3
(204) 727-3800 SIC 7011

TIN WIS RESORT LTD p291
1119 Pacific Rim Hwy, TOFINO, BC, V0R 2Z0
(250) 725-4445 SIC 7011

TORONTO AIRPORT MARRIOTT LTD, THE p587
901 Dixon Rd, ETOBICOKE, ON, M9W 1J5
(416) 674-9400 SIC 7011

TORONTO SKI CLUB INC p556
796456 Gray Rd Suite 19, COLLINGWOOD, ON, L9Y 3Z4
(705) 445-1890 SIC 7011

TRAIL BAY HARDWARE LTD p277
5484 Trail Ave, SECHELT, BC, V0N 3A0
(604) 885-9828 SIC 7011

TRAVELODGE WINNIPEG EAST p368
20 Alpine Ave, WINNIPEG, MB, R2M 0Y5
(204) 255-6000 SIC 7011

TROPICAL INN p1278
Gd Lcd Main, NORTH BATTLEFORD, SK, S9A 2X5
(306) 446-4700 SIC 7011

UNITED ENTERPRISES LTD p1278
992 101st St, NORTH BATTLEFORD, SK, S9A 0Z3
(306) 445-9425 SIC 7011

VANCOUVER AIRPORT CENTRE LIMITED p270
5911 Minoru Blvd, RICHMOND, BC, V6X 4C7
(604) 273-6336 SIC 7011

VANCOUVER AIRPORT CENTRE LIMITED p270
7571 Westminster Hwy, RICHMOND, BC, V6X 1A3
(604) 276-2112 SIC 7011

VANCOUVER AIRPORT HOTEL LIMITED p319
1041 Marine Dr Sw, VANCOUVER, BC, V6P 6L6
(604) 263-1555 SIC 7011

VI-AL HOLDINGS LTD p6
116 6a St, BEAVERLODGE, AB, T0H 0C0
(780) 354-2291 SIC 7011

VIRK HOSPITALITY CORP p757
1677 Wilson Ave, NORTH YORK, ON, M3L 1A5
(416) 249-8171 SIC 7011

VISTA SUDBURY HOTEL INC p871
85 Ste Anne Rd, SUDBURY, ON, P3E 4S4
(705) 675-1123 SIC 7011

WALPER TERRACE HOTEL INC p641
1 King St W, KITCHENER, ON, N2G 1A1
(519) 745-4321 SIC 7011

WAYSIDE MANAGEMENT LTD p142
5411 44 St, LLOYDMINSTER, AB, T9V 0A9
(780) 875-4404 SIC 7011

WEDGEWOOD VILLAGE ESTATES LTD p322
845 Hornby St, VANCOUVER, BC, V6Z 1V1
(604) 689-7777 SIC 7011

WELLINGTON WINDSOR HOLDINGS LTD p931
255 Wellington St W, TORONTO, ON, M5V 3P9
(416) 581-1800 SIC 7011

WESTBERG HOLDINGS INC p322
1176 Granville St, VANCOUVER, BC, V6Z 1L8
(604) 688-8701 SIC 7011

WESTCORP PROPERTIES INC p379
190 Smith St, WINNIPEG, MB, R3C 1J8
(204) 947-6961 SIC 7011

WESTERN FIRST NATIONS HOSPITALITY LIMITED PARTNERSHIP p1280
914 Central Ave, PRINCE ALBERT, SK, S6V 4V3
(306) 922-0088 SIC 7011

WESTERN GATEWAY HOTEL HOLDINGS LTD p337
829 Mccallum Rd Suite 101, VICTORIA, BC, V9B 6W6
(250) 474-6063 SIC 7011

WESTMARK HOTELS OF CANADA LTD p1311
201 Wood St, WHITEHORSE, YT, Y1A 2E4
(867) 393-9700 SIC 7011

WESTMARK HOTELS OF CANADA LTD p1311
Gd, DAWSON, YT, Y0B 1G0
(867) 393-9717 SIC 7011

WESTMARK HOTELS OF CANADA LTD p1311
2288 2nd Ave, WHITEHORSE, YT, Y1A 1C8
(867) 668-4747 SIC 7011

WESTMARK HOTELS OF CANADA LTD p1311
202 Alaska Hwy, BEAVER CREEK, YT, Y0B 1A0
(867) 862-7501 SIC 7011

WESTMONT HOSPITALITY MANAGEMENT LIMITED p11
2750 Sunridge Blvd Ne, CALGARY, AB, T1Y 3C2
(403) 291-1260 SIC 7011

WESTMONT HOSPITALITY MANAGEMENT LIMITED p94
18320 Stony Plain Rd Nw, EDMONTON, AB, T5S 1A7
(780) 483-6031 SIC 7011

WESTMONT HOSPITALITY MANAGEMENT LIMITED p436
2 Hill O' Chips, ST. JOHN'S, NL, A1C 6B1
(709) 754-7788 SIC 7011

WESTMONT HOSPITALITY MANAGEMENT LIMITED p449
101 Wyse Rd, DARTMOUTH, NS, B3A 1L9
(902) 463-1100 SIC 7011

WESTMONT HOSPITALITY MANAGEMENT LIMITED p538
950 Walker's Line, BURLINGTON, ON, L7N 2G2
(905) 639-9290 SIC 7011

WESTMONT HOSPITALITY MANAGEMENT LIMITED p587
600 Dixon Rd, ETOBICOKE, ON, M9W 1J1
(416) 240-7511 SIC 7011

WESTMONT HOSPITALITY MANAGEMENT LIMITED p601
601 Scottsdale Dr, GUELPH, ON, N1G 3E7
(519) 836-0231 SIC 7011

WESTMONT HOSPITALITY MANAGEMENT LIMITED p621
20 Samnah Cres, INGERSOLL, ON, N5C 3J7

(519) 425-1100 SIC 7011
WESTMONT HOSPITALITY MANAGEMENT LIMITED p660
855 Wellington Rd, LONDON, ON, N6E 3N5
(519) 668-7900 SIC 7011
WESTMONT HOSPITALITY MANAGEMENT LIMITED p696
100 Britannia Rd E, MISSISSAUGA, ON, L4Z 2G1
(905) 890-5700 SIC 7011
WESTMONT HOSPITALITY MANAGEMENT LIMITED p805
120 Bowes St, PARRY SOUND, ON, P2A 2L7
(705) 746-6221 SIC 7011
WESTMONT HOSPITALITY MANAGEMENT LIMITED p855
2 Dunlop Dr Suite 1, ST CATHARINES, ON, L2R 1A2
(905) 687-8890 SIC 7011
WESTVIEW INN LTD p89
16625 Stony Plain Rd Nw, EDMONTON, AB, T5P 4A8
(780) 484-7751 SIC 7011
WESTWOOD INN (SWAN RIVER) INC p358
473 Westwood Rd, SWAN RIVER, MB, R0L 1Z0
(204) 734-4548 SIC 7011
WHISTLER VILLAGE CENTRE HOTEL MANAGEMENT LTD p340
4295 Blackcomb Way Suite 116, WHISTLER, BC, V0N 1B4
(604) 938-0878 SIC 7011
WINDSOR ARMS DEVELOPMENT CORPORATION p927
18 Saint Thomas St, TORONTO, ON, M5S 3E7
(416) 971-9666 SIC 7011
WINDSOR CASINO LIMITED p968
377 Riverside Dr E, WINDSOR, ON, N9A 7H7
(519) 258-7878 SIC 7011
WINFIRE HOSPITALITY LTD p94
18220 100 Ave Nw, EDMONTON, AB, T5S 2V2
(780) 443-1000 SIC 7011
WW CANADA (ONE) NOMINEE CORP p593
1486 Innes Rd, GLOUCESTER, ON, K1B 3V5
(613) 745-1133 SIC 7011
WW CANADA (ONE) NOMINEE CORP p637
2960 King St E, KITCHENER, ON, N2A 1A9
(519) 894-9500 SIC 7011
WW CANADA (ONE) NOMINEE CORP p968
33 Riverside Dr E, WINDSOR, ON, N9A 2S4
(519) 258-7774 SIC 7011
WW HOTELS CORP p746
55 Hallcrown Pl, NORTH YORK, ON, M2J 4R1
(416) 493-7000 SIC 7011
WW HOTELS CORP p758
30 Norfinch Dr, NORTH YORK, ON, M3N 1X1
(416) 665-3500 SIC 7011
WW HOTELS CORP p1250
6255 Rue Corbeil, Trois-Rivieres, QC, G8Z 4P9
(819) 371-3566 SIC 7011
WW HOTELS TORONTO p909
111 Lombard St, TORONTO, ON, M5C 2T9
(416) 367-5555 SIC 7011
YARMOUTH INNS LTD p480
6 Forest St, YARMOUTH, NS, B5A 3K8
(902) 742-9194 SIC 7011
YELLOWHEAD MOTOR INN LTD p97
15004 Yellowhead Trail Nw, EDMONTON, AB, T5V 1A1
(780) 447-2400 SIC 7011
YMCA OF GREATER TORONTO p847
13300 11th Conc, SCHOMBERG, ON, L0G 1T0
(905) 859-9622 SIC 7011
YOUNG MEN'S CHRISTIAN ASSOCIATION OF EDMONTON p122

190 Tamarack Way, FORT MCMURRAY, AB, T9K 1A1
(780) 790-9532 SIC 7011
YOUNG WOMEN'S CHRISTIAN ASSOCIATION p306
733 Beatty St, VANCOUVER, BC, V6B 2M4
(604) 895-5830 SIC 7011
YOUNG WOMEN'S CHRISTIAN ASSOCIATION OF GREATER TORONTO p4
Gd Stn Main, BANFF, AB, T1L 1H1
(403) 762-3560 SIC 7011
ZAINUL & SHAZMA HOLDINGS (1997) LTD p82
10080 Jasper Ave Nw Suite 900, EDMONTON, AB, T5J 1V9
(780) 702-5049 SIC 7011
ZAINUL & SHAZMA HOLDINGS (1997) LTD p132
393 Gregg Ave, HINTON, AB, T7V 1N1
(780) 865-3321 SIC 7011
ZAINUL & SHAZMA HOLDINGS (1997) LTD p157
2803 50 Ave, RED DEER, AB, T4R 1H1
(403) 343-2112 SIC 7011

SIC 7021 Rooming and boarding houses

CSSS RICHELIEU-YAMASKA CH DE LA MRC D'ACTON p1194
1955 Av Pratte, SAINT-HYACINTHE, QC, J2S 7W5
(450) 771-4536 SIC 7021
MAISON BLANCHE DE NORTH HATLEY INC, LA p1135
977 Rue Massawippi, NORTH HATLEY, QC, J0B 2C0
(450) 666-1567 SIC 7021
UNIVERSITY OF BRITISH COLUMBIA, THE p320
5961 Student Union Blvd, VANCOUVER, BC, V6T 2C9
(604) 822-1010 SIC 7021

SIC 7032 Sporting and recreational camps

BRIAN SMITH OUTDOOR EDUCATION CENTRE p572
98 Mink Lake Rd, EGANVILLE, ON, K0J 1T0
(613) 628-2403 SIC 7032
CALGARY YOUNG MEN'S CHRISTIAN ASSOCIATION p41
940 6 Ave Sw Suite 510, Calgary, AB, T2P 3T1
(403) 252-4206 SIC 7032
CAMP BNAI BRITH INC p1169
7861 Ch River, QUYON, QC, J0X 2V0
(819) 458-2660 SIC 7032
CAMP GEORGE p847
45 Good Fellowship Rd, SEGUIN, ON, P2A 0B2
(705) 732-6964 SIC 7032
CAMP HURONDA p619
Gd Stn Main, HUNTSVILLE, ON, P1H 2K2
(705) 789-7153 SIC 7032
CAMP LE RANCH MASSAWIPPI INC p1040
1695 8e Rang E, GRANBY, QC, J2G 8C7
(450) 777-4511 SIC 7032
CAMP SPATIAL CANADA p1019
2150 Des Laurentides A-15 O, Cote Saint-Luc, QC, H7T 2T8
(450) 978-3600 SIC 7032
CENTRE DES LOISIRS ST-SACREMENT INC p1158
1360 Boul De L'entente, Quebec, QC, G1S 2T9
(418) 681-7809 SIC 7032
FOUNDATION WEREDALE p1044
608 Ch Du Golf, HUDSON, QC, J0P 1H0
(450) 563-3145 SIC 7032
GOVERNING COUNCIL OF THE SALVATION ARMY IN CANADA, THE p461
7071 Bayers Rd Suite 282, HALIFAX, NS, B3L 2C2
(902) 455-1201 SIC 7032
GRC FOOD SERVICES LTD p57
4988 126 Ave Se Suite 35, CALGARY, AB, T2Z 0A9
(587) 353-0766 SIC 7032
LE PATRO ROC -AMADOUR (1978) INC. p1151
2301 1re Av, Quebec, QC, G1L 3M9
(418) 529-4996 SIC 7032
LE PATRO ROC -AMADOUR (1978) INC. p1219
1503 Ch Royal, Saint-Pierre-Ile-D'Orleans, QC, G0A 4E0
(418) 828-1151 SIC 7032
MUSKOKA WOODS YOUTH CAMP INC p826
4585 Hwy 141, ROSSEAU, ON, P0C 1J0
(705) 732-4373 SIC 7032
MUSKOKA WOODS YOUTH CAMP INC p846
20 Bamburgh Cir Suite 200, SCARBOROUGH, ON, M1W 3Y5
(416) 495-6960 SIC 7032
PROVINCE OF NEW BRUNSWICK p403
3732 Route 102, ISLAND VIEW, NB, E3E 1G3
(506) 444-4888 SIC 7032
SOCIETE DES CASINOS DU QUEBEC INC, LA p1053
183 Rue Richelieu, LA MALBAIE, QC, G5A 1X8
(418) 665-5300 SIC 7032
SOCIETE DES ETABLISSEMENTS DE PLEIN AIR DU QUEBEC p1179
830 Rue Sainte-Anne, SAINT-ALEXIS-DES-MONTS, QC, J0K 1V0
(819) 265-2091 SIC 7032
SOCIETE DES ETABLISSEMENTS DE PLEIN AIR DU QUEBEC p1242
140 Montee De L'auberge, STE-CATHERINE-DE-LA-J-CARTIE, QC, G3N 2Y6
(418) 875-2711 SIC 7032
SOCIETE DES ETABLISSEMENTS DE PLEIN AIR DU QUEBEC p1247
3773 155 Rte, TROIS-RIVES, QC, G0X 2C0
(819) 646-5687 SIC 7032
SOCIETE DES ETABLISSEMENTS DE PLEIN AIR DU QUEBEC p1254
50 Boul Lamaque, VAL-D'OR, QC, J9P 2H6
(819) 354-4392 SIC 7032
SOCIETE DES ETABLISSEMENTS DE PLEIN AIR DU QUEBEC p1254
443 309 Rte, VAL-DES-BOIS, QC, J0X 3C0
(819) 454-2011 SIC 7032
SOCIETE POUR LES ENFANTS HANDICAPES DU QUEBEC p1179
210 Rue Papillon, SAINT-ALPHONSE-RODRIGUEZ, QC, J0K 1W0
(450) 883-5642 SIC 7032
SPORTS MONTREAL INC p1096
1000 Av Emile-Journault, Montreal, QC, H2M 2E7
(514) 872-7177 SIC 7032
TIM HORTON CHILDREN'S FOUNDATION, INC p133
Gd, KANANASKIS, AB, T0L 2H0
(403) 673-2494 SIC 7032
TIM HORTON CHILDREN'S FOUNDATION, INC p476
Gd, TATAMAGOUCHE, NS, B0K 1V0
(902) 657-2359 SIC 7032
TIM HORTON CHILDREN'S FOUNDATION, INC p679
550 Lorimer Lake Rd, MCDOUGALL, ON, P2A 2W7
(705) 389-2773 SIC 7032
TIM HORTON CHILDREN'S FOUNDATION, INC p857
264 Glen Morris Rd E, ST GEORGE BRANT, ON, N0E 1N0
(519) 448-1264 SIC 7032
TIM HORTON CHILDREN'S FOUNDATION, INC p1169
60 Ch Du Canal, QUYON, QC, J0X 2V0

(819) 458-3164 SIC 7032
TORONTO AND REGION CONSERVATION AUTHORITY p541
16500 Regional Road 50, CALEDON, ON, L7E 3E7
(905) 880-0227 SIC 7032
WALKUS, JAMES FISHING CO. LTD p257
Gd, PORT HARDY, BC, V0N 2P0
(250) 949-7223 SIC 7032
YMCA OF GREATER TORONTO p943
1090 Gullwing Lake Rd Rr 1, TORRANCE, ON, P0C 1M0
(705) 762-3377 SIC 7032
YORK PROFESSIONAL CARE & EDUCATION INC p740
200 Shebeshekong Rd S, NOBEL, ON, P0G 1G0
(705) 342-7345 SIC 7032
YOUNG MEN'S & YOUNG WOMEN'S HEBREW ASSOCIATION OF MONTREAL p1044
130 Ch Du Lac-Blanc, HUBERDEAU, QC, J0T 1G0
SIC 7032
YOUNG WOMEN'S CHRISTIAN ASSOCIATION OF GREATER TORONTO p805
Gd, PARRY SOUND, ON, P2A 2X1
(705) 746-5455 SIC 7032

SIC 7033 Trailer parks and campsites

GOVERNMENT OF ONTARIO p772
797 Emily Park Rd, OMEMEE, ON, K0L 2W0
(705) 799-5170 SIC 7033
GOVERNMENT OF ONTARIO p960
Gd, WHITNEY, ON, K0J 2M0
(613) 637-2780 SIC 7033
HAMILTON REGION CONSERVATION AUTHORITY p543
1667 Regional Road 97, CAMBRIDGE, ON, N1R 5S7
(905) 525-2183 SIC 7033
MARINELAND OF CANADA INC p735
9015 Stanley Ave, NIAGARA FALLS, ON, L2E 6X8
(905) 295-8191 SIC 7033
PROVINCE OF PEI p983
283 Brudenell Island, GEORGETOWN, PE, C0A 1L0
(902) 652-8950 SIC 7033
SOCIETE DES ETABLISSEMENTS DE PLEIN AIR DU QUEBEC p1031
1216 Rue Principale, DUHAMEL, QC, J0V 1G0
(819) 428-7931 SIC 7033
SOCIETE DES ETABLISSEMENTS DE PLEIN AIR DU QUEBEC p1136
2020 Ch D'oka, OKA, QC, J0N 1E0
(450) 479-8337 SIC 7033
WILDERNESS VILLAGE CAMPGROUND ASSOCIATION p159
Se 14 4008 W 5, ROCKY MOUNTAIN HOUSE, AB, T4T 1A9
(403) 845-2145 SIC 7033

SIC 7041 Membership-basis organization hotels

CENTRE DE SANTE ET DE SERVICE SOCIAUX DU HAUT SAINT-FRANCOIS, LE p1261
245 Rue Saint-Janvier, WEEDON, QC, J0B 3J0
SIC 7041
CENTRE INTEGRE DE SANTE ET DE SERVICES SOCIAUX DES LAURENTIDES p1078
9100 Rue Dumouchel, MIRABEL, QC, J7N 5A1
(450) 258-2481 SIC 7041
CHATEAU WESTMOUNT INC p1262
1860 Boul De Maisonneuve O, WESTMOUNT, QC, H3Z 3G2

(514) 369-3000 SIC 7041
GOUVERNEMENT DE LA PROVINCE DE QUEBEC p1093
4255 Av Papineau, Montreal, QC, H2H 2P6
(514) 526-4981 SIC 7041
LODGE AT VALLEY RIDGE, THE p59
11479 Valley Ridge Dr Nw Suite 332, CALGARY, AB, T3B 5V5
(403) 286-4414 SIC 7041
NORALTA LODGE LTD p121
7210 Cliff Ave,Suite 7202, FORT MCMURRAY, AB, T9H 1A1
(780) 791-3334 SIC 7041
UNIVERSITY OF MANITOBA p390
26 Maclean Cres, WINNIPEG, MB, R3T 2N1
(204) 474-9464 SIC 7041
UNIVERSITY OF MANITOBA p390
120 Dafoe Rd, WINNIPEG, MB, R3T 6B3
(204) 474-9922 SIC 7041

SIC 7211 Power laundries, family and commercial

ALSCO CANADA CORPORATION p84
14710 123 Ave Nw, EDMONTON, AB, T5L 2Y4
(780) 454-9641 SIC 7211
ECOTEX SERVICE CORPORATION p178
2448 Townline Rd, ABBOTSFORD, BC, V2T 6L6
(604) 850-3111 SIC 7211
FAIRMONT HOTELS & RESORTS INC p67
101 Glacier Dr, CANMORE, AB, T1W 1K8
(403) 678-5911 SIC 7211
FOND BENEFICE PERSONNES INCARCEREES CENTRE DETENTION DE QUEBEC p1147
500 Rue De La Faune, Quebec, QC, G1G 0G9
(418) 622-7100 SIC 7211
LINCARE LTD p841
332 Nantucket Blvd, SCARBOROUGH, ON, M1P 2P4
(416) 759-7777 SIC 7211
PERTH SERVICES LTD p345
1215 Rosser Ave, BRANDON, MB, R7A 0M1
SIC 7211
PERTH SERVICES LTD p380
765 Wellington Ave Suite 1, WINNIPEG, MB, R3E 0J1
(204) 697-6100 SIC 7211

SIC 7213 Linen supply

ALSCO CANADA CORPORATION p27
4080 Ogden Rd Se, CALGARY, AB, T2G 4P7
(403) 265-7277 SIC 7213
ALSCO CANADA CORPORATION p239
91 Comox Rd, NANAIMO, BC, V9R 3H7
(250) 754-4464 SIC 7213
ALSCO CANADA CORPORATION p299
5 4th Ave W, VANCOUVER, BC, V5Y 1G2
(604) 876-3272 SIC 7213
ALSCO CANADA CORPORATION p532
5475 North Service Rd Suite 7, BURLINGTON, ON, L7L 5H7
(905) 315-7502 SIC 7213
ALSCO CANADA CORPORATION p1153
1150 Rue Des Ardennes, Quebec, QC, G1N 4J3
(418) 681-6185 SIC 7213
ALSCO CANADA CORPORATION p1294
406 45th St E, SASKATOON, SK, S7K 0W2
(306) 934-0900 SIC 7213
CANADIAN LINEN AND UNIFORM SERVICE CO p27
4525 Manilla Rd Se, CALGARY, AB, T2G 4B6
(403) 243-8080 SIC 7213
CANADIAN LINEN AND UNIFORM SERVICE CO p77
8631 Stadium Rd Nw, EDMONTON, AB, T5H 3W9
(780) 665-3905 SIC 7213
CANADIAN LINEN AND UNIFORM SERVICE CO p138
1818 3 Ave S, LETHBRIDGE, AB, T1J 0L5
(403) 328-2321 SIC 7213
CANADIAN LINEN AND UNIFORM SERVICE CO p186
2750 Gilmore Ave, BURNABY, BC, V5C 4T9
(778) 331-6200 SIC 7213
CANADIAN LINEN AND UNIFORM SERVICE CO p329
947 North Park St, VICTORIA, BC, V8T 1C5
(250) 384-8166 SIC 7213
CANADIAN LINEN AND UNIFORM SERVICE CO p369
1860 King Edward St, WINNIPEG, MB, R2R 0N2
(204) 633-7261 SIC 7213
CANADIAN LINEN AND UNIFORM SERVICE CO p450
41 Thornhill Dr Suite 136, DARTMOUTH, NS, B3B 1R9
(902) 468-2155 SIC 7213
CANADIAN LINEN AND UNIFORM SERVICE CO p496
116 Victoria St, BARRIE, ON, L4N 2J1
(705) 739-0573 SIC 7213
CANADIAN LINEN AND UNIFORM SERVICE CO p605
350 Grays Rd, HAMILTON, ON, L8E 2Z2
(905) 560-2411 SIC 7213
CANADIAN LINEN AND UNIFORM SERVICE CO p639
301 Shoemaker St, KITCHENER, ON, N2E 3B3
(519) 893-3219 SIC 7213
CANADIAN LINEN AND UNIFORM SERVICE CO p654
155 Adelaide St S, LONDON, ON, N5Z 3K8
(519) 686-5000 SIC 7213
CANADIAN LINEN AND UNIFORM SERVICE CO p784
1695 Russell Rd, OTTAWA, ON, K1G 0N1
(613) 736-9975 SIC 7213
CANADIAN LINEN AND UNIFORM SERVICE CO p963
2975 St Etienne Blvd, WINDSOR, ON, N8W 5B1
(519) 944-5811 SIC 7213
CANADIAN LINEN AND UNIFORM SERVICE CO p1282
180 N Leonard St, REGINA, SK, S4N 5V7
(306) 721-4848 SIC 7213
CANADIAN LINEN AND UNIFORM SERVICE CO p1295
302 1st Ave N, SASKATOON, SK, S7K 1X4
(306) 652-3614 SIC 7213
CINTAS CANADA LIMITED p223
2325 Norris Rd S, KELOWNA, BC, V1X 8G7
(250) 491-9400 SIC 7213
CINTAS CANADA LIMITED p600
412 Laird Rd, GUELPH, ON, N1G 3X7
(519) 836-1772 SIC 7213
CINTAS CANADA LIMITED p733
255 Harry Walker Pky S Suite 1, NEWMARKET, ON, L3Y 8Z5
(905) 853-4409 SIC 7213
G&K SERVICES CANADA INC p650
420 Industrial Rd, LONDON, ON, N5V 1T5
(519) 455-4850 SIC 7213
G&K SERVICES CANADA INC p685
6299 Airport Rd Suite 101, MISSISSAUGA, ON, L4V 1N3
(905) 677-6161 SIC 7213
G&K SERVICES CANADA INC p779
984 Farewell St Unit 1, OSHAWA, ON, L1H 6N6
(905) 433-9453 SIC 7213
G&K SERVICES CANADA INC p961
9085 Twin Oaks Dr, WINDSOR, ON, N8N 5B8
(519) 979-5913 SIC 7213
G&K SERVICES CANADA INC p1091
8400 19e Av, Montreal, QC, H1Z 4J3
(514) 723-7666 SIC 7213
QUEBEC LINGE CO p1154
1230 Rue Des Artisans, Quebec, QC, G1N 4H3
(418) 683-4408 SIC 7213
SERVICES G&K (QUEBEC) INC, LES p1156
2665 Av Dalton Bureau 10, Quebec, QC, G1P 3S8
(418) 658-0044 SIC 7213
UNIFIRST CANADA LTD p20
5728 35 St Se, CALGARY, AB, T2C 2G3
(403) 279-2800 SIC 7213
UNIFIRST CANADA LTD p107
3691 98 St Nw, EDMONTON, AB, T6E 5N2
(780) 423-0384 SIC 7213
UNIFIRST CANADA LTD p230
9189 196a St, LANGLEY, BC, V1M 3B5
(604) 888-8119 SIC 7213
UNIFIRST CANADA LTD p660
77 Bessemer Rd Suite 15, LONDON, ON, N6E 1P9
SIC 7213
UNIFIRST CANADA LTD p691
5250 Orbitor Dr, MISSISSAUGA, ON, L4W 5G7
(905) 624-8525 SIC 7213
UNIFIRST CANADA LTD p705
2290 Dunwin Dr, MISSISSAUGA, ON, L5L 1C7
(905) 828-9621 SIC 7213

SIC 7215 Coin-operated laundries and cleaning

CLUB VALUE CLEANERS INC p703
3185 Unity Dr Unit 3, MISSISSAUGA, ON, L5L 4L5
(905) 607-9111 SIC 7215
COINAMATIC CANADA INC p265
12753 Vulcan Way Unit 185, RICHMOND, BC, V6V 3C8
(604) 270-8441 SIC 7215
COINAMATIC CANADA INC p372
1496 Church Ave, WINNIPEG, MB, R2X 1G4
(204) 633-8974 SIC 7215
PHELPS INVESTMENT GROUP OF COMPANIES LTD p682
8695 Escarpment Way Unit 6, MILTON, ON, L9T 0J5
(905) 693-8666 SIC 7215
STEPHEN GROUP INC., THE p380
765 Wellington Ave, WINNIPEG, MB, R3E 0J1
(204) 697-6100 SIC 7215

SIC 7216 Drycleaning plants, except rugs

BELLBOY DRYCLEANING & LAUNDRY LTD p401
426 Hodgson Rd, FREDERICTON, NB, E3C 2G5
(506) 451-7732 SIC 7216
BROWN'S CLEANERS AND TAILORS LIMITED p792
270 City Centre Ave, OTTAWA, ON, K1R 7R7
(613) 235-5181 SIC 7216
G&K SERVICES CANADA INC p545
205 Turnbull Crt, CAMBRIDGE, ON, N1T 1W1
(519) 623-7703 SIC 7216
NORTHERN LINEN SUPPLY LTD p258
3902 Kenworth Rd E, PRINCE GEORGE, BC, V2K 1P2
(250) 962-6900 SIC 7216
PERTH SERVICES LTD p879
339 Memorial Ave, THUNDER BAY, ON, P7B 3Y4
(807) 345-2295 SIC 7216

SIC 7217 Carpet and upholstery cleaning

CORPORATE CLEANING SERVICES LTD p236
20285 Stewart Cres Suite 402, MAPLE RIDGE, BC, V2X 8G1
(604) 465-4699 SIC 7217
GENTLE CARE DRAPERY & CARPET CLEANERS LTD p189
3755 Wayburne Dr, BURNABY, BC, V5G 3L1
(604) 296-4000 SIC 7217
PPC INTERNATIONAL INC p267
12811 Clarke Pl Unit 120, RICHMOND, BC, V6V 2H9
(604) 278-8369 SIC 7217
RAM CARPET SERVICES LTD p11
3611 27 St Ne Suite 1, CALGARY, AB, T1Y 5E4
(403) 291-1051 SIC 7217
SEARS CANADA INC p931
1970 Ellesmere Rd, TORONTO, ON, M5W 2G9
(416) 750-9533 SIC 7217
TOTAL RESTORATION SERVICES INC p224
707 Finns Rd, KELOWNA, BC, V1X 5B7
(250) 491-3828 SIC 7217

SIC 7218 Industrial launderers

0947951 BC LTD. p261
7677 Pacific St, PRINCE GEORGE, BC, V2N 5S4
(250) 961-8851 SIC 7218
ALSCO CANADA CORPORATION p1058
2500 Rue Senkus, LASALLE, QC, H8N 2X9
(514) 595-7381 SIC 7218
BUANDERIE BLANCHELLE INC, LA p1197
825 Av Montrichard, SAINT-JEAN-SUR-RICHELIEU, QC, J2X 5K8
(450) 347-4390 SIC 7218
CANADIAN LINEN AND UNIFORM SERVICE CO p891
75 Norfinch Dr Suite 1, TORONTO, ON, M3N 1W8
(416) 849-5100 SIC 7218
CINTAS CANADA LIMITED p27
1235 23 Ave Se, CALGARY, AB, T2G 5S5
(403) 313-3889 SIC 7218
CINTAS CANADA LIMITED p91
17811 116 Ave Nw, EDMONTON, AB, T5S 2J2
(780) 409-0610 SIC 7218
CINTAS CANADA LIMITED p234
5293 272 St, LANGLEY, BC, V4W 1P1
(604) 857-2281 SIC 7218
CINTAS CANADA LIMITED p651
30 Charterhouse Cres, LONDON, ON, N5W 5V5
(519) 453-5010 SIC 7218
CINTAS CANADA LIMITED p718
6300 Kennedy Rd Unit 3, MISSISSAUGA, ON, L5T 2X5
(905) 670-4409 SIC 7218
CINTAS CANADA LIMITED p725
126 Vanluven Rd, NAPANEE, ON, K7R 3L2
SIC 7218
CINTAS CANADA LIMITED p891
149 Eddystone Ave, TORONTO, ON, M3N 1H5
(416) 743-5070 SIC 7218
CINTAS CANADA LIMITED p928
543 Richmond St W Suite 107, TORONTO, ON, M5V 1Y6
(800) 268-1474 SIC 7218
CINTAS CANADA LIMITED p928
543 Richmond St W Suite 107, TORONTO, ON, M5V 1Y6
(416) 593-4676 SIC 7218
CINTAS CANADA LIMITED p939
3370 Dundas St W Suite 882, TORONTO, ON, M6S 2S1

(416) 763-4400 SIC 7218
CINTAS CANADA LIMITED p1002
1470 Rue Nobel, BOUCHERVILLE, QC, J4B 5H3
(450) 449-4747 SIC 7218
EXECUTIVE MAT SERVICE LTD p13
115 28 St Se Suite 6, CALGARY, AB, T2A 5K4
(403) 720-5905 SIC 7218
G&K SERVICES CANADA INC p511
140 Sun Pac Blvd, BRAMPTON, ON, L6S 6E4
(905) 494-0322 SIC 7218
G&K SERVICES CANADA INC p1155
2665 Av Dalton Bureau 10, Quebec, QC, G1P 3S8
(418) 658-0044 SIC 7218
K-BRO LINEN SYSTEMS INC p24
1018 Mcdougall Rd Ne, CALGARY, AB, T2E 8B8
SIC 7218
NORTH SASK. LAUNDRY & SUPPORT SERVICES LTD p1279
1200 24th St W, PRINCE ALBERT, SK, S6V 4N9
SIC 7218
PERTH SERVICES LTD p628
420 Second St S, KENORA, ON, P9N 1G6
SIC 7218
PRINCESS AUTO LTD p142
7920 44th St, LLOYDMINSTER, AB, T9V 3A7
(780) 872-5704 SIC 7218
REMDEL INC p1189
4200 10e Av, SAINT-GEORGES, QC, G5Y 7S3
(418) 228-9458 SIC 7218
RUPERT CLEANERS & LAUNDRY LTD p263
340 Mcbride St, PRINCE RUPERT, BC, V8J 3G2
(250) 624-9601 SIC 7218
SEAPARK INDUSTRIAL DRY CLEANERS LIMITED p852
147 Cushman Rd, ST CATHARINES, ON, L2M 6T2
(905) 688-1671 SIC 7218
UNIFIRST CANADA LTD p171
5702 60 St, TABER, AB, T1G 2B3
(403) 223-2182 SIC 7218
UNIFIRST CANADA LTD p1061
8951 Rue Salley, LASALLE, QC, H8R 2C8
(514) 365-8301 SIC 7218
WINDSOR TEXTILES LIMITED p966
635 Tecumseh Rd W, WINDSOR, ON, N8X 1H4
(519) 258-8418 SIC 7218

SIC 7219 Laundry and garment services, nec

9248-1464 QUEBEC INC p1042
599 Rue Simonds S, GRANBY, QC, J2J 1C1
(450) 378-3187 SIC 7219
BUANDRY PARANET INC p1153
1105 Rue Vincent-Massey, Quebec, QC, G1N 1N2
(418) 688-0889 SIC 7219
CROTHALL SERVICES CANADA INC p448
300 Pleasant St Suite 10, DARTMOUTH, NS, B2Y 3S3
(902) 464-3115 SIC 7219
FABRIC CARE CLEANERS LTD p91
17520 108 Ave Nw, EDMONTON, AB, T5S 1E8
(780) 483-7500 SIC 7219
FONDATION DES SOURDS DU QUEBEC (F.S.Q.) INC, LA p1145
400 Des Rocheuses, Quebec, QC, G1C 4N2
(418) 660-6800 SIC 7219
G&K SERVICES CANADA INC p13
2925 10 Ave Ne Suite 7, CALGARY, AB, T2A 5L4
(403) 272-4156 SIC 7219
K-BRO LINEN SYSTEMS INC p96
15253 121a Ave Nw, EDMONTON, AB, T5V 1N1
(780) 451-3131 SIC 7219
K-BRO LINEN SYSTEMS INC p579
15 Shorncliffe Rd, ETOBICOKE, ON, M9B 3S4
(416) 233-5555 SIC 7219
MARTIN INC p1199
285 Rue Saint-Jacques Bureau 2, SAINT-JEAN-SUR-RICHELIEU, QC, J3B 2L1
(450) 347-2373 SIC 7219
RETOUCHES DE FIL EN AIGUILLE INC, LES p1019
1600 Boul Le Corbusier Bureau 110, Cote Saint-Luc, QC, H7S 1Y9
SIC 7219
SUDBURY HOSPITAL SERVICES p871
363 York St, SUDBURY, ON, P3E 2A8
(705) 674-2158 SIC 7219
VANCOUVER COASTAL HEALTH AUTHORITY p210
7781 Vantage Way, DELTA, BC, V4G 1A6
SIC 7219

SIC 7221 Photographic studios, portrait

DIGITAL ATTRACTIONS INC p735
6650 Niagara River, NIAGARA FALLS, ON, L2E 6T2
(905) 371-2003 SIC 7221
EDGE IMAGING TORONTO INC p533
940 Gateway, BURLINGTON, ON, L7L 5K7
(905) 631-5588 SIC 7221
LIFETOUCH CANADA INC p780
320 Marwood Dr Unit 6, OSHAWA, ON, L1H 8B4
(905) 571-1103 SIC 7221
LIFETOUCH CANADA INC p843
140 Shorting Rd, SCARBOROUGH, ON, M1S 3S6
(416) 298-1842 SIC 7221

SIC 7231 Beauty shops

ADEO BEAUTY INC p965
2855 Howard Ave, WINDSOR, ON, N8X 3Y4
(519) 250-5073 SIC 7231
CAIRO, FRANK ENTERPRISES LTD p79
10018 106 St Nw, EDMONTON, AB, T5J 1G1
(780) 429-4407 SIC 7231
COLLEGA INTERNATIONAL INC p901
887 Yonge St, TORONTO, ON, M4W 2H2
(416) 924-9244 SIC 7231
CURLCO INDUSTRIES INC p570
85 Little John Rd Suite 1585, DUNDAS, ON, L9H 4H1
(905) 628-4287 SIC 7231
DONATO ACADEMY OF HAIRSTYLING AND AESTHETICS p697
100 City Centre Dr, MISSISSAUGA, ON, L5B 2C9
(416) 252-8999 SIC 7231
ENTREPRISES J'OSE LTEE p1157
165 Ch Sainte-Foy, Quebec, QC, G1R 1T1
(418) 648-9750 SIC 7231
ENTREPRISES J'OSE LTEE p1160
826 Rte Du Vallon Bureau 25, Quebec, QC, G1V 4T1
(418) 656-6558 SIC 7231
EPIDERMA QUEBEC INC p1160
2590 Boul Laurier Bureau 330, Quebec, QC, G1V 4M6
(418) 266-2027 SIC 7231
EVELINE VERAART HAIR LIMITED p35
100 Anderson Rd Se Suite 273a, CALGARY, AB, T2J 4V1
(403) 571-5666 SIC 7231
FAIRMONT HOTELS & RESORTS INC p420
184 Adolphus St, ST ANDREWS, NB, E5B 1T7
(506) 529-7195 SIC 7231
GISELLE'S PROFESSIONAL SKIN CARE LTD p387
1851 Grant Ave, WINNIPEG, MB, R3N 1Z2
SIC 7231
GISELLE'S PROFESSIONAL SKIN CARE LTD p387
1700 Corydon Ave Unit 13, WINNIPEG, MB, R3N 0K1
SIC 7231
PREMIER COIFFURE INC, AU p1122
5487 Av De Monkland, Montreal, QC, H4A 1C6
(514) 489-8872 SIC 7231
PREMIER SALONS CANADA INC p678
170 Duffield Dr Suite 200, MARKHAM, ON, L6G 1B5
SIC 7231
RAYMOND SALONS LTD p33
6455 Macleod Trail Sw Suite 141, CALGARY, AB, T2H 0K3
(403) 252-0522 SIC 7231
RAYMOND SALONS LTD p35
100 Anderson Rd Se Unit 509, CALGARY, AB, T2J 3V1
(403) 263-9960 SIC 7231
RAYMOND SALONS LTD p109
100 Southgate Shopping Ctr Nw Unit 458, EDMONTON, AB, T6H 4M8
(780) 435-0286 SIC 7231
RAYMOND SALONS LTD p109
5015 111 St Nw Suite 458, EDMONTON, AB, T6H 4M6
(780) 436-1515 SIC 7231
RAYMOND SALONS LTD p109
100 Southgate Shopping Ctr Nw, EDMONTON, AB, T6H 4M8
SIC 7231
RAYMOND SALONS LTD p271
6551 No. 3 Rd Suite 1450, RICHMOND, BC, V6Y 2B6
(604) 482-3262 SIC 7231
RAYMOND SALONS LTD p338
782 Park Royal N, WEST VANCOUVER, BC, V7T 1H9
SIC 7231
RAYMOND SALONS LTD p338
988 Park Royal S Suit 2034, WEST VANCOUVER, BC, V7T 1A1
(604) 981-3300 SIC 7231
REGIS HAIRSTYLISTS LTD p362
1555 Regent Ave W, WINNIPEG, MB, R2C 4J2
(204) 663-7688 SIC 7231
REGIS HAIRSTYLISTS LTD p370
2305 Mcphillips St, WINNIPEG, MB, R2V 3E1
(204) 334-1004 SIC 7231
SEARS CANADA INC p434
48 Kenmount Rd, ST. JOHN'S, NL, A1B 1W3
(709) 726-3770 SIC 7231
SUKI'S BEAUTY BAZAAR LTD p305
650 Georgia St W Suite 11506, VANCOUVER, BC, V6B 4N7
SIC 7231
SUKI'S BEAUTY BAZAAR LTD p315
3157 Granville St, VANCOUVER, BC, V6H 3K1
(604) 738-2127 SIC 7231
SUKI'S BEAUTY BAZAAR LTD p317
1805 1st Ave W, VANCOUVER, BC, V6J 5B8
(604) 732-9101 SIC 7231
TOPCUTS INC p763
88 Arrow Rd, NORTH YORK, ON, M9M 2L8
(416) 223-1700 SIC 7231
TOWLE, RUSSELL L ENTERPRISES LTD p903
25 Yorkville Ave, TORONTO, ON, M4W 1L1
(416) 923-0993 SIC 7231
YVES ROCHER AMERIQUE DU NORD INC p1114
705 Rue Sainte-Catherine O, Montreal, QC, H3B 4G5
(514) 844-6223 SIC 7231

SIC 7261 Funeral service and crematories

ARBOR MEMORIAL SERVICES INC p40
17 Av Garden Rd Se, CALGARY, AB, T2P 2G7
(403) 272-9824 SIC 7261
ARBOR MEMORIAL SERVICES INC p385
4000 Portage Ave, WINNIPEG, MB, R3K 1W3
(204) 982-8100 SIC 7261
ARBOR MEMORIAL SERVICES INC p523
10061 Chinguacousy Rd, BRAMPTON, ON, L7A 0H6
(905) 840-3400 SIC 7261
ARBOR MEMORIAL SERVICES INC p608
15 West Ave N, HAMILTON, ON, L8L 5B9
(905) 522-2496 SIC 7261
ARBOR MEMORIAL SERVICES INC p630
49 Colborne St, KINGSTON, ON, K7K 1C7
(613) 546-5454 SIC 7261
ARBOR MEMORIAL SERVICES INC p652
1559 Fanshawe Park Rd E, LONDON, ON, N5X 3Z9
(519) 452-3770 SIC 7261
ARBOR MEMORIAL SERVICES INC p677
10 Cachet Woods Crt, MARKHAM, ON, L6C 3G1
(905) 887-8600 SIC 7261
ARBOR MEMORIAL SERVICES INC p725
3700 Prince Of Wales Dr, NEPEAN, ON, K2C 3H2
(613) 692-1211 SIC 7261
ARBOR MEMORIAL SERVICES INC p844
3280 Sheppard Ave E, SCARBOROUGH, ON, M1T 3K3
(416) 773-0933 SIC 7261
ARBOR MEMORIAL SERVICES INC p957
21 Garrard Rd, WHITBY, ON, L1N 3K4
(905) 665-0600 SIC 7261
COOPERATIVE FUNERAIRE DE CHICOUTIMI p1014
520 Boul Du Saguenay E, CHICOUTIMI, QC, G7H 1L2
(418) 543-5200 SIC 7261
GOUVERNEMENT DE LA PROVINCE DE QUEBEC p1038
95 Boul De La Cite-Des-Jeunes, GATINEAU, QC, J8Y 6X3
(819) 778-2425 SIC 7261
HULSE PLAYFAIR & MCGARRY HOLDINGS LTD p802
315 Mcleod St, OTTAWA, ON, K2P 1A2
(613) 233-1143 SIC 7261
HUMPHREY FUNERAL HOME & A.W. MILES CHAPEL LIMITED p893
1403 Bayview Ave, TORONTO, ON, M4G 3A8
(416) 487-4523 SIC 7261
LES CENTRE FUNERAIRE GREGOIRE & DESROCHERS INC p1261
12 Rue Saint-Joseph, Warwick, QC, J0A 1M0
(819) 358-2314 SIC 7261
MEMORIAL GARDENS CANADA LIMITED p9
1515 100 St Se, CALGARY, AB, T1X 0L4
(403) 272-9824 SIC 7261
MEMORIAL GARDENS CANADA LIMITED p462
6552 Bayers Rd, HALIFAX, NS, B3L 2B3
(902) 453-1434 SIC 7261
MOUNT PLEASANT GROUP OF CEMETERIES p752
275 Lesmill Rd, NORTH YORK, ON, M3B 2V1
(416) 441-1580 SIC 7261
PARK MEMORIAL LTD p76
9709 111 Ave Nw, EDMONTON, AB, T5G 0B2
(780) 898-1329 SIC 7261
SERENITY FAMILY SERVICE SOCIETY p106
5311 91 St Nw Suite 7, EDMONTON, AB, T6E 6E2

(780) 450-0101 *SIC 7261*
SERVICE CORPORATION INTERNATIONAL (CANADA) LIMITED p179
2310 Clearbrook Rd, ABBOTSFORD, BC, V2T 2X5
(604) 853-2643 *SIC 7261*
SERVICE CORPORATION INTERNATIONAL (CANADA) LIMITED p461
2666 Windsor St, HALIFAX, NS, B3K 5C9
(902) 455-0531 *SIC 7261*
SERVICE CORPORATION INTERNATIONAL (CANADA) LIMITED p491
530 Industrial Pky S, AURORA, ON, L4G 6W8
(905) 727-5421 *SIC 7261*
SERVICE CORPORATION INTERNATIONAL (CANADA) LIMITED p544
223 Main St, CAMBRIDGE, ON, N1R 1X2
(519) 623-1290 *SIC 7261*
SERVICE CORPORATION INTERNATIONAL (CANADA) LIMITED p609
615 Main St E, HAMILTON, ON, L8M 1J4
(905) 528-6303 *SIC 7261*
SERVICE CORPORATION INTERNATIONAL (CANADA) LIMITED p615
322 Fennell Ave E, HAMILTON, ON, L9A 1T2
(905) 387-2111 *SIC 7261*
SERVICE CORPORATION INTERNATIONAL (CANADA) LIMITED p641
621 King St W, KITCHENER, ON, N2G 1C7
(519) 745-9495 *SIC 7261*
SERVICE CORPORATION INTERNATIONAL (CANADA) LIMITED p757
61 Beverly Hills Dr, NORTH YORK, ON, M3L 1A2
(416) 249-4499 *SIC 7261*
SERVICE CORPORATION INTERNATIONAL (CANADA) LIMITED p831
492 Wellington St E, SAULT STE. MARIE, ON, P6A 2L9
(705) 759-2522 *SIC 7261*
SERVICE CORPORATION INTERNATIONAL (CANADA) LIMITED p831
165 Brock St, SAULT STE. MARIE, ON, P6A 3B8
(705) 759-2114 *SIC 7261*
SERVICE CORPORATION INTERNATIONAL (CANADA) LIMITED p1022
104 Rue Buzzell, COWANSVILLE, QC, J2K 2N5
(450) 263-1212 *SIC 7261*
SERVICE CORPORATION INTERNATIONAL (CANADA) LIMITED p1047
2770 Rue De La Salle, Jonquiere, QC, G7S 2A4
(418) 548-8831 *SIC 7261*
SERVICE CORPORATION INTERNATIONAL (CANADA) LIMITED p1070
505 Boul Cure-Poirier O, LONGUEUIL, QC, J4J 2H5
(450) 463-1900 *SIC 7261*
SERVICE CORPORATION INTERNATIONAL (CANADA) LIMITED p1121
4525 Ch De La Cote-Des-Neiges, Montreal, QC, H3V 1E7
(514) 342-8000 *SIC 7261*
SERVICE CORPORATION INTERNATIONAL (CANADA) LIMITED p1192
6500 Boul Cousineau, SAINT-HUBERT, QC, J3Y 8Z4
(450) 926-2011 *SIC 7261*
SERVICE CORPORATION INTERNATIONAL (CANADA) LIMITED p1195
1115 Rue Girouard O, SAINT-HYACINTHE, QC, J2S 2Y9
(450) 774-8000 *SIC 7261*
SERVICE CORPORATION INTERNATIONAL (CANADA) LIMITED p1269
224 Company Ave S, FORT QU'APPELLE, SK, S0G 1S0
(306) 332-4308 *SIC 7261*
SMITH'S FUNERAL SERVICE (BURLINGTON) LIMITED p540
485 Brant St, BURLINGTON, ON, L7R 2G5
(905) 632-3333 *SIC 7261*
TRILLIUM FUNERAL SERVICE CORPORATION p521
289 Main St N, BRAMPTON, ON, L6X 1N5
(905) 451-1100 *SIC 7261*
TRILLIUM FUNERAL SERVICE CORPORATION p939
2 Jane St Suite 211, TORONTO, ON, M6S 4W8
(416) 763-4531 *SIC 7261*
TUBMAN FUNERAL HOMES & CREMATION LTD p799
403 Richmond Rd, OTTAWA, ON, K2A 0E9
(613) 722-6559 *SIC 7261*
TURNER & PORTER FUNERAL DIRECTORS LIMITED p939
436 Roncesvalles Ave, TORONTO, ON, M6R 2N2
SIC 7261

SIC 7291 Tax return preparation services

EAST HANTS, MUNICIPALITY OF p454
230-15 Commerce Crt, ELMSDALE, NS, B2S 3K5
(902) 883-2299 *SIC 7291*
FARM BUSINESS CONSULTANTS INC p13
3015 5 Ave Ne Suite 150, CALGARY, AB, T2A 6T8
(403) 735-6105 *SIC 7291*
FARM BUSINESS CONSULTANTS INC p225
1690 Water St Suite 200, KELOWNA, BC, V1Y 8T8
SIC 7291
FARM BUSINESS CONSULTANTS INC p650
2109 Oxford St E, LONDON, ON, N5V 2Z9
(519) 453-5040 *SIC 7291*
FARM BUSINESS CONSULTANTS INC p1282
635 Henderson Dr, REGINA, SK, S4N 6A8
(306) 721-6688 *SIC 7291*
H & R BLOCK CANADA, INC p45
700 2 St Sw Suite 2600, CALGARY, AB, T2P 2W2
(403) 254-8689 *SIC 7291*
H & R BLOCK CANADA, INC p88
10126 124 St Nw, EDMONTON, AB, T5N 1P6
(780) 448-2100 *SIC 7291*
H & R BLOCK CANADA, INC p138
1218 3 Ave S, LETHBRIDGE, AB, T1J 0J9
(403) 329-3632 *SIC 7291*
H & R BLOCK CANADA, INC p244
622 Sixth St Suite 36, NEW WESTMINSTER, BC, V3L 3C3
(604) 931-3481 *SIC 7291*
H & R BLOCK CANADA, INC p259
1262 3rd Ave, PRINCE GEORGE, BC, V2L 3E7
(250) 564-0344 *SIC 7291*
H & R BLOCK CANADA, INC p721
801 Matheson Blvd W Unit 7, MISSISSAUGA, ON, L5V 2N6
(905) 366-0226 *SIC 7291*
H & R BLOCK CANADA, INC p779
40 King St W, OSHAWA, ON, L1H 1A4
(905) 436-9882 *SIC 7291*
H & R BLOCK CANADA, INC p873
8199 Yonge St, THORNHILL, ON, L3T 2C6
(905) 707-7785 *SIC 7291*
H & R BLOCK CANADA, INC p1287
366 N Albert St, REGINA, SK, S4R 3C1
(306) 777-0492 *SIC 7291*
SENEY HOLDINGS LTD p118
10404 110 St, FAIRVIEW, AB, T0H 1L0
(780) 835-2929 *SIC 7291*
WOLTERS KLUWER CANADA LIMITED p1238
1120 Rue De Cherbourg, SHERBROOKE, QC, J1K 2N8
(819) 566-2000 *SIC 7291*

SIC 7299 Miscellaneous personal service

4126254 CANADA INC p1208
5631 Ch Saint-Francois, SAINT-LAURENT, QC, H4S 1W6
(514) 745-8241 *SIC 7299*
9052-9975 QUEBEC INC p1211
6600 Ch De La Cote-De-Liesse, SAINT-LAURENT, QC, H4T 1E3
(514) 735-5150 *SIC 7299*
ASPLUNDH CANADA ULC p455
645 Pratt And Whitney Dr Suite 1, GOFFS, NS, B2T 0H4
(902) 468-8733 *SIC 7299*
CARMENS INC p614
1520 Stone Church Rd E, HAMILTON, ON, L8W 3P9
(905) 387-9490 *SIC 7299*
CENTRE COMMUNAUTAIRE FRANCOPHONE WINDSOR-ESSEX-KENT INC p962
7515 Forest Glade Dr, WINDSOR, ON, N8T 3P5
(519) 948-5545 *SIC 7299*
CENTRE DE RECEPTION LE MADISON INC p1215
8750 Boul Provencher, SAINT-LEONARD, QC, H1R 3N7
(514) 374-7428 *SIC 7299*
CENTRE DE SANTE D'EASTMAN INC p1105
666 Rue Sherbrooke O Bureau 1601, Montreal, QC, H3A 1E7
(514) 845-8455 *SIC 7299*
CITY OF OTTAWA p794
1015 Bank St, OTTAWA, ON, K1S 3W7
(613) 580-2429 *SIC 7299*
CLUB ITALIA,NIAGARA, ORDER SONS OF ITALY OF CANADA p738
2525 Montrose Rd, NIAGARA FALLS, ON, L2H 0T9
(905) 374-7388 *SIC 7299*
COMMISSION SCOLAIRE DE LA POINTE-DE-L'ILE p1214
5950 Rue Honore-Mercier, SAINT-LEONARD, QC, H1P 3E4
(514) 323-9527 *SIC 7299*
CONSUMER PERCEPTIONS INC p956
40 Croxall Blvd, WHITBY, ON, L1M 2E4
(905) 655-6874 *SIC 7299*
CORPORATION OF THE CITY OF WATERLOO, THE p951
101 Father David Bauer Dr, WATERLOO, ON, N2L 0B4
(519) 886-1177 *SIC 7299*
CORUS ENTERTAINMENT INC p104
5204 84 St Nw, EDMONTON, AB, T6E 5N8
(780) 440-6300 *SIC 7299*
CORUS ENTERTAINMENT INC p543
1315 Bishop St N Suite 100, CAMBRIDGE, ON, N1R 6Z2
SIC 7299
DA VINCI BANQUET HALL p974
5732 Highway 7 Suite 33, WOODBRIDGE, ON, L4L 3A2
(905) 851-2768 *SIC 7299*
DANTE CLUB INC p826
1330 London Rd, SARNIA, ON, N7S 1P7
(519) 542-8578 *SIC 7299*
DIVERTISSEMENT DIRECT INC p1011
60 Rue Saint-Paul, CHARLEMAGNE, QC, J5Z 1G3
(450) 654-5064 *SIC 7299*
ESTATES OF SUNNYBROOK, THE p896
2075 Bayview Ave, TORONTO, ON, M4N 3M5
(416) 487-3841 *SIC 7299*
EVAGELOU ENTERPRISES INC p891
39 Cranfield Rd, TORONTO, ON, M4B 3H6
(416) 285-4774 *SIC 7299*
EVENT PLANNING HEADQUARTERS p104
6010 99 St Nw, EDMONTON, AB, T6E 3P2
(780) 429-9333 *SIC 7299*
FREEMAN FORMALWEAR LIMITED p758
111 Bermondsey Rd, NORTH YORK, ON, M4A 2T7
(416) 288-1222 *SIC 7299*
G&K SERVICES CANADA INC p497
116 Big Bay Point Rd, BARRIE, ON, L4N 9B4
(705) 728-5160 *SIC 7299*
G&K SERVICES CANADA INC p606
440 Lake Ave N Suite 2, HAMILTON, ON, L8E 3C2
(905) 560-4737 *SIC 7299*
G&K SERVICES CANADA INC p830
121 Queen St E, SAULT STE. MARIE, ON, P6A 1Y6
(705) 253-1131 *SIC 7299*
GF EVENTS LTD p299
169 Walter Hardwick Ave Unit 403, VANCOUVER, BC, V5Y 0B9
(604) 430-2090 *SIC 7299*
GOVERNMENT OF ONTARIO p940
900 Bay St Suite 200, TORONTO, ON, M7A 1L2
(416) 325-4598 *SIC 7299*
GRAND BACCUS LIMITED p888
2155 Mcnicoll Ave, TORONTO, ON, M1V 5P1
(416) 299-0077 *SIC 7299*
GRAND OLYMPIA HOSPITALITY & CONVENTION CENTER INC, THE p861
660 Barton St, STONEY CREEK, ON, L8E 5L6
(905) 643-4291 *SIC 7299*
HAYS SPECIALIST RECRUITMENT (CANADA) INC p751
1500 Don Mills Rd Suite 402, NORTH YORK, ON, M3B 3K4
(416) 203-1925 *SIC 7299*
HYDRO ONE NETWORKS INC p678
185 Clegg Rd, MARKHAM, ON, L6G 1B7
(905) 944-3200 *SIC 7299*
HYDRO-QUEBEC p990
7800 Rue Jarry, ANJOU, QC, H1J 1H2
(450) 565-2210 *SIC 7299*
IBM CANADA LIMITED p752
105 Moatfield Dr Suite 100, NORTH YORK, ON, M3B 0A4
(905) 316-5000 *SIC 7299*
INTERNATIONAL CUSTOM PRODUCTS INC p842
49 Howden Rd, SCARBOROUGH, ON, M1R 3C7
(416) 285-4311 *SIC 7299*
ISTOCKPHOTO L.P. p29
1240 20 Ave Se Suite 200, CALGARY, AB, T2G 1M8
(403) 265-3062 *SIC 7299*
ISTOCKPHOTO ULC p28
1240 20 Ave Se Suite 200, CALGARY, AB, T2G 1M8
(403) 265-3062 *SIC 7299*
JARDIN BANQUET & CONFERENCE CENTRE INC, LE p974
8440 27 Hwy, WOODBRIDGE, ON, L4L 1A5
(905) 851-2200 *SIC 7299*
LARK HOSPITALITY INC p576
21 Old Mill Rd, ETOBICOKE, ON, M8X 1G5
(416) 232-3700 *SIC 7299*
LOYALTYONE, CO p28
1331 Macleod Trail Se, CALGARY, AB, T2G 0K3
(403) 531-7750 *SIC 7299*
LOYALTYONE, CO p1107
625 Av Du President-Kennedy Bureau 600, Montreal, QC, H3A 1K2
(514) 843-7164 *SIC 7299*
MASTER HOSPITALITY RESOURCES LTD p274
3580 Moncton St Unit 212, RICHMOND, BC, V7E 3A4
(604) 278-3024 *SIC 7299*
NEWLANDS GOLF & COUNTRY CLUB LTD p233
21025 48 Ave, LANGLEY, BC, V3A 3M3
(604) 534-3205 *SIC 7299*
NIAGARA CONVENTION & CIVIC CENTER

p737
6815 Stanley Ave, NIAGARA FALLS, ON, L2G 3Y9
(905) 357-6222   *SIC 7299*

OLYMEL S.E.C.   *p1195*
1425 Av St-Jacques, SAINT-HYACINTHE, QC, J2S 6M7
(450) 778-2211   *SIC 7299*

PALIN FOUNDATION, THE   *p906*
63 Gould St, TORONTO, ON, M5B 1E9
(416) 979-5250   *SIC 7299*

PARADISE BANQUET HALL & RESTAURANT (CONCORD) INC   *p561*
7601 Jane St, CONCORD, ON, L4K 1X2
(416) 661-6612   *SIC 7299*

PAVILION ROYALE INC   *p690*
5165 Dixie Rd Suite 4, MISSISSAUGA, ON, L4W 4G1
(905) 624-4009   *SIC 7299*

PETER & PAUL'S MANOR LTD   *p561*
8601 Jane St Unit 6, CONCORD, ON, L4K 5N9
(905) 326-4438   *SIC 7299*

PETER AND PAUL'S MANOR LIMITED   *p629*
16750 Weston Rd, KETTLEBY, ON, L0G 1J0
(905) 939-2800   *SIC 7299*

PLENTYOFFISH MEDIA INC   *p305*
555 Hastings St W Unit 2525, VANCOUVER, BC, V6B 1M1
(604) 692-2542   *SIC 7299*

POST ROAD HEALTH & DIET INC   *p902*
11 Yorkville Ave, TORONTO, ON, M4W 1L2
(416) 922-9777   *SIC 7299*

POSTMEDIA NETWORK INC   *p375*
300 Carlton St 6th Fl, WINNIPEG, MB, R3B 2K6
(204) 926-4600   *SIC 7299*

RENEX INC   *p447*
73 Tacoma Dr Suite 703, DARTMOUTH, NS, B2W 3Y6
SIC 7299

RIVIERA PARQUE, BANQUET & CONVENTION CENTRE INC   *p562*
2800 Highway 7 Suite 301, CONCORD, ON, L4K 1W8
(905) 669-4933   *SIC 7299*

ROYAL BANK OF CANADA   *p386*
1260 Taylor Ave, WINNIPEG, MB, R3M 3Y8
(204) 499-7000   *SIC 7299*

S C RESTORATIONS LTD   *p227*
1025 Trench Pl, KELOWNA, BC, V1Y 9Y4
(250) 763-1556   *SIC 7299*

SERVICES G&K (QUEBEC) INC, LES   *p1156*
2665 Av Dalton Bureau 10, Quebec, QC, G1P 3S8
(418) 658-0044   *SIC 7299*

SILVERBIRCH NO. 15 OPERATIONS LIMITED PARTNERSHIP   *p459*
1960 Brunswick St, HALIFAX, NS, B3J 2G7
(902) 422-1391   *SIC 7299*

SODEM INC   *p1009*
4765 Ch De Capelton, CANTON-DE-HATLEY, QC, J0B 2C0
(819) 842-2447   *SIC 7299*

STRATHROY-CARADOC, MUNICIPALITY OF   *p866*
667 Adair Blvd, STRATHROY, ON, N7G 3H8
(519) 245-7557   *SIC 7299*

TOULON DEVELOPMENT CORPORATION   *p480*
76 Starrs Rd, YARMOUTH, NS, B5A 2T5
(902) 742-9518   *SIC 7299*

TUXEDO ROYALE LIMITED   *p821*
9078 Leslie St Unit 5, RICHMOND HILL, ON, L4B 3L8
(416) 798-7617   *SIC 7299*

SIC 7311 Advertising agencies

1222010 ONTARIO INC   *p784*
2000 Thurston Dr Unit 12, OTTAWA, ON, K1G 4K7
(613) 739-4000   *SIC 7311*

9235078 CANADA INC   *p1104*
2000 Rue Peel Bureau 400, Montreal, QC, H3A 2W5
(514) 384-1570   *SIC 7311*

9235078 CANADA INC   *p1104*
2000 Rue Peel Bureau 400, Montreal, QC, H3A 2W5
(514) 316-9277   *SIC 7311*

AGENCE MIRUM CANADA INC   *p1101*
407 Rue Mcgill 2e etage, Montreal, QC, H2Y 2G3
(514) 987-9992   *SIC 7311*

ALSTOM CANADA INC   *p1103*
1050 Cote Du Beaver Hall, Montreal, QC, H2Z 0A5
(514) 333-0888   *SIC 7311*

BBDO CANADA CORP   *p901*
2 Bloor St W Suite 2900, TORONTO, ON, M4W 3E2
(416) 323-9162   *SIC 7311*

BESTORA INC   *p797*
18 Burnside Ave Suite 601, OTTAWA, ON, K1Y 4V7
SIC 7311

BRYANT FULTON & SHEE ADVERTISING INC   *p306*
455 Granville St Suite 300, VANCOUVER, BC, V6C 1T1
SIC 7311

CARAT CANADA INC   *p1099*
4446 Boul Saint-Laurent Bureau 500, Montreal, QC, H2W 1Z5
(514) 287-2555   *SIC 7311*

CARAT CANADA INC   *p1105*
400 Boul De Maisonneuve O Bureau 250, Montreal, QC, H3A 1L4
(514) 284-4446   *SIC 7311*

CINEPLEX DIGITAL MEDIA INC   *p30*
6940 Fisher Rd Se Unit 200, CALGARY, AB, T2H 0W3
(403) 264-4420   *SIC 7311*

COMMONWEALTH   *p918*
10 Bay St Suite 1300, TORONTO, ON, M5J 2R8
(416) 594-6774   *SIC 7311*

CORUS ENTERTAINMENT INC   *p43*
630 3 Ave Sw Suite 105, CALGARY, AB, T2P 4L4
(403) 716-6500   *SIC 7311*

CREATION STRATEGIQUE ABSOLUE INC   *p1167*
6655 Boul Pierre-Bertrand Bureau 245, Quebec, QC, G2K 1M1
(418) 688-8008   *SIC 7311*

CRUSH INC   *p928*
439 Wellington St W Suite 300, TORONTO, ON, M5V 1E7
(416) 345-1936   *SIC 7311*

CUNDARI GROUP LTD   *p928*
26 Duncan St, TORONTO, ON, M5V 2B9
(416) 510-1771   *SIC 7311*

DENTSUBOS INC   *p929*
276 King St W Suite 100, TORONTO, ON, M5V 1J2
(416) 929-9700   *SIC 7311*

DENTSUBOS INC   *p934*
559 College St Suite 401, TORONTO, ON, M6G 1A9
(416) 343-0010   *SIC 7311*

DENTSUBOS INC   *p1123*
3970 Rue Saint-Ambroise, Montreal, QC, H4C 2C7
(514) 848-0010   *SIC 7311*

ENTREPRISE DE COMMUNICATIONS TANK INC   *p1114*
55 Rue Prince, Montreal, QC, H3C 2M7
(514) 373-3333   *SIC 7311*

GLAM MEDIA CANADA INC   *p929*
675 King St W Suite 303, TORONTO, ON, M5V 1M9
(416) 368-6800   *SIC 7311*

GREY ADVERTISING (VANCOUVER) ULC   *p322*
736 Granville St Suite 1220, VANCOUVER, BC, V6Z 1G3
(604) 687-1001   *SIC 7311*

GREY ADVERTISING ULC   *p929*
46 Spadina Ave Suite 500, TORONTO, ON, M5V 2H8
(416) 486-0700   *SIC 7311*

I.V.M. INVESTMENTS INC   *p318*
1200 73rd Ave W Suite 550, VANCOUVER, BC, V6P 6G5
(604) 717-1800   *SIC 7311*

J. WALTER THOMPSON COMPANY LIMITED   *p901*
160 Bloor St E Suite 11, TORONTO, ON, M4W 1B9
(416) 926-7300   *SIC 7311*

KBS+P CANADA INC   *p1104*
555 Boul Rene-Levesque O Bureau 1700, Montreal, QC, H2Z 1B1
(514) 875-7430   *SIC 7311*

KING MARKETING LTD   *p689*
1200 Aerowood Dr Unit 45, MISSISSAUGA, ON, L4W 2S7
(905) 624-8804   *SIC 7311*

LABARRE GAUTHIER INC   *p1150*
585 Boul Charest E Bureau 700b, Quebec, QC, G1K 9H4
(418) 263-8901   *SIC 7311*

LACROIX BLEAU COMMUNICATION MARKETING INC   *p1157*
675 Rue Saint-Amable, Quebec, QC, G1R 2G5
(418) 529-9761   *SIC 7311*

LXB COMMUNICATION MARKETING INC   *p1161*
2590 Boul Laurier, Quebec, QC, G1V 4M6
(418) 529-9761   *SIC 7311*

MARTINI-VISPAK INC   *p1126*
174 Rue Merizzi, Montreal, QC, H4T 1S4
(514) 344-1551   *SIC 7311*

MCCANN WORLDGROUP CANADA INC   *p28*
238 11 Ave Se Suite 100, CALGARY, AB, T2G 0X8
(403) 269-6120   *SIC 7311*

MCCANN WORLDGROUP CANADA INC   *p304*
100 W Pender St 8th Fl, VANCOUVER, BC, V6B 1R8
(604) 689-1131   *SIC 7311*

MCCANN WORLDGROUP CANADA INC   *p930*
200 Wellington St W Suite 1300, TORONTO, ON, M5V 0N6
(416) 594-6000   *SIC 7311*

MEDIA BUYING SERVICES ULC   *p1107*
999 Boul De Maisonneuve O Bureau 600, Montreal, QC, H3A 3L4
SIC 7311

MEDIAVISION W.W.P. INC   *p1100*
300 Rue Leo-Pariseau, Montreal, QC, H2X 4B3
(514) 842-1010   *SIC 7311*

METROMEDIA CMR PLUS INC   *p1112*
1253 Av Mcgill College Bureau 450, Montreal, QC, H3B 2Y5
SIC 7311

MOMENTIS CANADA CORP   *p576*
1243 Islington Ave Suite 1201, ETOBICOKE, ON, M8X 1Y9
SIC 7311

MONSTER WORLDWIDE CANADA INC   *p46*
639 5 Ave Sw Suite 620, CALGARY, AB, T2P 0M9
(403) 262-8055   *SIC 7311*

MONSTER WORLDWIDE CANADA INC   *p910*
47 Colborne St Suite 301, TORONTO, ON, M5E 1P8
(416) 861-8679   *SIC 7311*

MONSTER WORLDWIDE CANADA INC   *p1102*
276 Rue Saint-Jacques, Montreal, QC, H2Y 1N3
(514) 288-9004   *SIC 7311*

NEWAD MEDIA INC   *p304*
1120 Hamilton Suite 209, VANCOUVER, BC, V6B 2S2
(604) 646-1370   *SIC 7311*

NEXUS GLOBAL HOLDINGS CORPORATION   *p304*
422 Richards St Suite 170, VANCOUVER, BC, V6B 2Z4
(604) 800-8860   *SIC 7311*

OGILVY MONTREAL INC   *p1103*
215 Rue Saint-Jacques Bureau 333, Montreal, QC, H2Y 1M6
(514) 861-1811   *SIC 7311*

OLSON CANADA, INC   *p912*
17 Fl, TORONTO, ON, M5G 1S5
(416) 848-4115   *SIC 7311*

OMNICOM CANADA CORP   *p81*
10025 102a Ave Nw Unit 1900, EDMONTON, AB, T5J 2Z2
(780) 424-7000   *SIC 7311*

OMNICOM CANADA CORP   *p322*
777 Hornby St Suite 1600, VANCOUVER, BC, V6Z 2T3
(604) 687-7911   *SIC 7311*

OMNICOM CANADA CORP   *p902*
33 Bloor St E Suite 1300, TORONTO, ON, M4W 3H1
(416) 960-3830   *SIC 7311*

PARETO INC   *p753*
1 Concorde Gate Suite 200, NORTH YORK, ON, M3C 4G4
SIC 7311

PUBLICIS CANADA INC   *p1101*
3530 Boul Saint-Laurent Bureau 400, Montreal, QC, H2X 2V1
(514) 285-1414   *SIC 7311*

QUARRY INTEGRATED COMMUNICATIONS INC   *p857*
1440 King St N Suite 1, ST JACOBS, ON, N0B 2N0
SIC 7311

QUEBECOR MEDIA INC   *p1113*
1100 Boul Rene-Levesque O 20e etage, Montreal, QC, H3B 4N4
(514) 380-1999   *SIC 7311*

SOCIETE DES CASINOS DU QUEBEC INC, LA   *p1118*
325 Rue Bridge Bureau 1178, Montreal, QC, H3K 2C7
(514) 409-3111   *SIC 7311*

STAGNITO PARTNERS CANADA INC   *p898*
2300 Yonge St Suite 1510, TORONTO, ON, M4P 1E4
(416) 256-9908   *SIC 7311*

SYNERGY MARKETING CONSULTANTS INC   *p756*
10 Kodiak Cres Suite 101, NORTH YORK, ON, M3J 3G5
(416) 398-5660   *SIC 7311*

TAXI CANADA LTD.   *p1108*
1435 Rue Saint-Alexandre Bureau 620, Montreal, QC, H3A 2G4
(514) 842-8294   *SIC 7311*

VIZEUM CANADA INC   *p931*
317 Adelaide St W Suite 700, TORONTO, ON, M5V 1P9
(416) 967-7282   *SIC 7311*

WPP GROUP CANADA COMMUNICATIONS LIMITED   *p910*
33 Yonge St Suite 1100, TORONTO, ON, M5E 1X6
(416) 945-2360   *SIC 7311*

XLR8 MEDIA INC   *p1101*
3575 Boul Saint-Laurent Bureau 400, Montreal, QC, H2X 2T7
(514) 286-9000   *SIC 7311*

YOUNG & RUBICAM GROUP OF COMPANIES ULC, THE   *p712*
2121 Argentia Rd Suite 401, MISSISSAUGA, ON, L5N 2X4
(905) 581-1493   *SIC 7311*

YOUNG & RUBICAM GROUP OF COMPANIES ULC, THE   *p903*
60 Bloor St W Suite 8, TORONTO, ON, M4W 3B8
(416) 640-4484   *SIC 7311*

YOUNG & RUBICAM GROUP OF COMPANIES ULC, THE *p931*
495 Wellington St W Suite 102, TORONTO, ON, M5V 1E9
(416) 961-5111 *SIC 7311*

ZENITHOPTIMEDIA CANADA INC *p909*
111 Queen St E Suite 200, TORONTO, ON, M5C 1S2
(416) 925-7277 *SIC 7311*

ZOOM MEDIA INC *p1101*
3510 Boul Saint-Laurent Bureau 200, Montreal, QC, H2X 2V2
(514) 842-1155 *SIC 7311*

SIC 7312 Outdoor advertising services

ACCESSOIRES POUR VELOS O G D LTEE *p1208*
10555 Boul Henri-Bourassa O Bureau 10, SAINT-LAURENT, QC, H4S 1A1
(514) 332-0416 *SIC 7312*

ASTRAL MEDIA AFFICHAGE, S.E.C. *p900*
2 St Clair Ave W Suite 2000, TORONTO, ON, M4V 1L5
(416) 924-6664 *SIC 7312*

CLEAR CHANNEL OUTDOOR COMPANY CANADA *p910*
20 Dundas St W Suite 1001, TORONTO, ON, M5G 2C2
(416) 408-0800 *SIC 7312*

NEWAD MEDIA INC *p930*
99 Spadina Ave Suite 100, TORONTO, ON, M5V 3P8
(416) 361-3393 *SIC 7312*

PATTISON, JIM INDUSTRIES LTD *p93*
10707 178 St Nw, EDMONTON, AB, T5S 1J6
(780) 669-7700 *SIC 7312*

PATTISON, JIM INDUSTRIES LTD *p690*
2700 Matheson Blvd E Suite 500, MISSISSAUGA, ON, L4W 4V9
(866) 616-4448 *SIC 7312*

SIC 7313 Radio, television, publisher representatives

GREAT PACIFIC ENTERPRISES INC *p331*
818 Broughton St, VICTORIA, BC, V8W 1E4
(250) 388-3535 *SIC 7313*

SIC 7319 Advertising, nec

ACT3 M.H.S. INC *p931*
495 Wellington St W Suite 250, TORONTO, ON, M5V 1E9
(416) 597-0707 *SIC 7319*

ACT3 M.H.S. INC *p1098*
7236 Rue Marconi, Montreal, QC, H2R 2Z5
(514) 844-5050 *SIC 7319*

AMERICA ONLINE CANADA INC *p928*
99 Spadina Ave Suite 200, TORONTO, ON, M5V 3P8
(416) 263-8100 *SIC 7319*

BOWDENS MEDIA MONITORING LIMITED *p753*
150 Ferrand Dr Suite 1100, NORTH YORK, ON, M3C 3E5
(416) 750-2220 *SIC 7319*

DBC COMMUNICATIONS INC *p1194*
3275 Boul Choquette Bureau 5, SAINT-HYACINTHE, QC, J2S 7Z8
(450) 771-2332 *SIC 7319*

DIRECT WEST CORPORATION *p1282*
355 Longman Cres, REGINA, SK, S4N 6G3
(306) 777-0333 *SIC 7319*

FLYER SERVICES (1989) LIMITED *p465*
21 Chipman Dr, KENTVILLE, NS, B4N 3V7
(902) 678-9217 *SIC 7319*

GENESIS MEDIA INC *p899*
22 St Clair Ave E Suite 500, TORONTO, ON, M4T 2S3

(416) 967-7282 *SIC 7319*

GLASSBOX TV INC *p898*
130 Merton St, TORONTO, ON, M4S 1A4
SIC 7319

GO BEE INDUSTRIES INC *p612*
300 York Blvd, HAMILTON, ON, L8R 3K6
SIC 7319

MEDIA BUYING SERVICES ULC *p912*
1 Dundas St W Suite 2800, TORONTO, ON, M5G 1Z3
(416) 961-1255 *SIC 7319*

MEDIA BUYING SERVICES ULC *p1107*
2000 Rue Mansfield Bureau 910, Montreal, QC, H3A 2Z6
(514) 282-9320 *SIC 7319*

MEDIA EXPERTS M.H.S. INC *p304*
134 Abbott St Suite 503, VANCOUVER, BC, V6B 2K4
(604) 647-4481 *SIC 7319*

MEDIAS TRANSCONTINENTAL INC *p1057*
1865 32e Av, LACHINE, QC, H8T 3J1
(514) 636-5559 *SIC 7319*

MEDIAS TRANSCONTINENTAL INC *p1192*
3400 Boul Losch Bureau 15, SAINT-HUBERT, QC, J3Y 5T6
(450) 926-1120 *SIC 7319*

MEDIAS TRANSCONTINENTAL S.E.N.C. *p480*
2 Second St, YARMOUTH, NS, B5A 1T2
(902) 742-7111 *SIC 7319*

MEDIAS TRANSCONTINENTAL S.E.N.C. *p1167*
710 Rue Bouvier Bureau 107, Quebec, QC, G2J 1C2
(418) 628-3155 *SIC 7319*

MONTAGE ET DECOUPAGE PROMAG INC *p991*
11150 Av L.-J.-Forget, ANJOU, QC, H1J 2K9
(514) 352-9511 *SIC 7319*

OMD CANADA *p915*
67 Richmond St W Suite 2, TORONTO, ON, M5H 1Z5
(416) 681-5600 *SIC 7319*

OMNICOM CANADA CORP *p930*
96 Spadina Ave 7th Floor, TORONTO, ON, M5V 2J6
(416) 922-0217 *SIC 7319*

POSTMEDIA NETWORK INC *p25*
1058 72 Ave Ne, CALGARY, AB, T2E 8V9
(403) 569-4744 *SIC 7319*

POSTMEDIA NETWORK INC *p113*
9303 28 Ave Nw, EDMONTON, AB, T6N 1N1
(780) 436-8050 *SIC 7319*

PREIMPRESSION AD HOC LE GROUPE INC *p1239*
4130 Rue Lesage, SHERBROOKE, QC, J1L 0B6
SIC 7319

PREMIER BOOKS DIRECT LTD *p821*
29 East Wilmot St, RICHMOND HILL, ON, L4B 1A3
(905) 738-9200 *SIC 7319*

PRESSE, LTEE, LA *p1140*
12300 Boul Metropolitain E, POINTE-AUX-TREMBLES, QC, H1B 5Y2
(514) 640-1840 *SIC 7319*

QUALITY INSERTIONS LTD *p208*
1487 Lindsey Pl, DELTA, BC, V3M 6V1
SIC 7319

RESEAU QUEBECOR MEDIA INC *p1115*
612 Rue Saint-Jacques, Montreal, QC, H3C 4M8
SIC 7319

TVA VENTES ET MARKETING INC *p1095*
1600 Boul De Maisonneuve E, Montreal, QC, H2L 4P2
(514) 526-9251 *SIC 7319*

SIC 7322 Adjustment and collection services

ARO INC *p223*
405 Highway 33 W, KELOWNA, BC, V1X 1Y2
(250) 762-7070 *SIC 7322*

ARO INC *p537*
3370 South Service Rd Suite 10, BURLINGTON, ON, L7N 3M6
SIC 7322

ARO INC *p670*
7030 Woodbine Ave Suite 700, MARKHAM, ON, L3R 6G2
(289) 789-1001 *SIC 7322*

CBV COLLECTION SERVICES LTD *p186*
4664 Lougheed Hwy Unit 20, BURNABY, BC, V5C 5T5
(604) 687-4559 *SIC 7322*

COLLECTRITE ONTARIO (SW86) INC *p546*
181 Groh Ave, CAMBRIDGE, ON, N3C 1Y8
(519) 654-7350 *SIC 7322*

CTL-WDW LTD *p820*
9130 Leslie St Ste 204, RICHMOND HILL, ON, L4B 0B9
(416) 781-3635 *SIC 7322*

DIXON COMMERCIAL INVESTIGATORS (1982) INC *p854*
91 Geneva St, ST CATHARINES, ON, L2R 4M9
(905) 688-0447 *SIC 7322*

EOS CANADA INC *p834*
325 Milner Ave Suite 1111, SCARBOROUGH, ON, M1B 5N1
(647) 436-2605 *SIC 7322*

GC TELESERVICES CANADA CORP *p1300*
2600 Koyl Ave, SASKATOON, SK, S7L 5X9
SIC 7322

GENERAL CREDIT SERVICES INC *p311*
1190 Melville St Suite 600, VANCOUVER, BC, V6E 3W1
(604) 688-6097 *SIC 7322*

GENERAL CREDIT SERVICES INC *p671*
20 Valleywood Dr Unit 101, MARKHAM, ON, L3R 6G1
SIC 7322

GENERAL CREDIT SERVICES INC *p1097*
1100 Boul Cremazie E Bureau 410, MONTREAL, QC, H2P 2X2
(877) 313-4274 *SIC 7322*

GLOBAL CREDIT & COLLECTION INC *p1106*
2055 Rue Peel Bureau 100, Montreal, QC, H3A 1V4
(514) 284-5533 *SIC 7322*

METROPOLITAN CREDIT ADJUSTERS LTD *p304*
475 Georgia St W Suite 430, VANCOUVER, BC, V6B 4M9
(604) 684-0558 *SIC 7322*

NORTH AMERICAN RECEIVABLE MANAGEMENT SERVICES COMPANY *p745*
255 Consumers Rd Suite 250, NORTH YORK, ON, M2J 1R4
(800) 387-0912 *SIC 7322*

PORTFOLIO MANAGEMENT SOLUTIONS INC *p656*
200 Queens Ave Suite 700, LONDON, ON, N6A 1J3
(519) 432-0075 *SIC 7322*

RECOVERCORP INC *p814*
1735 Bayly St Suite 8c, PICKERING, ON, L1W 3G7
SIC 7322

SERVICES FINANCIERS NCO, INC *p285*
11125 124 St, SURREY, BC, V3V 4V2
(604) 953-2801 *SIC 7322*

SERVICES FINANCIERS NCO, INC *p309*
800 Pender St W Suite 1400, VANCOUVER, BC, V6C 2V6
(604) 643-7800 *SIC 7322*

SERVICES FINANCIERS NCO, INC *p502*
610 Dundas St E, BELLEVILLE, ON, K8N 1G7
SIC 7322

SERVICES FINANCIERS NCO, INC *p527*
33 Sinclair Blvd Unit 4, BRANTFORD, ON, N3S 7X6
(519) 750-6000 *SIC 7322*

SERVICES FINANCIERS NCO, INC *p827*
1086 Modeland Rd, SARNIA, ON, N7S 6L2
SIC 7322

SERVICES FINANCIERS NCO, INC *p1119*
75 Rue De Port-Royal E Bureau 240, Montreal, QC, H3L 3T1
(514) 385-4444 *SIC 7322*

TAKHAR COLLECTION SERVICES LTD *p544*
202 Beverly St, CAMBRIDGE, ON, N1R 3Z8
(519) 622-4141 *SIC 7322*

TOTAL CREDIT RECOVERY LIMITED *p1130*
4455 Nord Laval (A-440) O, Montreal, QC, H7P 4W6
(450) 680-1800 *SIC 7322*

SIC 7323 Credit reporting services

2772981 CANADA INC *p1151*
455 Rue Du Marais Bureau 235, Quebec, QC, G1M 3A2
(418) 681-1545 *SIC 7323*

CREDIT BUREAU OF STRATFORD (1970) LTD *p864*
61 Lorne Ave E Suite 96, STRATFORD, ON, N5A 6S4
(519) 271-6211 *SIC 7323*

EQUIFAX CANADA CO. *p747*
5700 Yonge St Suite 1700, NORTH YORK, ON, M2M 4K2
(800) 278-0278 *SIC 7323*

GROUPECHO CANADA INC *p1018*
1 Place Laval Bureau 400, Cote Saint-Luc, QC, H7N 1A1
(514) 335-3246 *SIC 7323*

LUMBERMEN'S CREDIT BUREAU LIMITED *p719*
1280 Courtneypark Dr E, MISSISSAUGA, ON, L5T 1N6
(905) 283-3111 *SIC 7323*

MOODY'S CANADA INC *p920*
70 York St Suite 1400, TORONTO, ON, M5J 1S9
(416) 214-1635 *SIC 7323*

QUALITY UNDERWRITING SERVICES LTD *p821*
111 Granton Dr Suite 105, RICHMOND HILL, ON, L4B 1L5
(905) 762-9827 *SIC 7323*

RAPIDE INVESTIGATION CANADA LTEE *p1053*
114 Rue Saint-Georges, LA PRAIRIE, QC, J5R 2L9
(514) 879-1199 *SIC 7323*

TRANS UNION OF CANADA, INC *p538*
3115 Harvester Rd Suite 201, BURLINGTON, ON, L7N 3N8
(905) 340-1000 *SIC 7323*

TRANS UNION OF CANADA, INC *p610*
170 Jackson St E, HAMILTON, ON, L8N 1L4
(905) 572-6004 *SIC 7323*

SIC 7331 Direct mail advertising services

0037264 BC LTD *p271*
11388 No. 5 Rd Suite 110, RICHMOND, BC, V7A 4E7
(604) 279-8484 *SIC 7331*

ANDREWS MAILING SERVICE LTD *p490*
226 Industrial Pky N Unit 7, AURORA, ON, L4G 4C3
(905) 503-1700 *SIC 7331*

AUTOMATED FULFILLMENT SYSTEM INC *p523*
80 Van Kirk Dr Suite 5, BRAMPTON, ON, L7A 1B1
(905) 840-4141 *SIC 7331*

BRADFORD DIRECT INC *p814*
1920 Clements Rd, PICKERING, ON, L1W 3V6
(416) 789-7411 *SIC 7331*

CANADIAN OVERSEAS MARKETING COR-

BUSINESSES BY INDUSTRY CLASSIFICATION

SIC 7349 Building maintenance services, nec   2337

PORATION p299
2020 Yukon St, VANCOUVER, BC, V5Y 3N8
SIC 7331

DATA DIRECT GROUP INC p716
2001 Drew Rd Unit 1, MISSISSAUGA, ON, L5S 1S4
(905) 564-0150 *SIC 7331*

DIRECT MULTI-PAK MAILING LTD p671
20 Torbay Rd, MARKHAM, ON, L3R 1G6
(905) 415-1940 *SIC 7331*

EDITION LE TELEPHONE ROUGE INC
p1155
2555 Av Watt Bureau 6, Quebec, QC, G1P 3T2
(418) 658-8122 *SIC 7331*

G3 WORLDWIDE (CANADA) INC p685
3198 Orlando Dr, MISSISSAUGA, ON, L4V 1R5
(905) 405-8900 *SIC 7331*

MAIL-O-MATIC SERVICES LIMITED p193
7550 Lowland Dr, BURNABY, BC, V5J 5A4
(604) 439-9668 *SIC 7331*

SIC 7334 Photocopying and duplicating services

ENTIRE IMAGING SOLUTIONS INC p585
31 Constellation Crt, ETOBICOKE, ON, M9W 1K4
(905) 673-2000 *SIC 7334*

FEDEX OFFICE CANADA LIMITED p307
779 Pender St W, VANCOUVER, BC, V6C 1H2
(604) 685-3338 *SIC 7334*

FEDEX OFFICE CANADA LIMITED p316
1900 Broadway W, VANCOUVER, BC, V6J 1Z2
(604) 734-2679 *SIC 7334*

FEDEX OFFICE CANADA LIMITED p694
4553 Hurontario St Suite 1, MISSISSAUGA, ON, L4Z 3L9
(905) 507-0730 *SIC 7334*

FEDEX OFFICE CANADA LIMITED p708
6974 Financial Dr Suite 1, MISSISSAUGA, ON, L5N 8J4
(905) 813-8366 *SIC 7334*

FEDEX OFFICE CANADA LIMITED p925
459 Bloor St W, TORONTO, ON, M5S 1X9
(416) 928-0110 *SIC 7334*

FEDEX OFFICE CANADA LIMITED p952
170 University Ave W, WATERLOO, ON, N2L 3E9
(519) 746-3363 *SIC 7334*

KONICA MINOLTA BUSINESS SOLUTIONS (CANADA) LTD p329
2326 Government St, VICTORIA, BC, V8T 5G5
SIC 7334

LEECH PRINTING LTD p346
601 Braemar Dr, BRANDON, MB, R7C 1B1
(204) 727-3278 *SIC 7334*

OTTAWA GRAPHIC SYSTEMS p800
1636 Woodward Dr, OTTAWA, ON, K2C 3R8
(613) 727-5610 *SIC 7334*

RILEY'S REPRODUCTIONS & PRINTING LTD p82
10180 108 St Nw, EDMONTON, AB, T5J 1L3
(780) 413-6801 *SIC 7334*

TECHNICOLOR CANADA, INC p1117
2101 Rue Sainte-Catherine O Bureau 300, Montreal, QC, H3H 1M6
(514) 939-5060 *SIC 7334*

XEROX CANADA LTD p835
120 Mclevin Ave Unit 4, SCARBOROUGH, ON, M1B 3E9
(416) 733-6296 *SIC 7334*

SIC 7335 Commercial photography

CANARCTIC GRAPHICS LTD p439
5102 50 St, YELLOWKNIFE, NT, X1A 1S2

(867) 873-5924 *SIC 7335*

IPC CANADA PHOTO SERVICES INC p559
56 Pennsylvania Ave Unit 2, CONCORD, ON, L4K 3V9
(905) 738-6630 *SIC 7335*

MDA GEOSPATIAL SERVICES INC p266
13800 Commerce Pky, RICHMOND, BC, V6V 2J3
(604) 244-0400 *SIC 7335*

SIC 7336 Commercial art and graphic design

3510000 CANADA INC p1060
9216 Rue Boivin, LASALLE, QC, H8R 2E7
(514) 367-1025 *SIC 7336*

ADVANCE TECH GRAPHICS INC p496
190 Nanette's Point Rd Suite 315, BARRIE, ON, L4N 8J8
(416) 315-4579 *SIC 7336*

AWESPIRING PRODUCTIONS INC p296
1256 6th Ave E, VANCOUVER, BC, V5T 1E7
(604) 484-0266 *SIC 7336*

COOLER SOLUTIONS INC p936
1179 King St W Suite 101, TORONTO, ON, M6K 3C5
(416) 531-2665 *SIC 7336*

CORPORATION OF THE CITY OF TORONTO p891
2 Hobson Ave, TORONTO, ON, M4A 1Y2
(416) 392-8940 *SIC 7336*

DECO ADHESIVE PRODUCTS (1985) LIMITED p584
28 Greensboro Dr, ETOBICOKE, ON, M9W 1E1
(416) 247-7878 *SIC 7336*

EMBALLAGES STARFLEX INC p1140
12325 Rue April, POINTE-AUX-TREMBLES, QC, H1B 5L8
(514) 640-0674 *SIC 7336*

FRIMA STUDIO INC p1149
395 Rue Victor-Revillon, Quebec, QC, G1K 3M8
(418) 529-9697 *SIC 7336*

INTERPUBLIC GROUP OF COMPANIES CANADA, INC, THE p919
207 Queens Quay W Suite 2, TORONTO, ON, M5J 1A7
(647) 260-2116 *SIC 7336*

INTERPUBLIC GROUP OF COMPANIES CANADA, INC, THE p1118
1751 Rue Richardson Bureau 6.200, Montreal, QC, H3K 1G6
(514) 938-4141 *SIC 7336*

LANDMARK GRAPHICS CANADA p46
645 7 Ave Sw Suite 1600, CALGARY, AB, T2P 4G8
(403) 231-9300 *SIC 7336*

MEDIAS TRANSCONTINENTAL S.E.N.C. p515
66 Nuggett Crt, BRAMPTON, ON, L6T 5A9
SIC 7336

OMNICOM CANADA CORP p322
777 Hornby St Suite 1600, VANCOUVER, BC, V6Z 2T3
(604) 640-4327 *SIC 7336*

PIGEON BRANDS INC p927
179 John St 2nd Fl, TORONTO, ON, M5T 1X4
(416) 532-9950 *SIC 7336*

ROSS VIDEO LIMITED p516
46 West Dr, BRAMPTON, ON, L6T 3T6
(905) 453-8833 *SIC 7336*

SCHAWK CANADA INC p691
1620 Tech Ave Suite 3, MISSISSAUGA, ON, L4W 5P4
(905) 219-1600 *SIC 7336*

SFP INC p902
175 Bloor St E Suite 900, TORONTO, ON, M4W 3R9
(416) 203-2300 *SIC 7336*

STUDIOS MOMENT FACTORY INC, LES
p1099

6250 Av Du Parc, Montreal, QC, H2V 4H8
(514) 843-8433 *SIC 7336*

TALON CUSTOMIZING HOUSE LIMITED p579
956 Islington Ave, ETOBICOKE, ON, M8Z 4P6
(416) 644-0506 *SIC 7336*

UBISOFT ARTS NUMERIQUES INC p1099
5505 Boul Saint-Laurent Bureau 2000, Montreal, QC, H2T 1S6
(514) 490-2000 *SIC 7336*

WESTROCK COMPANY OF CANADA INC p267
13160 Vanier Pl Suite 190, RICHMOND, BC, V6V 2J2
(604) 214-7040 *SIC 7336*

SIC 7338 Secretarial and court reporting

GOUVERNEMENT DE LA PROVINCE DE QUEBEC p1037
17 Rue Laurier Bureau 1460, GATINEAU, QC, J8X 4C1
(819) 776-8110 *SIC 7338*

GOVERNMENT OF ONTARIO p911
361 University Ave Suite 315, TORONTO, ON, M5G 1T3
(416) 327-5558 *SIC 7338*

INFOROUTE SANTE DU CANADA INC p914
150 King St W Suite 1308, TORONTO, ON, M5H 1J9
(416) 979-4606 *SIC 7338*

SCHOOL EDITING INC p931
379 Adelaide St W Suite 200, TORONTO, ON, M5V 1S5
(416) 907-9070 *SIC 7338*

SIC 7342 Disinfecting and pest control services

1112308 ONTARIO INC p583
246 Attwell Dr, ETOBICOKE, ON, M9W 5B4
(416) 675-1635 *SIC 7342*

ABELL PEST CONTROL INC p207
207669 Ribley St, DELTA, BC, V3M 6L9
(604) 421-6619 *SIC 7342*

ABELL PEST CONTROL INC p637
36b Centennial Rd, KITCHENER, ON, N2B 3G1
(519) 836-3800 *SIC 7342*

ABELL PEST CONTROL INC p703
3075 Ridgeway Dr Suite 27, MISSISSAUGA, ON, L5L 5M6
(905) 828-1300 *SIC 7342*

CITRON HYGIENE LP p651
15 Charterhouse Cresent, LONDON, ON, N5W 5V3
(519) 471-6512 *SIC 7342*

MAGICAL PEST CONTROL INC p560
29 Tandem Rd Unit 3, CONCORD, ON, L4K 3G1
(416) 665-7378 *SIC 7342*

ORKIN CANADA CORPORATION p29
711 48th Ave Se Unit 12, CALGARY, AB, T2G 4X2
(403) 236-2700 *SIC 7342*

ORKIN CANADA CORPORATION p193
7061 Gilley Ave, BURNABY, BC, V5J 4X1
(604) 434-6641 *SIC 7342*

ORKIN CANADA CORPORATION p224
3677 Highway 97 N Unit 107, KELOWNA, BC, V1X 5C3
(250) 624-9555 *SIC 7342*

ORKIN CANADA CORPORATION p224
Unit 3 , 3190 Sexsmith Rd, KELOWNA, BC, V1X 7S6
(250) 765-3714 *SIC 7342*

ORKIN CANADA CORPORATION p224
3677 Highway 97 N Unit 107, KELOWNA, BC, V1X 5C3
(250) 765-3714 *SIC 7342*

ORKIN CANADA CORPORATION p409

305 Baig Blvd, MONCTON, NB, E1E 1E1
(506) 857-0870 *SIC 7342*

ORKIN CANADA CORPORATION p434
18 Duffy Pl, ST. JOHN'S, NL, A1B 4M5
(709) 466-8000 *SIC 7342*

ORKIN CANADA CORPORATION p561
40 Pippin Rd Suite 5, CONCORD, ON, L4K 4M6
(905) 660-5100 *SIC 7342*

ORKIN CANADA CORPORATION p652
65 Clarke Rd Unit 5, LONDON, ON, N5W 5Y2
(519) 659-2212 *SIC 7342*

ORKIN CANADA CORPORATION p652
65 Clarke Rd Unit 5, LONDON, ON, N5W 5Y2
(519) 944-1001 *SIC 7342*

ORKIN CANADA CORPORATION p714
5840 Falbourne St, MISSISSAUGA, ON, L5R 4B5
(905) 502-9700 *SIC 7342*

ORKIN CANADA CORPORATION p843
1361 Huntingwood Dr Unit 3, SCARBOROUGH, ON, M1S 3J1
(416) 754-7339 *SIC 7342*

ORKIN CANADA CORPORATION p846
720 Tapscott Rd Unit 2, SCARBOROUGH, ON, M1X 1C6
(416) 363-8821 *SIC 7342*

ORKIN CANADA CORPORATION p861
237 Barton St, STONEY CREEK, ON, L8E 2K4
(905) 662-8494 *SIC 7342*

ORKIN CANADA CORPORATION p868
760 Notre Dame Ave, SUDBURY, ON, P3A 2T4
(705) 524-2847 *SIC 7342*

ORKIN CANADA CORPORATION p1205
2021 Ch De La Cote-De-Liesse, SAINT-LAURENT, QC, H4N 2M5
(514) 333-4111 *SIC 7342*

RENTOKIL PEST CONTROL CANADA LIMITED p674
30 Royal Crest Crt Unit 11, MARKHAM, ON, L3R 9W8
(416) 226-5880 *SIC 7342*

STERITECH GROUP CORPORATION, THE
p682
8699 Escarpment Way Suite 11, MILTON, ON, L9T 0J5
(905) 878-8468 *SIC 7342*

SIC 7349 Building maintenance services, nec

041216 NB LTD p396
376 Rue Champlain, DIEPPE, NB, E1A 1P3
(506) 858-5085 *SIC 7349*

1048536 ONTARIO LTD p726
148 Colonnade Rd Suite 13, NEPEAN, ON, K2E 7R4
(613) 727-0413 *SIC 7349*

1084130 ONTARIO LIMITED p945
5691 Sideroad 20, UTOPIA, ON, L0M 1T0
SIC 7349

132405 CANADA INC p1025
1484 Boul Hymus, DORVAL, QC, H9P 1J6
(514) 685-1425 *SIC 7349*

1808963 ONTARIO INC p564
1495 Gerald St, CORNWALL, ON, K6H 7G8
(613) 932-5326 *SIC 7349*

188669 CANADA INC p1226
1999 Rue Nobel Bureau 7a, SAINTE-JULIE, QC, J3E 1Z7
(450) 649-9400 *SIC 7349*

2298679 ONTARIO INC p947
201 Millway Ave Unit 18, VAUGHAN, ON, L4K 5K8
(905) 695-1670 *SIC 7349*

252356 ALBERTA LTD p102
9833 44 Ave Nw Suite 3, EDMONTON, AB, T6E 5E3
(780) 452-5730 *SIC 7349*

3100-2918 QUEBEC INC p1258

36 Rue Leblanc, VICTORIAVILLE, QC, G6P 9B2
(819) 357-5295   SIC 7349

438357 ONTARIO LIMITED   p669
95 Royal Crest Crt Unit 14, MARKHAM, ON, L3R 9X5
(905) 940-4007   SIC 7349

469006 ONTARIO INC   p649
163 Stronach Cres, LONDON, ON, N5V 3G5
(519) 679-8810   SIC 7349

550338 ALBERTA LIMITED
3530 11a St Ne Suite 1, CALGARY, AB, T2E 6M7
(403) 250-7878   SIC 7349

620828 N.B. INC   p669
80 Acadia Ave Suite 100, MARKHAM, ON, L3R 9V1
(905) 754-4800   SIC 7349

792884 ONTARIO INC   p722
257 Derry Rd W, MISSISSAUGA, ON, L5W 1G3
(905) 564-1574   SIC 7349

ABCO MAINTENANCE SYSTEMS INC   p21
260 20 Ave Ne, CALGARY, AB, T2E 1P9
(403) 293-5752   SIC 7349

ABILITY JANITORIAL SERVICES LIMITED
p798
870 Campbell Ave Suite 2, OTTAWA, ON, K2A 2C5
SIC 7349

ACE BUILDING MAINTENANCE INC   p102
8861 63 Ave Nw, EDMONTON, AB, T6E 0E9
(780) 413-4537   SIC 7349

ACOUSTICAL CEILING & BUILDING MAINTENANCE LTD   p103
7940 Coronet Rd Nw, EDMONTON, AB, T6E 4N8
(780) 496-9035   SIC 7349

ACURA MAINTENANCE SERVICES LTD
p721
4739 Rathkeale Rd, MISSISSAUGA, ON, L5V 1K3
(905) 755-0150   SIC 7349

ADELE 1994 INC   p1165
5237 Boul Wilfrid-Hamel Bureau 190, Quebec, QC, G2E 2H2
(418) 877-1000   SIC 7349

AINSWORTH MANAGEMENT SERVICES INC   p959
56 Carlinds Dr, WHITBY, ON, L1R 3B9
(905) 666-9156   SIC 7349

ALBERTA JANITORIAL LTD   p88
15557 Stony Plain Rd Nw Suite A, EDMONTON, AB, T5P 3Z1
(780) 467-9202   SIC 7349

ALLCARE MAINTENANCE SERVICES INC
p973
410 Chrislea Rd Unit 20, WOODBRIDGE, ON, L4L 8B5
(905) 856-8558   SIC 7349

ALLIANCE BUILDING MAINTENANCE LTD
p90
18823 111 Ave Nw, EDMONTON, AB, T5S 2X4
(780) 447-2574   SIC 7349

ALLSTAR HOLDINGS INCORPORATED
p293
1420 Adanac St, VANCOUVER, BC, V5L 2C3
(604) 255-1135   SIC 7349

AMBASSADOR BUILDING MAINTENANCE LIMITED   p966
628 Monmouth Rd, WINDSOR, ON, N8Y 3L1
(519) 255-1107   SIC 7349

AMPHORA MAINTENANCE SERVICES INC
p894
707a Danforth Ave, TORONTO, ON, M4J 1L2
(416) 461-0401   SIC 7349

ANDORRA BUILDING MAINTENANCE LTD
p577
46 Chauncey Ave, ETOBICOKE, ON, M8Z 2Z4

(416) 537-7772   SIC 7349

AQUA-POWER CLEANERS (1979) LTD p402
65 Royal Parkway, FREDERICTON, NB, E3G 0J9
(506) 458-1113   SIC 7349

ARAMARK CANADA LTD.   p321
808 Nelson St Suite 710, VANCOUVER, BC, V6Z 2H2
(604) 694-6303   SIC 7349

ARODAL SERVICES LTD   p265
2631 Viking Way Suite 248, RICHMOND, BC, V6V 3B5
(604) 274-0477   SIC 7349

ARSENAL CLEANING SERVICES LTD p845
80 Nashdene Rd Unit 7, SCARBOROUGH, ON, M1V 5E4
(416) 321-8777   SIC 7349

ASBURY BUILDING SERVICES INC   p577
323 Evans Ave, ETOBICOKE, ON, M8Z 1K2
SIC 7349

ASSOCIATED PRO-CLEANING SERVICES CORP   p670
3400 14th Ave Suite 39, MARKHAM, ON, L3R 0H7
(905) 477-6966   SIC 7349

ATELIER DE READAPTATION AU TRAVAIL DE BEAUCE INC   p1154
2485 Boul Neuvialle, Quebec, QC, G1P 3A6
(418) 682-0782   SIC 7349

ATELIER DU MARTIN-PECHEUR INC p1016
192 Boul Notre-Dame, CLERMONT, QC, G4A 1E9
(418) 439-3941   SIC 7349

AV-TECH INC   p989
8002 Rue Jarry, ANJOU, QC, H1J 1H5
(514) 493-1162   SIC 7349

B D L BUILDING SERVICES LTD   p88
10515 170 St Nw, EDMONTON, AB, T5P 4W2
(780) 486-4552   SIC 7349

B. GINGRAS ENTERPRISES LTD   p103
4505 101 St Nw, EDMONTON, AB, T6E 5C6
(780) 435-3355   SIC 7349

BASS BUILDING MAINTENANCE LTD p687
1233 Aerowood Dr, MISSISSAUGA, ON, L4W 1B9
(905) 629-2277   SIC 7349

BEE CLEAN CO (BRANDON) LTD   p344
1515 Parker Blvd, BRANDON, MB, R7A 7P7
(204) 727-8322   SIC 7349

BEE-CLEAN BUILDING MAINTENANCE INCORPORATED   p1281
1555a Mcdonald St, REGINA, SK, S4N 6H7
(306) 757-8020   SIC 7349

BEST FACILITIES SERVICES LTD   p125
Gd, GRANDE PRAIRIE, AB, T8V 2Z7
(780) 532-3508   SIC 7349

BOURGEONS DE LA MITIS, LES   p1079
1811 Boul Gaboury, MONT-JOLI, QC, G5H 4B5
(418) 775-3077   SIC 7349

BRESARA GROUP LTD   p379
1049 Pacific Ave, WINNIPEG, MB, R3E 1G5
(204) 786-8853   SIC 7349

BURSEY SERVICES LIMITED   p433
303 Thorburn Rd, ST. JOHN'S, NL, A1B 4J9
(709) 722-9576   SIC 7349

C & D CLEANING & SECURITY SERVICES LIMITED   p463
106 Chain Lake Dr Unit 2a, HALIFAX, NS, B3S 1A8
(902) 450-5654   SIC 7349

CANADIAN CONTRACT CLEANING SPECIALISTS, INC   p22
1420 40 Ave Ne Suite 3, CALGARY, AB, T2E 6L1
(403) 259-5560   SIC 7349

CANADIAN CONTRACT CLEANING SPECIALISTS, INC   p131
603 10 Ave Se, HIGH RIVER, AB, T1V 1K2
SIC 7349

CANADIAN CONTRACT CLEANING SPECIALISTS, INC   p155
7550 40 Ave, RED DEER, AB, T4P 2H8

(403) 348-8440   SIC 7349

CANADIAN CONTRACT CLEANING SPECIALISTS, INC   p820
10 East Wilmot St Unit 25, RICHMOND HILL, ON, L4B 1G9
(905) 707-0410   SIC 7349

CANCORE BUILDING SERVICES LTD p895
1306 Queen St E, TORONTO, ON, M4L 1C4
(416) 406-1900   SIC 7349

CAPABLE BUILDING CLEANING LTD p398
158 Clark St, FREDERICTON, NB, E3A 2W7
(506) 458-9343   SIC 7349

CARDINAL CARETAKERS CO LIMITED
p845
80 Dynamic Dr, SCARBOROUGH, ON, M1V 2V1
(416) 292-7701   SIC 7349

CENTRE DE SOUS-TRAITANCE BEAUCE (C.S.T.B.) INC   p1189
9050 22e Av, SAINT-GEORGES, QC, G5Y 7R6
(418) 228-7431   SIC 7349

CHAINE DE TRAVAIL ADAPTE C.T.A. INC
p1047
2440 Rue Cantin Bureau 102, Jonquiere, QC, G7X 8S6
(418) 543-6758   SIC 7349

CHD MAINTENANCE LIMITED   p761
274 Viewmount Ave, NORTH YORK, ON, M6B 1V2
(416) 782-5071   SIC 7349

CHEEMA CLEANING SERVICES LTD p541
12366 Airport Rd, CALEDON, ON, L7C 2W1
(905) 951-7156   SIC 7349

CITY OF EDMONTON   p76
12304 107 St Nw, EDMONTON, AB, T5G 2S7
(780) 496-4270   SIC 7349

CLEAN HARBORS ENERGY AND INDUSTRIAL SERVICES CORP.   p119
26 Airport Rd, FORT MCMURRAY, AB, T9H 5B4
(780) 743-0222   SIC 7349

CLEAN HARBORS ENERGY AND INDUSTRIAL SERVICES CORP.   p129
Gd, GRASSLAND, AB, T0A 1V0
SIC 7349

CLEAN HARBORS ENERGY AND INDUSTRIAL SERVICES CORP.   p130
10493 92 St Ss 1, HIGH LEVEL, AB, T0H 1Z0
(780) 926-3248   SIC 7349

CLEAN HARBORS ENERGY AND INDUSTRIAL SERVICES CORP.   p135
3902 77 Ave, LEDUC, AB, T9E 0B6
(780) 980-1868   SIC 7349

CLEAN HARBORS ENERGY AND INDUSTRIAL SERVICES CORP.   p151
3605 57 Ave, PROVOST, AB, T0B 3S0
(780) 753-6149   SIC 7349

CLEAN HARBORS ENERGY AND INDUSTRIAL SERVICES CORP.   p159
235133 Ryan Rd, ROCKY VIEW COUNTY, AB, T1X 0K1
(403) 236-9891   SIC 7349

CLEAN HARBORS ENERGY AND INDUSTRIAL SERVICES CORP.   p258
405 Mcaloney Rd Suite 1, PRINCE GEORGE, BC, V2K 4L2
(250) 563-5882   SIC 7349

CLEAN HARBORS ENERGY AND INDUSTRIAL SERVICES CORP.   p1282
525 E Dewdney Ave, REGINA, SK, S4N 4E9
(306) 546-3322   SIC 7349

CLEAN-BRITE SERVICES OF REGINA LTD
p1287
1201 Osler St, REGINA, SK, S4R 1W4
(306) 352-9953   SIC 7349

CLEANMAX INC   p31
5925 12 St Se Suite 1, CALGARY, AB, T2H 2M3
(403) 229-2406   SIC 7349

COLUMBIA BUILDING MAINTENANCE CO LTD   p755
65 Martin Ross Ave Unit 1, NORTH YORK, ON, M3J 2L6
(416) 663-5020   SIC 7349

COMMERCIAL BUILDING SERVICE LTD
p1282
819 Arcola Ave, REGINA, SK, S4N 0S9
(306) 757-5332   SIC 7349

COMMISSION SCOLAIRE DE LA JONQUIERE   p1046
2195 Boul Mellon, Jonquiere, QC, G7S 3G4
(418) 548-7185   SIC 7349

CONCIERGERIE SPEICO INC   p1059
7651 Rue Cordner, LASALLE, QC, H8N 2X2
(514) 364-0777   SIC 7349

CONMAR JANITORIAL CO. LTD   p161
50 Ridgeview Crt, SHERWOOD PARK, AB, T8A 6B4
(780) 441-5459   SIC 7349

CONTINENTAL MAINTENANCE CORP p937
1565 Keele St, TORONTO, ON, M6N 3G1
(416) 604-3435   SIC 7349

CORPORATION OF THE CITY OF BURLINGTON   p537
3330 Harvester Rd, BURLINGTON, ON, L7N 3M8
(905) 333-6166   SIC 7349

CORREIA ENTERPRISES LTD   p367
375 Nairn Ave, WINNIPEG, MB, R2L 0W8
(204) 668-4420   SIC 7349

CROSS-TORONTO COMMUNITY DEVELOPMENT CORPORATION   p936
761 Queen St W Suite 207, TORONTO, ON, M6J 1G1
(416) 504-4262   SIC 7349

CUSTOM MAIDS INCORPORATED   p897
55 Eglinton Ave E Suite 706, TORONTO, ON, M4P 1G8
(416) 488-5254   SIC 7349

DENESOLINE ENVIRONMENT LIMITED PARTNERSHIP   p119
9816 Hardin St Unit 333, FORT MCMURRAY, AB, T9H 4K3
(780) 791-7788   SIC 7349

DICK'S JANITORIAL SERVICE LTD   p35
Gd, CALGARY, AB, T2J 2T9
(403) 256-3070   SIC 7349

DISTRIBUTIONS ICE INC, LES   p1068
1006 Rue Renault, Levis, QC, G6Z 2Y8
(418) 839-0928   SIC 7349

DOMCLEAN LIMITED   p525
29 Craig St, BRANTFORD, ON, N3R 7H8
(519) 753-8421   SIC 7349

DOMINION JANITORIAL SERVICES LTD
p938
23 Humberside Ave, TORONTO, ON, M6P 1J6
(416) 766-1082   SIC 7349

DOUGORD LIMITED   p539
920 Brant St Suite 8, BURLINGTON, ON, L7R 4J1
(905) 637-1411   SIC 7349

DYNAMIC FACILITY SERVICES LTD   p269
4651 Shell Rd Suite 140, RICHMOND, BC, V6X 3M3
(604) 273-1619   SIC 7349

ENGIE SERVICES INC   p1160
2700 Boul Laurier Unite 3320, Quebec, QC, G1V 2L8
(418) 681-2322   SIC 7349

ENTRE-TIENS DE LA HAUTE-GASPESIE CORPORATION D'AIDE A DOMICILE p1224
378 Boul Sainte-Anne O, SAINTE-ANNE-DES-MONTS, QC, G4V 1S8
(418) 763-7163   SIC 7349

ENTREPRISES DE NETTOYAGE M.P. INC
p1248
1621 Rue De Lery, Trois-Rivieres, QC, G8Y 7B3
SIC 7349

ENTREPRISES DE NETTOYAGE MARCEL LABBE INC   p1153
340 Rue Jackson, Quebec, QC, G1N 4C5
(418) 523-9411   SIC 7349

ENTREPRISES PIERRE PICARD INC, LES p1159
1350 Av Maguire Bureau 103, Quebec, QC, G1T 1Z3
(418) 683-4492 SIC 7349

ENTRETIEN ET NETTOYAGE GENERALE D'IMMEUBLES LBG LTEE p1209
9442 Rte Transcanadienne, SAINT-LAURENT, QC, H4S 1R7
(514) 333-8123 SIC 7349

ENTRETIEN P.E.A.C.E. PLUS INC p1119
950 Av Ogilvy Bureau 200, Montreal, QC, H3N 1P4
(514) 273-9764 SIC 7349

ENVIRO CLEAN (NFLD.) LIMITED p430
155 Mcnamara Dr, PARADISE, NL, A1L 0A7
(709) 781-3264 SIC 7349

ENVIRO INDUSTRIES INC p990
7887 Rue Grenache Bureau 106, ANJOU, QC, H1J 1C4
(514) 352-0003 SIC 7349

ENVIROCLEAN BUILDING MAINTENANCE LTD p91
17233 109 Ave Nw Suite 101, EDMONTON, AB, T5S 1H7
(780) 489-0500 SIC 7349

ENVIRONCLEAN LIMITED p451
51 Raddall Ave Unit 15, Dartmouth, NS, B3B 1T6
(902) 860-2425 SIC 7349

EVRIPOS JANITORIAL SERVICES LTD p793
136 Flora St Suite 1, OTTAWA, ON, K1R 5R5
(613) 232-9069 SIC 7349

FEDERATED BUILDING SERVICES LIMITED p458
1505 Barrington St Suite 1310, HALIFAX, NS, B3J 3K5
SIC 7349

FIVE STAR HOUSEKEEPING SERVICES INC p718
6731 Columbus Rd Unit 3, MISSISSAUGA, ON, L5T 2M4
(905) 696-9449 SIC 7349

FOR-NET INC p1151
1875 Av De La Normandie, Quebec, QC, G1L 3Y8
(418) 529-6103 SIC 7349

GARDA CANADA SECURITY CORPORATION p693
2345 Stanfield Rd Unit 400, MISSISSAUGA, ON, L4Y 3Y3
(416) 915-9500 SIC 7349

GDI SERVICES (CANADA) LP p44
400 3 Ave Sw, CALGARY, AB, T2P 4H2
(403) 232-8402 SIC 7349

GDI SERVICES (CANADA) LP p77
11041 105 Ave Nw Suite 201, EDMONTON, AB, T5H 3Y1
(780) 428-9508 SIC 7349

GDI SERVICES (CANADA) LP p400
475 Wilsey Rd, FREDERICTON, NB, E3B 7K1
(506) 453-1404 SIC 7349

GDI SERVICES (CANADA) LP p417
66 Waterloo St Suite 230, SAINT JOHN, NB, E2L 3P4
(506) 632-1882 SIC 7349

GDI SERVICES (CANADA) LP p451
202 Brownlow Ave, DARTMOUTH, NS, B3B 1T5
(902) 468-3103 SIC 7349

GDI SERVICES (CANADA) LP p458
2000 Barrington St Suite 1210, HALIFAX, NS, B3J 3K1
SIC 7349

GDI SERVICES (CANADA) LP p585
60 Worcester Rd, ETOBICOKE, ON, M9W 5X2
(416) 736-1144 SIC 7349

GDI SERVICES (CANADA) LP p607
39 Dunbar Ave, HAMILTON, ON, L8H 3E3
(905) 561-9990 SIC 7349

GDI SERVICES (CANADA) LP p641
100 Campbell Ave Suite 12, KITCHENER, ON, N2H 4X8
SIC 7349

GDI SERVICES (CANADA) LP p654
931 Leathorne St Unit E, LONDON, ON, N5Z 3M7
(519) 681-3330 SIC 7349

GDI SERVICES (CANADA) LP p785
800 Industrial Ave Suite 12, OTTAWA, ON, K1G 4B8
(613) 247-0065 SIC 7349

GDI SERVICES (CANADA) LP p1287
1319 Hamilton St, REGINA, SK, S4R 2B6
SIC 7349

GDI SERVICES AUX IMMEUBLES INC p1111
705 Rue Sainte-Catherine O, Montreal, QC, H3B 4G5
(514) 288-9994 SIC 7349

GDI SERVICES TECHNIQUES S.E.C. p1061
695 90e Av, LASALLE, QC, H8R 3A4
(514) 368-1500 SIC 7349

GLEN CORPORATION p890
624 Magnetic Dr, TORONTO, ON, M3J 2C4
(416) 663-4664 SIC 7349

GOVERNMENT OF THE PROVINCE OF ALBERTA p44
620 7 Ave Sw Rm 802, CALGARY, AB, T2P 0Y8
(403) 297-6190 SIC 7349

GRANDMOTHER'S TOUCH INC p688
5359 Timberlea Blvd Suite 20, MISSISSAUGA, ON, L4W 4N5
(905) 361-0485 SIC 7349

GROUPE C.D.J. INC p1180
4740 Rue Saint-Felix, SAINT-AUGUSTIN-DE-DESMAURES, QC, G3A 1B1
SIC 7349

GROUPE POLY-M2 INC, LE p1239
4005a Rue De La Garlock, SHERBROOKE, QC, J1L 1W9
(819) 562-2161 SIC 7349

GROUPE QUALINET INC p1146
434 Rue Des Monteregiennes, Quebec, QC, G1C 7H3
(418) 387-4000 SIC 7349

HELPING LIMITED p853
114 Dunkirk Road Unit 1, ST CATHARINES, ON, L2P 3H5
(905) 646-9890 SIC 7349

ICRM BUILDING SERVICE CONTRACTORS LTD p585
5 Mclachlan Dr, ETOBICOKE, ON, M9W 1E3
(416) 798-9898 SIC 7349

IMPERIAL CLEANERS LTD p451
617 Windmill Rd, DARTMOUTH, NS, B3B 1B6
(902) 434-9989 SIC 7349

INTERTECH BUILDING SERVICES LTD p269
10451 Shellbridge Way Suite 201, RICHMOND, BC, V6X 2W8
(604) 270-3478 SIC 7349

J ANN J CLEANING SERVICES p758
64 Flax Garden Way, NORTH YORK, ON, M3N 2H5
(647) 233-2029 SIC 7349

JACOBS INDUSTRIAL SERVICES p114
1104 70 Ave Nw, EDMONTON, AB, T6P 1P5
(780) 468-2533 SIC 7349

JACOBS INDUSTRIAL SERVICES LTD p18
205 Quarry Park Blvd Se Suite 200, CALGARY, AB, T2C 3E7
(403) 258-6899 SIC 7349

JACOBS INDUSTRIAL SERVICES LTD p120
Gd, FORT MCMURRAY, AB, T9H 5B7
(780) 790-8060 SIC 7349

JANI QUEEN p793
250 Rochester St, OTTAWA, ON, K1R 7N1
SIC 7349

KELLOWAY CONSTRUCTION LIMITED p431
1388 Portugal Cove Rd, PORTUGAL COVE-ST PHILIPS, NL, A1M 3J9
(709) 895-6532 SIC 7349

KLEENZONE LTD p598
2489 Sixth Concession Rd, GREENWOOD, ON, L0H 1H0
(905) 686-6500 SIC 7349

L D G ENTRETIEN GENERAL D'IMMEUBLES INC p1207
5445 Boul Henri-Bourassa O, SAINT-LAURENT, QC, H4R 1B7
(514) 333-8123 SIC 7349

LEADEC (CA) CORP p486
4700 Tottenham Rd, ALLISTON, ON, L9R 1A2
(705) 435-5077 SIC 7349

LML INDUSTRIAL CONTRACTORS LTD p1268
Gd Lcd Main, ESTEVAN, SK, S4A 2A1
SIC 7349

MAID EXEC LTD p413
10 Dale St, RIVERVIEW, NB, E1B 4A9
(506) 387-4146 SIC 7349

MANORRLEA SYSTEMS INC p13
3300 14 Ave Ne Unit 6, CALGARY, AB, T2A 6J4
(403) 262-8550 SIC 7349

MEDICLEAN INCORPORATED p874
60 Bradgate Dr, THORNHILL, ON, L3T 7L9
(905) 886-4305 SIC 7349

MONTCALM SERVICES TECHNIQUES INC p1061
695 90e Av, LASALLE, QC, H8R 3A4
SIC 7349

NATIONAL CORPORATE HOUSEKEEPING SERVICES INC p704
3481 Kelso Cres, MISSISSAUGA, ON, L5L 4R3
(905) 608-8004 SIC 7349

NETTOYEUR PELICAN INC p1180
195 Rue Georges, SAINT-AUGUSTIN-DE-DESMAURES, QC, G3A 1W7
(418) 871-3999 SIC 7349

NEW YORK WINDOW CLEANING COMPANY, LIMITED p754
3793 Bathurst St, NORTH YORK, ON, M3H 3N1
(416) 635-0765 SIC 7349

NORTH OKANAGAN SHUSWAP SCHOOL DISTRICT 8 p276
5911 Auto Rd Se, Salmon Arm, BC, V1E 2X2
(250) 832-9415 SIC 7349

NUEST SERVICES LTD p282
17858 66 Ave, SURREY, BC, V3S 7X1
(604) 888-1588 SIC 7349

OLD BRITE MAINTENANCE SERVICES LTD p690
5155 Spectrum Way Suite 34, MISSISSAUGA, ON, L4W 5A1
(905) 602-5108 SIC 7349

PETTOS MAINTENANCE SERVICE LTD p693
1090 Dundas St E Suite A, MISSISSAUGA, ON, L4Y 2B8
(905) 275-9846 SIC 7349

PHOENIX ENTERPRISES LTD p388
100 Lowson Cres, WINNIPEG, MB, R3P 2H8
(204) 261-1524 SIC 7349

PINKHAM & SONS BUILDING MAINTENANCE INC p783
1181m Newmarket St, OTTAWA, ON, K1B 3V1
(613) 745-7753 SIC 7349

PINKHAM & SONS BUILDING MAINTENANCE INC p1207
2449 Rue Guenette, SAINT-LAURENT, QC, H4R 2E9
(514) 332-4522 SIC 7349

POLAR BUILDING CLEANING LTD p367
360 Johnson Ave W, WINNIPEG, MB, R2L 0J1
(204) 334-3000 SIC 7349

POWER VAC SERVICES LTD p383
1355 Border St, WINNIPEG, MB, R3H 0N1
(204) 632-4433 SIC 7349

PRIME BUILDING MAINTENANCE LTD p267
12800 Bathgate Way Unit 13, RICHMOND, BC, V6V 1Z4
(604) 270-7766 SIC 7349

PRODUITS STANDARD INC p256
1680 Broadway St Suite 101, PORT COQUITLAM, BC, V3C 2M8
(604) 945-4550 SIC 7349

Q. C. MAINTENANCE LTD p1297
234 2nd Ave S, SASKATOON, SK, S7K 1K9
(306) 934-6588 SIC 7349

QUEEN'S UNIVERSITY AT KINGSTON p632
207 Stuart St, KINGSTON, ON, K7L 2V9
(613) 533-6075 SIC 7349

QUIET HARMONY INC p516
30 Intermodal Dr Unit 43, BRAMPTON, ON, L6T 5K1
(905) 794-0622 SIC 7349

QUINTERRA PROPERTY MAINTENANCE INC p316
1681 Chestnut St Suite 400, VANCOUVER, BC, V6J 4M6
(604) 689-1800 SIC 7349

RELIABLE WINDOW CLEANERS (SUDBURY) LIMITED p870
345 Regent St, SUDBURY, ON, P3C 4E1
(705) 675-5281 SIC 7349

RICHARDS JANITOR SERVICE INC p87
14602 116 Ave Nw Suite 4, EDMONTON, AB, T5M 3E9
(780) 452-3995 SIC 7349

ROSE BUILDING MAINTENANCE LTD p167
7 St Anne St Suite 223, ST. ALBERT, AB, T8N 2X4
(780) 459-4146 SIC 7349

SAN-I-KLEEN MAINTENANCE LTD p430
835 Topsail Rd, MOUNT PEARL, NL, A1N 3J6
SIC 7349

SCANDINAVIAN BUILDING SERVICES LTD p74
11651 71 St Nw, EDMONTON, AB, T5B 1W3
(780) 477-3311 SIC 7349

SCHOOL DISTRICT #75 (MISSION) p238
33919 Dewdney Trunk Rd Suite 75, MISSION, BC, V2V 6Y4
(604) 826-7375 SIC 7349

SCHOOL DISTRICT NO 27 (CARIBOO-CHILCOTIN) p341
765 Second Ave N, WILLIAMS LAKE, BC, V2G 4C3
(250) 398-3875 SIC 7349

SCHOOL DISTRICT NO. 46 (SUNSHINE COAST) p216
857 Henry Rd, GIBSONS, BC, V0N 1V2
(604) 886-9870 SIC 7349

SCHOOL DISTRICT NO. 71 (COMOX VALLEY) p204
2963 Vanier Dr, COURTENAY, BC, V9N 5Y2
(250) 338-7475 SIC 7349

SCHOOL DISTRICT NO. 8 (KOOTENAY LAKE) p243
90 Lakeside Dr, NELSON, BC, V1L 6B9
(250) 354-4871 SIC 7349

SERVICE D'ENTRETIEN ADVANCE INC p1213
180 Montee De Liesse, SAINT-LAURENT, QC, H4T 1N7
(514) 363-3911 SIC 7349

SERVICE D'ENTRETIEN CARLOS INC p1133
10465 Av Balzac, MONTREAL-NORD, QC, H1H 3L6
(514) 727-3415 SIC 7349

SERVICEMASTER OF CANADA LIMITED p177
34100 South Fraser Way Unit 1, ABBOTSFORD, BC, V2S 2C6
(604) 853-8779 SIC 7349

SERVICES MENAGERS TRIFLUVIENS INC p1251
5224 Boul Gene-H.-Kruger, Trois-Rivieres, QC, G9A 4N6
(819) 374-7437 SIC 7349

SIC 7352 Medical equipment rental

SEVEN OAKS JANITORIAL SERVICES LTD p371
636 Dufferin Ave, WINNIPEG, MB, R2W 2Z2
(204) 586-5660 SIC 7349

SEVEN OAKS SCHOOL DIVISION p371
2536 Mcphillips St Suite 10, WINNIPEG, MB, R2V 4J8
(204) 338-7991 SIC 7349

SHANNON, BRENDA CONTRACTS LIMITED p470
130 George St, NEW GLASGOW, NS, B2H 2K6
(902) 755-5445 SIC 7349

SHEON ENTERPRISES INC p627
6047 First Line, KARS, ON, K0A 2E0
(613) 692-1011 SIC 7349

SIERRA VENTURES CORP p1286
1810 College Ave, REGINA, SK, S4P 1C1
(306) 949-1510 SIC 7349

SIMCOE COUNTY CLEANING LIMITED p498
49 Morrow Rd Unit 14, BARRIE, ON, L4N 3V7
(705) 722-7203 SIC 7349

SKYREACH WINDOW AND BUILDING SERVICES INC p891
2857 St Clair Ave E Suite A, TORONTO, ON, M4B 1N4
(416) 285-6312 SIC 7349

SMITH & BROOKS SERVICES INC p745
250 Consumers Rd Suite 508, NORTH YORK, ON, M2J 4V6
(866) 974-6373 SIC 7349

SMS MODERN CLEANING SERVICE (ALBERTA) INC p756
777 Supertest Rd, NORTH YORK, ON, M3J 2M9
(416) 736-1144 SIC 7349

SODEXO CANADA LTD p38
1301 16 Ave Nw, CALGARY, AB, T2M 0L4
(403) 284-8536 SIC 7349

SODEXO CANADA LTD p262
3333 University Way, PRINCE GEORGE, BC, V2N 4Z9
SIC 7349

SOLAR GROUP INC, THE p840
2481 Kingston Rd Suite 203, SCARBOROUGH, ON, M1N 1V4
(416) 269-2288 SIC 7349

SOLOMON HOLDINGS INC p409
209 Edinburgh Dr, MONCTON, NB, E1E 2K9
(506) 388-4884 SIC 7349

SOLUTIONS DE MAINTENANCE APPLIQUEES (AMS) INC p783
1470 Triole St, OTTAWA, ON, K1B 3S6
(613) 241-7794 SIC 7349

SPARKLES CLEANING SERVICE LTD p643
300 Mill St Unit 6, KITCHENER, ON, N2M 5G8
(519) 579-4845 SIC 7349

STATE BUILDING MAINTENANCE LIMITED p582
34 Ashmount Cres, ETOBICOKE, ON, M9R 1C7
(416) 247-1290 SIC 7349

STEAMATIC METROPOLITAIN INC p1031
2375 Rue Canadien, DRUMMONDVILLE, QC, J2C 7W1
(819) 474-5050 SIC 7349

SUNSHINE BUILDING MAINTENANCE INC p539
2500 Industrial St, BURLINGTON, ON, L7P 1A5
(905) 335-2020 SIC 7349

SUPER SHINE JANITORIAL SERVICES LIMITED p704
3495 Laird Rd Unit 22, MISSISSAUGA, ON, L5L 5S5
(905) 607-8200 SIC 7349

SUPRA PROPERTY SERVICES LTD p318
3389 41st Ave W, VANCOUVER, BC, V6N 3E5
(604) 761-6631 SIC 7349

TEMABEX INC p1254
375 Av Centrale, VAL-D'OR, QC, J9P 1P4

(819) 825-2944 SIC 7349

TORONTO DISTRICT SCHOOL BOARD p938
401 Alliance Ave, TORONTO, ON, M6N 2J1
(416) 394-3411 SIC 7349

TRI-CLEAN BUILDING SERVICES INC p721
1415 Bonhill Rd Unit 5, MISSISSAUGA, ON, L5T 1R2
(905) 624-6112 SIC 7349

TUCKER CLEANING (1979) INC p1298
901 1st Ave N Suite 9, SASKATOON, SK, S7K 1Y4
(306) 956-3377 SIC 7349

ULTRA-TECH CLEANING SYSTEMS LTD p293
1420 Adanac St Suite 201, VANCOUVER, BC, V5L 2C3
(604) 253-4698 SIC 7349

VEOLIA ES CANADA SERVICES INDUSTRIELS INC p829
605 Scott Rd, SARNIA, ON, N7T 8G3
(519) 336-3330 SIC 7349

WASCANA BUILDING SERVICES LIMITED p63
113 Coral Shores Bay Ne, CALGARY, AB, T3J 3J6
(403) 285-4842 SIC 7349

WEST KOOTENAY SOCIAL ENTERPRISE SOCIETY p244
542 Baker St Suite 204, NELSON, BC, V1L 4H9
(250) 352-1942 SIC 7349

SIC 7352 Medical equipment rental

GOUVERNEMENT DE LA PROVINCE DE QUEBEC p1122
7005 Boul De Maisonneuve O Bureau 620, Montreal, QC, H4B 1T3
(514) 487-1770 SIC 7352

SIC 7353 Heavy construction equipment rental

1409096 ONTARIO LIMITED p15
7505 48 St Se Suite 250, CALGARY, AB, T2C 4C7
(780) 429-3676 SIC 7353

9020-4983 QUEBEC INC p1046
2035 Rue Deschenes, Jonquiere, QC, G7S 5E3
(418) 548-5000 SIC 7353

ACCEDE ENERGY SERVICES LTD p6
27312 Twp Rd Unit 12, BLACKFALDS, AB, T0M 0J0
SIC 7353

ACCEDE ENERGY SERVICES LTD p65
5022 42 Ave, CALMAR, AB, T0C 0V0
(780) 985-4202 SIC 7353

ACCEDE ENERGY SERVICES LTD p1268
Gd Lcd Main, ESTEVAN, SK, S4A 2A1
(306) 634-6868 SIC 7353

AGF ACCES INC p1096
9601 Boul Saint-Laurent, Montreal, QC, H2N 1P6
(514) 385-1762 SIC 7353

ALUMA SYSTEMS INC p418
250 Industrial Dr, SAINT JOHN, NB, E2R 1A5
(506) 633-9820 SIC 7353

ALUMA SYSTEMS INC p505
2 Manchester Court, BOLTON, ON, L7E 2J3
(905) 669-5282 SIC 7353

ATS TRAFFIC-ALBERTA LTD p15
2807 58 Ave Se, CALGARY, AB, T2C 0B4
(403) 236-9860 SIC 7353

CHEP CANADA INC p1208
3805 Rue Sartelon, SAINT-LAURENT, QC, H4S 2A6
(514) 745-2437 SIC 7353

CLEAN HARBORS CANADA, INC p147
1102 6 St, NISKU, AB, T9E 7N7

(780) 955-8788 SIC 7353

CLEAN HARBORS INDUSTRIAL SERVICES CANADA, INC p125
Gd, GRANDE PRAIRIE, AB, T8V 6L4
SIC 7353

CONSTRUCTION J.R. GAUTHIER INC p1172
216 Ch De L'anse, RIGAUD, QC, J0P 1P0
(514) 866-4788 SIC 7353

COOPER RENTALS CANADA INC/LOCATIONS COOPER CANADA INC p718
6335 Edwards Blvd, MISSISSAUGA, ON, L5T 2W7
(289) 247-2770 SIC 7353

DC ENERGY SERVICES INC p126
Gd Lcd Main, GRANDE PRAIRIE, AB, T8V 2Z7
SIC 7353

GUAY INC p990
10801 Rue Colbert, ANJOU, QC, H1J 2G5
(514) 354-7344 SIC 7353

GUAY INC p1046
2474 Rue Dubose, Jonquiere, QC, G7S 1B4
(418) 548-3192 SIC 7353

GUAY INC p1131
11225 Boul Metropolitain E, MONTREAL-EST, QC, H1B 1A3
(514) 259-1535 SIC 7353

GUAY INC p1167
1160 Rue Bouvier, Quebec, QC, G2K 1L9
(418) 628-8460 SIC 7353

GUAY INC p1239
4300 Rue Hector-Brien, SHERBROOKE, QC, J1L 0E2
(819) 569-2041 SIC 7353

GUAY INC p1251
7100 Boul Jean-Xxiii, Trois-Rivieres, QC, G9A 5C9
(819) 377-4343 SIC 7353

GWIL INDUSTRIES INC p187
5337 Regent St, BURNABY, BC, V5C 4H4
(604) 291-9401 SIC 7353

J. D. IRVING, LIMITED p448
43 Atlantic St, DARTMOUTH, NS, B2Y 4P4
(902) 429-7000 SIC 7353

KONECRANES CANADA INC p1026
1875 Ch Saint-Francois, DORVAL, QC, H9P 1K3
(514) 421-3030 SIC 7353

LAPRAIRIE CRANE LTD p292
235 Front St Suite 209, TUMBLER RIDGE, BC, V0C 2W0
(250) 242-5561 SIC 7353

LOCATION HEWITT INC p1209
3000 Boul Pitfield, SAINT-LAURENT, QC, H4S 1K6
(514) 334-4125 SIC 7353

NATIONAL-OILWELL CANADA LTD p129
15402 91 St, GRANDE PRAIRIE, AB, T8X 0B2
(780) 539-9366 SIC 7353

NCSG CRANE & HEAVY HAUL SERVICES LTD p1
53016 Hwy 60 Unit 817, ACHESON, AB, T7X 5A7
(780) 960-6300 SIC 7353

NCSG CRANE & HEAVY HAUL SERVICES LTD p214
6720 87a Ave, FORT ST. JOHN, BC, V1J 0B4
(250) 787-0930 SIC 7353

PARTNERS CONSTRUCTION LIMITED p472
Gd, PICTOU, NS, B0K 1H0
(902) 485-4576 SIC 7353

PERI FORMWORK SYSTEMS INC p101
4839 74 Ave Nw, EDMONTON, AB, T6B 2H5
(780) 432-7374 SIC 7353

PERI FORMWORK SYSTEMS INC p506
45 Nixon Rd, BOLTON, ON, L7E 1K1
(905) 951-5400 SIC 7353

PHOENIX TECHNOLOGY SERVICES INC p159
285119 Bluegrass Dr, ROCKY VIEW COUNTY, AB, T1X 0P5

(403) 236-1394 SIC 7353

PROCRANE INC p6
Gd Hwy 2 And Sec 597 Joffre Rd, BLACKFALDS, AB, T0M 0J0
(403) 885-6000 SIC 7353

PROCRANE INC p202
10 Burbidge St, COQUITLAM, BC, V3K 5Y5
(604) 468-0222 SIC 7353

PROCRANE INC p362
66 Matheson Parkway, WINNIPEG, MB, R2C 2Z2
(204) 233-5542 SIC 7353

PROCRANE INC p831
Baseline Rd, SAULT STE. MARIE, ON, P6A 5L1
(705) 945-5099 SIC 7353

PUMPCRETE CORPORATION p482
9 Mansewood Crt, ACTON, ON, L7J 0A1
(905) 878-5559 SIC 7353

PUMPCRETE CORPORATION p947
161 Caldari Rd, VAUGHAN, ON, L4K 3Z9
(905) 669-2017 SIC 7353

QUINN'S RENTAL SERVICES (CANADA) INC p155
7739 Edgar Industrial Dr, RED DEER, AB, T4P 3R2
(403) 346-0770 SIC 7353

RAYDON RENTALS LTD p57
11560 42 St Se Suite 1, CALGARY, AB, T2Z 4E1
(403) 640-4800 SIC 7353

RAYDON RENTALS LTD p93
10235 180 Street Nw, EDMONTON, AB, T5S 1C1
(780) 989-1301 SIC 7353

RAYDON RENTALS LTD p106
4750 101 St Nw, EDMONTON, AB, T6E 5G9
(780) 455-2005 SIC 7353

RAYDON RENTALS LTD p127
9501 116 St Suite 201, GRANDE PRAIRIE, AB, T8V 5W3
(780) 513-1245 SIC 7353

RAYDON RENTALS LTD p229
9565 198 St, LANGLEY, BC, V1M 3B8
(604) 888-5787 SIC 7353

RENTCO EQUIPMENT LTD p127
11437 97 Ave, GRANDE PRAIRIE, AB, T8V 5R8
(780) 539-7860 SIC 7353

SMS CONSTRUCTION AND MINING SYSTEMS INC p1027
1965 55e Av, DORVAL, QC, H9P 1G9
(514) 636-8515 SIC 7353

STRAD OILFIELD RENTALS LTD p175
5910 45 Ave, WHITECOURT, AB, T7S 0B8
(780) 778-2552 SIC 7353

STRONGCO ENGINEERED SYSTEMS INC p115
2820 84 Ave Nw, EDMONTON, AB, T6P 1P7
(780) 948-3515 SIC 7353

STRONGCO LIMITED PARTNERSHIP p1286
Hwy 1 E, REGINA, SK, S4P 3B1
(306) 359-7273 SIC 7353

TNT CRANE & RIGGING CANADA INC p180
2190 Carpenter St, ABBOTSFORD, BC, V2T 6B4
(800) 667-2215 SIC 7353

TOROMONT INDUSTRIES LTD p390
10 Irene St, WINNIPEG, MB, R3T 0P1
(204) 474-2411 SIC 7353

TOROMONT INDUSTRIES LTD p517
27 Finley Rd, BRAMPTON, ON, L6T 1B2
(905) 457-7977 SIC 7353

TOROMONT INDUSTRIES LTD p651
1901 Oxford St E, LONDON, ON, N5V 2Z6
(519) 453-3000 SIC 7353

TROJAN SAFETY SERVICES LTD p156
7669 Edgar Industrial Crt Unit 3, RED DEER, AB, T4P 4E2
(403) 309-3025 SIC 7353

UNITED RENTALS OF CANADA, INC p20
11447 42 St Se Suite Unit, CALGARY, AB, T2C 2Y1
(403) 262-9998 SIC 7353

BUSINESSES BY INDUSTRY CLASSIFICATION

SIC 7361 Employment agencies 2341

UNITED RENTALS OF CANADA, INC p70
189 Northland Dr, CONKLIN, AB, T0P 1H1
(780) 559-0183   SIC 7353

UNITED RENTALS OF CANADA, INC p122
140 Taiganova Cres, FORT MCMURRAY, AB, T9K 0T4
(780) 743-9555   SIC 7353

UNITED RENTALS OF CANADA, INC p188
5175 Regent St, BURNABY, BC, V5C 4H4
(604) 299-5888   SIC 7353

UNITED RENTALS OF CANADA, INC p242
2530 Kenworth Rd, NANAIMO, BC, V9T 3Y4
(250) 758-3911   SIC 7353

UNITED RENTALS OF CANADA, INC p361
160 Mountainview, WINNIPEG, MB, R0H 1E0
(204) 775-7171   SIC 7353

UNITED RENTALS OF CANADA, INC p453
37 Payzant Ave, DARTMOUTH, NS, B3B 2E1
(902) 468-6668   SIC 7353

UNITED RENTALS OF CANADA, INC p499
630 Dunlop St W, BARRIE, ON, L4N 9W5
(705) 722-8181   SIC 7353

UNITED RENTALS OF CANADA, INC p521
89 Heart Lake Rd, BRAMPTON, ON, L6W 3K1
(905) 458-4462   SIC 7353

UNITED RENTALS OF CANADA, INC p712
2790 Argentia Rd Suite D, MISSISSAUGA, ON, L5N 8L2
(905) 814-8533   SIC 7353

UNITED RENTALS OF CANADA, INC p862
45 Oriole Ave, STONEY CREEK, ON, L8E 5C4
(905) 664-5007   SIC 7353

UNITED RENTALS OF CANADA, INC p1211
3185 Boul Pitfield, SAINT-LAURENT, QC, H4S 1H6
(514) 331-7550   SIC 7353

VARCO CANADA ULC p7
5402 55 Ave Suite 2, BONNYVILLE, AB, T9N 2K6
(780) 826-2263   SIC 7353

VARCO CANADA ULC p102
7127 56 Ave Nw, EDMONTON, AB, T6B 3L2
(780) 665-0200   SIC 7353

VARCO CANADA ULC p136
6621 45 St, LEDUC, AB, T9E 7E3
(780) 986-6063   SIC 7353

VENETOR CRANE LTD p862
45 Oriole Ave, STONEY CREEK, ON, L8E 5C4
(905) 664-5007   SIC 7353

VENETOR EQUIPMENT RENTAL INC p583
11 Mars Rd, ETOBICOKE, ON, M9V 2K2
(416) 679-8480   SIC 7353

WESTCON EQUIPMENT & RENTALS LTD p373
380 Keewatin St, WINNIPEG, MB, R2X 2R9
(204) 633-5800   SIC 7353

SIC 7359 Equipment rental and leasing, nec

3627730 CANADA INC p299
395 8th Ave W, VANCOUVER, BC, V5Y 1N7
(604) 255-1151   SIC 7359

3627730 CANADA INC p686
2365 Matheson Blvd E, MISSISSAUGA, ON, L4W 5B3
(905) 366-9200   SIC 7359

3627730 CANADA INC p927
255 Front St W, TORONTO, ON, M5V 2W6
(416) 585-8144   SIC 7359

3627730 CANADA INC p1056
1930 Rue Onesime-Gagnon, LACHINE, QC, H8T 3M6
(514) 631-0710   SIC 7359

3627730 CANADA INC p1152
2025 Rue Lavoisier Bureau 100, Quebec, QC, G1N 4L6
(418) 687-9055   SIC 7359

A.R.M. HOLDINGS INC p219
1962 Glenwood Dr, KAMLOOPS, BC, V2C 4G4
(250) 372-5479   SIC 7359

ABP LOCATION INC p1084
12900 Boul Industriel, Montreal, QC, H1A 4Z6
(514) 528-5445   SIC 7359

AGWEST LTD p348
Highway 1 W, ELIE, MB, R0H 0H0
(204) 353-3850   SIC 7359

ALBERTA SPECIAL EVENT EQUIPMENT RENTALS & SALES LTD p103
6010 99 St Nw, EDMONTON, AB, T6E 3P2
(780) 669-0179   SIC 7359

AMECO SERVICES INC p122
1025 Memorial Dr, FORT MCMURRAY, AB, T9K 0K4
(780) 588-2400   SIC 7359

ATLANTIC RETAIL CO-OPERATIVES FEDERATION p426
24 Carr Cres, GANDER, NL, A1V 2E3
(709) 651-3751   SIC 7359

BELL ALIANT REGIONAL COMMUNICATIONS INC p433
34 Pippy Pl, ST. JOHN'S, NL, A1B 3X4
(709) 722-3748   SIC 7359

BOUTIQUE DU BUREAU GYVA INC p988
221 Rue Principale S, AMOS, QC, J9T 2J8
(819) 732-5531   SIC 7359

CAPITOL PIPE SUPPORTS LIMITED p622
85 Talbot St E, JARVIS, ON, N0A 1J0
(519) 587-4571   SIC 7359

CENTRELINE EQUIPMENT RENTALS LTD p552
401 Richmond St, CHATHAM, ON, N7M 1P5
(519) 354-2671   SIC 7359

CENTRELINE EQUIPMENT RENTALS LTD p963
3950 Rhodes Dr, WINDSOR, ON, N8W 5C2
(519) 944-4500   SIC 7359

CHEP CANADA INC p14
4750 43 St Se Unit 134, CALGARY, AB, T2B 3N3
(403) 236-1633   SIC 7359

CHEP CANADA INC p207
559 Annance Crt Suite 2, DELTA, BC, V3M 6Y7
(604) 520-2583   SIC 7359

CHEP CANADA INC p409
145 English Dr, MONCTON, NB, E1E 3X3
(506) 858-8393   SIC 7359

CHEP CANADA INC p513
76 Wentworth Crt, BRAMPTON, ON, L6T 5M7
(905) 790-2437   SIC 7359

CHEP CANADA INC p707
7400 East Danbro Cres, MISSISSAUGA, ON, L5N 8C6
(905) 790-2437   SIC 7359

CHEP CANADA INC p1002
331 Ch Du Tremblay, BOUCHERVILLE, QC, J4B 7M1
(450) 449-2374   SIC 7359

CHINA SHIPPING (CANADA) AGENCY CO. LTD p271
8100 Granville Ave Unit 730, RICHMOND, BC, V6Y 3T6
SIC 7359

CNLX CANADA INC p75
10229 127 Ave Nw, EDMONTON, AB, T5E 0B9
(888) 888-5909   SIC 7359

COINAMATIC CANADA INC p1129
4479 Nord Laval (A-440) O, Montreal, QC, H7P 4W6
(450) 688-4808   SIC 7359

DRECHSEL INCORPORATED p758
400 Oakdale Rd, NORTH YORK, ON, M3N 1W5
(416) 740-7120   SIC 7359

ECHAFAUDS PLUS (LAVAL) INC p1228
2897 Av Francis-Hughes, SAINTE-ROSE, QC, H7L 4G8
(450) 663-1926   SIC 7359

FINNING INTERNATIONAL INC p91
10910 170 St Nw, EDMONTON, AB, T5S 1H6
(780) 483-1122   SIC 7359

FREEMAN EXPOSITIONS, LTD p784
940 Belfast Rd, OTTAWA, ON, K1G 4A2
(613) 748-7180   SIC 7359

HELICOPTERES CANADIENS LIMITEE p427
30 Toronto Ave, HAPPY VALLEY-GOOSE BAY, NL, A0P 1C0
(709) 896-5259   SIC 7359

HERTZ EQUIPMENT RENTAL CORPORATION p990
9300 Rue Edison, ANJOU, QC, H1J 1T1
(514) 354-8891   SIC 7359

LEAVITT MACHINERY AND RENTALS INC p120
275 Macalpine Cres, FORT MCMURRAY, AB, T9H 4Y4
(780) 790-9387   SIC 7359

LOCATION BENCH & TABLE INC p1121
6999 Av Victoria, Montreal, QC, H3W 3E9
(514) 738-4755   SIC 7359

LOGISTIQUE SAINT LAURENT p1202
320 Rue De L'ilmenite, SAINT-JOSEPH-DE-SOREL, QC, J3R 4A2
(450) 742-1212   SIC 7359

MAGASIN DE MUSIQUE STEVE INC p930
415 Queen St W, TORONTO, ON, M5V 2A5
(416) 593-8888   SIC 7359

MAPLE LEAF FOODS INC p725
5507 Boundary Rd, NAVAN, ON, K4B 1P6
(613) 822-6818   SIC 7359

MASON LIFT LTD p208
1605 Cliveden Ave, DELTA, BC, V3M 6P7
(604) 517-5600   SIC 7359

MEDIACO THE PRESENTATION COMPANY INC p193
4595 Tillicum St, BURNABY, BC, V5J 5K9
(604) 871-1000   SIC 7359

MEDIACO THE PRESENTATION COMPANY INC p891
6 Curity Ave Unit B, TORONTO, ON, M4B 1X2
(416) 405-9797   SIC 7359

OTTAWA BUSINESS INTERIORS LTD p727
183 Colonnade Rd Suite 100, NEPEAN, ON, K2E 7J4
(613) 226-4090   SIC 7359

OYO GEO SPACE CANADA INC p10
2735 37 Ave Ne, CALGARY, AB, T1Y 5R8
(403) 250-9600   SIC 7359

PENSKE TRUCK LEASING CANADA INC p19
6215 48 St Se, CALGARY, AB, T2C 3J7
(403) 236-7162   SIC 7359

PHELPS APARTMENT LAUNDRIES LTD p270
3640 No. 4 Rd Suite 1, RICHMOND, BC, V6X 2L7
(604) 257-8200   SIC 7359

PRAIRIE INTERNATIONAL CONTAINER & DRAY SERVICES INC p362
135 Saunders St, WINNIPEG, MB, R2C 2Z2
(204) 783-3801   SIC 7359

PROLUDIK INC p1165
2500 Rue Jean-Perrin Bureau 103, Quebec, QC, G2C 1X1
(418) 845-1245   SIC 7359

RAYDON RENTALS LTD p121
905 Memorial Dr, FORT MCMURRAY, AB, T9H 3G6
(780) 743-5217   SIC 7359

RED-D-ARC LIMITED p598
667 S Service Rd, GRIMSBY, ON, L3M 4G1
(905) 629-2423   SIC 7359

RTO ASSET MANAGEMENT INC p698
33 City Centre Dr Suite 510, MISSISSAUGA, ON, L5B 2N5
(905) 272-2788   SIC 7359

RYDER TRUCK RENTAL CANADA LTD p562
700 Creditstone Rd, CONCORD, ON, L4K 5A5

(905) 660-7255   SIC 7359

SOUTHERN MUSIC LTD p11
3605 32 St Ne, CALGARY, AB, T1Y 5Y9
(403) 291-1666   SIC 7359

STEPHENSON'S RENTAL SERVICES INC p720
6895 Columbus Rd Suite 502, MISSISSAUGA, ON, L5T 2G9
(905) 507-3650   SIC 7359

STEPHENSON'S RENTAL SERVICES INC p760
278 Bridgeland Ave, NORTH YORK, ON, M6A 1Z4
(416) 781-5244   SIC 7359

TOROMONT INDUSTRIES LTD p499
430 Huronia Rd, BARRIE, ON, L4N 8Y9
(705) 721-1919   SIC 7359

TOROMONT INDUSTRIES LTD p862
880 South Service Rd, STONEY CREEK, ON, L8E 5M7
(905) 643-9410   SIC 7359

UHAUL COMPANY OF EASTERN ONTARIO p887
1555 Warden Ave, TORONTO, ON, M1R 2S9
(416) 335-1250   SIC 7359

UNITED RENTALS OF CANADA, INC p99
4915 101 Ave Nw, EDMONTON, AB, T6A 0L6
(780) 465-1411   SIC 7359

UNITED RENTALS OF CANADA, INC p302
303 Vernon Dr, VANCOUVER, BC, V6A 3N3
(604) 708-5506   SIC 7359

UNITED RENTALS OF CANADA, INC p784
2660 Sheffield Rd, OTTAWA, ON, K1B 3V7
(613) 745-3060   SIC 7359

SIC 7361 Employment agencies

1221295 ONTARIO INC p9
3424 26 St Ne Unit 3, CALGARY, AB, T1Y 4T7
(403) 692-6283   SIC 7361

162069 CANADA INC p1068
1800 Boul Marie-Victorin Bureau 203, LONGUEUIL, QC, J4G 1Y9
(450) 670-1110   SIC 7361

1670002 ONTARIO LIMITED p551
48 Fifth St S Suite 406, CHATHAM, ON, N7M 4V8
(519) 436-1250   SIC 7361

1799795 ONTARIO LIMITED p946
171 Montreal Rd, VANIER, ON, K1L 6E4
(613) 745-5720   SIC 7361

4386396 CANADA INC p748
2 Sheppard Ave E Suite 2000, NORTH YORK, ON, M2N 5Y7
(416) 225-9900   SIC 7361

4659555 MANITOBA LTD p374
330a King St, WINNIPEG, MB, R3B 3H4
(204) 989-5820   SIC 7361

9031-7520 QUEBEC INC p1118
500 Boul Gouin E Bureau 201, Montreal, QC, H3L 3R9
(514) 858-1883   SIC 7361

9068-5165 QUEBEC INC p1170
332 Boul Notre-Dame-Des-Champs Bureau 201, REPENTIGNY, QC, J6A 3B7
(450) 581-0051   SIC 7361

ADECCO EMPLOYMENT SERVICES LIMITED p374
228 Notre Dame Ave, WINNIPEG, MB, R3B 1N7
(204) 956-5454   SIC 7361

ADECCO EMPLOYMENT SERVICES LIMITED p917
20 Bay St Suite 800, TORONTO, ON, M5J 2N8
(416) 646-3322   SIC 7361

ADECCO EMPLOYMENT SERVICES LIMITED p917
20 Bay St Suite 800, TORONTO, ON, M5J 2N8

▲ Public Company   ■ Public Company Family Member   **HQ** Headquarters   **BR** Branch   **SL** Single Location

SIC 7361 Employment agencies

(416) 646-3322 *SIC 7361*
ADVANTAGE PERSONNEL LTD *p449*
75 Akerley Blvd Unit S, DARTMOUTH, NS, B3B 1R7
(902) 468-5624 *SIC 7361*
ADVANTAGE PERSONNEL LTD *p842*
2130 Lawrence Ave E Suite 310, SCARBOROUGH, ON, M1R 3A6
(416) 288-0368 *SIC 7361*
AEROTEK ULC *p21*
7326 10 St Ne Suite 105, CALGARY, AB, T2E 8W1
(403) 516-3600 *SIC 7361*
AEROTEK ULC *p186*
4321 Still Creek Dr Suite 150, BURNABY, BC, V5C 6S7
(604) 293-8000 *SIC 7361*
AEROTEK ULC *p265*
13575 Commerce Pky Suite 150, RICHMOND, BC, V6V 2L1
(604) 412-3500 *SIC 7361*
AEROTEK ULC *p644*
4275 King St E Suite 310, KITCHENER, ON, N2P 2E9
(519) 707-1025 *SIC 7361*
AEROTEK ULC *p696*
350 Burnhamthorpe Rd W Suite 800, MISSISSAUGA, ON, L5B 3J1
(905) 283-1200 *SIC 7361*
AGENCE DE PLACEMENT HELENE ROY LTEE *p1037*
266 Boul Saint-Joseph Bureau 200, GATINEAU, QC, J8Y 3X9
(819) 771-7333 *SIC 7361*
AGENCE DE PLACEMENT HELENE ROY LTEE *p1237*
1335 Rue King O Bureau 220, SHERBROOKE, QC, J1J 2B8
(819) 822-0088 *SIC 7361*
AGENCE DE PLACEMENT SELECT INC *p1199*
96 Rue De Martigny O, Saint-Jerome, QC, J7Y 2G1
(450) 431-6292 *SIC 7361*
AGENCE DE PLACEMENT TRESOR INC *p1018*
2a Rue Grenon O, Cote Saint-Luc, QC, H7N 2G6
(450) 933-7090 *SIC 7361*
AJILON STAFFING OF CANADA LIMITED *p907*
1 Adelaide St E Suite 2500, TORONTO, ON, M5C 2V9
SIC 7361
ALL HEALTH SERVICES INC *p901*
66 Collier St Unit 9d, TORONTO, ON, M4W 1L9
(416) 515-1151 *SIC 7361*
ALLEGIS GLOBAL SOLUTIONS CANADA CORPORATION *p697*
350 Burnhamthorpe Rd W Unit 700, MISSISSAUGA, ON, L5B 3J1
(905) 283-1400 *SIC 7361*
APPLEONE SERVICES LTD *p697*
33 City Centre Dr Suite 640, MISSISSAUGA, ON, L5B 2N5
(416) 236-0421 *SIC 7361*
ASSET COMPUTER PERSONNEL LTD *p907*
700-110 Yonge St, TORONTO, ON, M5C 1T4
(416) 777-1717 *SIC 7361*
AXE TI INC *p1162*
955 Av De Bourgogne Bureau 201, Quebec, QC, G1X 3E5
(418) 654-0222 *SIC 7361*
B&M EMPLOYMENT INC *p758*
168 Oakdale Rd Unit 8, NORTH YORK, ON, M3N 2S5
(416) 747-5359 *SIC 7361*
BAGG INC *p912*
372 Bay St Suite 2100, TORONTO, ON, M5H 2W9
(416) 863-1800 *SIC 7361*
CALIAN LTD *p1110*

700 Rue De La Gauchetiere O Bureau 26e, Montreal, QC, H3B 5M2
SIC 7361
CANADIAN EMPLOYMENT CONTRACTORS INC *p692*
2077 Dundas St E Suite 101, MISSISSAUGA, ON, L4X 1M2
(905) 282-9578 *SIC 7361*
CERIDIAN CANADA LTD *p377*
125 Garry St, WINNIPEG, MB, R3C 3P2
(204) 947-9400 *SIC 7361*
COMCARE (CANADA) LIMITED *p88*
10458 Mayfield Rd Nw Suite 200, EDMONTON, AB, T5P 4P4
(780) 496-9430 *SIC 7361*
COMCARE (CANADA) LIMITED *p744*
255 Consumers Rd Suite 120, NORTH YORK, ON, M2J 1R4
(416) 929-3364 *SIC 7361*
COMMUNITY LIVING LONDON INC *p654*
931 Leathorne St Unit C, LONDON, ON, N5Z 3M7
SIC 7361
DAVID APLIN & ASSOCIATES INC *p43*
700 2 St Sw Suite 3850, CALGARY, AB, T2P 2W2
(403) 261-9000 *SIC 7361*
DESIGN GROUP STAFFING INC *p43*
800 5 Ave Sw Suite 1500, CALGARY, AB, T2P 3T6
(403) 233-2788 *SIC 7361*
DESIGN GROUP STAFFING INC *p79*
10012 Jasper Ave Nw, EDMONTON, AB, T5J 1R2
(780) 448-5850 *SIC 7361*
DIALOG *p901*
2 Bloor St E Suite 1000, TORONTO, ON, M4W 1A8
(416) 966-0220 *SIC 7361*
DRAKE INTERNATIONAL INC *p43*
101 6 Ave Sw Suite 420, CALGARY, AB, T2P 3P4
(403) 266-8971 *SIC 7361*
DUKE MARINE TECHNICAL SERVICES CANADA INC *p537*
3425 Harvester Rd Suite 213, BURLINGTON, ON, L7N 3N1
(905) 631-6089 *SIC 7361*
EAGLE PROFESSIONAL RESOURCES INC *p909*
67 Yonge St Suite 200, TORONTO, ON, M5E 1J8
(416) 861-1492 *SIC 7361*
EXCEL PERSONNEL INC *p220*
418 St Paul St Suite 200, KAMLOOPS, BC, V2C 2J6
(250) 374-3853 *SIC 7361*
GESTION COLIMAT INC *p1117*
1600 Rue Notre-Dame O Bureau 213, Montreal, QC, H3J 1M1
(514) 934-1515 *SIC 7361*
GESTION TRANS-ROUTE INC *p1153*
2160 Rue Lavoisier, Quebec, QC, G1N 4B3
(418) 686-1133 *SIC 7361*
GLOBAL SKILLS INC *p914*
366 Bay St 10th Fl, TORONTO, ON, M5H 4B2
(416) 907-8400 *SIC 7361*
GREATER ESSEX COUNTY DISTRICT SCHOOL BOARD *p965*
1410 Ouellette Ave, WINDSOR, ON, N8X 5B2
(519) 971-9698 *SIC 7361*
HALF, ROBERT CANADA INC *p45*
888 3 St Sw Suite 4200, CALGARY, AB, T2P 5C5
(403) 410-6320 *SIC 7361*
HALF, ROBERT CANADA INC *p45*
888 3 St Sw Suite 4200, CALGARY, AB, T2P 5C5
(403) 264-5301 *SIC 7361*
HALF, ROBERT CANADA INC *p45*
888 3 St Sw Suite 4200, CALGARY, AB, T2P 5C5

(403) 263-7266 *SIC 7361*
HALF, ROBERT CANADA INC *p80*
10180 101 St Nw Suite 1280, EDMONTON, AB, T5J 3S4
(780) 429-1750 *SIC 7361*
HALF, ROBERT CANADA INC *p80*
10180 101 St Nw Suite 1280, EDMONTON, AB, T5J 3S4
(780) 409-8780 *SIC 7361*
HALF, ROBERT CANADA INC *p80*
10180 101 St Nw Suite 1280, EDMONTON, AB, T5J 3S4
(780) 423-1466 *SIC 7361*
HALF, ROBERT CANADA INC *p323*
1055 Dunsmuir St Suite 724, VANCOUVER, BC, V7X 1L4
(604) 685-4253 *SIC 7361*
HALF, ROBERT CANADA INC *p323*
1055 Dunmere St Suite 724, VANCOUVER, BC, V7X 1L4
(604) 688-7572 *SIC 7361*
HALF, ROBERT CANADA INC *p533*
11011 International Blvd Suite 104, BURLINGTON, ON, L7L 6W1
(905) 319-9384 *SIC 7361*
HALF, ROBERT CANADA INC *p694*
1 Robert Speck Pky Unit 940, MISSISSAUGA, ON, L4Z 3M3
(905) 273-4092 *SIC 7361*
HALF, ROBERT CANADA INC *p694*
1 Robert Speck Pky Suite 940, MISSISSAUGA, ON, L4Z 3M3
(905) 306-8326 *SIC 7361*
HALF, ROBERT CANADA INC *p748*
5140 Yonge St Suite 1500, NORTH YORK, ON, M2N 6L7
(416) 226-4570 *SIC 7361*
HALF, ROBERT CANADA INC *p793*
360 Albert St Suite 520, OTTAWA, ON, K1R 7X7
(613) 236-4253 *SIC 7361*
HALF, ROBERT CANADA INC *p919*
181 Bay St Suite 820, TORONTO, ON, M5J 2T3
(416) 203-7656 *SIC 7361*
HALF, ROBERT CANADA INC *p1112*
1 Place Ville-Marie Bureau 2330, Montreal, QC, H3B 3M5
(514) 875-8585 *SIC 7361*
HAYS SPECIALIST RECRUITMENT (CANADA) INC *p908*
6 Adelaide St E Suite 600, TORONTO, ON, M5C 1H6
(416) 367-4297 *SIC 7361*
HORIZON MARITIME SERVICES LTD *p458*
1459 Hollis St, HALIFAX, NS, B3J 1V1
(902) 468-2341 *SIC 7361*
HUDSON HIGHLAND GROUP SEARCH, INC *p908*
20 Adelaide St E Suite 401, TORONTO, ON, M5C 2T6
SIC 7361
IAN MARTIN LIMITED *p615*
34 Stone Church Rd E Suite 201, HAMILTON, ON, L9B 1A9
(905) 304-7383 *SIC 7361*
IAN MARTIN LIMITED *p768*
465 Morden Rd, OAKVILLE, ON, L6K 3W6
(905) 815-1600 *SIC 7361*
IAN MARTIN LIMITED *p1207*
3333 Boul De La Cote-Vertu Bureau 202, SAINT-LAURENT, QC, H4R 2N1
(514) 338-3800 *SIC 7361*
INFOVISTA CANADA INC *p1038*
71 Rue Jean-Proulx, GATINEAU, QC, J8Z 1W2
(819) 483-7000 *SIC 7361*
KELLY SERVICES (CANADA), LTD *p621*
70 Dickinson Dr, INGLESIDE, ON, K0C 1M0
(613) 537-8491 *SIC 7361*
KORN/FERRY INTERNATIONAL, FUTURESTEP (CANADA) INC *p919*
181 Bay St Suite 3810, TORONTO, ON, M5J 2T3

(416) 342-5182 *SIC 7361*
LABOUR READY TEMPORARY SERVICES LTD *p295*
1688 Broadway E, VANCOUVER, BC, V5N 1W1
(604) 874-5567 *SIC 7361*
LABOUR READY TEMPORARY SERVICES LTD *p641*
280 Victoria St N, KITCHENER, ON, N2H 5E2
(519) 571-8817 *SIC 7361*
LABOUR READY TEMPORARY SERVICES LTD *p798*
1659 Carling Ave, OTTAWA, ON, K2A 1C4
(613) 829-8174 *SIC 7361*
LABOUR READY TEMPORARY SERVICES LTD *p810*
306 George St N Unit 6, PETERBOROUGH, ON, K9J 3H2
(705) 760-9111 *SIC 7361*
LANNICK GROUP INC *p922*
77 King St W Suite 4110, TORONTO, ON, M5K 2A1
(416) 340-1500 *SIC 7361*
LOCK, R.E. & ASSOCIATES LTD *p581*
405 The West Mall Suite 910, ETOBICOKE, ON, M9C 5J1
(416) 626-8383 *SIC 7361*
M.S. EMPLOYMENT CONSULTANTS LTD *p843*
43 Havenview Rd, SCARBOROUGH, ON, M1S 3A4
(416) 299-1070 *SIC 7361*
MADESSA PROFESSIONNEL INC *p1063*
3055 Boul Saint-Martin O 5e etage, Laval, QC, H7T 0J3
(450) 902-2669 *SIC 7361*
MAINTENANCE SERVIKO INC *p1207*
2670 Rue Duchesne Bureau 100, SAINT-LAURENT, QC, H4R 1J3
(514) 332-2600 *SIC 7361*
MANPOWER PROFESSIONAL INC *p46*
734 7 Ave Sw Suite 120, CALGARY, AB, T2P 3P8
(403) 269-6936 *SIC 7361*
MANPOWER SERVICES CANADA LIMITED *p698*
201 City Centre Dr Suite 101, MISSISSAUGA, ON, L5B 2T4
(905) 276-2000 *SIC 7361*
MAYFAIR PERSONNEL (NORTHERN) LTD *p128*
11039 78 Ave Suite 102, GRANDE PRAIRIE, AB, T8W 2J7
(780) 539-5090 *SIC 7361*
MINDFIELD RPO GROUP INC *p189*
3480 Gilmore Way, BURNABY, BC, V5G 4Y1
(604) 899-4473 *SIC 7361*
MODIS CANADA INC *p792*
155 Queen St Suite 1206, OTTAWA, ON, K1P 6L1
(613) 786-3106 *SIC 7361*
MODIS CANADA INC *p919*
10 Bay St Suite 700, TORONTO, ON, M5J 2R8
(416) 367-2020 *SIC 7361*
MRP RECRUITING INC *p915*
200 University Ave Suite 1302, TORONTO, ON, M5H 3C6
(647) 499-8100 *SIC 7361*
OPEN DOOR GROUP, THE *p277*
5600 Sunshine Coast Hwy, SECHELT, BC, V0N 3A2
(604) 885-3351 *SIC 7361*
PEO CANADA LTD *p81*
10304 Jasper Ave Nw, EDMONTON, AB, T5J 1Y7
(780) 429-9058 *SIC 7361*
PEOPLE FIRST HR SERVICES LTD *p378*
360 Main St Unit 1800, WINNIPEG, MB, R3C 3Z3
(204) 940-3900 *SIC 7361*
PERM-A-TEM INC *p1071*
45 Place Charles-Le Moyne Bureau 100,

LONGUEUIL, QC, J4K 5G5
SIC 7361
PERSONNEL SEARCH LTD *p*407
883 Main St, MONCTON, NB, E1C 1G5
(506) 857-2156 *SIC* 7361
PLACEMENT POTENTIEL INC *p*1142
111 Av Donegani, POINTE-CLAIRE, QC, H9R 2W3
(514) 694-0315 *SIC* 7361
PLANIT SEARCH INC *p*930
13 Clarence Sq, TORONTO, ON, M5V 1H1
(416) 260-9996 *SIC* 7361
POLY PLACEMENTS INC *p*899
1920 Yonge St Suite 200, TORONTO, ON, M4S 3E2
(416) 440-3362 *SIC* 7361
PRIORITY PERSONNEL INC *p*400
120 Carleton St, FREDERICTON, NB, E3B 3T4
(506) 459-6668 *SIC* 7361
PROVALUE GROUP INC *p*744
3750 Victoria Park Ave Unit 208, NORTH YORK, ON, M2H 3S2
(416) 496-8899 *SIC* 7361
RANDSTAD INTERIM INC *p*508
200 Baseline Rd E Suite 6, BOWMANVILLE, ON, L1C 1A2
SIC 7361
RANDSTAD INTERIM INC *p*544
1315 Bishop St N, CAMBRIDGE, ON, N1R 6Z2
(519) 740-6944 *SIC* 7361
RANDSTAD INTERIM INC *p*698
201 City Centre Dr, MISSISSAUGA, ON, L5B 4E4
(905) 501-7117 *SIC* 7361
RANDSTAD INTERIM INC *p*902
60 Bloor St W Suite 1400, TORONTO, ON, M4W 3B8
(416) 962-9262 *SIC* 7361
RANDSTAD INTERIM INC *p*902
60 Bloor St W Suite 505, TORONTO, ON, M4W 3B8
(416) 962-8133 *SIC* 7361
RANDSTAD INTERIM INC *p*1107
810 Boul De Maisonneuve O, Montreal, QC, H3A 3E6
(514) 350-0033 *SIC* 7361
RANDSTAD INTERIM INC *p*1152
3 Rue Marie-De-L'incarnation, Quebec, QC, G1M 3J4
(418) 525-6766 *SIC* 7361
RANDSTAD INTERIM INC *p*1207
3333 Boul De La Cote-Vertu Bureau 600, SAINT-LAURENT, QC, H4R 2N1
(514) 332-1555 *SIC* 7361
READY STAFFING SOLUTIONS INC *p*690
5170 Dixie Rd Suite 202, MISSISSAUGA, ON, L4W 1E3
(905) 625-4009 *SIC* 7361
SAULT & DISTRICT PERSONNEL SERVICES *p*831
1719 Trunk Rd, SAULT STE. MARIE, ON, P6A 6X9
(705) 759-6191 *SIC* 7361
SCHOOL DISTRICT NO 36 (SURREY) *p*286
7532 134a St, SURREY, BC, V3W 7J1
SIC 7361
SERTI PLACEMENT TI INC *p*991
10975 Boul Louis-H.-Lafontaine Bureau 201, ANJOU, QC, H1J 2E8
(514) 493-1909 *SIC* 7361
SERVICES DE GESTION QUANTUM LIMITEE, LES *p*792
275 Slater St Suite 500, OTTAWA, ON, K1P 5H9
(613) 237-8888 *SIC* 7361
SERVICES DE PERSONNEL QUARTZ INC *p*1069
476 Rue Jean-Neveu Bureau 201, LONGUEUIL, QC, J4G 1N8
(450) 670-1118 *SIC* 7361
SERVICES DE PERSONNEL UNIQUE INC *p*1213

6380 Ch De La Cote-De-Liesse Bureau 100, SAINT-LAURENT, QC, H4T 1E3
SIC 7361
SIX SIGMA EMPLOYMENT LTD *p*684
7160 Airport Rd Unit 2, MISSISSAUGA, ON, L4T 2H2
(905) 673-6433 *SIC* 7361
SUTHERLAND GLOBAL SERVICES CANADA ULC *p*968
500 Ouellette Ave, WINDSOR, ON, N9A 1B3
(800) 591-9395 *SIC* 7361
SYNERGIE HUNT INTERNATIONAL INC *p*1108
666 Rue Sherbrooke O Bureau 1801, Montreal, QC, H3A 1E7
(514) 842-4691 *SIC* 7361
T.E.S. CONTRACT SERVICES INC *p*899
40 Holly St Suite 500, TORONTO, ON, M4S 3C3
(416) 482-2420 *SIC* 7361
TEKSYSTEMS CANADA INC. *p*699
350 Burnhamthorpe Rd W Suite 700, MISSISSAUGA, ON, L5B 3J1
(905) 283-1300 *SIC* 7361
TEKSYSTEMS CANADA INC. *p*916
150 York St Suite 501, TORONTO, ON, M5H 3S5
(416) 342-5000 *SIC* 7361
THOMSON TREMBLAY INC *p*1072
101 Place Charles-Le Moyne Bureau 206, LONGUEUIL, QC, J4K 4Z1
(450) 677-9979 *SIC* 7361
THOMSON TREMBLAY INC *p*1108
2040 Rue Peel Bureau 200, Montreal, QC, H3A 1W5
(514) 861-9971 *SIC* 7361
TRANS-OCEANIC HUMAN RESOURCES INC *p*20
5515 40 St Se, CALGARY, AB, T2C 2A8
SIC 7361
VIA PERSONNEL SERVICES LTD *p*953
105 Bauer Pl, WATERLOO, ON, N2L 6B5
SIC 7361
VOLT CANADA INC *p*695
3 Robert Speck Pky Suite 260, MISSISSAUGA, ON, L4Z 2G5
(905) 306-1920 *SIC* 7361
WCG INTERNATIONAL CONSULTANTS LTD *p*330
915 Fort St, VICTORIA, BC, V8V 3K3
(250) 389-0699 *SIC* 7361
WE CARE HEALTH SERVICES INC *p*401
1149 Smythe St Suite 102, FREDERICTON, NB, E3B 3H4
(506) 454-2273 *SIC* 7361

SIC 7363 Help supply services

BIRON LABORATOIRE MEDICAL INC *p*1233
140 Rue Du Pere-Divet, SEPT-ILES, QC, G4R 3P6
(418) 960-2345 *SIC* 7363
BOMBARDIER TRANSPORTATION CANADA INC *p*1181
1101 Rue Parent, SAINT-BRUNO, QC, J3V 6E6
(450) 441-2020 *SIC* 7363
CENTRE HOSPITALIER DU CENTRE LA MAURICIE *p*1234
1265 Rue Trudel Bureau 6, SHAWINIGAN, QC, G9N 8T3
(819) 539-8371 *SIC* 7363
CITY OF EDMONTON *p*91
11004 190 St Nw, EDMONTON, AB, T5S 0G9
(780) 496-6770 *SIC* 7363
COMCARE (CANADA) LIMITED *p*23
2323 32 Ave Ne Suite 212, CALGARY, AB, T2E 6Z3
(403) 228-3877 *SIC* 7363
COMCARE (CANADA) LIMITED *p*406
30 Gordon St Suite 105, MONCTON, NB, E1C 1L8

(506) 853-9112 *SIC* 7363
COMCARE (CANADA) LIMITED *p*415
580 Main St Suite B120, SAINT JOHN, NB, E2K 1J5
(506) 634-1505 *SIC* 7363
COMCARE (CANADA) LIMITED *p*525
425 Park Rd N Suite 104, BRANTFORD, ON, N3R 7G5
(519) 756-4606 *SIC* 7363
COMCARE (CANADA) LIMITED *p*601
255 Woodlawn Rd W Unit 108, GUELPH, ON, N1H 8J1
(519) 341-9367 *SIC* 7363
COMCARE (CANADA) LIMITED *p*850
52 Abbott St N Unit 3, SMITHS FALLS, ON, K7A 1W3
SIC 7363
DILLON CONSULTING LIMITED *p*417
274 Sydney St Suite 200, SAINT JOHN, NB, E2L 0A8
(506) 633-5000 *SIC* 7363
FLEETWAY INC *p*418
45 Gifford Rd, SAINT JOHN, NB, E2M 5K7
(506) 635-7733 *SIC* 7363
GESTION RICHARD DUGRE INC *p*1203
935 Boul Decarie Bureau 212, SAINT-LAURENT, QC, H4L 3M3
(514) 744-8400 *SIC* 7363
GOODWILL INDUSTRIES, ONTARIO GREAT LAKES *p*657
379 Dundas St Unit 19, LONDON, ON, N6B 1V5
SIC 7363
HEARTLAND REGIONAL HEALTH AUTHORITY *p*1291
409 Hwy 4 N, ROSETOWN, SK, S0L 2V0
(306) 882-4175 *SIC* 7363
IMMIGRANT SERVICES SOCIETY OF BRITISH COLUMBIA, THE *p*304
530 Drake St, VANCOUVER, BC, V6B 2H3
(604) 684-7498 *SIC* 7363
KIKINAW ENERGY SERVICES LTD *p*257
12069 207 Rd, POUCE COUPE, BC, V0C 2C0
(250) 787-0152 *SIC* 7363
LABOUR READY TEMPORARY SERVICES LTD *p*386
28 Queen Elizabeth Way, WINNIPEG, MB, R3L 2R1
(204) 989-7590 *SIC* 7363
MANPOWER SERVICES CANADA LIMITED *p*749
4950 Yonge St Suite 700, NORTH YORK, ON, M2N 6K1
(416) 225-4455 *SIC* 7363
MASCAREN INTERNATIONAL INC *p*894
500a Danforth Ave Suite 304, TORONTO, ON, M4K 1P6
(416) 465-6690 *SIC* 7363
MCW CONSULTANTS LTD *p*383
1821 Wellington Ave Suite 210, WINNIPEG, MB, R3H 0G4
(204) 779-7900 *SIC* 7363
MORRISON HERSHFIELD LIMITED *p*539
1005 Skyview Dr Suite 175, BURLINGTON, ON, L7P 5B1
(905) 319-6668 *SIC* 7363
MORRISON HERSHFIELD LIMITED *p*786
2440 Don Reid Dr Suite 200, OTTAWA, ON, K1H 1E1
(613) 739-2910 *SIC* 7363
NORFOLK ASSOCIATION FOR COMMUNITY LIVING *p*849
12 Argyle St, SIMCOE, ON, N3Y 1V5
(519) 428-2932 *SIC* 7363
OHL CONSTRUCTION CANADA INC *p*685
5915 Airport Rd Suite 425, MISSISSAUGA, ON, L4V 1T1
(647) 260-4880 *SIC* 7363
ONTARIO TELEMEDICINE NETWORK *p*752
105 Moatfield Dr Suite 1100, NORTH YORK, ON, M3B 0A2
(416) 446-4110 *SIC* 7363
PROVINCE OF NEW BRUNSWICK *p*401

520 King St, FREDERICTON, NB, E3B 6G3
(506) 453-2280 *SIC* 7363
SERVICES DE SANTE LES RAYONS DE SOLEIL INC *p*1091
2055 Rue Sauve E Bureau 100, Montreal, QC, H2B 1A8
(514) 383-7555 *SIC* 7363
SHOPPERS DRUG MART SPECIALTY HEALTH NETWORK INC *p*691
1685 Tech Ave Suite 1, MISSISSAUGA, ON, L4W 0A7
(905) 212-3800 *SIC* 7363
SKYSERVICE BUSINESS AVIATION INC *p*25
575 Palmer Rd Ne, Calgary, AB, T2E 7G4
(403) 592-3700 *SIC* 7363
SOCIETY FOR MANITOBANS WITH DISABILITIES INC *p*380
1111 Winnipeg Ave, WINNIPEG, MB, R3E 0S2
(204) 975-3250 *SIC* 7363
ST. LAWRENCE SEAWAY MANAGEMENT CORPORATION, THE *p*1203
151 Rue De L'ecluse, SAINT-LAMBERT, QC, J4R 2V6
(450) 672-4115 *SIC* 7363
SUDBURY MANAGEMENT SERVICES LIMITED *p*868
1901 Lasalle Blvd, SUDBURY, ON, P3A 2A3
(705) 525-4357 *SIC* 7363
TASK ENGINEERING LTD *p*333
5141 Cordova Bay Rd, VICTORIA, BC, V8Y 2K1
(250) 590-2440 *SIC* 7363
TEAM INDUSTRIAL SERVICES (CANADA) INC *p*682
430 Industrial Dr Suite 2, MILTON, ON, L9T 5A6
(905) 878-7546 *SIC* 7363
TISI CANADA INC *p*121
235 Macalpine Cres Unit 9, FORT MCMURRAY, AB, T9H 4A5
(780) 715-1648 *SIC* 7363
VANCOUVER WAITER RESOURCES LTD *p*281
10090 152 St Suite 607, SURREY, BC, V3R 8X8
(778) 571-2425 *SIC* 7363
WAPOSE MEDICAL SERVICES INC *p*122
431 Mackenzie Blvd Suite 12, FORT MCMURRAY, AB, T9H 4C5
(780) 714-6654 *SIC* 7363
WSP CANADA INC *p*334
57 Cadillac Ave, VICTORIA, BC, V8Z 1T3
(250) 474-1151 *SIC* 7363
WSP CANADA INC *p*675
600 Cochrane Dr Floor 5, MARKHAM, ON, L3R 5K3
(905) 475-8727 *SIC* 7363

SIC 7371 Custom computer programming services

1343929 ONTARIO LIMITED *p*537
880 Laurentian Dr Suite 1, BURLINGTON, ON, L7N 3V6
(905) 632-0864 *SIC* 7371
2101440 ONTARIO INC *p*819
30 East Beaver Creek Rd Suite 204, RICHMOND HILL, ON, L4B 1J2
(416) 469-3131 *SIC* 7371
24/7 CUSTOMER CANADA, INC *p*907
20 Toronto St Suite 530, TORONTO, ON, M5C 2B8
(416) 214-9337 *SIC* 7371
3349608 CANADA INC *p*728
68 Robertson Rd, NEPEAN, ON, K2H 5Y8
(613) 820-4000 *SIC* 7371
882976 ONTARIO INC *p*967
1090 University Ave W Suite 200, WINDSOR, ON, N9A 5S4
(519) 977-7334 *SIC* 7371
93168185 QUEBEC INC *p*1086
7100 Rue Jean-Talon E Bureau 210, Montreal, QC, H1M 3S3

(514) 722-0024 SIC 7371
A D P DEALER SERVICES LTD p1002
204 Boul De Montarville, BOUCHERVILLE, QC, J4B 6S2
(450) 641-7200 SIC 7371
ABSOLUTE SOFTWARE CORPORATION p323
1055 Dunsmuir St Suite 1400, VANCOUVER, BC, V7X 1K8
(604) 730-9851 SIC 7371
ACCELLOS CANADA, INC p873
125 Commerce Valley Dr W Suite 700, THORNHILL, ON, L3T 7W4
(905) 695-9999 SIC 7371
ACCEO SOLUTIONS INC p678
80 Citizen Crt Suite 1, MARKHAM, ON, L6G 1A7
(905) 477-4747 SIC 7371
ACCUBID SYSTEMS LTD p557
7725 Jane St Suite 200, CONCORD, ON, L4K 1X4
(905) 761-8800 SIC 7371
ACHIEVO NETSTAR SOLUTIONS COMPANY p751
220 Duncan Mill Rd Suite 505, NORTH YORK, ON, M3B 3J5
(416) 383-1818 SIC 7371
ADD CANADA COMPANY p1140
52 Boul Hymus Bureau 102, POINTE-CLAIRE, QC, H9R 1C9
(514) 428-9020 SIC 7371
ADVANCED UTILITY SYSTEMS CORPORATION p744
2235 Sheppard Ave E Suite 1400, NORTH YORK, ON, M2J 5B5
(416) 496-0149 SIC 7371
AEROINFO SYSTEMS INC p265
13575 Commerce Pky Unit 200, RICHMOND, BC, V6V 2L1
(604) 232-4200 SIC 7371
AGFA HEALTHCARE INC p951
375 Hagey Blvd, WATERLOO, ON, N2L 6R5
(519) 746-2900 SIC 7371
AMAYA (ALBERTA) INC p40
750 11 St Sw Suite 400, CALGARY, AB, T2P 3N7
SIC 7371
AMDOCS CANADIAN MANAGED SERVICES INC p901
2 Bloor St E Suite 3100, TORONTO, ON, M4W 1A8
SIC 7371
AMDOCS CANADIAN MANAGED SERVICES INC p1208
200-2351 Boul Alfred-Nobel, SAINT-LAURENT, QC, H4S 0B2
(514) 338-3100 SIC 7371
APPARENT NETWORKS CANADA INC p303
321 Water St Suite 400, VANCOUVER, BC, V6B 1B8
(604) 433-2333 SIC 7371
APTOS CANADA INC p1208
9300 Rte Transcanadienne Bureau 300, SAINT-LAURENT, QC, H4S 1K5
(514) 426-0822 SIC 7371
ARRAY SYSTEMS COMPUTING INC p755
1120 Finch Ave W, NORTH YORK, ON, M3J 3H7
(416) 736-0900 SIC 7371
ARTECH DIGITAL ENTERTAINMENT INC p796
6 Hamilton Ave N, OTTAWA, ON, K1Y 4R1
(613) 728-4880 SIC 7371
ASPENTECH CANADA LTD p40
205 5 Ave Sw Suite 3300, CALGARY, AB, T2P 2V7
(403) 538-4781 SIC 7371
ATREUS SYSTEMS CORP p801
1130 Morrison Dr Suite 300, OTTAWA, ON, K2H 9N6
SIC 7371
AUTODATA SOLUTIONS COMPANY p651
345 Saskatoon St, LONDON, ON, N5W 4R4
(519) 451-2323 SIC 7371

AUTODESK CANADA CIE p904
210 King St E, TORONTO, ON, M5A 1J7
(416) 362-9181 SIC 7371
AUTODESK CANADA CIE p1114
10 Rue Duke, Montreal, QC, H3C 2L7
(514) 393-1616 SIC 7371
AVAYA CANADA CORP p623
1135 Innovation Dr Suite 100, KANATA, ON, K2K 3G7
SIC 7371
AVID TECHNOLOGY CANADA CORP p1100
3510 Boul Saint-Laurent Bureau 300, Montreal, QC, H2X 2V2
(514) 845-1636 SIC 7371
AVOCETTE TECHNOLOGIES INC p244
610 Sixth St Suite 202, NEW WESTMINSTER, BC, V3L 3C2
(604) 395-6000 SIC 7371
AVOCETTE TECHNOLOGIES INC p330
1022 Government St Unit Main, VICTORIA, BC, V8W 1X7
(250) 389-2993 SIC 7371
AXON SOLUTIONS (CANADA) INC p374
201 Portage Ave Suite 15, WINNIPEG, MB, R3B 3K6
(204) 934-2493 SIC 7371
BANCTEC (CANADA), INC p670
100 Allstate Pky Suite 400, MARKHAM, ON, L3R 6H3
(905) 475-6060 SIC 7371
BANCTEC (CANADA), INC p1105
400 Boul De Maisonneuve O Bureau 1120, Montreal, QC, H3A 1L4
(514) 392-4900 SIC 7371
BCE ELIX INC p1257
14 Place Du Commerce Bureau 510, VERDUN, QC, H3E 1T5
(877) 909-3549 SIC 7371
BEENOX INC p1148
305 Boul Charest E Bureau 700, Quebec, QC, G1K 3H3
(418) 522-2468 SIC 7371
BROADCOM CANADA LTD p265
13711 International Pl Unit 200, RICHMOND, BC, V6V 2Z8
(604) 233-8500 SIC 7371
BROADRIDGE SOFTWARE LIMITED p913
4 King St W Suite 500, TORONTO, ON, M5H 1B6
(416) 350-0999 SIC 7371
CASEBANK TECHNOLOGIES INC p684
6205 Airport Rd Bldg A Suite 200, MISSISSAUGA, ON, L4V 1E1
(905) 364-3600 SIC 7371
CHROME DATA SOLUTIONS, LP p651
345 Saskatoon St, LONDON, ON, N5W 4R4
(519) 451-2323 SIC 7371
CIBER OF CANADA INC p694
4 Robert Speck Pky Unit 200, MISSISSAUGA, ON, L4Z 1S1
SIC 7371
CODEVALUE CANADA INC. p875
173 Charles St, THORNHILL, ON, L4J 3A2
(647) 834-1888 SIC 7371
COMNETIX INC p764
2872 Bristol Cir Suite 100, OAKVILLE, ON, L6H 6G4
(905) 829-9988 SIC 7371
COMPUGEN INC p1158
925 Grande Allee O Bureau 360, Quebec, QC, G1S 1C1
(418) 527-0084 SIC 7371
COMPUSULT LIMITED p429
40 Bannister St, MOUNT PEARL, NL, A1N 1W1
(709) 745-7914 SIC 7371
COMPUTER MODELLING GROUP LTD p37
3710 33 St Nw, CALGARY, AB, T2L 2M1
(403) 531-1300 SIC 7371
COMPUTRONIX (CANADA) LTD p87
10216 124 St Nw Suite 200, Edmonton, AB, T5N 4A3
(780) 454-3700 SIC 7371
CONNECTED LAB INC p928

370 King St W Suite 300, TORONTO, ON, M5V 1J9
(647) 478-7493 SIC 7371
CONSEILLERS EN GESTION ET INFORMATIQUE CGI INC p43
444 7 Ave Sw Suite 200, CALGARY, AB, T2P 0X8
(403) 218-8300 SIC 7371
CONSEILLERS EN GESTION ET INFORMATIQUE CGI INC p401
30 Knowledge Park Dr Suite 300, FREDERICTON, NB, E3C 2R2
(506) 458-5020 SIC 7371
CONSTELLATION FINANCING SYSTEMS CORP p768
690 Dorval Dr Suite 405, OAKVILLE, ON, L6K 3W7
(289) 291-4999 SIC 7371
COREL CORPORATION p797
1600 Carling Ave Suite 100, OTTAWA, ON, K1Z 8R7
(613) 728-8200 SIC 7371
CPAS SYSTEMS INC p753
250 Ferrand Dr 7th Floor, NORTH YORK, ON, M3C 3G8
(416) 422-0563 SIC 7371
CRITICAL CONTROL ENERGY SERVICES CORP p79
10130 103 St Nw Suite 1500, EDMONTON, AB, T5J 3N9
(780) 423-3100 SIC 7371
CRITICAL CONTROL ENERGY SERVICES CORP p670
2820 14th Ave Suite 100, MARKHAM, ON, L3R 0S9
(905) 940-0190 SIC 7371
CRITICALCONTROL SOLUTIONS INC p27
410 10 Ave Se Suite 800, CALGARY, AB, T2G 0R1
(403) 705-7500 SIC 7371
CSI CONSULTING INC p913
150 York St Suite 1612, TORONTO, ON, M5H 3S5
(416) 364-6376 SIC 7371
CTRL INFORMATIQUE LTEE p1154
3650 Boul Wilfrid-Hamel, Quebec, QC, G1P 2J2
(418) 650-2875 SIC 7371
D.L.G.L. IMMOBILIERE LTEE p999
850 Boul Michele-Bohec, BLAINVILLE, QC, J7C 5E2
(450) 979-4646 SIC 7371
DAPASOFT INC p888
111 Gordon Baker Suite 600, TORONTO, ON, M2H 3R1
(416) 847-4080 SIC 7371
DASSAULT SYSTEMES CANADA SOFTWARE INC p310
1066 Hastings St W Suite 1100, VANCOUVER, BC, V6E 3X1
(604) 684-6550 SIC 7371
DBC SMARTSOFTWARE INC p640
121 Charles St W Unit C224, KITCHENER, ON, N2G 1H6
(519) 893-4200 SIC 7371
DECISION ACADEMIC INC p623
411 Legget Dr Suite 501, KANATA, ON, K2K 3C9
(613) 254-9669 SIC 7371
DEMATIC LIMITED p953
609 Kumpf Dr Unit 201, WATERLOO, ON, N2V 1K8
(226) 772-7300 SIC 7371
DEVELUS SYSTEMS INC p330
1112 Fort St Suite 600, VICTORIA, BC, V8V 3K8
(250) 388-0880 SIC 7371
DIGITAL IMAGE F/X INCORPORATED p448
1 Research Dr, DARTMOUTH, NS, B2Y 4M9
(902) 461-4883 SIC 7371
DIVESTCO INC p23
1223 31 Ave Ne, CALGARY, AB, T2E 7W1
(403) 237-9170 SIC 7371
DRAGONWAVE INC p623

411 Legget Dr Suite 600, KANATA, ON, K2K 3C9
(613) 599-9991 SIC 7371
DRUMMOND INFORMATIQUE LTEE p1237
740 Rue Galt O Bureau 300, SHERBROOKE, QC, J1H 1Z3
(819) 569-3016 SIC 7371
EFFIGIS GEO SOLUTIONS INC p1090
4101 Rue Molson Bureau 400, Montreal, QC, H1Y 3L1
(514) 495-6500 SIC 7371
ELECTRONIC ARTS (CANADA) INC p189
4330 Sanderson Way, BURNABY, BC, V5G 4X1
(604) 456-3600 SIC 7371
ELECTRONIC ARTS (CANADA) INC p1111
3 Place Ville-Marie Bureau 12350, Montreal, QC, H3B 0E7
(514) 448-8800 SIC 7371
ELOG LTD p104
3907 98 St Nw Suite 109, EDMONTON, AB, T6E 6M3
(780) 414-0199 SIC 7371
EMERGIS INC p1082
505 Boul Sir-Wilfrid-Laurier, MONT-SAINT-HILAIRE, QC, J3H 4X7
(800) 363-9398 SIC 7371
ENTRUST DATACARD LIMITED p623
1000 Innovation Dr, KANATA, ON, K2K 3E7
(613) 270-3400 SIC 7371
ESIT CANADA ENTERPRISE SERVICES CO p329
710 Redbrick St Suite 200, VICTORIA, BC, V8T 5J3
(250) 405-2500 SIC 7371
ESIT CANADA ENTERPRISE SERVICES CO p475
370 Welton St, SYDNEY, NS, B1P 5S4
(902) 563-4600 SIC 7371
ESPIAL GROUP INC p802
200 Elgin St Suite 900, OTTAWA, ON, K2P 1L5
(613) 230-4770 SIC 7371
ESRI CANADA LIMITED p311
1130 Pender St W Suite 610, VANCOUVER, BC, V6E 4A4
(604) 683-9151 SIC 7371
EVAULT CANADA INC p764
2315 Bristol Cir Unit 200, OAKVILLE, ON, L6H 6P8
(905) 287-2600 SIC 7371
FARO TECHNOLOGIES CANADA INC p1262
4999 Rue Sainte-Catherine O Bureau 308, WESTMOUNT, QC, H3Z 1T3
(514) 369-4055 SIC 7371
FIRST DERIVATIVES CANADA INC p701
1599 Hurontario St Suite 302, MISSISSAUGA, ON, L5G 4S1
(905) 278-9444 SIC 7371
FIVE MOBILE INC p914
218 Adelaide St W Suite 400, TORONTO, ON, M5H 1W7
(416) 479-0334 SIC 7371
GENERAL DYNAMICS LAND SYSTEMS - CANADA CORPORATION p23
1020 68 Ave Ne, CALGARY, AB, T2E 8P2
(403) 295-6700 SIC 7371
GENERAL DYNAMICS LAND SYSTEMS - CANADA CORPORATION p446
31 Av Millbrook, COLE HARBOUR, NS, B2V 0A2
(902) 406-3701 SIC 7371
GENESYS LABORATORIES CANADA INC p671
1380 Rodick Rd Suite 200, MARKHAM, ON, L3R 4G5
(905) 968-3300 SIC 7371
GLOBAL BEVERAGE GROUP INC p953
120 Randall Dr Suite E, WATERLOO, ON, N2V 1C6
SIC 7371
GRANTIUM INC p791
279 Laurier Ave W Suite 200, OTTAWA, ON, K1P 5J9

SIC 7371 Custom computer programming services

GROUPE FACILITE INFORMATIQUE (GFI) INC p1111
5 Place Ville-Marie Bureau 1045, Montreal, QC, H3B 2G2
(514) 284-5636   SIC 7371

GROUPE TECHNA INC p1212
8550 Ch De La Cote-De-Liesse Bureau 100, SAINT-LAURENT, QC, H4T 1H2
(514) 953-9898   SIC 7371

HEALTHCARE TECHNOLOGIES INC p364
131 Provencher Blvd Suite 308, WINNIPEG, MB, R2H 0G2
(204) 272-6476   SIC 7371

HIGHJUMP SOFTWARE CANADA INC p954
60 Bathurst Dr Unit 9, WATERLOO, ON, N2V 2A9
(519) 746-3736   SIC 7371

HIGHROADS CANADA INC p799
2650 Queensview Dr Suite 270, OTTAWA, ON, K2B 8H6
(613) 234-2426   SIC 7371

HOMESERVE TECHNOLOGIES INC p753
39 Wynford Dr, NORTH YORK, ON, M3C 3K5
(416) 510-5722   SIC 7371

HORIBA AUTOMOTIVE TEST SYSTEMS, INC p771
1115 North Service Rd W, OAKVILLE, ON, L6M 2V9
(905) 827-7755   SIC 7371

HOTHEAD GAMES INC p314
1555 Pender St W, VANCOUVER, BC, V6G 2T1
(604) 605-0018   SIC 7371

HYPERSHELL TECHNOLOGIES INC p1237
740 Rue Galt O Bureau 401, SHERBROOKE, QC, J1H 1Z3
(819) 822-3890   SIC 7371

HYPERTEC SYSTEMES INC p1163
2800 Rue Einstein Bureau 060, Quebec, QC, G1X 4N8
(418) 683-2192   SIC 7371

IANYWHERE SOLUTIONS CANADA LIMITED p952
415 Phillip St, WATERLOO, ON, N2L 3X2
(519) 883-6488   SIC 7371

IBM CANADA LIMITED p45
639 5 Ave Sw Suite 2100, CALGARY, AB, T2P 0M9
SIC 7371

IBM CANADA LIMITED p626
770 Palladium Dr, KANATA, ON, K2V 1C8
SIC 7371

IBWAVE SOLUTIONS INC p1204
7075 Place Robert-Joncas Bureau 95, SAINT-LAURENT, QC, H4M 2Z2
(514) 397-0606   SIC 7371

IDEABYTES INC p730
142 Golflinks Dr, NEPEAN, ON, K2J 5N5
(613) 692-9908   SIC 7371

IDT CANADA INC p623
450 March Rd Suite 500, KANATA, ON, K2K 3K2
(613) 287-5100   SIC 7371

IN-HOUSE SOLUTIONS INC p716
7895 Tranmere Dr Unit 6, MISSISSAUGA, ON, L5S 1V9
(905) 671-2352   SIC 7371

INFIKNOWLEDGE, ULC p397
654 Malenfant Blvd, DIEPPE, NB, E1A 5V8
(506) 855-2991   SIC 7371

INFOR (CANADA), LTD p1150
330 Rue De Saint-Vallier E Bureau 230, Quebec, QC, G1K 9C5
SIC 7371

INFORMATIQUE COTE, COULOMBE INC p1130
4885 Nord Laval (A-440) O, Montreal, QC, H7P 5P9
(450) 682-7200   SIC 7371

IQMETRIX SOFTWARE DEVELOPMENT CORP p376
311 Portage Ave Suite 200, WINNIPEG, MB, R3B 2B9
(204) 452-5648   SIC 7371

JOVACO SOLUTIONS INC p1215
6555 Boul Metropolitain E Bureau 302, SAINT-LEONARD, QC, H1P 3H3
(514) 323-3535   SIC 7371

KIK INTERACTIVE INC. p952
420 Weber St N Suite I, WATERLOO, ON, N2L 4E7
(226) 868-0056   SIC 7371

KOEI CANADA INC p915
257 Adelaide St W Suite 500, TORONTO, ON, M5H 1X9
SIC 7371

LAYER 7 TECHNOLOGIES INC p308
885 Georgia St W Suite 500, VANCOUVER, BC, V6C 3E8
(604) 681-9377   SIC 7371

LOGISENSE CORPORATION p545
278 Pinebush Rd Suite 102, CAMBRIDGE, ON, N1T 1Z6
(519) 249-0508   SIC 7371

LPI LEVEL PLATFORMS INC p624
309 Legget Dr Suite 300, KANATA, ON, K2K 3A3
(613) 232-1000   SIC 7371

LS TELCOM LIMITED p727
1 Antares Dr Suite 510, NEPEAN, ON, K2E 8C4
(613) 248-8686   SIC 7371

MAGSTAR INC p752
240 Duncan Mill Rd Suite 502, NORTH YORK, ON, M3B 3S6
(416) 447-1442   SIC 7371

MAVENIR SYSTEMS NORTH AMERICA LTD p1071
1111 Rue Saint-Charles O Bureau 850, LONGUEUIL, QC, J4K 5G4
(877) 248-7103   SIC 7371

MAXHIRE SOLUTIONS INC p308
625 Howe St Suite 650, VANCOUVER, BC, V6C 2T6
(800) 206-7934   SIC 7371

MERA NETWORKS INC p821
15 Wertheim Crt Suite 306, RICHMOND HILL, ON, L4B 3H7
(905) 882-4443   SIC 7371

MERCATUS TECHNOLOGIES INC p930
545 King St W Suite 500, TORONTO, ON, M5V 1M1
(416) 603-3406   SIC 7371

MICROSOFT CANADA INC p46
500 4 Ave Sw Suite 1900, CALGARY, AB, T2P 2V6
(403) 296-6500   SIC 7371

MOBIFY RESEARCH AND DEVELOPMENT INC p304
948 Homer St Fl 3, VANCOUVER, BC, V6B 2W7
(866) 502-5880   SIC 7371

MZ CANADA LTD p930
366 Adelaide St W Suite 500, TORONTO, ON, M5V 1R9
SIC 7371

NAKISA INC p1112
733 Rue Cathcart, Montreal, QC, H3B 1M6
(514) 228-2000   SIC 7371

NEWHEIGHTS SOFTWARE CORPORATION p331
1006 Government St, VICTORIA, BC, V8W 1X7
(250) 380-0584   SIC 7371

NEWNET COMMUNICATION TECHNOLOGIES (CANADA), INC p443
26 Union St Suite 305, BEDFORD, NS, B4A 2B5
(902) 406-8375   SIC 7371

NSTEIN TECHNOLOGIES INC p1115
75 Rue Queen Bureau 4400, Montreal, QC, H3C 2N6
(514) 908-5406   SIC 7371

NTT DATA CANADA, INC. p821
30 East Beaver Creek Rd Ste 206, RICHMOND HILL, ON, L4B 1J2

(905) 695-1804   SIC 7371

NURUN INC p1115
740 Rue Notre-Dame O Bureau 600, Montreal, QC, H3C 3X6
(514) 392-1900   SIC 7371

NVENTIVE INC p1103
215 Rue Saint-Jacques Bureau 500, Montreal, QC, H2Y 1M6
(514) 312-4969   SIC 7371

OA HOLDINGS INC p331
702 Fort St Suite 200, VICTORIA, BC, V8W 1H2
(250) 385-4333   SIC 7371

ODD 1 p1093
5000 Rue D'iberville Bureau 322, Montreal, QC, H2H 2S6
SIC 7371

OKANAGAN COLLEGE p226
1000 K.L.O. Rd Unit A108, KELOWNA, BC, V1Y 4X8
(250) 862-5480   SIC 7371

ONLINE ENTERPRISES INC p375
115 Bannatyne Ave Suite 200, Winnipeg, MB, R3B 0R3
(204) 982-0200   SIC 7371

OPEN TEXT CORPORATION p1115
75 Rue Queen O Bureau 4400, Montreal, QC, H3C 2N6
(514) 281-5551   SIC 7371

OPTIMAL GEOMATICS INC p319
625 Kent Ave North W Suite 100, VANCOUVER, BC, V6P 6T7
SIC 7371

ORACLE CANADA ULC p47
401 9 Ave Sw Suite 840, CALGARY, AB, T2P 3C5
(403) 265-2622   SIC 7371

ORACLE CANADA ULC p792
45 O'connor St Suite 400, OTTAWA, ON, K1P 1A4
(613) 569-0001   SIC 7371

P2 ENERGY SOLUTIONS ALBERTA ULC p47
639 5 Ave Sw Suite 2100, CALGARY, AB, T2P 0M9
(403) 774-1000   SIC 7371

PARETOLOGIC INC p328
1827 Fort St, VICTORIA, BC, V8R 1J6
(250) 370-9229   SIC 7371

PCI GEOMATICS ENTERPRISES INC p673
90 Allstate Pky Suite 501, MARKHAM, ON, L3R 6H3
(905) 764-0614   SIC 7371

PCI GEOMATICS ENTERPRISES INC p1038
490 Boul Saint-Joseph Unite 400, GATINEAU, QC, J8Y 3Y7
(819) 770-0022   SIC 7371

PERFTECH (PTI) CANADA CORP p624
40 Hines Rd Suite 500, KANATA, ON, K2K 2M5
(613) 287-5344   SIC 7371

PERSPECSYS CORP p690
5110 Creekbank Rd Suite 500, MISSISSAUGA, ON, L4W 0A1
(905) 282-0023   SIC 7371

PG SOLUTIONS INC p1173
217 Av Leonidas S Bureau 13, RIMOUSKI, QC, G5L 2T5
(418) 724-5037   SIC 7371

POINT2 TECHNOLOGIES INC p1292
3301 8th St E Suite 500, SASKATOON, SK, S7H 5K5
(306) 955-1855   SIC 7371

POINTS.COM INC p927
171 John St Suite 500, TORONTO, ON, M5T 1X3
(416) 595-0000   SIC 7371

PROPHARM LIMITED p674
131 Mcnabb St, MARKHAM, ON, L3R 5V7
(905) 943-9736   SIC 7371

Q & I COMPUTER SYSTEMS INC p575
115 Symons St, ETOBICOKE, ON, M8V 1V1
(416) 253-5555   SIC 7371

QUARTECH SYSTEMS LIMITED p185
2160 Springer Ave Suite 200, BURNABY, BC, V5B 3M7
(604) 291-9686   SIC 7371

QUEST SOFTWARE CANADA INC p624
515 Legget Dr Suite 1001, KANATA, ON, K2K 3G4
(613) 270-1500   SIC 7371

QUEST SOFTWARE CANADA INC p905
260 King St E 4th Flr, TORONTO, ON, M5A 4L5
(416) 933-5000   SIC 7371

RADIAN6 TECHNOLOGIES INC p402
30 Knowledge Park Dr, FREDERICTON, NB, E3C 2R2
(506) 452-9039   SIC 7371

RECON INSTRUMENTS INC p305
1050 Homer St Suite 220, VANCOUVER, BC, V6B 2W9
(604) 638-1608   SIC 7371

RELIANT WEB HOSTING INC p916
85 Richmond St W Suite 510, TORONTO, ON, M5H 2C9
(877) 767-5577   SIC 7371

RENAISSANCE LEARNING OF CANADA CO p491
73 Industrial Pky N Suite 3, AURORA, ON, L4G 4C4
(905) 726-8110   SIC 7371

RESEARCH DEVELOPMENT & MANUFACTURING CORPORATION p954
619a Kumpf Dr, WATERLOO, ON, N2V 1K8
(519) 746-8483   SIC 7371

RESERVEAMERICA ON INC p711
2480 Meadowvale Blvd Suite 1, MISSISSAUGA, ON, L5N 8M6
(905) 286-6600   SIC 7371

RESMED INC p464
38 Solutions Dr Suite 300, HALIFAX, NS, B3S 0H1
(877) 242-1703   SIC 7371

SAP CANADA INC p313
1095 Pender St W Suite 400, VANCOUVER, BC, V6E 2M6
(604) 647-8888   SIC 7371

SAP CANADA INC p789
100 Murray St Suite 200, OTTAWA, ON, K1N 0A1
SIC 7371

SAP CANADA INC p920
181 Bay St, TORONTO, ON, M5J 2T3
SIC 7371

SAP CANADA INC p952
445 Wes Graham Way, WATERLOO, ON, N2L 6R2
(519) 886-3700   SIC 7371

SAS INSTITUTE (CANADA) INC p793
360 Albert St Suite 1600, OTTAWA, ON, K1R 7X7
(613) 231-8503   SIC 7371

SELIENT INC p587
93 Skyway Ave Suite 201, ETOBICOKE, ON, M9W 6N6
(416) 234-0098   SIC 7371

SHOPLOGIX INC p535
5100 South Service Rd Suite 39, BURLINGTON, ON, L7L 6A5
(905) 469-9994   SIC 7371

SIEMENS CANADA LIMITED p874
55 Commerce Valley Dr W Suite 400, THORNHILL, ON, L3T 7V9
SIC 7371

SITEIMPROVE INC p908
110 Yonge St Suite 700, TORONTO, ON, M5C 1T4
(647) 797-3640   SIC 7371

SOCIETE D'INVESTISSEMENT M-S, S.E.C. p1071
1010 Rue De Serigny Bureau 800, LONGUEUIL, QC, J4K 5G7
SIC 7371

SOFTCHOICE CORPORATION p936
173 Dufferin St Suite 200, TORONTO, ON, M6K 3H7
(416) 588-9002   SIC 7371

SIC 7372 Prepackaged software

SOPHOS INC p309
580 Granville St Suite 400, VANCOUVER, BC, V6C 1W6
(604) 484-6400   SIC 7371

SOTI INC p715
5770 Hurontario St Suite 1100, MISSISSAUGA, ON, L5R 3G5
(905) 624-9828   SIC 7371

SRB EDUCATION SOLUTIONS INC p674
200 Town Centre Blvd Suite 400, MARKHAM, ON, L3R 8G5
(905) 943-7706   SIC 7371

SUNGARD AVAILABILITY SERVICES (CANADA) LTD p766
2010 Winston Park Dr Suite 400, OAKVILLE, ON, L6H 6A3
(905) 287-4000   SIC 7371

SYSTEMES CANADIEN KRONOS INC p227
1060 Manhattan Dr Suite 200, KELOWNA, BC, V1Y 9X9
(250) 763-0034   SIC 7371

SYSTEMES CANADIEN KRONOS INC p715
110 Matheson Blvd W Suite 320, MISSISSAUGA, ON, L5R 4G7
(905) 568-0101   SIC 7371

SYSTEMES CANADIEN KRONOS INC p1121
3535 Ch Queen-Mary Bureau 500, Montreal, QC, H3V 1H8
(514) 345-0580   SIC 7371

SYSTEMES DELEVANTE INC p1081
5460 Ch De La Cote-De-Liesse, MONT-ROYAL, QC, H4P 1A5
(514) 737-0941   SIC 7371

SYSTEMES MEDICAUX INTELERAD INCORPOREE, LES p1113
895 Rue De La Gauchetiere O Bureau 400, Montreal, QC, H3B 4G1
(514) 931-6222   SIC 7371

SYSTEMES SYNTAX LTEE p674
60 Columbia Way Suite 207, MARKHAM, ON, L3R 0C9
(905) 709-4466   SIC 7371

SYSTEMES SYNTAX LTEE p1125
8000 Boul Decarie Bureau 300, Montreal, QC, H4P 2S4
(514) 733-7777   SIC 7371

SYSTEMGROUP CONSULTING INC p711
6701 Financial Dr Suite 200, MISSISSAUGA, ON, L5N 7J7
(647) 795-8008   SIC 7371

TECHNOLOGIE SILANIS INC p1125
8200 Decarie Suite 300, Montreal, QC, H4P 2P5
(514) 337-5255   SIC 7371

TECHNOLOGIES METAFORE INC p587
830 Dixon Rd, ETOBICOKE, ON, M9W 6Y8
(905) 362-8300   SIC 7371

TECHNOLOGIES METAFORE INC p991
9393 Boul Louis-H.-Lafontaine, ANJOU, QC, H1J 1Y8
(514) 354-3810   SIC 7371

TELDIG INC p1162
2960 Boul Laurier Bureau 120, Quebec, QC, G1V 4S1
(418) 948-1314   SIC 7371

TELUS CORPORATION p874
120 Commerce Valley Dr E Suite 1, THORNHILL, ON, L3T 7R2
(905) 707-4000   SIC 7371

TENDER RETAIL SYSTEMS INC p746
2 Lansing Sq Suite 400, NORTH YORK, ON, M2J 4P8
(416) 498-1200   SIC 7371

TERANET INC p909
1 Adelaide St E Suite 600, TORONTO, ON, M5C 2V9
(416) 360-5263   SIC 7371

TERANET INC p921
123 Front St W Suite 700, TORONTO, ON, M5J 2M2
(416) 360-5263   SIC 7371

TIBCO SOFTWARE CANADA INC p711
2000 Argentia Rd Suite 2, MISSISSAUGA, ON, L5N 1V9

SIC 7371

TRANSZAP P2P CANADA, INC p50
205 5 Ave Sw Suite 400, CALGARY, AB, T2P 2V7
(403) 205-2550   SIC 7371

UNICAD CANADA LTD p800
2745 Iris St Suite 1, OTTAWA, ON, K2C 3V5
(613) 596-9091   SIC 7371

UNISYS CANADA INC p460
1809 Barrington St Suite M104, HALIFAX, NS, B3J 3K8
SIC 7371

UNISYS CANADA INC p746
2001 Sheppard Ave E Suite 200, NORTH YORK, ON, M2J 4Z8
(416) 495-0515   SIC 7371

UNISYS CANADA INC p814
925 Brock Rd, PICKERING, ON, L1W 2X9
(905) 837-1811   SIC 7371

VECIMA NETWORKS INC p185
2700 Production Way Suite 300, BURNABY, BC, V5A 4X1
(604) 421-5422   SIC 7371

VERTEX DOWNHOLE LTD p34
6806 Railway St Se, CALGARY, AB, T2H 3A8
(403) 930-2742   SIC 7371

VISTANCE TECHNOLOGY SOLUTIONS INC p1206
473 Rue Deslauriers, SAINT-LAURENT, QC, H4N 1W2
(514) 336-9200   SIC 7371

VIVONET ACQUISITION LTD p313
1188 Georgia St W Unit 1790, VANCOUVER, BC, V6E 4A2
(866) 512-2033   SIC 7371

WHITEHILL TECHNOLOGIES INC p675
19 Allstate Pky Suite 400, MARKHAM, ON, L3R 5A4
(905) 475-2112   SIC 7371

WINFUND SOFTWARE CORP p727
2 Gurdwara Rd Suite 206, NEPEAN, ON, K2E 1A2
(613) 526-1969   SIC 7371

WIRELESS RONIN TECHNOLOGIES (CANADA), INC. p965
4510 Rhodes Dr Unit 800, WINDSOR, ON, N8W 5K5
(519) 974-2363   SIC 7371

WORLDREACH SOFTWARE CORPORATION p799
2650 Queensview Dr Suite 250, OTTAWA, ON, K2B 8H6
(613) 742-6482   SIC 7371

SIC 7372 Prepackaged software

3761258 CANADA INC p78
10180 101 St Nw Suite 310, EDMONTON, AB, T5J 3S4
(780) 702-1432   SIC 7372

ABB INC p268
10651 Shellbridge Way, RICHMOND, BC, V6X 2W8
(604) 207-6000   SIC 7372

ACCEO SOLUTIONS INC p1165
7710 Boul Wilfrid-Hamel, Quebec, QC, G2G 2J5
(418) 877-0088   SIC 7372

ADOBE SYSTEMS CANADA INC p793
343 Preston St, OTTAWA, ON, K1S 1N4
(613) 940-3676   SIC 7372

ADOXIO BUSINESS SOLUTIONS LIMITED p1281
1445 Park St Suite 200, REGINA, SK, S4N 4C5
(306) 569-6501   SIC 7372

ALLSCRIPTS CANADA CORPORATION p265
13888 Wireless Way Suite 110, RICHMOND, BC, V6V 0A3
(604) 273-4900   SIC 7372

AUTODESK CANADA CIE p792
427 Laurier Ave W Suite 500, OTTAWA, ON, K1R 7Y2
(613) 755-5000   SIC 7372

BANDAI NAMCO STUDIOS VANCOUVER INC p296
577 Great Northern Way Suite 210, VANCOUVER, BC, V5T 1E1
(604) 876-1346   SIC 7372

BLUE CASTLE GAMES INC p186
4401 Still Creek Dr Unit 300, BURNABY, BC, V5C 6G9
(604) 299-5626   SIC 7372

BMC SOFTWARE CANADA INC p873
50 Minthorn Blvd Suite 200, THORNHILL, ON, L3T 7X8
(905) 707-4600   SIC 7372

CAMIS INC p600
649 Scottsdale Dr Suite 90, GUELPH, ON, N1G 4T7
(519) 766-0901   SIC 7372

CENGEA SOLUTIONS INC p310
1188 Georgia St W Suite 560, VANCOUVER, BC, V6E 4A2
(604) 697-6400   SIC 7372

CENGEA SOLUTIONS INC p377
330 St Mary Ave Suite 1120, WINNIPEG, MB, R3C 3Z5
(204) 957-7566   SIC 7372

CITADEL COMMERCE CORP p192
8610 Glenlyon Pky Unit 130, BURNABY, BC, V5J 0B6
(604) 299-6924   SIC 7372

COMPUGEN SYSTEMS LTD p116
2627 Ellwood Dr Sw Suite 102, EDMONTON, AB, T6X 0P7
(780) 448-2525   SIC 7372

COVER-ALL COMPUTER SERVICES CORP p670
1 Valleywood Dr Unit 10, MARKHAM, ON, L3R 5L9
(905) 477-8494   SIC 7372

DEALERTRACK CANADA INC p688
2700 Matheson Blvd E Suite 702, MISSISSAUGA, ON, L4W 4V9
(905) 281-6200   SIC 7372

DO PROCESS SOFTWARE LTD p898
2200 Yonge St Suite 1300, TORONTO, ON, M4S 2C6
(416) 322-6111   SIC 7372

DO2 TECHNOLOGIES INC p43
255 5 Ave Sw Suite 1000, CALGARY, AB, T2P 3G6
(403) 205-2550   SIC 7372

ELOQUA CORPORATION p929
553 Richmond St W Suite 214, TORONTO, ON, M5V 1Y6
(416) 864-0440   SIC 7372

EMERGIS INC p688
5090 Explorer Dr Suite 1000, MISSISSAUGA, ON, L4W 4X6
(905) 602-7350   SIC 7372

EMERGIS INC p1300
2305 Hanselman Pl, SASKATOON, SK, S7L 6A9
SIC 7372

ENTREPRISES AMILIA INC, LES p1118
1751 Rue Richardson Bureau 3.105, Montreal, QC, H3K 1G6
(514) 343-0004   SIC 7372

FDM SOFTWARE LTD p249
949 3rd St W Suite 113, NORTH VANCOUVER, BC, V7P 3P7
(604) 986-9941   SIC 7372

GE FANUC AUTOMATION CANADA COMPANY p80
10235 101 St Nw, EDMONTON, AB, T5J 3G1
(780) 420-2000   SIC 7372

GEOSOFT INC p918
207 Queens Quay W Suite 810, TORONTO, ON, M5J 1A7
(416) 369-0111   SIC 7372

GREENPOINT SOFTWARE LTD p28
1509 Centre St Sw Suite 600, CALGARY, AB, T2G 2E6
(403) 205-4848   SIC 7372

HALOGEN SOFTWARE INC p623
40 Hines Rd, KANATA, ON, K2K 2M5
(613) 270-1011   SIC 7372

HITACHI DATA SYSTEMS INC p914
11 King St W Suite 1400, TORONTO, ON, M5H 4C7
(416) 494-4114   SIC 7372

HITACHI SOLUTIONS CANADA, LTD p28
308 11 Ave Se Suite 110, CALGARY, AB, T2G 0Y2
(403) 265-4332   SIC 7372

HOT BANANA SOFTWARE INC p497
12 Fairview Rd Suite 201, BARRIE, ON, L4N 4P3
SIC 7372

IBM CANADA LIMITED p1116
1360 Boul Rene-Levesque O Bureau 400, Montreal, QC, H3G 2W6
(888) 245-5572   SIC 7372

IHS GLOBAL CANADA LIMITED p28
1331 Macleod Trail Se Suite 200, CALGARY, AB, T2G 0K3
(403) 532-8175   SIC 7372

INCOGNITO SOFTWARE SYSTEMS INC p304
375 Water St Suite 500, VANCOUVER, BC, V6B 5C6
(604) 688-4332   SIC 7372

INFOR (CANADA), LTD p1026
1255 Rte Transcanadienne Bureau 100, DORVAL, QC, H9P 2V4
(514) 763-0400   SIC 7372

INNOCARE LTD p611
55 Frid St Unit 1, HAMILTON, ON, L8P 4M3
(905) 523-5777   SIC 7372

INNOVAPOST INC p623
365 March Rd, KANATA, ON, K2K 3N5
(613) 270-6262   SIC 7372

KIVUTO SOLUTIONS INC p789
126 York St Suite 200, OTTAWA, ON, K1N 5T5
(613) 526-3005   SIC 7372

KOGNITIV CORPORATION p950
187 King St S, WATERLOO, ON, N2J 1R1
(226) 476-1124   SIC 7372

KONGSBERG GEOSPATIAL LTD p624
411 Legget Dr Suite 400, KANATA, ON, K2K 3C9
(613) 271-5500   SIC 7372

LAYER 3 SOLUTIONS INC p972
400 Zenway Blvd Suite 4, WOODBRIDGE, ON, L4H 0S7
(416) 232-2552   SIC 7372

LEXISNEXIS CANADA INC p631
2 Gore St, KINGSTON, ON, K7L 2L1
SIC 7372

LOGIBEC INC p1115
700 Rue Wellington Bureau 1500, Montreal, QC, H3C 3S4
(514) 766-0134   SIC 7372

MAESTRO TECHNOLOGIES INC p1255
1625 Boul Lionel-Boulet Bureau 300, VARENNES, QC, J3X 1P7
(450) 652-6200   SIC 7372

MAXIMIZER SOFTWARE INC p312
1090 Pender St W Suite 10, VANCOUVER, BC, V6E 2N7
(604) 331-0284   SIC 7372

MELTWATER NEWS CANADA INC. p908
8 King St E Suite 1300, TORONTO, ON, M5C 1B5
(647) 258-1726   SIC 7372

METALOGIX SOFTWARE CORP p302
55 E Cordova St Suite 604, VANCOUVER, BC, V6A 0A5
(604) 677-4636   SIC 7372

MICROSOFT CANADA INC p922
22 Bay St Suite 12, TORONTO, ON, M5K 1E7
(416) 349-3620   SIC 7372

MONERIS SOLUTIONS CORPORATION p189

▲ Public Company   ■ Public Company Family Member   HQ Headquarters   BR Branch   SL Single Location

4259 Canada Way Suite 225, BURNABY, BC, V5G 1H1
(604) 415-1500 SIC 7372
NORTHGATEARINSO CANADA INC p915
121 King St W Suite 2220, TORONTO, ON, M5H 3T9
(416) 622-9559 SIC 7372
OPEN SOLUTIONS DTS INC p316
1441 Creekside Dr Suite 300, VANCOUVER, BC, V6J 4S7
(604) 714-1848 SIC 7372
OPEN TEXT CORPORATION p635
1224 Gardiners Rd, KINGSTON, ON, K7P 0G2
(613) 548-4355 SIC 7372
OPEN TEXT CORPORATION p808
194 Sophia St, PETERBOROUGH, ON, K9H 1E5
(705) 745-6605 SIC 7372
ORACLE CANADA ULC p1107
600 Boul De Maisonneuve O Bureau 1900, Montreal, QC, H3A 3J2
(514) 843-6762 SIC 7372
OSISOFT CANADA ULC p1112
1155 Boul Robert-Bourassa Unite 612, Montreal, QC, H3B 3A7
(514) 493-0663 SIC 7372
PF RESOLU CANADA INC p704
2227 South Millway Suite 200, MISSISSAUGA, ON, L5L 3R6
(905) 820-3084 SIC 7372
PLATESPIN LTD p905
340 King St E Suite 200, TORONTO, ON, M5A 1K8
  SIC 7372
PROOFPOINT CANADA, INC. p905
210 King St E Suite 300, TORONTO, ON, M5A 1J7
(416) 366-6666 SIC 7372
PROVINCE OF NEW BRUNSWICK p399
435 Brookside Dr Suite 30, FREDERICTON, NB, E3A 8V4
(888) 487-5050 SIC 7372
QUEST SOFTWARE CANADA INC p459
5151 George St, HALIFAX, NS, B3J 1M5
(902) 442-5700 SIC 7372
RELIC ENTERTAINMENT, INC p305
1040 Hamilton St Suite 400, VANCOUVER, BC, V6B 2R9
(604) 801-6577 SIC 7372
ROCKSTAR VANCOUVER INC p305
858 Beatty St Suite 800, VANCOUVER, BC, V6B 1C1
  SIC 7372
SAP CANADA INC p49
400 3 Ave Sw Suite 600, CALGARY, AB, T2P 4H2
(403) 233-0985 SIC 7372
SAP CANADA INC p309
666 Burrard St Unit 1550, VANCOUVER, BC, V6C 2X8
(604) 684-1514 SIC 7372
SAP CANADA INC p750
4120 Yonge St Suite 600, NORTH YORK, ON, M2P 2B8
(416) 229-0574 SIC 7372
SAP CANADA INC p1103
380 Rue Saint-Antoine O Bureau 2000, Montreal, QC, H2Y 3X7
(514) 350-7300 SIC 7372
SAP CANADA INC p1115
111 Rue Duke Bureau 2100, Montreal, QC, H3C 2M1
(514) 940-3840 SIC 7372
SAS INSTITUTE (CANADA) INC p49
401 9 Ave Sw Suite 970, CALGARY, AB, T2P 3C5
(403) 265-5177 SIC 7372
SAS INSTITUTE (CANADA) INC p905
280 King St E Suite 500, TORONTO, ON, M5A 1K4
(416) 363-4424 SIC 7372
SAS INSTITUTE (CANADA) INC p1108
1000 Rue Sherbrooke O Bureau 2100, Montreal, QC, H3A 3G4
(514) 395-8922 SIC 7372
SASKATCHEWAN TELECOMMUNICATIONS INTERNATIONAL, INC p1297
446a 2nd Ave N, SASKATOON, SK, S7K 2C3
(306) 683-4922 SIC 7372
SIEMENS INDUSTRIES SOFTWARE LTD p720
6375 Shawson Dr, MISSISSAUGA, ON, L5T 1S7
  SIC 7372
SILKROAD TECHNOLOGY, CANADA INC. p106
9618 42 Ave Nw Suite 202, EDMONTON, AB, T6E 5Y4
(780) 421-8374 SIC 7372
SOFTWARE AG (CANADA) INC p544
73 Water St N Suite 504, CAMBRIDGE, ON, N1R 7L6
(519) 622-0889 SIC 7372
SUNGARD SHERWOOD SYSTEMS (CANADA) INC p691
5225 Satellite Dr, MISSISSAUGA, ON, L4W 5P9
(905) 275-2299 SIC 7372
TECHNOLOGIES INTERACTIVES MEDIA-GRIF INC p1071
1010 Rue De Serigny Bureau 800, LONGUEUIL, QC, J4K 5G7
(450) 449-0102 SIC 7372
TECHNOLOGIES N'WARE INC p1190
2885 81e Rue, SAINT-GEORGES, QC, G6A 0C5
(418) 227-4292 SIC 7372
TELL US ABOUT US INC p376
90 Market Ave Unit 4, WINNIPEG, MB, R3B 0P3
(204) 453-4757 SIC 7372
TELUS SOLUTIONS EN SANTE INC p1114
22e Etage 630, Boul Rene-Levesque O, Montreal, QC, H3B 1S6
(514) 665-3050 SIC 7372
THOMSON REUTERS DT IMPOT ET COMPTABILITE INC p1081
3333 Boul Graham Bureau 222, MONT-ROYAL, QC, H3R 3L5
(514) 733-8355 SIC 7372
TRIALSTAT CORPORATION p800
955 Green Valley Cres Suite 280, OTTAWA, ON, K2C 3V4
(613) 741-9909 SIC 7372
VMWARE CANADA INC p535
1122 International Blvd Suite 200, BURLINGTON, ON, L7L 6Z8
(905) 315-6000 SIC 7372
VS VISUAL STATEMENT INC p221
175 2nd Ave Suite 900, KAMLOOPS, BC, V2C 5W1
(250) 828-0383 SIC 7372
WATCHFIRE CORPORATION p624
1 Hines Rd, KANATA, ON, K2K 3C7
  SIC 7372
WINMAGIC INC p715
5600a Cancross Crt Suite A, MISSISSAUGA, ON, L5R 3E9
(905) 502-7000 SIC 7372
WORLDGAMING NETWORK INC p916
208 Adelaide St W Suite 200, TORONTO, ON, M5H 1W7
(416) 800-4263 SIC 7372
YARDI SYSTEMS p686
5925 Airport Rd Suite 510, MISSISSAUGA, ON, L4V 1W1
(905) 671-0315 SIC 7372

SIC 7373 Computer integrated systems design

AMEC FOSTER WHEELER INC p432
133 Crosbie Rd, ST. JOHN'S, NL, A1B 1H3
(709) 724-1900 SIC 7373
AQUA DATA INC p1138
95 5e Av, PINCOURT, QC, J7W 5K8
(514) 425-1010 SIC 7373
CISCO SYSTEMS CANADA CO p792
340 Albert St Suite 1710, OTTAWA, ON, K1R 7Y6
(613) 788-7200 SIC 7373
COMPUGEN INC p551
50 Keil Dr N, CHATHAM, ON, N7L 3V9
(519) 436-4600 SIC 7373
COMPUGEN INC p824
100 Via Renzo Dr, RICHMOND HILL, ON, L4S 0B8
(905) 707-2000 SIC 7373
COMPUTER SCIENCES CANADA INC p623
555 Legget Dr, KANATA, ON, K2K 2X3
(613) 591-1810 SIC 7373
CREAFORM INC p1065
5825 Rue Saint-Georges, Levis, QC, G6V 4L2
(418) 833-4446 SIC 7373
INFORICA INC p689
5255 Orbitor Dr Suite 405, MISSISSAUGA, ON, L4W 5M6
(905) 602-0686 SIC 7373
MDH ENGINEERED SOLUTIONS CORP p1296
216 1st Ave S, SASKATOON, SK, S7K 1K3
(306) 934-7527 SIC 7373
NETWORK BUILDERS INC p673
110 Riviera Dr Unit 14, MARKHAM, ON, L3R 5M1
(905) 947-9201 SIC 7373
SPG HYDRO INTERNATIONAL INC p1226
2161 Rue Leonard-De Vinci Bureau 101, SAINTE-JULIE, QC, J3E 1Z3
(450) 922-3515 SIC 7373
SYSTEMES INTERTRADE INC p1018
666 Boul Saint-Martin O Bureau 300, Cote Saint-Luc, QC, H7M 5G4
(450) 786-1666 SIC 7373
TECHNOLOGIES METAFORE INC p267
4320 Viking Way Unit 130, RICHMOND, BC, V6V 2L4
(604) 270-3555 SIC 7373

SIC 7374 Data processing and preparation

3043177 NOVA SCOTIA LIMITED p449
61 Raddall Ave, DARTMOUTH, NS, B3B 1T4
(902) 446-3940 SIC 7374
5TOUCH SOLUTIONS INC p900
14th Floor, TORONTO, ON, M4W 3R8
(647) 496-5623 SIC 7374
9209-5256 QUEBEC INC p1125
4700 Rue De La Savane Bureau 210, MONTREAL, QC, H4P 1T7
(514) 906-4713 SIC 7374
ADP CANADA CO p1002
204 Boul De Montarville, BOUCHERVILLE, QC, J4B 6S2
(450) 641-7200 SIC 7374
BLAST RADIUS INC p928
99 Spadina Ave Suite 200, TORONTO, ON, M5V 3P8
(416) 214-4220 SIC 7374
BROADRIDGE SOFTWARE LIMITED p306
510 Burrard St Suite 600, VANCOUVER, BC, V6C 3A8
(604) 687-2133 SIC 7374
CALGARY SCIENTIFIC INC p27
1210 20 Ave Se Suite 208, CALGARY, AB, T2G 1M8
(403) 270-7159 SIC 7374
CRITICAL MASS INC p928
425 Adelaide St W, TORONTO, ON, M5V 3C1
(416) 673-5275 SIC 7374
DONOVAN DATA SYSTEMS CANADA LTD p900
2 St Clair Ave W Suite 1500, TORONTO, ON, M4V 1L5
(416) 929-3372 SIC 7374
ESOLUTIONSGROUP LIMITED p954
651 Colby Dr, WATERLOO, ON, N2V 1C2
(519) 884-3352 SIC 7374
GENERAL DYNAMICS INFORMATION TECHNOLOGY CANADA, LIMITED p1091
7701 17e Av, Montreal, QC, H2A 2S4
(514) 729-1811 SIC 7374
GLOBAL TRAVEL COMPUTER HOLDINGS LTD p672
7550 Birchmount Rd, MARKHAM, ON, L3R 6C6
(905) 479-4949 SIC 7374
GOVERNMENT OF THE PROVINCE OF ALBERTA p83
9820 106 St Nw, EDMONTON, AB, T5K 2J6
(780) 422-4106 SIC 7374
GRAPHICALLY SPEAKING SERVICES INC p304
602 West Hastings St Unit 300, VANCOUVER, BC, V6B 1P2
(604) 682-5500 SIC 7374
HORTON TRADING LTD p329
755 Hillside Ave Suite 100, VICTORIA, BC, V8T 5B3
(250) 383-2226 SIC 7374
IBM CANADA LIMITED p266
13511 Crestwood Pl Suite 1, RICHMOND, BC, V6V 2E9
(604) 244-2100 SIC 7374
INTRIA ITEMS INC p51
301 11 Ave Sw, CALGARY, AB, T2R 0C7
  SIC 7374
INTRIA ITEMS INC p92
17509 106 Ave Nw, EDMONTON, AB, T5S 1E7
(780) 408-1331 SIC 7374
INTRIA ITEMS INC p316
1745 8th Ave W Suite 1, VANCOUVER, BC, V6J 4T3
(604) 739-2310 SIC 7374
INTRIA ITEMS INC p383
37 Stevenson Rd, WINNIPEG, MB, R3H 0H9
(204) 944-6154 SIC 7374
INTRIA ITEMS INC p694
155 Britannia Rd E Suite 200, MISSISSAUGA, ON, L4Z 4B7
(905) 502-4592 SIC 7374
INTRIA ITEMS INC p714
5705 Cancross Ct, MISSISSAUGA, ON, L5R 3E9
(905) 755-2400 SIC 7374
INTRIA ITEMS INC p1059
8301 Rue Elmslie, LASALLE, QC, H8N 3H9
(514) 368-5222 SIC 7374
INTRIA ITEMS INC p1285
2220 12th Ave Suite 100, REGINA, SK, S4P 0M8
(306) 359-8314 SIC 7374
ISM INFORMATION SYSTEM MANAGEMENT CANADA CORPORATION p333
3960 Quadra St Suite 200, VICTORIA, BC, V8X 4A3
(250) 704-1800 SIC 7374
KONRAD GROUP, INC p810
1726 Henderson Line, PETERBOROUGH, ON, K9J 6X8
(416) 551-3684 SIC 7374
LIBEO INC p1168
5700 Boul Des Galeries Bureau 300, Quebec, QC, G2K 0H5
(418) 520-0739 SIC 7374
LIXAR I.T. INC p787
373 Coventry Rd, OTTAWA, ON, K1K 2C5
(613) 722-0688 SIC 7374
MATRIX GEOSERVICES LTD p46
808 4 Ave Sw Suite 600, CALGARY, AB, T2P 3E8
(403) 294-0707 SIC 7374
METRO RICHELIEU INC p1018
1600b Boul Saint-Martin E Bureau 300, Cote Saint-Luc, QC, H7G 4S7
(450) 662-3300 SIC 7374
MILLWARD BROWN CANADA, INC p749

4950 Yonge St Suite 600, NORTH YORK, ON, M2N 6K1
(416) 221-9200 SIC 7374
MOMENTUM DIGITAL SOLUTIONS INC p908
20 Toronto St Suite 1100, TORONTO, ON, M5C 2B8
(416) 971-6612 SIC 7374
MYCA SANTE INC p1155
2800 Rue Louis-Lumiere Bureau 200, Quebec, QC, G1P 0A4
(418) 683-7878 SIC 7374
ORION FOUNDRY (CANADA), ULC p602
503 Imperial Rd N, GUELPH, ON, N1H 6T9
(519) 827-1999 SIC 7374
POSTMEDIA NETWORK INC p270
7280 River Rd Suite 110, RICHMOND, BC, V6X 1X5
SIC 7374
PRO2P SERVICES CONSEILS INC p1113
700 Rue De La Gauchetiere O Bureau 2400, MONTREAL, QC, H3B 5M2
(514) 285-5552 SIC 7374
RESOLVE CORPORATION p773
695 Riddell Rd, ORANGEVILLE, ON, L9W 4Z5
(519) 941-9800 SIC 7374
SCORE MEDIA VENTURES INC p931
500 King St W, TORONTO, ON, M5V 1L9
(416) 479-8812 SIC 7374
SYMCOR INC p378
195 Fort St, WINNIPEG, MB, R3C 3V1
(204) 924-5819 SIC 7374
SYMCOR INC p460
5251 Duke St Suite 214, HALIFAX, NS, B3J 1P3
SIC 7374
SYMCOR INC p931
320 Front St W Suite 17, TORONTO, ON, M5V 3B6
(416) 673-8600 SIC 7374
SYMCOR INC p931
325 Front St W, Toronto, ON, M5V 2Y1
SIC 7374
VALTECH CANADA INC p1108
400 Boul De Maisonneuve O Bureau 700, Montreal, QC, H3A 1L4
(514) 448-4035 SIC 7374
VIDEOTRON SERVICE INFORMATIQUE LTEE p1101
300 Av Viger E Bureau 6, Montreal, QC, H2X 3W4
(514) 281-1232 SIC 7374
WATERFRONT EMPLOYERS OF B.C. p303
349 Railway St Suite 400, VANCOUVER, BC, V6A 1A4
(604) 689-7184 SIC 7374
WEB KREW INC p937
107 Atlantic Ave, TORONTO, ON, M6K 1Y2
SIC 7374
WEB.COM CANADA, INC p500
128 Wellington St W Suite 304, BARRIE, ON, L4N 8J6
(705) 792-1961 SIC 7374
XEROX CANADA LTD p686
3060 Caravelle Dr, MISSISSAUGA, ON, L4V 1L7
(905) 672-4700 SIC 7374

SIC 7375 Information retrieval services

CBL DATA RECOVERY TECHNOLOGIES INC p670
590 Alden Rd Suite 105, MARKHAM, ON, L3R 8N2
(905) 479-9938 SIC 7375
DIGITAL WYZDOM INC p918
161 Bay St 27 Fl, TORONTO, ON, M5J 2S1
(416) 304-3934 SIC 7375

SIC 7376 Computer facilities management

CENTRE D'INFORMATION RX LTEE p1068
2165 Rue De La Province, LONGUEUIL, QC, J4G 1Y6
(450) 646-9760 SIC 7376
COMMISSION SCOLAIRE DES RIVES-DU-SAGUENAY p1014
475 Rue La Fontaine Bureau 13, CHICOUTIMI, QC, G7H 4V2
(418) 541-7799 SIC 7376
COMPUGEN INC p623
84 Hines Rd Suite 310, KANATA, ON, K2K 3G3
(613) 591-2200 SIC 7376
CONTENT MANAGEMENT CORPORATION p873
50 Minthorn Blvd Suite 800, THORNHILL, ON, L3T 7X8
(905) 889-6555 SIC 7376
D.L.G.L.TECHNOLOGIES CORPORATION p999
850 Boul Michele Bohec, BLAINVILLE, QC, J7C 5E2
(450) 979-4646 SIC 7376
ESIT CANADA ENTERPRISE SERVICES CO p678
105 Clegg Rd, MARKHAM, ON, L6G 1B9
(905) 305-7100 SIC 7376
ESIT CANADA ENTERPRISE SERVICES CO p791
50 O'connor St Suite 500, OTTAWA, ON, K1P 6L2
(613) 266-9442 SIC 7376
EXCELLERIS TECHNOLOGIES INC p189
3500 Gilmore Way Suite 200, BURNABY, BC, V5G 4W7
(604) 566-8420 SIC 7376
FONDS DES RESSOURCES INFORMATIONNELLES DU SECTEUR DE LA SANTE ET DES SERVICES SOCIAUX p1152
555 Boul Wilfrid-Hamel, Quebec, QC, G1M 3X7
(418) 527-5211 SIC 7376
FUJITSU CONSEIL (CANADA) INC p80
10020 101a Ave Nw Suite 1500, EDMONTON, AB, T5J 3G2
(780) 423-2070 SIC 7376
NTT DATA CANADA, INC. p459
2000 Barrington St Suite 300, HALIFAX, NS, B3J 3K1
(902) 422-6036 SIC 7376
NUVO NETWORK MANAGEMENT INC p624
400 March Rd Suite 190, KANATA, ON, K2K 3H4
SIC 7376
SOCIETE DE GESTION DU RESEAU INFORMATIQUE DES COMMISSIONS SCOLAIRES p1088
5100 Rue Sherbrooke E Bureau 300, Montreal, QC, H1V 3R9
(514) 251-3700 SIC 7376

SIC 7377 Computer rental and leasing

HEWLETT-PACKARD FINANCIAL SERVICES CANADA COMPANY p689
5150 Spectrum Way Suite 101, MISSISSAUGA, ON, L4W 5G1
(905) 206-3627 SIC 7377
RENASANT FINANCIAL PARTNERS LTD p698
55 City Centre Dr Suite 800, MISSISSAUGA, ON, L5B 1M3
(905) 281-4758 SIC 7377

SIC 7378 Computer maintenance and repair

9129-4710 QUEBEC INC p1013
1740 Boul Du Royaume O, CHICOUTIMI, QC, G7H 5B1
(418) 698-6668 SIC 7378
ACRODEX INC p669

1300 Rodick Rd Unit C, MARKHAM, ON, L3R 8C3
(905) 752-2180 SIC 7378
CORPORATION SERVICES MONERIS p684
3190 Orlando Dr, MISSISSAUGA, ON, L4V 1R5
(905) 672-1048 SIC 7378
CPU SERVICE D'ORDINATEUR INC p1090
4803 Rue Molson, Montreal, QC, H1Y 0A2
(514) 955-8280 SIC 7378
CPU SERVICE D'ORDINATEUR INC p1153
2323 Boul Du Versant-Nord Bureau 100, Quebec, QC, G1N 4P4
(418) 681-1234 SIC 7378
DECISIONONE CORPORATION p820
44 East Beaver Creek Rd Unit 19, RICHMOND HILL, ON, L4B 1G8
(905) 882-1555 SIC 7378
DECISIONONE CORPORATION p1206
2505 Rue Cohen, SAINT-LAURENT, QC, H4R 2N5
(514) 338-1927 SIC 7378
EXPRESS COMPUTER SERVICE CENTER INC p290
3033 King George Blvd Suite 28, SURREY, BC, V4P 1B8
SIC 7378
GEEKS ON THE WAY INC p243
1099 South Poplar St, NELSON, BC, V1L 2J3
(800) 875-5017 SIC 7378
GESTION I-TECH SOLUTIONS INC p1008
7005 Boul Taschereau Bureau 330, BROSSARD, QC, J4Z 1A7
(418) 628-2100 SIC 7378
KEYCORP INC p184
7860 Venture St, BURNABY, BC, V5A 1V3
(604) 325-1252 SIC 7378
SOROC TECHNOLOGY INC p1062
1800 Boul Le Corbusier Bureau 132, Laval, QC, H7S 2K1
(450) 682-5029 SIC 7378
TELECOM OTTAWA LIMITED p626
100 Maple Grove Rd, KANATA, ON, K2V 1B8
(613) 225-4631 SIC 7378

SIC 7379 Computer related services, nec

3243753 CANADA INC p1037
490 Rue Saint-Joseph Bureau 203, GATINEAU, QC, J8Y 3Y7
(819) 568-8787 SIC 7379
6362222 CANADA INC p1257
1 Carrefour Alexander-Graham-Bell Bureau A-7, VERDUN, QC, H3E 3B3
(514) 937-1188 SIC 7379
7012985 CANADA INC p1262
3500 Boul De Maisonneuve O Bureau 700, WESTMOUNT, QC, H3Z 3C1
(514) 380-2700 SIC 7379
AAILSOFT INC p483
88 Telford St, AJAX, ON, L1T 4Z5
(416) 452-5687 SIC 7379
ARC BUSINESS SOLUTIONS INC p78
10088 102 Ave Nw Suite 2507, EDMONTON, AB, T5J 2Z1
(780) 702-5022 SIC 7379
CDSL CANADA LIMITED p707
2480 Meadowvale Blvd Suite 100, MISSISSAUGA, ON, L5N 8M6
(905) 858-7100 SIC 7379
CDSL CANADA LIMITED p1284
1900 Albert St Unit 700, REGINA, SK, S4P 4K8
(306) 761-4000 SIC 7379
CENTRE HOSPITALIER DE L'UNIVERSITE DE MONTREAL p1094
1595 Rue Ontario E, Montreal, QC, H2L 1S6
(514) 890-8004 SIC 7379
CISTEL TECHNOLOGY INC p726
30 Concourse Gate Suite 200, NEPEAN, ON, K2E 7V7

(613) 723-8344 SIC 7379
COFOMO INC p1110
1000 Rue De La Gauchetiere O Bureau 1500, Montreal, QC, H3B 4X5
(514) 866-0039 SIC 7379
COMPAGNIE DE TELEPHONE BELL DU CANADA OU BELL CANADA, LA p820
9133 Leslie St, RICHMOND HILL, ON, L4B 4N1
(905) 762-9137 SIC 7379
COMPUTER SCIENCES CANADA INC p1116
1360 Boul Rene-Levesque O Bureau 300, Montreal, QC, H3G 2W7
SIC 7379
CONSEILLERS EN GESTION ET INFORMATIQUE CGI INC p79
10303 Jasper Ave Nw Suite 800, EDMONTON, AB, T5J 3N6
(780) 409-2200 SIC 7379
CONSEILLERS EN GESTION ET INFORMATIQUE CGI INC p189
4601 Canada Way Suite 201, BURNABY, BC, V5G 4X7
(604) 420-0108 SIC 7379
CONSEILLERS EN GESTION ET INFORMATIQUE CGI INC p457
1809 Barrington St, HALIFAX, NS, B3J 3K8
(902) 423-2862 SIC 7379
CONSEILLERS EN GESTION ET INFORMATIQUE CGI INC p594
1410 Blair Pl, GLOUCESTER, ON, K1J 9B9
(613) 740-5900 SIC 7379
CONSEILLERS EN GESTION ET INFORMATIQUE CGI INC p1014
930 Rue Jacques-Cartier E 3rd Floor, CHICOUTIMI, QC, G7H 7K9
(418) 696-6789 SIC 7379
CONSEILLERS EN GESTION ET INFORMATIQUE CGI INC p1149
410 Boul Charest E Bureau 700, Quebec, QC, G1K 8G3
(418) 623-0101 SIC 7379
CORADIX TECHNOLOGY CONSULTING LTD p790
151 Slater St Suite 1010, OTTAWA, ON, K1P 5H3
(613) 234-0800 SIC 7379
DECISIONONE CORPORATION p1209
5766 Rue Cypihot, SAINT-LAURENT, QC, H4S 1Y5
(514) 338-1798 SIC 7379
DIAMOND SOFTWARE INC p91
172 Street Nw, EDMONTON, AB, T5S 0C9
(780) 944-1677 SIC 7379
DIVESTCO INC p31
1209 59 Ave Se Unit 150, CALGARY, AB, T2H 2P6
(403) 255-5900 SIC 7379
ENGAGE PEOPLE INC p671
1380 Rodick Rd Suite 300, MARKHAM, ON, L3R 4G5
(416) 775-9180 SIC 7379
ESIT CANADA ENTERPRISE SERVICES CO p43
240 4 Ave Sw Suite 500, CALGARY, AB, T2P 4H4
(403) 508-4500 SIC 7379
ESIT CANADA ENTERPRISE SERVICES CO p372
1455 Mountain Ave, WINNIPEG, MB, R2X 2Y9
SIC 7379
ESIT CANADA ENTERPRISE SERVICES CO p911
700 University Ave Suite 27, TORONTO, ON, M5G 1Z5
(416) 592-2140 SIC 7379
FACILITE INFORMATIQUE CANADA INC p1160
1100-2875 Boul Laurier, Quebec, QC, G1V 5B1
(418) 780-3950 SIC 7379
FIME INC p1104

1080 Cote Du Beaver Hall Bureau 1400, Montreal, QC, H2Z 1S8
(514) 935-1331 SIC 7379
FLEXITY SOLUTIONS INC p820
45 Vogell Rd, RICHMOND HILL, ON, L4B 3P6
(905) 787-3500 SIC 7379
FORTINET TECHNOLOGIES (CANADA) ULC p187
4190 Still Creek Dr Unit 400, BURNABY, BC, V5C 6C6
(604) 430-1297 SIC 7379
FUJITSU p1167
2000 Boul Lebourgneuf Bureau 300, Quebec, QC, G2K 0B8
(418) 840-5100 SIC 7379
FUJITSU CANADA p1288
10 Research Dr Suite 350, REGINA, SK, S4S 7J7
(306) 545-4344 SIC 7379
FUJITSU CONSEIL (CANADA) INC p44
606 4 St Sw Suite 1500, CALGARY, AB, T2P 1T1
SIC 7379
FUJITSU CONSEIL (CANADA) INC p323
595 Burrard St Suite 423, VANCOUVER, BC, V7X 1M4
(604) 669-9077 SIC 7379
FUJITSU CONSEIL (CANADA) INC p331
880 Douglas St Suite 300, VICTORIA, BC, V8W 2B7
(250) 479-2772 SIC 7379
FUJITSU CONSEIL (CANADA) INC p458
1505 Barrington St Suite 1102, HALIFAX, NS, B3J 3K5
(902) 420-1119 SIC 7379
FUJITSU CONSEIL (CANADA) INC p929
200 Front St W Suite 2300, TORONTO, ON, M5V 3K2
(416) 363-8661 SIC 7379
FUJITSU CONSEIL (CANADA) INC p1106
1000 Rue Sherbrooke O Bureau 1400, Montreal, QC, H3A 3G4
(514) 877-3301 SIC 7379
FUJITSU CONSEIL (CANADA) INC p1160
2960 Boul Laurier Bureau 400, Quebec, QC, G1V 4S1
SIC 7379
GARTNER CANADA CO. INC p747
5700 Yonge St Suite 1205, NORTH YORK, ON, M2M 4K2
(416) 222-7900 SIC 7379
GESTION ACCEO INC p1114
75 Rue Queen Bureau 4700, Montreal, QC, H3C 2N6
(514) 288-7161 SIC 7379
GIBRALTAR SOLUTIONS INC p708
6990 Creditview Rd Unit 4, MISSISSAUGA, ON, L5N 8R9
(905) 858-9072 SIC 7379
GROUPE ALITHYA INC p1116
1350 Boul Rene-Levesque O Bureau 200, Montreal, QC, H3G 1T4
(514) 285-5552 SIC 7379
GROUPE BRT INC, LE p1091
8268 Boul Pie-Ix, Montreal, QC, H1Z 3T6
(514) 727-7113 SIC 7379
GTI CANADA INC p1102
465 Rue Mcgill Bureau 1000, Montreal, QC, H2Y 2H1
(514) 937-6122 SIC 7379
HGS CANADA INC p806
100 Crandall St Suite 100, PEMBROKE, ON, K8A 6X8
(613) 633-4600 SIC 7379
HGS CANADA INC p982
82 Hillstrom Ave, CHARLOTTETOWN, PE, C1E 2C6
(902) 370-3200 SIC 7379
HITACHI DATA SYSTEMS INC p1106
625 Av Du President-Kennedy Bureau 1700, Montreal, QC, H3A 1K2
(514) 982-0707 SIC 7379
HUBHEAD CORP p873

50 Minthorn Blvd Suite 500, THORNHILL, ON, L3T 7X8
(905) 707-1288 SIC 7379
IBM CANADA LIMITED p657
275 Dundas St, LONDON, ON, N6B 3L1
SIC 7379
IMAGINA SOLUTIONS TECHNOLOGIQUES INC p1115
75 Rue Queen Bureau 4700, Montreal, QC, H3C 2N6
SIC 7379
INFOMART DIALOG LTD p904
333 King St E Suite 300, TORONTO, ON, M5A 0E1
SIC 7379
INFOSYS LIMITED p45
888 3 St Sw Suite 1000, CALGARY, AB, T2P 5C5
(403) 444-6896 SIC 7379
INFOSYS LIMITED p749
5140 Yonge St Suite 1400, NORTH YORK, ON, M2N 6L7
(416) 224-7400 SIC 7379
INFOSYS LIMITED p751
66 Parkwoods Village Dr, NORTH YORK, ON, M3A 2X6
(416) 224-7400 SIC 7379
INFUSION DEVELOPMENT CORP p929
276 King St W, TORONTO, ON, M5V 1J2
(416) 593-6595 SIC 7379
INTERPRO CONSULTANTS INC p1125
7777 Boul Decarie Bureau 501, Montreal, QC, H4P 2H2
(514) 321-4505 SIC 7379
ITERGY INTERNATIONAL INC p1106
2075 Boul Robert-Bourassa Bureau 700, Montreal, QC, H3A 2L1
(514) 845-5881 SIC 7379
KONICA MINOLTA BUSINESS SOLUTIONS (CANADA) LTD p515
7965 Goreway Dr Unit 1, BRAMPTON, ON, L6T 5T5
(905) 494-1040 SIC 7379
LEIDOS, INC p1289
10 Research Dr Suite 240, REGINA, SK, S4S 7J7
SIC 7379
LONG VIEW SYSTEMS CORPORATION p81
10180 101 St Nw Suite 1000, EDMONTON, AB, T5J 3S4
SIC 7379
M.R.S. COMPANY LIMITED p585
242 Galaxy Blvd, ETOBICOKE, ON, M9W 5R8
(416) 620-2720 SIC 7379
MICROTIME INC p791
116 Albert St Suite 701, OTTAWA, ON, K1P 5G3
(613) 234-2345 SIC 7379
MOTOROLA SOLUTIONS CANADA INC p714
400 Matheson Blvd W, MISSISSAUGA, ON, L5R 3M1
(905) 507-7200 SIC 7379
MYRA SYSTEMS CORP p329
488a Bay St, VICTORIA, BC, V8T 5H2
(250) 381-1335 SIC 7379
NTT DATA CANADA, INC. p459
2000 Barrington St Suite 300, HALIFAX, NS, B3J 3K1
(902) 422-6036 SIC 7379
NTT DATA CANADA, INC. p889
251 Consumers Rd Suite 300, TORONTO, ON, M2J 4R3
(416) 572-8533 SIC 7379
ODESIA SOLUTIONS INC p1112
1 Place Ville-Marie, Montreal, QC, H3B 4E7
(514) 876-1155 SIC 7379
OMNILOGIC SYSTEMS COMPANY p47
833 4 Ave Sw Suite 900, CALGARY, AB, T2P 3T5
(403) 232-6664 SIC 7379
ONLINE ENTERPRISES INC p47
840 7 Ave Sw Suite 1710, CALGARY, AB,

T2P 3G2
(403) 265-8515 SIC 7379
ORCKESTRA INC p1112
1100 Av Des Canadiens-De-Montreal Bureau 540, Montreal, QC, H3B 2S2
(514) 398-0999 SIC 7379
OS4 TECHNO INC p1097
1100 Boul Cremazie E Bureau 600, Montreal, QC, H2P 2X2
(514) 722-9333 SIC 7379
PRECISION SOFTWARE LTD p300
958 8th Ave W Suite 401, VANCOUVER, BC, V5Z 1E5
SIC 7379
QUADRUS DEVELOPMENT INC p48
640 8 Ave Sw Suite 400, CALGARY, AB, T2P 1G7
(403) 257-0850 SIC 7379
R1 GP INC p383
1067 Sherwin Rd, WINNIPEG, MB, R3H 0T8
(204) 982-1857 SIC 7379
RANDSTAD INTERIM INC p1107
1001 Boul De Maisonneuve O Bureau 1510, Montreal, QC, H3A 3C8
(514) 845-5775 SIC 7379
RESEAUX MERX INC p727
38 Antares Dr Suite 1000, NEPEAN, ON, K2E 7V2
(613) 727-4900 SIC 7379
RESSOURCES PROFESSIONELLES INFORMATIQUES R P I INC p1103
485 Rue Mcgill Bureau 920, Montreal, QC, H2Y 2H4
(514) 341-7760 SIC 7379
RICOH CANADA INC p154
5208 53 Ave, RED DEER, AB, T4N 5K2
(403) 352-2202 SIC 7379
SALUMATICS INC. p1207
5930 Boul Henri-Bourassa O, SAINT-LAURENT, QC, H4R 1V9
(514) 336-0077 SIC 7379
SERVICES CONSEILS INTELLISOFT INC p1113
1 Place Ville-Marie Bureau 2821, Montreal, QC, H3B 4R4
(514) 393-3009 SIC 7379
SIERRA SYSTEMS GROUP INC p49
833 4 Ave Sw Ste 700, CALGARY, AB, T2P 3T5
(403) 264-0955 SIC 7379
SIERRA SYSTEMS GROUP INC p82
10104 103 Ave Nw Unit 1300, EDMONTON, AB, T5J 0H8
(780) 424-0852 SIC 7379
SIERRA SYSTEMS GROUP INC p332
737 Courtney St, VICTORIA, BC, V8W 1C3
(250) 385-1535 SIC 7379
SIERRA SYSTEMS GROUP INC p459
1809 Barrington St Suite 1004, HALIFAX, NS, B3J 3K8
(902) 425-6688 SIC 7379
SIERRA SYSTEMS GROUP INC p792
220 Laurier Ave W Suite 800, OTTAWA, ON, K1P 5Z9
(613) 236-7888 SIC 7379
SIERRA SYSTEMS GROUP INC p916
150 York St Suite 1910, TORONTO, ON, M5H 3S5
(416) 777-1212 SIC 7379
SINAPSE INTERVENTIONS STRATEGIQUES INC p1168
1170 Boul Lebourgneuf Bureau 320, Quebec, QC, G2K 2E3
(418) 780-3300 SIC 7379
SITA p191
4789 Kingsway Unit 500, BURNABY, BC, V5H 0A3
(604) 453-1050 SIC 7379
SOLUTIONS VICTRIX INC, LES p1108
630 Rue Sherbrooke O Bureau 1100, Montreal, QC, H3A 1E4
(514) 879-1919 SIC 7379
SOURCE EVOLUTION INC p1108
2000 Rue Peel, Montreal, QC, H3A 2W5

(514) 354-6565 SIC 7379
STRATIFORM INC p49
620 8 Ave Sw Suite 200, CALGARY, AB, T2P 1H9
(587) 747-7839 SIC 7379
SYSTEMATIX CONSULTANTS INC p162
2016 Sherwood Dr Suite 15, SHERWOOD PARK, AB, T8A 3X3
(780) 416-4337 SIC 7379
T.L.W. ENTERPRISE INC p752
255 Duncan Mill Rd Suite 312, NORTH YORK, ON, M3B 3H9
(416) 510-3011 SIC 7379
T4G LIMITED p418
384 Lancaster Ave, SAINT JOHN, NB, E2M 2L5
(506) 632-2520 SIC 7379
THEODORE AZUELOS CONSULTANTS EN TECHNOLOGIE (TACT) INC p1119
9855 Rue Meilleur Bureau 200, Montreal, QC, H3L 3J6
(514) 877-0373 SIC 7379
THOUGHTCORP SYSTEMS INC p750
4950 Yonge St Suite 1700, NORTH YORK, ON, M2N 6K1
(416) 591-4004 SIC 7379
TRILOGIE GROUPE CONSEIL INC p1006
7305 Boul Marie-Victorin Bureau 300, BROSSARD, QC, J4W 1A6
(450) 671-1515 SIC 7379
UNISYS CANADA INC p401
535 Beaverbrook Crt Suite 150, FREDERICTON, NB, E3B 1X6
(506) 458-8751 SIC 7379
VIRTUAL360 SYSTEMS LTD p299
128 6th Ave W Suite, Vancouver, BC, V5Y 1K6
(604) 253-0360 SIC 7379
VRX STUDIOS INC p306
375 Water St Suite 415, VANCOUVER, BC, V6B 5C6
(604) 605-0050 SIC 7379
WYZDOM TECHNOLOGIES INC p933
100 King St W Suite 3700, TORONTO, ON, M5X 2A1
(416) 642-3064 SIC 7379

SIC 7381 Detective and armored car services

2138894 ONTARIO INC p887
140 Shorting Rd, TORONTO, ON, M1S 3S6
(416) 240-0911 SIC 7381
2521153 ONTARIO INC p871
17 Beechener St, SUTTON WEST, ON, L0E 1R0
(416) 222-7144 SIC 7381
295823 ONTARIO INC p854
31 Raymond St, ST CATHARINES, ON, L2R 2T3
(905) 685-4279 SIC 7381
2969-9899 QUEBEC INC p1133
3905 Boul Industriel, MONTREAL-NORD, QC, H1H 2Z2
(514) 744-1010 SIC 7381
9310-8405 QUEBEC INC p1101
239 Rue Du Saint-Sacrement Bureau 304, Montreal, QC, H2Y 1W9
(514) 793-1761 SIC 7381
A.S.A.P. SECURED INC p1109
1255 Rue Peel Bureau 1101, Montreal, QC, H3B 2T9
(514) 868-0202 SIC 7381
ABBOTSFORD SECURITY SERVICES p178
2669 Langdon St Suite 201, ABBOTSFORD, BC, V2T 3L3
(604) 870-4731 SIC 7381
ACADEMIE MAXIMUM SECURITE ET INVESTIGATION INC p1203
901 Av Sainte-Croix, SAINT-LAURENT, QC, H4L 3Y5
(514) 747-7642 SIC 7381
AGENCE DE SECURITE D'INVESTIGATION EXPO INC p1093

SIC 7381 Detective and armored car services

2335 Rue Ontario E, Montreal, QC, H2K 1W2
SIC 7381

AGENCES DE SECURITE MIRADO 2002 INC p1177
121 8e Rue, ROUYN-NORANDA, QC, J9X 2A5
(819) 797-5184 *SIC* 7381

ALL PEACE PROTECTION LTD p125
11117 100 St Suite 202, GRANDE PRAIRIE, AB, T8V 2N2
(780) 538-1166 *SIC* 7381

ANISHINABEK POLICE SERVICE LTD p591
1436 Highway 17 B, GARDEN RIVER, ON, P6A 6Z1
(705) 946-2539 *SIC* 7381

AUTHENTIC CONCIERGE AND SECURITY SERVICES INC p938
2333 Dundas St W Suite 206, TORONTO, ON, M6R 3A6
(416) 777-1812 *SIC* 7381

AVION SERVICES CORP p382
2000 Wellington Ave Suite 503, WINNIPEG, MB, R3H 1C1
(204) 784-5800 *SIC* 7381

BRANDON, CITY OF p344
1020 Victoria Ave, BRANDON, MB, R7A 1A9
(204) 729-2345 *SIC* 7381

BRINK'S CANADA LIMITED p12
640 28 St Ne Unit 8, CALGARY, AB, T2A 6R3
(403) 272-2259 *SIC* 7381

BRINK'S CANADA LIMITED p84
14680 134 Ave Nw, EDMONTON, AB, T5L 4T4
(780) 453-5057 *SIC* 7381

BRINK'S CANADA LIMITED p223
1516 Keehn Rd Suite 107, KELOWNA, BC, V1X 5T3
(250) 862-3244 *SIC* 7381

BRINK'S CANADA LIMITED p275
6721 Butler Cres Suite 6, SAANICHTON, BC, V8M 1Z7
(250) 544-2016 *SIC* 7381

BRINK'S CANADA LIMITED p289
18758 96 Ave Suite 103, SURREY, BC, V4N 3P9
(604) 513-9916 *SIC* 7381

BRINK'S CANADA LIMITED p297
247 1st Ave E, VANCOUVER, BC, V5T 1A7
(604) 875-6221 *SIC* 7381

BRINK'S CANADA LIMITED p377
222 York Ave, WINNIPEG, MB, R3C 0N5
(204) 985-9400 *SIC* 7381

BRINK'S CANADA LIMITED p414
40 Whitebone Way, SAINT JOHN, NB, E2J 4W2
(506) 633-0205 *SIC* 7381

BRINK'S CANADA LIMITED p429
88 Glencoe Dr, MOUNT PEARL, NL, A1N 4S9
(709) 747-0288 *SIC* 7381

BRINK'S CANADA LIMITED p450
19 Ilsley Ave, DARTMOUTH, NS, B3B 1L5
(902) 468-7124 *SIC* 7381

BRINK'S CANADA LIMITED p496
240 Bayview Dr Suite 4, BARRIE, ON, L4N 4Y8
(705) 726-6720 *SIC* 7381

BRINK'S CANADA LIMITED p575
95 Browns Line, ETOBICOKE, ON, M8W 3S2
(416) 461-0261 *SIC* 7381

BRINK'S CANADA LIMITED p608
75 Lansdowne Ave, HAMILTON, ON, L8L 8A3
(905) 549-5997 *SIC* 7381

BRINK'S CANADA LIMITED p633
159 Binnington Crt, KINGSTON, ON, K7M 8R7
(613) 542-2185 *SIC* 7381

BRINK'S CANADA LIMITED p639
55 Trillium Park Pl, KITCHENER, ON, N2E 1X1
(519) 748-5358 *SIC* 7381

BRINK'S CANADA LIMITED p649
1495 Spanner St, LONDON, ON, N5V 1Z1
(519) 659-3457 *SIC* 7381

BRINK'S CANADA LIMITED p707
2233 Argentia Rd Suite 400, MISSISAUGA, ON, L5N 2X7
(905) 306-9600 *SIC* 7381

BRINK'S CANADA LIMITED p783
2755 Lancaster Rd, OTTAWA, ON, K1B 4V8
(613) 521-8650 *SIC* 7381

BRINK'S CANADA LIMITED p809
920 Major Bennett Dr, PETERBOROUGH, ON, K9J 6X6
(705) 742-8961 *SIC* 7381

BRINK'S CANADA LIMITED p867
2423 Lasalle Blvd, SUDBURY, ON, P3A 2A9
(705) 560-7007 *SIC* 7381

BRINK'S CANADA LIMITED p877
887a Tungsten St, THUNDER BAY, ON, P7B 6H2
(807) 623-2999 *SIC* 7381

BRINK'S CANADA LIMITED p963
3275 Electricity Dr, WINDSOR, ON, N8W 5J1
(519) 944-5556 *SIC* 7381

BRINK'S CANADA LIMITED p1282
1761 Wallace St, REGINA, SK, S4N 3Z7
(306) 525-8704 *SIC* 7381

BRINK'S CANADA LIMITED p1301
538 Avenue L S, SASKATOON, SK, S7M 2H4
(306) 652-9271 *SIC* 7381

C.R.A. COLLATERAL RECOVERY & ADMINISTRATION INC p27
1289 Highfield Cres Se Unit 109, CALGARY, AB, T2G 5M2
(403) 240-3450 *SIC* 7381

CANADIAN CORPS OF COMMISSIONAIRES (MANITOBA AND NORTHWESTERN ONTARIO DIVISION) p380
290 Burnell St, WINNIPEG, MB, R3G 2A7
(204) 942-5993 *SIC* 7381

CANADIAN CORPS OF COMMISSIONAIRES (NORTHERN ALBERTA) p87
10633 124 St Nw Suite 101, EDMONTON, AB, T5N 1S5
(780) 451-1974 *SIC* 7381

CANADIAN CORRECTIONAL MANAGEMENT INC p404
4 Airport Dr, MIRAMICHI, NB, E1N 3W4
(506) 624-2160 *SIC* 7381

CANNON SECURITY AND PATROL SERVICES p779
23 Simcoe St S Fl 2, OSHAWA, ON, L1H 4G1
(416) 742-9994 *SIC* 7381

CANTEC SECURITY SERVICES INC p854
140 Welland Ave Unit 5, ST CATHARINES, ON, L2R 2N6
(905) 687-9500 *SIC* 7381

CAPITAL SECURITY & INVESTIGATIONS p566
504 Pitt St, CORNWALL, ON, K6J 3R5
(613) 937-4111 *SIC* 7381

CAPITAL SECURITY & INVESTIGATIONS p594
1128 Cadboro Rd, GLOUCESTER, ON, K1J 7R1
(613) 744-1194 *SIC* 7381

CITIGUARD SECURITY SERVICES INC p840
1560 Brimley Rd Suite 201, SCARBOROUGH, ON, M1P 3G9
(416) 431-6888 *SIC* 7381

COMMISSIONAIRES GREAT LAKES p651
1730 Dundas St, LONDON, ON, N5W 3E2
(519) 433-6763 *SIC* 7381

CONDOR SECURITY p754
4610 Dufferin St Unit 1b, NORTH YORK, ON, M3H 5S4
(416) 410-4035 *SIC* 7381

CORPS CANADIEN DES COMMISSIONAIRES (DIVISION DU QUEBEC) p1099
201 Av Laurier E Bureau 400, Montreal, QC, H2T 3E6
(514) 273-8578 *SIC* 7381

CORPS CANADIEN DES COMMISSIONAIRES DIVISION DE QUEBEC p1155
3405 Boul Wilfrid-Hamel Bureau 330, Quebec, QC, G1P 2J3
(418) 681-0609 *SIC* 7381

CYPRESS SECURITY (2013) INC p285
7028 120 St Suite 203, SURREY, BC, V3W 3M8
(778) 564-4088 *SIC* 7381

DIAMOND SECURITY p663
377 Grand View Ave, LONDON, ON, N6K 2T1
(519) 471-8095 *SIC* 7381

EVER READY SOLUTIONS LTD p55
316 Cedarbrae Cres Sw, CALGARY, AB, T2W 1Y4
(403) 451-9435 *SIC* 7381

FEDSEC CORPORATION p899
60 St Clair Ave E Suite 1000, TORONTO, ON, M4T 1N5
(416) 323-9911 *SIC* 7381

FIRST STRIKE SECURITY & INVESTIGATION LTD p474
2145 Kings Rd, SYDNEY, NS, B1L 1C2
(902) 539-9991 *SIC* 7381

FOREST HILL GROUP INC p929
116 Spadina Ave Ste 407, TORONTO, ON, M5V 2K6
(416) 785-0010 *SIC* 7381

FORTIN INVESTIGATION ET SECURITE DU QUEBEC INC p1151
1875 Av De La Normandie, Quebec, QC, G1L 3Y8
(418) 529-9391 *SIC* 7381

G4S CASH SOLUTIONS (CANADA) LTD p23
5040 Skyline Way Ne, CALGARY, AB, T2E 6V1
(403) 974-8350 *SIC* 7381

G4S CASH SOLUTIONS (CANADA) LTD p100
9373 47 St Nw, EDMONTON, AB, T6B 2R7
(780) 465-9526 *SIC* 7381

G4S CASH SOLUTIONS (CANADA) LTD p241
4300 Wellington Rd Suite 301, NANAIMO, BC, V9T 2H3
(250) 751-8563 *SIC* 7381

G4S CASH SOLUTIONS (CANADA) LTD p259
2344 Queensway, PRINCE GEORGE, BC, V2L 1M7
(250) 562-8818 *SIC* 7381

G4S CASH SOLUTIONS (CANADA) LTD p294
2743 Skeena St Suite 200, VANCOUVER, BC, V5M 4T1
(604) 665-4651 *SIC* 7381

G4S CASH SOLUTIONS (CANADA) LTD p294
2743 Skeena St, VANCOUVER, BC, V5M 4T1
(604) 787-0277 *SIC* 7381

G4S CASH SOLUTIONS (CANADA) LTD p335
744 Fairview Rd Suite 12, VICTORIA, BC, V9A 5T9
(250) 384-1549 *SIC* 7381

G4S CASH SOLUTIONS (CANADA) LTD p381
994 Wall St, WINNIPEG, MB, R3G 2V3
(204) 774-6883 *SIC* 7381

G4S CASH SOLUTIONS (CANADA) LTD p417
40 Saint Andrews St, SAINT JOHN, NB, E2L 1T3
(506) 632-8040 *SIC* 7381

G4S CASH SOLUTIONS (CANADA) LTD p435
147 Duckworth St Unit 145, ST. JOHN'S, NL, A1C 1E9
(709) 753-2627 *SIC* 7381

G4S CASH SOLUTIONS (CANADA) LTD p451
170 Joseph Zatzman Dr Suite 13, DARTMOUTH, NS, B3B 1L9
(902) 468-5602 *SIC* 7381

G4S CASH SOLUTIONS (CANADA) LTD p641
108 Ahrens St W, KITCHENER, ON, N2H 4C3
SIC 7381

G4S CASH SOLUTIONS (CANADA) LTD p753
150 Ferrand Dr Suite 600, NORTH YORK, ON, M3C 3E5
(416) 645-5555 *SIC* 7381

G4S CASH SOLUTIONS (CANADA) LTD p803
2020 20th St E Suite 1, OWEN SOUND, ON, N4K 5N3
(519) 372-0299 *SIC* 7381

G4S CASH SOLUTIONS (CANADA) LTD p809
785 The Queensway Suite D, PETERBOROUGH, ON, K9J 6W7
(705) 741-4137 *SIC* 7381

G4S CASH SOLUTIONS (CANADA) LTD p895
7 Woodfield Rd, Toronto, ON, M4L 2W1
SIC 7381

G4S CASH SOLUTIONS (CANADA) LTD p895
1 Woodfield Rd, TORONTO, ON, M4L 2W1
(416) 406-4926 *SIC* 7381

G4S CASH SOLUTIONS (CANADA) LTD p1152
538 Rue Maurice-Bois, Quebec, QC, G1M 3G3
(418) 527-5636 *SIC* 7381

G4S CASH SOLUTIONS (CANADA) LTD p1282
1810 Mackay St, REGINA, SK, S4N 6R4
(306) 522-2671 *SIC* 7381

G4S CASH SOLUTIONS (CANADA) LTD p1300
2234a Hanselman Ave, SASKATOON, SK, S7L 6A4
(306) 653-1533 *SIC* 7381

G4S SECURE SOLUTIONS (CANADA) LTD p31
8180 Macleod Trail Se Suite 10, CALGARY, AB, T2H 2B8
(403) 735-1141 *SIC* 7381

G4S SECURE SOLUTIONS (CANADA) LTD p104
9618 42 Ave Nw Suite 110, EDMONTON, AB, T6E 5Y4
(780) 423-4444 *SIC* 7381

G4S SECURE SOLUTIONS (CANADA) LTD p143
525 4 St Se, MEDICINE HAT, AB, T1A 0K7
(403) 526-2001 *SIC* 7381

G4S SECURE SOLUTIONS (CANADA) LTD p383
530 Century St Suite 231, WINNIPEG, MB, R3H 0Y4
(204) 774-0005 *SIC* 7381

G4S SECURE SOLUTIONS (CANADA) LTD p633
2437 Princess St Suite 204, KINGSTON, ON, K7M 3G1
(613) 389-1744 *SIC* 7381

G4S SECURE SOLUTIONS (CANADA) LTD p640
1448 King St E, KITCHENER, ON, N2G 2N7
SIC 7381

G4S SECURE SOLUTIONS (CANADA) LTD p655
383 Richmond St Suite 1014, LONDON, ON, N6A 3C4
SIC 7381

G4S SECURE SOLUTIONS (CANADA) LTD p745
2 Lansing Sq Suite 204, NORTH YORK, ON, M2J 4P8

(416) 490-8329 SIC 7381
G4S SECURE SOLUTIONS (CANADA) LTD p779
214 King St E, OSHAWA, ON, L1H 1C7
(905) 579-8020 SIC 7381
G4S SECURE SOLUTIONS (CANADA) LTD p869
238 Elm St Suite 200, SUDBURY, ON, P3C 1V3
(705) 524-1519 SIC 7381
G4S SECURE SOLUTIONS (CANADA) LTD p884
211 Craig St, TIMMINS, ON, P4N 4A2
(705) 268-7040 SIC 7381
G4S SECURE SOLUTIONS (CANADA) LTD p941
703 Evans Ave Suite 103, TORONTO, ON, M9C 5E9
(416) 620-0762 SIC 7381
G4S SECURE SOLUTIONS (CANADA) LTD p964
3372 Mannheim Way, WINDSOR, ON, N8W 5J9
(519) 255-1441 SIC 7381
GARDWELL SECURITY AGENCY INC p758
168 Oakdale Rd Suite 6b, NORTH YORK, ON, M3N 2S5
(416) 746-6007 SIC 7381
GEMSTAR SECURITY SERVICE LTD p974
4000 Steeles Ave W Unit 29, WOODBRIDGE, ON, L4L 4V9
(905) 850-8517 SIC 7381
GFP LES HOTES DE MONTREAL INC p1098
6983 Rue De La Roche, Montreal, QC, H2S 2E6
(514) 274-6837 SIC 7381
GOVERNMENT OF ONTARIO p688
5090 Commerce Blvd Unit 100, MISSISSAUGA, ON, L4W 5M4
(416) 622-0748 SIC 7381
GROUPE CAMBLI INC p1198
555 Rue Saint-Louis, SAINT-JEAN-SUR-RICHELIEU, QC, J3B 8X7
(450) 358-4920 SIC 7381
GROUPE CANTIN GEOFFRION SERVICES CONSEILS INC p1123
4030 Rue Saint-Ambroise Bureau 110, MONTREAL, QC, H4C 2C7
(514) 935-2453 SIC 7381
GROUPE DE SECURITE GARDA INC, LE p31
8989 Macleod Trail Sw Suite 118, CALGARY, AB, T2H 0M2
(403) 517-5899 SIC 7381
GROUPE SOUCY INC p1248
1060 Boul Thibeau, Trois-Rivieres, QC, G8T 7B2
(819) 376-3111 SIC 7381
GUARDIAN INTERNATIONAL p500
4460 Ontario St Suite 3, BEAMSVILLE, ON, L0R 1B5
(905) 563-5080 SIC 7381
HALO SECURITY INC p895
1574 Queen St E Suite 1, TORONTO, ON, M4L 1G1
(416) 360-1902 SIC 7381
HIRE RITE PERSONNEL LTD p803
366 9th St E, OWEN SOUND, ON, N4K 1P1
(519) 376-6662 SIC 7381
I-CORP SECURITY SERVICES LTD p304
1040 Hamilton St Suite 303, VANCOUVER, BC, V6B 2R9
(604) 687-8645 SIC 7381
IMPACT SECURITY GROUP INC p92
10471 178 St Nw Suite 103, EDMONTON, AB, T5S 1R5
(780) 485-6000 SIC 7381
IMPERIAL SECURITY AND PROTECTION SERVICES LTD p269
4871 Shell Rd Suite 2255, RICHMOND, BC, V6X 3Z6
(604) 231-9973 SIC 7381
INDEPENDENT ARMOURED TRANSPORT ATLANTIC INC p462
287 Lacewood Dr Unit 103, HALIFAX, NS, B3M 3Y7
(902) 450-1396 SIC 7381
INDEPENDENT SECURITY SERVICES ATLANTIC INC p462
287 Lacewood Dr Unit 103, HALIFAX, NS, B3M 3Y7
(902) 450-1396 SIC 7381
INDUSTRIAL SECURITY LIMITED p414
635 Bayside Dr, SAINT JOHN, NB, E2J 1B4
(506) 648-3060 SIC 7381
INNOVATIVE SECURITY MANAGEMENT (1998) INC p655
148 York St Suite 309, LONDON, ON, N6A 1A9
(519) 858-4100 SIC 7381
INTELLIGARDE INTERNATIONAL INC p839
3090 Kingston Rd Suite 400, SCARBOROUGH, ON, M1M 1P2
(416) 760-0000 SIC 7381
INVESTIGATIONS RK INC p1123
2100 Av De L'Eglise, Montreal, QC, H4E 1H4
(514) 761-7121 SIC 7381
INVESTIGATORS GROUP INC, THE p843
2061 Mccowan Rd Suite 2, SCARBOROUGH, ON, M1S 3Y6
(416) 955-9450 SIC 7381
JARDINE SECURITY LTD p405
107 Tardy Ave, MIRAMICHI, NB, E1V 3Y8
(506) 622-2787 SIC 7381
KNIGHTS ON GUARD SECURITY SURVEILLANCE SYSTEMS CORPORATION p814
1048 Toy Ave Suite 101, PICKERING, ON, L1W 3P1
(905) 427-7863 SIC 7381
LABRASH SECURITY SERVICES LTD p897
55 Eglinton Ave E Suite 403, TORONTO, ON, M4P 1G8
(416) 487-4864 SIC 7381
LK PROTECTION INC p692
1590 Dundas St E Suite 220, MISSISSAUGA, ON, L4X 2Z2
(905) 566-7008 SIC 7381
MADISON SECURITY p888
1080 Tapscott Rd Suite 17, TORONTO, ON, M1X 1E7
(416) 421-0666 SIC 7381
MAGNUM PROTECTIVE SERVICES LIMITED p906
27 Carlton St Unit 203, TORONTO, ON, M5B 1L2
(416) 591-1566 SIC 7381
MASK SECURITY INC p432
38 Pearson St Suite 306, ST. JOHN'S, NL, A1A 3R1
(709) 368-4709 SIC 7381
MAXAMA PROTECTION INC p810
234 Romaine St, PETERBOROUGH, ON, K9J 2C5
(705) 745-7500 SIC 7381
NEXUS PROTECTIVE SERVICES LTD p910
56 The Esplanade Suite 200, TORONTO, ON, M5E 1A7
(416) 815-7575 SIC 7381
NORTH STAR PATROL (1996) LTD p286
12981 80 Ave, SURREY, BC, V3W 3B1
SIC 7381
NORTHEASTERN INVESTIGATIONS INCORPORATED p452
202 Brownlow Ave Suite 1, DARTMOUTH, NS, B3B 1T5
(902) 435-1336 SIC 7381
PALADIN SECURITY GROUP LTD p33
6455 Macleod Trail Sw Unit 701, CALGARY, AB, T2H 0K9
(403) 508-1888 SIC 7381
PALADIN SECURITY GROUP LTD p121
604 Signal Rd, FORT MCMURRAY, AB, T9H 4Z4
(780) 743-1422 SIC 7381
PARAGON PROTECTION LTD p747
1210 Sheppard Ave E Suite 488, NORTH YORK, ON, M2K 1E3
(416) 498-4000 SIC 7381
PENINSULA SECURITY SERVICES LTD p955
50 Division St, WELLAND, ON, L3B 3Z6
(905) 732-2337 SIC 7381
PROBE INVESTIGATION AND SECURITY SERVICES LTD p754
3995 Bathurst St Suite 301, NORTH YORK, ON, M3H 5V3
(416) 636-7000 SIC 7381
PRODUCTIVE SECURITY INC p935
940 Lansdowne Ave, TORONTO, ON, M6H 3Z4
(416) 535-9341 SIC 7381
PROTEC INVESTIGATION SECURITY INC p1122
3333 Boul Cavendish Bureau 200, Montreal, QC, H4B 2M5
(514) 485-3255 SIC 7381
PROVIDENT SECURITY CORP p318
2309 41st Ave W Suite 400, VANCOUVER, BC, V6M 2A3
(604) 664-1087 SIC 7381
REGIONAL SECURITY SERVICES LTD p260
190 Victoria St, PRINCE GEORGE, BC, V2L 2J2
(250) 562-1215 SIC 7381
SAFETY NET SECURITY LTD p19
3700 78 Ave Se Suite 200, CALGARY, AB, T2C 2L8
SIC 7381
SAGITTARIUS INVESTIGATIONS & SECURITY CONSULTANTS INCORPORATED p448
12 Queen St Suite 101, DARTMOUTH, NS, B2Y 1E7
SIC 7381
SAULNIER ROBILLARD LORTIE, S.E.N.C. p1103
407 Boul Saint-Laurent Bureau 700, Montreal, QC, H2Y 2Y5
(514) 878-4721 SIC 7381
SECURED SECURITY GROUP (INTERNATIONAL) LIMITED p309
3555 Burrard St Suite 1400, VANCOUVER, BC, V6C 2G8
(604) 385-1555 SIC 7381
SECURIGUARD SERVICES LIMITED p242
2520 Bowen Rd Suite 205, NANAIMO, BC, V9T 3L3
(250) 756-4452 SIC 7381
SECURIGUARD SERVICES LIMITED p329
2750 Quadra St Suite 218, VICTORIA, BC, V8T 4E8
(250) 388-3118 SIC 7381
SECURITAS CANADA LIMITED p191
5172 Kingsway Suite 270, BURNABY, BC, V5H 2E8
(604) 454-3600 SIC 7381
SECURITAS CANADA LIMITED p290
8431 160 St Suite 200, SURREY, BC, V4N 0V6
(778) 578-6063 SIC 7381
SECURITAS CANADA LIMITED p435
215 Water St Suite 611, ST. JOHN'S, NL, A1C 6C9
(709) 754-0160 SIC 7381
SECURITAS CANADA LIMITED p495
400 Bayfield St Suite 215, BARRIE, ON, L4M 5A1
(705) 728-7777 SIC 7381
SECURITAS CANADA LIMITED p504
205 North Front St Suite 10, BELLEVILLE, ON, K8P 3C3
(613) 966-3690 SIC 7381
SECURITAS CANADA LIMITED p544
1425 Bishop St N Suite 14, CAMBRIDGE, ON, N1R 6J9
(519) 620-9864 SIC 7381
SECURITAS CANADA LIMITED p695
420 Britannia Rd E Suite 100, MISSISSAUGA, ON, L4Z 3L5
(905) 272-0330 SIC 7381
SECURITAS CANADA LIMITED p745
265 Yorkland Blvd Suite 500, NORTH YORK, ON, M2J 1S5
(416) 774-2500 SIC 7381
SECURITAS CANADA LIMITED p808
349a George St N Suite 206, PETERBOROUGH, ON, K9H 3P9
(705) 743-8026 SIC 7381
SECURITAS CANADA LIMITED p868
767 Barrydowne Rd Suite 301, SUDBURY, ON, P3A 3T6
(705) 675-3654 SIC 7381
SECURITAS CANADA LIMITED p961
11210 Tecumseh Rd E, WINDSOR, ON, N8R 1A8
(519) 979-1317 SIC 7381
SECURITAS CANADA LIMITED p1117
1980 Rue Sherbrooke O Bureau 300, Montreal, QC, H3H 1E8
(514) 935-2533 SIC 7381
SECURITAS CANADA LIMITED p1210
2915 Rue Diab, SAINT-LAURENT, QC, H4S 1M1
(514) 938-3433 SIC 7381
SECURITE B S L LTEE p1173
599 Rue Des Voiliers Bureau 201, RIMOUSKI, QC, G5L 7M9
(418) 723-0277 SIC 7381
SECURITE KOLOSSAL INC p1152
325 Rue Du Marais Bureau 220, Quebec, QC, G1M 3R3
(418) 683-1713 SIC 7381
SENTINEL PROTECTION SERVICES LTD p11
3132 26 St Ne Suite 335, CALGARY, AB, T1Y 6Z1
(403) 237-8485 SIC 7381
SHANNAHAN'S INVESTIGATION SECURITY LIMITED p479
30 Brookfalls Crt, WAVERLEY, NS, B2R 1J2
(902) 873-4536 SIC 7381
STEELE SECURITY & INVESTIGATION SERVICE DIVISION OF UNITED PROTECTIONS p106
8055 Coronet Rd Nw, EDMONTON, AB, T6E 4N7
SIC 7381
STRATEGIC SECURITY GROUP LTD p940
225 The East Mall Suite 1681, TORONTO, ON, M9B 6J1
(416) 602-9188 SIC 7381
TARGET INVESTIGATION & SECURITY LTD p562
2900 Langstaff Rd Unit 3, CONCORD, ON, L4K 4R9
(905) 760-9090 SIC 7381
TUFF CONTROL SYSTEMS LIMITED p762
5145 Steeles Ave W Suite 201, NORTH YORK, ON, M9L 1R5
SIC 7381
TWILITE SECURITY LIMITED p439
4916 49th St, YELLOWKNIFE, NT, X1A 2N5
(867) 873-3202 SIC 7381
TYCO INTEGRATED FIRE & SECURITY CANADA, INC p755
5000 Dufferin St, NORTH YORK, ON, M3H 5T5
SIC 7381
UNIVERSAL PROTECTION SERVICE OF CANADA CO p245
627 Columbia St Suite 200a, NEW WESTMINSTER, BC, V3M 1A7
(604) 522-5550 SIC 7381
UNIVERSAL PROTECTION SERVICE OF CANADA CO p968
251 Goyeau St Suite 505, WINDSOR, ON, N9A 6V2
SIC 7381
V.S.I. INC p524
18 Regan Rd Unit 31, BRAMPTON, ON, L7A 1C2
(905) 840-4085 SIC 7381
WESTERN PROTECTION ALLIANCE INC p272
11771 Horseshoe Way Unit 1, RICHMOND, BC, V7A 4V4

(604) 271-7475 SIC 7381
WINDSOR SECURITY LIMITED p290
10833 160 St Suite 626, SURREY, BC, V4N 1P3
SIC 7381

SIC 7382 Security systems services

ACCORD SPECIALIZED INVESTIGATIONS & SECURITY p893
1560 Bayview Ave Ste 300, TORONTO, ON, M4G 3B8
(416) 461-2774 SIC 7382
ADT CANADA INC p1164
2290 Rue Jean-Perrin Bureau 100, Quebec, QC, G2C 1T9
(418) 647-1382 SIC 7382
AVANTE SECURITY INC p751
1959 Leslie St, NORTH YORK, ON, M3B 2M3
(416) 923-2435 SIC 7382
CORPORATION OF THE TOWN OF KINGSVILLE p635
1720 Division Rd N, KINGSVILLE, ON, N9Y 3S2
(519) 733-2314 SIC 7382
COUNTERFORCE CORPORATION p409
1077 St George Blvd, MONCTON, NB, E1E 4C9
(506) 862-5500 SIC 7382
COUNTERFORCE CORPORATION p688
2740 Matheson Blvd E Unit 2a, MISSISSAUGA, ON, L4W 4X3
(905) 282-6200 SIC 7382
HALTON ALARM RESPONSE & PROTECTION LTD p769
760 Pacific Rd Unit 21, OAKVILLE, ON, L6L 6M5
(905) 827-6655 SIC 7382
PROTELEC LTD p373
1450 Mountain Ave Unit 200, WINNIPEG, MB, R2X 3C4
(204) 949-1417 SIC 7382
SECURTEK MONITORING SOLUTIONS INC p1309
70 First Ave N, YORKTON, SK, S3N 1J6
(306) 786-4331 SIC 7382
SIEMENS CANADA LIMITED p25
1930 Maynard Rd Se Unit 24, CALGARY, AB, T2E 6J8
(403) 624-9156 SIC 7382
TYCO INTEGRATED FIRE & SECURITY CANADA, INC p1208
5700 Boul Henri-Bourassa O, SAINT-LAURENT, QC, H4R 1V9
(514) 745-3890 SIC 7382
VISUAL DEFENCE INC p784
2450 Lancaster Rd Unit 40, OTTAWA, ON, K1B 5N3
(613) 226-6661 SIC 7382

SIC 7383 News syndicates

CANADIAN PRESS, THE p321
840 Howe St Suite 250, VANCOUVER, BC, V6Z 2L2
(604) 687-1662 SIC 7383
CANADIAN PRESS, THE p1101
215 Rue Saint-Jacques Unite 100, Montreal, QC, H2Y 1M6
(514) 849-3212 SIC 7383
DOW JONES CANADA, INC p914
145 King St W Suite 730, TORONTO, ON, M5H 1J8
(416) 306-2100 SIC 7383
PRESS NEWS LIMITED p908
36 King St E Suite 301, Toronto, ON, M5C 2L9
(416) 364-3172 SIC 7383
TORRES AVIATION INCORPORATED p675
95 Royal Crest Crt Unit 5, MARKHAM, ON, L3R 9X5

(905) 470-7655 SIC 7383

SIC 7384 Photofinish laboratories

IMAGE PLUS p179
31935 South Fraser Way Unit 104, ABBOTSFORD, BC, V2T 5N7
(604) 504-7222 SIC 7384
LIFETOUCH CANADA INC p372
1410 Mountain Ave Unit 1, WINNIPEG, MB, R2X 0A4
(204) 977-3475 SIC 7384
SINTRA INC p1200
284 Boul Roland-Godard, Saint-Jerome, QC, J7Y 4P7
SIC 7384
TECHNICARE IMAGING LTD p78
10924 119 St Nw, EDMONTON, AB, T5H 3P5
(780) 424-7161 SIC 7384

SIC 7389 Business services, nec

1023248 ONTARIO INC p813
870 Mckay Rd, PICKERING, ON, L1W 2Y4
(905) 426-8989 SIC 7389
1132694 ONTARIO INC p715
7550 Kimbel St, MISSISSAUGA, ON, L5S 1A2
(905) 677-1948 SIC 7389
1560804 ONTARIO INC p567
40 Cameron E, COTTAM, ON, N0R 1B0
SIC 7389
2034301 ONTARIO INC p724
151 King St Ss 2, MOUNT ALBERT, ON, L0G 1M0
(416) 779-4879 SIC 7389
2295822 CANADA INC. p1109
800 Boul Rene-Levesque O Bureau 2200, MONTREAL, QC, H3B 1X9
SIC 7389
3119696 CANADA INC p927
269 Richmond St W Suite 201, TORONTO, ON, M5V 1X1
(416) 368-1623 SIC 7389
3232077 CANADA INC p1252
121 Boul Des Montagnais, UASHAT, QC, G4R 5R1
(418) 962-3378 SIC 7389
324007 ALBERTA LTD p84
13220 St Albert Trail Nw Suite 303, EDMONTON, AB, T5L 4W1
(780) 477-2233 SIC 7389
3283313 CANADA INC p512
80 Devon Rd Unit 3, BRAMPTON, ON, L6T 5B3
SIC 7389
3627730 CANADA INC p784
3020 Hawthorne Rd Suite 300, OTTAWA, ON, K1G 3J6
(613) 526-3121 SIC 7389
3812073 CANADA INC p1215
4929 Rue Jarry E Bureau 208, SAINT-LEONARD, QC, H1R 1Y1
(514) 324-1024 SIC 7389
4211677 CANADA INC p1162
5150 Rue John-Molson, Quebec, QC, G1X 3X4
(514) 761-2345 SIC 7389
6091636 CANADA INC p1125
4700 Rue De La Savane Bureau 310, Montreal, QC, H4P 1T7
(514) 448-6931 SIC 7389
668824 ALBERTA LTD p382
1130 St James St, WINNIPEG, MB, R3H 0K7
(204) 775-7082 SIC 7389
718009 ONTARIO INC p783
2617 Edinburgh Pl, OTTAWA, ON, K1B 5M1
(613) 742-7171 SIC 7389
718878 ONTARIO LIMITED p683
7485 Bath Rd, MISSISSAUGA, ON, L4T

4C1
(905) 362-0822 SIC 7389
87029 CANADA LTD p732
200 Davis Dr, NEWMARKET, ON, L3Y 2N4
(905) 898-5383 SIC 7389
9029-2970 QUEBEC INC p1077
135 Boul Dion, MATANE, QC, G4W 3L8
(418) 562-3751 SIC 7389
9132-4285 QUEBEC INC p1103
1100 Cote Du Beaver Hall, MONTREAL, QC, H2Z 1S8
(514) 875-1515 SIC 7389
9248-5523 QUEBEC INC p1211
4575 Rue Hickmore, SAINT-LAURENT, QC, H4T 1S5
(514) 934-4545 SIC 7389
9254-7553 QUEBEC INC. p1185
516, Rang Des Sloan, SAINT-EDOUARD-DE-NAPIERVILLE, QC, J0L 1Y0
SIC 7389
A WAY EXPRESS COURIER SERVICE p892
2168 Danforth Ave, TORONTO, ON, M4C 1K3
(416) 424-4471 SIC 7389
ACCESSIBLE MEDIA INC p869
40 Elm St Unit M 300, SUDBURY, ON, P3C 1S8
SIC 7389
ACT TELECONFERENCING CANADA INCORPORATED p623
555 Legget Dr Suite 230, KANATA, ON, K2K 2X3
(613) 592-5752 SIC 7389
ACUREN GROUP INC p21
1411 25 Ave Ne Unit 3, CALGARY, AB, T2E 7L6
(403) 291-3126 SIC 7389
ADLER FIRESTOPPING LTD p1
53016 Hwy 60 Unit 23, ACHESON, AB, T7X 5A7
(780) 962-9495 SIC 7389
AECOM PRODUCTION SERVICES LTD p154
4747 78a St Close, RED DEER, AB, T4P 2G9
(403) 342-6280 SIC 7389
AIR CANADA p415
1 Air Canada Way, SAINT JOHN, NB, E2K 0B1
(506) 637-2444 SIC 7389
AIRSPRAY (1967) LTD p164
2160 Airport Dr, SPRINGBROOK, AB, T4S 2E8
(403) 886-4088 SIC 7389
ALBERTA BOILERS SAFETY ASSOCIATION (ABSA) p112
9410 20 Ave Nw, EDMONTON, AB, T6N 0A4
(780) 437-9100 SIC 7389
ALL CANADIAN COURIER CORP p784
380 Terminal Ave Suite 200, OTTAWA, ON, K1G 0Z3
(613) 688-3001 SIC 7389
ALL-CAN EXPRESS LTD p12
3016 10 Ave Ne Suite 122, CALGARY, AB, T2A 6A3
(403) 235-6464 SIC 7389
ALL-CAN EXPRESS LTD p219
775 Laval Cres, KAMLOOPS, BC, V2C 5P2
(250) 828-1311 SIC 7389
ALL-CAN EXPRESS LTD p239
85 Tenth St, NANAIMO, BC, V9R 6R6
(250) 741-1422 SIC 7389
ALL-CAN EXPRESS LTD p325
711 Waddington Dr, VERNON, BC, V1T 8T5
(250) 545-3669 SIC 7389
ALTERNATURE INC p1090
9210 Pie-Ix Blvd, Montreal, QC, H1Z 4H7
(514) 382-7520 SIC 7389
ALTIMAX COURIER (2006) LIMITED p449
132 Trider Cres, DARTMOUTH, NS, B3B 1R6
(902) 460-6006 SIC 7389
AMSTERDAM PRODUCTS LTD p564
2 Montreal Rd, CORNWALL, ON, K6H 6L4
(613) 933-7393 SIC 7389

ARAMARK CANADA LTD. p30
625 77 Ave Se Unit 4, CALGARY, AB, T2H 2B9
(403) 212-4800 SIC 7389
ARAMARK CANADA LTD. p102
9828 47 Ave Nw Suite 1, EDMONTON, AB, T6E 5P3
(780) 438-3544 SIC 7389
ARSYSTEMS INTERNATIONAL INC p669
2770 14th Ave Suite 101, MARKHAM, ON, L3R 0J1
(905) 968-3096 SIC 7389
ARTSMARKETING SERVICES INC p907
100 Lombard St Suite 105, TORONTO, ON, M5C 1M3
(416) 941-9000 SIC 7389
ASHFIELD HEALTHCARE CANADA INC p1141
263 Av Labrosse, POINTE-CLAIRE, QC, H9R 1A3
(514) 630-7484 SIC 7389
ATELIER ABACO INC p989
9100 Rue Claveau, ANJOU, QC, H1J 1Z4
(514) 355-6182 SIC 7389
ATELIERS TRANSITION INC, LES p1194
1255 Rue Delorme Bureau 103, SAINT-HYACINTHE, QC, J2S 2J3
(450) 771-2747 SIC 7389
BANQUE NATIONALE DU CANADA p932
130 King St Suite 3000, TORONTO, ON, M5X 1J9
(416) 542-2383 SIC 7389
BASQ INTERNATIONAL INC p1081
8515 Place Devonshire Bureau 214, MONT-ROYAL, QC, H4P 2K1
(514) 733-0066 SIC 7389
BEAUTYROCK HOLDINGS INC p503
3 Applewood Dr Suite 3, BELLEVILLE, ON, K8P 4E3
(613) 932-2525 SIC 7389
BEAUTYROCK INC p564
16 Second St E Suite A, CORNWALL, ON, K6H 1Y3
(613) 932-2525 SIC 7389
BELL CONFERENCING INC p687
5099 Creekbank Rd Suite B4, MISSISSAUGA, ON, L4W 5N2
(905) 602-3900 SIC 7389
BELMONT PRESS LIMITED p678
5 Bodrington Crt, MARKHAM, ON, L6G 1A6
(905) 940-4900 SIC 7389
BELVIKA TRADE & PACKAGING LTD p694
340 Traders Blvd E, MISSISSAUGA, ON, L4Z 1W7
(905) 502-7444 SIC 7389
BGRS LIMITED p752
39 Wynford Dr, NORTH YORK, ON, M3C 3K5
(416) 510-5600 SIC 7389
BLACKBURN SERVICE D'INVENTAIRE INC p1013
125 Rue Dube, CHICOUTIMI, QC, G7H 2V3
(418) 543-4567 SIC 7389
BLIZZARD COURIER SERVICE LTD p751
1937 Leslie St, NORTH YORK, ON, M3B 2M3
(416) 444-0596 SIC 7389
BOW CITY DELIVERY (1989) LTD p21
1423 45 Ave Ne Bay Ctr, CALGARY, AB, T2E 2P3
(403) 250-5329 SIC 7389
BRENNTAG CANADA INC p566
730 Seventh St W, CORNWALL, ON, K6J 5Y1
(613) 937-4004 SIC 7389
BRITMAN INDUSTRIES LIMITED p482
655 Finley Ave Suite 1, AJAX, ON, L1S 3V3
(905) 619-1477 SIC 7389
BURNABY SCHOOL BOARD DISTRICT 41 p189
4041 Canada Way, BURNABY, BC, V5G 1G6
(604) 296-6915 SIC 7389
BUTCHER ENGINEERING ENTERPRISES

▲ Public Company ■ Public Company Family Member **HQ** Headquarters **BR** Branch **SL** Single Location

LIMITED, THE p519
120 Orenda Rd, BRAMPTON, ON, L6W 1W2
(905) 459-3030   SIC 7389

BUTTE COLONY p1265
Gd, BRACKEN, SK, S0N 0G0
(306) 298-4445   SIC 7389

C S G BRODERIE & SOIE INTERNATIONALE INC p1082
8660 Ch Darnley Bureau 102, MONT-ROYAL, QC, H4T 1M4
SIC 7389

CADENCE DESIGN SYSTEMS (CANADA) LTD p801
1130 Morrison Dr Suite 240, OTTAWA, ON, K2H 9N6
(613) 828-5626   SIC 7389

CALGARY BOARD OF EDUCATION p27
3610 9 St Se, CALGARY, AB, T2G 3C5
SIC 7389

CALL-US INFO LTD p460
6009 Quinpool Rd, HALIFAX, NS, B3K 5J7
SIC 7389

CALTECH DESIGN INC p42
444 5 Ave Sw Suite 2350, CALGARY, AB, T2P 2T8
(403) 216-2140   SIC 7389

CANADIAN CANCER SOCIETY p300
565 10th Ave W Suite 44, VANCOUVER, BC, V5Z 4J4
(604) 872-4400   SIC 7389

CANPAR TRANSPORT L.P. p22
707 Barlow Trail Se Unit D, CALGARY, AB, T2E 8C2
(403) 235-6701   SIC 7389

CANPAR TRANSPORT L.P. p99
4635 92 Ave Nw, EDMONTON, AB, T6B 2J4
(780) 465-4054   SIC 7389

CANPAR TRANSPORT L.P. p493
120 Wanless Crt, AYR, ON, N0B 1E0
(800) 387-9335   SIC 7389

CANPAR TRANSPORT L.P. p496
168 John St, BARRIE, ON, L4N 2L2
(705) 728-3335   SIC 7389

CANPAR TRANSPORT L.P. p513
201 Westcreek Blvd Suite 102, BRAMPTON, ON, L6T 0G8
(905) 499-2699   SIC 7389

CANPAR TRANSPORT L.P. p558
473 Basaltic Rd, CONCORD, ON, L4K 4W8
(905) 303-7725   SIC 7389

CANPAR TRANSPORT L.P. p606
41 Brockley Dr Suite 1, HAMILTON, ON, L8E 3C3
(905) 573-3077   SIC 7389

CANPAR TRANSPORT L.P. p659
3600 White Oak Rd, Suite 5, LONDON, ON, N6E 2Z9
(905) 430-8435   SIC 7389

CANPAR TRANSPORT L.P. p876
320 Collier Rd S, THOROLD, ON, L2V 5B6
(905) 227-9733   SIC 7389

CANPAR TRANSPORT L.P. p1042
1065 Boul Industriel, GRANBY, QC, J2J 2B8
(450) 378-6405   SIC 7389

CAPE BALD PACKERS, LIMITED p465
126 Beach Rd, INVERNESS, NS, B0E 1N0
(902) 258-2272   SIC 7389

CAPE BRETON REGIONAL MUNICIPALITY p475
481 George St Suite 200, SYDNEY, NS, B1P 1K5
(902) 564-2200   SIC 7389

CAPITALE GESTION FINANCIERE INC, LA p1156
625 Rue Saint-Amable, Quebec, QC, G1R 2G5
(418) 643-3884   SIC 7389

CARDINAL COURIERS LTD p607
1930 Barton St E, HAMILTON, ON, L8H 2Y6
(905) 543-0092   SIC 7389

CARDINAL COURIERS LTD p783
2715 Sheffield Rd Suite B, OTTAWA, ON, K1B 3V8

(613) 228-0519   SIC 7389

CARMICHAEL HUTTERIAN COLONY INC p1269
Gd, GULL LAKE, SK, S0N 1A0
(306) 672-3989   SIC 7389

CASCADES CANADA ULC p716
7830 Tranmere Dr Suite Unit, MISSISSAUGA, ON, L5S 1L9
(905) 678-8211   SIC 7389

CELLFOR INC p275
6772 Oldfield Rd Suite 200, SAANICHTON, BC, V8M 2A3
(250) 507-3649   SIC 7389

CHECKER CABS LTD p22
1726 25 Ave Ne Suite 2, CALGARY, AB, T2E 7K1
(403) 974-1183   SIC 7389

CHILDREN'S AID SOCIETY OF PICTOU COUNTY p469
7 Campbell's Lane, NEW GLASGOW, NS, B2H 2H9
(902) 755-5950   SIC 7389

CHINTZ & COMPANY DECORATIVE FURNISHINGS INC p60
1238 11 Ave Sw, CALGARY, AB, T3C 0M4
(403) 245-3449   SIC 7389

CHINTZ & COMPANY DECORATIVE FURNISHINGS INC p303
950 Homer St, VANCOUVER, BC, V6B 2W7
SIC 7389

CITY OF ABBOTSFORD p178
32270 George Ferguson Way, ABBOTSFORD, BC, V2T 2L1
(604) 853-3566   SIC 7389

CITY OF EDMONTON p103
9100 Walterdale Hill Nw Suite 102, EDMONTON, AB, T6E 2V3
(780) 496-7330   SIC 7389

CITY OF NANAIMO p239
238 Franklyn St, NANAIMO, BC, V9R 2X4
(250) 755-4409   SIC 7389

CITY OF OTTAWA p667
5669 Manotick Main St, MANOTICK, ON, K4M 1K1
(613) 692-3301   SIC 7389

CITY OF OTTAWA p777
500 Charlemagne Blvd, ORLEANS, ON, K4A 1S2
(613) 580-2860   SIC 7389

CITY OF SALMON ARM p276
141 Ross St Ne, SALMON ARM, BC, V1E 4N2
(250) 803-4060   SIC 7389

CITY OF WINNIPEG, THE p379
1155 Pacific Ave Suite 102, WINNIPEG, MB, R3E 3P1
(204) 986-5263   SIC 7389

CLS-LEXI TECH LTD. p396
10 Rue Dawson, DIEPPE, NB, E1A 6C8
(506) 859-5200   SIC 7389

CLS-LEXI TECH LTD. p789
126 York St Suite 500, OTTAWA, ON, K1N 5T5
(613) 234-5312   SIC 7389

CLS-LEXI TECH LTD. p1006
7900e Boul Taschereau Bureau 204, BROSSARD, QC, J4X 1C2
(450) 923-5650   SIC 7389

CLS-LEXI TECH LTD. p1160
2700 Boul Laurier Bureau 6340, Quebec, QC, G1V 4K5
(418) 650-7800   SIC 7389

CO-PAK PACKAGING CORP p584
1231 Martin Grove Rd, ETOBICOKE, ON, M9W 4X2
(905) 799-0092   SIC 7389

COFFEE CONNECTION LTD, THE p13
401 33 St Ne Unit 3, CALGARY, AB, T2A 7R3
(403) 269-5977   SIC 7389

COLISPRO INC p683
7535 Bath Rd, MISSISSAUGA, ON, L4T 4C1
SIC 7389

COLWOOD, CITY OF p337
3215 Metchosin Rd, VICTORIA, BC, V9C 2A4
(250) 478-8321   SIC 7389

COMMERCIAL EQUIPMENT CORP p104
9111 41 Ave Nw, EDMONTON, AB, T6E 6M5
(780) 486-5151   SIC 7389

COMMISSION SCOLAIRE DE LAVAL p1213
5 Rue Du Ruisseau, SAINT-LAURENT, QC, H7L 1C1
(450) 662-7000   SIC 7389

COMMISSION SCOLAIRE DES NAVIGATEURS p1196
786 Ch Vanier, SAINT-JEAN-CHRYSOSTOME, QC, G6Z 1Z6
SIC 7389

COMMUNICATION DEMO INC p1102
407 Rue Mcgill Bureau 311, Montreal, QC, H2Y 2G3
(514) 985-2523   SIC 7389

COMMUNICATION DEMO INC p1155
925 Av Newton Bureau 220, Quebec, QC, G1P 4M2
(418) 877-0704   SIC 7389

COMMUNITY LIVING ELGIN p858
5 Frisch St, ST THOMAS, ON, N5P 3N3
(519) 631-1721   SIC 7389

COMMUNITY LIVING NORTH HALTON p591
12 Todd Rd, GEORGETOWN, ON, L7G 4R7
(905) 702-8415   SIC 7389

COMMUNITY LIVING TORONTO p577
288 Judson St Unit 17, ETOBICOKE, ON, M8Z 5T6
(416) 252-1171   SIC 7389

COMPAGNIE AMPLEXOR CANADA INC p1102
152 Rue Notre-Dame E Bureau 400, Montreal, QC, H2Y 3P6
(514) 871-1409   SIC 7389

COMPAGNIE COMMONWEALTH PLYWOOD LTEE, LA p1080
3757 Ch De La Lievre N, MONT-LAURIER, QC, J9L 3G4
(819) 623-3900   SIC 7389

COMPTEC S. G. INC p1245
1115 Rue Armand-Bombardier, TERREBONNE, QC, J6Y 1S9
(450) 965-8166   SIC 7389

CONFECTION 2001 INC p1032
1525 Rue Saint-Paul, FARNHAM, QC, J2N 2L3
(450) 293-6426   SIC 7389

CONVENTION CENTRE CORPORATION, THE p377
375 York Ave Suite 243, WINNIPEG, MB, R3C 3J3
(204) 956-1720   SIC 7389

COOP FEDEREE, LA p1202
235 Rte De Michaudville, SAINT-JUDE, QC, J0H 1P0
(450) 792-2437   SIC 7389

CORNERSTONE COURIER INC p639
219 Shoemaker St, KITCHENER, ON, N2E 3B3
(519) 741-0446   SIC 7389

CORPORATION OF NORFOLK COUNTY p848
8 Schellburg Ave, SIMCOE, ON, N3Y 2J4
(519) 426-4377   SIC 7389

CORPORATION OF THE CITY OF BRAMPTON, THE p519
8 Rutherford Rd S, BRAMPTON, ON, L6W 3J1
(905) 874-2700   SIC 7389

CORPORATION OF THE CITY OF BROCKVILLE p530
61 Perth St, BROCKVILLE, ON, K6V 5C6
(613) 498-1363   SIC 7389

CORPORATION OF THE CITY OF CAMBRIDGE, THE p543
1625 Bishop St N, CAMBRIDGE, ON, N1R 7J4
(519) 621-6001   SIC 7389

CORPORATION OF THE CITY OF FERNIE p213
692 3rd Ave, FERNIE, BC, V0B 1M0
(250) 423-4226   SIC 7389

CORPORATION OF THE CITY OF KAWARTHA LAKES, THE p647
180 Kent St W, LINDSAY, ON, K9V 2Y6
(705) 324-9411   SIC 7389

CORPORATION OF THE CITY OF KAWARTHA LAKES, THE p647
9 Cambridge St N, LINDSAY, ON, K9V 4C4
(705) 324-5731   SIC 7389

CORPORATION OF THE CITY OF NEW WESTMINSTER p244
1 Sixth Ave E, NEW WESTMINSTER, BC, V3L 4G6
(604) 519-1000   SIC 7389

CORPORATION OF THE CITY OF NORTH BAY, THE p741
119 Princess St W, NORTH BAY, ON, P1B 6C2
(705) 474-5662   SIC 7389

CORPORATION OF THE CITY OF OSHAWA p780
199 Adelaide Ave W, OSHAWA, ON, L1J 7B1
(905) 433-1239   SIC 7389

CORPORATION OF THE CITY OF PETERBOROUGH, THE p809
911 Monaghan Rd, PETERBOROUGH, ON, K9J 5K5
(705) 876-8121   SIC 7389

CORPORATION OF THE CITY OF SAULT STE MARIE, THE p830
269 Queen St E, SAULT STE. MARIE, ON, P6A 1Y9
(705) 759-5251   SIC 7389

CORPORATION OF THE CITY OF TORONTO p747
2545 Bayview Ave, NORTH YORK, ON, M2L 1B4
(416) 338-9122   SIC 7389

CORPORATION OF THE CITY OF TORONTO p892
1313 Woodbine Ave, TORONTO, ON, M4C 4E9
(416) 338-9224   SIC 7389

CORPORATION OF THE CITY OF TORONTO p913
260 Adelaide St W, TORONTO, ON, M5H 1X6
(416) 338-9356   SIC 7389

CORPORATION OF THE CITY OF TORONTO p924
240 Howland Ave, TORONTO, ON, M5R 3B6
(416) 338-9344   SIC 7389

CORPORATION OF THE CITY OF WATERLOO, THE p951
265 Lexington Crt, WATERLOO, ON, N2K 1W9
(519) 886-2310   SIC 7389

CORPORATION OF THE CITY OF WINDSOR p968
815 Goyeau St, WINDSOR, ON, N9A 1H7
(519) 253-6573   SIC 7389

CORPORATION OF THE DISTRICT OF INVERMERE, THE p218
626 4th St, INVERMERE, BC, V0A 1K0
(250) 342-3200   SIC 7389

CORPORATION OF THE DISTRICT OF SAANICH, THE p332
780 Vernon Ave, VICTORIA, BC, V8X 2W6
(250) 475-5500   SIC 7389

CORPORATION OF THE MUNICIPALITY OF CLARINGTON p507
2440 King St, BOWMANVILLE, ON, L1C 1K5
(905) 623-5728   SIC 7389

CORPORATION OF THE TOWN OF AJAX, THE p482
435 Monarch Ave, AJAX, ON, L1S 2G7
(905) 683-3050   SIC 7389

CORPORATION OF THE TOWN OF LADY-

SMITH p228
Gd Stn Main, LADYSMITH, BC, V9G 1B9
(250) 245-6436   *SIC* 7389

CORPORATION OF THE TOWN OF RENFREW, THE p819
152 Plaunt St S, RENFREW, ON, K7V 1M8
(613) 432-4962   *SIC* 7389

CORPORATION OF THE TOWNSHIP OF ST. CLAIR, THE p530
1561 First St Ss 1, BRIGDEN, ON, N0N 1B0
(519) 864-1290   *SIC* 7389

COSMOS I BOTTLE DEPOT p155
7428 49 Ave Suite 1, RED DEER, AB, T4P 1M2
(403) 342-2034   *SIC* 7389

COVERDELL CANADA CORPORATION p1105
1801 Av Mcgill College Bureau 800, Montreal, QC, H3A 2N4
(514) 847-7800   *SIC* 7389

COVILAC COOPERATIVE AGRICOLE p995
40 Rue De L'+Glise, BAIE-DU-FEBVRE, QC, J0G 1A0
(450) 783-6188   *SIC* 7389

CRDI TED NCQ IU p1234
750 Prom Du Saint-Maurice, SHAWINIGAN, QC, G9N 1L6
(819) 536-7159   *SIC* 7389

CRITICAL PATH COURIERS LTD p688
1257 Kamato Rd, MISSISSAUGA, ON, L4W 2M2
(905) 212-8333   *SIC* 7389

CUETS FINANCIAL LTD p1284
2055 Albert St, REGINA, SK, S4P 2T8
(306) 566-1269   *SIC* 7389

CUSTOM COURIER CO. LTD p1299
501 Pakwa Pl Suite 2, SASKATOON, SK, S7L 6A3
(306) 653-8500   *SIC* 7389

DAY & ROSS INC p980
Gd Stn Central, CHARLOTTETOWN, PE, C1A 7K1
(902) 894-5354   *SIC* 7389

DEJUMP INC p1011
255 Boul D'anjou Bureau 207, Chateauguay, QC, J6J 2R4
SIC 7389

DELTA VIEW HABILITATION CENTRE LTD p211
9341 Burns Dr, DELTA, BC, V4K 3N3
(604) 501-6700   *SIC* 7389

DESCIMCO INC p1145
415 Rue Adanac, Quebec, QC, G1C 6B9
(418) 664-1077   *SIC* 7389

DEVELOPMENTAL DISABILITIES ASSOCIATION OF VANCOUVER-RICHMOND p298
276 Marine Dr Sw, VANCOUVER, BC, V5X 2R5
(604) 879-8457   *SIC* 7389

DHL EXPRESS (CANADA) LTD p23
3000 15 St Ne, CALGARY, AB, T2E 8V6
(403) 531-5900   *SIC* 7389

DHL EXPRESS (CANADA) LTD p91
10918 184 St Nw, EDMONTON, AB, T5S 2N9
(780) 415-4011   *SIC* 7389

DHL EXPRESS (CANADA) LTD p155
6660 Taylor Dr Suite 108, RED DEER, AB, T4P 1Y3
SIC 7389

DHL EXPRESS (CANADA) LTD p379
130 Midland St Unit 2, WINNIPEG, MB, R3E 3R3
SIC 7389

DHL EXPRESS (CANADA) LTD p880
645 Norah Cres, Thunder Bay, ON, P7C 5H9
SIC 7389

DICOM TRANSPORTATION GROUP CANADA, INC p1239
4155 Boul Industriel, SHERBROOKE, QC, J1L 2S7
(819) 566-8636   *SIC* 7389

DISTRIBUTIONS ALIMENTAIRES LE MARQUIS INC p1003
1630 Rue Eiffel Bureau 1, BOUCHERVILLE, QC, J4B 7W1
(450) 645-1999   *SIC* 7389

DISTRICT OF WEST KELOWNA p339
3651 Old Okanagan Hwy, WESTBANK, BC, V4T 1P6
(250) 769-1640   *SIC* 7389

DMG EVENTS (CANADA) INC p51
1333 8 St Sw Suite 302, CALGARY, AB, T2R 1M6
(403) 209-3555   *SIC* 7389

DMG EVENTS (CANADA) INC p51
302 1333 8 St, CALGARY, AB, T2R 1M6
(403) 209-3555   *SIC* 7389

DMX MUSIC CANADA INC p31
7260 12 St Se Suite 120, CALGARY, AB, T2H 2S5
(403) 640-8525   *SIC* 7389

DOLO INVESTIGATIONS LTD p280
10090 152 St Suite 408, SURREY, BC, V3R 8X8
(604) 951-1600   *SIC* 7389

DYLAN RYAN TELESERVICES p310
1177 Hastings St W Suite 411, VANCOUVER, BC, V6E 2K3
SIC 7389

DYNAMEX CANADA LIMITED p64
10725 25 St Ne Suite 116, CALGARY, AB, T3N 0A4
(403) 235-8989   *SIC* 7389

DYNAMEX CANADA LIMITED p100
7003 56 Ave Nw, EDMONTON, AB, T6B 3L2
(780) 463-2422   *SIC* 7389

DYNAMEX CANADA LIMITED p186
2808 Ingleton Ave, BURNABY, BC, V5C 6G7
(604) 432-7700   *SIC* 7389

DYNAMEX CANADA LIMITED p334
450 Banga Pl Suite B, VICTORIA, BC, V8Z 6X5
(250) 383-4121   *SIC* 7389

DYNAMEX CANADA LIMITED p372
300 Keewatin St, WINNIPEG, MB, R2X 2R9
(204) 832-7171   *SIC* 7389

DYNAMEX CANADA LIMITED p650
2515 Blair Blvd Suite B, LONDON, ON, N5V 3Z9
(519) 659-8224   *SIC* 7389

DYNAMEX CANADA LIMITED p726
60 Colonnade Rd Unit K, NEPEAN, ON, K2E 7J6
(613) 226-4463   *SIC* 7389

DYNAMEX CANADA LIMITED p867
1785 Frobisher St Unit 3, SUDBURY, ON, P3A 6C8
(705) 524-0400   *SIC* 7389

DYNAMEX CANADA LIMITED p1282
110 N Leonard St, REGINA, SK, S4N 5V7
(306) 721-2345   *SIC* 7389

DYNAMEX CANADA LIMITED p1295
3275 Miners Ave, SASKATOON, SK, S7K 7Z1
(306) 975-1010   *SIC* 7389

E CARE CONTACT CENTERS LTD p280
15225 104 Ave Suite 400, SURREY, BC, V3R 6Y8
(604) 587-6200   *SIC* 7389

E CARE CONTACT CENTERS LTD p375
433 Main St Suite 300, WINNIPEG, MB, R3B 1B3
(204) 940-3544   *SIC* 7389

EBSCO CANADA LTD p677
110 Copper Creek Dr Suite 305, MARKHAM, ON, L6B 0P9
(416) 297-8282   *SIC* 7389

ECON-O-PAC LIMITED p840
490 Midwest Rd, SCARBOROUGH, ON, M1P 3A9
(416) 750-7200   *SIC* 7389

EDMONTON ECONOMIC DEVELOPMENT CORPORATION p80
9797 Jasper Ave Nw, EDMONTON, AB, T5J 1N9
(780) 421-9797   *SIC* 7389

EDMONTON ECONOMIC DEVELOPMENT CORPORATION p80
9990 Jasper Ave Nw 3rd Fl, EDMONTON, AB, T5J 1P7
(780) 424-9191   *SIC* 7389

ELECTRICAL SAFETY AUTHORITY p545
400 Sheldon Dr Unit 1, CAMBRIDGE, ON, N1T 2H9
(519) 622-2506   *SIC* 7389

ELECTRICAL SAFETY AUTHORITY p625
1 Terence Matthews Cres Suite 130, KANATA, ON, K2M 2G3
(613) 271-1489   *SIC* 7389

ELKFORD INDUSTRIES LTD p278
200 Industrial Rd 1 Rr 1, SPARWOOD, BC, V0B 2G1
(250) 425-2519   *SIC* 7389

ELM RIVER COLONY FARMS LTD p352
Gd, NEWTON SIDING, MB, R0H 0X0
(204) 267-2084   *SIC* 7389

ENVIROTEST SYSTEMS (B.C.) LTD p183
6741 Cariboo Rd Suite 207, BURNABY, BC, V3N 4A3
(604) 436-2640   *SIC* 7389

ENVIROTEST SYSTEMS (B.C.) LTD p298
520 E Kent Ave South, VANCOUVER, BC, V5X 4V6
SIC 7389

EVENT SCAPE INC p575
4 Bestobell Rd, ETOBICOKE, ON, M8W 4H3
(416) 231-8855   *SIC* 7389

EXECUTIVE WOODWORK LTD p559
330 Spinnaker Way, CONCORD, ON, L4K 4W1
(905) 669-6429   *SIC* 7389

EXECUTIVE WOODWORK LTD p873
110 Confederation Way, THORNHILL, ON, L3T 5R5
(905) 660-5995   *SIC* 7389

EXTEND COMMUNICATIONS INC p528
49 Charlotte St, BRANTFORD, ON, N3T 2W4
(416) 534-0477   *SIC* 7389

EXTEND COMMUNICATIONS INC p543
51 Water St N, CAMBRIDGE, ON, N1R 3B3
(519) 621-6730   *SIC* 7389

FAIRMONT HOTELS & RESORTS INC p409
2081 Main St, MONCTON, NB, E1E 1J2
(506) 877-3025   *SIC* 7389

FEDERAL EXPRESS CANADA CORPORATION p23
24 Aero Dr Ne, CALGARY, AB, T2E 8Z9
(800) 463-3339   *SIC* 7389

FEDERAL EXPRESS CANADA CORPORATION p186
4270 Dawson St, BURNABY, BC, V5C 4B1
(800) 463-3339   *SIC* 7389

FEDERAL EXPRESS CANADA CORPORATION p273
3151 Aylmer Rd, RICHMOND, BC, V7B 1L5
(800) 463-3339   *SIC* 7389

FEDERAL EXPRESS CANADA CORPORATION p322
941 Hornby St, VANCOUVER, BC, V6Z 1V3
(800) 463-3339   *SIC* 7389

FEDERAL EXPRESS CANADA CORPORATION p383
1950 Sargent Ave, WINNIPEG, MB, R3H 1C8
(800) 463-3339   *SIC* 7389

FEDERAL EXPRESS CANADA CORPORATION p396
1785 Rue Champlain, DIEPPE, NB, E1A 7P5
(800) 463-3339   *SIC* 7389

FEDERAL EXPRESS CANADA CORPORATION p692
1450 Caterpillar Rd, MISSISSAUGA, ON, L4X 2Y1
(800) 463-3339   *SIC* 7389

FEDERAL EXPRESS CANADA CORPORATION p880
305 Hector Dougall Way, THUNDER BAY, ON, P7E 6M5
(800) 463-3339   *SIC* 7389

FEDERAL EXPRESS CANADA CORPORATION p1131
8481 Place Marien, MONTREAL-EST, QC, H1B 5W6
(800) 463-3339   *SIC* 7389

FEDERAL EXPRESS CANADA CORPORATION p1165
5205 Rue Rideau, Quebec, QC, G2E 5H5
(800) 463-3339   *SIC* 7389

FEDERAL EXPRESS CANADA CORPORATION p1193
5005 Rue J.-A.-Bombardier Bureau A, SAINT-HUBERT, QC, J3Z 1G4
(800) 463-3339   *SIC* 7389

FEDERAL EXPRESS CANADA CORPORATION p1212
4041 Rue Sere, SAINT-LAURENT, QC, H4T 2A3
(800) 463-3339   *SIC* 7389

FEDERAL EXPRESS CANADA CORPORATION p1290
2520 Airport Rd Suite 1, REGINA, SK, S4W 1A3
(800) 463-3339   *SIC* 7389

FERNBROOK DEVELOPMENTS LTD p559
2220 Highway 7 Unit 5, CONCORD, ON, L4K 1W7
(416) 667-0447   *SIC* 7389

FILTRAR TECH INC p1015
1251 Rue Des Societaires, CHICOUTIMI, QC, G7J 0K6
(418) 549-2727   *SIC* 7389

FIRST CANADIAN HEALTH MANAGEMENT CORPORATION p896
3080 Yonge St Suite 3002, TORONTO, ON, M4N 3N1
SIC 7389

FLASH COURIER SERVICES INC p301
1213 Frances St, VANCOUVER, BC, V6A 1Z4
(604) 689-0826   *SIC* 7389

FLEXTRONICS AUTOMOTIVE INC p671
450 Hood Rd, MARKHAM, ON, L3R 9Z3
(800) 668-5649   *SIC* 7389

FLIN FLON, CITY OF p348
96 Hapnot St, FLIN FLON, MB, R8A 1L6
(204) 681-7535   *SIC* 7389

FLINT ENERGY SERVICES LTD. p141
4206 59 Ave Suite 5701, LLOYDMINSTER, AB, T9V 2V4
(780) 875-1885   *SIC* 7389

FLYNN CANADA LTD p1
26229 Township Road 531a Suite 213, ACHESON, AB, T7X 5A4
(780) 948-4200   *SIC* 7389

FORCE INSPECTION SERVICES INC p135
7500a 43 St, LEDUC, AB, T9E 7E8
(780) 955-2370   *SIC* 7389

FORENSIC INVESTIGATIONS CANADA INC p31
7015 Macleod Trail Sw Suite 800, CALGARY, AB, T2H 2K6
(403) 228-1170   *SIC* 7389

FREEMAN EXPOSITIONS, LTD p940
61 Browns Line, TORONTO, ON, M8W 3S2
(416) 252-3361   *SIC* 7389

FRENCH CONNECTION (CANADA) LIMITED p759
3401 Dufferin St Suite 132, NORTH YORK, ON, M6A 2T9
SIC 7389

GAGNE, ISABELLE, PATRY, LAFLAMME & ASSOCIES NOTAIRES INC p1038
188 Rue Montcalm Bureau 300, GATINEAU, QC, J8Y 3B5
(819) 771-3231   *SIC* 7389

GEMALTO CANADA INC p533
5347 John Lucas Dr, BURLINGTON, ON, L7L 6A8
(905) 335-9681   *SIC* 7389

GEORGESON SHAREHOLDER COMMUNICATIONS CANADA INC p918
100 University Ave Unit 1100, TORONTO,

BUSINESSES BY INDUSTRY CLASSIFICATION

SIC 7389 Business services, nec

ON, M5J 1V6
(416) 862-8088   SIC 7389
GESTION 357 DE LA COMMUNE INC p1102
357 Rue De La Commune O, Montreal, QC, H2Y 2E2
(514) 499-0357   SIC 7389
GLOBAL PAYMENT SYSTEMS OF CANADA, INC p743
3381 Steeles Ave E Suite 200, NORTH YORK, ON, M2H 3S7
(416) 644-5959   SIC 7389
GLOBAL PAYMENTS CANADA INC p311
1130 Pender St W Suite 620, VANCOUVER, BC, V6E 4A4
(604) 665-2999   SIC 7389
GLOBAL PAYMENTS CANADA INC p585
151 Carlingview Dr Unit 17, ETOBICOKE, ON, M9W 5S4
(416) 798-2627   SIC 7389
GLOBAL TELESALES OF CANADA INC p810
1900 Fisher Dr, PETERBOROUGH, ON, K9J 6X6
(705) 872-3021   SIC 7389
GOOD WATER COMPANY LTD, THE p810
620 Cameron Pl, PETERBOROUGH, ON, K9J 5T8
(705) 745-6962   SIC 7389
GOUVERNEMENT DE LA PROVINCE DE QUEBEC p1019
1760 Boul Le Corbusier, Cote Saint-Luc, QC, H7S 2K1
   SIC 7389
GOUVERNEMENT DE LA PROVINCE DE QUEBEC p1036
1100 Boul Maloney O Bureau 1600, GATINEAU, QC, J8T 6G3
(819) 994-7739   SIC 7389
GOUVERNEMENT DE LA PROVINCE DE QUEBEC p1104
159 Rue Saint-Antoine O Bureau 900, Montreal, QC, H2Z 1H2
(514) 871-8122   SIC 7389
GOUVERNEMENT DE LA PROVINCE DE QUEBEC p1104
159 Rue Saint-Antoine O Bureau 900, Montreal, QC, H2Z 1H2
(514) 871-8122   SIC 7389
GOUVERNEMENT DE LA PROVINCE DE QUEBEC p1157
800 Place D'youville Bureau 12e, Quebec, QC, G1R 5S3
(418) 643-7150   SIC 7389
GOUVERNEMENT DE LA PROVINCE DE QUEBEC p1157
800 Place D'youville, Quebec, QC, G1R 5S3
(418) 643-7150   SIC 7389
GOUVERNEMENT DE LA PROVINCE DE QUEBEC p1161
2525 Boul Laurier, Quebec, QC, G1V 4Z6
(418) 646-6777   SIC 7389
GOUVERNEMENT DE LA PROVINCE DE QUEBEC p1218
410 Rue Principale, SAINT-MODESTE, QC, G0L 3W0
(418) 862-5511   SIC 7389
GOUVERNEMENT DE LA PROVINCE DE QUEBEC p1237
200 Rue Belvedere N Bureau 202, SHERBROOKE, QC, J1H 4A9
(819) 820-3646   SIC 7389
GOUVERNEMENT DE LA PROVINCE DE QUEBEC p1247
164 Ch De La Pepiniere, TRECESSON, QC, J0Y 2S0
(819) 444-5447   SIC 7389
GOVERNMENT OF ONTARIO p791
100 Metcalfe St, OTTAWA, ON, K1P 5M1
(613) 992-0787   SIC 7389
GOVERNMENT OF THE PROVINCE OF ALBERTA p109
6950 113 St Nw, EDMONTON, AB, T6H 5V7
(780) 427-3900   SIC 7389
GOVERNMENT OF THE PROVINCE OF AL-

BERTA p120
9915 Franklin Ave, FORT MCMURRAY, AB, T9H 2K4
(780) 743-7125   SIC 7389
GOVERNMENT OF THE PROVINCE OF BRITISH COLUMBIA p334
4234 Glanford Ave, VICTORIA, BC, V8Z 4B8
(250) 356-8326   SIC 7389
GREYHOUND CANADA TRANSPORTATION ULC p302
295 Terminal Ave, VANCOUVER, BC, V6A 2L7
(604) 681-3526   SIC 7389
GROUPE CANTREX NATIONWIDE INC p1204
9900 Boul Cavendish Bureau 400, SAINT-LAURENT, QC, H4M 2V2
(514) 335-0260   SIC 7389
GROUPE MARKETING INTERNATIONAL INC p1017
37 Boul Des Laurentides, Cote Saint-Luc, QC, H7G 2S3
(450) 972-1540   SIC 7389
GRUES J.M. FRANCOEUR INC p1087
6155 Rue La Fontaine, Montreal, QC, H1N 2B8
(514) 747-5700   SIC 7389
GUAY INC p1217
2845 Rue De L'industrie Bureau B, SAINT-MATHIEU-DE-BELOEIL, QC, J3G 4S5
(450) 922-8344   SIC 7389
GUELPH, CITY OF p602
50 Wyndham St S, GUELPH, ON, N1H 4E1
(519) 824-6590   SIC 7389
HASTINGS AND PRINCE EDWARD DISTRICT SCHOOL BOARD p502
275 Farley Ave, BELLEVILLE, ON, K8N 4M2
(613) 962-2149   SIC 7389
HEALTHPRO PROCUREMENT SERVICES INC p714
5770 Hurontario St Suite 902, MISSISSAUGA, ON, L5R 3G5
(905) 568-3478   SIC 7389
HEART AND STROKE FOUNDATION OF BC & YUKON p314
1212 Broadway W Suite 200, VANCOUVER, BC, V6H 3V2
(604) 736-4404   SIC 7389
HENDRIX GENETICS LIMITED p573
Gd, ELORA, ON, N0B 1S0
(519) 846-5410   SIC 7389
HGS CANADA INC p451
250 Brownlow Ave Suite 11, DARTMOUTH, NS, B3B 1W9
(902) 481-9475   SIC 7389
HOLMES & BRAKEL LIMITED p814
830 Brock Rd, PICKERING, ON, L1W 1Z8
(416) 798-7255   SIC 7389
HUDSON'S BAY COMPANY p834
603 Milner Ave, SCARBOROUGH, ON, M1B 5Z9
   SIC 7389
HUMBERLINE PACKAGING INC p585
310 Humberline Dr Suite 1, ETOBICOKE, ON, M9W 5S2
(416) 243-1552   SIC 7389
HUTTERIAN BRETHREN OF SOUTH BEND p3
1539 12 West Of 4th, ALLIANCE, AB, T0B 0A0
(780) 879-2170   SIC 7389
IBM CANADA LIMITED p415
400 Main St Suite 1000, SAINT JOHN, NB, E2K 4N5
(506) 646-4000   SIC 7389
ICT CANADA MARKETING INC p405
408 King George Hwy, MIRAMICHI, NB, E1V 0G6
(506) 836-9050   SIC 7389
ICT CANADA MARKETING INC p413
720 Coverdale Rd Unit 9, RIVERVIEW, NB, E1B 3L8
(506) 387-9050   SIC 7389
ICT CANADA MARKETING INC p424

80 Powell Dr, CARBONEAR, NL, A1Y 1A5
   SIC 7389
ICT CANADA MARKETING INC p425
1 Mount Bernard Ave, CORNER BROOK, NL, A2H 6Y5
   SIC 7389
ICT CANADA MARKETING INC p467
800 Sackville Dr, LOWER SACKVILLE, NS, B4E 1R8
(902) 869-9050   SIC 7389
ICT CANADA MARKETING INC p469
690 East River Rd, NEW GLASGOW, NS, B2H 3S1
(902) 755-9050   SIC 7389
ICT CANADA MARKETING INC p475
325 Vulcan Ave, SYDNEY, NS, B1P 5X1
   SIC 7389
ICT CANADA MARKETING INC p647
370 Kent St W Unit 16, LINDSAY, ON, K9V 6G8
   SIC 7389
IMMEDIATE DELIVERY & COURIER SERVICE INC p484
255 Salem Rd S Unit D2, AJAX, ON, L1Z 0B1
(905) 427-7733   SIC 7389
IMPACT AUTO AUCTIONS LTD p698
50 Burnhamthorpe Rd W Suite 800, MISSISSAUGA, ON, L5B 3C2
(905) 896-9727   SIC 7389
IMPRIMERIES TRANSCONTINENTAL 2005 S.E.N.C p1073
750 Rue Deveault, LOUISEVILLE, QC, J5V 3C2
(819) 228-2766   SIC 7389
INDUSTRIES LONGCHAMPS LTEE, LES p1185
25 Boul Saint-Joseph, Saint-Ephrem-de-Beauce, QC, G0M 1R0
(418) 484-2080   SIC 7389
INFORMATION COMMUNICATION SERVICES (ICS) INC p497
369 Huronia Rd, Barrie, ON, L4N 8Z1
(705) 725-1200   SIC 7389
INFORMATION COMMUNICATION SERVICES (ICS) INC p547
655 Industrial Rd, CAMBRIDGE, ON, N3H 5C9
(519) 650-9292   SIC 7389
INFORMATION COMMUNICATION SERVICES (ICS) INC p578
288 Judson St Suite 1, ETOBICOKE, ON, M8Z 5T6
   SIC 7389
INFORMATION COMMUNICATION SERVICES (ICS) INC p843
80 Cowdray Crt, SCARBOROUGH, ON, M1S 4N1
(416) 642-2477   SIC 7389
INMAR PROMOTIONS - CANADA INC. p415
661 Millidge Ave, SAINT JOHN, NB, E2K 2N7
(506) 632-1400   SIC 7389
INNER CITY COURIERS p982
2 Macaleer Dr, CHARLOTTETOWN, PE, C1E 2A1
(902) 892-5005   SIC 7389
INNOVATION GROUP (CANADA) LIMITED, THE p874
175 Commerce Valley Dr W Suite 108, THORNHILL, ON, L3T 7P6
(905) 771-5110   SIC 7389
INNOVATIVE INTERIOR SYSTEMS p98
2050 227 Ave Ne, EDMONTON, AB, T5Y 6H5
(780) 414-0637   SIC 7389
INSPECTIONS GROUP INC, THE p76
12010 111 Ave Nw, EDMONTON, AB, T5G 0E6
(780) 454-5048   SIC 7389
INTEGRATED PROACTION CORP p218
1425 Hugh Allan Dr, KAMLOOPS, BC, V1S 1J3
(250) 828-7977   SIC 7389

INTERMAP TECHNOLOGIES CORPORATION p726
2 Gurdwara Rd Suite 200, NEPEAN, ON, K2E 1A2
   SIC 7389
INVENTAIRES DE L'EST INC p1014
672 Rue Des Hospitalieres Bureau 60, CHICOUTIMI, QC, G7H 4C8
(418) 698-0275   SIC 7389
INVENTAIRES DE L'EST INC p1237
64 Rue Alexandre, SHERBROOKE, QC, J1H 4S6
(819) 569-8065   SIC 7389
INVENTAIRES LAPARE INC p999
65 Boul De La Seigneurie E Bureau 101, BLAINVILLE, QC, J7C 4M9
(450) 435-2997   SIC 7389
IQPC WORLDWIDE COMPANY p899
60 St Clair Ave E Suite 304, TORONTO, ON, M4T 1N5
(416) 597-4700   SIC 7389
IRON MOUNTAIN CANADA OPERATIONS ULC p18
5811 26 St Se Suite 15, CALGARY, AB, T2C 1G3
(403) 531-2048   SIC 7389
IRON MOUNTAIN CANADA OPERATIONS ULC p1123
4005 Rue De Richelieu, Montreal, QC, H4C 1A1
(800) 327-8345   SIC 7389
IRONHORSE CORPORATION p800
9 Capella Crt Suite 200, OTTAWA, ON, K2E 8A7
(613) 228-2813   SIC 7389
JOBS UNLIMITED INC p400
1079 York St, FREDERICTON, NB, E3B 3S4
(506) 458-9380   SIC 7389
JONES PACKAGING INC p515
55 Walker Dr, BRAMPTON, ON, L6T 5K5
(905) 790-0302   SIC 7389
JPDL MULTI MANAGEMENT INC p1106
1555 Rue Peel Bureau 500, Montreal, QC, H3A 3L8
(514) 287-1070   SIC 7389
KAVERIT CRANES & SERVICE ULC p534
1040 Sutton Dr, BURLINGTON, ON, L7L 6B8
(905) 631-1611   SIC 7389
KAVERIT CRANES & SERVICE ULC p867
598 Falconbridge Rd Unit 12, SUDBURY, ON, P3A 5K6
(705) 521-0953   SIC 7389
KAYJET PROMOTIONS LTD p375
66 King St Suite 700, WINNIPEG, MB, R3B 1H6
(204) 942-0778   SIC 7389
KRUPP, MASHA TRANSLATION GROUP LTD, THE p728
1547 Merivale Rd, NEPEAN, ON, K2G 4V3
(613) 820-4566   SIC 7389
L'USINE TAC TIC INC p1189
2030 127e Rue, SAINT-GEORGES, QC, G5Y 2W8
(418) 227-4279   SIC 7389
LAKELAND LODGE AND HOUSING FOUNDATION p7
4712 47 Ave Suite 214, BONNYVILLE, AB, T9N 2E7
(780) 826-3911   SIC 7389
LANGLEY, CORPORATION OF THE TOWNSHIP OF p231
22170 50 Ave, LANGLEY, BC, V2Y 2V4
(604) 532-7500   SIC 7389
LANGUAGES OF LIFE INC p794
99 Fifth Ave Suite 14, OTTAWA, ON, K1S 5K4
(613) 232-9770   SIC 7389
LAPRAIRIE CRANE LTD p292
Gd, TUMBLER RIDGE, BC, V0C 2W0
(250) 242-5561   SIC 7389
LASON CANADA COMPANY p1205
125 Rue Gagnon Bureau 201, SAINT-LAURENT, QC, H4N 1T1

▲ Public Company   ■ Public Company Family Member   HQ Headquarters   BR Branch   SL Single Location

SIC 7389

LINAMAR CORPORATION p604
355 Massey Rd, GUELPH, ON, N1K 1B2
(519) 837-0880 SIC 7389

LIONBRIDGE (CANADA) INC p1007
7900 Boul Taschereau O Bureau E204, BROSSARD, QC, J4X 1C2
(514) 288-2243 SIC 7389

LIQUI-BOX CANADA INC p709
7070 Mississauga Rd, MISSISSAUGA, ON, L5N 5M8
(905) 821-3300 SIC 7389

LIVINGSTONE RANGE SCHOOL DIVISION NO 68 p142
215 Robinson Ave, LUNDBRECK, AB, T0K 1H0
(403) 628-3897 SIC 7389

LIVINGSTONE RANGE SCHOOL DIVISION NO 68 p146
2501 22 St, NANTON, AB, T0L 1R0
(403) 646-2264 SIC 7389

LODGING COMPANY RESERVATIONS LTD, THE p226
510 Bernard Ave Suite 200, KELOWNA, BC, V1Y 6P1
(250) 979-3939 SIC 7389

LOOMIS EXPRESS p1155
2725 Av Dalton, Quebec, QC, G1P 3T1
(418) 659-1299 SIC 7389

LTP SPORTS GROUP INC p229
9552 198 St, LANGLEY, BC, V1M 3C8
SIC 7389

LUXURY HOTELS INTERNATIONAL OF CANADA, ULC p399
102 Main St Unit 16, FREDERICTON, NB, E3A 9N6
(506) 443-7500 SIC 7389

LUXURY HOTELS INTERNATIONAL OF CANADA, ULC p827
1337 London Rd, SARNIA, ON, N7S 1P6
(519) 346-4551 SIC 7389

M & D DRAFTING LTD p101
3604 76 Ave Nw, EDMONTON, AB, T6B 2N8
(780) 465-1520 SIC 7389

MAKWA AVENTURES INC, LES p1100
4079 Rue Saint-Denis, Montreal, QC, H2W 2M7
(514) 285-2583 SIC 7389

MAMMOET CRANE INC p493
127 Earl Thompson Rd, AYR, ON, N0B 1E0
(450) 923-9706 SIC 7389

MANHEIM AUTO AUCTIONS COMPANY p682
8277 Lawson Rd, MILTON, ON, L9T 5C7
(905) 275-3000 SIC 7389

MAPLE LEAF FOODS INC p395
425 Route 104, BURTTS CORNER, NB, E6L 2A9
(506) 363-3052 SIC 7389

MASTERFILE CORPORATION p890
3 Concorde Gate Floor 4, TORONTO, ON, M3C 3N7
(416) 929-3000 SIC 7389

MAYFAIR COLONY FARMS LTD p350
Gd, KILLARNEY, MB, R0K 1G0
(204) 523-7317 SIC 7389

MAYNARDS INDUSTRIES LTD p297
1837 Main St, VANCOUVER, BC, V5T 3B8
(604) 876-6787 SIC 7389

MBW COURIER INCORPORATED p478
142 Parkway Dr, TRURO HEIGHTS, NS, B6L 1N8
(902) 895-5120 SIC 7389

MCDONALD, D. SALES & MERCHANDISING LIMITED p767
2861 Sherwood Heights Dr Unit 28, OAKVILLE, ON, L6J 7K1
(905) 855-8550 SIC 7389

MEDI-TRAN SERVICES (1993) LTD p193
7125 Curragh Ave, BURNABY, BC, V5J 4V6
(604) 872-5293 SIC 7389

MEDIAS TRANSCONTINENTAL INC p1038
130 Rue Adrien-Robert, GATINEAU, QC, J8Y 3S2

(819) 777-6045 SIC 7389

MEDIAS TRANSCONTINENTAL INC p1112
1155 Boul Rene-Levesque O Bureau 100, Montreal, QC, H3B 4P7
(514) 287-1717 SIC 7389

MEDICINE HAT, CITY OF p144
88 Kipling St Se, MEDICINE HAT, AB, T1A 1Y3
(403) 529-8333 SIC 7389

MEDICINE HAT, CITY OF p144
440 Maple Ave Se, MEDICINE HAT, AB, T1A 0L3
(403) 529-8282 SIC 7389

METRO INTERNATIONAL TRUCKS (CANADA) INC p1210
6400 Ch Saint-Francois, SAINT-LAURENT, QC, H4S 1B7
(514) 333-5133 SIC 7389

MI GROUP LTD, THE p24
7660 10 St Ne, CALGARY, AB, T2E 8W1
(403) 730-1616 SIC 7389

MICHENER-ALLEN AUCTIONEERING LTD p65
13090 Barlow Trail Ne, CALGARY, AB, T3N 1A2
(403) 226-0405 SIC 7389

MIDLAND TRANSPORT LIMITED p397
42 Rue Dawson, DIEPPE, NB, E1A 6C8
(506) 858-7780 SIC 7389

MIDLAND TRANSPORT LIMITED p402
1200 Alison Blvd, FREDERICTON, NB, E3C 2M2
(506) 458-6330 SIC 7389

MIDLAND TRANSPORT LIMITED p452
10 Simmonds Dr, DARTMOUTH, NS, B3B 1R3
(902) 494-5511 SIC 7389

MIRATEL SOLUTIONS INC p756
2501 Steeles Ave W Suite 200, NORTH YORK, ON, M3J 2P1
(416) 650-7850 SIC 7389

MISTER COFFEE & SERVICES INC p841
2045 Midland Ave Suite 1, SCARBOROUGH, ON, M1P 3E2
(416) 293-3333 SIC 7389

MMCC SOLUTIONS CANADA COMPANY p897
75 Eglinton Ave E, TORONTO, ON, M4P 3A4
(416) 922-3519 SIC 7389

MOHAWK COUNCIL OF AKWESASNE p485
Gd, AKWESASNE, ON, K6H 5T7
(613) 932-3366 SIC 7389

MONCTON, CITY OF p409
800 St George Blvd, MONCTON, NB, E1E 2C7
(506) 857-8800 SIC 7389

MOOD MEDIA ENTERTAINMENT LTD p561
99 Sante Dr Suite B, CONCORD, ON, L4K 3C4
(905) 761-4300 SIC 7389

MUNICIPAL PROPERTY ASSESSMENT CORPORATION p565
132 Second St E Suite 201, CORNWALL, ON, K6H 1Y4
(613) 933-7249 SIC 7389

MUNICIPAL PROPERTY ASSESSMENT CORPORATION p781
419 King St W Suite 170, OSHAWA, ON, L1J 2K5
(905) 432-9470 SIC 7389

MYSHAK CRANE AND RIGGING LTD p1
53016 Hwy 60 Suite 42b, ACHESON, AB, T7X 5A7
(780) 960-9790 SIC 7389

MYSHAK CRANE AND RIGGING LTD p121
135 Mackay Cres, FORT MCMURRAY, AB, T9H 4C9
(780) 791-9222 SIC 7389

NATIONAL DEFENCE AND THE CANADIAN ARMED FORCES p1061
9401 Rue Wanklyn, LASALLE, QC, H8R 1Z2
(514) 366-4310 SIC 7389

NATIONEX INC p683

7535 Bath Rd, MISSISSAUGA, ON, L4T 4C1
SIC 7389

NAV CANADA p413
222 Old Coach Rd, RIVERVIEW, NB, E1B 4G2
(506) 867-7151 SIC 7389

NAV CANADA p792
Gd, OTTAWA, ON, K1P 5L6
SIC 7389

NEEGAN TECHNICAL SERVICES LTD p121
Gd Lcd Main, FORT MCMURRAY, AB, T9H 3E2
(780) 715-2444 SIC 7389

NEW ROCKPORT HUTTERIAN BRETHREN p146
Gd, NEW DAYTON, AB, T0K 1P0
(403) 733-2122 SIC 7389

NIGHT SHIFT ANSWERING SERVICE LTD, THE p416
600 Main St Suite 201, SAINT JOHN, NB, E2K 1J5
(506) 637-7010 SIC 7389

NOR PAC MARKETING LTD p245
960 Quayside Dr Suite 206, NEW WESTMINSTER, BC, V3M 6G2
(604) 736-3133 SIC 7389

NOR-MAR INDUSTRIES LTD p252
682 Okanagan Ave E, PENTICTON, BC, V2A 3K6
(250) 492-7866 SIC 7389

NORBEL METAL SERVICE LIMITED p583
100 Guided Crt, ETOBICOKE, ON, M9V 4K6
(416) 744-9988 SIC 7389

NORDIA INC p1130
3020 Av Jacques-Bureau 2e, Montreal, QC, H7P 6G2
(514) 415-7088 SIC 7389

NORTH WEST CRANE ENTERPRISES LTD p135
7015 Sparrow Dr, LEDUC, AB, T9E 7L1
(780) 980-2227 SIC 7389

NORTHERN AUTO AUCTIONS OF CANADA INC p622
3230 Thomas St, INNISFIL, ON, L9S 3W5
(705) 436-4111 SIC 7389

NUTRITION INTERNATIONAL p802
180 Elgin St 10 Fl, OTTAWA, ON, K2P 2K3
(613) 782-6800 SIC 7389

OLAMETER INC p491
300 Industrial Pky S, AURORA, ON, L4G 3T9
(905) 841-1167 SIC 7389

OMEGA DIRECT RESPONSE INC p821
30 Wertheim Crt Unit 12, RICHMOND HILL, ON, L4B 1B9
(416) 733-9911 SIC 7389

ON CALL CENTRE INC p785
2405 St. Laurent Blvd Unit B, OTTAWA, ON, K1G 5B4
(613) 238-3262 SIC 7389

ON TRACK SAFETY LTD p874
29 Ruggles Ave, THORNHILL, ON, L3T 3S4
(905) 660-5969 SIC 7389

ONTARIO ONE CALL LIMITED p600
335 Laird Rd Unit 8, GUELPH, ON, N1G 4P7
(519) 766-4821 SIC 7389

ORION SECURITY INCORPORATED p954
119 White Pine Cres, WATERLOO, ON, N2V 1B3
SIC 7389

P & P PROJECTS INC p762
233 Signet Dr Suite 1, NORTH YORK, ON, M9L 1V3
(416) 398-6197 SIC 7389

PALLISER REGIONAL DIVISION NO 26 p173
504 4 Ave S, VULCAN, AB, T1J 0N5
(403) 485-2223 SIC 7389

PANTHER INDUSTRIES INC p1267
108 Internal Rd, DAVIDSON, SK, S0G 1A0
(306) 567-2814 SIC 7389

PASWORD COMMUNICATIONS INC p610
122 Hughson St S, HAMILTON, ON, L8N 2B2

(905) 974-1683 SIC 7389

PASWORD GROUP INC, THE p610
122 Hughson St S, HAMILTON, ON, L8N 2B2
(905) 645-1162 SIC 7389

PEPINIERE CRAMER INC p1024
3000 Rue Du Marche, DOLLARD-DES-ORMEAUX, QC, H9B 2Y3
SIC 7389

PF RESOLU CANADA INC p1191
130 Ch Cartier, SAINT-HILARION, QC, G0A 3V0
(418) 457-3308 SIC 7389

PITNEY BOWES OF CANADA LTD p483
314 Harwood Ave S Suite 200, AJAX, ON, L1S 2J1
(905) 427-9772 SIC 7389

PITNEY BOWES OF CANADA LTD p710
6880 Financial Dr Suite 1000, MISSISSAUGA, ON, L5N 8E8
(905) 816-2665 SIC 7389

PONTEIX COLONY OF HUTTERIAN BRETHREN p1278
Gd, PONTEIX, SK, S0N 1Z0
(306) 625-3652 SIC 7389

PRC BOOKS OF LONDON LIMITED p660
1112 Dearness Dr Unit 15, LONDON, ON, N6E 1N9
SIC 7389

PRIME STRATEGIES INC p305
425 Carrall St Suite 420, VANCOUVER, BC, V6B 6E3
(604) 689-3446 SIC 7389

PRO-X EXHIBIT INC p684
7621 Bath Rd, MISSISSAUGA, ON, L4T 3T1
(905) 696-0993 SIC 7389

PROBYN LOG LTD p245
628 Sixth Ave Suite 500, NEW WESTMINSTER, BC, V3M 6Z1
(604) 526-8545 SIC 7389

PROCALL MARKETING INC p48
100 4 Ave Sw Unit 200, CALGARY, AB, T2P 3N2
(403) 265-4014 SIC 7389

PROCESS DEVELOPMENT CANADA CORP p855
6 Davidson St, ST CATHARINES, ON, L2R 2V4
SIC 7389

PRODUITS STANDARD INC p720
6270 Kestrel Rd, MISSISSAUGA, ON, L5T 1Z4
(905) 564-2836 SIC 7389

PROFILE INVESTIGATION INC p580
936 The East Mall Suite 300, ETOBICOKE, ON, M9B 6J9
(416) 695-1260 SIC 7389

PROLINE PIPE EQUIPMENT INC p101
7141 67 St Nw, EDMONTON, AB, T6B 3L7
(780) 465-6161 SIC 7389

PROMOTIONAL PRODUCTS FULFILLMENT & DISTRIBUTION LTD p958
80 William Smith Dr, WHITBY, ON, L1N 9W1
(905) 668-5060 SIC 7389

PROTECTION INCENDIE VIKING INC p1001
1935 Boul Lionel-Bertrand, BOISBRIAND, QC, J7H 1N8
(450) 430-7516 SIC 7389

PROVINCE OF NEW BRUNSWICK p399
435 Brookside Dr, FREDERICTON, NB, E3A 5T8
(506) 453-3742 SIC 7389

PRT GROWING SERVICES LTD p308
355 Burrard St Suite 410, VANCOUVER, BC, V6C 2G8
(604) 687-1404 SIC 7389

PRUDENTIAL RELOCATION CANADA LTD p748
5700 Yonge St Suite 1110, NORTH YORK, ON, M2M 4K2
SIC 7389

PUROLATOR INC. p113
3104 97 St Nw, EDMONTON, AB, T6N 1K3
(780) 408-2420 SIC 7389

PUROLATOR INC. p224
613 Adams Rd, KELOWNA, BC, V1X 7R9
(250) 765-9422   SIC 7389

PUROLATOR INC. p334
3330 Tennyson Ave, VICTORIA, BC, V8Z 3P3
(250) 475-9562   SIC 7389

PUROLATOR INC. p345
939 Douglas St, BRANDON, MB, R7A 7B3
(204) 727-5334   SIC 7389

PUROLATOR INC. p393
840 Weirden Dr, BATHURST, NB, E2A 3Z1
(506) 548-4452   SIC 7389

PUROLATOR INC. p452
220 Joseph Zatzman Dr, DARTMOUTH, NS, B3B 1P4
(902) 468-1611   SIC 7389

PUROLATOR INC. p478
1 Bayview Dr, TRURO, NS, B2N 5A9
(902) 895-7952   SIC 7389

PUROLATOR INC. p531
1365 California Ave, BROCKVILLE, ON, K6V 5T6
(613) 498-2063   SIC 7389

PUROLATOR INC. p561
1550 Creditstone Rd, CONCORD, ON, L4K 5N1
(905) 660-6007   SIC 7389

PUROLATOR INC. p565
725 Boundary Rd, CORNWALL, ON, K6H 6K8
(613) 932-5509   SIC 7389

PUROLATOR INC. p606
21 Warrington St, HAMILTON, ON, L8E 3L1
(888) 744-7123   SIC 7389

PUROLATOR INC. p619
Gd, HEARST, ON, P0L 1N0
(705) 372-0020   SIC 7389

PUROLATOR INC. p720
6520 Kestrel Rd, MISSISSAUGA, ON, L5T 1Z6
(905) 565-9306   SIC 7389

PUROLATOR INC. p724
9300 Airport Rd, MOUNT HOPE, ON, L0R 1W0
(905) 679-5722   SIC 7389

PUROLATOR INC. p806
980 Cecelia St, PEMBROKE, ON, K8B 1A7
(888) 744-7123   SIC 7389

PUROLATOR INC. p832
40 Industrial Court A, SAULT STE. MARIE, ON, P6B 5W6
(705) 949-5862   SIC 7389

PUROLATOR INC. p871
1300 Kelly Lake Rd, SUDBURY, ON, P3E 5P4
(705) 671-1224   SIC 7389

PUROLATOR INC. p879
140 Main St, THUNDER BAY, ON, P7B 6S4
(807) 623-4058   SIC 7389

PUROLATOR INC. p884
804 Mountjoy St S, TIMMINS, ON, P4N 7W7
(888) 744-7123   SIC 7389

PUROLATOR INC. p964
4520 North Service Rd E, WINDSOR, ON, N8W 5X2
(519) 945-1363   SIC 7389

PUROLATOR INC. p1027
10525 Ch Cote-De-Liesse Bureau 201, DORVAL, QC, H9P 1A7
(514) 631-4958   SIC 7389

PUROLATOR INC. p1041
732 Boul Industriel, GRANBY, QC, J2G 9J5
(450) 375-1091   SIC 7389

PUROLATOR INC. p1048
3479 Rue De L'Energie, Jonquiere, QC, G7X 0C1
(418) 695-1235   SIC 7389

PUROLATOR INC. p1174
193 Montee Industrielle-Et-Commerciale, RIMOUSKI, QC, G5M 1A7
(418) 723-3506   SIC 7389

PUROLATOR INC. p1229
2005 Boul Dagenais O, SAINTE-ROSE, QC, H7L 5V1
(450) 963-3050   SIC 7389

PUROLATOR INC. p1254
195 Rue Des Distributeurs, VAL-D'OR, QC, J9P 6Y1
(819) 825-3238   SIC 7389

PUROLATOR INC. p1287
702 Toronto St, REGINA, SK, S4R 8L1
(306) 359-0313   SIC 7389

PUTZER, M. HORNBY LIMITED p619
7314 Sixth Line, HORNBY, ON, L0P 1E0
(905) 878-7226   SIC 7389

QPS EVALUATION SERVICES INC p586
81 Kelfield St Unit 8, ETOBICOKE, ON, M9W 5A3
(416) 241-8857   SIC 7389

QTRADE SECURITIES INC p324
505 Burrard St Suite 1920, VANCOUVER, BC, V7X 1M6
(604) 605-4199   SIC 7389

QUALCOMM ATHEROS CANADA CORPORATION p920
144 Front St W Suite 385, TORONTO, ON, M5J 2L7
SIC 7389

QUALITY MOVE MANAGEMENT INC p210
7979 82 St, DELTA, BC, V4G 1L7
(604) 952-3650   SIC 7389

QUANTOFILL INC p967
1215 Walker Rd Unit 11, WINDSOR, ON, N8Y 2N9
(519) 252-5501   SIC 7389

QUEEN'S UNIVERSITY AT KINGSTON p632
421 Union St W, KINGSTON, ON, K7L 2R8
(613) 533-2221   SIC 7389

QUEEN'S UNIVERSITY AT KINGSTON p632
116 Barrie St, KINGSTON, ON, K7L 3J9
(613) 533-6000   SIC 7389

REFENDOIRS C. R. LTEE, LES p1056
300 Rue De La Berge-Du-Canal Bureau 4, LACHINE, QC, H8R 1H3
(514) 366-2222   SIC 7389

REGIE DU BATIMENT DU QUEBEC p1071
201 Place Charles-Le Moyne Bureau 310, LONGUEUIL, QC, J4K 2T5
(450) 928-7603   SIC 7389

REGIONAL DISTRICT OF NORTH OKANAGAN p325
5764 Silver Star Rd, VERNON, BC, V1B 3P6
(250) 545-7432   SIC 7389

RES-MAR p1033
478 Montee De Wakeham, Gaspe, QC, G4X 1Y6
(418) 368-5373   SIC 7389

RESOLVE CORPORATION p982
50 Watts Ave, CHARLOTTETOWN, PE, C1E 2B8
(902) 629-3000   SIC 7389

RESOLVE CORPORATION p985
150 Industrial Cres, SUMMERSIDE, PE, C1N 5N6
SIC 7389

RESULTS GENERATION GROUP INC p656
186 King St Suite 109, LONDON, ON, N6A 1C7
(519) 913-1545   SIC 7389

RETAIL ADVANTAGE INC p358
76134 8e Rd, STONEWALL, MB, R0C 2Z0
SIC 7389

RGIS CANADA ULC p25
1935 32 Ave Ne Suite 130, CALGARY, AB, T2E 7C8
(403) 291-6100   SIC 7389

RGIS CANADA ULC p191
5172 Kingsway Suite 310, BURNABY, BC, V5H 2E8
(604) 439-9222   SIC 7389

RGIS CANADA ULC p364
196 Tache Ave Unit 5, WINNIPEG, MB, R2H 1Z6
(204) 774-0013   SIC 7389

RGIS CANADA ULC p407
236 St George St, MONCTON, NB, E1C 1W1
(506) 382-9146   SIC 7389

RGIS CANADA ULC p434
66 Kenmount Rd, ST. JOHN'S, NL, A1B 3V7
SIC 7389

RGIS CANADA ULC p463
19 Alma Cres Suite 201, HALIFAX, NS, B3N 2C4
(902) 468-7866   SIC 7389

RGIS CANADA ULC p488
911 Golf Links Rd, ANCASTER, ON, L9K 1H9
(905) 304-9700   SIC 7389

RGIS CANADA ULC p690
2560 Matheson Blvd E Suite 224, MISSISSAUGA, ON, L4W 4Y9
(905) 206-1107   SIC 7389

RGIS CANADA ULC p778
946 Simcoe St N, OSHAWA, ON, L1G 4W2
(905) 571-7807   SIC 7389

RGIS CANADA ULC p786
2197 Riverside Dr Suite 305, OTTAWA, ON, K1H 7X3
(613) 226-4086   SIC 7389

RGIS CANADA ULC p1125
8300 Rue Bougainville, Montreal, QC, H4P 2G1
(514) 521-5258   SIC 7389

RGIS CANADA ULC p1131
1882 Boul Saint-Martin O Bureau 200, MONTREAL, QC, H7S 1M9
SIC 7389

RGIS CANADA ULC p1251
7175 Rue Marion Bureau 240, Trois-Rivieres, QC, G9A 5Z9
(819) 374-2086   SIC 7389

RGIS CANADA ULC p1288
402 Broad St, REGINA, SK, S4R 1X3
(306) 757-9180   SIC 7389

RGN ONTARIO LIMITED PARTNERSHIP p48
144 4 Ave Sw Suite 1200, CALGARY, AB, T2P 3N4
(403) 716-3636   SIC 7389

RICHARD IVEY SCHOOL OF BUSINESS FOUNDATION p653
551 Windermere Rd, LONDON, ON, N5X 2T1
(519) 679-4546   SIC 7389

RICHMOND, CITY OF p274
6960 Gilbert Rd, RICHMOND, BC, V7C 3V4
(604) 303-2734   SIC 7389

RITCHIE BROS. AUCTIONEERS INCORPORATED p148
1500 Sparrow Dr, NISKU, AB, T9E 8H6
(780) 955-2486   SIC 7389

RITCHIE BROS. AUCTIONEERS INCORPORATED p1082
1373 Rue Briere, MONT-SAINT-HILAIRE, QC, J3H 6E9
(450) 464-2888   SIC 7389

ROKAN LAMINATING CO LTD p720
1660 Trinity Dr, MISSISSAUGA, ON, L5T 1L6
(905) 564-7525   SIC 7389

ROYAL BANK OF CANADA p1113
630 Boul Rene-Levesque O Bureau 1384, Montreal, QC, H3B 1S6
(877) 244-2100   SIC 7389

ROYAL CANADIAN LEGION, THE p960
108 Winnipeg St N, WHITE RIVER, ON, P0M 3G0
(807) 822-2480   SIC 7389

ROYAL LEPAGE LIMITED p899
477 Mount Pleasant Rd Unit 210, TORONTO, ON, M4S 2L9
(416) 489-2121   SIC 7389

RTD QUALITY SERVICES INC p101
5504 36 St Nw, EDMONTON, AB, T6B 3P3
(780) 440-6600   SIC 7389

RUSSEL METALS INC p861
1052 Service Rd S, STONEY CREEK, ON, L8E 6G3
(905) 643-3008   SIC 7389

SAFETY-KLEEN CANADA INC. p524
25 Regan Rd, BRAMPTON, ON, L7A 1B2
(905) 840-0118   SIC 7389

SAINT JOHN, CITY OF p417
Gd, SAINT JOHN, NB, E2L 4L1
(506) 649-6030   SIC 7389

SAINT-HYACINTHE, VILLE DE p1195
935 Rue Dessaulles, SAINT-HYACINTHE, QC, J2S 3C4
(450) 778-8550   SIC 7389

SAND LAKE HUTTERIAN BRETHREN p1307
Gd, VAL MARIE, SK, S0N 2T0
(306) 298-2068   SIC 7389

SASCOPACK INC p1294
106 Melville St, SASKATOON, SK, S7J 0R1
SIC 7389

SASKENERGY INCORPORATED p1297
1612 Ontario Ave, SASKATOON, SK, S7K 1S8
(306) 777-9200   SIC 7389

SCHNITZER STEEL CANADA LTD p329
307 David St, VICTORIA, BC, V8T 5C1
(250) 381-5865   SIC 7389

SCHOOL DISTRICT NO 36 (SURREY) p285
9260 140 St Suite 400, SURREY, BC, V3V 5Z4
(604) 583-9554   SIC 7389

SDL INTERNATIONAL (CANADA) INC p1113
1155 Rue Metcalfe Bureau 1200, Montreal, QC, H3B 2V6
(514) 844-2577   SIC 7389

SEARS CANADA INC p184
2820 Underhill Ave, BURNABY, BC, V5A 0A2
(604) 415-9512   SIC 7389

SEARS CANADA INC p520
253 Queen St E, BRAMPTON, ON, L6W 2B8
SIC 7389

SERVICE D'INVENTAIRE PROFESSIONNEL G.B. INC p1161
2750 Ch Sainte-Foy Bureau 250, Quebec, QC, G1V 1V6
(418) 659-3140   SIC 7389

SERVICE REGIONAL D'INTERPRETARIAT DE L'EST DU QUEBEC INC p1164
9885 Boul De L'ormiere, Quebec, QC, G2B 3K9
(418) 622-1037   SIC 7389

SERVICES FINANCIERS NCO, INC p831
345 Queen St E, SAULT STE. MARIE, ON, P6A 1Z2
SIC 7389

SERVICES MATREC INC p1050
6205 Boul Wilfrid-Hamel, L'ANCIENNE-LORETTE, QC, G2E 5G8
(418) 628-8666   SIC 7389

SERVICES PARTAGES METSO LTEE p1056
795 Av George-V, LACHINE, QC, H8S 2R9
(877) 677-2005   SIC 7389

SERVICES PROFESSIONNELS DES ASSUREURS PLUS INC p992
8290 Boul Metropolitain E, ANJOU, QC, H1K 1A2
SIC 7389

SERVICOM CANADA, LIMITED p476
1173 Kings Rd, SYDNEY, NS, B1S 3B3
(902) 562-4193   SIC 7389

SGS CANADA INC p1131
11000 Rue Sherbrooke E Suite 33a, MONTREAL-EST, QC, H1B 5W1
(514) 645-8754   SIC 7389

SHAW COMMUNICATIONS INC p219
180 Briar Ave, KAMLOOPS, BC, V2B 1C1
(250) 312-7104   SIC 7389

SHRED-IT INTERNATIONAL ULC p20
8009 57 St Se Suite 28, CALGARY, AB, T2C 5K7
(403) 571-0777   SIC 7389

SHRED-IT INTERNATIONAL ULC p93
18603 111 Ave Nw, EDMONTON, AB, T5S 2X4
(780) 444-8394   SIC 7389

SHRED-IT INTERNATIONAL ULC p203
1650 Brigantine Dr Unit 300, COQUITLAM,

BC, V3K 7B5
(604) 444-4044 SIC 7389
SHRED-IT INTERNATIONAL ULC p544
135 Pinebush Rd, CAMBRIDGE, ON, N1R 7H8
(519) 650-4065 SIC 7389
SHRED-IT INTERNATIONAL ULC p650
15825 Robin's Hill Rd Unit 2, LONDON, ON, N5V 0A5
(519) 641-8060 SIC 7389
SHRED-IT INTERNATIONAL ULC p783
1171 Kenaston St, OTTAWA, ON, K1B 3N9
(613) 742-0101 SIC 7389
SHRED-IT INTERNATIONAL ULC p1207
5000 Boul Thimens, SAINT-LAURENT, QC, H4R 2B2
(514) 939-7473 SIC 7389
SIGMA ASSISTEL INC p1113
1100 Boul Rene-Levesque O Bureau 514, Montreal, QC, H3B 4N4
(514) 875-9170 SIC 7389
SIGNATURE INTERPRETIVE & TRANSLATIVE SERVICES LTD p11
4608 26 Ave Ne, CALGARY, AB, T1Y 2R8
(403) 590-6382 SIC 7389
SIOUX LOOKOUT MENO-YA-WIN HEALTH CENTRE PLANNING CORPORATION p849
1 Meno Ya Win Way, SIOUX LOOKOUT, ON, P8T 1B4
(807) 737-3030 SIC 7389
SIR CORP p975
10 Colossus Dr Suite 128, WOODBRIDGE, ON, L4L 9J5
(905) 264-3790 SIC 7389
SITEL CANADA CORPORATION p576
3250 Bloor St W, ETOBICOKE, ON, M8X 2X9
SIC 7389
SOCIETE DE PROTECTION DES FORETS CONTRE LE FEU (SOPFEU) p994
251 Rte De L'aeroport, BAIE-COMEAU, QC, G5C 2S6
(418) 295-2300 SIC 7389
SOCIETE DE PROTECTION DES FORETS CONTRE LE FEU (SOPFEU) p1054
3000 Boul Ducharme, LA TUQUE, QC, G9X 4S9
(819) 523-4564 SIC 7389
SOCIETE DE PROTECTION DES FORETS CONTRE LE FEU (SOPFEU) p1176
1230 Rte De L'aeroport, ROBERVAL, QC, G8H 2M9
(418) 275-6400 SIC 7389
SOCIETE DU CENTRE DES CONGRES DE QUEBEC p1158
1000 Boul Rene-Levesque E, Quebec, QC, G1R 5T8
(418) 644-4000 SIC 7389
SOCIETE GAMMA INC p802
240 Bank St Suite 600, OTTAWA, ON, K2P 1X4
(613) 233-4407 SIC 7389
SOCIETE MAKIVIK p1050
Pr, Kuujjuaq, QC, J0M 1C0
(819) 964-2925 SIC 7389
SOMAVRAC INC p1250
4600 Rue Saint-Joseph, Trois-Rivieres, QC, G8Z 2Y3
(819) 379-3311 SIC 7389
SOURIS RIVER COLONY FARMS LTD p348
Gd, ELGIN, MB, R0K 0T0
SIC 7389
SOUTHERN GRAPHIC SYSTEMS-CANADA LTD p684
2620 Slough St, MISSISSAUGA, ON, L4T 3T2
(905) 405-1555 SIC 7389
SP DATA CAPITAL ULC p611
110 King St W Suite 500, HAMILTON, ON, L8P 4S6
(905) 645-5610 SIC 7389
SPATIAL MAPPING LTD p260
484 2nd Ave Suite 200, PRINCE GEORGE, BC, V2L 2Z7

(250) 564-1928 SIC 7389
ST. ALBERT, CITY OF p167
18 Sir Winston Churchill Ave, ST. ALBERT, AB, T8N 2W5
(780) 459-7021 SIC 7389
ST. PAUL EDUCATION REGIONAL DIVISION NO 1 p171
4806 51 Ave, TWO HILLS, AB, T0B 4K0
(780) 657-3383 SIC 7389
STEINBACH, CITY OF p357
225 Reimer Ave, STEINBACH, MB, R5G 2J1
(204) 346-6531 SIC 7389
STELLAR NORDIA SERVICES LLC p1207
3100 Boul De La Cote-Vertu Bureau 280, SAINT-LAURENT, QC, H4R 2J8
(514) 332-5888 SIC 7389
STERICYCLE COMMUNICATION SOLUTIONS, ULC p240
235 Bastion St Suite 205, NANAIMO, BC, V9R 3A3
(250) 386-1166 SIC 7389
STERICYCLE COMMUNICATION SOLUTIONS, ULC p274
6011 Westminster Hwy Unit 212, RICHMOND, BC, V7C 4V4
(604) 244-9166 SIC 7389
STOUGHTON FIRE PROTECTION LTD p14
620 Moraine Rd Ne, CALGARY, AB, T2A 2P3
(403) 291-0291 SIC 7389
STRATICOM PLANNING ASSOCIATES INC p931
366 Adelaide St W, TORONTO, ON, M5V 1R9
(416) 362-7407 SIC 7389
STREAM INTERNATIONAL CANADA ULC p198
7955 Evans Rd, CHILLIWACK, BC, V2R 5R7
(604) 702-5100 SIC 7389
STREAM INTERNATIONAL CANADA ULC p455
95 Union St, GLACE BAY, NS, B1A 2P6
(902) 842-3800 SIC 7389
STRONCO DESIGNS INC p693
1510b Caterpillar Rd Unit B, MISSISSAUGA, ON, L4X 2W9
(905) 270-6767 SIC 7389
STUDIOS DESIGN GHA INC p1113
1100 Av Des Canadiens-De-Montreal Bureau 130, Montreal, QC, H3B 2S2
(514) 843-5812 SIC 7389
SUNSHINE VILLAGE CORPORATION p52
550 11 Ave Sw Suite 400, CALGARY, AB, T2R 1M7
(403) 705-4000 SIC 7389
SUPERIOR SAFETY CODES INC p85
14613 134 Ave Nw, EDMONTON, AB, T5L 4S9
(780) 489-4777 SIC 7389
SYMCOR INC p63
3663 63 Ave Ne, CALGARY, AB, T3J 0G6
(403) 806-5000 SIC 7389
TEAM INDUSTRIAL SERVICES (CANADA) INC p829
893 Campbell St, SARNIA, ON, N7T 2J9
(519) 337-2375 SIC 7389
TELEPARTNERS CALL CENTRE INC p580
5429 Dundas St W, ETOBICOKE, ON, M9B 1B5
(416) 231-0520 SIC 7389
TEMPO DRAFTING SERVICES INC p675
260 Town Centre Blvd Suite 300, MARKHAM, ON, L3R 8H8
(905) 470-7000 SIC 7389
THE CALL CENTRE INC p434
5 Pippy Pl Suite 7, ST. JOHN'S, NL, A1B 3X2
(709) 722-3730 SIC 7389
THE RESPONSIVE MARKETING GROUP INC p898
90 Eglinton Ave W Suite 300, TORONTO, ON, M4R 2E4
(416) 921-6595 SIC 7389
THRIFT MAGIC LP p616

1428 Upper James St, HAMILTON, ON, L9B 1K3
(905) 318-2376 SIC 7389
TIGER COURIER INC p97
15825 121a Ave Nw, EDMONTON, AB, T5V 1B1
(780) 452-3777 SIC 7389
TIGER COURIER INC p208
660 Aldford Ave, DELTA, BC, V3M 6X1
(604) 522-0804 SIC 7389
TIGER COURIER INC p1298
705 47th St E, SASKATOON, SK, S7K 5G5
(306) 242-7499 SIC 7389
TORONTO DISTRICT SCHOOL BOARD p750
5050 Yonge St, NORTH YORK, ON, M2N 5N8
(519) 942-0330 SIC 7389
TORONTO TRANSIT COMMISSION p924
1138 Bathurst St, TORONTO, ON, M5R 3H2
(416) 393-3546 SIC 7389
TOTAL TECH POOLS INC p770
1380 Speers Rd Suite 1, OAKVILLE, ON, L6L 5V3
(905) 825-1389 SIC 7389
TOWER EVENTS & SEATING RENTALS INC p587
365 Attwell Dr, ETOBICOKE, ON, M9W 5C2
(416) 213-1666 SIC 7389
TOWN OF CANMORE p67
1021 Railway Ave, CANMORE, AB, T1W 1P3
(403) 678-6199 SIC 7389
TOWN OF RIVERVIEW p413
650 Pinewood Rd, RIVERVIEW, NB, E1B 5M7
(506) 387-2020 SIC 7389
TOWNSHIP OF NORTH GLENGARRY p485
188 Kenyon St W, ALEXANDRIA, ON, K0C 1A0
(613) 525-1240 SIC 7389
TRADUCTIONS SERGE BELAIR INC p1103
276 Rue Saint-Jacques Bureau 900, Montreal, QC, H2Y 1N3
(514) 844-4682 SIC 7389
TRAVEL DISCOUNTERS p759
2019 Avenue Rd, NORTH YORK, ON, M5M 4A5
(416) 481-6701 SIC 7389
TRIMAX SECURITE INC p1131
1965 Boul Industriel Bureau 200, Montreal, QC, H7S 1P6
(450) 934-5200 SIC 7389
TRIPLE M METAL LP p517
331 Intermodal Dr, BRAMPTON, ON, L6T 5G4
(905) 791-7203 SIC 7389
TWILIGHT HUTTERIAN BRETHREN p118
Gd, FALHER, AB, T0H 1M0
SIC 7389
TYCO INTEGRATED FIRE & SECURITY CANADA, INC p29
431 Manitou Rd Se, CALGARY, AB, T2G 4C2
(403) 287-3202 SIC 7389
TYCO INTEGRATED FIRE & SECURITY CANADA, INC p93
17402 116 Ave Nw, EDMONTON, AB, T5S 2X2
(780) 452-5280 SIC 7389
TYCO INTEGRATED FIRE & SECURITY CANADA, INC p208
1485 Lindsey Pl, DELTA, BC, V3M 6V1
(604) 515-8872 SIC 7389
TYCO INTEGRATED FIRE & SECURITY CANADA, INC p384
989 Century St, WINNIPEG, MB, R3H 0W4
(204) 694-0140 SIC 7389
TYCO INTEGRATED FIRE & SECURITY CANADA, INC p453
600 Windmill Rd Unit G, DARTMOUTH, NS, B3B 1B5
(902) 468-9100 SIC 7389
TYCO INTEGRATED FIRE & SECURITY

CANADA, INC p614
40 Hempstead Dr Suite 1, HAMILTON, ON, L8W 2E7
(905) 577-4077 SIC 7389
TYCO INTEGRATED FIRE & SECURITY CANADA, INC p634
595 Mckay St, KINGSTON, ON, K7M 5V8
(613) 634-8486 SIC 7389
TYCO INTEGRATED FIRE & SECURITY CANADA, INC p664
150 Exeter Rd Unit 44, LONDON, ON, N6L 1G9
(519) 680-2001 SIC 7389
TYCO INTEGRATED FIRE & SECURITY CANADA, INC p964
4525 Rhodes Dr Unit 700, WINDSOR, ON, N8W 5R8
(519) 966-1910 SIC 7389
TYCO INTEGRATED FIRE & SECURITY CANADA, INC p1208
5800 Boul Henri-Bourassa O, SAINT-LAURENT, QC, H4R 1V9
(514) 737-5505 SIC 7389
TYCO INTEGRATED FIRE & SECURITY CANADA, INC p1298
3006 Cleveland Ave Suite 1, SASKATOON, SK, S7K 8B5
(306) 934-8184 SIC 7389
UNITED PARCEL SERVICE CANADA LTD p87
11204 151 St Nw, EDMONTON, AB, T5M 4A9
(800) 742-5877 SIC 7389
UNITED PARCEL SERVICE CANADA LTD p208
790 Belgrave Way, DELTA, BC, V3M 5R9
(604) 528-4254 SIC 7389
UNITED PARCEL SERVICE CANADA LTD p334
4254 Commerce Cir Suite D, VICTORIA, BC, V8Z 4M2
(250) 744-1534 SIC 7389
UNITED PARCEL SERVICE CANADA LTD p384
1099 King Edward St, WINNIPEG, MB, R3H 0R3
(204) 631-0379 SIC 7389
UNITED PARCEL SERVICE CANADA LTD p408
1 Factory Lane Suite 200, MONCTON, NB, E1C 9M3
(506) 877-4929 SIC 7389
UNITED PARCEL SERVICE CANADA LTD p528
20 Ryan Pl, BRANTFORD, ON, N3S 7S1
(519) 751-0981 SIC 7389
UNITED PARCEL SERVICE CANADA LTD p606
456 Grays Rd, HAMILTON, ON, L8E 2Z4
(905) 578-2699 SIC 7389
UNITED PARCEL SERVICE CANADA LTD p631
1121 John Counter Blvd, KINGSTON, ON, K7K 6C7
(613) 549-7872 SIC 7389
UNITED PARCEL SERVICE CANADA LTD p640
65 Trillium Park Pl, KITCHENER, ON, N2E 1X1
(519) 904-0210 SIC 7389
UNITED PARCEL SERVICE CANADA LTD p686
3195 Airway Dr, MISSISSAUGA, ON, L4V 1C2
(905) 672-6476 SIC 7389
UNITED PARCEL SERVICE CANADA LTD p724
9272 Airport Rd, MOUNT HOPE, ON, L0R 1W0
(905) 679-7290 SIC 7389
UNITED PARCEL SERVICE CANADA LTD p804
1349 2nd Ave E, OWEN SOUND, ON, N4K 2J5

(519) 376-3386 SIC 7389
UNITED PARCEL SERVICE CANADA LTD p811
634 Neal Dr, PETERBOROUGH, ON, K9J 6X7
(705) 743-3432 SIC 7389
UNITED PARCEL SERVICE CANADA LTD p961
5325 Rhodes Dr, WINDSOR, ON, N8N 2M1
(519) 251-7050 SIC 7389
UNITED PARCEL SERVICE CANADA LTD p1007
3850 Boul Matte, BROSSARD, QC, J4Y 2Z2
(450) 444-9544 SIC 7389
UNITED PARCEL SERVICE CANADA LTD p1058
1221 32e Av Bureau 209, LACHINE, QC, H8T 3H2
(514) 633-0010 SIC 7389
UNITED PARCEL SERVICE CANADA LTD p1165
625 Rue Des Canetons, Quebec, QC, G2E 5X6
(418) 872-2686 SIC 7389
UNITED PARCEL SERVICE CANADA LTD p1238
2389 Rue Hertel, SHERBROOKE, QC, J1J 2J1
SIC 7389
UNITED PARCEL SERVICE CANADA LTD p1298
2614 Faithfull Ave, SASKATOON, SK, S7K 5W3
(306) 242-3345 SIC 7389
UNIVERSAL GEOMATICS SOLUTIONS CORP. p50
910 7 Ave Sw Suite 1015, Calgary, AB, T2P 3N8
(403) 262-1306 SIC 7389
UNIVERSITE DE MONTREAL, L' p1120
3744 Rue Jean-Brillant Bureau 480, Montreal, QC, H3T 1P1
(514) 343-6812 SIC 7389
UNIVERSITY OF MANITOBA p390
Frank Kennedy Bldg 66 Chancellors Cir Rm 124, WINNIPEG, MB, R3T 2N2
(204) 474-8234 SIC 7389
UNIVERSITY OF VICTORIA p327
3964 Gordon Head Rd, VICTORIA, BC, V8N 3X3
(250) 721-7624 SIC 7389
UPPER CANADA DISTRICT SCHOOL BOARD, THE p818
1000 Edward St, PRESCOTT, ON, K0E 1T0
(613) 925-2855 SIC 7389
UPS SCS, INC p535
4156 Mainway, BURLINGTON, ON, L7L 0A7
(905) 315-5500 SIC 7389
UPS SCS, INC p563
777 Creditstone Rd, CONCORD, ON, L4K 5R5
(905) 660-6040 SIC 7389
UPS SCS, INC p717
7315 David Hunting Dr Suite 2, MISSISSAUGA, ON, L5S 1W3
(905) 672-9595 SIC 7389
VANCOUVER ISLAND HEALTH AUTHORITY p251
180 Mccarter St Suite 100, PARKSVILLE, BC, V9P 2H3
(250) 731-1315 SIC 7389
VANCOUVER ISLAND HEALTH AUTHORITY p327
2400 Arbutus Rd, VICTORIA, BC, V8N 1V7
(250) 519-5390 SIC 7389
VANHOUTTE COFFEE SERVICES LTD p203
9 Burbidge St Suite 120, COQUITLAM, BC, V3K 7B2
(604) 552-5452 SIC 7389
VCS INVESTIGATION INC p1058
10500 Ch De La Cote-De-Liesse Bureau 200, LACHINE, QC, H8T 1A4
(514) 737-1911 SIC 7389
VEOLIA ES CANADA SERVICES INDUS-

TRIELS INC
4140 Belgreen Dr, OTTAWA, ON, K1G 3N2
(613) 739-1150 SIC 7389
VEOLIA ES CANADA SERVICES INDUSTRIELS INC p814
820 Mckay Rd, PICKERING, ON, L1W 2Y4
SIC 7389
VETEMENTS PRESTIGIO INC, LES p1215
6370 Boul Des Grandes-Prairies, SAINT-LEONARD, QC, H1P 1A2
(514) 955-7131 SIC 7389
VILLE DE GATINEAU p1035
858a Rue Notre-Dame, GATINEAU, QC, J8P 1N9
(819) 663-5585 SIC 7389
VILLE DE MONTREAL p1084
12001 Boul Maurice-Duplessis, Montreal, QC, H1C 1V3
(514) 280-4359 SIC 7389
VILLE DE MONTREAL p1096
827 Boul Cremazie E Bureau 301, Montreal, QC, H2M 2T8
(514) 280-4300 SIC 7389
VILLE DE QUEBEC p1158
835 Av Wilfrid-Laurier, Quebec, QC, G1R 2L3
(418) 641-6290 SIC 7389
VILLE DE RIMOUSKI p1173
11 Rue Saint-Laurent O, RIMOUSKI, QC, G5L 8B5
(418) 724-3265 SIC 7389
VIPOND INC p727
34 Bentley Ave Unit 201, NEPEAN, ON, K2E 6T8
(613) 225-0538 SIC 7389
VISION RESEARCH INC p982
94 Watts Ave, CHARLOTTETOWN, PE, C1E 2C1
(902) 569-7300 SIC 7389
VULSAY INDUSTRIES LTD p524
35 Regan Rd, BRAMPTON, ON, L7A 1B2
(905) 846-2200 SIC 7389
W. H. ESCOTT COMPANY LIMITED p376
95 Alexander Ave, WINNIPEG, MB, R3B 2Y8
(204) 942-5127 SIC 7389
WATT INTERNATIONAL INC p905
300 Bayview Ave, TORONTO, ON, M5A 3R7
(416) 364-9384 SIC 7389
WEST COAST TIMESHARE LTD p306
877 Hamilton St, VANCOUVER, BC, V6B 2R7
(604) 646-0090 SIC 7389
WESTERN INVENTORY SERVICE LTD p14
720 28 St Ne Suite 128, CALGARY, AB, T2A 6R3
(403) 272-3850 SIC 7389
WESTERN INVENTORY SERVICE LTD p107
9750 51 Ave Nw Suite 208, EDMONTON, AB, T6E 0A6
(780) 457-4477 SIC 7389
WESTERN INVENTORY SERVICE LTD p188
4199 Lougheed Hwy Suite 201, BURNABY, BC, V5C 3Y6
(604) 473-9200 SIC 7389
WESTERN INVENTORY SERVICE LTD p260
575 Quebec St Rm 203, PRINCE GEORGE, BC, V2L 1W6
(250) 562-6628 SIC 7389
WESTERN INVENTORY SERVICE LTD p281
14815 108 Ave Unit 230, SURREY, BC, V3R 1W2
SIC 7389
WESTERN INVENTORY SERVICE LTD p364
73 Goulet St, WINNIPEG, MB, R2H 0R5
(204) 669-6505 SIC 7389
WESTERN INVENTORY SERVICE LTD p408
640 Mountain Rd Suite 6, MONCTON, NB, E1C 2P3
(506) 857-2800 SIC 7389
WESTERN INVENTORY SERVICE LTD p410
607 St George Blvd Unit 110, MONCTON, NB, E1E 2C2
(506) 857-2800 SIC 7389

WESTERN INVENTORY SERVICE LTD p436
14 Forbes St Suite 206, ST. JOHN'S, NL, A1E 3L5
(709) 364-2010 SIC 7389
WESTERN INVENTORY SERVICE LTD p461
3200 Kempt Rd Suite 210, HALIFAX, NS, B3K 4X1
(902) 468-3811 SIC 7389
WESTERN INVENTORY SERVICE LTD p540
720 Guelph Line Suite 720, BURLINGTON, ON, L7R 4E2
(905) 335-4492 SIC 7389
WESTERN INVENTORY SERVICE LTD p613
1119 Fennell Ave E Unit 205, HAMILTON, ON, L8T 1S2
SIC 7389
WESTERN INVENTORY SERVICE LTD p642
120 Ottawa St N Suite 201, KITCHENER, ON, N2H 3K5
(519) 745-7160 SIC 7389
WESTERN INVENTORY SERVICE LTD p658
609 William St Suite 203, LONDON, ON, N6B 3G1
(519) 433-3461 SIC 7389
WESTERN INVENTORY SERVICE LTD p686
3770 Nashua Dr Suite 5, MISSISSAUGA, ON, L4V 1M5
(905) 677-1947 SIC 7389
WESTERN INVENTORY SERVICE LTD p760
192 Bridgeland Ave, NORTH YORK, ON, M6A 1Z4
(416) 781-5563 SIC 7389
WESTERN INVENTORY SERVICE LTD p788
435 St. Laurent Blvd Suite 203, OTTAWA, ON, K1K 2Z8
(613) 744-2450 SIC 7389
WESTERN INVENTORY SERVICE LTD p811
727 Lansdowne St W, PETERBOROUGH, ON, K9J 1Z2
(705) 748-0623 SIC 7389
WESTERN INVENTORY SERVICE LTD p855
140 Welland Ave Unit 15a, ST CATHARINES, ON, L2R 2N6
(905) 646-0796 SIC 7389
WESTERN INVENTORY SERVICE LTD p871
1351d Kelly Lake Rd, SUDBURY, ON, P3E 5P5
(705) 523-3332 SIC 7389
WESTERN INVENTORY SERVICE LTD p1263
4865 Boul De Maisonneuve O, WESTMOUNT, QC, H3Z 1M7
(514) 483-1337 SIC 7389
WESTERN INVENTORY SERVICE LTD p1299
1736 Quebec Ave Suite 38, SASKATOON, SK, S7K 1V9
(306) 653-0361 SIC 7389
WESTERN MESSENGER & TRANSFER LIMITED p382
839 Ellice Ave, WINNIPEG, MB, R3G 0C3
(204) 987-7020 SIC 7389
WHITE OAKS TENNIS WORLD INC p739
253 Taylor Rd Ss 4, NIAGARA ON THE LAKE, ON, L0S 1J0
(905) 688-2550 SIC 7389
WHITEHORSE, CITY OF p1311
305 Range Rd, WHITEHORSE, YT, Y1A 3E5
(867) 668-2462 SIC 7389
WOODLANDS COLONY FARMS LTD p353
Gd, POPLAR POINT, MB, R0H 0Z0
(204) 243-2642 SIC 7389
WORKERS' COMPENSATION BOARD OF BRITISH COLUMBIA p291
4450 Lakelse Ave, TERRACE, BC, V8G 1P2
(250) 615-6600 SIC 7389
WORLD TRADE GROUP (NORTH AMERICA) INC p907
211 Yonge St, TORONTO, ON, M5B 1M4
(416) 214-3400 SIC 7389
WORLDWIDE EVANGELIZATION FOR CHRIST p611
37 Aberdeen Ave, HAMILTON, ON, L8P 2N6

(905) 529-0166 SIC 7389
WYCLIFFE BIBLE TRANSLATORS OF CANADA INC p26
4316 10 St Ne, Calgary, AB, T2E 6K3
(403) 250-5411 SIC 7389
XS CARGO LIMITED PARTNERSHIP p97
15435 131 Ave Nw, EDMONTON, AB, T5V 0A4
(780) 413-4296 SIC 7389
YORK UNIVERSITY p923
222 Bay St Suite 500, TORONTO, ON, M5K 1K2
(416) 360-8850 SIC 7389
YORKTON, CITY OF p1310
455 Broadway St W, YORKTON, SK, S3N 2W3
(306) 786-1740 SIC 7389

SIC 7513 Truck rental and leasing, no drivers

CALMONT LEASING LTD p16
5475 53 St Se, CALGARY, AB, T2C 4P6
(403) 279-8272 SIC 7513
CAMIONS LAGUE INC p989
9651 Boul Louis-H.-Lafontaine, ANJOU, QC, H1J 2A3
(514) 493-6940 SIC 7513
DOLLAR THRIFTY AUTOMOTIVE GROUP CANADA INC p273
3826 Mcdonald Rd, RICHMOND, BC, V7B 1L8
(604) 606-1695 SIC 7513
EDMONTON KENWORTH LTD p114
2210 91 Ave Nw, EDMONTON, AB, T6P 1K9
(780) 464-1212 SIC 7513
G L S LEASCO CANADA p666
7234 Littlefield Dr, LONDON, ON, N6P 1J7
(519) 652-2832 SIC 7513
KIRBY INTERNATIONAL TRUCKS LTD p547
120 Mcgovern Dr, CAMBRIDGE, ON, N3H 4R7
(519) 650-3670 SIC 7513
KIRBY INTERNATIONAL TRUCKS LTD p638
21 Ardelt Pl, KITCHENER, ON, N2C 2C8
(519) 578-7040 SIC 7513
LOCATION BROSSARD INC p1026
2190 Boul Hymus, DORVAL, QC, H9P 1J7
(514) 367-1343 SIC 7513
LOCATION BROSSARD INC p1165
955 Av Saint-Jean-Baptiste Bureau 100, Quebec, QC, G2E 5J5
(418) 877-2400 SIC 7513
LOCATION DE CAMIONS EUREKA INC p1165
5055 Rue Rideau Bureau 400, Quebec, QC, G2E 5H5
(418) 877-3074 SIC 7513
LOCATION V.A. INC p1061
156 Boul Laurier Rr 1, LAURIER-STATION, QC, G0S 1N0
(418) 728-2140 SIC 7513
MAXIM TRANSPORTATION SERVICES INC p18
6707 84 St Se, CALGARY, AB, T2C 4T6
(403) 571-1275 SIC 7513
MAXIM TRANSPORTATION SERVICES INC p96
13240 170 St Nw, EDMONTON, AB, T5V 1M7
(780) 448-3830 SIC 7513
MAXIM TRANSPORTATION SERVICES INC p991
11300 Rue Colbert, ANJOU, QC, H1J 2S4
(514) 354-9140 SIC 7513
PACCAR OF CANADA LTD p720
6465 Van Deemter Crt, MISSISSAUGA, ON, L5T 1S1
(905) 564-2300 SIC 7513
PENSKE TRUCK LEASING CANADA INC p19
6215 48 St Se, CALGARY, AB, T2C 3J7
(403) 236-7165 SIC 7513
PENSKE TRUCK LEASING CANADA INC

▲ Public Company   ■ Public Company Family Member   HQ Headquarters   BR Branch   SL Single Location

SIC 7514 Passenger car rental

p87
15706 116 Ave Nw, EDMONTON, AB, T5M 3S5
(780) 451-2686 *SIC 7513*

PENSKE TRUCK LEASING CANADA INC *p185*
2916 Norland Ave, BURNABY, BC, V5B 3A6
(604) 294-1351 *SIC 7513*

PENSKE TRUCK LEASING CANADA INC *p516*
37 West Dr, BRAMPTON, ON, L6T 4A1
(905) 450-7676 *SIC 7513*

PENSKE TRUCK LEASING CANADA INC *p690*
1610 Enterprise Rd, MISSISSAUGA, ON, L4W 4L4
(905) 564-2176 *SIC 7513*

PENSKE TRUCK LEASING CANADA INC *p781*
850 Champlain Ave, OSHAWA, ON, L1J 8C3
(905) 436-0171 *SIC 7513*

PENSKE TRUCK LEASING CANADA INC *p785*
2323 Stevenage Dr, OTTAWA, ON, K1G 3W1
(613) 731-9998 *SIC 7513*

PENSKE TRUCK LEASING CANADA INC *p1163*
2824 Rue Einstein, Quebec, QC, G1X 4B3
(418) 620-8301 *SIC 7513*

PENSKE TRUCK LEASING CANADA INC *p1210*
2500 Boul Pitfield, SAINT-LAURENT, QC, H4S 1Z7
(514) 333-4080 *SIC 7513*

RYDER TRUCK RENTAL CANADA LTD *p19*
4830 54 Ave Se, CALGARY, AB, T2C 2Y8
(403) 724-9343 *SIC 7513*

RYDER TRUCK RENTAL CANADA LTD *p87*
11433 154 St Nw, EDMONTON, AB, T5M 3N7
(780) 451-1894 *SIC 7513*

RYDER TRUCK RENTAL CANADA LTD *p208*
1699 Cliveden Ave, DELTA, BC, V3M 6V5
(604) 515-1688 *SIC 7513*

RYDER TRUCK RENTAL CANADA LTD *p369*
200 Lucas Ave, WINNIPEG, MB, R2R 2S9
(204) 633-4843 *SIC 7513*

RYDER TRUCK RENTAL CANADA LTD *p410*
525 Venture Dr, MONCTON, NB, E1H 2P4
SIC 7513

RYDER TRUCK RENTAL CANADA LTD *p516*
10a Tilbury Crt, BRAMPTON, ON, L6T 3T4
(905) 457-7262 *SIC 7513*

RYDER TRUCK RENTAL CANADA LTD *p538*
3407 North Service Rd, BURLINGTON, ON, L7N 3G2
(905) 335-3807 *SIC 7513*

RYDER TRUCK RENTAL CANADA LTD *p578*
672 Kipling Ave, ETOBICOKE, ON, M8Z 5G3
(416) 255-4427 *SIC 7513*

RYDER TRUCK RENTAL CANADA LTD *p644*
80 Mcintyre Pl, KITCHENER, ON, N2R 1G9
(519) 748-4767 *SIC 7513*

RYDER TRUCK RENTAL CANADA LTD *p665*
2724 Roxburgh Rd Suite 7, LONDON, ON, N6N 1K9
(519) 680-0847 *SIC 7513*

RYDER TRUCK RENTAL CANADA LTD *p665*
1459 Sise Rd, LONDON, ON, N6N 1E1
(519) 681-0585 *SIC 7513*

RYDER TRUCK RENTAL CANADA LTD *p711*
2233 Argentia Rd Suite 300, MISSISSAUGA, ON, L5N 2X7
(905) 826-8777 *SIC 7513*

RYDER TRUCK RENTAL CANADA LTD *p720*
6415 Danville Rd, MISSISSAUGA, ON, L5T 2H7
(905) 564-4675 *SIC 7513*

RYDER TRUCK RENTAL CANADA LTD *p783*
1515 Michael St, OTTAWA, ON, K1B 4T3
(613) 741-1000 *SIC 7513*

RYDER TRUCK RENTAL CANADA LTD *p814*
910 Mckay Rd, PICKERING, ON, L1W 3X8
(905) 428-9711 *SIC 7513*

RYDER TRUCK RENTAL CANADA LTD *p841*
1249 Kennedy Rd, SCARBOROUGH, ON, M1P 2L4
(416) 752-2931 *SIC 7513*

RYDER TRUCK RENTAL CANADA LTD *p991*
8650 Rue Jarry, ANJOU, QC, H1J 1X7
(514) 353-7070 *SIC 7513*

RYDER TRUCK RENTAL CANADA LTD *p1152*
615c Boul Pierre-Bertrand, Quebec, QC, G1M 3J3
(418) 687-2483 *SIC 7513*

TANDET EASTERN LIMITED *p630*
191 Dalton Ave, KINGSTON, ON, K7K 6C2
(613) 544-1212 *SIC 7513*

TANDET MANAGEMENT INC *p829*
1006 Prescott Dr Suite 2, SARNIA, ON, N7T 7H3
(519) 332-6000 *SIC 7513*

TANDET NATIONALEASE LTD *p770*
1351 Speers Rd, OAKVILLE, ON, L6L 2X5
(905) 827-4200 *SIC 7513*

SIC 7514 Passenger car rental

AVISCAR INC *p246*
1640 Electra Blvd Suite 131, NORTH SAANICH, BC, V8L 5V4
(250) 656-6033 *SIC 7514*

AVISCAR INC *p376*
234 York Ave, WINNIPEG, MB, R3C 0N5
(204) 989-7521 *SIC 7514*

AVISCAR INC *p406*
515 Main St, MONCTON, NB, E1C 1C4
(506) 857-0162 *SIC 7514*

AVISCAR INC *p454*
1 Bell Blvd Suite 7, ENFIELD, NS, B2T 1K2
(902) 429-0963 *SIC 7514*

AVISCAR INC *p455*
111 Selfridge Way, GOFFS, NS, B2T 0C1
(902) 429-8769 *SIC 7514*

AVISCAR INC *p455*
111 Selfridge Way, GOFFS, NS, B2T 0C1
(902) 492-7512 *SIC 7514*

AVISCAR INC *p584*
1 Convair Dr, ETOBICOKE, ON, M9W 6Z9
(416) 213-8400 *SIC 7514*

AVISCAR INC *p795*
180 Paul Benoit Dr, OTTAWA, ON, K1V 2E5
(613) 521-7541 *SIC 7514*

AVISCAR INC *p1025*
975 Boul Romeo-Vachon N Bureau 317, DORVAL, QC, H4Y 1H2
(514) 636-1902 *SIC 7514*

BUDGET CAR & TRUCK RENTALS OF OTTAWA LTD *p797*
1551 Laperriere Ave, OTTAWA, ON, K1Z 7T1
(613) 729-6666 *SIC 7514*

BUDGET CAR RENTALS TORONTO LIMITED *p684*
5905 Campus Rd, MISSISSAUGA, ON, L4V 1P9
SIC 7514

BUDGET RENT-A-CAR OF B.C. LTD *p273*
3840 Mcdonald Rd, RICHMOND, BC, V7B 1L8
(604) 668-7000 *SIC 7514*

BUDGETAUTO INC *p584*
1 Convair Dr, ETOBICOKE, ON, M9W 6Z9
(416) 213-8400 *SIC 7514*

BUDGETAUTO INC *p1025*
575 Boul Albert-De Niverville, DORVAL, QC, H4Y 1J3
(514) 636-0743 *SIC 7514*

BUDGETAUTO INC *p1151*
380 Boul Wilfrid-Hamel, Quebec, QC, G1M 2S4
(418) 687-4220 *SIC 7514*

CAR RENTALS & SERVICES (2000) LTD *p1284*
1500 Winnipeg St, REGINA, SK, S4P 1E7
SIC 7514

DEVON TRANSPORT LTD *p259*
955 1st Ave, PRINCE GEORGE, BC, V2L 2Y4
(250) 564-7072 *SIC 7514*

DOLLAR THRIFTY AUTOMOTIVE GROUP CANADA INC *p1026*
2005 55e Av, DORVAL, QC, H9P 2Y6
SIC 7514

DRIVING FORCE INC, THE *p23*
2332 23 St Ne, CALGARY, AB, T2E 8N3
(403) 296-0777 *SIC 7514*

DRIVING FORCE INC, THE *p135*
8336 Sparrow Crescent, LEDUC, AB, T9E 8B7
(780) 980-2672 *SIC 7514*

DRIVING FORCE INC, THE *p229*
9522 200 St, LANGLEY, BC, V1M 3A6
(604) 881-9559 *SIC 7514*

ENTERPRISE RENT-A-CAR CANADA COMPANY *p23*
2335 78 Ave Ne, CALGARY, AB, T2E 7L2
(403) 250-1395 *SIC 7514*

ENTERPRISE RENT-A-CAR CANADA COMPANY *p23*
2000 Airport Rd Ne, CALGARY, AB, T2E 6W5
(403) 233-8021 *SIC 7514*

ENTERPRISE RENT-A-CAR CANADA COMPANY *p28*
114 5 Ave Se, CALGARY, AB, T2G 0E2
(403) 264-0424 *SIC 7514*

ENTERPRISE RENT-A-CAR CANADA COMPANY *p129*
1000 Airport Rd Suite 1, GRANDE PRAIRIE, AB, T9E 0V3
(780) 980-2338 *SIC 7514*

ENTERPRISE RENT-A-CAR CANADA COMPANY *p135*
3912 84 Ave Suite 309, LEDUC, AB, T9E 8M6
(780) 986-4705 *SIC 7514*

ENTERPRISE RENT-A-CAR CANADA COMPANY *p178*
103-30125 Automall Dr, ABBOTSFORD, BC, V2T 6Y9
(604) 855-5282 *SIC 7514*

ENTERPRISE RENT-A-CAR CANADA COMPANY *p266*
13460 Smallwood Pl Suite 110, RICHMOND, BC, V6V 1W8
(604) 278-8865 *SIC 7514*

ENTERPRISE RENT-A-CAR CANADA COMPANY *p273*
3866 Mcdonald Rd, RICHMOND, BC, V7B 1L8
(604) 273-7341 *SIC 7514*

ENTERPRISE RENT-A-CAR CANADA COMPANY *p281*
19335 Langley Bypass Suite 7, SURREY, BC, V3S 6K1
(604) 532-8969 *SIC 7514*

ENTERPRISE RENT-A-CAR CANADA COMPANY *p383*
2000 Wellington Ave Suite 100, WINNIPEG, MB, R3H 1C1
(204) 925-3529 *SIC 7514*

ENTERPRISE RENT-A-CAR CANADA COMPANY *p389*
1380 Waverley St, WINNIPEG, MB, R3T 0P5
(204) 478-5699 *SIC 7514*

ENTERPRISE RENT-A-CAR CANADA COMPANY *p454*
81 Bell Blvd, ENFIELD, NS, B2T 1K3
(902) 873-3502 *SIC 7514*

ENTERPRISE RENT-A-CAR CANADA COMPANY *p640*
505 King St E, KITCHENER, ON, N2G 2L7
(519) 772-0888 *SIC 7514*

ENTERPRISE RENT-A-CAR CANADA COMPANY *p659*
845 Bradley Ave Unit 1, LONDON, ON, N6E 3Z6
(519) 451-3900 *SIC 7514*

ENTERPRISE RENT-A-CAR CANADA COMPANY *p671*
200-7390 Woodbine Ave, MARKHAM, ON, L3R 1A5
(905) 477-1688 *SIC 7514*

ENTERPRISE RENT-A-CAR CANADA COMPANY *p699*
777 Dundas St W Unit B1, MISSISSAUGA, ON, L5C 4P6
(905) 281-0869 *SIC 7514*

ENTERPRISE RENT-A-CAR CANADA COMPANY *p1025*
600 Rue Arthur-Fecteau, DORVAL, QC, H4Y 1K5
(514) 422-1100 *SIC 7514*

ENTERPRISE RENT-A-CAR CANADA COMPANY *p1082*
5830 Ch De La Cote-De-Liesse Bureau 200, MONT-ROYAL, QC, H4T 1B1
(514) 735-3722 *SIC 7514*

ENTERPRISE RENT-A-CAR CANADA COMPANY *p1111*
1200 Rue Stanley, Montreal, QC, H3B 2S8
(514) 878-2771 *SIC 7514*

ENTERPRISE RENT-A-CAR CANADA COMPANY *p1173*
370 Montee Industrielle-Et-Commerciale, RIMOUSKI, QC, G5M 1X1
(418) 723-9191 *SIC 7514*

MONDART HOLDINGS LIMITED *p452*
135 Ilsley Ave Unit A, DARTMOUTH, NS, B3B 1T1
(902) 468-4650 *SIC 7514*

NEW HORIZONS CAR & TRUCK RENTALS LTD *p811*
1585 Lansdowne St W, PETERBOROUGH, ON, K9K 1R2
(705) 749-6116 *SIC 7514*

PHELPS LEASING LTD *p270*
3640 No. 4 Rd, RICHMOND, BC, V6X 2L7
(604) 257-8230 *SIC 7514*

PRAIRIE VIEW HOLDINGS LTD *p25*
2000 Airport Rd Ne, CALGARY, AB, T2E 6W5
(403) 221-1715 *SIC 7514*

PRAIRIE VIEW HOLDINGS LTD *p29*
140 6 Ave Se, CALGARY, AB, T2G 0G2
(403) 232-4725 *SIC 7514*

SIC 7515 Passenger car leasing

ARI FINANCIAL SERVICES INC *p545*
95 Raglin Rd, CAMBRIDGE, ON, N1T 1X9
(905) 624-8733 *SIC 7515*

AVISCAR INC *p1109*
1225 Rue Metcalfe, Montreal, QC, H3B 2V5
(514) 866-2847 *SIC 7515*

DOLLAR THRIFTY AUTOMOTIVE GROUP CANADA INC *p23*
7904 22 St Ne, CALGARY, AB, T2E 7H6
(403) 221-1962 *SIC 7515*

DOLLAR THRIFTY AUTOMOTIVE GROUP CANADA INC *p697*
3660 Hurontario St, MISSISSAUGA, ON, L5B 3C4
(905) 612-1881 *SIC 7515*

DRIVING FORCE INC, THE *p88*
16003 Stony Plain Rd Nw, EDMONTON, AB, T5P 4A1
(780) 444-6611 *SIC 7515*

ELEMENT FLEET MANAGEMENT INC *p23*
6815 8 St Ne Unit 240, CALGARY, AB, T2E 7H7
(403) 262-8980 *SIC 7515*

ELEMENT FLEET MANAGEMENT INC *p694*
4 Robert Speck Pky Unit 900, MISSISSAUGA, ON, L4Z 1S1
(905) 366-8900 *SIC 7515*

HONDA CANADA INC *p841*
940 Ellesmere Rd, SCARBOROUGH, ON, M1P 2W8

(416) 291-9501 *SIC 7515*
LSG LEASE SERVICES GROUP INC *p585*
45 Constellation Crt, ETOBICOKE, ON, M9W 1K4
(416) 675-7950 *SIC 7515*
PARKWAY AUTOMOTIVE SALES LIMITED *p758*
1681 Eglinton Ave E, NORTH YORK, ON, M4A 1J6
(416) 752-1485 *SIC 7515*
PATTISON, JIM INDUSTRIES LTD *p33*
1235 73 Ave Se, CALGARY, AB, T2H 2X1
(403) 212-8900 *SIC 7515*
PATTISON, JIM INDUSTRIES LTD *p187*
4937 Regent St, BURNABY, BC, V5C 4H4
(604) 433-4743 *SIC 7515*
SHAW GMC CHEVROLET BUICK LTD *p29*
4620 Blackfoot Trail Se Suite 6, CALGARY, AB, T2G 4G2
(403) 243-6200 *SIC 7515*
SOMERVILLE NATIONAL LEASING & RENTALS LTD *p763*
75 Arrow Rd, NORTH YORK, ON, M9M 2L4
(416) 747-7578 *SIC 7515*
WS LEASING LTD *p245*
960 Quayside Dr Suite 403, NEW WESTMINSTER, BC, V3M 6G2
(604) 528-3802 *SIC 7515*

SIC 7519 Utility trailer rental

ATCO STRUCTURES & LOGISTICS LTD *p119*
121 Signal Rd, FORT MCMURRAY, AB, T9H 4N6
(780) 714-6773 *SIC 7519*
C. KEAY INVESTMENTS LTD *p16*
7288 84 St Se, CALGARY, AB, T2C 4T6
(403) 720-7100 *SIC 7519*
CANADREAM CORPORATION *p160*
292154 Crosspointe Dr, ROCKY VIEW COUNTY, AB, T4A 0V2
(403) 291-1000 *SIC 7519*
CANADREAM INC *p10*
2510 27 St Ne, CALGARY, AB, T1Y 7G1
(403) 291-1000 *SIC 7519*
CANADREAM INC *p210*
7119 River Rd, DELTA, BC, V4G 1A9
(604) 940-2171 *SIC 7519*
CIVEO PREMIUM CAMP SERVICES LTD *p165*
220 Diamond Ave, SPRUCE GROVE, AB, T7X 3B5
(780) 962-8169 *SIC 7519*
DENILLE INDUSTRIES LTD *p84*
14440 Yellowhead Trail Nw, EDMONTON, AB, T5L 3C5
(780) 413-0900 *SIC 7519*
FRASERWAY RV LIMITED PARTNERSHIP *p1311*
9039 Quartz Rd, WHITEHORSE, YT, Y1A 4Z5
(867) 668-3438 *SIC 7519*
ISLANDER R.V. SALES & RENTALS LTD *p427*
1 Grenfell Hts, GRAND FALLS-WINDSOR, NL, A2A 1W3
(709) 489-9489 *SIC 7519*
MODULAR SPACE CORPORATION *p512*
2300 North Park Dr, BRAMPTON, ON, L6S 6C6
(800) 451-3951 *SIC 7519*
PREVOST CAR INC *p1225*
35 Boul Gagnon, SAINTE-CLAIRE, QC, G0R 2V0
(418) 883-3391 *SIC 7519*
TRAILCON LEASING INC *p721*
6950 Kenderry Gate, MISSISSAUGA, ON, L5T 2S7
(905) 670-9061 *SIC 7519*
TRAILER WIZARDS LTD *p97*
12516 184 St Nw, EDMONTON, AB, T5V 1T4

(780) 451-9015 *SIC 7519*
TRAILER WIZARDS LTD *p210*
10387 Nordel Crt, DELTA, BC, V4G 1J9
(604) 464-2220 *SIC 7519*
TRAILER WIZARDS LTD *p230*
20289 102 Ave, LANGLEY, BC, V1M 4B4
(604) 464-2220 *SIC 7519*
U-HAUL CO. (CANADA) LTD *p200*
2534 Barnet Hwy, COQUITLAM, BC, V3H 1W3
(604) 461-2455 *SIC 7519*
U-HAUL CO. (CANADA) LTD *p363*
1341 Regent Ave W, WINNIPEG, MB, R2C 3B2
(204) 987-9506 *SIC 7519*
U-HAUL CO. (CANADA) LTD *p449*
460 Windmill Rd, DARTMOUTH, NS, B3A 1J7
(902) 469-4487 *SIC 7519*

SIC 7521 Automobile parking

CALGARY PARKING AUTHORITY *p27*
400 39 Ave Se, CALGARY, AB, T2G 5P8
(403) 537-7012 *SIC 7521*
CALGARY PARKING AUTHORITY *p41*
451 6 St Sw, CALGARY, AB, T2P 4A2
(403) 264-4226 *SIC 7521*
DIAMOND PARKING LTD *p314*
817 Denman St, VANCOUVER, BC, V6G 2L7
(604) 681-8797 *SIC 7521*
GOVERNORS OF THE UNIVERSITY OF ALBERTA, THE *p108*
125 University Campus Nw, EDMONTON, AB, T6G 2H6
(780) 492-7275 *SIC 7521*
IMPERIAL PARKING CANADA CORPORATION *p304*
515 Hastings St W Suite 600, VANCOUVER, BC, V6B 0B2
(604) 681-7311 *SIC 7521*
LOGIC-CONTROLE INC *p990*
8002 Rue Jarry E, ANJOU, QC, H1J 1H5
(514) 493-1162 *SIC 7521*
MILLER ROAD HOLDINGS LTD *p273*
6380 Miller Rd, RICHMOND, BC, V7B 1B3
(604) 270-9395 *SIC 7521*
PNF HOLDINGS LIMITED *p135*
8410 43 St, LEDUC, AB, T9E 7E9
(780) 986-9090 *SIC 7521*
PNF HOLDINGS LIMITED *p685*
5905 Campus Rd, MISSISSAUGA, ON, L4V 1P9
(905) 676-1248 *SIC 7521*
PRAIRIE VIEW HOLDINGS LTD *p63*
9707 Barlow Trail Ne, CALGARY, AB, T3J 3C6
(403) 226-0010 *SIC 7521*
SOCIETE PARC-AUTO DU QUEBEC *p1158*
965 Place D'youville, Quebec, QC, G1R 3P1
(418) 694-9662 *SIC 7521*
STATIONNEMENT & DEVELOPPEMENT INTERNATIONAL INC *p1115*
544 Rue De L'inspecteur Bureau 200, Montreal, QC, H3C 2K9
(514) 396-6421 *SIC 7521*
STEINBOCK DEVELOPMENT CORPORATION LTD *p29*
140 6 Ave Se, CALGARY, AB, T2G 0G2
(403) 232-4725 *SIC 7521*
TINGWICK GARAGE MUNICIPAL *p1247*
12 Rue De L'hotel-De-Ville, TINGWICK, QC, J0A 1L0
(819) 359-2260 *SIC 7521*
U B C TRAFFIC OFFICE *p320*
2075 Wesbrook Mall Suite 204, VANCOUVER, BC, V6T 1Z1
(604) 822-6786 *SIC 7521*
U-PARK ENTERPRISES LTD *p314*
1425 Pender St W, VANCOUVER, BC, V6G 2S3
(604) 331-1111 *SIC 7521*

VILLE DE SAINT-REMI *p1220*
1104 Rue Notre-Dame, Saint-Remi, QC, J0L 2L0
(450) 454-5345 *SIC 7521*
VINCI PARK SERVICES (CANADA) INC *p1114*
1 Place Ville-Marie Bureau 2131, Montreal, QC, H3B 2C6
(514) 874-1208 *SIC 7521*

SIC 7532 Top and body repair and paint shops

1131170 ONTARIO INC *p511*
2023 Williams Pky Unit 12, BRAMPTON, ON, L6S 5N1
(905) 790-2655 *SIC 7532*
1555314 ONTARIO INC *p805*
100 Crandall St Suite 100, PEMBROKE, ON, K8A 6X8
(613) 735-4593 *SIC 7532*
402909 ALBERTA LTD *p134*
8224 Sparrow Cres, LEDUC, AB, T9E 8B7
SIC 7532
427 AUTO COLLISION LIMITED *p577*
395 Evans Ave, ETOBICOKE, ON, M8Z 1K8
(416) 259-6344 *SIC 7532*
A.P. PLASMAN INC. *p882*
24 Industrial Park Rd, TILBURY, ON, N0P 2L0
(519) 682-1155 *SIC 7532*
ABOUGOUSH COLLISION INC *p224*
1960 Dayton St, KELOWNA, BC, V1Y 7W6
(250) 868-2693 *SIC 7532*
BIRCHWOOD AUTOMOTIVE GROUP LIMITED *p385*
3965 Portage Ave Unit 60, WINNIPEG, MB, R3K 2H2
(204) 885-1999 *SIC 7532*
BOYD GROUP INC, THE *p225*
1960a Dayton St, KELOWNA, BC, V1Y 7W6
(250) 868-2693 *SIC 7532*
BOYD GROUP INC, THE *p281*
5726 Landmark Way, SURREY, BC, V3S 7H1
(604) 530-9818 *SIC 7532*
BRANT COUNTY FORD SALES LIMITED *p525*
85 Lynden Rd, BRANTFORD, ON, N3R 7J9
(519) 752-7858 *SIC 7532*
CARTER CHEVROLET CADILLAC BUICK GMC BURNABY LTD *p186*
2460 Alpha Ave, BURNABY, BC, V5C 5L6
(604) 291-2311 *SIC 7532*
CHABOT CARROSSERIE INC *p1083*
264 Ch Des Poirier, MONTMAGNY, QC, G5V 4S5
(418) 234-1525 *SIC 7532*
GEORGIAN CHEVROLET BUICK GMC INC *p497*
72 Caplan Ave, BARRIE, ON, L4N 9J2
(705) 733-3447 *SIC 7532*
GROUPE TIF GROUP INC *p947*
112 Rue Clement Ss 4, VARS, ON, K0A 3H0
(613) 656-7978 *SIC 7532*
HERBERS AUTO BODY REPAIR LTD *p89*
16929 107 Ave Nw, EDMONTON, AB, T5P 4H7
(780) 486-3136 *SIC 7532*
HERBERS AUTO BODY REPAIR LTD *p105*
6804 75 St Nw, EDMONTON, AB, T6E 5A9
(780) 468-3020 *SIC 7532*
HICKMAN MOTORS LIMITED *p433*
38 O'leary Ave, ST. JOHN'S, NL, A1B 2C7
(709) 754-4508 *SIC 7532*
IMAGES TURBO INC, LES *p1189*
1225 107e Rue, SAINT-GEORGES, QC, G5Y 8C3
(418) 227-8872 *SIC 7532*
INTEVA PRODUCTS CANADA, ULC *p958*
1555 Wentworth St, WHITBY, ON, L1N 9T6
(905) 666-4600 *SIC 7532*
KEYSTONE AUTOMOTIVE INDUSTRIES ON

INC *p515*
3485 Steeles Ave E Suite 2, BRAMPTON, ON, L6T 5W7
(905) 454-5580 *SIC 7532*
LEVETT AUTO METAL LTD *p250*
183 Pemberton Ave, NORTH VANCOUVER, BC, V7P 2R4
(604) 985-7195 *SIC 7532*
MURRAY CHEVROLET OLDSMOBILE CADILLAC LTD *p145*
1270 Trans Canada Way Se, MEDICINE HAT, AB, T1B 1J5
(403) 527-1141 *SIC 7532*
NEBRASKA COLLISION CENTRE INC *p835*
6511 Kingston Rd, SCARBOROUGH, ON, M1C 1L5
(416) 282-5794 *SIC 7532*
OTTAWA MOTOR SALES (1987) LIMITED *p796*
1325 Johnston Rd, OTTAWA, ON, K1V 8Z1
(613) 521-8370 *SIC 7532*
PETERBILT OF ONTARIO INC *p977*
240 Universal Rd, WOODSTOCK, ON, N4S 7W3
(519) 539-2000 *SIC 7532*
QUALITY ASSURED AUTO BODY SERVICE LIMITED *p238*
7077 Mershon St, MISSION, BC, V2V 2Y6
(604) 299-4414 *SIC 7532*
SOLOMON COATINGS LTD *p102*
6382 50 St Nw, EDMONTON, AB, T6B 2N7
(780) 413-4545 *SIC 7532*
ST. THOMAS FORD LINCOLN SALES LIMITED *p858*
700 Talbot St, ST THOMAS, ON, N5P 1E2
SIC 7532
TURPIN GROUP LTD *p798*
1615 Laperriere Ave, OTTAWA, ON, K1Z 8S7
(613) 728-1908 *SIC 7532*
TUSKET SALES & SERVICE LIMITED *p478*
4143 Gavel Rd, TUSKET, NS, B0W 3M0
(902) 648-2600 *SIC 7532*
UAP INC *p1060*
7214 Boul Newman, LASALLE, QC, H8N 1X2
(514) 365-2651 *SIC 7532*
WEINS CANADA INC *p874*
391 John St, THORNHILL, ON, L3T 5W5
(905) 886-0434 *SIC 7532*

SIC 7533 Auto exhaust system repair shops

BUDGET BRAKE & MUFFLER *p269*
4280 No. 3 Rd Suite 120, RICHMOND, BC, V6X 2C2
(604) 273-1288 *SIC 7533*
LES PLACEMENTS ANDRE SOUCY LTEE *p1231*
255 Boul Du Cure-Labelle, SAINTE-THERESE, QC, J7E 2X6
(450) 437-4476 *SIC 7533*

SIC 7534 Tire retreading and repair shops

GOODYEAR CANADA INC *p741*
100 Booth Rd, NORTH BAY, ON, P1B 0B3
(705) 476-9184 *SIC 7534*
GOODYEAR CANADA INC *p997*
1655 Rue Louis-Marchand, BELOEIL, QC, J3G 6S4
(450) 446-2662 *SIC 7534*

SIC 7536 Automotive glass replacement shops

BELRON CANADA INCORPOREE *p496*
1 King St Unit 1, BARRIE, ON, L4N 6B5
(705) 726-5711 *SIC 7536*
BELRON CANADA INCORPOREE *p1090*
8288 Boul Pie-Ix, Montreal, QC, H1Z 3T6

SIC 7537 Automotive transmission repair shops

(514) 593-8000 SIC 7536
BELRON CANADA INCORPOREE p1092
5940 Av Papineau, Montreal, QC, H2G 2W8
(514) 273-8861 SIC 7536
P.H. VITRES D'AUTOS INC p1167
5590 Rue Des Tenailles, Quebec, QC, G2J 1S5
(418) 681-1577 SIC 7536
TCG INTERNATIONAL INC p297
392 Kingsway, VANCOUVER, BC, V5T 3J8
(604) 876-3331 SIC 7536
WINDSHIELD SURGEONS LTD p102
5203 82 Ave Nw, EDMONTON, AB, T6B 2J6
(780) 466-9411 SIC 7536

SIC 7537 Automotive transmission repair shops

CENTRE DE TRANSMISSION J.D.H. INC p1187
1451 Boul Industriel, Saint-Felicien, QC, G8K 1W1
(418) 679-5885 SIC 7537
EDMONTON GEAR CENTRE LTD p31
7170 Blackfoot Trail Se, CALGARY, AB, T2H 2M1
(403) 252-3880 SIC 7537

SIC 7538 General automotive repair shops

AMALGAMATED DAIRIES LIMITED p984
30 Greenwood Dr, SUMMERSIDE, PE, C1N 3Y1
(902) 436-4284 SIC 7538
CANADIAN BASE OPERATORS INC p556
101 Pretty River Pky S Suite 6, COLLINGWOOD, ON, L9Y 4M8
(705) 446-9019 SIC 7538
CITY OF WINNIPEG, THE p371
1520 Main St, WINNIPEG, MB, R2W 3W4
(204) 986-5832 SIC 7538
CITY OF WINNIPEG, THE p379
195 Tecumseh St, WINNIPEG, MB, R3E 3S3
(204) 986-3010 SIC 7538
CMP AUTOMOTIVE LIMITED PARTNERSHIP p63
2307 Country Hills Blvd Ne, CALGARY, AB, T3J 0R4
(403) 207-1006 SIC 7538
COOLEY, DEAN MOTORS LTD p347
1600 Main St S, DAUPHIN, MB, R7N 3B3
(204) 638-4026 SIC 7538
CULLEN DIESEL POWER LTD p220
9925 Dallas Dr, KAMLOOPS, BC, V2C 6T4
(250) 573-4450 SIC 7538
CUMMINS WESTERN CANADA LIMITED PARTNERSHIP p122
300 Taiganova Cres, FORT MCMURRAY, AB, T9K 0T4
(780) 791-6836 SIC 7538
DANIELS SERVICE CENTRE LTD p825
21180 Victoria Rd, RIDGETOWN, ON, N0P 2C0
(519) 674-5493 SIC 7538
ENTREPRISES S.M.T.R. INC p1176
500 112 Rte, ROUGEMONT, QC, J0L 1M0
(450) 469-3153 SIC 7538
FINNING INTERNATIONAL INC p23
6735 11 St Ne, CALGARY, AB, T2E 7H9
(403) 275-3340 SIC 7538
FINNING INTERNATIONAL INC p23
6700 9 St Ne, CALGARY, AB, T2E 8K6
(403) 516-2800 SIC 7538
FINNING INTERNATIONAL INC p88
16940 107 Ave Nw, EDMONTON, AB, T5P 4C3
(780) 483-3499 SIC 7538
FINNING INTERNATIONAL INC p289
19498 92 Ave, SURREY, BC, V4N 4G7
(604) 888-3406 SIC 7538
FLEET BRAKE PARTS & SERVICE LTD p155
4841 78 St, RED DEER, AB, T4P 1N5
(403) 343-8771 SIC 7538
GARAGE DESHARNAIS & FILS LTEE p1153
710 Boul Charest O, Quebec, QC, G1N 2C1
(418) 628-0203 SIC 7538
GILLESPIE PONTIAC BUICK CADILLAC LIMITED p955
Gd, WELLAND, ON, L3B 5N3
(905) 735-7151 SIC 7538
GLOVER INTERNATIONAL TRUCKS LTD p66
3836 42 Ave, CAMROSE, AB, T4V 4B9
(780) 672-7396 SIC 7538
GLOVER INTERNATIONAL TRUCKS LTD p155
226 Queens Dr, RED DEER, AB, T4P 0V8
(403) 346-5525 SIC 7538
GREYHOUND CANADA TRANSPORTATION ULC p896
685 Lake Shore Blvd E, TORONTO, ON, M4M 3J9
(416) 465-4049 SIC 7538
HERBERS AUTO BODY REPAIR LTD p113
2721 Parsons Rd Nw, EDMONTON, AB, T6N 1B8
(780) 440-1055 SIC 7538
INLAND KENWORTH LTD p262
1995 Quinn St S, PRINCE GEORGE, BC, V2N 2X2
(250) 562-8171 SIC 7538
INTEGRATED DISTRIBUTION SYSTEMS LIMITED PARTNERSHIP p644
815 Trillium Dr, KITCHENER, ON, N2R 1J9
(519) 893-2942 SIC 7538
JAYFER AUTOMOTIVE GROUP (MARKHAM) INC p668
5426 Highway 7 E, MARKHAM, ON, L3P 1B7
(905) 294-1210 SIC 7538
JENNER CHEVROLET BUICK GMC LTD p336
1730 Island Hwy, VICTORIA, BC, V9B 1H8
(250) 474-1255 SIC 7538
KIRBY INTERNATIONAL TRUCKS LTD p547
120 Mcgovern Dr, CAMBRIDGE, ON, N3H 4R7
(519) 650-1184 SIC 7538
KPM INDUSTRIES LTD p539
1077 Howard Rd, BURLINGTON, ON, L7P 0T7
(905) 639-4401 SIC 7538
L.E.S. MECANIQUE INC p1209
1200 Rue Saint-Amour, SAINT-LAURENT, QC, H4S 1J2
(514) 333-6968 SIC 7538
MABO WESTERN STAR INC p1254
3100 Boul Jean-Jacques-Cossette, VAL-D'OR, QC, J9P 6Y6
(819) 825-8995 SIC 7538
MCDONALD, GRANT P. HOLDINGS INC p593
2680 Overton Dr, GLOUCESTER, ON, K1G 6T8
(613) 225-9588 SIC 7538
MENDES MOTORS LTD p795
1811 Bank St, OTTAWA, ON, K1V 7Z6
(613) 523-8666 SIC 7538
MONTREAL AUTO PRIX INC p1216
7200 Boul Langelier, SAINT-LEONARD, QC, H1S 2X6
(514) 257-8020 SIC 7538
NUMBER 7 HONDA SALES LIMITED p975
5555 Highway 7, WOODBRIDGE, ON, L4L 1T5
(905) 851-2258 SIC 7538
O.E.M. REMANUFACTURING COMPANY INC p96
13315 156 St Nw, EDMONTON, AB, T5V 1V2
(780) 468-6220 SIC 7538
PENSKE VEHICLE SERVICES (CANADA), INC p780
850 Wilson Rd S, OSHAWA, ON, L1H 6E8
(905) 432-3388 SIC 7538
PERFORMANCE EQUIPMENT LTD p581
111 The West Mall, ETOBICOKE, ON, M9C 1C1
(416) 626-3555 SIC 7538
PRINCE ALBERT CO-OPERATIVE ASSOCIATION LIMITED, THE p1279
228 16th St W, PRINCE ALBERT, SK, S6V 3V5
(306) 763-3534 SIC 7538
RC PARTNERSHIP LTD p106
8812 60 Ave Nw, EDMONTON, AB, T6E 6A6
(780) 462-3301 SIC 7538
REDSON RESOURCE MANAGEMENT LTD p4
262109 Rge Rd 10, BALZAC, AB, T0M 0E0
(403) 207-1666 SIC 7538
REGINA MOTOR PRODUCTS (1970) LTD p1285
Albert St S Hwy 1-6, REGINA, SK, S4P 3A8
(866) 273-5778 SIC 7538
RYDER TRUCK RENTAL CANADA LTD p839
39 Comstock Rd, SCARBOROUGH, ON, M1L 2G6
(416) 752-3446 SIC 7538
SAFRAN MOTEURS D'HELICOPTERES CANADA INC p1079
11800 Rue Helen-Bristol, MIRABEL, QC, J7N 3G8
(450) 476-2550 SIC 7538
SCHWAB CHEVROLET BUICK GMC LTD p136
6503 Sparrow Dr, LEDUC, AB, T9E 7C7
(780) 986-2277 SIC 7538
STANDARD AERO LIMITED p383
33 Allen Dyne Rd, WINNIPEG, MB, R3H 1A1
(204) 775-9711 SIC 7538
STERLING WESTERN STAR TRUCKS ALBERTA LTD p156
7690 Edgar Industrial Crt, RED DEER, AB, T4P 4E2
(403) 314-1919 SIC 7538
SUNRIDGE NISSAN LIMITED PARTNERSHIP p63
2307 Country Hills Blvd Ne, CALGARY, AB, T3J 0R4
(403) 207-1006 SIC 7538
T.I.C. PARTS AND SERVICE p352
220 Hwy 5 N, NEEPAWA, MB, R0J 1H0
(204) 476-3809 SIC 7538
TALLMAN TRUCK CENTRE LIMITED p565
1750 Mcconnell Ave, CORNWALL, ON, K6H 0C1
(613) 933-4425 SIC 7538
TEAM TRUCK CENTRES LIMITED p827
1453 Confederation St, SARNIA, ON, N7S 5N9
(519) 332-2622 SIC 7538
VILLE DE MONTREAL p1089
2269 Rue Viau, Montreal, QC, H1V 3H8
(514) 872-4303 SIC 7538
ZANE HOLDINGS LTD p76
9525 127 Ave Nw, EDMONTON, AB, T5E 6M7
(780) 474-7921 SIC 7538

SIC 7539 Automotive repair shops, nec

668824 ALBERTA LTD p223
2463 Highway 97 N Suite 155, KELOWNA, BC, V1X 4J2
(250) 762-5900 SIC 7539
ALL-WELD COMPANY LIMITED p844
14 Passmore Ave, SCARBOROUGH, ON, M1V 2R6
(416) 293-3638 SIC 7539
ALUMI-BUNK CORPORATION p501
21 Enterprise Dr, BELLEVILLE, ON, K8N 4Z5
SIC 7539
BOYD GROUP INC, THE p388
2405 Pembina Hwy, WINNIPEG, MB, R3T 2H4
(204) 269-5520 SIC 7539
C. KEAY INVESTMENTS LTD p96
15205 131 Ave Nw, EDMONTON, AB, T5V 0A4
(780) 447-7373 SIC 7539
CRESTWOOD ENGINEERING COMPANY LTD p230
6252 205 St, LANGLEY, BC, V2Y 1N7
(604) 532-8024 SIC 7539
E.T.M. INDUSTRIES INC p819
266 Hall Ave E Suite 610, RENFREW, ON, K7V 2S5
(613) 432-6136 SIC 7539
GLASVAN TRAILERS INC p958
1025 Hopkins St, WHITBY, ON, L1N 2C2
(905) 430-1262 SIC 7539
IDEAL SUPPLY COMPANY LIMITED p596
208 Suncoast Dr E, GODERICH, ON, N7A 4K4
(519) 524-8389 SIC 7539
INDUSTRIES RAD INC p1190
9095 25e Av, SAINT-GEORGES, QC, G6A 1A1
(418) 228-8934 SIC 7539
MAGNUM 2000 INC p765
1137 North Service Rd E, OAKVILLE, ON, L6H 1A7
(905) 339-1104 SIC 7539
MAXIM TRANSPORTATION SERVICES INC p387
45 Lowson Cres, WINNIPEG, MB, R3P 0T3
(204) 925-7080 SIC 7539
MAZDA CANADA INC p994
25 Boul Comeau, BAIE-COMEAU, QC, G4Z 3A7
(418) 296-2828 SIC 7539
PEEL TRUCK & TRAILER EQUIPMENT INC p690
1715 Britannia Rd E, MISSISSAUGA, ON, L4W 2A3
(905) 670-1780 SIC 7539

SIC 7542 Carwashes

CANCLEAN FINANCIAL CORP p977
304 Athlone Ave, WOODSTOCK, ON, N4S 7V8
(519) 539-4822 SIC 7542
MAITRE D'AUTO STEVE INC p1024
4216 Boul Saint-Jean, DOLLARD-DES-ORMEAUX, QC, H9G 1X5
(514) 696-9274 SIC 7542
REENDERS CAR WASH LTD p362
85 Reenders Dr, WINNIPEG, MB, R2C 5E8
(204) 669-9700 SIC 7542
SUNCOR ENERGY INC p53
1920 4 St Sw, CALGARY, AB, T2S 1W3
(403) 228-6473 SIC 7542

SIC 7549 Automotive services, nec

1574626 ONTARIO LTD p532
1227 Appleby Line, BURLINGTON, ON, L7L 5H9
(905) 315-7710 SIC 7549
470858 ALBERTA LTD p102
5674 75 St Nw, EDMONTON, AB, T6E 5X6
(780) 485-9905 SIC 7549
9165-8021 QUEBEC INC p1015
1690 Rue De La Manic, CHICOUTIMI, QC, G7K 1J1
(418) 543-5111 SIC 7549
ADVANCED EMISSIONS TECHNOLOGIES LTD p815
128 Kendall St, POINT EDWARD, ON, N7V 4G5
(519) 336-4498 SIC 7549
AXIS SORTING INC p601
300 Willow Rd Unit 102b, GUELPH, ON, N1H 7C6
(519) 212-4990 SIC 7549
CORPORATION OF THE CITY OF PRINCE

BUSINESSES BY INDUSTRY CLASSIFICATION

SIC 7699 Repair services, nec 2363

RUPERT p263
221 Wantage Rd, PRINCE RUPERT, BC, V8J 4R1
(250) 624-6795 SIC 7549

DRAKE TOWING LTD p293
1553 Powell St, VANCOUVER, BC, V5L 5C3
(604) 251-3144 SIC 7549

ESCAPE PROOF INC p767
1496 Durham St, OAKVILLE, ON, L6J 2P3
(905) 815-2452 SIC 7549

GOUVERNEMENT DE LA PROVINCE DE QUEBEC p1239
2865 Boul De Portland, SHERBROOKE, QC, J1L 2S1
(819) 820-3061 SIC 7549

HARKEN TOWING CO. LTD p255
1990 Argue St, PORT COQUITLAM, BC, V3C 5K4
(604) 942-8511 SIC 7549

JET-LUBE OF CANADA LTD p105
3820 97 St Nw, EDMONTON, AB, T6E 5S8
(780) 463-7441 SIC 7549

KERR INDUSTRIES LIMITED p780
635 Farewell St, OSHAWA, ON, L1H 6N2
(905) 725-6561 SIC 7549

PRYCE AUTOMOTIVE INC p508
14 Carlson Pl, BOWMANVILLE, ON, L1C 5P6
(905) 260-1994 SIC 7549

QLO MANAGEMENT INC p951
130 Dearborn Pl, WATERLOO, ON, N2J 4N5
(519) 886-0561 SIC 7549

SYKES ASSISTANCE SERVICES CORPORATION p656
248 Pall Mall St, LONDON, ON, N6A 5P6
(519) 434-3221 SIC 7549

THE PIC GROUP LTD p966
1303 Mcdougall St, WINDSOR, ON, N8X 3M6
(519) 252-1611 SIC 7549

THE PIC GROUP LTD p978
80 Norwich Ave Suite 5, WOODSTOCK, ON, N4S 8Y6
(519) 421-3791 SIC 7549

TORA INVESTMENTS INC p852
453 Eastchester Ave E, ST CATHARINES, ON, L2M 6S2
(905) 685-5409 SIC 7549

UNITOW SERVICES (1978) LTD p302
1717 Vernon Dr, VANCOUVER, BC, V6A 3P8
(604) 659-1225 SIC 7549

SIC 7622 Radio and television repair

AVMAX GROUP INC p21
275 Palmer Rd Ne, CALGARY, AB, T2E 7G4
(403) 250-2644 SIC 7622

BELRON CANADA INCORPOREE p1228
1485 Boul Saint-Elzear O Bureau 201, SAINTE-ROSE, QC, H7L 3N6
(514) 327-1122 SIC 7622

SIC 7623 Refrigeration service and repair

FMR MECHANICAL ELECTRICAL INC p120
330 Mackenzie Blvd, FORT MCMURRAY, AB, T9H 4C4
(780) 791-9283 SIC 7623

HUSSMANN CANADA INC p1282
133 N Mcdonald St, REGINA, SK, S4N 5W2
(306) 721-2700 SIC 7623

LOBLAWS INC p371
494 Jarvis Ave Suite 898, WINNIPEG, MB, R2W 3A9
(204) 589-9219 SIC 7623

NORDIC MECHANICAL SERVICES LTD p101
4143 78 Ave Nw, Edmonton, AB, T6B 2N3
(780) 469-7799 SIC 7623

OLYMPIC INTERNATIONAL SERVICE AGENCY LTD p247
344 Harbour Ave, NORTH VANCOUVER, BC, V7J 2E9
(604) 986-1400 SIC 7623

THERMO KING OF BRITISH COLUMBIA INC p203
68 Fawcett Rd, COQUITLAM, BC, V3K 6V5
(604) 526-4414 SIC 7623

TREALSHIP SERVICES INC p1225
1980 Rue Laurier, SAINTE-CATHERINE, QC, J5C 1B8
SIC 7623

SIC 7629 Electrical repair shops

9280-4475 QUEBEC INC p1109
1184 Rue Sainte-Catherine O Bureau 101, Montreal, QC, H3B 1K1
(514) 508-9139 SIC 7629

ABB INC p112
9604 31 Ave Nw, EDMONTON, AB, T6N 1C4
(780) 466-1676 SIC 7629

ABB INC p1140
123 Av Labrosse, POINTE-CLAIRE, QC, H9R 1A3
SIC 7629

ALPHA TECHNOLOGIES LTD p717
6740 Davand Dr Unit 4, MISSISSAUGA, ON, L5T 2K9
(416) 457-8363 SIC 7629

ATELIER LA FLECHE DE FER INC p1154
1400 Av Galilee, Quebec, QC, G1P 4E3
(418) 683-2946 SIC 7629

ATELIERS G. PAQUETTE INC p1170
104 Rue Laroche, REPENTIGNY, QC, J6A 7M5
(450) 654-6744 SIC 7629

BELL AND HOWELL CANADA LTD p820
30 Mural St Unit 6, RICHMOND HILL, ON, L4B 1B5
(416) 746-2200 SIC 7629

BELL TECHNICAL SOLUTIONS INC p526
353 Elgin St, BRANTFORD, ON, N3S 7P5
(519) 756-2886 SIC 7629

CAMPBELL SCIENTIFIC (CANADA) CORPORATION p84
14532 131 Ave Nw, EDMONTON, AB, T5L 4X4
(780) 454-2505 SIC 7629

CONTROLS & EQUIPMENT LTD p400
245 Hilton Rd Unit 21, FREDERICTON, NB, E3B 7B5
(506) 457-0707 SIC 7629

CUMMINS WESTERN CANADA LIMITED PARTNERSHIP p369
489 Oak Point Hwy, WINNIPEG, MB, R2R 1V2
(204) 632-5470 SIC 7629

ELECTRONICS WORKBENCH CORPORATION p929
111 Peter St Suite 801, TORONTO, ON, M5V 2H1
(416) 977-5550 SIC 7629

ERTH (HOLDINGS) INC p621
180 Whiting St, INGERSOLL, ON, N5C 3B5
(519) 485-6038 SIC 7629

FUJI SEMEC INC p1003
230 Rue J.-A.-Bombardier Bureau 1, BOUCHERVILLE, QC, J4B 8V6
(450) 641-4811 SIC 7629

KITCHENER AERO AVIONICS LIMITED p529
4881 Fountain St Suite 6, BRESLAU, ON, N0B 1M0
(519) 648-2921 SIC 7629

KITCHENER AERO AVIONICS LIMITED p689
6120 Midfield Rd Unit 11, MISSISSAUGA, ON, L4W 2P7
(905) 673-9918 SIC 7629

LANG'S VENTURES INC p337
3099 Shannon Lake Rd Suite 105, WEST KELOWNA, BC, V4T 2M2

(250) 768-7055 SIC 7629

MAGNA ELECTRIC CORPORATION p1285
2361 Industrial Dr, REGINA, SK, S4P 3B2
(306) 949-8131 SIC 7629

NORALTA TECHNOLOGIES INC p141
6010b 50 Ave, LLOYDMINSTER, AB, T9V 2T9
(780) 875-6777 SIC 7629

P.S.I. REPAIR SERVICES INC p970
1909 Spring Garden Rd, WINDSOR, ON, N9E 3P7
(519) 948-2288 SIC 7629

PRONGHORN CONTROLS LTD p19
4919 72 Ave Se Suite 101, CALGARY, AB, T2C 3H3
(403) 720-2526 SIC 7629

PRONGHORN CONTROLS LTD p170
5910a 52 Ave, TABER, AB, T1G 1W8
(403) 223-8811 SIC 7629

PYLON ELECTRONICS INC p452
31 Trider Cres, DARTMOUTH, NS, B3B 1V6
(902) 468-3344 SIC 7629

RADWELL INTERNATIONAL CANADA - AUTOMATION ULC p861
1100 South Service Rd Unit 101, STONEY CREEK, ON, L8E 0C5
SIC 7629

REV ENGINEERING LTD p15
3236 50 Ave Se, CALGARY, AB, T2B 3A3
(403) 287-0156 SIC 7629

SEARS CANADA INC p504
315 Bell Blvd, BELLEVILLE, ON, K8P 5H3
(800) 469-4663 SIC 7629

SEARS CANADA INC p833
45 White Oak Dr E, SAULT STE. MARIE, ON, P6B 4J7
(800) 469-4663 SIC 7629

SIEMENS CANADA LIMITED p636
475 Archer Dr, KIRKLAND LAKE, ON, P2N 3H6
(705) 568-6355 SIC 7629

SIEMENS CANADA LIMITED p796
2435 Holly Ln, OTTAWA, ON, K1V 7P2
(613) 737-6072 SIC 7629

SOLUTION DIGITALE INC p1005
1730 Rue Eiffel, BOUCHERVILLE, QC, J4B 7W1
(450) 656-9150 SIC 7629

SONY OF CANADA LTD p203
65 North Bend St, COQUITLAM, BC, V3K 6N9
SIC 7629

TECHMATION ELECTRIC & CONTROLS LTD p72
5736 50a St, DRAYTON VALLEY, AB, T7A 1R7
(780) 542-2723 SIC 7629

TECHMATION ELECTRIC & CONTROLS LTD p156
8034 Edgar Industrial Cres, RED DEER, AB, T4P 3R3
(403) 341-3558 SIC 7629

SIC 7641 Reupholstery and furniture repair

C.S.S. OFFICE FURNITURE SYSTEMS SERVICE INC p16
4920 72 Ave Se, CALGARY, AB, T2C 4B5
(403) 720-3050 SIC 7641

SOCIETE DE SAINT-VINCENT DE PAUL DE MONTREAL, LA p1095
1930 Rue De Champlain, Montreal, QC, H2L 2S8
(514) 525-2491 SIC 7641

SIC 7692 Welding repair

1510610 ONTARIO INC p740
1811 Seymour St, NORTH BAY, ON, P1A 0C7
(705) 474-0350 SIC 7692

ADJ HOLDINGS INC p649
2068 Piper Ln, LONDON, ON, N5V 3N6
(519) 455-4065 SIC 7692

AECOM CANADA LTD p173
1718 23rd Ave, WAINWRIGHT, AB, T9W 1T2
(780) 842-4220 SIC 7692

ALEGRO PROJECTS AND FABRICATION LTD. p146
1201 8 St, NISKU, AB, T9E 7M3
(780) 955-0266 SIC 7692

ENTREPRISES H.M. METAL INC, LES p1230
583 Rang Saint-Ovide, Sainte-Sophie-de-Levrard, QC, G0X 3C0
(819) 288-5287 SIC 7692

G.T. SERVICE DE CONTENEURS INC p1084
10000 Boul Maurice-Duplessis, Montreal, QC, H1C 2A2
(514) 648-4848 SIC 7692

GEMINI FIELD SOLUTIONS LTD p151
4100 67 St, PONOKA, AB, T4J 1J8
(403) 783-3365 SIC 7692

JALCO INDUSTRIES INC p24
3801 19 St Ne, CALGARY, AB, T2E 6S8
(403) 265-0911 SIC 7692

PLESSITECH INC p1138
2250 Av Vallee, PLESSISVILLE, QC, G6L 3N2
(819) 362-6315 SIC 7692

STELCRETE INDUSTRIES LTD p737
7771 Stanley Ave, NIAGARA FALLS, ON, L2G 0C7
(905) 354-5691 SIC 7692

UNIVERSAL WELD OVERLAYS INC p2
135 East Lake Blvd Ne, AIRDRIE, AB, T4A 2G1
(403) 948-1903 SIC 7692

SIC 7694 Armature rewinding shops

DELOM SERVICES INC p1084
13065 Rue Jean-Grou, Montreal, QC, H1A 3N6
(514) 642-8220 SIC 7694

ELECTRIC MOTOR SERVICE LIMITED p104
8835 60 Ave Nw, EDMONTON, AB, T6E 6L9
(780) 496-9300 SIC 7694

JOY GLOBAL (CANADA) LTD p86
15802 116 Ave Nw, EDMONTON, AB, T5M 3S5
(780) 453-2407 SIC 7694

MAGNETO ELECTRIC SERVICE CO. LIMITED p689
1150 Eglinton Ave E, MISSISSAUGA, ON, L4W 2M6
(905) 625-9450 SIC 7694

MOTEURS ELECTRIQUES LAVAL LTEE p1046
2050 Rue Deschenes, Jonquiere, QC, G7S 2A9
(418) 548-3134 SIC 7694

MOTEURS ELECTRIQUES LAVAL LTEE p1249
1330 Rue Cartier, Trois-Rivieres, QC, G8Z 1L8
(819) 374-4687 SIC 7694

PENNECON ENERGY TECHNICAL SERVICES LTD p436
650 Water St, ST. JOHN'S, NL, A1E 1B9
(709) 726-4554 SIC 7694

SIC 7699 Repair services, nec

1059936 ONTARIO INC p678
25 Bodrington Crt, MARKHAM, ON, L6G 1B6
(905) 940-9334 SIC 7699

1448170 ONTARIO LIMITED p816
12 Petersburg Cir, PORT COLBORNE, ON, L3K 5V4
(905) 835-6761 SIC 7699

599681 SASKATCHEWAN LTD p125
9101 116 St, GRANDE PRAIRIE, AB, T8V

▲ Public Company   ■ Public Company Family Member   HQ Headquarters   BR Branch   SL Single Location

6S7
(780) 532-3414   SIC 7699

965046 ONTARIO INC
80 Citizen Crt Unit 11, MARKHAM, ON, L6G 1A7
(905) 305-0195   SIC 7699

A & D PRECISION LIMITED   p557
289 Bradwick Dr, CONCORD, ON, L4K 1K5
(905) 669-5888   SIC 7699

ACE SERVICES MECANIQUES INC   p1252
1010 Rue Leo-Fournier, VAL-D'OR, QC, J9P 6X8
(819) 874-8091   SIC 7699

ALGONQUIN & LAKESHORE CATHOLIC DISTRICT SCHOOL BOARD   p633
131 Grant Timmins Dr, KINGSTON, ON, K7M 8N3
(613) 544-5449   SIC 7699

ALLIED MARINE & INDUSTRIAL INC   p816
1 Lake Rd, PORT COLBORNE, ON, L3K 1A2
(905) 834-8275   SIC 7699

ALSTOM CANADA INC   p594
1430 Blair Pl Suite 600, GLOUCESTER, ON, K1J 9N2
(613) 747-5222   SIC 7699

AMNOR INDUSTRIES INC   p1139
12480 Rue April Bureau 103, POINTE-AUX-TREMBLES, QC, H1B 5N5
(514) 494-4242   SIC 7699

AMNOR INDUSTRIES INC   p1177
8 Rue Doyon, ROUYN-NORANDA, QC, J9X 7B4
(819) 762-9044   SIC 7699

ARNOTT CONSTRUCTION LIMITED   p679
2 Bertram Industrial Pky Suite 1, MIDHURST, ON, L0L 1X0
(705) 792-7620   SIC 7699

ASKAN ARTS LIMITED   p890
20 Toro Rd, TORONTO, ON, M3J 2A7
(416) 398-2333   SIC 7699

ATELIER DE MECANIQUE PREMONT INC   p1151
1071 Boul Pierre-Bertrand, Quebec, QC, G1M 2E8
(418) 683-1340   SIC 7699

BREWERS RETAIL INC   p764
2923 Portland Dr, OAKVILLE, ON, L6H 5S4
(905) 829-9015   SIC 7699

CANADIAN ASSOCIATION OF TOKEN COLLECTORS   p482
273 Mill St E, ACTON, ON, L7J 1J7
(519) 853-3812   SIC 7699

CAPE BRETON REGIONAL MUNICIPALITY   p455
24 West Ave, GLACE BAY, NS, B1A 6E9
(902) 842-1171   SIC 7699

CEDA FIELD SERVICES LP   p115
2220 119 Ave Ne, EDMONTON, AB, T6S 1B3
(780) 478-1048   SIC 7699

CHALIFOUX SANI LAURENTIDES INC   p1199
2 Boul Maisonneuve, Saint-Jerome, QC, J5L 0A1
(450) 224-2855   SIC 7699

CHOQUETTE - CKS INC   p1151
900 Boul Pierre-Bertrand Bureau 220, Quebec, QC, G1M 3K2
(418) 681-3944   SIC 7699

CITY OF WINNIPEG, THE   p379
215 Tecumseh St, WINNIPEG, MB, R3E 3S4
SIC 7699

CLEAN HARBORS ENERGY AND INDUSTRIAL SERVICES CORP.   p150
Gd Stn Main, PEACE RIVER, AB, T8S 1V8
(780) 624-1440   SIC 7699

COCA-COLA REFRESHMENTS CANADA COMPANY   p365
164 Terracon Pl, WINNIPEG, MB, R2J 4G7
SIC 7699

COLUMBIA INDUSTRIES LTD   p278
681 Douglas Fir Rd, SPARWOOD, BC, V0B 2G0
SIC 7699

COMPAGNIE DES CHEMINS DE FER NATIONAUX DU CANADA   p652
363 Egerton St, LONDON, ON, N5W 6B1
SIC 7699

COMPRESSOR PRODUCTS INTERNATIONAL CANADA INC   p104
6308 Davies Rd Nw, EDMONTON, AB, T6E 4M9
(780) 468-5145   SIC 7699

CORPORATION OF THE CITY OF CORNWALL   p565
1225 Ontario St, CORNWALL, ON, K6H 4E1
(613) 930-2787   SIC 7699

CORPORATION OF THE CITY OF TORONTO   p895
843 Eastern Ave, TORONTO, ON, M4L 1A2
(416) 392-7791   SIC 7699

CORPORATION OF THE DISTRICT OF OAK BAY, THE   p328
1771 Elgin Rd, VICTORIA, BC, V8R 5L7
(250) 598-4501   SIC 7699

CRH CANADA GROUP INC   p769
731 Third Line, OAKVILLE, ON, L6L 4B2
(905) 827-5750   SIC 7699

CULLEN DIESEL POWER LTD   p204
601 Industrial Road 3, CRANBROOK, BC, V1C 4E1
(250) 426-8271   SIC 7699

DITECH PAINT CO. LTD   p396
561 Rue Ferdinand, DIEPPE, NB, E1A 7G1
(506) 384-8197   SIC 7699

DOVER CORPORATION (CANADA) LIMITED   p104
9530 60 Ave Nw, EDMONTON, AB, T6E 0C1
(780) 434-8566   SIC 7699

DOVER CORPORATION (CANADA) LIMITED   p1153
1990 Rue Cyrille-Duquet Bureau 146, Quebec, QC, G1N 4K8
(418) 682-1214   SIC 7699

ELLIOTT TURBOMACHINERY CANADA INC   p540
955 Maple Ave, BURLINGTON, ON, L7S 2J4
(905) 333-4101   SIC 7699

EMERSON ELECTRIC CANADA LIMITED   p104
4112 91a St Nw, EDMONTON, AB, T6E 5V2
(780) 450-3600   SIC 7699

ENERFLEX LTD.   p100
4703 92 Ave Nw, EDMONTON, AB, T6B 2J4
(780) 465-5371   SIC 7699

ENTREPRENEUR MINIER PROMEC INC   p1253
1400 4e Av, VAL-D'OR, QC, J9P 5Z9
(819) 824-2074   SIC 7699

ENTRETIEN PARAMEX INC   p1252
3535 Boul L.-P.-Normand, Trois-Rivieres, QC, G9B 0G8
(819) 377-5533   SIC 7699

EQUIPEMENTS SIGMA INC   p1079
930 Boul Jacques-Cartier, MONT-JOLI, QC, G5H 3K6
(418) 775-2941   SIC 7699

FABE CUSTOM DOWNSTREAM SYSTEMS INC   p1131
1930 52e Av, Montreal, QC, H8T 2Y3
(514) 633-5933   SIC 7699

FINNING INTERNATIONAL INC   p1268
Gd Lcd Main, ESTEVAN, SK, S4A 2A1
(306) 634-3311   SIC 7699

FRAMEWORTH CUSTOM FRAMING INC   p759
1198 Caledonia Rd Unit B, NORTH YORK, ON, M6A 2W5
(416) 784-5292   SIC 7699

FUJITEC CANADA, INC   p266
3511 Viking Way Unit 7, RICHMOND, BC, V6V 1W1
(604) 276-9904   SIC 7699

GARLOCK OF CANADA LTD   p17
7715 46 St Se, CALGARY, AB, T2C 2Y5
(403) 253-4409   SIC 7699

GAS DRIVE GLOBAL LP   p63
10121 Barlow Trail Ne, CALGARY, AB, T3J 3C6
(403) 291-3438   SIC 7699

GAS DRIVE GLOBAL LP   p126
8410 113 St, GRANDE PRAIRIE, AB, T8V 6T9
(780) 539-5974   SIC 7699

GAS DRIVE GLOBAL LP   p155
8036 Edgar Industrial Green Suite 57, RED DEER, AB, T4P 3S2
(403) 341-3900   SIC 7699

GAS DRIVE GLOBAL LP   p1226
2091 Rue Leonard-De Vinci Unite A, SAINTE-JULIE, QC, J3E 1Z2
(450) 649-3174   SIC 7699

GAZ METRO PLUS INC   p1003
1250 Rue Nobel Bureau 250, BOUCHERVILLE, QC, J4B 5H1
(450) 641-6300   SIC 7699

GLOVER INTERNATIONAL TRUCKS LTD   p72
585 Premier Rd, DRUMHELLER, AB, T0J 0Y1
(403) 823-6001   SIC 7699

GOODRICH AEROSPACE CANADA LTD   p533
5415 North Service Rd, BURLINGTON, ON, L7L 5H7
(905) 319-3006   SIC 7699

GRIF & GRAF INC   p1007
9205 Boul Taschereau, BROSSARD, QC, J4Y 3B8
(450) 659-6999   SIC 7699

GROUPE QUALINET INC   p990
8375 Rue Bombardier, ANJOU, QC, H1J 1A5
(514) 344-7337   SIC 7699

GROUPE VOLVO CANADA INC   p1068
850 Ch Olivier, Levis, QC, G7A 2N1
(418) 831-2046   SIC 7699

H.C. VIDAL LTEE   p1123
5700 Rue Philippe-Turcot, Montreal, QC, H4C 1V6
(514) 937-6187   SIC 7699

HEAVY EQUIPMENT REPAIR LTD   p164
404 Balsam Rd, SLAVE LAKE, AB, T0G 2A0
(780) 849-3768   SIC 7699

HEWITT EQUIPEMENT LIMITEE   p1249
1850 Rue De La Sidbec S, Trois-Rivieres, QC, G8Z 4H1
(819) 371-1005   SIC 7699

HEWITT MATERIAL HANDLING INC   p861
369 Glover Rd Unit 2, STONEY CREEK, ON, L8E 6C9
(905) 643-6072   SIC 7699

INLAND DIESEL LTD   p341
1100 South Lakeside Dr, WILLIAMS LAKE, BC, V2G 3A6
(250) 398-7411   SIC 7699

INLAND KENWORTH LTD   p234
26770 Gloucester Way, LANGLEY, BC, V4W 3V6
(604) 607-0300   SIC 7699

IRONLINE COMPRESSION LIMITED PARTNERSHIP   p147
700 15 Ave, NISKU, AB, T9E 7S2
(780) 955-0700   SIC 7699

JOHNSON MATTHEY MATERIAUX POUR BATTERIES LTEE   p1009
280 Av Liberte, CANDIAC, QC, J5R 6X1
(514) 906-1396   SIC 7699

KADON ELECTRO MECHANICAL SERVICES LTD   p105
4808 87 St Nw Suite 140, EDMONTON, AB, T6E 5W3
(780) 466-4470   SIC 7699

KBIM PORTABLE MACHINING LTD   p81
Gd Stn Main, EDMONTON, AB, T5J 2G8
(780) 463-0613   SIC 7699

KELLY SANI-VAC INC   p1135
100 Rue Huot, Notre-Dame-De-L'Ile-Perrot, QC, J7V 7Z8
(514) 453-2279   SIC 7699

KONE INC   p515
48 West Dr, BRAMPTON, ON, L6T 3T6
(905) 454-1222   SIC 7699

KONE INC   p709
6696 Financial Dr Suite 2, MISSISSAUGA, ON, L5N 7J6
(416) 705-1629   SIC 7699

KONE INC   p1239
4054 Rue Lesage, SHERBROOKE, QC, J1L 0B6
(819) 821-2182   SIC 7699

KONECRANES CANADA INC   p534
5300 Mainway, BURLINGTON, ON, L7L 6A4
(905) 332-9494   SIC 7699

KONECRANES CANADA INC   p534
5300 Mainway, BURLINGTON, ON, L7L 6A4
(905) 332-9494   SIC 7699

KONECRANES CANADA INC   p867
598 Falconbridge Rd Unit 12, SUDBURY, ON, P3A 5K6
(705) 521-0953   SIC 7699

KRISTIAN ELECTRIC LTD   p85
14236 121a Ave Nw, EDMONTON, AB, T5L 4L2
(780) 444-6116   SIC 7699

LEAVITT MACHINERY AND RENTALS INC   p65
55 Technology Way Se Unit 10, CALGARY, AB, T3S 0B3
(403) 723-7555   SIC 7699

LIQUI-FORCE SERVICES (ONTARIO) INC   p635
2015 Spinks Dr Suite 2, KINGSVILLE, ON, N9Y 2E5
(519) 322-4600   SIC 7699

MARITIME HYDRAULIC REPAIR CENTRE (1997) LTD   p410
355 Macnaughton Ave, MONCTON, NB, E1H 2J9
(506) 858-0393   SIC 7699

MARITIME PRESSUREWORKS LIMITED   p448
41 Estates Rd, DARTMOUTH, NS, B2Y 4K3
(902) 468-8461   SIC 7699

MCCOY CORPORATION   p214
9604 112 St, FORT ST. JOHN, BC, V1J 7H2
(250) 261-6700   SIC 7699

METRO COMPACTOR SERVICE INC   p586
40 Bethridge Rd, ETOBICOKE, ON, M9W 1N1
(416) 743-8484   SIC 7699

MHVC CANADA ACQUISITION CORP   p24
6727 9 St Ne, CALGARY, AB, T2E 8R9
(403) 295-4781   SIC 7699

MOUNTAIN EQUIPMENT CO-OPERATIVE   p88
12328 102 Ave Nw, EDMONTON, AB, T5N 0L9
(780) 488-6614   SIC 7699

MTU MAINTENANCE CANADA LTD   p273
6020 Russ Baker Way, RICHMOND, BC, V7B 1B4
(604) 233-5700   SIC 7699

NATIONAL-OILWELL CANADA LTD   p105
3660 93 St Nw, EDMONTON, AB, T6E 5N3
SIC 7699

NORCAN FLUID POWER LTD   p229
19650 Telegraph Trail, LANGLEY, BC, V1M 3E5
(604) 881-7877   SIC 7699

ON SIDE RESTORATION SERVICES LTD   p286
12950 80 Ave Suite 8, SURREY, BC, V3W 3B2
(604) 501-0828   SIC 7699

ORENDA AEROSPACE CORPORATION   p683
3160 Derry Rd E, MISSISSAUGA, ON, L4T 1A9
(905) 673-3250   SIC 7699

OTIS CANADA, INC   p33
777 64 Ave Se Suite 7, CALGARY, AB, T2H 2C3

(403) 244-1040   SIC 7699
OTIS CANADA, INC
1655 Queensway E Suite 4, MISSISSAUGA, ON, L4X 2Z5
(905) 276-5577   SIC 7699
OTIS CANADA, INC   p1122
5311 Boul De Maisonneuve O, Montreal, QC, H4A 1Z5
(514) 489-9781   SIC 7699
OTIS CANADA, INC   p1154
2022 Rue Lavoisier Bureau 160, Quebec, QC, G1N 4L5
(418) 687-4848   SIC 7699
PAN-GLO CANADA PAN COATINGS INC   p524
84 Easton Rd, BRANTFORD, ON, N3P 1J5
(519) 756-2800   SIC 7699
PARAGON CANADA INC   p710
6535 Millcreek Dr Unit 48, MISSISSAUGA, ON, L5N 2M2
(905) 825-2000   SIC 7699
PENNECON ENERGY HYDRAULIC SYSTEMS LIMITED   p430
2 Maverick Pl, PARADISE, NL, A1L 0H6
(709) 726-3490   SIC 7699
PETROCORP GROUP INC   p149
5321 49 Ave, OLDS, AB, T4H 1G3
SIC 7699
R.G. HENDERSON & SON LIMITED   p894
100 Thorncliffe Park Dr Suite 416, TORONTO, ON, M4H 1L9
(416) 422-5580   SIC 7699
RCR INDUSTRIAL INC   p742
21 Exeter St, NORTH BAY, ON, P1B 8K6
(705) 472-5207   SIC 7699
ROBERT K. BUZZELL LIMITED   p409
254 Horsman Rd, MONCTON, NB, E1E 0E8
(506) 853-0936   SIC 7699
RUSSELL FOOD EQUIPMENT LIMITED   p381
941 Erin St, WINNIPEG, MB, R3G 2W8
(204) 774-3591   SIC 7699
RYDER MATERIAL HANDLING ULC   p964
2970 Walker Rd, WINDSOR, ON, N8W 3R3
(519) 966-2450   SIC 7699
SANI-MANIC COTE-NORD INC   p1139
37 Ch De La Scierie, POINTE-AUX-OUTARDES, QC, G0H 1M0
(418) 589-2376   SIC 7699
SCHINDLER ELEVATOR CORPORATION   p487
1377 Cormorant Rd Suite 103, ANCASTER, ON, L9G 4V5
(905) 304-0633   SIC 7699
SERRUMAX INC   p1121
4650 Boul Decarie, Montreal, QC, H3X 2H5
(514) 489-2688   SIC 7699
SHOPPERS HOME HEALTH CARE (CANADA) INC   p183
8289 North Fraser Way Suite 101, BURNABY, BC, V3N 0B9
(778) 328-8300   SIC 7699
SKYCO INC   p405
734 King George Hwy, MIRAMICHI, NB, E1V 1P8
(506) 622-8890   SIC 7699
ST-FELICIEN DIESEL (1988) INC   p1187
981 Boul Hamel, Saint-Felicien, QC, G8K 2E3
(418) 679-2474   SIC 7699
STARTEC REFRIGERATION SERVICES LTD   p25
7664 10 St Ne Suite 11, CALGARY, AB, T2E 8W1
(403) 295-5855   SIC 7699
STRAD COMPRESSION AND PRODUCTION SERVICES LTD   p168
Hwy 12 W, STETTLER, AB, T0C 2L0
(403) 742-6900   SIC 7699
THYSSENKRUPP ELEVATOR (CANADA) LIMITED   p20
2419 52 Ave Se Unit 5, CALGARY, AB, T2C 4X7
(403) 259-4183   SIC 7699

THYSSENKRUPP ELEVATOR (CANADA) LIMITED   p453
7 Mellor Ave Unit 4, DARTMOUTH, NS, B3B 0E8
(902) 454-2456   SIC 7699
THYSSENKRUPP ELEVATOR (CANADA) LIMITED   p664
4096 Meadowbrook Dr Suite 133, LONDON, ON, N6L 1G4
(519) 977-0376   SIC 7699
THYSSENKRUPP ELEVATOR (CANADA) LIMITED   p1288
1358 Mcintyre St, REGINA, SK, S4R 2M8
(306) 352-8608   SIC 7699
TOROMONT INDUSTRIES LTD   p107
8835 53 Ave Nw, EDMONTON, AB, T6E 5E9
(780) 485-0690   SIC 7699
TOROMONT INDUSTRIES LTD   p128
11537 97 Ave, GRANDE PRAIRIE, AB, T8V 5R9
SIC 7699
TOROMONT INDUSTRIES LTD   p370
140 Inksbrook Dr, WINNIPEG, MB, R2R 2W3
(204) 453-4343   SIC 7699
TOROMONT INDUSTRIES LTD   p384
1214 Border St, WINNIPEG, MB, R3H 0M6
(204) 633-4646   SIC 7699
TOROMONT INDUSTRIES LTD   p862
460 South Service Rd, STONEY CREEK, ON, L8E 2P8
(905) 662-8080   SIC 7699
UNIVERSAL SALES, LIMITED   p418
397 City Rd, SAINT JOHN, NB, E2L 5B9
(506) 634-1250   SIC 7699
VAC AERO INTERNATIONAL INC   p1005
1365 Rue Newton, BOUCHERVILLE, QC, J4B 5H2
(450) 449-4612   SIC 7699
VECTOR AEROSPACE CORPORATION   p233
5947 206a St Suite 101b, LANGLEY, BC, V3A 8M1
(604) 514-0388   SIC 7699
VEOLIA ES CANADA SERVICES INDUSTRIELS INC   p203
10 King Edward St Suite 400, COQUITLAM, BC, V3K 4S8
(604) 525-5261   SIC 7699
VEOLIA ES CANADA SERVICES INDUSTRIELS INC   p994
51 Boul Comeau, BAIE-COMEAU, QC, G4Z 3A7
(418) 296-3967   SIC 7699
VEOLIA ES CANADA SERVICES INDUSTRIELS INC   p1221
857 Rue De L'Eglise, SAINT-ROMUALD, QC, G6W 5M6
(418) 839-5500   SIC 7699
VEOLIA ES CANADA SERVICES INDUSTRIELS INC   p1234
268 Rue Des Pionniers, Sept-Iles, QC, G4R 0P5
(418) 962-0233   SIC 7699
VEOLIA ES CANADA SERVICES INDUSTRIELS INC   p1252
2895 Rue Jules-Vachon Bureau 2, Trois-Rivieres, QC, G9A 5E1
(819) 372-0803   SIC 7699
WEIR CANADA, INC   p156
8060 Edgar Industrial Cres Unit A, RED DEER, AB, T4P 3R3
(403) 341-3410   SIC 7699
WEIR CANADA, INC   p1060
8600 Rue Saint-Patrick, LASALLE, QC, H8N 1V1
(514) 366-5900   SIC 7699
WESKO LOCKS LTD   p692
4570 Eastgate Pky, MISSISSAUGA, ON, L4W 3W6
(905) 629-3227   SIC 7699
WESTPOWER EQUIPMENT LTD   p114
9930 29a Ave Nw, EDMONTON, AB, T6N 1A8

(780) 485-0310   SIC 7699
XEROX CANADA LTD   p1208
4898 Rue Levy, SAINT-LAURENT, QC, H4R 2P1
(514) 832-7603   SIC 7699
ZELUS MATERIAL HANDLING INC   p862
730 South Service Rd, STONEY CREEK, ON, L8E 5S7
(905) 643-4928   SIC 7699

SIC 7812 Motion picture and video production

2744-4215 QUEBEC INC   p1098
5455 Av De Gaspe Bureau 801, Montreal, QC, H2T 3B3
(514) 844-1636   SIC 7812
3627730 CANADA INC   p376
375 York Av Suite 210, WINNIPEG, MB, R3C 3J3
(204) 775-6198   SIC 7812
3627730 CANADA INC   p1056
2056 32e Av, LACHINE, QC, H8T 3H7
(514) 631-1821   SIC 7812
ACCESSIBLE MEDIA INC   p752
1090 Don Mills Rd Suite 200, NORTH YORK, ON, M3C 3R6
(416) 422-4222   SIC 7812
ASTRAL BROADCASTING GROUP INC   p917
181 Bay St Unit 100, TORONTO, ON, M5J 2T3
(416) 956-2010   SIC 7812
BELLEVUE PATHE HOLDINGS LTD   p1116
2100 Rue Sainte-Catherine O Bureau 1000, Montreal, QC, H3H 2T3
(514) 939-5000   SIC 7812
BO SERIES INC   p577
124 The East Mall, ETOBICOKE, ON, M8Z 5V5
(416) 234-5900   SIC 7812
COMET ENTERTAINMENT INC   p891
1880 O'connor Dr Suite 204, TORONTO, ON, M4A 1W9
(416) 421-4929   SIC 7812
CORPORATION IMAGE ENTERTAINMENT INC   p1102
417 Saint-Pierre St Suite 600, Montreal, QC, H2Y 2M4
(514) 844-1244   SIC 7812
DELMAGE, J A PRODUCTIONS LTD   p904
512 King St E Suite 310, TORONTO, ON, M5A 1M1
SIC 7812
DIGITAL GENERATION ULC   p895
635 Queen St E, TORONTO, ON, M4M 1G4
(647) 436-0563   SIC 7812
EPIC PRODUCTION TECHNOLOGIES (CANADA SALES) INC   p192
3771 Marine Way, BURNABY, BC, V5J 5A7
SIC 7812
EXPLORATION PRODUCTION INC   p843
9 Channel Nine Crt, SCARBOROUGH, ON, M1S 4B5
(416) 332-5700   SIC 7812
FIREWORKS MEDIA INC   p904
111 George St, Toronto, ON, M5A 2N4
(416) 360-4321   SIC 7812
FRANTIC FILMS CORPORATION   p316
1928 Broadway W, VANCOUVER, BC, V6J 1Z2
(604) 733-7030   SIC 7812
GROSVENOR PARK IMPACT PRODUCTIONS INC   p247
555 Brooksbank Ave, NORTH VANCOUVER, BC, V7J 3S5
SIC 7812
HANDS IN THE MIDDLE PRODUCTIONS INC   p1112
1 Place Ville-Marie Bureau 3900, Montreal, QC, H3B 4M7
(514) 447-2141   SIC 7812
INSIGHT FILM STUDIOS LTD   p299

112 6th Ave W, VANCOUVER, BC, V5Y 1K6
(604) 623-3369   SIC 7812
JAM FILLED ENTERTAINMENT INC   p728
20 Camelot Dr Suite 100, NEPEAN, ON, K2G 5X8
(613) 366-2550   SIC 7812
JAM FILLED ENTERTAINMENT INC   p930
364 Richmond St W Suite 100, TORONTO, ON, M5V 1X6
(613) 366-2550   SIC 7812
JCTV PRODUCTIONS LTD   p672
330 Cochrane Dr, MARKHAM, ON, L3R 8E4
(905) 948-8199   SIC 7812
JEKYLL PRODUCTIONS (MUSE) INC   p1123
706 Av Brewster, Montreal, QC, H4C 2K1
(514) 932-2580   SIC 7812
NATIONAL FILM BOARD OF CANADA   p920
145 Wellington St Suite 1010, TORONTO, ON, M5J 1H8
(416) 973-5344   SIC 7812
NATIONAL FILM BOARD OF CANADA   p1100
1564 Rue Saint-Denis, Montreal, QC, H2X 3K2
SIC 7812
NATIONAL FILM BOARD OF CANADA   p1205
3155 Ch De La Cote-De-Liesse, SAINT-LAURENT, QC, H4N 2N4
(514) 283-9000   SIC 7812
OLYMPIC BROADCASTING SERVICES VANCOUVER LTD   p247
555 Brooksbank Ave Unit 210, NORTH VANCOUVER, BC, V7J 3S5
SIC 7812
PEBBLEHUT ELLIE SERVICES INC   p905
63 Polson St, TORONTO, ON, M5A 1A4
(416) 778-6800   SIC 7812
SPIN PRODUCTIONS CORPORATION   p316
1965 4th Ave W Suite 207, VANCOUVER, BC, V6J 1M8
(604) 708-8846   SIC 7812
STUDIO B PRODUCTIONS INC   p302
190 Alexander St Suite 600, VANCOUVER, BC, V6A 1B5
(604) 684-2366   SIC 7812
TECHNICOLOR SERVICES CREATIFS CANADA INC   p1117
2101 Rue Sainte-Catherine O Bureau 300, Montreal, QC, H3H 1M6
(514) 939-5060   SIC 7812
VIDEO DU DOLLARD DRUMMONDVILLE INC   p1029
350 Rue Saint-Jean, DRUMMONDVILLE, QC, J2B 5L4
(819) 475-1957   SIC 7812

SIC 7819 Services allied to motion pictures

AXYZ EDIT INC   p928
477 Richmond St W Suite 405, TORONTO, ON, M5V 3E7
(416) 504-0425   SIC 7819
GENER8 MEDIA CORP   p297
138 7th Ave E, VANCOUVER, BC, V5T 1M6
(604) 669-8885   SIC 7819
NITROGEN STUDIOS CANADA INC   p302
708 Powell St, VANCOUVER, BC, V6A 1H6
(604) 216-2615   SIC 7819
P.S. PRODUCTION SERVICES LTD   p184
8301 Eastlake Dr, BURNABY, BC, V5A 4W2
(604) 434-4008   SIC 7819
P.S. PRODUCTION SERVICES LTD   p905
80 Commissioners St, TORONTO, ON, M5A 1A8
(416) 466-0037   SIC 7819
PANAVISION (CANADA) CORPORATION   p753
900a Don Mills Rd Suite 100, NORTH YORK, ON, M3C 1V6
(416) 444-7000   SIC 7819
PARAMOUNT PRODUCTION SUPPORT INC   p193

SIC 7822 Motion picture and tape distribution

8015 North Fraser Way, BURNABY, BC, V5J 5M8
(604) 294-9660   *SIC* 7819
SOHO VFX INC   *p*936
99 Atlantic Ave Suite 303, TORONTO, ON, M6K 3J8
(416) 516-7863   *SIC* 7819
TECHNICOLOR SERVICES CREATIFS CANADA INC   *p*905
49 Ontario St, TORONTO, ON, M5A 2V1
(416) 585-9995   *SIC* 7819
WILLIAM F. WHITE INTERNATIONAL INC *p*579
800 Islington Ave, ETOBICOKE, ON, M8Z 6A1
(416) 239-5050   *SIC* 7819

SIC 7822 Motion picture and tape distribution

9130-8452 QUEBEC INC   *p*1177
275 Boul Industriel, ROUYN-NORANDA, QC, J9X 6P2
SIC 7822
ABS-CBN CANADA, ULC   *p*904
411 Richmond St E Suite 203, TORONTO, ON, M5A 3S5
(800) 345-2465   *SIC* 7822
CINEPLEX ODEON CORPORATION   *p*61
91 Crowfoot Terr Nw, CALGARY, AB, T3G 4J8
(403) 547-3316   *SIC* 7822
CORUS MEDIA HOLDINGS INC   *p*108
5325 Allard Way Nw, EDMONTON, AB, T6H 5B8
(780) 436-1250   *SIC* 7822
GREAT4FILM.COM   *p*319
3591 11th Ave W, VANCOUVER, BC, V6R 2K3
(604) 727-2757   *SIC* 7822
OTTAWA FAMILY CINEMA FOUNDATION *p*798
710 Broadview Ave, OTTAWA, ON, K2A 2M2
(613) 722-8218   *SIC* 7822
ROGERS COMMUNICATIONS INC   *p*680
9225 93 Hwy, MIDLAND, ON, L4R 4K4
(705) 527-0489   *SIC* 7822

SIC 7829 Motion picture distribution services

NEMO PRODUCTIONS - CAN, INC   *p*183
8035 Glenwood Dr, BURNABY, BC, V3N 5C8
SIC 7829

SIC 7832 Motion picture theaters, except drive-in

4417194 CANADA INC   *p*1186
305 Av Mathers, SAINT-EUSTACHE, QC, J7P 4C1
(450) 472-7086   *SIC* 7832
CINEMA CITY INC   *p*391
2190 Mcgillivray Blvd, WINNIPEG, MB, R3Y 1S6
(204) 269-9978   *SIC* 7832
CINEMARK THEATRES CANADA, INC *p*303
88 Pender St W Suite 3000, VANCOUVER, BC, V6B 6N9
(604) 806-0797   *SIC* 7832
CINEMAS GUZZO INC   *p*1230
300 Rue Sicard Bureau 77, SAINTE-THERESE, QC, J7E 3X5
(450) 979-4444   *SIC* 7832
CINEMAS GUZZO INC   *p*1244
1055 Ch Du Coteau, TERREBONNE, QC, J6W 5Y8
(450) 961-2945   *SIC* 7832
CINEPLEX ODEON CORPORATION   *p*30
6455 Macleod Trl Sw, CALGARY, AB, T2H 0K4

(403) 212-8994   *SIC* 7832
CINEPLEX ODEON CORPORATION   *p*42
200 Barclay Parade Sw Unit 90, CALGARY, AB, T2P 4R5
(403) 263-3167   *SIC* 7832
CINEPLEX ODEON CORPORATION   *p*62
165 Stewart Green Sw, CALGARY, AB, T3H 3C8
(403) 246-5291   *SIC* 7832
CINEPLEX ODEON CORPORATION   *p*94
8882 170 St Nw Suite 3030, EDMONTON, AB, T5T 4M2
(780) 444-2400   *SIC* 7832
CINEPLEX ODEON CORPORATION   *p*112
1525 99 St Nw, EDMONTON, AB, T6N 1K5
(780) 436-8585   *SIC* 7832
CINEPLEX ODEON CORPORATION   *p*125
10330 109 St, GRANDE PRAIRIE, AB, T8V 7X3
(780) 513-5534   *SIC* 7832
CINEPLEX ODEON CORPORATION   *p*157
357 Liberty Ave, RED DEER COUNTY, AB, T4E 0A5
(403) 348-5074   *SIC* 7832
CINEPLEX ODEON CORPORATION   *p*160
2020 Sherwood Dr Suite 3146, SHERWOOD PARK, AB, T8A 3H9
(780) 416-0152   *SIC* 7832
CINEPLEX ODEON CORPORATION   *p*190
4700 Kingsway Suite M4, BURNABY, BC, V5H 4M1
(604) 435-7474   *SIC* 7832
CINEPLEX ODEON CORPORATION   *p*201
170 Schoolhouse St, COQUITLAM, BC, V3K 6V6
(604) 523-2911   *SIC* 7832
CINEPLEX ODEON CORPORATION   *p*225
1876 Cooper Rd Suite 160, KELOWNA, BC, V1Y 9N6
(250) 860-1611   *SIC* 7832
CINEPLEX ODEON CORPORATION   *p*229
20090 91a Ave, LANGLEY, BC, V1M 3Y9
(604) 513-8747   *SIC* 7832
CINEPLEX ODEON CORPORATION   *p*238
32555 London Ave Suite 1407, MISSION, BC, V2V 6M7
(604) 820-2733   *SIC* 7832
CINEPLEX ODEON CORPORATION   *p*246
333 Brooksbank Ave Unit 200, NORTH VANCOUVER, BC, V7J 3S8
(604) 904-2359   *SIC* 7832
CINEPLEX ODEON CORPORATION   *p*248
200 Esplanade W, NORTH VANCOUVER, BC, V7M 1A4
(604) 983-2762   *SIC* 7832
CINEPLEX ODEON CORPORATION   *p*259
1600 15th Ave Suite 172, PRINCE GEORGE, BC, V2L 3X3
(250) 612-3993   *SIC* 7832
CINEPLEX ODEON CORPORATION   *p*263
525 2nd Ave W Suite 683, PRINCE RUPERT, BC, V8J 1G9
(250) 624-6770   *SIC* 7832
CINEPLEX ODEON CORPORATION   *p*268
14211 Entertainment Blvd, RICHMOND, BC, V6W 1K4
(604) 277-5993   *SIC* 7832
CINEPLEX ODEON CORPORATION   *p*271
6551 No. 3 Rd Suite 1702, RICHMOND, BC, V6Y 2B6
SIC 7832
CINEPLEX ODEON CORPORATION   *p*280
15051 101 Ave, SURREY, BC, V3R 7Z1
(604) 581-1716   *SIC* 7832
CINEPLEX ODEON CORPORATION   *p*285
12161 72 Ave, SURREY, BC, V3W 2M1
(604) 501-9420   *SIC* 7832
CINEPLEX ODEON CORPORATION   *p*321
900 Burrard St, VANCOUVER, BC, V6Z 3G5
(604) 630-1407   *SIC* 7832
CINEPLEX ODEON CORPORATION   *p*327
3980 Shelbourne St, VICTORIA, BC, V8N 6J1
(250) 721-1171   *SIC* 7832

CINEPLEX ODEON CORPORATION   *p*331
805 Yates St, VICTORIA, BC, V8W 1M1
(250) 383-0513   *SIC* 7832
CINEPLEX ODEON CORPORATION   *p*335
3130 Tillicum Rd, VICTORIA, BC, V9A 0B9
(250) 381-9300   *SIC* 7832
CINEPLEX ODEON CORPORATION   *p*368
1225 St Mary's Rd Suite 160, WINNIPEG, MB, R2M 5E5
(204) 256-3901   *SIC* 7832
CINEPLEX ODEON CORPORATION   *p*381
817 St James St, WINNIPEG, MB, R3G 3L9
(204) 774-1001   *SIC* 7832
CINEPLEX ODEON CORPORATION   *p*497
72 Commerce Park Dr, BARRIE, ON, L4N 8W8
(705) 728-1171   *SIC* 7832
CINEPLEX ODEON CORPORATION   *p*503
160 Bell Blvd, BELLEVILLE, ON, K8P 5L2
(613) 969-8469   *SIC* 7832
CINEPLEX ODEON CORPORATION   *p*507
111 Clarington Blvd, BOWMANVILLE, ON, L1C 4Z3
(905) 697-0611   *SIC* 7832
CINEPLEX ODEON CORPORATION   *p*519
20 Biscayne Cres, BRAMPTON, ON, L6W 4S1
(905) 455-1590   *SIC* 7832
CINEPLEX ODEON CORPORATION   *p*525
300 King George Rd Suite 1, BRANTFORD, ON, N3R 5L7
(519) 759-7011   *SIC* 7832
CINEPLEX ODEON CORPORATION   *p*530
2399 Parkedale Ave, BROCKVILLE, ON, K6V 3G9
(613) 498-2217   *SIC* 7832
CINEPLEX ODEON CORPORATION   *p*538
1250 Brant St, BURLINGTON, ON, L7P 1X8
(905) 319-8677   *SIC* 7832
CINEPLEX ODEON CORPORATION   *p*556
6 Mountain Rd, COLLINGWOOD, ON, L9Y 4S8
(705) 443-4271   *SIC* 7832
CINEPLEX ODEON CORPORATION   *p*564
1325 Second St E, CORNWALL, ON, K6H 7C4
(613) 933-7124   *SIC* 7832
CINEPLEX ODEON CORPORATION   *p*594
2385 City Park Dr, GLOUCESTER, ON, K1J 1G1
(613) 749-5861   *SIC* 7832
CINEPLEX ODEON CORPORATION   *p*633
626 Gardiners Rd, KINGSTON, ON, K7M 3X9
(613) 634-0152   *SIC* 7832
CINEPLEX ODEON CORPORATION   *p*663
755 Wonderland Rd S, LONDON, ON, N6K 1M6
(519) 474-2152   *SIC* 7832
CINEPLEX ODEON CORPORATION   *p*670
3275 Highway 7, MARKHAM, ON, L3R 3P9
SIC 7832
CINEPLEX ODEON CORPORATION   *p*681
1175 Maple Ave, MILTON, ON, L9T 0A5
(905) 864-1666   *SIC* 7832
CINEPLEX ODEON CORPORATION   *p*697
309 Rathburn Rd W, MISSISSAUGA, ON, L5B 4C1
(905) 275-4969   *SIC* 7832
CINEPLEX ODEON CORPORATION   *p*729
131 Riocan Ave, NEPEAN, ON, K2J 5G3
(613) 825-2463   *SIC* 7832
CINEPLEX ODEON CORPORATION   *p*733
18151 Yonge St, NEWMARKET, ON, L3Y 4V8
(905) 953-2792   *SIC* 7832
CINEPLEX ODEON CORPORATION   *p*740
300 Lakeshore Dr, NORTH BAY, ON, P1A 3V2
(705) 476-6410   *SIC* 7832
CINEPLEX ODEON CORPORATION   *p*744
1800 Sheppard Ave E, NORTH YORK, ON, M2J 5A7
(416) 644-7746   *SIC* 7832

CINEPLEX ODEON CORPORATION   *p*748
5095 Yonge St, NORTH YORK, ON, M2N 6Z4
(416) 847-0087   *SIC* 7832
CINEPLEX ODEON CORPORATION   *p*769
3531 Wyecroft Rd, OAKVILLE, ON, L6L 0B7
(905) 827-7173   *SIC* 7832
CINEPLEX ODEON CORPORATION   *p*773
85 Fifth Ave, ORANGEVILLE, ON, L9W 5B7
(519) 941-4970   *SIC* 7832
CINEPLEX ODEON CORPORATION   *p*774
865 West Ridge Blvd, ORILLIA, ON, L3V 8B3
(705) 325-3661   *SIC* 7832
CINEPLEX ODEON CORPORATION   *p*782
1351 Grandview St N, OSHAWA, ON, L1K 0G1
(905) 432-3486   *SIC* 7832
CINEPLEX ODEON CORPORATION   *p*795
2214 Bank St, OTTAWA, ON, K1V 1J6
(613) 736-1115   *SIC* 7832
CINEPLEX ODEON CORPORATION   *p*808
320 Water St, PETERBOROUGH, ON, K9H 7N9
(705) 749-2000   *SIC* 7832
CINEPLEX ODEON CORPORATION   *p*822
8725 Yonge St, RICHMOND HILL, ON, L4C 6Z1
(905) 709-0025   *SIC* 7832
CINEPLEX ODEON CORPORATION   *p*826
1450 London Rd, SARNIA, ON, N7S 1P7
(519) 541-0959   *SIC* 7832
CINEPLEX ODEON CORPORATION   *p*834
785 Milner Ave, SCARBOROUGH, ON, M1B 3C3
(416) 281-1444   *SIC* 7832
CINEPLEX ODEON CORPORATION   *p*840
300 Borough Dr Unit 765, SCARBOROUGH, ON, M1P 4P5
(416) 290-5217   *SIC* 7832
CINEPLEX ODEON CORPORATION   *p*862
795 Paramount Dr, STONEY CREEK, ON, L8J 0B4
(905) 560-0239   *SIC* 7832
CINEPLEX ODEON CORPORATION   *p*897
2300 Yonge St Suite 2307, TORONTO, ON, M4P 1E4
(416) 544-1236   *SIC* 7832
CINEPLEX ODEON CORPORATION   *p*898
2190 Yonge St, TORONTO, ON, M4S 2B8
(416) 646-2913   *SIC* 7832
CINEPLEX ODEON CORPORATION   *p*906
20 Carlton St, TORONTO, ON, M5B 2H5
(416) 494-9371   *SIC* 7832
CINEPLEX ODEON CORPORATION   *p*924
159 Cumberland St, TORONTO, ON, M5R 1A2
(416) 699-5971   *SIC* 7832
CINEPLEX ODEON CORPORATION   *p*928
259 Richmond St W, TORONTO, ON, M5V 3M6
(416) 368-5600   *SIC* 7832
CINEPLEX ODEON CORPORATION   *p*936
102 Atlantic Ave Suite 100, TORONTO, ON, M6K 1X9
(416) 695-7206   *SIC* 7832
CINEPLEX ODEON CORPORATION   *p*951
550 King St N, WATERLOO, ON, N2L 5W6
(519) 883-8843   *SIC* 7832
CINEPLEX ODEON CORPORATION   *p*965
3100 Howard Ave, WINDSOR, ON, N8X 3Y8
(519) 967-0197   *SIC* 7832
CINEPLEX ODEON CORPORATION   *p*974
3555 Highway 7, WOODBRIDGE, ON, L4L 9H4
(905) 851-1001   *SIC* 7832
CINEPLEX ODEON CORPORATION   *p*1007
9350 Boul Leduc, BROSSARD, QC, J4Y 0B3
(450) 678-5542   *SIC* 7832
CINEPLEX ODEON CORPORATION   *p*1020
2800 Av Du Cosmodome, Cote Saint-Luc, QC, H7T 2X1
(450) 978-0212   *SIC* 7832

BUSINESSES BY INDUSTRY CLASSIFICATION

SIC 7922 Theatrical producers and services 2367

CINEPLEX ODEON CORPORATION p1022
47 Boul Georges-Gagne S, DELSON, QC, J5B 2E5
SIC 7832

CINEPLEX ODEON CORPORATION p1060
7816 Boul Champlain Bureau 62, LASALLE, QC, H8P 1B3
SIC 7832

CINEPLEX ODEON CORPORATION p1110
977 Rue Sainte-Catherine O, Montreal, QC, H3B 4W3
(514) 842-0549   *SIC* 7832

CINEPLEX ODEON CORPORATION p1292
3510 8th St E, SASKATOON, SK, S7H 0W6
(306) 955-1938   *SIC* 7832

CINEPLEX ODEON CORPORATION p1295
347 2nd Ave S, SASKATOON, SK, S7K 1L2
(306) 664-5060   *SIC* 7832

CORUS MEDIA HOLDINGS INC p895
1651 Queen St E, TORONTO, ON, M4L 1G5
(416) 699-1327   *SIC* 7832

EMPIRE THEATRES LIMITED p64
388 Country Hills Blvd Ne Unit 300, CALGARY, AB, T3K 5J6
(403) 226-8685   *SIC* 7832

EMPIRE THEATRES LIMITED p98
4211 139 Ave Nw, EDMONTON, AB, T5Y 2W8
(780) 473-8383   *SIC* 7832

EMPIRE THEATRES LIMITED p321
855 Granville St, VANCOUVER, BC, V6Z 1K7
SIC 7832

EMPIRE THEATRES LIMITED p327
3980 Shelbourne St Suite 100, VICTORIA, BC, V8N 6J1
(250) 721-5684   *SIC* 7832

EMPIRE THEATRES LIMITED p331
805 Yates St, VICTORIA, BC, V8W 1M1
(250) 384-6811   *SIC* 7832

EMPIRE THEATRES LIMITED p345
1570 18th St Unit 100, BRANDON, MB, R7A 5C5
(204) 571-0900   *SIC* 7832

EMPIRE THEATRES LIMITED p396
499 Rue Paul, DIEPPE, NB, E1A 6S5
(506) 853-8397   *SIC* 7832

EMPIRE THEATRES LIMITED p401
1381 Regent St, FREDERICTON, NB, E3C 1A2
(506) 458-9704   *SIC* 7832

EMPIRE THEATRES LIMITED p405
2480 King George Hwy, MIRAMICHI, NB, E1V 6W4
(506) 778-3441   *SIC* 7832

EMPIRE THEATRES LIMITED p410
125 Trinity Dr, MONCTON, NB, E1G 2J7
(506) 857-8903   *SIC* 7832

EMPIRE THEATRES LIMITED p414
175 Mcallister Dr, SAINT JOHN, NB, E2J 2S6
(506) 632-4200   *SIC* 7832

EMPIRE THEATRES LIMITED p433
48 Kenmount Rd, ST. JOHN'S, NL, A1B 1W3
(709) 722-5775   *SIC* 7832

EMPIRE THEATRES LIMITED p443
961 Bedford Hwy, BEDFORD, NS, B4A 1A9
(902) 835-9500   *SIC* 7832

EMPIRE THEATRES LIMITED p444
349 Lahave St, BRIDGEWATER, NS, B4V 2T6
(902) 527-4021   *SIC* 7832

EMPIRE THEATRES LIMITED p469
610 East River Rd Suite 205, NEW GLASGOW, NS, B2H 3S2
SIC 7832

EMPIRE THEATRES LIMITED p469
610 East River Rd Suite 205, NEW GLASGOW, NS, B2H 3S2
(902) 755-7620   *SIC* 7832

EMPIRE THEATRES LIMITED p470
8944 Commercial St, NEW MINAS, NS, B4N 3C9
(902) 681-3456   *SIC* 7832

EMPIRE THEATRES LIMITED p502
321 Front St, BELLEVILLE, ON, K8N 2Z9
(613) 969-0099   *SIC* 7832

EMPIRE THEATRES LIMITED p631
223 Princess St Suite 213, KINGSTON, ON, K7L 1B3
SIC 7832

EMPIRE THEATRES LIMITED p659
983 Wellington Rd, LONDON, ON, N6E 3A9
(519) 673-4125   *SIC* 7832

EMPIRE THEATRES LIMITED p697
100 City Centre Dr, MISSISSAUGA, ON, L5B 2C9
SIC 7832

EMPIRE THEATRES LIMITED p731
35 Armstrong St N, NEW LISKEARD, ON, P0J 1P0
(705) 647-5363   *SIC* 7832

EMPIRE THEATRES LIMITED p776
250 Centrum Blvd, ORLEANS, ON, K1E 3J1
SIC 7832

EMPIRE THEATRES LIMITED p791
111 Albert St, OTTAWA, ON, K1P 1A5
SIC 7832

EMPIRE THEATRES LIMITED p856
221 Glendale Ave, ST CATHARINES, ON, L2T 2K9
(905) 682-8843   *SIC* 7832

EMPIRE THEATRES LIMITED p957
75 Consumers Dr, WHITBY, ON, L1N 9S2
(905) 665-7210   *SIC* 7832

EMPIRE THEATRES LIMITED p982
670 University Ave, CHARLOTTETOWN, PE, C1E 1H6
(902) 368-1922   *SIC* 7832

EMPIRE THEATRES LIMITED p984
130 Ryan St, SUMMERSIDE, PE, C1N 6G2
(902) 888-3831   *SIC* 7832

FESTIVAL DU NOUVEAU CINEMA DE MONTREAL p1100
3536 Boul Saint-Laurent, Montreal, QC, H2X 2V1
(514) 282-0004   *SIC* 7832

GALAXY ENTERTAINMENT INC p241
4750 Rutherford Rd Suite 213, NANAIMO, BC, V9T 4K6
(250) 729-8012   *SIC* 7832

GOLDEN THEATRES LIMITED p494
320 Bayfield St Suite 83, BARRIE, ON, L4M 3C1
(705) 726-3456   *SIC* 7832

MAGIC LANTERN THEATRES LTD p165
130 Century Cross, SPRUCE GROVE, AB, T7X 0C8
(780) 962-9553   *SIC* 7832

MAGIC LANTERN THEATRES LTD p869
40 Elm St, SUDBURY, ON, P3C 1S8
SIC 7832

MAGIC LANTERN THEATRES LTD p910
80 Front St E, TORONTO, ON, M5E 1T4
(416) 214-7006   *SIC* 7832

ONTARIO CINEMAS INC p899
745 Mount Pleasant Rd Suite 300, TORONTO, ON, M4S 2N4
(416) 481-1186   *SIC* 7832

RAINBOW CINEMAS INC p1292
3510 8th St E, SASKATOON, SK, S7H 0W6
(306) 955-1937   *SIC* 7832

SOCIETE DU VIEUX-PORT DE MONTREAL INC p1103
2 Rue De La Commune O, Montreal, QC, H2Y 4B2
(514) 496-4629   *SIC* 7832

SIC 7841 Video tape rental

143962 CANADA INC p1092
4329 Av Papineau, Montreal, QC, H2H 1T3
(514) 596-3800   *SIC* 7841

PREMIERE VIDEO INC p1187
1269 Boul Du Sacre-Coeur, Saint-Felicien, QC, G8K 2R2
(418) 613-1122   *SIC* 7841

ROGERS COMMUNICATIONS INC p695
60 Bristol Rd E Unit 1, MISSISSAUGA, ON, L4Z 3K8
(905) 568-8160   *SIC* 7841

ROGERS COMMUNICATIONS INC p776
1675b Tenth Line Rd Suite 4, ORLEANS, ON, K1E 3P6
(613) 841-8485   *SIC* 7841

ROGERS COMMUNICATIONS INC p776
1615 Orleans Blvd Suite 3, ORLEANS, ON, K1C 7E2
(613) 830-6820   *SIC* 7841

ROGERS COMMUNICATIONS INC p788
530 Montreal Rd Suite 526, OTTAWA, ON, K1K 0T9
(613) 745-6800   *SIC* 7841

SONY PICTURES HOME ENTERTAINMENT CANADA LTD p744
115 Gordon Baker Rd, NORTH YORK, ON, M2H 3R6
(416) 221-8660   *SIC* 7841

VIDEO DU DOLLAR DRUMMONDVILLE INC p1031
565 Boul Saint-Joseph Bureau 16, DRUMMONDVILLE, QC, J2C 2B6
(819) 474-4124   *SIC* 7841

SIC 7911 Dance studios, schools, and halls

ACADEMY OF DANCE p279
15326 103a Ave, Surrey, BC, V3R 7A2
(604) 882-0422   *SIC* 7911

CANADA'S NATIONAL BALLET SCHOOL p903
400 Jarvis St, TORONTO, ON, M4Y 2G6
(416) 964-3780   *SIC* 7911

CITY OF OTTAWA p729
35 Stafford Rd Unit 11, NEPEAN, ON, K2H 8V8
(613) 596-5783   *SIC* 7911

HARBOUR DANCE CENTRE p322
927 Granville St, VANCOUVER, BC, V6Z 1L3
(604) 684-9542   *SIC* 7911

OAKVILLE ACADEMY FOR THE ARTS LTD, THE p766
1011 Upper Middle Rd E Suite E, OAKVILLE, ON, L6H 5Z9
(905) 844-2787   *SIC* 7911

PATTISON'S, NANCY DANCE WORLD INC p964
3900 Walker Rd, WINDSOR, ON, N8W 3T3
(519) 966-2259   *SIC* 7911

SIC 7922 Theatrical producers and services

ALBERTA BALLET COMPANY, THE p52
141 18 Ave Sw, CALGARY, AB, T2S 0B8
(403) 228-4430   *SIC* 7922

ATTRACTION IMAGES PRODUCTIONS INC p1098
5455 Av De Gaspe Bureau 804, Montreal, QC, H2T 3B3
(514) 285-7001   *SIC* 7922

BELL MEDIA INC p928
720 King St W Suite 1000, TORONTO, ON, M5V 2T3
SIC 7922

CANADIAN OPERA COMPANY p913
145 Queen St W, TORONTO, ON, M5H 4G1
(416) 363-6671   *SIC* 7922

CONCEPT ET CREATION MORDICUS INC p1005
21 Rue Des Mouettes, BROMONT, QC, J2L 1Y6
(450) 263-4891   *SIC* 7922

CORPORATION OF THE CITY OF BRAMPTON, THE p518
86 Main St N, BRAMPTON, ON, L6V 1N7
(905) 874-2844   *SIC* 7922

CORPORATION OF THE CITY OF BRANTFORD, THE p528
88 Dalhousie St, BRANTFORD, ON, N3T 2J2
(519) 752-9910   *SIC* 7922

CORUS ENTERTAINMENT INC p324
700 Georgia St W Suite 2000, VANCOUVER, BC, V7Y 1K8
(604) 684-7221   *SIC* 7922

CORUS ENTERTAINMENT INC p324
700 Georgia St W Suite 2000, VANCOUVER, BC, V7Y 1K8
(604) 331-2711   *SIC* 7922

CORUS ENTERTAINMENT INC p324
700 Georgia St W Suite 2000, VANCOUVER, BC, V7Y 1K8
(604) 280-1011   *SIC* 7922

CORUS ENTERTAINMENT INC p381
1440 Jack Blick Ave Unit 200, WINNIPEG, MB, R3G 0L4
(204) 786-2471   *SIC* 7922

CORUS ENTERTAINMENT INC p494
1125 Bayfield St N, BARRIE, ON, L4M 4Y6
(705) 726-9500   *SIC* 7922

CORUS ENTERTAINMENT INC p494
1125 Bayfield St N, BARRIE, ON, L4M 4S5
(705) 737-3511   *SIC* 7922

CORUS ENTERTAINMENT INC p565
709 Cotton Mill St, CORNWALL, ON, K6H 7K7
(613) 932-5180   *SIC* 7922

CORUS ENTERTAINMENT INC p612
875 Main St W Suite 900, HAMILTON, ON, L8S 4R1
(905) 521-9900   *SIC* 7922

CORUS ENTERTAINMENT INC p630
170 Queen St, KINGSTON, ON, K7K 1B2
(613) 544-2340   *SIC* 7922

CORUS ENTERTAINMENT INC p655
380 Wellington St Suite 222, LONDON, ON, N6A 5B5
(519) 931-6000   *SIC* 7922

CORUS ENTERTAINMENT INC p809
743 Monaghan Rd, PETERBOROUGH, ON, K9J 5K2
(705) 742-0451   *SIC* 7922

CORUS ENTERTAINMENT INC p809
159 King St, PETERBOROUGH, ON, K9J 2R8
(705) 748-6101   *SIC* 7922

CORUS ENTERTAINMENT INC p904
25 Dockside Dr Suite 25, TORONTO, ON, M5A 0B5
(416) 221-0107   *SIC* 7922

CORUS ENTERTAINMENT INC p904
25 Dockside Dr, TORONTO, ON, M5A 0B5
(416) 642-3770   *SIC* 7922

CORUS ENTERTAINMENT INC p936
32 Atlantic Ave, TORONTO, ON, M6K 1X8
(416) 479-6214   *SIC* 7922

CORUS ENTERTAINMENT INC p1126
800 Rue De La Gauchetiere O Bureau 1100, Montreal, QC, H5A 1M1
(514) 767-9250   *SIC* 7922

EDMONTON NORTHLANDS p74
7424 118 Ave Nw, EDMONTON, AB, T5B 4M9
(780) 471-7210   *SIC* 7922

EDMONTON NORTHLANDS p74
7410 Borden Park Rd, EDMONTON, AB, T5B 4W8
(780) 471-7278   *SIC* 7922

FELDMAN S.L. & ASSOCIATES LTD p314
1505 2nd Ave W Suite 200, VANCOUVER, BC, V6H 3Y4
(604) 734-5945   *SIC* 7922

GOLDEN WEST BROADCASTING LTD p1308
305 Souris Ave, WEYBURN, SK, S4H 0C6
(306) 848-1190   *SIC* 7922

LIVE NATION TOURING (CANADA), INC p915
214 King St W Suite 510, TORONTO, ON, M5H 3S6
(416) 922-5290   *SIC* 7922

MIRVISH, ED ENTERPRISES LIMITED p930

▲ Public Company   ■ Public Company Family Member   **HQ** Headquarters   **BR** Branch   **SL** Single Location

284 King St W Suite 300, TORONTO, ON, M5V 1J2
(416) 351-1229   SIC 7922
NETTWERK MANAGEMENT COMPANY LTD   p316
1650 2nd Ave W, VANCOUVER, BC, V6J 4R3
(604) 654-2929   SIC 7922
NEWCAP INC   p24
1110 Centre St Ne Suite 100, CALGARY, AB, T2E 2R2
(403) 736-1031   SIC 7922
PRODUCTIONS LA PRESSE TELE LTEE, LES   p1103
750 Boul Saint-Laurent, Montreal, QC, H2Y 2Z4
(514) 285-7000   SIC 7922
PROVINCE OF NEWFOUNDLAND & LABRADOR   p426
155 Airport Blvd, GANDER, NL, A1V 1K6
(709) 256-1078   SIC 7922
PROVINCE OF NEWFOUNDLAND & LABRADOR   p437
380 Massachusetts Dr, STEPHENVILLE, NL, A2N 3A5
(709) 643-4553   SIC 7922
SAINT JOHN, CITY OF   p417
99 Station St, SAINT JOHN, NB, E2L 4X4
(506) 657-1234   SIC 7922
TALK IS FREE THEATRE INC   p499
100 Mapleview Dr W, BARRIE, ON, L4N 9H6
(705) 792-1949   SIC 7922
TICKETMASTER CANADA LP   p1162
2505 Boul Laurier Bureau 300, Quebec, QC, G1V 2L2
(418) 694-2300   SIC 7922
TICKETPRO INC   p1101
375 Boul De Maisonneuve E, Montreal, QC, H2X 1K1
(514) 790-1111   SIC 7922
VISION TV: CANADA'S FAITH NETWORK/RESEAU RELIGIEUX CANADIEN   p937
171 East Liberty St Suite 230, TORONTO, ON, M6K 3P6
(416) 368-3194   SIC 7922
WILLIAM F. WHITE INTERNATIONAL INC   p185
8363 Lougheed Hwy Unit 100, BURNABY, BC, V5A 1X3
(604) 253-5050   SIC 7922

SIC 7929 Entertainers and entertainment groups

9333-2161 QUEBEC INC   p1152
2189 Rue Leon-Harmel, QUEBEC, QC, G1N 4N5
(418) 681-1160   SIC 7929
CANAD CORPORATION OF MANITOBA LTD   p369
930 Jefferson Ave Suite 302, WINNIPEG, MB, R2P 1W1
(204) 697-1495   SIC 7929
CINEFLIX MEDIA INC   p928
110 Spadina Ave Suite 400, TORONTO, ON, M5V 2K4
(416) 504-7317   SIC 7929
ENSEMBLE AMATIE   p1122
4011 Av Grey, Montreal, QC, H4A 3N9
(514) 482-0964   SIC 7929
JAZZWORKS   p795
1234 Ridgemont Ave, OTTAWA, ON, K1V 6E7
(613) 523-0316   SIC 7929
KITCHENER-WATERLOO SYMPHONY ORCHESTRA ASSOCIATION INC   p640
36 King St W, KITCHENER, ON, N2G 1A3
(519) 745-4711   SIC 7929
ORCHESTRE SYMPHONIQUE TROIS-RIVIERES INC   p1251
1517 Rue Royale, Trois-Rivieres, QC, G9A 4J9

(819) 373-5340   SIC 7929
STAYNE PRODUCTIONS   p328
1830b Carnarvon St, VICTORIA, BC, V8R 2T8
SIC 7929
SYMPHONY NOVA SCOTIA SOCIETY   p460
5657 Spring Garden Rd Suite 301, HALIFAX, NS, B3J 3R4
(902) 421-1300   SIC 7929
TELEFILM CANADA   p305
210 West Georgia St, VANCOUVER, BC, V6B 0L9
(604) 666-1566   SIC 7929
TELEFILM CANADA   p927
474 Bathurst St Suite 100, TORONTO, ON, M5T 2S6
(416) 973-6436   SIC 7929
VERSENT CORPORATION ULC   p87
11271 170 St Nw, EDMONTON, AB, T5M 0J1
(780) 424-2111   SIC 7929
W.O.W. HOSPITALITY CONCEPTS INC   p95
8882 170 St Nw Suite 2553, EDMONTON, AB, T5T 4M2
(780) 489-4289   SIC 7929

SIC 7933 Bowling centers

1325994 ONTARIO LIMITED   p819
9 East Wilmot St Suite 2, RICHMOND HILL, ON, L4B 1A3
(905) 881-5927   SIC 7933
710712 ALBERTA INC   p110
3414 Gateway Blvd Nw Suite 406, EDMONTON, AB, T6J 6R5
(780) 435-1922   SIC 7933
BRUNSWICK CENTRES INC   p653
1062 Adelaide St N, LONDON, ON, N5Y 2N1
SIC 7933
ESAM CONSTRUCTION LIMITED   p662
720 Proudfoot Lane, LONDON, ON, N6H 5G5
(519) 472-9310   SIC 7933
SALLE DE QUILLES SPOT LIMITEE   p1124
12255 Rue Grenet Bureau 1, Montreal, QC, H4J 2J9
(514) 334-7881   SIC 7933
SALON DE QUILLES LAURENTIEN LTEE   p1213
222 Montee De Liesse, SAINT-LAURENT, QC, H4T 1N8
(514) 341-4525   SIC 7933

SIC 7941 Sports clubs, managers, and promoters

ARENA DE REPENTIGNY LTEE   p1170
80 Boul Brien, REPENTIGNY, QC, J6A 5K7
(450) 581-7060   SIC 7941
BUCKINGHAM SPORTS PROPERTIES COMPANY   p890
4000 Chesswood Dr, TORONTO, ON, M3J 2B9
(416) 630-8114   SIC 7941
CITY OF ST. JOHN'S   p435
50 New Gower St, ST. JOHN'S, NL, A1C 1J3
(709) 758-0997   SIC 7941
CORPORATION OF THE CITY OF BRAMPTON, THE   p522
69 Elliott St, BRAMPTON, ON, L6Y 1W2
(905) 874-2874   SIC 7941
CORPORATION OF THE CITY OF NORTH BAY, THE   p741
100 Chippewa St W, NORTH BAY, ON, P1B 6G2
(705) 474-3770   SIC 7941
CORPORATION OF THE MUNICIPALITY OF CHATHAM-KENT, THE   p569
1212 North St Rr 5, DRESDEN, ON, N0P 1M0
(519) 683-2572   SIC 7941

ECOLE DE HOCKEY DE LA CAPITALE INC   p1151
21 Rue Jacques-Cartier App 2, Quebec, QC, G1L 3R6
SIC 7941
FORT FRANCES, CORPORATION OF THE TOWN OF   p590
740 Scott St, FORT FRANCES, ON, P9A 1H8
(807) 274-3494   SIC 7941
HOCKEY THETFORD INC   p1246
555 Rue Saint-Alphonse N, THETFORD MINES, QC, G6G 3X1
(418) 332-4343   SIC 7941
IMPACT DE MONTREAL F.C.   p1088
4750 Rue Sherbrooke E, Montreal, QC, H1V 3S8
(514) 328-3668   SIC 7941
INTERNATIONAL CHAMPIONSHIP MANAGEMENT LIMITED   p908
20 Toronto St, TORONTO, ON, M5C 2B8
(416) 955-0375   SIC 7941
LONDON CIVIC CENTRE CORPORATION   p656
99 Dundas St, LONDON, ON, N6A 6K1
(519) 667-5700   SIC 7941
MAPLE LEAF SPORTS & ENTERTAINMENT LTD   p919
40 Bay St Suite 300, TORONTO, ON, M5J 2X2
(416) 815-5400   SIC 7941
NORTHERN LEAGUE IN EDMONTON, THE   p83
10233 96 Ave Nw, EDMONTON, AB, T5K 0A5
(780) 423-2255   SIC 7941
SONS OF PITCHES   p76
11920 101 St Nw Suite 107, EDMONTON, AB, T5G 2B9
(780) 233-1378   SIC 7941
SOUTHWEST OPTIMIST BASEBALL COMPLEX   p663
785 Wonderland Rd S, LONDON, ON, N6K 1M6
(519) 652-8571   SIC 7941
VANCOUVER JUNIOR HOCKEY MANAGEMENT LTD   p293
100 Renfrew St N, VANCOUVER, BC, V5K 3N7
(604) 444-2687   SIC 7941
VILLE DE SAGUENAY   p1048
2315 Rue Pelletier, Jonquiere, QC, G7X 6C2
(418) 698-3200   SIC 7941
WINNIPEG GOLDEYES BASEBALL CLUB INC   p376
1 Portage Ave E, WINNIPEG, MB, R3B 3N3
(204) 982-2273   SIC 7941

SIC 7948 Racing, including track operation

1233481 ONTARIO INC   p550
1040 Kohler Rd, CAYUGA, ON, N0A 1E0
(905) 772-0303   SIC 7948
405730 ONTARIO LIMITED   p829
1730 London Line, SARNIA, ON, N7W 1A1
(519) 542-5543   SIC 7948
FLAMBORO DOWNS HOLDINGS LIMITED   p570
967 5 Hwy W, DUNDAS, ON, L9H 5E2
(905) 627-3561   SIC 7948
HANOVER, BENTINCK & BRANT AGRICULTURAL SOCIETY   p617
265 5th St, HANOVER, ON, N4N 3X3
(519) 364-2860   SIC 7948
HASTINGS ENTERTAINMENT INC   p292
188 Renfrew St N, VANCOUVER, BC, V5K 3N8
(604) 254-1631   SIC 7948
KAWARTHA DOWNS LTD   p590
1382 County Road 28, FRASERVILLE, ON, K0L 1V0
(705) 939-6316   SIC 7948
MANITOBA JOCKEY CLUB INC   p385

3975 Portage Ave, WINNIPEG, MB, R3K 2E9
(204) 885-3330   SIC 7948
NOVA SCOTIA PROVINCIAL EXHIBITION COMMISSION   p478
73 Ryland Ave, TRURO, NS, B2N 2V5
(902) 893-9222   SIC 7948
ONTARIO RACING COMMISSION   p586
10 Carlson Crt Suite 400, ETOBICOKE, ON, M9W 6L2
(416) 213-0520   SIC 7948
ORANGEVILLE RACEWAY LIMITED   p282
17755 60 Ave, SURREY, BC, V3S 1V3
(604) 576-9141   SIC 7948
PICOV DOWNS INC   p484
380 Kingston Rd E, AJAX, ON, L1Z 1W4
(905) 686-8001   SIC 7948
SASKATOON PRAIRIELAND PARK CORPORATION   p1293
2615 St Henry Ave, SASKATOON, SK, S7H 0A1
(306) 242-6100   SIC 7948
UNITED HORSEMEN OF ALBERTA INC   p160
260 Century Downs Dr, ROCKY VIEW COUNTY, AB, T4A 0V5
(587) 349-7777   SIC 7948
WINDSOR RACEWAY INC   p970
5555 Ojibway Pky, WINDSOR, ON, N9C 4J5
SIC 7948
WOODBINE ENTERTAINMENT GROUP   p943
555 Rexdale Blvd, TORONTO, ON, M9W 5L2
(416) 675-7223   SIC 7948
WOOLWICH AGRICULTURAL SOCIETY   p573
7445 Wellington Rd 21, ELORA, ON, N0B 1S0
(519) 846-5455   SIC 7948

SIC 7991 Physical fitness facilities

1321365 ONTARIO LIMITED   p678
8500 Warden Ave, MARKHAM, ON, L6G 1A5
(905) 470-8522   SIC 7991
857780 ONTARIO LIMITED   p887
1399 Kennedy Rd Suite 22, TORONTO, ON, M1P 2L6
SIC 7991
926715 ONTARIO INC   p596
384 Academy Hill Rd Rr 1, GRAFTON, ON, K0K 2G0
(905) 349-2493   SIC 7991
ALTADORE GYMNASTIC CLUB   p15
6303 30 St Se Suite 101, CALGARY, AB, T2C 1R4
(403) 720-2711   SIC 7991
AQUA-MER INC   p1010
868 Boul Perron, CARLETON, QC, G0C 1J0
(418) 364-7055   SIC 7991
AUBERGE & SPA LE NORDIK INC   p1012
16 Ch Nordik, CHELSEA, QC, J9B 2P7
(819) 827-1111   SIC 7991
AVELLO SPA LTD   p339
4090 Whistler Way Suite 400, WHISTLER, BC, V0N 1B4
(604) 935-3444   SIC 7991
BRENTWOOD BAY LODGE LTD   p182
849 Verdier Ave, BRENTWOOD BAY, BC, V8M 1C5
(250) 544-2079   SIC 7991
BURLINGTON GYMNASTICS CLUB INC   p540
710 Maple Ave, BURLINGTON, ON, L7S 1M6
(905) 637-5774   SIC 7991
CENTRE DE SANTE ET DE SERVICES SOCIAUX DE DORVAL-LACHINE-LASALLE   p1056
1900 Rue Notre-Dame Bureau 262, LACHINE, QC, H8S 2G2

BUSINESSES BY INDUSTRY CLASSIFICATION

SIC 7991 Physical fitness facilities 2369

(514) 639-0650 SIC 7991
CENTRE DE SANTE ET DE SERVICES SOCIAUX DE LA POINTE-DE-L'ILE p1086
9503 Rue Sherbrooke E, Montreal, QC, H1L 6P2
(514) 356-2572 SIC 7991
CENTRE DE SANTE INUULITSIVIK p1044
Gd, INUKJUAK, QC, J0M 1M0
(819) 254-9090 SIC 7991
CENTRE MONTEREGIEN DE READAPTATION p1191
5300 Ch De Chambly, SAINT-HUBERT, QC, J3Y 3N7
(450) 676-7447 SIC 7991
CLUB DE BADMINTON & SQUASH ATWATER INC, LE p1110
1230 Rue Mansfield, Montreal, QC, H3B 2Y3
(514) 390-1230 SIC 7991
CLUB DE BADMINTON & SQUASH ATWATER INC, LE p1117
3505 Av Atwater, Montreal, QC, H3H 1Y2
(514) 935-2431 SIC 7991
COLLEGA INTERNATIONAL INC p767
145 Lakeshore Rd E, OAKVILLE, ON, L6J 1H3
(905) 842-4222 SIC 7991
DELISLE CLUB p899
1521 Yonge St Suite 303, TORONTO, ON, M4T 1Z2
(416) 922-9624 SIC 7991
EDMONTON ROCKERS ATHLETIC, THE p104
6840 88 St Nw, EDMONTON, AB, T6E 5H6
(780) 461-7625 SIC 7991
EXTREME FITNESS GROUP INC p559
90 Interchange Way, CONCORD, ON, L4K 5C3
(905) 850-4402 SIC 7991
EXTREME FITNESS GROUP INC p837
3495 Lawrence Ave E, SCARBOROUGH, ON, M1H 1B3
(416) 646-2925 SIC 7991
EXTREME FITNESS GROUP INC p873
8281 Yonge St, THORNHILL, ON, L3T 2C7
(905) 709-1248 SIC 7991
EXTREME FITNESS GROUP INC p899
1521 Yonge St, TORONTO, ON, M4T 1Z2
(416) 922-9624 SIC 7991
FAMILY YOUNG MEN'S CHRISTIAN ASSOCIATION OF PRINCE GEORGE p259
2020 Massey Dr, PRINCE GEORGE, BC, V2L 4V7
(250) 563-2483 SIC 7991
FITCITY SPORTS CORPORATION p187
4664 Lougheed Hwy Suite 150, BURNABY, BC, V5C 5T5
SIC 7991
FITNESS INSTITUTE LIMITED, THE p696
2021 Cliff Rd Suite 309, MISSISSAUGA, ON, L5A 3N7
(905) 275-0182 SIC 7991
FITNESS INSTITUTE LIMITED, THE p745
2235 Sheppard Ave E Suite 901, NORTH YORK, ON, M2J 5B5
(416) 492-7611 SIC 7991
FITNESS INSTITUTE LIMITED, THE p922
79 Wellington St. W 36th Fl, TORONTO, ON, M5K 1J5
(416) 865-0900 SIC 7991
GOODLIFE FITNESS CENTRES INC p35
13226 Macleod Trail Se, CALGARY, AB, T2J 7E5
(403) 271-4348 SIC 7991
GOODLIFE FITNESS CENTRES INC p110
3803 Calgary Trail Nw Unit 180, EDMONTON, AB, T6J 5M8
(780) 466-4124 SIC 7991
GOODLIFE FITNESS CENTRES INC p161
2020 Sherwood Dr Unit 300, SHERWOOD PARK, AB, T8A 3H9
(780) 416-5464 SIC 7991
GOODLIFE FITNESS CENTRES INC p225
1835 Gordon Dr Unit 119, KELOWNA, BC, V1Y 3H4
(250) 868-3788 SIC 7991
GOODLIFE FITNESS CENTRES INC p414
168 Rothesay Ave, SAINT JOHN, NB, E2J 2B5
(506) 693-2240 SIC 7991
GOODLIFE FITNESS CENTRES INC p429
12 Merchant Dr, MOUNT PEARL, NL, A1N 5J5
(709) 368-8347 SIC 7991
GOODLIFE FITNESS CENTRES INC p462
41 Peakview Way, HALIFAX, NS, B3M 0G2
(902) 835-6696 SIC 7991
GOODLIFE FITNESS CENTRES INC p497
42 Commerce Park Dr, BARRIE, ON, L4N 8W8
(705) 735-2226 SIC 7991
GOODLIFE FITNESS CENTRES INC p539
777 Guelph Line, BURLINGTON, ON, L7R 3N2
(905) 634-9461 SIC 7991
GOODLIFE FITNESS CENTRES INC p552
100 King St W, CHATHAM, ON, N7M 6A9
(519) 352-6868 SIC 7991
GOODLIFE FITNESS CENTRES INC p600
435 Stone Rd W, GUELPH, ON, N1G 2X6
(519) 826-9228 SIC 7991
GOODLIFE FITNESS CENTRES INC p623
555 March Rd, KANATA, ON, K2K 2M5
(613) 599-2718 SIC 7991
GOODLIFE FITNESS CENTRES INC p631
1100 Princess St, KINGSTON, ON, K7L 5G8
(613) 545-2499 SIC 7991
GOODLIFE FITNESS CENTRES INC p635
824 Norwest Rd, KINGSTON, ON, K7P 2N4
(613) 389-8383 SIC 7991
GOODLIFE FITNESS CENTRES INC p650
1925 Dundas St, LONDON, ON, N5V 1P7
(519) 451-9026 SIC 7991
GOODLIFE FITNESS CENTRES INC p661
1225 Wonderland Rd N, LONDON, ON, N6G 2V9
(519) 641-6222 SIC 7991
GOODLIFE FITNESS CENTRES INC p666
925 Southdale Rd W Suite 2, LONDON, ON, N6P 0B3
(519) 652-2250 SIC 7991
GOODLIFE FITNESS CENTRES INC p681
855 Steeles Ave E, MILTON, ON, L9T 5H3
(905) 876-3488 SIC 7991
GOODLIFE FITNESS CENTRES INC p699
3045 Mavis Rd, MISSISSAUGA, ON, L5C 1T7
(905) 949-1400 SIC 7991
GOODLIFE FITNESS CENTRES INC p709
3050 Argentia Rd, MISSISSAUGA, ON, L5N 8E1
(905) 785-3213 SIC 7991
GOODLIFE FITNESS CENTRES INC p733
20 Davis Dr, NEWMARKET, ON, L3Y 2M7
(905) 953-9248 SIC 7991
GOODLIFE FITNESS CENTRES INC p747
5650 Yonge St, NORTH YORK, ON, M2M 4G3
(416) 222-9500 SIC 7991
GOODLIFE FITNESS CENTRES INC p748
50 Sheppard Ave E, NORTH YORK, ON, M2N 2Z7
(416) 221-3488 SIC 7991
GOODLIFE FITNESS CENTRES INC p764
201 Oak Walk Dr, OAKVILLE, ON, L6H 6M3
SIC 7991
GOODLIFE FITNESS CENTRES INC p773
50 Fourth Ave, ORANGEVILLE, ON, L9W 4P1
(519) 943-0600 SIC 7991
GOODLIFE FITNESS CENTRES INC p789
50 Rideau St Suite 118, OTTAWA, ON, K1N 9J7
(613) 567-0037 SIC 7991
GOODLIFE FITNESS CENTRES INC p799
2655 Queensview Dr, OTTAWA, ON, K2B 8K2
(613) 820-9531 SIC 7991
GOODLIFE FITNESS CENTRES INC p810
200 Charlotte St, PETERBOROUGH, ON, K9J 2T8
(705) 876-1822 SIC 7991
GOODLIFE FITNESS CENTRES INC p822
9350 Yonge St, RICHMOND HILL, ON, L4C 5G2
(905) 884-5769 SIC 7991
GOODLIFE FITNESS CENTRES INC p841
1755 Brimley Rd, SCARBOROUGH, ON, M1P 0A3
(416) 296-1276 SIC 7991
GOODLIFE FITNESS CENTRES INC p887
1911 Kennedy Rd, TORONTO, ON, M1P 2L9
(416) 297-7279 SIC 7991
GOODLIFE FITNESS CENTRES INC p891
1448 Lawrence Ave E Unit 17, TORONTO, ON, M4A 2V6
(416) 615-1185 SIC 7991
GOODLIFE FITNESS CENTRES INC p895
280 Coxwell Ave, TORONTO, ON, M4L 3B6
(416) 466-8699 SIC 7991
GOODLIFE FITNESS CENTRES INC p899
12 St Clair Ave E, TORONTO, ON, M4T 1L7
(416) 927-8042 SIC 7991
GOODLIFE FITNESS CENTRES INC p901
8 Park Rd, TORONTO, ON, M4W 3S5
(416) 922-1262 SIC 7991
GOODLIFE FITNESS CENTRES INC p918
7 Station St, TORONTO, ON, M5J 1C3
(416) 964-1821 SIC 7991
GOODLIFE FITNESS CENTRES INC p946
100 Mcarthur Ave, VANIER, ON, K1L 8H5
(613) 842-8797 SIC 7991
GOODLIFE FITNESS CENTRES INC p950
289 Marsland Dr, WATERLOO, ON, N2J 3Z2
(519) 662-6806 SIC 7991
GOODLIFE FITNESS CENTRES INC p952
140 Columbia St W, WATERLOO, ON, N2L 3K8
SIC 7991
GOODLIFE FITNESS CENTRES INC p965
3100 Howard Ave, WINDSOR, ON, N8X 3Y8
(519) 966-6005 SIC 7991
GRAND OKANAGAN RESORT LIMITED PARTNERSHIP p226
1310 Water St, KELOWNA, BC, V1Y 9P3
(250) 868-5629 SIC 7991
H. & C. MANAGEMENT CONSULTANTS LTD p191
5500 Kingsway, BURNABY, BC, V5H 2G2
(604) 435-3385 SIC 7991
H. & C. MANAGEMENT CONSULTANTS LTD p230
19925 Willowbrook Dr Suite 200, LANGLEY, BC, V2Y 1A7
(604) 533-3113 SIC 7991
H. & C. MANAGEMENT CONSULTANTS LTD p274
7011 Elmbridge Way, RICHMOND, BC, V7C 4V5
(604) 278-3831 SIC 7991
H. & C. MANAGEMENT CONSULTANTS LTD p283
13821 103 Ave, SURREY, BC, V3T 5B5
(604) 588-1517 SIC 7991
H. & C. MANAGEMENT CONSULTANTS LTD p283
13777 103 Ave, SURREY, BC, V3T 5B5
(604) 581-4447 SIC 7991
H. & C. MANAGEMENT CONSULTANTS LTD p300
555 12th Ave W Suite 299, VANCOUVER, BC, V5Z 3X7
(604) 876-1009 SIC 7991
HALIBURTON KAWARTHA PINE RIDGE DISTRICT HEALTH UNIT p647
108 Angeline St S, LINDSAY, ON, K9V 3L5
(705) 324-3569 SIC 7991
HEALTH CANADA p1258
6875 Boul Lasalle, VERDUN, QC, H4H 1R3
(514) 761-6131 SIC 7991
HEARTWORKS COMMUNICATIONS INC p51
880 16 Ave Sw, CALGARY, AB, T2R 1J9
(403) 216-2747 SIC 7991
INTERNATIONAL FITNESS HOLDINGS INC p28
4344 Macleod Trail Sw, CALGARY, AB, T2G 0A4
(403) 974-0300 SIC 7991
INTERNATIONAL FITNESS HOLDINGS INC p61
4604 37 St Sw Unit 20, CALGARY, AB, T3E 3C9
(403) 240-1555 SIC 7991
INTERNATIONAL FITNESS HOLDINGS INC p74
13746 50 St Nw, EDMONTON, AB, T5A 5J6
(780) 473-5549 SIC 7991
JUST LADIES FITNESS LTD p200
3000 Christmas Way, COQUITLAM, BC, V3C 2M2
(604) 945-5135 SIC 7991
JUST LADIES FITNESS LTD p238
32646 Logan Ave, MISSION, BC, V2V 6C7
(604) 820-9008 SIC 7991
MAHOGANY SALON & SPA LTD p860
1261 Stittsville Main St Unit 1, STITTSVILLE, ON, K2S 2E4
SIC 7991
MOVATI ATHLETIC (BRANTFORD) INC. p526
595 West St, BRANTFORD, ON, N3R 7C5
(519) 756-0123 SIC 7991
MOVATI ATHLETIC (LONDON NORTH) INC. p662
755 Wonderland Rd N, LONDON, ON, N6H 4L1
(519) 471-7181 SIC 7991
MOVATI ATHLETIC (LONDON SOUTH) INC. p526
595 West St, BRANTFORD, ON, N3R 7C5
(519) 756-0123 SIC 7991
MOVATI ATHLETIC (THUNDER BAY) INC. p881
1185 Arthur St W, THUNDER BAY, ON, P7E 6E2
(807) 623-6223 SIC 7991
NAUTILUS PLUS INC p1006
1870 Rue Panama, BROSSARD, QC, J4W 3C6
SIC 7991
NAUTILUS PLUS INC p1020
3216 Boul Saint-Martin O, Cote Saint-Luc, QC, H7T 1A1
(450) 688-0850 SIC 7991
NAUTILUS PLUS INC p1065
50 Rte Du President-Kennedy Bureau 260, Levis, QC, G6V 6W8
(418) 838-1505 SIC 7991
NAUTILUS PLUS INC p1080
2305 Ch Rockland Bureau 42, MONTROYAL, QC, H3P 3E9
(514) 341-1553 SIC 7991
NAUTILUS PLUS INC p1195
3190 Av Cusson, SAINT-HYACINTHE, QC, J2S 8N9
(450) 250-0999 SIC 7991
NAUTILUS PLUS INC p1257
500 Ch Du Golf, VERDUN, QC, H3E 1A8
SIC 7991
NUBODY'S FITNESS CENTRES INC p452
51 Raddall Ave, DARTMOUTH, NS, B3B 1T6
(902) 468-8920 SIC 7991
O A C HOLDINGS LIMITED p783
2525 Lancaster Rd, OTTAWA, ON, K1B 4L5
(613) 523-1540 SIC 7991
PATRICK STREET HOLDINGS LIMITED p436
63 Patrick St, ST. JOHN'S, NL, A1E 2S5
(709) 754-5800 SIC 7991
PHOENIX GYMNASTICS CLUB p299
4588 Clancy Loranger Way, VANCOUVER, BC, V5Y 4B6
(604) 737-7693 SIC 7991

▲ Public Company   ■ Public Company Family Member   **HQ** Headquarters   **BR** Branch   **SL** Single Location

PREMIER HEALTH CLUBS INC p852
366 Bunting Rd, ST CATHARINES, ON, L2M 3Y6
SIC 7991

RAYMOND SALONS LTD p300
650 41st Ave W Suite 137, VANCOUVER, BC, V5Z 2M9
SIC 7991

REGIONAL HEALTH AUTHORITY - CENTRAL MANITOBA INC p349
175 Dennis St W, GLADSTONE, MB, R0J 0T0
(204) 385-2474   *SIC* 7991

RINALDO HAIR DESIGNERS & SPA LIMITED p798
2121 Carling Ave Suite 24 C, OTTAWA, ON, K2A 1S3
(613) 761-6800   *SIC* 7991

SAINT MARY'S UNIVERSITY p457
920 Tower Rd, HALIFAX, NS, B3H 2Y4
(902) 420-5555   *SIC* 7991

SEARS CANADA INC p448
535 Portland St, DARTMOUTH, NS, B2Y 4B1
(902) 463-8660   *SIC* 7991

SIFTON PROPERTIES LIMITED p663
500 Berkshire Dr, LONDON, ON, N6J 3S1
(519) 472-5665   *SIC* 7991

SPORTHEQUE DE HULL INC p1039
72 Rue Jean-Proulx, GATINEAU, QC, J8Z 1W1
SIC 7991

STATION SKYSPA INC p1007
6000 Boul De Rome Bureau 400, BROSSARD, QC, J4Y 0B6
(450) 462-9111   *SIC* 7991

STROM SPA INC p1257
1001 Boul De La Foret, VERDUN, QC, H3E 1X9
(514) 761-7900   *SIC* 7991

SUN FITNESS PRODUCTIONS INC p284
13777 103 Ave, SURREY, BC, V3T 5B5
(604) 581-4447   *SIC* 7991

UTOPIA DAY SPAS & SALONS LTD p231
20486 64 Ave Suite 110, LANGLEY, BC, V2Y 2V5
(604) 539-8772   *SIC* 7991

VILLAGE SPA LIMITED, THE p747
2901 Bayview Ave Suite 43, NORTH YORK, ON, M2K 1E6
(416) 224-1101   *SIC* 7991

WEIGHT WATCHERS CANADA, LTD p334
4489 Viewmont Ave Unit 102, VICTORIA, BC, V8Z 5K8
(250) 472-6291   *SIC* 7991

WEIGHT WATCHERS OF MANITOBA LTD p379
274 Smith St Suite 101, WINNIPEG, MB, R3C 1K1
(204) 987-7546   *SIC* 7991

WINGBACK ENTERPRISES LIMITED p896
1 First Ave, TORONTO, ON, M4M 1W7
(416) 367-9957   *SIC* 7991

YMCA DU QUEBEC, LES p1099
5550 Av Du Parc, Montreal, QC, H2V 4H1
(514) 271-9622   *SIC* 7991

YMCA DU QUEBEC, LES p1122
4335 Av De Hampton, Montreal, QC, H4A 2L3
(514) 486-7315   *SIC* 7991

YMCA OF GREATER TORONTO p699
325 Burnhamthorpe Rd W, MISSISSAUGA, ON, L5B 3R2
(905) 897-6801   *SIC* 7991

YOUNG MEN'S CHRISTIAN ASSOCIATION OF KINGSTON, THE p632
100 Wright Cres, KINGSTON, ON, K7L 4T9
(613) 546-2647   *SIC* 7991

SIC 7992 Public golf courses

1630 PARKWAY GOLF COURSE LTD p200
3251 Plateau Blvd, COQUITLAM, BC, V3E 3B8
(604) 945-4007   *SIC* 7992

3251 PLATEAU GOLF COURSE LTD p200
3251 Plateau Blvd, COQUITLAM, BC, V3E 3B8
(604) 945-4007   *SIC* 7992

351658 ONTARIO LIMITED p521
8525 Mississauga Rd, BRAMPTON, ON, L6Y 0C1
(905) 455-8400   *SIC* 7992

4498411 MANITOBA LTD p357
Gd Stn Main, STEINBACH, MB, R5G 1L8
(204) 326-4653   *SIC* 7992

572412 B.C. LTD p277
9851 Old Spallumcheen Rd, SICAMOUS, BC, V0E 2V3
(250) 836-4689   *SIC* 7992

BISTHRAM CLUB DE GOLF CANDIAC INC p1008
45 Ch D'auteuil, CANDIAC, QC, J5R 2C8
(450) 659-9163   *SIC* 7992

BLACK BEAR RIDGE INC p564
501 Harmony Rd, CORBYVILLE, ON, K0K 1V0
(613) 968-2327   *SIC* 7992

BROOKLIN MEWS INC p815
3430 Seventh Concession Rd, PICKERING, ON, L1Y 1C6
(905) 655-9187   *SIC* 7992

CABOT LINKS AT INVERNESS, LIMITED PARTNERSHIP p465
15933 Central Ave, INVERNESS, NS, B0E 1N0
(902) 258-4653   *SIC* 7992

CANEX DEVELOPMENT CORPORATION LIMITED p435
187 Gower St Suite 300, ST. JOHN'S, NL, A1C 1R2
(709) 754-0666   *SIC* 7992

CITY OF CAMROSE, THE p66
5105 66 St, CAMROSE, AB, T4V 1X3
(780) 672-2691   *SIC* 7992

CITY OF EDMONTON p79
12130 River Valley Rd, EDMONTON, AB, T5J 2G7
(780) 496-4710   *SIC* 7992

CITY OF KITCHENER COUNTRY CLUB INC p644
500 Doon Valley Dr, KITCHENER, ON, N2P 1B4
(519) 741-2939   *SIC* 7992

CLUB DE GOLF ACTON VALE INC p987
1000 Rte 116, ACTON VALE, QC, J0H 1A0
(450) 549-5885   *SIC* 7992

CLUB DE GOLF FARNHAM INC p1032
55 Ch Du Golf, FARNHAM, QC, J2N 2P9
(450) 293-3171   *SIC* 7992

CLUB DE GOLF FOX CREEK GOLF CLUB INC p396
200 Rue Du Golf, DIEPPE, NB, E1A 8J6
(506) 859-4653   *SIC* 7992

CLUB DE GOLF MUNICIPAL DALLAIRE INC p1177
720 Av Dallaire, ROUYN-NORANDA, QC, J9X 4V9
(819) 797-9444   *SIC* 7992

CLUB LAVAL-SUR-LE-LAC, LE p1130
150 Rue Les Peupliers, Montreal, QC, H7R 1G4
(450) 627-2643   *SIC* 7992

CLUBLINK CORPORATION ULC p482
13448 Dublin Line Suite 1, ACTON, ON, L7J 2L7
(519) 853-0904   *SIC* 7992

CLUBLINK CORPORATION ULC p506
15608 Regional Road 50, BOLTON, ON, L7E 3E5
(905) 880-1400   *SIC* 7992

CLUBLINK CORPORATION ULC p571
109 Royal Troon Lane, DUNROBIN, ON, K0A 1T0
(613) 832-3804   *SIC* 7992

CLUBLINK CORPORATION ULC p591
11742 Tenth Line Suite 4, GEORGETOWN, ON, L7G 4S7
(905) 877-8468   *SIC* 7992

CLUBLINK CORPORATION ULC p596
12657 Woodbine Ave S, GORMLEY, ON, L0H 1G0
(905) 888-1219   *SIC* 7992

CLUBLINK CORPORATION ULC p620
939 60 Hwy, HUNTSVILLE, ON, P1H 1B2
(705) 789-4417   *SIC* 7992

CLUBLINK CORPORATION ULC p621
8165 10 Sideroad Suite 11, INNISFIL, ON, L9S 4T3
(705) 431-7000   *SIC* 7992

CLUBLINK CORPORATION ULC p629
14700 Bathurst St, KING CITY, ON, L7B 1K5
(905) 713-6875   *SIC* 7992

CLUBLINK CORPORATION ULC p629
15675 Dufferin St, KING CITY, ON, L7B 1K5
(800) 661-1818   *SIC* 7992

CLUBLINK CORPORATION ULC p629
15675 Dufferin St, KING CITY, ON, L7B 1K5
(905) 841-3730   *SIC* 7992

CLUBLINK CORPORATION ULC p665
4838 Colonel Talbot Rd, LONDON, ON, N6P 1H7
(519) 652-5033   *SIC* 7992

CLUBLINK CORPORATION ULC p681
9807 Regional Road 25, MILTON, ON, L9T 2X7
(905) 876-3666   *SIC* 7992

CLUBLINK CORPORATION ULC p725
4999 Boundary Rd, NAVAN, ON, K4B 1P5
(613) 822-1454   *SIC* 7992

CLUBLINK CORPORATION ULC p824
13300 Leslie St, RICHMOND HILL, ON, L4E 1A2
(905) 888-9612   *SIC* 7992

CLUBLINK CORPORATION ULC p860
Gd, STITTSVILLE, ON, K2K 1X5
(613) 592-9417   *SIC* 7992

CLUBLINK CORPORATION ULC p863
14001 Warden Ave, STOUFFVILLE, ON, L4A 3T4
(905) 888-1100   *SIC* 7992

CLUBLINK CORPORATION ULC p863
128081 Warden Ave, STOUFFVILLE, ON, L4A 7X5
(905) 888-1955   *SIC* 7992

CLUBLINK CORPORATION ULC p998
1 Boul De Fontainebleau, BLAINVILLE, QC, J7B 1L4
(450) 434-7569   *SIC* 7992

CLUBLINK CORPORATION ULC p1038
75 Av De La Citadelle, GATINEAU, QC, J8Z 3L1
(819) 772-9219   *SIC* 7992

CLUBLINK CORPORATION ULC p1140
1199 Ch Du Bord-De-L'eau, POINTE-CLAIRE, QC, H7Y 1A9
(450) 689-4130   *SIC* 7992

CLUBLINK CORPORATION ULC p1230
300 Rue Des Cedres, SAINTE-SOPHIE, QC, J5J 2T6
(450) 476-9001   *SIC* 7992

CORDOVA BAY GOLF COURSE LTD p333
5333 Cordova Bay Rd, VICTORIA, BC, V8Y 2L3
(250) 658-4445   *SIC* 7992

CORPORATION OF THE CITY OF BRAMPTON, THE p519
29 Hartford Trail Unit A, BRAMPTON, ON, L6W 4K2
(905) 874-2995   *SIC* 7992

CORPORATION OF THE CITY OF BRANTFORD, THE p525
320 Balmoral Dr, BRANTFORD, ON, N3R 7S2
(519) 756-6345   *SIC* 7992

CORPORATION OF THE CITY OF LONDON p652
2115 River Rd, LONDON, ON, N5W 6C4
(519) 661-1951   *SIC* 7992

COUNTRY MEADOWS GOLF COURSE LTD p268
8482 No. 6 Rd, RICHMOND, BC, V6W 1E2
(604) 241-4653   *SIC* 7992

D.G.S. DEVELOPMENT INC p848
Gd Lcd Main, SIMCOE, ON, N3Y 4K7
(519) 426-3308   *SIC* 7992

DEER VALLEY DEVELOPMENT INC p1267
10 Deer Valley Rd, DEER VALLEY, SK, S2V 1B6
SIC 7992

DUNDEE COUNTRY CLUB LIMITED p731
1801 Queen St N, NEW DUNDEE, ON, N0B 2E0
(519) 696-3257   *SIC* 7992

ELMWOOD GOLF CLUB INC p1306
2015 Hillcrest Dr, SWIFT CURRENT, SK, S9H 3V8
(306) 773-9500   *SIC* 7992

ENTREPRISES ROBERT ROUSSEAU INC, LES p1042
1 Ch Du Golf, Grand-Mere, QC, G9T 5K8
(819) 538-3560   *SIC* 7992

FAIRMONT CHATEAU WHISTLER, THE p340
4612 Blackcomb Way, WHISTLER, BC, V0N 1B4
(604) 938-2092   *SIC* 7992

FAIRMONT HOTELS & RESORTS INC p1053
595 Cote Bellevue, LA MALBAIE, QC, G5A 3B2
(418) 665-2526   *SIC* 7992

FAIRMONT HOTELS INC p420
465 Brandy Cove Rd, ST ANDREWS, NB, E5B 2L6
(506) 529-7142   *SIC* 7992

FURRY CREEK GOLF & COUNTRY CLUB INC p235
150 Country Club Rd, LIONS BAY, BC, V0N 2E0
(604) 896-2216   *SIC* 7992

GOLDEN EAGLE GOLF COURSES INC p253
21770 Ladner Rd, PITT MEADOWS, BC, V3Y 1Z1
(604) 460-1871   *SIC* 7992

GOLF DORVAL p1026
2000 Av Reverchon, DORVAL, QC, H9P 2S7
(514) 631-4653   *SIC* 7992

GOLF DU GRAND PORTNEUF INC, LE p1143
2 Rte 365, PONT-ROUGE, QC, G3H 3R4
(418) 329-2238   *SIC* 7992

GREAT GULF (MUSKOKA) LTD p597
1209 Muskoka Beach Rd, GRAVENHURST, ON, P1P 1R1
(705) 687-2233   *SIC* 7992

KANEFF PROPERTIES LIMITED p522
8525 Mississauga Rd, BRAMPTON, ON, L6Y 0C1
(905) 455-8400   *SIC* 7992

KANEFF PROPERTIES LIMITED p739
1 Niagara On The Green Blvd, NIAGARA ON THE LAKE, ON, L0S 1J0
(905) 685-9501   *SIC* 7992

KANEFF PROPERTIES LIMITED p944
592 Westover Rd Suite 2, TROY, ON, L0R 2B0
(905) 628-2877   *SIC* 7992

KNOLLWOOD GOLF LIMITED p487
1276 Shaver Rd, ANCASTER, ON, L9G 3L1
(905) 648-6687   *SIC* 7992

MEADOW GARDENS GOLF COURSE (1979) LTD p229
9782 Mckinnon Cres, LANGLEY, BC, V1M 3V6
(604) 888-5911   *SIC* 7992

MGC GOLF INC p64
8 Lynx Ridge Blvd Nw, CALGARY, AB, T3L 2M3
(403) 547-5969   *SIC* 7992

MUSKOKA BAY GOLF CORPORATION p597
1217 North Muldrew Lake Rd, GRAVENHURST, ON, P1P 1T9
(705) 687-4900   *SIC* 7992

PLAYERS COURSE LTD, THE p378
2695 Inkster Blvd, WINNIPEG, MB, R3C

BUSINESSES BY INDUSTRY CLASSIFICATION

SIC 7997 Membership sports and recreation clubs 2371

2E6
(204) 697-4976 SIC 7992
PROVINCE OF NEW BRUNSWICK p422
136 Herring Cove Rd, WELSHPOOL, NB, E5E 1B8
(506) 752-7010 SIC 7992
ROCKWAY GOLF & BOWLING CLUB p641
625 Rockway Dr, KITCHENER, ON, N2G 3B5
(519) 741-2949 SIC 7992
ROYAL CANADIAN GOLF ASSOCIATION p33
7100 15 St Se, CALGARY, AB, T2H 2Z8
(403) 640-3555 SIC 7992
SEM RESORT LIMITED PARTNERSHIP BY GENERAL PARTNER p205
7648 Mission Rd, CRANBROOK, BC, V1C 7E5
(250) 420-2000 SIC 7992
SILVERTIP GOLF COURSE LIMITED p67
2000 Silvertip Trail, CANMORE, AB, T1W 3J4
(403) 678-1600 SIC 7992
SUPER STAR HOCKEY LIMITED p857
4725 Line 1, ST MARYS, ON, N4X 1C6
(519) 225-2329 SIC 7992
SWIFT CURRENT, CITY OF p1307
663 6th Ave Se, SWIFT CURRENT, SK, S9H 3P5
(306) 778-2776 SIC 7992
TEULON GOLF & COUNTRY CLUB INC p358
94089 Pth 7, TEULON, MB, R0C 3B0
(204) 886-2991 SIC 7992
TORONTO AND REGION CONSERVATION AUTHORITY p824
12481 Bathurst St, RICHMOND HILL, ON, L4E 2B4
(905) 773-4334 SIC 7992
UNIVERSITE BISHOP'S p1240
19 Ch Du Golf, SHERBROOKE, QC, J1M 2E6
(819) 562-4922 SIC 7992
WAINWRIGHT GOLF AND COUNTRY CLUB p173
1505a 2 St, WAINWRIGHT, AB, T9W 1L5
(780) 842-3046 SIC 7992
WGCC HOLDINGS INC p1269
382 Cartwright St E, FURDALE, SK, S7T 1B1
(306) 956-1100 SIC 7992
WILDS AT SALMONIER RIVER INC, THE p436
299 Salmonier Line, ST. JOHN'S, NL, A1C 5L7
(709) 229-5444 SIC 7992
WILLOW VALLEY GOLF INC p724
2907 Hwy 6 S, MOUNT HOPE, ON, L0R 1W0
(905) 679-2703 SIC 7992

SIC 7993 Coin-operated amusement devices

GREAT CANADIAN CASINOS INC p591
Hwy 380, GANANOQUE, ON, K7G 2V4
(705) 946-6450 SIC 7993
ONTARIO LOTTERY AND GAMING CORPORATION p553
400 Bonin, CHELMSFORD, ON, P0M 1L0
(705) 855-7164 SIC 7993
SASKATCHEWAN INDIAN GAMING AUTHORITY INC p1309
30 Third Ave N, YORKTON, SK, S3N 1B9
(306) 786-6777 SIC 7993
SOUTHERN PROPERTY RENTALS LTD p11
3605 32 St Ne, CALGARY, AB, T1Y 5Y9
(403) 291-1666 SIC 7993
STARBURST COIN MACHINES INC p587
70 Ronson Dr, ETOBICOKE, ON, M9W 1B6
(416) 251-2122 SIC 7993

SIC 7996 Amusement parks

1492332 ONTARIO LIMITED p859
2821 Stevensville Rd, STEVENSVILLE, ON, L0S 1S0
(905) 382-9669 SIC 7996
9016-8063 QUEBEC INC p1129
3925 Boul Cure-Labelle, Montreal, QC, H7P 0A5
(450) 688-9222 SIC 7996
CANADA'S WONDERLAND COMPANY p947
9580 Jane St, VAUGHAN, ON, L6A 1S6
(905) 832-7000 SIC 7996
CANADIAN NATIONAL EXHIBITION ASSOCIATION p936
210 Princes Blvd, TORONTO, ON, M6K 3C3
(416) 263-3600 SIC 7996
CORPORATION OF THE CITY OF LONDON p663
1958 Storybook Lane, LONDON, ON, N6K 4Y6
(519) 661-5770 SIC 7996
COSMIC ADVENTURES INC p594
1373 Ogilvie Rd, GLOUCESTER, ON, K1J 7P5
(613) 742-8989 SIC 7996
ENVIRONMENT AND CLIMATE CHANGE CANADA p1307
101 Center St, VAL MARIE, SK, S0N 2T0
(306) 298-2257 SIC 7996
GOUVERNEMENT DE LA PROVINCE DE QUEBEC p1136
2020 Ch D'oka, OKA, QC, J0N 1E0
(450) 479-8365 SIC 7996
GOVERNMENT OF THE PROVINCE OF ALBERTA p149
Gd, PATRICIA, AB, T0J 2K0
(403) 378-4342 SIC 7996
HAMILTON REGION CONSERVATION AUTHORITY p606
585 Van Wagners Beach Rd, HAMILTON, ON, L8E 3L8
(905) 561-2292 SIC 7996
MARINELAND OF CANADA INC p737
7885 Stanley Ave, NIAGARA FALLS, ON, L2G 0C7
(905) 356-8250 SIC 7996
SCREEMERS INC p629
16130 Weston Rd Suite 2, KETTLEBY, ON, L7B 0E7
(416) 979-3327 SIC 7996
SOCIETE DES ETABLISSEMENTS DE PLEIN AIR DU QUEBEC p1005
55 Ile-Sainte-Marguerite, BOUCHERVILLE, QC, J4B 5J6
(450) 928-5089 SIC 7996
SOCIETE DES ETABLISSEMENTS DE PLEIN AIR DU QUEBEC p1243
103 Ch Du Parc-National, STONEHAM-ET-TEWKESBURY, QC, G3C 2T5
(418) 848-3169 SIC 7996

SIC 7997 Membership sports and recreation clubs

2451379 MANITOBA LTD p356
30 River Rd, ST ANDREWS, MB, R1A 2V1
(204) 334-2107 SIC 7997
4392230 CANADA INC p1078
10466 Montee Clement, MIRABEL, QC, J7J 1Z4
(450) 476-1922 SIC 7997
609369 ONTARIO LIMITED p539
Gd Lcd 1, BURLINGTON, ON, L7R 3X7
(905) 336-3660 SIC 7997
BADMINTON AND RACQUET CLUB OF TORONTO, THE p900
25 St Clair Ave W, TORONTO, ON, M4V 1K6
(416) 921-2159 SIC 7997
BARRIE NATIONAL PINES GOLF & COUNTRY CLUB p494
Gd Stn Main, BARRIE, ON, L4M 4S8
(705) 431-7000 SIC 7997
BAYVIEW GOLF & COUNTRY CLUB LIMITED p873
25 Fairway Heights Dr, THORNHILL, ON, L3T 3X1
(905) 889-4833 SIC 7997
BEACH GROVE GOLF AND COUNTRY CLUB LIMITED p961
14134 Riverside Dr E, WINDSOR, ON, N8N 1B6
(519) 979-8134 SIC 7997
BELMONT GOLF COURSE LTD p229
22555 Telegraph Trail, LANGLEY, BC, V1M 3S4
(604) 888-9898 SIC 7997
BELVEDERE GOLF & COUNTRY CLUB p162
51418 Hwy 21 S, SHERWOOD PARK, AB, T8H 2T2
(780) 467-2025 SIC 7997
BOULEVARD CLUB LIMITED, THE p936
1491 Lake Shore Blvd W, TORONTO, ON, M6K 3C2
(416) 532-3341 SIC 7997
BOYS' & GIRLS' CLUB OF LONDON p657
184 Horton St E, LONDON, ON, N6B 1K8
(519) 434-9114 SIC 7997
BRAMPTON GOLF CLUB LIMITED p519
7700 Kennedy Rd, BRAMPTON, ON, L6W 0A1
(905) 457-5700 SIC 7997
BRANTFORD GOLF AND COUNTRY CLUB, LIMITED p528
60 Ava Rd, BRANTFORD, ON, N3T 5H2
(519) 752-3731 SIC 7997
BROOKS GOLF CLUB p8
1311 1 Ave E, BROOKS, AB, T1R 1C3
(403) 362-2998 SIC 7997
BUFFALO CANOE CLUB p825
4475 Erie Rd Suite 1, RIDGEWAY, ON, L0S 1N0
(905) 894-2750 SIC 7997
BURLINGTON GOLF AND COUNTRY CLUB LIMITED p541
422 North Shore Blvd E, BURLINGTON, ON, L7T 1W9
(905) 634-7726 SIC 7997
CALERIN GOLF CLUB INC p574
9521 10th Side Rd, ERIN, ON, N0B 1T0
(519) 833-2168 SIC 7997
CALGARY GOLF AND COUNTRY CLUB p30
Elbow Dr & 50th Ave Sw, CALGARY, AB, T2H 1Y3
(403) 243-3530 SIC 7997
CALGARY WINTER CLUB p37
4611 14 St Nw, CALGARY, AB, T2K 1J7
(403) 289-0040 SIC 7997
CANLAN ICE SPORTS CORP p1284
Gd Lcd Main, REGINA, SK, S4P 2Z4
SIC 7997
CAPILANO GOLF AND COUNTRY CLUB LIMITED p338
420 Southborough Dr, WEST VANCOUVER, BC, V7S 1M2
(604) 922-9331 SIC 7997
CEDAR SPRINGS TENNIS LIMITED p537
960 Cumberland Ave, BURLINGTON, ON, L7N 3J6
(905) 632-9758 SIC 7997
CENTRE DU GOLF U.F.O. INC p1078
9500 Rang Sainte-Henriette, MIRABEL, QC, J7J 2A1
(514) 990-8392 SIC 7997
CENTRE SPORTIF CARREFOUR 1992 LTEE p1129
3095 Nord Laval (A-440) O, Montreal, QC, H7P 4W5
(450) 687-1857 SIC 7997
CHERRY HILL CLUB, LIMITED p825
912 Cherry Hill Blvd, RIDGEWAY, ON, L0S 1N0
(905) 894-1122 SIC 7997
CITY OF GRANDE PRAIRIE, THE p125
10017 99 Ave, GRANDE PRAIRIE, AB, T8V 0R7
(780) 539-4009 SIC 7997
CITY OF OTTAWA p729
100 Malvern Dr, NEPEAN, ON, K2J 2G5
(613) 580-2788 SIC 7997
CLUB DE GOLF BEATTIE LA SARRE INC p1054
18 Ch Du Golf, LA SARRE, QC, J9Z 2X5
(819) 333-9944 SIC 7997
CLUB DE GOLF DE BELLE VUE (1984) INC p1064
880 Boul De Lery, Lery, QC, J6N 1B7
(450) 692-6793 SIC 7997
CLUB DE GOLF DE CHICOUTIMI INC p1014
2743 Boul Talbot, CHICOUTIMI, QC, G7H 5B1
(418) 549-6608 SIC 7997
CLUB DE GOLF DE LA VALLEE DU RICHELIEU INC, LE p1226
100 Ch Du Golf, SAINTE-JULIE, QC, J3E 1Y1
(450) 649-1511 SIC 7997
CLUB DE GOLF DE ROSEMERE p1176
282 Boul Labelle, Rosemere, QC, J7A 2H6
(450) 437-7555 SIC 7997
CLUB DE GOLF DE STONEHAM INC p1243
56 1re Av, STONEHAM-ET-TEWKESBURY, QC, G3C 0K7
(418) 848-2414 SIC 7997
CLUB DE GOLF LE BLAINVILLIER INC p998
200 Rue Du Blainvillier, BLAINVILLE, QC, J7C 4X6
(450) 433-1444 SIC 7997
CLUB DE GOLF LE ROYAL CHAUDIERE INC p1226
151 Rue Des Trois-Manoirs Bureau 12, Sainte-Helene-De-Breakeyville, QC, G0S 1E2
(418) 832-8111 SIC 7997
CLUB DE GOLF LEVIS INC p1064
6100 Boul Guillaume-Couture, Levis, QC, G6V 8Z7
(418) 837-3618 SIC 7997
CLUB DE GOLF LONGCHAMP INC p1236
3455 Rue Du Fer-Droit, SHERBROOKE, QC, J1H 0A8
(819) 563-9393 SIC 7997
CLUB DE GOLF MONTCALM INC p1217
1800 Ch Nadeau, SAINT-LIGUORI, QC, J0K 2X0
(450) 834-6981 SIC 7997
CLUB DE GOLF ROYAL OTTAWA, LE p1039
1405 Ch D'aylmer, GATINEAU, QC, J9H 7L2
(819) 777-3866 SIC 7997
CLUB DE GOLF ST-FRANCOIS LTEE p1128
3000 Boul Des Mille-Iles, Montreal, QC, H7J 1G1
(450) 666-4958 SIC 7997
CLUB DE GOLF SUMMERLEA INC p1256
1000 Rte De Lotbiniere, VAUDREUIL-DORION, QC, J7V 0H5
(450) 455-0921 SIC 7997
CLUB DE TENNIS AVANTAGE INC p1167
1080 Rue Bouvier, Quebec, QC, G2K 1L9
(418) 627-3343 SIC 7997
CLUB MAA INC p1105
2070 Rue Peel, Montreal, QC, H3A 1W6
(514) 845-2233 SIC 7997
CLUB SAGUENAY D'ARVIDA INC p1046
2680 Boul Du Saguenay, Jonquiere, QC, G7S 0L3
(418) 548-4235 SIC 7997
CLUB SPORTIF & CHAMPETRE DE HEMMINGFORD p1044
313 219 Rte S Bureau 2, HEMMINGFORD, QC, J0L 1H0
(514) 866-6004 SIC 7997
CLUBLINK CORPORATION ULC p620
146 Grandview Dr N, HUNTSVILLE, ON, P1H 1B4
(705) 788-9550 SIC 7997
CORPORATION OF THE CITY OF LONDON p661
850 Sunninghill Ave, LONDON, ON, N6H 3L9
(519) 661-4440 SIC 7997
CORPORATION OF THE CITY OF TORONTO p835

▲ Public Company ■ Public Company Family Member **HQ** Headquarters **BR** Branch **SL** Single Location

730 Military Trail, SCARBOROUGH, ON, M1E 4P7
(416) 284-9251   SIC 7997

CORPORATION OF THE CITY OF WINDSOR   p971
455 Kennedy Dr W, WINDSOR, ON, N9G 1S8
(519) 969-5112   SIC 7997

COUNTRY CLUB DE MONTREAL   p1203
5 Rue Riverside, SAINT-LAMBERT, QC, J4S 1B7
(450) 671-6181   SIC 7997

COUNTRY HILLS GOLF CLUB   p64
1334 Country Hills Blvd Nw, CALGARY, AB, T3K 5A9
(403) 226-7777   SIC 7997

DEVON GOLF & CONFERENCE CENTRE   p71
1130 River Valley, DEVON, AB, T9G 1Z3
(780) 987-3477   SIC 7997

DONALDA CLUB   p751
12 Bushbury Dr, NORTH YORK, ON, M3A 2Z7
(416) 447-5575   SIC 7997

DUNDAS VALLEY GOLF AND CURLING CLUB LIMITED   p501
10 Woodley Crt, BELLEVILLE, ON, K8N 5W5
(905) 628-6731   SIC 7997

EAGLE QUEST GOLF CENTERS INC   p281
7778 152 St, SURREY, BC, V3S 3M4
(604) 597-4653   SIC 7997

ELMHURST GOLF & COUNTRY CLUB   p362
Garven Rd, WINNIPEG, MB, R2C 2Z2
(204) 224-2244   SIC 7997

ELMIRA GOLF CLUB LIMITED   p572
40 Eldale Rd, ELMIRA, ON, N3B 2Z5
(519) 669-1651   SIC 7997

FAIRVIEW MOUNTAIN GOLF CLUB   p251
13105 334 Ave, OLIVER, BC, V0H 1T0
(250) 498-3777   SIC 7997

GEORGIAN MANOR RESORT AND COUNTRY CLUB INC   p556
10 Vacation Inn Dr, COLLINGWOOD, ON, L9Y 5G4
(705) 445-9422   SIC 7997

GEORGIAN VILLAS INC   p627
221 Mcleese Dr Suite 3, KEMBLE, ON, N0H 1S0
(888) 278-8112   SIC 7997

GEORGIAN VILLAS INC   p627
319336 Grey Road 1, KEMBLE, ON, N0H 1S0
(519) 370-2173   SIC 7997

GLENCOE GOLF & COUNTRY CLUB, THE   p52
636 29 Ave Sw, CALGARY, AB, T2S 0P1
(403) 242-4019   SIC 7997

GLENDALE GOLF & COUNTRY CLUB LTD   p96
12410 199 St Nw, EDMONTON, AB, T5V 1T8
(780) 447-3529   SIC 7997

GLENWAY COUNTRY CLUB LIMITED   p732
470 Crossland Gate, NEWMARKET, ON, L3X 1B8
(905) 235-5422   SIC 7997

GOVERNORS OF THE UNIVERSITY OF CALGARY, THE   p39
2500 University Dr Nw, CALGARY, AB, T2N 1N4
(403) 220-7749   SIC 7997

GRANITE GOLF CLUB   p863
2699 Durham Rd 30, STOUFFVILLE, ON, L4A 7X4
(905) 642-4416   SIC 7997

GTA GOLF   p194
500 Colwyn St Suite 58, CAMPBELL RIVER, BC, V9W 5J2
(250) 255-8897   SIC 7997

GUELPH CUTTEN CLUB   p602
Gd Stn Main, GUELPH, ON, N1H 6J5
(519) 824-2650   SIC 7997

HALIFAX GOLF & COUNTRY CLUB, LIMITED   p461
3250 Joseph Howe Dr, HALIFAX, NS, B3L 4G1
(902) 443-8260   SIC 7997

HAMILTON EAST KIWANIS BOYS & GIRLS CLUB INCORPORATED   p607
45 Ellis Ave, HAMILTON, ON, L8H 4L8
SIC 7997

HEATHER CURLING CLUB INCORPORATED   p420
24 Reed Ave Suite 1, ST ANDREWS, NB, E5B 1A1
(506) 529-1096   SIC 7997

HERMITAGE CLUB, THE   p1074
200 Rue De L'hermitage Bureau 31, MAGOG, QC, J1X 0M7
(819) 843-6579   SIC 7997

HIGHLAND COUNTRY CLUB LTD   p658
1922 Highland Hts, LONDON, ON, N6C 2T4
(519) 681-8223   SIC 7997

HIGHLANDS GOLF CLUB   p97
6603 Ada Blvd Nw, EDMONTON, AB, T5W 4N5
(780) 474-4211   SIC 7997

HUSKIES DE ROUYN-NORANDA INC, LES   p1177
218 Av Murdoch, ROUYN-NORANDA, QC, J9X 1E6
(819) 797-6222   SIC 7997

HYLANDS GOLF CLUB   p595
2101 Alert Rd, GLOUCESTER, ON, K1V 1J9
(613) 521-1842   SIC 7997

ISLAND YACHT CLUB TORONTO   p929
57 Spadina Ave Suite 206, TORONTO, ON, M5V 2J2
(416) 203-2582   SIC 7997

ISLINGTON GOLF CLUB, LIMITED   p579
45 Riverbank Dr, ETOBICOKE, ON, M9A 5B8
(416) 231-1114   SIC 7997

JERICHO TENNIS CLUB   p319
3837 Point Grey Rd, VANCOUVER, BC, V6R 1B3
(604) 224-2348   SIC 7997

KANAWAKI GOLF CLUB INC   p1048
Gd, KAHNAWAKE, QC, J0L 1B0
(450) 632-7200   SIC 7997

KANEFF PROPERTIES LIMITED   p549
523 Carlisle Dr, CARLISLE, ON, L0R 1H0
(905) 689-8820   SIC 7997

KNOWLTON GOLF CLUB   p1049
264 Ch Lakeside, KNOWLTON, QC, J0E 1V0
(450) 243-6622   SIC 7997

LAMBTON GOLF AND COUNTRY CLUB LIMITED, THE   p937
100 Scarlett Rd, TORONTO, ON, M6N 4K2
(416) 767-2175   SIC 7997

LEDUC GOLF & COUNTRY CLUB   p135
5725 Black Gold Dr, LEDUC, AB, T9E 0B8
(780) 986-4653   SIC 7997

LEGENDS GOLF CLUB INC, THE   p1308
415 Clubhouse Blvd W, WARMAN, SK, S0K 4S2
(306) 931-8814   SIC 7997

LETHBRIDGE COUNTRY CLUB   p140
101 Country Club Rd, LETHBRIDGE, AB, T1K 7N9
(403) 327-6900   SIC 7997

LONDON HUNT AND COUNTRY CLUB LIMITED   p662
1431 Oxford St W, LONDON, ON, N6H 1W1
(519) 471-6430   SIC 7997

MACDONALD ISLAND PARK CORPORATION   p121
151 Macdonald Dr, FORT MCMURRAY, AB, T9H 5C5
(780) 791-0070   SIC 7997

MAD RIVER GOLF CLUB, THE   p568
2008 Airport Rd, CREEMORE, ON, L0M 1G0
(705) 428-3673   SIC 7997

MANDARIN GOLF AND COUNTRY CLUB INC, THE   p673
500 Esna Park Dr Unit 8, MARKHAM, ON, L3R 1H5
(905) 940-0600   SIC 7997

MARSHES GOLF CORPORATION   p624
320 Terry Fox Dr, KANATA, ON, K2K 3L1
(613) 271-3377   SIC 7997

MATTAMY (MONARCH) LIMITED   p730
68 Hawktree Ridge, NEPEAN, ON, K2J 5N3
(613) 692-6093   SIC 7997

MAYFAIR TENNIS COURTS LIMITED   p896
801 Lake Shore Blvd E, TORONTO, ON, M4M 1A9
(416) 466-3770   SIC 7997

MONCTON WILDCATS HOCKEY CLUB LTD   p407
377 Killam Dr, MONCTON, NB, E1C 3T1
(506) 858-2252   SIC 7997

MORGAN CREEK GOLF COURSE   p288
3500 Morgan Creek Way, SURREY, BC, V3Z 0J7
(604) 531-4262   SIC 7997

MOVATI ATHLETIC (HOLDINGS) INC   p663
346 Wonderland Rd S Suite 201, LONDON, ON, N6K 1L3
(519) 914-1730   SIC 7997

MUSKOKA BAY CLUB   p597
1217 North Muldrew Lake Road, GRAVENHURST, ON, P1P 1T9
(705) 687-7900   SIC 7997

NATIONAL PHOENIX 1984 FIREARMS INFORMATION AND COMMUNICATION ASSOCIATION   p108
8540 109 St Nw Suite 7, EDMONTON, AB, T6G 1E6
(780) 439-1394   SIC 7997

NAUTILUS PLUS INC   p1036
920 Boul Maloney O, GATINEAU, QC, J8T 3R6
(819) 561-6555   SIC 7997

NAUTILUS PLUS INC   p1050
6280 Boul Wilfrid-Hamel, L'ANCIENNE-LORETTE, QC, G2E 2H8
(418) 872-1230   SIC 7997

NAUTILUS PLUS INC   p1126
800 Rue Du Square-Victoria, Montreal, QC, H4Z 1A1
(514) 871-9544   SIC 7997

NAUTILUS PLUS INC   p1212
3303 Rue Griffith, SAINT-LAURENT, QC, H4T 1W5
(514) 739-3655   SIC 7997

NB DEVELOPMENTS LTD   p162
51055 Range Road 222 Suite 222, SHERWOOD PARK, AB, T8C 1J6
(780) 922-2327   SIC 7997

NORTH HALTON GOLF AND COUNTRY CLUB LIMITED   p592
363 Maple Ave, GEORGETOWN, ON, L7G 4S5
(905) 877-5236   SIC 7997

OAKDALE GOLF AND COUNTRY CLUB, LIMITED, THE   p757
2388 Jane St, NORTH YORK, ON, M3M 1A8
(416) 245-3500   SIC 7997

OAKVILLE CLUB, LIMITED, THE   p767
56 Water St, OAKVILLE, ON, L6J 2Y3
(905) 845-0231   SIC 7997

OAKVILLE GOLF CLUB LIMITED, THE   p766
1154 Sixth Line, OAKVILLE, ON, L6H 6M1
(905) 845-8321   SIC 7997

OB GOLF MANAGEMENT LP   p950
75 King S St, WATERLOO, ON, N2J 1P2
(519) 749-8893   SIC 7997

ORC MANAGEMENT LIMITED   p702
884 Southdown Rd, MISSISSAUGA, ON, L5J 2Y4
(905) 822-5240   SIC 7997

OSHAWA GOLF CLUB LIMITED   p778
160 Alexandra St, OSHAWA, ON, L1G 2C4
(905) 723-4681   SIC 7997

OTTAWA HUNT AND GOLF CLUB, LIMITED   p796
1 Hunt Club Rd, OTTAWA, ON, K1V 1B9

(613) 736-1102   SIC 7997

PACIFIC LINKS CANADA SERVICES INC   p972
331 Cityview Blvd Suite 200, WOODBRIDGE, ON, L4H 3M3
(866) 822-1818   SIC 7997

PLACEMENTS PAUL BROUILLARD INC   p1074
1519 Ch De La Riviere Bureau 25, MAGOG, QC, J1X 3W5
(819) 864-9891   SIC 7997

PRINCE GEORGE GOLF & CURLING CLUB   p259
2515 Recreation Pl, PRINCE GEORGE, BC, V2L 4S1
(250) 563-0357   SIC 7997

QUILCHENA GOLF & COUNTRY CLUB   p274
3551 Granville Ave, RICHMOND, BC, V7C 1C8
(604) 277-1101   SIC 7997

RED DEER GOLF AND COUNTRY CLUB LIMITED, THE   p154
4500 Fountain Dr, RED DEER, AB, T4N 6W8
(403) 347-5441   SIC 7997

RICHMOND COUNTRY CLUB   p272
9100 Steveston Hwy, RICHMOND, BC, V7A 1M5
(604) 277-3141   SIC 7997

RIDGELAND DEVELOPMENTS LTD   p817
35 Lauren Rd, PORT PERRY, ON, L9L 2A7
(905) 985-8390   SIC 7997

ROYAL CANADIAN YACHT CLUB, THE   p924
141 St. George St Suite 218, TORONTO, ON, M5R 2L8
(416) 967-7245   SIC 7997

SAULT STE. MARIE GOLF CLUB   p831
1804 Queen St E, SAULT STE. MARIE, ON, P6A 2H1
(705) 759-5133   SIC 7997

SCARBORO GOLF & COUNTRY CLUB LTD, THE   p837
321 Scarborough Golf Club Rd, SCARBOROUGH, ON, M1J 3H2
(416) 261-3393   SIC 7997

SCHANKS INTERNATIONAL INC   p95
9927 178 St Nw, EDMONTON, AB, T5T 6L8
(780) 444-2125   SIC 7997

SELKIRK GOLF & COUNTRY CLUB   p355
100 Sutherland Ave, SELKIRK, MB, R1A 0L8
(204) 482-2050   SIC 7997

SHAUGHNESSY GOLF AND COUNTRY CLUB   p318
4300 Marine Dr Sw, VANCOUVER, BC, V6N 4A6
(604) 266-4141   SIC 7997

SILVER LAKES GOLF & COUNTRY CLUB INC   p734
21114 Yonge St, NEWMARKET, ON, L3Y 4V8
(905) 836-8070   SIC 7997

SOUTHWOOD GOLF AND COUNTRY CLUB   p391
80 Rue Des Ruines Du Monastere, WINNIPEG, MB, R3V 0B1
(204) 269-7867   SIC 7997

SPRING LAKES GOLF CLUB   p863
4632 Stouffville Rd, STOUFFVILLE, ON, L4A 3X4
(905) 640-3633   SIC 7997

SPRUCE NEEDLES INC   p884
2400 Dalton Rd, TIMMINS, ON, P4N 7C2
(705) 267-1332   SIC 7997

ST. ANDREWS EAST GOLF & COUNTRY CLUB   p863
14022 Mccowan Rd, STOUFFVILLE, ON, L4A 7X5
(905) 640-4444   SIC 7997

ST. CHARLES COUNTRY CLUB   p385
100 Country Club Blvd, WINNIPEG, MB, R3K 1Z3
(204) 889-4444   SIC 7997

ST. GEORGE'S GOLF AND COUNTRY

BUSINESSES BY INDUSTRY CLASSIFICATION
SIC 7999 Amusement and recreation, nec 2373

CLUB p579
1668 Islington Ave, ETOBICOKE, ON, M9A 3M9
(416) 231-3393 *SIC* 7997
STRATFORD-PERTH FAMILY YMCA p865
204 Downie St, STRATFORD, ON, N5A 1X4
(519) 271-0480 *SIC* 7997
STRATHMORE GOLF CLUB p169
80 Wheatland Trail, STRATHMORE, AB, T1P 1A5
(403) 934-3925 *SIC* 7997
TENNIS 13 INC p1131
1013 Chomedey (A-13) E, Montreal, QC, H7W 4V3
(450) 687-9913 *SIC* 7997
TORONTO GOLF CLUB, THE p701
1305 Dixie Rd, MISSISSAUGA, ON, L5E 2P5
(905) 278-5255 *SIC* 7997
TORONTO LAWN TENNIS CLUB, LIMITED, THE p902
44 Price St, TORONTO, ON, M4W 1Z4
(416) 922-1105 *SIC* 7997
U.G.C.C. HOLDINGS INC p320
5185 University Blvd, VANCOUVER, BC, V6T 1X5
(604) 224-1018 *SIC* 7997
VALLEY RACQUETS CENTRE INC p180
2814 Gladwin Rd, ABBOTSFORD, BC, V2T 4S8
(604) 859-1331 *SIC* 7997
VANCOUVER LAWN TENNIS AND BADMINTON CLUB p317
1630 15th Ave W, VANCOUVER, BC, V6J 2K7
(604) 731-9411 *SIC* 7997
VERNON GOLF AND COUNTRY CLUB p327
800 Kalamalka Lake Rd, VERNON, BC, V1T 6V2
(250) 542-0110 *SIC* 7997
VICTORIA GOLF CLUB p328
1110 Beach Dr, VICTORIA, BC, V8S 2M9
(250) 598-4224 *SIC* 7997
WESBILD HOLDINGS LTD p200
3251 Plateau Blvd, COQUITLAM, BC, V3E 3B8
(604) 945-4007 *SIC* 7997
WESTSIDE REGIONAL RECREATION SOCIETY p62
2000 69 St Sw, Calgary, AB, T3H 4V7
(403) 531-5875 *SIC* 7997
WINDERMERE GOLF AND COUNTRY CLUB p116
19110 Ellerslie Rd Sw, EDMONTON, AB, T6W 1A5
(780) 988-5501 *SIC* 7997
WINDSOR YACHT CLUB p962
9000 Riverside Dr E, WINDSOR, ON, N8S 1H1
(519) 945-1748 *SIC* 7997
WSC CORPORATION p596
2320 4th Concession Rd, GOODWOOD, ON, L0C 1A0
(905) 649-2800 *SIC* 7997
YMCA OF HAMILTON/BURLINGTON/BRANTFORD p540
500 Drury Lane, BURLINGTON, ON, L7R 2X2
(905) 632-5000 *SIC* 7997
YMCA OF HAMILTON/BURLINGTON/BRANTFORD p950
207 Parkside Dr, WATERDOWN, ON, L8B 1B9
(905) 690-3555 *SIC* 7997
YMCA-YWCA OF THE CENTRAL OKANAGAN p223
4075 Gordon Dr, KELOWNA, BC, V1W 5J2
(250) 764-4040 *SIC* 7997

SIC 7999 Amusement and recreation, nec

1056934 ONTARIO LTD p759
65 Orfus Rd, NORTH YORK, ON, M6A 1L7
(416) 410-7469 *SIC* 7999
1109131 ONTARIO INC p960
13300 Desro Dr, WINDSOR, ON, N8N 2L9
(519) 979-7999 *SIC* 7999
138440 CANADA INC p1109
Gd, Montreal, QC, H3B 4B5
(514) 876-1376 *SIC* 7999
2014595 ONTARIO INC p612
1685 Main St W Unit 5, HAMILTON, ON, L8S 1G5
(905) 577-0626 *SIC* 7999
428675 BC LTD p188
7155 Kingsway Suite 300, BURNABY, BC, V5E 2V1
SIC 7999
428675 BC LTD p285
7093 King George Blvd Suite 401a, SURREY, BC, V3W 5A2
(604) 590-3230 *SIC* 7999
477599 ALBERTA LTD p154
6350 67 St Suite 1, RED DEER, AB, T4P 3L7
(403) 346-3339 *SIC* 7999
9101-6394 QUEBEC INC p1140
701 38e Rue, POINTE-CALUMET, QC, J0N 1G2
(450) 473-1000 *SIC* 7999
9190-0738 QUEBEC INC p1046
2694 Rue De La Salle Bureau 101, Jonquiere, QC, G7S 2A7
(418) 699-7777 *SIC* 7999
AIRDRIE, CITY OF p2
800 East Lake Blvd Ne, AIRDRIE, AB, T4A 2K9
(403) 948-8804 *SIC* 7999
ANDREWS HOCKEY GROWTH PROGRAMS INC p980
550 University Ave, CHARLOTTETOWN, PE, C1A 4P3
(902) 894-9600 *SIC* 7999
ATLANTIC LOTTERY CORPORATION INC, THE p432
30 Hallett Cres, ST. JOHN'S, NL, A1B 4C5
(709) 724-1700 *SIC* 7999
ATLANTIC LOTTERY CORPORATION INC, THE p450
201 Brownlow Ave Suite 33, DARTMOUTH, NS, B3B 1W2
(902) 481-8300 *SIC* 7999
ATLANTIS PROGRAMS INC p297
101 4894 Fraser St, VANCOUVER, BC, V5V 4H5
(604) 874-6464 *SIC* 7999
BATHURST, CITY OF p393
850 St. Anne St, BATHURST, NB, E2A 6X2
(506) 549-3300 *SIC* 7999
BINGO COUNTRY HOLDINGS LIMITED p482
610 Monarch Ave, AJAX, ON, L1S 6M4
(905) 427-8572 *SIC* 7999
BINGO COUNTRY HOLDINGS LIMITED p523
190 Bovaird Dr W Suite 49, BRAMPTON, ON, L7A 1A2
(905) 451-7771 *SIC* 7999
BINGO COUNTRY HOLDINGS LIMITED p763
2424 Finch Ave W, NORTH YORK, ON, M9M 2E3
SIC 7999
BINGO COUNTRY HOLDINGS LIMITED p778
285 Taunton Rd E, OSHAWA, ON, L1G 3V2
SIC 7999
BINGO COUNTRY HOLDINGS LIMITED p858
140 Edward St, ST THOMAS, ON, N5P 1Z3
(519) 633-1984 *SIC* 7999
BINGO ONE LIMITED p867
940 Newgate Ave, SUDBURY, ON, P3A 5J9
(705) 560-4243 *SIC* 7999
BINGO SAINTE-FOY INC p1147
1750 Rue Du Perigord, Quebec, QC, G1G 5X3
(418) 623-6979 *SIC* 7999
BREAKAWAY GAMING CENTRE p967
655 Crawford Ave, WINDSOR, ON, N9A 5C7
(519) 256-0001 *SIC* 7999
BRITISH COLUMBIA LOTTERY CORPORATION p294
2940 Virtual Way, VANCOUVER, BC, V5M 0A6
(604) 215-0649 *SIC* 7999
CALGARY GYMNASTICS CENTRE p59
179 Canada Olympic Rd Sw, CALGARY, AB, T3B 5R5
(403) 242-1171 *SIC* 7999
CANADIAN TENNIS ASSOCIATION p1097
285 Rue Gary-Carter, Montreal, QC, H2R 2W1
(514) 273-0094 *SIC* 7999
CANLAN ICE SPORTS CORP p232
5700 Langley Bypass, LANGLEY, BC, V3A 8L7
(604) 532-8946 *SIC* 7999
CANLAN ICE SPORTS CORP p382
1871 Ellice Ave, WINNIPEG, MB, R3H 0C1
(204) 784-8888 *SIC* 7999
CANLAN ICE SPORTS CORP p1006
5880 Boul Taschereau, BROSSARD, QC, J4W 1M6
(450) 462-2113 *SIC* 7999
CANLAN ICE SPORTS CORP p1266
2301 Grasswood Rd E, CORMAN PARK, SK, S7T 1C8
(306) 955-3606 *SIC* 7999
CAPITAL REGIONAL DISTRICT p278
2168 Phillips Rd, SOOKE, BC, V9Z 0Y3
(250) 642-8000 *SIC* 7999
CASINO NIAGARA LIMITED p736
5705 Falls Ave, NIAGARA FALLS, ON, L2G 3K6
(905) 374-3598 *SIC* 7999
CENTRE DES ARTS VISUELS, LE p1262
350 Av Victoria, WESTMOUNT, QC, H3Z 2N4
(514) 488-9558 *SIC* 7999
CENTRE SPORTIF PALADIUM INC p1070
475 Boul Roland-Therrien, LONGUEUIL, QC, J4H 4A6
(450) 646-9995 *SIC* 7999
CINEPLEX ENTERTAINMENT LIMITED PARTNERSHIP p112
1725 99 St Nw, EDMONTON, AB, T6N 1M5
(587) 585-3760 *SIC* 7999
CIRQUE DU SOLEIL INC p1090
8400 2e Av, Montreal, QC, H1Z 4M6
(514) 722-2324 *SIC* 7999
CITY OF ABBOTSFORD p176
33800 King Rd Suite 100, ABBOTSFORD, BC, V2S 8H8
(604) 743-5000 *SIC* 7999
CITY OF ABBOTSFORD p178
3106 Clearbrook Rd, ABBOTSFORD, BC, V2T 4N6
(604) 855-0500 *SIC* 7999
CITY OF BROOKS p8
111 4 Ave W, BROOKS, AB, T1R 1B7
(403) 362-3622 *SIC* 7999
CITY OF BURNABY p185
3676 Kensington Ave, BURNABY, BC, V5B 4Z6
(604) 291-1261 *SIC* 7999
CITY OF BURNABY p185
3702 Kensington Ave, BURNABY, BC, V5B 4Z6
(604) 299-9374 *SIC* 7999
CITY OF BURNABY p186
240 Willingdon Ave, BURNABY, BC, V5C 5E9
(604) 298-7946 *SIC* 7999
CITY OF CHILLIWACK p197
5725 Tyson Rd, CHILLIWACK, BC, V2R 3R6
(604) 793-2904 *SIC* 7999
CITY OF GRANDE PRAIRIE, THE p125
9535 Prairie Rd, GRANDE PRAIRIE, AB, T8V 6G5
(780) 538-0469 *SIC* 7999
CITY OF GRANDE PRAIRIE, THE p128
6 Knowledge Way, GRANDE PRAIRIE, AB, T8W 2V9
(780) 513-5252 *SIC* 7999
CITY OF HAMILTON, THE p607
1715 Main St E, HAMILTON, ON, L8H 1E3
(905) 546-4775 *SIC* 7999
CITY OF HAMILTON, THE p608
192 Wentworth St N, HAMILTON, ON, L8L 5V7
(905) 546-3122 *SIC* 7999
CITY OF HAMILTON, THE p612
1150 Main St W, HAMILTON, ON, L8S 1C2
(905) 546-4946 *SIC* 7999
CITY OF HAMILTON, THE p613
87 Brentwood Dr, HAMILTON, ON, L8T 3W4
(905) 546-4880 *SIC* 7999
CITY OF HAMILTON, THE p616
35 Lynbrook Dr, HAMILTON, ON, L9C 2K6
(905) 546-4932 *SIC* 7999
CITY OF NANAIMO p239
741 Third St, NANAIMO, BC, V9R 7B2
(250) 755-7574 *SIC* 7999
CITY OF OTTAWA p594
2040 Ogilvie Rd, GLOUCESTER, ON, K1J 7N8
(613) 748-4222 *SIC* 7999
CITY OF OTTAWA p595
3380 D'aoust Ave, GLOUCESTER, ON, K1T 1R5
(613) 521-4092 *SIC* 7999
CITY OF OTTAWA p729
401 Corkstown Rd, NEPEAN, ON, K2H 8T1
SIC 7999
CITY OF OTTAWA p784
1490 Youville Dr, OTTAWA, ON, K1C 2X8
(613) 824-0819 *SIC* 7999
CITY OF OTTAWA p794
100 Brewer Way, OTTAWA, ON, K1S 5R2
(613) 247-4938 *SIC* 7999
CITY OF OTTAWA p795
1265 Walkley Rd, OTTAWA, ON, K1V 6P9
(613) 247-4811 *SIC* 7999
CITY OF OTTAWA p801
320 Jack Purcell Lane, OTTAWA, ON, K2P 2J5
(613) 564-1050 *SIC* 7999
CITY OF PRINCE GEORGE p260
1770 Monroe St, PRINCE GEORGE, BC, V2M 7A4
(250) 561-7542 *SIC* 7999
CITY OF RED DEER, THE p153
4501 47a Ave, RED DEER, AB, T4N 6Z6
SIC 7999
CITY OF SALMON ARM p276
2600 10 Ave Ne, SALMON ARM, BC, V1E 2S4
(250) 832-4044 *SIC* 7999
CITY OF ST. JOHN'S p436
40 Mundy Pond Rd, ST. JOHN'S, NL, A1E 1V1
(709) 576-8499 *SIC* 7999
CITY OF WINNIPEG, THE p366
909 Concordia Ave, WINNIPEG, MB, R2K 2M6
(204) 986-6980 *SIC* 7999
CITY OF WINNIPEG, THE p389
685 Dalhousie Dr, WINNIPEG, MB, R3T 3Y2
(204) 986-6880 *SIC* 7999
COMMUNITY GAMING & ENTERTAINMENT GROUP LP p965
2515 Dougall Ave, WINDSOR, ON, N8X 1T3
(519) 948-7500 *SIC* 7999
COMMUNITY GAMING & ENTERTAINMENT GROUP LP p967
655 Crawford Ave, WINDSOR, ON, N9A 5C7
(519) 256-0001 *SIC* 7999
COMOX VALLEY REGIONAL DISTRICT p194
225 Dogwood St S, CAMPBELL RIVER, BC, V9W 8C8
(250) 287-9234 *SIC* 7999

▲ Public Company ■ Public Company Family Member **HQ** Headquarters **BR** Branch **SL** Single Location

COMPLEX SUPPLY INC p735
Po Box 300 Stn Main, NIAGARA FALLS, ON, L2E 6T3
(905) 374-6928   SIC 7999

CONSEIL DE VIE ETUDIANTE DE L'ECOLE NATIONALE AEROTECHNIQUE COLLEGE EDOUARD-MONTPETIT INC p1070
260 Rue De Gentilly E, LONGUEUIL, QC, J4H 4A4
SIC 7999

CONSEIL DES ECOLES CATHOLIQUES DE LANGUE FRANCAISE DU CENTRE-EST p799
1303 Fellows Rd, OTTAWA, ON, K2C 2V8
(613) 820-2121   SIC 7999

CORPORATION OF DELTA, THE p209
11415 84 Ave, DELTA, BC, V4C 2L9
(604) 595-8400   SIC 7999

CORPORATION OF DELTA, THE p209
7815 112 St, DELTA, BC, V4C 4V9
(604) 952-3075   SIC 7999

CORPORATION OF DELTA, THE p211
5575 9 Ave, DELTA, BC, V4M 1W1
(604) 952-3005   SIC 7999

CORPORATION OF NORFOLK COUNTY p848
182 South Dr, SIMCOE, ON, N3Y 1G5
(519) 426-8866   SIC 7999

CORPORATION OF THE CITY OF BARRIE, THE p497
190 Bayview Dr, BARRIE, ON, L4N 4Y8
(705) 728-5141   SIC 7999

CORPORATION OF THE CITY OF BRAMPTON, THE p511
1295 Williams Pky, BRAMPTON, ON, L6S 3J8
(905) 791-8211   SIC 7999

CORPORATION OF THE CITY OF BRAMPTON, THE p513
44 Eastbourne Dr, BRAMPTON, ON, L6T 3M2
(905) 792-2224   SIC 7999

CORPORATION OF THE CITY OF BRAMPTON, THE p518
340 Vodden St E, BRAMPTON, ON, L6V 2N2
(905) 874-2814   SIC 7999

CORPORATION OF THE CITY OF BRAMPTON, THE p523
30 Loafer's Lake Lane, BRAMPTON, ON, L6Z 1X9
(905) 846-2370   SIC 7999

CORPORATION OF THE CITY OF BURLINGTON p533
4235 New St, BURLINGTON, ON, L7L 1T3
(905) 637-0632   SIC 7999

CORPORATION OF THE CITY OF BURLINGTON p538
2425 Upper Middle Rd, BURLINGTON, ON, L7P 3N9
(905) 335-7000   SIC 7999

CORPORATION OF THE CITY OF CAMBRIDGE, THE p543
212 South St, CAMBRIDGE, ON, N1R 2P4
(519) 623-0270   SIC 7999

CORPORATION OF THE CITY OF CORNWALL p565
100 Water St E, CORNWALL, ON, K6H 6G4
(613) 933-3586   SIC 7999

CORPORATION OF THE CITY OF COURTENAY, THE p204
489 Old Island Hwy, COURTENAY, BC, V9N 3P5
(250) 338-5371   SIC 7999

CORPORATION OF THE CITY OF DAWSON CREEK p206
1310 106 Ave, DAWSON CREEK, BC, V1G 2P1
(250) 782-2229   SIC 7999

CORPORATION OF THE CITY OF ELLIOT LAKE, THE p572
303 Mississauga Ave, ELLIOT LAKE, ON, P5A 1E8
SIC 7999

CORPORATION OF THE CITY OF KITCHENER p637
600 Heritage Dr, KITCHENER, ON, N2B 3T9
(519) 741-2670   SIC 7999

CORPORATION OF THE CITY OF LONDON p659
585 Bradley Ave, LONDON, ON, N6E 3Z8
SIC 7999

CORPORATION OF THE CITY OF LONDON p661
1045 Wonderland Rd N, LONDON, ON, N6G 2Y9
(519) 661-4455   SIC 7999

CORPORATION OF THE CITY OF NEW WESTMINSTER p244
65 Sixth Ave E, NEW WESTMINSTER, BC, V3L 4G6
(604) 526-4281   SIC 7999

CORPORATION OF THE CITY OF NEW WESTMINSTER p245
600 Eighth St, NEW WESTMINSTER, BC, V3M 3S2
(604) 777-5111   SIC 7999

CORPORATION OF THE CITY OF THUNDER BAY, THE p880
130 Churchill Dr W, THUNDER BAY, ON, P7C 1V5
(807) 577-2538   SIC 7999

CORPORATION OF THE CITY OF TORONTO p575
95 Mimico Ave Suite 100b, ETOBICOKE, ON, M8V 1R4
(416) 394-8711   SIC 7999

CORPORATION OF THE CITY OF TORONTO p744
2975 Don Mills Rd, NORTH YORK, ON, M2J 3B7
(416) 395-7855   SIC 7999

CORPORATION OF THE CITY OF TORONTO p747
45 Goulding Ave, NORTH YORK, ON, M2M 1K8
(416) 395-7826   SIC 7999

CORPORATION OF THE CITY OF TORONTO p748
89 Church Ave, NORTH YORK, ON, M2N 6C9
(416) 395-0262   SIC 7999

CORPORATION OF THE CITY OF TORONTO p753
29 St Dennis Dr, NORTH YORK, ON, M3C 3J3
(416) 395-7974   SIC 7999

CORPORATION OF THE CITY OF TORONTO p761
50 Falstaff Ave, NORTH YORK, ON, M6L 2C7
(416) 395-7924   SIC 7999

CORPORATION OF THE CITY OF TORONTO p761
35 Glen Long Ave, NORTH YORK, ON, M6B 2M1
(416) 395-7961   SIC 7999

CORPORATION OF THE CITY OF TORONTO p834
30 Sewells Rd, SCARBOROUGH, ON, M1B 3G5
(416) 396-8969   SIC 7999

CORPORATION OF THE CITY OF TORONTO p895
953 Gerrard St E, TORONTO, ON, M4M 1Z4
(416) 392-0750   SIC 7999

CORPORATION OF THE CITY OF TORONTO p903
495 Sherbourne St, TORONTO, ON, M4X 1K7
(416) 392-0227   SIC 7999

CORPORATION OF THE CITY OF TORONTO p928
100 Garrison Rd, TORONTO, ON, M5V 3K9
(416) 392-6907   SIC 7999

CORPORATION OF THE CITY OF TORONTO p940
90 Thirty First St, TORONTO, ON, M8W 3E9
(416) 394-8707   SIC 7999

CORPORATION OF THE CITY OF VICTORIA, THE p329
2275 Quadra St, VICTORIA, BC, V8T 4C4
(250) 361-0732   SIC 7999

CORPORATION OF THE CITY OF WINDSOR p961
3205 Forest Glade Dr, WINDSOR, ON, N8R 1W7
(519) 735-7121   SIC 7999

CORPORATION OF THE CITY OF WINDSOR p967
2555 Pulford Rd, WINDSOR, ON, N9A 6J3
(519) 966-6040   SIC 7999

CORPORATION OF THE NATION MUNICIPALITY p857
20 Arena St, ST ISIDORE, ON, K0C 2B0
(613) 524-2522   SIC 7999

CORPORATION OF THE TOWN OF AURORA, THE p490
135 Industrial Pky N, AURORA, ON, L4G 4C4
(905) 841-7529   SIC 7999

CORPORATION OF THE TOWN OF COCHRANE p69
201 5 Ave W, COCHRANE, AB, T4C 1X3
(403) 851-2299   SIC 7999

CORPORATION OF THE TOWN OF GEORGINA, THE p628
26557 Civic Center, KESWICK, ON, L4P 3G1
(705) 437-2210   SIC 7999

CORPORATION OF THE TOWN OF HALTON HILLS p591
221 Guelph St, GEORGETOWN, ON, L7G 4A8
(905) 877-8488   SIC 7999

CORPORATION OF THE TOWN OF HUNTSVILLE, THE p620
20 Park Dr, HUNTSVILLE, ON, P1H 1P5
(705) 789-2927   SIC 7999

CORPORATION OF THE TOWN OF KINGSVILLE p635
1741 Jasperson Lane, KINGSVILLE, ON, N9Y 3J4
(519) 733-2123   SIC 7999

CORPORATION OF THE TOWN OF OAKVILLE, THE p769
363 Warminster Dr, OAKVILLE, ON, L6L 4N1
(905) 338-4191   SIC 7999

CORPORATION OF THE TOWN OF RICHMOND HILL, THE p822
11099 Bathurst St, RICHMOND HILL, ON, L4C 0N2
(905) 508-7012   SIC 7999

CORPORATION OF THE TOWN OF RICHMOND HILL, THE p822
5 Hopkins St, RICHMOND HILL, ON, L4C 0C1
(905) 508-9283   SIC 7999

CORPORATION OF THE TOWN OF WHITBY, THE p957
500 Victoria St W, WHITBY, ON, L1N 9G4
(905) 668-7765   SIC 7999

CORPORATION OF THE TOWN OF WHITCHURCH STOUFFVILLE p863
30 Burkholder St, STOUFFVILLE, ON, L4A 4K1
(905) 642-7529   SIC 7999

CORPORATION OF THE TOWNSHIP OF UXBRIDGE, THE p945
1 Parkside Dr, UXBRIDGE, ON, L9P 1K7
(905) 852-7831   SIC 7999

COWICHAN VALLEY REGIONAL DISTRICT p237
1035 Shawnigan-Mill Bay Rd, MILL BAY, BC, V0R 2P2
(250) 743-9211   SIC 7999

DISTRICT OF MACKENZIE p235
400 Skeena Dr, MACKENZIE, BC, V0J 2C0
(250) 997-5283   SIC 7999

DOW CENTENNIAL CENTRE p123
8700 84 St, FORT SASKATCHEWAN, AB, T8L 4P5
(780) 992-6266   SIC 7999

ECO-NATURE p1032
345 Boul Sainte-Rose, FABREVILLE, QC, H7L 1M7
(450) 622-1020   SIC 7999

ECOLE DE CIRQUE DE QUEBEC p1151
750 2e Av, Quebec, QC, G1L 3B7
(418) 525-0101   SIC 7999

EDMONTON NORTHLANDS p74
7410 Borden Park Rd Nw, EDMONTON, AB, T5B 0H8
(780) 471-7378   SIC 7999

ENVIRONMENT AND CLIMATE CHANGE CANADA p1308
Gd, WAKAW, SK, S0K 4P0
(306) 423-6227   SIC 7999

ESCAPADES MEMPHREMAGOG INC p1074
2400 Rue Principale O, MAGOG, QC, J1X 0J1
(819) 843-7000   SIC 7999

FESTIVAL INTERNATIONAL DE JAZZ DE MONTREAL INC, LE p1106
400 Boul De Maisonneuve O Bureau 800, Montreal, QC, H3A 1L4
(514) 871-1881   SIC 7999

FESTIVAL MONDIAL DE FOLKLORE (DRUMMOND) p1029
226 Rue Saint-Marcel, DRUMMONDVILLE, QC, J2B 2E4
(819) 472-1184   SIC 7999

FITNESS ONE SPORTS CLUB FOR WOMEN INC p759
700 Lawrence Ave W Suite 235, NORTH YORK, ON, M6A 3B4
SIC 7999

FRASER VALLEY REGIONAL DISTRICT p217
1005 6th Ave, HOPE, BC, V0X 1L4
(604) 869-2304   SIC 7999

GAMEHOST INC p120
9825 Hardin St, FORT MCMURRAY, AB, T9H 4G9
(780) 790-9739   SIC 7999

GAMEHOST INC p126
10910 107a Ave, GRANDE PRAIRIE, AB, T8V 7R2
(780) 539-4454   SIC 7999

GOLDWING INVESTMENTS (SASKATOON) LIMITED p225
1585 Springfield Rd, KELOWNA, BC, V1Y 5V5
(250) 860-9577   SIC 7999

GOODLIFE FITNESS CENTRES INC p325
5001 Anderson Way, VERNON, BC, V1T 9V1
(250) 545-7230   SIC 7999

GOODLIFE FITNESS CENTRES INC p461
3601 Joseph Howe Dr, HALIFAX, NS, B3L 4H8
(902) 453-7724   SIC 7999

GOODLIFE FITNESS CENTRES INC p531
1972 Parkedale Ave, BROCKVILLE, ON, K6V 5T2
(613) 345-4623   SIC 7999

GOODLIFE FITNESS CENTRES INC p624
484 Hazeldean Rd Unit 17, KANATA, ON, K2L 1V4
(613) 831-9849   SIC 7999

GOODLIFE FITNESS CENTRES INC p638
589 Fairway Rd S, KITCHENER, ON, N2C 1X4
(519) 576-7744   SIC 7999

GOODLIFE FITNESS CENTRES INC p698
100 City Centre Dr Unit R9, MISSISSAUGA, ON, L5B 2C9
(905) 804-0707   SIC 7999

GOODLIFE FITNESS CENTRES INC p705
5010 Glen Erin Dr, MISSISSAUGA, ON, L5M 6J3
(905) 607-2610   SIC 7999

GOODLIFE FITNESS CENTRES INC p726
5 Roydon Pl, NEPEAN, ON, K2E 1A3

BUSINESSES BY INDUSTRY CLASSIFICATION　　　　　　　　　　　　　　　　　　　　SIC 7999 Amusement and recreation, nec　　2375

(613) 739-4070　SIC 7999
GOODLIFE FITNESS CENTRES INC　p730
3201 Greenbank Rd, NEPEAN, ON, K2J 4H9
(613) 823-8081　SIC 7999
GOODLIFE FITNESS CENTRES INC　p753
825 Don Mills Rd Suite 300, NORTH YORK, ON, M3C 1V4
(416) 383-1816　SIC 7999
GOODLIFE FITNESS CENTRES INC　p771
300 North Service Rd W, OAKVILLE, ON, L6M 2S1
(905) 337-7244　SIC 7999
GOODLIFE FITNESS CENTRES INC　p781
419 King St W, OSHAWA, ON, L1J 2K5
(905) 433-1665　SIC 7999
GOODLIFE FITNESS CENTRES INC　p800
1980 Baseline Rd, OTTAWA, ON, K2C 0C6
(613) 226-2638　SIC 7999
GOODLIFE FITNESS CENTRES INC　p908
100 Yonge St Suite 2, TORONTO, ON, M5C 2W1
(416) 869-3900　SIC 7999
GOODLIFE FITNESS CENTRES INC　p908
137 Yonge St, TORONTO, ON, M5C 1W6
(416) 599-0430　SIC 7999
GOODLIFE FITNESS CENTRES INC　p940
3300 Bloor St W, TORONTO, ON, M8X 2W8
(416) 231-3300　SIC 7999
GOODLIFE FITNESS CENTRES INC　p974
57 Northview Blvd, WOODBRIDGE, ON, L4L 8X9
(905) 265-1188　SIC 7999
GOULBOURN RECREATION COMPLEX　p860
1500 Shea Rd, STITTSVILLE, ON, K2S 0B2
(613) 831-1169　SIC 7999
GOUVERNEMENT DE LA PROVINCE DE QUEBEC　p1077
257 Av Saint-Jerome, MATANE, QC, G4W 3A7
(418) 562-3700　SIC 7999
GOVERNMENT OF ONTARIO　p585
45 Golfdown Dr, ETOBICOKE, ON, M9W 2H8
(416) 394-8722　SIC 7999
GOVERNMENT OF THE PROVINCE OF ALBERTA　p172
4509 48 St, VEGREVILLE, AB, T9C 1K8
(780) 632-6403　SIC 7999
GOVERNORS OF THE UNIVERSITY OF ALBERTA, THE　p107
115 St 87 Ave, EDMONTON, AB, T6G 2H9
(780) 492-3570　SIC 7999
GRANDVIEW COMMUNITY CENTER ASSOCIATION　p295
3350 Victoria Dr, VANCOUVER, BC, V5N 4M4
SIC 7999
GREAT CANADIAN CASINOS INC　p202
2080 United Blvd Suite D, COQUITLAM, BC, V3K 6W3
(604) 523-6888　SIC 7999
GREAT CANADIAN CASINOS INC　p239
620 Terminal Ave, NANAIMO, BC, V9R 5E2
(250) 753-3033　SIC 7999
GREAT CANADIAN CASINOS INC　p269
8811 River Rd, RICHMOND, BC, V6X 3P8
(604) 247-8900　SIC 7999
GREAT CANADIAN CASINOS INC　p590
1382 County Road 28, FRASERVILLE, ON, K0L 1V0
(705) 939-2400　SIC 7999
GREAT CANADIAN GAMING CORPORATION　p202
95 Schooner St, COQUITLAM, BC, V3K 7A8
(604) 303-1000　SIC 7999
GREATER VANCOUVER REGIONAL DISTRICT　p231
1558 200 St, LANGLEY, BC, V2Z 1W5
(604) 530-4983　SIC 7999
GROSSMAN, LARRY FOREST HILL MEMORIAL ARENA, THE　p923
340 Chaplin Cres, TORONTO, ON, M5N 2N3
(416) 488-1800　SIC 7999
GROUPE DOMISA INC　p1198
15 Rue Jacques-Cartier N, SAINT-JEAN-SUR-RICHELIEU, QC, J3B 8R8
(450) 358-6604　SIC 7999
GUELPH, CITY OF　p576
44 Montgomery Rd, ETOBICOKE, ON, M8X 1Z4
(416) 394-8731　SIC 7999
GUIJEK INSTITUT QUEBECOIS POUR LA SANTE INTEGRALE　p1093
5445 Av De Lorimier Bureau 401, Montreal, QC, H2H 2S5
(514) 527-2666　SIC 7999
H.R. MACMILLAN SPACE CENTRE SOCIETY　p316
1100 Chestnut St, VANCOUVER, BC, V6J 3J9
(604) 738-7827　SIC 7999
HALIFAX REGIONAL MUNICIPALITY　p454
1359 Fall River Rd, FALL RIVER, NS, B2T 1E5
(902) 860-4570　SIC 7999
HAMILTON REGION CONSERVATION AUTHORITY　p570
1000 5 Hwy W, DUNDAS, ON, L9H 5E2
(905) 628-3060　SIC 7999
HAMPTONS GOLF COURSE LTD　p58
69 Hamptons Dr Nw, CALGARY, AB, T3A 5H7
(403) 239-8088　SIC 7999
HUMBOLDT, CITY OF　p1270
61917 Street, HUMBOLDT, SK, S0K 2A1
(306) 682-2597　SIC 7999
INTERNATIONAL FITNESS HOLDINGS INC　p45
217 7 Ave Sw, CALGARY, AB, T2P 0X1
(403) 265-3444　SIC 7999
KAMLOOPS, THE CORPORATION OF THE CITY OF　p220
910 Mcgill Rd, KAMLOOPS, BC, V2C 6N6
(250) 828-3655　SIC 7999
L'ECOLE DE HOCKEY CO-JEAN INC　p1000
90 Rue Champlain, BOISBRIAND, QC, J7G 1J8
SIC 7999
LANGLEY, CORPORATION OF THE TOWNSHIP OF　p231
7888 200 St, LANGLEY, BC, V2Y 3J4
(604) 532-3595　SIC 7999
LANGLEY, CORPORATION OF THE TOWNSHIP OF　p233
22200 Fraser Hwy, LANGLEY, BC, V3A 7T2
(604) 533-6170　SIC 7999
LAROSE HEARST RECREATION CENTRE　p619
925 Alexander, HEARST, ON, P0L 1N0
(705) 372-2824　SIC 7999
LETHBRIDGE, CITY OF　p140
2510 Scenic Dr S, LETHBRIDGE, AB, T1K 7V7
(403) 320-4040　SIC 7999
LHEIT LIT'EN DEVELOPMENT CORPORATION　p258
1041 Whenun Rd, PRINCE GEORGE, BC, V2K 5X8
(250) 963-8451　SIC 7999
LLOYDMINSTER, CITY OF　p141
2902 58 Ave, LLOYDMINSTER, AB, T9V 1X8
(780) 875-4497　SIC 7999
MACDONALD, DETTWILER AND ASSOCIATES CORPORATION　p266
13800 Commerce Pky, RICHMOND, BC, V6V 2J3
(604) 278-3411　SIC 7999
MANITOBA MOOSE TWO LIMITED　p381
1430 Maroons Rd, WINNIPEG, MB, R3G 0L5
(204) 987-7825　SIC 7999
MAPLE RIDGE COMMUNITY GAMING CENTRE　p236
22366 119 Ave, MAPLE RIDGE, BC, V2X 2Z3
SIC 7999
MEDICINE HAT EXHIBITION & STAMPEDE CO LTD　p143
2055 21 Ave Se, MEDICINE HAT, AB, T1A 7N1
(403) 527-1234　SIC 7999
METROPOLITAN ENTERTAINMENT GROUP　p459
1983 Upper Water St, HALIFAX, NS, B3J 3Y5
(902) 425-7777　SIC 7999
METROPOLITAN ENTERTAINMENT GROUP　p475
525 George St, SYDNEY, NS, B1P 1K5
(902) 563-7777　SIC 7999
MICHENER, ROLAND RECREATION CENTER　p155
2 Michener Rd, RED DEER, AB, T4P 0J9
(403) 340-5785　SIC 7999
MONCTON, CITY OF　p407
377 Killam Dr Unit 100, MONCTON, NB, E1C 3T1
(506) 389-5989　SIC 7999
MOOSE JAW EXHIBITION COMPANY, LIMITED, THE　p1276
250 Thatcher Dr E, MOOSE JAW, SK, S6J 1L7
(306) 692-2723　SIC 7999
MOTO LOCATION M.T.L. INTERNATIONAL INC　p1122
6695 Rue Saint-Jacques, Montreal, QC, H4B 1V3
(514) 483-6686　SIC 7999
MUNICIPALITY OF WEST NIPISSING　p866
219 O'hara St Unit A, STURGEON FALLS, ON, P2B 1A2
(705) 753-0160　SIC 7999
NATIONAL FITNESS BURLINGTON　p538
3430 Fairview St, BURLINGTON, ON, L7N 2R5
SIC 7999
NATIONAL SPORTS DEVELOPMENT LTD　p32
7475 Flint Rd Se, CALGARY, AB, T2H 1G3
(403) 201-8788　SIC 7999
NAUTILUS PLUS INC　p999
775 Boul Du Cure-Labelle, BLAINVILLE, QC, J7C 2K4
(450) 433-3355　SIC 7999
NAUTILUS PLUS INC　p1119
2676 Rue De Salaberry, Montreal, QC, H3M 1L3
(514) 337-9456　SIC 7999
NAUTILUS PLUS INC　p1129
1780 Boul Des Laurentides, Montreal, QC, H7M 2Y4
(450) 668-2686　SIC 7999
NAUTILUS PLUS INC　p1167
5155 Boul Des Gradins, Quebec, QC, G2J 1C8
(418) 628-7524　SIC 7999
NAUTILUS PLUS INC　p1171
100 Boul Brien Bureau 10, REPENTIGNY, QC, J6A 5N4
(450) 582-0961　SIC 7999
NAUTILUS PLUS INC　p1199
315 Rue Macdonald Bureau 120, SAINT-JEAN-SUR-RICHELIEU, QC, J3B 8J3
(450) 348-5666　SIC 7999
NAUTILUS PLUS INC　p1216
6705 Rue Jean-Talon E, SAINT-LEONARD, QC, H1S 1N2
(514) 353-7860　SIC 7999
NAUTILUS PLUS INC　p1245
1507 Ch Gascon, TERREBONNE, QC, J6X 2Z6
(450) 964-7177　SIC 7999
NORTH BATTLEFORD, CITY OF　p1277
1902 106th St, NORTH BATTLEFORD, SK, S9A 3G5
(306) 445-1745　SIC 7999
NORTH VANCOUVER RECREATION COMMISSION　p247
2300 Kirkstone Rd, NORTH VANCOUVER, BC, V7J 3M3
(604) 984-4484　SIC 7999
NUBODY'S FITNESS CENTRES INC　p459
2000 Barrington St, HALIFAX, NS, B3J 3K1
(902) 492-9289　SIC 7999
OAKVILLE GYMNASTIC CLUB　p771
1415 Third Line, OAKVILLE, ON, L6M 3G2
(905) 847-7747　SIC 7999
ONTARIO LOTTERY AND GAMING CORPORATION　p484
50 Alexanders Crossing, AJAX, ON, L1Z 2E6
(905) 619-2690　SIC 7999
ONTARIO LOTTERY AND GAMING CORPORATION　p573
7445 County Rd 21, ELORA, ON, N0B 1S0
(519) 846-2022　SIC 7999
ONTARIO LOTTERY AND GAMING CORPORATION　p591
380 Second St, GANANOQUE, ON, K7G 2J9
(866) 266-8422　SIC 7999
ONTARIO LOTTERY AND GAMING CORPORATION　p650
554 First St, LONDON, ON, N5V 1Z3
(519) 659-1551　SIC 7999
ONTARIO LOTTERY AND GAMING CORPORATION　p652
900 King St, LONDON, ON, N5W 5K3
(519) 672-5394　SIC 7999
ONTARIO LOTTERY AND GAMING CORPORATION　p736
4735 Drummond Rd, NIAGARA FALLS, ON, L2E 6C8
(905) 356-8109　SIC 7999
ONTARIO LOTTERY AND GAMING CORPORATION　p737
6380 Fallsview Blvd, NIAGARA FALLS, ON, L2G 7X5
(905) 358-7654　SIC 7999
ONTARIO LOTTERY AND GAMING CORPORATION　p750
4120 Yonge St Suite 420, NORTH YORK, ON, M2P 2B8
(416) 224-1772　SIC 7999
ONTARIO LOTTERY AND GAMING CORPORATION　p831
30 Bay St W, SAULT STE. MARIE, ON, P6A 7A6
(705) 759-0100　SIC 7999
ONTARIO LOTTERY AND GAMING CORPORATION　p831
70 Foster Dr Suite 800, SAULT STE. MARIE, ON, P6A 6V2
(705) 946-6464　SIC 7999
ONTARIO LOTTERY AND GAMING CORPORATION　p879
50 Cumberland St S, THUNDER BAY, ON, P7B 5L4
(807) 683-1935　SIC 7999
ONTARIO LOTTERY AND GAMING CORPORATION　p943
555 Rexdale Blvd, TORONTO, ON, M9W 5L1
(416) 675-1101　SIC 7999
ONTARIO PLACE CORPORATION　p936
955 Lake Shore Blvd W, TORONTO, ON, M6K 3B9
(416) 314-9900　SIC 7999
OTTAWA RIVER WHITE WATER RAFTING LIMITED　p500
1260 Grant Settlement Rd, BEACHBURG, ON, K0J 1C0
(613) 646-2501　SIC 7999
OTTAWA YOUNG MEN'S AND YOUNG WOMEN'S CHRISTIAN ASSOCIATION　p776
265 Centrum Blvd, ORLEANS, ON, K1E 3X7
(613) 830-4199　SIC 7999
OWL RAFTING INC　p794
39 First Ave, OTTAWA, ON, K1S 2G1
(613) 238-7238　SIC 7999
PATRO DE JONQUIERE INC, LE　p1047
2565 Rue Saint-Dominique, JONQUIERE,

▲ Public Company　■ Public Company Family Member　HQ Headquarters　BR Branch　SL Single Location

QC, G7X 6J6
(418) 542-7536   SIC 7999
PEACE RIVER REGIONAL DISTRICT p196
4552 Access Rd N, CHETWYND, BC, V0C 1J0
(250) 788-2214   SIC 7999
PEACE RIVER, TOWN OF p150
7201 98 St, PEACE RIVER, AB, T8S 1E2
(780) 624-3720   SIC 7999
PERTH, CORPORATION OF THE TOWN OF p807
3 Sunset Blvd, PERTH, ON, K7H 0A1
(613) 267-5302   SIC 7999
PISCINES PRO ET PATIOS N.V. INC p1152
945 Av Godin, Quebec, QC, G1M 2X5
(418) 687-1988   SIC 7999
POINTE-CLAIRE, VILLE DE p1143
176 Ch Du Bord-Du-Lac Lakeshore, POINTE-CLAIRE, QC, H9S 4J7
(514) 630-1220   SIC 7999
POLLARD BANKNOTE INCOME FUND p5
6203 46 St, BARRHEAD, AB, T7N 1A1
(780) 674-4750   SIC 7999
PORTAGE REGIONAL RECREATION AUTHORITY INC p354
245 Royal Rd S, PORTAGE LA PRAIRIE, MB, R1N 1T8
(204) 857-7772   SIC 7999
PREMIER HEALTH CLUBS INC p690
5100 Dixie Rd, MISSISSAUGA, ON, L4W 1C9
   SIC 7999
PREMIER HEALTH CLUBS INC p766
474 Iroquois Shore Rd, OAKVILLE, ON, L6H 2Y7
(905) 842-2366   SIC 7999
PURE CANADIAN GAMING CORP p97
12464 153rd St, EDMONTON, AB, T5V 3C5
(780) 424-9467   SIC 7999
PURE CANADIAN GAMING CORP p102
7055 Argyll Rd Nw, EDMONTON, AB, T6C 4A5
(780) 465-5377   SIC 7999
PURE CANADIAN GAMING CORP p139
1251 3 Ave S, LETHBRIDGE, AB, T1J 0K1
(403) 381-9467   SIC 7999
QUATRE GLACES (1994) INC, LES p1006
5880 Boul Taschereau, BROSSARD, QC, J4W 1M6
(450) 462-2113   SIC 7999
QUESNEL, CITY OF p264
500 Barlow Ave, QUESNEL, BC, V2J 2C4
(250) 992-7125   SIC 7999
RECREATION OAK BAY p327
2291 Cedar Hill Cross Rd, VICTORIA, BC, V8P 5H9
(250) 370-7200   SIC 7999
REGINA EXHIBITION ASSOCIATION LIMITED p1285
1700 Elphinstone St, REGINA, SK, S4P 2Z6
(306) 781-9200   SIC 7999
REGIONAL DISTRICT OF CENTRAL OKANAGAN p337
2760 Cameron Rd, WEST KELOWNA, BC, V1Z 2T6
(250) 469-6160   SIC 7999
REGIONAL DISTRICT OF NANAIMO p263
737 Jones St, QUALICUM BEACH, BC, V9K 1S4
(250) 752-5014   SIC 7999
REGIONAL MUNICIPALITY OF WATERLOO, THE p951
2001 University Ave E Suite 104, WATERLOO, ON, N2K 4K4
(519) 746-6563   SIC 7999
RESORTS OF THE CANADIAN ROCKIES INC p134
1 Whait Horn Rd, LAKE LOUISE, AB, T0L 1E0
(403) 522-3555   SIC 7999
RESORTS OF THE CANADIAN ROCKIES INC p228
500 Jerry Sorenson Way, KIMBERLEY, BC, V1A 2Y6

(250) 427-5171   SIC 7999
RG PROPERTIES LTD p226
1223 Water St Suite 102, KELOWNA, BC, V1Y 9V1
(250) 979-0888   SIC 7999
RICHMOND HILL ARENA ASSOCIATION p823
43 Church St S, RICHMOND HILL, ON, L4C 1W1
(905) 884-1368   SIC 7999
RICHMOND HILL ARENA ASSOCIATION p823
350 16th Ave, RICHMOND HILL, ON, L4C 7A9
(905) 884-6776   SIC 7999
RINK PARTNERS CORPORATION p544
1001 Franklin Blvd, CAMBRIDGE, ON, N1R 8B5
(519) 622-4494   SIC 7999
RINK PARTNERS CORPORATION p964
3400 Grand Marais Rd E, WINDSOR, ON, N8W 1W7
   SIC 7999
ROUYN-NORANDA, VILLE DE p1178
220 Av Dallaire, ROUYN-NORANDA, QC, J9X 5C3
(819) 797-7146   SIC 7999
ROYAL LIFE SAVING SOCIETY CANADA, ONTARIO BRANCH, THE p745
400 Consumers Rd, NORTH YORK, ON, M2J 1P8
(416) 494-1024   SIC 7999
ROYAL LIFE SAVINGS SOCIETY CANADA, THE p745
400 Consumers Rd, NORTH YORK, ON, M2J 1P8
   SIC 7999
SANTA MARIA GORETTI COMMUNITY CENTRE ASSOCIATION p78
11050 90 St Nw, EDMONTON, AB, T5H 1S5
(780) 426-5026   SIC 7999
SASKATCHEWAN GAMING CORPORATION p1286
1880 Saskatchewan Dr, REGINA, SK, S4P 0B2
(306) 565-3000   SIC 7999
SASKATCHEWAN INDIAN GAMING AUTHORITY INC p1265
Gd, CARLYLE, SK, S0C 0R0
(306) 577-4577   SIC 7999
SASKATCHEWAN INDIAN GAMING AUTHORITY INC p1278
11906 Railway Ave E, NORTH BATTLEFORD, SK, S9A 3K7
(306) 446-3833   SIC 7999
SASKATCHEWAN INDIAN GAMING AUTHORITY INC p1280
44 Marquis Rd W, PRINCE ALBERT, SK, S6V 7Y5
(306) 764-4777   SIC 7999
SASKATCHEWAN INDIAN GAMING AUTHORITY INC p1303
103c Packham Ave Suite 250, SASKATOON, SK, S7N 4K4
(306) 477-7777   SIC 7999
SAUGEEN SHORES, TOWN OF p816
780 Gustavus St Ss 4, PORT ELGIN, ON, N0H 2C4
(519) 832-2627   SIC 7999
SERVICES FORESTIERS ET TERRITORIAUX DE MANAWAN (SFTM) INC p1075
180 Rue Amiskw, MANOUANE, QC, J0K 1M0
(819) 971-1242   SIC 7999
SHAMES MOUNTAIN SKI CORPORATION p291
4544 Lakelse Ave, TERRACE, BC, V8G 1P8
(250) 635-3773   SIC 7999
SHUSWAP LAKES VACATIONS INC p277
101 Martin St, SICAMOUS, BC, V0E 2V1
(250) 804-3485   SIC 7999
SIX NATIONS COUNCIL p772
2469 Fourthline, OHSWEKEN, ON, N0A 1M0

(519) 753-3574   SIC 7999
SKI LE GAP INC p1083
220 Ch Wheeler, MONT-TREMBLANT, QC, J8E 1V3
(819) 429-6599   SIC 7999
SOCIETE DE DEVELOPPEMENT DE LA GORGE DE COATICOOK INC p1016
135 Rue Michaud, COATICOOK, QC, J1A 1A9
(819) 849-2331   SIC 7999
SOCIETE DES CASINOS DU QUEBEC INC, LA p1108
500 Rue Sherbrooke O Bureau 1500, Montreal, QC, H3A 3C6
(514) 282-8000   SIC 7999
SOCIETE DES ETABLISSEMENTS DE JEUX DU QUEBEC INC p1108
500 Rue Sherbrooke O Bureau 1600, Montreal, QC, H3A 3C6
(514) 282-8000   SIC 7999
SOCIETE DES ETABLISSEMENTS DE PLEIN AIR DU QUEBEC p1012
1584 Rte 167, CHIBOUGAMAU, QC, G8P 2K5
(418) 748-7748   SIC 7999
SOCIETE DES ETABLISSEMENTS DE PLEIN AIR DU QUEBEC p1016
25 Boul Notre-Dame, CLERMONT, QC, G4A 1C2
(418) 439-1227   SIC 7999
SODEM INC p1131
11111 Rue Notre-Dame E, MONTREAL-EST, QC, H1B 2V7
(514) 640-2737   SIC 7999
SODEM INC p1216
5115 Rue Des Galets, SAINT-LEONARD, QC, H1R 3W6
(514) 328-8595   SIC 7999
SODEM INC p1255
131 Ch Du Petit-Bois, VARENNES, QC, J3X 1P7
   SIC 7999
SONCO GAMING LIMITED PARTNERSHIP p171
377 Grey Eagle Dr, TSUU T'INA, AB, T3E 3X8
(403) 385-3777   SIC 7999
SPORTSPLEX MANAGEMENT LTD p230
20165 91a Ave Unit 100, LANGLEY, BC, V1M 3A2
(604) 882-1611   SIC 7999
SQUAMISH NATION p279
1380 Stawamus Rd, SQUAMISH, BC, V8B 0B5
(604) 892-5166   SIC 7999
ST MARY'S ECONOMIC DEVELOPMENT CORPORATION p399
185 Gabriel Dr, FREDERICTON, NB, E3A 5V9
(506) 462-9300   SIC 7999
ST PAUL, TOWN OF p166
4702 53 St Ss 4, ST PAUL, AB, T0A 3A0
(780) 645-3388   SIC 7999
STAR OF FORTUNE GAMING MANAGEMENT (B.C.) CORP p245
788 Quayside Dr, NEW WESTMINSTER, BC, V3M 6Z6
(604) 412-0166   SIC 7999
STARBURST COIN MACHINES INC p699
99 Rathburn Rd W, MISSISSAUGA, ON, L5B 4C1
(905) 273-9000   SIC 7999
STRATHCONA COUNTY p163
2000 Premier Way, SHERWOOD PARK, AB, T8H 2G4
(780) 416-3300   SIC 7999
STRATHROY-CARADOC, MUNICIPALITY OF p866
334 Metcalfe St W, STRATHROY, ON, N7G 1N5
(519) 245-2971   SIC 7999
TERRIM PROPERTIES LTD p205
1850 2nd St N Suite 106, CRANBROOK, BC, V1C 5A2

(250) 489-5160   SIC 7999
THETFORD MINES, VILLE DE p1246
561 Rue Saint-Patrick, THETFORD MINES, QC, G6G 5W1
(418) 338-8888   SIC 7999
THETFORD MINES, VILLE DE p1246
555 Rue Saint-Alphonse N, THETFORD MINES, QC, G6G 3X1
(418) 338-4477   SIC 7999
TICKETMASTER CANADA LP p82
10060 Jasper Ave Nw Suite 1800, EDMONTON, AB, T5J 3R8
(780) 447-6822   SIC 7999
TICKETMASTER CANADA LP p297
58e 2nd Ave E, VANCOUVER, BC, V5T 1B1
(604) 682-8455   SIC 7999
TICKETMASTER CANADA LP p931
1 Blue Jays Way Suite 3900, TORONTO, ON, M5V 1J3
(416) 345-9200   SIC 7999
TN ICEPLEX LIMITED PARTNERSHIP p386
3969 Portage Ave, WINNIPEG, MB, R3K 1W4
(204) 837-7539   SIC 7999
TOTUM LIFE SCIENCE INC p900
200 St Clair Ave W Suite 108, TORONTO, ON, M4V 1R1
(416) 960-3636   SIC 7999
TOTUM LIFE SCIENCE INC p903
2 Roxborough St E Unit 2, TORONTO, ON, M4W 3V7
(416) 925-5706   SIC 7999
TOWN OF CANMORE p67
1900 8 Ave, CANMORE, AB, T1W 1Y2
(403) 678-8920   SIC 7999
TOWN OF WESTLOCK p174
10450 106a St, WESTLOCK, AB, T7P 2E5
(780) 349-6677   SIC 7999
UNIVERSITY OF LETHBRIDGE, THE p140
4401 University Dr W Suite 180, LETHBRIDGE, AB, T1K 3M4
(403) 329-2706   SIC 7999
VALLEE DU PARC DE SHAWINIGAN INC p1043
10000 Ch Vallee-Du-Parc, Grand-Mere, QC, G9T 5K5
(819) 538-1639   SIC 7999
VANCOUVER BAY CLUBS LTD p309
610 Granville St Suite 201, VANCOUVER, BC, V6C 3T3
(604) 682-5213   SIC 7999
VAUGHAN SPORTS VILLAGE INC p563
2600 Rutherford Rd, CONCORD, ON, L4K 5R1
(905) 738-7574   SIC 7999
VICTORIAVILLE, VILLE DE p1259
400 Rue Jutras E, VICTORIAVILLE, QC, G6P 7W7
(819) 758-5211   SIC 7999
VILLE DE GATINEAU p1037
125 Rue De Carillon, GATINEAU, QC, J8X 2P8
(819) 595-7700   SIC 7999
VILLE DE MONTREAL p1085
12515 Boul Rodolphe-Forget, Montreal, QC, H1E 6P6
(514) 494-9718   SIC 7999
VILLE DE MONTREAL p1089
2800 Rue Viau, Montreal, QC, H1V 3J3
(514) 872-6666   SIC 7999
VILLE DE MONTREAL p1090
3430 Rue De Bellechasse, Montreal, QC, H1X 3C8
(514) 872-6578   SIC 7999
VILLE DE MONTREAL p1258
4110 Boul Lasalle, VERDUN, QC, H4G 2A5
(514) 765-7130   SIC 7999
VILLE DE QUEBEC p1162
1130 Rte De L'Eglise, Quebec, QC, G1V 4X6
(418) 641-6043   SIC 7999
WEST SHORE PARKS AND RECREATION SOCIETY p337
1767 Island Hwy, VICTORIA, BC, V9B 1J1
(250) 478-8384   SIC 7999

BUSINESSES BY INDUSTRY CLASSIFICATION SIC 8011 Offices and clinics of medical doctors **2377**

WESTERN CANADA LOTTERY CORPORATION p168
6910 50 Ave, STETTLER, AB, T0C 2L0
(403) 742-3504   SIC 7999

WESTERN CANADA LOTTERY CORPORATION p1299
1935 1st Ave N, SASKATOON, SK, S7K 6W1
(306) 933-6850   SIC 7999

WESTERN FAIR ASSOCIATION p652
316 Rectory St, LONDON, ON, N5W 3V9
(519) 438-7203   SIC 7999

WEYBURN, CITY OF p1309
532 5th St, WEYBURN, SK, S4H 1A1
(306) 848-3280   SIC 7999

WILLIAMS LAKE, CITY OF p341
525 Proctor St, WILLIAMS LAKE, BC, V2G 4J1
(250) 398-7665   SIC 7999

WOODBINE ENTERTAINMENT GROUP p895
1661 Queen St E, TORONTO, ON, M4L 1G5
(416) 698-3136   SIC 7999

YMCA DU QUEBEC, LES p1104
200 Boul Rene-Levesque O, Montreal, QC, H2Z 1X4
(514) 845-4277   SIC 7999

YMCA DU QUEBEC, LES p1108
1440 Rue Stanley Bureau 6, Montreal, QC, H3A 1P7
(514) 849-8393   SIC 7999

YMCA OF BELLEVILLE AND QUINTE p503
433 Victoria Ave, BELLEVILLE, ON, K8N 2G1
(613) 962-9245   SIC 7999

YMCA OF GREATER TORONTO p626
1000 Palladium Dr, KANATA, ON, K2V 1A4
(613) 599-0280   SIC 7999

YMCA OF HAMILTON/BURLINGTON/BRANTFORD p605
1883 Koshlong Lake Rd, HALIBURTON, ON, K0M 1S0
(705) 457-2132   SIC 7999

YMCA OF WESTERN ONTARIO p652
1050 Hamilton Rd, LONDON, ON, N5W 1A6
(519) 451-2395   SIC 7999

YMCA OF WESTERN ONTARIO p978
808 Dundas St, WOODSTOCK, ON, N4S 1G4
(519) 539-6181   SIC 7999

YORK COUNTY BOWMEN INC p734
15887 Mccowan Rd, NEWMARKET, ON, L3Y 4W1
SIC 7999

YORKTON, CITY OF p1310
455 Broadway St W, YORKTON, SK, S3N 2X1
(306) 786-1740   SIC 7999

YOUNG MEN'S CHRISTIAN ASSOCIATION OF GREATER VANCOUVER p197
45844 Hocking Ave, CHILLIWACK, BC, V2P 1B4
(604) 792-3371   SIC 7999

SIC 8011 Offices and clinics of medical doctors

924169 ONTARIO LIMITED p923
66 Avenue Rd Unit 4, TORONTO, ON, M5R 3N8
(416) 922-2868   SIC 8011

ACCERTACLAIM SERVICORP INC p923
4 New St, TORONTO, ON, M5R 1P6
(416) 922-6565   SIC 8011

ALBERTA HEALTH SERVICES p5
Gd, BASSANO, AB, T0J 0B0
(403) 641-3183   SIC 8011

ALBERTA HEALTH SERVICES p5
6203 49 St, BARRHEAD, AB, T7N 1A1
(780) 674-3408   SIC 8011

ALBERTA HEALTH SERVICES p8
515 1st Ave Se, BROOKS, AB, T1R 0H6
(403) 362-7575   SIC 8011

ALBERTA HEALTH SERVICES p36
6617 Centre St Nw, CALGARY, AB, T2K 4Y5
(403) 944-7500   SIC 8011

ALBERTA HEALTH SERVICES p38
1403 29 St Nw Suite 1403, CALGARY, AB, T2N 2T9
(403) 670-1110   SIC 8011

ALBERTA HEALTH SERVICES p51
1213 4 St Sw Suite 3223, CALGARY, AB, T2R 0X7
(403) 532-6460   SIC 8011

ALBERTA HEALTH SERVICES p53
7007 14 St Sw, CALGARY, AB, T2V 1P9
(403) 943-3000   SIC 8011

ALBERTA HEALTH SERVICES p54
10101 Southport Rd Sw, CALGARY, AB, T2W 3N2
(403) 943-0755   SIC 8011

ALBERTA HEALTH SERVICES p54
10101 Southport Rd Sw, CALGARY, AB, T2W 3N2
(403) 943-1111   SIC 8011

ALBERTA HEALTH SERVICES p61
1829 Ranchlands Blvd Nw Suite 10, CALGARY, AB, T3G 2A7
(403) 239-6600   SIC 8011

ALBERTA HEALTH SERVICES p66
5015 50 Ave Suite 103, CAMROSE, AB, T4V 3P7
(780) 608-8611   SIC 8011

ALBERTA HEALTH SERVICES p82
11111 Jasper Ave Nw, EDMONTON, AB, T5K 0L4
(780) 482-8111   SIC 8011

ALBERTA HEALTH SERVICES p130
4531 47 Ave, HARDISTY, AB, T0B 1V0
(780) 888-3742   SIC 8011

ALBERTA HEALTH SERVICES p138
200 5 Ave S Rm A252, LETHBRIDGE, AB, T1J 4L1
(403) 329-5255   SIC 8011

ALBERTA HEALTH SERVICES p151
Gd Stn Main, PONOKA, AB, T4J 1R9
(403) 783-7600   SIC 8011

ALBERTA HEALTH SERVICES p151
5900 Highway 2a, PONOKA, AB, T4J 1P5
(403) 783-4491   SIC 8011

ALBERTA HEALTH SERVICES p158
4812 58 St, REDWATER, AB, T0A 2W0
(780) 942-3932   SIC 8011

ALBERTA HEALTH SERVICES p170
5011 50 Ave E Wing, TABER, AB, T1G 1N9
(403) 223-7230   SIC 8011

ALBERTA HEALTH SERVICES p170
29 Freeman Dr, SWAN HILLS, AB, T0G 2C0
(780) 333-7000   SIC 8011

ALEXANDRA COMMUNITY HEALTH CENTRE p21
1318 Centre St Ne Suite 101, CALGARY, AB, T2E 2R7
(403) 266-2622   SIC 8011

AMOS, DR H M p775
2555 St. Joseph Blvd Suite 304, ORLEANS, ON, K1C 1S6
(613) 837-4207   SIC 8011

ARMSTRONG, DR C S PROFESSIONAL CORPORATION p40
401 9 Ave Sw Suite 320, CALGARY, AB, T2P 3C5
(403) 221-4489   SIC 8011

ASSOCIATE CLINIC p152
4705 48 Ave, RED DEER, AB, T4N 3T1
(403) 346-2057   SIC 8011

BANNESTER, DR LESLIE R p528
221 Brant Ave Suite 1, BRANTFORD, ON, N3T 3J2
(519) 753-8666   SIC 8011

BARRIE COMMUNITY HEALTH CENTRE p494
56 Bayfield St, BARRIE, ON, L4M 3A5
(705) 734-9690   SIC 8011

BIGELOW FOWLER CLINIC p138
1605 9 Ave S, LETHBRIDGE, AB, T1J 1W2
(403) 327-3121   SIC 8011

BOARD OF HEALTH FOR THE DISTRICT OF ALGOMA HEALTH UNIT p832
294 Willow Ave, SAULT STE. MARIE, ON, P6B 0A9
(705) 942-4646   SIC 8011

CAMPBELL ASSOCIATES (LETHBRIDGE) LIMITED p138
430 Mayor Magrath Dr S Suite 1, LETHBRIDGE, AB, T1J 3M1
(403) 328-8101   SIC 8011

CANADA HOUSE WELLNESS GROUP INC. p814
1773 Bayly St, PICKERING, ON, L1W 2Y7
(905) 492-9420   SIC 8011

CANADIAN MENTAL HEALTH ASSOCIATION TORONTO BRANCH, THE p778
60 Bond St W, OSHAWA, ON, L1G 1A5
(905) 436-8760   SIC 8011

CANADIAN MENTAL HEALTH ASSOCIATION TORONTO BRANCH, THE p836
1200 Markham Rd Suite 500, SCARBOROUGH, ON, M1H 3C3
(416) 289-6285   SIC 8011

CANADIAN MENTAL HEALTH ASSOCIATION, NIAGARA BRANCH p854
15 Wellington St, ST CATHARINES, ON, L2R 5P7
(905) 641-5222   SIC 8011

CANADIAN MENTAL HEALTH ASSOCIATION, THE p1175
962 Boul Saint-Joseph, ROBERVAL, QC, G8H 2L9
(418) 275-2405   SIC 8011

CANADIAN MENTAL HEALTH ASSOCIATION-CHAMPLAIN EST p566
329 Pitt St, CORNWALL, ON, K6J 3R1
(613) 933-5845   SIC 8011

CANADIAN NATIONAL INSTITUTE FOR THE BLIND, THE p431
70 The Boulevard, ST. JOHN'S, NL, A1A 1K2
(709) 754-1180   SIC 8011

CARDIOLOGY CONSULTANTS (CALGARY) INC p22
803 1 Ave Ne Suite 306, CALGARY, AB, T2E 7C5
(403) 571-8600   SIC 8011

CENTRE DE READAPTATION EN DEFICIENCE PHYSIQUE LE BOUCLIER p1201
225 Rue Du Palais, Saint-Jerome, QC, J7Z 1X7
(450) 560-9898   SIC 8011

CENTRE DE READAPTATION LA MAISON p1177
7 9e Rue, ROUYN-NORANDA, QC, J9X 2A9
(819) 762-6592   SIC 8011

CENTRE DE SANTE ET DE SERVICES SOCIAUX DE CHICOUTIMI p1013
305 Rue Saint-Vallier, CHICOUTIMI, QC, G7H 5H6
(418) 541-1046   SIC 8011

CENTRE DE SANTE ET DE SERVICES SOCIAUX DE LA VIEILLE-CAPITALE p1157
55 Ch Sainte-Foy, Quebec, QC, G1R 1S9
(418) 641-2572   SIC 8011

CENTRE DE SANTE ET DE SERVICES SOCIAUX DE QUEBEC-NORD p1145
4e Etage 2915, Av Du Bourg-Royal, Quebec, QC, G1C 3S2
(418) 661-5666   SIC 8011

CENTRE DE SANTE ET DE SERVICES SOCIAUX DE QUEBEC-NORD p1147
190 76e Rue E, Quebec, QC, G1H 7K4
(418) 628-6808   SIC 8011

CENTRE DE SANTE ET DE SERVICES SOCIAUX DE QUEBEC-NORD p1148
2480 Ch De La Canardiere, Quebec, QC, G1J 2G1
(418) 661-1413   SIC 8011

CENTRE DE SANTE ET DE SERVICES SOCIAUX DU SUD DE LANAUDIERE p1244
1317 Boul Des Seigneurs, TERREBONNE, QC, J6W 5B1
(450) 471-2881   SIC 8011

CENTRE DE SANTE ET DE SERVICES SOCIAUX DU SUD DE LANAUDIERE p1244
1355 Grande Allee Bureau 101, TERREBONNE, QC, J6W 4K6
SIC 8011

CENTRE DE SANTE ET DE SERVICES SOCIAUX DU SUROIT p1232
181 Rue Victoria Bureau 200, SALABERRY-DE-VALLEYFIELD, QC, J6T 1A7
(450) 373-6252   SIC 8011

CENTRE DE SANTE ET SERVICES SOCIAUX DE MONTMAGNY - L'ISLET p1196
430 Rue Jean-Leclerc, SAINT-JEAN-PORT-JOLI, QC, G0R 3G0
(418) 598-3355   SIC 8011

CENTRE INTEGRE DE SANTE ET DE SERVICES SOCIAUX DE LANAUDIERE p1045
1075 Boul Firestone Bureau 100, JOLIETTE, QC, J6E 6X6
(450) 755-2929   SIC 8011

CENTRE INTEGRE DE SANTE ET DE SERVICES SOCIAUX DES LAURENTIDES p1200
66 Rue Danis, Saint-Jerome, QC, J7Y 2R3
(450) 436-3131   SIC 8011

CENTRE INTEGRE UNIVERSITAIRE DE SANTE ET DE SERVICES SOCIAUX DE LA CAPITALE-NATIONALE, LE p1157
175 Rue Saint-Jean, Quebec, QC, G1R 1N4
(418) 648-6166   SIC 8011

CENTRE INTEGRE UNIVERSITAIRE SANTE ET SERVICES SOCIAUX DU CENTRE-SUD-DE-L'ILE-DE-MONTREAL p1087
4675 Rue Belanger, Montreal, QC, H1T 1C2
(514) 593-3979   SIC 8011

COMMUNITY LIVING CAMBRIDGE p543
160 Hespeler Rd, CAMBRIDGE, ON, N1R 6V7
(519) 623-7490   SIC 8011

CRDI NORMAND-LARAMEE p1018
304 Boul Cartier O, Cote Saint-Luc, QC, H7N 2J2
(450) 972-2099   SIC 8011

CYPRESS HEALTH REGION p1267
555 Redcoat Trail, EASTEND, SK, S0N 0T0
(306) 295-3534   SIC 8011

CYPRESS HEALTH REGION p1273
241 1st St, MANKOTA, SK, S0H 2W0
(306) 478-2200   SIC 8011

DOWNIE, THOMPSON MEDICINE PROFESSIONAL CORPORATION p528
221 Brant Ave Suite 1, BRANTFORD, ON, N3T 3J2
(519) 753-8666   SIC 8011

EASTERN REGIONAL INTEGRATED HEALTH AUTHORITY p431
Gd, ST LAWRENCE, NL, A0E 2V0
(709) 873-2330   SIC 8011

FRASER HEALTH AUTHORITY p196
45470 Menholm Rd, CHILLIWACK, BC, V2P 1M2
(604) 702-4900   SIC 8011

FRASER HEALTH AUTHORITY p217
1275 7th Ave, HOPE, BC, V0X 1L4
(604) 869-5656   SIC 8011

GIMBEL, DR. HOWARD V p58
4935 40 Ave Nw Suite 450, CALGARY, AB, T3A 2N1
(403) 286-3022   SIC 8011

GLAZIER MEDICAL CENTRE p779
11 Gibb St, OSHAWA, ON, L1H 2J9
(905) 728-3668   SIC 8011

GOUVERNEMENT DE LA PROVINCE DE QUEBEC p1038
135 Boul Saint-Raymond, GATINEAU, QC, J8Y 6X7
(819) 777-6261   SIC 8011

GOUVERNEMENT DE LA PROVINCE DE QUEBEC p1045
1075 Boul Firestone Bureau 1000, JOLIETTE, QC, J6E 6X6
(450) 755-2741   SIC 8011

GOUVERNEMENT DE LA PROVINCE DE QUEBEC p1049
Gd, KUUJJUAQ, QC, J0M 1C0
(819) 964-2905   SIC 8011

▲ Public Company   ■ Public Company Family Member   **HQ** Headquarters   **BR** Branch   **SL** Single Location

SIC 8011 Offices and clinics of medical doctors

GOUVERNEMENT DE LA PROVINCE DE QUEBEC p1152
525 Boul Wilfrid-Hamel, Quebec, QC, G1M 2S8
(418) 529-9141   SIC 8011

GOVERNMENT OF ONTARIO p556
186 Erie St Suite 100, COLLINGWOOD, ON, L9Y 4T3
(705) 444-5885   SIC 8011

GOVERNMENT OF THE PROVINCE OF ALBERTA p149
4919 Lac Suite Anne, ONOWAY, AB, T0E 1V0
(780) 967-4440   SIC 8011

GOVERNMENT OF THE PROVINCE OF ALBERTA p165
Gd Lcd Main, SPRUCE GROVE, AB, T7X 3A1
(780) 470-5440   SIC 8011

GRAINGER, FREDRIC R. MEDICINE PROFESSIONAL CORPORATION p518
36 Vodden St E Suite 200, BRAMPTON, ON, L6V 4H4
(905) 455-1455   SIC 8011

GROUPE DE RADIOLOGIE RIVE-SUD INC p1004
600 Boul Du Fort-Saint-Louis Bureau, BOUCHERVILLE, QC, J4B 1S7
(450) 655-2430   SIC 8011

GROUPE OPMEDIC INC p1167
5600 Boul Des Galeries Bureau 401, Quebec, QC, G2K 2H6
(418) 260-9555   SIC 8011

GROUPE SANTE PHYSIMED INC p1212
6363 Rte Transcanadienne Bureau 121, SAINT-LAURENT, QC, H4T 1Z9
(514) 747-8888   SIC 8011

HANNA, WEDAD MEDICINE PROFESSIONAL CORPORATION p896
2075 Bayview Ave Unit E432, TORONTO, ON, M4N 3M5
(416) 480-6100   SIC 8011

HEALTH CANADA p160
Gd, SADDLE LAKE, AB, T0A 3T0
(780) 726-3838   SIC 8011

HEARTLAND REGIONAL HEALTH AUTHORITY p1309
Gd, WILKIE, SK, S0K 4W0
(306) 843-2531   SIC 8011

HOSPITAL CHISASIBI p1261
2 Rue Tahktachun Neskanu, WASKAGANISH, QC, J0M 1R0
(819) 895-8833   SIC 8011

I CARE SERVICE LTD p58
4935 40 Ave Nw Suite 450, CALGARY, AB, T3A 2N1
(403) 286-3022   SIC 8011

IMAGIX IMAGERIE MEDICALE INC p1004
600 Boul Du Fort-Saint-Louis Unite 202, BOUCHERVILLE, QC, J4B 1S7
(450) 655-2430   SIC 8011

KEEWATIN YATTHE REGIONAL HEALTH AUTHORITY p1270
Gd, ILE-A-LA-CROSSE, SK, S0M 1C0
(306) 833-2016   SIC 8011

KINGSTON GENERAL HOSPITAL p502
345 College St E, BELLEVILLE, ON, K8N 5S7
(613) 966-2300   SIC 8011

LAKERIDGE HEALTH p778
1 Hospital Crt, OSHAWA, ON, L1G 2B9
(905) 576-8711   SIC 8011

LAKERIDGE HEALTH p780
11 Gibb St, OSHAWA, ON, L1H 2J9
(905) 579-1212   SIC 8011

LONDON HEALTH SCIENCES CENTRE p656
339 Windermere Rd, LONDON, ON, N6A 5A5
(519) 663-3197   SIC 8011

LONDON HEALTH SCIENCES CENTRE p663
790 Commissioners Rd W, LONDON, ON, N6K 1C2

(519) 685-8300   SIC 8011

MACNEILL, DR PHILIP M p194
277 Evergreen Rd, CAMPBELL RIVER, BC, V9W 5Y4
(250) 287-7441   SIC 8011

MANITOBA CARDIAC INSTITUTE (REHFIT) INC p386
1390 Taylor Ave, WINNIPEG, MB, R3M 3V8
(204) 488-8023   SIC 8011

MCGILL UNIVERSITY HEALTH CENTRE p1100
3650 Rue Saint-Urbain Bureau K 124, Montreal, QC, H2X 2P4
(514) 934-1934   SIC 8011

MCI MEDICAL CLINICS (ALBERTA) INC p62
1829 Ranchlands Blvd Nw Suite 137, CALGARY, AB, T3G 2A7
(403) 239-8888   SIC 8011

MCI MEDICAL CLINICS INC p875
800 Steeles Ave W Suite 4a, THORNHILL, ON, L4J 7L2
(905) 660-6228   SIC 8011

MED-TEAM CLINIC INC p625
99 Kakulu Rd Suite 103, KANATA, ON, K2L 3C8
(613) 592-1448   SIC 8011

MEDICAL IMAGING CONSULTANTS p108
8215 112 St Nw Suite 700, EDMONTON, AB, T6G 2C8
(780) 432-1121   SIC 8011

MEDICAL IMAGING CONSULTANTS p110
2377 111 St Nw Suite 201, EDMONTON, AB, T6J 5E5
(780) 450-1500   SIC 8011

MEDICAL IMAGING CONSULTANTS p111
3017 66 St Nw Suite 200, EDMONTON, AB, T6K 4B2
(780) 450-9729   SIC 8011

MEDICENTRES CANADA INC p10
3508 32 Ave Ne Suite 401, CALGARY, AB, T1Y 6J2
(403) 291-5589   SIC 8011

MEDICENTRES CANADA INC p32
8180 Macleod Trail Se Suite 110, CALGARY, AB, T2H 2B8
(403) 259-3256   SIC 8011

MEDICENTRES CANADA INC p89
10458 Mayfield Rd Nw Suite 204, EDMONTON, AB, T5P 4P4
(780) 483-7115   SIC 8011

MEDICENTRES CANADA INC p99
9945 50 St Nw, EDMONTON, AB, T6A 0L4
(780) 468-2911   SIC 8011

MEDICENTRES CANADA INC p109
10407 51 Ave Nw Suite 1, EDMONTON, AB, T6H 0K4
(780) 436-8071   SIC 8011

MEDICENTRES CANADA INC p110
2041 111 St Nw, EDMONTON, AB, T6J 4V9
(780) 438-2306   SIC 8011

MEDICENTRES CANADA INC p112
6426 28 Ave Nw, EDMONTON, AB, T6L 6N3
(780) 462-3491   SIC 8011

MEDICENTRES CANADA INC p115
600 Riverbend Sq Nw, EDMONTON, AB, T6R 2E3
(780) 434-7234   SIC 8011

NINE CIRCLES COMMUNITY HEALTH CENTRE INC p381
705 Broadway, WINNIPEG, MB, R3G 0X2
(204) 940-6000   SIC 8011

NORTH EASTMAN HEALTH ASSOCIATION INC p353
689 Main St, OAKBANK, MB, R0E 1J2
(204) 444-2227   SIC 8011

NORTH OKANAGAN REGIONAL HEALTH BOARD p325
1440 14 Ave, VERNON, BC, V1B 2T1
(250) 549-5700   SIC 8011

PEIGAN (PIIKANI) NATION ADMINISTRATION p8
15th Ave, BROCKET, AB, T0K 0H0
(403) 965-3809   SIC 8011

PHARMACIE DOMINIQUE BOND ET MELISSA PILOTE S.E.N.C. p1165
2283 Av Chauveau, Quebec, QC, G2C 0G7
(418) 843-3191   SIC 8011

PLEXO INC p1088
5199 Rue Sherbrooke E Bureau 2771, MONTREAL, QC, H1T 3X1
(514) 251-9331   SIC 8011

PORT ARTHUR HEALTH CENTRE INC, THE p877
194 Court St N, THUNDER BAY, ON, P7A 4V7
(807) 345-2332   SIC 8011

PRAIRIE MOUNTAIN HEALTH p355
426 Alexandria Ave, RUSSELL, MB, R0J 1W0
(204) 773-2125   SIC 8011

PRAIRIE MOUNTAIN HEALTH p356
192 1st Ave W, SOURIS, MB, R0K 2C0
(204) 483-5000   SIC 8011

PRAIRIE MOUNTAIN HEALTH p359
64 Clark St, TREHERNE, MB, R0G 2V0
(204) 723-2133   SIC 8011

PRAIRIE NORTH HEALTH REGION p1278
11427 Railway Ave Suite 101, NORTH BATTLEFORD, SK, S9A 3G8
(306) 446-6400   SIC 8011

PRAIRIE NORTH REGIONAL HEALTH AUTHORITY p1273
214 5 Ave E, MAIDSTONE, SK, S0M 1M0
(306) 893-2689   SIC 8011

RABHERU, DR RITA H p661
43 Ravenglass Cres, LONDON, ON, N6G 4K1
(519) 455-5110   SIC 8011

RADIOLOGIE LAENNEC INC p1080
1100 Av Beaumont Bureau 104, MONTROYAL, QC, H3P 3H5
(514) 738-6866   SIC 8011

RADIOLOGY CONSULTANTS ASSOCIATED p35
100 Anderson Rd Se Suite 177, CALGARY, AB, T2J 3V1
(403) 777-3000   SIC 8011

REGIONAL HEALTH AUTHORITY B p403
2019 Route 3, HARVEY STATION, NB, E6K 3E9
(506) 366-6400   SIC 8011

REGIONAL HEALTH AUTHORITY B p411
35 F. Tribe Rd, PERTH-ANDOVER, NB, E7H 0A8
(506) 273-7222   SIC 8011

REGIONAL HEALTH AUTHORITY B p412
8 Forestdale Rd, RIVERSIDE-ALBERT, NB, E4H 3Y7
(506) 882-3100   SIC 8011

SAINT ELIZABETH HEALTH CARE p745
2 Lansing Sq Suite 600, NORTH YORK, ON, M2J 4P8
(416) 498-8600   SIC 8011

SANDHU, DR S p347
Gd Lcd Main, DAUPHIN, MB, R7N 2T3
(204) 638-2103   SIC 8011

SASKATCHEWAN HEALTH-CARE ASSOCIATION p1300
2121 Airport Dr Suite 207, SASKATOON, SK, S7L 6W5
SIC 8011

SEA TO SKY COMMUNITY HEALTH COUNCIL p252
1403 Portage Rd, PEMBERTON, BC, V0N 2L0
(604) 894-6633   SIC 8011

SENIOR WATCH INC p399
195 Main St, FREDERICTON, NB, E3A 1E1
(506) 452-9903   SIC 8011

SEYMOUR MEDICAL CLINIC, THE p316
1530 7th Ave W Suite 200, VANCOUVER, BC, V6J 1S3
(604) 738-2151   SIC 8011

SIMCOE MUSKOKA DISTRICT HEALTH UNIT p597
5 Pineridge Gate Suite 2, GRAVENHURST, ON, P1P 1Z3
(705) 684-9090   SIC 8011

SIMCOE MUSKOKA DISTRICT HEALTH UNIT p775
169 Front St S Unit 120, ORILLIA, ON, L3V 4S8
(705) 325-9565   SIC 8011

SOCIETE DE SANTE ET BIEN-ETRE DE LA COMMUNAUTE CENTRE-OUEST p1122
2100 Av De Marlowe Bureau 115, Montreal, QC, H4A 3L5
(514) 485-5013   SIC 8011

SOUTHERN ALBERTA FORENSIC PSYCHIATRY CENTRE p65
11333 85 St Nw, CALGARY, AB, T3R 1J3
(403) 944-6800   SIC 8011

SUNNYBROOK HEALTH SCIENCES CENTRE FOUNDATION p897
2075 Bayview Ave Suite 747, TORONTO, ON, M4N 3M5
(416) 480-6100   SIC 8011

SUNRISE REGIONAL HEALTH AUTHORITY p1270
320 5th Ave Ne, ITUNA, SK, S0A 1N0
(306) 795-2471   SIC 8011

SURGICAL CENTRES INC p59
3127 Bowwood Dr Nw, CALGARY, AB, T3B 2E7
(403) 288-9400   SIC 8011

UNIVERSITY HEALTH NETWORK p721
989 Derry Rd E Suite 200, MISSISSAUGA, ON, L5T 2J8
(905) 564-6872   SIC 8011

UNIVERSITY HEALTH NETWORK p912
200 Elizabeth St Suite 235, TORONTO, ON, M5G 2C4
(416) 340-3155   SIC 8011

UNIVERSITY HEALTH NETWORK p912
200 Elizabeth St Suite 224, TORONTO, ON, M5G 2C4
SIC 8011

UNIVERSITY OF BRITISH COLUMBIA, THE p301
2775 Laurel St App 4116, VANCOUVER, BC, V5Z 1M9
(604) 875-5929   SIC 8011

VANCOUVER COASTAL HEALTH AUTHORITY p301
2775 Heather St Suite 111, VANCOUVER, BC, V5Z 3J5
(604) 875-4122   SIC 8011

VANCOUVER COASTAL HEALTH AUTHORITY p302
330 Heatley Ave Suite 201, VANCOUVER, BC, V6A 3G3
(604) 253-4401   SIC 8011

VANCOUVER COASTAL HEALTH AUTHORITY p302
569 Powell St, VANCOUVER, BC, V6A 1G8
(604) 255-3151   SIC 8011

VANCOUVER ISLAND HEALTH AUTHORITY p195
1100 Island Hwy Unit 200, CAMPBELL RIVER, BC, V9W 8C6
(250) 850-2110   SIC 8011

VANCOUVER ISLAND HEALTH AUTHORITY p206
2696 Windermere St, CUMBERLAND, BC, V0R 1S0
(250) 336-2087   SIC 8011

VANCOUVER ISLAND HEALTH AUTHORITY p212
250 Cairnsmore St, DUNCAN, BC, V9L 4H2
(250) 715-1955   SIC 8011

VANCOUVER ISLAND HEALTH AUTHORITY p212
675 Canada Ave, DUNCAN, BC, V9L 1T9
(250) 709-3050   SIC 8011

VANCOUVER ISLAND HEALTH AUTHORITY p212
3045 Gibbins Rd, DUNCAN, BC, V9L 1E5
(250) 709-3000   SIC 8011

VANCOUVER ISLAND HEALTH AUTHORITY p228
1111 4th Ave, LADYSMITH, BC, V9G 1A1
(250) 739-5777   SIC 8011

VANCOUVER ISLAND HEALTH AUTHORITY p242
6475 Metral Dr Suite 300, NANAIMO, BC, V9T 2L9
(250) 755-7691 *SIC* 8011

VANCOUVER ISLAND HEALTH AUTHORITY p251
Gd, PARKSVILLE, BC, V9P 2G2
(250) 947-8230 *SIC* 8011

VANCOUVER ISLAND HEALTH AUTHORITY p254
4227 6th Ave, PORT ALBERNI, BC, V9Y 4N1
(250) 731-1315 *SIC* 8011

VANCOUVER ISLAND HEALTH AUTHORITY p256
9120 Grandville St, PORT HARDY, BC, V0N 2P0
(250) 902-6043 *SIC* 8011

VANCOUVER ISLAND HEALTH AUTHORITY p256
7070 Market St, PORT HARDY, BC, V0N 2P0
(250) 902-6071 *SIC* 8011

VANCOUVER ISLAND HEALTH AUTHORITY p263
777 Jones St, QUALICUM BEACH, BC, V9K 2L1
(250) 947-8220 *SIC* 8011

VANCOUVER ISLAND HEALTH AUTHORITY p275
2166 Mount Newton Cross Rd, SAANICHTON, BC, V8M 2B2
(250) 652-7531 *SIC* 8011

VANCOUVER ISLAND HEALTH AUTHORITY p327
3970 Haro Rd, VICTORIA, BC, V8N 4A9
(250) 519-6778 *SIC* 8011

VANCOUVER ISLAND HEALTH AUTHORITY p333
3995 Quadra St Suite 314, VICTORIA, BC, V8X 1J8
(250) 519-5100 *SIC* 8011

VANCOUVER ISLAND HEALTH AUTHORITY p333
771 Vernon Ave Unit 201, VICTORIA, BC, V8X 5A7
(250) 519-3401 *SIC* 8011

VANCOUVER ISLAND HEALTH AUTHORITY p334
1 Hospital Way, VICTORIA, BC, V8Z 6R5
(250) 727-4212 *SIC* 8011

VANCOUVER ISLAND HEALTH AUTHORITY p336
345 Wale Rd, VICTORIA, BC, V9B 6X2
(250) 519-3490 *SIC* 8011

WE CARE HEALTH SERVICES INC p871
2140 Regent St Unit 6, SUDBURY, ON, P3E 5S8
(705) 523-4008 *SIC* 8011

WELLINGTON MEDICAL CENTRE INC p609
414 Victoria Ave N Suite M1, HAMILTON, ON, L8L 5G8
(905) 529-5221 *SIC* 8011

WIEBE, DR. C.W. MEDICAL CORPORATION p361
385 Main St, WINKLER, MB, R6W 1J2
(204) 325-4312 *SIC* 8011

WORKPLACE HEALTH, SAFETY & COMPENSATION COMMISSION OF NEW BRUNSWICK p418
3700 Westfield Rd, SAINT JOHN, NB, E2M 5Z4
(506) 738-8411 *SIC* 8011

YMCA-YWCA OF GREATER VICTORIA p332
851 Broughton St, Victoria, BC, V8W 1E5
(250) 386-7511 *SIC* 8011

YOUNG MEN'S CHRISTIAN ASSOCIATION OF GREATER VANCOUVER p245
245 Columbia St E Suite 208, NEW WESTMINSTER, BC, V3L 3W4
(604) 521-5801 *SIC* 8011

SIC 8021 Offices and clinics of dentists

625147 ONTARIO LTD p651
1657 Dundas St E, Unit # 1, LONDON, ON, N5W 3C6
(519) 679-3683 *SIC* 8021

9152-2177 QUEBEC INC p1069
116 Rue Guilbault, LONGUEUIL, QC, J4H 2T2
(450) 679-2300 *SIC* 8021

ARBOUR LAKE DENTAL CENTRE p61
150 Crowfoot Cres Nw Suite 224, CALGARY, AB, T3G 3T2
(403) 241-8808 *SIC* 8021

ASSINIBOINE DENTAL GROUP p385
3278 Portage Ave, WINNIPEG, MB, R3K 0Z1
(204) 958-4444 *SIC* 8021

CAMASTRA DISANTO RHODES DENTISTRY PROFESSIONAL CORPORATION p779
255 King St E, OSHAWA, ON, L1H 1C5
(905) 579-5464 *SIC* 8021

CENTRE DENTAIRE LA VALLEE & ASOCIES S.E.N.C.R.L. p1070
2066 Ch De Chambly Bureau 300, LONGUEUIL, QC, J4J 3Y7
(450) 463-0050 *SIC* 8021

CENTRES DENTAIRES LAPOINTE INC p1070
116 Rue Guilbault, LONGUEUIL, QC, J4H 2T2
(450) 679-2300 *SIC* 8021

CENTRES DENTAIRES LAPOINTE INC p1086
5878 Rue Sherbrooke E Bureau 201, Montreal, QC, H1N 1B5
(514) 255-5801 *SIC* 8021

CLINIQUE DENTAIRE MICHEL A. LAVOIE & ASSOCIE p1229
5585 Boul Dagenais O, SAINTE-ROSE, QC, H7R 1L9
(450) 627-1119 *SIC* 8021

CORONATION DENTAL SPECIALTY GROUP p543
350 Conestoga Blvd Unit B17, CAMBRIDGE, ON, N1R 7L7
(519) 623-3810 *SIC* 8021

DENTRIX INC p58
3625 Shaganappi Trail Nw Suite 218, CALGARY, AB, T3A 0E2
(403) 288-5500 *SIC* 8021

KNEBEL, MURRAY G. PROFESSIONAL CORPORATION p62
5982 Signal Hill Ctr Sw, CALGARY, AB, T3H 3P8
(403) 297-9600 *SIC* 8021

LAKEWOOD DENTAL SERVICES LTD p260
4122 15th Ave, PRINCE GEORGE, BC, V2M 1V9
(250) 562-5551 *SIC* 8021

LODGE MANAGEMENT LTD p385
3278 Portage Ave, WINNIPEG, MB, R3K 0Z1
(204) 958-4444 *SIC* 8021

ONION LAKE HEALTH BOARD INC p1278
Gd, ONION LAKE, SK, S0M 2E0
(306) 344-2330 *SIC* 8021

REGIONAL MUNICIPALITY OF YORK, THE p734
22 Prospect St, NEWMARKET, ON, L3Y 3S9
(905) 895-4512 *SIC* 8021

ROBERTSON, DR. DAVID D PROFESSIONAL CORPORATION p36
1221 Canyon Meadows Dr Se Suite 30, CALGARY, AB, T2J 6G2
(403) 271-6300 *SIC* 8021

VILLAGE ORTHODONTICS p695
4288 Village Centre Crt, MISSISSAUGA, ON, L4Z 1S2
(905) 275-8501 *SIC* 8021

SIC 8042 Offices and clinics of optometrists

BISHOP, DONALD H. PROFESSIONAL CORPORATION p56
11410 27 St Se Unit 6, CALGARY, AB, T2Z 3R6
(403) 974-3937 *SIC* 8042

FIRST CHOICE VISION CENTRE LTD p437
5 Maine Dr, STEPHENVILLE, NL, A2N 2Y2
(709) 643-3496 *SIC* 8042

FYI EYE CARE SERVICE AND PRODUCTS INC p126
1211 99 St, GRANDE PRAIRIE, AB, T8V 6X9
(780) 532-2969 *SIC* 8042

OPTO-PLUS INC p1029
50 Rue Dunkin, DRUMMONDVILLE, QC, J2B 8B1
(819) 479-2020 *SIC* 8042

UNIVERSITY OF WATERLOO p952
200 University Ave W Suite 103, WATERLOO, ON, N2L 3G1
(519) 888-4567 *SIC* 8042

SIC 8049 Offices of health practitioner

1304003 ONTARIO LTD p496
80 Bradford St Suite 507, BARRIE, ON, L4N 6S7
(705) 727-7888 *SIC* 8049

AMERISPA INC p996
17575 Boul Becancour, Becancour, QC, G9H 1A5
(819) 233-4664 *SIC* 8049

BAYSHORE HEALTHCARE LTD. p384
1700 Ness Ave, WINNIPEG, MB, R3J 3Y1
(204) 943-7124 *SIC* 8049

CARITAS HEALTH GROUP REHABILITATION MEDICINE p83
11111 Jasper Ave Nw Rm 2y08, EDMONTON, AB, T5K 0L4
(780) 342-8163 *SIC* 8049

CBI LIMITED p576
3300 Bloor St W Suite 900, ETOBICOKE, ON, M8X 2X2
(800) 463-2225 *SIC* 8049

CBI LIMITED p676
110 Copper Creek Dr Suite 102, MARKHAM, ON, L6B 0P9
(905) 472-2273 *SIC* 8049

CENTRE DE PHYSIATRIE SHERBROOKE INC p1093
2049 Rue Sherbrooke E, Montreal, QC, H2K 1C1
(514) 527-4155 *SIC* 8049

CENTRE INTEGRE DE SANTE ET DE SERVICES SOCIAUX DE LANAUDIERE p1201
11 Rue Boyer, Saint-Jerome, QC, J7Z 2K5
(450) 432-7588 *SIC* 8049

COMCARE (CANADA) LIMITED p501
470 Dundas St E Unit 7b, BELLEVILLE, ON, K8N 1G1
(613) 968-3477 *SIC* 8049

COMCARE (CANADA) LIMITED p569
58 Goodall St, DRYDEN, ON, P8N 1V8
(807) 223-5337 *SIC* 8049

COMCARE (CANADA) LIMITED p658
339 Wellington Rd Suite 200, LONDON, ON, N6C 5Z9
(800) 663-5775 *SIC* 8049

COMCARE (CANADA) LIMITED p876
3550 Schmon Pky Suite 4, THOROLD, ON, L2V 4Y6
(905) 685-6501 *SIC* 8049

GENEVA CENTRE FOR AUTISM p898
112 Merton St, TORONTO, ON, M4S 2Z8
(416) 322-7877 *SIC* 8049

GOUVERNEMENT DE LA PROVINCE DE QUEBEC p1168
775 Rue Saint-Viateur, Quebec, QC, G2L 2Z3
(418) 623-9801 *SIC* 8049

GOVERNMENT OF THE PROVINCE OF ALBERTA p59
4070 Bowness Rd Nw, CALGARY, AB, T3B 3R7
(403) 297-8123 *SIC* 8049

GOVERNMENT OF THE PROVINCE OF ALBERTA p109
7007 116 St Nw, EDMONTON, AB, T6H 5R8
SIC 8049

HAMILTON HEALTH SCIENCES CORPORATION p861
430 Mcneilly Rd Suite 201, STONEY CREEK, ON, L8E 5E3
SIC 8049

HOMEWOOD HEALTH INC p45
407 2 St Sw Suite 400, CALGARY, AB, T2P 2Y3
(403) 216-6347 *SIC* 8049

JASPER PHYSIOTHERAPY & HEALTH CENTER p133
622 Connaught Dr, JASPER, AB, T0E 1E0
(780) 852-2262 *SIC* 8049

KARDEL CONSULTING SERVICE INC p335
2951 Tillicum Rd Unit 209, VICTORIA, BC, V9A 2A6
(250) 382-5959 *SIC* 8049

MCI MEDICAL CLINICS INC p932
100 King St W Suite 119, TORONTO, ON, M5X 2A1
(416) 368-1926 *SIC* 8049

MUSKOKA-PARRY SOUND COMMUNITY MENTAL HEALTH SERVICES p805
26 James St Suite 3, PARRY SOUND, ON, P2A 1T5
(705) 746-4264 *SIC* 8049

PROCARE HEALTH SERVICES INC p245
624 Columbia St Suite 201, NEW WESTMINSTER, BC, V3M 1A5
(604) 525-1234 *SIC* 8049

PROVINCE OF PEI p981
161 St. Peters Rd, CHARLOTTETOWN, PE, C1A 7N8
(902) 368-5807 *SIC* 8049

RAINBOW NURSING REGISTRY LTD p924
344 Dupont St Suite 402c, TORONTO, ON, M5R 1V9
(416) 922-7616 *SIC* 8049

REHAB EXPRESS INC p804
733 9th Ave E Unit 4, OWEN SOUND, ON, N4K 3E6
(519) 370-2165 *SIC* 8049

RESPIRON CARE-PLUS INC p647
55 Mary St W Suite 205, LINDSAY, ON, K9V 5Z6
(705) 324-5085 *SIC* 8049

SAINT ELIZABETH REHAB p609
605 James St N Suite 601, HAMILTON, ON, L8L 1J9
(905) 529-2020 *SIC* 8049

SLIZEK INC p227
1450 St. Paul St, KELOWNA, BC, V1Y 2E6
(250) 861-3446 *SIC* 8049

TRANSPORT CANADA p1150
155 Rue Abraham-Martin, Quebec, QC, G1K 8N1
(418) 648-2233 *SIC* 8049

WE CARE HEALTH SERVICES INC p625
260 Hearst Way Suite 312, KANATA, ON, K2L 3H1
(613) 592-1182 *SIC* 8049

WE CARE HEALTH SERVICES INC p831
369 Queen St E Suite 201, SAULT STE. MARIE, ON, P6A 1Z4
(705) 941-5222 *SIC* 8049

SIC 8051 Skilled nursing care facilities

1230839 ONTARIO LIMITED p960
11900 Brouillette Crt, WINDSOR, ON, N8N 4X8
(519) 735-9810 *SIC* 8051

2063412 INVESTMENT LP p567
143 Mary St, CREEMORE, ON, L0M 1G0
(705) 466-3437 *SIC* 8051

2063414 INVESTMENT LP p669
302 Town Centre Blvd Suite 200, MARKHAM, ON, L3R 0E8
(905) 477-4006   SIC 8051

2063414 ONTARIO LIMITED p494
130 Owen St, BARRIE, ON, L4M 3H7
(705) 726-8621   SIC 8051

2063414 ONTARIO LIMITED p509
9257 Goreway Dr, BRAMPTON, ON, L6P 0N5
(905) 799-7502   SIC 8051

2063414 ONTARIO LIMITED p524
389 West St, BRANTFORD, ON, N3R 3V9
(519) 759-4666   SIC 8051

2063414 ONTARIO LIMITED p568
143 Mary St, CREEMORE, ON, L0M 1G0
(705) 466-3437   SIC 8051

2063414 ONTARIO LIMITED p572
120 Barnswallow Dr, ELMIRA, ON, N3B 2Y9
(519) 669-5777   SIC 8051

2063414 ONTARIO LIMITED p597
200 Kelly Dr, GRAVENHURST, ON, P1P 1P3
(705) 687-3444   SIC 8051

2063414 ONTARIO LIMITED p669
302 Town Centre Blvd Suite 200, MARKHAM, ON, L3R 0E8
(905) 477-4006   SIC 8051

2063414 ONTARIO LIMITED p740
401 William St, NORTH BAY, ON, P1A 1X5
(705) 476-2602   SIC 8051

2063414 ONTARIO LIMITED p757
22 Norfinch Dr, NORTH YORK, ON, M3N 1X1
(416) 623-1120   SIC 8051

2063414 ONTARIO LIMITED p819
170 Red Maple Rd, RICHMOND HILL, ON, L4B 4T8
(905) 731-2273   SIC 8051

2063414 ONTARIO LIMITED p840
1000 Ellesmere Rd Suite 333, SCARBOROUGH, ON, M1P 5G2
(416) 291-0222   SIC 8051

2063414 ONTARIO LIMITED p923
225 St. George St, TORONTO, ON, M5R 2M2
(416) 967-3985   SIC 8051

2063414 ONTARIO LIMITED p941
2005 Lawrence Ave W Suite 323, TORONTO, ON, M9N 3V4
(416) 243-8879   SIC 8051

2063414 ONTARIO LIMITED p942
70 Humberline Dr, TORONTO, ON, M9W 7H3
(416) 213-7300   SIC 8051

2063414 ONTARIO LIMITED p973
5400 Steeles Ave W, WOODBRIDGE, ON, L4L 9S1
(905) 856-7200   SIC 8051

261911 ONTARIO INC p507
2279 Laval St, BOURGET, ON, K0A 1E0
(613) 487-2331   SIC 8051

341822 ONTARIO INC p936
28 Halton St, TORONTO, ON, M6J 1R3
(416) 533-5198   SIC 8051

412506 ONTARIO LTD p573
915 Notre Dame St, EMBRUN, ON, K0A 1W0
(613) 443-3442   SIC 8051

458422 ONTARIO LIMITED p566
220 Emma Ave, CORNWALL, ON, K6J 5V8
(613) 933-6972   SIC 8051

498224 BC INC p317
2450 2nd Ave W, VANCOUVER, BC, V6K 1J6
(604) 731-2127   SIC 8051

528728 BC LTD p188
7195 Canada Way, BURNABY, BC, V5E 3R7
SIC 8051

584482 ONTARIO INC p596
3 Main St, GORE BAY, ON, P0P 1H0
(705) 282-2007   SIC 8051

656955 ONTARIO LIMITED p815
101 Parent St, PLANTAGENET, ON, K0B 1L0
(613) 673-4835   SIC 8051

848357 ONTARIO INC p934
33 Christie St, TORONTO, ON, M6G 3B1
(416) 536-1117   SIC 8051

9060-1048 QUEBEC INC p1138
17725 Boul De Pierrefonds, PIERREFONDS, QC, H9J 3L1
(514) 620-9850   SIC 8051

ADVENTIST HEALTH CARE HOME SOCIETY p277
2281 Mills Rd Suite 223, SIDNEY, BC, V8L 2C3
(250) 656-0717   SIC 8051

ADVOCATE HEALTH CARE PARTNERSHIP (NO. 1) p923
429 Walmer Rd, TORONTO, ON, M5P 2X9
(416) 967-6949   SIC 8051

ALBERTA HEALTH SERVICES p6
52 Ave Unit 4834, BENTLEY, AB, T0C 0J0
(403) 748-4115   SIC 8051

ALBERTA HEALTH SERVICES p124
102 Lady Helen Ave, GALAHAD, AB, T0B 1R0
(780) 583-3788   SIC 8051

ALBERTA HEALTH SERVICES p140
700 Nursing Home Rd, LINDEN, AB, T0M 1J0
(403) 546-3966   SIC 8051

ALBERTA HEALTH SERVICES p152
4736 30 St, RED DEER, AB, T4N 5H8
SIC 8051

ANGLICAN HOMES INC p436
Gd Stn Main, ST. JOHN'S, NL, A1N 2B9
SIC 8051

ANNAPOLIS ROYAL NURSING HOME LTD p441
Gd, ANNAPOLIS ROYAL, NS, B0S 1A0
(902) 532-2240   SIC 8051

BABCOCK COMMUNITY CARE CENTRE p949
196 Wellington St, WARDSVILLE, ON, N0L 2N0
SIC 8051

BAY HAVEN NURSING HOME INC p556
499 Hume St Suite 18, COLLINGWOOD, ON, L9Y 4H8
(705) 445-6501   SIC 8051

BECKLEY FARM LODGE FOUNDATION p330
530 Simcoe St, VICTORIA, BC, V8V 4W4
(250) 381-4421   SIC 8051

BELLA SENIOR CARE RESIDENCES INC p736
8720 Willoughby Dr, NIAGARA FALLS, ON, L2G 7X3
(905) 295-2727   SIC 8051

BEST OF CARE LTD, THE p431
Gd, ST MARYS, NL, A0B 3B0
(709) 525-2425   SIC 8051

BETEL HOME FOUNDATION p349
96 1st Ave, GIMLI, MB, R0C 1B1
(204) 642-5556   SIC 8051

BETHANY CARE SOCIETY p2
1736 1 Ave Nw Suite 725, AIRDRIE, AB, T4B 2C4
(403) 948-6022   SIC 8051

BETHANY CARE SOCIETY p38
916 18a St Nw Suite 3085, CALGARY, AB, T2N 1C6
(403) 284-0161   SIC 8051

BETHANY CARE SOCIETY p64
19 Harvest Gold Manor Ne, CALGARY, AB, T3K 4Y1
(403) 226-8200   SIC 8051

BETHANY CARE SOCIETY p69
302 Quigley Dr, COCHRANE, AB, T4C 1X9
(403) 932-6422   SIC 8051

BETHANY CARE SOCIETY p170
4700 47 Ave Suite 16, SYLVAN LAKE, AB, T4S 2M3
(403) 887-8687   SIC 8051

BETHANY PIONEER VILLAGE INC p1275
Gd, MIDDLE LAKE, SK, S0K 2X0
(306) 367-2033   SIC 8051

BETTER LIVING AT THOMPSON HOUSE p753
1 Overland Dr, NORTH YORK, ON, M3C 2C3
(416) 447-7244   SIC 8051

BEVERLY CENTRE INC, THE p54
1729 90 Ave Sw, CALGARY, AB, T2V 4S1
(403) 253-8806   SIC 8051

BLACKADAR CONTINUING CARE CENTRE LTD p570
101 Creighton Rd, DUNDAS, ON, L9H 3B7
(905) 627-5465   SIC 8051

BLUE WATER REST HOME p979
37792 Zurich-Hensall Rd Rr 3, ZURICH, ON, N0M 2T0
(519) 236-4373   SIC 8051

BORDER-LINE HOUSING CO (1975) INC p1266
415 Spencer St, CARNDUFF, SK, S0C 0S0
(306) 482-3424   SIC 8051

BROADVIEW NURSING CENTRE LIMITED p849
210 Brockville St, SMITHS FALLS, ON, K7A 3Z4
(613) 283-1845   SIC 8051

BURQUITLAM CARE SOCIETY p201
560 Sydney Ave, COQUITLAM, BC, V3K 6A4
(604) 939-6485   SIC 8051

C.H.S.L.D. SHERMONT INC p1236
3220 12e Av N, SHERBROOKE, QC, J1H 5H3
(819) 820-8900   SIC 8051

CAMA WOODLANDS NURSING HOME p538
159 Panin Rd, BURLINGTON, ON, L7P 5A6
(905) 681-6441   SIC 8051

CANADIAN REFORMED SOCIETY FOR A HOME FOR THE AGED INC p538
4486 Guelph Line, BURLINGTON, ON, L7P 0N2
(905) 335-3636   SIC 8051

CAPITAL CARE GROUP INC p75
9113 144 Ave Nw, EDMONTON, AB, T5E 6K2
(780) 496-2575   SIC 8051

CAPITAL CARE GROUP INC p89
8740 165 St Nw Suite 438, EDMONTON, AB, T5R 2R8
(780) 341-2300   SIC 8051

CAPITAL CARE GROUP INC p89
16815 88 Ave Nw Suite 119, EDMONTON, AB, T5R 5Y7
(780) 413-4712   SIC 8051

CAPITAL CARE GROUP INC p108
6215 124 St Nw, EDMONTON, AB, T6H 3V1
(780) 496-7100   SIC 8051

CAPITALE IMMOBILIERE MFQ INC, LA p1158
750 Ch Sainte-Foy Bureau 404, Quebec, QC, G1S 4P1
(418) 914-8747   SIC 8051

CARESSANT CARE NURSING HOME COBDEN p554
12 Wren Dr, COBDEN, ON, K0J 1K0
(613) 646-2109   SIC 8051

CARESSANT-CARE NURSING AND RETIREMENT HOMES LIMITED p547
3680 Speedsville Rd Suite 3, CAMBRIDGE, ON, N3H 4R6
(519) 650-0100   SIC 8051

CARESSANT-CARE NURSING AND RETIREMENT HOMES LIMITED p567
4850 Highway 59, COURTLAND, ON, N0J 1E0
(519) 668-0710   SIC 8051

CARESSANT-CARE NURSING AND RETIREMENT HOMES LIMITED p617
24 Louise St, HARRISTON, ON, N0G 1Z0
(519) 338-3700   SIC 8051

CARESSANT-CARE NURSING AND RETIREMENT HOMES LIMITED p647
240 Mary St W, LINDSAY, ON, K9V 5K5
(705) 324-1913   SIC 8051

CARESSANT-CARE NURSING AND RETIREMENT HOMES LIMITED p647
114 Mclaughlin Rd, LINDSAY, ON, K9V 6L1
(705) 324-0300   SIC 8051

CARESSANT-CARE NURSING AND RETIREMENT HOMES LIMITED p648
710 Reserve Ave S, LISTOWEL, ON, N4W 2L1
(519) 291-1041   SIC 8051

CARESSANT-CARE NURSING AND RETIREMENT HOMES LIMITED p678
58 Bursthall St, MARMORA, ON, K0K 2M0
(613) 472-3130   SIC 8051

CARESSANT-CARE NURSING AND RETIREMENT HOMES LIMITED p859
15 Bonnie Pl, ST THOMAS, ON, N5R 5T8
(519) 633-6493   SIC 8051

CARESSANT-CARE NURSING AND RETIREMENT HOMES LIMITED p859
4 Mary Bucke St, ST THOMAS, ON, N5R 5J6
(519) 633-3164   SIC 8051

CARESSANT-CARE NURSING AND RETIREMENT HOMES LIMITED p872
94 William St S Suite 202, TAVISTOCK, ON, N0B 2R0
(519) 655-2344   SIC 8051

CARESSANT-CARE NURSING AND RETIREMENT HOMES LIMITED p977
81 Fyfe Ave, WOODSTOCK, ON, N4S 8Y2
(519) 539-6461   SIC 8051

CAREWEST p22
950 Robert Rd Ne, CALGARY, AB, T2E 7T4
(403) 520-6735   SIC 8051

CAREWEST p60
3504 Sarcee Rd Sw, CALGARY, AB, T3E 2L3
(403) 686-8100   SIC 8051

CAREWEST p62
6363 Simcoe Rd Sw, CALGARY, AB, T3H 4M3
(403) 240-7950   SIC 8051

CARLETON KIRK LODGE NURSING HOME p418
2 Carleton Kirk Pl, SAINT JOHN, NB, E2M 5B8
(506) 643-7040   SIC 8051

CARVETH NURSING HOME LIMITED p591
375 James St, GANANOQUE, ON, K7G 2Z1
(613) 382-4752   SIC 8051

CASE MANOR p505
28 Boyd St, BOBCAYGEON, ON, K0M 1A0
(705) 738-2374   SIC 8051

CASEY HOUSE HOSPICE INC p903
9 Huntley St, TORONTO, ON, M4Y 2K8
(416) 962-7600   SIC 8051

CEDARHURST PRIVATE HOSPITAL LTD p298
375 59th Ave W, VANCOUVER, BC, V5X 1X3
(604) 321-6777   SIC 8051

CENTENNIAL PLACE p680
2 Centennial Lane Rr 3, MILLBROOK, ON, L0A 1G0
(705) 932-4464   SIC 8051

CENTRAL HAVEN SPECIAL CARE HOME INC p1299
1020 Avenue I N, SASKATOON, SK, S7L 2H7
(306) 665-6180   SIC 8051

CENTRAL REGIONAL HEALTH AUTHORITY p423
25 Pleasantview Rd, BOTWOOD, NL, A0H 1E0
(709) 257-2874   SIC 8051

CENTRE D'HEBERGEMENT ET DE SANTE DE LONGUE DUREE ST-JUDE INC p1019
4410 Boul Saint-Martin O, Cote Saint-Luc, QC, H7T 1C3
(450) 687-7714   SIC 8051

CENTRE D'HEBERGEMENT SOIN DE LONGUE DUREE BUSSEY (QUEBEC) INC p1056
2069 Boul Saint-Joseph, LACHINE, QC,

H8S 4B7
(514) 637-1127 SIC 8051
CENTRE D'HEBERGEMENT ST-VINCENT DE MARIE INC p1203
1175 Boul De La Cote-Vertu, SAINT-LAURENT, QC, H4L 5J1
(514) 744-1175 SIC 8051
CENTRE DE SANTE & DE SERVICES SOCIAUX DRUMMOND p1001
91 Rue Saint-Thomas, BON-CONSEIL, QC, J0C 1A0
SIC 8051
CENTRE DE SANTE ET DE SERVICES SCOIAUX DE LA HAUTE-YAMASKA p1261
5300 Rue Courville, WATERLOO, QC, J0E 2N0
(450) 539-5512 SIC 8051
CENTRE DE SANTE ET DE SERVICES SOCIAUX DE LA VALLEE-DE-LA-BATISCAN p1218
361 Rue Du College, SAINT-NARCISSE, QC, G0X 2Y0
(418) 328-3351 SIC 8051
CENTRE DE SANTE ET DE SERVICES SOCIAUX DE LA VALLEE-DE-LA-BATISCAN p1224
60 Rue De La Fabrique Bureau 217, Sainte-Anne-de-la-Perade, QC, G0X 2J0
(418) 325-2313 SIC 8051
CENTRE DE SANTE ET DE SERVICES SOCIAUX DE LA VIEILLE-CAPITALE p1148
1401 Ch De La Canardiere, Quebec, QC, G1J 0A6
(418) 529-6571 SIC 8051
CENTRE DE SANTE ET DE SERVICES SOCIAUX DES SOMMETS p1223
234 Rue Saint-Vincent, Sainte-Agathe-Des-Monts, QC, J8C 2B8
(819) 324-4055 SIC 8051
CENTRE DE SANTE ET DE SERVICES SOCIAUX DU PONTIAC p1145
2135 Rue De La Terrasse-Cadieux, Quebec, QC, G1C 1Z2
(418) 667-3910 SIC 8051
CENTRE DE SANTE ET DE SERVICES SOCIAUX-INSTITUT UNIVERSITAIRE DE GERIATRIE DE SHERBROOKE p1236
1036 Rue Belvedere S, SHERBROOKE, QC, J1H 4C4
SIC 8051
CENTRE DE SANTE TULATTAVIK DE L'UNGAVA p1049
Gd, KUUJJUAQ, QC, J0M 1C0
(819) 964-2905 SIC 8051
CENTRE HOSPITALIER ST-FRANCOIS INC p1151
1604 1re Av, Quebec, QC, G1L 3L6
(418) 524-6033 SIC 8051
CENTRES D'ACCUEIL LAVAL INC, LES p1225
5436 Boul Levesque E, Sainte-Dorothee, QC, H7C 1N7
(450) 661-5440 SIC 8051
CHANTELLE MANAGEMENT LTD p138
1255 5 Ave S, LETHBRIDGE, AB, T1J 0V6
(403) 328-6631 SIC 8051
CHARTWELL RETIREMENT RESIDENCES p696
590 Lolita Gdns Suite 355, MISSISSAUGA, ON, L5A 4N8
(905) 306-9984 SIC 8051
CHARTWELL RETIREMENT RESIDENCES p739
120 Wellington St, NIAGARA ON THE LAKE, ON, L0S 1J0
(905) 468-2111 SIC 8051
CHARTWELL RETIREMENT RESIDENCES p936
138 Dowling Ave, TORONTO, ON, M6K 3A6
(416) 533-7935 SIC 8051
CHARTWELL SENIORS HOUSING REAL ESTATE INC p645
428 Front Rd, L'ORIGNAL, ON, K0B 1K0
(613) 675-4617 SIC 8051

CHARTWELL SENIORS HOUSING REAL ESTATE INVESTMENT TRUST p189
4125 Canada Way, Burnaby, BC, V5G 1G9
(604) 438-8224 SIC 8051
CHARTWELL SENIORS HOUSING REAL ESTATE INVESTMENT TRUST p490
32 Mill St, AURORA, ON, L4G 2R9
(905) 727-1939 SIC 8051
CHARTWELL SENIORS HOUSING REAL ESTATE INVESTMENT TRUST p548
131 Laidlaw St, CANNINGTON, ON, L0E 1E0
(705) 432-2385 SIC 8051
CHATEAU SUR LE LAC STE GENEVIEVE INC p1226
16289 Boul Gouin O, Sainte-Genevieve, QC, H9H 1E2
(514) 620-9794 SIC 8051
CHERINGTON INTERCARE INC p280
13453 111a Ave, SURREY, BC, V3R 2C5
(604) 581-2885 SIC 8051
CHESHIRE HOMES OF LONDON INC p657
111 Waterloo St Suite 506, LONDON, ON, N6B 2M4
(519) 673-6617 SIC 8051
CHESHIRE HOMES OF LONDON INC p661
120 Cherryhill Pl Suite 107, LONDON, ON, N6H 4N9
(519) 438-5922 SIC 8051
CHRISTIE GARDENS APARTMENTS AND CARE INC p934
600 Melita Cres, TORONTO, ON, M6G 3Z4
(416) 530-1330 SIC 8051
CHSLD CHANOINE-AUDET INC p1066
2155 Ch Du Sault, Levis, QC, G6W 2K7
(418) 834-5322 SIC 8051
CIRCLE DRIVE SPECIAL CARE HOME INC p1305
3055 Preston Ave, SASKATOON, SK, S7T 1C3
(306) 955-4800 SIC 8051
CITY OF HAMILTON, THE p570
41 South St W Suite 207, DUNDAS, ON, L9H 4C4
SIC 8051
CITY OF HAMILTON, THE p613
701 Upper Sherman Ave, HAMILTON, ON, L8V 3M7
(905) 546-2800 SIC 8051
CLSC-CHSLD STE-ROSE-DE-LAVAL p1128
280 Boul Du Roi-Du-Nord, Montreal, QC, H7L 4L2
(450) 622-5110 SIC 8051
CLSC-CHSLD THERESE DE BLAINVILLE p1230
55 Rue Saint-Joseph, SAINTE-THERESE, QC, J7E 4Y5
(450) 430-4400 SIC 8051
COMCARE (CANADA) LIMITED p461
7071 Bayers Rd Suite 1151, HALIFAX, NS, B3L 2C2
(902) 453-0838 SIC 8051
COMCARE (CANADA) LIMITED p552
48 Centre St, CHATHAM, ON, N7M 4W2
SIC 8051
COMCARE (CANADA) LIMITED p832
370 Lake St, SAULT STE. MARIE, ON, P6B 3L1
(705) 759-0110 SIC 8051
COMCARE (CANADA) LIMITED p878
91 Cumberland St S Suite 200, THUNDER BAY, ON, P7B 6A7
(807) 346-0633 SIC 8051
COMPLETE CARE INC p370
1801 Main St, WINNIPEG, MB, R2V 2A2
(204) 949-5090 SIC 8051
CONVALESCENT HOME OF WINNIPEG, THE p386
276 Hugo St N, WINNIPEG, MB, R3M 2N6
(204) 453-4663 SIC 8051
CORPORATION OF NORFOLK COUNTY p848
44 Rob Blake Way, SIMCOE, ON, N3Y 0E3
(519) 426-0902 SIC 8051

CORPORATION OF THE CITY OF ST. THOMAS, THE p858
350 Burwell Rd, ST THOMAS, ON, N5P 0A3
(519) 631-1030 SIC 8051
CORPORATION OF THE COUNTY OF BRUCE, THE p960
671 Frank St, WIARTON, ON, N0H 2T0
(519) 534-1113 SIC 8051
CORPORATION OF THE COUNTY OF ELGIN p571
29491 Pioneer Line, DUTTON, ON, N0L 1J0
(519) 762-2417 SIC 8051
CORPORATION OF THE COUNTY OF GREY p571
575 Saddler St, DURHAM, ON, N0G 1R0
(519) 369-6035 SIC 8051
COVENANT HEALTH ST MARY'S TROCHU p171
451 Dechauney Ave, TROCHU, AB, T0M 2C0
(403) 442-3955 SIC 8051
CRAIGLEE NURSING HOME LIMITED p839
102 Craiglee Dr, SCARBOROUGH, ON, M1N 2M7
(416) 264-2260 SIC 8051
CROWN RIDGE HEALTH CARE SERVICES INC p503
37 Wilkie St, BELLEVILLE, ON, K8P 4E4
(613) 966-1323 SIC 8051
CSSS DU GRAND LITTORAL p1190
70 Rue Saint-Etienne, SAINT-GERVAIS, QC, G0R 3C0
(418) 887-3387 SIC 8051
CUPAR AND DISTRICT NURSING HOME INC p1267
213 Mills St, CUPAR, SK, S0G 0Y0
(306) 723-4666 SIC 8051
DALLOV HOLDINGS LIMITED p540
441 Maple Ave, BURLINGTON, ON, L7S 1L8
(905) 639-2264 SIC 8051
DEEM MANAGEMENT SERVICES LIMITED p642
55 Hugo Cres, KITCHENER, ON, N2M 5J1
(519) 576-2140 SIC 8051
DEEM MANAGEMENT SERVICES LIMITED p818
990 Edward St, PRESCOTT, ON, K0E 1T0
(613) 925-2834 SIC 8051
DELHI NURSING HOME LIMITED p568
750 Gibralter St, DELHI, ON, N4B 3B3
(519) 582-3400 SIC 8051
DERBECKER'S HERITAGE HOUSE LIMITED p857
54 Eby St, ST JACOBS, ON, N0B 2N0
(519) 664-2921 SIC 8051
DISTRICT MUNICIPALITY OF MUSKOKA, THE p508
98 Pine St Suite 610, BRACEBRIDGE, ON, P1L 1N5
(705) 645-4488 SIC 8051
DIVERSICARE CANADA MANAGEMENT SERVICES CO., INC p252
3235 Skaha Lake Rd, PENTICTON, BC, V2A 6G5
(250) 490-8800 SIC 8051
DIVERSICARE CANADA MANAGEMENT SERVICES CO., INC p519
133 Kennedy Rd S, BRAMPTON, ON, L6W 3G3
(905) 459-2324 SIC 8051
DIVERSICARE CANADA MANAGEMENT SERVICES CO., INC p528
612 Mount Pleasant Rd, BRANTFORD, ON, N3T 5L5
(519) 484-2500 SIC 8051
DIVERSICARE CANADA MANAGEMENT SERVICES CO., INC p528
612 Mount Pleasant Rd, BRANTFORD, ON, N3T 5L5
(519) 484-2431 SIC 8051
DIVERSICARE CANADA MANAGEMENT SERVICES CO., INC p621
263 Wonham St S, INGERSOLL, ON, N5C

3P6
(519) 485-3920 SIC 8051
DIVERSICARE CANADA MANAGEMENT SERVICES CO., INC p662
312 Oxford St W, LONDON, ON, N6H 4N7
(519) 432-1855 SIC 8051
DIVERSICARE CANADA MANAGEMENT SERVICES CO., INC p889
5935 Bathurst St, TORONTO, ON, M2R 1Y8
(416) 223-4050 SIC 8051
DOGWOOD LODGE SOCIETY p318
500 57th Ave W, VANCOUVER, BC, V6P 6E8
(604) 324-6882 SIC 8051
DUNDAS MANOR LTD p960
533 Clarence St Suite 970, WINCHESTER, ON, K0C 2K0
(613) 774-2293 SIC 8051
EASTERN REGIONAL INTEGRATED HEALTH AUTHORITY p423
2743 Campbell St, BONAVISTA, NL, A0C 1B0
(709) 468-7881 SIC 8051
EASTERN REGIONAL INTEGRATED HEALTH AUTHORITY p427
1 Seniors Pl, GRAND BANK, NL, A0E 1W0
(709) 832-1660 SIC 8051
EASTERN REGIONAL INTEGRATED HEALTH AUTHORITY p430
1 Corrigan Pl, PLACENTIA, NL, A0B 2Y0
(709) 227-2061 SIC 8051
EDEN HOUSE CARE FACILITY INC p602
5016 Wellington Road 29, GUELPH, ON, N1H 6H8
(519) 856-4622 SIC 8051
EDGEWATER GARDENS LONG-TERM CARE CENTRE p571
428 Broad St W, DUNNVILLE, ON, N1A 1T3
(905) 774-2503 SIC 8051
EHATARE RETIREMENT & NURSING HOME p835
40 Old Kingston Rd, SCARBOROUGH, ON, M1E 3J5
(416) 284-0828 SIC 8051
EXTENDICARE (CANADA) INC p4
4517 53 St, ATHABASCA, AB, T9S 1K4
(780) 675-2291 SIC 8051
EXTENDICARE (CANADA) INC p7
4602 47 Ave, BONNYVILLE, AB, T9N 2E8
(780) 826-3341 SIC 8051
EXTENDICARE (CANADA) INC p39
1512 8 Ave Nw, CALGARY, AB, T2N 1C1
(403) 289-0236 SIC 8051
EXTENDICARE (CANADA) INC p102
8008 95 Ave Nw, EDMONTON, AB, T6C 2T1
(780) 469-1307 SIC 8051
EXTENDICARE (CANADA) INC p118
654 29th St, FORT MACLEOD, AB, T0L 0Z0
(403) 553-3955 SIC 8051
EXTENDICARE (CANADA) INC p135
4309 50 St, LEDUC, AB, T9E 6K6
(780) 986-2245 SIC 8051
EXTENDICARE (CANADA) INC p387
2060 Corydon Ave, WINNIPEG, MB, R3P 0N3
(204) 889-2650 SIC 8051
EXTENDICARE (CANADA) INC p493
5 Fairway Blvd Unit 10, BANCROFT, ON, K0L 1C0
(613) 332-0590 SIC 8051
EXTENDICARE (CANADA) INC p566
812 Pitt St Suite 16, CORNWALL, ON, K6J 5R1
(613) 932-4661 SIC 8051
EXTENDICARE (CANADA) INC p576
56 Aberfoyle Cres, ETOBICOKE, ON, M8X 2W4
(416) 236-1061 SIC 8051
EXTENDICARE (CANADA) INC p605
167 Park St, HALIBURTON, ON, K0M 1S0
(705) 457-1722 SIC 8051
EXTENDICARE (CANADA) INC p614
883 Upper Wentworth St Suite 301, HAMILTON, ON, L9A 4Y6

(905) 318-8522   SIC 8051
EXTENDICARE (CANADA) INC   p616
90 Chedmac Dr Suite 2317, HAMILTON, ON, L9C 7W1
(905) 318-4472   SIC 8051
EXTENDICARE (CANADA) INC   p620
367 Muskoka Rd 3 N Unit 6, HUNTSVILLE, ON, P1H 1H6
(705) 788-9899   SIC 8051
EXTENDICARE (CANADA) INC   p633
309 Queen Mary Rd, KINGSTON, ON, K7M 6P4
(613) 549-5010   SIC 8051
EXTENDICARE (CANADA) INC   p635
786 Blackburn Mews, KINGSTON, ON, K7P 2N7
(613) 549-0112   SIC 8051
EXTENDICARE (CANADA) INC   p647
108 Angeline St S Suite 1, LINDSAY, ON, K9V 3L5
(705) 328-2280   SIC 8051
EXTENDICARE (CANADA) INC   p671
3000 Steeles Ave E Suite 700, MARKHAM, ON, L3R 9W2
(905) 470-1400   SIC 8051
EXTENDICARE (CANADA) INC   p733
320 Harry Walker Pky N Suite 11, NEWMARKET, ON, L3Y 7B4
SIC 8051
EXTENDICARE (CANADA) INC   p739
509 Glendale Ave Suite 200, NIAGARA ON THE LAKE, ON, L0S 1J0
(905) 682-6555   SIC 8051
EXTENDICARE (CANADA) INC   p741
222 Mcintyre St W Suite 202, NORTH BAY, ON, P1B 2Y8
(705) 495-4391   SIC 8051
EXTENDICARE (CANADA) INC   p746
550 Cummer Ave, NORTH YORK, ON, M2K 2M2
(416) 226-1331   SIC 8051
EXTENDICARE (CANADA) INC   p763
124 Lloyd St Rr 1, NORTHBROOK, ON, K0H 2G0
(613) 336-9120   SIC 8051
EXTENDICARE (CANADA) INC   p768
700 Dorval Sr Suite 111, OAKVILLE, ON, L6K 3V3
(905) 847-1025   SIC 8051
EXTENDICARE (CANADA) INC   p795
1145 Hunt Club Rd Suite 400, OTTAWA, ON, K1V 0Y3
(613) 728-7080   SIC 8051
EXTENDICARE (CANADA) INC   p809
80 Alexander Ave, PETERBOROUGH, ON, K9J 6B4
(705) 743-7552   SIC 8051
EXTENDICARE (CANADA) INC   p836
3830 Lawrence Ave E Suite 103, SCARBOROUGH, ON, M1G 1R6
(416) 439-1243   SIC 8051
EXTENDICARE (CANADA) INC   p836
60 Guildwood Pky Suite 327, SCARBOROUGH, ON, M1E 1N9
(416) 266-7711   SIC 8051
EXTENDICARE (CANADA) INC   p864
55 Lorne Ave E Suite 4, STRATFORD, ON, N5A 6S4
SIC 8051
EXTENDICARE (CANADA) INC   p866
323 Caradoc St S, STRATHROY, ON, N7G 2P3
SIC 8051
EXTENDICARE (CANADA) INC   p911
480 University Ave Suite 708, TORONTO, ON, M5G 1V2
(416) 977-5008   SIC 8051
EXTENDICARE (CANADA) INC   p1293
2225 Preston Ave, SASKATOON, SK, S7J 2E7
(306) 374-2242   SIC 8051
EXTENDICARE INC   p60
3330 8 Ave Sw, CALGARY, AB, T3C 0E7
(403) 249-8915   SIC 8051

EXTENDICARE INC   p139
115 Fairmont Blvd S, LETHBRIDGE, AB, T1K 5V2
(403) 320-0120   SIC 8051
EXTENDICARE INC   p142
4706 54 St, MAYERTHORPE, AB, T0E 1N0
(780) 786-2211   SIC 8051
EXTENDICARE INC   p155
12 Michener Blvd Suite 3609, RED DEER, AB, T4P 0M1
(403) 348-0340   SIC 8051
EXTENDICARE INC   p165
4614 47 Ave, ST PAUL, AB, T0A 3A3
(780) 645-3375   SIC 8051
EXTENDICARE INC   p172
715 2nd Ave S, VULCAN, AB, T0L 2B0
(403) 485-2022   SIC 8051
EXTENDICARE INC   p172
5020 57th Ave, VIKING, AB, T0B 4N0
(780) 336-4790   SIC 8051
EXTENDICARE INC   p384
2395 Ness Ave, WINNIPEG, MB, R3J 1A5
(204) 888-3005   SIC 8051
EXTENDICARE INC   p507
264 King St E Suite 306, BOWMANVILLE, ON, L1C 1P9
(905) 623-2553   SIC 8051
EXTENDICARE INC   p507
26 Elgin St, BOWMANVILLE, ON, L1C 3C8
(905) 623-5731   SIC 8051
EXTENDICARE INC   p508
98 Pine St Suite 610, BRACEBRIDGE, ON, P1L 1N5
(705) 645-4488   SIC 8051
EXTENDICARE INC   p522
7891 Mclaughlin Rd, BRAMPTON, ON, L6Y 5H8
(905) 459-4904   SIC 8051
EXTENDICARE INC   p554
130 New Densmore Rd, COBOURG, ON, K9A 5W2
(905) 372-0377   SIC 8051
EXTENDICARE INC   p579
420 The East Mall, ETOBICOKE, ON, M9B 3Z9
(416) 621-8000   SIC 8051
EXTENDICARE INC   p580
140 Sherway Dr, ETOBICOKE, ON, M9C 1A4
(416) 259-2573   SIC 8051
EXTENDICARE INC   p591
9 Lindsay Crt, GEORGETOWN, ON, L7G 6G9
(905) 702-8760   SIC 8051
EXTENDICARE INC   p594
1715 Montreal Rd, GLOUCESTER, ON, K1J 6N4
(613) 741-5122   SIC 8051
EXTENDICARE INC   p605
85 Main St Rr 6, HAGERSVILLE, ON, N0A 1H0
(905) 768-1641   SIC 8051
EXTENDICARE INC   p605
143 Bruce St, HAILEYBURY, ON, P0J 1K0
(705) 672-2151   SIC 8051
EXTENDICARE INC   p611
570 King St W, HAMILTON, ON, L8P 1C2
(905) 524-1283   SIC 8051
EXTENDICARE INC   p612
39 Mary St, HAMILTON, ON, L8R 3L8
(905) 523-6427   SIC 8051
EXTENDICARE INC   p626
45 Ontario St, KAPUSKASING, ON, P5N 2Y5
(705) 335-8337   SIC 8051
EXTENDICARE INC   p633
309 Queen Mary Rd, KINGSTON, ON, K7M 6P4
(613) 549-5010   SIC 8051
EXTENDICARE INC   p645
19 Fraser St, LAKEFIELD, ON, K0L 2H0
(705) 652-7112   SIC 8051
EXTENDICARE INC   p647
125 Colborne St E, LINDSAY, ON, K9V 6J2

(705) 878-5392   SIC 8051
EXTENDICARE INC   p655
860 Waterloo St, LONDON, ON, N6A 3W6
(519) 433-6658   SIC 8051
EXTENDICARE INC   p697
55 Queensway W, MISSISSAUGA, ON, L5B 1B5
(905) 270-0170   SIC 8051
EXTENDICARE INC   p722
855 John Watt Blvd, MISSISSAUGA, ON, L5W 1W4
(905) 696-0719   SIC 8051
EXTENDICARE INC   p746
550 Cummer Ave, NORTH YORK, ON, M2K 2M2
(416) 226-1331   SIC 8051
EXTENDICARE INC   p767
291 Reynolds St Suite 128, OAKVILLE, ON, L6J 3L5
(905) 849-7766   SIC 8051
EXTENDICARE INC   p799
1865 Baseline Rd, OTTAWA, ON, K2C 3K6
(613) 225-5650   SIC 8051
EXTENDICARE INC   p800
114 Starwood Rd, OTTAWA, ON, K2G 3N5
(613) 224-3960   SIC 8051
EXTENDICARE INC   p800
2179 Elmira Dr, OTTAWA, ON, K2C 3S1
(613) 829-3501   SIC 8051
EXTENDICARE INC   p817
360 Croft St Suite 1124, PORT HOPE, ON, L1A 4K8
(905) 885-1266   SIC 8051
EXTENDICARE INC   p818
4551 East St, PORT STANLEY, ON, N5L 1J6
(519) 782-3339   SIC 8051
EXTENDICARE INC   p832
39 Van Daele St, SAULT STE. MARIE, ON, P6B 4V3
(705) 949-7934   SIC 8051
EXTENDICARE INC   p834
551 Conlins Rd, SCARBOROUGH, ON, M1B 5S1
(416) 282-6768   SIC 8051
EXTENDICARE INC   p836
60 Guildwood Pky Suite 327, SCARBOROUGH, ON, M1E 1N9
(416) 266-7711   SIC 8051
EXTENDICARE INC   p846
1020 Mcnicoll Ave Suite 547, SCARBOROUGH, ON, M1W 2J6
(416) 499-2020   SIC 8051
EXTENDICARE INC   p855
283 Pelham Rd, ST CATHARINES, ON, L2S 1X7
(905) 688-3311   SIC 8051
EXTENDICARE INC   p861
199 Glover Rd, STONEY CREEK, ON, L8E 5J2
(905) 643-1795   SIC 8051
EXTENDICARE INC   p867
281 Falconbridge Rd, SUDBURY, ON, P3A 5K4
(705) 566-7980   SIC 8051
EXTENDICARE INC   p870
333 York St, SUDBURY, ON, P3E 5J3
(705) 674-4221   SIC 8051
EXTENDICARE INC   p872
2475 St. Alphonse St Suite 1238, TECUMSEH, ON, N8N 2X2
(519) 739-2998   SIC 8051
EXTENDICARE INC   p891
2045 Finch Ave W, TORONTO, ON, M3N 1M9
(416) 745-0811   SIC 8051
EXTENDICARE INC   p936
150 Dunn Ave, TORONTO, ON, M6K 2R6
(705) 645-4488   SIC 8051
EXTENDICARE INC   p971
1255 North Talbot Rd, WINDSOR, ON, N9G 3A4
(519) 945-7249   SIC 8051
EXTENDICARE INC   p1275
1151 Coteau St W, MOOSE JAW, SK, S6H

5G5
(306) 693-5191   SIC 8051
EXTENDICARE INC   p1288
4125 Rae St, REGINA, SK, S4S 3A5
(306) 586-1787   SIC 8051
EXTENDICARE INC   p1288
4540 Rae St, REGINA, SK, S4S 3B4
(306) 586-0220   SIC 8051
EXTENDICARE INC   p1288
260 Sunset Dr, REGINA, SK, S4S 2S3
(306) 586-3355   SIC 8051
FAIRHAVEN   p808
881 Dutton Rd, PETERBOROUGH, ON, K9H 7S4
(705) 743-4265   SIC 8051
FENELON COURT LONG TERM CARE CENTRE   p588
44 Wychwood Cres, FENELON FALLS, ON, K0M 1N0
(705) 887-2100   SIC 8051
FIFE HOUSE FOUNDATION INC   p903
490 Sherbourne St 2nd Fl, TORONTO, ON, M4X 1K9
(416) 205-9888   SIC 8051
FIVE HILLS REGIONAL HEALTH AUTHORITY   p1266
620 Mary St, CRAIK, SK, S0G 0V0
(306) 734-2288   SIC 8051
FIVE HILLS REGIONAL HEALTH AUTHORITY   p1266
601 Canada St, CENTRAL BUTTE, SK, S0H 0T0
(306) 796-2190   SIC 8051
FIVE HILLS REGIONAL HEALTH AUTHORITY   p1272
315 Main St, LAFLECHE, SK, S0H 2K0
(306) 472-5230   SIC 8051
FIVE HILLS REGIONAL HEALTH AUTHORITY   p1275
1000 Albert St, MOOSE JAW, SK, S6H 2Y2
(306) 693-4616   SIC 8051
FOREST GROVE CARE CENTRE LTD   p13
4726 8 Ave Se, CALGARY, AB, T2A 0A8
(403) 272-9831   SIC 8051
FREDERICTON SOUTH NURSING HOME INC   p400
521 Woodstock Rd, FREDERICTON, NB, E3B 2J2
(506) 444-3400   SIC 8051
GARDEN HOME (1986) INCORPORATED   p981
310 North River Rd, CHARLOTTETOWN, PE, C1A 3M4
(902) 892-4131   SIC 8051
GATEWAY LODGE INC   p1265
212 Centre Ave E, CANORA, SK, S0A 0L0
(306) 563-5685   SIC 8051
GEM HEALTH CARE GROUP LIMITED   p441
260 Church St, AMHERST, NS, B4H 3C9
(902) 667-3501   SIC 8051
GEM HEALTH CARE GROUP LIMITED   p463
25 Alton Dr, HALIFAX, NS, B3N 1M1
(902) 477-1777   SIC 8051
GEM HEALTH CARE GROUP LIMITED   p819
470 Raglan St N, RENFREW, ON, K7V 1P5
(613) 432-5823   SIC 8051
GENESIS GARDENS INC   p647
1003 Limoges Rd, LIMOGES, ON, K0A 2M0
(613) 443-5751   SIC 8051
GERA-CARE INVESTMENTS INC   p468
640 Main St, MAHONE BAY, NS, B0J 2E0
(902) 624-8341   SIC 8051
GLEN HAVEN MANOR CORPORATION p469
739 East River Rd, NEW GLASGOW, NS, B2H 5E9
(902) 752-2588   SIC 8051
GOLDEN DAWN NURSING HOME   p648
80 Main St, LIONS HEAD, ON, N0H 1W0
(519) 793-3433   SIC 8051
GOOD SAMARITAN NURSING HOMES LTD p486
481 Victoria St E, ALLISTON, ON, L9R 1J8
(705) 435-5722   SIC 8051
GOOD SAMARITAN SOCIETY, THE (A

BUSINESSES BY INDUSTRY CLASSIFICATION

SIC 8051 Skilled nursing care facilities

LUTHERAN SOCIAL SERVICE ORGANIZATION) p168
5600 50 St, STONY PLAIN, AB, T7Z 1B1
(780) 963-2261   SIC 8051

GOUVERNEMENT DE LA PROVINCE DE QUEBEC p1150
105 Rue Hermine, Quebec, QC, G1K 1Y5
(418) 529-2501   SIC 8051

GOUVERNEMENT DE LA PROVINCE DE QUEBEC p1238
375 Rue Argyll, SHERBROOKE, QC, J1J 3H5
(819) 821-1170   SIC 8051

GOVERNING COUNCIL OF THE SALVATION ARMY IN CANADA, THE p335
952 Arm St, VICTORIA, BC, V9A 4G7
(250) 385-3422   SIC 8051

GOVERNING COUNCIL OF THE SALVATION ARMY IN CANADA, THE p345
510 6th St, BRANDON, MB, R7A 3N9
(204) 727-3636   SIC 8051

GOVERNING COUNCIL OF THE SALVATION ARMY IN CANADA, THE p413
50 Suffolk St, RIVERVIEW, NB, E1B 4K6
SIC 8051

GOVERNING COUNCIL OF THE SALVATION ARMY IN CANADA, THE p735
5050 Jepson St, NIAGARA FALLS, ON, L2E 1K5
(905) 356-1221   SIC 8051

GOVERNING COUNCIL OF THE SALVATION ARMY IN CANADA, THE p797
1156 Wellington St W Suite 613, OTTAWA, ON, K1Y 2Z3
(613) 722-8025   SIC 8051

GOVERNMENT OF THE PROVINCE OF ALBERTA p132
10307 100 St, HYTHE, AB, T0H 2C0
(780) 356-3818   SIC 8051

GROUPE ROY SANTE INC p1100
3550 Rue Saint-Urbain, Montreal, QC, H2X 4C5
(514) 849-1357   SIC 8051

HANOVER NURSING HOME LIMITED p617
700 19th Ave, Hanover, ON, N4N 3S6
(519) 364-3700   SIC 8051

HEALTHCARE PROPERTIES HOLDINGS LTD p39
1402 8 Ave Nw Suite 171, CALGARY, AB, T2N 1B9
SIC 8051

HEARTLAND REGIONAL HEALTH AUTHORITY p1267
203 Main St, ELROSE, SK, S0L 0Z0
SIC 8051

HEARTLAND REGIONAL HEALTH AUTHORITY p1271
1003 1st St W Rr 2, KINDERSLEY, SK, S0L 1S2
SIC 8051

HILLSIDE PINES HOME FOR SPECIAL CARE SOCIETY p444
77 Exhibition Dr, BRIDGEWATER, NS, B4V 3K6
(902) 543-1525   SIC 8051

HILLTOP MANOR NURSING HOME LIMITED p679
1005 St Lawrence St, MERRICKVILLE, ON, K0G 1N0
(613) 269-4707   SIC 8051

HUNTSVILLE DISTRICT NURSING HOME INC p620
14 Mill St Suite 101, HUNTSVILLE, ON, P1H 2A4
(705) 789-4476   SIC 8051

ICAN INDEPENDENCE CENTRE AND NETWORK p869
765 Brennan Rd, SUDBURY, ON, P3C 1C4
(705) 673-0655   SIC 8051

ICELANDIC CARE HOME HOFN SOCIETY, THE p296
2020 Harrison Dr, VANCOUVER, BC, V5P 0A1
(604) 321-3812   SIC 8051

INTERCARE CORPORATE GROUP INC p39
2727 16 Ave Nw Suite 138, CALGARY, AB, T2N 3Y6
(403) 289-2576   SIC 8051

INTERIOR HEALTH AUTHORITY p326
1400 Mission Rd, VERNON, BC, V1T 9C3
(250) 545-9167   SIC 8051

INTERLAKE REGIONAL HEALTH AUTHORITY INC p343
233 St Phillips Dr, ARBORG, MB, R0C 0A0
(204) 376-5226   SIC 8051

INTERLAKE REGIONAL HEALTH AUTHORITY INC p358
513 1 Ave N, STONEWALL, MB, R0C 2Z0
(204) 467-3373   SIC 8051

INVERNESS MUNICIPAL HOUSING CORPORATION p446
15092 Cabot Trail Rd, CHETICAMP, NS, B0E 1H0
(902) 224-2087   SIC 8051

INVERNESS MUNICIPAL HOUSING CORPORATION p465
72 Maple St, Inverness, NS, B0E 1N0
(902) 258-2842   SIC 8051

IROQUOIS LODGE p772
1755 Chiefswood Rd, OHSWEKEN, ON, N0A 1M0
(519) 445-2224   SIC 8051

JARLETTE LTD p551
110 Sandys St, CHATHAM, ON, N7L 4X3
(519) 351-1330   SIC 8051

JARLETTE LTD p605
100 Bruce St, HAILEYBURY, ON, P0J 1K0
(705) 672-2123   SIC 8051

JARLETTE LTD p620
65 Rogers Cove Dr, HUNTSVILLE, ON, P1H 2L9
(705) 788-7713   SIC 8051

JARLETTE LTD p774
25 Museum Dr Suite 204, ORILLIA, ON, L3V 7T9
(705) 325-9181   SIC 8051

JARLETTE LTD p949
329 Parkside Dr E, WATERDOWN, ON, L0R 2H0
(905) 689-2662   SIC 8051

JORDAN LIFECARE CENTRE INC p421
747 Sanatorium Rd, THE GLADES, NB, E4J 1W6
(506) 756-3355   SIC 8051

KEAY NURSING HOMES INC p548
38 Black Diamond Rd, CANNIFTON, ON, K0K 1K0
(613) 966-7717   SIC 8051

KELSEY TRAIL REGIONAL HEALTH AUTHORITY p1277
400 6th Ave E, NIPAWIN, SK, S0E 1E0
(306) 862-9828   SIC 8051

KELSEY TRAIL REGIONAL HEALTH AUTHORITY p1279
330 Oak St, PORCUPINE PLAIN, SK, S0E 1H0
(306) 278-6278   SIC 8051

KENNEBEC MANOR INC p416
475 Woodward Ave, SAINT JOHN, NB, E2K 4N1
(506) 632-9628   SIC 8051

KING NURSING HOME LIMITED p506
49 Sterne St, BOLTON, ON, L7E 1B9
(905) 857-4117   SIC 8051

KINGSWAY LODGE ST. MARYS LTD p857
310 Queen St E, ST MARYS, ON, N4X 1C8
(519) 284-2921   SIC 8051

KIWANIS CARE SOCIETY (1979) OF NEW WESTMINSTER p244
35 Clute St, NEW WESTMINSTER, BC, V3L 1Z5
(604) 525-6471   SIC 8051

KIWANIS NURSING HOME INC p421
11 Bryant St, SUSSEX, NB, E4E 2P3
(506) 432-3118   SIC 8051

KIWANIS VILLAGE LODGE p240
1221 Kiwanis Cres, NANAIMO, BC, V9S 5Y1
(250) 753-6471   SIC 8051

LABDARA LITHUANIAN NURSING HOME p579
5 Resurrection Rd, ETOBICOKE, ON, M9A 5G1
(416) 232-2112   SIC 8051

LADY ISABELLE NURSING HOME LTD p944
102 Corkery St, TROUT CREEK, ON, P0H 2L0
(705) 723-5232   SIC 8051

LAKEVIEW PIONEER LODGE INC p1308
400 1st St N, WAKAW, SK, S0K 4P0
(306) 233-4621   SIC 8051

LAPOINTE-FISHER NURSING HOME, LIMITED p599
271 Metcalfe St, GUELPH, ON, N1E 4Y8
(519) 821-9030   SIC 8051

LE CENTRE DE SANTE ET DE SERVICES SOCIAUX JEANNE-MANCE p1100
66 Boul Rene-Levesque E, Montreal, QC, H2X 1N3
(514) 878-2898   SIC 8051

LINCOURT MANOR INC p420
1 Chipman St, ST STEPHEN, NB, E3L 2W9
(506) 466-7855   SIC 8051

LITTLE MOUNTAIN RESIDENTIAL CARE & HOUSING SOCIETY p292
851 Boundary Rd, VANCOUVER, BC, V5K 4T2
(604) 299-7567   SIC 8051

LOCH LOMOND VILLA INC p414
185 Loch Lomond Rd, SAINT JOHN, NB, E2J 3S3
(506) 643-7175   SIC 8051

LUMSDEN & DISTRICT HERITAGE HOME INC p1273
10 Aspen Bay, LUMSDEN, SK, S0G 3C0
(306) 731-2247   SIC 8051

LUTHER COURT SOCIETY p327
1525 Cedar Hill Cross Rd, VICTORIA, BC, V8P 5M1
(250) 477-7241   SIC 8051

MACGOWAN NURSING HOMES LTD p972
719 Josephine St, WINGHAM, ON, N0G 2W0
(519) 357-3430   SIC 8051

MAISON VICTOR GADBOIS INC, LA p1218
1000 Rue Chabot, SAINT-MATHIEU-DE-BELOEIL, QC, J3G 0R8
(450) 467-1710   SIC 8051

MAJOR DEVELOPMENT LTD FAIRWAY PROPERTIES LTD p316
1645 14th Ave W, VANCOUVER, BC, V6J 2J4
(604) 732-8633   SIC 8051

MANITOBA BAPTIST HOME SOCIETY INC p368
577 St Anne's Rd, WINNIPEG, MB, R2M 3G5
(204) 257-2394   SIC 8051

MANORCARE PARTNERS p860
218 Edward St, STIRLING, ON, K0K 3E0
(613) 395-2596   SIC 8051

MAPLEWOOD NURSING HOME LIMITED p882
73 Bidwell St, TILLSONBURG, ON, N4G 3T8
(519) 842-3563   SIC 8051

MARIANN NURSING HOME AND RESIDENCE p822
9915 Yonge St, RICHMOND HILL, ON, L4C 1V1
(905) 884-9276   SIC 8051

MARY IMMACULATE HOSPITAL (MUNDARE) FOUNDATION p146
Gd, MUNDARE, AB, T0B 3H0
(780) 764-3730   SIC 8051

MCGILLIVARY CARE HOME p359
Gd Stn Main, THE PAS, MB, R9A 1K2
(204) 623-5421   SIC 8051

MEAFORD NURSING HOME LTD p679
135 William St, MEAFORD, ON, N4L 1T4
(519) 538-1010   SIC 8051

MEDLAW CORPORATION LIMITED p505
3418 County Rd 36 S, BOBCAYGEON, ON, K0M 1A0
(705) 738-2366   SIC 8051

MENNONITE INTERMEDIATE CARE HOME SOCIETY OF RICHMOND p270
11331 Mellis Dr, RICHMOND, BC, V6X 1L8
(604) 278-1296   SIC 8051

METCAP LIVING INC p610
125 Wentworth St S, HAMILTON, ON, L8N 2Z1
(905) 527-1482   SIC 8051

MIDDLECHURCH HOME OF WINNIPEG INC p360
280 Balderstone Rd, WEST ST PAUL, MB, R4A 4A6
(204) 339-1947   SIC 8051

MILFORD HAVEN CORPORATION-HOME FOR SPECIAL CARE p456
10558 Main St, GUYSBOROUGH, NS, B0H 1N0
(902) 533-2828   SIC 8051

MIRDEN NURSING HOMES LTD p609
176 Victoria Ave N, HAMILTON, ON, L8L 5G1
(905) 527-9111   SIC 8051

MITCHELL NURSING HOMES LIMITED p723
184 Napier St Ss 1, MITCHELL, ON, N0K 1N0
(519) 348-8861   SIC 8051

MON SHEONG FOUNDATION p845
2030 Mcnicoll Ave, SCARBOROUGH, ON, M1V 5P4
(416) 291-3898   SIC 8051

NAKILE HOUSING CORPORATION p455
35 Nakile Dr, GLENWOOD, NS, B0W 1W0
(902) 643-2707   SIC 8051

NASHWAAK VILLA INC p421
32 Limekiln Rd, STANLEY, NB, E6B 1E6
(506) 367-7731   SIC 8051

NORQUAY HEALTH CENTRE p1277
Gd, NORQUAY, SK, S0A 2V0
(306) 594-2133   SIC 8051

NORTH CENTENNIAL MANOR INC p626
2 Kimberly Dr, KAPUSKASING, ON, P5N 1L5
(705) 335-6125   SIC 8051

NORTH EASTMAN HEALTH ASSOCIATION INC p350
89 Mcintash St, LAC DU BONNET, MB, R0E 1A0
(204) 345-8647   SIC 8051

NORTH PARK NURSING HOME LIMITED p761
450 Rustic Rd, NORTH YORK, ON, M6L 1W9
(416) 247-0531   SIC 8051

NORTH RENFREW LONG-TERM CARE SERVICES INC p568
47 Ridge Rd, DEEP RIVER, ON, K0J 1P0
(613) 584-1900   SIC 8051

NORTHCOTT LODGE NURSING HOME LTD p151
4209 48 Ave, PONOKA, AB, T4J 1P4
(403) 783-4764   SIC 8051

NORTHCREST CARE CENTRE LTD p209
6771 120 St, DELTA, BC, V4E 2A7
(604) 597-7878   SIC 8051

NORTHERN HEALTH AUTHORITY p235
45 Centennial, MACKENZIE, BC, V0J 2C0
(250) 997-3263   SIC 8051

NORTHWOOD HOMECARE LTD p461
5355 Russell St, HALIFAX, NS, B3K 1W8
(902) 425-2273   SIC 8051

OMNI HEALTH CARE LIMITED PARTNERSHIP p808
1155 Water St, PETERBOROUGH, ON, K9H 3P8
(705) 748-6706   SIC 8051

OMNI HEALTH CARE LTD p491
13837 Yonge St, AURORA, ON, L4G 0N9
(905) 727-0128   SIC 8051

OMNI HEALTH CARE LTD p530
12 Applewood Dr, BRIGHTON, ON, K0K 1H0
(613) 475-2442   SIC 8051

OMNI HEALTH CARE LTD p548
320 Burnbrae Rd E Rr 3, CAMPBELLFORD, ON, K0L 1L0
(705) 653-4100   SIC 8051

OMNI HEALTH CARE LTD p555
19 James St W, COBOURG, ON, K9A 2J8
(905) 372-0163   SIC 8051

OMNI HEALTH CARE LTD p624
6501 Campeau Dr Suite 353, KANATA, ON, K2K 3E9
(613) 599-1991   SIC 8051

OMNI HEALTH CARE LTD p625
100 Aird Pl, KANATA, ON, K2L 4H8
(613) 254-9702   SIC 8051

OMNI HEALTH CARE LTD p666
30 Mille Roches Rd Suite 388, LONG SAULT, ON, K0C 1P0
(613) 534-2276   SIC 8051

OMNI HEALTH CARE LTD p764
99 Alma St, NORWOOD, ON, K0L 2V0
(705) 639-5590   SIC 8051

OMNI HEALTH CARE LTD p810
2020 Fisher Dr, PETERBOROUGH, ON, K9J 6X6
SIC 8051

OMNI HEALTH CARE LTD p847
166 Pleasant Dr Rr 1, SELBY, ON, K0K 2Z0
(613) 388-2693   SIC 8051

OMNI HOLDINGS INC p811
1840 Lansdowne St W Unit 12, PETERBOROUGH, ON, K9K 2M9
(705) 748-6631   SIC 8051

OUTLOOK & DISTRICT PIONEER HOME INC p1278
500 Semple St, OUTLOOK, SK, S0L 2N0
(306) 867-8676   SIC 8051

PEOPLE CARE CENTRES INC p872
28 William St N, TAVISTOCK, ON, N0B 2R0
(519) 655-2031   SIC 8051

PEOPLECARE STRATFORD INC p865
198 Mornington St, STRATFORD, ON, N5A 5G3
(519) 271-4440   SIC 8051

PICTON MANOR NURSING HOME LIMITED p815
9 Hill St, PICTON, ON, K0K 2T0
SIC 8051

PLACEMENTS M.G.O INC p1127
5855 Rue Boulard, Montreal, QC, H7B 1A3
(450) 666-1567   SIC 8051

PLEASANT VIEW HOUSING SOCIETY 1980 p238
7540 Hurd St Unit 101, MISSION, BC, V2V 3H9
(604) 826-2176   SIC 8051

PRAIRIE MOUNTAIN HEALTH p343
531 Elizabeth Ave E, BALDUR, MB, R0K 0B0
(204) 535-2373   SIC 8051

PRAIRIE MOUNTAIN HEALTH p355
113 Arsini St E, Russell, MB, R0J 1W0
(204) 773-3117   SIC 8051

PRAIRIE MOUNTAIN HEALTH p355
106 1st W, SANDY LAKE, MB, R0J 1X0
(204) 585-2107   SIC 8051

PRAIRIE MOUNTAIN HEALTH p360
223 Hargrave St E, VIRDEN, MB, R0M 2C0
(204) 748-1546   SIC 8051

PRAIRIE NORTH REGIONAL HEALTH AUTHORITY p1273
510 2nd Ave, LOON LAKE, SK, S0M 1L0
(306) 837-2114   SIC 8051

PRINCE ALBERT PARKLAND REGIONAL HEALTH AUTHORITY p1265
220 1st Avenue North, BIG RIVER, SK, S0J 0E0
(306) 469-2220   SIC 8051

PRINCE ALBERT PARKLAND REGIONAL HEALTH AUTHORITY p1265
3 Wilson St, BIRCH HILLS, SK, S0J 0G0
(306) 749-3331   SIC 8051

PRINCE ALBERT PARKLAND REGIONAL HEALTH AUTHORITY p1272
971 2nd St N, LEASK, SK, S0J 1M0
(306) 466-4949   SIC 8051

PRINCE ALBERT PARKLAND REGIONAL HEALTH AUTHORITY p1272
Gd, LEOVILLE, SK, S0J 1N0
(306) 984-2136   SIC 8051

PRINCE ALBERT PARKLAND REGIONAL HEALTH AUTHORITY p1306
400 1st St E, SPIRITWOOD, SK, S0J 2M0
(306) 883-2133   SIC 8051

PROVIDENCE CARE p630
275 Sydenham St, KINGSTON, ON, K7K 1G7
(613) 549-4164   SIC 8051

PROVINCE OF PEI p982
200 Beach Grove Rd, CHARLOTTETOWN, PE, C1E 1L3
(902) 368-6750   SIC 8051

PROVINCE OF PEI p984
20 Macphee Ave, SOURIS, PE, C0A 2B0
(902) 687-7090   SIC 8051

PROVINCIAL LONG TERM CARE INC p619
100 Queen St E, HENSALL, ON, N0M 1X0
(519) 262-2830   SIC 8051

PROVINCIAL LONGTERM CARE INC p873
67 Bruce St S, THORNBURY, ON, N0H 2P0
(519) 599-2737   SIC 8051

PROVINCIAL NURSING HOME LIMITED PARTNERSHIP p847
100 James St, SEAFORTH, ON, N0K 1W0
(519) 527-0030   SIC 8051

QCC CORP p954
344 Victoria St Ss 1, WATFORD, ON, N0M 2S0
SIC 8051

QUEENS NORTH HEALTH COMPLEX INC p404
1100 Pleasant Dr, MINTO, NB, E4B 2V7
(506) 327-7853   SIC 8051

RADVILLE MARIAN HEALTH CENTRE INC p1281
217 Warren St, RADVILLE, SK, S0C 2G0
(306) 869-2224   SIC 8051

REGINA QU'APPELLE REGIONAL HEALTH AUTHORITY p1269
710 Regina Ave, GRENFELL, SK, S0G 2B0
(306) 697-2842   SIC 8051

REGINA QU'APPELLE REGIONAL HEALTH AUTHORITY p1270
125 Prince St, IMPERIAL, SK, S0G 2J0
(306) 963-2210   SIC 8051

REGINA QU'APPELLE REGIONAL HEALTH AUTHORITY p1270
Gd, IMPERIAL, SK, S0G 2J0
(306) 963-2122   SIC 8051

REGIONAL HEALTH AUTHORITY NB p398
275h Bert Blvd, EDMUNDSTON, NB, E3V 4E4
(506) 739-2160   SIC 8051

REGIONAL HEALTH AUTHORITY NB p401
700 Priestman St, FREDERICTON, NB, E3B 3B7
(506) 452-5800   SIC 8051

REGIONAL MUNICIPALITY OF NIAGARA, THE p738
6623 Kalar Rd Suite 312, NIAGARA FALLS, ON, L2H 2T3
(905) 357-1911   SIC 8051

REGIONAL MUNICIPALITY OF PEEL, THE p702
2460 Truscott Dr, MISSISSAUGA, ON, L5J 3Z8
(905) 791-8668   SIC 8051

REGIONAL MUNICIPALITY OF YORK, THE p734
194 Eagle St Suite 3011, NEWMARKET, ON, L3Y 1J6
(905) 895-2382   SIC 8051

REGROUPEMENT DES C H S L D DES TROIS RIVES, LE p1256
408 Av Saint-Charles, VAUDREUIL-DORION, QC, J7V 7M9
(450) 455-6177   SIC 8051

RESIDENCE BERTHIAUME-DU TREMBLAY p1092
1635 Boul Gouin E, Montreal, QC, H2C 1C2
(514) 381-1841   SIC 8051

RESIDENCE MGR MELANSON INC p419
11 Rue Levesque, SAINT-QUENTIN, NB, E8A 1T1
(506) 235-6030   SIC 8051

RESIDENCES LUCIEN SAINDON INC, LES p404
26 Rue De L'hopital, LAMEQUE, NB, E8T 1C3
(506) 344-3232   SIC 8051

REVERA INC p57
80 Promenade Way Se, CALGARY, AB, T2Z 4G4
(403) 508-9808   SIC 8051

REVERA INC p59
5927 Bowness Rd Nw, CALGARY, AB, T3B 0C7
(403) 288-2373   SIC 8051

REVERA INC p90
8903 168 St Nw, EDMONTON, AB, T5R 2V6
(780) 489-4931   SIC 8051

REVERA INC p109
5905 112 St Nw, EDMONTON, AB, T6H 3J4
(780) 434-1451   SIC 8051

REVERA INC p144
603 Prospect Dr Sw, MEDICINE HAT, AB, T1A 4C2
(403) 527-5531   SIC 8051

REVERA INC p317
4505 Valley Dr, VANCOUVER, BC, V6L 2L1
(604) 261-4292   SIC 8051

REVERA INC p328
3051 Shelbourne St Suite 233, VICTORIA, BC, V8R 6T2
(250) 598-1565   SIC 8051

REVERA INC p328
3000 Shelbourne St Suite 216, VICTORIA, BC, V8R 4M8
(250) 598-1575   SIC 8051

REVERA INC p346
3015 Victoria Ave Suite 219, BRANDON, MB, R7B 2K2
(204) 728-2030   SIC 8051

REVERA INC p385
3555 Portage Ave, WINNIPEG, MB, R3K 0X2
(204) 888-7940   SIC 8051

REVERA INC p386
70 Poseidon Bay Suite 504, WINNIPEG, MB, R3M 3E5
(204) 452-6204   SIC 8051

REVERA INC p544
614 Coronation Blvd Suite 200, CAMBRIDGE, ON, N1R 3E8
(519) 622-1840   SIC 8051

REVERA INC p573
27 Simcoe St, ELMVALE, ON, L0L 1P0
(705) 322-2182   SIC 8051

REVERA INC p575
111 Iler Ave Suite 1, ESSEX, ON, N8M 1T6
(519) 776-5243   SIC 8051

REVERA INC p600
165 Cole Rd, GUELPH, ON, N1G 4N9
(519) 767-0880   SIC 8051

REVERA INC p628
237 Lakeview Dr, KENORA, ON, P9N 4J7
(807) 468-9532   SIC 8051

REVERA INC p754
8 The Donway E Suite 557, NORTH YORK, ON, M3C 3R7
(416) 445-7555   SIC 8051

REVERA INC p767
345 Church St, OAKVILLE, ON, L6J 7G4
(905) 338-3311   SIC 8051

REVERA INC p768
299 Randall St, OAKVILLE, ON, L6J 6B4
(905) 842-8408   SIC 8051

REVERA INC p769
25 Lakeshore Rd W Suite 509, OAKVILLE, ON, L6K 3X8
(905) 844-4000   SIC 8051

REVERA INC p775
291 Mississaga St W Suite 106, ORILLIA, ON, L3V 3B9
(705) 325-2289   SIC 8051

REVERA INC p788
10 Vaughan St Suite 703, OTTAWA, ON, K1M 2H6
(613) 747-2233   SIC 8051

REVERA INC p789
353 Friel St, OTTAWA, ON, K1N 7W7
SIC 8051

REVERA INC p794
43 Aylmer Ave Suite 358, OTTAWA, ON, K1S 5R4
(613) 730-2002   SIC 8051

REVERA INC p825
9 Myrtle St, RIDGETOWN, ON, N0P 2C0
(519) 674-5427   SIC 8051

REVERA INC p830
2781 Colonial Rd, SARSFIELD, ON, K0A 3E0
(613) 835-2977   SIC 8051

REVERA INC p874
7700 Bayview Ave Suite 518, THORNHILL, ON, L3T 5W1
(905) 881-9475   SIC 8051

REVERA INC p894
10 William Morgan Dr, TORONTO, ON, M4H 1E7
(416) 425-3722   SIC 8051

REVERA INC p894
14 William Morgan Dr Suite 2716, TORONTO, ON, M4H 1E8
(416) 422-1320   SIC 8051

REVERA INC p923
645 Castlefield Ave Suite 716, TORONTO, ON, M5N 3A5
(416) 785-1511   SIC 8051

REVERA INC p924
123 Spadina Rd Suite 308, TORONTO, ON, M5R 2T1
(416) 961-6446   SIC 8051

REVERA INC p937
1 Northwestern Ave, TORONTO, ON, M6M 2J7
(416) 654-2889   SIC 8051

REVERA INC p954
650 Mountain Maple Ave Suite 3117, WATERLOO, ON, N2V 2P7
SIC 8051

REVERA INC p1017
5885 Boul Cavendish Bureau 202, Cote Saint-Luc, QC, H4W 3H4
(514) 485-5994   SIC 8051

REVERA INC p1202
33 Av Argyle, SAINT-LAMBERT, QC, J4P 3P5
(450) 465-1401   SIC 8051

REVERA INC p1258
Gd Succ Bureau-Chef, VERDUN, QC, H4G 3C9
SIC 8051

REVERA LONG TERM CARE INC p74
14251 50 St Nw, EDMONTON, AB, T5A 5J4
(780) 478-9212   SIC 8051

REVERA LONG TERM CARE INC p295
3490 Porter St, VANCOUVER, BC, V5N 5W4
(604) 874-2803   SIC 8051

REVERA LONG TERM CARE INC p504
10 Marys St, BLENHEIM, ON, N0P 1A0
(519) 676-8119   SIC 8051

REVERA LONG TERM CARE INC p526
425 Park Rd N, BRANTFORD, ON, N3R 7G5
(519) 759-1040   SIC 8051

REVERA LONG TERM CARE INC p544
650 Coronation Blvd, CAMBRIDGE, ON, N1R 7S6
(519) 740-3820   SIC 8051

REVERA LONG TERM CARE INC p545
200 Stirling Macgregor Dr, CAMBRIDGE, ON, N1S 5B7
(519) 622-3434   SIC 8051

REVERA LONG TERM CARE INC p546
600 Jamieson Pky, CAMBRIDGE, ON, N3C

0A6
(519) 622-1840 SIC 8051
REVERA LONG TERM CARE INC p549
256 High St, CARLETON PLACE, ON, K7C 1X1
(613) 257-4355 SIC 8051
REVERA LONG TERM CARE INC p553
Gd, CHATSWORTH, ON, N0H 1G0
SIC 8051
REVERA LONG TERM CARE INC p575
111 Iler Ave Suite 318, ESSEX, ON, N8M 1T6
(519) 776-9482 SIC 8051
REVERA LONG TERM CARE INC p596
290 South St, GODERICH, ON, N7A 4G6
(519) 524-7324 SIC 8051
REVERA LONG TERM CARE INC p598
83 Main St E, GRIMSBY, ON, L3M 1N6
(905) 945-9243 SIC 8051
REVERA LONG TERM CARE INC p610
330 Main St E, HAMILTON, ON, L8N 3T9
(905) 523-1604 SIC 8051
REVERA LONG TERM CARE INC p629
550 Philip Pl, KINCARDINE, ON, N2Z 3A6
(519) 396-4400 SIC 8051
REVERA LONG TERM CARE INC p643
60 Westheights Dr, KITCHENER, ON, N2N 2A8
(519) 576-2578 SIC 8051
REVERA LONG TERM CARE INC p663
46 Elmwood Pl, LONDON, ON, N6J 1J2
(519) 433-7259 SIC 8051
REVERA LONG TERM CARE INC p666
399 Bob St, LUCKNOW, ON, N0G 2H0
(519) 528-2820 SIC 8051
REVERA LONG TERM CARE INC p732
330 King Ave W, NEWCASTLE, ON, L1B 1G9
(905) 987-4702 SIC 8051
REVERA LONG TERM CARE INC p734
329 Eagle St, NEWMARKET, ON, L3Y 1K3
(905) 895-5187 SIC 8051
REVERA LONG TERM CARE INC p781
186 Thornton Rd S Suite 1103, OSHAWA, ON, L1J 5Y2
(905) 576-5181 SIC 8051
REVERA LONG TERM CARE INC p799
2330 Carling Ave, OTTAWA, ON, K2B 7H1
(613) 820-9328 SIC 8051
REVERA LONG TERM CARE INC p804
850 4th St E, OWEN SOUND, ON, N4K 6A3
(519) 376-3213 SIC 8051
REVERA LONG TERM CARE INC p804
1029 4th Ave W, OWEN SOUND, ON, N4K 4W1
(519) 376-2522 SIC 8051
REVERA LONG TERM CARE INC p815
13628 Loyalist Pky Rr 1, PICTON, ON, K0K 2T0
(613) 476-6233 SIC 8051
REVERA LONG TERM CARE INC p816
501 St George St, PORT DOVER, ON, N0A 1N0
(519) 583-1422 SIC 8051
REVERA LONG TERM CARE INC p824
182 Yorkland St Suite 1, RICHMOND HILL, ON, L4S 2M9
(905) 737-0858 SIC 8051
REVERA LONG TERM CARE INC p827
1464 Blackwell Rd, SARNIA, ON, N7S 5M4
(519) 542-3421 SIC 8051
REVERA LONG TERM CARE INC p841
1400 Kennedy Rd, SCARBOROUGH, ON, M1P 4V6
(416) 752-8282 SIC 8051
REVERA LONG TERM CARE INC p853
168 Scott St, ST CATHARINES, ON, L2N 1H2
(905) 934-3321 SIC 8051
REVERA LONG TERM CARE INC p863
385 Highland Rd W, STONEY CREEK, ON, L8J 3X9
(905) 561-3332 SIC 8051
REVERA LONG TERM CARE INC p865
5066 Line 34 Hwy Suite 8, STRATFORD, ON, N5A 6S6
(519) 393-5132 SIC 8051
REVERA LONG TERM CARE INC p872
55 Woodstock St N, TAVISTOCK, ON, N0B 2R0
SIC 8051
REVERA LONG TERM CARE INC p892
77 Main St, TORONTO, ON, M4E 2V6
(416) 690-3001 SIC 8051
REVERA LONG TERM CARE INC p946
130 Reach St Suite 25, UXBRIDGE, ON, L9P 1L3
(905) 852-5191 SIC 8051
REVERA LONG TERM CARE INC p963
3181 Meadowbrook Lane, WINDSOR, ON, N8T 0A4
(519) 974-0148 SIC 8051
RIVERCREST LODGE NURSING HOME LTD p123
10104 101 Ave, FORT SASKATCHEWAN, AB, T8L 2A5
(780) 998-2425 SIC 8051
RIVERVIEW HEALTH CENTRE INC p386
1 Morley Ave, Winnipeg, MB, R3L 2P4
(204) 478-6203 SIC 8051
ROCKLAND CARE SERVICES LTD p328
1006 St. Charles St, VICTORIA, BC, V8S 3P6
(250) 595-4255 SIC 8051
ROSEDALE HOME FOR SPECIAL CARE p469
4927 Highway 10, NEW GERMANY, NS, B0R 1E0
(902) 644-2008 SIC 8051
SALVATION ARMY TORONTO GRACE HEALTH CENTER, THE p903
650 Church St, TORONTO, ON, M4Y 2G5
(416) 925-2251 SIC 8051
SASKATOON CONVALESCENT HOME p1300
101 31st St W, SASKATOON, SK, S7L 0P6
(306) 244-7155 SIC 8051
SAUGEEN VALLEY NURSING CENTER LTD p724
465 Dublin St, MOUNT FOREST, ON, N0G 2L3
(519) 323-2140 SIC 8051
SCHLEGEL VILLAGES INC p615
1620 Upper Wentworth St, HAMILTON, ON, L9B 2W3
(905) 575-4735 SIC 8051
SCIPIO HOLDINGS LTD p315
1215 16th Ave W, VANCOUVER, BC, V6H 1S8
SIC 8051
SCOTIA NURSING HOMES LIMITED p443
125 Knowles Cres, BEAVER BANK, NS, B4G 1E7
(902) 865-6364 SIC 8051
SELKIRK ENTERPRISES LTD p980
3134 Garfield Rd, BELFAST, PE, C0A 1A0
(902) 659-2337 SIC 8051
SENIOR PEOPLES' RESOURCES IN NORTH TORONTO INCORPORATED p898
130 Eglinton Ave E Suite 1304, TORONTO, ON, M4P 2X9
(416) 481-3225 SIC 8051
SENIORS HEALTH CENTRE OF NORTH YORK GENERAL HOSPITAL p889
2 Buchan Crt, TORONTO, ON, M2J 5A3
(416) 756-1040 SIC 8051
SERVICES DE READAPTATION SUD OUEST ET DU RENFORT, LES p1256
401 Boul Harwood Bureau 14, VAUDREUIL-DORION, QC, J7V 7W1
(450) 455-6104 SIC 8051
SHANNEX INCORPORATED p462
245 Main Ave, HALIFAX, NS, B3M 1B7
(902) 443-1971 SIC 8051
SHANNEX INCORPORATED p478
378 Young St, TRURO, NS, B2N 7H2
(902) 895-2891 SIC 8051
SHANTI ENTERPRISES LIMITED p804
600 Whites Rd Rr 3, PALMERSTON, ON, N0G 2P0
(519) 343-2611 SIC 8051
SHEPHERD'S CARE FOUNDATION p101
6675 92 Ave Nw Suite 6, EDMONTON, AB, T6B 0S3
(780) 490-7614 SIC 8051
SHOPPERS DRUG MART (LONDON) LIMITED p785
2405 St Laurent Blvd, OTTAWA, ON, K1G 5B4
(613) 737-6335 SIC 8051
SIENNA SENIOR LIVING INC p699
2250 Hurontario St, MISSISSAUGA, ON, L5B 1M8
(905) 270-0411 SIC 8051
SISTER SERVANTS OF MARY IMMACULATE p371
165 Aberdeen Ave, WINNIPEG, MB, R2W 1T9
(204) 589-7381 SIC 8051
SLOVENIAN LINDEN FOUNDATION p581
52 Neilson Dr, ETOBICOKE, ON, M9C 1V7
(416) 621-3820 SIC 8051
SNOW, DR. V. A. CENTRE INC p403
54 Demille Crt Suite 14, HAMPTON, NB, E5N 5S7
(506) 832-6210 SIC 8051
SOCIETE D'HABITATION INC (LA) p413
62 Rue Assomption, ROGERSVILLE, NB, E4Y 1S5
(506) 775-2040 SIC 8051
SOUTH-EAST OTTAWA COMMUNITY HEALTH SERVICES p786
1355 Bank St Suite 600, OTTAWA, ON, K1H 8K7
(613) 737-5115 SIC 8051
SOUTHAMPTON CARE CENTRE INC p851
140 Grey St S, SOUTHAMPTON, ON, N0H 2L0
(519) 797-3220 SIC 8051
SOUTHLAKE REGIONAL HEALTH CENTRE p734
640 Grace St, NEWMARKET, ON, L3Y 8V7
(905) 895-7661 SIC 8051
SPECIALTY CARE CASE MANOR INC p505
18 Boyd St, BOBCAYGEON, ON, K0M 1A0
(705) 738-2374 SIC 8051
SPECIALTY CARE INC p628
121 Morton Ave Suite 308, KESWICK, ON, L4P 3T5
(905) 476-2656 SIC 8051
SPECIALTY CARE INC p860
5501 Abbott St E, STITTSVILLE, ON, K2S 2C5
(613) 836-0331 SIC 8051
ST JUDE'S ANGLICAN HOME SOCIETY p301
810 27th Ave W, VANCOUVER, BC, V5Z 2G7
(604) 874-3200 SIC 8051
ST MICHAEL'S EXTENDED CARE CENTRE SOCIETY p75
7404 139 Ave Nw, EDMONTON, AB, T5C 3H7
(780) 473-5621 SIC 8051
ST PATRICK'S HOME OF OTTAWA INC p796
2865 Riverside Dr, OTTAWA, ON, K1V 8N5
(613) 731-4660 SIC 8051
ST. MICHAEL'S HEALTH GROUP p75
7406 139 Ave Nw, EDMONTON, AB, T5C 3H7
(780) 472-4511 SIC 8051
ST. PATRICK'S MERCY HOME p434
146 Elizabeth Ave Suite 202, ST. JOHN'S, NL, A1B 1S5
(709) 726-2687 SIC 8051
STEEVES & ROZEMA ENTERPRISES LIMITED p635
38 Park St, KINGSVILLE, ON, N9Y 1N4
(519) 733-4870 SIC 8051
STEEVES & ROZEMA ENTERPRISES LIMITED p827
1221 Michigan Ave, SARNIA, ON, N7S 3Y3
(519) 542-5529 SIC 8051
SUN COUNTRY HEALTH REGION p1264
400 2nd St W, BENGOUGH, SK, S0C 0K0
(306) 268-2840 SIC 8051
SUN COUNTRY REGIONAL HEALTH AUTHORITY p1264
400 2nd St W, BENGOUGH, SK, S0C 0K0
(306) 268-2048 SIC 8051
SUN COUNTRY REGIONAL HEALTH AUTHORITY p1266
6th St W, CARLYLE, SK, S0C 0R0
(306) 453-2434 SIC 8051
SUN COUNTRY REGIONAL HEALTH AUTHORITY p1269
312 Stephens St, GAINSBOROUGH, SK, S0C 0Z0
(306) 685-2277 SIC 8051
SUN COUNTRY REGIONAL HEALTH AUTHORITY p1271
200 4th St, KIPLING, SK, S0G 2S0
(306) 736-2218 SIC 8051
SUN COUNTRY REGIONAL HEALTH AUTHORITY p1275
206 South St, MIDALE, SK, S0C 1S0
(306) 458-2995 SIC 8051
SUN COUNTRY REGIONAL HEALTH AUTHORITY p1308
201 Wilfred St, WAWOTA, SK, S0G 5A0
(306) 739-2400 SIC 8051
SUNRISE OF MARKHAM LIMITED p945
38 Swansea Rd, UNIONVILLE, ON, L3R 5K2
(905) 947-4566 SIC 8051
SUNRISE REGIONAL HEALTH AUTHORITY p1269
715 Saskatchewan Ave E, FOAM LAKE, SK, S0A 1A0
(306) 272-3737 SIC 8051
SUNRISE REGIONAL HEALTH AUTHORITY p1279
Gd, PREECEVILLE, SK, S0A 3B0
(306) 547-3112 SIC 8051
SUNRISE REGIONAL HEALTH AUTHORITY p1291
101 Crescent Lake Rd, SALTCOATS, SK, S0A 3R0
(306) 744-2353 SIC 8051
SUTHERLAND HILLS REST HOME LTD p223
3081 Hall Rd, KELOWNA, BC, V1W 2R5
(250) 860-2330 SIC 8051
SWIFT CURRENT CARE CENTRE p1307
700 Aberdeen St Suite 22, SWIFT CURRENT, SK, S9H 3E3
SIC 8051
TABOR HOME INC p351
230 9th St S, MORDEN, MB, R6M 1Y3
(204) 822-4848 SIC 8051
TACHE NURSING CENTRE-HOSPITALIER TACHE INC p364
185 Rue Despins, WINNIPEG, MB, R2H 2B3
(204) 233-3692 SIC 8051
TENDERCARE NURSING HOMES LIMITED p846
1020 Mcnicoll Ave Suite 436, SCARBOROUGH, ON, M1W 2J6
(416) 497-3639 SIC 8051
TOWNSHIP OF OSGOODE CARE CENTRE p679
7650 Snake Island Rd Rr 3, METCALFE, ON, K0A 2P0
SIC 8051
TRAVOIS HOLDINGS LTD p54
8240 Collicutt St Sw, CALGARY, AB, T2V 2X1
(403) 252-4445 SIC 8051
TUDOR HOUSE LTD p355
800 Manitoba Ave, SELKIRK, MB, R1A 2C9
(204) 482-6601 SIC 8051
TUFFORD NURSING HOME LTD p854
312 Queenston St, ST CATHARINES, ON, L2P 2X4
(905) 682-0411 SIC 8051

UNGER NURSING HOMES LIMITED p541
75 Plains Rd W Suite 214, BURLINGTON, ON, L7T 1E8
(905) 631-0700   SIC 8051

UNGER NURSING HOMES LIMITED p854
312 Queenston St, ST CATHARINES, ON, L2P 2X4
(905) 682-0503   SIC 8051

UNITED CHURCH OF CANADA, THE p1017
5790 Av Parkhaven, Cote Saint-Luc, QC, H4W 1X9
SIC 8051

VANCOUVER COASTAL HEALTH AUTHORITY p182
Gd, BELLA BELLA, BC, V0T 1Z0
(250) 957-2314   SIC 8051

VANCOUVER COASTAL HEALTH AUTHORITY p274
11771 Fentiman Pl, RICHMOND, BC, V7E 3M4
SIC 8051

VANCOUVER ISLAND HEALTH AUTHORITY p336
567 Goldstream Ave, VICTORIA, BC, V9B 2W4
(250) 370-5790   SIC 8051

VENTA CARE CENTRE LTD p76
13525 102 St Nw, EDMONTON, AB, T5E 4K3
(780) 476-6633   SIC 8051

VERA M DAVIS COMMUNITY CARE CENTRE p506
80 Allan Dr, BOLTON, ON, L7E 1P7
(905) 857-0975   SIC 8051

VICTORIA GLEN MANOR INC p404
30 Beech Glen Rd, LOWER KINTORE, NB, E7H 1J9
(506) 273-4885   SIC 8051

VICTORIA HOSPICE SOCIETY p328
1952 Bay St, VICTORIA, BC, V8R 1J8
(250) 370-8715   SIC 8051

VIGI SANTE LTEE p1024
197 Rue Thornhill, DOLLARD-DES-ORMEAUX, QC, H9B 3H8
(514) 684-0930   SIC 8051

VIGI SANTE LTEE p1076
2893 Av Des Ancetres, MASCOUCHE, QC, J7K 1X6
(450) 474-6991   SIC 8051

VIGI SANTE LTEE p1193
2042 Boul Marie, SAINT-HUBERT, QC, J4T 2B4
(450) 671-5596   SIC 8051

VIGI SANTE LTEE p1237
3220 12e Av N, SHERBROOKE, QC, J1H 5H3
(819) 820-8900   SIC 8051

VIGOUR LIMITED PARTNERSHIP p712
2121 Argentia Rd Suite 301, MISSISSAUGA, ON, L5N 2X4
(905) 821-1561   SIC 8051

VILLA MARIA INC p419
19 Rue Du College, SAINT-LOUIS-DE-KENT, NB, E4X 1C2
(506) 876-3488   SIC 8051

VILLA SORMANY INC, LA p413
1289 Ch Robertville, ROBERTVILLE, NB, E8K 2V9
(506) 542-2731   SIC 8051

VILLA ST JOSEPH INC p421
3400 Rue Albert, TRACADIE-SHEILA, NB, E1X 1C8
(506) 394-4800   SIC 8051

WE CARE HEALTH SERVICES INC p385
1661 Portage Ave Suite 209, WINNIPEG, MB, R3J 3T7
(204) 987-3044   SIC 8051

WE CARE HEALTH SERVICES INC p696
160 Traders Blvd E Suite 208, MISSISSAUGA, ON, L4Z 3K7
(905) 275-7250   SIC 8051

WESTCOAST NATIVE HEALTH CARE SOCIETY p254
6151 Russell Pl, PORT ALBERNI, BC, V9Y 7W3
(250) 724-5655   SIC 8051

WESTERN REGIONAL INTEGRATED HEALTH AUTHORITY, THE p425
1 Elizabeth Dr, CORNER BROOK, NL, A2H 2N2
(709) 639-9247   SIC 8051

WESTMAN NURSING HOME INC p360
427 Frame St E, VIRDEN, MB, R0M 2C0
(204) 748-4335   SIC 8051

WHITE RAPIDS MANOR INC p402
233 Sunbury Dr, FREDERICTON JUNCTION, NB, E5L 1S1
(506) 368-6508   SIC 8051

WHITEWOOD COMMUNITY HEALTH CENTRE p1309
921 Gambetta St, WHITEWOOD, SK, S0G 5C0
(306) 735-2010   SIC 8051

WIKWEMIKONG NURSING HOME LTD p960
2281 Wikwemikong Way, WIKWEMIKONG, ON, P0P 2J0
(705) 859-3361   SIC 8051

WILDWOOD CARE CENTRE INC p857
100 Ann St, ST MARYS, ON, N4X 1A1
(519) 284-3628   SIC 8051

WILLINGDON PARK HOSPITAL LTD p192
4435 Grange St, BURNABY, BC, V5H 1P4
(604) 433-2455   SIC 8051

WILLOW LODGE ASSOCIATION p476
100 Blair Ave, TATAMAGOUCHE, NS, B0K 1V0
(902) 657-3101   SIC 8051

WOLFVILLE NURSING HOMES LIMITED p480
601 Main St Suite 2, WOLFVILLE, NS, B4P 1E9
(902) 542-2429   SIC 8051

WOOLASTOOK LONG TERM CARE FACILITY INC p402
2230 Route 102, GAGETOWN, NB, E5M 1J6
(506) 488-3544   SIC 8051

YEE HONG CENTRE FOR GERIATRIC CARE p722
5510 Mavis Rd, MISSISSAUGA, ON, L5V 2X5
(905) 568-0333   SIC 8051

SIC 8052 Intermediate care facilities

2063412 INVESTMENT LP p669
302 Town Centre Blvd Suite 200, MARKHAM, ON, L3R 0E8
(905) 477-4006   SIC 8052

ALBERTA HEALTH SERVICES p5
5336 59 Ave, BARRHEAD, AB, T7N 1L2
(780) 674-4506   SIC 8052

CALGARY SOCIETY FOR PERSONS WITH DISABILITIES p60
3410 Spruce Dr Sw, CALGARY, AB, T3C 3A4
(403) 246-4450   SIC 8052

CAREWEST p22
722 16 Ave Ne, CALGARY, AB, T2E 6V7
(403) 230-6900   SIC 8052

COCHRANE TEMISKAMING RESOURCE CENTRE p883
600 Toke St, TIMMINS, ON, P4N 6W1
(705) 267-8181   SIC 8052

CSH MEADOWBROOK INC p649
18 Jacobson Dr Suite 1, LIVELY, ON, P3Y 1P7
(705) 692-1832   SIC 8052

DELTA VIEW LIFE ENRICHMENT CENTRES LTD p211
9341 Burns Dr, DELTA, BC, V4K 3N3
(604) 501-6700   SIC 8052

LAHAVE MANOR CORP p453
171 Leary Fraser Rd, DAYSPRING, NS, B4V 5S7
(902) 543-7851   SIC 8052

MOHAWK COUNCIL OF AKWESASNE p485
70 Kawenoke Apartment Rd Unit Rd, AKWESASNE, ON, K6H 5R7
(613) 932-1409   SIC 8052

PAVILLON STE-MARIE INC p1200
45 Rue Du Pavillon, Saint-Jerome, QC, J7Y 3R6
(450) 438-3583   SIC 8052

PRINCE ALBERT PARKLAND REGIONAL HEALTH AUTHORITY p1269
213 South Ave E, HAFFORD, SK, S0J 1A0
(306) 549-2323   SIC 8052

PROVINCE OF PEI p985
15 Frank Mellish St, SUMMERSIDE, PE, C1N 0H3
(902) 888-8310   SIC 8052

SHERWOOD COURT LONG TERM CARE CENTRE p668
300 Ravineview Dr Suite 1, MAPLE, ON, L6A 3P8
(905) 303-3565   SIC 8052

SMD FOUNDATION p374
825 Sherbrook St Suite 401, WINNIPEG, MB, R3A 1M5
(204) 975-3108   SIC 8052

SOUTHEAST PERSONAL CARE HOME INC p390
1265 Lee Blvd, WINNIPEG, MB, R3T 2M3
(204) 269-7111   SIC 8052

THREE LINKS HOUSING SOCIETY p294
2934 22nd Ave E, VANCOUVER, BC, V5M 2Y4
(778) 452-6501   SIC 8052

SIC 8059 Nursing and personal care, nec

1003694 ONTARIO INC p848
69 Talbot St S, SIMCOE, ON, N3Y 2Z4
(519) 428-1161   SIC 8059

1550825 ONTARIO INC p784
751 Peter Morand Cres, OTTAWA, ON, K1G 6S9
(613) 739-0909   SIC 8059

2063414 ONTARIO LIMITED p510
215 Sunny Meadow Blvd, BRAMPTON, ON, L6R 3B5
(905) 458-7604   SIC 8059

3130606 CANADA INC p1036
203-492 Boul De L'hopital, GATINEAU, QC, J8V 2P4
(819) 561-0911   SIC 8059

592534 ONTARIO INC p751
1262 Don Mills Rd Suite 202, NORTH YORK, ON, M3B 2W7
(416) 447-8409   SIC 8059

9038-5477 QUEBEC INC p995
482 Boul Beaconsfield Bureau 204, BEACONSFIELD, QC, H9W 4C4
(514) 695-3131   SIC 8059

ACCESS CENTRE FOR COMMUNITY CARE IN LANARK, LEEDS AND GRENVILLE p849
52 Abbott St N, SMITHS FALLS, ON, K7A 1W3
(613) 283-8012   SIC 8059

AIDE A LA COMMUNAUTE & SERVICES A DOMICILE p1163
14 Rue Saint-Amand Bureau 842, Quebec, QC, G2A 2K9
(418) 842-9791   SIC 8059

ALBERTA HEALTH SERVICES p66
4615 56 St, CAMROSE, AB, T4V 4M5
(780) 679-2900   SIC 8059

ALPHA HOME HEALTH CARE LTD p336
1701 Island Hwy, VICTORIA, BC, V9B 1J1
(250) 383-4423   SIC 8059

AMICA AT WEST VANCOUVER p338
659 Clyde Ave, WEST VANCOUVER, BC, V7T 1C8
(604) 921-9181   SIC 8059

BAYSHORE HEALTHCARE LTD. p461
7071 Bayers Rd Suite 237, HALIFAX, NS, B3L 2C2
(902) 425-7683   SIC 8059

BAYSHORE HEALTHCARE LTD. p550
857 Grand Ave W Suite 206, CHATHAM, ON, N7L 4T1
(519) 354-2019   SIC 8059

CANADIAN MENTAL HEALTH ASSOCIATION-COCHRANE-TIMISKAMING BRANCH p731
20 May St S, NEW LISKEARD, ON, P0J 1P0
(705) 647-4444   SIC 8059

CANADIAN RED CROSS SOCIETY, THE p564
165 Montreal Rd, CORNWALL, ON, K6H 1B2
(613) 932-3412   SIC 8059

CAPITAL CARE GROUP INC p89
8720 165 St Nw, EDMONTON, AB, T5R 5Y8
(780) 413-4770   SIC 8059

CAREMED SERVICES INC p957
1450 Hopkins St Suite 205, WHITBY, ON, L1N 2C3
(905) 666-6656   SIC 8059

CAREWEST p55
10301 Southport Lane Sw, CALGARY, AB, T2W 1S7
(403) 943-8140   SIC 8059

CENTRAL EAST COMMUNITY CARE ACCESS CENTRE FOUNDATION p647
370 Kent St W, LINDSAY, ON, K9V 6G8
(705) 324-9165   SIC 8059

CENTRAL EAST COMMUNITY CARE ACCESS CENTRE FOUNDATION p817
151 Rose Glen Rd, PORT HOPE, ON, L1A 3V6
(905) 885-6600   SIC 8059

CENTRAL PARKLAND LODGE SASKATOON HEALTH REGION p1272
36 Downing Dr E, LANIGAN, SK, S0K 2M0
(306) 365-1400   SIC 8059

CENTRE D'HEBERGEMENT ST-FRANCOIS INC p1127
4105 Montee Masson, Montreal, QC, H7B 1B6
(450) 666-6541   SIC 8059

CENTRE DE LA SANTE ET DU SERVICES SOCIAUX DE LA BASSE COTE-NORD p1044
Gd, HARRINGTON HARBOUR, QC, G0G 1N0
SIC 8059

CENTRE DE SANTE ET DE SERVICES SOCIAUX CHAMPLAIN p1192
6435 Ch De Chambly, SAINT-HUBERT, QC, J3Y 3R6
(450) 672-3320   SIC 8059

CENTRE DE SANTE ET DE SERVICES SOCIAUX CHAMPLAIN p1202
831 Av Notre-Dame, SAINT-LAMBERT, QC, J4R 1S1
(450) 672-3328   SIC 8059

CENTRE DE SANTE ET DE SERVICES SOCIAUX DE RIVIERE-DU-LOUP p1174
28 Rue Joly, Riviere-du-Loup, QC, G5R 3H2
(418) 862-6385   SIC 8059

CENTRE DE SANTE ET SERVICES SOCIAUX DE MONTMAGNY - L'ISLET p1187
19 Rue Principale E, SAINT-FABIEN-DE-PANET, QC, G0R 2J0
(418) 249-4051   SIC 8059

CENTRE DE SANTE ET SERVICES SOCIAUX DES SOURCES p993
475 3e Av, ASBESTOS, QC, J1T 1X6
(819) 879-7151   SIC 8059

CEREBRAL PALSY PARENT COUNCIL OF TORONTO p873
49 Green Lane Unit 251, THORNHILL, ON, L3T 7M9
(905) 731-0792   SIC 8059

CHAMPLAIN MANOR RETIREMENT RESIDENCE p774
65 Fittons Rd W, ORILLIA, ON, L3V 3V2
(705) 326-8597   SIC 8059

CHARTWELL MASTER CARE LP p668
5958 16th Ave, MARKHAM, ON, L3P 8N1
(905) 294-1114   SIC 8059

CHARTWELL RETIREMENT RESIDENCES

p703
2065 Leanne Blvd Suite 344, MISSISSAUGA, ON, L5K 2L6
(905) 822-4663   SIC 8059
CHARTWELL RETIREMENT RESIDENCES
p771
2140 Baronwood Dr Suite 225, OAKVILLE, ON, L6M 4V6
(905) 827-2405   SIC 8059
CHARTWELL RETIREMENT RESIDENCES
p812
1801 Valley Farm Rd Suite 700, PICKERING, ON, L1V 0A5
(905) 420-3369   SIC 8059
CHARTWELL SENIORS HOUSING REAL ESTATE INVESTMENT TRUST   p580
495 The West Mall, ETOBICOKE, ON, M9C 5S3
(416) 622-7094   SIC 8059
CHARTWELL SENIORS HOUSING REAL ESTATE INVESTMENT TRUST   p677
380 Church St Suite 421, MARKHAM, ON, L6B 1E1
(905) 472-3320   SIC 8059
CITY CENTRE CARE SOCIETY   p301
306 Cordova St E Suite 408, VANCOUVER, BC, V6A 1L5
(604) 684-2545   SIC 8059
CITY OF GREATER SUDBURY, THE   p867
960 Notre Dame Ave Suite D, SUDBURY, ON, P3A 2T4
(705) 566-4270   SIC 8059
CLAIR FOYER INC   p1177
26 Rue Monseigneur-Rheaume E Bureau 300, ROUYN-NORANDA, QC, J9X 3J5
(819) 762-0964   SIC 8059
CLASSIC LIFECARE LTD   p318
1200 73rd Ave W Suite 1500, VANCOUVER, BC, V6P 6G5
(604) 263-3621   SIC 8059
CLSC ET CHSLD DE LA POMMERAIE p1021
133 Rue Larouche, COWANSVILLE, QC, J2K 1T2
(450) 266-4342   SIC 8059
COMCARE (CANADA) LIMITED   p848
8 Queensway E Suite 4, SIMCOE, ON, N3Y 4M3
(519) 426-5122   SIC 8059
COMCARE (CANADA) LIMITED   p965
880 North Service Rd E Suite 301, WINDSOR, ON, N8X 3J5
(519) 966-5200   SIC 8059
COMMUNAUTES DE RETRAITES MASSAWIPPI, LES   p1135
77 Rue Main, NORTH HATLEY, QC, J0B 2C0
(819) 842-2164   SIC 8059
COMMUNITY CARE ACCESS CENTRE OF LONDON AND MIDDLESEX   p661
356 Oxford St W, LONDON, ON, N6H 1T3
(519) 473-2222   SIC 8059
COMMUNITY LIVING THUNDER BAY   p876
246 Market St, THUNDER BAY, ON, P7A 8A5
(807) 767-7322   SIC 8059
COMMUNITY LIVING WEST NIPISSING
p866
120 Nipissing St, STURGEON FALLS, ON, P2B 1J6
(705) 753-3143   SIC 8059
COOPERATIVE DE SOLIDARITE DE SERVICE A DOMICILE BEAUCE-SARTIGA
p1189
2385 Boul Dionne Bureau 200, SAINT-GEORGES, QC, G5Y 3X6
(418) 225-9144   SIC 8059
CORNERSTONE COMMUNITY ASSOCIATION DURHAM INC   p779
133 Simcoe St S, OSHAWA, ON, L1H 4G8
(905) 433-0254   SIC 8059
CORPORATION OF THE CITY OF TORONTO
400 The West Mall, ETOBICOKE, ON, M9C 5S1

(416) 394-3600   SIC 8059
CORPORATION OF THE CITY OF TORONTO   p903
439 Sherbourne St Suite 301, TORONTO, ON, M4X 1K6
(416) 392-5252   SIC 8059
CORPORATION OF THE COUNTY OF LAMBTON   p589
39 Morris St, FOREST, ON, N0N 1J0
(519) 786-2151   SIC 8059
DIVERSICARE CANADA MANAGEMENT SERVICES CO., INC   p882
16 Fort St, TILBURY, ON, N0P 2L0
(519) 682-0243   SIC 8059
EXTENDICARE (CANADA) INC   p806
595 Pembroke St E, PEMBROKE, ON, K8A 3L7
(613) 735-4165   SIC 8059
EXTENDICARE (CANADA) INC   p847
15 Hollinger Lane, SCHUMACHER, ON, P0N 1G0
(705) 360-1913   SIC 8059
FRASER HEALTH AUTHORITY   p283
13401 108 Ave Suite 1500, SURREY, BC, V3T 5T3
(604) 953-4950   SIC 8059
FW GREEN HOME, THE   p205
1700 4th St S, CRANBROOK, BC, V1C 6E1
(250) 426-8016   SIC 8059
GARNONS, J WILLIAMS LTD   p234
7393 Lantzville Rd, LANTZVILLE, BC, V0R 2H0
(250) 390-5056   SIC 8059
GEM HEALTH CARE GROUP LIMITED p477
426 Young St, TRURO, NS, B2N 7B1
(902) 895-8715   SIC 8059
GOLDEN LIFE MANAGEMENT CORP   p213
55 Cokato Rd Suite 206, FERNIE, BC, V0B 1M4
(250) 423-4214   SIC 8059
GOOD SAMARITAN SOCIETY, THE (A LUTHERAN SOCIAL SERVICE ORGANIZATION)   p131
1290 Switzer Dr Suite 120, HINTON, AB, T7V 2E9
(780) 865-5926   SIC 8059
GOOD SAMARITAN SOCIETY, THE (A LUTHERAN SOCIAL SERVICE ORGANIZATION)   p159
5615 60 St, ROCKY MOUNTAIN HOUSE, AB, T4T 1W2
(403) 845-6033   SIC 8059
GOUVERNEMENT DE LA PROVINCE DE QUEBEC   p1200
330 Rue De Martigny O, Saint-Jerome, QC, J7Y 4C9
(450) 438-2225   SIC 8059
GRANDVIEW PERSONEL CARE HOME INC p349
308 Jackson St, GRANDVIEW, MB, R0L 0Y0
(204) 546-2769   SIC 8059
HAMILTON NIAGARA HALDIMAND BRANT COMMUNITY CARE ACCESS CENTRE p540
440 Elizabeth St, BURLINGTON, ON, L7R 2M1
(905) 639-5228   SIC 8059
HEARTLAND REGIONAL HEALTH AUTHORITY   p1267
207 1st St E, DINSMORE, SK, S0L 0T0
(306) 846-2222   SIC 8059
HERITAGE PLACE CARE FACILITY   p948
Gd, VIRGIL, ON, L0S 1T0
(905) 468-1111   SIC 8059
HIGH-CREST ENTERPRISES LIMITED p442
44 Hillcrest St Suite 32, ANTIGONISH, NS, B2G 1Z3
(902) 863-3855   SIC 8059
HIGH-CREST ENTERPRISES LIMITED p473
53 Court St, SHERBROOKE, NS, B0J 3C0
(902) 522-2147   SIC 8059
HOME SUPPORT CENTRAL SOCIETY p472
30 Water St, PORT HOOD, NS, B0E 2W0
(902) 787-3449   SIC 8059
HUMATECH INC   p1161

2511 Ch Sainte-Foy Bureau 050, Quebec, QC, G1V 1T7
(418) 658-9153   SIC 8059
INTERLAKE REGIONAL HEALTH AUTHORITY INC   p351
97 1st St S, LUNDAR, MB, R0C 1Y0
(204) 762-5663   SIC 8059
JARLETTE LTD   p946
2100 Main St, VAL CARON, ON, P3N 1S7
(705) 897-7695   SIC 8059
KELLY'S HOME CARE CENTRE   p502
411 Bridge St E, BELLEVILLE, ON, K8N 1P7
(613) 962-5387   SIC 8059
KITIGAN ZIBI ANISHINABEG   p1075
8 Kikinamage Mikan, MANIWAKI, QC, J9E 3B1
(819) 449-5593   SIC 8059
LAMPMAN COMMUNITY HEALTH CENTRE
p1272
309 2nd Ave E, LAMPMAN, SK, S0C 1N0
(306) 487-2561   SIC 8059
LISTUGUJ FIRST NATION   p1139
6 Rue Pacific, Pointe-a-la-Croix, QC, G0C 1L0
(418) 788-2155   SIC 8059
LOFT COMMUNITY SERVICES   p906
423 Yonge St 2nd Fl, TORONTO, ON, M5B 1T2
(416) 340-7222   SIC 8059
MANITOULIN HEALTH CENTRE   p683
2120a 551 Hwy, MINDEMOYA, ON, P0P 1S0
(705) 377-5311   SIC 8059
MANOIR EDITH B. PINET INC   p411
1189 Rue Des Fondateurs, PAQUETVILLE, NB, E8R 1A9
(506) 764-2444   SIC 8059
MARCH OF DIMES CANADA   p612
20 Jarvis St, HAMILTON, ON, L8R 1M2
(905) 528-4261   SIC 8059
MARCH OF DIMES CANADA   p767
259 Robinson St, OAKVILLE, ON, L6J 6G8
(905) 845-7412   SIC 8059
MENNONITE BENEVOLENT SOCIETY p177
32910 Brundige Ave Suite 257, ABBOTSFORD, BC, V2S 1N2
(604) 853-2411   SIC 8059
MINNEDOSA PERSONAL CARE HOME
p351
138 3rd Ave Sw, MINNEDOSA, MB, R0J 1E0
(204) 867-2569   SIC 8059
NIGHTINGALE NURSING REGISTRY LTD
p810
2948 Lakefield Rd, PETERBOROUGH, ON, K9J 6X5
(705) 652-6118   SIC 8059
NORTH EAST COMMUNITY CARE ACCESS CENTRE   p742
1164 Devonshire Ave, NORTH BAY, ON, P1B 6X7
(705) 474-5885   SIC 8059
NORTH EASTMAN HEALTH ASSOCIATION INC   p360
75 Hospital St, WHITEMOUTH, MB, R0E 2G0
(204) 348-7191   SIC 8059
NORTHRIDGE LONGTERM CARE CENTER
p766
496 Postridge Dr, OAKVILLE, ON, L6H 7A2
(905) 257-9882   SIC 8059
OSPREY CARE PENTICTON INC   p252
103 Duncan Ave W, PENTICTON, BC, V2A 2Y3
(250) 490-8503   SIC 8059
PARTICIPATION HOUSE HAMILTON AND DISTRICT   p536
3097 Palmer Dr, BURLINGTON, ON, L7M 4G8
(905) 335-3166   SIC 8059
PEARL VILLA HOMES LTD   p85
14315 118 Ave Nw Suite 140, EDMONTON, AB, T5L 4S6
(780) 499-2337   SIC 8059

POUCE COUPE CARE HOME   p257
5216 50 Ave, POUCE COUPE, BC, V0C 2C0
SIC 8059
PRAIRIE MOUNTAIN HEALTH   p345
525 Victoria Ave E, BRANDON, MB, R7A 6S9
(204) 578-2670   SIC 8059
PROGRAM DE PORTAGE INC, LE   p395
1275 Route 865, CASSIDY LAKE, NB, E4E 5Y6
(506) 839-1200   SIC 8059
PROVIDENCE HEALTH CARE SOCIETY
p300
4950 Heather St Suite 321, VANCOUVER, BC, V5Z 3L9
(604) 261-9371   SIC 8059
PROVINCE OF PEI   p982
165 John Yeo Dr, CHARLOTTETOWN, PE, C1E 3J3
(902) 368-4790   SIC 8059
QUALICARE INC   p754
3910 Bathurst St Suite 304, NORTH YORK, ON, M3H 5Z3
(416) 630-0202   SIC 8059
R H A CENTRAL MANITOBA INC.   p352
136 Ottawa St W, MORRIS, MB, R0G 1K0
(204) 746-2394   SIC 8059
REGINA QU'APPELLE REGIONAL HEALTH AUTHORITY   p1265
310 Calgary St, BROADVIEW, SK, S0G 0K0
(306) 696-2458   SIC 8059
REGINA QU'APPELLE REGIONAL HEALTH AUTHORITY   p1309
701 Ouimet St, WOLSELEY, SK, S0G 5H0
(306) 698-4400   SIC 8059
REGIONAL HEALTH AUTHORITY - CENTRAL MANITOBA INC   p343
240 5th Ave Sw, ALTONA, MB, R0G 0B2
(204) 324-6411   SIC 8059
REGIONAL HEALTH AUTHORITY - CENTRAL MANITOBA INC   p351
232 Carrie St, MANITOU, MB, R0G 1G0
(204) 242-2744   SIC 8059
REGIONAL HEALTH AUTHORITY B   p413
8 Main St Unit 111, SACKVILLE, NB, E4L 4A3
(506) 364-4400   SIC 8059
RESIDENCES ALLEGRO, S.E.C., LES p646
1 Henry Ave, LEAMINGTON, ON, N8H 5P1
(519) 322-0311   SIC 8059
REVERA INC   p375
40 Edmonton St, WINNIPEG, MB, R3B 2M4
(204) 942-5291   SIC 8059
REVERA INC   p967
3387 Riverside Dr E, WINDSOR, ON, N8Y 1A8
SIC 8059
REVERA LONG TERM CARE INC   p484
1020 Westney Rd N, AJAX, ON, L1T 4K6
SIC 8059
REVERA LONG TERM CARE INC   p734
52 George St, NEWMARKET, ON, L3Y 4V3
(905) 853-3242   SIC 8059
REVERA LONG TERM CARE INC   p771
2370 Third Line, OAKVILLE, ON, L6M 4E2
(905) 469-3294   SIC 8059
RICHMOND HOSPITAL, THE   p271
6111 Minoru Blvd, RICHMOND, BC, V6Y 1Y4
(604) 244-5300   SIC 8059
RIVERSIDE HEALTH CARE FACILITIES INC
p574
72 Front St, EMO, ON, P0W 1E0
SIC 8059
SAINT ELIZABETH HEALTH CARE   p727
30 Colonnade Rd Suite 225, NEPEAN, ON, K2E 7J6
(613) 738-9661   SIC 8059
SASKATOON REGIONAL HEALTH AUTHORITY   p1308
103 2nd Ave E, WATROUS, SK, S0K 4T0
(306) 528-4355   SIC 8059

SELECTACARE LIMITED p749
139 Sheppard Ave E, NORTH YORK, ON, M2N 3A6
(416) 225-8900   SIC 8059

SHERBROOKE COMMUNITY SOCIETY INC p1293
401 Acadia Dr Suite 330, SASKATOON, SK, S7H 2E7
(306) 655-3600   SIC 8059

SIFTON PROPERTIES LIMITED p703
2132 Dundas St W, MISSISSAUGA, ON, L5K 2K7
(905) 823-7273   SIC 8059

SPECIALTY CARE INC p509
2656 Line 6, BRADFORD, ON, L3Z 2A1
(905) 952-2270   SIC 8059

SPECIALTY CARE INC p523
10260 Kennedy Rd, BRAMPTON, ON, L6Z 4N7
(905) 495-4695   SIC 8059

SPRING VALLEY CARE CENTRE LTD p224
355 Terai Crt Suite 220, KELOWNA, BC, V1X 5X6
(250) 979-6000   SIC 8059

ST AMANT INC p368
440 River Rd, WINNIPEG, MB, R2M 3Z9
(204) 256-4301   SIC 8059

STEEVES & ROZEMA ENTERPRISES LIMITED p827
1310 Murphy Rd Suite 216, SARNIA, ON, N7S 6K5
(519) 542-2939   SIC 8059

STILLWATER CREEK LIMITED PARTNERSHIP p729
2018 Robertson Rd Suite 353, NEPEAN, ON, K2H 1C6
(613) 828-7575   SIC 8059

SUN COUNTRY REGIONAL HEALTH AUTHORITY p1266
240 South Ave E, CORONACH, SK, S0H 0Z0
(306) 267-2022   SIC 8059

SUNBEAM CENTRE p638
595 Greenfield Ave Suite 43, KITCHENER, ON, N2C 2N7
(519) 894-2098   SIC 8059

SUNRIDGE SENIORS COMMUNITY PARTNERSHIP p212
361 Bundock Ave, DUNCAN, BC, V9L 3P1
(250) 748-8048   SIC 8059

SUNRISE NORTH SENIOR LIVING LTD p967
5065 Riverside Dr E Suite 203, WINDSOR, ON, N8Y 5B3
(519) 974-5858   SIC 8059

SUNRISE REGIONAL HEALTH AUTHORITY p1275
200 Heritage Dr, MELVILLE, SK, S0A 2P0
(306) 728-7300   SIC 8059

TIMISKAMING HOME SUPPORT/SOUTIEN A DOMICILE p636
30 Second St E Unit 2, KIRKLAND LAKE, ON, P2N 1R1
(705) 567-7383   SIC 8059

TIMISKAMING HOME SUPPORT/SOUTIEN A DOMICILE p731
213 Whitewood Ave Suite A2, NEW LISKEARD, ON, P0J 1P0
SIC 8059

TOTAL CARE HEALTH CARE SERVICES p369
11 Oakstone Pl, WINNIPEG, MB, R2P 2L5
SIC 8059

TRI-COUNTY MENNONITE HOMES ASSOCIATION p865
90 Greenwood Dr Suite 117, STRATFORD, ON, N5A 7W5
(519) 273-4662   SIC 8059

VHA HOME HEALTHCARE p899
30 Soudan Ave Suite 500, TORONTO, ON, M4S 1V6
(416) 489-2500   SIC 8059

WOODINGFORD LODGE p621
325 Thames St S, INGERSOLL, ON, N5C 2T8

(519) 485-7053   SIC 8059

YEE HONG CENTRE FOR GERIATRIC CARE p677
2780 Bur Oak Ave, MARKHAM, ON, L6B 1C9
(905) 471-3232   SIC 8059

YEE HONG CENTRE FOR GERIATRIC CARE p844
60 Scottfield Dr Suite 428, SCARBOROUGH, ON, M1S 5T7
(416) 321-3000   SIC 8059

SIC 8062 General medical and surgical hospitals

ALBERTA HEALTH SERVICES p2
604 Main St S, AIRDRIE, AB, T4B 3K7
(403) 912-8400   SIC 8062

ALBERTA HEALTH SERVICES p3
3401 48 Ave, ATHABASCA, AB, T9S 1M7
(780) 675-2231   SIC 8062

ALBERTA HEALTH SERVICES p3
3100 48 Ave, ATHABASCA, AB, T9S 1M9
(780) 675-6000   SIC 8062

ALBERTA HEALTH SERVICES p4
305 Lynx St, BANFF, AB, T1L 1H7
(403) 762-2222   SIC 8062

ALBERTA HEALTH SERVICES p5
412 10a St, BEAVERLODGE, AB, T0H 0C0
(780) 354-2647   SIC 8062

ALBERTA HEALTH SERVICES p5
4815 51 Ave, BARRHEAD, AB, T7N 1M1
(780) 674-2221   SIC 8062

ALBERTA HEALTH SERVICES p6
2001 107 St, BLAIRMORE, AB, T0K 0E0
(403) 562-5011   SIC 8062

ALBERTA HEALTH SERVICES p6
717 Government Rd, BLACK DIAMOND, AB, T0L 0H0
(403) 933-2222   SIC 8062

ALBERTA HEALTH SERVICES p6
4904 50th Ave, BONNYVILLE, AB, T9N 2G4
(780) 826-3381   SIC 8062

ALBERTA HEALTH SERVICES p7
938 Centre St, BOW ISLAND, AB, T0K 0G0
(403) 545-3200   SIC 8062

ALBERTA HEALTH SERVICES p8
440 3 St E Suite 300, BROOKS, AB, T1R 0X8
(403) 501-3232   SIC 8062

ALBERTA HEALTH SERVICES p38
1403 29 St Nw Suite 403, CALGARY, AB, T2N 2T9
(403) 944-2068   SIC 8062

ALBERTA HEALTH SERVICES p38
1005 17 St Nw, CALGARY, AB, T2N 2E5
(403) 297-4664   SIC 8062

ALBERTA HEALTH SERVICES p67
144 2nd St W, CARDSTON, AB, T0K 0K0
(403) 653-5234   SIC 8062

ALBERTA HEALTH SERVICES p69
4720 55 St, COLD LAKE, AB, T9M 1V8
(780) 594-4404   SIC 8062

ALBERTA HEALTH SERVICES p69
60 Grand Blvd, COCHRANE, AB, T0S 0S4
(403) 851-6130   SIC 8062

ALBERTA HEALTH SERVICES p71
5920 51 Ave, DAYSLAND, AB, T0B 1A0
(780) 374-3746   SIC 8062

ALBERTA HEALTH SERVICES p71
1210 20e Ave, DIDSBURY, AB, T0M 0W0
(403) 335-9393   SIC 8062

ALBERTA HEALTH SERVICES p73
14007 50 St Nw, EDMONTON, AB, T5A 5E4
(780) 342-4000   SIC 8062

ALBERTA HEALTH SERVICES p76
10230 111 Ave Nw Suite 2e, EDMONTON, AB, T5G 0B7
(780) 735-7999   SIC 8062

ALBERTA HEALTH SERVICES p77
10539 105 St Nw, EDMONTON, AB, T5H 2W8
SIC 8062

ALBERTA HEALTH SERVICES p77
11010 101 St Nw Suite 215, EDMONTON, AB, T5H 4B9
(780) 424-4660   SIC 8062

ALBERTA HEALTH SERVICES p78
10302 107 St Nw, EDMONTON, AB, T5J 1K2
(780) 427-4291   SIC 8062

ALBERTA HEALTH SERVICES p78
10030 107 St Nw 14th Fl, EDMONTON, AB, T5J 3E4
(403) 943-0845   SIC 8062

ALBERTA HEALTH SERVICES p78
10030 107 St Nw Suite 700, EDMONTON, AB, T5J 3E4
(780) 735-0986   SIC 8062

ALBERTA HEALTH SERVICES p82
9942 108 St Nw, EDMONTON, AB, T5K 2J5
(780) 342-7700   SIC 8062

ALBERTA HEALTH SERVICES p110
10707 29 Ave Nw, EDMONTON, AB, T6J 6W1
(780) 430-9110   SIC 8062

ALBERTA HEALTH SERVICES p118
10628 100th St, FAIRVIEW, AB, T0H 1L0
(780) 835-6100   SIC 8062

ALBERTA HEALTH SERVICES p123
9430 95 St, FORT SASKATCHEWAN, AB, T8L 1R8
(780) 998-2256   SIC 8062

ALBERTA HEALTH SERVICES p123
10420 98 Ave Suite 121, FORT SASKATCHEWAN, AB, T8L 2N6
SIC 8062

ALBERTA HEALTH SERVICES p125
11333 106 St, GRANDE PRAIRIE, AB, T8V 6T7
(780) 538-5210   SIC 8062

ALBERTA HEALTH SERVICES p125
10409 98 St, GRANDE PRAIRIE, AB, T8V 2E8
(780) 538-7100   SIC 8062

ALBERTA HEALTH SERVICES p129
904 Centre St N, HANNA, AB, T0J 1P0
(403) 854-3331   SIC 8062

ALBERTA HEALTH SERVICES p129
5621 Wilcox Rd, GRIMSHAW, AB, T0H 1W0
(780) 332-6500   SIC 8062

ALBERTA HEALTH SERVICES p131
560 9 Ave Sw, HIGH RIVER, AB, T1V 1B3
(403) 652-2200   SIC 8062

ALBERTA HEALTH SERVICES p133
9110 93rd St, LAC LA BICHE, AB, T0A 2C0
(780) 623-4404   SIC 8062

ALBERTA HEALTH SERVICES p134
4210 48 St, LEDUC, AB, T9E 5Z3
(780) 986-7711   SIC 8062

ALBERTA HEALTH SERVICES p134
5430 47 Ave, LACOMBE, AB, T4L 1G8
(403) 782-3336   SIC 8062

ALBERTA HEALTH SERVICES p134
5010 51 St, LACOMBE, AB, T4L 1W2
(403) 782-6535   SIC 8062

ALBERTA HEALTH SERVICES p138
960 19 St S Suite 110, LETHBRIDGE, AB, T1J 1W5
(403) 388-6009   SIC 8062

ALBERTA HEALTH SERVICES p142
4417 45th St, MAYERTHORPE, AB, T0E 1N0
(780) 786-2261   SIC 8062

ALBERTA HEALTH SERVICES p143
350 3rd Ave Nw, MCLENNAN, AB, T0H 2L0
(780) 324-3730   SIC 8062

ALBERTA HEALTH SERVICES p145
517 Center E, MILK RIVER, AB, T0K 1M0
(403) 647-3500   SIC 8062

ALBERTA HEALTH SERVICES p149
3901 57 Ave, OLDS, AB, T4H 1T4
(403) 556-3381   SIC 8062

ALBERTA HEALTH SERVICES p149
312 3 St E, OYEN, AB, T0J 2J0
(403) 664-3528   SIC 8062

ALBERTA HEALTH SERVICES p149
4919 Lac St, ONOWAY, AB, T0E 1V0
(780) 967-4136   SIC 8062

ALBERTA HEALTH SERVICES p150
1222 Bev Mclachlin Dr, PINCHER CREEK, AB, T0K 1W0
(403) 627-1234   SIC 8062

ALBERTA HEALTH SERVICES p151
5800 57 Ave, PONOKA, AB, T4J 1P1
(403) 783-3341   SIC 8062

ALBERTA HEALTH SERVICES p151
5002 54 Ave, PROVOST, AB, T0B 3S0
(780) 753-2291   SIC 8062

ALBERTA HEALTH SERVICES p152
3942 50a Ave, RED DEER, AB, T4N 4E7
(403) 343-4422   SIC 8062

ALBERTA HEALTH SERVICES p158
5016 52 Ave Suite 1, ROCKY MOUNTAIN HOUSE, AB, T4T 1T2
(403) 845-3347   SIC 8062

ALBERTA HEALTH SERVICES p164
4212 55 Ave, SMOKY LAKE, AB, T0A 3C0
(780) 656-2030   SIC 8062

ALBERTA HEALTH SERVICES p165
4713 48 Ave, ST PAUL, AB, T0A 3A3
(780) 645-3331   SIC 8062

ALBERTA HEALTH SERVICES p165
5610 50 Ave, ST PAUL, AB, T0A 3A1
(780) 645-3396   SIC 8062

ALBERTA HEALTH SERVICES p166
201 Boudreau Rd, ST. ALBERT, AB, T8N 6C4
(780) 418-8200   SIC 8062

ALBERTA HEALTH SERVICES p168
4405 South Park Dr, STONY PLAIN, AB, T7Z 2M7
(780) 968-3600   SIC 8062

ALBERTA HEALTH SERVICES p169
709 1 St Ne, SUNDRE, AB, T0M 1X0
(403) 638-3033   SIC 8062

ALBERTA HEALTH SERVICES p172
5720 50 Ave, VERMILION, AB, T9X 1K7
(780) 853-5305   SIC 8062

ALBERTA HEALTH SERVICES p173
530 6 Ave, WAINWRIGHT, AB, T9W 1R6
(780) 842-1539   SIC 8062

ALBERTA HEALTH SERVICES p173
10203 96 St Suite 137, WESTLOCK, AB, T7P 2R3
(780) 349-3306   SIC 8062

ALBERTA HEALTH SERVICES p173
881 Mistassiny Rd, WABASCA, AB, T0G 2K0
(780) 891-3007   SIC 8062

ALBERTA HEALTH SERVICES p173
10024 107 Ave, WESTLOCK, AB, T7P 2E3
(780) 349-3316   SIC 8062

ALBERTA HEALTH SERVICES p174
20 Sunset Blvd, WHITECOURT, AB, T7S 1M8
(780) 778-2285   SIC 8062

ALBERTA HEALTH SERVICES p174
6910 47 St, WETASKIWIN, AB, T9A 3N3
(780) 361-7100   SIC 8062

ALBERTA HEALTH SERVICES p175
Gd, Winfield, AB, T0C 2X0
(780) 682-4755   SIC 8062

ALEXANDRA HOSPITAL INGERSOLL, THE p620
29 Noxon St, INGERSOLL, ON, N5C 1B8
(519) 485-1700   SIC 8062

ANNAPOLIS VALLEY DISTRICT HEALTH AUTHORITY p444
121 Orchard St Rr 3 Suite 131, BERWICK, NS, B0P 1E0
(902) 538-0096   SIC 8062

ANNAPOLIS VALLEY DISTRICT HEALTH AUTHORITY p465
150 Exhibieln St, KENTVILLE, NS, B4N 5E3
(902) 678-7381   SIC 8062

ARBORG & DISTRICT HEALTH CENTER p343
Gd, ARBORG, MB, R0C 0A0
(204) 376-5247   SIC 8062

BEAUFORT-DELTA HEALTH & SOCIAL

BUSINESSES BY INDUSTRY CLASSIFICATION SIC 8062 General medical and surgical hospitals **2389**

SERVICES AUTHORITY p438
285 Mackenzie Rd, INUVIK, NT, X0E 0T0
(867) 777-8000 SIC 8062
BIRTLE HEALTH SERVICES DISTRICT p344
843 Gurethud St, BIRTLE, MB, R0M 0C0
(204) 842-3317 SIC 8062
BLIND RIVER DISTRICT HEALTH CENTRE AUXILIARY INC p505
525 Causley, BLIND RIVER, ON, P0R 1B0
(705) 356-2265 SIC 8062
BLUEWATER HEALTH p812
450 Blanche St, PETROLIA, ON, N0N 1R0
(519) 464-4400 SIC 8062
BONNYVILLE HEALTH CENTRE p7
5001 Lakeshore Dr, BONNYVILLE, AB, T9N 2J7
(780) 826-3311 SIC 8062
BROCKVILLE GENERAL HOSPITAL p530
42 Garden St, BROCKVILLE, ON, K6V 2C3
(613) 345-5645 SIC 8062
BUCHANAN MEMORIAL HEALTH CARE COMPLEX p469
32610 Cabot Trail, NEILS HARBOUR, NS, B0C 1N0
(902) 336-2200 SIC 8062
CAPE BRETON DISTRICT HEALTH AUTHORITY p475
1482 George St, SYDNEY, NS, B1P 1P3
(902) 567-8000 SIC 8062
CARMAN MEMORIAL HOSPITAL p346
350 4th St Sw, CARMAN, MB, R0G 0J0
(204) 745-2021 SIC 8062
CENTRAL REGIONAL HEALTH AUTHORITY p423
57262 Main St, BADGERS QUAY, NL, A0G 1B0
(709) 536-2405 SIC 8062
CENTRAL REGIONAL HEALTH AUTHORITY p423
Gd, BAIE VERTE, NL, A0K 1B0
(709) 532-4281 SIC 8062
CENTRAL REGIONAL HEALTH AUTHORITY p426
9 Central Island Rd N, FOGO, NL, A0G 2B0
(709) 266-2221 SIC 8062
CENTRAL REGIONAL HEALTH AUTHORITY p427
50 Union St, GRAND FALLS-WINDSOR, NL, A2A 2E1
(709) 292-2500 SIC 8062
CENTRAL REGIONAL HEALTH AUTHORITY p427
36 Queensway, GRAND FALLS-WINDSOR, NL, A2B 1J3
SIC 8062
CENTRAL REGIONAL HEALTH AUTHORITY p428
1 Alexander Ave, HARBOUR BRETON, NL, A0H 1P0
(709) 885-2359 SIC 8062
CENTRE DE SANTE ET DE SERVICE SOCIAUX D'ARTHABASKA-ERABLE p1258
61 Rue De L'ermitage, VICTORIAVILLE, QC, G6P 6X4
(819) 758-7511 SIC 8062
CENTRE DE SANTE ET DE SERVICE SOCIAUX DU TEMISCOUATA p1022
103 7e Rue E, Degelis, QC, G5T 1Y6
(418) 853-2572 SIC 8062
CENTRE DE SANTE ET DE SERVICE SOCIAUX LES ESKERS DE L'ABITIBI p988
632 1re Rue O, AMOS, QC, J9T 2N2
(819) 732-3271 SIC 8062
CENTRE DE SANTE ET DE SERVICES SOCIAUX CHAMPLAIN p1007
5050 Place Nogent, BROSSARD, QC, J4Y 2K3
(450) 672-4320 SIC 8062
CENTRE DE SANTE ET DE SERVICES SOCIAUX CHAMPLAIN p1008
5811 Boul Taschereau Bureau 100, BROSSARD, QC, J4Z 1A5
(450) 445-4452 SIC 8062
CENTRE DE SANTE ET DE SERVICES SO-

CIAUX CHAMPLAIN p1191
6800 Boul Cousineau, SAINT-HUBERT, QC, J3Y 8Z4
(450) 443-7400 SIC 8062
CENTRE DE SANTE ET DE SERVICES SOCIAUX DE DORVAL-LACHINE-LASALLE p1060
650 16e Av, LASALLE, QC, H8P 2S3
(514) 637-2351 SIC 8062
CENTRE DE SANTE ET DE SERVICES SOCIAUX DE GATINEAU p1037
273 Rue Laurier, GATINEAU, QC, J8X 3W8
(819) 966-6420 SIC 8062
CENTRE DE SANTE ET DE SERVICES SOCIAUX DE KAMOURASKA p1219
575 Av Martin, SAINT-PASCAL, QC, G0L 3Y0
(418) 856-7000 SIC 8062
CENTRE DE SANTE ET DE SERVICES SOCIAUX DE LA BAIE-DES-CHALEURS p1137
273 Boul Gerard-D.-Levesque O, Paspebiac, QC, G0C 2K0
(418) 752-2572 SIC 8062
CENTRE DE SANTE ET DE SERVICES SOCIAUX DE LA COTE-DE-GASPE p1033
154 Boul Renard E, Gaspe, QC, G4X 5R5
(418) 269-2572 SIC 8062
CENTRE DE SANTE ET DE SERVICES SOCIAUX DE LA COTE-DE-GASPE p1134
600 Av William-May, MURDOCHVILLE, QC, G0E 1W0
(418) 784-2572 SIC 8062
CENTRE DE SANTE ET DE SERVICES SOCIAUX DE LA VALLEE-DE-L'OR p1075
1141 Rue Royale, MALARTIC, QC, J0Y 1Z0
(819) 825-5858 SIC 8062
CENTRE DE SANTE ET DE SERVICES SOCIAUX DE LA VALLEE-DE-L'OR p1075
691 Rue Royale, MALARTIC, QC, J0Y 1Z0
SIC 8062
CENTRE DE SANTE ET DE SERVICES SOCIAUX DE LA VALLEE-DE-L'OR p1233
961 Rue De La Clinique, SENNETERRE, QC, J0Y 2M0
SIC 8062
CENTRE DE SANTE ET DE SERVICES SOCIAUX DE LA VALLEE-DE-L'OR p1253
725 6e Rue, VAL-D'OR, QC, J9P 3Y1
(819) 825-5858 SIC 8062
CENTRE DE SANTE ET DE SERVICES SOCIAUX DE LA VALLEE-DE-L'OR p1253
1212 Av Brebeuf, VAL-D'OR, QC, J9P 2C9
(819) 825-5858 SIC 8062
CENTRE DE SANTE ET DE SERVICES SOCIAUX DE LAVAL p1018
1755 Boul Rene-Laennec, Cote Saint-Luc, QC, H7M 3L9
(450) 668-1010 SIC 8062
CENTRE DE SANTE ET DE SERVICES SOCIAUX DE LAVAL p1025
1515 Boul Chomedey, DORVAL, QC, H7V 3Y7
(450) 978-8300 SIC 8062
CENTRE DE SANTE ET DE SERVICES SOCIAUX DE PORTNEUF p1220
700 Rue Saint-Cyrille Bureau 850, SAINT-RAYMOND, QC, G3L 1W1
(418) 337-4611 SIC 8062
CENTRE DE SANTE ET DE SERVICES SOCIAUX DE QUEBEC-NORD p996
11000 Rue Des Montagnards, Beaupre, QC, G0A 1E0
(418) 827-3726 SIC 8062
CENTRE DE SANTE ET DE SERVICES SOCIAUX DU COEUR-DE-L'ILE p1092
1385 Rue Jean-Talon E, Montreal, QC, H2E 1S6
(514) 495-6767 SIC 8062
CENTRE DE SANTE ET DE SERVICES SOCIAUX DU SUD-QUEST-VERDUN p1123
6161 Rue Laurendeau, Montreal, QC, H4E 3X6
(514) 762-2777 SIC 8062
CENTRE DE SANTE ET DE SERVICES SO-

CIAUX DU SUD-QUEST-VERDUN p1257
4000 Boul Lasalle, VERDUN, QC, H4G 2A3
(514) 362-1000 SIC 8062
CENTRE DE SANTE ET DE SERVICES SOCIAUX HAUT-RICHELIEU-ROUVILLE p1197
978 Boul Du Seminaire N, SAINT-JEAN-SUR-RICHELIEU, QC, J3A 1E5
(450) 358-2572 SIC 8062
CENTRE DE SANTE ET DES SERVICES SOCIAUX DE LA HAUTE-COTE-NORD p1243
162 Rue Des Jesuites, TADOUSSAC, QC, G0T 2A0
(418) 235-4588 SIC 8062
CENTRE DE SANTE ET SERVICES SOCIAUX DE MONTMAGNY - L'ISLET p1051
101 Ch De La Voli Re, L'ISLE-AUX-GRUES, QC, G0R 1P0
(418) 248-4651 SIC 8062
CENTRE DE SANTE ET SERVICES SOCIAUX DE MONTMAGNY - L'ISLET p1187
10 Rue Alphonse, SAINT-FABIEN-DE-PANET, QC, G0R 2J0
(418) 249-2572 SIC 8062
CENTRE DE SANTE SERVICES SOCIAUX MARIA CHAPDELAINE p1023
2000 Boul Du Sacre-Coeur, DOLBEAU-MISTASSINI, QC, G8L 2R5
(418) 276-1234 SIC 8062
CENTRE DE SERVICE SANTE ET SOCIAUX DU GRAND LITTORAL p1067
9330 Boul Du Centre-Hospitalier, Levis, QC, G6X 1L6
(418) 380-8993 SIC 8062
CENTRE HOSPITALIER DE L'UNIVERSITE DE MONTREAL p1094
1560 Rue Sherbrooke E, Montreal, QC, H2L 4M1
(514) 890-8000 SIC 8062
CENTRE HOSPITALIER DE L'UNIVERSITE DE MONTREAL p1100
1058 Rue Saint-Denis, Montreal, QC, H2X 3J4
(514) 890-8000 SIC 8062
CENTRE HOSPITALIER DE LA BAIE D'HUDSON p1144
Gd, PUVIRNITUQ, QC, J0M 1P0
(819) 988-2957 SIC 8062
CENTRE HOSPITALIER ET CENTRE DE READAPTATION ANTOINE-LABELLE p1079
757 Rue De La Madone, MONT-LAURIER, QC, J9L 1T3
(819) 623-1234 SIC 8062
CENTRE HOSPITALIER ET CENTRE DE READAPTATION ANTOINE-LABELLE p1175
1525 Rue L'annonciation N, Riviere-Rouge, QC, J0T 1T0
(819) 275-2411 SIC 8062
CENTRE HOSPITALIER FLEURY p1091
2180 Rue Fleury E, Montreal, QC, H2B 1K3
(514) 383-9311 SIC 8062
CENTRE HOSPITALIER PIERRE LE GARDEUR p1243
911 Montee Des Pionniers, TERREBONNE, QC, J6V 2H2
(450) 654-7525 SIC 8062
CENTRE HOSPITALIER UNIVERSITAIRE DE QUEBEC p1151
10 Rue De L'espinay Bureau 520, Quebec, QC, G1L 3L5
(418) 525-4444 SIC 8062
CENTRE HOSPITALIER UNIVERSITAIRE DE QUEBEC p1157
11 Cote Du Palais Bureau 3431, Quebec, QC, G1R 2J6
(418) 525-4444 SIC 8062
CENTRE HOSPITALIER UNIVERSITAIRE DE QUEBEC p1168
775 Rue Saint-Viateur Unite 130a, Quebec, QC, G2L 2Z3
(418) 622-1008 SIC 8062
CENTRE INTEGRE DE SANTE ET DE SERVICES SOCIAUX DES LAURENTIDES p1186
29 Ch D'oka, SAINT-EUSTACHE, QC, J7R

1K6
(450) 491-1233 SIC 8062
CITY OF PETERBOROUGH HOLDINGS INC p809
1 Hospital Dr, PETERBOROUGH, ON, K9J 7C6
(705) 740-8326 SIC 8062
CLUB SOCIAL DES EMPLOYES-ES DU CENTRE DE SANTE ET DE SERVICES SOCIAUX DE CHARLEVOIX, LE p1052
303 Rue Saint-Etienne, LA MALBAIE, QC, G5A 1T1
(418) 665-1700 SIC 8062
COMMUNITY HOSPITAL O'LEARY p984
14 Mckinnon Dr, O'LEARY, PE, C0B 1V0
(902) 859-8700 SIC 8062
CONCORDIA HOSPITAL p366
1095 Concordia Ave, WINNIPEG, MB, R2K 3S8
(204) 667-1560 SIC 8062
COUNTRY OF LAMONT FOUNDATION p134
5216 53 St, LAMONT, AB, T0B 2R0
(780) 895-2211 SIC 8062
CROSS, DR G B MEMORIAL HOSPITAL p424
67 Manitoba Dr, CLARENVILLE, NL, A5A 1K3
(709) 466-3411 SIC 8062
CSSS DE CHICOUTIMI p1013
305 Rue Saint-Vallier, CHICOUTIMI, QC, G7H 5H6
(418) 541-1000 SIC 8062
CUMBERLAND HEALTH AUTHORITY p441
34 Prince Arthur St, AMHERST, NS, B4H 1V6
(902) 661-1090 SIC 8062
CUMBERLAND HEALTH AUTHORITY p471
50 Jeanks Ave, PARRSBORO, NS, B0M 1S0
(902) 254-2540 SIC 8062
CYPRESS HEALTH REGION p1306
2004 Saskatchewan Dr, SWIFT CURRENT, SK, S9H 5M8
(306) 778-9400 SIC 8062
DAUPHIN REGIONAL HEALTH CENTRE p347
625 3rd St Sw, DAUPHIN, MB, R7N 1R7
(204) 638-3010 SIC 8062
DIDSBURY DISTRICT HEALTH SERVICES p71
1210 20 Ave, DIDSBURY, AB, T0M 0W0
(403) 335-9393 SIC 8062
EAST CENTRAL DISTRICT HEALTH BOARD p1309
Po Box 5027 Stn Main, YORKTON, SK, S3N 3Z4
(306) 786-0113 SIC 8062
EASTERN REGIONAL INTEGRATED HEALTH AUTHORITY p423
85 Main St Suite 51, BURIN, NL, A0E 1E0
(709) 891-1040 SIC 8062
EASTERN REGIONAL INTEGRATED HEALTH AUTHORITY p424
Gd, CLARKES BEACH, NL, A0A 1W0
SIC 8062
EASTERN REGIONAL INTEGRATED HEALTH AUTHORITY p429
760 Topsail Rd, MOUNT PEARL, NL, A1N 3J5
(709) 752-4534 SIC 8062
EASTERN REGIONAL INTEGRATED HEALTH AUTHORITY p435
154 Lemarchant Rd, ST. JOHN'S, NL, A1C 5B8
(709) 777-6300 SIC 8062
FIVE HILLS REGIONAL HEALTH AUTHORITY p1264
501 6th Ave E, ASSINIBOIA, SK, S0H 0B0
(306) 642-3351 SIC 8062
FIVE HILLS REGIONAL HEALTH AUTHORITY p1276
55 Diefenbaker Dr, MOOSE JAW, SK, S6J 0C2
(306) 694-0200 SIC 8062
FORT MACLEOD HOSPITAL p118

▲ Public Company ■ Public Company Family Member HQ Headquarters BR Branch SL Single Location

2390 SIC 8062 General medical and surgical hospitals

744 26th St, FORT MACLEOD, AB, T0L 0Z0
(403) 553-4487 *SIC* 8062
FORT QU'APPELLE INDIAN HOSPITAL INC *p1269*
450 8th St, FORT QU'APPELLE, SK, S0G 1S0
(306) 332-5611 *SIC* 8062
FRASER HEALTH AUTHORITY *p176*
2776 Bourquin Cres W Suite 207, ABBOTSFORD, BC, V2S 6A4
(604) 870-7900 *SIC* 8062
FRASER HEALTH AUTHORITY *p189*
4946 Canada Way Suite 300, BURNABY, BC, V5G 4H7
(604) 918-7683 *SIC* 8062
FRASER HEALTH AUTHORITY *p189*
3935 Kincaid St, BURNABY, BC, V5G 2X6
(604) 434-3992 *SIC* 8062
FRASER HEALTH AUTHORITY *p209*
11245 84 Ave Suite 101, DELTA, BC, V4C 2L9
(604) 507-5400 *SIC* 8062
FRASER HEALTH AUTHORITY *p236*
11666 Laity St, MAPLE RIDGE, BC, V2X 5A3
(604) 463-4111 *SIC* 8062
FRASER HEALTH AUTHORITY *p236*
22470 Dewdney Trunk Rd Suite 400, MAPLE RIDGE, BC, V2X 5Z6
(604) 476-7053 *SIC* 8062
FRASER HEALTH AUTHORITY *p238*
33070 5th Ave Suite 101, MISSION, BC, V2V 1V5
(604) 814-5600 *SIC* 8062
FRASER HEALTH AUTHORITY *p283*
13450 102 Ave Suite 400, SURREY, BC, V3T 0H1
(604) 587-4600 *SIC* 8062
FRASER HEALTH AUTHORITY *p340*
15521 Russell Ave, WHITE ROCK, BC, V4B 2R4
(604) 538-4213 *SIC* 8062
GEORGETOWN HOSPITAL FOUNDATION, THE *p591*
1 Princess Anne Dr, GEORGETOWN, ON, L7G 2B8
(905) 873-0111 *SIC* 8062
GLACE BAY HEALTH CARE FACILITY *p455*
300 South St, GLACE BAY, NS, B1A 1W5
(902) 849-5511 *SIC* 8062
GOUVERNEMENT DE LA PROVINCE DE QUEBEC *p1038*
116 Boul Lionel-Emond, GATINEAU, QC, J8Y 1W7
SIC 8062
GOUVERNEMENT DE LA PROVINCE DE QUEBEC *p1074*
50 Rue Saint-Patrice E, MAGOG, QC, J1X 3X3
(819) 843-2572 *SIC* 8062
GOVERNING COUNCIL OF THE SALVATION ARMY IN CANADA, THE *p384*
300 Booth Dr, WINNIPEG, MB, R3J 3M7
(204) 837-8311 *SIC* 8062
GOVERNMENT OF ONTARIO *p582*
101 Humber College Blvd, ETOBICOKE, ON, M9V 1R8
(416) 747-3400 *SIC* 8062
GOVERNMENT OF THE PROVINCE OF ALBERTA *p5*
Gd, BEAVERLODGE, AB, T0H 0C0
(780) 354-2136 *SIC* 8062
GOVERNMENT OF THE PROVINCE OF ALBERTA *p119*
744 26th St, FORT MACLEOD, AB, T0L 0Z0
(403) 553-5300 *SIC* 8062
GOVERNMENT OF THE PROVINCE OF ALBERTA *p124*
600 Third St, FOX CREEK, AB, T0H 1P0
(780) 622-3545 *SIC* 8062
GOVERNMENT OF THE PROVINCE OF ALBERTA *p151*
150 N 400 E, RAYMOND, AB, T0K 2S0
(403) 752-5411 *SIC* 8062

GOVERNMENT OF THE PROVINCE OF BRITISH COLUMBIA *p211*
5800 Mountain View Blvd, DELTA, BC, V4K 3V6
(604) 946-1121 *SIC* 8062
GRAND RIVER HOSPITAL CORPORATION *p640*
835 King St W, KITCHENER, ON, N2G 1G3
(519) 742-3611 *SIC* 8062
GREATER TRAIL COMMUNITY HEALTH COUNCIL *p291*
1200 Hospital Bench, TRAIL, BC, V1R 4M1
(250) 368-3311 *SIC* 8062
GREY BRUCE HEALTH SERVICES *p648*
22 Moore St Rr 3, LIONS HEAD, ON, N0H 1W0
(519) 793-3424 *SIC* 8062
GREY BRUCE HEALTH SERVICES *p668*
55 Isla St, MARKDALE, ON, N0C 1H0
(519) 986-3040 *SIC* 8062
GREY BRUCE HEALTH SERVICES *p960*
369 Mary St Suite 202, WIARTON, ON, N0H 2T0
(519) 534-1260 *SIC* 8062
GUYSBOROUGH ANTIGONISH STRAIT HEALTH AUTHORITY *p441*
25 Bay St, ANTIGONISH, NS, B2G 2G5
(902) 867-4500 *SIC* 8062
GUYSBOROUGH ANTIGONISH STRAIT HEALTH AUTHORITY *p445*
1746 Union St, CANSO, NS, B0H 1H0
(902) 366-2794 *SIC* 8062
GUYSBOROUGH ANTIGONISH STRAIT HEALTH AUTHORITY *p446*
138 Hospital Rd, CLEVELAND, NS, B0E 1J0
(902) 625-3230 *SIC* 8062
GUYSBOROUGH ANTIGONISH STRAIT HEALTH AUTHORITY *p456*
10560 Hwy 16, GUYSBOROUGH, NS, B0H 1N0
(902) 533-3702 *SIC* 8062
GUYSBOROUGH ANTIGONISH STRAIT HEALTH AUTHORITY *p469*
Gd, NEILS HARBOUR, NS, B0C 1N0
(902) 336-2200 *SIC* 8062
GUYSBOROUGH ANTIGONISH STRAIT HEALTH AUTHORITY *p473*
91 Hospital Rd, SHERBROOKE, NS, B0J 3C0
(902) 522-2882 *SIC* 8062
HALIBURTON HIGHLANDS HEALTH SERVICES CORPORATION *p605*
7199 Gelert Rd, HALIBURTON, ON, K0M 1S0
(705) 457-1392 *SIC* 8062
HAMILTON HEALTH SCIENCES CORPORATION *p612*
1200 Main St W, HAMILTON, ON, L8S 4J9
(905) 521-2100 *SIC* 8062
HAMILTON HEALTH SCIENCES CORPORATION *p613*
711 Concession St Suite 201, HAMILTON, ON, L8V 1C3
(905) 521-2100 *SIC* 8062
HEALTH SCIENCES NORTH *p870*
865 Regent St Suite 426, SUDBURY, ON, P3E 3Y9
(705) 523-7100 *SIC* 8062
HEARTLAND REGIONAL HEALTH AUTHORITY *p1265*
501 1st Ave W, BIGGAR, SK, S0K 0M0
(306) 948-3323 *SIC* 8062
HEARTLAND REGIONAL HEALTH AUTHORITY *p1267*
900 Government Rd, DAVIDSON, SK, S0G 1A0
(306) 567-2801 *SIC* 8062
HEARTLAND REGIONAL HEALTH AUTHORITY *p1309*
304 7th St E, WILKIE, SK, S0K 4W0
(306) 843-2644 *SIC* 8062
HOPITAL CHARLES LEMOYNE *p1043*
3120 Boul Taschereau, GREENFIELD PARK, QC, J4V 2H1

(450) 466-5000 *SIC* 8062
HOPITAL DE MATTAWA HOSPITAL INC *p679*
215 Third St, MATTAWA, ON, P0H 1V0
(705) 744-5511 *SIC* 8062
HOPITAL L'HOTEL DIEU D'ARTHABASKA
5 Rue Des Hospitalieres, VICTORIAVILLE, QC, G6P 6N2
(819) 357-1151 *SIC* 8062
HORNEPAYNE COMMUNITY HOSPITAL *p619*
278 Front St, HORNEPAYNE, ON, P0M 1Z0
(807) 868-2061 *SIC* 8062
HOTEL DIEU HEALTH SCIENCES HOSPITAL, NIAGARA *p854*
155 Ontario St, ST CATHARINES, ON, L2R 5K2
SIC 8062
HUMBER RIVER HOSPITAL *p891*
2111 Finch Ave W, TORONTO, ON, M3N 1N1
(416) 744-2500 *SIC* 8062
HURON PERTH HEALTHCARE ALLIANCE *p554*
98 Shipley St, CLINTON, ON, N0M 1L0
(519) 482-3447 *SIC* 8062
INSTITUT UNIVERSITAIRE EN SANTE MENTALE DOUGLAS *p1258*
6875 Boul Lasalle, VERDUN, QC, H4H 1R3
(514) 761-6131 *SIC* 8062
INSTITUTE OF CIRCULATORY AND RESPIRATORY HEALTH *p1088*
5000 Rue Belanger, Montreal, QC, H1T 1C8
(514) 593-7431 *SIC* 8062
INTERIOR HEALTH AUTHORITY *p176*
555 Cedar Ave, 100 MILE HOUSE, BC, V0K 2E0
(250) 395-7634 *SIC* 8062
INTERIOR HEALTH AUTHORITY *p181*
700 Elm St, ASHCROFT, BC, V0K 1A0
(250) 453-2211 *SIC* 8062
INTERIOR HEALTH AUTHORITY *p181*
3800 Patten Dr, ARMSTRONG, BC, V0E 1B2
(250) 546-4707 *SIC* 8062
INTERIOR HEALTH AUTHORITY *p195*
709 10th St, CASTLEGAR, BC, V1N 2H7
(250) 365-4300 *SIC* 8062
INTERIOR HEALTH AUTHORITY *p196*
825 Thompson Ave, CHASE, BC, V0E 1M0
(250) 679-2899 *SIC* 8062
INTERIOR HEALTH AUTHORITY *p198*
640 Park Dr, CLEARWATER, BC, V0E 1N1
(250) 674-2244 *SIC* 8062
INTERIOR HEALTH AUTHORITY *p205*
13 24th Ave N, CRANBROOK, BC, V1C 3H9
(250) 426-5281 *SIC* 8062
INTERIOR HEALTH AUTHORITY *p213*
1501 5 Ave, FERNIE, BC, V0B 1M0
(250) 423-4453 *SIC* 8062
INTERIOR HEALTH AUTHORITY *p216*
7649 22nd St, GRAND FORKS, BC, V0H 1H2
(250) 443-2146 *SIC* 8062
INTERIOR HEALTH AUTHORITY *p218*
850 10 Ave, INVERMERE, BC, V0A 1K0
(250) 342-9201 *SIC* 8062
INTERIOR HEALTH AUTHORITY *p218*
945 Southill St Unit 200, KAMLOOPS, BC, V2B 7Z9
(250) 554-5590 *SIC* 8062
INTERIOR HEALTH AUTHORITY *p220*
450 Lansdowne St Unit 37, KAMLOOPS, BC, V2C 1Y3
(250) 374-5111 *SIC* 8062
INTERIOR HEALTH AUTHORITY *p220*
311 Columbia St, KAMLOOPS, BC, V2C 2T1
(250) 374-5111 *SIC* 8062
INTERIOR HEALTH AUTHORITY *p220*
450 Lansdowne St Unit 37, KAMLOOPS, BC, V2C 1Y3
(250) 851-7900 *SIC* 8062

INTERIOR HEALTH AUTHORITY *p220*
519 Columbia St, KAMLOOPS, BC, V2C 2T8
(250) 851-7300 *SIC* 8062
INTERIOR HEALTH AUTHORITY *p222*
673 A Ave, KASLO, BC, V0G 1M0
(250) 353-2296 *SIC* 8062
INTERIOR HEALTH AUTHORITY *p224*
2355 Acland Rd Suite 101, KELOWNA, BC, V1X 7X9
(250) 491-6300 *SIC* 8062
INTERIOR HEALTH AUTHORITY *p226*
1449 Kelglen Cres, KELOWNA, BC, V1Y 8P4
(250) 763-2585 *SIC* 8062
INTERIOR HEALTH AUTHORITY *p226*
934 Bernard Ave, KELOWNA, BC, V1Y 6P8
(250) 762-2706 *SIC* 8062
INTERIOR HEALTH AUTHORITY *p226*
2035 Ethel St, KELOWNA, BC, V1Y 2Z6
(250) 862-4126 *SIC* 8062
INTERIOR HEALTH AUTHORITY *p226*
2255 Ethel St, KELOWNA, BC, V1Y 2Z9
(250) 862-4100 *SIC* 8062
INTERIOR HEALTH AUTHORITY *p226*
1620 Dickson Ave Unit B3, KELOWNA, BC, V1Y 9Y2
(250) 870-5874 *SIC* 8062
INTERIOR HEALTH AUTHORITY *p226*
1835 Gordon Dr Suite 118, KELOWNA, BC, V1Y 3H4
(250) 980-1400 *SIC* 8062
INTERIOR HEALTH AUTHORITY *p235*
951 Murray St, LILLOOET, BC, V0K 1V0
(250) 256-1300 *SIC* 8062
INTERIOR HEALTH AUTHORITY *p239*
97 1st Ave E, NAKUSP, BC, V0G 1R0
(250) 265-3622 *SIC* 8062
INTERIOR HEALTH AUTHORITY *p243*
333 Victoria St 2nd Floor, NELSON, BC, V1L 4K3
(250) 505-7248 *SIC* 8062
INTERIOR HEALTH AUTHORITY *p243*
3 View St Suite 426, NELSON, BC, V1L 2V1
(250) 352-3111 *SIC* 8062
INTERIOR HEALTH AUTHORITY *p243*
905 Gordon St, NELSON, BC, V1L 3L8
(250) 352-1401 *SIC* 8062
INTERIOR HEALTH AUTHORITY *p244*
401 Galena Ave, NEW DENVER, BC, V0G 1S0
(250) 358-7911 *SIC* 8062
INTERIOR HEALTH AUTHORITY *p251*
6553 Park Dr, OLIVER, BC, V0H 1T4
(250) 498-4951 *SIC* 8062
INTERIOR HEALTH AUTHORITY *p251*
911 Mckinney Rd, OLIVER, BC, V0H 1T3
(250) 498-5000 *SIC* 8062
INTERIOR HEALTH AUTHORITY *p276*
700 11 St Ne, SALMON ARM, BC, V1E 2S5
(250) 833-3616 *SIC* 8062
INTERIOR HEALTH AUTHORITY *p276*
851 16 St Se, SALMON ARM, BC, V1E 1P7
(250) 833-4100 *SIC* 8062
INTERIOR HEALTH AUTHORITY *p291*
1200 Hospital Bench, TRAIL, BC, V1R 4M1
(250) 368-3311 *SIC* 8062
INTERIOR HEALTH AUTHORITY *p326*
3100 35 St, VERNON, BC, V1T 9H4
(250) 558-1242 *SIC* 8062
INTERIOR HEALTH AUTHORITY *p326*
4505 25 St, VERNON, BC, V1T 4S8
(250) 541-2200 *SIC* 8062
INTERIOR HEALTH AUTHORITY *p326*
2101 32 St, VERNON, BC, V1T 5L2
(250) 545-2211 *SIC* 8062
INTERIOR HEALTH AUTHORITY *p337*
1775 Shannon Lake Rd, WEST KELOWNA, BC, V4T 2N7
(250) 862-4040 *SIC* 8062
INTERIOR HEALTH AUTHORITY *p341*
487 Borland St, WILLIAMS LAKE, BC, V2G 1R9
(250) 392-1483 *SIC* 8062

INTERIOR HEALTH CRESTON VALLEY HOSPITAL *p206*
312 15 Ave N, CRESTON, BC, V0B 1G0
(250) 428-2286 *SIC 8062*

INTERLAKE REGIONAL HEALTH AUTHORITY INC *p343*
1 Steenson Dr, ASHERN, MB, R0C 0E0
(204) 768-2461 *SIC 8062*

INTERLAKE REGIONAL HEALTH AUTHORITY INC *p355*
100 Easton Dr, SELKIRK, MB, R1A 2M2
(204) 482-5800 *SIC 8062*

INTERLAKE REGIONAL HEALTH AUTHORITY INC *p358*
68 Main St, STONEWALL, MB, R0C 2Z0
(204) 378-2460 *SIC 8062*

INTERLAKE REGIONAL HEALTH AUTHORITY INC *p358*
162 3 Ave Se, TEULON, MB, R0C 3B0
(204) 886-2433 *SIC 8062*

IZAAK WALTON KILLAM HEALTH CENTRE, THE *p460*
6080 Young St Suite 1001, HALIFAX, NS, B3K 5L2
(902) 464-4110 *SIC 8062*

IZAAK WALTON KILLAM HEALTH CENTRE, THE *p460*
5980 University Ave, HALIFAX, NS, B3K 6R8
(902) 470-6460 *SIC 8062*

IZAAK WALTON KILLAM HEALTH CENTRE, THE *p467*
40 Freer Lane, LOWER SACKVILLE, NS, B4C 0A2
(902) 864-8668 *SIC 8062*

JAMES BAY GENERAL HOSPITAL *p490*
3 Riverside Dr, ATTAWAPISKAT, ON, P0L 1A0
(705) 997-2150 *SIC 8062*

JAMES BAY GENERAL HOSPITAL *p589*
Gd, FORT ALBANY, ON, P0L 1H0
(705) 278-3330 *SIC 8062*

KEEWATIN YATTHE REGIONAL HEALTH AUTHORITY *p1265*
Gd, BUFFALO NARROWS, SK, S0M 0J0
(306) 235-2220 *SIC 8062*

KEEWATIN YATTHE REGIONAL HEALTH AUTHORITY *p1271*
Gd, LA LOCHE, SK, S0M 1G0
(306) 822-3201 *SIC 8062*

KELSEY TRAIL REGIONAL HEALTH AUTHORITY *p1274*
505 Broadway Ave N, MELFORT, SK, S0E 1A0
(306) 752-8700 *SIC 8062*

KELSEY TRAIL REGIONAL HEALTH AUTHORITY *p1307*
Gd, TISDALE, SK, S0E 1T0
SIC 8062

KELSEY TRAIL REGIONAL HEALTH AUTHORITY *p1307*
Gd, TISDALE, SK, S0E 1T0
(306) 873-6600 *SIC 8062*

KIRKLAND AND DISTRICT HOSPITAL *p636*
145 Government Rd W, KIRKLAND LAKE, ON, P2N 2E8
(705) 567-5251 *SIC 8062*

LABRADOR-GRENFELL REGIONAL HEALTH AUTHORITY *p431*
Gd, RODDICKTON, NL, A0K 4P0
(709) 457-2215 *SIC 8062*

LABRADOR-GRENFELL REGIONAL HEALTH AUTHORITY *p431*
200 West Ave Suite 178, ST. ANTHONY, NL, A0K 4S0
(709) 454-3333 *SIC 8062*

LAKE OF THE WOODS DISTRICT HOSPITAL *p628*
6 Matheson St S, KENORA, ON, P9N 1T5
(807) 468-5749 *SIC 8062*

LAKERIDGE HEALTH *p781*
850 1/4 Champlain Ave, OSHAWA, ON, L1J 8R2
(905) 576-8711 *SIC 8062*

LAKERIDGE HEALTH *p817*
451 Paxton St, PORT PERRY, ON, L9L 1L9
(905) 985-7321 *SIC 8062*

LE CENTRE DE SANTE ET DE SERVICES SOCIAUX DE BORDEAUX-CARTIERVILLE-SAINT-LAURENT *p1119*
555 Boul Gouin O, Montreal, QC, H3L 1K5
(514) 331-3020 *SIC 8062*

LENNOX AND ADDINGTON COUNTY GENERAL HOSPITAL ASSOCIATION *p725*
8 Richmond Park Dr, NAPANEE, ON, K7R 2Z4
(613) 354-3301 *SIC 8062*

LES BENEVOLES DU CENTRE HOSPITALIER REGIONAL DE LANAUDIERE CHRDL *p1046*
256 Rue Lavaltrie S, JOLIETTE, QC, J6E 5X7
(450) 755-6655 *SIC 8062*

LES PROFESSIONNELLES EN SOINS DE SANTE UNIS DE PAPINEAU *p1034*
578 Rue Maclaren E, GATINEAU, QC, J8L 2W1
(819) 986-3359 *SIC 8062*

LONDON HEALTH SCIENCES CENTRE *p656*
375 South St, LONDON, ON, N6A 4G5
(519) 685-8500 *SIC 8062*

MACKENZIE HEALTH *p822*
10 Trench St, RICHMOND HILL, ON, L4C 4Z3
(905) 883-1212 *SIC 8062*

MANITOUWADGE GENERAL HOSPITAL *p667*
1 Healthcare Cres, MANITOUWADGE, ON, P0T 2C0
(807) 826-3251 *SIC 8062*

MAPLE CREEK HOSPITAL *p1273*
575 Hwy 21 S, MAPLE CREEK, SK, S0N 1N0
(306) 662-2611 *SIC 8062*

MARKHAM STOUFFVILLE HOSPITAL *p946*
4 Campbell Dr, UXBRIDGE, ON, L9P 1S4
(905) 852-9771 *SIC 8062*

MARQUETTE REGIONAL HEALTH AUTHORITY *p355*
344 Elm St, SHOAL LAKE, MB, R0J 1Z0
(204) 759-3441 *SIC 8062*

MATSQUI-SUMAS-ABBOTSFORD GENERAL HOSPITAL SOCIETY *p177*
32900 Marshall Rd, ABBOTSFORD, BC, V2S 0C2
(604) 851-4700 *SIC 8062*

MCBRIDE & DISTRICT HOSPITAL *p237*
1136 5th Ave, MCBRIDE, BC, V0J 2E0
SIC 8062

MCCAUSLAND HOSPITAL, THE *p872*
2b Cartier Dr, TERRACE BAY, ON, P0T 2W0
(807) 825-3273 *SIC 8062*

MCGILL UNIVERSITY HEALTH CENTRE *p1107*
687 Av Des Pins O Bureau 1408, Montreal, QC, H3A 1A1
(514) 934-1934 *SIC 8062*

MCGILL UNIVERSITY HEALTH CENTRE *p1107*
3801 Rue University Bureau 548, Montreal, QC, H3A 2B4
(514) 398-6644 *SIC 8062*

MCGILL UNIVERSITY HEALTH CENTRE *p1116*
1650 Av Cedar Bureau 111, Montreal, QC, H3G 1A4
(514) 934-1934 *SIC 8062*

MCI MEDICAL CLINICS INC *p932*
100 King St W Suite 1600, TORONTO, ON, M5X 2A1
(416) 368-6787 *SIC 8062*

MUSKOKA ALGONQUIN HEALTHCARE *p508*
75 Ann St, BRACEBRIDGE, ON, P1L 2E4
(705) 645-4404 *SIC 8062*

MUSKOKA ALGONQUIN HEALTHCARE *p532*
150 Huston St, BURKS FALLS, ON, P0A 1C0
(705) 382-2900 *SIC 8062*

NIAGARA HEALTH SYSTEM *p737*
5546 Portage Rd, NIAGARA FALLS, ON, L2G 5X8
(905) 378-4647 *SIC 8062*

NIAGARA HEALTH SYSTEM *p739*
176 Wellington St, NIAGARA ON THE LAKE, ON, L0S 1J0
(905) 378-4647 *SIC 8062*

NIAGARA HEALTH SYSTEM *p816*
260 Sugarloaf St, PORT COLBORNE, ON, L3K 2N7
(905) 834-4501 *SIC 8062*

NIAGARA HEALTH SYSTEM *p855*
142 Queenston St, ST CATHARINES, ON, L2R 2Z7
(905) 684-7271 *SIC 8062*

NORTH BAY REGIONAL HEALTH CENTRE *p742*
147 Mcintyre St W, NORTH BAY, ON, P1B 2Y5
(705) 474-8600 *SIC 8062*

NORTH BAY REGIONAL HEALTH CENTRE *p742*
200 First Ave W, NORTH BAY, ON, P1B 3B9
(705) 494-3050 *SIC 8062*

NORTH BAY REGIONAL HEALTH CENTRE *p870*
680 Kirkwood Dr, SUDBURY, ON, P3E 1X3
(705) 675-9193 *SIC 8062*

NORTH EASTMAN HEALTH ASSOCIATION INC *p343*
151 1 St S, BEAUSEJOUR, MB, R0E 0C0
(204) 268-1076 *SIC 8062*

NORTH EASTMAN HEALTH ASSOCIATION INC *p353*
3 Vanier Rd, PINAWA, MB, R0E 1L0
(204) 753-2334 *SIC 8062*

NORTH YORK GENERAL HOSPITAL *p750*
555 Finch Ave W Suite 262, NORTH YORK, ON, M2R 1N5
(416) 633-9420 *SIC 8062*

NORTHERN HEALTH AUTHORITY *p214*
600 Stuart Dr E, FORT ST. JAMES, BC, V0J 1P0
(250) 996-8201 *SIC 8062*

NORTHERN HEALTH AUTHORITY *p228*
920 Lahakas Blvd S, KITIMAT, BC, V8C 2S3
(250) 632-2121 *SIC 8062*

NORTHERN HEALTH AUTHORITY *p263*
1305 Summit Ave, PRINCE RUPERT, BC, V8J 2A6
(250) 624-2171 *SIC 8062*

NORTHERN HEALTH AUTHORITY *p263*
3211 Third Ave, QUEEN CHARLOTTE, BC, V0T 1S1
(250) 559-4300 *SIC 8062*

NORTHERN HEALTH AUTHORITY *p264*
543 Front St, QUESNEL, BC, V2J 2K7
(250) 985-5600 *SIC 8062*

NORTHERN REGIONAL HEALTH AUTHORITY *p348*
50 Church St, FLIN FLON, MB, R8A 1K5
(204) 687-7591 *SIC 8062*

NORTHERN REGIONAL HEALTH AUTHORITY *p351*
640 Camp Street, LYNN LAKE, MB, R0B 0W0
(204) 356-2474 *SIC 8062*

NOVA SCOTIA HEALTH AUTHORITY *p441*
18 Albion St S, AMHERST, NS, B4H 2W3
(902) 661-1090 *SIC 8062*

NOVA SCOTIA HEALTH AUTHORITY *p446*
89 Payzant, CURRYS CORNER, NS, B0N 2T0
(902) 798-8351 *SIC 8062*

NOVA SCOTIA HEALTH AUTHORITY *p453*
75 Warwick St, DIGBY, NS, B0V 1A0
(902) 245-2501 *SIC 8062*

NOVA SCOTIA HEALTH AUTHORITY *p456*
1276 South Park St Suite 1278, HALIFAX, NS, B3H 2Y9

(902) 473-5117 *SIC 8062*

NOVA SCOTIA HEALTH AUTHORITY *p456*
5788 University Ave Rm 431, HALIFAX, NS, B3H 1V8
(902) 473-7360 *SIC 8062*

NOVA SCOTIA HEALTH AUTHORITY *p456*
1278 Tower Rd, HALIFAX, NS, B3H 2Y9
(902) 473-1787 *SIC 8062*

NOVA SCOTIA HEALTH AUTHORITY *p456*
1796 Summer St, HALIFAX, NS, B3H 3A7
(902) 473-2700 *SIC 8062*

NOVA SCOTIA HEALTH AUTHORITY *p465*
5 Chipman Dr, KENTVILLE, NS, B4N 3V7
(902) 365-1700 *SIC 8062*

NOVA SCOTIA HEALTH AUTHORITY *p473*
1606 Lake Rd, SHELBURNE, NS, B0T 1W0
(902) 875-3011 *SIC 8062*

NOVA SCOTIA, PROVINCE OF *p467*
14 High St, LUNENBURG, NS, B0J 2C0
(902) 634-7325 *SIC 8062*

NOVA SCOTIA, PROVINCE OF *p467*
40 Freer Ln, LOWER SACKVILLE, NS, B4C 0A2
(902) 865-6101 *SIC 8062*

OTTAWA HOSPITAL, THE *p786*
1967 Riverside Dr Suite 323, OTTAWA, ON, K1H 7W9
(613) 738-7100 *SIC 8062*

OTTAWA HOSPITAL, THE *p797*
1053 Carling Ave Suite 119, OTTAWA, ON, K1Y 4E9
(613) 722-7000 *SIC 8062*

OUR LADY OF THE ROSARY HOSPITAL *p67*
5402 47 St, CASTOR, AB, T0C 0X0
(403) 882-3434 *SIC 8062*

PARKLAND REGIONAL HEALTH AUTHORITY INC *p347*
625 3rd St Sw, DAUPHIN, MB, R7N 1R7
(204) 638-2118 *SIC 8062*

PARKLAND REGIONAL HEALTH AUTHORITY INC *p354*
Gd, ROBLIN, MB, R0L 1P0
(204) 937-2142 *SIC 8062*

PARKLAND REGIONAL HEALTH AUTHORITY INC *p358*
1011 Main St E, SWAN RIVER, MB, R0L 1Z0
(204) 734-3441 *SIC 8062*

PERTH AND SMITHS FALLS DISTRICT HOSPITAL *p807*
33 Drummond St W, PERTH, ON, K7H 2K1
(613) 267-1500 *SIC 8062*

PERTH AND SMITHS FALLS DISTRICT HOSPITAL *p850*
60 Cornelia St W, SMITHS FALLS, ON, K7A 2H9
(613) 283-2330 *SIC 8062*

PRAIRIE MOUNTAIN HEALTH *p344*
305 Mill Rd, BOISSEVAIN, MB, R0K 0E0
(204) 534-2451 *SIC 8062*

PRAIRIE MOUNTAIN HEALTH *p347*
109 Kellett St, DELORAINE, MB, R0M 0M0
(204) 747-2243 *SIC 8062*

PRAIRIE MOUNTAIN HEALTH *p350*
86 Ellice Dr, KILLARNEY, MB, R0K 1G0
(204) 523-4661 *SIC 8062*

PRAIRIE MOUNTAIN HEALTH *p351*
334 1st St Sw, MINNEDOSA, MB, R0J 1E0
(204) 867-2701 *SIC 8062*

PRAIRIE MOUNTAIN HEALTH *p351*
147 Summit St, MELITA, MB, R0M 1L0
(204) 522-8197 *SIC 8062*

PRAIRIE MOUNTAIN HEALTH *p360*
480 King St E, VIRDEN, MB, R0M 2C0
(204) 748-1230 *SIC 8062*

PRAIRIE NORTH HEALTH REGION *p1273*
3820 43 Ave, LLOYDMINSTER, SK, S9V 1Y5
(306) 820-6000 *SIC 8062*

PRAIRIE NORTH REGIONAL HEALTH AUTHORITY *p1269*
100 1st Ave N, GOODSOIL, SK, S0M 1A0
(306) 238-2100 *SIC 8062*

PRAIRIE NORTH REGIONAL HEALTH AU-

THORITY *p1273*
214 5th Ave E, MAIDSTONE, SK, S0M 1M0
(306) 893-2622   SIC 8062
PRAIRIE NORTH REGIONAL HEALTH AUTHORITY *p1274*
711 Centre St Suite 7, MEADOW LAKE, SK, S9X 1E6
(306) 236-1550   SIC 8062
PRAIRIE NORTH REGIONAL HEALTH AUTHORITY *p1278*
1092 107th St, NORTH BATTLEFORD, SK, S9A 1Z1
(306) 446-6600   SIC 8062
PRAIRIE NORTH REGIONAL HEALTH AUTHORITY *p1307*
1st Street South Highway 303, TURTLEFORD, SK, S0M 2Y0
(306) 845-2195   SIC 8062
PRINCE ALBERT PARKLAND REGIONAL HEALTH AUTHORITY *p1269*
213 South Ave, HAFFORD, SK, S0J 1A0
(306) 549-2108   SIC 8062
PRINCE ALBERT PARKLAND REGIONAL HEALTH AUTHORITY *p1271*
401 Meyers Ave, KINISTINO, SK, S0J 1H0
(306) 864-2851   SIC 8062
PRINCE ALBERT PARKLAND REGIONAL HEALTH AUTHORITY *p1280*
1521 6th Ave W, PRINCE ALBERT, SK, S6V 5K1
(306) 765-6400   SIC 8062
PROVIDENCE HEALTH CARE SOCIETY *p296*
7801 Argyle St, VANCOUVER, BC, V5P 3L6
(604) 321-2661   SIC 8062
PROVIDENCE HEALTH CARE SOCIETY *p297*
3080 Prince Edward St, VANCOUVER, BC, V5T 3N4
(604) 877-8302   SIC 8062
PROVINCE OF PEI *p981*
60 Riverside Dr, CHARLOTTETOWN, PE, C1A 8T5
(902) 894-2111   SIC 8062
QUINTE HEALTHCARE CORPORATION *p944*
242 King St, TRENTON, ON, K8V 5S6
(613) 392-2541   SIC 8062
R H A CENTRAL MANITOBA INC. *p348*
26 Main St, EMERSON, MB, R0A 0L0
(204) 373-2616   SIC 8062
REGINA QU'APPELLE REGIONAL HEALTH AUTHORITY *p1265*
901 Nina St, BROADVIEW, SK, S0G 0K0
(306) 696-5500   SIC 8062
REGINA QU'APPELLE REGIONAL HEALTH AUTHORITY *p1290*
4101 Dewdney Ave, REGINA, SK, S4T 1A5
(306) 766-2222   SIC 8062
REGINA QU'APPELLE REGIONAL HEALTH AUTHORITY *p1309*
801 Ouimet St, WOLSELEY, SK, S0G 5H0
(306) 698-2213   SIC 8062
REGIONAL HEALTH AUTHORITY - CENTRAL MANITOBA INC *p349*
24 Mill St, GLADSTONE, MB, R0J 0T0
(204) 385-2968   SIC 8062
REGIONAL HEALTH AUTHORITY - CENTRAL MANITOBA INC *p354*
524 5th St Se, PORTAGE LA PRAIRIE, MB, R1N 3A8
(204) 239-2211   SIC 8062
REGIONAL HEALTH AUTHORITY - CENTRAL MANITOBA INC *p356*
33 Ray St, ST CLAUDE, MB, R0G 1Z0
(204) 379-2585   SIC 8062
REGIONAL HEALTH AUTHORITY - CENTRAL MANITOBA INC *p358*
9 Second St N, SWAN LAKE, MB, R0G 2S0
(204) 836-2132   SIC 8062
REGIONAL HEALTH AUTHORITY A *p394*
1750 Sunset Dr, BATHURST, NB, E2A 4L7
(506) 544-3000   SIC 8062
REGIONAL HEALTH AUTHORITY A *p395*
1 Boul St-Pierre O, CARAQUET, NB, E1W 1B6
(506) 726-2100   SIC 8062
REGIONAL HEALTH AUTHORITY A *p404*
29 Rue De L'hopital, LAMEQUE, NB, E8T 1C5
(506) 344-2261   SIC 8062
REGIONAL HEALTH AUTHORITY A *p421*
400 Rue Des Hospitalieres, TRACADIE-SHEILA, NB, E1X 1G5
(506) 394-3000   SIC 8062
REGIONAL HEALTH AUTHORITY B *p412*
120 Main St, PLASTER ROCK, NB, E7G 2E5
(506) 356-6600   SIC 8062
REGIONAL HEALTH AUTHORITY NB *p405*
155 Pleasant St, MIRAMICHI, NB, E1V 1Y3
(506) 623-5500   SIC 8062
REGIONAL HEALTH AUTHORITY NB *p411*
10 Woodland Hill, PERTH-ANDOVER, NB, E7H 5H5
(506) 273-7100   SIC 8062
REGIONAL HEALTH AUTHORITY NB *p413*
8 Main St, SACKVILLE, NB, E4L 4A3
(506) 364-4100   SIC 8062
REGIONAL HEALTH AUTHORITY NB *p420*
4 Garden St Suite 219, ST STEPHEN, NB, E3L 2L9
(506) 465-4444   SIC 8062
REGIONAL HEALTH AUTHORITY NB *p421*
75 Leonard Dr, SUSSEX, NB, E4E 2P7
(506) 432-3100   SIC 8062
RESTIGOUCHE HEALTH AUTHORITY *p395*
189 Lily Lake Rd, CAMPBELLTON, NB, E3N 3H3
(506) 789-5000   SIC 8062
RESTON DISTRICT HEALTH CENTRE *p354*
523 1st St, RESTON, MB, R0M 1X0
(204) 877-3925   SIC 8062
RIVERDALE HEALTH SERVICES DISTRICT FOUNDATION INC *p354*
512 Quebec St, RIVERS, MB, R0K 1X0
(204) 328-5321   SIC 8062
RIVERSIDE HEALTH CARE FACILITIES INC *p574*
170 Front St, EMO, ON, P0W 1E0
(807) 274-3261   SIC 8062
SASKATOON REGIONAL HEALTH AUTHORITY *p1270*
1210 Ninth St N, HUMBOLDT, SK, S0K 2A1
(306) 682-2603   SIC 8062
SASKATOON REGIONAL HEALTH AUTHORITY *p1270*
1210 9th St, HUMBOLDT, SK, S0K 2A1
(306) 682-2526   SIC 8062
SASKATOON REGIONAL HEALTH AUTHORITY *p1270*
515 14th Ave, HUMBOLDT, SK, S0K 2A0
(306) 682-2626   SIC 8062
SASKATOON REGIONAL HEALTH AUTHORITY *p1270*
1109 13 St, HUMBOLDT, SK, S0K 2A1
(306) 682-2628   SIC 8062
SASKATOON REGIONAL HEALTH AUTHORITY *p1298*
122 3rd Ave N Suite 156, SASKATOON, SK, S7K 2H6
(306) 655-4100   SIC 8062
SASKATOON REGIONAL HEALTH AUTHORITY *p1298*
410 22nd St E, SASKATOON, SK, S7K 5T6
(306) 655-3300   SIC 8062
SASKATOON REGIONAL HEALTH AUTHORITY *p1298*
715 Queen St, SASKATOON, SK, S7K 4X4
(306) 655-7800   SIC 8062
SASKATOON REGIONAL HEALTH AUTHORITY *p1298*
701 Queen St Suite 1237, SASKATOON, SK, S7K 0M7
(306) 655-8000   SIC 8062
SASKATOON REGIONAL HEALTH AUTHORITY *p1300*
310 Idylwyld Dr N Suite 291, SASKATOON, SK, S7L 0Z2
(306) 655-4300   SIC 8062
SASKATOON REGIONAL HEALTH AUTHORITY *p1300*
310 Idylwyld Dr N, SASKATOON, SK, S7L 0Z2
(306) 655-4620   SIC 8062
SASKATOON REGIONAL HEALTH AUTHORITY *p1302*
1702 20th St W, SASKATOON, SK, S7M 0Z9
(306) 655-5800   SIC 8062
SASKATOON REGIONAL HEALTH AUTHORITY *p1302*
110 Gropper Cres, SASKATOON, SK, S7M 5N9
(306) 655-3800   SIC 8062
SASKATOON REGIONAL HEALTH AUTHORITY *p1303*
1319 Colony St, SASKATOON, SK, S7N 2Z1
(306) 655-1070   SIC 8062
SASKATOON REGIONAL HEALTH AUTHORITY *p1308*
702 4th St E, WATROUS, SK, S0K 4T0
(306) 946-1200   SIC 8062
SASKATOON REGIONAL HEALTH AUTHORITY *p1308*
402 2nd St Ne, WATSON, SK, S0K 4V0
(306) 287-3791   SIC 8062
SASKATOON REGIONAL HEALTH AUTHORITY *p1308*
300 1st St N, WAKAW, SK, S0K 4P0
(306) 233-4611   SIC 8062
SAULT AREA HOSPITAL *p833*
750 Great Northern Rd Suite 1, SAULT STE. MARIE, ON, P6B 0A8
(705) 759-3434   SIC 8062
SAULT AREA HOSPITAL *p873*
135 Dawson St, THESSALON, ON, P0R 1L0
(705) 842-2014   SIC 8062
SEA TO SKY COMMUNITY HEALTH COUNCIL *p279*
38140 Behrner Dr, SQUAMISH, BC, V8B 0J3
(604) 892-9337   SIC 8062
SEAFORTH COMMUNITY HOSPITAL *p847*
24 Centennial Dr, SEAFORTH, ON, N0K 1W0
(519) 527-1650   SIC 8062
SERVICES DES BENEVOLES DU CENTRE HOSPITALIER BAIE-DES-CHALEURS INC *p1075*
419 Boul Perron, MARIA, QC, G0C 1Y0
(418) 759-3443   SIC 8062
SIOUX LOOKOUT MENO-YA-WIN HEALTH CENTRE PLANNING CORPORATION *p849*
1 Meno Ya Win Way, SIOUX LOOKOUT, ON, P8T 1B4
(807) 737-3030   SIC 8062
SOLDIERS MEMORIAL HOSPITAL FOUNDATION *p468*
462 Main St, MIDDLETON, NS, B0S 1P0
(902) 825-3411   SIC 8062
SOUTH BRUCE GREY HEALTH CENTRE *p553*
39 2 Conc Rr 3, CHESLEY, ON, N0G 1L0
(519) 363-2340   SIC 8062
SOUTH BRUCE GREY HEALTH CENTRE *p629*
43 Queen St, KINCARDINE, ON, N2Z 1G6
(519) 396-3331   SIC 8062
SOUTH SHORE DISTRICT HEALTH AUTHORITY *p445*
90 Glen Allan Dr, BRIDGEWATER, NS, B4V 3S6
(902) 527-2266   SIC 8062
SOUTH WEST NOVA DISTRICT HEALTH AUTHORITY *p480*
60 Vancouver St, YARMOUTH, NS, B5A 2P5
(902) 742-2406   SIC 8062
SOUTH WEST NOVA DISTRICT HEALTH AUTHORITY *p480*
60 Vancouver St, YARMOUTH, NS, B5A 2P5
(902) 742-3541   SIC 8062
SOUTHERN HEALTH-SANTE SUD *p357*
354 Prefontaine Ave, ST PIERRE JOLYS, MB, R0A 1V0
(204) 433-7611   SIC 8062
SOUTHERN HEALTH-SANTE SUD *p357*
316 Henry St, STEINBACH, MB, R5G 0P9
(204) 326-6411   SIC 8062
SOUTHERN HEALTH-SANTE SUD *p360*
217 1st Ave, VITA, MB, R0A 2K0
(204) 425-3325   SIC 8062
ST JOSEPH'S GENERAL HOSPITAL *p199*
2137 Comox Ave, COMOX, BC, V9M 1P2
(250) 339-1451   SIC 8062
ST. ANTHONY'S HOSPITAL *p1268*
Gd, ESTERHAZY, SK, S0A 0X0
(306) 745-3973   SIC 8062
STANTON TERRITORIAL HEALTH AUTHORITY *p439*
550 Byrne Rd, YELLOWKNIFE, NT, X1A 2N1
(867) 669-4111   SIC 8062
STEWART MEMORIAL HOSPITAL *p985*
6926 Tyne Valley Rd, TYNE VALLEY, PE, C0B 2C0
(902) 831-7900   SIC 8062
SUN COUNTRY REGIONAL HEALTH AUTHORITY *p1271*
803 1 St, KIPLING, SK, S0G 2S0
(306) 736-2553   SIC 8062
SUN COUNTRY REGIONAL HEALTH AUTHORITY *p1281*
18 Eichhorst St, REDVERS, SK, S0C 2H0
(306) 452-3553   SIC 8062
SUN COUNTRY REGIONAL HEALTH AUTHORITY *p1308*
201 1st Ave Ne, WEYBURN, SK, S4H 0N1
(306) 842-8400   SIC 8062
TERRACE & AREA HEALTH COUNCIL *p291*
4720 Haugland Ave, TERRACE, BC, V8G 2W7
(250) 635-2211   SIC 8062
TRILLIUM HEALTH PARTNERS *p706*
2200 Eglinton Ave W Suite 905, MISSISSAUGA, ON, L5M 2N1
(905) 813-2200   SIC 8062
TRILLIUM HEALTH PARTNERS *p941*
150 Sherway Dr, TORONTO, ON, M9C 1A5
(416) 259-6671   SIC 8062
UNIVERSITY OF WESTERN ONTARIO, THE *p657*
1151 Richmond St Rm 4, LONDON, ON, N6A 5C1
(519) 661-3330   SIC 8062
VANCOUVER COASTAL HEALTH *p248*
231 15th St E, NORTH VANCOUVER, BC, V7L 2L7
(604) 988-3131   SIC 8062
VANCOUVER COASTAL HEALTH AUTHORITY *p188*
1795 Willingdon Ave, BURNABY, BC, V5C 6E3
(604) 297-9226   SIC 8062
VANCOUVER COASTAL HEALTH AUTHORITY *p247*
1200 Cedar Village Close, NORTH VANCOUVER, BC, V7J 3P3
(604) 904-6400   SIC 8062
VANCOUVER COASTAL HEALTH AUTHORITY *p297*
377 2nd Ave E, VANCOUVER, BC, V5T 1B9
(604) 658-1253   SIC 8062
VANCOUVER COASTAL HEALTH AUTHORITY *p301*
855 12th Ave W Suite 101, VANCOUVER, BC, V5Z 1M9
(604) 875-4111   SIC 8062
VANCOUVER COASTAL HEALTH AUTHORITY *p301*
601 Broadway W Suite 750, VANCOUVER, BC, V5Z 4C2
(604) 875-4111   SIC 8062
VANCOUVER COASTAL HEALTH AUTHORITY *p315*
1001 Broadway W Suite 504, VANCOUVER, BC, V6H 4B1

BUSINESSES BY INDUSTRY CLASSIFICATION   SIC 8069 Specialty hospitals, except psychiatric

(604) 875-5074   SIC 8062
VANCOUVER COASTAL HEALTH AUTHORITY   p321
2211 Wesbrook Mall, VANCOUVER, BC, V6T 2B5
(604) 822-7121   SIC 8062
VITALITE HEALTH NETWORK   p403
625 Boul Everard H Daigle, GRAND-SAULT/GRAND FALLS, NB, E3Z 2R9
(506) 473-7555   SIC 8062
VITALITE HEALTH NETWORK   p419
21 Rue Canada, SAINT-QUENTIN, NB, E8A 2P6
(506) 235-2300   SIC 8062
WEST LINCOLN MEMORIAL HOSPITAL   p598
169 Main St E, GRIMSBY, ON, L3M 1P3
(905) 945-2253   SIC 8062
WESTERN REGIONAL INTEGRATED HEALTH AUTHORITY, THE   p424
1 Grand Bay Rd, CHANNEL-PORT-AUX-BASQUES, NL, A0M 1C0
(709) 695-2175   SIC 8062
WESTERN REGIONAL INTEGRATED HEALTH AUTHORITY, THE   p430
Gd, NORRIS POINT, NL, A0K 3V0
(709) 458-2211   SIC 8062
WESTERN REGIONAL INTEGRATED HEALTH AUTHORITY, THE   p437
142 Minnesota Dr, STEPHENVILLE, NL, A2N 3X9
(709) 643-5111   SIC 8062
WILLIAM OSLER HEALTH SYSTEM   p510
2100 Bovaird Dr E, BRAMPTON, ON, L6R 3J7
(905) 494-2120   SIC 8062
WILLIAM OSLER HEALTH SYSTEM   p511
2100 Bovaird Dr E, BRAMPTON, ON, L6R 3J7
(905) 494-2120   SIC 8062
WILLIAM OSLER HEALTH SYSTEM   p583
101 Humber College Blvd, ETOBICOKE, ON, M9V 1R8
(416) 494-2120   SIC 8062
WINCHESTER DISTRICT MEMORIAL HOSPITAL   p960
566 Louise St Rr 4, WINCHESTER, ON, K0C 2K0
(613) 774-2420   SIC 8062
WINNIPEG REGIONAL HEALTH AUTHORITY, THE   p369
1050 Leila Ave Suite 3, WINNIPEG, MB, R2P 1W6
(204) 938-5600   SIC 8062
WINNIPEG REGIONAL HEALTH AUTHORITY, THE   p374
820 Sherbrook St Suite 543, WINNIPEG, MB, R3A 1R9
(204) 774-6511   SIC 8062
WINNIPEG REGIONAL HEALTH AUTHORITY, THE   p380
791 Notre Dame Ave Suite 1, WINNIPEG, MB, R3E 0M1
SIC 8062
WINNIPEG REGIONAL HEALTH AUTHORITY, THE   p380
720 Mcdermot Ave Rm Ad301, WINNIPEG, MB, R3E 0T3
(204) 787-1165   SIC 8062
WINNIPEG REGIONAL HEALTH AUTHORITY, THE   p391
2735 Pembina Hwy, WINNIPEG, MB, R3T 2H5
(204) 940-2320   SIC 8062
WINNIPEGOSIS GENERAL HOSPITAL INC   p392
230 Bridge St, WINNIPEGOSIS, MB, R0L 2G0
(204) 656-4881   SIC 8062

SIC 8063 Psychiatric hospitals

ALBERTA HEALTH SERVICES   p98
17480 Fort Rd Nw Suite 175, EDMONTON, AB, T5Y 6A8
(780) 342-5555   SIC 8063
BRITISH COLUMBIA MENTAL HEALTH SOCIETY   p200
2601 Lougheed Hwy, COQUITLAM, BC, V3C 4J2
(604) 524-7000   SIC 8063
CENTRE DE SANTE DES ETCHEMIN   p1055
331 Rue Du Sanatorium Rr 1, LAC-ETCHEMIN, QC, G0R 1S0
(418) 625-3101   SIC 8063
FORENSIC PSYCHIATRIC SERVICES COMMISSION   p200
70 Colony Farm Rd, Coquitlam, BC, V3C 5X9
(604) 524-7700   SIC 8063
INSTITUT PHILIPPE PINEL DE MONTREAL   p1084
10905 Boul Henri-Bourassa E, Montreal, QC, H1C 1H1
(514) 648-8461   SIC 8063
MANITOBA ADOLESCENT TREATMENT CENTRE INC   p380
120 Tecumseh St, WINNIPEG, MB, R3E 2A9
(204) 477-6391   SIC 8063
NORTH EAST MENTAL HEALTH CENTRE (NORTH BAY CAMPUS)   p742
4700 Highway 11 N, NORTH BAY, ON, P1B 8G3
(705) 474-1200   SIC 8063
NOVA SCOTIA HEALTH AUTHORITY   p452
88 Gloria Mccluskey Ave, DARTMOUTH, NS, B3B 2B8
(902) 460-7300   SIC 8063
PROVIDENCE CARE CENTRE   p632
752 King St W, KINGSTON, ON, K7L 4X3
(613) 548-5567   SIC 8063
PROVINCE OF PEI   p981
115 Dacon Grove Lane, CHARLOTTETOWN, PE, C1A 7N5
(902) 368-5400   SIC 8063
ST. JOSEPH'S HEALTHCARE FOUNDATION, HAMILTON   p616
100 West 5th St, HAMILTON, ON, L9C 0E3
(905) 388-2511   SIC 8063

SIC 8069 Specialty hospitals, except psychiatric

ADDICTIONS FOUNDATION OF MANITOBA, THE   p359
90 Princeton Dr, THOMPSON, MB, R8N 0L3
(204) 677-7303   SIC 8069
ALBERTA HEALTH SERVICES   p7
5004 Lakeview Rd, BOYLE, AB, T0A 0M0
(780) 689-3732   SIC 8069
ALBERTA HEALTH SERVICES   p52
2210 2 St Sw Suite 712, CALGARY, AB, T2S 3C3
(403) 698-8020   SIC 8069
ALBERTA HEALTH SERVICES   p174
5610 40 Ave, WETASKIWIN, AB, T9A 3E4
SIC 8069
ASSOCIATION DES GESTIONNAIRES DE L'HOPITAL SAINTE-JUSTINE   p1120
3175 Ch De La Cote-Sainte-Catherine, Montreal, QC, H3T 1C5
(514) 345-4931   SIC 8069
BC CANCER FOUNDATION   p224
399 Royal Ave, KELOWNA, BC, V1Y 5L3
(250) 712-3900   SIC 8069
BELLWOOD HEALTH SERVICES INC   p893
175 Brentcliffe Rd, TORONTO, ON, M4G 0C5
(416) 495-0926   SIC 8069
BRITISH COLUMBIA CANCER AGENCY BRANCH   p284
13750 96 Ave, SURREY, BC, V3V 1Z2
(604) 930-2098   SIC 8069
BRITISH COLUMBIA CANCER AGENCY BRANCH   p299
600 10th Ave W, VANCOUVER, BC, V5Z 4E6
(604) 877-6000   SIC 8069
CANCER CARE ONTARIO   p631
25 King St W, KINGSTON, ON, K7L 5P9
(613) 544-2630   SIC 8069
CANCER CARE ONTARIO   p877
984 Oliver Rd Suite 401, THUNDER BAY, ON, P7B 7C7
(807) 684-7777   SIC 8069
CANCERCARE MANITOBA   p379
675 Mcdermot Ave Suite 1160, WINNIPEG, MB, R3E 0V9
(204) 787-4143   SIC 8069
CENTRE D'HEBERGEMENT ET DE SOINS DE LONGUE DUREE DE SAINTE-CATHERINE S.E.C.   p1225
3065 Boul Marie-Victorin, SAINTE-CATHERINE, QC, J5C 1Z3
(450) 290-7646   SIC 8069
CENTRE DE SANTE ET DE SERVICES SOCIAUX DE BECANCOUR-NICOLET-YAMASKA   p1134
675 Rue Saint-Jean-Baptiste, NICOLET, QC, J3T 1S4
(819) 293-2071   SIC 8069
CENTRE DE SANTE ET DE SERVICES SOCIAUX DOMAINE-DU-ROY   p1175
400 Av Bergeron, ROBERVAL, QC, G8H 1K8
(418) 275-8775   SIC 8069
CENTRE DE SOINS PROLONGES GRACE DART   p1088
5155 Rue Sainte-Catherine E, Montreal, QC, H1V 2A5
(514) 255-2833   SIC 8069
CENTRE HOSPITALIER DEUX-MONTAGNES INC   p1022
2700 Ch D'oka, DEUX-MONTAGNES, QC, J7R 1P2
(450) 473-5111   SIC 8069
CHILDREN'S & WOMEN'S HEALTH CENTRE OF BRITISH COLUMBIA BRANCH   p314
4500 Oak St, VANCOUVER, BC, V6H 3N1
(604) 875-2424   SIC 8069
CHSLD JUIFS DE MONTREAL   p1121
5725 Av Victoria Bureau 131, Montreal, QC, H3W 3H6
(514) 738-4500   SIC 8069
DALHOUSIE UNIVERSITY   p460
5850 University Ave, HALIFAX, NS, B3K 6R8
(902) 470-8019   SIC 8069
DOMREMY MAURICIE/CENTRE-DU-QUEBEC   p1252
11931 Rue Notre-Dame O, Trois-Rivieres, QC, G9B 6W9
(819) 377-2441   SIC 8069
DON MILLS SURGICAL UNIT LIMITED   p753
20 Wynford Dr Suite 208, NORTH YORK, ON, M3C 1J4
(416) 441-2111   SIC 8069
EASTERN REGIONAL INTEGRATED HEALTH AUTHORITY   p423
Gd, BELL ISLAND, NL, A0A 4H0
(709) 488-2821   SIC 8069
FOOTHILLS COUNTRY HOSPICE SOCIETY   p148
Gd, OKOTOKS, AB, T1S 1A3
(403) 995-4673   SIC 8069
GOVERNMENT OF ONTARIO   p501
29 Main St W, BEETON, ON, L0G 1A0
(905) 729-4004   SIC 8069
GUYSBOROUGH ANTIGONISH STRAIT HEALTH AUTHORITY   p446
138 Hospital Rd, CLEVELAND, NS, B0E 1J0
(902) 625-3100   SIC 8069
HEADWATERS HEALTH CARE CENTRE   p848
301 First Ave E, SHELBURNE, ON, L9V 3W3
(519) 941-2410   SIC 8069
HOPITAL MARIE-CLARAC SOEURS CHARITE DE SAINTE-MARIE (1995) INC   p1133
3530 Boul Gouin E, MONTREAL-NORD, QC, H1H 1B7
(514) 321-8800   SIC 8069
HOSPICE CALGARY SOCIETY   p31
1245 70 Ave Se, CALGARY, AB, T2H 2X8
(403) 206-9938   SIC 8069
IZAAK WALTON KILLAM HEALTH CENTRE, THE   p460
585 0/5980 University Ave, HALIFAX, NS, B3K 6R8
(902) 470-8888   SIC 8069
L'HOPITAL DE READAPTION LINDSAY   p1120
6363 Ch Hudson, Montreal, QC, H3S 1M9
(514) 737-3661   SIC 8069
L'INSTITUT DE READAPTATION GINGRAS-LINDSAY-DE-MONTREAL   p1120
6363 Ch Hudson, Montreal, QC, H3S 1M9
(514) 737-3661   SIC 8069
LABORATOIRE VICTHOM INC   p1130
2101 Boul Le Carrefour Bureau 102, Montreal, QC, H7S 2J7
(450) 239-6162   SIC 8069
LAKERIDGE HEALTH   p958
300 Gordon St Suite 779, WHITBY, ON, L1N 5T2
(905) 668-6831   SIC 8069
MCGILL UNIVERSITY HEALTH CENTRE   p1117
2300 Rue Tupper Bureau F372, Montreal, QC, H3H 1P3
(514) 412-4307   SIC 8069
MCGILL UNIVERSITY HEALTH CENTRE   p1117
2300 Rue Tupper, Montreal, QC, H3H 1P3
(514) 934-1934   SIC 8069
MCMASTER UNIVERSITY   p613
711 Concession St, HAMILTON, ON, L8V 1C3
(905) 527-2299   SIC 8069
NOVA SCOTIA, PROVINCE OF   p465
15 Chipman Dr, KENTVILLE, NS, B4N 3V7
(902) 679-2392   SIC 8069
NOVA SCOTIA, PROVINCE OF   p471
199 Elliot St, PICTOU, NS, B0K 1H0
(902) 485-4335   SIC 8069
OTTAWA HOSPITAL, THE   p797
200 Melrose Ave, OTTAWA, ON, K1Y 4K7
(613) 737-7700   SIC 8069
PROVIDENCE HEALTH CARE SOCIETY   p297
749 33rd Ave E, VANCOUVER, BC, V5V 3A1
(604) 876-7171   SIC 8069
PROVINCE OF PEI   p981
2814 Rte 215 Mount Herbert, CHARLOTTETOWN, PE, C1A 7N8
(902) 368-4120   SIC 8069
PROVINCE OF PEI   p985
65 Roy Boates Ave, SUMMERSIDE, PE, C1N 6M8
(902) 888-8380   SIC 8069
QUINTE HEALTHCARE CORPORATION   p494
1h Manor Lane, BANCROFT, ON, K0L 1C0
(613) 332-2825   SIC 8069
REGINA QU'APPELLE REGIONAL HEALTH AUTHORITY   p1285
2110 Hamilton St, REGINA, SK, S4P 2E3
SIC 8069
REGIONAL HEALTH AUTHORITY B   p418
416 Bay St, SAINT JOHN, NB, E2M 7L4
(506) 674-4300   SIC 8069
RELIGIOUS HOSPITALLERS OF SAINT JOSEPH OF THE HOTEL DIEU OF KINGSTON   p632
166 Brock St, Kingston, ON, K7L 5G2
(613) 549-2680   SIC 8069
RESIDENCE SAINT-CHARLES BARROMEE   p1101
66 Boul Rene-Levesque E, Montreal, QC, H2X 1N3
(514) 861-9331   SIC 8069

SIC 8071 Medical laboratories

SASKATOON REGIONAL HEALTH AUTHORITY p1294
2003 Arlington Ave, SASKATOON, SK, S7J 2H6
(306) 655-4500 SIC 8069

SIMPSON PRIVATE HOSPITAL 1968 LTD p257
8838 Glover Rd, PORT MCNEILL, BC, V0N 2R0
(604) 888-0711 SIC 8069

SOUTH SHORE DISTRICT HEALTH AUTHORITY p466
175 School St, LIVERPOOL, NS, B0T 1K0
(902) 354-5785 SIC 8069

ST. LEONARD'S COMMUNITY SERVICES p526
225 Fairview Dr Unit 1, BRANTFORD, ON, N3R 7E3
(519) 754-0253 SIC 8069

SUNNYBROOK HEALTH SCIENCES CENTRE FOUNDATION p904
43 Wellesley St E Suite 327, TORONTO, ON, M4Y 1H1
(416) 967-8500 SIC 8069

SYNDICAT DES INFIRMIERES, INHALOTHERAPEUTES ET INFIRMIERES AUXILIAIRES DE LAVAL (CSQ) p1162
2725 Ch Sainte-Foy Bureau 656, Quebec, QC, G1V 4G5
(418) 656-4710 SIC 8069

TORONTO EAST GENERAL HOSPITAL p894
985 Danforth Ave, TORONTO, ON, M4J 1M1
(416) 461-2010 SIC 8069

UNIVERSITY HEALTH NETWORK p936
892 Dundas St W Suite 2, TORONTO, ON, M6J 1W1
(416) 603-1462 SIC 8069

WINNIPEG REGIONAL HEALTH AUTHORITY, THE p374
840 Sherbrook St Suite 709, WINNIPEG, MB, R3A 1S1
(204) 787-3038 SIC 8069

WOODVIEW CHILDREN'S CENTRE p529
233 Colborne St Suite 200, BRANTFORD, ON, N3T 2H4
(519) 752-5308 SIC 8069

SIC 8071 Medical laboratories

ALPHA LABORATORIES INC p751
1262 Don Mills Rd Suite 103, NORTH YORK, ON, M3B 2W7
(416) 449-2166 SIC 8071

ALPHA LABORATORIES INC p893
45 Overlea Blvd Suite 2, TORONTO, ON, M4H 1C3
(416) 421-9414 SIC 8071

ALS CANADA LTD p183
8081 Lougheed Hwy Suite 100, BURNABY, BC, V5A 1W9
(778) 370-3150 SIC 8071

BC BIOMEDICAL LABORATORIES LTD p229
20999 88 Ave Suite 102, LANGLEY, BC, V1M 2C9
(604) 882-0426 SIC 8071

BIRON LABORATOIRE MEDICAL INC p1119
1575 Boul Henri-Bourassa O, Montreal, QC, H3M 3A9
(514) 331-9279 SIC 8071

BIRON LABORATOIRE MEDICAL INC p1214
1811 Ch Sainte-Angelique, SAINT-LAZARE, QC, J7T 2X9
SIC 8071

CML HEALTHCARE INC p624
150 Katimavik Rd Suite 102, KANATA, ON, K2L 2N2
(613) 592-0711 SIC 8071

CML HEALTHCARE INC p640
751 King St W Suite 104, KITCHENER, ON, N2G 1E5
(519) 576-2460 SIC 8071

CML HEALTHCARE INC p924
1235 Bay St Suite 201, TORONTO, ON, M5R 3K4
(416) 963-9988 SIC 8071

CML HEALTHCARE INC p965
700 Tecumseh Rd E Ste 1, WINDSOR, ON, N8X 4T2
(519) 258-4515 SIC 8071

DYNACARE-GAMMA LABORATORY PARTNERSHIP p784
750 Peter Morand Cres, OTTAWA, ON, K1G 6S4
(613) 729-0200 SIC 8071

DYNACARE-GAMMA LABORATORY PARTNERSHIP p809
26 Hospital Dr Suite 5, PETERBOROUGH, ON, K9J 7C3
(705) 876-7313 SIC 8071

DYNACARE-GAMMA LABORATORY PARTNERSHIP p817
462 Paxton St, PORT PERRY, ON, L9L 1L9
(905) 985-8048 SIC 8071

DYNACARE-GAMMA LABORATORY PARTNERSHIP p970
3176 Dougall Ave Suite 22, WINDSOR, ON, N9E 1S6
(519) 252-3457 SIC 8071

DYNACARE-GAMMA LABORATORY PARTNERSHIP p1295
39 23rd St E Unit 5, SASKATOON, SK, S7K 0H6
(306) 655-4028 SIC 8071

DYNALIFEDX p153
5002 55 St Suite 101, RED DEER, AB, T4N 7A4
(403) 347-3588 SIC 8071

EFW RADIOLOGY p10
2151 32 St Ne Suite 80, CALGARY, AB, T1Y 7G3
(403) 209-3209 SIC 8071

LIFELABS LP p551
857 Grand Ave W Unit 106, CHATHAM, ON, N7L 4T1
SIC 8071

LIFELABS LP p810
849 Alexander Crt Suite 106, PETERBOROUGH, ON, K9J 7H8
SIC 8071

MEDICAL IMAGING CONSULTANTS p167
200 Boudreau Rd Suite 102, ST. ALBERT, AB, T8N 6B9
(780) 459-1266 SIC 8071

NORDION (CANADA) INC p320
4004 Wesbrook Mall, VANCOUVER, BC, V6T 2A3
(604) 228-8952 SIC 8071

NORDION INC p184
8590 Baxter Pl, BURNABY, BC, V5A 4T2
(604) 421-8588 SIC 8071

NORDION INC p189
3680 Gilmore Way, BURNABY, BC, V5G 4V8
(604) 431-5005 SIC 8071

NORDION INC p369
130 Omands Creek Blvd Unit 6, WINNIPEG, MB, R2R 1V7
(204) 694-1632 SIC 8071

NORDION INC p658
746 Base Line Rd E Suite 11, LONDON, ON, N6C 5Z2
SIC 8071

NORDION INC p690
1980 Matheson Blvd E Suite 1, MISSISSAUGA, ON, L4W 5N3
(905) 206-8887 SIC 8071

NORDION INC p720
1330 Meyerside Dr, MISSISSAUGA, ON, L5T 1C2
(905) 565-2302 SIC 8071

NORDION INC p1024
3400 Rue Du Marche Bureau 106, DOLLARD-DES-ORMEAUX, QC, H9B 2Y1
(450) 698-0563 SIC 8071

PRACS INSTITUTE CANADA B.C. LTD. p690
4520 Dixie Rd, MISSISSAUGA, ON, L4W 1N2
SIC 8071

RECHERCHE CLINIQUE ICON (CANADA) INC p1212
7405 Rte Transcanadienne Bureau 300, SAINT-LAURENT, QC, H4T 1Z2
(514) 332-0700 SIC 8071

RIX LTD p378
233 Kennedy St Suite 306, WINNIPEG, MB, R3C 0L7
(204) 944-9707 SIC 8071

ROCKY MOUNTAIN ANALYTICAL INC p64
253147 Bearspaw Rd Unit A, CALGARY, AB, T3L 2P5
(403) 241-4513 SIC 8071

TRUE NORTH IMAGING INC p643
751 Victoria St S Suite B102, KITCHENER, ON, N2M 5N4
(519) 742-2636 SIC 8071

UNIVERSITY HEALTH NETWORK p927
222 Saint Patrick St, TORONTO, ON, M5T 1V4
(416) 340-5898 SIC 8071

VALLEY MEDICAL LABORATORIES p227
537 Leon Ave Suite 105, KELOWNA, BC, V1Y 2A9
(250) 763-4813 SIC 8071

WOMEN'S COLLEGE HOSPITAL p912
790 Bay St Suite 750, TORONTO, ON, M5G 1N8
(416) 351-2535 SIC 8071

SIC 8072 Dental laboratories

AURUM CERAMIC DENTAL LABORATORIES LTD p299
936 8th Ave W Suite 305, VANCOUVER, BC, V5Z 1E5
(604) 737-2010 SIC 8072

CANADIAN ASSOCIATED LABORATORIES LIMITED p460
2457 Maynard St, HALIFAX, NS, B3K 3V2
(902) 429-1820 SIC 8072

CLASSIC DENTAL LABORATORIES LTD p558
40 Pippin Rd Unit 11, CONCORD, ON, L4K 4M6
(416) 410-1330 SIC 8072

IMPACT DENTAL LABORATORY LIMITED p594
5300 Canotek Rd Suite 200, GLOUCESTER, ON, K1J 1A4
(613) 746-0602 SIC 8072

LABORATOIRE DENTAIRE SUMMUM INC p1070
116 Rue Guilbault, LONGUEUIL, QC, J4H 2T2
(450) 679-5525 SIC 8072

MEDI-SCOPE PROFESSIONAL PRODUCTS (1987) LIMITED p634
30 Steve Fonyo Dr, KINGSTON, ON, K7M 8N9
(613) 548-7854 SIC 8072

POW LABORATORIES INC p978
63 Ridgeway Cir, WOODSTOCK, ON, N4V 1C9
(519) 539-2065 SIC 8072

PRO-ART DENTAL LABORATORY LTD p895
855 Broadview Ave Suite 408, TORONTO, ON, M4K 3Z1
(416) 469-4121 SIC 8072

PROTEC DENTAL LABORATORIES LTD p297
38 1st Ave E, VANCOUVER, BC, V5T 1A1
(604) 873-8000 SIC 8072

SHAW LABORATORIES LTD p378
388 Portage Ave Suite 606, WINNIPEG, MB, R3C 0C8
(204) 943-8883 SIC 8072

UNIVERSAL DENTAL LABORATORIES LTD p78
10735 107 Ave Nw Suite 400, EDMONTON, AB, T5H 0W6
(780) 423-1009 SIC 8072

SIC 8082 Home health care services

1003694 ONTARIO INC p857
1580 King St N, ST JACOBS, ON, N0B 2N0
(519) 664-0756 SIC 8082

1003694 ONTARIO INC p953
151 Frobisher Dr Suite B207, WATERLOO, ON, N2V 2C9
(519) 725-4999 SIC 8082

ACCESS HEALTHCARE SERVICES INC p805
458 Pembroke St E, PEMBROKE, ON, K8A 3L2
(613) 732-4713 SIC 8082

ACCLAIM HEALTH COMMUNITY CARE SERVICES p769
2370 Speers Rd, OAKVILLE, ON, L6L 5M2
(905) 827-8800 SIC 8082

BAYSHORE HEALTHCARE LTD. p299
555 12th Ave W Unit 410, VANCOUVER, BC, V5Z 3X7
(604) 873-2545 SIC 8082

BAYSHORE HEALTHCARE LTD. p328
1512 Fort St, VICTORIA, BC, V8S 5J2
(250) 370-2253 SIC 8082

BAYSHORE HEALTHCARE LTD. p409
50 Driscoll Cres Suite 201, MONCTON, NB, E1E 3R8
(506) 857-9992 SIC 8082

BAYSHORE HEALTHCARE LTD. p415
600 Main St Suite C150, SAINT JOHN, NB, E2K 1J5
(506) 633-9588 SIC 8082

BAYSHORE HEALTHCARE LTD. p566
112 Second St W, CORNWALL, ON, K6J 1G5
(613) 938-1691 SIC 8082

BAYSHORE HEALTHCARE LTD. p613
755 Concession St Suite 100, HAMILTON, ON, L8V 1C4
(905) 523-5999 SIC 8082

BAYSHORE HEALTHCARE LTD. p659
595 Bradley Ave Suite 2, LONDON, ON, N6E 3Z8
(519) 438-6313 SIC 8082

BAYSHORE HEALTHCARE LTD. p778
1 Mary St N Unit C, OSHAWA, ON, L1G 7W8
(905) 433-4002 SIC 8082

BAYSHORE HEALTHCARE LTD. p795
310 Hunt Club Rd Suite 202, OTTAWA, ON, K1V 1C1
(613) 733-4408 SIC 8082

BAYSHORE HEALTHCARE LTD. p830
390 Bay St Suite 304, SAULT STE. MARIE, ON, P6A 1X2
(705) 942-3232 SIC 8082

BAYSHORE HEALTHCARE LTD. p849
94 Beckwith St N, SMITHS FALLS, ON, K7A 2C1
(613) 283-1400 SIC 8082

BAYSHORE HEALTHCARE LTD. p870
2120 Regent St Suite 8, SUDBURY, ON, P3E 3Z9
(705) 523-6668 SIC 8082

BAYSHORE HEALTHCARE LTD. p883
119 Pine St S Suite 202, TIMMINS, ON, P4N 2K3
(705) 268-6088 SIC 8082

BAYSHORE HEALTHCARE LTD. p901
345 Bloor St E Unit 1b, TORONTO, ON, M4W 3J6
(416) 927-7850 SIC 8082

BAYSHORE HEALTHCARE LTD. p966
1275 Walker Rd Suite 10, WINDSOR, ON, N8Y 4X9
(519) 973-5411 SIC 8082

CAREFOR HEALTH & COMMUNITY SERVICES p805
425 Cecelia St, PEMBROKE, ON, K8A 1S7
(613) 732-9993 SIC 8082

CAREPARTNERS INC p957

206 Gilbert St W, WHITBY, ON, L1N 1R8
(905) 668-7161   SIC 8082
CAREPARTNERS INC   p977
485015 Sweaburg Rd, WOODSTOCK, ON, N4S 7V6
(519) 539-1222   SIC 8082
CHAMPLAIN COMMUNITY CARE ACCESS CENTRE   p805
1100 Pembroke St E, PEMBROKE, ON, K8A 6Y7
(613) 732-7007   SIC 8082
COMMUNITY CARE ACCESS CENTRE FOR KENORA & RAINY RIVER DISTRICT   p627
Rr 1 Stn Main, KENORA, ON, P9N 3W7
SIC 8082
COMMUNITY HOMEMAKERS LTD   p694
160 Traders Blvd E Suite 103, MISSISSAUGA, ON, L4Z 3K7
(905) 275-0544   SIC 8082
FEDERATION INTERPROFESSIONNELLE DE LA SANTE DU QUEBEC-FIQ   p1167
1260 Rue Du Blizzard, Quebec, QC, G2K 0J1
(418) 626-2226   SIC 8082
PRAXAIR CANADA INC   p502
125 Church St S, BELLEVILLE, ON, K8N 3B7
(613) 969-4450   SIC 8082
PRAXAIR CANADA INC   p674
385 Bentley St, MARKHAM, ON, L3R 9T2
(416) 365-1700   SIC 8082
REGIONAL HEALTH AUTHORITY NB   p421
20 Kennedy Dr Suite 4, SUSSEX, NB, E4E 2P1
(506) 432-3280   SIC 8082
SAINT ELIZABETH HEALTH CARE   p566
1916 Pitt St Unit 5, CORNWALL, ON, K6J 5H3
(613) 936-8668   SIC 8082
SAINT ELIZABETH HEALTH CARE   p879
920 Tungsten St Suite 103, THUNDER BAY, ON, P7B 5Z6
(807) 344-2002   SIC 8082
SAINT ELIZABETH HEALTH CARE   p977
65 Springbank Ave N Suite 1, WOODSTOCK, ON, N4S 8V8
(519) 539-9807   SIC 8082
SERVICES DE SANTE ALTERNACARE INC   p1122
2100 Av De Marlowe Bureau 449, Montreal, QC, H4A 3L5
(514) 485-5050   SIC 8082
VICTORIAN ORDER OF NURSES FOR CANADA   p54
9705 Horton Rd Sw Suite 100, CALGARY, AB, T2V 2X5
(403) 640-4765   SIC 8082
VICTORIAN ORDER OF NURSES FOR CANADA   p379
425 St Mary Ave, WINNIPEG, MB, R3C 0N2
(204) 775-1693   SIC 8082
VICTORIAN ORDER OF NURSES FOR CANADA   p399
435 Brookside Dr Unit 8, FREDERICTON, NB, E3A 8V4
(506) 458-8365   SIC 8082
VICTORIAN ORDER OF NURSES FOR CANADA   p408
1224 Mountain Rd Suite 6, MONCTON, NB, E1C 2T6
(506) 857-9115   SIC 8082
VICTORIAN ORDER OF NURSES FOR CANADA   p418
30 Plaza Ave Suite 6b, SAINT JOHN, NB, E2M 0C3
(506) 635-1530   SIC 8082
VICTORIAN ORDER OF NURSES FOR CANADA   p418
30 Plaza Ave Suite 6, SAINT JOHN, NB, E2M 0C3
SIC 8082
VICTORIAN ORDER OF NURSES FOR CANADA   p441
43 Prince Arthur St, AMHERST, NS, B4H 1V8
(902) 667-8796   SIC 8082
VICTORIAN ORDER OF NURSES FOR CANADA   p442
Highway 3 Unit 5, BARRINGTON PASSAGE, NS, B0W 1G0
(902) 637-2961   SIC 8082
VICTORIAN ORDER OF NURSES FOR CANADA   p442
3640 Main St Suite 5, BARRINGTON PASSAGE, NS, B0W 1G0
(902) 637-2943   SIC 8082
VICTORIAN ORDER OF NURSES FOR CANADA   p444
1924 Northfield Rd, BLOCKHOUSE, NS, B0J 1E0
(902) 624-1897   SIC 8082
VICTORIAN ORDER OF NURSES FOR CANADA   p470
835 East River Rd, NEW GLASGOW, NS, B2H 3S6
(902) 752-3184   SIC 8082
VICTORIAN ORDER OF NURSES FOR CANADA   p478
30 Duke St Suite 5, TRURO, NS, B2N 2A1
(902) 893-3803   SIC 8082
VICTORIAN ORDER OF NURSES FOR CANADA   p480
55 Starrs Rd Suite 7, YARMOUTH, NS, B5A 2T2
(902) 742-4512   SIC 8082
VICTORIAN ORDER OF NURSES FOR CANADA   p609
414 Victoria Ave N Suite M2, HAMILTON, ON, L8L 5G8
(905) 529-0700   SIC 8082
VICTORIAN ORDER OF NURSES FOR CANADA   p652
1151 Florence St Suite 100, LONDON, ON, N5W 2M7
(519) 659-2273   SIC 8082
VICTORIAN ORDER OF NURSES FOR CANADA   p675
7100 Woodbine Ave Suite 402, MARKHAM, ON, L3R 5J2
(905) 479-3201   SIC 8082
VICTORIAN ORDER OF NURSES FOR CANADA   p724
392 Main St N Suite 4, MOUNT FOREST, ON, N0G 2L2
(519) 323-9354   SIC 8082
VICTORIAN ORDER OF NURSES FOR CANADA   p778
50 Richmond St E Suite 116, OSHAWA, ON, L1G 7C7
(905) 571-3151   SIC 8082
VICTORIAN ORDER OF NURSES FOR CANADA   p808
360 George St N Suite 25, PETERBOROUGH, ON, K9H 7E7
(705) 745-9155   SIC 8082
VICTORIAN ORDER OF NURSES FOR CANADA   p830
1705 London Line, SARNIA, ON, N7W 1B2
(519) 542-2310   SIC 8082
VICTORIAN ORDER OF NURSES FOR CANADA   p859
175 South Edgeware Rd, ST THOMAS, ON, N5P 4C4
(519) 637-6408   SIC 8082
VICTORIAN ORDER OF NURSES FOR CANADA   p865
40 Long Dr Suite 111, STRATFORD, ON, N5A 8A3
(519) 271-7991   SIC 8082
VICTORIAN ORDER OF NURSES FOR CANADA   p884
38 Pine St N Suite 139, TIMMINS, ON, P4N 6K6
(705) 267-8444   SIC 8082
VICTORIAN ORDER OF NURSES FOR CANADA   p944
80 Division St Suite 14, TRENTON, ON, K8V 5S5
(613) 392-4181   SIC 8082
VICTORIAN ORDER OF NURSES FOR CANADA   p965
4520 Rhodes Dr Suite 400, WINDSOR, ON, N8W 5C2
(519) 254-4866   SIC 8082
VICTORIAN ORDER OF NURSES FOR CANADA   p978
570 Ingersoll Ave, WOODSTOCK, ON, N4S 4Y2
(519) 539-1231   SIC 8082
VITALAIRE CANADA INC   p230
9087 198 St Suite 201, LANGLEY, BC, V1M 3B1
(604) 881-0214   SIC 8082
VITALITE HEALTH NETWORK   p398
275 Boul Hebert, EDMUNDSTON, NB, E3V 4E4
(506) 739-2160   SIC 8082
VITALITE HEALTH NETWORK   p402
532 Ch Madawaska, GRAND-SAULT/GRAND FALLS, NB, E3Y 1A3
(506) 473-7492   SIC 8082
WATERLOO WELLINGTON COMMUNITY CARE ACCESS CENTRE   p603
450 Speedvale Ave W Suite 201, GUELPH, ON, N1H 7G7
(519) 823-2550   SIC 8082
WE CARE HEALTH SERVICES INC   p500
64 Cedar Pointe Dr Suite 1413, BARRIE, ON, L4N 5R7
(705) 734-2235   SIC 8082
WE CARE HEALTH SERVICES INC   p609
848 Main St E, HAMILTON, ON, L8M 1L9
(905) 545-2273   SIC 8082
WE CARE HEALTH SERVICES INC   p635
1365 Midland Ave Unit 130f, KINGSTON, ON, K7P 2W5
SIC 8082
WE CARE HEALTH SERVICES INC   p639
27 Manitou Dr Unit 2ab, KITCHENER, ON, N2C 1K9
(519) 576-7474   SIC 8082
WE CARE HEALTH SERVICES INC   p734
1124 Stellar Dr, NEWMARKET, ON, L3Y 7B7
(905) 715-7950   SIC 8082
WE CARE HEALTH SERVICES INC   p855
277 Welland Ave, ST CATHARINES, ON, L2R 2P7
(905) 988-5262   SIC 8082
WE CARE HEALTH SERVICES INC   p886
1200 Markham Rd Suite 220, TORONTO, ON, M1H 3C3
(416) 438-4577   SIC 8082

SIC 8092 Kidney dialysis centers

UNIVERSITY HEALTH NETWORK   p699
90 Burnhamthorpe Rd W Suite 208, MISSISSAUGA, ON, L5B 3C3
(905) 272-8334   SIC 8092

SIC 8093 Specialty outpatient clinics, nec

ADDICTIONS AND MENTAL HEALTH   p399
65 Brunswick St, FREDERICTON, NB, E3B 1G5
(506) 453-2132   SIC 8093
ADDICTIONS FOUNDATION OF MANITOBA, THE   p357
540 Central Ave, STE ROSE DU LAC, MB, R0L 1S0
(204) 447-4040   SIC 8093
ADDICTIONS FOUNDATION OF MANITOBA, THE   p376
200 Osborne St N, WINNIPEG, MB, R3C 1V4
(204) 944-6235   SIC 8093
ALBERTA HEALTH SERVICES   p51
1213 4 St Sw Suite 3223, CALGARY, AB, T2R 0X7
(403) 955-6700   SIC 8093
ALBERTA HEALTH SERVICES   p55
31 Sunpark Plaza Se Suite 113, CALGARY, AB, T2X 3W5
(403) 943-9300   SIC 8093
ALBERTA HEALTH SERVICES   p118
5225 50 St, EVANSBURG, AB, T0E 0T0
(780) 727-2288   SIC 8093
ALBERTA HEALTH SERVICES   p148
11 Cimarron Common, OKOTOKS, AB, T1S 2E9
(403) 995-2600   SIC 8093
ALBERTA HEALTH SERVICES   p152
4755 49 St Unit 2, RED DEER, AB, T4N 1T6
(403) 346-8336   SIC 8093
ALBERTA HEALTH SERVICES   p152
4920 51 St Suite 202, RED DEER, AB, T4N 6K8
(403) 340-5103   SIC 8093
ALBERTA HEALTH SERVICES   p162
2 Brower Dr, SHERWOOD PARK, AB, T8H 1V4
(780) 342-4600   SIC 8093
BIGELOW FOWLER CLINIC   p139
30 Jerry Potts Blvd W, LETHBRIDGE, AB, T1K 5M5
(403) 381-8444   SIC 8093
BLUE HILLS ACADEMY   p490
402 Bloomington Rd, AURORA, ON, L4G 0L9
(905) 773-4323   SIC 8093
BROCKVILLE & DISTRICT ASSOCIATION FOR COMMUNITY INVOLVEMENT   p530
2495 Parkedale Ave Unit 4, BROCKVILLE, ON, K6V 3H2
(613) 345-4092   SIC 8093
C.L.S.C. DU HAVRE   p1241
30 Rue Ferland, SOREL-TRACY, QC, J3P 3C7
(450) 746-4545   SIC 8093
CANADIAN MENTAL HEALTH ASSOCIATION GRAND RIVER BRANCH   p601
147 Wyndham St N, GUELPH, ON, N1H 4E9
(519) 836-6220   SIC 8093
CANADIAN MENTAL HEALTH ASSOCIATION, SIMCOE COUNTY BRANCH   p496
151 Essa Rd Suite 202, BARRIE, ON, L4N 3L2
(705) 725-5491   SIC 8093
CANADIAN MENTAL HEALTH ASSOCIATION, YORK REGION BRANCH   p490
15150 Yonge St Suite 3a, AURORA, ON, L4G 1M2
SIC 8093
CANADIAN NATIONAL INSTITUTE FOR THE BLIND, THE   p786
1355 Bank St Suite 101, OTTAWA, ON, K1H 8K7
(613) 563-4021   SIC 8093
CANADIAN RED CROSS SOCIETY, THE   p659
517 Consortium Crt, LONDON, ON, N6E 2S8
(613) 740-1900   SIC 8093
CENTE D'HEBERGEMENT ET DE SOIN DE LONGUE DUREE DU BAS-RICHELIEU   p1241
30 Rue Ferland, SOREL-TRACY, QC, J3P 3C7
(450) 743-5569   SIC 8093
CENTRE D'URGENCE DE SALABERRY   p1119
2758 Rue De Salaberry, Montreal, QC, H3M 1L3
(514) 337-4772   SIC 8093
CENTRE DE READAPTATION LA MAISON INC   p1253
975 Rue Germain, VAL-D'OR, QC, J9P 7H7
(819) 825-3337   SIC 8093
CENTRE DE SANTE ET DE SERVICE SOCIAUX DU HAUT SAINT-FRANCOIS, LE   p1235
840 Rue Papineau, SHERBROOKE, QC, J1E 1Z2
(819) 829-9772   SIC 8093

SIC 8093 Specialty outpatient clinics, nec

CENTRE DE SANTE ET DE SERVICE SOCIAUX DU HAUT SAINT-FRANCOIS, LE p1261
460 2e Av, WEEDON, QC, J0B 3J0
(819) 877-3434 SIC 8093

CENTRE DE SANTE ET DE SERVICES SOCIAUX DE LAVAL p1131
1665 Rue Du Couvent, Montreal, QC, H7W 3A8
(450) 687-5690 SIC 8093

CENTRE DE SANTE ET DE SERVICES SOCIAUX LUCILLE-TEASDALE p1087
5601 Rue Belanger, Montreal, QC, H1T 1G3
(514) 256-5011 SIC 8093

CENTRE DE SANTE ET DES SERVICES SOCIAUX DE LA HAUTE-COTE-NORD p1033
2 7e Rue, FORESTVILLE, QC, G0T 1E0
(418) 587-2212 SIC 8093

CENTRE FOR ADDICTION AND MENTAL HEALTH p660
100 Collip Cir Suite 200, LONDON, ON, N6G 4X8
(519) 858-5000 SIC 8093

CENTRE FOR ADDICTION AND MENTAL HEALTH p713
30 Eglinton Ave W Suite 801, MISSISSAUGA, ON, L5R 3E7
(416) 535-8501 SIC 8093

CENTRE FOR ADDICTION AND MENTAL HEALTH p893
175 Brentcliffe Rd, TORONTO, ON, M4G 0C5
(416) 425-3930 SIC 8093

CENTRE FOR ADDICTION AND MENTAL HEALTH p924
33 Russell St, TORONTO, ON, M5S 2S1
(416) 535-8501 SIC 8093

CENTRE HOSPITALIER UNIVERSITAIRE SAINTE-JUSTINE p1087
5200 Rue Belanger, Montreal, QC, H1T 1C9
(514) 374-1710 SIC 8093

CENTRE MONTEREGIEN DE READAPTATION p1194
1800 Rue Dessaulles, SAINT-HYACINTHE, QC, J2S 2T2
(450) 774-5003 SIC 8093

CENTRE NORMAND p988
621 Rue De L'harricana, AMOS, QC, J9T 2P9
(819) 732-8241 SIC 8093

CENTRE READAPTATION DE GASPESIE p1033
150 Rue Mgr-Ross Bureau 550, Gaspe, QC, G4X 2R8
(418) 368-2306 SIC 8093

CENTRE REGIONAL DE SANTE ET DE SERVICE SOCIAUX DE LA BAIE-JAMES p1011
32 3e Rue Bureau 238, CHAPAIS, QC, G0W 1H0
(418) 748-7658 SIC 8093

CENTRE REGIONAL DE SANTE ET DE SERVICE SOCIAUX DE LA BAIE-JAMES p1012
51 3e Rue, CHIBOUGAMAU, QC, G8P 1N1
(418) 748-3662 SIC 8093

CENTRE REGIONAL DE SANTE ET DE SERVICE SOCIAUX DE LA BAIE-JAMES p1063
950 Boul Quevillon, LEBEL-SUR-QUEVILLON, QC, J0Y 1X0
(819) 755-4881 SIC 8093

CENTRE REGIONAL DE SANTE ET DE SERVICE SOCIAUX DE LA BAIE-JAMES p1169
199 Rue Jolliet, RADISSON, QC, J0Y 2X0
(819) 638-8991 SIC 8093

CHILDREN'S REHABILITATION CENTRE ALGOMA p833
74 Johnson Ave, SAULT STE. MARIE, ON, P6C 2V5
(705) 759-1131 SIC 8093

CHILDREN'S TREATMENT CENTRE OF CHATHAM KENT p551
355 Lark St, CHATHAM, ON, N7L 5B2
(519) 354-0520 SIC 8093

CLINIQUE DE MEDECINE INDUSTRIELLE & PREVENTIVE DU QUEBEC INC p1117
2155 Rue Guy Bureau 880, Montreal, QC, H3H 2R9
(514) 931-0801 SIC 8093

CLINIQUE OVO INC p1125
8000 Boul Decarie Bureau 100, Montreal, QC, H4P 2S4
(514) 798-2000 SIC 8093

COMMUNITY ADDICTION & MENTAL HEALTH SERVICES OF HALDIMAN & NORFOLK p943
101 Nanticoke Creek Pky, TOWNSEND, ON, N0A 1S0
(519) 587-4658 SIC 8093

COMMUNITY HEALTH SERVICES ASSOCIATION (REGINA) LTD p1287
1106 Winnipeg St Suite A, REGINA, SK, S4R 1J6
(306) 543-7880 SIC 8093

CORNWALL COMMUNITY HOSPITAL p565
132 Second St E Unit 104, CORNWALL, ON, K6H 1Y4
(613) 932-9940 SIC 8093

CRDI TED NCQ IU p1029
440 Rue Saint-Georges, DRUMMONDVILLE, QC, J2C 4H4
(819) 477-5687 SIC 8093

CREE BOARD OF HEALTH & SOCIAL SERVICES OF JAMES BAY p1079
302 Queen St, MISTISSINI, QC, G0W 1C0
(418) 923-3376 SIC 8093

EASTERN REGIONAL INTEGRATED HEALTH AUTHORITY p437
5 Whitbourne Ave, WHITBOURNE, NL, A0B 3K0
(709) 759-2300 SIC 8093

EMERGENCY AND HEALTH SERVICES COMMISSION p212
3088 Gibbins Rd, DUNCAN, BC, V9L 1E8
(250) 709-3040 SIC 8093

FONDATION DU CENTRE DE SANTE ET DE SERVICES SOCIAUX DE LA MITIS p1174
48 Rue De Chauffailles, Riviere-du-Loup, QC, G5R 4E1
(418) 867-5215 SIC 8093

FRASER HEALTH AUTHORITY p196
45470 Menholm Rd, CHILLIWACK, BC, V2P 1M2
(604) 702-4860 SIC 8093

FRASER HEALTH AUTHORITY p232
20300 Fraser Hwy Suite 305, LANGLEY, BC, V3A 4E6
(604) 514-7940 SIC 8093

FRASER HEALTH AUTHORITY p236
22269 Callaghan Ave, MAPLE RIDGE, BC, V2X 2E2
(604) 467-3471 SIC 8093

FRASER HEALTH AUTHORITY p283
10362 King George Blvd Suite 220, SURREY, BC, V3T 2W5
(604) 587-7900 SIC 8093

GOUVERNEMENT DE LA PROVINCE DE QUEBEC p1096
950 Rue De Louvain E, Montreal, QC, H2M 2E8
(514) 385-1232 SIC 8093

GOUVERNEMENT DE LA PROVINCE DE QUEBEC p1152
525 Boul Wilfrid-Hamel, Quebec, QC, G1M 2S8
(418) 649-3700 SIC 8093

GOUVERNEMENT DE LA PROVINCE DE QUEBEC p1252
3235 Boul Saint-Jean, Trois-Rivieres, QC, G9B 1X5
(819) 377-3114 SIC 8093

GOVERNMENT OF THE PROVINCE OF ALBERTA p10
2675 36 St Ne, CALGARY, AB, T1Y 6H6
SIC 8093

GOVERNMENT OF THE PROVINCE OF ALBERTA p153
4733 49 St, RED DEER, AB, T4N 1T6
(403) 340-5466 SIC 8093

GOVERNMENT OF THE PROVINCE OF BRITISH COLUMBIA p326
3007 35 Ave, VERNON, BC, V1T 2S9
(250) 558-2775 SIC 8093

GRAND RIVER HOSPITAL CORPORATION p640
850 King St W, KITCHENER, ON, N2G 1E8
(519) 749-4217 SIC 8093

GROUPE OPMEDIC INC p1080
1361 Av Beaumont Bureau 301, MONT-ROYAL, QC, H3P 2W3
(514) 345-9877 SIC 8093

GROUPE SANTE MEDISYS INC p311
1111 Hastings St W Suite 1500, VANCOUVER, BC, V6E 2J3
SIC 8093

GROUPE SANTE MEDISYS INC p940
3300 Bloor St. W Suite 2802, TORONTO, ON, M8X 2X2
(416) 926-2698 SIC 8093

HAMILTON HEALTH SCIENCES CORPORATION p608
237 Barton St E Suite 120, HAMILTON, ON, L8L 2X2
(905) 527-4322 SIC 8093

HAMILTON HEALTH SCIENCES CORPORATION p613
699 Concession St Suite 3, HAMILTON, ON, L8V 5C2
(905) 389-5688 SIC 8093

HILL PROGRAM INC p611
366 Queen St S, HAMILTON, ON, L8P 3T9
(905) 521-1484 SIC 8093

HINCKS-DELLCREST TREATMENT CENTRE, THE p554
P.O. Box 339, CLARKSBURG, ON, N0H 1J0
(519) 599-3020 SIC 8093

HINCKS-DELLCREST TREATMENT CENTRE, THE p757
1645 Sheppard Ave W, NORTH YORK, ON, M3M 2X4
(416) 633-0515 SIC 8093

HOMEWOOD HEALTH INC p311
1050 Pender St W Suite 500, VANCOUVER, BC, V6E 3S7
(604) 689-8604 SIC 8093

HOPITAL DOUGLAS p1059
8550 Boul Newman, LASALLE, QC, H8N 1Y5
(514) 366-0980 SIC 8093

INTERIOR HEALTH AUTHORITY p213
707 3rd Ave, ENDERBY, BC, V0E 1V0
(250) 838-2450 SIC 8093

INTERIOR HEALTH AUTHORITY p226
1860 Dayton St Unit 102, KELOWNA, BC, V1Y 7W6
(250) 870-5852 SIC 8093

INTERIOR HEALTH AUTHORITY p226
1340 Ellis St, KELOWNA, BC, V1Y 9N1
(250) 862-4205 SIC 8093

ISLAND COMMUNITY MENTAL HEALTH ASSOCIATION p335
125 Skinner St, VICTORIA, BC, V9A 6X4
(250) 389-1211 SIC 8093

KELSEY TRAIL REGIONAL HEALTH AUTHORITY p1270
614 Prince St, HUDSON BAY, SK, S0E 0Y0
(306) 865-5600 SIC 8093

KINARK CHILD AND FAMILY SERVICES p491
24 Orchard Heights Blvd Suite 101a, AURORA, ON, L4G 6T5
(905) 713-0700 SIC 8093

MCI MEDICAL CLINICS INC p704
4099 Erin Mills Pky Suite 7, MISSISSAUGA, ON, L5L 3P9
(905) 820-3310 SIC 8093

MUNICIPALITY OF THE COUNTY OF CUMBERLAND, THE p441
33 Havelock St, AMHERST, NS, B4H 4W1
(902) 667-3879 SIC 8093

NATURAL HEALTH SERVICES LTD p32
5809 Macleod Trail Sw Suite 207, CALGARY, AB, T2H 0J9
(780) 885-6922 SIC 8093

NATURAL HEALTH SERVICES LTD p32
6120 2 St Se Unit A9a, CALGARY, AB, T2H 2L8
(403) 680-9617 SIC 8093

NETWORC HEALTH INC p226
1634 Harvey Ave Unit 104, KELOWNA, BC, V1Y 6G2
(250) 860-0171 SIC 8093

NISGA'S VALLEY HEALTH AUTHORITY p180
4920 Tait Ave, AIYANSH, BC, V0J 1A0
(250) 633-5000 SIC 8093

NORTHERN REGIONAL HEALTH AUTHORITY p359
50 Selkirk Ave, THOMPSON, MB, R8N 0M7
(204) 677-1777 SIC 8093

PEEL HALTON ACQUIRED BRAIN INJURIES SERVICES p701
1048 Cawthra Rd, MISSISSAUGA, ON, L5G 4K2
(905) 891-8384 SIC 8093

PIONEER COMMUNITY LIVING ASSOCIATION p183
7710 15th Ave, BURNABY, BC, V3N 1W5
(604) 526-9316 SIC 8093

PRINCE ALBERT GRAND COUNCIL p1279
Gd, Prince Albert, SK, S6V 7G3
(306) 764-5250 SIC 8093

PRINCE ALBERT PARKLAND REGIONAL HEALTH AUTHORITY p1279
2345 10th Ave, PRINCE ALBERT, SK, S6V 7V6
(306) 765-6055 SIC 8093

PROGRAM DE PORTAGE INC, LE p1117
865 Place Richmond, Montreal, QC, H3J 1V8
(514) 939-0202 SIC 8093

PROGRAMME DE PORTAGE RELATIF A LA DEPENDENCE DE LA DROGUE INC, LE p1144
1790 Ch Du Lac-Echo, Prevost, QC, J0R 1T0
(450) 224-2944 SIC 8093

PROGRAMME DE PORTAGE RELATIF A LA DEPENDENCE DE LA DROGUE INC, LE p1150
150 Rue Saint-Joseph E, Quebec, QC, G1K 3A7
(418) 524-6038 SIC 8093

PROVINCE OF NEW BRUNSWICK p402
131 Pleasant St, GRAND-SAULT/GRAND FALLS, NB, E3Z 1G6
(506) 475-2440 SIC 8093

REGINA QU'APPELLE REGIONAL HEALTH AUTHORITY p1286
2110 Hamilton St Suite 100, REGINA, SK, S4P 2E3
(306) 766-7800 SIC 8093

REGIONAL HEALTH AUTHORITY B p394
34 Hospital St, BLACKS HARBOUR, NB, E5H 1K2
(506) 456-4200 SIC 8093

REGIONAL HEALTH AUTHORITY NB p407
81 Albert St, MONCTON, NB, E1C 1B3
(506) 856-2444 SIC 8093

REGIONAL HEALTH AUTHORITY NB p408
125 Mapleton Rd, MONCTON, NB, E1C 9G6
(506) 856-2333 SIC 8093

REHAB EXPRESS INC p620
367 Muskoka Rd 3 N, HUNTSVILLE, ON, P1H 1H6
(705) 788-9355 SIC 8093

ROYAL OTTAWA MENTAL HEALTH CENTRE p531
1804 Highway 2 E, BROCKVILLE, ON, K6V 5T1
(613) 345-1461 SIC 8093

SASKATCHEWAN CANCER AGENCY p1290
4101 Dewdney Ave Suite 300, REGINA, SK, S4T 7T1

BUSINESSES BY INDUSTRY CLASSIFICATION

SIC 8111 Legal services 2397

(306) 766-2213 *SIC* 8093
ST JOHN'S REHABILITATION HOSPITAL *p748*
285 Cummer Ave, NORTH YORK, ON, M2M 2G1
(416) 226-6780 *SIC* 8093
ST. JOSEPH'S HEALTH CARE, LONDON *p653*
850 Highbury Ave N, LONDON, ON, N5Y 1A4
(519) 455-5110 *SIC* 8093
ST. JOSEPH'S HEALTH CARE, LONDON *p656*
268 Grosvenor St, LONDON, ON, N6A 4V2
(519) 646-6100 *SIC* 8093
ST. JOSEPH'S HEALTH CARE, LONDON *p661*
346 Platt's Lane, LONDON, ON, N6G 1J1
(519) 672-9660 *SIC* 8093
ST. JOSEPH'S HEALTH CARE, LONDON *p858*
Gd, ST THOMAS, ON, N5P 3V9
(519) 631-8510 *SIC* 8093
ST. JOSEPH'S HEALTHCARE FOUNDATION, HAMILTON *p606*
2757 King St E, HAMILTON, ON, L8G 5E4
(905) 573-7777 *SIC* 8093
SUNNYBROOK HEALTH SCIENCES CENTRE FOUNDATION *p912*
790 Bay St Suite 536, TORONTO, ON, M5G 1N8
(416) 351-3700 *SIC* 8093
THOMPSON HEALTH REGION *p221*
311 Columbia St, KAMLOOPS, BC, V2C 2T1
(250) 314-2784 *SIC* 8093
TORONTO REHABILITATION INSTITUTE *p893*
520 Sutherland Dr, TORONTO, ON, M4G 3V9
(416) 597-3422 *SIC* 8093
TRELLIS MENTAL HEALTH AND DEVELOPMENTAL SERVICES *p588*
234 St Patrick St E, FERGUS, ON, N1M 1M6
(519) 843-6191 *SIC* 8093
UNITED CHURCH HEALTH SERVICES SOCIETY, THE *p217*
2510 62 Hwy, HAZELTON, BC, V0J 1Y1
(250) 842-5556 *SIC* 8093
VANCOUVER COASTAL HEALTH AUTHORITY *p249*
145 17th St W Suite 250, NORTH VANCOUVER, BC, V7M 3G4
SIC 8093
VANCOUVER COASTAL HEALTH AUTHORITY *p295*
2250 Commercial Dr Unit 300, VANCOUVER, BC, V5N 5P9
SIC 8093
VANCOUVER COASTAL HEALTH AUTHORITY *p301*
4255 Laurel St, VANCOUVER, BC, V5Z 2G9
(604) 734-1313 *SIC* 8093
VANCOUVER COASTAL HEALTH AUTHORITY *p306*
59 Pender St W, VANCOUVER, BC, V6B 1R3
(604) 669-9181 *SIC* 8093
VANCOUVER COASTAL HEALTH AUTHORITY *p315*
1212 Broadway W Suite 400, VANCOUVER, BC, V6H 3V1
(604) 736-2881 *SIC* 8093
VANCOUVER ISLAND HEALTH AUTHORITY *p333*
4575 Blenkinsop Rd, VICTORIA, BC, V8X 2C7
(250) 479-7373 *SIC* 8093
VITALITE HEALTH NETWORK *p398*
345 Boul Hebert, EDMUNDSTON, NB, E3V 0E7
(506) 735-2092 *SIC* 8093
WE CARE HEALTH SERVICES INC *p408*
236 St George St Suite 110, MONCTON, NB, E1C 1W1
(506) 384-2273 *SIC* 8093
WE CARE HEALTH SERVICES INC *p981*
161 St. Peters Rd, CHARLOTTETOWN, PE, C1A 5P7
(902) 894-3025 *SIC* 8093
WESTERN REGIONAL INTEGRATED HEALTH AUTHORITY, THE *p425*
35 Boones Rd, CORNER BROOK, NL, A2H 6J7
(709) 634-4506 *SIC* 8093
WINDSOR REGIONAL HOSPITAL *p970*
3901 Connaught Ave, WINDSOR, ON, N9C 4H4
(519) 257-5215 *SIC* 8093
WINNIPEG REGIONAL HEALTH AUTHORITY, THE *p367*
975 Henderson Hwy, WINNIPEG, MB, R2K 4L7
(204) 938-5000 *SIC* 8093
WINNIPEG REGIONAL HEALTH AUTHORITY, THE *p374*
490 Hargrave St, WINNIPEG, MB, R3A 0X7
(204) 940-2665 *SIC* 8093

SIC 8099 Health and allied services, nec

ALBERTA HEALTH SERVICES *p138*
200 4 Ave S Suite 110, LETHBRIDGE, AB, T1J 4C9
(403) 388-6700 *SIC* 8099
ALIMENTS TRADITION INC, LES *p989*
9000 Boul Des Sciences, ANJOU, QC, H1J 3A9
(514) 355-1131 *SIC* 8099
CANADIAN BLOOD SERVICES *p51*
737 13 Ave Sw, CALGARY, AB, T2R 1J1
(403) 410-2650 *SIC* 8099
CANADIAN BLOOD SERVICES *p152*
5020 68 St Suite 5, RED DEER, AB, T4N 7B4
(403) 309-3378 *SIC* 8099
CANADIAN BLOOD SERVICES *p225*
1865 Dilworth Dr Suite 103, KELOWNA, BC, V1Y 9T1
(250) 717-5244 *SIC* 8099
CANADIAN BLOOD SERVICES *p261*
2277 Westwood Dr, PRINCE GEORGE, BC, V2N 4V6
(250) 563-2560 *SIC* 8099
CANADIAN BLOOD SERVICES *p320*
2211 Wesbrook Mall, VANCOUVER, BC, V6T 2B5
(604) 822-7587 *SIC* 8099
CANADIAN BLOOD SERVICES *p344*
800 Rosser Ave, BRANDON, MB, R7A 6N5
(204) 571-3100 *SIC* 8099
CANADIAN BLOOD SERVICES *p415*
405 University Ave, SAINT JOHN, NB, E2K 0H6
(506) 648-5012 *SIC* 8099
CANADIAN BLOOD SERVICES *p609*
397 Ontario St Suite 395, HAMILTON, ON, L8N 1H8
(888) 236-6283 *SIC* 8099
CANADIAN BLOOD SERVICES *p784*
1800 Alta Vista Dr, OTTAWA, ON, K1G 4J5
(613) 739-2300 *SIC* 8099
CANADIAN BLOOD SERVICES *p867*
944 Barrydowne Rd, SUDBURY, ON, P3A 3V3
(705) 674-2636 *SIC* 8099
CANADIAN BLOOD SERVICES *p869*
300 Elm St, SUDBURY, ON, P3C 1V4
(705) 688-3300 *SIC* 8099
CANADIAN BLOOD SERVICES *p1295*
325 20th St E, SASKATOON, SK, S7K 0A9
(306) 651-6600 *SIC* 8099
CANADIAN HEARING SOCIETY *p786*
2197 Riverside Dr Suite 600, OTTAWA, ON, K1H 7X3
(613) 521-0509 *SIC* 8099
CANADIAN RED CROSS SOCIETY, THE *p433*
7 Wicklow St, ST. JOHN'S, NL, A1B 3Z9
SIC 8099
CANADIAN RED CROSS SOCIETY, THE *p963*
3909 Grand Marais Rd E Suite 400, WINDSOR, ON, N8W 1W9
(519) 944-8144 *SIC* 8099
CANCER CARE ONTARIO *p616*
565 Sanatorium Rd Suite 207, HAMILTON, ON, L9C 7N4
(905) 389-0101 *SIC* 8099
CANCERCARE MANITOBA *p377*
25 Sherbrook St Unit 5, WINNIPEG, MB, R3C 2B1
(204) 788-8000 *SIC* 8099
CENTRE DE SANTE ET SERVICES SOCIAUX DU PONTIAC *p1235*
200 Rue Argue, SHAWVILLE, QC, J0X 2Y0
(819) 647-2211 *SIC* 8099
DIGNITAS INTERNATIONAL *p904*
550 Queen St E Suite 335, TORONTO, ON, M5A 1V2
(416) 260-3100 *SIC* 8099
EMERGENCY AND HEALTH SERVICES COMMISSION *p229*
9440 202 St, LANGLEY, BC, V1M 4A6
(604) 215-8103 *SIC* 8099
FISHER RIVER CREE NATION *p350*
Gd, KOOSTATAK, MB, R0C 1S0
(204) 645-2689 *SIC* 8099
FONDATION DU CENTRE DE SANTE ET DE SERVICES SOCIAUX D'AHUNTSIC ET MONTREAL-NORD *p1132*
6500 Boul Henri-Bourassa E, MONTREAL-NORD, QC, H1G 5W9
(514) 384-2000 *SIC* 8099
GOVERNMENT OF ONTARIO *p648*
48 Hillside Dr Rr 1, LITTLE CURRENT, ON, P0P 1K0
(705) 368-2182 *SIC* 8099
GROUPE SANTE MEDISYS INC *p1111*
1255 Rue University Bureau 900, Montreal, QC, H3B 3X4
SIC 8099
HEMA-QUEBEC *p1161*
1070 Av Des Sciences-De-La-Vie, Quebec, QC, G1V 5C3
(418) 780-4362 *SIC* 8099
HEMA-QUEBEC *p1207*
4045 Boul De La Cote-Vertu, SAINT-LAURENT, QC, H4R 2W7
(514) 832-5000 *SIC* 8099
INTERTEK TESTING SERVICES (ITS) CANADA LTD *p193*
9000 Bill Fox Way Suite 105, BURNABY, BC, V5J 5J3
(604) 454-9011 *SIC* 8099
MUSKOKA ALGONQUIN HEALTHCARE *p620*
8 Crescent Rd, HUNTSVILLE, ON, P1H 0B3
(705) 789-6451 *SIC* 8099
PARKLAND REGIONAL HEALTH AUTHORITY INC *p347*
625 3rd St Sw, DAUPHIN, MB, R7N 1R7
(204) 638-2118 *SIC* 8099
PRAIRIE NORTH REGIONAL HEALTH AUTHORITY *p1306*
410 3 Ave W, ST WALBURG, SK, S0M 2T0
(306) 248-3355 *SIC* 8099
REGIONAL HEALTH AUTHORITY NB *p405*
1780 Water St Suite 300, MIRAMICHI, NB, E1N 1B6
(506) 778-6877 *SIC* 8099
SERVIR + SOINS ET SOUTIEN A DOMICILE INC *p1072*
1887 Ch Du Tremblay Bureau 200, LONGUEUIL, QC, J4N 1A4
SIC 8099
SUN COUNTRY HEALTH REGION *p1308*
808 Souris Valley Rd, WEYBURN, SK, S4H 2Z9
(306) 842-8399 *SIC* 8099
SUN COUNTRY REGIONAL HEALTH AUTHORITY *p1278*
917 Tupper St, OXBOW, SK, S0C 2B0
(306) 483-2956 *SIC* 8099
SYKES ASSISTANCE SERVICES CORPORATION *p408*
774 Main St Suite 600, MONCTON, NB, E1C 9Y3
(506) 867-3202 *SIC* 8099
SYKES ASSISTANCE SERVICES CORPORATION *p743*
555 Oak St E, NORTH BAY, ON, P1B 8E3
(705) 840-1350 *SIC* 8099
SYKES ASSISTANCE SERVICES CORPORATION *p871*
1361 Paris St Suite 102, Sudbury, ON, P3E 3B6
SIC 8099
WEIGHT WATCHERS CANADA, LTD *p767*
2295 Bristol Cir Unit 200, OAKVILLE, ON, L6H 6P8
(905) 491-2100 *SIC* 8099
WINNIPEG REGIONAL HEALTH AUTHORITY, THE *p364*
614 Rue Des Meurons Suite 240, WINNIPEG, MB, R2H 2P9
(204) 940-2035 *SIC* 8099
WINNIPEG REGIONAL HEALTH AUTHORITY, THE *p366*
345 De Baets St, WINNIPEG, MB, R2J 3V6
(204) 654-5100 *SIC* 8099

SIC 8111 Legal services

2533481 MANITOBA LTD *p376*
330 St Mary Ave Suite 700, WINNIPEG, MB, R3C 3Z5
(204) 957-0520 *SIC* 8111
AGRO ZAFFIRO LLP *p610*
1 James St S Suite 400 4th Fl, HAMILTON, ON, L8P 4R5
(905) 527-6877 *SIC* 8111
ARONOVITCH MACAULAY ROLLO LLP *p917*
145 Wellington St W Suite 300, TORONTO, ON, M5J 1H8
(416) 369-9393 *SIC* 8111
BAKER NEWBY LLP *p178*
2955 Gladwin Rd Suite 200, ABBOTSFORD, BC, V2T 5T4
(604) 852-3646 *SIC* 8111
BCF S.E.N.C.R.L. *p1159*
2828 Boul Laurier Bureau 1200, Quebec, QC, G1V 0B9
(418) 266-4500 *SIC* 8111
BDO CANADA LIMITED *p537*
3115 Harvester Rd Suite 400, BURLINGTON, ON, L7N 3N8
(905) 637-8554 *SIC* 8111
BDO CANADA LIMITED *p610*
25 Main St W Suite 805, HAMILTON, ON, L8P 1H1
(905) 524-1008 *SIC* 8111
BDO CANADA LIMITED *p820*
45 Vogell Rd Unit 300, RICHMOND HILL, ON, L4B 3P6
(905) 508-0080 *SIC* 8111
BDO CANADA LLP *p917*
123 Front St W Suite 1100, TORONTO, ON, M5J 2M2
(416) 865-0210 *SIC* 8111
BEAUVAIS, TRUCHON & ASSOCIES *p1156*
79 Boul Rene-Levesque E Bureau 200, Quebec, QC, G1R 5N5
(418) 692-4180 *SIC* 8111
BENCHMARK LAW CORP *p274*
9471 Kirkmond Cres, RICHMOND, BC, V7E 1M7
(604) 786-7724 *SIC* 8111
BENNETT JONES LLP *p79*
10020 100 St Nw Suite 3200, EDMONTON, AB, T5J 0N3
(780) 421-8133 *SIC* 8111
BENNETT JONES LLP *p790*

▲ Public Company   ■ Public Company Family Member   **HQ** Headquarters   **BR** Branch   **SL** Single Location

SIC 8111 Legal services

45 O'connor St Suite 1900, OTTAWA, ON, K1P 1A4
(613) 683-2300 SIC 8111
BENNETT JONES LLP p932
100 King St W Suite 3400, TORONTO, ON, M5X 2A1
(416) 863-1200 SIC 8111
BERESKIN & PARR INC. p707
6733 Mississauga Rd Suite 600, MISSISSAUGA, ON, L5N 6J5
(905) 812-3600 SIC 8111
BLAKE, CASSELS & GRAYDON LLP p41
855 2 St Sw Suite 3500, CALGARY, AB, T2P 4J8
(403) 260-9600 SIC 8111
BLAKE, CASSELS & GRAYDON LLP p323
595 Burrard St Suite 2600, VANCOUVER, BC, V7X 1L3
(604) 631-3300 SIC 8111
BLAKE, CASSELS & GRAYDON LLP p928
199 Bay St Suite 4000, TORONTO, ON, M5V 1V3
(416) 863-2400 SIC 8111
BLAKE, CASSELS & GRAYDON LLP p1110
1 Place Ville-Marie Bureau 3000, Montreal, QC, H3B 4N8
(514) 982-4000 SIC 8111
BORDEN LADNER GERVAIS LLP p41
520 3 Ave Sw Suite 1900, CALGARY, AB, T2P 0R3
(403) 232-9500 SIC 8111
BORDEN LADNER GERVAIS LLP p306
200 Burrard St Suite 1200, VANCOUVER, BC, V6C 3L6
(604) 687-5744 SIC 8111
BORDEN LADNER GERVAIS LLP p790
100 Queen St Suite 1100, OTTAWA, ON, K1P 1J9
(613) 237-5160 SIC 8111
BORDEN LADNER GERVAIS LLP p913
22 Adelaide St W Suite 3400, TORONTO, ON, M5H 4E3
(416) 367-6000 SIC 8111
BORDEN LADNER GERVAIS LLP p1110
1000 Rue De La Gauchetiere O Bureau 900, Montreal, QC, H3B 5H4
(514) 879-1212 SIC 8111
BOUGHTON LAW CORPORATION p323
595 Burrard St Suite 1000, VANCOUVER, BC, V7X 1S8
(604) 647-4102 SIC 8111
BOYKIW, DONALD p41
450 1 St Sw Suite 2500, CALGARY, AB, T2P 5H1
(403) 260-7000 SIC 8111
BROWNLEE LLP p51
396 11 Ave Sw Suite 700, CALGARY, AB, T2R 0C5
(403) 232-8300 SIC 8111
BURCHELLS LLP p457
1801 Hollis St Suite 1800, HALIFAX, NS, B3J 3N4
(902) 423-6361 SIC 8111
CAIN LAMARRE CASGRAIN WELLS, S.E.N.C.R.L. p1013
255 Rue Racine E Bureau 600, CHICOUTIMI, QC, G7H 7L2
(418) 545-4580 SIC 8111
CAIN LAMARRE CASGRAIN WELLS, S.E.N.C.R.L. p1110
630 Boul Rene-Levesque O Bureau 2780, Montreal, QC, H3B 1S6
(514) 393-4580 SIC 8111
CAIN LAMARRE CASGRAIN WELLS, S.E.N.C.R.L. p1156
580 Grande Allee E Bureau 440, Quebec, QC, G1R 2K2
(418) 681-7200 SIC 8111
CARTHOS SERVICES LP p1110
1000 Rue De La Gauchetiere O Bureau 2100, Montreal, QC, H3B 4W5
(514) 904-8100 SIC 8111
CAVALLUZZO, HAYES, SHILTON, MCINTYRE & CORNISH LLP p927

474 Bathurst St Suite 300, TORONTO, ON, M5T 2S6
(416) 964-1115 SIC 8111
CAW LEGAL SERVICES PLAN p963
2345 Central Ave, WINDSOR, ON, N8W 4J1
(519) 944-5866 SIC 8111
CENTRE COMMUNAUTAIRE JURIDIQUE DE L'ESTRIE p1236
225 Rue King O Bureau 234, SHERBROOKE, QC, J1H 1P8
(819) 563-6122 SIC 8111
CENTRE COMMUNAUTAIRE JURIDIQUE DE MONTREAL p1098
5800 Rue Saint-Denis Bureau 802, Montreal, QC, H2S 3L5
(514) 864-9833 SIC 8111
CHOI, GRACE G Y p307
666 Burrard St Suite 2800, VANCOUVER, BC, V6C 2Z7
SIC 8111
CITY OF HAMILTON, THE p610
21 King St W 12th Fl, HAMILTON, ON, L8P 4W7
(905) 546-4520 SIC 8111
COBBETT & COTTON LAW CORPORATION p186
410 Carleton Ave Suite 300, BURNABY, BC, V5C 6P6
(604) 299-6251 SIC 8111
COMMONWEALTH LEGAL INC p918
145 Wellington St W Suite 901, TORONTO, ON, M5J 1H8
(416) 703-3755 SIC 8111
COMPAGNIE DE TELEPHONE BELL DU CANADA OU BELL CANADA, LA p1110
1000 Rue De La Gauchetiere O Bureau 4100, Montreal, QC, H3B 4W5
(514) 870-8777 SIC 8111
COX & PALMER p400
371 Queen St Suite 400, FREDERICTON, NB, E3B 1B1
(506) 444-9284 SIC 8111
COX & PALMER p407
644 Main St Suite 502, MONCTON, NB, E1C 1E2
(506) 856-9800 SIC 8111
COX & PALMER p415
1 Brunswick Pl Suite 1500, SAINT JOHN, NB, E2K 1B5
(506) 632-8900 SIC 8111
COX & PALMER p416
1 Germain St Suite 1500, SAINT JOHN, NB, E2L 4V1
(506) 633-2718 SIC 8111
COX & PALMER p416
1 Germain St Unit 1500, SAINT JOHN, NB, E2L 4V1
(506) 632-8900 SIC 8111
COX & PALMER p980
97 Queen St Suite 600, CHARLOTTETOWN, PE, C1A 4A9
(902) 628-1033 SIC 8111
CRAWFORD & COMPANY (CANADA) INC p790
151 Slater St Suite 900, OTTAWA, ON, K1P 5H3
(613) 564-7182 SIC 8111
CRAWFORD SMITH & SWALLOW CHARTERED ACCOUNTANTS LLP p609
75 Young St, HAMILTON, ON, L8N 1V4
(905) 528-4600 SIC 8111
CUNNINGHAM, SWAN, CARTY, LITTLE & BONHAM LLP p631
27 Princess St Suite 300, KINGSTON, ON, K7L 1A3
(613) 544-0211 SIC 8111
DALHOUSIE UNIVERSITY p460
2209 Gottingen St, HALIFAX, NS, B3K 3B5
(902) 423-8105 SIC 8111
DAVIES WARD PHILLIPS & VINEBERG LLP p1105
1501 Av Mcgill College Bureau 2600, Montreal, QC, H3A 3N9
(514) 841-6400 SIC 8111

DAVIS LLP p43
250 2 St Sw Suite 1000, CALGARY, AB, T2P 0C1
(403) 296-4470 SIC 8111
DAVIS LLP p79
10060 Jasper Ave Nw Suite 1201, EDMONTON, AB, T5J 4E5
(780) 426-5330 SIC 8111
DAVIS LLP p932
100 King St W Suite 367, TORONTO, ON, M5X 2A1
(416) 365-3414 SIC 8111
DAVIS LLP p1105
1501 Av Mcgill College Bureau 1400, Montreal, QC, H3A 3M8
(514) 392-1991 SIC 8111
DAVIS MANAGEMENT LTD p932
100 King St W Unit 60, TORONTO, ON, M5X 2A1
(416) 365-3500 SIC 8111
DELOITTE & TOUCHE INC p655
255 Queens Ave Suite 700, LONDON, ON, N6A 5R8
(519) 679-1880 SIC 8111
DELOITTE & TOUCHE MANAGEMENT CONSULTANTS p753
1 Concorde Gate Suite 200, NORTH YORK, ON, M3C 3N6
(416) 775-4700 SIC 8111
DELOITTE LLP p1238
1802 Rue King O Bureau 300, SHERBROOKE, QC, J1J 0A2
(819) 823-1616 SIC 8111
DENTONS CANADA LLP p43
850 2 St Sw Suite 1500, CALGARY, AB, T2P 0R8
(403) 268-7000 SIC 8111
DENTONS CANADA LLP p79
10180 101 St Nw Suite 2900, EDMONTON, AB, T5J 3V5
(780) 423-7100 SIC 8111
DENTONS CANADA LLP p307
250 Howe St Suite 2000, VANCOUVER, BC, V6C 3R8
(604) 687-4460 SIC 8111
DENTONS CANADA LLP p791
99 Bank St Suite 1420, OTTAWA, ON, K1P 1H4
(613) 783-9600 SIC 8111
DENTONS CANADA LLP p922
77 King St W Suite 400, TORONTO, ON, M5K 2A1
(416) 863-4511 SIC 8111
DENTONS CANADA LLP p1111
1 Place Ville-Marie Bureau 3900, Montreal, QC, H3B 4M7
(514) 878-8800 SIC 8111
DOAK SHIRREFF LLP p225
537 Leon Ave Suite 200, KELOWNA, BC, V1Y 2A9
(250) 763-4345 SIC 8111
DUNCAN CRAIG LLP p174
4725 56 St Suite 103, WETASKIWIN, AB, T9A 3M2
(780) 352-1662 SIC 8111
DUNHILL MANAGEMENT GROUP LTD, THE p377
240 Graham Ave Suite 724, WINNIPEG, MB, R3C 0J7
(204) 942-0500 SIC 8111
DUNTON RAINVILLE SENC p1021
3333 Boul Du Souvenir Bureau 200, Cote Saint-Luc, QC, H7V 1X1
(450) 686-8683 SIC 8111
EH MANAGEMENT LIMITED p908
1 Queen St E Suite 1800, TORONTO, ON, M5C 2Y5
(416) 863-1230 SIC 8111
FARRIS, VAUGHAN, WILLS & MURPHY LLP p225
1631 Dickson Ave Suite 1800, KELOWNA, BC, V1Y 0B5
(250) 861-5332 SIC 8111
FARRIS, VAUGHAN, WILLS & MURPHY LLP

p324
700 Georgia St W Suite 25, VANCOUVER, BC, V7Y 1K8
(604) 661-1702 SIC 8111
FASKEN MARTINEAU DUMOULIN LLP p44
350 7 Ave Sw Suite 3400, CALGARY, AB, T2P 3N9
(403) 261-5350 SIC 8111
FASKEN MARTINEAU DUMOULIN LLP p307
550 Burrard St Suite 2900, VANCOUVER, BC, V6C 0A3
(604) 631-3131 SIC 8111
FASKEN MARTINEAU DUMOULIN LLP p791
55 Metcalfe St Suite 1300, OTTAWA, ON, K1P 6L5
(613) 236-3882 SIC 8111
FASKEN MARTINEAU DUMOULIN LLP p1126
800 Rue Du Square-Victoria Bureau 3700, Montreal, QC, H4Z 1A1
(514) 397-7400 SIC 8111
FASKEN MARTINEAU DUMOULIN LLP p1157
140 Grande Allee E Bureau 800, Quebec, QC, G1R 5M8
(418) 640-2000 SIC 8111
FETHERSTONHAUGH & CO. p301
650 Georgia St E Suite 2200, VANCOUVER, BC, V6A 2A1
SIC 8111
FETHERSTONHAUGH & CO. p911
438 University Ave Suite 1500, TORONTO, ON, M5G 2K8
(416) 598-4209 SIC 8111
FETHERSTONHAUGH & CO. p1111
1000 Rue De La Gauchetiere O Bureau 3300, Montreal, QC, H3B 5J1
(514) 954-1500 SIC 8111
FIELD LLP p44
444 7 Ave Sw Suite 400, CALGARY, AB, T2P 0X8
(403) 260-8500 SIC 8111
FORTIN, JEAN & ASSOCIES SYNDICS INC p1069
2360 Boul Marie-Victorin, LONGUEUIL, QC, J4G 1B5
(450) 442-3260 SIC 8111
FORTIN, JEAN & ASSOCIES SYNDICS INC p1200
30 Rue De Martigny O Bureau 100, Saint-Jerome, QC, J7Y 2E9
(450) 432-0207 SIC 8111
FRAGOMEN (CANADA) CO p918
55 York St Suite 1500, TORONTO, ON, M5J 1R7
(416) 504-3838 SIC 8111
G-WLG LP p611
1 Main St W, HAMILTON, ON, L8P 4Z5
(905) 540-8208 SIC 8111
GESTOLEX, SOCIETE EN COMMANDITE p1021
3333 Boul Du Souvenir Bureau 200, Cote Saint-Luc, QC, H7V 1X1
(450) 686-8683 SIC 8111
GOODMANS LLP p307
355 Burrard St Suite 1900, VANCOUVER, BC, V6C 2G8
(604) 682-7737 SIC 8111
GOUDREAU GAGE DUBUC S.E.N.C.R.L p1106
2000 Av Mcgill College Bureau 2200, Montreal, QC, H3A 3H3
(514) 397-7602 SIC 8111
GOUVERNEMENT DE LA PROVINCE DE QUEBEC p1038
768 Boul Saint-Joseph Unite 210, GATINEAU, QC, J8Y 4B8
(819) 772-3013 SIC 8111
GOUVERNEMENT DE LA PROVINCE DE QUEBEC p1102
1 Rue Notre-Dame E Bureau 4.100, Montreal, QC, H2Y 1B6
(514) 393-2703 SIC 8111
GOUVERNEMENT DE LA PROVINCE DE

▲ Public Company   ■ Public Company Family Member   HQ Headquarters   BR Branch   SL Single Location

BUSINESSES BY INDUSTRY CLASSIFICATION

QUEBEC p1102
1 Rue Notre-Dame E Bureau 735, Montreal, QC, H2Y 1B6
(514) 864-4949 SIC 8111

GOUVERNEMENT DE LA PROVINCE DE QUEBEC p1157
525 Boul Rene-Levesque E Bureau 125, Quebec, QC, G1R 5Y4
(418) 643-2688 SIC 8111

GOUVERNEMENT DE LA PROVINCE DE QUEBEC p1200
25 Rue De Martigny O, Saint-Jerome, QC, J7Y 4Z1
(450) 431-4406 SIC 8111

GOUVERNEMENT DE LA PROVINCE DE QUEBEC p1232
180 Rue Salaberry, SALABERRY-DE-VALLEYFIELD, QC, J6T 2J2
(450) 370-4004 SIC 8111

GOVERNMENT OF ONTARIO p939
56 Wellesley St W Suite 1200, TORONTO, ON, M7A 2B7
(416) 327-8613 SIC 8111

GOVERNMENT OF ONTARIO p939
77 Wellesley St W 12th Fl, TORONTO, ON, M7A 1N3
SIC 8111

GOVERNMENT OF ONTARIO p939
720 Bay St Suite 204, TORONTO, ON, M7A 2S9
(416) 326-4525 SIC 8111

GOVERNMENT OF ONTARIO p940
400 University Ave 14th Flr, TORONTO, ON, M7A 1T7
(416) 326-7600 SIC 8111

GOVERNMENT OF THE NORTHWEST TERRITORIES p439
Gd, YELLOWKNIFE, NT, X1A 2L9
(867) 920-8024 SIC 8111

GOVERNMENT OF THE PROVINCE OF ALBERTA p44
332 6 Ave Sw Suite 600, CALGARY, AB, T2P 0B2
(403) 297-8444 SIC 8111

GOVERNMENT OF THE PROVINCE OF ALBERTA p80
10365 97 St Nw Suite 901, EDMONTON, AB, T5J 3W7
(780) 422-1111 SIC 8111

GOVERNMENT OF THE PROVINCE OF ALBERTA p126
10260 99 St, GRANDE PRAIRIE, AB, T8V 2H4
(780) 538-5340 SIC 8111

GOWLING WLG (CANADA) LLP p44
421 7 Ave Sw Unit 1600, CALGARY, AB, T2P 4K9
(403) 298-1000 SIC 8111

GOWLING WLG (CANADA) LLP p307
550 Burrard St Suite 2300, VANCOUVER, BC, V6C 2B5
(604) 683-6498 SIC 8111

GOWLING WLG (CANADA) LLP p611
1 Main St W, HAMILTON, ON, L8P 4Z5
(905) 540-8208 SIC 8111

GOWLING WLG (CANADA) LLP p641
50 Queen St N Suite 1020, KITCHENER, ON, N2H 6P4
(519) 576-6910 SIC 8111

GOWLING WLG (CANADA) LLP p641
50 Queen St N Unit 1020, KITCHENER, ON, N2H 6P4
(519) 576-6910 SIC 8111

GOWLING WLG (CANADA) LLP p641
50 Queen St N Suite 1020, KITCHENER, ON, N2H 6P4
(519) 575-7506 SIC 8111

GOWLING WLG (CANADA) LLP p641
50 Queen St N Suite 1020, KITCHENER, ON, N2H 6P4
(519) 575-7517 SIC 8111

GOWLING WLG (CANADA) LLP p932
100 King St W Suite 1600, TORONTO, ON, M5X 1G5
(416) 862-7525 SIC 8111

GOWLING WLG (CANADA) LLP p1111
1 Place Ville-Marie Bureau 3700, Montreal, QC, H3B 3P4
(514) 878-9641 SIC 8111

GOWLINGS CANADA INC p1111
1 Place Ville-Marie Bureau 3700, Montreal, QC, H3B 3P4
(514) 878-9641 SIC 8111

GRANARD MANAGEMENT LIMITED PARTNERSHIP p919
181 Bay St Suite 3300, TORONTO, ON, M5J 2T3
(416) 864-0829 SIC 8111

HACKER GIGNAC RICE p680
518 Yonge St, MIDLAND, ON, L4R 2C5
(705) 526-2231 SIC 8111

HARPER GREY LLP p304
650 Georgia St W Suite 3200, VANCOUVER, BC, V6B 4P7
(604) 687-0411 SIC 8111

HEENAN BLAIKIE S.E.N.C.R.L. p45
425 1 St Sw Unit 1200, CALGARY, AB, T2P 3L8
SIC 8111

HEENAN BLAIKIE S.E.N.C.R.L. p45
215 9 Ave Sw Suite 1900, CALGARY, AB, T2P 1K3
SIC 8111

HEENAN BLAIKIE S.E.N.C.R.L. p311
1055 Hastings St W Unit 2200, VANCOUVER, BC, V6E 2E9
(604) 891-1180 SIC 8111

HEENAN BLAIKIE S.E.N.C.R.L. p791
55 Metcalfe St Suite 300, OTTAWA, ON, K1P 6L5
SIC 8111

HEENAN BLAIKIE S.E.N.C.R.L. p914
333 Bay St Suite 2900, TORONTO, ON, M5H 2R2
SIC 8111

HEENAN BLAIKIE S.E.N.C.R.L. p1237
455 Rue King O Bureau 210, SHERBROOKE, QC, J1H 6E9
(819) 346-5058 SIC 8111

HENIN BLAKEY p919
Po Box 185 Stn Royal Bank, TORONTO, ON, M5J 2J4
SIC 8111

HICKS MORLEY HAMILTON STEWART STORIE LLP p802
150 Metcalfe St Suite 2000, OTTAWA, ON, K2P 1P1
(613) 234-0386 SIC 8111

HOWATT WAYNE F p458
1801 Hollis St Unit 1800, HALIFAX, NS, B3J 3N4
(902) 423-6361 SIC 8111

HUGHES AMYS LLP p909
48 Yonge St Suite 200, TORONTO, ON, M5E 1G6
(416) 367-1608 SIC 8111

INTER-CULTURAL ASSOCIATION OF GREATER VICTORIA p329
930 Balmoral Rd, VICTORIA, BC, V8T 1A8
(250) 388-4728 SIC 8111

JENSEN SHAWA SOLOMON DUGUID HAWKES LLP p46
304 8 Ave Sw Suite 800, CALGARY, AB, T2P 1C2
(403) 571-1520 SIC 8111

JOLI-COEUR LACASSE S.E.N.C.R.L p1107
2001 Av Mcgill College Bureau 900, Montreal, QC, H3A 1G1
(514) 871-2800 SIC 8111

KEYSER MASON BALL LLP p694
4 Robert Speck Pky Suite 1600, MISSISSAUGA, ON, L4Z 1S1
(905) 276-9111 SIC 8111

LANGLOIS KRONSTROM DESJARDINS AVOCATS S.E.N.C.R.L p1161
2820 Boul Laurier Bureau 1300, Quebec, QC, G1V 0C1
(418) 650-7000 SIC 8111

LANGLOIS KRONSTROM DESJARDINS S.E.N.C. p1065
5790 Boul Etienne-Dallaire Bureau 205, Levis, QC, G6V 8V6
(418) 838-5505 SIC 8111

LAVERY DE BILLY, SOCIETE EN NOM COLLECTIF A RESPONSABILITE LIMITEE p1159
925 Grande Allee O Bureau 500, Quebec, QC, G1S 1C1
(418) 688-5000 SIC 8111

LAW SOCIETY OF UPPER CANADA, THE p915
130 Queen St W Suite 100, TORONTO, ON, M5H 2N6
(416) 947-3315 SIC 8111

LAWRENCE LAWRENCE STEVENSON LLP p522
43 Queen St W, BRAMPTON, ON, L6Y 1L9
(905) 452-6873 SIC 8111

LAWSERVE MANAGEMENT LIMITED PARTNERSHIP p657
300 Dundas St, LONDON, ON, N6B 1T6
(519) 672-5666 SIC 8111

LAWSON LUNDELL LLP p46
205 5 Ave Sw Suite 3700, CALGARY, AB, T2P 2V7
(403) 269-6900 SIC 8111

LAWYERS RESOURCE CENTRE LIMITED PARTNERSHIP p656
255 Queens Ave Suite 11, LONDON, ON, N6A 5R8
(519) 645-6908 SIC 8111

LAXTON GLASS LLP p915
390 Bay St Suite 200, TORONTO, ON, M5H 2B1
(416) 363-2353 SIC 8111

LEGAL AID ONTARIO p829
700 Christina St N, SARNIA, ON, N7V 3C2
(519) 337-1210 SIC 8111

LEGAL AID ONTARIO p911
375 University Ave Suite 304, TORONTO, ON, M5G 2J5
(416) 979-1446 SIC 8111

LEGAL AID ONTARIO p911
40 Dundas St W Suite 200, TORONTO, ON, M5G 2H1
(416) 204-5420 SIC 8111

LEGAL AID SERVICES SOCIETY OF MANITOBA p378
514 St Mary Ave, WINNIPEG, MB, R3C 0N6
(204) 985-8570 SIC 8111

LEGAL AID SERVICES SOCIETY OF MANITOBA p378
294 Portage Ave Unit 402, WINNIPEG, MB, R3C 0B9
(204) 985-8500 SIC 8111

LEGAL SERVICES SOCIETY p308
510 Burrard St Suite 400, VANCOUVER, BC, V6C 3A8
(604) 601-6200 SIC 8111

LEGAULT JOLY THIFFAULT S.E.N.C.R.L. p1102
380 Rue Saint-Antoine O Bureau 7100, Montreal, QC, H2Y 3X7
(514) 842-8891 SIC 8111

LERNERS LLP p915
130 Adelaide St W Suite 2400, TORONTO, ON, M5H 3P5
(416) 867-3076 SIC 8111

LLF LAWYERS LLP p808
332 Aylmer St N, PETERBOROUGH, ON, K9H 3V6
(705) 742-1674 SIC 8111

MACERA & JARZYNA LLP p793
427 Laurier Ave W Suite 1200, OTTAWA, ON, K1R 7Y2
(613) 238-8173 SIC 8111

MACLEOD DIXON LLP p922
100 Wellington St, TORONTO, ON, M5K 1H1
(416) 360-8511 SIC 8111

MARQUE D'OR INC p1115
651 Rue Notre-Dame O, Montreal, QC, H3C 1H9
(514) 393-9900 SIC 8111

MBM INTELLECTUAL PROPERTY LAW LLP p308
700 Pender St W Suite 700, VANCOUVER, BC, V6C 1G8
(604) 669-4350 SIC 8111

MBM INTELLECTUAL PROPERTY LAW LLP p308
200 Granville St Suite 2200, VANCOUVER, BC, V6C 1S4
(604) 669-4350 SIC 8111

MBM INTELLECTUAL PROPERTY LAW LLP p791
275 Slater St Suite 1400, OTTAWA, ON, K1P 5H9
(613) 567-0762 SIC 8111

MCCARTHY TETRAULT LLP p46
421 7 Ave Sw Suite 3300, CALGARY, AB, T2P 4K9
(403) 260-3500 SIC 8111

MCCARTHY TETRAULT LLP p1112
1000 Rue De La Gauchetiere O Bureau 2500, Montreal, QC, H3B 0A2
(514) 397-4100 SIC 8111

MCDOUGALL GAULEY LLP p1292
616 Main St Suite 500, SASKATOON, SK, S7H 0J6
(306) 653-1212 SIC 8111

MCINNES COOPER p400
570 Queen St Suite 600, FREDERICTON, NB, E3B 6Z6
(506) 458-8572 SIC 8111

MCINNES COOPER p407
644 Main St Suite 400, MONCTON, NB, E1C 1E2
(506) 857-8970 SIC 8111

MCINNES COOPER p435
10 Fort William Pl, ST. JOHN'S, NL, A1C 1K4
(709) 722-8735 SIC 8111

MCINNES COOPER p459
5151 George St Suite 900, HALIFAX, NS, B3J 1M5
(902) 425-6500 SIC 8111

MCKERCHER LLP p1285
1801 Hamilton St Suite 800, REGINA, SK, S4P 4B4
(306) 565-6500 SIC 8111

MCLENNAN ROSS LLP p46
350 7 Ave Sw Suite 1000, CALGARY, AB, T2P 3N9
(403) 543-9120 SIC 8111

MCMILLAN LLP p46
736 6 Ave Sw Suite 1900, CALGARY, AB, T2P 3T7
(403) 531-4700 SIC 8111

MCMILLAN LLP p312
1055 Georgia St W Suite 1500, VANCOUVER, BC, V6E 4N7
(604) 689-9111 SIC 8111

MCMILLAN LLP p791
45 O'connor St Suite 2000, OTTAWA, ON, K1P 1A4
(613) 232-7171 SIC 8111

MCMILLAN LLP p1107
1000 Rue Sherbrooke O Bureau 2700, MONTREAL, QC, H3A 3G4
(514) 987-5000 SIC 8111

MCMULLAN, RICHARD W LAW CORPORATION p231
4769 222 St Suite 200, LANGLEY, BC, V2Z 3C1
(604) 533-3821 SIC 8111

MCTAGUE LAW FIRM LLP p968
455 Pelissier St, WINDSOR, ON, N9A 6Z9
(519) 255-4300 SIC 8111

MILLER THOMSON LLP p46
700 9 Ave Sw Suite 3000, CALGARY, AB, T2P 3V4
(403) 298-2400 SIC 8111

MILLER THOMSON LLP p81
10155 102 St Nw Suite 2700, EDMONTON, AB, T5J 4G8

SIC 8211 Elementary and secondary schools

(780) 429-1751   *SIC* 8111
MILLER THOMSON LLP   *p322*
840 Howe St Suite 1000, VANCOUVER, BC, V6Z 2M1
(604) 687-2242   *SIC* 8111
MILLER THOMSON LLP   *p600*
100 Stone Rd W Suite 301, GUELPH, ON, N1G 5L3
(519) 822-4680   *SIC* 8111
MILLER THOMSON LLP   *p673*
60 Columbia Way Suite 600, MARKHAM, ON, L3R 0C9
(905) 415-6700   *SIC* 8111
MILLER THOMSON LLP   *p952*
295 Hagey Blvd Suite 300, WATERLOO, ON, N2L 6R5
(519) 579-3660   *SIC* 8111
MILLER THOMSON LLP   *p1112*
1000 Rue De La Gauchetiere O Bureau 3700, Montreal, QC, H3B 4W5
(514) 875-5210   *SIC* 8111
MJB MGMT CORP   *p220*
275 Lansdowne St Suite 700, KAMLOOPS, BC, V2C 6H6
(250) 374-3161   *SIC* 8111
MLT AIKINS LLP   *p81*
10235 101 St Nw Suite 2200, EDMONTON, AB, T5J 3G1
(780) 969-3500   *SIC* 8111
MLT AIKINS LLP   *p1296*
410 22nd St E Suite 1500, SASKATOON, SK, S7K 5T6
(306) 975-7100   *SIC* 8111
MORENCY, SOCIETE D'AVOCATS, S.E.N.C.R.L.   *p1161*
2875 Boul Laurier Bureau 200, Quebec, QC, G1V 2M2
(418) 651-9900   *SIC* 8111
MORRIS, B. LAW GROUP   *p610*
125 Main St E, HAMILTON, ON, L8N 3Z3
(905) 522-6845   *SIC* 8111
NATIVE COUNSELLING SERVICES OF ALBERTA   *p77*
9330 104 Ave Nw, EDMONTON, AB, T5H 4G7
(780) 423-2141   *SIC* 8111
NICHOLL PASKELL-MEDE INC   *p1112*
630 Boul Rene-Levesque O Bureau 1700, Montreal, QC, H3B 1S6
(514) 843-3777   *SIC* 8111
NORMAN Q CHOW LAW CORPORATION   *p305*
401 Georgia St W Suite 700, VANCOUVER, BC, V6B 5A1
SIC 8111
NORTON ROSE CANADA LLP   *p47*
400 3 Ave Sw Suite 3700, CALGARY, AB, T2P 4H2
(403) 267-8222   *SIC* 8111
NORTON ROSE CANADA S.E.N.C.R.L., S.R.L.   *p1112*
1 Place Ville-Marie Bureau 2500, Montreal, QC, H3B 4S2
(514) 847-4747   *SIC* 8111
NORTON ROSE FULBRIGHT CANADA S.E.N.C.R.L., S.R.L.   *p47*
400 3 Ave Suite 3700, CALGARY, AB, T2P 4H2
(403) 267-8222   *SIC* 8111
NORTON ROSE FULBRIGHT CANADA S.E.N.C.R.L., S.R.L.   *p792*
45 O'connor St Suite 1600, OTTAWA, ON, K1P 1A4
(613) 780-8661   *SIC* 8111
NORTON ROSE FULBRIGHT CANADA S.E.N.C.R.L., S.R.L.   *p920*
200 Bay St Suite 3800, TORONTO, ON, M5J 2Z4
(416) 216-4000   *SIC* 8111
NORTON ROSE FULBRIGHT CANADA S.E.N.C.R.L., S.R.L.   *p1161*
2828 Boul Laurier Bureau 1500, Quebec, QC, G1V 0B9
(418) 640-5000   *SIC* 8111

OSLER, HOSKIN & HARCOURT LLP   *p47*
450 1 St Sw Suite 2500, CALGARY, AB, T2P 5H1
(403) 260-7000   *SIC* 8111
OSLER, HOSKIN & HARCOURT LLP   *p793*
340 Albert St Suite 1900, OTTAWA, ON, K1R 7Y6
(613) 235-7234   *SIC* 8111
OSLER, HOSKIN & HARCOURT LLP   *p1112*
1000 Rue De La Gauchetiere O Bureau 2100, MONTREAL, QC, H3B 4W5
(514) 904-8100   *SIC* 8111
OYEN WIGGS GREEN & MUTALA LLP *p305*
601 Cordova St W Suite 480, VANCOUVER, BC, V6B 1G1
(604) 669-3432   *SIC* 8111
PADDON + YORKE INC   *p592*
360 Guelph St Unit 36b, GEORGETOWN, ON, L7G 4B5
(905) 873-2295   *SIC* 8111
PADDON + YORKE INC   *p682*
225 Main St E Suite 1, MILTON, ON, L9T 1N9
(905) 875-0811   *SIC* 8111
PARLEE MCLAWS LLP   *p47*
421 7 Ave Sw Unit 3300, CALGARY, AB, T2P 4K9
(403) 294-7000   *SIC* 8111
PATTERSON LAW   *p459*
1718 Argyle St Suite 510, HALIFAX, NS, B3J 3N6
(902) 405-8000   *SIC* 8111
PINSONNAULT TORRALBO HUDON   *p1112*
630 Boul Rene-Levesque O Bureau 2700, Montreal, QC, H3B 1S6
SIC 8111
PUBLIC SERVICES AND PROCUREMENT CANADA   *p1037*
140 Prom Du Portage Bureau 4, GATINEAU, QC, J8X 4B6
SIC 8111
QUEBEC STATISQUES   *p1113*
1200 Av Mcgill College Bur.1905, MONTREAL, QC, H3B 4J7
(514) 864-8686   *SIC* 8111
RAYMOND CHABOT INC   *p1113*
600 Rue De La Gauchetiere O Bureau 2000, Montreal, QC, H3B 4L8
(514) 879-1385   *SIC* 8111
RAYMOND CHABOT INC   *p1158*
140 Grande Allee E Bureau 200, Quebec, QC, G1R 5P7
(888) 549-1717   *SIC* 8111
REGIONAL MUNICIPALITY OF WATERLOO, THE   *p641*
150 Frederick Suite 5, KITCHENER, ON, N2G 4J3
(519) 575-4411   *SIC* 8111
ROBERTSON STROMBERG LLP   *p1297*
105 21st St E Suite 600, SASKATOON, SK, S7K 0B3
(306) 652-7575   *SIC* 8111
ROBERTSON, DOWNE & MULLALLY   *p177*
33695 South Fraser Way Suite 301, ABBOTSFORD, BC, V2S 2C1
(604) 853-0774   *SIC* 8111
ROEBOTHAN MCKAY & MARSHALL   *p436*
70 Brookfield Rd, ST. JOHN'S, NL, A1E 3T9
(709) 753-5805   *SIC* 8111
ROYAL LEGAL SOLUTIONS P.C. INC   *p910*
1 Yonge St Suite 1801, TORONTO, ON, M5E 1W7
(416) 619-9197   *SIC* 8111
SAINT JOHN, CITY OF   *p417*
175 Rothesay Ave, SAINT JOHN, NB, E2L 4L1
(506) 658-4455   *SIC* 8111
SERVICES CONSEILS ARBITREX INC, LES *p1103*
500 Place D'armes Bureau 2500, Montreal, QC, H2Y 2W2
(514) 845-3533   *SIC* 8111
SIMPSONWIGLE LAW LLP   *p540*
390 Brant St Suite 501, BURLINGTON, ON, L7R 4J4
(905) 639-1052   *SIC* 8111
SIMPSONWIGLE LAW LLP   *p610*
1 Hunter St E Suite 200, HAMILTON, ON, L8N 3W1
(905) 528-8411   *SIC* 8111
SMART & BIGGAR   *p313*
1055 Georgia St W Suite 2300, VANCOUVER, BC, V6E 0B6
(604) 682-7780   *SIC* 8111
SMART & BIGGAR   *p912*
438 University Ave Suite 1500, TORONTO, ON, M5G 2K8
(416) 593-5514   *SIC* 8111
SMITH VALERIOTE LAW FIRM LLP   *p603*
105 Silvercreek Pky N Unit 100, GUELPH, ON, N1H 6S4
(519) 837-2100   *SIC* 8111
STEWART MCKELVEY STIRLING SCALES *p401*
77 Westmorland St Suite 600, FREDERICTON, NB, E3B 6Z3
(506) 458-1970   *SIC* 8111
STEWART MCKELVEY STIRLING SCALES *p408*
644 Main St Suite 601, MONCTON, NB, E1C 1E2
(506) 853-1970   *SIC* 8111
STEWART MCKELVEY STIRLING SCALES *p417*
44 Chipman Hill Suite 1000, SAINT JOHN, NB, E2L 2A9
(506) 632-1970   *SIC* 8111
STEWART MCKELVEY STIRLING SCALES *p435*
100 New Gower St Suite 1100, ST. JOHN'S, NL, A1C 6K3
(709) 722-4270   *SIC* 8111
STEWART MCKELVEY STIRLING SCALES *p459*
1959 Upper Water St Suite 900, HALIFAX, NS, B3J 3N2
(902) 420-3200   *SIC* 8111
STIKEMAN ELLIOTT LLP   *p309*
666 Burrard St Suite 1700, VANCOUVER, BC, V6C 2X8
(604) 631-1300   *SIC* 8111
STIKEMAN ELLIOTT LLP   *p792*
50 O'connor St Suite 1600, OTTAWA, ON, K1P 6L2
(613) 234-4555   *SIC* 8111
STIKEMAN ELLIOTT LLP   *p1113*
1155 Boul Rene-Levesque O Unite B01, Montreal, QC, H3B 4P9
(514) 397-3000   *SIC* 8111
TAPPER CUDDY LLP   *p378*
330 St Mary Ave Suite 1000, WINNIPEG, MB, R3C 3Z5
(204) 944-8777   *SIC* 8111
TEMPLEMAN MENNINGA LLP   *p503*
205 Dundas St E Suite 200, BELLEVILLE, ON, K8N 5K6
(613) 966-2620   *SIC* 8111
TEMPLEMAN MENNINGA LLP   *p631*
366 King St E Suite 401, KINGSTON, ON, K7K 6Y3
(613) 542-1889   *SIC* 8111
TEPLITSKY, COLSON LLP BARRISTERS *p907*
70 Bond St Suite 200, TORONTO, ON, M5B 1X3
(416) 365-9320   *SIC* 8111
TORYS LLP   *p50*
4600 46fl 525 8 Ave Sw, CALGARY, AB, T2P 1G1
(403) 776-3700   *SIC* 8111
WESTERN LEGAL INFORMATION SERVICES INC   *p245*
620 Royal Ave Suite 10, NEW WESTMINSTER, BC, V3M 1J2
SIC 8111
WILDEBOER DELLELCE LLP   *p916*
365 Bay St Suite 800, TORONTO, ON, M5H 2V1
(416) 361-3121   *SIC* 8111
WILLMS & SHIER ENVIRONMENTAL LAWYERS LLP   *p916*
4 King St W Suite 900, TORONTO, ON, M5H 1B6
(416) 863-0711   *SIC* 8111

SIC 8211 Elementary and secondary schools

A RIGHT TO LEARN INC   *p751*
55 Scarsdale Rd, NORTH YORK, ON, M3B 2R3
(416) 444-7644   *SIC* 8211
ABBOTSFORD CHRISTIAN ELEMENTARY SCHOOL   *p180*
3939 Old Clayburn Rd, ABBOTSFORD, BC, V3G 1J9
(604) 850-2694   *SIC* 8211
ACADEMIE ANTOINE-MANSEAU   *p1045*
20 Rue Saint-Charles-Borromee S, JOLIETTE, QC, J6E 4T1
(450) 753-4271   *SIC* 8211
ACADEMIE DES SACRES-CURS   *p1181*
1575 Rang Des Vingt, SAINT-BRUNO, QC, J3V 4P6
(450) 653-3681   *SIC* 8211
ACADEMIE FRANCOIS-LABELLE   *p1170*
1227 Rue Notre-Dame, REPENTIGNY, QC, J5Y 3H2
(450) 582-2020   *SIC* 8211
ACADEMIE KUPER INC   *p1048*
2 Rue Aesop, KIRKLAND, QC, H9H 5G5
(514) 426-3007   *SIC* 8211
ACADEMIE MARIE-CLAIRE   *p1049*
18190 Boul Elkas, KIRKLAND, QC, H9J 3Y4
(514) 697-9995   *SIC* 8211
ACADEMIE STE-THERESE INC, L'   *p1176*
1 Ch Des Ecoliers, Rosemere, QC, J7A 4Y1
(450) 434-1130   *SIC* 8211
AHTAHKAKOOP EDUCATION BOARD *p1265*
Po Box 280, CANWOOD, SK, S0J 0K0
(306) 468-2854   *SIC* 8211
ALBERTA DISTANCE LEARNING CENTRE *p78*
10055 106 St Nw Suite 300, EDMONTON, AB, T5J 2Y2
(780) 452-4655   *SIC* 8211
ALEXANDER FIRST NATIONS EDUCATION AUTHORITY   *p146*
Gd, MORINVILLE, AB, T8R 1A1
(780) 939-3551   *SIC* 8211
ALEXANDER MONTESSORI SCHOOL INC *p786*
188 Billings Ave, OTTAWA, ON, K1H 5K9
(613) 733-6137   *SIC* 8211
ALGOMA DISTRICT SCHOOL BOARD *p505*
147 Woodward Ave, BLIND RIVER, ON, P0R 1B0
(705) 356-2221   *SIC* 8211
ALGOMA DISTRICT SCHOOL BOARD *p532*
2 Henderson Lane Rr 2, BRUCE MINES, ON, P0R 1C0
(705) 785-3483   *SIC* 8211
ALGOMA DISTRICT SCHOOL BOARD *p550*
20 Teak St, CHAPLEAU, ON, P0M 1K0
(705) 864-1452   *SIC* 8211
ALGOMA DISTRICT SCHOOL BOARD *p568*
32 Kensington Rd, DESBARATS, ON, P0R 1E0
(705) 782-6263   *SIC* 8211
ALGOMA DISTRICT SCHOOL BOARD *p572*
81 Central Ave, ELLIOT LAKE, ON, P5A 2G4
(705) 848-3951   *SIC* 8211
ALGOMA DISTRICT SCHOOL BOARD *p572*
303 Mississauga Ave, ELLIOT LAKE, ON, P5A 1E8
(705) 848-7162   *SIC* 8211
ALGOMA DISTRICT SCHOOL BOARD *p596*
Mahler Rd, GOULAIS RIVER, ON, P0S 1E0
(705) 649-2130   *SIC* 8211
ALGOMA DISTRICT SCHOOL BOARD *p619*

162 Fourth Ave, HORNEPAYNE, ON, P0M 1Z0
(807) 868-2503 SIC 8211
ALGOMA DISTRICT SCHOOL BOARD p830
250 Mark St, SAULT STE. MARIE, ON, P6A 3M7
(705) 945-7106 SIC 8211
ALGOMA DISTRICT SCHOOL BOARD p830
161 Denwood Dr, SAULT STE. MARIE, ON, P6A 5R4
(705) 945-7148 SIC 8211
ALGOMA DISTRICT SCHOOL BOARD p830
139 Elizabeth St, SAULT STE. MARIE, ON, P6A 3Z5
(705) 945-7132 SIC 8211
ALGOMA DISTRICT SCHOOL BOARD p830
644 Albert St E, SAULT STE. MARIE, ON, P6A 2K7
(705) 945-7111 SIC 8211
ALGOMA DISTRICT SCHOOL BOARD p830
1007 Trunk Rd, SAULT STE. MARIE, ON, P6A 5K9
(705) 945-7181 SIC 8211
ALGOMA DISTRICT SCHOOL BOARD p830
1272 Base Line, SAULT STE. MARIE, ON, P6A 5K6
(705) 945-7135 SIC 8211
ALGOMA DISTRICT SCHOOL BOARD p830
75 Arizona Ave, SAULT STE. MARIE, ON, P6A 4L9
(705) 945-7115 SIC 8211
ALGOMA DISTRICT SCHOOL BOARD p830
3924 Queen St E, SAULT STE. MARIE, ON, P6A 5K9
(705) 945-7133 SIC 8211
ALGOMA DISTRICT SCHOOL BOARD p830
8 Fourth Line W, SAULT STE. MARIE, ON, P6A 0B5
(705) 945-7118 SIC 8211
ALGOMA DISTRICT SCHOOL BOARD p830
1601 Wellington St E, SAULT STE. MARIE, ON, P6A 2R8
(705) 945-7177 SIC 8211
ALGOMA DISTRICT SCHOOL BOARD p830
54 Amber St, SAULT STE. MARIE, ON, P6A 5G1
(705) 945-7129 SIC 8211
ALGOMA DISTRICT SCHOOL BOARD p830
84 Albert St E, SAULT STE. MARIE, ON, P6A 2H9
(705) 856-4464 SIC 8211
ALGOMA DISTRICT SCHOOL BOARD p831
80 Weldon Ave, SAULT STE. MARIE, ON, P6B 3C6
(705) 945-7136 SIC 8211
ALGOMA DISTRICT SCHOOL BOARD p831
210 Grand Blvd, SAULT STE. MARIE, ON, P6B 4S8
(705) 945-7128 SIC 8211
ALGOMA DISTRICT SCHOOL BOARD p831
750 North St, SAULT STE. MARIE, ON, P6B 2C5
(705) 945-7177 SIC 8211
ALGOMA DISTRICT SCHOOL BOARD p831
24 Paradise Ave, SAULT STE. MARIE, ON, P6B 5K2
(705) 945-7108 SIC 8211
ALGOMA DISTRICT SCHOOL BOARD p831
90 Chapple Ave, SAULT STE. MARIE, ON, P6B 3N9
(705) 945-7149 SIC 8211
ALGOMA DISTRICT SCHOOL BOARD p831
51 Wireless Ave, SAULT STE. MARIE, ON, P6B 1L4
(705) 945-7134 SIC 8211
ALGOMA DISTRICT SCHOOL BOARD p831
92 Manitou Dr, SAULT STE. MARIE, ON, P6B 5K6
(705) 945-7125 SIC 8211
ALGOMA DISTRICT SCHOOL BOARD p832
232 Northern Ave E, SAULT STE. MARIE, ON, P6B 4H6
SIC 8211
ALGOMA DISTRICT SCHOOL BOARD p832

750 North St, SAULT STE. MARIE, ON, P6B 2C5
(705) 945-7177 SIC 8211
ALGOMA DISTRICT SCHOOL BOARD p832
735 North St, SAULT STE. MARIE, ON, P6B 2C4
(705) 945-7124 SIC 8211
ALGOMA DISTRICT SCHOOL BOARD p832
96 Northwood St, SAULT STE. MARIE, ON, P6B 4M4
(705) 945-7138 SIC 8211
ALGOMA DISTRICT SCHOOL BOARD p833
331 Patrick St, SAULT STE. MARIE, ON, P6C 3Y9
SIC 8211
ALGOMA DISTRICT SCHOOL BOARD p833
636 Goulais Ave, SAULT STE. MARIE, ON, P6C 5A7
(705) 945-7180 SIC 8211
ALGOMA DISTRICT SCHOOL BOARD p833
83 East Balfour St, SAULT STE. MARIE, ON, P6C 1X4
(705) 945-7119 SIC 8211
ALGOMA DISTRICT SCHOOL BOARD p847
1459 Riverview Rd, SERPENT RIVER, ON, P0P 1V0
(705) 844-2168 SIC 8211
ALGOMA DISTRICT SCHOOL BOARD p851
35 John St, SPANISH, ON, P0P 2A0
(705) 844-1098 SIC 8211
ALGOMA DISTRICT SCHOOL BOARD p873
90 Station Rd, THESSALON, ON, P0R 1L0
(705) 842-2410 SIC 8211
ALGONQUIN & LAKESHORE CATHOLIC DISTRICT SCHOOL BOARD p487
97 Park Cres, AMHERSTVIEW, ON, K7N 1L7
(613) 389-1122 SIC 8211
ALGONQUIN & LAKESHORE CATHOLIC DISTRICT SCHOOL BOARD p493
192 Bridge St W, BANCROFT, ON, K0L 1C0
(613) 332-3300 SIC 8211
ALGONQUIN & LAKESHORE CATHOLIC DISTRICT SCHOOL BOARD p501
301 Church St, BELLEVILLE, ON, K8N 3C7
(613) 967-0404 SIC 8211
ALGONQUIN & LAKESHORE CATHOLIC DISTRICT SCHOOL BOARD p501
273 Church St, BELLEVILLE, ON, K8N 3C7
(613) 968-5765 SIC 8211
ALGONQUIN & LAKESHORE CATHOLIC DISTRICT SCHOOL BOARD p501
135 Adam St, BELLEVILLE, ON, K8N 5K3
(613) 968-6993 SIC 8211
ALGONQUIN & LAKESHORE CATHOLIC DISTRICT SCHOOL BOARD p501
405 Bridge St E, BELLEVILLE, ON, K8N 1P7
(613) 962-3653 SIC 8211
ALGONQUIN & LAKESHORE CATHOLIC DISTRICT SCHOOL BOARD p630
130 Russell St, KINGSTON, ON, K7K 2E9
(613) 545-1902 SIC 8211
ALGONQUIN & LAKESHORE CATHOLIC DISTRICT SCHOOL BOARD p630
114 Wiley St, KINGSTON, ON, K7K 5B5
(613) 546-5981 SIC 8211
ALGONQUIN & LAKESHORE CATHOLIC DISTRICT SCHOOL BOARD p630
455 St Martha St, KINGSTON, ON, K7K 7C2
(613) 544-4050 SIC 8211
ALGONQUIN & LAKESHORE CATHOLIC DISTRICT SCHOOL BOARD p630
158 Patrick St, KINGSTON, ON, K7K 3P5
(613) 542-1437 SIC 8211
ALGONQUIN & LAKESHORE CATHOLIC DISTRICT SCHOOL BOARD p631
301 Johnson St, KINGSTON, ON, K7L 1Y5
(613) 546-7555 SIC 8211
ALGONQUIN & LAKESHORE CATHOLIC DISTRICT SCHOOL BOARD p631
370 Kingston Mills Rd, KINGSTON, ON, K7L 5H6
(613) 542-8611 SIC 8211

ALGONQUIN & LAKESHORE CATHOLIC DISTRICT SCHOOL BOARD p633
234 Norman Rogers Dr, KINGSTON, ON, K7M 2R4
(613) 542-1575 SIC 8211
ALGONQUIN & LAKESHORE CATHOLIC DISTRICT SCHOOL BOARD p633
20 Cranbrook St, KINGSTON, ON, K7M 4M9
(613) 389-2800 SIC 8211
ALGONQUIN & LAKESHORE CATHOLIC DISTRICT SCHOOL BOARD p633
355 Waterloo Dr, KINGSTON, ON, K7M 8P5
(613) 549-4499 SIC 8211
ALGONQUIN & LAKESHORE CATHOLIC DISTRICT SCHOOL BOARD p633
736 High Gate Park Dr, KINGSTON, ON, K7M 5Z9
(613) 389-4388 SIC 8211
ALGONQUIN & LAKESHORE CATHOLIC DISTRICT SCHOOL BOARD p635
974 Pembridge Cres, KINGSTON, ON, K7P 1A3
(613) 389-1891 SIC 8211
ALGONQUIN & LAKESHORE CATHOLIC DISTRICT SCHOOL BOARD p635
1044 Lancaster Dr, KINGSTON, ON, K7P 2L6
(613) 384-8644 SIC 8211
ALGONQUIN & LAKESHORE CATHOLIC DISTRICT SCHOOL BOARD p635
1085 Woodbine Rd, KINGSTON, ON, K7P 2V9
(613) 384-1919 SIC 8211
ALGONQUIN & LAKESHORE CATHOLIC DISTRICT SCHOOL BOARD p725
240 Marilyn Ave, NAPANEE, ON, K7R 2L4
(613) 354-9500 SIC 8211
ALGONQUIN & LAKESHORE CATHOLIC DISTRICT SCHOOL BOARD p943
15 Tripp Blvd, TRENTON, ON, K8V 6M2
(613) 394-4843 SIC 8211
ALGONQUIN & LAKESHORE CATHOLIC DISTRICT SCHOOL BOARD p943
15 A Tripp Blvd, TRENTON, ON, K8V 6M2
(613) 392-6577 SIC 8211
ALGONQUIN & LAKESHORE CATHOLIC DISTRICT SCHOOL BOARD p943
85 Campbell St, TRENTON, ON, K8V 3A2
(613) 392-3538 SIC 8211
ALGONQUIN & LAKESHORE CATHOLIC DISTRICT SCHOOL BOARD p945
114 Hunderford Rd, TWEED, ON, K0K 3J0
(613) 478-2601 SIC 8211
ALMADINA SCHOOL SOCIETY p14
2031 Sable Dr Se, CALGARY, AB, T2B 1R9
(403) 543-5074 SIC 8211
ANDERSON LEARNING INC p840
1500 Birchmount Rd, SCARBOROUGH, ON, M1P 2G5
(416) 266-8878 SIC 8211
ANGLOPHONE SOUTH SCHOOL DISTRICT (ASD-S) p403
122 School St, HAMPTON, NB, E5N 6B2
(506) 832-6022 SIC 8211
ANGLOPHONE SOUTH SCHOOL DISTRICT (ASD-S) p403
11 School St, HAMPTON, NB, E5N 6B1
(506) 832-6020 SIC 8211
ANGLOPHONE SOUTH SCHOOL DISTRICT (ASD-S) p412
9 Kensington Ave, QUISPAMSIS, NB, E2E 2T8
(506) 847-6212 SIC 8211
ANGLOPHONE SOUTH SCHOOL DISTRICT (ASD-S) p412
290 Hampton Rd, QUISPAMSIS, NB, E2E 4N1
(506) 847-6207 SIC 8211
ANGLOPHONE SOUTH SCHOOL DISTRICT (ASD-S) p412
189 Pettingill Rd, QUISPAMSIS, NB, E2E 3S8
(506) 847-6210 SIC 8211
ANGLOPHONE SOUTH SCHOOL DISTRICT

(ASD-S) p412
398 Hampton Rd, QUISPAMSIS, NB, E2E 4V5
(506) 847-6200 SIC 8211
ANGLOPHONE SOUTH SCHOOL DISTRICT (ASD-S) p413
230 Eriskay Dr, ROTHESAY, NB, E2E 5G7
(506) 847-6203 SIC 8211
ANGLOPHONE SOUTH SCHOOL DISTRICT (ASD-S) p413
61 Hampton Rd, ROTHESAY, NB, E2E 5L6
(506) 847-6204 SIC 8211
ANGLOPHONE SOUTH SCHOOL DISTRICT (ASD-S) p413
63 Hampton Rd, ROTHESAY, NB, E2E 5L6
(506) 849-5515 SIC 8211
ANGLOPHONE SOUTH SCHOOL DISTRICT (ASD-S) p413
10 Broadway St, ROTHESAY, NB, E2H 1B2
(506) 847-6213 SIC 8211
ANGLOPHONE SOUTH SCHOOL DISTRICT (ASD-S) p413
7 Hampton Rd, ROTHESAY, NB, E2E 5K8
(506) 847-6201 SIC 8211
ANGLOPHONE SOUTH SCHOOL DISTRICT (ASD-S) p415
490 Woodward Ave, SAINT JOHN, NB, E2K 5N3
(506) 658-5300 SIC 8211
ANGLOPHONE SOUTH SCHOOL DISTRICT (ASD-S) p420
1800 Route 124, SPRINGFIELD KINGS CO, NB, E5T 2K2
(506) 485-3030 SIC 8211
ANGLOPHONE SOUTH SCHOOL DISTRICT (ASD-S) p421
12 Dutch Valley Rd, SUSSEX CORNER, NB, E4E 2Y1
(506) 432-2018 SIC 8211
ANGLOPHONE SOUTH SCHOOL DISTRICT (ASD-S) p421
55 Leonard Dr, SUSSEX, NB, E4E 2P8
(506) 432-2017 SIC 8211
ANGLOPHONE SOUTH SCHOOL DISTRICT (ASD-S) p421
49 Bryant Dr, SUSSEX, NB, E4E 2P2
(506) 432-2022 SIC 8211
ANGLOPHONE WEST SCHOOL DISTRICT (ASD-W) p394
3466 Route 625, BOIESTOWN, NB, E6A 1C8
SIC 8211
ANGLOPHONE WEST SCHOOL DISTRICT (ASD-W) p395
33 Forest Ave, CHIPMAN, NB, E4A 1Z8
(506) 339-7015 SIC 8211
ANGLOPHONE WEST SCHOOL DISTRICT (ASD-W) p397
747 Route 628, DURHAM BRIDGE, NB, E6C 1N6
(506) 453-3238 SIC 8211
ANGLOPHONE WEST SCHOOL DISTRICT (ASD-W) p397
430 Main St, DOAKTOWN, NB, E9C 1E8
SIC 8211
ANGLOPHONE WEST SCHOOL DISTRICT (ASD-W) p398
129 Mcadam Ave, FREDERICTON, NB, E3A 1G7
(506) 453-5422 SIC 8211
ANGLOPHONE WEST SCHOOL DISTRICT (ASD-W) p398
111 Park St, FREDERICTON, NB, E3A 2J6
(506) 453-5423 SIC 8211
ANGLOPHONE WEST SCHOOL DISTRICT (ASD-W) p398
30 School St, FLORENCEVILLE-BRISTOL, NB, E7L 2G2
(506) 392-5120 SIC 8211
ANGLOPHONE WEST SCHOOL DISTRICT (ASD-W) p398
80 Main St, FREDERICTON, NB, E3A 1C4
(506) 453-5421 SIC 8211
ANGLOPHONE WEST SCHOOL DISTRICT

SIC 8211 Elementary and secondary schools

(ASD-W) *p398*
681 Dobie St, FREDERICTON, NB, E3A 2Z2
(506) 453-5405   *SIC 8211*

ANGLOPHONE WEST SCHOOL DISTRICT (ASD-W) *p398*
324 Fulton Ave, FREDERICTON, NB, E3A 5J4
(506) 453-5436   *SIC 8211*

ANGLOPHONE WEST SCHOOL DISTRICT (ASD-W) *p398*
499 Cliffe St, FREDERICTON, NB, E3A 9P5
(506) 457-6898   *SIC 8211*

ANGLOPHONE WEST SCHOOL DISTRICT (ASD-W) *p398*
39 Carman Ave, FREDERICTON, NB, E3A 3W9
(506) 453-5402   *SIC 8211*

ANGLOPHONE WEST SCHOOL DISTRICT (ASD-W) *p398*
241 Canada St, FREDERICTON, NB, E3A 4A1
(506) 453-5431   *SIC 8211*

ANGLOPHONE WEST SCHOOL DISTRICT (ASD-W) *p398*
778 Maclaren Ave, FREDERICTON, NB, E3A 3L7
(506) 453-5429   *SIC 8211*

ANGLOPHONE WEST SCHOOL DISTRICT (ASD-W) *p399*
1360 Woodstock Rd, FREDERICTON, NB, E3B 9G7
(506) 453-5409   *SIC 8211*

ANGLOPHONE WEST SCHOOL DISTRICT (ASD-W) *p399*
184 Connaught St, FREDERICTON, NB, E3B 2A9
(506) 453-5404   *SIC 8211*

ANGLOPHONE WEST SCHOOL DISTRICT (ASD-W) *p399*
300 Priestman St, FREDERICTON, NB, E3B 6J8
(506) 453-5279   *SIC 8211*

ANGLOPHONE WEST SCHOOL DISTRICT (ASD-W) *p399*
692 Montgomery St, FREDERICTON, NB, E3B 2X8
(506) 453-5433   *SIC 8211*

ANGLOPHONE WEST SCHOOL DISTRICT (ASD-W) *p399*
363 Priestman St, FREDERICTON, NB, E3B 3B5
(506) 453-5424   *SIC 8211*

ANGLOPHONE WEST SCHOOL DISTRICT (ASD-W) *p399*
575 George St, FREDERICTON, NB, E3B 1K2
(506) 453-5419   *SIC 8211*

ANGLOPHONE WEST SCHOOL DISTRICT (ASD-W) *p401*
3188 Woodstock Rd, FREDERICTON, NB, E3C 1K9
(506) 453-5414   *SIC 8211*

ANGLOPHONE WEST SCHOOL DISTRICT (ASD-W) *p402*
340 Royal Rd, FREDERICTON, NB, E3G 6J9
(506) 453-5438   *SIC 8211*

ANGLOPHONE WEST SCHOOL DISTRICT (ASD-W) *p403*
1908 Route 3, HARVEY STATION, NB, E6K 2P4
(506) 366-2201   *SIC 8211*

ANGLOPHONE WEST SCHOOL DISTRICT (ASD-W) *p403*
2055 Route 3, HARVEY YORK CO, NB, E6K 1L1
(506) 366-2200   *SIC 8211*

ANGLOPHONE WEST SCHOOL DISTRICT (ASD-W) *p403*
166 Mckeen Dr, KESWICK RIDGE, NB, E6L 1N9
(506) 363-4703   *SIC 8211*

ANGLOPHONE WEST SCHOOL DISTRICT (ASD-W) *p404*
42 Cedar St, MINTO, NB, E4B 2Z9
(506) 327-3365   *SIC 8211*

ANGLOPHONE WEST SCHOOL DISTRICT (ASD-W) *p404*
29 Lake Ave, MCADAM, NB, E6J 1N7
(506) 784-6828   *SIC 8211*

ANGLOPHONE WEST SCHOOL DISTRICT (ASD-W) *p404*
126 Park St, MINTO, NB, E4B 3K9
(506) 327-3388   *SIC 8211*

ANGLOPHONE WEST SCHOOL DISTRICT (ASD-W) *p411*
75 Clover St, NEW MARYLAND, NB, E3C 1C5
(506) 453-5420   *SIC 8211*

ANGLOPHONE WEST SCHOOL DISTRICT (ASD-W) *p421*
28 Bridge St, STANLEY, NB, E6B 1B2
(506) 367-7690   *SIC 8211*

ANNAPOLIS VALLEY REGIONAL SCHOOL BOARD *p441*
100 Champlain Dr, ANNAPOLIS ROYAL, NS, B0S 1A0
(902) 532-3150   *SIC 8211*

ANNAPOLIS VALLEY REGIONAL SCHOOL BOARD *p442*
1276 Victoria Rd, AYLESFORD, NS, B0P 1C0
(902) 847-4400   *SIC 8211*

ANNAPOLIS VALLEY REGIONAL SCHOOL BOARD *p442*
486 Oak Island Rd, AVONPORT, NS, B0P 1B0
(902) 542-6900   *SIC 8211*

ANNAPOLIS VALLEY REGIONAL SCHOOL BOARD *p442*
1941 Hwy 1, AUBURN, NS, B0P 1A0
(902) 847-4440   *SIC 8211*

ANNAPOLIS VALLEY REGIONAL SCHOOL BOARD *p444*
4339 Brooklyn St, BERWICK, NS, B0P 1E0
(902) 538-4670   *SIC 8211*

ANNAPOLIS VALLEY REGIONAL SCHOOL BOARD *p444*
7 Park St, BRIDGETOWN, NS, B0S 1C0
(902) 665-5430   *SIC 8211*

ANNAPOLIS VALLEY REGIONAL SCHOOL BOARD *p444*
121 Orchard St Rr 3, BERWICK, NS, B0P 1E0
(902) 538-4600   *SIC 8211*

ANNAPOLIS VALLEY REGIONAL SCHOOL BOARD *p444*
456 Granville St, BRIDGETOWN, NS, B0S 1C0
(902) 665-5400   *SIC 8211*

ANNAPOLIS VALLEY REGIONAL SCHOOL BOARD *p444*
220 Veterans Dr, BERWICK, NS, B0P 1E0
(902) 538-4720   *SIC 8211*

ANNAPOLIS VALLEY REGIONAL SCHOOL BOARD *p445*
6113 Highway 1, CAMBRIDGE, NS, B0P 1G0
(902) 538-4680   *SIC 8211*

ANNAPOLIS VALLEY REGIONAL SCHOOL BOARD *p445*
1017 J Jordan Rd, CANNING, NS, B0P 1H0
(902) 582-2010   *SIC 8211*

ANNAPOLIS VALLEY REGIONAL SCHOOL BOARD *p445*
6125 Highway 1 Rr 1, CAMBRIDGE, NS, B0P 1G0
(902) 538-4700   *SIC 8211*

ANNAPOLIS VALLEY REGIONAL SCHOOL BOARD *p446*
2305 English Mountain Rd, COLDBROOK, NS, B4R 1B4
(902) 690-3830   *SIC 8211*

ANNAPOLIS VALLEY REGIONAL SCHOOL BOARD *p446*
120 Sandster Bridge Rd, CURRYS CORNER, NS, B0N 1H0
(902) 792-6700   *SIC 8211*

ANNAPOLIS VALLEY REGIONAL SCHOOL BOARD *p455*
Gd, GREENWOOD, NS, B0P 1N0
(902) 765-7510   *SIC 8211*

ANNAPOLIS VALLEY REGIONAL SCHOOL BOARD *p455*
106 School St, FALMOUTH, NS, B0P 1L0
(902) 792-6710   *SIC 8211*

ANNAPOLIS VALLEY REGIONAL SCHOOL BOARD *p455*
109 North St, GRANVILLE FERRY, NS, B0S 1K0
(902) 532-3270   *SIC 8211*

ANNAPOLIS VALLEY REGIONAL SCHOOL BOARD *p464*
11 School St, HANTSPORT, NS, B0P 1P0
(902) 684-4005   *SIC 8211*

ANNAPOLIS VALLEY REGIONAL SCHOOL BOARD *p465*
446 Aldershot Rd, KENTVILLE, NS, B4N 3A1
(902) 690-3820   *SIC 8211*

ANNAPOLIS VALLEY REGIONAL SCHOOL BOARD *p465*
35 Gary Pearl Dr, KENTVILLE, NS, B4N 0H4
(902) 690-3850   *SIC 8211*

ANNAPOLIS VALLEY REGIONAL SCHOOL BOARD *p465*
625 Pine Ridge Ave, KINGSTON, NS, B0P 1R0
(902) 765-7530   *SIC 8211*

ANNAPOLIS VALLEY REGIONAL SCHOOL BOARD *p468*
18 Gates Ave, MIDDLETON, NS, B0S 1P0
(902) 825-5350   *SIC 8211*

ANNAPOLIS VALLEY REGIONAL SCHOOL BOARD *p470*
8008 Highway 14, NEWPORT, NS, B0N 2A0
(902) 757-4120   *SIC 8211*

ANNAPOLIS VALLEY REGIONAL SCHOOL BOARD *p470*
9387 Commercial St, NEW MINAS, NS, B4N 3G3
(709) 922-2003   *SIC 8211*

ANNAPOLIS VALLEY REGIONAL SCHOOL BOARD *p470*
34 Jones Rd, NEW MINAS, NS, B4N 3N1
(902) 681-4900   *SIC 8211*

ANNAPOLIS VALLEY REGIONAL SCHOOL BOARD *p472*
1261 Belcher St, PORT WILLIAMS, NS, B0P 1T0
(902) 542-6074   *SIC 8211*

ANNAPOLIS VALLEY REGIONAL SCHOOL BOARD *p479*
75 Greenwich Rd S Suite 2, WOLFVILLE, NS, B4P 2R2
(902) 542-6060   *SIC 8211*

ANNAPOLIS VALLEY REGIONAL SCHOOL BOARD *p479*
4555 Highway 1, WINDSOR, NS, B0N 2T0
(902) 792-6720   *SIC 8211*

ANNAPOLIS VALLEY REGIONAL SCHOOL BOARD *p479*
225 Payzant Dr, WINDSOR, NS, B0N 2T0
(902) 792-6740   *SIC 8211*

ANNAPOLIS VALLEY REGIONAL SCHOOL BOARD *p479*
103 Morrison Dr, WINDSOR, NS, B0N 2T0
(902) 538-4600   *SIC 8211*

ANNAPOLIS VALLEY REGIONAL SCHOOL BOARD *p479*
19 Acadia St, WOLFVILLE, NS, B4P 1K8
(902) 542-6050   *SIC 8211*

ANNAPOLIS VALLEY REGIONAL SCHOOL BOARD *p480*
2781 Greenfield Rd, WOLFVILLE, NS, B4P 2R1
(902) 542-6090   *SIC 8211*

ANNE & MAX TANENBAUM COMMUNITY HEBREW ACADEMY OF TORONTO *p667*
9600 Bathurst St, MAPLE, ON, L6A 3Z8
(905) 787-8772   *SIC 8211*

ANNE AND MAX TANENBAUN HEBREW

ANNAPOLIS VALLEY REGIONAL SCHOOL BOARD *p455*

ACADEMY OF TORONTO *p754*
200 Wilmington Ave, NORTH YORK, ON, M3H 5J8
(416) 636-5984   *SIC 8211*

APOSTOLIC PENTICOSTAL CHURCH *p412*
123 Main St, PLASTER ROCK, NB, E7G 2H2
(506) 356-8690   *SIC 8211*

ARROW LAKES SCHOOL DISTRICT #10 *p239*
403 23 Hwy N, NAKUSP, BC, V0G 1R0
(250) 265-3731   *SIC 8211*

ARROW LAKES SCHOOL DISTRICT #10 *p239*
619 4th St, NAKUSP, BC, V0G 1R0
(250) 265-3668   *SIC 8211*

ARROW LAKES SCHOOL DISTRICT #10 *p244*
604 7th Ave, NEW DENVER, BC, V0G 1S0
(250) 358-7222   *SIC 8211*

ASPEN VIEW PUBLIC SCHOOL DIVISION NO. 78 *p3*
5502 48 Ave, ATHABASCA, AB, T9S 1L3
(780) 675-2213   *SIC 8211*

ASPEN VIEW PUBLIC SCHOOL DIVISION NO. 78 *p4*
3001 Whispering Hills Dr, ATHABASCA, AB, T9S 1N3
(780) 675-4546   *SIC 8211*

ASPEN VIEW PUBLIC SCHOOL DIVISION NO. 78 *p7*
5032 Taylor Rd, BOYLE, AB, T0A 0M0
(780) 689-3647   *SIC 8211*

ASPEN VIEW PUBLIC SCHOOL DIVISION NO. 78 *p164*
5019 50 St, SMOKY LAKE, AB, T0A 3C0
(780) 656-3820   *SIC 8211*

ASPEN VIEW PUBLIC SCHOOL DIVISION NO. 78 *p171*
Half Apt Mile, THORHILD, AB, T0A 3J0
(780) 398-3610   *SIC 8211*

ASPEN VIEW PUBLIC SCHOOL DIVISION NO. 78 *p172*
5014 52 Ave, VILNA, AB, T0A 3L0
(780) 636-1406   *SIC 8211*

ASSOCIATED HEBREW SCHOOLS OF TORONTO *p933*
18 Neptune Dr, TORONTO, ON, M6A 1X1
(416) 787-1872   *SIC 8211*

ASSOCIATION DES ETUDIANTS DU COLLEGE REGIONAL CHAMPLAIN L' *p1159*
790 Av Neree-Tremblay, Quebec, QC, G1V 4K2
(418) 656-6921   *SIC 8211*

ATTAWAPISKAT FIRST NATION EDUCATION AUTHORITY *p490*
91a Reserve, ATTAWAPISKAT, ON, P0L 1A0
(705) 997-2114   *SIC 8211*

AVON MAITLAND DISTRICT SCHOOL BOARD *p490*
5972 Line 72, ATWOOD, ON, N0G 1B0
(519) 356-2241   *SIC 8211*

AVON MAITLAND DISTRICT SCHOOL BOARD *p532*
39978 Centennial Rd, BRUCEFIELD, ON, N0M 1J0
(519) 233-3330   *SIC 8211*

AVON MAITLAND DISTRICT SCHOOL BOARD *p554*
27 Percival St, CLINTON, ON, N0M 1L0
(519) 482-9424   *SIC 8211*

AVON MAITLAND DISTRICT SCHOOL BOARD *p554*
165 Princess St E, CLINTON, ON, N0M 1L0
(519) 482-3471   *SIC 8211*

AVON MAITLAND DISTRICT SCHOOL BOARD *p554*
670 Cut Line Rd, CLINTON, ON, N0M 1L0
(519) 482-3471   *SIC 8211*

AVON MAITLAND DISTRICT SCHOOL BOARD *p588*
93 Victoria St E Ss 1, EXETER, ON, N0M 1S1
(519) 235-2630   *SIC 8211*

▲ Public Company   ■ Public Company Family Member   **HQ** Headquarters   **BR** Branch   **SL** Single Location

BUSINESSES BY INDUSTRY CLASSIFICATION

SIC 8211 Elementary and secondary schools 2403

AVON MAITLAND DISTRICT SCHOOL BOARD p588
92 Gidley E, EXETER, ON, N0M 1S0
(519) 235-0880 SIC 8211

AVON MAITLAND DISTRICT SCHOOL BOARD p595
189 Elizabeth St, GODERICH, ON, N7A 3T9
SIC 8211

AVON MAITLAND DISTRICT SCHOOL BOARD p595
125 Blake St W, GODERICH, ON, N7A 1Z1
(519) 524-8972 SIC 8211

AVON MAITLAND DISTRICT SCHOOL BOARD p595
135 Gibbons St, GODERICH, ON, N7A 3J5
SIC 8211

AVON MAITLAND DISTRICT SCHOOL BOARD p596
8727 164 Rd, GOWANSTOWN, ON, N0G 1Y0
(519) 291-2380 SIC 8211

AVON MAITLAND DISTRICT SCHOOL BOARD p648
155 Maitland Ave S, LISTOWEL, ON, N4W 2M4
(519) 291-1880 SIC 8211

AVON MAITLAND DISTRICT SCHOOL BOARD p648
305 Binning St W, LISTOWEL, ON, N4W 1G4
SIC 8211

AVON MAITLAND DISTRICT SCHOOL BOARD p666
Rr 7, LUCKNOW, ON, N0G 2H0
(519) 529-7900 SIC 8211

AVON MAITLAND DISTRICT SCHOOL BOARD p683
Gd, MILVERTON, ON, N0K 1M0
(519) 595-8859 SIC 8211

AVON MAITLAND DISTRICT SCHOOL BOARD p723
95 Frances St E, MITCHELL, ON, N0K 1N0
(519) 348-8495 SIC 8211

AVON MAITLAND DISTRICT SCHOOL BOARD p723
165 Frances St E Rr 5, MITCHELL, ON, N0K 1N0
(519) 348-8472 SIC 8211

AVON MAITLAND DISTRICT SCHOOL BOARD p847
4663 Road 135, SEBRINGVILLE, ON, N0K 1X0
(519) 393-5300 SIC 8211

AVON MAITLAND DISTRICT SCHOOL BOARD p847
58 Chalk St N, SEAFORTH, ON, N0K 1W0
(519) 527-0790 SIC 8211

AVON MAITLAND DISTRICT SCHOOL BOARD p848
2215 Fraser St, SHAKESPEARE, ON, N0B 2P0
(519) 625-8722 SIC 8211

AVON MAITLAND DISTRICT SCHOOL BOARD p857
338 Elizabeth St, ST MARYS, ON, N4X 1B6
(519) 284-1731 SIC 8211

AVON MAITLAND DISTRICT SCHOOL BOARD p857
151 Water St N, ST MARYS, ON, N4X 1B8
SIC 8211

AVON MAITLAND DISTRICT SCHOOL BOARD p859
4384 First Line 20, St. Pauls, ON, N0K 1V0
(519) 393-6196 SIC 8211

AVON MAITLAND DISTRICT SCHOOL BOARD p864
59 Bedford Dr, STRATFORD, ON, N5A 5J7
(519) 273-1190 SIC 8211

AVON MAITLAND DISTRICT SCHOOL BOARD p864
49 Rebecca St, STRATFORD, ON, N5A 3P2
(519) 271-4487 SIC 8211

AVON MAITLAND DISTRICT SCHOOL BOARD p864
315 West Gore St, STRATFORD, ON, N5A 7N4
(519) 271-2826 SIC 8211

AVON MAITLAND DISTRICT SCHOOL BOARD p864
77 Bruce St, STRATFORD, ON, N5A 4A2
(519) 271-8576 SIC 8211

AVON MAITLAND DISTRICT SCHOOL BOARD p864
347 Brunswick St, STRATFORD, ON, N5A 3N1
SIC 8211

AVON MAITLAND DISTRICT SCHOOL BOARD p864
428 Forman Ave, STRATFORD, ON, N5A 6R7
(519) 271-9740 SIC 8211

AVON MAITLAND DISTRICT SCHOOL BOARD p864
35 Mowat St, STRATFORD, ON, N5A 2B8
(519) 271-3727 SIC 8211

AVON MAITLAND DISTRICT SCHOOL BOARD p864
60 St Andrew St, STRATFORD, ON, N5A 1A3
(519) 271-4500 SIC 8211

AVON MAITLAND DISTRICT SCHOOL BOARD p971
231 Madill Dr E, WINGHAM, ON, N0G 2W0
(519) 357-1800 SIC 8211

AVON MAITLAND DISTRICT SCHOOL BOARD p971
131 John St E, WINGHAM, ON, N0G 2W0
SIC 8211

BALLANTYNE, PETER CREE NATION p1278
Gd, PELICAN NARROWS, SK, S0P 0E0
(306) 632-1121 SIC 8211

BATTLE RIVER REGIONAL DIVISION 31 p5
202 King St, BAWLF, AB, T0B 0J0
(780) 373-3784 SIC 8211

BATTLE RIVER REGIONAL DIVISION 31 p66
6206 43 Ave, CAMROSE, AB, T4V 0A7
(780) 672-5588 SIC 8211

BATTLE RIVER REGIONAL DIVISION 31 p66
6205 48 Ave Suite 228, CAMROSE, AB, T4V 0K4
(780) 672-4416 SIC 8211

BATTLE RIVER REGIONAL DIVISION 31 p66
200 Mount Pleasant Dr, CAMROSE, AB, T4V 4B5
(780) 672-0880 SIC 8211

BATTLE RIVER REGIONAL DIVISION 31 p66
4807 43 St, CAMROSE, AB, T4V 1A9
(780) 672-2980 SIC 8211

BATTLE RIVER REGIONAL DIVISION 31 p66
5216 52 Ave, CAMROSE, AB, T4V 0X4
(780) 672-0106 SIC 8211

BATTLE RIVER REGIONAL DIVISION 31 p66
4809 46 Ave, CAMROSE, AB, T4V 1G8
(780) 672-7785 SIC 8211

BATTLE RIVER REGIONAL DIVISION 31 p71
5210 50th St, DAYSLAND, AB, T0B 1A0
(780) 374-3676 SIC 8211

BATTLE RIVER REGIONAL DIVISION 31 p118
4914 46 Ave, FORESTBURG, AB, T0B 1N0
(780) 582-3792 SIC 8211

BATTLE RIVER REGIONAL DIVISION 31 p130
Gd, HAY LAKES, AB, T0B 1W0
(780) 878-3368 SIC 8211

BATTLE RIVER REGIONAL DIVISION 31 p132
5335 50 Ave, HOLDEN, AB, T0B 2C0
(780) 688-3858 SIC 8211

BATTLE RIVER REGIONAL DIVISION 31 p133
5017 49 Ave, KILLAM, AB, T0B 2L0
(780) 385-3690 SIC 8211

BATTLE RIVER REGIONAL DIVISION 31 p146
808 2nd Ave, NEW NORWAY, AB, T0B 3L0
(780) 855-3936 SIC 8211

BATTLE RIVER REGIONAL DIVISION 31 p160
5101 50 Ave, SEDGEWICK, AB, T0B 4C0
(780) 384-3817 SIC 8211

BATTLE RIVER REGIONAL DIVISION 31 p169
Gd, STROME, AB, T0B 4H0
(780) 376-3504 SIC 8211

BATTLE RIVER REGIONAL DIVISION 31 p171
4824 58th Ave, TOFIELD, AB, T0B 4J0
(780) 662-3133 SIC 8211

BATTLE RIVER REGIONAL DIVISION 31 p172
5503 51 St, VIKING, AB, T0B 4N0
(780) 336-3352 SIC 8211

BAYFIELD SCHOOL INC p563
30 County Road 39, CONSECON, ON, K0K 1T0
(613) 392-3551 SIC 8211

BEARSPAW SCHOOL p64
253210 Bearspaw Rd, CALGARY, AB, T3L 2S5
(403) 239-9607 SIC 8211

BEAUFORT-DELTA EDUCATION COUNCIL p438
Gd, ULUKHAKTOK, NT, X0E 0S0
(867) 396-3804 SIC 8211

BEAUFORT-DELTA EDUCATION COUNCIL p438
Gd, INUVIK, NT, X0E 0T0
(867) 777-7170 SIC 8211

BEAUFORT-DELTA EDUCATION COUNCIL p438
477 Mangilaluk Loop, TUKTOYAKTUK, NT, X0E 1C0
(867) 977-2255 SIC 8211

BEAUTIFUL PLAINS SCHOOL DIVISION p346
230 Main St, CARBERRY, MB, R0K 0H0
(204) 834-2172 SIC 8211

BEAUTIFUL PLAINS SCHOOL DIVISION p346
309 1st St, CARBERRY, MB, R0K 0H0
(204) 834-2828 SIC 8211

BEAUTIFUL PLAINS SCHOOL DIVISION p352
440 Hospital St, NEEPAWA, MB, R0J 1H0
(204) 476-3305 SIC 8211

BEAUTIFUL PLAINS SCHOOL DIVISION p352
361 3rd Ave, NEEPAWA, MB, R0J 1H0
(204) 476-2323 SIC 8211

BELLA BELLA COMMUNITY SCHOOL SOCIETY p181
Gd, BELLA BELLA, BC, V0T 1Z0
(250) 957-2323 SIC 8211

BIG RIVER FIRST NATION p1267
160 Victorie, DEBDEN, SK, S0J 2X0
(306) 724-2282 SIC 8211

BISHOP HAMILTON MONTESSORI SCHOOL p799
2199 Regency Terr, OTTAWA, ON, K2C 1H2
(613) 596-4013 SIC 8211

BLACK GOLD REGIONAL DIVISION #18 p5
5103 50 Ave, BEAUMONT, AB, T4X 1K4
(780) 929-8663 SIC 8211

BLACK GOLD REGIONAL DIVISION #18 p5
4322 44 St, BEAUMONT, AB, T4X 1K3
(780) 929-2175 SIC 8211

BLACK GOLD REGIONAL DIVISION #18 p5
37 Coloniale Way, BEAUMONT, AB, T4X 1M7
(780) 929-5904 SIC 8211

BLACK GOLD REGIONAL DIVISION #18 p5
5417 43 Ave, BEAUMONT, AB, T4X 1K1
(780) 929-6282 SIC 8211

BLACK GOLD REGIONAL DIVISION #18 p5
4801 55 Ave, BEAUMONT, AB, T4X 1K2
(780) 929-5988 SIC 8211

BLACK GOLD REGIONAL DIVISION #18 p65
5100 49th St, CALMAR, AB, T0C 0V0
(780) 985-3515 SIC 8211

BLACK GOLD REGIONAL DIVISION #18 p71
1 Jasper Crt S, DEVON, AB, T9G 1A2
(780) 987-3705 SIC 8211

BLACK GOLD REGIONAL DIVISION #18 p71
165 Athabasca Dr, DEVON, AB, T9G 1A5
(780) 987-2204 SIC 8211

BLACK GOLD REGIONAL DIVISION #18 p71
105 Athabasca Ave, DEVON, AB, T9G 1A4
(780) 987-3709 SIC 8211

BLACK GOLD REGIONAL DIVISION #18 p135
4502 51 St, LEDUC, AB, T9E 7J7
(780) 986-8474 SIC 8211

BLACK GOLD REGIONAL DIVISION #18 p135
127 Corinthia Dr Suite 1, LEDUC, AB, T9E 7J2
(780) 986-8404 SIC 8211

BLACK GOLD REGIONAL DIVISION #18 p135
4503 45 St Suite 1, LEDUC, AB, T9E 7K4
(780) 986-8421 SIC 8211

BLACK GOLD REGIONAL DIVISION #18 p135
95 Alton Dr, LEDUC, AB, T9E 5K4
(780) 986-6750 SIC 8211

BLACK GOLD REGIONAL DIVISION #18 p135
4412 48 St, LEDUC, AB, T9E 7J3
(780) 986-2184 SIC 8211

BLACK GOLD REGIONAL DIVISION #18 p135
5212 52 St, LEDUC, AB, T9E 6V6
(780) 986-8456 SIC 8211

BLACK GOLD REGIONAL DIVISION #18 p135
3206 Coady Blvd, LEDUC, AB, T9E 7J8
(780) 986-7888 SIC 8211

BLACK GOLD REGIONAL DIVISION #18 p135
4308 50 St, LEDUC, AB, T9E 6K8
(780) 986-2248 SIC 8211

BLACK GOLD REGIONAL DIVISION #18 p146
5051 2 St S, NEW SAREPTA, AB, T0B 3M0
(780) 941-3927 SIC 8211

BLACK GOLD REGIONAL DIVISION #18 p146
5150 Centre St, NEW SAREPTA, AB, T0B 3M0
(780) 941-3924 SIC 8211

BLACK GOLD REGIONAL DIVISION #18 p171
5303 48 Ave, THORSBY, AB, T0C 2P0
(780) 789-3776 SIC 8211

BLACK GOLD REGIONAL DIVISION #18 p173
5412 50 St, WARBURG, AB, T0C 2T0
(780) 848-2822 SIC 8211

BLUEWATER DISTRICT SCHOOL BOARD p493
574 Louisa St, AYTON, ON, N0G 1C0
(519) 665-7783 SIC 8211

BLUEWATER DISTRICT SCHOOL BOARD p553
231 4th Ave Se, CHESLEY, ON, N0G 1L0
(519) 363-2344 SIC 8211

BLUEWATER DISTRICT SCHOOL BOARD p553
307 1st Ave N, CHESLEY, ON, N0G 1L0
(519) 363-3225 SIC 8211

BLUEWATER DISTRICT SCHOOL BOARD p570
251 Young St, DUNDALK, ON, N0C 1B0
(519) 923-2622 SIC 8211

BLUEWATER DISTRICT SCHOOL BOARD p571
239 Kincardine St, DURHAM, ON, N0G 1R0
(519) 369-2217 SIC 8211

BLUEWATER DISTRICT SCHOOL BOARD p571
426 George St E, DURHAM, ON, N0G 1R0
SIC 8211

BLUEWATER DISTRICT SCHOOL BOARD p589

▲ Public Company   ■ Public Company Family Member   **HQ** Headquarters   **BR** Branch   **SL** Single Location

SIC 8211 Elementary and secondary schools

29 Campbell St, FLESHERTON, ON, N0C 1E0
(519) 924-2752   *SIC* 8211
BLUEWATER DISTRICT SCHOOL BOARD *p617*
149 12th Ave, HANOVER, ON, N4N 2S8
(519) 364-1891   *SIC* 8211
BLUEWATER DISTRICT SCHOOL BOARD *p617*
524 13th St, HANOVER, ON, N4N 1Y4
(519) 364-2910   *SIC* 8211
BLUEWATER DISTRICT SCHOOL BOARD *p617*
181 7th St, HANOVER, ON, N4N 1G7
(519) 364-3770   *SIC* 8211
BLUEWATER DISTRICT SCHOOL BOARD *p619*
777346 10 Hwy Rr 3, HOLLAND CENTRE, ON, N0H 1R0
(519) 794-2729   *SIC* 8211
BLUEWATER DISTRICT SCHOOL BOARD *p619*
402 Bruce St, HEPWORTH, ON, N0H 1P0
(519) 935-2061   *SIC* 8211
BLUEWATER DISTRICT SCHOOL BOARD *p629*
785 Russell St, KINCARDINE, ON, N2Z 1S7
(519) 396-7035   *SIC* 8211
BLUEWATER DISTRICT SCHOOL BOARD *p629*
885 River Lane, KINCARDINE, ON, N2Z 2B9
(519) 396-9151   *SIC* 8211
BLUEWATER DISTRICT SCHOOL BOARD *p629*
1805 Hwy 21 N, KINCARDINE, ON, N2Z 2X4
(519) 396-3371   *SIC* 8211
BLUEWATER DISTRICT SCHOOL BOARD *p648*
5 Moore St, LIONS HEAD, ON, N0H 1W0
(519) 793-3211   *SIC* 8211
BLUEWATER DISTRICT SCHOOL BOARD *p666*
463 Bob St, LUCKNOW, ON, N0G 2H0
(519) 528-3022   *SIC* 8211
BLUEWATER DISTRICT SCHOOL BOARD *p668*
101 Main St E, MARKDALE, ON, N0C 1H0
(519) 986-2990   *SIC* 8211
BLUEWATER DISTRICT SCHOOL BOARD *p679*
408053 Grey Road 4, MAXWELL, ON, N0C 1J0
(519) 922-2341   *SIC* 8211
BLUEWATER DISTRICT SCHOOL BOARD *p679*
125 Eliza St, MEAFORD, ON, N4L 1A4
(519) 538-4426   *SIC* 8211
BLUEWATER DISTRICT SCHOOL BOARD *p679*
555 St Vincent St, MEAFORD, ON, N4L 1C6
(519) 538-1950   *SIC* 8211
BLUEWATER DISTRICT SCHOOL BOARD *p679*
186 Cook St, MEAFORD, ON, N4L 1H2
(519) 538-2260   *SIC* 8211
BLUEWATER DISTRICT SCHOOL BOARD *p803*
615 6th St E, OWEN SOUND, ON, N4K 1G5
(519) 376-6665   *SIC* 8211
BLUEWATER DISTRICT SCHOOL BOARD *p803*
1130 8th St E, OWEN SOUND, ON, N4K 1M7
(519) 376-2851   *SIC* 8211
BLUEWATER DISTRICT SCHOOL BOARD *p803*
1550 8th St E, OWEN SOUND, ON, N4K 0A2
(519) 376-2010   *SIC* 8211
BLUEWATER DISTRICT SCHOOL BOARD *p803*
501 8th St W, OWEN SOUND, ON, N4K 3M8

(519) 376-1771   *SIC* 8211
BLUEWATER DISTRICT SCHOOL BOARD *p803*
1525 7th Ave E, OWEN SOUND, ON, N4K 2Z3
(519) 376-6306   *SIC* 8211
BLUEWATER DISTRICT SCHOOL BOARD *p816*
504 Catherine St Ss 1, PORT ELGIN, ON, N0H 2C1
(519) 832-2038   *SIC* 8211
BLUEWATER DISTRICT SCHOOL BOARD *p816*
780 Gustavus St Ss 4, PORT ELGIN, ON, N0H 2C4
(519) 832-2091   *SIC* 8211
BLUEWATER DISTRICT SCHOOL BOARD *p851*
61 Victoria St, SOUTHAMPTON, ON, N0H 2L0
(519) 797-3241   *SIC* 8211
BLUEWATER DISTRICT SCHOOL BOARD *p873*
189 Bruce St S, THORNBURY, ON, N0H 2P0
(519) 599-5991   *SIC* 8211
BLUEWATER DISTRICT SCHOOL BOARD *p948*
400 Colborne St S Rr 4, WALKERTON, ON, N0G 2V0
SIC 8211
BLUEWATER DISTRICT SCHOOL BOARD *p948*
595 Warden St, WALKERTON, ON, N0G 2V0
SIC 8211
BOARD OF EDUCATION OF SASKATOON SCHOOL DIVISION NO. 13 OF SASKATCHEWAN, THE *p1292*
203 Rosedale Rd, SASKATOON, SK, S7H 5H1
(306) 683-7500   *SIC* 8211
BOARD OF EDUCATION OF SASKATOON SCHOOL DIVISION NO. 13 OF SASKATCHEWAN, THE *p1292*
2721 Main St, SASKATOON, SK, S7H 0M2
(306) 242-3555   *SIC* 8211
BOARD OF EDUCATION OF SASKATOON SCHOOL DIVISION NO. 13 OF SASKATCHEWAN, THE *p1292*
1511 Louise Ave, SASKATOON, SK, S7H 2R2
(306) 683-7250   *SIC* 8211
BOARD OF EDUCATION OF SASKATOON SCHOOL DIVISION NO. 13 OF SASKATCHEWAN, THE *p1292*
3440 Harrington St, SASKATOON, SK, S7H 3Y4
(306) 683-7170   *SIC* 8211
BOARD OF EDUCATION OF SASKATOON SCHOOL DIVISION NO. 13 OF SASKATCHEWAN, THE *p1292*
1306 Lorne Ave, SASKATOON, SK, S7H 1X8
(306) 683-7140   *SIC* 8211
BOARD OF EDUCATION OF SASKATOON SCHOOL DIVISION NO. 13 OF SASKATCHEWAN, THE *p1292*
605 Acadia Dr, SASKATOON, SK, S7H 3V8
(306) 683-7700   *SIC* 8211
BOARD OF EDUCATION OF SASKATOON SCHOOL DIVISION NO. 13 OF SASKATCHEWAN, THE *p1292*
4215 Degeer St, SASKATOON, SK, S7H 4N6
(306) 683-7440   *SIC* 8211
BOARD OF EDUCATION OF SASKATOON SCHOOL DIVISION NO. 13 OF SASKATCHEWAN, THE *p1293*
1715 Drinkle St, SASKATOON, SK, S7J 0P8
(306) 683-7400   *SIC* 8211
BOARD OF EDUCATION OF SASKATOON SCHOOL DIVISION NO. 13 OF SASKATCHEWAN, THE *p1293*

715 East Drive, SASKATOON, SK, S7J 2X8
(306) 683-7100   *SIC* 8211
BOARD OF EDUCATION OF SASKATOON SCHOOL DIVISION NO. 13 OF SASKATCHEWAN, THE *p1293*
1905 Preston Ave, SASKATOON, SK, S7J 2E7
(306) 683-7850   *SIC* 8211
BOARD OF EDUCATION OF SASKATOON SCHOOL DIVISION NO. 13 OF SASKATCHEWAN, THE *p1293*
1905 Eastlake Ave, SASKATOON, SK, S7J 0W9
(306) 683-7420   *SIC* 8211
BOARD OF EDUCATION OF SASKATOON SCHOOL DIVISION NO. 13 OF SASKATCHEWAN, THE *p1293*
1904 Clarence Ave S, SASKATOON, SK, S7J 1L3
(306) 683-7600   *SIC* 8211
BOARD OF EDUCATION OF SASKATOON SCHOOL DIVISION NO. 13 OF SASKATCHEWAN, THE *p1293*
305 Waterbury Rd, SASKATOON, SK, S7J 4Z7
(306) 683-7320   *SIC* 8211
BOARD OF EDUCATION OF SASKATOON SCHOOL DIVISION NO. 13 OF SASKATCHEWAN, THE *p1293*
527 Kingsmere Blvd, SASKATOON, SK, S7J 3V4
(306) 683-7330   *SIC* 8211
BOARD OF EDUCATION OF SASKATOON SCHOOL DIVISION NO. 13 OF SASKATCHEWAN, THE *p1293*
2606 Broadway Ave, SASKATOON, SK, S7J 0Z6
(306) 683-7300   *SIC* 8211
BOARD OF EDUCATION OF SASKATOON SCHOOL DIVISION NO. 13 OF SASKATCHEWAN, THE *p1293*
3144 Arlington Ave, SASKATOON, SK, S7J 3L5
(306) 683-7290   *SIC* 8211
BOARD OF EDUCATION OF SASKATOON SCHOOL DIVISION NO. 13 OF SASKATCHEWAN, THE *p1293*
2621 Cairns Ave, SASKATOON, SK, S7J 1V8
(306) 683-7270   *SIC* 8211
BOARD OF EDUCATION OF SASKATOON SCHOOL DIVISION NO. 13 OF SASKATCHEWAN, THE *p1294*
Rr 5 Lcd Main, SASKATOON, SK, S7K 3J8
(306) 343-1494   *SIC* 8211
BOARD OF EDUCATION OF SASKATOON SCHOOL DIVISION NO. 13 OF SASKATCHEWAN, THE *p1294*
274 Russell Rd, SASKATOON, SK, S7K 7E1
(306) 683-7120   *SIC* 8211
BOARD OF EDUCATION OF SASKATOON SCHOOL DIVISION NO. 13 OF SASKATCHEWAN, THE *p1294*
430 Redberry Rd, SASKATOON, SK, S7K 5H6
(306) 683-7340   *SIC* 8211
BOARD OF EDUCATION OF SASKATOON SCHOOL DIVISION NO. 13 OF SASKATCHEWAN, THE *p1294*
60 Ravine Dr, SASKATOON, SK, S7K 1E2
(306) 683-7430   *SIC* 8211
BOARD OF EDUCATION OF SASKATOON SCHOOL DIVISION NO. 13 OF SASKATCHEWAN, THE *p1294*
310 21st St E, SASKATOON, SK, S7K 1M7
(306) 683-8348   *SIC* 8211
BOARD OF EDUCATION OF SASKATOON SCHOOL DIVISION NO. 13 OF SASKATCHEWAN, THE *p1294*
602 Lenore Dr, SASKATOON, SK, S7K 6A6
(306) 683-7750   *SIC* 8211
BOARD OF EDUCATION OF SASKATOON SCHOOL DIVISION NO. 13 OF SASKATCHEWAN, THE *p1299*

1410 Byers Cres, SASKATOON, SK, S7L 4H3
(306) 683-7150   *SIC* 8211
BOARD OF EDUCATION OF SASKATOON SCHOOL DIVISION NO. 13 OF SASKATCHEWAN, THE *p1299*
16 Valens Dr, SASKATOON, SK, S7L 3S1
(306) 683-7240   *SIC* 8211
BOARD OF EDUCATION OF SASKATOON SCHOOL DIVISION NO. 13 OF SASKATCHEWAN, THE *p1299*
431 Avenue T N, SASKATOON, SK, S7L 3B5
(306) 683-7260   *SIC* 8211
BOARD OF EDUCATION OF SASKATOON SCHOOL DIVISION NO. 13 OF SASKATCHEWAN, THE *p1299*
162 Wedge Rd, SASKATOON, SK, S7L 6Y4
(306) 683-7200   *SIC* 8211
BOARD OF EDUCATION OF SASKATOON SCHOOL DIVISION NO. 13 OF SASKATCHEWAN, THE *p1299*
204 30th St W, SASKATOON, SK, S7L 0N9
(306) 683-7160   *SIC* 8211
BOARD OF EDUCATION OF SASKATOON SCHOOL DIVISION NO. 13 OF SASKATCHEWAN, THE *p1299*
722 Bedford Rd, SASKATOON, SK, S7L 0G2
(306) 683-7650   *SIC* 8211
BOARD OF EDUCATION OF SASKATOON SCHOOL DIVISION NO. 13 OF SASKATCHEWAN, THE *p1299*
411 Avenue J N, SASKATOON, SK, S7L 2K4
(306) 683-7490   *SIC* 8211
BOARD OF EDUCATION OF SASKATOON SCHOOL DIVISION NO. 13 OF SASKATCHEWAN, THE *p1299*
510 34th St W, SASKATOON, SK, S7L 0Y2
(306) 683-7360   *SIC* 8211
BOARD OF EDUCATION OF SASKATOON SCHOOL DIVISION NO. 13 OF SASKATCHEWAN, THE *p1299*
3620 Centennial Dr, SASKATOON, SK, S7L 5L2
(306) 683-7350   *SIC* 8211
BOARD OF EDUCATION OF SASKATOON SCHOOL DIVISION NO. 13 OF SASKATCHEWAN, THE *p1299*
1001 Northumberland Ave, SASKATOON, SK, S7L 3W8
(306) 683-7480   *SIC* 8211
BOARD OF EDUCATION OF SASKATOON SCHOOL DIVISION NO. 13 OF SASKATCHEWAN, THE *p1299*
2220 Rusholme Rd, SASKATOON, SK, S7L 4A4
(306) 683-7800   *SIC* 8211
BOARD OF EDUCATION OF SASKATOON SCHOOL DIVISION NO. 13 OF SASKATCHEWAN, THE *p1299*
3555 John A Macdonald Rd, SASKATOON, SK, S7L 4R9
(306) 683-7180   *SIC* 8211
BOARD OF EDUCATION OF SASKATOON SCHOOL DIVISION NO. 13 OF SASKATCHEWAN, THE *p1301*
3220 Ortona St, SASKATOON, SK, S7M 3R6
(306) 683-7370   *SIC* 8211
BOARD OF EDUCATION OF SASKATOON SCHOOL DIVISION NO. 13 OF SASKATCHEWAN, THE *p1301*
2515 18th St W, SASKATOON, SK, S7M 4A9
(306) 683-7510   *SIC* 8211
BOARD OF EDUCATION OF SASKATOON SCHOOL DIVISION NO. 13 OF SASKATCHEWAN, THE *p1301*
721 Avenue K S, SASKATOON, SK, S7M 2E7
(306) 683-7310   *SIC* 8211
BOARD OF EDUCATION OF SASKATOON SCHOOL DIVISION NO. 13 OF

SASKATCHEWAN, THE p1301
215 Avenue S S, SASKATOON, SK, S7M 2Z9
(306) 683-7390   SIC 8211

BOARD OF EDUCATION OF SASKATOON SCHOOL DIVISION NO. 13 OF SASKATCHEWAN, THE p1301
210 Avenue H S, SASKATOON, SK, S7M 1W2
(306) 683-7410   SIC 8211

BOARD OF EDUCATION OF SASKATOON SCHOOL DIVISION NO. 13 OF SASKATCHEWAN, THE p1301
427 Mccormack Rd, SASKATOON, SK, S7M 5L8
(306) 683-7280   SIC 8211

BOARD OF EDUCATION OF SASKATOON SCHOOL DIVISION NO. 13 OF SASKATCHEWAN, THE p1302
1008 Egbert Ave, SASKATOON, SK, S7N 1X6
(306) 683-7460   SIC 8211

BOARD OF EDUCATION OF SASKATOON SCHOOL DIVISION NO. 13 OF SASKATCHEWAN, THE p1302
101 Wiggins Ave S, SASKATOON, SK, S7N 1K3
(306) 683-7130   SIC 8211

BOARD OF EDUCATION OF SASKATOON SCHOOL DIVISION NO. 13 OF SASKATCHEWAN, THE p1302
639 Broadway Ave, SASKATOON, SK, S7N 1B2
(306) 683-7470   SIC 8211

BOARD OF EDUCATION OF SASKATOON SCHOOL DIVISION NO. 13 OF SASKATCHEWAN, THE p1302
501 115th St E, SASKATOON, SK, S7N 2X9
(306) 683-7220   SIC 8211

BOARD OF EDUCATION OF SASKATOON SCHOOL DIVISION NO. 13 OF SASKATCHEWAN, THE p1302
225 Kenderdine Rd, SASKATOON, SK, S7N 3V2
(306) 683-7190   SIC 8211

BOARD OF EDUCATION OF SASKATOON SCHOOL DIVISION NO. 13 OF SASKATCHEWAN, THE p1302
411 11th St E, SASKATOON, SK, S7N 0E9
(306) 683-7580   SIC 8211

BOARD OF EDUCATION OF SASKATOON SCHOOL DIVISION NO. 13 OF SASKATCHEWAN, THE p1305
160 Nelson Rd, SASKATOON, SK, S7S 1P5
(306) 683-7950   SIC 8211

BOARD OF EDUCATION OF SCHOOL DISTRICT NO. 06 (ROCKY MOUNTAIN), THE p216
812 14th St S, GOLDEN, BC, V0A 1H0
(250) 344-5068   SIC 8211

BOARD OF EDUCATION OF SCHOOL DISTRICT NO. 06 (ROCKY MOUNTAIN), THE p216
1000 14th Ave S, GOLDEN, BC, V0A 1H0
(250) 344-5513   SIC 8211

BOARD OF EDUCATION OF SCHOOL DISTRICT NO. 06 (ROCKY MOUNTAIN), THE p216
620 9th St S, GOLDEN, BC, V0A 1H0
(250) 344-6317   SIC 8211

BOARD OF EDUCATION OF SCHOOL DISTRICT NO. 06 (ROCKY MOUNTAIN), THE p216
1500 9 St S, GOLDEN, BC, V0A 1H0
SIC 8211

BOARD OF EDUCATION OF SCHOOL DISTRICT NO. 06 (ROCKY MOUNTAIN), THE p216
1500 9th St S, GOLDEN, BC, V0A 1H0
(250) 344-2201   SIC 8211

BOARD OF EDUCATION OF SCHOOL DISTRICT NO. 06 (ROCKY MOUNTAIN), THE p218
1535 14th St Suite 4, INVERMERE, BC, V0A 1K4
(250) 342-9213   SIC 8211

BOARD OF EDUCATION OF SCHOOL DISTRICT NO. 06 (ROCKY MOUNTAIN), THE p218
1202 13th Ave, INVERMERE, BC, V0A 1K4
(250) 342-6232   SIC 8211

BOARD OF EDUCATION OF SCHOOL DISTRICT NO. 06 (ROCKY MOUNTAIN), THE p227
405 Halpin St, KIMBERLEY, BC, V1A 2H1
(250) 427-4827   SIC 8211

BOARD OF EDUCATION OF SCHOOL DISTRICT NO. 06 (ROCKY MOUNTAIN), THE p227
689 Rotary Dr, KIMBERLEY, BC, V1A 1E4
(250) 427-2283   SIC 8211

BOARD OF EDUCATION OF SCHOOL DISTRICT NO. 06 (ROCKY MOUNTAIN), THE p227
1850 Warren Ave, KIMBERLEY, BC, V1A 1S1
SIC 8211

BOARD OF EDUCATION OF SCHOOL DISTRICT NO. 06 (ROCKY MOUNTAIN), THE p337
6171 Wasa School, WASA, BC, V0B 2K0
(250) 422-3494   SIC 8211

BOARD OF EDUCATION OF SCHOOL DISTRICT NO. 23 (CENTRAL OKANAGAN), THE p222
4346 Gordon Dr, KELOWNA, BC, V1W 1S5
(250) 870-5138   SIC 8211

BOARD OF EDUCATION OF SCHOOL DISTRICT NO. 23 (CENTRAL OKANAGAN), THE p222
4489 Lakeshore Rd, KELOWNA, BC, V1W 1W9
(250) 870-5133   SIC 8211

BOARD OF EDUCATION OF SCHOOL DISTRICT NO. 23 (CENTRAL OKANAGAN), THE p222
4176 Spiers Rd, KELOWNA, BC, V1W 4B5
(250) 861-1122   SIC 8211

BOARD OF EDUCATION OF SCHOOL DISTRICT NO. 23 (CENTRAL OKANAGAN), THE p222
475 Yates Rd, KELOWNA, BC, V1V 1R3
(250) 762-4495   SIC 8211

BOARD OF EDUCATION OF SCHOOL DISTRICT NO. 23 (CENTRAL OKANAGAN), THE p222
1650 Gallagher Rd, KELOWNA, BC, V1P 1G7
(250) 765-1955   SIC 8211

BOARD OF EDUCATION OF SCHOOL DISTRICT NO. 23 (CENTRAL OKANAGAN), THE p222
3675 Casorso Rd, KELOWNA, BC, V1W 3E1
(250) 870-5135   SIC 8211

BOARD OF EDUCATION OF SCHOOL DISTRICT NO. 23 (CENTRAL OKANAGAN), THE p222
121 Drysdale Blvd, KELOWNA, BC, V1V 2X9
(250) 870-5130   SIC 8211

BOARD OF EDUCATION OF SCHOOL DISTRICT NO. 23 (CENTRAL OKANAGAN), THE p222
125 Snowsell St N, KELOWNA, BC, V1V 2E3
(250) 870-5128   SIC 8211

BOARD OF EDUCATION OF SCHOOL DISTRICT NO. 23 (CENTRAL OKANAGAN), THE p222
125 Snowsell St N, KELOWNA, BC, V1V 2E3
SIC 8211

BOARD OF EDUCATION OF SCHOOL DISTRICT NO. 23 (CENTRAL OKANAGAN), THE p222
3130 Gordon Dr, KELOWNA, BC, V1W 3M4
(250) 870-5106   SIC 8211

BOARD OF EDUCATION OF SCHOOL DISTRICT NO. 23 (CENTRAL OKANAGAN), THE p223
200 Mallach Rd, KELOWNA, BC, V1X 2W5
(250) 870-5113   SIC 8211

BOARD OF EDUCATION OF SCHOOL DISTRICT NO. 23 (CENTRAL OKANAGAN), THE p223
3735 Parkdale Rd, KELOWNA, BC, V1X 6K9
SIC 8211

BOARD OF EDUCATION OF SCHOOL DISTRICT NO. 23 (CENTRAL OKANAGAN), THE p223
620 Webster Rd, KELOWNA, BC, V1X 4V5
SIC 8211

BOARD OF EDUCATION OF SCHOOL DISTRICT NO. 23 (CENTRAL OKANAGAN), THE p223
470 Ziprick Rd, KELOWNA, BC, V1X 4H4
(250) 870-5119   SIC 8211

BOARD OF EDUCATION OF SCHOOL DISTRICT NO. 23 (CENTRAL OKANAGAN), THE p223
705 Rutland Rd N, KELOWNA, BC, V1X 3B6
(250) 870-5134   SIC 8211

BOARD OF EDUCATION OF SCHOOL DISTRICT NO. 23 (CENTRAL OKANAGAN), THE p223
125 Adventure Rd, KELOWNA, BC, V1X 1N3
SIC 8211

BOARD OF EDUCATION OF SCHOOL DISTRICT NO. 23 (CENTRAL OKANAGAN), THE p223
705 Kitch Rd, KELOWNA, BC, V1X 5V8
(250) 870-5134   SIC 8211

BOARD OF EDUCATION OF SCHOOL DISTRICT NO. 23 (CENTRAL OKANAGAN), THE p223
350 Ziprick Rd, KELOWNA, BC, V1X 4H3
(250) 870-5111   SIC 8211

BOARD OF EDUCATION OF SCHOOL DISTRICT NO. 23 (CENTRAL OKANAGAN), THE p223
700 Pearson Rd, KELOWNA, BC, V1X 5H8
SIC 8211

BOARD OF EDUCATION OF SCHOOL DISTRICT NO. 23 (CENTRAL OKANAGAN), THE p225
2090 Gordon Dr, KELOWNA, BC, V1Y 3H9
SIC 8211

BOARD OF EDUCATION OF SCHOOL DISTRICT NO. 23 (CENTRAL OKANAGAN), THE p225
1079 Raymer Ave, KELOWNA, BC, V1Y 4Z7
(250) 870-5105   SIC 8211

BOARD OF EDUCATION OF SCHOOL DISTRICT NO. 23 (CENTRAL OKANAGAN), THE p225
1280 Wilson Ave, KELOWNA, BC, V1Y 6Y6
SIC 8211

BOARD OF EDUCATION OF SCHOOL DISTRICT NO. 23 (CENTRAL OKANAGAN), THE p225
580 Doyle Ave, KELOWNA, BC, V1Y 7V1
SIC 8211

BOARD OF EDUCATION OF SCHOOL DISTRICT NO. 23 (CENTRAL OKANAGAN), THE p225
960 Glenmore Dr, KELOWNA, BC, V1Y 4P1
SIC 8211

BOARD OF EDUCATION OF SCHOOL DISTRICT NO. 23 (CENTRAL OKANAGAN), THE p251
5486 Clements Cres, PEACHLAND, BC, V0H 1X5
(250) 870-5122   SIC 8211

BOARD OF EDUCATION OF SCHOOL DISTRICT NO. 23 (CENTRAL OKANAGAN), THE p337
3565 Mciver Rd, WEST KELOWNA, BC, V4T 1H8
(250) 768-1889   SIC 8211

BOARD OF EDUCATION OF SCHOOL DISTRICT NO. 23 (CENTRAL OKANAGAN), THE p337
2010 Daimler Dr, WEST KELOWNA, BC, V1Z 3Y4
SIC 8211

BOARD OF EDUCATION OF SCHOOL DISTRICT NO. 23 (CENTRAL OKANAGAN), THE p337
3430 Webber Rd, WEST KELOWNA, BC, V4T 1G8
(250) 870-5142   SIC 8211

BOARD OF EDUCATION OF SCHOOL DISTRICT NO. 23 (CENTRAL OKANAGAN), THE p337
1221 Hudson Rd, WEST KELOWNA, BC, V1Z 1J5
SIC 8211

BOARD OF EDUCATION OF SCHOOL DISTRICT NO. 23 (CENTRAL OKANAGAN), THE p337
1680 Westlake Rd, WEST KELOWNA, BC, V1Z 3G6
(250) 870-5146   SIC 8211

BOARD OF EDUCATION OF SCHOOL DISTRICT NO. 23 (CENTRAL OKANAGAN), THE p337
3044 Sandstone Dr, WEST KELOWNA, BC, V4T 1T2
(250) 870-5132   SIC 8211

BOARD OF EDUCATION OF SCHOOL DISTRICT NO. 23 (CENTRAL OKANAGAN), THE p337
3230 Salmon Rd, WEST KELOWNA, BC, V4T 1A7
SIC 8211

BOARD OF EDUCATION OF SCHOOL DISTRICT NO. 23 (CENTRAL OKANAGAN), THE p339
3770 Elliott Rd, WESTBANK, BC, V4T 1W9
(250) 870-5103   SIC 8211

BOARD OF EDUCATION OF SCHOOL DISTRICT NO. 23 (CENTRAL OKANAGAN), THE p341
10241 Bottom Wood Lake Rd, WINFIELD, BC, V4V 1Y7
(250) 870-5102   SIC 8211

BOARD OF EDUCATION OF SCHOOL DISTRICT NO. 23 (CENTRAL OKANAGAN), THE p341
2115 Davidson Rd, WINFIELD, BC, V4V 1R3
(250) 870-5117   SIC 8211

BOARD OF EDUCATION OF SCHOOL DISTRICT NO. 35 (LANGLEY) p180
4452 256 St, ALDERGROVE, BC, V4W 1J3
(604) 856-8539   SIC 8211

BOARD OF EDUCATION OF SCHOOL DISTRICT NO. 35 (LANGLEY) p180
27330 28 Ave, ALDERGROVE, BC, V4W 3K1
(604) 856-4167   SIC 8211

BOARD OF EDUCATION OF SCHOOL DISTRICT NO. 35 (LANGLEY) p181
3300 270 St, ALDERGROVE, BC, V4W 3H2
(604) 856-7775   SIC 8211

BOARD OF EDUCATION OF SCHOOL DISTRICT NO. 35 (LANGLEY) p229
20292 91a Ave, LANGLEY, BC, V1M 2G2
(604) 513-8000   SIC 8211

BOARD OF EDUCATION OF SCHOOL DISTRICT NO. 35 (LANGLEY) p229
9096 Trattle St Gd Stn Fort Langley, LANGLEY, BC, V1M 2S6
(604) 888-3113   SIC 8211

BOARD OF EDUCATION OF SCHOOL DISTRICT NO. 35 (LANGLEY) p229
21150 85 Ave, LANGLEY, BC, V1M 2M4
(604) 888-7109   SIC 8211

BOARD OF EDUCATION OF SCHOOL DISTRICT NO. 35 (LANGLEY) p229
21555 91 Ave, LANGLEY, BC, V1M 3Z3
(604) 888-6111   SIC 8211

BOARD OF EDUCATION OF SCHOOL DIS-

SIC 8211 Elementary and secondary schools

BOARD OF EDUCATION OF SCHOOL DISTRICT NO. 35 (LANGLEY) p230
20260 64 Ave, LANGLEY, BC, V2Y 1N3
(604) 534-3294   SIC 8211

BOARD OF EDUCATION OF SCHOOL DISTRICT NO. 35 (LANGLEY) p231
20785 24 Ave, LANGLEY, BC, V2Z 2B4
(604) 534-4644   SIC 8211

BOARD OF EDUCATION OF SCHOOL DISTRICT NO. 35 (LANGLEY) p231
22144 Old Yale Rd Suite 11, LANGLEY, BC, V2Z 1B5
(604) 532-1181   SIC 8211

BOARD OF EDUCATION OF SCHOOL DISTRICT NO. 35 (LANGLEY) p231
23422 47 Ave, LANGLEY, BC, V2Z 2S3
(604) 534-7904   SIC 8211

BOARD OF EDUCATION OF SCHOOL DISTRICT NO. 35 (LANGLEY) p231
22144 Old Yale Rd, LANGLEY, BC, V2Z 1B5
(604) 530-0251   SIC 8211

BOARD OF EDUCATION OF SCHOOL DISTRICT NO. 35 (LANGLEY) p232
20190 48 Ave, LANGLEY, BC, V3A 3L4
(604) 530-5151   SIC 8211

BOARD OF EDUCATION OF SCHOOL DISTRICT NO. 35 (LANGLEY) p232
20902 37a Ave, LANGLEY, BC, V3A 5N2
(604) 530-2141   SIC 8211

BOARD OF EDUCATION OF SCHOOL DISTRICT NO. 35 (LANGLEY) p232
20441 Grade Cres, LANGLEY, BC, V3A 4J8
(604) 534-9285   SIC 8211

BOARD OF EDUCATION OF SCHOOL DISTRICT NO. 35 (LANGLEY) p232
20011 44 Ave, LANGLEY, BC, V3A 6L8
(604) 534-0744   SIC 8211

BOARD OF EDUCATION OF SCHOOL DISTRICT NO. 35 (LANGLEY) p232
4875 222 St, LANGLEY, BC, V3A 3Z7
(604) 532-0188   SIC 8211

BOARD OF EDUCATION OF SCHOOL DISTRICT NO. 35 (LANGLEY) p232
20050 53 Ave, LANGLEY, BC, V3A 3T9
(604) 533-1468   SIC 8211

BOARD OF EDUCATION OF SCHOOL DISTRICT NO. 39 (VANCOUVER), THE p292
2625 Franklin St, VANCOUVER, BC, V5K 3W7
(604) 713-5507   SIC 8211

BOARD OF EDUCATION OF SCHOOL DISTRICT NO. 39 (VANCOUVER), THE p292
1430 Lillooet St, VANCOUVER, BC, V5K 4H6
(604) 713-4686   SIC 8211

BOARD OF EDUCATION OF SCHOOL DISTRICT NO. 39 (VANCOUVER), THE p292
555 Lillooet St, VANCOUVER, BC, V5K 4G4
(604) 713-4620   SIC 8211

BOARD OF EDUCATION OF SCHOOL DISTRICT NO. 39 (VANCOUVER), THE p292
250 Skeena St, VANCOUVER, BC, V5K 4N8
(604) 713-4709   SIC 8211

BOARD OF EDUCATION OF SCHOOL DISTRICT NO. 39 (VANCOUVER), THE p292
2450 Cambridge St, VANCOUVER, BC, V5K 1L2
(604) 713-4716   SIC 8211

BOARD OF EDUCATION OF SCHOOL DISTRICT NO. 39 (VANCOUVER), THE p293
1661 Napier St, VANCOUVER, BC, V5L 4X4
(604) 713-5735   SIC 8211

BOARD OF EDUCATION OF SCHOOL DISTRICT NO. 39 (VANCOUVER), THE p293
1950 Hastings St E, VANCOUVER, BC, V5L 1T7
(604) 713-4696   SIC 8211

BOARD OF EDUCATION OF SCHOOL DISTRICT NO. 39 (VANCOUVER), THE p293
727 Templeton Dr, VANCOUVER, BC, V5L 4N8
(604) 713-8984   SIC 8211

BOARD OF EDUCATION OF SCHOOL DISTRICT NO. 39 (VANCOUVER), THE p293
2235 Kitchener St, VANCOUVER, BC, V5L 2W9
(604) 713-5889   SIC 8211

BOARD OF EDUCATION OF SCHOOL DISTRICT NO. 39 (VANCOUVER), THE p294
2600 Broadway E, VANCOUVER, BC, V5M 1Y5
(604) 713-8215   SIC 8211

BOARD OF EDUCATION OF SCHOOL DISTRICT NO. 39 (VANCOUVER), THE p294
3375 Nootka St, VANCOUVER, BC, V5M 3N2
(604) 713-4767   SIC 8211

BOARD OF EDUCATION OF SCHOOL DISTRICT NO. 39 (VANCOUVER), THE p294
3663 Penticton St, VANCOUVER, BC, V5M 3C9
(604) 713-4605   SIC 8211

BOARD OF EDUCATION OF SCHOOL DISTRICT NO. 39 (VANCOUVER), THE p294
3315 22nd Ave E, VANCOUVER, BC, V5M 2Z2
(604) 713-4851   SIC 8211

BOARD OF EDUCATION OF SCHOOL DISTRICT NO. 39 (VANCOUVER), THE p294
2684 2nd Ave E, VANCOUVER, BC, V5M 1C9
(604) 713-4705   SIC 8211

BOARD OF EDUCATION OF SCHOOL DISTRICT NO. 39 (VANCOUVER), THE p294
2325 Cassiar St Suite 39, VANCOUVER, BC, V5M 3X3
(604) 713-4611   SIC 8211

BOARD OF EDUCATION OF SCHOOL DISTRICT NO. 39 (VANCOUVER), THE p295
3433 Commercial St, VANCOUVER, BC, V5N 4E8
(604) 713-5858   SIC 8211

BOARD OF EDUCATION OF SCHOOL DISTRICT NO. 39 (VANCOUVER), THE p295
7550 Victoria Dr, VANCOUVER, BC, V5P 3Z7
(604) 713-4817   SIC 8211

BOARD OF EDUCATION OF SCHOOL DISTRICT NO. 39 (VANCOUVER), THE p295
2055 Woodland Dr, VANCOUVER, BC, V5N 3N9
(604) 713-4663   SIC 8211

BOARD OF EDUCATION OF SCHOOL DISTRICT NO. 39 (VANCOUVER), THE p295
1850 41st Ave E, VANCOUVER, BC, V5P 1K9
(604) 713-5390   SIC 8211

BOARD OF EDUCATION OF SCHOOL DISTRICT NO. 39 (VANCOUVER), THE p295
2421 Scarboro Ave, VANCOUVER, BC, V5P 2L5
(604) 713-4570   SIC 8211

BOARD OF EDUCATION OF SCHOOL DISTRICT NO. 39 (VANCOUVER), THE p295
1750 22nd Ave E, VANCOUVER, BC, V5N 2P7
(604) 713-4650   SIC 8211

BOARD OF EDUCATION OF SCHOOL DISTRICT NO. 39 (VANCOUVER), THE p295
4444 Dumfries St, VANCOUVER, BC, V5N 3T2
(604) 713-4735   SIC 8211

BOARD OF EDUCATION OF SCHOOL DISTRICT NO. 39 (VANCOUVER), THE p295
1755 55th Ave E, VANCOUVER, BC, V5P 1Z7
(604) 713-8278   SIC 8211

BOARD OF EDUCATION OF SCHOOL DISTRICT NO. 39 (VANCOUVER), THE p295
1551 37th Ave E, VANCOUVER, BC, V5P 1E4
(604) 713-4890   SIC 8211

BOARD OF EDUCATION OF SCHOOL DISTRICT NO. 39 (VANCOUVER), THE p295
1401 49th Ave E, VANCOUVER, BC, V5P 1S2
(604) 713-4793   SIC 8211

BOARD OF EDUCATION OF SCHOOL DISTRICT NO. 39 (VANCOUVER), THE p295
3525 Dumfries St, VANCOUVER, BC, V5N 3S5
(604) 713-4723   SIC 8211

BOARD OF EDUCATION OF SCHOOL DISTRICT NO. 39 (VANCOUVER), THE p295
1300 Broadway E Suite 39, VANCOUVER, BC, V5N 1V6
(604) 713-4599   SIC 8211

BOARD OF EDUCATION OF SCHOOL DISTRICT NO. 39 (VANCOUVER), THE p296
3633 Tanner St, VANCOUVER, BC, V5R 5P7
(604) 713-4778   SIC 8211

BOARD OF EDUCATION OF SCHOOL DISTRICT NO. 39 (VANCOUVER), THE p296
3417 Euclid Ave, VANCOUVER, BC, V5R 6H2
(604) 713-5340   SIC 8211

BOARD OF EDUCATION OF SCHOOL DISTRICT NO. 39 (VANCOUVER), THE p296
6901 Elliott St, VANCOUVER, BC, V5S 2N1
(604) 713-4746   SIC 8211

BOARD OF EDUCATION OF SCHOOL DISTRICT NO. 39 (VANCOUVER), THE p296
3250 Kingsway, VANCOUVER, BC, V5R 5K5
(604) 713-4810   SIC 8211

BOARD OF EDUCATION OF SCHOOL DISTRICT NO. 39 (VANCOUVER), THE p296
6955 Frontenac St, VANCOUVER, BC, V5S 3T4
(604) 713-4760   SIC 8211

BOARD OF EDUCATION OF SCHOOL DISTRICT NO. 39 (VANCOUVER), THE p296
6100 Battison St, VANCOUVER, BC, V5S 3M8
(604) 713-4775   SIC 8211

BOARD OF EDUCATION OF SCHOOL DISTRICT NO. 39 (VANCOUVER), THE p296
2740 Guelph St, VANCOUVER, BC, V5T 3P7
(604) 713-5290   SIC 8211

BOARD OF EDUCATION OF SCHOOL DISTRICT NO. 39 (VANCOUVER), THE p296
3340 54th Ave E, VANCOUVER, BC, V5S 1Z3
(604) 713-4828   SIC 8211

BOARD OF EDUCATION OF SCHOOL DISTRICT NO. 39 (VANCOUVER), THE p296
6454 Killarney St, VANCOUVER, BC, V5S 2X7
(604) 713-8950   SIC 8211

BOARD OF EDUCATION OF SCHOOL DISTRICT NO. 39 (VANCOUVER), THE p296
2300 Guelph St, VANCOUVER, BC, V5T 3P1
(604) 713-4617   SIC 8211

BOARD OF EDUCATION OF SCHOOL DISTRICT NO. 39 (VANCOUVER), THE p296
6111 Elliott St, VANCOUVER, BC, V5S 2M1
(604) 713-4752   SIC 8211

BOARD OF EDUCATION OF SCHOOL DISTRICT NO. 39 (VANCOUVER), THE p296
2900 44th Ave E, VANCOUVER, BC, V5R 3A8
(604) 713-4771   SIC 8211

BOARD OF EDUCATION OF SCHOOL DISTRICT NO. 39 (VANCOUVER), THE p296
3155 27th Ave E, VANCOUVER, BC, V5R 1P3
(604) 713-8180   SIC 8211

BOARD OF EDUCATION OF SCHOOL DISTRICT NO. 39 (VANCOUVER), THE p296
3323 Wellington Ave, VANCOUVER, BC, V5R 4Y3
(604) 713-4844   SIC 8211

BOARD OF EDUCATION OF SCHOOL DISTRICT NO. 39 (VANCOUVER), THE p296
4710 Slocan St, VANCOUVER, BC, V5R 2A1
(604) 713-4666   SIC 8211

BOARD OF EDUCATION OF SCHOOL DISTRICT NO. 39 (VANCOUVER), THE p297
1300 29th Ave E, VANCOUVER, BC, V5V 2T3
(604) 713-4971   SIC 8211

BOARD OF EDUCATION OF SCHOOL DISTRICT NO. 39 (VANCOUVER), THE p297
315 23rd Ave E, VANCOUVER, BC, V5V 1X6
(604) 713-4985   SIC 8211

BOARD OF EDUCATION OF SCHOOL DISTRICT NO. 39 (VANCOUVER), THE p297
419 24th Ave E, VANCOUVER, BC, V5V 2A2
(604) 713-8233   SIC 8211

BOARD OF EDUCATION OF SCHOOL DISTRICT NO. 39 (VANCOUVER), THE p297
1010 17th Ave E Suite 39, VANCOUVER, BC, V5V 0A6
(604) 713-4978   SIC 8211

BOARD OF EDUCATION OF SCHOOL DISTRICT NO. 39 (VANCOUVER), THE p297
4860 Main St, VANCOUVER, BC, V5V 3R8
(604) 713-5245   SIC 8211

BOARD OF EDUCATION OF SCHOOL DISTRICT NO. 39 (VANCOUVER), THE p297
4251 Ontario St Suite 39, VANCOUVER, BC, V5V 3G8
(604) 713-4912   SIC 8211

BOARD OF EDUCATION OF SCHOOL DISTRICT NO. 39 (VANCOUVER), THE p298
5855 Ontario St, VANCOUVER, BC, V5W 2L8
(604) 713-4965   SIC 8211

BOARD OF EDUCATION OF SCHOOL DISTRICT NO. 39 (VANCOUVER), THE p298
530 41st Ave E, VANCOUVER, BC, V5W 1P3
(604) 324-1317   SIC 8211

BOARD OF EDUCATION OF SCHOOL DISTRICT NO. 39 (VANCOUVER), THE p298
1000 59th Ave E, VANCOUVER, BC, V5X 1Y7
(604) 713-4784   SIC 8211

BOARD OF EDUCATION OF SCHOOL DISTRICT NO. 39 (VANCOUVER), THE p298
6010 Fraser St, VANCOUVER, BC, V5W 2Z7
(604) 713-5770   SIC 8211

BOARD OF EDUCATION OF SCHOOL DISTRICT NO. 39 (VANCOUVER), THE p298
960 39th Ave E, VANCOUVER, BC, V5W 1K8
(604) 713-4799   SIC 8211

BOARD OF EDUCATION OF SCHOOL DISTRICT NO. 39 (VANCOUVER), THE p298
7410 Columbia St, VANCOUVER, BC, V5X 3C1
(604) 713-4901   SIC 8211

BOARD OF EDUCATION OF SCHOOL DISTRICT NO. 39 (VANCOUVER), THE p299
6350 Tisdall St, VANCOUVER, BC, V5Z 3N4
(604) 713-5367   SIC 8211

BOARD OF EDUCATION OF SCHOOL DISTRICT NO. 39 (VANCOUVER), THE p299
500 20th Ave W, VANCOUVER, BC, V5Z 1X7
(604) 713-4932   SIC 8211

BOARD OF EDUCATION OF SCHOOL DISTRICT NO. 39 (VANCOUVER), THE p299
100 15th Ave W, VANCOUVER, BC, V5Y 3B7
(604) 713-4946   SIC 8211

BOARD OF EDUCATION OF SCHOOL DISTRICT NO. 39 (VANCOUVER), THE p299
5025 Willow St Suite 39, VANCOUVER, BC, V5Z 3S1
(604) 713-8927   SIC 8211

BOARD OF EDUCATION OF SCHOOL DISTRICT NO. 39 (VANCOUVER), THE p301
1130 Keefer St, VANCOUVER, BC, V6A 1Z3
(604) 713-4641   SIC 8211

BOARD OF EDUCATION OF SCHOOL DISTRICT NO. 39 (VANCOUVER), THE p301
333 Terminal Ave Suite 400, VANCOUVER, BC, V6A 4C1
(604) 713-5731   SIC 8211

BUSINESSES BY INDUSTRY CLASSIFICATION

SIC 8211 Elementary and secondary schools 2407

BOARD OF EDUCATION OF SCHOOL DISTRICT NO. 39 (VANCOUVER), THE p301
592 Pender St E, VANCOUVER, BC, V6A 1V5
(604) 713-4630   SIC 8211

BOARD OF EDUCATION OF SCHOOL DISTRICT NO. 39 (VANCOUVER), THE p310
1150 Nelson St, VANCOUVER, BC, V6E 1J2
(604) 713-5495   SIC 8211

BOARD OF EDUCATION OF SCHOOL DISTRICT NO. 39 (VANCOUVER), THE p313
1100 Bidwell St, VANCOUVER, BC, V6G 2K4
(604) 713-5055   SIC 8211

BOARD OF EDUCATION OF SCHOOL DISTRICT NO. 39 (VANCOUVER), THE p313
1755 Barclay St, VANCOUVER, BC, V6G 1K6
(604) 713-8999   SIC 8211

BOARD OF EDUCATION OF SCHOOL DISTRICT NO. 39 (VANCOUVER), THE p314
4070 Oak St, VANCOUVER, BC, V6H 2M8
(604) 713-4941   SIC 8211

BOARD OF EDUCATION OF SCHOOL DISTRICT NO. 39 (VANCOUVER), THE p314
1166 14th Ave W, VANCOUVER, BC, V6H 1P6
(604) 713-4585   SIC 8211

BOARD OF EDUCATION OF SCHOOL DISTRICT NO. 39 (VANCOUVER), THE p314
900 School Green, VANCOUVER, BC, V6H 3N7
(604) 713-4959   SIC 8211

BOARD OF EDUCATION OF SCHOOL DISTRICT NO. 39 (VANCOUVER), THE p315
1580 Broadway W, VANCOUVER, BC, V6J 5K8
(604) 713-5495   SIC 8211

BOARD OF EDUCATION OF SCHOOL DISTRICT NO. 39 (VANCOUVER), THE p315
1936 10th Ave W, VANCOUVER, BC, V6J 2B2
(604) 713-5426   SIC 8211

BOARD OF EDUCATION OF SCHOOL DISTRICT NO. 39 (VANCOUVER), THE p315
4250 Marguerite St, VANCOUVER, BC, V6J 4G3
(604) 713-5500   SIC 8211

BOARD OF EDUCATION OF SCHOOL DISTRICT NO. 39 (VANCOUVER), THE p317
5970 Selkirk St, VANCOUVER, BC, V6M 2Y8
(604) 713-4920   SIC 8211

BOARD OF EDUCATION OF SCHOOL DISTRICT NO. 39 (VANCOUVER), THE p317
5350 East Boulevard, VANCOUVER, BC, V6M 3V2
(604) 713-8220   SIC 8211

BOARD OF EDUCATION OF SCHOOL DISTRICT NO. 39 (VANCOUVER), THE p317
4055 Blenheim St, VANCOUVER, BC, V6L 2Z1
(604) 713-5454   SIC 8211

BOARD OF EDUCATION OF SCHOOL DISTRICT NO. 39 (VANCOUVER), THE p317
2550 10th Ave W, VANCOUVER, BC, V6K 2J6
(604) 713-8961   SIC 8211

BOARD OF EDUCATION OF SCHOOL DISTRICT NO. 39 (VANCOUVER), THE p317
5300 Maple St, VANCOUVER, BC, V6M 3T6
(604) 713-5420   SIC 8211

BOARD OF EDUCATION OF SCHOOL DISTRICT NO. 39 (VANCOUVER), THE p317
4170 Trafalgar St, VANCOUVER, BC, V6L 2M5
(604) 713-5475   SIC 8211

BOARD OF EDUCATION OF SCHOOL DISTRICT NO. 39 (VANCOUVER), THE p317
6360 Maple St, VANCOUVER, BC, V6M 4M2
(604) 713-8200   SIC 8211

BOARD OF EDUCATION OF SCHOOL DISTRICT NO. 39 (VANCOUVER), THE p317
2896 6th Ave W, VANCOUVER, BC, V6K 1X1
(604) 713-5403   SIC 8211

BOARD OF EDUCATION OF SCHOOL DISTRICT NO. 39 (VANCOUVER), THE p317
6199 Cypress St, VANCOUVER, BC, V6M 3S3
(604) 713-5356   SIC 8211

BOARD OF EDUCATION OF SCHOOL DISTRICT NO. 39 (VANCOUVER), THE p317
2250 Eddington Dr, VANCOUVER, BC, V6L 2E7
(604) 713-8974   SIC 8211

BOARD OF EDUCATION OF SCHOOL DISTRICT NO. 39 (VANCOUVER), THE p317
3400 Balaclava St, VANCOUVER, BC, V6L 2S6
(604) 713-5396   SIC 8211

BOARD OF EDUCATION OF SCHOOL DISTRICT NO. 39 (VANCOUVER), THE p318
7455 Maple St Suite 39, VANCOUVER, BC, V6P 5P8
(604) 713-4952   SIC 8211

BOARD OF EDUCATION OF SCHOOL DISTRICT NO. 39 (VANCOUVER), THE p318
7055 Heather St, VANCOUVER, BC, V6P 3P7
(604) 713-8189   SIC 8211

BOARD OF EDUCATION OF SCHOOL DISTRICT NO. 39 (VANCOUVER), THE p318
5351 Camosun St, VANCOUVER, BC, V6N 2C4
(604) 713-5414   SIC 8211

BOARD OF EDUCATION OF SCHOOL DISTRICT NO. 39 (VANCOUVER), THE p318
8370 Cartier St, VANCOUVER, BC, V6P 4T8
(604) 713-4895   SIC 8211

BOARD OF EDUCATION OF SCHOOL DISTRICT NO. 39 (VANCOUVER), THE p318
590 65th Ave W, VANCOUVER, BC, V6P 2P8
(604) 713-5380   SIC 8211

BOARD OF EDUCATION OF SCHOOL DISTRICT NO. 39 (VANCOUVER), THE p318
7350 Laurel St, VANCOUVER, BC, V6P 3T9
(604) 713-4925   SIC 8211

BOARD OF EDUCATION OF SCHOOL DISTRICT NO. 39 (VANCOUVER), THE p319
3939 16th Ave W, VANCOUVER, BC, V6R 3C9
(604) 713-8171   SIC 8211

BOARD OF EDUCATION OF SCHOOL DISTRICT NO. 39 (VANCOUVER), THE p319
5395 Chancellor Blvd, VANCOUVER, BC, V6T 1E2
(604) 713-5350   SIC 8211

BOARD OF EDUCATION OF SCHOOL DISTRICT NO. 39 (VANCOUVER), THE p319
2000 Trimble St Suite 39, VANCOUVER, BC, V6R 3Z4
(604) 713-5464   SIC 8211

BOARD OF EDUCATION OF SCHOOL DISTRICT NO. 39 (VANCOUVER), THE p319
4102 16th Ave W, VANCOUVER, BC, V6R 3E3
(604) 713-5408   SIC 8211

BOARD OF EDUCATION OF SCHOOL DISTRICT NO. 39 (VANCOUVER), THE p319
2896 Acadia Rd, VANCOUVER, BC, V6T 1S2
(604) 713-8258   SIC 8211

BOARD OF EDUCATION OF SCHOOL DISTRICT NO. 39 (VANCOUVER), THE p319
3050 Crown St, VANCOUVER, BC, V6R 4K9
(604) 713-4577   SIC 8211

BOARD OF EDUCATION OF SCHOOL DISTRICT NO. 39 (VANCOUVER), THE p320
1850 East Mall, VANCOUVER, BC, V6T 1Z1
(604) 713-4694   SIC 8211

BOARD OF EDUCATION OF SCHOOL DISTRICT NO. 39 (VANCOUVER), THE p321
150 Drake St, VANCOUVER, BC, V6Z 2X1
(604) 713-5890   SIC 8211

BOARD OF EDUCATION OF SCHOOL DISTRICT NO. 50 (HAIDA GWAII), THE p237
1647 Collison St, MASSET, BC, V0T 1M0
(250) 626-5522   SIC 8211

BOARD OF EDUCATION OF SCHOOL DISTRICT NO. 50 (HAIDA GWAII), THE p237
2151 Tahayghen Dr, MASSET, BC, V0T 1M0
(250) 626-5572   SIC 8211

BOARD OF EDUCATION OF SCHOOL DISTRICT NO. 50 (HAIDA GWAII), THE p263
701 Oceanview Dr, QUEEN CHARLOTTE, BC, V0T 1S1
(250) 559-8822   SIC 8211

BOARD OF EDUCATION OF SCHOOL DISTRICT NO. 57 (PRINCE GEORGE), THE p235
500 Skeena Dr, MACKENZIE, BC, V0J 2C0
(250) 997-6510   SIC 8211

BOARD OF EDUCATION OF SCHOOL DISTRICT NO. 57 (PRINCE GEORGE), THE p235
32 Heather Cres, MACKENZIE, BC, V0J 2C0
SIC 8211

BOARD OF EDUCATION OF SCHOOL DISTRICT NO. 57 (PRINCE GEORGE), THE p235
310 Nechako Dr, MACKENZIE, BC, V0J 2C0
(250) 997-6340   SIC 8211

BOARD OF EDUCATION OF SCHOOL DISTRICT NO. 57 (PRINCE GEORGE), THE p258
4543 Austin Rd W, PRINCE GEORGE, BC, V2K 2H9
SIC 8211

BOARD OF EDUCATION OF SCHOOL DISTRICT NO. 57 (PRINCE GEORGE), THE p258
4540 Handlen Rd, PRINCE GEORGE, BC, V2K 2J8
(250) 962-9271   SIC 8211

BOARD OF EDUCATION OF SCHOOL DISTRICT NO. 57 (PRINCE GEORGE), THE p258
701 North Nechako Rd, PRINCE GEORGE, BC, V2K 1A2
(250) 564-0707   SIC 8211

BOARD OF EDUCATION OF SCHOOL DISTRICT NO. 57 (PRINCE GEORGE), THE p258
2233 Sussex Lane, PRINCE GEORGE, BC, V2K 3J1
(250) 962-9211   SIC 8211

BOARD OF EDUCATION OF SCHOOL DISTRICT NO. 57 (PRINCE GEORGE), THE p258
4600 Zral Rd, PRINCE GEORGE, BC, V2K 5X9
(250) 962-6966   SIC 8211

BOARD OF EDUCATION OF SCHOOL DISTRICT NO. 57 (PRINCE GEORGE), THE p258
7151 Heather Park Rd, PRINCE GEORGE, BC, V2K 5Y3
(250) 962-1811   SIC 8211

BOARD OF EDUCATION OF SCHOOL DISTRICT NO. 57 (PRINCE GEORGE), THE p258
4440 Craig Dr, PRINCE GEORGE, BC, V2K 3P5
(250) 562-5381   SIC 8211

BOARD OF EDUCATION OF SCHOOL DISTRICT NO. 57 (PRINCE GEORGE), THE p259
311 Wilson Cres, PRINCE GEORGE, BC, V2L 4P8
(250) 563-1062   SIC 8211

BOARD OF EDUCATION OF SCHOOL DISTRICT NO. 57 (PRINCE GEORGE), THE p259
747 Winnipeg St, PRINCE GEORGE, BC, V2L 2V3
(250) 563-7124   SIC 8211

BOARD OF EDUCATION OF SCHOOL DISTRICT NO. 57 (PRINCE GEORGE), THE p259
2579 Victoria St, PRINCE GEORGE, BC, V2L 2M3
(250) 562-4843   SIC 8211

BOARD OF EDUCATION OF SCHOOL DISTRICT NO. 57 (PRINCE GEORGE), THE p259
2100 Ferry Ave, PRINCE GEORGE, BC, V2L 4R5
(250) 561-6800   SIC 8211

BOARD OF EDUCATION OF SCHOOL DISTRICT NO. 57 (PRINCE GEORGE), THE p259
1401 17th Ave, PRINCE GEORGE, BC, V2L 3Z2
(250) 562-2737   SIC 8211

BOARD OF EDUCATION OF SCHOOL DISTRICT NO. 57 (PRINCE GEORGE), THE p260
4131 Rainbow Dr, PRINCE GEORGE, BC, V2M 3W3
(250) 562-1164   SIC 8211

BOARD OF EDUCATION OF SCHOOL DISTRICT NO. 57 (PRINCE GEORGE), THE p260
4375 Eaglenest Cres, PRINCE GEORGE, BC, V2M 4Y5
(250) 562-2862   SIC 8211

BOARD OF EDUCATION OF SCHOOL DISTRICT NO. 57 (PRINCE GEORGE), THE p260
1193 Harper St, PRINCE GEORGE, BC, V2M 2X1
(250) 562-1773   SIC 8211

BOARD OF EDUCATION OF SCHOOL DISTRICT NO. 57 (PRINCE GEORGE), THE p260
4444 Hill Ave, PRINCE GEORGE, BC, V2M 5V9
(250) 562-9525   SIC 8211

BOARD OF EDUCATION OF SCHOOL DISTRICT NO. 57 (PRINCE GEORGE), THE p260
2901 Griffiths Ave, PRINCE GEORGE, BC, V2M 2S7
(250) 562-6441   SIC 8211

BOARD OF EDUCATION OF SCHOOL DISTRICT NO. 57 (PRINCE GEORGE), THE p260
251 Ogilvie St S, PRINCE GEORGE, BC, V2M 3M4
(250) 562-1161   SIC 8211

BOARD OF EDUCATION OF SCHOOL DISTRICT NO. 57 (PRINCE GEORGE), THE p260
257 Anderson St, PRINCE GEORGE, BC, V2M 6C1
(250) 562-5384   SIC 8211

BOARD OF EDUCATION OF SCHOOL DISTRICT NO. 57 (PRINCE GEORGE), THE p260
290 Voyageur Dr, PRINCE GEORGE, BC, V2M 4P2
(250) 964-7743   SIC 8211

BOARD OF EDUCATION OF SCHOOL DISTRICT NO. 57 (PRINCE GEORGE), THE p260
3805 Rainbow Dr, PRINCE GEORGE, BC, V2M 3W2
(250) 563-4208   SIC 8211

BOARD OF EDUCATION OF SCHOOL DISTRICT NO. 57 (PRINCE GEORGE), THE p261
7900 Malaspina Ave, PRINCE GEORGE, BC, V2N 4A9
(250) 964-9874   SIC 8211

BOARD OF EDUCATION OF SCHOOL DISTRICT NO. 57 (PRINCE GEORGE), THE p261
2633 Vanier Dr, PRINCE GEORGE, BC, V2N 1V1
(250) 562-3076   SIC 8211

BOARD OF EDUCATION OF SCHOOL DISTRICT NO. 57 (PRINCE GEORGE), THE p261
2222 Blackburn South Rd, PRINCE GEORGE, BC, V2N 6C1
(250) 963-7060   SIC 8211

BOARD OF EDUCATION OF SCHOOL DISTRICT NO. 57 (PRINCE GEORGE), THE p261
3500 Westwood Dr, PRINCE GEORGE, BC, V2N 1S1
(250) 562-5822   SIC 8211

BOARD OF EDUCATION OF SCHOOL DISTRICT NO. 57 (PRINCE GEORGE), THE p261
5410 Cowart Rd, PRINCE GEORGE, BC, V2N 1Z2
(250) 964-4408   SIC 8211

BOARD OF EDUCATION OF SCHOOL DISTRICT NO. 57 (PRINCE GEORGE), THE p261
7300 Southridge Ave, PRINCE GEORGE, BC, V2N 4Y6
(250) 964-3544   SIC 8211

BOARD OF EDUCATION OF SCHOOL DISTRICT NO. 57 (PRINCE GEORGE), THE p261
9777 Western Rd, PRINCE GEORGE, BC, V2N 6M9
(250) 964-9311   SIC 8211

BOARD OF EDUCATION OF SCHOOL DISTRICT NO. 57 (PRINCE GEORGE), THE p261

4140 Campbell Ave, PRINCE GEORGE, BC, V2N 3A9
(250) 562-5388   SIC 8211
BOARD OF EDUCATION OF SCHOOL DISTRICT NO. 57 (PRINCE GEORGE), THE p261
8515 Old Cariboo Hwy, PRINCE GEORGE, BC, V2N 5X5
(250) 963-7259   SIC 8211
BOARD OF EDUCATION OF SCHOOL DISTRICT NO. 57 (PRINCE GEORGE), THE p261
3400 Westwood Dr, PRINCE GEORGE, BC, V2N 1S1
(250) 562-4321   SIC 8211
BOARD OF EDUCATION OF SCHOOL DISTRICT NO. 57 (PRINCE GEORGE), THE p261
4509 Highway 16 W, PRINCE GEORGE, BC, V2N 5M8
(250) 964-6422   SIC 8211
BOARD OF EDUCATION OF SCHOOL DISTRICT NO. 57 (PRINCE GEORGE), THE p261
6180 Domano Blvd, PRINCE GEORGE, BC, V2N 3Z4
(250) 964-4431   SIC 8211
BOARD OF EDUCATION OF SCHOOL DISTRICT NO. 57 (PRINCE GEORGE), THE p292
201 Ash, VALEMOUNT, BC, V0E 2Z0
(250) 566-4431   SIC 8211
BOARD OF EDUCATION OF SCHOOL DISTRICT NO. 61 (GREATER VICTORIA) p327
2306 Edgelow St, VICTORIA, BC, V8N 1R5
(250) 477-1878   SIC 8211
BOARD OF EDUCATION OF SCHOOL DISTRICT NO. 61 (GREATER VICTORIA) p327
1671 Kenmore Rd, VICTORIA, BC, V8N 4M8
(250) 477-1855   SIC 8211
BOARD OF EDUCATION OF SCHOOL DISTRICT NO. 61 (GREATER VICTORIA) p327
1765 Lansdowne Rd, VICTORIA, BC, V8P 1A7
(250) 598-3336   SIC 8211
BOARD OF EDUCATION OF SCHOOL DISTRICT NO. 61 (GREATER VICTORIA) p327
4421 Greentree Terr, VICTORIA, BC, V8N 3S9
(250) 472-1530   SIC 8211
BOARD OF EDUCATION OF SCHOOL DISTRICT NO. 61 (GREATER VICTORIA) p327
3963 Borden St, VICTORIA, BC, V8P 3H9
(250) 479-1696   SIC 8211
BOARD OF EDUCATION OF SCHOOL DISTRICT NO. 61 (GREATER VICTORIA) p327
1525 Rowan St, VICTORIA, BC, V8P 1X4
(250) 370-9110   SIC 8211
BOARD OF EDUCATION OF SCHOOL DISTRICT NO. 61 (GREATER VICTORIA) p327
4413 Torquay Dr, VICTORIA, BC, V8N 3L3
(250) 477-9511   SIC 8211
BOARD OF EDUCATION OF SCHOOL DISTRICT NO. 61 (GREATER VICTORIA) p327
3910 Cedar Hill Rd, VICTORIA, BC, V8P 3Z9
(250) 477-6945   SIC 8211
BOARD OF EDUCATION OF SCHOOL DISTRICT NO. 61 (GREATER VICTORIA) p327
3970 Gordon Head Rd, VICTORIA, BC, V8N 3X3
(250) 477-6977   SIC 8211
BOARD OF EDUCATION OF SCHOOL DISTRICT NO. 61 (GREATER VICTORIA) p327
3875 Haro Rd, VICTORIA, BC, V8N 4A6
(250) 477-1804   SIC 8211
BOARD OF EDUCATION OF SCHOOL DISTRICT NO. 61 (GREATER VICTORIA) p327
1440 Harrop Rd, VICTORIA, BC, V8P 2S6
(250) 477-6948   SIC 8211
BOARD OF EDUCATION OF SCHOOL DISTRICT NO. 61 (GREATER VICTORIA) p328
2290 Musgrave St, VICTORIA, BC, V8R 5Y2
(250) 592-2486   SIC 8211
BOARD OF EDUCATION OF SCHOOL DISTRICT NO. 61 (GREATER VICTORIA) p328
1260 Grant St, VICTORIA, BC, V8T 1C2
(250) 388-5456   SIC 8211
BOARD OF EDUCATION OF SCHOOL DISTRICT NO. 61 (GREATER VICTORIA) p328
1118 Princess Ave, VICTORIA, BC, V8T 1L3
(250) 385-3381   SIC 8211
BOARD OF EDUCATION OF SCHOOL DISTRICT NO. 61 (GREATER VICTORIA) p328
2827 Belmont Ave, VICTORIA, BC, V8R 4B2
(250) 595-2444   SIC 8211
BOARD OF EDUCATION OF SCHOOL DISTRICT NO. 61 (GREATER VICTORIA) p328
1824 Fairfield Rd, VICTORIA, BC, V8S 1G8
(250) 598-5191   SIC 8211
BOARD OF EDUCATION OF SCHOOL DISTRICT NO. 61 (GREATER VICTORIA) p330
1280 Fort St, VICTORIA, BC, V8V 3L2
(250) 386-3591   SIC 8211
BOARD OF EDUCATION OF SCHOOL DISTRICT NO. 61 (GREATER VICTORIA) p330
508 Douglas St, VICTORIA, BC, V8V 2P7
(250) 382-5234   SIC 8211
BOARD OF EDUCATION OF SCHOOL DISTRICT NO. 61 (GREATER VICTORIA) p330
140 Oswego St, VICTORIA, BC, V8V 2B1
(250) 384-7184   SIC 8211
BOARD OF EDUCATION OF SCHOOL DISTRICT NO. 61 (GREATER VICTORIA) p332
3427 Quadra St, VICTORIA, BC, V8X 1G8
(250) 382-7231   SIC 8211
BOARD OF EDUCATION OF SCHOOL DISTRICT NO. 61 (GREATER VICTORIA) p332
1031 Lucas Ave, VICTORIA, BC, V8X 5L2
(250) 479-2896   SIC 8211
BOARD OF EDUCATION OF SCHOOL DISTRICT NO. 61 (GREATER VICTORIA) p332
765 Rogers Ave, VICTORIA, BC, V8X 5K6
(250) 744-2343   SIC 8211
BOARD OF EDUCATION OF SCHOOL DISTRICT NO. 61 (GREATER VICTORIA) p333
957 Burnside Rd W, VICTORIA, BC, V8Z 6E9
(250) 479-8271   SIC 8211
BOARD OF EDUCATION OF SCHOOL DISTRICT NO. 61 (GREATER VICTORIA) p333
4005 Raymond St N, VICTORIA, BC, V8Z 4K9
(250) 479-1691   SIC 8211
BOARD OF EDUCATION OF SCHOOL DISTRICT NO. 61 (GREATER VICTORIA) p333
4190 Carey Rd, VICTORIA, BC, V8Z 4G8
(250) 479-8293   SIC 8211
BOARD OF EDUCATION OF SCHOOL DISTRICT NO. 61 (GREATER VICTORIA) p333
4109 Rosedale Ave, VICTORIA, BC, V8Z 5J5
(250) 479-4014   SIC 8211
BOARD OF EDUCATION OF SCHOOL DISTRICT NO. 61 (GREATER VICTORIA) p333
3751 Grange Rd, VICTORIA, BC, V8Z 4T2
(250) 479-8256   SIC 8211
BOARD OF EDUCATION OF SCHOOL DISTRICT NO. 61 (GREATER VICTORIA) p333
505 Dumeresq St, VICTORIA, BC, V8Z 1X3
(250) 479-1678   SIC 8211
BOARD OF EDUCATION OF SCHOOL DISTRICT NO. 61 (GREATER VICTORIA) p335
1010 Wychbury Ave, VICTORIA, BC, V9A 5K6
(250) 385-3441   SIC 8211
BOARD OF EDUCATION OF SCHOOL DISTRICT NO. 61 (GREATER VICTORIA) p335
1250 Highrock Ave, VICTORIA, BC, V9A 4V7
(250) 384-7125   SIC 8211
BOARD OF EDUCATION OF SCHOOL DISTRICT NO. 61 (GREATER VICTORIA) p335
750 Front St, VICTORIA, BC, V9A 3Y4
(250) 382-9131   SIC 8211
BOARD OF EDUCATION OF SCHOOL DISTRICT NO. 61 (GREATER VICTORIA) p335
3155 Albina St, VICTORIA, BC, V9A 1Z6
(250) 386-1408   SIC 8211
BOARD OF EDUCATION OF SCHOOL DISTRICT NO. 61 (GREATER VICTORIA) p335
847 Colville Rd, VICTORIA, BC, V9A 4N9
(250) 382-9226   SIC 8211
BOARD OF EDUCATION OF SCHOOL DISTRICT NO. 61 (GREATER VICTORIA) p336
97 Talcott Rd, VICTORIA, BC, V9B 6L9
(250) 744-2701   SIC 8211
BOARD OF EDUCATION OF SCHOOL DISTRICT NO. 61 (GREATER VICTORIA) p336
218 Helmcken Rd, VICTORIA, BC, V9B 1S6
(250) 479-1671   SIC 8211
BOARD OF EDUCATION OF SCHOOL DISTRICT NO. 91 (NECHAKO LAKE), THE p193
34310 Keefes Landing Rd, BURNS LAKE, BC, V0J 1E4
(250) 694-3396   SIC 8211
BOARD OF EDUCATION OF SCHOOL DISTRICT NO. 91 (NECHAKO LAKE), THE p193
685 Hwy 16 W, BURNS LAKE, BC, V0J 1E0
(250) 692-7733   SIC 8211
BOARD OF EDUCATION OF SCHOOL DISTRICT NO. 91 (NECHAKO LAKE), THE p193
Gd, BURNS LAKE, BC, V0J 1E0
(250) 692-3146   SIC 8211
BOARD OF EDUCATION OF SCHOOL DISTRICT NO. 91 (NECHAKO LAKE), THE p193
6710 Decker Lake Frontage Rd, BURNS LAKE, BC, V0J 1E1
(250) 698-7301   SIC 8211
BOARD OF EDUCATION OF SCHOOL DISTRICT NO. 91 (NECHAKO LAKE), THE p213
12 Ave E, FORT ST. JAMES, BC, V0J 1P0
(250) 996-8237   SIC 8211
BOARD OF EDUCATION OF SCHOOL DISTRICT NO. 91 (NECHAKO LAKE), THE p214
450 Douglas St, FORT ST. JAMES, BC, V0J 1P0
(250) 996-7126   SIC 8211
BOARD OF EDUCATION OF SCHOOL DISTRICT NO. 91 (NECHAKO LAKE), THE p215
110 Chowsunket St, FRASER LAKE, BC, V0J 1S0
(250) 699-6233   SIC 8211
BOARD OF EDUCATION OF SCHOOL DISTRICT NO. 91 (NECHAKO LAKE), THE p291
Gd, TOPLEY, BC, V0J 2Y0
SIC 8211
BOARD OF EDUCATION OF SCHOOL DISTRICT NO. 91 (NECHAKO LAKE), THE p324
2608 Bute St, VANDERHOOF, BC, V0J 3A1
(250) 567-2291   SIC 8211
BOARD OF EDUCATION OF SCHOOL DISTRICT NO. 91 (NECHAKO LAKE), THE p324
310 Cashmere Rd, VANDERHOOF, BC, V0J 3A0
SIC 8211
BOARD OF EDUCATION OF SCHOOL DISTRICT NO. 91 (NECHAKO LAKE), THE p324
187 Victoria St, VANDERHOOF, BC, V0J 3A0
(250) 567-4413   SIC 8211
BOARD OF EDUCATION OF SCHOOL DISTRICT NO. 91 (NECHAKO LAKE), THE p324
187 Victoria St, VANDERHOOF, BC, V0J 3A0
(250) 567-2267   SIC 8211
BOARD OF EDUCATION OF SCHOOL DISTRICT NO. 91 (NECHAKO LAKE), THE p324
1850 Riley, VANDERHOOF, BC, V0J 3A0
(250) 567-2258   SIC 8211
BOARD OF EDUCATION OF THE REGINA ROMAN CATHOLIC SEPARATE SCHOOL DIVISION NO. 81 p1282
425 15th Ave, REGINA, SK, S4N 0V1
(306) 791-7285   SIC 8211
BOARD OF EDUCATION OF THE REGINA ROMAN CATHOLIC SEPARATE SCHOOL DIVISION NO. 81 p1282
150 Brotherton Ave, REGINA, SK, S4N 0J7
(306) 791-7325   SIC 8211
BOARD OF EDUCATION OF THE REGINA ROMAN CATHOLIC SEPARATE SCHOOL DIVISION NO. 81 p1282
2343 Edgar St, REGINA, SK, S4N 3L2
(306) 791-7310   SIC 8211
BOARD OF EDUCATION OF THE REGINA

ROMAN CATHOLIC SEPARATE SCHOOL DIVISION NO. 81 p1282
2707 E 7th Ave, REGINA, SK, S4N 5E8
(306) 791-7390   SIC 8211
BOARD OF EDUCATION OF THE REGINA ROMAN CATHOLIC SEPARATE SCHOOL DIVISION NO. 81 p1282
621 Douglas Ave E, REGINA, SK, S4N 1H7
(306) 791-7300   SIC 8211
BOARD OF EDUCATION OF THE REGINA ROMAN CATHOLIC SEPARATE SCHOOL DIVISION NO. 81 p1284
1027 College Ave, REGINA, SK, S4P 1A7
(306) 791-7230   SIC 8211
BOARD OF EDUCATION OF THE REGINA ROMAN CATHOLIC SEPARATE SCHOOL DIVISION NO. 81 p1287
150 Argyle St, REGINA, SK, S4R 4C3
(306) 791-7380   SIC 8211
BOARD OF EDUCATION OF THE REGINA ROMAN CATHOLIC SEPARATE SCHOOL DIVISION NO. 81 p1287
302 Upland Dr, REGINA, SK, S4R 5X3
(306) 791-7340   SIC 8211
BOARD OF EDUCATION OF THE REGINA ROMAN CATHOLIC SEPARATE SCHOOL DIVISION NO. 81 p1287
134 Argyle St, REGINA, SK, S4R 4C3
(306) 791-7240   SIC 8211
BOARD OF EDUCATION OF THE REGINA ROMAN CATHOLIC SEPARATE SCHOOL DIVISION NO. 81 p1287
727 N Mcintosh St, REGINA, SK, S4R 6E4
(306) 791-7320   SIC 8211
BOARD OF EDUCATION OF THE REGINA ROMAN CATHOLIC SEPARATE SCHOOL DIVISION NO. 81 p1287
140 N Mcintosh St, REGINA, SK, S4R 4Z9
(306) 791-7365   SIC 8211
BOARD OF EDUCATION OF THE REGINA ROMAN CATHOLIC SEPARATE SCHOOL DIVISION NO. 81 p1288
2330 25th Ave, REGINA, SK, S4S 4E6
(306) 791-7251   SIC 8211
BOARD OF EDUCATION OF THE REGINA ROMAN CATHOLIC SEPARATE SCHOOL DIVISION NO. 81 p1288
37 Cameron Cres, REGINA, SK, S4S 2X1
(306) 791-7270   SIC 8211
BOARD OF EDUCATION OF THE REGINA ROMAN CATHOLIC SEPARATE SCHOOL DIVISION NO. 81 p1289
1314 Elphinstone St, REGINA, SK, S4T 3M4
(306) 791-7290   SIC 8211
BOARD OF EDUCATION OF THE REGINA ROMAN CATHOLIC SEPARATE SCHOOL DIVISION NO. 81 p1289
3118 14th Ave, REGINA, SK, S4T 1R9
(306) 791-7280   SIC 8211
BOARD OF EDUCATION OF THE REGINA ROMAN CATHOLIC SEPARATE SCHOOL DIVISION NO. 81 p1289
625 Elphinstone St, REGINA, SK, S4T 3L1
(306) 791-7248   SIC 8211
BOARD OF EDUCATION OF THE REGINA ROMAN CATHOLIC SEPARATE SCHOOL DIVISION NO. 81 p1289
45 Mikkelson Dr, REGINA, SK, S4T 6B7
(306) 791-7335   SIC 8211
BOARD OF EDUCATION OF THE REGINA ROMAN CATHOLIC SEPARATE SCHOOL DIVISION NO. 81 p1289
10 Dempsey Ave, REGINA, SK, S4T 7H9
(306) 791-7350   SIC 8211
BOARD OF EDUCATION OF THE REGINA ROMAN CATHOLIC SEPARATE SCHOOL DIVISION NO. 81 p1290
2910 E Shooter Dr, REGINA, SK, S4V 0Y7
(306) 791-7360   SIC 8211
BOARD OF EDUCATION OF THE REGINA ROMAN CATHOLIC SEPARATE SCHOOL DIVISION NO. 81 p1290
3150 Windsor Park Rd, REGINA, SK, S4V 3A1

BUSINESSES BY INDUSTRY CLASSIFICATION — SIC 8211 Elementary and secondary schools 2409

(306) 791-1717 SIC 8211
BOARD OF EDUCATION OF THE REGINA ROMAN CATHOLIC SEPARATE SCHOOL DIVISION NO. 81 p1291
770 Rink Ave, REGINA, SK, S4X 1V8
(306) 791-7345 SIC 8211
BOARD OF EDUCATION OF THE REGINA ROMAN CATHOLIC SEPARATE SCHOOL DIVISION NO. 81 p1291
6823 Gillmore Dr, REGINA, SK, S4X 4J3
(306) 791-7305 SIC 8211
BOARD OF EDUCATION OF THE REGINA ROMAN CATHOLIC SEPARATE SCHOOL DIVISION NO. 81 p1291
5757 Rochdale Blvd, REGINA, SK, S4X 3P5
(306) 791-7260 SIC 8211
BOARD OF EDUCATION REGINA SCHOOL DIVISION NO. 4 OF SASKATCHEWAN p1281
400 Fines Dr, REGINA, SK, S4N 5L9
(306) 523-3350 SIC 8211
BOARD OF EDUCATION REGINA SCHOOL DIVISION NO. 4 OF SASKATCHEWAN p1281
1225 E 9th Ave, REGINA, SK, S4N 0H4
(306) 791-8588 SIC 8211
BOARD OF EDUCATION REGINA SCHOOL DIVISION NO. 4 OF SASKATCHEWAN p1281
2828 E Dewdney Ave, REGINA, SK, S4N 5G8
(306) 791-8553 SIC 8211
BOARD OF EDUCATION REGINA SCHOOL DIVISION NO. 4 OF SASKATCHEWAN p1281
1069 E 14th Ave, REGINA, SK, S4N 0T8
(306) 523-3300 SIC 8211
BOARD OF EDUCATION REGINA SCHOOL DIVISION NO. 4 OF SASKATCHEWAN p1281
2315 Abbott Rd, REGINA, SK, S4N 2K2
(306) 791-8542 SIC 8211
BOARD OF EDUCATION REGINA SCHOOL DIVISION NO. 4 OF SASKATCHEWAN p1282
117 Brotherton Ave, REGINA, SK, S4N 0J8
(306) 791-8582 SIC 8211
BOARD OF EDUCATION REGINA SCHOOL DIVISION NO. 4 OF SASKATCHEWAN p1282
635 Douglas Ave E, REGINA, SK, S4N 1H7
(306) 523-3720 SIC 8211
BOARD OF EDUCATION REGINA SCHOOL DIVISION NO. 4 OF SASKATCHEWAN p1282
1920 E 7th Ave, REGINA, SK, S4N 6M9
(306) 791-8463 SIC 8211
BOARD OF EDUCATION REGINA SCHOOL DIVISION NO. 4 OF SASKATCHEWAN p1282
710 Graham Rd, REGINA, SK, S4N 7A5
(306) 791-8548 SIC 8211
BOARD OF EDUCATION REGINA SCHOOL DIVISION NO. 4 OF SASKATCHEWAN p1284
1245 College Ave, REGINA, SK, S4P 1B1
(306) 523-3200 SIC 8211
BOARD OF EDUCATION REGINA SCHOOL DIVISION NO. 4 OF SASKATCHEWAN p1284
2033 Toronto St, REGINA, SK, S4P 1N2
(306) 791-8460 SIC 8211
BOARD OF EDUCATION REGINA SCHOOL DIVISION NO. 4 OF SASKATCHEWAN p1286
139 Toronto St, REGINA, SK, S4R 1L8
(306) 791-8502 SIC 8211
BOARD OF EDUCATION REGINA SCHOOL DIVISION NO. 4 OF SASKATCHEWAN p1286
103 Fairview Rd, REGINA, SK, S4R 0A6
(306) 791-8563 SIC 8211
BOARD OF EDUCATION REGINA SCHOOL DIVISION NO. 4 OF SASKATCHEWAN p1286
55 Davin Cres, REGINA, SK, S4R 7E4
(306) 791-8594 SIC 8211
BOARD OF EDUCATION REGINA SCHOOL DIVISION NO. 4 OF SASKATCHEWAN p1286
180 Wells St, REGINA, SK, S4R 5Z7
(306) 791-8510 SIC 8211
BOARD OF EDUCATION REGINA SCHOOL DIVISION NO. 4 OF SASKATCHEWAN p1286
3105 4th Ave N, REGINA, SK, S4R 0V2
(306) 791-8570 SIC 8211
BOARD OF EDUCATION REGINA SCHOOL DIVISION NO. 4 OF SASKATCHEWAN p1287
18 Wakefield Cres, REGINA, SK, S4R 4T3

(306) 791-8486 SIC 8211
BOARD OF EDUCATION REGINA SCHOOL DIVISION NO. 4 OF SASKATCHEWAN p1287
40 Weekes Cres, REGINA, SK, S4R 6X7
(306) 791-8483 SIC 8211
BOARD OF EDUCATION REGINA SCHOOL DIVISION NO. 4 OF SASKATCHEWAN p1287
335 N Garnet St, REGINA, SK, S4R 3S8
(306) 791-8500 SIC 8211
BOARD OF EDUCATION REGINA SCHOOL DIVISION NO. 4 OF SASKATCHEWAN p1287
200 Broad St, REGINA, SK, S4R 1W9
(306) 791-8454 SIC 8211
BOARD OF EDUCATION REGINA SCHOOL DIVISION NO. 4 OF SASKATCHEWAN p1287
222 Rink Ave, REGINA, SK, S4R 7T8
(306) 791-8523 SIC 8211
BOARD OF EDUCATION REGINA SCHOOL DIVISION NO. 4 OF SASKATCHEWAN p1287
2601 Coronation St, REGINA, SK, S4S 0L4
(306) 523-3550 SIC 8211
BOARD OF EDUCATION REGINA SCHOOL DIVISION NO. 4 OF SASKATCHEWAN p1288
2941 Lakeview Ave, REGINA, SK, S4S 1G8
(306) 791-8536 SIC 8211
BOARD OF EDUCATION REGINA SCHOOL DIVISION NO. 4 OF SASKATCHEWAN p1288
93 Lincoln Dr, REGINA, SK, S4S 6P1
(306) 791-8476 SIC 8211
BOARD OF EDUCATION REGINA SCHOOL DIVISION NO. 4 OF SASKATCHEWAN p1288
4510 Queen St, REGINA, SK, S4S 6K9
(306) 791-8489 SIC 8211
BOARD OF EDUCATION REGINA SCHOOL DIVISION NO. 4 OF SASKATCHEWAN p1288
131 Massey Rd, REGINA, SK, S4S 4N3
(306) 791-8504 SIC 8211
BOARD OF EDUCATION REGINA SCHOOL DIVISION NO. 4 OF SASKATCHEWAN p1288
3100 20th Ave, REGINA, SK, S4S 0N8
(306) 791-8513 SIC 8211
BOARD OF EDUCATION REGINA SCHOOL DIVISION NO. 4 OF SASKATCHEWAN p1288
2501 Grant Rd, REGINA, SK, S4S 5E7
(306) 791-8590 SIC 8211
BOARD OF EDUCATION REGINA SCHOOL DIVISION NO. 4 OF SASKATCHEWAN p1288
38 Turgeon Cres, REGINA, SK, S4S 3Z7
(306) 791-8492 SIC 8211
BOARD OF EDUCATION REGINA SCHOOL DIVISION NO. 4 OF SASKATCHEWAN p1289
5637 7th Ave, REGINA, SK, S4T 0S9
(306) 791-8526 SIC 8211
BOARD OF EDUCATION REGINA SCHOOL DIVISION NO. 4 OF SASKATCHEWAN p1289
841 Horace St, REGINA, SK, S4T 5L1
(306) 791-8466 SIC 8211
BOARD OF EDUCATION REGINA SCHOOL DIVISION NO. 4 OF SASKATCHEWAN p1289
1340 Robinson St, REGINA, SK, S4T 2N4
(306) 791-8539 SIC 8211
BOARD OF EDUCATION REGINA SCHOOL DIVISION NO. 4 OF SASKATCHEWAN p1289
1100 Mcintosh St, REGINA, SK, S4T 5B7
(306) 523-3450 SIC 8211
BOARD OF EDUCATION REGINA SCHOOL DIVISION NO. 4 OF SASKATCHEWAN p1289
2401 Retallack St, REGINA, SK, S4T 2L2
(306) 791-8574 SIC 8211
BOARD OF EDUCATION REGINA SCHOOL DIVISION NO. 4 OF SASKATCHEWAN p1289
3350 7th Ave, REGINA, SK, S4T 0P6
(306) 523-3500 SIC 8211
BOARD OF EDUCATION REGINA SCHOOL DIVISION NO. 4 OF SASKATCHEWAN p1289
840 Athol St, REGINA, SK, S4T 3B5
(306) 791-8516 SIC 8211
BOARD OF EDUCATION REGINA SCHOOL DIVISION NO. 4 OF SASKATCHEWAN p1289
6330 7th Ave N, REGINA, SK, S4T 7J1
(306) 791-8556 SIC 8211
BOARD OF EDUCATION REGINA SCHOOL DIVISION NO. 4 OF SASKATCHEWAN p1289
4210 4th Ave, REGINA, SK, S4T 0H6

SIC 8211
BOARD OF EDUCATION REGINA SCHOOL DIVISION NO. 4 OF SASKATCHEWAN p1290
6215 Whelan Dr, REGINA, SK, S4X 3P6
(306) 791-8507 SIC 8211
BOARD OF EDUCATION REGINA SCHOOL DIVISION NO. 4 OF SASKATCHEWAN p1290
5255 Rochdale Blvd, REGINA, SK, S4X 4M8
(306) 523-3400 SIC 8211
BOARD OF EDUCATION REGINA SCHOOL DIVISION NO. 4 OF SASKATCHEWAN p1290
101 Mayfield Rd, REGINA, SK, S4V 0B5
(306) 791-8451 SIC 8211
BOARD OF EDUCATION REGINA SCHOOL DIVISION NO. 4 OF SASKATCHEWAN p1290
3838 E Buckingham Dr, REGINA, SK, S4V 3A1
(306) 791-8585 SIC 8211
BOARD OF EDUCATION REGINA SCHOOL DIVISION NO. 4 OF SASKATCHEWAN p1290
125 Paynter Cres, REGINA, SK, S4X 2A9
(306) 791-8496 SIC 8211
BOARD OF EDUCATION REGINA SCHOOL DIVISION NO. 4 OF SASKATCHEWAN p1290
2710 Helmsing St, REGINA, SK, S4V 0W9
(306) 791-8471 SIC 8211
BOARD OF EDUCATION REGINA SCHOOL DIVISION NO. 4 OF SASKATCHEWAN p1290
6903 Dalgliesh Dr, REGINA, SK, S4X 3A1
(306) 791-8559 SIC 8211
BOARD OF EDUCATION REGINA SCHOOL DIVISION NO. 4 OF SASKATCHEWAN p1291
480 Rink Ave, REGINA, SK, S4X 1S7
(306) 791-8623 SIC 8211
BOARD OF EDUCATION SCHOOL DISTRICT #38 (RICHMOND) p265
5180 Smith Dr, RICHMOND, BC, V6V 2W5
(604) 668-6514 SIC 8211
BOARD OF EDUCATION SCHOOL DISTRICT #38 (RICHMOND) p265
12091 Cambie Rd, RICHMOND, BC, V6V 1G5
(604) 668-6225 SIC 8211
BOARD OF EDUCATION SCHOOL DISTRICT #38 (RICHMOND) p265
4151 Jacombs Rd, RICHMOND, BC, V6V 1N7

SIC 8211
BOARD OF EDUCATION SCHOOL DISTRICT #38 (RICHMOND) p269
9500 Kilby Dr, RICHMOND, BC, V6X 3N2
(604) 668-6275 SIC 8211
BOARD OF EDUCATION SCHOOL DISTRICT #38 (RICHMOND) p269
9671 Odlin Rd, RICHMOND, BC, V6X 1E1
(604) 668-6448 SIC 8211
BOARD OF EDUCATION SCHOOL DISTRICT #38 (RICHMOND) p269
10071 Finlayson Dr, RICHMOND, BC, V6X 1W7
(604) 668-6444 SIC 8211
BOARD OF EDUCATION SCHOOL DISTRICT #38 (RICHMOND) p271
8600 Cook Rd, RICHMOND, BC, V6Y 1V7
(604) 668-6454 SIC 8211
BOARD OF EDUCATION SCHOOL DISTRICT #38 (RICHMOND) p271
7171 Minoru Blvd, RICHMOND, BC, V6Y 1Z3
(604) 668-6400 SIC 8211
BOARD OF EDUCATION SCHOOL DISTRICT #38 (RICHMOND) p271
8160 St. Albans Rd, RICHMOND, BC, V6Y 2K9
(604) 668-6288 SIC 8211
BOARD OF EDUCATION SCHOOL DISTRICT #38 (RICHMOND) p271
7520 Sunnymede Cres, RICHMOND, BC, V6Y 2V8
(604) 668-6538 SIC 8211
BOARD OF EDUCATION SCHOOL DISTRICT #38 (RICHMOND) p271
9460 Alberta Rd, RICHMOND, BC, V6Y 1T6
(604) 214-6629 SIC 8211

BOARD OF EDUCATION SCHOOL DISTRICT #38 (RICHMOND) p271
8600 Ash St, RICHMOND, BC, V6Y 2S3
(604) 668-6281 SIC 8211
BOARD OF EDUCATION SCHOOL DISTRICT #38 (RICHMOND) p272
9500 No. 4 Rd, RICHMOND, BC, V7A 2Y9
(604) 668-6575 SIC 8211
BOARD OF EDUCATION SCHOOL DISTRICT #38 (RICHMOND) p272
9491 Ash St, RICHMOND, BC, V7A 2T7
(604) 668-6269 SIC 8211
BOARD OF EDUCATION SCHOOL DISTRICT #38 (RICHMOND) p272
10300 Seacote Rd, RICHMOND, BC, V7A 4B2
(604) 668-7810 SIC 8211
BOARD OF EDUCATION SCHOOL DISTRICT #38 (RICHMOND) p272
8980 Williams Rd, RICHMOND, BC, V7A 1G6
(604) 668-6600 SIC 8211
BOARD OF EDUCATION SCHOOL DISTRICT #38 (RICHMOND) p272
11511 King Rd, RICHMOND, BC, V7A 3B5
(604) 668-6280 SIC 8211
BOARD OF EDUCATION SCHOOL DISTRICT #38 (RICHMOND) p272
10851 Shell Rd, RICHMOND, BC, V7A 3W6
(604) 668-6602 SIC 8211
BOARD OF EDUCATION SCHOOL DISTRICT #38 (RICHMOND) p272
10400 Leonard Rd, RICHMOND, BC, V7A 2N5
(604) 668-6236 SIC 8211
BOARD OF EDUCATION SCHOOL DISTRICT #38 (RICHMOND) p272
9831 Herbert Rd, RICHMOND, BC, V7A 1T6
(604) 668-6699 SIC 8211
BOARD OF EDUCATION SCHOOL DISTRICT #38 (RICHMOND) p272
7700 Alouette Dr, RICHMOND, BC, V7A 1S1
(604) 668-6692 SIC 8211
BOARD OF EDUCATION SCHOOL DISTRICT #38 (RICHMOND) p273
7360 Lombard Rd, RICHMOND, BC, V7C 3N1
(604) 668-6470 SIC 8211
BOARD OF EDUCATION SCHOOL DISTRICT #38 (RICHMOND) p274
4511 Hermitage Dr, RICHMOND, BC, V7E 4T1
(604) 668-6639 SIC 8211
BOARD OF EDUCATION SCHOOL DISTRICT #38 (RICHMOND) p274
6480 Blundell Rd, RICHMOND, BC, V7C 1H8
(604) 668-6562 SIC 8211
BOARD OF EDUCATION SCHOOL DISTRICT #38 (RICHMOND) p274
11371 Kingfisher Dr, RICHMOND, BC, V7E 4Y6
(604) 668-6497 SIC 8211
BOARD OF EDUCATION SCHOOL DISTRICT #38 (RICHMOND) p274
10111 4th Ave, RICHMOND, BC, V7E 1V5
(604) 668-6660 SIC 8211
BOARD OF EDUCATION SCHOOL DISTRICT #38 (RICHMOND) p274
5100 Brunswick Dr, RICHMOND, BC, V7E 6K9
(604) 668-7844 SIC 8211
BOARD OF EDUCATION SCHOOL DISTRICT #38 (RICHMOND) p274
5380 Woodwards Rd, RICHMOND, BC, V7E 1H1
(604) 668-6198 SIC 8211
BOARD OF EDUCATION SCHOOL DISTRICT #38 (RICHMOND) p274
6800 Azure Rd, RICHMOND, BC, V7C 2S8
(604) 668-6522 SIC 8211
BOARD OF EDUCATION SCHOOL DISTRICT #38 (RICHMOND) p274
3711 Georgia St, RICHMOND, BC, V7E 6M3

▲ Public Company   ■ Public Company Family Member   **HQ** Headquarters   **BR** Branch   **SL** Single Location

(604) 668-6649   SIC 8211
BOARD OF EDUCATION SCHOOL DISTRICT #38 (RICHMOND)
6600 Williams Rd, RICHMOND, BC, V7E 1K5
(604) 668-6668   SIC 8211
BOARD OF EDUCATION SCHOOL DISTRICT #38 (RICHMOND)   p274
10451 Lassam Rd, RICHMOND, BC, V7E 2C2
(604) 668-6133   SIC 8211
BOARD OF EDUCATION SCHOOL DISTRICT #38 (RICHMOND)   p274
4251 Garry St, RICHMOND, BC, V7E 2T9
(604) 718-4050   SIC 8211
BOARD OF EDUCATION SCHOOL DISTRICT #38 (RICHMOND)   p274
9200 No. 1 Rd, RICHMOND, BC, V7E 6L5
SIC 8211
BOARD OF EDUCATION SCHOOL DISTRICT 72 (CAMPBELL RIVER), THE   p194
350 Dogwood St, CAMPBELL RIVER, BC, V9W 2X9
(250) 286-6282   SIC 8211
BOARD OF EDUCATION SCHOOL DISTRICT 72 (CAMPBELL RIVER), THE   p194
525 Hilchey Rd, CAMPBELL RIVER, BC, V9W 6S3
(250) 923-4251   SIC 8211
BOARD OF EDUCATION SCHOOL DISTRICT 72 (CAMPBELL RIVER), THE   p194
300 Birch St S, CAMPBELL RIVER, BC, V9W 2S1
(250) 287-8805   SIC 8211
BOARD OF EDUCATION SCHOOL DISTRICT 72 (CAMPBELL RIVER), THE   p194
261 Cedar St, CAMPBELL RIVER, BC, V9W 2V3
(250) 287-8335   SIC 8211
BOARD OF EDUCATION SCHOOL DISTRICT 72 (CAMPBELL RIVER), THE   p194
250 Larwood Rd, CAMPBELL RIVER, BC, V9W 1S4
(250) 923-4311   SIC 8211
BOARD OF EDUCATION SCHOOL DISTRICT 72 (CAMPBELL RIVER), THE   p194
1681 Dogwood St S, CAMPBELL RIVER, BC, V9W 8C1
SIC 8211
BOARD OF EDUCATION SCHOOL DISTRICT 72 (CAMPBELL RIVER), THE   p194
2175 Campbell River Rd, CAMPBELL RIVER, BC, V9W 4N8
SIC 8211
BOARD OF EDUCATION SCHOOL DISTRICT 72 (CAMPBELL RIVER), THE   p194
3773 Mclelan Rd, CAMPBELL RIVER, BC, V9H 1K2
(250) 923-4266   SIC 8211
BOARD OF EDUCATION SCHOOL DISTRICT 72 (CAMPBELL RIVER), THE   p194
678 Hudson Rd, CAMPBELL RIVER, BC, V9H 1T4
(250) 923-0735   SIC 8211
BOARD OF EDUCATION SCHOOL DISTRICT 72 (CAMPBELL RIVER), THE   p194
699 Sandowne Dr, CAMPBELL RIVER, BC, V9W 5G9
(250) 923-4248   SIC 8211
BOARD OF EDUCATION SCHOOL DISTRICT 72 (CAMPBELL RIVER), THE   p194
400 7th Ave, CAMPBELL RIVER, BC, V9W 3Z9
(250) 287-8346   SIC 8211
BOARD OF SCHOOL TRUSTEE OF SCHOOL DISTRICT NO. 47 (POWELL RIVER)   p257
7105 Nootka St, POWELL RIVER, BC, V8A 5E3
(604) 485-2756   SIC 8211
BOARD OF SCHOOL TRUSTEE OF SCHOOL DISTRICT NO. 47 (POWELL RIVER)   p257
5400 Marine Ave, POWELL RIVER, BC, V8A 2L6
(604) 483-3171   SIC 8211
BOARD OF SCHOOL TRUSTEE OF SCHOOL DISTRICT NO. 47 (POWELL RIVER)   p257
7312 Abbotsford St, POWELL RIVER, BC, V8A 2G5
(604) 485-6164   SIC 8211
BOARD OF SCHOOL TRUSTEE OF SCHOOL DISTRICT NO. 47 (POWELLL RIVER)   p257
6960 Quesnel St, POWELL RIVER, BC, V8A 1J2
(604) 485-5660   SIC 8211
BOARD OF SCHOOL TRUSTEE OF SCHOOL DISTRICT NO. 47 (POWELLL RIVER)   p257
5506 Willow Ave, POWELL RIVER, BC, V8A 4P4
(604) 483-9162   SIC 8211
BOARD OF SCHOOL TRUSTEE OF SCHOOL DISTRICT NO. 47 (POWELLL RIVER)   p258
6388 Sutherland Ave, POWELL RIVER, BC, V8A 4W4
(604) 483-3191   SIC 8211
BOARD OF SCHOOL TRUSTEES OF SCHOOL DISTRICT #40 (NEW WESTMINSTER), THE   p244
605 Second St, NEW WESTMINSTER, BC, V3L 5R9
(604) 517-6030   SIC 8211
BOARD OF SCHOOL TRUSTEES OF SCHOOL DISTRICT #40 (NEW WESTMINSTER), THE   p244
91 Courtney Cres, NEW WESTMINSTER, BC, V3L 4M1
(604) 517-6020   SIC 8211
BOARD OF SCHOOL TRUSTEES OF SCHOOL DISTRICT #40 (NEW WESTMINSTER), THE   p244
331 Richmond St, NEW WESTMINSTER, BC, V3L 4B7
(604) 517-6090   SIC 8211
BOARD OF SCHOOL TRUSTEES OF SCHOOL DISTRICT #40 (NEW WESTMINSTER), THE   p244
701 Park Cres, NEW WESTMINSTER, BC, V3L 5V4
(604) 517-5940   SIC 8211
BOARD OF SCHOOL TRUSTEES OF SCHOOL DISTRICT #40 (NEW WESTMINSTER), THE   p245
833 Salter St, NEW WESTMINSTER, BC, V3M 6G8
(604) 517-6040   SIC 8211
BOARD OF SCHOOL TRUSTEES OF SCHOOL DISTRICT #40 (NEW WESTMINSTER), THE   p245
1010 Hamilton St, NEW WESTMINSTER, BC, V3M 2M9
(604) 517-6060   SIC 8211
BOARD OF SCHOOL TRUSTEES OF SCHOOL DISTRICT #40 (NEW WESTMINSTER), THE   p245
835 Eighth St, NEW WESTMINSTER, BC, V3M 3S9
(604) 517-6220   SIC 8211
BOARD OF SCHOOL TRUSTEES OF SCHOOL DISTRICT #40 (NEW WESTMINSTER), THE   p245
921 Salter St, NEW WESTMINSTER, BC, V3M 6G8
(604) 517-6080   SIC 8211
BOARD OF TRUSTEES OF HORIZON SCHOOL DIVISION NO 67   p5
320 Heritage Rd, BARNWELL, AB, T0K 0B0
(403) 223-2902   SIC 8211
BOARD OF TRUSTEES OF HORIZON SCHOOL DIVISION NO 67   p129
Gd, GRASSY LAKE, AB, T0K 0Z0
(403) 655-2211   SIC 8211
BOARD OF TRUSTEES OF HORIZON SCHOOL DIVISION NO 67   p145
205 5th Ave, MILK RIVER, AB, T0K 1M0
(403) 647-3665   SIC 8211
BOARD OF TRUSTEES OF HORIZON SCHOOL DIVISION NO 67   p170
5310 42 Ave, TABER, AB, T1G 1B6
(403) 223-2487   SIC 8211
BOARD OF TRUSTEES OF HORIZON SCHOOL DIVISION NO 67   p170
5511a 54 St, TABER, AB, T1G 1L5
(403) 223-2292   SIC 8211
BOARD OF TRUSTEES OF HORIZON SCHOOL DIVISION NO 67   p170
5412 54 St, TABER, AB, T1G 1L5
(403) 223-2170   SIC 8211
BOARD OF TRUSTEES OF HORIZON SCHOOL DIVISION NO 67   p170
4820 56 Ave, TABER, AB, T1G 1H4
(403) 223-2988   SIC 8211
BOARD OF TRUSTEES OF HORIZON SCHOOL DIVISION NO 67   p172
423 7 St N, VAUXHALL, AB, T0K 2K0
(403) 654-2422   SIC 8211
BOARD OF TRUSTEES OF HORIZON SCHOOL DIVISION NO 67   p172
623 5th Ave N, VAUXHALL, AB, T0K 2K0
(403) 654-2145   SIC 8211
BOARD OF TRUSTEES OF HORIZON SCHOOL DIVISION NO 67   p173
409 3rd Ave, WARNER, AB, T0K 2L0
(403) 642-3931   SIC 8211
BOARD OF TRUSTEES OF SCHOOL DISTRICT 61 (GREATER VICTORIA)   p327
4139 Torquay Dr, VICTORIA, BC, V8N 3L1
(250) 477-0181   SIC 8211
BOARD OF TRUSTEES OF THE RED DEER PUBLIC SCHOOL DISTRICT NO. 104, THE   p152
5121 48 Ave, RED DEER, AB, T4N 6X3
(403) 346-4397   SIC 8211
BOARD OF TRUSTEES OF THE RED DEER PUBLIC SCHOOL DISTRICT NO. 104, THE   p152
3310 55 Ave, RED DEER, AB, T4N 4N1
(403) 347-8911   SIC 8211
BOARD OF TRUSTEES OF THE RED DEER PUBLIC SCHOOL DISTRICT NO. 104, THE   p152
5704 60 St, RED DEER, AB, T4N 6V6
(403) 342-2170   SIC 8211
BOARD OF TRUSTEES OF THE RED DEER PUBLIC SCHOOL DISTRICT NO. 104, THE   p152
5901 55 St, RED DEER, AB, T4N 7C8
(403) 343-8780   SIC 8211
BOARD OF TRUSTEES OF THE RED DEER PUBLIC SCHOOL DISTRICT NO. 104, THE   p152
4720 49 St, RED DEER, AB, T4N 1T7
(403) 340-3200   SIC 8211
BOARD OF TRUSTEES OF THE RED DEER PUBLIC SCHOOL DISTRICT NO. 104, THE   p152
5205 48 Ave, RED DEER, AB, T4N 6X3
(403) 346-5795   SIC 8211
BOARD OF TRUSTEES OF THE RED DEER PUBLIC SCHOOL DISTRICT NO. 104, THE   p152
3814 55 Ave, RED DEER, AB, T4N 4N3
(403) 343-1838   SIC 8211
BOARD OF TRUSTEES OF THE RED DEER PUBLIC SCHOOL DISTRICT NO. 104, THE   p152
4401 37 Ave, RED DEER, AB, T4N 2T5
(403) 346-6377   SIC 8211
BOARD OF TRUSTEES OF THE RED DEER PUBLIC SCHOOL DISTRICT NO. 104, THE   p152
4145 46 St, RED DEER, AB, T4N 3C5
(403) 346-3223   SIC 8211
BOARD OF TRUSTEES OF THE RED DEER PUBLIC SCHOOL DISTRICT NO. 104, THE   p152
56 Holt St, RED DEER, AB, T4N 6A6
(403) 343-3288   SIC 8211
BOARD OF TRUSTEES OF THE RED DEER PUBLIC SCHOOL DISTRICT NO. 104, THE   p152
32 Mitchell Ave, RED DEER, AB, T4N 0L6
(403) 347-5660   SIC 8211
BOARD OF TRUSTEES OF THE RED DEER PUBLIC SCHOOL DISTRICT NO. 104, THE   p152
17 Springfield Ave, RED DEER, AB, T4N 0C6
(403) 346-3838   SIC 8211
BOARD OF TRUSTEES OF THE RED DEER PUBLIC SCHOOL DISTRICT NO. 104, THE   p152
4204 58 St, RED DEER, AB, T4N 2L6
(403) 347-1171   SIC 8211
BOARD OF TRUSTEES OF THE RED DEER PUBLIC SCHOOL DISTRICT NO. 104, THE   p152
3929 40 Ave, RED DEER, AB, T4N 2W5
(403) 343-2455   SIC 8211
BOARD OF TRUSTEES OF THE RED DEER PUBLIC SCHOOL DISTRICT NO. 104, THE   p152
5 Oldbury St, RED DEER, AB, T4N 5A8
(403) 347-3731   SIC 8211
BOARD OF TRUSTEES OF THE RED DEER PUBLIC SCHOOL DISTRICT NO. 104, THE   p152
4331 34 St, RED DEER, AB, T4N 0N9
(403) 346-5765   SIC 8211
BOARD OF TRUSTEES OF THE RED DEER PUBLIC SCHOOL DISTRICT NO. 104, THE   p154
5869 69 Street Dr, RED DEER, AB, T4P 1C3
(403) 347-2581   SIC 8211
BOARD OF TRUSTEES OF THE RED DEER PUBLIC SCHOOL DISTRICT NO. 104, THE   p154
300 Timothy Dr, RED DEER, AB, T4P 0L1
(403) 348-0050   SIC 8211
BOARD OF TRUSTEES OF THE RED DEER PUBLIC SCHOOL DISTRICT NO. 104, THE   p154
61 Noble Ave, RED DEER, AB, T4P 2C4
(403) 342-0727   SIC 8211
BOARD OF TRUSTEES OF THE RED DEER PUBLIC SCHOOL DISTRICT NO. 104, THE   p154
6375 77 St, RED DEER, AB, T4P 3E9
(403) 340-3100   SIC 8211
BOARD OF TRUSTEES OF THE RED DEER PUBLIC SCHOOL DISTRICT NO. 104, THE   p156
150 Lockwood Ave, RED DEER, AB, T4R 2M4
(403) 342-6655   SIC 8211
BOARD OF TRUSTEES OF THE RED DEER PUBLIC SCHOOL DISTRICT NO. 104, THE   p156
26 Lawford Ave, RED DEER, AB, T4R 3L6
(403) 343-8958   SIC 8211
BORDER LAND SCHOOL DIVISION   p343
83 3rd St Nw, ALTONA, MB, R0G 0B1
(204) 324-5319   SIC 8211
BORDER LAND SCHOOL DIVISION   p343
27 4th St Sw, ALTONA, MB, R0G 0B2
(204) 324-8611   SIC 8211
BORDER LAND SCHOOL DIVISION   p343
155 5th St Nw, ALTONA, MB, R0G 0B1
(204) 324-8206   SIC 8211
BORDER LAND SCHOOL DIVISION   p343
181 6th St Se Ss 3, ALTONA, MB, R0G 0B3
(204) 324-6416   SIC 8211
BORDER LAND SCHOOL DIVISION   p349
622 9th St, GRETNA, MB, R0G 0V0
(204) 327-5344   SIC 8211
BORDER LAND SCHOOL DIVISION   p356
21 Canham St, SPRAGUE, MB, R0A 1Z0
(204) 437-2175   SIC 8211
BORDER LAND SCHOOL DIVISION   p360
100 School Ave, VITA, MB, R0A 2K0
(204) 425-3535   SIC 8211
BRANDON SCHOOL DIVISION, THE   p344

335 Queens Ave E, BRANDON, MB, R7A 2B9
(204) 729-3265   SIC 8211
BRANDON SCHOOL DIVISION, THE   p344
527 Louise Ave, BRANDON, MB, R7A 0X1
(204) 729-3161   SIC 8211
BRANDON SCHOOL DIVISION, THE   p344
535 Park St, BRANDON, MB, R7A 6M6
(204) 729-3990   SIC 8211
BRANDON SCHOOL DIVISION, THE   p344
1105 Louise Ave E, BRANDON, MB, R7A 1Y2
(204) 725-0333   SIC 8211
BRANDON SCHOOL DIVISION, THE   p344
10 Knowlton Dr, BRANDON, MB, R7A 6N7
(204) 729-3290   SIC 8211
BRANDON SCHOOL DIVISION, THE   p344
330 3rd St, BRANDON, MB, R7A 3C3
(204) 729-3285   SIC 8211
BRANDON SCHOOL DIVISION, THE   p344
701 12th St, BRANDON, MB, R7A 6H7
(204) 729-3965   SIC 8211
BRANDON SCHOOL DIVISION, THE   p344
1129 3rd St, BRANDON, MB, R7A 3E7
(204) 729-3220   SIC 8211
BRANDON SCHOOL DIVISION, THE   p344
415 Queens Ave, BRANDON, MB, R7A 1K9
(204) 729-3200   SIC 8211
BRANDON SCHOOL DIVISION, THE   p344
1930 1st St, BRANDON, MB, R7A 6Y6
(204) 729-3900   SIC 8211
BRANDON SCHOOL DIVISION, THE   p344
540 18th St, BRANDON, MB, R7A 5B2
(204) 729-3270   SIC 8211
BRANDON SCHOOL DIVISION, THE   p346
715 Mcdiarmid Dr, BRANDON, MB, R7B 2H7
(204) 729-3170   SIC 8211
BRANDON SCHOOL DIVISION, THE   p346
3800 Park Ave, BRANDON, MB, R7B 3X2
(204) 729-3250   SIC 8211
BRANDON SCHOOL DIVISION, THE   p346
65 Whillier Dr, BRANDON, MB, R7B 0X8
(204) 729-3950   SIC 8211
BRANDON SCHOOL DIVISION, THE   p346
1220 22nd St, BRANDON, MB, R7B 1T4
(204) 729-3988   SIC 8211
BRANDON SCHOOL DIVISION, THE   p346
32 E.Fotheringham Dr, BRANDON, MB, R7B 3G3
(204) 729-3210   SIC 8211
BRANDON SCHOOL DIVISION, THE   p346
813 26th St, BRANDON, MB, R7B 2B6
(204) 729-3955   SIC 8211
BRANDON SCHOOL DIVISION, THE   p346
49 Silver Birch Dr, BRANDON, MB, R7B 1A8
(204) 729-3260   SIC 8211
BRANDON SCHOOL DIVISION, THE   p355
101 St Barbara St, SHILO, MB, R0K 2A0
(204) 765-7900   SIC 8211
BRANT HALDIMAND NORFOLK CATHOLIC DISTRICT SCHOOL BOARD   p524
238 Brantwood Park Rd, BRANTFORD, ON, N3P 1N9
(519) 756-2288   SIC 8211
BRANT HALDIMAND NORFOLK CATHOLIC DISTRICT SCHOOL BOARD   p525
320 Fairview Dr, BRANTFORD, ON, N3R 2X6
(519) 759-0380   SIC 8211
BRANT HALDIMAND NORFOLK CATHOLIC DISTRICT SCHOOL BOARD   p525
80 Paris Rd, BRANTFORD, ON, N3R 1H9
(519) 758-0466   SIC 8211
BRANT HALDIMAND NORFOLK CATHOLIC DISTRICT SCHOOL BOARD   p525
233 Memorial Dr, BRANTFORD, ON, N3R 5T2
(519) 759-3314   SIC 8211
BRANT HALDIMAND NORFOLK CATHOLIC DISTRICT SCHOOL BOARD   p525
55 Kent Rd, BRANTFORD, ON, N3R 7X8
(519) 758-5056   SIC 8211
BRANT HALDIMAND NORFOLK CATHOLIC

DISTRICT SCHOOL BOARD   p525
65 Sky Acres Dr, BRANTFORD, ON, N3R 5W6
(519) 756-5751   SIC 8211
BRANT HALDIMAND NORFOLK CATHOLIC DISTRICT SCHOOL BOARD   p525
80 Paris Rd, BRANTFORD, ON, N3R 1H9
(519) 759-2318   SIC 8211
BRANT HALDIMAND NORFOLK CATHOLIC DISTRICT SCHOOL BOARD   p526
120 Ninth Ave, BRANTFORD, ON, N3S 1E7
(519) 753-5283   SIC 8211
BRANT HALDIMAND NORFOLK CATHOLIC DISTRICT SCHOOL BOARD   p527
358 Marlborough St, BRANTFORD, ON, N3S 4V1
(519) 756-5032   SIC 8211
BRANT HALDIMAND NORFOLK CATHOLIC DISTRICT SCHOOL BOARD   p527
455 Colborne St, BRANTFORD, ON, N3S 3N8
(519) 753-0552   SIC 8211
BRANT HALDIMAND NORFOLK CATHOLIC DISTRICT SCHOOL BOARD   p528
12 Dalewood Ave, BRANTFORD, ON, N3T 0M5
(519) 753-8953   SIC 8211
BRANT HALDIMAND NORFOLK CATHOLIC DISTRICT SCHOOL BOARD   p528
165 Dufferin Ave, BRANTFORD, ON, N3T 4R4
(519) 759-4211   SIC 8211
BRANT HALDIMAND NORFOLK CATHOLIC DISTRICT SCHOOL BOARD   p528
257 Shellard's Lane, BRANTFORD, ON, N3T 5L5
(519) 751-2030   SIC 8211
BRANT HALDIMAND NORFOLK CATHOLIC DISTRICT SCHOOL BOARD   p528
257 Shellard's Lane, BRANTFORD, ON, N3T 5L5
(519) 751-2030   SIC 8211
BRANT HALDIMAND NORFOLK CATHOLIC DISTRICT SCHOOL BOARD   p528
14 Flanders Dr, BRANTFORD, ON, N3T 6M2
(519) 756-4706   SIC 8211
BRANT HALDIMAND NORFOLK CATHOLIC DISTRICT SCHOOL BOARD   p532
185 King St W, BURFORD, ON, N0E 1A0
(519) 449-2984   SIC 8211
BRANT HALDIMAND NORFOLK CATHOLIC DISTRICT SCHOOL BOARD   p542
81 Orkney St E, CALEDONIA, ON, N3W 1L3
(905) 765-4626   SIC 8211
BRANT HALDIMAND NORFOLK CATHOLIC DISTRICT SCHOOL BOARD   p542
35 Braemar Ave, CALEDONIA, ON, N3W 2M5
(905) 765-0649   SIC 8211
BRANT HALDIMAND NORFOLK CATHOLIC DISTRICT SCHOOL BOARD   p550
17 Brant St W, CAYUGA, ON, N0A 1E0
(905) 772-3863   SIC 8211
BRANT HALDIMAND NORFOLK CATHOLIC DISTRICT SCHOOL BOARD   p568
373 Northern Ave, DELHI, ON, N4B 2R4
(519) 582-2470   SIC 8211
BRANT HALDIMAND NORFOLK CATHOLIC DISTRICT SCHOOL BOARD   p571
209 Alder St W, DUNNVILLE, ON, N1A 1R3
(905) 774-6052   SIC 8211
BRANT HALDIMAND NORFOLK CATHOLIC DISTRICT SCHOOL BOARD   p604
92 Main St, HAGERSVILLE, ON, N0A 1H0
(905) 768-5151   SIC 8211
BRANT HALDIMAND NORFOLK CATHOLIC DISTRICT SCHOOL BOARD   p645
26 Albert St, LANGTON, ON, N0E 1G0
(519) 875-2556   SIC 8211
BRANT HALDIMAND NORFOLK CATHOLIC DISTRICT SCHOOL BOARD   p804
20 Sunset Dr, PARIS, ON, N3L 3W4
(519) 442-5333   SIC 8211

BRANT HALDIMAND NORFOLK CATHOLIC DISTRICT SCHOOL BOARD   p816
3 Lynn Park Ave, PORT DOVER, ON, N0A 1N5
(519) 583-0231   SIC 8211
BRANT HALDIMAND NORFOLK CATHOLIC DISTRICT SCHOOL BOARD   p848
128 Evergreen Hill Rd, SIMCOE, ON, N3Y 4K1
(519) 429-3600   SIC 8211
BRANT HALDIMAND NORFOLK CATHOLIC DISTRICT SCHOOL BOARD   p848
34 Potts Rd, SIMCOE, ON, N3Y 2S8
(519) 426-0820   SIC 8211
BRANT HALDIMAND NORFOLK CATHOLIC DISTRICT SCHOOL BOARD   p950
250 Washington St, WATERFORD, ON, N0E 1Y0
(519) 443-8607   SIC 8211
BRUCE-GREY CATHOLIC DISTRICT SCHOOL BOARD   p589
201 Concession 12, FORMOSA, ON, N0G 1W0
(519) 367-2900   SIC 8211
BRUCE-GREY CATHOLIC DISTRICT SCHOOL BOARD   p617
334 10th Ave, HANOVER, ON, N4N 2N5
(519) 364-2760   SIC 8211
BRUCE-GREY CATHOLIC DISTRICT SCHOOL BOARD   p629
709 Russell St, KINCARDINE, ON, N2Z 1R1
(519) 396-4330   SIC 8211
BRUCE-GREY CATHOLIC DISTRICT SCHOOL BOARD   p803
885 25th St E, OWEN SOUND, ON, N4K 6X6
(519) 371-0161   SIC 8211
BRUCE-GREY CATHOLIC DISTRICT SCHOOL BOARD   p803
555 15th St E Suite 5, OWEN SOUND, ON, N4K 1X2
(519) 376-4278   SIC 8211
BRUCE-GREY CATHOLIC DISTRICT SCHOOL BOARD   p803
925 9th Ave W, OWEN SOUND, ON, N4K 4N8
(519) 376-9370   SIC 8211
BRUCE-GREY CATHOLIC DISTRICT SCHOOL BOARD   p816
584 Stafford St, PORT ELGIN, ON, N0H 2C1
(519) 389-5495   SIC 8211
BRUCE-GREY CATHOLIC DISTRICT SCHOOL BOARD   p948
450 Robinson St, WALKERTON, ON, N0G 2V0
(519) 881-1900   SIC 8211
BUFFALO TRAIL PUBLIC SCHOOLS REGIONAL DIVISION NO. 28   p3
4911 53rd St, AMISK, AB, T0B 0B0
(780) 856-3771   SIC 8211
BUFFALO TRAIL PUBLIC SCHOOLS REGIONAL DIVISION NO. 28   p73
5216 53rd St, EDGERTON, AB, T0B 1K0
(780) 755-3810   SIC 8211
BUFFALO TRAIL PUBLIC SCHOOLS REGIONAL DIVISION NO. 28   p133
5110 51 St, KITSCOTY, AB, T0B 2P0
(780) 846-2121   SIC 8211
BUFFALO TRAIL PUBLIC SCHOOLS REGIONAL DIVISION NO. 28   p142
105 2 St S, MARWAYNE, AB, T0B 2X0
(780) 847-3930   SIC 8211
BUFFALO TRAIL PUBLIC SCHOOLS REGIONAL DIVISION NO. 28   p142
5002 52nd Ave, MANNVILLE, AB, T0B 2W0
(780) 763-3615   SIC 8211
BUFFALO TRAIL PUBLIC SCHOOLS REGIONAL DIVISION NO. 28   p149
310 Park Ave, PARADISE VALLEY, AB, T0B 3R0
(780) 745-2277   SIC 8211
BUFFALO TRAIL PUBLIC SCHOOLS REGIONAL DIVISION NO. 28   p151
4504 52 Ave, PROVOST, AB, T0B 3S0

(780) 753-6824   SIC 8211
BUFFALO TRAIL PUBLIC SCHOOLS REGIONAL DIVISION NO. 28   p172
5102 46 St, VERMILION, AB, T9X 1G5
(780) 853-4177   SIC 8211
BUFFALO TRAIL PUBLIC SCHOOLS REGIONAL DIVISION NO. 28   p172
4837 44 St, VERMILION, AB, T9X 1G3
(780) 853-5444   SIC 8211
BUFFALO TRAIL PUBLIC SCHOOLS REGIONAL DIVISION NO. 28   p173
800 6 St, WAINWRIGHT, AB, T9W 2R5
(780) 842-4481   SIC 8211
BUFFALO TRAIL PUBLIC SCHOOLS REGIONAL DIVISION NO. 28   p173
905 10 St, WAINWRIGHT, AB, T9W 2R6
(780) 842-3361   SIC 8211
BURNABY SCHOOL BOARD DISTRICT 41   p182
9540 Erickson Dr, BURNABY, BC, V3J 1M9
SIC 8211
BURNABY SCHOOL BOARD DISTRICT 41   p182
9847 Lyndhurst St, BURNABY, BC, V3J 1E9
(604) 664-8751   SIC 8211
BURNABY SCHOOL BOARD DISTRICT 41   p182
8800 Eastlake Dr, BURNABY, BC, V3J 7X5
SIC 8211
BURNABY SCHOOL BOARD DISTRICT 41   p183
8580 16th Ave, BURNABY, BC, V3N 1S6
SIC 8211
BURNABY SCHOOL BOARD DISTRICT 41   p183
7651 18th Ave, BURNABY, BC, V3N 1J1
SIC 8211
BURNABY SCHOOL BOARD DISTRICT 41   p183
7502 2nd St, BURNABY, BC, V3N 3R5
(604) 664-8819   SIC 8211
BURNABY SCHOOL BOARD DISTRICT 41   p183
2176 Duthie Ave, BURNABY, BC, V5A 2S2
(604) 664-8766   SIC 8211
BURNABY SCHOOL BOARD DISTRICT 41   p183
7590 Mission Ave, BURNABY, BC, V3N 5C7
(604) 664-8226   SIC 8211
BURNABY SCHOOL BOARD DISTRICT 41   p183
7622 12th Ave, BURNABY, BC, V3N 2K1
SIC 8211
BURNABY SCHOOL BOARD DISTRICT 41   p183
7014 Stride Ave, BURNABY, BC, V3N 1T4
(604) 527-0444   SIC 8211
BURNABY SCHOOL BOARD DISTRICT 41   p183
7881 Government Rd, BURNABY, BC, V5A 2C9
SIC 8211
BURNABY SCHOOL BOARD DISTRICT 41   p183
7777 18th St, BURNABY, BC, V3N 5E5
SIC 8211
BURNABY SCHOOL BOARD DISTRICT 41   p183
8757 Armstrong Ave, BURNABY, BC, V3N 2H8
SIC 8211
BURNABY SCHOOL BOARD DISTRICT 41   p183
8525 Forest Grove Dr, BURNABY, BC, V5A 4H5
SIC 8211
BURNABY SCHOOL BOARD DISTRICT 41   p185
1455 Delta Ave, BURNABY, BC, V5B 3G4
SIC 8211
BURNABY SCHOOL BOARD DISTRICT 41   p185
350 Holdom Ave, BURNABY, BC, V5B 3V1
(604) 664-8637   SIC 8211

SIC 8211 Elementary and secondary schools

BURNABY SCHOOL BOARD DISTRICT 41 p185
2200 Sperling Ave, BURNABY, BC, V5B 4K7
SIC 8211

BURNABY SCHOOL BOARD DISTRICT 41 p185
6990 Aubrey St, BURNABY, BC, V5B 2E5
SIC 8211

BURNABY SCHOOL BOARD DISTRICT 41 p185
510 Duncan Ave, BURNABY, BC, V5B 4L9
SIC 8211

BURNABY SCHOOL BOARD DISTRICT 41 p185
751 Hammarskjold Dr Rm 115, BURNABY, BC, V5B 4A1
SIC 8211

BURNABY SCHOOL BOARD DISTRICT 41 p185
1075 Stratford Ave, BURNABY, BC, V5B 3X9
SIC 8211

BURNABY SCHOOL BOARD DISTRICT 41 p185
6055 Halifax St, BURNABY, BC, V5B 2P4
(604) 664-8794   *SIC* 8211

BURNABY SCHOOL BOARD DISTRICT 41 p186
4600 Parker St, BURNABY, BC, V5C 3E2
SIC 8211

BURNABY SCHOOL BOARD DISTRICT 41 p186
50 Gilmore Ave, BURNABY, BC, V5C 4P5
SIC 8211

BURNABY SCHOOL BOARD DISTRICT 41 p186
4375 Pandora St, BURNABY, BC, V5C 2B6
SIC 8211

BURNABY SCHOOL BOARD DISTRICT 41 p188
6512 Brantford Ave, BURNABY, BC, V5E 2S1
(604) 664-8603   *SIC* 8211

BURNABY SCHOOL BOARD DISTRICT 41 p188
7355 Morley St, BURNABY, BC, V5E 2K1
SIC 8211

BURNABY SCHOOL BOARD DISTRICT 41 p188
6066 Buckingham Ave, BURNABY, BC, V5E 2A4
(604) 664-8616   *SIC* 8211

BURNABY SCHOOL BOARD DISTRICT 41 p189
5490 Eglinton St, BURNABY, BC, V5G 2B2
(604) 664-8712   *SIC* 8211

BURNABY SCHOOL BOARD DISTRICT 41 p189
4861 Canada Way, BURNABY, BC, V5G 1L7
SIC 8211

BURNABY SCHOOL BOARD DISTRICT 41 p189
4939 Canada Way, BURNABY, BC, V5G 1M1
SIC 8211

BURNABY SCHOOL BOARD DISTRICT 41 p189
5325 Kincaid St, BURNABY, BC, V5G 1W2
(604) 664-8735   *SIC* 8211

BURNABY SCHOOL BOARD DISTRICT 41 p189
3963 Brandon St, BURNABY, BC, V5G 2P6
SIC 8211

BURNABY SCHOOL BOARD DISTRICT 41 p189
4343 Smith Ave, BURNABY, BC, V5G 2V5
SIC 8211

BURNABY SCHOOL BOARD DISTRICT 41 p190
4404 Sardis St, BURNABY, BC, V5H 1K7
SIC 8211

BURNABY SCHOOL BOARD DISTRICT 41 p190
6060 Marlborough Ave, BURNABY, BC, V5H 3L7

(604) 296-9021   *SIC* 8211
BURNABY SCHOOL BOARD DISTRICT 41 p192
4850 Irmin St, BURNABY, BC, V5J 1Y2
SIC 8211

BURNABY SCHOOL BOARD DISTRICT 41 p192
4446 Watling St, BURNABY, BC, V5J 5H3
SIC 8211

BURNABY SCHOOL BOARD DISTRICT 41 p192
5455 Rumble St, BURNABY, BC, V5J 2B7
SIC 8211

BURNABY SCHOOL BOARD DISTRICT 41 p192
6166 Imperial St, BURNABY, BC, V5J 1G5
SIC 8211

BURNABY SCHOOL BOARD DISTRICT 41 p192
4567 Imperial St, BURNABY, BC, V5J 1B7
SIC 8211

BURNABY SCHOOL BOARD DISTRICT 41 p192
3883 Rumble St, BURNABY, BC, V5J 1Z5
(604) 664-8862   *SIC* 8211

BURNABY SCHOOL BOARD DISTRICT 41 p192
5858 Clinton St, BURNABY, BC, V5J 2M3
(604) 664-8660   *SIC* 8211

CALGARY BOARD OF EDUCATION p9
3020 52 St Ne, CALGARY, AB, T1Y 5P4
(403) 280-6565   *SIC* 8211

CALGARY BOARD OF EDUCATION p9
155 Rundlehill Dr Ne, CALGARY, AB, T1Y 2W9
(403) 777-7060   *SIC* 8211

CALGARY BOARD OF EDUCATION p9
5840 24 Ave Ne, CALGARY, AB, T1Y 6G4
(403) 777-7700   *SIC* 8211

CALGARY BOARD OF EDUCATION p9
4820 Rundlewood Dr Ne, CALGARY, AB, T1Y 5V9
(403) 777-6690   *SIC* 8211

CALGARY BOARD OF EDUCATION p9
7400 California Blvd Ne, CALGARY, AB, T1Y 6R2
(403) 777-7233   *SIC* 8211

CALGARY BOARD OF EDUCATION p9
6203 24 Ave Ne, CALGARY, AB, T1Y 2C5
(403) 777-6720   *SIC* 8211

CALGARY BOARD OF EDUCATION p9
577 Whiteridge Way Ne, CALGARY, AB, T1Y 4S8
(403) 777-7680   *SIC* 8211

CALGARY BOARD OF EDUCATION p9
1927 61 St Ne, CALGARY, AB, T1Y 4W6
(403) 777-6750   *SIC* 8211

CALGARY BOARD OF EDUCATION p9
3428 42 St Ne, CALGARY, AB, T1Y 6A3
(403) 777-6700   *SIC* 8211

CALGARY BOARD OF EDUCATION p9
6320 Temple Dr Ne, CALGARY, AB, T1Y 5V5
(403) 777-6680   *SIC* 8211

CALGARY BOARD OF EDUCATION p9
4120 Rundlehorn Dr Ne, CALGARY, AB, T1Y 4W9
(403) 777-6760   *SIC* 8211

CALGARY BOARD OF EDUCATION p12
6226 Penbrooke Dr Se, CALGARY, AB, T2A 6M7
(403) 777-8150   *SIC* 8211

CALGARY BOARD OF EDUCATION p12
5105 8 Ave Se, CALGARY, AB, T2A 4M1
(403) 248-4054   *SIC* 8211

CALGARY BOARD OF EDUCATION p12
819 32 St Se, CALGARY, AB, T2A 0Y9
(403) 777-7370   *SIC* 8211

CALGARY BOARD OF EDUCATION p12
4424 Marlborough Dr Ne, CALGARY, AB, T2A 2Z5
(403) 777-7770   *SIC* 8211

CALGARY BOARD OF EDUCATION p12
5808 Madigan Dr Ne, CALGARY, AB, T2A 4P5
(403) 777-8110   *SIC* 8211

CALGARY BOARD OF EDUCATION p12
5004 Marbank Dr Ne, CALGARY, AB, T2A 3J6
(403) 777-8120   *SIC* 8211

CALGARY BOARD OF EDUCATION p12
1212 47 St Se, CALGARY, AB, T2A 1R3
(403) 777-7800   *SIC* 8211

CALGARY BOARD OF EDUCATION p12
320 Abergale Dr Ne, CALGARY, AB, T2A 6W2
(403) 777-6970   *SIC* 8211

CALGARY BOARD OF EDUCATION p12
4807 Forego Ave Se, CALGARY, AB, T2A 2C4
(403) 777-8180   *SIC* 8211

CALGARY BOARD OF EDUCATION p12
4711 Maryvale Dr Ne, CALGARY, AB, T2A 3A1
(403) 777-8190   *SIC* 8211

CALGARY BOARD OF EDUCATION p12
1304 44 St Se, CALGARY, AB, T2A 1M8
(403) 272-6665   *SIC* 8211

CALGARY BOARD OF EDUCATION p12
5645 Pensacola Cres Se, CALGARY, AB, T2A 2G4
(403) 777-8230   *SIC* 8211

CALGARY BOARD OF EDUCATION p12
6033 Madigan Dr Ne, CALGARY, AB, T2A 5G9
(403) 777-7780   *SIC* 8211

CALGARY BOARD OF EDUCATION p12
2805 Radcliffe Dr Se, CALGARY, AB, T2A 0C8
(403) 777-8070   *SIC* 8211

CALGARY BOARD OF EDUCATION p12
5958 4 Ave Ne, CALGARY, AB, T2A 4B1
(403) 777-8240   *SIC* 8211

CALGARY BOARD OF EDUCATION p12
1520 39 St Se, CALGARY, AB, T2A 1H9
(403) 777-8220   *SIC* 8211

CALGARY BOARD OF EDUCATION p14
3909 26 Ave Se, CALGARY, AB, T2B 0C6
(403) 777-7360   *SIC* 8211

CALGARY BOARD OF EDUCATION p14
3113 30 Ave Se, CALGARY, AB, T2B 0G9
(403) 777-8260   *SIC* 8211

CALGARY BOARD OF EDUCATION p14
3743 Dover Ridge Dr Se, CALGARY, AB, T2B 2E1
(403) 817-4000   *SIC* 8211

CALGARY BOARD OF EDUCATION p14
2031 Sable Dr Se, CALGARY, AB, T2B 1R9
(403) 543-5074   *SIC* 8211

CALGARY BOARD OF EDUCATION p16
2011 66 Ave Se, CALGARY, AB, T2C 1J4
(403) 777-7590   *SIC* 8211

CALGARY BOARD OF EDUCATION p16
65 Rivervalley Dr Se, CALGARY, AB, T2C 3Z7
(403) 777-6510   *SIC* 8211

CALGARY BOARD OF EDUCATION p16
1819 66 Ave Se, CALGARY, AB, T2C 2K5
(403) 777-8650   *SIC* 8211

CALGARY BOARD OF EDUCATION p22
107 6a St Ne, CALGARY, AB, T2E 0B7
(403) 777-7350   *SIC* 8211

CALGARY BOARD OF EDUCATION p22
211 Mcknight Blvd Ne, CALGARY, AB, T2E 5S7
(403) 253-9257   *SIC* 8211

CALGARY BOARD OF EDUCATION p22
2324 Maunsell Rd Ne, CALGARY, AB, T2E 6A2
(403) 777-6290   *SIC* 8211

CALGARY BOARD OF EDUCATION p22
130 28 Ave Ne, CALGARY, AB, T2E 2A8
(403) 777-6330   *SIC* 8211

CALGARY BOARD OF EDUCATION p22
1610 6 St Ne, CALGARY, AB, T2E 3Y9
(403) 777-7500   *SIC* 8211

CALGARY BOARD OF EDUCATION p22
1229 17a St Ne, CALGARY, AB, T2E 4V4

(403) 777-6250   *SIC* 8211
CALGARY BOARD OF EDUCATION p22
2215 8 Ave Ne, CALGARY, AB, T2E 0T7
(403) 777-7610   *SIC* 8211

CALGARY BOARD OF EDUCATION p22
2411 Vermillion St Ne, CALGARY, AB, T2E 6J3
(403) 777-6000   *SIC* 8211

CALGARY BOARD OF EDUCATION p22
2004 4 St Ne, CALGARY, AB, T2E 3T8
(403) 777-6300   *SIC* 8211

CALGARY BOARD OF EDUCATION p22
3717 Centre St Nw, CALGARY, AB, T2E 2Y2
(403) 777-6260   *SIC* 8211

CALGARY BOARD OF EDUCATION p22
950 6 St Ne, CALGARY, AB, T2E 8M3
(403) 777-6800   *SIC* 8211

CALGARY BOARD OF EDUCATION p27
1921 9 Ave Se, CALGARY, AB, T2G 0V3
(403) 777-6780   *SIC* 8211

CALGARY BOARD OF EDUCATION p27
315 10 Ave Se Suite 206, CALGARY, AB, T2G 0W2
(403) 268-3265   *SIC* 8211

CALGARY BOARD OF EDUCATION p30
47 Fyffe Rd Se, CALGARY, AB, T2H 1B9
(403) 777-6420   *SIC* 8211

CALGARY BOARD OF EDUCATION p30
7840 Fairmount Dr Se, CALGARY, AB, T2H 0Y1
(403) 777-7900   *SIC* 8211

CALGARY BOARD OF EDUCATION p30
9019 Fairmount Dr Se, CALGARY, AB, T2H 0Z4
(403) 259-5585   *SIC* 8211

CALGARY BOARD OF EDUCATION p34
1711 Lake Bonavista Dr Se, CALGARY, AB, T2J 2X9
(403) 777-6830   *SIC* 8211

CALGARY BOARD OF EDUCATION p34
343 Willow Park Dr Se, CALGARY, AB, T2J 0K7
(403) 777-6900   *SIC* 8211

CALGARY BOARD OF EDUCATION p34
253 Parkland Way Se, CALGARY, AB, T2J 3Y9
(403) 777-6880   *SIC* 8211

CALGARY BOARD OF EDUCATION p35
725 Mapleton Dr Se, CALGARY, AB, T2J 1S1
(403) 777-7520   *SIC* 8211

CALGARY BOARD OF EDUCATION p35
2500 Lake Bonavista Dr Se, CALGARY, AB, T2J 2Y6
(403) 777-7720   *SIC* 8211

CALGARY BOARD OF EDUCATION p35
199 Queen Charlotte Way Se, CALGARY, AB, T2J 4H9
(403) 777-6960   *SIC* 8211

CALGARY BOARD OF EDUCATION p35
963 Queensland Dr Se, CALGARY, AB, T2J 5E5
(403) 777-7430   *SIC* 8211

CALGARY BOARD OF EDUCATION p35
2127 146 Ave Se, CALGARY, AB, T2J 6P8
(403) 777-6840   *SIC* 8211

CALGARY BOARD OF EDUCATION p35
10203 Maplemont Rd Se, CALGARY, AB, T2J 1W3
(403) 777-6280   *SIC* 8211

CALGARY BOARD OF EDUCATION p35
605 Queensland Dr Se, CALGARY, AB, T2J 4S8
(403) 777-6860   *SIC* 8211

CALGARY BOARD OF EDUCATION p35
9603 5 St Se, CALGARY, AB, T2J 1K4
(403) 777-8440   *SIC* 8211

CALGARY BOARD OF EDUCATION p35
1015 120 Ave Se, CALGARY, AB, T2J 2L1
(403) 777-6871   *SIC* 8211

CALGARY BOARD OF EDUCATION p36
6625 4 St Ne, CALGARY, AB, T2K 5C7
(403) 777-6620   *SIC* 8211

CALGARY BOARD OF EDUCATION p36

5646 Thornton Rd Nw, CALGARY, AB, T2K 3B9
(403) 777-6670 SIC 8211
CALGARY BOARD OF EDUCATION p36
11 Holmwood Ave Nw, CALGARY, AB, T2K 2G5
(403) 777-6200 SIC 8211
CALGARY BOARD OF EDUCATION p36
6620 4 St Nw, CALGARY, AB, T2K 1C2
(403) 274-2240 SIC 8211
CALGARY BOARD OF EDUCATION p36
7440 10 St Nw, CALGARY, AB, T2K 1H6
(403) 777-6640 SIC 8211
CALGARY BOARD OF EDUCATION p36
4004 4 St Nw, CALGARY, AB, T2K 1A1
(403) 230-4743 SIC 8211
CALGARY BOARD OF EDUCATION p36
19n Rosevale Dr Nw, CALGARY, AB, T2K 1N6
(403) 777-6230 SIC 8211
CALGARY BOARD OF EDUCATION p36
640 Northmount Dr Nw, CALGARY, AB, T2K 3J5
(403) 777-6150 SIC 8211
CALGARY BOARD OF EDUCATION p36
4922 North Haven Dr Nw, CALGARY, AB, T2K 2K2
(403) 777-6220 SIC 8211
CALGARY BOARD OF EDUCATION p36
6600 4 St Nw, CALGARY, AB, T2K 1C2
(403) 777-7670 SIC 8211
CALGARY BOARD OF EDUCATION p36
820 64 Ave Nw, CALGARY, AB, T2K 0M5
(403) 777-6650 SIC 8211
CALGARY BOARD OF EDUCATION p36
427 78 Ave Ne, CALGARY, AB, T2K 0R9
(403) 777-6600 SIC 8211
CALGARY BOARD OF EDUCATION p36
412 Northmount Dr Nw, CALGARY, AB, T2K 3H6
(403) 777-7280 SIC 8211
CALGARY BOARD OF EDUCATION p36
226 Northmount Dr Nw, CALGARY, AB, T2K 3G5
(403) 777-6034 SIC 8211
CALGARY BOARD OF EDUCATION p37
2155 Chilcotin Rd Nw, CALGARY, AB, T2L 0X2
(403) 777-7400 SIC 8211
CALGARY BOARD OF EDUCATION p37
1484 Northmount Dr Nw, CALGARY, AB, T2L 0G6
(403) 777-6170 SIC 8211
CALGARY BOARD OF EDUCATION p37
5220 Northland Dr Nw, CALGARY, AB, T2L 2J6
(403) 289-9241 SIC 8211
CALGARY BOARD OF EDUCATION p37
3826 Collingwood Dr Nw, CALGARY, AB, T2L 0R6
(403) 777-6180 SIC 8211
CALGARY BOARD OF EDUCATION p37
1231 Northmount Dr Nw, CALGARY, AB, T2L 0C9
(403) 777-6130 SIC 8211
CALGARY BOARD OF EDUCATION p37
5215 33 St Nw, CALGARY, AB, T2L 1V3
(403) 777-7290 SIC 8211
CALGARY BOARD OF EDUCATION p38
905 13 Ave Nw, CALGARY, AB, T2M 0G3
(403) 777-7530 SIC 8211
CALGARY BOARD OF EDUCATION p38
1418 7 Ave Nw, CALGARY, AB, T2N 0Z2
(403) 777-6360 SIC 8211
CALGARY BOARD OF EDUCATION p38
2108 10 St Nw, CALGARY, AB, T2M 3M4
(403) 777-6210 SIC 8211
CALGARY BOARD OF EDUCATION p38
220 16 Ave Nw, CALGARY, AB, T2M 0H4
(403) 777-7330 SIC 8211
CALGARY BOARD OF EDUCATION p38
3035 Utah Dr Nw, CALGARY, AB, T2N 3Z9
(403) 777-6240 SIC 8211
CALGARY BOARD OF EDUCATION p38

2103 20 St Nw, CALGARY, AB, T2M 3W1
(403) 777-7440 SIC 8211
CALGARY BOARD OF EDUCATION p38
211 7 St Nw, CALGARY, AB, T2N 1S2
(403) 777-6390 SIC 8211
CALGARY BOARD OF EDUCATION p38
805 37 St Nw, CALGARY, AB, T2N 4N8
(403) 270-1751 SIC 8211
CALGARY BOARD OF EDUCATION p38
3009 Morley Trail Nw, CALGARY, AB, T2M 4G9
(403) 289-2551 SIC 8211
CALGARY BOARD OF EDUCATION p38
120 23 St Nw, CALGARY, AB, T2N 2P1
(403) 777-7630 SIC 8211
CALGARY BOARD OF EDUCATION p38
1019 1 St Nw, CALGARY, AB, T2M 2S2
(403) 276-5521 SIC 8211
CALGARY BOARD OF EDUCATION p38
3232 Cochrane Rd Nw, CALGARY, AB, T2M 4J3
(403) 777-6120 SIC 8211
CALGARY BOARD OF EDUCATION p38
512 18 St Nw, CALGARY, AB, T2N 2G5
(403) 777-6380 SIC 8211
CALGARY BOARD OF EDUCATION p38
402 18 St Nw, CALGARY, AB, T2N 2G5
(403) 777-6789 SIC 8211
CALGARY BOARD OF EDUCATION p51
1121 12 Ave Sw, CALGARY, AB, T2R 0J8
(403) 777-8560 SIC 8211
CALGARY BOARD OF EDUCATION p52
641 17 Ave Sw, CALGARY, AB, T2S 0B5
(403) 228-5363 SIC 8211
CALGARY BOARD OF EDUCATION p52
829 Rideau Rd Sw, CALGARY, AB, T2S 0S2
(403) 777-7480 SIC 8211
CALGARY BOARD OF EDUCATION p52
4804 6 St Sw, CALGARY, AB, T2S 2N3
(403) 777-7760 SIC 8211
CALGARY BOARD OF EDUCATION p53
5003 20 St Sw, CALGARY, AB, T2T 5A5
(403) 777-7730 SIC 8211
CALGARY BOARD OF EDUCATION p53
2234 14 St Sw, CALGARY, AB, T2T 3T3
(403) 777-7980 SIC 8211
CALGARY BOARD OF EDUCATION p53
3904 20 St Sw, CALGARY, AB, T2T 4Z9
(403) 777-8300 SIC 8211
CALGARY BOARD OF EDUCATION p53
2701 22 St Sw, CALGARY, AB, T2T 5G5
(403) 240-1470 SIC 8211
CALGARY BOARD OF EDUCATION p53
5139 14 St Sw, CALGARY, AB, T2T 3W5
(403) 777-6980 SIC 8211
CALGARY BOARD OF EDUCATION p53
845 Hillcrest Ave Sw, CALGARY, AB, T2T 0Z1
(403) 777-8570 SIC 8211
CALGARY BOARD OF EDUCATION p53
4506 16 St Sw, CALGARY, AB, T2T 4H9
(403) 777-6910 SIC 8211
CALGARY BOARD OF EDUCATION p53
1216 36 Ave Sw, CALGARY, AB, T2T 2E9
(403) 777-6940 SIC 8211
CALGARY BOARD OF EDUCATION p54
255 Sackville Dr Sw, CALGARY, AB, T2W 0W7
(403) 777-8500 SIC 8211
CALGARY BOARD OF EDUCATION p54
910 75 Ave Sw, CALGARY, AB, T2V 0S6
(403) 253-2261 SIC 8211
CALGARY BOARD OF EDUCATION p54
10020 19 St Sw, CALGARY, AB, T2V 1R2
(403) 777-7930 SIC 8211
CALGARY BOARD OF EDUCATION p54
8706 Elbow Dr Sw, CALGARY, AB, T2V 1L2
(403) 777-7490 SIC 8211
CALGARY BOARD OF EDUCATION p54
898 Sylvester Cres Sw, CALGARY, AB, T2W 0R7
(403) 259-3527 SIC 8211
CALGARY BOARD OF EDUCATION p54
10 Hillgrove Cres Sw, CALGARY, AB, T2V

3K7
(403) 777-8511 SIC 8211
CALGARY BOARD OF EDUCATION p54
88 Woodgreen Dr Sw, CALGARY, AB, T2W 4W9
(403) 777-8640 SIC 8211
CALGARY BOARD OF EDUCATION p54
23 Sackville Dr Sw, CALGARY, AB, T2W 0W3
(403) 777-7890 SIC 8211
CALGARY BOARD OF EDUCATION p54
2266 Woodpark Ave Sw, CALGARY, AB, T2W 2Z8
(403) 251-8022 SIC 8211
CALGARY BOARD OF EDUCATION p54
1747 107 Ave Sw, CALGARY, AB, T2W 0C3
(403) 777-8470 SIC 8211
CALGARY BOARD OF EDUCATION p54
395 Canterbury Dr Sw, CALGARY, AB, T2W 1J1
(403) 777-8600 SIC 8211
CALGARY BOARD OF EDUCATION p54
2315 Palliser Dr Sw, CALGARY, AB, T2V 3S4
(403) 777-8620 SIC 8211
CALGARY BOARD OF EDUCATION p54
9632 Oakfield Dr Sw, CALGARY, AB, T2V 0L1
(403) 777-7650 SIC 8211
CALGARY BOARD OF EDUCATION p54
1312 75 Ave Sw, CALGARY, AB, T2V 0S6
(403) 777-8480 SIC 8211
CALGARY BOARD OF EDUCATION p54
12424 Elbow Dr Sw, CALGARY, AB, T2W 1H2
(403) 777-7690 SIC 8211
CALGARY BOARD OF EDUCATION p54
10631 Oakfield Dr Sw, CALGARY, AB, T2W 2T3
(403) 777-8610 SIC 8211
CALGARY BOARD OF EDUCATION p54
27 Woodfield Way Sw, CALGARY, AB, T2W 5E1
(403) 777-8630 SIC 8211
CALGARY BOARD OF EDUCATION p55
1039 Suncastle Dr Se, CALGARY, AB, T2X 2Z1
(403) 777-6400 SIC 8211
CALGARY BOARD OF EDUCATION p55
660 Sunmills Dr Se, CALGARY, AB, T2X 3R5
(403) 777-6430 SIC 8211
CALGARY BOARD OF EDUCATION p55
200 Sunmills Dr Se, CALGARY, AB, T2X 2N9
(403) 777-8690 SIC 8211
CALGARY BOARD OF EDUCATION p55
55 Midpark Rise Se, CALGARY, AB, T2X 1L7
(403) 777-8680 SIC 8211
CALGARY BOARD OF EDUCATION p56
224 Shawnessy Dr Sw, CALGARY, AB, T2Y 1M1
(403) 777-8670 SIC 8211
CALGARY BOARD OF EDUCATION p56
115 Shannon Dr Sw, CALGARY, AB, T2Y 0K6
(403) 777-6163 SIC 8211
CALGARY BOARD OF EDUCATION p56
150 Somerset Manor Sw, CALGARY, AB, T2Y 4S2
(403) 777-7001 SIC 8211
CALGARY BOARD OF EDUCATION p57
16210 Mckenzie Lake Way Se, CALGARY, AB, T2Z 1L7
(403) 777-6500 SIC 8211
CALGARY BOARD OF EDUCATION p57
400 Douglas Park Blvd Se, CALGARY, AB, T2Z 4A3
(403) 777-6177 SIC 8211
CALGARY BOARD OF EDUCATION p58
5500 Dalhart Rd Nw, CALGARY, AB, T3A 1V6
(403) 777-7420 SIC 8211

CALGARY BOARD OF EDUCATION p58
5315 Varsity Dr Nw, CALGARY, AB, T3A 1A7
(403) 777-7540 SIC 8211
CALGARY BOARD OF EDUCATION p58
10959 Hidden Valley Dr Nw, CALGARY, AB, T3A 6J2
(403) 777-7236 SIC 8211
CALGARY BOARD OF EDUCATION p58
4255 40 St Nw, CALGARY, AB, T3A 0H7
(403) 777-6090 SIC 8211
CALGARY BOARD OF EDUCATION p58
5225 Varsity Dr Nw, CALGARY, AB, T3A 1A7
(403) 777-6050 SIC 8211
CALGARY BOARD OF EDUCATION p58
250 Edgepark Blvd Nw, CALGARY, AB, T3A 3S2
(403) 777-7190 SIC 8211
CALGARY BOARD OF EDUCATION p58
4440 Dallyn St Nw, CALGARY, AB, T3A 1K3
(403) 777-6030 SIC 8211
CALGARY BOARD OF EDUCATION p58
55 Edgevalley Cir Nw, CALGARY, AB, T3A 4X1
(403) 777-6340 SIC 8211
CALGARY BOARD OF EDUCATION p58
10330 Hamptons Blvd Nw, CALGARY, AB, T3A 6G2
(403) 777-7300 SIC 8211
CALGARY BOARD OF EDUCATION p59
939 45 St Sw, CALGARY, AB, T3C 2B9
(403) 777-7870 SIC 8211
CALGARY BOARD OF EDUCATION p59
150 Westminster Dr Sw, CALGARY, AB, T3C 2T3
(403) 777-8420 SIC 8211
CALGARY BOARD OF EDUCATION p59
3940 73 St Nw, CALGARY, AB, T3B 2L9
(403) 777-6020 SIC 8211
CALGARY BOARD OF EDUCATION p59
6305 33 Ave Nw, CALGARY, AB, T3B 1K8
(403) 247-7771 SIC 8211
CALGARY BOARD OF EDUCATION p59
120 45 St Sw, CALGARY, AB, T3C 2B3
(403) 777-8430 SIC 8211
CALGARY BOARD OF EDUCATION p59
3915 69 St Nw, CALGARY, AB, T3B 2J9
(403) 777-7260 SIC 8211
CALGARY BOARD OF EDUCATION p59
536 Sonora Ave Sw, CALGARY, AB, T3C 2J9
(403) 777-8590 SIC 8211
CALGARY BOARD OF EDUCATION p59
1406 40 St Nw, CALGARY, AB, T3C 1W7
(403) 777-8390 SIC 8211
CALGARY BOARD OF EDUCATION p59
4631 85 St Nw, CALGARY, AB, T3B 2R8
(403) 777-6010 SIC 8211
CALGARY BOARD OF EDUCATION p59
4627 77 St Nw, CALGARY, AB, T3B 2N6
(403) 286-5092 SIC 8211
CALGARY BOARD OF EDUCATION p59
3600 16 Ave Sw Suite 109, CALGARY, AB, T3C 1A5
(403) 777-7329 SIC 8211
CALGARY BOARD OF EDUCATION p59
7235 Silver Mead Rd Nw, CALGARY, AB, T3B 3V1
(403) 777-6070 SIC 8211
CALGARY BOARD OF EDUCATION p59
3405 Spruce Dr Sw, CALGARY, AB, T3C 0A5
(403) 777-8410 SIC 8211
CALGARY BOARD OF EDUCATION p60
3445 37 St Sw, CALGARY, AB, T3E 3C2
(403) 777-7410 SIC 8211
CALGARY BOARD OF EDUCATION p60
3519 36 Ave Sw, CALGARY, AB, T3E 1C2
(403) 777-8400 SIC 8211
CALGARY BOARD OF EDUCATION p60
4725 33 Ave Sw, CALGARY, AB, T3E 3V1
(403) 777-8320 SIC 8211
CALGARY BOARD OF EDUCATION p60
3008 33 St Sw, CALGARY, AB, T3E 2T9
(403) 777-8360 SIC 8211

SIC 8211 Elementary and secondary schools

CALGARY BOARD OF EDUCATION p60
50 Grafton Dr Sw, CALGARY, AB, T3E 4W3
(403) 777-8310 SIC 8211

CALGARY BOARD OF EDUCATION p60
2336 53 Ave Sw, CALGARY, AB, T3E 1L2
(403) 243-4500 SIC 8211

CALGARY BOARD OF EDUCATION p60
5111 21 St Sw, CALGARY, AB, T3E 1R9
(403) 243-8880 SIC 8211

CALGARY BOARD OF EDUCATION p60
3031 Lindsay Dr Sw, CALGARY, AB, T3E 6A9
(403) 777-8350 SIC 8211

CALGARY BOARD OF EDUCATION p61
610 Ranchlands Blvd Nw, CALGARY, AB, T3G 2C5
(403) 777-6350 SIC 8211

CALGARY BOARD OF EDUCATION p61
27 Arbour Crest Dr Nw, CALGARY, AB, T3G 4H3
(403) 777-7310 SIC 8211

CALGARY BOARD OF EDUCATION p62
875 Strathcona Dr Sw, CALGARY, AB, T3H 2Z7
(403) 777-8370 SIC 8211

CALGARY BOARD OF EDUCATION p62
369 Sienna Park Dr Sw, CALGARY, AB, T3H 4S2
(403) 777-7187 SIC 8211

CALGARY BOARD OF EDUCATION p63
100 Castlebrook Dr Ne, CALGARY, AB, T3J 2J4
(403) 777-6950 SIC 8211

CALGARY BOARD OF EDUCATION p63
139 Falshire Dr Ne, CALGARY, AB, T3J 1P7
(403) 777-8800 SIC 8211

CALGARY BOARD OF EDUCATION p63
500 Martindale Blvd Ne, CALGARY, AB, T3J 4W8
(403) 777-7195 SIC 8211

CALGARY BOARD OF EDUCATION p63
180 Falshire Dr Ne, CALGARY, AB, T3J 3A5
(403) 777-6930 SIC 8211

CALGARY BOARD OF EDUCATION p63
1331 Falconridge Dr Ne, CALGARY, AB, T3J 1T4
(403) 777-6730 SIC 8211

CALGARY BOARD OF EDUCATION p64
50 Scurfield Way Nw, CALGARY, AB, T3L 1T2
(403) 777-6193 SIC 8211

CALGARY BOARD OF EDUCATION p64
375 Sandarac Dr Nw, CALGARY, AB, T3K 4B2
(403) 777-6660 SIC 8211

CALGARY BOARD OF EDUCATION p64
95 Bermuda Rd Nw, CALGARY, AB, T3K 2J6
(403) 777-6610 SIC 8211

CALGARY BOARD OF EDUCATION p65
12626 85 St Nw, CALGARY, AB, T3R 1J3
(403) 662-3547 SIC 8211

CALGARY ROMAN CATHOLIC SEPARATE SCHOOL DISTRICT #1 p2
410 Yankee Valley Blvd Sw, AIRDRIE, AB, T4B 2M1
(403) 500-2041 SIC 8211

CALGARY ROMAN CATHOLIC SEPARATE SCHOOL DISTRICT #1 p2
1820 1 Ave Nw, AIRDRIE, AB, T4B 2E6
(403) 948-4661 SIC 8211

CALGARY ROMAN CATHOLIC SEPARATE SCHOOL DISTRICT #1 p9
2419 50 St Ne, CALGARY, AB, T1Y 1Z5
(403) 285-3800 SIC 8211

CALGARY ROMAN CATHOLIC SEPARATE SCHOOL DISTRICT #1 p9
111 Rundlehill Dr Ne, CALGARY, AB, T1Y 2W9
(403) 500-2044 SIC 8211

CALGARY ROMAN CATHOLIC SEPARATE SCHOOL DISTRICT #1 p9
6006 Rundlehorn Dr Ne, CALGARY, AB, T1Y 2X1
(403) 500-2076 SIC 8211

CALGARY ROMAN CATHOLIC SEPARATE SCHOOL DISTRICT #1 p10
6839 Temple Dr Ne, CALGARY, AB, T1Y 5N4
(403) 500-2088 SIC 8211

CALGARY ROMAN CATHOLIC SEPARATE SCHOOL DISTRICT #1 p10
6110 Temple Dr Ne, CALGARY, AB, T1Y 5V4
(403) 500-2081 SIC 8211

CALGARY ROMAN CATHOLIC SEPARATE SCHOOL DISTRICT #1 p10
4225 44 Ave Ne, CALGARY, AB, T1Y 4Y1
(403) 500-2077 SIC 8211

CALGARY ROMAN CATHOLIC SEPARATE SCHOOL DISTRICT #1 p12
6020 4 Ave Ne, CALGARY, AB, T2A 4B1
(403) 500-2074 SIC 8211

CALGARY ROMAN CATHOLIC SEPARATE SCHOOL DISTRICT #1 p12
708 47 St Se, CALGARY, AB, T2A 1P8
(403) 500-2034 SIC 8211

CALGARY ROMAN CATHOLIC SEPARATE SCHOOL DISTRICT #1 p12
1005 Abbotsford Dr Ne, CALGARY, AB, T2A 7N5
(403) 500-2090 SIC 8211

CALGARY ROMAN CATHOLIC SEPARATE SCHOOL DISTRICT #1 p12
904 32 St Se, CALGARY, AB, T2A 0Z1
(403) 500-2054 SIC 8211

CALGARY ROMAN CATHOLIC SEPARATE SCHOOL DISTRICT #1 p12
4589 Marbank Dr Ne, CALGARY, AB, T2A 3V8
(403) 500-2068 SIC 8211

CALGARY ROMAN CATHOLIC SEPARATE SCHOOL DISTRICT #1 p12
1717 41 St Se, CALGARY, AB, T2A 1L2
(403) 500-2032 SIC 8211

CALGARY ROMAN CATHOLIC SEPARATE SCHOOL DISTRICT #1 p12
1420 28 St Se, CALGARY, AB, T2A 0Y8
(403) 500-2052 SIC 8211

CALGARY ROMAN CATHOLIC SEPARATE SCHOOL DISTRICT #1 p14
3719 26 Ave Se, CALGARY, AB, T2B 0C6
(403) 500-2033 SIC 8211

CALGARY ROMAN CATHOLIC SEPARATE SCHOOL DISTRICT #1 p14
3619 28 St Se, CALGARY, AB, T2B 2J1
(403) 500-2073 SIC 8211

CALGARY ROMAN CATHOLIC SEPARATE SCHOOL DISTRICT #1 p16
55 Lynndale Cres Se, CALGARY, AB, T2C 0T8
(403) 500-2020 SIC 8211

CALGARY ROMAN CATHOLIC SEPARATE SCHOOL DISTRICT #1 p16
5 Avenue Sw Suite 1000, CALGARY, AB, T2C 2V5
(403) 500-2000 SIC 8211

CALGARY ROMAN CATHOLIC SEPARATE SCHOOL DISTRICT #1 p22
928 Radnor Ave Ne, CALGARY, AB, T2E 5H5
(403) 500-2016 SIC 8211

CALGARY ROMAN CATHOLIC SEPARATE SCHOOL DISTRICT #1 p22
231 6 St Ne, CALGARY, AB, T2E 3Y1
(403) 500-2011 SIC 8211

CALGARY ROMAN CATHOLIC SEPARATE SCHOOL DISTRICT #1 p27
1010 21 Ave Se, CALGARY, AB, T2G 1N2
(403) 500-2012 SIC 8211

CALGARY ROMAN CATHOLIC SEPARATE SCHOOL DISTRICT #1 p30
416 83 Ave Se, CALGARY, AB, T2H 1N3
(403) 500-2030 SIC 8211

CALGARY ROMAN CATHOLIC SEPARATE SCHOOL DISTRICT #1 p35
1710 Acadia Dr Se, CALGARY, AB, T2J 3X8
(403) 271-5770 SIC 8211

CALGARY ROMAN CATHOLIC SEPARATE SCHOOL DISTRICT #1 p35
610 Agate Cres Se, CALGARY, AB, T2J 0Z3
(403) 500-2040 SIC 8211

CALGARY ROMAN CATHOLIC SEPARATE SCHOOL DISTRICT #1 p35
927 Lake Sylvan Dr Se, CALGARY, AB, T2J 2P8
(403) 500-2060 SIC 8211

CALGARY ROMAN CATHOLIC SEPARATE SCHOOL DISTRICT #1 p35
13825 Parkside Dr Se, CALGARY, AB, T2J 5A8
(403) 500-2072 SIC 8211

CALGARY ROMAN CATHOLIC SEPARATE SCHOOL DISTRICT #1 p35
13615 Deer Ridge Dr Se, CALGARY, AB, T2J 6S7
(403) 500-2057 SIC 8211

CALGARY ROMAN CATHOLIC SEPARATE SCHOOL DISTRICT #1 p36
5607 Thornton Rd Nw, CALGARY, AB, T2K 3C1
(403) 295-1990 SIC 8211

CALGARY ROMAN CATHOLIC SEPARATE SCHOOL DISTRICT #1 p36
7423 10 St Nw, CALGARY, AB, T2K 1H5
(403) 500-2059 SIC 8211

CALGARY ROMAN CATHOLIC SEPARATE SCHOOL DISTRICT #1 p36
320 64 Ave Nw, CALGARY, AB, T2K 0L8
(403) 500-2049 SIC 8211

CALGARY ROMAN CATHOLIC SEPARATE SCHOOL DISTRICT #1 p36
320 72 Ave Ne, CALGARY, AB, T2K 5J3
(403) 500-2067 SIC 8211

CALGARY ROMAN CATHOLIC SEPARATE SCHOOL DISTRICT #1 p37
3320 Carol Dr Nw, CALGARY, AB, T2L 0K7
(403) 500-2025 SIC 8211

CALGARY ROMAN CATHOLIC SEPARATE SCHOOL DISTRICT #1 p37
1232 Northmount Dr Nw, CALGARY, AB, T2L 0E1
(403) 500-2039 SIC 8211

CALGARY ROMAN CATHOLIC SEPARATE SCHOOL DISTRICT #1 p37
877 Northmount Dr Nw, CALGARY, AB, T2L 0A3
(403) 500-2026 SIC 8211

CALGARY ROMAN CATHOLIC SEPARATE SCHOOL DISTRICT #1 p38
2312 18 St Nw, CALGARY, AB, T2M 3T5
(403) 220-9556 SIC 8211

CALGARY ROMAN CATHOLIC SEPARATE SCHOOL DISTRICT #1 p38
108 22 St Nw, CALGARY, AB, T2N 2M8
(403) 500-2008 SIC 8211

CALGARY ROMAN CATHOLIC SEPARATE SCHOOL DISTRICT #1 p38
2512 5 St Nw, CALGARY, AB, T2M 3C7
(403) 500-2009 SIC 8211

CALGARY ROMAN CATHOLIC SEPARATE SCHOOL DISTRICT #1 p52
111 18 Ave Sw Suite 1, CALGARY, AB, T2S 0B8
(403) 500-2024 SIC 8211

CALGARY ROMAN CATHOLIC SEPARATE SCHOOL DISTRICT #1 p52
1916 2 St Sw, CALGARY, AB, T2S 1S3
(403) 500-2002 SIC 8211

CALGARY ROMAN CATHOLIC SEPARATE SCHOOL DISTRICT #1 p52
235 18 Ave Sw, CALGARY, AB, T2S 0C2
(403) 500-2001 SIC 8211

CALGARY ROMAN CATHOLIC SEPARATE SCHOOL DISTRICT #1 p53
2445 23 Ave Sw, CALGARY, AB, T2T 0W3
(403) 249-8793 SIC 8211

CALGARY ROMAN CATHOLIC SEPARATE SCHOOL DISTRICT #1 p54
10340 19 St Sw, CALGARY, AB, T2V 1R2
(403) 500-2053 SIC 8211

CALGARY ROMAN CATHOLIC SEPARATE SCHOOL DISTRICT #1 p54
7112 7 St Sw, CALGARY, AB, T2V 1E9
(403) 500-2022 SIC 8211

CALGARY ROMAN CATHOLIC SEPARATE SCHOOL DISTRICT #1 p54
2990 Cedarbrae Dr Sw, CALGARY, AB, T2W 2N9
(403) 500-2070 SIC 8211

CALGARY ROMAN CATHOLIC SEPARATE SCHOOL DISTRICT #1 p54
111 Haddon Rd Sw, CALGARY, AB, T2V 2Y2
(403) 500-2047 SIC 8211

CALGARY ROMAN CATHOLIC SEPARATE SCHOOL DISTRICT #1 p55
730 Woodbine Blvd Sw, CALGARY, AB, T2W 4W4
(403) 500-2084 SIC 8211

CALGARY ROMAN CATHOLIC SEPARATE SCHOOL DISTRICT #1 p55
70 Sunmills Dr Se, CALGARY, AB, T2X 2R5
(403) 500-2087 SIC 8211

CALGARY ROMAN CATHOLIC SEPARATE SCHOOL DISTRICT #1 p55
10910 Elbow Dr Sw, CALGARY, AB, T2W 1G6
(403) 500-2043 SIC 8211

CALGARY ROMAN CATHOLIC SEPARATE SCHOOL DISTRICT #1 p55
121 Midlake Blvd Se, CALGARY, AB, T2X 1T7
(403) 500-2078 SIC 8211

CALGARY ROMAN CATHOLIC SEPARATE SCHOOL DISTRICT #1 p56
14826 Millrise Hill Sw, CALGARY, AB, T2Y 2B4
(403) 254-5446 SIC 8211

CALGARY ROMAN CATHOLIC SEPARATE SCHOOL DISTRICT #1 p56
99 Bridlewood Rd Sw, CALGARY, AB, T2Y 4J5
(403) 500-2104 SIC 8211

CALGARY ROMAN CATHOLIC SEPARATE SCHOOL DISTRICT #1 p56
333 Shawville Blvd Se Suite 500, CALGARY, AB, T2Y 4H3
(403) 500-2103 SIC 8211

CALGARY ROMAN CATHOLIC SEPARATE SCHOOL DISTRICT #1 p56
65 Shannon Dr Sw, CALGARY, AB, T2Y 2T5
(403) 500-2089 SIC 8211

CALGARY ROMAN CATHOLIC SEPARATE SCHOOL DISTRICT #1 p57
2919 Douglasdale Blvd Se, CALGARY, AB, T2Z 2H9
(403) 500-2069 SIC 8211

CALGARY ROMAN CATHOLIC SEPARATE SCHOOL DISTRICT #1 p57
16201 Mckenzie Lake Blvd Se, CALGARY, AB, T2Z 2G7
(403) 500-2092 SIC 8211

CALGARY ROMAN CATHOLIC SEPARATE SCHOOL DISTRICT #1 p58
115 Edenwold Dr Nw, CALGARY, AB, T3A 3S8
(403) 241-8862 SIC 8211

CALGARY ROMAN CATHOLIC SEPARATE SCHOOL DISTRICT #1 p58
10845 Hidden Valley Dr Nw, CALGARY, AB, T3A 6K3
(403) 500-2105 SIC 8211

CALGARY ROMAN CATHOLIC SEPARATE SCHOOL DISTRICT #1 p58
4820 Dalhart Rd Nw, CALGARY, AB, T3A 1C2
(403) 500-2058 SIC 8211

CALGARY ROMAN CATHOLIC SEPARATE SCHOOL DISTRICT #1 p58
4525 49 St Nw, CALGARY, AB, T3A 0K4
(403) 500-2051 SIC 8211

CALGARY ROMAN CATHOLIC SEPARATE SCHOOL DISTRICT #1 p59
4511 8 Ave Nw, CALGARY, AB, T3C 0G9
(403) 500-2021 SIC 8211

CALGARY ROMAN CATHOLIC SEPARATE

SIC 8211 Elementary and secondary schools

SCHOOL DISTRICT #1 p59
7318 Silver Springs Blvd Nw, CALGARY, AB, T3B 4N1
(403) 500-2063   SIC 8211

CALGARY ROMAN CATHOLIC SEPARATE SCHOOL DISTRICT #1 p59
7311 34 Ave Nw, CALGARY, AB, T3B 1N5
(403) 500-2045   SIC 8211

CALGARY ROMAN CATHOLIC SEPARATE SCHOOL DISTRICT #1 p60
5340 26 Ave Sw, CALGARY, AB, T3E 0R6
(403) 500-2048   SIC 8211

CALGARY ROMAN CATHOLIC SEPARATE SCHOOL DISTRICT #1 p60
4624 Richard Rd Sw, CALGARY, AB, T3E 6L1
(403) 500-2056   SIC 8211

CALGARY ROMAN CATHOLIC SEPARATE SCHOOL DISTRICT #1 p60
2227 58 Ave Sw, CALGARY, AB, T3E 1N6
(403) 500-2035   SIC 8211

CALGARY ROMAN CATHOLIC SEPARATE SCHOOL DISTRICT #1 p60
3011 35 St Sw, CALGARY, AB, T3E 2Y7
(403) 500-2006   SIC 8211

CALGARY ROMAN CATHOLIC SEPARATE SCHOOL DISTRICT #1 p60
4331 41 Ave Sw, CALGARY, AB, T3E 1G2
(403) 500-2031   SIC 8211

CALGARY ROMAN CATHOLIC SEPARATE SCHOOL DISTRICT #1 p61
7811 Ranchview Dr Nw, CALGARY, AB, T3G 2B3
(403) 500-2083   SIC 8211

CALGARY ROMAN CATHOLIC SEPARATE SCHOOL DISTRICT #1 p61
730 Citadel Way Nw, CALGARY, AB, T3G 5S6
(403) 500-2113   SIC 8211

CALGARY ROMAN CATHOLIC SEPARATE SCHOOL DISTRICT #1 p61
1500 Arbour Lake Rd Nw, CALGARY, AB, T3G 4X9
(403) 500-2100   SIC 8211

CALGARY ROMAN CATHOLIC SEPARATE SCHOOL DISTRICT #1 p61
375 Hawkstone Dr Nw, CALGARY, AB, T3G 3T7
(403) 500-2099   SIC 8211

CALGARY ROMAN CATHOLIC SEPARATE SCHOOL DISTRICT #1 p62
300 Strathcona Dr Sw, CALGARY, AB, T3H 1N9
(403) 500-2003   SIC 8211

CALGARY ROMAN CATHOLIC SEPARATE SCHOOL DISTRICT #1 p63
119 Castleridge Dr Ne, CALGARY, AB, T3J 1P6
(403) 500-2085   SIC 8211

CALGARY ROMAN CATHOLIC SEPARATE SCHOOL DISTRICT #1 p63
1420 Falconridge Dr Ne, CALGARY, AB, T3J 2C3
(403) 500-2080   SIC 8211

CALGARY ROMAN CATHOLIC SEPARATE SCHOOL DISTRICT #1 p63
4 Coral Springs Blvd Ne, CALGARY, AB, T3J 3J3
(403) 500-2036   SIC 8211

CALGARY ROMAN CATHOLIC SEPARATE SCHOOL DISTRICT #1 p64
12455 Coventry Hills Way Ne, CALGARY, AB, T3K 5Z4
(403) 500-2102   SIC 8211

CALGARY ROMAN CATHOLIC SEPARATE SCHOOL DISTRICT #1 p64
509 Harvest Hills Dr Ne, CALGARY, AB, T3K 4G9
(403) 500-2075   SIC 8211

CALGARY ROMAN CATHOLIC SEPARATE SCHOOL DISTRICT #1 p64
919 Tuscany Dr Nw, CALGARY, AB, T3L 2T5
(403) 500-2108   SIC 8211

CALGARY ROMAN CATHOLIC SEPARATE SCHOOL DISTRICT #1 p64
327 Sandarac Dr Nw, CALGARY, AB, T3K 4B2
(403) 500-2094   SIC 8211

CALGARY ROMAN CATHOLIC SEPARATE SCHOOL DISTRICT #1 p68
197 Invermere Dr, CHESTERMERE, AB, T1X 1M7
(403) 500-2110   SIC 8211

CALGARY ROMAN CATHOLIC SEPARATE SCHOOL DISTRICT #1 p69
501 Sunset Dr, COCHRANE, AB, T4C 2K4
(403) 500-2106   SIC 8211

CALGARY ROMAN CATHOLIC SEPARATE SCHOOL DISTRICT #1 p69
129 Powell St, COCHRANE, AB, T4C 1Y2
(403) 500-2065   SIC 8211

CALGARY SOCIETY FOR EFFECTIVE EDUCATION OF LEARNING DISABLED p62
1677 93 St Sw, CALGARY, AB, T3H 0R3
(403) 686-6444   SIC 8211

CALGARY WALDORF SCHOOL SOCIETY p62
515 Cougar Ridge Dr Sw Suite 1, CALGARY, AB, T3H 5G9
(403) 287-1868   SIC 8211

CALVIN CHRISTIAN SCHOOLS SOCIETY OF CHATHAM INC p552
475 Keil Dr S, CHATHAM, ON, N7M 6L8
(519) 352-4980   SIC 8211

CANADIAN ROCKIES REGIONAL DIVISION NO 12 p4
330 Banff Ave, BANFF, AB, T1L 1K1
(403) 762-4411   SIC 8211

CANADIAN ROCKIES REGIONAL DIVISION NO 12 p4
325 Squirrel S, BANFF, AB, T1L 1H1
(403) 762-4465   SIC 8211

CANADIAN ROCKIES REGIONAL DIVISION NO 12 p66
618 7 Ave Suite 12, CANMORE, AB, T1W 2H5
(403) 678-6006   SIC 8211

CANADIAN ROCKIES REGIONAL DIVISION NO 12 p66
1800 8 Ave Suite Unit, CANMORE, AB, T1W 1Y2
(403) 678-6192   SIC 8211

CANADIAN ROCKIES REGIONAL DIVISION NO 12 p66
1033 Cougar Creek Dr, CANMORE, AB, T1W 1C8
(403) 678-6292   SIC 8211

CANADIAN ROCKIES REGIONAL DIVISION NO 12 p118
27 Mount Allan Dr, EXSHAW, AB, T0L 2C0
(403) 673-3656   SIC 8211

CAPE BRETON-VICTORIA REGIONAL SCHOOL BOARD p442
320 Shore Rd, BADDECK, NS, B0E 1B0
(902) 295-2359   SIC 8211

CAPE BRETON-VICTORIA REGIONAL SCHOOL BOARD p444
10 Alder Point Rd, BRAS D'OR, NS, B1Y 2K1
(902) 736-4000   SIC 8211

CAPE BRETON-VICTORIA REGIONAL SCHOOL BOARD p446
30 Mt Florence St, COXHEATH, NS, B1R 1T8
(902) 562-4961   SIC 8211

CAPE BRETON-VICTORIA REGIONAL SCHOOL BOARD p453
3546 East Bay Hwy, EAST BAY, NS, B1J 1A3
(902) 828-2010   SIC 8211

CAPE BRETON-VICTORIA REGIONAL SCHOOL BOARD p453
81 Centre Ave, DONKIN, NS, B1A 6N4
(902) 737-2120   SIC 8211

CAPE BRETON-VICTORIA REGIONAL SCHOOL BOARD p455
256 Park Rd, FLORENCE, NS, B1Y 1N2
(902) 736-6273   SIC 8211

CAPE BRETON-VICTORIA REGIONAL SCHOOL BOARD p455
10 Second St, GLACE BAY, NS, B1A 5Z4
(902) 849-2003   SIC 8211

CAPE BRETON-VICTORIA REGIONAL SCHOOL BOARD p455
1260 Main St, GLACE BAY, NS, B1A 5A4
(902) 842-2285   SIC 8211

CAPE BRETON-VICTORIA REGIONAL SCHOOL BOARD p469
32039 Cabot Trail, NEILS HARBOUR, NS, B0C 1N0
(902) 336-2266   SIC 8211

CAPE BRETON-VICTORIA REGIONAL SCHOOL BOARD p470
319 James St, NEW WATERFORD, NS, B1H 2X9
SIC 8211

CAPE BRETON-VICTORIA REGIONAL SCHOOL BOARD p470
3237 Nicholson Ave, NEW WATERFORD, NS, B1H 1N9
(902) 862-7127   SIC 8211

CAPE BRETON-VICTORIA REGIONAL SCHOOL BOARD p471
30 Regent St, NORTH SYDNEY, NS, B2A 2E6
(902) 794-2492   SIC 8211

CAPE BRETON-VICTORIA REGIONAL SCHOOL BOARD p471
33 Napoleon St, NORTH SYDNEY, NS, B2A 3G6
(902) 794-7037   SIC 8211

CAPE BRETON-VICTORIA REGIONAL SCHOOL BOARD p471
25 Wilkie Ave, NORTH SYDNEY, NS, B2A 1Y5
(902) 794-2419   SIC 8211

CAPE BRETON-VICTORIA REGIONAL SCHOOL BOARD p472
25 James St, RIVER RYAN, NS, B1H 1B8
(902) 862-4000   SIC 8211

CAPE BRETON-VICTORIA REGIONAL SCHOOL BOARD p473
2185 New Waterford Hwy, SOUTH BAR, NS, B1N 3H7
(902) 562-0776   SIC 8211

CAPE BRETON-VICTORIA REGIONAL SCHOOL BOARD p474
999 Alexandra St, SYDNEY, NS, B1L 1E5
(902) 562-4595   SIC 8211

CAPE BRETON-VICTORIA REGIONAL SCHOOL BOARD p474
199 Jameson St, SYDNEY, NS, B1N 2P7
(902) 562-6130   SIC 8211

CAPE BRETON-VICTORIA REGIONAL SCHOOL BOARD p475
1464 George St, SYDNEY, NS, B1P 1P3
(902) 564-5636   SIC 8211

CAPE BRETON-VICTORIA REGIONAL SCHOOL BOARD p475
125 Sunnydale Dr, SYDNEY, NS, B1R 1J4
(902) 539-3031   SIC 8211

CAPE BRETON-VICTORIA REGIONAL SCHOOL BOARD p475
275 George St, SYDNEY, NS, B1P 1J7
(902) 564-8293   SIC 8211

CAPE BRETON-VICTORIA REGIONAL SCHOOL BOARD p476
596 Main St, SYDNEY MINES, NS, B1V 2K8
(902) 736-8549   SIC 8211

CAPE BRETON-VICTORIA REGIONAL SCHOOL BOARD p476
30 Mt Kemmel St, SYDNEY, NS, B1S 3V6
(902) 562-8878   SIC 8211

CAPE BRETON-VICTORIA REGIONAL SCHOOL BOARD p476
125 Kenwood Dr, SYDNEY, NS, B1S 1T8
(902) 564-4587   SIC 8211

CAPE BRETON-VICTORIA REGIONAL SCHOOL BOARD p476
2 School St, SYDNEY MINES, NS, B1V 1R3
(902) 736-8382   SIC 8211

CAPE BRETON-VICTORIA REGIONAL SCHOOL BOARD p476
35 Phillip St, SYDNEY, NS, B1S 1M8
(902) 567-2144   SIC 8211

CAPE BRETON-VICTORIA REGIONAL SCHOOL BOARD p476
300 Memorial Dr, SYDNEY MINES, NS, B1V 2Y5
(902) 736-6233   SIC 8211

CAPE BRETON-VICTORIA REGIONAL SCHOOL BOARD p476
755 Main St, SYDNEY MINES, NS, B1V 2L4
(902) 736-8140   SIC 8211

CATHOLIC DISTRICT SCHOOL BOARD OF EASTERN ONTARIO p485
220 Alexandria Main St S, ALEXANDRIA, ON, K0C 1A0
(613) 525-4274   SIC 8211

CATHOLIC DISTRICT SCHOOL BOARD OF EASTERN ONTARIO p486
110 Paterson St, ALMONTE, ON, K0A 1A0
(613) 256-2532   SIC 8211

CATHOLIC DISTRICT SCHOOL BOARD OF EASTERN ONTARIO p530
12 Durham St, BROCKVILLE, ON, K6V 7A4
(613) 342-1479   SIC 8211

CATHOLIC DISTRICT SCHOOL BOARD OF EASTERN ONTARIO p530
294 First Ave, BROCKVILLE, ON, K6V 3B7
(613) 342-7711   SIC 8211

CATHOLIC DISTRICT SCHOOL BOARD OF EASTERN ONTARIO p530
40 Central Ave W, BROCKVILLE, ON, K6V 4N5
(613) 342-4911   SIC 8211

CATHOLIC DISTRICT SCHOOL BOARD OF EASTERN ONTARIO p530
74 Church St, BROCKVILLE, ON, K6V 3X6
(613) 342-0510   SIC 8211

CATHOLIC DISTRICT SCHOOL BOARD OF EASTERN ONTARIO p549
157 Mckenzie St, CARLETON PLACE, ON, K7C 4P2
(613) 253-4700   SIC 8211

CATHOLIC DISTRICT SCHOOL BOARD OF EASTERN ONTARIO p549
176 Townline Rd W, CARLETON PLACE, ON, K7C 3P7
(613) 257-8468   SIC 8211

CATHOLIC DISTRICT SCHOOL BOARD OF EASTERN ONTARIO p549
4 Hawthorne Ave, CARLETON PLACE, ON, K7C 3A9
(613) 257-1538   SIC 8211

CATHOLIC DISTRICT SCHOOL BOARD OF EASTERN ONTARIO p564
600 Mcconnell Ave, CORNWALL, ON, K6H 4M1
(613) 932-3455   SIC 8211

CATHOLIC DISTRICT SCHOOL BOARD OF EASTERN ONTARIO p564
18044 Tyotown Rd, CORNWALL, ON, K6H 5R5
(613) 936-0319   SIC 8211

CATHOLIC DISTRICT SCHOOL BOARD OF EASTERN ONTARIO p564
1811 Second St E, CORNWALL, ON, K6H 6P1
(613) 933-1007   SIC 8211

CATHOLIC DISTRICT SCHOOL BOARD OF EASTERN ONTARIO p564
300 Adolphus St, CORNWALL, ON, K6H 3S6
(613) 933-6739   SIC 8211

CATHOLIC DISTRICT SCHOOL BOARD OF EASTERN ONTARIO p564
300 Adolphus St, CORNWALL, ON, K6H 3S6
(613) 932-7768   SIC 8211

CATHOLIC DISTRICT SCHOOL BOARD OF EASTERN ONTARIO p566
607 Surgenor St, CORNWALL, ON, K6J 2H5
(613) 933-4615   SIC 8211

CATHOLIC DISTRICT SCHOOL BOARD OF EASTERN ONTARIO p566

1500a Cumberland St, CORNWALL, ON, K6J 5V9
(613) 932-0349 SIC 8211
CATHOLIC DISTRICT SCHOOL BOARD OF EASTERN ONTARIO p566
1424 Aubin Ave, CORNWALL, ON, K6J 4S2
(613) 933-3337 SIC 8211
CATHOLIC DISTRICT SCHOOL BOARD OF EASTERN ONTARIO p566
323 Augustus St, CORNWALL, ON, K6J 3W4
(613) 933-3113 SIC 8211
CATHOLIC DISTRICT SCHOOL BOARD OF EASTERN ONTARIO p591
235 Georgiana St, GANANOQUE, ON, K7G 1M9
(613) 382-2361 SIC 8211
CATHOLIC DISTRICT SCHOOL BOARD OF EASTERN ONTARIO p616
3818 Legault Rd, HAMMOND, ON, K0A 2A0
(613) 487-3075 SIC 8211
CATHOLIC DISTRICT SCHOOL BOARD OF EASTERN ONTARIO p616
1235 Russell Rd, HAMMOND, ON, K0A 2A0
(613) 487-2913 SIC 8211
CATHOLIC DISTRICT SCHOOL BOARD OF EASTERN ONTARIO p621
52 Dickinson Dr, INGLESIDE, ON, K0C 1M0
(613) 537-2556 SIC 8211
CATHOLIC DISTRICT SCHOOL BOARD OF EASTERN ONTARIO p627
521 Clothier St W, KEMPTVILLE, ON, K0G 1J0
(613) 258-7457 SIC 8211
CATHOLIC DISTRICT SCHOOL BOARD OF EASTERN ONTARIO p627
2755 Hwy 43, KEMPTVILLE, ON, K0G 1J0
(613) 258-7232 SIC 8211
CATHOLIC DISTRICT SCHOOL BOARD OF EASTERN ONTARIO p627
2755 Highway 43, KEMPTVILLE, ON, K0G 1J0
(613) 258-7757 SIC 8211
CATHOLIC DISTRICT SCHOOL BOARD OF EASTERN ONTARIO p723
40 Augusta St, MORRISBURG, ON, K0C 1X0
(613) 543-2907 SIC 8211
CATHOLIC DISTRICT SCHOOL BOARD OF EASTERN ONTARIO p807
34 Wilson St E, PERTH, ON, K7H 1L6
(613) 267-2865 SIC 8211
CATHOLIC DISTRICT SCHOOL BOARD OF EASTERN ONTARIO p807
2066 Scotch Line Rd, PERTH, ON, K7H 3C5
(613) 267-4724 SIC 8211
CATHOLIC DISTRICT SCHOOL BOARD OF EASTERN ONTARIO p825
1001 Heritage Rd, ROCKLAND, ON, K4K 1R2
(613) 446-7215 SIC 8211
CATHOLIC DISTRICT SCHOOL BOARD OF EASTERN ONTARIO p826
1035 Concession St, RUSSELL, ON, K4R 1G7
(613) 445-3788 SIC 8211
CATHOLIC DISTRICT SCHOOL BOARD OF EASTERN ONTARIO p849
5 Catherine St, SMITHS FALLS, ON, K7A 3Z9
(613) 283-1848 SIC 8211
CATHOLIC DISTRICT SCHOOL BOARD OF EASTERN ONTARIO p849
43 Russell St E, SMITHS FALLS, ON, K7A 1G2
(613) 283-6101 SIC 8211
CATHOLIC DISTRICT SCHOOL BOARD OF EASTERN ONTARIO p850
4 Ross St, SMITHS FALLS, ON, K7A 4L5
(613) 283-4477 SIC 8211
CATHOLIC DISTRICT SCHOOL BOARD OF EASTERN ONTARIO p850
385 Highway 29, SMITHS FALLS, ON, K7A 4W7

(613) 283-5007 SIC 8211
CATHOLIC DISTRICT SCHOOL BOARD OF EASTERN ONTARIO p851
17283 County Rd 18, ST ANDREWS WEST, ON, K0C 2A0
(613) 932-6592 SIC 8211
CATHOLIC DISTRICT SCHOOL BOARD OF EASTERN ONTARIO p946
Gd, VANKLEEK HILL, ON, K0B 1R0
(613) 678-5455 SIC 8211
CATHOLIC DISTRICT SCHOOL BOARD OF EASTERN ONTARIO p960
20019 Kings Rd, WILLIAMSTOWN, ON, K0C 2J0
(613) 347-3518 SIC 8211
CATHOLIC INDEPENDENT SCHOOLS OF VANCOUVER ARCHDIOCESE, THE p185
1450 Delta Ave, BURNABY, BC, V5B 3G2
(604) 299-3530 SIC 8211
CATHOLIC INDEPENDENT SCHOOLS OF VANCOUVER ARCHDIOCESE, THE p188
6656 Balmoral St, BURNABY, BC, V5E 1J1
(604) 435-5311 SIC 8211
CATHOLIC INDEPENDENT SCHOOLS OF VANCOUVER ARCHDIOCESE, THE p196
8909 Mary St, CHILLIWACK, BC, V2P 4J4
(604) 792-7715 SIC 8211
CATHOLIC INDEPENDENT SCHOOLS OF VANCOUVER ARCHDIOCESE, THE p201
1405 Como Lake Ave, COQUITLAM, BC, V3J 3P4
(604) 931-9071 SIC 8211
CATHOLIC INDEPENDENT SCHOOLS OF VANCOUVER ARCHDIOCESE, THE p201
315 Walker St, COQUITLAM, BC, V3K 4C7
(604) 936-4228 SIC 8211
CATHOLIC INDEPENDENT SCHOOLS OF VANCOUVER ARCHDIOCESE, THE p211
3900 Arthur Dr, DELTA, BC, V4K 3N5
(604) 946-2611 SIC 8211
CATHOLIC INDEPENDENT SCHOOLS OF VANCOUVER ARCHDIOCESE, THE p248
541 Keith Rd W, NORTH VANCOUVER, BC, V7M 1M5
(604) 987-4431 SIC 8211
CATHOLIC INDEPENDENT SCHOOLS OF VANCOUVER ARCHDIOCESE, THE p254
1335 Dominion Ave, PORT COQUITLAM, BC, V3B 8G7
(604) 942-7465 SIC 8211
CATHOLIC INDEPENDENT SCHOOLS OF VANCOUVER ARCHDIOCESE, THE p288
15024 24 Ave, SURREY, BC, V4A 2H8
(604) 531-6316 SIC 8211
CATHOLIC INDEPENDENT SCHOOLS OF VANCOUVER ARCHDIOCESE, THE p289
16193 88 Ave, SURREY, BC, V4N 1G3
(604) 581-3023 SIC 8211
CATHOLIC INDEPENDENT SCHOOLS OF VANCOUVER ARCHDIOCESE, THE p292
575 Slocan St, VANCOUVER, BC, V5K 3X5
(604) 253-2434 SIC 8211
CATHOLIC INDEPENDENT SCHOOLS OF VANCOUVER ARCHDIOCESE, THE p292
2880 Venables St, VANCOUVER, BC, V5K 4Z6
(604) 255-5454 SIC 8211
CATHOLIC INDEPENDENT SCHOOLS OF VANCOUVER ARCHDIOCESE, THE p297
428 Great Northern Way, VANCOUVER, BC, V5T 4S5
(604) 254-2727 SIC 8211
CATHOLIC INDEPENDENT SCHOOLS OF VANCOUVER ARCHDIOCESE, THE p297
2850 Quebec St, VANCOUVER, BC, V5T 3A9
(604) 879-4411 SIC 8211
CATHOLIC INDEPENDENT SCHOOLS OF VANCOUVER ARCHDIOCESE, THE p298
450 47th Ave E, VANCOUVER, BC, V5W 2B4
(604) 325-6317 SIC 8211
CATHOLIC INDEPENDENT SCHOOLS OF VANCOUVER ARCHDIOCESE, THE p319

3745 28th Ave W, VANCOUVER, BC, V6S 1S5
(604) 224-5012 SIC 8211
CATHOLIC INDEPENDENT SCHOOLS, DIOCESE OF VICTORIA p290
4836 Straume Ave, TERRACE, BC, V8G 4G3
(250) 635-3035 SIC 8211
CATHOLIC INDEPENDENT SCHOOLS, DIOCESE OF VICTORIA p328
2368 Trent St, VICTORIA, BC, V8R 4Z3
(250) 592-6713 SIC 8211
CATHOLIC INDEPENDENT SCHOOLS, DIOCESE OF VICTORIA p330
1002 Pandora Ave, VICTORIA, BC, V8V 3P5
(250) 382-3815 SIC 8211
CATHOLIC INDEPENDENT SCHOOLS, DIOCESE OF VICTORIA p332
880 Mckenzie Ave, VICTORIA, BC, V8X 3G5
(250) 479-1414 SIC 8211
CATHOLIC INDEPENDENT SCHOOLS, DIOCESE OF VICTORIA p334
757 Burnside Rd W, VICTORIA, BC, V8Z 1M9
(250) 479-1232 SIC 8211
CDI EDUCATION (ALBERTA) LIMITED PARTNERSHIP p283
13401 108 Ave Suite 360, SURREY, BC, V3T 5T3
(604) 915-7288 SIC 8211
CENTENNIAL ACADEMY p1122
3641 Av Prud'homme, Montreal, QC, H4A 3H6
(514) 486-5533 SIC 8211
CENTRAL MONTESSORI SCHOOLS INC p748
200 Sheppard Ave E, NORTH YORK, ON, M2N 3A9
(416) 222-5940 SIC 8211
CENTRAL MONTESSORI SCHOOLS INC p875
72 Steeles Ave W, THORNHILL, ON, L4J 1A1
(905) 889-0012 SIC 8211
CENTRE DE FORMATION PROFESSIONNELLE PIERRE DUPUY p1072
1150 Ch Du Tremblay, LONGUEUIL, QC, J4N 1A2
(450) 468-4000 SIC 8211
CENTRE FRANCOIS MICHELLE p1136
5210 Av Durocher, OUTREMONT, QC, H2V 3Y1
(514) 948-6434 SIC 8211
CENTRE PEDAGOGIQUE NICOLAS ET STEPHANIE INC p1171
50 Rue Thouin Bureau 230, REPENTIGNY, QC, J6A 4J4
(450) 585-4124 SIC 8211
CENTRE PSYCHO-PEDAGOGIQUE DE QUEBEC INC p1160
1000 Rue Du Joli-Bois, Quebec, QC, G1V 3Z6
(418) 650-1171 SIC 8211
CHIEF SAM COOK MAHMUWEE EDUCATION CENTRE p356
Gd, SPLIT LAKE, MB, R0B 1P0
(204) 342-2134 SIC 8211
CHIGNECTO CENTRAL REGIONAL SCHOOL BOARD p441
190 Willow St, AMHERST, NS, B4H 3W5
(902) 661-2540 SIC 8211
CHIGNECTO CENTRAL REGIONAL SCHOOL BOARD p441
21 Acadia St Suite 2, AMHERST, NS, B4H 4W3
SIC 8211
CHIGNECTO CENTRAL REGIONAL SCHOOL BOARD p441
28 Dickey St, AMHERST, NS, B4H 4R4
(902) 661-2450 SIC 8211
CHIGNECTO CENTRAL REGIONAL SCHOOL BOARD p441
36 Hickman St, AMHERST, NS, B4H 2M4
SIC 8211

CHIGNECTO CENTRAL REGIONAL SCHOOL BOARD p441
879 204 Hwy, AMHERST, NS, B4H 3Y1
(902) 661-2464 SIC 8211
CHIGNECTO CENTRAL REGIONAL SCHOOL BOARD p443
139 Maple Av, BASS RIVER, NS, B0M 1B0
(902) 647-3510 SIC 8211
CHIGNECTO CENTRAL REGIONAL SCHOOL BOARD p445
61 Onslow Rd, CENTRAL ONSLOW, NS, B6L 5K4
(902) 896-5570 SIC 8211
CHIGNECTO CENTRAL REGIONAL SCHOOL BOARD p445
233 289 Hwy, BROOKFIELD, NS, B0N 1C0
(902) 673-5050 SIC 8211
CHIGNECTO CENTRAL REGIONAL SCHOOL BOARD p445
207 Highway 289, BROOKFIELD, NS, B0N 1C0
(902) 673-5000 SIC 8211
CHIGNECTO CENTRAL REGIONAL SCHOOL BOARD p453
1320 Masstown Rd, DEBERT, NS, B0M 1G0
(902) 662-4400 SIC 8211
CHIGNECTO CENTRAL REGIONAL SCHOOL BOARD p453
11145 2 Hwy, DEBERT, NS, B0M 1G0
(902) 662-4420 SIC 8211
CHIGNECTO CENTRAL REGIONAL SCHOOL BOARD p454
75 Macmillan Dr, ELMSDALE, NS, B2S 1A5
(902) 883-5350 SIC 8211
CHIGNECTO CENTRAL REGIONAL SCHOOL BOARD p454
29 Catherine St, ENFIELD, NS, B2T 1L4
(902) 883-5300 SIC 8211
CHIGNECTO CENTRAL REGIONAL SCHOOL BOARD p465
4369 Highway 236, KENNETCOOK, NS, B0N 1P0
(902) 362-3300 SIC 8211
CHIGNECTO CENTRAL REGIONAL SCHOOL BOARD p468
2331 Highway 2, MILFORD, NS, B0N 1Y0
(902) 758-4620 SIC 8211
CHIGNECTO CENTRAL REGIONAL SCHOOL BOARD p469
246 Acadia St, NEW GLASGOW, NS, B2H 4G8
(902) 755-8420 SIC 8211
CHIGNECTO CENTRAL REGIONAL SCHOOL BOARD p469
477 Victoria Ave Exten, NEW GLASGOW, NS, B2H 1X1
(902) 755-8240 SIC 8211
CHIGNECTO CENTRAL REGIONAL SCHOOL BOARD p469
93 Albert St, NEW GLASGOW, NS, B2H 5W8
(902) 755-8400 SIC 8211
CHIGNECTO CENTRAL REGIONAL SCHOOL BOARD p469
551 Highway 1, MOUNT UNIACKE, NS, B0N 1Z0
(902) 866-5100 SIC 8211
CHIGNECTO CENTRAL REGIONAL SCHOOL BOARD p471
200 Louise St, PICTOU, NS, B0K 1H0
(902) 485-7200 SIC 8211
CHIGNECTO CENTRAL REGIONAL SCHOOL BOARD p471
350 Wellington St, PICTOU, NS, B0K 1H0
(902) 485-7991 SIC 8211
CHIGNECTO CENTRAL REGIONAL SCHOOL BOARD p471
2998 Hwy 236, OLD BARNS, NS, B6L 1K3
(902) 896-5560 SIC 8211
CHIGNECTO CENTRAL REGIONAL SCHOOL BOARD p471
1999 Highway 376, PICTOU, NS, B0K 1H0
(902) 485-7960 SIC 8211
CHIGNECTO CENTRAL REGIONAL

BUSINESSES BY INDUSTRY CLASSIFICATION

SIC 8211 Elementary and secondary schools **2417**

SCHOOL BOARD *p471*
249 Lower Main St, OXFORD, NS, B0M 1P0
(902) 447-4513 *SIC* 8211
CHIGNECTO CENTRAL REGIONAL SCHOOL BOARD *p471*
43 School St, PARRSBORO, NS, B0M 1S0
(902) 254-5605 *SIC* 8211
CHIGNECTO CENTRAL REGIONAL SCHOOL BOARD *p471*
88 Patterson St, PICTOU, NS, B0K 1H0
(902) 485-7200 *SIC* 8211
CHIGNECTO CENTRAL REGIONAL SCHOOL BOARD *p471*
41 Jackson St, OXFORD, NS, B0M 1P0
SIC 8211
CHIGNECTO CENTRAL REGIONAL SCHOOL BOARD *p471*
80 Mountain Lee Rd, NORTH RIVER, NS, B6L 6M2
(902) 896-5530 *SIC* 8211
CHIGNECTO CENTRAL REGIONAL SCHOOL BOARD *p472*
2080 West River Station Rd, SALT SPRINGS, NS, B0K 1P0
(902) 925-6000 *SIC* 8211
CHIGNECTO CENTRAL REGIONAL SCHOOL BOARD *p472*
171 Queen St, PUGWASH, NS, B0K 1L0
(902) 243-3900 *SIC* 8211
CHIGNECTO CENTRAL REGIONAL SCHOOL BOARD *p472*
192 Church St, PUGWASH, NS, B0K 1L0
(902) 243-3930 *SIC* 8211
CHIGNECTO CENTRAL REGIONAL SCHOOL BOARD *p472*
2843 Barrensfield Rd, RIVER HEBERT, NS, B0L 1G0
(902) 251-3200 *SIC* 8211
CHIGNECTO CENTRAL REGIONAL SCHOOL BOARD *p473*
71 Bridge Ave, STELLARTON, NS, B0K 0A2
(902) 755-8230 *SIC* 8211
CHIGNECTO CENTRAL REGIONAL SCHOOL BOARD *p473*
6193 Trafalgar Rd, STELLARTON, NS, B0K 1S0
(902) 755-8450 *SIC* 8211
CHIGNECTO CENTRAL REGIONAL SCHOOL BOARD *p473*
84 Church St, SPRINGHILL, NS, B0M 1X0
(902) 597-4250 *SIC* 8211
CHIGNECTO CENTRAL REGIONAL SCHOOL BOARD *p473*
19 Junction Rd, SPRINGHILL, NS, B0M 1X0
(902) 597-4240 *SIC* 8211
CHIGNECTO CENTRAL REGIONAL SCHOOL BOARD *p473*
54 Mill Village Rd, SHUBENACADIE, NS, B0N 2H0
(902) 758-4600 *SIC* 8211
CHIGNECTO CENTRAL REGIONAL SCHOOL BOARD *p476*
37 Dickie St, TRENTON, NS, B0K 1X0
(902) 755-8440 *SIC* 8211
CHIGNECTO CENTRAL REGIONAL SCHOOL BOARD *p476*
13 New Row, THORBURN, NS, B0K 1W0
(902) 922-3840 *SIC* 8211
CHIGNECTO CENTRAL REGIONAL SCHOOL BOARD *p476*
30 Church Rd, TATAMAGOUCHE, NS, B0K 1V0
(902) 657-6220 *SIC* 8211
CHIGNECTO CENTRAL REGIONAL SCHOOL BOARD *p476*
90 Blair Ave, TATAMAGOUCHE, NS, B0K 1V0
(902) 657-6200 *SIC* 8211
CHIGNECTO CENTRAL REGIONAL SCHOOL BOARD *p476*
123 School Rd, THORBURN, NS, B0K 1W0
(902) 922-3820 *SIC* 8211
CHIGNECTO CENTRAL REGIONAL SCHOOL BOARD *p476*

163 School Rd, THORBURN, NS, B0K 1W0
(902) 922-3800 *SIC* 8211
CHIGNECTO CENTRAL REGIONAL SCHOOL BOARD *p477*
445 Young St, TRURO, NS, B2N 7H9
(902) 896-5550 *SIC* 8211
CHIGNECTO CENTRAL REGIONAL SCHOOL BOARD *p477*
741 College Rd, TRURO, NS, B2N 5Y9
(902) 896-5500 *SIC* 8211
CHIGNECTO CENTRAL REGIONAL SCHOOL BOARD *p477*
171 King St, TRURO, NS, B2N 3L3
(902) 243-3900 *SIC* 8211
CHIGNECTO CENTRAL REGIONAL SCHOOL BOARD *p477*
34 Lorne St, TRURO, NS, B2N 3K3
(902) 896-5700 *SIC* 8211
CHIGNECTO CENTRAL REGIONAL SCHOOL BOARD *p477*
60 Lorne St, TRURO, NS, B2N 3K3
(902) 897-8900 *SIC* 8211
CHIGNECTO CENTRAL REGIONAL SCHOOL BOARD *p477*
60 Lorne St, TRURO, NS, B2N 3K3
(902) 897-8900 *SIC* 8211
CHIGNECTO CENTRAL REGIONAL SCHOOL BOARD *p478*
33 Sunset Lane, VALLEY, NS, B6L 4K1
(902) 896-5520 *SIC* 8211
CHIGNECTO CENTRAL REGIONAL SCHOOL BOARD *p478*
5327 Hwy 289, UPPER STEWIACKE, NS, B0N 2P0
(902) 671-3000 *SIC* 8211
CHIGNECTO CENTRAL REGIONAL SCHOOL BOARD *p479*
104 Alma Rd, WESTVILLE, NS, B0K 2A0
(902) 396-2750 *SIC* 8211
CHIGNECTO CENTRAL REGIONAL SCHOOL BOARD *p479*
2157 Main St S, WESTVILLE, NS, B0K 2A0
SIC 8211
CHIGNECTO CENTRAL REGIONAL SCHOOL BOARD *p479*
2370 Spring Garden Rd, WESTVILLE, NS, B0K 2A0
(902) 396-2700 *SIC* 8211
CHIGNECTO CENTRAL REGIONAL SCHOOL BOARD *p946*
307 Montgomery St, VANIER, ON, K1L 7W8
(613) 744-8523 *SIC* 8211
CHINOOK SCHOOL DIVISION NO 211 *p1269*
5175 Kings Ave, GULL LAKE, SK, S0N 1A0
(306) 672-3551 *SIC* 8211
CHINOOK SCHOOL DIVISION NO 211 *p1270*
1 Connaught Ave, HERBERT, SK, S0H 2A0
(306) 784-2454 *SIC* 8211
CHINOOK SCHOOL DIVISION NO 211 *p1273*
311 Louis Ave, MAPLE CREEK, SK, S0N 1N0
(306) 662-2655 *SIC* 8211
CHINOOK SCHOOL DIVISION NO 211 *p1305*
Gd, SHAUNAVON, SK, S0N 2M0
(306) 297-2751 *SIC* 8211
CHINOOK SCHOOL DIVISION NO 211 *p1305*
301 7th Ave W, SHAUNAVON, SK, S0N 2M0
(306) 297-2733 *SIC* 8211
CHINOOK SCHOOL DIVISION NO 211 *p1306*
2100 Gladstone St E, SWIFT CURRENT, SK, S9H 3W7
(306) 778-9200 *SIC* 8211
CHINOOK SCHOOL DIVISION NO 211 *p1306*
520 6th Ave Se, SWIFT CURRENT, SK, S9H 3P6
SIC 8211
CHINOOK SCHOOL DIVISION NO 211 *p1306*
Gd, SIMMIE, SK, S0N 2N0
(306) 297-3387 *SIC* 8211
CHINOOK SCHOOL DIVISION NO 211 *p1308*
1 Warrior Way, WALDECK, SK, S0H 4J0
SIC 8211
CHINOOKS EDGE SCHOOL DIVISION NO. 73 *p67*

Gd, CARSTAIRS, AB, T0M 0N0
(403) 337-3326 *SIC* 8211
CHINOOKS EDGE SCHOOL DIVISION NO. 73 *p70*
206 3rd St E, CREMONA, AB, T0M 0R0
(403) 637-0077 *SIC* 8211
CHINOOKS EDGE SCHOOL DIVISION NO. 73 *p71*
2405 23 St, DIDSBURY, AB, T0M 0W0
(403) 335-8700 *SIC* 8211
CHINOOKS EDGE SCHOOL DIVISION NO. 73 *p71*
1515 15 Ave, DIDSBURY, AB, T0M 0W0
(403) 335-3356 *SIC* 8211
CHINOOKS EDGE SCHOOL DIVISION NO. 73 *p71*
2016 23 St, DIDSBURY, AB, T0M 0W0
(403) 335-3234 *SIC* 8211
CHINOOKS EDGE SCHOOL DIVISION NO. 73 *p132*
4501 52 Ave, INNISFAIL, AB, T4G 1A7
(403) 227-0060 *SIC* 8211
CHINOOKS EDGE SCHOOL DIVISION NO. 73 *p132*
4457 51 Ave, INNISFAIL, AB, T4G 1A7
(403) 227-3292 *SIC* 8211
CHINOOKS EDGE SCHOOL DIVISION NO. 73 *p132*
4459 51 Avenue, INNISFAIL, AB, T4G 1W4
(403) 227-3244 *SIC* 8211
CHINOOKS EDGE SCHOOL DIVISION NO. 73 *p149*
5413 53 St, OLDS, AB, T4H 1S9
(403) 556-8477 *SIC* 8211
CHINOOKS EDGE SCHOOL DIVISION NO. 73 *p149*
5411 61 Ave, OLDS, AB, T4H 1T2
(403) 556-1003 *SIC* 8211
CHINOOKS EDGE SCHOOL DIVISION NO. 73 *p150*
Gd, PENHOLD, AB, T0M 1R0
(403) 886-2233 *SIC* 8211
CHINOOKS EDGE SCHOOL DIVISION NO. 73 *p153*
4210 59 St, RED DEER, AB, T4N 2M9
(403) 346-4755 *SIC* 8211
CHINOOKS EDGE SCHOOL DIVISION NO. 73 *p165*
1 Hwy 54, SPRUCE VIEW, AB, T0M 1V0
(403) 728-3459 *SIC* 8211
CHINOOKS EDGE SCHOOL DIVISION NO. 73 *p169*
102 Second Ave Nw, SUNDRE, AB, T0M 1X0
(403) 638-4545 *SIC* 8211
CHINOOKS EDGE SCHOOL DIVISION NO. 73 *p170*
310 Centre St N Unit 1, SUNDRE, AB, T0M 1X0
(403) 638-3939 *SIC* 8211
CHINOOKS EDGE SCHOOL DIVISION NO. 73 *p170*
4720 45 Ave, SYLVAN LAKE, AB, T4S 1A5
(403) 887-3088 *SIC* 8211
CHINOOKS EDGE SCHOOL DIVISION NO. 73 *p170*
4520 50 St, SYLVAN LAKE, AB, T4S 1A4
(403) 887-2412 *SIC* 8211
CHINOOKS EDGE SCHOOL DIVISION NO. 73 *p170*
2 Falcon Ridge Dr, SYLVAN LAKE, AB, T4S 2H1
(403) 887-0491 *SIC* 8211
CHRIST THE REDEEMER CATHOLIC SEPARATE REGIONAL DIVISION NO. 3 *p8*
408 1 St W, BROOKS, AB, T1R 0V8
(403) 362-5989 *SIC* 8211
CHRIST THE REDEEMER CATHOLIC SEPARATE REGIONAL DIVISION NO. 3 *p8*
440 1 St W Suite 1, BROOKS, AB, T1R 1L7
(403) 362-8001 *SIC* 8211
CHRIST THE REDEEMER CATHOLIC SEPARATE REGIONAL DIVISION NO. 3 *p67*
3100 Stewart Creek Dr Unit A, CANMORE,

AB, T1W 3M6
(403) 609-3699 *SIC* 8211
CHRIST THE REDEEMER CATHOLIC SEPARATE REGIONAL DIVISION NO. 3 *p72*
1000 North Dinosaur Trail, DRUMHELLER, AB, T0J 0Y1
(403) 823-3485 *SIC* 8211
CHRIST THE REDEEMER CATHOLIC SEPARATE REGIONAL DIVISION NO. 3 *p131*
1500 High Country Dr Nw, HIGH RIVER, AB, T1V 1T7
(403) 652-2231 *SIC* 8211
CHRIST THE REDEEMER CATHOLIC SEPARATE REGIONAL DIVISION NO. 3 *p131*
4 21 St Se, HIGH RIVER, AB, T1V 2A1
(403) 652-2889 *SIC* 8211
CHRIST THE REDEEMER CATHOLIC SEPARATE REGIONAL DIVISION NO. 3 *p148*
338072 32 St E, OKOTOKS, AB, T1S 1A2
(403) 938-2477 *SIC* 8211
CHRIST THE REDEEMER CATHOLIC SEPARATE REGIONAL DIVISION NO. 3 *p148*
53 Cimarron Dr Suite 1, OKOTOKS, AB, T1S 2A6
(403) 938-4600 *SIC* 8211
CHRIST THE REDEEMER CATHOLIC SEPARATE REGIONAL DIVISION NO. 3 *p148*
42 Cimarron Trail, OKOTOKS, AB, T1S 2A8
(403) 938-8048 *SIC* 8211
CHRIST THE REDEEMER CATHOLIC SEPARATE REGIONAL DIVISION NO. 3 *p148*
52 Robinson Dr Suite 1, OKOTOKS, AB, T1S 2A3
(403) 938-4318 *SIC* 8211
CHRIST THE TEACHER CATHOLIC SCHOOLS DIVISION 212 *p1274*
1255 Prince Edward St, MELVILLE, SK, S0A 2P0
(306) 728-3877 *SIC* 8211
CHRIST THE TEACHER CATHOLIC SCHOOLS DIVISION 212 *p1309*
81 Henderson St E, YORKTON, SK, S3N 0A8
(306) 783-4121 *SIC* 8211
CHRIST THE TEACHER CATHOLIC SCHOOLS DIVISION 212 *p1309*
407 Darlington St E, YORKTON, SK, S3N 3Y9
(306) 782-4407 *SIC* 8211
CHRIST THE TEACHER CATHOLIC SCHOOLS DIVISION 212 *p1309*
280 Gladstone Ave N, YORKTON, SK, S3N 2A8
(306) 783-3128 *SIC* 8211
CHRIST THE TEACHER CATHOLIC SCHOOLS DIVISION 212 *p1309*
487 Parkview Rd, YORKTON, SK, S3N 2L6
(306) 783-9212 *SIC* 8211
CHRIST THE TEACHER CATHOLIC SCHOOLS DIVISION 212 *p1309*
212 Independent St, YORKTON, SK, S3N 0S8
(306) 782-2889 *SIC* 8211
CLEAR WATER ACADEMY FOUNDATION *p61*
2521 Dieppe Ave Sw, CALGARY, AB, T3E 7J9
(403) 217-8448 *SIC* 8211
CLEARVIEW SCHOOL DIVISION #71 *p67*
5301 51 Ave, CASTOR, AB, T0C 0X0
(403) 882-4475 *SIC* 8211
CLEARVIEW SCHOOL DIVISION #71 *p70*
4801 Norfolk Ave, CORONATION, AB, T0C 1C0
(403) 578-3661 *SIC* 8211
CLEARVIEW SCHOOL DIVISION #71 *p70*
Gd, CORONATION, AB, T0C 1C0
(403) 578-4475 *SIC* 8211
CLEARVIEW SCHOOL DIVISION #71 *p168*
4814 54 St, STETTLER, AB, T0C 2L2
SIC 8211
CLEARVIEW SCHOOL DIVISION #71 *p168*
4808 54 St, STETTLER, AB, T0C 2L2
(403) 742-2235 *SIC* 8211

▲ Public Company   ■ Public Company Family Member   **HQ** Headquarters   **BR** Branch   **SL** Single Location

CLEARVIEW SCHOOL DIVISION #71 p168
5411 50 Ave, STETTLER, AB, T0C 2L2
(403) 742-3466 SIC 8211
COAST MOUNTAINS BOARD OF EDUCATION SCHOOL DISTRICT NO. 82
2725 62 Hwy Rr 1, HAZELTON, BC, V0J 1Y0
(250) 842-5214 SIC 8211
COAST MOUNTAINS BOARD OF EDUCATION SCHOOL DISTRICT NO. 82 p217
3990 John Field Rd, HAZELTON, BC, V0J 1Y0
(250) 842-5313 SIC 8211
COAST MOUNTAINS BOARD OF EDUCATION SCHOOL DISTRICT NO. 82 p228
61 Nightingale St, KITIMAT, BC, V8C 1M9
(250) 632-2912 SIC 8211
COAST MOUNTAINS BOARD OF EDUCATION SCHOOL DISTRICT NO. 82 p228
803 Columbia Ave E, KITIMAT, BC, V8C 1V7
(250) 632-6194 SIC 8211
COAST MOUNTAINS BOARD OF EDUCATION SCHOOL DISTRICT NO. 82 p291
2906 Clark St, THORNHILL, BC, V8G 3S1
SIC 8211
COAST MOUNTAINS BOARD OF EDUCATION SCHOOL DISTRICT NO. 82 p291
3605 Munroe St, TERRACE, BC, V8G 3C4
(250) 635-6531 SIC 8211
COAST MOUNTAINS BOARD OF EDUCATION SCHOOL DISTRICT NO. 82 p291
3120 16 Hwy E, THORNHILL, BC, V8G 4N8
(250) 638-4423 SIC 8211
COLLEGE CHAMPAGNEUR, LE p1169
3713 Rue Queen Bureau 40, RAWDON, QC, J0K 1S0
(450) 834-5401 SIC 8211
COLLEGE CHARLES-LEMOYNE DE LONGUEUIL INC p1071
1430 Rue Patenaude, LONGUEUIL, QC, J4K 5H4
(450) 463-1592 SIC 8211
COLLEGE D'ENSEIGNEMENT GENERAL ET PROFESSIONNEL DE VICTORIAVILLE p1258
765 Rue Notre-Dame E, VICTORIAVILLE, QC, G6P 4B2
(819) 758-6401 SIC 8211
COLLEGE DUROCHER SAINT-LAMBERT p1202
375 Rue Riverside, SAINT-LAMBERT, QC, J4P 1B1
(450) 671-5585 SIC 8211
COLLEGE FRANCAIS (1965) INC p1071
1391 Rue Beauregard, LONGUEUIL, QC, J4K 2M3
(450) 670-7391 SIC 8211
COLLEGE FRANCAIS (1965) INC p1098
185 Av Fairmount O, Montreal, QC, H2T 2M6
(514) 495-2581 SIC 8211
COLLEGE NOTRE-DAME DE RIVIERE-DU-LOUP p1174
56 Rue Saint-Henri, Riviere-du-Loup, QC, G5R 2A1
(418) 862-8257 SIC 8211
COLLEGE NOTRE-DAME DU SACRE-COEUR p1121
3791 Ch Queen-Mary, Montreal, QC, H3V 1A8
(514) 739-3371 SIC 8211
COLLEGE NOTRE-DAME-DE-L'ASSOMPTION p1135
225 Rue Saint-Jean-Baptiste, NICOLET, QC, J3T 0A2
(819) 293-4500 SIC 8211
COLLEGE PREUNIVERSITAIRE NOUVELLES FRONTIERES p1037
250 Rue Gamelin, GATINEAU, QC, J8Y 1W9
(819) 561-8922 SIC 8211
COLLEGE RABBINIQUE DU CANADA p1121
6405 Av De Westbury, Montreal, QC, H3W 2X5
(514) 735-2201 SIC 8211

COLLEGE RACHEL p1099
310 Rue Rachel E, Montreal, QC, H2W 0A1
(514) 287-1944 SIC 8211
COLLEGE REGINA ASSUMPTA (1995) p1092
1750 Rue Sauriol E, Montreal, QC, H2C 1X4
(514) 382-9998 SIC 8211
COLLEGE STANISLAS INCORPORE p1158
1605 Ch Sainte-Foy, Quebec, QC, G1S 2P1
(418) 527-9998 SIC 8211
COLLEGE TRINITE p1182
1475 Rang Des Vingt, SAINT-BRUNO, QC, J3V 4P6
(450) 653-2409 SIC 8211
COLLINGWOOD SCHOOL SOCIETY p338
2605 Wentworth Ave, WEST VANCOUVER, BC, V7S 3H4
(604) 925-8375 SIC 8211
COMISSION SCOLAIRE DE LANGUE FRANCAISE, LA p982
5 Acadian Dr, CHARLOTTETOWN, PE, C1C 1M2
(902) 566-1715 SIC 8211
COMMISSION SCOLAIRE ABITIBI p1054
24 5e Av E, LA SARRE, QC, J9Z 1K8
(819) 333-5591 SIC 8211
COMMISSION SCOLAIRE ABITIBI p1054
500 Rue Principale, LA SARRE, QC, J9Z 2A2
(819) 333-5411 SIC 8211
COMMISSION SCOLAIRE ABITIBI p1054
54 111 Rte E, LA SARRE, QC, J9Z 1S1
(819) 333-5548 SIC 8211
COMMISSION SCOLAIRE ABITIBI p1073
16 8e Av O, MACAMIC, QC, J0Z 2S0
(819) 782-4455 SIC 8211
COMMISSION SCOLAIRE ABITIBI p1135
36 Rue Principale, Normetal, QC, J0Z 3A0
(819) 788-2505 SIC 8211
COMMISSION SCOLAIRE ABITIBI p1137
141 Rue Principale, PALMAROLLE, QC, J0Z 3C0
(819) 787-2326 SIC 8211
COMMISSION SCOLAIRE ABITIBI p1144
800 Rue Drouin, POULARIES, QC, J0Z 3E0
(819) 782-5150 SIC 8211
COMMISSION SCOLAIRE ABITIBI p1243
190 Av Privat, TASCHEREAU, QC, J0Z 3N0
(819) 796-3321 SIC 8211
COMMISSION SCOLAIRE AU COEUR DES VALLEES p1033
661 Rue Allaire, GATINEAU, QC, J8L 2B8
(819) 281-5333 SIC 8211
COMMISSION SCOLAIRE AU COEUR DES VALLEES p1033
402 Rue Belanger, GATINEAU, QC, J8L 2M2
(819) 281-0233 SIC 8211
COMMISSION SCOLAIRE AU COEUR DES VALLEES p1034
146 Rue Maclaren E Bureau B, GATINEAU, QC, J8L 1K1
(819) 986-8676 SIC 8211
COMMISSION SCOLAIRE AU COEUR DES VALLEES p1034
1115 Rue De Neuville Bureau 1, GATINEAU, QC, J8M 2C7
(819) 281-6225 SIC 8211
COMMISSION SCOLAIRE AU COEUR DES VALLEES p1034
50 Rue Des Servantes, GATINEAU, QC, J8M 1C2
(819) 281-2054 SIC 8211
COMMISSION SCOLAIRE AU COEUR DES VALLEES p1034
420 Rue Du Progres, GATINEAU, QC, J8M 1T3
(819) 986-8296 SIC 8211
COMMISSION SCOLAIRE AU COEUR DES VALLEES p1034
32 Ch De Montreal E, GATINEAU, QC, J8M 1E9
(819) 986-5100 SIC 8211
COMMISSION SCOLAIRE AU COEUR DES VALLEES p1034

175 Rue Des Samares, GATINEAU, QC, J8M 2B7
(819) 281-4846 SIC 8211
COMMISSION SCOLAIRE AU COEUR DES VALLEES p1083
240 Rue Bonsecours, MONTEBELLO, QC, J0V 1L0
(819) 427-1015 SIC 8211
COMMISSION SCOLAIRE AU COEUR DES VALLEES p1135
68 Rue Des Saules, NOTRE-DAME-DE-LA-SALETTE, QC, J0X 2L0
(819) 866-2645 SIC 8211
COMMISSION SCOLAIRE AU COEUR DES VALLEES p1179
7 Villeneuve, Saint-Andre-Avellin, QC, J0V 1W0
(819) 427-1013 SIC 8211
COMMISSION SCOLAIRE AU COEUR DES VALLEES p1247
373 Rue Victoria, THURSO, QC, J0X 3B0
(819) 427-1018 SIC 8211
COMMISSION SCOLAIRE AU COEUR DES VALLEES p1247
183 Rue Galipeau, THURSO, QC, J0X 3B0
(819) 427-1017 SIC 8211
COMMISSION SCOLAIRE CENTRAL QUEBEC p1012
159 5e Av, CHIBOUGAMAU, QC, G8P 2E6
(418) 748-2038 SIC 8211
COMMISSION SCOLAIRE CENTRAL QUEBEC p1021
18 Rue Ladas, COURCELETTE, QC, G0A 1R1
(418) 844-1457 SIC 8211
COMMISSION SCOLAIRE CENTRAL QUEBEC p1046
1782 Rue Neilson, Jonquiere, QC, G7S 3A2
(418) 548-8296 SIC 8211
COMMISSION SCOLAIRE CENTRAL QUEBEC p1046
1770 Rue Joule, Jonquiere, QC, G7S 3B1
(418) 548-3181 SIC 8211
COMMISSION SCOLAIRE CENTRAL QUEBEC p1054
531 Rue Du Saint-Maurice, LA TUQUE, QC, G9X 3E9
(418) 523-2515 SIC 8211
COMMISSION SCOLAIRE CENTRAL QUEBEC p1155
2280 Rue Laverdiere, Quebec, QC, G1P 2T3
(418) 688-8229 SIC 8211
COMMISSION SCOLAIRE CENTRAL QUEBEC p1157
75 Rue De Maisonneuve, Quebec, QC, G1R 2C4
(418) 525-8421 SIC 8211
COMMISSION SCOLAIRE CENTRAL QUEBEC p1158
945 Av Belvedere, Quebec, QC, G1S 3G2
SIC 8211
COMMISSION SCOLAIRE CENTRAL QUEBEC p1158
940 Av Ernest-Gagnon, Quebec, QC, G1S 3R2
(418) 681-7705 SIC 8211
COMMISSION SCOLAIRE CENTRAL QUEBEC p1159
2046 Ch Saint-Louis, Quebec, QC, G1T 1P4
(418) 681-7705 SIC 8211
COMMISSION SCOLAIRE CENTRAL QUEBEC p1160
995 Av Wolfe, Quebec, QC, G1V 3J9
(418) 652-2106 SIC 8211
COMMISSION SCOLAIRE CENTRAL QUEBEC p1162
1240 Rue Julien-Green, Quebec, QC, G1W 3M1
(418) 651-4396 SIC 8211
COMMISSION SCOLAIRE CENTRAL QUEBEC p1162
3005 Rue William-Stuart, Quebec, QC, G1W 1V4

(418) 654-0537 SIC 8211
COMMISSION SCOLAIRE CENTRAL QUEBEC p1250
1241 Rue Nicolas-Perrot, Trois-Rivieres, QC, G9A 1C2
(819) 376-7676 SIC 8211
COMMISSION SCOLAIRE CENTRAL QUEBEC p1250
1875 Rue Nicolas-Perrot, Trois-Rivieres, QC, G9A 1C5
(819) 375-2332 SIC 8211
COMMISSION SCOLAIRE DE CHARLEVOIX, LA p995
27 Rue Ambroise-Fafard, BAIE-SAINT-PAUL, QC, G3Z 2J2
(418) 435-2546 SIC 8211
COMMISSION SCOLAIRE DE CHARLEVOIX, LA p995
200 Rue Saint-Aubin Unite 102, BAIE-SAINT-PAUL, QC, G3Z 2R2
(418) 435-6802 SIC 8211
COMMISSION SCOLAIRE DE CHARLEVOIX, LA p995
7 Rue Forget, BAIE-SAINT-PAUL, QC, G3Z 1T4
(418) 435-2828 SIC 8211
COMMISSION SCOLAIRE DE CHARLEVOIX, LA p1045
1955 Ch Des Coudriers, ISLE-AUX-COUDRES, QC, G0A 1X0
(418) 760-5003 SIC 8211
COMMISSION SCOLAIRE DE CHARLEVOIX, LA p1052
88 Rue Des Cimes, LA MALBAIE, QC, G5A 1T3
(418) 665-4487 SIC 8211
COMMISSION SCOLAIRE DE CHARLEVOIX, LA p1052
88 Rue Des Cimes, LA MALBAIE, QC, G5A 1T3
(418) 665-3791 SIC 8211
COMMISSION SCOLAIRE DE CHARLEVOIX, LA p1052
309 Rue Saint-Etienne, LA MALBAIE, QC, G5A 1T1
(418) 665-6494 SIC 8211
COMMISSION SCOLAIRE DE CHARLEVOIX, LA p1052
250 Rue Saint-Etienne, LA MALBAIE, QC, G5A 1T2
(418) 665-3796 SIC 8211
COMMISSION SCOLAIRE DE CHARLEVOIX, LA p1196
136 Rue Principale, Saint-Irenee, QC, G0T 1V0
(418) 620-5004 SIC 8211
COMMISSION SCOLAIRE DE KAMOURASKA RIVIERE-DU-LOUP p1053
1005 6e Av, La Pocatiere, QC, G0R 1Z0
(418) 856-2823 SIC 8211
COMMISSION SCOLAIRE DE KAMOURASKA RIVIERE-DU-LOUP p1174
55 Rue Du Rocher, Riviere-du-Loup, QC, G5R 1J8
(418) 862-0562 SIC 8211
COMMISSION SCOLAIRE DE KAMOURASKA RIVIERE-DU-LOUP p1174
8a Rue Pouliot, Riviere-du-Loup, QC, G5R 3R8
(418) 862-6901 SIC 8211
COMMISSION SCOLAIRE DE KAMOURASKA RIVIERE-DU-LOUP p1174
20 Rue De Gaspe, Riviere-du-Loup, QC, G5R 1A9
(418) 862-0336 SIC 8211
COMMISSION SCOLAIRE DE KAMOURASKA RIVIERE-DU-LOUP p1174
15 Rue Vezina Bureau 2, Riviere-du-Loup, QC, G5R 2H2
(418) 868-2395 SIC 8211
COMMISSION SCOLAIRE DE KAMOURASKA RIVIERE-DU-LOUP p1174
30 Rue Delage, Riviere-du-Loup, QC, G5R 3N8

SIC 8211 Elementary and secondary schools

(418) 862-8277   SIC 8211
COMMISSION SCOLAIRE DE KAMOURASKA RIVIERE-DU-LOUP p1174
320 Rue Saint-Pierre, Riviere-du-Loup, QC, G5R 3V3
(418) 862-8203   SIC 8211
COMMISSION SCOLAIRE DE KAMOURASKA RIVIERE-DU-LOUP p1179
18 Rue Du Couvent Unite 370, SAINT-ANTONIN, QC, G0L 2J0
(418) 867-1616   SIC 8211
COMMISSION SCOLAIRE DE KAMOURASKA RIVIERE-DU-LOUP p1219
525 Av De L'Eglise, SAINT-PASCAL, QC, G0L 3Y0
(418) 856-7030   SIC 8211
COMMISSION SCOLAIRE DE KAMOURASKA RIVIERE-DU-LOUP p1219
325 Av Chapleau, SAINT-PASCAL, QC, G0L 3Y0
(418) 856-7050   SIC 8211
COMMISSION SCOLAIRE DE L'ENERGIE p1011
351 Rue De L'Eglise, CHARETTE, QC, G0X 1E0
(819) 221-2820   SIC 8211
COMMISSION SCOLAIRE DE L'ENERGIE p1042
1321 5e Av, Grand-Mere, QC, G9T 2N6
(819) 536-7836   SIC 8211
COMMISSION SCOLAIRE DE L'ENERGIE p1042
3351 33e Rue, Grand-Mere, QC, G9T 3N9
(819) 536-0706   SIC 8211
COMMISSION SCOLAIRE DE L'ENERGIE p1054
380 Rue Jacques-Buteux, LA TUQUE, QC, G9X 2C6
(819) 523-9519   SIC 8211
COMMISSION SCOLAIRE DE L'ENERGIE p1054
600 Rue Desbiens, LA TUQUE, QC, G9X 2K1
(819) 523-4505   SIC 8211
COMMISSION SCOLAIRE DE L'ENERGIE p1179
21 Rue Des Colleges, SAINT-ALEXIS-DES-MONTS, QC, J0K 1V0
(819) 265-2173   SIC 8211
COMMISSION SCOLAIRE DE L'ENERGIE p1185
2261 Av Principale, SAINT-ELIE-DE-CAXTON, QC, G0X 2N0
(819) 221-2087   SIC 8211
COMMISSION SCOLAIRE DE L'ENERGIE p1190
1500 Ch Principal, Saint-Gerard-des-Laurentides, QC, G9R 1E4
(819) 539-6964   SIC 8211
COMMISSION SCOLAIRE DE L'ENERGIE p1221
1216 Rue Principale, SAINT-ROCH-DE-MEKINAC, QC, G0X 2E0
(418) 365-4789   SIC 8211
COMMISSION SCOLAIRE DE L'ENERGIE p1222
405 Boul Saint-Joseph Rr 1, SAINT-TITE, QC, G0X 3H0
(418) 365-5191   SIC 8211
COMMISSION SCOLAIRE DE L'ENERGIE p1234
1133 Rue Notre-Dame, SHAWINIGAN, QC, G9N 3S3
(819) 539-2203   SIC 8211
COMMISSION SCOLAIRE DE L'ENERGIE p1234
2265 Av Lafleche, SHAWINIGAN, QC, G9N 6H3
(819) 539-4004   SIC 8211
COMMISSION SCOLAIRE DE L'ENERGIE p1234
5285 Av Albert Tessier, SHAWINIGAN, QC, G9N 6T9
(819) 539-2285   SIC 8211

COMMISSION SCOLAIRE DE L'ENERGIE p1234
1452 Rue Chateauguay, SHAWINIGAN, QC, G9N 5C4
(819) 539-5963   SIC 8211
COMMISSION SCOLAIRE DE L'ENERGIE p1234
2015 Rue Saint-Jacques, SHAWINIGAN, QC, G9N 4A9
(819) 539-9595   SIC 8211
COMMISSION SCOLAIRE DE L'ENERGIE p1234
153 8e Rue De La Pointe, SHAWINIGAN, QC, G9N 1B5
(819) 537-4690   SIC 8211
COMMISSION SCOLAIRE DE L'ENERGIE p1234
5105 Av Albert-Tessier Bureau 840, SHAWINIGAN, QC, G9N 7A3
(819) 539-2265   SIC 8211
COMMISSION SCOLAIRE DE L'ENERGIE p1235
1200 Rue De Val-Mauricie, SHAWINIGAN, QC, G9P 2L9
(819) 536-5675   SIC 8211
COMMISSION SCOLAIRE DE L'ENERGIE p1235
1350 120e Rue, SHAWINIGAN-SUD, QC, G9P 3K9
(819) 537-8937   SIC 8211
COMMISSION SCOLAIRE DE L'ENERGIE p1235
975 111e Rue, SHAWINIGAN-SUD, QC, G9P 2T5
(819) 536-4068   SIC 8211
COMMISSION SCOLAIRE DE L'ENERGIE p1242
801 Rue Saint-Joseph, St-Barnabe-Nord, QC, G0X 2K0
(819) 221-2820   SIC 8211
COMMISSION SCOLAIRE DE L'ESTUAIRE p993
105 Av Le Gardeur, BAIE-COMEAU, QC, G4Z 1E8
(418) 296-6523   SIC 8211
COMMISSION SCOLAIRE DE L'ESTUAIRE p994
920 Boul Rene-Belanger, BAIE-COMEAU, QC, G5C 2N9
(418) 589-5191   SIC 8211
COMMISSION SCOLAIRE DE L'ESTUAIRE p994
680 Rue Marguerite, BAIE-COMEAU, QC, G5C 1H3
(418) 589-3279   SIC 8211
COMMISSION SCOLAIRE DE L'ESTUAIRE p994
600 Rue Jalbert, BAIE-COMEAU, QC, G5C 1Z9
(418) 589-0867   SIC 8211
COMMISSION SCOLAIRE DE L'ESTUAIRE p994
711 Boul Jolliet, BAIE-COMEAU, QC, G5C 1P3
(418) 589-0861   SIC 8211
COMMISSION SCOLAIRE DE L'ESTUAIRE p1033
34 Rue 11 Rr 1, FORESTVILLE, QC, G0T 1E0
(418) 587-4735   SIC 8211
COMMISSION SCOLAIRE DE L'ESTUAIRE p1033
16 5e Av Bureau 190, FORESTVILLE, QC, G0T 1E0
(418) 587-4491   SIC 8211
COMMISSION SCOLAIRE DE L'ESTUAIRE p1043
433b Rue De La Mer, GRANDES-BERGERONNES, QC, G0T 1G0
(418) 232-6687   SIC 8211
COMMISSION SCOLAIRE DE L'ESTUAIRE p1064
297 138 Rte, LES ESCOUMINS, QC, G0T 1K0

(418) 233-2815   SIC 8211
COMMISSION SCOLAIRE DE L'ESTUAIRE p1143
380 Rue Granier, POINTE-LEBEL, QC, G0H 1N0
(418) 589-2325   SIC 8211
COMMISSION SCOLAIRE DE L'ESTUAIRE p1178
80 Rue De L'Eglise, Sacre-Coeur-Saguenay, QC, G0T 1Y0
(418) 236-4442   SIC 8211
COMMISSION SCOLAIRE DE L'OR-ET-DES-BOIS p1075
701 Rue Des Erables, MALARTIC, QC, J0Y 1Z0
(819) 757-4381   SIC 8211
COMMISSION SCOLAIRE DE L'OR-ET-DES-BOIS p1075
855 Av Dargis-Menard, MALARTIC, QC, J0Y 1Z0
(819) 757-4355   SIC 8211
COMMISSION SCOLAIRE DE L'OR-ET-DES-BOIS p1075
99 Ch Du Camping-Regional, MALARTIC, QC, J0Y 1Z0
(819) 757-3695   SIC 8211
COMMISSION SCOLAIRE DE L'OR-ET-DES-BOIS p1233
40 Rte 386, SENNETERRE, QC, J0Y 2M0
(819) 737-2386   SIC 8211
COMMISSION SCOLAIRE DE L'OR-ET-DES-BOIS p1233
361 4e Rue O, SENNETERRE, QC, J0Y 2M0
(819) 737-2321   SIC 8211
COMMISSION SCOLAIRE DE L'OR-ET-DES-BOIS p1253
970 Rue Levis, VAL-D'OR, QC, J9P 4C1
(819) 825-4356   SIC 8211
COMMISSION SCOLAIRE DE L'OR-ET-DES-BOIS p1253
125 Rue Self, VAL-D'OR, QC, J9P 3N2
(819) 825-4670   SIC 8211
COMMISSION SCOLAIRE DE L'OR-ET-DES-BOIS p1253
500 6e Av, VAL-D'OR, QC, J9P 1B3
(819) 825-3090   SIC 8211
COMMISSION SCOLAIRE DE L'OR-ET-DES-BOIS p1253
125 Rue Self, VAL-D'OR, QC, J9P 3N2
(819) 825-6366   SIC 8211
COMMISSION SCOLAIRE DE L'OR-ET-DES-BOIS p1253
451 3e Av, VAL-D'OR, QC, J9P 1S3
(819) 824-6841   SIC 8211
COMMISSION SCOLAIRE DE L'OR-ET-DES-BOIS p1253
185 Rue Parent, VAL-D'OR, QC, J9P 6E1
(819) 824-6821   SIC 8211
COMMISSION SCOLAIRE DE L'OR-ET-DES-BOIS p1253
971 5e Rue, VAL-D'OR, QC, J9P 3Y8
(819) 824-2739   SIC 8211
COMMISSION SCOLAIRE DE L'OR-ET-DES-BOIS p1253
94 Rue Allard, VAL-D'OR, QC, J9P 2Y1
(819) 825-5484   SIC 8211
COMMISSION SCOLAIRE DE L'OR-ET-DES-BOIS p1253
1241 8e Rue, VAL-D'OR, QC, J9P 3P1
(819) 874-3565   SIC 8211
COMMISSION SCOLAIRE DE LA BAIE JAMES p1012
291 Rue Wilson, CHIBOUGAMAU, QC, G8P 1J4
(418) 748-2089   SIC 8211
COMMISSION SCOLAIRE DE LA BAIE JAMES p1012
596 4e Rue, CHIBOUGAMAU, QC, G8P 1S3
(418) 748-7621   SIC 8211
COMMISSION SCOLAIRE DE LA BAIE JAMES p1012
585 Rue Wilson, CHIBOUGAMAU, QC, G8P 1K2

(418) 748-2307   SIC 8211
COMMISSION SCOLAIRE DE LA BAIE JAMES p1063
140 Rue Principale N, Lebel-sur-Quevillon, QC, J0Y 1X0
(819) 755-4136   SIC 8211
COMMISSION SCOLAIRE DE LA BAIE JAMES p1063
221 Place Quevillon, Lebel-sur-Quevillon, QC, J0Y 1X0
(819) 755-4833   SIC 8211
COMMISSION SCOLAIRE DE LA BAIE JAMES p1077
100 Rue Rupert, MATAGAMI, QC, J0Y 2A0
(819) 739-2303   SIC 8211
COMMISSION SCOLAIRE DE LA BAIE JAMES p1077
100 Rue Rupert, MATAGAMI, QC, J0Y 2A0
(819) 739-2055   SIC 8211
COMMISSION SCOLAIRE DE LA BAIE JAMES p1077
5 Rue Petite Allee, MATAGAMI, QC, J0Y 2A0   SIC 8211
COMMISSION SCOLAIRE DE LA BEAUCE-ETCHEMIN p996
228 Av Lambert, BEAUCEVILLE, QC, G5X 3N9
(418) 228-5541   SIC 8211
COMMISSION SCOLAIRE DE LA BEAUCE-ETCHEMIN p996
99 125e Rue, BEAUCEVILLE, QC, G5X 2R2
(418) 774-9857   SIC 8211
COMMISSION SCOLAIRE DE LA BEAUCE-ETCHEMIN p1052
427 11e Rue O, LA GUADELOUPE, QC, G0M 1G0
(418) 228-5541   SIC 8211
COMMISSION SCOLAIRE DE LA BEAUCE-ETCHEMIN p1055
1468 Rte 277, LAC-ETCHEMIN, QC, G0R 1S0
(418) 625-5631   SIC 8211
COMMISSION SCOLAIRE DE LA BEAUCE-ETCHEMIN p1181
1492 Rue Du Couvent, SAINT-BERNARD, QC, G0S 2G0
(418) 475-6668   SIC 8211
COMMISSION SCOLAIRE DE LA BEAUCE-ETCHEMIN p1181
56 Rue De La Fabrique, Saint-Benoit-Labre, QC, G0M 1P0
(418) 226-2677   SIC 8211
COMMISSION SCOLAIRE DE LA BEAUCE-ETCHEMIN p1184
404 Rue Principale, SAINT-CYPRIEN-DES-ETCHEMINS, QC, G0R 1B0
(418) 228-5541   SIC 8211
COMMISSION SCOLAIRE DE LA BEAUCE-ETCHEMIN p1185
668 Av Principale Ss 9, Saint-Elzear, QC, G0S 2J2
(418) 387-6273   SIC 8211
COMMISSION SCOLAIRE DE LA BEAUCE-ETCHEMIN p1188
119 3e Av S, Saint-Gedeon-de-Beauce, QC, G0M 1T0
(418) 582-3955   SIC 8211
COMMISSION SCOLAIRE DE LA BEAUCE-ETCHEMIN p1189
11655 Boul Lacroix, SAINT-GEORGES, QC, G5Y 1L4
(418) 226-2673   SIC 8211
COMMISSION SCOLAIRE DE LA BEAUCE-ETCHEMIN p1189
1605 Boul Dionne, SAINT-GEORGES, QC, G5Y 3W4
(418) 226-2689   SIC 8211
COMMISSION SCOLAIRE DE LA BEAUCE-ETCHEMIN p1189
1545 8e Av, SAINT-GEORGES, QC, G5Y 4B4
(418) 228-5469   SIC 8211
COMMISSION SCOLAIRE DE LA BEAUCE-ETCHEMIN p1189

11700 25e Av, SAINT-GEORGES, QC, G5Y 8B8
(418) 228-1993   SIC 8211
COMMISSION SCOLAIRE DE LA BEAUCE-ETCHEMIN p1189
3300 10e Av, SAINT-GEORGES, QC, G5Y 4G2
(418) 228-7552   SIC 8211
COMMISSION SCOLAIRE DE LA BEAUCE-ETCHEMIN p1189
11780 10e Av, SAINT-GEORGES, QC, G5Y 6Z6
(418) 228-5541   SIC 8211
COMMISSION SCOLAIRE DE LA BEAUCE-ETCHEMIN p1189
1600 1re Av, SAINT-GEORGES, QC, G5Y 3N3
SIC 8211
COMMISSION SCOLAIRE DE LA BEAUCE-ETCHEMIN p1189
2121 119e Rue, SAINT-GEORGES, QC, G5Y 5S1
(418) 228-8964   SIC 8211
COMMISSION SCOLAIRE DE LA BEAUCE-ETCHEMIN p1189
11600 Boul Lacroix, SAINT-GEORGES, QC, G5Y 1L2
(418) 228-2194   SIC 8211
COMMISSION SCOLAIRE DE LA BEAUCE-ETCHEMIN p1189
15400 10e Av, SAINT-GEORGES, QC, G5Y 7G1
(418) 228-5514   SIC 8211
COMMISSION SCOLAIRE DE LA BEAUCE-ETCHEMIN p1191
434 Rue Champagne, Saint-Honore-de-Shenley, QC, G0M 1V0
SIC 8211
COMMISSION SCOLAIRE DE LA BEAUCE-ETCHEMIN p1196
161 Rue Sainte-Genevieve, SAINT-ISIDORE, QC, G0S 2S0
SIC 8211
COMMISSION SCOLAIRE DE LA BEAUCE-ETCHEMIN p1202
721 Av Du Palais, SAINT-JOSEPH-DE-BEAUCE, QC, G0S 2V0
(418) 397-6894   SIC 8211
COMMISSION SCOLAIRE DE LA BEAUCE-ETCHEMIN p1202
695 Av Robert-Cliche, SAINT-JOSEPH-DE-BEAUCE, QC, G0S 2V0
(418) 397-6841   SIC 8211
COMMISSION SCOLAIRE DE LA BEAUCE-ETCHEMIN p1217
30a Ch De La Polyvalente Bureau 3033, SAINT-MARTIN, QC, G0M 1B0
(418) 228-5541   SIC 8211
COMMISSION SCOLAIRE DE LA BEAUCE-ETCHEMIN p1218
105 Rue De L'hotel De Ville, SAINT-ODILON, QC, G0S 3A0
(418) 464-4511   SIC 8211
COMMISSION SCOLAIRE DE LA BEAUCE-ETCHEMIN p1220
2105 25e Av, SAINT-PROSPER-DE-DORCHESTER, QC, G0M 1Y0
(418) 594-8231   SIC 8211
COMMISSION SCOLAIRE DE LA BEAUCE-ETCHEMIN p1222
124 Rue Des Ecoliers, SAINT-VICTOR, QC, G0M 2B0
(418) 588-3948   SIC 8211
COMMISSION SCOLAIRE DE LA BEAUCE-ETCHEMIN p1227
717 Rue Etienne-Raymond, SAINTE-MARIE, QC, G6E 3R1
(418) 386-5541   SIC 8211
COMMISSION SCOLAIRE DE LA BEAUCE-ETCHEMIN p1227
919 Rte Saint-Martin, SAINTE-MARIE, QC, G6E 1E6
(418) 387-6636   SIC 8211
COMMISSION SCOLAIRE DE LA BEAUCE-ETCHEMIN p1227
62 Rue Saint-Antoine, SAINTE-MARIE, QC, G6E 4B8
(418) 387-6616   SIC 8211
COMMISSION SCOLAIRE DE LA BEAUCE-ETCHEMIN p1227
925 Rte Saint-Martin, SAINTE-MARIE, QC, G6E 1E6
(418) 386-5541   SIC 8211
COMMISSION SCOLAIRE DE LA BEAUCE-ETCHEMIN p1227
35 Boul Vachon S, SAINTE-MARIE, QC, G6E 4G8
(418) 387-5837   SIC 8211
COMMISSION SCOLAIRE DE LA BEAUCE-ETCHEMIN p1231
320 Rue Des Erables, SAINTS-ANGES, QC, G0S 3E0
(418) 253-6234   SIC 8211
COMMISSION SCOLAIRE DE LA BEAUCE-ETCHEMIN p1233
1030 Rte Du President-Kennedy, SCOTT, QC, G0S 3G0
(418) 386-5541   SIC 8211
COMMISSION SCOLAIRE DE LA BEAUCE-ETCHEMIN p1247
302 Rue Saint-Cyrille, TRING-JONCTION, QC, G0N 1X0
(418) 386-5541   SIC 8211
COMMISSION SCOLAIRE DE LA BEAUCE-ETCHEMIN p1255
217 Rue Principale, Vallee-Jonction, QC, G0S 3J0
(418) 253-6018   SIC 8211
COMMISSION SCOLAIRE DE LA CAPITALE, LA p1148
2490 Av Champfleury, Quebec, QC, G1J 4N9
(418) 686-4040   SIC 8211
COMMISSION SCOLAIRE DE LA CAPITALE, LA p1148
1640 8e Av, Quebec, QC, G1J 3N5
(418) 686-4040   SIC 8211
COMMISSION SCOLAIRE DE LA CAPITALE, LA p1148
2352 8e Av, Quebec, QC, G1J 3P2
(418) 686-4040   SIC 8211
COMMISSION SCOLAIRE DE LA CAPITALE, LA p1148
2050 Rue De La Trinite, Quebec, QC, G1J 2M4
(418) 686-4040   SIC 8211
COMMISSION SCOLAIRE DE LA CAPITALE, LA p1149
240 Rue De Jumonville, Quebec, QC, G1K 1G4
(418) 686-4040   SIC 8211
COMMISSION SCOLAIRE DE LA CAPITALE, LA p1149
50 Rue Du Cardinal-Maurice-Roy, Quebec, QC, G1K 8S9
(418) 686-4040   SIC 8211
COMMISSION SCOLAIRE DE LA CAPITALE, LA p1149
325 Av Des Oblats, Quebec, QC, G1K 1R9
(418) 686-4040   SIC 8211
COMMISSION SCOLAIRE DE LA CAPITALE, LA p1151
215 Rue Des Peupliers O, Quebec, QC, G1L 1H8
(418) 686-4040   SIC 8211
COMMISSION SCOLAIRE DE LA CAPITALE, LA p1151
700 Boul Wilfrid-Hamel, Quebec, QC, G1M 2P9
(418) 686-4040   SIC 8211
COMMISSION SCOLAIRE DE LA CAPITALE, LA p1151
136 Rue Beaucage, Quebec, QC, G1M 1G6
(418) 686-4040   SIC 8211
COMMISSION SCOLAIRE DE LA CAPITALE, LA p1151
1355 2e Av, Quebec, QC, G1L 0A6
(418) 686-4040   SIC 8211
COMMISSION SCOLAIRE DE LA CAPITALE, LA p1151
1201 Rue De La Pointe-Aux-Lievres, Quebec, QC, G1L 4M1
(418) 686-4040   SIC 8211
COMMISSION SCOLAIRE DE LA CAPITALE, LA p1151
301 Rue Des Peupliers E, Quebec, QC, G1L 1S6
(418) 686-4040   SIC 8211
COMMISSION SCOLAIRE DE LA CAPITALE, LA p1151
1625 Boul Benoit-Xv, Quebec, QC, G1L 2Z3
(418) 686-4040   SIC 8211
COMMISSION SCOLAIRE DE LA CAPITALE, LA p1152
1630 Rue Des Balsamines, Quebec, QC, G1M 2K9
(418) 686-4040   SIC 8211
COMMISSION SCOLAIRE DE LA CAPITALE, LA p1152
383 Rue Chabot, Quebec, QC, G1M 1L4
(418) 686-4040   SIC 8211
COMMISSION SCOLAIRE DE LA CAPITALE, LA p1153
286 Rue Marie-De-L'incarnation, Quebec, QC, G1N 3G4
(418) 686-4040   SIC 8211
COMMISSION SCOLAIRE DE LA CAPITALE, LA p1155
3690 Rue Antonin-Marquis, Quebec, QC, G1P 3B9
(418) 686-4040   SIC 8211
COMMISSION SCOLAIRE DE LA CAPITALE, LA p1155
5385 Av Banville, Quebec, QC, G1P 1H7
(418) 686-4040   SIC 8211
COMMISSION SCOLAIRE DE LA CAPITALE, LA p1155
4400 Rue Jacques-Crepeault, Quebec, QC, G1P 1X5
(418) 686-4040   SIC 8211
COMMISSION SCOLAIRE DE LA CAPITALE, LA p1155
4120 Rue De Musset, Quebec, QC, G1P 1P1
SIC 8211
COMMISSION SCOLAIRE DE LA CAPITALE, LA p1155
3400 Boul Neuvialle, Quebec, QC, G1P 3A8
(418) 686-4040   SIC 8211
COMMISSION SCOLAIRE DE LA CAPITALE, LA p1157
140 Ch Sainte-Foy, Quebec, QC, G1R 1T2
(418) 686-4040   SIC 8211
COMMISSION SCOLAIRE DE LA CAPITALE, LA p1157
370 Rue Saint-Jean, Quebec, QC, G1R 1P2
(418) 686-4040   SIC 8211
COMMISSION SCOLAIRE DE LA CAPITALE, LA p1158
555 Ch Sainte-Foy, Quebec, QC, G1S 2J9
(418) 686-4040   SIC 8211
COMMISSION SCOLAIRE DE LA CAPITALE, LA p1158
1430 Ch Sainte-Foy, Quebec, QC, G1S 2N8
(418) 686-4040   SIC 8211
COMMISSION SCOLAIRE DE LA CAPITALE, LA p1163
158 Boul Des Etudiants, Quebec, QC, G2A 1N8
(418) 686-4040   SIC 8211
COMMISSION SCOLAIRE DE LA CAPITALE, LA p1163
3075 Rue Du Golf, Quebec, QC, G2A 1G1
(418) 686-4040   SIC 8211
COMMISSION SCOLAIRE DE LA CAPITALE, LA p1164
4285 Rue Rene-Chaloult, Quebec, QC, G2B 4R7
(418) 686-4040   SIC 8211
COMMISSION SCOLAIRE DE LA CAPITALE, LA p1164
12155 Boul Saint-Claude, Quebec, QC, G2B 1H4
(418) 686-4040   SIC 8211
COMMISSION SCOLAIRE DE LA CAPITALE, LA p1164
4140 Boul Gastonguay, Quebec, QC, G2B 1M7
(418) 686-4040   SIC 8211
COMMISSION SCOLAIRE DE LA CAPITALE, LA p1164
3600 Av Chauveau, Quebec, QC, G2C 1A1
(418) 686-4040   SIC 8211
COMMISSION SCOLAIRE DE LA CAPITALE, LA p1164
2120 Rue Du Cure-Lacroix, Quebec, QC, G2B 1S1
(418) 686-4040   SIC 8211
COMMISSION SCOLAIRE DE LA CAPITALE, LA p1164
262 Rue Racine, Quebec, QC, G2B 1E6
SIC 8211
COMMISSION SCOLAIRE DE LA CAPITALE, LA p1167
1440 Boul Bastien, Quebec, QC, G2K 1G6
(418) 686-4040   SIC 8211
COMMISSION SCOLAIRE DE LA CAPITALE, LA p1167
1680 Boul La Morille, Quebec, QC, G2K 2L2
(418) 686-4040   SIC 8211
COMMISSION SCOLAIRE DE LA CAPITALE, LA p1168
6300 Rue De Montrachet, Quebec, QC, G3E 2A6
(418) 686-4040   SIC 8211
COMMISSION SCOLAIRE DE LA CAPITALE, LA p1168
1587 Rue Guillaume-Bresse, Quebec, QC, G3E 1G9
(418) 686-4040   SIC 8211
COMMISSION SCOLAIRE DE LA CAPITALE, LA p1169
1644 Av Lapierre, Quebec, QC, G3E 1C1
(418) 686-4040   SIC 8211
COMMISSION SCOLAIRE DE LA CAPITALE, LA p1169
1065 Av De La Montagne E, Quebec, QC, G3K 1T4
(418) 686-4040   SIC 8211
COMMISSION SCOLAIRE DE LA CAPITALE, LA p1169
1070 Boul Pie-Xi N, Quebec, QC, G3K 2S6
(418) 686-4040   SIC 8211
COMMISSION SCOLAIRE DE LA CAPITALE, LA p1169
1485 Rue De L'innovation, Quebec, QC, G3K 2P9
(418) 847-8267   SIC 8211
COMMISSION SCOLAIRE DE LA CAPITALE, LA p1169
1735 Boul Pie-Xi N, Quebec, QC, G3J 1L6
(418) 686-4040   SIC 8211
COMMISSION SCOLAIRE DE LA CAPITALE, LA p1169
1389 Rue Des Camarades, Quebec, QC, G3K 2N5
(418) 686-4040   SIC 8211
COMMISSION SCOLAIRE DE LA CAPITALE, LA p1242
10 Rue Des Etudiants, STE-CATHERINE-DE-LA-J-CARTIE, QC, G3N 0P4
(418) 686-4040   SIC 8211
COMMISSION SCOLAIRE DE LA COTE-DU-SUD, LA p993
100 Rue Du College, ARMAGH, QC, G0R 1A0
(418) 466-2191   SIC 8211
COMMISSION SCOLAIRE DE LA COTE-DU-SUD, LA p996
116 Ch Du Domaine, BEAUMONT, QC, G0R 1C0
(418) 838-8516   SIC 8211
COMMISSION SCOLAIRE DE LA COTE-DU-SUD, LA p1051
25 Ch Des Pionniers O, L'ISLET, QC, G0R 2B0

SIC 8211 Elementary and secondary schools

(418) 247-3147 *SIC* 8211
COMMISSION SCOLAIRE DE LA COTE-DU-SUD, LA *p1051*
166 Ch Des Pionniers O, L'ISLET, QC, G0R 2B0
(418) 247-3957 *SIC* 8211
COMMISSION SCOLAIRE DE LA COTE-DU-SUD, LA *p1083*
95 Rue De L'anse, MONTMAGNY, QC, G5V 1G9
(418) 248-0646 *SIC* 8211
COMMISSION SCOLAIRE DE LA COTE-DU-SUD, LA *p1083*
111 7e Rue, MONTMAGNY, QC, G5V 3H2
(418) 248-1666 *SIC* 8211
COMMISSION SCOLAIRE DE LA COTE-DU-SUD, LA *p1083*
388 Boul Tache E, MONTMAGNY, QC, G5V 1E2
(418) 248-8198 *SIC* 8211
COMMISSION SCOLAIRE DE LA COTE-DU-SUD, LA *p1083*
141 Boul Tache E, MONTMAGNY, QC, G5V 1B9
(418) 248-2370 *SIC* 8211
COMMISSION SCOLAIRE DE LA COTE-DU-SUD, LA *p1179*
825 Rte Begin, SAINT-ANSELME, QC, G0R 2N0
(418) 885-4431 *SIC* 8211
COMMISSION SCOLAIRE DE LA COTE-DU-SUD, LA *p1179*
45 Rue Provencher, SAINT-ANSELME, QC, G0R 2N0
(418) 885-4276 *SIC* 8211
COMMISSION SCOLAIRE DE LA COTE-DU-SUD, LA *p1183*
2829 Av Royale, SAINT-CHARLES-DE-BELLECHASSE, QC, G0R 2T0
(418) 887-3317 *SIC* 8211
COMMISSION SCOLAIRE DE LA COTE-DU-SUD, LA *p1184*
75 Rte Saint-Gerard, SAINT-DAMIEN-DE-BUCKLAND, QC, G0R 2Y0
(418) 789-2871 *SIC* 8211
COMMISSION SCOLAIRE DE LA COTE-DU-SUD, LA *p1185*
70 Rte Saint-Gerard, SAINT-DAMIEN-DE-BUCKLAND, QC, G0R 2Y0
(418) 789-2437 *SIC* 8211
COMMISSION SCOLAIRE DE LA COTE-DU-SUD, LA *p1190*
177 Rue Principale, SAINT-GERVAIS, QC, G0R 3C0
(418) 887-3465 *SIC* 8211
COMMISSION SCOLAIRE DE LA COTE-DU-SUD, LA *p1190*
189 Rue Principale, SAINT-GERVAIS, QC, G0R 3C0
(418) 887-1308 *SIC* 8211
COMMISSION SCOLAIRE DE LA COTE-DU-SUD, LA *p1219*
240 Rue Saint-Pierre, SAINT-PAMPHILE, QC, G0R 3X0
(418) 356-3314 *SIC* 8211
COMMISSION SCOLAIRE DE LA COTE-DU-SUD, LA *p1219*
420 283 Rte S, SAINT-PAUL-DE-MONTMINY, QC, G0R 3Y0
(418) 469-2117 *SIC* 8211
COMMISSION SCOLAIRE DE LA COTE-DU-SUD, LA *p1219*
58 Rue Du College, SAINT-PAMPHILE, QC, G0R 3X0
(418) 356-3161 *SIC* 8211
COMMISSION SCOLAIRE DE LA COTE-DU-SUD, LA *p1219*
399 13e Rue, SAINT-PAUL-DE-MONTMINY, QC, G0R 3Y0
(418) 469-2098 *SIC* 8211
COMMISSION SCOLAIRE DE LA COTE-DU-SUD, LA *p1220*
88 Rue Du Foyer, Saint-Raphael, QC, G0R 4C0

(418) 243-2999 *SIC* 8211
COMMISSION SCOLAIRE DE LA COTE-DU-SUD, LA *p1225*
60 Rue De La Fabrique, SAINTE-CLAIRE, QC, G0R 2V0
(418) 883-3750 *SIC* 8211
COMMISSION SCOLAIRE DE LA COTE-DU-SUD, LA *p1226*
714 Rue Principale, Sainte-Felicite-de-L'Islet, QC, G0R 4P0
(418) 359-3043 *SIC* 8211
COMMISSION SCOLAIRE DE LA COTE-DU-SUD, LA *p1228*
5 Rue Du Couvent, Sainte-Perpetue-de-L'Islet, QC, G0R 3Z0
(418) 359-2969 *SIC* 8211
COMMISSION SCOLAIRE DE LA JONQUIERE *p997*
108 Rue Tremblay, Begin, QC, G0V 1B0
(418) 672-4704 *SIC* 8211
COMMISSION SCOLAIRE DE LA JONQUIERE *p1046*
2215 Boul Mellon Bureau 101, Jonquiere, QC, G7S 3G4
(418) 548-3113 *SIC* 8211
COMMISSION SCOLAIRE DE LA JONQUIERE *p1046*
3450 Boul Du Royaume, Jonquiere, QC, G7S 5T2
(418) 547-5781 *SIC* 8211
COMMISSION SCOLAIRE DE LA JONQUIERE *p1046*
1796 Rue Neilson, Jonquiere, QC, G7S 3A2
(418) 548-8205 *SIC* 8211
COMMISSION SCOLAIRE DE LA JONQUIERE *p1046*
2215 Boul Mellon Bureau 101, Jonquiere, QC, G7S 3G4
(418) 548-4689 *SIC* 8211
COMMISSION SCOLAIRE DE LA JONQUIERE *p1046*
2075 Rue Hudson, Jonquiere, QC, G7S 3R4
(418) 548-7158 *SIC* 8211
COMMISSION SCOLAIRE DE LA JONQUIERE *p1046*
2330 Rue Levesque, Jonquiere, QC, G7S 3T3
(418) 548-8238 *SIC* 8211
COMMISSION SCOLAIRE DE LA JONQUIERE *p1047*
2390 Rue Pelletier, Jonquiere, QC, G7X 6B9
(418) 547-2681 *SIC* 8211
COMMISSION SCOLAIRE DE LA JONQUIERE *p1047*
3950 Rue De La Bretagne, Jonquiere, QC, G7X 3W3
(418) 547-2619 *SIC* 8211
COMMISSION SCOLAIRE DE LA JONQUIERE *p1047*
1930 Rue De Frontenac, Jonquiere, QC, G7X 4W3
(418) 542-4555 *SIC* 8211
COMMISSION SCOLAIRE DE LA JONQUIERE *p1047*
3829 Rue Saint-Germain, Jonquiere, QC, G7X 2W1
(418) 542-8760 *SIC* 8211
COMMISSION SCOLAIRE DE LA JONQUIERE *p1047*
3842 Boul Harvey, Jonquiere, QC, G7X 2Z4
(418) 547-4702 *SIC* 8211
COMMISSION SCOLAIRE DE LA JONQUIERE *p1047*
1769 Rue Saint-Francois-Xavier, Jonquiere, QC, G7X 4N8
(418) 542-4549 *SIC* 8211
COMMISSION SCOLAIRE DE LA JONQUIERE *p1047*
3795 Rue Saint-Laurent, Jonquiere, QC, G7X 2P5
(418) 547-4708 *SIC* 8211
COMMISSION SCOLAIRE DE LA JONQUIERE *p1047*
1954 Rue Des Etudiants, Jonquiere, QC,

G7X 4B1
(418) 542-3571 *SIC* 8211
COMMISSION SCOLAIRE DE LA JONQUIERE *p1048*
4080 Boul Harvey, Jonquiere, QC, G8A 1K3
(418) 547-2611 *SIC* 8211
COMMISSION SCOLAIRE DE LA JONQUIERE *p1048*
2176 Rue Saint-Edmond, Jonquiere, QC, G8A 1Y9
(418) 547-2631 *SIC* 8211
COMMISSION SCOLAIRE DE LA JONQUIERE *p1179*
95 Rue Blackburn, SAINT-AMBROISE, QC, G7P 2K4
(418) 672-4726 *SIC* 8211
COMMISSION SCOLAIRE DE LA JONQUIERE *p1179*
44 Rue Du Couvent, SAINT-AMBROISE, QC, G7P 2J2
(418) 672-4726 *SIC* 8211
COMMISSION SCOLAIRE DE LA JONQUIERE *p1183*
370 Rue Principale, SAINT-CHARLES-DE-BOURGET, QC, G0V 1G0
(418) 672-2233 *SIC* 8211
COMMISSION SCOLAIRE DE LA JONQUIERE *p1241*
4411 Rue Du Bois-Joli, SHIPSHAW, QC, G7P 1M4
(418) 547-2656 *SIC* 8211
COMMISSION SCOLAIRE DE LA MOYENNE-COTE-NORD, LA *p1134*
14 Allee Des Pere Udiste, NATASHQUAN, QC, G0G 2E0
(418) 726-3378 *SIC* 8211
COMMISSION SCOLAIRE DE LA POINTE-DE-L'ILE *p990*
9200 Rue De L'innovation, ANJOU, QC, H1J 2X9
(514) 353-0801 *SIC* 8211
COMMISSION SCOLAIRE DE LA POINTE-DE-L'ILE *p990*
7455 Rue Jarry, ANJOU, QC, H1J 1G8
(514) 353-8570 *SIC* 8211
COMMISSION SCOLAIRE DE LA POINTE-DE-L'ILE *p992*
5800 Av Saint-Donat, ANJOU, QC, H1K 3P4
(514) 352-4550 *SIC* 8211
COMMISSION SCOLAIRE DE LA POINTE-DE-L'ILE *p992*
6440 Boul Des Galeries D'anjou, ANJOU, QC, H1M 1W2
(514) 353-3130 *SIC* 8211
COMMISSION SCOLAIRE DE LA POINTE-DE-L'ILE *p992*
5515 Av De L'arena, ANJOU, QC, H1K 4C9
(514) 354-0120 *SIC* 8211
COMMISSION SCOLAIRE DE LA POINTE-DE-L'ILE *p992*
7741 Av Du Ronceray, ANJOU, QC, H1K 3W7
(514) 352-7645 *SIC* 8211
COMMISSION SCOLAIRE DE LA POINTE-DE-L'ILE *p992*
7755 Av Des Ormeaux, ANJOU, QC, H1K 2Y2
(514) 352-4136 *SIC* 8211
COMMISSION SCOLAIRE DE LA POINTE-DE-L'ILE *p992*
7741 Av Du Ronceray, ANJOU, QC, H1K 3W7
(514) 352-7645 *SIC* 8211
COMMISSION SCOLAIRE DE LA POINTE-DE-L'ILE *p992*
7725 Av Des Ormeaux, ANJOU, QC, H1K 2Y2
SIC 8211
COMMISSION SCOLAIRE DE LA POINTE-DE-L'ILE *p1063*
1100 Rue Du Tricentenaire, LAVALTRIE, QC, J5T 2S5
(514) 642-0245 *SIC* 8211
COMMISSION SCOLAIRE DE LA POINTE-

DE-L'ILE *p1084*
1750 Boul Du Tricentenaire, Montreal, QC, H1B 3B1
(514) 642-9910 *SIC* 8211
COMMISSION SCOLAIRE DE LA POINTE-DE-L'ILE *p1084*
1200 Boul Du Tricentenaire, Montreal, QC, H1B 3A8
(514) 642-0240 *SIC* 8211
COMMISSION SCOLAIRE DE LA POINTE-DE-L'ILE *p1084*
12165 Boul Saint-Jean-Baptiste, Montreal, QC, H1C 1S4
(514) 881-4690 *SIC* 8211
COMMISSION SCOLAIRE DE LA POINTE-DE-L'ILE *p1085*
8205 Rue Fonteneau, Montreal, QC, H1K 4E1
(514) 353-9970 *SIC* 8211
COMMISSION SCOLAIRE DE LA POINTE-DE-L'ILE *p1085*
12230 Av Fernand-Gauthier, Montreal, QC, H1E 5N4
(514) 881-7180 *SIC* 8211
COMMISSION SCOLAIRE DE LA POINTE-DE-L'ILE *p1085*
12600 Av Paul-Dufault, Montreal, QC, H1E 2B6
(514) 881-7140 *SIC* 8211
COMMISSION SCOLAIRE DE LA POINTE-DE-L'ILE *p1085*
9030 Boul Gouin E, Montreal, QC, H1E 1C6
(514) 881-7135 *SIC* 8211
COMMISSION SCOLAIRE DE LA POINTE-DE-L'ILE *p1085*
12160 27e Av, Montreal, QC, H1E 1Z5
(514) 881-7190 *SIC* 8211
COMMISSION SCOLAIRE DE LA POINTE-DE-L'ILE *p1086*
5200 Rue Bossuet, Montreal, QC, H1M 2M4
(514) 596-4245 *SIC* 8211
COMMISSION SCOLAIRE DE LA POINTE-DE-L'ILE *p1120*
6055 Av De Darlington, Montreal, QC, H3S 2H9
(514) 736-8130 *SIC* 8211
COMMISSION SCOLAIRE DE LA POINTE-DE-L'ILE *p1132*
11235 Av Salk, MONTREAL-NORD, QC, H1G 4Y3
(514) 328-3560 *SIC* 8211
COMMISSION SCOLAIRE DE LA POINTE-DE-L'ILE *p1132*
5009 Rue Des Ardennes, MONTREAL-NORD, QC, H1G 2H7
(514) 328-3588 *SIC* 8211
COMMISSION SCOLAIRE DE LA POINTE-DE-L'ILE *p1132*
11960 Boul Sainte-Colette, MONTREAL-NORD, QC, H1G 4V1
(514) 328-3575 *SIC* 8211
COMMISSION SCOLAIRE DE LA POINTE-DE-L'ILE *p1132*
12600 Av Fortin, MONTREAL-NORD, QC, H1G 4A1
(514) 328-3555 *SIC* 8211
COMMISSION SCOLAIRE DE LA POINTE-DE-L'ILE *p1132*
6051 Boul Maurice-Duplessis, MONTREAL-NORD, QC, H1G 1Y6
(514) 328-3200 *SIC* 8211
COMMISSION SCOLAIRE DE LA POINTE-DE-L'ILE *p1132*
11480 Boul Rolland, MONTREAL-NORD, QC, H1G 3T9
(514) 328-3570 *SIC* 8211
COMMISSION SCOLAIRE DE LA POINTE-DE-L'ILE *p1132*
4975 Rue D'amos, MONTREAL-NORD, QC, H1G 2X2
(514) 326-0660 *SIC* 8211
COMMISSION SCOLAIRE DE LA POINTE-DE-L'ILE *p1132*
11813 Boul Sainte-Gertrude, MONTREAL-

NORD, QC, H1G 5P8
(514) 328-3566 *SIC* 8211
COMMISSION SCOLAIRE DE LA POINTE-DE-L'ILE *p*1133
11070 Av De Rome, MONTREAL-NORD, QC, H1H 4P6
(514) 328-3083 *SIC* 8211
COMMISSION SCOLAIRE DE LA POINTE-DE-L'ILE *p*1133
11411 Av Pelletier, MONTREAL-NORD, QC, H1H 3S3
(514) 328-3250 *SIC* 8211
COMMISSION SCOLAIRE DE LA POINTE-DE-L'ILE *p*1133
10152 Av De Rome, MONTREAL-NORD, QC, H1H 4N6
(514) 328-3590 *SIC* 8211
COMMISSION SCOLAIRE DE LA POINTE-DE-L'ILE *p*1133
4660 Rue De Charleroi, MONTREAL-NORD, QC, H1H 1T7
(514) 328-3580 *SIC* 8211
COMMISSION SCOLAIRE DE LA POINTE-DE-L'ILE *p*1139
950 Rue Pierre-Lacroix, POINTE-AUX-TREMBLES, QC, H1B 3C8
(514) 645-9134 *SIC* 8211
COMMISSION SCOLAIRE DE LA POINTE-DE-L'ILE *p*1139
1880 48e Av, POINTE-AUX-TREMBLES, QC, H1A 2Y6
(514) 642-0881 *SIC* 8211
COMMISSION SCOLAIRE DE LA POINTE-DE-L'ILE *p*1139
1470 16e Av, POINTE-AUX-TREMBLES, QC, H1B 3N6
(514) 645-8531 *SIC* 8211
COMMISSION SCOLAIRE DE LA POINTE-DE-L'ILE *p*1139
11625 Rue De La Gauchetiere, POINTE-AUX-TREMBLES, QC, H1B 2H8
(514) 645-5515 *SIC* 8211
COMMISSION SCOLAIRE DE LA POINTE-DE-L'ILE *p*1139
16360 Rue Bureau, POINTE-AUX-TREMBLES, QC, H1A 1Z5
(514) 642-7337 *SIC* 8211
COMMISSION SCOLAIRE DE LA POINTE-DE-L'ILE *p*1139
15150 Rue Sherbrooke E, POINTE-AUX-TREMBLES, QC, H1A 3P9
(514) 642-0341 *SIC* 8211
COMMISSION SCOLAIRE DE LA POINTE-DE-L'ILE *p*1139
14425 Rue Notre-Dame E, POINTE-AUX-TREMBLES, QC, H1A 1V6
(514) 642-3950 *SIC* 8211
COMMISSION SCOLAIRE DE LA POINTE-DE-L'ILE *p*1139
1855 59e Av, POINTE-AUX-TREMBLES, QC, H1A 2P2
(514) 642-9343 *SIC* 8211
COMMISSION SCOLAIRE DE LA POINTE-DE-L'ILE *p*1139
15700 Rue Notre-Dame E, POINTE-AUX-TREMBLES, QC, H1A 1X4
(514) 642-6461 *SIC* 8211
COMMISSION SCOLAIRE DE LA POINTE-DE-L'ILE *p*1139
555 19e Av, POINTE-AUX-TREMBLES, QC, H1B 3E3
(514) 395-9101 *SIC* 8211
COMMISSION SCOLAIRE DE LA POINTE-DE-L'ILE *p*1214
8157 Rue Collerette, SAINT-LEONARD, QC, H1P 2V6
(514) 327-8092 *SIC* 8211
COMMISSION SCOLAIRE DE LA POINTE-DE-L'ILE *p*1214
8155 Rue Collerette, SAINT-LEONARD, QC, H1P 2V6
(514) 323-1340 *SIC* 8211
COMMISSION SCOLAIRE DE LA POINTE-DE-L'ILE *p*1214

5950 Rue Honore-Mercier, SAINT-LEONARD, QC, H1P 3E4
(514) 321-8475 *SIC* 8211
COMMISSION SCOLAIRE DE LA POINTE-DE-L'ILE *p*1215
5455 Rue Dujarie, SAINT-LEONARD, QC, H1R 1K4
(514) 321-7570 *SIC* 8211
COMMISSION SCOLAIRE DE LA POINTE-DE-L'ILE *p*1215
5400 Boul Couture, SAINT-LEONARD, QC, H1R 1C7
(514) 321-9234 *SIC* 8211
COMMISSION SCOLAIRE DE LA POINTE-DE-L'ILE *p*1216
6105 Rue La Dauversiere, SAINT-LEONARD, QC, H1S 1R6
(514) 255-4166 *SIC* 8211
COMMISSION SCOLAIRE DE LA POINTE-DE-L'ILE *p*1258
454 Rue Caisse, VERDUN, QC, H4G 2C8
(514) 765-7565 *SIC* 8211
COMMISSION SCOLAIRE DE LA REGION-DE-SHERBROOKE *p*1076
51 Ch Jordan Hill, MARTINVILLE, QC, J0B 2A0
(819) 822-5581 *SIC* 8211
COMMISSION SCOLAIRE DE LA REGION-DE-SHERBROOKE *p*1235
639 Rue Du 24-Juin, SHERBROOKE, QC, J1E 1H1
(819) 822-5420 *SIC* 8211
COMMISSION SCOLAIRE DE LA REGION-DE-SHERBROOKE *p*1236
976 Rue De Caen, SHERBROOKE, QC, J1G 2A4
(819) 822-5662 *SIC* 8211
COMMISSION SCOLAIRE DE LA REGION-DE-SHERBROOKE *p*1236
1020 Rue De Kingston, SHERBROOKE, QC, J1H 3S1
(819) 822-5676 *SIC* 8211
COMMISSION SCOLAIRE DE LA REGION-DE-SHERBROOKE *p*1236
955 Rue De Cambridge, SHERBROOKE, QC, J1H 1E2
(819) 822-5400 *SIC* 8211
COMMISSION SCOLAIRE DE LA REGION-DE-SHERBROOKE *p*1236
1970 Rue Galt E, SHERBROOKE, QC, J1G 3J1
(819) 822-5684 *SIC* 8211
COMMISSION SCOLAIRE DE LA REGION-DE-SHERBROOKE *p*1236
910 Rue Larocque, SHERBROOKE, QC, J1H 4R6
(819) 822-5688 *SIC* 8211
COMMISSION SCOLAIRE DE LA REGION-DE-SHERBROOKE *p*1236
825 Rue Bowen S, SHERBROOKE, QC, J1G 2G2
(819) 822-5444 *SIC* 8211
COMMISSION SCOLAIRE DE LA REGION-DE-SHERBROOKE *p*1236
233 8e Av N, SHERBROOKE, QC, J1E 2S6
(819) 822-5694 *SIC* 8211
COMMISSION SCOLAIRE DE LA REGION-DE-SHERBROOKE *p*1236
565 Rue Triest, SHERBROOKE, QC, J1E 2M7
(819) 822-5668 *SIC* 8211
COMMISSION SCOLAIRE DE LA REGION-DE-SHERBROOKE *p*1236
330 15e Av S, SHERBROOKE, QC, J1G 2X5
(819) 822-5696 *SIC* 8211
COMMISSION SCOLAIRE DE LA REGION-DE-SHERBROOKE *p*1237
164 Rue Wellington N, SHERBROOKE, QC, J1H 5C5
(819) 822-5484 *SIC* 8211
COMMISSION SCOLAIRE DE LA REGION-DE-SHERBROOKE *p*1237
137 Rue Gillespie, SHERBROOKE, QC, J1H

4W9
(819) 822-5690 *SIC* 8211
COMMISSION SCOLAIRE DE LA REGION-DE-SHERBROOKE *p*1237
1625 Rue Du Rosaire, SHERBROOKE, QC, J1H 2T6
(819) 822-5666 *SIC* 8211
COMMISSION SCOLAIRE DE LA REGION-DE-SHERBROOKE *p*1237
405 Rue Sara, SHERBROOKE, QC, J1H 5S6
(819) 822-5455 *SIC* 8211
COMMISSION SCOLAIRE DE LA REGION-DE-SHERBROOKE *p*1237
830 Rue Buck, SHERBROOKE, QC, J1J 3L5
(819) 822-5664 *SIC* 8211
COMMISSION SCOLAIRE DE LA REGION-DE-SHERBROOKE *p*1237
135 Rue King O, SHERBROOKE, QC, J1H 1P4
(819) 822-5520 *SIC* 8211
COMMISSION SCOLAIRE DE LA REGION-DE-SHERBROOKE *p*1238
2425 Rue Galt O, SHERBROOKE, QC, J1K 1L1
(819) 822-5670 *SIC* 8211
COMMISSION SCOLAIRE DE LA REGION-DE-SHERBROOKE *p*1238
2965 Boul De L'universite, SHERBROOKE, QC, J1K 2X6
(819) 822-5388 *SIC* 8211
COMMISSION SCOLAIRE DE LA REGION-DE-SHERBROOKE *p*1238
851 Rue De L'ontario, SHERBROOKE, QC, J1J 3R9
(819) 822-5674 *SIC* 8211
COMMISSION SCOLAIRE DE LA REGION-DE-SHERBROOKE *p*1238
43 Rue De Carillon, SHERBROOKE, QC, J1J 2K9
(819) 822-5682 *SIC* 8211
COMMISSION SCOLAIRE DE LA REGION-DE-SHERBROOKE *p*1238
1500 Rue Pinard, SHERBROOKE, QC, J1J 3E1
(819) 823-3233 *SIC* 8211
COMMISSION SCOLAIRE DE LA REGION-DE-SHERBROOKE *p*1240
7409 Boul Bourque, SHERBROOKE, QC, J1N 3K7
(819) 822-5514 *SIC* 8211
COMMISSION SCOLAIRE DE LA REGION-DE-SHERBROOKE *p*1240
4565 Rue De Chambois, SHERBROOKE, QC, J1N 2B7
(819) 822-5642 *SIC* 8211
COMMISSION SCOLAIRE DE LA REGION-DE-SHERBROOKE *p*1240
4076 Boul De L'universite, SHERBROOKE, QC, J1N 2Y1
(819) 822-5577 *SIC* 8211
COMMISSION SCOLAIRE DE LA REGION-DE-SHERBROOKE *p*1240
1500 Boul Du Mi-Vallon, SHERBROOKE, QC, J1N 3Y5
(819) 822-5686 *SIC* 8211
COMMISSION SCOLAIRE DE LA REGION-DE-SHERBROOKE *p*1241
7282 Ch De Saint-Elie, SHERBROOKE, QC, J1R 0K5
(819) 822-5680 *SIC* 8211
COMMISSION SCOLAIRE DE LA REGION-DE-SHERBROOKE *p*1243
222 8e Rang E, STOKE, QC, J0B 3G0
(819) 822-5519 *SIC* 8211
COMMISSION SCOLAIRE DE LA RIVERAINE *p*997
18000 Rue Beliveau, Becancour, QC, G9H 1H4
(819) 233-2390 *SIC* 8211
COMMISSION SCOLAIRE DE LA RIVERAINE *p*997
1875 Boul Becancour, Becancour, QC, G9H

3V4
(819) 298-2182 *SIC* 8211
COMMISSION SCOLAIRE DE LA RIVERAINE *p*1135
497 Rue De Monseigneur-Brunault, NICOLET, QC, J3T 1Y6
(819) 293-5821 *SIC* 8211
COMMISSION SCOLAIRE DE LA RIVERAINE *p*1135
375 Rue De Monseigneur-Brunault, NICOLET, QC, J3T 1Y6
(819) 293-5821 *SIC* 8211
COMMISSION SCOLAIRE DE LA RIVERAINE *p*1135
1150 Boul Louis-Frechette, NICOLET, QC, J3T 1V5
(819) 293-2185 *SIC* 8211
COMMISSION SCOLAIRE DE LA RIVERAINE *p*1188
20 Rue Du Centre-Communautaire, Saint-Francois-du-Lac, QC, J0G 1M0
(450) 568-2147 *SIC* 8211
COMMISSION SCOLAIRE DE LA RIVERAINE *p*1217
401 Rue Germain, Saint-Leonard-D'Aston, QC, J0C 1M0
(819) 399-2122 *SIC* 8211
COMMISSION SCOLAIRE DE LA RIVERAINE *p*1217
174 Rue Des Ecoles, Saint-Leonard-D'Aston, QC, J0C 1M0
(819) 399-2668 *SIC* 8211
COMMISSION SCOLAIRE DE LA RIVERAINE *p*1220
165 218 Rte, SAINT-PIERRE-LES-BECQUETS, QC, G0X 2Z0
(819) 263-2323 *SIC* 8211
COMMISSION SCOLAIRE DE LA RIVERAINE *p*1222
260 Rte De L'Ecole, Saint-Sylvere, QC, G0Z 1H0
(819) 285-2992 *SIC* 8211
COMMISSION SCOLAIRE DE LA RIVIERE-DU-NORD *p*1058
218 Rue Wilson, LACHUTE, QC, J8H 3J3
(450) 562-8521 *SIC* 8211
COMMISSION SCOLAIRE DE LA RIVIERE-DU-NORD *p*1058
452 Av D'argenteuil Bureau 103, LACHUTE, QC, J8H 1W9
(450) 562-8841 *SIC* 8211
COMMISSION SCOLAIRE DE LA RIVIERE-DU-NORD *p*1058
190 Rue Mary, LACHUTE, QC, J8H 2C4
(450) 566-0088 *SIC* 8211
COMMISSION SCOLAIRE DE LA RIVIERE-DU-NORD *p*1058
462 Av D'argenteuil, LACHUTE, QC, J8H 1W9
(450) 566-7587 *SIC* 8211
COMMISSION SCOLAIRE DE LA RIVIERE-DU-NORD *p*1078
9984 Boul De Saint-Canut, MIRABEL, QC, J7N 1K1
(450) 438-0424 *SIC* 8211
COMMISSION SCOLAIRE DE LA RIVIERE-DU-NORD *p*1078
13815 Rue Therrien, MIRABEL, QC, J7J 1J4
(450) 569-2239 *SIC* 8211
COMMISSION SCOLAIRE DE LA RIVIERE-DU-NORD *p*1144
1135 Rue Du Clos-Toumalin Rr 4, Prevost, QC, J0R 1T0
(450) 431-3327 *SIC* 8211
COMMISSION SCOLAIRE DE LA RIVIERE-DU-NORD *p*1183
321 Montee De L'Eglise, SAINT-COLOMBAN, QC, J5K 2H8
(450) 438-8836 *SIC* 8211
COMMISSION SCOLAIRE DE LA RIVIERE-DU-NORD *p*1183
549 Ch De La Riviere-Du-Nord, SAINT-COLOMBAN, QC, J5K 2E5
(450) 569-3307 *SIC* 8211

COMMISSION SCOLAIRE DE LA RIVIERE-DU-NORD p1184
360 Cote Saint-Nicholas, SAINT-COLOMBAN, QC, J5K 1M6
(450) 431-1288   SIC 8211

COMMISSION SCOLAIRE DE LA RIVIERE-DU-NORD p1199
909 Montee Saint-Nicolas, Saint-Jerome, QC, J5L 2P4
(450) 431-2114   SIC 8211

COMMISSION SCOLAIRE DE LA RIVIERE-DU-NORD p1199
1475 Rue Normand, Saint-Jerome, QC, J5L 2B6
(450) 431-4377   SIC 8211

COMMISSION SCOLAIRE DE LA RIVIERE-DU-NORD p1199
917 Montee Saint-Nicolas, Saint-Jerome, QC, J5L 2P4
(450) 565-0006   SIC 8211

COMMISSION SCOLAIRE DE LA RIVIERE-DU-NORD p1199
997 Rue Des Lacs, Saint-Jerome, QC, J5L 1T3
(450) 438-9525   SIC 8211

COMMISSION SCOLAIRE DE LA RIVIERE-DU-NORD p1200
70 Boul Des Hauteurs, Saint-Jerome, QC, J7Y 1R4
(450) 438-1259   SIC 8211

COMMISSION SCOLAIRE DE LA RIVIERE-DU-NORD p1200
175 Rue Duvernay, Saint-Jerome, QC, J7Y 2Z6
(450) 438-1220   SIC 8211

COMMISSION SCOLAIRE DE LA RIVIERE-DU-NORD p1200
1000 112e Av, Saint-Jerome, QC, J7Y 5C2
(450) 436-7414   SIC 8211

COMMISSION SCOLAIRE DE LA RIVIERE-DU-NORD p1200
31 Rue Paul, Saint-Jerome, QC, J7Y 1Z5
(450) 432-9582   SIC 8211

COMMISSION SCOLAIRE DE LA RIVIERE-DU-NORD p1200
85 Rue Lauzon, Saint-Jerome, QC, J7Y 1V8
(450) 438-5603   SIC 8211

COMMISSION SCOLAIRE DE LA RIVIERE-DU-NORD p1200
175 Rue Duvernay, Saint-Jerome, QC, J7Y 2Z6
(450) 432-4506   SIC 8211

COMMISSION SCOLAIRE DE LA RIVIERE-DU-NORD p1201
1030 Rue Saint-Georges, Saint-Jerome, QC, J7Z 5E8
(450) 436-1757   SIC 8211

COMMISSION SCOLAIRE DE LA RIVIERE-DU-NORD p1201
562 Rue Du Palais, Saint-Jerome, QC, J7Z 1Y6
(450) 438-5008   SIC 8211

COMMISSION SCOLAIRE DE LA RIVIERE-DU-NORD p1201
700 9e Rue, Saint-Jerome, QC, J7Z 2Z5
(450) 438-8828   SIC 8211

COMMISSION SCOLAIRE DE LA RIVIERE-DU-NORD p1201
1155 Av Du Parc, Saint-Jerome, QC, J7Z 6X6
(450) 438-1296   SIC 8211

COMMISSION SCOLAIRE DE LA RIVIERE-DU-NORD p1201
616 Rue Saint-Georges, Saint-Jerome, QC, J7Z 5B9
(450) 438-3981   SIC 8211

COMMISSION SCOLAIRE DE LA RIVIERE-DU-NORD p1201
471 Rue Melancon, Saint-Jerome, QC, J7Z 4K3
(450) 436-5850   SIC 8211

COMMISSION SCOLAIRE DE LA RIVIERE-DU-NORD p1201
535 Rue Filion, Saint-Jerome, QC, J7Z 1J6

(450) 436-4330   SIC 8211

COMMISSION SCOLAIRE DE LA RIVIERE-DU-NORD p1201
600 36e Av, Saint-Jerome, QC, J7Z 5W2
(450) 436-1858   SIC 8211

COMMISSION SCOLAIRE DE LA RIVIERE-DU-NORD p1201
995 Rue Labelle Bureau 1, Saint-Jerome, QC, J7Z 5N7
(450) 438-3131   SIC 8211

COMMISSION SCOLAIRE DE LA RIVIERE-DU-NORD p1230
100 Rue De Val-Des-Chenes, SAINTE-SOPHIE, QC, J5J 2M5
(450) 431-0640   SIC 8211

COMMISSION SCOLAIRE DE LA SEIGNEURIE-DES-MILLE-ILES p998
1430 Rue Maurice-Cullen, BLAINVILLE, QC, J7C 5Y1
(450) 433-5470   SIC 8211

COMMISSION SCOLAIRE DE LA SEIGNEURIE-DES-MILLE-ILES p998
370 Boul D'annecy, BLAINVILLE, QC, J7B 1J7
(450) 433-5375   SIC 8211

COMMISSION SCOLAIRE DE LA SEIGNEURIE-DES-MILLE-ILES p998
1030 Rue Gilles-Vigneault, BLAINVILLE, QC, J7C 5N4
(450) 433-5415   SIC 8211

COMMISSION SCOLAIRE DE LA SEIGNEURIE-DES-MILLE-ILES p998
40 84e Av E, BLAINVILLE, QC, J7C 3R5
(450) 433-5360   SIC 8211

COMMISSION SCOLAIRE DE LA SEIGNEURIE-DES-MILLE-ILES p998
60 Rue Des Grives, BLAINVILLE, QC, J7C 5J9
(450) 433-5385   SIC 8211

COMMISSION SCOLAIRE DE LA SEIGNEURIE-DES-MILLE-ILES p998
425 Boul Du Cure-Labelle, BLAINVILLE, QC, J7C 2H4
(450) 433-5350   SIC 8211

COMMISSION SCOLAIRE DE LA SEIGNEURIE-DES-MILLE-ILES p999
930 Rue De La Mairie, BLAINVILLE, QC, J7C 3B4
(450) 433-5365   SIC 8211

COMMISSION SCOLAIRE DE LA SEIGNEURIE-DES-MILLE-ILES p999
1275 Boul Celoron, BLAINVILLE, QC, J7C 5A8
(450) 430-2251   SIC 8211

COMMISSION SCOLAIRE DE LA SEIGNEURIE-DES-MILLE-ILES p999
1027 Boul Du Cure-Labelle, BLAINVILLE, QC, J7C 2M2
(450) 433-5540   SIC 8211

COMMISSION SCOLAIRE DE LA SEIGNEURIE-DES-MILLE-ILES p1000
3599 Rue Charlotte-Boisjoli, BOISBRIAND, QC, J7H 1L5
(450) 433-5475   SIC 8211

COMMISSION SCOLAIRE DE LA SEIGNEURIE-DES-MILLE-ILES p1000
500 Rue Marie-C.-Daveluy, BOISBRIAND, QC, J7G 3G7
(450) 433-5380   SIC 8211

COMMISSION SCOLAIRE DE LA SEIGNEURIE-DES-MILLE-ILES p1000
1650 Av Alexandre-Le-Grand, BOISBRIAND, QC, J7G 3K1
(450) 433-5514   SIC 8211

COMMISSION SCOLAIRE DE LA SEIGNEURIE-DES-MILLE-ILES p1000
2700 Rue Jean-Charles-Bonenfant, BOISBRIAND, QC, J7H 1P1
(450) 433-5455   SIC 8211

COMMISSION SCOLAIRE DE LA SEIGNEURIE-DES-MILLE-ILES p1000
1025 Rue Castelneau, BOISBRIAND, QC, J7G 1V7
(450) 433-5520   SIC 8211

COMMISSION SCOLAIRE DE LA SEIGNEURIE-DES-MILLE-ILES p1000
100 33e Av, BOIS-DES-FILION, QC, J6Z 2C4
(450) 621-1750   SIC 8211

COMMISSION SCOLAIRE DE LA SEIGNEURIE-DES-MILLE-ILES p1023
203 14e Av, DEUX-MONTAGNES, QC, J7R 3W1
(450) 491-5756   SIC 8211

COMMISSION SCOLAIRE DE LA SEIGNEURIE-DES-MILLE-ILES p1023
600 28e Av, DEUX-MONTAGNES, QC, J7R 6L2
(450) 491-5454   SIC 8211

COMMISSION SCOLAIRE DE LA SEIGNEURIE-DES-MILLE-ILES p1023
500 Ch Des Anciens, DEUX-MONTAGNES, QC, J7R 6A7
(450) 472-3070   SIC 8211

COMMISSION SCOLAIRE DE LA SEIGNEURIE-DES-MILLE-ILES p1023
1400 Ch De L'avenir, DEUX-MONTAGNES, QC, J7R 6A6
(450) 472-2670   SIC 8211

COMMISSION SCOLAIRE DE LA SEIGNEURIE-DES-MILLE-ILES p1073
59 Boul De Vignory, LORRAINE, QC, J6Z 3L5
(450) 621-2500   SIC 8211

COMMISSION SCOLAIRE DE LA SEIGNEURIE-DES-MILLE-ILES p1078
15074 Rue De Saint-Augustin, MIRABEL, QC, J7N 2B2
(450) 434-8656   SIC 8211

COMMISSION SCOLAIRE DE LA SEIGNEURIE-DES-MILLE-ILES p1078
14700 Rue Jean-Simon, MIRABEL, QC, J7N 2J6
(450) 434-8143   SIC 8211

COMMISSION SCOLAIRE DE LA SEIGNEURIE-DES-MILLE-ILES p1078
9030 Rue Dumouchel, MIRABEL, QC, J7N 2N8
(450) 434-8612   SIC 8211

COMMISSION SCOLAIRE DE LA SEIGNEURIE-DES-MILLE-ILES p1136
25 Rue Des Pins, OKA, QC, J0N 1E0
(450) 491-8400   SIC 8211

COMMISSION SCOLAIRE DE LA SEIGNEURIE-DES-MILLE-ILES p1140
1020 Rue Simonne, POINTE-CALUMET, QC, J0N 1G5
(450) 623-9494   SIC 8211

COMMISSION SCOLAIRE DE LA SEIGNEURIE-DES-MILLE-ILES p1140
784 Boul De La Chapelle, POINTE-CALUMET, QC, J0N 1G1
(450) 473-2823   SIC 8211

COMMISSION SCOLAIRE DE LA SEIGNEURIE-DES-MILLE-ILES p1176
334 Rue De L'academie, Rosemere, QC, J7A 3R9
(450) 621-2400   SIC 8211

COMMISSION SCOLAIRE DE LA SEIGNEURIE-DES-MILLE-ILES p1176
364 Rue De L'academie, Rosemere, QC, J7A 1Z1
(450) 621-2003   SIC 8211

COMMISSION SCOLAIRE DE LA SEIGNEURIE-DES-MILLE-ILES p1186
128 25e Av, SAINT-EUSTACHE, QC, J7P 2V2
(450) 473-9219   SIC 8211

COMMISSION SCOLAIRE DE LA SEIGNEURIE-DES-MILLE-ILES p1186
799 Montee Lauzon, SAINT-EUSTACHE, QC, J7R 0J1
(450) 473-5614   SIC 8211

COMMISSION SCOLAIRE DE LA SEIGNEURIE-DES-MILLE-ILES p1186
130 Boul Louis-Joseph-Rodrigue, SAINT-EUSTACHE, QC, J7R 5Y5
(450) 472-7801   SIC 8211

COMMISSION SCOLAIRE DE LA SEIGNEURIE-DES-MILLE-ILES p1186
250 Rue Therrien, SAINT-EUSTACHE, QC, J7P 4V4
(450) 472-5240   SIC 8211

COMMISSION SCOLAIRE DE LA SEIGNEURIE-DES-MILLE-ILES p1186
425 Rue Hamel, SAINT-EUSTACHE, QC, J7P 4M2
(450) 472-1440   SIC 8211

COMMISSION SCOLAIRE DE LA SEIGNEURIE-DES-MILLE-ILES p1186
990 Rue Des Erables, SAINT-EUSTACHE, QC, J7R 6M5
(450) 491-5065   SIC 8211

COMMISSION SCOLAIRE DE LA SEIGNEURIE-DES-MILLE-ILES p1186
99 Rue Grignon, SAINT-EUSTACHE, QC, J7P 4S4
(450) 472-6060   SIC 8211

COMMISSION SCOLAIRE DE LA SEIGNEURIE-DES-MILLE-ILES p1187
16 Rue Perry, SAINT-EUSTACHE, QC, J7R 2H3
(450) 473-7422   SIC 8211

COMMISSION SCOLAIRE DE LA SEIGNEURIE-DES-MILLE-ILES p1187
151 Rue Saint-Louis, SAINT-EUSTACHE, QC, J7R 1X9
(450) 473-2933   SIC 8211

COMMISSION SCOLAIRE DE LA SEIGNEURIE-DES-MILLE-ILES p1187
430 Boul Arthur-Sauve Bureau 3050, SAINT-EUSTACHE, QC, J7R 6V7
(450) 974-7000   SIC 8211

COMMISSION SCOLAIRE DE LA SEIGNEURIE-DES-MILLE-ILES p1202
70 Montee Du Village Rr 81, SAINT-JOSEPH-DU-LAC, QC, J0N 1M0
(450) 473-5116   SIC 8211

COMMISSION SCOLAIRE DE LA SEIGNEURIE-DES-MILLE-ILES p1224
540 Rue Des Colibris, SAINTE-ANNE-DES-PLAINES, QC, J0N 1H0
(450) 434-8408   SIC 8211

COMMISSION SCOLAIRE DE LA SEIGNEURIE-DES-MILLE-ILES p1224
140 Rue Des Saisons, SAINTE-ANNE-DES-PLAINES, QC, J0N 1H0
(450) 434-8570   SIC 8211

COMMISSION SCOLAIRE DE LA SEIGNEURIE-DES-MILLE-ILES p1224
1 Rue Chaumont, SAINTE-ANNE-DES-PLAINES, QC, J0N 1H0
(450) 434-8458   SIC 8211

COMMISSION SCOLAIRE DE LA SEIGNEURIE-DES-MILLE-ILES p1228
3099 Ch D'oka, SAINTE-MARTHE-SUR-LE-LAC, QC, J0N 1P0
(450) 473-2043   SIC 8211

COMMISSION SCOLAIRE DE LA SEIGNEURIE-DES-MILLE-ILES p1228
2919 Boul Des Promenades, SAINTE-MARTHE-SUR-LE-LAC, QC, J0N 1P0
(450) 623-4666   SIC 8211

COMMISSION SCOLAIRE DE LA SEIGNEURIE-DES-MILLE-ILES p1228
320 Rue De La Seve, SAINTE-MARTHE-SUR-LE-LAC, QC, J0N 1P0
(450) 472-8060   SIC 8211

COMMISSION SCOLAIRE DE LA SEIGNEURIE-DES-MILLE-ILES p1230
401 Boul Du Domaine, SAINTE-THERESE, QC, J7E 4S4
(450) 433-5400   SIC 8211

COMMISSION SCOLAIRE DE LA SEIGNEURIE-DES-MILLE-ILES p1230
301 Boul Du Domaine, SAINTE-THERESE, QC, J7E 4S4
(450) 433-5435   SIC 8211

COMMISSION SCOLAIRE DE LA SEIGNEURIE-DES-MILLE-ILES p1230
70 Rue Saint-Stanislas, SAINTE-THERESE, QC, J7E 3M7

SIC 8211 Elementary and secondary schools

(450) 433-5500 *SIC* 8211
COMMISSION SCOLAIRE DE LA SEIGNEURIE-DES-MILLE-ILES *p*1230
101 Rue Blanchard, SAINTE-THERESE, QC, J7E 4N4
(450) 433-4612 *SIC* 8211
COMMISSION SCOLAIRE DE LA SEIGNEURIE-DES-MILLE-ILES *p*1230
125 Rue Beauchamp, SAINTE-THERESE, QC, J7E 5A4
(450) 433-5432 *SIC* 8211
COMMISSION SCOLAIRE DE LA SEIGNEURIE-DES-MILLE-ILES *p*1231
201 Rue Saint-Pierre, SAINTE-THERESE, QC, J7E 2S3
(450) 433-5545 *SIC* 8211
COMMISSION SCOLAIRE DE LA SEIGNEURIE-DES-MILLE-ILES *p*1231
8 Rue Tasse, SAINTE-THERESE, QC, J7E 1V3
(450) 433-5445 *SIC* 8211
COMMISSION SCOLAIRE DE LA SEIGNEURIE-DES-MILLE-ILES *p*1231
800 Rue De Seve, SAINTE-THERESE, QC, J7E 2M6
(450) 433-5355 *SIC* 8211
COMMISSION SCOLAIRE DE LA SEIGNEURIE-DES-MILLE-ILES *p*1231
10 Rue Belisle, SAINTE-THERESE, QC, J7E 3P6
(450) 433-5525 *SIC* 8211
COMMISSION SCOLAIRE DE LA SEIGNEURIE-DES-MILLE-ILES *p*1245
452 Rue De Neuilly, TERREBONNE, QC, J6Y 1R2
(450) 621-5642 *SIC* 8211
COMMISSION SCOLAIRE DE LA SEIGNEURIE-DES-MILLE-ILES *p*1245
3415 Place Camus, TERREBONNE, QC, J6Y 0C8
(450) 979-9736 *SIC* 8211
COMMISSION SCOLAIRE DE LA VALLEE-DES-TISSERANDS, LA *p*996
260 Rue Gagnon, BEAUHARNOIS, QC, J6N 2W8
(450) 225-1084 *SIC* 8211
COMMISSION SCOLAIRE DE LA VALLEE-DES-TISSERANDS, LA *p*996
250 Rue Gagnon, BEAUHARNOIS, QC, J6N 2W8
(450) 225-2260 *SIC* 8211
COMMISSION SCOLAIRE DE LA VALLEE-DES-TISSERANDS, LA *p*1136
8 Rue Bridge, ORMSTOWN, QC, J0S 1K0
(450) 377-6063 *SIC* 8211
COMMISSION SCOLAIRE DE LA VALLEE-DES-TISSERANDS, LA *p*1179
4110 Rue De L'Eglise, Saint-Antoine-Abbe, QC, J0S 1N0
(450) 377-6062 *SIC* 8211
COMMISSION SCOLAIRE DE LA VALLEE-DES-TISSERANDS, LA *p*1222
115 Rue Centrale, SAINT-STANISLAS-DE-KOSTKA, QC, J0S 1W0
(450) 377-8887 *SIC* 8211
COMMISSION SCOLAIRE DE LA VALLEE-DES-TISSERANDS, LA *p*1228
5 Rue Ronaldo-Belanger, SAINTE-MARTINE, QC, J0S 1V0
(450) 225-4972 *SIC* 8211
COMMISSION SCOLAIRE DE LA VALLEE-DES-TISSERANDS, LA *p*1231
285 Rue Alphonse-Desjardins, SALABERRY-DE-VALLEYFIELD, QC, J6S 2P2
(450) 373-1270 *SIC* 8211
COMMISSION SCOLAIRE DE LA VALLEE-DES-TISSERANDS, LA *p*1231
115 Rue Saint-Charles, SALABERRY-DE-VALLEYFIELD, QC, J6S 4A2
(450) 371-2006 *SIC* 8211
COMMISSION SCOLAIRE DE LA VALLEE-DES-TISSERANDS, LA *p*1232
10 Rue Kent, SALABERRY-DE-VALLEYFIELD, QC, J6S 4T3
(450) 373-1256 *SIC* 8211
COMMISSION SCOLAIRE DE LA VALLEE-DES-TISSERANDS, LA *p*1232
269 Rue Grande-Ile, SALABERRY-DE-VALLEYFIELD, QC, J6S 3N3
(450) 373-2616 *SIC* 8211
COMMISSION SCOLAIRE DE LA VALLEE-DES-TISSERANDS, LA *p*1232
316 Rue Saint-Jean-Baptiste, SALABERRY-DE-VALLEYFIELD, QC, J6T 2A9
(450) 373-6661 *SIC* 8211
COMMISSION SCOLAIRE DE LA VALLEE-DES-TISSERANDS, LA *p*1232
445 Rue Jacques-Cartier, SALABERRY-DE-VALLEYFIELD, QC, J6T 6L9
(450) 371-2009 *SIC* 8211
COMMISSION SCOLAIRE DE LA VALLEE-DES-TISSERANDS, LA *p*1232
70 Rue Louis Vi-Major, SALABERRY-DE-VALLEYFIELD, QC, J6T 3G2
(450) 371-2004 *SIC* 8211
COMMISSION SCOLAIRE DE LA VALLEE-DES-TISSERANDS, LA *p*1232
537 Rue Montpetit, SALABERRY-DE-VALLEYFIELD, QC, J6S 4A7
(450) 373-2420 *SIC* 8211
COMMISSION SCOLAIRE DE LA VALLEE-DES-TISSERANDS, LA *p*1232
415 Rue Dufferin, SALABERRY-DE-VALLEYFIELD, QC, J6S 2A9
(450) 373-0673 *SIC* 8211
COMMISSION SCOLAIRE DE LAVAL *p*1017
1775 Rue Rochefort, Cote Saint-Luc, QC, H7G 2P8
(450) 662-7000 *SIC* 8211
COMMISSION SCOLAIRE DE LAVAL *p*1017
525 Av De La Sorbonne, Cote Saint-Luc, QC, H7G 3R9
(450) 662-7000 *SIC* 8211
COMMISSION SCOLAIRE DE LAVAL *p*1018
955 Boul Saint-Martin O Bureau 144, Cote Saint-Luc, QC, H7S 1M5
(450) 662-7000 *SIC* 8211
COMMISSION SCOLAIRE DE LAVAL *p*1018
1755 Av Dumouchel, Cote Saint-Luc, QC, H7S 1J7
(450) 662-7000 *SIC* 8211
COMMISSION SCOLAIRE DE LAVAL *p*1018
310 Boul Cartier O, Cote Saint-Luc, QC, H7N 2J2
(450) 975-4060 *SIC* 8211
COMMISSION SCOLAIRE DE LAVAL *p*1018
6145 27e Av, Cote Saint-Luc, QC, H7R 3K7
(450) 662-7000 *SIC* 8211
COMMISSION SCOLAIRE DE LAVAL *p*1018
1565 Boul Saint-Martin O, Cote Saint-Luc, QC, H7S 1N1
(450) 972-1800 *SIC* 8211
COMMISSION SCOLAIRE DE LAVAL *p*1021
3680 Boul Levesque O, Cote Saint-Luc, QC, H7V 1E8
(450) 662-7000 *SIC* 8211
COMMISSION SCOLAIRE DE LAVAL *p*1062
155 Rue Deslauriers, Laval, QC, H7L 2S2
(450) 662-7000 *SIC* 8211
COMMISSION SCOLAIRE DE LAVAL *p*1062
6060 Rue Des Cardinaux, Laval, QC, H7L 6B7
(450) 662-7000 *SIC* 8211
COMMISSION SCOLAIRE DE LAVAL *p*1062
150 Av Legrand, Laval, QC, H7N 3T3
(450) 662-7000 *SIC* 8211
COMMISSION SCOLAIRE DE LAVAL *p*1062
955 Boul Saint-Martin O Bureau 144, Laval, QC, H7S 1M5
(450) 662-7000 *SIC* 8211
COMMISSION SCOLAIRE DE LAVAL *p*1062
133 Boul Cartier O, Laval, QC, H7N 2H7
(450) 662-7000 *SIC* 8211
COMMISSION SCOLAIRE DE LAVAL *p*1062
2475 Rue Honore-Mercier, Laval, QC, H7L 2S9
(450) 662-7000 *SIC* 8211
COMMISSION SCOLAIRE DE LAVAL *p*1063
3690 Ch Du Souvenir, Laval, QC, H7V 1X8
(450) 662-7000 *SIC* 8211
COMMISSION SCOLAIRE DE LAVAL *p*1063
3995 Boul Levesque E Bureau 1, LAVAL-OUEST, QC, H7E 2R3
(450) 662-7000 *SIC* 8211
COMMISSION SCOLAIRE DE LAVAL *p*1063
4095 Boul Levesque E Bureau 57, LAVAL-OUEST, QC, H7E 2R3
(450) 662-7000 *SIC* 8211
COMMISSION SCOLAIRE DE LAVAL *p*1063
1295 Ch Du Bord-De-L'eau, Laval, QC, H7Y 1B9
(450) 662-7000 *SIC* 8211
COMMISSION SCOLAIRE DE LAVAL *p*1127
50 Rue Pare, Montreal, QC, H7B 1B3
(450) 662-7000 *SIC* 8211
COMMISSION SCOLAIRE DE LAVAL *p*1127
3145 Av Du Saguenay, Montreal, QC, H7E 1H6
(450) 662-7000 *SIC* 8211
COMMISSION SCOLAIRE DE LAVAL *p*1127
240 Rue Des Sapins, Montreal, QC, H7A 2W7
(450) 662-7000 *SIC* 8211
COMMISSION SCOLAIRE DE LAVAL *p*1127
8585 Rue De L'Eglise, Montreal, QC, H7A 1L1
(450) 662-7000 *SIC* 8211
COMMISSION SCOLAIRE DE LAVAL *p*1128
3001 Rue D'arnay, Montreal, QC, H7K 3P9
(450) 662-7000 *SIC* 8211
COMMISSION SCOLAIRE DE LAVAL *p*1128
216 Boul Marc-Aurele-Fortin, Montreal, QC, H7L 1Z5
(450) 662-7000 *SIC* 8211
COMMISSION SCOLAIRE DE LAVAL *p*1128
234 Boul Sainte-Rose, Montreal, QC, H7L 1L6
(450) 662-7000 *SIC* 8211
COMMISSION SCOLAIRE DE LAVAL *p*1128
211 Boul Sainte-Rose, Montreal, QC, H7L 1L7
(450) 662-7000 *SIC* 8211
COMMISSION SCOLAIRE DE LAVAL *p*1128
5409 Rue De Prince-Rupert, Montreal, QC, H7K 2L7
(450) 662-7000 *SIC* 8211
COMMISSION SCOLAIRE DE LAVAL *p*1128
2255 Boul Prudentiel, Montreal, QC, H7K 2C1
(450) 662-7000 *SIC* 8211
COMMISSION SCOLAIRE DE LAVAL *p*1128
4600 Rue Cyrille-Delage, Montreal, QC, H7K 2S4
(450) 662-7000 *SIC* 8211
COMMISSION SCOLAIRE DE LAVAL *p*1129
3785 Boul Sainte-Rose, Montreal, QC, H7P 1C6
(450) 662-7000 *SIC* 8211
COMMISSION SCOLAIRE DE LAVAL *p*1129
3516 Rue Edgar, Montreal, QC, H7P 2E5
(450) 662-7000 *SIC* 8211
COMMISSION SCOLAIRE DE LAVAL *p*1129
1701 Rue De Lucerne, Montreal, QC, H7M 2E9
(450) 662-7000 *SIC* 8211
COMMISSION SCOLAIRE DE LAVAL *p*1130
700 Rue Fleury, Montreal, QC, H7P 3B8
(450) 662-7000 *SIC* 8211
COMMISSION SCOLAIRE DE LAVAL *p*1130
3150 Boul Dagenais, Montreal, QC, H7P 1V1
(450) 662-7000 *SIC* 8211
COMMISSION SCOLAIRE DE LAVAL *p*1130
3225 Rue Christiane, Montreal, QC, H7P 1K2
(450) 662-7000 *SIC* 8211
COMMISSION SCOLAIRE DE LAVAL *p*1130
4185 Rue Seguin, Montreal, QC, H7R 2V2
(450) 662-7000 *SIC* 8211
COMMISSION SCOLAIRE DE LAVAL *p*1131
280 92e Av, Montreal, QC, H7W 3N3
(450) 662-7000 *SIC* 8211
COMMISSION SCOLAIRE DE LAVAL *p*1131
530 Rue Huberdeau, Montreal, QC, H7X 1P7
(450) 662-7000 *SIC* 8211
COMMISSION SCOLAIRE DE LAVAL *p*1131
1640 Rue Gratton, Montreal, QC, H7W 2X8
(450) 662-7000 *SIC* 8211
COMMISSION SCOLAIRE DE LAVAL *p*1133
740 75e Av, Montreal-Ouest, QC, H7V 2Y6
(450) 662-7000 *SIC* 8211
COMMISSION SCOLAIRE DE LAVAL *p*1133
125 Boul Des Prairies, Montreal-Ouest, QC, H7N 2T6
(450) 662-7000 *SIC* 8211
COMMISSION SCOLAIRE DE LAVAL *p*1133
40 Av Dussault, Montreal-Ouest, QC, H7N 3K1
(450) 662-7000 *SIC* 8211
COMMISSION SCOLAIRE DE LAVAL *p*1228
707 Av Marc-Aurele-Fortin, SAINTE-ROSE, QC, H7L 5M6
(450) 662-7000 *SIC* 8211
COMMISSION SCOLAIRE DE LAVAL *p*1229
805 Rue Lauzon, SAINTE-ROSE, QC, H7X 2N4
(450) 662-7000 *SIC* 8211
COMMISSION SCOLAIRE DE LAVAL *p*1229
956 Montee Gravel, SAINTE-ROSE, QC, H7X 2B8
(450) 662-7000 *SIC* 8211
COMMISSION SCOLAIRE DE MONTREAL *p*1085
5005 Rue Mousseau, Montreal, QC, H1K 2V8
(514) 596-5040 *SIC* 8211
COMMISSION SCOLAIRE DE MONTREAL *p*1086
5850 Av De Carignan, Montreal, QC, H1M 2V4
(514) 596-4134 *SIC* 8211
COMMISSION SCOLAIRE DE MONTREAL *p*1086
3125 Av Fletcher, Montreal, QC, H1L 4E2
(514) 596-4920 *SIC* 8211
COMMISSION SCOLAIRE DE MONTREAL *p*1086
6400 Av Pierre-De Coubertin, Montreal, QC, H1N 1S4
(514) 596-5136 *SIC* 8211
COMMISSION SCOLAIRE DE MONTREAL *p*1086
8100 Rue De Marseille, Montreal, QC, H1L 1P3
(514) 596-5044 *SIC* 8211
COMMISSION SCOLAIRE DE MONTREAL *p*1086
5555 Rue Sherbrooke E, Montreal, QC, H1N 1A2
(514) 596-5100 *SIC* 8211
COMMISSION SCOLAIRE DE MONTREAL *p*1086
6300 Av Albani, Montreal, QC, H1M 2R8
(514) 596-4871 *SIC* 8211
COMMISSION SCOLAIRE DE MONTREAL *p*1086
6200 Av Pierre-De Coubertin, Montreal, QC, H1N 1S4
(514) 596-4140 *SIC* 8211
COMMISSION SCOLAIRE DE MONTREAL *p*1086
8500 Rue Sainte-Claire, Montreal, QC, H1L 1X7
(514) 596-4944 *SIC* 8211
COMMISSION SCOLAIRE DE MONTREAL *p*1086
2800 Boul Lapointe, Montreal, QC, H1L 5M1
(514) 596-5035 *SIC* 8211
COMMISSION SCOLAIRE DE MONTREAL *p*1086
2150 Rue Liebert, Montreal, QC, H1L 5R1
(514) 596-5032 *SIC* 8211
COMMISSION SCOLAIRE DE MONTREAL *p*1086

3155 Rue Desautels, Montreal, QC, H1N 3B8
(514) 596-5037   SIC 8211
COMMISSION SCOLAIRE DE MONTREAL
p1086
2600 Av Fletcher, Montreal, QC, H1L 4C5
(514) 596-5115   SIC 8211
COMMISSION SCOLAIRE DE MONTREAL
p1086
8147 Rue Sherbrooke E, Montreal, QC, H1L 1A7
(514) 356-4450   SIC 8211
COMMISSION SCOLAIRE DE MONTREAL
p1087
6455 27e Av, Montreal, QC, H1T 3J8
(514) 596-5055   SIC 8211
COMMISSION SCOLAIRE DE MONTREAL
p1087
6405 30e Av, Montreal, QC, H1T 3G3
(514) 596-4892   SIC 8211
COMMISSION SCOLAIRE DE MONTREAL
p1087
5955 41e Av, Montreal, QC, H1T 2T7
(514) 596-5133   SIC 8211
COMMISSION SCOLAIRE DE MONTREAL
p1088
2455 Av Letourneux, Montreal, QC, H1V 2N9
(514) 596-4949   SIC 8211
COMMISSION SCOLAIRE DE MONTREAL
p1088
4770 Rue La-Fontaine, Montreal, QC, H1V 1R3
(514) 596-5080   SIC 8211
COMMISSION SCOLAIRE DE MONTREAL
p1088
6600 Rue Lemay, Montreal, QC, H1T 2L7
(514) 596-4868   SIC 8211
COMMISSION SCOLAIRE DE MONTREAL
p1088
4100 Rue Hochelaga, Montreal, QC, H1V 1B6
(514) 596-4250   SIC 8211
COMMISSION SCOLAIRE DE MONTREAL
p1088
1860 Av Morgan, Montreal, QC, H1V 2R2
(514) 596-4844   SIC 8211
COMMISSION SCOLAIRE DE MONTREAL
p1088
1680 Av Morgan, Montreal, QC, H1V 2P9
(514) 596-5442   SIC 8211
COMMISSION SCOLAIRE DE MONTREAL
p1088
4131 Rue Adam, Montreal, QC, H1V 1S8
(514) 596-4929   SIC 8211
COMMISSION SCOLAIRE DE MONTREAL
p1089
3603 Rue Adam, Montreal, QC, H1W 1Z1
(514) 596-5070   SIC 8211
COMMISSION SCOLAIRE DE MONTREAL
p1089
6855 16e Av, Montreal, QC, H1X 2T5
(514) 596-4166   SIC 8211
COMMISSION SCOLAIRE DE MONTREAL
p1089
3450 Rue Davidson, Montreal, QC, H1W 2Z5
(514) 596-5050   SIC 8211
COMMISSION SCOLAIRE DE MONTREAL
p1089
3700 Rue Sherbrooke E, Montreal, QC, H1X 1Z8
(514) 596-4848   SIC 8211
COMMISSION SCOLAIRE DE MONTREAL
p1089
3580 Rue Dandurand, Montreal, QC, H1X 1N6
(514) 596-4966   SIC 8211
COMMISSION SCOLAIRE DE MONTREAL
p1089
6255 13e Av, Montreal, QC, H1X 2Y6
(514) 596-7712   SIC 8211
COMMISSION SCOLAIRE DE MONTREAL
p1089

2430 Rue Darling, Montreal, QC, H1W 2X1
(514) 596-5046   SIC 8211
COMMISSION SCOLAIRE DE MONTREAL
p1089
3320 Rue Hochelaga, Montreal, QC, H1W 1H1
(514) 596-4650   SIC 8211
COMMISSION SCOLAIRE DE MONTREAL
p1090
5937 9e Avenue, Montreal, QC, H1Y 2K4
(514) 596-4861   SIC 8211
COMMISSION SCOLAIRE DE MONTREAL
p1090
3120 Av Laurier E, Montreal, QC, H1Y 1Z6
(514) 596-5007   SIC 8211
COMMISSION SCOLAIRE DE MONTREAL
p1090
8699 Boul Saint-Michel, Montreal, QC, H1Z 3G1
(514) 596-4455   SIC 8211
COMMISSION SCOLAIRE DE MONTREAL
p1090
5015 9e Av, Montreal, QC, H1Y 2J3
(514) 596-5588   SIC 8211
COMMISSION SCOLAIRE DE MONTREAL
p1090
3000 Rue Beaubien E, Montreal, QC, H1Y 1H2
(514) 596-4567   SIC 8211
COMMISSION SCOLAIRE DE MONTREAL
p1090
6365 1re Av, Montreal, QC, H1Y 3A9
(514) 596-5022   SIC 8211
COMMISSION SCOLAIRE DE MONTREAL
p1090
2870 Rue Dandurand, Montreal, QC, H1Y 1T5
(514) 596-5122   SIC 8211
COMMISSION SCOLAIRE DE MONTREAL
p1091
10055 Rue J.-J.-Gagnier, Montreal, QC, H2B 2Z7
(514) 596-5570   SIC 8211
COMMISSION SCOLAIRE DE MONTREAL
p1091
10591 Rue Seguin, Montreal, QC, H2B 2B8
(514) 596-5295   SIC 8211
COMMISSION SCOLAIRE DE MONTREAL
p1091
10600 Av Larose, Montreal, QC, H2B 2Z3
(514) 596-5435   SIC 8211
COMMISSION SCOLAIRE DE MONTREAL
p1091
8801 25e Av, Montreal, QC, H1Z 4B4
(514) 596-5494   SIC 8211
COMMISSION SCOLAIRE DE MONTREAL
p1091
8800 12e Av, Montreal, QC, H1Z 3J3
(514) 596-5330   SIC 8211
COMMISSION SCOLAIRE DE MONTREAL
p1091
8901 Boul Saint-Michel, Montreal, QC, H1Z 3G3
(514) 596-5550   SIC 8211
COMMISSION SCOLAIRE DE MONTREAL
p1091
7450 Rue Francois-Perrault, Montreal, QC, H2A 1L9
(514) 596-4620   SIC 8211
COMMISSION SCOLAIRE DE MONTREAL
p1091
7575 19e Av, Montreal, QC, H2A 2M2
(514) 596-4924   SIC 8211
COMMISSION SCOLAIRE DE MONTREAL
p1091
7230 8e Av, Montreal, QC, H2A 3C7
(514) 596-5120   SIC 8211
COMMISSION SCOLAIRE DE MONTREAL
p1091
9275 25e Av, Montreal, QC, H1Z 4E2
(514) 596-5181   SIC 8211
COMMISSION SCOLAIRE DE MONTREAL
p1091
2901 Rue De Louvain E, Montreal, QC, H1Z

1J7
(514) 596-5353   SIC 8211
COMMISSION SCOLAIRE DE MONTREAL
p1091
7900 8e Av, Montreal, QC, H1Z 2V9
(514) 596-5020   SIC 8211
COMMISSION SCOLAIRE DE MONTREAL
p1092
10495 Av Georges-Baril, Montreal, QC, H2C 2N1
(514) 596-5505   SIC 8211
COMMISSION SCOLAIRE DE MONTREAL
p1092
1350 Boul Cremazie E, Montreal, QC, H2E 1A1
(514) 596-4300   SIC 8211
COMMISSION SCOLAIRE DE MONTREAL
p1092
10050 Av Durham, Montreal, QC, H2C 2G4
(514) 596-5200   SIC 8211
COMMISSION SCOLAIRE DE MONTREAL
p1092
8200 Rue Rousselot, Montreal, QC, H2E 1Z6
(514) 596-4350   SIC 8211
COMMISSION SCOLAIRE DE MONTREAL
p1092
10122 Boul Olympia, Montreal, QC, H2C 2V9
(514) 596-5320   SIC 8211
COMMISSION SCOLAIRE DE MONTREAL
p1092
6017 Rue Cartier, Montreal, QC, H2G 2V4
(514) 596-4969   SIC 8211
COMMISSION SCOLAIRE DE MONTREAL
p1092
1370 Rue De Castelnau E, Montreal, QC, H2E 1R9
(514) 596-5523   SIC 8211
COMMISSION SCOLAIRE DE MONTREAL
p1092
750 Boul Gouin E, Montreal, QC, H2C 1A6
(514) 596-5538   SIC 8211
COMMISSION SCOLAIRE DE MONTREAL
p1092
1239 Boul Gouin E, Montreal, QC, H2C 1B3
(514) 596-5535   SIC 8211
COMMISSION SCOLAIRE DE MONTREAL
p1092
7400 Rue Sagard, Montreal, QC, H2E 2S9
(514) 596-4858   SIC 8211
COMMISSION SCOLAIRE DE MONTREAL
p1093
2110 Boul Saint-Joseph E, Montreal, QC, H2H 1E7
(514) 596-5700   SIC 8211
COMMISSION SCOLAIRE DE MONTREAL
p1093
1808 Av Papineau, Montreal, QC, H2K 4J1
(514) 596-5808   SIC 8211
COMMISSION SCOLAIRE DE MONTREAL
p1093
4300 Rue De Lanaudiere, Montreal, QC, H2J 3N9
(514) 596-5835   SIC 8211
COMMISSION SCOLAIRE DE MONTREAL
p1093
505 Av Laurier E, Montreal, QC, H2J 1E9
(514) 596-5770   SIC 8211
COMMISSION SCOLAIRE DE MONTREAL
p1093
4245 Rue Berri, Montreal, QC, H2J 2P9
(514) 596-5737   SIC 8211
COMMISSION SCOLAIRE DE MONTREAL
p1093
2430 Tsse Mercure, Montreal, QC, H2H 1P2
(514) 596-5880   SIC 8211
COMMISSION SCOLAIRE DE MONTREAL
p1093
1310 Boul Saint-Joseph E, Montreal, QC, H2J 1M2
(514) 596-5845   SIC 8211
COMMISSION SCOLAIRE DE MONTREAL
p1093

4240 Rue De Bordeaux, Montreal, QC, H2H 1Z5
(514) 596-5815   SIC 8211
COMMISSION SCOLAIRE DE MONTREAL
p1093
5205 Rue Parthenais, Montreal, QC, H2H 2H4
(514) 596-4590   SIC 8211
COMMISSION SCOLAIRE DE MONTREAL
p1093
2175 Rue Rachel E, Montreal, QC, H2H 1R3
(514) 596-5871   SIC 8211
COMMISSION SCOLAIRE DE MONTREAL
p1093
5455 Rue Saint-Denis, Montreal, QC, H2J 4B7
(514) 596-5855   SIC 8211
COMMISSION SCOLAIRE DE MONTREAL
p1094
2237 Rue Fullum, Montreal, QC, H2K 3P1
(514) 596-5830   SIC 8211
COMMISSION SCOLAIRE DE MONTREAL
p1094
2743 Rue De Rouen, Montreal, QC, H2K 1N2
(514) 596-5820   SIC 8211
COMMISSION SCOLAIRE DE MONTREAL
p1094
2070 Rue Plessis, Montreal, QC, H2L 2Y3
(514) 596-5810   SIC 8211
COMMISSION SCOLAIRE DE MONTREAL
p1094
3450 Av De Lorimier, Montreal, QC, H2K 3X6
(514) 596-7299   SIC 8211
COMMISSION SCOLAIRE DE MONTREAL
p1094
3700 Av Calixa-Lavallee, Montreal, QC, H2L 3A8
(514) 596-5950   SIC 8211
COMMISSION SCOLAIRE DE MONTREAL
p1094
2217 Av Papineau, Montreal, QC, H2K 4J5
(514) 596-4433   SIC 8211
COMMISSION SCOLAIRE DE MONTREAL
p1094
2000 Rue Parthenais, Montreal, QC, H2K 3S9
(514) 596-5711   SIC 8211
COMMISSION SCOLAIRE DE MONTREAL
p1094
3655 Rue Saint-Hubert, Montreal, QC, H2L 3Z9
(514) 596-4288   SIC 8211
COMMISSION SCOLAIRE DE MONTREAL
p1095
9355 Av De Galinee, Montreal, QC, H2M 2A7
(514) 596-5454   SIC 8211
COMMISSION SCOLAIRE DE MONTREAL
p1095
9335 Rue Saint-Hubert, Montreal, QC, H2M 1Y7
(514) 858-3999   SIC 8211
COMMISSION SCOLAIRE DE MONTREAL
p1095
525 Rue De Louvain E, Montreal, QC, H2M 1A1
(514) 596-5194   SIC 8211
COMMISSION SCOLAIRE DE MONTREAL
p1097
8200 Boul Saint-Laurent, Montreal, QC, H2P 2L8
(514) 596-5400   SIC 8211
COMMISSION SCOLAIRE DE MONTREAL
p1097
8525 Rue Berri, Montreal, QC, H2P 2G5
(514) 596-5450   SIC 8211
COMMISSION SCOLAIRE DE MONTREAL
p1097
1205 Rue Jarry E, Montreal, QC, H2P 1W9
(514) 596-4160   SIC 8211
COMMISSION SCOLAIRE DE MONTREAL
p1097

8050 Av De Gaspe, Montreal, QC, H2R 2A7
(514) 596-5275 SIC 8211
COMMISSION SCOLAIRE DE MONTREAL p1097
8305 Rue Saint-Andre, Montreal, QC, H2P 1Y7
(514) 596-4246 SIC 8211
COMMISSION SCOLAIRE DE MONTREAL p1097
8550 Rue Clark, Montreal, QC, H2P 2N7
(514) 596-4318 SIC 8211
COMMISSION SCOLAIRE DE MONTREAL p1097
85 Rue Jarry O, Montreal, QC, H2P 1S6
(514) 596-4381 SIC 8211
COMMISSION SCOLAIRE DE MONTREAL p1097
7230 Av De Gaspe, Montreal, QC, H2R 1Z6
(514) 596-5530 SIC 8211
COMMISSION SCOLAIRE DE MONTREAL p1098
5927 Rue Boyer, Montreal, QC, H2S 2H8
(514) 596-4266 SIC 8211
COMMISSION SCOLAIRE DE MONTREAL p1098
6521 Rue Saint-Denis, Montreal, QC, H2S 2S1
(514) 596-5288 SIC 8211
COMMISSION SCOLAIRE DE MONTREAL p1098
6972 Av Christophe-Colomb, Montreal, QC, H2S 2H5
(514) 596-5011 SIC 8211
COMMISSION SCOLAIRE DE MONTREAL p1098
6555 Rue De Normanville, Montreal, QC, H2S 2B8
(514) 596-4940 SIC 8211
COMMISSION SCOLAIRE DE MONTREAL p1098
5959 Av Christophe-Colomb, Montreal, QC, H2S 2G3
(514) 596-5165 SIC 8211
COMMISSION SCOLAIRE DE MONTREAL p1098
35 Rue Saint-Zotique E, Montreal, QC, H2S 1K5
(514) 596-5485 SIC 8211
COMMISSION SCOLAIRE DE MONTREAL p1098
5840 Rue Saint-Urbain, Montreal, QC, H2T 2X5
(514) 596-5890 SIC 8211
COMMISSION SCOLAIRE DE MONTREAL p1098
6841 Av Henri-Julien, Montreal, QC, H2S 2V3
(514) 596-5480 SIC 8211
COMMISSION SCOLAIRE DE MONTREAL p1099
4265 Av Laval, Montreal, QC, H2W 2J6
(514) 350-8860 SIC 8211
COMMISSION SCOLAIRE DE MONTREAL p1099
311 Av Des Pins E, Montreal, QC, H2W 1P5
(514) 350-8840 SIC 8211
COMMISSION SCOLAIRE DE MONTREAL p1099
6080 Av De L'esplanade, Montreal, QC, H2T 3A3
(514) 596-4800 SIC 8211
COMMISSION SCOLAIRE DE MONTREAL p1099
4285 Rue Drolet, Montreal, QC, H2W 2L7
(514) 596-5800 SIC 8211
COMMISSION SCOLAIRE DE MONTREAL p1117
555 Rue Des Seigneurs, Montreal, QC, H3J 1Y1
(514) 596-5730 SIC 8211
COMMISSION SCOLAIRE DE MONTREAL p1118
10615 Boul Saint-Laurent, Montreal, QC, H3L 2P5

(514) 596-5167 SIC 8211
COMMISSION SCOLAIRE DE MONTREAL p1118
2120 Rue Favard, Montreal, QC, H3K 1Z7
(514) 596-5788 SIC 8211
COMMISSION SCOLAIRE DE MONTREAL p1118
215 Rue Prieur O, Montreal, QC, H3L 1R7
(514) 596-5366 SIC 8211
COMMISSION SCOLAIRE DE MONTREAL p1118
2001 Rue Mullins, Montreal, QC, H3K 1N9
(514) 596-5684 SIC 8211
COMMISSION SCOLAIRE DE MONTREAL p1118
100 Rue Sauve E, Montreal, QC, H3L 1H1
(514) 596-5460 SIC 8211
COMMISSION SCOLAIRE DE MONTREAL p1119
11600 Boul De L'acadie, Montreal, QC, H3M 2T2
(514) 596-5285 SIC 8211
COMMISSION SCOLAIRE DE MONTREAL p1119
11845 Boul De L'acadie Bureau 281, Montreal, QC, H3M 2T4
(514) 596-5280 SIC 8211
COMMISSION SCOLAIRE DE MONTREAL p1119
7700 Av D'outremont, Montreal, QC, H3N 2L9
(514) 596-3410 SIC 8211
COMMISSION SCOLAIRE DE MONTREAL p1119
415 Rue Saint-Roch, Montreal, QC, H3N 1K2
(514) 596-4572 SIC 8211
COMMISSION SCOLAIRE DE MONTREAL p1119
12050 Av Du Bois-De-Boulogne, Montreal, QC, H3M 2X9
(514) 596-5540 SIC 8211
COMMISSION SCOLAIRE DE MONTREAL p1119
11400 Av De Poutrincourt, Montreal, QC, H3M 1Z7
(514) 596-5298 SIC 8211
COMMISSION SCOLAIRE DE MONTREAL p1119
7941 Av Wiseman, Montreal, QC, H3N 2P2
(514) 596-4533 SIC 8211
COMMISSION SCOLAIRE DE MONTREAL p1120
3131 Rue Goyer, Montreal, QC, H3S 1H7
(514) 736-3505 SIC 8211
COMMISSION SCOLAIRE DE MONTREAL p1120
3850 Av Dupuis, Montreal, QC, H3T 1E6
(514) 736-8140 SIC 8211
COMMISSION SCOLAIRE DE MONTREAL p1120
6320 Ch De La Cote-Des-Neiges, Montreal, QC, H3S 2A4
(514) 736-8100 SIC 8211
COMMISSION SCOLAIRE DE MONTREAL p1121
4890 Av Carlton, Montreal, QC, H3W 1G6
(514) 736-8192 SIC 8211
COMMISSION SCOLAIRE DE MONTREAL p1121
5325 Av Macdonald, Montreal, QC, H3X 2W6
(514) 596-5688 SIC 8211
COMMISSION SCOLAIRE DE MONTREAL p1121
6300 Ch De La Cote-Saint-Luc, Montreal, QC, H3X 2H4
(514) 596-5920 SIC 8211
COMMISSION SCOLAIRE DE MONTREAL p1121
5000 Av Iona, Montreal, QC, H3W 2A2
(514) 736-3535 SIC 8211
COMMISSION SCOLAIRE DE MONTREAL p1121

4860 Rue Vezina, Montreal, QC, H3W 1C1
(514) 736-1537 SIC 8211
COMMISSION SCOLAIRE DE MONTREAL p1122
2055 Av D'oxford, Montreal, QC, H4A 2X6
(514) 596-5227 SIC 8211
COMMISSION SCOLAIRE DE MONTREAL p1122
5619 Ch De La Cote-Saint-Antoine, Montreal, QC, H4A 1R5
(514) 596-5682 SIC 8211
COMMISSION SCOLAIRE DE MONTREAL p1122
5435 Av Notre-Dame-De-Grace, Montreal, QC, H4A 1L2
(514) 596-5676 SIC 8211
COMMISSION SCOLAIRE DE MONTREAL p1123
1935 Boul Desmarchais, Montreal, QC, H4E 2B9
(514) 732-1400 SIC 8211
COMMISSION SCOLAIRE DE MONTREAL p1123
717 Rue Saint-Ferdinand, Montreal, QC, H4C 2T3
(514) 596-5960 SIC 8211
COMMISSION SCOLAIRE DE MONTREAL p1123
6025 Rue Beaulieu, Montreal, QC, H4E 3E7
(514) 766-1239 SIC 8211
COMMISSION SCOLAIRE DE MONTREAL p1123
4976 Rue Notre-Dame O, Montreal, QC, H4C 1S8
(514) 596-4544 SIC 8211
COMMISSION SCOLAIRE DE MONTREAL p1123
770 Rue Du Couvent, Montreal, QC, H4C 2R6
(514) 596-5666 SIC 8211
COMMISSION SCOLAIRE DE MONTREAL p1123
6970 Rue Dumas, Montreal, QC, H4E 3A3
(514) 732-1460 SIC 8211
COMMISSION SCOLAIRE DE MONTREAL p1123
4115 Rue Saint-Jacques, Montreal, QC, H4C 1J3
(514) 596-5970 SIC 8211
COMMISSION SCOLAIRE DE MONTREAL p1124
11715 Rue Filion, Montreal, QC, H4J 1T2
(514) 596-7330 SIC 8211
COMMISSION SCOLAIRE DE MONTREAL p1124
12330 Rue Lavigne, Montreal, QC, H4J 1Y4
(514) 596-5586 SIC 8211
COMMISSION SCOLAIRE DE MONTREAL p1124
12055 Rue Depatie, Montreal, QC, H4J 1W9
(514) 596-5565 SIC 8211
COMMISSION SCOLAIRE DE MONTREAL p1126
7065 Av Somerled, Montreal, QC, H4V 1V8
(514) 596-5691 SIC 8211
COMMISSION SCOLAIRE DE MONTREAL p1126
5350 Av Rosedale, Montreal, QC, H4V 2H9
(514) 596-5745 SIC 8211
COMMISSION SCOLAIRE DE MONTREAL p1203
2085 Rue De Londres, SAINT-LAURENT, QC, H4L 3A5
(514) 855-4227 SIC 8211
COMMISSION SCOLAIRE DE MONTREAL p1218
9200 8 Av, SAINT-MICHEL, QC, J0L 2J0
(514) 596-5340 SIC 8211
COMMISSION SCOLAIRE DE MONTREAL p1262
360 Av Clarke, WESTMOUNT, QC, H3Z 2E6
(514) 596-5720 SIC 8211
COMMISSION SCOLAIRE DE MONTREAL p1262

11 Ch De La Cote-Saint-Antoine, WESTMOUNT, QC, H3Y 2H7
(514) 596-7240 SIC 8211
COMMISSION SCOLAIRE DE MONTS-ET-MAREES p1010
145 Rue Saint-Luc, CAUSAPSCAL, QC, G0J 1J0
(418) 756-3481 SIC 8211
COMMISSION SCOLAIRE DE MONTS-ET-MAREES p1077
611 Av Saint-Redempteur, MATANE, QC, G4W 1K7
(418) 562-6148 SIC 8211
COMMISSION SCOLAIRE DE MONTS-ET-MAREES p1077
152 Av Saint-Redempteur, MATANE, QC, G4W 1K2
(418) 562-0827 SIC 8211
COMMISSION SCOLAIRE DE MONTS-ET-MAREES p1077
530 Av Saint-Jerome, MATANE, QC, G4W 3B5
(418) 566-2500 SIC 8211
COMMISSION SCOLAIRE DE MONTS-ET-MAREES p1077
455 Av Saint-Redempteur, MATANE, QC, G4W 1K7
(418) 562-5429 SIC 8211
COMMISSION SCOLAIRE DE MONTS-ET-MAREES p1226
207 Boul Perron, Sainte-Felicite, QC, G0J 2K0
(418) 733-4276 SIC 8211
COMMISSION SCOLAIRE DE MONTS-ET-MAREES p1233
8 Rue Keable, SAYABEC, QC, G0J 3K0
(418) 536-5431 SIC 8211
COMMISSION SCOLAIRE DE PORTNEUF p1025
320 Rue De L'Eglise, DONNACONA, QC, G3M 2A1
(418) 285-2612 SIC 8211
COMMISSION SCOLAIRE DE PORTNEUF p1025
451 Av Jacques-Cartier, DONNACONA, QC, G3M 2C1
(418) 285-2666 SIC 8211
COMMISSION SCOLAIRE DE PORTNEUF p1025
310 Rue De L'Eglise, DONNACONA, QC, G3M 1Z8
(418) 285-2600 SIC 8211
COMMISSION SCOLAIRE DE PORTNEUF p1025
250 Av Cote, DONNACONA, QC, G3M 2V7
(418) 285-5026 SIC 8211
COMMISSION SCOLAIRE DE PORTNEUF p1134
619 Rue Des Erables, NEUVILLE, QC, G0A 2R0
(418) 876-2102 SIC 8211
COMMISSION SCOLAIRE DE PORTNEUF p1143
37 Rue Du College, PONT-ROUGE, QC, G3H 3A2
(418) 873-2193 SIC 8211
COMMISSION SCOLAIRE DE PORTNEUF p1143
20 Rue De La Fabrique, PONT-ROUGE, QC, G3H 3J6
(418) 873-2151 SIC 8211
COMMISSION SCOLAIRE DE PORTNEUF p1181
10 Pace De L'Eglise, SAINT-BASILE, QC, G0A 3G0
SIC 8211
COMMISSION SCOLAIRE DE PORTNEUF p1220
150 Av De L'hotel-De-Ville, SAINT-RAYMOND, QC, G3L 3V9
(418) 337-7657 SIC 8211
COMMISSION SCOLAIRE DE PORTNEUF p1220
400 Boul Cloutier, SAINT-RAYMOND, QC,

G3L 3M8
(418) 337-6721 SIC 8211
COMMISSION SCOLAIRE DE ROUYN-NORANDA p1177
275 Av Forbes, ROUYN-NORANDA, QC, J9X 5C9
(819) 762-8161 SIC 8211
COMMISSION SCOLAIRE DE ROUYN-NORANDA p1177
200 19e Rue, ROUYN-NORANDA, QC, J9X 2N3
(819) 762-8161 SIC 8211
COMMISSION SCOLAIRE DE ROUYN-NORANDA p1177
9725 Boul Rideau, ROUYN-NORANDA, QC, J0Z 2X0
SIC 8211
COMMISSION SCOLAIRE DE ROUYN-NORANDA p1177
30 Av De L'Eglise, ROUYN-NORANDA, QC, J9X 5C9
(819) 762-8161 SIC 8211
COMMISSION SCOLAIRE DE SAINT-HYACINTHE, LA p987
1277 Rue Belair, ACTON VALE, QC, J0H 1A0
(450) 546-2785 SIC 8211
COMMISSION SCOLAIRE DE SAINT-HYACINTHE, LA p987
1450 3e Av, ACTON VALE, QC, J0H 1A0
(450) 546-5575 SIC 8211
COMMISSION SCOLAIRE DE SAINT-HYACINTHE, LA p1184
18 Rue Saint-Joseph, SAINT-DAMASE, QC, J0H 1J0
(450) 773-8355 SIC 8211
COMMISSION SCOLAIRE DE SAINT-HYACINTHE, LA p1185
1236 Rue Principale, SAINT-DOMINIQUE, QC, J0H 1L0
(450) 773-7223 SIC 8211
COMMISSION SCOLAIRE DE SAINT-HYACINTHE, LA p1193
6525 Av Pinard, SAINT-HYACINTHE, QC, J2R 1B8
(450) 773-7843 SIC 8211
COMMISSION SCOLAIRE DE SAINT-HYACINTHE, LA p1194
700 Boul Casavant E, SAINT-HYACINTHE, QC, J2S 7T2
(450) 773-8401 SIC 8211
COMMISSION SCOLAIRE DE SAINT-HYACINTHE, LA p1194
1455 Boul Casavant E, SAINT-HYACINTHE, QC, J2S 8S8
(450) 773-8401 SIC 8211
COMMISSION SCOLAIRE DE SAINT-HYACINTHE, LA p1194
350 Av Sainte-Marie, SAINT-HYACINTHE, QC, J2S 4R3
(450) 773-7162 SIC 8211
COMMISSION SCOLAIRE DE SAINT-HYACINTHE, LA p1194
2475 Boul Laframboise, SAINT-HYACINTHE, QC, J2S 4Y1
(450) 773-8401 SIC 8211
COMMISSION SCOLAIRE DE SAINT-HYACINTHE, LA p1194
2255 Boul Laframboise, SAINT-HYACINTHE, QC, J2S 4X7
(450) 773-8408 SIC 8211
COMMISSION SCOLAIRE DE SAINT-HYACINTHE, LA p1194
2350 Rue Lafontaine, SAINT-HYACINTHE, QC, J2S 2N1
(450) 771-2930 SIC 8211
COMMISSION SCOLAIRE DE SAINT-HYACINTHE, LA p1194
5355 Rue Joncaire, SAINT-HYACINTHE, QC, J2S 3X1
(450) 773-3835 SIC 8211
COMMISSION SCOLAIRE DE SAINT-HYACINTHE, LA p1194
2700 Av T.-D.-Bouchard, SAINT-HYACINTHE, QC, J2S 7G2
(450) 773-8408 SIC 8211
COMMISSION SCOLAIRE DE SAINT-HYACINTHE, LA p1194
700 Rue Millet, SAINT-HYACINTHE, QC, J2S 1J5
(450) 773-4505 SIC 8211
COMMISSION SCOLAIRE DE SAINT-HYACINTHE, LA p1194
2400 Rue Bourassa, SAINT-HYACINTHE, QC, J2S 1R8
(450) 773-1230 SIC 8211
COMMISSION SCOLAIRE DE SAINT-HYACINTHE, LA p1195
2525 Rue Crevier, SAINT-HYACINTHE, QC, J2T 1T1
(450) 774-6638 SIC 8211
COMMISSION SCOLAIRE DE SAINT-HYACINTHE, LA p1195
650 Rue Desranleau E, SAINT-HYACINTHE, QC, J2T 2L6
(450) 773-2823 SIC 8211
COMMISSION SCOLAIRE DE SAINT-HYACINTHE, LA p1195
1900 Rue Bernard, SAINT-HYACINTHE, QC, J2T 1G4
(450) 774-8015 SIC 8211
COMMISSION SCOLAIRE DE SAINT-HYACINTHE, LA p1195
855 Rue Saint-Pierre O, SAINT-HYACINTHE, QC, J2T 1N7
(450) 774-5700 SIC 8211
COMMISSION SCOLAIRE DE SAINT-HYACINTHE, LA p1202
1441 Rue Saint-Pierre, SAINT-JUDE, QC, J0H 1P0
(450) 792-3413 SIC 8211
COMMISSION SCOLAIRE DE SAINT-HYACINTHE, LA p1226
401 4e Av, Sainte-Helene-de-Bagot, QC, J0H 1M0
(450) 773-1237 SIC 8211
COMMISSION SCOLAIRE DE SAINT-HYACINTHE, LA p1227
150 Rue Du Cinquantenaire, SAINTE-MADELEINE, QC, J0H 1S0
(450) 773-6881 SIC 8211
COMMISSION SCOLAIRE DE SOREL-TRACY p1077
270 Rue Bonsecours, MASSUEVILLE, QC, J0G 1K0
(450) 788-2208 SIC 8211
COMMISSION SCOLAIRE DE SOREL-TRACY p1202
1055 Rue Saint-Pierre, SAINT-JOSEPH-DE-SOREL, QC, J3R 1B3
(450) 743-6417 SIC 8211
COMMISSION SCOLAIRE DE SOREL-TRACY p1224
581 Ch Du Chenal-Du-Moine, SAINTE-ANNE-DE-SOREL, QC, J3P 1V8
(450) 746-4575 SIC 8211
COMMISSION SCOLAIRE DE SOREL-TRACY p1231
345 Montee Sainte-Victoire, SAINTE-VICTOIRE-DE-SOREL, QC, J0G 1T0
(450) 746-3511 SIC 8211
COMMISSION SCOLAIRE DE SOREL-TRACY p1241
50 Rue Brebeuf, SOREL-TRACY, QC, J3P 2X5
(450) 746-1591 SIC 8211
COMMISSION SCOLAIRE DE SOREL-TRACY p1241
172 Rue Guevremont, SOREL-TRACY, QC, J3P 3K6
(450) 743-6370 SIC 8211
COMMISSION SCOLAIRE DE SOREL-TRACY p1241
265 Rue De Ramezay, SOREL-TRACY, QC, J3P 4A5
(450) 742-5901 SIC 8211
COMMISSION SCOLAIRE DE SOREL-TRACY p1242
2800 Boul Des Erables, SOREL-TRACY, QC, J3R 2W4
(450) 746-3510 SIC 8211
COMMISSION SCOLAIRE DE SOREL-TRACY p1242
2555 Rue Cardin, SOREL-TRACY, QC, J3R 2S5
(450) 746-3515 SIC 8211
COMMISSION SCOLAIRE DE SOREL-TRACY p1242
2425 Boul Cournoyer, SOREL-TRACY, QC, J3R 2N3
(450) 743-6334 SIC 8211
COMMISSION SCOLAIRE DE SOREL-TRACY p1263
11 Rue Du Pont, YAMASKA, QC, J0G 1X0
(450) 746-3513 SIC 8211
COMMISSION SCOLAIRE DES AFFLUENTS p1051
2600 Boul De L'ange-Gardien N, L'ASSOMPTION, QC, J5W 4R5
(450) 492-3565 SIC 8211
COMMISSION SCOLAIRE DES AFFLUENTS p1051
761 Rue Du Pont, L'ASSOMPTION, QC, J5W 3E6
(450) 492-3508 SIC 8211
COMMISSION SCOLAIRE DES AFFLUENTS p1051
1600 Boul De L'ange-Gardien N, L'ASSOMPTION, QC, J5W 5H1
(450) 492-3588 SIC 8211
COMMISSION SCOLAIRE DES AFFLUENTS p1051
119 Rue Amireault, L'Epiphanie, QC, J5X 2T2
(450) 492-3595 SIC 8211
COMMISSION SCOLAIRE DES AFFLUENTS p1051
81 Rue Des Sulpiciens, L'Epiphanie, QC, J5X 2Y2
(450) 492-3592 SIC 8211
COMMISSION SCOLAIRE DES AFFLUENTS p1076
99 Av Napoleon, MASCOUCHE, QC, J7L 3B3
(450) 492-3628 SIC 8211
COMMISSION SCOLAIRE DES AFFLUENTS p1076
2121 Rue De L'alize, MASCOUCHE, QC, J7L 4C9
(450) 492-9400 SIC 8211
COMMISSION SCOLAIRE DES AFFLUENTS p1076
825 Rue Bombardier Bureau 7, MASCOUCHE, QC, J7K 3G7
(450) 492-3737 SIC 8211
COMMISSION SCOLAIRE DES AFFLUENTS p1076
815 Rue Bombardier Bureau 16, MASCOUCHE, QC, J7K 3E6
(450) 492-3738 SIC 8211
COMMISSION SCOLAIRE DES AFFLUENTS p1076
3000 Av Bourque, MASCOUCHE, QC, J7K 2A3
(450) 492-3639 SIC 8211
COMMISSION SCOLAIRE DES AFFLUENTS p1170
835 Rue Frechette, REPENTIGNY, QC, J5Y 1B1
(450) 492-3519 SIC 8211
COMMISSION SCOLAIRE DES AFFLUENTS p1170
175 Rue Philippe-Goulet, REPENTIGNY, QC, J5Y 3M9
(450) 492-3580 SIC 8211
COMMISSION SCOLAIRE DES AFFLUENTS p1170
945 Rue Noiseux, REPENTIGNY, QC, J5Y 1Z3
(450) 492-3562 SIC 8211
COMMISSION SCOLAIRE DES AFFLUENTS p1170
777 Boul Iberville, REPENTIGNY, QC, J5Y 1A2
(450) 492-3777 SIC 8211
COMMISSION SCOLAIRE DES AFFLUENTS p1170
120 Boul Laurentien, REPENTIGNY, QC, J5Y 2R7
(450) 492-3569 SIC 8211
COMMISSION SCOLAIRE DES AFFLUENTS p1170
250 Boul Louis-Philippe-Picard, REPENTIGNY, QC, J5Y 3W9
(450) 492-3578 SIC 8211
COMMISSION SCOLAIRE DES AFFLUENTS p1171
595 Boul De L'assomption, REPENTIGNY, QC, J6A 6Z5
(450) 492-3567 SIC 8211
COMMISSION SCOLAIRE DES AFFLUENTS p1171
129 Rue Notre-Dame, REPENTIGNY, QC, J6A 2P1
(450) 492-3529 SIC 8211
COMMISSION SCOLAIRE DES AFFLUENTS p1171
830 Boul Basile-Routhier, REPENTIGNY, QC, J6A 7W9
(450) 492-3576 SIC 8211
COMMISSION SCOLAIRE DES AFFLUENTS p1171
185 Rue Du Cure-Longpre, REPENTIGNY, QC, J6A 1V5
(450) 492-3533 SIC 8211
COMMISSION SCOLAIRE DES AFFLUENTS p1171
80 Rue Jean-Baptiste-Meilleur, REPENTIGNY, QC, J6A 6C5
(450) 492-9400 SIC 8211
COMMISSION SCOLAIRE DES AFFLUENTS p1243
192 Rue De L'Eglise, TERREBONNE, QC, J6V 1B4
(450) 492-3736 SIC 8211
COMMISSION SCOLAIRE DES AFFLUENTS p1244
400 Montee Dumais, TERREBONNE, QC, J6W 5W9
(450) 492-3613 SIC 8211
COMMISSION SCOLAIRE DES AFFLUENTS p1244
508 Montee Masson, TERREBONNE, QC, J6W 2Z3
(450) 492-3605 SIC 8211
COMMISSION SCOLAIRE DES AFFLUENTS p1245
2225 Boul Des Seigneurs, TERREBONNE, QC, J6X 4A8
(450) 492-3740 SIC 8211
COMMISSION SCOLAIRE DES AFFLUENTS p1245
4200 Rue Robert, TERREBONNE, QC, J6X 2N9
(450) 492-3636 SIC 8211
COMMISSION SCOLAIRE DES AFFLUENTS p1245
10521 Rue Villeneuve, TERREBONNE, QC, J7M 0K8
(450) 492-3609 SIC 8211
COMMISSION SCOLAIRE DES AFFLUENTS p1245
1659 Boul Des Seigneurs, TERREBONNE, QC, J6X 3E3
(450) 492-3622 SIC 8211
COMMISSION SCOLAIRE DES AFFLUENTS p1245
1658 Boul Des Seigneurs, TERREBONNE, QC, J6X 4T1
(450) 492-3746 SIC 8211
COMMISSION SCOLAIRE DES AFFLUENTS p1245
5800 Rue Rodrigue, TERREBONNE, QC, J7M 1Y6
(450) 492-3617 SIC 8211
COMMISSION SCOLAIRE DES AFFLU-

ENTS p1246
7101 Rue Rodrigue, TERREBONNE, QC, J7M 1Y7
(450) 492-3742 SIC 8211
COMMISSION SCOLAIRE DES AFFLUENTS p1246
1651 Rue Guillemette, TERREBONNE, QC, J7M 1Z7
(450) 492-3748 SIC 8211
COMMISSION SCOLAIRE DES AFFLUENTS p1246
4960 Rue Rodrigue, TERREBONNE, QC, J7M 1Y9
(450) 492-3747 SIC 8211
COMMISSION SCOLAIRE DES APPALACHES p1023
290 Rue Montcalm, Disraeli, QC, G0N 1E0
(418) 449-2591 SIC 8211
COMMISSION SCOLAIRE DES APPALACHES p1032
372 Av Du College, EAST BROUGHTON, QC, G0N 1G0
(418) 427-2606 SIC 8211
COMMISSION SCOLAIRE DES APPALACHES p1188
620 Rue Notre-Dame, SAINT-FERDINAND, QC, G0N 1N0
(418) 428-3731 SIC 8211
COMMISSION SCOLAIRE DES APPALACHES p1196
435 Rue Principale, SAINT-JACQUES-DE-LEEDS, QC, G0N 1J0
(418) 424-3777 SIC 8211
COMMISSION SCOLAIRE DES APPALACHES p1225
307 Rue Du Couvent, SAINTE-CLOTILDE-DE-BEAUCE, QC, G0N 1C0
(418) 427-2018 SIC 8211
COMMISSION SCOLAIRE DES APPALACHES p1246
275 Rue Simoneau, THETFORD MINES, QC, G6G 1S8
(418) 335-2110 SIC 8211
COMMISSION SCOLAIRE DES APPALACHES p1246
993 8e Av, THETFORD MINES, QC, G6G 2E3
(418) 335-9826 SIC 8211
COMMISSION SCOLAIRE DES APPALACHES p1246
507 Rue Saint-Patrick, THETFORD MINES, QC, G6G 4B1
(418) 338-0640 SIC 8211
COMMISSION SCOLAIRE DES APPALACHES p1246
285 Rue Houle, THETFORD MINES, QC, G6G 5W2
(418) 338-8422 SIC 8211
COMMISSION SCOLAIRE DES APPALACHES p1246
561 Rue Saint-Patrick, THETFORD MINES, QC, G6G 5W1
(418) 338-7831 SIC 8211
COMMISSION SCOLAIRE DES APPALACHES p1247
539 Rue Saint-Louis, THETFORD MINES, QC, G6H 1J3
(418) 423-2728 SIC 8211
COMMISSION SCOLAIRE DES APPALACHES p1247
499 Rue Saint-Desire, THETFORD MINES, QC, G6H 1L7
(418) 423-4291 SIC 8211
COMMISSION SCOLAIRE DES BOIS-FRANCS p1022
111 7e Av, DAVELUYVILLE, QC, G0Z 1C0
(819) 367-2980 SIC 8211
COMMISSION SCOLAIRE DES BOIS-FRANCS p1022
414 Rue Principale, DAVELUYVILLE, QC, G0Z 1C0
(819) 367-2241 SIC 8211
COMMISSION SCOLAIRE DES BOIS-FRANCS p1048
2 Rue Lajeunesse, KINGSEY FALLS, QC, J0A 1B0
(819) 363-2213 SIC 8211
COMMISSION SCOLAIRE DES BOIS-FRANCS p1138
2050 Boul Des Sucreries, PLESSISVILLE, QC, G6L 1W6
(819) 362-2374 SIC 8211
COMMISSION SCOLAIRE DES BOIS-FRANCS p1138
1159 Rue Saint-Jean, PLESSISVILLE, QC, G6L 1E1
(819) 362-3226 SIC 8211
COMMISSION SCOLAIRE DES BOIS-FRANCS p1138
1850 Av Rousseau, PLESSISVILLE, QC, G6L 2V3
(819) 362-3191 SIC 8211
COMMISSION SCOLAIRE DES BOIS-FRANCS p1144
48 Rue Saint-Charles, PRINCEVILLE, QC, G6L 4W4
(819) 364-2143 SIC 8211
COMMISSION SCOLAIRE DES BOIS-FRANCS p1144
75 Rue Monseigneur-Poirier, PRINCEVILLE, QC, G6L 4S7
(819) 364-2155 SIC 8211
COMMISSION SCOLAIRE DES BOIS-FRANCS p1221
11 Rue Saint-Pierre, SAINT-ROSAIRE, QC, G0Z 1K0
(819) 758-1600 SIC 8211
COMMISSION SCOLAIRE DES BOIS-FRANCS p1222
1641 161 Rte, Saint-Valere, QC, G0P 1M0
(819) 353-2223 SIC 8211
COMMISSION SCOLAIRE DES BOIS-FRANCS p1230
441 Rue De L'Ecole, SAINTE-SOPHIE-D'HALIFAX, QC, G0P 1L0
(819) 362-3277 SIC 8211
COMMISSION SCOLAIRE DES BOIS-FRANCS p1258
38 Rue Laurier O, VICTORIAVILLE, QC, G6P 6P3
(819) 357-2116 SIC 8211
COMMISSION SCOLAIRE DES BOIS-FRANCS p1258
82 Rue Du Cure-Suzor, VICTORIAVILLE, QC, G6P 6M8
(819) 357-2451 SIC 8211
COMMISSION SCOLAIRE DES BOIS-FRANCS p1259
20 Rue De L'ermitage, VICTORIAVILLE, QC, G6P 1J5
(819) 752-4591 SIC 8211
COMMISSION SCOLAIRE DES BOIS-FRANCS p1259
40 Boul Des Bois-Francs N, VICTORIAVILLE, QC, G6P 1E5
(819) 758-6453 SIC 8211
COMMISSION SCOLAIRE DES BOIS-FRANCS p1259
6 Rue Pare, VICTORIAVILLE, QC, G6P 2X6
(819) 752-5945 SIC 8211
COMMISSION SCOLAIRE DES BOIS-FRANCS p1259
155 Rue Olivier, VICTORIAVILLE, QC, G6P 5G8
(819) 752-6171 SIC 8211
COMMISSION SCOLAIRE DES BOIS-FRANCS p1259
30 Rue Sainte-Victoire, VICTORIAVILLE, QC, G6P 2M9
(819) 752-2285 SIC 8211
COMMISSION SCOLAIRE DES BOIS-FRANCS p1259
5 Rue Habel, VICTORIAVILLE, QC, G6P 4M2
(819) 752-6346 SIC 8211
COMMISSION SCOLAIRE DES BOIS-FRANCS p1259
20 Rue Des Plaines, VICTORIAVILLE, QC, G6P 2C7
(819) 752-6455 SIC 8211
COMMISSION SCOLAIRE DES BOIS-FRANCS p1259
65 Rue De Versailles, VICTORIAVILLE, QC, G6P 1A4
(819) 752-2976 SIC 8211
COMMISSION SCOLAIRE DES BOIS-FRANCS p1259
57 Rue Monfette, VICTORIAVILLE, QC, G6P 1J8
(819) 752-9756 SIC 8211
COMMISSION SCOLAIRE DES BOIS-FRANCS p1260
128 Rue Saint-Louis, WARWICK, QC, J0A 1M0
(819) 358-2040 SIC 8211
COMMISSION SCOLAIRE DES BOIS-FRANCS p1260
378 Rue Principale, VILLEROY, QC, G0S 3K0
(819) 385-4605 SIC 8211
COMMISSION SCOLAIRE DES BOIS-FRANCS p1261
128 Rue Saint-Louis Gd, WARWICK, QC, J0A 1M0
(819) 358-2260 SIC 8211
COMMISSION SCOLAIRE DES CHENES p1001
500 Rue Saint-Bruno, BON-CONSEIL, QC, J0C 1A0
(819) 850-1622 SIC 8211
COMMISSION SCOLAIRE DES CHENES p1028
2065 139 Rte, DRUMMONDVILLE, QC, J2A 2G2
(819) 474-0716 SIC 8211
COMMISSION SCOLAIRE DES CHENES p1028
1140 Rue Saint-Edgar, DRUMMONDVILLE, QC, J2B 2V9
(819) 474-0727 SIC 8211
COMMISSION SCOLAIRE DES CHENES p1028
457 Rue Des Ecoles Bureau 846, DRUMMONDVILLE, QC, J2B 1J3
(819) 478-6700 SIC 8211
COMMISSION SCOLAIRE DES CHENES p1028
1355 Rue Duvernay, DRUMMONDVILLE, QC, J2B 2R8
(819) 474-0704 SIC 8211
COMMISSION SCOLAIRE DES CHENES p1028
100 13e Av, DRUMMONDVILLE, QC, J2B 2Z9
(819) 474-0711 SIC 8211
COMMISSION SCOLAIRE DES CHENES p1028
154 18e Av, DRUMMONDVILLE, QC, J2B 3T3
(819) 474-0710 SIC 8211
COMMISSION SCOLAIRE DES CHENES p1028
180 Rue Saint-Albert, DRUMMONDVILLE, QC, J2B 2A9
(819) 474-0714 SIC 8211
COMMISSION SCOLAIRE DES CHENES p1029
1180 Rue Saint-Thomas, DRUMMONDVILLE, QC, J2B 3A9
(819) 474-0720 SIC 8211
COMMISSION SCOLAIRE DES CHENES p1029
457 Rue Des Ecoles Bureau 846, DRUMMONDVILLE, QC, J2B 1J3
(819) 474-0756 SIC 8211
COMMISSION SCOLAIRE DES CHENES p1030
155 Rue Saint-Felix, DRUMMONDVILLE, QC, J2C 1N1
(819) 474-0706 SIC 8211
COMMISSION SCOLAIRE DES CHENES p1030
650 Rue Victorin, DRUMMONDVILLE, QC, J2C 1B8
(819) 474-0702 SIC 8211
COMMISSION SCOLAIRE DES CHENES p1030
690 Rue Saint-Pierre, DRUMMONDVILLE, QC, J2C 3W5
(819) 474-0719 SIC 8211
COMMISSION SCOLAIRE DES CHENES p1030
175 Rue Pelletier, DRUMMONDVILLE, QC, J2C 2W1
(819) 474-0750 SIC 8211
COMMISSION SCOLAIRE DES CHENES p1030
850 Rue Florette-Lavigne, DRUMMONDVILLE, QC, J2C 4X1
(819) 474-0701 SIC 8211
COMMISSION SCOLAIRE DES CHENES p1030
265 Rue Saint-Felix, DRUMMONDVILLE, QC, J2C 5M1
(819) 478-6600 SIC 8211
COMMISSION SCOLAIRE DES CHENES p1030
269 Rue Ringuet, DRUMMONDVILLE, QC, J2C 2R1
(819) 474-0715 SIC 8211
COMMISSION SCOLAIRE DES CHENES p1030
227 Rue Bruno, DRUMMONDVILLE, QC, J2C 4M6
(819) 474-8341 SIC 8211
COMMISSION SCOLAIRE DES CHENES p1184
4565 Rue Principale, SAINT-CYRILLE-DE-WENDOVER, QC, J1Z 1E4
(819) 397-4229 SIC 8211
COMMISSION SCOLAIRE DES CHENES p1188
6085 Rue Principale, Saint-Felix-de-Kingsey, QC, J0B 2T0
(819) 850-1608 SIC 8211
COMMISSION SCOLAIRE DES CHENES p1190
126 Rue Saint-Jean-Baptiste, SAINT-GUILLAUME, QC, J0C 1L0
(819) 850-1609 SIC 8211
COMMISSION SCOLAIRE DES CHENES p1217
770 Ch Du Sanctuaire, SAINT-MAJORIQUE, QC, J2B 8A8
(819) 474-0707 SIC 8211
COMMISSION SCOLAIRE DES CHIC-CHOCS p1009
1 Rue Des Ecoliers, CAP-CHAT, QC, G0J 1E0
(418) 786-5668 SIC 8211
COMMISSION SCOLAIRE DES CHIC-CHOCS p1033
151 Rue Jacques-Cartier, Gaspe, QC, G4X 2P7
(418) 368-2237 SIC 8211
COMMISSION SCOLAIRE DES CHIC-CHOCS p1033
615 Boul Du Griffon, Gaspe, QC, G4X 6A5
(418) 892-5311 SIC 8211
COMMISSION SCOLAIRE DES CHIC-CHOCS p1033
85 Boul De Gaspe Bureau Rc, Gaspe, QC, G4X 2T8
(418) 368-6117 SIC 8211
COMMISSION SCOLAIRE DES CHIC-CHOCS p1033
110 Boul Renard E, Gaspe, QC, G4X 5H8
(418) 269-3301 SIC 8211
COMMISSION SCOLAIRE DES CHIC-CHOCS p1080
2 2e Av E, MONT-LOUIS, QC, G0E 1T0
(418) 797-2254 SIC 8211
COMMISSION SCOLAIRE DES CHIC-CHOCS p1134
530 Av William-May, MURDOCHVILLE, QC, G0E 1W0

SIC 8211 Elementary and secondary schools

(418) 784-2487 SIC 8211
COMMISSION SCOLAIRE DES CHIC-CHOCS p1224
398 1re Av O Bureau 685, SAINTE-ANNE-DES-MONTS, QC, G4V 1G9
(418) 763-2733 SIC 8211
COMMISSION SCOLAIRE DES CHIC-CHOCS p1224
27 Rte Du Parc, SAINTE-ANNE-DES-MONTS, QC, G4V 2B9
(418) 763-5323 SIC 8211
COMMISSION SCOLAIRE DES DECOUVREURS p1050
1591 Rue Notre-Dame, L'ANCIENNE-LORETTE, QC, G2E 3B4
(418) 871-6412 SIC 8211
COMMISSION SCOLAIRE DES DECOUVREURS p1050
1350 Rue Saint-Charles, L'ANCIENNE-LORETTE, QC, G2E 1V4
(418) 871-6409 SIC 8211
COMMISSION SCOLAIRE DES DECOUVREURS p1050
1801 Rue Notre-Dame, L'ANCIENNE-LORETTE, QC, G2E 3C6
(418) 872-9836 SIC 8211
COMMISSION SCOLAIRE DES DECOUVREURS p1158
1255 Av Du Chanoine-Morel, Quebec, QC, G1S 4B1
(418) 684-0064 SIC 8211
COMMISSION SCOLAIRE DES DECOUVREURS p1160
920 Rue Noel-Carter, Quebec, QC, G1V 5B6
(418) 652-2184 SIC 8211
COMMISSION SCOLAIRE DES DECOUVREURS p1160
3000 Boul Hochelaga, Quebec, QC, G1V 3Y4
(418) 652-2159 SIC 8211
COMMISSION SCOLAIRE DES DECOUVREURS p1160
1094 Rte De L'Eglise, Quebec, QC, G1V 3V9
(418) 652-2158 SIC 8211
COMMISSION SCOLAIRE DES DECOUVREURS p1160
945 Av Wolfe Bureau 100, Quebec, QC, G1V 4E2
(418) 652-2121 SIC 8211
COMMISSION SCOLAIRE DES DECOUVREURS p1160
1088 Rte De L'Eglise, Quebec, QC, G1V 3V9
(418) 652-2104 SIC 8211
COMMISSION SCOLAIRE DES DECOUVREURS p1160
2590 Rue Biencourt, Quebec, QC, G1V 1H3
(418) 652-2107 SIC 8211
COMMISSION SCOLAIRE DES DECOUVREURS p1162
1550 Rte De L'Eglise, Quebec, QC, G1W 3P5
(418) 652-2150 SIC 8211
COMMISSION SCOLAIRE DES DECOUVREURS p1162
965 Rue Valentin, Quebec, QC, G1W 4P8
(418) 652-2144 SIC 8211
COMMISSION SCOLAIRE DES DECOUVREURS p1162
2475 Rue Triquet, Quebec, QC, G1W 1E3
(418) 652-2105 SIC 8211
COMMISSION SCOLAIRE DES DECOUVREURS p1163
1505 Rue Des Grandes-Marees, Quebec, QC, G1Y 2T3
(418) 652-2196 SIC 8211
COMMISSION SCOLAIRE DES DECOUVREURS p1163
830 Rue De Saurel, Quebec, QC, G1X 3P6
(418) 652-2152 SIC 8211
COMMISSION SCOLAIRE DES DECOUVREURS p1163
1473 Rue Provancher, Quebec, QC, G1Y 1S2

(418) 652-2176 SIC 8211
COMMISSION SCOLAIRE DES DECOUVREURS p1163
4675 Rue De La Promenade-Des-Soeurs, Quebec, QC, G1Y 2W2
(418) 652-2178 SIC 8211
COMMISSION SCOLAIRE DES DECOUVREURS p1163
3643 Av Des Compagnons, Quebec, QC, G1X 3Z6
(418) 652-2170 SIC 8211
COMMISSION SCOLAIRE DES DECOUVREURS p1163
3645 Ch Sainte-Foy, Quebec, QC, G1X 1T1
(418) 652-2173 SIC 8211
COMMISSION SCOLAIRE DES DECOUVREURS p1165
1400 Rue Falardeau, Quebec, QC, G2E 2Z6
(418) 871-6415 SIC 8211
COMMISSION SCOLAIRE DES DECOUVREURS p1166
215 Rue Saint-Yves, Quebec, QC, G2G 1J8
(418) 871-6417 SIC 8211
COMMISSION SCOLAIRE DES DECOUVREURS p1166
1465 Rue Felix-Antoine-Savard, Quebec, QC, G2G 1Z2
(418) 871-6418 SIC 8211
COMMISSION SCOLAIRE DES DECOUVREURS p1180
99 Rue Du College, SAINT-AUGUSTIN-DE-DESMAURES, QC, G3A 1H1
(418) 878-2155 SIC 8211
COMMISSION SCOLAIRE DES DECOUVREURS p1180
4832 Rue Des Landes, SAINT-AUGUSTIN-DE-DESMAURES, QC, G3A 2C2
(418) 877-8003 SIC 8211
COMMISSION SCOLAIRE DES DECOUVREURS p1180
130 Rue Jean-Juneau, SAINT-AUGUSTIN-DE-DESMAURES, QC, G3A 2P2
(418) 878-4551 SIC 8211
COMMISSION SCOLAIRE DES DECOUVREURS p1180
315 138 Rte, SAINT-AUGUSTIN-DE-DESMAURES, QC, G3A 1G7
(418) 878-2950 SIC 8211
COMMISSION SCOLAIRE DES DRAVEURS p1034
143 Rue Des Sables, GATINEAU, QC, J8P 7G6
(819) 643-1882 SIC 8211
COMMISSION SCOLAIRE DES DRAVEURS p1034
361 Boul Maloney O, GATINEAU, QC, J8P 7E9
(819) 643-2000 SIC 8211
COMMISSION SCOLAIRE DES DRAVEURS p1034
179 Boul Saint-Rene O, GATINEAU, QC, J8P 2V5
(819) 643-5242 SIC 8211
COMMISSION SCOLAIRE DES DRAVEURS p1034
306 Rue Jacques-Buteux Bureau 102, GATINEAU, QC, J8P 6A2
(819) 643-3422 SIC 8211
COMMISSION SCOLAIRE DES DRAVEURS p1034
360 Boul La Verendrye E, GATINEAU, QC, J8P 6K7
(819) 663-9241 SIC 8211
COMMISSION SCOLAIRE DES DRAVEURS p1034
180 Rue Magnus O, GATINEAU, QC, J8P 2R2
(819) 663-9226 SIC 8211
COMMISSION SCOLAIRE DES DRAVEURS p1034
183 Rue Broadway O Bureau 103, GATINEAU, QC, J8P 3T6
(819) 643-4640 SIC 8211
COMMISSION SCOLAIRE DES DRAVEURS p1034

563 Rue Clement Bureau 103, GATINEAU, QC, J8P 3Y9
(819) 663-5983 SIC 8211
COMMISSION SCOLAIRE DES DRAVEURS p1034
23 Rue Forget, GATINEAU, QC, J8P 2H7
(819) 663-3360 SIC 8211
COMMISSION SCOLAIRE DES DRAVEURS p1034
500 Rue Joseph-Demontigny, GATINEAU, QC, J8P 7C4
(819) 663-6000 SIC 8211
COMMISSION SCOLAIRE DES DRAVEURS p1034
257 Rue Luck, GATINEAU, QC, J8P 3S4
(819) 663-5326 SIC 8211
COMMISSION SCOLAIRE DES DRAVEURS p1035
1165 Boul Saint-Rene E, GATINEAU, QC, J8R 1N1
(819) 669-1207 SIC 8211
COMMISSION SCOLAIRE DES DRAVEURS p1035
445 Rue Nobert, GATINEAU, QC, J8R 3P2
(819) 663-1973 SIC 8211
COMMISSION SCOLAIRE DES DRAVEURS p1035
605 Rue Davidson E, GATINEAU, QC, J8R 2V9
(819) 663-5558 SIC 8211
COMMISSION SCOLAIRE DES DRAVEURS p1035
44 Rue De Juan-Les-Pins Bureau 102, GATINEAU, QC, J8T 6H2
(819) 568-3777 SIC 8211
COMMISSION SCOLAIRE DES DRAVEURS p1035
184 Rue Nelligan, GATINEAU, QC, J8T 6J9
(819) 568-2101 SIC 8211
COMMISSION SCOLAIRE DES DRAVEURS p1035
9 Rue Sainte-Yvonne Bureau 253, GATINEAU, QC, J8T 1X6
(819) 568-0233 SIC 8211
COMMISSION SCOLAIRE DES DRAVEURS p1035
59 Rue De Provence, GATINEAU, QC, J8T 4V2
(819) 568-4331 SIC 8211
COMMISSION SCOLAIRE DES DRAVEURS p1035
85 Rue Du Barry Bureau 141, GATINEAU, QC, J8T 3N5
(819) 243-2151 SIC 8211
COMMISSION SCOLAIRE DES DRAVEURS p1036
299 Rue Ernest-Gaboury, GATINEAU, QC, J8V 2P8
(819) 568-5764 SIC 8211
COMMISSION SCOLAIRE DES DRAVEURS p1036
25 Rue Saint-Arthur, GATINEAU, QC, J8T 3C2
(819) 568-0844 SIC 8211
COMMISSION SCOLAIRE DES DRAVEURS p1036
50 Ch De La Savane, GATINEAU, QC, J8T 3N2
(819) 568-9012 SIC 8211
COMMISSION SCOLAIRE DES DRAVEURS p1036
22 Rue De L'acadie, GATINEAU, QC, J8T 6G8
(819) 568-7861 SIC 8211
COMMISSION SCOLAIRE DES DRAVEURS p1036
1 Rue Saint-Alexandre, GATINEAU, QC, J8V 1A8
(819) 561-3313 SIC 8211
COMMISSION SCOLAIRE DES DRAVEURS p1036
500 Rue De Cannes Bureau 542, GATINEAU, QC, J8V 1J6

(819) 561-2320 SIC 8211
COMMISSION SCOLAIRE DES DRAVEURS p1036
88 Rue De Cannes, GATINEAU, QC, J8V 2M4
(819) 246-1992 SIC 8211
COMMISSION SCOLAIRE DES DRAVEURS p1254
20 Ch De L'Ecole Bureau 215, VAL-DES-MONTS, QC, J8N 7E7
(819) 503-8022 SIC 8211
COMMISSION SCOLAIRE DES GRANDES-SEIGNEURIES p1008
4 Av De Champagne, CANDIAC, QC, J5R 4W3
(514) 380-8899 SIC 8211
COMMISSION SCOLAIRE DES GRANDES-SEIGNEURIES p1011
315 Rue Rideau, Chateauguay, QC, J6J 1S1
(514) 380-8899 SIC 8211
COMMISSION SCOLAIRE DES GRANDES-SEIGNEURIES p1012
225 Boul Brisebois, Chateauguay, QC, J6K 3X4
(514) 380-8899 SIC 8211
COMMISSION SCOLAIRE DES GRANDES-SEIGNEURIES p1022
35 Rue Boardman, DELSON, QC, J5B 2C3
(514) 380-8899 SIC 8211
COMMISSION SCOLAIRE DES GRANDES-SEIGNEURIES p1053
50 Boul Taschereau Bureau 310, LA PRAIRIE, QC, J5R 4V3
(514) 380-8899 SIC 8211
COMMISSION SCOLAIRE DES GRANDES-SEIGNEURIES p1053
1100 Boul Taschereau, LA PRAIRIE, QC, J5R 1W8
(514) 380-8899 SIC 8211
COMMISSION SCOLAIRE DES GRANDES-SEIGNEURIES p1053
50 Boul Taschereau Bureau 310, LA PRAIRIE, QC, J5R 4V3
(514) 380-8899 SIC 8211
COMMISSION SCOLAIRE DES GRANDES-SEIGNEURIES p1053
500 Boul Taschereau, LA PRAIRIE, QC, J5R 1V1
(514) 380-8899 SIC 8211
COMMISSION SCOLAIRE DES HAUTES-RIVIERES p989
273 Rue Saint-Joseph, ANGE-GARDIEN, QC, J0E 1E0
(450) 293-8106 SIC 8211
COMMISSION SCOLAIRE DES HAUTES-RIVIERES p1016
1132 Rue Front S, CLARENCEVILLE, QC, J0J 1B0
(450) 515-8047 SIC 8211
COMMISSION SCOLAIRE DES HAUTES-RIVIERES p1076
677 Rue Desjardins, MARIEVILLE, QC, J3M 1R1
(450) 460-4491 SIC 8211
COMMISSION SCOLAIRE DES HAUTES-RIVIERES p1076
1800 Rue Edmond-Guillet, MARIEVILLE, QC, J3M 1G5
(450) 460-7461 SIC 8211
COMMISSION SCOLAIRE DES HAUTES-RIVIERES p1082
230 Rue Bessette, Mont-Saint-Gregoire, QC, J0J 1K0
(450) 347-2612 SIC 8211
COMMISSION SCOLAIRE DES HAUTES-RIVIERES p1171
205 8e Av, RICHELIEU, QC, J3L 3N5
(450) 658-8284 SIC 8211
COMMISSION SCOLAIRE DES HAUTES-RIVIERES p1171
120 7e Av, RICHELIEU, QC, J3L 3N2
(450) 658-7221 SIC 8211
COMMISSION SCOLAIRE DES HAUTES-RIVIERES p1176

915 Rue Principale Rr 4, ROUGEMONT, QC, J0L 1M0
(450) 469-3918 *SIC* 8211
COMMISSION SCOLAIRE DES HAUTES-RIVIERES *p1178*
1202 Rang Du Bord-De-L'eau, SABREVOIS, QC, J0J 2G0
(450) 347-1097 *SIC* 8211
COMMISSION SCOLAIRE DES HAUTES-RIVIERES *p1178*
501 Rue Saint-Denis, SAINT-ALEXANDRE-D'IBERVILLE, QC, J0J 1S0
(450) 347-1376 *SIC* 8211
COMMISSION SCOLAIRE DES HAUTES-RIVIERES *p1181*
745 Rue Principale, SAINT-BLAISE-SUR-RICHELIEU, QC, J0J 1W0
(450) 291-5500 *SIC* 8211
COMMISSION SCOLAIRE DES HAUTES-RIVIERES *p1183*
1881 Av Saint-Paul, Saint-Cesaire, QC, J0L 1T0
(450) 469-3187 *SIC* 8211
COMMISSION SCOLAIRE DES HAUTES-RIVIERES *p1197*
976 Rue Honore-Mercier, SAINT-JEAN-SUR-RICHELIEU, QC, J2X 5A5
(450) 347-1327 *SIC* 8211
COMMISSION SCOLAIRE DES HAUTES-RIVIERES *p1197*
975 Rue Samuel-De-Champlain, SAINT-JEAN-SUR-RICHELIEU, QC, J2X 3X4
(450) 347-4358 *SIC* 8211
COMMISSION SCOLAIRE DES HAUTES-RIVIERES *p1197*
995 Rue Camaraire, SAINT-JEAN-SUR-RICHELIEU, QC, J3A 1X2
(450) 359-6521 *SIC* 8211
COMMISSION SCOLAIRE DES HAUTES-RIVIERES *p1197*
535 Ch Des Vieux-Moulins, SAINT-JEAN-SUR-RICHELIEU, QC, J2Y 1A2
(450) 347-1223 *SIC* 8211
COMMISSION SCOLAIRE DES HAUTES-RIVIERES *p1197*
185 Rue Saint-Gerard, SAINT-JEAN-SUR-RICHELIEU, QC, J2W 2L8
(450) 348-7341 *SIC* 8211
COMMISSION SCOLAIRE DES HAUTES-RIVIERES *p1197*
295 6e Av, SAINT-JEAN-SUR-RICHELIEU, QC, J2X 1R1
(450) 347-1687 *SIC* 8211
COMMISSION SCOLAIRE DES HAUTES-RIVIERES *p1197*
635 Rue Yvon, SAINT-JEAN-SUR-RICHELIEU, QC, J2X 4H4
(450) 347-1443 *SIC* 8211
COMMISSION SCOLAIRE DES HAUTES-RIVIERES *p1197*
940 Boul De Normandie, SAINT-JEAN-SUR-RICHELIEU, QC, J3A 1A7
(450) 348-6134 *SIC* 8211
COMMISSION SCOLAIRE DES HAUTES-RIVIERES *p1197*
365 Av Landry, SAINT-JEAN-SUR-RICHELIEU, QC, J2X 2P6
(450) 347-1376 *SIC* 8211
COMMISSION SCOLAIRE DES HAUTES-RIVIERES *p1197*
375 15e Av, SAINT-JEAN-SUR-RICHELIEU, QC, J2X 4W6
(450) 346-9808 *SIC* 8211
COMMISSION SCOLAIRE DES HAUTES-RIVIERES *p1197*
511 Rue Pierre-Caisse, SAINT-JEAN-SUR-RICHELIEU, QC, J3A 1N5
(450) 348-0958 *SIC* 8211
COMMISSION SCOLAIRE DES HAUTES-RIVIERES *p1198*
154 Rue Saint-Charles, SAINT-JEAN-SUR-RICHELIEU, QC, J3B 2C6
(450) 347-5113 *SIC* 8211
COMMISSION SCOLAIRE DES HAUTES-RIVIERES *p1198*
151 Rue Notre-Dame, SAINT-JEAN-SUR-RICHELIEU, QC, J3B 6M9
(450) 348-4747 *SIC* 8211
COMMISSION SCOLAIRE DES HAUTES-RIVIERES *p1198*
300 Rue Georges-Phaneuf, SAINT-JEAN-SUR-RICHELIEU, QC, J3B 8E4
(450) 348-2303 *SIC* 8211
COMMISSION SCOLAIRE DES HAUTES-RIVIERES *p1198*
100 Rue Laurier, SAINT-JEAN-SUR-RICHELIEU, QC, J3B 2Y5
(450) 347-3797 *SIC* 8211
COMMISSION SCOLAIRE DES HAUTES-RIVIERES *p1198*
105 Rue Jacques-Cartier S, SAINT-JEAN-SUR-RICHELIEU, QC, J3B 6S2
(450) 347-5515 *SIC* 8211
COMMISSION SCOLAIRE DES HAUTES-RIVIERES *p1198*
135 Boul Du Seminaire N, SAINT-JEAN-SUR-RICHELIEU, QC, J3B 5K2
(450) 347-8344 *SIC* 8211
COMMISSION SCOLAIRE DES HAUTES-RIVIERES *p1198*
700 Rue Dorchester, SAINT-JEAN-SUR-RICHELIEU, QC, J3B 5A8
(450) 348-5095 *SIC* 8211
COMMISSION SCOLAIRE DES HAUTES-RIVIERES *p1198*
800 Rue Plaza, SAINT-JEAN-SUR-RICHELIEU, QC, J3B 7Z4
(450) 347-4220 *SIC* 8211
COMMISSION SCOLAIRE DES HAUTES-RIVIERES *p1198*
90 Rue Mackenzie-King, SAINT-JEAN-SUR-RICHELIEU, QC, J3B 5N9
(450) 346-3652 *SIC* 8211
COMMISSION SCOLAIRE DES HAUTES-RIVIERES *p1219*
23 Rue Sainte-Anne, SAINT-PAUL-D'ABBOTSFORD, QC, J0E 1A0
(450) 379-5674 *SIC* 8211
COMMISSION SCOLAIRE DES HAUTS-CANTONS *p1016*
211 Rue Saint-Jean-Baptiste, COATICOOK, QC, J1A 2J4
(819) 849-2749 *SIC* 8211
COMMISSION SCOLAIRE DES HAUTS-CANTONS *p1016*
311 Rue Saint-Paul E, COATICOOK, QC, J1A 1G1
(819) 849-4825 *SIC* 8211
COMMISSION SCOLAIRE DES HAUTS-CANTONS *p1016*
249 Rue Saint-Jean-Baptiste, COATICOOK, QC, J1A 2J4
(819) 849-7051 *SIC* 8211
COMMISSION SCOLAIRE DES HAUTS-CANTONS *p1016*
102 Rue Cutting, COATICOOK, QC, J1A 2G4
(819) 849-7075 *SIC* 8211
COMMISSION SCOLAIRE DES HAUTS-CANTONS *p1016*
367 Rue Saint-Paul E, COATICOOK, QC, J1A 1G1
(819) 849-7084 *SIC* 8211
COMMISSION SCOLAIRE DES HAUTS-CANTONS *p1017*
6835 Rte Louis-S.-Saint-Laurent, COMPTON, QC, J0B 1L0
(819) 849-7803 *SIC* 8211
COMMISSION SCOLAIRE DES HAUTS-CANTONS *p1017*
150 Rue Bibeau, COOKSHIRE-EATON, QC, J0B 1M0
(819) 875-5556 *SIC* 8211
COMMISSION SCOLAIRE DES HAUTS-CANTONS *p1031*
162 Rue Saint-Jean E, EAST ANGUS, QC, J0B 1R0
(819) 832-2477 *SIC* 8211
COMMISSION SCOLAIRE DES HAUTS-CANTONS *p1031*
96 Rue Saint-Jacques, EAST ANGUS, QC, J0B 1R0
(819) 832-2484 *SIC* 8211
COMMISSION SCOLAIRE DES HAUTS-CANTONS *p1055*
3409 Rue Laval, Lac-Megantic, QC, G6B 1A5
(819) 583-3023 *SIC* 8211
COMMISSION SCOLAIRE DES HAUTS-CANTONS *p1055*
4747 Rue Champlain, Lac-Megantic, QC, G6B 1X5
(819) 583-1144 *SIC* 8211
COMMISSION SCOLAIRE DES HAUTS-CANTONS *p1055*
6381 Rue Notre-Dame, Lac-Megantic, QC, G6B 2M9
(819) 583-1086 *SIC* 8211
COMMISSION SCOLAIRE DES HAUTS-CANTONS *p1076*
194 Rue De L'eglise, MARTINVILLE, QC, J0B 2A0
(819) 849-4470 *SIC* 8211
COMMISSION SCOLAIRE DES ILES *p1033*
730 Ch Des Caps, FATIMA, QC, G4T 2T3
(418) 986-2686 *SIC* 8211
COMMISSION SCOLAIRE DES ILES *p1044*
51 Ch Central, HAVRE-AUX-MAISONS, QC, G4T 5H1
(418) 986-5511 *SIC* 8211
COMMISSION SCOLAIRE DES ILES *p1051*
1332 Ch De La Verniere, L'Etang-du-Nord, QC, G4T 3G3
(418) 986-5511 *SIC* 8211
COMMISSION SCOLAIRE DES LAURENTIDES *p1044*
200 Rue Principale, HUBERDEAU, QC, J0T 1G0
(819) 429-4101 *SIC* 8211
COMMISSION SCOLAIRE DES LAURENTIDES *p1054*
155 Rue Du College, LABELLE, QC, J0T 1H0
(819) 429-4103 *SIC* 8211
COMMISSION SCOLAIRE DES LAURENTIDES *p1082*
509 Rue Labelle, MONT-TREMBLANT, QC, J8E 3H2
(819) 425-3420 *SIC* 8211
COMMISSION SCOLAIRE DES LAURENTIDES *p1082*
700 Boul Du Docteur-Gervais, MONT-TREMBLANT, QC, J8E 2T3
(819) 425-3743 *SIC* 8211
COMMISSION SCOLAIRE DES LAURENTIDES *p1082*
700 Boul Du Docteur-Gervais, MONT-TREMBLANT, QC, J8E 2T3
(819) 425-2710 *SIC* 8211
COMMISSION SCOLAIRE DES LAURENTIDES *p1082*
439 Rue Labelle, MONT-TREMBLANT, QC, J8E 3H2
(819) 425-3565 *SIC* 8211
COMMISSION SCOLAIRE DES LAURENTIDES *p1185*
429 Rue Du College, SAINT-DONAT-DE-MONTCALM, QC, J0T 2C0
(819) 324-8674 *SIC* 8211
COMMISSION SCOLAIRE DES LAURENTIDES *p1220*
259 Rue Amherst, Saint-Remi-D'Amherst, QC, J0T 2L0
(819) 429-4102 *SIC* 8211
COMMISSION SCOLAIRE DES LAURENTIDES *p1221*
167 Rue Principale, SAINT-SAUVEUR, QC, J0R 1R6
(450) 227-2686 *SIC* 8211
COMMISSION SCOLAIRE DES LAURENTIDES *p1221*
35 Av Filion, SAINT-SAUVEUR, QC, J0R 1R0
(450) 227-2660 *SIC* 8211
COMMISSION SCOLAIRE DES LAURENTIDES *p1223*
37 Rue Larocque E, SAINTE-AGATHE-DES-MONTS, QC, J8C 1H8
(819) 326-2812 *SIC* 8211
COMMISSION SCOLAIRE DES LAURENTIDES *p1223*
491 Ch Pierre-Peladeau, Sainte-Adele, QC, J8B 1Z3
(450) 240-6223 *SIC* 8211
COMMISSION SCOLAIRE DES LAURENTIDES *p1223*
1400 Rue Saint-Jean, Sainte-Adele, QC, J8B 1E6
(450) 240-6224 *SIC* 8211
COMMISSION SCOLAIRE DES LAURENTIDES *p1223*
510 Rue Groulx, SAINTE-AGATHE-DES-MONTS, QC, J8C 1N6
(819) 326-2634 *SIC* 8211
COMMISSION SCOLAIRE DES LAURENTIDES *p1223*
99 Rue Sainte-Agathe, SAINTE-AGATHE-DES-MONTS, QC, J8C 2J9
(819) 326-3414 *SIC* 8211
COMMISSION SCOLAIRE DES LAURENTIDES *p1223*
258 Boul De Sainte-Adele, Sainte-Adele, QC, J8B 1A8
(450) 240-6220 *SIC* 8211
COMMISSION SCOLAIRE DES LAURENTIDES *p1223*
2 Rue Saint-Joseph, SAINTE-AGATHE-DES-MONTS, QC, J8C 1M4
(819) 326-6663 *SIC* 8211
COMMISSION SCOLAIRE DES LAURENTIDES *p1223*
36 Rue Brissette, SAINTE-AGATHE-DES-MONTS, QC, J8C 1T4
(819) 326-8911 *SIC* 8211
COMMISSION SCOLAIRE DES LAURENTIDES *p1223*
13 Rue Saint-Antoine, SAINTE-AGATHE-DES-MONTS, QC, J8C 2C3
(819) 324-8670 *SIC* 8211
COMMISSION SCOLAIRE DES LAURENTIDES *p1223*
101 Rue Legare, SAINTE-AGATHE-DES-MONTS, QC, J8C 2T6
(819) 326-3522 *SIC* 8211
COMMISSION SCOLAIRE DES LAURENTIDES *p1254*
1350 Rue De L'academie, VAL-DAVID, QC, J0T 2N0
(819) 324-8671 *SIC* 8211
COMMISSION SCOLAIRE DES LAURENTIDES *p1254*
2580 Rue De L'Eglise, VAL-DAVID, QC, J0T 2N0
(819) 324-8670 *SIC* 8211
COMMISSION SCOLAIRE DES MONTS-ET-MAREES *p989*
123 Rue Desbiens Bureau 102, AMQUI, QC, G5J 3P9
(418) 629-5404 *SIC* 8211
COMMISSION SCOLAIRE DES MONTS-ET-MAREES *p989*
95 Av Du Parc, AMQUI, QC, G5J 2L8
(418) 629-2201 *SIC* 8211
COMMISSION SCOLAIRE DES MONTS-ET-MAREES *p989*
23 Rue Desbiens, AMQUI, QC, G5J 3P9
(418) 629-2248 *SIC* 8211
COMMISSION SCOLAIRE DES MONTS-ET-MAREES *p1010*
1 Place De L'Eglise, CAUSAPSCAL, QC, G0J 1J0
(418) 756-3817 *SIC* 8211
COMMISSION SCOLAIRE DES MONTS-ET-MAREES *p1010*
165 Rue Saint-Luc, CAUSAPSCAL, QC, G0J 1J0

(418) 756-6115 SIC 8211
COMMISSION SCOLAIRE DES MONTS-ET-MAREES p1054
81 Rue Du Rosaire, LAC-AU-SAUMON, QC, G0J 1M0
(418) 778-3363 SIC 8211
COMMISSION SCOLAIRE DES MONTS-ET-MAREES p1077
455 Av Saint-Redempteur, MATANE, QC, G4W 1K7
(418) 562-5429 SIC 8211
COMMISSION SCOLAIRE DES MONTS-ET-MAREES p1077
505 Av Saint-Jerome, MATANE, QC, G4W 3B8
(418) 562-2645 SIC 8211
COMMISSION SCOLAIRE DES MONTS-ET-MAREES p1224
170 Boul Sainte-Anne O, SAINTE-ANNE-DES-MONTS, QC, G4V 1R8
(418) 763-3191 SIC 8211
COMMISSION SCOLAIRE DES MONTS-ET-MAREES p1233
3 Rue De L'Eglise, SAYABEC, QC, G0J 3K0
(418) 536-5481 SIC 8211
COMMISSION SCOLAIRE DES NAVIGATEURS p1061
139 Rue De La Station, LAURIER-STATION, QC, G0S 1N0
(418) 888-0504 SIC 8211
COMMISSION SCOLAIRE DES NAVIGATEURS p1064
688 Rue Saint-Joseph, Levis, QC, G6V 1J4
(418) 838-8560 SIC 8211
COMMISSION SCOLAIRE DES NAVIGATEURS p1064
2435 Rte Des Rivieres, Levis, QC, G6K 1E9
(418) 834-2481 SIC 8211
COMMISSION SCOLAIRE DES NAVIGATEURS p1064
23 Rue Pie-X, Levis, QC, G6V 4W5
(418) 838-8566 SIC 8211
COMMISSION SCOLAIRE DES NAVIGATEURS p1064
30 Rue Champagnat, Levis, QC, G6V 2A5
(418) 838-8500 SIC 8211
COMMISSION SCOLAIRE DES NAVIGATEURS p1064
70 Rue Philippe-Boucher, Levis, QC, G6V 1M5
(418) 838-8550 SIC 8211
COMMISSION SCOLAIRE DES NAVIGATEURS p1064
1000 Rue Du Bourgeois, Levis, QC, G6K 1P1
(418) 831-0086 SIC 8211
COMMISSION SCOLAIRE DES NAVIGATEURS p1064
295 Rue Saint-Joseph, Levis, QC, G6V 1G3
(418) 838-8562 SIC 8211
COMMISSION SCOLAIRE DES NAVIGATEURS p1064
6045 Rue Saint-Georges, Levis, QC, G6V 4K6
(418) 838-8548 SIC 8211
COMMISSION SCOLAIRE DES NAVIGATEURS p1064
807 Ch Pintendre, Levis, QC, G6C 1C6
(418) 838-8557 SIC 8211
COMMISSION SCOLAIRE DES NAVIGATEURS p1065
55 Rue Des Commandeurs, Levis, QC, G6V 6P5
(418) 838-8402 SIC 8211
COMMISSION SCOLAIRE DES NAVIGATEURS p1065
15 Rue Letourneau, Levis, QC, G6V 3J8
(418) 838-8565 SIC 8211
COMMISSION SCOLAIRE DES NAVIGATEURS p1066
3700 Rue De La Fabrique, Levis, QC, G6W 1J5
(418) 838-8555 SIC 8211
COMMISSION SCOLAIRE DES NAVIGATEURS p1066
1020 Ch Du Sault, Levis, QC, G6W 5M6
(418) 839-9468 SIC 8211
COMMISSION SCOLAIRE DES NAVIGATEURS p1066
2233 Rue Dollard, Levis, QC, G6W 2H8
(418) 839-8839 SIC 8211
COMMISSION SCOLAIRE DES NAVIGATEURS p1066
350 Rue De L'Eglise, Levis, QC, G6W 1T8
(418) 838-8553 SIC 8211
COMMISSION SCOLAIRE DES NAVIGATEURS p1066
2111 Ch Du Sault, Levis, QC, G6W 2K7
(418) 839-8851 SIC 8211
COMMISSION SCOLAIRE DES NAVIGATEURS p1067
3724 Av Des Eglises, Levis, QC, G6X 1X4
(418) 839-0500 SIC 8211
COMMISSION SCOLAIRE DES NAVIGATEURS p1067
6200 Av Des Belles-Amours, Levis, QC, G6X 1R2
(418) 834-2469 SIC 8211
COMMISSION SCOLAIRE DES NAVIGATEURS p1068
885 Rue Des Melezes, Levis, QC, G7A 4B1
(418) 834-2474 SIC 8211
COMMISSION SCOLAIRE DES NAVIGATEURS p1068
200 Rue Arlette-Fortin, Levis, QC, G6Z 3B9
(418) 834-2320 SIC 8211
COMMISSION SCOLAIRE DES NAVIGATEURS p1068
1110 Rue Des Pres, Levis, QC, G6Z 1W4
(418) 839-3131 SIC 8211
COMMISSION SCOLAIRE DES NAVIGATEURS p1068
851 Rue Des Herons, Levis, QC, G6Z 3L3
(418) 839-7877 SIC 8211
COMMISSION SCOLAIRE DES NAVIGATEURS p1068
1438 Rue Des Pionniers, Levis, QC, G7A 4L6
(418) 834-2479 SIC 8211
COMMISSION SCOLAIRE DES NAVIGATEURS p1068
50 Rue Arlette-Fortin, Levis, QC, G6Z 3B9
(418) 839-0098 SIC 8211
COMMISSION SCOLAIRE DES NAVIGATEURS p1068
520 Rue De La Sorbonne, Levis, QC, G7A 1Y5
(418) 834-2482 SIC 8211
COMMISSION SCOLAIRE DES NAVIGATEURS p1178
1134 Rue Du Centenaire, SAINT-AGAPIT, QC, G0S 1Z0
(418) 888-3961 SIC 8211
COMMISSION SCOLAIRE DES NAVIGATEURS p1178
1149 Av Olivier, SAINT-AGAPIT, QC, G0S 1Z0
(418) 888-4211 SIC 8211
COMMISSION SCOLAIRE DES NAVIGATEURS p1179
35 Rue Roger, SAINT-APOLLINAIRE, QC, G0S 2E0
(418) 888-0507 SIC 8211
COMMISSION SCOLAIRE DES NAVIGATEURS p1185
105 Rue De L'Ecole, Saint-Edouard-de-Lotbiniere, QC, G0S 1Y0
(418) 796-2433 SIC 8211
COMMISSION SCOLAIRE DES NAVIGATEURS p1191
117 Rue Belleau, Saint-Henri-de-Levis, QC, G0R 3E0
(418) 834-2468 SIC 8211
COMMISSION SCOLAIRE DES NAVIGATEURS p1191
121 Rue Belleau, Saint-Henri-de-Levis, QC, G0R 3E0
(418) 834-2465 SIC 8211
COMMISSION SCOLAIRE DES NAVIGATEURS p1203
1285 Rue Des Erables, SAINT-LAMBERT-DE-LAUZON, QC, G0S 2W0
(418) 834-2478 SIC 8211
COMMISSION SCOLAIRE DES NAVIGATEURS p1218
368 Rte Du Pont, SAINT-NICOLAS, QC, G7A 2V3
(418) 834-2461 SIC 8211
COMMISSION SCOLAIRE DES NAVIGATEURS p1221
1172 Boul De La Rive-Sud, SAINT-ROMUALD, QC, G6W 5M6
(418) 839-6482 SIC 8211
COMMISSION SCOLAIRE DES NAVIGATEURS p1221
1155 Boul De La Rive-Sud, SAINT-ROMUALD, QC, G6W 5M6
(418) 839-0508 SIC 8211
COMMISSION SCOLAIRE DES NAVIGATEURS p1225
105 Rue Laflamme, SAINTE-CROIX, QC, G0S 2H0
(418) 796-0502 SIC 8211
COMMISSION SCOLAIRE DES NAVIGATEURS p1225
6380 Rue Garneau, SAINTE-CROIX, QC, G0S 2H0
(418) 796-0503 SIC 8211
COMMISSION SCOLAIRE DES NAVIGATEURS p1226
11 Rue Saint-Maurice, Sainte-Helene-De-Breakeyville, QC, G0S 1E1
(418) 834-2472 SIC 8211
COMMISSION SCOLAIRE DES PATRIOTES p997
201 Rue Du Buisson, BELOEIL, QC, J3G 5V5
(450) 467-5032 SIC 8211
COMMISSION SCOLAIRE DES PATRIOTES p997
225 Rue Hubert, BELOEIL, QC, J3G 2S8
(450) 467-9309 SIC 8211
COMMISSION SCOLAIRE DES PATRIOTES p997
300 Rue Hertel, BELOEIL, QC, J3G 3N3
(450) 467-6681 SIC 8211
COMMISSION SCOLAIRE DES PATRIOTES p997
725 Rue De Levis, BELOEIL, QC, J3G 2M1
(450) 467-0262 SIC 8211
COMMISSION SCOLAIRE DES PATRIOTES p1002
544 Rue Saint-Sacrement, BOUCHERVILLE, QC, J4B 3K9
(450) 655-4521 SIC 8211
COMMISSION SCOLAIRE DES PATRIOTES p1002
850 Rue Etienne-Brule, BOUCHERVILLE, QC, J4B 6T2
(450) 655-7892 SIC 8211
COMMISSION SCOLAIRE DES PATRIOTES p1002
900 Boul Du Fort-Saint-Louis, BOUCHERVILLE, QC, J4B 1T6
(450) 655-9901 SIC 8211
COMMISSION SCOLAIRE DES PATRIOTES p1003
666 Rue Le Laboureur, BOUCHERVILLE, QC, J4B 3R7
(450) 655-8930 SIC 8211
COMMISSION SCOLAIRE DES PATRIOTES p1003
650 Rue Antoine-Girouard, BOUCHERVILLE, QC, J4B 3E5
(450) 655-5991 SIC 8211
COMMISSION SCOLAIRE DES PATRIOTES p1003
225 Rue Joseph-Martel, BOUCHERVILLE, QC, J4B 1L1
(450) 655-8088 SIC 8211
COMMISSION SCOLAIRE DES PATRIOTES p1010
1415 Av Bourgogne, CHAMBLY, QC, J3L 1Y4
(450) 461-5901 SIC 8211
COMMISSION SCOLAIRE DES PATRIOTES p1010
1111 Rue Denault, CHAMBLY, QC, J3L 2L7
(450) 461-5907 SIC 8211
COMMISSION SCOLAIRE DES PATRIOTES p1010
535 Boul Brassard, CHAMBLY, QC, J3L 6H3
(450) 461-5908 SIC 8211
COMMISSION SCOLAIRE DES PATRIOTES p1010
1501 Av De Salaberry, CHAMBLY, QC, J3L 4V8
(450) 461-5909 SIC 8211
COMMISSION SCOLAIRE DES PATRIOTES p1010
5 Rue Des Voltigeurs, CHAMBLY, QC, J3L 3H3
(450) 461-5902 SIC 8211
COMMISSION SCOLAIRE DES PATRIOTES p1010
1371 Rue Hertel, CHAMBLY, QC, J3L 2M5
(450) 461-5905 SIC 8211
COMMISSION SCOLAIRE DES PATRIOTES p1017
351 Rue Chabot, CONTRECOEUR, QC, J0L 1C0
(450) 645-2342 SIC 8211
COMMISSION SCOLAIRE DES PATRIOTES p1077
720 Rue Morin, MCMASTERVILLE, QC, J3G 1H1
(450) 467-6205 SIC 8211
COMMISSION SCOLAIRE DES PATRIOTES p1077
265 3e Av, MCMASTERVILLE, QC, J3G 1R7
(450) 467-3467 SIC 8211
COMMISSION SCOLAIRE DES PATRIOTES p1082
525 Rue Jolliet, MONT-SAINT-HILAIRE, QC, J3H 3N2
(450) 467-0261 SIC 8211
COMMISSION SCOLAIRE DES PATRIOTES p1082
120 Rue Sainte-Anne, MONT-SAINT-HILAIRE, QC, J3H 3A4
(450) 467-6773 SIC 8211
COMMISSION SCOLAIRE DES PATRIOTES p1082
50 Rue Michel, MONT-SAINT-HILAIRE, QC, J3H 3R3
(450) 467-0971 SIC 8211
COMMISSION SCOLAIRE DES PATRIOTES p1136
306 Rue Du Prince-Albert, OTTERBURN PARK, QC, J3H 1L6
(450) 467-7511 SIC 8211
COMMISSION SCOLAIRE DES PATRIOTES p1179
440 Rue De L'Eglise S, SAINT-AMABLE, QC, J0L 1N0
(450) 645-2348 SIC 8211
COMMISSION SCOLAIRE DES PATRIOTES p1181
105 Av De Montpellier, SAINT-BASILE-LE-GRAND, QC, J3N 1C6
(450) 441-6719 SIC 8211
COMMISSION SCOLAIRE DES PATRIOTES p1181
1 Rue De La Chanterelle, SAINT-BASILE-LE-GRAND, QC, J3N 1L1
(450) 461-1425 SIC 8211
COMMISSION SCOLAIRE DES PATRIOTES p1181
10 Rue Prefontaine, SAINT-BASILE-LE-GRAND, QC, J3N 1L6
(450) 653-4142 SIC 8211
COMMISSION SCOLAIRE DES PATRIOTES p1182
221 Boul Clairevue E, SAINT-BRUNO, QC, J3V 5J3
(450) 653-1541 SIC 8211

SIC 8211 Elementary and secondary schools

COMMISSION SCOLAIRE DES PATRIOTES p1182
1725 Rue Montarville, SAINT-BRUNO, QC, J3V 3V2
(450) 653-2411 *SIC* 8211

COMMISSION SCOLAIRE DES PATRIOTES p1182
1435 Rue Chateauguay, SAINT-BRUNO, QC, J3V 3A9
(450) 653-7610 *SIC* 8211

COMMISSION SCOLAIRE DES PATRIOTES p1182
1139 Rue Cadieux, SAINT-BRUNO, QC, J3V 2Z5
(450) 653-2453 *SIC* 8211

COMMISSION SCOLAIRE DES PATRIOTES p1217
103 Rue De La Fabrique, SAINT-MARC-SUR-RICHELIEU, QC, J0L 2E0
(450) 467-1921 *SIC* 8211

COMMISSION SCOLAIRE DES PATRIOTES p1226
2020 Rue Borduas, SAINTE-JULIE, QC, J3E 2G2
(450) 645-2361 *SIC* 8211

COMMISSION SCOLAIRE DES PATRIOTES p1226
450 Rue Charles-De Gaulle, SAINTE-JULIE, QC, J3E 2V6
(450) 645-2346 *SIC* 8211

COMMISSION SCOLAIRE DES PATRIOTES p1255
239 Rue Du Fief, VARENNES, QC, J3X 1Z2
(450) 645-2350 *SIC* 8211

COMMISSION SCOLAIRE DES PATRIOTES p1255
123 Ch Du Petit-Bois, VARENNES, QC, J3X 1P7
(450) 645-2363 *SIC* 8211

COMMISSION SCOLAIRE DES PATRIOTES p1255
230 Rue Suzor-Cote, VARENNES, QC, J3X 1L6
(450) 645-2351 *SIC* 8211

COMMISSION SCOLAIRE DES PATRIOTES p1255
2250 Rte Marie-Victorin, VARENNES, QC, J3X 1R4
(450) 645-2354 *SIC* 8211

COMMISSION SCOLAIRE DES PHARES p1079
45 Av De La Grotte, MONT-JOLI, QC, G5H 1W4
(418) 775-3383 *SIC* 8211

COMMISSION SCOLAIRE DES PHARES p1079
1632 Rue Lindsay, MONT-JOLI, QC, G5H 3A6
(418) 775-4466 *SIC* 8211

COMMISSION SCOLAIRE DES PHARES p1079
70 Av Beaupre, MONT-JOLI, QC, G5H 1C7
(418) 775-5265 *SIC* 8211

COMMISSION SCOLAIRE DES PHARES p1079
1632 Rue Lindsay, MONT-JOLI, QC, G5H 3A6
(418) 775-4466 *SIC* 8211

COMMISSION SCOLAIRE DES PHARES p1079
1414 Rue Des Erables, MONT-JOLI, QC, G5H 4A8
(418) 775-7577 *SIC* 8211

COMMISSION SCOLAIRE DES PHARES p1137
217 Rue Beaulieu, PADOUE, QC, G0J 1X0
(418) 775-5829 *SIC* 8211

COMMISSION SCOLAIRE DES PHARES p1172
149 Rue Du Rocher-Blanc, RIMOUSKI, QC, G5L 7A1
(418) 724-3567 *SIC* 8211

COMMISSION SCOLAIRE DES PHARES p1172
136 Rue De La Grotte, RIMOUSKI, QC, G0L 1B0
(418) 736-4965 *SIC* 8211

COMMISSION SCOLAIRE DES PHARES p1172
105 Rue Saint-Jean-Baptiste O, RIMOUSKI, QC, G5L 4J2
(418) 724-3384 *SIC* 8211

COMMISSION SCOLAIRE DES PHARES p1172
245 2e Rue O, RIMOUSKI, QC, G5L 4Y1
(418) 724-3381 *SIC* 8211

COMMISSION SCOLAIRE DES PHARES p1172
435 Av Rouleau, RIMOUSKI, QC, G5L 5W6
(418) 723-5927 *SIC* 8211

COMMISSION SCOLAIRE DES PHARES p1172
130 Rue Cote Bureau T, RIMOUSKI, QC, G5L 2Y2
(418) 724-3555 *SIC* 8211

COMMISSION SCOLAIRE DES PHARES p1172
514 Rue Tessier, RIMOUSKI, QC, G5L 4L9
(418) 724-3564 *SIC* 8211

COMMISSION SCOLAIRE DES PHARES p1172
424 Av Ross, RIMOUSKI, QC, G5L 6J2
(418) 722-4922 *SIC* 8211

COMMISSION SCOLAIRE DES PHARES p1172
250 Boul Arthur-Buies O, RIMOUSKI, QC, G5L 7A7
(418) 724-3439 *SIC* 8211

COMMISSION SCOLAIRE DES PHARES p1172
845 Rue Saint-Arsene, RIMOUSKI, QC, G5L 3X4
(418) 724-3566 *SIC* 8211

COMMISSION SCOLAIRE DES PHARES p1173
355 Av De La Jeunesse, RIMOUSKI, QC, G5M 1J2
(418) 724-3563 *SIC* 8211

COMMISSION SCOLAIRE DES PHARES p1174
658 Rte Des Pionniers, RIMOUSKI, QC, G5N 5P1
(418) 735-2115 *SIC* 8211

COMMISSION SCOLAIRE DES PHARES p1179
20 Rue Banville Bureau 400, SAINT-ANACLET, QC, G0K 1H0
(418) 724-3560 *SIC* 8211

COMMISSION SCOLAIRE DES PHARES p1188
105 Rue Plourde, SAINT-GABRIEL-DE-RIMOUSKI, QC, G0K 1M0
(418) 798-4951 *SIC* 8211

COMMISSION SCOLAIRE DES PHARES p1218
37 Rue De La Montagne, SAINT-NARCISSE-DE-RIMOUSKI, QC, G0K 1S0
(418) 735-2149 *SIC* 8211

COMMISSION SCOLAIRE DES PHARES p1227
53 Rue Saint-Pierre E, SAINTE-LUCE, QC, G0K 1P0
(418) 739-4214 *SIC* 8211

COMMISSION SCOLAIRE DES PHARES p1242
203 Rue De L'Eglise, ST-OCTAVE, QC, G0J 3B0
(418) 775-3531 *SIC* 8211

COMMISSION SCOLAIRE DES PREMIERES-SEIGNEURIES p996
2 Rue De Fatima E, Beaupre, QC, G0A 1E0
(418) 821-8078 *SIC* 8211

COMMISSION SCOLAIRE DES PREMIERES-SEIGNEURIES p996
10975 Boul Sainte-Anne, Beaupre, QC, G0A 1E0
(418) 821-8053 *SIC* 8211

COMMISSION SCOLAIRE DES PREMIERES-SEIGNEURIES p1001
25 Cote De L'Eglise, BOISCHATEL, QC, G0A 1H0
(418) 821-8060 *SIC* 8211

COMMISSION SCOLAIRE DES PREMIERES-SEIGNEURIES p1001
51 Rue Tardif, BOISCHATEL, QC, G0A 1H0
(418) 821-8060 *SIC* 8211

COMMISSION SCOLAIRE DES PREMIERES-SEIGNEURIES p1011
273 Rue Du Couvent, Chateau-Richer, QC, G0A 1N0
(418) 821-8077 *SIC* 8211

COMMISSION SCOLAIRE DES PREMIERES-SEIGNEURIES p1050
20 Rue Du Couvent E, L'ANGE GARDIEN, QC, G0A 2K0
(418) 821-8062 *SIC* 8211

COMMISSION SCOLAIRE DES PREMIERES-SEIGNEURIES p1055
570 Ch Du Tour-Du-Lac, LAC-BEAUPORT, QC, G3B 0W1
(418) 634-5542 *SIC* 8211

COMMISSION SCOLAIRE DES PREMIERES-SEIGNEURIES p1145
2970 Av Gaspard, Quebec, QC, G1C 3V7
(418) 626-4559 *SIC* 8211

COMMISSION SCOLAIRE DES PREMIERES-SEIGNEURIES p1145
139 Rue Bertrand, Quebec, QC, G1B 1H8
(418) 666-4595 *SIC* 8211

COMMISSION SCOLAIRE DES PREMIERES-SEIGNEURIES p1145
2233 Av Royale, Quebec, QC, G1C 1P3
(418) 821-8988 *SIC* 8211

COMMISSION SCOLAIRE DES PREMIERES-SEIGNEURIES p1145
143 Rue Des Feux-Follets, Quebec, QC, G1B 1K8
(418) 666-6212 *SIC* 8211

COMMISSION SCOLAIRE DES PREMIERES-SEIGNEURIES p1145
500 Rue Anick, Quebec, QC, G1C 4X5
(418) 666-4455 *SIC* 8211

COMMISSION SCOLAIRE DES PREMIERES-SEIGNEURIES p1145
250 Rue Cambert, Quebec, QC, G1B 3R8
(418) 666-6091 *SIC* 8211

COMMISSION SCOLAIRE DES PREMIERES-SEIGNEURIES p1145
155 Rue Bessette, Quebec, QC, G1C 7A7
(418) 666-4562 *SIC* 8211

COMMISSION SCOLAIRE DES PREMIERES-SEIGNEURIES p1145
2265 Av Larue, Quebec, QC, G1C 1J9
(418) 821-4220 *SIC* 8211

COMMISSION SCOLAIRE DES PREMIERES-SEIGNEURIES p1145
2267 Av Royale, Quebec, QC, G1C 1P5
(418) 821-0220 *SIC* 8211

COMMISSION SCOLAIRE DES PREMIERES-SEIGNEURIES p1145
453 Rue Seigneuriale, Quebec, QC, G1C 3R2
(418) 666-4495 *SIC* 8211

COMMISSION SCOLAIRE DES PREMIERES-SEIGNEURIES p1146
769 Av De L'Education, Quebec, QC, G1E 1J2
(418) 666-4490 *SIC* 8211

COMMISSION SCOLAIRE DES PREMIERES-SEIGNEURIES p1146
3255 Boul Monseigneur-Gauthier, Quebec, QC, G1E 2W3
(418) 666-4485 *SIC* 8211

COMMISSION SCOLAIRE DES PREMIERES-SEIGNEURIES p1146
15 Rue Saint-Edmond, Quebec, QC, G1E 5C8
(418) 666-4480 *SIC* 8211

COMMISSION SCOLAIRE DES PREMIERES-SEIGNEURIES p1146
3510 Rue Cambronne, Quebec, QC, G1E 7H2
(418) 666-6240 *SIC* 8211

COMMISSION SCOLAIRE DES PREMIERES-SEIGNEURIES p1146
643 Av Du Cenacle, Quebec, QC, G1E 1B3
(418) 666-4666 *SIC* 8211

COMMISSION SCOLAIRE DES PREMIERES-SEIGNEURIES p1146
945 Boul Des Chutes, Quebec, QC, G1E 2C8
(418) 666-4580 *SIC* 8211

COMMISSION SCOLAIRE DES PREMIERES-SEIGNEURIES p1146
2740 Av Saint-David, Quebec, QC, G1E 4K7
(418) 666-4500 *SIC* 8211

COMMISSION SCOLAIRE DES PREMIERES-SEIGNEURIES p1146
41 Rue Tanguay, Quebec, QC, G1E 6A3
(418) 821-4883 *SIC* 8211

COMMISSION SCOLAIRE DES PREMIERES-SEIGNEURIES p1146
645 Av Du Cenacle, Quebec, QC, G1E 1B3
(418) 666-4400 *SIC* 8211

COMMISSION SCOLAIRE DES PREMIERES-SEIGNEURIES p1147
7550 10e Av E, Quebec, QC, G1H 4C4
(418) 622-7892 *SIC* 8211

COMMISSION SCOLAIRE DES PREMIERES-SEIGNEURIES p1147
742 Boul Louis-Xiv, Quebec, QC, G1H 4M7
(418) 622-7882 *SIC* 8211

COMMISSION SCOLAIRE DES PREMIERES-SEIGNEURIES p1147
7220 Av Trudelle, Quebec, QC, G1H 5S3
(418) 622-7886 *SIC* 8211

COMMISSION SCOLAIRE DES PREMIERES-SEIGNEURIES p1147
5125 2e Av O, Quebec, QC, G1H 6L2
(418) 622-7893 *SIC* 8211

COMMISSION SCOLAIRE DES PREMIERES-SEIGNEURIES p1147
615 Av Helene-Paradis, Quebec, QC, G1G 5G1
(418) 622-7887 *SIC* 8211

COMMISSION SCOLAIRE DES PREMIERES-SEIGNEURIES p1147
7240 Rue Des Loutres, Quebec, QC, G1G 1B1
(418) 624-3753 *SIC* 8211

COMMISSION SCOLAIRE DES PREMIERES-SEIGNEURIES p1147
120 47e Rue E, Quebec, QC, G1H 2M2
(418) 622-7883 *SIC* 8211

COMMISSION SCOLAIRE DES PREMIERES-SEIGNEURIES p1147
1075 60e Rue E, Quebec, QC, G1H 2E3
(418) 622-7890 *SIC* 8211

COMMISSION SCOLAIRE DES PREMIERES-SEIGNEURIES p1147
8805 Av De Laval, Quebec, QC, G1G 4X6
(418) 622-7891 *SIC* 8211

COMMISSION SCOLAIRE DES PREMIERES-SEIGNEURIES p1147
480 67e Rue E, Quebec, QC, G1H 1V5
(418) 622-7825 *SIC* 8211

COMMISSION SCOLAIRE DES PREMIERES-SEIGNEURIES p1147
1550 Rue Du Perigord, Quebec, QC, G1G 5T8
(418) 624-3755 *SIC* 8211

COMMISSION SCOLAIRE DES PREMIERES-SEIGNEURIES p1168
651 Rue Jacques-Bedard, Quebec, QC, G2N 1C5
(418) 634-5538 *SIC* 8211

COMMISSION SCOLAIRE DES PREMIERES-SEIGNEURIES p1168
1495 Rue Du Vice-Roi, Quebec, QC, G2L 2E5
(418) 624-3754 *SIC* 8211

COMMISSION SCOLAIRE DES PREMIERES-SEIGNEURIES p1168
825 Av Du Bourg-Royal, Quebec, QC, G2L 1W8
(418) 622-7895 *SIC* 8211

BUSINESSES BY INDUSTRY CLASSIFICATION
SIC 8211 Elementary and secondary schools

COMMISSION SCOLAIRE DES PREMIERES-SEIGNEURIES p1168
99 Rue Moise-Verret, Quebec, QC, G2N 1E8
(418) 634-5537 *SIC* 8211

COMMISSION SCOLAIRE DES PREMIERES-SEIGNEURIES p1168
20 Rue De L'escalade, Quebec, QC, G2N 2A8
(418) 634-5533 *SIC* 8211

COMMISSION SCOLAIRE DES PREMIERES-SEIGNEURIES p1168
365 Rue Du Bienheureux-Jean-Xxiii, Quebec, QC, G2N 1V4
(418) 634-5535 *SIC* 8211

COMMISSION SCOLAIRE DES PREMIERES-SEIGNEURIES p1188
3455 Av Royale Bureau 1, Saint-Ferreol-les-Neiges, QC, G0A 3R0
(418) 821-8055 *SIC* 8211

COMMISSION SCOLAIRE DES PREMIERES-SEIGNEURIES p1219
1300 Ch Royal, Saint-Pierre-Ile-D'Orleans, QC, G0A 4E0
(418) 821-8066 *SIC* 8211

COMMISSION SCOLAIRE DES PREMIERES-SEIGNEURIES p1225
3 Rue Du Couvent, SAINTE-BRIGITTE-DE-LAVAL, QC, G0A 3K0
(418) 821-8044 *SIC* 8211

COMMISSION SCOLAIRE DES PREMIERES-SEIGNEURIES p1242
37 Ch Du Trait-Carre, ST-JOACHIM-DE-MONTMORENCY, QC, G0A 3X0
(418) 821-8086 *SIC* 8211

COMMISSION SCOLAIRE DES PREMIERES-SEIGNEURIES p1243
114 1re Av, STONEHAM-ET-TEWKESBURY, QC, G3C 0L5
(418) 634-5546 *SIC* 8211

COMMISSION SCOLAIRE DES RIVES-DU-SAGUENAY p1013
136 Rue Des Saules, CHICOUTIMI, QC, G7G 4C3
(418) 543-3680 *SIC* 8211

COMMISSION SCOLAIRE DES RIVES-DU-SAGUENAY p1013
245 Rue Des Epervieres, CHICOUTIMI, QC, G7G 4Y8
(418) 549-3480 *SIC* 8211

COMMISSION SCOLAIRE DES RIVES-DU-SAGUENAY p1013
41 Rue Saint-Benoit, CHICOUTIMI, QC, G7G 2R4
(418) 543-2213 *SIC* 8211

COMMISSION SCOLAIRE DES RIVES-DU-SAGUENAY p1013
350 Rue Saint-Gerard, CHICOUTIMI, QC, G7G 1J2
(418) 541-4343 *SIC* 8211

COMMISSION SCOLAIRE DES RIVES-DU-SAGUENAY p1014
128 Rue Louis-Francoeur, CHICOUTIMI, QC, G7H 3A8
(418) 698-5142 *SIC* 8211

COMMISSION SCOLAIRE DES RIVES-DU-SAGUENAY p1014
624 Rue La Fontaine, CHICOUTIMI, QC, G7H 4V4
(418) 698-5012 *SIC* 8211

COMMISSION SCOLAIRE DES RIVES-DU-SAGUENAY p1014
847 Rue Georges-Vanier, CHICOUTIMI, QC, G7H 4M1
(418) 698-5170 *SIC* 8211

COMMISSION SCOLAIRE DES RIVES-DU-SAGUENAY p1014
97 Rue Arthur-Hamel, CHICOUTIMI, QC, G7H 3M9
(418) 698-5148 *SIC* 8211

COMMISSION SCOLAIRE DES RIVES-DU-SAGUENAY p1014
980 Rue Georges-Vanier, CHICOUTIMI, QC, G7H 4M3
(418) 698-5199 *SIC* 8211

COMMISSION SCOLAIRE DES RIVES-DU-SAGUENAY p1014
985 Rue Begin, CHICOUTIMI, QC, G7H 4P1
(418) 698-5185 *SIC* 8211

COMMISSION SCOLAIRE DES RIVES-DU-SAGUENAY p1014
36 Rue Jacques-Cartier E, CHICOUTIMI, QC, G7H 1W2
(418) 698-5000 *SIC* 8211

COMMISSION SCOLAIRE DES RIVES-DU-SAGUENAY p1014
847 Rue Georges-Vanier, CHICOUTIMI, QC, G7H 4M1
(418) 615-0083 *SIC* 8211

COMMISSION SCOLAIRE DES RIVES-DU-SAGUENAY p1015
906 Rue Comeau, CHICOUTIMI, QC, G7J 3J3
(418) 698-5126 *SIC* 8211

COMMISSION SCOLAIRE DES RIVES-DU-SAGUENAY p1015
465 Ch De La Reserve, CHICOUTIMI, QC, G7J 3N7
(418) 698-5120 *SIC* 8211

COMMISSION SCOLAIRE DES RIVES-DU-SAGUENAY p1015
216 Rue Des Oblats O, CHICOUTIMI, QC, G7J 2B1
(418) 698-5160 *SIC* 8211

COMMISSION SCOLAIRE DES RIVES-DU-SAGUENAY p1050
37 Rue Saint-Jean-Baptiste, L'ANSE-SAINT-JEAN, QC, G0V 1J0
(418) 615-0090 *SIC* 8211

COMMISSION SCOLAIRE DES RIVES-DU-SAGUENAY p1052
2511 Rue Monseigneur-Dufour, LA BAIE, QC, G7B 1E2
(418) 544-2324 *SIC* 8211

COMMISSION SCOLAIRE DES RIVES-DU-SAGUENAY p1052
1351 6e Av, LA BAIE, QC, G7B 1R5
(418) 544-0327 *SIC* 8211

COMMISSION SCOLAIRE DES RIVES-DU-SAGUENAY p1052
737 Rue Victoria, LA BAIE, QC, G7B 3M8
(418) 544-3223 *SIC* 8211

COMMISSION SCOLAIRE DES RIVES-DU-SAGUENAY p1052
3111 Rue Monseigneur-Dufour, LA BAIE, QC, G7B 4H5
(418) 698-5000 *SIC* 8211

COMMISSION SCOLAIRE DES RIVES-DU-SAGUENAY p1052
1802 Av John-Kane, LA BAIE, QC, G7B 1K2
(418) 544-2843 *SIC* 8211

COMMISSION SCOLAIRE DES RIVES-DU-SAGUENAY p1052
3300 Rue Prince-Albert, LA BAIE, QC, G7B 3R6
(418) 544-6822 *SIC* 8211

COMMISSION SCOLAIRE DES RIVES-DU-SAGUENAY p1061
860 Rue Gauthier, Laterriere, QC, G7N 1G8
SIC 8211

COMMISSION SCOLAIRE DES RIVES-DU-SAGUENAY p1175
404 Rue Principale, Riviere-Eternite, QC, G0V 1P0
(418) 615-0064 *SIC* 8211

COMMISSION SCOLAIRE DES RIVES-DU-SAGUENAY p1191
200 Rue Paul-Aime-Hudon, Saint-Honore-de-Chicoutimi, QC, G0V 1L0
(418) 615-0065 *SIC* 8211

COMMISSION SCOLAIRE DES RIVES-DU-SAGUENAY p1191
200 Rue Paul-Aime-Hudon, Saint-Honore-de-Chicoutimi, QC, G0V 1L0
(418) 615-0072 *SIC* 8211

COMMISSION SCOLAIRE DES SAMARES p1045
485 Rue Laval, JOLIETTE, QC, J6E 5H1
(450) 758-3716 *SIC* 8211

COMMISSION SCOLAIRE DES SAMARES p1045
940 Rue De Lanaudiere, JOLIETTE, QC, J6E 3N6
(450) 758-3721 *SIC* 8211

COMMISSION SCOLAIRE DES SAMARES p1045
981 Rue Notre-Dame, JOLIETTE, QC, J6E 3K1
(450) 758-3723 *SIC* 8211

COMMISSION SCOLAIRE DES SAMARES p1045
918 Rue Ladouceur, JOLIETTE, QC, J6E 3W7
(450) 758-3630 *SIC* 8211

COMMISSION SCOLAIRE DES SAMARES p1045
810 Rue De Lanaudiere, JOLIETTE, QC, J6E 3N3
(450) 758-3556 *SIC* 8211

COMMISSION SCOLAIRE DES SAMARES p1045
305 Rue Calixa-Lavallee, JOLIETTE, QC, J6E 4K3
(450) 758-3718 *SIC* 8211

COMMISSION SCOLAIRE DES SAMARES p1063
1020 Rue Du Tricentenaire, LAVALTRIE, QC, J5T 2S4
(450) 758-3592 *SIC* 8211

COMMISSION SCOLAIRE DES SAMARES p1073
3961 Rue Principale, LOURDES-DE-JOLIETTE, QC, J0K 1K0
(450) 758-3576 *SIC* 8211

COMMISSION SCOLAIRE DES SAMARES p1169
3144 18e Av Bureau 760, RAWDON, QC, J0K 1S0
(450) 758-3749 *SIC* 8211

COMMISSION SCOLAIRE DES SAMARES p1169
3790 Ch Du Lac-Morgan, RAWDON, QC, J0K 1S0
(450) 758-3701 *SIC* 8211

COMMISSION SCOLAIRE DES SAMARES p1170
3763 Rue Albert, RAWDON, QC, J0K 1S0
(450) 758-3704 *SIC* 8211

COMMISSION SCOLAIRE DES SAMARES p1179
961 Rue Des Commissaires, SAINT-AMBROISE-DE-KILDARE, QC, J0K 1C0
(450) 758-3726 *SIC* 8211

COMMISSION SCOLAIRE DES SAMARES p1185
39 Rue Des Ecoles Bureau 51, SAINT-ESPRIT, QC, J0K 2L0
(450) 758-3737 *SIC* 8211

COMMISSION SCOLAIRE DES SAMARES p1188
59 Rue Champagne, SAINT-GABRIEL-DE-BRANDON, QC, J0K 2N0
(450) 758-3691 *SIC* 8211

COMMISSION SCOLAIRE DES SAMARES p1188
1919 6e Rang, SAINT-GABRIEL-DE-BRANDON, QC, J0K 2N0
(450) 758-3640 *SIC* 8211

COMMISSION SCOLAIRE DES SAMARES p1188
70 Rue Sainte-Marguerite, Saint-Felix-de-Valois, QC, J0K 2M0
(450) 758-3562 *SIC* 8211

COMMISSION SCOLAIRE DES SAMARES p1188
35 Rue Dequoy, SAINT-GABRIEL-DE-BRANDON, QC, J0K 2N0
(450) 758-3740 *SIC* 8211

COMMISSION SCOLAIRE DES SAMARES p1196
239 Rue Du College, SAINT-JEAN-MATHA, QC, J0K 2S0
(450) 758-3688 *SIC* 8211

COMMISSION SCOLAIRE DES SAMARES p1217
263 14e Av, SAINT-LIN-LAURENTIDES, QC, J5M 2X6
(450) 439-3138 *SIC* 8211

COMMISSION SCOLAIRE DES SAMARES p1217
250 Ch Saint-Stanislas, SAINT-LIN-LAURENTIDES, QC, J5M 2H2
(450) 439-6051 *SIC* 8211

COMMISSION SCOLAIRE DES SAMARES p1217
265 16e Av, SAINT-LIN-LAURENTIDES, QC, J5M 2X8
(450) 439-7135 *SIC* 8211

COMMISSION SCOLAIRE DES SAMARES p1218
380 Rue Brassard, SAINT-MICHEL-DES-SAINTS, QC, J0K 3B0
(450) 758-3697 *SIC* 8211

COMMISSION SCOLAIRE DES SAMARES p1218
290 Rue Brassard, SAINT-MICHEL-DES-SAINTS, QC, J0K 3B0
(450) 758-3643 *SIC* 8211

COMMISSION SCOLAIRE DES SAMARES p1219
33 Boul Brassard, SAINT-PAUL, QC, J0K 3E0
(450) 758-3728 *SIC* 8211

COMMISSION SCOLAIRE DES SAMARES p1220
20 Rue Vezina, SAINT-ROCH-DE-L'ACHIGAN, QC, J0K 3H0
(450) 588-7851 *SIC* 8211

COMMISSION SCOLAIRE DES SAMARES p1221
60 Montee Remi-Henri, SAINT-ROCH-DE-L'ACHIGAN, QC, J0K 3H0
(450) 588-7410 *SIC* 8211

COMMISSION SCOLAIRE DES SOMMETS p993
340 Boul Morin, ASBESTOS, QC, J1T 3C2
(819) 879-0769 *SIC* 8211

COMMISSION SCOLAIRE DES SOMMETS p993
430 5e Av, ASBESTOS, QC, J1T 1X2
(819) 879-5413 *SIC* 8211

COMMISSION SCOLAIRE DES SOMMETS p993
410 1re Av, ASBESTOS, QC, J1T 1Z2
(819) 879-6926 *SIC* 8211

COMMISSION SCOLAIRE DES SOMMETS p993
180 Rue Genest, ASBESTOS, QC, J1T 1A9
(819) 879-6303 *SIC* 8211

COMMISSION SCOLAIRE DES SOMMETS p1022
30 Rue Du College, DANVILLE, QC, J0A 1A0
(819) 839-2930 *SIC* 8211

COMMISSION SCOLAIRE DES SOMMETS p1032
500 Rue Principale, EASTMAN, QC, J0E 1P0
(450) 297-2190 *SIC* 8211

COMMISSION SCOLAIRE DES SOMMETS p1074
176 Rue Saint-Alphonse S, MAGOG, QC, J1X 3T6
(819) 843-4016 *SIC* 8211

COMMISSION SCOLAIRE DES SOMMETS p1074
295 Rue Saint-David, MAGOG, QC, J1X 2Z8
(819) 843-9566 *SIC* 8211

COMMISSION SCOLAIRE DES SOMMETS p1074
449 Rue Percy, MAGOG, QC, J1X 1B5
(819) 847-1610 *SIC* 8211

COMMISSION SCOLAIRE DES SOMMETS p1074
360 Rue Saint-Patrice O, MAGOG, QC, J1X 1W6
(819) 843-4347 *SIC* 8211

▲ Public Company ■ Public Company Family Member **HQ** Headquarters **BR** Branch **SL** Single Location

COMMISSION SCOLAIRE DES SOMMETS p1074
63 Rue Pie-Xii, MAGOG, QC, J1X 6A5
(819) 843-4641 SIC 8211

COMMISSION SCOLAIRE DES SOMMETS p1074
265 Rue Saint-Patrice O, MAGOG, QC, J1X 1W4
(819) 843-3004 SIC 8211

COMMISSION SCOLAIRE DES SOMMETS p1074
277 Rue Saint-Patrice O, MAGOG, QC, J1X 1W4
(819) 843-6116 SIC 8211

COMMISSION SCOLAIRE DES SOMMETS p1074
495 Rue Gerin, MAGOG, QC, J1X 4B1
(819) 843-5666 SIC 8211

COMMISSION SCOLAIRE DES SOMMETS p1075
330 Rue Principale, MANSONVILLE, QC, J0E 1X0
(450) 292-5717 SIC 8211

COMMISSION SCOLAIRE DES SOMMETS p1242
7 Rue Park Rr 1, STANSTEAD, QC, J0B 3E0
(819) 876-7534 SIC 8211

COMMISSION SCOLAIRE DES SOMMETS p1242
177 Rue De L'Eglise, St-Francois-Xavier-de-Brompton, QC, J0B 2V0
(819) 845-3976 SIC 8211

COMMISSION SCOLAIRE DES SOMMETS p1254
1100 Rue Champetre, VALCOURT, QC, J0E 2L0
(450) 532-2488 SIC 8211

COMMISSION SCOLAIRE DES SOMMETS p1263
250 Rue Saint-Georges, WINDSOR, QC, J1S 1K4
(819) 845-2728 SIC 8211

COMMISSION SCOLAIRE DES SOMMETS p1263
101 Rue Ambroise-Dearden, WINDSOR, QC, J1S 1H2
(819) 845-3694 SIC 8211

COMMISSION SCOLAIRE DES TROIS-LACS p1021
1 Rue Du Parc, COTEAU-DU-LAC, QC, J0P 1B0
(450) 267-3458 SIC 8211

COMMISSION SCOLAIRE DES TROIS-LACS p1051
476 Boul Grand, L'Ile-Perrot, QC, J7V 4X5
(514) 453-5441 SIC 8211

COMMISSION SCOLAIRE DES TROIS-LACS p1051
2254 Boul Perrot, L'Ile-Perrot, QC, J7V 8P4
(514) 453-2576 SIC 8211

COMMISSION SCOLAIRE DES TROIS-LACS p1051
300 Boul Grand, L'Ile-Perrot, QC, J7V 4X2
(514) 453-4011 SIC 8211

COMMISSION SCOLAIRE DES TROIS-LACS p1138
70 Av Lussier, PINCOURT, QC, J7W 5B2
(514) 453-8581 SIC 8211

COMMISSION SCOLAIRE DES TROIS-LACS p1214
1550 Rue Des Cedres, SAINT-LAZARE, QC, J7T 2P9
(514) 477-7002 SIC 8211

COMMISSION SCOLAIRE DES TROIS-LACS p1222
425 34e Av, SAINT-ZOTIQUE, QC, J0P 1Z0
(450) 267-3290 SIC 8211

COMMISSION SCOLAIRE DU CHEMIN-DU-ROY p751
1 Ness Dr, NORTH YORK, ON, M3A 2W1
(416) 393-5312 SIC 8211

COMMISSION SCOLAIRE DU CHEMIN-DU-ROY p1010
963 Rue Notre-Dame, CHAMPLAIN, QC, G0X 1C0
(819) 840-4317 SIC 8211

COMMISSION SCOLAIRE DU CHEMIN-DU-ROY p1073
60 Av Saint-Jacques, LOUISEVILLE, QC, J5V 1C2
(819) 840-4325 SIC 8211

COMMISSION SCOLAIRE DU CHEMIN-DU-ROY p1073
50 Av Saint-Jacques, LOUISEVILLE, QC, J5V 1C2
(819) 840-4327 SIC 8211

COMMISSION SCOLAIRE DU CHEMIN-DU-ROY p1185
165 Rue Saint-Joseph Rr 2, Saint-Etienne-des-Gres, QC, G0X 2P0
(819) 840-4322 SIC 8211

COMMISSION SCOLAIRE DU CHEMIN-DU-ROY p1218
1380 Rue Notre-Dame, SAINT-MAURICE, QC, G0X 2X0
SIC 8211

COMMISSION SCOLAIRE DU CHEMIN-DU-ROY p1247
881 Rue Louis-De-France, Trois-Rivieres, QC, G8T 1A5
(819) 374-5523 SIC 8211

COMMISSION SCOLAIRE DU CHEMIN-DU-ROY p1247
245 Rue Loranger, Trois-Rivieres, QC, G8T 3V2
(819) 376-3656 SIC 8211

COMMISSION SCOLAIRE DU CHEMIN-DU-ROY p1247
500 Rue Des Erables, Trois-Rivieres, QC, G8T 9S4
(819) 373-1422 SIC 8211

COMMISSION SCOLAIRE DU CHEMIN-DU-ROY p1247
775 Rue Berlinguet, Trois-Rivieres, QC, G8T 2H1
(819) 691-2501 SIC 8211

COMMISSION SCOLAIRE DU CHEMIN-DU-ROY p1248
7625 Rue Lamy, Trois-Rivieres, QC, G8Y 4A8
(819) 373-5155 SIC 8211

COMMISSION SCOLAIRE DU CHEMIN-DU-ROY p1248
5405 Rue De Courcelette, Trois-Rivieres, QC, G8Y 3V2
(819) 375-8809 SIC 8211

COMMISSION SCOLAIRE DU CHEMIN-DU-ROY p1248
3685 Rue De La Rochelle, Trois-Rivieres, QC, G8Y 5N7
(819) 374-6951 SIC 8211

COMMISSION SCOLAIRE DU CHEMIN-DU-ROY p1248
730 Rue Guilbert, Trois-Rivieres, QC, G8T 5T6
(819) 378-6562 SIC 8211

COMMISSION SCOLAIRE DU CHEMIN-DU-ROY p1248
3750 Rue Jean-Bourdon, Trois-Rivieres, QC, G8Y 2A5
(819) 691-3366 SIC 8211

COMMISSION SCOLAIRE DU CHEMIN-DU-ROY p1248
3750 Rue Jean-Bourdon, Trois-Rivieres, QC, G8Y 2A5
(819) 379-8714 SIC 8211

COMMISSION SCOLAIRE DU CHEMIN-DU-ROY p1248
1405 11e Rue, Trois-Rivieres, QC, G8Y 2Z6
(819) 376-3038 SIC 8211

COMMISSION SCOLAIRE DU CHEMIN-DU-ROY p1248
100 Rue Saint-Irenee, Trois-Rivieres, QC, G8T 7C4
(819) 376-3443 SIC 8211

COMMISSION SCOLAIRE DU CHEMIN-DU-ROY p1248
501 Rue Des Erables, Trois-Rivieres, QC, G8T 5J2
(819) 375-8931 SIC 8211

COMMISSION SCOLAIRE DU CHEMIN-DU-ROY p1248
4675 Cote Rosemont, Trois-Rivieres, QC, G8Y 6R7
(819) 374-1835 SIC 8211

COMMISSION SCOLAIRE DU CHEMIN-DU-ROY p1248
445 Boul Sainte-Madeleine, Trois-Rivieres, QC, G8T 3N5
(819) 376-3120 SIC 8211

COMMISSION SCOLAIRE DU CHEMIN-DU-ROY p1249
720 Boul Des Recollets, Trois-Rivieres, QC, G8Z 3W1
(819) 375-0388 SIC 8211

COMMISSION SCOLAIRE DU CHEMIN-DU-ROY p1249
3005 Rue Arthur-Guimont, Trois-Rivieres, QC, G8Z 2K2
(819) 378-8780 SIC 8211

COMMISSION SCOLAIRE DU CHEMIN-DU-ROY p1249
1725 Boul Du Carmel, Trois-Rivieres, QC, G8Z 3R8
(819) 379-5822 SIC 8211

COMMISSION SCOLAIRE DU CHEMIN-DU-ROY p1250
1060 Rue Saint-Francois-Xavier, Trois-Rivieres, QC, G9A 1R8
(819) 379-8714 SIC 8211

COMMISSION SCOLAIRE DU CHEMIN-DU-ROY p1250
636 Rue Sainte-Catherine, Trois-Rivieres, QC, G9A 3L5
(819) 375-1955 SIC 8211

COMMISSION SCOLAIRE DU CHEMIN-DU-ROY p1250
481 Rue Bureau, Trois-Rivieres, QC, G9A 2M9
(819) 376-3749 SIC 8211

COMMISSION SCOLAIRE DU CHEMIN-DU-ROY p1250
946 Rue Saint-Paul Bureau 213, Trois-Rivieres, QC, G9A 1J3
(819) 378-8414 SIC 8211

COMMISSION SCOLAIRE DU CHEMIN-DU-ROY p1250
1875 Rue Nicolas-Perrot, Trois-Rivieres, QC, G9A 1C5
(819) 375-2332 SIC 8211

COMMISSION SCOLAIRE DU CHEMIN-DU-ROY p1252
365 Rue Chavigny, Trois-Rivieres, QC, G9B 1A7
(819) 377-4391 SIC 8211

COMMISSION SCOLAIRE DU CHEMIN-DU-ROY p1252
10830 Ch Sainte-Marguerite, Trois-Rivieres, QC, G9B 6N7
(819) 377-1516 SIC 8211

COMMISSION SCOLAIRE DU CHEMIN-DU-ROY p1252
7660 Rue Notre-Dame O, Trois-Rivieres, QC, G9B 1L9
(819) 377-4438 SIC 8211

COMMISSION SCOLAIRE DU CHEMIN-DU-ROY p1252
101 Rue Elisabeth-Guay, Trois-Rivieres, QC, G9B 7Z4
(819) 377-1312 SIC 8211

COMMISSION SCOLAIRE DU FER p1033
130 Le Carrefour, FERMONT, QC, G0G 1J0
(418) 287-5496 SIC 8211

COMMISSION SCOLAIRE DU FER p1144
27 Rue Audubon, PORT-CARTIER, QC, G5B 1M2
(418) 766-2237 SIC 8211

COMMISSION SCOLAIRE DU FER p1144
18 Boul Des Iles, PORT-CARTIER, QC, G5B 2N4
(418) 766-5335 SIC 8211

COMMISSION SCOLAIRE DU FER p1144
12 Av Boisvert, PORT-CARTIER, QC, G5B 1W7
(418) 766-8565 SIC 8211

COMMISSION SCOLAIRE DU FER p1233
10 Rue Johnny-Montigny, Sept-Iles, QC, G4R 1W3
(418) 962-6156 SIC 8211

COMMISSION SCOLAIRE DU FER p1233
40 Rue Comeau, Sept-Iles, QC, G4R 4N3
(418) 964-2760 SIC 8211

COMMISSION SCOLAIRE DU FER p1233
18 Rue Maisonneuve, Sept-Iles, QC, G4R 1C7
(418) 962-6198 SIC 8211

COMMISSION SCOLAIRE DU FER p1233
110 Rue Comeau, Sept-Iles, QC, G4R 1J4
(418) 964-2811 SIC 8211

COMMISSION SCOLAIRE DU FER p1233
532 Av Gamache, Sept-Iles, QC, G4R 2J2
(418) 962-7781 SIC 8211

COMMISSION SCOLAIRE DU FER p1234
95 Rue Des Chanterelles, Sept-Iles, QC, G4S 2B9
(418) 960-5551 SIC 8211

COMMISSION SCOLAIRE DU FLEUVE ET DES LACS p1022
385 Av Principale, Degelis, QC, G5T 1L3
(418) 854-3421 SIC 8211

COMMISSION SCOLAIRE DU FLEUVE ET DES LACS p1022
666 6e Rue O Bureau 6, Degelis, QC, G5T 1Y4
(418) 853-3438 SIC 8211

COMMISSION SCOLAIRE DU FLEUVE ET DES LACS p1022
383 Av Principale, Degelis, QC, G5T 1L3
(418) 853-3921 SIC 8211

COMMISSION SCOLAIRE DU FLEUVE ET DES LACS p1139
685 Rang Notre-Dame-Des-Champs, PO-HENEGAMOOK, QC, G0L 1J0
(418) 863-7711 SIC 8211

COMMISSION SCOLAIRE DU FLEUVE ET DES LACS p1174
31 Rue Des Pins E, Riviere-Bleue, QC, G0L 2B0
(418) 893-2514 SIC 8211

COMMISSION SCOLAIRE DU FLEUVE ET DES LACS p1196
3 Rue Sainte-Marie, SAINT-JEAN-DE-DIEU, QC, G0L 3M0
(418) 963-3226 SIC 8211

COMMISSION SCOLAIRE DU FLEUVE ET DES LACS p1243
120 Boul Phil-Latulippe, TEMISCOUATA-SUR-LE-LAC, QC, G0L 1E0
(418) 854-3640 SIC 8211

COMMISSION SCOLAIRE DU FLEUVE ET DES LACS p1247
455 Rue Jenkin, TROIS-PISTOLES, QC, G0L 4K0
SIC 8211

COMMISSION SCOLAIRE DU FLEUVE ET DES LACS p1247
9 Rue Notre-Dame E, TROIS-PISTOLES, QC, G0L 4K0
(418) 851-3341 SIC 8211

COMMISSION SCOLAIRE DU FLEUVE ET DES LACS p1247
286 Rue Langlais, TROIS-PISTOLES, QC, G0L 4K0
(418) 851-2346 SIC 8211

COMMISSION SCOLAIRE DU FLEUVE ET DES LACS p1247
84 Rue Raymond, TROIS-PISTOLES, QC, G0L 4K0
SIC 8211

COMMISSION SCOLAIRE DU LAC-ST-JEAN p987
685 Rue Gauthier O, ALMA, QC, G8B 2H9
(418) 669-6012 SIC 8211

COMMISSION SCOLAIRE DU LAC-ST-JEAN p987
775 Boul Saint-Luc, ALMA, QC, G8B 2K8

(418) 669-6044 SIC 8211
COMMISSION SCOLAIRE DU LAC-ST-JEAN p987
850 Av Begin, ALMA, QC, G8B 2X6
(418) 669-6063 SIC 8211
COMMISSION SCOLAIRE DU LAC-ST-JEAN p988
1550 Boul Auger O, ALMA, QC, G8C 1H8
(418) 669-6042 SIC 8211
COMMISSION SCOLAIRE DU LAC-ST-JEAN p988
441 Rue Joseph-W.-Fleury, ALMA, QC, G8E 2L1
(418) 669-6069 SIC 8211
COMMISSION SCOLAIRE DU LAC-ST-JEAN p1044
236 Rue Hebert, Hebertville, QC, G8N 1P4
(418) 669-6032 SIC 8211
COMMISSION SCOLAIRE DU LAC-ST-JEAN p1044
250 Rue Turgeon, Hebertville, QC, G8N 1S1
(418) 669-6064 SIC 8211
COMMISSION SCOLAIRE DU LAC-TEMISCAMINGUE p997
255 3e Av, BELLETERRE, QC, J0Z 1L0
SIC 8211
COMMISSION SCOLAIRE DU LAC-TEMISCAMINGUE p1061
5 Rue Du Carrefour N Rr 4, LATULIPE, QC, J0Z 2N0
(819) 747-4521 SIC 8211
COMMISSION SCOLAIRE DU LAC-TEMISCAMINGUE p1073
45 Rue Notre-Dame E, LORRAINVILLE, QC, J0Z 2R0
(819) 625-2444 SIC 8211
COMMISSION SCOLAIRE DU LAC-TEMISCAMINGUE p1135
15 Rue Desjardins, NOTRE-DAME-DU-NORD, QC, J0Z 3B0
(819) 723-2408 SIC 8211
COMMISSION SCOLAIRE DU LAC-TEMISCAMINGUE p1182
23 Rue Principale N, SAINT-BRUNO-DE-GUIGUES, QC, J0Z 2G0
(819) 728-2910 SIC 8211
COMMISSION SCOLAIRE DU LAC-TEMISCAMINGUE p1243
40 Rue Boucher, Temiscaming, QC, J0Z 3R0
(819) 627-3337 SIC 8211
COMMISSION SCOLAIRE DU LAC-TEMISCAMINGUE p1260
2 Rue Maisonneuve, VILLE-MARIE, QC, J9V 1V4
(819) 629-2472 SIC 8211
COMMISSION SCOLAIRE DU LAC-TEMISCAMINGUE p1260
4 Rue Montfort, VILLE-MARIE, QC, J9V 1W2
(819) 629-2802 SIC 8211
COMMISSION SCOLAIRE DU LAC-TEMISCAMINGUE p1260
9 Rue Notre-Dame-De-Lourdes, VILLE-MARIE, QC, J9V 1X7
(819) 629-2144 SIC 8211
COMMISSION SCOLAIRE DU LITTORAL p1048
Gd, Kegaska, QC, G0G 1S0
(418) 726-3283 SIC 8211
COMMISSION SCOLAIRE DU LITTORAL p1073
20 Rue Mgr Scheffer, LOURDES-DE-BLANC-SABLON, QC, G0G 1W0
(418) 461-2030 SIC 8211
COMMISSION SCOLAIRE DU PAYS-DES-BLEUETS p987
327 Rue De L'Eglise, ALBANEL, QC, G8M 3E9
(418) 276-7605 SIC 8211
COMMISSION SCOLAIRE DU PAYS-DES-BLEUETS p1023
242 3e Av, DOLBEAU-MISTASSINI, QC, G8L 2V4

(418) 276-5101 SIC 8211
COMMISSION SCOLAIRE DU PAYS-DES-BLEUETS p1023
300 Av Jean-Dolbeau, DOLBEAU-MISTASSINI, QC, G8L 2T7
(418) 276-0984 SIC 8211
COMMISSION SCOLAIRE DU PAYS-DES-BLEUETS p1023
1950 Boul Sacre-C Ur, DOLBEAU-MISTASSINI, QC, G8L 2R3
(418) 276-2012 SIC 8211
COMMISSION SCOLAIRE DU PAYS-DES-BLEUETS p1023
68 Rue Savard, DOLBEAU-MISTASSINI, QC, G8L 4L3
(418) 276-2763 SIC 8211
COMMISSION SCOLAIRE DU PAYS-DES-BLEUETS p1023
400 2e Av, DOLBEAU-MISTASSINI, QC, G8L 3C6
(418) 276-8654 SIC 8211
COMMISSION SCOLAIRE DU PAYS-DES-BLEUETS p1135
1017 Rue Du Centre-Sportif, NORMANDIN, QC, G8M 4L7
(418) 276-5883 SIC 8211
COMMISSION SCOLAIRE DU PAYS-DES-BLEUETS p1175
181 Boul De La Jeunesse, ROBERVAL, QC, G8H 2N9
(418) 275-5546 SIC 8211
COMMISSION SCOLAIRE DU PAYS-DES-BLEUETS p1175
171 Boul De La Jeunesse, ROBERVAL, QC, G8H 2N9
(418) 275-3110 SIC 8211
COMMISSION SCOLAIRE DU PAYS-DES-BLEUETS p1175
828 Boul Saint-Joseph, ROBERVAL, QC, G8H 2L5
(418) 275-2332 SIC 8211
COMMISSION SCOLAIRE DU PAYS-DES-BLEUETS p1175
654 Boul Saint-Joseph, ROBERVAL, QC, G8H 2L2
(418) 275-5130 SIC 8211
COMMISSION SCOLAIRE DU VAL-DES-CERFS p997
12 Rue Marziali, BEDFORD, QC, J0J 1A0
(450) 248-3385 SIC 8211
COMMISSION SCOLAIRE DU VAL-DES-CERFS p997
6 Rue De L'Eglise, BEDFORD, QC, J0J 1A0
(450) 248-3364 SIC 8211
COMMISSION SCOLAIRE DU VAL-DES-CERFS p1005
35 Ch De Gaspe, BROMONT, QC, J2L 2N7
(450) 534-3310 SIC 8211
COMMISSION SCOLAIRE DU VAL-DES-CERFS p1021
201 Boul Davignon, COWANSVILLE, QC, J2K 1N7
(450) 263-5923 SIC 8211
COMMISSION SCOLAIRE DU VAL-DES-CERFS p1021
201 Boul Saint-Joseph, COWANSVILLE, QC, J2K 1R9
(450) 263-5841 SIC 8211
COMMISSION SCOLAIRE DU VAL-DES-CERFS p1021
222 Rue Mercier, COWANSVILLE, QC, J2K 3R9
(450) 263-6660 SIC 8211
COMMISSION SCOLAIRE DU VAL-DES-CERFS p1031
3858 Rue Principale, DUNHAM, QC, J0E 1M0
(450) 295-2722 SIC 8211
COMMISSION SCOLAIRE DU VAL-DES-CERFS p1032
260 Rue Saint-Romuald, FARNHAM, QC, J2N 2P2
(450) 293-4280 SIC 8211
COMMISSION SCOLAIRE DU VAL-DES-

CERFS p1032
250 Rue Aikman, FARNHAM, QC, J2N 1T2
(450) 293-6929 SIC 8211
COMMISSION SCOLAIRE DU VAL-DES-CERFS p1032
255 Rue Saint-Andre S, FARNHAM, QC, J2N 2B8
(450) 293-3181 SIC 8211
COMMISSION SCOLAIRE DU VAL-DES-CERFS p1040
309 Rue Principale, GRANBY, QC, J2G 2W3
(450) 375-4701 SIC 8211
COMMISSION SCOLAIRE DU VAL-DES-CERFS p1040
74 Rue Glen, GRANBY, QC, J2G 4K4
(450) 372-5655 SIC 8211
COMMISSION SCOLAIRE DU VAL-DES-CERFS p1040
250 Rue Desjardins N, GRANBY, QC, J2G 6J1
(450) 378-4260 SIC 8211
COMMISSION SCOLAIRE DU VAL-DES-CERFS p1040
100 Rue Dufferin, GRANBY, QC, J2G 4W9
(450) 378-9330 SIC 8211
COMMISSION SCOLAIRE DU VAL-DES-CERFS p1040
52 Boul Leclerc E, GRANBY, QC, J2G 1S6
(450) 372-7290 SIC 8211
COMMISSION SCOLAIRE DU VAL-DES-CERFS p1041
150 Rue Lansdowne, GRANBY, QC, J2G 4P4
(450) 372-5454 SIC 8211
COMMISSION SCOLAIRE DU VAL-DES-CERFS p1041
460 Rue Notre-Dame, GRANBY, QC, J2G 3L8
(450) 375-1155 SIC 8211
COMMISSION SCOLAIRE DU VAL-DES-CERFS p1041
673 Rue Cabana, GRANBY, QC, J2G 1R3
(450) 378-5343 SIC 8211
COMMISSION SCOLAIRE DU VAL-DES-CERFS p1041
90 Rue Laval S, GRANBY, QC, J2G 7G7
(450) 375-1113 SIC 8211
COMMISSION SCOLAIRE DU VAL-DES-CERFS p1041
831 Rue Saint-Hubert, GRANBY, QC, J2H 2K7
(450) 777-3804 SIC 8211
COMMISSION SCOLAIRE DU VAL-DES-CERFS p1041
1111 Rue Simonds S, GRANBY, QC, J2G 9H7
(450) 378-9981 SIC 8211
COMMISSION SCOLAIRE DU VAL-DES-CERFS p1041
415 Rue Calixa-Lavallee, GRANBY, QC, J2G 1C4
(450) 378-8419 SIC 8211
COMMISSION SCOLAIRE DU VAL-DES-CERFS p1042
549 Rue Fournier, GRANBY, QC, J2J 2K5
(450) 777-7536 SIC 8211
COMMISSION SCOLAIRE DU VAL-DES-CERFS p1178
676 Rue Du Lac, ROXTON POND, QC, J0E 1Z0
(450) 372-2723 SIC 8211
COMMISSION SCOLAIRE DU VAL-DES-CERFS p1243
19 Rue Highland, SUTTON, QC, J0E 2K0
(450) 538-5843 SIC 8211
COMMISSION SCOLAIRE DU VAL-DES-CERFS p1261
14 Rue Lewis O, WATERLOO, QC, J0E 2N0
(450) 539-0522 SIC 8211
COMMISSION SCOLAIRE DU VAL-DES-CERFS p1261
185 Rue Lewis O, WATERLOO, QC, J0E 2N0
(450) 539-0910 SIC 8211

COMMISSION SCOLAIRE EASTERN TOWNSHIPS p993
952 Rue Sanborn, AYER'S CLIFF, QC, J0B 1C0
(819) 838-4983 SIC 8211
COMMISSION SCOLAIRE EASTERN TOWNSHIPS p1021
317 Rue Du Sud, COWANSVILLE, QC, J2K 2X6
(450) 263-1612 SIC 8211
COMMISSION SCOLAIRE EASTERN TOWNSHIPS p1021
224 Rue Mercier, COWANSVILLE, QC, J2K 5C3
(450) 263-3772 SIC 8211
COMMISSION SCOLAIRE EASTERN TOWNSHIPS p1032
425 Rue Saint-Joseph, FARNHAM, QC, J2N 1P4
(450) 293-6087 SIC 8211
COMMISSION SCOLAIRE EASTERN TOWNSHIPS p1040
50 Rue Lorne, GRANBY, QC, J2G 4W2
(450) 372-6058 SIC 8211
COMMISSION SCOLAIRE EASTERN TOWNSHIPS p1049
81 Rue Victoria Bureau 180, KNOWLTON, QC, J0E 1V0
(450) 243-6187 SIC 8211
COMMISSION SCOLAIRE EASTERN TOWNSHIPS p1074
120 Rue Bellevue, MAGOG, QC, J1X 3H2
(819) 843-4847 SIC 8211
COMMISSION SCOLAIRE EASTERN TOWNSHIPS p1171
355 Rue Du College S, RICHMOND, QC, J0B 2H0
(819) 826-3737 SIC 8211
COMMISSION SCOLAIRE EASTERN TOWNSHIPS p1171
375 Rue Armstrong, RICHMOND, QC, J0B 2H0
(819) 826-3702 SIC 8211
COMMISSION SCOLAIRE EASTERN TOWNSHIPS p1237
242 Rue De L'ontario, SHERBROOKE, QC, J1J 3R1
(819) 562-3515 SIC 8211
COMMISSION SCOLAIRE EASTERN TOWNSHIPS p1238
2365 Rue Galt O, SHERBROOKE, QC, J1K 1L1
(819) 566-0250 SIC 8211
COMMISSION SCOLAIRE EASTERN TOWNSHIPS p1240
1700 Rue College Bureau 5, SHERBROOKE, QC, J1M 0C8
(819) 563-5627 SIC 8211
COMMISSION SCOLAIRE EASTERN TOWNSHIPS p1240
1 Rue Academy, SHERBROOKE, QC, J1M 2A6
(819) 569-5103 SIC 8211
COMMISSION SCOLAIRE EASTERN TOWNSHIPS p1242
441 Rue Dufferin, STANSTEAD, QC, J0B 3E2
(819) 876-2469 SIC 8211
COMMISSION SCOLAIRE ENGLISH-MONTREAL p992
7951 Av De Dalkeith, ANJOU, QC, H1K 3X6
(514) 352-6730 SIC 8211
COMMISSION SCOLAIRE ENGLISH-MONTREAL p1017
5554 Av Robinson, Cote Saint-Luc, QC, H4V 2P8
(514) 481-7425 SIC 8211
COMMISSION SCOLAIRE ENGLISH-MONTREAL p1017
5785 Av Parkhaven, Cote Saint-Luc, QC, H4W 1X8
(514) 488-8203 SIC 8211
COMMISSION SCOLAIRE ENGLISH-MONTREAL p1017

SIC 8211 Elementary and secondary schools

5785 Av Parkhaven, Cote Saint-Luc, QC, H4W 1X8
(514) 484-4161 SIC 8211
COMMISSION SCOLAIRE ENGLISH-MONTREAL p1080
235 Av Dunrae, MONT-ROYAL, QC, H3P 1T5
(514) 735-1916 SIC 8211
COMMISSION SCOLAIRE ENGLISH-MONTREAL p1081
109 Av Carlyle, MONT-ROYAL, QC, H3R 1S8
(514) 738-1256 SIC 8211
COMMISSION SCOLAIRE ENGLISH-MONTREAL p1084
12165 Boul Saint-Jean-Baptiste, Montreal, QC, H1C 1S4
(514) 881-4351 SIC 8211
COMMISSION SCOLAIRE ENGLISH-MONTREAL p1084
9360 5e Rue, Montreal, QC, H1E 1K1
(514) 648-1218 SIC 8211
COMMISSION SCOLAIRE ENGLISH-MONTREAL p1084
10350 Boul Perras, Montreal, QC, H1C 2H1
(514) 494-3202 SIC 8211
COMMISSION SCOLAIRE ENGLISH-MONTREAL p1085
5555 Rue De Boucherville, Montreal, QC, H1K 4B6
(514) 596-2028 SIC 8211
COMMISSION SCOLAIRE ENGLISH-MONTREAL p1086
6800 Av Pierre-De Coubertin, Montreal, QC, H1N 1T2
(514) 259-8883 SIC 8211
COMMISSION SCOLAIRE ENGLISH-MONTREAL p1088
6650 39e Av, Montreal, QC, H1T 2W8
(514) 374-2828 SIC 8211
COMMISSION SCOLAIRE ENGLISH-MONTREAL p1089
3737 Rue Beaubien E, Montreal, QC, H1X 1H2
(514) 376-4720 SIC 8211
COMMISSION SCOLAIRE ENGLISH-MONTREAL p1091
8961 6e Av, Montreal, QC, H1Z 2T7
(514) 381-0355 SIC 8211
COMMISSION SCOLAIRE ENGLISH-MONTREAL p1092
6855 Rue Cartier, Montreal, QC, H2G 2W1
(514) 374-7337 SIC 8211
COMMISSION SCOLAIRE ENGLISH-MONTREAL p1095
8735 Av Henri-Julien, Montreal, QC, H2M 1M5
(514) 381-0811 SIC 8211
COMMISSION SCOLAIRE ENGLISH-MONTREAL p1098
4563 Rue Saint-Urbain, Montreal, QC, H2T 2V9
(514) 845-8031 SIC 8211
COMMISSION SCOLAIRE ENGLISH-MONTREAL p1119
8380 Av Wiseman, Montreal, QC, H3N 2P6
(514) 279-9026 SIC 8211
COMMISSION SCOLAIRE ENGLISH-MONTREAL p1121
5100 Ch De La Cote-Saint-Luc, Montreal, QC, H3W 2G9
(514) 488-8144 SIC 8211
COMMISSION SCOLAIRE ENGLISH-MONTREAL p1121
4810 Av Van Horne, Montreal, QC, H3W 1J3
(514) 733-7790 SIC 8211
COMMISSION SCOLAIRE ENGLISH-MONTREAL p1122
2330 Av West Hill, Montreal, QC, H4B 2S4
(514) 486-5092 SIC 8211
COMMISSION SCOLAIRE ENGLISH-MONTREAL p1123
5440 Rue Notre-Dame O, Montreal, QC, H4C 1T9
(514) 846-8814 SIC 8211
COMMISSION SCOLAIRE ENGLISH-MONTREAL p1123
1741 Rue De Biencourt, Montreal, QC, H4E 1T4
(514) 769-5282 SIC 8211
COMMISSION SCOLAIRE ENGLISH-MONTREAL p1132
6111 Boul Maurice-Duplessis, MONTREAL-NORD, QC, H1G 1Y6
(514) 321-1100 SIC 8211
COMMISSION SCOLAIRE ENGLISH-MONTREAL p1132
11575 Av P.-M.-Favier, MONTREAL-NORD, QC, H1G 6E5
(514) 328-4442 SIC 8211
COMMISSION SCOLAIRE ENGLISH-MONTREAL p1133
500 Av Hudson, Montreal-Ouest, QC, H4X 1X1
(514) 486-0981 SIC 8211
COMMISSION SCOLAIRE ENGLISH-MONTREAL p1133
10921 Av Gariepy, MONTREAL-NORD, QC, H1H 4C6
(514) 483-7575 SIC 8211
COMMISSION SCOLAIRE ENGLISH-MONTREAL p1133
314 Rue Northview, Montreal-Ouest, QC, H4X 1E2
(514) 484-1006 SIC 8211
COMMISSION SCOLAIRE ENGLISH-MONTREAL p1133
189 Av Easton, Montreal-Ouest, QC, H4X 1L4
(514) 489-8454 SIC 8211
COMMISSION SCOLAIRE ENGLISH-MONTREAL p1136
1475 Av Lajoie, OUTREMONT, QC, H2V 1P9
(514) 270-4866 SIC 8211
COMMISSION SCOLAIRE ENGLISH-MONTREAL p1203
1505 Rue Muir, SAINT-LAURENT, QC, H4L 4T1
(514) 744-2614 SIC 8211
COMMISSION SCOLAIRE ENGLISH-MONTREAL p1203
1475 Rue Deguire, SAINT-LAURENT, QC, H4L 1M4
(514) 744-6423 SIC 8211
COMMISSION SCOLAIRE ENGLISH-MONTREAL p1204
950 Rue Fraser, SAINT-LAURENT, QC, H4M 1Z6
(514) 334-9555 SIC 8211
COMMISSION SCOLAIRE ENGLISH-MONTREAL p1204
700 Rue Brunet, SAINT-LAURENT, QC, H4M 1Y2
(514) 744-1401 SIC 8211
COMMISSION SCOLAIRE ENGLISH-MONTREAL p1204
2355 Rue Decelles, SAINT-LAURENT, QC, H4M 1C2
(514) 331-8019 SIC 8211
COMMISSION SCOLAIRE ENGLISH-MONTREAL p1204
2405 Place Lafortune O, SAINT-LAURENT, QC, H4M 1A7
(514) 337-3856 SIC 8211
COMMISSION SCOLAIRE ENGLISH-MONTREAL p1206
2505 Boul De La Cote-Vertu, SAINT-LAURENT, QC, H4R 1P3
(514) 331-8781 SIC 8211
COMMISSION SCOLAIRE ENGLISH-MONTREAL p1215
8455 Rue Du Pre-Laurin, SAINT-LEONARD, QC, H1R 3P3
(514) 328-7171 SIC 8211
COMMISSION SCOLAIRE ENGLISH-MONTREAL p1215
4700 Boul Lavoisier, SAINT-LEONARD, QC, H1R 1H9
(514) 323-6586 SIC 8211
COMMISSION SCOLAIRE ENGLISH-MONTREAL p1216
4555 Rue Buies, SAINT-LEONARD, QC, H1S 1J2
(514) 723-2229 SIC 8211
COMMISSION SCOLAIRE ENGLISH-MONTREAL p1216
5025 Rue Jean-Talon E, SAINT-LEONARD, QC, H1S 3G6
(514) 374-4278 SIC 8211
COMMISSION SCOLAIRE ENGLISH-MONTREAL p1216
7355 Boul Viau, SAINT-LEONARD, QC, H1S 3C2
(514) 374-6000 SIC 8211
COMMISSION SCOLAIRE ENGLISH-MONTREAL p1216
6090 Rue De Lachenaie, SAINT-LEONARD, QC, H1S 1P1
(514) 254-5941 SIC 8211
COMMISSION SCOLAIRE ENGLISH-MONTREAL p1262
4699 Av Westmount, WESTMOUNT, QC, H3Y 1X5
(514) 481-5581 SIC 8211
COMMISSION SCOLAIRE ENGLISH-MONTREAL p1262
4350 Rue Sainte-Catherine O, WEST-MOUNT, QC, H3Z 1R1
(514) 933-2701 SIC 8211
COMMISSION SCOLAIRE ENGLISH-MONTREAL p1262
15 Place Park, WESTMOUNT, QC, H3Z 2K4
(514) 935-7338 SIC 8211
COMMISSION SCOLAIRE HARRICANA p988
712 1re Rue E, AMOS, QC, J9T 2H8
(819) 732-5582 SIC 8211
COMMISSION SCOLAIRE HARRICANA p988
800 1re Rue E, AMOS, QC, J9T 2H8
(819) 732-3221 SIC 8211
COMMISSION SCOLAIRE HARRICANA p988
562 1re Rue E, AMOS, QC, J9T 2H4
(819) 732-2675 SIC 8211
COMMISSION SCOLAIRE HARRICANA p988
662 1re Rue E, AMOS, QC, J9T 2H6
(819) 732-8983 SIC 8211
COMMISSION SCOLAIRE HARRICANA p988
850 1re Rue E, AMOS, QC, J9T 2H8
(819) 732-3221 SIC 8211
COMMISSION SCOLAIRE HARRICANA p988
751 4e Av E, AMOS, QC, J9T 3Z4
(819) 732-1717 SIC 8211
COMMISSION SCOLAIRE HARRICANA p988
850 1re Rue E, AMOS, QC, J9T 2H8
(819) 732-3223 SIC 8211
COMMISSION SCOLAIRE HARRICANA p995
570 Rue Principale N, BARRAUTE, QC, J0Y 1A0
SIC 8211
COMMISSION SCOLAIRE KATIVIK p987
Gd, AKULIVIK, QC, J0M 1V0
(819) 496-2021 SIC 8211
COMMISSION SCOLAIRE KATIVIK p1045
Pr, INUKJUAK, QC, J0M 1M0
(819) 254-8686 SIC 8211
COMMISSION SCOLAIRE KATIVIK p1045
Pr, INUKJUAK, QC, J0M 1M0
(819) 254-8211 SIC 8211
COMMISSION SCOLAIRE KATIVIK p1045
Gd, IVUJIVIK, QC, J0M 1H0
(819) 922-9917 SIC 8211
COMMISSION SCOLAIRE KATIVIK p1048
Gd, KANGIRSUK, QC, J0M 1A0
(819) 935-4318 SIC 8211
COMMISSION SCOLAIRE KATIVIK p1048
Gd, KANGIQSUALUJJUAQ, QC, J0M 1N0
(819) 337-5250 SIC 8211
COMMISSION SCOLAIRE KATIVIK p1048
Gd, KANGIQSUJUAQ, QC, J0M 1K0
(819) 338-3332 SIC 8211
COMMISSION SCOLAIRE KATIVIK p1049
828 Rue Kaivvivik, KUUJJUAQ, QC, J0M 1C0
(819) 964-2912 SIC 8211
COMMISSION SCOLAIRE KATIVIK p1050
Pr, KUUJJUARAPIK, QC, J0M 1G0
(819) 929-3409 SIC 8211
COMMISSION SCOLAIRE KATIVIK p1144
Gd, PUVIRNITUQ, QC, J0M 1P0
(819) 988-2960 SIC 8211
COMMISSION SCOLAIRE KATIVIK p1145
Gd, PUVIRNITUQ, QC, J0M 1P0
(819) 988-2960 SIC 8211
COMMISSION SCOLAIRE KATIVIK p1145
Pr, QUAQTAQ, QC, J0M 1J0
(819) 492-9955 SIC 8211
COMMISSION SCOLAIRE KATIVIK p1232
Gd, SALLUIT, QC, J0M 1S0
(819) 255-8931 SIC 8211
COMMISSION SCOLAIRE KATIVIK p1252
C.P. 98, UMIUJAQ, QC, J0M 1Y0
(819) 331-7061 SIC 8211
COMMISSION SCOLAIRE MARGUERITE-BOURGEOYS p1028
355 Boul Fenelon, DORVAL, QC, H9S 5T8
(514) 855-4229 SIC 8211
COMMISSION SCOLAIRE MARGUERITE-BOURGEOYS p1048
3501 Boul Saint-Charles, KIRKLAND, QC, H9H 4S3
(514) 333-8886 SIC 8211
COMMISSION SCOLAIRE MARGUERITE-BOURGEOYS p1049
101 Rue Charlevoix, KIRKLAND, QC, H9J 3E2
(514) 855-4235 SIC 8211
COMMISSION SCOLAIRE MARGUERITE-BOURGEOYS p1055
29 Av Ouellette, LACHINE, QC, H8R 1L4
(514) 595-2057 SIC 8211
COMMISSION SCOLAIRE MARGUERITE-BOURGEOYS p1056
1625 Rue Saint-Antoine, LACHINE, QC, H8S 1T8
(514) 855-4197 SIC 8211
COMMISSION SCOLAIRE MARGUERITE-BOURGEOYS p1056
750 Rue Esther-Blondin, LACHINE, QC, H8S 4C4
(514) 855-4185 SIC 8211
COMMISSION SCOLAIRE MARGUERITE-BOURGEOYS p1056
1825 Rue Provost, LACHINE, QC, H8S 1P5
(514) 855-4233 SIC 8211
COMMISSION SCOLAIRE MARGUERITE-BOURGEOYS p1056
704 5e Av, LACHINE, QC, H8S 2W4
(514) 855-4234 SIC 8211
COMMISSION SCOLAIRE MARGUERITE-BOURGEOYS p1056
1225 Rue Saint-Louis, LACHINE, QC, H8S 2K6
(514) 855-4200 SIC 8211
COMMISSION SCOLAIRE MARGUERITE-BOURGEOYS p1057
50 34e Av, LACHINE, QC, H8T 1Z2
(514) 748-4662 SIC 8211
COMMISSION SCOLAIRE MARGUERITE-BOURGEOYS p1059
1515 Rue Rancourt, LASALLE, QC, H8N 1R7
(514) 595-2049 SIC 8211
COMMISSION SCOLAIRE MARGUERITE-BOURGEOYS p1059
2311 Rue Menard, LASALLE, QC, H8N 1J4
(514) 595-2056 SIC 8211
COMMISSION SCOLAIRE MARGUERITE-BOURGEOYS p1059

SIC 8211 Elementary and secondary schools

1100 Rue Ducas, LASALLE, QC, H8N 3E6
(514) 364-5300   *SIC* 8211
COMMISSION SCOLAIRE MARGUERITE-BOURGEOYS   p1060
8585 Rue George, LASALLE, QC, H8P 1G5
(514) 595-2052   *SIC* 8211
COMMISSION SCOLAIRE MARGUERITE-BOURGEOYS   p1060
441 Rue Trudeau, LASALLE, QC, H8R 3C3
(514) 595-2054   *SIC* 8211
COMMISSION SCOLAIRE MARGUERITE-BOURGEOYS   p1060
7676 Rue Centrale, LASALLE, QC, H8P 1L5
(514) 365-9337   *SIC* 8211
COMMISSION SCOLAIRE MARGUERITE-BOURGEOYS   p1060
9199 Rue Centrale, LASALLE, QC, H8R 2J9
(514) 595-2044   *SIC* 8211
COMMISSION SCOLAIRE MARGUERITE-BOURGEOYS   p1060
7520 Rue Edouard, LASALLE, QC, H8P 1S2
(514) 595-2055   *SIC* 8211
COMMISSION SCOLAIRE MARGUERITE-BOURGEOYS   p1060
695 35e Av, LASALLE, QC, H8P 2Y9
(514) 366-0028   *SIC* 8211
COMMISSION SCOLAIRE MARGUERITE-BOURGEOYS   p1060
360 80e Av, LASALLE, QC, H8R 2T3
(514) 595-2067   *SIC* 8211
COMMISSION SCOLAIRE MARGUERITE-BOURGEOYS   p1061
100 Av Du Tresor-Cache, LASALLE, QC, H8R 3K3
(514) 595-2046   *SIC* 8211
COMMISSION SCOLAIRE MARGUERITE-BOURGEOYS   p1061
9569 Rue Jean-Milot, LASALLE, QC, H8R 1X8
(514) 595-2041   *SIC* 8211
COMMISSION SCOLAIRE MARGUERITE-BOURGEOYS   p1061
9569 Rue Jean-Milot, LASALLE, QC, H8R 1X8
(514) 595-2041   *SIC* 8211
COMMISSION SCOLAIRE MARGUERITE-BOURGEOYS   p1080
1101 Ch Rockland, MONT-ROYAL, QC, H3P 2X8
(514) 739-6311   *SIC* 8211
COMMISSION SCOLAIRE MARGUERITE-BOURGEOYS   p1080
1345 Ch Regent, MONT-ROYAL, QC, H3P 2K8
(514) 739-5070   *SIC* 8211
COMMISSION SCOLAIRE MARGUERITE-BOURGEOYS   p1081
50 Av Montgomery, MONT-ROYAL, QC, H3R 2B3
(514) 731-2761   *SIC* 8211
COMMISSION SCOLAIRE MARGUERITE-BOURGEOYS   p1081
555 Av Mitchell, MONT-ROYAL, QC, H3R 1L5
(514) 735-0400   *SIC* 8211
COMMISSION SCOLAIRE MARGUERITE-BOURGEOYS   p1136
46 Av Vincent-D'indy, OUTREMONT, QC, H2V 2S9
(514) 735-6691   *SIC* 8211
COMMISSION SCOLAIRE MARGUERITE-BOURGEOYS   p1136
1276 Av Lajoie, OUTREMONT, QC, H2V 1P3
(514) 272-5723   *SIC* 8211
COMMISSION SCOLAIRE MARGUERITE-BOURGEOYS   p1136
475 Av Bloomfield, OUTREMONT, QC, H2V 3R9
(514) 276-3746   *SIC* 8211
COMMISSION SCOLAIRE MARGUERITE-BOURGEOYS   p1137
5005 Rue Valois, PIERREFONDS, QC, H8Z 2G8

(514) 855-4211   *SIC* 8211
COMMISSION SCOLAIRE MARGUERITE-BOURGEOYS   p1137
14385 Boul De Pierrefonds, PIERREFONDS, QC, H9H 1Z2
(514) 855-4243   *SIC* 8211
COMMISSION SCOLAIRE MARGUERITE-BOURGEOYS   p1137
4770 Boul Lalande, PIERREFONDS, QC, H8Y 1V2
(514) 855-4239   *SIC* 8211
COMMISSION SCOLAIRE MARGUERITE-BOURGEOYS   p1141
93 Av Douglas-Shand, POINTE-CLAIRE, QC, H9R 2A7
(514) 855-4245   *SIC* 8211
COMMISSION SCOLAIRE MARGUERITE-BOURGEOYS   p1141
311 Av Inglewood, POINTE-CLAIRE, QC, H9R 2Z8
(514) 855-4225   *SIC* 8211
COMMISSION SCOLAIRE MARGUERITE-BOURGEOYS   p1143
3 Av Sainte-Anne, POINTE-CLAIRE, QC, H9S 4P6
(514) 855-4236   *SIC* 8211
COMMISSION SCOLAIRE MARGUERITE-BOURGEOYS   p1203
2681 Rue Baker, SAINT-LAURENT, QC, H4K 1K7
(514) 331-5823   *SIC* 8211
COMMISSION SCOLAIRE MARGUERITE-BOURGEOYS   p1203
3600 Rue Beausejour, SAINT-LAURENT, QC, H4K 1W7
(514) 334-7350   *SIC* 8211
COMMISSION SCOLAIRE MARGUERITE-BOURGEOYS   p1203
1615 Rue Tasse, SAINT-LAURENT, QC, H4L 1R1
(514) 747-3065   *SIC* 8211
COMMISSION SCOLAIRE MARGUERITE-BOURGEOYS   p1203
465 Rue Cardinal, SAINT-LAURENT, QC, H4L 3C5
(514) 744-2101   *SIC* 8211
COMMISSION SCOLAIRE MARGUERITE-BOURGEOYS   p1203
1085 Rue Tasse, SAINT-LAURENT, QC, H4L 1P7
(514) 744-1422   *SIC* 8211
COMMISSION SCOLAIRE MARGUERITE-BOURGEOYS   p1204
235 Rue Bleignier, SAINT-LAURENT, QC, H4N 1B1
(514) 332-0742   *SIC* 8211
COMMISSION SCOLAIRE MARGUERITE-BOURGEOYS   p1204
2000 Rue Decelles, SAINT-LAURENT, QC, H4M 1B3
(514) 744-0763   *SIC* 8211
COMMISSION SCOLAIRE MARGUERITE-BOURGEOYS   p1206
2395 Boul Thimens, SAINT-LAURENT, QC, H4R 1T4
(514) 332-3190   *SIC* 8211
COMMISSION SCOLAIRE MARGUERITE-BOURGEOYS   p1233
300 Rue Sainte-Anne, SENNEVILLE, QC, H9X 3P7
(514) 855-4241   *SIC* 8211
COMMISSION SCOLAIRE MARGUERITE-BOURGEOYS   p1249
1305 Rue De La Terriere, Trois-Rivieres, QC, G8Z 3J7
(819) 378-4839   *SIC* 8211
COMMISSION SCOLAIRE MARGUERITE-BOURGEOYS   p1257
3000 Boul Gaetan-Laberge, VERDUN, QC, H4G 3C1
(514) 765-7666   *SIC* 8211
COMMISSION SCOLAIRE MARGUERITE-BOURGEOYS   p1257
55 Rue Rheaume, VERDUN, QC, H4G 3C1

(514) 765-7683   *SIC* 8211
COMMISSION SCOLAIRE MARGUERITE-BOURGEOYS   p1257
1100 5e Av, VERDUN, QC, H4G 2Z6
(514) 765-7500   *SIC* 8211
COMMISSION SCOLAIRE MARGUERITE-BOURGEOYS   p1257
320 Rue De L'Eglise, VERDUN, QC, H4G 2M4
(514) 765-7575   *SIC* 8211
COMMISSION SCOLAIRE MARGUERITE-BOURGEOYS   p1257
504 5e Av, VERDUN, QC, H4G 2Z1
(514) 765-7595   *SIC* 8211
COMMISSION SCOLAIRE MARGUERITE-BOURGEOYS   p1258
755 Rue Brault, VERDUN, QC, H4H 2B3
(514) 765-7611   *SIC* 8211
COMMISSION SCOLAIRE MARGUERITE-BOURGEOYS   p1258
1240 Rue Moffat, VERDUN, QC, H4H 1Y9
(514) 761-8022   *SIC* 8211
COMMISSION SCOLAIRE MARGUERITE-BOURGEOYS   p1258
1201 Rue Argyle, VERDUN, QC, H4H 1V4
(514) 765-7686   *SIC* 8211
COMMISSION SCOLAIRE MARIE-VICTORIN   p1006
8350 Boul Pelletier, BROSSARD, QC, J4X 1M8
(450) 465-6290   *SIC* 8211
COMMISSION SCOLAIRE MARIE-VICTORIN   p1006
7600 Rue Tunisie, BROSSARD, QC, J4W 2J4
(450) 672-7950   *SIC* 8211
COMMISSION SCOLAIRE MARIE-VICTORIN   p1007
3055 Boul De Rome, BROSSARD, QC, J4Y 1S9
(450) 443-0010   *SIC* 8211
COMMISSION SCOLAIRE MARIE-VICTORIN   p1007
3010 Boul Napoleon, BROSSARD, QC, J4Y 2A3
(450) 676-9285   *SIC* 8211
COMMISSION SCOLAIRE MARIE-VICTORIN   p1007
7465 Rue Malherbe, BROSSARD, QC, J4Y 1E6
(450) 676-5946   *SIC* 8211
COMMISSION SCOLAIRE MARIE-VICTORIN   p1008
3400 Rue Boisclair, BROSSARD, QC, J4Z 2C2
(450) 678-0490   *SIC* 8211
COMMISSION SCOLAIRE MARIE-VICTORIN   p1043
346 Rue Hubert, GREENFIELD PARK, QC, J4V 1S2
(450) 671-6339   *SIC* 8211
COMMISSION SCOLAIRE MARIE-VICTORIN   p1043
274 Rue Hubert, GREENFIELD PARK, QC, J4V 1S1
(450) 443-0017   *SIC* 8211
COMMISSION SCOLAIRE MARIE-VICTORIN   p1043
482 Rue De Springfield, GREENFIELD PARK, QC, J4V 1Y1
(450) 671-7209   *SIC* 8211
COMMISSION SCOLAIRE MARIE-VICTORIN   p1043
1005 Rue Du Centenaire, GREENFIELD PARK, QC, J4V 1B7
(450) 678-7858   *SIC* 8211
COMMISSION SCOLAIRE MARIE-VICTORIN   p1064
160 Rue Rene-Philippe, LEMOYNE, QC, J4R 2K1
(450) 671-7293   *SIC* 8211
COMMISSION SCOLAIRE MARIE-VICTORIN   p1069
2190 Rue Limoges, LONGUEUIL, QC, J4G

1E3
(450) 674-1388   *SIC* 8211
COMMISSION SCOLAIRE MARIE-VICTORIN   p1070
1360 Rue Laurier, LONGUEUIL, QC, J4J 4H2
(450) 674-3210   *SIC* 8211
COMMISSION SCOLAIRE MARIE-VICTORIN   p1070
450 Rue De Normandie, LONGUEUIL, QC, J4H 3P4
(450) 679-4650   *SIC* 8211
COMMISSION SCOLAIRE MARIE-VICTORIN   p1070
897 Rue Maple, LONGUEUIL, QC, J4J 4N3
(450) 674-3285   *SIC* 8211
COMMISSION SCOLAIRE MARIE-VICTORIN   p1070
805 Rue Gardenville, LONGUEUIL, QC, J4J 3B3
(450) 670-0211   *SIC* 8211
COMMISSION SCOLAIRE MARIE-VICTORIN   p1070
1711 Rue Bourassa, LONGUEUIL, QC, J4J 3A5
(450) 616-8035   *SIC* 8211
COMMISSION SCOLAIRE MARIE-VICTORIN   p1070
2115 Rue Gamache, LONGUEUIL, QC, J4J 4A3
(450) 468-3604   *SIC* 8211
COMMISSION SCOLAIRE MARIE-VICTORIN   p1070
444 Rue De Gentilly E, LONGUEUIL, QC, J4H 3X7
(450) 651-6800   *SIC* 8211
COMMISSION SCOLAIRE MARIE-VICTORIN   p1070
560 Rue Le Moyne O, LONGUEUIL, QC, J4H 1X3
(450) 670-3130   *SIC* 8211
COMMISSION SCOLAIRE MARIE-VICTORIN   p1071
1240 Boul Nobert, LONGUEUIL, QC, J4K 2P4
(450) 670-2951   *SIC* 8211
COMMISSION SCOLAIRE MARIE-VICTORIN   p1071
1100 Rue Beauregard, LONGUEUIL, QC, J4K 2L1
(450) 674-7784   *SIC* 8211
COMMISSION SCOLAIRE MARIE-VICTORIN   p1071
700 Rue Duvernay, LONGUEUIL, QC, J4K 4L1
(450) 679-3990   *SIC* 8211
COMMISSION SCOLAIRE MARIE-VICTORIN   p1071
1450 Rue De Wagram, LONGUEUIL, QC, J4K 1G1
(450) 651-7768   *SIC* 8211
COMMISSION SCOLAIRE MARIE-VICTORIN   p1071
653 Rue Prefontaine, LONGUEUIL, QC, J4K 3V8
(450) 670-7581   *SIC* 8211
COMMISSION SCOLAIRE MARIE-VICTORIN   p1071
1275 Rue Papineau, LONGUEUIL, QC, J4K 3K9
(450) 674-1753   *SIC* 8211
COMMISSION SCOLAIRE MARIE-VICTORIN   p1072
2725 Rue Plessis, LONGUEUIL, QC, J4L 1S3
(450) 651-6104   *SIC* 8211
COMMISSION SCOLAIRE MARIE-VICTORIN   p1072
2515 Rue De Boulogne, LONGUEUIL, QC, J4L 4A3
(450) 674-9145   *SIC* 8211
COMMISSION SCOLAIRE MARIE-VICTORIN   p1072
1995 Rue Bedard, LONGUEUIL, QC, J4N

▲ Public Company   ■ Public Company Family Member   **HQ** Headquarters   **BR** Branch   **SL** Single Location

1B4
(450) 468-1226 SIC 8211
COMMISSION SCOLAIRE MARIE-VICTORIN p1072
1250 Ch Du Tremblay, LONGUEUIL, QC, J4N 1A2
(450) 468-0833 SIC 8211
COMMISSION SCOLAIRE MARIE-VICTORIN p1072
3000 Rue Dumont, LONGUEUIL, QC, J4L 3S9
(450) 674-7062 SIC 8211
COMMISSION SCOLAIRE MARIE-VICTORIN p1072
3455 Rue Soissons, LONGUEUIL, QC, J4L 3M5
(450) 463-1406 SIC 8211
COMMISSION SCOLAIRE MARIE-VICTORIN p1072
2375 Rue Lavallee, LONGUEUIL, QC, J4L 1R5
(450) 468-3402 SIC 8211
COMMISSION SCOLAIRE MARIE-VICTORIN p1072
1280 Rue Beauharnois, LONGUEUIL, QC, J4M 1C2
(450) 468-1267 SIC 8211
COMMISSION SCOLAIRE MARIE-VICTORIN p1192
6905 Boul Maricourt, SAINT-HUBERT, QC, J3Y 1T2
(450) 676-3101 SIC 8211
COMMISSION SCOLAIRE MARIE-VICTORIN p1192
4850 Boul Westley, SAINT-HUBERT, QC, J3Y 2T4
(450) 656-5521 SIC 8211
COMMISSION SCOLAIRE MARIE-VICTORIN p1192
7450 Boul Cousineau, SAINT-HUBERT, QC, J3Y 3L4
(450) 678-2080 SIC 8211
COMMISSION SCOLAIRE MARIE-VICTORIN p1192
5905 Av Laurent-Benoit, SAINT-HUBERT, QC, J3Y 6H1
(450) 656-2010 SIC 8211
COMMISSION SCOLAIRE MARIE-VICTORIN p1192
5295 Ch De Chambly, SAINT-HUBERT, QC, J3Y 3N5
(450) 678-0792 SIC 8211
COMMISSION SCOLAIRE MARIE-VICTORIN p1192
8370 Av Gervais, SAINT-HUBERT, QC, J3Y 7Y9
(450) 678-0670 SIC 8211
COMMISSION SCOLAIRE MARIE-VICTORIN p1192
5095 Rue Aurele, SAINT-HUBERT, QC, J3Y 2E6
(450) 678-0145 SIC 8211
COMMISSION SCOLAIRE MARIE-VICTORIN p1192
3675 Rue Coderre, SAINT-HUBERT, QC, J3Y 4P4
(450) 678-0201 SIC 8211
COMMISSION SCOLAIRE MARIE-VICTORIN p1193
1940 Boul Marie, SAINT-HUBERT, QC, J4T 2A9
(450) 671-5903 SIC 8211
COMMISSION SCOLAIRE MARIE-VICTORIN p1193
3875 Grande Allee, SAINT-HUBERT, QC, J4T 2V8
(450) 676-0261 SIC 8211
COMMISSION SCOLAIRE MARIE-VICTORIN p1193
3225 Rue Windsor, SAINT-HUBERT, QC, J4T 2X3
(450) 678-1575 SIC 8211
COMMISSION SCOLAIRE MARIE-VICTORIN p1193

1700 Rue De Gaulle, SAINT-HUBERT, QC, J4T 1M8
(450) 678-2404 SIC 8211
COMMISSION SCOLAIRE MARIE-VICTORIN p1193
1600 Rue De Monaco, SAINT-HUBERT, QC, J3Z 1B7
(450) 462-3844 SIC 8211
COMMISSION SCOLAIRE MARIE-VICTORIN p1193
3855 Grande Allee, SAINT-HUBERT, QC, J4T 2V8
(450) 678-2781 SIC 8211
COMMISSION SCOLAIRE MARIE-VICTORIN p1202
830 Av Notre-Dame, SAINT-LAMBERT, QC, J4R 1R8
(450) 671-0178 SIC 8211
COMMISSION SCOLAIRE MARIE-VICTORIN p1202
126 Rue Logan, SAINT-LAMBERT, QC, J4P 1H2
(450) 671-8151 SIC 8211
COMMISSION SCOLAIRE MARIE-VICTORIN p1203
139 Av D'alsace, SAINT-LAMBERT, QC, J4S 1M8
(450) 671-2662 SIC 8211
COMMISSION SCOLAIRE NEW FRONTIER p1011
85 Rue Jeffries, Chateauguay, QC, J6J 4A4
(450) 692-8251 SIC 8211
COMMISSION SCOLAIRE NEW FRONTIER p1011
300 Rue Mcleod, Chateauguay, QC, J6J 2H6
(450) 691-4550 SIC 8211
COMMISSION SCOLAIRE NEW FRONTIER p1011
70 Boul Maple, Chateauguay, QC, J6J 3P8
(450) 691-2540 SIC 8211
COMMISSION SCOLAIRE NEW FRONTIER p1011
210 Rue Mcleod, Chateauguay, QC, J6J 2H4
(450) 691-3230 SIC 8211
COMMISSION SCOLAIRE NEW FRONTIER p1012
42 Rue Saint-Hubert, Chateauguay, QC, J6K 3K8
(450) 691-2600 SIC 8211
COMMISSION SCOLAIRE NEW FRONTIER p1012
280 Av Brahms, Chateauguay, QC, J6K 5G1
(450) 691-9099 SIC 8211
COMMISSION SCOLAIRE NEW FRONTIER p1044
24 Rue York, HUNTINGDON, QC, J0S 1H0
(450) 264-9276 SIC 8211
COMMISSION SCOLAIRE NEW FRONTIER p1136
7 Rue Georges, ORMSTOWN, QC, J0S 1K0
(450) 829-2641 SIC 8211
COMMISSION SCOLAIRE NEW FRONTIER p1136
54 Rue Roy, ORMSTOWN, QC, J0S 1K0
(450) 829-2396 SIC 8211
COMMISSION SCOLAIRE NEW FRONTIER p1136
1597 138a Rte, ORMSTOWN, QC, J0S 1K0
(450) 829-2381 SIC 8211
COMMISSION SCOLAIRE PIERRE-NEVEU, LA p1033
148 12e Rue, FERME-NEUVE, QC, J0W 1C0
(819) 587-3321 SIC 8211
COMMISSION SCOLAIRE PIERRE-NEVEU, LA p1055
576 Boul Saint-Francois, Lac-des-Ecorces, QC, J0W 1H0
(819) 585-2976 SIC 8211
COMMISSION SCOLAIRE PIERRE-NEVEU, LA p1079
631 Rue Hebert, MONT-LAURIER, QC, J9L

2X4
(819) 623-1657 SIC 8211
COMMISSION SCOLAIRE PIERRE-NEVEU, LA p1080
525 Rue De La Madone, MONT-LAURIER, QC, J9L 1S4
(819) 623-4310 SIC 8211
COMMISSION SCOLAIRE PIERRE-NEVEU, LA p1080
1420 Boul Des Ruisseaux, MONT-LAURIER, QC, J9L 0H6
(819) 623-3137 SIC 8211
COMMISSION SCOLAIRE PIERRE-NEVEU, LA p1080
318 Rue Du Pont, MONT-LAURIER, QC, J9L 2R2
(819) 623-3899 SIC 8211
COMMISSION SCOLAIRE PIERRE-NEVEU, LA p1080
525 Rue De La Madone, MONT-LAURIER, QC, J9L 1S4
(819) 623-4310 SIC 8211
COMMISSION SCOLAIRE PIERRE-NEVEU, LA p1080
545 Rue Du Pont, MONT-LAURIER, QC, J9L 2S2
(819) 623-1266 SIC 8211
COMMISSION SCOLAIRE PIERRE-NEVEU, LA p1080
654 Rue Leonard, MONT-LAURIER, QC, J9L 2Z8
(819) 623-2417 SIC 8211
COMMISSION SCOLAIRE PIERRE-NEVEU, LA p1224
13 Rue Notre-Dame, SAINTE-ANNE-DU-LAC, QC, J0W 1V0
(819) 586-2411 SIC 8211
COMMISSION SCOLAIRE RENE-LEVESQUE p1002
143 Av De Louisbourg Bureau 4, BONAVENTURE, QC, G0C 1E0
(418) 534-2211 SIC 8211
COMMISSION SCOLAIRE RENE-LEVESQUE p1002
111 Av De Grand-Pre, BONAVENTURE, QC, G0C 1E0
(418) 534-2990 SIC 8211
COMMISSION SCOLAIRE RENE-LEVESQUE p1010
155 Rue Monseigneur-Ross O, CHANDLER, QC, G0C 1K0
(418) 689-2233 SIC 8211
COMMISSION SCOLAIRE RENE-LEVESQUE p1011
155 Rue Monseigneur-Ross O, CHANDLER, QC, G0C 1K0
(418) 689-2233 SIC 8211
COMMISSION SCOLAIRE RENE-LEVESQUE p1043
113 Rue Du Carrefour, Grande-Riviere, QC, G0C 1V0
(418) 385-2133 SIC 8211
COMMISSION SCOLAIRE RENE-LEVESQUE p1134
121 Av Terry-Fox Gd, NEW RICHMOND, QC, G0C 2B0
(418) 392-4350 SIC 8211
COMMISSION SCOLAIRE RENE-LEVESQUE p1137
158 9e Rue, Paspebiac, QC, G0C 2K0
(418) 752-3395 SIC 8211
COMMISSION SCOLAIRE WESTERN QUEBEC p1012
74 Ch D'old Chelsea, CHELSEA, QC, J9B 1K9
(819) 827-0245 SIC 8211
COMMISSION SCOLAIRE WESTERN QUEBEC p1033
615 Rue Georges, GATINEAU, QC, J8L 2E1
(819) 986-3191 SIC 8211
COMMISSION SCOLAIRE WESTERN QUEBEC p1037
185 Rue Archambault, GATINEAU, QC, J8Y 5E3

(819) 595-1226 SIC 8211
COMMISSION SCOLAIRE WESTERN QUEBEC p1038
80 Rue Daniel-Johnson, GATINEAU, QC, J8Z 1S3
(819) 776-3158 SIC 8211
COMMISSION SCOLAIRE WESTERN QUEBEC p1039
701 Boul Du Plateau, GATINEAU, QC, J9J 3G2
(819) 684-7472 SIC 8211
COMMISSION SCOLAIRE WESTERN QUEBEC p1039
116 Av Frank-Robinson, GATINEAU, QC, J9H 4A6
(819) 684-6801 SIC 8211
COMMISSION SCOLAIRE WESTERN QUEBEC p1039
100 Av Frank-Robinson, GATINEAU, QC, J9H 4A6
(819) 684-1770 SIC 8211
COMMISSION SCOLAIRE WESTERN QUEBEC p1040
15 Rue Katimavik Bureau 1, GATINEAU, QC, J9J 0E9
(819) 684-2336 SIC 8211
COMMISSION SCOLAIRE WESTERN QUEBEC p1177
10 Av Quebec, ROUYN-NORANDA, QC, J9X 1G2
(819) 762-2706 SIC 8211
COMMISSION SCOLAIRE WESTERN QUEBEC p1235
89 Rue Centre, SHAWVILLE, QC, J0X 2Y0
(819) 647-3800 SIC 8211
COMMISSION SCOLAIRE WESTERN QUEBEC p1235
89 Rue Centre, SHAWVILLE, QC, J0X 2Y0
(819) 647-3800 SIC 8211
COMMISSION SCOLAIRE WESTERN QUEBEC p1235
455 Rue Maple St, SHAWVILLE, QC, J0X 2Y0
(819) 647-2244 SIC 8211
COMMISSION SCOLAIRE WESTERN QUEBEC p1235
89 Rue Maple, SHAWVILLE, QC, J0X 2Y0
(819) 647-5605 SIC 8211
COMMISSION SCOLAIRE WESTERN QUEBEC p1243
38 Rue Boucher, Temiscaming, QC, J0Z 3R0
SIC 8211
COMMISSION SCOLAIRE WESTERN QUEBEC p1253
980 7e Rue, VAL-D'OR, QC, J9P 3P8
(819) 825-3211 SIC 8211
COMMISSION SCOLAIRE WESTERN QUEBEC p1260
878 Ch Riverside, WAKEFIELD, QC, J0X 3G0
(819) 459-2373 SIC 8211
COMMUNAUTE HELLENIQUE DE MONTREAL p1032
931 Rue Emerson, FABREVILLE, QC, H7W 3Y5
(450) 681-5142 SIC 8211
COMMUNAUTE HELLENIQUE DE MONTREAL p1178
11 11e Rue, ROXBORO, QC, H8Y 1K6
(514) 685-1833 SIC 8211
CONSEIL DE LA PREMIERE NATION ABITIBIWINNI p988
70 Rue Migwan, AMOS, QC, J9T 3A3
(819) 732-6591 SIC 8211
CONSEIL DES ATIKAMEKW DE MANAWAN p1075
150 Rue Wapoc, MANOUANE, QC, J0K 1M0
(819) 971-8839 SIC 8211
CONSEIL DES ATIKAMEKW DE MANAWAN p1075
120 Rue Amiskw, MANOUANE, QC, J0K 1M0

(819) 971-1379　SIC 8211
CONSEIL DES ECOLES CATHOLIQUES DE LANGUE FRANCAISE DU CENTRE-EST p530
1515 Kensington Pky, BROCKVILLE, ON, K6V 6H9
(613) 345-5914　SIC 8211
CONSEIL DES ECOLES CATHOLIQUES DE LANGUE FRANCAISE DU CENTRE-EST p593
1487 Ridgebrook Dr, GLOUCESTER, ON, K1B 4K6
(613) 741-2354　SIC 8211
CONSEIL DES ECOLES CATHOLIQUES DE LANGUE FRANCAISE DU CENTRE-EST p594
614 Eastvale Dr, GLOUCESTER, ON, K1J 6Z6
(613) 749-2349　SIC 8211
CONSEIL DES ECOLES CATHOLIQUES DE LANGUE FRANCAISE DU CENTRE-EST p594
4000 Labelle St, GLOUCESTER, ON, K1J 1A1
(613) 744-2555　SIC 8211
CONSEIL DES ECOLES CATHOLIQUES DE LANGUE FRANCAISE DU CENTRE-EST p595
4170 Spratt Rd, GLOUCESTER, ON, K1V 0Z5
(613) 820-3814　SIC 8211
CONSEIL DES ECOLES CATHOLIQUES DE LANGUE FRANCAISE DU CENTRE-EST p595
3781 Sixth St, GLOUCESTER, ON, K1T 1K5
(613) 521-0875　SIC 8211
CONSEIL DES ECOLES CATHOLIQUES DE LANGUE FRANCAISE DU CENTRE-EST p624
186 Barrow Cres, KANATA, ON, K2L 2C7
(613) 592-2191　SIC 8211
CONSEIL DES ECOLES CATHOLIQUES DE LANGUE FRANCAISE DU CENTRE-EST p625
100 Stonehaven Dr, KANATA, ON, K2M 2H4
(613) 271-1554　SIC 8211
CONSEIL DES ECOLES CATHOLIQUES DE LANGUE FRANCAISE DU CENTRE-EST p633
711 Dalton Ave, KINGSTON, ON, K7M 8N6
(613) 546-5270　SIC 8211
CONSEIL DES ECOLES CATHOLIQUES DE LANGUE FRANCAISE DU CENTRE-EST p726
14 Four Seasons Dr, NEPEAN, ON, K2E 7P8
SIC 8211
CONSEIL DES ECOLES CATHOLIQUES DE LANGUE FRANCAISE DU CENTRE-EST p729
601 Longfields Dr, NEPEAN, ON, K2J 4X1
(613) 521-1560　SIC 8211
CONSEIL DES ECOLES CATHOLIQUES DE LANGUE FRANCAISE DU CENTRE-EST p776
6220 Beausejour Dr, ORLEANS, ON, K1C 8E4
(613) 744-5713　SIC 8211
CONSEIL DES ECOLES CATHOLIQUES DE LANGUE FRANCAISE DU CENTRE-EST p776
6664 Carriere St, ORLEANS, ON, K1C 1J4
SIC 8211
CONSEIL DES ECOLES CATHOLIQUES DE LANGUE FRANCAISE DU CENTRE-EST p777
1830 Portobello Blvd, ORLEANS, ON, K4A 3T6
(613) 744-0486　SIC 8211
CONSEIL DES ECOLES CATHOLIQUES DE LANGUE FRANCAISE DU CENTRE-EST p784
2198 Arch St, OTTAWA, ON, K1G 2H7
(613) 733-9729　SIC 8211

CONSEIL DES ECOLES CATHOLIQUES DE LANGUE FRANCAISE DU CENTRE-EST p784
623 Smyth Rd, OTTAWA, ON, K1G 1N7
(613) 521-4999　SIC 8211
CONSEIL DES ECOLES CATHOLIQUES DE LANGUE FRANCAISE DU CENTRE-EST p787
704 Carson's Rd, OTTAWA, ON, K1K 2H3
(613) 744-8344　SIC 8211
CONSEIL DES ECOLES CATHOLIQUES DE LANGUE FRANCAISE DU CENTRE-EST p787
641 Sladen Ave, OTTAWA, ON, K1K 2S8
(613) 745-3310　SIC 8211
CONSEIL DES ECOLES CATHOLIQUES DE LANGUE FRANCAISE DU CENTRE-EST p787
181 Donald St, OTTAWA, ON, K1K 1N1
(613) 741-2304　SIC 8211
CONSEIL DES ECOLES CATHOLIQUES DE LANGUE FRANCAISE DU CENTRE-EST p788
349 Olmstead St, OTTAWA, ON, K1L 1B1
(613) 741-8515　SIC 8211
CONSEIL DES ECOLES CATHOLIQUES DE LANGUE FRANCAISE DU CENTRE-EST p795
2540 Kaladar Ave, OTTAWA, ON, K1V 8C5
(613) 731-3713　SIC 8211
CONSEIL DES ECOLES CATHOLIQUES DE LANGUE FRANCAISE DU CENTRE-EST p795
1345 Notting Hill Ave, OTTAWA, ON, K1V 6T3
(613) 737-4404　SIC 8211
CONSEIL DES ECOLES CATHOLIQUES DE LANGUE FRANCAISE DU CENTRE-EST p795
880 Thorndale Dr, OTTAWA, ON, K1V 6Y3
(613) 731-6007　SIC 8211
CONSEIL DES ECOLES CATHOLIQUES DE LANGUE FRANCAISE DU CENTRE-EST p797
35 Melrose Ave, OTTAWA, ON, K1Y 1T8
(613) 729-1463　SIC 8211
CONSEIL DES ECOLES CATHOLIQUES DE LANGUE FRANCAISE DU CENTRE-EST p801
2675 Draper Ave, OTTAWA, ON, K2H 7A1
(613) 820-2920　SIC 8211
CONSEIL DES ECOLES CATHOLIQUES DE LANGUE FRANCAISE DU CENTRE-EST p805
1257 Pembroke St W, PEMBROKE, ON, K8A 8T1
(613) 735-3948　SIC 8211
CONSEIL DES ECOLES CATHOLIQUES DE LANGUE FRANCAISE DU CENTRE-EST p805
464 Isabella St, PEMBROKE, ON, K8A 5T9
(613) 732-8302　SIC 8211
CONSEIL DES ECOLES CATHOLIQUES DE LANGUE FRANCAISE DU CENTRE-EST p946
235 Mcarthur Ave, VANIER, ON, K1L 6P3
(613) 749-5307　SIC 8211
CONSEIL DES ECOLES FRANSASKOISES p1264
Gd, BELLEGARDE, SK, S0C 0J0
(306) 452-6135　SIC 8211
CONSEIL DES ECOLES FRANSASKOISES p1269
306 1 St Ave E, GRAVELBOURG, SK, S0H 1X0
SIC 8211
CONSEIL DES ECOLES FRANSASKOISES p1269
306 1 Ave E, GRAVELBOURG, SK, S0H 1X0
(306) 648-3105　SIC 8211
CONSEIL DES ECOLES FRANSASKOISES p1275
340 Ominica St W, MOOSE JAW, SK, S6H

1X5
(306) 691-0068　SIC 8211
CONSEIL DES ECOLES FRANSASKOISES p1279
449 10th St E, PRINCE ALBERT, SK, S6V 0Z5
(306) 763-0230　SIC 8211
CONSEIL DES ECOLES FRANSASKOISES p1288
1601 Cowan Cres, REGINA, SK, S4S 4C4
(306) 584-7558　SIC 8211
CONSEIL DES ECOLES FRANSASKOISES p1292
1407 Albert Ave, SASKATOON, SK, S7H 5R8
(306) 653-8498　SIC 8211
CONSEIL DES ECOLES FRANSASKOISES p1293
2320 Louise Ave Suite 200, SASKATOON, SK, S7J 3M7
(306) 653-8490　SIC 8211
CONSEIL DES ECOLES FRANSASKOISES p1306
Gd, ST ISIDORE DE BELLEVUE, SK, S0K 3Y0
(306) 423-5354　SIC 8211
CONSEIL DES ECOLES FRANSASKOISES p1308
316 Main St, VONDA, SK, S0K 4N0
(306) 258-2181　SIC 8211
CONSEIL DES ECOLES PUBLIQUES DE L'EST DE L'ONTARIO p485
33 Lochiel St E, ALEXANDRIA, ON, K0C 1A0
(613) 525-1843　SIC 8211
CONSEIL DES ECOLES PUBLIQUES DE L'EST DE L'ONTARIO p550
731 Rue Des Pommiers, CASSELMAN, ON, K0A 1M0
(613) 764-0550　SIC 8211
CONSEIL DES ECOLES PUBLIQUES DE L'EST DE L'ONTARIO p565
1650 Second St E, CORNWALL, ON, K6H 2C3
(613) 932-4183　SIC 8211
CONSEIL DES ECOLES PUBLIQUES DE L'EST DE L'ONTARIO p565
1111 Montreal Rd, CORNWALL, ON, K6H 1E1
(613) 933-3318　SIC 8211
CONSEIL DES ECOLES PUBLIQUES DE L'EST DE L'ONTARIO p595
3395 D'aoust Ave, GLOUCESTER, ON, K1T 4A8
(613) 733-8301　SIC 8211
CONSEIL DES ECOLES PUBLIQUES DE L'EST DE L'ONTARIO p618
433 Cartier Blvd, HAWKESBURY, ON, K6A 1V9
(613) 632-8718　SIC 8211
CONSEIL DES ECOLES PUBLIQUES DE L'EST DE L'ONTARIO p618
894 Cecile Blvd, HAWKESBURY, ON, K6A 3R5
(613) 632-6059　SIC 8211
CONSEIL DES ECOLES PUBLIQUES DE L'EST DE L'ONTARIO p729
11 Claridge Dr, NEPEAN, ON, K2J 5A3
(613) 247-1853　SIC 8211
CONSEIL DES ECOLES PUBLIQUES DE L'EST DE L'ONTARIO p776
1770 Grey Nuns Dr, ORLEANS, ON, K1C 1C3
(613) 834-2097　SIC 8211
CONSEIL DES ECOLES PUBLIQUES DE L'EST DE L'ONTARIO p776
6025 Longleaf Dr, ORLEANS, ON, K1W 1J2
(613) 834-8411　SIC 8211
CONSEIL DES ECOLES PUBLIQUES DE L'EST DE L'ONTARIO p784
2445 St. Laurent Blvd Suite 613, OTTAWA, ON, K1G 6C3
(613) 731-7212　SIC 8211
CONSEIL DES ECOLES PUBLIQUES DE

L'EST DE L'ONTARIO p784
860 Colson Ave, OTTAWA, ON, K1G 1R7
(613) 523-4975　SIC 8211
CONSEIL DES ECOLES PUBLIQUES DE L'EST DE L'ONTARIO p789
119 Osgoode St, OTTAWA, ON, K1N 6S3
(613) 232-0020　SIC 8211
CONSEIL DES ECOLES PUBLIQUES DE L'EST DE L'ONTARIO p799
2093 Bel-Air Dr, OTTAWA, ON, K2C 0X2
(613) 225-1113　SIC 8211
CONSEIL DES ECOLES PUBLIQUES DE L'EST DE L'ONTARIO p802
500 Millennium Blvd, OTTAWA, ON, K4A 4X3
(613) 833-0018　SIC 8211
CONSEIL DES ECOLES PUBLIQUES DE L'EST DE L'ONTARIO p805
412 Pembroke St W, PEMBROKE, ON, K8A 5N6
(613) 732-1525　SIC 8211
CONSEIL DES ECOLES PUBLIQUES DE L'EST DE L'ONTARIO p825
927 St Jean St, ROCKLAND, ON, K4K 1P4
(613) 446-1248　SIC 8211
CONSEIL DES ECOLES PUBLIQUES DE L'EST DE L'ONTARIO p943
11 Fullerton Ave, TRENTON, ON, K8V 1E4
(613) 392-6961　SIC 8211
CONSEIL DES ECOLES PUBLIQUES DE L'EST DE L'ONTARIO p944
30 Fullerton Ave, TRENTON, ON, K8V 1E4
(613) 392-6961　SIC 8211
CONSEIL DES ECOLES PUBLIQUES DE L'EST DE L'ONTARIO p947
5814 Rte 34, VANKLEEK HILL, ON, K0B 1R0
(613) 678-8786　SIC 8211
CONSEIL SCOLAIRE ACADIEN PROVINCIAL p442
2359 Rte 206, ARICHAT, NS, B0E 1A0
(902) 226-5200　SIC 8211
CONSEIL SCOLAIRE ACADIEN PROVINCIAL p446
450 Patrice Rd Rr 1, CHURCH POINT, NS, B0W 1M0
(902) 769-5430　SIC 8211
CONSEIL SCOLAIRE ACADIEN PROVINCIAL p446
15118 Cabot Trail, CHETICAMP, NS, B0E 1H0
(902) 224-5300　SIC 8211
CONSEIL SCOLAIRE ACADIEN PROVINCIAL p447
211 Avenue Du Portage, DARTMOUTH, NS, B2X 3T4
(902) 433-7045　SIC 8211
CONSEIL SCOLAIRE ACADIEN PROVINCIAL p447
201 Avenue Du Portage, DARTMOUTH, NS, B2X 3T4
(902) 433-7000　SIC 8211
CONSEIL SCOLAIRE ACADIEN PROVINCIAL p456
Gd, GREENWOOD, NS, B0P 1N0
(902) 765-7100　SIC 8211
CONSEIL SCOLAIRE ACADIEN PROVINCIAL p462
54 Larry Uteck Blvd, HALIFAX, NS, B3M 4R9
(902) 457-6810　SIC 8211
CONSEIL SCOLAIRE ACADIEN PROVINCIAL p468
9248 Route 1, METEGHAN RIVER, NS, B0W 2L0
(902) 769-5458　SIC 8211
CONSEIL SCOLAIRE ACADIEN PROVINCIAL p468
80 Placide Comeau Rd, METEGHAN RIVER, NS, B0W 2L0
(902) 769-5400　SIC 8211
CONSEIL SCOLAIRE ACADIEN PROVINCIAL p471
3435 Rte 206, PETIT DE GRAT, NS, B0E

2L0
(902) 226-5232 SIC 8211
CONSEIL SCOLAIRE ACADIEN PROVINCIAL p478
84 Belleville Rd Rr 3, TUSKET, NS, B0W 3M0
(902) 648-5920 SIC 8211
CONSEIL SCOLAIRE ACADIEN PROVINCIAL p478
4258 Rte 308 Ns, TUSKET, NS, B0W 3M0
(902) 648-5900 SIC 8211
CONSEIL SCOLAIRE ACADIEN PROVINCIAL p479
44 Ditcher Rd, WEDGEPORT, NS, B0W 3P0
(902) 663-5000 SIC 8211
CONSEIL SCOLAIRE ACADIEN PROVINCIAL p479
811 Rte 335, WEST PUBNICO, NS, B0W 3S0
(902) 762-4400 SIC 8211
CONSEIL SCOLAIRE CATHOLIQUE DE DISTRICT DES GRANDES RIVIERES, LE p555
399 Eight St, COCHRANE, ON, P0L 1C0
(705) 272-3080 SIC 8211
CONSEIL SCOLAIRE CATHOLIQUE DE DISTRICT DES GRANDES RIVIERES, LE p605
304 Rorke Ave, HAILEYBURY, ON, P0J 1K0
(705) 672-3661 SIC 8211
CONSEIL SCOLAIRE CATHOLIQUE DE DISTRICT DES GRANDES RIVIERES, LE p619
48 9th St, HEARST, ON, P0L 1N0
(705) 362-7121 SIC 8211
CONSEIL SCOLAIRE CATHOLIQUE DE DISTRICT DES GRANDES RIVIERES, LE p619
619 Allen St, HEARST, ON, P0L 1N0
(705) 362-4754 SIC 8211
CONSEIL SCOLAIRE CATHOLIQUE DE DISTRICT DES GRANDES RIVIERES, LE p619
1007 Edward St, HEARST, ON, P0L 1N0
(705) 362-4804 SIC 8211
CONSEIL SCOLAIRE CATHOLIQUE DE DISTRICT DES GRANDES RIVIERES, LE p622
44 Prom Anson, IROQUOIS FALLS, ON, P0K 1E0
(705) 258-3223 SIC 8211
CONSEIL SCOLAIRE CATHOLIQUE DE DISTRICT DES GRANDES RIVIERES, LE p622
Gd, IROQUOIS FALLS, ON, P0K 1E0
(705) 232-4019 SIC 8211
CONSEIL SCOLAIRE CATHOLIQUE DE DISTRICT DES GRANDES RIVIERES, LE p622
923 Edward St, JOGUES, ON, P0L 1R0
(705) 362-4283 SIC 8211
CONSEIL SCOLAIRE CATHOLIQUE DE DISTRICT DES GRANDES RIVIERES, LE p626
8 Brunelle Rd S, KAPUSKASING, ON, P5N 2T2
(705) 335-4013 SIC 8211
CONSEIL SCOLAIRE CATHOLIQUE DE DISTRICT DES GRANDES RIVIERES, LE p626
75 Queen St, KAPUSKASING, ON, P5N 1H5
(705) 335-6091 SIC 8211
CONSEIL SCOLAIRE CATHOLIQUE DE DISTRICT DES GRANDES RIVIERES, LE p626
10 Cite Des Jeunes Blvd Suite 1, KAPUSKASING, ON, P5N 2K2
(705) 335-6057 SIC 8211
CONSEIL SCOLAIRE CATHOLIQUE DE DISTRICT DES GRANDES RIVIERES, LE p626
39 Murdock St, KAPUSKASING, ON, P5N 1H9
(705) 335-6197 SIC 8211
CONSEIL SCOLAIRE CATHOLIQUE DE DISTRICT DES GRANDES RIVIERES, LE p636
54 Duncan Ave S, KIRKLAND LAKE, ON, P2N 1Y1
(705) 567-9266 SIC 8211
CONSEIL SCOLAIRE CATHOLIQUE DE DISTRICT DES GRANDES RIVIERES, LE p636
31 Churchill Dr, KIRKLAND LAKE, ON, P2N 1T8
(705) 567-5151 SIC 8211
CONSEIL SCOLAIRE CATHOLIQUE DE DISTRICT DES GRANDES RIVIERES, LE p731
998075 Hwy 11, NEW LISKEARD, ON, P0J 1P0
(705) 647-6614 SIC 8211
CONSEIL SCOLAIRE CATHOLIQUE DE DISTRICT DES GRANDES RIVIERES, LE p731
100 Lakeshore Dr, NEW LISKEARD, ON, P0J 1P0
(705) 647-6355 SIC 8211
CONSEIL SCOLAIRE CATHOLIQUE DE DISTRICT DES GRANDES RIVIERES, LE p731
340 Rue Hessle, NEW LISKEARD, ON, P0J 1P0
(705) 647-7376 SIC 8211
CONSEIL SCOLAIRE CATHOLIQUE DE DISTRICT DES GRANDES RIVIERES, LE p815
225 Dixon St, Porcupine, ON, P0N 1C0
(705) 235-2411 SIC 8211
CONSEIL SCOLAIRE CATHOLIQUE DE DISTRICT DES GRANDES RIVIERES, LE p850
120 Ross St, SMOOTH ROCK FALLS, ON, P0L 2B0
(705) 338-2787 SIC 8211
CONSEIL SCOLAIRE CATHOLIQUE DE DISTRICT DES GRANDES RIVIERES, LE p883
560 Dieppe St, TIMMINS, ON, P4N 7N4
(705) 264-7004 SIC 8211
CONSEIL SCOLAIRE CATHOLIQUE DE DISTRICT DES GRANDES RIVIERES, LE p883
377 Maple St N, TIMMINS, ON, P4N 6C4
(705) 264-3534 SIC 8211
CONSEIL SCOLAIRE CATHOLIQUE DE DISTRICT DES GRANDES RIVIERES, LE p883
855 Park Ave, TIMMINS, ON, P4N 8G2
(705) 264-7188 SIC 8211
CONSEIL SCOLAIRE CATHOLIQUE DE DISTRICT DES GRANDES RIVIERES, LE p883
59 Sterling Ave E, TIMMINS, ON, P4N 1R7
(705) 264-2615 SIC 8211
CONSEIL SCOLAIRE CATHOLIQUE DE DISTRICT DES GRANDES RIVIERES, LE p883
120 Kent Ave, TIMMINS, ON, P4N 7S4
SIC 8211
CONSEIL SCOLAIRE CATHOLIQUE DE DISTRICT DES GRANDES RIVIERES, LE p884
400 Lonergan Blvd, TIMMINS, ON, P4P 1C7
(705) 268-5611 SIC 8211
CONSEIL SCOLAIRE CATHOLIQUE DE DISTRICT DES GRANDES RIVIERES, LE p885
1070 Power Ave, TIMMINS, ON, P4R 1B4
(705) 264-4533 SIC 8211
CONSEIL SCOLAIRE CATHOLIQUE DU DISTRICT FRANCO-NORD p489
1392 Village Rd, ASTORVILLE, ON, P0H 1B0
(705) 752-1200 SIC 8211
CONSEIL SCOLAIRE CATHOLIQUE DU DISTRICT FRANCO-NORD
298 Brydges St, MATTAWA, ON, P0H 1V0
(705) 744-2441 SIC 8211
CONSEIL SCOLAIRE CATHOLIQUE DU DISTRICT FRANCO-NORD p679
370 Pine St, MATTAWA, ON, P0H 1V0
(705) 472-5398 SIC 8211
CONSEIL SCOLAIRE CATHOLIQUE DU DISTRICT FRANCO-NORD p741
555 Algonquin Ave, NORTH BAY, ON, P1B 4W8
(705) 472-8240 SIC 8211
CONSEIL SCOLAIRE CATHOLIQUE DU DISTRICT FRANCO-NORD p741
235 Albert Ave, NORTH BAY, ON, P1B 7J6
SIC 8211
CONSEIL SCOLAIRE CATHOLIQUE DU DISTRICT FRANCO-NORD p741
124 King St E, NORTH BAY, ON, P1B 1P2
(705) 474-6740 SIC 8211
CONSEIL SCOLAIRE CATHOLIQUE DU DISTRICT FRANCO-NORD p741
681b Chippewa St W, NORTH BAY, ON, P1B 6G8
(705) 472-4963 SIC 8211
CONSEIL SCOLAIRE CATHOLIQUE DU DISTRICT FRANCO-NORD p747
110 Drewry Ave, NORTH YORK, ON, M2M 1C8
(416) 397-6564 SIC 8211
CONSEIL SCOLAIRE CATHOLIQUE DU DISTRICT FRANCO-NORD p866
90 Main St, STURGEON FALLS, ON, P2B 2Z7
(705) 753-1510 SIC 8211
CONSEIL SCOLAIRE CATHOLIQUE DU DISTRICT FRANCO-NORD p866
99 Michaud St, STURGEON FALLS, ON, P2B 1B9
SIC 8211
CONSEIL SCOLAIRE CATHOLIQUE DU DISTRICT FRANCO-NORD p866
136 Third St Suite 120, STURGEON FALLS, ON, P2B 3C6
(705) 753-1100 SIC 8211
CONSEIL SCOLAIRE CATHOLIQUE DU DISTRICT FRANCO-NORD p866
150 Levesque St, STURGEON FALLS, ON, P2B 1M1
(705) 753-0750 SIC 8211
CONSEIL SCOLAIRE CATHOLIQUE DU DISTRICT FRANCO-NORD p947
73 Principal St, VERNER, ON, P0H 2M0
(705) 594-2385 SIC 8211
CONSEIL SCOLAIRE CATHOLIQUE ET FRANCOPHONE DU SUD DE L'ALBERTA p61
4700 Richard Rd Sw, CALGARY, AB, T3E 6L1
(403) 240-2007 SIC 8211
CONSEIL SCOLAIRE CENTRE-NORD p75
10715 131a Ave Nw, EDMONTON, AB, T5E 0X4
(780) 478-9389 SIC 8211
CONSEIL SCOLAIRE CENTRE-NORD p99
8505 68a St Nw, EDMONTON, AB, T6B 0J9
(780) 466-1800 SIC 8211
CONSEIL SCOLAIRE CENTRE-NORD p102
8627 91 St Nw Suite 3, EDMONTON, AB, T6C 3N1
(780) 487-3200 SIC 8211
CONSEIL SCOLAIRE CENTRE-NORD p102
8828 95 St Nw, EDMONTON, AB, T6C 4H9
(780) 465-6457 SIC 8211
CONSEIL SCOLAIRE CENTRE-NORD p122
312 Abasand Dr, FORT MCMURRAY, AB, T9J 1B2
(780) 791-0200 SIC 8211
CONSEIL SCOLAIRE CENTRE-NORD p136
5111 46 St, LEGAL, AB, T0G 1L0
(780) 961-3557 SIC 8211
CONSEIL SCOLAIRE CENTRE-NORD p166
46 Heritage Dr, ST. ALBERT, AB, T8N 7J5
(780) 459-9568 SIC 8211
CONSEIL SCOLAIRE DE DISTRICT CATHOLIQUE CENTRE-SUD p482
71 Ritchie Ave, AJAX, ON, L1S 6S5
(905) 428-1460 SIC 8211
CONSEIL SCOLAIRE DE DISTRICT CATHOLIQUE CENTRE-SUD p490
90 Walton Dr, AURORA, ON, L4G 3K4
(905) 727-0131 SIC 8211
CONSEIL SCOLAIRE DE DISTRICT CATHOLIQUE CENTRE-SUD p490
700 Bloomington Rd, AURORA, ON, L4G 0E1
(905) 727-4631 SIC 8211
CONSEIL SCOLAIRE DE DISTRICT CATHOLIQUE CENTRE-SUD p494
273 Cundles Rd E, BARRIE, ON, L4M 6L1
(705) 726-5525 SIC 8211
CONSEIL SCOLAIRE DE DISTRICT CATHOLIQUE CENTRE-SUD p497
249 Anne St N, BARRIE, ON, L4N 0B5
(705) 737-5260 SIC 8211
CONSEIL SCOLAIRE DE DISTRICT CATHOLIQUE CENTRE-SUD p511
25 Laurelcrest St, BRAMPTON, ON, L6S 4C4
(905) 453-8561 SIC 8211
CONSEIL SCOLAIRE DE DISTRICT CATHOLIQUE CENTRE-SUD p541
901 Francis Rd, BURLINGTON, ON, L7T 3Y3
(905) 639-6100 SIC 8211
CONSEIL SCOLAIRE DE DISTRICT CATHOLIQUE CENTRE-SUD p547
640 Trico Dr, CAMBRIDGE, ON, N3H 5P2
(519) 650-3219 SIC 8211
CONSEIL SCOLAIRE DE DISTRICT CATHOLIQUE CENTRE-SUD p547
450 Maple Grove Rd, CAMBRIDGE, ON, N3H 4R7
(519) 650-9444 SIC 8211
CONSEIL SCOLAIRE DE DISTRICT CATHOLIQUE CENTRE-SUD p576
755 Royal York Rd, ETOBICOKE, ON, M8Y 2T3
(416) 393-5418 SIC 8211
CONSEIL SCOLAIRE DE DISTRICT CATHOLIQUE CENTRE-SUD p591
34 Miller Dr, GEORGETOWN, ON, L7G 5P7
(905) 873-0510 SIC 8211
CONSEIL SCOLAIRE DE DISTRICT CATHOLIQUE CENTRE-SUD p600
221 Scottsdale Dr, GUELPH, ON, N1G 3A1
(519) 821-7542 SIC 8211
CONSEIL SCOLAIRE DE DISTRICT CATHOLIQUE CENTRE-SUD p609
400 Cumberland Ave, HAMILTON, ON, L8M 2A2
(905) 545-3393 SIC 8211
CONSEIL SCOLAIRE DE DISTRICT CATHOLIQUE CENTRE-SUD p613
50 Lisgar Crt, HAMILTON, ON, L8T 4Y4
(905) 389-4055 SIC 8211
CONSEIL SCOLAIRE DE DISTRICT CATHOLIQUE CENTRE-SUD p616
135 Bendamere Ave, HAMILTON, ON, L9C 1N4
(905) 387-6448 SIC 8211
CONSEIL SCOLAIRE DE DISTRICT CATHOLIQUE CENTRE-SUD p639
345 The Country Way, KITCHENER, ON, N2E 2S3
(519) 742-2261 SIC 8211
CONSEIL SCOLAIRE DE DISTRICT CATHOLIQUE CENTRE-SUD p667
79 Avro Rd, MAPLE, ON, L6A 1Y3
(905) 832-3153 SIC 8211
CONSEIL SCOLAIRE DE DISTRICT CATHOLIQUE CENTRE-SUD p670
111 John Button Blvd, MARKHAM, ON, L3R 9C1
(905) 470-0815 SIC 8211
CONSEIL SCOLAIRE DE DISTRICT CATHOLIQUE CENTRE-SUD p680
12705 Britannia Rd, MILTON, ON, L9E 0V4
(905) 864-3025 SIC 8211

CONSEIL SCOLAIRE DE DISTRICT CATHOLIQUE CENTRE-SUD p694
385 Meadows Blvd, MISSISSAUGA, ON, L4Z 1G5
(905) 270-0785 SIC 8211

CONSEIL SCOLAIRE DE DISTRICT CATHOLIQUE CENTRE-SUD p703
1910 Broad Hollow Gate, MISSISSAUGA, ON, L5L 3T4
(905) 820-7460 SIC 8211

CONSEIL SCOLAIRE DE DISTRICT CATHOLIQUE CENTRE-SUD p707
1830 Meadowvale Blvd, MISSISSAUGA, ON, L5N 7L2
(905) 814-9122 SIC 8211

CONSEIL SCOLAIRE DE DISTRICT CATHOLIQUE CENTRE-SUD p707
1780 Meadowvale Blvd, MISSISSAUGA, ON, L5N 7K8
(905) 814-0318 SIC 8211

CONSEIL SCOLAIRE DE DISTRICT CATHOLIQUE CENTRE-SUD p735
4572 Portage Rd, NIAGARA FALLS, ON, L2E 6A8
(905) 356-2522 SIC 8211

CONSEIL SCOLAIRE DE DISTRICT CATHOLIQUE CENTRE-SUD p736
7374 Wilson Cres, NIAGARA FALLS, ON, L2G 4S1
(905) 357-2311 SIC 8211

CONSEIL SCOLAIRE DE DISTRICT CATHOLIQUE CENTRE-SUD p768
336 Maurice Dr, OAKVILLE, ON, L6K 2X3
(905) 845-4472 SIC 8211

CONSEIL SCOLAIRE DE DISTRICT CATHOLIQUE CENTRE-SUD p780
362 Hillside Ave, OSHAWA, ON, L1J 6L7
(905) 728-0491 SIC 8211

CONSEIL SCOLAIRE DE DISTRICT CATHOLIQUE CENTRE-SUD p806
54 Dufferin St, PENETANGUISHENE, ON, L9M 1H4
(705) 549-3677 SIC 8211

CONSEIL SCOLAIRE DE DISTRICT CATHOLIQUE CENTRE-SUD p854
153 Church St, ST CATHARINES, ON, L2R 3E2
(905) 682-6732 SIC 8211

CONSEIL SCOLAIRE DE DISTRICT CATHOLIQUE CENTRE-SUD p856
12 Burleigh Hill Dr, ST CATHARINES, ON, L2T 2V5
(905) 227-4002 SIC 8211

CONSEIL SCOLAIRE DE DISTRICT CATHOLIQUE CENTRE-SUD p895
250 Gainsborough Rd, TORONTO, ON, M4L 3C6
(416) 393-5314 SIC 8211

CONSEIL SCOLAIRE DE DISTRICT CATHOLIQUE CENTRE-SUD p950
280 Glenridge Dr, WATERLOO, ON, N2J 3W4
(519) 880-9859 SIC 8211

CONSEIL SCOLAIRE DE DISTRICT CATHOLIQUE CENTRE-SUD p955
620 River Rd, WELLAND, ON, L3B 5N4
(905) 714-7882 SIC 8211

CONSEIL SCOLAIRE DE DISTRICT CATHOLIQUE CENTRE-SUD p955
670 Tanguay Rd, WELLAND, ON, L3B 4G2
(905) 732-1361 SIC 8211

CONSEIL SCOLAIRE DE DISTRICT CATHOLIQUE CENTRE-SUD p955
310 Fitch St, WELLAND, ON, L3C 4W5
(905) 734-8133 SIC 8211

CONSEIL SCOLAIRE DE DISTRICT CATHOLIQUE CENTRE-SUD p955
58 Empress Ave, WELLAND, ON, L3B 1K9
(905) 735-0837 SIC 8211

CONSEIL SCOLAIRE DE DISTRICT CATHOLIQUE CENTRE-SUD p957
1001 Hutchison Ave, WHITBY, ON, L1N 2A3
(905) 665-5393 SIC 8211

CONSEIL SCOLAIRE DE DISTRICT CATHOLIQUE CENTRE-SUD p959
4101 Baldwin St S, WHITBY, ON, L1R 2W6
(905) 655-5635 SIC 8211

CONSEIL SCOLAIRE DE DISTRICT CATHOLIQUE DE L'EST ONTARIEN p485
38 St Paul St, ALFRED, ON, K0B 1A0
(613) 679-4373 SIC 8211

CONSEIL SCOLAIRE DE DISTRICT CATHOLIQUE DE L'EST ONTARIEN p485
100 Mcnabb St, ALEXANDRIA, ON, K0C 1A0
(613) 525-3315 SIC 8211

CONSEIL SCOLAIRE DE DISTRICT CATHOLIQUE DE L'EST ONTARIEN p485
115 Sandfield Ave, ALEXANDRIA, ON, K0C 1A0
(613) 525-1281 SIC 8211

CONSEIL SCOLAIRE DE DISTRICT CATHOLIQUE DE L'EST ONTARIEN p550
215 Rue Laurier, CASSELMAN, ON, K0A 1M0
(613) 764-2855 SIC 8211

CONSEIL SCOLAIRE DE DISTRICT CATHOLIQUE DE L'EST ONTARIEN p550
133 Laurier St Rr 4, CASSELMAN, ON, K0A 1M0
(613) 764-2960 SIC 8211

CONSEIL SCOLAIRE DE DISTRICT CATHOLIQUE DE L'EST ONTARIEN p553
1647 Landry St, CLARENCE CREEK, ON, K0A 1N0
(613) 488-3030 SIC 8211

CONSEIL SCOLAIRE DE DISTRICT CATHOLIQUE DE L'EST ONTARIEN p564
510 Mcconnell Ave, CORNWALL, ON, K6H 4M1
(613) 933-0172 SIC 8211

CONSEIL SCOLAIRE DE DISTRICT CATHOLIQUE DE L'EST ONTARIEN p564
1500 Holy Cross Blvd, CORNWALL, ON, K6H 2X1
(613) 938-9337 SIC 8211

CONSEIL SCOLAIRE DE DISTRICT CATHOLIQUE DE L'EST ONTARIEN p566
420 Fifteenth St W, CORNWALL, ON, K6J 3K5
(613) 936-8457 SIC 8211

CONSEIL SCOLAIRE DE DISTRICT CATHOLIQUE DE L'EST ONTARIEN p573
1045 Rue Notre-Dame, EMBRUN, ON, K0A 1W0
(613) 443-2850 SIC 8211

CONSEIL SCOLAIRE DE DISTRICT CATHOLIQUE DE L'EST ONTARIEN p573
1215 Rue St-Augustin, EMBRUN, ON, K0A 1W0
(613) 443-4881 SIC 8211

CONSEIL SCOLAIRE DE DISTRICT CATHOLIQUE DE L'EST ONTARIEN p573
1276 Rue St Jacques, EMBRUN, ON, K0A 1W0
(613) 443-2186 SIC 8211

CONSEIL SCOLAIRE DE DISTRICT CATHOLIQUE DE L'EST ONTARIEN p597
4152 Rte 3, GREEN VALLEY, ON, K0C 1L0
(613) 525-3660 SIC 8211

CONSEIL SCOLAIRE DE DISTRICT CATHOLIQUE DE L'EST ONTARIEN p617
3155 Gendron St, HAMMOND, ON, K0A 2A0
(613) 487-2404 SIC 8211

CONSEIL SCOLAIRE DE DISTRICT CATHOLIQUE DE L'EST ONTARIEN p618
572 Kitchener St Suite 8e, HAWKESBURY, ON, K6A 2P3
(613) 632-7055 SIC 8211

CONSEIL SCOLAIRE DE DISTRICT CATHOLIQUE DE L'EST ONTARIEN p618
82 Bon Pasteur St, HAWKESBURY, ON, K6A 2K5
(613) 632-7035 SIC 8211

CONSEIL SCOLAIRE DE DISTRICT CATHOLIQUE DE L'EST ONTARIEN p618
500 Main St E, HAWKESBURY, ON, K6A 1A9
(613) 632-2734 SIC 8211

CONSEIL SCOLAIRE DE DISTRICT CATHOLIQUE DE L'EST ONTARIEN p618
429 Abbott St, HAWKESBURY, ON, K6A 2E2
(613) 632-4100 SIC 8211

CONSEIL SCOLAIRE DE DISTRICT CATHOLIQUE DE L'EST ONTARIEN p645
875 Rte 17, L'ORIGNAL, ON, K0B 1K0
(613) 675-4691 SIC 8211

CONSEIL SCOLAIRE DE DISTRICT CATHOLIQUE DE L'EST ONTARIEN p645
35 Longueuil St, L'ORIGNAL, ON, K0B 1K0
(613) 675-4878 SIC 8211

CONSEIL SCOLAIRE DE DISTRICT CATHOLIQUE DE L'EST ONTARIEN p647
205 Limoges Rd, LIMOGES, ON, K0A 2M0
(613) 443-1976 SIC 8211

CONSEIL SCOLAIRE DE DISTRICT CATHOLIQUE DE L'EST ONTARIEN p647
139 Mabel Rd, LIMOGES, ON, K0A 2M0
(613) 443-6317 SIC 8211

CONSEIL SCOLAIRE DE DISTRICT CATHOLIQUE DE L'EST ONTARIEN p666
17337 Dow St, LONG SAULT, ON, K0C 1P0
(613) 932-9493 SIC 8211

CONSEIL SCOLAIRE DE DISTRICT CATHOLIQUE DE L'EST ONTARIEN p723
17095 Mclean Rd, MOOSE CREEK, ON, K0C 1W0
(613) 538-2401 SIC 8211

CONSEIL SCOLAIRE DE DISTRICT CATHOLIQUE DE L'EST ONTARIEN p743
4831 2nd Line Rd, NORTH LANCASTER, ON, K0C 1Z0
(613) 347-2728 SIC 8211

CONSEIL SCOLAIRE DE DISTRICT CATHOLIQUE DE L'EST ONTARIEN p815
6150 County Rd 17 Rr 1, PLANTAGENET, ON, K0B 1L0
(613) 673-5124 SIC 8211

CONSEIL SCOLAIRE DE DISTRICT CATHOLIQUE DE L'EST ONTARIEN p825
879 Saint-Joseph St, ROCKLAND, ON, K4K 1C2
(613) 446-5128 SIC 8211

CONSEIL SCOLAIRE DE DISTRICT CATHOLIQUE DE L'EST ONTARIEN p825
1535 Du Parc Ave, ROCKLAND, ON, K4K 1C3
(613) 446-5169 SIC 8211

CONSEIL SCOLAIRE DE DISTRICT CATHOLIQUE DE L'EST ONTARIEN p826
1008 Russell Rd N, RUSSELL, ON, K4R 1G7
(613) 445-2947 SIC 8211

CONSEIL SCOLAIRE DE DISTRICT CATHOLIQUE DE L'EST ONTARIEN p851
116 Principale St, ST ALBERT, ON, K0A 3C0
(613) 987-2157 SIC 8211

CONSEIL SCOLAIRE DE DISTRICT CATHOLIQUE DE L'EST ONTARIEN p857
5050 Fatima St Bureau 130, ST EUGENE, ON, K0B 1P0
(613) 674-2145 SIC 8211

CONSEIL SCOLAIRE DE DISTRICT CATHOLIQUE DE L'EST ONTARIEN p857
20 Rue De L'Ecole, ST ISIDORE, ON, K0C 2B0
(613) 524-2945 SIC 8211

CONSEIL SCOLAIRE DE DISTRICT CATHOLIQUE DES AURORES BOREALES p620
119 Lily Pad Rd Suite 1109, IGNACE, ON, P0T 1T0
(807) 934-6460 SIC 8211

CONSEIL SCOLAIRE DE DISTRICT CATHOLIQUE DES AURORES BOREALES p876
220 Elgin St, THUNDER BAY, ON, P7A 0A4
(807) 344-1169 SIC 8211

CONSEIL SCOLAIRE DE DISTRICT CATHOLIQUE DU NOUVEL-ONTARIO, LE p493
25 Marier St, AZILDA, ON, P0M 1B0
(705) 983-4254 SIC 8211

CONSEIL SCOLAIRE DE DISTRICT CATHOLIQUE DU NOUVEL-ONTARIO, LE p505
44 Lawton St, BLIND RIVER, ON, P0R 1B0
(705) 356-2246 SIC 8211

CONSEIL SCOLAIRE DE DISTRICT CATHOLIQUE DU NOUVEL-ONTARIO, LE p505
117 Ch Colonization, BLIND RIVER, ON, P0R 1B0
(705) 356-1688 SIC 8211

CONSEIL SCOLAIRE DE DISTRICT CATHOLIQUE DU NOUVEL-ONTARIO, LE p550
9 Rue Broomhead, CHAPLEAU, ON, P0M 1K0
(705) 864-1211 SIC 8211

CONSEIL SCOLAIRE DE DISTRICT CATHOLIQUE DU NOUVEL-ONTARIO, LE p553
61 Brookside Rd, CHELMSFORD, ON, P0M 1L0
(705) 855-9046 SIC 8211

CONSEIL SCOLAIRE DE DISTRICT CATHOLIQUE DU NOUVEL-ONTARIO, LE p563
2 Edward Ave, CONISTON, ON, P0M 1M0
(705) 694-4402 SIC 8211

CONSEIL SCOLAIRE DE DISTRICT CATHOLIQUE DU NOUVEL-ONTARIO, LE p569
79 Houle Ave, DOWLING, ON, P0M 1R0
(705) 855-4333 SIC 8211

CONSEIL SCOLAIRE DE DISTRICT CATHOLIQUE DU NOUVEL-ONTARIO, LE p574
333 Mead Blvd, ESPANOLA, ON, P5E 1C4
(705) 869-3530 SIC 8211

CONSEIL SCOLAIRE DE DISTRICT CATHOLIQUE DU NOUVEL-ONTARIO, LE p591
648 O'neil Dr W, GARSON, ON, P3L 1T6
(705) 693-2424 SIC 8211

CONSEIL SCOLAIRE DE DISTRICT CATHOLIQUE DU NOUVEL-ONTARIO, LE p740
28 Saint-Antoine St, NOELVILLE, ON, P0M 2N0
(705) 898-2205 SIC 8211

CONSEIL SCOLAIRE DE DISTRICT CATHOLIQUE DU NOUVEL-ONTARIO, LE p832
600 North St, SAULT STE. MARIE, ON, P6B 2B9
(705) 945-5520 SIC 8211

CONSEIL SCOLAIRE DE DISTRICT CATHOLIQUE DU NOUVEL-ONTARIO, LE p867
2096 Montfort St, SUDBURY, ON, P3A 2K8
(705) 566-2616 SIC 8211

CONSEIL SCOLAIRE DE DISTRICT CATHOLIQUE DU NOUVEL-ONTARIO, LE p867
691 Lasalle Blvd, SUDBURY, ON, P3A 1X3
(705) 566-8300 SIC 8211

CONSEIL SCOLAIRE DE DISTRICT CATHOLIQUE DU NOUVEL-ONTARIO, LE p869
261 Notre Dame Ave, SUDBURY, ON, P3C 5K4
(705) 566-5511 SIC 8211

CONSEIL SCOLAIRE DE DISTRICT CATHOLIQUE DU NOUVEL-ONTARIO, LE p869
100 Levis St, SUDBURY, ON, P3C 2H1
(705) 674-7484 SIC 8211

CONSEIL SCOLAIRE DE DISTRICT CATHOLIQUE DU NOUVEL-ONTARIO, LE p869
201 Jogues St, SUDBURY, ON, P3C 5L7

(705) 673-5626 SIC 8211
CONSEIL SCOLAIRE DE DISTRICT CATHOLIQUE DU NOUVEL-ONTARIO, LE p870
347 Hyland Dr, SUDBURY, ON, P3E 0G6
(705) 675-1201 SIC 8211
CONSEIL SCOLAIRE DE DISTRICT CATHOLIQUE DU NOUVEL-ONTARIO, LE p946
2965 Hope St, VAL CARON, ON, P3N 1R8
(705) 897-3741 SIC 8211
CONSEIL SCOLAIRE DE DISTRICT CATHOLIQUE DU NOUVEL-ONTARIO, LE p946
1650 Valleyview Rd, VAL CARON, ON, P3N 1K7
(705) 897-2503 SIC 8211
CONSEIL SCOLAIRE DE DISTRICT DES ECOLES CATHOLIQUES DU SUD-OUEST p487
365 Fryer St, AMHERSTBURG, ON, N9V 0C3
(519) 736-6427 SIC 8211
CONSEIL SCOLAIRE DE DISTRICT DES ECOLES CATHOLIQUES DU SUD-OUEST p501
326 Rourke Line Rr 3, BELLE RIVER, ON, N0R 1A0
(519) 727-6044 SIC 8211
CONSEIL SCOLAIRE DE DISTRICT DES ECOLES CATHOLIQUES DU SUD-OUEST p551
90 Dale Dr, CHATHAM, ON, N7L 0B2
(519) 354-1225 SIC 8211
CONSEIL SCOLAIRE DE DISTRICT DES ECOLES CATHOLIQUES DU SUD-OUEST p597
7195 St Philippes Line, GRANDE POINTE, ON, N0P 1S0
(519) 352-9579 SIC 8211
CONSEIL SCOLAIRE DE DISTRICT DES ECOLES CATHOLIQUES DU SUD-OUEST p646
33 Sherman St, LEAMINGTON, ON, N8H 5H6
(519) 326-6125 SIC 8211
CONSEIL SCOLAIRE DE DISTRICT DES ECOLES CATHOLIQUES DU SUD-OUEST p662
400 Base Line Rd W, LONDON, ON, N6J 1W1
(519) 471-6680 SIC 8211
CONSEIL SCOLAIRE DE DISTRICT DES ECOLES CATHOLIQUES DU SUD-OUEST p664
270 Chelton Rd, LONDON, ON, N6M 0B9
(519) 963-1219 SIC 8211
CONSEIL SCOLAIRE DE DISTRICT DES ECOLES CATHOLIQUES DU SUD-OUEST p804
C.P. 70, PAIN COURT, ON, N0P 1Z0
(519) 352-1614 SIC 8211
CONSEIL SCOLAIRE DE DISTRICT DES ECOLES CATHOLIQUES DU SUD-OUEST p804
24162 Winter Line Rd, PAIN COURT, ON, N0P 1Z0
(519) 354-2913 SIC 8211
CONSEIL SCOLAIRE DE DISTRICT DES ECOLES CATHOLIQUES DU SUD-OUEST p804
14 Notre Dame St, PAIN COURT, ON, N0P 1Z0
(519) 948-9227 SIC 8211
CONSEIL SCOLAIRE DE DISTRICT DES ECOLES CATHOLIQUES DU SUD-OUEST p826
901 The Rapids Pky, SARNIA, ON, N7S 6K2
(519) 542-1055 SIC 8211
CONSEIL SCOLAIRE DE DISTRICT DES ECOLES CATHOLIQUES DU SUD-OUEST p829
931 Champlain Rd, SARNIA, ON, N7V 2E9
(519) 542-5423 SIC 8211

CONSEIL SCOLAIRE DE DISTRICT DES ECOLES CATHOLIQUES DU SUD-OUEST p857
2716 Rd 42, ST JOACHIM, ON, N0R 1S0
(519) 728-2010 SIC 8211
CONSEIL SCOLAIRE DE DISTRICT DES ECOLES CATHOLIQUES DU SUD-OUEST p882
11 St Clair St, TILBURY, ON, N0P 2L0
(519) 682-3243 SIC 8211
CONSEIL SCOLAIRE DE DISTRICT DES ECOLES CATHOLIQUES DU SUD-OUEST p961
13025 St. Thomas St, WINDSOR, ON, N8N 3P3
(519) 735-5766 SIC 8211
CONSEIL SCOLAIRE DE DISTRICT DES ECOLES CATHOLIQUES DU SUD-OUEST p962
5305 Tecumseh Rd E, WINDSOR, ON, N8T 1C5
(519) 945-2628 SIC 8211
CONSEIL SCOLAIRE DE DISTRICT DES ECOLES CATHOLIQUES DU SUD-OUEST p962
6200 Edgar St, WINDSOR, ON, N8S 2A6
(519) 948-9481 SIC 8211
CONSEIL SCOLAIRE DE DISTRICT DES ECOLES CATHOLIQUES DU SUD-OUEST p969
1880 Totten St, WINDSOR, ON, N9B 1X3
(519) 945-0924 SIC 8211
CONSEIL SCOLAIRE DE DISTRICT DES ECOLES CATHOLIQUES DU SUD-OUEST p970
3225 California Ave, WINDSOR, ON, N9E 3K5
(519) 966-6670 SIC 8211
CONSEIL SCOLAIRE DE DISTRICT DES ECOLES CATHOLIQUES DU SUD-OUEST p970
600 E C Row Ave W, WINDSOR, ON, N9E 1A5
(519) 972-0071 SIC 8211
CONSEIL SCOLAIRE DE DISTRICT DES ECOLES CATHOLIQUES DU SUD-OUEST p971
8200 Matchette Rd, WINDSOR, ON, N9J 3P1
(519) 734-1380 SIC 8211
CONSEIL SCOLAIRE DE DISTRICT DES ECOLES CATHOLIQUES DU SUD-OUEST p977
345 Huron St, WOODSTOCK, ON, N4S 7A5
(519) 539-2911 SIC 8211
CONSEIL SCOLAIRE DE DISTRICT DES ECOLES CATHOLIQUES DU SUD-OUEST p1253
370 Rue De L'Eglise, VAL-D'OR, QC, J9P 0B8
(819) 874-3355 SIC 8211
CONSEIL SCOLAIRE DE DISTRICT DU GRAND NORD DE L'ONTARIO p553
370 Cote Ave, CHELMSFORD, ON, P0M 1L0
(705) 855-8733 SIC 8211
CONSEIL SCOLAIRE DE DISTRICT DU GRAND NORD DE L'ONTARIO p572
11 Edinburgh Rd, ELLIOT LAKE, ON, P5A 2M3
(705) 848-2259 SIC 8211
CONSEIL SCOLAIRE DE DISTRICT DU GRAND NORD DE L'ONTARIO p617
4800 Notre Dame Ave, HANMER, ON, P3P 1X5
(705) 969-4402 SIC 8211
CONSEIL SCOLAIRE DE DISTRICT DU GRAND NORD DE L'ONTARIO p617
4752 Notre Dame Ave, HANMER, ON, P3P 1X5
(705) 969-3246 SIC 8211
CONSEIL SCOLAIRE DE DISTRICT DU GRAND NORD DE L'ONTARIO p867
2190 Lasalle Blvd, SUDBURY, ON, P3A 2A8

(705) 566-1071 SIC 8211
CONSEIL SCOLAIRE DE DISTRICT DU GRAND NORD DE L'ONTARIO p867
37 Lasalle Blvd, SUDBURY, ON, P3A 1W1
(705) 566-7660 SIC 8211
CONSEIL SCOLAIRE DE DISTRICT DU GRAND NORD DE L'ONTARIO p868
300 Van Horne St, SUDBURY, ON, P3B 1H9
(705) 675-1613 SIC 8211
CONSEIL SCOLAIRE DE DISTRICT DU GRAND NORD DE L'ONTARIO p870
190 Larch St, SUDBURY, ON, P3E 1C5
(705) 671-1533 SIC 8211
CONSEIL SCOLAIRE DE DISTRICT DU GRAND NORD DE L'ONTARIO p954
52 Winston Rd, WAWA, ON, P0S 1K0
(705) 856-0123 SIC 8211
CONSEIL SCOLAIRE DISTRICT NO 5 p393
1255 Rough Waters Dr, BATHURST, NB, E2A 1Z2
(506) 547-2780 SIC 8211
CONSEIL SCOLAIRE DISTRICT NO 5 p393
248 Rue Notre Dame, ATHOLVILLE, NB, E3N 3Z9
(506) 789-2265 SIC 8211
CONSEIL SCOLAIRE DISTRICT NO 5 p393
915 St. Anne St, BATHURST, NB, E2A 6X1
(506) 547-2785 SIC 8211
CONSEIL SCOLAIRE DISTRICT NO 5 p393
4572 Route 134, ALLARDVILLE, NB, E8L 1E4
(506) 725-2407 SIC 8211
CONSEIL SCOLAIRE DISTRICT NO 5 p393
1821 Des Pionniers Ave, BALMORAL, NB, E8E 1C2
SIC 8211
CONSEIL SCOLAIRE DISTRICT NO 5 p393
1300 St. Joseph Ave, BATHURST, NB, E2A 3R5
(506) 547-2775 SIC 8211
CONSEIL SCOLAIRE DISTRICT NO 5 p393
975 St. Anne St, BATHURST, NB, E2A 6X1
(506) 547-2765 SIC 8211
CONSEIL SCOLAIRE DISTRICT NO 5 p394
795 Rue Ecole, BERESFORD, NB, E8K 1V4
(506) 542-2602 SIC 8211
CONSEIL SCOLAIRE DISTRICT NO 5 p395
61 Dover St, CAMPBELLTON, NB, E3N 1P7
(506) 789-2260 SIC 8211
CONSEIL SCOLAIRE DISTRICT NO 5 p395
45a Rue Du Village, CAMPBELLTON, NB, E3N 3G4
(506) 789-2250 SIC 8211
CONSEIL SCOLAIRE DISTRICT NO 5 p396
499 Prom Jeux Du Canada, DALHOUSIE, NB, E8C 1V6
(506) 684-7610 SIC 8211
CONSEIL SCOLAIRE DISTRICT NO 5 p411
636 Rue Principale, PETIT-ROCHER, NB, E8J 1T7
(506) 542-2607 SIC 8211
CONSEIL SCOLAIRE DISTRICT NO 5 p411
63 Rue Laplante E, PETIT-ROCHER, NB, E8J 1H4
(506) 542-2609 SIC 8211
CONSEIL SCOLAIRE DISTRICT NO 5 p422
3 Rue Ecole, VAL-D'AMOUR, NB, E3N 5E2
(506) 789-2257 SIC 8211
CONSEIL SCOLAIRE DU SUD DE L'ALBERTA p35
360 94 Ave Se, CALGARY, AB, T2J 0E8
(403) 255-6724 SIC 8211
CONSEIL SCOLAIRE FRANCOPHONE DE LA COLOMBIE BRITANNIQUE p216
2590 Portree Way, GARIBALDI HIGHLANDS, BC, V0N 1T0
(604) 898-3688 SIC 8211
CONSEIL SCOLAIRE FRANCOPHONE DE LA COLOMBIE BRITANNIQUE p223
675 Lequime Rd, KELOWNA, BC, V1W 1A3
(250) 764-2771 SIC 8211
CONSEIL SCOLAIRE FRANCOPHONE DE LA COLOMBIE BRITANNIQUE p238
7674 Stave Lake St, MISSION, BC, V2V 4G4

(604) 820-5710 SIC 8211
CONSEIL SCOLAIRE FRANCOPHONE DE LA COLOMBIE BRITANNIQUE p240
1951 Estevan Rd, NANAIMO, BC, V9S 3Y9
(250) 714-0761 SIC 8211
CONSEIL SCOLAIRE FRANCOPHONE DE LA COLOMBIE BRITANNIQUE p249
380 Kings Rd W, NORTH VANCOUVER, BC, V7N 2L9
(778) 340-1034 SIC 8211
CONSEIL SCOLAIRE FRANCOPHONE DE LA COLOMBIE BRITANNIQUE p254
3550 Wellington St, PORT COQUITLAM, BC, V3B 3Y5
(604) 552-7915 SIC 8211
CONSEIL SCOLAIRE FRANCOPHONE DE LA COLOMBIE BRITANNIQUE p279
13611 Kelly Ave, SUMMERLAND, BC, V0H 1Z0
(604) 214-2600 SIC 8211
CONSEIL SCOLAIRE FRANCOPHONE DE LA COLOMBIE BRITANNIQUE p296
7051 Killarney St, VANCOUVER, BC, V5S 2Y5
(604) 437-4849 SIC 8211
CONSEIL SCOLAIRE VIAMONDE p497
70 Madelaine Dr, BARRIE, ON, L4N 9T2
(705) 730-6625 SIC 8211
CONSEIL SCOLAIRE VIAMONDE p518
375 Centre St N, BRAMPTON, ON, L6V 4N4
(905) 455-7038 SIC 8211
CONSEIL SCOLAIRE VIAMONDE p522
7585 Financial Dr, BRAMPTON, ON, L6Y 5P4
(905) 450-1106 SIC 8211
CONSEIL SCOLAIRE VIAMONDE p540
1226 Lockhart Rd, BURLINGTON, ON, L7S 1H1
(905) 637-3852 SIC 8211
CONSEIL SCOLAIRE VIAMONDE p613
105 High St, HAMILTON, ON, L8T 3Z4
(905) 318-3816 SIC 8211
CONSEIL SCOLAIRE VIAMONDE p653
920 Huron St, LONDON, ON, N5Y 4K4
(519) 673-4552 SIC 8211
CONSEIL SCOLAIRE VIAMONDE p661
40 Hunt Club Dr, LONDON, ON, N6H 3Y3
(519) 471-5677 SIC 8211
CONSEIL SCOLAIRE VIAMONDE p769
1257 Sedgewick Cres, OAKVILLE, ON, L6L 1X5
(905) 465-0512 SIC 8211
CONSEIL SCOLAIRE VIAMONDE p773
60 Century Dr, ORANGEVILLE, ON, L9W 3K4
(519) 940-5145 SIC 8211
CONSEIL SCOLAIRE VIAMONDE p806
22 John St, PENETANGUISHENE, ON, L9M 1N8
(705) 549-3202 SIC 8211
CONSEIL SCOLAIRE VIAMONDE p824
13200 Yonge St, RICHMOND HILL, ON, L4E 2T2
(905) 773-7616 SIC 8211
CONSEIL SCOLAIRE VIAMONDE p853
35 Prince Charles Dr, ST CATHARINES, ON, L2N 3Y8
(905) 937-4608 SIC 8211
CONSEIL SCOLAIRE VIAMONDE p894
80 Queensdale Ave, TORONTO, ON, M4J 1Y3
(416) 465-5757 SIC 8211
CONSEIL SCOLAIRE VIAMONDE p904
14 Pembroke St, TORONTO, ON, M5A 2N7
(416) 393-1360 SIC 8211
CONSEIL SCOLAIRE VIAMONDE p906
100 Carlton St, TORONTO, ON, M5B 1M3
(416) 393-0175 SIC 8211
CONSEIL SCOLAIRE VIAMONDE p936
65 Grace St, TORONTO, ON, M6J 2S4
(416) 397-2097 SIC 8211
CONSEIL SCOLAIRE VIAMONDE p942
50 Celestine Dr, TORONTO, ON, M9R 3N3
(416) 397-2075 SIC 8211

BUSINESSES BY INDUSTRY CLASSIFICATION

SIC 8211 Elementary and secondary schools **2443**

CONSEIL SCOLAIRE VIAMONDE p950
158 Bridgeport Rd E, WATERLOO, ON, N2J 2K4
(519) 746-7224 SIC 8211
CONSEIL SCOLAIRE VIAMONDE p955
101 Afton Ave, WELLAND, ON, L3B 1W1
(905) 732-3113 SIC 8211
CONSEIL SCOLAIRE VIAMONDE p966
1799 Ottawa St, WINDSOR, ON, N8Y 1R4
(519) 259-4860 SIC 8211
CORMACK TRAIL SCHOOL BOARD p424
2 Hardy Arterial, CHANNEL-PORT-AUX-BASQUES, NL, A0M 1C0
(709) 695-3186 SIC 8211
CORMACK TRAIL SCHOOL BOARD p437
76a West St, STEPHENVILLE, NL, A2N 1E4
(709) 643-9525 SIC 8211
CORMACK TRAIL SCHOOL BOARD p437
Gd Lcd Main, STEPHENVILLE, NL, A2N 2Y6
(709) 643-9525 SIC 8211
CORPORATION DE L' EXTERNAT ST-JEAN-BERCHMANS p1159
2303 Ch Saint-Louis, Quebec, QC, G1T 1R5
(418) 687-5871 SIC 8211
CORPORATION DU COLLEGE MATHIEU, LA p1269
308 1st Ave E, GRAVELBOURG, SK, S0H 1X0
(306) 648-3491 SIC 8211
CORPORATION OF ST. JOHN'S-KILMARNOCK SCHOOL p529
2201 Shantz Station Rd, BRESLAU, ON, N0B 1M0
(519) 648-2183 SIC 8211
CORPORATION OF THE CITY OF BRAMPTON, THE p523
292 Conestoga Dr, BRAMPTON, ON, L6Z 3M1
(905) 840-1023 SIC 8211
CREE SCHOOL BOARD p1016
11 Maamuu, CHISASIBI, QC, J0M 1E0
(819) 855-2833 SIC 8211
CREE SCHOOL BOARD p1032
142 Shabow, EASTMAIN, QC, J0M 1W0
(819) 977-0244 SIC 8211
CREE SCHOOL BOARD p1050
Pr, KUUJJUARAPIK, QC, J0M 1G0
(819) 929-3257 SIC 8211
CREE SCHOOL BOARD p1079
203 Main St, MISTISSINI, QC, G0W 1C0
(418) 923-2764 SIC 8211
CREE SCHOOL BOARD p1134
9 Rue Lake Shore, Nemiscau, QC, J0Y 3B0
(819) 673-2536 SIC 8211
CREE SCHOOL BOARD p1136
220 Opemiska Meskino, Ouje-Bougoumou, QC, G0W 3C0
(418) 745-2542 SIC 8211
CREE SCHOOL BOARD p1261
Pr, WEMINDJI, QC, J0M 1L0
(819) 978-0263 SIC 8211
CREE SCHOOL BOARD p1261
Cp 300, WASKAGANISH, QC, J0M 1R0
(819) 895-8819 SIC 8211
CREE SCHOOL BOARD p1261
6 Rue Birch, WASWANIPI, QC, J0Y 3C0
(819) 753-2583 SIC 8211
CREIGHTON SCHOOL DIVISION 111 p1266
Gd, CREIGHTON, SK, S0P 0A0
(306) 688-5825 SIC 8211
CRESTWOOD PREPARATORY COLLEGE INC p890
217 Brookbanks Dr, TORONTO, ON, M3A 2T7
(416) 444-6230 SIC 8211
CROFTON HOUSE SCHOOL p318
3200 41st Ave W, VANCOUVER, BC, V6N 3E1
(604) 263-3255 SIC 8211
CROSS LAKE EDUCATION AUTHORITY p347
Gd, CROSS LAKE, MB, R0B 0J0
(204) 676-3030 SIC 8211

DEHCHO DIVISIONAL EDUCATION COUNCIL p438
Gd, FORT PROVIDENCE, NT, X0E 0L0
(867) 699-3131 SIC 8211
DELTA SCHOOL DISTRICT NO.37 p209
11584 Lyon Rd, DELTA, BC, V4E 2K4
(604) 591-6166 SIC 8211
DELTA SCHOOL DISTRICT NO.37 p209
10855 80 Ave, DELTA, BC, V4C 1W4
(604) 594-2474 SIC 8211
DELTA SCHOOL DISTRICT NO.37 p209
11531 80 Ave, DELTA, BC, V4C 1X5
(604) 596-9554 SIC 8211
DELTA SCHOOL DISTRICT NO.37 p209
11447 82 Ave, DELTA, BC, V4C 5J6
(604) 596-7471 SIC 8211
DELTA SCHOOL DISTRICT NO.37 p209
9115 116 St, DELTA, BC, V4C 5W8
(604) 594-6100 SIC 8211
DELTA SCHOOL DISTRICT NO.37 p209
11339 83 Ave, DELTA, BC, V4C 7B9
(604) 596-7481 SIC 8211
DELTA SCHOOL DISTRICT NO.37 p209
11285 Bond Blvd, DELTA, BC, V4E 1N3
(604) 594-8491 SIC 8211
DELTA SCHOOL DISTRICT NO.37 p209
8884 Russell Dr, DELTA, BC, V4C 4P8
(604) 581-6185 SIC 8211
DELTA SCHOOL DISTRICT NO.37 p209
11364 72 Ave, DELTA, BC, V4E 1Y5
(604) 596-1508 SIC 8211
DELTA SCHOOL DISTRICT NO.37 p209
11315 75 Ave, DELTA, BC, V4C 1H4
(604) 594-5437 SIC 8211
DELTA SCHOOL DISTRICT NO.37 p209
8718 Delwood Dr, DELTA, BC, V4C 3Z9
(604) 583-6668 SIC 8211
DELTA SCHOOL DISTRICT NO.37 p209
11451 90 Ave, DELTA, BC, V4C 3H3
(604) 594-7588 SIC 8211
DELTA SCHOOL DISTRICT NO.37 p209
7658 112 St, DELTA, BC, V4C 4V8
(604) 594-0491 SIC 8211
DELTA SCHOOL DISTRICT NO.37 p209
11655 86 Ave, DELTA, BC, V4C 2X5
(604) 596-1701 SIC 8211
DELTA SCHOOL DISTRICT NO.37 p209
9111 116 St, DELTA, BC, V4C 5W8
(604) 594-5491 SIC 8211
DELTA SCHOOL DISTRICT NO.37 p209
7670 118 St, DELTA, BC, V4C 6G8
(604) 594-3484 SIC 8211
DELTA SCHOOL DISTRICT NO.37 p209
10840 82 Ave, DELTA, BC, V4C 2B3
(604) 594-3474 SIC 8211
DELTA SCHOOL DISTRICT NO.37 p209
11777 Pinewood Dr, DELTA, BC, V4E 3E9
(604) 597-8353 SIC 8211
DELTA SCHOOL DISTRICT NO.37 p211
735 Gilchrist Dr, DELTA, BC, V4M 3L4
(604) 943-1105 SIC 8211
DELTA SCHOOL DISTRICT NO.37 p211
4381 46a St, DELTA, BC, V4K 2M2
(604) 946-0321 SIC 8211
DELTA SCHOOL DISTRICT NO.37 p211
4625 62 St, DELTA, BC, V4K 3L8
(604) 946-0218 SIC 8211
DELTA SCHOOL DISTRICT NO.37 p211
4750 57 St, DELTA, BC, V4K 3C9
(604) 946-3150 SIC 8211
DELTA SCHOOL DISTRICT NO.37 p211
4615 51 St, DELTA, BC, V4K 2V8
(604) 946-4194 SIC 8211
DELTA SCHOOL DISTRICT NO.37 p211
5016 44 Ave, DELTA, BC, V4K 1C1
(604) 946-4158 SIC 8211
DELTA SCHOOL DISTRICT NO.37 p211
750 53 St, DELTA, BC, V4M 3B7
(604) 943-7407 SIC 8211
DELTA SCHOOL DISTRICT NO.37 p211
402 English Bluff Rd, DELTA, BC, V4M 2N2
(604) 943-0201 SIC 8211
DELTA SCHOOL DISTRICT NO.37 p211
5160 Central Ave, DELTA, BC, V4K 2H2

(604) 946-7601 SIC 8211
DELTA SCHOOL DISTRICT NO.37 p211
5025 12 Ave, DELTA, BC, V4M 2A7
(604) 943-2244 SIC 8211
DISTRICT EDUCATION COUNCIL-SCHOOL DISTRICT 16 p394
12 Maclaggan Dr, BLACKVILLE, NB, E9B 1Y4
(506) 843-2900 SIC 8211
DISTRICT EDUCATION COUNCIL-SCHOOL DISTRICT 16 p396
4711 Route 108, DERBY, NB, E1V 5C3
(506) 627-4090 SIC 8211
DISTRICT EDUCATION COUNCIL-SCHOOL DISTRICT 16 p404
77 Chatham Ave, MIRAMICHI, NB, E1N 1G7
(506) 778-6081 SIC 8211
DISTRICT EDUCATION COUNCIL-SCHOOL DISTRICT 16 p404
128 Henderson St, MIRAMICHI, NB, E1N 2S2
(506) 778-6078 SIC 8211
DISTRICT EDUCATION COUNCIL-SCHOOL DISTRICT 16 p404
26 St. Patrick's Dr, MIRAMICHI, NB, E1N 5T9
(506) 627-4074 SIC 8211
DISTRICT EDUCATION COUNCIL-SCHOOL DISTRICT 16 p404
78 Henderson St, MIRAMICHI, NB, E1N 2R7
(506) 778-6076 SIC 8211
DISTRICT EDUCATION COUNCIL-SCHOOL DISTRICT 16 p404
124 Henderson St, MIRAMICHI, NB, E1N 2S2
(506) 778-6077 SIC 8211
DISTRICT EDUCATION COUNCIL-SCHOOL DISTRICT 16 p405
31 Elizabeth St, MIRAMICHI, NB, E1V 1V8
(506) 627-4086 SIC 8211
DISTRICT EDUCATION COUNCIL-SCHOOL DISTRICT 16 p405
15 Gretna Green Dr, MIRAMICHI, NB, E1V 5V6
(506) 778-6099 SIC 8211
DISTRICT EDUCATION COUNCIL-SCHOOL DISTRICT 16 p405
301 Campbell St, MIRAMICHI, NB, E1V 1R4
(506) 627-4088 SIC 8211
DISTRICT EDUCATION COUNCIL-SCHOOL DISTRICT 16 p405
305 Campbell St, MIRAMICHI, NB, E1V 1R4
(506) 627-4087 SIC 8211
DISTRICT EDUCATION COUNCIL-SCHOOL DISTRICT 16 p412
149 Rue Acadie, RICHIBUCTO, NB, E4W 3V5
(506) 523-7970 SIC 8211
DISTRICT EDUCATION COUNCIL-SCHOOL DISTRICT 16 p412
19 School St, REXTON, NB, E4W 2E4
(506) 523-7152 SIC 8211
DISTRICT EDUCATION COUNCIL-SCHOOL DISTRICT 16 p412
197 Main St, REXTON, NB, E4W 2A9
(506) 523-7160 SIC 8211
DISTRICT EDUCATION COUNCIL-SCHOOL DISTRICT 16 p421
40 Northwest Rd, SUNNY CORNER, NB, E9E 1J4
(506) 836-7000 SIC 8211
DISTRICT EDUCATION COUNCIL-SCHOOL DISTRICT 16 p421
36 Northwest Rd, SUNNY CORNER, NB, E9E 1J4
(506) 836-7010 SIC 8211
DISTRICT SCHOOL BOARD OF NIAGARA p500
4944 John St, BEAMSVILLE, ON, L0R 1B6
(905) 563-7431 SIC 8211
DISTRICT SCHOOL BOARD OF NIAGARA p500
4300 William St, BEAMSVILLE, ON, L0R 1B7
(905) 563-8209 SIC 8211
DISTRICT SCHOOL BOARD OF NIAGARA p500
4317 Central Ave, BEAMSVILLE, ON, L0R 1B0
(905) 563-8267 SIC 8211
DISTRICT SCHOOL BOARD OF NIAGARA p541
1794 Regional Rd 6, CAISTOR CENTRE, ON, L0R 1E0
(905) 957-7473 SIC 8211
DISTRICT SCHOOL BOARD OF NIAGARA p568
145 Derby Rd, CRYSTAL BEACH, ON, L0S 1B0
(905) 894-3900 SIC 8211
DISTRICT SCHOOL BOARD OF NIAGARA p589
350 Hwy 20 W, FONTHILL, ON, L0S 1E0
(905) 892-2635 SIC 8211
DISTRICT SCHOOL BOARD OF NIAGARA p589
7 Tait Ave, FORT ERIE, ON, L2A 3P1
(905) 871-4610 SIC 8211
DISTRICT SCHOOL BOARD OF NIAGARA p589
474 Central Ave, FORT ERIE, ON, L2A 3T7
SIC 8211
DISTRICT SCHOOL BOARD OF NIAGARA p589
1337 Haist St, FONTHILL, ON, L0S 1E0
(905) 892-2605 SIC 8211
DISTRICT SCHOOL BOARD OF NIAGARA p589
1110 Garrison Rd, FORT ERIE, ON, L2A 1N9
(905) 871-4830 SIC 8211
DISTRICT SCHOOL BOARD OF NIAGARA p589
1353 Pelham St, FONTHILL, ON, L0S 1E0
(905) 892-3821 SIC 8211
DISTRICT SCHOOL BOARD OF NIAGARA p598
10 Livingston Ave, GRIMSBY, ON, L3M 1K7
(905) 945-5459 SIC 8211
DISTRICT SCHOOL BOARD OF NIAGARA p598
33 Olive St, GRIMSBY, ON, L3M 2B9
(905) 945-5427 SIC 8211
DISTRICT SCHOOL BOARD OF NIAGARA p598
5 Boulton Ave, GRIMSBY, ON, L3M 1H6
(905) 945-5416 SIC 8211
DISTRICT SCHOOL BOARD OF NIAGARA p622
2831 Victoria Ave, JORDAN STATION, ON, L0R 1S0
SIC 8211
DISTRICT SCHOOL BOARD OF NIAGARA p735
5315 Valley Way, NIAGARA FALLS, ON, L2E 1X4
(905) 356-6611 SIC 8211
DISTRICT SCHOOL BOARD OF NIAGARA p735
4760 Simcoe St, NIAGARA FALLS, ON, L2E 1V6
(905) 358-9121 SIC 8211
DISTRICT SCHOOL BOARD OF NIAGARA p735
4635 Pettit Ave, NIAGARA FALLS, ON, L2E 6L4
(905) 356-2801 SIC 8211
DISTRICT SCHOOL BOARD OF NIAGARA p736
6727 Heximer Ave, NIAGARA FALLS, ON, L2G 4T1
(905) 356-0932 SIC 8211
DISTRICT SCHOOL BOARD OF NIAGARA p736
7112 Dorchester Rd, NIAGARA FALLS, ON, L2G 5V6
(905) 358-5011 SIC 8211

▲ Public Company   ■ Public Company Family Member   **HQ** Headquarters   **BR** Branch   **SL** Single Location

DISTRICT SCHOOL BOARD OF NIAGARA p736
5775 Drummond Rd, NIAGARA FALLS, ON, L2G 4L2
(905) 354-7409   SIC 8211

DISTRICT SCHOOL BOARD OF NIAGARA p736
6624 Culp St, NIAGARA FALLS, ON, L2G 2C4
(905) 354-2333   SIC 8211

DISTRICT SCHOOL BOARD OF NIAGARA p738
3691 Dorchester Rd, NIAGARA FALLS, ON, L2J 3A6
(905) 354-3916   SIC 8211

DISTRICT SCHOOL BOARD OF NIAGARA p738
6855 Kalar Rd, NIAGARA FALLS, ON, L2H 2T3
(905) 356-0488   SIC 8211

DISTRICT SCHOOL BOARD OF NIAGARA p738
5504 Montrose Rd, NIAGARA FALLS, ON, L2H 1K7
(905) 358-8111   SIC 8211

DISTRICT SCHOOL BOARD OF NIAGARA p738
8406 Forestview Blvd, NIAGARA FALLS, ON, L2H 0B9
(905) 354-6261   SIC 8211

DISTRICT SCHOOL BOARD OF NIAGARA p738
5960 Pitton Rd, NIAGARA FALLS, ON, L2H 1T5
(905) 356-2401   SIC 8211

DISTRICT SCHOOL BOARD OF NIAGARA p738
3155 St Andrew Ave, NIAGARA FALLS, ON, L2J 2R7
(905) 358-5142   SIC 8211

DISTRICT SCHOOL BOARD OF NIAGARA p738
3112 Dorchester Rd, NIAGARA FALLS, ON, L2J 2Z7
(905) 356-0521   SIC 8211

DISTRICT SCHOOL BOARD OF NIAGARA p739
1875 Niagara Stone Rd, NIAGARA ON THE LAKE, ON, L0S 1J0
(905) 468-7793   SIC 8211

DISTRICT SCHOOL BOARD OF NIAGARA p739
565 East West Line Rd, NIAGARA ON THE LAKE, ON, L0S 1J0
(905) 468-5651   SIC 8211

DISTRICT SCHOOL BOARD OF NIAGARA p739
565 East West Line Rd, NIAGARA ON THE LAKE, ON, L0S 1J0
SIC 8211

DISTRICT SCHOOL BOARD OF NIAGARA p816
255 Omer Ave, PORT COLBORNE, ON, L3K 3Z1
(905) 834-9732   SIC 8211

DISTRICT SCHOOL BOARD OF NIAGARA p816
320 Fielden Ave, PORT COLBORNE, ON, L3K 4T7
(905) 834-4753   SIC 8211

DISTRICT SCHOOL BOARD OF NIAGARA p816
211 Elgin St, PORT COLBORNE, ON, L3K 3K4
(905) 835-1186   SIC 8211

DISTRICT SCHOOL BOARD OF NIAGARA p816
435 Fares St, PORT COLBORNE, ON, L3K 1X4
(905) 834-7440   SIC 8211

DISTRICT SCHOOL BOARD OF NIAGARA p816
214 Steele St, PORT COLBORNE, ON, L3K 4X7
(905) 834-4333   SIC 8211

DISTRICT SCHOOL BOARD OF NIAGARA p825
143 Ridge Rd N, RIDGEWAY, ON, L0S 1N0
(905) 894-3751   SIC 8211

DISTRICT SCHOOL BOARD OF NIAGARA p825
576 Ridge Rd N, RIDGEWAY, ON, L0S 1N0
(905) 894-3461   SIC 8211

DISTRICT SCHOOL BOARD OF NIAGARA p825
3770 Hazel St, RIDGEWAY, ON, L0S 1N0
(905) 894-0313   SIC 8211

DISTRICT SCHOOL BOARD OF NIAGARA p850
260 Canborough St, SMITHVILLE, ON, L0R 2A0
(905) 957-3359   SIC 8211

DISTRICT SCHOOL BOARD OF NIAGARA p850
132 College St, SMITHVILLE, ON, L0R 2A0
(905) 957-7024   SIC 8211

DISTRICT SCHOOL BOARD OF NIAGARA p851
505 Bunting Rd, ST CATHARINES, ON, L2M 3A9
(905) 934-3331   SIC 8211

DISTRICT SCHOOL BOARD OF NIAGARA p851
5459 Regional Rd 20, ST ANNS, ON, L0R 1Y0
(905) 386-6223   SIC 8211

DISTRICT SCHOOL BOARD OF NIAGARA p851
349 Niagara St, ST CATHARINES, ON, L2M 4V9
(905) 934-8501   SIC 8211

DISTRICT SCHOOL BOARD OF NIAGARA p851
95 Facer St, ST CATHARINES, ON, L2M 5J6
(905) 937-2225   SIC 8211

DISTRICT SCHOOL BOARD OF NIAGARA p852
600 Vine St, ST CATHARINES, ON, L2M 3V1
(905) 934-2525   SIC 8211

DISTRICT SCHOOL BOARD OF NIAGARA p852
1 Carlton Park Dr, ST CATHARINES, ON, L2M 4M9
(905) 934-5243   SIC 8211

DISTRICT SCHOOL BOARD OF NIAGARA p852
273 Parnell Rd, ST CATHARINES, ON, L2M 1W4
(905) 934-3322   SIC 8211

DISTRICT SCHOOL BOARD OF NIAGARA p852
280 Vine St, ST CATHARINES, ON, L2M 4T3
(905) 934-9922   SIC 8211

DISTRICT SCHOOL BOARD OF NIAGARA p852
16 Berkley Dr, ST CATHARINES, ON, L2M 6B8
(905) 934-7344   SIC 8211

DISTRICT SCHOOL BOARD OF NIAGARA p853
15 Glenview Ave, ST CATHARINES, ON, L2N 2Z7
(905) 227-6641   SIC 8211

DISTRICT SCHOOL BOARD OF NIAGARA p853
61 Duncan Dr, ST CATHARINES, ON, L2N 3P3
(905) 934-3325   SIC 8211

DISTRICT SCHOOL BOARD OF NIAGARA p853
91 Bunting Rd, ST CATHARINES, ON, L2P 3G8
(905) 684-9461   SIC 8211

DISTRICT SCHOOL BOARD OF NIAGARA p853
535 Lake St Unit 1, ST CATHARINES, ON, L2N 4H7
(905) 641-1550   SIC 8211

DISTRICT SCHOOL BOARD OF NIAGARA p853
535 Lake St, ST CATHARINES, ON, L2N 4H7
(905) 646-3737   SIC 8211

DISTRICT SCHOOL BOARD OF NIAGARA p853
114 Linwell Rd, ST CATHARINES, ON, L2N 6N8
(905) 937-0510   SIC 8211

DISTRICT SCHOOL BOARD OF NIAGARA p853
348 Scott St, ST CATHARINES, ON, L2N 1J5
(905) 937-5110   SIC 8211

DISTRICT SCHOOL BOARD OF NIAGARA p853
35 Ferndale Ave, ST CATHARINES, ON, L2P 1V8
(905) 684-1101   SIC 8211

DISTRICT SCHOOL BOARD OF NIAGARA p853
507 Geneva St, ST CATHARINES, ON, L2N 2H7
(905) 934-3348   SIC 8211

DISTRICT SCHOOL BOARD OF NIAGARA p854
1511 Seventh St, ST CATHARINES, ON, L2R 6P9
(905) 685-1331   SIC 8211

DISTRICT SCHOOL BOARD OF NIAGARA p854
101 South Dr, ST CATHARINES, ON, L2R 4V7
(905) 685-9586   SIC 8211

DISTRICT SCHOOL BOARD OF NIAGARA p854
34 Catherine St, ST CATHARINES, ON, L2R 5E7
(905) 687-7301   SIC 8211

DISTRICT SCHOOL BOARD OF NIAGARA p854
106 First St Louth, ST CATHARINES, ON, L2R 6P9
(905) 984-5517   SIC 8211

DISTRICT SCHOOL BOARD OF NIAGARA p854
140 Haig St, ST CATHARINES, ON, L2R 6L3
SIC 8211

DISTRICT SCHOOL BOARD OF NIAGARA p854
84 Henry St, ST CATHARINES, ON, L2R 5V4
(905) 685-5489   SIC 8211

DISTRICT SCHOOL BOARD OF NIAGARA p854
185 Carlton St, ST CATHARINES, ON, L2R 1S1
SIC 8211

DISTRICT SCHOOL BOARD OF NIAGARA p854
17 Welland Ave, ST CATHARINES, ON, L2R 2M1
SIC 8211

DISTRICT SCHOOL BOARD OF NIAGARA p854
28 Prince St, ST CATHARINES, ON, L2R 3X7
(905) 682-6609   SIC 8211

DISTRICT SCHOOL BOARD OF NIAGARA p855
130 Rykert St, ST CATHARINES, ON, L2S 2B4
(905) 682-9284   SIC 8211

DISTRICT SCHOOL BOARD OF NIAGARA p855
1 Monck St, ST CATHARINES, ON, L2S 1L5
(905) 684-6545   SIC 8211

DISTRICT SCHOOL BOARD OF NIAGARA p855
34 Westland St, ST CATHARINES, ON, L2S 4C1
(905) 684-7429   SIC 8211

DISTRICT SCHOOL BOARD OF NIAGARA p856
1 Marsdale Dr, ST CATHARINES, ON, L2T 3R7
(905) 684-6589   SIC 8211

DISTRICT SCHOOL BOARD OF NIAGARA p856
1 Caroline St Suite A, ST CATHARINES, ON, L2T 3E9
(905) 684-9259   SIC 8211

DISTRICT SCHOOL BOARD OF NIAGARA p856
15 Burleigh Hill Dr, ST CATHARINES, ON, L2T 2V6
(905) 227-6641   SIC 8211

DISTRICT SCHOOL BOARD OF NIAGARA p856
101 Glen Morris Dr, ST CATHARINES, ON, L2T 2N1
(905) 684-6349   SIC 8211

DISTRICT SCHOOL BOARD OF NIAGARA p857
1344 York St, ST DAVIDS, ON, L0S 1P0
(905) 262-4533   SIC 8211

DISTRICT SCHOOL BOARD OF NIAGARA p859
3521 Main St E, STEVENSVILLE, ON, L0S 1S0
(905) 382-3122   SIC 8211

DISTRICT SCHOOL BOARD OF NIAGARA p876
40 Pine St S, THOROLD, ON, L2V 3L4
(905) 227-1321   SIC 8211

DISTRICT SCHOOL BOARD OF NIAGARA p876
550 Allanburg Rd, THOROLD, ON, L2V 1A8
(905) 227-2851   SIC 8211

DISTRICT SCHOOL BOARD OF NIAGARA p876
50 Ormond St N, THOROLD, ON, L2V 1Z1
(905) 227-1188   SIC 8211

DISTRICT SCHOOL BOARD OF NIAGARA p876
153 Richmond St, THOROLD, ON, L2V 3H3
(905) 227-2971   SIC 8211

DISTRICT SCHOOL BOARD OF NIAGARA p876
73 Ann St, THOROLD, ON, L2V 2J8
(905) 227-3827   SIC 8211

DISTRICT SCHOOL BOARD OF NIAGARA p948
1359 Stone Rd, VIRGIL, ON, L0S 1J0
(905) 468-7793   SIC 8211

DISTRICT SCHOOL BOARD OF NIAGARA p948
4057 Victoria Ave, VINELAND, ON, L0R 2C0
(905) 562-5211   SIC 8211

DISTRICT SCHOOL BOARD OF NIAGARA p955
333 Quaker Rd, WELLAND, ON, L3C 3G7
(905) 732-5412   SIC 8211

DISTRICT SCHOOL BOARD OF NIAGARA p955
240 Thorold Rd, WELLAND, ON, L3C 3W2
(905) 735-0700   SIC 8211

DISTRICT SCHOOL BOARD OF NIAGARA p955
358 Niagara St, WELLAND, ON, L3C 1K9
(905) 734-4273   SIC 8211

DISTRICT SCHOOL BOARD OF NIAGARA p955
315 Southworth St S, WELLAND, ON, L3B 1Z8
(905) 734-3208   SIC 8211

DISTRICT SCHOOL BOARD OF NIAGARA p955
170 Wellington St, WELLAND, ON, L3B 1B3
(905) 734-7458   SIC 8211

DISTRICT SCHOOL BOARD OF NIAGARA p955
468 Thorold Rd, WELLAND, ON, L3C 3W6

(905) 734-3730   SIC 8211
DISTRICT SCHOOL BOARD OF NIAGARA
p955
164 Fitch St, WELLAND, ON, L3C 4V5
(905) 732-3683   SIC 8211
DISTRICT SCHOOL BOARD OF NIAGARA
p955
738 Lyons Creek Rd, WELLAND, ON, L3B 5N4
(905) 735-0310   SIC 8211
DISTRICT SCHOOL BOARD OF NIAGARA
p955
111 First St, WELLAND, ON, L3B 4S1
(905) 732-4110   SIC 8211
DISTRICT SCHOOL BOARD ONTARIO NORTH EAST p550
Rr 1, CHARLTON, ON, P0J 1B0
SIC 8211
DISTRICT SCHOOL BOARD ONTARIO NORTH EAST p555
453b Chalmers Ave, COCHRANE, ON, P0L 1C0
(705) 272-4372   SIC 8211
DISTRICT SCHOOL BOARD ONTARIO NORTH EAST p555
Gd, COCHRANE, ON, P0L 1C0
(705) 272-4372   SIC 8211
DISTRICT SCHOOL BOARD ONTARIO NORTH EAST p555
453 Chalmers Ave, COCHRANE, ON, N0H 2T0
(705) 272-3246   SIC 8211
DISTRICT SCHOOL BOARD ONTARIO NORTH EAST p574
70 8th Ave, ENGLEHART, ON, P0J 1H0
(705) 544-2345   SIC 8211
DISTRICT SCHOOL BOARD ONTARIO NORTH EAST p596
51 Harris St, GOGAMA, ON, P0M 1W0
(705) 894-2775   SIC 8211
DISTRICT SCHOOL BOARD ONTARIO NORTH EAST p619
30 10th St, HEARST, ON, P0L 1N0
(705) 362-4283   SIC 8211
DISTRICT SCHOOL BOARD ONTARIO NORTH EAST p622
900 Centennial St, IROQUOIS FALLS, ON, P0K 1G0
(705) 232-6651   SIC 8211
DISTRICT SCHOOL BOARD ONTARIO NORTH EAST p622
44 Anson Dr, IROQUOIS FALLS, ON, P0K 1E0
(705) 258-3921   SIC 8211
DISTRICT SCHOOL BOARD ONTARIO NORTH EAST p626
61 Devonshire St, KAPUSKASING, ON, P5N 1C5
(705) 335-6164   SIC 8211
DISTRICT SCHOOL BOARD ONTARIO NORTH EAST p636
21 Station Rd S, KIRKLAND LAKE, ON, P2N 3H2
(705) 567-4030   SIC 8211
DISTRICT SCHOOL BOARD ONTARIO NORTH EAST p636
35 Porteous Ave, KIRKLAND LAKE, ON, P2N 2P1
SIC 8211
DISTRICT SCHOOL BOARD ONTARIO NORTH EAST p636
Gd, KIRKLAND LAKE, ON, P2N 3P4
(705) 567-4981   SIC 8211
DISTRICT SCHOOL BOARD ONTARIO NORTH EAST p636
84 Tweedsmuir Rd, KIRKLAND LAKE, ON, P2N 1J5
(705) 567-5288   SIC 8211
DISTRICT SCHOOL BOARD ONTARIO NORTH EAST p679
422 4th Ave, MATHESON, ON, P0K 1N0
(705) 273-2324   SIC 8211
DISTRICT SCHOOL BOARD ONTARIO NORTH EAST p731

Gd, NEW LISKEARD, ON, P0J 1P0
(705) 647-7394   SIC 8211
DISTRICT SCHOOL BOARD ONTARIO NORTH EAST p731
141 Dymond St, NEW LISKEARD, ON, P0J 1P0
(705) 647-7341   SIC 8211
DISTRICT SCHOOL BOARD ONTARIO NORTH EAST p731
90 Niven St, NEW LISKEARD, ON, P0J 1P0
(705) 647-7336   SIC 8211
DISTRICT SCHOOL BOARD ONTARIO NORTH EAST p815
712 Earl St E, PORCUPINE, ON, P0N 1C0
(705) 235-8050   SIC 8211
DISTRICT SCHOOL BOARD ONTARIO NORTH EAST p847
64 Croatia Ave, SCHUMACHER, ON, P0N 1G0
(705) 360-1780   SIC 8211
DISTRICT SCHOOL BOARD ONTARIO NORTH EAST p847
153 Croatia Ave, SCHUMACHER, ON, P0N 1G0
(705) 360-1151   SIC 8211
DISTRICT SCHOOL BOARD ONTARIO NORTH EAST p851
117 Golden Ave, SOUTH PORCUPINE, ON, P0N 1H0
(705) 360-8054   SIC 8211
DISTRICT SCHOOL BOARD ONTARIO NORTH EAST p851
155 Legion Dr, SOUTH PORCUPINE, ON, P0N 1H0
(705) 360-8056   SIC 8211
DISTRICT SCHOOL BOARD ONTARIO NORTH EAST p851
50 3rd St, SMOOTH ROCK FALLS, ON, P0L 2B0
(705) 338-2755   SIC 8211
DISTRICT SCHOOL BOARD ONTARIO NORTH EAST p884
200 Victoria Ave, TIMMINS, ON, P4N 8G9
(705) 268-5555   SIC 8211
DISTRICT SCHOOL BOARD ONTARIO NORTH EAST p884
451 Theriault Blvd, TIMMINS, ON, P4N 8B2
(705) 360-1411   SIC 8211
DISTRICT SCHOOL BOARD ONTARIO NORTH EAST p884
300 Pearl Ave, TIMMINS, ON, P4N 7X5
(705) 264-9438   SIC 8211
DISTRICT SCHOOL BOARD ONTARIO NORTH EAST p884
383 Birch St N, TIMMINS, ON, P4N 6E8
(705) 267-1186   SIC 8211
DISTRICT SCOLAIRE 11 p393
5362 Route 117, BAIE-SAINTE-ANNE, NB, E9A 1C9
(506) 228-2010   SIC 8211
DISTRICT SCOLAIRE 11 p395
2632 Ch Acadie, Cap-Pele, NB, E4N 1E3
(506) 577-2000   SIC 8211
DISTRICT SCOLAIRE 11 p395
37 Av Richard, BOUCTOUCHE, NB, E4S 3T5
(506) 743-7200   SIC 8211
DISTRICT SCOLAIRE 11 p396
29 Ch Cocagne Cross, COCAGNE, NB, E4R 2J1
(506) 576-5006   SIC 8211
DISTRICT SCOLAIRE 11 p405
300 Beaverbrook Rd, MIRAMICHI, NB, E1V 1A1
(506) 627-4135   SIC 8211
DISTRICT SCOLAIRE 11 p411
3860 Route 115, NOTRE-DAME, NB, E4V 2J2
(506) 576-5001   SIC 8211
DISTRICT SCOLAIRE 11 p412
45 Rue Morgan, RICHIBUCTO, NB, E4W 4E8
(506) 523-7660   SIC 8211
DISTRICT SCOLAIRE 11 p413

65 Rue De L'ecole, ROGERSVILLE, NB, E4Y 1V4
(506) 775-2010   SIC 8211
DISTRICT SCOLAIRE 11 p419
49 Rue Du College Suite 1, SAINT-LOUIS-DE-KENT, NB, E4X 1C2
(506) 876-3400   SIC 8211
DISTRICT SCOLAIRE 11 p419
7 Clement Ave, SAINT-ANTOINE, NB, E4V 1E2
(506) 525-4000   SIC 8211
DISTRICT SCOLAIRE 11 p419
1545 Route 525, SAINTE-MARIE-DE-KENT, NB, E4S 2H2
(506) 955-6000   SIC 8211
DISTRICT SCOLAIRE 11 p420
435 Main St, SHEDIAC, NB, E4P 2C1
(506) 856-3333   SIC 8211
DISTRICT SCOLAIRE 3 p396
323 Long Blvd, CLAIR, NB, E7A 2C5
(506) 992-6006   SIC 8211
DISTRICT SCOLAIRE 3 p397
1360 Ch Tobique, DRUMMOND, NB, E3Y 2N8
(506) 473-7760   SIC 8211
DISTRICT SCOLAIRE 3 p397
99 Rue Martin, EDMUNDSTON, NB, E3V 2M7
(506) 735-2073   SIC 8211
DISTRICT SCOLAIRE 3 p397
300 Martin St, EDMUNDSTON, NB, E3V 2N5
(506) 735-2008   SIC 8211
DISTRICT SCOLAIRE 3 p397
54 21 Ieme Ave, EDMUNDSTON, NB, E3V 2B9
(506) 737-4620   SIC 8211
DISTRICT SCOLAIRE 3 p398
298 Rue Martin Suite 3, EDMUNDSTON, NB, E3V 5E5
(506) 737-4567   SIC 8211
DISTRICT SCOLAIRE 3 p402
215 Rue Guimont, GRAND-SAULT/GRAND FALLS, NB, E3Y 1C7
(506) 473-7372   SIC 8211
DISTRICT SCOLAIRE 3 p402
689 Boul Everard H Daigle, GRAND-SAULT/GRAND FALLS, NB, E3Z 3C5
(506) 473-7385   SIC 8211
DISTRICT SCOLAIRE 3 p403
16 Rue Fraser, KEDGWICK, NB, E8B 1E6
(506) 284-3441   SIC 8211
DISTRICT SCOLAIRE 3 p413
4 Rue De L'ecole, RIVIERE-VERTE, NB, E7C 2R5
(506) 263-3500   SIC 8211
DISTRICT SCOLAIRE 3 p419
247 Rue Principale, SAINT-BASILE, NB, E7C 1H7
(506) 263-3407   SIC 8211
DISTRICT SCOLAIRE 3 p419
39 Rue Saint-Joseph, SAINTE-ANNE-DE-MADAWASKA, NB, E7E 1K8
(506) 445-6202   SIC 8211
DISTRICT SCOLAIRE 3 p419
10 Rue Ecole, SAINT-JACQUES, NB, E7B 1E7
(506) 735-2067   SIC 8211
DISTRICT SCOLAIRE 3 p419
477 Ch De L'eglise, Saint-Andre, NB, E3Y 2Y2
(506) 473-7762   SIC 8211
DISTRICT SCOLAIRE 3 p419
12 Rue Martin, SAINT-BASILE, NB, E7C 1E4
SIC 8211
DISTRICT SCOLAIRE 3 p419
40 Rue De L'ecole, SAINT-LEONARD, NB, E7E 1Y6
(506) 423-3003   SIC 8211
DISTRICT SCOLAIRE 3 p421
562 Ch Toussaint, ST-JOSEPH-DE-MADAWASKA, NB, E7B 2T8
(506) 735-2956   SIC 8211

DISTRICT SCOLAIRE FRANCOPHONE NORD-EST p394
795 Rue Ecole, BERESFORD, NB, E8K 1V4
(506) 542-2602   SIC 8211
DISTRICT SCOLAIRE FRANCOPHONE NORD-EST p395
Gd, CARAQUET, NB, E1W 1B7
(506) 727-7044   SIC 8211
DISTRICT SCOLAIRE FRANCOPHONE NORD-EST p395
30 Rue Cormier, CARAQUET, NB, E1W 1A5
(506) 727-7039   SIC 8211
DISTRICT SCOLAIRE FRANCOPHONE NORD-EST p395
238 Rue Marguerite Bourgeoys, CARAQUET, NB, E1W 1A4
(506) 727-7040   SIC 8211
DISTRICT SCOLAIRE FRANCOPHONE NORD-EST p404
65 Rue De L'ecole, LAMEQUE, NB, E8T 1B7
(506) 344-3064   SIC 8211
DISTRICT SCOLAIRE FRANCOPHONE NORD-EST p404
3 Ch Drisdelle Settlement, LAGACEVILLE, NB, E9G 2N3
(506) 776-3866   SIC 8211
DISTRICT SCOLAIRE FRANCOPHONE NORD-EST p412
5067 Route 160, PONT-LANDRY, NB, E1X 2V5
(506) 394-3600   SIC 8211
DISTRICT SCOLAIRE FRANCOPHONE NORD-EST p419
70 Rue De L'eglise, SAINTE-MARIE-SAINT-RAPHAEL, NB, E8T 1N8
(506) 344-3022   SIC 8211
DISTRICT SCOLAIRE FRANCOPHONE NORD-EST p420
135 Rue De L'Ecole, SHIPPAGAN, NB, E8S 1V5
(506) 336-3002   SIC 8211
DISTRICT SCOLAIRE FRANCOPHONE NORD-EST p421
585 Church St, TRACADIE-SHEILA, NB, E1X 1G5
(506) 394-3500   SIC 8211
DISTRICT SCOLAIRE FRANCOPHONE NORD-EST p421
585 Rue De L'eglise, TRACADIE-SHEILA, NB, E1X 1B1
(506) 394-3508   SIC 8211
DISTRICT SCOLAIRE FRANCOPHONE NORD-EST p421
Gd, TRACADIE-SHEILA, NB, E1X 1G4
(506) 394-3555   SIC 8211
DISTRICT SCOLAIRE FRANCOPHONE NORD-EST p421
6830 Route 11, TRACADIE, NB, E1X 4P4
(506) 394-3560   SIC 8211
DISTRICT SCOLAIRE FRANCOPHONE NORD-EST p421
520 Rue De L'eglise, TRACADIE-SHEILA, NB, E1X 1B1
(506) 394-3494   SIC 8211
DITIDAHT FIRST NATION p253
Gd, PORT ALBERNI, BC, V9Y 7M3
(250) 745-3223   SIC 8211
DIVISION SCOLAIRE FRANCO-MANITOBAINE p350
29 Normandeau Bay, LA BROQUERIE, MB, R0A 0W0
(204) 424-5287   SIC 8211
DIVISION SCOLAIRE FRANCO-MANITOBAINE p350
310 Lamoureux Rd Ss 1, ILE DES CHENES, MB, R0A 0T1
(204) 878-2147   SIC 8211
DIVISION SCOLAIRE FRANCO-MANITOBAINE p351
1263 Dawson Rd, LORETTE, MB, R0A 0Y0
(204) 878-9399   SIC 8211
DIVISION SCOLAIRE FRANCO-MANITOBAINE p351
361 Senez St, LORETTE, MB, R0A 0Y0

(204) 878-3621 SIC 8211
DIVISION SCOLAIRE FRANCO-MANITOBAINE p352
45 Notre Dame Ave, NOTRE DAME DE LOURDES, MB, R0G 1M0
(204) 248-2167 SIC 8211
DIVISION SCOLAIRE FRANCO-MANITOBAINE p352
70 Notre-Dame Ave, NOTRE DAME DE LOURDES, MB, R0G 1M0
(204) 248-2147 SIC 8211
DIVISION SCOLAIRE FRANCO-MANITOBAINE p356
Gd, ST LAZARE, MB, R0M 1Y0
(204) 683-2251 SIC 8211
DIVISION SCOLAIRE FRANCO-MANITOBAINE p356
377 Rue Sabourin, ST PIERRE JOLYS, MB, R0A 1V0
(204) 433-7706 SIC 8211
DIVISION SCOLAIRE FRANCO-MANITOBAINE p356
81, ST LAURENT, MB, R0C 2S0
(204) 646-2392 SIC 8211
DIVISION SCOLAIRE FRANCO-MANITOBAINE p356
113 2nd Ave, ST JEAN BAPTISTE, MB, R0G 2B0
(204) 758-3501 SIC 8211
DIVISION SCOLAIRE FRANCO-MANITOBAINE p357
90 Arena Rd, STE ANNE, MB, R5H 1G6
(204) 422-5505 SIC 8211
DIVISION SCOLAIRE FRANCO-MANITOBAINE p364
209 Kenny St, WINNIPEG, MB, R2H 2E5
(204) 233-4327 SIC 8211
DIVISION SCOLAIRE FRANCO-MANITOBAINE p364
744 Langevin St, WINNIPEG, MB, R2H 2W7
(204) 233-8735 SIC 8211
DIVISION SCOLAIRE FRANCO-MANITOBAINE p365
1101 Autumnwood Dr, WINNIPEG, MB, R2J 1C8
(204) 256-4384 SIC 8211
DIVISION SCOLAIRE FRANCO-MANITOBAINE p368
425 John Forsyth Rd, WINNIPEG, MB, R2N 4J3
(204) 255-2081 SIC 8211
DIVISION SCOLAIRE FRANCO-MANITOBAINE p373
81 Quail Ridge Rd, WINNIPEG, MB, R2Y 2A9
(204) 885-8000 SIC 8211
DIVISION SCOLAIRE FRANCO-MANITOBAINE p391
45 De La Digue Ave, WINNIPEG, MB, R3V 1M7
(204) 261-0380 SIC 8211
DOGRIB DIVISIONAL BOARD p438
Gd, BEHCHOKO, NT, X0E 0Y0
(867) 371-4511 SIC 8211
DOGRIB DIVISIONAL BOARD p438
Gd, BEHCHOKO, NT, X0E 0Y0
(867) 392-6078 SIC 8211
DRYDEN BOARD OF EDUCATION p570
79 Casimir Ave, DRYDEN, ON, P8N 2H4
(807) 223-2316 SIC 8211
DUFFERIN-PEEL CATHOLIC DISTRICT SCHOOL BOARD p506
61 Allan Dr, BOLTON, ON, L7E 1P7
(905) 857-1300 SIC 8211
DUFFERIN-PEEL CATHOLIC DISTRICT SCHOOL BOARD p506
120 Harvest Moon Dr, BOLTON, ON, L7E 2W1
(905) 857-7582 SIC 8211
DUFFERIN-PEEL CATHOLIC DISTRICT SCHOOL BOARD p509
55 Lexington Rd, BRAMPTON, ON, L6P 2B1
(905) 794-5031 SIC 8211
DUFFERIN-PEEL CATHOLIC DISTRICT SCHOOL BOARD p510
300 Great Lakes Dr, BRAMPTON, ON, L6R 2W7
(905) 799-2558 SIC 8211
DUFFERIN-PEEL CATHOLIC DISTRICT SCHOOL BOARD p510
25 Mountainberry Rd, BRAMPTON, ON, L6R 1J3
(905) 840-3121 SIC 8211
DUFFERIN-PEEL CATHOLIC DISTRICT SCHOOL BOARD p510
35 Black Oak Dr, BRAMPTON, ON, L6R 1B9
(905) 458-7080 SIC 8211
DUFFERIN-PEEL CATHOLIC DISTRICT SCHOOL BOARD p510
28 Red River Dr, BRAMPTON, ON, L6R 2H9
(905) 791-1039 SIC 8211
DUFFERIN-PEEL CATHOLIC DISTRICT SCHOOL BOARD p511
63 Glenforest Rd, BRAMPTON, ON, L6S 1L8
(905) 791-8529 SIC 8211
DUFFERIN-PEEL CATHOLIC DISTRICT SCHOOL BOARD p511
140 Howden Blvd, BRAMPTON, ON, L6S 2G1
(905) 793-4861 SIC 8211
DUFFERIN-PEEL CATHOLIC DISTRICT SCHOOL BOARD p511
25 Corporation Dr, BRAMPTON, ON, L6S 6A2
(905) 791-1195 SIC 8211
DUFFERIN-PEEL CATHOLIC DISTRICT SCHOOL BOARD p511
1025 North Park Dr, BRAMPTON, ON, L6S 4E1
(905) 792-0890 SIC 8211
DUFFERIN-PEEL CATHOLIC DISTRICT SCHOOL BOARD p511
950 North Park Dr, BRAMPTON, ON, L6S 3L5
(905) 792-2282 SIC 8211
DUFFERIN-PEEL CATHOLIC DISTRICT SCHOOL BOARD p511
550 North Park Dr, BRAMPTON, ON, L6S 4J8
(905) 454-3979 SIC 8211
DUFFERIN-PEEL CATHOLIC DISTRICT SCHOOL BOARD p514
Rr 9 Wildfield, BRAMPTON, ON, L6T 3Z8
(905) 794-0411 SIC 8211
DUFFERIN-PEEL CATHOLIC DISTRICT SCHOOL BOARD p514
28 Finchgate Blvd, BRAMPTON, ON, L6T 3H9
(905) 792-2251 SIC 8211
DUFFERIN-PEEL CATHOLIC DISTRICT SCHOOL BOARD p514
150 Central Park Dr, BRAMPTON, ON, L6T 1B4
(905) 458-5976 SIC 8211
DUFFERIN-PEEL CATHOLIC DISTRICT SCHOOL BOARD p518
435 Rutherford Rd N, BRAMPTON, ON, L6V 3V9
(905) 453-4472 SIC 8211
DUFFERIN-PEEL CATHOLIC DISTRICT SCHOOL BOARD p518
124 Vodden St E, BRAMPTON, ON, L6V 1M5
(905) 459-7621 SIC 8211
DUFFERIN-PEEL CATHOLIC DISTRICT SCHOOL BOARD p518
62 Seaborn Rd, BRAMPTON, ON, L6V 2C1
(905) 453-5020 SIC 8211
DUFFERIN-PEEL CATHOLIC DISTRICT SCHOOL BOARD p518
10 Brickyard Way, BRAMPTON, ON, L6V 4L5
(905) 459-0575 SIC 8211
DUFFERIN-PEEL CATHOLIC DISTRICT SCHOOL BOARD p519
111 Bartley Bull Pky, BRAMPTON, ON, L6W 2J8
(905) 459-0646 SIC 8211
DUFFERIN-PEEL CATHOLIC DISTRICT SCHOOL BOARD p519
66 Main St S, BRAMPTON, ON, L6W 2C6
(905) 451-1020 SIC 8211
DUFFERIN-PEEL CATHOLIC DISTRICT SCHOOL BOARD p521
39 Sunset Blvd, BRAMPTON, ON, L6X 1X1
(905) 459-4737 SIC 8211
DUFFERIN-PEEL CATHOLIC DISTRICT SCHOOL BOARD p521
121 Royal Orchard Dr, BRAMPTON, ON, L6X 4K9
(905) 454-1477 SIC 8211
DUFFERIN-PEEL CATHOLIC DISTRICT SCHOOL BOARD p521
15 Fincham Ave, BRAMPTON, ON, L6X 3V2
(905) 452-7010 SIC 8211
DUFFERIN-PEEL CATHOLIC DISTRICT SCHOOL BOARD p521
8 Parkway Ave, BRAMPTON, ON, L6X 2G4
(905) 451-8501 SIC 8211
DUFFERIN-PEEL CATHOLIC DISTRICT SCHOOL BOARD p521
11 Dwellers Rd, BRAMPTON, ON, L6X 5C1
(905) 454-5213 SIC 8211
DUFFERIN-PEEL CATHOLIC DISTRICT SCHOOL BOARD p522
60 Sterritt Dr, BRAMPTON, ON, L6Y 5B6
(905) 454-6346 SIC 8211
DUFFERIN-PEEL CATHOLIC DISTRICT SCHOOL BOARD p522
27 Drinkwater Rd, BRAMPTON, ON, L6Y 4T6
(905) 450-9993 SIC 8211
DUFFERIN-PEEL CATHOLIC DISTRICT SCHOOL BOARD p522
325 Mcmurchy Ave S, BRAMPTON, ON, L6Y 1Z4
(905) 457-4677 SIC 8211
DUFFERIN-PEEL CATHOLIC DISTRICT SCHOOL BOARD p522
81 Torrance Woods, BRAMPTON, ON, L6Y 2X4
(905) 454-0316 SIC 8211
DUFFERIN-PEEL CATHOLIC DISTRICT SCHOOL BOARD p522
56 Oaklea Blvd, BRAMPTON, ON, L6Y 4W7
(905) 455-1001 SIC 8211
DUFFERIN-PEEL CATHOLIC DISTRICT SCHOOL BOARD p523
2 Notre Dame Ave, BRAMPTON, ON, L6Z 4L5
(905) 840-2802 SIC 8211
DUFFERIN-PEEL CATHOLIC DISTRICT SCHOOL BOARD p523
103 Richvale Dr S, BRAMPTON, ON, L6Z 4G6
(905) 450-0571 SIC 8211
DUFFERIN-PEEL CATHOLIC DISTRICT SCHOOL BOARD p523
30 Summer Valley Dr, BRAMPTON, ON, L6Z 4V6
(905) 595-0911 SIC 8211
DUFFERIN-PEEL CATHOLIC DISTRICT SCHOOL BOARD p523
24 Kerwood Pl, BRAMPTON, ON, L6Z 1Y1
(905) 846-0802 SIC 8211
DUFFERIN-PEEL CATHOLIC DISTRICT SCHOOL BOARD p523
17 Colonel Bertram Rd, BRAMPTON, ON, L6Z 4N8
(905) 840-3921 SIC 8211
DUFFERIN-PEEL CATHOLIC DISTRICT SCHOOL BOARD p524
34 Buick Blvd, BRAMPTON, ON, L7A 3B9
(905) 840-3042 SIC 8211
DUFFERIN-PEEL CATHOLIC DISTRICT SCHOOL BOARD p524
62 Heatherdale Dr, BRAMPTON, ON, L7A 2H4
(905) 595-0909 SIC 8211
DUFFERIN-PEEL CATHOLIC DISTRICT SCHOOL BOARD p524
430 Van Kirk Dr, BRAMPTON, ON, L7A 0J2
(905) 846-0078 SIC 8211
DUFFERIN-PEEL CATHOLIC DISTRICT SCHOOL BOARD p541
16066 Innis Lake Rd, CALEDON EAST, ON, L7C 2Z2
(905) 584-2245 SIC 8211
DUFFERIN-PEEL CATHOLIC DISTRICT SCHOOL BOARD p542
6500 Old Church Rd, CALEDON EAST, ON, L7C 0H3
(905) 584-1670 SIC 8211
DUFFERIN-PEEL CATHOLIC DISTRICT SCHOOL BOARD p683
3615 Morning Star Dr, MISSISSAUGA, ON, L4T 1Y4
(905) 677-5660 SIC 8211
DUFFERIN-PEEL CATHOLIC DISTRICT SCHOOL BOARD p683
3470 Clara Dr, MISSISSAUGA, ON, L4T 2C7
(905) 677-1038 SIC 8211
DUFFERIN-PEEL CATHOLIC DISTRICT SCHOOL BOARD p683
7640 Anaka Dr, MISSISSAUGA, ON, L4T 3H7
(905) 676-1287 SIC 8211
DUFFERIN-PEEL CATHOLIC DISTRICT SCHOOL BOARD p688
4235 Golden Orchard Dr, MISSISSAUGA, ON, L4W 3G1
(905) 624-4529 SIC 8211
DUFFERIN-PEEL CATHOLIC DISTRICT SCHOOL BOARD p688
635 Willowbank Trail, MISSISSAUGA, ON, L4W 3L6
(905) 279-1554 SIC 8211
DUFFERIN-PEEL CATHOLIC DISTRICT SCHOOL BOARD p692
3540 Havenwood Dr, MISSISSAUGA, ON, L4X 2M9
(905) 625-0823 SIC 8211
DUFFERIN-PEEL CATHOLIC DISTRICT SCHOOL BOARD p692
3341 Havenwood Dr, MISSISSAUGA, ON, L4X 2M2
(905) 625-0584 SIC 8211
DUFFERIN-PEEL CATHOLIC DISTRICT SCHOOL BOARD p693
3270 Tomken Rd, MISSISSAUGA, ON, L4Y 2Y7
(905) 279-6472 SIC 8211
DUFFERIN-PEEL CATHOLIC DISTRICT SCHOOL BOARD p694
4233 Central Pky E, MISSISSAUGA, ON, L4Z 1M7
(905) 275-0509 SIC 8211
DUFFERIN-PEEL CATHOLIC DISTRICT SCHOOL BOARD p694
175 Nahani Way, MISSISSAUGA, ON, L4Z 3J6
(905) 568-3720 SIC 8211
DUFFERIN-PEEL CATHOLIC DISTRICT SCHOOL BOARD p694
4765 Huron Heights Dr, MISSISSAUGA, ON, L4Z 4G9
(905) 361-1327 SIC 8211
DUFFERIN-PEEL CATHOLIC DISTRICT SCHOOL BOARD p696
2214 Cliff Rd, MISSISSAUGA, ON, L5A 2N9
(905) 277-0990 SIC 8211
DUFFERIN-PEEL CATHOLIC DISTRICT SCHOOL BOARD p696
1185 Mississauga Valley Blvd, MISSISSAUGA, ON, L5A 3R7
(905) 275-0094 SIC 8211
DUFFERIN-PEEL CATHOLIC DISTRICT SCHOOL BOARD p697
330 Central Pky W, MISSISSAUGA, ON, L5B 3K6
(905) 277-0326 SIC 8211
DUFFERIN-PEEL CATHOLIC DISTRICT SCHOOL BOARD p697
486 Paisley Blvd W, MISSISSAUGA, ON,

L5B 2M4
(905) 270-3140   SIC 8211
DUFFERIN-PEEL CATHOLIC DISTRICT SCHOOL BOARD   p697
4155 Elora Dr, MISSISSAUGA, ON, L5B 3N4
(905) 897-7037   SIC 8211
DUFFERIN-PEEL CATHOLIC DISTRICT SCHOOL BOARD   p697
450 Hillcrest Ave, MISSISSAUGA, ON, L5B 4J3
(905) 279-3722   SIC 8211
DUFFERIN-PEEL CATHOLIC DISTRICT SCHOOL BOARD   p697
2350 Hurontario St, MISSISSAUGA, ON, L5B 1N1
(905) 277-2448   SIC 8211
DUFFERIN-PEEL CATHOLIC DISTRICT SCHOOL BOARD   p697
345 Fairview Rd W, MISSISSAUGA, ON, L5B 3W5
(905) 306-8420   SIC 8211
DUFFERIN-PEEL CATHOLIC DISTRICT SCHOOL BOARD   p697
225 Central Pky W, MISSISSAUGA, ON, L5B 3J5
(905) 896-3665   SIC 8211
DUFFERIN-PEEL CATHOLIC DISTRICT SCHOOL BOARD   p699
2470 Rosemary Dr, MISSISSAUGA, ON, L5C 1X2
(905) 279-3171   SIC 8211
DUFFERIN-PEEL CATHOLIC DISTRICT SCHOOL BOARD   p699
790 Paisley Blvd W, MISSISSAUGA, ON, L5C 3P5
(905) 273-3836   SIC 8211
DUFFERIN-PEEL CATHOLIC DISTRICT SCHOOL BOARD   p699
1300 Mcbride Ave, MISSISSAUGA, ON, L5C 1M8
(905) 277-4512   SIC 8211
DUFFERIN-PEEL CATHOLIC DISTRICT SCHOOL BOARD   p699
4200 Beacon Lane, MISSISSAUGA, ON, L5C 3V9
(905) 848-4200   SIC 8211
DUFFERIN-PEEL CATHOLIC DISTRICT SCHOOL BOARD   p699
790 Paisley Blvd W, MISSISSAUGA, ON, L5C 3P5
(905) 273-3836   SIC 8211
DUFFERIN-PEEL CATHOLIC DISTRICT SCHOOL BOARD   p701
515 Hartsdale Ave, MISSISSAUGA, ON, L5G 2G7
(905) 270-4151   SIC 8211
DUFFERIN-PEEL CATHOLIC DISTRICT SCHOOL BOARD   p701
1280 Cobalt St, MISSISSAUGA, ON, L5H 4L8
(905) 274-2760   SIC 8211
DUFFERIN-PEEL CATHOLIC DISTRICT SCHOOL BOARD   p701
2241 Mississauga Rd, MISSISSAUGA, ON, L5H 2K8
(905) 891-1890   SIC 8211
DUFFERIN-PEEL CATHOLIC DISTRICT SCHOOL BOARD   p702
2170 South Sheridan Way, MISSISSAUGA, ON, L5J 2M4
(905) 823-0136   SIC 8211
DUFFERIN-PEEL CATHOLIC DISTRICT SCHOOL BOARD   p702
1195 Clarkson Rd N, MISSISSAUGA, ON, L5J 2W1
(905) 822-0721   SIC 8211
DUFFERIN-PEEL CATHOLIC DISTRICT SCHOOL BOARD   p704
2266 Council Ring Rd, MISSISSAUGA, ON, L5L 1C1
(905) 820-5115   SIC 8211
DUFFERIN-PEEL CATHOLIC DISTRICT SCHOOL BOARD   p704
4105 Colonial Dr, MISSISSAUGA, ON, L5L 4E8
(905) 828-6348   SIC 8211
DUFFERIN-PEEL CATHOLIC DISTRICT SCHOOL BOARD   p704
3675 Sawmill Valley Dr, MISSISSAUGA, ON, L5L 2Z5
(905) 820-9477   SIC 8211
DUFFERIN-PEEL CATHOLIC DISTRICT SCHOOL BOARD   p704
4140 Glen Erin Dr, MISSISSAUGA, ON, L5L 2Z3
(905) 820-2227   SIC 8211
DUFFERIN-PEEL CATHOLIC DISTRICT SCHOOL BOARD   p705
2800 Erin Centre Blvd, MISSISSAUGA, ON, L5M 6R5
(905) 820-3900   SIC 8211
DUFFERIN-PEEL CATHOLIC DISTRICT SCHOOL BOARD   p705
249 Church St, MISSISSAUGA, ON, L5M 1N1
(905) 826-4422   SIC 8211
DUFFERIN-PEEL CATHOLIC DISTRICT SCHOOL BOARD   p705
1525 Cuthbert Ave, MISSISSAUGA, ON, L5M 3R6
(905) 567-5050   SIC 8211
DUFFERIN-PEEL CATHOLIC DISTRICT SCHOOL BOARD   p705
4590 The Gallops, MISSISSAUGA, ON, L5M 3A9
(905) 828-4076   SIC 8211
DUFFERIN-PEEL CATHOLIC DISTRICT SCHOOL BOARD   p705
2495 Credit Valley Rd, MISSISSAUGA, ON, L5M 4G8
(905) 412-1000   SIC 8211
DUFFERIN-PEEL CATHOLIC DISTRICT SCHOOL BOARD   p705
3345 Escada Dr, MISSISSAUGA, ON, L5M 7V5
(905) 542-9203   SIC 8211
DUFFERIN-PEEL CATHOLIC DISTRICT SCHOOL BOARD   p705
3420 Mcdowell Dr, MISSISSAUGA, ON, L5M 6R7
(905) 821-2607   SIC 8211
DUFFERIN-PEEL CATHOLIC DISTRICT SCHOOL BOARD   p705
2840 Duncairn Dr, MISSISSAUGA, ON, L5M 5C6
(905) 812-5445   SIC 8211
DUFFERIN-PEEL CATHOLIC DISTRICT SCHOOL BOARD   p705
3801 Thomas St, MISSISSAUGA, ON, L5M 7G2
(905) 285-0050   SIC 8211
DUFFERIN-PEEL CATHOLIC DISTRICT SCHOOL BOARD   p705
5820 Glen Erin Dr, MISSISSAUGA, ON, L5M 5J9
(905) 814-9216   SIC 8211
DUFFERIN-PEEL CATHOLIC DISTRICT SCHOOL BOARD   p708
3180 Aquitaine Ave, MISSISSAUGA, ON, L5N 3S5
(905) 824-3058   SIC 8211
DUFFERIN-PEEL CATHOLIC DISTRICT SCHOOL BOARD   p708
1455 Samuelson Cir, MISSISSAUGA, ON, L5N 7Z2
(905) 696-8860   SIC 8211
DUFFERIN-PEEL CATHOLIC DISTRICT SCHOOL BOARD   p708
7185 Rosehurst Dr, MISSISSAUGA, ON, L5N 7G6
(905) 785-9298   SIC 8211
DUFFERIN-PEEL CATHOLIC DISTRICT SCHOOL BOARD   p708
6675 Montevideo Rd, MISSISSAUGA, ON, L5N 4E8
(905) 858-3462   SIC 8211
DUFFERIN-PEEL CATHOLIC DISTRICT SCHOOL BOARD   p708
7270 Copenhagen Rd, MISSISSAUGA, ON, L5N 2C3
(905) 826-5572   SIC 8211
DUFFERIN-PEEL CATHOLIC DISTRICT SCHOOL BOARD   p708
6234 Osprey Blvd, MISSISSAUGA, ON, L5N 5V5
(905) 824-5777   SIC 8211
DUFFERIN-PEEL CATHOLIC DISTRICT SCHOOL BOARD   p708
6930 Forest Park Dr, MISSISSAUGA, ON, L5N 6X7
(905) 785-0066   SIC 8211
DUFFERIN-PEEL CATHOLIC DISTRICT SCHOOL BOARD   p708
6133 Glen Erin Dr, MISSISSAUGA, ON, L5N 2T7
(905) 821-2277   SIC 8211
DUFFERIN-PEEL CATHOLIC DISTRICT SCHOOL BOARD   p713
5070 Fairwind Dr, MISSISSAUGA, ON, L5R 2N4
(905) 568-0056   SIC 8211
DUFFERIN-PEEL CATHOLIC DISTRICT SCHOOL BOARD   p713
815 Ceremonial Dr, MISSISSAUGA, ON, L5R 3S2
(905) 568-7660   SIC 8211
DUFFERIN-PEEL CATHOLIC DISTRICT SCHOOL BOARD   p721
5555 Creditview Rd, MISSISSAUGA, ON, L5V 2B9
(905) 812-1376   SIC 8211
DUFFERIN-PEEL CATHOLIC DISTRICT SCHOOL BOARD   p721
1075 Swinbourne Dr, MISSISSAUGA, ON, L5V 1B9
(905) 814-5237   SIC 8211
DUFFERIN-PEEL CATHOLIC DISTRICT SCHOOL BOARD   p721
5180 Fallingbrook Dr, MISSISSAUGA, ON, L5V 2C6
(905) 858-1171   SIC 8211
DUFFERIN-PEEL CATHOLIC DISTRICT SCHOOL BOARD   p721
1060 White Clover Way, MISSISSAUGA, ON, L5V 1G7
(905) 501-0906   SIC 8211
DUFFERIN-PEEL CATHOLIC DISTRICT SCHOOL BOARD   p721
5735 Whitehorn Ave, MISSISSAUGA, ON, L5V 2A9
(905) 286-1010   SIC 8211
DUFFERIN-PEEL CATHOLIC DISTRICT SCHOOL BOARD   p722
680 Novo Star Dr, MISSISSAUGA, ON, L5W 1C7
(905) 696-6980   SIC 8211
DUFFERIN-PEEL CATHOLIC DISTRICT SCHOOL BOARD   p722
6770 Historic Trail, MISSISSAUGA, ON, L5W 1J3
(905) 795-2706   SIC 8211
DUFFERIN-PEEL CATHOLIC DISTRICT SCHOOL BOARD   p773
345 Blind Line, ORANGEVILLE, ON, L9W 4X1
(519) 942-5980   SIC 8211
DUFFERIN-PEEL CATHOLIC DISTRICT SCHOOL BOARD   p773
50 Meadow Dr, ORANGEVILLE, ON, L9W 4C8
(519) 942-0262   SIC 8211
DUFFERIN-PEEL CATHOLIC DISTRICT SCHOOL BOARD   p773
46 Dawson Rd, ORANGEVILLE, ON, L9W 2W3
(519) 941-2741   SIC 8211
DURHAM CATHOLIC DISTRICT SCHOOL BOARD   p482
72 Church St S, AJAX, ON, L1S 6B3
(905) 683-3320   SIC 8211
DURHAM CATHOLIC DISTRICT SCHOOL BOARD   p482
41 Bayly St E, AJAX, ON, L1S 1P2
(905) 683-0571   SIC 8211
DURHAM CATHOLIC DISTRICT SCHOOL BOARD   p482
80 Mandrake St, AJAX, ON, L1S 5H4
(905) 427-6667   SIC 8211
DURHAM CATHOLIC DISTRICT SCHOOL BOARD   p482
1 Greenhalf Dr, AJAX, ON, L1S 7N6
(905) 683-0921   SIC 8211
DURHAM CATHOLIC DISTRICT SCHOOL BOARD   p482
10 Clover Ridge Dr W, AJAX, ON, L1S 3E5
(905) 427-3327   SIC 8211
DURHAM CATHOLIC DISTRICT SCHOOL BOARD   p484
40 Telford St, AJAX, ON, L1T 4Z4
(905) 686-4376   SIC 8211
DURHAM CATHOLIC DISTRICT SCHOOL BOARD   p484
1375 Harwood Ave N, AJAX, ON, L1T 4G8
(905) 686-4300   SIC 8211
DURHAM CATHOLIC DISTRICT SCHOOL BOARD   p484
68 Coles Ave, AJAX, ON, L1T 3H5
(905) 428-9304   SIC 8211
DURHAM CATHOLIC DISTRICT SCHOOL BOARD   p484
15 Fishlock St, AJAX, ON, L1Z 1H1
(905) 426-7065   SIC 8211
DURHAM CATHOLIC DISTRICT SCHOOL BOARD   p484
15 Miles Dr, AJAX, ON, L1Z 1C7
(905) 427-6105   SIC 8211
DURHAM CATHOLIC DISTRICT SCHOOL BOARD   p484
300 Williamson Dr E, AJAX, ON, L1Z 0H6
(905) 428-6868   SIC 8211
DURHAM CATHOLIC DISTRICT SCHOOL BOARD   p778
1037 Simcoe St N, OSHAWA, ON, L1G 4W3
(905) 725-6751   SIC 8211
DURHAM CATHOLIC DISTRICT SCHOOL BOARD   p778
120 Glovers Rd, OSHAWA, ON, L1G 3X9
(905) 723-2421   SIC 8211
DURHAM CATHOLIC DISTRICT SCHOOL BOARD   p779
357 Simcoe St S, OSHAWA, ON, L1H 4J2
(905) 723-5259   SIC 8211
DURHAM CATHOLIC DISTRICT SCHOOL BOARD   p779
195 Athabasca St, OSHAWA, ON, L1H 7J2
(905) 723-1991   SIC 8211
DURHAM CATHOLIC DISTRICT SCHOOL BOARD   p779
421 Olive Ave, OSHAWA, ON, L1H 2R2
(905) 728-5521   SIC 8211
DURHAM CATHOLIC DISTRICT SCHOOL BOARD   p779
316 Conant St, OSHAWA, ON, L1H 3S6
(905) 432-8470   SIC 8211
DURHAM CATHOLIC DISTRICT SCHOOL BOARD   p779
692 King St E, OSHAWA, ON, L1H 1G5
(905) 438-0570   SIC 8211
DURHAM CATHOLIC DISTRICT SCHOOL BOARD   p780
700 Stevenson Rd N, OSHAWA, ON, L1J 5P5
(905) 723-5255   SIC 8211
DURHAM CATHOLIC DISTRICT SCHOOL BOARD   p780
400 Pacific Ave, OSHAWA, ON, L1J 1V9
(905) 723-1921   SIC 8211
DURHAM CATHOLIC DISTRICT SCHOOL BOARD   p780
431 Annapolis Ave, OSHAWA, ON, L1J 2Y5
(905) 725-7672   SIC 8211
DURHAM CATHOLIC DISTRICT SCHOOL BOARD   p780
1324 Oxford St, OSHAWA, ON, L1J 3W6
(905) 723-4241   SIC 8211

DURHAM CATHOLIC DISTRICT SCHOOL BOARD *p781*
50 Vancouver Crt, OSHAWA, ON, L1J 5X2
(905) 728-5333   *SIC* 8211

DURHAM CATHOLIC DISTRICT SCHOOL BOARD *p782*
1600 Clearbrook Dr, OSHAWA, ON, L1K 2P6
(905) 743-6223   *SIC* 8211

DURHAM CATHOLIC DISTRICT SCHOOL BOARD *p812*
275 Twyn Rivers Dr, PICKERING, ON, L1V 1E3
(905) 509-6691   *SIC* 8211

DURHAM CATHOLIC DISTRICT SCHOOL BOARD *p812*
1765 Meadowview Ave, PICKERING, ON, L1V 3G7
SIC 8211

DURHAM CATHOLIC DISTRICT SCHOOL BOARD *p812*
490 Strouds Lane, PICKERING, ON, L1V 6W7
(905) 831-9724   *SIC* 8211

DURHAM CATHOLIC DISTRICT SCHOOL BOARD *p812*
1166 Finch Ave, PICKERING, ON, L1V 1J6
(905) 839-1844   *SIC* 8211

DURHAM CATHOLIC DISTRICT SCHOOL BOARD *p812*
1765 Meadowview Ave, PICKERING, ON, L1V 3G7
SIC 8211

DURHAM CATHOLIC DISTRICT SCHOOL BOARD *p814*
2090 Duberry Dr, PICKERING, ON, L1X 1Y5
SIC 8211

DURHAM CATHOLIC DISTRICT SCHOOL BOARD *p814*
795 Eyer Dr, PICKERING, ON, L1W 2K2
SIC 8211

DURHAM CATHOLIC DISTRICT SCHOOL BOARD *p814*
747 Liverpool Rd, PICKERING, ON, L1W 1R8
(905) 839-5409   *SIC* 8211

DURHAM CATHOLIC DISTRICT SCHOOL BOARD *p814*
2360 Southcott Rd, PICKERING, ON, L1X 2S9
(905) 427-6225   *SIC* 8211

DURHAM CATHOLIC DISTRICT SCHOOL BOARD *p817*
1650 Reach St, PORT PERRY, ON, L9L 1T1
(905) 985-7829   *SIC* 8211

DURHAM CATHOLIC DISTRICT SCHOOL BOARD *p945*
25 Quaker Village Dr, UXBRIDGE, ON, L9P 1A1
(905) 852-6242   *SIC* 8211

DURHAM CATHOLIC DISTRICT SCHOOL BOARD *p956*
120 Watford St, WHITBY, ON, L1M 1H2
(905) 655-3852   *SIC* 8211

DURHAM CATHOLIC DISTRICT SCHOOL BOARD *p956*
200 Carnwith Dr W, WHITBY, ON, L1M 2J8
(905) 655-1875   *SIC* 8211

DURHAM CATHOLIC DISTRICT SCHOOL BOARD *p956*
100 Blackfriar Ave, WHITBY, ON, L1M 0E8
(905) 620-0600   *SIC* 8211

DURHAM CATHOLIC DISTRICT SCHOOL BOARD *p957*
200 Garrard Rd, WHITBY, ON, L1N 3K6
(905) 728-7011   *SIC* 8211

DURHAM CATHOLIC DISTRICT SCHOOL BOARD *p957*
1103 Giffard St, WHITBY, ON, L1N 2S3
(905) 668-4011   *SIC* 8211

DURHAM CATHOLIC DISTRICT SCHOOL BOARD *p959*
3001 Country Lane, WHITBY, ON, L1P 1M1
(905) 666-7753   *SIC* 8211

DURHAM CATHOLIC DISTRICT SCHOOL BOARD *p959*
60 Willowbrook Dr, WHITBY, ON, L1R 2A8
(905) 430-8597   *SIC* 8211

DURHAM CATHOLIC DISTRICT SCHOOL BOARD *p959*
1020 Dryden Blvd, WHITBY, ON, L1R 2A2
(905) 666-2010   *SIC* 8211

DURHAM CATHOLIC DISTRICT SCHOOL BOARD *p959*
55 Twin Streams Rd, WHITBY, ON, L1P 1N9
(905) 665-5828   *SIC* 8211

DURHAM CATHOLIC DISTRICT SCHOOL BOARD *p959*
1000 Dryden Blvd, WHITBY, ON, L1R 2A2
(905) 668-3772   *SIC* 8211

DURHAM DISTRICT SCHOOL BOARD *p482*
4 Parkes Dr, AJAX, ON, L1S 4X1
(905) 686-3014   *SIC* 8211

DURHAM DISTRICT SCHOOL BOARD *p482*
24 Ontario St, AJAX, ON, L1S 1T6
(905) 683-3581   *SIC* 8211

DURHAM DISTRICT SCHOOL BOARD *p482*
66 Pittmann Cres, AJAX, ON, L1S 3G3
(905) 683-6023   *SIC* 8211

DURHAM DISTRICT SCHOOL BOARD *p482*
70 Lincoln St, AJAX, ON, L1S 6C9
(905) 683-4941   *SIC* 8211

DURHAM DISTRICT SCHOOL BOARD *p483*
28 Lambard Cres, AJAX, ON, L1S 1M5
(905) 683-5230   *SIC* 8211

DURHAM DISTRICT SCHOOL BOARD *p483*
95 Ritchie Ave, AJAX, ON, L1S 6S2
(905) 686-5437   *SIC* 8211

DURHAM DISTRICT SCHOOL BOARD *p483*
105 Bayly St E, AJAX, ON, L1S 1P2
(905) 683-1610   *SIC* 8211

DURHAM DISTRICT SCHOOL BOARD *p484*
25 Harkins Dr, AJAX, ON, L1T 3T6
(905) 683-7368   *SIC* 8211

DURHAM DISTRICT SCHOOL BOARD *p484*
21 Coughlen St, AJAX, ON, L1T 2M9
(905) 427-4658   *SIC* 8211

DURHAM DISTRICT SCHOOL BOARD *p484*
50 Seggar Ave, AJAX, ON, L1T 4Y4
(905) 683-0536   *SIC* 8211

DURHAM DISTRICT SCHOOL BOARD *p484*
45 Brennan Rd, AJAX, ON, L1T 1X5
(905) 427-7819   *SIC* 8211

DURHAM DISTRICT SCHOOL BOARD *p484*
95 Church St N, AJAX, ON, L1T 2W4
(905) 619-0357   *SIC* 8211

DURHAM DISTRICT SCHOOL BOARD *p484*
55 Coles Ave, AJAX, ON, L1T 3H5
(905) 428-2775   *SIC* 8211

DURHAM DISTRICT SCHOOL BOARD *p484*
30 Kerrison Dr W, AJAX, ON, L1Z 1K1
(905) 686-2135   *SIC* 8211

DURHAM DISTRICT SCHOOL BOARD *p484*
25 Sullivan Dr, AJAX, ON, L1T 3L3
(905) 665-5500   *SIC* 8211

DURHAM DISTRICT SCHOOL BOARD *p501*
Gd, BEAVERTON, ON, L0K 1A0
(705) 426-5858   *SIC* 8211

DURHAM DISTRICT SCHOOL BOARD *p504*
10 Alexander St, BLACKSTOCK, ON, L0B 1B0
(905) 986-4227   *SIC* 8211

DURHAM DISTRICT SCHOOL BOARD *p548*
85 Albert St, CANNINGTON, ON, L0E 1E0
(705) 432-2601   *SIC* 8211

DURHAM DISTRICT SCHOOL BOARD *p548*
Gd, CANNINGTON, ON, L0E 1E0
(705) 432-2461   *SIC* 8211

DURHAM DISTRICT SCHOOL BOARD *p553*
1675 Central St, CLAREMONT, ON, L1Y 1A8
(905) 649-2000   *SIC* 8211

DURHAM DISTRICT SCHOOL BOARD *p596*
4340 Front St, GOODWOOD, ON, L0C 1A0
(905) 640-3092   *SIC* 8211

DURHAM DISTRICT SCHOOL BOARD *p597*
3530 Westney Rd, GREENWOOD, ON, L0H 1H0
(905) 683-6208   *SIC* 8211

DURHAM DISTRICT SCHOOL BOARD *p778*
495 Central Park Blvd N, OSHAWA, ON, L1G 6A2
(905) 728-4532   *SIC* 8211

DURHAM DISTRICT SCHOOL BOARD *p778*
265 Harmony Rd N, OSHAWA, ON, L1G 6L4
(905) 723-8157   *SIC* 8211

DURHAM DISTRICT SCHOOL BOARD *p778*
1205 Simcoe St N, OSHAWA, ON, L1G 4X1
(905) 723-7042   *SIC* 8211

DURHAM DISTRICT SCHOOL BOARD *p778*
1130 Mohawk St, OSHAWA, ON, L1G 4G7
(905) 723-9223   *SIC* 8211

DURHAM DISTRICT SCHOOL BOARD *p778*
625 Simcoe St N, OSHAWA, ON, L1G 4V5
(905) 725-4232   *SIC* 8211

DURHAM DISTRICT SCHOOL BOARD *p778*
441 Adelaide Ave E, OSHAWA, ON, L1G 2A4
(905) 725-2032   *SIC* 8211

DURHAM DISTRICT SCHOOL BOARD *p778*
211 Harmony Rd N, OSHAWA, ON, L1G 6L4
(905) 728-0681   *SIC* 8211

DURHAM DISTRICT SCHOOL BOARD *p778*
301 Simcoe St N, OSHAWA, ON, L1G 4T2
(905) 728-7531   *SIC* 8211

DURHAM DISTRICT SCHOOL BOARD *p778*
110 Mary St N, OSHAWA, ON, L1G 7S2
(905) 433-8910   *SIC* 8211

DURHAM DISTRICT SCHOOL BOARD *p779*
285 Grandview St, OSHAWA, ON, L1H 7C6
(905) 723-8233   *SIC* 8211

DURHAM DISTRICT SCHOOL BOARD *p779*
7 Waterloo St, OSHAWA, ON, L1H 8V9
(905) 723-3621   *SIC* 8211

DURHAM DISTRICT SCHOOL BOARD *p779*
1935 Ritson Rd N, OSHAWA, ON, L1H 7K5
(905) 728-2851   *SIC* 8211

DURHAM DISTRICT SCHOOL BOARD *p779*
610 Taylor Ave, OSHAWA, ON, L1H 2E7
SIC 8211

DURHAM DISTRICT SCHOOL BOARD *p779*
1356 Simcoe St S, OSHAWA, ON, L1H 4M4
(905) 725-7042   *SIC* 8211

DURHAM DISTRICT SCHOOL BOARD *p779*
460 Wilson Rd S, OSHAWA, ON, L1H 6C9
SIC 8211

DURHAM DISTRICT SCHOOL BOARD *p779*
285 Grandview St S, OSHAWA, ON, L1H 7C6
(905) 728-5791   *SIC* 8211

DURHAM DISTRICT SCHOOL BOARD *p779*
250 Harmony Rd S, OSHAWA, ON, L1H 6T9
(905) 728-7315   *SIC* 8211

DURHAM DISTRICT SCHOOL BOARD *p779*
240 Simcoe St S, OSHAWA, ON, L1H 4H4
(905) 725-1622   *SIC* 8211

DURHAM DISTRICT SCHOOL BOARD *p779*
570 Shakespeare Ave, OSHAWA, ON, L1H 3H6
(905) 436-5039   *SIC* 8211

DURHAM DISTRICT SCHOOL BOARD *p781*
630 Stevenson Rd N, OSHAWA, ON, L1J 5P1
(905) 728-0521   *SIC* 8211

DURHAM DISTRICT SCHOOL BOARD *p781*
530 Laval St, OSHAWA, ON, L1J 6R2
(905) 723-2876   *SIC* 8211

DURHAM DISTRICT SCHOOL BOARD *p781*
100 Waverly St S, OSHAWA, ON, L1J 5V1
(905) 728-4461   *SIC* 8211

DURHAM DISTRICT SCHOOL BOARD *p781*
506 Woodcrest Ave, OSHAWA, ON, L1J 2T8
(905) 725-1031   *SIC* 8211

DURHAM DISTRICT SCHOOL BOARD *p781*
1196 Cedar St, OSHAWA, ON, L1J 3S2
(905) 725-0344   *SIC* 8211

DURHAM DISTRICT SCHOOL BOARD *p781*
570 Stevenson Rd N, OSHAWA, ON, L1J 5P1
(905) 728-9407   *SIC* 8211

DURHAM DISTRICT SCHOOL BOARD *p781*
323 Chaleur Ave, OSHAWA, ON, L1J 1G5
(905) 576-8820   *SIC* 8211

DURHAM DISTRICT SCHOOL BOARD *p781*
155 Gibb St, OSHAWA, ON, L1J 1Y4
(905) 723-4678   *SIC* 8211

DURHAM DISTRICT SCHOOL BOARD *p781*
929 Glen St, OSHAWA, ON, L1J 3T9
(905) 723-8821   *SIC* 8211

DURHAM DISTRICT SCHOOL BOARD *p782*
1111 Beatrice St E, OSHAWA, ON, L1K 2S7
(905) 725-7353   *SIC* 8211

DURHAM DISTRICT SCHOOL BOARD *p782*
633 Ormond Dr, OSHAWA, ON, L1K 2W6
(905) 728-9283   *SIC* 8211

DURHAM DISTRICT SCHOOL BOARD *p782*
590 Galahad Dr, OSHAWA, ON, L1K 1M2
(905) 433-8933   *SIC* 8211

DURHAM DISTRICT SCHOOL BOARD *p782*
1110 Attersley Dr, OSHAWA, ON, L1K 1X8
(905) 576-8901   *SIC* 8211

DURHAM DISTRICT SCHOOL BOARD *p782*
1555 Coldstream Dr, OSHAWA, ON, L1K 3B5
(905) 728-5448   *SIC* 8211

DURHAM DISTRICT SCHOOL BOARD *p812*
1500 Rougemount Dr, PICKERING, ON, L1V 1N1
(905) 509-2277   *SIC* 8211

DURHAM DISTRICT SCHOOL BOARD *p812*
1934 Glengrove Rd, PICKERING, ON, L1V 1X2
(905) 839-1771   *SIC* 8211

DURHAM DISTRICT SCHOOL BOARD *p812*
1868 Parkside Dr, PICKERING, ON, L1V 3R2
(905) 831-1868   *SIC* 8211

DURHAM DISTRICT SCHOOL BOARD *p812*
1911 Dixie Rd, PICKERING, ON, L1V 1V4
(905) 839-1931   *SIC* 8211

DURHAM DISTRICT SCHOOL BOARD *p812*
605 Strouds Lane, PICKERING, ON, L1V 5M5
(905) 839-5289   *SIC* 8211

DURHAM DISTRICT SCHOOL BOARD *p812*
1030 Glenanna Rd, PICKERING, ON, L1V 5E5
(905) 420-5745   *SIC* 8211

DURHAM DISTRICT SCHOOL BOARD *p813*
655 Sheppard Ave, PICKERING, ON, L1V 1G2
(905) 839-1125   *SIC* 8211

DURHAM DISTRICT SCHOOL BOARD *p813*
1779 Westcreek Dr, PICKERING, ON, L1V 6M9
(905) 509-5437   *SIC* 8211

DURHAM DISTRICT SCHOOL BOARD *p813*
405 Woodsmere Cres, PICKERING, ON, L1V 7A3
(905) 839-9900   *SIC* 8211

DURHAM DISTRICT SCHOOL BOARD *p814*
777 Balaton Ave, PICKERING, ON, L1W 1W7
(905) 839-1159   *SIC* 8211

DURHAM DISTRICT SCHOOL BOARD *p814*
1615 Pepperwood Gate, PICKERING, ON, L1X 2K5
(905) 428-6337   *SIC* 8211

DURHAM DISTRICT SCHOOL BOARD *p814*
591 Rosebank Rd, PICKERING, ON, L1W 2N6
(905) 509-2274   *SIC* 8211

DURHAM DISTRICT SCHOOL BOARD *p814*
2155 Liverpool Rd, PICKERING, ON, L1X 1V4
(905) 420-1885   *SIC* 8211

DURHAM DISTRICT SCHOOL BOARD *p814*
1400 Garvolin Ave, PICKERING, ON, L1W 1J6
(905) 839-1146   *SIC* 8211

DURHAM DISTRICT SCHOOL BOARD *p814*
754 Oklahoma Dr, PICKERING, ON, L1W 2H5
(905) 839-1451   *SIC* 8211

DURHAM DISTRICT SCHOOL BOARD *p814*
920 Oklahoma Dr, PICKERING, ON, L1W

2H7
(905) 839-1131 SIC 8211
DURHAM DISTRICT SCHOOL BOARD p815
2010 Bushmill St, PICKERING, ON, L1X 2M2
(905) 420-4103 SIC 8211
DURHAM DISTRICT SCHOOL BOARD p817
494 Queen St, PORT PERRY, ON, L9L 1K2
(905) 985-4468 SIC 8211
DURHAM DISTRICT SCHOOL BOARD p817
16200 Old Simcoe Rd, PORT PERRY, ON, L9L 1P3
(905) 985-4491 SIC 8211
DURHAM DISTRICT SCHOOL BOARD p817
13700 Old Simcoe Rd, PORT PERRY, ON, L9L 1A1
(905) 985-2877 SIC 8211
DURHAM DISTRICT SCHOOL BOARD p817
160 Rosa St, PORT PERRY, ON, L9L 1L7
(905) 985-7337 SIC 8211
DURHAM DISTRICT SCHOOL BOARD p826
421 Regional Rd 11, SANDFORD, ON, L0C 1E0
(905) 852-9751 SIC 8211
DURHAM DISTRICT SCHOOL BOARD p871
41 Albert St, SUNDERLAND, ON, L0C 1H0
(705) 357-3975 SIC 8211
DURHAM DISTRICT SCHOOL BOARD p946
144 Planks Lane, UXBRIDGE, ON, L9P 1K6
(905) 852-7631 SIC 8211
DURHAM DISTRICT SCHOOL BOARD p946
64 Victoria Dr, UXBRIDGE, ON, L9P 1H2
(905) 852-9101 SIC 8211
DURHAM DISTRICT SCHOOL BOARD p956
25 Selkirk Dr, WHITBY, ON, L1M 2L5
(905) 655-8959 SIC 8211
DURHAM DISTRICT SCHOOL BOARD p957
70 Watford St, WHITBY, ON, L1M 1E8
(905) 655-7328 SIC 8211
DURHAM DISTRICT SCHOOL BOARD p957
600 Henry St, WHITBY, ON, L1N 5C7
(905) 666-5500 SIC 8211
DURHAM DISTRICT SCHOOL BOARD p957
300 King St, WHITBY, ON, L1N 4Z4
SIC 8211
DURHAM DISTRICT SCHOOL BOARD p957
80 Ribblesdale Dr, WHITBY, ON, L1N 8M1
(905) 430-2488 SIC 8211
DURHAM DISTRICT SCHOOL BOARD p957
20 Vipond Rd, WHITBY, ON, L1M 1B3
(905) 655-3731 SIC 8211
DURHAM DISTRICT SCHOOL BOARD p957
80 Crawforth St, WHITBY, ON, L1N 9L6
(905) 665-8229 SIC 8211
DURHAM DISTRICT SCHOOL BOARD p957
101 Hazelwood Dr, WHITBY, ON, L1N 3L4
(905) 723-9912 SIC 8211
DURHAM DISTRICT SCHOOL BOARD p957
270 Michael Blvd, WHITBY, ON, L1N 6B1
(905) 668-3354 SIC 8211
DURHAM DISTRICT SCHOOL BOARD p957
300 Garden St, WHITBY, ON, L1N 3W4
(905) 668-2225 SIC 8211
DURHAM DISTRICT SCHOOL BOARD p957
400 Anderson St, WHITBY, ON, L1N 3V6
(905) 668-5809 SIC 8211
DURHAM DISTRICT SCHOOL BOARD p959
681 Rossland Rd W, WHITBY, ON, L1P 1Y1
(905) 665-5057 SIC 8211
DURHAM DISTRICT SCHOOL BOARD p959
144 Whitburn St, WHITBY, ON, L1R 2N1
(905) 668-3249 SIC 8211
DURHAM DISTRICT SCHOOL BOARD p959
3121 Country Lane, WHITBY, ON, L1P 1N3
(905) 665-2001 SIC 8211
DURHAM DISTRICT SCHOOL BOARD p959
20 Kirkland Pl, WHITBY, ON, L1P 1W7
(905) 668-6613 SIC 8211
DURHAM DISTRICT SCHOOL BOARD p959
20 Forest Heights St, WHITBY, ON, L1R 1T5
(905) 430-8755 SIC 8211
DURHAM DISTRICT SCHOOL BOARD p959
155 Fallingbrook St, WHITBY, ON, L1R 2G2
(905) 668-5211 SIC 8211

DURHAM DISTRICT SCHOOL BOARD p959
400 Taunton Rd E, WHITBY, ON, L1R 2K6
(905) 666-5500 SIC 8211
DURHAM DISTRICT SCHOOL BOARD p959
810 Mcquay Blvd, WHITBY, ON, L1P 1J1
(905) 666-3901 SIC 8211
DURHAM DISTRICT SCHOOL BOARD p959
55 Bakerville St, WHITBY, ON, L1R 2S6
(905) 723-2944 SIC 8211
DURHAM DISTRICT SCHOOL BOARD p959
29 Fallingbrook St, WHITBY, ON, L1R 1M7
(905) 668-8779 SIC 8211
DURHAM DISTRICT SCHOOL BOARD p959
40 Rolling Acres Dr, WHITBY, ON, L1R 2A1
(905) 434-7400 SIC 8211
EAST CENTRAL ALBERTA CATHOLIC SEPERATE SCHOOLS REGIONAL DIVISION NO 16 p153
4403 52 Ave, RED DEER, AB, T4N 6S4
(780) 753-6838 SIC 8211
EAST CENTRAL ALBERTA CATHOLIC SEPERATE SCHOOLS REGIONAL DIVISION NO 16 p172
4820 46 St, VERMILION, AB, T9X 1G2
(780) 853-5251 SIC 8211
EAST CENTRAL ALBERTA CATHOLIC SEPERATE SCHOOLS REGIONAL DIVISION NO 16 p173
1321 4 Ave, WAINWRIGHT, AB, T9W 2R7
(780) 842-3808 SIC 8211
EAST CENTRAL FRANCOPHONE EDUCATION REGION NO. 3 p165
4609 40 St, ST PAUL, AB, T0A 3A2
(780) 645-1949 SIC 8211
EASTERN SCHOOL DISTRICT p980
928 Bethel Rd, CHARLOTTETOWN, PE, C1A 7J8
(902) 569-7720 SIC 8211
EASTERN SCHOOL DISTRICT p980
64 Maple Ave, CHARLOTTETOWN, PE, C1A 6E7
(902) 368-6780 SIC 8211
EASTERN SCHOOL DISTRICT p980
30 Dunkirk St, CHARLOTTETOWN, PE, C1A 3Z8
(902) 368-6400 SIC 8211
EASTERN SCHOOL DISTRICT p980
175 Spring Park Rd, CHARLOTTETOWN, PE, C1A 3Y8
(902) 368-6860 SIC 8211
EASTERN SCHOOL DISTRICT p980
49 Confederation St, CHARLOTTETOWN, PE, C1A 5V5
(902) 368-6945 SIC 8211
EASTERN SCHOOL DISTRICT p980
1614 Georgetown Rd, CARDIGAN, PE, C0A 1G0
(902) 583-8575 SIC 8211
EASTERN SCHOOL DISTRICT p980
Gd, BELLE RIVER, PE, C0A 1B0
(902) 659-7200 SIC 8211
EASTERN SCHOOL DISTRICT p980
50 Pope Ave, CHARLOTTETOWN, PE, C1A 7P5
(902) 368-6085 SIC 8211
EASTERN SCHOOL DISTRICT p980
60 Upper Prince St, CHARLOTTETOWN, PE, C1A 4S3
(902) 368-6950 SIC 8211
EASTERN SCHOOL DISTRICT p980
335 Queen St, CHARLOTTETOWN, PE, C1A 4C5
(902) 368-6985 SIC 8211
EASTERN SCHOOL DISTRICT p980
27 Viceroy Ave, CHARLOTTETOWN, PE, C1A 2E4
(902) 368-6065 SIC 8211
EASTERN SCHOOL DISTRICT p982
69 Macwilliams Rd, CHARLOTTETOWN, PE, C1C 1L4
(902) 368-4150 SIC 8211
EASTERN SCHOOL DISTRICT p982
80 Commonwealth Ave, CHARLOTTETOWN, PE, C1E 2E9

(902) 368-6790 SIC 8211
EASTERN SCHOOL DISTRICT p982
100 Raider Rd, CHARLOTTETOWN, PE, C1E 1K6
(902) 368-6905 SIC 8211
EASTERN SCHOOL DISTRICT p983
80 Meadowbank Rd, CORNWALL, PE, C0A 1H0
(902) 368-6855 SIC 8211
EASTERN SCHOOL DISTRICT p983
2294 Peters Rd-Rte 324, MONTAGUE, PE, C0A 1R0
(902) 962-7400 SIC 8211
EASTERN SCHOOL DISTRICT p983
100 Kingston Rd, CORNWALL, PE, C0A 1H8
(902) 368-4130 SIC 8211
EASTERN SCHOOL DISTRICT p983
19821 Rte 2, HUNTER RIVER, PE, C0A 1N0
(902) 964-7950 SIC 8211
EASTERN SCHOOL DISTRICT p983
622 Princes Dr, MONTAGUE, PE, C0A 1R0
(902) 838-0820 SIC 8211
EASTERN SCHOOL DISTRICT p983
221 Kennedy St, MONTAGUE, PE, C0A 1R0
(902) 838-0860 SIC 8211
EASTERN SCHOOL DISTRICT p983
20280 Trans Canada Hwy - Rte 1, CRAPAUD, PE, C0A 1J0
(902) 658-7850 SIC 8211
EASTERN SCHOOL DISTRICT p983
47 Kent St, GEORGETOWN, PE, C0A 1L0
(902) 652-8970 SIC 8211
EASTERN SCHOOL DISTRICT p983
274 Valleyfield Rd, MONTAGUE, PE, C0A 1R0
(902) 838-0835 SIC 8211
EASTERN SCHOOL DISTRICT p983
79 Hilltop Dr, CORNWALL, PE, C0A 1H0
(902) 368-4270 SIC 8211
EASTERN SCHOOL DISTRICT p984
Gd, MORELL, PE, C0A 1S0
(902) 961-7340 SIC 8211
EASTERN SCHOOL DISTRICT p984
Gd, ST-PETERS BAY, PE, C0A 2A0
SIC 8211
EASTERN SCHOOL DISTRICT p984
34 Glen Stewart Dr, STRATFORD, PE, C1A 8B5
(902) 569-0550 SIC 8211
EASTERN SCHOOL DISTRICT p984
15 Longworth St, SOURIS, PE, C0A 2B0
(902) 687-7130 SIC 8211
EASTERN SCHOOL DISTRICT p984
185 Hilltop Ave, NORTH RUSTICO, PE, C0A 1N0
(902) 963-7810 SIC 8211
EASTERN SHORES SCHOOL BOARD p1002
143 Av De Louisbourg, BONAVENTURE, QC, G0C 1E0
(418) 534-3446 SIC 8211
EASTERN SHORES SCHOOL BOARD p1011
155 Rue Monseigneur-Ross O, CHANDLER, QC, G0C 1K0
(418) 689-2233 SIC 8211
EASTERN SHORES SCHOOL BOARD p1134
163 Boul Perron O, NEW RICHMOND, QC, G0C 2B0
(418) 392-4441 SIC 8211
EASTERN SHORES SCHOOL BOARD p1134
177 Boul Gerard-D.-Levesque, NEW CARLISLE, QC, G0C 1Z0
(418) 752-3316 SIC 8211
EBB AND FLOW FIRST NATION EDUCATION AUTHORITY p348
Gd, EBB AND FLOW, MB, R0L 0R0
(204) 448-2012 SIC 8211
ECOLE AKIVA, L' p1262
450 Av Kensington, WESTMOUNT, QC, H3Y 3A2
(514) 939-2430 SIC 8211
ECOLE ARMEN–QUEBEC DE L'UNION GENERALE ARMENIENNE DE BIENFAISANCE p1205
755 Rue Manoogian, SAINT-LAURENT, QC, H4N 1Z5
(514) 744-5636 SIC 8211
ECOLE BILINGUE NOTRE DAME SION p1203
1775 Rue Decarie, SAINT-LAURENT, QC, H4L 3N5
(514) 747-3895 SIC 8211
ECOLE BUISSONNIERE, CENTRE DE FORMATION ARTISTIQUE INC p1136
215 Av De L'Epee, OUTREMONT, QC, H2V 3T3
(514) 272-4739 SIC 8211
ECOLE COMMUNAUTAIRE BELZ p1136
1495 Av Ducharme, OUTREMONT, QC, H2V 1E8
(514) 271-0611 SIC 8211
ECOLE MAIMONIDE p1017
5615 Av Parkhaven, Cote Saint-Luc, QC, H4W 1X3
(514) 488-9224 SIC 8211
ECOLE MARCELLE-MALLET p1065
51 Rue Deziel, Levis, QC, G6V 3T7
(418) 833-7691 SIC 8211
ECOLE MISS EDGAR ET MISS CRAMP p1262
525 Av Mount Pleasant, WESTMOUNT, QC, H3Y 3H6
(514) 935-6357 SIC 8211
ECOLE SECONDAIRE DE BROMPTONVILLE p1235
125 Rue Du Frere-Theode, SHERBROOKE, QC, J1C 0S3
(819) 846-2738 SIC 8211
ECOLE SECONDAIRE DUVAL INC p1119
260 Boul Henri-Bourassa E, Montreal, QC, H3L 1B8
(514) 382-6070 SIC 8211
ECOLE SECONDAIRE MONT SAINT-SACREMENT INC p1188
200 Boul Saint-Sacrement Rr 791, SAINT-GABRIEL-DE-VALCARTIER, QC, G0A 4S0
(418) 844-3771 SIC 8211
ECOLE ST-GEORGES DE MONTREAL INC, L' p1262
3685 The Boulevard, WESTMOUNT, QC, H3Y 1S9
(514) 486-5214 SIC 8211
ECOLE VAL MARIE INC p1248
88 Ch Du Passage, Trois-Rivieres, QC, G8T 2M3
(819) 379-8040 SIC 8211
ECOLE VANGUARD QUEBEC LIMITEE p1062
83 Boul Des Prairies, Laval, QC, H7N 2T3
SIC 8211
ECOLE VANGUARD QUEBEC LIMITEE p1262
175 Av Metcalfe, WESTMOUNT, QC, H3Z 2H5
SIC 8211
EDMONTON CATHOLIC SEPARATE SCHOOL DISTRICT NO.7 p73
4214 127 Ave Nw, EDMONTON, AB, T5A 3K6
(780) 475-0158 SIC 8211
EDMONTON CATHOLIC SEPARATE SCHOOL DISTRICT NO.7 p73
5804 144 Ave Nw, EDMONTON, AB, T5A 1K5
(780) 475-5604 SIC 8211
EDMONTON CATHOLIC SEPARATE SCHOOL DISTRICT NO.7 p73
3711 135 Ave Nw, EDMONTON, AB, T5A 2V6
(780) 478-7751 SIC 8211
EDMONTON CATHOLIC SEPARATE SCHOOL DISTRICT NO.7 p74
7512 144 Ave Nw, EDMONTON, AB, T5C

2R7
(780) 476-0606 SIC 8211
EDMONTON CATHOLIC SEPARATE SCHOOL DISTRICT NO.7 p74
7510 132 Ave Nw, EDMONTON, AB, T5C 2A9
(780) 476-4613 SIC 8211
EDMONTON CATHOLIC SEPARATE SCHOOL DISTRICT NO.7 p74
6614 129 Ave Nw, EDMONTON, AB, T5C 1V7
(780) 476-7634 SIC 8211
EDMONTON CATHOLIC SEPARATE SCHOOL DISTRICT NO.7 p74
12415 85 St Nw, EDMONTON, AB, T5B 3H3
(780) 474-5208 SIC 8211
EDMONTON CATHOLIC SEPARATE SCHOOL DISTRICT NO.7 p74
11624 81 St Nw, EDMONTON, AB, T5B 2S2
(780) 477-2513 SIC 8211
EDMONTON CATHOLIC SEPARATE SCHOOL DISTRICT NO.7 p75
8808 144 Ave Nw, EDMONTON, AB, T5E 3G7
(780) 475-6262 SIC 8211
EDMONTON CATHOLIC SEPARATE SCHOOL DISTRICT NO.7 p75
11712 130 Ave Nw, EDMONTON, AB, T5E 0V2
(780) 453-1596 SIC 8211
EDMONTON CATHOLIC SEPARATE SCHOOL DISTRICT NO.7 p75
8735 132 Ave Nw, EDMONTON, AB, T5E 0X7
(780) 473-6575 SIC 8211
EDMONTON CATHOLIC SEPARATE SCHOOL DISTRICT NO.7 p75
8830 132 Ave Nw, EDMONTON, AB, T5E 0X8
(780) 476-7695 SIC 8211
EDMONTON CATHOLIC SEPARATE SCHOOL DISTRICT NO.7 p76
10210 115 Ave Nw, EDMONTON, AB, T5G 0L8
(780) 477-3584 SIC 8211
EDMONTON CATHOLIC SEPARATE SCHOOL DISTRICT NO.7 p77
9624 108 Ave Nw, EDMONTON, AB, T5H 1A4
(780) 944-2000 SIC 8211
EDMONTON CATHOLIC SEPARATE SCHOOL DISTRICT NO.7 p77
9008 105a Ave Nw, EDMONTON, AB, T5H 4P9
(780) 471-3631 SIC 8211
EDMONTON CATHOLIC SEPARATE SCHOOL DISTRICT NO.7 p77
10830 109 St Nw, EDMONTON, AB, T5H 3C1
(780) 426-2010 SIC 8211
EDMONTON CATHOLIC SEPARATE SCHOOL DISTRICT NO.7 p83
9807 106 St Nw Suite 7, EDMONTON, AB, T5K 1C2
(780) 441-6000 SIC 8211
EDMONTON CATHOLIC SEPARATE SCHOOL DISTRICT NO.7 p84
13430 132a St Nw, EDMONTON, AB, T5L 1S3
(780) 455-9743 SIC 8211
EDMONTON CATHOLIC SEPARATE SCHOOL DISTRICT NO.7 p84
13525 132 Ave Nw, EDMONTON, AB, T5L 3R6
(780) 454-9202 SIC 8211
EDMONTON CATHOLIC SEPARATE SCHOOL DISTRICT NO.7 p84
12214 128 St Nw, EDMONTON, AB, T5L 1C5
(780) 453-3941 SIC 8211
EDMONTON CATHOLIC SEPARATE SCHOOL DISTRICT NO.7 p86
11625 135 St Nw, EDMONTON, AB, T5M 1L1

(780) 455-1684 SIC 8211
EDMONTON CATHOLIC SEPARATE SCHOOL DISTRICT NO.7 p87
10530 138 St Nw, EDMONTON, AB, T5N 2J6
(780) 452-4474 SIC 8211
EDMONTON CATHOLIC SEPARATE SCHOOL DISTRICT NO.7 p88
14219 109 Ave Nw, EDMONTON, AB, T5N 1H5
(780) 451-1470 SIC 8211
EDMONTON CATHOLIC SEPARATE SCHOOL DISTRICT NO.7 p88
14410 96 Ave Nw, EDMONTON, AB, T5N 0C7
(780) 452-1510 SIC 8211
EDMONTON CATHOLIC SEPARATE SCHOOL DISTRICT NO.7 p88
15911 110 Ave Nw, EDMONTON, AB, T5P 1G2
(780) 489-1222 SIC 8211
EDMONTON CATHOLIC SEPARATE SCHOOL DISTRICT NO.7 p88
15120 104 Ave Nw, EDMONTON, AB, T5P 0R5
(780) 489-1981 SIC 8211
EDMONTON CATHOLIC SEPARATE SCHOOL DISTRICT NO.7 p89
7925 158 St Nw, EDMONTON, AB, T5R 2B9
(780) 489-7630 SIC 8211
EDMONTON CATHOLIC SEPARATE SCHOOL DISTRICT NO.7 p89
9250 163 St Nw, EDMONTON, AB, T5R 0A7
(780) 489-2571 SIC 8211
EDMONTON CATHOLIC SEPARATE SCHOOL DISTRICT NO.7 p89
8815 145 St Nw, EDMONTON, AB, T5R 0T7
(780) 483-2695 SIC 8211
EDMONTON CATHOLIC SEPARATE SCHOOL DISTRICT NO.7 p89
8125 167 St Nw, EDMONTON, AB, T5R 2T7
(780) 489-5490 SIC 8211
EDMONTON CATHOLIC SEPARATE SCHOOL DISTRICT NO.7 p89
9325 165 St Nw, EDMONTON, AB, T5R 2S5
(780) 484-4319 SIC 8211
EDMONTON CATHOLIC SEPARATE SCHOOL DISTRICT NO.7 p94
17655 64 Ave Nw, EDMONTON, AB, T5T 4A6
(780) 481-0389 SIC 8211
EDMONTON CATHOLIC SEPARATE SCHOOL DISTRICT NO.7 p94
8405 175 St Nw, EDMONTON, AB, T5T 0G9
(780) 487-2264 SIC 8211
EDMONTON CATHOLIC SEPARATE SCHOOL DISTRICT NO.7 p94
7240 180 St Nw, EDMONTON, AB, T5T 3B1
(780) 487-4594 SIC 8211
EDMONTON CATHOLIC SEPARATE SCHOOL DISTRICT NO.7 p94
17760 69 Ave Nw, EDMONTON, AB, T5T 6X3
(780) 428-2705 SIC 8211
EDMONTON CATHOLIC SEPARATE SCHOOL DISTRICT NO.7 p94
18015 93 Ave Nw, EDMONTON, AB, T5T 1X5
(780) 487-2733 SIC 8211
EDMONTON CATHOLIC SEPARATE SCHOOL DISTRICT NO.7 p97
3310 107 Ave Nw, EDMONTON, AB, T5W 0C7
(780) 479-5847 SIC 8211
EDMONTON CATHOLIC SEPARATE SCHOOL DISTRICT NO.7 p97
5412 121 Ave Nw, EDMONTON, AB, T5W 1N9
(780) 477-3372 SIC 8211
EDMONTON CATHOLIC SEPARATE SCHOOL DISTRICT NO.7 p97
3643 115 Ave Nw, EDMONTON, AB, T5W 0V1
(780) 474-3713 SIC 8211

EDMONTON CATHOLIC SEPARATE SCHOOL DISTRICT NO.7 p97
11833 64 St Nw, EDMONTON, AB, T5W 4J2
(780) 471-2360 SIC 8211
EDMONTON CATHOLIC SEPARATE SCHOOL DISTRICT NO.7 p97
11917 40 St Nw, EDMONTON, AB, T5W 2L1
(780) 474-4167 SIC 8211
EDMONTON CATHOLIC SEPARATE SCHOOL DISTRICT NO.7 p98
16215 109 St Nw, EDMONTON, AB, T5X 2R2
(780) 456-7837 SIC 8211
EDMONTON CATHOLIC SEPARATE SCHOOL DISTRICT NO.7 p98
11750 162 Ave Nw, EDMONTON, AB, T5X 4L9
(780) 456-0053 SIC 8211
EDMONTON CATHOLIC SEPARATE SCHOOL DISTRICT NO.7 p98
14330 117 St Nw, EDMONTON, AB, T5X 1S6
(780) 456-7375 SIC 8211
EDMONTON CATHOLIC SEPARATE SCHOOL DISTRICT NO.7 p98
7411 161a Ave Nw Suite 7411, EDMONTON, AB, T5Z 3V4
(780) 471-3140 SIC 8211
EDMONTON CATHOLIC SEPARATE SCHOOL DISTRICT NO.7 p98
3802 139 Ave Nw, EDMONTON, AB, T5Y 3G4
(780) 944-2002 SIC 8211
EDMONTON CATHOLIC SEPARATE SCHOOL DISTRICT NO.7 p98
17330 91 St Nw, EDMONTON, AB, T5Z 3A1
(780) 472-2937 SIC 8211
EDMONTON CATHOLIC SEPARATE SCHOOL DISTRICT NO.7 p98
3004 139 Ave Nw, EDMONTON, AB, T5Y 1R9
(780) 476-7257 SIC 8211
EDMONTON CATHOLIC SEPARATE SCHOOL DISTRICT NO.7 p98
10423 172 Ave Nw, EDMONTON, AB, T5X 4X4
(780) 456-5222 SIC 8211
EDMONTON CATHOLIC SEPARATE SCHOOL DISTRICT NO.7 p99
5540 106 Ave Nw Suite 202, EDMONTON, AB, T6A 1G3
(780) 466-0220 SIC 8211
EDMONTON CATHOLIC SEPARATE SCHOOL DISTRICT NO.7 p100
5825 93a Ave Nw, EDMONTON, AB, T6B 0X1
(780) 466-1281 SIC 8211
EDMONTON CATHOLIC SEPARATE SCHOOL DISTRICT NO.7 p100
6110 95 Ave Nw, EDMONTON, AB, T6B 1A5
(780) 466-3161 SIC 8211
EDMONTON CATHOLIC SEPARATE SCHOOL DISTRICT NO.7 p102
7814 83 St Nw Suite 106, EDMONTON, AB, T6C 2Y8
(780) 466-1247 SIC 8211
EDMONTON CATHOLIC SEPARATE SCHOOL DISTRICT NO.7 p104
7055 99 St Nw, EDMONTON, AB, T6E 3R4
(780) 433-4251 SIC 8211
EDMONTON CATHOLIC SEPARATE SCHOOL DISTRICT NO.7 p104
10425 84 Ave Nw, EDMONTON, AB, T6E 2H3
(780) 433-8100 SIC 8211
EDMONTON CATHOLIC SEPARATE SCHOOL DISTRICT NO.7 p108
14710 53 Ave Nw, EDMONTON, AB, T6H 4C6
(780) 436-7888 SIC 8211
EDMONTON CATHOLIC SEPARATE SCHOOL DISTRICT NO.7 p110
11810 40 Ave Nw, EDMONTON, AB, T6J 0R9

(780) 434-0294 SIC 8211
EDMONTON CATHOLIC SEPARATE SCHOOL DISTRICT NO.7 p110
3855 114 St Nw, EDMONTON, AB, T6J 1M3
(780) 434-0295 SIC 8211
EDMONTON CATHOLIC SEPARATE SCHOOL DISTRICT NO.7 p110
11350 25 Ave Nw, EDMONTON, AB, T6J 5B1
(780) 437-6022 SIC 8211
EDMONTON CATHOLIC SEPARATE SCHOOL DISTRICT NO.7 p110
11230 43 Ave Nw, EDMONTON, AB, T6J 0X8
(780) 435-3964 SIC 8211
EDMONTON CATHOLIC SEPARATE SCHOOL DISTRICT NO.7 p110
3808 106 St Nw, EDMONTON, AB, T6J 1A5
(780) 435-4949 SIC 8211
EDMONTON CATHOLIC SEPARATE SCHOOL DISTRICT NO.7 p111
7620 Mill Woods Road South Nw, EDMONTON, AB, T6K 2P7
(780) 462-3806 SIC 8211
EDMONTON CATHOLIC SEPARATE SCHOOL DISTRICT NO.7 p111
2850 Mill Woods Rd Nw, EDMONTON, AB, T6K 4A1
(780) 463-2957 SIC 8211
EDMONTON CATHOLIC SEPARATE SCHOOL DISTRICT NO.7 p111
7007 28 Ave Nw, EDMONTON, AB, T6K 4A5
(780) 462-5777 SIC 8211
EDMONTON CATHOLIC SEPARATE SCHOOL DISTRICT NO.7 p111
7712 36 Ave Nw, EDMONTON, AB, T6K 1H7
(780) 462-7022 SIC 8211
EDMONTON CATHOLIC SEPARATE SCHOOL DISTRICT NO.7 p112
5675 38 Ave Nw, EDMONTON, AB, T6L 2Z1
(780) 462-6448 SIC 8211
EDMONTON CATHOLIC SEPARATE SCHOOL DISTRICT NO.7 p112
1710 Mill Woods Road East Nw, EDMONTON, AB, T6L 5C5
(780) 463-8858 SIC 8211
EDMONTON CATHOLIC SEPARATE SCHOOL DISTRICT NO.7 p112
3330 37 St Nw, EDMONTON, AB, T6L 5X1
(780) 461-2551 SIC 8211
EDMONTON CATHOLIC SEPARATE SCHOOL DISTRICT NO.7 p112
18111 57 Ave Nw, EDMONTON, AB, T6M 1W1
(780) 444-4299 SIC 8211
EDMONTON CATHOLIC SEPARATE SCHOOL DISTRICT NO.7 p112
5704 Mill Woods Road South Nw, EDMONTON, AB, T6L 3K9
(780) 463-5976 SIC 8211
EDMONTON CATHOLIC SEPARATE SCHOOL DISTRICT NO.7 p112
3807 41 Ave Nw, EDMONTON, AB, T6L 6M3
(780) 440-3322 SIC 8211
EDMONTON CATHOLIC SEPARATE SCHOOL DISTRICT NO.7 p115
490 Rhatigan Road East Nw, EDMONTON, AB, T6R 2E2
(780) 988-6577 SIC 8211
EDMONTON CATHOLIC SEPARATE SCHOOL DISTRICT NO.7 p115
750 Leger Way Nw, EDMONTON, AB, T6R 3H4
(780) 471-4218 SIC 8211
EDMONTON CATHOLIC SEPARATE SCHOOL DISTRICT NO.7 p116
3630 23 St Nw, EDMONTON, AB, T6T 1W7
(780) 471-1962 SIC 8211
EDMONTON ISLAMIC SCHOOL SOCIETY p116
14525 127 St Nw, EDMONTON, AB, T6V 0B3
(780) 472-7309 SIC 8211
EDMONTON SCHOOL DISTRICT NO. 7 p73

BUSINESSES BY INDUSTRY CLASSIFICATION

SIC 8211 Elementary and secondary schools 2451

4455 128 Ave Nw, EDMONTON, AB, T5A 3M9
(780) 478-1139   SIC 8211
EDMONTON SCHOOL DISTRICT NO. 7 p73
4305 134 Ave Nw, EDMONTON, AB, T5A 3R5
(780) 476-7953   SIC 8211
EDMONTON SCHOOL DISTRICT NO. 7 p73
14807 59 St Nw, EDMONTON, AB, T5A 1Y3
(780) 478-2927   SIC 8211
EDMONTON SCHOOL DISTRICT NO. 7 p73
13915 61 St Nw, EDMONTON, AB, T5A 1P3
(780) 476-6336   SIC 8211
EDMONTON SCHOOL DISTRICT NO. 7 p73
14607 59 St Nw, EDMONTON, AB, T5A 1Y3
(780) 478-5319   SIC 8211
EDMONTON SCHOOL DISTRICT NO. 7 p73
3310 132a Ave Nw, EDMONTON, AB, T5A 3T1
(780) 476-9590   SIC 8211
EDMONTON SCHOOL DISTRICT NO. 7 p74
11430 68 St Nw, EDMONTON, AB, T5B 1P1
(780) 479-1991   SIC 8211
EDMONTON SCHOOL DISTRICT NO. 7 p74
12126 89 St Nw, EDMONTON, AB, T5B 3W4
(780) 477-8742   SIC 8211
EDMONTON SCHOOL DISTRICT NO. 7 p74
11648 85 St Nw, EDMONTON, AB, T5B 3E5
(780) 474-5942   SIC 8211
EDMONTON SCHOOL DISTRICT NO. 7 p75
14840 72 St Nw, EDMONTON, AB, T5C 3E5
(780) 478-1351   SIC 8211
EDMONTON SCHOOL DISTRICT NO. 7 p75
6804 144 Ave Nw, EDMONTON, AB, T5C 3C7
(780) 408-9800   SIC 8211
EDMONTON SCHOOL DISTRICT NO. 7 p75
7104 144 Ave Nw, EDMONTON, AB, T5C 2R4
(780) 473-4560   SIC 8211
EDMONTON SCHOOL DISTRICT NO. 7 p75
10610 129 Ave Nw, EDMONTON, AB, T5E 4V6
(780) 475-8737   SIC 8211
EDMONTON SCHOOL DISTRICT NO. 7 p75
7525 144 Ave Nw, EDMONTON, AB, T5C 2R8
(780) 476-5675   SIC 8211
EDMONTON SCHOOL DISTRICT NO. 7 p75
7315 Delwood Rd Nw, EDMONTON, AB, T5C 3A9
(780) 476-3969   SIC 8211
EDMONTON SCHOOL DISTRICT NO. 7 p75
7055 132 Ave Nw, EDMONTON, AB, T5C 2A7
(780) 475-3646   SIC 8211
EDMONTON SCHOOL DISTRICT NO. 7 p75
13515 107 St Nw, EDMONTON, AB, T5E 4W3
(780) 475-3565   SIC 8211
EDMONTON SCHOOL DISTRICT NO. 7 p75
13110 91 St Nw, EDMONTON, AB, T5E 3P6
(780) 475-1737   SIC 8211
EDMONTON SCHOOL DISTRICT NO. 7 p75
15004 76 St Nw, EDMONTON, AB, T5C 1C2
(780) 476-0775   SIC 8211
EDMONTON SCHOOL DISTRICT NO. 7 p75
304 Griesbach School Rd Nw, EDMONTON, AB, T5E 6R8
(780) 456-9482   SIC 8211
EDMONTON SCHOOL DISTRICT NO. 7 p75
14320 88a St Nw, EDMONTON, AB, T5E 6B6
(780) 476-4646   SIC 8211
EDMONTON SCHOOL DISTRICT NO. 7 p75
7720 130 Ave Nw, EDMONTON, AB, T5C 1Y2
(780) 476-2344   SIC 8211
EDMONTON SCHOOL DISTRICT NO. 7 p75
9303 150 Ave Nw, EDMONTON, AB, T5E 2N7
(780) 476-3331   SIC 8211
EDMONTON SCHOOL DISTRICT NO. 7 p76
12950 118 St Nw, EDMONTON, AB, T5E 5L2
(780) 454-4313   SIC 8211
EDMONTON SCHOOL DISTRICT NO. 7 p76
9211 135 Ave Nw, EDMONTON, AB, T5E 1N7
(780) 476-5373   SIC 8211
EDMONTON SCHOOL DISTRICT NO. 7 p76
11424 102 St Nw Suite 4, EDMONTON, AB, T5G 2E7
(780) 479-0155   SIC 8211
EDMONTON SCHOOL DISTRICT NO. 7 p76
101 Airport Rd Nw, EDMONTON, AB, T5G 3K2
(780) 424-1270   SIC 8211
EDMONTON SCHOOL DISTRICT NO. 7 p77
10930 107 St Nw, EDMONTON, AB, T5H 2Z4
(780) 426-0205   SIC 8211
EDMONTON SCHOOL DISTRICT NO. 7 p77
10931 120 St Nw, EDMONTON, AB, T5H 3P9
(780) 422-1937   SIC 8211
EDMONTON SCHOOL DISTRICT NO. 7 p77
10515 100 St Nw, EDMONTON, AB, T5H 2R4
(780) 917-5150   SIC 8211
EDMONTON SCHOOL DISTRICT NO. 7 p77
10210 108 Ave Nw Suite 123, EDMONTON, AB, T5H 1A8
(780) 426-3010   SIC 8211
EDMONTON SCHOOL DISTRICT NO. 7 p80
10310 102 Ave Nw Suite 200, EDMONTON, AB, T5J 5A2
(780) 425-6753   SIC 8211
EDMONTON SCHOOL DISTRICT NO. 7 p83
9807 106 St Nw, EDMONTON, AB, T5K 1C2
(780) 441-6000   SIC 8211
EDMONTON SCHOOL DISTRICT NO. 7 p83
10227 118 St Nw, EDMONTON, AB, T5K 2V4
(780) 488-1221   SIC 8211
EDMONTON SCHOOL DISTRICT NO. 7 p84
13535 134 St Nw, EDMONTON, AB, T5L 1W3
(780) 455-2728   SIC 8211
EDMONTON SCHOOL DISTRICT NO. 7 p84
12325 127 St Nw, EDMONTON, AB, T5L 0Z9
(780) 455-5533   SIC 8211
EDMONTON SCHOOL DISTRICT NO. 7 p84
13910 122 Ave Nw, EDMONTON, AB, T5L 2W3
(780) 455-6171   SIC 8211
EDMONTON SCHOOL DISTRICT NO. 7 p84
12415 125 St Nw, EDMONTON, AB, T5L 0T2
(780) 452-9381   SIC 8211
EDMONTON SCHOOL DISTRICT NO. 7 p84
12940 129 St Nw, EDMONTON, AB, T5L 1J3
(780) 455-5823   SIC 8211
EDMONTON SCHOOL DISTRICT NO. 7 p88
10330 163 St Nw, EDMONTON, AB, T5P 3N5
(780) 489-4600   SIC 8211
EDMONTON SCHOOL DISTRICT NO. 7 p88
15425 106 Ave Nw, EDMONTON, AB, T5P 0W3
(780) 484-6631   SIC 8211
EDMONTON SCHOOL DISTRICT NO. 7 p88
11031 154 St Nw, EDMONTON, AB, T5P 2K2
(780) 489-1131   SIC 8211
EDMONTON SCHOOL DISTRICT NO. 7 p88
9550 152 St Nw, EDMONTON, AB, T5P 0B9
(780) 489-2600   SIC 8211
EDMONTON SCHOOL DISTRICT NO. 7 p88
16018 104 Ave Nw, EDMONTON, AB, T5P 0S3
(780) 489-5300   SIC 8211
EDMONTON SCHOOL DISTRICT NO. 7 p88
13712 104 Ave Nw, EDMONTON, AB, T5N 0W4
(780) 452-4343   SIC 8211
EDMONTON SCHOOL DISTRICT NO. 7 p88
9825 158 St Nw, EDMONTON, AB, T5P 2X4
(780) 483-6476   SIC 8211
EDMONTON SCHOOL DISTRICT NO. 7 p88
10950 159 St Nw, EDMONTON, AB, T5P 3C1
(780) 489-5100   SIC 8211
EDMONTON SCHOOL DISTRICT NO. 7 p88
9520 165 St Nw, EDMONTON, AB, T5P 3S4
(780) 484-3456   SIC 8211
EDMONTON SCHOOL DISTRICT NO. 7 p89
16325 83 Ave Nw, EDMONTON, AB, T5R 3V8
(780) 489-6749   SIC 8211
EDMONTON SCHOOL DISTRICT NO. 7 p89
16604 91 Ave Nw Suite 7, EDMONTON, AB, T5R 5A4
(780) 484-3263   SIC 8211
EDMONTON SCHOOL DISTRICT NO. 7 p89
8715 153 St Nw, EDMONTON, AB, T5R 1P1
(780) 484-3381   SIC 8211
EDMONTON SCHOOL DISTRICT NO. 7 p89
15451 84 Ave Nw, EDMONTON, AB, T5R 3Y1
(780) 489-4500   SIC 8211
EDMONTON SCHOOL DISTRICT NO. 7 p89
16400 80 Ave Nw, EDMONTON, AB, T5R 3M6
(780) 489-2516   SIC 8211
EDMONTON SCHOOL DISTRICT NO. 7 p89
7608 154 St Nw, EDMONTON, AB, T5R 1R7
(780) 481-6866   SIC 8211
EDMONTON SCHOOL DISTRICT NO. 7 p89
8210 142 St Nw, EDMONTON, AB, T5R 0L9
(780) 483-5352   SIC 8211
EDMONTON SCHOOL DISTRICT NO. 7 p89
9150 160 St Nw, EDMONTON, AB, T5R 2J2
(780) 489-5200   SIC 8211
EDMONTON SCHOOL DISTRICT NO. 7 p89
16216 78 Ave Nw, EDMONTON, AB, T5R 3E6
(780) 487-0550   SIC 8211
EDMONTON SCHOOL DISTRICT NO. 7 p89
14313 92 Ave Nw, EDMONTON, AB, T5R 5B3
(780) 483-3415   SIC 8211
EDMONTON SCHOOL DISTRICT NO. 7 p94
8525 182 St Nw, EDMONTON, AB, T5T 1X1
(780) 487-5182   SIC 8211
EDMONTON SCHOOL DISTRICT NO. 7 p94
9527 Winterburn Rd Nw, EDMONTON, AB, T5T 5X9
(780) 447-3566   SIC 8211
EDMONTON SCHOOL DISTRICT NO. 7 p94
18710 72 Ave Nw, EDMONTON, AB, T5T 5E9
(780) 487-1777   SIC 8211
EDMONTON SCHOOL DISTRICT NO. 7 p94
9011 182 St Nw, EDMONTON, AB, T5T 2Y9
(780) 481-3314   SIC 8211
EDMONTON SCHOOL DISTRICT NO. 7 p94
17335 76 Ave Nw, EDMONTON, AB, T5T 2B1
(780) 487-0727   SIC 8211
EDMONTON SCHOOL DISTRICT NO. 7 p94
8215 175 St Nw, EDMONTON, AB, T5T 0G9
(780) 487-2061   SIC 8211
EDMONTON SCHOOL DISTRICT NO. 7 p97
3643 115 Ave Nw, EDMONTON, AB, T5W 0V1
(780) 474-3713   SIC 8211
EDMONTON SCHOOL DISTRICT NO. 7 p97
4610 121 Ave Nw, EDMONTON, AB, T5W 1M8
(780) 479-4038   SIC 8211
EDMONTON SCHOOL DISTRICT NO. 7 p97
11509 62 St Nw, EDMONTON, AB, T5W 4C2
(780) 479-4206   SIC 8211
EDMONTON SCHOOL DISTRICT NO. 7 p97
11005 34 St Nw, EDMONTON, AB, T5W 1Y7
(780) 471-6100   SIC 8211
EDMONTON SCHOOL DISTRICT NO. 7 p97
11931 62 St Nw, EDMONTON, AB, T5W 4C7
(780) 471-2358   SIC 8211
EDMONTON SCHOOL DISTRICT NO. 7 p97
12045 34 St Nw, EDMONTON, AB, T5W 1Z5
(780) 477-7310   SIC 8211
EDMONTON SCHOOL DISTRICT NO. 7 p98
610 Kirkness Rd Nw, EDMONTON, AB, T5Y 2K4
(780) 473-5924   SIC 8211
EDMONTON SCHOOL DISTRICT NO. 7 p98
17303 95 St Nw, EDMONTON, AB, T5Z 2Z1
(780) 456-6980   SIC 8211
EDMONTON SCHOOL DISTRICT NO. 7 p98
3150 139 Ave Nw, EDMONTON, AB, T5Y 2P7
(780) 475-1760   SIC 8211
EDMONTON SCHOOL DISTRICT NO. 7 p98
14112 23 St Nw, EDMONTON, AB, T5Y 2B9
(780) 478-7706   SIC 8211
EDMONTON SCHOOL DISTRICT NO. 7 p98
11735 162 Ave Nw, EDMONTON, AB, T5X 4M6
(780) 456-9080   SIC 8211
EDMONTON SCHOOL DISTRICT NO. 7 p98
10603 172 Ave Nw, EDMONTON, AB, T5X 4X4
(780) 456-6727   SIC 8211
EDMONTON SCHOOL DISTRICT NO. 7 p98
14820 118 St Nw, EDMONTON, AB, T5X 1T4
(780) 456-7020   SIC 8211
EDMONTON SCHOOL DISTRICT NO. 7 p98
16230 103 St Nw, EDMONTON, AB, T5X 3A9
(780) 456-4488   SIC 8211
EDMONTON SCHOOL DISTRICT NO. 7 p98
16315 109 St Nw, EDMONTON, AB, T5X 2R2
(780) 476-1480   SIC 8211
EDMONTON SCHOOL DISTRICT NO. 7 p98
14904 21 St Nw, EDMONTON, AB, T5Y 2L6
(780) 472-0131   SIC 8211
EDMONTON SCHOOL DISTRICT NO. 7 p99
10310 56 St Nw, EDMONTON, AB, T6A 2J2
(780) 461-0051   SIC 8211
EDMONTON SCHOOL DISTRICT NO. 7 p99
10720 54 St Nw, EDMONTON, AB, T6A 2H9
(780) 461-5890   SIC 8211
EDMONTON SCHOOL DISTRICT NO. 7 p99
8440 105 Ave Nw, EDMONTON, AB, T6A 1B6
(780) 469-0442   SIC 8211
EDMONTON SCHOOL DISTRICT NO. 7 p99
10524 46 St Nw, EDMONTON, AB, T6A 1Y3
(780) 466-4116   SIC 8211
EDMONTON SCHOOL DISTRICT NO. 7 p99
6859 100 Ave Nw, EDMONTON, AB, T6A 0G3
(780) 450-2367   SIC 8211
EDMONTON SCHOOL DISTRICT NO. 7 p99
10534 62 St Nw, EDMONTON, AB, T6A 2M3
(780) 469-0426   SIC 8211
EDMONTON SCHOOL DISTRICT NO. 7 p100
6825 89 Ave Nw, EDMONTON, AB, T6B 0N3
(780) 469-6682   SIC 8211
EDMONTON SCHOOL DISTRICT NO. 7 p100
7005 89 Ave Nw, EDMONTON, AB, T6B 0N3
(780) 466-2104   SIC 8211
EDMONTON SCHOOL DISTRICT NO. 7 p100
9435 73 St Nw, EDMONTON, AB, T6B 2A9
(780) 466-7331   SIC 8211
EDMONTON SCHOOL DISTRICT NO. 7 p102
8205 90 Ave Nw, EDMONTON, AB, T6C 1N8
(780) 465-5461   SIC 8211
EDMONTON SCHOOL DISTRICT NO. 7 p102
8205 90 Ave Nw, EDMONTON, AB, T6C 1N8
(780) 428-1111   SIC 8211
EDMONTON SCHOOL DISTRICT NO. 7 p102
7920 94 Ave Nw, EDMONTON, AB, T6C 1W4

▲ Public Company   ■ Public Company Family Member   **HQ** Headquarters   **BR** Branch   **SL** Single Location

(780) 466-2292 *SIC* 8211
EDMONTON SCHOOL DISTRICT NO. 7 *p*102
7835 76 Ave Nw, EDMONTON, AB, T6C 2N1
(780) 466-2976 *SIC* 8211
EDMONTON SCHOOL DISTRICT NO. 7 *p*102
7803 87 St Nw, EDMONTON, AB, T6C 3G6
(780) 466-8573 *SIC* 8211
EDMONTON SCHOOL DISTRICT NO. 7 *p*104
10450 72 Ave Nw, EDMONTON, AB, T6E 0Z6
(780) 439-3957 *SIC* 8211
EDMONTON SCHOOL DISTRICT NO. 7 *p*104
10523 84 Ave Nw, EDMONTON, AB, T6E 2H5
(780) 433-0627 *SIC* 8211
EDMONTON SCHOOL DISTRICT NO. 7 *p*104
8530 101 St Nw, EDMONTON, AB, T6E 3Z5
(780) 439-2491 *SIC* 8211
EDMONTON SCHOOL DISTRICT NO. 7 *p*104
8525 101 St Nw, EDMONTON, AB, T6E 3Z4
(780) 439-1368 *SIC* 8211
EDMONTON SCHOOL DISTRICT NO. 7 *p*104
6715 97 St Nw, EDMONTON, AB, T6E 3J9
(780) 433-7583 *SIC* 8211
EDMONTON SCHOOL DISTRICT NO. 7 *p*104
6310 Wagner Rd Nw, EDMONTON, AB, T6E 4N5
(780) 469-1315 *SIC* 8211
EDMONTON SCHOOL DISTRICT NO. 7 *p*104
9735 80 Ave Nw, EDMONTON, AB, T6E 1S8
(780) 433-5746 *SIC* 8211
EDMONTON SCHOOL DISTRICT NO. 7 *p*107
10925 87 Ave Nw, EDMONTON, AB, T6G 0X4
(780) 433-1390 *SIC* 8211
EDMONTON SCHOOL DISTRICT NO. 7 *p*107
11330 76 Ave Nw, EDMONTON, AB, T6G 0K1
(780) 435-4163 *SIC* 8211
EDMONTON SCHOOL DISTRICT NO. 7 *p*108
10541 60a Ave Nw, EDMONTON, AB, T6H 1K4
(780) 434-6766 *SIC* 8211
EDMONTON SCHOOL DISTRICT NO. 7 *p*108
6415 106 St Nw, EDMONTON, AB, T6H 2V5
(780) 434-6756 *SIC* 8211
EDMONTON SCHOOL DISTRICT NO. 7 *p*108
6225 127 St Nw, EDMONTON, AB, T6H 3W8
(780) 434-1502 *SIC* 8211
EDMONTON SCHOOL DISTRICT NO. 7 *p*108
6240 113 St Nw, EDMONTON, AB, T6H 3L2
(780) 439-3323 *SIC* 8211
EDMONTON SCHOOL DISTRICT NO. 7 *p*109
6240 113 St Nw, EDMONTON, AB, T6H 3L2
(780) 436-0465 *SIC* 8211
EDMONTON SCHOOL DISTRICT NO. 7 *p*109
5425 114 St Nw, EDMONTON, AB, T6H 3M1
(780) 434-8402 *SIC* 8211
EDMONTON SCHOOL DISTRICT NO. 7 *p*109
4716 115 St Nw, EDMONTON, AB, T6H 3N8
(780) 434-1362 *SIC* 8211
EDMONTON SCHOOL DISTRICT NO. 7 *p*109
12323 51 Ave Nw, EDMONTON, AB, T6H 0M6
(780) 434-3160 *SIC* 8211
EDMONTON SCHOOL DISTRICT NO. 7 *p*109
10725 51 Ave Nw, EDMONTON, AB, T6H 0L3
(780) 435-7140 *SIC* 8211
EDMONTON SCHOOL DISTRICT NO. 7 *p*109
11330 54 Ave Nw, EDMONTON, AB, T6H 0V7
(780) 434-3588 *SIC* 8211
EDMONTON SCHOOL DISTRICT NO. 7 *p*109
14820 53 Ave Nw, EDMONTON, AB, T6H 4C6
(780) 434-7914 *SIC* 8211
EDMONTON SCHOOL DISTRICT NO. 7 *p*109
5504 143 St Nw, EDMONTON, AB, T6H 4E5
(780) 434-0464 *SIC* 8211
EDMONTON SCHOOL DISTRICT NO. 7 *p*110
4020 106 St Nw, EDMONTON, AB, T6J 1A6

(780) 438-9103 *SIC* 8211
EDMONTON SCHOOL DISTRICT NO. 7 *p*110
10717 32a Ave Nw, EDMONTON, AB, T6J 4A6
(780) 437-1080 *SIC* 8211
EDMONTON SCHOOL DISTRICT NO. 7 *p*110
11915 40 Ave Nw, EDMONTON, AB, T6J 0S1
(780) 438-4200 *SIC* 8211
EDMONTON SCHOOL DISTRICT NO. 7 *p*110
4025 117 St Nw, EDMONTON, AB, T6J 1T4
(780) 436-9839 *SIC* 8211
EDMONTON SCHOOL DISTRICT NO. 7 *p*110
10616 36a Ave Nw, EDMONTON, AB, T6J 0C9
(780) 434-0319 *SIC* 8211
EDMONTON SCHOOL DISTRICT NO. 7 *p*110
3735 114 St Nw, EDMONTON, AB, T6J 2G6
(780) 434-8581 *SIC* 8211
EDMONTON SCHOOL DISTRICT NO. 7 *p*110
1910 105 St Nw, EDMONTON, AB, T6J 5J8
(780) 438-3874 *SIC* 8211
EDMONTON SCHOOL DISTRICT NO. 7 *p*110
1120 113 St Nw, EDMONTON, AB, T6J 7J4
(780) 439-9314 *SIC* 8211
EDMONTON SCHOOL DISTRICT NO. 7 *p*110
32 Fairway Dr Nw, EDMONTON, AB, T6J 2C1
(780) 413-2211 *SIC* 8211
EDMONTON SCHOOL DISTRICT NO. 7 *p*110
4350 111 St Nw, EDMONTON, AB, T6J 1E8
(780) 413-2700 *SIC* 8211
EDMONTON SCHOOL DISTRICT NO. 7 *p*110
11351 31 Ave Nw, EDMONTON, AB, T6J 4T6
(780) 437-0366 *SIC* 8211
EDMONTON SCHOOL DISTRICT NO. 7 *p*111
8308 Mill Woods Rd Nw, EDMONTON, AB, T6K 1Y7
(780) 462-3310 *SIC* 8211
EDMONTON SCHOOL DISTRICT NO. 7 *p*111
2340 Millbourne Road West Nw, EDMONTON, AB, T6K 1Y9
(780) 462-3270 *SIC* 8211
EDMONTON SCHOOL DISTRICT NO. 7 *p*111
1434 80 St Nw, EDMONTON, AB, T6K 2C6
(780) 462-7954 *SIC* 8211
EDMONTON SCHOOL DISTRICT NO. 7 *p*111
2707 Mill Woods Rd Nw, EDMONTON, AB, T6K 4A6
(780) 462-3322 *SIC* 8211
EDMONTON SCHOOL DISTRICT NO. 7 *p*111
1850 Lakewood Road South Nw, EDMONTON, AB, T6K 3Y5
(780) 463-7627 *SIC* 8211
EDMONTON SCHOOL DISTRICT NO. 7 *p*111
440 Millbourne Road East Nw, EDMONTON, AB, T6K 1Y8
(780) 462-3230 *SIC* 8211
EDMONTON SCHOOL DISTRICT NO. 7 *p*111
1395 Knottwood Road East Nw, EDMONTON, AB, T6K 2P5
(780) 462-5112 *SIC* 8211
EDMONTON SCHOOL DISTRICT NO. 7 *p*111
8515 17 Ave Nw Ste N, EDMONTON, AB, T6K 2C7
(780) 462-5125 *SIC* 8211
EDMONTON SCHOOL DISTRICT NO. 7 *p*111
8210 36 Ave Nw, EDMONTON, AB, T6K 0C7
(780) 462-7121 *SIC* 8211
EDMONTON SCHOOL DISTRICT NO. 7 *p*111
933 Knottwood Road South Nw, EDMONTON, AB, T6K 3Y9
(780) 463-8474 *SIC* 8211
EDMONTON SCHOOL DISTRICT NO. 7 *p*111
8704 Mill Woods Rd Nw, EDMONTON, AB, T6K 3J3
(780) 462-2627 *SIC* 8211
EDMONTON SCHOOL DISTRICT NO. 7 *p*111
1200 Lakewood Road North Nw, EDMONTON, AB, T6K 4A3
(780) 462-5031 *SIC* 8211
EDMONTON SCHOOL DISTRICT NO. 7 *p*112
2911 48 St Nw, EDMONTON, AB, T6L 5T7

(780) 462-5261 *SIC* 8211
EDMONTON SCHOOL DISTRICT NO. 7 *p*112
5730 11a Ave Nw, EDMONTON, AB, T6L 3A9
(780) 463-1854 *SIC* 8211
EDMONTON SCHOOL DISTRICT NO. 7 *p*112
5904 38 Ave Nw, EDMONTON, AB, T6L 3P5
(780) 462-0660 *SIC* 8211
EDMONTON SCHOOL DISTRICT NO. 7 *p*112
5303 190 St Nw, EDMONTON, AB, T6M 2L2
(780) 489-7277 *SIC* 8211
EDMONTON SCHOOL DISTRICT NO. 7 *p*112
189 Hemingway Rd Nw, EDMONTON, AB, T6M 2Z7
(780) 444-1922 *SIC* 8211
EDMONTON SCHOOL DISTRICT NO. 7 *p*112
1751 48 St Nw, EDMONTON, AB, T6L 3J6
(780) 463-8680 *SIC* 8211
EDMONTON SCHOOL DISTRICT NO. 7 *p*112
1750 Mill Woods Road East Nw, EDMONTON, AB, T6L 5C5
(780) 462-5496 *SIC* 8211
EDMONTON SCHOOL DISTRICT NO. 7 *p*112
3119 48 St Nw, EDMONTON, AB, T6L 6P5
(780) 469-0470 *SIC* 8211
EDMONTON SCHOOL DISTRICT NO. 7 *p*112
17420 57 Ave Nw, EDMONTON, AB, T6M 1K4
(780) 481-5590 *SIC* 8211
EDMONTON SCHOOL DISTRICT NO. 7 *p*112
5545 184 St Nw, EDMONTON, AB, T6M 2L9
(780) 444-4946 *SIC* 8211
EDMONTON SCHOOL DISTRICT NO. 7 *p*112
3020 37 St Nw, EDMONTON, AB, T6L 5X1
(780) 450-6536 *SIC* 8211
EDMONTON SCHOOL DISTRICT NO. 7 *p*112
4304 41 Ave Nw, EDMONTON, AB, T6L 5Y6
(780) 462-4622 *SIC* 8211
EDMONTON SCHOOL DISTRICT NO. 7 *p*112
5703 19a Ave Nw, EDMONTON, AB, T6L 4J8
(780) 463-8409 *SIC* 8211
EDMONTON SCHOOL DISTRICT NO. 7 *p*112
3615 Mill Woods Road East Nw, EDMONTON, AB, T6L 5X2
(780) 461-0616 *SIC* 8211
EDMONTON SCHOOL DISTRICT NO. 7 *p*112
1888 37 St Nw, EDMONTON, AB, T6L 2R2
(780) 450-1532 *SIC* 8211
EDMONTON SCHOOL DISTRICT NO. 7 *p*115
250 Rhatigan Road East Nw, EDMONTON, AB, T6R 2H7
(780) 435-1577 *SIC* 8211
EDMONTON SCHOOL DISTRICT NO. 7 *p*116
521 66 St Sw, EDMONTON, AB, T6X 1A3
(780) 988-5556 *SIC* 8211
EDMONTON SCHOOL DISTRICT NO. 7 *p*116
2845 43a Ave Nw, EDMONTON, AB, T6T 1J9
(780) 440-4088 *SIC* 8211
EDMONTON SOCIETY FOR CHRISTIAN EDUCATION *p*88
14304 109 Ave Nw, EDMONTON, AB, T5N 1H6
(780) 476-6281 *SIC* 8211
ELK ISLAND CATHOLIC SEPARATE REGIONAL DIVISION NO. 41 *p*3
53117 Range Road 222 Suite 222, ARDROSSAN, AB, T8E 2M8
(780) 922-4522 *SIC* 8211
ELK ISLAND CATHOLIC SEPARATE REGIONAL DIVISION NO. 41 *p*66
4816 53 Ave, CAMROSE, AB, T4V 0Y2
(780) 672-2177 *SIC* 8211
ELK ISLAND CATHOLIC SEPARATE REGIONAL DIVISION NO. 41 *p*123
9622 Sherridon Dr, FORT SASKATCHEWAN, AB, T8L 1W7
(780) 998-3716 *SIC* 8211
ELK ISLAND CATHOLIC SEPARATE REGIONAL DIVISION NO. 41 *p*123
9526 89 St, FORT SASKATCHEWAN, AB, T8L 2X7
(780) 998-7777 *SIC* 8211

ELK ISLAND CATHOLIC SEPARATE REGIONAL DIVISION NO. 41 *p*123
9975 93 Ave, FORT SASKATCHEWAN, AB, T8L 1N5
(780) 992-0889 *SIC* 8211
ELK ISLAND CATHOLIC SEPARATE REGIONAL DIVISION NO. 41 *p*161
8 Sandpiper Dr, SHERWOOD PARK, AB, T8A 0B6
(780) 467-7135 *SIC* 8211
ELK ISLAND CATHOLIC SEPARATE REGIONAL DIVISION NO. 41 *p*161
109 Georgian Way, SHERWOOD PARK, AB, T8A 3K9
(780) 467-3633 *SIC* 8211
ELK ISLAND CATHOLIC SEPARATE REGIONAL DIVISION NO. 41 *p*161
273 Fir St, SHERWOOD PARK, AB, T8A 2G7
(780) 467-5631 *SIC* 8211
ELK ISLAND CATHOLIC SEPARATE REGIONAL DIVISION NO. 41 *p*161
2021 Brentwood Blvd, SHERWOOD PARK, AB, T8A 0X2
(780) 464-4001 *SIC* 8211
ELK ISLAND CATHOLIC SEPARATE REGIONAL DIVISION NO. 41 *p*161
15 Main Blvd, SHERWOOD PARK, AB, T8A 3N3
(780) 467-7972 *SIC* 8211
ELK ISLAND CATHOLIC SEPARATE REGIONAL DIVISION NO. 41 *p*161
2021 Brentwood Blvd, SHERWOOD PARK, AB, T8A 0X2
(780) 467-2121 *SIC* 8211
ELK ISLAND CATHOLIC SEPARATE REGIONAL DIVISION NO. 41 *p*163
151 Crimson Dr, SHERWOOD PARK, AB, T8H 2R2
(780) 416-9526 *SIC* 8211
ELK ISLAND CATHOLIC SEPARATE REGIONAL DIVISION NO. 41 *p*172
4314 54a Ave, VEGREVILLE, AB, T9C 1C8
(780) 632-2266 *SIC* 8211
ELK ISLAND CATHOLIC SEPARATE REGIONAL DIVISION NO. 41 *p*172
4434 53 St, VEGREVILLE, AB, T9C 1A1
(780) 632-3934 *SIC* 8211
ELK ISLAND PUBLIC SCHOOLS REGIONAL DIVISION NO. 14 *p*3
53129 Range Road 222, ARDROSSAN, AB, T8E 2M8
(780) 922-2228 *SIC* 8211
ELK ISLAND PUBLIC SCHOOLS REGIONAL DIVISION NO. 14 *p*3
4922 50 Ave, ANDREW, AB, T0B 0C0
(780) 365-3501 *SIC* 8211
ELK ISLAND PUBLIC SCHOOLS REGIONAL DIVISION NO. 14 *p*3
53131 Range Road 222, ARDROSSAN, AB, T8E 2M8
(780) 922-2066 *SIC* 8211
ELK ISLAND PUBLIC SCHOOLS REGIONAL DIVISION NO. 14 *p*123
10002 97 Ave, FORT SASKATCHEWAN, AB, T8L 1R2
(780) 998-3751 *SIC* 8211
ELK ISLAND PUBLIC SCHOOLS REGIONAL DIVISION NO. 14 *p*123
9512 92 St, FORT SASKATCHEWAN, AB, T8L 1L7
(780) 998-2216 *SIC* 8211
ELK ISLAND PUBLIC SCHOOLS REGIONAL DIVISION NO. 14 *p*123
9802 101 St, FORT SASKATCHEWAN, AB, T8L 1V4
(780) 998-7771 *SIC* 8211
ELK ISLAND PUBLIC SCHOOLS REGIONAL DIVISION NO. 14 *p*123
9529 89 St, FORT SASKATCHEWAN, AB, T8L 1J2
(780) 998-1441 *SIC* 8211
ELK ISLAND PUBLIC SCHOOLS REGIONAL DIVISION NO. 14 *p*123

SIC 8211 Elementary and secondary schools

9607 Sherridon Dr, FORT SASKATCHEWAN, AB, T8L 1W5
(780) 998-3741 SIC 8211
ELK ISLAND PUBLIC SCHOOLS REGIONAL DIVISION NO. 14 p123
9625 82 St, FORT SASKATCHEWAN, AB, T8L 3T6
(780) 992-1272 SIC 8211
ELK ISLAND PUBLIC SCHOOLS REGIONAL DIVISION NO. 14 p123
9807 108 St, FORT SASKATCHEWAN, AB, T8L 2J2
(780) 992-0101 SIC 8211
ELK ISLAND PUBLIC SCHOOLS REGIONAL DIVISION NO. 14 p134
4723 50 Ave, LAMONT, AB, T0B 2R0
(780) 895-2269 SIC 8211
ELK ISLAND PUBLIC SCHOOLS REGIONAL DIVISION NO. 14 p146
5201 Sawchuk St, MUNDARE, AB, T0B 3H0
(780) 764-3962 SIC 8211
ELK ISLAND PUBLIC SCHOOLS REGIONAL DIVISION NO. 14 p161
271 Conifer St, SHERWOOD PARK, AB, T8A 1M4
(780) 467-5143 SIC 8211
ELK ISLAND PUBLIC SCHOOLS REGIONAL DIVISION NO. 14 p161
300 Colwill Blvd, SHERWOOD PARK, AB, T8A 5R7
(780) 467-3800 SIC 8211
ELK ISLAND PUBLIC SCHOOLS REGIONAL DIVISION NO. 14 p161
28 Heron Rd, SHERWOOD PARK, AB, T8A 0H2
(780) 467-5591 SIC 8211
ELK ISLAND PUBLIC SCHOOLS REGIONAL DIVISION NO. 14 p161
207 Granada Blvd, SHERWOOD PARK, AB, T8A 3R5
(780) 464-1711 SIC 8211
ELK ISLAND PUBLIC SCHOOLS REGIONAL DIVISION NO. 14 p161
106 Georgian Way, SHERWOOD PARK, AB, T8A 2V9
(780) 467-5519 SIC 8211
ELK ISLAND PUBLIC SCHOOLS REGIONAL DIVISION NO. 14 p161
1127 Parker Dr, SHERWOOD PARK, AB, T8A 4E5
(780) 464-3330 SIC 8211
ELK ISLAND PUBLIC SCHOOLS REGIONAL DIVISION NO. 14 p161
1020 Sherwood Dr Suite 130, SHERWOOD PARK, AB, T8A 2G4
(780) 464-1899 SIC 8211
ELK ISLAND PUBLIC SCHOOLS REGIONAL DIVISION NO. 14 p161
73 Main Blvd, SHERWOOD PARK, AB, T8A 0R1
(780) 467-5556 SIC 8211
ELK ISLAND PUBLIC SCHOOLS REGIONAL DIVISION NO. 14 p161
50 Main Blvd, SHERWOOD PARK, AB, T8A 0R2
(780) 467-2295 SIC 8211
ELK ISLAND PUBLIC SCHOOLS REGIONAL DIVISION NO. 14 p161
241 Fir St, SHERWOOD PARK, AB, T8A 2G6
(780) 467-5930 SIC 8211
ELK ISLAND PUBLIC SCHOOLS REGIONAL DIVISION NO. 14 p161
20 Festival Way, SHERWOOD PARK, AB, T8A 4Y1
(780) 467-8816 SIC 8211
ELK ISLAND PUBLIC SCHOOLS REGIONAL DIVISION NO. 14 p161
1078 Strathcona Dr, SHERWOOD PARK, AB, T8A 0Z9
(780) 467-7751 SIC 8211
ELK ISLAND PUBLIC SCHOOLS REGIONAL DIVISION NO. 14 p161
133 Pine St, SHERWOOD PARK, AB, T8A 1H2
(780) 467-2246 SIC 8211
ELK ISLAND PUBLIC SCHOOLS REGIONAL DIVISION NO. 14 p162
52029 Range Road 224, SHERWOOD PARK, AB, T8C 1B5
(780) 922-3058 SIC 8211
ELK ISLAND PUBLIC SCHOOLS REGIONAL DIVISION NO. 14 p162
683 Wye Rd, SHERWOOD PARK, AB, T8B 1N2
(780) 464-3477 SIC 8211
ELK ISLAND PUBLIC SCHOOLS REGIONAL DIVISION NO. 14 p162
23358 Township Road 520 Suite 520, SHERWOOD PARK, AB, T8B 1G5
(780) 467-5940 SIC 8211
ELK ISLAND PUBLIC SCHOOLS REGIONAL DIVISION NO. 14 p163
101 Crimson Dr, SHERWOOD PARK, AB, T8H 2P1
(780) 416-9018 SIC 8211
ELK ISLAND PUBLIC SCHOOLS REGIONAL DIVISION NO. 14 p172
6426 55 Ave, VEGREVILLE, AB, T9C 1S5
(780) 632-3341 SIC 8211
ELK ISLAND PUBLIC SCHOOLS REGIONAL DIVISION NO. 14 p172
5037 48 Ave, VEGREVILLE, AB, T9C 1L8
(780) 632-3113 SIC 8211
ELK ISLAND PUBLIC SCHOOLS REGIONAL DIVISION NO. 14 p172
4908 50 Ave, VEGREVILLE, AB, T9C 1V5
(780) 632-7998 SIC 8211
ESKASONI SCHOOL BOARD p454
4675 Shore Rd, ESKASONI, NS, B1W 1B8
(902) 379-2825 SIC 8211
EVERGREEN CATHOLIC SEPARATE REGIONAL DIVISION 2 p131
174 Maligne Dr, HINTON, AB, T7V 1J4
(780) 865-2820 SIC 8211
EVERGREEN CATHOLIC SEPARATE REGIONAL DIVISION 2 p165
381 Grove Dr Suite 110, SPRUCE GROVE, AB, T7X 2Y9
(780) 962-1585 SIC 8211
EVERGREEN CATHOLIC SEPARATE REGIONAL DIVISION 2 p165
395 Grove Dr, SPRUCE GROVE, AB, T7X 2Y7
(780) 962-8787 SIC 8211
EVERGREEN CATHOLIC SEPARATE REGIONAL DIVISION 2 p165
195 Weston Dr, SPRUCE GROVE, AB, T7X 1V1
(780) 962-8788 SIC 8211
EVERGREEN CATHOLIC SEPARATE REGIONAL DIVISION 2 p173
9916 97 St, WESTLOCK, AB, T7P 2G2
(780) 349-3644 SIC 8211
EVERGREEN SCHOOL DIVISION p343
251 David St, ARBORG, MB, R0C 0A0
(204) 376-5054 SIC 8211
EVERGREEN SCHOOL DIVISION p349
52 7th Ave, GIMLI, MB, R0C 1B1
(204) 642-8546 SIC 8211
EVERGREEN SCHOOL DIVISION p349
55 3rd Ave, GIMLI, MB, R0C 1B1
(204) 642-8581 SIC 8211
EVERGREEN SCHOOL DIVISION p354
Thompson Dr, RIVERTON, MB, R0C 2R0
(204) 378-5135 SIC 8211
EVERGREEN SCHOOL DIVISION p354
Gd, RIVERTON, MB, R0C 2R0
(204) 378-5145 SIC 8211
EVERGREEN SCHOOL DIVISION p392
185 Churchill Dr, WINNIPEG BEACH, MB, R0C 3G0
(204) 389-2176 SIC 8211
EXTERNAT SAINT-JEAN-EUDES p1168
650 Av Du Bourg-Royal, Quebec, QC, G2L 1M8
(418) 627-1550 SIC 8211
FAITH ACADEMY INC p371
437 Matheson Ave, WINNIPEG, MB, R2W 0E1
(204) 582-3400 SIC 8211
FATHER PORTE MEMORIAL DENE SCHOOL p1265
Gd, BLACK LAKE, SK, S0J 0H0
(306) 284-2166 SIC 8211
FERN HILL SCHOOL MISSISSAUGA INC p538
801 North Service Rd, BURLINGTON, ON, L7P 5B6
(905) 634-8652 SIC 8211
FERN HILL SCHOOL MISSISSAUGA INC p764
3300 Ninth Line, OAKVILLE, ON, L6H 7A8
(905) 257-0022 SIC 8211
FFCA CHARTER SCHOOL SOCIETY p31
8710 Ancourt Rd Se, CALGARY, AB, T2H 1V2
(403) 259-3175 SIC 8211
FFCA CHARTER SCHOOL SOCIETY p59
2116 Mackay Rd Nw, CALGARY, AB, T3B 1C7
(403) 243-3316 SIC 8211
FONDATION DE L'ECOLE LES MELEZES p1045
393 Rue De Lanaudiere, JOLIETTE, QC, J6E 3L9
(450) 752-4433 SIC 8211
FONDATION DE LA COMMISSION SCOLAIRE DES PORTAGES-DE-L'OUTAOUAIS p1012
135 Ch Scott, CHELSEA, QC, J9B 1R6
(819) 827-4581 SIC 8211
FONDATION DE LA COMMISSION SCOLAIRE DES PORTAGES-DE-L'OUTAOUAIS p1037
249 Boul De La Cite-Des-Jeunes, GATINEAU, QC, J8Y 6L2
(819) 771-0863 SIC 8211
FONDATION DE LA COMMISSION SCOLAIRE DES PORTAGES-DE-L'OUTAOUAIS p1037
35 Rue Davies, GATINEAU, QC, J8Y 4S8
(819) 771-2503 SIC 8211
FONDATION DE LA COMMISSION SCOLAIRE DES PORTAGES-DE-L'OUTAOUAIS p1037
15 Rue Doucet, GATINEAU, QC, J8Y 5N4
(819) 771-8531 SIC 8211
FONDATION DE LA COMMISSION SCOLAIRE DES PORTAGES-DE-L'OUTAOUAIS p1037
39 Rue Saint-Florent, GATINEAU, QC, J8X 2Z8
(819) 771-8478 SIC 8211
FONDATION DE LA COMMISSION SCOLAIRE DES PORTAGES-DE-L'OUTAOUAIS p1037
255 Rue Saint-Redempteur, GATINEAU, QC, J8X 2T4
(819) 771-6126 SIC 8211
FONDATION DE LA COMMISSION SCOLAIRE DES PORTAGES-DE-L'OUTAOUAIS p1037
170 Rue Papineau, GATINEAU, QC, J8X 1V9
(819) 777-2818 SIC 8211
FONDATION DE LA COMMISSION SCOLAIRE DES PORTAGES-DE-L'OUTAOUAIS p1037
71 Rue Saint-Jean-Bosco, GATINEAU, QC, J8Y 3G5
(819) 777-8662 SIC 8211
FONDATION DE LA COMMISSION SCOLAIRE DES PORTAGES-DE-L'OUTAOUAIS p1038
40 Rue Du Dome, GATINEAU, QC, J8Z 3J4
(819) 595-5125 SIC 8211
FONDATION DE LA COMMISSION SCOLAIRE DES PORTAGES-DE-L'OUTAOUAIS p1038
389 Boul De La Cite-Des-Jeunes Bureau 3, GATINEAU, QC, J8Z 1W6
(819) 771-7131 SIC 8211
FONDATION DE LA COMMISSION SCOLAIRE DES PORTAGES-DE-L'OUTAOUAIS p1038
45 Rue Boucher, GATINEAU, QC, J8Y 6G2
(819) 777-5921 SIC 8211
FONDATION DE LA COMMISSION SCOLAIRE DES PORTAGES-DE-L'OUTAOUAIS p1039
113 Ch Vanier, GATINEAU, QC, J9H 1Z2
(819) 685-2635 SIC 8211
FONDATION DE LA COMMISSION SCOLAIRE DES PORTAGES-DE-L'OUTAOUAIS p1039
120 Rue Broad, GATINEAU, QC, J9H 6W3
(819) 682-2742 SIC 8211
FONDATION DE LA COMMISSION SCOLAIRE DES PORTAGES-DE-L'OUTAOUAIS p1039
45 Ch Eardley, GATINEAU, QC, J9H 4J9
(819) 685-2611 SIC 8211
FONDATION DE LA COMMISSION SCOLAIRE DES PORTAGES-DE-L'OUTAOUAIS p1039
360 Ch De Lucerne, GATINEAU, QC, J9A 1A7
(819) 777-9353 SIC 8211
FONDATION DE LA COMMISSION SCOLAIRE DES PORTAGES-DE-L'OUTAOUAIS p1039
145 Rue De L'atmosphere, GATINEAU, QC, J9A 3G3
(819) 772-2694 SIC 8211
FONDATION DE LA COMMISSION SCOLAIRE DES PORTAGES-DE-L'OUTAOUAIS p1039
450 Rue Leguerrier, GATINEAU, QC, J9H 7J1
(819) 684-0409 SIC 8211
FONDATION DE LA COMMISSION SCOLAIRE DES PORTAGES-DE-L'OUTAOUAIS p1039
550 Boul Wilfrid-Lavigne, GATINEAU, QC, J9H 6L5
(819) 684-0222 SIC 8211
FONDATION DE LA COMMISSION SCOLAIRE DES PORTAGES-DE-L'OUTAOUAIS p1039
100 Rue Broad, GATINEAU, QC, J9H 6A9
(819) 682-2557 SIC 8211
FONDATION DE LA COMMISSION SCOLAIRE DES PORTAGES-DE-L'OUTAOUAIS p1054
1 Ch Lionel Beausoleil, LAC DES LOUPS, QC, J0X 3K0
(819) 456-3694 SIC 8211
FONDATION DE LA COMMISSION SCOLAIRE DES PORTAGES-DE-L'OUTAOUAIS p1225
32 Ch Passe-Partout, Sainte-Cecile-de-Masham, QC, J0X 2W0
(819) 503-8810 SIC 8211
FONDATION DE LA COMMISSION SCOLAIRE DES PORTAGES-DE-L'OUTAOUAIS p1225
3 Rte Principale E, Sainte-Cecile-de-Masham, QC, J0X 2W0
SIC 8211
FONDATION DE LA COMMISSION SCOLAIRE DES PORTAGES-DE-L'OUTAOUAIS p1225
3 Rte Principale E, Sainte-Cecile-de-Masham, QC, J0X 2W0
(819) 503-8809 SIC 8211
FOOTHILLS SCHOOL DIVISION NO. 38 p131
1204 10 St, HIGH RIVER, AB, T1V 2B9
SIC 8211
FOOTHILLS SCHOOL DIVISION NO. 38 p131
409 Macleod Trail Sw, HIGH RIVER, AB, T1V 1B5
(403) 652-2376 SIC 8211
FOOTHILLS SCHOOL DIVISION NO. 38 p131
1208 9 Ave Se, HIGH RIVER, AB, T1V 1L2
(403) 652-2020 SIC 8211

FOOTHILLS SCHOOL DIVISION NO. 38 p131
12th Ave S, HIGH RIVER, AB, T1V 1S1
(403) 652-5500 SIC 8211
FOOTHILLS SCHOOL DIVISION NO. 38 p142
101 Morrison Rd, LONGVIEW, AB, T0L 1H0
(403) 601-1753 SIC 8211
FOOTHILLS SCHOOL DIVISION NO. 38 p148
1 Pacific Dr, OKOTOKS, AB, T1S 2A9
(403) 938-4426 SIC 8211
FOOTHILLS SCHOOL DIVISION NO. 38 p148
229 Woodhaven Dr, OKOTOKS, AB, T1S 2A7
(403) 938-6116 SIC 8211
FOOTHILLS SCHOOL DIVISION NO. 38 p148
69 Okotoks Dr, OKOTOKS, AB, T1S 2B1
(403) 938-3865 SIC 8211
FOOTHILLS SCHOOL DIVISION NO. 38 p148
33 Hunter's Gate, OKOTOKS, AB, T1S 2A4
(403) 938-6666 SIC 8211
FOOTHILLS SCHOOL DIVISION NO. 38 p171
114 Royal Ave Nw, TURNER VALLEY, AB, T0L 2A0
(403) 938-7359 SIC 8211
FORT LA BOSSE SCHOOL DIVISION p348
171096 Road 69n, ELKHORN, MB, R0M 0N0
(204) 845-2662 SIC 8211
FORT LA BOSSE SCHOOL DIVISION p348
112 Tralee St, ELKHORN, MB, R0M 0N0
(204) 845-2118 SIC 8211
FORT LA BOSSE SCHOOL DIVISION p354
516 1st St, RESTON, MB, R0M 1X0
(204) 877-3994 SIC 8211
FORT LA BOSSE SCHOOL DIVISION p359
200 Queen St E, VIRDEN, MB, R0M 2C0
(204) 748-2294 SIC 8211
FORT LA BOSSE SCHOOL DIVISION p360
447 Princess St W, VIRDEN, MB, R0M 2C0
(204) 748-1932 SIC 8211
FORT LA BOSSE SCHOOL DIVISION p360
445 Lyons St W, VIRDEN, MB, R0M 2C0
(204) 748-2575 SIC 8211
FORT LA BOSSE SCHOOL DIVISION p360
251 Kent St, VIRDEN, MB, R0M 2C0
(204) 748-2205 SIC 8211
FORT MCMURRAY CATHOLIC BOARD OF EDUCATION p120
8553 Franklin Ave, FORT MCMURRAY, AB, T9H 2J5
(780) 799-5772 SIC 8211
FORT MCMURRAY CATHOLIC BOARD OF EDUCATION p120
455 Silin Forest Rd, FORT MCMURRAY, AB, T9H 4V6
(780) 799-5725 SIC 8211
FORT MCMURRAY CATHOLIC BOARD OF EDUCATION p120
211 Beacon Hill Dr, FORT MCMURRAY, AB, T9H 2R1
(780) 799-5763 SIC 8211
FORT MCMURRAY CATHOLIC BOARD OF EDUCATION p120
429 Ross Haven Dr, FORT MCMURRAY, AB, T9H 3P3
(780) 799-5760 SIC 8211
FORT MCMURRAY CATHOLIC BOARD OF EDUCATION p120
585 Signal Rd, FORT MCMURRAY, AB, T9H 4V3
(780) 799-7650 SIC 8211
FORT MCMURRAY CATHOLIC BOARD OF EDUCATION p122
101 Brett Dr, FORT MCMURRAY, AB, T9K 1V1
(780) 799-5752 SIC 8211
FORT MCMURRAY CATHOLIC BOARD OF EDUCATION p122
177 Dickins Dr, FORT MCMURRAY, AB, T9K 1M3
(780) 799-5720 SIC 8211
FORT MCMURRAY CATHOLIC BOARD OF EDUCATION p122
255 Athabasca Ave Suite 167, FORT MCMURRAY, AB, T9J 1G7

(780) 790-9065 SIC 8211
FORT MCMURRAY PUBLIC SCHOOL DISTRICT #2833 p120
96 Silin Forest Rd, FORT MCMURRAY, AB, T9H 3A1
(780) 743-8417 SIC 8211
FORT MCMURRAY PUBLIC SCHOOL DISTRICT #2833 p120
210 Beacon Hill Dr, FORT MCMURRAY, AB, T9H 2R1
(780) 743-8722 SIC 8211
FORT MCMURRAY PUBLIC SCHOOL DISTRICT #2833 p120
109 Greely Rd, FORT MCMURRAY, AB, T9H 4V4
(780) 791-7470 SIC 8211
FORT MCMURRAY PUBLIC SCHOOL DISTRICT #2833 p120
8453 Franklin Ave, FORT MCMURRAY, AB, T9H 2J2
(780) 743-2444 SIC 8211
FORT MCMURRAY PUBLIC SCHOOL DISTRICT #2833 p120
9803 King St, FORT MCMURRAY, AB, T9H 1L3
SIC 8211
FORT MCMURRAY PUBLIC SCHOOL DISTRICT #2833 p120
221 Tundra Dr, FORT MCMURRAY, AB, T9H 4Z7
(780) 791-1986 SIC 8211
FORT MCMURRAY PUBLIC SCHOOL DISTRICT #2833 p120
407 Wolverine Dr, FORT MCMURRAY, AB, T9H 4S6
(780) 791-3121 SIC 8211
FORT MCMURRAY PUBLIC SCHOOL DISTRICT #2833 p122
190 Tamarack Way, FORT MCMURRAY, AB, T9K 1A1
(780) 743-1079 SIC 8211
FORT MCMURRAY PUBLIC SCHOOL DISTRICT #2833 p122
201 Dickins Dr, FORT MCMURRAY, AB, T9K 1M9
(780) 791-6990 SIC 8211
FORT MCMURRAY PUBLIC SCHOOL DISTRICT #2833 p122
107 Brett Dr, FORT MCMURRAY, AB, T9K 1V1
(780) 743-5771 SIC 8211
FORT VERMILION SCHOOL DIVISON 52 p9
Gd, BUFFALO HEAD PRAIRIE, AB, T0H 4A0
(780) 928-2282 SIC 8211
FORT VERMILION SCHOOL DIVISON 52 p124
4611 River Rd, FORT VERMILION, AB, T0H 1N0
(780) 927-3201 SIC 8211
FORT VERMILION SCHOOL DIVISON 52 p130
9701 105 Ave Ss 1, HIGH LEVEL, AB, T0H 1Z0
(780) 926-3706 SIC 8211
FORT VERMILION SCHOOL DIVISON 52 p130
10801 102 St Ss 1, HIGH LEVEL, AB, T0H 1Z0
(780) 841-7200 SIC 8211
FORT VERMILION SCHOOL DIVISON 52 p130
10802 Rainbow Blvd, HIGH LEVEL, AB, T0H 1Z0
(780) 926-2331 SIC 8211
FORT VERMILION SCHOOL DIVISON 52 p133
10402 94 Ave, LA CRETE, AB, T0H 2H0
(780) 928-3100 SIC 8211
FORT VERMILION SCHOOL DIVISON 52 p133
10202 94 Ave, LA CRETE, AB, T0H 2H0
(780) 928-3947 SIC 8211
FORT VERMILION SCHOOL DIVISON 52 p133
Gd, LA CRETE, AB, T0H 2H0
(780) 928-3913 SIC 8211
FORT VERMILION SCHOOL DIVISON 52 p133
Gd, LA CRETE, AB, T0H 2H0
(780) 928-3632 SIC 8211
FORT VERMILION SCHOOL DIVISON 52 p151
2 Neander Cres, RAINBOW LAKE, AB, T0H 2Y0
(780) 956-3851 SIC 8211
FRASER ACADEMY ASSOCIATION p317
2294 West 10th Ave, VANCOUVER, BC, V6K 2H8
(604) 736-5575 SIC 8211
FRASER VALLEY CHRISTIAN HIGH SCHOOL ASSOCIATION p280
15353 92 Ave, SURREY, BC, V3R 1C3
(604) 581-1033 SIC 8211
FRONTIER SCHOOL DIVISION p343
Gd, BERENS RIVER, MB, R0B 0A0
(204) 382-2153 SIC 8211
FRONTIER SCHOOL DIVISION p346
179 Park Trunk Hwy Suite 20, CAMPERVILLE, MB, R0L 0J0
(204) 524-2343 SIC 8211
FRONTIER SCHOOL DIVISION p347
5 School Rd, CORMORANT, MB, R0B 0G0
(204) 357-2225 SIC 8211
FRONTIER SCHOOL DIVISION p347
Gd, CRANE RIVER, MB, R0L 0M0
(204) 732-2750 SIC 8211
FRONTIER SCHOOL DIVISION p347
180 Laverandrye Ave, CHURCHILL, MB, R0B 0E0
(204) 675-2262 SIC 8211
FRONTIER SCHOOL DIVISION p347
10 Hwy, CRANBERRY PORTAGE, MB, R0B 0H0
(204) 472-3431 SIC 8211
FRONTIER SCHOOL DIVISION p347
109 Second Av S, CRANBERRY PORTAGE, MB, R0B 0H0
(204) 472-3250 SIC 8211
FRONTIER SCHOOL DIVISION p348
65 Government Rd, DUCK BAY, MB, R0L 0N0
(204) 524-2355 SIC 8211
FRONTIER SCHOOL DIVISION p349
11 Grand Rapids Dr, GRAND RAPIDS, MB, R0C 1E0
(204) 639-2451 SIC 8211
FRONTIER SCHOOL DIVISION p350
Gd, LEAF RAPIDS, MB, R0B 1W0
(204) 473-2403 SIC 8211
FRONTIER SCHOOL DIVISION p350
Gd, LITTLE BULLHEAD, MB, R0C 1V0
(204) 276-2177 SIC 8211
FRONTIER SCHOOL DIVISION p352
1 Rossville Rd, NORWAY HOUSE, MB, R0B 1B0
(204) 359-4100 SIC 8211
FRONTIER SCHOOL DIVISION p355
63 Eldon Ave, SHERRIDON, MB, R0B 1L0
(204) 468-2021 SIC 8211
FRONTIER SCHOOL DIVISION p356
Gd, SKOWNAN, MB, R0L 1Y0
(204) 628-3315 SIC 8211
FRONTIER SCHOOL DIVISION p356
201 Cherry Ave, SNOW LAKE, MB, R0B 1M0
(204) 358-2281 SIC 8211
FRONTIER SCHOOL DIVISION p356
2 Wasagam Rd, SOUTH INDIAN LAKE, MB, R0B 1N0
(204) 374-2056 SIC 8211
FRONTIER SCHOOL DIVISION p360
269 Fleming Dr, WABOWDEN, MB, R0B 1S0
(204) 689-2620 SIC 8211
FRONTIER SCHOOL DIVISION p360
Gd, WANIPIGOW, MB, R0E 2E0
(204) 363-7253 SIC 8211

FRONTIER SCHOOL DIVISION p360
Gd, WANIPIGOW, MB, R0E 2E0
(204) 363-7253 SIC 8211
FRONTIER SCHOOL DIVISION p360
Gd, WATERHEN, MB, R0L 2C0
(204) 628-3443 SIC 8211
FRONTIER SCHOOL DIVISION p365
30 Speers Rd, WINNIPEG, MB, R2J 1L9
(204) 775-9741 SIC 8211
GARDEN HILL FIRST NATION p350
Gd, ISLAND LAKE, MB, R0B 0T0
(204) 456-2391 SIC 8211
GARDEN VALLEY SCHOOL DIVISION p353
155 Government Rd, PLUM COULEE, MB, R0G 1R0
(204) 325-9852 SIC 8211
GARDEN VALLEY SCHOOL DIVISION p355
224 Hespeler Ave E, SCHANZENFELD, MB, R6W 1K3
(204) 325-8592 SIC 8211
GARDEN VALLEY SCHOOL DIVISION p361
296 Border St, WINKLER, MB, R6W 4B4
(204) 325-8674 SIC 8211
GARDEN VALLEY SCHOOL DIVISION p361
1100 Roblin Blvd, WINKLER, MB, R6W 1G2
(204) 325-6373 SIC 8211
GARDEN VALLEY SCHOOL DIVISION p361
675 Prairie View Dr, WINKLER, MB, R6W 1M5
(204) 331-4533 SIC 8211
GARDEN VALLEY SCHOOL DIVISION p361
Garden Valley Collegiate, Winkler, MB, R6W 4C8
(204) 325-8008 SIC 8211
GCA EDUCATIONAL SOCIETY p56
16520 24 St Sw, CALGARY, AB, T2Y 4W2
(403) 254-9050 SIC 8211
GOLDEN HILLS SCHOOL DIVISION #75 p2
610 Walsh Ave, ACME, AB, T0M 0A0
(403) 546-3845 SIC 8211
GOLDEN HILLS SCHOOL DIVISION #75 p72
1050 12 Ave Se Ss 7, DRUMHELLER, AB, T0J 0Y7
(403) 823-5244 SIC 8211
GOLDEN HILLS SCHOOL DIVISION #75 p72
450 17 St E, DRUMHELLER, AB, T0J 0Y5
(403) 823-5171 SIC 8211
GOLDEN HILLS SCHOOL DIVISION #75 p140
215 1 St Se, LINDEN, AB, T0M 1J0
(403) 546-3863 SIC 8211
GOLDEN HILLS SCHOOL DIVISION #75 p168
121 9 Ave E, STANDARD, AB, T0J 3G0
(403) 644-3791 SIC 8211
GOLDEN HILLS SCHOOL DIVISION #75 p169
220 Wheatland Trail, STRATHMORE, AB, T1P 1B2
(403) 934-3041 SIC 8211
GOLDEN HILLS SCHOOL DIVISION #75 p169
435b Hwy 1, STRATHMORE, AB, T1P 1J4
(403) 901-9266 SIC 8211
GOLDEN HILLS SCHOOL DIVISION #75 p169
220 Brent Blvd, STRATHMORE, AB, T1P 1K6
(403) 934-3318 SIC 8211
GOLDEN HILLS SCHOOL DIVISION #75 p169
435a Hwy 1 Suite 1, STRATHMORE, AB, T1P 1J4
SIC 8211
GOLDEN HILLS SCHOOL DIVISION #75 p169
100 Brent Blvd, STRATHMORE, AB, T1P 1V2
(403) 934-3135 SIC 8211
GOLDEN HILLS SCHOOL DIVISION #75 p169
95 Brentwood Dr W, STRATHMORE, AB, T1P 1E3
(403) 934-5013 SIC 8211

BUSINESSES BY INDUSTRY CLASSIFICATION

SIC 8211 Elementary and secondary schools **2455**

GOLDEN HILLS SCHOOL DIVISION #75
p169
190 Brent Blvd, STRATHMORE, AB, T1P 1T4
(403) 901-1410   SIC 8211

GOLDEN HILLS SCHOOL DIVISION #75
p171
400 6 Ave S, THREE HILLS, AB, T0M 2A0
(403) 443-5335   SIC 8211

GOLDEN HILLS SCHOOL DIVISION #75
p171
102 School Rd, TROCHU, AB, T0M 2C0
SIC 8211

GOLDEN HILLS SCHOOL DIVISION #75
p171
211 School Rd, TROCHU, AB, T0M 2C0
(403) 442-3872   SIC 8211

GOUVERNEMENT DE LA PROVINCE DE QUEBEC   p1044
1235 Rue De La Digue, HAVRE-SAINT-PIERRE, QC, G0G 1P0
(418) 538-2662   SIC 8211

GOUVERNEMENT DE LA PROVINCE DE QUEBEC   p1058
80 Rue Hammond, LACHUTE, QC, J8H 2V3
(450) 562-2223   SIC 8211

GOVERNMENT OF ONTARIO   p525
34 Norman St, BRANTFORD, ON, N3R 2Y1
(519) 751-2891   SIC 8211

GOVERNMENT OF ONTARIO   p598
500 Victoria Rd N, GUELPH, ON, N1E 6K2
(519) 766-9140   SIC 8211

GOVERNMENT OF ONTARIO   p681
255 Ontario St S, MILTON, ON, L9T 2M5
(905) 878-2851   SIC 8211

GOVERNMENT OF THE NORTHWEST TERRITORIES   p438
Gd, WHATI, NT, X0E 1P0
(867) 573-3131   SIC 8211

GOVERNMENT OF THE PROVINCE OF ALBERTA   p13
4807 Forego Ave Se, CALGARY, AB, T2A 2C4
(403) 777-8180   SIC 8211

GOVERNMENT OF THE PROVINCE OF ALBERTA   p168
Gd, STAND OFF, AB, T0L 1Y0
(403) 737-3966   SIC 8211

GOVERNORS OF THE UNIVERSITY OF CALGARY, THE   p39
2500 University Dr Nw, CALGARY, AB, T2N 1N4
(403) 220-5611   SIC 8211

GRAND ERIE DISTRICT SCHOOL BOARD
p524
141 Banbury Rd, BRANTFORD, ON, N3P 1E3
(519) 751-0142   SIC 8211

GRAND ERIE DISTRICT SCHOOL BOARD
p524
238 Brantwood Park Rd, BRANTFORD, ON, N3P 1N9
(519) 759-7240   SIC 8211

GRAND ERIE DISTRICT SCHOOL BOARD
p525
68 North Park St, BRANTFORD, ON, N3R 4J9
(519) 752-1422   SIC 8211

GRAND ERIE DISTRICT SCHOOL BOARD
p525
41 Ellenson Dr, BRANTFORD, ON, N3R 3E7
(519) 759-4570   SIC 8211

GRAND ERIE DISTRICT SCHOOL BOARD
p525
54 Ewing Dr, BRANTFORD, ON, N3R 5H8
(519) 752-9332   SIC 8211

GRAND ERIE DISTRICT SCHOOL BOARD
p525
112 Toll Gate Rd, BRANTFORD, ON, N3R 4Z6
SIC 8211

GRAND ERIE DISTRICT SCHOOL BOARD
p525
43 Cambridge Dr, BRANTFORD, ON, N3R 5E3
(519) 753-7727   SIC 8211

GRAND ERIE DISTRICT SCHOOL BOARD
p525
60 Ashgrove Ave, BRANTFORD, ON, N3R 6E5
(519) 753-2910   SIC 8211

GRAND ERIE DISTRICT SCHOOL BOARD
p525
10 Blackfriar Lane, BRANTFORD, ON, N3R 6C5
(519) 759-8682   SIC 8211

GRAND ERIE DISTRICT SCHOOL BOARD
p525
62 Queensway Dr, BRANTFORD, ON, N3R 4W8
(519) 752-2296   SIC 8211

GRAND ERIE DISTRICT SCHOOL BOARD
p525
40 Morton Ave, BRANTFORD, ON, N3R 2N5
(519) 752-9687   SIC 8211

GRAND ERIE DISTRICT SCHOOL BOARD
p527
365 Rawdon St, BRANTFORD, ON, N3S 6J3
(519) 770-1288   SIC 8211

GRAND ERIE DISTRICT SCHOOL BOARD
p527
265 Rawdon St, BRANTFORD, ON, N3S 6G7
(519) 752-7486   SIC 8211

GRAND ERIE DISTRICT SCHOOL BOARD
p527
349 Erie Ave, BRANTFORD, ON, N3S 2H7
(519) 756-6301   SIC 8211

GRAND ERIE DISTRICT SCHOOL BOARD
p527
627 Colborne St, BRANTFORD, ON, N3S 3M8
(519) 756-1320   SIC 8211

GRAND ERIE DISTRICT SCHOOL BOARD
p527
97 Tenth Ave, BRANTFORD, ON, N3S 1G5
(519) 752-7414   SIC 8211

GRAND ERIE DISTRICT SCHOOL BOARD
p527
105 Rawdon St, BRANTFORD, ON, N3S 6C7
(519) 752-1643   SIC 8211

GRAND ERIE DISTRICT SCHOOL BOARD
p528
10 Wade Ave, BRANTFORD, ON, N3T 1W7
SIC 8211

GRAND ERIE DISTRICT SCHOOL BOARD
p528
21 Preston Blvd, BRANTFORD, ON, N3T 5B1
(519) 753-0390   SIC 8211

GRAND ERIE DISTRICT SCHOOL BOARD
p528
21 Brant School Rd, BRANTFORD, ON, N3T 5L4
(519) 753-8885   SIC 8211

GRAND ERIE DISTRICT SCHOOL BOARD
p529
52 Clench Ave, BRANTFORD, ON, N3T 1B6
(519) 756-4950   SIC 8211

GRAND ERIE DISTRICT SCHOOL BOARD
p532
35 Alexander St, BURFORD, ON, N0E 1A0
(519) 449-2457   SIC 8211

GRAND ERIE DISTRICT SCHOOL BOARD
p542
110 Shetland St, CALEDONIA, ON, N3W 2H1
(905) 765-4860   SIC 8211

GRAND ERIE DISTRICT SCHOOL BOARD
p542
37 Forfar St E, CALEDONIA, ON, N3W 1L6
(905) 765-5437   SIC 8211

GRAND ERIE DISTRICT SCHOOL BOARD
p542
91 Haddington St Suite 765, CALEDONIA, ON, N3W 2H2

(905) 765-4466   SIC 8211

GRAND ERIE DISTRICT SCHOOL BOARD
p542
661 4th Line, CALEDONIA, ON, N3W 2B2
(905) 765-4700   SIC 8211

GRAND ERIE DISTRICT SCHOOL BOARD
p550
60 Munsee St S, CAYUGA, ON, N0A 1E0
(905) 772-5071   SIC 8211

GRAND ERIE DISTRICT SCHOOL BOARD
p567
1012 Queen St, COURTLAND, ON, N0J 1E0
(519) 688-2110   SIC 8211

GRAND ERIE DISTRICT SCHOOL BOARD
p568
227 Queen St, DELHI, ON, N4B 2K6
(519) 582-1890   SIC 8211

GRAND ERIE DISTRICT SCHOOL BOARD
p568
393 James St, DELHI, ON, N4B 2B6
(519) 582-0410   SIC 8211

GRAND ERIE DISTRICT SCHOOL BOARD
p571
800 Cross St W, DUNNVILLE, ON, N1A 1N7
(905) 774-5460   SIC 8211

GRAND ERIE DISTRICT SCHOOL BOARD
p571
223 Fairview Ave W, DUNNVILLE, ON, N1A 1M4
(905) 774-6144   SIC 8211

GRAND ERIE DISTRICT SCHOOL BOARD
p571
110 Helena St, DUNNVILLE, ON, N1A 2S5
(905) 774-7401   SIC 8211

GRAND ERIE DISTRICT SCHOOL BOARD
p571
121 Alder St W, DUNNVILLE, ON, N1A 1R2
(905) 774-6033   SIC 8211

GRAND ERIE DISTRICT SCHOOL BOARD
p605
40 Parkview Rd, HAGERSVILLE, ON, N0A 1H0
(905) 768-3012   SIC 8211

GRAND ERIE DISTRICT SCHOOL BOARD
p605
70 Parkview Rd, HAGERSVILLE, ON, N0A 1H0
(905) 768-3318   SIC 8211

GRAND ERIE DISTRICT SCHOOL BOARD
p622
14 Monson St, JARVIS, ON, N0A 1J0
(519) 587-2612   SIC 8211

GRAND ERIE DISTRICT SCHOOL BOARD
p645
2561 Hwy 59, LANGTON, ON, N0E 1G0
(519) 586-3522   SIC 8211

GRAND ERIE DISTRICT SCHOOL BOARD
p645
23 Albert St, LANGTON, ON, N0E 1G0
(519) 875-4448   SIC 8211

GRAND ERIE DISTRICT SCHOOL BOARD
p804
7 Broadway St E, PARIS, ON, N3L 2R2
(519) 442-4163   SIC 8211

GRAND ERIE DISTRICT SCHOOL BOARD
p804
107 Silver St, PARIS, ON, N3L 1V2
(519) 442-2311   SIC 8211

GRAND ERIE DISTRICT SCHOOL BOARD
p816
109 Hamilton Plank Rd, PORT DOVER, ON, N0A 1N7
(519) 583-0830   SIC 8211

GRAND ERIE DISTRICT SCHOOL BOARD
p817
48 College Ave, PORT ROWAN, ON, N0E 1M0
(519) 586-3541   SIC 8211

GRAND ERIE DISTRICT SCHOOL BOARD
p849
660 Ireland Rd, SIMCOE, ON, N3Y 4K2
(519) 426-8400   SIC 8211

GRAND ERIE DISTRICT SCHOOL BOARD
p849

40 Wilson Ave, SIMCOE, ON, N3Y 2E5
(519) 426-4664   SIC 8211

GRAND ERIE DISTRICT SCHOOL BOARD
p849
18 Parker Dr, SIMCOE, ON, N3Y 1A1
(519) 426-0688   SIC 8211

GRAND ERIE DISTRICT SCHOOL BOARD
p849
80 Elgin Ave, SIMCOE, ON, N3Y 4A8
(519) 426-4628   SIC 8211

GRAND ERIE DISTRICT SCHOOL BOARD
p849
55 Donly Dr S, SIMCOE, ON, N3Y 5G7
(519) 429-2997   SIC 8211

GRAND ERIE DISTRICT SCHOOL BOARD
p849
933 St John's Rd W, SIMCOE, ON, N3Y 4K1
(519) 426-3716   SIC 8211

GRAND ERIE DISTRICT SCHOOL BOARD
p857
3 College, ST GEORGE BRANT, ON, N0E 1N0
(519) 448-1493   SIC 8211

GRAND ERIE DISTRICT SCHOOL BOARD
p950
100 Church St E, WATERFORD, ON, N0E 1Y0
(519) 443-8942   SIC 8211

GRANDE PRAIRIE CATHOLIC SCHOOL DISTRICT 28   p118
10208 114 St, FAIRVIEW, AB, T0H 1L0
(780) 835-2245   SIC 8211

GRANDE PRAIRIE CATHOLIC SCHOOL DISTRICT 28   p126
7810 Poplar Dr, GRANDE PRAIRIE, AB, T8V 4T8
(780) 539-7434   SIC 8211

GRANDE PRAIRIE CATHOLIC SCHOOL DISTRICT 28   p126
9724 88 Ave, GRANDE PRAIRIE, AB, T8V 0B7
(780) 532-5398   SIC 8211

GRANDE PRAIRIE CATHOLIC SCHOOL DISTRICT 28   p126
9636 109 Ave, GRANDE PRAIRIE, AB, T8V 1R2
(780) 532-4698   SIC 8211

GRANDE PRAIRIE CATHOLIC SCHOOL DISTRICT 28   p128
7906 Mission Heights Dr, GRANDE PRAIRIE, AB, T8V 1H3
(780) 539-4280   SIC 8211

GRANDE PRAIRIE CATHOLIC SCHOOL DISTRICT 28   p128
10520 68 Ave, GRANDE PRAIRIE, AB, T8W 2P1
(780) 532-7779   SIC 8211

GRANDE PRAIRIE CATHOLIC SCHOOL DISTRICT 28   p129
11011 90 St, GRANDE PRAIRIE, AB, T8X 1J7
(780) 538-0077   SIC 8211

GRANDE PRAIRIE CATHOLIC SCHOOL DISTRICT 28   p160
9001 103 St, SEXSMITH, AB, T0H 3C0
(780) 568-3631   SIC 8211

GRANDE PRAIRIE PUBLIC SCHOOL DISTRICT #2357   p126
7240 Poplar Dr, GRANDE PRAIRIE, AB, T8V 5A6
(780) 532-1365   SIC 8211

GRANDE PRAIRIE PUBLIC SCHOOL DISTRICT #2357   p126
9617 91a Ave, GRANDE PRAIRIE, AB, T8V 0G7
(780) 532-7429   SIC 8211

GRANDE PRAIRIE PUBLIC SCHOOL DISTRICT #2357   p126
9351 116 Ave, GRANDE PRAIRIE, AB, T8V 6L5
(780) 830-3384   SIC 8211

GRANDE PRAIRIE PUBLIC SCHOOL DISTRICT #2357   p126
10213 99 St Suite 2357, GRANDE PRAIRIE,

SIC 8211 Elementary and secondary schools

AB, T8V 2H3
(780) 532-4491 SIC 8211
GRANDE PRAIRIE PUBLIC SCHOOL DISTRICT #2357 p126
9410 106 Ave, GRANDE PRAIRIE, AB, T8V 1H8
(780) 532-0743 SIC 8211
GRANDE PRAIRIE PUBLIC SCHOOL DISTRICT #2357 p126
8908 100 St, GRANDE PRAIRIE, AB, T8V 2K4
(780) 830-3416 SIC 8211
GRANDE PRAIRIE PUBLIC SCHOOL DISTRICT #2357 p126
11202 104 St Suite 2357, GRANDE PRAIRIE, AB, T8V 2Z1
(780) 532-7721 SIC 8211
GRANDE PRAIRIE PUBLIC SCHOOL DISTRICT #2357 p128
9720 63 Ave, GRANDE PRAIRIE, AB, T8W 1K3
(780) 538-3009 SIC 8211
GRANDE PRAIRIE PUBLIC SCHOOL DISTRICT #2357 p128
8202 110 St, GRANDE PRAIRIE, AB, T8W 1M3
(780) 539-4566 SIC 8211
GRANDE PRAIRIE PUBLIC SCHOOL DISTRICT #2357 p128
6431 98 St, GRANDE PRAIRIE, AB, T8W 2H3
(780) 532-8861 SIC 8211
GRANDE PRAIRIE PUBLIC SCHOOL DISTRICT #2357 p129
8876 108 Ave, GRANDE PRAIRIE, AB, T8X 1N7
(780) 513-3391 SIC 8211
GRANDE YELLOWHEAD PUBLIC SCHOOL DIVISION 77 p117
4630 12 Ave, EDSON, AB, T7E 1S7
(780) 723-6035 SIC 8211
GRANDE YELLOWHEAD PUBLIC SCHOOL DIVISION 77 p117
1205 Westhaven Dr Suite 1, EDSON, AB, T7E 1S6
(780) 723-3397 SIC 8211
GRANDE YELLOWHEAD PUBLIC SCHOOL DIVISION 77 p117
4619 12 Ave, EDSON, AB, T7E 1S7
(780) 723-3992 SIC 8211
GRANDE YELLOWHEAD PUBLIC SCHOOL DIVISION 77 p118
4707 46 Ave, EVANSBURG, AB, T0E 0T0
(780) 727-3925 SIC 8211
GRANDE YELLOWHEAD PUBLIC SCHOOL DIVISION 77 p124
10402 Hoppe Ave, GRANDE CACHE, AB, T0E 0Y0
(780) 827-3820 SIC 8211
GRANDE YELLOWHEAD PUBLIC SCHOOL DIVISION 77 p124
10601 Shand Ave, GRANDE CACHE, AB, T0E 0Y0
(780) 827-3502 SIC 8211
GRANDE YELLOWHEAD PUBLIC SCHOOL DIVISION 77 p124
11080 Swann Dr, GRANDE CACHE, AB, T0E 0Y0
(780) 827-4343 SIC 8211
GRANDE YELLOWHEAD PUBLIC SCHOOL DIVISION 77 p131
213 Tamarack Ave, HINTON, AB, T7V 1T7
(780) 865-2569 SIC 8211
GRANDE YELLOWHEAD PUBLIC SCHOOL DIVISION 77 p131
141 Macleod Ave, HINTON, AB, T7V 1T6
(780) 865-2628 SIC 8211
GRANDE YELLOWHEAD PUBLIC SCHOOL DIVISION 77 p131
158 Sunwapta Dr, HINTON, AB, T7V 1E9
(780) 865-3714 SIC 8211
GRANDE YELLOWHEAD PUBLIC SCHOOL DIVISION 77 p133
300 Elm Ave, JASPER, AB, T0E 1E0

(780) 852-4447 SIC 8211
GRANDE YELLOWHEAD PUBLIC SCHOOL DIVISION 77 p148
4706 46 Ave, NITON JUNCTION, AB, T0E 1S0
(780) 795-3782 SIC 8211
GRASSLANDS REGIONAL DIVISION 6 p5
Gd, BASSANO, AB, T0J 0B0
SIC 8211
GRASSLANDS REGIONAL DIVISION 6 p5
240 6th Ave, BASSANO, AB, T0J 0B0
(403) 641-3577 SIC 8211
GRASSLANDS REGIONAL DIVISION 6 p5
Gd, BASSANO, AB, T0J 0B0
SIC 8211
GRASSLANDS REGIONAL DIVISION 6 p8
145 Upland Blvd, BROOKS, AB, T1R 0R1
(403) 362-2660 SIC 8211
GRASSLANDS REGIONAL DIVISION 6 p8
805 4 Ave W, BROOKS, AB, T1R 0Z2
(403) 362-7555 SIC 8211
GRASSLANDS REGIONAL DIVISION 6 p8
Gd Stn Main, BROOKS, AB, T1R 1E4
(403) 362-3378 SIC 8211
GRASSLANDS REGIONAL DIVISION 6 p8
417 7 St E, BROOKS, AB, T1R 0B4
(403) 362-5464 SIC 8211
GRASSLANDS REGIONAL DIVISION 6 p8
745 2 Ave E Suite 1, BROOKS, AB, T1R 1L2
(403) 793-6700 SIC 8211
GRASSLANDS REGIONAL DIVISION 6 p8
650 4 Ave E Suite 849, BROOKS, AB, T1R 0Z4
(403) 362-4814 SIC 8211
GRASSLANDS REGIONAL DIVISION 6 p8
124 4 Ave E, BROOKS, AB, T1R 0Z3
(403) 362-3524 SIC 8211
GRASSLANDS REGIONAL DIVISION 6 p73
Gd, DUCHESS, AB, T0J 0Z0
(403) 378-4720 SIC 8211
GRASSLANDS REGIONAL DIVISION 6 p73
315 Louise Ave, DUCHESS, AB, T0J 0Z0
(403) 378-4948 SIC 8211
GREATER ESSEX COUNTY DISTRICT SCHOOL BOARD p487
252 Hamilton Dr, AMHERSTBURG, ON, N9V 1E1
(519) 736-2189 SIC 8211
GREATER ESSEX COUNTY DISTRICT SCHOOL BOARD p487
5791 North Town Line, AMHERSTBURG, ON, N9V 2Y9
(519) 726-6138 SIC 8211
GREATER ESSEX COUNTY DISTRICT SCHOOL BOARD p487
3170 Middle Side Rd N, AMHERSTBURG, ON, N9V 2Y9
(519) 736-2592 SIC 8211
GREATER ESSEX COUNTY DISTRICT SCHOOL BOARD p487
5620 County Road 20, AMHERSTBURG, ON, N9V 0C8
(519) 736-4529 SIC 8211
GREATER ESSEX COUNTY DISTRICT SCHOOL BOARD p487
130 Sandwich St S, AMHERSTBURG, ON, N9V 1Z8
(519) 736-2149 SIC 8211
GREATER ESSEX COUNTY DISTRICT SCHOOL BOARD p501
370 St Peter St, BELLE RIVER, ON, N0R 1A0
(519) 728-1310 SIC 8211
GREATER ESSEX COUNTY DISTRICT SCHOOL BOARD p501
333 South St, BELLE RIVER, ON, N0R 1A0
(519) 728-1212 SIC 8211
GREATER ESSEX COUNTY DISTRICT SCHOOL BOARD p557
6420 Taylor Ave, COMBER, ON, N0P 1J0
(519) 687-2022 SIC 8211
GREATER ESSEX COUNTY DISTRICT SCHOOL BOARD p567
302 County Rd 27, COTTAM, ON, N0R 1B0

(519) 839-4811 SIC 8211
GREATER ESSEX COUNTY DISTRICT SCHOOL BOARD p574
72 Brien Ave E, ESSEX, ON, N8M 2N8
(519) 776-5044 SIC 8211
GREATER ESSEX COUNTY DISTRICT SCHOOL BOARD p574
962 Old Tecumseh Rd, EMERYVILLE, ON, N0R 1C0
SIC 8211
GREATER ESSEX COUNTY DISTRICT SCHOOL BOARD p574
2651 County Rd 12, ESSEX, ON, N8M 2X6
(519) 776-8118 SIC 8211
GREATER ESSEX COUNTY DISTRICT SCHOOL BOARD p574
376 Ic Roy Blvd, EMERYVILLE, ON, N0R 1C0
(519) 727-4207 SIC 8211
GREATER ESSEX COUNTY DISTRICT SCHOOL BOARD p574
125 Maidstone Ave W, ESSEX, ON, N8M 2W2
SIC 8211
GREATER ESSEX COUNTY DISTRICT SCHOOL BOARD p618
400 Centre St E, HARROW, ON, N0R 1G0
(519) 738-4921 SIC 8211
GREATER ESSEX COUNTY DISTRICT SCHOOL BOARD p618
45 Wellington St, HARROW, ON, N0R 1G0
(519) 738-2234 SIC 8211
GREATER ESSEX COUNTY DISTRICT SCHOOL BOARD p618
230 Center St E, HARROW, ON, N0R 1G0
(519) 738-4361 SIC 8211
GREATER ESSEX COUNTY DISTRICT SCHOOL BOARD p635
170 Main St E, KINGSVILLE, ON, N9Y 1A6
(519) 733-2347 SIC 8211
GREATER ESSEX COUNTY DISTRICT SCHOOL BOARD p635
79 Road 3 E, KINGSVILLE, ON, N9Y 2E5
(519) 733-8875 SIC 8211
GREATER ESSEX COUNTY DISTRICT SCHOOL BOARD p635
36 Water St, KINGSVILLE, ON, N9Y 1J3
(519) 733-2338 SIC 8211
GREATER ESSEX COUNTY DISTRICT SCHOOL BOARD p646
125 Talbot St W, LEAMINGTON, ON, N8H 1N2
(519) 326-6191 SIC 8211
GREATER ESSEX COUNTY DISTRICT SCHOOL BOARD p646
622 Mersea Road 5, LEAMINGTON, ON, N8H 3V5
(519) 326-7154 SIC 8211
GREATER ESSEX COUNTY DISTRICT SCHOOL BOARD p646
134 Mill St E, LEAMINGTON, ON, N8H 1S6
(519) 326-4241 SIC 8211
GREATER ESSEX COUNTY DISTRICT SCHOOL BOARD p646
4 Maxon Ave, LEAMINGTON, ON, N8H 2E2
(519) 322-5532 SIC 8211
GREATER ESSEX COUNTY DISTRICT SCHOOL BOARD p646
259 Sherk St, LEAMINGTON, ON, N8H 3K8
(519) 326-6603 SIC 8211
GREATER ESSEX COUNTY DISTRICT SCHOOL BOARD p646
1135 Mersea Road 1, LEAMINGTON, ON, N8H 3V7
(519) 326-3431 SIC 8211
GREATER ESSEX COUNTY DISTRICT SCHOOL BOARD p826
1664 Talbot Rd, RUTHVEN, ON, N0P 2G0
SIC 8211
GREATER ESSEX COUNTY DISTRICT SCHOOL BOARD p872
14194 Tecumseh Rd E, TECUMSEH, ON, N8N 1M7
(519) 979-8186 SIC 8211

GREATER ESSEX COUNTY DISTRICT SCHOOL BOARD p956
547 Mersea Road 21, WHEATLEY, ON, N0P 2P0
(519) 825-4596 SIC 8211
GREATER ESSEX COUNTY DISTRICT SCHOOL BOARD p961
3555 Forest Glade Dr, WINDSOR, ON, N8R 1X8
(519) 735-6087 SIC 8211
GREATER ESSEX COUNTY DISTRICT SCHOOL BOARD p961
9485 Esplanade Dr, WINDSOR, ON, N8R 1J5
(519) 735-3113 SIC 8211
GREATER ESSEX COUNTY DISTRICT SCHOOL BOARD p961
12433 Dillon Dr, WINDSOR, ON, N8N 1C1
(519) 735-4051 SIC 8211
GREATER ESSEX COUNTY DISTRICT SCHOOL BOARD p961
3070 Stillmeadow Rd, WINDSOR, ON, N8R 1N3
(519) 735-4445 SIC 8211
GREATER ESSEX COUNTY DISTRICT SCHOOL BOARD p961
815 Brenda Cres, WINDSOR, ON, N8N 2G5
(519) 735-6260 SIC 8211
GREATER ESSEX COUNTY DISTRICT SCHOOL BOARD p962
2855 Rivard Ave, WINDSOR, ON, N8T 2H9
(519) 945-1147 SIC 8211
GREATER ESSEX COUNTY DISTRICT SCHOOL BOARD p962
5400 Coronation Ave, WINDSOR, ON, N8T 1B1
(519) 945-2346 SIC 8211
GREATER ESSEX COUNTY DISTRICT SCHOOL BOARD p962
6320 Raymond Ave, WINDSOR, ON, N8S 1Z9
(519) 987-6020 SIC 8211
GREATER ESSEX COUNTY DISTRICT SCHOOL BOARD p962
6265 Roseville Garden Dr, WINDSOR, ON, N8T 3B9
(519) 944-3611 SIC 8211
GREATER ESSEX COUNTY DISTRICT SCHOOL BOARD p962
8800 Menard St, WINDSOR, ON, N8S 1W4
(519) 948-0951 SIC 8211
GREATER ESSEX COUNTY DISTRICT SCHOOL BOARD p962
8465 Jerome St, WINDSOR, ON, N8S 1W8
(519) 948-4116 SIC 8211
GREATER ESSEX COUNTY DISTRICT SCHOOL BOARD p962
6700 Raymond Ave, Windsor, ON, N8S 2A1
SIC 8211
GREATER ESSEX COUNTY DISTRICT SCHOOL BOARD p964
2229 Chilver Rd, WINDSOR, ON, N8W 2V4
(519) 254-2579 SIC 8211
GREATER ESSEX COUNTY DISTRICT SCHOOL BOARD p964
1930 Rossini Blvd, WINDSOR, ON, N8W 4P5
(519) 944-4700 SIC 8211
GREATER ESSEX COUNTY DISTRICT SCHOOL BOARD p964
1901 E C Row Ave E, WINDSOR, ON, N8W 1Y6
(519) 969-9080 SIC 8211
GREATER ESSEX COUNTY DISTRICT SCHOOL BOARD p964
1255 Tecumseh Rd E, WINDSOR, ON, N8W 1B7
(519) 254-6411 SIC 8211
GREATER ESSEX COUNTY DISTRICT SCHOOL BOARD p965
1376 Victoria Ave, WINDSOR, ON, N8X 1P1
(519) 252-5727 SIC 8211
GREATER ESSEX COUNTY DISTRICT SCHOOL BOARD p965

BUSINESSES BY INDUSTRY CLASSIFICATION
SIC 8211 Elementary and secondary schools

245 Tecumseh Rd E, WINDSOR, ON, N8X 2R2
(519) 254-6475   *SIC* 8211
GREATER ESSEX COUNTY DISTRICT SCHOOL BOARD   p967
4195 Milloy St, WINDSOR, ON, N8Y 2C2
(519) 945-5808   *SIC* 8211
GREATER ESSEX COUNTY DISTRICT SCHOOL BOARD   p967
853 Chilver Rd, WINDSOR, ON, N8Y 2K5
(519) 256-4999   *SIC* 8211
GREATER ESSEX COUNTY DISTRICT SCHOOL BOARD   p967
1646 Alexis Rd, WINDSOR, ON, N8Y 4P4
(519) 944-6300   *SIC* 8211
GREATER ESSEX COUNTY DISTRICT SCHOOL BOARD   p967
2100 Richmond St, WINDSOR, ON, N8Y 1L4
(519) 252-6514   *SIC* 8211
GREATER ESSEX COUNTY DISTRICT SCHOOL BOARD   p967
1648 Francois Rd, WINDSOR, ON, N8Y 4L9
(519) 945-1421   *SIC* 8211
GREATER ESSEX COUNTY DISTRICT SCHOOL BOARD   p968
1093 Assumption St, WINDSOR, ON, N9A 3C5
(519) 254-3217   *SIC* 8211
GREATER ESSEX COUNTY DISTRICT SCHOOL BOARD   p968
811 Dougall Ave, WINDSOR, ON, N9A 4R2
(519) 254-4389   *SIC* 8211
GREATER ESSEX COUNTY DISTRICT SCHOOL BOARD   p968
1950 Kelly Rd, WINDSOR, ON, N9A 6Z6
(519) 734-8393   *SIC* 8211
GREATER ESSEX COUNTY DISTRICT SCHOOL BOARD   p968
949 Giles Blvd E, WINDSOR, ON, N9A 4G2
(519) 253-1119   *SIC* 8211
GREATER ESSEX COUNTY DISTRICT SCHOOL BOARD   p969
3557 Melbourne Rd, WINDSOR, ON, N9C 1Y6
(519) 254-1420   *SIC* 8211
GREATER ESSEX COUNTY DISTRICT SCHOOL BOARD   p969
1556 Wyandotte St W, WINDSOR, ON, N9B 1H5
SIC 8211
GREATER ESSEX COUNTY DISTRICT SCHOOL BOARD
749 Felix Ave, WINDSOR, ON, N9C 3K9
SIC 8211
GREATER ESSEX COUNTY DISTRICT SCHOOL BOARD   p969
284 Cameron Ave, WINDSOR, ON, N9B 1Y6
SIC 8211
GREATER ESSEX COUNTY DISTRICT SCHOOL BOARD   p969
284 Cameron Ave, WINDSOR, ON, N9B 1Y6
(519) 253-5006   *SIC* 8211
GREATER ESSEX COUNTY DISTRICT SCHOOL BOARD   p969
1375 California Ave, WINDSOR, ON, N9B 2Z8
(519) 254-6451   *SIC* 8211
GREATER ESSEX COUNTY DISTRICT SCHOOL BOARD   p969
1275 Campbell Ave, WINDSOR, ON, N9B 3M7
(519) 252-7729   *SIC* 8211
GREATER ESSEX COUNTY DISTRICT SCHOOL BOARD   p969
3312 Sandwich St, WINDSOR, ON, N9C 1B1
(519) 254-2571   *SIC* 8211
GREATER ESSEX COUNTY DISTRICT SCHOOL BOARD   p970
1100 Northwood St, WINDSOR, ON, N9E 1A3
(519) 969-7610   *SIC* 8211
GREATER ESSEX COUNTY DISTRICT SCHOOL BOARD   p970
1800 Liberty St, WINDSOR, ON, N9E 1J2
(519) 969-2530   *SIC* 8211
GREATER ESSEX COUNTY DISTRICT SCHOOL BOARD   p970
1601 Norfolk St, WINDSOR, ON, N9E 1H6
(519) 969-3990   *SIC* 8211
GREATER ESSEX COUNTY DISTRICT SCHOOL BOARD   p970
700 Norfolk St, WINDSOR, ON, N9E 1H4
(519) 969-3530   *SIC* 8211
GREATER ESSEX COUNTY DISTRICT SCHOOL BOARD   p971
1600 Mayfair Ave, WINDSOR, ON, N9J 3T3
(519) 978-1823   *SIC* 8211
GREATER ESSEX COUNTY DISTRICT SCHOOL BOARD   p971
2520 Cabana Rd W, WINDSOR, ON, N9G 1E5
(519) 972-0971   *SIC* 8211
GREATER ESSEX COUNTY DISTRICT SCHOOL BOARD   p971
4000 Ducharme St, WINDSOR, ON, N9G 0A1
(519) 969-9748   *SIC* 8211
GREATER ESSEX COUNTY DISTRICT SCHOOL BOARD   p971
2055 Wyoming Ave, WINDSOR, ON, N9H 1P6
(519) 969-1750   *SIC* 8211
GREATER ESSEX COUNTY DISTRICT SCHOOL BOARD   p971
1355 Cabana Rd W, WINDSOR, ON, N9G 1C3
(519) 969-3470   *SIC* 8211
GREATER ESSEX COUNTY DISTRICT SCHOOL BOARD   p971
7050 Malden Rd, WINDSOR, ON, N9J 2T5
(519) 734-1237   *SIC* 8211
GREATER ESSEX COUNTY DISTRICT SCHOOL BOARD   p971
620 Cabana Rd E, WINDSOR, ON, N9G 1A4
(519) 969-3250   *SIC* 8211
GREATER ST. ALBERT CATHOLIC REGIONAL DIVISION NO. 29   p136
5122 46th St, LEGAL, AB, T0G 1L0
(780) 961-3791   *SIC* 8211
GREATER ST. ALBERT CATHOLIC REGIONAL DIVISION NO. 29   p146
9719 Morinville Dr, MORINVILLE, AB, T8R 1M1
(780) 939-4020   *SIC* 8211
GREATER ST. ALBERT CATHOLIC REGIONAL DIVISION NO. 29   p146
10020 101 Ave, MORINVILLE, AB, T8R 1L5
SIC 8211
GREATER ST. ALBERT CATHOLIC REGIONAL DIVISION NO. 29   p146
9506 100 Ave, MORINVILLE, AB, T8R 1P6
(780) 939-6891   *SIC* 8211
GREATER ST. ALBERT CATHOLIC REGIONAL DIVISION NO. 29   p146
811 Grandin Dr, MORINVILLE, AB, T8R 1L7
(780) 939-3593   *SIC* 8211
GREATER ST. ALBERT CATHOLIC REGIONAL DIVISION NO. 29   p166
15 Mission Ave, ST. ALBERT, AB, T8N 1H6
(780) 458-3300   *SIC* 8211
GREATER ST. ALBERT CATHOLIC REGIONAL DIVISION NO. 29   p166
60 Woodlands Rd, ST. ALBERT, AB, T8N 3X3
(780) 459-1244   *SIC* 8211
GREATER ST. ALBERT CATHOLIC REGIONAL DIVISION NO. 29   p166
51 Boudreau Rd, ST. ALBERT, AB, T8N 6B7
(780) 459-5702   *SIC* 8211
GREATER ST. ALBERT CATHOLIC REGIONAL DIVISION NO. 29   p166
39 Sunset Blvd, ST. ALBERT, AB, T8N 0N6
(780) 459-7734   *SIC* 8211
GREATER ST. ALBERT CATHOLIC REGIONAL DIVISION NO. 29   p166
39 Sunset Blvd, ST. ALBERT, AB, T8N 0N6
(780) 459-6616   *SIC* 8211
GREATER ST. ALBERT CATHOLIC REGIONAL DIVISION NO. 29   p166
20 Mont Clare Pl, ST. ALBERT, AB, T8N 1K9
(780) 458-1113   *SIC* 8211
GREATER ST. ALBERT CATHOLIC REGIONAL DIVISION NO. 29   p166
175 Larose Dr, ST. ALBERT, AB, T8N 2G7
(780) 458-6101   *SIC* 8211
GREATER ST. ALBERT CATHOLIC REGIONAL DIVISION NO. 29   p166
65 Sir Winston Churchill Ave, ST. ALBERT, AB, T8N 0G5
(780) 459-2644   *SIC* 8211
GREATER ST. ALBERT CATHOLIC REGIONAL DIVISION NO. 29   p166
50 Gainsborough Ave, ST. ALBERT, AB, T8N 0W5
(780) 459-4478   *SIC* 8211
GREATER ST. ALBERT CATHOLIC REGIONAL DIVISION NO. 29   p166
100 Sir Winston Churchill Ave, ST. ALBERT, AB, T8N 5Y2
(780) 458-1112   *SIC* 8211
GREATER ST. ALBERT CATHOLIC REGIONAL DIVISION NO. 29   p166
33 Malmo Ave, ST. ALBERT, AB, T8N 1L5
(780) 459-7781   *SIC* 8211
GREATER ST. ALBERT CATHOLIC REGIONAL DIVISION NO. 29   p166
196 Deer Ridge Dr, ST. ALBERT, AB, T8N 6T6
(780) 418-6330   *SIC* 8211
GREATER WINNIPEG SOCIETY FOR CHRISTIAN EDUCATION I   p363
245 Sutton Ave, WINNIPEG, MB, R2G 0T1
(204) 338-7981   *SIC* 8211
GREENWOOD COLLEGE SCHOOL   p898
443 Mount Pleasant Rd, TORONTO, ON, M4S 2L8
(416) 482-9811   *SIC* 8211
HALIFAX DARTMOUTH ISLAMIC SCHOOL   p449
42 Leaman Dr, DARTMOUTH, NS, B3A 2K9
(902) 469-9490   *SIC* 8211
HALIFAX REGIONAL SCHOOL BOARD   p443
28 Kinsac Rd, BEAVER BANK, NS, B4G 1C5
(902) 864-6805   *SIC* 8211
HALIFAX REGIONAL SCHOOL BOARD   p443
862 Beaver Bank Rd, BEAVER BANK, NS, B4G 1A9
(902) 864-7500   *SIC* 8211
HALIFAX REGIONAL SCHOOL BOARD   p443
273 Basinview Dr, BEDFORD, NS, B4A 3X8
(902) 832-8450   *SIC* 8211
HALIFAX REGIONAL SCHOOL BOARD   p443
1326 Bedford Hwy, BEDFORD, NS, B4A 1C9
(902) 421-7779   *SIC* 8211
HALIFAX REGIONAL SCHOOL BOARD   p443
210 Eaglewood Dr, BEDFORD, NS, B4A 3E3
(902) 832-8983   *SIC* 8211
HALIFAX REGIONAL SCHOOL BOARD   p443
670 Rocky Lake Dr, BEDFORD, NS, B4A 2T6
(902) 832-8964   *SIC* 8211
HALIFAX REGIONAL SCHOOL BOARD   p443
426 Rocky Lake Dr, BEDFORD, NS, B4A 2T5
(902) 832-8952   *SIC* 8211
HALIFAX REGIONAL SCHOOL BOARD   p443
38 Monarch Dr, BEAVER BANK, NS, B4E 3A5
(902) 864-7540   *SIC* 8211
HALIFAX REGIONAL SCHOOL BOARD   p445
72 Cherry Brook Rd, CHERRY BROOK, NS, B2Z 1A8
(902) 464-5164   *SIC* 8211
HALIFAX REGIONAL SCHOOL BOARD   p446
238 Astral Dr, DARTMOUTH, NS, B2V 1B8
(902) 462-8700   *SIC* 8211
HALIFAX REGIONAL SCHOOL BOARD   p446
236 Astral Dr, DARTMOUTH, NS, B2V 1B8
(902) 462-8500   *SIC* 8211
HALIFAX REGIONAL SCHOOL BOARD   p446
280 Caldwell Rd, DARTMOUTH, NS, B2V 1A3
(902) 462-6010   *SIC* 8211
HALIFAX REGIONAL SCHOOL BOARD   p447
31 Woodlawn Rd, DARTMOUTH, NS, B2W 2R7
(902) 435-8452   *SIC* 8211
HALIFAX REGIONAL SCHOOL BOARD   p447
15 Christopher Ave, DARTMOUTH, NS, B2W 3G2
(902) 435-8318   *SIC* 8211
HALIFAX REGIONAL SCHOOL BOARD   p447
24 Andover St, DARTMOUTH, NS, B2X 2L9
(902) 435-8357   *SIC* 8211
HALIFAX REGIONAL SCHOOL BOARD   p447
4 Bell St, DARTMOUTH, NS, B2W 2P3
(902) 435-8353   *SIC* 8211
HALIFAX REGIONAL SCHOOL BOARD   p447
54 Gregory Dr, DARTMOUTH, NS, B2W 3M6
(902) 464-5192   *SIC* 8211
HALIFAX REGIONAL SCHOOL BOARD   p447
16 Evergreen Dr, DARTMOUTH, NS, B2W 4A7
(902) 464-5140   *SIC* 8211
HALIFAX REGIONAL SCHOOL BOARD   p447
300 Auburn Dr, DARTMOUTH, NS, B2W 6E9
(902) 462-6900   *SIC* 8211
HALIFAX REGIONAL SCHOOL BOARD   p447
45 Portland Hills Dr, DARTMOUTH, NS, B2W 6L5
(902) 433-7100   *SIC* 8211
HALIFAX REGIONAL SCHOOL BOARD   p447
70 Dorothea Dr, DARTMOUTH, NS, B2W 4M3
(902) 435-8325   *SIC* 8211
HALIFAX REGIONAL SCHOOL BOARD   p447
141 Circassion Dr, DARTMOUTH, NS, B2W 4N7
(902) 464-5205   *SIC* 8211
HALIFAX REGIONAL SCHOOL BOARD   p447
2 Chameau Cres, DARTMOUTH, NS, B2W 4X4
(902) 464-5220   *SIC* 8211
HALIFAX REGIONAL SCHOOL BOARD   p447
170 Arklow Dr, DARTMOUTH, NS, B2W 4R6
(902) 464-5184   *SIC* 8211
HALIFAX REGIONAL SCHOOL BOARD   p447
22 Glencoe Dr, DARTMOUTH, NS, B2X 1J1
(902) 435-8435   *SIC* 8211
HALIFAX REGIONAL SCHOOL BOARD   p447

▲ Public Company   ■ Public Company Family Member   HQ Headquarters   BR Branch   SL Single Location

88 Belle Vista Dr, DARTMOUTH, NS, B2W 2X7
(902) 435-8420   SIC 8211
HALIFAX REGIONAL SCHOOL BOARD
p447

2 Bell St, DARTMOUTH, NS, B2W 2P3
(902) 435-8417   SIC 8211
HALIFAX REGIONAL SCHOOL BOARD
p447

38 Caledonia Rd, DARTMOUTH, NS, B2X 1K8
(902) 435-8413   SIC 8211
HALIFAX REGIONAL SCHOOL BOARD
p447

5 Everette St, DARTMOUTH, NS, B2W 1G2
(902) 464-2090   SIC 8211
HALIFAX REGIONAL SCHOOL BOARD
p447

3 Windward Ave, DARTMOUTH, NS, B2W 2G9
(902) 435-8459   SIC 8211
HALIFAX REGIONAL SCHOOL BOARD
p448

85 Prince Arthur Ave, DARTMOUTH, NS, B2Y 0B3
(902) 464-2435   SIC 8211
HALIFAX REGIONAL SCHOOL BOARD
p448

36 Hastings Dr, DARTMOUTH, NS, B2Y 2C5
(902) 464-2081   SIC 8211
HALIFAX REGIONAL SCHOOL BOARD
p448

2 Penhorn Dr, DARTMOUTH, NS, B2Y 3K1
(902) 464-2040   SIC 8211
HALIFAX REGIONAL SCHOOL BOARD
p448

10 Hawthorne St, DARTMOUTH, NS, B2Y 2Y3
(902) 464-2048   SIC 8211
HALIFAX REGIONAL SCHOOL BOARD
p449

95 Victoria Rd, DARTMOUTH, NS, B3A 1V2
(902) 464-2457   SIC 8211
HALIFAX REGIONAL SCHOOL BOARD
p449

25 Alfred St, DARTMOUTH, NS, B3A 4E8
(902) 464-2051   SIC 8211
HALIFAX REGIONAL SCHOOL BOARD
p449

62 Leaman Dr, DARTMOUTH, NS, B3A 2K9
(902) 464-2488   SIC 8211
HALIFAX REGIONAL SCHOOL BOARD
p449

85 Victoria Rd, DARTMOUTH, NS, B3A 1T9
(902) 464-3640   SIC 8211
HALIFAX REGIONAL SCHOOL BOARD
p449

49 Lyngby Ave, DARTMOUTH, NS, B3A 3V1
(902) 464-2503   SIC 8211
HALIFAX REGIONAL SCHOOL BOARD
p449

7 Brule St, DARTMOUTH, NS, B3A 4G2
(902) 464-2408   SIC 8211
HALIFAX REGIONAL SCHOOL BOARD
p449

75 Iroquois Dr, DARTMOUTH, NS, B3A 4M5
(902) 464-2084   SIC 8211
HALIFAX REGIONAL SCHOOL BOARD
p451

33 Spectacle Lake Dr, DARTMOUTH, NS, B3B 1X7
(902) 464-2000   SIC 8211
HALIFAX REGIONAL SCHOOL BOARD
p453

990 Highway 277, DUTCH SETTLEMENT, NS, B2S 2J5
(902) 883-3000   SIC 8211
HALIFAX REGIONAL SCHOOL BOARD
p454

10 Lockview Rd, FALL RIVER, NS, B2T 1J1
(902) 860-4163   SIC 8211
HALIFAX REGIONAL SCHOOL BOARD
p454

51 Oceanview School Rd, EASTERN PASSAGE, NS, B3G 1J3
(902) 465-8670   SIC 8211
HALIFAX REGIONAL SCHOOL BOARD
p454

1881 Caldwell Rd, EASTERN PASSAGE, NS, B3G 1J3
(902) 465-7600   SIC 8211
HALIFAX REGIONAL SCHOOL BOARD
p454

93 Samuel Danial Dr, EASTERN PASSAGE, NS, B3G 1S8
(902) 462-8401   SIC 8211
HALIFAX REGIONAL SCHOOL BOARD
p454

168 Redoubt Way, EASTERN PASSAGE, NS, B3G 1E4
(902) 465-8650   SIC 8211
HALIFAX REGIONAL SCHOOL BOARD
p454

1410 Fall River Rd, FALL RIVER, NS, B2T 1J1
(902) 860-4182   SIC 8211
HALIFAX REGIONAL SCHOOL BOARD
p454

148 Lockview Rd, FALL RIVER, NS, B2T 1J1
(902) 860-6000   SIC 8211
HALIFAX REGIONAL SCHOOL BOARD
p455

181 Holland Rd, FLETCHERS LAKE, NS, B2T 1A1
(902) 860-4170   SIC 8211
HALIFAX REGIONAL SCHOOL BOARD
p456

6141 Watt St, HALIFAX, NS, B3H 2B7
(902) 421-6769   SIC 8211
HALIFAX REGIONAL SCHOOL BOARD
p456

1787 Preston St, HALIFAX, NS, B3H 3V7
(902) 421-6777   SIC 8211
HALIFAX REGIONAL SCHOOL BOARD
p456

5985 Inglis St, HALIFAX, NS, B3H 1K7
(902) 421-6767   SIC 8211
HALIFAX REGIONAL SCHOOL BOARD
p456

5966 South St, HALIFAX, NS, B3H 1S6
(902) 421-6758   SIC 8211
HALIFAX REGIONAL SCHOOL BOARD
p456

1930 Cambridge St, HALIFAX, NS, B3H 4S5
(902) 421-6775   SIC 8211
HALIFAX REGIONAL SCHOOL BOARD
p458

5614 Morris St, HALIFAX, NS, B3J 1C2
(902) 421-6749   SIC 8211
HALIFAX REGIONAL SCHOOL BOARD
p460

3669 Highland Ave, HALIFAX, NS, B3K 4J9
(902) 493-5155   SIC 8211
HALIFAX REGIONAL SCHOOL BOARD
p460

3479 Robie St, HALIFAX, NS, B3K 4S4
(902) 493-5124   SIC 8211
HALIFAX REGIONAL SCHOOL BOARD
p460

5389 Russell St, HALIFAX, NS, B3K 1W8
(902) 493-5180   SIC 8211
HALIFAX REGIONAL SCHOOL BOARD
p460

2557 Maynard St, HALIFAX, NS, B3K 3V6
(902) 421-6785   SIC 8211
HALIFAX REGIONAL SCHOOL BOARD
p461

6364 North St, HALIFAX, NS, B3L 1P6
(902) 421-6763   SIC 8211
HALIFAX REGIONAL SCHOOL BOARD
p461

6067 Quinpool Rd, HALIFAX, NS, B3L 1A2
(902) 424-0233   SIC 8211
HALIFAX REGIONAL SCHOOL BOARD
p462

6981 Mumford Rd, HALIFAX, NS, B3L 2H7

(902) 493-5132   SIC 8211
HALIFAX REGIONAL SCHOOL BOARD
p462

31 Tremont Dr, HALIFAX, NS, B3M 1X8
(902) 457-8986   SIC 8211
HALIFAX REGIONAL SCHOOL BOARD
p462

12 Clayton Park Dr, HALIFAX, NS, B3M 1L3
(902) 457-8940   SIC 8211
HALIFAX REGIONAL SCHOOL BOARD
p462

3299 Connolly St, HALIFAX, NS, B3L 3P7
(902) 493-5143   SIC 8211
HALIFAX REGIONAL SCHOOL BOARD
p462

45 Plateau Cres, HALIFAX, NS, B3M 2V7
(902) 457-8930   SIC 8211
HALIFAX REGIONAL SCHOOL BOARD
p463

66 Rockingstone Rd, HALIFAX, NS, B3R 2C9
(902) 479-4427   SIC 8211
HALIFAX REGIONAL SCHOOL BOARD
p463

159 Purcells Cove Rd, HALIFAX, NS, B3P 1B7
(902) 479-4437   SIC 8211
HALIFAX REGIONAL SCHOOL BOARD
p463

92 Downs Ave, HALIFAX, NS, B3N 1Y6
(902) 479-4606   SIC 8211
HALIFAX REGIONAL SCHOOL BOARD
p463

121 Williams Lake Rd, HALIFAX, NS, B3P 1T6
(902) 479-4418   SIC 8211
HALIFAX REGIONAL SCHOOL BOARD
p463

283 Thomas Raddall Dr, HALIFAX, NS, B3S 1R1
(902) 457-8900   SIC 8211
HALIFAX REGIONAL SCHOOL BOARD
p463

38 Sylvia Ave, HALIFAX, NS, B3R 1J9
(902) 479-4612   SIC 8211
HALIFAX REGIONAL SCHOOL BOARD
p463

230 Cowie Hill Rd, HALIFAX, NS, B3P 2M3
(902) 479-4298   SIC 8211
HALIFAX REGIONAL SCHOOL BOARD
p463

210 Coronation Ave, HALIFAX, NS, B3N 2Y3
(902) 457-8953   SIC 8211
HALIFAX REGIONAL SCHOOL BOARD
p463

206 Langbrae Dr, HALIFAX, NS, B3S 1L5
(902) 457-7800   SIC 8211
HALIFAX REGIONAL SCHOOL BOARD
p463

142 Rufus Ave, HALIFAX, NS, B3N 2M1
(902) 457-8953   SIC 8211
HALIFAX REGIONAL SCHOOL BOARD
p463

1 Regan Dr, HALIFAX, NS, B3R 2J1
(902) 479-4452   SIC 8211
HALIFAX REGIONAL SCHOOL BOARD
p463

52 Alex St, HALIFAX, NS, B3N 2W4
(902) 457-8922   SIC 8211
HALIFAX REGIONAL SCHOOL BOARD
p463

155 Rosedale Ave, HALIFAX, NS, B3N 2K2
(902) 457-8960   SIC 8211
HALIFAX REGIONAL SCHOOL BOARD
p463

364 Herring Cove Rd, HALIFAX, NS, B3R 1V8
(902) 479-4286   SIC 8211
HALIFAX REGIONAL SCHOOL BOARD
p463

7 Lancaster Dr, HALIFAX, NS, B3S 1E7
(902) 479-4214   SIC 8211
HALIFAX REGIONAL SCHOOL BOARD
p464

40 O'connell Dr, HEAD OF CHEZZETCOOK, NS, B0J 1N0
(902) 827-4112   SIC 8211
HALIFAX REGIONAL SCHOOL BOARD
p464

24 Ridgewood Dr, HEAD OF ST MARGARETS BAY, NS, B3Z 2H4
(902) 826-3300   SIC 8211
HALIFAX REGIONAL SCHOOL BOARD
p464

6856 Highway 207 Rr 2, HEAD OF CHEZZETCOOK, NS, B0J 1N0
(902) 827-4666   SIC 8211
HALIFAX REGIONAL SCHOOL BOARD
p464

2199 Prospect Rd, HATCHET LAKE, NS, B3T 1R8
(902) 852-2441   SIC 8211
HALIFAX REGIONAL SCHOOL BOARD
p464

2239 Prospect Rd, HATCHET LAKE, NS, B3T 1R8
(902) 852-2062   SIC 8211
HALIFAX REGIONAL SCHOOL BOARD
p464

2180 Hammonds Plains Rd, HAMMONDS PLAINS, NS, B4B 1M5
(902) 832-8412   SIC 8211
HALIFAX REGIONAL SCHOOL BOARD
p464

1150 Old Sambro Rd, HARRIETSFIELD, NS, B3V 1B1
(902) 479-4230   SIC 8211
HALIFAX REGIONAL SCHOOL BOARD
p465

91 St Pauls Ave, HERRING COVE, NS, B3V 1H6
(902) 479-4200   SIC 8211
HALIFAX REGIONAL SCHOOL BOARD
p466

35 Mcgee Dr, LOWER SACKVILLE, NS, B4C 2J1
(902) 864-6864   SIC 8211
HALIFAX REGIONAL SCHOOL BOARD
p466

15 Hillside Ave, LOWER SACKVILLE, NS, B4C 1W6
(902) 864-6873   SIC 8211
HALIFAX REGIONAL SCHOOL BOARD
p466

5 Smallwood Ave, LAKE LOON, NS, B2W 3R6
(902) 464-5177   SIC 8211
HALIFAX REGIONAL SCHOOL BOARD
p466

4 Thomas St, LAKE ECHO, NS, B3E 1M6
(902) 829-2388   SIC 8211
HALIFAX REGIONAL SCHOOL BOARD
p467

116 Cavalier Dr, LOWER SACKVILLE, NS, B4C 3L9
(902) 864-7524   SIC 8211
HALIFAX REGIONAL SCHOOL BOARD
p467

100 Metropolitan Ave, LOWER SACKVILLE, NS, B4C 2Z8
(902) 864-6785   SIC 8211
HALIFAX REGIONAL SCHOOL BOARD
p467

1 Kingfisher Way, LOWER SACKVILLE, NS, B4C 2Y9
(902) 864-6700   SIC 8211
HALIFAX REGIONAL SCHOOL BOARD
p467

46 Prince St, LOWER SACKVILLE, NS, B4C 1L1
(902) 864-6846   SIC 8211
HALIFAX REGIONAL SCHOOL BOARD
p467

69 Sycamore Lane, LOWER SACKVILLE, NS, B4C 1E8
(902) 864-6730   SIC 8211
HALIFAX REGIONAL SCHOOL BOARD
p467

SIC 8211 Elementary and secondary schools

241 Smokey Dr, LOWER SACKVILLE, NS, B4C 3G1
(902) 864-6838 *SIC* 8211
HALIFAX REGIONAL SCHOOL BOARD *p468*
40 Hamilton Dr, MIDDLE SACKVILLE, NS, B4E 3A9
(902) 864-6815 *SIC* 8211
HALIFAX REGIONAL SCHOOL BOARD *p468*
12046 Hwy 224, MIDDLE MUSQUODOBOIT, NS, B0N 1X0
(902) 384-2555 *SIC* 8211
HALIFAX REGIONAL SCHOOL BOARD *p468*
11980 Highway 224, MIDDLE MUSQUODOBOIT, NS, B0N 1X0
(902) 384-2320 *SIC* 8211
HALIFAX REGIONAL SCHOOL BOARD *p468*
956 Sackville Dr, MIDDLE SACKVILLE, NS, B4E 1S4
(902) 869-3800 *SIC* 8211
HALIFAX REGIONAL SCHOOL BOARD *p468*
190 Beaver Bank Cross Rd, MIDDLE SACKVILLE, NS, B4E 1K5
(902) 864-7510 *SIC* 8211
HALIFAX REGIONAL SCHOOL BOARD *p468*
1225 Old Sackville Rd, MIDDLE SACKVILLE, NS, B4E 3A6
(902) 869-4700 *SIC* 8211
HALIFAX REGIONAL SCHOOL BOARD *p469*
35 West Petpeswick Rd, MUSQUODOBOIT HARBOUR, NS, B0J 2L0
(902) 889-4025 *SIC* 8211
HALIFAX REGIONAL SCHOOL BOARD *p472*
5261 Highway 7, PORTERS LAKE, NS, B3E 1J7
(902) 827-2525 *SIC* 8211
HALIFAX REGIONAL SCHOOL BOARD *p473*
3725 Old Sambro Rd, SAMBRO, NS, B3V 1G1
(902) 868-2717 *SIC* 8211
HALIFAX REGIONAL SCHOOL BOARD *p473*
479 Church Point Rd, SHEET HARBOUR, NS, B0J 3B0
(902) 885-2236 *SIC* 8211
HALIFAX REGIONAL SCHOOL BOARD *p476*
22 James St, TIMBERLEA, NS, B3T 1G9
(902) 876-3230 *SIC* 8211
HALIFAX REGIONAL SCHOOL BOARD *p478*
3 French Village Station Rd Suite Upper, UPPER TANTALLON, NS, B3Z 1E4
(902) 826-1200 *SIC* 8211
HALIFAX REGIONAL SCHOOL BOARD *p478*
8416 Hwy 224, UPPER MUSQUODOBOIT, NS, B0N 2M0
(902) 568-2285 *SIC* 8211
HALIFAX REGIONAL SCHOOL BOARD *p478*
31 Scholars Rd, UPPER TANTALLON, NS, B3Z 0C3
(902) 826-3222 *SIC* 8211
HALIFAX REGIONAL SCHOOL BOARD *p479*
336 Ross Rd, WESTPHAL, NS, B2Z 1H2
(902) 462-8340 *SIC* 8211
HALIFAX REGIONAL SCHOOL BOARD *p479*
3591 Prospect Rd, WHITES LAKE, NS, B3T 1Z3
(902) 852-2424 *SIC* 8211
HALIFAX REGIONAL SCHOOL BOARD *p479*
1279 Rocky Lake Dr, WAVERLEY, NS, B2R 1S1
(902) 860-4150 *SIC* 8211
HALTON CATHOLIC DISTRICT SCHOOL BOARD *p482*
69 Acton Blvd, ACTON, ON, L7J 2H4
(519) 853-3800 *SIC* 8211
HALTON CATHOLIC DISTRICT SCHOOL BOARD *p482*
147 Mill St W, ACTON, ON, L7J 1G7
(519) 853-3730 *SIC* 8211
HALTON CATHOLIC DISTRICT SCHOOL BOARD *p533*
5150 Upper Middle Rd Suite Upper, BURLINGTON, ON, L7L 0E5
(905) 331-5591 *SIC* 8211
HALTON CATHOLIC DISTRICT SCHOOL BOARD *p533*
4056 New St, BURLINGTON, ON, L7L 1S9
(905) 637-3810 *SIC* 8211
HALTON CATHOLIC DISTRICT SCHOOL BOARD *p533*
2400 Sutton Dr, BURLINGTON, ON, L7L 7N2
(905) 335-7553 *SIC* 8211
HALTON CATHOLIC DISTRICT SCHOOL BOARD *p533*
200 Kenwood Ave, BURLINGTON, ON, L7L 4L8
(905) 639-3975 *SIC* 8211
HALTON CATHOLIC DISTRICT SCHOOL BOARD *p534*
5205 New St, BURLINGTON, ON, L7L 1V3
(905) 333-3374 *SIC* 8211
HALTON CATHOLIC DISTRICT SCHOOL BOARD *p536*
2333 Headon Forest Dr, BURLINGTON, ON, L7M 3X6
(905) 335-1544 *SIC* 8211
HALTON CATHOLIC DISTRICT SCHOOL BOARD *p536*
3201 Lansdown Dr, BURLINGTON, ON, L7M 1K1
(905) 336-5792 *SIC* 8211
HALTON CATHOLIC DISTRICT SCHOOL BOARD *p536*
2222 Country Club Dr, BURLINGTON, ON, L7M 4S5
(905) 331-4656 *SIC* 8211
HALTON CATHOLIC DISTRICT SCHOOL BOARD *p536*
2141 Deer Run Ave, BURLINGTON, ON, L7M 4C7
(905) 332-5253 *SIC* 8211
HALTON CATHOLIC DISTRICT SCHOOL BOARD *p537*
530 Cumberland Ave, BURLINGTON, ON, L7N 2X2
(905) 632-1424 *SIC* 8211
HALTON CATHOLIC DISTRICT SCHOOL BOARD *p537*
3230 Woodward Ave, BURLINGTON, ON, L7N 3P1
(905) 634-1835 *SIC* 8211
HALTON CATHOLIC DISTRICT SCHOOL BOARD *p539*
2227 Parkway Dr, BURLINGTON, ON, L7P 1S9
(905) 332-3333 *SIC* 8211
HALTON CATHOLIC DISTRICT SCHOOL BOARD *p539*
653 Brant St, BURLINGTON, ON, L7R 2H1
(905) 632-3541 *SIC* 8211
HALTON CATHOLIC DISTRICT SCHOOL BOARD *p539*
2145 Upper Middle Rd, BURLINGTON, ON, L7P 4G1
(905) 336-3911 *SIC* 8211
HALTON CATHOLIC DISTRICT SCHOOL BOARD *p540*
1433 Baldwin St, BURLINGTON, ON, L7S 1K4
(905) 634-7768 *SIC* 8211
HALTON CATHOLIC DISTRICT SCHOOL BOARD *p592*
222 Maple Ave, GEORGETOWN, ON, L7G 1X2
(905) 877-4451 *SIC* 8211
HALTON CATHOLIC DISTRICT SCHOOL BOARD *p592*
73 Miller Dr, GEORGETOWN, ON, L7G 5T2
(905) 877-1779 *SIC* 8211
HALTON CATHOLIC DISTRICT SCHOOL BOARD *p592*
70 Guelph St, GEORGETOWN, ON, L7G 3Z5
(905) 877-6966 *SIC* 8211
HALTON CATHOLIC DISTRICT SCHOOL BOARD *p592*
161 Guelph St, GEORGETOWN, ON, L7G 4A1
(905) 702-8838 *SIC* 8211
HALTON CATHOLIC DISTRICT SCHOOL BOARD *p681*
137 Dixon Dr, MILTON, ON, L9T 5P7
(905) 878-4626 *SIC* 8211
HALTON CATHOLIC DISTRICT SCHOOL BOARD *p681*
650 Bennett Blvd, MILTON, ON, L9T 6B1
(905) 876-2386 *SIC* 8211
HALTON CATHOLIC DISTRICT SCHOOL BOARD *p681*
540 Commercial St, MILTON, ON, L9T 4Z3
(905) 876-4379 *SIC* 8211
HALTON CATHOLIC DISTRICT SCHOOL BOARD *p681*
1120 Main St E, MILTON, ON, L9T 6H7
(905) 875-0124 *SIC* 8211
HALTON CATHOLIC DISTRICT SCHOOL BOARD *p681*
141 Martin St, MILTON, ON, L9T 2R3
(905) 876-1121 *SIC* 8211
HALTON CATHOLIC DISTRICT SCHOOL BOARD *p681*
709 Bolingbroke Dr, MILTON, ON, L9T 6Z3
(905) 864-0720 *SIC* 8211
HALTON CATHOLIC DISTRICT SCHOOL BOARD *p681*
1240 Tupper Dr, MILTON, ON, L9T 6T7
(905) 864-8272 *SIC* 8211
HALTON CATHOLIC DISTRICT SCHOOL BOARD *p765*
1420 Grosvenor St, OAKVILLE, ON, L6H 2X8
(905) 845-6987 *SIC* 8211
HALTON CATHOLIC DISTRICT SCHOOL BOARD *p765*
165 Sewell Dr, OAKVILLE, ON, L6H 1E3
(905) 844-6811 *SIC* 8211
HALTON CATHOLIC DISTRICT SCHOOL BOARD *p765*
1480 Mansfield Dr, OAKVILLE, ON, L6H 1K4
(905) 844-3111 *SIC* 8211
HALTON CATHOLIC DISTRICT SCHOOL BOARD *p765*
391 River Glen Blvd, OAKVILLE, ON, L6H 5X5
(905) 257-2791 *SIC* 8211
HALTON CATHOLIC DISTRICT SCHOOL BOARD *p765*
1359 Bayshire Dr, OAKVILLE, ON, L6H 6C7
(905) 849-7772 *SIC* 8211
HALTON CATHOLIC DISTRICT SCHOOL BOARD *p765*
145 Millbank Dr, OAKVILLE, ON, L6H 6G3
(905) 257-7102 *SIC* 8211
HALTON CATHOLIC DISTRICT SCHOOL BOARD *p767*
1280 Braeside Dr, OAKVILLE, ON, L6J 2A4
(905) 849-0777 *SIC* 8211
HALTON CATHOLIC DISTRICT SCHOOL BOARD *p767*
2750 Kingsway Dr, OAKVILLE, ON, L6J 7G5
(905) 829-1700 *SIC* 8211
HALTON CATHOLIC DISTRICT SCHOOL BOARD *p768*
255 Morden Rd, OAKVILLE, ON, L6K 2S2
(905) 339-0731 *SIC* 8211
HALTON CATHOLIC DISTRICT SCHOOL BOARD *p768*
171 Speers Rd, OAKVILLE, ON, L6K 3W8
(905) 849-7555 *SIC* 8211
HALTON CATHOLIC DISTRICT SCHOOL BOARD *p768*
124 Dorval Dr, OAKVILLE, ON, L6K 2W1
(905) 842-9494 *SIC* 8211
HALTON CATHOLIC DISTRICT SCHOOL BOARD *p769*
2405 Rebecca St, OAKVILLE, ON, L6L 2B1
(905) 827-4401 *SIC* 8211
HALTON CATHOLIC DISTRICT SCHOOL BOARD *p769*
477 Warminster Dr, OAKVILLE, ON, L6L 4N4
(905) 827-4231 *SIC* 8211
HALTON CATHOLIC DISTRICT SCHOOL BOARD *p771*
1190 Westview Terr, OAKVILLE, ON, L6M 3N2
(905) 825-6382 *SIC* 8211
HALTON CATHOLIC DISTRICT SCHOOL BOARD *p771*
2912 Westoak Trails Blvd, OAKVILLE, ON, L6M 4T7
(905) 847-3581 *SIC* 8211
HALTON CATHOLIC DISTRICT SCHOOL BOARD *p771*
1050 Nottinghill Gate, OAKVILLE, ON, L6M 2G3
(905) 847-0088 *SIC* 8211
HALTON CATHOLIC DISTRICT SCHOOL BOARD *p771*
1201 Heritage Way, OAKVILLE, ON, L6M 3A4
(905) 827-7235 *SIC* 8211
HALTON DISTRICT SCHOOL BOARD *p482*
41 School Lane, ACTON, ON, L7J 1B9
(519) 853-2540 *SIC* 8211
HALTON DISTRICT SCHOOL BOARD *p482*
21 Cedar Rd, ACTON, ON, L7J 2V2
(519) 853-2920 *SIC* 8211
HALTON DISTRICT SCHOOL BOARD *p534*
5151 Dryden Ave, BURLINGTON, ON, L7L 7J3
(905) 331-7233 *SIC* 8211
HALTON DISTRICT SCHOOL BOARD *p534*
5140 Pinedale Ave, BURLINGTON, ON, L7L 3V4
(905) 632-1690 *SIC* 8211
HALTON DISTRICT SCHOOL BOARD *p534*
5121 Meadowhill Rd, BURLINGTON, ON, L7L 3K7
(905) 634-2311 *SIC* 8211
HALTON DISTRICT SCHOOL BOARD *p534*
4181 New St, BURLINGTON, ON, L7L 1T3
(905) 637-3825 *SIC* 8211
HALTON DISTRICT SCHOOL BOARD *p534*
4350 Longmoor Dr, BURLINGTON, ON, L7L 1X7
(905) 632-2492 *SIC* 8211
HALTON DISTRICT SCHOOL BOARD *p534*
5151 New St, BURLINGTON, ON, L7L 1V3
(905) 632-5151 *SIC* 8211
HALTON DISTRICT SCHOOL BOARD *p536*
1350 Headon Rd, BURLINGTON, ON, L7M 1V8
(905) 336-7602 *SIC* 8211
HALTON DISTRICT SCHOOL BOARD *p536*
1433 Headon Rd, BURLINGTON, ON, L7M 1V7
(905) 335-0961 *SIC* 8211
HALTON DISTRICT SCHOOL BOARD *p536*
3110 Parkgate Cres, BURLINGTON, ON, L7M 1C7
(905) 336-2474 *SIC* 8211
HALTON DISTRICT SCHOOL BOARD *p536*
4313 Clubview Dr, BURLINGTON, ON, L7M 5A1
(905) 637-8297 *SIC* 8211
HALTON DISTRICT SCHOOL BOARD *p536*
2120 Cleaver Ave, BURLINGTON, ON, L7M 4B6

(905) 332-3897 SIC 8211
HALTON DISTRICT SCHOOL BOARD p536
2102 Berwick Dr, BURLINGTON, ON, L7M 4W6
(905) 319-9936 SIC 8211
HALTON DISTRICT SCHOOL BOARD p538
3141 Woodward Ave, BURLINGTON, ON, L7N 2M3
(905) 639-8330 SIC 8211
HALTON DISTRICT SCHOOL BOARD p538
860 Harrington Crt, BURLINGTON, ON, L7N 3N4
(905) 333-3499 SIC 8211
HALTON DISTRICT SCHOOL BOARD p538
3250 New St, BURLINGTON, ON, L7N 1M8
(905) 631-6120 SIC 8211
HALTON DISTRICT SCHOOL BOARD p538
3365 Spruce Ave, BURLINGTON, ON, L7N 1J7
(905) 637-3881 SIC 8211
HALTON DISTRICT SCHOOL BOARD p538
565 Woodview Rd, BURLINGTON, ON, L7N 2Z9
(905) 632-1766 SIC 8211
HALTON DISTRICT SCHOOL BOARD p539
2175 Cavendish Dr, BURLINGTON, ON, L7P 3J8
(905) 335-2542 SIC 8211
HALTON DISTRICT SCHOOL BOARD p539
2399 Mountainside Dr, BURLINGTON, ON, L7P 1C6
(905) 335-5605 SIC 8211
HALTON DISTRICT SCHOOL BOARD p539
2425 Upper Middle Rd, BURLINGTON, ON, L7P 3N9
(905) 335-5588 SIC 8211
HALTON DISTRICT SCHOOL BOARD p539
6611 Panton St, BURLINGTON, ON, L7P 0L8
(905) 335-6394 SIC 8211
HALTON DISTRICT SCHOOL BOARD p539
2510 Cavendish Dr, BURLINGTON, ON, L7P 4K5
(905) 335-0679 SIC 8211
HALTON DISTRICT SCHOOL BOARD p539
1522 Mountain Grove Ave, BURLINGTON, ON, L7P 2H5
(905) 332-6000 SIC 8211
HALTON DISTRICT SCHOOL BOARD p540
2171 Prospect St, BURLINGTON, ON, L7R 1Z6
(905) 639-2010 SIC 8211
HALTON DISTRICT SCHOOL BOARD p540
2243 Lakeshore Rd, BURLINGTON, ON, L7R 1B1
(905) 634-3244 SIC 8211
HALTON DISTRICT SCHOOL BOARD p540
638 Brant St, BURLINGTON, ON, L7R 2H2
(905) 634-7739 SIC 8211
HALTON DISTRICT SCHOOL BOARD p541
481 Plains Rd E, BURLINGTON, ON, L7T 2E2
(905) 634-2373 SIC 8211
HALTON DISTRICT SCHOOL BOARD p541
660 Greenwood Dr, BURLINGTON, ON, L7T 3P3
(905) 637-3477 SIC 8211
HALTON DISTRICT SCHOOL BOARD p541
50 Fairwood Pl W, BURLINGTON, ON, L7T 1E5
(905) 637-2383 SIC 8211
HALTON DISTRICT SCHOOL BOARD p541
143 Townsend Ave, BURLINGTON, ON, L7T 1Z1
(905) 634-6789 SIC 8211
HALTON DISTRICT SCHOOL BOARD p548
11325 Guelph Line, CAMPBELLVILLE, ON, L0P 1B0
(905) 854-2424 SIC 8211
HALTON DISTRICT SCHOOL BOARD p592
6 Hyde Park Dr, GEORGETOWN, ON, L7G 2B6
(905) 877-9301 SIC 8211
HALTON DISTRICT SCHOOL BOARD p592

170 Eaton St, GEORGETOWN, ON, L7G 5V6
(905) 877-0151 SIC 8211
HALTON DISTRICT SCHOOL BOARD p592
13068 15 Sideroad, GEORGETOWN, ON, L7G 4S5
(905) 873-1637 SIC 8211
HALTON DISTRICT SCHOOL BOARD p592
512 Main St, GEORGETOWN, ON, L7G 3S8
(905) 877-9112 SIC 8211
HALTON DISTRICT SCHOOL BOARD p592
233 Delrex Blvd, GEORGETOWN, ON, L7G 4G1
(905) 877-6976 SIC 8211
HALTON DISTRICT SCHOOL BOARD p592
13074 Fiveside Rd, GEORGETOWN, ON, L7G 4S5
(905) 877-4363 SIC 8211
HALTON DISTRICT SCHOOL BOARD p592
59 Rexway Dr, GEORGETOWN, ON, L7G 1P9
(905) 877-4421 SIC 8211
HALTON DISTRICT SCHOOL BOARD p592
14365 Danby Rd, GEORGETOWN, ON, L7G 6L8
(905) 877-3849 SIC 8211
HALTON DISTRICT SCHOOL BOARD p681
215 Thomas St, MILTON, ON, L9T 2E5
(905) 878-2379 SIC 8211
HALTON DISTRICT SCHOOL BOARD p681
320 Coxe Blvd, MILTON, ON, L9T 4M5
(905) 878-1953 SIC 8211
HALTON DISTRICT SCHOOL BOARD p681
351 Highside Dr, MILTON, ON, L9T 1W8
(905) 878-8119 SIC 8211
HALTON DISTRICT SCHOOL BOARD p681
649 Laurier Ave, MILTON, ON, L9T 4N4
(905) 878-1556 SIC 8211
HALTON DISTRICT SCHOOL BOARD p681
840 Scott Blvd, MILTON, ON, L9T 2C9
(905) 878-3166 SIC 8211
HALTON DISTRICT SCHOOL BOARD p681
184 Martin St, MILTON, ON, L9T 2R4
(905) 878-8191 SIC 8211
HALTON DISTRICT SCHOOL BOARD p681
1199 Costigan Rd, MILTON, ON, L9T 6N8
(905) 864-1300 SIC 8211
HALTON DISTRICT SCHOOL BOARD p681
1114 Woodward Ave, MILTON, ON, L9T 5P5
(905) 875-1876 SIC 8211
HALTON DISTRICT SCHOOL BOARD p681
351 Scott Blvd, MILTON, ON, L9T 0T1
(905) 878-6176 SIC 8211
HALTON DISTRICT SCHOOL BOARD p682
396 Williams Ave, MILTON, ON, L9T 2G4
(905) 878-2839 SIC 8211
HALTON DISTRICT SCHOOL BOARD p682
180 Wilson Dr, MILTON, ON, L9T 3J9
(905) 878-8833 SIC 8211
HALTON DISTRICT SCHOOL BOARD p765
1511 Sixth Line, OAKVILLE, ON, L6H 1X8
(905) 844-9461 SIC 8211
HALTON DISTRICT SCHOOL BOARD p765
2220 Caldwell Dr, OAKVILLE, ON, L6H 6B5
(905) 845-1661 SIC 8211
HALTON DISTRICT SCHOOL BOARD p765
1555 Lancaster Dr, OAKVILLE, ON, L6H 3H4
(905) 845-3925 SIC 8211
HALTON DISTRICT SCHOOL BOARD p765
2173 Munn's Ave, OAKVILLE, ON, L6H 3S9
(905) 842-7430 SIC 8211
HALTON DISTRICT SCHOOL BOARD p765
1434 Oxford Ave, OAKVILLE, ON, L6H 1T4
(905) 844-9941 SIC 8211
HALTON DISTRICT SCHOOL BOARD p765
1385 Gainsborough Dr, OAKVILLE, ON, L6H 2H7
(905) 845-7478 SIC 8211
HALTON DISTRICT SCHOOL BOARD p765
1123 Glenashton Dr, OAKVILLE, ON, L6H 5M1
(905) 845-0012 SIC 8211
HALTON DISTRICT SCHOOL BOARD p767

288 Maple Grove Dr, OAKVILLE, ON, L6J 4V5
(905) 844-9322 SIC 8211
HALTON DISTRICT SCHOOL BOARD p767
221 Allan St, OAKVILLE, ON, L6J 3P2
(905) 337-9232 SIC 8211
HALTON DISTRICT SCHOOL BOARD p767
1079 Linbrook Rd, OAKVILLE, ON, L6J 2L2 SIC 8211
HALTON DISTRICT SCHOOL BOARD p767
165 Charnwood Dr, OAKVILLE, ON, L6J 5H2
(905) 844-2963 SIC 8211
HALTON DISTRICT SCHOOL BOARD p767
338 Cairncroft Rd, OAKVILLE, ON, L6J 4M6
(905) 845-2015 SIC 8211
HALTON DISTRICT SCHOOL BOARD p768
180 Morden Rd, OAKVILLE, ON, L6K 2S3
(905) 844-9612 SIC 8211
HALTON DISTRICT SCHOOL BOARD p769
1474 Wallace Rd, OAKVILLE, ON, L6L 2Y2 SIC 8211
HALTON DISTRICT SCHOOL BOARD p770
529 Fourth Line, OAKVILLE, ON, L6L 5A8
(905) 844-6371 SIC 8211
HALTON DISTRICT SCHOOL BOARD p770
2266 Hixon St, OAKVILLE, ON, L6L 1T4
(905) 827-1541 SIC 8211
HALTON DISTRICT SCHOOL BOARD p770
1195 Bridge Rd, OAKVILLE, ON, L6L 2C3
(905) 827-2741 SIC 8211
HALTON DISTRICT SCHOOL BOARD p770
2150 Samway Rd, OAKVILLE, ON, L6L 2P6
(905) 827-4841 SIC 8211
HALTON DISTRICT SCHOOL BOARD p771
2255 Pine Glen Rd, OAKVILLE, ON, L6M 0G5
(905) 827-3928 SIC 8211
HALTON DISTRICT SCHOOL BOARD p771
2071 Fourth Line, OAKVILLE, ON, L6M 3K1
(905) 469-6119 SIC 8211
HALTON DISTRICT SCHOOL BOARD p771
2145 Grand Oak Trail, OAKVILLE, ON, L6M 4S7
(905) 465-3881 SIC 8211
HALTON DISTRICT SCHOOL BOARD p771
1455 Glen Abbey Gate, OAKVILLE, ON, L6M 2G5
(905) 827-4101 SIC 8211
HALTON DISTRICT SCHOOL BOARD p771
1641 Heritage Way, OAKVILLE, ON, L6M 2Z4
(905) 847-5496 SIC 8211
HALTON DISTRICT SCHOOL BOARD p771
1551 Pilgrims Way, OAKVILLE, ON, L6M 2W7
(905) 825-9808 SIC 8211
HALTON DISTRICT SCHOOL BOARD p771
1406 Pine Glen Rd, OAKVILLE, ON, L6M 4B9
(905) 469-0341 SIC 8211
HAMILTON ASSOCIATION FOR CHRISTIAN EDUCATION INCORPORATED p487
92 Glancaster Rd, ANCASTER, ON, L9G 3K9
(905) 648-6655 SIC 8211
HAMILTON-WENTWORTH CATHOLIC SCHOOL BOARD p487
75 Concerto Crt, ANCASTER, ON, L9G 4V6
(905) 523-2341 SIC 8211
HAMILTON-WENTWORTH CATHOLIC SCHOOL BOARD p487
100 Panabaker Dr, ANCASTER, ON, L9G 5E3
(905) 523-2331 SIC 8211
HAMILTON-WENTWORTH CATHOLIC SCHOOL BOARD p487
24 Fiddler's Green Rd, ANCASTER, ON, L9G 1W1 SIC 8211
HAMILTON-WENTWORTH CATHOLIC SCHOOL BOARD p487
103 Mcniven Rd, ANCASTER, ON, L9G 3T7
(905) 648-6142 SIC 8211

HAMILTON-WENTWORTH CATHOLIC SCHOOL BOARD p488
93 Kitty Murray Lane, ANCASTER, ON, L9K 1S3
(905) 304-3255 SIC 8211
HAMILTON-WENTWORTH CATHOLIC SCHOOL BOARD p504
200 Windwood Dr, BINBROOK, ON, L0R 1C0
(905) 523-2316 SIC 8211
HAMILTON-WENTWORTH CATHOLIC SCHOOL BOARD p504
35 Pumpkin Pass, BINBROOK, ON, L0R 1C0
(905) 692-5435 SIC 8211
HAMILTON-WENTWORTH CATHOLIC SCHOOL BOARD p570
25 Alma St, DUNDAS, ON, L9H 2C9
(905) 523-2338 SIC 8211
HAMILTON-WENTWORTH CATHOLIC SCHOOL BOARD p570
73 Melville St, DUNDAS, ON, L9H 2A2
(905) 627-3521 SIC 8211
HAMILTON-WENTWORTH CATHOLIC SCHOOL BOARD p570
25 Alma St, DUNDAS, ON, L9H 2C9
(905) 523-2338 SIC 8211
HAMILTON-WENTWORTH CATHOLIC SCHOOL BOARD p571
270 Governors Rd, DUNDAS, ON, L9H 5E3
(905) 523-2336 SIC 8211
HAMILTON-WENTWORTH CATHOLIC SCHOOL BOARD p606
33 Cromwell Cres, HAMILTON, ON, L8G 2E9
(905) 560-3533 SIC 8211
HAMILTON-WENTWORTH CATHOLIC SCHOOL BOARD p607
190 Britannia Ave, HAMILTON, ON, L8H 1X5
(905) 549-3541 SIC 8211
HAMILTON-WENTWORTH CATHOLIC SCHOOL BOARD p608
115 Barnesdale Ave N, HAMILTON, ON, L8L 6S6
(905) 545-1832 SIC 8211
HAMILTON-WENTWORTH CATHOLIC SCHOOL BOARD p608
24 Smith Ave, HAMILTON, ON, L8L 5P1
(905) 529-2848 SIC 8211
HAMILTON-WENTWORTH CATHOLIC SCHOOL BOARD p608
77 Melrose Ave N, HAMILTON, ON, L8L 6X4
(905) 544-0522 SIC 8211
HAMILTON-WENTWORTH CATHOLIC SCHOOL BOARD p608
345 Albright Rd, HAMILTON, ON, L8K 6N3
(905) 561-3966 SIC 8211
HAMILTON-WENTWORTH CATHOLIC SCHOOL BOARD p608
30 Wentworth St N, HAMILTON, ON, L8L 8H5
(905) 522-3581 SIC 8211
HAMILTON-WENTWORTH CATHOLIC SCHOOL BOARD p608
120 Sherman Ave N, HAMILTON, ON, L8L 6M6
(905) 547-5444 SIC 8211
HAMILTON-WENTWORTH CATHOLIC SCHOOL BOARD p608
88 Macaulay St E, HAMILTON, ON, L8L 3X3
(905) 529-6625 SIC 8211
HAMILTON-WENTWORTH CATHOLIC SCHOOL BOARD p608
12 Ambrose Ave, HAMILTON, ON, L8K 6E2
(905) 561-1144 SIC 8211
HAMILTON-WENTWORTH CATHOLIC SCHOOL BOARD p608
120 Parkdale Ave S, HAMILTON, ON, L8K 3P3
(905) 545-9598 SIC 8211
HAMILTON-WENTWORTH CATHOLIC SCHOOL BOARD p608
115 London St S, HAMILTON, ON, L8K 2G6
(905) 549-8203 SIC 8211

SIC 8211 Elementary and secondary schools

HAMILTON-WENTWORTH CATHOLIC SCHOOL BOARD p608
181 Belmont Ave, HAMILTON, ON, L8L 7M5
(905) 549-6767   SIC 8211

HAMILTON-WENTWORTH CATHOLIC SCHOOL BOARD p609
Gd, HAMILTON, ON, L8N 3R9
(905) 664-7628   SIC 8211

HAMILTON-WENTWORTH CATHOLIC SCHOOL BOARD p609
770 Main St E, HAMILTON, ON, L8M 1L1
(905) 544-9495   SIC 8211

HAMILTON-WENTWORTH CATHOLIC SCHOOL BOARD p609
705 Centre Rd, HAMILTON, ON, L8N 2Z7
(905) 523-2345   SIC 8211

HAMILTON-WENTWORTH CATHOLIC SCHOOL BOARD p610
166 Forest Ave, HAMILTON, ON, L8N 0A5
(905) 667-5880   SIC 8211

HAMILTON-WENTWORTH CATHOLIC SCHOOL BOARD p610
150 5th St E, HAMILTON, ON, L8N 3R9
(905) 575-5202   SIC 8211

HAMILTON-WENTWORTH CATHOLIC SCHOOL BOARD p611
270 Locke St S, HAMILTON, ON, L8P 4C1
(905) 529-1002   SIC 8211

HAMILTON-WENTWORTH CATHOLIC SCHOOL BOARD p612
125 Rifle Range Rd, HAMILTON, ON, L8S 3B7
(905) 527-6512   SIC 8211

HAMILTON-WENTWORTH CATHOLIC SCHOOL BOARD p612
90 Mulberry St, HAMILTON, ON, L8R 2C8
SIC 8211

HAMILTON-WENTWORTH CATHOLIC SCHOOL BOARD p612
200 Whitney Ave, HAMILTON, ON, L8S 2G7
(905) 528-0214   SIC 8211

HAMILTON-WENTWORTH CATHOLIC SCHOOL BOARD p612
209 Macnab St N, HAMILTON, ON, L8R 2M5
(905) 528-8797   SIC 8211

HAMILTON-WENTWORTH CATHOLIC SCHOOL BOARD p613
5 Hamilton Ave, HAMILTON, ON, L8V 2S3
(905) 383-6811   SIC 8211

HAMILTON-WENTWORTH CATHOLIC SCHOOL BOARD p613
25 Brentwood Dr, HAMILTON, ON, L8T 3V9
(905) 383-8122   SIC 8211

HAMILTON-WENTWORTH CATHOLIC SCHOOL BOARD p613
315 East 37th St, HAMILTON, ON, L8V 4B5
(905) 383-6844   SIC 8211

HAMILTON-WENTWORTH CATHOLIC SCHOOL BOARD p613
420 Mohawk Rd E, HAMILTON, ON, L8V 2H7
(905) 383-9233   SIC 8211

HAMILTON-WENTWORTH CATHOLIC SCHOOL BOARD p614
49 Fennell Ave E, HAMILTON, ON, L9A 1R5
(905) 383-4911   SIC 8211

HAMILTON-WENTWORTH CATHOLIC SCHOOL BOARD p614
1 Rexford Dr, HAMILTON, ON, L8W 3E8
(905) 318-7933   SIC 8211

HAMILTON-WENTWORTH CATHOLIC SCHOOL BOARD p614
135 Hester St, HAMILTON, ON, L9A 2N9
(905) 383-2986   SIC 8211

HAMILTON-WENTWORTH CATHOLIC SCHOOL BOARD p614
200 Acadia Dr, HAMILTON, ON, L8W 1B8
(905) 388-7020   SIC 8211

HAMILTON-WENTWORTH CATHOLIC SCHOOL BOARD p614
150 East 5th St, HAMILTON, ON, L9A 2Z8
(905) 575-5202   SIC 8211

HAMILTON-WENTWORTH CATHOLIC SCHOOL BOARD p614
22 Queensbury Dr, HAMILTON, ON, L8W 1Z6
(905) 385-8212   SIC 8211

HAMILTON-WENTWORTH CATHOLIC SCHOOL BOARD p615
50 Millwood Pl, HAMILTON, ON, L9A 2M8
(905) 383-5111   SIC 8211

HAMILTON-WENTWORTH CATHOLIC SCHOOL BOARD p615
1045 Upper Paradise Rd, HAMILTON, ON, L9B 2N4
(905) 388-3030   SIC 8211

HAMILTON-WENTWORTH CATHOLIC SCHOOL BOARD p615
25 Alderson Dr, HAMILTON, ON, L9B 1G3
(905) 389-3940   SIC 8211

HAMILTON-WENTWORTH CATHOLIC SCHOOL BOARD p615
20 Bonaparte Way, HAMILTON, ON, L9B 2E3
(905) 387-4600   SIC 8211

HAMILTON-WENTWORTH CATHOLIC SCHOOL BOARD p616
295 Greencedar Dr, HAMILTON, ON, L9C 7M9
(905) 385-3734   SIC 8211

HAMILTON-WENTWORTH CATHOLIC SCHOOL BOARD p616
675 Mohawk Rd W, HAMILTON, ON, L9C 1X7
(905) 383-7244   SIC 8211

HAMILTON-WENTWORTH CATHOLIC SCHOOL BOARD p616
171 San Remo Dr, HAMILTON, ON, L9C 6P8
(905) 385-7555   SIC 8211

HAMILTON-WENTWORTH CATHOLIC SCHOOL BOARD p616
20 Gemini Dr, HAMILTON, ON, L9C 5V7
(905) 389-0782   SIC 8211

HAMILTON-WENTWORTH CATHOLIC SCHOOL BOARD p617
1824 Rymal Rd, HANNON, ON, L0R 1P0
(905) 573-2151   SIC 8211

HAMILTON-WENTWORTH CATHOLIC SCHOOL BOARD p861
190 Glover Rd, STONEY CREEK, ON, L8E 5J2
(905) 523-2332   SIC 8211

HAMILTON-WENTWORTH CATHOLIC SCHOOL BOARD p861
252 Dewitt Rd, STONEY CREEK, ON, L8E 2R1
(905) 664-3806   SIC 8211

HAMILTON-WENTWORTH CATHOLIC SCHOOL BOARD p862
29 John Murray St, STONEY CREEK, ON, L8J 1C5
(905) 560-2700   SIC 8211

HAMILTON-WENTWORTH CATHOLIC SCHOOL BOARD p862
127 Gray Rd, STONEY CREEK, ON, L8G 3V3
(905) 523-2314   SIC 8211

HAMILTON-WENTWORTH CATHOLIC SCHOOL BOARD p862
185 Glenashton Dr, STONEY CREEK, ON, L8G 4E7
(905) 664-8148   SIC 8211

HAMILTON-WENTWORTH CATHOLIC SCHOOL BOARD p863
24 Amberwood St, STONEY CREEK, ON, L8J 2H9
(905) 578-2117   SIC 8211

HAMILTON-WENTWORTH CATHOLIC SCHOOL BOARD p863
43 Whitedeer Rd, STONEY CREEK, ON, L8J 2V8
(905) 560-0032   SIC 8211

HAMILTON-WENTWORTH CATHOLIC SCHOOL BOARD p863
55 Regional Rd 20, STONEY CREEK, ON, L8J 2W9
(905) 523-2329   SIC 8211

HAMILTON-WENTWORTH CATHOLIC SCHOOL BOARD p863
127 Gatestone Dr, STONEY CREEK, ON, L8J 3Z5
(905) 573-7731   SIC 8211

HAMILTON-WENTWORTH CATHOLIC SCHOOL BOARD p949
170 Skinner Rd, WATERDOWN, ON, L8B 1C7
(905) 523-2328   SIC 8211

HAMILTON-WENTWORTH DISTRICT SCHOOL BOARD, THE p487
168 Huron Ave, ANCASTER, ON, L9G 1V7
(905) 648-4115   SIC 8211

HAMILTON-WENTWORTH DISTRICT SCHOOL BOARD, THE p487
292 Nakoma Rd, ANCASTER, ON, L9G 1T2
(905) 648-4439   SIC 8211

HAMILTON-WENTWORTH DISTRICT SCHOOL BOARD, THE p487
374 Jerseyville Rd W, ANCASTER, ON, L9G 3K8
(905) 648-4468   SIC 8211

HAMILTON-WENTWORTH DISTRICT SCHOOL BOARD, THE p487
99 Dunham Dr, ANCASTER, ON, L9G 1X7
(905) 648-4353   SIC 8211

HAMILTON-WENTWORTH DISTRICT SCHOOL BOARD, THE p571
441 Old Brock Rd, DUNDAS, ON, L9H 6A7
(905) 627-2238   SIC 8211

HAMILTON-WENTWORTH DISTRICT SCHOOL BOARD, THE p571
310 Governors Rd, DUNDAS, ON, L9H 5P8
(905) 628-2203   SIC 8211

HAMILTON-WENTWORTH DISTRICT SCHOOL BOARD, THE p571
14 Kemp Dr, DUNDAS, ON, L9H 2M9
SIC 8211

HAMILTON-WENTWORTH DISTRICT SCHOOL BOARD, THE p571
625 Harvest Rd, DUNDAS, ON, L9H 5K8
(905) 979-0538   SIC 8211

HAMILTON-WENTWORTH DISTRICT SCHOOL BOARD, THE p571
31 Parkside Ave, DUNDAS, ON, L9H 2S8
SIC 8211

HAMILTON-WENTWORTH DISTRICT SCHOOL BOARD, THE p591
280 Tenth Conc E, FREELTON, ON, L0R 1K0
(905) 659-3396   SIC 8211

HAMILTON-WENTWORTH DISTRICT SCHOOL BOARD, THE p606
157 Lake Ave N, HAMILTON, ON, L8E 1L5
(905) 561-0402   SIC 8211

HAMILTON-WENTWORTH DISTRICT SCHOOL BOARD, THE p607
40 Eastwood St, HAMILTON, ON, L8H 6R7
(905) 545-6558   SIC 8211

HAMILTON-WENTWORTH DISTRICT SCHOOL BOARD, THE p607
1292 Cannon St E, HAMILTON, ON, L8H 1V6
(905) 547-0321   SIC 8211

HAMILTON-WENTWORTH DISTRICT SCHOOL BOARD, THE p607
575 Woodward Ave, HAMILTON, ON, L8H 6P2
(905) 545-8819   SIC 8211

HAMILTON-WENTWORTH DISTRICT SCHOOL BOARD, THE p607
460 Melvin Ave, HAMILTON, ON, L8H 2L7
(905) 549-3076   SIC 8211

HAMILTON-WENTWORTH DISTRICT SCHOOL BOARD, THE p607
139 Parkdale Ave N, HAMILTON, ON, L8H 5X3
(905) 545-6216   SIC 8211

HAMILTON-WENTWORTH DISTRICT SCHOOL BOARD, THE p607
801 Dunsmure Rd, HAMILTON, ON, L8H 1H9
(905) 547-1689   SIC 8211

HAMILTON-WENTWORTH DISTRICT SCHOOL BOARD, THE p607
20 Reid Ave N, HAMILTON, ON, L8H 6E1
SIC 8211

HAMILTON-WENTWORTH DISTRICT SCHOOL BOARD, THE p608
1284 Main St E, HAMILTON, ON, L8K 1B2
(905) 549-3031   SIC 8211

HAMILTON-WENTWORTH DISTRICT SCHOOL BOARD, THE p608
1525 Lucerne Ave, HAMILTON, ON, L8K 1R3
(905) 544-5670   SIC 8211

HAMILTON-WENTWORTH DISTRICT SCHOOL BOARD, THE p608
160 Wentworth St N, HAMILTON, ON, L8L 5V7
(905) 522-9965   SIC 8211

HAMILTON-WENTWORTH DISTRICT SCHOOL BOARD, THE p608
60 Balsam Ave N, HAMILTON, ON, L8L 6Y3
(905) 545-5315   SIC 8211

HAMILTON-WENTWORTH DISTRICT SCHOOL BOARD, THE p608
25 Erindale Ave, HAMILTON, ON, L8K 4R2
(905) 549-4233   SIC 8211

HAMILTON-WENTWORTH DISTRICT SCHOOL BOARD, THE p608
145 Rainbow Dr, HAMILTON, ON, L8K 4G1
(905) 560-7343   SIC 8211

HAMILTON-WENTWORTH DISTRICT SCHOOL BOARD, THE p608
70 Albright Rd, HAMILTON, ON, L8K 5J3
(905) 573-7540   SIC 8211

HAMILTON-WENTWORTH DISTRICT SCHOOL BOARD, THE p608
350 Albright Rd, HAMILTON, ON, L8K 5J4
(905) 561-9520   SIC 8211

HAMILTON-WENTWORTH DISTRICT SCHOOL BOARD, THE p608
50 Murray St W, HAMILTON, ON, L8L 1B3
(905) 560-6732   SIC 8211

HAMILTON-WENTWORTH DISTRICT SCHOOL BOARD, THE p608
140 Glen Echo Dr, HAMILTON, ON, L8K 4J1
(905) 561-0719   SIC 8211

HAMILTON-WENTWORTH DISTRICT SCHOOL BOARD, THE p608
149 Sanford Ave N, Hamilton, ON, L8L 5Z4
SIC 8211

HAMILTON-WENTWORTH DISTRICT SCHOOL BOARD, THE p608
50 Secord Dr, HAMILTON, ON, L8K 3W7
(905) 560-6732   SIC 8211

HAMILTON-WENTWORTH DISTRICT SCHOOL BOARD, THE p608
100 Wexford Ave S, HAMILTON, ON, L8K 2N8
(905) 544-7771   SIC 8211

HAMILTON-WENTWORTH DISTRICT SCHOOL BOARD, THE p608
77 Gage Ave N, HAMILTON, ON, L8L 6Z8
SIC 8211

HAMILTON-WENTWORTH DISTRICT SCHOOL BOARD, THE p608
40 Lottridge St, HAMILTON, ON, L8L 6T9
(905) 544-3379   SIC 8211

HAMILTON-WENTWORTH DISTRICT SCHOOL BOARD, THE p609
1175 Main St E, HAMILTON, ON, L8M 1P3
(905) 549-3095   SIC 8211

HAMILTON-WENTWORTH DISTRICT SCHOOL BOARD, THE p609
71 Maplewood Ave, HAMILTON, ON, L8M 1W7
(905) 549-1339   SIC 8211

HAMILTON-WENTWORTH DISTRICT SCHOOL BOARD, THE p611
75 Hunter St W, HAMILTON, ON, L8P 1P9
(905) 522-9690   SIC 8211

HAMILTON-WENTWORTH DISTRICT SCHOOL BOARD, THE p611
222 Robinson St, HAMILTON, ON, L8P 1Z9
(905) 528-7975   SIC 8211

HAMILTON-WENTWORTH DISTRICT SCHOOL BOARD, THE p611
100 Main St W, HAMILTON, ON, L8P 1H6
(905) 527-5092 SIC 8211

HAMILTON-WENTWORTH DISTRICT SCHOOL BOARD, THE p611
300 Dundurn St S, HAMILTON, ON, L8P 4L3
(905) 528-0223 SIC 8211

HAMILTON-WENTWORTH DISTRICT SCHOOL BOARD, THE p612
107 Hess St N, HAMILTON, ON, L8R 2T1
(905) 527-1439 SIC 8211

HAMILTON-WENTWORTH DISTRICT SCHOOL BOARD, THE p612
130 York Blvd, HAMILTON, ON, L8R 1Y5
(905) 528-8363 SIC 8211

HAMILTON-WENTWORTH DISTRICT SCHOOL BOARD, THE p612
150 Lower Horning Rd, HAMILTON, ON, L8S 4P2
(905) 525-2140 SIC 8211

HAMILTON-WENTWORTH DISTRICT SCHOOL BOARD, THE p612
700 Main St W, HAMILTON, ON, L8S 1A5
(905) 522-1387 SIC 8211

HAMILTON-WENTWORTH DISTRICT SCHOOL BOARD, THE p612
900 King St W, HAMILTON, ON, L8S 1K6
(905) 522-0601 SIC 8211

HAMILTON-WENTWORTH DISTRICT SCHOOL BOARD, THE p612
1150 Main St W, HAMILTON, ON, L8S 1C2
(905) 528-8631 SIC 8211

HAMILTON-WENTWORTH DISTRICT SCHOOL BOARD, THE p612
99 Ferguson Ave N, HAMILTON, ON, L8R 1L6
(905) 667-2612 SIC 8211

HAMILTON-WENTWORTH DISTRICT SCHOOL BOARD, THE p613
45 Berko Ave, HAMILTON, ON, L8V 2R3
(905) 387-1087 SIC 8211

HAMILTON-WENTWORTH DISTRICT SCHOOL BOARD, THE p613
1040 Queensdale Ave E, HAMILTON, ON, L8T 1J4
(905) 385-2341 SIC 8211

HAMILTON-WENTWORTH DISTRICT SCHOOL BOARD, THE p613
80 Currie St, HAMILTON, ON, L8T 3M9
(905) 387-5655 SIC 8211

HAMILTON-WENTWORTH DISTRICT SCHOOL BOARD, THE p613
205 Berko Ave, HAMILTON, ON, L8V 2R3
(905) 385-3239 SIC 8211

HAMILTON-WENTWORTH DISTRICT SCHOOL BOARD, THE p613
110 Anson Ave, HAMILTON, ON, L8T 2X6
(905) 389-1309 SIC 8211

HAMILTON-WENTWORTH DISTRICT SCHOOL BOARD, THE p613
500 Franklin Rd, HAMILTON, ON, L8V 2A4
(905) 388-4731 SIC 8211

HAMILTON-WENTWORTH DISTRICT SCHOOL BOARD, THE p613
75 Palmer Rd, HAMILTON, ON, L8T 3G1
(905) 389-2234 SIC 8211

HAMILTON-WENTWORTH DISTRICT SCHOOL BOARD, THE p613
430 East 25th St, HAMILTON, ON, L8V 3B4
(905) 388-1058 SIC 8211

HAMILTON-WENTWORTH DISTRICT SCHOOL BOARD, THE p613
155 East 26th St, HAMILTON, ON, L8V 3C5
(905) 387-0172 SIC 8211

HAMILTON-WENTWORTH DISTRICT SCHOOL BOARD, THE p614
340 Queen Victoria Dr, HAMILTON, ON, L8W 1T9
(905) 385-5374 SIC 8211

HAMILTON-WENTWORTH DISTRICT SCHOOL BOARD, THE p614
62 Templemead Dr, HAMILTON, ON, L8W 3Z7
(905) 383-8348 SIC 8211

HAMILTON-WENTWORTH DISTRICT SCHOOL BOARD, THE p614
50 Ravenbury Dr, HAMILTON, ON, L8W 2B5
(905) 574-4323 SIC 8211

HAMILTON-WENTWORTH DISTRICT SCHOOL BOARD, THE p615
320 Brigade Dr, HAMILTON, ON, L9B 2E3
(905) 574-2662 SIC 8211

HAMILTON-WENTWORTH DISTRICT SCHOOL BOARD, THE p615
70 Bobolink Rd, HAMILTON, ON, L9A 2P5
(905) 385-5344 SIC 8211

HAMILTON-WENTWORTH DISTRICT SCHOOL BOARD, THE p615
20 Education Ct, HAMILTON, ON, L9A 0B9
(905) 527-5092 SIC 8211

HAMILTON-WENTWORTH DISTRICT SCHOOL BOARD, THE p615
25 Hummingbird Lane, HAMILTON, ON, L9A 4B1
(905) 388-4447 SIC 8211

HAMILTON-WENTWORTH DISTRICT SCHOOL BOARD, THE p615
165 Terrace Dr, HAMILTON, ON, L9A 2Z2
SIC 8211

HAMILTON-WENTWORTH DISTRICT SCHOOL BOARD, THE p615
4 Vickers Rd, HAMILTON, ON, L9A 1Y1
(905) 385-2336 SIC 8211

HAMILTON-WENTWORTH DISTRICT SCHOOL BOARD, THE p615
465 East 16th St, HAMILTON, ON, L9A 4K6
(905) 318-1291 SIC 8211

HAMILTON-WENTWORTH DISTRICT SCHOOL BOARD, THE p615
67 Queensdale Ave E, HAMILTON, ON, L9A 1K4
(905) 389-9311 SIC 8211

HAMILTON-WENTWORTH DISTRICT SCHOOL BOARD, THE p616
500 Bendamere Ave, HAMILTON, ON, L9C 1R3
(905) 388-5833 SIC 8211

HAMILTON-WENTWORTH DISTRICT SCHOOL BOARD, THE p616
60 Rolston Dr, HAMILTON, ON, L9C 3X7
(905) 388-1502 SIC 8211

HAMILTON-WENTWORTH DISTRICT SCHOOL BOARD, THE p616
60 Caledon Ave, HAMILTON, ON, L9C 3C8
(905) 388-2521 SIC 8211

HAMILTON-WENTWORTH DISTRICT SCHOOL BOARD, THE p616
9 Lynbrook Dr, HAMILTON, ON, L9C 2K6
(905) 383-2143 SIC 8211

HAMILTON-WENTWORTH DISTRICT SCHOOL BOARD, THE p616
59 Karen Cres, HAMILTON, ON, L9C 5M5
(905) 979-4335 SIC 8211

HAMILTON-WENTWORTH DISTRICT SCHOOL BOARD, THE p616
450 Sanatorium Rd, HAMILTON, ON, L9C 2B1
(905) 385-5369 SIC 8211

HAMILTON-WENTWORTH DISTRICT SCHOOL BOARD, THE p616
145 Magnolia Dr, HAMILTON, ON, L9C 5P4
(905) 383-3337 SIC 8211

HAMILTON-WENTWORTH DISTRICT SCHOOL BOARD, THE p616
39 Montcalm Dr, HAMILTON, ON, L9C 4B1
(905) 385-5395 SIC 8211

HAMILTON-WENTWORTH DISTRICT SCHOOL BOARD, THE p616
200 Chester Ave, HAMILTON, ON, L9C 2X1
(905) 385-3267 SIC 8211

HAMILTON-WENTWORTH DISTRICT SCHOOL BOARD, THE p616
11 Guildwood Dr, HAMILTON, ON, L9C 7K2
(905) 574-5321 SIC 8211

HAMILTON-WENTWORTH DISTRICT SCHOOL BOARD, THE p616
200 Cranbrook Dr, HAMILTON, ON, L9C 4S9
(905) 387-3350 SIC 8211

HAMILTON-WENTWORTH DISTRICT SCHOOL BOARD, THE p616
30 Laurier Ave, HAMILTON, ON, L9C 3R9
(905) 387-5212 SIC 8211

HAMILTON-WENTWORTH DISTRICT SCHOOL BOARD, THE p680
375 Concession 5 W, MILLGROVE, ON, L0R 1V0
(905) 689-4544 SIC 8211

HAMILTON-WENTWORTH DISTRICT SCHOOL BOARD, THE p724
9149 Airport Rd, MOUNT HOPE, ON, L0R 1W0
(905) 977-7004 SIC 8211

HAMILTON-WENTWORTH DISTRICT SCHOOL BOARD, THE p848
1279 Seaton Rd, SHEFFIELD, ON, L0R 1Z0
(519) 647-3471 SIC 8211

HAMILTON-WENTWORTH DISTRICT SCHOOL BOARD, THE p861
275 Lincoln Rd, STONEY CREEK, ON, L8E 1Z4
(905) 662-4363 SIC 8211

HAMILTON-WENTWORTH DISTRICT SCHOOL BOARD, THE p861
299 Barton St, STONEY CREEK, ON, L8E 2K7
(905) 662-6939 SIC 8211

HAMILTON-WENTWORTH DISTRICT SCHOOL BOARD, THE p861
255 Winona Rd, STONEY CREEK, ON, L8E 5L3
(905) 979-5317 SIC 8211

HAMILTON-WENTWORTH DISTRICT SCHOOL BOARD, THE p861
200 Dewitt Rd, STONEY CREEK, ON, L8E 4M5
(905) 573-3550 SIC 8211

HAMILTON-WENTWORTH DISTRICT SCHOOL BOARD, THE p862
211 Memorial Ave, STONEY CREEK, ON, L8G 3B2
(905) 979-6595 SIC 8211

HAMILTON-WENTWORTH DISTRICT SCHOOL BOARD, THE p862
49 Collegiate Ave, STONEY CREEK, ON, L8G 3L5
(905) 662-2990 SIC 8211

HAMILTON-WENTWORTH DISTRICT SCHOOL BOARD, THE p862
20 Lake Ave S, STONEY CREEK, ON, L8G 1P3
(905) 662-8425 SIC 8211

HAMILTON-WENTWORTH DISTRICT SCHOOL BOARD, THE p862
45 Randall Ave, STONEY CREEK, ON, L8G 2K8
(905) 662-7021 SIC 8211

HAMILTON-WENTWORTH DISTRICT SCHOOL BOARD, THE p862
910 Queenston Rd, STONEY CREEK, ON, L8G 1B5
(905) 573-3144 SIC 8211

HAMILTON-WENTWORTH DISTRICT SCHOOL BOARD, THE p863
291 Winterberry Dr, STONEY CREEK, ON, L8J 2N5
(905) 573-9113 SIC 8211

HAMILTON-WENTWORTH DISTRICT SCHOOL BOARD, THE p863
390 Mud St E, STONEY CREEK, ON, L8J 3C6
(905) 662-2297 SIC 8211

HAMILTON-WENTWORTH DISTRICT SCHOOL BOARD, THE p863
108 Highland Rd W, STONEY CREEK, ON, L8J 2T2
(905) 573-3000 SIC 8211

HAMILTON-WENTWORTH DISTRICT SCHOOL BOARD, THE p863
1105 Paramount Dr, STONEY CREEK, ON, L8J 1W2
(905) 573-3505 SIC 8211

HAMILTON-WENTWORTH DISTRICT SCHOOL BOARD, THE p944
1346 Concession 4 W, TROY, ON, L0R 2B0
(905) 628-9444 SIC 8211

HAMILTON-WENTWORTH DISTRICT SCHOOL BOARD, THE p949
211 Mill St N, WATERDOWN, ON, L0R 2H0
(905) 689-7905 SIC 8211

HAMILTON-WENTWORTH DISTRICT SCHOOL BOARD, THE p950
215 Parkside Dr, WATERDOWN, ON, L8B 1B9
(905) 689-6692 SIC 8211

HAMILTON-WENTWORTH DISTRICT SCHOOL BOARD, THE p950
55 Braeheid Ave, WATERDOWN, ON, L8B 0C5
(905) 689-8254 SIC 8211

HAMILTON-WENTWORTH DISTRICT SCHOOL BOARD, THE p950
211 Parkside Dr, WATERDOWN, ON, L8B 1B9
(905) 690-6813 SIC 8211

HANOVER SCHOOL DIVISION p349
20 Southwood St, GRUNTHAL, MB, R0A 0R0
(204) 434-6165 SIC 8211

HANOVER SCHOOL DIVISION p349
212 Oak Ave, GRUNTHAL, MB, R0A 0R0
(204) 434-6415 SIC 8211

HANOVER SCHOOL DIVISION p350
177 2nd St E, LANDMARK, MB, R0A 0X0
(204) 355-4663 SIC 8211

HANOVER SCHOOL DIVISION p350
101 Friesen Ave, KLEEFELD, MB, R0A 0V0
(204) 377-4751 SIC 8211

HANOVER SCHOOL DIVISION p350
165 Main St, LANDMARK, MB, R0A 0X0
(204) 355-4020 SIC 8211

HANOVER SCHOOL DIVISION p351
99 Stanway Bay, MITCHELL, MB, R5G 1J4
(204) 326-6622 SIC 8211

HANOVER SCHOOL DIVISION p351
203 Third St, MITCHELL, MB, R5G 1H7
(204) 320-9488 SIC 8211

HANOVER SCHOOL DIVISION p352
161 5th Ave, NIVERVILLE, MB, R0A 1E0
(204) 388-4731 SIC 8211

HANOVER SCHOOL DIVISION p352
181 Main St, NIVERVILLE, MB, R0A 1E0
(204) 388-4861 SIC 8211

HANOVER SCHOOL DIVISION p357
5 Chrysler Gate, STEINBACH, MB, R5G 0E2
(204) 326-6471 SIC 8211

HANOVER SCHOOL DIVISION p357
155 Barkman Ave, STEINBACH, MB, R5G 0P2
(204) 326-3518 SIC 8211

HANOVER SCHOOL DIVISION p357
190 Mckenzie Ave, STEINBACH, MB, R5G 0P1
(204) 326-6426 SIC 8211

HANOVER SCHOOL DIVISION p357
411 Henry St, STEINBACH, MB, R5G 0R1
(204) 326-6110 SIC 8211

HASTINGS AND PRINCE EDWARD DISTRICT SCHOOL BOARD p486
264 County Rd 19 Suite 68, AMELIASBURG, ON, K0K 1A0
(613) 962-7533 SIC 8211

HASTINGS AND PRINCE EDWARD DISTRICT SCHOOL BOARD p494
132 Newkirk Blvd, BANCROFT, ON, K0L 1C0
(613) 332-1833 SIC 8211

HASTINGS AND PRINCE EDWARD DISTRICT SCHOOL BOARD p494
132 Newkirk Blvd, BANCROFT, ON, K0L 1C0
(613) 332-3000 SIC 8211

HASTINGS AND PRINCE EDWARD DISTRICT SCHOOL BOARD p494

16 Monck St Suite 14, BANCROFT, ON, K0L 1C0
(613) 332-1220 SIC 8211
HASTINGS AND PRINCE EDWARD DISTRICT SCHOOL BOARD p494
33 Baptist Lake Rd S, BANCROFT, ON, K0L 1C0
(613) 332-3721 SIC 8211
HASTINGS AND PRINCE EDWARD DISTRICT SCHOOL BOARD p502
46 Pine St, BELLEVILLE, ON, K8N 2M2
(613) 968-4547 SIC 8211
HASTINGS AND PRINCE EDWARD DISTRICT SCHOOL BOARD p502
Po Box 6500 Stn Csc, BELLEVILLE, ON, K8N 5M6
(613) 966-2922 SIC 8211
HASTINGS AND PRINCE EDWARD DISTRICT SCHOOL BOARD p502
376 Avonlough Rd, BELLEVILLE, ON, K8N 4Z2
(613) 966-8186 SIC 8211
HASTINGS AND PRINCE EDWARD DISTRICT SCHOOL BOARD p502
135 Macdonald Ave, BELLEVILLE, ON, K8N 3Y4
(613) 968-9173 SIC 8211
HASTINGS AND PRINCE EDWARD DISTRICT SCHOOL BOARD p502
88 West St, BELLEVILLE, ON, K8N 4X7
(613) 962-1177 SIC 8211
HASTINGS AND PRINCE EDWARD DISTRICT SCHOOL BOARD p502
156 Ann St, BELLEVILLE, ON, K8N 3L3
(613) 966-1170 SIC 8211
HASTINGS AND PRINCE EDWARD DISTRICT SCHOOL BOARD p502
77 Rollins Dr, BELLEVILLE, ON, K8N 4J6
(613) 969-0140 SIC 8211
HASTINGS AND PRINCE EDWARD DISTRICT SCHOOL BOARD p503
73 Poplar St, BELLEVILLE, ON, K8P 4J3
(613) 962-1341 SIC 8211
HASTINGS AND PRINCE EDWARD DISTRICT SCHOOL BOARD p503
37 Prince Of Wales Dr, BELLEVILLE, ON, K8P 2T6
(613) 968-8321 SIC 8211
HASTINGS AND PRINCE EDWARD DISTRICT SCHOOL BOARD p503
224 Palmer Rd, BELLEVILLE, ON, K8P 4E1
(613) 962-2516 SIC 8211
HASTINGS AND PRINCE EDWARD DISTRICT SCHOOL BOARD p503
138 Leland Dr, BELLEVILLE, ON, K8P 1G7
SIC 8211
HASTINGS AND PRINCE EDWARD DISTRICT SCHOOL BOARD p503
160 Palmer Rd, BELLEVILLE, ON, K8P 4E1
(613) 962-9233 SIC 8211
HASTINGS AND PRINCE EDWARD DISTRICT SCHOOL BOARD p503
22 Harder Dr, BELLEVILLE, ON, K8P 1H2
(613) 962-6400 SIC 8211
HASTINGS AND PRINCE EDWARD DISTRICT SCHOOL BOARD p503
45 College St W, BELLEVILLE, ON, K8P 2G3
(613) 962-9295 SIC 8211
HASTINGS AND PRINCE EDWARD DISTRICT SCHOOL BOARD p505
27 Corey St, BLOOMFIELD, ON, K0K 1G0
(613) 393-3262 SIC 8211
HASTINGS AND PRINCE EDWARD DISTRICT SCHOOL BOARD p553
1764 County Rd 10, CHERRY VALLEY, ON, K0K 1P0
(613) 476-3974 SIC 8211
HASTINGS AND PRINCE EDWARD DISTRICT SCHOOL BOARD p564
626 Harmony Rd, CORBYVILLE, ON, K0K 1V0
(613) 962-7867 SIC 8211
HASTINGS AND PRINCE EDWARD DIS-

TRICT SCHOOL BOARD p590
36 Adelaide St, FRANKFORD, ON, K0K 2C0
(613) 398-6425 SIC 8211
HASTINGS AND PRINCE EDWARD DISTRICT SCHOOL BOARD p590
658 Ashley St, FOXBORO, ON, K0K 2B0
(613) 962-5151 SIC 8211
HASTINGS AND PRINCE EDWARD DISTRICT SCHOOL BOARD p590
658 Ashley St, FOXBORO, ON, K0K 2B0
(613) 962-5151 SIC 8211
HASTINGS AND PRINCE EDWARD DISTRICT SCHOOL BOARD p666
32 Baldwin St, MADOC, ON, K0K 2K0
(613) 473-2487 SIC 8211
HASTINGS AND PRINCE EDWARD DISTRICT SCHOOL BOARD p678
17 William St, MARMORA, ON, K0K 2M0
(613) 472-2323 SIC 8211
HASTINGS AND PRINCE EDWARD DISTRICT SCHOOL BOARD p815
35 Barker St, PICTON, ON, K0K 2T0
(613) 476-6475 SIC 8211
HASTINGS AND PRINCE EDWARD DISTRICT SCHOOL BOARD p815
41 Barker St, PICTON, ON, K0K 2T0
(613) 476-2196 SIC 8211
HASTINGS AND PRINCE EDWARD DISTRICT SCHOOL BOARD p848
650 Shannonville Rd Rr 1, SHANNONVILLE, ON, K0K 3A0
(613) 962-4447 SIC 8211
HASTINGS AND PRINCE EDWARD DISTRICT SCHOOL BOARD p859
84 Church St, STIRLING, ON, K0K 3E0
SIC 8211
HASTINGS AND PRINCE EDWARD DISTRICT SCHOOL BOARD p860
107 St James St, STIRLING, ON, K0K 3E0
(613) 395-3389 SIC 8211
HASTINGS AND PRINCE EDWARD DISTRICT SCHOOL BOARD p944
20 South St, TRENTON, ON, K8V 1P8
(613) 392-4524 SIC 8211
HASTINGS AND PRINCE EDWARD DISTRICT SCHOOL BOARD p944
15 Fourth Ave, TRENTON, ON, K8V 5N4
(613) 392-1227 SIC 8211
HASTINGS AND PRINCE EDWARD DISTRICT SCHOOL BOARD p944
138 Dufferin Ave, TRENTON, ON, K8V 5E1
(613) 392-5461 SIC 8211
HASTINGS AND PRINCE EDWARD DISTRICT SCHOOL BOARD p944
16 Sillers Ave, TRENTON, ON, K8V 1X6
SIC 8211
HASTINGS AND PRINCE EDWARD DISTRICT SCHOOL BOARD p945
52 Mcclellan St, TWEED, ON, K0K 3J0
(613) 478-2714 SIC 8211
HASTINGS AND PRINCE EDWARD DISTRICT SCHOOL BOARD p945
165 Pomeroy St, TWEED, ON, K0K 3J0
(613) 478-2714 SIC 8211
HASTINGS AND PRINCE EDWARD DISTRICT SCHOOL BOARD p956
240 Wellington Main St, WELLINGTON, ON, K0K 3L0
(613) 399-3474 SIC 8211
HAVERGAL COLLEGE p898
460 Rosewell Ave, TORONTO, ON, M4R 2H5
(416) 483-3843 SIC 8211
HIGH PRAIRIE SCHOOL DIVISION NO 48 p71
5504 Centennial Ave, DONNELLY, AB, T0H 1G0
(780) 925-3959 SIC 8211
HIGH PRAIRIE SCHOOL DIVISION NO 48 p118
134 Central Ave Ne, FALHER, AB, T0H 1M0
(780) 837-2114 SIC 8211
HIGH PRAIRIE SCHOOL DIVISION NO 48 p130

5006 56th Ave, HIGH PRAIRIE, AB, T0G 1E0
(780) 523-4418 SIC 8211
HIGH PRAIRIE SCHOOL DIVISION NO 48 p130
5650 50th St, HIGH PRAIRIE, AB, T0G 1E0
(780) 523-3813 SIC 8211
HIGH PRAIRIE SCHOOL DIVISION NO 48 p130
5701 48th St, HIGH PRAIRIE, AB, T0G 1E0
(780) 523-4531 SIC 8211
HIGH PRAIRIE SCHOOL DIVISION NO 48 p133
500 Kinuso Ave, KINUSO, AB, T0G 1K0
(780) 775-3694 SIC 8211
HIGH PRAIRIE SCHOOL DIVISION NO 48 p164
228 4 Ave Nw Ss 1, SLAVE LAKE, AB, T0G 2A1
(780) 849-3539 SIC 8211
HIGH PRAIRIE SCHOOL DIVISION NO 48 p164
106 7 St Se Ss 3, SLAVE LAKE, AB, T0G 2A3
(780) 849-3064 SIC 8211
HIGH PRAIRIE SCHOOL DIVISION NO 48 p164
300 6 Ave Ne Ss 2, SLAVE LAKE, AB, T0G 2A2
(780) 849-4344 SIC 8211
HOLLAND COLLEGE p981
140 Weymouth St, CHARLOTTETOWN, PE, C1A 4Z1
(902) 629-4260 SIC 8211
HOLLAND COLLEGE p984
40 Parkway Dr, SLEMON PARK, PE, C0B 2A0
SIC 8211
HOLY FAMILY CATHOLIC REGIONAL DIVISION 37 p129
5002 47 St, GRIMSHAW, AB, T0H 1W0
(780) 332-4550 SIC 8211
HOLY FAMILY CATHOLIC REGIONAL DIVISION 37 p130
4718 53 Ave, HIGH PRAIRIE, AB, T0G 1E0
(780) 523-4595 SIC 8211
HOLY FAMILY CATHOLIC REGIONAL DIVISION 37 p142
505 River St, MANNING, AB, T0H 2M0
(780) 836-3625 SIC 8211
HOLY FAMILY CATHOLIC REGIONAL DIVISION 37 p150
9810 71 Ave, PEACE RIVER, AB, T8S 1R4
(780) 624-3432 SIC 8211
HOLY FAMILY CATHOLIC REGIONAL DIVISION 37 p171
4301 51st Ave, VALLEYVIEW, AB, T0H 3N0
(780) 524-3562 SIC 8211
HOLY FAMILY ROMAN CATHOLIC SEPARATE SCHOOL DIVISION 140 p1268
615 Arthur Ave, ESTEVAN, SK, S4A 1S9
(306) 634-3541 SIC 8211
HOLY FAMILY ROMAN CATHOLIC SEPARATE SCHOOL DIVISION 140 p1268
1846 Gibbs Rd, ESTEVAN, SK, S4A 1Y2
(306) 634-4249 SIC 8211
HOLY SPIRIT ROMAN CATHOLIC SEPARATE REGIONAL DIVISION NO 4 p136
620 12b St N, LETHBRIDGE, AB, T1H 2L7
(403) 327-9555 SIC 8211
HOLY SPIRIT ROMAN CATHOLIC SEPARATE REGIONAL DIVISION NO 4 p136
1212 12 Ave N, LETHBRIDGE, AB, T1H 6W1
(403) 328-0611 SIC 8211
HOLY SPIRIT ROMAN CATHOLIC SEPARATE REGIONAL DIVISION NO 4 p138
422 20 St S, LETHBRIDGE, AB, T1J 2V5
(403) 327-3098 SIC 8211
HOLY SPIRIT ROMAN CATHOLIC SEPARATE REGIONAL DIVISION NO 4 p138
333 18 St S, LETHBRIDGE, AB, T1J 3E5
(403) 327-3402 SIC 8211
HOLY SPIRIT ROMAN CATHOLIC SEPA-

RATE REGIONAL DIVISION NO 4 p138
405 18 St S, LETHBRIDGE, AB, T1J 3E5
(403) 327-4596 SIC 8211
HOLY SPIRIT ROMAN CATHOLIC SEPARATE REGIONAL DIVISION NO 4 p139
206 Mcmaster Blvd W, LETHBRIDGE, AB, T1K 4R3
(403) 381-8111 SIC 8211
HOLY SPIRIT ROMAN CATHOLIC SEPARATE REGIONAL DIVISION NO 4 p140
2219 14 Ave S, LETHBRIDGE, AB, T1K 0V6
(403) 327-5028 SIC 8211
HOLY SPIRIT ROMAN CATHOLIC SEPARATE REGIONAL DIVISION NO 4 p140
25 Stoney Cres W, LETHBRIDGE, AB, T1K 6V5
(403) 381-0953 SIC 8211
HOLY SPIRIT ROMAN CATHOLIC SEPARATE REGIONAL DIVISION NO 4 p150
864 Christie Ave, PINCHER CREEK, AB, T0K 1W0
(403) 627-3488 SIC 8211
HOLY SPIRIT ROMAN CATHOLIC SEPARATE REGIONAL DIVISION NO 4 p150
300 7 St N, PICTURE BUTTE, AB, T0K 1V0
(403) 732-4359 SIC 8211
HOLY SPIRIT ROMAN CATHOLIC SEPARATE REGIONAL DIVISION NO 4 p170
5302 48 St, TABER, AB, T1G 1H3
(403) 223-3352 SIC 8211
HOLY SPIRIT ROMAN CATHOLIC SEPARATE REGIONAL DIVISION NO 4 p170
5427 50 St, TABER, AB, T1G 1M2
(403) 223-3165 SIC 8211
HOLY TRINITY ROMAN CATHOLIC SEPARATE SCHOOL DIVISION #22 p1275
1111 Brown St, MOOSE JAW, SK, S6H 4L2
(306) 693-7693 SIC 8211
HOLY TRINITY ROMAN CATHOLIC SEPARATE SCHOOL DIVISION #22 p1275
330 Oxford St W, MOOSE JAW, SK, S6H 2P2
(306) 694-1767 SIC 8211
HOLY TRINITY ROMAN CATHOLIC SEPARATE SCHOOL DIVISION #22 p1275
495 5th Ave Ne, MOOSE JAW, SK, S6H 0J9
(306) 694-4044 SIC 8211
HOLY TRINITY ROMAN CATHOLIC SEPARATE SCHOOL DIVISION #22 p1275
1020 12th Ave Sw, Moose Jaw, SK, S6H 5X8
(306) 694-1622 SIC 8211
HOLY TRINITY ROMAN CATHOLIC SEPARATE SCHOOL DIVISION #22 p1275
324 Macdonald St, MOOSE JAW, SK, S6H 2V4
(306) 693-6744 SIC 8211
HOLY TRINITY ROMAN CATHOLIC SEPARATE SCHOOL DIVISION #22 p1306
751 Lorne St W, SWIFT CURRENT, SK, S9H 0J7
SIC 8211
HORIZON SCHOOL DIVISION NO 205 p1266
Gd, CUDWORTH, SK, S0K 1B0
(306) 256-3411 SIC 8211
HORIZON SCHOOL DIVISION NO 205 p1269
200 Alberta Ave E, FOAM LAKE, SK, S0A 1A0
(306) 272-3307 SIC 8211
HORIZON SCHOOL DIVISION NO 205 p1270
509 8th Ave, HUMBOLDT, SK, S0K 2A1
(306) 682-2684 SIC 8211
HORIZON SCHOOL DIVISION NO 205 p1271
218 1 Ave W, KELVINGTON, SK, S0A 1W0
(306) 327-4432 SIC 8211
HORIZON SCHOOL DIVISION NO 205 p1272
525 Lake Ave Hwy Suite 368, LAKE LENORE, SK, S0K 2J0
(306) 368-2333 SIC 8211
HORIZON SCHOOL DIVISION NO 205 p1272
40 Munster St, LANIGAN, SK, S0K 2M0
(306) 365-2830 SIC 8211
HORIZON SCHOOL DIVISION NO 205 p1272
24 Wexford St, LANIGAN, SK, S0K 2M0
(306) 365-2011 SIC 8211

HORIZON SCHOOL DIVISION NO 205 p1275
301 2 Ave S, MIDDLE LAKE, SK, S0K 2X0
(306) 367-2122 SIC 8211
HORIZON SCHOOL DIVISION NO 205 p1277
301 Scott St, MUENSTER, SK, S0K 2Y0
(306) 682-4538 SIC 8211
HORIZON SCHOOL DIVISION NO 205 p1281
Gd, PUNNICHY, SK, S0A 3C0
(306) 835-2222 SIC 8211
HORIZON SCHOOL DIVISION NO 205 p1281
612 6th Ave, PUNNICHY, SK, S0A 3C0
(306) 835-2140 SIC 8211
HORIZON SCHOOL DIVISION NO 205 p1281
200 King St, PUNNICHY, SK, S0A 3C0
(306) 835-2128 SIC 8211
HORIZON SCHOOL DIVISION NO 205 p1291
517 1st Ave N, ROSE VALLEY, SK, S0E 1M0
(306) 322-2341 SIC 8211
HORIZON SCHOOL DIVISION NO 205 p1306
321 Mountain St, STRASBOURG, SK, S0G 4V0
(306) 725-3441 SIC 8211
HORIZON SCHOOL DIVISION NO 205 p1306
205 2nd St, ST LOUIS, SK, S0J 2C0
(306) 422-8511 SIC 8211
HORIZON SCHOOL DIVISION NO 205 p1308
621 6th St Ne, WADENA, SK, S0A 4J0
(306) 338-2235 SIC 8211
HORIZON SCHOOL DIVISION NO 205 p1308
602 Main St, WATROUS, SK, S0K 4T0
(306) 946-3366 SIC 8211
HORIZON SCHOOL DIVISION NO 205 p1308
Gd, WAKAW, SK, S0K 4P0
(306) 233-4683 SIC 8211
HORIZON SCHOOL DIVISION NO 205 p1308
318 Main St N, WADENA, SK, S0A 4J0
(306) 338-2455 SIC 8211
HORIZON SCHOOL DIVISION NO 205 p1308
202 6th Ave E, WATROUS, SK, S0K 4T0
(306) 946-3309 SIC 8211
HORNEPAYNE ROMAN CATHOLIC SEPARATE SCHOOL BOARD p619
59 Neesomadina, HORNEPAYNE, ON, P0M 1Z0
SIC 8211
HURON PERTH CATHOLIC DISTRICT SCHOOL BOARD p554
353 Ontario St, CLINTON, ON, N0M 1L0
(519) 482-5454 SIC 8211
HURON PERTH CATHOLIC DISTRICT SCHOOL BOARD p570
44106 Line 34, DUBLIN, ON, N0K 1E0
(519) 345-2086 SIC 8211
HURON PERTH CATHOLIC DISTRICT SCHOOL BOARD p588
133 Sanders St W Ss 2 Suite 2, EXETER, ON, N0M 1S2
(519) 235-1691 SIC 8211
HURON PERTH CATHOLIC DISTRICT SCHOOL BOARD p596
70 Bennett St E, GODERICH, ON, N7A 1A4
(519) 524-9901 SIC 8211
HURON PERTH CATHOLIC DISTRICT SCHOOL BOARD p847
62 Chalk St, SEAFORTH, ON, N0K 1W0
(519) 527-0321 SIC 8211
HURON PERTH CATHOLIC DISTRICT SCHOOL BOARD p857
161 Peel St N, ST MARYS, ON, N4X 1B2
(519) 284-2170 SIC 8211
HURON PERTH CATHOLIC DISTRICT SCHOOL BOARD p865
181 Louise St, STRATFORD, ON, N5A 2E6
(519) 271-7544 SIC 8211
HURON PERTH CATHOLIC DISTRICT SCHOOL BOARD p865
228 Avondale Ave, STRATFORD, ON, N5A 6N4
(519) 271-3636 SIC 8211
HURON PERTH CATHOLIC DISTRICT SCHOOL BOARD p865
8 Grange St, STRATFORD, ON, N5A 3P6
(519) 273-3396 SIC 8211
HURON PERTH CATHOLIC DISTRICT SCHOOL BOARD p865
363 St Vincent St S, STRATFORD, ON, N5A 2Y2
(519) 271-3574 SIC 8211
HURON PERTH CATHOLIC DISTRICT SCHOOL BOARD p971
225 Cornyn St, WINGHAM, ON, N0G 2W0
(519) 357-1090 SIC 8211
HURON PERTH CATHOLIC DISTRICT SCHOOL BOARD p979
24 Mary St, ZURICH, ON, N0M 2T0
(519) 236-4335 SIC 8211
HURON-SUPERIOR CATHOLIC DISTRICT SCHOOL BOARD p505
25 Michigan Ave, BLIND RIVER, ON, P0R 1B0
(705) 356-7621 SIC 8211
HURON-SUPERIOR CATHOLIC DISTRICT SCHOOL BOARD p572
139 Mississauga Ave, ELLIOT LAKE, ON, P5A 1E3
(705) 848-3421 SIC 8211
HURON-SUPERIOR CATHOLIC DISTRICT SCHOOL BOARD p572
140 Hillside Dr N, ELLIOT LAKE, ON, P5A 1X7
(705) 848-4664 SIC 8211
HURON-SUPERIOR CATHOLIC DISTRICT SCHOOL BOARD p574
273 Mead Blvd, ESPANOLA, ON, P5E 1B3
(705) 869-4070 SIC 8211
HURON-SUPERIOR CATHOLIC DISTRICT SCHOOL BOARD p830
178 Glen Ave, SAULT STE. MARIE, ON, P6A 5E2
SIC 8211
HURON-SUPERIOR CATHOLIC DISTRICT SCHOOL BOARD p830
130 Wellington St E, SAULT STE. MARIE, ON, P6A 2L5
(705) 945-5540 SIC 8211
HURON-SUPERIOR CATHOLIC DISTRICT SCHOOL BOARD p830
145 Hugill St, SAULT STE. MARIE, ON, P6A 4E9
SIC 8211
HURON-SUPERIOR CATHOLIC DISTRICT SCHOOL BOARD p830
207 Dacey Rd, SAULT STE. MARIE, ON, P6A 5J8
(705) 945-5526 SIC 8211
HURON-SUPERIOR CATHOLIC DISTRICT SCHOOL BOARD p830
124 Gibbs St, SAULT STE. MARIE, ON, P6A 5H6
(705) 945-5531 SIC 8211
HURON-SUPERIOR CATHOLIC DISTRICT SCHOOL BOARD p830
178 Glen Ave, SAULT STE. MARIE, ON, P6A 5E2
(705) 945-5532 SIC 8211
HURON-SUPERIOR CATHOLIC DISTRICT SCHOOL BOARD p832
250 St George's Ave E, SAULT STE. MARIE, ON, P6B 1X5
(705) 945-5542 SIC 8211
HURON-SUPERIOR CATHOLIC DISTRICT SCHOOL BOARD p832
462 Mcnabb St, SAULT STE. MARIE, ON, P6B 1Z3
(705) 945-5524 SIC 8211
HURON-SUPERIOR CATHOLIC DISTRICT SCHOOL BOARD p832
100 Ontario Ave, SAULT STE. MARIE, ON, P6B 1E3
(705) 945-5650 SIC 8211
HURON-SUPERIOR CATHOLIC DISTRICT SCHOOL BOARD p832
48 Oryme Ave, SAULT STE. MARIE, ON, P6B 4C3
(705) 945-5534 SIC 8211
HURON-SUPERIOR CATHOLIC DISTRICT SCHOOL BOARD p832
78 Dablon St, SAULT STE. MARIE, ON, P6B 5E6
(705) 945-5533 SIC 8211
HURON-SUPERIOR CATHOLIC DISTRICT SCHOOL BOARD p833
319 Prentice Ave, SAULT STE. MARIE, ON, P6C 4R7
(705) 945-5521 SIC 8211
HURON-SUPERIOR CATHOLIC DISTRICT SCHOOL BOARD p833
100 Churchill Ave, SAULT STE. MARIE, ON, P6C 2R2
SIC 8211
HURON-SUPERIOR CATHOLIC DISTRICT SCHOOL BOARD p833
139 White Oak Dr W, SAULT STE. MARIE, ON, P6C 2H7
(705) 945-5523 SIC 8211
HURON-SUPERIOR CATHOLIC DISTRICT SCHOOL BOARD p833
100 Estelle St, SAULT STE. MARIE, ON, P6C 2C2
(705) 945-5535 SIC 8211
HURON-SUPERIOR CATHOLIC DISTRICT SCHOOL BOARD p833
147 Brookfield Ave, SAULT STE. MARIE, ON, P6C 5P2
(705) 945-5525 SIC 8211
HURON-SUPERIOR CATHOLIC DISTRICT SCHOOL BOARD p833
42 Rushmere Dr, SAULT STE. MARIE, ON, P6C 2T4
(705) 945-5519 SIC 8211
ILE-A-LA-CROSSE SCHOOL DIVISION NO 112 p1270
Gd, ILE-A-LA-CROSSE, SK, S0M 1C0
(306) 833-2010 SIC 8211
INSTITUT CANADIEN POUR DEVELOPPEMENT NEURO-INTEGRATIF, L p1126
5460 Av Connaught, Montreal, QC, H4V 1X7
(514) 935-1911 SIC 8211
INSTITUT TECCART p1089
3030 Rue Hochelaga, Montreal, QC, H1W 1G2
(514) 526-2501 SIC 8211
INTERLAKE SCHOOL DIVISION p358
59 1st St Ne, TEULON, MB, R0C 3B0
(204) 886-2593 SIC 8211
INTERLAKE SCHOOL DIVISION p358
139 School Rd, STONY MOUNTAIN, MB, R0C 3A0
(204) 344-5459 SIC 8211
INTERLAKE SCHOOL DIVISION p358
Gd, TEULON, MB, R0C 3B0
(204) 886-2620 SIC 8211
INTERLAKE SCHOOL DIVISION p358
297 5 St W, STONEWALL, MB, R0C 2Z0
(204) 467-5539 SIC 8211
INTERLAKE SCHOOL DIVISION p358
573 Second Ave N, STONEWALL, MB, R0C 2Z0
(204) 467-5502 SIC 8211
INTERLAKE SCHOOL DIVISION p360
119 Macdonald Ave, WARREN, MB, R0C 3E0
(204) 322-5586 SIC 8211
INTERLAKE SCHOOL DIVISION p360
300 Hanlan St, WARREN, MB, R0C 3E0
(204) 322-5576 SIC 8211
JENNINGS CAPITAL INC p358
377 2 Ave N, STONEWALL, MB, R0C 2Z0
(204) 467-5537 SIC 8211
JEWISH FAMILY AND CHILD SERVICE OF GREATER TORONTO p761
1 Viewmount Ave, NORTH YORK, ON, M6B 1T2
(416) 789-4366 SIC 8211
JEWISH PEOPLE'S SCHOOLS AND PERETZ SCHOOLS INC p1017
6500 Ch Kildare, Cote Saint-Luc, QC, H4W 3B8
(514) 731-3841 SIC 8211
JUVENAT NOTRE-DAME DU SAINT-LAURENT (F.I.C.) p1066
30 Rue Du Juvenat, Levis, QC, G6W 7X2
(418) 839-9592 SIC 8211
KAHNAWAKE EDUCATION CENTRE p1048
Gd, KAHNAWAKE, QC, J0L 1B0
(450) 638-1435 SIC 8211
KAHNAWAKE EDUCATION CENTRE p1048
1 Boul Industrial Bureau 132, KAHNAWAKE, QC, J0L 1B0
(450) 632-8831 SIC 8211
KAHNAWAKE EDUCATION CENTRE p1048
Gd, KAHNAWAKE, QC, J0L 1B0
(450) 632-3350 SIC 8211
KAINAI BOARD OF EDUCATION p67
Gd, CARDSTON, AB, T0K 0K0
(403) 737-2846 SIC 8211
KAINAI BOARD OF EDUCATION p168
Gd, STAND OFF, AB, T0L 1Y0
(403) 737-2846 SIC 8211
KAINAI BOARD OF EDUCATION p168
Po Box 240, STAND OFF, AB, T0L 1Y0
(403) 737-3772 SIC 8211
KAWARTHA PINE RIDGE DISTRICT SCHOOL BOARD p493
9320 Burwash Rd, BALTIMORE, ON, K0K 1C0
(905) 372-2431 SIC 8211
KAWARTHA PINE RIDGE DISTRICT SCHOOL BOARD p507
200 Clarington Blvd, BOWMANVILLE, ON, L1C 5N8
(905) 697-9857 SIC 8211
KAWARTHA PINE RIDGE DISTRICT SCHOOL BOARD p507
116 Ontario St, BOWMANVILLE, ON, L1C 2T4
(905) 623-5437 SIC 8211
KAWARTHA PINE RIDGE DISTRICT SCHOOL BOARD p507
10 Church St, BOWMANVILLE, ON, L1C 1S3
(905) 623-6279 SIC 8211
KAWARTHA PINE RIDGE DISTRICT SCHOOL BOARD p507
175 Mearns Ave, BOWMANVILLE, ON, L1C 5C6
(905) 697-7817 SIC 8211
KAWARTHA PINE RIDGE DISTRICT SCHOOL BOARD p507
45 West Side Dr, BOWMANVILLE, ON, L1C 4Y8
(905) 623-3841 SIC 8211
KAWARTHA PINE RIDGE DISTRICT SCHOOL BOARD p507
120 Wellington St, BOWMANVILLE, ON, L1C 1V9
(905) 623-5614 SIC 8211
KAWARTHA PINE RIDGE DISTRICT SCHOOL BOARD p507
168 Waverley Rd, BOWMANVILLE, ON, L1C 3Y8
(905) 623-4323 SIC 8211
KAWARTHA PINE RIDGE DISTRICT SCHOOL BOARD p507
350 Longworth Ave, BOWMANVILLE, ON, L1C 5J5
(905) 623-3682 SIC 8211
KAWARTHA PINE RIDGE DISTRICT SCHOOL BOARD p529
1029 Gore St, BRIDGENORTH, ON, K0L 1H0
(705) 292-9594 SIC 8211
KAWARTHA PINE RIDGE DISTRICT SCHOOL BOARD p530
212 County Rd Suite 26, BRIGHTON, ON, K0K 1H0
(613) 475-2578 SIC 8211
KAWARTHA PINE RIDGE DISTRICT SCHOOL BOARD p530
2 Drewry St, BRIGHTON, ON, K0K 1H0
(613) 475-2301 SIC 8211
KAWARTHA PINE RIDGE DISTRICT SCHOOL BOARD p530
24 Elizabeth St, BRIGHTON, ON, K0K 1H0
(613) 475-2814 SIC 8211
KAWARTHA PINE RIDGE DISTRICT

SCHOOL BOARD p530
71 Dundas St, BRIGHTON, ON, K0K 1H0
(613) 475-0540   SIC 8211
KAWARTHA PINE RIDGE DISTRICT
SCHOOL BOARD p548
55 Elmore St, CAMPBELLFORD, ON, K0L 1L0
(705) 653-1430   SIC 8211
KAWARTHA PINE RIDGE DISTRICT
SCHOOL BOARD p548
119 Ranney St N Unit 960, CAMPBELLFORD, ON, K0L 1L0
(705) 653-3060   SIC 8211
KAWARTHA PINE RIDGE DISTRICT
SCHOOL BOARD p548
150 Kent St, CAMPBELLFORD, ON, K0L 1L0
(705) 653-1540   SIC 8211
KAWARTHA PINE RIDGE DISTRICT
SCHOOL BOARD p548
3278 Ganaraska Rd, CAMPBELLCROFT, ON, L0A 1B0
(905) 797-2991   SIC 8211
KAWARTHA PINE RIDGE DISTRICT
SCHOOL BOARD p550
2246 Spring St, CASTLETON, ON, K0K 1M0
(905) 344-7361   SIC 8211
KAWARTHA PINE RIDGE DISTRICT
SCHOOL BOARD p554
135 King St W, COBOURG, ON, K9A 2M7
(905) 372-2191   SIC 8211
KAWARTHA PINE RIDGE DISTRICT
SCHOOL BOARD p554
3546 Kennedy Rd, COBOURG, ON, K9A 4J7
(905) 342-2874   SIC 8211
KAWARTHA PINE RIDGE DISTRICT
SCHOOL BOARD p554
311 Cottesmore Ave, COBOURG, ON, K9A 4E3
(905) 372-9752   SIC 8211
KAWARTHA PINE RIDGE DISTRICT
SCHOOL BOARD p554
780 D'arcy St, COBOURG, ON, K9A 4B3
(905) 372-9611   SIC 8211
KAWARTHA PINE RIDGE DISTRICT
SCHOOL BOARD p554
390 King St W, COBOURG, ON, K9A 2N7
(905) 372-5105   SIC 8211
KAWARTHA PINE RIDGE DISTRICT
SCHOOL BOARD p554
335 King St E, COBOURG, ON, K9A 1M2
(905) 372-2271   SIC 8211
KAWARTHA PINE RIDGE DISTRICT
SCHOOL BOARD p554
1065 Riddell Ave, COBOURG, ON, K9A 5N4
(905) 372-8800   SIC 8211
KAWARTHA PINE RIDGE DISTRICT
SCHOOL BOARD p555
8 Alfred St, COLBORNE, ON, K0K 1S0
(905) 355-2532   SIC 8211
KAWARTHA PINE RIDGE DISTRICT
SCHOOL BOARD p567
1675 Nash Rd, COURTICE, ON, L1E 2Y4
(905) 436-2055   SIC 8211
KAWARTHA PINE RIDGE DISTRICT
SCHOOL BOARD p567
1717 Nash Rd, COURTICE, ON, L1E 2L8
(905) 436-2074   SIC 8211
KAWARTHA PINE RIDGE DISTRICT
SCHOOL BOARD p567
80 Avondale Dr, COURTICE, ON, L1E 3C2
(905) 438-9648   SIC 8211
KAWARTHA PINE RIDGE DISTRICT
SCHOOL BOARD p567
1462 Nash Rd, COURTICE, ON, L1E 1S7
(905) 436-0715   SIC 8211
KAWARTHA PINE RIDGE DISTRICT
SCHOOL BOARD p567
71 Sandringham Dr, COURTICE, ON, L1E 1W8
(905) 433-8747   SIC 8211
KAWARTHA PINE RIDGE DISTRICT
SCHOOL BOARD p567
75 Meadowglade Rd Suite 1, COURTICE, ON, L1E 3G7
(905) 436-2054   SIC 8211
KAWARTHA PINE RIDGE DISTRICT
SCHOOL BOARD p590
994 Will Johnson Rd, FRANKFORD, ON, K0K 2C0
(613) 398-7200   SIC 8211
KAWARTHA PINE RIDGE DISTRICT
SCHOOL BOARD p596
654 Station Rd, GRAFTON, ON, K0K 2G0
(905) 349-2591   SIC 8211
KAWARTHA PINE RIDGE DISTRICT
SCHOOL BOARD p617
8145 Old Scugog Rd, HAMPTON, ON, L0B 1J0
(905) 263-2970   SIC 8211
KAWARTHA PINE RIDGE DISTRICT
SCHOOL BOARD p618
55 Mathison St E, HAVELOCK, ON, K0L 1Z0
(705) 778-3821   SIC 8211
KAWARTHA PINE RIDGE DISTRICT
SCHOOL BOARD p627
42 Av Pinecrest, KEENE, ON, K0L 2G0
(705) 295-6898   SIC 8211
KAWARTHA PINE RIDGE DISTRICT
SCHOOL BOARD p645
39 Ermatinger St, LAKEFIELD, ON, K0L 2H0
(705) 652-3811   SIC 8211
KAWARTHA PINE RIDGE DISTRICT
SCHOOL BOARD p645
71 Bridge St, LAKEFIELD, ON, K0L 2H0
(705) 652-3333   SIC 8211
KAWARTHA PINE RIDGE DISTRICT
SCHOOL BOARD p680
47 Tupper St, MILLBROOK, ON, L0A 1G0
(705) 932-2789   SIC 8211
KAWARTHA PINE RIDGE DISTRICT
SCHOOL BOARD p732
3425 Hwy 35 & 115, NEWCASTLE, ON, L1B 1L9
(905) 987-5232   SIC 8211
KAWARTHA PINE RIDGE DISTRICT
SCHOOL BOARD p732
50 Glass Crt, NEWCASTLE, ON, L1B 1M5
(905) 987-4262   SIC 8211
KAWARTHA PINE RIDGE DISTRICT
SCHOOL BOARD p764
24 Flora St, NORWOOD, ON, K0L 2V0
(705) 639-5382   SIC 8211
KAWARTHA PINE RIDGE DISTRICT
SCHOOL BOARD p764
44 Elm St, NORWOOD, ON, K0L 2V0
(705) 639-5332   SIC 8211
KAWARTHA PINE RIDGE DISTRICT
SCHOOL BOARD p808
430 Highland Rd, PETERBOROUGH, ON, K9H 5J7
(705) 742-8321   SIC 8211
KAWARTHA PINE RIDGE DISTRICT
SCHOOL BOARD p808
1111 Royal Dr, PETERBOROUGH, ON, K9H 6P9
(705) 745-0722   SIC 8211
KAWARTHA PINE RIDGE DISTRICT
SCHOOL BOARD p808
245 Mcfarlane St, PETERBOROUGH, ON, K9H 1K1
(705) 742-6001   SIC 8211
KAWARTHA PINE RIDGE DISTRICT
SCHOOL BOARD p808
220 Hunter St E, PETERBOROUGH, ON, K9H 1H1
(705) 745-7462   SIC 8211
KAWARTHA PINE RIDGE DISTRICT
SCHOOL BOARD p808
1009 Armour Rd, PETERBOROUGH, ON, K9H 7H2
(705) 743-5230   SIC 8211
KAWARTHA PINE RIDGE DISTRICT
SCHOOL BOARD p808
830 Barnardo Ave, PETERBOROUGH, ON, K9H 5V9
(705) 742-6331   SIC 8211
KAWARTHA PINE RIDGE DISTRICT
SCHOOL BOARD p810
1445 Monaghan Rd, PETERBOROUGH, ON, K9J 5M8
(705) 745-1353   SIC 8211
KAWARTHA PINE RIDGE DISTRICT
SCHOOL BOARD p810
11 Kawartha Heights Blvd, PETERBOROUGH, ON, K9J 1N4
(705) 742-7521   SIC 8211
KAWARTHA PINE RIDGE DISTRICT
SCHOOL BOARD p810
1994 Fisher Dr Suite K9j, PETERBOROUGH, ON, K9J 6X6
(705) 742-9773   SIC 8211
KAWARTHA PINE RIDGE DISTRICT
SCHOOL BOARD p810
1520 Sherwood Cres, PETERBOROUGH, ON, K9J 6T8
(705) 742-7871   SIC 8211
KAWARTHA PINE RIDGE DISTRICT
SCHOOL BOARD p810
550 Erskine Ave, PETERBOROUGH, ON, K9J 5T4
(705) 745-6456   SIC 8211
KAWARTHA PINE RIDGE DISTRICT
SCHOOL BOARD p810
1211 Monaghan Rd, PETERBOROUGH, ON, K9J 5L4
(705) 743-8595   SIC 8211
KAWARTHA PINE RIDGE DISTRICT
SCHOOL BOARD p810
633 Monaghan Rd, PETERBOROUGH, ON, K9J 5J2
(705) 743-2181   SIC 8211
KAWARTHA PINE RIDGE DISTRICT
SCHOOL BOARD p810
860 St Mary's St, PETERBOROUGH, ON, K9J 4H6
(705) 745-7775   SIC 8211
KAWARTHA PINE RIDGE DISTRICT
SCHOOL BOARD p810
580 River Rd S, PETERBOROUGH, ON, K9J 1E7
(705) 745-0651   SIC 8211
KAWARTHA PINE RIDGE DISTRICT
SCHOOL BOARD p811
1175 Brealey Dr, PETERBOROUGH, ON, K9K 0C1
(705) 742-8090   SIC 8211
KAWARTHA PINE RIDGE DISTRICT
SCHOOL BOARD p817
130 Highland Dr, PORT HOPE, ON, L1A 2A3
(905) 885-6346   SIC 8211
KAWARTHA PINE RIDGE DISTRICT
SCHOOL BOARD p817
130 Highland Dr, PORT HOPE, ON, L1A 2A3
(905) 885-6346   SIC 8211
KAWARTHA PINE RIDGE DISTRICT
SCHOOL BOARD p817
90 Rose Glen Rd, PORT HOPE, ON, L1A 3V6
(905) 885-9399   SIC 8211
KAWARTHA PINE RIDGE DISTRICT
SCHOOL BOARD p826
9047 County Road 45 Rr 4, ROSENEATH, ON, K0K 2X0
(905) 352-2161   SIC 8211
KAWARTHA PINE RIDGE DISTRICT
SCHOOL BOARD p944
654 County Rd 40, TRENTON, ON, K8V 5P4
(613) 392-9238   SIC 8211
KAWARTHA PINE RIDGE DISTRICT
SCHOOL BOARD p949
129 Church St, WARKWORTH, ON, K0K 3K0
(705) 924-2202   SIC 8211
KEEWATIN PATRICIA DISTRICT SCHOOL BOARD p493
Gd, BALMERTOWN, ON, P0V 1C0
(807) 735-2088   SIC 8211
KEEWATIN PATRICIA DISTRICT SCHOOL BOARD p570
91 Rourke Ave, DRYDEN, ON, P8N 2N6
(807) 223-5311   SIC 8211
KEEWATIN PATRICIA DISTRICT SCHOOL BOARD p570
20 Davis St, DRYDEN, ON, P8N 1R4
(807) 223-4418   SIC 8211
KEEWATIN PATRICIA DISTRICT SCHOOL BOARD p620
194 Davy Lake Rd, IGNACE, ON, P0T 1T0
(807) 934-2212   SIC 8211
KEEWATIN PATRICIA DISTRICT SCHOOL BOARD p627
1 Brinkman Rd, KENORA, ON, P9N 2R5
(807) 468-8607   SIC 8211
KEEWATIN PATRICIA DISTRICT SCHOOL BOARD p627
330 Mill St, KEEWATIN, ON, P0X 1C0
(807) 547-2292   SIC 8211
KEEWATIN PATRICIA DISTRICT SCHOOL BOARD p628
27 Donkirk Hts, KENORA, ON, P9N 4K3
(807) 548-4205   SIC 8211
KEEWATIN PATRICIA DISTRICT SCHOOL BOARD p628
1400 Ninth St N, KENORA, ON, P9N 2T7
(807) 468-6401   SIC 8211
KEEWATIN PATRICIA DISTRICT SCHOOL BOARD p628
320 Sixth Ave S, KENORA, ON, P9N 2C3
(807) 468-7570   SIC 8211
KEEWATIN PATRICIA DISTRICT SCHOOL BOARD p628
240 Veterans Dr, KENORA, ON, P9N 3Y5
(807) 468-5571   SIC 8211
KEEWATIN PATRICIA DISTRICT SCHOOL BOARD p815
1 E St, PICKLE LAKE, ON, P0V 3A0
(807) 928-2381   SIC 8211
KEEWATIN PATRICIA DISTRICT SCHOOL BOARD p818
201 Howey St, RED LAKE, ON, P0V 2M0
(807) 727-2331   SIC 8211
KEEWATIN PATRICIA DISTRICT SCHOOL BOARD p818
Gd, RED LAKE, ON, P0V 2M0
(807) 727-2092   SIC 8211
KEEWATIN PATRICIA DISTRICT SCHOOL BOARD p833
Gd, SAVANT LAKE, ON, P0V 2S0
(807) 584-2242   SIC 8211
KEEWATIN PATRICIA DISTRICT SCHOOL BOARD p849
15 Fair St, SIOUX LOOKOUT, ON, P8T 1A9
(807) 737-3500   SIC 8211
KELOWNA SOCIETY FOR CHRISTIAN EDUCATION p223
3285 Gordon Dr, KELOWNA, BC, V1W 3N4
(250) 861-5432   SIC 8211
KELSEY SCHOOL DIVISION p358
60 3rd St W, THE PAS, MB, R9A 1R4
(204) 623-1420   SIC 8211
KELSEY SCHOOL DIVISION p358
120 Stewart St, THE PAS, MB, R9A 1R2
(204) 623-7421   SIC 8211
KELSEY SCHOOL DIVISION p358
27 8th St, THE PAS, MB, R9A 1R2
(204) 623-3459   SIC 8211
KELSEY SCHOOL DIVISION p359
272 Grace Lake Rd, THE PAS, MB, R9A 1R2
(204) 623-3411   SIC 8211
KELSEY SCHOOL DIVISION p359
429 Smith St, THE PAS, MB, R9A 1P9
(204) 623-3485   SIC 8211
KENORA CATHOLIC DISTRICT SCHOOL BOARD p627
Gd, KEEWATIN, ON, P0X 1C0
(807) 547-2829   SIC 8211
KENORA CATHOLIC DISTRICT SCHOOL BOARD p628
1 Poirier Dr, KENORA, ON, P9N 4G8
(807) 548-8282   SIC 8211
KENORA CATHOLIC DISTRICT SCHOOL BOARD p628

SIC 8211 Elementary and secondary schools

1290 Heenan Pl, KENORA, ON, P9N 2Y8
(807) 467-8910   *SIC* 8211
KENORA CATHOLIC DISTRICT SCHOOL BOARD *p628*
20 Gunne Cres, KENORA, ON, P9N 3N5
(807) 468-6618   *SIC* 8211
KENORA CATHOLIC DISTRICT SCHOOL BOARD *p818*
54 Discovery Rd, RED LAKE, ON, P0V 2M0
(807) 727-3470   *SIC* 8211
KING'S-EDGEHILL SCHOOL *p446*
33 King Edgehill Lane, CURRYS CORNER, NS, B0N 2T0
(902) 798-2278   *SIC* 8211
KINGSCLEAR FIRST NATION *p403*
712 Church St, KINGSCLEAR FIRST NATION, NB, E3E 1K8
(506) 363-3019   *SIC* 8211
KITASKINAW EDUCATION AUTHORITY *p2*
90 Ashwood Rd Se, AIRDRIE, AB, T4B 1G8
(780) 470-5657   *SIC* 8211
KUMON CANADA INC *p109*
5607 Riverbend Rd Nw, EDMONTON, AB, T6H 5K4
(780) 433-5182   *SIC* 8211
L D PROPERTIES LTD *p480*
708 Main St, WOLFVILLE, NS, B4P 1G4
(902) 542-2237   *SIC* 8211
L'ECOLE DES URSULINES DE QUEBEC *p1164*
63 Rue Racine, Quebec, QC, G2B 1C8
(418) 842-2949   *SIC* 8211
L'ECOLE SACRE-COEUR DE MONTREAL *p1117*
3635 Av Atwater, Montreal, QC, H3H 1Y4
(514) 937-7972   *SIC* 8211
LABRADOR SCHOOL BOARD *p423*
1 First Ave, BISHOPS FALLS, NL, A0H 1C0
(709) 258-6472   *SIC* 8211
LABRADOR SCHOOL BOARD *p427*
9 Cadot Cres, HAPPY VALLEY-GOOSE BAY, NL, A0P 1E0
(709) 896-3896   *SIC* 8211
LABRADOR SCHOOL BOARD *p427*
1 Voisey Dr, HAPPY VALLEY-GOOSE BAY, NL, A0P 1C0
(709) 896-3366   *SIC* 8211
LABRADOR SCHOOL BOARD *p427*
6 Green St, HAPPY VALLEY-GOOSE BAY, NL, A0P 1E0
(709) 896-5315   *SIC* 8211
LABRADOR SCHOOL BOARD *p428*
600 Bartlett Dr, LABRADOR CITY, NL, A2V 1G6
(709) 944-5231   *SIC* 8211
LABRADOR SCHOOL BOARD *p428*
613 Lakeside Dr, LABRADOR CITY, NL, A2V 2W9
(709) 944-7731   *SIC* 8211
LABRADOR SCHOOL BOARD *p428*
Gd, HOPEDALE, NL, A0P 1G0
SIC 8211
LABRADOR SCHOOL BOARD *p430*
189 Rich St, NATUASHISH, NL, A0P 1A0
(709) 478-8971   *SIC* 8211
LABRADOR SCHOOL BOARD *p430*
Gd, NORTH WEST RIVER, NL, A0P 1M0
SIC 8211
LABRADOR SCHOOL BOARD *p430*
3 School St, NAIN, NL, A0P 1L0
(709) 922-1270   *SIC* 8211
LABRADOR SCHOOL BOARD *p437*
Gd, WABUSH, NL, A0R 1B0
(709) 282-3251   *SIC* 8211
LAKEFIELD COLLEGE SCHOOL *p645*
4391 County Rd 29, LAKEFIELD, ON, K0L 2H0
(705) 652-3324   *SIC* 8211
LAKEHEAD DISTRICT SCHOOL BOARD *p488*
Gd, ARMSTRONG STATION, ON, P0T 1A0
(807) 583-2076   *SIC* 8211
LAKEHEAD DISTRICT SCHOOL BOARD *p596*

2032 Kam-Current Rd, GORHAM, ON, P7G 0K5
(807) 767-4241   *SIC* 8211
LAKEHEAD DISTRICT SCHOOL BOARD *p622*
Gd, KAKABEKA FALLS, ON, P0T 1W0
(807) 473-9252   *SIC* 8211
LAKEHEAD DISTRICT SCHOOL BOARD *p623*
1092 Hwy 595, KAKABEKA FALLS, ON, P0T 1W0
(807) 475-3181   *SIC* 8211
LAKEHEAD DISTRICT SCHOOL BOARD *p848*
1625 Lakeshore Dr, SHUNIAH, ON, P7A 0T2
(807) 983-2355   *SIC* 8211
LAKEHEAD DISTRICT SCHOOL BOARD *p877*
414 Grenville Ave, THUNDER BAY, ON, P7A 1X9
(807) 683-6289   *SIC* 8211
LAKEHEAD DISTRICT SCHOOL BOARD *p877*
96 High St N, THUNDER BAY, ON, P7A 5R3
(807) 625-5100   *SIC* 8211
LAKEHEAD DISTRICT SCHOOL BOARD *p877*
160 Logan Ave, THUNDER BAY, ON, P7A 6R1
(807) 345-2375   *SIC* 8211
LAKEHEAD DISTRICT SCHOOL BOARD *p877*
1000 Huron Ave, THUNDER BAY, ON, P7A 6L4
(807) 344-8661   *SIC* 8211
LAKEHEAD DISTRICT SCHOOL BOARD *p877*
30 Wishart Cres, THUNDER BAY, ON, P7A 6G3
(807) 767-6244   *SIC* 8211
LAKEHEAD DISTRICT SCHOOL BOARD *p877*
243 St. James St, THUNDER BAY, ON, P7A 3P1
(807) 345-7191   *SIC* 8211
LAKEHEAD DISTRICT SCHOOL BOARD *p878*
160 Algonquin Ave S, THUNDER BAY, ON, P7B 4T1
(807) 767-3881   *SIC* 8211
LAKEHEAD DISTRICT SCHOOL BOARD *p878*
174 Marlborough St, THUNDER BAY, ON, P7B 4G4
(807) 345-1468   *SIC* 8211
LAKEHEAD DISTRICT SCHOOL BOARD *p878*
270 Windsor St, THUNDER BAY, ON, P7B 1V6
(807) 767-1696   *SIC* 8211
LAKEHEAD DISTRICT SCHOOL BOARD *p878*
500 Oliver Rd, THUNDER BAY, ON, P7B 2H1
(807) 345-8503   *SIC* 8211
LAKEHEAD DISTRICT SCHOOL BOARD *p878*
80 Clarkson St S, THUNDER BAY, ON, P7B 4W8
(807) 767-1631   *SIC* 8211
LAKEHEAD DISTRICT SCHOOL BOARD *p880*
110 Sherbrooke St, THUNDER BAY, ON, P7C 4R6
(807) 625-6793   *SIC* 8211
LAKEHEAD DISTRICT SCHOOL BOARD *p880*
600 Mckenzie St, THUNDER BAY, ON, P7C 4Z3
(807) 622-9513   *SIC* 8211
LAKEHEAD DISTRICT SCHOOL BOARD *p880*
301 Archibald St N, THUNDER BAY, ON, P7C 3Y3
(807) 623-2289   *SIC* 8211
LAKEHEAD DISTRICT SCHOOL BOARD *p880*
130 Churchill Dr W, THUNDER BAY, ON, P7C 1V5
(807) 473-8100   *SIC* 8211
LAKEHEAD DISTRICT SCHOOL BOARD *p880*
511 Victoria Ave W, THUNDER BAY, ON, P7C 1H2
(807) 577-7551   *SIC* 8211
LAKEHEAD DISTRICT SCHOOL BOARD *p880*
145 Churchill Dr W, THUNDER BAY, ON, P7C 1V6
(807) 577-6448   *SIC* 8211
LAKEHEAD DISTRICT SCHOOL BOARD *p881*
867 Woodcrest Rd, THUNDER BAY, ON, P7G 0A3
(807) 346-9396   *SIC* 8211
LAKEHEAD DISTRICT SCHOOL BOARD *p881*
707 James St S, THUNDER BAY, ON, P7E 2V9
(807) 577-4251   *SIC* 8211
LAKEHEAD DISTRICT SCHOOL BOARD *p881*
1115 Yonge St, THUNDER BAY, ON, P7E 2T6
(807) 625-5268   *SIC* 8211
LAKEHEAD DISTRICT SCHOOL BOARD *p881*
2040 Walsh St E, THUNDER BAY, ON, P7E 4W2
(807) 623-1541   *SIC* 8211
LAKEHEAD DISTRICT SCHOOL BOARD *p881*
2025 Dawson Rd, THUNDER BAY, ON, P7G 2E9
(807) 767-1411   *SIC* 8211
LAKEHEAD DISTRICT SCHOOL BOARD *p881*
563 Candy Mountain Dr, THUNDER BAY, ON, P7J 0B8
(807) 473-5810   *SIC* 8211
LAKEHEAD DISTRICT SCHOOL BOARD *p881*
120 Begin St W, THUNDER BAY, ON, P7E 5M4
(807) 623-7715   *SIC* 8211
LAKEHEAD DISTRICT SCHOOL BOARD *p881*
512 Marks St S, THUNDER BAY, ON, P7E 1M7
SIC 8211
LAKELAND ROMAN CATHOLIC SEPARATE SCHOOL DISTRICT NO. 150 *p7*
4711 48 St, BONNYVILLE, AB, T9N 2E6
(780) 826-3485   *SIC* 8211
LAKELAND ROMAN CATHOLIC SEPARATE SCHOOL DISTRICT NO. 150 *p7*
4301 38 St, BONNYVILLE, AB, T9N 2P9
(780) 826-7005   *SIC* 8211
LAKELAND ROMAN CATHOLIC SEPARATE SCHOOL DISTRICT NO. 150 *p7*
49 Po Box 5006 Stn Main, BONNYVILLE, AB, T9N 2G3
(780) 826-3245   *SIC* 8211
LAKELAND ROMAN CATHOLIC SEPARATE SCHOOL DISTRICT NO. 150 *p70*
920 7 St, COLD LAKE, AB, T9M 1M5
(780) 639-3520   *SIC* 8211
LAKELAND ROMAN CATHOLIC SEPARATE SCHOOL DISTRICT NO. 150 *p70*
5209 48 Ave, COLD LAKE, AB, T9M 1S8
(780) 594-4050   *SIC* 8211
LAKELAND ROMAN CATHOLIC SEPARATE SCHOOL DISTRICT NO. 150 *p70*
Gd, COLD LAKE, AB, T9M 0B9
(780) 594-0700   *SIC* 8211
LAKESHORE SCHOOL DIVISION *p343*
7 Provincial Rd Suite 325, ASHERN, MB, R0C 0E0
(204) 768-2571   *SIC* 8211
LAKESHORE SCHOOL DIVISION *p348*
Gd, FISHER BRANCH, MB, R0C 0Z0
(204) 372-6615   *SIC* 8211
LAKESHORE SCHOOL DIVISION *p348*
1 School Rd, ERIKSDALE, MB, R0C 0W0
(204) 739-2635   *SIC* 8211
LAKESHORE SCHOOL DIVISION *p348*
Gd, FISHER BRANCH, MB, R0C 0Z0
(204) 372-6459   *SIC* 8211
LAKESHORE SCHOOL DIVISION *p351*
36 1st St, LUNDAR, MB, R0C 1Y0
(204) 762-5610   *SIC* 8211
LAMBTON KENT DISTRICT SCHOOL BOARD *p486*
7989 Brooke Line, ALVINSTON, ON, N0N 1A0
(519) 847-5218   *SIC* 8211
LAMBTON KENT DISTRICT SCHOOL BOARD *p504*
163 Chatham St, BLENHEIM, ON, N0P 1A0
(519) 676-5485   *SIC* 8211
LAMBTON KENT DISTRICT SCHOOL BOARD *p504*
182 King St, BLENHEIM, ON, N0P 1A0
(519) 676-5407   *SIC* 8211
LAMBTON KENT DISTRICT SCHOOL BOARD *p530*
1540 Duncan St Ss 1 Suite 1, BRIGDEN, ON, N0N 1B0
(519) 864-1125   *SIC* 8211
LAMBTON KENT DISTRICT SCHOOL BOARD *p530*
2612 Hamilton Rd, BRIGHT'S GROVE, ON, N0N 1C0
(519) 869-4284   *SIC* 8211
LAMBTON KENT DISTRICT SCHOOL BOARD *p551*
180 Gregory Dr W, CHATHAM, ON, N7L 2L4
(519) 352-6856   *SIC* 8211
LAMBTON KENT DISTRICT SCHOOL BOARD *p551*
287 Mcnaughton Ave W, CHATHAM, ON, N7L 1R8
(519) 354-2480   *SIC* 8211
LAMBTON KENT DISTRICT SCHOOL BOARD *p551*
285 Mcnaughton Ave E, CHATHAM, ON, N7L 2G7
(519) 352-2870   *SIC* 8211
LAMBTON KENT DISTRICT SCHOOL BOARD *p551*
476 Mcnaughton Ave W, CHATHAM, ON, N7L 4J3
(519) 354-3770   *SIC* 8211
LAMBTON KENT DISTRICT SCHOOL BOARD *p551*
227 Delaware Ave, CHATHAM, ON, N7L 2W5
(519) 354-2440   *SIC* 8211
LAMBTON KENT DISTRICT SCHOOL BOARD *p551*
92 Churchill St, CHATHAM, ON, N7L 3T5
(519) 354-6100   *SIC* 8211
LAMBTON KENT DISTRICT SCHOOL BOARD *p551*
480 Mcnaughton Ave E, CHATHAM, ON, N7L 2G9
(519) 352-8252   *SIC* 8211
LAMBTON KENT DISTRICT SCHOOL BOARD *p552*
300 Cecile Ave, CHATHAM, ON, N7M 2C6
(519) 354-1740   *SIC* 8211
LAMBTON KENT DISTRICT SCHOOL BOARD *p552*
511 Indian Creek Rd W, CHATHAM, ON, N7M 0P5
(519) 352-3137   *SIC* 8211
LAMBTON KENT DISTRICT SCHOOL BOARD *p552*
44 Alexandra Ave, CHATHAM, ON, N7M 1Y1
(519) 352-4530   *SIC* 8211

BUSINESSES BY INDUSTRY CLASSIFICATION

SIC 8211 Elementary and secondary schools 2467

LAMBTON KENT DISTRICT SCHOOL BOARD p552
79 Eugenie St, CHATHAM, ON, N7M 3Y9
(519) 354-2560 SIC 8211

LAMBTON KENT DISTRICT SCHOOL BOARD p552
30 Crystal Dr, CHATHAM, ON, N7M 3C7
(519) 352-8680 SIC 8211

LAMBTON KENT DISTRICT SCHOOL BOARD p567
274 St Clair Blvd, CORUNNA, ON, N0N 1G0
(519) 862-1089 SIC 8211

LAMBTON KENT DISTRICT SCHOOL BOARD p567
338 Cameron St, CORUNNA, ON, N0N 1G0
(519) 862-1116 SIC 8211

LAMBTON KENT DISTRICT SCHOOL BOARD p569
941 North St, DRESDEN, ON, N0P 1M0
(519) 683-4457 SIC 8211

LAMBTON KENT DISTRICT SCHOOL BOARD p569
231 St. George St, DRESDEN, ON, N0P 1M0
(519) 683-4475 SIC 8211

LAMBTON KENT DISTRICT SCHOOL BOARD p589
63 Macdonald St, FOREST, ON, N0N 1J0
(519) 786-5351 SIC 8211

LAMBTON KENT DISTRICT SCHOOL BOARD p589
15 George St, FOREST, ON, N0N 1J0
(519) 786-2166 SIC 8211

LAMBTON KENT DISTRICT SCHOOL BOARD p597
15 Gill Rd, GRAND BEND, ON, N0M 1T0
(519) 238-2091 SIC 8211

LAMBTON KENT DISTRICT SCHOOL BOARD p723
104 Moore Line, MOORETOWN, ON, N0N 1M0
(519) 867-2836 SIC 8211

LAMBTON KENT DISTRICT SCHOOL BOARD p812
363 Kerby St, PETROLIA, ON, N0N 1R0
(519) 882-2123 SIC 8211

LAMBTON KENT DISTRICT SCHOOL BOARD p812
4141 Dufferin St, PETROLIA, ON, N0N 1R0
(519) 882-1910 SIC 8211

LAMBTON KENT DISTRICT SCHOOL BOARD p812
Gd, PETROLIA, ON, N0N 1R0
(519) 882-0138 SIC 8211

LAMBTON KENT DISTRICT SCHOOL BOARD p815
205 Albert St, POINT EDWARD, ON, N7V 1R4
(519) 337-3295 SIC 8211

LAMBTON KENT DISTRICT SCHOOL BOARD p825
9 Harold St N, RIDGETOWN, ON, N0P 2C0
(519) 674-5449 SIC 8211

LAMBTON KENT DISTRICT SCHOOL BOARD p825
20473 Victoria Rd, RIDGETOWN, ON, N0P 2C0
(519) 674-3173 SIC 8211

LAMBTON KENT DISTRICT SCHOOL BOARD p825
9 Harold St North, RIDGETOWN, ON, N0P 2C0
(519) 674-5449 SIC 8211

LAMBTON KENT DISTRICT SCHOOL BOARD p825
73 Victoria Rd Suite 204, RIDGETOWN, ON, N0P 2C0
(519) 674-3173 SIC 8211

LAMBTON KENT DISTRICT SCHOOL BOARD p827
95 Lansdowne Ave S, SARNIA, ON, N7S 1G7
(519) 336-2111 SIC 8211

LAMBTON KENT DISTRICT SCHOOL BOARD p827
1257 Michigan Ave, SARNIA, ON, N7S 3Y3
(519) 542-5505 SIC 8211

LAMBTON KENT DISTRICT SCHOOL BOARD p827
989 Errol Rd E, SARNIA, ON, N7S 2E6
(519) 542-9341 SIC 8211

LAMBTON KENT DISTRICT SCHOOL BOARD p827
940 Michigan Ave, SARNIA, ON, N7S 2B1
(519) 542-5545 SIC 8211

LAMBTON KENT DISTRICT SCHOOL BOARD p827
757 Kember Ave, SARNIA, ON, N7S 2T3
(519) 332-0474 SIC 8211

LAMBTON KENT DISTRICT SCHOOL BOARD p827
1219 Cathcart Blvd, SARNIA, ON, N7S 2H7
(519) 542-5651 SIC 8211

LAMBTON KENT DISTRICT SCHOOL BOARD p827
340 Murphy Rd, SARNIA, ON, N7S 2X1
(519) 332-1140 SIC 8211

LAMBTON KENT DISTRICT SCHOOL BOARD p827
60 Aberdeen Ave, SARNIA, ON, N7S 2N8
(519) 344-0801 SIC 8211

LAMBTON KENT DISTRICT SCHOOL BOARD p828
217 Russell St S, SARNIA, ON, N7T 3L6
(519) 344-4371 SIC 8211

LAMBTON KENT DISTRICT SCHOOL BOARD p828
240 London Rd, SARNIA, ON, N7T 4V8
(519) 344-5741 SIC 8211

LAMBTON KENT DISTRICT SCHOOL BOARD p829
275 Wellington St, SARNIA, ON, N7T 1H1
(519) 336-6131 SIC 8211

LAMBTON KENT DISTRICT SCHOOL BOARD p829
369 Maria St, SARNIA, ON, N7T 4T7
(519) 344-7631 SIC 8211

LAMBTON KENT DISTRICT SCHOOL BOARD p829
585 O'dell St, SARNIA, ON, N7V 4H7
(519) 344-2942 SIC 8211

LAMBTON KENT DISTRICT SCHOOL BOARD p829
1018 Indian Rd N, SARNIA, ON, N7V 4C5
(519) 542-4552 SIC 8211

LAMBTON KENT DISTRICT SCHOOL BOARD p829
2500 Confederation Line, SARNIA, ON, N7T 7H3
(519) 383-7004 SIC 8211

LAMBTON KENT DISTRICT SCHOOL BOARD p872
8766 Northville Rd, THEDFORD, ON, N0M 2N0
(519) 296-4962 SIC 8211

LAMBTON KENT DISTRICT SCHOOL BOARD p882
97 Queen St S, TILBURY, ON, N0P 2L0
(519) 682-0751 SIC 8211

LAMBTON KENT DISTRICT SCHOOL BOARD p882
5 Mable St, TILBURY, ON, N0P 2L0
(519) 682-2260 SIC 8211

LAMBTON KENT DISTRICT SCHOOL BOARD p948
430 King St, WALLACEBURG, ON, N8A 1J1
SIC 8211

LAMBTON KENT DISTRICT SCHOOL BOARD p948
55 Elm Dr S, WALLACEBURG, ON, N8A 3M7
(519) 627-2581 SIC 8211

LAMBTON KENT DISTRICT SCHOOL BOARD p948
140 Lawrence Ave, WALLACEBURG, ON, N8A 2B3
(519) 627-3822 SIC 8211

LAMBTON KENT DISTRICT SCHOOL BOARD p948
920 Elgin St, WALLACEBURG, ON, N8A 3E1
(519) 627-3368 SIC 8211

LAMBTON KENT DISTRICT SCHOOL BOARD p954
139 Centennial Ave, WATFORD, ON, N0M 2S0
(519) 876-2610 SIC 8211

LAMBTON KENT DISTRICT SCHOOL BOARD p979
606 Thames St, WYOMING, ON, N0N 1T0
(519) 845-3241 SIC 8211

LAMBTON KENT DISTRICT SCHOOL BOARD p979
606 Thames St, WYOMING, ON, N0N 1T0
(519) 845-3241 SIC 8211

LANGLEY CHRISTIAN SCHOOL SOCIETY p231
22702 48 Ave, LANGLEY, BC, V2Z 2T6
(604) 533-0839 SIC 8211

LE COLLEGE FRANCAIS PRIMAIRE INC p1099
185 Av Fairmount O, Montreal, QC, H2T 2M6
(514) 271-2823 SIC 8211

LESTER B. PEARSON SCHOOL BOARD p995
115 Boul Beaconsfield, BEACONSFIELD, QC, H9W 3Z8
(514) 697-7621 SIC 8211

LESTER B. PEARSON SCHOOL BOARD p995
230 Rue Sherbrooke, BEACONSFIELD, QC, H9W 1P5
(514) 697-7830 SIC 8211

LESTER B. PEARSON SCHOOL BOARD p995
422 Boul Beaconsfield, BEACONSFIELD, QC, H9W 4B7
(514) 695-0651 SIC 8211

LESTER B. PEARSON SCHOOL BOARD p995
250 Beaurepaire Dr, BEACONSFIELD, QC, H9W 5G7
(514) 697-7220 SIC 8211

LESTER B. PEARSON SCHOOL BOARD p1024
150 Rue Hyman, DOLLARD-DES-ORMEAUX, QC, H9B 1L6
(514) 798-0767 SIC 8211

LESTER B. PEARSON SCHOOL BOARD p1024
551 Av Westminster, DOLLARD-DES-ORMEAUX, QC, H9G 1E8
(514) 626-0670 SIC 8211

LESTER B. PEARSON SCHOOL BOARD p1028
244 Av De La Presentation, DORVAL, QC, H9S 3L6
SIC 8211

LESTER B. PEARSON SCHOOL BOARD p1028
1750 Av Carson, DORVAL, QC, H9S 1N3
(514) 798-0738 SIC 8211

LESTER B. PEARSON SCHOOL BOARD p1044
69 Cote Saint-Charles, HUDSON HEIGHTS, QC, J0P 1J0
(514) 798-4900 SIC 8211

LESTER B. PEARSON SCHOOL BOARD p1057
5050 Rue Sherbrooke, LACHINE, QC, H8T 1H8
(514) 637-2505 SIC 8211

LESTER B. PEARSON SCHOOL BOARD p1059
2241 Rue Menard, LASALLE, QC, H8N 1J4
(514) 595-2043 SIC 8211

LESTER B. PEARSON SCHOOL BOARD p1060
8310 Rue George, LASALLE, QC, H8P 1E5
(514) 363-6213 SIC 8211

LESTER B. PEARSON SCHOOL BOARD p1060
140 9e Av, LASALLE, QC, H8P 2N9
(514) 595-2050 SIC 8211

LESTER B. PEARSON SCHOOL BOARD p1060
140 9e Av, LASALLE, QC, H8P 2N9
(514) 595-2040 SIC 8211

LESTER B. PEARSON SCHOOL BOARD p1061
400 80e Av, LASALLE, QC, H8R 2T3
SIC 8211

LESTER B. PEARSON SCHOOL BOARD p1137
4381 Rue King, PIERREFONDS, QC, H9H 2E8
(514) 626-7880 SIC 8211

LESTER B. PEARSON SCHOOL BOARD p1137
4348 Rue Thorndale, PIERREFONDS, QC, H9H 1X1
(514) 626-3924 SIC 8211

LESTER B. PEARSON SCHOOL BOARD p1137
13155 Rue Shelborne, PIERREFONDS, QC, H9A 1L4
(514) 626-3484 SIC 8211

LESTER B. PEARSON SCHOOL BOARD p1137
13280 Rue Huntington, PIERREFONDS, QC, H8Z 1G2
(514) 626-6253 SIC 8211

LESTER B. PEARSON SCHOOL BOARD p1137
4331 Rue Sainte-Anne, PIERREFONDS, QC, H9H 4G7
(514) 626-0480 SIC 8211

LESTER B. PEARSON SCHOOL BOARD p1137
5060 Boul Des Sources, PIERREFONDS, QC, H8Y 3E4
(514) 684-2337 SIC 8211

LESTER B. PEARSON SCHOOL BOARD p1138
17750 Rue Meloche, PIERREFONDS, QC, H9J 3P9
(514) 624-6614 SIC 8211

LESTER B. PEARSON SCHOOL BOARD p1138
261 Rue Shamrock, PINCOURT, QC, J7W 3W5
(514) 453-6351 SIC 8211

LESTER B. PEARSON SCHOOL BOARD p1142
501 Boul Saint-Jean, POINTE-CLAIRE, QC, H9R 3J5
(514) 697-3210 SIC 8211

LESTER B. PEARSON SCHOOL BOARD p1142
121 Av Summerhill, POINTE-CLAIRE, QC, H9R 2L8
(514) 695-1112 SIC 8211

LESTER B. PEARSON SCHOOL BOARD p1142
120 Av Ambassador, POINTE-CLAIRE, QC, H9R 1S8
(514) 694-3770 SIC 8211

LESTER B. PEARSON SCHOOL BOARD p1142
111 Av Broadview, POINTE-CLAIRE, QC, H9R 3Z3
(514) 694-2760 SIC 8211

LESTER B. PEARSON SCHOOL BOARD p1142
90 Av De Jubilee Square, POINTE-CLAIRE, QC, H9R 1M3
(514) 798-0758 SIC 8211

LESTER B. PEARSON SCHOOL BOARD p1142
87 Av Belmont, POINTE-CLAIRE, QC, H9R 2N7
(514) 798-0746 SIC 8211

LESTER B. PEARSON SCHOOL BOARD p1143
17 Av Cedar, POINTE-CLAIRE, QC, H9S

▲ Public Company   ■ Public Company Family Member   **HQ** Headquarters   **BR** Branch   **SL** Single Location

4X9
(514) 798-0792   SIC 8211
LESTER B. PEARSON SCHOOL BOARD
p1214
2800 Rue Du Bordelais, SAINT-LAZARE, QC, J7T 3E3
(514) 798-4500   SIC 8211
LESTER B. PEARSON SCHOOL BOARD
p1214
2625 Rue Du Bordelais, SAINT-LAZARE, QC, J7T 2Z9
(514) 798-4445   SIC 8211
LESTER B. PEARSON SCHOOL BOARD
p1224
17 Rue Maple, SAINTE-ANNE-DE-BELLEVUE, QC, H9X 2E5
(514) 457-3770   SIC 8211
LESTER B. PEARSON SCHOOL BOARD
p1256
490 Rue Bourget, VAUDREUIL-DORION, QC, J7V 6N2
(514) 798-4454   SIC 8211
LESTER B. PEARSON SCHOOL BOARD
p1258
971 Rue Riverview, VERDUN, QC, H4H 2C3
(514) 762-2717   SIC 8211
LESTER B. PEARSON SCHOOL BOARD
p1258
6100 Boul Champlain, VERDUN, QC, H4H 1A5
(514) 766-2357   SIC 8211
LESTER B. PEARSON SCHOOL BOARD
p1258
610 Av Desmarchais, VERDUN, QC, H4H 1S6
(514) 767-5344   SIC 8211
LETHBRIDGE SCHOOL DISTRICT NO. 51
p137
1801 8a Ave N, LETHBRIDGE, AB, T1H 1C5
(403) 327-3653   SIC 8211
LETHBRIDGE SCHOOL DISTRICT NO. 51
p137
50 Meadowlark Blvd N, LETHBRIDGE, AB, T1H 4J4
(403) 328-9965   SIC 8211
LETHBRIDGE SCHOOL DISTRICT NO. 51
p137
402 18 St N, LETHBRIDGE, AB, T1H 3G4
(403) 327-4169   SIC 8211
LETHBRIDGE SCHOOL DISTRICT NO. 51
p137
2003 9 Ave N, LETHBRIDGE, AB, T1H 1J3
(403) 329-3144   SIC 8211
LETHBRIDGE SCHOOL DISTRICT NO. 51
p137
1605 15 Ave N, LETHBRIDGE, AB, T1H 1W4
(403) 328-4723   SIC 8211
LETHBRIDGE SCHOOL DISTRICT NO. 51
p138
817 4 Ave S, LETHBRIDGE, AB, T1J 0P3
SIC 8211
LETHBRIDGE SCHOOL DISTRICT NO. 51
p138
1222 9 Ave S, LETHBRIDGE, AB, T1J 1V4
(403) 327-5818   SIC 8211
LETHBRIDGE SCHOOL DISTRICT NO. 51
p138
1101 7 Ave S, LETHBRIDGE, AB, T1J 1K4
(403) 327-7321   SIC 8211
LETHBRIDGE SCHOOL DISTRICT NO. 51
p138
215 Corvette Cres S, LETHBRIDGE, AB, T1J 3X6
(403) 328-1201   SIC 8211
LETHBRIDGE SCHOOL DISTRICT NO. 51
p138
910 4 Ave S Suite 200, LETHBRIDGE, AB, T1J 0P6
SIC 8211
LETHBRIDGE SCHOOL DISTRICT NO. 51
p138
433 15 St S, LETHBRIDGE, AB, T1J 2Z4
(403) 327-3945   SIC 8211

LETHBRIDGE SCHOOL DISTRICT NO. 51
p140
1129 Henderson Lake Blvd S, LETHBRIDGE, AB, T1K 3B6
(403) 328-5454   SIC 8211
LETHBRIDGE SCHOOL DISTRICT NO. 51
p140
155 Jerry Potts Blvd W, LETHBRIDGE, AB, T1K 6G8
(403) 381-2211   SIC 8211
LETHBRIDGE SCHOOL DISTRICT NO. 51
p140
50 Blackfoot Blvd W, LETHBRIDGE, AB, T1K 7N7
(403) 327-3465   SIC 8211
LETHBRIDGE SCHOOL DISTRICT NO. 51
p140
380 Laval Blvd W, LETHBRIDGE, AB, T1K 3Y2
(403) 381-1244   SIC 8211
LETHBRIDGE SCHOOL DISTRICT NO. 51
p140
120 Rocky Mountain Blvd W, LETHBRIDGE, AB, T1K 7J2
(403) 381-3103   SIC 8211
LETHBRIDGE SCHOOL DISTRICT NO. 51
p140
2109 12 Ave S Suite 51, LETHBRIDGE, AB, T1K 0P1
(403) 329-0125   SIC 8211
LETHBRIDGE SCHOOL DISTRICT NO. 51
p140
2103 20 St S, LETHBRIDGE, AB, T1K 2G7
(403) 328-5153   SIC 8211
LIGHT OF CHRIST RCSSD   p1277
1241 105th St, NORTH BATTLEFORD, SK, S9A 1S8
(306) 445-0283   SIC 8211
LIGHT OF CHRIST RCSSD   p1277
9201 19th Ave, NORTH BATTLEFORD, SK, S9A 2W2
(306) 445-2360   SIC 8211
LIGHT OF CHRIST RCSSD   p1277
1491 97th St, NORTH BATTLEFORD, SK, S9A 0K1
(306) 446-2232   SIC 8211
LIGHT OF CHRIST RCSSD   p1277
1651 96th St, NORTH BATTLEFORD, SK, S9A 0H7
(306) 446-2167   SIC 8211
LIGHT OF CHRIST RCSSD   p1277
1352 110th St, NORTH BATTLEFORD, SK, S9A 2J1
(306) 445-5152   SIC 8211
LIGHTHOUSE CHRISTIAN ACADEMY SOCIETY, THE   p254
Gd Lcd Main, PORT ALBERNI, BC, V9Y 7M3
(250) 723-7382   SIC 8211
LIMESTONE DISTRICT SCHOOL BOARD
p487
70 Fairfield Blvd, AMHERSTVIEW, ON, K7N 1L4
(613) 389-0628   SIC 8211
LIMESTONE DISTRICT SCHOOL BOARD
p500
4576 Battersea Rd, BATTERSEA, ON, K0H 1H0
(613) 353-2868   SIC 8211
LIMESTONE DISTRICT SCHOOL BOARD
p500
247 Church St, BATH, ON, K0H 1G0
(613) 352-7543   SIC 8211
LIMESTONE DISTRICT SCHOOL BOARD
p554
14196 Hwy 41, CLOYNE, ON, K0H 1K0
(613) 336-8991   SIC 8211
LIMESTONE DISTRICT SCHOOL BOARD
p572
2100 Unity Rd, ELGINBURG, ON, K0H 1M0
(613) 542-8387   SIC 8211
LIMESTONE DISTRICT SCHOOL BOARD
p618
4121 Colebrook Rd, HARROWSMITH, ON,

K0H 1V0
(613) 372-2026   SIC 8211
LIMESTONE DISTRICT SCHOOL BOARD
p630
38 Cowdy St, KINGSTON, ON, K7K 3V7
SIC 8211
LIMESTONE DISTRICT SCHOOL BOARD
p630
77 Maccauley St, KINGSTON, ON, K7K 2V8
(613) 542-6155   SIC 8211
LIMESTONE DISTRICT SCHOOL BOARD
p630
411 Wellington St, KINGSTON, ON, K7K 5R5
SIC 8211
LIMESTONE DISTRICT SCHOOL BOARD
p630
85 First Ave, KINGSTON, ON, K7K 2G7
(613) 542-4392   SIC 8211
LIMESTONE DISTRICT SCHOOL BOARD
p630
145 Kirkpatrick St, KINGSTON, ON, K7K 2P4
(613) 546-1714   SIC 8211
LIMESTONE DISTRICT SCHOOL BOARD
p630
2 Montcalm Ave, KINGSTON, ON, K7K 7G5
(613) 547-2556   SIC 8211
LIMESTONE DISTRICT SCHOOL BOARD
p630
57 Lundy's Lane, KINGSTON, ON, K7K 5G4
SIC 8211
LIMESTONE DISTRICT SCHOOL BOARD
p632
530 Earl St, KINGSTON, ON, K7L 2K3
(613) 542-6441   SIC 8211
LIMESTONE DISTRICT SCHOOL BOARD
p632
773 Highway 15, KINGSTON, ON, K7L 5H6
(613) 546-1737   SIC 8211
LIMESTONE DISTRICT SCHOOL BOARD
p632
9 Dundas St, KINGSTON, ON, K7L 1N2
(613) 546-5901   SIC 8211
LIMESTONE DISTRICT SCHOOL BOARD
p634
1066 Hudson Dr, KINGSTON, ON, K7M 5K8
(613) 389-6900   SIC 8211
LIMESTONE DISTRICT SCHOOL BOARD
p634
120 Norman Rogers Dr, KINGSTON, ON, K7M 2R2
(613) 544-6040   SIC 8211
LIMESTONE DISTRICT SCHOOL BOARD
p634
361 Roosevelt Dr, KINGSTON, ON, K7M 4A8
(613) 389-2330   SIC 8211
LIMESTONE DISTRICT SCHOOL BOARD
p634
641 Truedell Rd, KINGSTON, ON, K7M 6W6
(613) 389-2560   SIC 8211
LIMESTONE DISTRICT SCHOOL BOARD
p634
190 Welborne Ave, KINGSTON, ON, K7M 4G3
(613) 389-0188   SIC 8211
LIMESTONE DISTRICT SCHOOL BOARD
p634
165 Robert Wallace Dr, KINGSTON, ON, K7M 1Y3
(613) 542-5926   SIC 8211
LIMESTONE DISTRICT SCHOOL BOARD
p634
19 Crerar Blvd, KINGSTON, ON, K7M 3P7
(613) 389-0267   SIC 8211
LIMESTONE DISTRICT SCHOOL BOARD
p634
153 Van Order Dr, KINGSTON, ON, K7M 1B9
(613) 542-0060   SIC 8211
LIMESTONE DISTRICT SCHOOL BOARD
p634
153 Van Order Dr, KINGSTON, ON, K7M

1B9
(613) 542-9871   SIC 8211
LIMESTONE DISTRICT SCHOOL BOARD
p634
1059 Taylor-Kidd Blvd, KINGSTON, ON, K7M 6J9
(613) 389-8932   SIC 8211
LIMESTONE DISTRICT SCHOOL BOARD
p634
153 Van Order Dr, KINGSTON, ON, K7M 1B9
(613) 546-5575   SIC 8211
LIMESTONE DISTRICT SCHOOL BOARD
p634
1789 Bath Rd, KINGSTON, ON, K7M 4Y3
(613) 389-2130   SIC 8211
LIMESTONE DISTRICT SCHOOL BOARD
p635
1255 Birchwood Dr, KINGSTON, ON, K7P 2G6
(613) 634-4995   SIC 8211
LIMESTONE DISTRICT SCHOOL BOARD
p635
1020 Lancaster Dr, KINGSTON, ON, K7P 2R7
(613) 634-0470   SIC 8211
LIMESTONE DISTRICT SCHOOL BOARD
p724
1447 Mountain Grove Rd, MOUNTAIN GROVE, ON, K0H 2E0
(613) 335-5254   SIC 8211
LIMESTONE DISTRICT SCHOOL BOARD
p725
12 Richmond Park Dr, NAPANEE, ON, K7R 2Z5
(613) 354-4596   SIC 8211
LIMESTONE DISTRICT SCHOOL BOARD
p725
245 Belleville Rd, NAPANEE, ON, K7R 3M7
(613) 354-3381   SIC 8211
LIMESTONE DISTRICT SCHOOL BOARD
p725
840 County Rd 8, NAPANEE, ON, K7R 3K7
(613) 354-5171   SIC 8211
LIMESTONE DISTRICT SCHOOL BOARD
p725
75 Graham St W, NAPANEE, ON, K7R 2J9
(613) 354-2121   SIC 8211
LIMESTONE DISTRICT SCHOOL BOARD
p772
10 North St, ODESSA, ON, K0H 2H0
(613) 386-3022   SIC 8211
LIMESTONE DISTRICT SCHOOL BOARD
p772
50 Main St, ODESSA, ON, K0H 2H0
(613) 386-3054   SIC 8211
LIMESTONE DISTRICT SCHOOL BOARD
p807
1084 Walsh Lane, PERTH ROAD, ON, K0H 2L0
(613) 353-2151   SIC 8211
LIMESTONE DISTRICT SCHOOL BOARD
p847
1623 County Rd 41, SELBY, ON, K0K 2Z0
(613) 388-2670   SIC 8211
LIMESTONE DISTRICT SCHOOL BOARD
p848
24719 Hwy 7, SHARBOT LAKE, ON, K0H 2P0
(613) 279-2131   SIC 8211
LIMESTONE DISTRICT SCHOOL BOARD
p871
2860 Rutledge Rd, SYDENHAM, ON, K0H 2T0
(613) 376-3612   SIC 8211
LIMESTONE DISTRICT SCHOOL BOARD
p871
4330 Wheatley St, SYDENHAM, ON, K0H 2T0
(613) 376-3848   SIC 8211
LIMESTONE DISTRICT SCHOOL BOARD
p872
6668 Wheeler St, TAMWORTH, ON, K0K 3G0

(613) 379-2317 SIC 8211
LIMESTONE DISTRICT SCHOOL BOARD
p948
6875 38 Hwy, VERONA, ON, K0H 2W0
(613) 374-2003 SIC 8211
LIVING SKY SCHOOL DIVISION NO. 202
p1264
252 23rd St, BATTLEFORD, SK, S0M 0E0
(306) 937-2112 SIC 8211
LIVING SKY SCHOOL DIVISION NO. 202
p1264
332 23 St, BATTLEFORD, SK, S0M 0E0
(306) 937-2233 SIC 8211
LIVING SKY SCHOOL DIVISION NO. 202
p1267
300 Otter St, CUT KNIFE, SK, S0M 0N0
(306) 398-4911 SIC 8211
LIVING SKY SCHOOL DIVISION NO. 202
p1267
200 Arthur St, CUT KNIFE, SK, S0M 0N0
(306) 398-2333 SIC 8211
LIVING SKY SCHOOL DIVISION NO. 202
p1269
2121 2nd Ave E, HAFFORD, SK, S0J 1A0
(306) 549-2212 SIC 8211
LIVING SKY SCHOOL DIVISION NO. 202
p1272
Gd, LEOVILLE, SK, S0J 1N0
(306) 984-2241 SIC 8211
LIVING SKY SCHOOL DIVISION NO. 202
p1273
701 Prospect Ave, LUSELAND, SK, S0L 2A0
(306) 372-4412 SIC 8211
LIVING SKY SCHOOL DIVISION NO. 202
p1273
5001 Herald St, MACKLIN, SK, S0L 2C0
(306) 753-2375 SIC 8211
LIVING SKY SCHOOL DIVISION NO. 202
p1274
200 1st St E, MAYMONT, SK, S0M 1T0
(306) 389-2045 SIC 8211
LIVING SKY SCHOOL DIVISION NO. 202
p1277
1500 101st St, NORTH BATTLEFORD, SK, S9A 1A4
(306) 445-3851 SIC 8211
LIVING SKY SCHOOL DIVISION NO. 202
p1277
9001 17th Ave, NORTH BATTLEFORD, SK, S9A 2V1
(306) 445-4954 SIC 8211
LIVING SKY SCHOOL DIVISION NO. 202
p1277
1942 102nd St, NORTH BATTLEFORD, SK, S9A 1H7
(306) 445-4944 SIC 8211
LIVING SKY SCHOOL DIVISION NO. 202
p1277
1791 110th St, NORTH BATTLEFORD, SK, S9A 2Y2
(306) 445-6101 SIC 8211
LIVING SKY SCHOOL DIVISION NO. 202
p1306
216 4th St W, SPIRITWOOD, SK, S0J 2M0
(306) 883-2282 SIC 8211
LIVING SKY SCHOOL DIVISION NO. 202
p1307
300 3rd Ave E, UNITY, SK, S0K 4L0
(306) 228-2657 SIC 8211
LIVING SKY SCHOOL DIVISION NO. 202
p1309
202 5th Ave E, WILKIE, SK, S0K 4W0
(306) 843-2288 SIC 8211
LIVING WATERS CATHOLIC REGIONAL DIVISION NO.42
p117
831 56 St, EDSON, AB, T7E 0A3
(780) 723-6612 SIC 8211
LIVING WATERS CATHOLIC REGIONAL DIVISION NO.42
p164
409 6 St Sw, SLAVE LAKE, AB, T0G 2A4
(780) 849-5244 SIC 8211
LIVING WATERS CATHOLIC REGIONAL DIVISION NO.42
p175
3804 47 St, WHITECOURT, AB, T7S 1M8

(780) 778-2345 SIC 8211
LIVING WATERS CATHOLIC REGIONAL DIVISION NO.42
p175
5630 Mink Creek Rd, WHITECOURT, AB, T7S 1M9
(780) 778-2050 SIC 8211
LIVINGSTONE RANGE SCHOOL DIVISION NO 68
p6
12602 18th Ave, BLAIRMORE, AB, T0K 0E0
(403) 562-8815 SIC 8211
LIVINGSTONE RANGE SCHOOL DIVISION NO 68
p68
628 55th Ave W, CLARESHOLM, AB, T0L 0T0
(403) 625-3387 SIC 8211
LIVINGSTONE RANGE SCHOOL DIVISION NO 68
p68
5613 8th St W, CLARESHOLM, AB, T0L 0T0
(403) 625-4464 SIC 8211
LIVINGSTONE RANGE SCHOOL DIVISION NO 68
p70
8901 20th Ave, COLEMAN, AB, T0K 0M0
(403) 563-5651 SIC 8211
LIVINGSTONE RANGE SCHOOL DIVISION NO 68
p70
2002 76 St, COLEMAN, AB, T0K 0M0
(403) 563-3998 SIC 8211
LIVINGSTONE RANGE SCHOOL DIVISION NO 68
p119
538 16 St, FORT MACLEOD, AB, T0L 0Z0
(403) 553-4411 SIC 8211
LIVINGSTONE RANGE SCHOOL DIVISION NO 68
p119
410 20th St, FORT MACLEOD, AB, T0L 0Z0
SIC 8211
LIVINGSTONE RANGE SCHOOL DIVISION NO 68
p119
521 26th St, FORT MACLEOD, AB, T0L 0Z0
(403) 553-3362 SIC 8211
LIVINGSTONE RANGE SCHOOL DIVISION NO 68
p146
2409 24th Ave, NANTON, AB, T0L 1R0
(403) 646-3161 SIC 8211
LIVINGSTONE RANGE SCHOOL DIVISION NO 68
p150
945 Davidson Ave, PINCHER CREEK, AB, T0K 1W0
(403) 627-4414 SIC 8211
LLOYDMINSTER ROMAN CATHOLIC SCHOOL BOARD
p141
5207 42 St, LLOYDMINSTER, AB, T9V 1M8
(780) 808-8600 SIC 8211
LLOYDMINSTER ROMAN CATHOLIC SCHOOL BOARD
p141
5706 27 St, LLOYDMINSTER, AB, T9V 2B8
(780) 875-2442 SIC 8211
LLOYDMINSTER ROMAN CATHOLIC SCHOOL BOARD
p1273
3112 47 Ave, LLOYDMINSTER, SK, S9V 1G5
(306) 825-4600 SIC 8211
LLOYDMINSTER SCHOOL DIVISION NO 99
p141
4812 56 Ave, LLOYDMINSTER, AB, T9V 0Z6
(780) 875-3112 SIC 8211
LLOYDMINSTER SCHOOL DIVISION NO 99
p141
5524 31 St, LLOYDMINSTER, AB, T9V 1W1
(780) 875-6239 SIC 8211
LLOYDMINSTER SCHOOL DIVISION NO 99
p141
3401 57 Ave, LLOYDMINSTER, AB, T9V 2K6
(780) 875-7278 SIC 8211
LLOYDMINSTER SCHOOL DIVISION NO 99
p141
5512 51 Ave, LLOYDMINSTER, AB, T9V 0Y7
(780) 875-5090 SIC 8211
LLOYDMINSTER SCHOOL DIVISION NO 99
p141
3103 52 Ave, LLOYDMINSTER, AB, T9V 1M9

(780) 875-4054 SIC 8211
LLOYDMINSTER SCHOOL DIVISION NO 99
p141
5615 42 St, LLOYDMINSTER, AB, T9V 0A2
(780) 875-5513 SIC 8211
LLOYDMINSTER SCHOOL DIVISION NO 99
p141
5017 46 St Suite 99, LLOYDMINSTER, AB, T9V 1R4
(780) 875-5541 SIC 8211
LLOYDMINSTER SCHOOL DIVISION NO 99
p637
80 Burlington Dr, KITCHENER, ON, N2B 1T5
(519) 576-6870 SIC 8211
LLOYDMINSTER SCHOOL DIVISION NO 99
p1273
4402 27 St, LLOYDMINSTER, SK, S9V 1R8
(306) 825-2626 SIC 8211
LLOYDMINSTER SCHOOL DIVISION NO 99
p1273
3701 47 Ave Suite 3701, LLOYDMINSTER, SK, S9V 2C4
(306) 825-9394 SIC 8211
LLOYDMINSTER SCHOOL DIVISION NO 99
p1273
4808 45 Ave, LLOYDMINSTER, SK, S9V 0X4
(306) 825-8826 SIC 8211
LONDON DISTRICT CATHOLIC SCHOOL BOARD
p492
42 South St E, AYLMER, ON, N5H 1P6
(519) 660-2770 SIC 8211
LONDON DISTRICT CATHOLIC SCHOOL BOARD
p568
2436 Gideon Dr, DELAWARE, ON, N0L 1E0
(519) 660-2775 SIC 8211
LONDON DISTRICT CATHOLIC SCHOOL BOARD
p569
3966 Catherine St, DORCHESTER, ON, N0L 1G0
(519) 660-2779 SIC 8211
LONDON DISTRICT CATHOLIC SCHOOL BOARD
p621
121 Thames St N, INGERSOLL, ON, N5C 3C9
SIC 8211
LONDON DISTRICT CATHOLIC SCHOOL BOARD
p621
30 Caffyn St, INGERSOLL, ON, N5C 3T9
(519) 660-2786 SIC 8211
LONDON DISTRICT CATHOLIC SCHOOL BOARD
p650
1958 Duluth Cres, LONDON, ON, N5V 1H7
(519) 453-3770 SIC 8211
LONDON DISTRICT CATHOLIC SCHOOL BOARD
p650
1366 Huron St, LONDON, ON, N5V 2E2
(519) 675-4417 SIC 8211
LONDON DISTRICT CATHOLIC SCHOOL BOARD
p650
1300 Oxford St E, LONDON, ON, N5V 4P7
(519) 675-4432 SIC 8211
LONDON DISTRICT CATHOLIC SCHOOL BOARD
p650
329 Hudson Dr, LONDON, ON, N5V 1E4
(519) 675-4413 SIC 8211
LONDON DISTRICT CATHOLIC SCHOOL BOARD
p652
155 Tweedsmuir Ave, LONDON, ON, N5W 1K9
(519) 675-4418 SIC 8211
LONDON DISTRICT CATHOLIC SCHOOL BOARD
p652
255 Vancouver St, LONDON, ON, N5W 4R9
(519) 675-4427 SIC 8211
LONDON DISTRICT CATHOLIC SCHOOL BOARD
p652
347 Lyle St, LONDON, ON, N5W 3R3
(519) 675-4423 SIC 8211
LONDON DISTRICT CATHOLIC SCHOOL BOARD
p652
1230 King St, LONDON, ON, N5W 2Y2
(519) 675-4436 SIC 8211

LONDON DISTRICT CATHOLIC SCHOOL BOARD
p653
926 Maitland St, LONDON, ON, N5Y 2X1
(519) 675-4424 SIC 8211
LONDON DISTRICT CATHOLIC SCHOOL BOARD
p653
1063 Oxford St E, LONDON, ON, N5Y 3L4
(519) 675-4411 SIC 8211
LONDON DISTRICT CATHOLIC SCHOOL BOARD
p654
225 Cairn St, LONDON, ON, N5Z 3W6
(519) 660-2791 SIC 8211
LONDON DISTRICT CATHOLIC SCHOOL BOARD
p657
449 Hill St, LONDON, ON, N6B 1E5
(519) 675-4420 SIC 8211
LONDON DISTRICT CATHOLIC SCHOOL BOARD
p658
140 Duchess Ave, LONDON, ON, N6C 1N9
(519) 675-4422 SIC 8211
LONDON DISTRICT CATHOLIC SCHOOL BOARD
p658
268 Herkimer St, LONDON, ON, N6C 4S4
(519) 675-4415 SIC 8211
LONDON DISTRICT CATHOLIC SCHOOL BOARD
p659
690 Osgoode Dr, LONDON, ON, N6E 2G2
(519) 660-2780 SIC 8211
LONDON DISTRICT CATHOLIC SCHOOL BOARD
p659
1655 Ernest Ave, LONDON, ON, N6E 2S3
(519) 660-2795 SIC 8211
LONDON DISTRICT CATHOLIC SCHOOL BOARD
p661
2140 Quarrier Rd Suite Lbby, LONDON, ON, N6G 5L4
(519) 675-4437 SIC 8211
LONDON DISTRICT CATHOLIC SCHOOL BOARD
p661
18 Wychwood Pk, LONDON, ON, N6G 1R5
(519) 660-2793 SIC 8211
LONDON DISTRICT CATHOLIC SCHOOL BOARD
p661
170 Hawthorne Rd, LONDON, ON, N6G 4Z9
(519) 660-2787 SIC 8211
LONDON DISTRICT CATHOLIC SCHOOL BOARD
p662
767 Valetta St, LONDON, ON, N6H 4N1
(519) 660-2773 SIC 8211
LONDON DISTRICT CATHOLIC SCHOOL BOARD
p662
690 Viscount Rd, LONDON, ON, N6J 2Y5
(519) 660-2785 SIC 8211
LONDON DISTRICT CATHOLIC SCHOOL BOARD
p662
400 Base Line Rd W, LONDON, ON, N6J 1W1
(519) 471-6680 SIC 8211
LONDON DISTRICT CATHOLIC SCHOOL BOARD
p662
1090 Guildwood Blvd, LONDON, ON, N6H 4G6
(519) 660-2790 SIC 8211
LONDON DISTRICT CATHOLIC SCHOOL BOARD
p663
108 Fairlane Ave, LONDON, ON, N6K 3E6
(519) 660-2792 SIC 8211
LONDON DISTRICT CATHOLIC SCHOOL BOARD
p663
1019 Viscount Rd, LONDON, ON, N6K 1H5
(519) 660-2771 SIC 8211
LONDON DISTRICT CATHOLIC SCHOOL BOARD
p666
33654 Roman Line, LUCAN, ON, N0M 2J0
(519) 660-2789 SIC 8211
LONDON DISTRICT CATHOLIC SCHOOL BOARD
p818
Gd, PRINCETON, ON, N0J 1V0
(519) 663-2088 SIC 8211
LONDON DISTRICT CATHOLIC SCHOOL BOARD
p859
84 Park Ave, ST THOMAS, ON, N5R 4W1
(519) 675-4428 SIC 8211
LONDON DISTRICT CATHOLIC SCHOOL

SIC 8211 Elementary and secondary schools

BOARD *p866*
286 Mckellar St, STRATHROY, ON, N7G 2Y5
(519) 660-2794 *SIC 8211*

LONDON DISTRICT CATHOLIC SCHOOL BOARD *p866*
367 Second St, STRATHROY, ON, N7G 4K6
(519) 245-8488 *SIC 8211*

LONDON DISTRICT CATHOLIC SCHOOL BOARD *p866*
75 Head St N, STRATHROY, ON, N7G 2J6
(519) 660-2774 *SIC 8211*

LONDON DISTRICT CATHOLIC SCHOOL BOARD *p872*
154978 15th Line, THAMESFORD, ON, N0M 2M0
SIC 8211

LONDON DISTRICT CATHOLIC SCHOOL BOARD *p882*
250 Quarter Town Line, TILLSONBURG, ON, N4G 4G8
(519) 842-5588 *SIC 8211*

LONDON DISTRICT CATHOLIC SCHOOL BOARD *p977*
1085 Devonshire Ave, WOODSTOCK, ON, N4S 5S1
(519) 675-4425 *SIC 8211*

LONDON DISTRICT CATHOLIC SCHOOL BOARD *p978*
431 Juliana Dr, WOODSTOCK, ON, N4V 1E8
(519) 675-4435 *SIC 8211*

LORD SELKIRK SCHOOL DIVISION, THE *p349*
40005 Jackfish Lake Rd N, GRAND MARAIS, MB, R0E 0T0
(204) 754-2240 *SIC 8211*

LORD SELKIRK SCHOOL DIVISION, THE *p350*
129 Lockport Rd, LOCKPORT, MB, R1A 3H6
(204) 757-9881 *SIC 8211*

LORD SELKIRK SCHOOL DIVISION, THE *p354*
8461 9 Hwy, PRINCESS HARBOUR, MB, R0C 2P0
(204) 738-4700 *SIC 8211*

LORD SELKIRK SCHOOL DIVISION, THE *p355*
516 Stanley Ave Suite A, SELKIRK, MB, R1A 0S1
(204) 785-8284 *SIC 8211*

LORD SELKIRK SCHOOL DIVISION, THE *p355*
19 Centennial Ave, SELKIRK, MB, R1A 0C8
(204) 482-3265 *SIC 8211*

LORD SELKIRK SCHOOL DIVISION, THE *p355*
221 Mercy St, SELKIRK, MB, R1A 2C8
(204) 482-6926 *SIC 8211*

LORD SELKIRK SCHOOL DIVISION, THE *p355*
300 Sophia St, SELKIRK, MB, R1A 2E2
(204) 482-3677 *SIC 8211*

LORD SELKIRK SCHOOL DIVISION, THE *p355*
516 Stanley Ave, SELKIRK, MB, R1A 0S1
(204) 785-8514 *SIC 8211*

LORD SELKIRK SCHOOL DIVISION, THE *p355*
211 Main St, SELKIRK, MB, R1A 1R7
(204) 482-4326 *SIC 8211*

LORD SELKIRK SCHOOL DIVISION, THE *p355*
205 Mercy St, SELKIRK, MB, R1A 2C8
(204) 482-5942 *SIC 8211*

LORD SELKIRK SCHOOL DIVISION, THE *p356*
112 Calder Rd, ST ANDREWS, MB, R1A 4B5
(204) 482-4409 *SIC 8211*

LORD SELKIRK SCHOOL DIVISION, THE *p356*
8 St Andrews Rd, ST ANDREWS, MB, R1A 2Y1
(204) 338-7510 *SIC 8211*

LOUIS RIEL SCHOOL DIVISION *p364*
300 Dubuc St, WINNIPEG, MB, R2H 1E4
(204) 237-4936 *SIC 8211*

LOUIS RIEL SCHOOL DIVISION *p364*
320 De La Cathedrale Ave, WINNIPEG, MB, R2H 0J4
(204) 233-0222 *SIC 8211*

LOUIS RIEL SCHOOL DIVISION *p364*
99 Birchdale Ave, WINNIPEG, MB, R2H 1S2
(204) 237-0202 *SIC 8211*

LOUIS RIEL SCHOOL DIVISION *p364*
363 Enfield Cres, WINNIPEG, MB, R2H 1C6
(204) 233-7079 *SIC 8211*

LOUIS RIEL SCHOOL DIVISION *p364*
619 Rue Des Meurons, WINNIPEG, MB, R2H 2R1
(204) 237-5176 *SIC 8211*

LOUIS RIEL SCHOOL DIVISION *p364*
188 St Mary's Rd, WINNIPEG, MB, R2H 1H9
(204) 237-0219 *SIC 8211*

LOUIS RIEL SCHOOL DIVISION *p365*
866 Autumnwood Dr, WINNIPEG, MB, R2J 1C1
(204) 257-0609 *SIC 8211*

LOUIS RIEL SCHOOL DIVISION *p365*
250 Lakewood Blvd, WINNIPEG, MB, R2J 3A2
(204) 257-2928 *SIC 8211*

LOUIS RIEL SCHOOL DIVISION *p365*
1015 Cottonwood Rd, WINNIPEG, MB, R2J 1G3
(204) 256-7316 *SIC 8211*

LOUIS RIEL SCHOOL DIVISION *p365*
831 Beaverhill Blvd, WINNIPEG, MB, R2J 3K1
(204) 257-0637 *SIC 8211*

LOUIS RIEL SCHOOL DIVISION *p365*
200 Pebble Beach Rd, WINNIPEG, MB, R2J 3K3
(204) 257-0640 *SIC 8211*

LOUIS RIEL SCHOOL DIVISION *p365*
150 Howden Rd, WINNIPEG, MB, R2J 1L3
(204) 255-0014 *SIC 8211*

LOUIS RIEL SCHOOL DIVISION *p365*
18 Lomond Blvd, WINNIPEG, MB, R2J 1Y2
(204) 255-3576 *SIC 8211*

LOUIS RIEL SCHOOL DIVISION *p365*
296 Speers Rd, WINNIPEG, MB, R2J 1M7
(204) 255-3205 *SIC 8211*

LOUIS RIEL SCHOOL DIVISION *p365*
400 Willowlake Cres, WINNIPEG, MB, R2J 3K2
(204) 257-2540 *SIC 8211*

LOUIS RIEL SCHOOL DIVISION *p365*
800 Archibald St, WINNIPEG, MB, R2J 0Y4
(204) 233-7983 *SIC 8211*

LOUIS RIEL SCHOOL DIVISION *p368*
95 Pulberry St, WINNIPEG, MB, R2M 3X5
(204) 253-1371 *SIC 8211*

LOUIS RIEL SCHOOL DIVISION *p368*
661 Dakota St, WINNIPEG, MB, R2M 3K3
(204) 256-4366 *SIC 8211*

LOUIS RIEL SCHOOL DIVISION *p368*
51 Blenheim Ave, WINNIPEG, MB, R2M 0H9
(204) 233-3619 *SIC 8211*

LOUIS RIEL SCHOOL DIVISION *p368*
50 Hastings Blvd, WINNIPEG, MB, R2M 2E3
(204) 253-9704 *SIC 8211*

LOUIS RIEL SCHOOL DIVISION *p368*
151 St George Rd, WINNIPEG, MB, R2M 3J2
(204) 253-2646 *SIC 8211*

LOUIS RIEL SCHOOL DIVISION *p368*
770 St Mary's Rd, WINNIPEG, MB, R2M 3N7
(204) 233-3263 *SIC 8211*

LOUIS RIEL SCHOOL DIVISION *p368*
1128 Dakota St, WINNIPEG, MB, R2N 3T8
(204) 257-0124 *SIC 8211*

LOUIS RIEL SCHOOL DIVISION *p368*
80 Cunnington Ave, WINNIPEG, MB, R2M 0W7
(204) 237-4057 *SIC 8211*

LOUIS RIEL SCHOOL DIVISION *p368*
99 Highbury Rd, WINNIPEG, MB, R2N 2N5
(204) 254-5078 *SIC 8211*

LOUIS RIEL SCHOOL DIVISION *p368*
316 Ashworth St, WINNIPEG, MB, R2N 2L7
(204) 253-2363 *SIC 8211*

LOUIS RIEL SCHOOL DIVISION *p368*
22 Varennes Ave, WINNIPEG, MB, R2M 0N1
(204) 253-1375 *SIC 8211*

LOUIS RIEL SCHOOL DIVISION *p368*
175 Darwin St, WINNIPEG, MB, R2M 4A9
(204) 257-2904 *SIC 8211*

LOUIS RIEL SCHOOL DIVISION *p368*
505 St Anne's Rd, WINNIPEG, MB, R2M 3E5
(204) 253-1388 *SIC 8211*

LOUIS RIEL SCHOOL DIVISION *p368*
121 Hazelwood Cres, WINNIPEG, MB, R2M 4E4
(204) 256-1135 *SIC 8211*

LOUIS RIEL SCHOOL DIVISION *p368*
160 Southglen Blvd, WINNIPEG, MB, R2N 3J3
(204) 254-7477 *SIC 8211*

LOUIS RIEL SCHOOL DIVISION *p368*
200 Minnetonka St, WINNIPEG, MB, R2M 3Y6
(204) 257-8114 *SIC 8211*

LOUIS RIEL SCHOOL DIVISION *p369*
366 Paddington Rd, WINNIPEG, MB, R2N 1R1
(204) 253-1492 *SIC 8211*

LOUIS RIEL SCHOOL DIVISION *p391*
445 Island Shore Blvd, WINNIPEG, MB, R3X 2B4
(204) 254-6247 *SIC 8211*

LYCEE FRANCAIS DE TORONTO *p934*
2327 Dufferin St, TORONTO, ON, M6E 3S5
(416) 924-1789 *SIC 8211*

LYCEE LOUIS PASTEUR SOCIETY *p53*
4099 Garrison Blvd Sw, CALGARY, AB, T2T 6G2
(403) 243-5420 *SIC 8211*

MAKWA SAHGAIEHCAN BAND FIRST NATION *p1273*
Gd, LOON LAKE, SK, S0M 1L0
(306) 837-2333 *SIC 8211*

MEADOWRIDGE SCHOOL SOCIETY *p237*
12224 240 St, MAPLE RIDGE, BC, V4R 1N1
(604) 467-4444 *SIC 8211*

MEDICINE HAT CATHOLIC BOARD OF EDUCATION *p143*
1251 1 Ave Sw Suite 20, MEDICINE HAT, AB, T1A 8B4
(403) 527-2292 *SIC 8211*

MEDICINE HAT CATHOLIC BOARD OF EDUCATION *p143*
318 8 St Ne, MEDICINE HAT, AB, T1A 5R6
(403) 527-7223 *SIC 8211*

MEDICINE HAT CATHOLIC BOARD OF EDUCATION *p143*
861 4 St Se, MEDICINE HAT, AB, T1A 0L5
(403) 527-7411 *SIC 8211*

MEDICINE HAT CATHOLIC BOARD OF EDUCATION *p143*
202 8 St Ne, MEDICINE HAT, AB, T1A 5R6
(403) 527-8161 *SIC 8211*

MEDICINE HAT CATHOLIC BOARD OF EDUCATION *p144*
235 Cameron Rd Se, MEDICINE HAT, AB, T1B 2Z2
(403) 529-2000 *SIC 8211*

MEDICINE HAT CATHOLIC SEPARATE REGIONAL DIVISION NO. 20 *p143*
155 11 St Sw, MEDICINE HAT, AB, T1A 4S2
(403) 527-7616 *SIC 8211*

MEDICINE HAT CATHOLIC SEPARATE REGIONAL DIVISION NO. 20 *p143*
865 Black Blvd Nw, MEDICINE HAT, AB, T1A 7B5
(403) 527-7242 *SIC 8211*

MEDICINE HAT CATHOLIC SEPARATE REGIONAL DIVISION NO. 20 *p145*
235 Cameron Rd Se, MEDICINE HAT, AB, T1B 2Z2
(403) 529-2000 *SIC 8211*

MEDICINE HAT CATHOLIC SEPARATE REGIONAL DIVISION NO. 20 *p145*
646 Spruce Way Se, MEDICINE HAT, AB, T1B 4X3
(403) 527-5118 *SIC 8211*

MEDICINE HAT CATHOLIC SEPARATE REGIONAL DIVISION NO. 20 *p145*
241 Stratton Way Se, MEDICINE HAT, AB, T1B 3Z2
(403) 527-1177 *SIC 8211*

MEDICINE HAT SCHOOL DISTRICT NO. 76 *p143*
101 8 St Sw, MEDICINE HAT, AB, T1A 4L5
(403) 526-2392 *SIC 8211*

MEDICINE HAT SCHOOL DISTRICT NO. 76 *p143*
477 6 St Se, MEDICINE HAT, AB, T1A 1H4
(403) 527-8571 *SIC 8211*

MEDICINE HAT SCHOOL DISTRICT NO. 76 *p143*
2300 19 Ave Se, MEDICINE HAT, AB, T1A 3X5
(403) 527-2257 *SIC 8211*

MEDICINE HAT SCHOOL DISTRICT NO. 76 *p144*
201 2 St Nw, MEDICINE HAT, AB, T1A 6J4
(403) 526-3793 *SIC 8211*

MEDICINE HAT SCHOOL DISTRICT NO. 76 *p144*
301 6 Ave Sw, MEDICINE HAT, AB, T1A 5A8
(403) 527-3730 *SIC 8211*

MEDICINE HAT SCHOOL DISTRICT NO. 76 *p144*
909 4 Ave Ne, MEDICINE HAT, AB, T1A 6B6
(403) 527-4541 *SIC 8211*

MEDICINE HAT SCHOOL DISTRICT NO. 76 *p144*
1201 Division Ave N, MEDICINE HAT, AB, T1A 5Y8
(403) 527-6641 *SIC 8211*

MEDICINE HAT SCHOOL DISTRICT NO. 76 *p144*
301 5 St Sw, MEDICINE HAT, AB, T1A 4G5
(403) 526-4477 *SIC 8211*

MEDICINE HAT SCHOOL DISTRICT NO. 76 *p144*
901 Hargrave Way Nw, MEDICINE HAT, AB, T1A 6Y8
(403) 527-3750 *SIC 8211*

MEDICINE HAT SCHOOL DISTRICT NO. 76 *p144*
1001 Elm St Se, MEDICINE HAT, AB, T1A 1C2
(403) 526-3528 *SIC 8211*

MEDICINE HAT SCHOOL DISTRICT NO. 76 *p144*
200 7 St Sw, MEDICINE HAT, AB, T1A 4K1
(403) 527-3371 *SIC 8211*

MEDICINE HAT SCHOOL DISTRICT NO. 76 *p145*
48 Ross Glen Rd Se, MEDICINE HAT, AB, T1B 3A8
(403) 529-2960 *SIC 8211*

MEDICINE HAT SCHOOL DISTRICT NO. 76 *p145*
155 Sprague Way Se, MEDICINE HAT, AB, T1B 3L5
(403) 529-1555 *SIC 8211*

MEDICINE HAT SCHOOL DISTRICT NO. 76 *p145*
2425 Southview Dr Se, MEDICINE HAT, AB, T1B 1E8
(403) 526-4495 *SIC 8211*

MENNONITE BRETHREN COLLEGIATE INSTITUTE *p367*
180 Riverton Ave, WINNIPEG, MB, R2L 2E8
(204) 667-8210 *SIC 8211*

METROPOLITAN PREPARATORY ACADEMY INC *p758*
49 Mobile Dr, NORTH YORK, ON, M4A 1H5

(416) 285-0807 *SIC* 8211
MIYO WAHKOHTOWIN COMMUNITY EDUCATION AUTHORITY *p*132
1 School House Rd, HOBBEMA, AB, T0C 1N0
(780) 585-3931 *SIC* 8211
MOHAWK COUNCIL OF AKWESASNE *p*485
169 Akwesasne International Rd, AKWESASNE, ON, K6H 0G5
(613) 933-0409 *SIC* 8211
MOHAWKS OF THE BAY OF QUINTE *p*569
1624 York Rd, DESERONTO, ON, K0K 1X0
(613) 966-6984 *SIC* 8211
MONTCREST SCHOOL *p*895
4 Montcrest Blvd, TORONTO, ON, M4K 1J7
(416) 469-2008 *SIC* 8211
MONTESSORI HOUSE OF CHILDREN INC, THE *p*656
711 Waterloo St, LONDON, ON, N6A 3W1
(519) 433-9121 *SIC* 8211
MOOSE CREE EDUCATION AUTHORITY *p*723
28 Amisk St, MOOSE FACTORY, ON, P0L 1W0
(705) 658-5610 *SIC* 8211
MOOSE FACTORY ISLAND DISTRICT SCHOOL AREA BOARD *p*723
9 Hordan St, MOOSE FACTORY, ON, P0L 1W0
(705) 658-4535 *SIC* 8211
MOUNTAIN VIEW SCHOOL DIVISION *p*347
701 1st St Se, DAUPHIN, MB, R7N 3L4
(204) 638-3134 *SIC* 8211
MOUNTAIN VIEW SCHOOL DIVISION *p*347
212 1st St Ne, DAUPHIN, MB, R7N 1B7
(204) 638-3323 *SIC* 8211
MOUNTAIN VIEW SCHOOL DIVISION *p*347
312 Sandy St, DAUPHIN, MB, R7N 0K9
(204) 638-3942 *SIC* 8211
MOUNTAIN VIEW SCHOOL DIVISION *p*347
330 Mountain Rd, DAUPHIN, MB, R7N 2V6
(204) 638-4629 *SIC* 8211
MOUNTAIN VIEW SCHOOL DIVISION *p*347
182519 Sw, DAUPHIN, MB, R7N 3B3
(204) 638-3001 *SIC* 8211
MOUNTAIN VIEW SCHOOL DIVISION *p*347
28 6th Ave Sw, DAUPHIN, MB, R7N 1V9
(204) 638-4782 *SIC* 8211
MOUNTAIN VIEW SCHOOL DIVISION *p*347
1516 Bond St, DAUPHIN, MB, R7N 0K4
(204) 638-4588 *SIC* 8211
MOUNTAIN VIEW SCHOOL DIVISION *p*347
911 Bond St, DAUPHIN, MB, R7N 3J7
(204) 638-4653 *SIC* 8211
MOUNTAIN VIEW SCHOOL DIVISION *p*348
15 Collegiate Dr, ETHELBERT, MB, R0L 0T0
(204) 742-3265 *SIC* 8211
MOUNTAIN VIEW SCHOOL DIVISION *p*349
117 Rose Ave, GRANDVIEW, MB, R0L 0Y0
(204) 546-2882 *SIC* 8211
MOUNTAIN VIEW SCHOOL DIVISION *p*349
106 Burrows Ave, GILBERT PLAINS, MB, R0L 0X0
(204) 548-2822 *SIC* 8211
MOUNTAIN VIEW SCHOOL DIVISION *p*354
330 King St, ROBLIN, MB, R0L 1P0
(204) 937-2585 *SIC* 8211
MOUNTAIN VIEW SCHOOL DIVISION *p*392
310 3rd St, WINNIPEGOSIS, MB, R0L 2G0
(204) 656-4792 *SIC* 8211
MOUNTAIN VIEW SCHOOL DIVISION *p*392
Gd, WINNIPEGOSIS, MB, R0L 2G0
(204) 656-4550 *SIC* 8211
MUSLIM COMMUNITY FOUNDATION OF CALGARY *p*10
2612 37 Ave Ne, CALGARY, AB, T1Y 5L2
(403) 219-0991 *SIC* 8211
NEAR NORTH DISTRICT SCHOOL BOARD *p*532
178 Yonge St, BURKS FALLS, ON, P0A 1C0
(705) 382-3038 *SIC* 8211
NEAR NORTH DISTRICT SCHOOL BOARD *p*532
92 Ontario St, BURKS FALLS, ON, P0A 1C0

(705) 382-2924 *SIC* 8211
NEAR NORTH DISTRICT SCHOOL BOARD *p*542
330 Lansdowne St E, CALLANDER, ON, P0H 1H0
(705) 472-5970 *SIC* 8211
NEAR NORTH DISTRICT SCHOOL BOARD *p*564
30 Voyer Rd, CORBEIL, ON, P0H 1K0
(705) 475-2323 *SIC* 8211
NEAR NORTH DISTRICT SCHOOL BOARD *p*574
2510 592 Hwy, EMSDALE, ON, P0A 1J0
(705) 636-5955 *SIC* 8211
NEAR NORTH DISTRICT SCHOOL BOARD *p*679
69 124 Hwy, MCDOUGALL, ON, P2A 2W7
(705) 746-0511 *SIC* 8211
NEAR NORTH DISTRICT SCHOOL BOARD *p*679
376 Park St, MATTAWA, ON, P0H 1V0
(705) 472-5241 *SIC* 8211
NEAR NORTH DISTRICT SCHOOL BOARD *p*740
176 Lakeshore Dr, NORTH BAY, ON, P1A 2A8
SIC 8211
NEAR NORTH DISTRICT SCHOOL BOARD *p*740
4 Marshall Park Dr, NORTH BAY, ON, P1A 2N9
SIC 8211
NEAR NORTH DISTRICT SCHOOL BOARD *p*740
60 Marshall Park Dr, NORTH BAY, ON, P1A 2P2
(705) 475-2333 *SIC* 8211
NEAR NORTH DISTRICT SCHOOL BOARD *p*740
599 Lake Heights Rd, NORTH BAY, ON, P1A 3A1
(705) 472-5534 *SIC* 8211
NEAR NORTH DISTRICT SCHOOL BOARD *p*740
140 Hammel Ave, NOBEL, ON, P0G 1G0
(705) 342-5251 *SIC* 8211
NEAR NORTH DISTRICT SCHOOL BOARD *p*740
65 Marshall Ave E, NORTH BAY, ON, P1A 3L4
(705) 475-2322 *SIC* 8211
NEAR NORTH DISTRICT SCHOOL BOARD *p*742
700 Stones St, NORTH BAY, ON, P1B 6C1
(705) 475-2326 *SIC* 8211
NEAR NORTH DISTRICT SCHOOL BOARD *p*742
1351 Chapais St, NORTH BAY, ON, P1B 6M6
(705) 472-5502 *SIC* 8211
NEAR NORTH DISTRICT SCHOOL BOARD *p*742
1325 Cedargrove Dr, NORTH BAY, ON, P1B 4S3
(705) 472-9251 *SIC* 8211
NEAR NORTH DISTRICT SCHOOL BOARD *p*742
1191 Lakeshore Dr, NORTH BAY, ON, P1B 8Z4
(705) 475-2330 *SIC* 8211
NEAR NORTH DISTRICT SCHOOL BOARD *p*742
320 Ski Club Rd, NORTH BAY, ON, P1B 7R2
(705) 472-5711 *SIC* 8211
NEAR NORTH DISTRICT SCHOOL BOARD *p*742
111 Cartier St, NORTH BAY, ON, P1B 4Z4
(705) 472-5459 *SIC* 8211
NEAR NORTH DISTRICT SCHOOL BOARD *p*742
550 Harvey St, NORTH BAY, ON, P1B 4H3
(705) 472-5448 *SIC* 8211
NEAR NORTH DISTRICT SCHOOL BOARD *p*742

539 Chippewa St W, NORTH BAY, ON, P1B 6G8
(705) 475-2341 *SIC* 8211
NEAR NORTH DISTRICT SCHOOL BOARD *p*743
15 Janey Ave, NORTH BAY, ON, P1C 1N1
(705) 475-2340 *SIC* 8211
NEAR NORTH DISTRICT SCHOOL BOARD *p*805
82 Gibson St, PARRY SOUND, ON, P2A 1X5
(705) 746-9333 *SIC* 8211
NEAR NORTH DISTRICT SCHOOL BOARD *p*805
141 Bon Echo Rd, PARRY SOUND, ON, P2A 2W8
(705) 746-0511 *SIC* 8211
NEAR NORTH DISTRICT SCHOOL BOARD *p*805
15 Forest St, PARRY SOUND, ON, P2A 2R1
(705) 746-5691 *SIC* 8211
NEAR NORTH DISTRICT SCHOOL BOARD *p*818
171 Edward St, POWASSAN, ON, P0H 1Z0
(705) 472-5751 *SIC* 8211
NEAR NORTH DISTRICT SCHOOL BOARD *p*866
177 Ethel St, STURGEON FALLS, ON, P2B 2Z8
(705) 472-4224 *SIC* 8211
NEAR NORTH DISTRICT SCHOOL BOARD *p*884
88 Rea St S, TIMMINS, ON, P4N 3P9
(705) 264-3858 *SIC* 8211
NEAR NORTH DISTRICT SCHOOL BOARD *p*944
121 Mccarthy St S, TROUT CREEK, ON, P0H 2L0
(705) 723-5351 *SIC* 8211
NELSON HOUSE EDUCATION AUTHORITY, INC *p*352
1 Roland Lauze Dr, NELSON HOUSE, MB, R0B 1A0
(204) 484-2242 *SIC* 8211
NEW HAVEN LEARNING CENTRE FOR CHILDREN *p*576
301 Lanor Ave, ETOBICOKE, ON, M8W 2R1
(416) 259-4445 *SIC* 8211
NIAGARA CATHOLIC DISTRICT SCHOOL BOARD *p*500
5684 Regional Rd 81, BEAMSVILLE, ON, L0R 1B0
(905) 945-5331 *SIC* 8211
NIAGARA CATHOLIC DISTRICT SCHOOL BOARD *p*500
4114 Mountain St, BEAMSVILLE, ON, L0R 1B7
(905) 563-9191 *SIC* 8211
NIAGARA CATHOLIC DISTRICT SCHOOL BOARD *p*568
3800 Wellington Rd, CRYSTAL BEACH, ON, L0S 1B0
(905) 894-3670 *SIC* 8211
NIAGARA CATHOLIC DISTRICT SCHOOL BOARD *p*589
300 Central Ave, FORT ERIE, ON, L2A 3T3
(905) 871-3092 *SIC* 8211
NIAGARA CATHOLIC DISTRICT SCHOOL BOARD *p*589
26 Hwy 20 E, FONTHILL, ON, L0S 1E0
(905) 892-3841 *SIC* 8211
NIAGARA CATHOLIC DISTRICT SCHOOL BOARD *p*589
1332 Phillips St, FORT ERIE, ON, L2A 3C2
(905) 871-1842 *SIC* 8211
NIAGARA CATHOLIC DISTRICT SCHOOL BOARD *p*598
69 Olive St, GRIMSBY, ON, L3M 2C3
(905) 945-5500 *SIC* 8211
NIAGARA CATHOLIC DISTRICT SCHOOL BOARD *p*598
5 Robinson St N, GRIMSBY, ON, L3M 3C8
(905) 945-4955 *SIC* 8211
NIAGARA CATHOLIC DISTRICT SCHOOL

BOARD *p*622
2807 Fourth Ave, JORDAN STATION, ON, L0R 1S0
(905) 562-5531 *SIC* 8211
NIAGARA CATHOLIC DISTRICT SCHOOL BOARD *p*736
4700 Epworth Cir, NIAGARA FALLS, ON, L2E 1C6
(905) 354-3531 *SIC* 8211
NIAGARA CATHOLIC DISTRICT SCHOOL BOARD *p*736
5719 Morrison St, NIAGARA FALLS, ON, L2E 2E8
(905) 354-7744 *SIC* 8211
NIAGARA CATHOLIC DISTRICT SCHOOL BOARD *p*737
5895 North St, NIAGARA FALLS, ON, L2G 1J7
(905) 354-3531 *SIC* 8211
NIAGARA CATHOLIC DISTRICT SCHOOL BOARD *p*737
8450 Oliver St, NIAGARA FALLS, ON, L2G 6Z2
(905) 295-3732 *SIC* 8211
NIAGARA CATHOLIC DISTRICT SCHOOL BOARD *p*737
6642 Schanklee St, NIAGARA FALLS, ON, L2G 5N4
SIC 8211
NIAGARA CATHOLIC DISTRICT SCHOOL BOARD *p*738
8699 Mcleod Rd, NIAGARA FALLS, ON, L2H 0Z2
(905) 356-5155 *SIC* 8211
NIAGARA CATHOLIC DISTRICT SCHOOL BOARD *p*738
6559 Caswell St, NIAGARA FALLS, ON, L2J 1C2
(905) 358-3861 *SIC* 8211
NIAGARA CATHOLIC DISTRICT SCHOOL BOARD *p*738
8120 Beaverdams Rd, NIAGARA FALLS, ON, L2H 1R8
(905) 354-9033 *SIC* 8211
NIAGARA CATHOLIC DISTRICT SCHOOL BOARD *p*738
6121 Vine St, NIAGARA FALLS, ON, L2J 1L4
(905) 354-5422 *SIC* 8211
NIAGARA CATHOLIC DISTRICT SCHOOL BOARD *p*738
2999 Dorchester Rd, NIAGARA FALLS, ON, L2J 2Z9
(905) 354-9221 *SIC* 8211
NIAGARA CATHOLIC DISTRICT SCHOOL BOARD *p*738
6855 Kalar Rd, NIAGARA FALLS, ON, L2H 2T3
(905) 356-4175 *SIC* 8211
NIAGARA CATHOLIC DISTRICT SCHOOL BOARD *p*738
3834 Windermere Rd, NIAGARA FALLS, ON, L2J 2Y5
(905) 356-4313 *SIC* 8211
NIAGARA CATHOLIC DISTRICT SCHOOL BOARD *p*739
387 3 Line, NIAGARA ON THE LAKE, ON, L0S 1J0
(905) 684-1051 *SIC* 8211
NIAGARA CATHOLIC DISTRICT SCHOOL BOARD *p*816
150 Janet St, PORT COLBORNE, ON, L3K 2E7
(905) 835-2451 *SIC* 8211
NIAGARA CATHOLIC DISTRICT SCHOOL BOARD *p*816
191 Highland Ave, PORT COLBORNE, ON, L3K 3S7
(905) 835-1930 *SIC* 8211
NIAGARA CATHOLIC DISTRICT SCHOOL BOARD *p*816
530 Killaly St E, PORT COLBORNE, ON, L3K 1P5
(905) 835-8082 *SIC* 8211

NIAGARA CATHOLIC DISTRICT SCHOOL BOARD p816
266 Rosemount Ave, PORT COLBORNE, ON, L3K 5R4
(905) 835-1091 SIC 8211

NIAGARA CATHOLIC DISTRICT SCHOOL BOARD p850
186 Margaret St, SMITHVILLE, ON, L0R 2A0
(905) 957-3032 SIC 8211

NIAGARA CATHOLIC DISTRICT SCHOOL BOARD p852
439 Vine St, ST CATHARINES, ON, L2M 3S6
(905) 935-4343 SIC 8211

NIAGARA CATHOLIC DISTRICT SCHOOL BOARD p852
502 Scott St, ST CATHARINES, ON, L2M 3X2
(905) 934-9972 SIC 8211

NIAGARA CATHOLIC DISTRICT SCHOOL BOARD p852
225 Parnell Rd, ST CATHARINES, ON, L2M 1W3
(905) 935-5281 SIC 8211

NIAGARA CATHOLIC DISTRICT SCHOOL BOARD p852
460 Linwell Rd, ST CATHARINES, ON, L2M 2P9
(905) 937-6446 SIC 8211

NIAGARA CATHOLIC DISTRICT SCHOOL BOARD p852
280 Vine St, ST CATHARINES, ON, L2M 4T3
(905) 934-9922 SIC 8211

NIAGARA CATHOLIC DISTRICT SCHOOL BOARD p853
541 Lake St, ST CATHARINES, ON, L2N 4H7
(905) 646-2002 SIC 8211

NIAGARA CATHOLIC DISTRICT SCHOOL BOARD p853
33 Woodrow St, ST CATHARINES, ON, L2P 2A1
(905) 684-3963 SIC 8211

NIAGARA CATHOLIC DISTRICT SCHOOL BOARD p853
58 Seymour Ave, ST CATHARINES, ON, L2P 1A7
(905) 682-0244 SIC 8211

NIAGARA CATHOLIC DISTRICT SCHOOL BOARD p853
218 Main St, ST CATHARINES, ON, L2N 4W1
(905) 934-1755 SIC 8211

NIAGARA CATHOLIC DISTRICT SCHOOL BOARD p853
615 Geneva St, ST CATHARINES, ON, L2N 2J3
(905) 934-3112 SIC 8211

NIAGARA CATHOLIC DISTRICT SCHOOL BOARD p855
145 Niagara St, ST CATHARINES, ON, L2R 4L7
(905) 682-3360 SIC 8211

NIAGARA CATHOLIC DISTRICT SCHOOL BOARD p855
149 Church St, ST CATHARINES, ON, L2R 3E2
(905) 685-7764 SIC 8211

NIAGARA CATHOLIC DISTRICT SCHOOL BOARD p855
125 First St Louth, ST CATHARINES, ON, L2R 6P9
(905) 682-6862 SIC 8211

NIAGARA CATHOLIC DISTRICT SCHOOL BOARD p855
175 Carlton St, ST CATHARINES, ON, L2R 1S1
(905) 682-4156 SIC 8211

NIAGARA CATHOLIC DISTRICT SCHOOL BOARD p856
40 Glen Morris Dr, ST CATHARINES, ON, L2T 2M9
(905) 684-8731 SIC 8211

NIAGARA CATHOLIC DISTRICT SCHOOL BOARD p856
7 Aberdeen Cir, ST CATHARINES, ON, L2T 2B7
(905) 984-3040 SIC 8211

NIAGARA CATHOLIC DISTRICT SCHOOL BOARD p856
81 Rykert St, ST CATHARINES, ON, L2S 1Z2
(905) 685-8859 SIC 8211

NIAGARA CATHOLIC DISTRICT SCHOOL BOARD p876
41 Collier Rd S, THOROLD, ON, L2V 3S9
(905) 227-4910 SIC 8211

NIAGARA CATHOLIC DISTRICT SCHOOL BOARD p876
25 Whyte Ave N, THOROLD, ON, L2V 2T4
(905) 227-3522 SIC 8211

NIAGARA CATHOLIC DISTRICT SCHOOL BOARD p955
120 Plymouth Rd, WELLAND, ON, L3B 3C7
(905) 734-7326 SIC 8211

NIAGARA CATHOLIC DISTRICT SCHOOL BOARD p955
16 St Andrews Ave, WELLAND, ON, L3B 1E1
(905) 732-5663 SIC 8211

NIAGARA CATHOLIC DISTRICT SCHOOL BOARD p956
427 Rice Rd Suite 1, WELLAND, ON, L3C 7C1
(905) 735-0240 SIC 8211

NIAGARA CATHOLIC DISTRICT SCHOOL BOARD p956
64 Smith St, WELLAND, ON, L3C 4H4
(905) 788-3060 SIC 8211

NIAGARA CATHOLIC DISTRICT SCHOOL BOARD p956
182 Aqueduct St, WELLAND, ON, L3C 1C4
(905) 734-7709 SIC 8211

NIAGARA CATHOLIC DISTRICT SCHOOL BOARD p956
290 Fitch St, WELLAND, ON, L3C 4W5
(905) 732-4992 SIC 8211

NIAGARA CATHOLIC DISTRICT SCHOOL BOARD p956
333 Rice Rd, WELLAND, ON, L3C 2V9
(905) 735-4471 SIC 8211

NIAGARA CATHOLIC DISTRICT SCHOOL BOARD p956
300 Santone Ave, WELLAND, ON, L3C 2J8
(905) 734-4659 SIC 8211

NIAGARA CHRISTIAN COLLEGIATE p590
2619 Niagara Pky, FORT ERIE, ON, L2A 5M4
(905) 871-6980 SIC 8211

NIPISSING PARRY SOUND CATHOLIC DISTRICT SCHOOL BOARD p542
1475 Main St N, CALLANDER, ON, P0H 1H0
(705) 752-4407 SIC 8211

NIPISSING PARRY SOUND CATHOLIC DISTRICT SCHOOL BOARD p740
602 Lake Heights Rd, NORTH BAY, ON, P1A 2Z8
(705) 472-6380 SIC 8211

NIPISSING PARRY SOUND CATHOLIC DISTRICT SCHOOL BOARD p740
60 Marshall Ave E, NORTH BAY, ON, P1A 1R1
(705) 472-7280 SIC 8211

NIPISSING PARRY SOUND CATHOLIC DISTRICT SCHOOL BOARD p742
414 Second Ave W, NORTH BAY, ON, P1B 3L2
(705) 472-1524 SIC 8211

NIPISSING PARRY SOUND CATHOLIC DISTRICT SCHOOL BOARD p742
900 Bloem St, NORTH BAY, ON, P1B 4Z8
(705) 472-9141 SIC 8211

NIPISSING PARRY SOUND CATHOLIC DISTRICT SCHOOL BOARD p742
225 Milani Rd, NORTH BAY, ON, P1B 7P4
(705) 472-6690 SIC 8211

NIPISSING PARRY SOUND CATHOLIC DISTRICT SCHOOL BOARD p742
850 Lorne Ave, NORTH BAY, ON, P1B 8M2
(705) 472-2770 SIC 8211

NIPISSING PARRY SOUND CATHOLIC DISTRICT SCHOOL BOARD p818
152 Fairview Lane, POWASSAN, ON, P0H 1Z0
(705) 724-3482 SIC 8211

NIPISSING PARRY SOUND CATHOLIC DISTRICT SCHOOL BOARD p866
680 Coursol Rd, STURGEON FALLS, ON, P2B 3L1
(705) 753-2590 SIC 8211

NORTH EAST SCHOOL DIVISION p1266
2201 2 St W, CARROT RIVER, SK, S0E 0L0
(306) 768-2433 SIC 8211

NORTH EAST SCHOOL DIVISION p1266
100 7th St E, CHOICELAND, SK, S0J 0M0
(306) 428-2157 SIC 8211

NORTH EAST SCHOOL DIVISION p1270
401 Main St, HUDSON BAY, SK, S0E 0Y0
(306) 865-2267 SIC 8211

NORTH EAST SCHOOL DIVISION p1270
702 Churchhill St, HUDSON BAY, SK, S0E 0Y0
(306) 865-2515 SIC 8211

NORTH EAST SCHOOL DIVISION p1274
801 Assiniboia St, MELFORT, SK, S0E 1A0
(306) 752-2891 SIC 8211

NORTH EAST SCHOOL DIVISION p1274
202 Melfort St, MELFORT, SK, S0E 1A0
(306) 752-2391 SIC 8211

NORTH EAST SCHOOL DIVISION p1274
202 Melfort St E, MELFORT, SK, S0E 1A0
(306) 752-2391 SIC 8211

NORTH EAST SCHOOL DIVISION p1274
900 Alberta St N, MELFORT, SK, S0E 1A0
(306) 752-2525 SIC 8211

NORTH EAST SCHOOL DIVISION p1274
501 Bemister Ave E, MELFORT, SK, S0E 1A0
(306) 752-5771 SIC 8211

NORTH EAST SCHOOL DIVISION p1277
535 6 St E Suite 501, NIPAWIN, SK, S0E 1E0
(306) 862-4671 SIC 8211

NORTH EAST SCHOOL DIVISION p1277
308 9th Ave W, NIPAWIN, SK, S0E 1E0
(306) 862-5434 SIC 8211

NORTH EAST SCHOOL DIVISION p1277
501 2nd St E, NIPAWIN, SK, S0E 1E0
(306) 862-5303 SIC 8211

NORTH EAST SCHOOL DIVISION p1277
203 3rd St N, NAICAM, SK, S0K 2Z0
(306) 874-2253 SIC 8211

NORTH EAST SCHOOL DIVISION p1277
301 9 Ave W, NIPAWIN, SK, S0E 1E0
(306) 862-5434 SIC 8211

NORTH EAST SCHOOL DIVISION p1279
319 Pine St, PORCUPINE PLAIN, SK, S0E 1H0
(306) 278-2288 SIC 8211

NORTH EAST SCHOOL DIVISION p1307
513 105th Ave, TISDALE, SK, S0E 1T0
(306) 873-4533 SIC 8211

NORTH EAST SCHOOL DIVISION p1307
800 101st St, TISDALE, SK, S0E 1T0
(306) 873-2352 SIC 8211

NORTH OKANAGAN SHUSWAP SCHOOL DISTRICT 83 p181
2365 Pleasant Valley Rd, ARMSTRONG, BC, V0E 1B2
(250) 546-3114 SIC 8211

NORTH OKANAGAN SHUSWAP SCHOOL DISTRICT 83 p181
3200 Wood Ave, ARMSTRONG, BC, V0E 1B0
(250) 546-8723 SIC 8211

NORTH OKANAGAN SHUSWAP SCHOOL DISTRICT 83 p181
3700 Patten Dr, ARMSTRONG, BC, V0E 1B2
(250) 546-3476 SIC 8211

NORTH OKANAGAN SHUSWAP SCHOOL DISTRICT 83 p195
5437 Meadow Creek Rd, CELISTA, BC, V0E 1M6
(250) 955-2214 SIC 8211

NORTH OKANAGAN SHUSWAP SCHOOL DISTRICT 83 p213
5732 Tuktakmain St, FALKLAND, BC, V0E 1W0
(250) 379-2320 SIC 8211

NORTH OKANAGAN SHUSWAP SCHOOL DISTRICT 83 p213
500 Bass Ave, ENDERBY, BC, V0E 1V2
(250) 838-6431 SIC 8211

NORTH OKANAGAN SHUSWAP SCHOOL DISTRICT 83 p213
1308 Sicamous St, ENDERBY, BC, V0E 1V0
(250) 838-6434 SIC 8211

NORTH OKANAGAN SHUSWAP SCHOOL DISTRICT 83 p213
11 Rands Rd, ENDERBY, BC, V0E 1V5
(250) 838-7087 SIC 8211

NORTH OKANAGAN SHUSWAP SCHOOL DISTRICT 83 p276
1641 30 St Ne, SALMON ARM, BC, V1E 2Z5
(250) 832-2188 SIC 8211

NORTH OKANAGAN SHUSWAP SCHOOL DISTRICT 83 p276
1180 20 St Se, SALMON ARM, BC, V1E 2J4
(250) 832-7195 SIC 8211

NORTH OKANAGAN SHUSWAP SCHOOL DISTRICT 83 p276
3200 6 Ave Ne, SALMON ARM, BC, V1E 1J2
(250) 832-2167 SIC 8211

NORTH OKANAGAN SHUSWAP SCHOOL DISTRICT 83 p276
2251 12 Ave Ne, SALMON ARM, BC, V1E 2V5
(250) 832-3741 SIC 8211

NORTH OKANAGAN SHUSWAP SCHOOL DISTRICT 83 p276
6285 Ranchero Dr, SALMON ARM, BC, V1E 2R1
(250) 832-7018 SIC 8211

NORTH OKANAGAN SHUSWAP SCHOOL DISTRICT 83 p276
4750 10 Ave Sw, SALMON ARM, BC, V1E 3B5
(250) 832-3862 SIC 8211

NORTH OKANAGAN SHUSWAP SCHOOL DISTRICT 83 p276
171 30 St Se, SALMON ARM, BC, V1E 1J5
(250) 832-6031 SIC 8211

NORTH OKANAGAN SHUSWAP SCHOOL DISTRICT 83 p276
551 14 St Ne, SALMON ARM, BC, V1E 2S5
(250) 832-2188 SIC 8211

NORTH OKANAGAN SHUSWAP SCHOOL DISTRICT 83 p277
518 Finlayson St, SICAMOUS, BC, V0E 2V2
(250) 836-2831 SIC 8211

NORTH OKANAGAN SHUSWAP SCHOOL DISTRICT 83 p290
4005 Myers Frontage Rd, TAPPEN, BC, V0E 2X3
(250) 835-4520 SIC 8211

NORTHEASTERN CATHOLIC DISTRICT SCHOOL BOARD p554
116 Lang St, COBALT, ON, P0J 1C0
(705) 679-5575 SIC 8211

NORTHEASTERN CATHOLIC DISTRICT SCHOOL BOARD p555
75 6th St, COCHRANE, ON, P0L 1C0
(705) 272-4707 SIC 8211

NORTHEASTERN CATHOLIC DISTRICT SCHOOL BOARD p622
200 Church St, IROQUOIS FALLS, ON, P0K 1E0
(705) 232-5355 SIC 8211

NORTHEASTERN CATHOLIC DISTRICT SCHOOL BOARD p626
6 Cedar St, KAPUSKASING, ON, P5N 2A8

(705) 335-3241 SIC 8211
NORTHEASTERN CATHOLIC DISTRICT SCHOOL BOARD p636
128 Woods St, KIRKLAND LAKE, ON, P2N 2S4
(705) 567-5800 SIC 8211
NORTHEASTERN CATHOLIC DISTRICT SCHOOL BOARD p636
63 Churchill Dr, KIRKLAND LAKE, ON, P2N 1T8
(705) 567-7444 SIC 8211
NORTHEASTERN CATHOLIC DISTRICT SCHOOL BOARD p723
24 Bay Rd, MOOSONEE, ON, P0L 1Y0
(705) 336-2619 SIC 8211
NORTHEASTERN CATHOLIC DISTRICT SCHOOL BOARD p731
245 Shepherdson Rd, NEW LISKEARD, ON, P0J 1P0
(705) 647-4301 SIC 8211
NORTHEASTERN CATHOLIC DISTRICT SCHOOL BOARD p884
387 Balsam St N, TIMMINS, ON, P4N 6H5
(705) 264-5620 SIC 8211
NORTHEASTERN CATHOLIC DISTRICT SCHOOL BOARD p884
401 Cedar St S, TIMMINS, ON, P4N 2H7
(705) 264-5869 SIC 8211
NORTHEASTERN CATHOLIC DISTRICT SCHOOL BOARD p884
490 Maclean Dr, TIMMINS, ON, P4N 4W6
(705) 264-6555 SIC 8211
NORTHEASTERN CATHOLIC DISTRICT SCHOOL BOARD p884
150 George Ave, TIMMINS, ON, P4N 4M1
(705) 268-4501 SIC 8211
NORTHERN GATEWAY REGIONAL DIVISION #10 p3
Gd, ALBERTA BEACH, AB, T0E 0A0
(780) 924-3758 SIC 8211
NORTHERN GATEWAY REGIONAL DIVISION #10 p124
501 8th St, FOX CREEK, AB, T0H 1P0
(780) 622-2234 SIC 8211
NORTHERN GATEWAY REGIONAL DIVISION #10 p129
3202 Township Rd 564 Hwy 33, GUNN, AB, T0E 1A0
(780) 967-5754 SIC 8211
NORTHERN GATEWAY REGIONAL DIVISION #10 p142
4215 Geinger Ave, MAYERTHORPE, AB, T0E 1N0
(780) 786-2268 SIC 8211
NORTHERN GATEWAY REGIONAL DIVISION #10 p143
5310 50th Ave, MAYERTHORPE, AB, T0E 1N0
(780) 786-2624 SIC 8211
NORTHERN GATEWAY REGIONAL DIVISION #10 p149
5108 Lac Ste-Anne Trail, ONOWAY, AB, T0E 1V0
(780) 967-5209 SIC 8211
NORTHERN GATEWAY REGIONAL DIVISION #10 p149
4704 Lac Ste Anne Trail N, ONOWAY, AB, T0E 1V0
(780) 967-2271 SIC 8211
NORTHERN GATEWAY REGIONAL DIVISION #10 p171
5201 48 St, VALLEYVIEW, AB, T0H 3N0
(780) 524-3144 SIC 8211
NORTHERN GATEWAY REGIONAL DIVISION #10 p171
5013 48 St, VALLEYVIEW, AB, T0H 3N0
(780) 524-3433 SIC 8211
NORTHERN GATEWAY REGIONAL DIVISION #10 p171
4701 52 Ave, VALLEYVIEW, AB, T0H 3N0
(780) 524-3277 SIC 8211
NORTHERN GATEWAY REGIONAL DIVISION #10 p175
4807 53 Ave, WHITECOURT, AB, T7S 1N2

(780) 778-2136 SIC 8211
NORTHERN GATEWAY REGIONAL DIVISION #10 p175
71 Sunset Blvd, WHITECOURT, AB, T7S 1N1
(780) 778-2446 SIC 8211
NORTHERN GATEWAY REGIONAL DIVISION #10 p175
1 Mink Creek Rd, WHITECOURT, AB, T7S 1S2
(780) 778-3898 SIC 8211
NORTHERN GATEWAY REGIONAL DIVISION #10 p175
35 Feero Dr, WHITECOURT, AB, T7S 1M8
(780) 778-6266 SIC 8211
NORTHERN LIGHTS SCHOOL DIVISION 113 p1264
Petersen St, BEAUVAL, SK, S0M 0G0
(306) 288-2022 SIC 8211
NORTHERN LIGHTS SCHOOL DIVISION 113 p1265
1345 Davies St, BUFFALO NARROWS, SK, S0M 0J0
SIC 8211
NORTHERN LIGHTS SCHOOL DIVISION 113 p1267
Gd, CUMBERLAND HOUSE, SK, S0E 0S0
(306) 888-2181 SIC 8211
NORTHERN LIGHTS SCHOOL DIVISION 113 p1269
107 North St, GREEN LAKE, SK, S0M 1B0
(306) 832-2081 SIC 8211
NORTHERN LIGHTS SCHOOL DIVISION 113 p1271
Gd, LA LOCHE, SK, S0M 1G0
(306) 822-2024 SIC 8211
NORTHERN LIGHTS SCHOOL DIVISION 113 p1271
108 Finlayson St, LA RONGE, SK, S0J 1L0
(306) 425-2997 SIC 8211
NORTHERN LIGHTS SCHOOL DIVISION 113 p1272
1201 School Ave, LA RONGE, SK, S0J 1L0
(306) 425-2255 SIC 8211
NORTHERN LIGHTS SCHOOL DIVISION 113 p1272
600 Boardman St, LA RONGE, SK, S0J 1L0
(306) 425-2226 SIC 8211
NORTHERN LIGHTS SCHOOL DIVISION 113 p1278
Pinehouse Ave, PINEHOUSE LAKE, SK, S0J 2B0
(306) 884-4888 SIC 8211
NORTHERN LIGHTS SCHOOL DIVISION 113 p1291
1 Hill St, SANDY BAY, SK, S0P 0G0
(306) 754-2139 SIC 8211
NORTHERN LIGHTS SCHOOL DIVISION NO. 69 p3
4801 48th St, ARDMORE, AB, T0A 0B0
(780) 826-5144 SIC 8211
NORTHERN LIGHTS SCHOOL DIVISION NO. 69 p7
4313 39 St, BONNYVILLE, AB, T9N 2R1
(780) 826-3323 SIC 8211
NORTHERN LIGHTS SCHOOL DIVISION NO. 69 p7
4313 39 St, BONNYVILLE, AB, T9N 2R1
(780) 826-3322 SIC 8211
NORTHERN LIGHTS SCHOOL DIVISION NO. 69 p7
4801 52 Ave, BONNYVILLE, AB, T9N 2R4
(780) 826-3992 SIC 8211
NORTHERN LIGHTS SCHOOL DIVISION NO. 69 p7
4908 49th Ave, BONNYVILLE, AB, T9N 2J7
(780) 826-3366 SIC 8211
NORTHERN LIGHTS SCHOOL DIVISION NO. 69 p67
Gd, CASLAN, AB, T0A 0R0
(780) 689-2118 SIC 8211
NORTHERN LIGHTS SCHOOL DIVISION NO. 69 p70
5104 56 St, COLD LAKE, AB, T9M 1R2

(780) 594-3832 SIC 8211
NORTHERN LIGHTS SCHOOL DIVISION NO. 69 p70
2035 5 Ave, COLD LAKE, AB, T9M 1G7
(780) 639-3388 SIC 8211
NORTHERN LIGHTS SCHOOL DIVISION NO. 69 p70
Gd, COLD LAKE, AB, T9M 2C1
SIC 8211
NORTHERN LIGHTS SCHOOL DIVISION NO. 69 p70
803 16 Ave, COLD LAKE, AB, T9M 1M2
(780) 639-3107 SIC 8211
NORTHERN LIGHTS SCHOOL DIVISION NO. 69 p70
5533 48 Ave, COLD LAKE, AB, T9M 1V7
(780) 594-5623 SIC 8211
NORTHERN LIGHTS SCHOOL DIVISION NO. 69 p124
20 1st St Nw, GLENDON, AB, T0A 1P0
(780) 635-3881 SIC 8211
NORTHERN LIGHTS SCHOOL DIVISION NO. 69 p133
10140 104 St, LAC LA BICHE, AB, T0A 2C0
(780) 623-4129 SIC 8211
NORTHERN LIGHTS SCHOOL DIVISION NO. 69 p133
90108 103 St, LAC LA BICHE, AB, T0A 2C0
(780) 623-4271 SIC 8211
NORTHERN LIGHTS SCHOOL DIVISION NO. 69 p133
Gd, KIKINO, AB, T0A 2B0
(780) 623-3153 SIC 8211
NORTHERN LIGHTS SCHOOL DIVISION NO. 69 p134
103109 102 Ave, LAC LA BICHE, AB, T0A 2C0
(780) 623-2075 SIC 8211
NORTHERN LIGHTS SCHOOL DIVISION NO. 69 p134
9912 103 St, LAC LA BICHE, AB, T0A 2C0
(780) 623-4672 SIC 8211
NORTHERN LIGHTS SCHOOL DIVISION NO. 69 p151
9814 100 St, PLAMONDON, AB, T0A 2T0
(780) 798-3840 SIC 8211
NORTHERN NISHNAWBE EDUCATION COUNCIL p849
74 Front St, SIOUX LOOKOUT, ON, P8T 1B7
(807) 737-1488 SIC 8211
NORTHERN NISHNAWBE EDUCATION COUNCIL p849
650 Pelican Falls Rd, SIOUX LOOKOUT, ON, P8T 0A7
(807) 737-1110 SIC 8211
NORTHLAND SCHOOL DIVISION 61 p9
Gd, CADOTTE LAKE, AB, T0H 0N0
(780) 629-3950 SIC 8211
NORTHLAND SCHOOL DIVISION 61 p65
Gd, CALLING LAKE, AB, T0G 0K0
(780) 331-3774 SIC 8211
NORTHLAND SCHOOL DIVISION 61 p125
Gd, GRANDE CACHE, AB, T0E 0Y0
(780) 827-3919 SIC 8211
NORTHLAND SCHOOL DIVISION 61 p129
4th Ave Ne, GROUARD, AB, T0G 1C0
(780) 751-3772 SIC 8211
NORTHLAND SCHOOL DIVISION 61 p130
Gd, HIGH PRAIRIE, AB, T0G 1E0
(780) 523-2216 SIC 8211
NORTHLAND SCHOOL DIVISION 61 p149
Gd, PADDLE PRAIRIE, AB, T0H 2W0
(780) 981-2124 SIC 8211
NORTHLAND SCHOOL DIVISION 61 p150
Gd, PEERLESS LAKE, AB, T0G 2W0
(780) 869-3832 SIC 8211
NORTHLAND SCHOOL DIVISION 61 p173
2753 Neewatim Dr, WABASCA, AB, T0G 2K0
(780) 891-3833 SIC 8211
NORTHLAND SCHOOL DIVISION 61 p173
750 Mistassiniy Lane, WABASCA, AB, T0G 0T0

(780) 891-3949 SIC 8211
NORTHWEST CATHOLIC DISTRICT SCHOOL BOARD, THE p490
160 Hemlock Ave, ATIKOKAN, ON, P0T 1C1
(807) 597-2633 SIC 8211
NORTHWEST CATHOLIC DISTRICT SCHOOL BOARD, THE p570
185 Parkdale Rd, DRYDEN, ON, P8N 1S5
(807) 223-5227 SIC 8211
NORTHWEST CATHOLIC DISTRICT SCHOOL BOARD, THE p590
675 Flinders Ave, FORT FRANCES, ON, P9A 3L2
(807) 274-7756 SIC 8211
NORTHWEST CATHOLIC DISTRICT SCHOOL BOARD, THE p590
820 Fifth St E, FORT FRANCES, ON, P9A 1V4
(807) 274-9232 SIC 8211
NORTHWEST CATHOLIC DISTRICT SCHOOL BOARD, THE p849
41 Eighth Ave, SIOUX LOOKOUT, ON, P8T 1B7
(807) 737-1121 SIC 8211
NORTHWEST SCHOOL DIVISION 203 p1267
123 1st St N, EDAM, SK, S0M 0V0
(306) 397-2944 SIC 8211
NORTHWEST SCHOOL DIVISION 203 p1272
405 3rd St, LASHBURN, SK, S0M 1H0
(306) 285-3505 SIC 8211
NORTHWEST SCHOOL DIVISION 203 p1272
215 3rd St E, LASHBURN, SK, S0M 1H0
(306) 285-3200 SIC 8211
NORTHWEST SCHOOL DIVISION 203 p1273
220 3rd Ave E, MAIDSTONE, SK, S0M 1M0
(306) 893-2634 SIC 8211
NORTHWEST SCHOOL DIVISION 203 p1273
1 Hillmond Ave, LLOYDMINSTER, SK, S9V 0X7
(306) 825-3393 SIC 8211
NORTHWEST SCHOOL DIVISION 203 p1273
207 2nd St, MAIDSTONE, SK, S0M 1M0
(306) 893-2351 SIC 8211
NORTHWEST SCHOOL DIVISION 203 p1274
715 7th Ave W, MEADOW LAKE, SK, S9X 1A7
(306) 236-5686 SIC 8211
NORTHWEST SCHOOL DIVISION 203 p1274
304 8th Ave E, MEADOW LAKE, SK, S9X 1G9
(306) 236-5810 SIC 8211
NORTHWEST SCHOOL DIVISION 203 p1277
410 Gibbons Centre St, NEILBURG, SK, S0M 2C0
(306) 823-4313 SIC 8211
NORTHWEST SCHOOL DIVISION 203 p1278
Gd, PARADISE HILL, SK, S0M 2G0
(306) 344-2055 SIC 8211
NORTHWEST SCHOOL DIVISION 203 p1278
Gd, PIERCELAND, SK, S0M 2K0
(306) 839-2024 SIC 8211
NORTHWEST SCHOOL DIVISION 203 p1306
Gd, ST WALBURG, SK, S0M 2T0
(306) 248-3602 SIC 8211
NORTHWEST SCHOOL DIVISION 203 p1307
336 Birk St, TURTLEFORD, SK, S0M 2Y0
(306) 845-2079 SIC 8211
NOVA CENTRAL SCHOOL DISTRICT p423
48 High St Unit 42, BAIE VERTE, NL, A0K 1B0
(709) 532-4288 SIC 8211
NOVA CENTRAL SCHOOL DISTRICT p423
166 Main St, BISHOPS FALLS, NL, A0H 1C0
(709) 258-6337 SIC 8211
NOVA CENTRAL SCHOOL DISTRICT p423
1 First Ave, BISHOPS FALLS, NL, A0H 1C0
SIC 8211
NOVA CENTRAL SCHOOL DISTRICT p423
1 First Ave, BISHOPS FALLS, NL, A0H 1C0
(709) 258-6472 SIC 8211
NOVA CENTRAL SCHOOL DISTRICT p423
Gd, BOTWOOD, NL, A0H 1E0
(709) 257-2497 SIC 8211

SIC 8211 Elementary and secondary schools

NOVA CENTRAL SCHOOL DISTRICT p423
4 Hwy 410, BAIE VERTE, NL, A0K 1B0
SIC 8211

NOVA CENTRAL SCHOOL DISTRICT p424
200 Main St, CARMANVILLE, NL, A0G 1N0
(709) 534-2840   *SIC* 8211

NOVA CENTRAL SCHOOL DISTRICT p426
203 Elizabeth Dr, GANDER, NL, A1V 1H6
(709) 256-2547   *SIC* 8211

NOVA CENTRAL SCHOOL DISTRICT p426
Gd, FOGO, NL, A0G 2B0
(709) 266-2560   *SIC* 8211

NOVA CENTRAL SCHOOL DISTRICT p426
3 Magee Rd, GANDER, NL, A1V 1W1
(709) 256-2581   *SIC* 8211

NOVA CENTRAL SCHOOL DISTRICT p426
11 Spruce Ave, GLENWOOD, NL, A0G 2K0
(709) 679-2162   *SIC* 8211

NOVA CENTRAL SCHOOL DISTRICT p426
97 Wellington Rd, DOVER, NL, A0G 1X0
(709) 537-2184   *SIC* 8211

NOVA CENTRAL SCHOOL DISTRICT p426
110 Church St, EASTPORT, NL, A0G 1Z0
(709) 677-3121   *SIC* 8211

NOVA CENTRAL SCHOOL DISTRICT p426
39 Victoria Dr, GAMBO, NL, A0G 1T0
(709) 674-5336   *SIC* 8211

NOVA CENTRAL SCHOOL DISTRICT p426
Gd, ENGLISH HARBOUR WEST, NL, A0H 1M0
(709) 888-3426   *SIC* 8211

NOVA CENTRAL SCHOOL DISTRICT p426
5 Magee Rd, GANDER, NL, A1V 1W1
(709) 256-8404   *SIC* 8211

NOVA CENTRAL SCHOOL DISTRICT p426
10 Penny's Brook Rd, GLOVERTOWN, NL, A0G 2L0
(709) 533-2443   *SIC* 8211

NOVA CENTRAL SCHOOL DISTRICT p427
1 St. Catherine St, GRAND FALLS-WINDSOR, NL, A2A 1V7
(709) 489-3805   *SIC* 8211

NOVA CENTRAL SCHOOL DISTRICT p427
392 Grenfell Hts, GRAND FALLS-WINDSOR, NL, A2A 2J2
(709) 489-5701   *SIC* 8211

NOVA CENTRAL SCHOOL DISTRICT p427
392 Grenfell Hts, GRAND FALLS-WINDSOR, NL, A2A 2J2
(709) 489-4374   *SIC* 8211

NOVA CENTRAL SCHOOL DISTRICT p428
359 Main St, LEWISPORTE, NL, A0G 3A0
(709) 535-8282   *SIC* 8211

NOVA CENTRAL SCHOOL DISTRICT p428
35 Main St, LITTLE BAY ISLANDS, NL, A0J 1K0
SIC 8211

NOVA CENTRAL SCHOOL DISTRICT p428
43 Spruce Ave, LEWISPORTE, NL, A0G 3A0
(709) 535-2115   *SIC* 8211

NOVA CENTRAL SCHOOL DISTRICT p428
43 Main Rd N, HARBOUR BRETON, NL, A0H 1P0
(709) 885-2319   *SIC* 8211

NOVA CENTRAL SCHOOL DISTRICT p428
83 Primier Dr, LEWISPORTE, NL, A0G 3A0
(709) 535-6929   *SIC* 8211

NOVA CENTRAL SCHOOL DISTRICT p428
15 John Thomas Rd, MIDDLE ARM GB, NL, A0K 3R0
(709) 252-2905   *SIC* 8211

NOVA CENTRAL SCHOOL DISTRICT p429
78 Main St, MILLTOWN, NL, A0H 1W0
(709) 882-2500   *SIC* 8211

NOVA CENTRAL SCHOOL DISTRICT p430
245 Gillingham Ave, NORRIS ARM, NL, A0G 3M0
(709) 653-2529   *SIC* 8211

NOVA CENTRAL SCHOOL DISTRICT p430
Gd, MUSGRAVE HARBOUR, NL, A0G 3J0
(709) 655-2022   *SIC* 8211

NOVA CENTRAL SCHOOL DISTRICT p430
17 Lady Peace Ave, MUSGRAVE HARBOUR, NL, A0G 3J0
(709) 655-2121   *SIC* 8211

NOVA CENTRAL SCHOOL DISTRICT p431
140 Little Bay Rd, SPRINGDALE, NL, A0J 1T0
(709) 673-3714   *SIC* 8211

NOVA CENTRAL SCHOOL DISTRICT p431
Gd, SOUTH BROOK GB, NL, A0J 1S0
(709) 868-3001   *SIC* 8211

NOVA CENTRAL SCHOOL DISTRICT p431
142 Little Bay Rd, SPRINGDALE, NL, A0J 1T0
(709) 673-3715   *SIC* 8211

NOVA CENTRAL SCHOOL DISTRICT p437
Gd, WINGS POINT, NL, A0G 4T0
(709) 676-2009   *SIC* 8211

NOVA CENTRAL SCHOOL DISTRICT p437
139 143 Main St, WESLEYVILLE, NL, A0G 4R0
(709) 536-2270   *SIC* 8211

NOVA CENTRAL SCHOOL DISTRICT p437
150 Rd To The Isles, SUMMERFORD, NL, A0G 4E0
(709) 629-3241   *SIC* 8211

NOVA CENTRAL SCHOOL DISTRICT p437
139 Main St, WESLEYVILLE, NL, A0G 4R0
(709) 536-2254   *SIC* 8211

NUNAVUT ARCTIC COLLEGE p481
Gd, IQALUIT, NU, X0A 0H0
(867) 979-7200   *SIC* 8211

OLDS KOINONIA CHRISTIAN SCHOOL p149
Gd Stn Main, OLDS, AB, T4H 1R4
(403) 556-4038   *SIC* 8211

ONEIDA NATION OF THE THAMES p851
2315 Keystone Pl, SOUTHWOLD, ON, N0L 2G0
(519) 652-3271   *SIC* 8211

ONION LAKE BOARD OF EDUCATION p1278
Gd, ONION LAKE, SK, S0M 2E0
(306) 344-2440   *SIC* 8211

ONTARIO ENGLISH CATHOLIC TEACHERS ASSOCIATION, THE p698
345 Fairview Rd W, MISSISSAUGA, ON, L5B 3W5
(905) 306-8420   *SIC* 8211

OR-HAEMET SEPHARDIC SCHOOL p875
7026 Bathurst St, THORNHILL, ON, L4J 8K3
(905) 669-7653   *SIC* 8211

OTTAWA CATHOLIC DISTRICT SCHOOL BOARD p550
1572 Corkery Rd, CARP, ON, K0A 1L0
(613) 256-3672   *SIC* 8211

OTTAWA CATHOLIC DISTRICT SCHOOL BOARD p589
159 Kedey St, FITZROY HARBOUR, ON, K0A 1X0
(613) 623-3114   *SIC* 8211

OTTAWA CATHOLIC DISTRICT SCHOOL BOARD p593
1500 Beaverpond Dr, GLOUCESTER, ON, K1B 3R9
(613) 744-3591   *SIC* 8211

OTTAWA CATHOLIC DISTRICT SCHOOL BOARD p593
101 Bearbrook Rd, GLOUCESTER, ON, K1B 3H5
(613) 824-4531   *SIC* 8211

OTTAWA CATHOLIC DISTRICT SCHOOL BOARD p594
2072 Jasmine Cres, GLOUCESTER, ON, K1J 8M5
(613) 741-4525   *SIC* 8211

OTTAWA CATHOLIC DISTRICT SCHOOL BOARD p594
1923 Elmridge Dr, GLOUCESTER, ON, K1J 8G7
(613) 741-0100   *SIC* 8211

OTTAWA CATHOLIC DISTRICT SCHOOL BOARD p594
635 La Verendrye Dr, GLOUCESTER, ON, K1J 7C2
(613) 749-2251   *SIC* 8211

OTTAWA CATHOLIC DISTRICT SCHOOL BOARD p595
4330 Spratt Rd, GLOUCESTER, ON, K1V 2A7
(613) 822-1116   *SIC* 8211

OTTAWA CATHOLIC DISTRICT SCHOOL BOARD p595
3740 Spratt Rd, GLOUCESTER, ON, K1V 2M1
(613) 822-7900   *SIC* 8211

OTTAWA CATHOLIC DISTRICT SCHOOL BOARD p595
5536 Bank St, GLOUCESTER, ON, K1X 1G9
(613) 822-2985   *SIC* 8211

OTTAWA CATHOLIC DISTRICT SCHOOL BOARD p624
1105 March Rd, KANATA, ON, K2K 1X7
(613) 592-1798   *SIC* 8211

OTTAWA CATHOLIC DISTRICT SCHOOL BOARD p624
40 Varley Dr, KANATA, ON, K2K 1G5
(613) 592-4371   *SIC* 8211

OTTAWA CATHOLIC DISTRICT SCHOOL BOARD p624
5115 Kanata Ave, KANATA, ON, K2K 3K5
(613) 271-4254   *SIC* 8211

OTTAWA CATHOLIC DISTRICT SCHOOL BOARD p625
500 Stonehaven Dr, KANATA, ON, K2M 2V6
(613) 271-0308   *SIC* 8211

OTTAWA CATHOLIC DISTRICT SCHOOL BOARD p625
50 Stonehaven Dr, KANATA, ON, K2M 2K6
(613) 599-6600   *SIC* 8211

OTTAWA CATHOLIC DISTRICT SCHOOL BOARD p625
75 Mccurdy Dr, KANATA, ON, K2L 3W6
(613) 591-3256   *SIC* 8211

OTTAWA CATHOLIC DISTRICT SCHOOL BOARD p625
20 Mckitrick Dr, KANATA, ON, K2L 1T7
(613) 836-4754   *SIC* 8211

OTTAWA CATHOLIC DISTRICT SCHOOL BOARD p667
5344 Long Island Rd, MANOTICK, ON, K4M 1E8
(613) 692-3521   *SIC* 8211

OTTAWA CATHOLIC DISTRICT SCHOOL BOARD p667
1040 Dozois Rd, MANOTICK, ON, K4M 1B2
(613) 692-2551   *SIC* 8211

OTTAWA CATHOLIC DISTRICT SCHOOL BOARD p679
2717 8th Line Rd, METCALFE, ON, K0A 2P0
(613) 821-1002   *SIC* 8211

OTTAWA CATHOLIC DISTRICT SCHOOL BOARD p725
50 Bayshore Dr, NEPEAN, ON, K2B 6M8
(613) 828-5158   *SIC* 8211

OTTAWA CATHOLIC DISTRICT SCHOOL BOARD p727
1 Inverness Ave, NEPEAN, ON, K2E 6N6
(613) 224-6341   *SIC* 8211

OTTAWA CATHOLIC DISTRICT SCHOOL BOARD p728
201 Crestway Dr, NEPEAN, ON, K2G 6Z3
(613) 843-0050   *SIC* 8211

OTTAWA CATHOLIC DISTRICT SCHOOL BOARD p728
148 Meadowlands Dr W, NEPEAN, ON, K2G 2S5
(613) 224-3011   *SIC* 8211

OTTAWA CATHOLIC DISTRICT SCHOOL BOARD p728
165 Knoxdale Rd, NEPEAN, ON, K2G 1B1
(613) 226-6223   *SIC* 8211

OTTAWA CATHOLIC DISTRICT SCHOOL BOARD p728
570 West Hunt Club Rd, NEPEAN, ON, K2G 3R4
(613) 224-2222   *SIC* 8211

OTTAWA CATHOLIC DISTRICT SCHOOL BOARD p729
3877 Old Richmond Rd, NEPEAN, ON, K2H 5C1
(613) 828-4037   *SIC* 8211

OTTAWA CATHOLIC DISTRICT SCHOOL BOARD p729
30 Costello Ave, NEPEAN, ON, K2H 7C5
(613) 828-0644   *SIC* 8211

OTTAWA CATHOLIC DISTRICT SCHOOL BOARD p730
3333 Greenbank Rd, NEPEAN, ON, K2J 4J1
(613) 823-4797   *SIC* 8211

OTTAWA CATHOLIC DISTRICT SCHOOL BOARD p730
440 Longfields Dr, NEPEAN, ON, K2J 4T1
(613) 823-1663   *SIC* 8211

OTTAWA CATHOLIC DISTRICT SCHOOL BOARD p730
41 Weybridge Dr, NEPEAN, ON, K2J 2Z8
(613) 825-3596   *SIC* 8211

OTTAWA CATHOLIC DISTRICT SCHOOL BOARD p730
68 Larkin Dr, NEPEAN, ON, K2J 1A9
(613) 825-4012   *SIC* 8211

OTTAWA CATHOLIC DISTRICT SCHOOL BOARD p730
60 Mountshannon Dr, NEPEAN, ON, K2J 4C2
(613) 825-2520   *SIC* 8211

OTTAWA CATHOLIC DISTRICT SCHOOL BOARD p730
500 Chapman Mills Dr, NEPEAN, ON, K2J 0J2
(613) 825-4300   *SIC* 8211

OTTAWA CATHOLIC DISTRICT SCHOOL BOARD p730
3333 Greenbank Road, NEPEAN, ON, K2J 4J1
(613) 823-4797   *SIC* 8211

OTTAWA CATHOLIC DISTRICT SCHOOL BOARD p730
333 Beatrice Dr, NEPEAN, ON, K2J 4W1
(613) 825-7544   *SIC* 8211

OTTAWA CATHOLIC DISTRICT SCHOOL BOARD p776
1565 St. Georges St, ORLEANS, ON, K1E 1R2
(613) 824-9700   *SIC* 8211

OTTAWA CATHOLIC DISTRICT SCHOOL BOARD p776
1534 Forest Valley Dr, ORLEANS, ON, K1C 6G9
(613) 837-3773   *SIC* 8211

OTTAWA CATHOLIC DISTRICT SCHOOL BOARD p776
6550 Bilberry Dr, ORLEANS, ON, K1C 2S9
(613) 837-3161   *SIC* 8211

OTTAWA CATHOLIC DISTRICT SCHOOL BOARD p776
6400 Beausejour Dr, ORLEANS, ON, K1C 4W2
(613) 830-2454   *SIC* 8211

OTTAWA CATHOLIC DISTRICT SCHOOL BOARD p777
795b Watters Rd, ORLEANS, ON, K4A 2T2
(613) 830-7239   *SIC* 8211

OTTAWA CATHOLIC DISTRICT SCHOOL BOARD p777
2133 Gardenway Dr, ORLEANS, ON, K4A 3M2
(613) 834-6334   *SIC* 8211

OTTAWA CATHOLIC DISTRICT SCHOOL BOARD p777
2000 Portobello Blvd, ORLEANS, ON, K4A 4M9
(613) 837-4114   *SIC* 8211

OTTAWA CATHOLIC DISTRICT SCHOOL BOARD p777
750 Charlemagne Blvd, ORLEANS, ON, K4A 3M4
(613) 837-9377   *SIC* 8211

OTTAWA CATHOLIC DISTRICT SCHOOL BOARD p784

6212 Jeanne D'arc Blvd N, OTTAWA, ON, K1C 2M4
(613) 824-8541   SIC 8211

OTTAWA CATHOLIC DISTRICT SCHOOL BOARD p785
2485 Dwight Cres, OTTAWA, ON, K1G 1C7
(613) 731-3541   SIC 8211

OTTAWA CATHOLIC DISTRICT SCHOOL BOARD p785
1620 Blohm Dr, OTTAWA, ON, K1G 5N6
(613) 739-7131   SIC 8211

OTTAWA CATHOLIC DISTRICT SCHOOL BOARD p786
1760 Mcmaster Ave, OTTAWA, ON, K1H 6R8
(613) 731-8841   SIC 8211

OTTAWA CATHOLIC DISTRICT SCHOOL BOARD p787
437 Donald St, OTTAWA, ON, K1K 1L8
(613) 749-1642   SIC 8211

OTTAWA CATHOLIC DISTRICT SCHOOL BOARD p787
675 Gardenvale Rd, OTTAWA, ON, K1K 1C9
(613) 745-4884   SIC 8211

OTTAWA CATHOLIC DISTRICT SCHOOL BOARD p787
437 Donald St, OTTAWA, ON, K1K 1L8
(613) 747-6885   SIC 8211

OTTAWA CATHOLIC DISTRICT SCHOOL BOARD p788
200 Springfield Rd, OTTAWA, ON, K1M 1C2
(613) 746-4888   SIC 8211

OTTAWA CATHOLIC DISTRICT SCHOOL BOARD p793
290 Nepean St, OTTAWA, ON, K1R 5G3
(613) 594-5773   SIC 8211

OTTAWA CATHOLIC DISTRICT SCHOOL BOARD p794
140 Main St, OTTAWA, ON, K1S 5P4
(613) 237-2001   SIC 8211

OTTAWA CATHOLIC DISTRICT SCHOOL BOARD p794
798 Lyon St S, OTTAWA, ON, K1S 5H5
(613) 232-9743   SIC 8211

OTTAWA CATHOLIC DISTRICT SCHOOL BOARD p794
1722 St. Bernard St, OTTAWA, ON, K1T 1K8
(613) 521-5894   SIC 8211

OTTAWA CATHOLIC DISTRICT SCHOOL BOARD p794
89 Lorry Greenberg Dr, OTTAWA, ON, K1T 3J6
(613) 737-1141   SIC 8211

OTTAWA CATHOLIC DISTRICT SCHOOL BOARD p796
1461 Heron Rd, OTTAWA, ON, K1V 6A6
(613) 731-3237   SIC 8211

OTTAWA CATHOLIC DISTRICT SCHOOL BOARD p796
1310 Pebble Rd, OTTAWA, ON, K1V 7R8
(613) 521-4611   SIC 8211

OTTAWA CATHOLIC DISTRICT SCHOOL BOARD p796
245 Owl Dr, OTTAWA, ON, K1V 9K3
(613) 521-0475   SIC 8211

OTTAWA CATHOLIC DISTRICT SCHOOL BOARD p796
1485 Heron Rd, OTTAWA, ON, K1V 6A6
(613) 733-3736   SIC 8211

OTTAWA CATHOLIC DISTRICT SCHOOL BOARD p796
1620 Heatherington Rd, OTTAWA, ON, K1V 9P5
(613) 731-4733   SIC 8211

OTTAWA CATHOLIC DISTRICT SCHOOL BOARD p796
2525 Alta Vista Dr, OTTAWA, ON, K1V 7T3
(613) 733-0501   SIC 8211

OTTAWA CATHOLIC DISTRICT SCHOOL BOARD p796
2820 Springland Dr, OTTAWA, ON, K1V 6M4
(613) 733-5887   SIC 8211

OTTAWA CATHOLIC DISTRICT SCHOOL BOARD p798
893 Admiral Ave, OTTAWA, ON, K1Z 6L6
(613) 228-8888   SIC 8211

OTTAWA CATHOLIC DISTRICT SCHOOL BOARD p798
710 Broadview Ave, OTTAWA, ON, K2A 2M2
(613) 722-6565   SIC 8211

OTTAWA CATHOLIC DISTRICT SCHOOL BOARD p798
1366 Coldrey Ave, OTTAWA, ON, K1Z 7P5
(613) 728-4744   SIC 8211

OTTAWA CATHOLIC DISTRICT SCHOOL BOARD p798
2135 Knightsbridge Rd, OTTAWA, ON, K2A 0R3
(613) 722-4075   SIC 8211

OTTAWA CATHOLIC DISTRICT SCHOOL BOARD p799
2860 Ahearn Ave, OTTAWA, ON, K2B 6Z9
(613) 829-3878   SIC 8211

OTTAWA CATHOLIC DISTRICT SCHOOL BOARD p800
128 Chesterton Dr, OTTAWA, ON, K2E 5T8
(613) 224-8833   SIC 8211

OTTAWA CATHOLIC DISTRICT SCHOOL BOARD p800
1175 Soderlind St, OTTAWA, ON, K2C 3B3
(613) 828-5594   SIC 8211

OTTAWA CATHOLIC DISTRICT SCHOOL BOARD p800
1481 Fisher Ave, OTTAWA, ON, K2C 1X4
(613) 225-8105   SIC 8211

OTTAWA CATHOLIC DISTRICT SCHOOL BOARD p800
1009 Arnot Rd, OTTAWA, ON, K2C 0H5
(613) 225-8020   SIC 8211

OTTAWA CATHOLIC DISTRICT SCHOOL BOARD p801
2675 Draper Ave, OTTAWA, ON, K2H 7A1
(613) 820-9705   SIC 8211

OTTAWA CATHOLIC DISTRICT SCHOOL BOARD p819
79 Maitland St, RICHMOND, ON, K0A 2Z0
(613) 838-2466   SIC 8211

OTTAWA CATHOLIC DISTRICT SCHOOL BOARD p860
Sacred Heart Catholic High School, Stittsville, ON, K2S 1X4
(613) 831-6643   SIC 8211

OTTAWA CATHOLIC DISTRICT SCHOOL BOARD p860
1383 Stittsville Main Street, STITTSVILLE, ON, K2S 1A6
(613) 831-1853   SIC 8211

OTTAWA CATHOLIC DISTRICT SCHOOL BOARD p860
1145 Stittsville Main St, STITTSVILLE, ON, K2S 0M5
(613) 831-8844   SIC 8211

OTTAWA CATHOLIC DISTRICT SCHOOL BOARD p860
4 Baywood Dr, STITTSVILLE, ON, K2S 1K5
(613) 836-7423   SIC 8211

OTTAWA CATHOLIC DISTRICT SCHOOL BOARD p946
320 Lajoie St, VANIER, ON, K1L 7H4
SIC 8211

OTTAWA CATHOLIC DISTRICT SCHOOL BOARD p946
236 Levis Ave, VANIER, ON, K1L 6H8
(613) 746-4822   SIC 8211

OTTAWA MONTESSORI SCHOOL / ECOLE MONTESSORI D'OTTAWA p785
335 Lindsay St, OTTAWA, ON, K1G 0L6
(613) 521-5185   SIC 8211

OTTAWA-CARLETON DISTRICT SCHOOL BOARD p550
118 Langstaff Dr, CARP, ON, K0A 1L0
(613) 839-2020   SIC 8211

OTTAWA-CARLETON DISTRICT SCHOOL BOARD p571
3088 Dunrobin Rd, DUNROBIN, ON, K0A 1T0
(613) 832-2773   SIC 8211

OTTAWA-CARLETON DISTRICT SCHOOL BOARD p593
2681 Innes Rd, GLOUCESTER, ON, K1B 3J7
(613) 824-5455   SIC 8211

OTTAWA-CARLETON DISTRICT SCHOOL BOARD p593
46 Centrepark Dr, GLOUCESTER, ON, K1B 3C1
(613) 824-4014   SIC 8211

OTTAWA-CARLETON DISTRICT SCHOOL BOARD p594
2060 Ogilvie Rd, GLOUCESTER, ON, K1J 7N8
(613) 745-7176   SIC 8211

OTTAWA-CARLETON DISTRICT SCHOOL BOARD p594
2011 Glenfern Ave, GLOUCESTER, ON, K1J 6H2
(613) 745-2119   SIC 8211

OTTAWA-CARLETON DISTRICT SCHOOL BOARD p594
1401 Matheson Rd, GLOUCESTER, ON, K1J 8B5
(613) 745-0195   SIC 8211

OTTAWA-CARLETON DISTRICT SCHOOL BOARD p594
2105 Kender Ave, GLOUCESTER, ON, K1J 6J7
(613) 748-0060   SIC 8211

OTTAWA-CARLETON DISTRICT SCHOOL BOARD p594
2381 Ogilvie Rd, GLOUCESTER, ON, K1J 7N4
(613) 745-9411   SIC 8211

OTTAWA-CARLETON DISTRICT SCHOOL BOARD p595
3400 D'aoust Ave, GLOUCESTER, ON, K1T 1R5
(613) 521-5922   SIC 8211

OTTAWA-CARLETON DISTRICT SCHOOL BOARD p595
15 De Niverville Pvt, GLOUCESTER, ON, K1V 7N9
(613) 523-5406   SIC 8211

OTTAWA-CARLETON DISTRICT SCHOOL BOARD p597
2630 Grey's Creek Rd, GREELY, ON, K4P 1N2
(613) 821-1272   SIC 8211

OTTAWA-CARLETON DISTRICT SCHOOL BOARD p597
7066 Parkway Rd, GREELY, ON, K4P 1A9
(613) 821-2291   SIC 8211

OTTAWA-CARLETON DISTRICT SCHOOL BOARD p624
50 Varley Dr, KANATA, ON, K2K 1G7
(613) 592-4492   SIC 8211

OTTAWA-CARLETON DISTRICT SCHOOL BOARD p624
4 Parkway The, KANATA, ON, K2K 1Y4
(613) 592-3361   SIC 8211

OTTAWA-CARLETON DISTRICT SCHOOL BOARD p624
100 Penfield Dr, KANATA, ON, K2K 1M2
(613) 592-2126   SIC 8211

OTTAWA-CARLETON DISTRICT SCHOOL BOARD p624
1032 Klonkide Rd, KANATA, ON, K2K 1X7
(613) 595-0543   SIC 8211

OTTAWA-CARLETON DISTRICT SCHOOL BOARD p625
55 Mccurdy Dr, KANATA, ON, K2L 4A9
(613) 592-8071   SIC 8211

OTTAWA-CARLETON DISTRICT SCHOOL BOARD p625
5 Morton Dr, KANATA, ON, K2L 1W7
(613) 836-5987   SIC 8211

OTTAWA-CARLETON DISTRICT SCHOOL BOARD p625
150 Abbeyhill Dr, KANATA, ON, K2L 1H7
(613) 836-2527   SIC 8211

OTTAWA-CARLETON DISTRICT SCHOOL BOARD p625
182 Morrena Rd, KANATA, ON, K2L 1E1
(613) 836-2342   SIC 8211

OTTAWA-CARLETON DISTRICT SCHOOL BOARD p625
80 Steeple Chase Dr, KANATA, ON, K2M 2A6
(613) 271-1806   SIC 8211

OTTAWA-CARLETON DISTRICT SCHOOL BOARD p625
64 Chimo Dr, KANATA, ON, K2L 1Y9
(613) 592-5462   SIC 8211

OTTAWA-CARLETON DISTRICT SCHOOL BOARD p626
101 Penrith St, KANATA, ON, K2W 1H4
(613) 271-9776   SIC 8211

OTTAWA-CARLETON DISTRICT SCHOOL BOARD p626
6680 Dorack Dr, KARS, ON, K0A 2E0
(613) 489-2024   SIC 8211

OTTAWA-CARLETON DISTRICT SCHOOL BOARD p629
3765 Loggers Way, KINBURN, ON, K0A 2H0
SIC 8211

OTTAWA-CARLETON DISTRICT SCHOOL BOARD p667
1075 Bridge St, MANOTICK, ON, K4M 1H3
(613) 692-3311   SIC 8211

OTTAWA-CARLETON DISTRICT SCHOOL BOARD p679
2800 8th Line Rd, METCALFE, ON, K0A 2P0
(613) 821-2241   SIC 8211

OTTAWA-CARLETON DISTRICT SCHOOL BOARD p679
2701 8th Line Rd, METCALFE, ON, K0A 2P0
(613) 821-2261   SIC 8211

OTTAWA-CARLETON DISTRICT SCHOOL BOARD p724
7816 Bleeks Rd, MUNSTER, ON, K0A 3P0
(613) 838-3133   SIC 8211

OTTAWA-CARLETON DISTRICT SCHOOL BOARD p725
145 Woodridge Cres, NEPEAN, ON, K2B 7T2
(613) 828-8698   SIC 8211

OTTAWA-CARLETON DISTRICT SCHOOL BOARD p727
8 Redpine Dr, NEPEAN, ON, K2E 6S9
(613) 224-4903   SIC 8211

OTTAWA-CARLETON DISTRICT SCHOOL BOARD p727
49 Mulvagh Ave, NEPEAN, ON, K2E 6M7
(613) 224-2336   SIC 8211

OTTAWA-CARLETON DISTRICT SCHOOL BOARD p727
60 Tiverton Dr, NEPEAN, ON, K2E 6L8
(613) 823-3336   SIC 8211

OTTAWA-CARLETON DISTRICT SCHOOL BOARD p728
10 Fieldrow St, NEPEAN, ON, K2G 2Y7
(613) 224-1733   SIC 8211

OTTAWA-CARLETON DISTRICT SCHOOL BOARD p728
1755 Merivale Rd, NEPEAN, ON, K2G 1E2
(613) 224-1807   SIC 8211

OTTAWA-CARLETON DISTRICT SCHOOL BOARD p728
16 Carola St, NEPEAN, ON, K2G 0Y1
(613) 226-6393   SIC 8211

OTTAWA-CARLETON DISTRICT SCHOOL BOARD p728
75 Waterbridge Dr, NEPEAN, ON, K2G 6T3
(613) 825-3006   SIC 8211

OTTAWA-CARLETON DISTRICT SCHOOL BOARD p728
19 Parkfield Cres, NEPEAN, ON, K2G 0R9
(613) 828-5027   SIC 8211

OTTAWA-CARLETON DISTRICT SCHOOL BOARD p728
170 Stoneway Dr, NEPEAN, ON, K2G 6R2
(613) 825-8600   SIC 8211

OTTAWA-CARLETON DISTRICT SCHOOL BOARD p729

SIC 8211 Elementary and secondary schools

20 Harrison St, NEPEAN, ON, K2H 7N5
(613) 828-5999   SIC 8211
OTTAWA-CARLETON DISTRICT SCHOOL BOARD   p729
35 Corkstown Rd, NEPEAN, ON, K2H 7V4
(613) 828-8077   SIC 8211
OTTAWA-CARLETON DISTRICT SCHOOL BOARD   p729
3770 Old Richmond Rd, NEPEAN, ON, K2H 5C3
(613) 828-3100   SIC 8211
OTTAWA-CARLETON DISTRICT SCHOOL BOARD   p729
40 Cassidy Rd, NEPEAN, ON, K2H 6K1
(613) 828-9101   SIC 8211
OTTAWA-CARLETON DISTRICT SCHOOL BOARD   p729
131 Greenbank Rd, NEPEAN, ON, K2H 8R1
(613) 829-5320   SIC 8211
OTTAWA-CARLETON DISTRICT SCHOOL BOARD   p729
168 Greenbank Rd, NEPEAN, ON, K2H 5V2
(613) 828-4587   SIC 8211
OTTAWA-CARLETON DISTRICT SCHOOL BOARD   p729
170 Greenbank Rd, NEPEAN, ON, K2H 5V2
(613) 828-0010   SIC 8211
OTTAWA-CARLETON DISTRICT SCHOOL BOARD   p729
31 Moodie Dr, NEPEAN, ON, K2H 8G1
(613) 828-5376   SIC 8211
OTTAWA-CARLETON DISTRICT SCHOOL BOARD   p730
101 Malvern Dr, NEPEAN, ON, K2J 2S8
(613) 825-1224   SIC 8211
OTTAWA-CARLETON DISTRICT SCHOOL BOARD   p730
199 Berrigan Dr, NEPEAN, ON, K2J 5C6
(613) 825-0092   SIC 8211
OTTAWA-CARLETON DISTRICT SCHOOL BOARD   p730
2760 Cedarview Rd, NEPEAN, ON, K2J 4J2
(613) 825-2185   SIC 8211
OTTAWA-CARLETON DISTRICT SCHOOL BOARD   p730
149 Berrigan Dr, NEPEAN, ON, K2J 5C6
(613) 843-7722   SIC 8211
OTTAWA-CARLETON DISTRICT SCHOOL BOARD   p730
103 Malvern Dr, NEPEAN, ON, K2J 4T2
(613) 823-0367   SIC 8211
OTTAWA-CARLETON DISTRICT SCHOOL BOARD   p730
54 Kennevale Dr, NEPEAN, ON, K2J 3B2
(613) 825-4834   SIC 8211
OTTAWA-CARLETON DISTRICT SCHOOL BOARD   p743
2403 Church St, NORTH GOWER, ON, K0A 2T0
(613) 489-3375   SIC 8211
OTTAWA-CARLETON DISTRICT SCHOOL BOARD   p776
1750 Sunview Dr, ORLEANS, ON, K1C 5B3
(613) 830-4634   SIC 8211
OTTAWA-CARLETON DISTRICT SCHOOL BOARD   p776
1610 Prestwick Dr, ORLEANS, ON, K1E 2N1
(613) 824-5800   SIC 8211
OTTAWA-CARLETON DISTRICT SCHOOL BOARD   p776
1570 Forest Valley Dr, ORLEANS, ON, K1C 6X7
(613) 824-0733   SIC 8211
OTTAWA-CARLETON DISTRICT SCHOOL BOARD   p776
1445 Duford Dr, ORLEANS, ON, K1E 1E8
SIC 8211
OTTAWA-CARLETON DISTRICT SCHOOL BOARD   p776
6400 Jeanne D'arc Blvd N, ORLEANS, ON, K1C 2S7
(613) 837-3251   SIC 8211
OTTAWA-CARLETON DISTRICT SCHOOL BOARD   p776
975 Orleans Blvd, ORLEANS, ON, K1C 2Z5
(613) 824-4411   SIC 8211
OTTAWA-CARLETON DISTRICT SCHOOL BOARD   p776
7859 Decarie Dr, ORLEANS, ON, K1C 2J4
(613) 837-4622   SIC 8211
OTTAWA-CARLETON DISTRICT SCHOOL BOARD   p777
5590 Osgoode Main St, OSGOODE, ON, K0A 2W0
(613) 826-2550   SIC 8211
OTTAWA-CARLETON DISTRICT SCHOOL BOARD   p777
1000 Valin St, ORLEANS, ON, K4A 4B5
(613) 834-1927   SIC 8211
OTTAWA-CARLETON DISTRICT SCHOOL BOARD   p777
2080 Portobello Blvd, ORLEANS, ON, K4A 0K5
(613) 834-7313   SIC 8211
OTTAWA-CARLETON DISTRICT SCHOOL BOARD   p777
1515 Varennes Blvd, ORLEANS, ON, K4A 3S1
(613) 841-7393   SIC 8211
OTTAWA-CARLETON DISTRICT SCHOOL BOARD   p784
1708 Grey Nuns Dr, OTTAWA, ON, K1C 1C1
(613) 824-8177   SIC 8211
OTTAWA-CARLETON DISTRICT SCHOOL BOARD   p785
260 Knox Cres, OTTAWA, ON, K1G 0K8
(613) 733-6898   SIC 8211
OTTAWA-CARLETON DISTRICT SCHOOL BOARD   p785
2129 Arch St, OTTAWA, ON, K1G 2H5
(613) 733-0205   SIC 8211
OTTAWA-CARLETON DISTRICT SCHOOL BOARD   p785
745 Smyth Rd, OTTAWA, ON, K1G 1N9
(613) 733-5955   SIC 8211
OTTAWA-CARLETON DISTRICT SCHOOL BOARD   p785
1250 Blohm Dr, OTTAWA, ON, K1G 5R8
(613) 737-3169   SIC 8211
OTTAWA-CARLETON DISTRICT SCHOOL BOARD   p785
900 Canterbury Ave, OTTAWA, ON, K1G 3A7
(613) 731-1191   SIC 8211
OTTAWA-CARLETON DISTRICT SCHOOL BOARD   p785
2158 St. Laurent Blvd, OTTAWA, ON, K1G 1A9
(613) 733-6221   SIC 8211
OTTAWA-CARLETON DISTRICT SCHOOL BOARD   p785
1900 Dauphin Rd, OTTAWA, ON, K1G 2L7
(613) 733-1755   SIC 8211
OTTAWA-CARLETON DISTRICT SCHOOL BOARD   p786
1801 Featherston Dr, OTTAWA, ON, K1H 6P4
(613) 731-3357   SIC 8211
OTTAWA-CARLETON DISTRICT SCHOOL BOARD   p786
1349 Randall Ave, OTTAWA, ON, K1H 7R2
(613) 733-7124   SIC 8211
OTTAWA-CARLETON DISTRICT SCHOOL BOARD   p786
564 Pleasant Park Rd, OTTAWA, ON, K1H 5N1
(613) 733-5253   SIC 8211
OTTAWA-CARLETON DISTRICT SCHOOL BOARD   p787
1965 Naskapi Dr, OTTAWA, ON, K1J 8M9
(613) 744-2597   SIC 8211
OTTAWA-CARLETON DISTRICT SCHOOL BOARD   p787
689 St. Laurent Blvd, OTTAWA, ON, K1K 3A6
(613) 746-3246   SIC 8211
OTTAWA-CARLETON DISTRICT SCHOOL BOARD   p788
485 Donald St, OTTAWA, ON, K1K 1L8
(613) 745-0347   SIC 8211
OTTAWA-CARLETON DISTRICT SCHOOL BOARD   p788
557 Queen Mary St, OTTAWA, ON, K1K 1V9
(613) 749-1692   SIC 8211
OTTAWA-CARLETON DISTRICT SCHOOL BOARD   p788
100 Braemar St, OTTAWA, ON, K1K 3C9
(613) 746-8131   SIC 8211
OTTAWA-CARLETON DISTRICT SCHOOL BOARD   p788
815 St. Laurent Blvd, OTTAWA, ON, K1K 3A7
(613) 746-8196   SIC 8211
OTTAWA-CARLETON DISTRICT SCHOOL BOARD   p793
160 Percy St, OTTAWA, ON, K1R 6E5
(613) 594-8020   SIC 8211
OTTAWA-CARLETON DISTRICT SCHOOL BOARD   p793
376 Gloucester St, OTTAWA, ON, K1R 5E8
(613) 239-2277   SIC 8211
OTTAWA-CARLETON DISTRICT SCHOOL BOARD   p793
250 Cambridge St N, OTTAWA, ON, K1R 7B2
(613) 239-2216   SIC 8211
OTTAWA-CARLETON DISTRICT SCHOOL BOARD   p793
391 Booth St, OTTAWA, ON, K1R 7K5
(613) 235-0340   SIC 8211
OTTAWA-CARLETON DISTRICT SCHOOL BOARD   p793
300 Rochester St Suite 302, OTTAWA, ON, K1R 7N4
(613) 239-2416   SIC 8211
OTTAWA-CARLETON DISTRICT SCHOOL BOARD   p794
17 Hopewell Ave, OTTAWA, ON, K1S 2Y7
(613) 239-2348   SIC 8211
OTTAWA-CARLETON DISTRICT SCHOOL BOARD   p794
159 Lorry Greenberg Dr, OTTAWA, ON, K1T 3J6
(613) 736-7334   SIC 8211
OTTAWA-CARLETON DISTRICT SCHOOL BOARD   p794
212 Glebe Ave, OTTAWA, ON, K1S 2C9
(613) 239-2424   SIC 8211
OTTAWA-CARLETON DISTRICT SCHOOL BOARD   p794
73 First Ave, OTTAWA, ON, K1S 2G1
(613) 239-2261   SIC 8211
OTTAWA-CARLETON DISTRICT SCHOOL BOARD   p794
185 Fifth Ave, OTTAWA, ON, K1S 2N1
(613) 239-2267   SIC 8211
OTTAWA-CARLETON DISTRICT SCHOOL BOARD   p796
2605 Alta Vista Dr, OTTAWA, ON, K1V 7T3
(613) 521-8535   SIC 8211
OTTAWA-CARLETON DISTRICT SCHOOL BOARD   p796
185 Owl Dr, OTTAWA, ON, K1V 9K3
(613) 733-4726   SIC 8211
OTTAWA-CARLETON DISTRICT SCHOOL BOARD   p796
185 Owl Dr, OTTAWA, ON, K1V 9K3
SIC 8211
OTTAWA-CARLETON DISTRICT SCHOOL BOARD   p796
1300 Kitchener Ave, OTTAWA, ON, K1V 6W2
(613) 737-4401   SIC 8211
OTTAWA-CARLETON DISTRICT SCHOOL BOARD   p796
2597 Alta Vista Dr, OTTAWA, ON, K1V 7T3
(613) 733-4860   SIC 8211
OTTAWA-CARLETON DISTRICT SCHOOL BOARD   p796
824 Brookfield Rd, OTTAWA, ON, K1V 6J3
(613) 733-0610   SIC 8211
OTTAWA-CARLETON DISTRICT SCHOOL BOARD   p797
250 Holland Ave Suite 109, OTTAWA, ON, K1Y 0Y5
(613) 729-5054   SIC 8211
OTTAWA-CARLETON DISTRICT SCHOOL BOARD   p797
49 Iona St, OTTAWA, ON, K1Y 3L9
(613) 728-4653   SIC 8211
OTTAWA-CARLETON DISTRICT SCHOOL BOARD   p797
1149 Gladstone Ave, OTTAWA, ON, K1Y 3H7
(613) 728-4671   SIC 8211
OTTAWA-CARLETON DISTRICT SCHOOL BOARD   p798
590 Broadview Ave, OTTAWA, ON, K2A 2L8
(613) 728-1721   SIC 8211
OTTAWA-CARLETON DISTRICT SCHOOL BOARD   p798
574 Broadview Ave, OTTAWA, ON, K2A 3V8
(613) 722-6551   SIC 8211
OTTAWA-CARLETON DISTRICT SCHOOL BOARD   p798
235 Woodroffe Ave, OTTAWA, ON, K2A 3V3
(613) 722-6585   SIC 8211
OTTAWA-CARLETON DISTRICT SCHOOL BOARD   p798
250 Anna Ave, OTTAWA, ON, K1Z 7V6
(613) 728-3537   SIC 8211
OTTAWA-CARLETON DISTRICT SCHOOL BOARD   p798
345 Ravenhill Ave, OTTAWA, ON, K2A 0J5
(613) 722-4474   SIC 8211
OTTAWA-CARLETON DISTRICT SCHOOL BOARD   p798
919 Woodroffe Ave, OTTAWA, ON, K2A 3G9
(613) 728-1993   SIC 8211
OTTAWA-CARLETON DISTRICT SCHOOL BOARD   p798
407 Hilson Ave, OTTAWA, ON, K1Z 6B9
(613) 728-4607   SIC 8211
OTTAWA-CARLETON DISTRICT SCHOOL BOARD   p799
2599 Regina St, OTTAWA, ON, K2B 8B6
(613) 829-8777   SIC 8211
OTTAWA-CARLETON DISTRICT SCHOOL BOARD   p799
2720 Richmond Rd, OTTAWA, ON, K2B 6S2
(613) 596-0188   SIC 8211
OTTAWA-CARLETON DISTRICT SCHOOL BOARD   p799
2553 Severn Ave, OTTAWA, ON, K2B 7V8
(613) 828-3039   SIC 8211
OTTAWA-CARLETON DISTRICT SCHOOL BOARD   p799
2410 Georgina Dr, OTTAWA, ON, K2B 7M8
(613) 820-7186   SIC 8211
OTTAWA-CARLETON DISTRICT SCHOOL BOARD   p800
2051 Bel-Air Dr, OTTAWA, ON, K2C 0X2
(613) 225-4646   SIC 8211
OTTAWA-CARLETON DISTRICT SCHOOL BOARD   p800
1250 Agincourt Rd, OTTAWA, ON, K2C 2J2
(613) 225-2750   SIC 8211
OTTAWA-CARLETON DISTRICT SCHOOL BOARD   p800
1660 Prince Of Wales Dr, OTTAWA, ON, K2C 1P4
(613) 224-7922   SIC 8211
OTTAWA-CARLETON DISTRICT SCHOOL BOARD   p800
55 Centrepointe Dr, OTTAWA, ON, K2G 5L4
(613) 723-5136   SIC 8211
OTTAWA-CARLETON DISTRICT SCHOOL BOARD   p800
1281 Mcwatters Rd, OTTAWA, ON, K2C 3E7
(613) 828-5115   SIC 8211
OTTAWA-CARLETON DISTRICT SCHOOL BOARD   p800
991 Dynes Rd, OTTAWA, ON, K2C 0H2
(613) 225-8033   SIC 8211
OTTAWA-CARLETON DISTRICT SCHOOL

BUSINESSES BY INDUSTRY CLASSIFICATION

SIC 8211 Elementary and secondary schools 2477

BOARD p801
595 Moodie Dr, OTTAWA, ON, K2H 8A8
(613) 829-4080   SIC 8211
OTTAWA-CARLETON DISTRICT SCHOOL BOARD p801
401 Stonehaven Dr, OTTAWA, ON, K2M 3B5
(613) 254-8400   SIC 8211
OTTAWA-CARLETON DISTRICT SCHOOL BOARD p801
80 Larkin Dr, OTTAWA, ON, K2J 1B7
(613) 825-2691   SIC 8211
OTTAWA-CARLETON DISTRICT SCHOOL BOARD p801
2625 Draper Ave, OTTAWA, ON, K2H 7A1
(613) 596-8211   SIC 8211
OTTAWA-CARLETON DISTRICT SCHOOL BOARD p801
25 Leacock Dr, OTTAWA, ON, K2K 1S2
(613) 592-2261   SIC 8211
OTTAWA-CARLETON DISTRICT SCHOOL BOARD p802
29 Lisgar St, OTTAWA, ON, K2P 0B9
(613) 239-2696   SIC 8211
OTTAWA-CARLETON DISTRICT SCHOOL BOARD p802
28 Arlington Ave, OTTAWA, ON, K2P 1C2
(613) 239-2264   SIC 8211
OTTAWA-CARLETON DISTRICT SCHOOL BOARD p802
310 Elgin St, OTTAWA, ON, K2P 1M4
(613) 239-2231   SIC 8211
OTTAWA-CARLETON DISTRICT SCHOOL BOARD p819
3673 Mcbean St, RICHMOND, ON, K0A 2Z0
(613) 838-2212   SIC 8211
OTTAWA-CARLETON DISTRICT SCHOOL BOARD p819
3499 Mcbean St, RICHMOND, ON, K0A 2Z0
(613) 838-2371   SIC 8211
OTTAWA-CARLETON DISTRICT SCHOOL BOARD p825
350 Buena Vista Rd, ROCKCLIFFE, ON, K1M 1C1
(613) 749-5387   SIC 8211
OTTAWA-CARLETON DISTRICT SCHOOL BOARD p860
2176 Huntley Rd, STITTSVILLE, ON, K2S 1B8
(613) 836-1312   SIC 8211
OTTAWA-CARLETON DISTRICT SCHOOL BOARD p860
27 Hobin St, STITTSVILLE, ON, K2S 1G8
(613) 831-3434   SIC 8211
OTTAWA-CARLETON DISTRICT SCHOOL BOARD p860
1453 Stittsville Main St, STITTSVILLE, ON, K2S 1A6
(613) 591-7678   SIC 8211
OTTAWA-CARLETON DISTRICT SCHOOL BOARD p860
40 Granite Ridge Dr, STITTSVILLE, ON, K2S 1Y9
(613) 836-2818   SIC 8211
OTTAWA-CARLETON DISTRICT SCHOOL BOARD p976
3791 Stonecrest Rd, WOODLAWN, ON, K0A 3M0
(613) 832-5527   SIC 8211
OXFORD HOUSE FIRST NATION BOARD OF EDUCATION INC p353
Gd, OXFORD HOUSE, MB, R0B 1C0
SIC 8211
OXFORD HOUSE FIRST NATION BOARD OF EDUCATION INC p353
Gd, OXFORD HOUSE, MB, R0B 1C0
(204) 538-2020   SIC 8211
PALLISER REGIONAL DIVISION NO 26 p69
2112 13 St, COALDALE, AB, T1M 1L7
(403) 345-3340   SIC 8211
PALLISER REGIONAL DIVISION NO 26 p69
510 51 Ave, COALHURST, AB, T0L 0V0
(403) 381-3330   SIC 8211
PALLISER REGIONAL DIVISION NO 26 p69
2112 21 St, COALDALE, AB, T1M 1L9

(403) 345-3383   SIC 8211
PALLISER REGIONAL DIVISION NO 26 p69
1101 22 Ave, COALDALE, AB, T1M 1N9
(403) 345-2403   SIC 8211
PALLISER REGIONAL DIVISION NO 26 p137
3305 18 Ave N Suite 101, LETHBRIDGE, AB, T1H 5S1
(403) 328-4111   SIC 8211
PALLISER REGIONAL DIVISION NO 26 p148
418 Hwy Ave, NOBLEFORD, AB, T0L 1S0
(403) 824-3817   SIC 8211
PALLISER REGIONAL DIVISION NO 26 p150
401 Rogers Ave, PICTURE BUTTE, AB, T0K 1V0
(403) 732-4404   SIC 8211
PALLISER REGIONAL DIVISION NO 26 p150
400 6th St N, PICTURE BUTTE, AB, T0K 1V0
(403) 732-5636   SIC 8211
PALLISER REGIONAL DIVISION NO 26 p173
102b 1 St Sout, VULCAN, AB, T0L 2B0
(403) 485-6180   SIC 8211
PALLISER REGIONAL DIVISION NO 26 p173
305 6 Ave S, VULCAN, AB, T0L 2B0
(403) 485-2074   SIC 8211
PARK WEST SCHOOL DIVISION p343
242 Russel St, BINSCARTH, MB, R0J 0G0
(204) 842-2802   SIC 8211
PARK WEST SCHOOL DIVISION p344
73 11th St, BIRTLE, MB, R0M 0C0
(204) 842-3315   SIC 8211
PARK WEST SCHOOL DIVISION p350
91 1st St N, HAMIOTA, MB, R0M 0T0
(204) 842-2803   SIC 8211
PARK WEST SCHOOL DIVISION p358
16 Main St, STRATHCLAIR, MB, R0J 2C0
(204) 842-2801   SIC 8211
PARKLAND SCHOOL DIVISION NO. 70 p160
53112 Hwy 31, SEBA BEACH, AB, T0E 2B0
(780) 797-3733   SIC 8211
PARKLAND SCHOOL DIVISION NO. 70 p165
851 Calahoo Rd, SPRUCE GROVE, AB, T7X 2M1
(780) 962-6122   SIC 8211
PARKLAND SCHOOL DIVISION NO. 70 p165
505 Mcleod Ave Suite 505, SPRUCE GROVE, AB, T7X 2Y5
(780) 962-0212   SIC 8211
PARKLAND SCHOOL DIVISION NO. 70 p165
475 King St, SPRUCE GROVE, AB, T7X 0A4
(780) 962-2626   SIC 8211
PARKLAND SCHOOL DIVISION NO. 70 p165
51101 Range Road 271, SPRUCE GROVE, AB, T7Y 1G7
(780) 963-5035   SIC 8211
PARKLAND SCHOOL DIVISION NO. 70 p165
1000 Calahoo Rd, SPRUCE GROVE, AB, T7X 2T7
(780) 962-0800   SIC 8211
PARKLAND SCHOOL DIVISION NO. 70 p165
460 King St, SPRUCE GROVE, AB, T7X 2T6
(780) 962-3942   SIC 8211
PARKLAND SCHOOL DIVISION NO. 70 p169
53422 Secondary Hwy Suite 779, STONY PLAIN, AB, T7Z 1Y5
(780) 963-3535   SIC 8211
PARKLAND SCHOOL DIVISION NO. 70 p169
4119 43 St, STONY PLAIN, AB, T7Z 1R2
(780) 963-2289   SIC 8211
PARKLAND SCHOOL DIVISION NO. 70 p169
20 Parkland Drive Range Road, STONY PLAIN, AB, T7Z 1Y6
(780) 963-3625   SIC 8211
PARKLAND SCHOOL DIVISION NO. 70 p169
5210 45 St, STONY PLAIN, AB, T7Z 1R5
(780) 963-7366   SIC 8211
PARKLAND SCHOOL DIVISION NO. 70 p1265
Po Box 370, CANWOOD, SK, S0J 0K0
(306) 468-2150   SIC 8211
PARKLAND SCHOOL DIVISION NO. 70 p1306
110 4 St E, SHELLBROOK, SK, S0J 2E0

(306) 747-2191   SIC 8211
PATHWAYS TO EDUCATION CANADA p905
411 Parliament St 2nd Fl, TORONTO, ON, M5A 3A1
(416) 642-1570   SIC 8211
PAUL BAND INDIAN RESERVE p73
Gd, DUFFIELD, AB, T0E 0N0
(780) 892-2025   SIC 8211
PEACE RIVER SCHOOL DIVISION 10 p68
Bag 100, CLEARDALE, AB, T0H 3Y0
(780) 685-2340   SIC 8211
PEACE RIVER SCHOOL DIVISION 10 p118
10317 106 St, FAIRVIEW, AB, T0H 1L0
(780) 835-5421   SIC 8211
PEACE RIVER SCHOOL DIVISION 10 p118
11204 104 Ave, FAIRVIEW, AB, T0H 1L0
(780) 835-2225   SIC 8211
PEACE RIVER SCHOOL DIVISION 10 p129
4612 50 St, GRIMSHAW, AB, T0H 1W0
(780) 332-4066   SIC 8211
PEACE RIVER SCHOOL DIVISION 10 p129
4702 51 St, GRIMSHAW, AB, T0H 1W0
(780) 332-4075   SIC 8211
PEACE RIVER SCHOOL DIVISION 10 p131
331 Government Rd W, HINES CREEK, AB, T0H 2A0
(780) 494-3510   SIC 8211
PEACE RIVER SCHOOL DIVISION 10 p142
603 3 St Se, MANNING, AB, T0H 2M0
(780) 836-3532   SIC 8211
PEACE RIVER SCHOOL DIVISION 10 p142
501 4th Ave Ne, MANNING, AB, T0H 2M0
(780) 836-3397   SIC 8211
PEACE RIVER SCHOOL DIVISION 10 p150
10001 91 Ave, PEACE RIVER, AB, T8S 1Z5
(780) 624-4221   SIC 8211
PEACE RIVER SCHOOL DIVISION 10 p150
7701 99 St, PEACE RIVER, AB, T8S 1R4
(780) 624-2143   SIC 8211
PEACE RIVER SCHOOL DIVISION 10 p150
8701 95 St, PEACE RIVER, AB, T8S 1R6
(780) 624-3144   SIC 8211
PEACE RIVER SCHOOL DIVISION 10 p175
216 Alberta Ave, WORSLEY, AB, T0H 3W0
(780) 685-3842   SIC 8211
PEACE WAPITI SCHOOL DIVISION NO.76 p6
1034 2nd Ave, BEAVERLODGE, AB, T0H 0C0
(780) 354-2189   SIC 8211
PEACE WAPITI SCHOOL DIVISION NO.76 p6
1009 5th Ave, BEAVERLODGE, AB, T0H 0C0
(780) 354-2446   SIC 8211
PEACE WAPITI SCHOOL DIVISION NO.76 p70
Gd, CROOKED CREEK, AB, T0H 0Y0
(780) 957-3995   SIC 8211
PEACE WAPITI SCHOOL DIVISION NO.76 p127
10815 104 St, GRANDE PRAIRIE, AB, T8V 6R2
(780) 532-9276   SIC 8211
PEACE WAPITI SCHOOL DIVISION NO.76 p127
11410 104 St, GRANDE PRAIRIE, AB, T8V 2Z1
(780) 513-9504   SIC 8211
PEACE WAPITI SCHOOL DIVISION NO.76 p132
10108 104 Ave, HYTHE, AB, T0H 2C0
SIC 8211
PEACE WAPITI SCHOOL DIVISION NO.76 p132
10108 104 Ave, HYTHE, AB, T0H 2C0
(780) 356-2778   SIC 8211
PEACE WAPITI SCHOOL DIVISION NO.76 p160
9401 99 Ave, SEXSMITH, AB, T0H 3C0
(780) 568-3642   SIC 8211
PEACE WAPITI SCHOOL DIVISION NO.76 p160
5208 45 Ave, RYCROFT, AB, T0H 3A0

(780) 765-3830   SIC 8211
PEACE WAPITI SCHOOL DIVISION NO.76 p164
4201 50 St, SPIRIT RIVER, AB, T0H 3G0
(780) 864-3741   SIC 8211
PEACE WAPITI SCHOOL DIVISION NO.76 p164
4501 46 St, SPIRIT RIVER, AB, T0H 3G0
(780) 864-3696   SIC 8211
PEEL DISTRICT SCHOOL BOARD p505
7280 King St, BOLTON, ON, L7C 0S3
(905) 857-3448   SIC 8211
PEEL DISTRICT SCHOOL BOARD p506
225 Kingsview Dr, BOLTON, ON, L7E 3X8
(905) 857-2666   SIC 8211
PEEL DISTRICT SCHOOL BOARD p506
35 Ellwood Dr E, BOLTON, ON, L7E 2A7
(905) 857-3021   SIC 8211
PEEL DISTRICT SCHOOL BOARD p506
254 Allan Dr, BOLTON, ON, L7E 1R9
(905) 857-9144   SIC 8211
PEEL DISTRICT SCHOOL BOARD p509
160 Calderstone Rd, BRAMPTON, ON, L6P 2L7
(905) 913-1162   SIC 8211
PEEL DISTRICT SCHOOL BOARD p509
80 Redwillow Rd, BRAMPTON, ON, L6P 2B1
(905) 794-4728   SIC 8211
PEEL DISTRICT SCHOOL BOARD p509
65 Mount Royal Cir, BRAMPTON, ON, L6P 2K4
(905) 794-4733   SIC 8211
PEEL DISTRICT SCHOOL BOARD p509
97 Gallucci Cres, BRAMPTON, ON, L6P 1R6
(905) 794-8714   SIC 8211
PEEL DISTRICT SCHOOL BOARD p510
30 Chapparal Dr, BRAMPTON, ON, L6R 3C4
(905) 789-1707   SIC 8211
PEEL DISTRICT SCHOOL BOARD p510
160 Mountainash Rd, BRAMPTON, ON, L6R 1J1
(905) 792-2195   SIC 8211
PEEL DISTRICT SCHOOL BOARD p510
100 Dewside Dr, BRAMPTON, ON, L6R 3B6
(905) 791-5081   SIC 8211
PEEL DISTRICT SCHOOL BOARD p510
280 Mountainash Rd, BRAMPTON, ON, L6R 3G2
(905) 793-7595   SIC 8211
PEEL DISTRICT SCHOOL BOARD p510
111 Larkspur Rd, BRAMPTON, ON, L6R 1X2
(905) 799-2952   SIC 8211
PEEL DISTRICT SCHOOL BOARD p510
2671 Sandalwood Pky E, BRAMPTON, ON, L6R 0K7
(905) 494-0023   SIC 8211
PEEL DISTRICT SCHOOL BOARD p510
526 Fernforest Dr, BRAMPTON, ON, L6R 0W1
(905) 458-6771   SIC 8211
PEEL DISTRICT SCHOOL BOARD p510
275 Fernforest Dr, BRAMPTON, ON, L6R 1L9
(905) 793-6157   SIC 8211
PEEL DISTRICT SCHOOL BOARD p510
133 Thorndale Rd, BRAMPTON, ON, L6R 1K5
(905) 913-1490   SIC 8211
PEEL DISTRICT SCHOOL BOARD p510
475 Father Tobin Rd, BRAMPTON, ON, L6R 0J9
(905) 789-8751   SIC 8211
PEEL DISTRICT SCHOOL BOARD p510
235 Father Tobin Rd, BRAMPTON, ON, L6R 0G2
(905) 595-1386   SIC 8211
PEEL DISTRICT SCHOOL BOARD p510
285 Great Lakes Dr, BRAMPTON, ON, L6R 2R8
(905) 793-8532   SIC 8211

▲ Public Company   ■ Public Company Family Member   HQ Headquarters   BR Branch   SL Single Location

SIC 8211 Elementary and secondary schools

PEEL DISTRICT SCHOOL BOARD p510
415 Great Lakes Dr, BRAMPTON, ON, L6R 2Z4
(905) 793-2155   SIC 8211

PEEL DISTRICT SCHOOL BOARD p510
40 Eagle Plains Dr, BRAMPTON, ON, L6R 2X8
(905) 793-4969   SIC 8211

PEEL DISTRICT SCHOOL BOARD p510
10 Father Tobin Rd, BRAMPTON, ON, L6R 3K2
(905) 790-6095   SIC 8211

PEEL DISTRICT SCHOOL BOARD p510
286 Sunny Meadow Blvd, BRAMPTON, ON, L6R 3C3
(905) 789-0925   SIC 8211

PEEL DISTRICT SCHOOL BOARD p512
1140 Central Park Dr, BRAMPTON, ON, L6S 2C9
(905) 791-2332   SIC 8211

PEEL DISTRICT SCHOOL BOARD p512
1305 Williams Pky, BRAMPTON, ON, L6S 3J8
(905) 791-6770   SIC 8211

PEEL DISTRICT SCHOOL BOARD p512
10 North Park Dr, BRAMPTON, ON, L6S 3M1
(905) 456-1906   SIC 8211

PEEL DISTRICT SCHOOL BOARD p512
95 Massey St, BRAMPTON, ON, L6S 3A3
(905) 791-9392   SIC 8211

PEEL DISTRICT SCHOOL BOARD p512
48 Jefferson Rd, BRAMPTON, ON, L6S 2N9
(905) 791-2818   SIC 8211

PEEL DISTRICT SCHOOL BOARD p512
33 Greenbriar Rd, BRAMPTON, ON, L6S 1V8
(905) 791-2333   SIC 8211

PEEL DISTRICT SCHOOL BOARD p512
255 North Park Dr, BRAMPTON, ON, L6S 6A5
(905) 455-7177   SIC 8211

PEEL DISTRICT SCHOOL BOARD p512
100 Hilldale Cres, BRAMPTON, ON, L6S 2N3
(905) 793-4452   SIC 8211

PEEL DISTRICT SCHOOL BOARD p512
1370 Williams Pky, BRAMPTON, ON, L6S 1V3
(905) 791-2400   SIC 8211

PEEL DISTRICT SCHOOL BOARD p512
215 Hanover Rd, BRAMPTON, ON, L6S 1B6
(905) 793-4237   SIC 8211

PEEL DISTRICT SCHOOL BOARD p512
24 Goldcrest Rd, BRAMPTON, ON, L6S 1G3
(905) 791-8558   SIC 8211

PEEL DISTRICT SCHOOL BOARD p512
1285 Williams Pky, BRAMPTON, ON, L6S 3J8
(905) 791-4324   SIC 8211

PEEL DISTRICT SCHOOL BOARD p516
201 Clark Blvd, BRAMPTON, ON, L6T 2C9
(905) 793-6060   SIC 8211

PEEL DISTRICT SCHOOL BOARD p516
510 Clark Blvd, BRAMPTON, ON, L6T 2E4
(905) 791-8543   SIC 8211

PEEL DISTRICT SCHOOL BOARD p516
233 Balmoral Dr, BRAMPTON, ON, L6T 1V5
(905) 793-6070   SIC 8211

PEEL DISTRICT SCHOOL BOARD p516
215 Orenda Rd, BRAMPTON, ON, L6T 5L1
(905) 451-2862   SIC 8211

PEEL DISTRICT SCHOOL BOARD p516
104 Folkstone Cres, BRAMPTON, ON, L6T 3M5
(905) 792-2266   SIC 8211

PEEL DISTRICT SCHOOL BOARD p516
702 Balmoral Dr, BRAMPTON, ON, L6T 1X3
(905) 792-2264   SIC 8211

PEEL DISTRICT SCHOOL BOARD p516
5000 Mayfield Rd Rr 4, BRAMPTON, ON, L6T 3S1
(905) 846-6060   SIC 8211

PEEL DISTRICT SCHOOL BOARD p516
57 Aloma Cres, BRAMPTON, ON, L6T 2N8
(905) 793-7070   SIC 8211

PEEL DISTRICT SCHOOL BOARD p516
50 Earnscliffe Cir, BRAMPTON, ON, L6T 2B2
(905) 793-2903   SIC 8211

PEEL DISTRICT SCHOOL BOARD p516
52 Birchbank Rd, BRAMPTON, ON, L6T 1L7
(905) 793-7984   SIC 8211

PEEL DISTRICT SCHOOL BOARD p518
235 Kingswood Dr, BRAMPTON, ON, L6V 3B3
(905) 457-9971   SIC 8211

PEEL DISTRICT SCHOOL BOARD p518
250 Centre St N, BRAMPTON, ON, L6V 2R4
(905) 457-5535   SIC 8211

PEEL DISTRICT SCHOOL BOARD p518
32 Kennedy Rd N, BRAMPTON, ON, L6V 1X4
(905) 451-0432   SIC 8211

PEEL DISTRICT SCHOOL BOARD p518
170 Rutherford Rd N, BRAMPTON, ON, L6V 2X9
(905) 453-1775   SIC 8211

PEEL DISTRICT SCHOOL BOARD p518
49 Madoc Dr, BRAMPTON, ON, L6V 2A1
(905) 457-3440   SIC 8211

PEEL DISTRICT SCHOOL BOARD p518
39 Herkley Dr, BRAMPTON, ON, L6V 2E7
(905) 457-6812   SIC 8211

PEEL DISTRICT SCHOOL BOARD p518
140 Winterfold Dr, BRAMPTON, ON, L6V 3V8
(905) 456-3159   SIC 8211

PEEL DISTRICT SCHOOL BOARD p518
20 Brickyard Way, BRAMPTON, ON, L6V 4L5
(905) 459-3456   SIC 8211

PEEL DISTRICT SCHOOL BOARD p518
80 Beech St, BRAMPTON, ON, L6V 1V6
(905) 451-2531   SIC 8211

PEEL DISTRICT SCHOOL BOARD p520
24 Duncan Bull Dr, BRAMPTON, ON, L6W 1H4
(905) 451-8440   SIC 8211

PEEL DISTRICT SCHOOL BOARD p520
7935 Kennedy Rd, BRAMPTON, ON, L6W 0A2
(905) 453-9220   SIC 8211

PEEL DISTRICT SCHOOL BOARD p520
89 Ardglen Dr, BRAMPTON, ON, L6W 1V1
(905) 459-2320   SIC 8211

PEEL DISTRICT SCHOOL BOARD p520
315 Bartley Bull Pky, BRAMPTON, ON, L6W 2L4
(905) 455-1225   SIC 8211

PEEL DISTRICT SCHOOL BOARD p520
491 Bartley Bull Pky, BRAMPTON, ON, L6W 2M7
(905) 459-3661   SIC 8211

PEEL DISTRICT SCHOOL BOARD p520
9 Abbey Rd, BRAMPTON, ON, L6W 2T7
(905) 451-1165   SIC 8211

PEEL DISTRICT SCHOOL BOARD p520
364 Bartley Bull Pky, BRAMPTON, ON, L6W 2L8
(905) 451-1415   SIC 8211

PEEL DISTRICT SCHOOL BOARD p521
21 Campbell Dr, BRAMPTON, ON, L6X 2H6
(905) 457-6107   SIC 8211

PEEL DISTRICT SCHOOL BOARD p521
70 Gretna Dr, BRAMPTON, ON, L6X 2E9
(905) 451-6464   SIC 8211

PEEL DISTRICT SCHOOL BOARD p521
2322 Embleton Rd, BRAMPTON, ON, L6X 0C9
(905) 455-8480   SIC 8211

PEEL DISTRICT SCHOOL BOARD p521
35 Sunset Blvd, BRAMPTON, ON, L6X 1X1
(905) 451-2463   SIC 8211

PEEL DISTRICT SCHOOL BOARD p521
9775 Creditview Rd, BRAMPTON, ON, L6X 0H7
(905) 595-1495   SIC 8211

PEEL DISTRICT SCHOOL BOARD p522
31 Craig St, BRAMPTON, ON, L6Y 1J2
(905) 451-2515   SIC 8211

PEEL DISTRICT SCHOOL BOARD p522
200 Morton Way, BRAMPTON, ON, L6Y 2P8
(905) 452-6116   SIC 8211

PEEL DISTRICT SCHOOL BOARD p522
155 Cherrytree Dr, BRAMPTON, ON, L6Y 3M9
(905) 454-2251   SIC 8211

PEEL DISTRICT SCHOOL BOARD p522
90 Bonnie Braes Dr, BRAMPTON, ON, L6Y 0Y3
(905) 796-4445   SIC 8211

PEEL DISTRICT SCHOOL BOARD p522
5 Young Dr, BRAMPTON, ON, L6Y 0P4
(905) 451-2217   SIC 8211

PEEL DISTRICT SCHOOL BOARD p522
92 Malta Ave, BRAMPTON, ON, L6Y 4C8
(905) 796-8226   SIC 8211

PEEL DISTRICT SCHOOL BOARD p522
50 Ladore Dr, BRAMPTON, ON, L6Y 1V5
(905) 459-5200   SIC 8211

PEEL DISTRICT SCHOOL BOARD p522
251 Mcmurchy Ave S, BRAMPTON, ON, L6Y 1Z4
(905) 451-2860   SIC 8211

PEEL DISTRICT SCHOOL BOARD p522
20 Academic Dr, BRAMPTON, ON, L6Y 0R7
(905) 455-6144   SIC 8211

PEEL DISTRICT SCHOOL BOARD p522
25 Brenda Ave, BRAMPTON, ON, L6Y 2A1
(905) 451-6332   SIC 8211

PEEL DISTRICT SCHOOL BOARD p522
630 Ray Lawson Blvd, BRAMPTON, ON, L6Y 4W8
(905) 451-3444   SIC 8211

PEEL DISTRICT SCHOOL BOARD p522
30 Pantomine Blvd, BRAMPTON, ON, L6Y 5N2
(905) 457-1799   SIC 8211

PEEL DISTRICT SCHOOL BOARD p522
625 Queen St W, BRAMPTON, ON, L6Y 5L6
(905) 456-3394   SIC 8211

PEEL DISTRICT SCHOOL BOARD p523
50 Somerset Dr, BRAMPTON, ON, L6Z 1C7
(905) 846-2500   SIC 8211

PEEL DISTRICT SCHOOL BOARD p523
10420 Heart Lake Rd, BRAMPTON, ON, L6Z 4S2
(905) 840-5442   SIC 8211

PEEL DISTRICT SCHOOL BOARD p523
296 Conestoga Dr, BRAMPTON, ON, L6Z 3M1
(905) 840-2328   SIC 8211

PEEL DISTRICT SCHOOL BOARD p523
105 Richvale Dr N, BRAMPTON, ON, L6Z 1Y6
(905) 846-0576   SIC 8211

PEEL DISTRICT SCHOOL BOARD p523
95 Richvale Dr N, BRAMPTON, ON, L6Z 1Y6
(905) 846-1262   SIC 8211

PEEL DISTRICT SCHOOL BOARD p523
300 Conestoga Dr, BRAMPTON, ON, L6Z 3M1
(905) 846-2311   SIC 8211

PEEL DISTRICT SCHOOL BOARD p524
71 Worthington Ave, BRAMPTON, ON, L7A 1N9
(905) 495-8336   SIC 8211

PEEL DISTRICT SCHOOL BOARD p524
254 Queen Mary Dr, BRAMPTON, ON, L7A 3L6
(905) 840-4601   SIC 8211

PEEL DISTRICT SCHOOL BOARD p524
370 Brisdale Dr, BRAMPTON, ON, L7A 3K7
(905) 840-2135   SIC 8211

PEEL DISTRICT SCHOOL BOARD p524
61 Edenbrook Hill Dr, BRAMPTON, ON, L7A 1X6
(905) 452-8296   SIC 8211

PEEL DISTRICT SCHOOL BOARD p524
10750 Chinguacousy Rd, BRAMPTON, ON, L7A 2Z7
(905) 495-2675   SIC 8211

PEEL DISTRICT SCHOOL BOARD p524
236 Queen Mary Dr, BRAMPTON, ON, L7A 3L3
(905) 840-0402   SIC 8211

PEEL DISTRICT SCHOOL BOARD p524
10750 Chinguacousy Rd, BRAMPTON, ON, L7A 2Z7
(905) 451-1263   SIC 8211

PEEL DISTRICT SCHOOL BOARD p524
85 Burnt Elm Dr, BRAMPTON, ON, L7A 1T8
(905) 495-9368   SIC 8211

PEEL DISTRICT SCHOOL BOARD p542
18357 Kennedy Rd, CALEDON VILLAGE, ON, L7K 1Y7
(519) 927-5231   SIC 8211

PEEL DISTRICT SCHOOL BOARD p542
15738 Airport Rd, CALEDON EAST, ON, L7C 2W8
(905) 584-2701   SIC 8211

PEEL DISTRICT SCHOOL BOARD p621
3749 King St, INGLEWOOD, ON, L7C 0T6
(905) 838-3952   SIC 8211

PEEL DISTRICT SCHOOL BOARD p683
3545 Morning Star Dr, MISSISSAUGA, ON, L4T 1Y3
(905) 676-1191   SIC 8211

PEEL DISTRICT SCHOOL BOARD p684
3131 Morning Star Dr, MISSISSAUGA, ON, L4T 1X3
(905) 677-0300   SIC 8211

PEEL DISTRICT SCHOOL BOARD p684
7425 Netherwood Rd, MISSISSAUGA, ON, L4T 2N7
(905) 677-5844   SIC 8211

PEEL DISTRICT SCHOOL BOARD p684
7635 Darcel Ave, MISSISSAUGA, ON, L4T 2Y2
(905) 677-3802   SIC 8211

PEEL DISTRICT SCHOOL BOARD p684
3800 Brandon Gate Dr, MISSISSAUGA, ON, L4T 3V9
(905) 677-9679   SIC 8211

PEEL DISTRICT SCHOOL BOARD p684
7455 Redstone Rd, MISSISSAUGA, ON, L4T 2B3
(905) 677-1526   SIC 8211

PEEL DISTRICT SCHOOL BOARD p684
3700 Dunrankin Dr, MISSISSAUGA, ON, L4T 1V9
(905) 677-2202   SIC 8211

PEEL DISTRICT SCHOOL BOARD p692
3255 Havenwood Dr, MISSISSAUGA, ON, L4X 2M2
(905) 625-3220   SIC 8211

PEEL DISTRICT SCHOOL BOARD p692
3575 Fieldgate Dr, MISSISSAUGA, ON, L4X 2J6
(905) 625-7731   SIC 8211

PEEL DISTRICT SCHOOL BOARD p692
3400 Ponytrail Dr, MISSISSAUGA, ON, L4X 1V5
(905) 625-1462   SIC 8211

PEEL DISTRICT SCHOOL BOARD p692
3570 Havenwood Dr, MISSISSAUGA, ON, L4X 2M9
(905) 625-5250   SIC 8211

PEEL DISTRICT SCHOOL BOARD p693
3465 Golden Orchard Dr, MISSISSAUGA, ON, L4Y 3H7
(905) 625-0140   SIC 8211

PEEL DISTRICT SCHOOL BOARD p693
1120 Flagship Dr, MISSISSAUGA, ON, L4Y 2K1
(905) 277-9505   SIC 8211

PEEL DISTRICT SCHOOL BOARD p695
200 Barondale Dr, MISSISSAUGA, ON, L4Z 3N7
(905) 502-1880   SIC 8211

PEEL DISTRICT SCHOOL BOARD p695
235 Nahani Way, MISSISSAUGA, ON, L4Z 3J6

SIC 8211 Elementary and secondary schools

(905) 507-4044 *SIC* 8211
PEEL DISTRICT SCHOOL BOARD p696
1065 Mississauga Valley Blvd, MISSISSAUGA, ON, L5A 2A1
(905) 270-2597 *SIC* 8211
PEEL DISTRICT SCHOOL BOARD p696
201 Cherry Post Dr, MISSISSAUGA, ON, L5A 1J1
(905) 270-0845 *SIC* 8211
PEEL DISTRICT SCHOOL BOARD p696
515 Tedwyn Dr, MISSISSAUGA, ON, L5A 1J8
(905) 279-9251 *SIC* 8211
PEEL DISTRICT SCHOOL BOARD p696
2389 Cliff Rd, MISSISSAUGA, ON, L5A 2P1
(905) 277-2611 *SIC* 8211
PEEL DISTRICT SCHOOL BOARD p696
1235 Mississauga Valley Blvd, MISSISSAUGA, ON, L5A 3R8
(905) 275-5125 *SIC* 8211
PEEL DISTRICT SCHOOL BOARD p696
277 Mississauga Valley Blvd, MISSISSAUGA, ON, L5A 1Y6
(905) 275-4077 *SIC* 8211
PEEL DISTRICT SCHOOL BOARD p696
2230 Corsair Rd, MISSISSAUGA, ON, L5A 2L9
(905) 279-1511 *SIC* 8211
PEEL DISTRICT SCHOOL BOARD p698
2455 Cashmere Ave, MISSISSAUGA, ON, L5B 2M7
(905) 276-4434 *SIC* 8211
PEEL DISTRICT SCHOOL BOARD p698
3100 Hurontario St, MISSISSAUGA, ON, L5B 1N7
(905) 279-6540 *SIC* 8211
PEEL DISTRICT SCHOOL BOARD p698
210 Paisley Blvd W, MISSISSAUGA, ON, L5B 2A4
(905) 275-1090 *SIC* 8211
PEEL DISTRICT SCHOOL BOARD p698
3590 Joan Dr, MISSISSAUGA, ON, L5B 1T8
(905) 277-0281 *SIC* 8211
PEEL DISTRICT SCHOOL BOARD p700
1390 Ogden Ave, MISSISSAUGA, ON, L5E 2H8
(905) 278-6104 *SIC* 8211
PEEL DISTRICT SCHOOL BOARD p700
3520 Queenston Dr, MISSISSAUGA, ON, L5C 2G6
(905) 277-9523 *SIC* 8211
PEEL DISTRICT SCHOOL BOARD p700
974 Mcbride Ave, MISSISSAUGA, ON, L5C 1L6
(905) 270-6414 *SIC* 8211
PEEL DISTRICT SCHOOL BOARD p700
3480 Ellengale Dr, MISSISSAUGA, ON, L5C 1Z7
(905) 279-1555 *SIC* 8211
PEEL DISTRICT SCHOOL BOARD p700
3225 Erindale Station Rd, MISSISSAUGA, ON, L5C 1Y5
(905) 279-0575 *SIC* 8211
PEEL DISTRICT SCHOOL BOARD p700
2473 Rosemary Dr, MISSISSAUGA, ON, L5C 1X1
(905) 277-4321 *SIC* 8211
PEEL DISTRICT SCHOOL BOARD p700
3251 The Credit Woodlands, MISSISSAUGA, ON, L5C 2J7
(905) 279-7950 *SIC* 8211
PEEL DISTRICT SCHOOL BOARD p701
60 South Service Rd, MISSISSAUGA, ON, L5G 2R9
(905) 278-7287 *SIC* 8211
PEEL DISTRICT SCHOOL BOARD p701
1490 Ogden Ave, MISSISSAUGA, ON, L5E 2H8
(905) 274-2391 *SIC* 8211
PEEL DISTRICT SCHOOL BOARD p701
1480 Chriseden Dr, MISSISSAUGA, ON, L5H 1V4
(905) 278-5594 *SIC* 8211
PEEL DISTRICT SCHOOL BOARD p701
20 Forest Ave, MISSISSAUGA, ON, L5G 1K7
(905) 278-2472 *SIC* 8211
PEEL DISTRICT SCHOOL BOARD p701
2060 Stonehouse Cres, MISSISSAUGA, ON, L5H 3J1
(905) 274-3601 *SIC* 8211
PEEL DISTRICT SCHOOL BOARD p701
1324 Lorne Park Rd, MISSISSAUGA, ON, L5H 3B1
(905) 278-6177 *SIC* 8211
PEEL DISTRICT SCHOOL BOARD p701
1305 Cawthra Rd, MISSISSAUGA, ON, L5G 4L1
(905) 274-1271 *SIC* 8211
PEEL DISTRICT SCHOOL BOARD p701
145 Windy Oaks, MISSISSAUGA, ON, L5G 1Z4
(905) 278-3144 *SIC* 8211
PEEL DISTRICT SCHOOL BOARD p701
30 John St N, MISSISSAUGA, ON, L5H 2E8
(905) 274-1515 *SIC* 8211
PEEL DISTRICT SCHOOL BOARD p701
498 Hartsdale Ave, MISSISSAUGA, ON, L5G 2G6
(905) 278-6144 *SIC* 8211
PEEL DISTRICT SCHOOL BOARD p701
1325 Indian Rd, MISSISSAUGA, ON, L5H 1S3
(905) 278-8771 *SIC* 8211
PEEL DISTRICT SCHOOL BOARD p701
70 Mineola Rd E, MISSISSAUGA, ON, L5G 2E5
(905) 278-3382 *SIC* 8211
PEEL DISTRICT SCHOOL BOARD p702
1550 Green Glade, MISSISSAUGA, ON, L5J 1B5
(905) 822-8386 *SIC* 8211
PEEL DISTRICT SCHOOL BOARD p702
1690 Mazo Cres, MISSISSAUGA, ON, L5J 1Y8
(905) 822-0451 *SIC* 8211
PEEL DISTRICT SCHOOL BOARD p702
1301 Epton Cres, MISSISSAUGA, ON, L5J 1R9
(905) 822-4171 *SIC* 8211
PEEL DISTRICT SCHOOL BOARD p702
888 Clarkson Rd S, MISSISSAUGA, ON, L5J 2V3
(905) 823-4470 *SIC* 8211
PEEL DISTRICT SCHOOL BOARD p702
2524 Bromsgrove Rd, MISSISSAUGA, ON, L5J 1L8
(905) 822-6700 *SIC* 8211
PEEL DISTRICT SCHOOL BOARD p702
2620 Chalkwell Close, MISSISSAUGA, ON, L5J 2B9
(905) 822-1675 *SIC* 8211
PEEL DISTRICT SCHOOL BOARD p702
1290 Kelly Rd, MISSISSAUGA, ON, L5J 3V1
(905) 822-0122 *SIC* 8211
PEEL DISTRICT SCHOOL BOARD p702
1530 Springwell Ave, MISSISSAUGA, ON, L5J 3H6
(905) 822-1657 *SIC* 8211
PEEL DISTRICT SCHOOL BOARD p703
2730 Thorn Lodge Dr, MISSISSAUGA, ON, L5K 1L2
(905) 822-5481 *SIC* 8211
PEEL DISTRICT SCHOOL BOARD p703
2280 Perran Dr, MISSISSAUGA, ON, L5K 1M1
(905) 822-2401 *SIC* 8211
PEEL DISTRICT SCHOOL BOARD p703
2021 Dundas St W, MISSISSAUGA, ON, L5K 1R2
(905) 828-7206 *SIC* 8211
PEEL DISTRICT SCHOOL BOARD p703
2420 Homelands Dr, MISSISSAUGA, ON, L5K 1H2
(905) 822-2031 *SIC* 8211
PEEL DISTRICT SCHOOL BOARD p704
3625 Sawmill Valley Dr, MISSISSAUGA, ON, L5L 2Z5
(905) 820-2500 *SIC* 8211
PEEL DISTRICT SCHOOL BOARD p704
3245 Colonial Dr, MISSISSAUGA, ON, L5L 5G2
(905) 607-0800 *SIC* 8211
PEEL DISTRICT SCHOOL BOARD p704
3546 South Common Crt, MISSISSAUGA, ON, L5L 2B1
(905) 820-9777 *SIC* 8211
PEEL DISTRICT SCHOOL BOARD p705
5120 Perennial Dr, MISSISSAUGA, ON, L5M 7T6
(905) 569-6261 *SIC* 8211
PEEL DISTRICT SCHOOL BOARD p705
72 Joymar Dr, MISSISSAUGA, ON, L5M 1G3
(905) 826-1195 *SIC* 8211
PEEL DISTRICT SCHOOL BOARD p705
3325 Artesian Dr, MISSISSAUGA, ON, L5M 7J8
(905) 820-7786 *SIC* 8211
PEEL DISTRICT SCHOOL BOARD p705
3675 Thomas St, MISSISSAUGA, ON, L5M 7E6
(905) 363-0579 *SIC* 8211
PEEL DISTRICT SCHOOL BOARD p705
89 Vista Blvd, MISSISSAUGA, ON, L5M 1V8
(905) 826-1581 *SIC* 8211
PEEL DISTRICT SCHOOL BOARD p705
2665 Erin Centre Blvd, MISSISSAUGA, ON, L5M 5H6
(905) 858-5910 *SIC* 8211
PEEL DISTRICT SCHOOL BOARD p705
5482 Middlebury Dr, MISSISSAUGA, ON, L5M 5G7
(905) 821-8585 *SIC* 8211
PEEL DISTRICT SCHOOL BOARD p705
1715 Willow Way, MISSISSAUGA, ON, L5M 3W5
(905) 567-0237 *SIC* 8211
PEEL DISTRICT SCHOOL BOARD p706
3240 Erin Centre Blvd, MISSISSAUGA, ON, L5M 7T9
(905) 820-5720 *SIC* 8211
PEEL DISTRICT SCHOOL BOARD p706
5605 Freshwater Dr, MISSISSAUGA, ON, L5M 7M8
(905) 814-1729 *SIC* 8211
PEEL DISTRICT SCHOOL BOARD p706
2801 Castlebridge Dr, MISSISSAUGA, ON, L5M 5J9
(905) 812-7906 *SIC* 8211
PEEL DISTRICT SCHOOL BOARD p706
18 Brookside Dr, MISSISSAUGA, ON, L5M 1H3
(905) 826-4247 *SIC* 8211
PEEL DISTRICT SCHOOL BOARD p706
5750 River Grove Ave, MISSISSAUGA, ON, L5M 4R5
(905) 858-1133 *SIC* 8211
PEEL DISTRICT SCHOOL BOARD p706
3675 Thomas St, MISSISSAUGA, ON, L5M 7E6
(905) 363-0289 *SIC* 8211
PEEL DISTRICT SCHOOL BOARD p706
3270 Tacc Dr, MISSISSAUGA, ON, L5M 0H3
(905) 812-2544 *SIC* 8211
PEEL DISTRICT SCHOOL BOARD p706
3310 Mcdowell Dr, MISSISSAUGA, ON, L5M 6R8
(905) 363-2338 *SIC* 8211
PEEL DISTRICT SCHOOL BOARD p706
2365 Credit Valley Rd, MISSISSAUGA, ON, L5M 4E8
(905) 607-0770 *SIC* 8211
PEEL DISTRICT SCHOOL BOARD p710
6325 Montevideo Rd, MISSISSAUGA, ON, L5N 4G7
(905) 858-3087 *SIC* 8211
PEEL DISTRICT SCHOOL BOARD p710
3420 Trelawny Cir, MISSISSAUGA, ON, L5N 6N6
(905) 824-0360 *SIC* 8211
PEEL DISTRICT SCHOOL BOARD p710
6325 Miller's Grove, MISSISSAUGA, ON, L5N 3K2
(905) 824-3275 *SIC* 8211
PEEL DISTRICT SCHOOL BOARD p710
2650 Gananoque Dr, MISSISSAUGA, ON, L5N 2R2
(905) 826-3902 *SIC* 8211
PEEL DISTRICT SCHOOL BOARD p710
6735 Shelter Bay Rd, MISSISSAUGA, ON, L5N 2C5
(905) 826-5516 *SIC* 8211
PEEL DISTRICT SCHOOL BOARD p710
1525 Samuelson Cir, MISSISSAUGA, ON, L5N 7Z1
(905) 564-9879 *SIC* 8211
PEEL DISTRICT SCHOOL BOARD p710
6855 Tenth Line W, MISSISSAUGA, ON, L5N 5R2
(905) 824-0155 *SIC* 8211
PEEL DISTRICT SCHOOL BOARD p710
5800 Montevideo Rd, MISSISSAUGA, ON, L5N 2S1
(905) 826-4947 *SIC* 8211
PEEL DISTRICT SCHOOL BOARD p710
6755 Lisgar Dr, MISSISSAUGA, ON, L5N 6S9
(905) 785-0105 *SIC* 8211
PEEL DISTRICT SCHOOL BOARD p710
32 Suburban Dr, MISSISSAUGA, ON, L5N 1G6
(905) 826-1742 *SIC* 8211
PEEL DISTRICT SCHOOL BOARD p710
6135 Lisgar Dr, MISSISSAUGA, ON, L5N 7V2
(905) 785-9687 *SIC* 8211
PEEL DISTRICT SCHOOL BOARD p710
5940 Montevideo Rd, MISSISSAUGA, ON, L5N 3J5
(905) 821-4973 *SIC* 8211
PEEL DISTRICT SCHOOL BOARD p710
6700 Edenwood Dr, MISSISSAUGA, ON, L5N 3B2
(905) 824-1790 *SIC* 8211
PEEL DISTRICT SCHOOL BOARD p710
7370 Terragar Blvd, MISSISSAUGA, ON, L5N 7L8
(905) 824-8371 *SIC* 8211
PEEL DISTRICT SCHOOL BOARD p710
6770 Edenwood Dr, MISSISSAUGA, ON, L5N 3B2
(905) 824-1020 *SIC* 8211
PEEL DISTRICT SCHOOL BOARD p714
345 Huntington Ridge Dr, MISSISSAUGA, ON, L5R 1R6
(905) 890-2170 *SIC* 8211
PEEL DISTRICT SCHOOL BOARD p715
5650 Hurontario St Suite 106, MISSISSAUGA, ON, L5R 1C6
(905) 890-1099 *SIC* 8211
PEEL DISTRICT SCHOOL BOARD p715
5100 Salishan Cir, MISSISSAUGA, ON, L5R 3E3
(905) 568-3402 *SIC* 8211
PEEL DISTRICT SCHOOL BOARD p722
890 Old Derry Rd, MISSISSAUGA, ON, L5W 1A1
(905) 564-5735 *SIC* 8211
PEEL DISTRICT SCHOOL BOARD p722
6900 Gooderham Estate Blvd, MISSISSAUGA, ON, L5W 1B4
(905) 362-1340 *SIC* 8211
PEEL DISTRICT SCHOOL BOARD p722
550 Courtneypark Dr W, MISSISSAUGA, ON, L5W 1L9
(905) 564-1033 *SIC* 8211
PEEL DISTRICT SCHOOL BOARD p722
5785 Whitehorn Ave, MISSISSAUGA, ON, L5V 2A9
(905) 819-9807 *SIC* 8211
PEEL DISTRICT SCHOOL BOARD p722
1385 Sherwood Mills Blvd, MISSISSAUGA, ON, L5V 2B8
(905) 812-8265 *SIC* 8211
PEEL DISTRICT SCHOOL BOARD p722

1150 Dream Crest Rd, MISSISSAUGA, ON, L5V 1N6
(905) 567-4260   SIC 8211
PEEL DISTRICT SCHOOL BOARD   p722
5187 Fallingbrook Dr, MISSISSAUGA, ON, L5V 1N7
(905) 812-7470   SIC 8211
PEEL DISTRICT SCHOOL BOARD   p722
1145 Swinbourne Dr, MISSISSAUGA, ON, L5V 1C2
(905) 814-1146   SIC 8211
PEEL DISTRICT SCHOOL BOARD   p722
1342 Edenrose St, MISSISSAUGA, ON, L5V 1K9
(905) 567-4296   SIC 8211
PEEL DISTRICT SCHOOL BOARD   p804
8962 Patterson Sideroad, PALGRAVE, ON, L7E 0L2
(905) 880-0361   SIC 8211
PEGUIS SCHOOL BOARD   p353
Gd, PEGUIS, MB, R0C 3J0
(204) 645-2648   SIC 8211
PEMBINA HILLS REGIONAL DIVISION 7   p5
5307 53 Ave, BARRHEAD, AB, T7N 1P2
(780) 674-8521   SIC 8211
PEMBINA HILLS REGIONAL DIVISION 7   p5
5103 53 Ave, BARRHEAD, AB, T7N 1N9
(780) 674-8518   SIC 8211
PEMBINA HILLS REGIONAL DIVISION 7 p68
5402 50 St, CLYDE, AB, T0G 0P0
(780) 348-5341   SIC 8211
PEMBINA HILLS REGIONAL DIVISION 7 p146
4915 50 St, NEERLANDIA, AB, T0G 1R0
(780) 674-5581   SIC 8211
PEMBINA HILLS REGIONAL DIVISION 7 p170
4707 Ravine Dr, SWAN HILLS, AB, T0G 2C0
(780) 333-4471   SIC 8211
PEMBINA HILLS REGIONAL DIVISION 7 p173
10015 104 St, WESTLOCK, AB, T7P 1T8
(780) 349-4454   SIC 8211
PEMBINA HILLS REGIONAL DIVISION 7 p173
10515 106a St, WESTLOCK, AB, T7P 2E7
(780) 349-3385   SIC 8211
PEMBINA TRAILS SCHOOL DIVISION, THE p387
1 Princemere Rd, WINNIPEG, MB, R3P 1K9
(204) 489-0995   SIC 8211
PEMBINA TRAILS SCHOOL DIVISION, THE p387
335 Lindenwood Dr E, WINNIPEG, MB, R3P 2H1
(204) 489-0799   SIC 8211
PEMBINA TRAILS SCHOOL DIVISION, THE p387
2240 Grant Ave, WINNIPEG, MB, R3P 0P7
(204) 888-5898   SIC 8211
PEMBINA TRAILS SCHOOL DIVISION, THE p387
2300 Corydon Ave, WINNIPEG, MB, R3P 0N6
(204) 889-3602   SIC 8211
PEMBINA TRAILS SCHOOL DIVISION, THE p388
530 Dieppe Rd, WINNIPEG, MB, R3R 1C4
(204) 889-1034   SIC 8211
PEMBINA TRAILS SCHOOL DIVISION, THE p388
50 Westgrove Way, WINNIPEG, MB, R3R 1R7
(204) 895-8208   SIC 8211
PEMBINA TRAILS SCHOOL DIVISION, THE p388
6720 Betsworth Ave Suite 105, WINNIPEG, MB, R3R 1W3
(204) 895-8205   SIC 8211
PEMBINA TRAILS SCHOOL DIVISION, THE p388
30 Stack St, WINNIPEG, MB, R3R 2H3
(204) 895-7225   SIC 8211
PEMBINA TRAILS SCHOOL DIVISION, THE p388
3707 Roblin Blvd, WINNIPEG, MB, R3R 0E2
(204) 888-3192   SIC 8211
PEMBINA TRAILS SCHOOL DIVISION, THE p388
450 Laxdal Rd Suite 7, WINNIPEG, MB, R3R 0W4
(204) 889-6650   SIC 8211
PEMBINA TRAILS SCHOOL DIVISION, THE p388
5880 Betsworth Ave, WINNIPEG, MB, R3R 0J7
(204) 895-2820   SIC 8211
PEMBINA TRAILS SCHOOL DIVISION, THE p388
6691 Rannock Ave, WINNIPEG, MB, R3R 1Z3
(204) 895-8213   SIC 8211
PEMBINA TRAILS SCHOOL DIVISION, THE p388
505 Oakdale Dr, WINNIPEG, MB, R3R 0Z9
(204) 889-9332   SIC 8211
PEMBINA TRAILS SCHOOL DIVISION, THE p389
633 Patricia Ave, WINNIPEG, MB, R3T 3A8
(204) 269-5677   SIC 8211
PEMBINA TRAILS SCHOOL DIVISION, THE p389
262 Dalhousie Dr, WINNIPEG, MB, R3T 2Z1
(204) 269-4101   SIC 8211
PEMBINA TRAILS SCHOOL DIVISION, THE p389
1100 Chancellor Dr, WINNIPEG, MB, R3T 4W8
(204) 261-9400   SIC 8211
PEMBINA TRAILS SCHOOL DIVISION, THE p389
20 Donnelly St, WINNIPEG, MB, R3T 0S4
(204) 453-4631   SIC 8211
PEMBINA TRAILS SCHOOL DIVISION, THE p389
810 Waterford Ave, WINNIPEG, MB, R3T 1G7
(204) 452-8945   SIC 8211
PEMBINA TRAILS SCHOOL DIVISION, THE p389
1520 Chancellor Dr, WINNIPEG, MB, R3T 4P8
(204) 261-9535   SIC 8211
PEMBINA TRAILS SCHOOL DIVISION, THE p390
888 Crane Ave, WINNIPEG, MB, R3T 1T9
(204) 453-0539   SIC 8211
PEMBINA TRAILS SCHOOL DIVISION, THE p390
175 Killarney Ave, WINNIPEG, MB, R3T 3B3
(204) 269-6210   SIC 8211
PEMBINA TRAILS SCHOOL DIVISION, THE p390
700 Bairdmore Blvd, WINNIPEG, MB, R3T 5R3
(204) 261-3350   SIC 8211
PEMBINA TRAILS SCHOOL DIVISION, THE p390
1827 Chancellor Dr, WINNIPEG, MB, R3T 4C4
(204) 269-1674   SIC 8211
PEMBINA TRAILS SCHOOL DIVISION, THE p390
1250 Beaumont St, WINNIPEG, MB, R3T 0L8
(204) 452-3040   SIC 8211
PEMBINA TRAILS SCHOOL DIVISION, THE p390
10 Ryerson Ave, WINNIPEG, MB, R3T 3P9
(204) 269-1400   SIC 8211
PEMBINA TRAILS SCHOOL DIVISION, THE p392
960 Scurfield Blvd, WINNIPEG, MB, R3Y 1N6
(204) 489-1239   SIC 8211
PEMBINA TRAILS SCHOOL DIVISION, THE p392
400 Scurfield Blvd, WINNIPEG, MB, R3Y 1L3
(204) 488-4245   SIC 8211
PENSIONNAT DU ST NOM DE MARIE p1136
628 Ch De La Cote-Sainte-Catherine, OUTREMONT, QC, H2V 2C5
(514) 735-5261   SIC 8211
PENSIONNAT NOTRE-DAME-DES-ANGES p1088
5680 Boul Rosemont, Montreal, QC, H1T 2H2
(514) 254-6447   SIC 8211
PETERBOROUGH VICTORIA NORTHUMBERLAND AND CLARINGTON CATHOLIC DISTRICT SCHOOL BOARD   p507
610 Longworth Ave, BOWMANVILLE, ON, L1C 5B8
(905) 697-9155   SIC 8211
PETERBOROUGH VICTORIA NORTHUMBERLAND AND CLARINGTON CATHOLIC DISTRICT SCHOOL BOARD   p507
90 Parkway Cres, BOWMANVILLE, ON, L1C 1C3
(905) 623-5151   SIC 8211
PETERBOROUGH VICTORIA NORTHUMBERLAND AND CLARINGTON CATHOLIC DISTRICT SCHOOL BOARD   p507
300 Scugog St, BOWMANVILLE, ON, L1C 3K2
(905) 623-3990   SIC 8211
PETERBOROUGH VICTORIA NORTHUMBERLAND AND CLARINGTON CATHOLIC DISTRICT SCHOOL BOARD   p508
125 Aspen Springs Dr, BOWMANVILLE, ON, L1C 0C6
(905) 623-6255   SIC 8211
PETERBOROUGH VICTORIA NORTHUMBERLAND AND CLARINGTON CATHOLIC DISTRICT SCHOOL BOARD   p529
405 4th Line, BRIDGENORTH, ON, K0L 1H0
(705) 652-3961   SIC 8211
PETERBOROUGH VICTORIA NORTHUMBERLAND AND CLARINGTON CATHOLIC DISTRICT SCHOOL BOARD   p548
35 Centre St, CAMPBELLFORD, ON, K0L 1L0
(705) 653-1370   SIC 8211
PETERBOROUGH VICTORIA NORTHUMBERLAND AND CLARINGTON CATHOLIC DISTRICT SCHOOL BOARD   p555
1050 Birchwood Trail, COBOURG, ON, K9A 5S9
(905) 372-4339   SIC 8211
PETERBOROUGH VICTORIA NORTHUMBERLAND AND CLARINGTON CATHOLIC DISTRICT SCHOOL BOARD   p555
919 D'arcy St, COBOURG, ON, K9A 4B4
(905) 372-6879   SIC 8211
PETERBOROUGH VICTORIA NORTHUMBERLAND AND CLARINGTON CATHOLIC DISTRICT SCHOOL BOARD   p555
760 Burnham St, COBOURG, ON, K9A 2X6
(905) 377-9967   SIC 8211
PETERBOROUGH VICTORIA NORTHUMBERLAND AND CLARINGTON CATHOLIC DISTRICT SCHOOL BOARD   p555
23 University Ave W, COBOURG, ON, K9A 2G6
(905) 372-4391   SIC 8211
PETERBOROUGH VICTORIA NORTHUMBERLAND AND CLARINGTON CATHOLIC DISTRICT SCHOOL BOARD   p567
78 Glenabbey Dr, COURTICE, ON, L1E 2B5
(905) 433-5512   SIC 8211
PETERBOROUGH VICTORIA NORTHUMBERLAND AND CLARINGTON CATHOLIC DISTRICT SCHOOL BOARD   p567
2260 Courtice Rd, COURTICE, ON, L1E 2M8
(905) 404-9349   SIC 8211
PETERBOROUGH VICTORIA NORTHUMBERLAND AND CLARINGTON CATHOLIC DISTRICT SCHOOL BOARD   p567
20 Farmington Dr, COURTICE, ON, L1E 3B9
(905) 404-9868   SIC 8211
PETERBOROUGH VICTORIA NORTHUMBERLAND AND CLARINGTON CATHOLIC DISTRICT SCHOOL BOARD   p567
3820 Courtice Rd N, COURTICE, ON, L1E 2L5
(905) 433-0331   SIC 8211
PETERBOROUGH VICTORIA NORTHUMBERLAND AND CLARINGTON CATHOLIC DISTRICT SCHOOL BOARD   p569
405 Forth Line, DOURO, ON, K0L 1S0
(705) 652-3961   SIC 8211
PETERBOROUGH VICTORIA NORTHUMBERLAND AND CLARINGTON CATHOLIC DISTRICT SCHOOL BOARD   p574
531 Ennis Rd, ENNISMORE, ON, K0L 1T0
(705) 292-8997   SIC 8211
PETERBOROUGH VICTORIA NORTHUMBERLAND AND CLARINGTON CATHOLIC DISTRICT SCHOOL BOARD   p596
103b Lyle St S, GRAFTON, ON, K0K 2G0
(905) 349-2061   SIC 8211
PETERBOROUGH VICTORIA NORTHUMBERLAND AND CLARINGTON CATHOLIC DISTRICT SCHOOL BOARD   p636
1047 Portage Rd, KIRKFIELD, ON, K0M 2B0
(705) 438-3181   SIC 8211
PETERBOROUGH VICTORIA NORTHUMBERLAND AND CLARINGTON CATHOLIC DISTRICT SCHOOL BOARD   p645
2 Grant Ave, LAKEFIELD, ON, K0L 2H0
(705) 652-7532   SIC 8211
PETERBOROUGH VICTORIA NORTHUMBERLAND AND CLARINGTON CATHOLIC DISTRICT SCHOOL BOARD   p647
260 Angeline St S, LINDSAY, ON, K9V 0J8
(705) 878-4117   SIC 8211
PETERBOROUGH VICTORIA NORTHUMBERLAND AND CLARINGTON CATHOLIC DISTRICT SCHOOL BOARD   p647
320 Mary St W, LINDSAY, ON, K9V 5X5
(705) 878-3660   SIC 8211
PETERBOROUGH VICTORIA NORTHUMBERLAND AND CLARINGTON CATHOLIC DISTRICT SCHOOL BOARD   p647
130 Orchard Park Rd, LINDSAY, ON, K9V 5K1
(705) 324-7445   SIC 8211
PETERBOROUGH VICTORIA NORTHUMBERLAND AND CLARINGTON CATHOLIC DISTRICT SCHOOL BOARD   p647
16 St Lawrence St, LINDSAY, ON, K9V 2J8
(705) 324-3113   SIC 8211
PETERBOROUGH VICTORIA NORTHUMBERLAND AND CLARINGTON CATHOLIC DISTRICT SCHOOL BOARD   p732
1774 Rudell Rd, NEWCASTLE, ON, L1B 1E2
(905) 987-4797   SIC 8211
PETERBOROUGH VICTORIA NORTHUMBERLAND AND CLARINGTON CATHOLIC DISTRICT SCHOOL BOARD   p764
55 Oak St, NORWOOD, ON, K0L 2V0
(705) 639-2191   SIC 8211
PETERBOROUGH VICTORIA NORTHUMBERLAND AND CLARINGTON CATHOLIC DISTRICT SCHOOL BOARD   p808
76 Robinson St, PETERBOROUGH, ON, K9H 1E8
(705) 745-6777   SIC 8211
PETERBOROUGH VICTORIA NORTHUMBERLAND AND CLARINGTON CATHOLIC DISTRICT SCHOOL BOARD   p808
240 Bellevue St, PETERBOROUGH, ON, K9H 5E5
(705) 742-3342   SIC 8211
PETERBOROUGH VICTORIA NORTHUMBERLAND AND CLARINGTON CATHOLIC DISTRICT SCHOOL BOARD   p808
1101 Hilliard St, PETERBOROUGH, ON, K9H 5S3
(705) 742-2991   SIC 8211
PETERBOROUGH VICTORIA NORTHUMBERLAND AND CLARINGTON CATHOLIC

BUSINESSES BY INDUSTRY CLASSIFICATION

SIC 8211 Elementary and secondary schools

DISTRICT SCHOOL BOARD p810
875 St Mary's St, PETERBOROUGH, ON, K9J 4H7
(705) 742-0594 SIC 8211
PETERBOROUGH VICTORIA NORTHUMBERLAND AND CLARINGTON CATHOLIC DISTRICT SCHOOL BOARD p811
746 Park St S, PETERBOROUGH, ON, K9J 3T4
(705) 745-4113 SIC 8211
PETERBOROUGH VICTORIA NORTHUMBERLAND AND CLARINGTON CATHOLIC DISTRICT SCHOOL BOARD p811
1355 Lansdowne St W, PETERBOROUGH, ON, K9J 7M3
(705) 748-4861 SIC 8211
PETERBOROUGH VICTORIA NORTHUMBERLAND AND CLARINGTON CATHOLIC DISTRICT SCHOOL BOARD p811
1575 Glenforest Blvd, PETERBOROUGH, ON, K9K 2J6
(705) 742-6109 SIC 8211
PETERBOROUGH VICTORIA NORTHUMBERLAND AND CLARINGTON CATHOLIC DISTRICT SCHOOL BOARD p811
1525 Fairmount Blvd, PETERBOROUGH, ON, K9J 6S9
(705) 745-0332 SIC 8211
PETERBOROUGH VICTORIA NORTHUMBERLAND AND CLARINGTON CATHOLIC DISTRICT SCHOOL BOARD p812
2400 Marsdale Dr, PETERBOROUGH, ON, K9L 1Z2
(705) 743-9851 SIC 8211
PETERBOROUGH VICTORIA NORTHUMBERLAND AND CLARINGTON CATHOLIC DISTRICT SCHOOL BOARD p817
74 Toronto Rd, PORT HOPE, ON, L1A 3R9
(905) 885-4583 SIC 8211
PIKANGIKUM FIRST NATION p815
Gd, PIKANGIKUM, ON, P0V 2L0
(807) 773-5561 SIC 8211
PINE CREEK SCHOOL DIVISION p343
7 Fraser St N, AUSTIN, MB, R0H 0C0
(204) 637-2240 SIC 8211
PINE CREEK SCHOOL DIVISION p349
116 Morris Ave S, GLADSTONE, MB, R0J 0T0
(204) 385-2613 SIC 8211
PINE CREEK SCHOOL DIVISION p349
141 Morris Ave, GLADSTONE, MB, R0J 0T0
(204) 385-2845 SIC 8211
PINE CREEK SCHOOL DIVISION p351
150 Fox St N, MACGREGOR, MB, R0H 0R0
SIC 8211
PINE CREEK SCHOOL DIVISION p351
151 Fox St N, MACGREGOR, MB, R0H 0R0
(204) 685-2249 SIC 8211
PORTAGE LA PRAIRIE SCHOOL DIVISION p353
20125 Road 57n, OAKVILLE, MB, R0H 0Y0
(204) 267-2733 SIC 8211
PORTAGE LA PRAIRIE SCHOOL DIVISION p354
410 6th Ave Ne, PORTAGE LA PRAIRIE, MB, R1N 0B4
(204) 857-4564 SIC 8211
PORTAGE LA PRAIRIE SCHOOL DIVISION p354
500 7th Ave Nw, PORTAGE LA PRAIRIE, MB, R1N 0A5
(204) 857-3478 SIC 8211
PORTAGE LA PRAIRIE SCHOOL DIVISION p354
36 13th St Nw, PORTAGE LA PRAIRIE, MB, R1N 2T5
(204) 857-7687 SIC 8211
PORTAGE LA PRAIRIE SCHOOL DIVISION p354
3000 Crescent Rd W, PORTAGE LA PRAIRIE, MB, R1N 3C4
(204) 857-8714 SIC 8211
PORTAGE LA PRAIRIE SCHOOL DIVISION p354
535 3rd St Nw, PORTAGE LA PRAIRIE, MB, R1N 2C4
(204) 857-8756 SIC 8211
PORTAGE LA PRAIRIE SCHOOL DIVISION p354
65 3rd St Sw, PORTAGE LA PRAIRIE, MB, R1N 2B6
(204) 857-6843 SIC 8211
PORTAGE LA PRAIRIE SCHOOL DIVISION p354
751 Crescent Rd E, PORTAGE LA PRAIRIE, MB, R1N 0Y2
(204) 857-8508 SIC 8211
PORTAGE LA PRAIRIE SCHOOL DIVISION p354
65 3rd St Sw, PORTAGE LA PRAIRIE, MB, R1N 2B6
(204) 252-2568 SIC 8211
PRAIRIE LAND REGIONAL DIVISION 25 p3
Gd, ALTARIO, AB, T0C 0E0
(403) 552-3828 SIC 8211
PRAIRIE LAND REGIONAL DIVISION 25 p8
Rr 2 Stn Main, BROOKS, AB, T1R 1E2
SIC 8211
PRAIRIE LAND REGIONAL DIVISION 25 p70
Gd, CRAIGMYLE, AB, T0J 0T0
SIC 8211
PRAIRIE LAND REGIONAL DIVISION 25 p70
5215 50 St, CONSORT, AB, T0C 1B0
(403) 577-3654 SIC 8211
PRAIRIE LAND REGIONAL DIVISION 25 p71
205 3rd Ave N, DELIA, AB, T0J 0W0
(403) 364-3777 SIC 8211
PRAIRIE LAND REGIONAL DIVISION 25 p129
618 1st St E, HANNA, AB, T0J 1P0
(403) 854-3694 SIC 8211
PRAIRIE LAND REGIONAL DIVISION 25 p129
801 4th St W, HANNA, AB, T0J 1P0
(403) 854-3642 SIC 8211
PRAIRIE LAND REGIONAL DIVISION 25 p129
Gd, HANNA, AB, T0J 1P0
SIC 8211
PRAIRIE LAND REGIONAL DIVISION 25 p129
101 Palliser Trail, HANNA, AB, T0J 1P0
(403) 854-2803 SIC 8211
PRAIRIE LAND REGIONAL DIVISION 25 p146
2nd Ave Main St W, MORRIN, AB, T0J 2B0
(403) 772-3838 SIC 8211
PRAIRIE ROSE SCHOOL DIVISION NO 8 p7
104 First Ave W, BOW ISLAND, AB, T0K 0G0
(403) 545-6822 SIC 8211
PRAIRIE ROSE SCHOOL DIVISION NO 8 p9
610 Main St, BURDETT, AB, T0K 0J0
(403) 833-3841 SIC 8211
PRAIRIE ROSE SCHOOL DIVISION NO 8 p73
918 2 Ave Suite 204, DUNMORE, AB, T1B 0K3
SIC 8211
PRAIRIE ROSE SCHOOL DIVISION NO 8 p73
1150 Eagle Butte Rd, DUNMORE, AB, T1B 0J3
(403) 528-1996 SIC 8211
PRAIRIE ROSE SCHOOL DIVISION NO 8 p132
89 Brock St, IRVINE, AB, T0J 1V0
(403) 834-3783 SIC 8211
PRAIRIE ROSE SCHOOL DIVISION NO 8 p132
Gd, IRVINE, AB, T0J 1V0
SIC 8211
PRAIRIE ROSE SCHOOL DIVISION NO 8 p143
302 Main St, MEDICINE HAT, AB, T0K 0X0
(403) 867-3843 SIC 8211
PRAIRIE ROSE SCHOOL DIVISION NO 8 p149
Gd, OYEN, AB, T0J 2J0
(403) 664-3644 SIC 8211
PRAIRIE ROSE SCHOOL DIVISION NO 8 p149
107 4 Ave E, OYEN, AB, T0J 2J0
(403) 664-3733 SIC 8211
PRAIRIE ROSE SCHOOL DIVISION NO 8 p151
17 Dugway St, RALSTON, AB, T0J 2N0
(403) 544-3535 SIC 8211
PRAIRIE ROSE SCHOOL DIVISION NO 8 p158
401 8th Ave Se, REDCLIFF, AB, T0J 2P0
(403) 548-7516 SIC 8211
PRAIRIE ROSE SCHOOL DIVISION NO 8 p158
339 3rd St Se, REDCLIFF, AB, T0J 2P0
(403) 548-3449 SIC 8211
PRAIRIE ROSE SCHOOL DIVISION NO 8 p160
24 3 Ave, SEVEN PERSONS, AB, T0K 1Z0
(403) 832-3732 SIC 8211
PRAIRIE ROSE SCHOOL DIVISION NO 8 p348
194 Gordon Ave, ELM CREEK, MB, R0G 0N0
(204) 436-3332 SIC 8211
PRAIRIE SOUTH SCHOOL DIVISION NO 210 p1264
300 7th Ave E, ASSINIBOIA, SK, S0H 0B0
(306) 642-3566 SIC 8211
PRAIRIE SOUTH SCHOOL DIVISION NO 210 p1264
200 Bell Rd, ASSINIBOIA, SK, S0H 0B0
(306) 642-3319 SIC 8211
PRAIRIE SOUTH SCHOOL DIVISION NO 210 p1266
100 4th Ave E, CENTRAL BUTTE, SK, S0H 0T0
(306) 796-2124 SIC 8211
PRAIRIE SOUTH SCHOOL DIVISION NO 210 p1269
7 Arphabasca St, GRAVELBOURG, SK, S0H 1X0
(306) 648-3277 SIC 8211
PRAIRIE SOUTH SCHOOL DIVISION NO 210 p1275
350 Oak St, MOOSE JAW, SK, S6H 0V6
(306) 692-5796 SIC 8211
PRAIRIE SOUTH SCHOOL DIVISION NO 210 p1275
645 Athabasca St E, MOOSE JAW, SK, S6H 7Z5
(306) 692-3904 SIC 8211
PRAIRIE SOUTH SCHOOL DIVISION NO 210 p1276
1150 5th Ave Nw, MOOSE JAW, SK, S6H 3Y7
(306) 692-3908 SIC 8211
PRAIRIE SOUTH SCHOOL DIVISION NO 210 p1276
149 Oxford St W, MOOSE JAW, SK, S6H 2N4
(306) 693-4691 SIC 8211
PRAIRIE SOUTH SCHOOL DIVISION NO 210 p1276
650 Coteau St W Suite 210, MOOSE JAW, SK, S6H 5E6
(306) 693-1331 SIC 8211
PRAIRIE SOUTH SCHOOL DIVISION NO 210 p1276
550 Coteau St W, MOOSE JAW, SK, S6H 5E4
(306) 692-3903 SIC 8211
PRAIRIE SOUTH SCHOOL DIVISION NO 210 p1276
823 Caribou St W, MOOSE JAW, SK, S6H 2L2
(306) 692-4659 SIC 8211
PRAIRIE SOUTH SCHOOL DIVISION NO 210 p1276
1100 Currie Cres, MOOSE JAW, SK, S6H 5M8
(306) 694-5999 SIC 8211
PRAIRIE SOUTH SCHOOL DIVISION NO 210 p1276
145 Ross St E, MOOSE JAW, SK, S6H 0S3
(306) 693-4626 SIC 8211
PRAIRIE SOUTH SCHOOL DIVISION NO 210 p1276
1140 Simpson Ave, MOOSE JAW, SK, S6H 4M8
(306) 693-4669 SIC 8211
PRAIRIE SPIRIT SCHOOL DIVISION p343
627 Elizabeth Ave E, BALDUR, MB, R0K 0B0
(204) 535-2314 SIC 8211
PRAIRIE SPIRIT SCHOOL DIVISION p349
221 Cochrane St, GLENBORO, MB, R0K 0X0
(204) 827-2593 SIC 8211
PRAIRIE SPIRIT SCHOOL DIVISION p351
508 Souris Ave, MANITOU, MB, R0G 1G0
(204) 242-2844 SIC 8211
PRAIRIE SPIRIT SCHOOL DIVISION p351
322 Carrie St, MANITOU, MB, R0G 1G0
(204) 242-2640 SIC 8211
PRAIRIE SPIRIT SCHOOL DIVISION p356
Po Box 250, SOMERSET, MB, R0G 2L0
(204) 744-2751 SIC 8211
PRAIRIE SPIRIT SCHOOL DIVISION p356
83 Provincial Rd, ST CLAUDE, MB, R0G 1Z0
(204) 379-2441 SIC 8211
PRAIRIE SPIRIT SCHOOL DIVISION p358
4 4th St N, SWAN LAKE, MB, R0G 2S0
(204) 836-2855 SIC 8211
PRAIRIE SPIRIT SCHOOL DIVISION p1307
309 Main St, VANSCOY, SK, S0L 3J0
(306) 668-2056 SIC 8211
PRAIRIE SPIRIT SCHOOL DIVISION NO. 206 p1264
305 Eagle Ave, ASQUITH, SK, S0K 0J0
(306) 329-4331 SIC 8211
PRAIRIE SPIRIT SCHOOL DIVISION NO. 206 p1264
Gd, ALLAN, SK, S0K 0C0
(306) 257-3311 SIC 8211
PRAIRIE SPIRIT SCHOOL DIVISION NO. 206 p1264
101 Thompson St, ABERDEEN, SK, S0K 0A0
(306) 253-4333 SIC 8211
PRAIRIE SPIRIT SCHOOL DIVISION NO. 206 p1265
627 North Southroad Allowance, BLAINE LAKE, SK, S0J 0J0
(306) 497-2632 SIC 8211
PRAIRIE SPIRIT SCHOOL DIVISION NO. 206 p1266
Gd, CLAVET, SK, S0K 0Y0
(306) 933-1022 SIC 8211
PRAIRIE SPIRIT SCHOOL DIVISION NO. 206 p1266
200 Oronsay St, COLONSAY, SK, S0K 0Z0
(306) 255-2050 SIC 8211
PRAIRIE SPIRIT SCHOOL DIVISION NO. 206 p1267
300 4th Ave E, DELISLE, SK, S0L 0P0
(306) 493-2451 SIC 8211
PRAIRIE SPIRIT SCHOOL DIVISION NO. 206 p1267
302 3rd Ave, DUNDURN, SK, S0K 1K0
(306) 492-2050 SIC 8211
PRAIRIE SPIRIT SCHOOL DIVISION NO. 206 p1267
556 Front St, DUCK LAKE, SK, S0K 1J0
(306) 467-2185 SIC 8211
PRAIRIE SPIRIT SCHOOL DIVISION NO. 206 p1267
Gd, DUNDURN, SK, S0K 1K0
(306) 492-2345 SIC 8211
PRAIRIE SPIRIT SCHOOL DIVISION NO. 206 p1267
214 3 St Se, DALMENY, SK, S0K 1E0
(306) 254-2036 SIC 8211
PRAIRIE SPIRIT SCHOOL DIVISION NO. 206 p1267

2482 SIC 8211 Elementary and secondary schools

PRAIRIE SPIRIT SCHOOL DIVISION NO. 206
400 2nd St E, DELISLE, SK, S0L 0P0
(306) 493-2433 SIC 8211

PRAIRIE SPIRIT SCHOOL DIVISION NO. 206 p1267
205 Ross Crt, DALMENY, SK, S0K 1E0
(306) 254-2633 SIC 8211

PRAIRIE SPIRIT SCHOOL DIVISION NO. 206 p1267
616 Front St, DUCK LAKE, SK, S0K 1J0
(306) 467-2128 SIC 8211

PRAIRIE SPIRIT SCHOOL DIVISION NO. 206 p1269
320 Saskatchewan Ave, HAGUE, SK, S0K 1X0
(306) 225-2232 SIC 8211

PRAIRIE SPIRIT SCHOOL DIVISION NO. 206 p1270
325 Saskatchewan Ave, HAGUE, SK, S0K 1X0
(306) 225-2104 SIC 8211

PRAIRIE SPIRIT SCHOOL DIVISION NO. 206 p1270
Po Box 219, HEPBURN, SK, S0K 1Z0
(306) 947-2077 SIC 8211

PRAIRIE SPIRIT SCHOOL DIVISION NO. 206 p1270
316 Bodeman Ave, HANLEY, SK, S0G 2E0
(306) 544-2511 SIC 8211

PRAIRIE SPIRIT SCHOOL DIVISION NO. 206 p1272
432 3rd Ave, LEASK, SK, S0J 1M0
(306) 466-2206 SIC 8211

PRAIRIE SPIRIT SCHOOL DIVISION NO. 206 p1272
102 1 Ave, LANGHAM, SK, S0K 2L0
(306) 283-4455 SIC 8211

PRAIRIE SPIRIT SCHOOL DIVISION NO. 206 p1274
115 6th St N Ss 3, MARTENSVILLE, SK, S0K 2T2
(306) 931-2230 SIC 8211

PRAIRIE SPIRIT SCHOOL DIVISION NO. 206 p1274
801 6 St N, MARTENSVILLE, SK, S0K 2T0
(306) 934-2185 SIC 8211

PRAIRIE SPIRIT SCHOOL DIVISION NO. 206 p1274
200 8th Ave S, MARTENSVILLE, SK, S0K 2T0
(306) 931-2233 SIC 8211

PRAIRIE SPIRIT SCHOOL DIVISION NO. 206 p1274
Gd, MARCELIN, SK, S0J 1R0
(306) 683-2800 SIC 8211

PRAIRIE SPIRIT SCHOOL DIVISION NO. 206 p1278
205 4th Ave, OSLER, SK, S0K 3A0
(306) 239-2077 SIC 8211

PRAIRIE SPIRIT SCHOOL DIVISION NO. 206 p1291
4000 4 St, ROSTHERN, SK, S0K 3R0
(306) 232-4868 SIC 8211

PRAIRIE SPIRIT SCHOOL DIVISION NO. 206 p1308
201 Central St E, WARMAN, SK, S0K 4S0
(306) 933-2377 SIC 8211

PRAIRIE SPIRIT SCHOOL DIVISION NO. 206 p1308
403 4th St W, WARMAN, SK, S0K 4S0
(306) 933-2066 SIC 8211

PRAIRIE SPIRIT SCHOOL DIVISION NO. 206 p1308
4008 2nd Ave E, WALDHEIM, SK, S0K 4R0
(306) 945-2211 SIC 8211

PRAIRIE VALLEY SCHOOL DIVISION NO 208 p1264
420 Listar St, BALCARRES, SK, S0G 0C0
(306) 334-2714 SIC 8211

PRAIRIE VALLEY SCHOOL DIVISION NO 208 p1264
226 Queen St, BALGONIE, SK, S0G 0E0
(306) 771-2345 SIC 8211

PRAIRIE VALLEY SCHOOL DIVISION NO 208 p1264
420 Lisgar St, BALCARRES, SK, S0G 0C0
(306) 334-2520 SIC 8211

PRAIRIE VALLEY SCHOOL DIVISION NO 208 p1267
400 Lansdowne St, CUPAR, SK, S0G 0Y0
(306) 723-4660 SIC 8211

PRAIRIE VALLEY SCHOOL DIVISION NO 208 p1269
Po Box 880, FORT QU'APPELLE, SK, S0G 1S0
(306) 332-4343 SIC 8211

PRAIRIE VALLEY SCHOOL DIVISION NO 208 p1269
221 4 St E, FORT QU'APPELLE, SK, S0G 1S0
(306) 332-5566 SIC 8211

PRAIRIE VALLEY SCHOOL DIVISION NO 208 p1271
401 6th Ave, KIPLING, SK, S0G 2S0
(306) 736-2464 SIC 8211

PRAIRIE VALLEY SCHOOL DIVISION NO 208 p1271
205 2nd Ave, KELLIHER, SK, S0A 1V0
(306) 675-2112 SIC 8211

PRAIRIE VALLEY SCHOOL DIVISION NO 208 p1273
200 2nd Ave W, LUMSDEN, SK, S0G 3C0
(306) 731-3338 SIC 8211

PRAIRIE VALLEY SCHOOL DIVISION NO 208 p1273
Po Box 570, LUMSDEN, SK, S0G 3C0
(306) 731-2280 SIC 8211

PRAIRIE VALLEY SCHOOL DIVISION NO 208 p1273
300 Broad St, LUMSDEN, SK, S0G 3C0
(306) 731-2262 SIC 8211

PRAIRIE VALLEY SCHOOL DIVISION NO 208 p1309
30 Kingsmere Ave, WHITE CITY, SK, S4L 5B1
(306) 781-2115 SIC 8211

PRINCE ALBERT ROMAN CATHOLIC SEPARATE SCHOOL DIVISION NO. 6 p1280
2051 15th Ave E, PRINCE ALBERT, SK, S6V 6T5
(306) 953-7551 SIC 8211

PRINCE ALBERT ROMAN CATHOLIC SEPARATE SCHOOL DIVISION NO. 6 p1280
1453 7th St E, PRINCE ALBERT, SK, S6V 0V3
(306) 953-7536 SIC 8211

PRINCE ALBERT ROMAN CATHOLIC SEPARATE SCHOOL DIVISION NO. 6 p1280
2245 5th Ave W, PRINCE ALBERT, SK, S6V 5J3
(306) 953-7549 SIC 8211

PRINCE ALBERT ROMAN CATHOLIC SEPARATE SCHOOL DIVISION NO. 6 p1280
1180 Branion Dr, PRINCE ALBERT, SK, S6V 2S8
(306) 953-7558 SIC 8211

PRINCE ALBERT ROMAN CATHOLIC SEPARATE SCHOOL DIVISION NO. 6 p1281
1695 Olive Diefenbaker Dr, PRINCE ALBERT, SK, S6X 1B8
(306) 953-7561 SIC 8211

PRINCE RUPERT SCHOOL DISTRICT 52 p263
2000 2nd Ave W, PRINCE RUPERT, BC, V8J 1J8
SIC 8211

PRINCE RUPERT SCHOOL DISTRICT 52 p263
1700 Sloan Ave, PRINCE RUPERT, BC, V8J 2B6
(250) 627-7054 SIC 8211

PRINCE RUPERT SCHOOL DISTRICT 52 p263
800 Summit Ave, PRINCE RUPERT, BC, V8J 3W2
(250) 624-6126 SIC 8211

PRINCE RUPERT SCHOOL DISTRICT 52 p263
417 9th Ave W, PRINCE RUPERT, BC, V8J 2S9
(250) 624-6757 SIC 8211

PRINCE RUPERT SCHOOL DISTRICT 52 p263
627 5th Ave W, PRINCE RUPERT, BC, V8J 1V1
(250) 624-5873 SIC 8211

PRINCE RUPERT SCHOOL DISTRICT 52 p263
634 6th Ave E, PRINCE RUPERT, BC, V8J 1X1
(250) 627-0772 SIC 8211

PRINCE RUPERT SCHOOL DISTRICT 52 p263
1725 8th Ave E, PRINCE RUPERT, BC, V8J 2N9
(250) 624-6361 SIC 8211

PROVINCE OF NEWFOUNDLAND & LABRADOR p423
35 Pleasantview Rd, BOTWOOD, NL, A0H 1E0
(709) 257-2346 SIC 8211

PROVINCE OF PEI p985
1596 124 Rte, WELLINGTON STATION, PE, C0B 2E0
(902) 854-2491 SIC 8211

PUBLIC SCHOOLS BRANCH p980
300 Carleton St, BORDEN-CARLETON, PE, C0B 1X0
(902) 437-8525 SIC 8211

PUBLIC SCHOOLS BRANCH p983
19 High School St, MISCOUCHE, PE, C0B 1T0
(902) 888-8495 SIC 8211

PUBLIC SCHOOLS BRANCH p983
Gd, ELLERSLIE, PE, C0B 1J0
(902) 831-7920 SIC 8211

PUBLIC SCHOOLS BRANCH p983
39570 Western Rd, ELMSDALE, PE, C0B 1K0
(902) 853-8626 SIC 8211

PUBLIC SCHOOLS BRANCH p983
19 Victoria St E, KENSINGTON, PE, C0B 1M0
(902) 836-8901 SIC 8211

PUBLIC SCHOOLS BRANCH p983
2 Andrews Dr, KENSINGTON, PE, C0B 1M0
(902) 836-8900 SIC 8211

PUBLIC SCHOOLS BRANCH p983
30 Somerset St, KINKORA, PE, C0B 1N0
(902) 887-2505 SIC 8211

PUBLIC SCHOOLS BRANCH p984
Gd, O'LEARY, PE, C0B 1V0
(902) 859-8710 SIC 8211

PUBLIC SCHOOLS BRANCH p984
25 Barclay Rd, O'LEARY, PE, C0B 1V0
(902) 859-8713 SIC 8211

PUBLIC SCHOOLS BRANCH p984
3807 Union Rd, ST-LOUIS, PE, C0B 1Z0
(902) 882-7358 SIC 8211

PUBLIC SCHOOLS BRANCH p985
150 Ryan St, SUMMERSIDE, PE, C1N 6G2
(902) 888-8486 SIC 8211

PUBLIC SCHOOLS BRANCH p985
10 Kenmoore Ave, SUMMERSIDE, PE, C1N 4V9
(902) 888-8460 SIC 8211

PUBLIC SCHOOLS BRANCH p985
247 Central St, SUMMERSIDE, PE, C1N 3M5
(902) 888-8470 SIC 8211

PUBLIC SCHOOLS BRANCH p985
322 Church St, TIGNISH, PE, C0B 2B0
(902) 882-7357 SIC 8211

PUBLIC SCHOOLS BRANCH p985
100 Darby Dr, SUMMERSIDE, PE, C1N 4V8
(902) 888-8492 SIC 8211

PUBLIC SCHOOLS BRANCH p985
195 Summer St, SUMMERSIDE, PE, C1N 3J8
(902) 888-8472 SIC 8211

PUBLIC SCHOOLS BRANCH p985
256 Elm St, SUMMERSIDE, PE, C1N 3V5
(902) 888-8490 SIC 8211

RAINBOW DISTRICT SCHOOL BOARD p549
8 Lincoln St, CAPREOL, ON, P0M 1H0
SIC 8211

RAINBOW DISTRICT SCHOOL BOARD p553
121 Charlotte Ave, CHELMSFORD, ON, P0M 1L0
(705) 671-5945 SIC 8211

RAINBOW DISTRICT SCHOOL BOARD p553
3594 144 Hwy, CHELMSFORD, ON, P0M 1L0
(705) 675-0225 SIC 8211

RAINBOW DISTRICT SCHOOL BOARD p564
Gd, COPPER CLIFF, ON, P0M 1N0
(705) 682-4721 SIC 8211

RAINBOW DISTRICT SCHOOL BOARD p574
147 Spruce Ave Suite 2, ESPANOLA, ON, P5E 1R7
(705) 869-1590 SIC 8211

RAINBOW DISTRICT SCHOOL BOARD p574
128 Park St, ESPANOLA, ON, P5E 1S7
(705) 869-1651 SIC 8211

RAINBOW DISTRICT SCHOOL BOARD p591
45 Spruce St, GARSON, ON, P3L 1P8
(705) 675-0204 SIC 8211

RAINBOW DISTRICT SCHOOL BOARD p596
43 Hall St, GORE BAY, ON, P0P 1H0
(705) 368-7015 SIC 8211

RAINBOW DISTRICT SCHOOL BOARD p617
1650 Dominion Dr, HANMER, ON, P3P 1A1
(705) 675-0200 SIC 8211

RAINBOW DISTRICT SCHOOL BOARD p646
100 High St, LEVACK, ON, P0M 2C0
(705) 671-5943 SIC 8211

RAINBOW DISTRICT SCHOOL BOARD p648
18 Draper St, LITTLE CURRENT, ON, P0P 1K0
(705) 368-2932 SIC 8211

RAINBOW DISTRICT SCHOOL BOARD p649
265 Fifth Ave Suite 430, LIVELY, ON, P3Y 1M4
(705) 671-5940 SIC 8211

RAINBOW DISTRICT SCHOOL BOARD p649
249 Sixth Ave Suite 340, LIVELY, ON, P3Y 1M4
(705) 692-3602 SIC 8211

RAINBOW DISTRICT SCHOOL BOARD p666
107 Bay St, M'CHIGEENG, ON, P0P 1G0
(705) 368-7000 SIC 8211

RAINBOW DISTRICT SCHOOL BOARD p678
7 Pioneer St E, MARKSTAY, ON, P0M 2G0
(705) 671-5946 SIC 8211

RAINBOW DISTRICT SCHOOL BOARD p848
106 Lakeshore Rd, SHINING TREE, ON, P0M 2X0
(705) 263-2038 SIC 8211

RAINBOW DISTRICT SCHOOL BOARD p868
1241 Roy Ave, SUDBURY, ON, P3A 3M5
(705) 566-3935 SIC 8211

RAINBOW DISTRICT SCHOOL BOARD p868
1722 Fielding St, SUDBURY, ON, P3A 1P1
(705) 566-5130 SIC 8211

RAINBOW DISTRICT SCHOOL BOARD p868
1545 Gary Ave, SUDBURY, ON, P3A 4G5
(705) 566-2424 SIC 8211

RAINBOW DISTRICT SCHOOL BOARD p868
1545 Kennedy St, SUDBURY, ON, P3A 2G1
(705) 688-0888 SIC 8211

RAINBOW DISTRICT SCHOOL BOARD p869
181 First Ave, SUDBURY, ON, P3B 3L3
(705) 566-6020 SIC 8211

RAINBOW DISTRICT SCHOOL BOARD p869
500 Douglas St, SUDBURY, ON, P3C 1H7
(705) 673-6516 SIC 8211

RAINBOW DISTRICT SCHOOL BOARD p870
154 College St, SUDBURY, ON, P3C 4Y2
(705) 674-7551 SIC 8211

RAINBOW DISTRICT SCHOOL BOARD p870
185 Lansdowne St, SUDBURY, ON, P3C 4M1
(705) 675-6451 SIC 8211

RAINBOW DISTRICT SCHOOL BOARD p870
31 Tuddenham Ave, SUDBURY, ON, P3C 3E9
(705) 674-1221 SIC 8211

RAINBOW DISTRICT SCHOOL BOARD p870
32 Dell St, SUDBURY, ON, P3C 2X8
(705) 675-6198   SIC 8211
RAINBOW DISTRICT SCHOOL BOARD p871
2500 South Lane Rd, SUDBURY, ON, P3G 1C8
SIC 8211
RAINBOW DISTRICT SCHOOL BOARD p871
69 Young St, SUDBURY, ON, P3E 3G5
(705) 377-4615   SIC 8211
RAINBOW DISTRICT SCHOOL BOARD p871
1391 Ramsey View Crt, SUDBURY, ON, P3E 5T4
(705) 522-9968   SIC 8211
RAINBOW DISTRICT SCHOOL BOARD p871
102 Loach's Rd, SUDBURY, ON, P3E 2P7
(705) 522-7178   SIC 8211
RAINBOW DISTRICT SCHOOL BOARD p871
275 Loach's Rd, SUDBURY, ON, P3E 2P8
(705) 522-2320   SIC 8211
RAINBOW DISTRICT SCHOOL BOARD p871
2650 Algonquin Rd, SUDBURY, ON, P3E 4X6
(705) 522-3171   SIC 8211
RAINBOW DISTRICT SCHOOL BOARD p871
408 Wembley Dr, SUDBURY, ON, P3E 1P2
(705) 673-1381   SIC 8211
RAINBOW DISTRICT SCHOOL BOARD p946
1840 Valleyview Rd, VAL CARON, ON, P3N 1S1
(705) 671-5956   SIC 8211
RAINBOW DISTRICT SCHOOL BOARD p946
1918 Main St, VAL CARON, ON, P3N 1R8
(705) 671-5948   SIC 8211
RAINY RIVER DISTRICT SCHOOL BOARD p490
324 Mercury Ave, ATIKOKAN, ON, P0T 1C1
(807) 597-2703   SIC 8211
RAINY RIVER DISTRICT SCHOOL BOARD p490
209 Hawthorne Rd, ATIKOKAN, ON, P0T 1C1
(807) 597-6640   SIC 8211
RAINY RIVER DISTRICT SCHOOL BOARD p569
Gd, DEVLIN, ON, P0W 1C0
(807) 486-3329   SIC 8211
RAINY RIVER DISTRICT SCHOOL BOARD p574
57 Colonization Rd, EMO, ON, P0W 1E0
(807) 482-2271   SIC 8211
RAINY RIVER DISTRICT SCHOOL BOARD p590
528 Second St E, FORT FRANCES, ON, P9A 1N4
(807) 274-9818   SIC 8211
RAINY RIVER DISTRICT SCHOOL BOARD p590
522 Second St E, FORT FRANCES, ON, P9A 1N4
(807) 274-9857   SIC 8211
RAINY RIVER DISTRICT SCHOOL BOARD p590
475 Keating Ave, FORT FRANCES, ON, P9A 3K8
(807) 274-3616   SIC 8211
RAINY RIVER DISTRICT SCHOOL BOARD p683
123 Mine Centre Rd, MINE CENTRE, ON, P0W 1H0
(807) 599-2843   SIC 8211
RAINY RIVER DISTRICT SCHOOL BOARD p818
1 Mill Ave, RAINY RIVER, ON, P0W 1L0
(807) 852-3284   SIC 8211
RAINY RIVER DISTRICT SCHOOL BOARD p866
270 Hwy 617, STRATTON, ON, P0W 1N0
SIC 8211
RAVEN RESCUE   p278
Gd, SMITHERS, BC, V0J 2N0
(250) 847-2427   SIC 8211
RED DEER CATHOLIC REGIONAL DIVISION NO. 39   p132

4453 51 Ave, INNISFAIL, AB, T4G 1A7
(403) 227-2123   SIC 8211
RED DEER CATHOLIC REGIONAL DIVISION NO. 39   p153
3911 57a Ave, RED DEER, AB, T4N 4T1
(403) 347-5650   SIC 8211
RED DEER CATHOLIC REGIONAL DIVISION NO. 39   p153
2014915 54th St, RED DEER, AB, T4N 2G7
(403) 314-9382   SIC 8211
RED DEER CATHOLIC REGIONAL DIVISION NO. 39   p153
3829 39 St, RED DEER, AB, T4N 0Y6
(403) 347-1455   SIC 8211
RED DEER CATHOLIC REGIONAL DIVISION NO. 39   p153
5530 42a Ave, RED DEER, AB, T4N 3A8
(403) 347-7830   SIC 8211
RED DEER CATHOLIC REGIONAL DIVISION NO. 39   p154
3821 39 St, RED DEER, AB, T4N 0Y6
(403) 346-8951   SIC 8211
RED DEER CATHOLIC REGIONAL DIVISION NO. 39   p154
5210 61 St, RED DEER, AB, T4N 6N8
(403) 343-1055   SIC 8211
RED DEER CATHOLIC REGIONAL DIVISION NO. 39   p154
56 Holt St Suite 1, RED DEER, AB, T4N 6A6
(403) 343-3238   SIC 8211
RED DEER CATHOLIC REGIONAL DIVISION NO. 39   p155
190 Glendale Blvd, RED DEER, AB, T4P 2P7
(403) 346-0505   SIC 8211
RED DEER CATHOLIC REGIONAL DIVISION NO. 39   p157
321 Lindsay Ave, RED DEER, AB, T4R 3M1
(403) 314-1449   SIC 8211
RED DEER CATHOLIC REGIONAL DIVISION NO. 39   p157
35 Addinell Ave, RED DEER, AB, T4R 1V5
(403) 343-6017   SIC 8211
RED DEER CATHOLIC REGIONAL DIVISION NO. 39   p157
69 Douglas Ave, RED DEER, AB, T4R 2L3
(403) 341-3777   SIC 8211
RED DEER CATHOLIC REGIONAL DIVISION NO. 39   p157
50 Lees St, RED DEER, AB, T4R 2P6
(403) 342-4800   SIC 8211
RED DEER CATHOLIC REGIONAL DIVISION NO. 39   p159
5735 58 St Suite 1, ROCKY MOUNTAIN HOUSE, AB, T4T 1S2
(403) 845-2836   SIC 8211
RED DEER CATHOLIC REGIONAL DIVISION NO. 39   p170
79 Old Boomer Rd, SYLVAN LAKE, AB, T4S 1Z4
(403) 887-6371   SIC 8211
RED RIVER VALLEY SCHOOL DIVISION   p352
155 Egri-Park Rd, OAK BLUFF, MB, R0G 1N0
(204) 895-0004   SIC 8211
RED RIVER VALLEY SCHOOL DIVISION   p355
5 Main St, SANFORD, MB, R0G 2J0
SIC 8211
RED RIVER VALLEY SCHOOL DIVISION   p355
343 River Rd S, ROSENORT, MB, R0G 1W0
(204) 746-8355   SIC 8211
RED RIVER VALLEY SCHOOL DIVISION   p357
40 Arena Blvd, STARBUCK, MB, R0G 2P0
(204) 735-2779   SIC 8211
REHOBOTH REFORMED SCHOOL SOCIETY   p763
43 Main St E, NORWICH, ON, N0J 1P0
(519) 863-2403   SIC 8211
RENFREW COUNTY CATHOLIC DISTRICT SCHOOL BOARD   p489

75 Edey St, ARNPRIOR, ON, K7S 1B9
(613) 623-2828   SIC 8211
RENFREW COUNTY CATHOLIC DISTRICT SCHOOL BOARD   p489
324 John St N, ARNPRIOR, ON, K7S 2P6
(613) 623-2347   SIC 8211
RENFREW COUNTY CATHOLIC DISTRICT SCHOOL BOARD   p541
12629 Lanark Rd, CALABOGIE, ON, K0J 1H0
(613) 752-2808   SIC 8211
RENFREW COUNTY CATHOLIC DISTRICT SCHOOL BOARD   p550
2 Mccarthy Dr, CHALK RIVER, ON, K0J 1J0
(613) 589-2775   SIC 8211
RENFREW COUNTY CATHOLIC DISTRICT SCHOOL BOARD   p568
331110d Hwy 17, DEEP RIVER, ON, K0J 1P0
(613) 584-3567   SIC 8211
RENFREW COUNTY CATHOLIC DISTRICT SCHOOL BOARD   p629
131 Queen St, KILLALOE, ON, K0J 2A0
SIC 8211
RENFREW COUNTY CATHOLIC DISTRICT SCHOOL BOARD   p806
499 Pembroke St W, Pembroke, ON, K8A 5P1
(613) 735-1031   SIC 8211
RENFREW COUNTY CATHOLIC DISTRICT SCHOOL BOARD   p806
222 Church St, PEMBROKE, ON, K8A 4K9
SIC 8211
RENFREW COUNTY CATHOLIC DISTRICT SCHOOL BOARD   p806
299 First Ave, PEMBROKE, ON, K8A 5C3
(613) 732-2248   SIC 8211
RENFREW COUNTY CATHOLIC DISTRICT SCHOOL BOARD   p806
1270 Pembroke St W, PEMBROKE, ON, K8A 4G4
(613) 735-0151   SIC 8211
RENFREW COUNTY CATHOLIC DISTRICT SCHOOL BOARD   p807
22 Leeder Lane, PETAWAWA, ON, K8H 0B8
(613) 687-4167   SIC 8211
RENFREW COUNTY CATHOLIC DISTRICT SCHOOL BOARD   p807
19 Mohns Ave, PETAWAWA, ON, K8H 2G7
(613) 687-5918   SIC 8211
RENFREW COUNTY CATHOLIC DISTRICT SCHOOL BOARD   p819
41 Bolger Lane, RENFREW, ON, K7V 2M9
(613) 432-3137   SIC 8211
RENFREW COUNTY CATHOLIC DISTRICT SCHOOL BOARD   p819
835 First St, RENFREW, ON, K7V 4E1
(613) 432-5846   SIC 8211
RENFREW COUNTY CATHOLIC DISTRICT SCHOOL BOARD   p819
184 Bonnechere St S, RENFREW, ON, K7V 1Z5
(613) 432-4858   SIC 8211
RENFREW COUNTY CATHOLIC DISTRICT SCHOOL BOARD   p819
228 Mason Ave, RENFREW, ON, K7V 3Y3
(613) 432-4351   SIC 8211
RENFREW COUNTY DISTRICT SCHOOL BOARD   p489
1164 Stewartville Rd, ARNPRIOR, ON, K7S 3G8
(613) 623-6512   SIC 8211
RENFREW COUNTY DISTRICT SCHOOL BOARD   p489
79 Ottawa St, ARNPRIOR, ON, K7S 1X2
(613) 623-4235   SIC 8211
RENFREW COUNTY DISTRICT SCHOOL BOARD   p489
59 Ottawa St, ARNPRIOR, ON, K7S 1X2
(613) 623-3183   SIC 8211
RENFREW COUNTY DISTRICT SCHOOL BOARD   p489
1164 Stewartville Rd, ARNPRIOR, ON, K7S 3G8

(613) 623-5746   SIC 8211
RENFREW COUNTY DISTRICT SCHOOL BOARD   p498
41 Sandringham Dr, BARRIE, ON, L4N 0J9
(705) 728-2774   SIC 8211
RENFREW COUNTY DISTRICT SCHOOL BOARD   p498
20 Elmbrook Dr, BARRIE, ON, L4N 0Z1
(705) 792-7766   SIC 8211
RENFREW COUNTY DISTRICT SCHOOL BOARD   p500
341 John St Suite 1, BARRYS BAY, ON, K0J 1B0
(613) 756-0526   SIC 8211
RENFREW COUNTY DISTRICT SCHOOL BOARD   p500
20 Cameron St, BEACHBURG, ON, K0J 1C0
(613) 582-3528   SIC 8211
RENFREW COUNTY DISTRICT SCHOOL BOARD   p554
16 Cowley St, COBDEN, ON, K0J 1K0
(613) 646-2271   SIC 8211
RENFREW COUNTY DISTRICT SCHOOL BOARD   p568
87 Brockhouse Way, DEEP RIVER, ON, K0J 1P0
(613) 584-3361   SIC 8211
RENFREW COUNTY DISTRICT SCHOOL BOARD   p568
12 Avon St, DEEP RIVER, ON, K0J 1P0
SIC 8211
RENFREW COUNTY DISTRICT SCHOOL BOARD   p568
Gd, DEEP RIVER, ON, K0J 1P0
(613) 584-3361   SIC 8211
RENFREW COUNTY DISTRICT SCHOOL BOARD   p569
1990 Cobden Rd, DOUGLAS, ON, K0J 1S0
(613) 735-7587   SIC 8211
RENFREW COUNTY DISTRICT SCHOOL BOARD   p572
259 Jane St, EGANVILLE, ON, K0J 1T0
(613) 628-2606   SIC 8211
RENFREW COUNTY DISTRICT SCHOOL BOARD   p629
100 Queen St, KILLALOE, ON, K0J 2A0
(613) 757-2091   SIC 8211
RENFREW COUNTY DISTRICT SCHOOL BOARD   p731
5197 County Road 9, NEW LOWELL, ON, L0M 1N0
(705) 424-0991   SIC 8211
RENFREW COUNTY DISTRICT SCHOOL BOARD   p777
22 5 Line S, ORO STATION, ON, L0L 2E0
(705) 487-2532   SIC 8211
RENFREW COUNTY DISTRICT SCHOOL BOARD   p806
11588 Round Lake Rd, PEMBROKE, ON, K8A 0K8
(613) 732-3789   SIC 8211
RENFREW COUNTY DISTRICT SCHOOL BOARD   p806
420 Bell St, PEMBROKE, ON, K8A 2K5
(613) 735-6858   SIC 8211
RENFREW COUNTY DISTRICT SCHOOL BOARD   p806
390 Bell St, PEMBROKE, ON, K8A 2K5
(613) 735-6575   SIC 8211
RENFREW COUNTY DISTRICT SCHOOL BOARD   p806
412 Pembroke St W, PEMBROKE, ON, K8A 5N6
(613) 732-9401   SIC 8211
RENFREW COUNTY DISTRICT SCHOOL BOARD   p806
320 Herbert St, PEMBROKE, ON, K8A 2Y4
(613) 732-8761   SIC 8211
RENFREW COUNTY DISTRICT SCHOOL BOARD   p806
480 Mary St, PEMBROKE, ON, K8A 5W9
(613) 732-8105   SIC 8211
RENFREW COUNTY DISTRICT SCHOOL

BOARD p807
1900 Borden Ave, PETAWAWA, ON, K8H 2T6
(613) 687-2404 SIC 8211

RENFREW COUNTY DISTRICT SCHOOL BOARD p807
19 Leeder Lane, PETAWAWA, ON, K8H 0B8
(613) 687-2121 SIC 8211

RENFREW COUNTY DISTRICT SCHOOL BOARD p807
14 Ypres Blvd, PETAWAWA, ON, K8H 1C6
SIC 8211

RENFREW COUNTY DISTRICT SCHOOL BOARD p807
15 Herman St, PETAWAWA, ON, K8H 1W1
(613) 687-2457 SIC 8211

RENFREW COUNTY DISTRICT SCHOOL BOARD p807
43 Ypres Blvd, PETAWAWA, ON, K8H 1E5
(613) 687-4121 SIC 8211

RENFREW COUNTY DISTRICT SCHOOL BOARD p819
140 Munroe Ave E, RENFREW, ON, K7V 3K4
(613) 432-3627 SIC 8211

RENFREW COUNTY DISTRICT SCHOOL BOARD p960
25272 60 Hwy, WHITNEY, ON, K0J 2C0
SIC 8211

RENFREW COUNTY DISTRICT SCHOOL BOARD p960
60 Hwy, WHITNEY, ON, K0J 2M0
(613) 637-2171 SIC 8211

RENFREW EDUCATIONAL SERVICES SOCIETY p25
2050 21 St Ne, CALGARY, AB, T2E 6S5
(403) 247-6200 SIC 8211

RENFREW EDUCATIONAL SERVICES SOCIETY p55
75 Sunpark Dr Se, CALGARY, AB, T2X 3V4
(403) 291-5038 SIC 8211

RENFREW EDUCATIONAL SERVICES SOCIETY p63
265 Falshire Dr Ne, CALGARY, AB, T3J 1T9
(403) 590-1948 SIC 8211

RICHMOND CHRISTIAN SCHOOL ASSOCIATION p272
10200 No. 5 Rd, RICHMOND, BC, V7A 4E5
(604) 272-5720 SIC 8211

RICHMOND HILL MONTESSORI & ELEMENTARY PRIVATE SCHOOL p823
189 Weldrick Rd E, RICHMOND HILL, ON, L4C 0A6
(905) 508-2228 SIC 8211

RICHMOND, CITY OF p272
9282 Williams Rd, RICHMOND, BC, V7A 1H1
(604) 668-6209 SIC 8211

RIVER EAST TRANSCONA SCHOOL DIVISION p348
3950 Raleigh St, EAST ST PAUL, MB, R2E 0G9
(204) 663-7669 SIC 8211

RIVER EAST TRANSCONA SCHOOL DIVISION p348
3225 Henderson Hwy, EAST ST PAUL, MB, R2E 0J2
(204) 661-2500 SIC 8211

RIVER EAST TRANSCONA SCHOOL DIVISION p362
351 Harold Ave W, WINNIPEG, MB, R2C 2C9
(204) 958-6500 SIC 8211

RIVER EAST TRANSCONA SCHOOL DIVISION p362
411 Moroz St, WINNIPEG, MB, R2C 2X4
(204) 958-6830 SIC 8211

RIVER EAST TRANSCONA SCHOOL DIVISION p362
43 Whitehall Blvd, WINNIPEG, MB, R2C 0Y3
(204) 958-6522 SIC 8211

RIVER EAST TRANSCONA SCHOOL DIVISION p362
600 Hoka St, WINNIPEG, MB, R2C 2V1
(204) 777-5139 SIC 8211

RIVER EAST TRANSCONA SCHOOL DIVISION p362
260 Redonda St, WINNIPEG, MB, R2C 1L6
(204) 958-6460 SIC 8211

RIVER EAST TRANSCONA SCHOOL DIVISION p363
95 Bournais Dr, WINNIPEG, MB, R2C 3Z2
(204) 669-9412 SIC 8211

RIVER EAST TRANSCONA SCHOOL DIVISION p363
605 Wayoata St, WINNIPEG, MB, R2C 1J8
(204) 958-6840 SIC 8211

RIVER EAST TRANSCONA SCHOOL DIVISION p363
1400 Rothesay St, WINNIPEG, MB, R2G 1V2
(204) 668-9442 SIC 8211

RIVER EAST TRANSCONA SCHOOL DIVISION p363
251 Mcivor Ave, WINNIPEG, MB, R2G 0Z7
(204) 661-9509 SIC 8211

RIVER EAST TRANSCONA SCHOOL DIVISION p363
131 Sanford Fleming Rd, WINNIPEG, MB, R2C 5B8
(204) 958-6860 SIC 8211

RIVER EAST TRANSCONA SCHOOL DIVISION p363
25 Regina Pl, WINNIPEG, MB, R2C 0S5
(204) 958-6832 SIC 8211

RIVER EAST TRANSCONA SCHOOL DIVISION p363
1105 Winona St, WINNIPEG, MB, R2C 2P9
(204) 777-0440 SIC 8211

RIVER EAST TRANSCONA SCHOOL DIVISION p363
604 Day St, WINNIPEG, MB, R2C 1B6
(204) 224-3877 SIC 8211

RIVER EAST TRANSCONA SCHOOL DIVISION p363
216 Redonda St, WINNIPEG, MB, R2C 1L6
(204) 958-6888 SIC 8211

RIVER EAST TRANSCONA SCHOOL DIVISION p363
1305 Winona St, WINNIPEG, MB, R2C 2P9
(204) 958-6440 SIC 8211

RIVER EAST TRANSCONA SCHOOL DIVISION p363
500 Redonda St, WINNIPEG, MB, R2C 3T7
(204) 958-6880 SIC 8211

RIVER EAST TRANSCONA SCHOOL DIVISION p363
400 Donwood Dr, WINNIPEG, MB, R2G 0X4
(204) 668-9438 SIC 8211

RIVER EAST TRANSCONA SCHOOL DIVISION p364
295 Sutton Ave, WINNIPEG, MB, R2G 0T1
(204) 338-4611 SIC 8211

RIVER EAST TRANSCONA SCHOOL DIVISION p364
2069 Henderson Hwy, WINNIPEG, MB, R2G 1P7
(204) 338-3670 SIC 8211

RIVER EAST TRANSCONA SCHOOL DIVISION p364
323 Emerson Ave, WINNIPEG, MB, R2G 1G3
(204) 669-4430 SIC 8211

RIVER EAST TRANSCONA SCHOOL DIVISION p364
1490 Henderson Hwy, WINNIPEG, MB, R2G 1N5
(204) 339-1984 SIC 8211

RIVER EAST TRANSCONA SCHOOL DIVISION p364
125 Sun Valley Dr, WINNIPEG, MB, R2G 2W4
(204) 663-7664 SIC 8211

RIVER EAST TRANSCONA SCHOOL DIVISION p364
505 Sharron Bay, WINNIPEG, MB, R2G 0H8
(204) 663-5078 SIC 8211

RIVER EAST TRANSCONA SCHOOL DIVISION p366
930 Brazier St, WINNIPEG, MB, R2K 2P3
(204) 661-2503 SIC 8211

RIVER EAST TRANSCONA SCHOOL DIVISION p366
405 Munroe Ave, WINNIPEG, MB, R2K 1H5
(204) 661-4451 SIC 8211

RIVER EAST TRANSCONA SCHOOL DIVISION p366
920 Hampstead Ave, WINNIPEG, MB, R2K 2A3
(204) 654-1818 SIC 8211

RIVER EAST TRANSCONA SCHOOL DIVISION p366
649 Brazier St, WINNIPEG, MB, R2K 2N4
(204) 667-5727 SIC 8211

RIVER EAST TRANSCONA SCHOOL DIVISION p366
845 Concordia Ave, WINNIPEG, MB, R2K 2M6
(204) 667-2960 SIC 8211

RIVER EAST TRANSCONA SCHOOL DIVISION p366
1020 Louelda St, WINNIPEG, MB, R2K 3Z4
(204) 669-1280 SIC 8211

RIVER EAST TRANSCONA SCHOOL DIVISION p367
845 Golspie St, WINNIPEG, MB, R2K 2V5
(204) 661-2848 SIC 8211

RIVER EAST TRANSCONA SCHOOL DIVISION p367
530 Mcleod Ave, WINNIPEG, MB, R2K 0B5
(204) 667-6193 SIC 8211

RIVER EAST TRANSCONA SCHOOL DIVISION p367
220 Antrim Rd, WINNIPEG, MB, R2K 3L2
(204) 668-6249 SIC 8211

RIVER EAST TRANSCONA SCHOOL DIVISION p367
166 Antrim Rd, WINNIPEG, MB, R2K 3L2
(204) 669-1277 SIC 8211

RIVER EAST TRANSCONA SCHOOL DIVISION p367
757 Roch St, WINNIPEG, MB, R2K 2R1
(204) 667-1103 SIC 8211

RIVER EAST TRANSCONA SCHOOL DIVISION p367
939 Henderson Hwy, WINNIPEG, MB, R2K 2M2
(204) 661-2384 SIC 8211

RIVER EAST TRANSCONA SCHOOL DIVISION p367
491 Munroe Ave, WINNIPEG, MB, R2K 1H5
(204) 669-5643 SIC 8211

RIVER EAST TRANSCONA SCHOOL DIVISION p367
795 Prince Rupert Ave, WINNIPEG, MB, R2K 1W6
(204) 668-9304 SIC 8211

RIVER EAST TRANSCONA SCHOOL DIVISION p367
850 Woodvale St, WINNIPEG, MB, R2K 2G8
(204) 667-1701 SIC 8211

RIVERSIDE SCHOOL BOARD p1005
800 Rue Du Pere-Le Jeune, BOUCHERVILLE, QC, J4B 3K1
(450) 550-2512 SIC 8211

RIVERSIDE SCHOOL BOARD p1008
5770 Rue Aline, BROSSARD, QC, J4Z 1R3
(450) 676-8166 SIC 8211

RIVERSIDE SCHOOL BOARD p1008
6375 Av Baffin, BROSSARD, QC, J4Z 2H9
(450) 676-2651 SIC 8211

RIVERSIDE SCHOOL BOARD p1043
776 Rue Campbell, GREENFIELD PARK, QC, J4V 1Y7
(450) 672-0042 SIC 8211

RIVERSIDE SCHOOL BOARD p1043
880 Rue Hudson, GREENFIELD PARK, QC, J4V 1H1
(450) 656-6100 SIC 8211

RIVERSIDE SCHOOL BOARD p1043
781 Rue Miller, GREENFIELD PARK, QC, J4V 1W8
(450) 672-2090 SIC 8211

RIVERSIDE SCHOOL BOARD p1070
1863 Rue Brebeuf, LONGUEUIL, QC, J4J 3P3
(450) 674-0851 SIC 8211

RIVERSIDE SCHOOL BOARD p1136
444 Rue Mountainview, OTTERBURN PARK, QC, J3H 2K2
(450) 467-9347 SIC 8211

RIVERSIDE SCHOOL BOARD p1182
20 Rue Des Peupliers, SAINT-BRUNO, QC, J3V 2L8
(450) 653-2429 SIC 8211

RIVERSIDE SCHOOL BOARD p1192
7445 Ch De Chambly, SAINT-HUBERT, QC, J3Y 3S3
(450) 678-1070 SIC 8211

RIVERSIDE SCHOOL BOARD p1192
5525 Boul Maricourt, SAINT-HUBERT, QC, J3Y 1S5
(450) 676-2011 SIC 8211

RIVERSIDE SCHOOL BOARD p1193
1648 Rue Langevin, SAINT-HUBERT, QC, J4T 1X7
(450) 678-2142 SIC 8211

RIVERSIDE SCHOOL BOARD p1202
471 Rue Green, SAINT-LAMBERT, QC, J4P 1V2
SIC 8211

RIVERSIDE SCHOOL BOARD p1203
163 Av Cleghorn, SAINT-LAMBERT, QC, J4R 2J4
(450) 676-1843 SIC 8211

ROCKY VIEW SCHOOL DIVISION NO. 41, THE p2
925 Irricana Rd Northeast Bay2, AIRDRIE, AB, T4A 2G6
(403) 948-4360 SIC 8211

ROCKY VIEW SCHOOL DIVISION NO. 41, THE p2
1791 Meadowbrook Dr Se, AIRDRIE, AB, T4A 1V1
(403) 948-5656 SIC 8211

ROCKY VIEW SCHOOL DIVISION NO. 41, THE p2
233 Big Springs Dr Se, AIRDRIE, AB, T4A 1C4
(403) 948-3939 SIC 8211

ROCKY VIEW SCHOOL DIVISION NO. 41, THE p2
1010 East Lake Blvd Ne, AIRDRIE, AB, T4A 2A1
(403) 948-3800 SIC 8211

ROCKY VIEW SCHOOL DIVISION NO. 41, THE p3
332 1 Ave Ne Suite 9, AIRDRIE, AB, T4B 2K5
(403) 948-5969 SIC 8211

ROCKY VIEW SCHOOL DIVISION NO. 41, THE p3
412 3 Ave Ne, AIRDRIE, AB, T4B 1R7
(403) 948-5935 SIC 8211

ROCKY VIEW SCHOOL DIVISION NO. 41, THE p3
1505 1 Ave Nw, AIRDRIE, AB, T4B 2L9
(403) 948-7030 SIC 8211

ROCKY VIEW SCHOOL DIVISION NO. 41, THE p3
1721 Summerfield Blvd Se, AIRDRIE, AB, T4B 1T3
(403) 948-4511 SIC 8211

ROCKY VIEW SCHOOL DIVISION NO. 41, THE p3
305 Acacia Dr Se, AIRDRIE, AB, T4B 1G2
(403) 948-2445 SIC 8211

ROCKY VIEW SCHOOL DIVISION NO. 41, THE p3
241 Jensen Dr Ne, AIRDRIE, AB, T4B 0G2
(403) 948-5922 SIC 8211

ROCKY VIEW SCHOOL DIVISION NO. 41, THE p6
415 2 Ave, BEISEKER, AB, T0M 0G0
(403) 947-3883 SIC 8211

ROCKY VIEW SCHOOL DIVISION NO. 41, THE p7
Gd, BRAGG CREEK, AB, T0L 0K0
(403) 949-2292 SIC 8211

ROCKY VIEW SCHOOL DIVISION NO. 41, THE p48
241078 Hwy 791, CALGARY, AB, T2P 2G7
(403) 272-8868 SIC 8211

ROCKY VIEW SCHOOL DIVISION NO. 41, THE p65
244235 Range Road 33, CALGARY, AB, T3Z 2E8
(403) 242-4456 SIC 8211

ROCKY VIEW SCHOOL DIVISION NO. 41, THE p65
32226 Springbank Rd, CALGARY, AB, T3Z 2L9
(403) 246-4771 SIC 8211

ROCKY VIEW SCHOOL DIVISION NO. 41, THE p65
244209 Range Road 33, CALGARY, AB, T3Z 2E8
(403) 242-1117 SIC 8211

ROCKY VIEW SCHOOL DIVISION NO. 41, THE p68
128 West Lakeview Dr, CHESTERMERE, AB, T1X 1J8
(403) 273-1343 SIC 8211

ROCKY VIEW SCHOOL DIVISION NO. 41, THE p68
201 Invermere Dr, CHESTERMERE, AB, T1X 1M6
(403) 285-6969 SIC 8211

ROCKY VIEW SCHOOL DIVISION NO. 41, THE p69
2000 River Heights Dr, COCHRANE, AB, T4C 1Y8
(403) 932-9005 SIC 8211

ROCKY VIEW SCHOOL DIVISION NO. 41, THE p69
529 4 Ave N, COCHRANE, AB, T4C 1Y6
(403) 932-2542 SIC 8211

ROCKY VIEW SCHOOL DIVISION NO. 41, THE p69
110 Quigley Dr, COCHRANE, AB, T4C 1Y1
(403) 932-4457 SIC 8211

ROCKY VIEW SCHOOL DIVISION NO. 41, THE p69
55 Glenpatrick Rd, COCHRANE, AB, T4C 1X7
(403) 932-4922 SIC 8211

ROCKY VIEW SCHOOL DIVISION NO. 41, THE p69
724 Chiniki Dr, COCHRANE, AB, T4C 1Y4
(403) 932-2215 SIC 8211

ROCKY VIEW SCHOOL DIVISION NO. 41, THE p69
605 4 Ave N, COCHRANE, AB, T4C 1Y5
(403) 932-3151 SIC 8211

ROCKY VIEW SCHOOL DIVISION NO. 41, THE p71
1020 Mountain Ave, CROSSFIELD, AB, T0M 0S0
(403) 946-5665 SIC 8211

ROCKY VIEW SCHOOL DIVISION NO. 41, THE p71
1140 Mountain Ave, CROSSFIELD, AB, T0M 0S0
(403) 946-5696 SIC 8211

ROCKY VIEW SCHOOL DIVISION NO. 41, THE p133
Gd, KATHYRN, AB, T0M 1E0
(403) 935-4291 SIC 8211

ROCKY VIEW SCHOOL DIVISION NO. 41, THE p134
17 Brander Ave, LANGDON, AB, T0J 1X2
(403) 936-4579 SIC 8211

ROLLING RIVER SCHOOL DIVISION 39 p345
Gd, BRANDON, MB, R7A 6Y9
SIC 8211

ROLLING RIVER SCHOOL DIVISION 39 p348
39 Queen Elizabeth Rd, ERICKSON, MB, R0J 0P0
(204) 636-2605 SIC 8211

ROLLING RIVER SCHOOL DIVISION 39 p348
62 Main St, ERICKSON, MB, R0J 0P0
(204) 636-2266 SIC 8211

ROLLING RIVER SCHOOL DIVISION 39 p348
207 East St, DOUGLAS, MB, R0K 0R0
(204) 763-4480 SIC 8211

ROLLING RIVER SCHOOL DIVISION 39 p349
205 Hillman Ave, FORREST STATION, MB, R0K 0W0
(204) 728-7676 SIC 8211

ROLLING RIVER SCHOOL DIVISION 39 p349
205 Hillman Ave, FORREST STATION, MB, R0K 0W0
(204) 728-7674 SIC 8211

ROLLING RIVER SCHOOL DIVISION 39 p351
90 Armatage Ave, MINNEDOSA, MB, R0J 1E0
(204) 867-2591 SIC 8211

ROLLING RIVER SCHOOL DIVISION 39 p354
640 5 Ave, RAPID CITY, MB, R0K 1W0
(204) 826-2824 SIC 8211

ROLLING RIVER SCHOOL DIVISION 39 p354
350 Dominion St, RIVERS, MB, R0K 1X0
(204) 328-5364 SIC 8211

ROLLING RIVER SCHOOL DIVISION 39 p354
530 Main St, RIVERS, MB, R0K 1X0
(204) 328-7416 SIC 8211

ROMAN CATHOLIC ARCHDIOCESE OF VANCOUVER, THE p183
7481 10th Ave, BURNABY, BC, V3N 2S1
(604) 526-7121 SIC 8211

ROMAN CATHOLIC ARCHDIOCESE OF VANCOUVER, THE p183
7450 12th Ave, BURNABY, BC, V3N 2K1
(604) 521-1801 SIC 8211

ROMAN CATHOLIC ARCHDIOCESE OF VANCOUVER, THE p209
8840 119 St, DELTA, BC, V4C 6M4
(604) 596-6116 SIC 8211

ROMAN CATHOLIC EPISCOPAL CORPORATION OF PRINCE RUPERT, THE p262
3285 Cathedral Ave, PRINCE GEORGE, BC, V2N 6R4
(250) 964-4362 SIC 8211

ROYAL ORCHARD MIDDLE SCHOOL p521
77 Royal Orchard Dr, BRAMPTON, ON, L6X 4M4
(905) 455-3760 SIC 8211

RUNDLE COLLEGE SOCIETY p53
4330 16 St Sw Suite 4416, CALGARY, AB, T2T 4H9
(403) 250-2965 SIC 8211

SAANICH INDIAN SCHOOL BOARD p275
7449 West Saanich Rd, SAANICHTON, BC, V8M 1R7
(250) 652-1811 SIC 8211

SACRED HEART SCHOOL OF HALIFAX p457
5820 Spring Garden Rd, HALIFAX, NS, B3H 1X8
(902) 422-4459 SIC 8211

SAGAMOK ANISHNAWBEK p678
717 Sagamok Rd, MASSEY, ON, P0P 1P0
(705) 865-2421 SIC 8211

SAGKEENG EDUCATION AUTHORITY p353
Gd, PINE FALLS, MB, R0E 1M0
(204) 367-2285 SIC 8211

SAGKEENG EDUCATION AUTHORITY p353
1 Nika Cres, PINE FALLS, MB, R0E 1M0
(204) 367-2243 SIC 8211

SASKATCHEWAN RIVER SCHOOL DIVISION #119 p1265
700 Main St, BIG RIVER, SK, S0J 0E0
(306) 469-2128 SIC 8211

SASKATCHEWAN RIVER SCHOOL DIVISION #119 p1265
850 1st St E, CANWOOD, SK, S0J 0K0
(306) 468-2150 SIC 8211

SASKATCHEWAN RIVER SCHOOL DIVISION #119 p1265
110 Mccallum Ave, BIRCH HILLS, SK, S0J 0G0
(306) 749-3301 SIC 8211

SASKATCHEWAN RIVER SCHOOL DIVISION #119 p1271
405 5 St, KINISTINO, SK, S6V 1B1
(306) 864-2252 SIC 8211

SASKATCHEWAN RIVER SCHOOL DIVISION #119 p1280
2675 4th Ave W, PRINCE ALBERT, SK, S6V 5H8
(306) 922-9229 SIC 8211

SASKATCHEWAN RIVER SCHOOL DIVISION #119 p1280
333 13th Ave E, PRINCE ALBERT, SK, S6V 2N3
(306) 763-5217 SIC 8211

SASKATCHEWAN RIVER SCHOOL DIVISION #119 p1280
566 Mcintosh Dr, PRINCE ALBERT, SK, S6V 6T2
(306) 763-7404 SIC 8211

SASKATCHEWAN RIVER SCHOOL DIVISION #119 p1280
1819 14th Ave W, PRINCE ALBERT, SK, S6V 5P1
(306) 764-5233 SIC 8211

SASKATCHEWAN RIVER SCHOOL DIVISION #119 p1280
511 5th Ave E, PRINCE ALBERT, SK, S6V 7Z6
(306) 763-6495 SIC 8211

SASKATCHEWAN RIVER SCHOOL DIVISION #119 p1280
421 23rd St E, PRINCE ALBERT, SK, S6V 1P9
(306) 763-7571 SIC 8211

SASKATCHEWAN RIVER SCHOOL DIVISION #119 p1280
1010 15th St W, PRINCE ALBERT, SK, S6V 3S2
(306) 763-7672 SIC 8211

SASKATCHEWAN RIVER SCHOOL DIVISION #119 p1280
2800 Bradbury Dr, PRINCE ALBERT, SK, S6V 7K8
(306) 922-6446 SIC 8211

SASKATCHEWAN RIVER SCHOOL DIVISION #119 p1280
665 28th St E, PRINCE ALBERT, SK, S6V 6E9
(306) 922-3115 SIC 8211

SASKATCHEWAN RIVER SCHOOL DIVISION #119 p1280
2999 3rd Ave E, PRINCE ALBERT, SK, S6V 8G2
(306) 763-7494 SIC 8211

SASKATCHEWAN RIVER SCHOOL DIVISION #119 p1280
45 20th St W, PRINCE ALBERT, SK, S6V 4E9
(306) 763-6485 SIC 8211

SASKATCHEWAN RIVER SCHOOL DIVISION #119 p1280
1090 Branion Dr, PRINCE ALBERT, SK, S6V 2S8
(306) 763-6031 SIC 8211

SASKATCHEWAN RIVER SCHOOL DIVISION #119 p1280
545 11th St E, PRINCE ALBERT, SK, S6V 1B1
(306) 763-5375 SIC 8211

SASKATCHEWAN RIVER SCHOOL DIVISION #119 p1280
620 Macarthur Dr, PRINCE ALBERT, SK, S6V 8C6
(306) 922-4094 SIC 8211

SASKATCHEWAN RIVER SCHOOL DIVISION #119 p1306
167 2nd St, ST LOUIS, SK, S0J 2C0
(306) 422-8511 SIC 8211

SCHOOL BOARD DISTRICT 01 p397
511 Rue Champlain, DIEPPE, NB, E1A 1P2
(506) 856-2770 SIC 8211

SCHOOL BOARD DISTRICT 01 p397
515 Rue Champlain, DIEPPE, NB, E1A 1P2
(506) 869-5130 SIC 8211

SCHOOL BOARD DISTRICT 01 p397
1070 Rue Amirault, DIEPPE, NB, E1A 1E2
(506) 856-2590 SIC 8211

SCHOOL BOARD DISTRICT 01 p401
715 Priestman St, FREDERICTON, NB, E3B 5W7
(506) 444-3252 SIC 8211

SCHOOL BOARD DISTRICT 01 p401
715 Priestman St, FREDERICTON, NB, E3B 5W7
(506) 453-3991 SIC 8211

SCHOOL BOARD DISTRICT 01 p402
1351 Route 133, GRAND-BARACHOIS, NB, E4P 8C8
(506) 533-3370 SIC 8211

SCHOOL BOARD DISTRICT 01 p403
365 Route 530, GRANDE-DIGUE, NB, E4R 5C8
(506) 533-3399 SIC 8211

SCHOOL BOARD DISTRICT 01 p404
432 Rue Centrale, MEMRAMCOOK, NB, E4K 3S5
(506) 758-4004 SIC 8211

SCHOOL BOARD DISTRICT 01 p405
50 Leopold F. Belliveau Dr, MONCTON, NB, E1A 8V3
(506) 869-6299 SIC 8211

SCHOOL BOARD DISTRICT 01 p406
60 Leopold F. Belliveau Dr Suite 60, MONCTON, NB, E1A 8V4
(506) 869-6800 SIC 8211

SCHOOL BOARD DISTRICT 01 p408
131 Connaught Ave, MONCTON, NB, E1C 3P4
(506) 856-2733 SIC 8211

SCHOOL BOARD DISTRICT 01 p408
101 Gross Ave, MONCTON, NB, E1C 7H3
(506) 856-2727 SIC 8211

SCHOOL BOARD DISTRICT 01 p409
46 Upton St, MONCTON, NB, E1E 3Z1
(506) 856-2731 SIC 8211

SCHOOL BOARD DISTRICT 01 p411
95 Drummond Dr, OROMOCTO, NB, E2V 2A6
(506) 357-4080 SIC 8211

SCHOOL BOARD DISTRICT 01 p416
67 Ragged Point Rd, SAINT JOHN, NB, E2K 5C3
(506) 658-4613 SIC 8211

SCHOOL BOARD DISTRICT 01 p420
294 Av Belliveau, SHEDIAC, NB, E4P 1H6
(506) 533-3308 SIC 8211

SCHOOL DISTRICT # 20 (KOOTENAY-COLUMBIA) p195
649 7th Ave, CASTLEGAR, BC, V1N 1R6
(250) 365-8465 SIC 8211

SCHOOL DISTRICT # 20 (KOOTENAY-COLUMBIA) p195
2273 10th Ave, CASTLEGAR, BC, V1N 2Z8
(250) 365-8478 SIC 8211

SCHOOL DISTRICT # 20 (KOOTENAY-COLUMBIA) p195
720 7th Ave, CASTLEGAR, BC, V1N 1R5
(250) 365-7735 SIC 8211

SCHOOL DISTRICT # 20 (KOOTENAY-COLUMBIA) p215
1867 Columbia Gardens Rd, FRUITVALE, BC, V0G 1L0
(250) 367-7541 SIC 8211

SCHOOL DISTRICT # 20 (KOOTENAY-COLUMBIA) p275
2390 Jubilee St, ROSSLAND, BC, V0G 1Y0
(250) 362-7388 SIC 8211

SCHOOL DISTRICT # 20 (KOOTENAY-COLUMBIA) p275

2160 St Paul, ROSSLAND, BC, V0G 1Y0
(250) 362-9059   SIC 8211
SCHOOL DISTRICT # 20 (KOOTENAY-COLUMBIA) p292
1300 Frances Moran Rd, TRAIL, BC, V1R 4L9
(250) 368-5591   SIC 8211
SCHOOL DISTRICT # 20 (KOOTENAY-COLUMBIA) p292
3660 Carnation Dr, TRAIL, BC, V1R 2W6
(250) 364-1353   SIC 8211
SCHOOL DISTRICT # 20 (KOOTENAY-COLUMBIA) p292
395 Schofield Hwy, TRAIL, BC, V1R 2G5
(250) 368-3242   SIC 8211
SCHOOL DISTRICT #59 PEACE RIVER SOUTH p196
5004 46th St, CHETWYND, BC, V0C 1J0
(250) 788-2528   SIC 8211
SCHOOL DISTRICT #59 PEACE RIVER SOUTH p196
5000 46th St, CHETWYND, BC, V0C 1J0
(250) 788-2267   SIC 8211
SCHOOL DISTRICT #59 PEACE RIVER SOUTH p196
4200 51st Ave, CHETWYND, BC, V0C 1J0
(250) 788-1924   SIC 8211
SCHOOL DISTRICT #59 PEACE RIVER SOUTH p206
10701 10 St, DAWSON CREEK, BC, V1G 3V2
(250) 782-6336   SIC 8211
SCHOOL DISTRICT #59 PEACE RIVER SOUTH p206
9300 17 St, DAWSON CREEK, BC, V1G 4A6
(250) 782-8412   SIC 8211
SCHOOL DISTRICT #59 PEACE RIVER SOUTH p206
1000 92 Ave, DAWSON CREEK, BC, V1G 1C1
(250) 782-5206   SIC 8211
SCHOOL DISTRICT #59 PEACE RIVER SOUTH p206
10808 15 St, DAWSON CREEK, BC, V1G 3Z3
(250) 782-5585   SIC 8211
SCHOOL DISTRICT #59 PEACE RIVER SOUTH p207
11311 13a St, DAWSON CREEK, BC, V1G 3X8
(250) 782-8147   SIC 8211
SCHOOL DISTRICT #59 PEACE RIVER SOUTH p207
1901 110 Ave, DAWSON CREEK, BC, V1G 2W6
(250) 782-8403   SIC 8211
SCHOOL DISTRICT #59 PEACE RIVER SOUTH p292
180 Southgate, TUMBLER RIDGE, BC, V0C 2W0
(250) 242-4227   SIC 8211
SCHOOL DISTRICT #70 (ALBERNI) SCHOOL BOARD p254
5055 Compton Rd, PORT ALBERNI, BC, V9Y 7B5
(250) 723-8151   SIC 8211
SCHOOL DISTRICT #70 (ALBERNI) SCHOOL BOARD p254
3881 Bruce St, PORT ALBERNI, BC, V9Y 1J6
(250) 724-0512   SIC 8211
SCHOOL DISTRICT #70 (ALBERNI) SCHOOL BOARD p254
3867 Marpole St, PORT ALBERNI, BC, V9Y 6Y3
(250) 723-7521   SIC 8211
SCHOOL DISTRICT #70 (ALBERNI) SCHOOL BOARD p254
4645 Helen St, PORT ALBERNI, BC, V9Y 6P6
(250) 724-0623   SIC 8211
SCHOOL DISTRICT #70 (ALBERNI) SCHOOL BOARD p254

4111 Wood Ave, PORT ALBERNI, BC, V9Y 5E8
(250) 724-1132   SIC 8211
SCHOOL DISTRICT #70 (ALBERNI) SCHOOL BOARD p254
4000 Burde St, PORT ALBERNI, BC, V9Y 3L6
(250) 724-3284   SIC 8211
SCHOOL DISTRICT #70 (ALBERNI) SCHOOL BOARD p254
5520 Beaver Creek Rd, PORT ALBERNI, BC, V9Y 8X6
(250) 723-9311   SIC 8211
SCHOOL DISTRICT #70 (ALBERNI) SCHOOL BOARD p254
4152 Redford St Suite 202, PORT ALBERNI, BC, V9Y 3R5
(250) 723-3744   SIC 8211
SCHOOL DISTRICT #70 (ALBERNI) SCHOOL BOARD p254
2941 8th Ave, PORT ALBERNI, BC, V9Y 2K5
(250) 723-7631   SIC 8211
SCHOOL DISTRICT #70 (ALBERNI) SCHOOL BOARD p291
431 Gibson St, TOFINO, BC, V0R 2Z0
(250) 725-3254   SIC 8211
SCHOOL DISTRICT #70 (ALBERNI) SCHOOL BOARD p292
1450 Peninsula Rd, UCLUELET, BC, V0R 3A0
(250) 726-7796   SIC 8211
SCHOOL DISTRICT #70 (ALBERNI) SCHOOL BOARD p292
1350 Peninsula, UCLUELET, BC, V0R 3A0
(250) 726-7793   SIC 8211
SCHOOL DISTRICT #74 (GOLD TRAIL) p181
711 Hill St, ASHCROFT, BC, V0K 1A0
(250) 453-9050   SIC 8211
SCHOOL DISTRICT #74 (GOLD TRAIL) p181
435 Ranch Rd, ASHCROFT, BC, V0K 1A0
(250) 453-9144   SIC 8211
SCHOOL DISTRICT #74 (GOLD TRAIL) p199
1203 Cariboo Ave, CLINTON, BC, V0K 1K0
(250) 459-2219   SIC 8211
SCHOOL DISTRICT #74 (GOLD TRAIL) p235
270 7th St, LYTTON, BC, V0K 1Z0
(250) 455-2215   SIC 8211
SCHOOL DISTRICT #74 (GOLD TRAIL) p235
351 6th Ave, LILLOOET, BC, V0K 1V0
(250) 256-4212   SIC 8211
SCHOOL DISTRICT #74 (GOLD TRAIL) p235
920 Columbia St, LILLOOET, BC, V0K 1V0
(250) 256-4274   SIC 8211
SCHOOL DISTRICT #75 (MISSION) p211
37151 Hawkins Pickle, DEWDNEY, BC, V0M 1H0
(604) 826-2516   SIC 8211
SCHOOL DISTRICT #75 (MISSION) p238
11620 Seux Rd, MISSION, BC, V2V 4J1
SIC 8211
SCHOOL DISTRICT #75 (MISSION) p238
33570 Eleventh Ave, MISSION, BC, V2V 6Z2
(604) 826-2213   SIC 8211
SCHOOL DISTRICT #75 (MISSION) p238
34800 Dewdney Trunk Rd Suite 1, MISSION, BC, V2V 5V6
(604) 826-3651   SIC 8211
SCHOOL DISTRICT #75 (MISSION) p238
32611 Mcrae Ave, MISSION, BC, V2V 2L8
(604) 826-6528   SIC 8211
SCHOOL DISTRICT #75 (MISSION) p238
32557 Best Ave, MISSION, BC, V2V 2S5
(604) 826-9239   SIC 8211
SCHOOL DISTRICT #75 (MISSION) p238
32811 Dewdney Trunk Rd, MISSION, BC, V2V 6X6
SIC 8211
SCHOOL DISTRICT #75 (MISSION) p238
7466 Welton St, MISSION, BC, V2V 6L4
(604) 826-1414   SIC 8211
SCHOOL DISTRICT #75 (MISSION) p238
33621 Best Ave, MISSION, BC, V2V 5Z3

(604) 826-4187   SIC 8211
SCHOOL DISTRICT #75 (MISSION) p238
33419 Cherry Ave, MISSION, BC, V2V 2V5
(604) 826-2834   SIC 8211
SCHOOL DISTRICT #75 (MISSION) p238
32939 7th Ave, MISSION, BC, V2V 2C5
(604) 826-7191   SIC 8211
SCHOOL DISTRICT #75 (MISSION) p238
32865 Cherry Ave, MISSION, BC, V2V 2V1
(604) 826-0274   SIC 8211
SCHOOL DISTRICT #75 (MISSION) p238
33700 Prentis Ave Suite 1000, MISSION, BC, V2V 7B1
(604) 820-4587   SIC 8211
SCHOOL DISTRICT #75 (MISSION) p238
8465 Draper St, MISSION, BC, V2V 5V6
(604) 826-2481   SIC 8211
SCHOOL DISTRICT #75 (MISSION) p238
32065 Van Velzen Ave, MISSION, BC, V2V 2G6
(604) 826-6401   SIC 8211
SCHOOL DISTRICT #75 (MISSION) p239
29715 Donatelli Ave, MISSION, BC, V4S 1H6
(604) 826-2526   SIC 8211
SCHOOL DISTRICT #81 (FORT NELSON) p213
Gd, FORT NELSON, BC, V0C 1R0
(250) 774-6941   SIC 8211
SCHOOL DISTRICT #81 (FORT NELSON) p213
5419 Simpson Trail, FORT NELSON, BC, V0C 1R0
(250) 774-6958   SIC 8211
SCHOOL DISTRICT #81 (FORT NELSON) p213
5501 Mountain View Dr, FORT NELSON, BC, V0C 1R0
(250) 774-2738   SIC 8211
SCHOOL DISTRICT #84 (VANCOUVER ISLAND WEST) p216
201 Muchalat Dr, GOLD RIVER, BC, V0P 1G0
(250) 283-2538   SIC 8211
SCHOOL DISTRICT #84 (VANCOUVER ISLAND WEST) p216
500 Trumpeter Dr, GOLD RIVER, BC, V0P 1G0
(250) 283-2220   SIC 8211
SCHOOL DISTRICT #84 (VANCOUVER ISLAND WEST) p342
675 Keno Cres, ZEBALLOS, BC, V0P 2A0
(250) 761-4227   SIC 8211
SCHOOL DISTRICT 14 p394
282 Route 555, BEDELL, NB, E7M 4P1
(506) 325-4434   SIC 8211
SCHOOL DISTRICT 14 p395
80 Main St, CANTERBURY, NB, E6H 1L3
(506) 279-6000   SIC 8211
SCHOOL DISTRICT 14 p395
20 Route 617, BURTTS CORNER, NB, E6L 2X3
(506) 363-4717   SIC 8211
SCHOOL DISTRICT 14 p398
8470 Rte 105, FLORENCEVILLE-BRISTOL, NB, E7L 1Y9
(506) 392-5109   SIC 8211
SCHOOL DISTRICT 14 p398
52 Av Marmen, EDMUNDSTON, NB, E3V 2H2
SIC 8211
SCHOOL DISTRICT 14 p402
130 Rue Victoria, GRAND-SAULT/GRAND FALLS, NB, E3Z 3B7
(506) 473-7374   SIC 8211
SCHOOL DISTRICT 14 p403
217 Rockland Rd, HARTLAND, NB, E7P 0A2
(506) 375-3000   SIC 8211
SCHOOL DISTRICT 14 p411
110 Mcnair Dr, NACKAWIC, NB, E6G 1A8
(506) 575-6000   SIC 8211
SCHOOL DISTRICT 14 p411
20 Nissen St, PERTH-ANDOVER, NB, E7H 3G1
(506) 273-4760   SIC 8211
SCHOOL DISTRICT 14 p411
30 Landegger Dr, NACKAWIC, NB, E6G 1E9
(506) 575-6020   SIC 8211
SCHOOL DISTRICT 14 p422
138 Chapel St, WOODSTOCK, NB, E7M 1H3
SIC 8211
SCHOOL DISTRICT 14 p422
144 Connell Park Rd, WOODSTOCK, NB, E7M 1M4
(506) 325-4437   SIC 8211
SCHOOL DISTRICT 14 p422
101 Helen St, WOODSTOCK, NB, E7M 1W6
(506) 325-4435   SIC 8211
SCHOOL DISTRICT 14 p422
135 Green St, WOODSTOCK, NB, E7M 1T9
SIC 8211
SCHOOL DISTRICT 15 p394
1394 King Ave, BATHURST, NB, E2A 1S8
SIC 8211
SCHOOL DISTRICT 15 p394
560 Duke St, BATHURST, NB, E2A 2X5
(506) 547-2750   SIC 8211
SCHOOL DISTRICT 15 p395
113 Arran St, CAMPBELLTON, NB, E3N 1M1
(506) 789-2130   SIC 8211
SCHOOL DISTRICT 15 p395
80 Arran St, CAMPBELLTON, NB, E3N 1L7
(506) 789-2120   SIC 8211
SCHOOL DISTRICT 15 p403
35 School Lane, HILLSBOROUGH, NB, E4H 3B8
(506) 734-3710   SIC 8211
SCHOOL DISTRICT 2 p404
3346 Route 126, LUTES MOUNTAIN, NB, E1G 2X4
(506) 856-3428   SIC 8211
SCHOOL DISTRICT 2 p406
280 Storey Rd E, MONCTON, NB, E1A 5Z3
(506) 856-3475   SIC 8211
SCHOOL DISTRICT 2 p406
45 Mcauley Dr, MONCTON, NB, E1A 5R8
(506) 856-3474   SIC 8211
SCHOOL DISTRICT 2 p406
43 Keenan Dr, MONCTON, NB, E1A 3P8
(506) 856-3414   SIC 8211
SCHOOL DISTRICT 2 p408
1085 Mountain Rd, MONCTON, NB, E1C 2S9
(506) 856-3403   SIC 8211
SCHOOL DISTRICT 2 p408
80 Echo Dr, MONCTON, NB, E1C 3H8
(506) 856-3417   SIC 8211
SCHOOL DISTRICT 2 p408
207 Church St, MONCTON, NB, E1C 5A3
(506) 856-3439   SIC 8211
SCHOOL DISTRICT 2 p408
31 Lynch St, MONCTON, NB, E1C 3L5
(506) 856-3447   SIC 8211
SCHOOL DISTRICT 2 p408
125 Park St, MONCTON, NB, E1C 2B4
(506) 856-3473   SIC 8211
SCHOOL DISTRICT 2 p408
256 Ayer Ave, MONCTON, NB, E1C 8G8
(506) 856-3405   SIC 8211
SCHOOL DISTRICT 2 p409
93 Bessborough Ave, MONCTON, NB, E1E 1P6
(506) 856-3404   SIC 8211
SCHOOL DISTRICT 2 p409
999 St George Blvd, MONCTON, NB, E1E 2C9
(506) 856-3469   SIC 8211
SCHOOL DISTRICT 2 p409
60 Parlee Dr, MONCTON, NB, E1E 3B3
(506) 856-3419   SIC 8211
SCHOOL DISTRICT 2 p410
333 Evergreen Dr, MONCTON, NB, E1G 2J2
(506) 856-3476   SIC 8211
SCHOOL DISTRICT 2 p412
33 Moore Rd, PORT ELGIN, NB, E4M 2E6

BUSINESSES BY INDUSTRY CLASSIFICATION SIC 8211 Elementary and secondary schools

(506) 538-2121   *SIC* 8211
SCHOOL DISTRICT 2
1 Corey Ave, PETITCODIAC, NB, E4Z 4G3
(506) 756-3104   *SIC* 8211

SCHOOL DISTRICT 2   p413
684 Coverdale Rd, RIVERVIEW, NB, E1B 3K6
(506) 856-3451   *SIC* 8211

SCHOOL DISTRICT 2   p413
45 Devere Rd, RIVERVIEW, NB, E1B 2M4
(506) 856-3449   *SIC* 8211

SCHOOL DISTRICT 2   p413
Riverview High School, Riverview, NB, E1B 4H8
(506) 856-3470   *SIC* 8211

SCHOOL DISTRICT 2   p413
200 Whitepine Rd, RIVERVIEW, NB, E1B 3L7
(506) 856-3467   *SIC* 8211

SCHOOL DISTRICT 2   p413
49 Chambers Rd, RIVERVIEW, NB, E1B 0P5
(506) 856-3416   *SIC* 8211

SCHOOL DISTRICT 2   p413
424 Cleveland Ave, RIVERVIEW, NB, E1B 1Y2
(506) 856-3450   *SIC* 8211

SCHOOL DISTRICT 2   p414
223 Main St Suite A, SACKVILLE, NB, E4L 3A7
(506) 364-4060   *SIC* 8211

SCHOOL DISTRICT 2   p414
19 Queens Rd, SACKVILLE, NB, E4L 4G4
(506) 364-4086   *SIC* 8211

SCHOOL DISTRICT 2   p414
70 Queens Rd, SACKVILLE, NB, E4L 4G9
(506) 364-4072   *SIC* 8211

SCHOOL DISTRICT 2   p420
55 Douglas St, SALISBURY, NB, E4J 2B4
(506) 372-3210   *SIC* 8211

SCHOOL DISTRICT 2   p420
2646 River Rd, SALISBURY, NB, E4J 2R2
(506) 372-3207   *SIC* 8211

SCHOOL DISTRICT 49 CENTRAL COAST   p182
808 Mackay St, BELLA COOLA, BC, V0T 1C0
(250) 799-5556   *SIC* 8211

SCHOOL DISTRICT 49 CENTRAL COAST   p217
1962 Hwy 20, HAGENSBORG, BC, V0T 1H0
(250) 982-2691   *SIC* 8211

SCHOOL DISTRICT 49 CENTRAL COAST   p217
1961 Mackenzie Hwy, HAGENSBORG, BC, V0T 1H0
(250) 982-2355   *SIC* 8211

SCHOOL DISTRICT 51 BOUNDARY   p216
2575 75th Ave, GRAND FORKS, BC, V0H 1H2
(250) 442-8275   *SIC* 8211

SCHOOL DISTRICT 51 BOUNDARY   p216
1200 Central Ave, GRAND FORKS, BC, V0H 1H0
(250) 442-2135   *SIC* 8211

SCHOOL DISTRICT 51 BOUNDARY   p216
131 Central Ave, GRAND FORKS, BC, V0H 1H0
(250) 442-8285   *SIC* 8211

SCHOOL DISTRICT 51 BOUNDARY   p237
355 5th Ave, MIDWAY, BC, V0H 1M0
(250) 449-2224   *SIC* 8211

SCHOOL DISTRICT 63 (SAANICH)   p182
1101 Newton Pl, BRENTWOOD BAY, BC, V8M 1G3
(250) 652-1135   *SIC* 8211

SCHOOL DISTRICT 63 (SAANICH)   p182
7085 Wallace Dr, BRENTWOOD BAY, BC, V8M 1P9
(250) 652-3996   *SIC* 8211

SCHOOL DISTRICT 63 (SAANICH)   p246
1720 Mctavish Rd, NORTH SAANICH, BC, V8L 5T9

SIC 8211
SCHOOL DISTRICT 63 (SAANICH)   p246
10975 West Saanich Rd, NORTH SAANICH, BC, V8L 5P6
(250) 656-7254   *SIC* 8211

SCHOOL DISTRICT 63 (SAANICH)   p275
1627 Stellys Cross Rd, SAANICHTON, BC, V8M 1S8
(250) 652-4401   *SIC* 8211

SCHOOL DISTRICT 63 (SAANICH)   p275
1649 Mount Newton Cross Rd, SAANICHTON, BC, V8M 1L1
(250) 652-4042   *SIC* 8211

SCHOOL DISTRICT 63 (SAANICH)   p277
2281 Henry Ave, SIDNEY, BC, V8L 2A8
(250) 656-3958   *SIC* 8211

SCHOOL DISTRICT 63 (SAANICH)   p277
2151 Lannon Way, SIDNEY, BC, V8L 3Z1
(250) 656-1444   *SIC* 8211

SCHOOL DISTRICT 63 (SAANICH)   p277
10475 Mcdonald Park Rd, SIDNEY, BC, V8L 3H9
(250) 656-1129   *SIC* 8211

SCHOOL DISTRICT 63 (SAANICH)   p277
9774 Third St, SIDNEY, BC, V8L 3A4
SIC 8211

SCHOOL DISTRICT 63 (SAANICH)   p333
5238 Cordova Bay Rd, VICTORIA, BC, V8Y 2L2
(250) 658-5315   *SIC* 8211

SCHOOL DISTRICT 63 (SAANICH)   p333
4980 Wesley Rd, VICTORIA, BC, V8Y 1Y9
(250) 686-5221   *SIC* 8211

SCHOOL DISTRICT 63 (SAANICH)   p333
735 Cordova Bay Rd, VICTORIA, BC, V8Y 1P7
(250) 658-5412   *SIC* 8211

SCHOOL DISTRICT 63 (SAANICH)   p333
1145 Royal Oak Dr, VICTORIA, BC, V8X 3T7
(250) 658-5238   *SIC* 8211

SCHOOL DISTRICT 63 (SAANICH)   p334
4564 West Saanich Rd, VICTORIA, BC, V8Z 3G4
(250) 479-7128   *SIC* 8211

SCHOOL DISTRICT 63 (SAANICH)   p334
6843 Central Saanich Rd, VICTORIA, BC, V8Z 5V4
(250) 652-9261   *SIC* 8211

SCHOOL DISTRICT 73 (KAMLOOPS/THOMPSON)   p181
845 Barriere Town, BARRIERE, BC, V0E 1E0
(250) 672-9943   *SIC* 8211

SCHOOL DISTRICT 73 (KAMLOOPS/THOMPSON)   p181
4475 Airfield Rd, BARRIERE, BC, V0E 1E0
(250) 672-9916   *SIC* 8211

SCHOOL DISTRICT 73 (KAMLOOPS/THOMPSON)   p196
530 Cottonwood Ave, CHASE, BC, V0E 1M0
(250) 679-3269   *SIC* 8211

SCHOOL DISTRICT 73 (KAMLOOPS/THOMPSON)   p196
420 Cottonwood Rd, CHASE, BC, V0E 1M0
(250) 679-3218   *SIC* 8211

SCHOOL DISTRICT 73 (KAMLOOPS/THOMPSON)   p199
801 Clearwater Village Rd, CLEARWATER, BC, V0E 1N1
(250) 674-2218   *SIC* 8211

SCHOOL DISTRICT 73 (KAMLOOPS/THOMPSON)   p199
440 Murtle Cres, CLEARWATER, BC, V0E 1N1
SIC 8211

SCHOOL DISTRICT 73 (KAMLOOPS/THOMPSON)   p218
2191 Van Horne Dr, KAMLOOPS, BC, V1S 1L9
(250) 372-5844   *SIC* 8211

SCHOOL DISTRICT 73 (KAMLOOPS/THOMPSON)   p219
3550 Westsyde Rd, KAMLOOPS, BC, V2B 7H4
SIC 8211

SCHOOL DISTRICT 73 (KAMLOOPS/THOMPSON)   p219
950 Southill St, KAMLOOPS, BC, V2B 5M2
(250) 376-5586   *SIC* 8211

SCHOOL DISTRICT 73 (KAMLOOPS/THOMPSON)   p219
315 Chestnut Ave, KAMLOOPS, BC, V2B 1L4
(250) 376-7217   *SIC* 8211

SCHOOL DISTRICT 73 (KAMLOOPS/THOMPSON)   p219
985 Holt St, KAMLOOPS, BC, V2B 5H1
(250) 554-3438   *SIC* 8211

SCHOOL DISTRICT 73 (KAMLOOPS/THOMPSON)   p219
855 Bebek Rd, KAMLOOPS, BC, V2B 6P2
(250) 579-9271   *SIC* 8211

SCHOOL DISTRICT 73 (KAMLOOPS/THOMPSON)   p219
435 Mcgowan Ave, KAMLOOPS, BC, V2B 2P2
(250) 376-7231   *SIC* 8211

SCHOOL DISTRICT 73 (KAMLOOPS/THOMPSON)   p219
2170 Parkcrest Ave, KAMLOOPS, BC, V2B 4Y1
(250) 554-2368   *SIC* 8211

SCHOOL DISTRICT 73 (KAMLOOPS/THOMPSON)   p219
985 Holt St, KAMLOOPS, BC, V2B 5H1
(250) 376-7253   *SIC* 8211

SCHOOL DISTRICT 73 (KAMLOOPS/THOMPSON)   p219
2890 Bank Rd, KAMLOOPS, BC, V2B 6Y7
(250) 579-9284   *SIC* 8211

SCHOOL DISTRICT 73 (KAMLOOPS/THOMPSON)   p219
1380 Sherbrooke Ave, KAMLOOPS, BC, V2B 1W9
(250) 376-6224   *SIC* 8211

SCHOOL DISTRICT 73 (KAMLOOPS/THOMPSON)   p219
1051 Pine Springs Rd, KAMLOOPS, BC, V2B 7W3
(250) 579-9228   *SIC* 8211

SCHOOL DISTRICT 73 (KAMLOOPS/THOMPSON)   p219
985 Windbreak St, KAMLOOPS, BC, V2B 5P5
(250) 376-1232   *SIC* 8211

SCHOOL DISTRICT 73 (KAMLOOPS/THOMPSON)   p219
711 Windsor Ave, KAMLOOPS, BC, V2B 2B7
(250) 376-2205   *SIC* 8211

SCHOOL DISTRICT 73 (KAMLOOPS/THOMPSON)   p221
830 Pine St, KAMLOOPS, BC, V2C 3A1
(250) 374-3174   *SIC* 8211

SCHOOL DISTRICT 73 (KAMLOOPS/THOMPSON)   p221
1585 Summit Dr, KAMLOOPS, BC, V2E 1E9
(250) 374-2451   *SIC* 8211

SCHOOL DISTRICT 73 (KAMLOOPS/THOMPSON)   p221
2080 Tremerton Dr, KAMLOOPS, BC, V2E 2S2
(250) 374-4545   *SIC* 8211

SCHOOL DISTRICT 73 (KAMLOOPS/THOMPSON)   p221
965 Notre Dame Dr, KAMLOOPS, BC, V2C 5P8
(250) 851-4420   *SIC* 8211

SCHOOL DISTRICT 73 (KAMLOOPS/THOMPSON)   p221
2540 Qu'appelle Blvd, KAMLOOPS, BC, V2E 2E9
(250) 374-2305   *SIC* 8211

SCHOOL DISTRICT 73 (KAMLOOPS/THOMPSON)   p221
296 Harper Rd, KAMLOOPS, BC, V2C 4Z2
(250) 573-3261   *SIC* 8211

SCHOOL DISTRICT 73 (KAMLOOPS/THOMPSON)   p221
2200 Park Dr, KAMLOOPS, BC, V2C 4P6
(250) 372-2027   *SIC* 8211

SCHOOL DISTRICT 73 (KAMLOOPS/THOMPSON)   p221
821 Munro St, KAMLOOPS, BC, V2C 3E9
(250) 374-1405   *SIC* 8211

SCHOOL DISTRICT 73 (KAMLOOPS/THOMPSON)   p221
425 Monarch Crt, KAMLOOPS, BC, V2E 1Y3
(250) 372-1224   *SIC* 8211

SCHOOL DISTRICT 73 (KAMLOOPS/THOMPSON)   p221
255 Arrowstone Dr, KAMLOOPS, BC, V2C 1P8
(250) 374-0861   *SIC* 8211

SCHOOL DISTRICT 73 (KAMLOOPS/THOMPSON)   p221
5990 Todd Rd, KAMLOOPS, BC, V2C 5B7
(250) 573-3227   *SIC* 8211

SCHOOL DISTRICT 73 (KAMLOOPS/THOMPSON)   p221
492 Mcgill Rd, KAMLOOPS, BC, V2C 1M3
(250) 374-0608   *SIC* 8211

SCHOOL DISTRICT 73 (KAMLOOPS/THOMPSON)   p222
306 Puett Ranch Rd, KAMLOOPS, BC, V2H 1M9
(250) 578-7229   *SIC* 8211

SCHOOL DISTRICT 78   p180
7285 Mccullough Rd, AGASSIZ, BC, V0M 1A2
(604) 796-2164   *SIC* 8211

SCHOOL DISTRICT 78   p180
7110 Cheam Ave, AGASSIZ, BC, V0M 1A0
(604) 796-2238   *SIC* 8211

SCHOOL DISTRICT 78   p217
455 6th Ave, HOPE, BC, V0X 1L0
(604) 869-9904   *SIC* 8211

SCHOOL DISTRICT 78   p217
444 Queen, HOPE, BC, V0X 1L0
SIC 8211

SCHOOL DISTRICT 78   p217
444 Stuart St, HOPE, BC, V0X 1L0
(604) 869-9971   *SIC* 8211

SCHOOL DISTRICT 8   p402
147 Nerepis Rd, GRAND BAY-WESTFIELD, NB, E5K 2Z5
(506) 757-2020   *SIC* 8211

SCHOOL DISTRICT 8   p402
33 Epworth Park Rd, GRAND BAY-WESTFIELD, NB, E5K 1W1
(506) 738-6500   *SIC* 8211

SCHOOL DISTRICT 8   p402
92 Woolastook Dr, GRAND BAY-WESTFIELD, NB, E5K 1S4
(506) 738-6504   *SIC* 8211

SCHOOL DISTRICT 8   p403
82 School St, HAMPTON, NB, E5N 6B2
(506) 832-6021   *SIC* 8211

SCHOOL DISTRICT 8   p414
10 Princess Crt, SAINT JOHN, NB, E2H 1X9
(506) 658-5340   *SIC* 8211

SCHOOL DISTRICT 8   p415
111 Champlain Dr, SAINT JOHN, NB, E2J 3E4
(506) 658-5335   *SIC* 8211

SCHOOL DISTRICT 8   p415
184 Loch Lomond Rd, SAINT JOHN, NB, E2J 1Y1
SIC 8211

SCHOOL DISTRICT 8   p415
56 Lensdale Cres, SAINT JOHN, NB, E2J 3P3
(506) 658-5348   *SIC* 8211

SCHOOL DISTRICT 8   p415
75 Bayside Dr, SAINT JOHN, NB, E2J 1A1
(506) 658-5331   *SIC* 8211

SCHOOL DISTRICT 8   p415
1490 Hickey Rd, SAINT JOHN, NB, E2J 4E7
(506) 658-5367   *SIC* 8211

SCHOOL DISTRICT 8   p415

▲ Public Company   ■ Public Company Family Member   **HQ** Headquarters   **BR** Branch   **SL** Single Location

15 Glengarry Dr, SAINT JOHN, NB, E2J 2X9
(506) 658-5338   SIC 8211
SCHOOL DISTRICT 8   p416
99 Burpee Ave, SAINT JOHN, NB, E2K 3V9
(506) 634-1979   SIC 8211
SCHOOL DISTRICT 8   p416
500 Woodward Ave, SAINT JOHN, NB, E2K 4G7
(506) 658-5353   SIC 8211
SCHOOL DISTRICT 8   p416
540 Sandy Point Rd, SAINT JOHN, NB, E2K 3S2
(506) 658-5343   SIC 8211
SCHOOL DISTRICT 8   p416
90 Newman St, SAINT JOHN, NB, E2K 1M1
(506) 453-5454   SIC 8211
SCHOOL DISTRICT 8   p416
151 Black St, SAINT JOHN, NB, E2K 2L6
(506) 658-5352   SIC 8211
SCHOOL DISTRICT 8   p416
305 Douglas Ave, SAINT JOHN, NB, E2K 1E5
(506) 658-5359   SIC 8211
SCHOOL DISTRICT 8   p416
20 Sixth St, SAINT JOHN, NB, E2K 3M1
(506) 658-5356   SIC 8211
SCHOOL DISTRICT 8   p417
319 Union St Suite 317, SAINT JOHN, NB, E2L 1B3
(506) 658-5355   SIC 8211
SCHOOL DISTRICT 8   p417
200 Prince William St Suite 170, SAINT JOHN, NB, E2L 2B7
(506) 658-5358   SIC 8211
SCHOOL DISTRICT 8   p417
20 Leinster St Suite 2, SAINT JOHN, NB, E2L 1H8
(506) 658-5361   SIC 8211
SCHOOL DISTRICT 8   p417
223 St. James St Suite 8, SAINT JOHN, NB, E2L 1W3
(506) 658-5357   SIC 8211
SCHOOL DISTRICT 8   p418
25 Evergreen Ave, SAINT JOHN, NB, E2N 1H3
(506) 658-5350   SIC 8211
SCHOOL DISTRICT 8   p418
172 City Line, SAINT JOHN, NB, E2M 1L3
(506) 658-5362   SIC 8211
SCHOOL DISTRICT 8   p418
520 Young St, SAINT JOHN, NB, E2M 2V4
(506) 658-5342   SIC 8211
SCHOOL DISTRICT 8   p418
750 Manawagonish Rd, SAINT JOHN, NB, E2M 3W5
(506) 658-5393   SIC 8211
SCHOOL DISTRICT 8   p418
700 Manawagonish Rd, SAINT JOHN, NB, E2M 3W5
(506) 658-5364   SIC 8211
SCHOOL DISTRICT 92 NISGA'A   p180
5000 Skadeen Ave, AIYANSH, BC, V0J 1A0
(250) 633-2225   SIC 8211
SCHOOL DISTRICT NO 10
619 4th St Nw, NAKUSP, BC, V0G 1R0
(250) 265-3668   SIC 8211
SCHOOL DISTRICT NO 10   p394
800 Main St, BLACKS HARBOUR, NB, E5H 1E6
(506) 456-4850   SIC 8211
SCHOOL DISTRICT NO 10   p402
1144 Route 776, GRAND MANAN, NB, E5G 4E8
(506) 662-7000   SIC 8211
SCHOOL DISTRICT NO 10   p411
9372 Route 3, OLD RIDGE, NB, E3L 4X6
(506) 466-7312   SIC 8211
SCHOOL DISTRICT NO 10   p420
118 Brunswick St, ST GEORGE, NB, E5C 1A9
(506) 755-4020   SIC 8211
SCHOOL DISTRICT NO 10   p420
44 Mount Pleasant Rd, ST GEORGE, NB, E5C 3K4

(506) 755-4005   SIC 8211
SCHOOL DISTRICT NO 10   p420
16 Kings Crt, ST STEPHEN, NB, E3L 3B2
(506) 466-7303   SIC 8211
SCHOOL DISTRICT NO 10   p420
180 King St, ST ANDREWS, NB, E5B 1Y7
(506) 529-5010   SIC 8211
SCHOOL DISTRICT NO 10   p420
11 School St, ST STEPHEN, NB, E3L 2N4
(506) 466-7311   SIC 8211
SCHOOL DISTRICT NO 10   p422
1722 Route 774, WILSONS BEACH, NB, E5E 1K7
(506) 752-7000   SIC 8211
SCHOOL DISTRICT NO 15   p394
155 Basin St, BATHURST, NB, E2A 6N1
(506) 547-2215   SIC 8211
SCHOOL DISTRICT NO 22 (VERNON)   p199
9715 School Rd, COLDSTREAM, BC, V1B 3G4
(250) 545-1710   SIC 8211
SCHOOL DISTRICT NO 22 (VERNON)   p199
10104 Kalamalka Rd, COLDSTREAM, BC, V1B 1L7
(250) 545-0597   SIC 8211
SCHOOL DISTRICT NO 22 (VERNON)   p199
12101 Linden Dr, COLDSTREAM, BC, V1B 2H3
(250) 542-5351   SIC 8211
SCHOOL DISTRICT NO 22 (VERNON)   p199
7900 McClounie Rd, COLDSTREAM, BC, V1B 1P8
(250) 545-1396   SIC 8211
SCHOOL DISTRICT NO 22 (VERNON)   p235
1894 Glencaird, LUMBY, BC, V0E 2G0
(250) 547-2191   SIC 8211
SCHOOL DISTRICT NO 22 (VERNON)   p235
2287 Schuswap Ave, LUMBY, BC, V0E 2G0
(250) 547-9231   SIC 8211
SCHOOL DISTRICT NO 22 (VERNON)   p325
5849 Silver Star Rd, VERNON, BC, V1B 3P6
(250) 542-4013   SIC 8211
SCHOOL DISTRICT NO 22 (VERNON)   p325
2301 Fulton Rd, VERNON, BC, V1H 1Y1
(250) 545-1348   SIC 8211
SCHOOL DISTRICT NO 22 (VERNON)   p325
2400 Fulton Rd, VERNON, BC, V1H 1S3
(250) 260-4176   SIC 8211
SCHOOL DISTRICT NO 22 (VERNON)   p325
7322 Okanagan Landing Rd, VERNON, BC, V1H 1G6
(250) 542-1181   SIC 8211
SCHOOL DISTRICT NO 22 (VERNON)   p326
2701 41 Ave, VERNON, BC, V1T 6X3
(250) 542-3361   SIC 8211
SCHOOL DISTRICT NO 22 (VERNON)   p326
1404 35 Ave, VERNON, BC, V1T 2R6
(250) 545-4409   SIC 8211
SCHOOL DISTRICT NO 22 (VERNON)   p326
2303 18 St, VERNON, BC, V1T 3Z9
(250) 545-0701   SIC 8211
SCHOOL DISTRICT NO 22 (VERNON)   p326
2711 38 St, VERNON, BC, V1T 6H5
(250) 542-0249   SIC 8211
SCHOOL DISTRICT NO 22 (VERNON)   p326
3302 27 St, VERNON, BC, V1T 4W7
(250) 542-1388   SIC 8211
SCHOOL DISTRICT NO 22 (VERNON)   p326
1510 36 St, VERNON, BC, V1T 6C8
(250) 545-0639   SIC 8211
SCHOOL DISTRICT NO 22 (VERNON)   p326
4205 35 St, VERNON, BC, V1T 6C4
(250) 545-7289   SIC 8211
SCHOOL DISTRICT NO 22 (VERNON)   p326
4320 20 St, VERNON, BC, V1T 4E3
(250) 542-5385   SIC 8211
SCHOOL DISTRICT NO 27 (CARIBOO-CHILCOTIN)   p176
3081 Cariboo Hwy 97 Ctr, 150 MILE HOUSE, BC, V0K 2G0
(250) 296-3356   SIC 8211
SCHOOL DISTRICT NO 27 (CARIBOO-CHILCOTIN)   p176
200 7th St, 100 MILE HOUSE, BC, V0K 2E0

(250) 395-2461   SIC 8211
SCHOOL DISTRICT NO 27 (CARIBOO-CHILCOTIN)   p176
145 Birch Ave S, 100 MILE HOUSE, BC, V0K 2E0
(250) 395-3685   SIC 8211
SCHOOL DISTRICT NO 27 (CARIBOO-CHILCOTIN)   p176
485 Cedar Ave, 100 MILE HOUSE, BC, V0K 2E0
SIC 8211
SCHOOL DISTRICT NO 27 (CARIBOO-CHILCOTIN)   p176
145 Birch Ave S, 100 MILE HOUSE, BC, V0K 2E0
(250) 395-2258   SIC 8211
SCHOOL DISTRICT NO 27 (CARIBOO-CHILCOTIN)   p228
Gd, LAC LA HACHE, BC, V0K 1T0
(250) 396-7230   SIC 8211
SCHOOL DISTRICT NO 27 (CARIBOO-CHILCOTIN)   p341
1222 Dog Creek Rd, WILLIAMS LAKE, BC, V2G 3G9
(250) 392-7344   SIC 8211
SCHOOL DISTRICT NO 27 (CARIBOO-CHILCOTIN)   p341
1045 Western Ave, WILLIAMS LAKE, BC, V2G 2J8
(250) 392-4158   SIC 8211
SCHOOL DISTRICT NO 27 (CARIBOO-CHILCOTIN)   p341
1180 Moon Ave, WILLIAMS LAKE, BC, V2G 4A6
(250) 398-7192   SIC 8211
SCHOOL DISTRICT NO 27 (CARIBOO-CHILCOTIN)   p341
709 Lyne Rd, WILLIAMS LAKE, BC, V2G 3Z3
(250) 392-5455   SIC 8211
SCHOOL DISTRICT NO 27 (CARIBOO-CHILCOTIN)   p341
350 Second Ave N, WILLIAMS LAKE, BC, V2G 1Z9
(250) 398-3800   SIC 8211
SCHOOL DISTRICT NO 27 (CARIBOO-CHILCOTIN)   p341
320 Second Ave N, WILLIAMS LAKE, BC, V2G 1Z9
(250) 398-5800   SIC 8211
SCHOOL DISTRICT NO 27 (CARIBOO-CHILCOTIN)   p341
260 Cameron St, WILLIAMS LAKE, BC, V2G 1S8
(250) 392-4104   SIC 8211
SCHOOL DISTRICT NO 33 CHILLIWACK   p197
9900 Carleton St, CHILLIWACK, BC, V2P 6E5
(604) 792-0681   SIC 8211
SCHOOL DISTRICT NO 33 CHILLIWACK   p197
45660 Hocking Ave, CHILLIWACK, BC, V2P 1B3
(604) 792-4257   SIC 8211
SCHOOL DISTRICT NO 33 CHILLIWACK   p197
46375 Strathcona Rd, CHILLIWACK, BC, V2P 3T1
(604) 792-9301   SIC 8211
SCHOOL DISTRICT NO 33 CHILLIWACK   p197
9435 Young Rd, CHILLIWACK, BC, V2P 4S7
(604) 792-8537   SIC 8211
SCHOOL DISTRICT NO 33 CHILLIWACK   p197
9601 Hamilton St, CHILLIWACK, BC, V2P 3X4
(604) 795-7000   SIC 8211
SCHOOL DISTRICT NO 33 CHILLIWACK   p197
46106 Southlands Cres, CHILLIWACK, BC, V2P 1B1
(604) 795-5312   SIC 8211

SCHOOL DISTRICT NO 33 CHILLIWACK   p197
9320 Walden St, CHILLIWACK, BC, V2P 7Y2
(604) 792-1281   SIC 8211
SCHOOL DISTRICT NO 33 CHILLIWACK   p197
45465 Bernard Ave, CHILLIWACK, BC, V2P 1H6
(604) 795-7840   SIC 8211
SCHOOL DISTRICT NO 33 CHILLIWACK   p197
8430 Cessna Dr, CHILLIWACK, BC, V2P 7K4
(604) 792-1321   SIC 8211
SCHOOL DISTRICT NO 33 CHILLIWACK   p197
49190 Chilliwack Central Rd, CHILLIWACK, BC, V2P 6H3
(604) 794-7533   SIC 8211
SCHOOL DISTRICT NO 33 CHILLIWACK   p197
46363 Yale Rd, CHILLIWACK, BC, V2P 2P8
(604) 795-7295   SIC 8211
SCHOOL DISTRICT NO 33 CHILLIWACK   p197
46354 Yale Rd, CHILLIWACK, BC, V2P 2R1
(604) 795-5781   SIC 8211
SCHOOL DISTRICT NO 33 CHILLIWACK   p198
45460 Stevenson Rd, CHILLIWACK, BC, V2R 2Z6
(604) 858-9424   SIC 8211
SCHOOL DISTRICT NO 33 CHILLIWACK   p198
45850 Promontory Rd, CHILLIWACK, BC, V2R 5Z5
(604) 858-4759   SIC 8211
SCHOOL DISTRICT NO 33 CHILLIWACK   p198
7600 Evans Rd, CHILLIWACK, BC, V2R 1L2
(604) 858-3057   SIC 8211
SCHOOL DISTRICT NO 33 CHILLIWACK   p198
46200 Stoneview Dr, CHILLIWACK, BC, V2R 5W8
(604) 824-4885   SIC 8211
SCHOOL DISTRICT NO 33 CHILLIWACK   p198
45170 South Sumas Rd, CHILLIWACK, BC, V2R 1W9
(604) 858-2111   SIC 8211
SCHOOL DISTRICT NO 33 CHILLIWACK   p198
45305 Watson Rd, CHILLIWACK, BC, V2R 2H5
(604) 858-9477   SIC 8211
SCHOOL DISTRICT NO 33 CHILLIWACK   p198
5621 Unsworth Rd, CHILLIWACK, BC, V2R 4B6
(604) 858-4510   SIC 8211
SCHOOL DISTRICT NO 33 CHILLIWACK   p198
45955 Thomas Rd, CHILLIWACK, BC, V2R 0B5
(604) 847-0772   SIC 8211
SCHOOL DISTRICT NO 33 CHILLIWACK   p198
4605 Wilson Rd, CHILLIWACK, BC, V2R 5C4
(604) 823-4408   SIC 8211
SCHOOL DISTRICT NO 33 CHILLIWACK   p198
5871 Tyson Rd, CHILLIWACK, BC, V2R 3R6
(604) 824-7481   SIC 8211
SCHOOL DISTRICT NO 33 CHILLIWACK   p198
45775 Manuel Rd, CHILLIWACK, BC, V2R 2E6
(604) 858-7145   SIC 8211
SCHOOL DISTRICT NO 33 CHILLIWACK   p206
71 Sunnyside Blvd, CULTUS LAKE, BC,

V2R 5B5
(604) 858-6266 SIC 8211
SCHOOL DISTRICT NO 33 CHILLIWACK p274
10125 Mcgrath Rd, ROSEDALE, BC, V0X 1X2
SIC 8211
SCHOOL DISTRICT NO 33 CHILLIWACK p274
50850 Yale Rd, ROSEDALE, BC, V0X 1X2
(604) 794-7124 SIC 8211
SCHOOL DISTRICT NO 34 (ABBOTSFORD) p177
34830 Oakhill Dr, ABBOTSFORD, BC, V2S 7R3
(604) 859-0126 SIC 8211
SCHOOL DISTRICT NO 34 (ABBOTSFORD) p177
33231 Bevan Ave, ABBOTSFORD, BC, V2S 0A9
(604) 859-7125 SIC 8211
SCHOOL DISTRICT NO 34 (ABBOTSFORD) p177
34620 Old Yale Rd, ABBOTSFORD, BC, V2S 7S6
(604) 853-0778 SIC 8211
SCHOOL DISTRICT NO 34 (ABBOTSFORD) p177
33165 King Rd, ABBOTSFORD, BC, V2S 7Z9
(604) 859-5826 SIC 8211
SCHOOL DISTRICT NO 34 (ABBOTSFORD) p177
2250 Lobban Rd, ABBOTSFORD, BC, V2S 3W1
(604) 859-3167 SIC 8211
SCHOOL DISTRICT NO 34 (ABBOTSFORD) p177
35139 Laburnum Ave, ABBOTSFORD, BC, V2S 8N3
(604) 504-7007 SIC 8211
SCHOOL DISTRICT NO 34 (ABBOTSFORD) p177
34695 Blatchford Way, ABBOTSFORD, BC, V2S 6M6
(604) 859-6794 SIC 8211
SCHOOL DISTRICT NO 34 (ABBOTSFORD) p177
32877 Old Riverside Rd, ABBOTSFORD, BC, V2S 8K2
(604) 852-9616 SIC 8211
SCHOOL DISTRICT NO 34 (ABBOTSFORD) p177
3060 Old Clayburn Rd, ABBOTSFORD, BC, V2S 4H3
(604) 859-3151 SIC 8211
SCHOOL DISTRICT NO 34 (ABBOTSFORD) p177
34800 Mierau St, ABBOTSFORD, BC, V2S 5Y4
(604) 850-1615 SIC 8211
SCHOOL DISTRICT NO 34 (ABBOTSFORD) p177
33130 Bevan Ave, ABBOTSFORD, BC, V2S 1T6
(604) 853-8374 SIC 8211
SCHOOL DISTRICT NO 34 (ABBOTSFORD) p177
33952 Pine St, ABBOTSFORD, BC, V2S 2P3
(604) 859-6726 SIC 8211
SCHOOL DISTRICT NO 34 (ABBOTSFORD) p177
35045 Exbury Ave, ABBOTSFORD, BC, V2S 7L1
(604) 864-0220 SIC 8211
SCHOOL DISTRICT NO 34 (ABBOTSFORD) p179
3614 Clearbrook Rd, ABBOTSFORD, BC, V2T 6N3
(604) 859-5348 SIC 8211
SCHOOL DISTRICT NO 34 (ABBOTSFORD) p179
32746 Huntingdon Rd, ABBOTSFORD, BC, V2T 5Z1
(604) 853-1845 SIC 8211
SCHOOL DISTRICT NO 34 (ABBOTSFORD) p179
31150 Blueridge Dr, ABBOTSFORD, BC, V2T 5R2
(604) 864-0011 SIC 8211
SCHOOL DISTRICT NO 34 (ABBOTSFORD) p179
2580 Stanley St, ABBOTSFORD, BC, V2T 2R4
(604) 850-6657 SIC 8211
SCHOOL DISTRICT NO 34 (ABBOTSFORD) p179
2527 Gladwin Rd, ABBOTSFORD, BC, V2T 3N8
(604) 853-9148 SIC 8211
SCHOOL DISTRICT NO 34 (ABBOTSFORD) p179
32622 Marshall Rd, ABBOTSFORD, BC, V2T 4A2
(604) 859-7820 SIC 8211
SCHOOL DISTRICT NO 34 (ABBOTSFORD) p179
31321 Blueridge Dr, ABBOTSFORD, BC, V2T 6W2
(604) 852-9665 SIC 8211
SCHOOL DISTRICT NO 34 (ABBOTSFORD) p179
3433 Firhill Dr, ABBOTSFORD, BC, V2T 6X6
(604) 504-5343 SIC 8211
SCHOOL DISTRICT NO 34 (ABBOTSFORD) p179
32161 Dormick Ave, ABBOTSFORD, BC, V2T 1J6
(604) 859-3712 SIC 8211
SCHOOL DISTRICT NO 34 (ABBOTSFORD) p179
30995 Southern Dr, ABBOTSFORD, BC, V2T 6X5
(604) 852-0802 SIC 8211
SCHOOL DISTRICT NO 34 (ABBOTSFORD) p179
32355 Mouat Dr, ABBOTSFORD, BC, V2T 4E9
(604) 853-7191 SIC 8211
SCHOOL DISTRICT NO 34 (ABBOTSFORD) p179
2990 Oriole Cres, ABBOTSFORD, BC, V2T 4E1
(604) 853-1246 SIC 8211
SCHOOL DISTRICT NO 34 (ABBOTSFORD) p179
32717 Chilcotin Dr, ABBOTSFORD, BC, V2T 5S5
(604) 864-8572 SIC 8211
SCHOOL DISTRICT NO 34 (ABBOTSFORD) p179
3551 Crestview Ave, ABBOTSFORD, BC, V2T 6T5
(604) 856-7342 SIC 8211
SCHOOL DISTRICT NO 34 (ABBOTSFORD) p179
32622 Marshall Rd, ABBOTSFORD, BC, V2T 4A2
(604) 852-1250 SIC 8211
SCHOOL DISTRICT NO 34 (ABBOTSFORD) p179
2272 Windsor St, ABBOTSFORD, BC, V2T 6M1
(604) 850-7029 SIC 8211
SCHOOL DISTRICT NO 34 (ABBOTSFORD) p180
3836 Old Clayburn Rd, ABBOTSFORD, BC, V3G 2Z5
(604) 850-7131 SIC 8211
SCHOOL DISTRICT NO 34 (ABBOTSFORD) p180
36321 Vye Rd, ABBOTSFORD, BC, V3G 1Z5
(604) 852-3900 SIC 8211
SCHOOL DISTRICT NO 34 (ABBOTSFORD) p180
2975 Bradner Rd, ABBOTSFORD, BC, V4X 1K6
(604) 856-5137 SIC 8211
SCHOOL DISTRICT NO 34 (ABBOTSFORD) p180
33661 Elizabeth Ave, ABBOTSFORD, BC, V4X 1T4
(604) 826-8181 SIC 8211
SCHOOL DISTRICT NO 34 (ABBOTSFORD) p180
2451 Ross Rd, ABBOTSFORD, BC, V4X 1J3
(604) 856-6079 SIC 8211
SCHOOL DISTRICT NO 34 (ABBOTSFORD) p180
36367 Stephen Leacock Dr, ABBOTSFORD, BC, V3G 2Z6
(604) 557-0422 SIC 8211
SCHOOL DISTRICT NO 34 (ABBOTSFORD) p180
2299 Mountain Dr, ABBOTSFORD, BC, V3G 1E6
(604) 852-7299 SIC 8211
SCHOOL DISTRICT NO 34 (ABBOTSFORD) p180
30357 Downes Rd, ABBOTSFORD, BC, V4X 1Z8
(604) 856-2186 SIC 8211
SCHOOL DISTRICT NO 36 (SURREY) p280
14986 98 Ave, SURREY, BC, V3R 1J1
(604) 584-3533 SIC 8211
SCHOOL DISTRICT NO 36 (SURREY) p280
14835 108a Ave, SURREY, BC, V3R 1W9
(604) 588-5978 SIC 8211
SCHOOL DISTRICT NO 36 (SURREY) p280
13751 112 Ave, SURREY, BC, V3R 2G4
(604) 588-3021 SIC 8211
SCHOOL DISTRICT NO 36 (SURREY) p280
10215 152a St, SURREY, BC, V3R 4H6
(604) 951-9553 SIC 8211
SCHOOL DISTRICT NO 36 (SURREY) p280
14525 110a Ave, SURREY, BC, V3R 2B4
(604) 584-4754 SIC 8211
SCHOOL DISTRICT NO 36 (SURREY) p280
13875 113 Ave, SURREY, BC, V3R 2J6
(604) 588-1248 SIC 8211
SCHOOL DISTRICT NO 36 (SURREY) p280
15550 99a Ave, SURREY, BC, V3R 9H5
(604) 584-7688 SIC 8211
SCHOOL DISTRICT NO 36 (SURREY) p280
10719 150 St, SURREY, BC, V3R 4C8
(604) 585-2566 SIC 8211
SCHOOL DISTRICT NO 36 (SURREY) p281
15350 99 Ave, SURREY, BC, V3R 0R9
(604) 581-5500 SIC 8211
SCHOOL DISTRICT NO 36 (SURREY) p281
12834 115a Ave, SURREY, BC, V3R 2X4
(604) 580-1047 SIC 8211
SCHOOL DISTRICT NO 36 (SURREY) p281
14781 104 Ave, SURREY, BC, V3R 5X4
(604) 581-2327 SIC 8211
SCHOOL DISTRICT NO 36 (SURREY) p281
15372 94 Ave, SURREY, BC, V3R 1E3
(604) 583-7305 SIC 8211
SCHOOL DISTRICT NO 36 (SURREY) p281
15225 98 Ave, SURREY, BC, V3R 1J2
(604) 589-1193 SIC 8211
SCHOOL DISTRICT NO 36 (SURREY) p282
17857 56 Ave, SURREY, BC, V3S 1E2
(604) 576-8295 SIC 8211
SCHOOL DISTRICT NO 36 (SURREY) p282
7079 148 St, SURREY, BC, V3S 3E5
(604) 596-0357 SIC 8211
SCHOOL DISTRICT NO 36 (SURREY) p282
6016 152 St, SURREY, BC, V3S 3K6
(604) 597-1977 SIC 8211
SCHOOL DISTRICT NO 36 (SURREY) p282
6256 184 St, SURREY, BC, V3S 8E6
(604) 576-1381 SIC 8211
SCHOOL DISTRICT NO 36 (SURREY) p282
6151 180 St, SURREY, BC, V3S 4L5
(604) 574-7407 SIC 8211
SCHOOL DISTRICT NO 36 (SURREY) p282
14505 84 Ave, SURREY, BC, V3S 8X2
(604) 543-8149 SIC 8211
SCHOOL DISTRICT NO 36 (SURREY) p282
18690 60 Ave, SURREY, BC, V3S 8L8
(604) 576-3000 SIC 8211
SCHOOL DISTRICT NO 36 (SURREY) p282
8131 156 St, SURREY, BC, V3S 3R4
(604) 597-0858 SIC 8211
SCHOOL DISTRICT NO 36 (SURREY) p282
5811 184 St, SURREY, BC, V3S 4N2
(604) 576-8551 SIC 8211
SCHOOL DISTRICT NO 36 (SURREY) p282
16545 61 Ave, SURREY, BC, V3S 5V4
(604) 574-7296 SIC 8211
SCHOOL DISTRICT NO 36 (SURREY) p282
14755 74 Ave, SURREY, BC, V3S 8Y8
(604) 592-2913 SIC 8211
SCHOOL DISTRICT NO 36 (SURREY) p282
19233 60 Ave, SURREY, BC, V3S 2T5
(604) 576-9184 SIC 8211
SCHOOL DISTRICT NO 36 (SURREY) p282
15289 88 Ave, SURREY, BC, V3S 2S8
(604) 581-9323 SIC 8211
SCHOOL DISTRICT NO 36 (SURREY) p282
8226 146 St, SURREY, BC, V3S 3A5
(604) 543-7187 SIC 8211
SCHOOL DISTRICT NO 36 (SURREY) p282
17285 61a Ave, SURREY, BC, V3S 1W3
(604) 576-1136 SIC 8211
SCHOOL DISTRICT NO 36 (SURREY) p282
5741 176 St, SURREY, BC, V3S 4C9
(604) 574-3615 SIC 8211
SCHOOL DISTRICT NO 36 (SURREY) p282
7940 156 St, SURREY, BC, V3S 3R3
(604) 597-2301 SIC 8211
SCHOOL DISTRICT NO 36 (SURREY) p282
16670 Old Mclellan Rd, SURREY, BC, V3S 1K3
(604) 576-9191 SIC 8211
SCHOOL DISTRICT NO 36 (SURREY) p284
10682 144 St, SURREY, BC, V3T 4W1
(604) 588-5991 SIC 8211
SCHOOL DISTRICT NO 36 (SURREY) p284
13130 106 Ave, SURREY, BC, V3T 2C3
(604) 588-5918 SIC 8211
SCHOOL DISTRICT NO 36 (SURREY) p284
8824 144 St, SURREY, BC, V3V 5Z7
(604) 588-5961 SIC 8211
SCHOOL DISTRICT NO 36 (SURREY) p284
14250 100a Ave, SURREY, BC, V3T 1K8
(604) 581-1363 SIC 8211
SCHOOL DISTRICT NO 36 (SURREY) p284
13055 Huntley Ave, SURREY, BC, V3V 1V1
(604) 585-3104 SIC 8211
SCHOOL DISTRICT NO 36 (SURREY) p284
13367 97 Ave, SURREY, BC, V3T 1A4
(604) 588-3415 SIC 8211
SCHOOL DISTRICT NO 36 (SURREY) p284
10135 132 St, SURREY, BC, V3T 3T6
(604) 588-5468 SIC 8211
SCHOOL DISTRICT NO 36 (SURREY) p284
10441 132 St, SURREY, BC, V3T 3V3
(604) 588-6934 SIC 8211
SCHOOL DISTRICT NO 36 (SURREY) p284
10730 139 St, SURREY, BC, V3T 4L9
(604) 588-8394 SIC 8211
SCHOOL DISTRICT NO 36 (SURREY) p284
12405 100 Ave, SURREY, BC, V3V 2X2
(604) 588-5481 SIC 8211
SCHOOL DISTRICT NO 36 (SURREY) p285
12370 98 Ave, SURREY, BC, V3V 2K3
(604) 581-0407 SIC 8211
SCHOOL DISTRICT NO 36 (SURREY) p285
13455 90 Ave, SURREY, BC, V3V 8A2
(604) 590-3211 SIC 8211
SCHOOL DISTRICT NO 36 (SURREY) p285
9484 122 St, SURREY, BC, V3V 4M1
(604) 588-3418 SIC 8211
SCHOOL DISTRICT NO 36 (SURREY) p285
9457 King George Blvd, SURREY, BC, V3V 5W4
(604) 588-1258 SIC 8211
SCHOOL DISTRICT NO 36 (SURREY) p285
13838 91 Ave, SURREY, BC, V3V 7K4
(604) 543-9132 SIC 8211
SCHOOL DISTRICT NO 36 (SURREY) p285

SIC 8211 Elementary and secondary schools

11665 97 Ave, SURREY, BC, V3V 2B9
(604) 581-7622 SIC 8211
SCHOOL DISTRICT NO 36 (SURREY) p285
12150 92 Ave, SURREY, BC, V3V 1G2
(604) 588-5711 SIC 8211
SCHOOL DISTRICT NO 36 (SURREY) p285
9341 126 St, SURREY, BC, V3V 5C4
(604) 584-7441 SIC 8211
SCHOOL DISTRICT NO 36 (SURREY) p285
9160 128 St, SURREY, BC, V3V 5M8
(604) 585-9547 SIC 8211
SCHOOL DISTRICT NO 36 (SURREY) p285
9380 140 St, SURREY, BC, V3V 5Z4
(604) 588-4435 SIC 8211
SCHOOL DISTRICT NO 36 (SURREY) p286
7626 122 St, SURREY, BC, V3W 1H4
(604) 572-4054 SIC 8211
SCHOOL DISTRICT NO 36 (SURREY) p286
6677 140 St, SURREY, BC, V3W 5J3
(604) 543-9347 SIC 8211
SCHOOL DISTRICT NO 36 (SURREY) p286
13780 80 Ave, SURREY, BC, V3W 7X6
(604) 594-7501 SIC 8211
SCHOOL DISTRICT NO 36 (SURREY) p286
12236 70a Ave, SURREY, BC, V3W 4Z8
(604) 591-9098 SIC 8211
SCHOOL DISTRICT NO 36 (SURREY) p286
8555 142a St, SURREY, BC, V3W 0S6
(604) 596-8561 SIC 8211
SCHOOL DISTRICT NO 36 (SURREY) p286
12600 66 Ave, SURREY, BC, V3W 2A8
(604) 597-5234 SIC 8211
SCHOOL DISTRICT NO 36 (SURREY) p286
13940 77 Ave, SURREY, BC, V3W 5Z4
(604) 590-1311 SIC 8211
SCHOOL DISTRICT NO 36 (SURREY) p287
6325 142 St, SURREY, BC, V3X 1B9
(604) 595-1060 SIC 8211
SCHOOL DISTRICT NO 36 (SURREY) p287
13266 70b Ave, SURREY, BC, V3W 8N1
(604) 594-1135 SIC 8211
SCHOOL DISTRICT NO 36 (SURREY) p287
6985 142 St, SURREY, BC, V3W 5N1
(604) 595-8067 SIC 8211
SCHOOL DISTRICT NO 36 (SURREY) p287
7318 143 St, SURREY, BC, V3W 7T6
(604) 596-7517 SIC 8211
SCHOOL DISTRICT NO 36 (SURREY) p287
7633 124 St, SURREY, BC, V3W 8N2
(604) 596-5533 SIC 8211
SCHOOL DISTRICT NO 36 (SURREY) p287
5404 125a St, SURREY, BC, V3X 1W6
(604) 596-3221 SIC 8211
SCHOOL DISTRICT NO 36 (SURREY) p287
6248 144 St, SURREY, BC, V3X 1A1
(604) 543-8749 SIC 8211
SCHOOL DISTRICT NO 36 (SURREY) p287
13460 62 Ave, SURREY, BC, V3X 2J2
(604) 599-3900 SIC 8211
SCHOOL DISTRICT NO 36 (SURREY) p287
12332 Boundary Dr N, SURREY, BC, V3X 1Z6
(604) 543-8158 SIC 8211
SCHOOL DISTRICT NO 36 (SURREY) p287
13359 81 Ave, SURREY, BC, V3W 3C5
(604) 596-8621 SIC 8211
SCHOOL DISTRICT NO 36 (SURREY) p287
12928 66a Ave, SURREY, BC, V3W 8Z7
(604) 594-7150 SIC 8211
SCHOOL DISTRICT NO 36 (SURREY) p287
6505 123a St, SURREY, BC, V3W 5Y5
(604) 572-6911 SIC 8211
SCHOOL DISTRICT NO 36 (SURREY) p287
12772 88 Ave, SURREY, BC, V3W 3J9
(604) 502-5710 SIC 8211
SCHOOL DISTRICT NO 36 (SURREY) p287
12870 72 Ave, SURREY, BC, V3W 2M9
(604) 594-5458 SIC 8211
SCHOOL DISTRICT NO 36 (SURREY) p287
8305 122a St, SURREY, BC, V3W 9P8
(604) 590-1198 SIC 8211
SCHOOL DISTRICT NO 36 (SURREY) p287
7480 128 St, SURREY, BC, V3W 4E5
(604) 596-1537 SIC 8211

SCHOOL DISTRICT NO 36 (SURREY) p287
6550 134 St, SURREY, BC, V3W 4S3
(604) 596-6324 SIC 8211
SCHOOL DISTRICT NO 36 (SURREY) p287
6329 King George Blvd Suite 102, SURREY, BC, V3X 1G1
(604) 587-2312 SIC 8211
SCHOOL DISTRICT NO 36 (SURREY) p287
12530 60 Ave, SURREY, BC, V3X 2K8
(604) 596-3445 SIC 8211
SCHOOL DISTRICT NO 36 (SURREY) p287
12878 62 Ave, SURREY, BC, V3X 2E8
(604) 596-0963 SIC 8211
SCHOOL DISTRICT NO 36 (SURREY) p288
2378 124 St, SURREY, BC, V4A 3M8
(604) 538-1282 SIC 8211
SCHOOL DISTRICT NO 36 (SURREY) p288
12550 20 Ave, SURREY, BC, V4A 1Y6
(604) 538-1770 SIC 8211
SCHOOL DISTRICT NO 36 (SURREY) p288
13484 24 Ave, SURREY, BC, V4A 2G5
(604) 538-6678 SIC 8211
SCHOOL DISTRICT NO 36 (SURREY) p288
1739 148 St, SURREY, BC, V4A 4M6
(604) 536-8712 SIC 8211
SCHOOL DISTRICT NO 36 (SURREY) p288
16244 13 Ave, SURREY, BC, V4A 8E6
(604) 538-7114 SIC 8211
SCHOOL DISTRICT NO 36 (SURREY) p288
1730 142 St, SURREY, BC, V4A 6G7
(604) 531-8082 SIC 8211
SCHOOL DISTRICT NO 36 (SURREY) p288
1880 Laronde Dr, SURREY, BC, V4A 9S4
(604) 536-1626 SIC 8211
SCHOOL DISTRICT NO 36 (SURREY) p288
1650 136 St, SURREY, BC, V4A 4E4
(604) 531-1471 SIC 8211
SCHOOL DISTRICT NO 36 (SURREY) p288
15751 16 Ave, SURREY, BC, V4A 1S1
(604) 531-8354 SIC 8211
SCHOOL DISTRICT NO 36 (SURREY) p288
3366 156a St, SURREY, BC, V3Z 9Y7
(604) 531-8426 SIC 8211
SCHOOL DISTRICT NO 36 (SURREY) p288
1785 148 St, SURREY, BC, V4A 4M6
(604) 536-2131 SIC 8211
SCHOOL DISTRICT NO 36 (SURREY) p288
2064 154 St, SURREY, BC, V4A 4S3
(604) 531-8833 SIC 8211
SCHOOL DISTRICT NO 36 (SURREY) p288
2320 King George Blvd Unit 13, SURREY, BC, V4A 5A5
(604) 536-0550 SIC 8211
SCHOOL DISTRICT NO 36 (SURREY) p289
10650 164 St, SURREY, BC, V4N 1W8
(604) 589-6442 SIC 8211
SCHOOL DISTRICT NO 36 (SURREY) p289
17070 102 Ave, SURREY, BC, V4N 4N6
(604) 589-0369 SIC 8211
SCHOOL DISTRICT NO 36 (SURREY) p289
16060 108 Ave, SURREY, BC, V4N 1M1
(604) 582-9231 SIC 8211
SCHOOL DISTRICT NO 36 (SURREY) p289
8606 162 St, SURREY, BC, V4N 1B5
(604) 572-4050 SIC 8211
SCHOOL DISTRICT NO 36 (SURREY) p289
16450 80 Ave, SURREY, BC, V4N 0H3
(604) 574-4141 SIC 8211
SCHOOL DISTRICT NO 36 (SURREY) p289
15670 104 Ave, SURREY, BC, V4N 2J3
(604) 581-6016 SIC 8211
SCHOOL DISTRICT NO 36 (SURREY) p290
10752 157 St, SURREY, BC, V4N 1K6
(604) 581-8111 SIC 8211
SCHOOL DISTRICT NO 36 (SURREY) p290
16152 82 Ave, SURREY, BC, V4N 0N5
(604) 572-6617 SIC 8211
SCHOOL DISTRICT NO 36 (SURREY) p290
16126 93a Ave, SURREY, BC, V4N 3A2
(604) 589-6322 SIC 8211
SCHOOL DISTRICT NO 36 (SURREY) p290
8222 168a St, SURREY, BC, V4N 4T8
(604) 574-6036 SIC 8211
SCHOOL DISTRICT NO 36 (SURREY) p290

10929 160 St, SURREY, BC, V4N 1P3
(604) 583-5419 SIC 8211
SCHOOL DISTRICT NO 36 (SURREY) p290
2575 137 St, SURREY, BC, V4P 2K5
(604) 535-6708 SIC 8211
SCHOOL DISTRICT NO 36 (SURREY) p290
15250 28 Ave, SURREY, BC, V4P 1B9
(604) 531-4826 SIC 8211
SCHOOL DISTRICT NO 36 (SURREY) p290
9744 176 St, SURREY, BC, V4N 3V3
(604) 581-5515 SIC 8211
SCHOOL DISTRICT NO 36 (SURREY) p290
15945 96 Ave, SURREY, BC, V4N 2R8
(604) 581-4433 SIC 8211
SCHOOL DISTRICT NO 36 (SURREY) p290
9025 158 St, SURREY, BC, V4N 2Y6
(604) 589-5957 SIC 8211
SCHOOL DISTRICT NO 36 (SURREY) p340
15877 Roper Ave, WHITE ROCK, BC, V4B 2H5
(604) 536-8711 SIC 8211
SCHOOL DISTRICT NO 36 (SURREY) p340
1273 Fir St, WHITE ROCK, BC, V4B 5A6
(604) 531-5731 SIC 8211
SCHOOL DISTRICT NO 42 (MAPLE RIDGE-PITT MEADOWS) p235
10445 245 St Suite 10445, MAPLE RIDGE, BC, V2W 2G4
(604) 466-8409 SIC 8211
SCHOOL DISTRICT NO 42 (MAPLE RIDGE-PITT MEADOWS) p235
11120 234a St, MAPLE RIDGE, BC, V2W 1C8
(604) 467-9050 SIC 8211
SCHOOL DISTRICT NO 42 (MAPLE RIDGE-PITT MEADOWS) p235
10031 240 St, MAPLE RIDGE, BC, V2W 1G2
(604) 463-4848 SIC 8211
SCHOOL DISTRICT NO 42 (MAPLE RIDGE-PITT MEADOWS) p236
23124 118 Ave, MAPLE RIDGE, BC, V2X 2N1
(604) 463-9513 SIC 8211
SCHOOL DISTRICT NO 42 (MAPLE RIDGE-PITT MEADOWS) p236
20575 Thorne Ave, MAPLE RIDGE, BC, V2X 9A6
(604) 465-2322 SIC 8211
SCHOOL DISTRICT NO 42 (MAPLE RIDGE-PITT MEADOWS) p236
23000 116 Ave, MAPLE RIDGE, BC, V2X 0T8
(604) 463-2001 SIC 8211
SCHOOL DISTRICT NO 42 (MAPLE RIDGE-PITT MEADOWS) p236
20820 River Rd, MAPLE RIDGE, BC, V2X 1Z7
(604) 467-5551 SIC 8211
SCHOOL DISTRICT NO 42 (MAPLE RIDGE-PITT MEADOWS) p236
12209 206 St, MAPLE RIDGE, BC, V2X 1T8
(604) 465-9331 SIC 8211
SCHOOL DISTRICT NO 42 (MAPLE RIDGE-PITT MEADOWS) p236
23347 128 Ave, MAPLE RIDGE, BC, V2X 4R9
(604) 463-8871 SIC 8211
SCHOOL DISTRICT NO 42 (MAPLE RIDGE-PITT MEADOWS) p236
22155 Isaac Cres, MAPLE RIDGE, BC, V2X 0V9
(604) 463-8730 SIC 8211
SCHOOL DISTRICT NO 42 (MAPLE RIDGE-PITT MEADOWS) p236
20905 Wicklund Ave, MAPLE RIDGE, BC, V2X 8E8
(604) 467-3481 SIC 8211
SCHOOL DISTRICT NO 42 (MAPLE RIDGE-PITT MEADOWS) p236
21911 122 Ave, MAPLE RIDGE, BC, V2X 3X2
(604) 463-4175 SIC 8211
SCHOOL DISTRICT NO 42 (MAPLE RIDGE-PITT MEADOWS) p236

11520 203 St, MAPLE RIDGE, BC, V2X 4T6
(604) 460-1136 SIC 8211
SCHOOL DISTRICT NO 42 (MAPLE RIDGE-PITT MEADOWS) p236
21821 122 Ave, MAPLE RIDGE, BC, V2X 3X2
(604) 463-9257 SIC 8211
SCHOOL DISTRICT NO 42 (MAPLE RIDGE-PITT MEADOWS) p236
12280 230 St, MAPLE RIDGE, BC, V2X 0P6
(604) 463-0866 SIC 8211
SCHOOL DISTRICT NO 42 (MAPLE RIDGE-PITT MEADOWS) p236
21023 123 Ave, MAPLE RIDGE, BC, V2X 4B5
(604) 463-7108 SIC 8211
SCHOOL DISTRICT NO 42 (MAPLE RIDGE-PITT MEADOWS) p236
23125 116 Ave, MAPLE RIDGE, BC, V2X 0G8
(604) 466-6555 SIC 8211
SCHOOL DISTRICT NO 42 (MAPLE RIDGE-PITT MEADOWS) p236
21410 Glenwood Ave, MAPLE RIDGE, BC, V2X 3P6
(604) 463-6512 SIC 8211
SCHOOL DISTRICT NO 42 (MAPLE RIDGE-PITT MEADOWS) p236
12138 Edge St, MAPLE RIDGE, BC, V2X 6G8
(604) 463-3810 SIC 8211
SCHOOL DISTRICT NO 42 (MAPLE RIDGE-PITT MEADOWS) p237
24789 Dewdney Trunk Rd, MAPLE RIDGE, BC, V4R 1X2
(604) 463-6287 SIC 8211
SCHOOL DISTRICT NO 42 (MAPLE RIDGE-PITT MEADOWS) p237
23889 Dewdney Trunk Rd, MAPLE RIDGE, BC, V4R 1W1
(604) 463-8918 SIC 8211
SCHOOL DISTRICT NO 42 (MAPLE RIDGE-PITT MEADOWS) p237
12153 248 St, MAPLE RIDGE, BC, V4R 1J3
(604) 463-6414 SIC 8211
SCHOOL DISTRICT NO 42 (MAPLE RIDGE-PITT MEADOWS) p237
25554 Dewdney Trunk Rd, MAPLE RIDGE, BC, V4R 1X9
(604) 462-7595 SIC 8211
SCHOOL DISTRICT NO 42 (MAPLE RIDGE-PITT MEADOWS) p237
11849 238b St, MAPLE RIDGE, BC, V4R 2T8
(604) 463-3035 SIC 8211
SCHOOL DISTRICT NO 42 (MAPLE RIDGE-PITT MEADOWS) p253
12178 Bonson Rd, PITT MEADOWS, BC, V3Y 2L5
(604) 460-9993 SIC 8211
SCHOOL DISTRICT NO 42 (MAPLE RIDGE-PITT MEADOWS) p253
12030 Blakely Rd, PITT MEADOWS, BC, V3Y 1J6
(604) 465-9908 SIC 8211
SCHOOL DISTRICT NO 42 (MAPLE RIDGE-PITT MEADOWS) p253
18961 Advent Rd, PITT MEADOWS, BC, V3Y 2G4
(604) 465-6737 SIC 8211
SCHOOL DISTRICT NO 42 (MAPLE RIDGE-PITT MEADOWS) p253
11941 Harris Rd, PITT MEADOWS, BC, V3Y 2B5
(604) 465-5828 SIC 8211
SCHOOL DISTRICT NO 42 (MAPLE RIDGE-PITT MEADOWS) p253
19438 116b Ave, PITT MEADOWS, BC, V3Y 1G1
(604) 465-7141 SIC 8211
SCHOOL DISTRICT NO 5 (SOUTHEAST KOOTENAY) p205
700 24th Ave N, CRANBROOK, BC, V1C

SIC 8211 Elementary and secondary schools

5P6
(250) 426-3352 SIC 8211

SCHOOL DISTRICT NO 5 (SOUTHEAST KOOTENAY) p205
1808 2nd St S, CRANBROOK, BC, V1C 1C5
(250) 426-5291 SIC 8211

SCHOOL DISTRICT NO 5 (SOUTHEAST KOOTENAY) p205
1115 2nd Ave S, CRANBROOK, BC, V1C 2B4
(250) 426-3327 SIC 8211

SCHOOL DISTRICT NO 5 (SOUTHEAST KOOTENAY) p205
40 Pinewood Ave, CRANBROOK, BC, V1C 5X8
(250) 426-6201 SIC 8211

SCHOOL DISTRICT NO 5 (SOUTHEAST KOOTENAY) p205
1301 20th Ave S Suite 1, CRANBROOK, BC, V1C 6N5
(250) 426-8551 SIC 8211

SCHOOL DISTRICT NO 5 (SOUTHEAST KOOTENAY) p205
3300 7th St S, CRANBROOK, BC, V1C 5G3
(250) 489-4391 SIC 8211

SCHOOL DISTRICT NO 5 (SOUTHEAST KOOTENAY) p205
940 Industrial Road 1 Suite 1, CRANBROOK, BC, V1C 4C6
(250) 426-4201 SIC 8211

SCHOOL DISTRICT NO 5 (SOUTHEAST KOOTENAY) p205
1200 5th Ave S, CRANBROOK, BC, V1C 2H1
(250) 426-8248 SIC 8211

SCHOOL DISTRICT NO 5 (SOUTHEAST KOOTENAY) p213
102 Fairway Dr, FERNIE, BC, V0B 1M5
(250) 423-4471 SIC 8211

SCHOOL DISTRICT NO 5 (SOUTHEAST KOOTENAY) p213
2500 Balmer Dr, ELKFORD, BC, V0B 1H0
(250) 865-4674 SIC 8211

SCHOOL DISTRICT NO 5 (SOUTHEAST KOOTENAY) p213
2500a Balmer Dr, ELKFORD, BC, V0B 1H0
(250) 865-4625 SIC 8211

SCHOOL DISTRICT NO 5 (SOUTHEAST KOOTENAY) p218
7355 Village Loop Rd, JAFFRAY, BC, V0B 1T0
(250) 429-3211 SIC 8211

SCHOOL DISTRICT NO 5 (SOUTHEAST KOOTENAY) p279
101 Pine Spur, SPARWOOD, BC, V0B 2G0
(250) 425-6666 SIC 8211

SCHOOL DISTRICT NO 5 (SOUTHEAST KOOTENAY) p279
101 Blue Spruce Cres, SPARWOOD, BC, V0B 2G0
(250) 425-7818 SIC 8211

SCHOOL DISTRICT NO 58 (NICOLA-SIMILKAMEEN) p237
2475 Merritt, MERRITT, BC, V1K 0A1
(250) 378-4245 SIC 8211

SCHOOL DISTRICT NO 58 (NICOLA-SIMILKAMEEN) p237
2675 Coldwater Ave, MERRITT, BC, V1K 1B2
(250) 378-2514 SIC 8211

SCHOOL DISTRICT NO 58 (NICOLA-SIMILKAMEEN) p237
3441 Grimmet St, MERRITT, BC, V1K 1M3
(250) 378-2528 SIC 8211

SCHOOL DISTRICT NO 58 (NICOLA-SIMILKAMEEN) p237
1501 Voght St, MERRITT, BC, V1K 1B8
(250) 378-9931 SIC 8211

SCHOOL DISTRICT NO 58 (NICOLA-SIMILKAMEEN) p237
1561 Champman St, MERRITT, BC, V1K 1B8
(250) 378-5131 SIC 8211

SCHOOL DISTRICT NO 58 (NICOLA-SIMILKAMEEN) p263
170 Vermilion, PRINCETON, BC, V0X 1W0
(250) 295-6914 SIC 8211

SCHOOL DISTRICT NO 58 (NICOLA-SIMILKAMEEN) p263
201 Old Merritt Hwy, PRINCETON, BC, V0X 1W0
(250) 295-3218 SIC 8211

SCHOOL DISTRICT NO 58 (NICOLA-SIMILKAMEEN) p263
99 Ridgewood Dr, PRINCETON, BC, V0X 1W0
(250) 295-6642 SIC 8211

SCHOOL DISTRICT NO 62 (SOOKE) p278
6218 Sooke Rd, SOOKE, BC, V9Z 0G7
(250) 642-5211 SIC 8211

SCHOOL DISTRICT NO 62 (SOOKE) p278
6526 Throup Rd, SOOKE, BC, V9Z 0W6
(250) 642-0500 SIC 8211

SCHOOL DISTRICT NO 62 (SOOKE) p278
7179 West Coast Rd Suite 790, SOOKE, BC, V9Z 0R9
(250) 642-4421 SIC 8211

SCHOOL DISTRICT NO 62 (SOOKE) p336
2721 Grainger Rd, VICTORIA, BC, V9B 3K7
(250) 478-9586 SIC 8211

SCHOOL DISTRICT NO 62 (SOOKE) p336
3060 Glen Lake Rd, VICTORIA, BC, V9B 4B4
SIC 8211

SCHOOL DISTRICT NO 62 (SOOKE) p336
2939 Mt. Wells Dr, VICTORIA, BC, V9B 4T4
(250) 478-1213 SIC 8211

SCHOOL DISTRICT NO 62 (SOOKE) p336
2662 Silverstone Way, VICTORIA, BC, V9B 6A6
(250) 478-0576 SIC 8211

SCHOOL DISTRICT NO 62 (SOOKE) p336
2764 Jacklin Rd, VICTORIA, BC, V9B 3X6
(250) 478-8368 SIC 8211

SCHOOL DISTRICT NO 62 (SOOKE) p336
626 Hoylake Ave, VICTORIA, BC, V9B 3P7
(250) 478-8348 SIC 8211

SCHOOL DISTRICT NO 62 (SOOKE) p336
1026 Goldstream Ave, VICTORIA, BC, V9B 2Y5
(250) 474-1291 SIC 8211

SCHOOL DISTRICT NO 62 (SOOKE) p336
2363 Setchfield Ave, VICTORIA, BC, V9B 5W1
(250) 474-3449 SIC 8211

SCHOOL DISTRICT NO 62 (SOOKE) p336
3067 Jacklin Rd, VICTORIA, BC, V9B 3Y7
(250) 478-5501 SIC 8211

SCHOOL DISTRICT NO 62 (SOOKE) p336
675 Meaford Ave, VICTORIA, BC, V9B 5Y1
(250) 478-7621 SIC 8211

SCHOOL DISTRICT NO 62 (SOOKE) p337
3310 Wishart Rd, VICTORIA, BC, V9C 1R1
(250) 478-9528 SIC 8211

SCHOOL DISTRICT NO 62 (SOOKE) p337
3291 Happy Valley Rd, VICTORIA, BC, V9C 2W3
(250) 478-3232 SIC 8211

SCHOOL DISTRICT NO 62 (SOOKE) p337
3341 Painter Rd, VICTORIA, BC, V9C 2J1
(250) 478-5548 SIC 8211

SCHOOL DISTRICT NO 62 (SOOKE) p337
4983 Rocky Point Rd, VICTORIA, BC, V9C 4G4
(250) 478-3410 SIC 8211

SCHOOL DISTRICT NO 62 (SOOKE) p337
301 Zealous Cres, VICTORIA, BC, V9C 1H6
(250) 478-5571 SIC 8211

SCHOOL DISTRICT NO 62 (SOOKE) p337
3325 Metchosin Rd, VICTORIA, BC, V9C 2A4
(250) 478-4441 SIC 8211

SCHOOL DISTRICT NO 67 (OKANAGAN SKAHA) p243
3660 8th St, NARAMATA, BC, V0H 1N0
(250) 770-7688 SIC 8211

SCHOOL DISTRICT NO 67 (OKANAGAN SKAHA) p252
300 Jermyn Ave, PENTICTON, BC, V2A 2E1
(250) 770-7600 SIC 8211

SCHOOL DISTRICT NO 67 (OKANAGAN SKAHA) p252
400 Carmi Ave, PENTICTON, BC, V2A 3G5
(250) 770-7697 SIC 8211

SCHOOL DISTRICT NO 67 (OKANAGAN SKAHA) p253
158 Eckhardt Ave E, PENTICTON, BC, V2A 1Z3
(250) 770-7750 SIC 8211

SCHOOL DISTRICT NO 67 (OKANAGAN SKAHA) p253
120 Green Ave W, PENTICTON, BC, V2A 3T1
(250) 770-7620 SIC 8211

SCHOOL DISTRICT NO 67 (OKANAGAN SKAHA) p279
10503 Prairie Valley Rd, SUMMERLAND, BC, V0H 1Z4
(250) 770-7671 SIC 8211

SCHOOL DISTRICT NO 67 (OKANAGAN SKAHA) p279
5811 Nixon Rd, SUMMERLAND, BC, V0H 1Z9
(250) 494-7876 SIC 8211

SCHOOL DISTRICT NO 69 (QUALICUM) p182
4830 Faye Rd, BOWSER, BC, V0R 1G0
(250) 757-8487 SIC 8211

SCHOOL DISTRICT NO 69 (QUALICUM) p213
1390 Sairdowne Rd, ERRINGTON, BC, V0R 1V0
(250) 248-8446 SIC 8211

SCHOOL DISTRICT NO 69 (QUALICUM) p243
2875 Northwest Bay Rd, NANOOSE BAY, BC, V9P 9E6
(250) 468-7414 SIC 8211

SCHOOL DISTRICT NO 69 (QUALICUM) p251
980 Wright Rd, PARKSVILLE, BC, V9P 2B3
(250) 248-4662 SIC 8211

SCHOOL DISTRICT NO 69 (QUALICUM) p251
330 Craig St, PARKSVILLE, BC, V9P 1L4
SIC 8211

SCHOOL DISTRICT NO 69 (QUALICUM) p251
140 Renz Rd, PARKSVILLE, BC, V9P 2H2
(250) 248-3296 SIC 8211

SCHOOL DISTRICT NO 69 (QUALICUM) p251
135 N Pym Rd, PARKSVILLE, BC, V9P 2H4
(250) 248-5721 SIC 8211

SCHOOL DISTRICT NO 69 (QUALICUM) p251
450 Despard Ave, PARKSVILLE, BC, V9P 2G3
(250) 248-2038 SIC 8211

SCHOOL DISTRICT NO 69 (QUALICUM) p263
650 Bennett Rd, QUALICUM BEACH, BC, V9K 1N1
(250) 752-3875 SIC 8211

SCHOOL DISTRICT NO 69 (QUALICUM) p263
266 Village Way, QUALICUM BEACH, BC, V9K 1L1
(250) 752-5651 SIC 8211

SCHOOL DISTRICT NO 69 (QUALICUM) p263
744 Primrose St, QUALICUM BEACH, BC, V9K 1S3
(250) 752-6989 SIC 8211

SCHOOL DISTRICT NO 69 (QUALICUM) p263
699 Claymore Rd, QUALICUM BEACH, BC, V9K 2T6
(250) 752-9212 SIC 8211

SCHOOL DISTRICT NO 85 (VANCOUVER ISLAND NORTH) p256
9050 Seaview St, PORT HARDY, BC, V0N 2P0
(250) 949-6418 SIC 8211

SCHOOL DISTRICT NO 85 (VANCOUVER ISLAND NORTH) p256
9350 Granfell St, PORT HARDY, BC, V0N 2P0
(250) 949-7443 SIC 8211

SCHOOL DISTRICT NO 85 (VANCOUVER ISLAND NORTH) p257
2433 Mountainview Cres, PORT MCNEILL, BC, V0N 2R0
(250) 956-4434 SIC 8211

SCHOOL DISTRICT NO 85 (VANCOUVER ISLAND NORTH) p257
2071 Mcneill Rd, PORT MCNEILL, BC, V0N 2R0
(250) 956-3394 SIC 8211

SCHOOL DISTRICT NO 85 (VANCOUVER ISLAND NORTH) p342
4500 Mac Rae, WOSS, BC, V0N 3P0
(250) 281-2233 SIC 8211

SCHOOL DISTRICT NO. 35 (LANGLEY) p181
26850 29 Ave, ALDERGROVE, BC, V4W 3C1
(604) 856-2521 SIC 8211

SCHOOL DISTRICT NO. 35 (LANGLEY) p181
26845 27 Ave, ALDERGROVE, BC, V4W 3E6
(604) 856-8178 SIC 8211

SCHOOL DISTRICT NO. 35 (LANGLEY) p181
5370 248 St, ALDERGROVE, BC, V4W 1A7
(604) 856-3355 SIC 8211

SCHOOL DISTRICT NO. 35 (LANGLEY) p230
9403 212 St, LANGLEY, BC, V1M 1M1
(604) 888-6444 SIC 8211

SCHOOL DISTRICT NO. 35 (LANGLEY) p230
21150 85 Ave, LANGLEY, BC, V1M 2M4
(604) 888-7109 SIC 8211

SCHOOL DISTRICT NO. 35 (LANGLEY) p230
9060 212 St, LANGLEY, BC, V1M 2B7
(604) 888-5257 SIC 8211

SCHOOL DISTRICT NO. 35 (LANGLEY) p230
8919 Walnut Grove Dr, LANGLEY, BC, V1M 2N7
(604) 882-0220 SIC 8211

SCHOOL DISTRICT NO. 35 (LANGLEY) p230
9175 206 St, LANGLEY, BC, V1M 2X2
(604) 882-0114 SIC 8211

SCHOOL DISTRICT NO. 35 (LANGLEY) p231
20766 80 Ave, LANGLEY, BC, V2Y 1X6
(604) 888-6033 SIC 8211

SCHOOL DISTRICT NO. 35 (LANGLEY) p231
23851 24 Ave, LANGLEY, BC, V2Z 3A3
(604) 534-5633 SIC 8211

SCHOOL DISTRICT NO. 35 (LANGLEY) p231
21405 56 Ave, LANGLEY, BC, V2Y 2N1
(604) 534-7155 SIC 8211

SCHOOL DISTRICT NO. 35 (LANGLEY) p231
23752 52 Ave, LANGLEY, BC, V2Z 2P3
(604) 530-2151 SIC 8211

SCHOOL DISTRICT NO. 35 (LANGLEY) p231
20202 35 Ave, LANGLEY, BC, V2Z 1A2
(604) 530-9747 SIC 8211

SCHOOL DISTRICT NO. 35 (LANGLEY) p231
7755 202a St, LANGLEY, BC, V2Y 1W4
(604) 888-3033 SIC 8211

SCHOOL DISTRICT NO. 35 (LANGLEY) p231
2244 Willoughby Way, LANGLEY, BC, V2Y 1C1

SIC 8211 Elementary and secondary schools

(604) 530-4101 SIC 8211
SCHOOL DISTRICT NO. 35 (LANGLEY)
p233
5409 206 St, LANGLEY, BC, V3A 2C5
(604) 533-4491 SIC 8211
SCHOOL DISTRICT NO. 35 (LANGLEY)
p233
20216 Fraser Hwy Suite 215, LANGLEY, BC, V3A 4E6
(604) 534-7155 SIC 8211
SCHOOL DISTRICT NO. 35 (LANGLEY)
p233
20390 40 Ave, LANGLEY, BC, V3A 2X1
(604) 533-3641 SIC 8211
SCHOOL DISTRICT NO. 35 (LANGLEY)
p233
3786 208 St, LANGLEY, BC, V3A 4X7
(604) 534-7891 SIC 8211
SCHOOL DISTRICT NO. 35 (LANGLEY)
p233
3920 198 St, LANGLEY, BC, V3A 1E1
SIC 8211
SCHOOL DISTRICT NO. 35 (LANGLEY)
p233
21250 42 Ave, LANGLEY, BC, V3A 8K6
(604) 534-4779 SIC 8211
SCHOOL DISTRICT NO. 35 (LANGLEY)
p233
20441 Grade Cres, LANGLEY, BC, V3A 4J8
(604) 534-9285 SIC 8211
SCHOOL DISTRICT NO. 35 (LANGLEY)
p233
5100 206 St, LANGLEY, BC, V3A 2E5
(604) 530-3188 SIC 8211
SCHOOL DISTRICT NO. 35 (LANGLEY)
p233
21250 42 Ave, LANGLEY, BC, V3A 8K6
(604) 530-9973 SIC 8211
SCHOOL DISTRICT NO. 35 (LANGLEY)
p233
20060 Fraser Hwy, LANGLEY, BC, V3A 4E5
SIC 8211
SCHOOL DISTRICT NO. 35 (LANGLEY)
p233
4471 207a St, LANGLEY, BC, V3A 5V8
(604) 533-1285 SIC 8211
SCHOOL DISTRICT NO. 43 (COQUITLAM)
p200
1266 Nestor St, COQUITLAM, BC, V3E 2A4
(604) 464-9422 SIC 8211
SCHOOL DISTRICT NO. 43 (COQUITLAM)
p200
3000 Pinewood Ave, COQUITLAM, BC, V3B 7Y7
(604) 464-2513 SIC 8211
SCHOOL DISTRICT NO. 43 (COQUITLAM)
p200
2960 Walton Ave, COQUITLAM, BC, V3B 6V6
(604) 941-1962 SIC 8211
SCHOOL DISTRICT NO. 43 (COQUITLAM)
p200
1760 Paddock Dr, COQUITLAM, BC, V3E 3N8
(604) 464-2549 SIC 8211
SCHOOL DISTRICT NO. 43 (COQUITLAM)
p200
700 Clearwater Way, COQUITLAM, BC, V3C 6A3
(604) 945-7004 SIC 8211
SCHOOL DISTRICT NO. 43 (COQUITLAM)
p200
1195 Lansdowne Dr, COQUITLAM, BC, V3B 7Y8
(604) 464-5793 SIC 8211
SCHOOL DISTRICT NO. 43 (COQUITLAM)
p200
1215 Falcon Dr, COQUITLAM, BC, V3E 1X9
(604) 464-5848 SIC 8211
SCHOOL DISTRICT NO. 43 (COQUITLAM)
p200
2875 Panorama Dr, COQUITLAM, BC, V3E 2S7
(604) 552-0313 SIC 8211
SCHOOL DISTRICT NO. 43 (COQUITLAM)
p200
2701 Spuraway Ave, COQUITLAM, BC, V3C 2C4
(604) 464-6684 SIC 8211
SCHOOL DISTRICT NO. 43 (COQUITLAM)
p200
1450 Parkway Blvd, COQUITLAM, BC, V3E 3L2
(604) 944-8273 SIC 8211
SCHOOL DISTRICT NO. 43 (COQUITLAM)
p200
1455 Johnson St, COQUITLAM, BC, V3E 2T1
(604) 944-4840 SIC 8211
SCHOOL DISTRICT NO. 43 (COQUITLAM)
p200
1240 Lansdowne Dr, COQUITLAM, BC, V3E 3E7
(604) 945-0156 SIC 8211
SCHOOL DISTRICT NO. 43 (COQUITLAM)
p200
1230 Soball St, COQUITLAM, BC, V3B 3H7
(604) 941-8661 SIC 8211
SCHOOL DISTRICT NO. 43 (COQUITLAM)
p200
1420 Pinetree Way, COQUITLAM, BC, V3E 6A3
(604) 945-7011 SIC 8211
SCHOOL DISTRICT NO. 43 (COQUITLAM)
p200
3064 Glen Dr, COQUITLAM, BC, V3B 2P9
(604) 464-6608 SIC 8211
SCHOOL DISTRICT NO. 43 (COQUITLAM)
p201
1563 Regan Ave, COQUITLAM, BC, V3J 3B7
(604) 939-1151 SIC 8211
SCHOOL DISTRICT NO. 43 (COQUITLAM)
p201
1411 Foster Ave, COQUITLAM, BC, V3J 2N1
(604) 939-4522 SIC 8211
SCHOOL DISTRICT NO. 43 (COQUITLAM)
p201
728 Porter St, COQUITLAM, BC, V3J 5B4
(604) 936-4296 SIC 8211
SCHOOL DISTRICT NO. 43 (COQUITLAM)
p201
570 Poirier St, COQUITLAM, BC, V3J 6A8
(604) 936-7205 SIC 8211
SCHOOL DISTRICT NO. 43 (COQUITLAM)
p201
2161 Regan Ave, COQUITLAM, BC, V3J 3C5
(604) 936-4237 SIC 8211
SCHOOL DISTRICT NO. 43 (COQUITLAM)
p201
740 Smith Ave, COQUITLAM, BC, V3J 4E7
(604) 936-7288 SIC 8211
SCHOOL DISTRICT NO. 43 (COQUITLAM)
p201
1100 Winslow Ave Suite 43, COQUITLAM, BC, V3J 2G3
(604) 936-0491 SIC 8211
SCHOOL DISTRICT NO. 43 (COQUITLAM)
p201
2525 Como Lake Ave, COQUITLAM, BC, V3J 3R8
(604) 461-5581 SIC 8211
SCHOOL DISTRICT NO. 43 (COQUITLAM)
p201
1121 King Albert Ave, COQUITLAM, BC, V3J 1X8
(604) 936-1451 SIC 8211
SCHOOL DISTRICT NO. 43 (COQUITLAM)
p201
885 Baker Dr, COQUITLAM, BC, V3J 6W9
(604) 461-5323 SIC 8211
SCHOOL DISTRICT NO. 43 (COQUITLAM)
p201
600 Fairview St, COQUITLAM, BC, V3J 4A7
(604) 939-2486 SIC 8211
SCHOOL DISTRICT NO. 43 (COQUITLAM)
p201
800 Egmont Ave, COQUITLAM, BC, V3J 4J8
(604) 936-0245 SIC 8211
SCHOOL DISTRICT NO. 43 (COQUITLAM)
p201
960 Lillian St, COQUITLAM, BC, V3J 5C7
(604) 936-1494 SIC 8211
SCHOOL DISTRICT NO. 43 (COQUITLAM)
p201
820 Banting St, COQUITLAM, BC, V3J 4J4
(604) 939-9247 SIC 8211
SCHOOL DISTRICT NO. 43 (COQUITLAM)
p202
1300 Rochester Ave, COQUITLAM, BC, V3K 2X5
(604) 931-3574 SIC 8211
SCHOOL DISTRICT NO. 43 (COQUITLAM)
p202
825 Gauthier Ave, COQUITLAM, BC, V3K 7C4
(604) 939-8301 SIC 8211
SCHOOL DISTRICT NO. 43 (COQUITLAM)
p202
380 Montgomery St, COQUITLAM, BC, V3K 5G2
(604) 936-4261 SIC 8211
SCHOOL DISTRICT NO. 43 (COQUITLAM)
p203
1900 Edgewood Ave, COQUITLAM, BC, V3K 2Y1
(604) 939-7367 SIC 8211
SCHOOL DISTRICT NO. 43 (COQUITLAM)
p203
155 Finnigan St, COQUITLAM, BC, V3K 5J2
(604) 526-4428 SIC 8211
SCHOOL DISTRICT NO. 43 (COQUITLAM)
p203
1432 Brunette Ave, COQUITLAM, BC, V3K 1G5
(604) 523-6011 SIC 8211
SCHOOL DISTRICT NO. 43 (COQUITLAM)
p203
411 Schoolhouse St, COQUITLAM, BC, V3K 4Y7
(604) 939-4624 SIC 8211
SCHOOL DISTRICT NO. 43 (COQUITLAM)
p203
2200 Austin Ave, COQUITLAM, BC, V3K 3S1
(604) 936-4271 SIC 8211
SCHOOL DISTRICT NO. 43 (COQUITLAM)
p203
450 Joyce St, COQUITLAM, BC, V3K 4G4
(604) 936-1436 SIC 8211
SCHOOL DISTRICT NO. 43 (COQUITLAM)
p255
1390 Laurier Ave, PORT COQUITLAM, BC, V3B 2B8
(604) 942-0261 SIC 8211
SCHOOL DISTRICT NO. 43 (COQUITLAM)
p255
3280 Flint St, PORT COQUITLAM, BC, V3B 4J2
(604) 942-1524 SIC 8211
SCHOOL DISTRICT NO. 43 (COQUITLAM)
p255
1260 Riverwood Gate, PORT COQUITLAM, BC, V3B 7Z5
(604) 941-5401 SIC 8211
SCHOOL DISTRICT NO. 43 (COQUITLAM)
p255
3150 Cedar Dr, PORT COQUITLAM, BC, V3B 3C3
(604) 941-3481 SIC 8211
SCHOOL DISTRICT NO. 43 (COQUITLAM)
p255
1761 Westminster Ave, PORT COQUITLAM, BC, V3B 1E5
(604) 942-6658 SIC 8211
SCHOOL DISTRICT NO. 43 (COQUITLAM)
p255
3862 Wellington St, PORT COQUITLAM, BC, V3B 3Z4
(604) 941-3408 SIC 8211
SCHOOL DISTRICT NO. 43 (COQUITLAM)
p255
1331 Fraser Ave, PORT COQUITLAM, BC, V3B 1M5
(604) 941-3428 SIC 8211
SCHOOL DISTRICT NO. 43 (COQUITLAM)
p255
1019 Fernwood Ave, PORT COQUITLAM, BC, V3B 5A8
(604) 941-6144 SIC 8211
SCHOOL DISTRICT NO. 43 (COQUITLAM)
p255
1040 Riverside Dr, PORT COQUITLAM, BC, V3B 8A7
(604) 944-9037 SIC 8211
SCHOOL DISTRICT NO. 43 (COQUITLAM)
p255
3700 Hastings St, PORT COQUITLAM, BC, V3B 5K7
(604) 464-8581 SIC 8211
SCHOOL DISTRICT NO. 43 (COQUITLAM)
p255
3610 Hastings St, PORT COQUITLAM, BC, V3B 4N6
(604) 464-2421 SIC 8211
SCHOOL DISTRICT NO. 43 (COQUITLAM)
p256
1144 Confederation Dr, PORT COQUITLAM, BC, V3C 6P1
(604) 468-8620 SIC 8211
SCHOOL DISTRICT NO. 43 (COQUITLAM)
p256
1265 Citadel Dr, PORT COQUITLAM, BC, V3C 5X6
(604) 945-6187 SIC 8211
SCHOOL DISTRICT NO. 43 (COQUITLAM)
p256
1278 Confederation Dr, PORT COQUITLAM, BC, V3C 6L9
(604) 941-0517 SIC 8211
SCHOOL DISTRICT NO. 43 (COQUITLAM)
p256
1982 Kingsway Ave, PORT COQUITLAM, BC, V3C 1S5
(604) 941-5643 SIC 8211
SCHOOL DISTRICT NO. 43 (COQUITLAM)
p256
1890 Humber Cres, PORT COQUITLAM, BC, V3C 2V7
(604) 942-0264 SIC 8211
SCHOOL DISTRICT NO. 43 (COQUITLAM)
p256
2260 Central Ave, PORT COQUITLAM, BC, V3C 1V8
(604) 941-0355 SIC 8211
SCHOOL DISTRICT NO. 43 (COQUITLAM)
p256
1575 Knappen St, PORT COQUITLAM, BC, V3C 2P8
(604) 941-3401 SIC 8211
SCHOOL DISTRICT NO. 43 (COQUITLAM)
p256
2215 Reeve St, PORT COQUITLAM, BC, V3C 6K8
(604) 941-6053 SIC 8211
SCHOOL DISTRICT NO. 43 (COQUITLAM)
p256
2070 Tyner St, PORT COQUITLAM, BC, V3C 2Z1
(604) 464-0207 SIC 8211
SCHOOL DISTRICT NO. 43 (COQUITLAM)
p257
2001 Panorama Dr, PORT MOODY, BC, V3H 5G8
(604) 461-7680 SIC 8211
SCHOOL DISTRICT NO. 43 (COQUITLAM)
p257
3115 St Johns St, PORT MOODY, BC, V3H 2C6
(604) 461-7384 SIC 8211
SCHOOL DISTRICT NO. 43 (COQUITLAM)
p257
999 Noons Creek Dr, PORT MOODY, BC, V3H 4N3

(604) 469-2238 SIC 8211
SCHOOL DISTRICT NO. 43 (COQUITLAM) p257
125 Ravine Dr, PORT MOODY, BC, V3H 4Z1
(604) 469-6407 SIC 8211
SCHOOL DISTRICT NO. 43 (COQUITLAM) p257
195 Barber St, PORT MOODY, BC, V3H 3A8
(604) 469-9288 SIC 8211
SCHOOL DISTRICT NO. 43 (COQUITLAM) p257
300 Albert St, PORT MOODY, BC, V3H 2M5
(604) 939-6656 SIC 8211
SCHOOL DISTRICT NO. 43 (COQUITLAM) p257
1215 Cecile Dr, PORT MOODY, BC, V3H 1N2
(604) 936-9991 SIC 8211
SCHOOL DISTRICT NO. 43 (COQUITLAM) p257
1300 David Ave, PORT MOODY, BC, V3H 5K6
(604) 461-8679 SIC 8211
SCHOOL DISTRICT NO. 43 (COQUITLAM) p257
495 Glencoe Dr, PORT MOODY, BC, V3H 1G6
(604) 939-9214 SIC 8211
SCHOOL DISTRICT NO. 43 (COQUITLAM) p263
101 1st Ave E, PRINCE RUPERT, BC, V8J 3X4
(604) 469-9151 SIC 8211
SCHOOL DISTRICT NO. 43 (COQUITLAM) p268
12600 Blundell Rd, RICHMOND, BC, V6W 1B3
(604) 668-6466 SIC 8211
SCHOOL DISTRICT NO. 43 (COQUITLAM) p271
8220 General Currie Rd, RICHMOND, BC, V6Y 1M1
SIC 8211
SCHOOL DISTRICT NO. 43 (COQUITLAM) p271
7520 Sunnymede Cres, RICHMOND, BC, V6Y 2V8
(604) 668-6538 SIC 8211
SCHOOL DISTRICT NO. 43 (COQUITLAM) p274
8380 Elsmore Rd, RICHMOND, BC, V7C 2A1
(604) 668-6268 SIC 8211
SCHOOL DISTRICT NO. 44 (NORTH VANCOUVER) p246
931 Broadview Dr, NORTH VANCOUVER, BC, V7H 2E9
(604) 903-3700 SIC 8211
SCHOOL DISTRICT NO. 44 (NORTH VANCOUVER) p246
2640 Carnation St, NORTH VANCOUVER, BC, V7H 1H5
(604) 903-3760 SIC 8211
SCHOOL DISTRICT NO. 44 (NORTH VANCOUVER) p246
4000 Inlet Cres, NORTH VANCOUVER, BC, V7G 2R2
(604) 903-3430 SIC 8211
SCHOOL DISTRICT NO. 44 (NORTH VANCOUVER) p246
919 Tollcross Rd, NORTH VANCOUVER, BC, V7H 2G3
SIC 8211
SCHOOL DISTRICT NO. 44 (NORTH VANCOUVER) p246
2650 Bronte Dr, NORTH VANCOUVER, BC, V7H 1M4
(604) 903-3250 SIC 8211
SCHOOL DISTRICT NO. 44 (NORTH VANCOUVER) p246
4085 Dollar Rd, NORTH VANCOUVER, BC, V7G 1A5
(604) 903-3810 SIC 8211
SCHOOL DISTRICT NO. 44 (NORTH VANCOUVER) p246
1818 Banbury Rd, NORTH VANCOUVER, BC, V7G 1W4
(604) 903-3420 SIC 8211
SCHOOL DISTRICT NO. 44 (NORTH VANCOUVER) p247
1801 Mountain Hwy, NORTH VANCOUVER, BC, V7J 2M7
(604) 903-3520 SIC 8211
SCHOOL DISTRICT NO. 44 (NORTH VANCOUVER) p247
800 Forsman Ave, NORTH VANCOUVER, BC, V7J 2G6
(604) 903-3590 SIC 8211
SCHOOL DISTRICT NO. 44 (NORTH VANCOUVER) p247
3207 Institute Rd, NORTH VANCOUVER, BC, V7K 3E5
(604) 903-3620 SIC 8211
SCHOOL DISTRICT NO. 44 (NORTH VANCOUVER) p247
1540 Coleman St, NORTH VANCOUVER, BC, V7K 1W8
(604) 903-3820 SIC 8211
SCHOOL DISTRICT NO. 44 (NORTH VANCOUVER) p247
1131 Frederick Rd, NORTH VANCOUVER, BC, V7K 1J3
(604) 903-3300 SIC 8211
SCHOOL DISTRICT NO. 44 (NORTH VANCOUVER) p247
2875 Bushnell Pl, NORTH VANCOUVER, BC, V7J 2Y9
(604) 903-3750 SIC 8211
SCHOOL DISTRICT NO. 44 (NORTH VANCOUVER) p247
3657 Fromme Rd, NORTH VANCOUVER, BC, V7K 2E6
SIC 8211
SCHOOL DISTRICT NO. 44 (NORTH VANCOUVER) p247
750 26th St E, NORTH VANCOUVER, BC, V7K 1A4
(604) 903-3260 SIC 8211
SCHOOL DISTRICT NO. 44 (NORTH VANCOUVER) p248
420 8th St E, NORTH VANCOUVER, BC, V7L 1Z5
(604) 903-3740 SIC 8211
SCHOOL DISTRICT NO. 44 (NORTH VANCOUVER) p248
2020 Moody Ave, NORTH VANCOUVER, BC, V7L 3V3
(604) 903-3730 SIC 8211
SCHOOL DISTRICT NO. 44 (NORTH VANCOUVER) p248
450 5th St E, NORTH VANCOUVER, BC, V7L 1M2
SIC 8211
SCHOOL DISTRICT NO. 44 (NORTH VANCOUVER) p248
980 13th St E, NORTH VANCOUVER, BC, V7L 2N2
(604) 903-3280 SIC 8211
SCHOOL DISTRICT NO. 44 (NORTH VANCOUVER) p248
641 17th St W Suite 101, NORTH VANCOUVER, BC, V7M 0A1
(604) 903-3840 SIC 8211
SCHOOL DISTRICT NO. 44 (NORTH VANCOUVER) p248
420 8th St E, NORTH VANCOUVER, BC, V7L 1Z5
SIC 8211
SCHOOL DISTRICT NO. 44 (NORTH VANCOUVER) p248
1860 Sutherland Ave, NORTH VANCOUVER, BC, V7L 4C2
(604) 903-3500 SIC 8211
SCHOOL DISTRICT NO. 44 (NORTH VANCOUVER) p248
1290 Shavington St, NORTH VANCOUVER, BC, V7L 1L2
SIC 8211
SCHOOL DISTRICT NO. 44 (NORTH VANCOUVER) p248
440 Hendry Ave, NORTH VANCOUVER, BC, V7L 4C5
(604) 903-3366 SIC 8211
SCHOOL DISTRICT NO. 44 (NORTH VANCOUVER) p249
3600 Mahon Ave, NORTH VANCOUVER, BC, V7N 3T6
(604) 903-3270 SIC 8211
SCHOOL DISTRICT NO. 44 (NORTH VANCOUVER) p249
2145 Jones Ave, NORTH VANCOUVER, BC, V7M 2W7
(604) 903-3555 SIC 8211
SCHOOL DISTRICT NO. 44 (NORTH VANCOUVER) p249
2121 Lonsdale Ave, NORTH VANCOUVER, BC, V7M 2K6
(604) 903-3444 SIC 8211
SCHOOL DISTRICT NO. 44 (NORTH VANCOUVER) p249
510 Carisbrooke Rd E, NORTH VANCOUVER, BC, V7N 1N5
(604) 903-3380 SIC 8211
SCHOOL DISTRICT NO. 44 (NORTH VANCOUVER) p249
3365 Mahon Ave, NORTH VANCOUVER, BC, V7N 3T7
SIC 8211
SCHOOL DISTRICT NO. 44 (NORTH VANCOUVER) p249
2605 Larson Rd, NORTH VANCOUVER, BC, V7N 3W4
(604) 903-3570 SIC 8211
SCHOOL DISTRICT NO. 44 (NORTH VANCOUVER) p249
230 Keith Rd W, NORTH VANCOUVER, BC, V7M 1L8
(604) 903-3720 SIC 8211
SCHOOL DISTRICT NO. 44 (NORTH VANCOUVER) p250
2132 Hamilton Ave, NORTH VANCOUVER, BC, V7P 2M3
(604) 903-3333 SIC 8211
SCHOOL DISTRICT NO. 44 (NORTH VANCOUVER) p250
4501 Highland Blvd, NORTH VANCOUVER, BC, V7R 3A2
(604) 903-3290 SIC 8211
SCHOOL DISTRICT NO. 44 (NORTH VANCOUVER) p250
5310 Sonora Dr, NORTH VANCOUVER, BC, V7R 3V8
(604) 903-3650 SIC 8211
SCHOOL DISTRICT NO. 44 (NORTH VANCOUVER) p250
3150 Colwood Dr, NORTH VANCOUVER, BC, V7R 2R6
(604) 903-3540 SIC 8211
SCHOOL DISTRICT NO. 44 (NORTH VANCOUVER) p250
1230 20th St W, NORTH VANCOUVER, BC, V7P 2B9
(604) 903-3370 SIC 8211
SCHOOL DISTRICT NO. 44 (NORTH VANCOUVER) p250
1044 Edgewood Rd, NORTH VANCOUVER, BC, V7R 1Y7
(604) 903-3600 SIC 8211
SCHOOL DISTRICT NO. 44 (NORTH VANCOUVER) p250
1295 Sowden St, NORTH VANCOUVER, BC, V7P 1L9
(604) 903-3680 SIC 8211
SCHOOL DISTRICT NO. 44 (NORTH VANCOUVER) p298
449 62nd Ave E, VANCOUVER, BC, V5X 2G2
(604) 713-4865 SIC 8211
SCHOOL DISTRICT NO. 45 (WEST VANCOUVER) p182
1041 Mount Gardner Rd, BOWEN ISLAND, BC, V0N 1G2
(604) 947-9337 SIC 8211
SCHOOL DISTRICT NO. 45 (WEST VANCOUVER) p338
1250 Mathers Ave, WEST VANCOUVER, BC, V7T 2G3
(604) 981-1250 SIC 8211
SCHOOL DISTRICT NO. 45 (WEST VANCOUVER) p338
1300 Chartwell Dr, WEST VANCOUVER, BC, V7S 2R3
(604) 981-1210 SIC 8211
SCHOOL DISTRICT NO. 45 (WEST VANCOUVER) p339
2455 Haywood Ave, WEST VANCOUVER, BC, V7V 1Y2
(604) 981-1240 SIC 8211
SCHOOL DISTRICT NO. 45 (WEST VANCOUVER) p339
3175 Thompson Pl, WEST VANCOUVER, BC, V7V 3E3
(604) 981-1260 SIC 8211
SCHOOL DISTRICT NO. 45 (WEST VANCOUVER) p339
6350 Marine Dr, WEST VANCOUVER, BC, V7W 2S5
(604) 981-1360 SIC 8211
SCHOOL DISTRICT NO. 45 (WEST VANCOUVER) p339
1750 Mathers Ave, WEST VANCOUVER, BC, V7V 2G7
(604) 981-1100 SIC 8211
SCHOOL DISTRICT NO. 45 (WEST VANCOUVER) p339
1150 22nd St, WEST VANCOUVER, BC, V7V 4C4
(604) 922-4214 SIC 8211
SCHOOL DISTRICT NO. 46 (SUNSHINE COAST) p216
1196 Chaster Rd, GIBSONS, BC, V0N 1V4
(604) 886-7818 SIC 8211
SCHOOL DISTRICT NO. 46 (SUNSHINE COAST) p216
783 School Rd, GIBSONS, BC, V0N 1V9
(604) 886-2612 SIC 8211
SCHOOL DISTRICT NO. 46 (SUNSHINE COAST) p217
8086 Northwood Rd, HALFMOON BAY, BC, V0N 1Y1
(604) 885-2318 SIC 8211
SCHOOL DISTRICT NO. 46 (SUNSHINE COAST) p274
1088 Roberts Creek Rd, ROBERTS CREEK, BC, V0N 2W0
(604) 885-3481 SIC 8211
SCHOOL DISTRICT NO. 46 (SUNSHINE COAST) p277
5545 Inlet Ave Rr 3, SECHELT, BC, V0N 3A3
(604) 885-0127 SIC 8211
SCHOOL DISTRICT NO. 46 (SUNSHINE COAST) p277
5904 Cowrie St, SECHELT, BC, V0N 3A7
(604) 885-3216 SIC 8211
SCHOOL DISTRICT NO. 46 (SUNSHINE COAST) p277
6030 Lighthouse Ave, SECHELT, BC, V0N 3A5
(604) 885-6782 SIC 8211
SCHOOL DISTRICT NO. 46 (SUNSHINE COAST) p277
6030 Lakehouse Ave, SECHELT, BC, V0N 3A0
(604) 885-6666 SIC 8211
SCHOOL DISTRICT NO. 46 (SUNSHINE COAST) p277
5609 Mason Rd, SECHELT, BC, V0N 3A8
(604) 885-2825 SIC 8211
SCHOOL DISTRICT NO. 48 (HOWE SOUND) p182
42000 Government Rd, BRACKENDALE, BC, V0N 1H0
(604) 898-3651 SIC 8211
SCHOOL DISTRICT NO. 48 (HOWE SOUND) p182
42091 Ross Rd, BRACKENDALE, BC, V0N

1H0
(604) 898-3671 SIC 8211
SCHOOL DISTRICT NO. 48 (HOWE SOUND) p206
Gd, D'ARCY, BC, V0N 1L0
(604) 452-3330 SIC 8211
SCHOOL DISTRICT NO. 48 (HOWE SOUND) p216
40266 Government Rd, GARIBALDI HIGHLANDS, BC, V0N 1T0
(604) 898-3601 SIC 8211
SCHOOL DISTRICT NO. 48 (HOWE SOUND) p216
2590 Portree Way, GARIBALDI HIGHLANDS, BC, V0N 1T0
(604) 898-3688 SIC 8211
SCHOOL DISTRICT NO. 48 (HOWE SOUND) p251
1400 Oak St, PEMBERTON, BC, V0N 2L0
(604) 894-6318 SIC 8211
SCHOOL DISTRICT NO. 48 (HOWE SOUND) p251
1410 Portage Rd, PEMBERTON, BC, V0N 2L1
(604) 894-6378 SIC 8211
SCHOOL DISTRICT NO. 48 (HOWE SOUND) p279
38370 Buckley Rd, SQUAMISH, BC, V8B 0A7
(604) 892-9307 SIC 8211
SCHOOL DISTRICT NO. 48 (HOWE SOUND) p279
38430 Westway, SQUAMISH, BC, V8B 0B5
(604) 892-9394 SIC 8211
SCHOOL DISTRICT NO. 48 (HOWE SOUND) p279
38430 Buckley Ave, SQUAMISH, BC, V8B 0A1
(604) 892-5261 SIC 8211
SCHOOL DISTRICT NO. 48 (HOWE SOUND) p279
38030 Clarke Dr, SQUAMISH, BC, V8B 0A5
(604) 892-5904 SIC 8211
SCHOOL DISTRICT NO. 48 (HOWE SOUND) p340
6195 Lorimer Rd, WHISTLER, BC, V0N 1B6
(604) 932-5321 SIC 8211
SCHOOL DISTRICT NO. 48 (HOWE SOUND) p340
8000 Alpine Way, WHISTLER, BC, V0N 1B8
(604) 905-2581 SIC 8211
SCHOOL DISTRICT NO. 53 (OKANAGAN SIMILKAMEEN) p195
517 School Rd, CAWSTON, BC, V0X 1C1
(250) 499-5617 SIC 8211
SCHOOL DISTRICT NO. 53 (OKANAGAN SIMILKAMEEN) p250
1141 Cedar St, OKANAGAN FALLS, BC, V0H 1R0
(250) 497-5414 SIC 8211
SCHOOL DISTRICT NO. 53 (OKANAGAN SIMILKAMEEN) p251
8507 68th Ave, OSOYOOS, BC, V0H 1V0
(250) 498-3468 SIC 8211
SCHOOL DISTRICT NO. 53 (OKANAGAN SIMILKAMEEN) p251
6140 Gala St, OLIVER, BC, V0H 1T0
(250) 498-4931 SIC 8211
SCHOOL DISTRICT NO. 53 (OKANAGAN SIMILKAMEEN) p251
6648 Park Dr, OLIVER, BC, V0H 1T4
(250) 498-3415 SIC 8211
SCHOOL DISTRICT NO. 53 (OKANAGAN SIMILKAMEEN) p251
5800 115th St, OSOYOOS, BC, V0H 1V4
(250) 485-4433 SIC 8211
SCHOOL DISTRICT NO. 54 (BULKLEY VALLEY) p217
3455 13th Street, HOUSTON, BC, V0J 1Z0
(250) 845-2228 SIC 8211
SCHOOL DISTRICT NO. 54 (BULKLEY VALLEY) p278
4092 Mountainview Dr, SMITHERS, BC, V0J 2N0
(250) 847-4464 SIC 8211
SCHOOL DISTRICT NO. 54 (BULKLEY VALLEY) p278
3490 Fulton Ave, SMITHERS, BC, V0J 2N0
(250) 847-2008 SIC 8211
SCHOOL DISTRICT NO. 54 (BULKLEY VALLEY) p278
3377 Third Ave, SMITHERS, BC, V0J 2N3
(250) 847-4846 SIC 8211
SCHOOL DISTRICT NO. 60 (PEACE RIVER NORTH) p181
5836 Baldonnel Rd, BALDONNEL, BC, V0C 1C6
(250) 789-3396 SIC 8211
SCHOOL DISTRICT NO. 60 (PEACE RIVER NORTH) p182
15263 Buick Ck, BUICK, BC, V0C 2R0
(250) 630-2231 SIC 8211
SCHOOL DISTRICT NO. 60 (PEACE RIVER NORTH) p196
52 Alaska Hwy, CHARLIE LAKE, BC, V0C 1H0
(250) 785-2025 SIC 8211
SCHOOL DISTRICT NO. 60 (PEACE RIVER NORTH) p215
9907 86 St, FORT ST. JOHN, BC, V1J 3G4
(250) 785-3704 SIC 8211
SCHOOL DISTRICT NO. 60 (PEACE RIVER NORTH) p215
9616 115 Ave, FORT ST. JOHN, BC, V1J 2Y1
(250) 785-2321 SIC 8211
SCHOOL DISTRICT NO. 60 (PEACE RIVER NORTH) p215
10904 106 St, FORT ST. JOHN, BC, V1J 4G3
(250) 785-8580 SIC 8211
SCHOOL DISTRICT NO. 60 (PEACE RIVER NORTH) p215
10215 99 Ave, FORT ST. JOHN, BC, V1J 1V5
(250) 785-4511 SIC 8211
SCHOOL DISTRICT NO. 60 (PEACE RIVER NORTH) p215
8130 89 Ave, FORT ST. JOHN, BC, V1J 5S5
(250) 787-0417 SIC 8211
SCHOOL DISTRICT NO. 60 (PEACE RIVER NORTH) p215
10615 96 St, FORT ST. JOHN, BC, V1J 3R3
(250) 785-6125 SIC 8211
SCHOOL DISTRICT NO. 60 (PEACE RIVER NORTH) p215
10716 97 Ave, FORT ST. JOHN, BC, V1J 6L7
(250) 785-1577 SIC 8211
SCHOOL DISTRICT NO. 60 (PEACE RIVER NORTH) p215
10723 92 St, FORT ST. JOHN, BC, V1J 3J4
(250) 785-8378 SIC 8211
SCHOOL DISTRICT NO. 60 (PEACE RIVER NORTH) p215
9816 106 St, FORT ST. JOHN, BC, V1J 4E6
(250) 785-6717 SIC 8211
SCHOOL DISTRICT NO. 60 (PEACE RIVER NORTH) p215
10511 99 Ave, FORT ST. JOHN, BC, V1J 1V6
(250) 261-5660 SIC 8211
SCHOOL DISTRICT NO. 60 (PEACE RIVER NORTH) p215
9304 86 St, FORT ST. JOHN, BC, V1J 6L9
(250) 785-4429 SIC 8211
SCHOOL DISTRICT NO. 60 (PEACE RIVER NORTH) p218
10441 Holland, HUDSON'S HOPE, BC, V0C 1V0
(250) 783-9994 SIC 8211
SCHOOL DISTRICT NO. 60 (PEACE RIVER NORTH) p258
22113 Triad Rd, PRESPATOU, BC, V0C 2S0
(250) 630-2241 SIC 8211
SCHOOL DISTRICT NO. 60 (PEACE RIVER NORTH) p274
16242 Rose Prairie, ROSE PRAIRIE, BC, V0C 2H0
(250) 827-3691 SIC 8211
SCHOOL DISTRICT NO. 60 (PEACE RIVER NORTH) p290
9808 Birch Ave E, TAYLOR, BC, V0C 2K0
(250) 789-3323 SIC 8211
SCHOOL DISTRICT NO. 64 (GULF ISLANDS) p252
5714 Canal Rd, PENDER ISLAND, BC, V0N 2M1
(250) 629-3711 SIC 8211
SCHOOL DISTRICT NO. 64 (GULF ISLANDS) p276
232 Rainbow Rd, SALT SPRING ISLAND, BC, V8K 2K3
(250) 537-9944 SIC 8211
SCHOOL DISTRICT NO. 64 (GULF ISLANDS) p276
163 Drake Rd, SALT SPRING ISLAND, BC, V8K 2K8
(250) 537-1156 SIC 8211
SCHOOL DISTRICT NO. 68 (NANAIMO-LADYSMITH) p215
680 North Rd, GABRIOLA, BC, V0R 1X0
(250) 247-9342 SIC 8211
SCHOOL DISTRICT NO. 68 (NANAIMO-LADYSMITH) p228
510 6 Ave, LADYSMITH, BC, V9G 1B9
(250) 245-3912 SIC 8211
SCHOOL DISTRICT NO. 68 (NANAIMO-LADYSMITH) p228
710 6th Ave, LADYSMITH, BC, V9G 1A1
(250) 245-3043 SIC 8211
SCHOOL DISTRICT NO. 68 (NANAIMO-LADYSMITH) p228
3519 Hallberg Rd, LADYSMITH, BC, V9G 1K1
SIC 8211
SCHOOL DISTRICT NO. 68 (NANAIMO-LADYSMITH) p228
13470 Cedar Rd, LADYSMITH, BC, V9G 1H6
(250) 245-3330 SIC 8211
SCHOOL DISTRICT NO. 68 (NANAIMO-LADYSMITH) p234
7000 Lantzville School Rd, LANTZVILLE, BC, V0R 2H0
(250) 390-4022 SIC 8211
SCHOOL DISTRICT NO. 68 (NANAIMO-LADYSMITH) p240
505 Howard Ave, NANAIMO, BC, V9R 3S5
SIC 8211
SCHOOL DISTRICT NO. 68 (NANAIMO-LADYSMITH) p240
395 Wakesiah Ave, NANAIMO, BC, V9R 3K6
(250) 754-5521 SIC 8211
SCHOOL DISTRICT NO. 68 (NANAIMO-LADYSMITH) p240
395 Eighth St, NANAIMO, BC, V9R 1A9
(250) 754-5591 SIC 8211
SCHOOL DISTRICT NO. 68 (NANAIMO-LADYSMITH) p240
205 Howard Ave, NANAIMO, BC, V9R 3R3
(250) 753-3418 SIC 8211
SCHOOL DISTRICT NO. 68 (NANAIMO-LADYSMITH) p240
400 Campbell St, NANAIMO, BC, V9R 3G7
(250) 754-2722 SIC 8211
SCHOOL DISTRICT NO. 68 (NANAIMO-LADYSMITH) p240
897 Harbour View St, NANAIMO, BC, V9R 4V4
SIC 8211
SCHOOL DISTRICT NO. 68 (NANAIMO-LADYSMITH) p240
1503 Cranberry Ave, NANAIMO, BC, V9R 6R7
(250) 754-6983 SIC 8211
SCHOOL DISTRICT NO. 68 (NANAIMO-LADYSMITH) p240
140 View St, NANAIMO, BC, V9R 4N6
(250) 754-3231 SIC 8211
SCHOOL DISTRICT NO. 68 (NANAIMO-LADYSMITH) p240
2480 East Wellington Rd, NANAIMO, BC, V9R 6V6
(250) 753-2831 SIC 8211
SCHOOL DISTRICT NO. 68 (NANAIMO-LADYSMITH) p240
10 Strickland St, NANAIMO, BC, V9R 4R9
(250) 753-4012 SIC 8211
SCHOOL DISTRICT NO. 68 (NANAIMO-LADYSMITH) p241
510 Millstone Ave, NANAIMO, BC, V9S 5A9
(250) 754-7523 SIC 8211
SCHOOL DISTRICT NO. 68 (NANAIMO-LADYSMITH) p241
1111 Dufferin Cres, NANAIMO, BC, V9S 2B5
(250) 740-3500 SIC 8211
SCHOOL DISTRICT NO. 68 (NANAIMO-LADYSMITH) p241
1951 Estevan Rd, NANAIMO, BC, V9S 3Y9
(250) 754-5442 SIC 8211
SCHOOL DISTRICT NO. 68 (NANAIMO-LADYSMITH) p241
1270 Strathmore St, NANAIMO, BC, V9S 2L9
(250) 753-2271 SIC 8211
SCHOOL DISTRICT NO. 68 (NANAIMO-LADYSMITH) p241
1632 Bowen Rd, NANAIMO, BC, V9S 1G6
(250) 754-6845 SIC 8211
SCHOOL DISTRICT NO. 68 (NANAIMO-LADYSMITH) p241
2050 Latimer Rd, NANAIMO, BC, V9S 2W5
(250) 758-6892 SIC 8211
SCHOOL DISTRICT NO. 68 (NANAIMO-LADYSMITH) p242
4355 Jingle Pot Rd, NANAIMO, BC, V9T 5P4
SIC 8211
SCHOOL DISTRICT NO. 68 (NANAIMO-LADYSMITH) p242
3004 Departure Bay Rd, NANAIMO, BC, V9T 1B4
(250) 758-6541 SIC 8211
SCHOOL DISTRICT NO. 68 (NANAIMO-LADYSMITH) p242
1025 Morningside Dr, NANAIMO, BC, V9T 1N5
(250) 758-5711 SIC 8211
SCHOOL DISTRICT NO. 68 (NANAIMO-LADYSMITH) p242
3821 Stronach Dr, NANAIMO, BC, V9T 3X4
(250) 758-3252 SIC 8211
SCHOOL DISTRICT NO. 68 (NANAIMO-LADYSMITH) p242
6199 Mcgirr Rd, NANAIMO, BC, V9V 1C7
(250) 758-8946 SIC 8211
SCHOOL DISTRICT NO. 68 (NANAIMO-LADYSMITH) p242
5301 Williamson Rd, NANAIMO, BC, V9V 1L1
(250) 729-8045 SIC 8211
SCHOOL DISTRICT NO. 68 (NANAIMO-LADYSMITH) p242
3135 Mexicana Rd, NANAIMO, BC, V9T 2W8
(250) 758-9191 SIC 8211
SCHOOL DISTRICT NO. 68 (NANAIMO-LADYSMITH) p242
3741 Departure Bay Rd, NANAIMO, BC, V9T 1C5
(250) 758-2434 SIC 8211
SCHOOL DISTRICT NO. 68 (NANAIMO-LADYSMITH) p242
6021 Nelson Rd, NANAIMO, BC, V9T 5N7
(250) 758-5076 SIC 8211
SCHOOL DISTRICT NO. 68 (NANAIMO-LADYSMITH) p242
6135 Mcgirr Rd, NANAIMO, BC, V9V 1M1
(250) 756-4595 SIC 8211
SCHOOL DISTRICT NO. 68 (NANAIMO-LADYSMITH) p242
2280 Sun Valley Dr, NANAIMO, BC, V9T 6P1
(250) 729-0450 SIC 8211
SCHOOL DISTRICT NO. 68 (NANAIMO-

LADYSMITH) *p242*
5840 Hammond Bay Rd, NANAIMO, BC, V9T 5N3
(250) 758-5331 SIC 8211

SCHOOL DISTRICT NO. 68 (NANAIMO-LADYSMITH) *p243*
2215 Gould Rd W, NANAIMO, BC, V9X 1J9
(250) 722-2722 SIC 8211

SCHOOL DISTRICT NO. 68 (NANAIMO-LADYSMITH) *p243*
1640 Macmillan Rd, NANAIMO, BC, V9X 1L9
(250) 722-2414 SIC 8211

SCHOOL DISTRICT NO. 68 (NANAIMO-LADYSMITH) *p243*
1536 Morden Rd, NANAIMO, BC, V9X 1S2
SIC 8211

SCHOOL DISTRICT NO. 68 (NANAIMO-LADYSMITH) *p243*
1800 Richardson Rd, NANAIMO, BC, V9X 1C9
(250) 716-1030 SIC 8211

SCHOOL DISTRICT NO. 71 (COMOX VALLEY) *p182*
8763 Paulsen Rd, BLACK CREEK, BC, V9J 1J8
(250) 337-5114 SIC 8211

SCHOOL DISTRICT NO. 71 (COMOX VALLEY) *p199*
566 Linshart Rd, COMOX, BC, V9M 2K8
SIC 8211

SCHOOL DISTRICT NO. 71 (COMOX VALLEY) *p199*
750 Pritchard Rd, COMOX, BC, V9M 3S8
(250) 339-3617 SIC 8211

SCHOOL DISTRICT NO. 71 (COMOX VALLEY) *p199*
2250 Bolt Ave, COMOX, BC, V9M 4E7
(250) 890-0944 SIC 8211

SCHOOL DISTRICT NO. 71 (COMOX VALLEY) *p199*
1475 Noel Ave, COMOX, BC, V9M 3H8
SIC 8211

SCHOOL DISTRICT NO. 71 (COMOX VALLEY) *p199*
1909 Robb Ave, COMOX, BC, V9M 2C9
(250) 339-6864 SIC 8211

SCHOOL DISTRICT NO. 71 (COMOX VALLEY) *p199*
1290 Guthrie Rd, COMOX, BC, V9M 4G2
(250) 339-2232 SIC 8211

SCHOOL DISTRICT NO. 71 (COMOX VALLEY) *p203*
4830 Headquarters Rd, COURTENAY, BC, V9J 1P2
(250) 338-9262 SIC 8211

SCHOOL DISTRICT NO. 71 (COMOX VALLEY) *p203*
5120 Mottishaw Rd, COURTENAY, BC, V9J 1L5
(250) 338-6596 SIC 8211

SCHOOL DISTRICT NO. 71 (COMOX VALLEY) *p203*
2947 Rennison Rd, COURTENAY, BC, V9J 1M1
(250) 334-2520 SIC 8211

SCHOOL DISTRICT NO. 71 (COMOX VALLEY) *p204*
805 Willemar Ave, COURTENAY, BC, V9N 3L7
(250) 334-3168 SIC 8211

SCHOOL DISTRICT NO. 71 (COMOX VALLEY) *p204*
401 Willemar Ave, COURTENAY, BC, V9N 3L3
(250) 334-4495 SIC 8211

SCHOOL DISTRICT NO. 71 (COMOX VALLEY) *p204*
3040 Lake Trail Rd, COURTENAY, BC, V9N 9M1
(250) 334-3191 SIC 8211

SCHOOL DISTRICT NO. 71 (COMOX VALLEY) *p204*
2345 Mission Rd Suite 171, COURTENAY, BC, V9N 9H1
(250) 338-1481 SIC 8211

SCHOOL DISTRICT NO. 71 (COMOX VALLEY) *p204*
2300 Valley View Dr, COURTENAY, BC, V9N 9A3
(250) 897-0343 SIC 8211

SCHOOL DISTRICT NO. 71 (COMOX VALLEY) *p204*
1551 Lerwick Rd, COURTENAY, BC, V9N 9B5
(250) 334-2428 SIC 8211

SCHOOL DISTRICT NO. 71 (COMOX VALLEY) *p204*
1540 Mcphee Ave, COURTENAY, BC, V9N 3A5
(250) 338-5396 SIC 8211

SCHOOL DISTRICT NO. 71 (COMOX VALLEY) *p206*
2674 Windermere Ave, CUMBERLAND, BC, V0R 1S0
(250) 336-8511 SIC 8211

SCHOOL DISTRICT NO. 71 (COMOX VALLEY) *p206*
Po Box 430, CUMBERLAND, BC, V0R 1S0
(250) 336-8511 SIC 8211

SCHOOL DISTRICT NO. 71 (COMOX VALLEY) *p206*
2644 Ulverston Ave, CUMBERLAND, BC, V0R 1S0
SIC 8211

SCHOOL DISTRICT NO. 71 (COMOX VALLEY) *p235*
1475 Salmonberry, LAZO, BC, V0R 2K0
(250) 339-3732 SIC 8211

SCHOOL DISTRICT NO. 71 (COMOX VALLEY) *p275*
3830 Warren Ave, ROYSTON, BC, V0R 2V0
(250) 334-2161 SIC 8211

SCHOOL DISTRICT NO. 79 (COWICHAN VALLEY) *p196*
9796 Willow St, CHEMAINUS, BC, V0R 1K0
(250) 246-4040 SIC 8211

SCHOOL DISTRICT NO. 79 (COWICHAN VALLEY) *p196*
9947 Daniel St, CHEMAINUS, BC, V0R 1K1
(250) 246-4711 SIC 8211

SCHOOL DISTRICT NO. 79 (COWICHAN VALLEY) *p196*
3172 Garner St, CHEMAINUS, BC, V0R 1K2
(250) 246-3522 SIC 8211

SCHOOL DISTRICT NO. 79 (COWICHAN VALLEY) *p199*
1501 Cowichan Bay Rd, COBBLE HILL, BC, V0R 1L0
(250) 743-5552 SIC 8211

SCHOOL DISTRICT NO. 79 (COWICHAN VALLEY) *p199*
3642 Learning Way, COBBLE HILL, BC, V0R 1L2
(250) 709-7607 SIC 8211

SCHOOL DISTRICT NO. 79 (COWICHAN VALLEY) *p212*
2515 Beverly St, DUNCAN, BC, V9L 3A5
(250) 746-6168 SIC 8211

SCHOOL DISTRICT NO. 79 (COWICHAN VALLEY) *p212*
5265 Polkey Rd, DUNCAN, BC, V9L 6W3
SIC 8211

SCHOOL DISTRICT NO. 79 (COWICHAN VALLEY) *p212*
1500 Donnay Dr, DUNCAN, BC, V9L 5R4
(250) 746-7541 SIC 8211

SCHOOL DISTRICT NO. 79 (COWICHAN VALLEY) *p212*
2494 Roome Rd, DUNCAN, BC, V9L 4L2
(250) 748-8724 SIC 8211

SCHOOL DISTRICT NO. 79 (COWICHAN VALLEY) *p212*
2918 Cliffs Rd, DUNCAN, BC, V9L 1C5
(250) 746-7845 SIC 8211

SCHOOL DISTRICT NO. 79 (COWICHAN VALLEY) *p212*
6236 Lane Rd, DUNCAN, BC, V9L 4E3

(250) 748-9232 SIC 8211

SCHOOL DISTRICT NO. 79 (COWICHAN VALLEY) *p212*
6177 Somenos Rd, DUNCAN, BC, V9L 4E7
(250) 746-7187 SIC 8211

SCHOOL DISTRICT NO. 79 (COWICHAN VALLEY) *p228*
9 Grosskleg Way, LAKE COWICHAN, BC, V0R 2G0
(250) 749-6691 SIC 8211

SCHOOL DISTRICT NO. 79 (COWICHAN VALLEY) *p228*
109 Hammond, LAKE COWICHAN, BC, V0R 2G0
SIC 8211

SCHOOL DISTRICT NO. 79 (COWICHAN VALLEY) *p228*
190 South Shore Rd, LAKE COWICHAN, BC, V0R 2G0
(250) 749-6634 SIC 8211

SCHOOL DISTRICT NO. 79 (COWICHAN VALLEY) *p238*
3060 Cobble Hill Rd, MILL BAY, BC, V0R 2P3
(250) 743-5571 SIC 8211

SCHOOL DISTRICT NO. 79 (COWICHAN VALLEY) *p238*
953 Shawnigan-Mill Bay Rd, MILL BAY, BC, V0R 2P2
(250) 743-6916 SIC 8211

SCHOOL DISTRICT NO. 79 (COWICHAN VALLEY) *p277*
2204 Mckean Rd, SHAWNIGAN LAKE, BC, V0R 2W1
(250) 743-3291 SIC 8211

SCHOOL DISTRICT NO. 79 (COWICHAN VALLEY) *p277*
1801 Shawnigan Mill Bay Rd, SHAWNIGAN LAKE, BC, V0R 2W0
SIC 8211

SCHOOL DISTRICT NO. 8 (KOOTENAY LAKE) *p195*
4575 Canyon-Lister Rd, CANYON, BC, V0B 1C1
(250) 428-4161 SIC 8211

SCHOOL DISTRICT NO. 8 (KOOTENAY LAKE) *p205*
16230 Wadds Rd, CRAWFORD BAY, BC, V0B 1E0
(250) 227-9218 SIC 8211

SCHOOL DISTRICT NO. 8 (KOOTENAY LAKE) *p206*
223 18 Ave S, CRESTON, BC, V0B 1G5
(250) 428-2274 SIC 8211

SCHOOL DISTRICT NO. 8 (KOOTENAY LAKE) *p206*
617 11 Ave S, CRESTON, BC, V0B 1G3
(250) 428-2217 SIC 8211

SCHOOL DISTRICT NO. 8 (KOOTENAY LAKE) *p206*
1092 Hwy 6, CRESCENT VALLEY, BC, V0G 1H0
(250) 359-5011 SIC 8211

SCHOOL DISTRICT NO. 8 (KOOTENAY LAKE) *p206*
421 9 Ave N, CRESTON, BC, V0B 1G4
(250) 428-2051 SIC 8211

SCHOOL DISTRICT NO. 8 (KOOTENAY LAKE) *p213*
3523 Hwy 3, ERICKSON, BC, V0B 1K0
(250) 428-2363 SIC 8211

SCHOOL DISTRICT NO. 8 (KOOTENAY LAKE) *p222*
500 Sixth St, KASLO, BC, V0G 1M0
(250) 353-2227 SIC 8211

SCHOOL DISTRICT NO. 8 (KOOTENAY LAKE) *p243*
310 Nelson Ave, NELSON, BC, V1L 2M8
(250) 352-3186 SIC 8211

SCHOOL DISTRICT NO. 8 (KOOTENAY LAKE) *p243*
570 Johnstone Rd, NELSON, BC, V1L 6J2
(250) 352-6681 SIC 8211

SCHOOL DISTRICT NO. 8 (KOOTENAY LAKE) *p244*
1004 Cottonwood St, NELSON, BC, V1L 3W2
(250) 352-5538 SIC 8211

SCHOOL DISTRICT NO. 8 (KOOTENAY LAKE) *p244*
1201 Josephine St, NELSON, BC, V1L 1X8
(250) 352-5591 SIC 8211

SCHOOL DISTRICT NO. 8 (KOOTENAY LAKE) *p275*
650 Glendale Ave, SALMO, BC, V0G 1Z0
(250) 357-2214 SIC 8211

SCHOOL DISTRICT NO. 8 (KOOTENAY LAKE) *p275*
715 Davies Ave, SALMO, BC, V0G 1Z0
(250) 357-2226 SIC 8211

SCHOOL DISTRICT NO. 8 (KOOTENAY LAKE) *p278*
1014 Playmor Rd, SOUTH SLOCAN, BC, V0G 2G1
(250) 359-6873 SIC 8211

SCHOOL DISTRICT OF MYSTERY LAKE *p359*
119 Riverside Dr, THOMPSON, MB, R8N 0X1
(204) 677-6115 SIC 8211

SCHOOL DISTRICT OF MYSTERY LAKE *p359*
306 Juniper Dr, THOMPSON, MB, R8N 0S9
(204) 677-6242 SIC 8211

SCHOOL DISTRICT OF MYSTERY LAKE *p359*
272 Thompson Dr N, THOMPSON, MB, R8N 0C4
(204) 677-6200 SIC 8211

SCHOOL DISTRICT OF MYSTERY LAKE *p359*
408 Thompson Dr Suite 2355, THOMPSON, MB, R8N 0C5
(204) 677-6125 SIC 8211

SCHOOL DISTRICT OF MYSTERY LAKE *p359*
103 Arctic Dr, THOMPSON, MB, R8N 1G8
(204) 677-6100 SIC 8211

SCHOOL DISTRICT OF MYSTERY LAKE *p359*
408 Thompson Dr Suite 2355, THOMPSON, MB, R8N 0C5
(204) 677-6140 SIC 8211

SEINE RIVER SCHOOL DIVISION *p350*
455 D'auteuil, ILE DES CHENES, MB, R0A 0T0
(204) 878-2898 SIC 8211

SEINE RIVER SCHOOL DIVISION *p350*
43 Rue Beaudry, LA SALLE, MB, R0G 0A1
(204) 736-4366 SIC 8211

SEINE RIVER SCHOOL DIVISION *p350*
139 Principale St, LA BROQUERIE, MB, R0A 0W0
(204) 424-5607 SIC 8211

SEINE RIVER SCHOOL DIVISION *p351*
1082 Dawson Rd Ss 1, LORETTE, MB, R0A 0Y0
(204) 878-2887 SIC 8211

SEINE RIVER SCHOOL DIVISION *p351*
475 Senez St Suite 14, LORETTE, MB, R0A 0Y0
(204) 878-4713 SIC 8211

SEINE RIVER SCHOOL DIVISION *p351*
425 Senez St, LORETTE, MB, R0A 0Y0
(204) 878-2929 SIC 8211

SEINE RIVER SCHOOL DIVISION *p356*
444 La Seine St, ST ADOLPHE, MB, R5A 1C2
(204) 883-2182 SIC 8211

SEINE RIVER SCHOOL DIVISION *p357*
197 St Alphonse Ave, STE ANNE, MB, R5H 1G3
(204) 422-5417 SIC 8211

SEINE RIVER SCHOOL DIVISION *p357*
167 St Alphonse Ave, STE ANNE, MB, R5H 1G3
(204) 422-8762 SIC 8211

SEINE RIVER SCHOOL DIVISION *p357*

177 St Alphonse Ave, STE ANNE, MB, R5H 1G3
(204) 422-8776 SIC 8211
SEINE RIVER SCHOOL DIVISION p391
245 Le Maire St, WINNIPEG, MB, R3V 1M2
(204) 275-5048 SIC 8211
SEINE RIVER SCHOOL DIVISION p391
870 Ste Therese Ave, WINNIPEG, MB, R3V 1H8
(204) 269-4920 SIC 8211
SEINE RIVER SCHOOL DIVISION p391
900 Ste Therese Ave, WINNIPEG, MB, R3V 1H8
(204) 261-4430 SIC 8211
SEINE RIVER SCHOOL DIVISION p391
190 Houde Dr, WINNIPEG, MB, R3V 1C5
(204) 275-1521 SIC 8211
SEMINAIRE DE CHICOUTIMI SERVICE EDUCATIF p1015
679 Rue Chabanel, CHICOUTIMI, QC, G7H 1Z7
(418) 549-0190 SIC 8211
SEMINAIRE DE LA TRES SAINTE-TRINITE p1182
1475 Rang Des Vingt, SAINT-BRUNO, QC, J3V 4P6
(450) 653-2409 SIC 8211
SEMINAIRE STE-MARIE DE SHAWINIGAN, LE p1235
5655 Boul Des Hetres, SHAWINIGAN, QC, G9N 4V9
(819) 539-5493 SIC 8211
SERVICES EDUCATIFS DU SEMINAIRE MARIE-REINE-DU-CLERGE p1078
1569 Rte 169, Metabetchouan-Lac-A-La-Croix, QC, G8G 1A8
(418) 349-2816 SIC 8211
SEVEN OAKS SCHOOL DIVISION p369
1330 Jefferson Ave, WINNIPEG, MB, R2P 1L3
(204) 632-6641 SIC 8211
SEVEN OAKS SCHOOL DIVISION p369
1520 Jefferson Ave, WINNIPEG, MB, R2P 1K1
(204) 632-6314 SIC 8211
SEVEN OAKS SCHOOL DIVISION p369
20 Allan Blye Dr, WINNIPEG, MB, R2P 2S5
(204) 694-8071 SIC 8211
SEVEN OAKS SCHOOL DIVISION p369
66 Neville St, WINNIPEG, MB, R2P 1W3
(204) 632-9669 SIC 8211
SEVEN OAKS SCHOOL DIVISION p369
30 Maberley Rd, WINNIPEG, MB, R2P 0E2
(204) 633-5641 SIC 8211
SEVEN OAKS SCHOOL DIVISION p369
25 Anglia Ave, WINNIPEG, MB, R2P 2R1
(204) 694-8688 SIC 8211
SEVEN OAKS SCHOOL DIVISION p370
1874 Main St, WINNIPEG, MB, R2V 2A6
(204) 339-6959 SIC 8211
SEVEN OAKS SCHOOL DIVISION p370
10 Marigold Bay, WINNIPEG, MB, R2V 2M1
(204) 334-4391 SIC 8211
SEVEN OAKS SCHOOL DIVISION p371
525 Belmont Ave, WINNIPEG, MB, R2V 0Z6
(204) 338-7893 SIC 8211
SEVEN OAKS SCHOOL DIVISION p371
25 Morrison St, WINNIPEG, MB, R2V 3B3
(204) 338-7804 SIC 8211
SEVEN OAKS SCHOOL DIVISION p371
75 Cottingham St, WINNIPEG, MB, R2V 3B5
(204) 338-7937 SIC 8211
SEVEN OAKS SCHOOL DIVISION p371
123 Red River Blvd W, WINNIPEG, MB, R2V 3X9
(204) 334-8417 SIC 8211
SEVEN OAKS SCHOOL DIVISION p371
395 Jefferson Ave, WINNIPEG, MB, R2V 0N3
(204) 586-9716 SIC 8211
SEVEN OAKS SCHOOL DIVISION p371
711 Jefferson Ave, WINNIPEG, MB, R2V 0P7
(204) 336-5050 SIC 8211
SEVEN OAKS SCHOOL DIVISION p371
130 Forest Park Dr, WINNIPEG, MB, R2V 2R8
(204) 338-9341 SIC 8211
SEVEN OAKS SCHOOL DIVISION p371
385 Cork Ave, WINNIPEG, MB, R2V 1R6
(204) 338-9384 SIC 8211
SEVEN OAKS SCHOOL DIVISION p371
150 Hartford Ave, WINNIPEG, MB, R2V 0V7
(204) 339-7112 SIC 8211
SEVEN OAKS SCHOOL DIVISION p371
800 Salter St, WINNIPEG, MB, R2V 2E6
(204) 586-0327 SIC 8211
SEVEN OAKS SCHOOL DIVISION p371
830 Powers St, WINNIPEG, MB, R2V 4E7
SIC 8211
SHORE ELEMENTARY SCHOOL p387
123 Doncaster St Suite A200, WINNIPEG, MB, R3N 2B4
(204) 477-7410 SIC 8211
SIKSIKA BOARD OF EDUCATION p164
Gd, SIKSIKA, AB, T0J 3W0
(403) 734-5400 SIC 8211
SIKSIKA BOARD OF EDUCATION p164
Gd, SIKSIKA, AB, T0J 3W0
(403) 734-5300 SIC 8211
SIKSIKA BOARD OF EDUCATION p164
Gd, SIKSIKA, AB, T0J 3W0
(403) 734-5320 SIC 8211
SIMCOE COUNTY DISTRICT SCHOOL BOARD, THE p486
160 8th Ave, ALLISTON, ON, L9R 1A5
(705) 435-0676 SIC 8211
SIMCOE COUNTY DISTRICT SCHOOL BOARD, THE p486
46 Wellington St W Unit 3, ALLISTON, ON, L9R 2B8
(705) 435-7778 SIC 8211
SIMCOE COUNTY DISTRICT SCHOOL BOARD, THE p486
203 Victoria St E, ALLISTON, ON, L9R 1G5
(705) 435-6288 SIC 8211
SIMCOE COUNTY DISTRICT SCHOOL BOARD, THE p486
25 Albert St W, ALLISTON, ON, L9R 1H2
(705) 435-7391 SIC 8211
SIMCOE COUNTY DISTRICT SCHOOL BOARD, THE p488
45 Brian Ave, ANGUS, ON, L0M 1B3
(705) 424-3317 SIC 8211
SIMCOE COUNTY DISTRICT SCHOOL BOARD, THE p495
130 Prince William Way, BARRIE, ON, L4M 7G4
(705) 797-8446 SIC 8211
SIMCOE COUNTY DISTRICT SCHOOL BOARD, THE p495
421 Grove St E, BARRIE, ON, L4M 5S1
(705) 728-1321 SIC 8211
SIMCOE COUNTY DISTRICT SCHOOL BOARD, THE p495
60 Cundles Rd E, BARRIE, ON, L4M 2Z7
(705) 728-9658 SIC 8211
SIMCOE COUNTY DISTRICT SCHOOL BOARD, THE p495
36 Steel St, BARRIE, ON, L4M 2E7
(705) 728-9292 SIC 8211
SIMCOE COUNTY DISTRICT SCHOOL BOARD, THE p495
105 Johnson St, BARRIE, ON, L4M 4R4
(705) 728-9251 SIC 8211
SIMCOE COUNTY DISTRICT SCHOOL BOARD, THE p495
217 Codrington St, BARRIE, ON, L4M 1S4
(705) 728-3084 SIC 8211
SIMCOE COUNTY DISTRICT SCHOOL BOARD, THE p495
242 Grove St E, BARRIE, ON, L4M 2P9
(705) 728-5201 SIC 8211
SIMCOE COUNTY DISTRICT SCHOOL BOARD, THE p495
110 Grove St E, BARRIE, ON, L4M 2P3
(705) 726-6541 SIC 8211
SIMCOE COUNTY DISTRICT SCHOOL BOARD, THE p495
22 Davidson St, BARRIE, ON, L4M 3R8
(705) 728-3307 SIC 8211
SIMCOE COUNTY DISTRICT SCHOOL BOARD, THE p495
100 Livingstone St E, BARRIE, ON, L4M 6X9
(705) 727-4267 SIC 8211
SIMCOE COUNTY DISTRICT SCHOOL BOARD, THE p498
11 Bear Creek Dr, BARRIE, ON, L4N 9M9
(705) 725-7970 SIC 8211
SIMCOE COUNTY DISTRICT SCHOOL BOARD, THE p498
49 Ford St, BARRIE, ON, L4N 7J4
(705) 725-8229 SIC 8211
SIMCOE COUNTY DISTRICT SCHOOL BOARD, THE p498
124 Letitia St, BARRIE, ON, L4N 1P5
(705) 728-1302 SIC 8211
SIMCOE COUNTY DISTRICT SCHOOL BOARD, THE p498
50 Bradford St, BARRIE, ON, L4N 3A8
(705) 728-3105 SIC 8211
SIMCOE COUNTY DISTRICT SCHOOL BOARD, THE p498
226 Little Ave, BARRIE, ON, L4N 6L3
(705) 726-4256 SIC 8211
SIMCOE COUNTY DISTRICT SCHOOL BOARD, THE p498
191 Golden Meadow Rd, BARRIE, ON, L4N 9R6
(705) 737-4080 SIC 8211
SIMCOE COUNTY DISTRICT SCHOOL BOARD, THE p499
330 Big Bay Point Rd, BARRIE, ON, L4N 8A8
(705) 728-3937 SIC 8211
SIMCOE COUNTY DISTRICT SCHOOL BOARD, THE p499
170 Ferndale Dr S, BARRIE, ON, L4N 8A1
(705) 733-5636 SIC 8211
SIMCOE COUNTY DISTRICT SCHOOL BOARD, THE p499
59 Lampman Lane, BARRIE, ON, L4N 5G4
(705) 728-5420 SIC 8211
SIMCOE COUNTY DISTRICT SCHOOL BOARD, THE p499
124 Bayview Dr, BARRIE, ON, L4N 3P4
(705) 728-3601 SIC 8211
SIMCOE COUNTY DISTRICT SCHOOL BOARD, THE p499
180 Esther Dr, BARRIE, ON, L4N 9S9
(705) 725-7980 SIC 8211
SIMCOE COUNTY DISTRICT SCHOOL BOARD, THE p499
125 Dunlop St W, BARRIE, ON, L4N 1A9
SIC 8211
SIMCOE COUNTY DISTRICT SCHOOL BOARD, THE p499
383 Cundles Rd W, BARRIE, ON, L4N 7C7
(705) 728-5401 SIC 8211
SIMCOE COUNTY DISTRICT SCHOOL BOARD, THE p501
43 Patterson St, BEETON, ON, L0G 1A0
(905) 729-2631 SIC 8211
SIMCOE COUNTY DISTRICT SCHOOL BOARD, THE p507
145 Somme Blvd, BORDEN, ON, L0M 1C0
SIC 8211
SIMCOE COUNTY DISTRICT SCHOOL BOARD, THE p509
70 Professor Day Dr, BRADFORD, ON, L3Z 3B9
(905) 775-2262 SIC 8211
SIMCOE COUNTY DISTRICT SCHOOL BOARD, THE p509
177 Church St, BRADFORD, ON, L3Z 1R4
(905) 778-4323 SIC 8211
SIMCOE COUNTY DISTRICT SCHOOL BOARD, THE p509
100 Professory Day Dr, BRADFORD, ON, L3Z 2B3
(905) 778-2010 SIC 8211
SIMCOE COUNTY DISTRICT SCHOOL BOARD, THE p509
110 Northgate Dr, BRADFORD, ON, L3Z 2Z7
(905) 778-0617 SIC 8211
SIMCOE COUNTY DISTRICT SCHOOL BOARD, THE p509
20 Fletcher St, BRADFORD, ON, L3Z 1L9
(905) 775-4821 SIC 8211
SIMCOE COUNTY DISTRICT SCHOOL BOARD, THE p509
2516 12th Line, BRADFORD, ON, L3Z 2A5
(905) 775-3031 SIC 8211
SIMCOE COUNTY DISTRICT SCHOOL BOARD, THE p509
410 Maplegrove Ave, BRADFORD, ON, L3Z 2V4
(905) 775-9691 SIC 8211
SIMCOE COUNTY DISTRICT SCHOOL BOARD, THE p529
3226 County Rd 47 Suite 1, BRECHIN, ON, L0K 1B0
(705) 484-5711 SIC 8211
SIMCOE COUNTY DISTRICT SCHOOL BOARD, THE p555
33 Gray St, COLDWATER, ON, L0K 1E0
(705) 686-7780 SIC 8211
SIMCOE COUNTY DISTRICT SCHOOL BOARD, THE p556
300 Peel St, COLLINGWOOD, ON, L9Y 3W2
(705) 445-1241 SIC 8211
SIMCOE COUNTY DISTRICT SCHOOL BOARD, THE p556
81 Batteaux, COLLINGWOOD, ON, L9Y 3Z1
(705) 445-1827 SIC 8211
SIMCOE COUNTY DISTRICT SCHOOL BOARD, THE p556
575 Cameron St, COLLINGWOOD, ON, L9Y 2J4
(705) 445-2902 SIC 8211
SIMCOE COUNTY DISTRICT SCHOOL BOARD, THE p556
300 Spruce St, COLLINGWOOD, ON, L9Y 3H1
(705) 445-1501 SIC 8211
SIMCOE COUNTY DISTRICT SCHOOL BOARD, THE p556
6 Cameron St, COLLINGWOOD, ON, L9Y 2J2
(705) 445-3161 SIC 8211
SIMCOE COUNTY DISTRICT SCHOOL BOARD, THE p564
5088 County Road 27, COOKSTOWN, ON, L0L 1L0
(705) 458-4461 SIC 8211
SIMCOE COUNTY DISTRICT SCHOOL BOARD, THE p564
4063 10th Side Rd, COOKSTOWN, ON, L0L 1L0
SIC 8211
SIMCOE COUNTY DISTRICT SCHOOL BOARD, THE p568
240 Collingwood St, CREEMORE, ON, L0M 1G0
(705) 466-2624 SIC 8211
SIMCOE COUNTY DISTRICT SCHOOL BOARD, THE p572
62 Denney Dr, EGBERT, ON, L0L 1N0
(705) 424-9992 SIC 8211
SIMCOE COUNTY DISTRICT SCHOOL BOARD, THE p573
25 Lawson St, ELMVALE, ON, L0L 1P0
(705) 322-2201 SIC 8211
SIMCOE COUNTY DISTRICT SCHOOL BOARD, THE p573
28 Simcoe St, ELMVALE, ON, L0L 1P0
(705) 322-1101 SIC 8211
SIMCOE COUNTY DISTRICT SCHOOL BOARD, THE p588
7016 County Rd 13 Suite 13, EVERETT, ON, L0M 1J0
(705) 435-6023 SIC 8211

SIC 8211 Elementary and secondary schools

SIMCOE COUNTY DISTRICT SCHOOL BOARD, THE p618
744 11 Line N, HAWKESTONE, ON, L0L 1T0
(705) 487-2047   SIC 8211

SIMCOE COUNTY DISTRICT SCHOOL BOARD, THE p619
16 Albert St E, HILLSDALE, ON, L0L 1V0
(705) 835-2108   SIC 8211

SIMCOE COUNTY DISTRICT SCHOOL BOARD, THE p622
1310 Innisfil Beach Rd, INNISFIL, ON, L9S 4B7
(705) 431-5918   SIC 8211

SIMCOE COUNTY DISTRICT SCHOOL BOARD, THE p622
218 Sunnybrae Ave, INNISFIL, ON, L9S 1H9
(705) 436-1100   SIC 8211

SIMCOE COUNTY DISTRICT SCHOOL BOARD, THE p622
827 9th Line, INNISFIL, ON, L9S 1A6
(705) 436-3600   SIC 8211

SIMCOE COUNTY DISTRICT SCHOOL BOARD, THE p646
20 Side Rd Suite 850, LEFROY, ON, L0L 1W0
(705) 456-2630   SIC 8211

SIMCOE COUNTY DISTRICT SCHOOL BOARD, THE p646
2075 5th Line, LEFROY, ON, L0L 1W0
(705) 456-2534   SIC 8211

SIMCOE COUNTY DISTRICT SCHOOL BOARD, THE p666
9091 County Rd 1, LORETTO, ON, L0G 1L0
(905) 729-2624   SIC 8211

SIMCOE COUNTY DISTRICT SCHOOL BOARD, THE p679
16 Doran Rd, MIDHURST, ON, L0L 1X0
(705) 721-8300   SIC 8211

SIMCOE COUNTY DISTRICT SCHOOL BOARD, THE p679
1170 Hwy 26, MIDHURST, ON, L0L 1X0
(705) 734-6363   SIC 8211

SIMCOE COUNTY DISTRICT SCHOOL BOARD, THE p680
340 Sixth St, MIDLAND, ON, L4R 3Y4
(705) 526-2091   SIC 8211

SIMCOE COUNTY DISTRICT SCHOOL BOARD, THE p680
425 Robert St, MIDLAND, ON, L4R 2M2
(705) 526-5300   SIC 8211

SIMCOE COUNTY DISTRICT SCHOOL BOARD, THE p680
865 Hugel Ave, MIDLAND, ON, L4R 1X8
(705) 526-7817   SIC 8211

SIMCOE COUNTY DISTRICT SCHOOL BOARD, THE p680
845 Ottawa St, MIDLAND, ON, L4R 1C9
(705) 528-6939   SIC 8211

SIMCOE COUNTY DISTRICT SCHOOL BOARD, THE p683
7 Huron St, MINESING, ON, L9X 1J2
(705) 728-1944   SIC 8211

SIMCOE COUNTY DISTRICT SCHOOL BOARD, THE p723
290 Moonstone Rd E, MOONSTONE, ON, L0K 1N0
(705) 835-2021   SIC 8211

SIMCOE COUNTY DISTRICT SCHOOL BOARD, THE p775
455 Laclie St, ORILLIA, ON, L3V 4P7
(705) 325-9311   SIC 8211

SIMCOE COUNTY DISTRICT SCHOOL BOARD, THE p775
1902 Division Rd W, ORILLIA, ON, L3V 6H2
(705) 326-7652   SIC 8211

SIMCOE COUNTY DISTRICT SCHOOL BOARD, THE p775
381 Birch St, ORILLIA, ON, L3V 2P5
(705) 325-1318   SIC 8211

SIMCOE COUNTY DISTRICT SCHOOL BOARD, THE p775
230 James St E, ORILLIA, ON, L3V 1M2
SIC 8211

SIMCOE COUNTY DISTRICT SCHOOL BOARD, THE p775
11 George St, ORILLIA, ON, L3V 2V1
(705) 325-9388   SIC 8211

SIMCOE COUNTY DISTRICT SCHOOL BOARD, THE p775
3797 Telford Line, ORILLIA, ON, L3V 6H3
(705) 327-1321   SIC 8211

SIMCOE COUNTY DISTRICT SCHOOL BOARD, THE p775
485 Regent St, ORILLIA, ON, L3V 4E2
(705) 326-7481   SIC 8211

SIMCOE COUNTY DISTRICT SCHOOL BOARD, THE p775
25 Brant St W, ORILLIA, ON, L3V 3N6
(705) 325-5031   SIC 8211

SIMCOE COUNTY DISTRICT SCHOOL BOARD, THE p775
50 Westmount Dr N, ORILLIA, ON, L3V 6C1
(705) 728-7570   SIC 8211

SIMCOE COUNTY DISTRICT SCHOOL BOARD, THE p775
575 West St S Unit 15, ORILLIA, ON, L3V 7N6
(705) 325-9279   SIC 8211

SIMCOE COUNTY DISTRICT SCHOOL BOARD, THE p775
4833 Muley Point Rd Suite 7, ORILLIA, ON, L3V 6H7
(705) 326-4332   SIC 8211

SIMCOE COUNTY DISTRICT SCHOOL BOARD, THE p775
233 Park St, ORILLIA, ON, L3V 5W1
SIC 8211

SIMCOE COUNTY DISTRICT SCHOOL BOARD, THE p775
2 Borland St E, ORILLIA, ON, L3V 2B4
SIC 8211

SIMCOE COUNTY DISTRICT SCHOOL BOARD, THE p775
24 Calverley St, ORILLIA, ON, L3V 3T4
(705) 325-7772   SIC 8211

SIMCOE COUNTY DISTRICT SCHOOL BOARD, THE p806
20 Lorne Ave, PENETANGUISHENE, ON, L9M 1B2
(705) 549-8381   SIC 8211

SIMCOE COUNTY DISTRICT SCHOOL BOARD, THE p817
722 Seventh Ave, PORT MCNICOLL, ON, L0K 1R0
SIC 8211

SIMCOE COUNTY DISTRICT SCHOOL BOARD, THE p859
7578 26 Hwy, STAYNER, ON, L0M 1S0
(705) 428-2639   SIC 8211

SIMCOE COUNTY DISTRICT SCHOOL BOARD, THE p859
Gd, STAYNER, ON, L0M 1S0
(705) 428-2245   SIC 8211

SIMCOE COUNTY DISTRICT SCHOOL BOARD, THE p943
2124 5 Rd 10, TOTTENHAM, ON, L0G 1W0
(905) 936-3711   SIC 8211

SIMCOE COUNTY DISTRICT SCHOOL BOARD, THE p943
21 Rogers Rd, TOTTENHAM, ON, L0G 1W0
(905) 936-4951   SIC 8211

SIMCOE COUNTY DISTRICT SCHOOL BOARD, THE p948
1 Mackenzie Cres, VICTORIA HARBOUR, ON, L0K 2A0
(705) 534-3101   SIC 8211

SIMCOE COUNTY DISTRICT SCHOOL BOARD, THE p949
31 40th St S, WASAGA BEACH, ON, L9Z 1Z9
(705) 429-2552   SIC 8211

SIMCOE COUNTY DISTRICT SCHOOL BOARD, THE p949
7269 County Rd 169, WASHAGO, ON, L0K 2B0
(705) 689-2031   SIC 8211

SIMCOE COUNTY DISTRICT SCHOOL BOARD, THE p949
1315 River Rd W Suite B, WASAGA BEACH, ON, L9Z 2W6
(705) 429-2551   SIC 8211

SIMCOE MUSKOKA CATHOLIC DISTRICT SCHOOL BOARD p486
180 King St S, ALLISTON, ON, L9R 1B9
(705) 435-3989   SIC 8211

SIMCOE MUSKOKA CATHOLIC DISTRICT SCHOOL BOARD p486
100 James A Mccague Ave, ALLISTON, ON, L9R 0G5
(705) 435-7211   SIC 8211

SIMCOE MUSKOKA CATHOLIC DISTRICT SCHOOL BOARD p488
24 Roth St, ANGUS, ON, L0M 1B2
(705) 424-6162   SIC 8211

SIMCOE MUSKOKA CATHOLIC DISTRICT SCHOOL BOARD p495
46 Alliance Blvd, BARRIE, ON, L4M 5K3
(705) 722-3555   SIC 8211

SIMCOE MUSKOKA CATHOLIC DISTRICT SCHOOL BOARD p495
123 Hanmer St E, BARRIE, ON, L4M 6W2
(705) 726-1221   SIC 8211

SIMCOE MUSKOKA CATHOLIC DISTRICT SCHOOL BOARD p495
243 Cundles Rd E, BARRIE, ON, L4M 6L1
(705) 728-3120   SIC 8211

SIMCOE MUSKOKA CATHOLIC DISTRICT SCHOOL BOARD p495
90 Steel St, BARRIE, ON, L4M 2E9
(705) 726-8221   SIC 8211

SIMCOE MUSKOKA CATHOLIC DISTRICT SCHOOL BOARD p495
345 Livingstone St E, BARRIE, ON, L4M 7B5
(705) 737-2812   SIC 8211

SIMCOE MUSKOKA CATHOLIC DISTRICT SCHOOL BOARD p499
340 Leacock Dr, BARRIE, ON, L4N 6J8
(705) 726-1843   SIC 8211

SIMCOE MUSKOKA CATHOLIC DISTRICT SCHOOL BOARD p499
211 Ashford Dr, BARRIE, ON, L4N 6A3
(705) 722-0212   SIC 8211

SIMCOE MUSKOKA CATHOLIC DISTRICT SCHOOL BOARD p499
240 Kozlov St, BARRIE, ON, L4N 7H6
(705) 726-5849   SIC 8211

SIMCOE MUSKOKA CATHOLIC DISTRICT SCHOOL BOARD p499
101 Marsellus Dr, BARRIE, ON, L4N 8R6
(705) 733-0459   SIC 8211

SIMCOE MUSKOKA CATHOLIC DISTRICT SCHOOL BOARD p499
23 Cloughley Dr, BARRIE, ON, L4N 7Y3
(705) 728-2302   SIC 8211

SIMCOE MUSKOKA CATHOLIC DISTRICT SCHOOL BOARD p499
111 Summerset Dr, BARRIE, ON, L4N 0A6
(705) 728-7301   SIC 8211

SIMCOE MUSKOKA CATHOLIC DISTRICT SCHOOL BOARD p499
349 Big Bay Point Rd, BARRIE, ON, L4N 8A2
(705) 733-9611   SIC 8211

SIMCOE MUSKOKA CATHOLIC DISTRICT SCHOOL BOARD p499
100 Lougheed Rd, BARRIE, ON, L4N 8E1
(705) 737-9082   SIC 8211

SIMCOE MUSKOKA CATHOLIC DISTRICT SCHOOL BOARD p499
201 Ashford Dr, BARRIE, ON, L4N 6A3
(705) 734-0168   SIC 8211

SIMCOE MUSKOKA CATHOLIC DISTRICT SCHOOL BOARD p501
10 Lilly St E, BEETON, ON, L0G 1A0
(905) 729-3473   SIC 8211

SIMCOE MUSKOKA CATHOLIC DISTRICT SCHOOL BOARD p508
2 Tamarack Trail, BRACEBRIDGE, ON, P1L 1Z2
(705) 645-8759   SIC 8211

SIMCOE MUSKOKA CATHOLIC DISTRICT SCHOOL BOARD p508
955 Cedar Lane, BRACEBRIDGE, ON, P1L 0A1
(705) 646-8772   SIC 8211

SIMCOE MUSKOKA CATHOLIC DISTRICT SCHOOL BOARD p509
151 Miller Park Ave, BRADFORD, ON, L3Z 2K3
(905) 775-8460   SIC 8211

SIMCOE MUSKOKA CATHOLIC DISTRICT SCHOOL BOARD p509
105 Colborne St, BRADFORD, ON, L3Z 1C4
(905) 775-3492   SIC 8211

SIMCOE MUSKOKA CATHOLIC DISTRICT SCHOOL BOARD p509
100 Melbourne Dr, BRADFORD, ON, L3Z 2B3
(905) 775-4841   SIC 8211

SIMCOE MUSKOKA CATHOLIC DISTRICT SCHOOL BOARD p556
18 Saunders St, COLLINGWOOD, ON, L9Y 0G2
(705) 445-6132   SIC 8211

SIMCOE MUSKOKA CATHOLIC DISTRICT SCHOOL BOARD p556
160 Collins St, COLLINGWOOD, ON, L9Y 4R1
(705) 445-2043   SIC 8211

SIMCOE MUSKOKA CATHOLIC DISTRICT SCHOOL BOARD p573
34 Kerr St, ELMVALE, ON, L0L 1P0
(705) 322-1622   SIC 8211

SIMCOE MUSKOKA CATHOLIC DISTRICT SCHOOL BOARD p620
36 Silverwood Dr, HUNTSVILLE, ON, P1H 1N1
(705) 789-6481   SIC 8211

SIMCOE MUSKOKA CATHOLIC DISTRICT SCHOOL BOARD p622
1067 Anna Maria Ave, INNISFIL, ON, L9S 1W2
(705) 431-5711   SIC 8211

SIMCOE MUSKOKA CATHOLIC DISTRICT SCHOOL BOARD p622
910 Leslie Dr, INNISFIL, ON, L9S 1A7
(705) 431-2935   SIC 8211

SIMCOE MUSKOKA CATHOLIC DISTRICT SCHOOL BOARD p680
347 Galloway Blvd, MIDLAND, ON, L4R 5B2
(705) 526-1311   SIC 8211

SIMCOE MUSKOKA CATHOLIC DISTRICT SCHOOL BOARD p680
120 Old Penetanguishene Rd, MIDLAND, ON, L4R 4Z6
(705) 526-2831   SIC 8211

SIMCOE MUSKOKA CATHOLIC DISTRICT SCHOOL BOARD p680
241 Elizabeth St, MIDLAND, ON, L4R 1Y5
(705) 526-0107   SIC 8211

SIMCOE MUSKOKA CATHOLIC DISTRICT SCHOOL BOARD p775
140 Atlantis Dr, ORILLIA, ON, L3V 0A8
(705) 326-0979   SIC 8211

SIMCOE MUSKOKA CATHOLIC DISTRICT SCHOOL BOARD p775
255 Oxford St, ORILLIA, ON, L3V 1H6
(705) 326-2331   SIC 8211

SIMCOE MUSKOKA CATHOLIC DISTRICT SCHOOL BOARD p775
14 Fittons Rd E, ORILLIA, ON, L3V 2H9
(705) 326-3601   SIC 8211

SIMCOE MUSKOKA CATHOLIC DISTRICT SCHOOL BOARD p775
15 Commerce Rd, ORILLIA, ON, L3V 0Z2
(705) 325-9372   SIC 8211

SIMCOE MUSKOKA CATHOLIC DISTRICT SCHOOL BOARD p805
134 William St Unit A, PARRY SOUND, ON, P2A 1W2
(705) 746-7196   SIC 8211

SIMCOE MUSKOKA CATHOLIC DISTRICT SCHOOL BOARD p806
7 Bellisle Rd, PENETANGUISHENE, ON,

L9M 1N6
(705) 549-1877   SIC 8211
SIMCOE MUSKOKA CATHOLIC DISTRICT SCHOOL BOARD p807
5 Dunlop St, PENETANGUISHENE, ON, L9M 1J2
(705) 549-3101   SIC 8211
SIMCOE MUSKOKA CATHOLIC DISTRICT SCHOOL BOARD p943
2 Nolan Rd, TOTTENHAM, ON, L0G 1W0
(905) 936-4743   SIC 8211
SIMCOE MUSKOKA CATHOLIC DISTRICT SCHOOL BOARD p943
235 Queen St N, TOTTENHAM, ON, L0G 1W0
(905) 936-3364   SIC 8211
SIMCOE MUSKOKA CATHOLIC DISTRICT SCHOOL BOARD p948
460 Park St, VICTORIA HARBOUR, ON, L0K 2A0
(705) 534-3391   SIC 8211
SIMCOE MUSKOKA CATHOLIC DISTRICT SCHOOL BOARD p949
425 Ramblewood Dr, WASAGA BEACH, ON, L9Z 1P3
(705) 429-1081   SIC 8211
SIOUX VALLEY EDUCATIONAL AUTHORITY INC p349
Gd, GRISWOLD, MB, R0M 0S0
(204) 855-2663   SIC 8211
SIR WILFRID LAURIER SCHOOL BOARD p999
1455 Rue Jean-Paul-Riopelle, BLAINVILLE, QC, J7C 5V4
(450) 621-7606   SIC 8211
SIR WILFRID LAURIER SCHOOL BOARD p1018
1105 Rue Victor-Morin, Cote Saint-Luc, QC, H7G 4B8
(450) 680-3036   SIC 8211
SIR WILFRID LAURIER SCHOOL BOARD p1021
2323 Boul Daniel-Johnson, Cote Saint-Luc, QC, H7T 1H8
(450) 686-6300   SIC 8211
SIR WILFRID LAURIER SCHOOL BOARD p1023
2001 Rue Guy, DEUX-MONTAGNES, QC, J7R 1W6
SIC 8211
SIR WILFRID LAURIER SCHOOL BOARD p1023
2105 Rue Guy, DEUX-MONTAGNES, QC, J7R 1W6
(450) 621-7830   SIC 8211
SIR WILFRID LAURIER SCHOOL BOARD p1046
107 Rue Delorimier, JOLIETTE, QC, J6E 6E8
(450) 755-1556   SIC 8211
SIR WILFRID LAURIER SCHOOL BOARD p1058
455 Rue Court, LACHUTE, QC, J8H 1T2
(450) 562-2401   SIC 8211
SIR WILFRID LAURIER SCHOOL BOARD p1058
448 Av D'argenteuil, LACHUTE, QC, J8H 1W9
(450) 562-8571   SIC 8211
SIR WILFRID LAURIER SCHOOL BOARD p1062
900 Av Des Lacasse, Laval, QC, H7K 3V9
(450) 680-3040   SIC 8211
SIR WILFRID LAURIER SCHOOL BOARD p1062
1305 Rue L'assomption, Laval, QC, H7E 4C5
(450) 663-5833   SIC 8211
SIR WILFRID LAURIER SCHOOL BOARD p1063
750 Av Du Devonshire, Laval, QC, H7W 4C7
(450) 681-6703   SIC 8211
SIR WILFRID LAURIER SCHOOL BOARD p1076
412 Ch Des Anglais, MASCOUCHE, QC, J7L 3R1
(450) 477-5353   SIC 8211
SIR WILFRID LAURIER SCHOOL BOARD p1129
2100 Boul Des Laurentides, Montreal, QC, H7M 2Y6
(450) 688-2933   SIC 8211
SIR WILFRID LAURIER SCHOOL BOARD p1131
4885 Ch Du Souvenir, Montreal, QC, H7W 1E1
(450) 688-1944   SIC 8211
SIR WILFRID LAURIER SCHOOL BOARD p1131
265 Rue Bladen, Montreal, QC, H7W 4J8
(450) 688-3002   SIC 8211
SIR WILFRID LAURIER SCHOOL BOARD p1134
647 Ch Du Village, MORIN-HEIGHTS, QC, J0R 1H0
(450) 226-2017   SIC 8211
SIR WILFRID LAURIER SCHOOL BOARD p1144
3065 Boul Du Cure-Labelle, Prevost, QC, J0R 1T0
(514) 932-7722   SIC 8211
SIR WILFRID LAURIER SCHOOL BOARD p1144
3065 Boul Du Cure-Labelle, Prevost, QC, J0R 1T0
(450) 224-8234   SIC 8211
SIR WILFRID LAURIER SCHOOL BOARD p1170
4121 Rue Queen, RAWDON, QC, J0K 1S0
(450) 834-2427   SIC 8211
SIR WILFRID LAURIER SCHOOL BOARD p1170
1111 Boul Basile-Routhier, REPENTIGNY, QC, J5Y 4C8
(450) 470-0755   SIC 8211
SIR WILFRID LAURIER SCHOOL BOARD p1176
501 Rue Northcote, Rosemere, QC, J7A 1Y1
(450) 621-6111   SIC 8211
SIR WILFRID LAURIER SCHOOL BOARD p1176
530 Rue Northcote, Rosemere, QC, J7A 1Y2
(450) 621-5900   SIC 8211
SIR WILFRID LAURIER SCHOOL BOARD p1176
235 Montee Lesage Bureau 1, Rosemere, QC, J7A 4Y6
(450) 621-5600   SIC 8211
SIR WILFRID LAURIER SCHOOL BOARD p1223
26 Rue Napoleon, SAINTE-AGATHE-DES-MONTS, QC, J8C 1Z3
(819) 326-2563   SIC 8211
SIX NATIONS COUNCIL p772
2120 Cayuga Rd, OHSWEKEN, ON, N0A 1M0
(519) 445-0433   SIC 8211
SMITHERS SCHOOL BOARD DISTRICT #54 (BULKLEY VALLEY) p217
1771 Hungerford Dr, HOUSTON, BC, V0J 1Z0
(250) 845-7217   SIC 8211
SMITHERS SCHOOL BOARD DISTRICT #54 (BULKLEY VALLEY) p217
1771 Hungerford, HOUSTON, BC, V0J 1Z0
(250) 845-2227   SIC 8211
SMITHERS SCHOOL BOARD DISTRICT #54 (BULKLEY VALLEY) p278
1306 Vancouver St, SMITHERS, BC, V0J 2N0
(250) 847-2211   SIC 8211
SMITHERS SCHOOL BOARD DISTRICT #54 (BULKLEY VALLEY) p278
4408 Third Ave, SMITHERS, BC, V0J 2N3
(250) 847-2231   SIC 8211
SMITHERS SCHOOL BOARD DISTRICT #54 (BULKLEY VALLEY) p278
3659 3rd Ave, SMITHERS, BC, V0J 2N0
(250) 847-2688   SIC 8211
SOCIETY FOR CHRISTIAN EDUCATION IN SOUTHERN ALBERTA, THE p137
2010 5 Ave N, LETHBRIDGE, AB, T1H 0N5
(403) 317-7860   SIC 8211
SOCIETY FOR CHRISTIAN EDUCATION IN SOUTHERN ALBERTA, THE p170
4809 60 Ave, TABER, AB, T1G 1E9
(403) 223-4550   SIC 8211
SOEURS DE SAINTE-ANNE DU QUEBEC, LES p1090
6855 13e Av, Montreal, QC, H1X 2Z3
(514) 725-4179   SIC 8211
SOUTH EAST CORNERSTONE SCHOOL DIVISION NO. 209 p1264
302 Souris Ave, ARCOLA, SK, S0C 0G0
(306) 455-2340   SIC 8211
SOUTH EAST CORNERSTONE SCHOOL DIVISION NO. 209 p1264
802 Weldon Rd, BIENFAIT, SK, S0C 0M0
(306) 388-2422   SIC 8211
SOUTH EAST CORNERSTONE SCHOOL DIVISION NO. 209 p1266
506 Anderson Ave, CARNDUFF, SK, S0C 0S0
(306) 482-3491   SIC 8211
SOUTH EAST CORNERSTONE SCHOOL DIVISION NO. 209 p1266
401 Souris Ave E, CARLYLE, SK, S0C 0R0
(306) 453-2393   SIC 8211
SOUTH EAST CORNERSTONE SCHOOL DIVISION NO. 209 p1266
415 5th St E, CARLYLE, SK, S0C 0R0
(306) 453-2500   SIC 8211
SOUTH EAST CORNERSTONE SCHOOL DIVISION NO. 209 p1268
321 Spruce Dr, ESTEVAN, SK, S4A 2W9
(306) 634-8510   SIC 8211
SOUTH EAST CORNERSTONE SCHOOL DIVISION NO. 209 p1268
1700 Dieppe Cres, ESTEVAN, SK, S4A 1X1
(306) 634-4210   SIC 8211
SOUTH EAST CORNERSTONE SCHOOL DIVISION NO. 209 p1269
1607 2nd St, ESTEVAN, SK, S4A 0M9
(306) 634-2241   SIC 8211
SOUTH EAST CORNERSTONE SCHOOL DIVISION NO. 209 p1272
910 Coorgan Rd, LAMPMAN, SK, S0C 1N0
(306) 487-2522   SIC 8211
SOUTH EAST CORNERSTONE SCHOOL DIVISION NO. 209 p1275
415 Prairie Avenue, MILESTONE, SK, S0G 3L0
(306) 436-2292   SIC 8211
SOUTH EAST CORNERSTONE SCHOOL DIVISION NO. 209 p1275
610 College Ave, MIDALE, SK, S0C 1S0
(306) 458-2480   SIC 8211
SOUTH EAST CORNERSTONE SCHOOL DIVISION NO. 209 p1276
908 Gordon St, MOOSOMIN, SK, S0G 3N0
(306) 435-3341   SIC 8211
SOUTH EAST CORNERSTONE SCHOOL DIVISION NO. 209 p1276
1016 Gordon St, MOOSOMIN, SK, S0G 3N0
(306) 435-3878   SIC 8211
SOUTH EAST CORNERSTONE SCHOOL DIVISION NO. 209 p1278
415 Wylie Ave, OXBOW, SK, S0C 2B0
(306) 483-2383   SIC 8211
SOUTH EAST CORNERSTONE SCHOOL DIVISION NO. 209 p1281
44 Broadway St, REDVERS, SK, S0C 2H0
(306) 452-6161   SIC 8211
SOUTH EAST CORNERSTONE SCHOOL DIVISION NO. 209 p1291
1002 Francis Ave, ROCANVILLE, SK, S0A 3L0
(306) 645-2838   SIC 8211
SOUTH EAST CORNERSTONE SCHOOL DIVISION NO. 209 p1306
101 Government Rd, STOUGHTON, SK, S0G 4T0
(306) 457-2533   SIC 8211
SOUTH EAST CORNERSTONE SCHOOL DIVISION NO. 209 p1308
1113 Coteau Ave, WEYBURN, SK, S4H 0H5
(306) 842-2812   SIC 8211
SOUTH EAST CORNERSTONE SCHOOL DIVISION NO. 209 p1308
600 5th St, WEYBURN, SK, S4H 1A1
(306) 842-7474   SIC 8211
SOUTH EAST CORNERSTONE SCHOOL DIVISION NO. 209 p1308
107 2nd Ave Nw, WEYBURN, SK, S4H 1P7
(306) 842-7494   SIC 8211
SOUTH SHORE REGIONAL SCHOOL BOARD p445
130 North Park St, BRIDGEWATER, NS, B4V 4G9
(902) 543-2468   SIC 8211
SOUTH SHORE REGIONAL SCHOOL BOARD p445
40 Caledonia Rd W, CALEDONIA, NS, B0T 1B0
(902) 682-3500   SIC 8211
SOUTH SHORE REGIONAL SCHOOL BOARD p445
100 York St, BRIDGEWATER, NS, B4V 1R3
(902) 543-9185   SIC 8211
SOUTH SHORE REGIONAL SCHOOL BOARD p446
204 Duke St, CHESTER, NS, B0J 1J0
(902) 275-2720   SIC 8211
SOUTH SHORE REGIONAL SCHOOL BOARD p446
847 Highway 12, CHESTER BASIN, NS, B0J 1K0
(902) 275-2700   SIC 8211
SOUTH SHORE REGIONAL SCHOOL BOARD p465
105 Parkwood Dr, HUBBARDS, NS, B0J 1T0
(902) 857-2600   SIC 8211
SOUTH SHORE REGIONAL SCHOOL BOARD p466
311 Old Port Mouton Rd, LIVERPOOL, NS, B0T 1K0
(902) 354-7660   SIC 8211
SOUTH SHORE REGIONAL SCHOOL BOARD p466
104 College St, LIVERPOOL, NS, B0T 1K0
(902) 354-7600   SIC 8211
SOUTH SHORE REGIONAL SCHOOL BOARD p466
178 Waterloo, LIVERPOOL, NS, B0T 1K0
(902) 354-7640   SIC 8211
SOUTH SHORE REGIONAL SCHOOL BOARD p467
11788 Highway 3, LUNENBURG, NS, B0J 2C0
(902) 634-2200   SIC 8211
SOUTH SHORE REGIONAL SCHOOL BOARD p468
110 Clearway St, MAHONE BAY, NS, B0J 2E0
(902) 624-2120   SIC 8211
SOUTH SHORE REGIONAL SCHOOL BOARD p469
150 School St, NEW GERMANY, NS, B0R 1E0
(902) 644-5020   SIC 8211
SOUTHEAST COLLEGE INC p390
1301 Lee Blvd Suite 1, WINNIPEG, MB, R3T 5W8
(204) 261-3551   SIC 8211
ST ANN SCHOOL BOARD ACADEMY p221
205 Columbia St, KAMLOOPS, BC, V2C 2S7
(250) 372-5452   SIC 8211
ST GEORGE SCHOOL BOARD HELLENIC LANG SCHOOL p87
10831 124 St Nw, EDMONTON, AB, T5M 0H4
(780) 452-1455   SIC 8211
ST GEORGE'S SCHOOL SOCIETY p319

BUSINESSES BY INDUSTRY CLASSIFICATION SIC 8211 Elementary and secondary schools 2499

3851 29th Ave W, VANCOUVER, BC, V6S 1T6
(604) 224-4361   SIC 8211
ST MARY'S ACADEMY INC   p386
550 Wellington Cres, WINNIPEG, MB, R3M 0C1
(204) 477-0244   SIC 8211
ST THOMAS AQUINAS ROMAN CATHOLIC SEPARATE REGIONAL DIVISION #38   p72
4921 43 St, DRAYTON VALLEY, AB, T7A 1P5
(780) 542-4396   SIC 8211
ST THOMAS AQUINAS ROMAN CATHOLIC SEPARATE REGIONAL DIVISION #38   p136
3511 Rollyview Rd, LEDUC, AB, T9E 6N4
(780) 986-6859   SIC 8211
ST THOMAS AQUINAS ROMAN CATHOLIC SEPARATE REGIONAL DIVISION #38   p151
5520 45 Ave Cres, PONOKA, AB, T4J 1N6
(403) 704-1155   SIC 8211
ST THOMAS AQUINAS ROMAN CATHOLIC SEPARATE REGIONAL DIVISION #38   p174
4419 52 Ave, WETASKIWIN, AB, T9A 2X7
(780) 352-5533   SIC 8211
ST THOMAS OF VILLANOVA COLLEGE p629
2480 15th Sideroad, KING CITY, ON, L7B 1A4
(905) 833-1909   SIC 8211
ST. ALBERT PUBLIC SCHOOL DISTRICT NO. 5565   p167
10 Sycamore Ave, ST. ALBERT, AB, T8N 0K3
(780) 459-4426   SIC 8211
ST. ALBERT PUBLIC SCHOOL DISTRICT NO. 5565   p167
149 Larose Dr, ST. ALBERT, AB, T8N 2X7
(780) 458-8585   SIC 8211
ST. ALBERT PUBLIC SCHOOL DISTRICT NO. 5565   p167
49 Giroux Rd, ST. ALBERT, AB, T8N 6N4
(780) 460-8490   SIC 8211
ST. ALBERT PUBLIC SCHOOL DISTRICT NO. 5565   p167
15 Langley Ave, ST. ALBERT, AB, T8N 1S4
(780) 459-5541   SIC 8211
ST. ALBERT PUBLIC SCHOOL DISTRICT NO. 5565   p167
61 Sir Winston Churchill Ave, ST. ALBERT, AB, T8N 0G5
(780) 459-4467   SIC 8211
ST. ALBERT PUBLIC SCHOOL DISTRICT NO. 5565   p167
40 Woodlands Rd, ST. ALBERT, AB, T8N 3X3
(780) 459-3114   SIC 8211
ST. ALBERT PUBLIC SCHOOL DISTRICT NO. 5565   p167
50 Grosvenor Blvd Suite A, ST. ALBERT, AB, T8N 0X6
(780) 459-4475   SIC 8211
ST. ALBERT PUBLIC SCHOOL DISTRICT NO. 5565   p167
12 Cunningham Rd, ST. ALBERT, AB, T8N 2E9
(780) 459-4405   SIC 8211
ST. ALBERT PUBLIC SCHOOL DISTRICT NO. 5565   p167
4 Fairview Blvd, ST. ALBERT, AB, T8N 2G1
(780) 460-3728   SIC 8211
ST. ALBERT PUBLIC SCHOOL DISTRICT NO. 5565   p167
58 Grenfell Ave, ST. ALBERT, AB, T8N 2Z9
(780) 460-3737   SIC 8211
ST. CLAIR CATHOLIC DISTRICT SCHOOL BOARD   p504
Gd, BLENHEIM, ON, N0P 1A0
(519) 676-7352   SIC 8211
ST. CLAIR CATHOLIC DISTRICT SCHOOL BOARD   p504
94 George St, BLENHEIM, ON, N0P 1A0
SIC 8211
ST. CLAIR CATHOLIC DISTRICT SCHOOL BOARD   p530

1930 Wildwood Dr, BRIGHT'S GROVE, ON, N0N 1C0
(519) 869-4204   SIC 8211
ST. CLAIR CATHOLIC DISTRICT SCHOOL BOARD   p551
545 Baldoon Rd, CHATHAM, ON, N7L 5A9
(519) 351-4040   SIC 8211
ST. CLAIR CATHOLIC DISTRICT SCHOOL BOARD   p551
255 Lark St, CHATHAM, ON, N7L 1G9
(519) 352-1880   SIC 8211
ST. CLAIR CATHOLIC DISTRICT SCHOOL BOARD   p553
25 Raleigh St Suite 25, CHATHAM, ON, N7M 2M6
(519) 354-4642   SIC 8211
ST. CLAIR CATHOLIC DISTRICT SCHOOL BOARD   p553
426 Lacroix St, CHATHAM, ON, N7M 2W3
(519) 352-3620   SIC 8211
ST. CLAIR CATHOLIC DISTRICT SCHOOL BOARD   p567
535 Birchbank Dr, CORUNNA, ON, N0N 1G0
(519) 862-1479   SIC 8211
ST. CLAIR CATHOLIC DISTRICT SCHOOL BOARD   p812
420 Queen St, PETROLIA, ON, N0N 1R0
(519) 882-1520   SIC 8211
ST. CLAIR CATHOLIC DISTRICT SCHOOL BOARD   p825
25 Maple St S, RIDGETOWN, ON, N0P 2C0
(519) 674-3475   SIC 8211
ST. CLAIR CATHOLIC DISTRICT SCHOOL BOARD   p827
1825 Hogan Dr, SARNIA, ON, N7S 6G9
(519) 542-8190   SIC 8211
ST. CLAIR CATHOLIC DISTRICT SCHOOL BOARD   p827
1001 The Rapids Pky, SARNIA, ON, N7S 6K2
(519) 332-3976   SIC 8211
ST. CLAIR CATHOLIC DISTRICT SCHOOL BOARD   p827
1000 The Rapids Pky, SARNIA, ON, N7S 6K3
(519) 542-2710   SIC 8211
ST. CLAIR CATHOLIC DISTRICT SCHOOL BOARD   p829
1411 Lecaron Ave, SARNIA, ON, N7V 3J1
(519) 344-1601   SIC 8211
ST. CLAIR CATHOLIC DISTRICT SCHOOL BOARD   p829
720 Devine St, SARNIA, ON, N7T 1X2
(519) 332-4300   SIC 8211
ST. CLAIR CATHOLIC DISTRICT SCHOOL BOARD   p829
281 East St N, SARNIA, ON, N7T 6X8
(519) 541-1465   SIC 8211
ST. CLAIR CATHOLIC DISTRICT SCHOOL BOARD   p882
43 St Clair, TILBURY, ON, N0P 2L0
(519) 682-2790   SIC 8211
ST. CLAIR CATHOLIC DISTRICT SCHOOL BOARD   p949
649 Murray St, WALLACEBURG, ON, N8A 1W1
(519) 627-6003   SIC 8211
ST. CLAIR CATHOLIC DISTRICT SCHOOL BOARD   p949
1350 Bertha Ave, WALLACEBURG, ON, N8A 3K4
SIC 8211
ST. CLAIR CATHOLIC DISTRICT SCHOOL BOARD   p954
424 Victoria St, WATFORD, ON, N0M 2S0
(519) 876-3018   SIC 8211
ST. JAMES-ASSINIBOIA SCHOOL DIVISION   p370
1950 Pacific Ave W, WINNIPEG, MB, R2R 0G4
(204) 633-9630   SIC 8211
ST. JAMES-ASSINIBOIA SCHOOL DIVISION   p373

3300 Ness Ave, WINNIPEG, MB, R2Y 0G6
(204) 837-1361   SIC 8211
ST. JAMES-ASSINIBOIA SCHOOL DIVISION   p373
47 Heritage Blvd, WINNIPEG, MB, R2Y 0N9
(204) 837-1394   SIC 8211
ST. JAMES-ASSINIBOIA SCHOOL DIVISION   p373
55 Kay Cres, WINNIPEG, MB, R2Y 1L1
(204) 889-9360   SIC 8211
ST. JAMES-ASSINIBOIA SCHOOL DIVISION   p373
369 Fairlane Ave, WINNIPEG, MB, R2Y 0B6
(204) 837-5843   SIC 8211
ST. JAMES-ASSINIBOIA SCHOOL DIVISION   p373
815 Buchanan Blvd, WINNIPEG, MB, R2Y 1N1
(204) 888-0680   SIC 8211
ST. JAMES-ASSINIBOIA SCHOOL DIVISION   p373
470 Hamilton Ave, WINNIPEG, MB, R2Y 0H4
(204) 888-8930   SIC 8211
ST. JAMES-ASSINIBOIA SCHOOL DIVISION   p373
37 Voyageur Ave Suite 12, WINNIPEG, MB, R2Y 0H7
(204) 832-4707   SIC 8211
ST. JAMES-ASSINIBOIA SCHOOL DIVISION   p385
130 Browning Blvd, WINNIPEG, MB, R3K 0L8
(204) 837-8381   SIC 8211
ST. JAMES-ASSINIBOIA SCHOOL DIVISION   p385
1777 Silver Ave, WINNIPEG, MB, R3J 1B1
(204) 832-1359   SIC 8211
ST. JAMES-ASSINIBOIA SCHOOL DIVISION   p385
266 Linwood St, WINNIPEG, MB, R3J 2C6
(204) 889-9356   SIC 8211
ST. JAMES-ASSINIBOIA SCHOOL DIVISION   p385
330 Bruce Ave, WINNIPEG, MB, R3J 0V8
(204) 837-5808   SIC 8211
ST. JAMES-ASSINIBOIA SCHOOL DIVISION   p385
350 Lodge Ave, WINNIPEG, MB, R3J 0S4
SIC 8211
ST. JAMES-ASSINIBOIA SCHOOL DIVISION   p385
3180 Mcbey Ave, WINNIPEG, MB, R3K 0T7
(204) 837-8397   SIC 8211
ST. JAMES-ASSINIBOIA SCHOOL DIVISION   p385
175 Winston Rd, WINNIPEG, MB, R3J 1N1
(204) 885-2216   SIC 8211
ST. JAMES-ASSINIBOIA SCHOOL DIVISION   p385
110 Athlone Dr, WINNIPEG, MB, R3J 3L4
(204) 832-1373   SIC 8211
ST. JAMES-ASSINIBOIA SCHOOL DIVISION   p385
363 Thompson Dr, WINNIPEG, MB, R3J 3E5
(204) 888-1101   SIC 8211
ST. JAMES-ASSINIBOIA SCHOOL DIVISION   p385
181 Sansome Ave, WINNIPEG, MB, R3K 0N8
(204) 889-6000   SIC 8211
ST. JAMES-ASSINIBOIA SCHOOL DIVISION   p385
339 Strathmillan Rd, WINNIPEG, MB, R3J 2V6
(204) 888-0148   SIC 8211
ST. JAMES-ASSINIBOIA SCHOOL DIVISION   p385
333 Booth Dr, WINNIPEG, MB, R3J 3M8
(204) 888-1990   SIC 8211
ST. JAMES-ASSINIBOIA SCHOOL DIVISION   p385
1900 Portage Ave, WINNIPEG, MB, R3J 0J1

(204) 888-4867   SIC 8211
ST. PAUL EDUCATION REGIONAL DIVISION NO 1   p3
1 Main St, ASHMONT, AB, T0A 0C0
(780) 726-3793   SIC 8211
ST. PAUL EDUCATION REGIONAL DIVISION NO 1   p3
Gd, ASHMONT, AB, T0A 0C0
(780) 726-3877   SIC 8211
ST. PAUL EDUCATION REGIONAL DIVISION NO 1   p117
5410 50 St, ELK POINT, AB, T0A 1A0
(780) 724-3880   SIC 8211
ST. PAUL EDUCATION REGIONAL DIVISION NO 1   p118
5218 51st St, ELK POINT, AB, T0A 1A0
(780) 724-3966   SIC 8211
ST. PAUL EDUCATION REGIONAL DIVISION NO 1   p130
Gd, HEINSBURG, AB, T0A 1X0
(780) 943-3913   SIC 8211
ST. PAUL EDUCATION REGIONAL DIVISION NO 1   p142
3110 1 St E, MALLAIG, AB, T0A 2K0
(780) 635-3858   SIC 8211
ST. PAUL EDUCATION REGIONAL DIVISION NO 1   p146
5015 50 St, MYRNAM, AB, T0B 3K0
(780) 366-3801   SIC 8211
ST. PAUL EDUCATION REGIONAL DIVISION NO 1   p166
5201 50 Ave, ST PAUL, AB, T0A 3A0
(780) 645-3237   SIC 8211
ST. PAUL EDUCATION REGIONAL DIVISION NO 1   p166
4701 44 St, ST PAUL, AB, T0A 3A3
(780) 645-4491   SIC 8211
ST. PAUL EDUCATION REGIONAL DIVISION NO 1   p166
4313 48 Ave Suite 1, ST PAUL, AB, T0A 3A3
(780) 645-3537   SIC 8211
ST. PAUL EDUCATION REGIONAL DIVISION NO 1   p166
4638 50 Ave, ST PAUL, AB, T0A 3A2
(780) 645-3571   SIC 8211
ST. PAUL EDUCATION REGIONAL DIVISION NO 1   p171
4801 Diefen Baker Ave, TWO HILLS, AB, T0B 4K0
(780) 657-2434   SIC 8211
ST. PAUL'S HIGH SCHOOL INC   p388
2200 Grant Ave, WINNIPEG, MB, R3P 0P8
(204) 831-2300   SIC 8211
ST. PAUL'S ROMAN CATHOLIC SEPARATE SCHOOL DIVISION NO 20   p1270
706 2nd Ave S, HUMBOLDT, SK, S0K 2A1
(306) 682-1080   SIC 8211
ST. PAUL'S ROMAN CATHOLIC SEPARATE SCHOOL DIVISION NO 20   p1289
4710 Castle Rd, REGINA, SK, S4S 4X1
(306) 791-7370   SIC 8211
ST. PAUL'S ROMAN CATHOLIC SEPARATE SCHOOL DIVISION NO 20   p1293
2010 7th St E, SASKATOON, SK, S7H 5K6
SIC 8211
ST. PAUL'S ROMAN CATHOLIC SEPARATE SCHOOL DIVISION NO 20   p1293
602 Boychuk Dr, SASKATOON, SK, S7H 4S1
(306) 659-7270   SIC 8211
ST. PAUL'S ROMAN CATHOLIC SEPARATE SCHOOL DIVISION NO 20   p1294
1901 Haultain Ave, SASKATOON, SK, S7J 1P4
(306) 659-7450   SIC 8211
ST. PAUL'S ROMAN CATHOLIC SEPARATE SCHOOL DIVISION NO 20   p1294
275 Emmeline Rd, SASKATOON, SK, S7J 5B7
(306) 659-7370   SIC 8211
ST. PAUL'S ROMAN CATHOLIC SEPARATE SCHOOL DIVISION NO 20   p1294
203 Whiteshore Cres, SASKATOON, SK, S7J 3W4

▲ Public Company   ■ Public Company Family Member   **HQ** Headquarters   **BR** Branch   **SL** Single Location

SIC 8211 Elementary and secondary schools

(306) 659-7280 *SIC* 8211
ST. PAUL'S ROMAN CATHOLIC SEPARATE SCHOOL DIVISION NO 20 p1294
2141 Mcpherson Ave, SASKATOON, SK, S7J 0S8
(306) 659-7310 *SIC* 8211
ST. PAUL'S ROMAN CATHOLIC SEPARATE SCHOOL DIVISION NO 20 p1298
1527 Alexandra Ave, SASKATOON, SK, S7K 3C1
(306) 659-7430 *SIC* 8211
ST. PAUL'S ROMAN CATHOLIC SEPARATE SCHOOL DIVISION NO 20 p1298
22 33rd St E, SASKATOON, SK, S7K 0R7
(306) 659-7420 *SIC* 8211
ST. PAUL'S ROMAN CATHOLIC SEPARATE SCHOOL DIVISION NO 20 p1298
102 Ravine Crt, SASKATOON, SK, S7K 4H6
(306) 659-7260 *SIC* 8211
ST. PAUL'S ROMAN CATHOLIC SEPARATE SCHOOL DIVISION NO 20 p1298
302 Russell Rd, SASKATOON, SK, S7K 6P2
(306) 659-7250 *SIC* 8211
ST. PAUL'S ROMAN CATHOLIC SEPARATE SCHOOL DIVISION NO 20 p1298
748 Redberry Rd, SASKATOON, SK, S7K 5H3
(306) 659-7320 *SIC* 8211
ST. PAUL'S ROMAN CATHOLIC SEPARATE SCHOOL DIVISION NO 20 p1301
301 Avenue Q N, SASKATOON, SK, S7L 2X7
(306) 659-7340 *SIC* 8211
ST. PAUL'S ROMAN CATHOLIC SEPARATE SCHOOL DIVISION NO 20 p1301
411 Avenue M N, SASKATOON, SK, S7L 2S7
(306) 659-7550 *SIC* 8211
ST. PAUL'S ROMAN CATHOLIC SEPARATE SCHOOL DIVISION NO 20 p1301
3722 Centennial Dr, SASKATOON, SK, S7L 5K4
(306) 659-7210 *SIC* 8211
ST. PAUL'S ROMAN CATHOLIC SEPARATE SCHOOL DIVISION NO 20 p1301
202 Sumner Cres, SASKATOON, SK, S7L 7A4
(306) 659-7440 *SIC* 8211
ST. PAUL'S ROMAN CATHOLIC SEPARATE SCHOOL DIVISION NO 20 p1301
205 Montreal Ave N, SASKATOON, SK, S7L 3N6
(306) 659-7330 *SIC* 8211
ST. PAUL'S ROMAN CATHOLIC SEPARATE SCHOOL DIVISION NO 20 p1302
1205 Avenue N S, SASKATOON, SK, S7M 2R1
(306) 659-7360 *SIC* 8211
ST. PAUL'S ROMAN CATHOLIC SEPARATE SCHOOL DIVISION NO 20 p1302
414 Pendygrasse Rd, SASKATOON, SK, S7M 4M3
(306) 659-7390 *SIC* 8211
ST. PAUL'S ROMAN CATHOLIC SEPARATE SCHOOL DIVISION NO 20 p1302
3301 Dieppe St, SASKATOON, SK, S7M 3S6
(306) 659-7290 *SIC* 8211
ST. PAUL'S ROMAN CATHOLIC SEPARATE SCHOOL DIVISION NO 20 p1302
337 Avenue O S, SASKATOON, SK, S7M 2R9
(306) 659-7400 *SIC* 8211
ST. PAUL'S ROMAN CATHOLIC SEPARATE SCHOOL DIVISION NO 20 p1302
1235 Mccormack Rd, SASKATOON, SK, S7M 5L6
(306) 659-7380 *SIC* 8211
ST. PAUL'S ROMAN CATHOLIC SEPARATE SCHOOL DIVISION NO 20 p1303
919 Broadway Ave, SASKATOON, SK, S7N 1B8
(306) 659-7730 *SIC* 8211
ST. PAUL'S ROMAN CATHOLIC SEPARATE

SCHOOL DIVISION NO 20 p1305
738 Konihowski Rd, SASKATOON, SK, S7S 1M4
(306) 659-7240 *SIC* 8211
ST. PAUL'S ROMAN CATHOLIC SEPARATE SCHOOL DIVISION NO 20 p1305
115 Nelson Rd, SASKATOON, SK, S7S 1H1
(306) 659-7650 *SIC* 8211
STERLING HALL SCHOOL, THE p760
99 Cartwright Ave, NORTH YORK, ON, M6A 1V4
(416) 785-3410 *SIC* 8211
STRAIT REGIONAL SCHOOL BOARD p442
2 Appleseed Dr, ANTIGONISH, NS, B2G 3B6
(902) 863-3046 *SIC* 8211
STRAIT REGIONAL SCHOOL BOARD p442
105 Braemore Ave, ANTIGONISH, NS, B2G 1L3
(902) 863-1620 *SIC* 8211
STRAIT REGIONAL SCHOOL BOARD p445
129 Tickle Rd, CANSO, NS, B0H 1H0
(902) 366-2225 *SIC* 8211
STRAIT REGIONAL SCHOOL BOARD p446
19 School Rd, CLEVELAND, NS, B0E 1J0
SIC 8211
STRAIT REGIONAL SCHOOL BOARD p456
27 Green St, GUYSBOROUGH, NS, B0H 1N0
(902) 533-2288 *SIC* 8211
STRAIT REGIONAL SCHOOL BOARD p456
27 Green St, GUYSBOROUGH, NS, B0H 1N0
(902) 533-4006 *SIC* 8211
STRAIT REGIONAL SCHOOL BOARD p464
42 Summerside Rd, HEATHERTON, NS, B0H 1R0
(902) 386-2809 *SIC* 8211
STRAIT REGIONAL SCHOOL BOARD p465
59 Veterans Memorial Ct, INVERNESS, NS, B0E 1N0
(902) 258-3700 *SIC* 8211
STRAIT REGIONAL SCHOOL BOARD p465
59 Veterans Memorial Court, INVERNESS, NS, B0E 1N0
(902) 258-3700 *SIC* 8211
STRAIT REGIONAL SCHOOL BOARD p466
3238 White Side Rd, LOUISDALE, NS, B0E 1V0
(902) 345-4949 *SIC* 8211
STRAIT REGIONAL SCHOOL BOARD p466
3238 Whiteside Rd, LOUISDALE, NS, B0E 1V0
(902) 345-4949 *SIC* 8211
STRAIT REGIONAL SCHOOL BOARD p466
Gd, LOUISDALE, NS, B0E 1V0
(902) 345-2560 *SIC* 8211
STRAIT REGIONAL SCHOOL BOARD p467
11156 Route 19, MABOU, NS, B0E 1X0
(902) 945-5325 *SIC* 8211
STRAIT REGIONAL SCHOOL BOARD p468
Gd, MABOU, NS, B0E 1X0
SIC 8211
STRAIT REGIONAL SCHOOL BOARD p469
Gd, MONASTERY, NS, B0H 1W0
(902) 232-2810 *SIC* 8211
STRAIT REGIONAL SCHOOL BOARD p472
304 Pitt St Unit 1, PORT HAWKESBURY, NS, B9A 2T9
(902) 625-1929 *SIC* 8211
STRAIT REGIONAL SCHOOL BOARD p472
133 Company Rd, PORT HOOD, NS, B0E 2W0
(902) 787-5220 *SIC* 8211
STRAIT REGIONAL SCHOOL BOARD p472
57 Tamarac Dr Unit 1, PORT HAWKESBURY, NS, B9A 3G2
(902) 625-6650 *SIC* 8211
STRAIT REGIONAL SCHOOL BOARD p473
5081 Argyle St, ST PETERS, NS, B0E 3B0
SIC 8211
STRAIT REGIONAL SCHOOL BOARD p473
9359 Pepperell St, ST PETERS, NS, B0E 3B0

(902) 535-2066 *SIC* 8211
STRAIT REGIONAL SCHOOL BOARD p473
3892 Rte 316, ST ANDREWS, NS, B0H 1X0
(902) 863-2512 *SIC* 8211
STRAIT REGIONAL SCHOOL BOARD p473
121 Old Rd Hill, SHERBROOKE, NS, B0J 3C0
(902) 522-2035 *SIC* 8211
STRAIT REGIONAL SCHOOL BOARD p479
50 Norman Mcleod Rd, WHYCOCOMAGH, NS, B0E 3M0
(902) 756-2441 *SIC* 8211
STRATFORD HALL SCHOOL SOCIETY p295
3000 Commercial Dr, VANCOUVER, BC, V5N 4E2
(604) 436-0608 *SIC* 8211
STRATFORD HALL SCHOOL SOCIETY p295
3000 Commercial Dr, VANCOUVER, BC, V5N 4E2
(604) 436-0608 *SIC* 8211
STUDY CORPORATION, THE p1262
3233 The Boulevard, WESTMOUNT, QC, H3Y 1S4
(514) 935-9352 *SIC* 8211
STURGEON LAKE CREE NATION p171
Gd, VALLEYVIEW, AB, T0H 3N0
(780) 524-4590 *SIC* 8211
STURGEON SCHOOL DIVISION #24 p6
28 Range Rd 240 Hwy, BON ACCORD, AB, T0A 0K0
(780) 921-3559 *SIC* 8211
STURGEON SCHOOL DIVISION #24 p124
4908 51 Ave, GIBBONS, AB, T0A 1N4
(780) 923-2240 *SIC* 8211
STURGEON SCHOOL DIVISION #24 p124
5325 37th Ave, GIBBONS, AB, T0A 1N4
(780) 923-2898 *SIC* 8211
STURGEON SCHOOL DIVISION #24 p134
Gd, LANCASTER PARK, AB, T0A 2H0
(780) 973-3111 *SIC* 8211
STURGEON SCHOOL DIVISION #24 p158
5023 50 Ave, REDWATER, AB, T0A 2W0
(780) 942-3625 *SIC* 8211
STURGEON SCHOOL DIVISION #24 p158
5024 Okotoks Rd, REDWATER, AB, T0A 2W0
(780) 942-2902 *SIC* 8211
STURGEON SCHOOL DIVISION #24 p167
50 Hogan Rd, ST. ALBERT, AB, T8N 3X7
(780) 459-3990 *SIC* 8211
STURGEON SCHOOL DIVISION #24 p169
26500 Hwy 44 Suite 146, STURGEON COUNTY, AB, T8R 0J3
(780) 939-2074 *SIC* 8211
STURGEON SCHOOL DIVISION #24 p169
24400 Hwy 37 Unit 2, STURGEON COUNTY, AB, T8T 0E9
(780) 973-9191 *SIC* 8211
SUDBURY CATHOLIC DISTRICT SCHOOL BOARD p553
26 Charlotte Ave, CHELMSFORD, ON, P0M 1L0
(705) 673-5620 *SIC* 8211
SUDBURY CATHOLIC DISTRICT SCHOOL BOARD p563
1 Edward Ave, CONISTON, ON, P0M 1M0
(705) 694-4482 *SIC* 8211
SUDBURY CATHOLIC DISTRICT SCHOOL BOARD p591
181 William St, GARSON, ON, P3L 1T7
(705) 693-2213 *SIC* 8211
SUDBURY CATHOLIC DISTRICT SCHOOL BOARD p617
539 Francis St, HANMER, ON, P3P 1E6
(705) 969-2212 *SIC* 8211
SUDBURY CATHOLIC DISTRICT SCHOOL BOARD p617
4500 St. Michel St, HANMER, ON, P3P 1M8
(705) 969-2101 *SIC* 8211
SUDBURY CATHOLIC DISTRICT SCHOOL BOARD p868
1096 Dublin St, SUDBURY, ON, P3A 1R6

SIC 8211
SUDBURY CATHOLIC DISTRICT SCHOOL BOARD p868
1305 Holland Rd, SUDBURY, ON, P3A 3R4
SIC 8211
SUDBURY CATHOLIC DISTRICT SCHOOL BOARD p869
504 St. Raphael St, SUDBURY, ON, P3B 1M4
(705) 673-3031 *SIC* 8211
SUDBURY CATHOLIC DISTRICT SCHOOL BOARD p869
44 Third Ave, SUDBURY, ON, P3B 3P8
(705) 566-6080 *SIC* 8211
SUDBURY CATHOLIC DISTRICT SCHOOL BOARD p870
350 Jean St, SUDBURY, ON, P3C 2S8
(705) 674-4096 *SIC* 8211
SUDBURY CATHOLIC DISTRICT SCHOOL BOARD p871
691 Lilac St, SUDBURY, ON, P3E 4E2
(705) 674-0701 *SIC* 8211
SUDBURY CATHOLIC DISTRICT SCHOOL BOARD p946
1748 Pierre St, VAL CARON, ON, P3N 1C5
(705) 897-4483 *SIC* 8211
SUN WEST SCHOOL DIVISION NO 207 SASKATCHEWAN p1265
701 Kings St, BIGGAR, SK, S0K 0M0
(306) 948-2117 *SIC* 8211
SUN WEST SCHOOL DIVISION NO 207 SASKATCHEWAN p1267
410 1st St E, EATONIA, SK, S0L 0Y0
(306) 967-2536 *SIC* 8211
SUN WEST SCHOOL DIVISION NO 207 SASKATCHEWAN p1267
420 Government Rd, DAVIDSON, SK, S0G 1A0
(306) 567-3216 *SIC* 8211
SUN WEST SCHOOL DIVISION NO 207 SASKATCHEWAN p1271
606 3rd St E, KINDERSLEY, SK, S0L 1S0
(306) 463-3771 *SIC* 8211
SUN WEST SCHOOL DIVISION NO 207 SASKATCHEWAN p1271
400 5th Ave, KENASTON, SK, S0G 2N0
(306) 252-2182 *SIC* 8211
SUN WEST SCHOOL DIVISION NO 207 SASKATCHEWAN p1271
200 5th Ave E, KINDERSLEY, SK, S0L 1S0
(306) 463-6547 *SIC* 8211
SUN WEST SCHOOL DIVISION NO 207 SASKATCHEWAN p1273
301 2th Ave S, LUCKY LAKE, SK, S0L 1Z0
(306) 858-2052 *SIC* 8211
SUN WEST SCHOOL DIVISION NO 207 SASKATCHEWAN p1274
2 2nd Ave N, MARENGO, SK, S0L 2K0
(306) 968-2933 *SIC* 8211
SUN WEST SCHOOL DIVISION NO 207 SASKATCHEWAN p1278
515 Franklin St, OUTLOOK, SK, S0L 2N0
(306) 867-8653 *SIC* 8211
SUN WEST SCHOOL DIVISION NO 207 SASKATCHEWAN p1278
1 Saskatchewan Ave, PLENTY, SK, S0L 2R0
(306) 932-2222 *SIC* 8211
SUN WEST SCHOOL DIVISION NO 207 SASKATCHEWAN p1291
200 9th Ave E, ROSETOWN, SK, S0L 2V0
(306) 882-3800 *SIC* 8211
SUN WEST SCHOOL DIVISION NO 207 SASKATCHEWAN p1291
501 Hwy 4 N, ROSETOWN, SK, S0L 2V0
(306) 882-2677 *SIC* 8211
SUNRISE SCHOOL DIVISION p343
900 James Ave, BEAUSEJOUR, MB, R0E 0C0
(204) 268-2664 *SIC* 8211
SUNRISE SCHOOL DIVISION p343
85 5th St S, BEAUSEJOUR, MB, R0E 0C0
(204) 268-2423 *SIC* 8211
SUNRISE SCHOOL DIVISION p343
736 Academy St, ANOLA, MB, R0E 0A0

BUSINESSES BY INDUSTRY CLASSIFICATION

SIC 8211 Elementary and secondary schools 2501

(204) 866-2962 SIC 8211
SUNRISE SCHOOL DIVISION p348
543 Holland St, DUGALD, MB, R0E 0K0
(204) 853-7929 SIC 8211
SUNRISE SCHOOL DIVISION p350
125 Mcarthur Rd, LAC DU BONNET, MB, R0E 1A0
(204) 345-2585 SIC 8211
SUNRISE SCHOOL DIVISION p350
285 Mcarthur Ave, LAC DU BONNET, MB, R0E 1A0
(204) 345-2462 SIC 8211
SUNRISE SCHOOL DIVISION p353
826 Cedar Ave, OAKBANK, MB, R0E 1J0
(204) 444-2473 SIC 8211
SUNRISE SCHOOL DIVISION p353
841 Cedar Ave, OAKBANK, MB, R0E 1J1
(204) 444-2404 SIC 8211
SUNRISE SCHOOL DIVISION p353
760 Cedar Ave, OAKBANK, MB, R0E 1J0
(204) 444-2995 SIC 8211
SUNRISE SCHOOL DIVISION p354
23 Vincent Ave, POWERVIEW, MB, R0E 1P0
(204) 367-2296 SIC 8211
SUNRISE SCHOOL DIVISION p359
3 Pierson Dr, TYNDALL, MB, R0E 2B0
(204) 268-4353 SIC 8211
SUNRISE SCHOOL DIVISION p360
55 2nd St, WHITEMOUTH, MB, R0E 2G0
(204) 348-2595 SIC 8211
SUPERIOR GREENSTONE DISTRICT SCHOOL BOARD p549
1551 Birch Cres, CARAMAT, ON, P0T 1J0
(807) 872-2648 SIC 8211
SUPERIOR GREENSTONE DISTRICT SCHOOL BOARD p592
501 Hogarth Ave W, GERALDTON, ON, P0T 1M0
(807) 854-1683 SIC 8211
SUPERIOR GREENSTONE DISTRICT SCHOOL BOARD p592
500 2nd St W, GERALDTON, ON, P0T 1M0
(807) 854-0130 SIC 8211
SUPERIOR GREENSTONE DISTRICT SCHOOL BOARD p667
21 Wenonah St, MANITOUWADGE, ON, P0T 2C0
(807) 826-4011 SIC 8211
SUPERIOR GREENSTONE DISTRICT SCHOOL BOARD p667
200 Manitou Rd W, MANITOUWADGE, ON, P0T 2C0
(807) 826-3241 SIC 8211
SUPERIOR GREENSTONE DISTRICT SCHOOL BOARD p668
21 Chisholm Trl, MARATHON, ON, P0T 2E0
(807) 229-3050 SIC 8211
SUPERIOR GREENSTONE DISTRICT SCHOOL BOARD p668
14 Hemlo Dr, MARATHON, ON, P0T 2E0
(807) 229-1800 SIC 8211
SUPERIOR GREENSTONE DISTRICT SCHOOL BOARD p819
46 Salls St, RED ROCK, ON, P0T 2P0
(807) 886-2253 SIC 8211
SUPERIOR GREENSTONE DISTRICT SCHOOL BOARD p872
19 Hudson St, TERRACE BAY, ON, P0T 2W0
(807) 825-3271 SIC 8211
SUPERIOR GREENSTONE DISTRICT SCHOOL BOARD p872
9 Selkirk St, TERRACE BAY, ON, P0T 2W0
(807) 825-3253 SIC 8211
SUPERIOR NORTH CATHOLIC DISTRICT SCHOOL BOARD p666
113 Indian Rd, LONGLAC, ON, P0T 2A0
(807) 876-2213 SIC 8211
SUPERIOR NORTH CATHOLIC DISTRICT SCHOOL BOARD p668
23 Pennlake Rd E, MARATHON, ON, P0T 2E0
(807) 229-1121 SIC 8211

SWAN VALLEY SCHOOL DIVISION p343
Gd, BENITO, MB, R0L 0C0
(204) 539-2466 SIC 8211
SWAN VALLEY SCHOOL DIVISION p358
1483 3rd St N, SWAN RIVER, MB, R0L 1Z0
(204) 734-4511 SIC 8211
SWAN VALLEY SCHOOL DIVISION p358
1015 2nd St S, SWAN RIVER, MB, R0L 1Z0
(204) 734-4518 SIC 8211
SWAN VALLEY SCHOOL DIVISION p358
128 2nd Ave W, SWAN RIVER, MB, R0L 1Z0
(204) 734-3385 SIC 8211
SWANSON CHRISTIAN SCHOOL p1267
Rr 1, DELISLE, SK, S0L 0P0
(306) 493-2939 SIC 8211
TALMUD TORAHS UNIS DE MONTREAL INC p1121
4850 Av Saint-Kevin, Montreal, QC, H3W 1P2
(514) 739-2297 SIC 8211
TALMUD TORAHS UNIS DE MONTREAL INC p1204
805 Rue Dorais, SAINT-LAURENT, QC, H4M 2A2
(514) 739-2291 SIC 8211
TALMUD TORAHS UNIS DE MONTREAL INC p1204
2205 Rue De L'Eglise, SAINT-LAURENT, QC, H4M 1G5
SIC 8211
THAMES VALLEY DISTRICT SCHOOL BOARD p482
34714 Creamery Rd, AILSA CRAIG, ON, N0M 1A0
(519) 293-3342 SIC 8211
THAMES VALLEY DISTRICT SCHOOL BOARD p482
4441 Queens Ave, AILSA CRAIG, ON, N0M 1A0
(519) 232-4505 SIC 8211
THAMES VALLEY DISTRICT SCHOOL BOARD p489
14774 Medway Rd, ARVA, ON, N0M 1C0
(519) 660-8193 SIC 8211
THAMES VALLEY DISTRICT SCHOOL BOARD p489
14405 Medway Rd, ARVA, ON, N0M 1C0
(519) 660-8418 SIC 8211
THAMES VALLEY DISTRICT SCHOOL BOARD p492
362 Talbot St W, AYLMER, ON, N5H 1K6
(519) 773-3174 SIC 8211
THAMES VALLEY DISTRICT SCHOOL BOARD p492
50576 Talbot St E, AYLMER, ON, N5H 2R1
(519) 773-8106 SIC 8211
THAMES VALLEY DISTRICT SCHOOL BOARD p492
204 John St S, AYLMER, ON, N5H 2C8
(519) 773-3362 SIC 8211
THAMES VALLEY DISTRICT SCHOOL BOARD p492
80 Rutherford Ave, AYLMER, ON, N5H 2N8
(519) 773-9216 SIC 8211
THAMES VALLEY DISTRICT SCHOOL BOARD p569
61 Queen St, DORCHESTER, ON, N0L 1G2
(519) 268-7351 SIC 8211
THAMES VALLEY DISTRICT SCHOOL BOARD p569
4269 Hamilton Rd, DORCHESTER, ON, N0L 1G3
(519) 268-7884 SIC 8211
THAMES VALLEY DISTRICT SCHOOL BOARD p569
3860 Catherines St, DORCHESTER, ON, N0L 1G0
(519) 268-7862 SIC 8211
THAMES VALLEY DISTRICT SCHOOL BOARD p571
239 Miller Rd, DUTTON, ON, N0L 1J0
(519) 762-2419 SIC 8211
THAMES VALLEY DISTRICT SCHOOL BOARD p573

376368 37th Line, EMBRO, ON, N0J 1J0
(519) 475-4121 SIC 8211
THAMES VALLEY DISTRICT SCHOOL BOARD p592
3581 Concession Dr, Glencoe, ON, N0L 1M0
(519) 287-3310 SIC 8211
THAMES VALLEY DISTRICT SCHOOL BOARD p593
3719 Parkhouse Rd, GLENCOE, ON, N0L 1M0
(519) 287-3330 SIC 8211
THAMES VALLEY DISTRICT SCHOOL BOARD p619
161 Loveys St, HICKSON, ON, N0J 1L0
(519) 462-2415 SIC 8211
THAMES VALLEY DISTRICT SCHOOL BOARD p620
13624 Ilderton Rd, ILDERTON, ON, N0M 2A0
(519) 666-0310 SIC 8211
THAMES VALLEY DISTRICT SCHOOL BOARD p620
10339 Ilderton Rd, ILDERTON, ON, N0M 2A0
(519) 666-1417 SIC 8211
THAMES VALLEY DISTRICT SCHOOL BOARD p621
2 Caffyn St, INGERSOLL, ON, N5C 3M8
(519) 485-1600 SIC 8211
THAMES VALLEY DISTRICT SCHOOL BOARD p621
210 King St E, INGERSOLL, ON, N5C 1H2
(519) 485-4849 SIC 8211
THAMES VALLEY DISTRICT SCHOOL BOARD p621
37 William St, INGERSOLL, ON, N5C 1M2
(519) 485-4280 SIC 8211
THAMES VALLEY DISTRICT SCHOOL BOARD p621
37 Alma St, INGERSOLL, ON, N5C 1N1
(519) 485-1200 SIC 8211
THAMES VALLEY DISTRICT SCHOOL BOARD p621
180 Coleman St, INNERKIP, ON, N0J 1M0
(519) 469-3435 SIC 8211
THAMES VALLEY DISTRICT SCHOOL BOARD p645
10008 Oxbow Dr, KOMOKA, ON, N0L 1R0
(519) 657-3868 SIC 8211
THAMES VALLEY DISTRICT SCHOOL BOARD p651
141 Bonaventure Dr, LONDON, ON, N5V 4S6
(519) 452-8060 SIC 8211
THAMES VALLEY DISTRICT SCHOOL BOARD p651
84 Bow St, LONDON, ON, N5V 1B1
(519) 452-8270 SIC 8211
THAMES VALLEY DISTRICT SCHOOL BOARD p651
1035 Chippewa Dr, LONDON, ON, N5V 2T6
(519) 452-8120 SIC 8211
THAMES VALLEY DISTRICT SCHOOL BOARD p651
1245 Michael St, LONDON, ON, N5V 2H4
(519) 452-8230 SIC 8211
THAMES VALLEY DISTRICT SCHOOL BOARD p651
50 Tewksbury Cres, LONDON, ON, N5V 2M8
(519) 452-8180 SIC 8211
THAMES VALLEY DISTRICT SCHOOL BOARD p651
1990 Royal Cres, LONDON, ON, N5V 1N8
(519) 452-8320 SIC 8211
THAMES VALLEY DISTRICT SCHOOL BOARD p651
560 Second St, LONDON, ON, N5V 2B7
(519) 452-8190 SIC 8211
THAMES VALLEY DISTRICT SCHOOL BOARD p652
1601 Wavell St, LONDON, ON, N5W 2C9
(519) 452-8470 SIC 8211

THAMES VALLEY DISTRICT SCHOOL BOARD p652
723 Lorne Ave Suite 715, LONDON, ON, N5W 3K7
SIC 8211
THAMES VALLEY DISTRICT SCHOOL BOARD p652
1250 Dundas St, LONDON, ON, N5W 5P2
(519) 452-8740 SIC 8211
THAMES VALLEY DISTRICT SCHOOL BOARD p652
1250 Dundas St, LONDON, ON, N5W 5P2
(519) 452-2000 SIC 8211
THAMES VALLEY DISTRICT SCHOOL BOARD p652
1040 Hamilton Rd, LONDON, ON, N5W 1A6
(519) 452-8200 SIC 8211
THAMES VALLEY DISTRICT SCHOOL BOARD p652
191 Dawn Dr, LONDON, ON, N5W 4W9
(519) 452-8480 SIC 8211
THAMES VALLEY DISTRICT SCHOOL BOARD p652
349 Tweedsmuir Ave, LONDON, ON, N5W 1L5
(519) 452-8620 SIC 8211
THAMES VALLEY DISTRICT SCHOOL BOARD p653
1231 Fuller St, LONDON, ON, N5Y 4P7
(519) 452-8220 SIC 8211
THAMES VALLEY DISTRICT SCHOOL BOARD p653
656 Tennent Ave, LONDON, ON, N5X 1L8
(519) 452-2600 SIC 8211
THAMES VALLEY DISTRICT SCHOOL BOARD p653
25 Mclean Dr, LONDON, ON, N5X 1Y2
(519) 452-8440 SIC 8211
THAMES VALLEY DISTRICT SCHOOL BOARD p653
655 Tennent Ave, LONDON, ON, N5X 0L2
(519) 452-8439 SIC 8211
THAMES VALLEY DISTRICT SCHOOL BOARD p653
1650 Hastings Dr, LONDON, ON, N5X 3E3
(519) 452-8240 SIC 8211
THAMES VALLEY DISTRICT SCHOOL BOARD p653
1460 Stoneybrook Cres, LONDON, ON, N5X 1C4
(519) 452-8590 SIC 8211
THAMES VALLEY DISTRICT SCHOOL BOARD p653
1335 Nicole Ave, LONDON, ON, N5X 4M7
(519) 850-8698 SIC 8211
THAMES VALLEY DISTRICT SCHOOL BOARD p654
1350 Highbury Ave N, LONDON, ON, N5Y 1B5
(519) 452-2730 SIC 8211
THAMES VALLEY DISTRICT SCHOOL BOARD p654
360 Chippendale Cres, LONDON, ON, N5Z 3G2
(519) 452-8110 SIC 8211
THAMES VALLEY DISTRICT SCHOOL BOARD p654
365 Belfield St, LONDON, ON, N5Y 2K3
(519) 452-2820 SIC 8211
THAMES VALLEY DISTRICT SCHOOL BOARD p654
247 Thompson Rd, LONDON, ON, N5Z 2Z3
(519) 452-8490 SIC 8211
THAMES VALLEY DISTRICT SCHOOL BOARD p654
70 Jacqueline St, LONDON, ON, N5Z 3P7
(519) 452-2660 SIC 8211
THAMES VALLEY DISTRICT SCHOOL BOARD p654
1100 Victoria Dr, LONDON, ON, N5Y 4E2
(519) 452-8310 SIC 8211
THAMES VALLEY DISTRICT SCHOOL BOARD p654
70 Gammage St, LONDON, ON, N5Y 2B1

▲ Public Company ■ Public Company Family Member HQ Headquarters BR Branch SL Single Location

(519) 452-8290 SIC 8211
THAMES VALLEY DISTRICT SCHOOL BOARD p654
335 Belfield St, LONDON, ON, N5Y 2K3
(519) 452-8420 SIC 8211
THAMES VALLEY DISTRICT SCHOOL BOARD p654
814 Quebec St, LONDON, ON, N5Y 1X4
(519) 452-8050 SIC 8211
THAMES VALLEY DISTRICT SCHOOL BOARD p654
840 Hamilton Rd, LONDON, ON, N5Z 1V5
(519) 452-8150 SIC 8211
THAMES VALLEY DISTRICT SCHOOL BOARD p654
1150 Landor St, LONDON, ON, N5Y 3W3
(519) 452-8570 SIC 8211
THAMES VALLEY DISTRICT SCHOOL BOARD p654
951 Leathorne St Suite 1, LONDON, ON, N5Z 3M7
(519) 452-2573 SIC 8211
THAMES VALLEY DISTRICT SCHOOL BOARD p654
951 Leathorne St Suite 1, LONDON, ON, N5Z 3M7
(519) 452-2444 SIC 8211
THAMES VALLEY DISTRICT SCHOOL BOARD p654
919 Trafalgar St, LONDON, ON, N5Z 1G3
(519) 452-8610 SIC 8211
THAMES VALLEY DISTRICT SCHOOL BOARD p654
53 Frontenac Rd, LONDON, ON, N5Z 3Y5
(519) 452-8210 SIC 8211
THAMES VALLEY DISTRICT SCHOOL BOARD p656
782 Waterloo St, LONDON, ON, N6A 3W4
(519) 452-8530 SIC 8211
THAMES VALLEY DISTRICT SCHOOL BOARD p656
940 Waterloo St, LONDON, ON, N6A 3X3
(519) 452-8520 SIC 8211
THAMES VALLEY DISTRICT SCHOOL BOARD p657
440 Princess Ave, LONDON, ON, N6B 2B3
(519) 452-8330 SIC 8211
THAMES VALLEY DISTRICT SCHOOL BOARD p657
509 Waterloo St, LONDON, ON, N6B 2P8
(519) 452-2620 SIC 8211
THAMES VALLEY DISTRICT SCHOOL BOARD p657
580 Grey St, LONDON, ON, N6B 1H8
(519) 452-8010 SIC 8211
THAMES VALLEY DISTRICT SCHOOL BOARD p657
525 Dundas St, LONDON, ON, N6B 1W5
(519) 452-2700 SIC 8211
THAMES VALLEY DISTRICT SCHOOL BOARD p658
780 Dulaney Dr, LONDON, ON, N6C 3W4
(519) 452-8140 SIC 8211
THAMES VALLEY DISTRICT SCHOOL BOARD p658
301 Wortley Rd, LONDON, ON, N6C 3R6
(519) 452-8720 SIC 8211
THAMES VALLEY DISTRICT SCHOOL BOARD p658
401 Tecumseh Ave E, LONDON, ON, N6C 1T4
(519) 452-8600 SIC 8211
THAMES VALLEY DISTRICT SCHOOL BOARD p658
450 Millbank Dr, LONDON, ON, N6C 4W7
(519) 452-2840 SIC 8211
THAMES VALLEY DISTRICT SCHOOL BOARD p658
371 Tecumseh Ave E, LONDON, ON, N6C 1T4
(519) 452-2860 SIC 8211
THAMES VALLEY DISTRICT SCHOOL BOARD p658
43 Shaftesbury Ave, LONDON, ON, N6C 2Y5
(519) 452-8030 SIC 8211
THAMES VALLEY DISTRICT SCHOOL BOARD p658
8 Mountsfield Dr, LONDON, ON, N6C 2S8
(519) 452-8400 SIC 8211
THAMES VALLEY DISTRICT SCHOOL BOARD p660
565 Bradley Ave, LONDON, ON, N6E 3Z8
(519) 452-8680 SIC 8211
THAMES VALLEY DISTRICT SCHOOL BOARD p660
626 Osgoode Dr, LONDON, ON, N6E 1C1
(519) 452-8700 SIC 8211
THAMES VALLEY DISTRICT SCHOOL BOARD p660
121 Ashley Cres, LONDON, ON, N6E 3W2
(519) 452-8040 SIC 8211
THAMES VALLEY DISTRICT SCHOOL BOARD p660
70 Ponderosa Cres, LONDON, ON, N6E 2L7
(519) 452-8500 SIC 8211
THAMES VALLEY DISTRICT SCHOOL BOARD p660
927 Osgoode Dr, LONDON, ON, N6E 1C9
(519) 452-8410 SIC 8211
THAMES VALLEY DISTRICT SCHOOL BOARD p661
50 Wychwood Pk, LONDON, ON, N6G 1R6
(519) 452-8450 SIC 8211
THAMES VALLEY DISTRICT SCHOOL BOARD p661
27 Ford Cres, LONDON, ON, N6G 1H8
(519) 452-8630 SIC 8211
THAMES VALLEY DISTRICT SCHOOL BOARD p661
25 Hillview Blvd, LONDON, ON, N6G 3A7
(519) 452-8390 SIC 8211
THAMES VALLEY DISTRICT SCHOOL BOARD p661
950 Lawson Rd, LONDON, ON, N6G 3M2
(519) 452-8690 SIC 8211
THAMES VALLEY DISTRICT SCHOOL BOARD p661
44 Hawthorne Rd, LONDON, ON, N6G 2H5
(519) 452-8160 SIC 8211
THAMES VALLEY DISTRICT SCHOOL BOARD p662
284 Oxford St W, LONDON, ON, N6H 1S9
(519) 452-8460 SIC 8211
THAMES VALLEY DISTRICT SCHOOL BOARD p662
215 Wharncliffe Rd N, LONDON, ON, N6H 2B6
(519) 452-8250 SIC 8211
THAMES VALLEY DISTRICT SCHOOL BOARD p662
550 Pinetree Dr, LONDON, ON, N6H 3N1
(519) 452-8510 SIC 8211
THAMES VALLEY DISTRICT SCHOOL BOARD p662
1040 Oxford St W, LONDON, ON, N6H 1V4
(519) 452-2750 SIC 8211
THAMES VALLEY DISTRICT SCHOOL BOARD p662
555 Sanatorium Rd, LONDON, ON, N6H 3W6
(519) 452-8260 SIC 8211
THAMES VALLEY DISTRICT SCHOOL BOARD p662
1050 Plantation Rd, LONDON, ON, N6H 2Y5
(519) 452-8650 SIC 8211
THAMES VALLEY DISTRICT SCHOOL BOARD p662
600 Sanatorium Rd, LONDON, ON, N6H 3W7
(519) 858-2774 SIC 8211
THAMES VALLEY DISTRICT SCHOOL BOARD p663
328 Springbank Dr, LONDON, ON, N6J 1G5
(519) 452-8280 SIC 8211
THAMES VALLEY DISTRICT SCHOOL BOARD p663
175 Whisperwood Ave, LONDON, ON, N6K 4C6
(519) 452-8090 SIC 8211
THAMES VALLEY DISTRICT SCHOOL BOARD p663
660 Steeplechase Dr, LONDON, ON, N6J 3P4
(519) 452-8730 SIC 8211
THAMES VALLEY DISTRICT SCHOOL BOARD p663
80 St Lawrence Blvd, LONDON, ON, N6J 2X1
(519) 452-8560 SIC 8211
THAMES VALLEY DISTRICT SCHOOL BOARD p663
130 Wharncliffe Rd S, LONDON, ON, N6J 2K5
(519) 452-8640 SIC 8211
THAMES VALLEY DISTRICT SCHOOL BOARD p663
393 Commissioners Rd W, LONDON, ON, N6J 1Y4
SIC 8211
THAMES VALLEY DISTRICT SCHOOL BOARD p663
230 Base Line Rd W, LONDON, ON, N6J 1W1
(519) 452-2900 SIC 8211
THAMES VALLEY DISTRICT SCHOOL BOARD p663
1379 Lola St, LONDON, ON, N6K 3R6
(519) 452-8100 SIC 8211
THAMES VALLEY DISTRICT SCHOOL BOARD p663
474 Springbank Dr, LONDON, ON, N6J 1G8
(519) 452-8710 SIC 8211
THAMES VALLEY DISTRICT SCHOOL BOARD p663
77 Tecumseh Ave W, LONDON, ON, N6J 1K8
SIC 8211
THAMES VALLEY DISTRICT SCHOOL BOARD p663
617 Viscount Rd, LONDON, ON, N6J 2Y4
(519) 452-8020 SIC 8211
THAMES VALLEY DISTRICT SCHOOL BOARD p664
941 Viscount Rd, LONDON, ON, N6K 1H5
(519) 452-2770 SIC 8211
THAMES VALLEY DISTRICT SCHOOL BOARD p664
1011 Viscount Rd, LONDON, ON, N6K 1H5
(519) 452-8670 SIC 8211
THAMES VALLEY DISTRICT SCHOOL BOARD p664
1370 Commissioners Rd W, LONDON, ON, N6K 1E1
(519) 452-8080 SIC 8211
THAMES VALLEY DISTRICT SCHOOL BOARD p665
2835 Westminster Dr, LONDON, ON, N6N 1L7
(519) 452-8660 SIC 8211
THAMES VALLEY DISTRICT SCHOOL BOARD p666
340 Beech St, LUCAN, ON, N0M 2J0
(519) 227-2185 SIC 8211
THAMES VALLEY DISTRICT SCHOOL BOARD p666
6820 Duffield St, LONDON, ON, N6P 1A4
(519) 652-2050 SIC 8211
THAMES VALLEY DISTRICT SCHOOL BOARD p724
714 Bowan St, MOUNT BRYDGES, ON, N0L 1W0
(519) 264-1630 SIC 8211
THAMES VALLEY DISTRICT SCHOOL BOARD p802
318 Main St, OTTERVILLE, ON, N0J 1R0
(519) 879-1109 SIC 8211
THAMES VALLEY DISTRICT SCHOOL BOARD p805
100 Main St, PARKHILL, ON, N0M 2K0
(519) 294-1128 SIC 8211
THAMES VALLEY DISTRICT SCHOOL BOARD p805
204 Mcleod St, PARKHILL, ON, N0M 2K0
(519) 294-1117 SIC 8211
THAMES VALLEY DISTRICT SCHOOL BOARD p815
112 Mill St E, PLATTSVILLE, ON, N0J 1S0
(519) 684-7390 SIC 8211
THAMES VALLEY DISTRICT SCHOOL BOARD p816
30 Strachan St, PORT BURWELL, ON, N0J 1T0
(519) 874-4558 SIC 8211
THAMES VALLEY DISTRICT SCHOOL BOARD p818
40 Elgin St E, PRINCETON, ON, N0J 1V0
(519) 458-4315 SIC 8211
THAMES VALLEY DISTRICT SCHOOL BOARD p818
350 Carlow Rd, PORT STANLEY, ON, N5L 1B6
(519) 782-3983 SIC 8211
THAMES VALLEY DISTRICT SCHOOL BOARD p826
11443 Furnival Rd, RODNEY, ON, N0L 2C0
(519) 785-0811 SIC 8211
THAMES VALLEY DISTRICT SCHOOL BOARD p851
45885 Sparta Line, SPARTA, ON, N0L 2H0
(519) 775-2541 SIC 8211
THAMES VALLEY DISTRICT SCHOOL BOARD p858
9473 Belmont Rd Suite 3, ST THOMAS, ON, N5P 3S7
(519) 773-5185 SIC 8211
THAMES VALLEY DISTRICT SCHOOL BOARD p858
41 Flora St, ST THOMAS, ON, N5P 2X5
(519) 631-3770 SIC 8211
THAMES VALLEY DISTRICT SCHOOL BOARD p858
20 Balaclava St, ST THOMAS, ON, N5P 3C2
(519) 631-1006 SIC 8211
THAMES VALLEY DISTRICT SCHOOL BOARD p858
50 Scott St, ST THOMAS, ON, N5P 1K6
(519) 631-1382 SIC 8211
THAMES VALLEY DISTRICT SCHOOL BOARD p858
84 Edward St, ST THOMAS, ON, N5P 1Y7
(519) 631-5010 SIC 8211
THAMES VALLEY DISTRICT SCHOOL BOARD p859
112 Churchill Cres, ST THOMAS, ON, N5R 1R1
(519) 631-7820 SIC 8211
THAMES VALLEY DISTRICT SCHOOL BOARD p859
95 Raven Ave, ST THOMAS, ON, N5R 0C2
(519) 631-3370 SIC 8211
THAMES VALLEY DISTRICT SCHOOL BOARD p859
241 Sunset Dr, ST THOMAS, ON, N5R 3C2
(519) 633-0090 SIC 8211
THAMES VALLEY DISTRICT SCHOOL BOARD p859
254 First Ave, ST THOMAS, ON, N5R 4P5
(519) 631-7118 SIC 8211
THAMES VALLEY DISTRICT SCHOOL BOARD p859
22 South Edgeware Rd, ST THOMAS, ON, N5P 2H2
(519) 631-8890 SIC 8211
THAMES VALLEY DISTRICT SCHOOL BOARD p859
295 Forest Ave, ST THOMAS, ON, N5R 2K5
(519) 631-3563 SIC 8211
THAMES VALLEY DISTRICT SCHOOL BOARD p859
201 Chestnut St, ST THOMAS, ON, N5R 2B5
(519) 631-4460 SIC 8211
THAMES VALLEY DISTRICT SCHOOL BOARD p859

39261 Fingal Line, ST THOMAS, ON, N5P 3S5
(519) 631-5997 SIC 8211
THAMES VALLEY DISTRICT SCHOOL BOARD p859
100 Parkside Dr, ST THOMAS, ON, N5R 3T9
(519) 633-1611 SIC 8211
THAMES VALLEY DISTRICT SCHOOL BOARD p864
9188 Plank Rd, STRAFFORDVILLE, ON, N0J 1Y0
(519) 866-3021 SIC 8211
THAMES VALLEY DISTRICT SCHOOL BOARD p866
51 Front St E, STRATHROY, ON, N7G 1Y5
(519) 245-3900 SIC 8211
THAMES VALLEY DISTRICT SCHOOL BOARD p866
82 Middlesex Dr, STRATHROY, ON, N7G 4G5
(519) 245-7373 SIC 8211
THAMES VALLEY DISTRICT SCHOOL BOARD p866
25 Colborne St, STRATHROY, ON, N7G 2M1
(519) 245-2044 SIC 8211
THAMES VALLEY DISTRICT SCHOOL BOARD p866
361 Second St, STRATHROY, ON, N7G 4J8
(519) 245-2680 SIC 8211
THAMES VALLEY DISTRICT SCHOOL BOARD p866
248 Keefer St, STRATHROY, ON, N7G 1E2
(519) 245-0473 SIC 8211
THAMES VALLEY DISTRICT SCHOOL BOARD p866
29059 School Rd, STRATHROY, ON, N7G 3H6
(519) 247-3369 SIC 8211
THAMES VALLEY DISTRICT SCHOOL BOARD p866
Gd Lcd Main, STRATHROY, ON, N7G 3H9
(519) 245-2085 SIC 8211
THAMES VALLEY DISTRICT SCHOOL BOARD p872
130 Mccarty St, THAMESFORD, ON, N0M 2M0
(519) 285-2043 SIC 8211
THAMES VALLEY DISTRICT SCHOOL BOARD p872
79 Maria St, TAVISTOCK, ON, N0B 2R0
(519) 655-2350 SIC 8211
THAMES VALLEY DISTRICT SCHOOL BOARD p873
37 Elliott Trail, THORNDALE, ON, N0M 2P0
(519) 461-9575 SIC 8211
THAMES VALLEY DISTRICT SCHOOL BOARD p883
60 Tillson Ave, TILLSONBURG, ON, N4G 3A1
(519) 688-3498 SIC 8211
THAMES VALLEY DISTRICT SCHOOL BOARD p883
25 Maple Lane, TILLSONBURG, ON, N4G 2Y8
(519) 688-0197 SIC 8211
THAMES VALLEY DISTRICT SCHOOL BOARD p883
83 Rolph St, TILLSONBURG, ON, N4G 3Y2
(519) 842-4323 SIC 8211
THAMES VALLEY DISTRICT SCHOOL BOARD p883
37 Glendale Dr Suite 16, TILLSONBURG, ON, N4G 1J6
(519) 842-4207 SIC 8211
THAMES VALLEY DISTRICT SCHOOL BOARD p883
10 South Ridge Rd, TILLSONBURG, ON, N4G 0C1
(519) 842-7319 SIC 8211
THAMES VALLEY DISTRICT SCHOOL BOARD p956
139 Graham St, WEST LORNE, ON, N0L 2P0
(519) 768-1350 SIC 8211
THAMES VALLEY DISTRICT SCHOOL BOARD p978
1060 Sprucedale Rd, WOODSTOCK, ON, N4S 4Z9
(519) 539-7140 SIC 8211
THAMES VALLEY DISTRICT SCHOOL BOARD p978
164 Fyfe Ave, WOODSTOCK, ON, N4S 3S6
(519) 539-2068 SIC 8211
THAMES VALLEY DISTRICT SCHOOL BOARD p978
59 Algonquin Rd, WOODSTOCK, ON, N4T 1R8
(519) 421-2219 SIC 8211
THAMES VALLEY DISTRICT SCHOOL BOARD p978
900 Cromwell St, WOODSTOCK, ON, N4S 5B5
(519) 537-2347 SIC 8211
THAMES VALLEY DISTRICT SCHOOL BOARD p978
35 Riddell St, WOODSTOCK, ON, N4S 6L9
(519) 537-1050 SIC 8211
THAMES VALLEY DISTRICT SCHOOL BOARD p978
840 Sloane St, WOODSTOCK, ON, N4S 7V3
(519) 537-7321 SIC 8211
THAMES VALLEY DISTRICT SCHOOL BOARD p978
410 Hunter St, WOODSTOCK, ON, N4S 4G4
(519) 537-5362 SIC 8211
THAMES VALLEY DISTRICT SCHOOL BOARD p978
65 Aileen Dr, WOODSTOCK, ON, N4S 4A2
(519) 537-2652 SIC 8211
THAMES VALLEY DISTRICT SCHOOL BOARD p978
110 Winchester St, WOODSTOCK, ON, N4S 7K5
(519) 537-3543 SIC 8211
THAMES VALLEY DISTRICT SCHOOL BOARD p978
700 College Ave, WOODSTOCK, ON, N4S 2C8
(519) 539-0020 SIC 8211
THAMES VALLEY DISTRICT SCHOOL BOARD p978
290 Victoria St N, WOODSTOCK, ON, N4S 6W5
(519) 537-5761 SIC 8211
THE BOARD OF EDUCATION OF SCHOOL DISTRICT #82 (COAST MOUNTAIN) p228
1491 Kingfisher Ave N, KITIMAT, BC, V8C 1E9
(250) 632-6174 SIC 8211
THE BOARD OF EDUCATION OF SCHOOL DISTRICT #82 (COAST MOUNTAIN) p291
4110 Thomas St, TERRACE, BC, V8G 4L7
(250) 635-2721 SIC 8211
THE BOARD OF EDUCATION OF SCHOOL DISTRICT #82 (COAST MOUNTAIN) p291
3411 Munroe St, TERRACE, BC, V8G 3C1
(250) 635-9136 SIC 8211
THE BOARD OF EDUCATION OF SCHOOL DISTRICT #82 (COAST MOUNTAIN) p291
4730 Graham Ave, TERRACE, BC, V8G 1A8
(250) 635-3115 SIC 8211
THE BOARD OF SCHOOL TRUSTEES OF SCHOOL DISTRICT NO. 45 (WEST VANCOUVER) p338
760 Westcot Rd, WEST VANCOUVER, BC, V7S 1N7
(604) 981-1270 SIC 8211
THE BOARD OF SCHOOL TRUSTEES OF SCHOOL DISTRICT NO. 45 (WEST VANCOUVER) p338
1250 Chartwell Dr, WEST VANCOUVER, BC, V7S 2R2
(604) 981-1130 SIC 8211
THE BOARD OF SCHOOL TRUSTEES OF SCHOOL DISTRICT NO. 45 (WEST VANCOUVER) p338
1329 Duchess Ave, WEST VANCOUVER, BC, V7T 1H5
(604) 981-1220 SIC 8211
THE BOARD OF SCHOOL TRUSTEES OF SCHOOL DISTRICT NO. 45 (WEST VANCOUVER) p339
4685 Keith Rd, WEST VANCOUVER, BC, V7W 2M8
(604) 981-1200 SIC 8211
THE BOARD OF SCHOOL TRUSTEES OF SCHOOL DISTRICT NO. 45 (WEST VANCOUVER) p339
4355 Marine Dr, WEST VANCOUVER, BC, V7V 1P2
(604) 922-4211 SIC 8211
THE BOARD OF SCHOOL TRUSTEES OF SCHOOL DISTRICT NO. 45 (WEST VANCOUVER) p339
1075 21st St, WEST VANCOUVER, BC, V7V 4A9
(604) 981-1000 SIC 8211
THE HALIFAX GRAMMAR SCHOOL p457
945 Tower Rd, HALIFAX, NS, B3H 2Y2
(902) 423-9312 SIC 8211
THREE FISHES CHRISTIAN ELEMENTARY SCHOOL p834
30 Dean Park Rd, SCARBOROUGH, ON, M1B 3H1
(416) 284-9003 SIC 8211
THUNDER BAY CATHOLIC DISTRICT SCHOOL BOARD p877
285 Gibson St, THUNDER BAY, ON, P7A 2J6
(807) 344-8433 SIC 8211
THUNDER BAY CATHOLIC DISTRICT SCHOOL BOARD p877
89 Clayte St, THUNDER BAY, ON, P7A 6S4
(807) 344-4701 SIC 8211
THUNDER BAY CATHOLIC DISTRICT SCHOOL BOARD p877
370 County Blvd, THUNDER BAY, ON, P7A 7P5
(807) 768-9363 SIC 8211
THUNDER BAY CATHOLIC DISTRICT SCHOOL BOARD p877
655 River St, THUNDER BAY, ON, P7A 3S5
(807) 344-8321 SIC 8211
THUNDER BAY CATHOLIC DISTRICT SCHOOL BOARD p879
140 Clarkson St S, THUNDER BAY, ON, P7B 4W8
(807) 767-3061 SIC 8211
THUNDER BAY CATHOLIC DISTRICT SCHOOL BOARD p879
380 Ray Blvd, THUNDER BAY, ON, P7B 4E6
(807) 344-7691 SIC 8211
THUNDER BAY CATHOLIC DISTRICT SCHOOL BOARD p879
110 Marlborough St, THUNDER BAY, ON, P7B 4G4
(807) 345-9782 SIC 8211
THUNDER BAY CATHOLIC DISTRICT SCHOOL BOARD p880
150 Redwood Ave W, THUNDER BAY, ON, P7C 1Z6
(807) 577-3823 SIC 8211
THUNDER BAY CATHOLIC DISTRICT SCHOOL BOARD p880
345 Ogden St, THUNDER BAY, ON, P7C 2N4
(807) 623-5989 SIC 8211
THUNDER BAY CATHOLIC DISTRICT SCHOOL BOARD p880
459 Victoria Ave W, Thunder Bay, ON, P7C 0A4
(807) 625-1555 SIC 8211
THUNDER BAY CATHOLIC DISTRICT SCHOOL BOARD p880
600 Redwood Ave W, THUNDER BAY, ON, P7C 5G1
(807) 577-8565 SIC 8211
THUNDER BAY CATHOLIC DISTRICT SCHOOL BOARD p881
2645 Donald St E, THUNDER BAY, ON, P7E 5X5
(807) 577-1835 SIC 8211
THUNDER BAY CATHOLIC DISTRICT SCHOOL BOARD p881
1130 Georgina Ave, THUNDER BAY, ON, P7E 3J1
(807) 577-7211 SIC 8211
THUNDER BAY CATHOLIC DISTRICT SCHOOL BOARD p881
205 Franklin St S, THUNDER BAY, ON, P7E 1R2
(807) 623-2324 SIC 8211
THUNDER BAY CATHOLIC DISTRICT SCHOOL BOARD p881
2075 Rosslyn Rd, THUNDER BAY, ON, P7K 1H7
(807) 473-4900 SIC 8211
THUNDER BAY CATHOLIC DISTRICT SCHOOL BOARD p881
621 Selkirk St S, THUNDER BAY, ON, P7E 1T9
(807) 623-5218 SIC 8211
TORONTO CATHOLIC DISTRICT SCHOOL BOARD p575
28 Colonel Samuel Smith Park Dr, ETOBICOKE, ON, M8V 4B7
(416) 393-5540 SIC 8211
TORONTO CATHOLIC DISTRICT SCHOOL BOARD p575
165 Stanley Ave, ETOBICOKE, ON, M8V 1P1
(416) 393-5333 SIC 8211
TORONTO CATHOLIC DISTRICT SCHOOL BOARD p576
3672 Lake Shore Blvd W, ETOBICOKE, ON, M8W 1N6
(416) 393-5257 SIC 8211
TORONTO CATHOLIC DISTRICT SCHOOL BOARD p576
32 Montgomery Rd, ETOBICOKE, ON, M8X 1Z4
(416) 393-5246 SIC 8211
TORONTO CATHOLIC DISTRICT SCHOOL BOARD p576
721 Royal York Rd, ETOBICOKE, ON, M8Y 2T3
(416) 393-5549 SIC 8211
TORONTO CATHOLIC DISTRICT SCHOOL BOARD p577
45 Cloverhill Rd, ETOBICOKE, ON, M8Y 1T4
(416) 393-5332 SIC 8211
TORONTO CATHOLIC DISTRICT SCHOOL BOARD p577
11 Morgan Ave, ETOBICOKE, ON, M8Y 2Z7
(416) 393-5331 SIC 8211
TORONTO CATHOLIC DISTRICT SCHOOL BOARD p579
65 Jutland Rd, ETOBICOKE, ON, M8Z 2G6
(416) 393-5329 SIC 8211
TORONTO CATHOLIC DISTRICT SCHOOL BOARD p580
35 West Deane Park Dr, ETOBICOKE, ON, M9B 2R5
(416) 393-5413 SIC 8211
TORONTO CATHOLIC DISTRICT SCHOOL BOARD p581
4319 Bloor St W, ETOBICOKE, ON, M9C 2A2
(416) 393-5307 SIC 8211
TORONTO CATHOLIC DISTRICT SCHOOL BOARD p581
35 Saffron Cres, ETOBICOKE, ON, M9C 3T8
(416) 393-5288 SIC 8211
TORONTO CATHOLIC DISTRICT SCHOOL BOARD p582
125 La Rose Ave, ETOBICOKE, ON, M9P 1A6
(416) 393-5384 SIC 8211
TORONTO CATHOLIC DISTRICT SCHOOL BOARD p582

55 Ludstone Dr, ETOBICOKE, ON, M9R 2J2
(416) 393-5276   SIC 8211
TORONTO CATHOLIC DISTRICT SCHOOL BOARD p583
2533 Kipling Ave, ETOBICOKE, ON, M9V 3A8
(416) 393-5295   SIC 8211
TORONTO CATHOLIC DISTRICT SCHOOL BOARD p583
100 Royalcrest Rd, ETOBICOKE, ON, M9V 5B4
(416) 393-5399   SIC 8211
TORONTO CATHOLIC DISTRICT SCHOOL BOARD p583
155 John Garland Blvd Suite 204, ETOBICOKE, ON, M9V 1N7
(416) 393-5341   SIC 8211
TORONTO CATHOLIC DISTRICT SCHOOL BOARD p583
220 Mount Olive Dr, ETOBICOKE, ON, M9V 3Z5
(416) 393-5361   SIC 8211
TORONTO CATHOLIC DISTRICT SCHOOL BOARD p583
155 John Garland Blvd Rm 204, ETOBICOKE, ON, M9V 1N7
(416) 393-5402   SIC 8211
TORONTO CATHOLIC DISTRICT SCHOOL BOARD p587
2202 Kipling Ave, ETOBICOKE, ON, M9W 4K9
(416) 393-5267   SIC 8211
TORONTO CATHOLIC DISTRICT SCHOOL BOARD p587
2170 Kipling Ave, ETOBICOKE, ON, M9W 4K9
(416) 393-5535   SIC 8211
TORONTO CATHOLIC DISTRICT SCHOOL BOARD p587
55 Golfdown Dr, ETOBICOKE, ON, M9W 2H8
(416) 393-5284   SIC 8211
TORONTO CATHOLIC DISTRICT SCHOOL BOARD p746
25 Rochelle Cres, NORTH YORK, ON, M2J 1Y3
(416) 393-5298   SIC 8211
TORONTO CATHOLIC DISTRICT SCHOOL BOARD p746
101 Van Horne Ave, NORTH YORK, ON, M2J 2S8
(416) 393-5357   SIC 8211
TORONTO CATHOLIC DISTRICT SCHOOL BOARD p746
3105 Don Mills Rd, NORTH YORK, ON, M2J 3C2
(416) 393-5342   SIC 8211
TORONTO CATHOLIC DISTRICT SCHOOL BOARD p747
3205 Bayview Ave, NORTH YORK, ON, M2K 1G3
(416) 226-3336   SIC 8211
TORONTO CATHOLIC DISTRICT SCHOOL BOARD p748
15 St Paschal Crt, NORTH YORK, ON, M2M 1X6
(416) 393-5283   SIC 8211
TORONTO CATHOLIC DISTRICT SCHOOL BOARD p748
211 Steeles Ave E, NORTH YORK, ON, M2M 3Y6
(416) 393-5508   SIC 8211
TORONTO CATHOLIC DISTRICT SCHOOL BOARD p748
3379 Bayview Ave, NORTH YORK, ON, M2M 3S4
(416) 393-5516   SIC 8211
TORONTO CATHOLIC DISTRICT SCHOOL BOARD p750
80 Sheppard Ave E Suite 222, NORTH YORK, ON, M2N 6E8
(416) 222-8282   SIC 8211
TORONTO CATHOLIC DISTRICT SCHOOL BOARD p750

5050 Yonge St, NORTH YORK, ON, M2N 5N8
(416) 397-3000   SIC 8211
TORONTO CATHOLIC DISTRICT SCHOOL BOARD p750
160 Finch Ave W, NORTH YORK, ON, M2N 2J2
(416) 393-5339   SIC 8211
TORONTO CATHOLIC DISTRICT SCHOOL BOARD p750
396 Spring Garden Ave, NORTH YORK, ON, M2N 3H5
(416) 393-5256   SIC 8211
TORONTO CATHOLIC DISTRICT SCHOOL BOARD p751
1330 York Mills Rd, NORTH YORK, ON, M3A 1Z8
(416) 393-5315   SIC 8211
TORONTO CATHOLIC DISTRICT SCHOOL BOARD p751
30 Roanoke Rd, NORTH YORK, ON, M3A 1E9
(416) 393-5316   SIC 8211
TORONTO CATHOLIC DISTRICT SCHOOL BOARD p754
70 Bainbridge Ave, NORTH YORK, ON, M3H 2K2
(416) 393-5297   SIC 8211
TORONTO CATHOLIC DISTRICT SCHOOL BOARD p754
1340 Leslie St, NORTH YORK, ON, M3C 2K9
(416) 393-5263   SIC 8211
TORONTO CATHOLIC DISTRICT SCHOOL BOARD p756
1440 Finch Ave W, NORTH YORK, ON, M3J 3G3
(416) 393-5527   SIC 8211
TORONTO CATHOLIC DISTRICT SCHOOL BOARD p756
1685 Finch Ave W, NORTH YORK, ON, M3J 2G8
(416) 393-5313   SIC 8211
TORONTO CATHOLIC DISTRICT SCHOOL BOARD p757
2745 Jane St, NORTH YORK, ON, M3L 2E8
(416) 393-5296   SIC 8211
TORONTO CATHOLIC DISTRICT SCHOOL BOARD p757
18 Beverly Hills Dr, NORTH YORK, ON, M3L 1A1
(416) 393-5100   SIC 8211
TORONTO CATHOLIC DISTRICT SCHOOL BOARD p758
45 Norfinch Dr, NORTH YORK, ON, M3N 1W8
(416) 393-5558   SIC 8211
TORONTO CATHOLIC DISTRICT SCHOOL BOARD p758
333 Firgrove Cres, NORTH YORK, ON, M3N 1K9
(416) 393-5366   SIC 8211
TORONTO CATHOLIC DISTRICT SCHOOL BOARD p759
101 Mason Blvd, NORTH YORK, ON, M5M 3E2
(416) 393-5510   SIC 8211
TORONTO CATHOLIC DISTRICT SCHOOL BOARD p759
85 Carmichael Ave, NORTH YORK, ON, M5M 2X1
(416) 393-5249   SIC 8211
TORONTO CATHOLIC DISTRICT SCHOOL BOARD p761
490 Queens Dr, NORTH YORK, ON, M6L 1M8
(416) 393-5509   SIC 8211
TORONTO CATHOLIC DISTRICT SCHOOL BOARD p761
70 Playfair Ave, NORTH YORK, ON, M6B 2P9
(416) 393-5362   SIC 8211
TORONTO CATHOLIC DISTRICT SCHOOL BOARD p761

60 Playfair Ave, NORTH YORK, ON, M6B 2P9
(416) 393-5522   SIC 8211
TORONTO CATHOLIC DISTRICT SCHOOL BOARD p761
50 Claver Ave, NORTH YORK, ON, M6B 2W1
(416) 393-5250   SIC 8211
TORONTO CATHOLIC DISTRICT SCHOOL BOARD p761
23 Comay Rd, NORTH YORK, ON, M6M 2K9
(416) 393-5281   SIC 8211
TORONTO CATHOLIC DISTRICT SCHOOL BOARD p761
53 Gracefield Ave, NORTH YORK, ON, M6L 1L3
(416) 393-5271   SIC 8211
TORONTO CATHOLIC DISTRICT SCHOOL BOARD p834
160 Crow Trail, SCARBOROUGH, ON, M1B 1Y3
(416) 393-5377   SIC 8211
TORONTO CATHOLIC DISTRICT SCHOOL BOARD p834
101 Murison Blvd, SCARBOROUGH, ON, M1B 2L6
(416) 393-5385   SIC 8211
TORONTO CATHOLIC DISTRICT SCHOOL BOARD p835
101 Dean Park Rd, SCARBOROUGH, ON, M1B 2X2
(416) 393-5394   SIC 8211
TORONTO CATHOLIC DISTRICT SCHOOL BOARD p835
40 Sewells Rd, SCARBOROUGH, ON, M1B 3G5
(416) 393-5538   SIC 8211
TORONTO CATHOLIC DISTRICT SCHOOL BOARD p835
186 Centennial Rd, SCARBOROUGH, ON, M1C 1Z9
(416) 393-5359   SIC 8211
TORONTO CATHOLIC DISTRICT SCHOOL BOARD p835
1410 Military Trail, SCARBOROUGH, ON, M1C 1A8
(416) 396-6330   SIC 8211
TORONTO CATHOLIC DISTRICT SCHOOL BOARD p836
230 Morningside Ave, SCARBOROUGH, ON, M1E 3E1
(416) 393-5286   SIC 8211
TORONTO CATHOLIC DISTRICT SCHOOL BOARD p836
685 Military Trail, SCARBOROUGH, ON, M1E 4P6
(416) 393-5531   SIC 8211
TORONTO CATHOLIC DISTRICT SCHOOL BOARD p836
80 Bennett Rd, SCARBOROUGH, ON, M1E 3Y3
(416) 393-5336   SIC 8211
TORONTO CATHOLIC DISTRICT SCHOOL BOARD p836
30 Highcastle Rd, SCARBOROUGH, ON, M1E 4N1
(416) 393-5356   SIC 8211
TORONTO CATHOLIC DISTRICT SCHOOL BOARD p836
25 Janray Dr, SCARBOROUGH, ON, M1G 1Y2
(416) 393-5274   SIC 8211
TORONTO CATHOLIC DISTRICT SCHOOL BOARD p837
33 Amarillo Dr, SCARBOROUGH, ON, M1J 2P7
(416) 393-5308   SIC 8211
TORONTO CATHOLIC DISTRICT SCHOOL BOARD p837
3220 Lawrence Ave E, SCARBOROUGH, ON, M1H 1A4
(416) 393-5269   SIC 8211
TORONTO CATHOLIC DISTRICT SCHOOL BOARD

BOARD p838
1125 Midland Ave, SCARBOROUGH, ON, M1K 4H2
(416) 393-5335   SIC 8211
TORONTO CATHOLIC DISTRICT SCHOOL BOARD p839
2665 Kingston Rd, SCARBOROUGH, ON, M1M 1M2
(416) 393-5248   SIC 8211
TORONTO CATHOLIC DISTRICT SCHOOL BOARD p839
3176 St Clair Ave E, SCARBOROUGH, ON, M1L 1V6
(416) 393-5252   SIC 8211
TORONTO CATHOLIC DISTRICT SCHOOL BOARD p839
100 Brimley Rd S, SCARBOROUGH, ON, M1M 3X4
(416) 393-5519   SIC 8211
TORONTO CATHOLIC DISTRICT SCHOOL BOARD p839
20 Markanna Dr, SCARBOROUGH, ON, M1M 2J1
(416) 393-5277   SIC 8211
TORONTO CATHOLIC DISTRICT SCHOOL BOARD p840
101 Birchmount Rd, SCARBOROUGH, ON, M1N 3J7
(416) 393-5272   SIC 8211
TORONTO CATHOLIC DISTRICT SCHOOL BOARD p841
2216 Lawrence Ave E, SCARBOROUGH, ON, M1P 2P9
(416) 393-5264   SIC 8211
TORONTO CATHOLIC DISTRICT SCHOOL BOARD p843
25 Havenview Rd, SCARBOROUGH, ON, M1S 3A4
(416) 393-5386   SIC 8211
TORONTO CATHOLIC DISTRICT SCHOOL BOARD p843
2900 Midland Ave, SCARBOROUGH, ON, M1S 3K8
(416) 393-5532   SIC 8211
TORONTO CATHOLIC DISTRICT SCHOOL BOARD p843
4640 Finch Ave E, SCARBOROUGH, ON, M1S 4G2
(416) 393-5524   SIC 8211
TORONTO CATHOLIC DISTRICT SCHOOL BOARD p844
2350 Mccowan Rd, SCARBOROUGH, ON, M1S 4B4
(416) 393-5365   SIC 8211
TORONTO CATHOLIC DISTRICT SCHOOL BOARD p844
3530 Sheppard Ave E, SCARBOROUGH, ON, M1T 3K7
(416) 393-5282   SIC 8211
TORONTO CATHOLIC DISTRICT SCHOOL BOARD p844
51 Heather Rd, SCARBOROUGH, ON, M1S 2E2
(416) 393-5334   SIC 8211
TORONTO CATHOLIC DISTRICT SCHOOL BOARD p845
260 Silver Springs Blvd, SCARBOROUGH, ON, M1V 1S4
(416) 393-5373   SIC 8211
TORONTO CATHOLIC DISTRICT SCHOOL BOARD p845
44 Port Royal Trail, SCARBOROUGH, ON, M1V 2G8
(416) 393-5408   SIC 8211
TORONTO CATHOLIC DISTRICT SCHOOL BOARD p845
3200 Kennedy Rd, SCARBOROUGH, ON, M1V 3S8
(416) 393-5544   SIC 8211
TORONTO CATHOLIC DISTRICT SCHOOL BOARD p845
255 Alton Towers Cir, SCARBOROUGH, ON, M1V 4E7
(416) 393-5416   SIC 8211

SIC 8211 Elementary and secondary schools

TORONTO CATHOLIC DISTRICT SCHOOL BOARD *p845*
75 Alexmuir Blvd, SCARBOROUGH, ON, M1V 1H6
(416) 393-5381 *SIC* 8211

TORONTO CATHOLIC DISTRICT SCHOOL BOARD *p846*
3150 Pharmacy Ave, SCARBOROUGH, ON, M1W 3J5
(416) 393-5378 *SIC* 8211

TORONTO CATHOLIC DISTRICT SCHOOL BOARD *p846*
100 Bamburgh Cir, SCARBOROUGH, ON, M1W 3R3
(416) 393-5395 *SIC* 8211

TORONTO CATHOLIC DISTRICT SCHOOL BOARD *p846*
100 Fundy Bay Blvd, SCARBOROUGH, ON, M1W 3G1
(416) 393-5404 *SIC* 8211

TORONTO CATHOLIC DISTRICT SCHOOL BOARD *p847*
127 Victoria Park Ave, SCARBOROUGH, ON, M4E 3S2
(416) 393-5502 *SIC* 8211

TORONTO CATHOLIC DISTRICT SCHOOL BOARD *p885*
521 Sewells Rd, TORONTO, ON, M1B 5H3
(416) 393-5425 *SIC* 8211

TORONTO CATHOLIC DISTRICT SCHOOL BOARD *p885*
10 John Tabor Trail, TORONTO, ON, M1B 1M9
(416) 393-5380 *SIC* 8211

TORONTO CATHOLIC DISTRICT SCHOOL BOARD *p885*
50 Tideswell Blvd, TORONTO, ON, M1B 5X3
(416) 393-5467 *SIC* 8211

TORONTO CATHOLIC DISTRICT SCHOOL BOARD *p885*
30 Washburn Way, TORONTO, ON, M1B 1H3
(416) 393-5351 *SIC* 8211

TORONTO CATHOLIC DISTRICT SCHOOL BOARD *p886*
14 Pharmacy Ave, TORONTO, ON, M1L 3E4
(416) 393-5241 *SIC* 8211

TORONTO CATHOLIC DISTRICT SCHOOL BOARD *p886*
960 Bellamy Rd N, TORONTO, ON, M1H 1H1
(416) 393-5301 *SIC* 8211

TORONTO CATHOLIC DISTRICT SCHOOL BOARD *p886*
215 Livingston Rd, TORONTO, ON, M1E 1L8
(416) 393-5306 *SIC* 8211

TORONTO CATHOLIC DISTRICT SCHOOL BOARD *p886*
2300 Ellesmere Rd, TORONTO, ON, M1G 3M7
(416) 393-5322 *SIC* 8211

TORONTO CATHOLIC DISTRICT SCHOOL BOARD *p886*
21 Kenmark Blvd, TORONTO, ON, M1K 3N8
(416) 393-5260 *SIC* 8211

TORONTO CATHOLIC DISTRICT SCHOOL BOARD *p886*
600 Morrish Rd, TORONTO, ON, M1C 4Y1
(416) 393-5419 *SIC* 8211

TORONTO CATHOLIC DISTRICT SCHOOL BOARD *p887*
20 Bernadine St, TORONTO, ON, M1P 4M2
(416) 393-5338 *SIC* 8211

TORONTO CATHOLIC DISTRICT SCHOOL BOARD *p887*
15 Murray Glen Dr, TORONTO, ON, M1R 3J6
(416) 393-5300 *SIC* 8211

TORONTO CATHOLIC DISTRICT SCHOOL BOARD *p887*
10 Japonica Rd, TORONTO, ON, M1R 4R7
(416) 393-5273 *SIC* 8211

TORONTO CATHOLIC DISTRICT SCHOOL BOARD *p887*
1035 Pharmacy Ave, TORONTO, ON, M1R 2G8
(416) 393-5258 *SIC* 8211

TORONTO CATHOLIC DISTRICT SCHOOL BOARD *p887*
49 Cathedral Bluffs Dr, TORONTO, ON, M1M 2T6
(416) 393-5302 *SIC* 8211

TORONTO CATHOLIC DISTRICT SCHOOL BOARD *p888*
30 Ingleton Blvd, TORONTO, ON, M1V 3H7
(416) 393-5414 *SIC* 8211

TORONTO CATHOLIC DISTRICT SCHOOL BOARD *p888*
121 Brimwood Blvd, TORONTO, ON, M1V 1E5
(416) 393-5372 *SIC* 8211

TORONTO CATHOLIC DISTRICT SCHOOL BOARD *p889*
70 Margaret Ave, TORONTO, ON, M2J 4C5
(416) 393-5393 *SIC* 8211

TORONTO CATHOLIC DISTRICT SCHOOL BOARD *p889*
280 Otonabee Ave, TORONTO, ON, M2M 2T2
(416) 393-5345 *SIC* 8211

TORONTO CATHOLIC DISTRICT SCHOOL BOARD *p889*
200 Old Sheppard Ave, TORONTO, ON, M2J 3L9
(416) 393-5319 *SIC* 8211

TORONTO CATHOLIC DISTRICT SCHOOL BOARD *p889*
18 Kempford Blvd, TORONTO, ON, M2N 2B9
(416) 393-5270 *SIC* 8211

TORONTO CATHOLIC DISTRICT SCHOOL BOARD *p890*
111 Sharpecroft Blvd, TORONTO, ON, M3J 1P5
(416) 393-5294 *SIC* 8211

TORONTO CATHOLIC DISTRICT SCHOOL BOARD *p890*
60 Maniza Rd, TORONTO, ON, M3K 1R6
(416) 393-5309 *SIC* 8211

TORONTO CATHOLIC DISTRICT SCHOOL BOARD *p890*
175 Grenoble Dr, TORONTO, ON, M3C 3E7
(416) 393-5348 *SIC* 8211

TORONTO CATHOLIC DISTRICT SCHOOL BOARD *p890*
20 Dubray Ave, TORONTO, ON, M3K 1V5
(416) 393-5506 *SIC* 8211

TORONTO CATHOLIC DISTRICT SCHOOL BOARD *p890*
65 Avonwick Gate, TORONTO, ON, M3A 2M8
(416) 393-5299 *SIC* 8211

TORONTO CATHOLIC DISTRICT SCHOOL BOARD *p891*
1865 Sheppard Ave W, TORONTO, ON, M3L 1Y5
(416) 393-5344 *SIC* 8211

TORONTO CATHOLIC DISTRICT SCHOOL BOARD *p891*
3 Gade Dr, TORONTO, ON, M3M 2K2
(416) 393-5285 *SIC* 8211

TORONTO CATHOLIC DISTRICT SCHOOL BOARD *p891*
98 Shoreham Dr, TORONTO, ON, M3N 1S9
(416) 393-5328 *SIC* 8211

TORONTO CATHOLIC DISTRICT SCHOOL BOARD *p891*
108 Spenvalley Dr, TORONTO, ON, M3L 1Z5
(416) 393-5409 *SIC* 8211

TORONTO CATHOLIC DISTRICT SCHOOL BOARD *p891*
610 Roding St, TORONTO, ON, M3M 2A5
(416) 393-5396 *SIC* 8211

TORONTO CATHOLIC DISTRICT SCHOOL BOARD *p892*
780 Kingston Rd, TORONTO, ON, M4E 1R7

(416) 393-5220 *SIC* 8211

TORONTO CATHOLIC DISTRICT SCHOOL BOARD *p892*
50 Woodmount Ave, TORONTO, ON, M4C 3X9
(416) 393-5235 *SIC* 8211

TORONTO CATHOLIC DISTRICT SCHOOL BOARD *p892*
520 Plains Rd, TORONTO, ON, M4C 2Z1
(416) 393-5251 *SIC* 8211

TORONTO CATHOLIC DISTRICT SCHOOL BOARD *p893*
182 Bessborough Dr, TORONTO, ON, M4G 4H5
(416) 393-5243 *SIC* 8211

TORONTO CATHOLIC DISTRICT SCHOOL BOARD *p894*
343 Jones Ave, TORONTO, ON, M4J 3G4
(416) 393-5292 *SIC* 8211

TORONTO CATHOLIC DISTRICT SCHOOL BOARD *p894*
299a Donlands Ave, TORONTO, ON, M4J 3R7
(416) 393-5242 *SIC* 8211

TORONTO CATHOLIC DISTRICT SCHOOL BOARD *p894*
49 Felstead Ave, TORONTO, ON, M4J 1G3
(416) 393-5546 *SIC* 8211

TORONTO CATHOLIC DISTRICT SCHOOL BOARD *p895*
690 Carlaw Ave, TORONTO, ON, M4K 3K9
(416) 393-5215 *SIC* 8211

TORONTO CATHOLIC DISTRICT SCHOOL BOARD *p896*
176 Leslie St, TORONTO, ON, M4M 3C7
(416) 393-5209 *SIC* 8211

TORONTO CATHOLIC DISTRICT SCHOOL BOARD *p898*
14 Broadway Ave, TORONTO, ON, M4P 1T4
(416) 393-5224 *SIC* 8211

TORONTO CATHOLIC DISTRICT SCHOOL BOARD *p903*
444 Sherbourne St, TORONTO, ON, M4X 1K2
(416) 393-5221 *SIC* 8211

TORONTO CATHOLIC DISTRICT SCHOOL BOARD *p904*
146 Isabella St, TORONTO, ON, M4Y 1P6
(416) 393-5533 *SIC* 8211

TORONTO CATHOLIC DISTRICT SCHOOL BOARD *p905*
80 Sackville St, TORONTO, ON, M5A 3E5
(416) 393-5204 *SIC* 8211

TORONTO CATHOLIC DISTRICT SCHOOL BOARD *p905*
50 George St S, TORONTO, ON, M5A 4B2
(416) 393-5387 *SIC* 8211

TORONTO CATHOLIC DISTRICT SCHOOL BOARD *p907*
67 Bond St, TORONTO, ON, M5B 1X5
(416) 393-5217 *SIC* 8211

TORONTO CATHOLIC DISTRICT SCHOOL BOARD *p923*
308 Tweedsmuir Ave, TORONTO, ON, M5P 2Y1
(416) 393-5225 *SIC* 8211

TORONTO CATHOLIC DISTRICT SCHOOL BOARD *p923*
24 Bedford Park Ave, TORONTO, ON, M5M 1H9
(416) 393-5226 *SIC* 8211

TORONTO CATHOLIC DISTRICT SCHOOL BOARD *p923*
1107 Avenue Rd, TORONTO, ON, M5N 3B1
(416) 393-5561 *SIC* 8211

TORONTO CATHOLIC DISTRICT SCHOOL BOARD *p926*
74 Wellesley St W, TORONTO, ON, M5S 1C4
(416) 393-5514 *SIC* 8211

TORONTO CATHOLIC DISTRICT SCHOOL BOARD *p933*
60 Atlas Ave, TORONTO, ON, M6C 3N9
(416) 393-5326 *SIC* 8211

TORONTO CATHOLIC DISTRICT SCHOOL BOARD *p933*
125 Glenmount Ave, TORONTO, ON, M6B 3C2
(416) 393-5265 *SIC* 8211

TORONTO CATHOLIC DISTRICT SCHOOL BOARD *p933*
111 Danesbury Ave, TORONTO, ON, M6B 3L3
(416) 393-5398 *SIC* 8211

TORONTO CATHOLIC DISTRICT SCHOOL BOARD *p934*
75 Holmesdale Rd, TORONTO, ON, M6E 1Y2
(416) 393-5305 *SIC* 8211

TORONTO CATHOLIC DISTRICT SCHOOL BOARD *p934*
20 Bansley Ave, TORONTO, ON, M6E 2A2
(416) 393-5318 *SIC* 8211

TORONTO CATHOLIC DISTRICT SCHOOL BOARD *p934*
124 Northcliffe Blvd, TORONTO, ON, M6E 3K4
(416) 393-5214 *SIC* 8211

TORONTO CATHOLIC DISTRICT SCHOOL BOARD *p934*
31 Ascot Ave, TORONTO, ON, M6E 1E6
(416) 393-5371 *SIC* 8211

TORONTO CATHOLIC DISTRICT SCHOOL BOARD *p934*
363 Rogers Rd, TORONTO, ON, M6E 1R6
(416) 393-5355 *SIC* 8211

TORONTO CATHOLIC DISTRICT SCHOOL BOARD *p934*
636 Glenholme Ave, TORONTO, ON, M6E 3G9
(416) 393-5236 *SIC* 8211

TORONTO CATHOLIC DISTRICT SCHOOL BOARD *p935*
130 Shanly St, TORONTO, ON, M6H 1L9
(416) 393-5210 *SIC* 8211

TORONTO CATHOLIC DISTRICT SCHOOL BOARD *p935*
402 Melita Cres, TORONTO, ON, M6G 3X6
(416) 393-5376 *SIC* 8211

TORONTO CATHOLIC DISTRICT SCHOOL BOARD *p935*
1196 College St, TORONTO, ON, M6H 1B8
(416) 393-5208 *SIC* 8211

TORONTO CATHOLIC DISTRICT SCHOOL BOARD *p935*
270 Barton Ave, TORONTO, ON, M6G 1R4
(416) 393-5293 *SIC* 8211

TORONTO CATHOLIC DISTRICT SCHOOL BOARD *p935*
1477 Dufferin St, TORONTO, ON, M6H 4C7
(416) 393-5228 *SIC* 8211

TORONTO CATHOLIC DISTRICT SCHOOL BOARD *p935*
700 Markham St, TORONTO, ON, M6G 2M3
(416) 393-5557 *SIC* 8211

TORONTO CATHOLIC DISTRICT SCHOOL BOARD *p936*
20 Portugal Sq, TORONTO, ON, M6J 3P2
(416) 393-5205 *SIC* 8211

TORONTO CATHOLIC DISTRICT SCHOOL BOARD *p936*
141 Close Ave, TORONTO, ON, M6K 2V6
(416) 393-5212 *SIC* 8211

TORONTO CATHOLIC DISTRICT SCHOOL BOARD *p936*
319 Ossington Ave, TORONTO, ON, M6J 3A6
(416) 393-5347 *SIC* 8211

TORONTO CATHOLIC DISTRICT SCHOOL BOARD *p937*
12 Duckworth St, TORONTO, ON, M6M 4W4
(416) 393-5261 *SIC* 8211

TORONTO CATHOLIC DISTRICT SCHOOL BOARD *p938*
270 Laughton Ave, TORONTO, ON, M6N 2X8
(416) 393-5374 *SIC* 8211

SIC 8211 Elementary and secondary schools

TORONTO CATHOLIC DISTRICT SCHOOL BOARD
99 Humber Blvd, TORONTO, ON, M6N 2H4
(416) 393-5555   SIC 8211

TORONTO CATHOLIC DISTRICT SCHOOL BOARD p938
355 Annette St, TORONTO, ON, M6P 1R3
(416) 393-5218   SIC 8211

TORONTO CATHOLIC DISTRICT SCHOOL BOARD p938
70 Guestville Ave, TORONTO, ON, M6N 4N3
(416) 393-5247   SIC 8211

TORONTO CATHOLIC DISTRICT SCHOOL BOARD p938
1515 Bloor St W, TORONTO, ON, M6P 1A3
(416) 393-5545   SIC 8211

TORONTO CATHOLIC DISTRICT SCHOOL BOARD p938
178 Edwin Ave, TORONTO, ON, M6P 3Z9
(416) 393-5216   SIC 8211

TORONTO CATHOLIC DISTRICT SCHOOL BOARD p938
25 Avon Ave, TORONTO, ON, M6N 4X8
(416) 393-5368   SIC 8211

TORONTO CATHOLIC DISTRICT SCHOOL BOARD p938
18 Lavender Rd, TORONTO, ON, M6N 2B5
(416) 393-5240   SIC 8211

TORONTO CATHOLIC DISTRICT SCHOOL BOARD p938
2 Ruskin Ave, TORONTO, ON, M6P 3P8
(416) 393-5370   SIC 8211

TORONTO CATHOLIC DISTRICT SCHOOL BOARD p939
71 Jane St, TORONTO, ON, M6S 3Y3
(416) 393-5237   SIC 8211

TORONTO CATHOLIC DISTRICT SCHOOL BOARD p939
605 Willard Ave, TORONTO, ON, M6S 3S1
(416) 393-5325   SIC 8211

TORONTO CATHOLIC DISTRICT SCHOOL BOARD p939
230 Humbercrest Blvd, TORONTO, ON, M6S 4L3
(416) 393-5275   SIC 8211

TORONTO CATHOLIC DISTRICT SCHOOL BOARD p939
116 Fermanagh Ave, TORONTO, ON, M6R 1M2
(416) 393-5227   SIC 8211

TORONTO CATHOLIC DISTRICT SCHOOL BOARD p940
5 Redcar Ave, TORONTO, ON, M9B 1J8
(416) 393-5278   SIC 8211

TORONTO CATHOLIC DISTRICT SCHOOL BOARD p940
20 Coules Crt, TORONTO, ON, M8W 2N9
(416) 393-5259   SIC 8211

TORONTO CATHOLIC DISTRICT SCHOOL BOARD p940
85 Forty First St, TORONTO, ON, M8W 3P1
(416) 393-5291   SIC 8211

TORONTO CATHOLIC DISTRICT SCHOOL BOARD p941
123 Whitfield Ave, TORONTO, ON, M9L 1G9
(416) 393-5397   SIC 8211

TORONTO CATHOLIC DISTRICT SCHOOL BOARD p941
720 Renforth Dr, TORONTO, ON, M9C 2N9
(416) 393-5340   SIC 8211

TORONTO CATHOLIC DISTRICT SCHOOL BOARD p941
70 Mattice Ave, TORONTO, ON, M9B 1T6
(416) 393-5253   SIC 8211

TORONTO CATHOLIC DISTRICT SCHOOL BOARD p941
174 Duncanwoods Dr, TORONTO, ON, M9L 2E3
(416) 393-5320   SIC 8211

TORONTO CATHOLIC DISTRICT SCHOOL BOARD p942
2 St Andrews Blvd, TORONTO, ON, M9R 1V8
(416) 393-5525   SIC 8211

TORONTO CATHOLIC DISTRICT SCHOOL BOARD p942
15 Denfield St, TORONTO, ON, M9R 3H2
(416) 393-5311   SIC 8211

TORONTO CATHOLIC DISTRICT SCHOOL BOARD p942
111 Sun Row Dr, TORONTO, ON, M9P 3J3
(416) 393-5391   SIC 8211

TORONTO CATHOLIC DISTRICT SCHOOL BOARD p942
30 Westroyal Rd, TORONTO, ON, M9P 2C3
(416) 393-5337   SIC 8211

TORONTO DISTRICT SCHOOL BOARD p486
995243 Mono-Adjala Tline, ALLISTON, ON, L9R 1V1
(705) 435-4266   SIC 8211

TORONTO DISTRICT SCHOOL BOARD p575
350 Kipling Ave, ETOBICOKE, ON, M8V 3L1
(416) 394-7650   SIC 8211

TORONTO DISTRICT SCHOOL BOARD p575
95 Mimico Ave, ETOBICOKE, ON, M8V 1R4
(416) 394-7660   SIC 8211

TORONTO DISTRICT SCHOOL BOARD p575
3190 Lake Shore Blvd W, ETOBICOKE, ON, M8V 1L8
(416) 394-7810   SIC 8211

TORONTO DISTRICT SCHOOL BOARD p576
525 Prince Edward Dr N, ETOBICOKE, ON, M8X 2M6
(416) 394-7890   SIC 8211

TORONTO DISTRICT SCHOOL BOARD p576
450 Lanor Ave, ETOBICOKE, ON, M8W 2S1
(416) 394-7800   SIC 8211

TORONTO DISTRICT SCHOOL BOARD p576
544 Horner Ave, ETOBICOKE, ON, M8W 2C2
(416) 394-7670   SIC 8211

TORONTO DISTRICT SCHOOL BOARD p577
675 Royal York Rd, ETOBICOKE, ON, M8Y 2T1
(416) 394-6910   SIC 8211

TORONTO DISTRICT SCHOOL BOARD p577
50 Cloverhill Rd, ETOBICOKE, ON, M8Y 1T3
(416) 394-7850   SIC 8211

TORONTO DISTRICT SCHOOL BOARD p577
71 Ballacaine Dr, ETOBICOKE, ON, M8Y 4B6
(416) 394-7120   SIC 8211

TORONTO DISTRICT SCHOOL BOARD p579
86 Montgomery Rd, ETOBICOKE, ON, M9A 3N5
(416) 394-7840   SIC 8211

TORONTO DISTRICT SCHOOL BOARD p579
1738 Islington Ave, ETOBICOKE, ON, M9A 3N2
(416) 394-7980   SIC 8211

TORONTO DISTRICT SCHOOL BOARD p579
44 Cordova Ave, ETOBICOKE, ON, M9A 2H5
(416) 394-7870   SIC 8211

TORONTO DISTRICT SCHOOL BOARD p580
5 Swan Ave, ETOBICOKE, ON, M9B 1V1
(416) 394-7150   SIC 8211

TORONTO DISTRICT SCHOOL BOARD p581
630 Renforth Dr, ETOBICOKE, ON, M9C 2N6
(416) 394-7050   SIC 8211

TORONTO DISTRICT SCHOOL BOARD p581
411 Mill Rd, ETOBICOKE, ON, M9C 1Y9
(416) 394-7060   SIC 8211

TORONTO DISTRICT SCHOOL BOARD p581
225 Wellesworth Dr, ETOBICOKE, ON, M9C 4S5
(416) 394-7080   SIC 8211

TORONTO DISTRICT SCHOOL BOARD p581
10 Toledo Rd, ETOBICOKE, ON, M9C 2H3
(416) 394-7020   SIC 8211

TORONTO DISTRICT SCHOOL BOARD p582
15 Trehorne Dr, ETOBICOKE, ON, M9P 1N8
(416) 394-7750   SIC 8211

TORONTO DISTRICT SCHOOL BOARD p582
10 Denfield St, ETOBICOKE, ON, M9R 3H1
(416) 394-7090   SIC 8211

TORONTO DISTRICT SCHOOL BOARD p582
1 York Rd, ETOBICOKE, ON, M9R 3C8
(416) 394-7950   SIC 8211

TORONTO DISTRICT SCHOOL BOARD p582
35 Trehorne Dr, ETOBICOKE, ON, M9P 1N8
(416) 394-7730   SIC 8211

TORONTO DISTRICT SCHOOL BOARD p582
580 Rathburn Rd, ETOBICOKE, ON, M9C 3T3
(416) 394-4600   SIC 8211

TORONTO DISTRICT SCHOOL BOARD p582
25 Poynter Dr, ETOBICOKE, ON, M9R 1K8
(416) 394-7970   SIC 8211

TORONTO DISTRICT SCHOOL BOARD p582
60 Wellesworth Dr, ETOBICOKE, ON, M9C 4R3
(416) 394-6180   SIC 8211

TORONTO DISTRICT SCHOOL BOARD p582
380 The Westway, ETOBICOKE, ON, M9R 1H4
(416) 394-7930   SIC 8211

TORONTO DISTRICT SCHOOL BOARD p582
222 Mill Rd, ETOBICOKE, ON, M9C 1Y2
(416) 394-7070   SIC 8211

TORONTO DISTRICT SCHOOL BOARD p582
95 Chapman Rd, ETOBICOKE, ON, M9P 1E9
(416) 394-7720   SIC 8211

TORONTO DISTRICT SCHOOL BOARD p583
202 Mount Olive Dr, ETOBICOKE, ON, M9V 3Z5
(416) 394-7530   SIC 8211

TORONTO DISTRICT SCHOOL BOARD p583
2580 Kipling Ave, ETOBICOKE, ON, M9V 3B2
(416) 394-7550   SIC 8211

TORONTO DISTRICT SCHOOL BOARD p583
520 Silverstone Dr, ETOBICOKE, ON, M9V 3L5
(416) 394-7620   SIC 8211

TORONTO DISTRICT SCHOOL BOARD p583
1675 Martin Grove Rd, ETOBICOKE, ON, M9V 3S3
(416) 394-7570   SIC 8211

TORONTO DISTRICT SCHOOL BOARD p583
175 Mount Olive Dr, ETOBICOKE, ON, M9V 2E3
(416) 394-7540   SIC 8211

TORONTO DISTRICT SCHOOL BOARD p583
70 Monterrey Dr, ETOBICOKE, ON, M9V 1T1
(416) 394-7790   SIC 8211

TORONTO DISTRICT SCHOOL BOARD p583
350 Silverstone Dr, ETOBICOKE, ON, M9V 3J4
(416) 394-7500   SIC 8211

TORONTO DISTRICT SCHOOL BOARD p587
50 Hadrian Dr, ETOBICOKE, ON, M9W 1V4
(416) 394-7910   SIC 8211

TORONTO DISTRICT SCHOOL BOARD p587
850 Humberwood Blvd, ETOBICOKE, ON, M9W 7A6
(416) 394-4750   SIC 8211

TORONTO DISTRICT SCHOOL BOARD p587
15 Tandridge Cres, ETOBICOKE, ON, M9W 2N8
(416) 394-7770   SIC 8211

TORONTO DISTRICT SCHOOL BOARD p587
45 Golfdown Dr, ETOBICOKE, ON, M9W 2H8
(416) 394-7900   SIC 8211

TORONTO DISTRICT SCHOOL BOARD p627
1511 Echo Ridge Rd, KEARNEY, ON, P0A 1M0
(705) 636-5384   SIC 8211

TORONTO DISTRICT SCHOOL BOARD p744
5900 Leslie St, NORTH YORK, ON, M2H 1J9
(416) 395-3120   SIC 8211

TORONTO DISTRICT SCHOOL BOARD p744
55 Freshmeadow Dr, NORTH YORK, ON, M2H 3H6
(416) 395-2020   SIC 8211

TORONTO DISTRICT SCHOOL BOARD p744
390 Cherokee Blvd, NORTH YORK, ON, M2H 2W7
(416) 395-2190   SIC 8211

TORONTO DISTRICT SCHOOL BOARD p744
50 Francine Dr, NORTH YORK, ON, M2H 2G6
(416) 395-3140   SIC 8211

TORONTO DISTRICT SCHOOL BOARD p746
25 Forest Manor Rd, NORTH YORK, ON, M2J 1M4
(416) 395-2440   SIC 8211

TORONTO DISTRICT SCHOOL BOARD p746
3100 Don Mills Rd, NORTH YORK, ON, M2J 3C3
(416) 395-3010   SIC 8211

TORONTO DISTRICT SCHOOL BOARD p746
101 Seneca Hill Dr, NORTH YORK, ON, M2J 2W3
(416) 395-2253   SIC 8211

TORONTO DISTRICT SCHOOL BOARD p746
34 Lescon Rd, NORTH YORK, ON, M2J 2G6
(416) 395-2640   SIC 8211

TORONTO DISTRICT SCHOOL BOARD p746
175 Brian Dr, NORTH YORK, ON, M2J 3Y8
(416) 395-3080   SIC 8211

TORONTO DISTRICT SCHOOL BOARD p746
95 Brian Dr, NORTH YORK, ON, M2J 3Y6
(416) 395-2080   SIC 8211

TORONTO DISTRICT SCHOOL BOARD p746
18 Dallington Dr, NORTH YORK, ON, M2J 2G3
(416) 395-2270   SIC 8211

SIC 8211 Elementary and secondary schools

TORONTO DISTRICT SCHOOL BOARD
p746
25 Muirhead Rd, NORTH YORK, ON, M2J 3W3
(416) 395-2710 SIC 8211

TORONTO DISTRICT SCHOOL BOARD
p746
25 Buchan Crt, NORTH YORK, ON, M2J 1V2
(416) 753-6090 SIC 8211

TORONTO DISTRICT SCHOOL BOARD
p747
10 Elkhorn Dr, NORTH YORK, ON, M2K 1J3
(416) 395-9500 SIC 8211

TORONTO DISTRICT SCHOOL BOARD
p747
81 Harrison Rd, NORTH YORK, ON, M2L 1V9
(416) 395-2530 SIC 8211

TORONTO DISTRICT SCHOOL BOARD
p748
70 Maxome Ave, NORTH YORK, ON, M2M 3K1
(416) 395-2260 SIC 8211

TORONTO DISTRICT SCHOOL BOARD
p748
155 Hilda Ave, NORTH YORK, ON, M2M 1V6
(416) 395-3280 SIC 8211

TORONTO DISTRICT SCHOOL BOARD
p748
70 Drewry Ave Suite 313, NORTH YORK, ON, M2M 1C8
(416) 395-3260 SIC 8211

TORONTO DISTRICT SCHOOL BOARD
p748
105 Bestview Dr, NORTH YORK, ON, M2M 2Y1
(416) 395-2900 SIC 8211

TORONTO DISTRICT SCHOOL BOARD
p750
188 Churchill Ave, NORTH YORK, ON, M2N 1Z5
(416) 395-2200 SIC 8211

TORONTO DISTRICT SCHOOL BOARD
p750
35 Church Ave, NORTH YORK, ON, M2N 6X6
(416) 395-2680 SIC 8211

TORONTO DISTRICT SCHOOL BOARD
p750
171 Avondale Ave, NORTH YORK, ON, M2N 2V4
(416) 395-3130 SIC 8211

TORONTO DISTRICT SCHOOL BOARD
p750
130 Doris Ave, NORTH YORK, ON, M2N 0A8
(416) 395-3180 SIC 8211

TORONTO DISTRICT SCHOOL BOARD
p751
550 Finch Ave W, NORTH YORK, ON, M2R 1N6
(416) 395-3290 SIC 8211

TORONTO DISTRICT SCHOOL BOARD
p751
106 Broadlands Blvd, NORTH YORK, ON, M3A 1J7
(416) 395-2090 SIC 8211

TORONTO DISTRICT SCHOOL BOARD
p751
20 Evermede Dr, NORTH YORK, ON, M3A 2S3
(416) 395-2330 SIC 8211

TORONTO DISTRICT SCHOOL BOARD
p751
200 Graydon Hall Dr, NORTH YORK, ON, M3A 3A6
(416) 395-3240 SIC 8211

TORONTO DISTRICT SCHOOL BOARD
p751
288 Pleasant Ave, NORTH YORK, ON, M2R 2R1
(416) 395-2770 SIC 8211

TORONTO DISTRICT SCHOOL BOARD
p751
225 Senlac Rd, NORTH YORK, ON, M2R 1P6
(416) 395-2970 SIC 8211

TORONTO DISTRICT SCHOOL BOARD
p751
425 Patricia Ave, NORTH YORK, ON, M2R 2N1
(416) 395-3030 SIC 8211

TORONTO DISTRICT SCHOOL BOARD
p751
60 Rockford Rd, NORTH YORK, ON, M2R 3A7
(416) 395-2820 SIC 8211

TORONTO DISTRICT SCHOOL BOARD
p751
15 Wallingford Rd, NORTH YORK, ON, M3A 2V1
(416) 395-3310 SIC 8211

TORONTO DISTRICT SCHOOL BOARD
p751
60 Ranchdale Cres, NORTH YORK, ON, M3A 2M3
(416) 395-2800 SIC 8211

TORONTO DISTRICT SCHOOL BOARD
p752
21 Rippleton Rd, NORTH YORK, ON, M3B 1H4
(416) 395-2810 SIC 8211

TORONTO DISTRICT SCHOOL BOARD
p752
50 Denlow Blvd, NORTH YORK, ON, M3B 1P7
(416) 395-2300 SIC 8211

TORONTO DISTRICT SCHOOL BOARD
p754
330 Wilmington Ave, NORTH YORK, ON, M3H 5L1
(416) 395-2180 SIC 8211

TORONTO DISTRICT SCHOOL BOARD
p754
9 Grenoble Dr, NORTH YORK, ON, M3C 1C3
(416) 397-2900 SIC 8211

TORONTO DISTRICT SCHOOL BOARD
p754
55 Overland Dr, NORTH YORK, ON, M3C 2C3
(416) 395-5080 SIC 8211

TORONTO DISTRICT SCHOOL BOARD
p754
15 Greenland Rd, NORTH YORK, ON, M3C 1N1
(416) 395-2500 SIC 8211

TORONTO DISTRICT SCHOOL BOARD
p754
55 Gateway Blvd, NORTH YORK, ON, M3C 1B4
(416) 397-2970 SIC 8211

TORONTO DISTRICT SCHOOL BOARD
p754
100 Bainbridge Ave, NORTH YORK, ON, M3H 2K2
(416) 395-2360 SIC 8211

TORONTO DISTRICT SCHOOL BOARD
p755
285 Wilmington Ave, NORTH YORK, ON, M3H 5K8
(416) 395-2170 SIC 8211

TORONTO DISTRICT SCHOOL BOARD
p756
340 Sentinel Rd, NORTH YORK, ON, M3J 1T9
(416) 395-3170 SIC 8211

TORONTO DISTRICT SCHOOL BOARD
p756
215 Sentinel Rd, NORTH YORK, ON, M3J 1T7
(416) 395-3020 SIC 8211

TORONTO DISTRICT SCHOOL BOARD
p756
120 Derrydown Rd, NORTH YORK, ON, M3J 1R7

(416) 395-2310 SIC 8211

TORONTO DISTRICT SCHOOL BOARD
p757
7 Hawksdale Rd, NORTH YORK, ON, M3K 1W3
(416) 395-3200 SIC 8211

TORONTO DISTRICT SCHOOL BOARD
p757
25 Blaydon Ave, NORTH YORK, ON, M3M 2C9
(416) 395-2070 SIC 8211

TORONTO DISTRICT SCHOOL BOARD
p757
1270 Wilson Ave, NORTH YORK, ON, M3M 1H5
(416) 395-3070 SIC 8211

TORONTO DISTRICT SCHOOL BOARD
p757
1430 Sheppard Ave W, NORTH YORK, ON, M3M 2W9
(416) 395-2860 SIC 8211

TORONTO DISTRICT SCHOOL BOARD
p757
2829 Keele St, NORTH YORK, ON, M3M 2G7
(416) 395-2340 SIC 8211

TORONTO DISTRICT SCHOOL BOARD
p757
35 Calico Dr, NORTH YORK, ON, M3L 1V5
(416) 395-2130 SIC 8211

TORONTO DISTRICT SCHOOL BOARD
p758
270 Firgrove Cres, NORTH YORK, ON, M3N 1K8
(416) 395-2420 SIC 8211

TORONTO DISTRICT SCHOOL BOARD
p758
755 Oakdale Rd, NORTH YORK, ON, M3N 1W7
(416) 395-3320 SIC 8211

TORONTO DISTRICT SCHOOL BOARD
p758
4505 Jane St, NORTH YORK, ON, M3N 2K7
(416) 395-2120 SIC 8211

TORONTO DISTRICT SCHOOL BOARD
p758
25 Yorkwoods Gate, NORTH YORK, ON, M3N 1K1
(416) 395-2990 SIC 8211

TORONTO DISTRICT SCHOOL BOARD
p758
75 Stanley Rd, NORTH YORK, ON, M3N 1C2
(416) 395-2890 SIC 8211

TORONTO DISTRICT SCHOOL BOARD
p758
65 Topcliff Ave, NORTH YORK, ON, M3N 1L6
(416) 395-2940 SIC 8211

TORONTO DISTRICT SCHOOL BOARD
p759
88 Sweeney Dr, NORTH YORK, ON, M4A 1T7
(416) 397-2930 SIC 8211

TORONTO DISTRICT SCHOOL BOARD
p759
450 Blythwood Rd, NORTH YORK, ON, M4N 1A9
(416) 393-9275 SIC 8211

TORONTO DISTRICT SCHOOL BOARD
p759
148 Wilson Ave, NORTH YORK, ON, M5M 3A5
(416) 397-2950 SIC 8211

TORONTO DISTRICT SCHOOL BOARD
p759
1665 O'connor Dr, NORTH YORK, ON, M4A 1W5
(416) 397-2980 SIC 8211

TORONTO DISTRICT SCHOOL BOARD
p760
10 Flemington Rd, NORTH YORK, ON, M6A 2N4
(416) 395-2430 SIC 8211

TORONTO DISTRICT SCHOOL BOARD
p760
38 Orfus Rd, NORTH YORK, ON, M6A 1L6
(416) 395-3350 SIC 8211

TORONTO DISTRICT SCHOOL BOARD
p760
145 Baycrest Ave, NORTH YORK, ON, M6A 1W4
(416) 395-2040 SIC 8211

TORONTO DISTRICT SCHOOL BOARD
p760
640 Lawrence Ave W, NORTH YORK, ON, M6A 1B1
(416) 395-3303 SIC 8211

TORONTO DISTRICT SCHOOL BOARD
p761
155 Falstaff Ave, NORTH YORK, ON, M6L 2E5
(416) 395-3270 SIC 8211

TORONTO DISTRICT SCHOOL BOARD
p761
201 Gracefield Ave, NORTH YORK, ON, M6L 1L7
(416) 395-2000 SIC 8211

TORONTO DISTRICT SCHOOL BOARD
p761
30 George Anderson Dr, NORTH YORK, ON, M6M 2Y8
(416) 395-5000 SIC 8211

TORONTO DISTRICT SCHOOL BOARD
p761
177 Gracefield Ave, NORTH YORK, ON, M6L 1L7
(416) 395-2490 SIC 8211

TORONTO DISTRICT SCHOOL BOARD
p761
26 Joyce Pky, NORTH YORK, ON, M6B 2S9
(416) 395-2600 SIC 8211

TORONTO DISTRICT SCHOOL BOARD
p762
60 Pearldale Ave, NORTH YORK, ON, M9L 2G9
(416) 395-2570 SIC 8211

TORONTO DISTRICT SCHOOL BOARD
p763
180 Gary Dr, NORTH YORK, ON, M9N 2M1
(416) 395-2750 SIC 8211

TORONTO DISTRICT SCHOOL BOARD
p763
25 Daystrom Dr, NORTH YORK, ON, M9M 2A8
(416) 395-2280 SIC 8211

TORONTO DISTRICT SCHOOL BOARD
p763
20 Gulfstream Rd, NORTH YORK, ON, M9M 1S3
(416) 395-2520 SIC 8211

TORONTO DISTRICT SCHOOL BOARD
p835
128 East Ave, SCARBOROUGH, ON, M1C 3L6
(416) 396-6650 SIC 8211

TORONTO DISTRICT SCHOOL BOARD
p835
120 Berner Trail, SCARBOROUGH, ON, M1B 1B3
(416) 396-6050 SIC 8211

TORONTO DISTRICT SCHOOL BOARD
p835
90 John Tabor Trail, SCARBOROUGH, ON, M1B 2V2
(416) 396-6230 SIC 8211

TORONTO DISTRICT SCHOOL BOARD
p835
185 Generation Blvd, SCARBOROUGH, ON, M1B 2K5
(416) 396-6150 SIC 8211

TORONTO DISTRICT SCHOOL BOARD
p835
761 Meadowvale Rd, SCARBOROUGH, ON, M1C 1T1
(416) 396-6470 SIC 8211

TORONTO DISTRICT SCHOOL BOARD
p835

61 Canmore Blvd, SCARBOROUGH, ON, M1C 3T7
(416) 396-6730   SIC 8211
TORONTO DISTRICT SCHOOL BOARD p835
20 Littles Rd, SCARBOROUGH, ON, M1B 5B5
(416) 396-6862   SIC 8211
TORONTO DISTRICT SCHOOL BOARD p835
30 Durnford Rd, SCARBOROUGH, ON, M1B 4X3
(416) 396-6433   SIC 8211
TORONTO DISTRICT SCHOOL BOARD p835
95 Murison Blvd, SCARBOROUGH, ON, M1B 2L6
(416) 396-6838   SIC 8211
TORONTO DISTRICT SCHOOL BOARD p835
50 Upper Rouge Trl, SCARBOROUGH, ON, M1B 6K4
(416) 396-7850   SIC 8211
TORONTO DISTRICT SCHOOL BOARD p835
5400 Lawrence Ave E, SCARBOROUGH, ON, M1C 2C6
(416) 396-6802   SIC 8211
TORONTO DISTRICT SCHOOL BOARD p836
2222 Ellesmere Rd, SCARBOROUGH, ON, M1G 3M3
(416) 396-4575   SIC 8211
TORONTO DISTRICT SCHOOL BOARD p836
350 Morningside Ave, SCARBOROUGH, ON, M1E 3G3
(416) 396-6864   SIC 8211
TORONTO DISTRICT SCHOOL BOARD p836
125 Orton Park Rd, SCARBOROUGH, ON, M1G 3G9
(416) 396-6260   SIC 8211
TORONTO DISTRICT SCHOOL BOARD p836
192 Galloway Rd, SCARBOROUGH, ON, M1E 1X2
(416) 396-6245   SIC 8211
TORONTO DISTRICT SCHOOL BOARD p836
730 Scarborough Golf Club Rd, SCARBOROUGH, ON, M1G 1H7
(416) 396-6285   SIC 8211
TORONTO DISTRICT SCHOOL BOARD p836
166 Sylvan Ave, SCARBOROUGH, ON, M1E 1A3
(416) 396-6220   SIC 8211
TORONTO DISTRICT SCHOOL BOARD p836
20 Waldock St, SCARBOROUGH, ON, M1E 2E5
(416) 396-6210   SIC 8211
TORONTO DISTRICT SCHOOL BOARD p836
270 Manse Rd, SCARBOROUGH, ON, M1E 3V4
(416) 396-6400   SIC 8211
TORONTO DISTRICT SCHOOL BOARD p836
299 Morningside Ave, SCARBOROUGH, ON, M1E 3G1
(416) 396-6630   SIC 8211
TORONTO DISTRICT SCHOOL BOARD p836
120 Galloway Rd, SCARBOROUGH, ON, M1E 1W7
(416) 396-6765   SIC 8211
TORONTO DISTRICT SCHOOL BOARD p836
720 Scarborough Golf Club Rd, SCARBOROUGH, ON, M1G 1H7
(416) 396-6590   SIC 8211
TORONTO DISTRICT SCHOOL BOARD

45 Windover Dr, SCARBOROUGH, ON, M1G 1P1
(416) 396-6665   SIC 8211
TORONTO DISTRICT SCHOOL BOARD p836
701 Military Trail, SCARBOROUGH, ON, M1E 4P6
(416) 396-6475   SIC 8211
TORONTO DISTRICT SCHOOL BOARD p837
431 Mccowan Rd, SCARBOROUGH, ON, M1J 1J1
(416) 396-6395   SIC 8211
TORONTO DISTRICT SCHOOL BOARD p837
25 Seminole Ave, SCARBOROUGH, ON, M1J 1M8
(416) 396-6415   SIC 8211
TORONTO DISTRICT SCHOOL BOARD p837
29 Aveline Cres, SCARBOROUGH, ON, M1H 2P4
(416) 396-6495   SIC 8211
TORONTO DISTRICT SCHOOL BOARD p837
112 Sedgemount Dr, SCARBOROUGH, ON, M1H 1X9
(416) 396-6660   SIC 8211
TORONTO DISTRICT SCHOOL BOARD p837
61 Benshire Dr, SCARBOROUGH, ON, M1H 1M4
(416) 396-6045   SIC 8211
TORONTO DISTRICT SCHOOL BOARD p837
550 Markham Rd, SCARBOROUGH, ON, M1H 2A2
(416) 396-4400   SIC 8211
TORONTO DISTRICT SCHOOL BOARD p837
120 Sedgemount Dr, SCARBOROUGH, ON, M1H 1X9
(416) 396-6370   SIC 8211
TORONTO DISTRICT SCHOOL BOARD p838
30 Corvette Ave, SCARBOROUGH, ON, M1K 3G2
(416) 396-6180   SIC 8211
TORONTO DISTRICT SCHOOL BOARD p838
90 Ionview Rd, SCARBOROUGH, ON, M1K 2Z9
(416) 396-6350   SIC 8211
TORONTO DISTRICT SCHOOL BOARD p838
16 Haileybury Dr, SCARBOROUGH, ON, M1K 4X5
(416) 396-6340   SIC 8211
TORONTO DISTRICT SCHOOL BOARD p838
25 Marcos Blvd, SCARBOROUGH, ON, M1K 5A7
(416) 396-6130   SIC 8211
TORONTO DISTRICT SCHOOL BOARD p838
487 Birchmount Rd, SCARBOROUGH, ON, M1K 1N7
(416) 396-6365   SIC 8211
TORONTO DISTRICT SCHOOL BOARD p838
165 Lord Roberts Dr, SCARBOROUGH, ON, M1K 3W5
(416) 396-6420   SIC 8211
TORONTO DISTRICT SCHOOL BOARD p839
644 Warden Ave, SCARBOROUGH, ON, M1L 3Z3
(416) 396-6625   SIC 8211
TORONTO DISTRICT SCHOOL BOARD p839
78 Mason Rd, SCARBOROUGH, ON, M1M 3R2
(416) 396-6460   SIC 8211

TORONTO DISTRICT SCHOOL BOARD p839
31 Mccowan Rd, SCARBOROUGH, ON, M1M 3L7
(416) 396-6300   SIC 8211
TORONTO DISTRICT SCHOOL BOARD p839
10 Bellamy Rd S, SCARBOROUGH, ON, M1M 3N8
(416) 396-6075   SIC 8211
TORONTO DISTRICT SCHOOL BOARD p839
40 Fairfax Cres, SCARBOROUGH, ON, M1L 1Z9
(416) 396-3365   SIC 8211
TORONTO DISTRICT SCHOOL BOARD p839
555 Pharmacy Ave, SCARBOROUGH, ON, M1L 3H1
(416) 396-6535   SIC 8211
TORONTO DISTRICT SCHOOL BOARD p840
3663 Danforth Ave, SCARBOROUGH, ON, M1N 2G2
(416) 396-6704   SIC 8211
TORONTO DISTRICT SCHOOL BOARD p840
1650 Kingston Rd, SCARBOROUGH, ON, M1N 1S2
(416) 396-6060   SIC 8211
TORONTO DISTRICT SCHOOL BOARD p840
290 Blantyre Ave, SCARBOROUGH, ON, M1N 2S4
(416) 396-6070   SIC 8211
TORONTO DISTRICT SCHOOL BOARD p841
28 Blaisdale Rd, SCARBOROUGH, ON, M1P 1V6
(416) 396-6205   SIC 8211
TORONTO DISTRICT SCHOOL BOARD p841
1555 Midland Ave, SCARBOROUGH, ON, M1P 3C1
(416) 396-6695   SIC 8211
TORONTO DISTRICT SCHOOL BOARD p841
739 Ellesmere Rd, SCARBOROUGH, ON, M1P 2W1
(416) 396-6225   SIC 8211
TORONTO DISTRICT SCHOOL BOARD p842
1176 Pharmacy Ave, SCARBOROUGH, ON, M1R 2H7
(416) 396-6874   SIC 8211
TORONTO DISTRICT SCHOOL BOARD p842
4 Bucannan Rd, SCARBOROUGH, ON, M1R 3V3
(416) 396-6100   SIC 8211
TORONTO DISTRICT SCHOOL BOARD p842
1050 Pharmacy Ave, SCARBOROUGH, ON, M1R 2H1
(416) 396-6640   SIC 8211
TORONTO DISTRICT SCHOOL BOARD p844
33 Heather Rd, SCARBOROUGH, ON, M1S 2E2
(416) 396-6570   SIC 8211
TORONTO DISTRICT SCHOOL BOARD p844
20 Placentia Blvd, SCARBOROUGH, ON, M1S 4C5
(416) 396-6035   SIC 8211
TORONTO DISTRICT SCHOOL BOARD p844
60 Bridlewood Blvd, SCARBOROUGH, ON, M1T 1P7
(416) 396-6080   SIC 8211
TORONTO DISTRICT SCHOOL BOARD p844
52 Mcgriskin Rd, SCARBOROUGH, ON, M1S 5C5

(416) 396-7610   SIC 8211
TORONTO DISTRICT SCHOOL BOARD p844
1965 Brimley Rd, SCARBOROUGH, ON, M1S 2B1
(647) 438-7124   SIC 8211
TORONTO DISTRICT SCHOOL BOARD p844
35 Glendower Circt, SCARBOROUGH, ON, M1T 2Z3
(416) 396-6335   SIC 8211
TORONTO DISTRICT SCHOOL BOARD p844
50 Vradenberg Dr, SCARBOROUGH, ON, M1T 1M6
(416) 396-6615   SIC 8211
TORONTO DISTRICT SCHOOL BOARD p844
2450 Birchmount Rd, SCARBOROUGH, ON, M1T 2M5
(416) 396-8000   SIC 8211
TORONTO DISTRICT SCHOOL BOARD p844
129 Cass Ave, SCARBOROUGH, ON, M1T 2B5
(416) 396-6425   SIC 8211
TORONTO DISTRICT SCHOOL BOARD p845
222 Silver Springs Blvd, SCARBOROUGH, ON, M1V 1S4
(416) 396-6565   SIC 8211
TORONTO DISTRICT SCHOOL BOARD p845
20 Elmfield Cres, SCARBOROUGH, ON, M1V 2Y6
(416) 396-6410   SIC 8211
TORONTO DISTRICT SCHOOL BOARD p846
408 Port Royal Trail, SCARBOROUGH, ON, M1V 4R1
(416) 396-5595   SIC 8211
TORONTO DISTRICT SCHOOL BOARD p846
130 Fundy Bay Blvd, SCARBOROUGH, ON, M1W 3G1
(416) 396-5810   SIC 8211
TORONTO DISTRICT SCHOOL BOARD p846
95 Alexmuir Blvd, SCARBOROUGH, ON, M1V 1H6
(416) 396-6025   SIC 8211
TORONTO DISTRICT SCHOOL BOARD p846
1550 Sandhurst Cir, SCARBOROUGH, ON, M1V 1S6
(416) 396-6684   SIC 8211
TORONTO DISTRICT SCHOOL BOARD p846
2200 Pharmacy Ave, SCARBOROUGH, ON, M1W 1H8
(416) 396-6235   SIC 8211
TORONTO DISTRICT SCHOOL BOARD p846
50 Collingsbrook Blvd, SCARBOROUGH, ON, M1W 1L7
(416) 396-6500   SIC 8211
TORONTO DISTRICT SCHOOL BOARD p846
380 Goldhawk Trail, SCARBOROUGH, ON, M1V 4E7
(416) 396-5800   SIC 8211
TORONTO DISTRICT SCHOOL BOARD p846
1251 Bridletowne Cir, SCARBOROUGH, ON, M1W 1S7
SIC 8211
TORONTO DISTRICT SCHOOL BOARD p846
25 Brookmill Blvd, SCARBOROUGH, ON, M1W 2L5
(416) 396-6090   SIC 8211
TORONTO DISTRICT SCHOOL BOARD p847
69 Nightstar Rd, SCARBOROUGH, ON,

M1X 1V6
(416) 396-3040 SIC 8211
TORONTO DISTRICT SCHOOL BOARD
p847
75 Oasis Blvd, SCARBOROUGH, ON, M1X 0A3
(416) 396-5757 SIC 8211
TORONTO DISTRICT SCHOOL BOARD
p885
37 Crow Trail, TORONTO, ON, M1B 1X6
(416) 396-6610 SIC 8211
TORONTO DISTRICT SCHOOL BOARD
p885
70 Mammoth Hall Trail, TORONTO, ON, M1B 1P6
(416) 396-6440 SIC 8211
TORONTO DISTRICT SCHOOL BOARD
p885
80 Old Finch Ave, TORONTO, ON, M1B 5J2
(416) 396-6207 SIC 8211
TORONTO DISTRICT SCHOOL BOARD
p885
150 Tapscott Rd, TORONTO, ON, M1B 2L2
(416) 396-5892 SIC 8211
TORONTO DISTRICT SCHOOL BOARD
p885
151 Burrows Hall Blvd, TORONTO, ON, M1B 1M5
(416) 396-6105 SIC 8211
TORONTO DISTRICT SCHOOL BOARD
p885
70 Dean Park Rd, TORONTO, ON, M1B 2X3
(416) 396-6390 SIC 8211
TORONTO DISTRICT SCHOOL BOARD
p885
135 Hupfield Trail, TORONTO, ON, M1B 4R6
(416) 396-6450 SIC 8211
TORONTO DISTRICT SCHOOL BOARD
p885
150 Wickson Trail, TORONTO, ON, M1B 1M4
(416) 396-6290 SIC 8211
TORONTO DISTRICT SCHOOL BOARD
p885
70 Fawcett Trail, TORONTO, ON, M1B 3A9
(416) 396-6020 SIC 8211
TORONTO DISTRICT SCHOOL BOARD
p886
85 Keeler Blvd, TORONTO, ON, M1E 4K6
(416) 396-6739 SIC 8211
TORONTO DISTRICT SCHOOL BOARD
p886
145 Guildwood Pky, TORONTO, ON, M1E 1P5
(416) 396-6820 SIC 8211
TORONTO DISTRICT SCHOOL BOARD
p886
11 Gadsby Dr, TORONTO, ON, M1K 4V4
(416) 396-6280 SIC 8211
TORONTO DISTRICT SCHOOL BOARD
p886
271 Centennial Rd, TORONTO, ON, M1C 2A2
(416) 396-6125 SIC 8211
TORONTO DISTRICT SCHOOL BOARD
p886
40 Dormington Dr, TORONTO, ON, M1G 3N2
(416) 396-6670 SIC 8211
TORONTO DISTRICT SCHOOL BOARD
p886
80 Slan Ave, TORONTO, ON, M1G 3B5
(416) 396-6305 SIC 8211
TORONTO DISTRICT SCHOOL BOARD
p886
20 Winter Gardens Trail, TORONTO, ON, M1C 3E7
(416) 396-6405 SIC 8211
TORONTO DISTRICT SCHOOL BOARD
p886
470 Brimorton Dr, TORONTO, ON, M1H 2E6
(416) 396-6040 SIC 8211
TORONTO DISTRICT SCHOOL BOARD
p886

45 Falmouth Ave, TORONTO, ON, M1K 4M7
(416) 396-6620 SIC 8211
TORONTO DISTRICT SCHOOL BOARD
p886
749 Brimorton Dr, TORONTO, ON, M1G 2S4
(416) 396-6160 SIC 8211
TORONTO DISTRICT SCHOOL BOARD
p886
225 Livingston Rd, TORONTO, ON, M1E 1L8
(416) 396-6295 SIC 8211
TORONTO DISTRICT SCHOOL BOARD
p886
20 Santamonica Blvd, TORONTO, ON, M1L 4H4
(416) 396-6190 SIC 8211
TORONTO DISTRICT SCHOOL BOARD
p886
56 Nelson St, TORONTO, ON, M1J 2V6
(416) 396-6115 SIC 8211
TORONTO DISTRICT SCHOOL BOARD
p886
945 Danforth Rd, TORONTO, ON, M1K 1J2
(416) 396-6540 SIC 8211
TORONTO DISTRICT SCHOOL BOARD
p886
21 Gatesview Ave, TORONTO, ON, M1J 3G4
(416) 396-6120 SIC 8211
TORONTO DISTRICT SCHOOL BOARD
p886
350 Orton Park Rd, TORONTO, ON, M1G 3H4
(416) 396-6310 SIC 8211
TORONTO DISTRICT SCHOOL BOARD
p886
110 Byng Ave, TORONTO, ON, M1L 3P1
(416) 396-6505 SIC 8211
TORONTO DISTRICT SCHOOL BOARD
p886
370 Military Trail, TORONTO, ON, M1E 4E6
(416) 396-6325 SIC 8211
TORONTO DISTRICT SCHOOL BOARD
p886
235 Galloway Rd, TORONTO, ON, M1E 1X5
(416) 396-6550 SIC 8211
TORONTO DISTRICT SCHOOL BOARD
p887
60 Moran Rd, TORONTO, ON, M1S 2J3
(416) 396-6490 SIC 8211
TORONTO DISTRICT SCHOOL BOARD
p887
120 Highview Ave, TORONTO, ON, M1N 2J1
(416) 396-6065 SIC 8211
TORONTO DISTRICT SCHOOL BOARD
p887
90 Manhattan Dr, TORONTO, ON, M1R 3V8
(416) 396-6445 SIC 8211
TORONTO DISTRICT SCHOOL BOARD
p887
30 Mcgregor Rd, TORONTO, ON, M1P 1C8
(416) 396-6255 SIC 8211
TORONTO DISTRICT SCHOOL BOARD
p887
1325 Pharmacy Ave, TORONTO, ON, M1R 2J1
(416) 396-6455 SIC 8211
TORONTO DISTRICT SCHOOL BOARD
p887
230 Birkdale Rd, TORONTO, ON, M1P 3S4
(416) 396-6215 SIC 8211
TORONTO DISTRICT SCHOOL BOARD
p887
1200 Huntingwood Dr, TORONTO, ON, M1S 1K7
(416) 396-6315 SIC 8211
TORONTO DISTRICT SCHOOL BOARD
p887
1050 Huntingwood Dr, TORONTO, ON, M1S 3H5
(416) 396-6830 SIC 8211
TORONTO DISTRICT SCHOOL BOARD
p887

30 Macduff Cres, TORONTO, ON, M1M 1X5
(416) 396-6030 SIC 8211
TORONTO DISTRICT SCHOOL BOARD
p887
61 Dorcot Ave, TORONTO, ON, M1P 3K5
(416) 396-6201 SIC 8211
TORONTO DISTRICT SCHOOL BOARD
p887
31 Sloley Rd, TORONTO, ON, M1M 1C7
(416) 396-6240 SIC 8211
TORONTO DISTRICT SCHOOL BOARD
p887
21 Newport Ave, TORONTO, ON, M1L 4N7
(416) 396-6555 SIC 8211
TORONTO DISTRICT SCHOOL BOARD
p887
1 Wayne Ave, TORONTO, ON, M1R 1Y1
(416) 396-6270 SIC 8211
TORONTO DISTRICT SCHOOL BOARD
p887
140 Chestnut Cres, TORONTO, ON, M1L 1Y5
(416) 396-6250 SIC 8211
TORONTO DISTRICT SCHOOL BOARD
p887
3800 St Clair Ave E, TORONTO, ON, M1M 1V3
(416) 396-5550 SIC 8211
TORONTO DISTRICT SCHOOL BOARD
p888
130 Port Royal Trail, TORONTO, ON, M1V 2T4
(416) 396-6480 SIC 8211
TORONTO DISTRICT SCHOOL BOARD
p888
112 Goldhawk Trail, TORONTO, ON, M1V 1W5
(416) 396-6015 SIC 8211
TORONTO DISTRICT SCHOOL BOARD
p888
35 White Heather Blvd, TORONTO, ON, M1V 1P6
(416) 396-6515 SIC 8211
TORONTO DISTRICT SCHOOL BOARD
p888
245 Mcnicoll Ave, TORONTO, ON, M2H 2C6
(416) 395-2550 SIC 8211
TORONTO DISTRICT SCHOOL BOARD
p888
149 Huntsmill Blvd, TORONTO, ON, M1W 2Y2
(416) 396-6575 SIC 8211
TORONTO DISTRICT SCHOOL BOARD
p888
265 Chartland Blvd S, TORONTO, ON, M1S 2S6
(416) 396-6355 SIC 8211
TORONTO DISTRICT SCHOOL BOARD
p888
85 Beverly Glen Blvd, TORONTO, ON, M1W 1W4
(416) 396-6055 SIC 8211
TORONTO DISTRICT SCHOOL BOARD
p888
136 Ingleton Blvd, TORONTO, ON, M1V 2Y4
(416) 396-6435 SIC 8211
TORONTO DISTRICT SCHOOL BOARD
p888
151 Brimwood Blvd, TORONTO, ON, M1V 1E5
(416) 396-6085 SIC 8211
TORONTO DISTRICT SCHOOL BOARD
p888
185 Wintermute Blvd, TORONTO, ON, M1W 3M9
(416) 396-6600 SIC 8211
TORONTO DISTRICT SCHOOL BOARD
p888
201 Chester Le Blvd, TORONTO, ON, M1W 2K7
(416) 396-6145 SIC 8211
TORONTO DISTRICT SCHOOL BOARD
p888
45 Dempster St, TORONTO, ON, M1T 2T6

(416) 396-6345 SIC 8211
TORONTO DISTRICT SCHOOL BOARD
p888
21 King Henrys Blvd, TORONTO, ON, M1T 2V3
(416) 396-6585 SIC 8211
TORONTO DISTRICT SCHOOL BOARD
p888
170 Timberbank Blvd, TORONTO, ON, M1W 2A3
(416) 396-6605 SIC 8211
TORONTO DISTRICT SCHOOL BOARD
p888
2501 Bridletowne Cir, TORONTO, ON, M1W 2K1
(416) 396-6745 SIC 8211
TORONTO DISTRICT SCHOOL BOARD
p888
10 Corinthian Blvd, TORONTO, ON, M1W 1B3
(416) 396-6360 SIC 8211
TORONTO DISTRICT SCHOOL BOARD
p888
131 Huntsmill Blvd, TORONTO, ON, M1W 2Y2
(416) 396-6580 SIC 8211
TORONTO DISTRICT SCHOOL BOARD
p888
140 Cliffwood Rd, TORONTO, ON, M2H 2E4
(416) 395-2230 SIC 8211
TORONTO DISTRICT SCHOOL BOARD
p888
110 Pineway Blvd, TORONTO, ON, M2H 1A8
(416) 395-2760 SIC 8211
TORONTO DISTRICT SCHOOL BOARD
p888
2621 Midland Ave, TORONTO, ON, M1S 1R6
(416) 396-6675 SIC 8211
TORONTO DISTRICT SCHOOL BOARD
p889
227 Drewry Ave, TORONTO, ON, M2M 1E3
(416) 395-2780 SIC 8211
TORONTO DISTRICT SCHOOL BOARD
p889
131 Fenn Ave, TORONTO, ON, M2P 1X7
(416) 395-3090 SIC 8211
TORONTO DISTRICT SCHOOL BOARD
p889
375 Banbury Rd, TORONTO, ON, M2L 2V2
(416) 395-3100 SIC 8211
TORONTO DISTRICT SCHOOL BOARD
p889
111 Owen Blvd, TORONTO, ON, M2P 1G6
(416) 395-2740 SIC 8211
TORONTO DISTRICT SCHOOL BOARD
p889
20 Dunlace Dr, TORONTO, ON, M2L 2S1
(416) 395-2370 SIC 8211
TORONTO DISTRICT SCHOOL BOARD
p889
100 Princess Ave, TORONTO, ON, M2N 3R7
(416) 395-3210 SIC 8211
TORONTO DISTRICT SCHOOL BOARD
p889
625 Seneca Hill Dr, TORONTO, ON, M2J 2W6
(416) 395-2840 SIC 8211
TORONTO DISTRICT SCHOOL BOARD
p889
150 Cherokee Blvd, TORONTO, ON, M2J 4A4
(416) 395-2380 SIC 8211
TORONTO DISTRICT SCHOOL BOARD
p889
211 Cameron Ave, TORONTO, ON, M2N 1E8
(416) 395-2140 SIC 8211
TORONTO DISTRICT SCHOOL BOARD
p890
490 York Mills Rd, TORONTO, ON, M3B 1W6

SIC 8211 Elementary and secondary schools

(416) 395-3340 SIC 8211
TORONTO DISTRICT SCHOOL BOARD
p890
11 Roywood Dr, TORONTO, ON, M3A 2C7
(416) 395-2830 SIC 8211
TORONTO DISTRICT SCHOOL BOARD
p890
100 Underhill Dr, TORONTO, ON, M3A 2J9
(416) 395-2700 SIC 8211
TORONTO DISTRICT SCHOOL BOARD
p890
131 Fenside Dr, TORONTO, ON, M3A 2V9
(416) 395-2400 SIC 8211
TORONTO DISTRICT SCHOOL BOARD
p890
130 Overlea Blvd, TORONTO, ON, M3C 1B2
(416) 396-2465 SIC 8211
TORONTO DISTRICT SCHOOL BOARD
p890
50 Duncairn Rd, TORONTO, ON, M3B 1C8
(416) 395-2720 SIC 8211
TORONTO DISTRICT SCHOOL BOARD
p890
20 Karen Rd, TORONTO, ON, M3A 3L6
(416) 395-2790 SIC 8211
TORONTO DISTRICT SCHOOL BOARD
p890
17 The Donway E, TORONTO, ON, M3C 1X6
(416) 395-2320 SIC 8211
TORONTO DISTRICT SCHOOL BOARD
p890
33 Lamberton Blvd, TORONTO, ON, M3J 1G6
(416) 395-9570 SIC 8211
TORONTO DISTRICT SCHOOL BOARD
p890
130 Yorkview Dr, TORONTO, ON, M2R 1K1
(416) 395-2980 SIC 8211
TORONTO DISTRICT SCHOOL BOARD
p890
50 Stilecroft Dr, TORONTO, ON, M3J 1A7
(416) 395-2910 SIC 8211
TORONTO DISTRICT SCHOOL BOARD
p890
135 Overlea Blvd, TORONTO, ON, M3C 1B3
(416) 396-2410 SIC 8211
TORONTO DISTRICT SCHOOL BOARD
p891
2 Cedarcrest Blvd, TORONTO, ON, M4B 2N9
(416) 396-2375 SIC 8211
TORONTO DISTRICT SCHOOL BOARD
p891
315 Grandravine Dr, TORONTO, ON, M3N 1J5
(416) 395-3060 SIC 8211
TORONTO DISTRICT SCHOOL BOARD
p891
22 Highview Ave, TORONTO, ON, M3M 1C4
(416) 395-2540 SIC 8211
TORONTO DISTRICT SCHOOL BOARD
p891
1 Selwyn Ave, TORONTO, ON, M4B 3J9
(416) 396-2455 SIC 8211
TORONTO DISTRICT SCHOOL BOARD
p891
265 Driftwood Ave, TORONTO, ON, M3N 2N6
(416) 395-2350 SIC 8211
TORONTO DISTRICT SCHOOL BOARD
p891
110 Sloane Ave, TORONTO, ON, M4A 2B1
(416) 397-2920 SIC 8211
TORONTO DISTRICT SCHOOL BOARD
p891
26 Troutbrooke Dr, TORONTO, ON, M3M 1S5
(416) 395-3000 SIC 8211
TORONTO DISTRICT SCHOOL BOARD
p891
2800 St Clair Ave E, TORONTO, ON, M4B 1N2
(416) 396-2440 SIC 8211

TORONTO DISTRICT SCHOOL BOARD
p891
45 Blacksmith Cres, TORONTO, ON, M3N 1V5
(416) 395-2060 SIC 8211
TORONTO DISTRICT SCHOOL BOARD
p891
30 Gosford Blvd, TORONTO, ON, M3N 2G8
(416) 395-2470 SIC 8211
TORONTO DISTRICT SCHOOL BOARD
p891
31 Shoreham Dr, TORONTO, ON, M3N 2S6
(416) 395-2870 SIC 8211
TORONTO DISTRICT SCHOOL BOARD
p892
50 Swanwick Ave, TORONTO, ON, M4E 1Z5
(416) 393-1451 SIC 8211
TORONTO DISTRICT SCHOOL BOARD
p892
45 Balfour Ave, TORONTO, ON, M4C 1T4
(416) 397-2720 SIC 8211
TORONTO DISTRICT SCHOOL BOARD
p892
4 Massey Sq, TORONTO, ON, M4C 5M9
(416) 396-2340 SIC 8211
TORONTO DISTRICT SCHOOL BOARD
p892
2 Gledhill Ave, TORONTO, ON, M4C 5K6
(416) 393-1745 SIC 8211
TORONTO DISTRICT SCHOOL BOARD
p892
271 Gledhill Ave, TORONTO, ON, M4C 4L2
(416) 396-2400 SIC 8211
TORONTO DISTRICT SCHOOL BOARD
p892
15 Earl Haig Ave, TORONTO, ON, M4C 1E2
(416) 393-1640 SIC 8211
TORONTO DISTRICT SCHOOL BOARD
p892
101 Barrington Ave, TORONTO, ON, M4C 4Y9
(416) 396-2450 SIC 8211
TORONTO DISTRICT SCHOOL BOARD
p892
145 Tiago Ave, TORONTO, ON, M4B 2A6
(416) 396-2475 SIC 8211
TORONTO DISTRICT SCHOOL BOARD
p892
2570 St Clair Ave E, TORONTO, ON, M4B 1M3
(416) 396-2430 SIC 8211
TORONTO DISTRICT SCHOOL BOARD
p892
24 Williamson Rd, TORONTO, ON, M4E 1K5
(416) 393-1740 SIC 8211
TORONTO DISTRICT SCHOOL BOARD
p892
650 Cosburn Ave, TORONTO, ON, M4C 2V2
(416) 396-2355 SIC 8211
TORONTO DISTRICT SCHOOL BOARD
p893
211 Bessborough Dr, TORONTO, ON, M4G 3K2
(416) 396-2315 SIC 8211
TORONTO DISTRICT SCHOOL BOARD
p893
31 Rolph Rd, TORONTO, ON, M4G 3M5
(416) 396-2435 SIC 8211
TORONTO DISTRICT SCHOOL BOARD
p893
305 Rumsey Rd, TORONTO, ON, M4G 1R4
(416) 396-2395 SIC 8211
TORONTO DISTRICT SCHOOL BOARD
p893
14 Pine Ave Suite 107, TORONTO, ON, M4E 1L6
(416) 393-1565 SIC 8211
TORONTO DISTRICT SCHOOL BOARD
p893
400 Scarborough Rd, TORONTO, ON, M4E 3M8
(416) 393-1682 SIC 8211
TORONTO DISTRICT SCHOOL BOARD

p894
100 Strathcona Ave, TORONTO, ON, M4J 1G8
(416) 393-9545 SIC 8211
TORONTO DISTRICT SCHOOL BOARD
p894
1 Hanson St, TORONTO, ON, M4J 1G6
(416) 393-0190 SIC 8211
TORONTO DISTRICT SCHOOL BOARD
p894
21 Boultbee Ave, TORONTO, ON, M4J 1A7
(416) 393-9415 SIC 8211
TORONTO DISTRICT SCHOOL BOARD
p894
540 Jones Ave, TORONTO, ON, M4J 3G9
(416) 393-9645 SIC 8211
TORONTO DISTRICT SCHOOL BOARD
p894
80 Thorncliffe Park Dr, TORONTO, ON, M4H 1K3
(416) 396-2460 SIC 8211
TORONTO DISTRICT SCHOOL BOARD
p894
100 Torrens Ave, TORONTO, ON, M4J 2P5
(416) 396-2490 SIC 8211
TORONTO DISTRICT SCHOOL BOARD
p894
24 Mountjoy Ave, TORONTO, ON, M4J 1J6
(416) 226-0494 SIC 8211
TORONTO DISTRICT SCHOOL BOARD
p894
175 Plains Rd, TORONTO, ON, M4J 2R2
(416) 396-2350 SIC 8211
TORONTO DISTRICT SCHOOL BOARD
p895
220 Langley Ave, TORONTO, ON, M4K 1B9
(416) 393-9470 SIC 8211
TORONTO DISTRICT SCHOOL BOARD
p895
390 Kingston Rd, TORONTO, ON, M4L 1T9
(416) 393-1700 SIC 8211
TORONTO DISTRICT SCHOOL BOARD
p895
151 Hiawatha Rd, TORONTO, ON, M4L 2Y1
(416) 393-8274 SIC 8211
TORONTO DISTRICT SCHOOL BOARD
p895
1 Danforth Ave, TORONTO, ON, M4K 1M8
(416) 393-9740 SIC 8211
TORONTO DISTRICT SCHOOL BOARD
p895
79 Jackman Ave, TORONTO, ON, M4K 2X5
(416) 393-9710 SIC 8211
TORONTO DISTRICT SCHOOL BOARD
p895
70 Woodfield Rd, TORONTO, ON, M4L 2W6
(416) 393-9455 SIC 8211
TORONTO DISTRICT SCHOOL BOARD
p895
115 Gowan Ave, TORONTO, ON, M4K 2E4
(416) 396-2325 SIC 8211
TORONTO DISTRICT SCHOOL BOARD
p895
80 Bowmore Rd, TORONTO, ON, M4L 3J2
(416) 393-9450 SIC 8211
TORONTO DISTRICT SCHOOL BOARD
p895
101 Kippendavie Ave, TORONTO, ON, M4L 3R3
(416) 393-1810 SIC 8211
TORONTO DISTRICT SCHOOL BOARD
p895
25 Bain Ave, TORONTO, ON, M4K 1E5
(416) 393-9440 SIC 8211
TORONTO DISTRICT SCHOOL BOARD
p895
151 Hiawatha Rd, TORONTO, ON, M4L 2Y1
(416) 393-9555 SIC 8211
TORONTO DISTRICT SCHOOL BOARD
p896
181 Broadview Ave, TORONTO, ON, M4M 2G3
(416) 393-9535 SIC 8211
TORONTO DISTRICT SCHOOL BOARD

p896
1094 Gerrard St E, TORONTO, ON, M4M 2A1
(416) 393-9820 SIC 8211
TORONTO DISTRICT SCHOOL BOARD
p896
254 Leslie St, TORONTO, ON, M4M 3C9
(416) 393-9480 SIC 8211
TORONTO DISTRICT SCHOOL BOARD
p896
701 Gerrard St E, TORONTO, ON, M4M 1Y4
(416) 393-9630 SIC 8211
TORONTO DISTRICT SCHOOL BOARD
p896
935 Dundas St E, TORONTO, ON, M4M 1R4
(416) 393-9565 SIC 8211
TORONTO DISTRICT SCHOOL BOARD
p896
180 Carlaw Ave, TORONTO, ON, M4M 2R9
(416) 393-9494 SIC 8211
TORONTO DISTRICT SCHOOL BOARD
p896
51 Larchmount Ave, TORONTO, ON, M4M 2Y6
(416) 393-0670 SIC 8211
TORONTO DISTRICT SCHOOL BOARD
p897
2 Strathgowan Cres, TORONTO, ON, M4N 2Z5
(416) 393-9105 SIC 8211
TORONTO DISTRICT SCHOOL BOARD
p898
223 Eglinton Ave E, TORONTO, ON, M4P 1L1
(416) 393-9315 SIC 8211
TORONTO DISTRICT SCHOOL BOARD
p898
40 Erskine Ave, TORONTO, ON, M4P 1Y2
(416) 393-9325 SIC 8211
TORONTO DISTRICT SCHOOL BOARD
p898
17 Broadway Ave, TORONTO, ON, M4P 1T7
(416) 393-9180 SIC 8211
TORONTO DISTRICT SCHOOL BOARD
p898
125 Chatsworth Dr, TORONTO, ON, M4R 1S1
(416) 393-9500 SIC 8211
TORONTO DISTRICT SCHOOL BOARD
p898
851 Mount Pleasant Rd, TORONTO, ON, M4P 2L5
(416) 393-0270 SIC 8211
TORONTO DISTRICT SCHOOL BOARD
p899
282 Davisville Ave, TORONTO, ON, M4S 1H2
(416) 393-0390 SIC 8211
TORONTO DISTRICT SCHOOL BOARD
p900
454 Avenue Rd, TORONTO, ON, M4V 2J1
(416) 393-1560 SIC 8211
TORONTO DISTRICT SCHOOL BOARD
p900
85 Birch Ave, TORONTO, ON, M4V 1E3
(416) 393-1895 SIC 8211
TORONTO DISTRICT SCHOOL BOARD
p900
119 Rosedale Heights Dr, TORONTO, ON, M4T 1C7
(416) 393-9380 SIC 8211
TORONTO DISTRICT SCHOOL BOARD
p900
23 Ferndale Ave Suite 105, TORONTO, ON, M4T 2B4
(416) 393-1550 SIC 8211
TORONTO DISTRICT SCHOOL BOARD
p902
711 Bloor St E, TORONTO, ON, M4W 1J4
(416) 393-1580 SIC 8211
TORONTO DISTRICT SCHOOL BOARD
p903
675 Ontario St, TORONTO, ON, M4X 1N4
(416) 393-1260 SIC 8211

TORONTO DISTRICT SCHOOL BOARD
p903
15 Prospect St, TORONTO, ON, M4X 1C7
(416) 393-1270   SIC 8211
TORONTO DISTRICT SCHOOL BOARD
p904
83 Alexander St, TORONTO, ON, M4Y 1B7
(416) 393-1250   SIC 8211
TORONTO DISTRICT SCHOOL BOARD
p904
495 Jarvis St, TORONTO, ON, M4Y 2G8
(416) 393-0140   SIC 8211
TORONTO DISTRICT SCHOOL BOARD
p905
440 Shuter St, TORONTO, ON, M5A 1X6
(416) 393-1620   SIC 8211
TORONTO DISTRICT SCHOOL BOARD
p905
246 The Esplanade, TORONTO, ON, M5A 4J6
(416) 393-1300   SIC 8211
TORONTO DISTRICT SCHOOL BOARD
p905
70 Spruce St, TORONTO, ON, M5A 2J1
(416) 393-1522   SIC 8211
TORONTO DISTRICT SCHOOL BOARD
p905
350 Parliament St, TORONTO, ON, M5A 2Z7
(416) 393-1760   SIC 8211
TORONTO DISTRICT SCHOOL BOARD
p921
30 Centre Island Pk, TORONTO, ON, M5J 2E9
(416) 393-1910   SIC 8211
TORONTO DISTRICT SCHOOL BOARD
p923
1100 Spadina Rd, TORONTO, ON, M5N 2M6
(416) 393-9199   SIC 8211
TORONTO DISTRICT SCHOOL BOARD
p923
80 Braemar Ave, TORONTO, ON, M5P 2L4
(416) 393-9215   SIC 8211
TORONTO DISTRICT SCHOOL BOARD
p923
78 Dunloe Rd, TORONTO, ON, M5P 2T6
(416) 393-9335   SIC 8211
TORONTO DISTRICT SCHOOL BOARD
p923
730 Eglinton Ave W, TORONTO, ON, M5N 1B9
(416) 393-1860   SIC 8211
TORONTO DISTRICT SCHOOL BOARD
p923
245 Fairlawn Ave, TORONTO, ON, M5M 1T2
(416) 393-9350   SIC 8211
TORONTO DISTRICT SCHOOL BOARD
p923
95 Falkirk St, TORONTO, ON, M5M 4K1
(416) 395-2630   SIC 8211
TORONTO DISTRICT SCHOOL BOARD
p923
391 St Clements Ave, TORONTO, ON, M5N 1M2
(416) 393-9115   SIC 8211
TORONTO DISTRICT SCHOOL BOARD
p924
44 Hilton Ave, TORONTO, ON, M5R 3E6
(416) 393-9700   SIC 8211
TORONTO DISTRICT SCHOOL BOARD
p924
541 Huron St, TORONTO, ON, M5R 2R6
(416) 393-1570   SIC 8211
TORONTO DISTRICT SCHOOL BOARD
p924
61 Davenport Rd, TORONTO, ON, M5R 1H4
(416) 393-1530   SIC 8211
TORONTO DISTRICT SCHOOL BOARD
p926
33 Robert St, TORONTO, ON, M5S 2K2
(416) 393-1350   SIC 8211
TORONTO DISTRICT SCHOOL BOARD
p927
112 Lippincott St, TORONTO, ON, M5S 2P1
(416) 393-1325   SIC 8211
TORONTO DISTRICT SCHOOL BOARD
p927
64 Baldwin St, TORONTO, ON, M5T 1L4
(416) 397-2750   SIC 8211
TORONTO DISTRICT SCHOOL BOARD
p927
725 Bathurst St, TORONTO, ON, M5S 2R5
(416) 393-0060   SIC 8211
TORONTO DISTRICT SCHOOL BOARD
p927
96 Denison Ave, TORONTO, ON, M5T 1E4
(416) 393-1340   SIC 8211
TORONTO DISTRICT SCHOOL BOARD
p927
70 D'arcy St, TORONTO, ON, M5T 1K1
(416) 393-1710   SIC 8211
TORONTO DISTRICT SCHOOL BOARD
p927
18 Orde St, TORONTO, ON, M5T 1N7
(416) 393-1900   SIC 8211
TORONTO DISTRICT SCHOOL BOARD
p933
50 Ameer Ave, TORONTO, ON, M6A 2L3
(416) 395-3300   SIC 8211
TORONTO DISTRICT SCHOOL BOARD
p933
231 Ava Rd, TORONTO, ON, M6C 1X3
(416) 394-2388   SIC 8211
TORONTO DISTRICT SCHOOL BOARD
p933
145 Ava Rd, TORONTO, ON, M6C 1W4
(416) 394-2244   SIC 8211
TORONTO DISTRICT SCHOOL BOARD
p933
501 Arlington Ave, TORONTO, ON, M6C 3A4
(416) 787-9899   SIC 8211
TORONTO DISTRICT SCHOOL BOARD
p933
15 Cherrywood Ave, TORONTO, ON, M6C 2X4
(416) 394-2383   SIC 8211
TORONTO DISTRICT SCHOOL BOARD
p933
70 Ridge Hill Dr, TORONTO, ON, M6C 2J6
(416) 393-1633   SIC 8211
TORONTO DISTRICT SCHOOL BOARD
p933
529 Vaughan Rd, TORONTO, ON, M6C 2R1
(416) 394-3222   SIC 8211
TORONTO DISTRICT SCHOOL BOARD
p933
50 Highland Hill, TORONTO, ON, M6A 2R1
(416) 395-2620   SIC 8211
TORONTO DISTRICT SCHOOL BOARD
p934
2335 Dufferin St, TORONTO, ON, M6E 3S5
(416) 394-2323   SIC 8211
TORONTO DISTRICT SCHOOL BOARD
p934
555 Harvie Ave, TORONTO, ON, M6E 4M2
(416) 394-2333   SIC 8211
TORONTO DISTRICT SCHOOL BOARD
p934
231 Glenholme Ave, TORONTO, ON, M6E 3C7
(416) 394-3080   SIC 8211
TORONTO DISTRICT SCHOOL BOARD
p934
991 St Clair Ave W, TORONTO, ON, M6E 1A3
(416) 393-1780   SIC 8211
TORONTO DISTRICT SCHOOL BOARD
p934
300 Caledonia Rd, TORONTO, ON, M6E 4T5
(416) 394-2336   SIC 8211
TORONTO DISTRICT SCHOOL BOARD
p935
228 Bartlett Ave, TORONTO, ON, M6H 3G4
(416) 393-9220   SIC 8211
TORONTO DISTRICT SCHOOL BOARD
p935
65 Concord Ave, TORONTO, ON, M6H 2N9
(416) 393-9120   SIC 8211
TORONTO DISTRICT SCHOOL BOARD
p935
460 Manning Ave, TORONTO, ON, M6G 2V7
(416) 393-9155   SIC 8211
TORONTO DISTRICT SCHOOL BOARD
p935
1141 Bloor St W, TORONTO, ON, M6H 1M9
(416) 393-1420   SIC 8211
TORONTO DISTRICT SCHOOL BOARD
p935
286 Harbord St, TORONTO, ON, M6G 1G5
(416) 393-1650   SIC 8211
TORONTO DISTRICT SCHOOL BOARD
p935
115 Winona Dr, TORONTO, ON, M6G 3S8
(416) 393-1770   SIC 8211
TORONTO DISTRICT SCHOOL BOARD
p935
570 Shaw St, TORONTO, ON, M6G 3L6
(416) 393-0030   SIC 8211
TORONTO DISTRICT SCHOOL BOARD
p935
301 Montrose Ave, TORONTO, ON, M6G 3G9
(416) 259-7823   SIC 8211
TORONTO DISTRICT SCHOOL BOARD
p935
101 Winona Dr, TORONTO, ON, M6G 3S8
(416) 393-1680   SIC 8211
TORONTO DISTRICT SCHOOL BOARD
p936
222 Niagara St, TORONTO, ON, M6J 2L3
(416) 393-1371   SIC 8211
TORONTO DISTRICT SCHOOL BOARD
p936
79 Manning Ave, TORONTO, ON, M6J 2K6
(416) 393-1830   SIC 8211
TORONTO DISTRICT SCHOOL BOARD
p936
108 Gladstone Ave, TORONTO, ON, M6J 3L2
(416) 534-8454   SIC 8211
TORONTO DISTRICT SCHOOL BOARD
p936
380 Ossington Ave, TORONTO, ON, M6J 3A5
(416) 393-0710   SIC 8211
TORONTO DISTRICT SCHOOL BOARD
p937
100 Sidney Belsey Cres, TORONTO, ON, M6M 5H6
(416) 394-4260   SIC 8211
TORONTO DISTRICT SCHOOL BOARD
p937
200 Bicknell Ave, TORONTO, ON, M6M 4G9
(416) 394-3050   SIC 8211
TORONTO DISTRICT SCHOOL BOARD
p937
100 Emmett Ave, TORONTO, ON, M6M 2E6
(416) 394-3280   SIC 8211
TORONTO DISTRICT SCHOOL BOARD
p937
6 Bala Ave, TORONTO, ON, M6M 2E1
(416) 394-2210   SIC 8211
TORONTO DISTRICT SCHOOL BOARD
p937
209 Jameson Ave, TORONTO, ON, M6K 2Y3
(416) 394-9000   SIC 8211
TORONTO DISTRICT SCHOOL BOARD
p937
70 Brookhaven Dr, TORONTO, ON, M6M 4N8
(416) 395-2110   SIC 8211
TORONTO DISTRICT SCHOOL BOARD
p937
1700 Keele St, TORONTO, ON, M6M 3W5
(416) 394-3180   SIC 8211
TORONTO DISTRICT SCHOOL BOARD
p937
100 Close Ave, TORONTO, ON, M6K 2V3
(416) 530-0683   SIC 8211
TORONTO DISTRICT SCHOOL BOARD
p937
1900 Keele St, TORONTO, ON, M6M 3X7
(416) 394-2250   SIC 8211
TORONTO DISTRICT SCHOOL BOARD
p937
2690 Eglinton Ave W, TORONTO, ON, M6M 1T9
(416) 394-3000   SIC 8211
TORONTO DISTRICT SCHOOL BOARD
p937
38 Shirley St, TORONTO, ON, M6K 1S9
(416) 393-9270   SIC 8211
TORONTO DISTRICT SCHOOL BOARD
p938
500 Alliance Ave, TORONTO, ON, M6N 2H8
(416) 394-3158   SIC 8211
TORONTO DISTRICT SCHOOL BOARD
p938
17 Dennis Ave, TORONTO, ON, M6N 2T7
(416) 394-2311   SIC 8211
TORONTO DISTRICT SCHOOL BOARD
p938
69 Pritchard Ave, TORONTO, ON, M6N 1T6
(416) 394-2340   SIC 8211
TORONTO DISTRICT SCHOOL BOARD
p938
50 Leigh St, TORONTO, ON, M6N 3X3
(416) 394-2350   SIC 8211
TORONTO DISTRICT SCHOOL BOARD
p938
175 Cordella Ave, TORONTO, ON, M6N 2K1
(416) 394-2258   SIC 8211
TORONTO DISTRICT SCHOOL BOARD
p938
265 Annette St, TORONTO, ON, M6P 1R3
(416) 393-9040   SIC 8211
TORONTO DISTRICT SCHOOL BOARD
p938
990 Jane St, TORONTO, ON, M6N 4E2
(416) 394-3110   SIC 8211
TORONTO DISTRICT SCHOOL BOARD
p938
50 Bernice Cres, TORONTO, ON, M6N 1W9
(416) 394-3070   SIC 8211
TORONTO DISTRICT SCHOOL BOARD
p938
2717 Dundas St W, TORONTO, ON, M6P 1Y1
(416) 397-2713   SIC 8211
TORONTO DISTRICT SCHOOL BOARD
p938
315 Osler St, TORONTO, ON, M6N 2Z4
(416) 393-1600   SIC 8211
TORONTO DISTRICT SCHOOL BOARD
p938
14 Ruskin Ave, TORONTO, ON, M6P 3P8
(416) 393-1410   SIC 8211
TORONTO DISTRICT SCHOOL BOARD
p938
400 Rockcliffe Blvd, TORONTO, ON, M6N 4R8
(416) 394-3100   SIC 8211
TORONTO DISTRICT SCHOOL BOARD
p938
146 Glendonwynne Rd, TORONTO, ON, M6P 3J7
(416) 393-0430   SIC 8211
TORONTO DISTRICT SCHOOL BOARD
p938
30 Turnberry Ave, TORONTO, ON, M6N 1P8
(416) 393-1414   SIC 8211
TORONTO DISTRICT SCHOOL BOARD
p938
99 Mountview Ave, TORONTO, ON, M6P 2L5
(416) 393-9035   SIC 8211
TORONTO DISTRICT SCHOOL BOARD
p939
225 Garden Ave, TORONTO, ON, M6R 1H9
(416) 393-9165   SIC 8211
TORONTO DISTRICT SCHOOL BOARD

SIC 8211 Elementary and secondary schools

TORONTO DISTRICT SCHOOL BOARD p939
357 Runnymede Rd, TORONTO, ON, M6S 2Y7
(416) 393-9055 SIC 8211

TORONTO DISTRICT SCHOOL BOARD p939
14 Saint Marks Rd, TORONTO, ON, M6S 2H7
(416) 394-2370 SIC 8211

TORONTO DISTRICT SCHOOL BOARD p939
569 Jane St, TORONTO, ON, M6S 4A3
(416) 394-3200 SIC 8211

TORONTO DISTRICT SCHOOL BOARD p939
25 Rexford Rd, TORONTO, ON, M6S 2M2
(416) 394-3060 SIC 8211

TORONTO DISTRICT SCHOOL BOARD p939
30 Marmaduke St, TORONTO, ON, M6R 1T2
(416) 393-9255 SIC 8211

TORONTO DISTRICT SCHOOL BOARD p939
128 Fern Ave, TORONTO, ON, M6R 1K3
(416) 393-9130 SIC 8211

TORONTO DISTRICT SCHOOL BOARD p939
207 Windermere Ave, TORONTO, ON, M6S 3J9
(416) 763-1908 SIC 8211

TORONTO DISTRICT SCHOOL BOARD p940
35 Glenroy Ave, TORONTO, ON, M8Y 2M2
(416) 394-3850 SIC 8211

TORONTO DISTRICT SCHOOL BOARD p940
70 Princess Anne Cres, TORONTO, ON, M9A 2P7
(416) 394-7990 SIC 8211

TORONTO DISTRICT SCHOOL BOARD p940
90 Thirty First St, TORONTO, ON, M8W 3E9
(416) 394-7680 SIC 8211

TORONTO DISTRICT SCHOOL BOARD p940
105 Norseman St, TORONTO, ON, M8Z 2R1
(416) 394-7880 SIC 8211

TORONTO DISTRICT SCHOOL BOARD p940
65 Hartfield Rd, TORONTO, ON, M9A 3E1
(416) 394-7860 SIC 8211

TORONTO DISTRICT SCHOOL BOARD p940
2 Remington Dr, TORONTO, ON, M9A 2J1
(416) 394-6360 SIC 8211

TORONTO DISTRICT SCHOOL BOARD p941
186 Gracedale Blvd, TORONTO, ON, M9L 2C1
(416) 395-2480 SIC 8211

TORONTO DISTRICT SCHOOL BOARD p941
50 Winterton Dr, TORONTO, ON, M9B 3G7
(416) 394-7110 SIC 8211

TORONTO DISTRICT SCHOOL BOARD p941
15 Rossburn Dr, TORONTO, ON, M9C 2P7
(416) 394-7040 SIC 8211

TORONTO DISTRICT SCHOOL BOARD p941
47 Cowley Ave, TORONTO, ON, M9B 2E4
(416) 394-7160 SIC 8211

TORONTO DISTRICT SCHOOL BOARD p941
45 Crendon Dr, TORONTO, ON, M9C 3G6
(416) 394-7030 SIC 8211

TORONTO DISTRICT SCHOOL BOARD p941
130 Lloyd Manor Rd, TORONTO, ON, M9B 5K1
(416) 394-7580 SIC 8211

TORONTO DISTRICT SCHOOL BOARD p942
100 Pine St, TORONTO, ON, M9N 2Y9
(416) 394-3250 SIC 8211

TORONTO DISTRICT SCHOOL BOARD p942
1 Ralph St, TORONTO, ON, M9N 3A8
(416) 394-2268 SIC 8211

TORONTO DISTRICT SCHOOL BOARD p942
30 King St, TORONTO, ON, M9N 1K9
(416) 394-2359 SIC 8211

TORONTO DISTRICT SCHOOL BOARD p942
85 Mount Olive Dr, TORONTO, ON, M9V 2C9
(416) 394-7510 SIC 8211

TORONTO DISTRICT SCHOOL BOARD p942
31 Redgrave Dr, TORONTO, ON, M9R 3T9
(416) 394-7960 SIC 8211

TORONTO DISTRICT SCHOOL BOARD p942
200 John St, TORONTO, ON, M9N 1K2
(416) 394-3150 SIC 8211

TORONTO DISTRICT SCHOOL BOARD p942
10 Pittsboro Dr, TORONTO, ON, M9V 3R4
(416) 394-7560 SIC 8211

TORONTO DISTRICT SCHOOL BOARD p942
10 Jamestown Cres, TORONTO, ON, M9V 3M5
(416) 394-7700 SIC 8211

TORONTO DISTRICT SCHOOL BOARD p942
45 Lynmont Rd, TORONTO, ON, M9V 3W9
(416) 394-7520 SIC 8211

TORONTO DISTRICT SCHOOL BOARD p942
315 The Westway, TORONTO, ON, M9R 1H1
(416) 394-7940 SIC 8211

TORONTO DISTRICT SCHOOL BOARD p942
35 Saskatoon Dr, TORONTO, ON, M9P 2E8
(416) 394-7590 SIC 8211

TORONTO DISTRICT SCHOOL BOARD p943
15 Delsing Dr, TORONTO, ON, M9W 4S7
(416) 394-7760 SIC 8211

TORONTO DISTRICT SCHOOL BOARD p943
20 Fordwich Cres, TORONTO, ON, M9W 2T4
(416) 394-7710 SIC 8211

TORONTO DISTRICT SCHOOL BOARD p943
30 Harefield Dr, TORONTO, ON, M9W 4C9
(416) 394-7920 SIC 8211

TORONTO FREE PRESBYTERIAN CHURCH p885
5808 Finch Ave E, TORONTO, ON, M1B 4Y6
(416) 297-1212 SIC 8211

TORONTO WALDORF SCHOOL, THE p875
9100 Bathurst St Unit 1, THORNHILL, ON, L4J 8C7
(905) 881-1611 SIC 8211

TRADITIONAL LEARNING SOCIETY OF BC p287
6225c 136 St Suite C, SURREY, BC, V3X 1H3
(604) 575-8596 SIC 8211

TRAFALGAR CASTLE SCHOOL p959
401 Reynolds St, WHITBY, ON, L1N 3W9
(905) 668-3358 SIC 8211

TRI-COUNTY REGIONAL SCHOOL BOARD p442
59 Forest View Dr, BARRINGTON, NS, B0W 1E0
(902) 637-4340 SIC 8211

TRI-COUNTY REGIONAL SCHOOL BOARD p442
849 Highway 334, ARCADIA, NS, B0W 1B0
(902) 749-2870 SIC 8211

TRI-COUNTY REGIONAL SCHOOL BOARD p446
202 Duke St, CHESTER, NS, B0J 1J0
(902) 275-2750 SIC 8211

TRI-COUNTY REGIONAL SCHOOL BOARD p453
20 Shreve St, DIGBY, NS, B0V 1A0
(902) 245-7550 SIC 8211

TRI-COUNTY REGIONAL SCHOOL BOARD p453
107 King St, DIGBY, NS, B0V 1A0
(902) 245-7500 SIC 8211

TRI-COUNTY REGIONAL SCHOOL BOARD p455
75 Overcove Rd, FREEPORT, NS, B0V 1B0
(902) 839-6300 SIC 8211

TRI-COUNTY REGIONAL SCHOOL BOARD p455
5428 Highway 3, GLENWOOD, NS, B0W 1W0
(902) 643-6000 SIC 8211

TRI-COUNTY REGIONAL SCHOOL BOARD p464
52 Grove Memorial Dr, HEBRON, NS, B0W 1X0
(902) 749-5160 SIC 8211

TRI-COUNTY REGIONAL SCHOOL BOARD p473
415 Woodlawn, SHELBURNE, NS, B0T 1W0
(902) 875-4900 SIC 8211

TRI-COUNTY REGIONAL SCHOOL BOARD p473
127 King St, SHELBURNE, NS, B0T 1W0
(902) 875-5300 SIC 8211

TRI-COUNTY REGIONAL SCHOOL BOARD p479
Gd, WEYMOUTH, NS, B0W 3T0
(902) 837-2310 SIC 8211

TRI-COUNTY REGIONAL SCHOOL BOARD p479
4079 1 Hwy, WEYMOUTH, NS, B0W 3T0
(902) 837-2340 SIC 8211

TRI-COUNTY REGIONAL SCHOOL BOARD p480
52 Parade St, YARMOUTH, NS, B5A 3A9
(902) 749-2810 SIC 8211

TRI-COUNTY REGIONAL SCHOOL BOARD p480
106 Prospect St, YARMOUTH, NS, B5A 4J2
(902) 749-2880 SIC 8211

TRI-COUNTY REGIONAL SCHOOL BOARD p480
53 Parade St, YARMOUTH, NS, B5A 3B1
(902) 749-2860 SIC 8211

TRILLIUM LAKELANDS DISTRICT SCHOOL BOARD p504
698 7a Hwy, BETHANY, ON, L0A 1A0
(705) 277-2322 SIC 8211

TRILLIUM LAKELANDS DISTRICT SCHOOL BOARD p504
694 Hwy 7a, BETHANY, ON, L0A 1A0
(705) 277-9515 SIC 8211

TRILLIUM LAKELANDS DISTRICT SCHOOL BOARD p505
30 Balaclava St, BOBCAYGEON, ON, K0M 1A0
(705) 738-5105 SIC 8211

TRILLIUM LAKELANDS DISTRICT SCHOOL BOARD p508
42 Morrow Dr, BRACEBRIDGE, ON, P1L 0A1
(705) 645-2463 SIC 8211

TRILLIUM LAKELANDS DISTRICT SCHOOL BOARD p508
57 Armstrong St, BRACEBRIDGE, ON, P1L 1C1
(705) 645-2646 SIC 8211

TRILLIUM LAKELANDS DISTRICT SCHOOL BOARD p508
1270 Cedar Lane, BRACEBRIDGE, ON, P1L 1W9
(705) 645-5410 SIC 8211

TRILLIUM LAKELANDS DISTRICT SCHOOL BOARD p508
90 Mcmurray St, BRACEBRIDGE, ON, P1L 2G1
(705) 645-5209 SIC 8211

TRILLIUM LAKELANDS DISTRICT SCHOOL BOARD p548
50 Cameron Rd, CAMERON, ON, K0M 1G0
(705) 359-1366 SIC 8211

TRILLIUM LAKELANDS DISTRICT SCHOOL BOARD p554
6763 35 Hwy, COBOCONK, ON, K0M 1K0
(705) 454-3351 SIC 8211

TRILLIUM LAKELANDS DISTRICT SCHOOL BOARD p571
33 Dunsford Rd, DUNSFORD, ON, K0M 1L0
(705) 793-2088 SIC 8211

TRILLIUM LAKELANDS DISTRICT SCHOOL BOARD p588
66 Lindsay St, FENELON FALLS, ON, K0M 1N0
(705) 887-2018 SIC 8211

TRILLIUM LAKELANDS DISTRICT SCHOOL BOARD p588
35 Wychwood Cres, FENELON FALLS, ON, K0M 1N0
(705) 887-2001 SIC 8211

TRILLIUM LAKELANDS DISTRICT SCHOOL BOARD p597
301 Mary St S, GRAVENHURST, ON, P1P 1X6
(705) 687-2011 SIC 8211

TRILLIUM LAKELANDS DISTRICT SCHOOL BOARD p597
325 Mary St S, GRAVENHURST, ON, P1P 1X7
(705) 687-2283 SIC 8211

TRILLIUM LAKELANDS DISTRICT SCHOOL BOARD p597
395 Muskoka Beach Rd, GRAVENHURST, ON, P1P 1M9
(705) 687-2162 SIC 8211

TRILLIUM LAKELANDS DISTRICT SCHOOL BOARD p605
1020 Grasslake Rd, HALIBURTON, ON, K0M 1S0
(705) 457-2922 SIC 8211

TRILLIUM LAKELANDS DISTRICT SCHOOL BOARD p605
5358 County Rd 21, HALIBURTON, ON, K0M 1S0
(705) 457-2950 SIC 8211

TRILLIUM LAKELANDS DISTRICT SCHOOL BOARD p605
1080 Grasslake Rd, HALIBURTON, ON, K0M 1S0
(705) 457-1342 SIC 8211

TRILLIUM LAKELANDS DISTRICT SCHOOL BOARD p620
550 Muskoka Rd 3 N, HUNTSVILLE, ON, P1H 1C9
(705) 789-4591 SIC 8211

TRILLIUM LAKELANDS DISTRICT SCHOOL BOARD p620
755 Brunel Rd, HUNTSVILLE, ON, P1H 1Z3
(705) 789-2282 SIC 8211

TRILLIUM LAKELANDS DISTRICT SCHOOL BOARD p620
126 West Rd, HUNTSVILLE, ON, P1H 1M5
(705) 789-4791 SIC 8211

TRILLIUM LAKELANDS DISTRICT SCHOOL BOARD p620
16 Caroline St W, HUNTSVILLE, ON, P1H 2B2
(705) 789-2318 SIC 8211

TRILLIUM LAKELANDS DISTRICT SCHOOL BOARD p636
1746 Kirkfield Rd, KIRKFIELD, ON, K0M 2B0
(705) 438-3371 SIC 8211

TRILLIUM LAKELANDS DISTRICT SCHOOL BOARD p648
24 Weldon Rd, LINDSAY, ON, K9V 4R4
(705) 324-3585 SIC 8211

TRILLIUM LAKELANDS DISTRICT

SIC 8211 Elementary and secondary schools

SCHOOL BOARD
260 Kent St W, LINDSAY, ON, K9V 2Z5
(705) 324-3556 SIC 8211

TRILLIUM LAKELANDS DISTRICT SCHOOL BOARD p648
374 Eldon Rd, LITTLE BRITAIN, ON, K0M 2C0
(705) 786-1915 SIC 8211

TRILLIUM LAKELANDS DISTRICT SCHOOL BOARD p648
242 Kent St W, LINDSAY, ON, K9V 2Z4
(705) 324-4352 SIC 8211

TRILLIUM LAKELANDS DISTRICT SCHOOL BOARD p648
230 Angeline St S, LINDSAY, ON, K9V 0J8
(705) 324-5280 SIC 8211

TRILLIUM LAKELANDS DISTRICT SCHOOL BOARD p648
51 Angeline St S, LINDSAY, ON, K9V 3L1
(705) 324-5602 SIC 8211

TRILLIUM LAKELANDS DISTRICT SCHOOL BOARD p648
133 Adelaide St N, LINDSAY, ON, K9V 4M2
(705) 324-4558 SIC 8211

TRILLIUM LAKELANDS DISTRICT SCHOOL BOARD p648
49 Glenelg St W, LINDSAY, ON, K9V 2T9
(705) 324-3702 SIC 8211

TRILLIUM LAKELANDS DISTRICT SCHOOL BOARD p648
65 Sussex St N, LINDSAY, ON, K9V 4H9
(705) 324-3313 SIC 8211

TRILLIUM LAKELANDS DISTRICT SCHOOL BOARD p683
12 Vintage Cres, MINDEN, ON, K0M 2K0
(705) 286-1921 SIC 8211

TRILLIUM LAKELANDS DISTRICT SCHOOL BOARD p772
27 Walnut St, OMEMEE, ON, K0L 2W0
(705) 799-5133 SIC 8211

TRILLIUM LAKELANDS DISTRICT SCHOOL BOARD p772
17 James St, OMEMEE, ON, K0L 2W0
(705) 799-5292 SIC 8211

TRILLIUM LAKELANDS DISTRICT SCHOOL BOARD p772
755 Eldon Rd, OAKWOOD, ON, K0M 2M0
(705) 953-9740 SIC 8211

TRILLIUM LAKELANDS DISTRICT SCHOOL BOARD p816
3954 Muskoka Rd 169, PORT CARLING, ON, P0B 1J0
(705) 765-3144 SIC 8211

TRILLIUM LAKELANDS DISTRICT SCHOOL BOARD p847
1017 Graham Rd, SEVERN BRIDGE, ON, P0E 1N0
(705) 689-2612 SIC 8211

TRILLIUM LAKELANDS DISTRICT SCHOOL BOARD p945
130 Muskoka 10 Rd, UTTERSON, ON, P0B 1M0
(705) 385-2200 SIC 8211

TRILLIUM LAKELANDS DISTRICT SCHOOL BOARD p979
109 Nappadale St, WOODVILLE, ON, K0M 2T0
(705) 439-2427 SIC 8211

TSAWWASSEN INDEPENDENT SCHOOL SOCIETY p211
1900 56 St, DELTA, BC, V4L 2B1
(604) 948-8826 SIC 8211

TURTLE MOUNTAIN SCHOOL DIVISION p344
885 Mill Rd N, BOISSEVAIN, MB, R0K 0E0
(204) 534-2494 SIC 8211

TURTLE MOUNTAIN SCHOOL DIVISION p350
417 King St, KILLARNEY, MB, R0K 1G0
(204) 523-4696 SIC 8211

TURTLE RIVER SCHOOL DIVISION p343
Hwy 50, ALONSA, MB, R0H 0A0
(204) 767-2168 SIC 8211

TURTLE RIVER SCHOOL DIVISION p357
480 Central Ave, STE ROSE DU LAC, MB, R0L 1S0
(204) 447-2088 SIC 8211

UNIVERSITY OF GUELPH p601
50 Stone Rd E Suite 158, GUELPH, ON, N1G 2W1
(519) 824-4120 SIC 8211

UNIVERSITY OF WINNIPEG, THE p376
515 Portage Ave Rm 4w18, WINNIPEG, MB, R3B 2E9
(204) 786-9221 SIC 8211

UPPER CANADA DISTRICT SCHOOL BOARD, THE p482
7463 County Rd 28, ADDISON, ON, K0E 1A0
(613) 924-2880 SIC 8211

UPPER CANADA DISTRICT SCHOOL BOARD, THE p485
212 Main St N, ALEXANDRIA, ON, K0C 1A0
(613) 525-1066 SIC 8211

UPPER CANADA DISTRICT SCHOOL BOARD, THE p486
126 Martin St N, ALMONTE, ON, K0A 1A0
(613) 256-1470 SIC 8211

UPPER CANADA DISTRICT SCHOOL BOARD, THE p486
175 Paterson St, ALMONTE, ON, K0A 1A0
(613) 256-8248 SIC 8211

UPPER CANADA DISTRICT SCHOOL BOARD, THE p486
126 Martin St N, ALMONTE, ON, K0A 1A0
(613) 256-3773 SIC 8211

UPPER CANADA DISTRICT SCHOOL BOARD, THE p490
8 George St, ATHENS, ON, K0E 1B0
(613) 924-2055 SIC 8211

UPPER CANADA DISTRICT SCHOOL BOARD, THE p490
21 Church St, ATHENS, ON, K0E 1B0
(613) 924-2618 SIC 8211

UPPER CANADA DISTRICT SCHOOL BOARD, THE p492
16750 Hwy 43, AVONMORE, ON, K0C 1C0
(613) 346-2122 SIC 8211

UPPER CANADA DISTRICT SCHOOL BOARD, THE p531
29 Central Ave W, BROCKVILLE, ON, K6V 4N6
(613) 345-5552 SIC 8211

UPPER CANADA DISTRICT SCHOOL BOARD, THE p531
90 Pearl St E, BROCKVILLE, ON, K6V 1P8
(613) 345-5641 SIC 8211

UPPER CANADA DISTRICT SCHOOL BOARD, THE p531
2510 Parkedale Ave, BROCKVILLE, ON, K6V 3H1
(613) 342-1100 SIC 8211

UPPER CANADA DISTRICT SCHOOL BOARD, THE p531
40 Vanier Dr, BROCKVILLE, ON, K6V 3J5
(613) 342-8081 SIC 8211

UPPER CANADA DISTRICT SCHOOL BOARD, THE p532
24 Scace Ave, BROCKVILLE, ON, K6V 2A4
(613) 342-6310 SIC 8211

UPPER CANADA DISTRICT SCHOOL BOARD, THE p532
225 Central Ave W, BROCKVILLE, ON, K6V 5X1
(613) 342-0371 SIC 8211

UPPER CANADA DISTRICT SCHOOL BOARD, THE p532
166 Pearl St E, BROCKVILLE, ON, K6V 1R4
(613) 345-5031 SIC 8211

UPPER CANADA DISTRICT SCHOOL BOARD, THE p549
215 Lake Ave W, CARLETON PLACE, ON, K7C 1M3
(613) 257-2720 SIC 8211

UPPER CANADA DISTRICT SCHOOL BOARD, THE p549
123 Patterson Cres, CARLETON PLACE, ON, K7C 4R2
(613) 257-8113 SIC 8211

UPPER CANADA DISTRICT SCHOOL BOARD, THE p549
70 Caldwell St, CARLETON PLACE, ON, K7C 3A5
(613) 257-1270 SIC 8211

UPPER CANADA DISTRICT SCHOOL BOARD, THE p549
351 Bridge St, CARLETON PLACE, ON, K7C 3H9
SIC 8211

UPPER CANADA DISTRICT SCHOOL BOARD, THE p549
1523 9 Line, CARLETON PLACE, ON, K7C 3P2
(613) 253-0427 SIC 8211

UPPER CANADA DISTRICT SCHOOL BOARD, THE p553
12835 Highway 43, CHESTERVILLE, ON, K0C 1H0
(613) 448-2328 SIC 8211

UPPER CANADA DISTRICT SCHOOL BOARD, THE p553
12820 Highway 43, CHESTERVILLE, ON, K0C 1H0
SIC 8211

UPPER CANADA DISTRICT SCHOOL BOARD, THE p565
200 Amelia St Suite 1, CORNWALL, ON, K6H 0A5
(613) 932-0857 SIC 8211

UPPER CANADA DISTRICT SCHOOL BOARD, THE p565
437 Sydney St, CORNWALL, ON, K6H 3H9
(613) 932-8360 SIC 8211

UPPER CANADA DISTRICT SCHOOL BOARD, THE p565
1450 Second St E, CORNWALL, ON, K6H 5Z8
(613) 933-8410 SIC 8211

UPPER CANADA DISTRICT SCHOOL BOARD, THE p566
235 Third St W, CORNWALL, ON, K6J 0B6
(613) 938-8723 SIC 8211

UPPER CANADA DISTRICT SCHOOL BOARD, THE p566
1500 Cumberland St, CORNWALL, ON, K6J 4K9
(613) 933-9626 SIC 8211

UPPER CANADA DISTRICT SCHOOL BOARD, THE p566
1500 Cumberland St, CORNWALL, ON, K6J 4K9
(613) 937-0120 SIC 8211

UPPER CANADA DISTRICT SCHOOL BOARD, THE p566
1520 Cumberland St, CORNWALL, ON, K6J 4L1
SIC 8211

UPPER CANADA DISTRICT SCHOOL BOARD, THE p567
2258 Pitt St, CORNWALL, ON, K6K 1A3
(613) 933-0644 SIC 8211

UPPER CANADA DISTRICT SCHOOL BOARD, THE p568
20345 County Road 24, DALKEITH, ON, K0B 1E0
(613) 525-3112 SIC 8211

UPPER CANADA DISTRICT SCHOOL BOARD, THE p572
251 Main St Suite 2, ELGIN, ON, K0G 1E0
(613) 359-5391 SIC 8211

UPPER CANADA DISTRICT SCHOOL BOARD, THE p572
1 Halladay St, ELGIN, ON, K0G 1E0
(613) 359-5933 SIC 8211

UPPER CANADA DISTRICT SCHOOL BOARD, THE p574
2123 Route 500 W, EMBRUN, ON, K0A 1W0
(613) 443-3024 SIC 8211

UPPER CANADA DISTRICT SCHOOL BOARD, THE p590
231 Hwy 29, FRANKVILLE, ON, K0E 1H0
(613) 275-2928 SIC 8211

UPPER CANADA DISTRICT SCHOOL BOARD, THE p591
175 William St S, GANANOQUE, ON, K7G 1S8
(613) 382-4741 SIC 8211

UPPER CANADA DISTRICT SCHOOL BOARD, THE p591
300 Stone St N, GANANOQUE, ON, K7G 1Y8
(613) 382-3689 SIC 8211

UPPER CANADA DISTRICT SCHOOL BOARD, THE p599
525 Grange Rd, GUELPH, ON, N1E 7C4
(519) 836-4545 SIC 8211

UPPER CANADA DISTRICT SCHOOL BOARD, THE p618
750 Laurier St, HAWKESBURY, ON, K6A 3N9
(613) 632-4100 SIC 8211

UPPER CANADA DISTRICT SCHOOL BOARD, THE p621
1 College St, INGLESIDE, ON, K0C 1M0
(613) 537-2454 SIC 8211

UPPER CANADA DISTRICT SCHOOL BOARD, THE p622
6 Lakeshore St, IROQUOIS, ON, K0E 1K0
(613) 652-4580 SIC 8211

UPPER CANADA DISTRICT SCHOOL BOARD, THE p622
2 Beach St, IROQUOIS, ON, K0E 1K0
(613) 652-4878 SIC 8211

UPPER CANADA DISTRICT SCHOOL BOARD, THE p622
10951 County Rd 18 Cook Rd, IROQUOIS, ON, K0E 1K0
SIC 8211

UPPER CANADA DISTRICT SCHOOL BOARD, THE p627
304 Prescott St, KEMPTVILLE, ON, K0G 1J0
(613) 258-3481 SIC 8211

UPPER CANADA DISTRICT SCHOOL BOARD, THE p627
215 Rueben Cres, KEMPTVILLE, ON, K0G 1J0
(613) 258-2206 SIC 8211

UPPER CANADA DISTRICT SCHOOL BOARD, THE p627
2649 Concession Rd, KEMPTVILLE, ON, K0G 1J0
(613) 258-1919 SIC 8211

UPPER CANADA DISTRICT SCHOOL BOARD, THE p645
151 George St, LANARK, ON, K0G 1K0
(613) 259-2777 SIC 8211

UPPER CANADA DISTRICT SCHOOL BOARD, THE p646
Gd, LANSDOWNE, ON, K0E 1L0
(613) 659-2216 SIC 8211

UPPER CANADA DISTRICT SCHOOL BOARD, THE p649
596 15 Hwy, LOMBARDY, ON, K0G 1L0
(613) 283-0860 SIC 8211

UPPER CANADA DISTRICT SCHOOL BOARD, THE p666
13 Bethune St, LONG SAULT, ON, K0C 1P0
(613) 534-2415 SIC 8211

UPPER CANADA DISTRICT SCHOOL BOARD, THE p666
38 Main St E, LYN, ON, K0E 1M0
(613) 345-1242 SIC 8211

UPPER CANADA DISTRICT SCHOOL BOARD, THE p666
276 Fortune Line Rd, LYNDHURST, ON, K0E 1N0
(613) 928-2777 SIC 8211

UPPER CANADA DISTRICT SCHOOL BOARD, THE p679
2159 County Rd 16, MERRICKVILLE, ON, K0G 1N0
(613) 269-4951 SIC 8211

UPPER CANADA DISTRICT SCHOOL BOARD, THE p679
2159 County Rd 16 Rr 2, MERRICKVILLE,

ON, K0G 1N0
(613) 283-6326   SIC 8211
UPPER CANADA DISTRICT SCHOOL BOARD, THE   p724
16 Second St, MORRISBURG, ON, K0C 1X0
(613) 543-3166   SIC 8211
UPPER CANADA DISTRICT SCHOOL BOARD, THE   p804
50 Water St, OXFORD MILLS, ON, K0G 1S0
(613) 258-3141   SIC 8211
UPPER CANADA DISTRICT SCHOOL BOARD, THE   p807
13 Victoria St, PERTH, ON, K7H 2H3
(613) 267-3051   SIC 8211
UPPER CANADA DISTRICT SCHOOL BOARD, THE   p807
155 Harper Rd, PERTH, ON, K7H 3C6
(613) 267-1909   SIC 8211
UPPER CANADA DISTRICT SCHOOL BOARD, THE   p807
80 Wilson St W, PERTH, ON, K7H 2N6
(613) 267-2940   SIC 8211
UPPER CANADA DISTRICT SCHOOL BOARD, THE   p818
21 Stewart St Rr 2, PRESCOTT, ON, K0E 1T0
(613) 925-4291   SIC 8211
UPPER CANADA DISTRICT SCHOOL BOARD, THE   p818
920 Boundary St, PRESCOTT, ON, K0E 1T0
(613) 925-2803   SIC 8211
UPPER CANADA DISTRICT SCHOOL BOARD, THE   p818
490 Jessup St, PRESCOTT, ON, K0E 1T0
(613) 925-1834   SIC 8211
UPPER CANADA DISTRICT SCHOOL BOARD, THE   p825
999 Giroux St, ROCKLAND, ON, K4K 1C2
(613) 446-6001   SIC 8211
UPPER CANADA DISTRICT SCHOOL BOARD, THE   p825
2303 Rue Laurier, ROCKLAND, ON, K4K 1K4
(613) 446-9842   SIC 8211
UPPER CANADA DISTRICT SCHOOL BOARD, THE   p825
1004 Saint-Joseph St, ROCKLAND, ON, K4K 1P6
(613) 446-7347   SIC 8211
UPPER CANADA DISTRICT SCHOOL BOARD, THE   p826
982n North Russell Rd, RUSSELL, ON, K4R 1C8
(613) 445-2659   SIC 8211
UPPER CANADA DISTRICT SCHOOL BOARD, THE   p826
14 Mill St, RUSSELL, ON, K4R 1A6
(613) 445-2190   SIC 8211
UPPER CANADA DISTRICT SCHOOL BOARD, THE   p850
10 Ontario St, SMITHS FALLS, ON, K7A 4K7
(613) 283-5418   SIC 8211
UPPER CANADA DISTRICT SCHOOL BOARD, THE   p850
41 Mcgill St S, SMITHS FALLS, ON, K7A 3M9
(613) 283-1367   SIC 8211
UPPER CANADA DISTRICT SCHOOL BOARD, THE   p850
11 Ross St, SMITHS FALLS, ON, K7A 4V7
(613) 283-1761   SIC 8211
UPPER CANADA DISTRICT SCHOOL BOARD, THE   p850
299 Percy St, SMITHS FALLS, ON, K7A 5M2
(613) 283-0288   SIC 8211
UPPER CANADA DISTRICT SCHOOL BOARD, THE   p850
1200 Rosedale Rd N Gd Stn Main Gd Lcd Main, SMITHS FALLS, ON, K7A 4S8
(613) 283-6426   SIC 8211
UPPER CANADA DISTRICT SCHOOL BOARD, THE   p851
3045 County Rd 1, SOUTH MOUNTAIN, ON, K0E 1W0
(613) 989-2600   SIC 8211
UPPER CANADA DISTRICT SCHOOL BOARD, THE   p947
5814 34 Hwy, VANKLEEK HILL, ON, K0B 1R0
(613) 678-2023   SIC 8211
UPPER CANADA DISTRICT SCHOOL BOARD, THE   p947
4099 Highway 34, VANKLEEK HILL, ON, K0B 1R0
(613) 678-2030   SIC 8211
UPPER CANADA DISTRICT SCHOOL BOARD, THE   p960
19743 John St, WILLIAMSTOWN, ON, K0C 2J0
(613) 347-2441   SIC 8211
UPPER CANADA DISTRICT SCHOOL BOARD, THE   p960
19754 County Rd 17 Rr 1, WILLIAMSTOWN, ON, K0C 2J0
(613) 347-3461   SIC 8211
UPPER GRAND DISTRICT SCHOOL BOARD, THE   p569
75 Wellington St S, DRAYTON, ON, N0G 1P0
(519) 638-3067   SIC 8211
UPPER GRAND DISTRICT SCHOOL BOARD, THE   p573
288 Mill St E, ELORA, ON, N0B 1S0
(519) 846-5999   SIC 8211
UPPER GRAND DISTRICT SCHOOL BOARD, THE   p574
9426 Wellington Rd 124, ERIN, ON, N0B 1T0
(519) 833-9621   SIC 8211
UPPER GRAND DISTRICT SCHOOL BOARD, THE   p574
14 Boland Dr Ss 1, ERIN, ON, N0B 1T0
(519) 833-9665   SIC 8211
UPPER GRAND DISTRICT SCHOOL BOARD, THE   p574
185 Daniel St Ss 1, ERIN, ON, N0B 1T0
(519) 833-9685   SIC 8211
UPPER GRAND DISTRICT SCHOOL BOARD, THE   p588
360 Belsyde Ave E, FERGUS, ON, N1M 1Z5
(519) 787-0151   SIC 8211
UPPER GRAND DISTRICT SCHOOL BOARD, THE   p588
905 Scotland St Suite Upper, FERGUS, ON, N1M 1Y7
(519) 843-2500   SIC 8211
UPPER GRAND DISTRICT SCHOOL BOARD, THE   p588
150 Lamond St, FERGUS, ON, N1M 2A1
(519) 843-2665   SIC 8211
UPPER GRAND DISTRICT SCHOOL BOARD, THE   p588
365 St George St W, FERGUS, ON, N1M 1J4
(519) 843-1700   SIC 8211
UPPER GRAND DISTRICT SCHOOL BOARD, THE   p588
500 Victoria Terr, FERGUS, ON, N1M 2G5
(519) 843-2720   SIC 8211
UPPER GRAND DISTRICT SCHOOL BOARD, THE   p597
120 Main St N, GRAND VALLEY, ON, L9W 7N4
(519) 928-2172   SIC 8211
UPPER GRAND DISTRICT SCHOOL BOARD, THE   p598
23 Ptarmigan Dr Suite Upper, GUELPH, ON, N1C 1B5
(519) 827-1601   SIC 8211
UPPER GRAND DISTRICT SCHOOL BOARD, THE   p599
21 Meyer Dr, GUELPH, ON, N1E 4H1
(519) 822-7090   SIC 8211
UPPER GRAND DISTRICT SCHOOL BOARD, THE   p599
64 Brant Ave, GUELPH, ON, N1E 1G2
(519) 824-2671   SIC 8211
UPPER GRAND DISTRICT SCHOOL BOARD, THE   p599
140 Waverley Dr, GUELPH, ON, N1E 1H2
(519) 824-7742   SIC 8211
UPPER GRAND DISTRICT SCHOOL BOARD, THE   p599
50 Laurine Ave, GUELPH, ON, N1E 4M9
(519) 824-4760   SIC 8211
UPPER GRAND DISTRICT SCHOOL BOARD, THE   p599
21 King St, GUELPH, ON, N1E 4P5
(519) 766-9551   SIC 8211
UPPER GRAND DISTRICT SCHOOL BOARD, THE   p599
131 Ontario St, GUELPH, ON, N1E 3B3
(519) 822-9271   SIC 8211
UPPER GRAND DISTRICT SCHOOL BOARD, THE   p599
397 Stevenson St N, GUELPH, ON, N1E 5C1
(519) 763-7374   SIC 8211
UPPER GRAND DISTRICT SCHOOL BOARD, THE   p599
72 Lemon St, GUELPH, ON, N1E 2H5
(519) 822-1911   SIC 8211
UPPER GRAND DISTRICT SCHOOL BOARD, THE   p599
500 Victoria Rd N, Guelph, ON, N1E 6K2
(519) 766-9140   SIC 8211
UPPER GRAND DISTRICT SCHOOL BOARD, THE   p599
75 Ottawa Cres, GUELPH, ON, N1E 2A8
(519) 822-6880   SIC 8211
UPPER GRAND DISTRICT SCHOOL BOARD, THE   p601
56 Youngman Dr, GUELPH, ON, N1G 4L2
(519) 837-9582   SIC 8211
UPPER GRAND DISTRICT SCHOOL BOARD, THE   p601
195 College Ave W, GUELPH, ON, N1G 1S6
(519) 821-4510   SIC 8211
UPPER GRAND DISTRICT SCHOOL BOARD, THE   p601
189 Water St, GUELPH, ON, N1G 1B3
(519) 824-0028   SIC 8211
UPPER GRAND DISTRICT SCHOOL BOARD, THE   p601
177 Rickson Ave Suite 2, GUELPH, ON, N1G 4Y6
(519) 766-0862   SIC 8211
UPPER GRAND DISTRICT SCHOOL BOARD, THE   p601
160 Ironwood Rd, GUELPH, ON, N1G 3R4
(519) 836-0080   SIC 8211
UPPER GRAND DISTRICT SCHOOL BOARD, THE   p603
406 Paisley Rd, GUELPH, ON, N1H 2R3
(519) 822-0675   SIC 8211
UPPER GRAND DISTRICT SCHOOL BOARD, THE   p603
495 Willow Rd, GUELPH, ON, N1H 7C7
(519) 823-5450   SIC 8211
UPPER GRAND DISTRICT SCHOOL BOARD, THE   p603
155 Paisley St Suite Upper, GUELPH, ON, N1H 2P3
(519) 824-9800   SIC 8211
UPPER GRAND DISTRICT SCHOOL BOARD, THE   p603
97 Dublin St N, GUELPH, ON, N1H 4N2
(519) 821-7990   SIC 8211
UPPER GRAND DISTRICT SCHOOL BOARD, THE   p603
670 Willow Rd, GUELPH, ON, N1H 8K2
(519) 829-3123   SIC 8211
UPPER GRAND DISTRICT SCHOOL BOARD, THE   p603
125 Willow Rd, GUELPH, ON, N1H 1W4
(519) 821-1760   SIC 8211
UPPER GRAND DISTRICT SCHOOL BOARD, THE   p604
111 Colonial Dr, GUELPH, ON, N1L 1R3
(519) 824-1442   SIC 8211
UPPER GRAND DISTRICT SCHOOL BOARD, THE   p604
1428 Gordon St, GUELPH, ON, N1L 1C8
(519) 836-7280   SIC 8211
UPPER GRAND DISTRICT SCHOOL BOARD, THE   p604
271 Stephanie Dr, GUELPH, ON, N1K 1T1
(519) 766-4544   SIC 8211
UPPER GRAND DISTRICT SCHOOL BOARD, THE   p617
Gd, HARRISTON, ON, N0G 1Z0
(519) 338-2920   SIC 8211
UPPER GRAND DISTRICT SCHOOL BOARD, THE   p617
24 George St, HARRISTON, ON, N0G 1Z0
(519) 338-2920   SIC 8211
UPPER GRAND DISTRICT SCHOOL BOARD, THE   p724
355 Durham St W Suite 1, MOUNT FOREST, ON, N0G 2L1
(519) 323-2460   SIC 8211
UPPER GRAND DISTRICT SCHOOL BOARD, THE   p773
70 Montgomery Blvd, ORANGEVILLE, ON, L9W 5H6
(519) 940-3002   SIC 8211
UPPER GRAND DISTRICT SCHOOL BOARD, THE   p773
120 Lawrence Ave, ORANGEVILLE, ON, L9W 1S8
(519) 941-2461   SIC 8211
UPPER GRAND DISTRICT SCHOOL BOARD, THE   p773
51 Wellington St, ORANGEVILLE, ON, L9W 2L6
(519) 941-3731   SIC 8211
UPPER GRAND DISTRICT SCHOOL BOARD, THE   p773
220 Blind Line, ORANGEVILLE, ON, L9W 4V2
(519) 941-7487   SIC 8211
UPPER GRAND DISTRICT SCHOOL BOARD, THE   p773
60 Century Dr, ORANGEVILLE, ON, L9W 3K4
(519) 941-5555   SIC 8211
UPPER GRAND DISTRICT SCHOOL BOARD, THE   p773
300 Alder St, ORANGEVILLE, ON, L9W 5A2
(519) 938-9355   SIC 8211
UPPER GRAND DISTRICT SCHOOL BOARD, THE   p774
51 Elizabeth St, ORANGEVILLE, ON, L9W 1C5
(519) 941-0220   SIC 8211
UPPER GRAND DISTRICT SCHOOL BOARD, THE   p774
Gd, ORANGEVILLE, ON, L9W 2Z4
(519) 940-3666   SIC 8211
UPPER GRAND DISTRICT SCHOOL BOARD, THE   p774
22 Faulkner St, ORANGEVILLE, ON, L9W 2G7
(519) 941-0491   SIC 8211
UPPER GRAND DISTRICT SCHOOL BOARD, THE   p777
Gd, ORTON, ON, L0N 1N0
(519) 855-4484   SIC 8211
UPPER GRAND DISTRICT SCHOOL BOARD, THE   p804
Po Box 160, PALMERSTON, ON, N0G 2P0
(519) 343-3107   SIC 8211
UPPER GRAND DISTRICT SCHOOL BOARD, THE   p804
530 Prospect St, PALMERSTON, ON, N0G 2P0
(519) 343-3520   SIC 8211
UPPER GRAND DISTRICT SCHOOL BOARD, THE   p825
137 Kasmore St, ROCKWOOD, ON, N0B 2K0
(519) 856-9556   SIC 8211
UPPER GRAND DISTRICT SCHOOL BOARD, THE   p848

200 Fourth Ave, SHELBURNE, ON, L9V 3R9
(519) 925-3745 SIC 8211

UPPER GRAND DISTRICT SCHOOL BOARD, THE p848
35 School Rd, SHELBURNE, ON, L9V 3S5
(519) 925-2142 SIC 8211

UPPER GRAND DISTRICT SCHOOL BOARD, THE p848
150 Fourth Ave, SHELBURNE, ON, L9V 3R5
(519) 925-3834 SIC 8211

UPPER GRAND DISTRICT SCHOOL BOARD, THE p848
Gd, SHELBURNE, ON, L0N 1S8
(519) 925-3939 SIC 8211

VANCOUVER CAREER COLLEGE (BURNABY) INC p26
805 Manning Rd Ne Suite 210, CALGARY, AB, T2E 7M8
(403) 571-8585 SIC 8211

VANCOUVER CAREER COLLEGE (BURNABY) INC p50
800 5 Ave Sw Suite 100, CALGARY, AB, T2P 3T6
(403) 232-6410 SIC 8211

VANCOUVER CAREER COLLEGE (BURNABY) INC p76
9450 137 Ave Unit 104, EDMONTON, AB, T5E 6C2
(780) 478-7900 SIC 8211

VANCOUVER CAREER COLLEGE (BURNABY) INC p285
11125 124 St Suite 100, SURREY, BC, V3V 4V2
(604) 585-8585 SIC 8211

VANCOUVER CAREER COLLEGE (BURNABY) INC p379
280 Main St, WINNIPEG, MB, R3C 1A9
(204) 942-1773 SIC 8211

VANCOUVER CAREER COLLEGE (BURNABY) INC p483
100 Westney Rd S, AJAX, ON, L1S 7H3
(905) 427-1922 SIC 8211

VANCOUVER CAREER COLLEGE (BURNABY) INC p1018
3 Place Laval Bureau 400, Cote Saint-Luc, QC, H7N 1A2
(450) 662-9090 SIC 8211

VANCOUVER CAREER COLLEGE (BURNABY) INC p1108
416 Boul De Maisonneuve O Bureau 700, Montreal, QC, H3A 1L2
(514) 849-1234 SIC 8211

VINCENT MASSEY COLLEGIATE p1088
5925 27e Av, Montreal, QC, H1T 3J5
(514) 374-1999 SIC 8211

WAGMATCOOK BAND COUNCIL p478
1 Sugarbush Rd, WAGMATCOOK, NS, B0E 3N0
(902) 295-3491 SIC 8211

WALDORF SCHOOL ASSOCIATION OF ONTARIO INC p535
2193 Orchard Rd, BURLINGTON, ON, L7L 7J8
(905) 331-4387 SIC 8211

WALDORF SCHOOL ASSOCIATION OF ONTARIO INC p571
Rr 1, DURHAM, ON, N0G 1R0
(519) 369-3195 SIC 8211

WASAGAMACK EDUCATION AUTHORITY p360
Gd, WASAGAMACK, MB, R0B 1Z0
SIC 8211

WATERLOO CATHOLIC DISTRICT SCHOOL BOARD p493
50 Broom St, AYR, ON, N0B 1E0
(519) 632-5131 SIC 8211

WATERLOO CATHOLIC DISTRICT SCHOOL BOARD p493
50 Broom St, AYR, ON, N0B 1E0
(519) 632-5101 SIC 8211

WATERLOO CATHOLIC DISTRICT SCHOOL BOARD p542
50 Saginaw Pky, CAMBRIDGE, ON, N1P 1A1
(519) 621-4050 SIC 8211

WATERLOO CATHOLIC DISTRICT SCHOOL BOARD p542
15 Gatehouse Dr, CAMBRIDGE, ON, N1P 1C7
(519) 621-8973 SIC 8211

WATERLOO CATHOLIC DISTRICT SCHOOL BOARD p544
60 Mcdonald Ave, CAMBRIDGE, ON, N1R 4J2
(519) 621-0371 SIC 8211

WATERLOO CATHOLIC DISTRICT SCHOOL BOARD p544
127 Elgin St N, CAMBRIDGE, ON, N1R 5H6
(519) 621-8920 SIC 8211

WATERLOO CATHOLIC DISTRICT SCHOOL BOARD p544
92 Avenue Rd, CAMBRIDGE, ON, N1R 1C1
(519) 621-5211 SIC 8211

WATERLOO CATHOLIC DISTRICT SCHOOL BOARD p544
25 Chalmers St S, CAMBRIDGE, ON, N1R 5B3
SIC 8211

WATERLOO CATHOLIC DISTRICT SCHOOL BOARD p544
70 Acorn Way, CAMBRIDGE, ON, N1R 8M5
(519) 621-6680 SIC 8211

WATERLOO CATHOLIC DISTRICT SCHOOL BOARD p544
82 Beverly St, CAMBRIDGE, ON, N1R 3Z7
(519) 745-1201 SIC 8211

WATERLOO CATHOLIC DISTRICT SCHOOL BOARD p544
185 Myers Rd, CAMBRIDGE, ON, N1R 7H2
(519) 622-1290 SIC 8211

WATERLOO CATHOLIC DISTRICT SCHOOL BOARD p544
25 Chalmers St S, CAMBRIDGE, ON, N1R 5B3
(519) 740-0678 SIC 8211

WATERLOO CATHOLIC DISTRICT SCHOOL BOARD p545
177 Bismark Dr, CAMBRIDGE, ON, N1S 4Y2
(519) 740-3530 SIC 8211

WATERLOO CATHOLIC DISTRICT SCHOOL BOARD p545
34 Osborne St, CAMBRIDGE, ON, N1S 3H1
(519) 621-6770 SIC 8211

WATERLOO CATHOLIC DISTRICT SCHOOL BOARD p546
55 Hammet St, CAMBRIDGE, ON, N3C 2H5
(519) 658-4041 SIC 8211

WATERLOO CATHOLIC DISTRICT SCHOOL BOARD p546
210 Cowan Blvd, CAMBRIDGE, ON, N1T 1V4
(519) 622-6100 SIC 8211

WATERLOO CATHOLIC DISTRICT SCHOOL BOARD p546
50 Adler Dr, CAMBRIDGE, ON, N3C 4B7
(519) 651-0400 SIC 8211

WATERLOO CATHOLIC DISTRICT SCHOOL BOARD p546
520 Saginaw Pky, CAMBRIDGE, ON, N1T 1W9
(519) 624-7115 SIC 8211

WATERLOO CATHOLIC DISTRICT SCHOOL BOARD p548
1150 Concession Rd, CAMBRIDGE, ON, N3H 4L6
(519) 653-3351 SIC 8211

WATERLOO CATHOLIC DISTRICT SCHOOL BOARD p548
980 Westminster Dr S, CAMBRIDGE, ON, N3H 1V2
(519) 653-4482 SIC 8211

WATERLOO CATHOLIC DISTRICT SCHOOL BOARD p573
69 First St W, ELMIRA, ON, N3B 1G5
(519) 669-8843 SIC 8211

WATERLOO CATHOLIC DISTRICT SCHOOL BOARD p637
39 Midland Dr, KITCHENER, ON, N2A 2A9
(519) 893-8801 SIC 8211

WATERLOO CATHOLIC DISTRICT SCHOOL BOARD p637
50 Confederation Dr, KITCHENER, ON, N2B 2X5
(519) 578-7579 SIC 8211

WATERLOO CATHOLIC DISTRICT SCHOOL BOARD p637
50 Thaler Ave, KITCHENER, ON, N2A 2V9
(519) 748-6008 SIC 8211

WATERLOO CATHOLIC DISTRICT SCHOOL BOARD p639
1500 Block Line Rd, KITCHENER, ON, N2C 2S2
(519) 745-6891 SIC 8211

WATERLOO CATHOLIC DISTRICT SCHOOL BOARD p639
504 Connaught St, KITCHENER, ON, N2C 1C2
(519) 893-5830 SIC 8211

WATERLOO CATHOLIC DISTRICT SCHOOL BOARD p640
185 Activa Ave, KITCHENER, ON, N2E 4A1
(519) 579-5212 SIC 8211

WATERLOO CATHOLIC DISTRICT SCHOOL BOARD p640
118 Shea Cres, KITCHENER, ON, N2E 1E8
(519) 579-1230 SIC 8211

WATERLOO CATHOLIC DISTRICT SCHOOL BOARD p640
367 The Country Way, KITCHENER, ON, N2E 2S3
(519) 745-5950 SIC 8211

WATERLOO CATHOLIC DISTRICT SCHOOL BOARD p641
99 Strange St, KITCHENER, ON, N2G 1R4
(519) 579-0890 SIC 8211

WATERLOO CATHOLIC DISTRICT SCHOOL BOARD p641
160 Courtland Ave E, KITCHENER, ON, N2G 2V3
(519) 743-3005 SIC 8211

WATERLOO CATHOLIC DISTRICT SCHOOL BOARD p642
35a Weber St W, KITCHENER, ON, N2H 3Z1
(519) 578-3660 SIC 8211

WATERLOO CATHOLIC DISTRICT SCHOOL BOARD p642
80 Young St, KITCHENER, ON, N2H 4Z1
(519) 745-1201 SIC 8211

WATERLOO CATHOLIC DISTRICT SCHOOL BOARD p642
250 East Ave, KITCHENER, ON, N2H 1Z4
(519) 745-7847 SIC 8211

WATERLOO CATHOLIC DISTRICT SCHOOL BOARD p642
270 Edwin St, KITCHENER, ON, N2H 4P4
(519) 743-2131 SIC 8211

WATERLOO CATHOLIC DISTRICT SCHOOL BOARD p643
240 Autumn Hill Cres, KITCHENER, ON, N2N 1K8
(519) 743-4682 SIC 8211

WATERLOO CATHOLIC DISTRICT SCHOOL BOARD p643
155 Westwood Dr, KITCHENER, ON, N2M 2K7
(519) 579-0890 SIC 8211

WATERLOO CATHOLIC DISTRICT SCHOOL BOARD p643
455 University Ave W, KITCHENER, ON, N2N 3B9
(519) 741-1990 SIC 8211

WATERLOO CATHOLIC DISTRICT SCHOOL BOARD p643
245 Lorne Ave, KITCHENER, ON, N2M 3Y9
(519) 743-1541 SIC 8211

WATERLOO CATHOLIC DISTRICT SCHOOL BOARD p643
45 Birchcliff Ave, KITCHENER, ON, N2M 4V7
(519) 743-4401 SIC 8211

WATERLOO CATHOLIC DISTRICT SCHOOL BOARD p644
15 Bechtel Dr, KITCHENER, ON, N2P 1T4
(519) 748-1874 SIC 8211

WATERLOO CATHOLIC DISTRICT SCHOOL BOARD p644
560 Pioneer Dr, KITCHENER, ON, N2P 1P2
(519) 895-1716 SIC 8211

WATERLOO CATHOLIC DISTRICT SCHOOL BOARD p644
1354 Maryhill Rd, MARYHILL, ON, N0B 2B0
(519) 648-2832 SIC 8211

WATERLOO CATHOLIC DISTRICT SCHOOL BOARD p857
3639 Lobsinger Line, ST CLEMENTS, ON, N0B 2M0
(519) 699-5271 SIC 8211

WATERLOO CATHOLIC DISTRICT SCHOOL BOARD p951
550 Chesapeake Dr, WATERLOO, ON, N2K 4G5
(519) 884-4912 SIC 8211

WATERLOO CATHOLIC DISTRICT SCHOOL BOARD p951
254 Neilson Ave, WATERLOO, ON, N2J 2M3
(519) 885-3180 SIC 8211

WATERLOO CATHOLIC DISTRICT SCHOOL BOARD p951
405 Pastern Trail, WATERLOO, ON, N2K 3V6
(519) 886-9311 SIC 8211

WATERLOO CATHOLIC DISTRICT SCHOOL BOARD p953
660 Glen Forrest Blvd, WATERLOO, ON, N2L 4K2
(519) 884-8480 SIC 8211

WATERLOO CATHOLIC DISTRICT SCHOOL BOARD p953
485 Thorndale Dr, WATERLOO, ON, N2T 1W5
(519) 747-9005 SIC 8211

WATERLOO CATHOLIC DISTRICT SCHOOL BOARD p953
4 High St, WATERLOO, ON, N2L 3X5
(519) 885-1340 SIC 8211

WATERLOO CATHOLIC DISTRICT SCHOOL BOARD p954
525 Laurelwood Dr, WATERLOO, ON, N2V 2N1
(519) 884-9198 SIC 8211

WATERLOO REGION DISTRICT SCHOOL BOARD p493
155 Livingston Blvd, BADEN, ON, N3A 4M6
(519) 634-9320 SIC 8211

WATERLOO REGION DISTRICT SCHOOL BOARD p493
1206 Snyder's Rd W, BADEN, ON, N3A 1A4
(519) 634-5441 SIC 8211

WATERLOO REGION DISTRICT SCHOOL BOARD p493
55 Hilltop Dr, AYR, ON, N0B 1E0
(519) 632-5255 SIC 8211

WATERLOO REGION DISTRICT SCHOOL BOARD p529
58 Joseph St Rr 2, BRESLAU, ON, N0B 1M0
(519) 648-2242 SIC 8211

WATERLOO REGION DISTRICT SCHOOL BOARD p544
35 Chalmers St S, CAMBRIDGE, ON, N1R 5B4
(519) 623-0950 SIC 8211

WATERLOO REGION DISTRICT SCHOOL BOARD p544
175 Main St, CAMBRIDGE, ON, N1R 1W5
(519) 623-0940 SIC 8211

WATERLOO REGION DISTRICT SCHOOL BOARD p544
200 Water St N, CAMBRIDGE, ON, N1R 6V2
(519) 623-3600 SIC 8211

WATERLOO REGION DISTRICT SCHOOL BOARD p544

685 Elgin St N, CAMBRIDGE, ON, N1R 7W6
(519) 622-0611   SIC 8211
WATERLOO REGION DISTRICT SCHOOL BOARD p544
145 Stewart Ave, CAMBRIDGE, ON, N1R 2V5
(519) 621-4171   SIC 8211
WATERLOO REGION DISTRICT SCHOOL BOARD p544
455 Myers Rd, CAMBRIDGE, ON, N1R 5S2
SIC 8211
WATERLOO REGION DISTRICT SCHOOL BOARD p544
55 Mckay St, CAMBRIDGE, ON, N1R 4G6
(519) 621-9510   SIC 8211
WATERLOO REGION DISTRICT SCHOOL BOARD p544
455 Dundas St, CAMBRIDGE, ON, N1R 5R5
(519) 621-8240   SIC 8211
WATERLOO REGION DISTRICT SCHOOL BOARD p545
65 St Andrews St, CAMBRIDGE, ON, N1S 1M6
(519) 570-0003   SIC 8211
WATERLOO REGION DISTRICT SCHOOL BOARD p545
65 Victoria Ave, CAMBRIDGE, ON, N1S 1X2
(519) 621-7170   SIC 8211
WATERLOO REGION DISTRICT SCHOOL BOARD p545
30 Southwood Dr, CAMBRIDGE, ON, N1S 4K3
(519) 621-5920   SIC 8211
WATERLOO REGION DISTRICT SCHOOL BOARD p545
184 Tait St, CAMBRIDGE, ON, N1S 3G3
(519) 621-7621   SIC 8211
WATERLOO REGION DISTRICT SCHOOL BOARD p545
125 Salisbury Ave, CAMBRIDGE, ON, N1S 1J8
(519) 621-9981   SIC 8211
WATERLOO REGION DISTRICT SCHOOL BOARD p546
355 Holiday Inn Dr, CAMBRIDGE, ON, N3C 1Z2
(519) 658-4910   SIC 8211
WATERLOO REGION DISTRICT SCHOOL BOARD p546
31 Renwick Ave, CAMBRIDGE, ON, N3C 2T5
(519) 658-5187   SIC 8211
WATERLOO REGION DISTRICT SCHOOL BOARD p546
300 Winston Blvd, CAMBRIDGE, ON, N3C 3J6
(519) 658-4691   SIC 8211
WATERLOO REGION DISTRICT SCHOOL BOARD p546
740 Saginaw Pky, CAMBRIDGE, ON, N1T 1V6
(519) 624-7111   SIC 8211
WATERLOO REGION DISTRICT SCHOOL BOARD p546
555 Ellis Rd, CAMBRIDGE, ON, N3C 4K2
(519) 654-9402   SIC 8211
WATERLOO REGION DISTRICT SCHOOL BOARD p546
390 Scott Rd, CAMBRIDGE, ON, N3C 3Z7
(519) 658-9023   SIC 8211
WATERLOO REGION DISTRICT SCHOOL BOARD p546
335 Saginaw Pky, CAMBRIDGE, ON, N1T 1R6
(519) 740-2364   SIC 8211
WATERLOO REGION DISTRICT SCHOOL BOARD p546
100 Weaver St, CAMBRIDGE, ON, N3C 1W4
(519) 658-5121   SIC 8211
WATERLOO REGION DISTRICT SCHOOL BOARD p548
210 Westminster Dr N, CAMBRIDGE, ON, N3H 5C8
(519) 653-0387   SIC 8211
WATERLOO REGION DISTRICT SCHOOL BOARD p548
550 Rose St, CAMBRIDGE, ON, N3H 2E6
(519) 653-2367   SIC 8211
WATERLOO REGION DISTRICT SCHOOL BOARD p548
757 Concession Rd, CAMBRIDGE, ON, N3H 4L1
(519) 653-1141   SIC 8211
WATERLOO REGION DISTRICT SCHOOL BOARD p548
530 Langs Dr, CAMBRIDGE, ON, N3H 5G5
(519) 653-2384   SIC 8211
WATERLOO REGION DISTRICT SCHOOL BOARD p548
749 Grand Valley Dr, CAMBRIDGE, ON, N3H 2S3
(519) 653-5532   SIC 8211
WATERLOO REGION DISTRICT SCHOOL BOARD p563
1948 Sawmill Rd Ss 6, CONESTOGO, ON, N0B 1N0
(519) 664-3773   SIC 8211
WATERLOO REGION DISTRICT SCHOOL BOARD p573
35 Florapine Rd, ELMIRA, ON, N3B 2Z1
(519) 669-5193   SIC 8211
WATERLOO REGION DISTRICT SCHOOL BOARD p573
18 Mockingbird Dr, ELMIRA, ON, N3B 1T1
(519) 669-5183   SIC 8211
WATERLOO REGION DISTRICT SCHOOL BOARD p573
14a William St, ELMIRA, ON, N3B 1N9
(519) 669-5417   SIC 8211
WATERLOO REGION DISTRICT SCHOOL BOARD p573
4 University Ave W, ELMIRA, ON, N3B 1K2
(519) 669-5414   SIC 8211
WATERLOO REGION DISTRICT SCHOOL BOARD p637
175 Indian Rd, KITCHENER, ON, N2B 2S7
(519) 576-5100   SIC 8211
WATERLOO REGION DISTRICT SCHOOL BOARD p637
150 Belleview Ave, KITCHENER, ON, N2B 1G7
(519) 578-3890   SIC 8211
WATERLOO REGION DISTRICT SCHOOL BOARD p637
130 Morgan Ave, KITCHENER, ON, N2A 2M5
(519) 748-6161   SIC 8211
WATERLOO REGION DISTRICT SCHOOL BOARD p637
1042 Weber St E, KITCHENER, ON, N2A 1B6
(519) 896-1130   SIC 8211
WATERLOO REGION DISTRICT SCHOOL BOARD p637
151 Zeller Dr, KITCHENER, ON, N2A 4H4
(519) 746-0140   SIC 8211
WATERLOO REGION DISTRICT SCHOOL BOARD p637
51 Natchez Rd, KITCHENER, ON, N2B 3A7
(519) 745-8694   SIC 8211
WATERLOO REGION DISTRICT SCHOOL BOARD p637
191 Hickson Dr, KITCHENER, ON, N2B 2H8
(519) 578-3750   SIC 8211
WATERLOO REGION DISTRICT SCHOOL BOARD p637
153 Montcalm Dr, KITCHENER, ON, N2B 2R6
(519) 893-1140   SIC 8211
WATERLOO REGION DISTRICT SCHOOL BOARD p637
371 Franklin St N, KITCHENER, ON, N2A 1Y9
(519) 893-1334   SIC 8211
WATERLOO REGION DISTRICT SCHOOL BOARD p639
70 Vanier Dr, KITCHENER, ON, N2C 1J5
(519) 576-5730   SIC 8211
WATERLOO REGION DISTRICT SCHOOL BOARD p639
221 Wilson Ave, KITCHENER, ON, N2C 1G9
(519) 893-7050   SIC 8211
WATERLOO REGION DISTRICT SCHOOL BOARD p640
75 Lucerne Dr, KITCHENER, ON, N2E 1B4
(519) 743-4338   SIC 8211
WATERLOO REGION DISTRICT SCHOOL BOARD p640
664 Erinbrook Dr, KITCHENER, ON, N2E 2R1
(519) 742-0849   SIC 8211
WATERLOO REGION DISTRICT SCHOOL BOARD p640
777 Westmount Rd E, KITCHENER, ON, N2E 1J2
(519) 578-6160   SIC 8211
WATERLOO REGION DISTRICT SCHOOL BOARD p640
79 Laurentian Dr, KITCHENER, ON, N2E 1C3
(519) 743-6368   SIC 8211
WATERLOO REGION DISTRICT SCHOOL BOARD p640
195 Country Hill Dr, KITCHENER, ON, N2E 2G7
(519) 743-6331   SIC 8211
WATERLOO REGION DISTRICT SCHOOL BOARD p640
245 Activa Ave, KITCHENER, ON, N2E 4A3
(519) 579-1160   SIC 8211
WATERLOO REGION DISTRICT SCHOOL BOARD p641
107 Courtland Ave E, KITCHENER, ON, N2G 2T9
(519) 578-4690   SIC 8211
WATERLOO REGION DISTRICT SCHOOL BOARD p641
709 King St W, KITCHENER, ON, N2G 1E3
(519) 578-0220   SIC 8211
WATERLOO REGION DISTRICT SCHOOL BOARD p641
301 Charles St E, KITCHENER, ON, N2G 2P8
(519) 578-8330   SIC 8211
WATERLOO REGION DISTRICT SCHOOL BOARD p641
787 King St W, KITCHENER, ON, N2G 1E3
(519) 745-6851   SIC 8211
WATERLOO REGION DISTRICT SCHOOL BOARD p642
171 Frederick St, KITCHENER, ON, N2H 2M6
(519) 578-3840   SIC 8211
WATERLOO REGION DISTRICT SCHOOL BOARD p642
760 Weber St E, KITCHENER, ON, N2H 1H6
(519) 742-1848   SIC 8211
WATERLOO REGION DISTRICT SCHOOL BOARD p642
278 Weber St E, KITCHENER, ON, N2H 1G2
(519) 570-0003   SIC 8211
WATERLOO REGION DISTRICT SCHOOL BOARD p642
40 Prueter Ave, KITCHENER, ON, N2H 6G6
(519) 578-0910   SIC 8211
WATERLOO REGION DISTRICT SCHOOL BOARD p642
59 Bridge St W, KITCHENER, ON, N2K 1K6
(519) 743-4318   SIC 8211
WATERLOO REGION DISTRICT SCHOOL BOARD p642
325 Louisa St, KITCHENER, ON, N2H 5N1
(519) 578-1910   SIC 8211
WATERLOO REGION DISTRICT SCHOOL BOARD p643
1250 Victoria St S, KITCHENER, ON, N2N 3J2
(519) 744-4430   SIC 8211
WATERLOO REGION DISTRICT SCHOOL BOARD p643
11 Chopin Dr, KITCHENER, ON, N2M 2G3
(519) 745-7312   SIC 8211
WATERLOO REGION DISTRICT SCHOOL BOARD p643
329 Glasgow St, KITCHENER, ON, N2M 2M9
(519) 578-5430   SIC 8211
WATERLOO REGION DISTRICT SCHOOL BOARD p643
21 Westmount Rd W, KITCHENER, ON, N2M 1R6
(519) 578-0400   SIC 8211
WATERLOO REGION DISTRICT SCHOOL BOARD p643
1425 Queens Blvd, KITCHENER, ON, N2M 5B3
(519) 576-0940   SIC 8211
WATERLOO REGION DISTRICT SCHOOL BOARD p643
255 Westmount Rd E, KITCHENER, ON, N2M 4Z2
(519) 578-5480   SIC 8211
WATERLOO REGION DISTRICT SCHOOL BOARD p643
200 Rolling Meadows Dr, KITCHENER, ON, N2N 3G9
(519) 749-0834   SIC 8211
WATERLOO REGION DISTRICT SCHOOL BOARD p643
80 Patricia Ave, KITCHENER, ON, N2M 1J3
(519) 576-0123   SIC 8211
WATERLOO REGION DISTRICT SCHOOL BOARD p643
255 Fischer Hallman Rd, KITCHENER, ON, N2M 4X8
(519) 744-6567   SIC 8211
WATERLOO REGION DISTRICT SCHOOL BOARD p643
191 Hoffman St, KITCHENER, ON, N2M 3N2
(519) 578-3910   SIC 8211
WATERLOO REGION DISTRICT SCHOOL BOARD p643
429 Westheights Dr, KITCHENER, ON, N2N 1M3
(519) 744-3549   SIC 8211
WATERLOO REGION DISTRICT SCHOOL BOARD p644
55 Upper Canada Dr, KITCHENER, ON, N2P 1G2
(519) 748-0142   SIC 8211
WATERLOO REGION DISTRICT SCHOOL BOARD p644
236 Forestwood Dr, KITCHENER, ON, N2N 1C1
(519) 579-5030   SIC 8211
WATERLOO REGION DISTRICT SCHOOL BOARD p644
1401 Doon Village Rd, KITCHENER, ON, N2P 1A8
(519) 748-1341   SIC 8211
WATERLOO REGION DISTRICT SCHOOL BOARD p645
1825 Strasburg Rd, KITCHENER, ON, N2R 1S3
(519) 896-2631   SIC 8211
WATERLOO REGION DISTRICT SCHOOL BOARD p645
415 Caryndale Dr, KITCHENER, ON, N2R 1J7
(519) 895-2353   SIC 8211
WATERLOO REGION DISTRICT SCHOOL BOARD p648
50 Pine St, LINWOOD, ON, N0B 2A0
(519) 698-2680   SIC 8211
WATERLOO REGION DISTRICT SCHOOL BOARD p731
437 Waterloo St, NEW HAMBURG, ON, N3A 1S9
(519) 662-2830   SIC 8211
WATERLOO REGION DISTRICT SCHOOL

BUSINESSES BY INDUSTRY CLASSIFICATION

SIC 8211 Elementary and secondary schools

BOARD *p857*
72 Queensway Dr, ST JACOBS, ON, N0B 2N0
(519) 664-2272   *SIC* 8211

WATERLOO REGION DISTRICT SCHOOL BOARD *p951*
80 Bluevale St N, WATERLOO, ON, N2J 3R5
(519) 885-4620   *SIC* 8211

WATERLOO REGION DISTRICT SCHOOL BOARD *p951*
431 Forestlawn Rd, WATERLOO, ON, N2K 2J5
(519) 747-3314   *SIC* 8211

WATERLOO REGION DISTRICT SCHOOL BOARD *p951*
270 Quickfall Dr, WATERLOO, ON, N2J 3S9
(519) 884-4010   *SIC* 8211

WATERLOO REGION DISTRICT SCHOOL BOARD *p951*
265 Sandowne Dr, WATERLOO, ON, N2K 2C1
(519) 884-4800   *SIC* 8211

WATERLOO REGION DISTRICT SCHOOL BOARD *p951*
151 Weber St S, WATERLOO, ON, N2J 2A9
(519) 885-0800   *SIC* 8211

WATERLOO REGION DISTRICT SCHOOL BOARD *p951*
520 Chesapeake Dr, WATERLOO, ON, N2K 4G5
(519) 880-0300   *SIC* 8211

WATERLOO REGION DISTRICT SCHOOL BOARD *p951*
90 Moore Ave S, WATERLOO, ON, N2J 1X2
(519) 742-4402   *SIC* 8211

WATERLOO REGION DISTRICT SCHOOL BOARD *p953*
230 Cedarbrae Ave, WATERLOO, ON, N2L 4S7
(519) 884-4940   *SIC* 8211

WATERLOO REGION DISTRICT SCHOOL BOARD *p953*
300 Hazel St, WATERLOO, ON, N2L 3P2
(519) 884-9590   *SIC* 8211

WATERLOO REGION DISTRICT SCHOOL BOARD *p953*
580 Rolling Hills Dr, WATERLOO, ON, N2L 4Z9
(519) 885-1731   *SIC* 8211

WATERLOO REGION DISTRICT SCHOOL BOARD *p953*
323 Keats Way, WATERLOO, ON, N2L 5V9
(519) 886-1650   *SIC* 8211

WATERLOO REGION DISTRICT SCHOOL BOARD *p953*
265 Westvale Dr, WATERLOO, ON, N2T 2B2
(519) 746-8104   *SIC* 8211

WATERLOO REGION DISTRICT SCHOOL BOARD *p953*
141 Amos Ave, WATERLOO, ON, N2L 2W8
(519) 885-5660   *SIC* 8211

WATERLOO REGION DISTRICT SCHOOL BOARD *p953*
100 Milford Ave, WATERLOO, ON, N2L 3Z3
(519) 884-3722   *SIC* 8211

WATERLOO REGION DISTRICT SCHOOL BOARD *p953*
460 Brentcliffe Dr, WATERLOO, ON, N2T 2R5
(519) 884-9999   *SIC* 8211

WATERLOO REGION DISTRICT SCHOOL BOARD *p953*
32 Central St, WATERLOO, ON, N2L 3A6
(519) 885-6200   *SIC* 8211

WATERLOO REGION DISTRICT SCHOOL BOARD *p953*
83 Empire St, WATERLOO, ON, N2L 2M1
(519) 742-8375   *SIC* 8211

WATERLOO REGION DISTRICT SCHOOL BOARD *p953*
450 Bernay Dr, WATERLOO, ON, N2T 3A3
(519) 880-2646   *SIC* 8211

WATERLOO REGION DISTRICT SCHOOL

BOARD *p953*
475 Brynhurst Blvd, WATERLOO, ON, N2T 2C6
(519) 747-1620   *SIC* 8211

WATERLOO REGION DISTRICT SCHOOL BOARD *p954*
500 Northlake Dr, WATERLOO, ON, N2V 2A4
(519) 885-1115   *SIC* 8211

WATERLOO REGION DISTRICT SCHOOL BOARD *p956*
1059 Queens Bush Rd, WELLESLEY, ON, N0B 2T0
(519) 656-2830   *SIC* 8211

WELLINGTON CATHOLIC DISTRICT SCHOOL BOARD *p489*
315 Tucker St, ARTHUR, ON, N0G 1A0
(519) 848-2445   *SIC* 8211

WELLINGTON CATHOLIC DISTRICT SCHOOL BOARD *p573*
251 Irvine St, ELORA, ON, N0B 1S0
(519) 846-9921   *SIC* 8211

WELLINGTON CATHOLIC DISTRICT SCHOOL BOARD *p589*
150 Strathallan St, FERGUS, ON, N1M 1A1
(519) 843-3810   *SIC* 8211

WELLINGTON CATHOLIC DISTRICT SCHOOL BOARD *p599*
487 Grange Rd, GUELPH, ON, N1E 7C4
(519) 821-0156   *SIC* 8211

WELLINGTON CATHOLIC DISTRICT SCHOOL BOARD *p599*
63 Victoria Rd N, GUELPH, ON, N1E 5G9
(519) 824-4710   *SIC* 8211

WELLINGTON CATHOLIC DISTRICT SCHOOL BOARD *p599*
365 Stevenson St N, GUELPH, ON, N1E 5B7
(519) 824-5620   *SIC* 8211

WELLINGTON CATHOLIC DISTRICT SCHOOL BOARD *p599*
57 Victoria Rd N, GUELPH, ON, N1E 5G9
(519) 822-4290   *SIC* 8211

WELLINGTON CATHOLIC DISTRICT SCHOOL BOARD *p599*
391 Victoria Rd N, GUELPH, ON, N1E 5J9
(519) 822-0200   *SIC* 8211

WELLINGTON CATHOLIC DISTRICT SCHOOL BOARD *p599*
125 Huron St, GUELPH, ON, N1E 5L5
(519) 824-2751   *SIC* 8211

WELLINGTON CATHOLIC DISTRICT SCHOOL BOARD *p601*
8 Bishop Crt, GUELPH, ON, N1G 2R9
(519) 821-1060   *SIC* 8211

WELLINGTON CATHOLIC DISTRICT SCHOOL BOARD *p601*
9 Mcelderry Rd, GUELPH, ON, N1G 4W7
(519) 823-2455   *SIC* 8211

WELLINGTON CATHOLIC DISTRICT SCHOOL BOARD *p603*
54 Westmount Rd, GUELPH, ON, N1H 5H7
(519) 836-2170   *SIC* 8211

WELLINGTON CATHOLIC DISTRICT SCHOOL BOARD *p603*
10 Guelph St, GUELPH, ON, N1H 5Y8
(519) 836-2671   *SIC* 8211

WELLINGTON CATHOLIC DISTRICT SCHOOL BOARD *p603*
150 Westwood Rd, GUELPH, ON, N1H 7G1
(519) 836-3730   *SIC* 8211

WELLINGTON CATHOLIC DISTRICT SCHOOL BOARD *p604*
287 Imperial Rd S, GUELPH, ON, N1K 1Z4
(519) 821-9160   *SIC* 8211

WELLINGTON CATHOLIC DISTRICT SCHOOL BOARD *p604*
182 Clairfields Dr E, GUELPH, ON, N1L 1N4
(519) 824-9470   *SIC* 8211

WELLINGTON CATHOLIC DISTRICT SCHOOL BOARD *p604*
200 Clair Rd W, GUELPH, ON, N1L 1G1
(519) 822-8502   *SIC* 8211

WEST ISLAND COLLEGE SOCIETY OF AL-

BERTA *p34*
7410 Blackfoot Trail Se, CALGARY, AB, T2H 1M5
(403) 444-0023   *SIC* 8211

WESTERN INTERGRATED SCHOOL BOARD *p425*
Po Box 338 Stn Main, CORNER BROOK, NL, A2H 6E3
SIC 8211

WESTERN SCHOOL DISTRICT *p423*
441 Main Rd, BENOITS COVE, NL, A0L 1A0
(709) 789-2761   *SIC* 8211

WESTERN SCHOOL DISTRICT *p423*
1 School Rd, BURGEO, NL, A0N 2H0
(709) 866-2590   *SIC* 8211

WESTERN SCHOOL DISTRICT *p424*
Gd, CHANNEL-PORT-AUX-BASQUES, NL, A0M 1C0
(709) 695-3551   *SIC* 8211

WESTERN SCHOOL DISTRICT *p425*
12 University Dr, CORNER BROOK, NL, A2H 5G4
(709) 634-5258   *SIC* 8211

WESTERN SCHOOL DISTRICT *p425*
10 St. Johns Ave, CORNER BROOK, NL, A2H 2E5
(709) 634-6333   *SIC* 8211

WESTERN SCHOOL DISTRICT *p425*
1 Citadel Dr, CORNER BROOK, NL, A2H 5M4
(709) 639-8988   *SIC* 8211

WESTERN SCHOOL DISTRICT *p425*
26 Woodbine Ave, CORNER BROOK, NL, A2H 3P2
(709) 785-2814   *SIC* 8211

WESTERN SCHOOL DISTRICT *p425*
15 Montgomerie St, CORNER BROOK, NL, A2H 2P8
(709) 639-8945   *SIC* 8211

WESTERN SCHOOL DISTRICT *p425*
473 Curling St, CORNER BROOK, NL, A2H 3K8
(709) 785-5119   *SIC* 8211

WESTERN SCHOOL DISTRICT *p426*
99 Main St, FLOWERS COVE, NL, A0K 2N0
(709) 456-2010   *SIC* 8211

WESTERN SCHOOL DISTRICT *p426*
22 Farm Rd, DEER LAKE, NL, A8A 1J3
(709) 635-2895   *SIC* 8211

WESTERN SCHOOL DISTRICT *p426*
9 Grades Rd, COW HEAD, NL, A0K 2A0
(709) 243-2252   *SIC* 8211

WESTERN SCHOOL DISTRICT *p426*
22a Farm Rd, DEER LAKE, NL, A8A 1J3
(709) 635-2337   *SIC* 8211

WESTERN SCHOOL DISTRICT *p426*
Gd, DOYLES, NL, A0N 1J0
(709) 955-2940   *SIC* 8211

WESTERN SCHOOL DISTRICT *p428*
Gd, LODGE BAY, NL, A0K 1T0
(709) 695-3001   *SIC* 8211

WESTERN SCHOOL DISTRICT *p428*
1 Main Rd, LARK HARBOUR, NL, A0L 1H0
(709) 681-2620   *SIC* 8211

WESTERN SCHOOL DISTRICT *p428*
Gd, LA POILE, NL, A0M 1K0
(709) 496-4116   *SIC* 8211

WESTERN SCHOOL DISTRICT *p428*
82 Main St, LOURDES, NL, A0N 1R0
(709) 642-5822   *SIC* 8211

WESTERN SCHOOL DISTRICT *p430*
59 Forest Street, PASADENA, NL, A0L 1K0
(709) 686-2621   *SIC* 8211

WESTERN SCHOOL DISTRICT *p430*
Gd, PLUM POINT, NL, A0K 4A0
(709) 247-2008   *SIC* 8211

WESTERN SCHOOL DISTRICT *p430*
Gd, PASADENA, NL, A0L 1K0
(709) 686-5091   *SIC* 8211

WESTERN SCHOOL DISTRICT *p431*
Gd, ST. ANTHONY, NL, A0K 4S0
(709) 454-2202   *SIC* 8211

WESTERN SCHOOL DISTRICT *p431*
10 Roncalli Rd, PORT SAUNDERS, NL, A0K 4H0
(709) 861-2592   *SIC* 8211

WESTERN SCHOOL DISTRICT *p431*
Gd, PORT AU PORT, NL, A0N 1T0
(709) 642-5752   *SIC* 8211

WESTERN SCHOOL DISTRICT *p431*
Gd, ST. ANTHONY, NL, A0K 4S0
SIC 8211

WESTERN SCHOOL DISTRICT *p431*
10 Flatbay Junction Rd, ST GEORGES, NL, A0N 1Z0
(709) 647-3381   *SIC* 8211

WESTERN SCHOOL DISTRICT *p431*
23 Cloud Dr, RODDICKTON, NL, A0K 4P0
(709) 457-2430   *SIC* 8211

WESTERN SCHOOL DISTRICT *p431*
10 School Rd, RAMEA, NL, A0N 2J0
(709) 625-2283   *SIC* 8211

WESTERN SCHOOL DISTRICT *p431*
Gd, ROBINSONS, NL, A0N 1V0
(709) 645-2330   *SIC* 8211

WESTERN SCHOOL DISTRICT *p431*
Gd, ROCKY HARBOUR, NL, A0K 4N0
(709) 458-2457   *SIC* 8211

WESTERN SCHOOL DISTRICT *p431*
Gd, ST GEORGES, NL, A0N 1Z0
(709) 647-3752   *SIC* 8211

WESTERN SCHOOL DISTRICT *p437*
40 Queen St, STEPHENVILLE, NL, A2N 2M5
(709) 643-5101   *SIC* 8211

WESTERN SCHOOL DISTRICT *p437*
72 West St, STEPHENVILLE, NL, A2N 1E3
(709) 643-2331   *SIC* 8211

WESTERN SCHOOL DISTRICT *p437*
76a West St, STEPHENVILLE, NL, A2N 1E4
(709) 643-9525   *SIC* 8211

WESTERN SCHOOL DISTRICT *p437*
76a West St, STEPHENVILLE, NL, A2N 1E4
(709) 643-9672   *SIC* 8211

WESTERN SCHOOL DIVISION *p351*
345 5th St, MORDEN, MB, R6M 1Z1
(204) 822-4425   *SIC* 8211

WESTERN SCHOOL DIVISION *p351*
1 Academy Rd, MORDEN, MB, R6M 1Z4
(204) 822-4580   *SIC* 8211

WESTERN SCHOOL DIVISION *p351*
150 Wardrop St Suite 150, MORDEN, MB, R6M 1Z2
(204) 822-6225   *SIC* 8211

WESTERN SCHOOL DIVISION *p352*
225 12th St, MORDEN, MB, R6M 1Z3
(204) 822-4458   *SIC* 8211

WESTWIND SCHOOL DIVISION #74 *p67*
445 Main St, CARDSTON, AB, T0K 0K0
(403) 653-4991   *SIC* 8211

WESTWIND SCHOOL DIVISION #74 *p67*
445 Main St, CARDSTON, AB, T0K 0K0
(403) 758-6000   *SIC* 8211

WESTWIND SCHOOL DIVISION #74 *p67*
730 4th Ave W, CARDSTON, AB, T0K 0K0
(403) 653-4955   *SIC* 8211

WESTWIND SCHOOL DIVISION #74 *p67*
430 5th Ave E, CARDSTON, AB, T0K 0K0
(403) 653-4958   *SIC* 8211

WESTWIND SCHOOL DIVISION #74 *p67*
145 4 Ave W, CARDSTON, AB, T0K 0K0
(403) 653-4951   *SIC* 8211

WESTWIND SCHOOL DIVISION #74 *p124*
151 2nd St Nw, GLENWOOD, AB, T0K 2R0
(403) 626-3611   *SIC* 8211

WESTWIND SCHOOL DIVISION #74 *p142*
41 Center St S, MAGRATH, AB, T0K 1J0
(403) 758-3366   *SIC* 8211

WESTWIND SCHOOL DIVISION #74 *p142*
41 Center St S, MAGRATH, AB, T0K 1J0
(403) 758-3367   *SIC* 8211

WESTWIND SCHOOL DIVISION #74 *p152*
65w 100 N, RAYMOND, AB, T0K 2S0
(403) 752-3381   *SIC* 8211

WESTWIND SCHOOL DIVISION #74 *p152*
Gd, RAYMOND, AB, T0K 2S0
(403) 752-4014   *SIC* 8211

WESTWIND SCHOOL DIVISION #74 *p152*

SIC 8211 Elementary and secondary schools

65 W 100 N, RAYMOND, AB, T0K 2S0
(403) 752-3348   SIC 8211
WESTWIND SCHOOL DIVISION #74   p152
145 N 200 W, RAYMOND, AB, T0K 2S0
(403) 752-3004   SIC 8211
WESTWIND SCHOOL DIVISION #74   p168
426 3 St, STIRLING, AB, T0K 2E0
(403) 756-3355   SIC 8211
WETASKIWIN REGIONAL PUBLIC SCHOOLS   p3
Gd, ALDER FLATS, AB, T0C 0A0
(780) 388-3881   SIC 8211
WETASKIWIN REGIONAL PUBLIC SCHOOLS   p9
Gd, BUCK LAKE, AB, T0C 0T0
(780) 388-3900   SIC 8211
WETASKIWIN REGIONAL PUBLIC SCHOOLS   p118
Gd, FALUN, AB, T0C 1H0
(780) 352-2898   SIC 8211
WETASKIWIN REGIONAL PUBLIC SCHOOLS   p118
Gd, FALUN, AB, T0C 1H0
(780) 352-4916   SIC 8211
WETASKIWIN REGIONAL PUBLIC SCHOOLS   p146
4612 51 St, MILLET, AB, T0C 1Z0
(780) 387-4101   SIC 8211
WETASKIWIN REGIONAL PUBLIC SCHOOLS   p146
4528 51 St, MILLET, AB, T0C 1Z0
(780) 387-4696   SIC 8211
WETASKIWIN REGIONAL PUBLIC SCHOOLS   p174
5310 55 Ave, WETASKIWIN, AB, T9A 1A5
(780) 352-5088   SIC 8211
WETASKIWIN REGIONAL PUBLIC SCHOOLS   p174
4107 54 St, WETASKIWIN, AB, T9A 1S8
(780) 352-4594   SIC 8211
WETASKIWIN REGIONAL PUBLIC SCHOOLS   p174
Rr 2 Lcd Main, WETASKIWIN, AB, T9A 1W9
(780) 352-3168   SIC 8211
WETASKIWIN REGIONAL PUBLIC SCHOOLS   p174
5505 44 St, WETASKIWIN, AB, T9A 2Z8
(780) 352-3782   SIC 8211
WETASKIWIN REGIONAL PUBLIC SCHOOLS   p174
4619 50 Ave, WETASKIWIN, AB, T9A 0R6
(780) 352-2295   SIC 8211
WETASKIWIN REGIONAL PUBLIC SCHOOLS   p175
Gd, WINFIELD, AB, T0C 2X0
(780) 682-3856   SIC 8211
WHITE FISH LAKE BAND #128   p124
Gd, GOODFISH LAKE, AB, T0A 1R0
(780) 636-2525   SIC 8211
WHITE FISH LAKE FIRST NATION #459   p4
Gd, ATIKAMEG, AB, T0G 0C0
(780) 767-3797   SIC 8211
WILD ROSE SCHOOL DIVISION NO. 66   p7
Gd, BRETON, AB, T0C 0P0
(780) 696-3633   SIC 8211
WILD ROSE SCHOOL DIVISION NO. 66   p8
4715 51 St, BRETON, AB, T0C 0P0
(780) 696-3555   SIC 8211
WILD ROSE SCHOOL DIVISION NO. 66   p67
5027 48th Ave, CAROLINE, AB, T0M 0M0
(403) 722-3833   SIC 8211
WILD ROSE SCHOOL DIVISION NO. 66   p70
725 Condor Rd, CONDOR, AB, T0M 0P0
(403) 729-3868   SIC 8211
WILD ROSE SCHOOL DIVISION NO. 66   p72
3901 55 Ave, DRAYTON VALLEY, AB, T7A 1N9
(780) 542-9355   SIC 8211
WILD ROSE SCHOOL DIVISION NO. 66   p72
4762 50 St, DRAYTON VALLEY, AB, T7A 1P1
(780) 542-7066   SIC 8211
WILD ROSE SCHOOL DIVISION NO. 66   p72
4801 43 St Suite 4801, DRAYTON VALLEY, AB, T7A 1P4
(780) 542-4401   SIC 8211
WILD ROSE SCHOOL DIVISION NO. 66   p72
3505 58 Ave, DRAYTON VALLEY, AB, T7A 0B8
(780) 542-4495   SIC 8211
WILD ROSE SCHOOL DIVISION NO. 66   p136
Hwy 761 3rd St, LESLIEVILLE, AB, T0M 1H0
(403) 729-3830   SIC 8211
WILD ROSE SCHOOL DIVISION NO. 66   p159
5416 54 St, ROCKY MOUNTAIN HOUSE, AB, T4T 1S6
(403) 845-3721   SIC 8211
WILD ROSE SCHOOL DIVISION NO. 66   p159
5506 50 St Suite 1, ROCKY MOUNTAIN HOUSE, AB, T4T 1W7
(403) 845-3711   SIC 8211
WILD ROSE SCHOOL DIVISION NO. 66   p159
4703 50 Ave, ROCKY MOUNTAIN HOUSE, AB, T4T 1S4
(403) 845-3541   SIC 8211
WILD ROSE SCHOOL DIVISION NO. 66   p159
4912 43 St, ROCKY MOUNTAIN HOUSE, AB, T4T 1P4
(403) 845-3376   SIC 8211
WINDSOR-ESSEX CATHOLIC DISTRICT SCHOOL BOARD, THE   p487
140 Girard St, AMHERSTBURG, ON, N9V 2X3
(519) 736-6408   SIC 8211
WINDSOR-ESSEX CATHOLIC DISTRICT SCHOOL BOARD, THE   p487
320 Richmond St, AMHERSTBURG, ON, N9V 1H4
(519) 736-2166   SIC 8211
WINDSOR-ESSEX CATHOLIC DISTRICT SCHOOL BOARD, THE   p501
494 St Peter St, BELLE RIVER, ON, N0R 1A0
(519) 728-2150   SIC 8211
WINDSOR-ESSEX CATHOLIC DISTRICT SCHOOL BOARD, THE   p574
1217 Faith Dr, EMERYVILLE, ON, N0R 1C0
(519) 727-3393   SIC 8211
WINDSOR-ESSEX CATHOLIC DISTRICT SCHOOL BOARD, THE   p574
1217 Faith St, EMERYVILLE, ON, N0R 1C0
(519) 727-3393   SIC 8211
WINDSOR-ESSEX CATHOLIC DISTRICT SCHOOL BOARD, THE   p575
200 Fairview Ave W, ESSEX, ON, N8M 1Y1
(519) 776-7351   SIC 8211
WINDSOR-ESSEX CATHOLIC DISTRICT SCHOOL BOARD, THE   p618
166 Centre St W, HARROW, ON, N0R 1G0
(519) 738-3531   SIC 8211
WINDSOR-ESSEX CATHOLIC DISTRICT SCHOOL BOARD, THE   p636
43 Spruce St S, KINGSVILLE, ON, N9Y 1T8
(519) 733-6589   SIC 8211
WINDSOR-ESSEX CATHOLIC DISTRICT SCHOOL BOARD, THE   p646
200 Kenwood Blvd, LASALLE, ON, N9J 2Z9
(519) 734-1255   SIC 8211
WINDSOR-ESSEX CATHOLIC DISTRICT SCHOOL BOARD, THE   p646
176 Talbot St E, LEAMINGTON, ON, N8H 1M2
(519) 326-8636   SIC 8211
WINDSOR-ESSEX CATHOLIC DISTRICT SCHOOL BOARD, THE   p646
57 Nicholas St, LEAMINGTON, ON, N8H 4B8
(519) 326-9023   SIC 8211
WINDSOR-ESSEX CATHOLIC DISTRICT SCHOOL BOARD, THE   p646
120 Ellison Ave, LEAMINGTON, ON, N8H 5C7
(519) 322-2804   SIC 8211
WINDSOR-ESSEX CATHOLIC DISTRICT SCHOOL BOARD, THE   p851
1473 West Belle River Rd, SOUTH WOODSLEE, ON, N0R 1V0
(519) 723-4403   SIC 8211
WINDSOR-ESSEX CATHOLIC DISTRICT SCHOOL BOARD, THE   p872
2451 St. Alphonse St, TECUMSEH, ON, N8N 2X2
(519) 735-2666   SIC 8211
WINDSOR-ESSEX CATHOLIC DISTRICT SCHOOL BOARD, THE   p961
13765 St. Gregory's Rd, WINDSOR, ON, N8N 1K3
(519) 735-4583   SIC 8211
WINDSOR-ESSEX CATHOLIC DISTRICT SCHOOL BOARD, THE   p962
8405 Cedarview St, WINDSOR, ON, N8S 1K9
(519) 948-8817   SIC 8211
WINDSOR-ESSEX CATHOLIC DISTRICT SCHOOL BOARD, THE   p962
1166 Eastlawn Ave, WINDSOR, ON, N8S 0A7
(519) 948-1111   SIC 8211
WINDSOR-ESSEX CATHOLIC DISTRICT SCHOOL BOARD, THE   p962
871 St Rose Ave, WINDSOR, ON, N8S 1X4
(519) 945-7501   SIC 8211
WINDSOR-ESSEX CATHOLIC DISTRICT SCHOOL BOARD, THE   p962
3145 Wildwood Dr, WINDSOR, ON, N8R 1Y1
(519) 735-9474   SIC 8211
WINDSOR-ESSEX CATHOLIC DISTRICT SCHOOL BOARD, THE   p962
10715 Eastcourt Dr, WINDSOR, ON, N8R 1E9
(519) 735-2892   SIC 8211
WINDSOR-ESSEX CATHOLIC DISTRICT SCHOOL BOARD, THE   p963
5305 Adstoll Ave, WINDSOR, ON, N8T 1G9
(519) 945-5021   SIC 8211
WINDSOR-ESSEX CATHOLIC DISTRICT SCHOOL BOARD, THE   p963
1982 Norman Rd, WINDSOR, ON, N8T 1S2
(519) 945-2611   SIC 8211
WINDSOR-ESSEX CATHOLIC DISTRICT SCHOOL BOARD, THE   p963
3110 Rivard Ave, WINDSOR, ON, N8T 2J2
(519) 948-9122   SIC 8211
WINDSOR-ESSEX CATHOLIC DISTRICT SCHOOL BOARD, THE   p965
1213c E C Row Ave E, WINDSOR, ON, N8W 1Y6
(519) 972-5106   SIC 8211
WINDSOR-ESSEX CATHOLIC DISTRICT SCHOOL BOARD, THE   p965
1847 Meldrum Rd, WINDSOR, ON, N8W 4E1
(519) 945-6948   SIC 8211
WINDSOR-ESSEX CATHOLIC DISTRICT SCHOOL BOARD, THE   p965
3355 Woodward Blvd, WINDSOR, ON, N8W 2Y7
(519) 734-7671   SIC 8211
WINDSOR-ESSEX CATHOLIC DISTRICT SCHOOL BOARD, THE   p966
441 Tecumseh Rd E, WINDSOR, ON, N8X 2R7
(519) 256-3171   SIC 8211
WINDSOR-ESSEX CATHOLIC DISTRICT SCHOOL BOARD, THE   p966
775 Capitol St, WINDSOR, ON, N8X 5E3
(519) 966-1293   SIC 8211
WINDSOR-ESSEX CATHOLIC DISTRICT SCHOOL BOARD, THE   p966
816 Ellis St E, WINDSOR, ON, N8X 2H7
(519) 254-7240   SIC 8211
WINDSOR-ESSEX CATHOLIC DISTRICT SCHOOL BOARD, THE   p967
4130 Franklin St, WINDSOR, ON, N8Y 2E2
(519) 948-3072   SIC 8211
WINDSOR-ESSEX CATHOLIC DISTRICT SCHOOL BOARD, THE   p967
910 Raymo Rd, WINDSOR, ON, N8Y 4A6
(519) 945-2351   SIC 8211
WINDSOR-ESSEX CATHOLIC DISTRICT SCHOOL BOARD, THE   p967
1140 Monmouth Rd, WINDSOR, ON, N8Y 3L8
(519) 256-1911   SIC 8211
WINDSOR-ESSEX CATHOLIC DISTRICT SCHOOL BOARD, THE   p969
735 Tuscarora St, WINDSOR, ON, N9A 3M7
(519) 256-9156   SIC 8211
WINDSOR-ESSEX CATHOLIC DISTRICT SCHOOL BOARD, THE   p969
2800 North Town Line Rd, WINDSOR, ON, N9A 6Z6
(519) 734-6444   SIC 8211
WINDSOR-ESSEX CATHOLIC DISTRICT SCHOOL BOARD, THE   p969
1920 Grove Ave, WINDSOR, ON, N9B 1P6
(519) 256-4092   SIC 8211
WINDSOR-ESSEX CATHOLIC DISTRICT SCHOOL BOARD, THE   p970
1200 Grand Marais Rd W, WINDSOR, ON, N9E 1C9
(519) 969-2299   SIC 8211
WINDSOR-ESSEX CATHOLIC DISTRICT SCHOOL BOARD, THE   p970
1400 Roselawn Dr, WINDSOR, ON, N9E 1L8
(519) 969-3230   SIC 8211
WINDSOR-ESSEX CATHOLIC DISTRICT SCHOOL BOARD, THE   p970
1100 Huron Church Rd, WINDSOR, ON, N9C 2K7
(519) 256-7801   SIC 8211
WINDSOR-ESSEX CATHOLIC DISTRICT SCHOOL BOARD, THE   p970
1400 Northwood St, WINDSOR, ON, N9E 1A4
(519) 966-2504   SIC 8211
WINDSOR-ESSEX CATHOLIC DISTRICT SCHOOL BOARD, THE   p970
1601 St James St, WINDSOR, ON, N9C 3P6
(519) 252-9960   SIC 8211
WINDSOR-ESSEX CATHOLIC DISTRICT SCHOOL BOARD, THE   p970
477 Detroit St, WINDSOR, ON, N9C 2P6
(519) 946-3761   SIC 8211
WINDSOR-ESSEX CATHOLIC DISTRICT SCHOOL BOARD, THE   p970
2751 Partington Ave, WINDSOR, ON, N9E 3A9
(519) 969-7040   SIC 8211
WINDSOR-ESSEX CATHOLIC DISTRICT SCHOOL BOARD, THE   p971
9381 Town Line Rd, WINDSOR, ON, N9J 2W6
(519) 734-1219   SIC 8211
WINDSOR-ESSEX CATHOLIC DISTRICT SCHOOL BOARD, THE   p971
2555 Sandwich West Pky, WINDSOR, ON, N9H 2P7
(519) 972-6050   SIC 8211
WINNIPEG BOARD OF JEWISH EDUCATION, THE   p387
123 Doncaster St Suite C300, WINNIPEG, MB, R3N 2B2
(204) 477-7402   SIC 8211
WINNIPEG SCHOOL DIVISION   p367
500 Riverton Ave, WINNIPEG, MB, R2L 0N9
(204) 667-9006   SIC 8211
WINNIPEG SCHOOL DIVISION   p367
505 Chalmers Ave, WINNIPEG, MB, R2L 0G4
(204) 667-8823   SIC 8211
WINNIPEG SCHOOL DIVISION   p367
96 Carmen Ave, WINNIPEG, MB, R2L 0E6
(204) 667-8534   SIC 8211
WINNIPEG SCHOOL DIVISION   p367
265 Grey St, WINNIPEG, MB, R2L 1V6
(204) 669-4482   SIC 8211
WINNIPEG SCHOOL DIVISION   p367
361 Kent Rd, WINNIPEG, MB, R2L 1X9
(204) 669-1228   SIC 8211
WINNIPEG SCHOOL DIVISION   p367
170 Poplar Ave, WINNIPEG, MB, R2L 2B6
(204) 667-8495   SIC 8211

WINNIPEG SCHOOL DIVISION p370
2340 Burrows Ave, WINNIPEG, MB, R2R 1W1
(204) 633-6477 SIC 8211

WINNIPEG SCHOOL DIVISION p370
2424 King Edward St, WINNIPEG, MB, R2R 2R2
(204) 694-0483 SIC 8211

WINNIPEG SCHOOL DIVISION p370
105 Lucas Ave, WINNIPEG, MB, R2R 2S8
(204) 633-4092 SIC 8211

WINNIPEG SCHOOL DIVISION p370
150 Inkster Garden Dr, WINNIPEG, MB, R2R 2R8
(204) 633-7656 SIC 8211

WINNIPEG SCHOOL DIVISION p371
275 Church Ave, WINNIPEG, MB, R2W 1B9
(204) 586-5139 SIC 8211

WINNIPEG SCHOOL DIVISION p371
633 Inkster Blvd, WINNIPEG, MB, R2W 0L3
(204) 589-4383 SIC 8211

WINNIPEG SCHOOL DIVISION p371
364 Dufferin Ave, WINNIPEG, MB, R2W 2Y3
(204) 589-5301 SIC 8211

WINNIPEG SCHOOL DIVISION p371
100 Salter St, WINNIPEG, MB, R2W 5M1
(204) 589-6383 SIC 8211

WINNIPEG SCHOOL DIVISION p371
450 Flora Ave, WINNIPEG, MB, R2W 2R8
(204) 589-6742 SIC 8211

WINNIPEG SCHOOL DIVISION p372
132 Lusted Ave, WINNIPEG, MB, R2W 2P2
(204) 943-9541 SIC 8211

WINNIPEG SCHOOL DIVISION p372
320 Mountain Ave, WINNIPEG, MB, R2W 1K1
(204) 586-8085 SIC 8211

WINNIPEG SCHOOL DIVISION p372
270 Flora Ave, WINNIPEG, MB, R2W 2P9
(204) 586-8346 SIC 8211

WINNIPEG SCHOOL DIVISION p372
233 Mckenzie St, WINNIPEG, MB, R2W 4Z2
(204) 586-8493 SIC 8211

WINNIPEG SCHOOL DIVISION p372
200 Powers St, WINNIPEG, MB, R2W 4P3
(204) 589-4313 SIC 8211

WINNIPEG SCHOOL DIVISION p372
405 Parr St, WINNIPEG, MB, R2W 5G1
(204) 586-8583 SIC 8211

WINNIPEG SCHOOL DIVISION p372
401 Church Ave, WINNIPEG, MB, R2W 1C4
(204) 589-4374 SIC 8211

WINNIPEG SCHOOL DIVISION p373
825 Selkirk Ave, WINNIPEG, MB, R2X 2Y6
(204) 586-8381 SIC 8211

WINNIPEG SCHOOL DIVISION p373
820 Mcphillips St, WINNIPEG, MB, R2X 2J7
(204) 586-9625 SIC 8211

WINNIPEG SCHOOL DIVISION p373
715 Wiginton St, WINNIPEG, MB, R2X 2G2
(204) 338-7039 SIC 8211

WINNIPEG SCHOOL DIVISION p373
1641 Manitoba Ave, WINNIPEG, MB, R2X 0M3
(204) 586-8376 SIC 8211

WINNIPEG SCHOOL DIVISION p373
1111 Machray Ave, WINNIPEG, MB, R2X 1H6
(204) 586-8497 SIC 8211

WINNIPEG SCHOOL DIVISION p373
1360 Redwood Ave, WINNIPEG, MB, R2X 0Z1
(204) 589-8321 SIC 8211

WINNIPEG SCHOOL DIVISION p373
550 Robertson St, WINNIPEG, MB, R2X 2C4
(204) 589-4745 SIC 8211

WINNIPEG SCHOOL DIVISION p374
809 Furby St, WINNIPEG, MB, R3A 1T2
(204) 775-2574 SIC 8211

WINNIPEG SCHOOL DIVISION p374
545 Alexander Ave, WINNIPEG, MB, R3A 0P1
(204) 774-3409 SIC 8211

WINNIPEG SCHOOL DIVISION p374
110 Ellen St, WINNIPEG, MB, R3A 1A1
(204) 943-3459 SIC 8211

WINNIPEG SCHOOL DIVISION p374
567 Bannatyne Ave, WINNIPEG, MB, R3A 0G8
(204) 786-5631 SIC 8211

WINNIPEG SCHOOL DIVISION p376
460 Sargent Ave, WINNIPEG, MB, R3B 1V5
(204) 942-6965 SIC 8211

WINNIPEG SCHOOL DIVISION p376
30 Argyle St, WINNIPEG, MB, R3B 0H4
(204) 942-4326 SIC 8211

WINNIPEG SCHOOL DIVISION p380
2 Sargent Park Pl, WINNIPEG, MB, R3E 0V8
(204) 775-8985 SIC 8211

WINNIPEG SCHOOL DIVISION p380
136 Cecil St, WINNIPEG, MB, R3E 2Y9
(204) 775-5440 SIC 8211

WINNIPEG SCHOOL DIVISION p380
1555 Wall St, WINNIPEG, MB, R3E 2S2
(204) 786-1401 SIC 8211

WINNIPEG SCHOOL DIVISION p380
720 Alverstone St, WINNIPEG, MB, R3E 2H1
(204) 783-7131 SIC 8211

WINNIPEG SCHOOL DIVISION p380
1410 Logan Ave, WINNIPEG, MB, R3E 1R9
(204) 775-2591 SIC 8211

WINNIPEG SCHOOL DIVISION p380
1395 Spruce St Suite 1, WINNIPEG, MB, R3E 2V8
(204) 786-0344 SIC 8211

WINNIPEG SCHOOL DIVISION p380
1150 Sherburn St, WINNIPEG, MB, R3E 2N4
(204) 783-6195 SIC 8211

WINNIPEG SCHOOL DIVISION p380
1180 Notre Dame Ave Suite 109, WINNIPEG, MB, R3E 0P2
(204) 789-0409 SIC 8211

WINNIPEG SCHOOL DIVISION p380
1570 Elgin Ave W, WINNIPEG, MB, R3E 1C2
(204) 783-9012 SIC 8211

WINNIPEG SCHOOL DIVISION p380
1070 Clifton St, WINNIPEG, MB, R3E 2T7
(204) 783-7792 SIC 8211

WINNIPEG SCHOOL DIVISION p380
765 Pacific Ave, WINNIPEG, MB, R3E 1G1
(204) 786-5749 SIC 8211

WINNIPEG SCHOOL DIVISION p382
525 Agnes St, WINNIPEG, MB, R3G 1N7
(204) 775-4404 SIC 8211

WINNIPEG SCHOOL DIVISION p382
3 Borrowman Pl, WINNIPEG, MB, R3G 1M6
(204) 774-5401 SIC 8211

WINNIPEG SCHOOL DIVISION p382
960 Wolseley Ave, WINNIPEG, MB, R3G 1E7
(204) 786-4796 SIC 8211

WINNIPEG SCHOOL DIVISION p382
390 Burnell St, WINNIPEG, MB, R3G 2A8
(204) 775-2455 SIC 8211

WINNIPEG SCHOOL DIVISION p382
511 Clifton St, WINNIPEG, MB, R3G 2X3
(204) 783-3237 SIC 8211

WINNIPEG SCHOOL DIVISION p382
1265 Barratt Ave, WINNIPEG, MB, R3G 0L9
(204) 772-9527 SIC 8211

WINNIPEG SCHOOL DIVISION p382
750 Wolseley Ave, WINNIPEG, MB, R3G 1C6
(204) 786-3469 SIC 8211

WINNIPEG SCHOOL DIVISION p386
550 Harrow St Suite 13, WINNIPEG, MB, R3M 3A2
(204) 453-3347 SIC 8211

WINNIPEG SCHOOL DIVISION p386
115 River Ave, WINNIPEG, MB, R3L 0A8
(204) 475-5057 SIC 8211

WINNIPEG SCHOOL DIVISION p386
665 Beresford Ave, WINNIPEG, MB, R3L 1J9
(204) 453-6639 SIC 8211

WINNIPEG SCHOOL DIVISION p386
290 Lilac St, WINNIPEG, MB, R3M 2T5
(204) 452-5015 SIC 8211

WINNIPEG SCHOOL DIVISION p386
450 Nathaniel St, WINNIPEG, MB, R3M 3E3
(204) 452-3112 SIC 8211

WINNIPEG SCHOOL DIVISION p386
510 Hay St, WINNIPEG, MB, R3L 2L6
(204) 474-1301 SIC 8211

WINNIPEG SCHOOL DIVISION p386
500 Gertrude Ave, WINNIPEG, MB, R3L 0M8
(204) 475-4767 SIC 8211

WINNIPEG SCHOOL DIVISION p386
1045 Grosvenor Ave, WINNIPEG, MB, R3M 0M8
(204) 475-5242 SIC 8211

WINNIPEG SCHOOL DIVISION p386
253 Maplewood Ave, WINNIPEG, MB, R3L 2L4
(204) 284-5983 SIC 8211

WINNIPEG SCHOOL DIVISION p387
1350 Grosvenor Ave, WINNIPEG, MB, R3M 0P2
(204) 488-7090 SIC 8211

WINNIPEG SCHOOL DIVISION p387
340 Cockburn St N, WINNIPEG, MB, R3M 2P5
(204) 474-1441 SIC 8211

WINNIPEG SCHOOL DIVISION p387
691 Montrose St Suite 1, WINNIPEG, MB, R3M 3M4
(204) 488-8112 SIC 8211

WINNIPEG SCHOOL DIVISION p387
315 Oak St, WINNIPEG, MB, R3M 3P8
(204) 488-1137 SIC 8211

WINNIPEG SCHOOL DIVISION p387
1720 John Brebeuf Pl, WINNIPEG, MB, R3N 0M1
(204) 488-4517 SIC 8211

WINNIPEG SCHOOL DIVISION p387
1510 Corydon Ave, WINNIPEG, MB, R3N 0J6
(204) 488-4422 SIC 8211

WINNIPEG SCHOOL DIVISION p387
155 Kingsway, WINNIPEG, MB, R3M 0G3
(204) 474-1492 SIC 8211

WINNIPEG SCHOOL DIVISION p387
245 Queenston St, WINNIPEG, MB, R3N 0W6
(204) 489-3423 SIC 8211

WINNIPEG SCHOOL DIVISION p387
300 Carpathia Rd, WINNIPEG, MB, R3N 1T3
(204) 488-4514 SIC 8211

WINNIPEG SCHOOL DIVISION p387
350 Rockwood St, WINNIPEG, MB, R3M 3C5
(204) 452-4210 SIC 8211

WOLF CREEK SCHOOL DIVISION NO.72 p3
4723 49th St, ALIX, AB, T0C 0B0
(403) 747-2778 SIC 8211

WOLF CREEK SCHOOL DIVISION NO.72 p6
4710 Broadway Ave, BLACKFALDS, AB, T0M 0J0
(403) 885-4646 SIC 8211

WOLF CREEK SCHOOL DIVISION NO.72 p6
5314 49 St, BENTLEY, AB, T0C 0J0
(403) 748-3770 SIC 8211

WOLF CREEK SCHOOL DIVISION NO.72 p68
5016 52 Ave, CLIVE, AB, T0C 0Y0
(403) 784-3354 SIC 8211

WOLF CREEK SCHOOL DIVISION NO.72 p73
Gd, ECKVILLE, AB, T0M 0X0
(403) 746-2297 SIC 8211

WOLF CREEK SCHOOL DIVISION NO.72 p134
5628 56 Ave, LACOMBE, AB, T4L 1G6
(403) 782-6615 SIC 8211

WOLF CREEK SCHOOL DIVISION NO.72 p134
5424 50 St, LACOMBE, AB, T4L 1G2
(403) 782-3096 SIC 8211

WOLF CREEK SCHOOL DIVISION NO.72 p134
6739 C And E Trail, LACOMBE, AB, T4L 2P2
(403) 782-0050 SIC 8211

WOLF CREEK SCHOOL DIVISION NO.72 p134
5303 50 St, LACOMBE, AB, T4L 1H7
(403) 746-2236 SIC 8211

WOLF CREEK SCHOOL DIVISION NO.72 p134
5414 50 St, LACOMBE, AB, T4L 1G4
(403) 782-7410 SIC 8211

WOLF CREEK SCHOOL DIVISION NO.72 p134
5830 50 St, LACOMBE, AB, T4L 1G5
(403) 782-3812 SIC 8211

WOLF CREEK SCHOOL DIVISION NO.72 p151
6000 Highway 2a, PONOKA, AB, T4J 1P6
(403) 783-3473 SIC 8211

WOLF CREEK SCHOOL DIVISION NO.72 p151
Gd Stn Main, PONOKA, AB, T4J 1R9
(403) 783-5464 SIC 8211

WOLF CREEK SCHOOL DIVISION NO.72 p151
6002 54 Ave, PONOKA, AB, T4J 1N9
(403) 783-4411 SIC 8211

WOLF CREEK SCHOOL DIVISION NO.72 p151
5510 48 Ave, PONOKA, AB, T4J 1N7
SIC 8211

WOLF CREEK SCHOOL DIVISION NO.72 p151
5004 54 St, PONOKA, AB, T4J 1N8
(403) 783-3583 SIC 8211

WOLF CREEK SCHOOL DIVISION NO.72 p158
5302 52nd St, RIMBEY, AB, T0C 2J0
(403) 843-3751 SIC 8211

Y. K. EDUCATION DISTRICT NO 1 p439
5402 50 Ave, YELLOWKNIFE, NT, X1A 1E5
(867) 766-5050 SIC 8211

YELLOWKNIFE DISTRICT NO. 1 EDUCATION AUTHORITY p439
525 Range Lake Rd, YELLOWKNIFE, NT, X1A 3X1
(867) 873-4372 SIC 8211

YELLOWKNIFE DISTRICT NO. 1 EDUCATION AUTHORITY p439
5700 51a Ave, YELLOWKNIFE, NT, X1A 1G7
(867) 873-3477 SIC 8211

YELLOWKNIFE DISTRICT NO. 1 EDUCATION AUTHORITY p439
170 Borden Dr, YELLOWKNIFE, NT, X1A 3R1
(867) 920-7567 SIC 8211

YELLOWKNIFE DISTRICT NO. 1 EDUCATION AUTHORITY p439
50 Taylor Rd, YELLOWKNIFE, NT, X1A 3X2
(867) 873-5814 SIC 8211

YELLOWKNIFE PUBLIC DENOMINATIONAL DISTRICT EDUCATION AUTHORITY p439
5010 44 St, YELLOWKNIFE, NT, X1A 2S4
(867) 873-4888 SIC 8211

YELLOWKNIFE PUBLIC DENOMINATIONAL DISTRICT EDUCATION AUTHORITY p440
5023 46th St, YELLOWKNIFE, NT, X1A 1L3
(867) 873-5591 SIC 8211

YELLOWKNIFE PUBLIC DENOMINATIONAL DISTRICT EDUCATION AUTHORITY p440
489 Range Lake Rd, YELLOWKNIFE, NT, X1A 2N5
(867) 920-2112 SIC 8211

YESHIVA GEDOLAH L'ECOLE D'ETUDES SUPERIEURES DE MONTREAL p1120
6155 Ch Deacon, Montreal, QC, H3S 2P4

(514) 735-6961 SIC 8211
YMCA OF HAMILTON/BURLINGTON/BRANTFORD p613
125 Rifle Range Rd, HAMILTON, ON, L8S 3B7
(905) 527-6512 SIC 8211
YORK CATHOLIC DISTRICT SCHOOL BOARD p491
2 Glass Dr, AURORA, ON, L4G 2E8
(905) 727-5782 SIC 8211
YORK CATHOLIC DISTRICT SCHOOL BOARD p491
210 Bloomington Rd Suite Side, AURORA, ON, L4G 0P9
(905) 727-2455 SIC 8211
YORK CATHOLIC DISTRICT SCHOOL BOARD p492
20 Bridgenorth Dr, AURORA, ON, L4G 7P3
(905) 727-6593 SIC 8211
YORK CATHOLIC DISTRICT SCHOOL BOARD p492
290 Mcclellan Way, AURORA, ON, L4G 6P3
(905) 841-7742 SIC 8211
YORK CATHOLIC DISTRICT SCHOOL BOARD p492
315 Stone Rd, AURORA, ON, L4G 6Y7
(905) 713-6813 SIC 8211
YORK CATHOLIC DISTRICT SCHOOL BOARD p563
206 Glen Shields Ave, CONCORD, ON, L4K 1T8
(905) 669-6690 SIC 8211
YORK CATHOLIC DISTRICT SCHOOL BOARD p596
130 Castlemore, GORMLEY, ON, L0H 1G0
(905) 887-8780 SIC 8211
YORK CATHOLIC DISTRICT SCHOOL BOARD p628
262 Old Homestead Rd, KESWICK, ON, L4P 3C8
(905) 476-7784 SIC 8211
YORK CATHOLIC DISTRICT SCHOOL BOARD p628
185 Glenwoods Ave, KESWICK, ON, L4P 2W6
(905) 656-9140 SIC 8211
YORK CATHOLIC DISTRICT SCHOOL BOARD p629
65 Spring Hill Dr, KING CITY, ON, L7B 0B6
(905) 833-5852 SIC 8211
YORK CATHOLIC DISTRICT SCHOOL BOARD p668
9350 Keele St, MAPLE, ON, L6A 1P4
(905) 832-5353 SIC 8211
YORK CATHOLIC DISTRICT SCHOOL BOARD p668
171 Mast Rd, MAPLE, ON, L6A 3J7
(905) 832-7676 SIC 8211
YORK CATHOLIC DISTRICT SCHOOL BOARD p668
230 Hawker Rd, MAPLE, ON, L6A 2R2
(905) 303-7150 SIC 8211
YORK CATHOLIC DISTRICT SCHOOL BOARD p668
400 St. Joan Of Arc Ave, MAPLE, ON, L6A 2S8
(905) 303-6121 SIC 8211
YORK CATHOLIC DISTRICT SCHOOL BOARD p668
1 St. Joan Of Arc Ave, MAPLE, ON, L6A 1W9
(905) 832-8882 SIC 8211
YORK CATHOLIC DISTRICT SCHOOL BOARD p668
251 Melville Ave, MAPLE, ON, L6A 1Z1
(905) 832-2555 SIC 8211
YORK CATHOLIC DISTRICT SCHOOL BOARD p669
6160 16th Ave Suite 16, MARKHAM, ON, L3P 3K8
(905) 294-7671 SIC 8211
YORK CATHOLIC DISTRICT SCHOOL BOARD p669
5607 Highway 7 E, MARKHAM, ON, L3P 1B6
(905) 294-1571 SIC 8211
YORK CATHOLIC DISTRICT SCHOOL BOARD p669
230 Fincham Ave, MARKHAM, ON, L3P 4B5
(905) 472-4420 SIC 8211
YORK CATHOLIC DISTRICT SCHOOL BOARD p675
7100 Birchmount Rd, MARKHAM, ON, L3R 4H2
(905) 475-8025 SIC 8211
YORK CATHOLIC DISTRICT SCHOOL BOARD p675
140 Hollingham Rd, MARKHAM, ON, L3R 8K4
(905) 947-8106 SIC 8211
YORK CATHOLIC DISTRICT SCHOOL BOARD p675
50 Aldergrove Dr, MARKHAM, ON, L3R 7E6
(905) 475-9646 SIC 8211
YORK CATHOLIC DISTRICT SCHOOL BOARD p676
90 Roxbury St, MARKHAM, ON, L3S 3S8
(905) 472-3964 SIC 8211
YORK CATHOLIC DISTRICT SCHOOL BOARD p676
50 Featherstone Ave, MARKHAM, ON, L3S 2H4
(905) 472-2420 SIC 8211
YORK CATHOLIC DISTRICT SCHOOL BOARD p676
5300 14th Ave, MARKHAM, ON, L3S 3K8
(905) 472-4961 SIC 8211
YORK CATHOLIC DISTRICT SCHOOL BOARD p677
2188 Rodick Rd, MARKHAM, ON, L6C 1S3
(905) 887-6171 SIC 8211
YORK CATHOLIC DISTRICT SCHOOL BOARD p677
290 Calvert Rd, MARKHAM, ON, L6C 1V1
(905) 887-1560 SIC 8211
YORK CATHOLIC DISTRICT SCHOOL BOARD p678
840 Bur Oak Ave, MARKHAM, ON, L6E 0E1
(905) 202-2430 SIC 8211
YORK CATHOLIC DISTRICT SCHOOL BOARD p678
2070 Bur Oak Ave, MARKHAM, ON, L6E 1X5
(905) 209-1245 SIC 8211
YORK CATHOLIC DISTRICT SCHOOL BOARD p732
800 Joe Persechini Dr, NEWMARKET, ON, L3X 2S6
(905) 836-7291 SIC 8211
YORK CATHOLIC DISTRICT SCHOOL BOARD p732
480 Keith Ave, NEWMARKET, ON, L3X 1V5
(905) 895-3777 SIC 8211
YORK CATHOLIC DISTRICT SCHOOL BOARD p732
715 Kingsmere Ave, NEWMARKET, ON, L3X 1L4
(905) 895-5001 SIC 8211
YORK CATHOLIC DISTRICT SCHOOL BOARD p734
170 London Rd, NEWMARKET, ON, L3Y 6R5
(905) 895-8530 SIC 8211
YORK CATHOLIC DISTRICT SCHOOL BOARD p734
960 Leslie Valley Dr, NEWMARKET, ON, L3Y 8B3
(905) 853-0340 SIC 8211
YORK CATHOLIC DISTRICT SCHOOL BOARD p734
1 Crusader Way, NEWMARKET, ON, L3Y 6R2
(905) 895-3340 SIC 8211
YORK CATHOLIC DISTRICT SCHOOL BOARD p734
140 William Roe Blvd, NEWMARKET, ON, L3Y 1B2
(905) 895-4122 SIC 8211
YORK CATHOLIC DISTRICT SCHOOL BOARD p740
75 Greenside Dr, NOBLETON, ON, L0G 1N0
(905) 859-3336 SIC 8211
YORK CATHOLIC DISTRICT SCHOOL BOARD p822
155 Red Maple Rd, RICHMOND HILL, ON, L4B 4P9
(905) 709-3134 SIC 8211
YORK CATHOLIC DISTRICT SCHOOL BOARD p823
161 Regent St, RICHMOND HILL, ON, L4C 9N9
(905) 884-5381 SIC 8211
YORK CATHOLIC DISTRICT SCHOOL BOARD p823
301 Roney Ave, RICHMOND HILL, ON, L4C 2H4
(905) 884-5077 SIC 8211
YORK CATHOLIC DISTRICT SCHOOL BOARD p823
121 Larratt Lane, RICHMOND HILL, ON, L4C 0E6
(905) 884-8086 SIC 8211
YORK CATHOLIC DISTRICT SCHOOL BOARD p823
105 Don Head Village Blvd, RICHMOND HILL, ON, L4C 7N1
(905) 883-0311 SIC 8211
YORK CATHOLIC DISTRICT SCHOOL BOARD p823
16 Castle Rock Dr, RICHMOND HILL, ON, L4C 5H5
(905) 884-0223 SIC 8211
YORK CATHOLIC DISTRICT SCHOOL BOARD p824
80 Red Cardinal Trail, RICHMOND HILL, ON, L4E 4B8
(905) 773-1383 SIC 8211
YORK CATHOLIC DISTRICT SCHOOL BOARD p824
121 Rollinghill Rd, RICHMOND HILL, ON, L4E 4L2
(905) 883-5221 SIC 8211
YORK CATHOLIC DISTRICT SCHOOL BOARD p824
30 Bayswater Ave, RICHMOND HILL, ON, L4E 2L3
(905) 773-3283 SIC 8211
YORK CATHOLIC DISTRICT SCHOOL BOARD p824
275 Redstone Rd, RICHMOND HILL, ON, L4S 2H1
(905) 884-4023 SIC 8211
YORK CATHOLIC DISTRICT SCHOOL BOARD p847
51 Western Ave, SCHOMBERG, ON, L0G 1T0
(905) 939-7753 SIC 8211
YORK CATHOLIC DISTRICT SCHOOL BOARD p863
223 Millard St, STOUFFVILLE, ON, L4A 5S2
(905) 642-5100 SIC 8211
YORK CATHOLIC DISTRICT SCHOOL BOARD p863
333 Glad Park Ave, STOUFFVILLE, ON, L4A 1E4
(905) 640-2915 SIC 8211
YORK CATHOLIC DISTRICT SCHOOL BOARD p871
5279 Black River Rd, SUTTON WEST, ON, L0E 1R0
(905) 722-6226 SIC 8211
YORK CATHOLIC DISTRICT SCHOOL BOARD p874
135 Green Lane, THORNHILL, ON, L3T 6K7
(905) 881-2300 SIC 8211
YORK CATHOLIC DISTRICT SCHOOL BOARD p874
141 Kirk Dr, THORNHILL, ON, L3T 3L3
(905) 889-7420 SIC 8211
YORK CATHOLIC DISTRICT SCHOOL BOARD p874
41 Simonston Blvd, THORNHILL, ON, L3T 4R6
(905) 889-4816 SIC 8211
YORK CATHOLIC DISTRICT SCHOOL BOARD p874
8101 Leslie St, THORNHILL, ON, L3T 7P4
(905) 889-4982 SIC 8211
YORK CATHOLIC DISTRICT SCHOOL BOARD p875
525 New Westminster Dr, THORNHILL, ON, L4J 7X3
(905) 882-1460 SIC 8211
YORK CATHOLIC DISTRICT SCHOOL BOARD p875
475 Brownridge Dr, THORNHILL, ON, L4J 5Y6
(905) 738-5703 SIC 8211
YORK CATHOLIC DISTRICT SCHOOL BOARD p876
290 York Hill Blvd, THORNHILL, ON, L4J 3B6
(905) 886-3272 SIC 8211
YORK CATHOLIC DISTRICT SCHOOL BOARD p876
21 Mullen Dr, THORNHILL, ON, L4J 2T6
(905) 731-7682 SIC 8211
YORK CATHOLIC DISTRICT SCHOOL BOARD p945
75 Waterbridge Lane, UNIONVILLE, ON, L3R 4G3
(905) 475-0517 SIC 8211
YORK CATHOLIC DISTRICT SCHOOL BOARD p947
240 Killian Rd, VAUGHAN, ON, L6A 1A8
(905) 832-1887 SIC 8211
YORK CATHOLIC DISTRICT SCHOOL BOARD p972
770 Napa Valley Ave, WOODBRIDGE, ON, L4H 1W9
(905) 893-7082 SIC 8211
YORK CATHOLIC DISTRICT SCHOOL BOARD p972
8881 Martin Grove Rd, WOODBRIDGE, ON, L4H 1C3
(905) 856-4996 SIC 8211
YORK CATHOLIC DISTRICT SCHOOL BOARD p972
120 La Rocca Ave, WOODBRIDGE, ON, L4H 2A9
(905) 303-4646 SIC 8211
YORK CATHOLIC DISTRICT SCHOOL BOARD p973
151 Forest Fountain Dr, WOODBRIDGE, ON, L4H 1S4
(905) 893-1968 SIC 8211
YORK CATHOLIC DISTRICT SCHOOL BOARD p973
451 Napa Valley Ave, WOODBRIDGE, ON, L4H 1Y8
(905) 893-7557 SIC 8211
YORK CATHOLIC DISTRICT SCHOOL BOARD p973
60 Vellore Woods Blvd, WOODBRIDGE, ON, L4H 2K8
(905) 303-4554 SIC 8211
YORK CATHOLIC DISTRICT SCHOOL BOARD p973
171 Maria Antonia Rd, WOODBRIDGE, ON, L4H 2S8
(905) 653-5920 SIC 8211
YORK CATHOLIC DISTRICT SCHOOL BOARD p976
7501 Martin Grove Rd, WOODBRIDGE, ON, L4L 1A5
(905) 851-6699 SIC 8211
YORK CATHOLIC DISTRICT SCHOOL BOARD p976
120 Andrew Pk, WOODBRIDGE, ON, L4L 1G2
(905) 851-2871 SIC 8211
YORK CATHOLIC DISTRICT SCHOOL BOARD p976
140 Greenpark Blvd, WOODBRIDGE, ON, L4L 6Z6

(905) 856-0955 SIC 8211
YORK CATHOLIC DISTRICT SCHOOL BOARD p976
199 Belview Ave, WOODBRIDGE, ON, L4L 5N9
(905) 850-3280 SIC 8211
YORK CATHOLIC DISTRICT SCHOOL BOARD p976
500 Aberdeen Ave, WOODBRIDGE, ON, L4L 5J4
(905) 851-9528 SIC 8211
YORK CATHOLIC DISTRICT SCHOOL BOARD p976
391 Velmar Dr, WOODBRIDGE, ON, L4L 8J5
(905) 856-6643 SIC 8211
YORK CATHOLIC DISTRICT SCHOOL BOARD p976
250 Coronation St, WOODBRIDGE, ON, L4L 6H3
(905) 850-2230 SIC 8211
YORK CATHOLIC DISTRICT SCHOOL BOARD p976
30 Margaret Mary Rd, WOODBRIDGE, ON, L4L 2W8
(905) 851-3935 SIC 8211
YORK CATHOLIC DISTRICT SCHOOL BOARD p976
191 Crofters Rd, WOODBRIDGE, ON, L4L 7G3
(905) 856-1666 SIC 8211
YORK CATHOLIC DISTRICT SCHOOL BOARD p976
80 Terra Rd, WOODBRIDGE, ON, L4L 3J5
(905) 851-8162 SIC 8211
YORK CATHOLIC DISTRICT SCHOOL BOARD p976
40 Bainbridge Ave, WOODBRIDGE, ON, L4L 3Y1
(905) 851-5910 SIC 8211
YORK CATHOLIC DISTRICT SCHOOL BOARD p976
200 Aberdeen Ave, WOODBRIDGE, ON, L4L 1C4
(905) 851-2859 SIC 8211
YORK CATHOLIC DISTRICT SCHOOL BOARD p976
91 Fiori Dr, WOODBRIDGE, ON, L4L 5S4
(905) 856-4155 SIC 8211
YORK CATHOLIC DISTRICT SCHOOL BOARD p976
250 Ansley Grove Rd, WOODBRIDGE, ON, L4L 3W4
(905) 851-6643 SIC 8211
YORK FACTORY FIRST NATION p392
Gd, YORK LANDING, MB, R0B 2B0
(204) 341-2118 SIC 8211
YORK REGION DISTRICT SCHOOL BOARD p492
123 Murray Dr, AURORA, ON, L4G 2C7
(905) 727-9811 SIC 8211
YORK REGION DISTRICT SCHOOL BOARD p492
240 Mcclellan Way, AURORA, ON, L4G 6N9
(905) 727-6642 SIC 8211
YORK REGION DISTRICT SCHOOL BOARD p492
85 Tecumseh Dr, AURORA, ON, L4G 2X5
(905) 727-6902 SIC 8211
YORK REGION DISTRICT SCHOOL BOARD p492
15 Odin Cres, AURORA, ON, L4G 3T3
(905) 727-0450 SIC 8211
YORK REGION DISTRICT SCHOOL BOARD p492
40 Bridgenorth Dr, AURORA, ON, L4G 7S6
(905) 727-4224 SIC 8211
YORK REGION DISTRICT SCHOOL BOARD p492
125 Wellington St W, AURORA, ON, L4G 2P3
(905) 727-9751 SIC 8211
YORK REGION DISTRICT SCHOOL BOARD p492

130 River Ridge Blvd, AURORA, ON, L4G 7T7
(905) 727-5938 SIC 8211
YORK REGION DISTRICT SCHOOL BOARD p492
70 Devins Dr, AURORA, ON, L4G 2Z4
(905) 727-2022 SIC 8211
YORK REGION DISTRICT SCHOOL BOARD p492
415 Stone Rd, AURORA, ON, L4G 6Z5
(905) 727-4435 SIC 8211
YORK REGION DISTRICT SCHOOL BOARD p492
60 Wellington St W, AURORA, ON, L4G 3H2
(905) 727-3141 SIC 8211
YORK REGION DISTRICT SCHOOL BOARD p563
158 Glen Shields Ave, CONCORD, ON, L4K 1T8
(905) 738-0333 SIC 8211
YORK REGION DISTRICT SCHOOL BOARD p572
145 Harvest Hills Blvd, EAST GWILLIMBURY, ON, L9N 0C1
(905) 235-5136 SIC 8211
YORK REGION DISTRICT SCHOOL BOARD p619
16 Holland River Blvd, HOLLAND LANDING, ON, L9N 1C4
(905) 836-6614 SIC 8211
YORK REGION DISTRICT SCHOOL BOARD p619
36 Sunrise St, HOLLAND LANDING, ON, L9N 1H5
(905) 836-5951 SIC 8211
YORK REGION DISTRICT SCHOOL BOARD p628
25 The Queensway N, KESWICK, ON, L4P 1E2
(905) 476-4377 SIC 8211
YORK REGION DISTRICT SCHOOL BOARD p628
201 Fairwood Dr, KESWICK, ON, L4P 3Y5
(905) 476-5447 SIC 8211
YORK REGION DISTRICT SCHOOL BOARD p628
100 Biscayne Blvd, KESWICK, ON, L4P 3S2
(905) 476-0933 SIC 8211
YORK REGION DISTRICT SCHOOL BOARD p628
176 Glenwoods Ave, KESWICK, ON, L4P 3E9
(905) 476-7777 SIC 8211
YORK REGION DISTRICT SCHOOL BOARD p628
162 Carrick Ave, KESWICK, ON, L4P 3P2
(905) 476-1618 SIC 8211
YORK REGION DISTRICT SCHOOL BOARD p628
213 Shorecrest Rd, KESWICK, ON, L4P 1J1
(905) 476-8369 SIC 8211
YORK REGION DISTRICT SCHOOL BOARD p628
38 Thornlodge Dr, KESWICK, ON, L4P 4A3
(905) 656-5970 SIC 8211
YORK REGION DISTRICT SCHOOL BOARD p629
70 Biscayne Blvd, KESWICK, ON, L4P 3M8
(905) 476-9295 SIC 8211
YORK REGION DISTRICT SCHOOL BOARD p629
2001 King Rd, KING CITY, ON, L7B 1K2
(905) 833-5332 SIC 8211
YORK REGION DISTRICT SCHOOL BOARD p629
3286 Lloydtown-Aurora Rd, KETTLEBY, ON, L7B 0H4
(905) 727-9852 SIC 8211
YORK REGION DISTRICT SCHOOL BOARD p629
605 Varney Rd, KESWICK, ON, L4P 3C8
(905) 476-4185 SIC 8211
YORK REGION DISTRICT SCHOOL BOARD p629

95 Kingslynn Dr, KING CITY, ON, L7B 1H1
(905) 833-6622 SIC 8211
YORK REGION DISTRICT SCHOOL BOARD p629
25 King Blvd, KING CITY, ON, L7B 1K9
(905) 833-5115 SIC 8211
YORK REGION DISTRICT SCHOOL BOARD p645
10391 Islington Ave, KLEINBURG, ON, L0J 1C0
(905) 893-1142 SIC 8211
YORK REGION DISTRICT SCHOOL BOARD p668
61 Julliard Dr, MAPLE, ON, L6A 3W7
(905) 832-3311 SIC 8211
YORK REGION DISTRICT SCHOOL BOARD p668
50 Naylon St, MAPLE, ON, L6A 1R8
(905) 832-1291 SIC 8211
YORK REGION DISTRICT SCHOOL BOARD p668
210 Hawker Rd, MAPLE, ON, L6A 2J8
(905) 417-9177 SIC 8211
YORK REGION DISTRICT SCHOOL BOARD p668
50 Springside Rd, MAPLE, ON, L6A 2W5
(905) 417-9444 SIC 8211
YORK REGION DISTRICT SCHOOL BOARD p668
120 Discovery Trail, MAPLE, ON, L6A 2Z2
(905) 417-1622 SIC 8211
YORK REGION DISTRICT SCHOOL BOARD p668
575 Via Romano Blvd, MAPLE, ON, L6A 0G1
(905) 417-0211 SIC 8211
YORK REGION DISTRICT SCHOOL BOARD p668
401 Av Grand Trunk, MAPLE, ON, L6A 0T4
(905) 417-8046 SIC 8211
YORK REGION DISTRICT SCHOOL BOARD p668
80 Murray Farm Lane, MAPLE, ON, L6A 3G1
(905) 417-0555 SIC 8211
YORK REGION DISTRICT SCHOOL BOARD p668
575 Melville Ave, MAPLE, ON, L6A 2M4
(905) 417-9771 SIC 8211
YORK REGION DISTRICT SCHOOL BOARD p669
69 Wootten Way N, MARKHAM, ON, L3P 2Y5
(905) 294-6558 SIC 8211
YORK REGION DISTRICT SCHOOL BOARD p669
21 Franklin St, MARKHAM, ON, L3P 2S7
(905) 294-3562 SIC 8211
YORK REGION DISTRICT SCHOOL BOARD p669
90 Robinson St, MARKHAM, ON, L3P 1N9
(905) 294-3484 SIC 8211
YORK REGION DISTRICT SCHOOL BOARD p669
11 Major Button's Dr, MARKHAM, ON, L3P 3G6
(905) 294-1262 SIC 8211
YORK REGION DISTRICT SCHOOL BOARD p669
15 Larkin Ave, MARKHAM, ON, L3P 4P8
(905) 471-5775 SIC 8211
YORK REGION DISTRICT SCHOOL BOARD p669
89 Church St, MARKHAM, ON, L3P 2M3
(905) 294-1886 SIC 8211
YORK REGION DISTRICT SCHOOL BOARD p675
201 Town Centre Blvd, MARKHAM, ON, L3R 8G5
(905) 479-2787 SIC 8211
YORK REGION DISTRICT SCHOOL BOARD p675
150 Aldergrove Dr, MARKHAM, ON, L3R 6Z8

(905) 470-2227 SIC 8211
YORK REGION DISTRICT SCHOOL BOARD p675
60 Coledale Rd, MARKHAM, ON, L3R 7W8
(905) 940-0123 SIC 8211
YORK REGION DISTRICT SCHOOL BOARD p676
33 Brando Ave, MARKHAM, ON, L3S 4K9
(905) 294-9455 SIC 8211
YORK REGION DISTRICT SCHOOL BOARD p676
289 Risebrough Circt, MARKHAM, ON, L3R 3J3
(905) 475-8143 SIC 8211
YORK REGION DISTRICT SCHOOL BOARD p676
18 Coxworth Ave, MARKHAM, ON, L3S 3B8
(905) 472-8536 SIC 8211
YORK REGION DISTRICT SCHOOL BOARD p676
60 Wilclay Ave, MARKHAM, ON, L3S 1R4
(905) 470-1447 SIC 8211
YORK REGION DISTRICT SCHOOL BOARD p676
131 Coppard Ave, MARKHAM, ON, L3S 2T5
(905) 471-0419 SIC 8211
YORK REGION DISTRICT SCHOOL BOARD p676
525 Highglen Ave, MARKHAM, ON, L3S 3L5
(905) 472-8900 SIC 8211
YORK REGION DISTRICT SCHOOL BOARD p676
35 Highgate Dr, MARKHAM, ON, L3R 3R5
(905) 477-1019 SIC 8211
YORK REGION DISTRICT SCHOOL BOARD p676
50 Randall Ave, MARKHAM, ON, L3S 1E2
(905) 479-2003 SIC 8211
YORK REGION DISTRICT SCHOOL BOARD p676
30 Fonda Rd, MARKHAM, ON, L3S 3X3
(905) 472-3303 SIC 8211
YORK REGION DISTRICT SCHOOL BOARD p676
399 Elson St, MARKHAM, ON, L3S 4R8
(905) 294-5756 SIC 8211
YORK REGION DISTRICT SCHOOL BOARD p676
30 Boxwood Cres, MARKHAM, ON, L3S 3P7
(905) 294-5563 SIC 8211
YORK REGION DISTRICT SCHOOL BOARD p677
230 Calvert Rd, MARKHAM, ON, L6C 1T5
(905) 887-2656 SIC 8211
YORK REGION DISTRICT SCHOOL BOARD p677
45 Riverwalk Dr, MARKHAM, ON, L6B 0L9
(905) 209-0435 SIC 8211
YORK REGION DISTRICT SCHOOL BOARD p677
38 Hillmount Rd, MARKHAM, ON, L6C 2H4
(905) 284-4513 SIC 8211
YORK REGION DISTRICT SCHOOL BOARD p677
160 Hazelton Ave, MARKHAM, ON, L6C 3H6
(905) 927-1452 SIC 8211
YORK REGION DISTRICT SCHOOL BOARD p677
186 Country Glen Rd, MARKHAM, ON, L6B 1B5
(905) 471-1694 SIC 8211
YORK REGION DISTRICT SCHOOL BOARD p677
571 Country Glen Rd, MARKHAM, ON, L6B 1E8
(905) 202-5960 SIC 8211
YORK REGION DISTRICT SCHOOL BOARD p677
256 Ridgecrest Rd, MARKHAM, ON, L6C 2R5
(905) 887-1543 SIC 8211
YORK REGION DISTRICT SCHOOL BOARD

SIC 8211 Elementary and secondary schools

p677
168 Stonebridge Dr, MARKHAM, ON, L6C 2Z8
(905) 887-2427 SIC 8211
YORK REGION DISTRICT SCHOOL BOARD
p677
90 Bur Oak Ave, MARKHAM, ON, L6C 2E6
(905) 887-2216 SIC 8211
YORK REGION DISTRICT SCHOOL BOARD
p678
270 Alfred Paterson Dr, MARKHAM, ON, L6E 2G1
(905) 472-8374 SIC 8211
YORK REGION DISTRICT SCHOOL BOARD
p678
80 Alfred Paterson Dr, MARKHAM, ON, L6E 1J5
(905) 472-3474 SIC 8211
YORK REGION DISTRICT SCHOOL BOARD
p678
565 Fred Mclaren Blvd, MARKHAM, ON, L6E 1N7
(905) 294-9122 SIC 8211
YORK REGION DISTRICT SCHOOL BOARD
p678
281 Williamson Rd, MARKHAM, ON, L6E 1X1
(905) 202-1684 SIC 8211
YORK REGION DISTRICT SCHOOL BOARD
p678
171 Mingay Ave, MARKHAM, ON, L6E 1H8
(905) 471-5526 SIC 8211
YORK REGION DISTRICT SCHOOL BOARD
p678
315 Mingay Ave, MARKHAM, ON, L6E 1T5
(905) 202-8120 SIC 8211
YORK REGION DISTRICT SCHOOL BOARD
p724
5488 Mount Albert Rd, MOUNT ALBERT, ON, L0G 1M0
(905) 473-2940 SIC 8211
YORK REGION DISTRICT SCHOOL BOARD
p732
161 Sawmill Valley Dr, NEWMARKET, ON, L3X 2T1
(905) 967-0975 SIC 8211
YORK REGION DISTRICT SCHOOL BOARD
p732
125 Savage Rd, NEWMARKET, ON, L3X 1R3
(905) 853-3799 SIC 8211
YORK REGION DISTRICT SCHOOL BOARD
p732
705 Columbus Way, NEWMARKET, ON, L3X 2M7
(905) 967-1045 SIC 8211
YORK REGION DISTRICT SCHOOL BOARD
p732
75 Ford Wilson Blvd, NEWMARKET, ON, L3X 3G1
(905) 895-9466 SIC 8211
YORK REGION DISTRICT SCHOOL BOARD
p732
200 Clearmeadow Blvd, NEWMARKET, ON, L3X 2E4
(905) 868-8081 SIC 8211
YORK REGION DISTRICT SCHOOL BOARD
p732
400 Woodspring Ave, NEWMARKET, ON, L3X 2X1
(905) 953-8995 SIC 8211
YORK REGION DISTRICT SCHOOL BOARD
p732
875 Stonehaven Ave, NEWMARKET, ON, L3X 2K3
(905) 898-2077 SIC 8211
YORK REGION DISTRICT SCHOOL BOARD
p732
255 Brimson Dr, NEWMARKET, ON, L3X 1H8
(905) 830-0500 SIC 8211
YORK REGION DISTRICT SCHOOL BOARD
p734
155 Longford Dr, NEWMARKET, ON, L3Y 2Y7
(905) 895-9681 SIC 8211
YORK REGION DISTRICT SCHOOL BOARD
p735
505 Pickering Cres, NEWMARKET, ON, L3Y 8H1
(905) 895-5159 SIC 8211
YORK REGION DISTRICT SCHOOL BOARD
p735
915 Wayne Dr, NEWMARKET, ON, L3Y 5W1
(905) 895-1500 SIC 8211
YORK REGION DISTRICT SCHOOL BOARD
p735
684 Srigley St, NEWMARKET, ON, L3Y 1W9
(905) 895-8401 SIC 8211
YORK REGION DISTRICT SCHOOL BOARD
p735
40 Huron Heights Dr, NEWMARKET, ON, L3Y 3J9
(905) 895-2384 SIC 8211
YORK REGION DISTRICT SCHOOL BOARD
p735
247 Lorne Ave, NEWMARKET, ON, L3Y 4K5
(905) 895-8461 SIC 8211
YORK REGION DISTRICT SCHOOL BOARD
p735
855 College Manor Dr, NEWMARKET, ON, L3Y 8G7
(905) 836-8041 SIC 8211
YORK REGION DISTRICT SCHOOL BOARD
p735
233 Patterson St, NEWMARKET, ON, L3Y 3L5
(905) 895-3081 SIC 8211
YORK REGION DISTRICT SCHOOL BOARD
p735
130 Carlson Dr, NEWMARKET, ON, L3Y 5H3
(905) 895-5155 SIC 8211
YORK REGION DISTRICT SCHOOL BOARD
p735
256 Rogers Rd, NEWMARKET, ON, L3Y 1G6
(905) 895-5441 SIC 8211
YORK REGION DISTRICT SCHOOL BOARD
p735
860 Arnold Cres, NEWMARKET, ON, L3Y 2E2
(905) 836-1032 SIC 8211
YORK REGION DISTRICT SCHOOL BOARD
p735
330 Burford St, NEWMARKET, ON, L3Y 6L1
(905) 853-2303 SIC 8211
YORK REGION DISTRICT SCHOOL BOARD
p735
135 Bristol Rd, NEWMARKET, ON, L3Y 8J7
(905) 836-0021 SIC 8211
YORK REGION DISTRICT SCHOOL BOARD
p740
13375 Highway 27, NOBLETON, ON, L0G 1N0
(905) 859-4590 SIC 8211
YORK REGION DISTRICT SCHOOL BOARD
p805
29478 48 Hwy, PEFFERLAW, ON, L0E 1N0
(705) 437-1537 SIC 8211
YORK REGION DISTRICT SCHOOL BOARD
p822
68 Queens College Dr, RICHMOND HILL, ON, L4B 1X3
(905) 709-3554 SIC 8211
YORK REGION DISTRICT SCHOOL BOARD
p822
81 Strathearn Ave, RICHMOND HILL, ON, L4B 2J5
(905) 508-0806 SIC 8211
YORK REGION DISTRICT SCHOOL BOARD
p822
124 Blackmore Ave, RICHMOND HILL, ON, L4B 2B1
(905) 882-4480 SIC 8211
YORK REGION DISTRICT SCHOOL BOARD
p823
283 Neal Dr, RICHMOND HILL, ON, L4C 3L3
(905) 884-5059 SIC 8211
YORK REGION DISTRICT SCHOOL BOARD
p823
317 Centre St E, RICHMOND HILL, ON, L4C 1B3
(905) 884-4477 SIC 8211
YORK REGION DISTRICT SCHOOL BOARD
p823
422 Carrville Rd, RICHMOND HILL, ON, L4C 6E6
(905) 884-5934 SIC 8211
YORK REGION DISTRICT SCHOOL BOARD
p823
400 Mill St, RICHMOND HILL, ON, L4C 4B9
(905) 884-7431 SIC 8211
YORK REGION DISTRICT SCHOOL BOARD
p823
400 16th Ave, RICHMOND HILL, ON, L4C 7A9
(905) 884-5598 SIC 8211
YORK REGION DISTRICT SCHOOL BOARD
p823
30 Pearson Ave, RICHMOND HILL, ON, L4C 6T7
(905) 889-2522 SIC 8211
YORK REGION DISTRICT SCHOOL BOARD
p823
106 Garden Ave, RICHMOND HILL, ON, L4C 6M1
(905) 889-6266 SIC 8211
YORK REGION DISTRICT SCHOOL BOARD
p823
112 Stave Cres, RICHMOND HILL, ON, L4C 9J2
(905) 508-6698 SIC 8211
YORK REGION DISTRICT SCHOOL BOARD
p823
206 Lucas St, RICHMOND HILL, ON, L4C 4P7
(905) 884-5711 SIC 8211
YORK REGION DISTRICT SCHOOL BOARD
p823
500 Major Mackenzie Dr E, RICHMOND HILL, ON, L4C 1J2
(905) 884-2693 SIC 8211
YORK REGION DISTRICT SCHOOL BOARD
p823
10077 Bayview Ave, RICHMOND HILL, ON, L4C 2L4
(905) 884-4453 SIC 8211
YORK REGION DISTRICT SCHOOL BOARD
p823
190 Neal Dr, RICHMOND HILL, ON, L4C 3K7
(905) 884-5281 SIC 8211
YORK REGION DISTRICT SCHOOL BOARD
p823
101 Weldrick Rd W, RICHMOND HILL, ON, L4C 3T9
(905) 884-4022 SIC 8211
YORK REGION DISTRICT SCHOOL BOARD
p823
300 Major Mackenzie Dr W, RICHMOND HILL, ON, L4C 3S3
(905) 884-0554 SIC 8211
YORK REGION DISTRICT SCHOOL BOARD
p824
180 Farmstead Rd, RICHMOND HILL, ON, L4S 2K9
(905) 508-5696 SIC 8211
YORK REGION DISTRICT SCHOOL BOARD
p824
160 Coon's Rd, RICHMOND HILL, ON, L4E 2P7
(905) 773-5572 SIC 8211
YORK REGION DISTRICT SCHOOL BOARD
p824
80 Wildwood Ave, RICHMOND HILL, ON, L4E 3B5
(905) 773-5381 SIC 8211
YORK REGION DISTRICT SCHOOL BOARD
p824
195 Silver Maple Rd, RICHMOND HILL, ON, L4E 4Z1
(905) 398-7945 SIC 8211
YORK REGION DISTRICT SCHOOL BOARD
p824
320 Shirley Dr, RICHMOND HILL, ON, L4S 2P1
(905) 770-6507 SIC 8211
YORK REGION DISTRICT SCHOOL BOARD
p824
235 Redstone Rd, RICHMOND HILL, ON, L4S 2E2
(905) 508-1073 SIC 8211
YORK REGION DISTRICT SCHOOL BOARD
p824
36 Regatta Ave, RICHMOND HILL, ON, L4E 4R1
(905) 884-3434 SIC 8211
YORK REGION DISTRICT SCHOOL BOARD
p824
62 Kingshill Rd, RICHMOND HILL, ON, L4E 4X5
(905) 313-8406 SIC 8211
YORK REGION DISTRICT SCHOOL BOARD
p824
85 Rollinghill Rd, RICHMOND HILL, ON, L4E 4C7
(905) 292-0530 SIC 8211
YORK REGION DISTRICT SCHOOL BOARD
p824
245 Old Colony Rd, RICHMOND HILL, ON, L4E 5B9
(905) 313-8693 SIC 8211
YORK REGION DISTRICT SCHOOL BOARD
p825
18 Alamo Heights Dr, RICHMOND HILL, ON, L4S 2P3
(905) 508-5215 SIC 8211
YORK REGION DISTRICT SCHOOL BOARD
p825
1 William F Bell Pky, RICHMOND HILL, ON, L4S 2T9
(905) 780-7858 SIC 8211
YORK REGION DISTRICT SCHOOL BOARD
p825
245 Bernard Ave, RICHMOND HILL, ON, L4S 1E1
(905) 508-7009 SIC 8211
YORK REGION DISTRICT SCHOOL BOARD
p848
18532 Leslie St, SHARON, ON, L0G 1V0
(905) 478-4952 SIC 8211
YORK REGION DISTRICT SCHOOL BOARD
p863
6551 Main St, STOUFFVILLE, ON, L4A 5Z4
(905) 640-1102 SIC 8211
YORK REGION DISTRICT SCHOOL BOARD
p863
801 Hoover Park Dr, STOUFFVILLE, ON, L4A 0A4
(905) 640-1433 SIC 8211
YORK REGION DISTRICT SCHOOL BOARD
p863
5632 Aurora Rd, STOUFFVILLE, ON, L4A 3K3
(905) 640-2232 SIC 8211
YORK REGION DISTRICT SCHOOL BOARD
p864
300 Glad Park Ave, STOUFFVILLE, ON, L4A 1E5
(905) 642-0224 SIC 8211
YORK REGION DISTRICT SCHOOL BOARD
p864
90 Greenwood Rd, STOUFFVILLE, ON, L4A 0N8
(905) 640-9856 SIC 8211
YORK REGION DISTRICT SCHOOL BOARD
p864
850 Hoover Park Dr, STOUFFVILLE, ON, L4A 0E7
(905) 642-1236 SIC 8211
YORK REGION DISTRICT SCHOOL BOARD
p871
20798 Dalton Rd, SUTTON WEST, ON, L0E

1R0
(905) 722-3281   SIC 8211
YORK REGION DISTRICT SCHOOL BOARD p871
26465 Park Rd Rr 2, SUTTON WEST, ON, L0E 1R0
(905) 722-3782   SIC 8211
YORK REGION DISTRICT SCHOOL BOARD p871
26465 Park Rd Rr 2, SUTTON WEST, ON, L0E 1R0
(905) 722-5889   SIC 8211
YORK REGION DISTRICT SCHOOL BOARD p874
160 Henderson Ave, THORNHILL, ON, L3T 2L5
(905) 889-2753   SIC 8211
YORK REGION DISTRICT SCHOOL BOARD p874
42 Limcombe Dr, THORNHILL, ON, L3T 2V5
(905) 889-2448   SIC 8211
YORK REGION DISTRICT SCHOOL BOARD p874
41 Porterfield Cres, THORNHILL, ON, L3T 5C3
(905) 881-3360   SIC 8211
YORK REGION DISTRICT SCHOOL BOARD p874
8075 Bayview Ave, THORNHILL, ON, L3T 4N4
(905) 889-9696   SIC 8211
YORK REGION DISTRICT SCHOOL BOARD p874
36 Stornoway Cres, THORNHILL, ON, L3T 3X7
(905) 889-9535   SIC 8211
YORK REGION DISTRICT SCHOOL BOARD p874
66 Henderson Ave, THORNHILL, ON, L3T 2K7
(905) 889-3132   SIC 8211
YORK REGION DISTRICT SCHOOL BOARD p874
120 Royal Orchard Blvd, THORNHILL, ON, L3T 3C9
(905) 889-4910   SIC 8211
YORK REGION DISTRICT SCHOOL BOARD p874
201 Bay Thorn Dr, THORNHILL, ON, L3T 3V2
(905) 889-7992   SIC 8211
YORK REGION DISTRICT SCHOOL BOARD p874
167 Dudley Ave, THORNHILL, ON, L3T 2E5
(905) 889-5453   SIC 8211
YORK REGION DISTRICT SCHOOL BOARD p875
255 Bayview Fairways Dr, THORNHILL, ON, L3T 2Z6
(905) 889-1858   SIC 8211
YORK REGION DISTRICT SCHOOL BOARD p875
36 Stornoway Cres, THORNHILL, ON, L3T 3X7
(905) 764-6830   SIC 8211
YORK REGION DISTRICT SCHOOL BOARD p875
45 Willowbrook Rd, THORNHILL, ON, L3T 4X6
(905) 886-0743   SIC 8211
YORK REGION DISTRICT SCHOOL BOARD p875
35 Flowervale Rd, THORNHILL, ON, L3T 4J3
(905) 881-3104   SIC 8211
YORK REGION DISTRICT SCHOOL BOARD p876
121 Joseph Aaron Blvd, THORNHILL, ON, L4J 6J5
(905) 738-5497   SIC 8211
YORK REGION DISTRICT SCHOOL BOARD p876
350 Hilda Ave, THORNHILL, ON, L4J 5K2
(905) 764-5292   SIC 8211

YORK REGION DISTRICT SCHOOL BOARD p876
300 Rosedale Heights Dr, THORNHILL, ON, L4J 6Y8
(905) 882-1864   SIC 8211
YORK REGION DISTRICT SCHOOL BOARD p876
270 Apple Blossom Dr, THORNHILL, ON, L4J 8W5
(905) 709-2646   SIC 8211
YORK REGION DISTRICT SCHOOL BOARD p876
341 Thornhill Woods Dr, THORNHILL, ON, L4J 8V6
(905) 326-8626   SIC 8211
YORK REGION DISTRICT SCHOOL BOARD p876
8210 Yonge St, THORNHILL, ON, L4J 1W6
(905) 731-9557   SIC 8211
YORK REGION DISTRICT SCHOOL BOARD p876
65 Brownridge Dr, THORNHILL, ON, L4J 7R8
(905) 660-3083   SIC 8211
YORK REGION DISTRICT SCHOOL BOARD p876
40 New Westminster Dr, THORNHILL, ON, L4J 7Z8
(905) 738-1724   SIC 8211
YORK REGION DISTRICT SCHOOL BOARD p876
1401 Clark Ave W, THORNHILL, ON, L4J 7R4
(905) 660-1397   SIC 8211
YORK REGION DISTRICT SCHOOL BOARD p876
366 Mullen Dr, THORNHILL, ON, L4J 2P3
(905) 731-2963   SIC 8211
YORK REGION DISTRICT SCHOOL BOARD p876
265 Beverley Glen Blvd, THORNHILL, ON, L4J 7S8
(905) 889-6767   SIC 8211
YORK REGION DISTRICT SCHOOL BOARD p876
121 Worth Blvd, THORNHILL, ON, L4J 7V5
(905) 707-6488   SIC 8211
YORK REGION DISTRICT SCHOOL BOARD p945
22 Fonthill Blvd, UNIONVILLE, ON, L3R 1V6
(905) 477-2172   SIC 8211
YORK REGION DISTRICT SCHOOL BOARD p945
300 Main St, UNIONVILLE, ON, L3R 2H2
(905) 477-1824   SIC 8211
YORK REGION DISTRICT SCHOOL BOARD p945
100 Central Park Dr, UNIONVILLE, ON, L3P 7G2
(905) 940-1444   SIC 8211
YORK REGION DISTRICT SCHOOL BOARD p945
1000 Carlton Rd, UNIONVILLE, ON, L3P 7P5
(905) 940-8840   SIC 8211
YORK REGION DISTRICT SCHOOL BOARD p945
120 Carlton Rd, UNIONVILLE, ON, L3R 1Z9
(905) 477-2047   SIC 8211
YORK REGION DISTRICT SCHOOL BOARD p947
200 Forest Run Blvd, VAUGHAN, ON, L4K 5H3
(905) 417-9227   SIC 8211
YORK REGION DISTRICT SCHOOL BOARD p947
155 Melville Ave, VAUGHAN, ON, L6A 1Y9
(905) 832-4922   SIC 8211
YORK REGION DISTRICT SCHOOL BOARD p973
120 Napa Valley Ave, WOODBRIDGE, ON, L4H 1L1
(905) 893-1631   SIC 8211
YORK REGION DISTRICT SCHOOL BOARD

p973
4901 Rutherford Rd, WOODBRIDGE, ON, L4H 3C2
(905) 850-5012   SIC 8211
YORK REGION DISTRICT SCHOOL BOARD p973
675 Av Vellore Park, WOODBRIDGE, ON, L4H 0G5
(905) 417-4517   SIC 8211
YORK REGION DISTRICT SCHOOL BOARD p973
2 Firenza Rd, WOODBRIDGE, ON, L4H 2P5
(905) 653-8055   SIC 8211
YORK REGION DISTRICT SCHOOL BOARD p976
250 Blue Willow Dr, WOODBRIDGE, ON, L4L 9E1
(905) 851-0043   SIC 8211
YORK REGION DISTRICT SCHOOL BOARD p976
60 Burwick Ave, WOODBRIDGE, ON, L4L 1J7
(905) 851-0102   SIC 8211
YORK REGION DISTRICT SCHOOL BOARD p976
71 Bruce St, WOODBRIDGE, ON, L4L 1J3
(905) 851-2843   SIC 8211
YORK REGION DISTRICT SCHOOL BOARD p976
86 Gamble St, WOODBRIDGE, ON, L4L 1R2
(905) 850-0672   SIC 8211
YORK SCHOOL, THE p900
1320 Yonge St, TORONTO, ON, M4T 1X2
(416) 926-1325   SIC 8211

SIC 8221 Colleges and universities

ABM COLLEGE p9
3880 29 St Ne Suite 200, CALGARY, AB, T1Y 6B6
(403) 719-4300   SIC 8221
ACADEMY CANADA INC p432
169 Kenmount Rd Suite 167, ST. JOHN'S, NL, A1B 3P9
(709) 739-6767   SIC 8221
ALGOMA UNIVERSITY p517
24 Queen St E Suite 102, BRAMPTON, ON, L6V 1A3
(905) 451-0100   SIC 8221
ALGONQUIN COLLEGE OF APPLIED ARTS AND TECHNOLOGY, p618
1 Main St E Suite 500, HAWKESBURY, ON, K6A 1A1
(613) 632-4143   SIC 8221
ART INSTITUTE OF VANCOUVER INC, THE p293
2665 Renfrew St, VANCOUVER, BC, V5M 0A7
(604) 683-9200   SIC 8221
ASSOCIATION GENERALE DES ETUDIANTS DU C.E.G.E.P. DE ST-JEROME INC, L p1201
455 Rue Fournier Bureau 450, Saint-Jerome, QC, J7Z 4V2
(450) 435-7147   SIC 8221
AURORA COLLEGE p438
50 Conibear Cres, FORT SMITH, NT, X0E 0P0
(867) 872-7000   SIC 8221
AURORA COLLEGE p438
87 Gwich'in Rd, INUVIK, NT, X0E 0T0
(867) 777-7800   SIC 8221
BRANDON UNIVERSITY p344
270 18th St, BRANDON, MB, R7A 6A9
(204) 728-9520   SIC 8221
BROCK UNIVERSITY p608
1842 King St E, HAMILTON, ON, L8K 1V7
(905) 547-3555   SIC 8221
CALGARY BOARD OF EDUCATION p60
2519 Richmond Rd Sw Suite 168, CALGARY, AB, T3E 4M2
(403) 777-7200   SIC 8221

CAPILANO UNIVERSITY p246
2055 Purcell Way Suite 284, NORTH VANCOUVER, BC, V7J 3H5
(604) 986-1911   SIC 8221
CAPILANO UNIVERSITY p276
5627 Inlet Ave, SECHELT, BC, V0N 3A3
(604) 885-9310   SIC 8221
CAPILANO UNIVERSITY p279
1150 Carson Pl, SQUAMISH, BC, V8B 0B1
(604) 892-5322   SIC 8221
CEGEP BEAUCE-APPALACHES p1055
3800 Rue Cousineau, Lac-Megantic, QC, G6B 2A3
(819) 583-5432   SIC 8221
CEGEP DE DRUMMONDVILLE p1029
960 Rue Saint-Georges, DRUMMONDVILLE, QC, J2C 6A2
(819) 850-2093   SIC 8221
CEGEP DE SAINT-FELICIEN p1012
110 Rue Obalski, CHIBOUGAMAU, QC, G8P 2E9
(418) 748-7637   SIC 8221
CEGEP DE TROIS-RIVIERES p1249
3500 Rue De Courval, Trois-Rivieres, QC, G8Z 1T2
(819) 378-4911   SIC 8221
CHOEUR DU CEGEP DE SHERBROOKE p1235
475 Rue Du Cegep, SHERBROOKE, QC, J1E 4K1
(819) 564-6350   SIC 8221
COLLEGE BOREAL D'ARTS APPLIQUES ET DE TECHNOLOGIE p883
395 Theriault Blvd, TIMMINS, ON, P4N 0A8
(705) 267-5850   SIC 8221
COLLEGE CHARLES-LEMOYNE DE LONGUEUIL INC p1073
905 Ch Tiffin, LONGUEUIL, QC, J4P 3G6
(450) 670-1157   SIC 8221
COLLEGE D'ENSEIGNEMENT GENERAL & PROFESSIONEL DE L'ABITIBI-TEMISCAMINGUE p988
341 Rue Principale N, AMOS, QC, J9T 2L8
(819) 732-5218   SIC 8221
COLLEGE D'ENSEIGNEMENT GENERAL & PROFESSIONEL DE LA POCATIERE p1053
140 4e Av, La Pocatiere, QC, G0R 1Z0
(418) 856-1525   SIC 8221
COLLEGE D'ENSEIGNEMENT GENERAL & PROFESSIONEL DE LA POCATIERE p1083
115 Boul Tache E, MONTMAGNY, QC, G5V 1B9
(418) 248-7164   SIC 8221
COLLEGE D'ENSEIGNEMENT GENERAL & PROFESSIONEL STE-FOY p1160
2410 Ch Sainte-Foy, Quebec, QC, G1V 1T3
(418) 659-6600   SIC 8221
COLLEGE D'ENSEIGNEMENT GENERAL & PROFESSIONNEL DE CHICOUTIMI p1191
1 Rue De L'aeroport, Saint-Honore-de-Chicoutimi, QC, G0V 1L0
(418) 673-3421   SIC 8221
COLLEGE D'ENSEIGNEMENT GENERAL ET PROFESSIONNEL DE JONQUIERE p1047
2505 Rue Saint-Hubert, Jonquiere, QC, G7X 7W2
(418) 547-2191   SIC 8221
COLLEGE D'ENSEIGNEMENT GENERAL ET PROFESSIONNEL JOHN ABBOTT p1224
21275 Rue Lakeshore, SAINTE-ANNE-DE-BELLEVUE, QC, H9X 3L9
(514) 457-6610   SIC 8221
COLLEGE D'ENSEIGNEMENT GENERAL ET PROFESSIONNEL LIMOILOU p1148
1300 8e Av Bureau 1400, Quebec, QC, G1J 5L5
(418) 647-6600   SIC 8221
COLLEGE D'ENSEIGNEMENT GENERALE & PROFESSIONNEL DE LA GASPESIE & DES ILES p1051
15 Ch De La Piscine, L'Etang-du-Nord, QC, G4T 3X4
(418) 986-5187   SIC 8221

COLLEGE DE BOIS-DE-BOULOGNE p1124
10555 Av Du Bois-De-Boulogne, Montreal, QC, H4N 1L4
(514) 332-3000   SIC 8221

COLLEGE ENSEIGNANT GENERAL ET PROFESSIONNEL MONTMORENCY p1129
475 Boul De L'avenir, Montreal, QC, H7N 5H9
(450) 975-6100   SIC 8221

COLLEGE LAFLECHE p1249
1687 Boul Du Carmel, Trois-Rivieres, QC, G8Z 3R8
(819) 378-1123   SIC 8221

COLLEGE LIONEL-GROULX p1230
100 Rue Duquet, SAINTE-THERESE, QC, J7E 3G6
(450) 430-3120   SIC 8221

COLLEGE OF NEW CALEDONIA, THE p193
545 Hwy 16, BURNS LAKE, BC, V0J 1E0
(250) 692-1700   SIC 8221

COLLEGE OF NEW CALEDONIA, THE p261
3330 22nd Ave, PRINCE GEORGE, BC, V2N 1P8
(250) 562-2131   SIC 8221

COLLEGE OF NEW CALEDONIA, THE p324
3231 Hospital Rd, VANDERHOOF, BC, V0J 3A2
(250) 567-3200   SIC 8221

COLLEGE OF THE NORTH ATLANTIC p423
1 Terra Nova Rd, BAIE VERTE, NL, A0K 1B0
(709) 532-8066   SIC 8221

COLLEGE OF THE NORTH ATLANTIC p423
301 Confederation Dr, BONAVISTA, NL, A0C 1B0
(709) 468-2610   SIC 8221

COLLEGE OF THE NORTH ATLANTIC p423
105 Main St, BURIN BAY ARM, NL, A0E 1G0
(709) 891-5600   SIC 8221

COLLEGE OF THE NORTH ATLANTIC p424
1670 Conception Bay Hwy, CONCEPTION BAY SOUTH, NL, A1X 6N1
(709) 744-2047   SIC 8221

COLLEGE OF THE NORTH ATLANTIC p424
Gd Lcd Main, CLARENVILLE, NL, A5A 4R1
(709) 466-2250   SIC 8221

COLLEGE OF THE NORTH ATLANTIC p427
219 Hamilton Rd, HAPPY VALLEY-GOOSE BAY, NL, A0P 1E0
(709) 896-6300   SIC 8221

COLLEGE OF THE NORTH ATLANTIC p428
1 Av Campbell, LABRADOR CITY, NL, A2V 2Y1
(709) 944-7210   SIC 8221

COLLEGE OF THE ROCKIES p216
1305 9th St N Rr 2, GOLDEN, BC, V0A 1H2
(250) 344-5901   SIC 8221

COLLEGE RABBINIQUE DE MONTREAL OIR HACHAIM D'TASH p1110
1250 Boul Rene-Levesque O, Montreal, QC, H3B 4W8
(450) 430-6380   SIC 8221

COMMISSION SCOLAIRE DE LA SEIGNEURIE-DES-MILLE-ILES p1230
75 Rue Duquet, SAINTE-THERESE, QC, J7E 5R8
(450) 433-5480   SIC 8221

COMMISSION SCOLAIRE DE MONTREAL p1117
1822 Boul De Maisonneuve O, Montreal, QC, H3H 1J8
(514) 350-8049   SIC 8221

COMMISSION SCOLAIRE DE SOREL-TRACY p1242
5105 Boul Des Etudiants, SOREL-TRACY, QC, J3R 4K7
(450) 743-1284   SIC 8221

COMMISSION SCOLAIRE DES HAUTS-CANTONS p1016
125 Ch Morgan, COATICOOK, QC, J1A 1V6
(819) 849-9588   SIC 8221

COMMISSION SCOLAIRE DES NAVIGATEURS p1064
30 Rue Vincent-Chagnon, Levis, QC, G6V 4V6
(418) 838-8400   SIC 8221

COMMISSION SCOLAIRE DU FER p1233
9 Rue De La Verendrye, Sept-Iles, QC, G4R 5E3
(418) 964-2881   SIC 8221

CONCORDIA UNIVERSITY COLLEGE OF ALBERTA p74
7128 Ada Blvd Nw, EDMONTON, AB, T5B 4E4
(780) 479-8481   SIC 8221

CONESTOGA COLLEGE COMMUNICATIONS CORPORATION p640
Gd, KITCHENER, ON, N2G 4M4
(519) 885-0300   SIC 8221

COQUITLAM COLLEGE INC p201
516 Brookmere Ave, COQUITLAM, BC, V3J 1W9
(604) 939-6633   SIC 8221

CORPORATION DE CEGEP ANDRE-LAURENDEAU p1059
1111 Rue Lapierre Bureau 300, LASALLE, QC, H8N 2J4
(514) 364-3320   SIC 8221

CORPORATION DE L'ECOLE DES HAUTES ETUDES COMMERCIALES DE MONTREAL, LA p1120
3000 Ch De La Cote-Sainte-Catherine, Montreal, QC, H3T 2A7
(514) 340-6000   SIC 8221

CUMBERLAND COLLEGE p1274
400 Burns Ave E, MELFORT, SK, S0E 1A0
(306) 752-2786   SIC 8221

DALHOUSIE UNIVERSITY p456
5909 Veterans Memorial Lane, HALIFAX, NS, B3H 2E2
(902) 473-4747   SIC 8221

DALHOUSIE UNIVERSITY p456
6061 University Ave, HALIFAX, NS, B3H 4H9
(902) 494-2640   SIC 8221

DALHOUSIE UNIVERSITY p456
1276 South Park St Rm 225, HALIFAX, NS, B3H 2Y9
(902) 473-7736   SIC 8221

DALHOUSIE UNIVERSITY p456
5909 Veterans Memorial Lane Suite 3088, HALIFAX, NS, B3H 2E2
(902) 473-4252   SIC 8221

DALHOUSIE UNIVERSITY p456
5850 College St 2nd Fl Rm 2c01, HALIFAX, NS, B3H 1X5
(902) 494-7052   SIC 8221

DALHOUSIE UNIVERSITY p456
6135 University Ave, HALIFAX, NS, B3H 4P9
(902) 494-2011   SIC 8221

DALHOUSIE UNIVERSITY p456
6300 Coburg Rd Rm 100, HALIFAX, NS, B3H 2A3
(902) 494-2211   SIC 8221

DALHOUSIE UNIVERSITY p456
6135 University Ave Rm 3030, HALIFAX, NS, B3H 4P9
(902) 494-1440   SIC 8221

DALHOUSIE UNIVERSITY p456
6230 Coburg Rd, HALIFAX, NS, B3H 4J5
(902) 494-2171   SIC 8221

DALHOUSIE UNIVERSITY p456
1459 Lemarchant St Suite 2201, HALIFAX, NS, B3H 3P8
(902) 494-2526   SIC 8221

DALHOUSIE UNIVERSITY p456
5850 College St Unit 13b, HALIFAX, NS, B3H 1X5
(902) 494-6850   SIC 8221

DALHOUSIE UNIVERSITY p457
5269 Morris St Rm C360, HALIFAX, NS, B3J 1B4
(902) 494-3989   SIC 8221

DALHOUSIE UNIVERSITY p458
5410 Spring Garden Rd, HALIFAX, NS, B3J 1G1
(902) 494-3971   SIC 8221

DALHOUSIE UNIVERSITY p458
1360 Barrington St, HALIFAX, NS, B3J 1Y9
(902) 494-3953   SIC 8221

DALHOUSIE UNIVERSITY p458
5248 Morris St, HALIFAX, NS, B3J 1B4
(902) 494-8431   SIC 8221

DALHOUSIE UNIVERSITY p477
62 Cumming Dr, TRURO, NS, B2N 5E3
(902) 893-6600   SIC 8221

DIVISION SCOLAIRE FRANCO-MANITOBAINE p364
585 Rue St Jean Baptiste, WINNIPEG, MB, R2H 2Y2
(204) 237-8927   SIC 8221

FAIRLEIGH DICKINSON UNIVERSITY OF BRITISH COLUMBIA FOUNDATION p304
842 Cambie St, VANCOUVER, BC, V6B 2P6
(604) 682-8112   SIC 8221

FANSHAWE COLLEGE OF APPLIED ARTS AND TECHNOLOGY, T p859
120 Bill Martyn Pky, ST THOMAS, ON, N5R 6A7
(519) 633-2030   SIC 8221

FONDATION DU CEGEP REGIONAL DE LANAUDIERE p1051
180 Rue Dorval, L'ASSOMPTION, QC, J5W 6C1
(450) 470-0922   SIC 8221

FONDATION DU CEGEP REGIONAL DE LANAUDIERE p1245
2505 Boul Des Entreprises, TERREBONNE, QC, J6X 5S5
(450) 470-0933   SIC 8221

GEORGIAN COLLEGE OF APPLIED ARTS AND TECHNOLOGY, THE p508
111 Wellington St, BRACEBRIDGE, ON, P1L 1E2
(705) 646-7629   SIC 8221

GEORGIAN COLLEGE OF APPLIED ARTS AND TECHNOLOGY, THE p680
649 Prospect Blvd, MIDLAND, ON, L4R 4K6
(705) 526-3666   SIC 8221

GEORGIAN COLLEGE OF APPLIED ARTS AND TECHNOLOGY, THE p803
1450 8th St E Gd Lcd Main Gd Lcd Main, OWEN SOUND, ON, N4K 5N9
(519) 376-0840   SIC 8221

GOVERNING COUNCIL OF THE UNIVERSITY OF TORONTO p754
4925 Dufferin St, NORTH YORK, ON, M3H 5T6
(416) 667-7700   SIC 8221

GOVERNING COUNCIL OF THE UNIVERSITY OF TORONTO p835
1265 Military Trail Suite 303, SCARBOROUGH, ON, M1C 1A4
(416) 287-7033   SIC 8221

GOVERNING COUNCIL OF THE UNIVERSITY OF TORONTO p903
10 St Mary St Suite 700, TORONTO, ON, M4Y 2W8
(416) 978-1000   SIC 8221

GOVERNING COUNCIL OF THE UNIVERSITY OF TORONTO p904
100 St. George St Suite 6036, TORONTO, ON, M5A 2M4
(416) 978-7892   SIC 8221

GOVERNING COUNCIL OF THE UNIVERSITY OF TORONTO p911
500 University Ave Suite 650, TORONTO, ON, M5G 1V7
SIC 8221

GOVERNING COUNCIL OF THE UNIVERSITY OF TORONTO p911
610 University Ave, TORONTO, ON, M5G 2M9
(416) 946-4501   SIC 8221

GOVERNING COUNCIL OF THE UNIVERSITY OF TORONTO p911
500 University Ave Suite 160, TORONTO, ON, M5G 1V7
(416) 978-0300   SIC 8221

GOVERNING COUNCIL OF THE UNIVERSITY OF TORONTO p911
500 University Ave Suite 160, TORONTO, ON, M5G 1V7
(416) 946-8554   SIC 8221

GOVERNING COUNCIL OF THE UNIVERSITY OF TORONTO p911
190 Elizabeth St, TORONTO, ON, M5G 2C4
(416) 978-8383   SIC 8221

GOVERNING COUNCIL OF THE UNIVERSITY OF TORONTO p911
124 Edward St Suite 511, TORONTO, ON, M5G 1G6
(416) 979-4900   SIC 8221

GOVERNING COUNCIL OF THE UNIVERSITY OF TORONTO p911
101 College St Suite 320, TORONTO, ON, M5G 1L7
(416) 946-7342   SIC 8221

GOVERNING COUNCIL OF THE UNIVERSITY OF TORONTO p925
33 Willcocks St Suite 1019, TORONTO, ON, M5S 3B3
(416) 978-6184   SIC 8221

GOVERNING COUNCIL OF THE UNIVERSITY OF TORONTO p925
184 College St, TORONTO, ON, M5S 3E4
(416) 978-3375   SIC 8221

GOVERNING COUNCIL OF THE UNIVERSITY OF TORONTO p925
725 Spadina Ave, TORONTO, ON, M5S 2J4
(416) 946-4058   SIC 8221

GOVERNING COUNCIL OF THE UNIVERSITY OF TORONTO p925
27 King's College Cir, TORONTO, ON, M5S 1A1
(416) 978-5850   SIC 8221

GOVERNING COUNCIL OF THE UNIVERSITY OF TORONTO p925
75 St. George St, TORONTO, ON, M5S 2E5
(416) 978-7269   SIC 8221

GOVERNING COUNCIL OF THE UNIVERSITY OF TORONTO p925
55 Harbord St Suite 1048, TORONTO, ON, M5S 2W6
(416) 978-7375   SIC 8221

GOVERNING COUNCIL OF THE UNIVERSITY OF TORONTO p925
184 College St Rm 140, TORONTO, ON, M5S 3E4
(416) 978-3012   SIC 8221

GOVERNING COUNCIL OF THE UNIVERSITY OF TORONTO p925
105 St. George St Suite 275, TORONTO, ON, M5S 3E6
(416) 978-4574   SIC 8221

GOVERNING COUNCIL OF THE UNIVERSITY OF TORONTO p925
252 Bloor Street W, TORONTO, ON, M5S 1V6
(416) 978-0005   SIC 8221

GOVERNING COUNCIL OF THE UNIVERSITY OF TORONTO p925
27 King's College Cir, TORONTO, ON, M5S 1A1
(416) 978-2116   SIC 8221

GOVERNING COUNCIL OF THE UNIVERSITY OF TORONTO p925
252 Bloor St W Suite 100, TORONTO, ON, M5S 1V6
(416) 978-6415   SIC 8221

GOVERNING COUNCIL OF THE UNIVERSITY OF TORONTO p925
25 Harbord St Suite 401, TORONTO, ON, M5S 3G5
(416) 946-3692   SIC 8221

GOVERNING COUNCIL OF THE UNIVERSITY OF TORONTO p925
35 St. George St Suite 173, TORONTO, ON, M5S 1A4
(416) 978-0120   SIC 8221

GOVERNING COUNCIL OF THE UNIVERSITY OF TORONTO p925
158 St. George St, TORONTO, ON, M5S 2V8
(416) 978-2400   SIC 8221

GOVERNING COUNCIL OF THE UNIVERSITY OF TORONTO *p925*
164 College St Room 407, TORONTO, ON, M5S 3G9
(416) 978-7459 *SIC* 8221

GOVERNING COUNCIL OF THE UNIVERSITY OF TORONTO *p925*
21 Sussex Ave Suite 100, TORONTO, ON, M5S 1J6
(416) 978-2323 *SIC* 8221

GOVERNING COUNCIL OF THE UNIVERSITY OF TORONTO *p925*
10 King's College Rd Suite 3302, TORONTO, ON, M5S 3G4
(416) 978-6025 *SIC* 8221

GOVERNING COUNCIL OF THE UNIVERSITY OF TORONTO *p925*
100 St. George St, TORONTO, ON, M5S 3G3
(416) 978-3450 *SIC* 8221

GOVERNING COUNCIL OF THE UNIVERSITY OF TORONTO *p925*
4 Bancroft Ave Suite 103, TORONTO, ON, M5S 1C1
(416) 978-3306 *SIC* 8221

GOVERNING COUNCIL OF THE UNIVERSITY OF TORONTO *p925*
105 St. George St Suite 340, TORONTO, ON, M5S 3E6
(416) 978-3423 *SIC* 8221

GOVERNING COUNCIL OF THE UNIVERSITY OF TORONTO *p925*
50 St. George St Suite 101, TORONTO, ON, M5S 3H4
(416) 946-7119 *SIC* 8221

GOVERNING COUNCIL OF THE UNIVERSITY OF TORONTO *p925*
200 College St Unit 217, TORONTO, ON, M5S 3E5
(416) 978-6204 *SIC* 8221

GOVERNING COUNCIL OF THE UNIVERSITY OF TORONTO *p925*
215 Huron St, TORONTO, ON, M5S 1A2
(416) 978-2142 *SIC* 8221

GOVERNING COUNCIL OF THE UNIVERSITY OF TORONTO *p926*
22 Russell St Suite 1066, TORONTO, ON, M5S 3B1
(416) 978-3022 *SIC* 8221

GOVERNING COUNCIL OF THE UNIVERSITY OF TORONTO *p926*
40 St. George St Rm 4113, TORONTO, ON, M5S 2E4
(416) 978-1655 *SIC* 8221

GOVERNING COUNCIL OF THE UNIVERSITY OF TORONTO *p926*
246 Bloor St W Rm 250, TORONTO, ON, M5S 1V4
(416) 978-6314 *SIC* 8221

GOVERNING COUNCIL OF THE UNIVERSITY OF TORONTO *p926*
4 Bancroft Ave Suite 120, TORONTO, ON, M5S 1C1
 SIC 8221

GOVERNING COUNCIL OF THE UNIVERSITY OF TORONTO *p926*
144 College St Suite 805, TORONTO, ON, M5S 3M2
(416) 978-2889 *SIC* 8221

GOVERNING COUNCIL OF THE UNIVERSITY OF TORONTO *p926*
150 St. George St Suite 1, TORONTO, ON, M5S 3G7
(416) 978-4622 *SIC* 8221

GOVERNING COUNCIL OF THE UNIVERSITY OF TORONTO *p926*
119 St. George St Suite 236, TORONTO, ON, M5S 1A9
(416) 946-7146 *SIC* 8221

GOVERNING COUNCIL OF THE UNIVERSITY OF TORONTO *p926*
7 Hart House Cir, TORONTO, ON, M5S 3H3
(416) 978-8668 *SIC* 8221

GOVERNING COUNCIL OF THE UNIVERSITY OF TORONTO *p926*
60 Harbord St, TORONTO, ON, M5S 3L1
(416) 946-8882 *SIC* 8221

GOVERNING COUNCIL OF THE UNIVERSITY OF TORONTO *p926*
1 Spadina Cres Suite 105, Toronto, ON, M5S 2J5
(416) 978-0469 *SIC* 8221

GOVERNING COUNCIL OF THE UNIVERSITY OF TORONTO *p926*
215 Huron St Suite 525, TORONTO, ON, M5S 1A2
(416) 978-2148 *SIC* 8221

GOVERNING COUNCIL OF THE UNIVERSITY OF TORONTO *p926*
252 Bloor St W Suite 4106, TORONTO, ON, M5S 1V6
(416) 978-5104 *SIC* 8221

GOVERNING COUNCIL OF THE UNIVERSITY OF TORONTO *p927*
155 College St Suite 130, TORONTO, ON, M5T 1P8
(416) 978-6058 *SIC* 8221

GOVERNING COUNCIL OF THE UNIVERSITY OF TORONTO *p927*
399 Bathurst St, TORONTO, ON, M5T 2S8
(416) 978-4321 *SIC* 8221

GOVERNING COUNCIL OF THE UNIVERSITY OF TORONTO *p940*
84 Queens Ave, TORONTO, ON, M8V 2N3
(416) 978-8789 *SIC* 8221

GOVERNMENT OF ONTARIO *p830*
1520 Queen St E, SAULT STE. MARIE, ON, P6A 2G4
(705) 949-2301 *SIC* 8221

GOVERNMENT OF THE PROVINCE OF ALBERTA *p126*
10726 106 Ave, GRANDE PRAIRIE, AB, T8V 4C4
(780) 539-2057 *SIC* 8221

GOVERNORS OF THE UNIVERSITY OF ALBERTA, THE *p66*
4901 46 Ave, CAMROSE, AB, T4V 2R3
(780) 679-1100 *SIC* 8221

GOVERNORS OF THE UNIVERSITY OF ALBERTA, THE *p107*
63 University Campus Nw Suite 751, EDMONTON, AB, T6G 2H1
(780) 492-4413 *SIC* 8221

GOVERNORS OF THE UNIVERSITY OF ALBERTA, THE *p107*
11315 87 Ave Nw Suite 519, EDMONTON, AB, T6G 2T9
(780) 433-5624 *SIC* 8221

GOVERNORS OF THE UNIVERSITY OF ALBERTA, THE *p107*
51 University Campus Nw Suite 632, EDMONTON, AB, T6G 2G1
(780) 492-3396 *SIC* 8221

GOVERNORS OF THE UNIVERSITY OF ALBERTA, THE *p107*
5 Humanities Ctr Unit 6, EDMONTON, AB, T6G 2E5
(780) 492-2787 *SIC* 8221

GOVERNORS OF THE UNIVERSITY OF ALBERTA, THE *p108*
131 University Campus Nw, EDMONTON, AB, T6G 2H7
(780) 492-3575 *SIC* 8221

GOVERNORS OF THE UNIVERSITY OF ALBERTA, THE *p108*
1 University Campus Nw, EDMONTON, AB, T6G 2E1
(780) 492-2175 *SIC* 8221

GOVERNORS OF THE UNIVERSITY OF ALBERTA, THE *p108*
132 University Campus Nw, EDMONTON, AB, T6G 2R7
(780) 407-6503 *SIC* 8221

GOVERNORS OF THE UNIVERSITY OF ALBERTA, THE *p109*
6403 105 St Nw, EDMONTON, AB, T6H 2N8
 SIC 8221

HERZING INSTITUTES OF CANADA INC *p787*
1200 St. Laurent Blvd Suite 408, OTTAWA, ON, K1K 3B8
(613) 742-8099 *SIC* 8221

HOLLAND COLLEGE *p981*
4 Sydney St, CHARLOTTETOWN, PE, C1A 1E9
(902) 894-6805 *SIC* 8221

HOLLAND COLLEGE *p984*
66 Argus Ave, SLEMON PARK, PE, C0B 2A0
(902) 888-6745 *SIC* 8221

HUMBER COLLEGE INSTITUTE OF TECHNOLOGY AND ADVANCE *p575*
3199 Lake Shore Blvd W, ETOBICOKE, ON, M8V 1K8
(416) 675-6622 *SIC* 8221

HUMBER COLLEGE INSTITUTE OF TECHNOLOGY AND ADVANCE *p575*
100 Humber Bay Park Rd W, ETOBICOKE, ON, M8V 3X7
(416) 252-7291 *SIC* 8221

HUMBER COLLEGE INSTITUTE OF TECHNOLOGY AND ADVANCE *p580*
401 The West Mall Suite 630, ETOBICOKE, ON, M9C 5J5
(416) 675-6622 *SIC* 8221

INSTITUTE OF NATUROPATHIC EDUCATION AND RESEARCH *p747*
1255 Sheppard Ave E, North York, ON, M2K 1E2
(416) 498-1255 *SIC* 8221

KEYCORP INC *p433*
44 Austin St, ST. JOHN'S, NL, A1B 4C2
(709) 579-1061 *SIC* 8221

LAKEHEAD UNIVERSITY *p878*
955 Oliver Rd Suite 2008, THUNDER BAY, ON, P7B 5E1
(807) 343-8110 *SIC* 8221

LAKELAND COLLEGE *p1273*
2602 59th Ave, LLOYDMINSTER, SK, S9V 1Z3
(780) 871-5700 *SIC* 8221

LANGARA COLLEGE *p299*
100 49th Ave W, VANCOUVER, BC, V5Y 2Z6
(604) 323-5511 *SIC* 8221

LONDON DISTRICT CATHOLIC SCHOOL BOARD *p659*
5250 Wellington Rd S, LONDON, ON, N6E 3X8
(519) 660-2797 *SIC* 8221

MARIANOPOLIS COLLEGE *p1262*
4873 Av Westmount, WESTMOUNT, QC, H3Y 1X9
(514) 931-8792 *SIC* 8221

MCMASTER UNIVERSITY *p610*
Po Box 2000 Stn Lcd 1, HAMILTON, ON, L8N 3Z5
(905) 521-2100 *SIC* 8221

MCMASTER UNIVERSITY *p611*
200 Longwood Rd S Suite 20, HAMILTON, ON, L8P 0A6
(289) 674-0253 *SIC* 8221

MCMASTER UNIVERSITY *p612*
1280 Main St W Etb 513, HAMILTON, ON, L8S 4L8
(905) 525-9140 *SIC* 8221

MEMORIAL UNIVERSITY OF NEWFOUNDLAND *p425*
1 University Dr, CORNER BROOK, NL, A2H 6P9
(709) 637-6255 *SIC* 8221

MEMORIAL UNIVERSITY OF NEWFOUNDLAND *p434*
300 Prince Philip Dr, ST. JOHN'S, NL, A1B 3X5
(709) 864-8142 *SIC* 8221

MEMORIAL UNIVERSITY OF NEWFOUNDLAND *p434*
230 Elizabeth Ave Room 1024, ST. JOHN'S, NL, A1B 1T5
(709) 864-8663 *SIC* 8221

MEMORIAL UNIVERSITY OF NEWFOUNDLAND *p434*
300 Prince Philip Dr Suite 2701, ST. JOHN'S, NL, A1B 3V6
(709) 777-8300 *SIC* 8221

MEMORIAL UNIVERSITY OF NEWFOUNDLAND *p435*
208 Elizabeth Ave, ST. JOHN'S, NL, A1C 5S7
(709) 864-8399 *SIC* 8221

MEMORIAL UNIVERSITY OF NEWFOUNDLAND *p435*
234 Arctic Ave, ST. JOHN'S, NL, A1C 5S7
(709) 737-7440 *SIC* 8221

MENTOR EDUCATIONAL INC *p701*
56 Cayuga Ave, MISSISSAUGA, ON, L5G 3S9
(905) 271-7100 *SIC* 8221

NEW BRUNSWICK COMMUNITY COLLEGE (NBCC) *p400*
284 Smythe St, FREDERICTON, NB, E3B 3C9
(888) 796-6222 *SIC* 8221

NEW BRUNSWICK COMMUNITY COLLEGE (NBCC) *p422*
100 Broadway St, WOODSTOCK, NB, E7M 5C5
(506) 325-4400 *SIC* 8221

NIAGARA COLLEGE OF APPLIED ARTS & TECHNOLOGY *p737*
5881 Dunn St, NIAGARA FALLS, ON, L2G 2N9
(905) 374-7454 *SIC* 8221

NORQUEST COLLEGE *p169*
3201 43 Ave, STONY PLAIN, AB, T7Z 1L1
(780) 968-6489 *SIC* 8221

NORTH ISLAND COLLEGE *p195*
1685 Dogwood St S, CAMPBELL RIVER, BC, V9W 8C1
(250) 923-9700 *SIC* 8221

NORTH ISLAND COLLEGE *p254*
3699 Roger St, PORT ALBERNI, BC, V9Y 8E3
(250) 724-8711 *SIC* 8221

NORTHERN ALBERTA INSTITUTE OF TECHNOLOGY *p150*
8106 99 Ave, PEACE RIVER, AB, T8S 1V9
(780) 618-2600 *SIC* 8221

NORTHERN COLLEGE OF APPLIED ARTS & TECHNOLOGY *p605*
640 Latford St, HAILEYBURY, ON, P0J 1K0
(705) 672-3376 *SIC* 8221

NORTHERN COLLEGE OF APPLIED ARTS & TECHNOLOGY *p636*
140 Government Rd W, KIRKLAND LAKE, ON, P2N 2E9
(705) 567-9291 *SIC* 8221

NORTHERN ONTARIO SCHOOL OF MEDICINE *p871*
935 Ramsey Lake Rd, SUDBURY, ON, P3E 2C6
(705) 675-4883 *SIC* 8221

NORTHLANDS COLLEGE *p1272*
207 Boardman St, LA RONGE, SK, S0J 1L0
(306) 425-4353 *SIC* 8221

NORTHWEST COMMUNITY COLLEGE *p263*
353 5th St, PRINCE RUPERT, BC, V8J 3L6
(250) 624-6054 *SIC* 8221

NOVA SCOTIA COMMUNITY COLLEGE *p461*
5685 Leeds St, HALIFAX, NS, B3K 2T3
(902) 491-6774 *SIC* 8221

NOVA SCOTIA COMMUNITY COLLEGE *p473*
1 Main St, SPRINGHILL, NS, B0M 1X0
(902) 597-3737 *SIC* 8221

NOVA SCOTIA, PROVINCE OF *p445*
75 High St, BRIDGEWATER, NS, B4V 1V8
(902) 543-4608 *SIC* 8221

NOVA SCOTIA, PROVINCE OF *p478*
50 Pictou Rd Suite 258, TRURO, NS, B2N 5E3
(902) 893-6700 *SIC* 8221

NUNAVUT ARCTIC COLLEGE *p481*
13 Migika St, CAMBRIDGE BAY, NU, X0B

0C0
(867) 983-4107 SIC 8221
NUNAVUT ARCTIC COLLEGE p481
Gd, ARVIAT, NU, X0C 0E0
(867) 857-8600 SIC 8221
NUNAVUT ARCTIC COLLEGE p481
Gd, CAPE DORSET, NU, X0A 0C0
(867) 897-8825 SIC 8221
OKANAGAN COLLEGE p251
9315 350th Ave, OLIVER, BC, V0H 1T0
(250) 498-6264 SIC 8221
OKANAGAN COLLEGE p276
2552 Trans Canada Hwy Ne, SALMON ARM, BC, V1E 2S4
(250) 804-8888 SIC 8221
OKANAGAN COLLEGE p276
2552 Trans Canada Hwy Ne, SALMON ARM, BC, V1E 2S4
(250) 832-2126 SIC 8221
PARKLAND REGIONAL COLLEGE p1309
200 Prystai Way, YORKTON, SK, S3N 4G4
(306) 783-6566 SIC 8221
PORTAGE COLLEGE p166
5025 49 Ave, ST PAUL, AB, T0A 3A4
SIC 8221
PORTAGE COLLEGE p172
5005 50 Ave, VEGREVILLE, AB, T9C 1T1
(780) 632-6301 SIC 8221
QUEEN'S UNIVERSITY AT KINGSTON p632
25 Union St, KINGSTON, ON, K7L 3N5
(613) 533-6050 SIC 8221
QUEEN'S UNIVERSITY AT KINGSTON p632
130 Stuart St W Rm 319, KINGSTON, ON, K7L 3N6
(613) 533-2575 SIC 8221
QUEEN'S UNIVERSITY AT KINGSTON p632
75 Bader Lane Rm D015, KINGSTON, ON, K7L 3N8
(613) 533-2529 SIC 8221
RYERSON UNIVERSITY p907
245 Church St, TORONTO, ON, M5B 2K3
(416) 979-5016 SIC 8221
SAINT PAUL UNIVERSITY p794
223 Main St Suite 267, OTTAWA, ON, K1S 1C4
(613) 236-1393 SIC 8221
SELKIRK COLLEGE p292
900 Helena St, TRAIL, BC, V1R 4S6
(250) 368-5236 SIC 8221
SENECA COLLEGE OF APPLIED ARTS & TECHNOLOGY p629
13990 Dufferin St, KING CITY, ON, L7B 1B3
(416) 833-3333 SIC 8221
SIMCOE COUNTY DISTRICT SCHOOL BOARD, THE p498
184 Anne St, BARRIE, ON, L4N 1V5
(705) 728-5246 SIC 8221
SIMON FRASER UNIVERSITY p184
8888 University Dr Suite Edb, BURNABY, BC, V5A 1S6
(778) 782-3910 SIC 8221
SIMON FRASER UNIVERSITY p284
13450 102 Ave Suite 250, SURREY, BC, V3T 0A3
(778) 782-3111 SIC 8221
SIMON FRASER UNIVERSITY p305
515 Hastings St W Suite 3300, VANCOUVER, BC, V6B 5K3
(778) 782-5000 SIC 8221
ST. CLAIR CATHOLIC DISTRICT SCHOOL BOARD p551
85 Grand Ave W, CHATHAM, ON, N7L 1B6
(519) 351-2987 SIC 8221
ST. LAWRENCE COLLEGE OF APPLIED ARTS AND TECHNOLOGY, THE p565
2 St Lawrence Dr, CORNWALL, ON, K6H 4Z1
(613) 933-6080 SIC 8221
ST. LAWRENCE COLLEGE OF APPLIED ARTS AND TECHNOLOGY, THE p634
100 Portsmouth Ave, KINGSTON, ON, K7M 1G2
(613) 544-5400 SIC 8221
ST. PETER'S SEMINARY CORPORATION OF LONDON IN ONTARIO LIMITED p656
1040 Waterloo St, LONDON, ON, N6A 3Y1
(519) 432-1824 SIC 8221
THE GOVERNORS OF THE UNIVERSITY OF ALBERTA p108
430 Pembina Hall University Of Alberta, EDMONTON, AB, T6G 2H8
(780) 492-2972 SIC 8221
THE GOVERNORS OF THE UNIVERSITY OF ALBERTA p108
125 University Campus Nw, EDMONTON, AB, T6G 2H6
(780) 492-9400 SIC 8221
THE GOVERNORS OF THE UNIVERSITY OF ALBERTA p108
91 University Campus Nw Suite 128, EDMONTON, AB, T6G 2H5
(780) 492-0046 SIC 8221
THE GOVERNORS OF THE UNIVERSITY OF ALBERTA p108
54 University Campus Nw, EDMONTON, AB, T6G 2E6
(780) 492-4776 SIC 8221
THE GOVERNORS OF THE UNIVERSITY OF ALBERTA p108
32 University Campus Nw Suite 1, EDMONTON, AB, T6G 2E3
(780) 492-3111 SIC 8221
THE GOVERNORS OF THE UNIVERSITY OF ALBERTA p108
106 University Campus Nw Suite 6, EDMONTON, AB, T6G 2G5
(780) 492-3751 SIC 8221
THE GOVERNORS OF THE UNIVERSITY OF ALBERTA p108
8308 114 St Nw Suite 2105, EDMONTON, AB, T6G 2V2
(780) 492-9400 SIC 8221
THE GOVERNORS OF THE UNIVERSITY OF ALBERTA p108
21 University Campus Nw, EDMONTON, AB, T6G 2G6
(780) 492-8423 SIC 8221
THE ROYAL INSTITUTE FOR THE ADVANCEMENT OF LEARNING MCGILL UNIVERSITY p1108
817 Rue Sherbrooke O Bureau 382, Montreal, QC, H3A 0C3
(514) 398-7251 SIC 8221
THOMPSON RIVERS UNIVERSITY p235
155 Main St Suite 10, LILLOOET, BC, V0K 1V0
(250) 256-4296 SIC 8221
THOMPSON RIVERS UNIVERSITY p341
1250 Western Ave, WILLIAMS LAKE, BC, V2G 1H7
(250) 392-8000 SIC 8221
TORONTO DISTRICT SCHOOL BOARD p841
2740 Lawrence Ave E, SCARBOROUGH, ON, M1P 2S7
(416) 396-5525 SIC 8221
TRIOS COLLEGE BUSINESS TECHNOLOGY HEALTHCARE INC p651
520 First St Suite 1, LONDON, ON, N5V 3C6
(519) 455-0551 SIC 8221
TRIOS TRAINING CENTRES LIMITED p641
445 King St W, KITCHENER, ON, N2G 1C2
(519) 578-0838 SIC 8221
UNIVERSITE CONCORDIA p1116
1600 Rue Sainte-Catherine O 1er Etage Fb-117, Montreal, QC, H3G 1M8
(514) 848-3600 SIC 8221
UNIVERSITE DE MONCTON p406
18 Av Antonine-Maillet, MONCTON, NB, E1A 3E9
(506) 858-4000 SIC 8221
UNIVERSITE DE MONCTON p406
65 Massey Ave, MONCTON, NB, E1A 3C9
(506) 858-4205 SIC 8221
UNIVERSITE DE MONCTON p406
18 Av Antonine-Maillet, MONCTON, NB, E1A 3E9
(506) 863-2132 SIC 8221
UNIVERSITE DE MONCTON p420
218j Boul J D Gauthier, SHIPPAGAN, NB, E8S 1P6
(506) 336-3400 SIC 8221
UNIVERSITE DE MONTREAL, L' p1120
3744 Rue Jean-Brillant, Montreal, QC, H3T 1P1
(514) 343-6090 SIC 8221
UNIVERSITE DE SHERBROOKE p1072
150 Place Charles-Le Moyne Bureau 200, LONGUEUIL, QC, J4K 0A8
(450) 463-1835 SIC 8221
UNIVERSITE DE SHERBROOKE p1238
2500 Boul De L'universite Bureau 2005, SHERBROOKE, QC, J1K 2R1
(819) 821-7747 SIC 8221
UNIVERSITE DU QUEBEC p1021
531 Boul Des Prairies, Cote Saint-Luc, QC, H7V 1B7
(450) 687-5010 SIC 8221
UNIVERSITE DU QUEBEC p1038
101 Rue Saint-Jean-Bosco Bureau B0150, GATINEAU, QC, J8Y 3G5
(819) 595-3900 SIC 8221
UNIVERSITE DU QUEBEC p1039
283 Boul Alexandre-Tache, GATINEAU, QC, J9A 1L8
(819) 595-3900 SIC 8221
UNIVERSITE DU QUEBEC p1054
500 Rue Principale Bureau Ar60, LA SARRE, QC, J9Z 2A2
(819) 333-2624 SIC 8221
UNIVERSITE DU QUEBEC p1066
1595 Boul Alphonse-Desjardins, Levis, QC, G6V 0A6
(418) 833-8800 SIC 8221
UNIVERSITE DU QUEBEC p1095
1200 Rue Berri, Montreal, QC, H2L 4S6
(514) 987-3000 SIC 8221
UNIVERSITE DU QUEBEC p1095
405 Rue Sainte-Catherine E, Montreal, QC, H2L 2C4
(514) 987-3000 SIC 8221
UNIVERSITE DU QUEBEC p1099
4750 Av Henri-Julien, Montreal, QC, H2T 3E5
(514) 849-3989 SIC 8221
UNIVERSITE DU QUEBEC p1101
315 Rue Sainte-Catherine E Bureau 3570, Montreal, QC, H2X 3X2
(514) 987-3000 SIC 8221
UNIVERSITE DU QUEBEC p1101
201 Av Du President-Kennedy Bureau Pk5151, Montreal, QC, H2X 3Y7
(514) 987-3000 SIC 8221
UNIVERSITE DU QUEBEC p1101
1255 Rue Saint-Denis, Montreal, QC, H2X 3R9
(514) 987-3000 SIC 8221
UNIVERSITE DU QUEBEC p1115
1440 Rue Saint-Denis, Montreal, QC, H3C 3P8
(514) 987-3092 SIC 8221
UNIVERSITE DU QUEBEC p1150
455 Rue Du Parvis Bureau 2140, Quebec, QC, G1K 9H6
(418) 657-2262 SIC 8221
UNIVERSITE DU QUEBEC p1150
490 Rue De La Couronne, Quebec, QC, G1K 9A9
(418) 687-6400 SIC 8221
UNIVERSITE DU QUEBEC p1150
490 Rue De La Couronne, Quebec, QC, G1K 9A9
(418) 654-4677 SIC 8221
UNIVERSITE DU QUEBEC p1150
490 Rue De La Couronne, Quebec, QC, G1K 9A9
(418) 687-6400 SIC 8221
UNIVERSITE DU QUEBEC p1173
300 Allee Des Ursulines, RIMOUSKI, QC, G5L 3A1
(418) 723-1986 SIC 8221
UNIVERSITE DU QUEBEC p1178
445 Boul De L'universite, ROUYN-NORANDA, QC, J9X 5E4
(819) 762-0971 SIC 8221
UNIVERSITE DU QUEBEC p1250
3351 Boul Des Forges, Trois-Rivieres, QC, G8Z 4M3
(819) 376-5011 SIC 8221
UNIVERSITE DU QUEBEC A CHICOUTIMI p1234
175 Rue De La Verendrye, Sept-Iles, QC, G4R 5B7
(418) 968-4801 SIC 8221
UNIVERSITE LAVAL p1162
1030 Av Des Sciences Humaines, Quebec, QC, G1V 0A6
(418) 656-2131 SIC 8221
UNIVERSITE SAINTE-ANNE p457
1589 Walnut St, HALIFAX, NS, B3H 3S1
(902) 424-4462 SIC 8221
UNIVERSITE SAINTE-ANNE p457
1589 Walnut St, HALIFAX, NS, B3H 3S1
(902) 424-2630 SIC 8221
UNIVERSITY COLLEGE OF THE NORTH p359
436 7th St E, THE PAS, MB, R9A 1M7
(204) 627-8500 SIC 8221
UNIVERSITY OF BRITISH COLUMBIA, THE p222
3333 University Way Suite 324, KELOWNA, BC, V1V 1V7
(250) 807-8000 SIC 8221
UNIVERSITY OF BRITISH COLUMBIA, THE p297
950 10th Ave E Rm 3350, VANCOUVER, BC, V5T 2B2
(604) 875-4165 SIC 8221
UNIVERSITY OF BRITISH COLUMBIA, THE p297
2424 Main St Suite 2900, VANCOUVER, BC, V5T 3E2
(604) 822-6448 SIC 8221
UNIVERSITY OF BRITISH COLUMBIA, THE p301
2775 Laurel St Suite 5153, VANCOUVER, BC, V5Z 1M9
(604) 875-4500 SIC 8221
UNIVERSITY OF BRITISH COLUMBIA, THE p315
4480 Oak St Suite B321, VANCOUVER, BC, V6H 3V4
(604) 875-2318 SIC 8221
UNIVERSITY OF BRITISH COLUMBIA, THE p320
2329 West Mall, VANCOUVER, BC, V6T 1Z4
(604) 822-2172 SIC 8221
UNIVERSITY OF BRITISH COLUMBIA, THE p320
5950 University Blvd Suite 410, VANCOUVER, BC, V6T 1Z3
(604) 822-1436 SIC 8221
UNIVERSITY OF BRITISH COLUMBIA, THE p320
6356 Agricultural Rd Suite 420, VANCOUVER, BC, V6T 1Z2
(604) 822-6611 SIC 8221
UNIVERSITY OF BRITISH COLUMBIA, THE p320
2053 Main Mall Suite 160, VANCOUVER, BC, V6T 1Z2
(604) 822-8400 SIC 8221
UNIVERSITY OF BRITISH COLUMBIA, THE p320
6331 Crescent Rd, VANCOUVER, BC, V6T 1Z2
(604) 822-1500 SIC 8221
UNIVERSITY OF BRITISH COLUMBIA, THE p320
2366 Main Mall Ste 289, VANCOUVER, BC, V6T 1Z4
(604) 822-6894 SIC 8221
UNIVERSITY OF BRITISH COLUMBIA, THE p320
2125 Main Mall Suite 1100, VANCOUVER

BC, V6T 1Z4
(604) 822-5235 SIC 8221
UNIVERSITY OF BRITISH COLUMBIA, THE
p320
2150 Western Pky Unit 209, VANCOUVER, BC, V6T 1V6
(604) 822-2211 SIC 8221
UNIVERSITY OF BRITISH COLUMBIA, THE
p320
2194 Health Sciences Mall Unit 3, VANCOUVER, BC, V6T 1Z6
(604) 822-0738 SIC 8221
UNIVERSITY OF BRITISH COLUMBIA, THE
p320
6138 Sub Blvd, VANCOUVER, BC, V6T 2A5
(604) 822-6999 SIC 8221
UNIVERSITY OF BRITISH COLUMBIA, THE
p320
1984 Mathematics Rd Rm 121, VANCOUVER, BC, V6T 1Z2
(604) 822-2666 SIC 8221
UNIVERSITY OF BRITISH COLUMBIA, THE
p320
2075 Wesbrook Mall Unit 305, VANCOUVER, BC, V6T 1Z1
(604) 822-2454 SIC 8221
UNIVERSITY OF BRITISH COLUMBIA, THE
p320
2222 Health Sciences Mall, VANCOUVER, BC, V6T 1Z3
(604) 822-7810 SIC 8221
UNIVERSITY OF BRITISH COLUMBIA, THE
p320
2525 West Mall, VANCOUVER, BC, V6T 1W9
(604) 822-3304 SIC 8221
UNIVERSITY OF BRITISH COLUMBIA, THE
p320
2199 Wesbrook Mall Suite 350, VANCOUVER, BC, V6T 1Z3
(604) 822-5773 SIC 8221
UNIVERSITY OF BRITISH COLUMBIA, THE
p320
2366 Main Mall Suite 201, VANCOUVER, BC, V6T 1Z4
(604) 822-3061 SIC 8221
UNIVERSITY OF BRITISH COLUMBIA, THE
p320
6250 Applied Science Lane Rm 2054, VANCOUVER, BC, V6T 1Z4
(604) 822-2781 SIC 8221
UNIVERSITY OF BRITISH COLUMBIA, THE
p320
6190 Agronomy Rd Rm 103, VANCOUVER, BC, V6T 1Z3
(604) 822-8580 SIC 8221
UNIVERSITY OF BRITISH COLUMBIA, THE
p320
1873 East Mall Rm 1297, VANCOUVER, BC, V6T 1Z1
(604) 822-2561 SIC 8221
UNIVERSITY OF BRITISH COLUMBIA, THE
p320
2133 The East Mall, VANCOUVER, BC, V6T 1Z4
(604) 822-2211 SIC 8221
UNIVERSITY OF BRITISH COLUMBIA, THE
p321
6200 University Blvd, VANCOUVER, BC, V6T 1Z4
(604) 822-2665 SIC 8221
UNIVERSITY OF BRITISH COLUMBIA, THE
p321
2053 Main Mall Suite 247, VANCOUVER, BC, V6T 1Z2
(604) 822-8500 SIC 8221
UNIVERSITY OF BRITISH COLUMBIA, THE
p321
2205 Lower Mall, VANCOUVER, BC, V6T 1Z4
(604) 822-9296 SIC 8221
UNIVERSITY OF BRITISH COLUMBIA, THE
p321
6224 Agricultural Rd Rm 325, VANCOUVER, BC, V6T 1Z1
(604) 822-3853 SIC 8221
UNIVERSITY OF BRITISH COLUMBIA, THE
p321
5950 University Blvd Suite 320, VANCOUVER, BC, V6T 1Z3
(604) 827-4168 SIC 8221
UNIVERSITY OF BRITISH COLUMBIA, THE
p321
1984 West Mall Suite 217, VANCOUVER, BC, V6T 1Z2
(604) 822-3539 SIC 8221
UNIVERSITY OF BRITISH COLUMBIA, THE
p321
2080 West Mall Suite 300, VANCOUVER, BC, V6T 1Z2
(604) 822-2277 SIC 8221
UNIVERSITY OF BRITISH COLUMBIA, THE
p321
6270 University Blvd Suite 1505, VANCOUVER, BC, V6T 1Z4
(604) 822-0220 SIC 8221
UNIVERSITY OF BRITISH COLUMBIA, THE
p321
2881 Acadia Rd, VANCOUVER, BC, V6T 1S1
(604) 822-5343 SIC 8221
UNIVERSITY OF BRITISH COLUMBIA, THE
p321
5959 Student Union Blvd, VANCOUVER, BC, V6T 1K2
(604) 822-1020 SIC 8221
UNIVERSITY OF BRITISH COLUMBIA, THE
p321
2360 East Mall Rm 218, VANCOUVER, BC, V6T 1Z3
(604) 822-6029 SIC 8221
UNIVERSITY OF BRITISH COLUMBIA, THE
p321
2121 West Mall, VANCOUVER, BC, V6T 1Z4
SIC 8221
UNIVERSITY OF BRITISH COLUMBIA, THE
p321
2136 West Mall, VANCOUVER, BC, V6T 1Z4
(604) 822-2755 SIC 8221
UNIVERSITY OF BRITISH COLUMBIA, THE
p321
2146 East Mall, VANCOUVER, BC, V6T 1Z3
(604) 822-2343 SIC 8221
UNIVERSITY OF BRITISH COLUMBIA, THE
p321
5804 Fairview Cres, VANCOUVER, BC, V6T 1Z3
(604) 822-5431 SIC 8221
UNIVERSITY OF BRITISH COLUMBIA, THE
p322
800 Robson St Suite 100, VANCOUVER, BC, V6Z 3B7
(604) 822-0035 SIC 8221
UNIVERSITY OF BRITISH COLUMBIA, THE
p322
1900-800 Robson St, VANCOUVER, BC, V6Z 3B7
(604) 822-3333 SIC 8221
UNIVERSITY OF GUELPH p485
31 St Paul St, ALFRED, ON, K0B 1A0
SIC 8221
UNIVERSITY OF GUELPH p601
95 Stone Rd W, GUELPH, ON, N1G 2Z4
(519) 767-6299 SIC 8221
UNIVERSITY OF GUELPH p627
830 Prescott St, KEMPTVILLE, ON, K0G 1J0
(613) 258-8336 SIC 8221
UNIVERSITY OF GUELPH p825
120 Main St, RIDGETOWN, ON, N0P 2C0
(519) 674-1500 SIC 8221
UNIVERSITY OF LETHBRIDGE, THE p82
10707 100 Ave Nw Suite 1100, EDMONTON, AB, T5J 3M1
(780) 424-0425 SIC 8221
UNIVERSITY OF MANITOBA p376
11 The Promenade, WINNIPEG, MB, R3B 3J1
(204) 474-6614 SIC 8221
UNIVERSITY OF MANITOBA p380
770 Bannatyne Ave Suite T162, WINNIPEG, MB, R3E 0W3
(204) 789-3711 SIC 8221
UNIVERSITY OF MANITOBA p380
675 Mcdermot Ave Suite 5008, WINNIPEG, MB, R3E 0V9
(204) 787-2137 SIC 8221
UNIVERSITY OF MANITOBA p387
124 Frank St, WINNIPEG, MB, R3N 1W1
(204) 474-7846 SIC 8221
UNIVERSITY OF MANITOBA p388
857 Wilkes Ave Suite 500, WINNIPEG, MB, R3P 2M2
(204) 474-6100 SIC 8221
UNIVERSITY OF MANITOBA p390
70 Dysart Rd Suite 209, WINNIPEG, MB, R3T 2M6
(204) 474-8575 SIC 8221
UNIVERSITY OF MANITOBA p390
181 Freedman Cres Suite 121, WINNIPEG, MB, R3T 5V4
(204) 474-6388 SIC 8221
UNIVERSITY OF MANITOBA p391
E2 -376 Eitc 75 A Chancellor Cir, WINNIPEG, MB, R3T 2N2
(204) 474-6033 SIC 8221
UNIVERSITY OF MANITOBA p391
92 Dysart Rd, WINNIPEG, MB, R3T 2M5
(204) 474-8531 SIC 8221
UNIVERSITY OF MANITOBA p391
15 Chancellors Cir, WINNIPEG, MB, R3T 5V5
(204) 474-8401 SIC 8221
UNIVERSITY OF MANITOBA p391
66 Chancellors Cir Rm 410, WINNIPEG, MB, R3T 2N2
(204) 474-8348 SIC 8221
UNIVERSITY OF MANITOBA THE p390
66 Chancellors Cir Rm 406, WINNIPEG, MB, R3T 2N2
(204) 474-8167 SIC 8221
UNIVERSITY OF NEW BRUNSWICK p401
41 Dineen Dr Unit 105a, FREDERICTON, NB, E3B 5A3
(506) 453-4669 SIC 8221
UNIVERSITY OF NEW BRUNSWICK p401
Gd, FREDERICTON, NB, E3B 5A3
(506) 453-4524 SIC 8221
UNIVERSITY OF NEW BRUNSWICK p401
6 Duffie Dr Fl 2, FREDERICTON, NB, E3B 5A3
(506) 453-4646 SIC 8221
UNIVERSITY OF NEW BRUNSWICK p401
11 Dineen Dr, FREDERICTON, NB, E3B 5A3
(506) 453-4666 SIC 8221
UNIVERSITY OF NEW BRUNSWICK p401
540 Windsor St Unit 126, FREDERICTON, NB, E3B 5A3
(506) 453-4566 SIC 8221
UNIVERSITY OF NEW BRUNSWICK p401
767 Kings College, FREDERICTON, NB, E3B 5A3
(506) 453-4889 SIC 8221
UNIVERSITY OF NEW BRUNSWICK p401
Gd, FREDERICTON, NB, E3B 5A3
(506) 453-4676 SIC 8221
UNIVERSITY OF NEW BRUNSWICK p418
100 Tucker Park Rd, SAINT JOHN, NB, E2L 4L5
(506) 648-5670 SIC 8221
UNIVERSITY OF OTTAWA p565
610 Mcconnell Ave, CORNWALL, ON, K6H 4M1
(613) 938-6989 SIC 8221
UNIVERSITY OF OTTAWA p786
451 Smyth Rd Unit 3105, OTTAWA, ON, K1H 8M5
(613) 562-5410 SIC 8221
UNIVERSITY OF OTTAWA p786
451 Smyth Rd Suite Rgn, OTTAWA, ON, K1H 8M5
(613) 562-5800 SIC 8221
UNIVERSITY OF OTTAWA p790
85 Universite Pvt Unit 102, OTTAWA, ON, K1N 6N5
(613) 562-5734 SIC 8221
UNIVERSITY OF OTTAWA p790
120 Universite Pvt Unit 3010, OTTAWA, ON, K1N 6N5
(613) 562-5800 SIC 8221
UNIVERSITY OF OTTAWA p790
800 King Edward Ave Suite 2002, OTTAWA, ON, K1N 6N5
(613) 562-5800 SIC 8221
UNIVERSITY OF OTTAWA p790
550 Cumberland St Suite 378, OTTAWA, ON, K1N 6N5
(613) 562-5800 SIC 8221
UNIVERSITY OF OTTAWA p790
161 Louis-Pasteur Pvt Suite A306, OTTAWA, ON, K1N 6N5
(613) 562-5800 SIC 8221
UNIVERSITY OF OTTAWA p790
70 Laurier Ave E Suite 338, OTTAWA, ON, K1N 6N6
(613) 562-5715 SIC 8221
UNIVERSITY OF OTTAWA p790
147 Seraphin-Marion Pvt, OTTAWA, ON, K1N 6N5
(613) 562-5800 SIC 8221
UNIVERSITY OF OTTAWA p790
55 Laurier Ave E Suite 5105, OTTAWA, ON, K1N 6N5
(613) 562-5731 SIC 8221
UNIVERSITY OF REGINA p1289
3737 Wascana Pky Suite 148, REGINA, SK, S4S 0A2
(306) 585-5022 SIC 8221
UNIVERSITY OF SASKATCHEWAN p1302
3311 Fairlight Dr, SASKATOON, SK, S7M 3Y5
(306) 655-4235 SIC 8221
UNIVERSITY OF SASKATCHEWAN p1303
104 Clinic Pl, SASKATOON, SK, S7N 2Z4
(306) 966-6221 SIC 8221
UNIVERSITY OF SASKATCHEWAN p1303
52 Campus Dr Room 1301, SASKATOON, SK, S7N 5B4
(306) 966-7350 SIC 8221
UNIVERSITY OF SASKATCHEWAN p1303
110 Science Pl, SASKATOON, SK, S7N 5C9
(306) 966-4655 SIC 8221
UNIVERSITY OF SASKATCHEWAN p1303
104 Clinic Pl 3rd Fl Suite 3400, SASKATOON, SK, S7N 2Z4
(306) 966-6579 SIC 8221
UNIVERSITY OF SASKATCHEWAN p1303
221 Cumberland Ave N Unit 232, SASKATOON, SK, S7N 1M3
(306) 966-4351 SIC 8221
UNIVERSITY OF SASKATCHEWAN p1303
105 Wiggins Rd, SASKATOON, SK, S7N 5E4
(306) 966-5122 SIC 8221
UNIVERSITY OF SASKATCHEWAN p1303
51 Campus Dr Rm 5d34, SASKATOON, SK, S7N 5A8
(306) 966-6829 SIC 8221
UNIVERSITY OF SASKATCHEWAN p1303
52 Campus Dr Rm 2601, SASKATOON, SK, S7N 5B4
(306) 966-7210 SIC 8221
UNIVERSITY OF SASKATCHEWAN p1303
221 Cumberland Ave N Suite 232, SASKATOON, SK, S7N 1M3
(306) 966-5563 SIC 8221
UNIVERSITY OF SASKATCHEWAN p1303
110 Maintenance Rd, SASKATOON, SK, S7N 5C5
(306) 966-4700 SIC 8221
UNIVERSITY OF SASKATCHEWAN p1303
107 Administration Pl Suite 201, SASKATOON, SK, S7N 5A2

(306) 966-8514   *SIC* 8221
UNIVERSITY OF SASKATCHEWAN   *p*1303
52 Campus Dr Rm 2529, SASKATOON, SK, S7N 5B4
SIC 8221
UNIVERSITY OF SASKATCHEWAN   *p*1303
51 Campus Dr Rm 6d34, SASKATOON, SK, S7N 5A8
(306) 966-4128   *SIC* 8221
UNIVERSITY OF SASKATCHEWAN   *p*1303
103 Hospital Dr, SASKATOON, SK, S7N 0W8
(306) 844-1132   *SIC* 8221
UNIVERSITY OF SASKATCHEWAN   *p*1303
103 Hospital Dr, SASKATOON, SK, S7N 0W8
(306) 655-1186   *SIC* 8221
UNIVERSITY OF SASKATCHEWAN   *p*1303
105 Administration Pl Suite E, SASKATOON, SK, S7N 5A2
(306) 966-4343   *SIC* 8221
UNIVERSITY OF SASKATCHEWAN   *p*1303
103 Hospital Dr, SASKATOON, SK, S7N 0W8
(306) 655-2402   *SIC* 8221
UNIVERSITY OF SASKATCHEWAN   *p*1303
28 Campus Dr Rm 3021, SASKATOON, SK, S7N 0X1
(306) 966-7601   *SIC* 8221
UNIVERSITY OF SASKATCHEWAN   *p*1303
101 Diefenbaker Pl, SASKATOON, SK, S7N 5B8
(306) 966-8525   *SIC* 8221
UNIVERSITY OF SASKATCHEWAN   *p*1303
114 Science Pl, SASKATOON, SK, S7N 5E2
(306) 966-5683   *SIC* 8221
UNIVERSITY OF SASKATCHEWAN   *p*1303
57 Campus Dr Rm 3b48, SASKATOON, SK, S7N 5A9
(306) 966-5336   *SIC* 8221
UNIVERSITY OF SASKATCHEWAN   *p*1304
110 Science Pl Rm 176, SASKATOON, SK, S7N 5C9
(306) 966-4886   *SIC* 8221
UNIVERSITY OF SASKATCHEWAN   *p*1304
97 Campus Dr Suite 227, SASKATOON, SK, S7N 4L3
(306) 966-4638   *SIC* 8221
UNIVERSITY OF SASKATCHEWAN   *p*1304
52 Campus Dr Rm 3101, SASKATOON, SK, S7N 5B4
(306) 966-7477   *SIC* 8221
UNIVERSITY OF SASKATCHEWAN   *p*1304
103 Hospital Drive Rm 2841, SASKATOON, SK, S7N 0W8
(306) 655-2221   *SIC* 8221
UNIVERSITY OF SASKATCHEWAN   *p*1304
57 Campus Dr Rm 3b48, SASKATOON, SK, S7N 5A9
(306) 966-4762   *SIC* 8221
UNIVERSITY OF SASKATCHEWAN   *p*1304
116 Science Pl Rm 163, SASKATOON, SK, S7N 5E2
(306) 966-6393   *SIC* 8221
UNIVERSITY OF SASKATCHEWAN   *p*1304
57 Campus Dr Rm 3b48, SASKATOON, SK, S7N 5A9
(306) 966-5440   *SIC* 8221
UNIVERSITY OF SASKATCHEWAN   *p*1304
52 Campus Dr Rm 2401, SASKATOON, SK, S7N 5B4
(306) 966-7145   *SIC* 8221
UNIVERSITY OF SASKATCHEWAN   *p*1304
103 Hospital Dr, SASKATOON, SK, S7N 0W8
(306) 844-1068   *SIC* 8221
UNIVERSITY OF SASKATCHEWAN   *p*1304
101 Administration Pl, SASKATOON, SK, S7N 5A1
(306) 966-7774   *SIC* 8221
UNIVERSITY OF SASKATCHEWAN   *p*1304
57 Campus Dr Rm 3b48, SASKATOON, SK, S7N 5A9
(306) 966-5273   *SIC* 8221

UNIVERSITY OF SASKATCHEWAN   *p*1304
103 Hospital Dr Rm 4544, SASKATOON, SK, S7N 0W8
(306) 844-1059   *SIC* 8221
UNIVERSITY OF SASKATCHEWAN   *p*1304
103 Hospital Dr, SASKATOON, SK, S7N 0W8
(306) 244-5561   *SIC* 8221
UNIVERSITY OF SASKATCHEWAN   *p*1304
104 Clinic Pl Rm 3134, SASKATOON, SK, S7N 2Z4
(306) 966-6327   *SIC* 8221
UNIVERSITY OF SASKATCHEWAN   *p*1304
107 Wiggins Rd Rm 2d01, SASKATOON, SK, S7N 5E5
(306) 966-6362   *SIC* 8221
UNIVERSITY OF SASKATCHEWAN   *p*1304
15 Campus Dr, SASKATOON, SK, S7N 5A6
(306) 966-5869   *SIC* 8221
UNIVERSITY OF SASKATCHEWAN   *p*1304
117 Science Pl Rm 323, SASKATOON, SK, S7N 5C8
(306) 966-1985   *SIC* 8221
UNIVERSITY OF SASKATCHEWAN   *p*1304
103 Hospital Dr Rm 119, SASKATOON, SK, S7N 0W8
(306) 844-1310   *SIC* 8221
UNIVERSITY OF SASKATCHEWAN   *p*1304
87 Campus Dr, SASKATOON, SK, S7N 5B2
(306) 966-1060   *SIC* 8221
UNIVERSITY OF SASKATCHEWAN   *p*1304
104 Clinic Pl, SASKATOON, SK, S7N 2Z4
(306) 966-8544   *SIC* 8221
UNIVERSITY OF SASKATCHEWAN   *p*1304
107 Wiggins Rd 4th Fl Suite B419, SASKATOON, SK, S7N 5E5
(306) 966-8641   *SIC* 8221
UNIVERSITY OF SASKATCHEWAN   *p*1304
52 Campus Dr Suite 1622, SASKATOON, SK, S7N 5B4
(306) 966-7334   *SIC* 8221
UNIVERSITY OF SASKATCHEWAN   *p*1304
9 Campus Dr Rm 154, SASKATOON, SK, S7N 5A5
(306) 966-6657   *SIC* 8221
UNIVERSITY OF SASKATCHEWAN   *p*1304
91 Campus Dr Suite 145, SASKATOON, SK, S7N 5E8
(306) 966-5768   *SIC* 8221
UNIVERSITY OF SASKATCHEWAN   *p*1304
107 Hospital Dr, SASKATOON, SK, S7N 0W8
(306) 655-1446   *SIC* 8221
UNIVERSITY OF SASKATCHEWAN   *p*1304
57 Campus Dr Rm 3b48.3, SASKATOON, SK, S7N 5A9
(306) 966-5336   *SIC* 8221
UNIVERSITY OF SASKATCHEWAN   *p*1304
28 Campus Dr Suite 3079, SASKATOON, SK, S7N 0X1
(306) 966-7619   *SIC* 8221
UNIVERSITY OF SASKATCHEWAN   *p*1304
107 Wiggins Rd Suite B103, SASKATOON, SK, S7N 5E5
(306) 966-1626   *SIC* 8221
UNIVERSITY OF THE FRASER VALLEY   *p*198
45190 Caen Ave, CHILLIWACK, BC, V2R 0N3
(604) 792-0025   *SIC* 8221
UNIVERSITY OF THE FRASER VALLEY   *p*238
33700 Prentis Ave Suite 1000, MISSION, BC, V2V 7B1
(604) 557-7603   *SIC* 8221
UNIVERSITY OF VICTORIA   *p*327
3800 Finnerty Rd Right Centre A405, VICTORIA, BC, V8P 5P2
(250) 721-6120   *SIC* 8221
UNIVERSITY OF VICTORIA   *p*328
3800 Finnerty Rd, VICTORIA, BC, V8P 5C2
(250) 721-8686   *SIC* 8221
UNIVERSITY OF VICTORIA   *p*328
3800a Finnerty Rd Suite 168, VICTORIA, BC, V8P 5C2
(250) 472-4747   *SIC* 8221
UNIVERSITY OF VICTORIA   *p*332
Gd, VICTORIA, BC, V8W 3H5
(250) 721-6488   *SIC* 8221
UNIVERSITY OF VICTORIA   *p*332
Gd, VICTORIA, BC, V8W 2Y2
(250) 721-7980   *SIC* 8221
UNIVERSITY OF VICTORIA   *p*332
1700 Finnerty Rd Rm 102, VICTORIA, BC, V8W 2Y2
(250) 721-6243   *SIC* 8221
UNIVERSITY OF VICTORIA   *p*332
Gd, VICTORIA, BC, V8W 3R4
(250) 721-6270   *SIC* 8221
UNIVERSITY OF WATERLOO   *p*952
200 University Ave W Elt 2036, WATERLOO, ON, N2L 3G1
(519) 888-4567   *SIC* 8221
UNIVERSITY OF WESTERN ONTARIO, THE   *p*657
North Campus Building, Room 240, LONDON, ON, N6A 5B7
(519) 661-3542   *SIC* 8221
UNIVERSITY OF WESTERN ONTARIO, THE   *p*657
1151 Richmond St Suite 2, LONDON, ON, N6A 5B8
(519) 661-2038   *SIC* 8221
UNIVERSITY OF WESTERN ONTARIO, THE   *p*661
1137 Western Rd Suite 1118, LONDON, ON, N6G 1G7
(519) 661-3182   *SIC* 8221
UNIVERSITY OF WESTERN ONTARIO, THE   *p*661
1393 Western Rd Suite 6100, LONDON, ON, N6G 1G9
(519) 661-3024   *SIC* 8221
UNIVERSITY OF WESTERN ONTARIO, THE   *p*661
1201 Western Rd Suite 1588, LONDON, ON, N6G 1H1
(519) 661-3360   *SIC* 8221
UNIVERSITY OF WINDSOR   *p*969
401 Sunset Ave Suite G07, WINDSOR, ON, N9B 3P4
(519) 253-3000   *SIC* 8221
UNIVERSITY OF WINNIPEG, THE   *p*379
520 Portage Ave Suite 210, WINNIPEG, MB, R3C 0G2
(204) 953-3855   *SIC* 8221
UNIVERSITY OF WINNIPEG, THE   *p*379
460 Portage Ave, WINNIPEG, MB, R3C 0E8
(204) 982-6633   *SIC* 8221
URSULINE RELIGIOUS OF THE DIOCESE OF LONDON IN ONTARIO   *p*661
1285 Western Rd, LONDON, ON, N6G 1H2
(519) 432-8353   *SIC* 8221
VANCOUVER CAREER COLLEGE (BURNABY) INC   *p*82
10004 Jasper Ave Suite 200, EDMONTON, AB, T5J 1R3
(780) 424-6650   *SIC* 8221
VANCOUVER CAREER COLLEGE (BURNABY) INC   *p*227
1649 Pandosy St, KELOWNA, BC, V1Y 1P6
(250) 763-5800   *SIC* 8221
VANCOUVER CAREER COLLEGE (BURNABY) INC   *p*284
13450 102 Ave Suite 295, SURREY, BC, V3T 5X3
(604) 580-2133   *SIC* 8221
VANCOUVER COMMUNITY COLLEGE   *p*306
250 Pender St W Suite 358, VANCOUVER, BC, V6B 1S9
(604) 443-8300   *SIC* 8221
VANCOUVER ISLAND UNIVERSITY   *p*258
7085 Nootka St Unit 100, POWELL RIVER, BC, V8A 3C6
(604) 485-8043   *SIC* 8221
WILFRID LAURIER UNIVERSITY   *p*529
73 George St, BRANTFORD, ON, N3T 2Y3
(519) 756-8228   *SIC* 8221

YORK UNIVERSITY   *p*756
4700 Keele St Rm 428, NORTH YORK, ON, M3J 1P3
(416) 736-5113   *SIC* 8221
YORK UNIVERSITY   *p*756
4700 Keele St S672 R, NORTH YORK, ON, M3J 1P3
(416) 736-5265   *SIC* 8221
YORK UNIVERSITY   *p*912
1 Dundas St W Suite 2602, TORONTO, ON, M5G 1Z3
(416) 597-9724   *SIC* 8221
YOUNG MEN'S CHRISTIAN ASSOCIATION OF GREATER VANCOUVER   *p*322
955 Burrard St, VANCOUVER, BC, V6Z 1Y2
(604) 689-9622   *SIC* 8221

SIC 8222 Junior colleges

ASSINIBOINE COMMUNITY COLLEGE   *p*344
1430 Victoria Ave E, BRANDON, MB, R7A 2A9
(204) 725-8700   *SIC* 8222
ASSINIBOINE COMMUNITY COLLEGE   *p*382
1313 Border St Suite 87, WINNIPEG, MB, R3H 0X4
(204) 694-7111   *SIC* 8222
ASSOCIATION ETUDIANTE CITE COLLEGIAL   *p*787
801 Aviation Pky, OTTAWA, ON, K1K 4R3
(613) 742-2493   *SIC* 8222
AURORA COLLEGE   *p*438
50 Conibear Cres, FORT SMITH, NT, X0E 0P0
(867) 872-7500   *SIC* 8222
AURORA COLLEGE   *p*438
50 Conibear Cres, FORT SMITH, NT, X0E 0P0
(867) 266-4966   *SIC* 8222
BOARD OF GOVERNOR'S OF RED RIVER COLLEGE, THE   *p*361
561 Main St Suite 101, WINKLER, MB, R6W 1E8
(204) 325-9672   *SIC* 8222
BOARD OF GOVERNOR'S OF RED RIVER COLLEGE, THE   *p*382
2055 Notre Dame Ave, WINNIPEG, MB, R3H 0J9
(204) 632-3960   *SIC* 8222
BRITISH COLUMBIA INSTITUTE OF TECHNOLOGY, THE   *p*248
265 Esplanade W, NORTH VANCOUVER, BC, V7M 1A5
(604) 453-4100   *SIC* 8222
BRITISH COLUMBIA INSTITUTE OF TECHNOLOGY, THE   *p*273
3800 Cessna Dr, RICHMOND, BC, V7B 0A1
(604) 419-3777   *SIC* 8222
BRITISH COLUMBIA INSTITUTE OF TECHNOLOGY, THE   *p*303
555 Seymour St Suite 750, VANCOUVER, BC, V6B 3H6
SIC 8222
CAMBRIAN COLLEGE OF APPLIED ARTS & TECHNOLOGY, THE   *p*867
1400 Barrydowne Rd, SUDBURY, ON, P3A 3V8
(705) 566-8101   *SIC* 8222
CEGEP DE TROIS-RIVIERES   *p*1249
3500 Rue De Courval, Trois-Rivieres, QC, G8Z 1T2
(819) 376-1721   *SIC* 8222
CENTENNIAL COLLEGE OF APPLIED ARTS & TECHNOLOGY, THE   *p*838
1960 Eglinton Ave E, SCARBOROUGH, ON, M1L 2M5
SIC 8222
COLLEGE FRANCAIS (1965) INC   *p*1071
1340 Boul Nobert, LONGUEUIL, QC, J4K 2P4
(450) 679-0770   *SIC* 8222
COLLEGE OF NEW CALEDONIA, THE   *p*264
100 Campus Way, QUESNEL, BC, V2J 7K1

BUSINESSES BY INDUSTRY CLASSIFICATION

(250) 991-7500   *SIC 8222*
COLLEGE OF THE NORTH ATLANTIC
59 Grandbay Rd, CHANNEL-PORT-AUX-BASQUES, NL, A0M 1C0
(709) 695-3582   *SIC 8222*
COLLEGE OF THE NORTH ATLANTIC p431
93 E St Suite 83, ST. ANTHONY, NL, A0K 4S0
(709) 454-3559   *SIC 8222*
COLLEGE OF THE NORTH ATLANTIC p433
1 Prince Philip Dr, ST. JOHN'S, NL, A1B 3R3
(709) 758-7200   *SIC 8222*
COLLEGE OF THE NORTH ATLANTIC p436
432 Massachusetts Dr, STEPHENVILLE, NL, A2N 3C1
(709) 643-7868   *SIC 8222*
CONESTOGA COLLEGE COMMUNICATIONS CORPORATION p598
460 Speedvale Ave E, GUELPH, ON, N1E 1P1
(519) 824-9390   *SIC 8222*
CONESTOGA COLLEGE COMMUNICATIONS CORPORATION p640
299 Doon Valley Dr, KITCHENER, ON, N2G 4M4
(519) 748-5220   *SIC 8222*
CONFEDERATION COLLEGE OF APPLIED ARTS AND TECHNOLOGY, THE p627
900 Golf Cours Rd, KENORA, ON, P9N 3X7
(807) 468-3121   *SIC 8222*
CORPORATION DU COLLEGE JEAN-DE-BREBEUF, LA p1120
3200 Ch De La Cote-Sainte-Catherine, Montreal, QC, H3T 1C1
(514) 342-9342   *SIC 8222*
DURHAM COLLEGE OF APPLIED ARTS AND TECHNOLOGY p957
1610 Champlain Ave Suite 155, WHITBY, ON, L1N 6A7
(905) 721-3311   *SIC 8222*
FANSHAWE COLLEGE OF APPLIED ARTS AND TECHNOLOGY, T p882
90 Tillson Ave, TILLSONBURG, ON, N4G 3A1
(519) 842-9000   *SIC 8222*
FANSHAWE COLLEGE OF APPLIED ARTS AND TECHNOLOGY, T p978
369 Finkle St, WOODSTOCK, ON, N4V 1A3
(519) 421-0144   *SIC 8222*
GEORGE BROWN COLLEGE OF APPLIED ARTS AND TECHNOLOGY, THE p924
160 Kendal Ave Suite C420, TORONTO, ON, M5R 1M3
(416) 415-2000   *SIC 8222*
GRAND ERIE DISTRICT SCHOOL BOARD p528
120 Brant Ave, BRANTFORD, ON, N3T 3H3
SIC 8222
GRANT MACEWAN UNIVERSITY p111
7319 29 Ave Nw Suite 311, EDMONTON, AB, T6K 2P1
(780) 497-4040   *SIC 8222*
KWANTLEN POLYTECHNIC UNIVERSITY p233
20901 Langley Bypass, LANGLEY, BC, V3A 8G9
(604) 599-2100   *SIC 8222*
MEDICINE HAT COLLEGE p8
200 Horticultural Station Rd E, BROOKS, AB, T1R 1E5
(403) 362-1677   *SIC 8222*
MEMORIAL UNIVERSITY OF NEWFOUNDLAND p435
155 Ridge Road, ST. JOHN'S, NL, A1C 5R3
(709) 778-0483   *SIC 8222*
MOHAWK COLLEGE OF APPLIED ARTS AND TECHNOLOGY, THE p616
135 Fennell Ave W, HAMILTON, ON, L9C 1E9
(905) 575-1212   *SIC 8222*
MOHAWK COLLEGE OF APPLIED ARTS AND TECHNOLOGY, THE p861
481 Barton St, STONEY CREEK, ON, L8E 2L7

(905) 575-1212   *SIC 8222*
NORTHERN ALBERTA INSTITUTE OF TECHNOLOGY p76
10504 Princess Elizabeth Ave Nw, EDMONTON, AB, T5G 3K4
(780) 378-5060   *SIC 8222*
NORTHERN ALBERTA INSTITUTE OF TECHNOLOGY p76
11311 120 St Nw Suite 131, EDMONTON, AB, T5G 2Y1
SIC 8222
NORTHERN ALBERTA INSTITUTE OF TECHNOLOGY p96
12204 149 St Nw, EDMONTON, AB, T5V 1A2
(780) 378-7200   *SIC 8222*
NORTHERN LAKES COLLEGE p129
64 Mission St, GROUARD, AB, T0G 1C0
(780) 751-3200   *SIC 8222*
NORTHERN LAKES COLLEGE p143
107 1st St E, MCLENNAN, AB, T0H 2L0
(780) 324-3737   *SIC 8222*
NORTHERN LIGHTS COLLEGE p215
9820 120 Ave, FORT ST. JOHN, BC, V1J 6K1
(250) 785-6981   *SIC 8222*
NOVA SCOTIA COMMUNITY COLLEGE p461
5685 Leeds St, HALIFAX, NS, B3K 2T3
(902) 491-6722   *SIC 8222*
NOVA SCOTIA COMMUNITY COLLEGE p474
39 Acadia Ave, STELLARTON, NS, B0K 1S0
(902) 752-2002   *SIC 8222*
NOVA SCOTIA, PROVINCE OF p466
50 Elliott Rd Suite 1, LAWRENCETOWN, NS, B0S 1M0
(902) 584-2226   *SIC 8222*
NOVA SCOTIA, PROVINCE OF p473
1575 Lake Rd, SHELBURNE, NS, B0T 1W0
(902) 875-8640   *SIC 8222*
PROVINCE OF NEW BRUNSWICK p401
284 Smythe St, FREDERICTON, NB, E3B 3C9
(506) 462-5012   *SIC 8222*
SASKATCHEWAN INSTITUTE OF APPLIED SCIENCE AND TECHNOLOGY p1276
600 Saskatchewan St W, MOOSE JAW, SK, S6H 2Z9
(306) 691-8200   *SIC 8222*
SASKATCHEWAN INSTITUTE OF APPLIED SCIENCE AND TECHNOLOGY p1280
1100 15th St E, PRINCE ALBERT, SK, S6V 7S4
(306) 765-1500   *SIC 8222*
SASKATCHEWAN INSTITUTE OF APPLIED SCIENCE AND TECHNOLOGY p1297
119 4th Ave S Suite 400, SASKATOON, SK, S7K 5X2
(866) 467-4278   *SIC 8222*
SASKATCHEWAN INSTITUTE OF APPLIED SCIENCE AND TECHNOLOGY p1297
1130 Idylwyld Dr And 33rd St, SASKATOON, SK, S7K 3R5
(866) 467-4278   *SIC 8222*
SASKATCHEWAN INSTITUTE OF APPLIED SCIENCE AND TECHNOLOGY p1297
Gd Stn Main, SASKATOON, SK, S7K 3R5
(306) 933-6350   *SIC 8222*
SCHOOL DISTRICT # 20 (KOOTENAY-COLUMBIA) p195
200 Centre Ave, CASTLEGAR, BC, V1N 3B9
(250) 365-7201   *SIC 8222*
SHERIDAN COLLEGE INSTITUTE OF TECHNOLOGY AND ADVANCED LEARNING p523
7899 Mclaughlin Rd, BRAMPTON, ON, L6Y 5H9
(905) 459-7533   *SIC 8222*
SIR SANDFORD FLEMING COLLEGE OF APPLIED ARTS AND TECHNOLOGY p605
297 College Dr, HALIBURTON, ON, K0M 1S0

(705) 457-1680   *SIC 8222*
TEC THE EDUCATION COMPANY INC p227
1632 Dickson Ave Suite 100, KELOWNA, BC, V1Y 7T2
(250) 860-2787   *SIC 8222*
WINNIPEG TECHNICAL COLLEGE p391
1551 Pembina Hwy, WINNIPEG, MB, R3T 2E5
(204) 989-6566   *SIC 8222*

SIC 8231 Libraries

BARRIE PUBLIC LIBRARY p494
60 Worsley St, BARRIE, ON, L4M 1L6
(705) 728-1010   *SIC 8231*
BIBLIOTHEQUE ET ARCHIVES NATIONALES DU QUEBEC p1013
930 Rue Jacques-Cartier E Bureau C-103, CHICOUTIMI, QC, G7H 7K9
(418) 698-3516   *SIC 8231*
BIBLIOTHEQUE ET ARCHIVES NATIONALES DU QUEBEC p1033
80 Boul De Gaspe, Gaspe, QC, G4X 1A9
(418) 727-3500   *SIC 8231*
BIBLIOTHEQUE ET ARCHIVES NATIONALES DU QUEBEC p1035
855 Boul De La Gappe, GATINEAU, QC, J8T 8H9
(819) 568-8798   *SIC 8231*
BIBLIOTHEQUE ET ARCHIVES NATIONALES DU QUEBEC p1094
475 Boul De Maisonneuve E, Montreal, QC, H2L 5C4
(514) 873-1100   *SIC 8231*
BIBLIOTHEQUE ET ARCHIVES NATIONALES DU QUEBEC p1160
1055 Av Du Seminaire, Quebec, QC, G1V 4N1
(418) 643-8904   *SIC 8231*
BIBLIOTHEQUE ET ARCHIVES NATIONALES DU QUEBEC p1177
27 Rue Du Terminus O, ROUYN-NORANDA, QC, J9X 2P3
(819) 763-3484   *SIC 8231*
BIBLIOTHEQUE ET ARCHIVES NATIONALES DU QUEBEC p1233
700 Boul Laure Bureau 190, Sept-Iles, QC, G4R 1Y1
(418) 964-8434   *SIC 8231*
BIBLIOTHEQUE ET ARCHIVES NATIONALES DU QUEBEC p1236
225 Rue Frontenac Bureau 401, SHERBROOKE, QC, J1H 1K1
(819) 820-3010   *SIC 8231*
BIBLIOTHEQUE ET ARCHIVES NATIONALES DU QUEBEC p1250
225 Rue Des Forges Unite 208, Trois-Rivieres, QC, G9A 5Z5
(819) 371-6015   *SIC 8231*
BIBLIOTHEQUE INTERMUNICIPALE PIERREFONDS/DOLLARD DES ORMEAUX p1137
13555 Boul De Pierrefonds, PIERREFONDS, QC, H9A 1A6
(514) 620-4181   *SIC 8231*
BRANTFORD PUBLIC LIBRARY BOARD p528
173 Colborne St, BRANTFORD, ON, N3T 2G8
(519) 756-2220   *SIC 8231*
BURNABY PUBLIC LIBRARY p186
4595 Albert St, BURNABY, BC, V5C 2G6
(604) 299-8955   *SIC 8231*
BURNABY PUBLIC LIBRARY p188
7311 Kingsway, BURNABY, BC, V5E 1G8
(604) 522-3971   *SIC 8231*
CALGARY PUBLIC LIBRARY p27
616 Macleod Trail Se, CALGARY, AB, T2G 2M2
(403) 260-2712   *SIC 8231*
CALGARY PUBLIC LIBRARY p35
11161 Bonaventure Dr Se, CALGARY, AB, T2J 6S1

(403) 221-2090   *SIC 8231*
CALGARY PUBLIC LIBRARY p37
1530 Northmount Dr Nw, CALGARY, AB, T2L 0G6
(403) 221-2030   *SIC 8231*
CHATEAUGUAY, VILLE DE p1011
25 Boul Maple, Chateauguay, QC, J6J 3P7
(450) 698-3080   *SIC 8231*
CITE DE DORVAL p1028
1401 Ch Du Bord-Du-Lac Lakeshore, DORVAL, QC, H9S 2E5
(514) 633-4170   *SIC 8231*
CITY OF GRANDE PRAIRIE, THE p125
9839 103 Ave Unit 101, GRANDE PRAIRIE, AB, T8V 6M7
(780) 532-3580   *SIC 8231*
CITY OF OTTAWA p593
1595 Telesat Crt Suite 800, GLOUCESTER, ON, K1B 5R3
SIC 8231
CITY OF WINNIPEG, THE p377
251 Donald St, WINNIPEG, MB, R3C 3P5
(204) 986-6450   *SIC 8231*
COMMISSION SCOLAIRE DES NAVIGATEURS p1068
1002 Rue Des Ecoliers, Levis, QC, G6Z 0C4
(418) 839-4188   *SIC 8231*
COQUITLAM PUBLIC LIBRARY p199
3001 Burlington Dr, COQUITLAM, BC, V3B 6X1
(604) 927-3560   *SIC 8231*
COQUITLAM PUBLIC LIBRARY p201
575 Poirier St, COQUITLAM, BC, V3J 6A9
(604) 937-4141   *SIC 8231*
CORPORATION OF THE CITY OF MARKHAM, THE p668
6031 Highway 7 E, MARKHAM, ON, L3P 3A7
(905) 513-7977   *SIC 8231*
CORPORATION OF THE CITY OF SAULT STE MARIE, THE p830
50 East St, SAULT STE. MARIE, ON, P6A 3C3
(705) 759-5230   *SIC 8231*
CORPORATION OF THE CITY OF TORONTO p901
789 Yonge St, TORONTO, ON, M4W 2G8
(416) 393-7131   *SIC 8231*
CORPORATION OF THE CITY OF WINDSOR PUBLIC LIBRARY BOARD, THE p967
850 Ouellette Ave, WINDSOR, ON, N9A 4M9
(519) 255-6770   *SIC 8231*
CORPORATION OF THE MUNICIPALITY OF CHATHAM-KENT, THE p552
120 Queen St, CHATHAM, ON, N7M 2G6
(519) 354-2940   *SIC 8231*
CORPORATION OF THE TOWN OF HALTON HILLS p591
9 Church St, GEORGETOWN, ON, L7G 2A3
(905) 873-2681   *SIC 8231*
CORPORATION OF THE TOWN OF LINCOLN p948
4080 John Charles Blvd, VINELAND, ON, L0R 2C0
(905) 562-5711   *SIC 8231*
CORPORATION OF THE TOWNSHIP OF KING, THE p629
1970 King Rd, KING CITY, ON, L7B 1K9
(905) 833-5101   *SIC 8231*
EDMONTON PUBLIC LIBRARY p80
7 Sir Winston Churchill Sq Nw, EDMONTON, AB, T5J 2V4
(780) 496-7000   *SIC 8231*
EDMONTON PUBLIC LIBRARY p80
7 Sir Winston Churchill Sq Nw Suite 5, EDMONTON, AB, T5J 2V4
(780) 496-7050   *SIC 8231*
FONDATION DE LA COMMISSION SCOLAIRE DES PORTAGES-DE-L'OUTAOUAIS p1037
4 Rue Camille-Gay, GATINEAU, QC, J8Y 2K5
(819) 777-6889   *SIC 8231*

▲ Public Company   ■ Public Company Family Member   **HQ** Headquarters   **BR** Branch   **SL** Single Location

FRASER VALLEY REGIONAL LIBRARY DISTRICT p179
32320 George Ferguson Way, ABBOTSFORD, BC, V2T 6N4
(604) 859-7814   SIC 8231

FRASER VALLEY REGIONAL LIBRARY DISTRICT p197
45860 First Ave, CHILLIWACK, BC, V2P 7K1
(604) 792-1941   SIC 8231

GOUVERNEMENT DE LA PROVINCE DE QUEBEC p1095
475 Boul De Maisonneuve E, Montreal, QC, H2L 5C4
(514) 873-1100   SIC 8231

GOUVERNEMENT DE LA PROVINCE DE QUEBEC p1095
475 Boul De Maisonneuve E, Montreal, QC, H2L 5C4
(514) 873-1100   SIC 8231

GOUVERNEMENT DE LA PROVINCE DE QUEBEC p1095
475 Boul De Maisonneuve E, Montreal, QC, H2L 5C4
(514) 873-1100   SIC 8231

GOUVERNEMENT DE LA PROVINCE DE QUEBEC p1145
1045 Rue Des Parlementaires, Quebec, QC, G1A 1A4
(418) 643-4408   SIC 8231

GOUVERNEMENT DE LA PROVINCE DE QUEBEC p1157
700 Rue Jacques-Parizeau Unite 307, Quebec, QC, G1R 5E5
(418) 643-1515   SIC 8231

GOVERNING COUNCIL OF THE UNIVERSITY OF TORONTO p926
130 St. George St, TORONTO, ON, M5S 1A5
(416) 978-4357   SIC 8231

GOVERNMENT OF THE PROVINCE OF ALBERTA p129
310 Railway Ave, GRANUM, AB, T0L 1A0
(403) 687-3912   SIC 8231

GOVERNORS OF THE UNIVERSITY OF ALBERTA, THE p108
52 University Campus Nw, EDMONTON, AB, T6G 2J8
(780) 492-3790   SIC 8231

GREATER VICTORIA PUBLIC LIBRARY BOARD p327
3950 Cedar Hill Rd, VICTORIA, BC, V8P 3Z9
(250) 477-7111   SIC 8231

GUELPH, CITY OF p602
100 Norfolk St, GUELPH, ON, N1H 4J6
(519) 824-6220   SIC 8231

HALIFAX REGIONAL MUNICIPALITY p448
60 Alderney Dr, DARTMOUTH, NS, B2Y 4P8
(902) 490-5745   SIC 8231

HALIFAX REGIONAL MUNICIPALITY p466
636 Sackville Dr, LOWER SACKVILLE, NS, B4C 2S3
(902) 865-8653   SIC 8231

HAMILTON PUBLIC LIBRARY BOARD, THE p570
18 Ogilvie St, DUNDAS, ON, L9H 2S2
(905) 627-3507   SIC 8231

KINGSTON-FRONTENAC PUBLIC LIBRARY BOARD p631
130 Johnson St, KINGSTON, ON, K7L 1X8
(613) 549-8888   SIC 8231

KITCHENER PUBLIC LIBRARY BOARD p641
85 Queen St N, Kitchener, ON, N2H 2H1
(519) 743-0271   SIC 8231

KNOWLEDGE MANAGEMENT p593
1200m Montreal Rd Suite 60, GLOUCESTER, ON, K1A 0S2
(613) 993-9251   SIC 8231

LAMBTON COUNTY LIBRARY p828
124 Christina St S, SARNIA, ON, N7T 8E1
(519) 337-3291   SIC 8231

LANGLEY, CITY OF p233
20399 Douglas Cres, LANGLEY, BC, V3A 4B3
(604) 514-2850   SIC 8231

LEVIS, VILLE DE p1065
7 Rue Monseigneur-Gosselin, Levis, QC, G6V 5J9
(418) 838-4122   SIC 8231

MARKHAM PUBLIC LIBRARY BOARD p669
6031 Highway 7 E, MARKHAM, ON, L3P 3A7
(905) 513-7977   SIC 8231

MEMORIAL UNIVERSITY OF NEWFOUNDLAND p434
234 Elizabeth Ave, ST. JOHN'S, NL, A1B 3Y1
(709) 864-7517   SIC 8231

MILTON PUBLIC LIBRARY BOARD p682
1010 Main St E, MILTON, ON, L9T 6H7
(905) 875-2665   SIC 8231

MONERIS SOLUTIONS CORPORATION p413
2 Charlotte St, SACKVILLE, NB, E4L 3S8
(506) 364-1920   SIC 8231

NIAGARA FALLS PUBLIC LIBRARY p736
4848 Victoria Ave, NIAGARA FALLS, ON, L2E 4C5
(905) 356-8080   SIC 8231

NOVA SCOTIA, PROVINCE OF p444
236 Commercial St, BERWICK, NS, B0P 1E0
(902) 665-2995   SIC 8231

OAKVILLE PUBLIC LIBRARY BOARD, THE p771
1415 Third Line, OAKVILLE, ON, L6M 3G2
(905) 815-2039   SIC 8231

OKANAGAN REGIONAL LIBRARY DISTRICT p226
1380 Ellis St, KELOWNA, BC, V1Y 2A2
(250) 762-2800   SIC 8231

OKANAGAN REGIONAL LIBRARY DISTRICT p326
3001 32 Ave, VERNON, BC, V1T 2L8
(250) 542-7610   SIC 8231

OKANAGAN REGIONAL LIBRARY DISTRICT p341
10150 Bottom Wood Lake Rd Suite 2, WINFIELD, BC, V4V 2M1
(250) 766-3141   SIC 8231

OTTAWA PUBLIC LIBRARY BOARD p624
2500 Campeau Dr, KANATA, ON, K2K 2W3
SIC 8231

OTTAWA PUBLIC LIBRARY BOARD p776
1705 Orleans Blvd, ORLEANS, ON, K1C 4W2
SIC 8231

PARKLAND REGIONAL LIBRARY p1309
Hwy 52 W, YORKTON, SK, S3N 3Z4
(306) 783-7022   SIC 8231

PETERBOROUGH PUBLIC LIBRARY BOARD p808
345 Aylmer St N, PETERBOROUGH, ON, K9H 3V7
(705) 745-5560   SIC 8231

PICKERING PUBLIC LIBRARY BOARD p813
1 The Esplanade, PICKERING, ON, L1V 6K7
(905) 831-6265   SIC 8231

PROVINCIAL INFORMATION & LIBRARY RESOURCES BOARD p434
125 Allandale Rd, ST. JOHN'S, NL, A1B 3A3
(709) 737-3946   SIC 8231

PROVINCIAL INFORMATION & LIBRARY RESOURCES BOARD p434
125 Allandale Rd, ST. JOHN'S, NL, A1B 3A3
(709) 737-3952   SIC 8231

PROVINCIAL INFORMATION & LIBRARY RESOURCES BOARD p437
48 St. George's Ave, STEPHENVILLE, NL, A2N 1L1
(709) 643-0900   SIC 8231

QUEEN'S UNIVERSITY AT KINGSTON p632
101 Union St W, KINGSTON, ON, K7L 2N9
(613) 533-2524   SIC 8231

RICHMOND PUBLIC LIBRARY BOARD p271
7700 Minoru Gate Suite 100, RICHMOND, BC, V6Y 1R8
(604) 231-6422   SIC 8231

RICHMOND, CITY OF p271
7700 Minoru Gate Suite 100, RICHMOND, BC, V6Y 1R8
(604) 231-6401   SIC 8231

SAINT-JEAN-SUR-RICHELIEU, VILLE DE p1199
180 Rue Laurier, SAINT-JEAN-SUR-RICHELIEU, QC, J3B 7J9
SIC 8231

SAINTE-THERESE, VILLE DE p1231
150 Boul Du Seminaire, SAINTE-THERESE, QC, J7E 1Z2
(450) 434-1440   SIC 8231

SASKATOON PUBLIC LIBRARY p1298
311 23rd St E, SASKATOON, SK, S7K 0J6
(306) 975-7558   SIC 8231

SASKATOON PUBLIC LIBRARY p1298
225 Primrose Dr, SASKATOON, SK, S7K 5E4
(306) 975-7600   SIC 8231

SOUTHERN ONTARIO LIBRARY SERVICE p931
111 Peter St Suite 902, TORONTO, ON, M5V 2H1
(416) 961-1669   SIC 8231

STRATFORD PUBLIC LIBRARY p865
19 St Andrew St, STRATFORD, ON, N5A 1A2
(519) 271-0220   SIC 8231

SURREY PUBLIC LIBRARY p281
15105 105 Ave Suite 15, SURREY, BC, V3R 7G8
(604) 598-7360   SIC 8231

THUNDER BAY PUBLIC LIBRARY BOARD p881
216 Brodie St S, THUNDER BAY, ON, P7E 1C2
(807) 345-8275   SIC 8231

TORONTO PUBLIC LIBRARY BOARD p576
36 Brentwood Rd N, ETOBICOKE, ON, M8X 2B5
(416) 394-5240   SIC 8231

TORONTO PUBLIC LIBRARY BOARD p582
1806 Islington Ave, ETOBICOKE, ON, M9P 3N3
(416) 394-5120   SIC 8231

TORONTO PUBLIC LIBRARY BOARD p583
1515 Albion Rd, ETOBICOKE, ON, M9V 1B2
(416) 394-5170   SIC 8231

TORONTO PUBLIC LIBRARY BOARD p760
20 Covington Rd, NORTH YORK, ON, M6A 3C1
(416) 395-5440   SIC 8231

TORONTO PUBLIC LIBRARY BOARD p835
30 Sewells Rd, SCARBOROUGH, ON, M1B 3G5
(416) 396-8969   SIC 8231

TORONTO PUBLIC LIBRARY BOARD p905
281 Front St E, TORONTO, ON, M5A 4L2
(416) 393-7215   SIC 8231

TORONTO PUBLIC LIBRARY BOARD p934
1745 Eglinton Ave W, TORONTO, ON, M6E 2H4
(416) 394-1000   SIC 8231

UNIVERSITY OF BRITISH COLUMBIA, THE p320
2198 Health Sciences Mall Suite 3, VANCOUVER, BC, V6T 1Z3
(604) 822-4970   SIC 8231

VILLE DE BLAINVILLE p999
1000 Ch Du Plan-Bouchard, BLAINVILLE, QC, J7C 3S9
(450) 434-5370   SIC 8231

VILLE DE DRUMMONDVILLE, LA p1029
545 Rue Des Ecoles, DRUMMONDVILLE, QC, J2B 1J6
(819) 478-6573   SIC 8231

VILLE DE LA POCATIERE p1053
900 6e Av Bureau 4, La Pocatiere, QC, G0R 1Z0
(418) 856-3394   SIC 8231

VILLE DE LONGUEUIL p1005
501 Ch Du Lac, BOUCHERVILLE, QC, J4B 6V6
(450) 449-8650   SIC 8231

VILLE DE MONTREAL p1081
1967 Boul Graham, MONT-ROYAL, QC, H3R 1G9
(514) 734-2967   SIC 8231

VILLE DE MONTREAL p1085
9001 Boul Perras, Montreal, QC, H1E 3J7
(514) 872-9386   SIC 8231

VILLE DE MONTREAL p1090
3131 Boul Rosemont, Montreal, QC, H1Y 1M4
(514) 872-4701   SIC 8231

VILLE DE MONTREAL p1091
3565 Rue Jarry E Bureau 400, Montreal, QC, H1Z 0A2
(514) 872-1540   SIC 8231

VILLE DE MONTREAL p1098
800 Boul Maisonneuve E Bureau 700, Montreal, QC, H2R 4L8
(514) 868-4402   SIC 8231

VILLE DE MONTREAL p1098
7355 Av Christophe-Colomb, Montreal, QC, H2R 2S5
(514) 872-1523   SIC 8231

VILLE DE MONTREAL p1119
10300 Rue Lajeunesse, Montreal, QC, H3L 2E5
(514) 872-4025   SIC 8231

VILLE DE MONTREAL p1121
5290 Ch De La Cote-Des-Neiges, Montreal, QC, H3T 1Y2
(514) 872-6603   SIC 8231

VILLE DE MONTREAL p1137
13555 Boul De Pierrefonds, PIERREFONDS, QC, H9A 1A6
(514) 620-4181   SIC 8231

VILLE DE MONTREAL p1143
100 Av Douglas-Shand, POINTE-CLAIRE, QC, H9R 4V1
(514) 630-1218   SIC 8231

VILLE DE MONTREAL p1216
8420 Boul Lacordaire, SAINT-LEONARD, QC, H1R 3G5
(514) 328-8500   SIC 8231

VILLE DE MONTREAL ARRONDISSEMENT D'ANJOU p992
7500 Av Goncourt, ANJOU, QC, H1K 3X9
(514) 493-8260   SIC 8231

VILLE DE MONTREAL ARRONDISSEMENT LASALLE p1060
1080 Av Dollard, LASALLE, QC, H8N 2T9
(514) 367-6384   SIC 8231

VILLE DE SAINTE-CATHERINE-DE-LA-JACQUES p1242
1 Rue Rouleau, STE-CATHERINE-DE-LA-JCARTIE, QC, G3N 2S5
SIC 8231

VILLE DE SHERBROOKE p1237
450 Rue Marquette, SHERBROOKE, QC, J1H 1M4
(819) 821-5861   SIC 8231

WAPITI REGIONAL LIBRARY p1280
145 12th St E, PRINCE ALBERT, SK, S6V 1B7
(306) 763-8496   SIC 8231

WAPITI REGIONAL LIBRARY p1306
503 3rd Ave, ST BRIEUX, SK, S0K 3V0
(306) 275-2133   SIC 8231

WESTERN COUNTIES REGIONAL LIBRARY p480
405 Main St, YARMOUTH, NS, B5A 1G3
(902) 742-5040   SIC 8231

WINNIPEG PUBLIC LIBRARY INC p379
251 Donald St, WINNIPEG, MB, R3C 3P5
(204) 986-6462   SIC 8231

CTC TRAINCANADA INC p910
595 Bay St Unit 302, TORONTO, ON, M5G 2C2
(416) 214-1090   SIC 8243

DYNEXA CORPORATION p901
2 Bloor St W Suite 903, TORONTO, ON, M4W 3E2
(416) 646-4746   SIC 8243

ESRI CANADA LIMITED p797
1600 Carling Ave Suite 430, OTTAWA, ON, K1Z 1G3
(613) 234-2103   SIC 8243

GROUPE EDGENDA INC p1152
1751 Rue Du Marais Bureau 300, Quebec, QC, G1M 0A2
(418) 953-1323   SIC 8243

INSTITUT HERZING DE MONTREAL INC p1117
1616 Boul Rene-Levesque O, Montreal, QC, H3H 1P8
(514) 935-7494   SIC 8243

NEXIENT LEARNING CANADA INC p47
700 2 St Sw Suite 400, CALGARY, AB, T2P 2W1
(403) 250-8686   SIC 8243

NEXIENT LEARNING CANADA INC p323
555 Burrard St Suite 400, VANCOUVER, BC, V7X 1M9
(604) 689-7272   SIC 8243

NEXIENT LEARNING CANADA INC p902
2 Bloor St W Suite 1200, TORONTO, ON, M4W 3E2
(416) 964-8664   SIC 8243

SIC 8244 Business and secretarial schools

COLLEGE O'SULLIVAN DE MONTREAL INC p1115
1191 Rue De La Montagne, Montreal, QC, H3G 1Z2
(514) 866-4622   SIC 8244

COMMISSION SCOLAIRE ENGLISH-MONTREAL p1122
1000 Av Old Orchard, Montreal, QC, H4A 3A4
(514) 484-0485   SIC 8244

ECOLE COMMERCIALE DU CAP INC p1248
90 Rue Dorval, Trois-Rivieres, QC, G8T 5X7
(819) 691-2600   SIC 8244

HERZING INSTITUTES OF CANADA INC p906
220 Yonge St Suite 202, Toronto, ON, M5B 2H1
(416) 599-6996   SIC 8244

INFORMATION TECHNOLOGY BUSINESS COLLEGE INC p655
151 Dundas St Suite 501, LONDON, ON, N6A 5R7
SIC 8244

SIMON FRASER UNIVERSITY p309
500 Granville St, VANCOUVER, BC, V6C 1W6
(778) 782-5013   SIC 8244

SIC 8249 Vocational schools, nec

ATHABASCA UNIVERSITY p166
22 Sir Winston Churchill Ave Unit 301, ST. ALBERT, AB, T8N 1B4
(780) 459-1144   SIC 8249

BOMBARDIER INC p1211
8575 Ch De La Cote-De-Liesse, SAINT-LAURENT, QC, H4T 1G5
(514) 344-6620   SIC 8249

CANADIAN APPRENTICESHIP FORUM p786
2197 Riverside Dr Suite 404, OTTAWA, ON, K1H 7X3
(613) 235-4004   SIC 8249

CENTER FOR ARTS AND TECHNOLOGY ATLANTIC CANADA INC p400
130 Carleton St, FREDERICTON, NB, E3B 3T4
(506) 460-1280   SIC 8249

CHRIST THE REDEEMER CATHOLIC SEPARATE REGIONAL DIVISION NO. 3 p148
53 Cimarron Dr Suite 1, OKOTOKS, AB, T1S 2A6
(403) 938-8046   SIC 8249

COLLEGE O'SULLIVAN DE QUEBEC INC p1157
600 Rue Saint-Jean, Quebec, QC, G1R 1P8
(418) 529-3355   SIC 8249

COMMISSION SCOLAIRE ABITIBI p1054
500 Rue Principale, LA SARRE, QC, J9Z 2A2
(819) 333-2387   SIC 8249

COMMISSION SCOLAIRE AU COEUR DES VALLEES p1034
584 Rue Maclaren E, GATINEAU, QC, J8L 2W1
(819) 986-8514   SIC 8249

COMMISSION SCOLAIRE DE LA CAPITALE, LA p1149
5 Rue Robert-Rumilly, Quebec, QC, G1K 2K5
(418) 686-4040   SIC 8249

COMMISSION SCOLAIRE DE LA POINTE-DE-L'ILE p992
7741 Av Du Ronceray, ANJOU, QC, H1K 3W7
(514) 353-3355   SIC 8249

COMMISSION SCOLAIRE DE LA REGION-DE-SHERBROOKE p1238
2965 Boul De L'universite, SHERBROOKE, QC, J1K 2X6
(819) 822-5508   SIC 8249

COMMISSION SCOLAIRE DE MONTREAL p1086
5300 Rue Chauveau, Montreal, QC, H1N 3V7
(514) 596-2376   SIC 8249

COMMISSION SCOLAIRE DE MONTREAL p1092
6028 Rue Marquette, Montreal, QC, H2G 2Y2
(514) 596-7919   SIC 8249

COMMISSION SCOLAIRE DES GRANDES-SEIGNEURIES p1053
399 Rue Conrad-Pelletier, LA PRAIRIE, QC, J5R 4V1
(514) 380-8899   SIC 8249

COMMISSION SCOLAIRE DES NAVIGATEURS p1066
2775 Rue De L'etchemin, Levis, QC, G6W 7X5
(418) 838-8542   SIC 8249

COMMISSION SCOLAIRE DES SOMMETS p1074
1255 Boul Des Etudiants, MAGOG, QC, J1X 3Y6
(819) 843-1343   SIC 8249

COMMISSION SCOLAIRE DES SOMMETS p1263
100 Rue Boisjoli, WINDSOR, QC, J1S 2X8
(819) 845-5402   SIC 8249

COMMISSION SCOLAIRE DU VAL-DES-CERFS p1041
700 Rue Denison O, GRANBY, QC, J2G 4G3
(450) 378-8544   SIC 8249

COOPERATIVE DE L'ECOLE DES HAUTES ETUDES COMMERCIALES p1120
5255 Av Decelles Bureau 2340, Montreal, QC, H3T 2B1
(514) 340-6396   SIC 8249

CREE SCHOOL BOARD p1261
1 Rue Elder David Neeposh, WASWANIPI, QC, J0Y 3C0
(819) 753-4040   SIC 8249

FORMATION INFO-TECHNIQUE S.B. INC p1026
1805 Rte Transcanadienne, DORVAL, QC, H9P 1J1
SIC 8249

GOUVERNEMENT DE LA PROVINCE DE QUEBEC p1100
3535 Rue Saint-Denis, Montreal, QC, H2X 3P1
(514) 282-5111   SIC 8249

GOVERNMENT OF THE PROVINCE OF ALBERTA p35
10325 Bonaventure Dr Se, CALGARY, AB, T2J 5R8
(403) 297-5028   SIC 8249

HARRIS INSTITUTE FOR THE ARTS INCORPORATED, THE p904
118 Sherbourne St, TORONTO, ON, M5A 2R2
(416) 367-0162   SIC 8249

HERZING INSTITUTES OF CANADA INC p381
723 Portage Ave, WINNIPEG, MB, R3G 0M8
(204) 775-8175   SIC 8249

INDEPENDENT LEARNING CENTER p919
20 Bay St Suite 600, TORONTO, ON, M5J 2W3
(416) 484-2704   SIC 8249

INSTITUT HERZING DE MONTREAL INC p1117
1616 Boul Rene-Levesque O, Montreal, QC, H3H 1P8
(514) 935-7494   SIC 8249

LESTER B. PEARSON SCHOOL BOARD p1137
13700 Boul De Pierrefonds, PIERREFONDS, QC, H9A 1A7
(514) 620-0707   SIC 8249

NAV CANADA p565
1950 Montreal Rd, CORNWALL, ON, K6H 6L2
(613) 936-5050   SIC 8249

NORTHWEST COMMUNITY COLLEGE p278
3966 2 Ave, SMITHERS, BC, V0J 2N0
(250) 847-4461   SIC 8249

QUEEN'S UNIVERSITY AT KINGSTON p632
92 Barrie St, KINGSTON, ON, K7L 3N6
(613) 533-2668   SIC 8249

SASKATCHEWAN APPRENTICESHIP AND TRADE CERTIFICATION COMMISSION p1286
2140 Hamilton St, Regina, SK, S4P 2E3
(306) 787-2444   SIC 8249

SCHOOL DISTRICT #70 (ALBERNI) SCHOOL BOARD p254
3500 Argyle St, PORT ALBERNI, BC, V9Y 3A8
(250) 723-7522   SIC 8249

SCHOOL DISTRICT NO 33 CHILLIWACK p197
49520 Prairie Central Rd Suite 33, CHILLIWACK, BC, V2P 6H3
(604) 701-4910   SIC 8249

SCHOOL DISTRICT NO 62 (SOOKE) p336
1830 Island Hwy Suite 109, VICTORIA, BC, V9B 1J2
(250) 474-2505   SIC 8249

TRANSPHARM CANADA INC p842
55 Town Centre Crt Suite 200, SCARBOROUGH, ON, M1P 4X4
(416) 296-8860   SIC 8249

SIC 8299 Schools and educational services, nec

ALLIANCE FRANCAISE DE TORONTO p699
1140 Burnhamthorpe Rd W Suite 111, MISSISSAUGA, ON, L5C 4E9
(905) 272-4444   SIC 8299

ALLIANCE FRANCAISE DE TORONTO p923
24 Spadina Rd, TORONTO, ON, M5R 2S7
(416) 922-2014   SIC 8299

ART INSTITUTE OF VANCOUVER INC, THE p910
655 Bay St Suite 200, TORONTO, ON, M5G 2K4
(416) 351-7273   SIC 8299

AVON MAITLAND DISTRICT SCHOOL BOARD p554
163 Princess St E, CLINTON, ON, N0M 1L0
(519) 482-8795   SIC 8299

BEARSKIN LAKE AIR SERVICE LP p358
585 6th Ave S, STONEWALL, MB, R0C 2Z0
SIC 8299

BERLITZ CANADA INC p41
237 4 Ave Sw Suite 103, CALGARY, AB, T2P 4K3
(403) 265-3850   SIC 8299

BERLITZ CANADA INC p697
3660 Hurontario St Suite 302, MISSISSAUGA, ON, L5B 3C4
(905) 896-0215   SIC 8299

BERLITZ CANADA INC p697
3660 Hurontario St Suite 303, MISSISSAUGA, ON, L5B 3C4
(905) 272-5111   SIC 8299

BERLITZ CANADA INC p792
350 Sparks St Suite 1001, OTTAWA, ON, K1R 7S8
(613) 234-8686   SIC 8299

BERLITZ CANADA INC p1008
6300 Av Auteuil Bureau 230, BROSSARD, QC, J4Z 3P2
SIC 8299

BERLITZ CANADA INC p1105
2001 Av Mcgill College, Montreal, QC, H3A 1G1
(514) 288-3111   SIC 8299

BERLITZ CANADA INC p1156
900 Boul Rene-Levesque E Bureau 850, Quebec, QC, G1R 2B5
SIC 8299

BERLITZ CANADA INC p1203
9900 Boul Cavendish Bureau 305, SAINT-LAURENT, QC, H4M 2V2
(514) 387-2566   SIC 8299

BISHOP HAMILTON MONTESSORI SCHOOL p776
1395 Youville Dr, ORLEANS, ON, K1C 4R1
(613) 834-6265   SIC 8299

BLUEDROP PERFORMANCE LEARNING INC p401
50 Crowther Lane Suite 100, FREDERICTON, NB, E3C 0J1
SIC 8299

BOARD OF EDUCATION OF SCHOOL DISTRICT NO. 61 (GREATER VICTORIA) p336
2750 Shoreline Dr, VICTORIA, BC, V9B 1M6
(250) 386-8367   SIC 8299

BOARD OF GOVERNOR'S OF RED RIVER COLLEGE, THE p377
123 Main St Suite 300, WINNIPEG, MB, R3C 1A3
(204) 945-6151   SIC 8299

BOMBARDIER INC p1275
Po Box 5000 Stn Main, MOOSE JAW, SK, S6H 7Z8
(306) 694-2222   SIC 8299

BRAMPTON FLYING CLUB p553
13691 Mclaughlin Rd, CHELTENHAM, ON, L7C 2B2
(416) 798-7928   SIC 8299

BURNSTEIN, DR. & ASSOCIATES p767
1484 Cornwall Rd, OAKVILLE, ON, L6J 7W5
SIC 8299

CAE INC p623
1145 Innovation Dr, KANATA, ON, K2K 3G8
(613) 225-0070   SIC 8299

CALGARY FRENCH & INTERNATIONAL SCHOOL SOCIETY, THE p62
700 77 St Sw, CALGARY, AB, T3H 5R1
(403) 240-1500   SIC 8299

CAMP MUSICAL PERE LINDSAY INC p1184
100 Rang Petit Beloeil, Saint-Come, QC, J0K 2B0
(450) 883-6024   SIC 8299

CANADIAN FLIGHT ACADEMY LTD p780
1250 Airport Blvd, OSHAWA, ON, L1J 8P5
(905) 404-9252   SIC 8299

CITY OF CALGARY, THE p38
523 27 Ave Nw, CALGARY, AB, T2M 2H9
(403) 221-3682   SIC 8299

COMMISSION SCOLAIRE DE LA RIVIERE-DU-NORD p1078
17000 Rue Aubin, MIRABEL, QC, J7J 1B1

(450) 435-0167 *SIC* 8299
COMMISSION SCOLAIRE DE LA SEIGNEURIE-DES-MILLE-ILES *p1023*
1415 Ch De L'avenir, DEUX-MONTAGNES, QC, J7R 7B4
(450) 623-3079 *SIC* 8299
COMMISSION SCOLAIRE DES LAURENTIDES *p1223*
150 Rue Lesage, Sainte-Adele, QC, J8B 2R4
(450) 240-6227 *SIC* 8299
COMMISSION SCOLAIRE DES PREMIERES-SEIGNEURIES *p1168*
700 Rue De L'argon, Quebec, QC, G2N 2G5
(418) 634-5580 *SIC* 8299
COMMISSION SCOLAIRE ENGLISH-MONTREAL *p1105*
3449 Rue University, Montreal, QC, H3A 2A8
(514) 350-8899 *SIC* 8299
COMMISSION SCOLAIRE ENGLISH-MONTREAL *p1122*
5870 Rue De Terrebonne, Montreal, QC, H4A 1B5
(514) 484-2881 *SIC* 8299
CONSEIL SCOLAIRE VIAMONDE *p652*
1260 Dundas St, LONDON, ON, N5W 5P2
(519) 659-8174 *SIC* 8299
COQUITLAM, CITY OF *p202*
1120 Brunette Ave, COQUITLAM, BC, V3K 1G2
(604) 664-1636 *SIC* 8299
CREATIVE CENTRE FOR LEARNING & DEVELOPMENT LIMITED *p956*
6727 South Chippawa Rd, WELLANDPORT, ON, L0R 2J0
(905) 386-6203 *SIC* 8299
CRUDESSENCE INC *p1099*
5445 Av De Gaspe Bureau 906, Montreal, QC, H2T 3B2
(514) 271-0333 *SIC* 8299
CSI GLOBAL EDUCATION INC *p928*
200 Wellington St W Suite 1200, TORONTO, ON, M5V 3G2
(416) 364-9130 *SIC* 8299
DISCOVERY AIR DEFENCE SERVICES INC *p1024*
79b Boul Brunswick, DOLLARD-DES-ORMEAUX, QC, H9B 2J5
(514) 694-5565 *SIC* 8299
DISCOVERY AIR DEFENCE SERVICES INC *p1026*
1675 Rte Transcanadienne Bureau 201, DORVAL, QC, H9P 1J1
(514) 694-5565 *SIC* 8299
DISTRICT SCOLAIRE FRANCOPHONE NORD-EST *p411*
700 Rue Principale, NEGUAC, NB, E9G 1N4
(506) 776-3808 *SIC* 8299
DURHAM SCHOOL OF MUSIC LTD *p484*
100 Old Kingston Rd, AJAX, ON, L1T 2Z9
(905) 428-6266 *SIC* 8299
ECOLE DE LANGUES DE L'ESTRIE INC *p1117*
1819 Boul Rene-Levesque O Bureau 200, Montreal, QC, H3H 2P5
SIC 8299
ECOLE DE LANGUES DE L'ESTRIE INC *p1158*
1535 Ch Sainte-Foy Bureau 305, Quebec, QC, G1S 2P1
SIC 8299
ECOLE DE MUSIQUE VINCENT-D'INDY *p1136*
628 Ch De La Cote-Sainte-Catherine, OUTREMONT, QC, H2V 2C5
(514) 735-5261 *SIC* 8299
EDGE SCHOOL FOR ATHLETES SOCIETY, THE *p65*
33055 Township Road 250, CALGARY, AB, T3Z 1L4
(403) 247-9707 *SIC* 8299
ENFORM CANADA *p147*
1020 20 Ave, NISKU, AB, T9E 7Z6

(780) 955-7770 *SIC* 8299
ENTERPHASE CHILD AND FAMILY SERVICES INC *p779*
250 Harmony Rd S, OSHAWA, ON, L1H 6T9
(905) 725-6387 *SIC* 8299
EXCELLENT GESTION INC *p1152*
550 Boul Pere-Lelievre Bureau 100, Quebec, QC, G1M 3R2
(418) 529-3868 *SIC* 8299
FLIGHTSAFETY CANADA LTD *p890*
95 Garratt Blvd, TORONTO, ON, M3K 2A5
(416) 638-9313 *SIC* 8299
FLIGHTSAFETY CANADA LTD *p1026*
9555 Av Ryan, DORVAL, QC, H9P 1A2
(514) 631-2084 *SIC* 8299
FONDATION DE LA COMMISSION SCOLAIRE DES PORTAGES-DE-L'OUTAOUAIS *p1037*
30 Boul Saint-Raymond, GATINEAU, QC, J8Y 1R6
SIC 8299
FRONTIER COLLEGE *p899*
35 Jackes Ave, TORONTO, ON, M4T 1E2
(416) 923-3591 *SIC* 8299
GOUVERNEMENT DE LA PROVINCE DE QUEBEC *p1099*
4750 Av Henri-Julien, Montreal, QC, H2T 3E4
(514) 873-4283 *SIC* 8299
GOUVERNEMENT DE LA PROVINCE DE QUEBEC *p1157*
270 Rue Jacques-Parizeau, Quebec, QC, G1R 5G1
(418) 643-2190 *SIC* 8299
GOVERNING COUNCIL OF THE UNIVERSITY OF TORONTO *p926*
27 King's College Cir Rm 106, TORONTO, ON, M5S 1A1
(416) 978-6576 *SIC* 8299
GOVERNING COUNCIL OF THE UNIVERSITY OF TORONTO *p940*
80 Queens Ave, TORONTO, ON, M8V 2N3
(416) 978-0414 *SIC* 8299
GRANT MACEWAN UNIVERSITY *p88*
10045 156 St Nw Rm 402, EDMONTON, AB, T5P 2P7
(780) 497-4310 *SIC* 8299
GROUPE ARCHAMBAULT INC *p1229*
520 Chomedey (A-13) O, SAINTE-ROSE, QC, H7X 3S9
(450) 689-5063 *SIC* 8299
HAMILTON-WENTWORTH DISTRICT SCHOOL BOARD, THE *p613*
155 Macassa Ave, HAMILTON, ON, L8V 2B5
(905) 318-1883 *SIC* 8299
HANSA LANGUAGE CENTRE OF TORONTO INC *p897*
51 Eglinton Ave E Suite 200, TORONTO, ON, M4P 1G7
(416) 487-8643 *SIC* 8299
HANSA LANGUAGE CENTRE OF TORONTO INC *p899*
2160 Yonge St, TORONTO, ON, M4S 2A8
(416) 485-1410 *SIC* 8299
ILSC (TORONTO) INC *p911*
443 University Ave Suite 3, TORONTO, ON, M5G 2H6
(416) 323-1770 *SIC* 8299
ILSC (VANCOUVER) INC *p1102*
410 Rue Saint-Nicolas Bureau 300, Montreal, QC, H2Y 2P5
(514) 876-4572 *SIC* 8299
INFONEX INC *p904*
145 Berkeley St Suite 200, TORONTO, ON, M5A 2X1
(416) 971-4177 *SIC* 8299
INSTITUT LINGUISTIQUE PROVINCIAL INC *p1088*
4930 Rue Hochelaga, Montreal, QC, H1V 1E7
(514) 254-6011 *SIC* 8299
INTERNATIONAL LANGUAGE ACADEMY OF CANADA INC *p901*
920 Yonge St, TORONTO, ON, M4W 3C7

(416) 961-5375 *SIC* 8299
KINGSWOOD UNIVERSITY *p421*
26 Western St, SUSSEX, NB, E4E 1E6
(506) 432-4400 *SIC* 8299
KNOWLEDGE CIRCLE LEARNING SERVICES INC *p791*
130 Slater St Suite 850, OTTAWA, ON, K1P 6E2
(613) 233-2112 *SIC* 8299
KNOWLEDGE FIRST FINANCIAL INC. *p266*
20800 Westminster Hwy Suite 1203, RICHMOND, BC, V6V 2W3
(604) 276-0500 *SIC* 8299
KOOTENAY SCHOOL OF THE ARTS AT SELKIRK COLLEGE *p243*
606 Victoria St, NELSON, BC, V1L 4K9
(250) 352-2821 *SIC* 8299
KUMON CANADA INC *p338*
1410 Clyde Ave, WEST VANCOUVER, BC, V7T 1G1
(604) 926-0169 *SIC* 8299
KUMON CANADA INC *p508*
126 Kimberley Ave, BRACEBRIDGE, ON, P1L 1Z9
SIC 8299
KUMON CANADA INC *p560*
640 Applewood Cres, CONCORD, ON, L4K 4B4
(416) 490-1434 *SIC* 8299
KUMON CANADA INC *p582*
31 Farley Cres, ETOBICOKE, ON, M9R 2A5
(416) 621-1632 *SIC* 8299
KUMON CANADA INC *p960*
3500 Brock St N Unit 5b, WHITBY, ON, L1R 3J4
(905) 430-2006 *SIC* 8299
KUMON CANADA INC *p975*
4561 Langstaff Rd, WOODBRIDGE, ON, L4L 2B2
(905) 264-7009 *SIC* 8299
L.P.S. LANGUES PRODUCTIONS SERVICES LTEE *p1104*
505 Boul Rene-Levesque O Bureau 1101, Montreal, QC, H2Z 1Y7
(514) 878-2821 *SIC* 8299
LANGUAGE WORKSHOP INC, THE *p926*
180 Bloor St W Suite 202, TORONTO, ON, M5S 2V6
(416) 968-1405 *SIC* 8299
LONG & MCQUADE LIMITED *p1287*
1455 Mcintyre St, REGINA, SK, S4R 8B5
(306) 569-3914 *SIC* 8299
LOUIS RIEL SCHOOL DIVISION *p365*
10 Vermillion Rd Suite 14, WINNIPEG, MB, R2J 2T1
(204) 255-1134 *SIC* 8299
LSC LANGUAGE STUDIES CANADA LTD *p46*
140 4 Ave Sw Suite 300, CALGARY, AB, T2P 3N3
SIC 8299
LSC LANGUAGE STUDIES CANADA VANCOUVER LTD *p304*
570 Dunsmuir St Unit 200, VANCOUVER, BC, V6B 1Y1
(604) 683-1199 *SIC* 8299
MANITOBA CONSERVATORY OF MUSIC & ARTS INCORPORATED, THE *p375*
211 Bannatyne Ave Suite 105, WINNIPEG, MB, R3B 3P2
(204) 943-6090 *SIC* 8299
MCGILL UNIVERSITY HEALTH CENTRE *p1107*
853 Rue Sherbrooke O Bureau 115, Montreal, QC, H3A 0G5
SIC 8299
MERRITHEW INTERNATIONAL INC *p899*
2200 Yonge St Suite 500, TORONTO, ON, M4S 2C6
(416) 482-4050 *SIC* 8299
MOODY'S ANALYTICS GLOBAL EDUCATION (CANADA), INC *p930*
200 Wellington St W, TORONTO, ON, M5V 3C7

(416) 364-9130 *SIC* 8299
NORTH OKANAGAN SHUSWAP SCHOOL DISTRICT 83 *p276*
2960 Okanagan Ave Se Suite 150, SALMON ARM, BC, V1E 1E6
SIC 8299
OTTAWA CATHOLIC DISTRICT SCHOOL BOARD *p946*
330 Lajoie St, VANIER, ON, K1L 7H4
(613) 741-6808 *SIC* 8299
PACIFIC LANGUAGE INSTITUTE INC *p322*
755 Burrard St Suite 300, VANCOUVER, BC, V6Z 1X6
(604) 688-7350 *SIC* 8299
PARAGON TESTING ENTERPRISES INC *p294*
2925 Virtual Way Suite 110, VANCOUVER, BC, V5M 4X5
(778) 327-6854 *SIC* 8299
PEARSON CENTRE INC *p800*
1101 Prince Of Wales Dr Suite 135, OTTAWA, ON, K2C 3W7
(613) 800-8950 *SIC* 8299
QUALITY CONTINUOUS IMPROVEMENT CENTRE FOR COMMUNITY EDUCATION AND TRAINING *p695*
190 Robert Speck Pky, MISSISSAUGA, ON, L4Z 3K3
(905) 949-0049 *SIC* 8299
SAP CANADA INC *p902*
2 Bloor St E Suite 1600, TORONTO, ON, M4W 1A8
SIC 8299
SASKATCHEWAN INDIAN INSTITUTE OF TECHNOLOGIES *p1297*
229 4th Ave S Suite 201, SASKATOON, SK, S7K 4K3
(306) 373-4777 *SIC* 8299
SCHOOL DISTRICT NO. 44 (NORTH VANCOUVER) *p182*
2 Paradise Valley Rd, BRACKENDALE, BC, V0N 1H0
(604) 898-5422 *SIC* 8299
SEABIRD ISLAND INDIAN BAND *p180*
2895 Chowat Rd Rr 2, AGASSIZ, BC, V0M 1A2
(604) 796-2177 *SIC* 8299
SELECT DRIVER SERVICES LTD *p720*
6200 Dixie Rd Suite 216, MISSISSAUGA, ON, L5T 2E1
(905) 564-9388 *SIC* 8299
SYLVAN LEARNING CENTRE INC *p628*
205 Second St S, KENORA, ON, P9N 1G1
SIC 8299
TECSULT EDUPLUS INC *p449*
99 Wyse Rd Suite 1100, DARTMOUTH, NS, B3A 4S5
(902) 461-6600 *SIC* 8299
TELELANGUES INTERNATIONAL LTEE *p1098*
7977 Rue Saint-Denis, Montreal, QC, H2R 2G2
(514) 388-6998 *SIC* 8299
THAMES VALLEY DISTRICT SCHOOL BOARD *p654*
795 Trafalgar St, LONDON, ON, N5Z 1E6
(519) 452-8300 *SIC* 8299
TILLICUM LELUM ABORIGINAL SOCIETY *p240*
927 Haliburton St, NANAIMO, BC, V9R 6N4
(250) 753-6578 *SIC* 8299
TORONTO DISTRICT SCHOOL BOARD *p577*
60 Berl Ave, ETOBICOKE, ON, M8Y 3C7
(416) 394-7979 *SIC* 8299
UNIVERSITY OF WESTERN ONTARIO, THE *p1247*
455 Rue Jenkin Bureau C244, TROIS-PISTOLES, QC, G0L 4K0
(418) 851-1752 *SIC* 8299
VANCOUVER ENGLISH CENTRE INC *p306*
250 Smithe St, VANCOUVER, BC, V6B 1E7
(604) 687-1600 *SIC* 8299
VANCOUVER FILM SCHOOL LIMITED *p306*

▲ Public Company   ■ Public Company Family Member   **HQ** Headquarters   **BR** Branch   **SL** Single Location

198 Hastings St W Suite 200, VANCOUVER, BC, V6B 1H2
(604) 685-5808   SIC 8299
WESTCOAST ENGLISH LANGUAGE CENTER LIMITED   p306
220 Cambie St Suite 550, VANCOUVER, BC, V6B 2M9
(604) 684-2354   SIC 8299
WESTCOAST ENGLISH LANGUAGE CENTER LIMITED   p332
1290 Broad St Suite 200, VICTORIA, BC, V8W 2A5
(250) 384-2199   SIC 8299
WESTWIND SCHOOL DIVISION #74   p164
Gd, SPRING COULEE, AB, T0K 2C0
(403) 758-0006   SIC 8299

SIC 8322 Individual and family services

101087365 SASKATCHEWAN LTD   p1281
1465 Mcdonald St Suite A, REGINA, SK, S4N 2Y2
(306) 522-3350   SIC 8322
1073946 ALBERTA LTD   p125
12002 101 Ave Suite 101, GRANDE PRAIRIE, AB, T8V 8B1
(780) 882-8800   SIC 8322
446784 B.C. LTD   p176
2291 West Railway St Suite B, ABBOTSFORD, BC, V2S 2E3
(604) 864-9682   SIC 8322
911 INDUSTRIAL RESPONSE INC   p125
11025 89 Ave Unit 120, GRANDE PRAIRIE, AB, T8V 5B9
(780) 933-9111   SIC 8322
ABC HEAD START SOCIETY   p82
9829 103 St Nw, EDMONTON, AB, T5K 0X9
(780) 461-5353   SIC 8322
ACCREDITED SUPPORTS TO THE COMMUNITY   p71
1709 15th Ave, DIDSBURY, AB, T0M 0W0
(403) 335-8671   SIC 8322
AGE LINK PERSONNEL SERVICES INC   p607
400 Parkdale Ave N Unit 2a, HAMILTON, ON, L8H 5Y2
(905) 572-6162   SIC 8322
AGILITY RECOVERY SOLUTIONS LTD p687
1090 Brevik Pl, MISSISSAUGA, ON, L4W 3Y5
(905) 625-7620   SIC 8322
AIDE AUX PERSONNES AGEES DE LAVAL INC   p1213
2388 35e Av, SAINT-LAURENT, QC, H7R 3P4
(450) 627-4641   SIC 8322
AIDE-MAISON VALLEE DE LA MATAPEDIA p989
78 Rue Des Forges, AMQUI, QC, G5J 3A6
(418) 629-5812   SIC 8322
AIDS COMMITTEE OF TORONTO   p905
399 Church St Suite 400, TORONTO, ON, M5B 2J6
(416) 340-2437   SIC 8322
ALBERTA HEALTH SERVICES   p51
1177 11 Ave Sw Suite 200, CALGARY, AB, T2R 1K9
(403) 297-3071   SIC 8322
ALBERTA HEALTH SERVICES   p78
104 Ave 100 St, EDMONTON, AB, T5J 0K1
SIC 8322
ALBERTA HEALTH SERVICES   p146
9706 100 Ave, MORINVILLE, AB, T8R 1T2
(780) 939-7482   SIC 8322
ALBERTA HEALTH SERVICES   p170
4602 49 Ave, SYLVAN LAKE, AB, T4S 1M7
(403) 887-2242   SIC 8322
ALBRIGHT GARDENS HOMES INCORPORATED   p500
5050 Hillside Dr, BEAMSVILLE, ON, L0R 1B2
(905) 563-8252   SIC 8322
ANGEL RESTORATION INC   p246

1484 Rupert St, NORTH VANCOUVER, BC, V7J 1E9
(604) 984-7575   SIC 8322
ASPIRE SPECIAL NEEDS RESOURCE SOCIETY   p152
4826 47 St, RED DEER, AB, T4N 1R2
(403) 340-2606   SIC 8322
ASSOCIATION D'ENTRAIDE LE CHAINON INC, L'   p1099
4373 Av De L'esplanade, Montreal, QC, H2W 1T2
(514) 845-0151   SIC 8322
ASSOCIATION DE PARENTS DU CENTRE GABRIELLE MAJOR   p992
8150 Boul Metropolitain E, ANJOU, QC, H1K 1A1
SIC 8322
ASSOCIATION FOR PERSONS WITH PHYSICAL DISABILITIES WINDSOR ESSEX   p961
3185 Forest Glade Dr, WINDSOR, ON, N8R 1W7
(519) 979-1641   SIC 8322
ASSOCIATION OF NEIGHBOURHOOD HOUSES OF BRITISH COLUMBIA   p293
2131 Renfrew St, VANCOUVER, BC, V5M 4M5
(604) 251-1225   SIC 8322
ASSOCIATION OF NEIGHBOURHOOD HOUSES OF BRITISH COLUMBIA   p295
6470 Victoria Dr, VANCOUVER, BC, V5P 3X7
(604) 324-6212   SIC 8322
ASSOCIATION SPORTIVE ET COMMUNAUTAIRE DU CENTRE-SUD INC   p1094
2093 Rue De La Visitation, Montreal, QC, H2L 3C9
(514) 522-2246   SIC 8322
AVENTA TREATMENT FOUNDATION FOR WOMEN   p52
610 25 Ave Sw, CALGARY, AB, T2S 0L6
(403) 245-9050   SIC 8322
BANYAN COMMUNITY SERVICES INC p614
320 Anchor Rd, HAMILTON, ON, L8W 3R2
(905) 574-0610   SIC 8322
BARRIE MEMORIAL HOSPITAL FOUNDATION   p1044
10 Rue King Bureau 200, HUNTINGDON, QC, J0S 1H0
(450) 829-3877   SIC 8322
BARRY-ROBERT ENTREPRISES LTD p1026
290 Av Guthrie, DORVAL, QC, H9P 2V2
(514) 931-7789   SIC 8322
BATTLEFORD TRADE & EDUCATION CENTRE INC   p1277
702 102nd St, NORTH BATTLEFORD, SK, S9A 1E3
(306) 445-6141   SIC 8322
BAYSHORE HEALTHCARE LTD.   p852
282 Linwell Rd Suite 205, ST CATHARINES, ON, L2N 6N5
(905) 688-5214   SIC 8322
BEN CALF ROBE SOCIETY OF EDMONTON p74
12046 77 St Nw, EDMONTON, AB, T5B 2G7
(780) 477-6648   SIC 8322
BETHANY CARE SOCIETY   p156
99 College Cir, RED DEER, AB, T4R 0M3
(403) 357-3700   SIC 8322
BETHESDA CHRISTIAN ASSOCIATION p178
2975 Gladwin Rd Suite 105, ABBOTSFORD, BC, V2T 5T4
(604) 850-6604   SIC 8322
BIG BROTHERS-BIG SISTERS OF SAINT JOHN INC   p416
39 King St, SAINT JOHN, NB, E2L 4W3
(506) 635-1145   SIC 8322
BISSELL CENTRE   p77
10527 96 St Nw, Edmonton, AB, T5H 2H6
(780) 423-2285   SIC 8322
BISSELL CENTRE   p103
9238 34 Ave Nw, EDMONTON, AB, T6E 5P2
(780) 440-1883   SIC 8322

BOYS AND GIRLS CLUB COMMUNITY SERVICES OF DELTA/RICHMOND   p208
11393 84 Ave, DELTA, BC, V4C 2L9
(604) 596-9595   SIC 8322
BOYS AND GIRLS CLUBS OF CENTRAL VANCOUVER ISLAND   p239
20 Fifth St, NANAIMO, BC, V9R 1M7
(250) 754-3215   SIC 8322
BRADLEY AIR SERVICES LIMITED   p795
100 Thad Johnson Pvt, OTTAWA, ON, K1V 0R1
(613) 254-6200   SIC 8322
BROCKVILLE AREA CENTRE FOR DEVELOPMENTALLY HANDICAPPED PERSONS INC   p530
61 King St E, BROCKVILLE, ON, K6V 1B2
(613) 345-1290   SIC 8322
CALEDON COMMUNITY SERVICES   p506
18 King St E Suite 2, BOLTON, ON, L7E 1E8
(905) 584-9460   SIC 8322
CALGARY CATHOLIC IMMIGRATION SOCIETY   p22
23 Mcdougall Crt Ne, CALGARY, AB, T2E 8R3
(403) 262-8132   SIC 8322
CALGARY CATHOLIC IMMIGRATION SOCIETY   p51
1111 11 Ave Sw Unit 111, CALGARY, AB, T2R 0G5
(403) 262-2006   SIC 8322
CALGARY COUNSELLING CENTRE   p27
105 12 Ave Se Suite 100, CALGARY, AB, T2G 1A1
(403) 265-4980   SIC 8322
CALGARY FAMILY SERVICE SOCIETY   p41
1000 8 Ave Sw Suite 200, CALGARY, AB, T2P 3M7
(403) 205-5264   SIC 8322
CALGARY JOHN HOWARD SOCIETY, THE p27
615 13 Ave Se, CALGARY, AB, T2G 1C4
(403) 232-6388   SIC 8322
CALGARY JOHN HOWARD SOCIETY, THE p27
917 9 Ave Se, CALGARY, AB, T2G 0S5
(403) 266-4566   SIC 8322
CALGARY SCOPE SOCIETY   p22
219 18 St Se, CALGARY, AB, T2E 6J5
(403) 509-0200   SIC 8322
CALGARY YOUNG MEN'S CHRISTIAN ASSOCIATION   p56
333 Shawville Blvd Se Suite 400, CALGARY, AB, T2Y 4H3
SIC 8322
CANADIAN NATIONAL INSTITUTE FOR THE BLIND, THE   p22
15 Colonel Baker Pl Ne, CALGARY, AB, T2E 4Z3
(403) 266-8831   SIC 8322
CANADIAN NATIONAL INSTITUTE FOR THE BLIND, THE   p296
5055 Joyce St Suite 100, VANCOUVER, BC, V5R 6B2
(604) 431-2121   SIC 8322
CANADIAN NATIONAL INSTITUTE FOR THE BLIND, THE   p380
1080 Portage Ave, WINNIPEG, MB, R3G 3M3
(204) 774-5421   SIC 8322
CANADIAN NATIONAL INSTITUTE FOR THE BLIND, THE   p658
749 Base Line Rd E, LONDON, ON, N6C 2R6
(519) 685-8420   SIC 8322
CANADIAN NATIONAL INSTITUTE FOR THE BLIND, THE   p666
4 Joe Finley Way #1, Parry Sound, On P2a 2w8, MACTIER, ON, P0C 1H0
(705) 375-2630   SIC 8322
CANADIAN RED CROSS SOCIETY, THE p60
1305 11 Ave Sw Suite 100, CALGARY, AB, T3C 3P6
(403) 205-3448   SIC 8322
CANADIAN RED CROSS SOCIETY, THE

p415
70 Lansdowne Ave, SAINT JOHN, NB, E2K 2Z8
(506) 674-6200   SIC 8322
CANADIAN RED CROSS SOCIETY, THE p457
1940 Gottingen St, HALIFAX, NS, B3J 3Y2
(902) 423-3680   SIC 8322
CANADIAN RED CROSS SOCIETY, THE p503
365 North Front St, BELLEVILLE, ON, K8P 5A5
(613) 332-2444   SIC 8322
CANADIAN RED CROSS SOCIETY, THE p530
80 Charles St, BROCKVILLE, ON, K6V 1T3
(613) 342-3523   SIC 8322
CANADIAN RED CROSS SOCIETY, THE p537
3210 Harvester Rd, BURLINGTON, ON, L7N 3T1
(905) 632-9420   SIC 8322
CANADIAN RED CROSS SOCIETY, THE p713
5700 Cancross Crt, MISSISSAUGA, ON, L5R 3E9
(905) 890-1000   SIC 8322
CANADIAN RED CROSS SOCIETY, THE p830
390 Bay St Suite 305, SAULT STE. MARIE, ON, P6A 1X2
SIC 8322
CANADIAN RED CROSS SOCIETY, THE p1257
6 Place Du Commerce, VERDUN, QC, H3E 1P4
(514) 362-2929   SIC 8322
CANADIAN SUB-SURFACE ENERGY SERVICES CORP   p158
Gd, REDCLIFF, AB, T0J 2P0
(403) 529-1388   SIC 8322
CAPITAL REGIONAL DISTRICT   p246
1885 Forest Park Dr, NORTH SAANICH, BC, V8L 4A3
(250) 656-7271   SIC 8322
CARIBOO FRIENDSHIP SOCIETY   p341
99 Third Ave S, WILLIAMS LAKE, BC, V2G 1J1
(250) 398-6831   SIC 8322
CARRIER SEKANI FAMILY SERVICES SOCIETY   p324
240 Stewart St W, VANDERHOOF, BC, V0J 3A0
(250) 567-2900   SIC 8322
CATHOLIC CHILDREN'S AID SOCIETY OF TORONTO, THE   p889
30 Drewry Ave, TORONTO, ON, M2M 4C4
(416) 395-1700   SIC 8322
CATHOLIC CHILDREN'S AID SOCIETY OF TORONTO, THE   p935
900 Dufferin St Suite 219, TORONTO, ON, M6H 4B1
(416) 395-1690   SIC 8322
CATHOLIC CROSS-CULTURAL SERVICES p697
3660 Hurontario St 7th Flr, MISSISSAUGA, ON, L5B 3C4
(905) 273-4140   SIC 8322
CATHOLIC FAMILY SERVICE OF CALGARY, THE   p51
707 10 Ave Sw Suite 250, CALGARY, AB, T2R 0B3
(403) 233-2360   SIC 8322
CATULPA COMMUNITY SUPPORT SERVICES   p494
165 Ferris Lane, BARRIE, ON, L4M 2Y1
(705) 733-3227   SIC 8322
CENTRAL EAST COMMUNITY CARE ACCESS CENTRE FOUNDATION   p605
13321 Hwy 118, HALIBURTON, ON, K0M 1S0
(905) 430-3308   SIC 8322
CENTRAL WEST SPECIALIZED DEVELOPMENTAL SERVICES   p536

3782 Star Lane, BURLINGTON, ON, L7M 5A0
(905) 336-4248 *SIC* 8322

CENTRE COMMUNAUTAIRE DE LOISIR DE LA COTE-DES-NEIGES *p*1120
5347 Ch De La Cote-Des-Neiges, Montreal, QC, H3T 1Y4
(514) 733-1478 *SIC* 8322

CENTRE COMMUNAUTAIRE LEONARDO DA VINCI *p*1215
8370 Boul Lacordaire, SAINT-LEONARD, QC, H1R 3Y6
(514) 955-8350 *SIC* 8322

CENTRE DE JEUNESSE DE MONTEREGIE *p*1068
2010 Rue Limoges, LONGUEUIL, QC, J4G 1C3
(450) 677-8991 *SIC* 8322

CENTRE DE READAPTATION EN DEFICIENCE INTELLECTUELLE DU SAGUENAY LAC-ST-JEAN *p*1023
364 8e Av Bureau 8e, DOLBEAU-MISTASSINI, QC, G8L 3E5
(418) 276-7491 *SIC* 8322

CENTRE DE SANTE ET DE SERVICES SOCIAUX CHAMPLAIN *p*1007
5050 Place Nogent, BROSSARD, QC, J4Y 2K3
(450) 672-3328 *SIC* 8322

CENTRE DE SANTE ET DE SERVICES SOCIAUX CHAMPLAIN *p*1192
5900 Boul Cousineau Bureau 200, SAINT-HUBERT, QC, J3Y 7R9
(450) 462-5120 *SIC* 8322

CENTRE DE SANTE ET DE SERVICES SOCIAUX CHAMPLAIN *p*1192
5928 Boul Cousineau Bureau 200, SAINT-HUBERT, QC, J3Y 7R9
(450) 462-5120 *SIC* 8322

CENTRE DE SANTE ET DE SERVICES SOCIAUX DE BAIE DES CHALEURS *p*1218
107 Route 132 O, SAINT-OMER, QC, G0C 2Z0
(418) 364-7064 *SIC* 8322

CENTRE DE SANTE ET DE SERVICES SOCIAUX DE LA COTE-DE-GASPE *p*1033
150 Rue Monseigneur-Ross, Gaspe, QC, G4X 2S7
SIC 8322

CENTRE DE SANTE ET DE SERVICES SOCIAUX DE LA VIEILLE-CAPITALE *p*1149
50 Rue Saint-Joseph E, Quebec, QC, G1K 3A5
(418) 529-2572 *SIC* 8322

CENTRE DE SANTE ET DE SERVICES SOCIAUX DE LA VIEILLE-CAPITALE *p*1149
105 Rue Hermine, Quebec, QC, G1K 1Y5
(418) 529-2501 *SIC* 8322

CENTRE DE SANTE ET DE SERVICES SOCIAUX DE THERESE-DE BLAINVILLE *p*1230
125 Rue Duquet, SAINTE-THERESE, QC, J7E 0A5
(450) 430-4553 *SIC* 8322

CENTRE DE SANTE ET DE SERVICES SOCIAUX DU COEUR-DE-L'ILE *p*1098
6910 Rue Boyer, Montreal, QC, H2S 2J7
(514) 272-3011 *SIC* 8322

CENTRE DE SANTE ET DE SERVICES SOCIAUX LUCILLE-TEASDALE *p*1086
7445 Rue Hochelaga, Montreal, QC, H1N 3V2
(514) 251-6000 *SIC* 8322

CENTRE DE SANTE ET DE SERVICES SOCIAUX LUCILLE-TEASDALE *p*1086
5810 Boul Sherbrooke E, Montreal, QC, H1N 1B2
(514) 255-2365 *SIC* 8322

CENTRE DE SANTE ET DE SERVICES SOCIAUX PIERRE-BOUCHER *p*1070
90 Boul Sainte-Foy Bureau 200, LONGUEUIL, QC, J4J 1W4
(450) 679-8689 *SIC* 8322

CENTRE INTEGRE DE SANTE ET DE SERVICES SOCIAUX DE CHAUDIERE-APPALACHES *p*1214
100a Rue Monseigneur-Bilodeau, SAINT-LAZARE-DE-BELLECHASSE, QC, G0R 3J0
(418) 883-2227 *SIC* 8322

CENTRE INTEGRE DE SANTE ET DE SERVICES SOCIAUX DE LA MONTEREGIE-OUEST *p*1012
95 Ch De La Haute-Riviere, Chateauguay, QC, J6K 3P1
(450) 692-8231 *SIC* 8322

CENTRE INTEGRE UNIVERSITAIRE SANTE ET SERVICES SOCIAUX DU CENTRE-SUD-DE-L'ILE-DE-MONTREAL *p*1085
8147 Rue Sherbrooke E, Montreal, QC, H1L 1A7
(514) 356-4500 *SIC* 8322

CENTRE JEUNESSE DE L'ABITIBI TEMISCAMINGUE *p*988
341 Rue Principale N, AMOS, QC, J9T 2L8
(819) 732-3244 *SIC* 8322

CENTRE JEUNESSE DE L'ABITIBI TEMISCAMINGUE *p*1177
3 9e Rue, ROUYN-NORANDA, QC, J9X 2A9
(819) 762-0904 *SIC* 8322

CENTRE JEUNESSE DE L'ESTRIE *p*1236
340 Rue Dufferin, SHERBROOKE, QC, J1H 4M7
SIC 8322

CENTRE JEUNESSE DE LA MAURICIE ET DU CENTRE-DU-QUEBEC, LE *p*1030
787 Rue Saint-Pierre, DRUMMONDVILLE, QC, J2C 3X2
(819) 478-8123 *SIC* 8322

CENTRE JEUNESSE DE LA MAURICIE ET DU CENTRE-DU-QUEBEC, LE *p*1234
750 Prom Du Saint-Maurice Bureau 300, SHAWINIGAN, QC, G9N 1L6
(819) 536-7111 *SIC* 8322

CENTRE JEUNESSE DE LA MAURICIE ET DU CENTRE-DU-QUEBEC, LE *p*1247
80 Ch Du Passage Bureau 200, Trois-Rivieres, QC, G8T 2M2
(819) 372-0599 *SIC* 8322

CENTRE JEUNESSE DE LA MAURICIE ET DU CENTRE-DU-QUEBEC, LE *p*1249
2735 Rue Papineau, Trois-Rivieres, QC, G8Z 1N8
(819) 378-8635 *SIC* 8322

CENTRE JEUNESSE DE LA MAURICIE ET DU CENTRE-DU-QUEBEC, LE *p*1249
1455 Boul Du Carmel, Trois-Rivieres, QC, G8Z 3R7
(819) 378-5481 *SIC* 8322

CENTRE JEUNESSE DE LA MAURICIE ET DU CENTRE-DU-QUEBEC, LE *p*1249
1455 Boul Du Carmel, Trois-Rivieres, QC, G8Z 3R7
(819) 378-5590 *SIC* 8322

CENTRE JEUNESSE DE LA MAURICIE ET DU CENTRE-DU-QUEBEC, LE *p*1249
2700 Boul Des Forges, Trois-Rivieres, QC, G8Z 1V2
(819) 372-3131 *SIC* 8322

CENTRE JEUNESSE DE LA MAURICIE ET DU CENTRE-DU-QUEBEC, LE *p*1258
38 Rue Monfette, VICTORIAVILLE, QC, G6P 1K2
(819) 758-0611 *SIC* 8322

CENTRE JEUNESSE DES LAURENTIDES *p*1079
419 Rue De La Madone, MONT-LAURIER, QC, J9L 1S1
(819) 623-3884 *SIC* 8322

CENTRE JEUNESSE DES LAURENTIDES *p*1200
358 Rue Laviolette, Saint-Jerome, QC, J7Y 2T1
(450) 432-9753 *SIC* 8322

CENTRE JEUNESSE DES LAURENTIDES *p*1230
120 Boul Du Seminaire, SAINTE-THERESE, QC, J7E 1Z2
(450) 434-7735 *SIC* 8322

CENTRE JEUNESSE SAGUENAY LAC ST-JEAN INC *p*1175
254 Boul Sauve, ROBERVAL, QC, G8H 1A7
(418) 543-3006 *SIC* 8322

CENTRE NOTRE DAME DE L'ENFANT SHERBROOKE INC *p*1237
1621 Rue Prospect, SHERBROOKE, QC, J1J 1K4
(819) 346-8471 *SIC* 8322

CENTRE POUR HANDICAPES PHYSIQUES DES BOIS-FRANCS INC *p*1258
59 Rue Monfette, VICTORIAVILLE, QC, G6P 1J8
(819) 758-9203 *SIC* 8322

CENTRES JEUNESSE CHAUDIERE-APPALACHES, LES *p*1064
25 Rue Vincent-Chagnon, Levis, QC, G6V 4V6
(418) 835-9659 *SIC* 8322

CENTRES JEUNESSE CHAUDIERE-APPALACHES, LES *p*1064
100 Rte Monseigneur-Bourget Bureau 300, Levis, QC, G6V 2Y9
(418) 837-9331 *SIC* 8322

CENTRES JEUNESSE CHAUDIERE-APPALACHES, LES *p*1066
1120 Boul Guillaume-Couture, Levis, QC, G6W 5M6
(418) 839-6888 *SIC* 8322

CENTRES JEUNESSE CHAUDIERE-APPALACHES, LES *p*1083
117 Av Collin, MONTMAGNY, QC, G5V 2S7
(418) 248-3934 *SIC* 8322

CENTRES JEUNESSE CHAUDIERE-APPALACHES, LES *p*1189
12521 25e Av, SAINT-GEORGES, QC, G5Y 5N6
(418) 228-5516 *SIC* 8322

CENTRES JEUNESSE CHAUDIERE-APPALACHES, LES *p*1202
851 Av Sainte-Therese, SAINT-JOSEPH-DE-BEAUCE, QC, G0S 2V0
(418) 397-5781 *SIC* 8322

CENTRES JEUNESSE DE L'OUTAOUAIS, LES *p*1034
621 Rue Notre-Dame, GATINEAU, QC, J8P 1N1
(819) 663-3344 *SIC* 8322

CENTRES JEUNESSE DE L'OUTAOUAIS, LES *p*1038
155 Ch Freeman, GATINEAU, QC, J8Z 2A7
(819) 778-2099 *SIC* 8322

CENTRES JEUNESSE DE L'OUTAOUAIS, LES *p*1039
452 Boul Alexandre-Tache, GATINEAU, QC, J9A 1M7
(819) 778-1813 *SIC* 8322

CENTRES JEUNESSE DE LANAUDIERE, LES *p*1171
630 Rue De Marseille Bureau 201, REPENTIGNY, QC, J6A 7A3
(450) 585-1423 *SIC* 8322

CEREBRAL PALSY ASSOCIATION IN ALBERTA *p*63
3688 48 Ave Ne, CALGARY, AB, T3J 5C8
(403) 543-1161 *SIC* 8322

CHARTWELL MASTER CARE LP *p*283
13853 102 Ave, SURREY, BC, V3T 5P6
(604) 581-1555 *SIC* 8322

CHARTWELL MASTER CARE LP *p*490
15055 Yonge St, AURORA, ON, L4G 6T4
(905) 727-2952 *SIC* 8322

CHARTWELL MASTER CARE LP *p*490
32 Mill St, AURORA, ON, L4G 2R9
(905) 727-1939 *SIC* 8322

CHARTWELL MASTER CARE LP *p*556
57 Trott Blvd, COLLINGWOOD, ON, L9Y 0A3
(705) 444-6431 *SIC* 8322

CHARTWELL MASTER CARE LP *p*701
29 Mississauga Rd N, MISSISSAUGA, ON, L5H 2H7
(905) 891-2422 *SIC* 8322

CHARTWELL MASTER CARE LP *p*805
1022 Pembroke St E, PEMBROKE, ON, K8A 8A7
(613) 735-4056 *SIC* 8322

CHARTWELL MASTER CARE LP *p*812
1801 Valley Farm Rd, PICKERING, ON, L1V 0A5
(905) 420-3369 *SIC* 8322

CHARTWELL MASTER CARE LP *p*850
25 Van Horne Ave, SMITHS FALLS, ON, K7A 5L2
(613) 284-8080 *SIC* 8322

CHARTWELL SENIORS HOUSING REAL ESTATE INVESTMENT TRUST *p*236
12275 224 St, MAPLE RIDGE, BC, V2X 6H5
(604) 466-8602 *SIC* 8322

CHARTWELL SENIORS HOUSING REAL ESTATE INVESTMENT TRUST *p*530
1813 County Rd 2 E, BROCKVILLE, ON, K6V 5T1
(613) 342-0200 *SIC* 8322

CHARTWELL SENIORS HOUSING REAL ESTATE INVESTMENT TRUST *p*743
1925 Steeles Ave E, NORTH YORK, ON, M2H 2H3
(416) 493-4666 *SIC* 8322

CHARTWELL SENIORS HOUSING REAL ESTATE INVESTMENT TRUST *p*832
95 Fauquier Ave, SAULT STE. MARIE, ON, P6B 2P2
(705) 253-1667 *SIC* 8322

CHATHAM-KENT CHILDREN'S SERVICE *p*551
495 Grand Ave W, CHATHAM, ON, N7L 1C5
(519) 352-0440 *SIC* 8322

CHESHIRE HOMES OF LONDON INC *p*977
742 Pavey St App 125, WOODSTOCK, ON, N4S 2L9
SIC 8322

CHILD & FAMILY SERVICES OF WESTERN MANITOBA *p*344
800 Mctavish Ave, BRANDON, MB, R7A 7L4
(204) 726-6030 *SIC* 8322

CHILDREN'S AID SOCIETY OF LONDON & MIDDLESEX *p*649
1680 Oxford St E, LONDON, ON, N5V 3G2
(519) 455-9000 *SIC* 8322

CHILDREN'S AID SOCIETY OF OXFORD COUNTY *p*977
712 Peel St, WOODSTOCK, ON, N4S 0B4
(519) 539-6176 *SIC* 8322

CHILDREN'S AID SOCIETY OF THE COUNTY OF RENFREW *p*805
77 Mary St, PEMBROKE, ON, K8A 5V4
(613) 735-6866 *SIC* 8322

CHILDREN'S AID SOCIETY OF THE DISTRICT OF MUSKOKA, THE *p*508
49 Pine St, BRACEBRIDGE, ON, P1L 1K8
(705) 645-4426 *SIC* 8322

CHILDREN'S AID SOCIETY OF THE REGIONAL MUNICIPALITY OF HALTON *p*533
1445 Norjohn Crt, BURLINGTON, ON, L7L 0E6
(905) 333-4441 *SIC* 8322

CHILDREN'S AID SOCIETY OF THE REGIONAL MUNICIPALITY OF WATERLOO, THE *p*543
168 Hespeler Rd, CAMBRIDGE, ON, N1R 6V7
(519) 576-0540 *SIC* 8322

CHILDREN'S AID SOCIETY OF THE REGIONAL MUNICIPALITY OF WATERLOO, THE *p*638
200 Ardelt Ave, KITCHENER, ON, N2C 2L9
(519) 772-4399 *SIC* 8322

CHILDREN'S AID SOCIETY OF TORONTO *p*805
77 Mary St Suite 100, PEMBROKE, ON, K8A 5V4
(613) 735-6866 *SIC* 8322

CHILDREN'S AID SOCIETY OF TORONTO *p*819
331 Martin St, RENFREW, ON, K7V 1A1
(613) 432-4821 *SIC* 8322

CHILDREN'S AID SOCIETY OF TORONTO *p*890

20 De Boers Dr Suite 250, TORONTO, ON, M3J 0H1
(416) 924-4646   SIC 8322
CHILDRENS AID SOCIETY OF BRANT p772
16 Sunrise Crt Suite 600, OHSWEKEN, ON, N0A 1M0
(519) 753-8681   SIC 8322
CHIMO YOUTH RETREAT CENTRE p77
10585 111 St Suite 103, EDMONTON, AB, T5H 3E8
(780) 420-0324   SIC 8322
CHINESE SENIORS SOCIETY p139
35 Coachwood Rd W, LETHBRIDGE, AB, T1K 6B7
(403) 328-3138   SIC 8322
CHRISTIE OSSINGTON NEIGHBOURHOOD CENTRE p935
973 Lansdowne Ave, TORONTO, ON, M6H 3Z5
(416) 516-8642   SIC 8322
CITY OF BURNABY p189
6450 Deer Lake Ave, BURNABY, BC, V5G 2J3
(604) 291-6864   SIC 8322
CITY OF BURNABY p190
6533 Nelson Ave, BURNABY, BC, V5H 0C2
(604) 439-5510   SIC 8322
CITY OF EDMONTON p89
9200 163 St Nw, EDMONTON, AB, T5R 0A7
(780) 496-1411   SIC 8322
CITY OF HAMILTON, THE p487
29 Orchard Dr, ANCASTER, ON, L9G 1Z6
(905) 648-4404   SIC 8322
CITY OF HAMILTON, THE p949
27 Hwy 5, WATERDOWN, ON, L0R 2H0
(905) 690-3966   SIC 8322
CITY OF OTTAWA p595
4310 Shoreline Dr, GLOUCESTER, ON, K1V 1N4
(613) 822-7887   SIC 8322
CITY OF OTTAWA p788
250 Somerset St E, OTTAWA, ON, K1N 6V6
(613) 564-1062   SIC 8322
CITY OF SURREY, THE p281
6228 184 St, SURREY, BC, V3S 8E6
SIC 8322
CITY OF WINNIPEG, THE p384
2055 Ness Ave, WINNIPEG, MB, R3J 0Z2
(204) 986-3394   SIC 8322
CLAIR FOYER INC p988
841 3e Rue O Bureau 100, AMOS, QC, J9T 2T4
(819) 732-3710   SIC 8322
CLARENVILLE RETIREMENT CENTRE INC p424
13 Legion Rd, CLARENVILLE, NL, A5A 1J7
(709) 466-6459   SIC 8322
CLSC - CENTRE DE SANTE DES SEPT RIVIERES p1144
103 Rue Des Rochelois, PORT-CARTIER, QC, G5B 1K5
(418) 766-2572   SIC 8322
COLCHESTER RESIDENTIAL SERVICES SOCIETY p477
35 Commercial St Suite 201, TRURO, NS, B2N 3H9
(902) 893-4273   SIC 8322
COMMISSION SCOLAIRE MARGUERITE-BOURGEOYS p1060
8825 Rue Centrale, LASALLE, QC, H8P 1P3
(514) 595-2047   SIC 8322
COMMUNITY CONNECTIONS (REVELSTOKE) SOCIETY p264
314 2nd St E, REVELSTOKE, BC, V0E 2S0
(250) 837-2062   SIC 8322
COMMUNITY LIVING ALGOMA p830
59 Lewis Rd Suite 3, SAULT STE. MARIE, ON, P6A 4G3
(705) 759-6810   SIC 8322
COMMUNITY LIVING ALGOMA p832
105 White Oak Dr E, SAULT STE. MARIE, ON, P6B 4J7
(705) 946-0931   SIC 8322
COMMUNITY LIVING BRANT p527

440 Elgin St, BRANTFORD, ON, N3S 7P7
(519) 753-6303   SIC 8322
COMMUNITY LIVING CAMBRIDGE p543
160 Hespeler Rd, CAMBRIDGE, ON, N1R 6V7
(519) 623-7490   SIC 8322
COMMUNITY LIVING DRYDEN p569
288 Arthur St Suite 4, DRYDEN, ON, P8N 1K8
SIC 8322
COMMUNITY LIVING ESSEX COUNTY p961
13158 Tecumseh Rd E, WINDSOR, ON, N8N 3T6
(519) 979-0057   SIC 8322
COMMUNITY LIVING GUELPH WELLINGTON p601
8 Royal Rd, GUELPH, ON, N1H 1G3
(519) 824-7147   SIC 8322
COMMUNITY LIVING GUELPH WELLINGTON p724
135 Fergus St S, MOUNT FOREST, ON, N0G 2L2
(519) 323-4050   SIC 8322
COMMUNITY LIVING LONDON INC p654
180 Adelaide St S Suite 4, LONDON, ON, N5Z 3L1
(519) 432-1149   SIC 8322
COMMUNITY LIVING NORTH BAY p740
741 Wallace Rd, NORTH BAY, ON, P1A 0E6
(705) 476-3280   SIC 8322
COMMUNITY LIVING NORTH HALTON p681
500 Valleyview Cres, MILTON, ON, L9T 3L2
(905) 693-0528   SIC 8322
COMMUNITY LIVING NORTH PERTH p648
820 Main St E, LISTOWEL, ON, N4W 3L3
(519) 291-1350   SIC 8322
COMMUNITY LIVING ONTARIO p753
29 Gervais Dr Suite 208, NORTH YORK, ON, M3C 1Y9
(416) 446-1620   SIC 8322
COMMUNITY LIVING SOCIETY p283
13811 103 Ave, SURREY, BC, V3T 5B5
(604) 589-7393   SIC 8322
COMMUNITY LIVING STRATFORD AND AREA p864
400 Huron St, STRATFORD, ON, N5A 5T5
(519) 271-9751   SIC 8322
COMMUNITY LIVING TORONTO p580
295 The West Mall Suite 204, ETOBICOKE, ON, M9C 4Z4
(416) 236-7621   SIC 8322
COMMUNITY LIVING TORONTO p755
1122 Finch Ave W Unit 18, NORTH YORK, ON, M3J 3J5
(416) 225-7166   SIC 8322
COMMUNITY LIVING TORONTO p834
70 Forest Creek Ptway, SCARBOROUGH, ON, M1B 5K8
(416) 724-8757   SIC 8322
COMMUNITY LIVING TORONTO p835
4617 Kingston Rd, SCARBOROUGH, ON, M1E 2P5
(416) 283-1640   SIC 8322
COMMUNITY LIVING WINDSOR p963
2840 Temple Dr, WINDSOR, ON, N8W 5J5
(519) 944-2464   SIC 8322
COMMUNITY LIVING WINGHAM & DISTRICT p971
153 John St W, WINGHAM, ON, N0G 2W0
(519) 357-3562   SIC 8322
COMMUNITY LIVING-SOUTH MUSKOKA p508
15 Depot Dr, BRACEBRIDGE, ON, P1L 0A1
(705) 645-5494   SIC 8322
COMPASSION HOME CARE INC p423
Gd, BAY ROBERTS, NL, A0A 1G0
(709) 786-8677   SIC 8322
CONNECTING CARE (2000) INC p125
10402 111 St Suite 411, GRANDE PRAIRIE, AB, T8V 8G4
(780) 539-5538   SIC 8322
CONSEIL DES ATIKAMEKW DE WEMOTACI p1261
36 Rue Kenosi, WEMOTACI, QC, G0X 3R0

(819) 666-2323   SIC 8322
COOPERATIVE DE SERVICES RIVE-SUD p1065
37 Rte Du President-Kennedy, Levis, QC, G6V 6C3
(418) 838-4019   SIC 8322
COOPERATIVE DE SOLIDARITE DEFI-AUTONOMIE D'ANTOINE-LABELLE p1080
677 Rue De La Madone, MONT-LAURIER, QC, J9L 1T2
(819) 623-6681   SIC 8322
COQUIHALLA / GILLIS HOUSE p237
3451 Voght St, MERRITT, BC, V1K 1C6
(250) 378-3271   SIC 8322
CORPORATION DU CENTRE DU SABLON INC p1131
755 Ch Du Sablon, Montreal, QC, H7W 4H5
(450) 688-8961   SIC 8322
CORPORATION L'ESPOIR DU DEFICIENT p1061
55 Av Dupras Bureau 511, LASALLE, QC, H8R 4A8
(514) 367-3757   SIC 8322
CORPORATION OF THE CITY OF BRAMPTON, THE p511
1100 Central Park Dr, BRAMPTON, ON, L6S 2C9
(905) 791-2240   SIC 8322
CORPORATION OF THE CITY OF BRAMPTON, THE p511
150 Howden Blvd, BRAMPTON, ON, L6S 2G1
(905) 793-4645   SIC 8322
CORPORATION OF THE CITY OF BRAMPTON, THE p511
1660 North Park Dr, BRAMPTON, ON, L6S 4B4
(905) 791-7751   SIC 8322
CORPORATION OF THE CITY OF BRAMPTON, THE p521
125 Mclaughlin Rd N, BRAMPTON, ON, L6X 1Y9
(905) 874-2820   SIC 8322
CORPORATION OF THE CITY OF BRANTFORD, THE p527
491 Grey St, BRANTFORD, ON, N3S 7L7
(519) 752-0890   SIC 8322
CORPORATION OF THE CITY OF KAWARTHA LAKES, THE p647
34 Cambridge St S, LINDSAY, ON, K9V 3B8
(705) 324-7323   SIC 8322
CORPORATION OF THE CITY OF KITCHENER p641
350 Margaret Ave, KITCHENER, ON, N2H 4J8
(519) 741-2502   SIC 8322
CORPORATION OF THE CITY OF LONDON p653
656 Elizabeth St, LONDON, ON, N5Y 6L3
(519) 661-2523   SIC 8322
CORPORATION OF THE CITY OF MARKHAM, THE p676
2401 Denison St, MARKHAM, ON, L3S 1G3
(905) 474-1007   SIC 8322
CORPORATION OF THE CITY OF OSHAWA p778
150 Beatrice St E, OSHAWA, ON, L1G 7T6
(905) 432-1984   SIC 8322
CORPORATION OF THE CITY OF PETERBOROUGH, THE p809
151 Lansdowne St W, PETERBOROUGH, ON, K9J 1Y4
(705) 743-3561   SIC 8322
CORPORATION OF THE CITY OF TORONTO p755
23 Grandravine Dr, NORTH YORK, ON, M3J 1B3
(416) 395-6171   SIC 8322
CORPORATION OF THE CITY OF TORONTO p758
4401 Jane St, NORTH YORK, ON, M3N 2K3
(416) 395-7944   SIC 8322
CORPORATION OF THE CITY OF TORONTO p758

1386 Victoria Park Ave, NORTH YORK, ON, M4A 2L8
(416) 395-7957   SIC 8322
CORPORATION OF THE CITY OF TORONTO p834
1530 Markham Rd, SCARBOROUGH, ON, M1B 3G4
(416) 338-7680   SIC 8322
CORPORATION OF THE CITY OF TORONTO p835
5450 Lawrence Ave E, SCARBOROUGH, ON, M1C 3B2
(416) 396-4034   SIC 8322
CORPORATION OF THE CITY OF TORONTO p837
1967 Ellesmere Rd, SCARBOROUGH, ON, M1H 2W5
(416) 396-4057   SIC 8322
CORPORATION OF THE CITY OF TORONTO p845
2000 Mcnicoll Ave, SCARBOROUGH, ON, M1V 5E9
(416) 396-4510   SIC 8322
CORPORATION OF THE CITY OF TORONTO p894
1081 1/2 Pape Ave, TORONTO, ON, M4K 3W6
(416) 396-2880   SIC 8322
CORPORATION OF THE CITY OF TORONTO p904
291 Sherbourne St, TORONTO, ON, M5A 2R9
(416) 392-5662   SIC 8322
CORPORATION OF THE CITY OF TORONTO p927
674 Dundas St W, TORONTO, ON, M5T 1H9
(416) 392-5500   SIC 8322
CORPORATION OF THE CITY OF TORONTO p934
422 Gilbert Ave, TORONTO, ON, M6E 4X3
(416) 781-9898   SIC 8322
CORPORATION OF THE CITY OF TORONTO p934
485 Montrose Ave, TORONTO, ON, M6G 3H2
(416) 392-0745   SIC 8322
CORPORATION OF THE CITY OF TORONTO p935
1260 Dufferin St, TORONTO, ON, M6H 4C3
(416) 392-0039   SIC 8322
CORPORATION OF THE CITY OF TORONTO p938
181 Glenlake Ave, TORONTO, ON, M6P 4B6
(416) 392-0695   SIC 8322
CORPORATION OF THE CITY OF TORONTO p942
10 Rampart Rd, TORONTO, ON, M9V 4L9
(416) 394-8670   SIC 8322
CORPORATION OF THE CITY OF VAUGHAN, THE p667
10190 Keele St, MAPLE, ON, L6A 1R2
(905) 832-2377   SIC 8322
CORPORATION OF THE CITY OF VAUGHAN, THE p974
350 Ansley Grove Rd, WOODBRIDGE, ON, L4L 3W4
(905) 832-8620   SIC 8322
CORPORATION OF THE CITY OF VAUGHAN, THE p974
9201 Islington Ave, WOODBRIDGE, ON, L4L 1A6
(905) 832-8564   SIC 8322
CORPORATION OF THE CITY OF WINDSOR p962
1150 Edward Ave, WINDSOR, ON, N8S 3A1
SIC 8322
CORPORATION OF THE CITY OF WINDSOR p966
1168 Drouillard Rd, WINDSOR, ON, N8Y 2R1
(519) 253-7028   SIC 8322
CORPORATION OF THE CITY OF WINDSOR p971

▲ Public Company   ■ Public Company Family Member   HQ Headquarters   BR Branch   SL Single Location

2520 Cabana Rd W, WINDSOR, ON, N9G 1E5
(519) 966-6065   SIC 8322
CORPORATION OF THE COUNTY OF DUFFERIN, THE   p773
30 Centre St, ORANGEVILLE, ON, L9W 2X1
(519) 941-6991   SIC 8322
CORPORATION OF THE COUNTY OF DUFFERIN, THE   p848
151 Centre St, SHELBURNE, ON, L9V 3R7
(519) 925-2140   SIC 8322
CORPORATION OF THE TOWN OF AJAX, THE   p484
95 Magill Dr, AJAX, ON, L1T 4M5
(905) 428-7711   SIC 8322
CORPORATION OF THE TOWN OF CARLETON PLACE   p549
75 Neelin St, CARLETON PLACE, ON, K7C 2J6
(613) 257-1690   SIC 8322
CORPORATION OF THE TOWN OF ERIN, THE   p574
14 Boland Dr Ss 1 Suite 662, ERIN, ON, N0B 1T0
(519) 833-2114   SIC 8322
CORPORATION OF THE TOWN OF GRIMSBY   p493
162 Livingston Blvd, BADEN, ON, N3A 4K9
(905) 945-1288   SIC 8322
CORPORATION OF THE TOWN OF INGERSOLL   p621
121 Thames St N, INGERSOLL, ON, N5C 3C9
(519) 485-4386   SIC 8322
CORPORATION OF THE TOWN OF LINCOLN   p500
5020 Serena Dr, BEAMSVILLE, ON, L0R 1B0
(905) 563-2799   SIC 8322
COSTI IMMIGRANT SERVICES   p822
9325 Yonge St Suite 31a, RICHMOND HILL, ON, L4C 0A8
(289) 842-3124   SIC 8322
COSTI IMMIGRANT SERVICES   p925
100 Lippincott St, TORONTO, ON, M5S 2P1
(416) 922-6688   SIC 8322
COVENANT HOUSE TORONTO   p906
20 Gerrard St E, Toronto, ON, M5B 2P3
(416) 598-4898   SIC 8322
COWICHAN VALLEY REGIONAL DISTRICT   p212
2687 James St, DUNCAN, BC, V9L 2X5
(250) 748-7529   SIC 8322
CRDI MONTEREGIE EST   p1021
159 Rue Des Textiles, COWANSVILLE, QC, J2K 3P8
(450) 263-8383   SIC 8322
CRDI-TED ESTRIE   p1263
56 Rue Saint-Georges Bureau 206, WINDSOR, QC, J1S 1J5
(819) 845-7200   SIC 8322
CRDITED MONTEREGIE EST   p1007
3530 Rue Isabelle, BROSSARD, QC, J4Y 2R3
(450) 444-5588   SIC 8322
CRDITED MONTEREGIE EST   p1071
1219 Rue Maisonneuve, LONGUEUIL, QC, J4K 2S7
(450) 670-3965   SIC 8322
CREST SUPPORT SERVICES (MEADOWCREST) INC   p666
13570 Elginfield Rd Rr 1, LUCAN, ON, N0M 2J0
(519) 227-6766   SIC 8322
CRIDGE CENTRE FOR THE FAMILY, THE   p329
1307 Hillside Ave Suite 414, VICTORIA, BC, V8T 0A2
(250) 384-8058   SIC 8322
CRIDGE CENTRE FOR THE FAMILY, THE   p334
1251 Santa Rosa Ave, VICTORIA, BC, V8Z 2V5

(250) 479-5299   SIC 8322
CROSSROAD TREATMENT CENTRE SOCIETY   p223
123 Franklyn Rd, KELOWNA, BC, V1X 6A9
(250) 860-4001   SIC 8322
CSSS DU VAL SAINT-FRANCOIS   p1171
980 Rue Mcgauran, RICHMOND, QC, J0B 2H0
(819) 826-3711   SIC 8322
CSSS RICHELIEU-YAMASKA CH DE LA MRC D'ACTON   p997
300 Boul Serge-Pepin, BELOEIL, QC, J3G 0B8
(450) 536-2572   SIC 8322
CULTURELINK SETTLEMENT SERVICES OF METROPOLITAN TORONTO   p938
2340 Dundas St W Suite 301, TORONTO, ON, M6P 4A9
(416) 588-6288   SIC 8322
D.S.R.F. DOWN SYNDROME RESEARCH FOUNDATION   p185
1409 Sperling Ave, BURNABY, BC, V5B 4J8
(604) 444-3773   SIC 8322
DAVENPORT/PERTH NEIGHBORHOOD CENTER   p937
1900 Davenport Rd, TORONTO, ON, M6N 1B7
(416) 656-8025   SIC 8322
DAWNMARK HOLDINGS INC   p102
9562 82 Ave Nw Suite 201, EDMONTON, AB, T6C 0Z8
(780) 437-9866   SIC 8322
DELTASSIST FAMILY & COMMUNITY SERVICES SOCIETY   p209
9097 120 St, DELTA, BC, V4C 6R7
(604) 594-3455   SIC 8322
DILICO ANISHINABEK FAMILY CARE   p666
121 Forestry Rd Suite 2, LONGLAC, ON, P0T 2A0
(807) 876-2267   SIC 8322
DILICO ANISHINABEK FAMILY CARE   p739
112 4th St, NIPIGON, ON, P0T 2J0
(807) 887-2514   SIC 8322
DISTRESS CENTRE CALGARY   p43
1010 8 Ave Sw Suite 300, CALGARY, AB, T2P 1J2
(403) 266-1601   SIC 8322
DRUMHELLER AND DISTRICT SENIORS FOUNDATION   p72
696 6 Ave E, DRUMHELLER, AB, T0J 0Y5
(403) 823-3290   SIC 8322
DURHAM CHILDREN'S AID SOCIETY   p779
1320 Airport Blvd, OSHAWA, ON, L1H 7K4
(905) 433-1551   SIC 8322
EAST-YORK & EAST-TORONTO FAMILY RESOURCES ORGANIZATION   p896
947 Queen St E, TORONTO, ON, M4M 1J9
(416) 686-3390   SIC 8322
EEL GROUND FIRST NATION INC   p398
40 Micmac Rd, EEL GROUND, NB, E1V 4B1
(506) 627-4604   SIC 8322
ELDERCARE HOME HEALTH INC   p897
234 Eglinton Ave E Unit 207, TORONTO, ON, M4P 1K5
(416) 482-8292   SIC 8322
ELVES SPECIAL NEEDS SOCIETY   p88
10419 159 St Nw, EDMONTON, AB, T5P 3A6
(780) 481-5335   SIC 8322
ENTREPRISES DE NETTOYAGE QUEBEC METRO INC, LES   p1153
375 Av Marconi, Quebec, QC, G1N 4A5
(418) 681-2231   SIC 8322
EXCEL RESOURCES SOCIETY   p84
11831 123 St Nw, EDMONTON, AB, T5L 0G7
(780) 424-4366   SIC 8322
FAMILIES MATTER SOCIETY OF CALGARY   p13
1440 52 St Ne Suite 158, CALGARY, AB, T2A 4T8
(403) 205-5178   SIC 8322
FAMILY SERVICE TORONTO   p838
747 Warden Ave, SCARBOROUGH, ON,

M1L 4A8
(416) 755-5565   SIC 8322
FAMILY SERVICES OF GREATER VANCOUVER   p295
1638 Broadway E Suite 201, VANCOUVER, BC, V5N 1W1
(604) 731-4951   SIC 8322
FAMILY SERVICES OF GREATER VANCOUVER   p297
4675 Walden St, VANCOUVER, BC, V5V 3S8
(604) 877-1234   SIC 8322
FAMILY SERVICES OF PEEL LTD   p697
151 City Centre Dr Suite 501, MISSISSAUGA, ON, L5B 1M7
(905) 270-2250   SIC 8322
FAMILY SERVICES OF THE NORTH SHORE   p248
255 1st St W Suite 101, NORTH VANCOUVER, BC, V7M 3G8
(604) 988-5281   SIC 8322
FAMILY, YOUTH & CHILD SERVICES OF MUSKOKA   p508
49 Pine St, BRACEBRIDGE, ON, P1L 1K8
(705) 645-4426   SIC 8322
FAMILY, YOUTH & CHILD SERVICES OF MUSKOKA   p620
81 Main St W, HUNTSVILLE, ON, P1H 1X1
(705) 789-8866   SIC 8322
FEDERATION CJA   p1121
5151 Ch De La Cote-Sainte-Catherine, Montreal, QC, H3W 1M6
(514) 735-3541   SIC 8322
FIRST NATIONS OF NORTHERN MANITOBA CHILD & FAMILY SERVICES AUTHORITY   p364
383 Provencher Blvd Suite 200, WINNIPEG, MB, R2H 0G9
(204) 942-1842   SIC 8322
FOCUS ON THE FAMILY (CANADA) ASSOCIATION   p230
19946 80a Ave, LANGLEY, BC, V2Y 0J8
(604) 455-7900   SIC 8322
FONDATION DU CENTRE DE JEUNESSE DU BAS-SAINT-LAURENT   p1077
568 Av Du Phare E, MATANE, QC, G4W 1B1
(418) 562-0566   SIC 8322
FONDATION DU CENTRE DE JEUNESSE DU BAS-SAINT-LAURENT   p1172
103 Rue De L'Eveche O, RIMOUSKI, QC, G5L 4H4
(418) 723-1250   SIC 8322
FONDATION DU CENTRE DE SANTE ET DE SERVICES SOCIAUX DE TROIS-RIVIERES   p1251
731 Rue Sainte-Julie, Trois-Rivieres, QC, G9A 1Y1
(819) 370-2100   SIC 8322
FONDATION DU CENTRE JEUNESSE DE LA MONTEREGIE   p1198
145 Boul Saint-Joseph Bureau 200, SAINT-JEAN-SUR-RICHELIEU, QC, J3B 1W5
(450) 359-7525   SIC 8322
FONDATION DU CENTRE JEUNESSE DE LA MONTEREGIE   p1232
30 Rue Saint-Thomas Bureau 300, SALABERRY-DE-VALLEYFIELD, QC, J6T 4J2
(450) 377-0540   SIC 8322
FONDATION DU CENTRE JEUNESSE DE LA MONTEREGIE   p1241
61 Rue Morgan, SOREL-TRACY, QC, J3P 3B6
(450) 743-1201   SIC 8322
FONDATION DU CENTRE JEUNESSE DE LA MONTEREGIE   p1256
2555 Rue Dutrisac Bureau 24, VAUDREUIL-DORION, QC, J7V 7E6
(450) 510-2230   SIC 8322
FORT ERIE NATIVE CULTURAL CENTRE INC   p589
796 Buffalo Rd, FORT ERIE, ON, L2A 5H2
(905) 871-6592   SIC 8322
FRASER HEALTH AUTHORITY   p196

9090 Newman Rd, CHILLIWACK, BC, V2P 3Z8
(604) 792-7121   SIC 8322
FRONTENAC YOUTH SERVICES   p779
1160 Simcoe St S, OSHAWA, ON, L1H 5L8
(905) 579-1551   SIC 8322
GEORGE HULL CENTRE FOR CHILDREN & FAMILIES, THE   p577
81 The East Mall 3rd Floor, ETOBICOKE, ON, M8Z 5W3
(416) 622-8833   SIC 8322
GOUVERNEMENT DE LA PROVINCE DE QUEBEC   p1012
278 Boul Saint-Jean-Baptiste Bureau 200, Chateauguay, QC, J6K 3C2
(450) 692-6741   SIC 8322
GOUVERNEMENT DE LA PROVINCE DE QUEBEC   p1018
308 Boul Cartier O, Cote Saint-Luc, QC, H7N 2J2
(450) 975-4150   SIC 8322
GOUVERNEMENT DE LA PROVINCE DE QUEBEC   p1023
333 Rue Antonin-Campeau Bureau 101, DEUX-MONTAGNES, QC, J7R 0A2
(450) 491-5656   SIC 8322
GOUVERNEMENT DE LA PROVINCE DE QUEBEC   p1037
170 Rue De L'hotel-De-Ville, GATINEAU, QC, J8X 4C2
SIC 8322
GOUVERNEMENT DE LA PROVINCE DE QUEBEC   p1037
105 Boul Sacre-Coeur Bureau 1, GATINEAU, QC, J8X 1C5
(819) 771-6631   SIC 8322
GOUVERNEMENT DE LA PROVINCE DE QUEBEC   p1039
200 Rue Robert-Wright, GATINEAU, QC, J9H 5L1
(819) 685-1313   SIC 8322
GOUVERNEMENT DE LA PROVINCE DE QUEBEC   p1058
310 Rue Principale, LAMBTON, QC, G0M 1H0
(418) 486-7417   SIC 8322
GOUVERNEMENT DE LA PROVINCE DE QUEBEC   p1100
3530 Rue Saint-Urbain, Montreal, QC, H2X 2N7
(514) 982-1232   SIC 8322
GOUVERNEMENT DE LA PROVINCE DE QUEBEC   p1102
1 Rue Notre-Dame E Bureau 1140, Montreal, QC, H2Y 1B6
(514) 873-2230   SIC 8322
GOUVERNEMENT DE LA PROVINCE DE QUEBEC   p1104
1080 Cote Du Beaver Hall Bureau 1000, Montreal, QC, H2Z 1S8
(514) 873-2032   SIC 8322
GOUVERNEMENT DE LA PROVINCE DE QUEBEC   p1149
300 Boul Jean-Lesage Bureau 1.32a, Quebec, QC, G1K 8K6
(418) 646-8300   SIC 8322
GOUVERNEMENT DE LA PROVINCE DE QUEBEC   p1151
2305 Boul Benoit-Xv Bureau 16, Quebec, QC, G1L 3A4
(418) 524-9725   SIC 8322
GOUVERNEMENT DE LA PROVINCE DE QUEBEC   p1175
254 Boul Sauve, ROBERVAL, QC, G8H 1A7
(418) 275-1634   SIC 8322
GOUVERNEMENT DE LA PROVINCE DE QUEBEC   p1189
3015 127e Rue, SAINT-GEORGES, QC, G5Y 5G4
(418) 227-0948   SIC 8322
GOUVERNEMENT DE LA PROVINCE DE QUEBEC   p1220
110 Rue Du College, Saint-Remi, QC, J0L 2L0

(450) 454-4694   SIC 8322
GOUVERNEMENT DE LA PROVINCE DE QUEBEC p1231
6 Rue De L'Eglise Bureau 330, SAINTE-THERESE, QC, J7E 3L1
(450) 430-6900   SIC 8322
GOUVERNEMENT DE LA PROVINCE DE QUEBEC p1260
21 Rue Notre-Dame-De-Lourdes Bureau 209, VILLE-MARIE, QC, J9V 1X8
(819) 629-2676   SIC 8322
GOVERNING COUNCIL OF THE SALVATION ARMY IN CANADA, THE p28
631 7 Ave Se, CALGARY, AB, T2G 0J8
SIC 8322
GOVERNING COUNCIL OF THE SALVATION ARMY IN CANADA, THE p77
9620 101a Ave Nw, EDMONTON, AB, T5H 0C7
(780) 424-9222   SIC 8322
GOVERNING COUNCIL OF THE SALVATION ARMY IN CANADA, THE p77
9611 102 Ave Nw, EDMONTON, AB, T5H 0E5
(780) 429-4274   SIC 8322
GOVERNING COUNCIL OF THE SALVATION ARMY IN CANADA, THE p126
9525 83 Ave, GRANDE PRAIRIE, AB, T8V 6V1
(780) 538-2848   SIC 8322
GOVERNING COUNCIL OF THE SALVATION ARMY IN CANADA, THE p232
19868 Langley Bypass, LANGLEY, BC, V3A 4Y1
SIC 8322
GOVERNING COUNCIL OF THE SALVATION ARMY IN CANADA, THE p239
505 Eighth St, NANAIMO, BC, V9R 1B5
(250) 753-8834   SIC 8322
GOVERNING COUNCIL OF THE SALVATION ARMY IN CANADA, THE p271
6460 No. 4 Rd, RICHMOND, BC, V6Y 2S9
(604) 207-1212   SIC 8322
GOVERNING COUNCIL OF THE SALVATION ARMY IN CANADA, THE p304
555 Homer St Suite 703, VANCOUVER, BC, V6B 1K8
(604) 681-3405   SIC 8322
GOVERNING COUNCIL OF THE SALVATION ARMY IN CANADA, THE p373
811 School Rd, WINNIPEG, MB, R2Y 0S8
(204) 888-3311   SIC 8322
GOVERNING COUNCIL OF THE SALVATION ARMY IN CANADA, THE p494
16 Bayfield St, BARRIE, ON, L4M 3A4
(705) 728-3737   SIC 8322
GOVERNING COUNCIL OF THE SALVATION ARMY IN CANADA, THE p521
535 Main St N, BRAMPTON, ON, L6X 3C9
(905) 451-4115   SIC 8322
GOVERNING COUNCIL OF THE SALVATION ARMY IN CANADA, THE p611
138 Herkimer St, HAMILTON, ON, L8P 2H1
(905) 522-7336   SIC 8322
GOVERNING COUNCIL OF THE SALVATION ARMY IN CANADA, THE p657
371 King St, LONDON, ON, N6B 1S4
(519) 433-6106   SIC 8322
GOVERNING COUNCIL OF THE SALVATION ARMY IN CANADA, THE p662
54 Riverview Ave, LONDON, ON, N6J 1A2
SIC 8322
GOVERNING COUNCIL OF THE SALVATION ARMY IN CANADA, THE p769
2360 South Service Rd W, OAKVILLE, ON, L6L 5M9
(905) 825-9208   SIC 8322
GOVERNING COUNCIL OF THE SALVATION ARMY IN CANADA, THE p842
1645 Warden Ave Suite 105, SCARBOROUGH, ON, M1R 5B3
(416) 321-2654   SIC 8322
GOVERNING COUNCIL OF THE SALVATION ARMY IN CANADA, THE p854

184 Church St, ST CATHARINES, ON, L2R 3E7
(905) 684-7813   SIC 8322
GOVERNING COUNCIL OF THE SALVATION ARMY IN CANADA, THE p938
2808 Dundas St W, TORONTO, ON, M6P 1Y5
(416) 762-9636   SIC 8322
GOVERNING COUNCIL OF THE SALVATION ARMY IN CANADA, THE p1117
2000 Rue Notre-Dame O, Montreal, QC, H3J 1M8
(514) 934-5615   SIC 8322
GOVERNING COUNCIL OF THE SALVATION ARMY IN CANADA, THE p1148
1125 Ch De La Canardiere, Quebec, QC, G1J 2C3
(418) 641-0050   SIC 8322
GOVERNING COUNCIL OF THE SALVATION ARMY IN CANADA, THE p1285
1845 Osler St, REGINA, SK, S4P 1W1
(306) 569-6088   SIC 8322
GOVERNING COUNCIL OF THE SALVATION ARMY IN CANADA, THE p1285
2240 13th Ave, REGINA, SK, S4P 3M7
(306) 757-4600   SIC 8322
GOVERNING COUNCIL OF THE SALVATION ARMY IN CANADA, THE p1296
410 42nd A St E, SASKATOON, SK, S7K 0V3
(306) 956-4685   SIC 8322
GOVERNING COUNCIL OF THE SALVATION ARMY IN CANADA, THE p1301
339 Avenue C S, SASKATOON, SK, S7M 1N5
(306) 244-6280   SIC 8322
GOVERNING COUNCIL OF THE SALVATION ARMY IN CANADA, THE p1311
311 Black St, WHITEHORSE, YT, Y1A 2N1
(867) 668-2327   SIC 8322
GOVERNMENT OF ONTARIO p543
168 Hespeler Rd, CAMBRIDGE, ON, N1R 6V7
(519) 576-0540   SIC 8322
GOVERNMENT OF ONTARIO p758
2065 Finch Ave W, NORTH YORK, ON, M3N 2V7
(416) 314-9531   SIC 8322
GOVERNMENT OF ONTARIO p802
161 Elgin St Rm 3211, OTTAWA, ON, K2P 2K1
(613) 239-1100   SIC 8322
GOVERNMENT OF THE PROVINCE OF ALBERTA p39
535 37 St Nw, CALGARY, AB, T2N 3C1
(403) 297-7096   SIC 8322
GOVERNMENT OF THE PROVINCE OF ALBERTA p51
1520 4 St Sw Suite 600, CALGARY, AB, T2R 1H5
(403) 297-5011   SIC 8322
GOVERNMENT OF THE PROVINCE OF ALBERTA p55
10233 Elbow Dr Sw, CALGARY, AB, T2W 1E8
(403) 297-2049   SIC 8322
GOVERNMENT OF THE PROVINCE OF ALBERTA p80
10258 108 St Nw, EDMONTON, AB, T5J 4Z7
(780) 427-2817   SIC 8322
GOVERNMENT OF THE PROVINCE OF ALBERTA p80
10011 109 St Nw Suite 109, EDMONTON, AB, T5J 3S8
(780) 427-1177   SIC 8322
GOVERNMENT OF THE PROVINCE OF ALBERTA p88
10408 124 St 5th Fl, EDMONTON, AB, T5N 1R5
(780) 427-1511   SIC 8322
GOVERNMENT OF THE PROVINCE OF ALBERTA p88
12323 Stony Plain Rd Nw Suite 500, EDMONTON, AB, T5N 4B4
(780) 427-9190   SIC 8322
GOVERNMENT OF THE PROVINCE OF ALBERTA p123
2-9401 86 Ave, FORT SASKATCHEWAN, AB, T8L 0C6
(780) 992-6700   SIC 8322
GOVERNMENT OF THE PROVINCE OF ALBERTA p136
3305 18 Ave N Suite 107, LETHBRIDGE, AB, T1H 5S1
(403) 381-5543   SIC 8322
GOVERNMENT OF THE PROVINCE OF ALBERTA p136
528 Stafford Dr N, LETHBRIDGE, AB, T1H 2B2
(403) 381-5411   SIC 8322
GOVERNMENT OF THE PROVINCE OF ALBERTA p153
4920 51 St Suite 103, RED DEER, AB, T4N 6K8
(403) 340-5180   SIC 8322
GOVERNMENT OF THE PROVINCE OF ALBERTA p159
4919 51 St, ROCKY MOUNTAIN HOUSE, AB, T4T 1A7
(403) 845-8290   SIC 8322
GOVERNMENT OF THE PROVINCE OF BRITISH COLUMBIA p237
Gd Stn Main, MERRITT, BC, V1K 1B7
(250) 378-9355   SIC 8322
GREATER EDMONTON FOUNDATION p88
10938 142 St Nw, EDMONTON, AB, T5N 2P8
(780) 454-6350   SIC 8322
GREEK COMMUNITY OF TORONTO p893
30 Thorncliffe Park Dr, TORONTO, ON, M4H 1H8
(416) 425-2485   SIC 8322
GREEN ACRES FOUNDATION HOUSING FOR SENIORS p136
1431 16 Ave N Suite 47, LETHBRIDGE, AB, T1H 4B9
(403) 328-9422   SIC 8322
GROUPE DIJON INC p1128
2117 Rue Berlier, Montreal, QC, H7L 3M9
(450) 622-5522   SIC 8322
HALTON DISTRICT SCHOOL BOARD p765
475 Iroquois Shore Rd Suite 2199, OAKVILLE, ON, L6H 1M3
(905) 844-4110   SIC 8322
HALTON MULTICULTURAL COUNCIL INC p770
1092 Speers Rd, OAKVILLE, ON, L6L 2X4
(905) 842-2486   SIC 8322
HANDS THEFAMILYHELPNETWORK.CA p508
23 Ball's Dr, BRACEBRIDGE, ON, P1L 1T1
(705) 645-3155   SIC 8322
HANDS THEFAMILYHELPNETWORK.CA p742
222 Main St E, NORTH BAY, ON, P1B 1B1
(705) 476-2293   SIC 8322
HEARTLAND REGIONAL HEALTH AUTHORITY p1273
309 Railway Ave, LUCKY LAKE, SK, S0L 1Z0
(306) 858-2116   SIC 8322
HIGH COUNTRY HEALTH CARE INC p218
1800 Tranquille Rd Suite 18, KAMLOOPS, BC, V2B 3L9
(250) 376-7417   SIC 8322
HIGHLAND SHORES CHILDREN'S AID SOCIETY p494
16 Billa St, BANCROFT, ON, K0L 1C0
(613) 332-2425   SIC 8322
HILL TOP MANOR LTD p1268
1401 1st St Suite 401, ESTEVAN, SK, S4A 2W7
(306) 637-2600   SIC 8322
HOPEGREYBRUCE MENTAL HEALTH AND ADDICTIONS SERVICES p803
1101 2nd Ave E Suite 207, OWEN SOUND, ON, N4K 2J1

(519) 371-1232   SIC 8322
HRC CARE SOCIETY p288
1653 140 St, SURREY, BC, V4A 4H1
(604) 538-5291   SIC 8322
HUNT CLUB RIVERSIDE COMMUNITY CENTRE INC p795
3320 Paul Anka Dr, OTTAWA, ON, K1V 0J9
(613) 260-1299   SIC 8322
HURON-PERTH CHILDREN'S AID SOCIETY p865
639 Lorne Ave E, STRATFORD, ON, N5A 6S4
(519) 271-5290   SIC 8322
INDEPENDENT COUNSELLING ENTERPRISES INC p18
4888 72 Eve Se, CALGARY, AB, T2C 3Z2
(403) 219-0503   SIC 8322
INDEPENDENT COUNSELLING ENTERPRISES INC p96
15055 118 Ave Nw, EDMONTON, AB, T5V 1H9
(780) 454-9500   SIC 8322
INDIAN AND METIS FRIENDSHIP CENTRE OF WINNIPEG INC p371
45 Robinson St, WINNIPEG, MB, R2W 5H5
(204) 582-1296   SIC 8322
INTERCARE CORPORATE GROUP INC p32
211 Heritage Dr Se, CALGARY, AB, T2H 1M9
(403) 252-1194   SIC 8322
INTERCARE CORPORATE GROUP INC p54
1261 Glenmore Trail Sw, CALGARY, AB, T2V 4Y8
(403) 252-0141   SIC 8322
INTERCARE CORPORATE GROUP INC p56
14911 5 St Sw, CALGARY, AB, T2Y 5B9
(403) 451-4211   SIC 8322
INTERLAKE REGIONAL HEALTH AUTHORITY INC p349
120 6th Ave, GIMLI, MB, R0C 1B1
(204) 642-6051   SIC 8322
JEWISH COMMUNITY CENTRE OF GREATER VANCOUVER p300
950 41st Ave W, VANCOUVER, BC, V5Z 2N7
(604) 257-5111   SIC 8322
K3C COMMUNITY COUNSELLING CENTRES p630
417 Bagot St, KINGSTON, ON, K7K 3C1
(613) 549-7850   SIC 8322
KASOHKOWEW CHILD WELLNESS SOCIETY p132
Gd, HOBBEMA, AB, T0C 1N0
SIC 8322
KAWARTHA-HALIBURTON CHILDREN'S AID SOCIETY, THE p808
1100 Chemong Rd, PETERBOROUGH, ON, K9H 7S2
(705) 743-9751   SIC 8322
KELOWNA COMMUNITY RESOURCES SOCIETY p226
1735 Dolphin Ave Suite 120, KELOWNA, BC, V1Y 8A6
(250) 763-8008   SIC 8322
KERRY'S PLACE AUTISM SERVICES p873
200 Thomasburg Rd Rr 1, THOMASBURG, ON, K0K 3H0
SIC 8322
KIDS HELP PHONE p1099
5605 Av De Gaspe Unite 303, Montreal, QC, H2T 2A4
(514) 273-7007   SIC 8322
KIDS LINK/ NDSA p640
1770 King St E Suite 5, KITCHENER, ON, N2G 2P1
(519) 741-1122   SIC 8322
KIGEP MANAGEMENT LTD p13
112 28 St Se Suite 110, CALGARY, AB, T2A 6J9
(403) 283-4405   SIC 8322
KINARK CHILD AND FAMILY SERVICES p497
34 Simcoe St Suite 3, BARRIE, ON, L4N 6T4

(705) 726-8861 SIC 8322
KINARK CHILD AND FAMILY SERVICES p765
475 Iroquois Shore Rd, OAKVILLE, ON, L6H 1M3
(905) 844-4110 SIC 8322
KINGS COUNTY HOMECARE SERVICES LTD p413
103a Hampton Rd, ROTHESAY, NB, E2E 3L3
(506) 847-5295 SIC 8322
KITCHENER-WATERLOO YWCA p641
84 Frederick St, KITCHENER, ON, N2H 2L7
(519) 576-8856 SIC 8322
KLINIC INC p381
870 Portage Ave, WINNIPEG, MB, R3G 0P1
(204) 784-4090 SIC 8322
KTUNAXA NATION COUNCIL p205
7472 Mission Rd, CRANBROOK, BC, V1C 7E5
(250) 489-4563 SIC 8322
LAHAVE MANOR CORP p445
152 Pleasant St, BRIDGEWATER, NS, B4V 1N5
(902) 543-1147 SIC 8322
LANGENBURG & DISTRICT ACTIVITY CENTRE INC p1272
502 Carl Ave, LANGENBURG, SK, S0A 2A0
(306) 743-5030 SIC 8322
LANGLEY, CORPORATION OF THE TOWNSHIP OF p181
26770 29 Ave Suite A, ALDERGROVE, BC, V4W 3B8
(604) 856-2899 SIC 8322
LAURENCREST YOUTH SERVICES INC p567
510 Mercier St, CORNWALL, ON, K6K 1K2
(613) 933-6362 SIC 8322
LE CENTRE JEUNESSE DU SAGUENAY-LAC-SAINT-JEAN p1047
3639 Boul Harvey Bureau 203, Jonquiere, QC, G7X 3B2
(418) 547-5773 SIC 8322
LE CENTRES JEUNESSE DE MONTREAL INSTITUT UNIVERSITAIRE p1088
4675 Rue Belanger, Montreal, QC, H1T 1C2
(514) 593-3979 SIC 8322
LE CENTRES JEUNESSE DE MONTREAL INSTITUT UNIVERSITAIRE p1204
750 Boul Marcel-Laurin Bureau 230, SAINT-LAURENT, QC, H4M 2M4
(514) 855-5470 SIC 8322
LEDUC FOUNDATION p135
5105 52 St, LEDUC, AB, T9E 8P1
(780) 980-0524 SIC 8322
LEDUC, CITY OF p135
4330 Black Gold Dr Suite 101, LEDUC, AB, T9E 3C3
(780) 980-7120 SIC 8322
LES CENTRES DE LA JEUNESSE ET DE LA FAMILLE BATSHAW p1028
825 Av Dawson, DORVAL, QC, H9S 1X4
(514) 636-0910 SIC 8322
LES CENTRES DE LA JEUNESSE ET DE LA FAMILLE BATSHAW p1098
410 Rue De Bellechasse Bureau 2002, Montreal, QC, H2S 1X3
(514) 273-9533 SIC 8322
LES CENTRES DE LA JEUNESSE ET DE LA FAMILLE BATSHAW p1144
3065 Boul Du Cure-Labelle, Prevost, QC, J0R 1T0
(450) 224-8234 SIC 8322
LES CENTRES DE LA JEUNESSE ET DE LA FAMILLE BATSHAW p1262
5 Rue Weredale Park, WESTMOUNT, QC, H3Z 1Y5
(514) 989-1885 SIC 8322
LES CENTRES DE LA JEUNESSE ET DE LA FAMILLE BATSHAW p1262
4039 Rue Tupper Bureau 4, WESTMOUNT, QC, H3Z 1T5
(514) 937-9581 SIC 8322
LES CENTRES DE LA JEUNESSE ET DE LA

FAMILLE BATSHAW p1262
4515 Rue Sainte-Catherine O, WESTMOUNT, QC, H3Z 1R9
(514) 935-6196 SIC 8322
LETHBRIDGE COMMUNITY OUT OF SCHOOL ASSOCIATION p138
811 5 Ave S, LETHBRIDGE, AB, T1J 0V2
(403) 320-3988 SIC 8322
LETHBRIDGE FAMILY SERVICES p137
1107 2a Ave N, LETHBRIDGE, AB, T1H 0E6
(403) 327-5724 SIC 8322
LOISIRS MONTCALM INC, LES p1157
265 Boul Rene-Levesque O, Quebec, QC, G1R 2A7
(418) 523-6595 SIC 8322
LONDON CROSS CULTURAL LEARNER CENTRE p657
505 Dundas St, LONDON, ON, N6B 1W4
(519) 432-1133 SIC 8322
LYDALE CONSTRUCTION (1983) CO. LTD p1283
1820 E Ross Ave, REGINA, SK, S4N 0R9
(306) 751-4868 SIC 8322
MAISON DES AINEES DE ST-TIMOTHEE INC p1232
1 Rue Des Aines, SALABERRY-DE-VALLEYFIELD, QC, J6S 6M8
(450) 377-3925 SIC 8322
MANITOBA INTERFAITH IMMIGRATION COUNCIL INC p374
521 Bannatyne Ave, WINNIPEG, MB, R3A 0E4
SIC 8322
MANOIR SOLEIL INC p1010
125 Rue Daigneault, CHAMBLY, QC, J3L 1G7
(450) 658-4441 SIC 8322
MARKHAM CENTENNIAL CENTRE p945
8600 Mccowan Rd, UNIONVILLE, ON, L3P 3M2
(905) 294-6111 SIC 8322
MARYMOUND INC p359
116 Hemlock Cres, THOMPSON, MB, R8N 0R6
(204) 778-5116 SIC 8322
MASONIC PARK INC p430
100 Masonic Dr, MOUNT PEARL, NL, A1N 3K5
SIC 8322
MCMAN YOUTH, FAMILY AND COMMUNITY SERVICES ASSOCIATION p117
4926 1st Ave, EDSON, AB, T7E 1V7
(780) 712-7677 SIC 8322
MCMAN YOUTH, FAMILY AND COMMUNITY SERVICES ASSOCIATION p121
9916 Manning Ave, FORT MCMURRAY, AB, T9H 2B9
(780) 743-1110 SIC 8322
MCMAN YOUTH, FAMILY AND COMMUNITY SERVICES ASSOCIATION p139
517 4 Ave S Unit 203, LETHBRIDGE, AB, T1J 0N4
(403) 328-2488 SIC 8322
METROPOLITAN CALGARY FOUNDATION p10
3003 56 St Ne Suite 312, CALGARY, AB, T1Y 4P5
SIC 8322
MILES NADAL JEWISH COMMUNITY CENTRE p926
750 Spadina Ave, TORONTO, ON, M5S 2J2
(416) 944-8002 SIC 8322
MISSION SERVICES OF LONDON p658
42 Stanley St, LONDON, ON, N6C 1B1
(519) 673-4114 SIC 8322
MOHAWKS OF THE BAY OF QUINTE p848
Gd, SHANNONVILLE, ON, K0K 3A0
(613) 967-2003 SIC 8322
MONTREUX COUNSELLING CENTRE LTD p331
Gd Stn Csc, VICTORIA, BC, V8W 2L9
SIC 8322
MULTI LINGUAL ORIENTATION SERVICE FOR IMMIGRANT COMMUNITIES p295

2555 Commercial Dr Suite 312, VANCOUVER, BC, V5N 4C1
(604) 708-3905 SIC 8322
NEIGHBOURHOOD GROUP COMMUNITY SERVICES, THE p892
11 Coatsworth Cres, TORONTO, ON, M4C 5P8
(416) 691-7407 SIC 8322
NEW DIRECTIONS VOCATIONAL TESTING AND COUNSELLING p233
20570 56 Ave, LANGLEY, BC, V3A 3Z1
SIC 8322
NEW PATH YOUTH & FAMILY COUNSELLING SERVICES OF SIMCOE COUNTY p495
165 Ferris Lane, BARRIE, ON, L4M 2Y1
(705) 733-2654 SIC 8322
NEW PATH YOUTH & FAMILY COUNSELLING SERVICES OF SIMCOE COUNTY p774
359 West St N, ORILLIA, ON, L3V 5E5
(705) 325-6161 SIC 8322
NIAGARA CHILD AND YOUTH SERVICES p876
3340 Schmon Pky, THOROLD, ON, L2V 4Y6
(905) 688-6850 SIC 8322
NIAGARA CHILD AND YOUTH SERVICES p955
1604 Merrittville Hwy, WELLAND, ON, L3B 5N5
(905) 384-9551 SIC 8322
NORTH EAST COMMUNITY CARE ACCESS CENTRE p831
390 Bay St, SAULT STE. MARIE, ON, P6A 1X2
(705) 949-1650 SIC 8322
NORTH OKANAGAN YOUTH & FAMILY SERVICES p326
2900 32 Ave, VERNON, BC, V1T 2L5
(250) 545-3262 SIC 8322
NORTH SHORE HEALTH REGION p248
132 Esplanade W, NORTH VANCOUVER, BC, V7M 1A2
(604) 986-7111 SIC 8322
NORTHSIDE HOMEMAKER SERVICE SOCIETY p476
735 Main St, SYDNEY MINES, NS, B1V 2L3
(902) 736-2701 SIC 8322
NOVA PACIFIC CARE INC p212
256 Government St, DUNCAN, BC, V9L 1A4
(250) 746-9808 SIC 8322
ONE KID'S PLACE p620
100 Frank Miller Dr Suite 2, HUNTSVILLE, ON, P1H 1H7
(705) 789-9985 SIC 8322
ONTARIO FEDERATION FOR CEREBRAL PALSY p634
1724 Bath Rd, KINGSTON, ON, K7M 4Y2
(613) 384-1957 SIC 8322
OPERATION SPRINGBOARD p892
51 Dawes Rd, TORONTO, ON, M4C 5B1
(416) 698-0047 SIC 8322
OPTIONS: SERVICES TO COMMUNITIES SOCIETY
14668 106 Ave, SURREY, BC, V3R 5Y1
(604) 584-3301 SIC 8322
OTTAWA CARLETON LIFE SKILLS INC p796
3041 Upper Otterson Pl, OTTAWA, ON, K1V 7B5
(613) 523-7220 SIC 8322
OTTAWA CHILDREN'S TREATMENT CENTRE p625
2 Macneil Crt, KANATA, ON, K2L 4H7
(613) 831-5098 SIC 8322
OTTAWA CHILDREN'S TREATMENT CENTRE p786
401 Smyth Rd, OTTAWA, ON, K1H 8L1
(613) 737-2286 SIC 8322
OTTAWA-CARLETON ASSOCIATION FOR PERSONS WITH DEVELOPMENTAL DISABILITIES p565
1141 Sydney St Unit 1, CORNWALL, ON, K6H 7C2
(613) 933-9520 SIC 8322

P D G (MILLWOODS GOOD SAMARITAN) p112
101 Youville Drive East Nw, EDMONTON, AB, T6L 7A4
(780) 485-0816 SIC 8322
PACEKIDS SOCIETY FOR CHILDREN WITH SPECIAL NEEDS p33
5211 Macleod Trail Sw Suite 112, CALGARY, AB, T2H 0J3
(403) 234-7876 SIC 8322
PACIFIC DEVELOPMENTAL PATHWAYS LTD p231
20434 64 Ave Unit 109, LANGLEY, BC, V2Y 1N4
(604) 533-3602 SIC 8322
PARKLAND COMMUNITY LIVING AND SUPPORTS SOCIETY p153
6010 45 Ave, RED DEER, AB, T4N 3M4
(403) 347-3333 SIC 8322
PARKLAND REGIONAL HEALTH AUTHORITY INC p349
308 Jackson St, GRANDVIEW, MB, R0L 0Y0
(204) 546-2769 SIC 8322
PATHWAYS HEALTH CENTRE FOR CHILDREN p827
1240 Murphy Rd, SARNIA, ON, N7S 2Y6
(519) 542-3471 SIC 8322
PATRO DE CHARLESBOURG INC p1148
7700 3e Av E, Quebec, QC, G1H 7J2
(418) 626-0161 SIC 8322
PATRO LE PREVOST INC p1098
7355 Av Christophe-Colomb, Montreal, QC, H2R 2S5
(514) 273-8535 SIC 8322
PAVILLON SAINT-DOMINIQUE p1159
1045 Boul Rene-Levesque O, Quebec, QC, G1S 1V3
(418) 681-3561 SIC 8322
PEEL SENIOR LINK p715
30 Eglinton Ave W Suite 760, MISSISSAUGA, ON, L5R 3E7
(905) 712-4413 SIC 8322
PENIGUEL MARIE-JOSEE p1004
1015 Rue Lionel-Daunais Bureau 104, BOUCHERVILLE, QC, J4B 0B1
(450) 552-4552 SIC 8322
PERSONNAIDE INC p1074
56 Rue Saint-Patrice O, MAGOG, QC, J1X 1V9
(819) 868-0487 SIC 8322
PINE RIVER INSTITUTE p900
2 St Clair Ave E Suite 800, TORONTO, ON, M4T 2T5
(416) 955-1453 SIC 8322
PIVOT POINT CONSULTING p233
20644 Eastleigh Cres Suite 304, LANGLEY, BC, V3A 4C4
(604) 531-4544 SIC 8322
PLAYTIME COMMUNITY GAMING CENTRES INC p195
111 St. Ann's Rd, CAMPBELL RIVER, BC, V9W 4C5
(250) 286-1442 SIC 8322
POSABILITIES ASSOCIATION OF BRITISH COLUMBIA p187
4664 Lougheed Hwy Unit 240, BURNABY, BC, V5C 5T5
(604) 299-4001 SIC 8322
PRESBYTERIAN CHURCH IN CANADA, THE p818
7098 Concession 1, PUSLINCH, ON, N0B 2J0
(519) 824-7898 SIC 8322
PROGRAM DE PORTAGE INC, LE p1117
2455 Av Lionel-Groulx, Montreal, QC, H3J 1J6
(514) 935-3431 SIC 8322
PROVINCE OF NEWFOUNDLAND & LABRADOR p437
Bond Rd, WHITBOURNE, NL, A0B 3K0
(709) 759-2471 SIC 8322
PROVINCE OF PEI p985
152 Bideford Rd, TYNE VALLEY, PE, C0B 2C0

BUSINESSES BY INDUSTRY CLASSIFICATION

SIC 8322 Individual and family services

(902) 831-7905   *SIC 8322*
QUEEN'S UNIVERSITY AT KINGSTON p632
40 University Ave, KINGSTON, ON, K7L 3N8
(613) 533-2976   *SIC 8322*

RAINCITY HOUSING AND SUPPORT SOCIETY p302
707 Powell St, VANCOUVER, BC, V6A 1H5
(604) 254-3700   *SIC 8322*

RANCH EHRLO SOCIETY p1280
Gd, PRINCE ALBERT, SK, S6V 6J9
(306) 764-4511   *SIC 8322*

REGINA OPEN DOOR SOCIETY INC p1285
2550 Broad St, REGINA, SK, S4P 3Z4
(306) 352-3500   *SIC 8322*

REGINA QU'APPELLE REGIONAL HEALTH AUTHORITY p1276
601 Wright Rd, MOOSOMIN, SK, S0G 3N0
(306) 435-3888   *SIC 8322*

RENFREW PARK COMMUNITY ASSOCIATION p294
2929 22nd Ave E, VANCOUVER, BC, V5M 2Y3
(604) 257-8388   *SIC 8322*

RESPECT GROUP INC p53
540 21 Ave Sw Unit 8, CALGARY, AB, T2S 0H1
(403) 249-2963   *SIC 8322*

RESSOURCES SANTE L M INC p1221
21 Rue Forget, SAINT-SAUVEUR, QC, J0R 1R0
(450) 227-6663   *SIC 8322*

REVERA INC p64
150 Scotia Landng Nw, CALGARY, AB, T3L 2K1
(403) 208-0338   *SIC 8322*

REVERA INC p327
3965 Shelbourne St Suite 437, VICTORIA, BC, V8N 6J4
(250) 477-1232   *SIC 8322*

REVERA INC p487
12 Tranquility Ave Suite 1, ANCASTER, ON, L9G 5C2
(905) 304-1993   *SIC 8322*

REVERA INC p661
355 Mcgarrell Dr, LONDON, ON, N6G 0B1
(519) 672-0500   *SIC 8322*

RICHMOND, CITY OF p267
12800 Cambie Rd, RICHMOND, BC, V6V 0A9
(604) 233-8399   *SIC 8322*

RICHMOND, CITY OF p274
9180 No. 1 Rd, RICHMOND, BC, V7E 6L5
(604) 238-8400   *SIC 8322*

ROGERS ELEMENTARY OUT OF SCHOOL CARE SOCIETY p333
765 Rogers Ave, VICTORIA, BC, V8X 5K6
(250) 744-2343   *SIC 8322*

RYERSON UNIVERSITY p902
525 Bloor St E, TORONTO, ON, M4W 1J1
(416) 972-1319   *SIC 8322*

SAINT ELIZABETH HEALTH CARE p817
100 Peter St, PORT HOPE, ON, L1A 1C3
SIC 8322

SAINT ELIZABETH HEALTH CARE p852
444 Scott St Unit 5, ST CATHARINES, ON, L2M 3W6
SIC 8322

SARNIA AND DISTRICT ASSOCIATION FOR COMMUNITY LIVING
1315 Lougar Ave, SARNIA, ON, N7S 5N5
(519) 336-9825   *SIC 8322*

SCADDING COURT COMMUNITY CENTRE INC p927
707 Dundas St W, TORONTO, ON, M5T 2W6
(416) 392-0335   *SIC 8322*

SCHOOL DISTRICT NO 33 CHILLIWACK p197
8430 Cessna Dr, CHILLIWACK, BC, V2P 7K4
(604) 792-2515   *SIC 8322*

SENIORS HOMES & COMMUNITY HOUSING WETASKIWIN p175
Gd, WINFIELD, AB, T0C 2X0
(780) 682-3960   *SIC 8322*

SEVENTH-DAY ADVENTISTS COMMUNITY SERVICE p780
1170 King St E, OSHAWA, ON, L1H 1H9
(905) 433-8800   *SIC 8322*

SHEPELL FGI LP p754
895 Don Mills Rd, NORTH YORK, ON, M3C 1W3
(416) 961-0023   *SIC 8322*

SHEPHERD'S CARE FOUNDATION p85
12603 135 Ave Nw, EDMONTON, AB, T5L 5B2
(780) 447-3840   *SIC 8322*

SHEPHERDS OF GOOD HOPE p789
256 King Edward Ave, OTTAWA, ON, K1N 7M1
(613) 789-8210   *SIC 8322*

SIX NATIONS COUNCIL p772
15 Sunrise Crt, OHSWEKEN, ON, N0A 1M0
(519) 445-0230   *SIC 8322*

SOCIETE POUR LES ENFANTS HANDICAPES DU QUEBEC p1117
2300 Boul Rene-Levesque O, Montreal, QC, H3H 2R5
(514) 937-6171   *SIC 8322*

SOMERSET WEST COMMUNITY HEALTH CENTRE p793
55 Eccles St, OTTAWA, ON, K1R 6S3
(613) 238-8210   *SIC 8322*

SOUTH ASIAN FAMILY SUPPORT SERVICES OF SCARBOROUGH p837
1200 Markham Rd Suite 214, SCARBOROUGH, ON, M1H 3C3
(416) 431-5170   *SIC 8322*

SOUTHERN HEALTH-SANTE SUD p357
365 Reimer Ave, STEINBACH, MB, R5G 0R9
(204) 346-6123   *SIC 8322*

SOUTIEN A LA PERSONNE HANDICAPEE EN ROUTE VERS L'EMPLOI AU QUEBEC (SPHERE-QUEBEC) p1150
210 Boul Charest E, Quebec, QC, G1K 3H1
(418) 522-4747   *SIC 8322*

ST JOHN SOCIETY (BRITISH COLUMBIA AND YUKON) p281
8911 152 St, SURREY, BC, V3R 4E5
(604) 953-1603   *SIC 8322*

ST. CLAIR CHILD & YOUTH SERVICES p829
129 Kendall St, SARNIA, ON, N7V 4G6
(519) 337-3701   *SIC 8322*

ST. ELIZABETH HOME SOCIETY (HAMILTON ONTARIO) p615
391 Rymal Rd W Suite 304, HAMILTON, ON, L9B 1V2
(905) 388-9691   *SIC 8322*

ST. JOSEPH'S HEALTHCARE FOUNDATION, HAMILTON p613
431 Whitney Ave, HAMILTON, ON, L8S 2H6
(905) 521-9591   *SIC 8322*

ST. LAWRENCE YOUTH ASSOCIATION p630
845 Division St, KINGSTON, ON, K7K 4C4
(613) 542-9634   *SIC 8322*

ST. MICHAEL'S HOSPITAL p905
135 Sherbourne St, TORONTO, ON, M5A 2R5
(416) 864-5873   *SIC 8322*

ST. PATRICK'S FAMILY CENTRE INC p408
34 Providence St, MONCTON, NB, E1C 2Z4
(506) 857-2024   *SIC 8322*

STATESMAN CORPORATION p37
6700 Hunterview Dr Nw, CALGARY, AB, T2K 6K4
(403) 275-5667   *SIC 8322*

STATESMAN GROUP OF COMPANIES LTD, THE p53
2400 Sorrel Mews Sw, CALGARY, AB, T2T 6H8
(403) 240-3636   *SIC 8322*

STELMASCHUK, W. J. AND ASSOCIATES LTD p171
Gd, TWO HILLS, AB, T0B 4K0
(780) 657-3307   *SIC 8322*

STELMASCHUK, W. J. AND ASSOCIATES LTD p205
2001 Industrial Road 2, CRANBROOK, BC, V1C 6H3
(250) 426-3387   *SIC 8322*

STRATHCONA COMMUNITY CENTRE ASSOCIATION (1972) p302
601 Keefer St, VANCOUVER, BC, V6A 3V8
(604) 713-1838   *SIC 8322*

SUNRISE NORTH SENIOR LIVING LTD p704
4046 Erin Mills Pky, MISSISSAUGA, ON, L5L 2W7
(905) 569-0004   *SIC 8322*

SYMPHONY SENIOR LIVING INC p157
3100 22 St Suite 205, RED DEER, AB, T4R 3N7
(403) 341-5522   *SIC 8322*

THE CITY OF CAMPBELL RIVER p195
1800 Alder St S, CAMPBELL RIVER, BC, V9W 7J1
(250) 923-7911   *SIC 8322*

TIKINAGAN CHILD & FAMILY SERVICES p826
Gd, SANDY LAKE, ON, P0V 1V0
(807) 771-1149   *SIC 8322*

TIMISKAMING CHILD AND FAMILY SERVICES p731
25 Paget St, NEW LISKEARD, ON, P0J 1P0
(705) 647-1200   *SIC 8322*

TORONTO EAST GENERAL HOSPITAL p895
177 Danforth Ave Suite 203, TORONTO, ON, M4K 1N2
(416) 461-2000   *SIC 8322*

TOWNSHIP OF NORWICH p763
53 1/2 Stover St S, NORWICH, ON, N0J 1P0
(519) 863-3733   *SIC 8322*

TROPICANA COMMUNITY SERVICES ORGANIZATION OF SCARBOROUGH, THE p746
505 Consumers Rd Suite 102, NORTH YORK, ON, M2J 4V8
(416) 491-7000   *SIC 8322*

TURNING POINT YOUTH SERVICES p904
95 Wellesley St E, TORONTO, ON, M4Y 2X9
(416) 925-9250   *SIC 8322*

VALLEY PARK COMMUNITY CENTRE p863
970 Paramount Dr, STONEY CREEK, ON, L8J 1Y2
(905) 573-3600   *SIC 8322*

VALORIS POUR ENFANTS ET ADULTES DE PRESCOTT-RUSSELL p550
133 Laurier St, CASSELMAN, ON, K0A 1M0
(613) 764-3642   *SIC 8322*

VANCOUVER ABORIGINAL FRIENDSHIP CENTRE SOCIETY p293
1607 Hastings St E, VANCOUVER, BC, V5L 1S7
(604) 251-4844   *SIC 8322*

VANCOUVER COASTAL HEALTH AUTHORITY p296
3425 Crowley Dr, VANCOUVER, BC, V5R 6G3
(604) 872-2511   *SIC 8322*

VANCOUVER, CITY OF p297
1 Kingsway, VANCOUVER, BC, V5T 3H7
(604) 257-3080   *SIC 8322*

VEGREVILLE ASSOCIATION FOR LIVING IN DIGNITY p172
4843 49 St, VEGREVILLE, AB, T9C 1K7
(780) 632-2418   *SIC 8322*

VICTORIA COOL AID SOCIETY, THE p332
1634 Store St, VICTORIA, BC, V8W 1V3
(250) 383-1951   *SIC 8322*

VICTORIAN COMMUNITY HEALTH CENTRE OF KASLO p222
673 A Ave, KASLO, BC, V0G 1M0
(250) 353-2211   *SIC 8322*

VILLA DU SAGUENAY INC p1015
1901 Rue Des Roitelets Bureau 302, CHICOUTIMI, QC, G7H 7L7
(418) 693-1212   *SIC 8322*

VILLE DE MONTREAL p1096
9335 Rue Saint-Hubert, Montreal, QC, H2M 1Y7
(514) 385-2893   *SIC 8322*

VISITING HOMEMAKERS ASSOCIATON OF OTTAWA p793
250 City Centre Ave Unit 7, OTTAWA, ON, K1R 6K7
(613) 238-8420   *SIC 8322*

WARDEN WOODS COMMUNITY CENTRE p839
74 Firvalley Crt, SCARBOROUGH, ON, M1L 1N9
(416) 694-1138   *SIC 8322*

WATERFORD AT WINDSOR WOODS, THE p211
1345 56 St Suite 221, DELTA, BC, V4L 2P9
(604) 943-5954   *SIC 8322*

WE CARE HEALTH SERVICES INC p658
190 Wortley Rd Suite 100f, LONDON, ON, N6C 4Y7
(519) 642-1208   *SIC 8322*

WEST REGION CHILD AND FAMILY SERVICES COMMITTEE INCORPORATED p347
431 Buchanon Ave, DAUPHIN, MB, R7N 2J1
(204) 622-5200   *SIC 8322*

WINDSOR ESSEX COMMUNITY HEALTH CENTRE p966
1585 Ouellette Ave, WINDSOR, ON, N8X 1K5
(519) 253-8481   *SIC 8322*

WOODGREEN RED DOOR FAMILY SHELTER p896
21 Carlaw Ave, TORONTO, ON, M4M 2R6
(416) 915-5671   *SIC 8322*

WOODSTOCK AND DISTRICT DEVELOPMENTAL SERVICES p978
212 Bysham Park Dr, WOODSTOCK, ON, N4T 1R2
(519) 539-7447   *SIC 8322*

YMCA OF GREATER TORONTO p935
931 College St, TORONTO, ON, M6H 1A1
(416) 536-9622   *SIC 8322*

YONGE STREET MISSION, THE p907
381 Yonge St, TORONTO, ON, M5B 1S1
(416) 977-7259   *SIC 8322*

YOUNG MEN'S & YOUNG WOMEN'S HEBREW ASSOCIATION OF MONTREAL p1121
5170 Ch De La Cote-Sainte-Catherine, Montreal, QC, H3W 1M7
(514) 739-2301   *SIC 8322*

YOUNG MEN'S CHRISTIAN ASSOCIATION OF EDMONTON p98
11510 153 Ave Nw, EDMONTON, AB, T5X 6A3
(780) 476-9622   *SIC 8322*

YOUNG WOMEN'S CHRISTIAN ASSOCIATION OF GREATER TORONTO p934
177 Caledonia Rd, TORONTO, ON, M6E 4S8
(416) 652-0077   *SIC 8322*

YOUNG WOMEN'S CHRISTIAN ASSOCIATION OF SASKATOON p1299
510 25th St E, SASKATOON, SK, S7K 4A7
(306) 244-0944   *SIC 8322*

YOUTH SERVICES BUREAU OF OTTAWA p786
3000 Hawthorne Rd, OTTAWA, ON, K1G 5Y3
(613) 738-7776   *SIC 8322*

YOUTH SERVICES BUREAU OF OTTAWA p790
147 Besserer St, OTTAWA, ON, K1N 6A2
(613) 241-7788   *SIC 8322*

YOUTH SERVICES BUREAU OF OTTAWA p790
433 Nelson St, OTTAWA, ON, K1N 7S6
(613) 789-8220   *SIC 8322*

YOUTHLINK p839
747 Warden Ave, SCARBOROUGH, ON, M1L 4A8
(416) 967-1773   *SIC 8322*

YWCA OF CAMBRIDGE p545
55 Dickson St, CAMBRIDGE, ON, N1R 7A5
(519) 267-6444   *SIC 8322*

▲ Public Company   ■ Public Company Family Member   **HQ** Headquarters   **BR** Branch   **SL** Single Location

SIC 8331 Job training and related services

ACCLAIM SBA DISABILITY MANAGEMENT INC *p898*
250 Merton St Unit 503, TORONTO, ON, M4S 1B1
(800) 565-2857 *SIC 8331*

ATELIER INDUSTRIEL ST-JEAN (1980) INC *p1198*
277 Rue Langlois, SAINT-JEAN-SUR-RICHELIEU, QC, J3B 4S4
(450) 347-2616 *SIC 8331*

CANADIAN NATIONAL INSTITUTE FOR THE BLIND, THE *p607*
115 Parkdale Ave N, HAMILTON, ON, L8H 5X1
(905) 528-8555 *SIC 8331*

CANADIAN NATIONAL INSTITUTE FOR THE BLIND, THE *p893*
1929 Bayview Ave, TORONTO, ON, M4G 3E8
(416) 486-2500 *SIC 8331*

CARPENTERS LOCAL UNION 27 JOINT APPRENTICESHIP AND TRAINING TRUST FUND INC *p974*
222 Rowntree Dairy Rd, WOODBRIDGE, ON, L4L 9T2
(905) 652-5507 *SIC 8331*

CATHOLIC IMMIGRATION CENTRE OTTAWA *p801*
219 Argyle Ave Suite 500, OTTAWA, ON, K2P 2H4
(613) 232-9634 *SIC 8331*

CENTRE DE TRAVAIL LARO INC *p1038*
179 Rue Deveault, GATINEAU, QC, J8Z 1S7
(819) 770-6434 *SIC 8331*

CHRYSALIS: AN ALBERTA SOCIETY FOR CITIZENS WITH DISABILITIES *p30*
6020 1a St Sw Suite 7, CALGARY, AB, T2H 0G3
(403) 258-1501 *SIC 8331*

CHRYSALIS: AN ALBERTA SOCIETY FOR CITIZENS WITH DISABILITIES *p84*
13325 St Albert Trail Nw, EDMONTON, AB, T5L 4R3
(780) 454-9656 *SIC 8331*

COLLEGE EDUCACENTRE COLLEGE *p300*
896 8th Ave W, VANCOUVER, BC, V5Z 1E2
(604) 708-5100 *SIC 8331*

COMMISSION SCOLAIRE DE L'ENERGIE *p1054*
461 Rue Saint-Francois, LA TUQUE, QC, G9X 1T8
(819) 676-3006 *SIC 8331*

COMMISSION SCOLAIRE DE LA CAPITALE, LA *p1148*
2050 8e Av, Quebec, QC, G1J 3P1
(418) 686-4040 *SIC 8331*

COMMISSION SCOLAIRE DE LA CAPITALE, LA *p1149*
7 Rue Robert-Rumilly, Quebec, QC, G1K 2K5
(418) 686-4040 *SIC 8331*

COMMISSION SCOLAIRE DE LA CAPITALE, LA *p1152*
1925 Rue Monseigneur-Plessis, Quebec, QC, G1M 1A4
(418) 686-4040 *SIC 8331*

COMMISSION SCOLAIRE DE LA CAPITALE, LA *p1153*
1060 Rue Borne, Quebec, QC, G1N 1L9
(418) 686-4040 *SIC 8331*

COMMISSION SCOLAIRE DE LA CAPITALE, LA *p1164*
3400 Av Chauveau, Quebec, QC, G2C 1A1
(418) 686-4040 *SIC 8331*

COMMISSION SCOLAIRE DE LAVAL *p1127*
1740 Montee Masson, Montreal, QC, H7E 4P2
(450) 662-7000 *SIC 8331*

COMMISSION SCOLAIRE DE LAVAL *p1133*
155 Boul Sainte-Rose E, Montreal-Ouest, QC, H7H 1P2

(450) 662-7000 *SIC 8331*

COMMISSION SCOLAIRE DES AFFLUENTS *p1170*
777 Boul Iberville, REPENTIGNY, QC, J5Y 1A2
(450) 492-3799 *SIC 8331*

COMMISSION SCOLAIRE DES APPALACHES *p1246*
578 Rue Monfette E, THETFORD MINES, QC, G6G 7G9
(418) 335-2921 *SIC 8331*

COMMISSION SCOLAIRE DES BOIS-FRANCS *p1259*
595 Rue Notre-Dame E, VICTORIAVILLE, QC, G6P 4B2
(819) 751-2020 *SIC 8331*

COMMISSION SCOLAIRE DES CHENES *p1030*
125 Rue Ringuet, DRUMMONDVILLE, QC, J2C 2P7
(819) 474-0751 *SIC 8331*

COMMISSION SCOLAIRE DES DECOUVREURS *p1160*
920 Rue Noel-Carter, Quebec, QC, G1V 5B6
(418) 652-2184 *SIC 8331*

COMMISSION SCOLAIRE DES PATRIOTES *p1226*
2121 Rue Darwin, SAINTE-JULIE, QC, J3E 0C9
(450) 645-2370 *SIC 8331*

COMMISSION SCOLAIRE DES PREMIERES-SEIGNEURIES *p1147*
800 Rue De La Sorbonne, Quebec, QC, G1H 1H1
(418) 622-7821 *SIC 8331*

COMMISSION SCOLAIRE EASTERN TOWNSHIPS *p1074*
101 Rue Du Moulin Bureau 205, MAGOG, QC, J1X 4A1
(819) 868-3100 *SIC 8331*

COMMISSION SCOLAIRE RENE-LEVESQUE *p1010*
15 Rue Comeau, CARLETON, QC, G0C 1J0
(418) 364-7510 *SIC 8331*

COMMUNITY LIVING CAMBRIDGE *p543*
466 Franklin Blvd, CAMBRIDGE, ON, N1R 8G6
(519) 621-0680 *SIC 8331*

DISTINCTIVE EMPLOYMENT COUNSELLING SERVICES *p74*
11515 71 St Nw, EDMONTON, AB, T5B 1W1
(780) 474-2500 *SIC 8331*

EDMONTON MENNONITE CENTRE FOR NEWCOMERS *p74*
8914 118 Ave Nw, EDMONTON, AB, T5B 0T6
(780) 421-7400 *SIC 8331*

ENTREPRISES D'INSERTION GODEFROY-LAVIOLETTE, LES *p999*
16 Rue Rolland-Briere, BLAINVILLE, QC, J7C 5N2
(450) 437-1146 *SIC 8331*

FLOWER CART, THE *p470*
9412 Commercial St, NEW MINAS, NS, B4N 3E9
(902) 681-6766 *SIC 8331*

GOODWILL INDUSTRIES, ONTARIO GREAT LAKES *p657*
390 King St, LONDON, ON, N6B 1S3
(519) 850-9675 *SIC 8331*

GOUVERNEMENT DE LA PROVINCE DE QUEBEC *p1102*
276 Rue Saint-Jacques, Montreal, QC, H2Y 1N3
(514) 725-5221 *SIC 8331*

HUTTON HOUSE ASSOCIATION FOR ADULTS WITH DISABILITIES *p662*
654 Wonderland Rd N, LONDON, ON, N6H 3E5
(519) 472-6381 *SIC 8331*

INSTITUT NATIONAL DE L'IMAGE ET DU SON (INIS) *p1100*

301 Boul De Maisonneuve E, Montreal, QC, H2X 1K1
(514) 285-4647 *SIC 8331*

INTERNATIONAL UNION OF OPERATING ENGINEERS LOCAL 793 *p723*
12580 County Road 2, MORRISBURG, ON, K0C 1X0
(613) 543-2911 *SIC 8331*

JOINT TRAINING & APPRENTICESHIP COMMITTEE *p515*
419 Deerhurst Dr, BRAMPTON, ON, L6T 5K3
(905) 790-9662 *SIC 8331*

KITCHENER WATERLOO YOUNG MENS CHRISTIAN ASSOCIATION, THE *p640*
800 King St W, KITCHENER, ON, N2G 1E8
(519) 579-9622 *SIC 8331*

LUTHERWOOD *p640*
165 King St E, KITCHENER, ON, N2G 2K8
(519) 884-7755 *SIC 8331*

MARCH OF DIMES CANADA *p531*
6 Glenn Wood Pl Unit 6, BROCKVILLE, ON, K6V 2T3
(613) 342-1935 *SIC 8331*

MARCH OF DIMES CANADA *p552*
555 Richmond St, CHATHAM, ON, N7M 1R2
(519) 351-8464 *SIC 8331*

MARCH OF DIMES CANADA *p588*
238 St Patrick St E, FERGUS, ON, N1M 1M6
(519) 787-3833 *SIC 8331*

MARCH OF DIMES CANADA *p605*
24 Main St N, HAGERSVILLE, ON, N0A 1H0
(905) 768-0041 *SIC 8331*

MARCH OF DIMES CANADA *p610*
50 King St E, HAMILTON, ON, L8N 1A6
(905) 522-2253 *SIC 8331*

MARCH OF DIMES CANADA *p632*
920 Princess St, KINGSTON, ON, K7L 1H1
(613) 549-4141 *SIC 8331*

MARCH OF DIMES CANADA *p714*
25 Glenn Hawthorne Blvd Suite 106, MISSISSAUGA, ON, L5R 3E6
(905) 568-9586 *SIC 8331*

MARCH OF DIMES CANADA *p733*
351 Crowder Blvd Suite 414, NEWMARKET, ON, L3Y 8J5
(905) 953-9700 *SIC 8331*

MARCH OF DIMES CANADA *p800*
117 Centrepointe Dr Suite 250, OTTAWA, ON, K2G 5X3
(613) 596-3463 *SIC 8331*

MARCH OF DIMES CANADA *p822*
25 Marshall St Suite 100, RICHMOND HILL, ON, L4C 0A3
(905) 508-5555 *SIC 8331*

MARCH OF DIMES CANADA *p824*
13311 Yonge St Suite 202, RICHMOND HILL, ON, L4E 3L6
(905) 773-7758 *SIC 8331*

MARCH OF DIMES CANADA *p832*
277 Northern Ave E, SAULT STE. MARIE, ON, P6B 6E1
(705) 759-0328 *SIC 8331*

MARCH OF DIMES CANADA *p832*
31 Old Garden River Rd Suite 122, SAULT STE. MARIE, ON, P6B 5Y7
(705) 254-1099 *SIC 8331*

MARCH OF DIMES CANADA *p852*
436 Scott St Unit 3, ST CATHARINES, ON, L2M 3W6
(905) 938-2888 *SIC 8331*

MARCH OF DIMES CANADA *p856*
448 Louth St Suite 103, ST CATHARINES, ON, L2S 3S9
(905) 641-4911 *SIC 8331*

MARCH OF DIMES CANADA *p877*
237 Camelot St, THUNDER BAY, ON, P7A 4B2
(807) 345-6595 *SIC 8331*

MARCH OF DIMES CANADA *p904*
30 Saint Lawrence St Suite A3, TORONTO, ON, M5A 3C5
(416) 703-8781 *SIC 8331*

NORFOLK ASSOCIATION FOR COMMUNITY LIVING *p849*
5 Queensway E, SIMCOE, ON, N3Y 5K2
(519) 428-4069 *SIC 8331*

QUEEN'S ASSOCIATION FOR SUPPORTED LIVING *p469*
44 Pleasent St, MILTON, NS, B0T 1P0
(902) 354-2723 *SIC 8331*

REHABILITATION SOCIETY OF SOUTHWESTERN ALBERTA *p137*
1610 29 St N, LETHBRIDGE, AB, T1H 5L3
(403) 317-4880 *SIC 8331*

REHOBOTH A CHRISTIAN ASSOCIATION FOR THE MENTALLY HANDICAPPED OF ALBERTA *p11*
3505 29 St Ne Suite 106, CALGARY, AB, T1Y 5W4
(403) 250-7333 *SIC 8331*

SASKATCHEWAN ABILITIES COUNCIL INC *p1283*
825 Mcdonald St, REGINA, SK, S4N 2X5
(306) 569-9048 *SIC 8331*

SASKATCHEWAN ABILITIES COUNCIL INC *p1301*
1410 Kilburn Ave, SASKATOON, SK, S7M 0J8
(306) 653-1694 *SIC 8331*

SASKATCHEWAN ABILITIES COUNCIL INC *p1307*
1551 North Railway St W, SWIFT CURRENT, SK, S9H 5G3
(306) 773-2076 *SIC 8331*

SASKATCHEWAN ABILITIES COUNCIL INC *p1309*
162 Ball Rd, YORKTON, SK, S3N 3Z4
(306) 782-2463 *SIC 8331*

SCE LIFEWORKS INC *p383*
530 Century St Suite 227, WINNIPEG, MB, R3H 0Y4
(204) 775-9402 *SIC 8331*

SCHOOL DISTRICT NO. 44 (NORTH VANCOUVER) *p250*
935 Marine Dr Suite 304, NORTH VANCOUVER, BC, V7P 1S3
SIC 8331

SHERIDAN COLLEGE INSTITUTE OF TECHNOLOGY AND ADVANCED LEARNING *p766*
1430 Trafalgar Rd, OAKVILLE, ON, L6H 2L1
(905) 845-9430 *SIC 8331*

SIMCOE MUSKOKA CATHOLIC DISTRICT SCHOOL BOARD *p495*
320 Bayfield St Suite 57, BARRIE, ON, L4M 3C1
(705) 797-2020 *SIC 8331*

ST. JAMES-ASSINIBOIA SCHOOL DIVISION *p385*
150 Moray St, WINNIPEG, MB, R3J 3A2
(204) 837-5886 *SIC 8331*

VANCOUVER COASTAL HEALTH AUTHORITY *p319*
700 57th Ave W Suite 909, VANCOUVER, BC, V6P 1S1
(604) 321-3231 *SIC 8331*

VECOVA *p37*
3304 33 St Nw, CALGARY, AB, T2L 2A6
(403) 284-2231 *SIC 8331*

VERA PERLIN SOCIETY *p436*
Gd, ST. JOHN'S, NL, A1E 3Y3
(709) 739-8701 *SIC 8331*

VITALITE HEALTH NETWORK *p398*
62 Rue Queen, EDMUNDSTON, NB, E3V 1A1
(506) 739-2323 *SIC 8331*

YMCA OF GREATER TORONTO *p835*
10 Milner Business Crt Suite 600, SCARBOROUGH, ON, M1B 3C6
(416) 609-9622 *SIC 8331*

YOUNG MEN'S CHRISTIAN ASSOCIATION OF GREATER VANCOUVER *p313*
1166 Alberni St Suite 200, VANCOUVER, BC, V6E 3Z3
(604) 681-9622 *SIC 8331*

YWCA TORONTO *p582*
222 Dixon Rd Suite 207, ETOBICOKE, ON,

SIC 8351 Child day care services

M9P 3S5
(416) 964-3883   *SIC 8331*

SIC 8351 Child day care services

123 BUSY BEAVERS LEARNING CENTRES INC   p768
690 Dorval Dr Suite 400, OAKVILLE, ON, L6K 3W7
SIC 8351

ABC DAY NURSERY OF WINDSOR   p962
1225 Lauzon Rd, WINDSOR, ON, N8S 3M9
(519) 945-1110   *SIC 8351*

ABC DAY NURSERY OF WINDSOR   p965
888 Hanna St E, WINDSOR, ON, N8X 2N9
(519) 256-5141   *SIC 8351*

ADNAP ENTERPRISES LTD   p50
602 11 Ave Sw Suite 402, CALGARY, AB, T2R 1J8
SIC 8351

ANDREW FLECK CHILD CARE SERVICES   p788
195 George St, OTTAWA, ON, K1N 5W6
(613) 789-4100   *SIC 8351*

BOYS' & GIRLS' CLUB OF DURHAM   p779
433 Eulalie Ave, OSHAWA, ON, L1H 2C6
(905) 728-5121   *SIC 8351*

CALGARY JEWISH ACADEMY, THE   p54
6700 Kootenay St Sw, CALGARY, AB, T2V 1P7
(403) 253-3992   *SIC 8351*

CALGARY URBAN PROJECT SOCIETY   p51
622 11 Ave Sw, CALGARY, AB, T2R 0E2
(403) 264-2217   *SIC 8351*

CANADIAN MOTHERCRAFT SOCIETY   p900
32 Heath St W, TORONTO, ON, M4V 1T3
(416) 920-3515   *SIC 8351*

CARIBOO CHILCOTIN CHILD DEVELOPMENT CENTRE ASSOCIATION   p341
690 Second Ave N, WILLIAMS LAKE, BC, V2G 4C4
(250) 392-4481   *SIC 8351*

CENTRE DE LA PETITE ENFANCE COMMUNAUTAIRE LES TROTTINETTES   p1257
4501 Rue Bannantyne, VERDUN, QC, H4G 1E3
(514) 765-7160   *SIC 8351*

CENTRE DE LA PETITE ENFANCE COMMUNAUTAIRE LES TROTTINETTES   p1257
202 Rue Galt Bureau 2, VERDUN, QC, H4G 2P2
(514) 761-0791   *SIC 8351*

CENTRE DE LA PETITE ENFANCE COMMUNAUTAIRE LES TROTTINETTES   p1258
1261 Rue Argyle, VERDUN, QC, H4H 1V4
(514) 769-1164   *SIC 8351*

CENTRE DE LA PETITE ENFANCE DE L'UNIVERSITE DE MONTREAL   p1256
418 Av Saint-Charles, VAUDREUIL-DORION, QC, J7V 2N1
(450) 424-9304   *SIC 8351*

CENTRE DE LA PETITE ENFANCE DU CARREFOUR INC   p1093
2355 Rue Provencale, Montreal, QC, H2K 4P9
(514) 526-3241   *SIC 8351*

CENTRE DE LA PETITE ENFANCE IQITAUVIK   p1049
Gd, KUUJJUAQ, QC, J0M 1C0
(819) 964-2389   *SIC 8351*

CENTRE DE LA PETITE ENFANCE JARDIN DE FANFAN   p1074
431 Rue Du Moulin, MAGOG, QC, J1X 4A1
(819) 843-5349   *SIC 8351*

CENTRE DE LA PETITE ENFANCE L'ANTRE-TEMPS   p1054
61 Rue De L'Eglise, LABELLE, QC, J0T 1H0
(819) 686-9469   *SIC 8351*

CENTRE DE LA PETITE ENFANCE L'UNIVERS MAMUSE ET MEDUQUE INC   p1250
2855 Rue Monseigneur-Saint-Arnaud, Trois-Rivieres, QC, G9A 4L9

(819) 379-6778   *SIC 8351*

CENTRE DE LA PETITE ENFANCE LES CROQUIGNOLES INC   p998
10 Rue Bibiane-Nantel, BLAINVILLE, QC, J7C 5Y4
(450) 433-3733   *SIC 8351*

CENTRE DE LA PETITE ENFANCE LES MOUSSES DU MONT INC   p1182
775 Montee Montarville, SAINT-BRUNO, QC, J3V 6L6
(450) 441-4811   *SIC 8351*

CENTRE DE LA PETITE ENFANCE LES PETITS CAILLOUX   p1013
210 Rue Mezy, CHICOUTIMI, QC, G7G 1J5
(418) 698-4663   *SIC 8351*

CENTRE DE LA PETITE ENFANCE MAMIE-POM   p1183
1298 Av Saint-Paul, Saint-Cesaire, QC, J0L 1T0
(450) 469-4242   *SIC 8351*

CENTRE DE LA PETITE ENFANCE PANDA   p1240
2600 Rue College, SHERBROOKE, QC, J1M 1Z7
(819) 346-1414   *SIC 8351*

CENTRE DE LA PETITE ENFANCE PARC-EN-CIEL   p1023
888 Rue Saint-Antoine, Disraeli, QC, G0N 1E0
(418) 449-3004   *SIC 8351*

CENTRE DE LA PETITE ENFANCE PARC-EN-CIEL   p1246
566 Rue Christophe-Colomb, THETFORD MINES, QC, G6H 2N6
(418) 423-2004   *SIC 8351*

CENTRE DE LA PETITE ENFANCE PIERROT LA LUNE INC   p1071
1080 Boul Sainte-Foy, LONGUEUIL, QC, J4K 1W6
(450) 670-2336   *SIC 8351*

CENTRE DE LA PETITE ENFANCE POPULAIRE ST-MICHEL INC   p1090
7950 2e Av, Montreal, QC, H1Z 2S3
(514) 729-1878   *SIC 8351*

CENTRE DE LA PETITE ENFANCE SES AMIS   p1002
238 Rue Dupernay, BOUCHERVILLE, QC, J4B 1G6
(450) 655-1357   *SIC 8351*

CENTRE DE LA PETITE ENFANCE SES AMIS   p1068
625 Rue Adoncour, LONGUEUIL, QC, J4G 2M6
(450) 651-6349   *SIC 8351*

CHILDREN'S HOUSE MONTESSORI, THE   p970
2611 Labelle St, WINDSOR, ON, N9E 4G4
(519) 969-5278   *SIC 8351*

COMMISSION SCOLAIRE DE CHARLEVOIX, LA   p1016
19 Rue Saint-Philippe, CLERMONT, QC, G4A 1K3
(418) 439-3862   *SIC 8351*

COMMISSION SCOLAIRE DE L'ENERGIE   p1178
511 Rue Principale, SAINT-ADELPHE-DE-CHAMPLAIN, QC, G0X 2G0
(418) 365-4755   *SIC 8351*

COMMISSION SCOLAIRE DE L'ESTUAIRE   p994
2398 Rue Napoleon, BAIE-COMEAU, QC, G5C 1A5
(418) 295-3763   *SIC 8351*

COMMISSION SCOLAIRE DE LA RIVIERE-DU-NORD   p1201
995 Rue Labelle, Saint-Jerome, QC, J7Z 5N7
(450) 438-3131   *SIC 8351*

COMMISSION SCOLAIRE DE LA SEIGNEURIE-DES-MILLE-ILES   p999
60 35e Av, BOIS-DES-FILION, QC, J6Z 2E8
(450) 621-7760   *SIC 8351*

COMMISSION SCOLAIRE DE MONTREAL   p1119

8000 Av De L'Epee, Montreal, QC, H3N 2E9
(514) 596-5175   *SIC 8351*

COMMISSION SCOLAIRE DES BOIS-FRANCS   p1073
3345 Rue King, LYSTER, QC, G0S 1V0
(819) 389-5437   *SIC 8351*

COMMISSION SCOLAIRE DES CHENES   p1190
303 Rue Saint-Pierre, SAINT-GERMAIN-DE-GRANTHAM, QC, J0C 1K0
(819) 850-1624   *SIC 8351*

COMMISSION SCOLAIRE DES CHENES   p1217
5330 7e Rang, SAINT-LUCIEN, QC, J0C 1N0
(819) 850-1612   *SIC 8351*

COMMISSION SCOLAIRE DES PATRIOTES   p1196
3065 Rue Bedard, SAINT-JEAN-BAPTISTE, QC, J0L 2B0
(450) 467-5870   *SIC 8351*

COMMISSION SCOLAIRE DU VAL-DES-CERFS   p1040
254 Rue Laurier, GRANBY, QC, J2G 5K8
(450) 372-7767   *SIC 8351*

COMMISSION SCOLAIRE MARGUERITE-BOURGEOYS   p995
16 Av Neveu, BEACONSFIELD, QC, H9W 5B4
(514) 855-4206   *SIC 8351*

COMMISSION SCOLAIRE MARGUERITE-BOURGEOYS   p1051
3243 Boul Chevremont, L'Ile-Bizard, QC, H9C 2L8
(514) 855-4242   *SIC 8351*

COMMISSION SCOLAIRE MARGUERITE-BOURGEOYS   p1257
655 Rue Williborrd, VERDUN, QC, H4G 2T8
(514) 765-7585   *SIC 8351*

COMMUNITY MAPLE CHILD CARE SERVICES   p667
9350 Keele St Suite 1, MAPLE, ON, L6A 1P4
(905) 832-5752   *SIC 8351*

CORPORATION OF THE CITY OF STRATFORD   p864
103 Bruce St, STRATFORD, ON, N5A 4A2
(519) 273-1803   *SIC 8351*

CORPORATION OF THE CITY OF TORONTO   p751
225 Duncan Mill Rd Suite 201, NORTH YORK, ON, M3B 3K9
(416) 338-8255   *SIC 8351*

CORPORATION OF THE CITY OF TORONTO   p761
10 Falstaff Ave, NORTH YORK, ON, M6L 2C7
(416) 392-5688   *SIC 8351*

CORPORATION OF THE CITY OF TORONTO   p886
20 Gordonridge Pl, TORONTO, ON, M1K 4H5
(416) 392-5698   *SIC 8351*

COWICHAN TRIBES   p212
5588 River Rd, DUNCAN, BC, V9L 6V9
(250) 746-5966   *SIC 8351*

E3 (EDUCATE, ENABLE, EMPOWER) COMMUNITY SERVICES INC   p556
100 Pretty River Pky N, COLLINGWOOD, ON, L9Y 4X2
(705) 445-6351   *SIC 8351*

EDLEUN, INC   p161
20 Main Blvd, SHERWOOD PARK, AB, T8A 3W8
(780) 417-3444   *SIC 8351*

GEORGE JEFFREY CHILDREN'S CENTRE   p880
507 Lillie St N, THUNDER BAY, ON, P7C 4Y8
(807) 623-4381   *SIC 8351*

GETTING READY FOR INCLUSION TODAY (THE GRIT PROGRAM) SOCIETY OF EDMONTON   p86
14930 114 Ave Nw, EDMONTON, AB, T5M 4G4

(780) 454-9910   *SIC 8351*

GLOBAL CHILD CARE SERVICES   p594
1714 Montreal Rd, GLOUCESTER, ON, K1J 6N5
(613) 742-5500   *SIC 8351*

GOUVERNEMENT DE LA PROVINCE DE QUEBEC   p1000
520 Av Adrien-Chartrand, BOISBRIAND, QC, J7G 2M2
(450) 435-7567   *SIC 8351*

GOUVERNEMENT DE LA PROVINCE DE QUEBEC   p1075
150 Rue Principale N, MANIWAKI, QC, J9E 2B8
(819) 449-7659   *SIC 8351*

GOVERNING COUNCIL OF THE SALVATION ARMY IN CANADA, THE   p652
1340 Dundas St, LONDON, ON, N5W 3B6
(519) 455-4810   *SIC 8351*

GOVERNING COUNCIL OF THE SALVATION ARMY IN CANADA, THE   p803
365 14th St W, OWEN SOUND, ON, N4K 3X9
(519) 376-5699   *SIC 8351*

GOVERNING COUNCIL OF THE SALVATION ARMY IN CANADA, THE   p962
3199 Lauzon Rd, WINDSOR, ON, N8T 2Z7
(519) 944-4922   *SIC 8351*

GOVERNMENT OF ONTARIO   p958
142 Byron St N, WHITBY, ON, L1N 4M9
(905) 430-0818   *SIC 8351*

GROWING TYKES CHILD CARE   p837
910 Markham Rd, SCARBOROUGH, ON, M1H 2Y2
(416) 438-4088   *SIC 8351*

HUMBER COLLEGE INSTITUTE OF TECHNOLOGY AND ADVANCE   p585
205 Humber College Blvd, ETOBICOKE, ON, M9W 5L7
(416) 675-5057   *SIC 8351*

KANCAR COMMUNITY CHILDRENS CENTRE INC   p624
310 Legget Dr, KANATA, ON, K2K 1Y6
(613) 591-3398   *SIC 8351*

KANCAR COMMUNITY CHILDRENS CENTRE INC   p797
1150 Carling Ave, OTTAWA, ON, K1Z 7K5
(613) 729-1222   *SIC 8351*

KAWARTHA CHILD CARE SERVICES INC   p647
24 Weldon Crt Suite 6, LINDSAY, ON, K9V 4P1
(705) 324-8434   *SIC 8351*

KAWARTHA CHILD CARE SERVICES INC   p810
733 Parkhill Rd W, PETERBOROUGH, ON, K9J 8M4
(705) 740-9439   *SIC 8351*

KIDLOGIC LONDON INC   p662
750 Wharncliffe Rd S, LONDON, ON, N6J 2N4
(519) 685-4221   *SIC 8351*

KIDLOGIC OAKVILLE INC   p767
580 Argus Rd, OAKVILLE, ON, L6J 3J3
(905) 842-6280   *SIC 8351*

KIDS & US COMMUNITY CHILDCARE AND FAMILY EDUCATION CENTRES INCORPORATED   p668
206 Toronto St S, MARKDALE, ON, N0C 1H0
(519) 986-3692   *SIC 8351*

KIDS 'N US   p668
206 Toronto St S, MARKDALE, ON, N0C 1H0
(519) 986-3351   *SIC 8351*

KITIMAT CHILD DEVELOPMENT CENTRE ASSOCIATION   p228
1515 Kingfisher Ave N, KITIMAT, BC, V8C 1S5
(250) 632-3144   *SIC 8351*

LATCH KEY DAYCARE & LEARNING CENTRE INC   p961
13163 Tecumseh Rd E, WINDSOR, ON, N8N 3T4

(519) 979-4309   *SIC* 8351
LEARNING ENRICHMENT FOUNDATION, THE   p937
116 Industry St, TORONTO, ON, M6M 4L8
(416) 769-0830   *SIC* 8351
LONDON BRIDGE CHILD CARE SERVICES INC   p588
80 Victoria St E Ss 1 Suite 1, EXETER, ON, N0M 1S1
(519) 235-0710   *SIC* 8351
LONDON BRIDGE CHILD CARE SERVICES INC   p650
1305 Webster St, LONDON, ON, N5V 3P8
(519) 453-9570   *SIC* 8351
LONDON BRIDGE CHILD CARE SERVICES INC   p654
189 Adelaide St S, LONDON, ON, N5Z 3K7
(519) 685-1650   *SIC* 8351
LONDON BRIDGE CHILD CARE SERVICES INC   p658
89 Elmwood Ave E, LONDON, ON, N6C 1J4
(519) 438-9141   *SIC* 8351
LONDON BRIDGE CHILD CARE SERVICES INC   p658
712 Whetter Ave, LONDON, ON, N6C 2H2
(519) 686-8944   *SIC* 8351
LONDON BRIDGE CHILD CARE SERVICES INC   p829
811 London Rd, SARNIA, ON, N7T 4X7
(519) 337-8668   *SIC* 8351
LONDON CHILDREN'S CONNECTION INC   p653
1444 Glenora Dr, LONDON, ON, N5X 1V2
(519) 438-5977   *SIC* 8351
LONDON DISTRICT CATHOLIC SCHOOL BOARD   p659
1380 Ernest Ave, LONDON, ON, N6E 2H8
(519) 660-2777   *SIC* 8351
MAISON ENCHANTEE DE MARIE-CLAIRE INC, LA   p1049
18122 Boul Elkas Bureau A, KIRKLAND, QC, H9J 3Y4
(514) 697-0001   *SIC* 8351
MINI-SKOOL A CHILD'S PLACE INC   p515
27 Kings Cross Rd, BRAMPTON, ON, L6T 3V5
(905) 792-2230   *SIC* 8351
MINI-SKOOL A CHILD'S PLACE INC   p518
178 Church St E, BRAMPTON, ON, L6V 1H1
(905) 457-1248   *SIC* 8351
MINI-SKOOL A CHILD'S PLACE INC   p696
3153 Cawthra Rd, MISSISSAUGA, ON, L5A 2X4
(905) 276-3933   *SIC* 8351
MINI-SKOOL A CHILD'S PLACE INC   p702
2488 Bromsgrove Rd, MISSISSAUGA, ON, L5J 1L8
(905) 823-3000   *SIC* 8351
MISSISSAUGA CHRISTIAN ACADEMY & DAYCARE   p710
2690 Gananoque Dr, MISSISSAUGA, ON, L5N 2R2
(905) 826-4114   *SIC* 8351
MUSKOKA FAMILY FOCUS AND CHILDREN'S PLACE   p508
20 Entrance Dr, BRACEBRIDGE, ON, P1L 1S4
(705) 645-3027   *SIC* 8351
NOVA CENTRAL SCHOOL DISTRICT   p427
Gd Lcd Main, GRAND FALLS-WINDSOR, NL, A2A 2J1
(709) 489-4373   *SIC* 8351
OUR CHILDREN, OUR FUTURE   p574
273 Mead Blvd, ESPANOLA, ON, P5E 1B3
(705) 869-5545   *SIC* 8351
OWL CHILD CARE SERVICES OF ONTARIO   p636
75 Pebblecreek Dr, KITCHENER, ON, N2A 0E3
(519) 894-0563   *SIC* 8351
PEACE WAPITI SCHOOL DIVISION NO.76   p68
10407 97 St, CLAIRMONT, AB, T0H 0W5

(780) 567-3553   *SIC* 8351
PRINCE ALBERT GRAND COUNCIL   p1275
Gd, MONTREAL LAKE, SK, S0J 1Y0
(306) 663-5602   *SIC* 8351
RAINBOW DAY NURSERY INC   p391
445 Island Shore Blvd Unit 11, WINNIPEG, MB, R3X 2B4
(204) 256-0672   *SIC* 8351
RED DEER CHILD CARE SOCIETY   p154
5571 45 St Unit 2, RED DEER, AB, T4N 1L2
(403) 347-7973   *SIC* 8351
SAMSON CREE NATION CHIEF AND COUNCIL   p132
Gd, HOBBEMA, AB, T0C 1N0
(780) 585-3930   *SIC* 8351
SCHOOL DISTRICT NO. 43 (COQUITLAM)   p257
1215 Cecile Dr, PORT MOODY, BC, V3H 1N2
(604) 936-9991   *SIC* 8351
SERVICES DE GARDE DE LA POINTE, LES   p1143
85 Av De La Baie-De-Valois, POINTE-CLAIRE, QC, H9R 4B7
(514) 695-6447   *SIC* 8351
ST STEPHENS COMMUNITY HOUSE   p926
112 Lippincott St Suite 4, TORONTO, ON, M5S 2P1
(416) 922-8705   *SIC* 8351
ST. LAWRENCE CO-OPERATIVE DAY CARE INC   p905
230 The Esplanade, TORONTO, ON, M5A 4J6
(416) 363-9425   *SIC* 8351
TERRA CENTRE   p102
9359 67a St Nw, EDMONTON, AB, T6B 1R7
(780) 468-3218   *SIC* 8351
TRESORS DE MARIE-CLAIRE INC, LES   p1049
18122 Boul Elkas, KIRKLAND, QC, H9J 3Y4
(514) 697-0001   *SIC* 8351
UNIVERSITY OF VICTORIA   p328
3800 Finnerty Rd Suite 168, VICTORIA, BC, V8P 5C2
(250) 721-8500   *SIC* 8351
UPPER CANADA CREATIVE CHILD CARE CENTRES OF ONTARIO   p746
30 Shaughnessy Blvd, NORTH YORK, ON, M2J 1H5
(416) 499-6500   *SIC* 8351
VICTORIA VILLAGE CHILDREN'S SERVICES LTD   p892
312 Main St, TORONTO, ON, M4C 4X7
(416) 693-9879   *SIC* 8351
VICTORIA VILLAGE CHILDREN'S SERVICES LTD   p892
314 Main St, TORONTO, ON, M4C 4X7
(416) 690-8668   *SIC* 8351
WOODGREEN COMMUNITY SERVICES   p896
835 Queen St E, TORONTO, ON, M4M 1H9
(416) 469-5211   *SIC* 8351
YMCA OF CENTRAL EAST ONTARIO   p645
8 Caroline St, LAKEFIELD, ON, K0L 2H0
(705) 652-7782   *SIC* 8351
YMCA OF GREATER TORONTO   p889
567 Sheppard Ave E, TORONTO, ON, M2K 1B2
(416) 225-7773   *SIC* 8351
YMCA OF HAMILTON/BURLINGTON/BRANTFORD   p528
143 Wellington St, BRANTFORD, ON, N3S 3Y8
(519) 752-6568   *SIC* 8351
YMCA OF SIMCOE/MUSKOKA   p775
300 Peter St N, ORILLIA, ON, L3V 5A2
(705) 325-6168   *SIC* 8351
YOUNG MEN'S AND YOUNG WOMEN'S CHRISTIAN ASSOCIATION OF GUELPH   p599
84 Kensington St, GUELPH, ON, N1E 2P9
(519) 821-8173   *SIC* 8351
YOUNG WOMEN'S CHRISTIAN ASSOCIATION OF REGINA   p1286

1940 Mcintyre St Suite 507, REGINA, SK, S4P 2R3
(306) 525-2141   *SIC* 8351

SIC 8361 Residential care

1070481 ONTARIO INC   p946
9 Stevens Ave Suite 502, VANIER, ON, K1K 1K4
(613) 748-7000   *SIC* 8361
126074 ONTARIO INC   p774
6 Kitchener St, ORILLIA, ON, L3V 6Z9
(705) 327-2232   *SIC* 8361
1814124 ONTARIO INC   p854
181 Niagara St, ST CATHARINES, ON, L2R 4M1
(905) 687-3388   *SIC* 8361
2550-7856 QUEBEC INC   p1197
1050 Rue Stefoni, SAINT-JEAN-SUR-RICHELIEU, QC, J3A 1T5
(450) 349-5861   *SIC* 8361
429616 ONTARIO LIMITED   p752
880 Lawrence Ave E, NORTH YORK, ON, M3C 1P6
(416) 445-2255   *SIC* 8361
4489161 CANADA INC   p1060
400 Rue Louis-Fortier Bureau 100a, LASALLE, QC, H8R 0A8
(514) 370-8000   *SIC* 8361
6423264 CANADA INC   p1133
3055 Boul Notre-Dame Bureau 1700, Montreal-Ouest, QC, H7V 4C6
(450) 681-3055   *SIC* 8361
9074-1190 QUEBEC INC   p1064
790 Boul Alphonse-Desjardins Bureau 27, Levis, QC, G6V 7J5
(418) 833-3407   *SIC* 8361
9074-1190 QUEBEC INC   p1188
11765 1re Av Bureau 317, SAINT-GEORGES, QC, G5Y 8G7
(418) 228-8685   *SIC* 8361
9129-0163 QUEBEC INC   p1231
39 Rue Buntin, SALABERRY-DE-VALLEYFIELD, QC, J6S 6V9
(450) 377-9200   *SIC* 8361
990628 ONTARIO INC   p808
270 Rubidge St Suite 246, PETERBOROUGH, ON, K9J 3P2
(705) 748-4000   *SIC* 8361
A.C.M.C.J. HOLDINGS LTD   p252
415 Haven Hill Rd, PENTICTON, BC, V2A 4E9
(250) 492-2600   *SIC* 8361
ACADIA FOUNDATION   p129
501 5 St W Suite 17, HANNA, AB, T0J 1P0
(403) 854-3288   *SIC* 8361
ACADIA FOUNDATION   p149
310 2nd St W, OYEN, AB, T0J 2J0
(403) 664-3661   *SIC* 8361
ACCESS BETTER LIVING INC   p883
733 Ross Ave E Suite 3, TIMMINS, ON, P4N 8S8
(705) 268-2240   *SIC* 8361
ACCESS COMMUNITY SERVICES INC   p817
160 Walton St, PORT HOPE, ON, L1A 1N6
(905) 885-6358   *SIC* 8361
ACCESS INDEPENDENT LIVING SERVICES   p842
2155 Lawrence Ave E Suite 623, SCARBOROUGH, ON, M1R 5G9
(416) 752-2490   *SIC* 8361
ACTION LINE HOUSING SOCIETY   p186
3755 Mcgill St, BURNABY, BC, V5C 1M2
(604) 291-0607   *SIC* 8361
ADDICTIONS FOUNDATION OF MANITOBA, THE   p356
175 Nomad St, SOUTHPORT, MB, R0H 1N1
(204) 428-6600   *SIC* 8361
ADONAI RESIDENTIAL SERVICES INC   p644
389 Pinnacle Dr, KITCHENER, ON, N2P 2P7
(519) 896-6718   *SIC* 8361
AIDE-MAISON VALLEE DE LA MATAPEDIA   p1232

1 Rue Saindon, SAYABEC, QC, G0J 3K0
(418) 536-5456   *SIC* 8361
ALBERTA HEALTH SERVICES   p68
221 42nd Ave W, Claresholm, AB, T0L 0T0
(403) 625-1395   *SIC* 8361
ALBERTA LIFE CARE LTD   p94
17203 99 Ave Nw, EDMONTON, AB, T5T 6S5
(780) 433-2223   *SIC* 8361
ALDERWOOD CORPORATION   p442
42 Jones St, BADDECK, NS, B0E 1B0
(902) 295-2644   *SIC* 8361
ALGOMA MANOR NURSING HOME   p873
145 Dawson St, THESSALON, ON, P0R 1L0
(705) 842-2840   *SIC* 8361
ALL SENIORS CARE LIVING CENTRES LTD   p373
10 Hallonquist Dr Suite 318, WINNIPEG, MB, R2Y 2M5
(204) 885-1415   *SIC* 8361
ALL SENIORS CARE LIVING CENTRES LTD   p1035
465 Boul De La Gappe Bureau 214, GATINEAU, QC, J8T 0A2
(819) 246-5050   *SIC* 8361
AMICA (CITY CENTRE) CORPORATION   p697
380 Princess Royal Dr, MISSISSAUGA, ON, L5B 4M9
(905) 803-8100   *SIC* 8361
AMICA AT DOUGLAS HOUSE   p330
50 Douglas St, VICTORIA, BC, V8V 2N8
(250) 383-6258   *SIC* 8361
AMICA MATURE LIFESTYLES INC   p250
3225 Highland Blvd, NORTH VANCOUVER, BC, V7R 0A3
(604) 929-6361   *SIC* 8361
AMICA MATURE LIFESTYLES INC   p317
2125 Eddington Dr Suite 204, VANCOUVER, BC, V6L 3A9
(604) 736-8936   *SIC* 8361
AMICA MATURE LIFESTYLES INC   p330
540 Dallas Rd Suite 423, VICTORIA, BC, V8V 4X9
(250) 380-9121   *SIC* 8361
AMICA MATURE LIFESTYLES INC   p593
2645 Innes Rd Suite 342, GLOUCESTER, ON, K1B 3J7
(613) 837-8720   *SIC* 8361
AMICA MATURE LIFESTYLES INC   p668
6360 16th Ave Suite 336, MARKHAM, ON, L3P 7Y6
(905) 201-6058   *SIC* 8361
AMICA MATURE LIFESTYLES INC   p705
4620 Kimbermount Ave, MISSISSAUGA, ON, L5M 9K3
(905) 816-9163   *SIC* 8361
AMICA MATURE LIFESTYLES INC   p746
19 Rean Dr, NORTH YORK, ON, M2K 0A4
(647) 286-7935   *SIC* 8361
AMICA MATURE LIFESTYLES INC   p900
155 Balmoral Ave Suite 130, TORONTO, ON, M4V 1J5
(416) 927-0055   *SIC* 8361
ANAGO (NON) RESIDENTIAL RESOURCES INC   p649
1670 Oxford St E, LONDON, ON, N5V 3G2
SIC 8361
ANNAPOLIS COUNTY ADULT RESIDENTIAL CENTRE   p444
200 Church St, BRIDGETOWN, NS, B0S 1C0
(902) 665-4566   *SIC* 8361
ANSON GENERAL HOSPITAL   p622
58 Anson Dr, IROQUOIS FALLS, ON, P0K 1E0
(705) 258-3221   *SIC* 8361
ARC PROGRAMS LTD   p224
513 Bernard Ave, KELOWNA, BC, V1Y 6N9
(250) 763-2977   *SIC* 8361
ARCHE DAYBREAK, L'   p824
11339 Yonge St, RICHMOND HILL, ON, L4S 1L1

SIC 8361 Residential care

(905) 884-3454 SIC 8361
BARTON RETIREMENT INC p732
17290 Leslie St Suite 1, NEWMARKET, ON, L3Y 3E1
(905) 967-1331 SIC 8361
BEAVER FOUNDATION p160
5128 57 Ave, SEDGEWICK, AB, T0B 4C0
(780) 336-3353 SIC 8361
BEAVER FOUNDATION p171
5824 50th St, TOFIELD, AB, T0B 4J0
(780) 662-3477 SIC 8361
BEHAVIOURAL HEALTH FOUNDATION INC, THE p355
1147 Brezzy Point Rd, SELKIRK, MB, R1A 2A7
(204) 482-9711 SIC 8361
BETHANIA MENNONITE PERSONAL CARE HOME INC p366
1045 Concordia Ave, WINNIPEG, MB, R2K 3S7
(204) 667-0795 SIC 8361
BLUE HERON SUPPORT SERVICES ASSOCIATION p5
Gd Stn Main, BARRHEAD, AB, T7N 1B8
(780) 674-4944 SIC 8361
BOYNE VALLEY HOSTEL CORPORATION, THE p346
120 4th Ave Sw Rr 3, CARMAN, MB, R0G 0J0
(204) 745-6715 SIC 8361
BRAIN INJURY SERVICES OF NORTHERN ONTARIO p876
130 Castlegreen Dr, THUNDER BAY, ON, P7A 7T9
(807) 768-1881 SIC 8361
BRUCELEA HAVEN HOME FOR THE AGED p948
41 Mcgivern St, WALKERTON, ON, N0G 2V0
(519) 881-1570 SIC 8361
BRUMICAL INVESTMENTS LIMITED p786
1180 Belanger Ave, OTTAWA, ON, K1H 8N2
(613) 737-7877 SIC 8361
C.A.-C.L.S.C. J. OCTAVE ROUSSIN p1139
13926 Rue Notre-Dame E, POINTE-AUX-TREMBLES, QC, H1A 1T5
(514) 642-4050 SIC 8361
C.S.S.S. DES PAYS-D'EN-HAUT p1242
428 Rue Du Baron-Louis-Empain, STE-MARGUERITE-DU-LAC-MASSON, QC, J0T 1L0
SIC 8361
CAMROSE ASSOCIATION FOR COMMUNITY LIVING p66
4604 57 St, CAMROSE, AB, T4V 2E7
(780) 672-0257 SIC 8361
CANADIAN INSTITUTE FOR HEALTH INFORMATION p897
90 Eglinton Ave E Suite 300, TORONTO, ON, M4P 2Y3
(416) 481-2002 SIC 8361
CANADIAN RED CROSS SOCIETY, THE p450
133 Troop Ave, DARTMOUTH, NS, B3B 2A7
(902) 496-0103 SIC 8361
CAPITALE IMMOBILIERE MFQ INC, LA p1147
7500 Av Thomas-Baillairge, Quebec, QC, G1H 7M4
(418) 628-8968 SIC 8361
CAREWEST p59
1939 Veteran's Way Nw, CALGARY, AB, T3B 5Y8
(403) 944-7800 SIC 8361
CARPE DIEM RESIDENTIAL TREATMENT HOMES FOR CHILDREN INC p511
29 Crescent Hill Dr N, BRAMPTON, ON, L6S 1C6
(905) 799-2947 SIC 8361
CARTIER HOUSE CARE CENTRE LTD p201
1419 Cartier Ave, COQUITLAM, BC, V3K 2C6
(604) 939-4654 SIC 8361
CATHOLIC SOCIAL SERVICES p153

5104 48 Ave, RED DEER, AB, T4N 3T8
(403) 347-8844 SIC 8361
CATHOLIC SOCIAL SERVICES p173
1037 2 Ave Suite A, WAINWRIGHT, AB, T9W 1K7
(780) 842-6899 SIC 8361
CATHOLIC SOCIAL SERVICES p174
5206 51 Ave, WETASKIWIN, AB, T9A 0V4
(780) 352-5535 SIC 8361
CENTRAL PLACE RETIREMENT COMMUNITY LTD p803
855 3rd Ave E, OWEN SOUND, ON, N4K 2K6
(519) 371-1968 SIC 8361
CENTRE ACCEUIL HENRIETTE CERE p1191
6435 Ch De Chambly, SAINT-HUBERT, QC, J3Y 3R6
(450) 678-3291 SIC 8361
CENTRE BUTTERS-SAVOY ET HORIZON p1071
1255 Rue Beauregard Bureau 2201, LONGUEUIL, QC, J4K 2M3
(450) 679-6511 SIC 8361
CENTRE CHAMPAGNEUR p1045
132 Rue Saint-Charles-Borromee S, JOLIETTE, QC, J6E 4T3
(450) 756-4568 SIC 8361
CENTRE D'ACCEUIL DESY INC p1188
90 Rue Maskinonge, SAINT-GABRIEL-DE-BRANDON, QC, J0K 2N0
(450) 835-4712 SIC 8361
CENTRE D'ACCEUIL DIXVILLE INC p1237
1621 Rue Prospect, SHERBROOKE, QC, J1J 1K4
(819) 346-8471 SIC 8361
CENTRE D'ACCEUIL JEANNE CREVIER p1002
151 Rue De Muy, BOUCHERVILLE, QC, J4B 4W7
SIC 8361
CENTRE D'ACCEUIL PONTIAC p1235
290 Rue Marion, SHAWVILLE, QC, J0X 2Y0
(819) 647-5755 SIC 8361
CENTRE D'ACCEUIL ROGER SEGUIN p553
435 Lemay St, CLARENCE CREEK, ON, K0A 1N0
(613) 488-2053 SIC 8361
CENTRE D'ACCEUIL DU HAUT-ST LAURENT (CHSLD) p1136
65 Rue Hector, ORMSTOWN, QC, J0S 1K0
(450) 829-2346 SIC 8361
CENTRE D'ACCEUIL FATHER DOWD p1120
6565 Ch Hudson Bureau 217, Montreal, QC, H3S 2T7
(514) 341-1007 SIC 8361
CENTRE D'HEBERGEMENT DES MOULINS INC p1244
934 Rue Saint-Sacrement, TERREBONNE, QC, J6W 3G2
(450) 964-8448 SIC 8361
CENTRE D'HEBERGEMENT DU BOISE LTEE p1162
3690 Boul Neilson, Quebec, QC, G1W 0A9
(418) 781-0471 SIC 8361
CENTRE D'INTEGRATION SCOLAIRE INC p1090
6361 6e Av, Montreal, QC, H1Y 2R7
(514) 374-8490 SIC 8361
CENTRE DE PROTECTION ET DE READAPTATION DE LA COTE-NORD p994
1250 Rue Le Strat, BAIE-COMEAU, QC, G5C 1T8
(418) 589-2038 SIC 8361
CENTRE DE PROTECTION ET DE READAPTATION DE LA COTE-NORD p994
835 Boul Jolliet, BAIE-COMEAU, QC, G5C 1P5
(418) 589-9927 SIC 8361
CENTRE DE READAPTATION EN DEFICIENCE INTELLECTUELLE DU SAGUENAY LAC-ST-JEAN p1013
766 Rue Du Cenacle, CHICOUTIMI, QC, G7H 2J2

(418) 549-4003 SIC 8361
CENTRE DE READAPTATION EN DEFICIENCE INTELLECTUELLE DU SAGUENAY LAC-ST-JEAN p1175
835 Rue Roland, ROBERVAL, QC, G8H 3J5
(418) 765-3003 SIC 8361
CENTRE DE READAPTATION EN DEFICIENCE INTELLECTUELLE ET TED p1064
55 Rue Du Mont-Marie, Levis, QC, G6V 0B8
(418) 833-3218 SIC 8361
CENTRE DE READAPTATION EN DEFICIENCE INTELLECTUELLE ET TED p1083
20 Av Cote, MONTMAGNY, QC, G5V 1Z9
(418) 248-4970 SIC 8361
CENTRE DE READAPTATION GABRIELLE MAJOR p1087
5695 Av Des Marronniers, Montreal, QC, H1T 2W3
(514) 252-6868 SIC 8361
CENTRE DE READAPTATION INTERVAL p1248
4100 Rue Jacques-De Labadie, Trois-Rivieres, QC, G8Y 1T6
(819) 378-4083 SIC 8361
CENTRE DE READAPTATION INTERVAL p1258
80 Rue Saint-Paul, VICTORIAVILLE, QC, G6P 9C8
(819) 752-4099 SIC 8361
CENTRE DE READAPTATION LA MYRIADE, LE p1076
1280 Ch Saint-Henri, MASCOUCHE, QC, J7K 2N1
(450) 474-4175 SIC 8361
CENTRE DE READAPTATION LA MYRIADE, LE p1169
3733 Rue Charbonneau, RAWDON, QC, J0K 1S0
(450) 834-7101 SIC 8361
CENTRE DE READAPTATION LA MYRIADE, LE p1171
625 Rue Leclerc, REPENTIGNY, QC, J6A 2E4
(450) 585-7811 SIC 8361
CENTRE DE READAPTION ESTRIE INC p1236
300 Rue King E Bureau 200, SHERBROOKE, QC, J1G 1B1
(819) 346-8411 SIC 8361
CENTRE DE SANTE DES ETCHEMIN p1220
2770 20e Av, SAINT-PROSPER-DE-DORCHESTER, QC, G0M 1Y0
SIC 8361
CENTRE DE SANTE ET DE SERVICE SOCIAUX DE LA REGION DE THETFORD p1023
260 Av Champlain, Disraeli, QC, G0N 1E0
(418) 449-2020 SIC 8361
CENTRE DE SANTE ET DE SERVICE SOCIAUX DU TEMISCOUATA p1174
45 Rue Du Foyer S, Riviere-Bleue, QC, G0L 2B0
(418) 893-5511 SIC 8361
CENTRE DE SANTE ET DE SERVICES SOCIAUX (CSSS) ALPHONSE-DESJARDINS p1188
82 Rue Principale, SAINT-FLAVIEN, QC, G0S 2M0
(418) 728-2727 SIC 8361
CENTRE DE SANTE ET DE SERVICES SOCIAUX DE CHICOUTIMI p1013
1236 Rue D'angouleme, CHICOUTIMI, QC, G7H 6P9
(418) 698-3907 SIC 8361
CENTRE DE SANTE ET DE SERVICES SOCIAUX DE DORVAL-LACHINE-LASALLE p1056
650 Place D'accueil, LACHINE, QC, H8S 3Z5
(514) 634-7161 SIC 8361
CENTRE DE SANTE ET DE SERVICES SOCIAUX DE LA POINTE-DE-L'ILE p1085
4900 Boul Lapointe, Montreal, QC, H1K 4W9
(514) 353-1227 SIC 8361

CENTRE DE SANTE ET DE SERVICES SOCIAUX DE LA POMMERAIE, LE p1243
50 Rue Western, SUTTON, QC, J0E 2K0
(450) 538-3332 SIC 8361
CENTRE DE SANTE ET DE SERVICES SOCIAUX DE LA VALLEE-DE-LA-BATISCAN p1230
651 Rue Saint-Jacques, Sainte-Thecle, QC, G0X 3G0
(418) 289-2114 SIC 8361
CENTRE DE SANTE ET DE SERVICES SOCIAUX DE LA VALLEE-DE-LA-GATINEAU p1075
177 Rue Des Oblats, MANIWAKI, QC, J9E 1G5
(819) 449-2513 SIC 8361
CENTRE DE SANTE ET DE SERVICES SOCIAUX DE LA VIEILLE-CAPITALE p1151
1451 Boul Pere-Lelievre Bureau 363, Quebec, QC, G1M 1N8
(418) 683-2516 SIC 8361
CENTRE DE SANTE ET DE SERVICES SOCIAUX DE LAVAL p1127
4895 Rue Saint-Joseph, Montreal, QC, H7C 1H6
(450) 661-3305 SIC 8361
CENTRE DE SANTE ET DE SERVICES SOCIAUX DE LAVAL p1131
350 Boul Samson, Montreal, QC, H7X 1J4
(450) 689-0933 SIC 8361
CENTRE DE SANTE ET DE SERVICES SOCIAUX DE PORTNEUF p1025
250 Boul Gaudreau Bureau 370, DONNACONA, QC, G3M 1L7
(418) 285-3025 SIC 8361
CENTRE DE SANTE ET DE SERVICES SOCIAUX DE PORTNEUF p1217
444 Rue Beauchamp, Saint-Marc-des-Carrieres, QC, G0A 4B0
(418) 268-3511 SIC 8361
CENTRE DE SANTE ET DE SERVICES SOCIAUX DE QUEBEC-NORD p1146
3365 Rue Guimont, Quebec, QC, G1E 2H1
(418) 663-8171 SIC 8361
CENTRE DE SANTE ET DE SERVICES SOCIAUX DES AURORES BOREALES p1054
22 1re Av E, LA SARRE, QC, J9Z 1C4
(819) 333-5525 SIC 8361
CENTRE DE SANTE ET DE SERVICES SOCIAUX DES AURORES-BOREALES, LE p1137
136 Rue Principale, PALMAROLLE, QC, J0Z 3C0
(819) 787-2612 SIC 8361
CENTRE DE SANTE ET DE SERVICES SOCIAUX DOMAINE-DU-ROY p1187
1229 Boul Du Sacre-Coeur, Saint-Felicien, QC, G8K 1A5
(418) 679-1585 SIC 8361
CENTRE DE SANTE ET DE SERVICES SOCIAUX DU SUD-QUEST-VERDUN p1258
1325 Rue Crawford, VERDUN, QC, H4H 2N6
(514) 766-8513 SIC 8361
CENTRE DE SANTE ET DE SERVICES SOCIAUX HAUT-RICHELIEU-ROUVILLE p1183
1394 Rue Notre-Dame, Saint-Cesaire, QC, J0L 1T0
(450) 469-0269 SIC 8361
CENTRE DE SANTE ET DE SERVICES SOCIAUX JEANNE-MANCE p1093
1440 Rue Dufresne, Montreal, QC, H2K 3J3
(514) 527-8921 SIC 8361
CENTRE DE SANTE ET DE SERVICES SOCIAUX LA POMMERAIE p1032
800 Rue Saint-Paul, FARNHAM, QC, J2N 2K6
(450) 293-3167 SIC 8361
CENTRE DE SANTE ET DE SERVICES SOCIAUX LUCILLE-TEASDALE p1089
2909 Rue Rachel E, Montreal, QC, H1W 0A9
(514) 527-2161 SIC 8361
CENTRE DE SANTE ET DE SERVICES SO-

CIAUX PIERRE-BOUCHER p1017
4700 Rte Marie-Victorin, CONTRECOEUR, QC, J0L 1C0
(450) 468-8410   SIC 8361

CENTRE DE SANTE ET SERVICES SOCIAUX DE MONTMAGNY - L'ISLET p1009
146 Rue Du Manoir E, CAP-SAINT-IGNACE, QC, G0R 1H0
(418) 246-5644   SIC 8361

CENTRE DE SANTE ET SERVICES SOCIAUX DE MONTMAGNY - L'ISLET p1051
2 Rue De La Madone, L'ISLET, QC, G0R 1X0
(418) 247-3927   SIC 8361

CENTRE DE SANTE ET SERVICES SOCIAUX DE PAPINEAU p1179
14 Rue Saint-Andre, Saint-Andre-Avellin, QC, J0V 1W0
(819) 983-7341   SIC 8361

CENTRE HOSPITALIER DES FORESTIERS p1040
1 Rue Du Foyer, GRACEFIELD, QC, J0X 1W0
(819) 463-2100   SIC 8361

CENTRE HOSPITALIER DU CENTRE LA MAURICIE p1234
243 1re Rue De La Pointe, SHAWINIGAN, QC, G9N 1K2
SIC 8361

CENTRE HOSPITALIER ET CENTRE DE READAPTATION ANTOINE-LABELLE p1079
411 Rue De La Madone, MONT-LAURIER, QC, J9L 1S1
(819) 623-5940   SIC 8361

CENTRE HOSPITALIER JACQUES VIGER p1094
1051 Rue Saint-Hubert, Montreal, QC, H2L 3Y5
(514) 842-7181   SIC 8361

CENTRE INTEGRE DE SANTE ET DE SERVICES SOCIAUX DE LA MONTEREGIE-OUEST p1053
500 Av De Balmoral, LA PRAIRIE, QC, J5R 4N5
(450) 659-9148   SIC 8361

CENTRE INTEGRE DE SANTE ET DE SERVICES SOCIAUX DE LA MONTEREGIE-OUEST p1198
315 Rue Macdonald Bureau 105, SAINT-JEAN-SUR-RICHELIEU, QC, J3B 8J3
(450) 348-6121   SIC 8361

CENTRE INTEGRE DE SANTE ET DE SERVICES SOCIAUX DES LAURENTIDES p1223
125 Ch Du Tour-Du-Lac, SAINTE-AGATHE-DES-MONTS, QC, J8C 1B4
(819) 326-6221   SIC 8361

CENTRE INTEGRE UNIVERSITAIRE DE SANTE ET DE SERVICES SOCIAUX DE LA CAPITALE-NATIONALE, LE p1052
555 Boul De Comporte Bureau 1, LA MALBAIE, QC, G5A 1W3
(418) 665-1727   SIC 8361

CENTRE INTEGRE UNIVERSITAIRE DE SANTE ET DE SERVICES SOCIAUX DE LA CAPITALE-NATIONALE, LE p1146
700 Boul Des Chutes, Quebec, QC, G1E 2B7
(418) 663-9934   SIC 8361

CENTRE JEAN-PATRICE-CHIASSON MAISON SAINT-GEORGES, LE p1236
1270 Rue Galt O, SHERBROOKE, QC, J1H 2A7
(819) 821-2500   SIC 8361

CENTRE JEUNESSE DE L'ESTRIE p1240
8475 Ch Blanchette, SHERBROOKE, QC, J1N 3A3
(819) 864-4221   SIC 8361

CENTRE JEUNESSE DE LA MAURICIE ET DU CENTRE-DU-QUEBEC, LE p1028
3100 Boul Lemire, DRUMMONDVILLE, QC, J2B 7R2
(819) 477-5115   SIC 8361

CENTRE LA TRAVERSEE p1092
1460 Boul Cremazie E, Montreal, QC, H2E 1A2

(514) 321-4984   SIC 8361
CENTRE LAFLECHE GRAND-MERE p1234
555 Av De La Station, SHAWINIGAN, QC, G9N 1V9
(819) 536-0071   SIC 8361

CENTRE LOCAL DES SERVICES COMMUNAUTAIRES-CTRE D'HEBERG. DE SOINS DE LONGUE DUREE DE L'ER p1073
2180 Rue Becancour, LYSTER, QC, G0S 1V0
(819) 389-5437   SIC 8361

CENTRE MONTEREGIEN DE READAPTATION p1195
730 Rue Saint-Pierre E, SAINT-HYACINTHE, QC, J2T 1N2
(450) 774-4104   SIC 8361

CENTRE READAPTATION DE GASPESIE p1010
328 Boul Rene-Levesque Bureau 102, CHANDLER, QC, G0C 1K0
(418) 689-4286   SIC 8361

CENTRE READAPTATION DE GASPESIE p1224
230 Rte Du Parc, SAINTE-ANNE-DES-MONTS, QC, G4V 2C4
(418) 763-3325   SIC 8361

CENTRES JEUNESSE DE LANAUDIERE, LES p1185
557 329 Rte, SAINT-DONAT-DE-MONTCALM, QC, J0T 2C0
SIC 8361

CHANTELLE MANAGEMENT LTD p94
9395 172 St Nw Suite 224, EDMONTON, AB, T5T 5S6
(780) 444-4545   SIC 8361

CHANTELLE MANAGEMENT LTD p195
2300 14th Ave, CASTLEGAR, BC, V1N 4A6
(250) 365-7277   SIC 8361

CHARTWELL QUEBEC (MEL) HOLDINGS INC p1127
3245 Boul Saint-Martin E, Montreal, QC, H7E 4T6
(450) 661-0911   SIC 8361

CHARTWELL QUEBEC (MEL) HOLDINGS INC p1239
445 Rue Des Erables, SHERBROOKE, QC, J1L 0C2
(819) 566-0808   SIC 8361

CHARTWELL REGENCY RETIREMENT RESIDENCE p701
29 Mississauga Rd N Suite 419, MISSISSAUGA, ON, L5H 2H7
(905) 891-2422   SIC 8361

CHARTWELL RETIREMENT RESIDENCES p94
9612 172 St Nw Suite 112, EDMONTON, AB, T5T 6C7
(780) 443-1234   SIC 8361

CHARTWELL RETIREMENT RESIDENCES p570
255 Governors Rd Suite 109, DUNDAS, ON, L9H 3K4
(905) 627-8444   SIC 8361

CHARTWELL RETIREMENT RESIDENCES p595
3998 Bridle Path Dr, GLOUCESTER, ON, K1T 4H4
(613) 521-1977   SIC 8361

CHARTWELL SELECT CRESCENT GARDENS RETIREMENT COMMUNITY p288
1222 King George Blvd, SURREY, BC, V4A 9W6
(604) 541-8861   SIC 8361

CHARTWELL SENIORS HOUSING REAL ESTATE INVESTMENT TRUST p539
2109 Lakeshore Rd, BURLINGTON, ON, L7R 4Z4
(905) 637-7757   SIC 8361

CHARTWELL SENIORS HOUSING REAL ESTATE INVESTMENT TRUST p957
101 Manning Rd Suite 101, WHITBY, ON, L1N 9M2
(905) 665-9560   SIC 8361

CHATEAU PIERREFONDS INC p1226
15928 Boul Gouin O Bureau 107, Sainte-Genevieve, QC, H9H 1C8
(514) 626-2300   SIC 8361

CHESHIRE HOMES OF SASKATOON p1293
2901 Louise St, SASKATOON, SK, S7J 3L1
(306) 374-6191   SIC 8361

CHINESE CHRISTIAN WING KEI NURSING HOME ASSOCIATION p22
1212 Centre St Ne, CALGARY, AB, T2E 2R4
(403) 277-7433   SIC 8361

CHRISTIAN HORIZONS p524
1966 6 Conc W, BRANCHTON, ON, N0B 1L0
(519) 620-2990   SIC 8361

CHRISTIAN HORIZONS p552
241 Wellington St E, CHATHAM, ON, N7M 3P4
(519) 358-1516   SIC 8361

CHRISTIAN HORIZONS p554
5 Maplewood Blvd, COBOURG, ON, K9A 4J4
(905) 372-2603   SIC 8361

CHRISTIAN HORIZONS p554
700 Burnham St, COBOURG, ON, K9A 4X4
(905) 377-1701   SIC 8361

CHRISTIAN HORIZONS p626
1677 Century Rd Rr 1, KARS, ON, K0A 2E0
(613) 692-2445   SIC 8361

CHRISTIAN HORIZONS p644
4275 King St E Suite 101, KITCHENER, ON, N2P 2E9
(519) 650-3241   SIC 8361

CHRISTIAN HORIZONS p644
25 Sportsworld Crossing Rd, KITCHENER, ON, N2P 0A5
(519) 650-0966   SIC 8361

CHRISTIAN HORIZONS p679
6570 Bank St, METCALFE, ON, K0A 2P0
(613) 821-3875   SIC 8361

CHRISTIAN HORIZONS p763
155 Deerhide Cres, NORTH YORK, ON, M9M 2Z2
(416) 630-3646   SIC 8361

CHRISTIAN HORIZONS p811
1289 Kawartha Cres, PETERBOROUGH, ON, K9K 1G4
(705) 876-0700   SIC 8361

CHRISTIAN HORIZONS p815
4342 Sideline 2 Suite 2, PICKERING, ON, L1Y 1G2
(905) 649-5716   SIC 8361

CHRISTIAN HORIZONS p970
3635 Dougall Ave, WINDSOR, ON, N9E 1T5
(519) 255-7483   SIC 8361

CHRISTIAN HORIZONS p977
289 Graham St, WOODSTOCK, ON, N4S 6K8
(519) 539-3051   SIC 8361

CHRISTIAN SENIOR CITIZENS HOME SOCIETY OF NORTHERN ALBERTA, THE p73
13425 57 St Nw Suite 223, EDMONTON, AB, T5A 2G1
(780) 478-2051   SIC 8361

CHSLD LACHINE, NAZAIRE PICHE ET FOYER DORVAL, LES p1028
225 Av De La Presentation, DORVAL, QC, H9S 3L7
(514) 631-9094   SIC 8361

CHSLD MAISON PIE XII p1177
512 Av Richard, ROUYN-NORANDA, QC, J0Z 2X0
(819) 762-0908   SIC 8361

CHSLD MARIE-CLARET INC p1133
3345 Boul Henri-Bourassa E, MONTREAL-NORD, QC, H1H 1H6
(514) 322-4380   SIC 8361

CITY OF OTTAWA p799
55 Lodge Rd Suite 1, OTTAWA, ON, K2C 3H1
(613) 825-3763   SIC 8361

CLAIR FOYER INC p1253
1220 7e Rue, VAL-D'OR, QC, J9P 5S7
(819) 825-4821   SIC 8361

CLSC-CHSLD THERESE DE BLAINVILLE p1176
365 Ch De La Grande-Cote, Rosemere, QC, J7A 1K4
(450) 621-3760   SIC 8361

CLUB SOCIAL DES EMPLOYES-ES DU CENTRE DE SANTE ET DE SERVICES SOCIAUX DE CHARLEVOIX, LE p995
10 Rue Boivin, BAIE-SAINT-PAUL, QC, G3Z 1S8
(418) 435-5150   SIC 8361

COCHRANE TEMISKAMING RESOURCE CENTRE p885
141 Philip St, TIMMINS, ON, P4R 1J5
(705) 268-7333   SIC 8361

COLON, GEORGE MEMORIAL HOME INC p353
Gd, OXFORD HOUSE, MB, R0B 1C0
(204) 538-2560   SIC 8361

COMMUNITY ADVANTAGE REHABILITATION INC p959
965 Dundas St W Suite 201a, WHITBY, ON, L1P 1G8
(905) 666-2540   SIC 8361

COMMUNITY LIFECARE INC p729
1 Eaton St Suite 517, NEPEAN, ON, K2H 9P1
(613) 596-6969   SIC 8361

COMMUNITY LIVING AJAX-PICKERING & WHITBY p482
36 Emperor St, AJAX, ON, L1S 1M7
(905) 427-3300   SIC 8361

COMMUNITY LIVING CAMBRIDGE p547
1124 Valentine Dr, CAMBRIDGE, ON, N3H 2N8
(519) 650-5091   SIC 8361

COMMUNITY LIVING ELGIN p858
400 Talbot St, ST THOMAS, ON, N5P 1B8
(519) 631-9222   SIC 8361

COMMUNITY LIVING GREATER SUDBURY p870
303 York St Unit 241, SUDBURY, ON, P3E 2A5
(705) 897-2298   SIC 8361

COMMUNITY LIVING LONDON INC p660
99 Essex St, LONDON, ON, N6G 1B4
(519) 434-0422   SIC 8361

COMMUNITY LIVING NORTH BAY p740
624 Banner Ave, NORTH BAY, ON, P1A 1X8
(705) 472-4844   SIC 8361

COMMUNITY LIVING NORTH BAY p740
168 Birchs Rd, NORTH BAY, ON, P1A 3Z8
(705) 476-5401   SIC 8361

COMMUNITY LIVING NORTH BAY p741
105 Larocque Rd, NORTH BAY, ON, P1B 8G3
SIC 8361

COMMUNITY LIVING OSHAWA/CLARINGTON p779
39 Wellington Ave E, OSHAWA, ON, L1H 3Y1
(905) 576-3011   SIC 8361

COMMUNITY LIVING PORT COLBORNE-WAINFLEET p816
100 Mcrae Ave, Port Colborne, ON, L3K 2A8
(905) 835-8941   SIC 8361

CONESTOGA LODGE PARTNERSHIP p642
55 Hugo Cres Suite 322, KITCHENER, ON, N2M 5J1
(519) 576-2140   SIC 8361

CORPORATION DU CENTRE DE READAPTATION LUCIE-BRUNEAU, LA p1093
2222 Av Laurier E, Montreal, QC, H2H 1C4
(514) 527-4527   SIC 8361

CORPORATION OF HALDIMAND COUNTY, THE p571
657 Lock St W Suite A, DUNNVILLE, ON, N1A 1V9
(905) 774-7547   SIC 8361

CORPORATION OF THE CITY OF KAWARTHA LAKES, THE p647
220 Angeline St S, LINDSAY, ON, K9V 0J8
(705) 324-3558   SIC 8361

CORPORATION OF THE CITY OF

BUSINESSES BY INDUSTRY CLASSIFICATION

SIC 8361 Residential care

KINGSTON, THE p630
175 Rideau St Suite 416, KINGSTON, ON, K7K 3H6
(613) 530-2818 SIC 8361

CORPORATION OF THE CITY OF LONDON p659
710 Southdale Rd E, LONDON, ON, N6E 1R8
(519) 661-0400 SIC 8361

CORPORATION OF THE CITY OF THUNDER BAY, THE p877
523 Algoma St N, THUNDER BAY, ON, P7A 5C2
(807) 684-2926 SIC 8361

CORPORATION OF THE CITY OF TORONTO p840
2920 Lawrence Ave E, SCARBOROUGH, ON, M1P 2T8
(416) 397-7000 SIC 8361

CORPORATION OF THE CITY OF TORONTO p928
38 Bathurst St, TORONTO, ON, M5V 3W3
(416) 338-8800 SIC 8361

CORPORATION OF THE CITY OF WINDSOR p971
1881 Cabana Rd W, WINDSOR, ON, N9G 1C7
(519) 253-6060 SIC 8361

CORPORATION OF THE COUNTY OF ELGIN p492
475 Talbot St E, AYLMER, ON, N5H 3A5
(519) 773-9205 SIC 8361

CORPORATION OF THE COUNTY OF ELGIN p858
39232 Fingal Line, ST THOMAS, ON, N5P 3S5
(519) 631-0620 SIC 8361

CORPORATION OF THE COUNTY OF ESSEX, THE p646
175 Talbot St E, LEAMINGTON, ON, N8H 1L9
(519) 326-5731 SIC 8361

CORPORATION OF THE COUNTY OF LAMBTON p828
749 Devine St, SARNIA, ON, N7T 1X3
SIC 8361

CORPORATION OF THE COUNTY OF MIDDLESEX p866
599 Albert St, STRATHROY, ON, N7G 1X1
(519) 245-2520 SIC 8361

CORPORATION OF THE COUNTY OF NORTHUMBERLAND p554
983 Burnham St Suite 1321, COBOURG, ON, K9A 5J6
(905) 372-8759 SIC 8361

CORPORATION OF THE COUNTY OF RENFREW p819
470 Albert St, RENFREW, ON, K7V 4L5
(613) 432-4873 SIC 8361

CORPORATION OF THE COUNTY OF SIMCOE p774
12 Grace Ave, ORILLIA, ON, L3V 2K2
(705) 325-1504 SIC 8361

CORPORATION OF THE REGIONAL MUNICIPALITY OF DURHAM, THE p957
632 Dundas St W, WHITBY, ON, L1N 5S3
(905) 668-5851 SIC 8361

CORPORATION OF THE TOWN OF GEORGINA, THE p871
26943 48 Hwy Rr 2, SUTTON WEST, ON, L0E 1R0
(905) 722-8947 SIC 8361

CRDI TED NCQ IU p997
1582 Boul De Port-Royal Bureau 221, Becancour, QC, G9H 1X6
(819) 233-2111 SIC 8361

CRDI TED NCQ IU p1249
3255 Rue Foucher, Trois-Rivieres, QC, G8Z 1M6
(819) 379-6868 SIC 8361

CRDITED MONTEREGIE EST p997
255 Rue Choquette, BELOEIL, QC, J3G 4V6
(450) 446-7477 SIC 8361

CRDITED MONTEREGIE EST p1005
278 Av Des Erables, BRIGHAM, QC, J2K 4C9
(450) 263-3545 SIC 8361

CRDITED MONTEREGIE EST p1040
290 Rue Saint-Hubert, GRANBY, QC, J2G 5N3
(450) 375-0437 SIC 8361

CRDITED MONTEREGIE EST p1071
1255 Rue Beauregard Bureau 2201, LONGUEUIL, QC, J4K 2M3
(450) 679-6511 SIC 8361

CRDITED MONTEREGIE EST p1191
5980 Ch De Chambly, SAINT-HUBERT, QC, J3Y 6W9
(450) 445-2431 SIC 8361

CRISIS CENTRE NORTH BAY p741
45 Pinewood Park Dr, NORTH BAY, ON, P1B 8Z4
(705) 474-6488 SIC 8361

CROSSROADS FAMILY SERVICES INC p116
1207 91 St Sw Unit 201, EDMONTON, AB, T6X 1E9
(780) 430-7715 SIC 8361

CSH CARRINGTON PLACE INC p325
4751 23 St, VERNON, BC, V1T 9J4
(250) 545-5704 SIC 8361

CSH CASTEL ROYAL INC p1017
5740 Boul Cavendish Bureau 2006, Cote Saint-Luc, QC, H4W 2T8
(514) 487-5664 SIC 8361

CSH CENTENNIAL INC p778
259 Hillcroft St Suite 214, OSHAWA, ON, L1G 8E4
(905) 436-1901 SIC 8361

CSH CHATEAU CORNWALL INC p564
41 Amelia St Suite 109, CORNWALL, ON, K6H 7E5
(613) 937-4700 SIC 8361

CSH CHATEAU GARDENS AYLMER INC p492
465 Talbot St W, AYLMER, ON, N5H 1K8
(519) 773-3423 SIC 8361

CSH CHATEAU GARDENS ELMIRA INC p572
11 Herbert St, ELMIRA, ON, N3B 2B8
(519) 669-2921 SIC 8361

CSH CHATEAU GARDENS LANCASTER INC p645
105 Military Rd N Hwy Suite 34, LANCASTER, ON, K0C 1N0
(613) 347-3016 SIC 8361

CSH CHATEAU GARDENS PARKHILL INC p804
250 Tain St Rr 3, PARKHILL, ON, N0M 2K0
(519) 294-6342 SIC 8361

CSH ELIZABETH TOWERS INC p433
100 Elizabeth Ave, ST. JOHN'S, NL, A1B 1S1
SIC 8361

CSH EMPRESS KANATA INC p624
170 Mcgibbon Dr, KANATA, ON, K2L 4H5
(613) 271-0034 SIC 8361

CSH GEORGIAN RESIDENCE INC p883
455 Cedar St N, TIMMINS, ON, P4N 8K4
(705) 267-7935 SIC 8361

CSH HAMPTON HOUSE INC p196
45555 Hodgins Ave Unit 223, CHILLIWACK, BC, V2P 1P3
(604) 703-1982 SIC 8361

CSH HERITAGE GLEN INC p707
6515 Glen Erin Dr, MISSISSAUGA, ON, L5N 8P9
(905) 567-6015 SIC 8361

CSH JACKSON CREEK INC p808
481 Reid St, PETERBOROUGH, ON, K9H 7R9
(705) 742-0411 SIC 8361

CSH LYNNWOOD INC p196
9168 Corbould St Suite 224, CHILLIWACK, BC, V2P 8A1
(604) 792-0689 SIC 8361

CSH MANOIR KIRKLAND INC p1048
2 Rue Canvin, KIRKLAND, QC, H9H 4B5
(514) 695-1253 SIC 8361

CSH MAYFIELD RETIREMENT HOME INC p818
248 Park St W, PRESCOTT, ON, K0E 1T0
(613) 925-3784 SIC 8361

CSH NEW EDINBURGH SQUARE INC p788
420 Mackay St Suite 904, OTTAWA, ON, K1M 2C4
(613) 744-0901 SIC 8361

CSH OAK PARK LASALLE INC p971
3955 Thirteenth St Suite 722, WINDSOR, ON, N9H 2S7
(519) 968-2000 SIC 8361

CSH PETERBOROUGH MANOR INC p808
1039 Water St, PETERBOROUGH, ON, K9H 3P5
(705) 748-5343 SIC 8361

CSH PINE GROVE LODGE INC p973
8403 Islington Ave, WOODBRIDGE, ON, L4L 1X3
(905) 850-3605 SIC 8361

CSH RIDEAU PLACE INC p788
550 Wilbrod St, OTTAWA, ON, K1N 9M3
(613) 234-6003 SIC 8361

CSH ROUGE VALLEY INC p668
5958 16th Ave, MARKHAM, ON, L3P 8N1
(905) 472-6811 SIC 8361

CSH SOUTHWIND RETIREMENT RESIDENCE INC p870
1645 Paris St Suite 205, SUDBURY, ON, P3E 0A5
(705) 521-1443 SIC 8361

CSH STE-MARTHE INC p1195
675 Rue Saint-Pierre O Bureau 238, SAINT-HYACINTHE, QC, J2T 1N7
(450) 773-1279 SIC 8361

CSH VILLA VAL DES ARBRES INC p1127
3245 Boul Saint-Martin E Bureau 3241, MONTREAL, QC, H7E 4T6
(450) 661-0911 SIC 8361

CSH VINCENT D'INDY INC p1137
60 Av Willowdale, OUTREMONT, QC, H3T 2A3
(514) 739-1707 SIC 8361

CSH WESTMOUNT INC p867
599 William Ave Suite 77, SUDBURY, ON, P3A 5W3
(705) 566-6221 SIC 8361

CSSS DU GRAND LITTORAL p1225
80 Boul Begin, SAINTE-CLAIRE, QC, G0R 2V0
(418) 883-3357 SIC 8361

CUMBERLAND SENIOR CARE CORPORATION p472
262 Church St, PUGWASH, NS, B0K 1L0
(902) 243-2504 SIC 8361

CYPRESS HEALTH REGION p1306
440 Central Ave S, SWIFT CURRENT, SK, S9H 3G6
SIC 8361

DANIA HOME SOCIETY p189
4279 Norland Ave, BURNABY, BC, V5G 3Z6
(604) 299-1370 SIC 8361

DELMANOR ELGIN MILLS p822
80 Elgin Mills Rd E, RICHMOND HILL, ON, L4C 0L3
(905) 770-7963 SIC 8361

DIAMOND LODGE CO LTD p1265
402 2nd Ave W, BIGGAR, SK, S0K 0M0
SIC 8361

DISTRICT OF KENORA HOME FOR THE AGED p627
1220 Valley Dr, KENORA, ON, P9N 2W7
(807) 468-3165 SIC 8361

DISTRICT OF KENORA HOME FOR THE AGED p818
51 Hwy 105, RED LAKE, ON, P0V 2M0
(807) 727-2323 SIC 8361

DIVERSICARE CANADA MANAGEMENT SERVICES CO., INC p225
867 K.L.O. Rd, KELOWNA, BC, V1Y 9G5
(250) 861-6636 SIC 8361

DIVERSICARE CANADA MANAGEMENT SERVICES CO., INC p551
97 Mcfarlane Ave Suite 202, CHATHAM, ON, N7L 4V6
(519) 354-7111 SIC 8361

DIVERSICARE CANADA MANAGEMENT SERVICES CO., INC p569
650 Park St Rr 5, DRESDEN, ON, N0P 1M0
(519) 683-4474 SIC 8361

DIVERSICARE CANADA MANAGEMENT SERVICES CO., INC p646
119 Robson Rd, LEAMINGTON, ON, N8H 3V4
(905) 821-1161 SIC 8361

DIVERSICARE CANADA MANAGEMENT SERVICES CO., INC p882
36 Lawson St Rr 3, TILBURY, ON, N0P 2L0
(519) 682-3366 SIC 8361

DIVERSICARE CANADA MANAGEMENT SERVICES CO., INC p924
111 Avenue Rd Suite 322, TORONTO, ON, M5R 3J8
(905) 928-0111 SIC 8361

DOVERCOURT BAPTIST FOUNDATION p935
1140 Bloor St W, TORONTO, ON, M6H 4E6
(416) 536-6111 SIC 8361

EASTHOLME HOME FOR THE AGED p818
62 Big Bend Ave, POWASSAN, ON, P0H 1Z0
(705) 724-2005 SIC 8361

EDMONTON JOHN HOWARD SOCIETY p76
11908 101 St Nw, EDMONTON, AB, T5G 2B9
(780) 471-4525 SIC 8361

ELGIN MANOR HOME FOR SR CITIZENS p858
39262 Fingal Line, ST THOMAS, ON, N5P 3S5
(519) 631-0620 SIC 8361

EVA'S INITIATIVES FOR HOMELESS YOUTH p751
360 Lesmill Rd, NORTH YORK, ON, M3B 2T5
(416) 441-4060 SIC 8361

FAIRMOUNT HOME FOR THE AGED p592
2069 Battersea Rd, GLENBURNIE, ON, K0H 1S0
(613) 548-9400 SIC 8361

FAMILIES FOR CHILDREN INC p892
111 Roseheath Ave, TORONTO, ON, M4C 3P6
(416) 686-1688 SIC 8361

FINNISH CANADIAN REST HOME ASSOCIATION p189
3460 Kalyk Ave, BURNABY, BC, V5G 3B2
(604) 434-2666 SIC 8361

FINNISH CANADIAN REST HOME ASSOCIATION p295
2288 Harrison Dr, VANCOUVER, BC, V5P 2P6
(604) 325-8241 SIC 8361

FIVE HILLS REGIONAL HEALTH AUTHORITY p1291
1006 Hwy 2, ROCKGLEN, SK, S0H 3R0
(306) 476-2030 SIC 8361

FONDATION DES SERVICES DE READAPTATION L'INTEGRALE p1091
8274 Boul Pie-Ix, Montreal, QC, H1Z 3T6
(514) 723-1583 SIC 8361

FONDATION DES SERVICES DE READAPTATION L'INTEGRALE p1119
75 Rue De Port-Royal E Bureau 110, Montreal, QC, H3L 3T1
(514) 387-1234 SIC 8361

FONDATION DU CENTRE DE READAPTATION INTERVALE p1029
570 Rue Heriot, DRUMMONDVILLE, QC, J2B 1C1
(819) 477-9010 SIC 8361

FONDATION LE PILIER p1124
23 Av Du Ruisseau, Montreal, QC, H4K 2C8
(450) 624-9922 SIC 8361

FOREST DALE HOME INC p412
5836 King St, RIVERSIDE-ALBERT, NB, E4H 4B9
(506) 882-3015 SIC 8361

▲ Public Company   ■ Public Company Family Member   HQ Headquarters   BR Branch   SL Single Location

FOYER DE CHARLESBOURG INC p1147
7150 Boul Cloutier, Quebec, QC, G1H 5V5
(418) 628-0456 *SIC* 8361
FOYER DE RIMOUSKI INC p1173
645 Boul Saint-Germain, RIMOUSKI, QC, G5L 3S2
(418) 724-4111 *SIC* 8361
FOYER DES BOIS FRANCS p1138
1450 Av Trudelle, PLESSISVILLE, QC, G6L 3K4
SIC 8361
FOYER NOTRE-DAME DE SAINT-LEONARD INC p419
604 Rue Principale, SAINT-LEONARD, NB, E7E 2H5
SIC 8361
FOYER RICHELIEU WELLAND p955
655 Tanguay Ave, WELLAND, ON, L3B 6A1
(905) 734-1400 *SIC* 8361
FOYER ST-FRANCOIS INC p1014
912 Rue Jacques-Cartier E, CHICOUTIMI, QC, G7H 2A9
(418) 549-3727 *SIC* 8361
FRERES DES ECOLES CHRETIENNES DU CANADA FRANCOPHONE, LES p1131
300 Ch Du Bord-De-L'eau Bureau 159, Montreal, QC, H7X 1S9
(450) 689-4151 *SIC* 8361
FULFORD RESIDENCE p1117
1221 Rue Guy Bureau 27, Montreal, QC, H3H 2K8
(514) 933-7975 *SIC* 8361
GESTION IMMOBILIERE LUC MAURICE INC p1060
800 Rue Gagne, LASALLE, QC, H8P 3W3
(514) 364-0004 *SIC* 8361
GESTION WALTER VANIER p1131
300 Ch Du Bord-De-L'eau, Montreal, QC, H7X 1S9
(450) 689-4151 *SIC* 8361
GODDARD'S SONSHINE FAMILIES INC p568
852 Apple Lane, CUMBERLAND, ON, K4C 1C1
(613) 833-0521 *SIC* 8361
GOOD SAMARITAN SOCIETY, THE (A LUTHERAN SOCIAL SERVICE ORGANIZATION) p150
1240 Ken Thornton Blvd, PINCHER CREEK, AB, T0K 1W0
(403) 627-1900 *SIC* 8361
GOOD SHEPHERD NON-PROFIT HOMES INC p612
131 Catharine St N Suite 9, HAMILTON, ON, L8R 1J5
(905) 525-7884 *SIC* 8361
GOUVERNEMENT DE LA PROVINCE DE QUEBEC p996
11000 Rue Des Montagnards Rr 1, Beaupre, QC, G0A 1E0
(418) 661-5666 *SIC* 8361
GOUVERNEMENT DE LA PROVINCE DE QUEBEC p1007
3530 Rue Isabelle, BROSSARD, QC, J4Y 2R3
(450) 444-5588 *SIC* 8361
GOUVERNEMENT DE LA PROVINCE DE QUEBEC p1073
450 2e Rue, LOUISEVILLE, QC, J5V 1V3
(819) 228-2700 *SIC* 8361
GOUVERNEMENT DE LA PROVINCE DE QUEBEC p1090
3730 Rue De Bellechasse, Montreal, QC, H1X 3E5
(514) 374-8665 *SIC* 8361
GOUVERNEMENT DE LA PROVINCE DE QUEBEC p1147
7843 Rue Des Santolines, Quebec, QC, G1G 0G3
(418) 683-2511 *SIC* 8361
GOUVERNEMENT DE LA PROVINCE DE QUEBEC p1148
2525 Ch De La Canardiere, Quebec, QC, G1J 2G2

(418) 663-5008 *SIC* 8361
GOUVERNEMENT DE LA PROVINCE DE QUEBEC p1148
260 49e Rue O, Quebec, QC, G1H 5E4
SIC 8361
GOUVERNEMENT DE LA PROVINCE DE QUEBEC p1179
12 Rue Industrielle, SAINT-APOLLINAIRE, QC, G0S 2E0
(418) 881-3982 *SIC* 8361
GOUVERNEMENT DE LA PROVINCE DE QUEBEC p1183
475 Rue Houde, Saint-Celestin, QC, J0C 1G0
(819) 229-3617 *SIC* 8361
GOUVERNEMENT DE LA PROVINCE DE QUEBEC p1217
521 Rue Saint-Antoine, SAINT-LIN-LAURENTIDES, QC, J5M 3A3
(450) 439-2609 *SIC* 8361
GOUVERNEMENT DE LA PROVINCE DE QUEBEC p1225
5436 Boul Levesque E, Sainte-Dorothee, QC, H7C 1N7
(450) 661-5440 *SIC* 8361
GOVERNING COUNCIL OF THE SALVATION ARMY IN CANADA, THE p98
12510 140 Ave Nw, EDMONTON, AB, T5X 6C4
(780) 454-5484 *SIC* 8361
GOVERNING COUNCIL OF THE SALVATION ARMY IN CANADA, THE p244
409 Blair Ave, NEW WESTMINSTER, BC, V3L 4A4
(604) 522-7033 *SIC* 8361
GOVERNING COUNCIL OF THE SALVATION ARMY IN CANADA, THE p296
7252 Kerr St, VANCOUVER, BC, V5S 3V2
(604) 438-3367 *SIC* 8361
GOVERNING COUNCIL OF THE SALVATION ARMY IN CANADA, THE p417
36 St. James St, SAINT JOHN, NB, E2L 1V3
SIC 8361
GOVERNING COUNCIL OF THE SALVATION ARMY IN CANADA, THE p620
15000 Ilderton Rd, ILDERTON, ON, N0M 2A0
SIC 8361
GOVERNING COUNCIL OF THE SALVATION ARMY IN CANADA, THE p894
450 Pape Ave, TORONTO, ON, M4K 3P7
(416) 363-6880 *SIC* 8361
GOVERNING COUNCIL OF THE SALVATION ARMY IN CANADA, THE p1287
50 Angus Rd, REGINA, SK, S4R 8P6
(306) 543-0655 *SIC* 8361
GOVERNING COUNCIL OF THE SALVATION ARMY IN CANADA, THE p1296
802 Queen St, SASKATOON, SK, S7K 0N1
(306) 244-6758 *SIC* 8361
GOVERNMENT OF THE PROVINCE OF ALBERTA p83
9835 112 St Nw, EDMONTON, AB, T5K 2E7
(780) 427-2764 *SIC* 8361
GOVERNMENT OF THE PROVINCE OF ALBERTA p175
304 3 St E, YOUNGSTOWN, AB, T0J 3P0
SIC 8361
GRANDE SPIRIT FOUNDATION p164
5230 44 Ave, SPIRIT RIVER, AB, T0H 3G0
(780) 864-3766 *SIC* 8361
GREATER EDMONTON FOUNDATION p89
8609 161 St Nw Suite 215, EDMONTON, AB, T5R 5X9
(780) 484-0581 *SIC* 8361
GROUPE CHAMPLAIN INC p998
1231 Rue Dr Olivier-M.-Gendron Pr, BERTHIERVILLE, QC, J0K 1A0
(450) 836-6241 *SIC* 8361
GROUPE CHAMPLAIN INC p1085
7150 Rue Marie-Victorin, Montreal, QC, H1G 2J5
(514) 324-2044 *SIC* 8361
GROUPE CHAMPLAIN INC p1168

791 Rue De Sherwood, Quebec, QC, G2N 1X7
(418) 849-1891 *SIC* 8361
GROUPE CHAMPLAIN INC p1184
199 Rue Saint-Pierre, SAINT-CONSTANT, QC, J5A 2N8
(450) 632-4451 *SIC* 8361
HALIBURTON HIGHLANDS HEALTH SERVICES CORPORATION p683
30 Prentice St Rr 3, MINDEN, ON, K0M 2K0
(705) 286-2500 *SIC* 8361
HAMILTON JEWISH HOME FOR THE AGED p612
70 Macklin St N, HAMILTON, ON, L8S 3S1
(905) 528-5377 *SIC* 8361
HANRAHAN YOUTH SERVICES INC p519
114 Main St S, BRAMPTON, ON, L6W 2C8
(905) 450-4685 *SIC* 8361
HASTINGS CENTENNIAL MANOR p494
1 Manor Lane, Bancroft, ON, K0L 1C0
(613) 332-2070 *SIC* 8361
HCN LESSEY (PEMBROKE) LP p806
1111 Pembroke St W Suite 238, PEMBROKE, ON, K8A 8P6
(613) 635-7926 *SIC* 8361
HEARTLAND REGIONAL HEALTH AUTHORITY p1271
645 Columbia Ave, KERROBERT, SK, S0L 1R0
(306) 834-2463 *SIC* 8361
HELLENIC HOME FOR THE AGE INC p934
33 Winona Dr, TORONTO, ON, M6G 3Z7
(416) 654-7700 *SIC* 8361
HIGH-CREST ENTERPRISES LIMITED p469
222 Provost St, NEW GLASGOW, NS, B2H 2R3
(902) 755-9559 *SIC* 8361
HIGH-CREST ENTERPRISES LIMITED p473
11 Sproul St, SPRINGHILL, NS, B0M 1X0
(902) 597-2797 *SIC* 8361
HURON LODGE COMMUNITY SERVICE BOARD INC p572
100 Manitoba Rd, ELLIOT LAKE, ON, P5A 3T1
(705) 848-2019 *SIC* 8361
HURST MANAGEMENT LTD p277
9888 Fifth St, SIDNEY, BC, V8L 2X3
(250) 656-0121 *SIC* 8361
INNOVATIVE COMMUNITY SUPPORT SERVICES p777
2025 Lanthier Dr Suite A, ORLEANS, ON, K4A 3V3
(613) 824-8434 *SIC* 8361
INTERFAITH SENIOR CITIZENS HOME p424
45 Water St, CARBONEAR, NL, A1Y 1B1
(709) 945-5300 *SIC* 8361
INTERIOR HEALTH KIMBERLY SPECIAL CARE HOME p227
386 2nd Ave, KIMBERLEY, BC, V1A 2Z8
(250) 427-4807 *SIC* 8361
KENSINGTON PLACE RETIREMENT RESIDENCE p754
866 Sheppard Ave W Suite 415, NORTH YORK, ON, M3H 2T5
(416) 636-9555 *SIC* 8361
KINGSTON & DISTRICT ASSOCIATION FOR COMMUNITY LIVING p633
196 Mcmichael St, KINGSTON, ON, K7M 1N6
(613) 547-6940 *SIC* 8361
KNOLLCREST LODGE p683
50 William St Suite 221, MILVERTON, ON, N0K 1M0
(519) 595-8121 *SIC* 8361
KNOWLES CENTRE INC p363
2065 Henderson Hwy, WINNIPEG, MB, R2G 1P7
(204) 339-1951 *SIC* 8361
KW HABILITATION SERVICES p640
108 Sydney St S, KITCHENER, ON, N2G 3V2
(519) 744-6307 *SIC* 8361
LACOMBE FOUNDATION p134
4508 C And E Trail, LACOMBE, AB, T4L 1V9

(403) 782-4118 *SIC* 8361
LAKERIDGE HEALTH p780
300 Centre St S, OSHAWA, ON, L1H 4B2
(905) 576-8711 *SIC* 8361
LANARK LODGE p807
115 Christie Lake Rd Suite 223, PERTH, ON, K7H 3C6
(613) 267-4225 *SIC* 8361
LETHBRIDGE FAMILY SERVICES p140
1410 Mayor Magrath Dr S Suite 106, LETHBRIDGE, AB, T1K 2R3
(403) 317-4624 *SIC* 8361
LEYEN HOLDINGS LTD p180
1458 Glenwood Dr, AGASSIZ, BC, V0M 1A3
(604) 796-9202 *SIC* 8361
LIFESTYLE EQUITY SOCIETY p226
1726 Dolphin Ave Suite 305, KELOWNA, BC, V1Y 9R9
(250) 869-0186 *SIC* 8361
LIONS CLUB OF WINNIPEG PLACE FOR SENIOR CITIZENS INC p378
610 Portage Ave Suite 1214, WINNIPEG, MB, R3C 0G5
(204) 784-1210 *SIC* 8361
LIONS CLUB OF WINNIPEG SENIOR CITIZENS HOME p375
320 Sherbrook St, WINNIPEG, MB, R3B 2W6
(204) 784-1240 *SIC* 8361
M. KOPERNIK (NICOLAUS COPERNICUS) FOUNDATION p296
3150 Rosemont Dr, VANCOUVER, BC, V5S 2C9
(604) 438-2474 *SIC* 8361
MANITOULIN CENTENNIAL MANOR p648
70 Robinson St, LITTLE CURRENT, ON, P0P 1K0
(705) 368-2710 *SIC* 8361
MANOIR ET COURS DE L'ATRIUM INC p1148
545 Rue Francis-Byrne, Quebec, QC, G1L 7L3
(418) 626-6060 *SIC* 8361
MANOIR NOTRE-DAME MANOR INC p405
110 Murphy Ave, MONCTON, NB, E1A 6Y2
(506) 857-9011 *SIC* 8361
MANOIR SAINT-JEAN BAPTISTE INC p395
5 Av Richard, BOUCTOUCHE, NB, E4S 3T2
(506) 743-7344 *SIC* 8361
MANOIR ST-JEROME INC p1201
475 Rue Aubry Bureau 115, Saint-Jerome, QC, J7Z 7H7
(450) 432-9432 *SIC* 8361
MANOIR ST-PATRICE INC p1021
3615 Boul Perron, Cote Saint-Luc, QC, H7V 1P4
(450) 681-1621 *SIC* 8361
MANOIR WESTMOUNT INC p1263
4646 Rue Sherbrooke O Bureau 106, WESTMOUNT, QC, H3Z 2Z8
(514) 935-3344 *SIC* 8361
MANORCARE PARTNERS II p569
9756 County Rd 2, DESERONTO, ON, K0K 1X0
(613) 396-3438 *SIC* 8361
MARKHAVEN, INC p669
54 Parkway Ave, MARKHAM, ON, L3P 2G4
(905) 294-2233 *SIC* 8361
MARQUIS DE TRACY I, LE p1242
7075 Av Du Major-Beaudet, SOREL-TRACY, QC, J3R 5R2
(450) 742-9555 *SIC* 8361
MARQUIS DE TRACY II p1242
8200 Rue Industrielle, SOREL-TRACY, QC, J3R 5R3
(450) 746-9229 *SIC* 8361
MASTERPIECE INC p1142
15 Place De La Triade, POINTE-CLAIRE, QC, H9R 0A3
(514) 695-6695 *SIC* 8361
MENNO HOME FOR THE AGED p349
235 Park St, GRUNTHAL, MB, R0A 0R0
(204) 434-6496 *SIC* 8361
METROPOLITAN CALGARY FOUNDATION

p24
1055 Bow Valley Dr Ne, CALGARY, AB, T2E 8A9
(403) 266-2630   SIC 8361

MISSION ASSOCIATION FOR COMMUNITY LIVING   p238
33345 2nd Ave, MISSION, BC, V2V 1K4
(604) 826-9080   SIC 8361

MISSION BON ACCEUIL   p1123
606 Rue De Courcelle, Montreal, QC, H4C 3L5
(514) 523-5288   SIC 8361

MISSION OLD BREWERY   p1095
1301 Boul De Maisonneuve E, Montreal, QC, H2L 2A4
(514) 526-6446   SIC 8361

MONTAGE SUPPORT SERVICES OF METROPOLITAN TORONTO   p760
700 Lawrence Ave W Suite 325, NORTH YORK, ON, M6A 3B4
(416) 780-9630   SIC 8361

NANAIMO TRAVELLERS LODGE SOCIETY   p241
1298 Nelson St, NANAIMO, BC, V9S 2K5
(250) 758-4676   SIC 8361

NATIVE COUNSELLING SERVICES OF ALBERTA   p77
9516 101 Ave Nw, EDMONTON, AB, T5H 0B3
(780) 495-3748   SIC 8361

NEUFELD INVESTMENTS LTD   p233
20619 Eastleigh Cres, LANGLEY, BC, V3A 4C3
SIC 8361

NEW VISTA SOCIETY, THE   p188
7550 Rosewood St Suite 235, BURNABY, BC, V5E 3Z3
(604) 521-7764   SIC 8361

NIAGARA INA GRAFTON GAGE HOME OF THE UNITED CHURCH   p852
413 Linwell Rd Suite 4212, ST CATHARINES, ON, L2M 7Y2
(905) 935-6822   SIC 8361

NISBET LODGE   p895
740 Pape Ave, TORONTO, ON, M4K 3S7
(416) 469-1105   SIC 8361

NORTH QUEENS NURSING HOME INC p445
9565 Highway 8, CALEDONIA, NS, B0T 1B0
(902) 682-2553   SIC 8361

NORTH SHORE DISABILITY RESOURCE CENTRE ASSOCIATION   p247
3158 Mountain Hwy, NORTH VANCOUVER, BC, V7K 2H5
(604) 985-5371   SIC 8361

NORTHERN HEALTH AUTHORITY   p260
1000 Liard Dr, PRINCE GEORGE, BC, V2M 3Z3
(250) 649-7293   SIC 8361

NORTHWOODCARE INCORPORATED p461
2615 Northwood Terr, HALIFAX, NS, B3K 3S5
(902) 454-8311   SIC 8361

NORWEGIAN OLD PEOPLE'S HOME ASSOCIATION   p183
7725 4th St, BURNABY, BC, V3N 5B6
(604) 522-5812   SIC 8361

NUCLEUS INDEPENDENT LIVING   p937
30 Denarda St Suite 309, TORONTO, ON, M6M 5C3
(416) 244-1234   SIC 8361

NUCLEUS INDEPENDENT LIVING   p942
2100 Weston Rd Suite 1007, TORONTO, ON, M9N 3W6
(416) 242-4433   SIC 8361

OAK HILL FOUNDATION   p6
Gd, BON ACCORD, AB, T0A 0K0
(780) 921-2121   SIC 8361

OEUVRES DE L'HOTEL-DIEU SAINT-JOSEPH INC, LES   p419
429 Rue Principale, SAINT-BASILE, NB, E7C 1J2
(506) 263-5546   SIC 8361

OLIVER LODGE   p1300
1405 Faulkner Cres, SASKATOON, SK, S7L 3R5
(306) 382-4111   SIC 8361

OMNI HEALTH CARE LTD   p647
225 Mary St W, LINDSAY, ON, K9V 5K3
(705) 324-8333   SIC 8361

ONTARIO FAMILY GROUP HOMES INC p939
146 Westminster Ave, TORONTO, ON, M6R 1N7
(416) 532-6234   SIC 8361

OPERATION SPRINGBOARD   p831
136 Pilgrim St, SAULT STE. MARIE, ON, P6A 3E9
SIC 8361

OTTAWA CARLETON LIFE SKILLS INC p624
1 Brewer Hunt Way Unit 9, KANATA, ON, K2K 2B5
(613) 254-9400   SIC 8361

OTTAWA ROTARY HOME, THE   p595
4637 Bank St, GLOUCESTER, ON, K1T 3W6
(613) 236-3200   SIC 8361

OTTAWA SALUS CORPORATION   p794
111 Grove Ave, OTTAWA, ON, K1S 3A9
(613) 523-3232   SIC 8361

OTTAWA SALUS CORPORATION   p798
2000 Scott St, Ottawa, ON, K1Z 6T2
(613) 729-0123   SIC 8361

OUR NEIGHBOURHOOD LIVING SOCIETY p443
15 Dartmouth Rd Suite 210, BEDFORD, NS, B4A 3X6
(902) 835-8826   SIC 8361

PARKVIEW VILLAGE RETIREMENT COMMUNITY ASSOCIATION OF YORK REGION p863
12184 Ninth Line Suite A103, STOUFFVILLE, ON, L4A 3N6
(905) 640-1940   SIC 8361

PARTICIPATION HOUSE   p526
422 Powerline Rd, BRANTFORD, ON, N3R 8A1
(519) 756-1430   SIC 8361

PARTICIPATION HOUSE HAMILTON AND DISTRICT   p541
1022 Waterdown Rd, BURLINGTON, ON, L7T 1N3
(905) 333-3553   SIC 8361

PARTICIPATION HOUSE HAMILTON AND DISTRICT   p700
1022 Greaves Ave Suite 100, MISSISSAUGA, ON, L5E 3J4
(905) 278-1112   SIC 8361

PAVILLON BELLEVUE INC   p1065
99 Rte Monseigneur-Bourget, Levis, QC, G6V 9V2
(418) 833-3499   SIC 8361

PAVILLON ISIDORE GAUTHIER   p988
5731 Av Du Pont N, ALMA, QC, G8E 1W8
(418) 347-3394   SIC 8361

PEMBINA CARE SERVICES LTD   p389
1679 Pembina Hwy, WINNIPEG, MB, R3T 2G6
(204) 269-6308   SIC 8361

PHOENIX HUMAN SERVICES ASSOCIATION   p329
1824 Store St, VICTORIA, BC, V8T 4R4
(250) 383-4821   SIC 8361

PINAOW WACHI INC   p352
Gd, NORWAY HOUSE, MB, R0B 1B0
(204) 359-6606   SIC 8361

PIONEER RIDGE HOME FOR THE AGED p879
750 Tungsten St, THUNDER BAY, ON, P7B 6R1
(807) 684-3910   SIC 8361

PIONEER VILLAGE SPECIAL CARE CORPORATION   p1289
430 Pioneer Dr, REGINA, SK, S4T 6L8
(306) 757-5646   SIC 8361

PIPER CREEK FOUNDATION   p153
4901 48 St Suite 402, RED DEER, AB, T4N 6M4
(403) 343-1077   SIC 8361

POUNDMAKER'S LODGE TREATMENT CENTRES (THE SOCIETY)   p169
25108 Poundmaker Rd, STURGEON COUNTY, AB, T8G 2A2
(780) 458-1884   SIC 8361

PRESCOTT & RUSSEL RESIDENCE   p618
1020 Cartier Blvd, HAWKESBURY, ON, K6A 1W7
(613) 632-2755   SIC 8361

PROGRAMME DE PORTAGE RELATIF A LA DEPENDENCE DE LA DROGUE INC, LE p573
Gd, ELORA, ON, N0B 1S0
(519) 846-0945   SIC 8361

PROVINCE OF NEW BRUNSWICK   p407
125 Assomption Blvd, MONCTON, NB, E1C 1A2
(506) 386-2155   SIC 8361

QUEENS HOME FOR SPECIAL CARE SOCIETY   p466
20 Hollands Dr, LIVERPOOL, NS, B0T 1K0
(902) 354-3451   SIC 8361

QUEST - A SOCIETY FOR ADULT SUPPORT AND REHABILITATION   p461
2131 Gottingen St Suite 101, HALIFAX, NS, B3K 5Z7
(902) 490-7200   SIC 8361

QUILL PLAINS CENTENNIAL LODGE p1308
400 3rd Ave, WATSON, SK, S0K 4V0
(306) 287-3232   SIC 8361

QUINTE GARDENS RETIREMENT RESIDENCE LTD   p504
30 College St W, BELLEVILLE, ON, K8P 0A9
(613) 966-5815   SIC 8361

RANCH EHRLO SOCIETY   p1274
Gd, MARTENSVILLE, SK, S0K 2T0
(306) 659-3100   SIC 8361

REGENCY INTERMEDIATE CARE FACILITIES INC   p286
13855 68 Ave, SURREY, BC, V3W 2G9
(604) 597-9333   SIC 8361

REGIONAL MUNICIPALITY OF NIAGARA, THE   p955
277 Plymouth Rd, WELLAND, ON, L3B 6E3
(905) 714-7428   SIC 8361

REHABILITATION CENTRE FOR CHILDREN INC   p386
633 Wellington Cres, WINNIPEG, MB, R3M 0A8
(204) 452-4311   SIC 8361

RESIDENCE COTE JARDINS INC   p1159
880 Av Painchaud, Quebec, QC, G1S 0A3
(418) 688-1221   SIC 8361

RESIDENCE DE LACHUTE INC, LA   p1058
377 Rue Principale, LACHUTE, QC, J8H 1Y1
(450) 562-5203   SIC 8361

RESIDENCE SEPHARADE SALOMON (COMMUNAUTE SEPHARADE UNIFIEE DU QUEBEC)   p1121
5900 Boul Decarie, Montreal, QC, H3X 2J7
(514) 733-2157   SIC 8361

RESIDENCE ST-JOSEPH DE CHAMBLY p1010
100 Rue Martel, CHAMBLY, QC, J3L 1V3
(450) 658-6271   SIC 8361

RESIDENCE STE-GENEVIEVE   p1164
4855 Rte Sainte-Genevieve Bureau 264, QUEBEC, QC, G2B 4W3
(418) 842-4085   SIC 8361

RESIDENCES ALLEGRO, S.E.C., LES p1103
485 Rue Mcgill Bureau 300, Montreal, QC, H2Y 2H4
(514) 878-1374   SIC 8361

RESIDENCES ALLEGRO, S.E.C., LES p1125
10005 Av Du Bois-De-Boulogne Bureau 622, Montreal, QC, H4N 3B2
(866) 396-4483   SIC 8361

RESIDENCES ALLEGRO, S.E.C., LES p1239
3300 Rue Des Chenes, SHERBROOKE, QC, J1L 2G1
(819) 823-1123   SIC 8361

RESIDENCES ALLEGRO, S.E.C., LES p1259
222 Rue Notre-Dame O Bureau 315, VICTORIAVILLE, QC, G6P 1R9
(819) 758-3131   SIC 8361

RESIDENCES DESJARDINS (ST-SAUVEUR) INC, LES   p1221
55 Av Hochar, SAINT-SAUVEUR, QC, J0R 1R6
(450) 227-2241   SIC 8361

RESIDENCES INKERMAN INC, LES   p403
1171 Ch Pallot, INKERMAN, NB, E8P 1C2
(506) 336-3909   SIC 8361

REVERA INC   p54
9229 16 St Sw, CALGARY, AB, T2V 5H3
(403) 255-2105   SIC 8361

REVERA INC   p82
10015 103 Ave Nw Suite 1208, EDMONTON, AB, T5J 0H1
(780) 420-1222   SIC 8361

REVERA INC   p200
1142 Dufferin St Suite 353, COQUITLAM, BC, V3B 6V4
(604) 941-7651   SIC 8361

REVERA INC   p318
2803 41st Ave W Suite 110, VANCOUVER, BC, V6N 4B4
(604) 263-0921   SIC 8361

REVERA INC   p546
140 Turnbull Crt, CAMBRIDGE, ON, N1T 1J2
(519) 620-8038   SIC 8361

REVERA INC   p595
1345 Ogilvie Rd, GLOUCESTER, ON, K1J 7P5
(613) 742-6524   SIC 8361

REVERA INC   p595
889 Elmsmere Rd Suite 217, GLOUCESTER, ON, K1J 9L5
(613) 745-2409   SIC 8361

REVERA INC   p596
290 South St, GODERICH, ON, N7A 4G6
(519) 524-7324   SIC 8361

REVERA INC   p637
164 Fergus Ave, KITCHENER, ON, N2A 2H2
(519) 894-9600   SIC 8361

REVERA INC   p641
290 Queen St S Suite 302, KITCHENER, ON, N2G 1W3
(519) 576-1300   SIC 8361

REVERA INC   p647
140 William St N, LINDSAY, ON, K9V 5R4
(705) 328-1016   SIC 8361

REVERA INC   p691
1130 Bough Beeches Blvd, MISSISSAUGA, ON, L4W 4G3
(905) 625-2022   SIC 8361

REVERA INC   p824
980 Elgin Mills Rd E, RICHMOND HILL, ON, L4S 1M4
(905) 884-9248   SIC 8361

REVERA INC   p855
190 King St, ST CATHARINES, ON, L2R 7N2
(905) 641-4422   SIC 8361

REVERA INC   p859
236 Weir St, STAYNER, ON, L0M 1S0
(705) 428-3240   SIC 8361

REVERA INC   p947
48 Wall St, VANKLEEK HILL, ON, K0B 1R0
(613) 678-2690   SIC 8361

REVERA INC   p1038
100 Boul De La Cite-Des-Jeunes Bureau 218, GATINEAU, QC, J8Y 6T6
(819) 778-6070   SIC 8361

REVERA INC   p1059
1070 Boul Shevchenko, LASALLE, QC, H8N 1N6
(514) 368-0000   SIC 8361

REVERA LONG TERM CARE INC   p881
2625 Walsh St E Suite 1127, THUNDER BAY, ON, P7E 2E5
(807) 577-1127   SIC 8361

RIMOKA HOUSING FOUNDATION   p158
4906 54th Ave, RIMBEY, AB, T0C 2J0
(403) 843-2376   SIC 8361

RIVERPARK PLACE LIMITED PARTNERSHIP p729
1 Corkstown Rd, NEPEAN, ON, K2H 1B6
(613) 828-8882   SIC 8361

RIVERSIDE RETIREMENT CENTRE LTD
p250
4315 Skyline Dr, NORTH VANCOUVER, BC, V7R 3G9
(604) 307-1104   SIC 8361

ROCK LAKE HEALTH DISTRICT FOUNDATION INC p353
115 Brown St Apt 27, PILOT MOUND, MB, R0G 1P0
(204) 825-2246   SIC 8361

ROGERS COVE RETIREMENT RESIDENCE
p620
4 Coveside Dr Suite 1, HUNTSVILLE, ON, P1H 2J9
(705) 789-1600   SIC 8361

ROSEDALE DEVELOPMENT CORP p83
10103 111 St Nw Suite 105, EDMONTON, AB, T5K 2Y1
(780) 426-7677   SIC 8361

ROSEWAY MANOR INCORPORATED p473
1604 Lake Rd, SHELBURNE, NS, B0T 1W0
(902) 875-4707   SIC 8361

ROYAL CANADIAN LEGION DISTRICT D CARE CENTRES p835
59 Lawson Rd, SCARBOROUGH, ON, M1C 2J1
(416) 284-9235   SIC 8361

ROYAL GARDENS RETIREMENT RESIDENCE INC p811
1160 Clonsilla Ave, PETERBOROUGH, ON, K9J 8P8
(705) 741-6036   SIC 8361

S.P.I.K.E. INCORPORATED p364
1940 Henderson Hwy, WINNIPEG, MB, R2G 1P2
(204) 339-2990   SIC 8361

SAINT ELIZABETH HEALTH CARE p959
420 Green St Suite 202, WHITBY, ON, L1N 8R1
(905) 430-6997   SIC 8361

SALVATION ARMY GLENBROOK LODGE
p432
105 Torbay Rd, ST. JOHN'S, NL, A1A 2G9
(709) 726-1575   SIC 8361

SANTE COURVILLE INC p1213
5200 80e Rue, SAINT-LAURENT, QC, H7R 5T6
(450) 627-7990   SIC 8361

SERVICES DE READAPTATION SUD OUEST ET DU RENFORT, LES p1232
30 Rue Saint-Thomas Bureau 200, SALABERRY-DE-VALLEYFIELD, QC, J6T 4J2
(450) 371-4816   SIC 8361

SHANNEX INCORPORATED p413
822 Coverdale Rd, RIVERVIEW, NB, E1B 4V5
(506) 387-7770   SIC 8361

SIMCOE COUNTY ASSOCIATION FOR THE PHYSICALLY DISABLED p556
12 Erie St, COLLINGWOOD, ON, L9Y 1P4
(705) 444-7680   SIC 8361

SNR NURSING HOMES LTD p961
11550 Mcnorton St, WINDSOR, ON, N8P 1T9
(519) 979-6730   SIC 8361

SOCIETE DE GESTION COGIR S.E.N.C.
p1007
2455 Boul De Rome Bureau 20, BROSSARD, QC, J4Y 2W9
(450) 678-1882   SIC 8361

SOCIETE DE GESTION COGIR S.E.N.C.
p1256
333 Rue Querbes Bureau 210, VAUDREUIL-DORION, QC, J7V 1J9
(450) 455-6564   SIC 8361

SOCIETE EN COMMANDITE LES PROMENADES DU PARC p1235
200 116e Rue, SHAWINIGAN-SUD, QC, G9P 5K7

(819) 536-5050   SIC 8361

SOCIETE FOYER MAILLARD p203
1010 Alderson Ave, COQUITLAM, BC, V3K 1W1
(604) 937-5578   SIC 8361

SOEURS DE LA CHARITE D'OTTAWA, LES
p776
879 Hiawatha Park Rd, ORLEANS, ON, K1C 2Z6
(613) 562-6262   SIC 8361

SOEURS DE SAINTE-ANNE DU QUEBEC, LES p327
2474 Arbutus Rd, VICTORIA, BC, V8N 1V8
SIC 8361

SOONOR RETIREMENT CORPORATION
p833
760 Great Northern Rd Suite 137, SAULT STE. MARIE, ON, P6B 0B5
(705) 945-9405   SIC 8361

SOUTH CENTENNIAL MANOR p622
240 Fyfe St, IROQUOIS FALLS, ON, P0K 1E0
(705) 258-3836   SIC 8361

SOUTH COUNTRY VILLAGE p144
1720 Bell St Sw, MEDICINE HAT, AB, T1A 5G1
(403) 526-2002   SIC 8361

SOUTHERN OKANAGAN ASSOCIATION FOR INGTERGRATED COMMUNITY LIVING
p251
38246 93 St, OLIVER, BC, V0H 1T0
(250) 498-0309   SIC 8361

ST STEPHENS COMMUNITY HOUSE p924
1415 Bathurst St Suite 201, TORONTO, ON, M5R 3H8
(416) 531-4631   SIC 8361

ST THOMAS CENTRE DE SANTE p102
8411 91 St Nw Suite 234, EDMONTON, AB, T6C 1Z9
(780) 450-2987   SIC 8361

ST. ANDREW'S RESIDENCE, CHATHAM
p553
99 Park St, CHATHAM, ON, N7M 3R5
(519) 354-8103   SIC 8361

ST. CLAIR O'CONNOR COMMUNITY INC
p891
2701 St Clair Ave E Suite 211, TORONTO, ON, M4B 1M5
(416) 757-8757   SIC 8361

ST. FRANCIS ADVOCATES FOR THE AUTISTIC & DEVELOPMENTALLY DISABLED (SARNIA) INC p812
Gd, PETROLIA, ON, N0N 1R0
(519) 296-5544   SIC 8361

ST. HILDA'S TOWERS, INC p934
2339 Dufferin St, TORONTO, ON, M6E 4Z5
(416) 781-6621   SIC 8361

ST. JOSEPH'S HEALTH CARE, LONDON
p656
Gd, LONDON, ON, N6A 4V2
(519) 646-6100   SIC 8361

ST. JOSEPH'S HEALTH CARE, LONDON
p968
875 Ouellette Ave 2nd Fl, WINDSOR, ON, N9A 4J6
(519) 254-3486   SIC 8361

ST. JOSEPH'S HOME p1301
33 Valens Dr, SASKATOON, SK, S7L 3S2
(306) 382-6306   SIC 8361

STEEVES & ROZEMA ENTERPRISES LIMITED p829
170 Front St S Suite 340, SARNIA, ON, N7T 2M5
(519) 336-1455   SIC 8361

STURGEON FOUNDATION p167
21 Mont Clare Pl Suite 213, ST. ALBERT, AB, T8N 5Z4
(780) 460-0445   SIC 8361

SUNBEAM CENTRE p637
26 Breckwood Pl, KITCHENER, ON, N2A 4C6
(519) 894-1941   SIC 8361

SUNNYBANK RETIREMENT HOME p251
Gd, OLIVER, BC, V0H 1T0

(250) 498-4951   SIC 8361

SUNNYSIDE MANOR p166
4522 47 Ave Suite 24, ST PAUL, AB, T0A 3A3
(780) 645-3530   SIC 8361

SUNRISE NORTH ASSISTED LIVING LTD
p693
1279 Burnhamthorpe Rd E Suite 220, MISSISSAUGA, ON, L4Y 3V7
(905) 625-1344   SIC 8361

SUNRISE NORTH ASSISTED LIVING LTD
p823
9800 Yonge St Suite 101, RICHMOND HILL, ON, L4C 0P5
(905) 883-6963   SIC 8361

SUNRISE NORTH SENIOR LIVING LTD p247
980 Lynn Valley Rd, NORTH VANCOUVER, BC, V7J 3V7
(604) 904-1226   SIC 8361

SUNRISE NORTH SENIOR LIVING LTD p319
999 57th Ave W, VANCOUVER, BC, V6P 6Y9
(604) 261-5799   SIC 8361

SUNRISE NORTH SENIOR LIVING LTD p330
920 Humboldt St Suite 222, VICTORIA, BC, V8V 4W7
(250) 383-1366   SIC 8361

SUNRISE NORTH SENIOR LIVING LTD p491
3 Golf Links Dr Suite 2, AURORA, ON, L4G 7Y4
(905) 841-0022   SIC 8361

SUNRISE NORTH SENIOR LIVING LTD p535
5401 Lakeshore Rd, BURLINGTON, ON, L7L 6S5
(905) 333-9969   SIC 8361

SUNRISE NORTH SENIOR LIVING LTD p768
456 Trafalgar Rd Suite 312, OAKVILLE, ON, L6J 7X1
(905) 337-1145   SIC 8361

SUNRISE NORTH SENIOR LIVING LTD p996
505 Av Elm, BEACONSFIELD, QC, H9W 2E5
(514) 693-1616   SIC 8361

SUNRISE NORTH SENIOR LIVING LTD p998
50 Boul Des Chateaux, BLAINVILLE, QC, J7B 0A3
(450) 420-2727   SIC 8361

SUNRISE NORTH SENIOR LIVING LTD
p1024
4377 Boul Saint-Jean Bureau 207, DOLLARD-DES-ORMEAUX, QC, H9H 2A4
(514) 620-4556   SIC 8361

SUNRISE REGIONAL HEALTH AUTHORITY
p1268
300 James St, ESTERHAZY, SK, S0A 0X0
(306) 745-6444   SIC 8361

SUNRISE RESIDENTIAL SERVICES LTD
p154
Gd, RED DEER, AB, T4N 5E2
(403) 346-3422   SIC 8361

SYMPHONY SENIOR LIVING INC p56
2220 162 Ave Sw Suite 210, CALGARY, AB, T2Y 5E3
(403) 201-3555   SIC 8361

TAYSIDE COMMUNITY RESIDENTIAL & SUPPORT OPTIONS p807
58 South St, PERTH, ON, K7H 2G7
(613) 264-9242   SIC 8361

TEN TEN SINCLAIR HOUSING INC p379
90 Garry St Suite 806, WINNIPEG, MB, R3C 4J4
(204) 943-1073   SIC 8361

THOMPSON COMMUNITY SERVICES INC
p291
2228 Spruce St, THORNHILL, BC, V8G 5B7
SIC 8361

TILLSONBURG RETIREMENT CENTRE
p883
183 Rolph St Suite 230, TILLSONBURG, ON, N4G 3Y9
(519) 688-0347   SIC 8361

TOBIAS HOUSE ATTENDANT CARE INC
p907
84 Carlton St Suite 306, TORONTO, ON,

M5B 2P4
SIC 8361

TORONTO DISTRICT SCHOOL BOARD
p760
38 Orfus Rd Rm 158, NORTH YORK, ON, M6A 1L6
(416) 395-2145   SIC 8361

TORONTO FINNISH CANADIAN SENIOR CENTRE p893
795 Eglinton Ave E Suite 105, TORONTO, ON, M4G 4E4
(416) 425-4134   SIC 8361

TRAVERSE INDEPENDENCE NOT-FOR-PROFIT p588
165 Gordon St, FERGUS, ON, N1M 0A7
(519) 787-1630   SIC 8361

TRAVERSE INDEPENDENCE NOT-FOR-PROFIT p637
1382 Weber St E, KITCHENER, ON, N2A 1C4
(519) 741-5845   SIC 8361

TRENT VALLEY LODGE NURSING HOME
p944
195 Bay St Suite 363, TRENTON, ON, K8V 1H9
(613) 392-9235   SIC 8361

TRI-COUNTY MENNONITE HOMES ASSOCIATION p731
200 Boullee St, NEW HAMBURG, ON, N3A 2K4
(519) 662-2280   SIC 8361

TURNING POINT YOUTH SERVICES p895
1 Wroxeter Ave, TORONTO, ON, M4K 1J5
(416) 466-9730   SIC 8361

TWIN OAKS SENIOR CITIZENS ASSOCIATION p469
7702 # 7 Hwy, MUSQUODOBOIT HARBOUR, NS, B0J 2L0
(902) 889-3474   SIC 8361

UKRAINIAN HOME FOR THE AGED p705
3058 Winston Churchill Blvd Suite 1, MISSISSAUGA, ON, L5L 3J1
(905) 820-0573   SIC 8361

UNITED COUNTIES OF LEEDS AND GRENVILLE p490
746 County Rd 42, ATHENS, ON, K0E 1B0
(613) 924-2696   SIC 8361

UNLIMITED POTENTIAL COMMUNITY SERVICES SOCIETY p439
5218 52 St, YELLOWKNIFE, NT, X1A 1T9
(867) 920-4626   SIC 8361

VANCOUVER COASTAL HEALTH AUTHORITY p258
7105 Kemano St, POWELL RIVER, BC, V8A 1L8
(604) 485-9868   SIC 8361

VANCOUVER ISLAND AUTISTIC HOMES SOCIETY p330
2750 Quadra St Suite 215, VICTORIA, BC, V8T 4E8
(250) 475-2566   SIC 8361

VICONTE INC p1232
26 Rue Saint-Philippe, SALABERRY-DE-VALLEYFIELD, QC, J6S 5X8
(450) 371-3763   SIC 8361

VIGI SANTE LTEE p1008
5955 Grande-Allee, BROSSARD, QC, J4Z 3S3
(450) 656-8500   SIC 8361

VIGI SANTE LTEE p1081
275 Av Brittany, MONT-ROYAL, QC, H3P 3C2
(514) 739-5593   SIC 8361

VIGI SANTE LTEE p1122
2055 Av Northcliffe Bureau 412, Montreal, QC, H4A 3K6
(514) 788-2085   SIC 8361

VIGI SANTE LTEE p1138
14775 Boul De Pierrefonds Bureau 229, PIERREFONDS, QC, H9H 4Y1
(514) 620-1220   SIC 8361

VIGI SANTE LTEE p1181
4954 Rue Clement-Lockquell, SAINT-AUGUSTIN-DE-DESMAURES, QC, G3A

BUSINESSES BY INDUSTRY CLASSIFICATION

SIC 8399 Social services, nec

1V5
(418) 871-1232 *SIC* 8361
VIGI SANTE LTEE p1218
80 Rue Principale, SAINT-MICHEL-DE-BELLECHASSE, QC, G0R 3S0
(418) 884-2811 *SIC* 8361
VIGI SANTE LTEE p1235
5000 Av Albert-Tessier, SHAWINIGAN, QC, G9N 8P9
(819) 539-5408 *SIC* 8361
VILLA BEAUSEJOUR INC p395
253 Boul St-Pierre O, CARAQUET, NB, E1W 1A4
(506) 726-2744 *SIC* 8361
VILLA CHALEUR INC p394
795 Champlain St Suite 221, BATHURST, NB, E2A 4M8
(506) 549-5588 *SIC* 8361
VILLA DU REPOS INC p406
125 Murphy Ave, MONCTON, NB, E1A 8V2
(506) 857-3560 *SIC* 8361
VILLA ST-GEORGES INC p1259
185 Rue Saint-Georges, VICTORIAVILLE, QC, G6P 9H6
(819) 758-6760 *SIC* 8361
WARMAN MENNONITE SPECIAL CARE HOME INC p1308
201 Centennial Blvd, WARMAN, SK, S0K 0A1
(306) 933-2011 *SIC* 8361
WELLINGTON PARK TERRACE p601
181 Janefield Ave Suite 310, GUELPH, ON, N1G 1V2
(519) 763-7474 *SIC* 8361
WESTBANK FIRST NATION PINE ACRES HOME p339
1902 Pheasant Lane, WESTBANK, BC, V4T 2H4
(250) 768-7676 *SIC* 8361
WESTERN AREA YOUTH SERVICES, INC p653
1517 Adelaide St N, LONDON, ON, N5X 1K5
(519) 667-0714 *SIC* 8361
WESTERN HOSPITAL p980
397 Church St, ALBERTON, PE, C0B 1B0
SIC 8361
WESTLOCK FOUNDATION p174
10203 97 St, WESTLOCK, AB, T7P 2H1
(780) 349-4123 *SIC* 8361
WINNIPEG REGIONAL HEALTH AUTHORITY, THE p369
735 St Anne's Rd, WINNIPEG, MB, R2N 0C4
(204) 255-9073 *SIC* 8361
WINNSERV INC p370
131 Greenhoven Cres, WINNIPEG, MB, R2R 1B5
(204) 633-9004 *SIC* 8361
WINNSERV INC p382
960 Portage Ave Suite 101, WINNIPEG, MB, R3G 0R4
(204) 783-8654 *SIC* 8361
WOOD'S HOMES SOCIETY p59
9400 48 Ave Nw, CALGARY, AB, T3B 2B2
(403) 247-6751 *SIC* 8361
WOODGREEN RED DOOR FAMILY SHELTER INC p842
1731 Lawrence Ave E, SCARBOROUGH, ON, M1R 2X7
(416) 750-3800 *SIC* 8361
YELLOWKNIFE ASSOCIATION FOR COMMUNITY LIVING p439
4912 53 St, YELLOWKNIFE, NT, X1A 1V2
(867) 920-2644 *SIC* 8361
YOUTH CONNECTIONS INC p780
762 King St E Suite 1, OSHAWA, ON, L1H 1G9
(905) 579-0057 *SIC* 8361

SIC 8399 Social services, nec

(MADD CANADA) MOTHERS AGAINST DRUNK DRIVING p501
Gd Stn Main, BELLEVILLE, ON, K8N 4Z8
SIC 8399
AGENCE DE LA SANTE ET DES SERVICES SOCIAUX DE LA MONTEREGIE, L' p1071
1255 Rue Beauregard, LONGUEUIL, QC, J4K 2M3
(450) 679-6772 *SIC* 8399
ALTERNATIVES COMMUNITY PROGRAM PETERBOROUGH SERVICES INC p809
267 Stewart St, PETERBOROUGH, ON, K9J 3M8
(705) 742-7038 *SIC* 8399
ASSOCIATION CANADIENNE-FRANCAISE DE L'ONTARIO/HURONIE p806
63 Main St, PENETANGUISHENE, ON, L9M 1S8
(705) 549-3116 *SIC* 8399
ASSOCIATION OF NEIGHBOURHOOD HOUSES OF BRITISH COLUMBIA p295
4065 Victoria Dr, VANCOUVER, BC, V5N 4M9
(604) 874-4231 *SIC* 8399
ASSOCIATION OF NEIGHBOURHOOD HOUSES OF BRITISH COLUMBIA p296
800 Broadway E, VANCOUVER, BC, V5T 1Y1
(604) 879-8208 *SIC* 8399
ASSOCIATION OF NEIGHBOURHOOD HOUSES OF BRITISH COLUMBIA p313
1019 Broughton St, VANCOUVER, BC, V6G 2A7
(604) 683-2554 *SIC* 8399
ASSOCIATION QUEBECOISE DES CENTRES DE LA PETITE ENFANCE p1097
7245 Rue Clark Bureau 401, Montreal, QC, H2R 2Y4
(514) 326-8008 *SIC* 8399
BETHESDA HOME FOR THE MENTALLY HANDICAPPED INC p948
3950 Fly Rd Rr 1, VINELAND, ON, L0R 2C0
(905) 562-4184 *SIC* 8399
BLADDER CANCER CANADA p889
4936 Yonge St Suite 1000, TORONTO, ON, M2N 6S3
(866) 974-8889 *SIC* 8399
BON DIEU DANS LA RUE, ORGANISATION POUR JEUNES ADULTES INC, LE p1094
1662 Rue Ontario E, Montreal, QC, H2L 1S7
(514) 526-7677 *SIC* 8399
BRAIN INJURY COMMUNITY RE-ENTRY (NIAGARA) INC p876
3340 Schmon Pkwy Unit 2, THOROLD, ON, L2V 4Y6
(905) 687-6788 *SIC* 8399
BRITISH COLUMBIA CANCER AGENCY BRANCH p328
2410 Lee Ave, VICTORIA, BC, V8R 6V5
(250) 519-5500 *SIC* 8399
C.L.S.C. C.H. S. L. D MAC DE DESJARDINS p1064
15 Rue De L'arsenal, Levis, QC, G6V 4P6
(418) 835-3400 *SIC* 8399
C.L.S.C. VILLERAY p1092
1425 Rue Jarry E, Montreal, QC, H2E 1A7
(514) 376-4141 *SIC* 8399
CALGARY YOUNG MEN'S CHRISTIAN ASSOCIATION p54
11 Haddon Rd Sw, CALGARY, AB, T2V 2X8
SIC 8399
CALGARY YOUNG MEN'S CHRISTIAN ASSOCIATION p61
8100 John Laurie Blvd Nw, CALGARY, AB, T3G 3S3
(403) 547-6576 *SIC* 8399
CANADIAN AID ORGANIZATION FOR IRAQI SOCIETY REHAB. (CAOFISR) p822
8 Lawson Crt, RICHMOND HILL, ON, L4C 8L6
(647) 449-1621 *SIC* 8399
CANADIAN BREAST CANCER FOUNDATION p907
20 Victoria St Suite 600, TORONTO, ON, M5C 2N8

(416) 815-1313 *SIC* 8399
CANADIAN BREAST CANCER FOUNDATION p910
375 University Ave Suite 301, TORONTO, ON, M5G 2J5
(416) 596-6773 *SIC* 8399
CANADIAN CANCER SOCIETY p22
325 Manning Rd Ne Unit 200, CALGARY, AB, T2E 2P5
(403) 205-3966 *SIC* 8399
CANADIAN CANCER SOCIETY p219
141 Victoria St Suite 214, KAMLOOPS, BC, V2C 1Z5
(250) 374-9188 *SIC* 8399
CANADIAN CANCER SOCIETY p252
74 Wade Ave E Unit 103, PENTICTON, BC, V2A 8M4
(250) 490-9681 *SIC* 8399
CANADIAN CANCER SOCIETY p263
172 2 Ave W, QUALICUM BEACH, BC, V9K 1T7
SIC 8399
CANADIAN CANCER SOCIETY p264
332 Front St, QUESNEL, BC, V2J 2K3
SIC 8399
CANADIAN CANCER SOCIETY p294
3689 1st Ave E Suite 230, VANCOUVER, BC, V5M 1C2
SIC 8399
CANADIAN CANCER SOCIETY p325
3402 27 Ave Suite 104, VERNON, BC, V1T 1S1
(250) 542-0770 *SIC* 8399
CANADIAN CANCER SOCIETY p341
176 Fourth Ave N, WILLIAMS LAKE, BC, V2G 2C7
(250) 392-3442 *SIC* 8399
CANADIAN CANCER SOCIETY p377
193 Sherbrook St Suite 1, WINNIPEG, MB, R3C 2B7
(204) 774-7483 *SIC* 8399
CANADIAN CANCER SOCIETY p456
5826 South St Suite 1, HALIFAX, NS, B3H 1S6
(902) 423-6183 *SIC* 8399
CANADIAN CANCER SOCIETY p469
Gd Lcd Main, NEW GLASGOW, NS, B2H 5C9
SIC 8399
CANADIAN CANCER SOCIETY p900
55 St Clair Ave W Suite 500, TORONTO, ON, M4V 2Y7
(416) 488-5400 *SIC* 8399
CANADIAN CANCER SOCIETY p1087
5151 Boul De L'assomption, Montreal, QC, H1T 4A9
(514) 255-5151 *SIC* 8399
CANADIAN CANCER SOCIETY p1284
1910 Mcintyre St, REGINA, SK, S4P 2R3
(306) 790-5822 *SIC* 8399
CANADIAN HEARING SOCIETY p870
1233 Paris St, SUDBURY, ON, P3E 3B6
(705) 522-1020 *SIC* 8399
CANADIAN HOME CARE ASSOCIATION p713
10 Kingsbridge Garden Cir Suite 704, MISSISSAUGA, ON, L5R 3K6
SIC 8399
CANADIAN RED CROSS SOCIETY, THE p658
810 Commissioners Rd E, LONDON, ON, N6C 2V5
(519) 681-7330 *SIC* 8399
CANADIAN RED CROSS SOCIETY, THE p938
21 Randolph Ave, TORONTO, ON, M6P 4G4
(416) 480-2500 *SIC* 8399
CARING CUPBOARD, THE p858
803 Talbot St, ST THOMAS, ON, N5P 1E4
(519) 633-5308 *SIC* 8399
CARRY THE KETTLE HEALTH ADMINISTRATION p1306
Carry The Kettle Indian Rsv, SINTALUTA, SK, S0G 4N0

(306) 727-2101 *SIC* 8399
CATHOLIC SOCIAL SERVICES p7
5201 44 St, BONNYVILLE, AB, T9N 2H1
(780) 826-3935 *SIC* 8399
CATHOLIC SOCIAL SERVICES p77
10709 105 St Nw, EDMONTON, AB, T5H 2X3
(780) 424-3545 *SIC* 8399
CENTRE DE PROTECTION ET DE READAPTATION DE LA COTE-NORD p1233
128 Rue Regnault Bureau 206, Sept-Iles, QC, G4R 5T9
(418) 962-2578 *SIC* 8399
CENTRE DE SANTE ET DE SERVICES SCOIAUX DE LA HAUTE-YAMASKA p1261
48 Rue Young, WATERLOO, QC, J0E 2N0
(450) 539-3340 *SIC* 8399
CENTRE DE SANTE ET DE SERVICES SOCIAUX D'AHUNTSIC ET MONTREAL-NORD p1092
1725 Boul Gouin E, Montreal, QC, H2C 3H6
(514) 384-2000 *SIC* 8399
CENTRE DE SANTE ET DE SERVICES SOCIAUX DE BEAUCE p1189
12523 25e Av, SAINT-GEORGES, QC, G5Y 5N6
(418) 228-2244 *SIC* 8399
CENTRE DE SANTE ET DE SERVICES SOCIAUX DE LA VALLEE-DE-LA-BATISCAN p1226
90 Rang Riviere Veillette, Sainte-Genevieve-de-Batiscan, QC, G0X 2R0
(418) 362-2727 *SIC* 8399
CENTRE DE SANTE ET DE SERVICES SOCIAUX DE LAVAL p1133
800 Boul Chomedey Bureau 200, Montreal-Ouest, QC, H7V 3Y4
(450) 682-2952 *SIC* 8399
CENTRE DE SANTE ET DE SERVICES SOCIAUX DU PONTIAC p1235
290 Rue Marion, SHAWVILLE, QC, J0X 2Y0
(819) 647-3553 *SIC* 8399
CENTRE INTEGRE DE SANTE ET DE SERVICES SOCIAUX DU BAS-SAINT-LAURENT p1079
1526 Boul Jacques-Cartier, MONT-JOLI, QC, G5H 2V8
(418) 775-9753 *SIC* 8399
CENTRE JEUNESSE DE L'ABITIBI TEMISCAMINGUE p1055
1020 Av Amikwiche, LAC-SIMON, QC, J0Y 3N0
(819) 736-7466 *SIC* 8399
CENTRE JEUNESSE DE L'ABITIBI TEMISCAMINGUE p1253
700 Boul Forest, VAL-D'OR, QC, J9P 2L3
(819) 736-7466 *SIC* 8399
CENTRE LOCAL DES SERVICES COMMUNAUTAIRES DU GRAND CHICOUTIMI p1014
411 Rue De L'hotel-Dieu, CHICOUTIMI, QC, G7H 7Z5
(418) 543-2221 *SIC* 8399
CFB ESQUIMALT MILITARY FAMILY RESOURCE CENTRE p335
1505 Esquimalt Rd, VICTORIA, BC, V9A 7N2
(250) 363-8628 *SIC* 8399
CH-CHSLD DE PAPINEAU p1033
500 Rue Belanger, GATINEAU, QC, J8L 2M4
(819) 986-3341 *SIC* 8399
CHESHIRE HOMES OF LONDON INC p859
200 Chestnut St Suite 110, ST THOMAS, ON, N5R 5P3
(519) 631-9097 *SIC* 8399
CHILDREN'S AID SOCIETY OF THE REGION OF PEEL, THE p521
175 Vodden St W, BRAMPTON, ON, L6X 2W8
(905) 457-5410 *SIC* 8399
CHILDREN'S AID SOCIETY OF THE REGION OF PEEL, THE p697
101 Queensway W Suite 500, MISSISSAUGA, ON, L5B 2P7
SIC 8399

CHILLIWACK COMMUNITY SERVICES p196
45938 Wellington Ave, CHILLIWACK, BC, V2P 2C7
(604) 792-4267   SIC 8399

CITY OF CALGARY, THE p27
315 10 Ave Se Suite 101, CALGARY, AB, T2G 0W2
(403) 268-5153   SIC 8399

CLSC -CHSLD DE ROSEMONT p1089
3311 Boul Saint-Joseph E, Montreal, QC, H1X 1W3
(514) 524-3541   SIC 8399

CLSC DES FAUBOURG p1094
1705 Rue De La Visitation, Montreal, QC, H2L 3C3
(514) 527-2361   SIC 8399

CLUB SOCIAL DES EMPLOYES-ES DU CENTRE DE SANTE ET DE SERVICES SOCIAUX DE CHARLEVOIX, LE p995
284 Rang De Saint-Placide S, BAIE-SAINT-PAUL, QC, G3Z 3A9
(418) 435-5093   SIC 8399

COMMUNITY LIVING GUELPH WELLINGTON p588
280 St Patrick St W, FERGUS, ON, N1M 1L7
(519) 787-1539   SIC 8399

COMMUNITY LIVING ONTARIO p832
253 Bruce St, SAULT STE. MARIE, ON, P6B 1P3
(705) 945-1030   SIC 8399

COMMUNITY LIVING WEST NIPISSING p866
75 Railway St, Sturgeon Falls, ON, P2B 3A1
(705) 753-1665   SIC 8399

CONCORDIA WELLNESS PROJECTS p366
1125 Molson St Suite 100, WINNIPEG, MB, R2K 0A7
(204) 667-6479   SIC 8399

COPE, ROCKY MOUNTAIN HOUSE SOCIETY FOR PERSONS WITH DISABILITIES p159
4940 50 Ave, ROCKY MOUNTAIN HOUSE, AB, T4T 1A8
(403) 845-4080   SIC 8399

CORPORATION KATIMAVIK-OPCAN p407
35 Highfield St, MONCTON, NB, E1C 5N1
SIC 8399

CORPORATION OF THE CITY OF KAWARTHA LAKES, THE p647
322 Kent St W Suite 202, LINDSAY, ON, K9V 4T7
(705) 324-9870   SIC 8399

CORPORATION OF THE COUNTY OF BRUCE, THE p948
30 Park St, WALKERTON, ON, N0G 2V0
(519) 881-0431   SIC 8399

CORPORATION OF THE COUNTY OF LAMBTON p828
150 Christina St N Suite 1b, SARNIA, ON, N7T 8H3
(519) 332-0998   SIC 8399

CORPORATION OF THE REGIONAL MUNICIPALITY OF DURHAM, THE p780
505 Wentworth St W, OSHAWA, ON, L1J 6G5
(905) 436-6747   SIC 8399

COWICHAN TRIBES p212
5766 Allenby Rd, DUNCAN, BC, V9L 5J1
(250) 746-1002   SIC 8399

CRDI TED NCQ IU p1249
920 Place Boland, Trois-Rivieres, QC, G8Z 4H2
SIC 8399

CRISIS CENTRE NORTH BAY p741
214 Second Ave W, NORTH BAY, ON, P1B 3K9
SIC 8399

DIXON HALL p904
349 George St, TORONTO, ON, M5A 2N2
(416) 960-9240   SIC 8399

DMS PROPERTY MANAGEMENT LTD p619
925 Alexandra St, HEARST, ON, P0L 1N0
(705) 372-2822   SIC 8399

EVENT MEDICAL STAFF INC p614

38a Bigwin Rd Unit 5, HAMILTON, ON, L8W 3R4
SIC 8399

FAMILY AND CHILDREN SERVICES OF FRONTENAC AND CLINICS ADDINGTON p633
1479 John Counter Blvd, KINGSTON, ON, K7M 7J3
(613) 545-3227   SIC 8399

FAMILY SERVICES OF GREATER VANCOUVER p321
5726 Minoru Blvd Suite 201, VANCOUVER, BC, V6X 2A9
(604) 874-2938   SIC 8399

FONDATION DE L'HOPITAL GENERAL DU LAKESHORE p1141
160 Av Stillview Bureau 5209, POINTE-CLAIRE, QC, H9R 2Y2
(514) 630-2081   SIC 8399

FONDATION DU CENTRE DE SANTE DE LA MRC D'ASBESTOS, LE p993
475 3e Av, ASBESTOS, QC, J1T 1X6
(819) 879-7151   SIC 8399

FONDATION PAUL GERIN-LAJOIE POUR LA COOPERATION INTERNATIONALE, LA p1102
465 Rue Saint-Jean Bureau 900, Montreal, QC, H2Y 2R6
(514) 288-3888   SIC 8399

GOUVERNEMENT DE LA PROVINCE DE QUEBEC p1023
201 Boul Des Peres, DOLBEAU-MISTASSINI, QC, G8L 5K6
(418) 276-4628   SIC 8399

GOUVERNEMENT DE LA PROVINCE DE QUEBEC p1039
200 Rue Robert-Wright, GATINEAU, QC, J9H 5L1
(819) 684-1022   SIC 8399

GOUVERNEMENT DE LA PROVINCE DE QUEBEC p1045
380 Boul Base-De-Roc, JOLIETTE, QC, J6E 9J6
(450) 755-2111   SIC 8399

GOUVERNEMENT DE LA PROVINCE DE QUEBEC p1045
245 Rue Du Cure-Majeau, JOLIETTE, QC, J6E 8S8
(450) 759-1157   SIC 8399

GOUVERNEMENT DE LA PROVINCE DE QUEBEC p1071
1255 Rue Beauregard, LONGUEUIL, QC, J4K 2M3
(450) 928-6777   SIC 8399

GOUVERNEMENT DE LA PROVINCE DE QUEBEC p1075
691 Rue Royale, MALARTIC, QC, J0Y 1Z0
SIC 8399

GOUVERNEMENT DE LA PROVINCE DE QUEBEC p1077
14 Boul Perron E, Matapedia, QC, G0J 1V0
(418) 865-2221   SIC 8399

GOUVERNEMENT DE LA PROVINCE DE QUEBEC p1146
3510 Rue Cambronne, Quebec, QC, G1E 7H2
(418) 661-3700   SIC 8399

GOUVERNEMENT DE LA PROVINCE DE QUEBEC p1185
211 Rue Du Couvent, Saint-Epiphane, QC, G0L 2X0
(418) 868-2572   SIC 8399

GOUVERNEMENT DE LA PROVINCE DE QUEBEC p1201
430 Rue Labelle, Saint-Jerome, QC, J7Z 5L3
(450) 431-2221   SIC 8399

GOUVERNEMENT DE LA PROVINCE DE QUEBEC p1236
300 Rue King E Bureau 300, SHERBROOKE, QC, J1G 1B1
(819) 566-7861   SIC 8399

GOVERNING COUNCIL OF THE SALVATION ARMY IN CANADA, THE p77

9618 101a Ave Nw, EDMONTON, AB, T5H 0C7
(780) 423-2111   SIC 8399

GOVERNING COUNCIL OF THE SALVATION ARMY IN CANADA, THE p232
5787 Langley Bypass, LANGLEY, BC, V3A 0A9
(604) 514-7375   SIC 8399

GOVERNING COUNCIL OF THE SALVATION ARMY IN CANADA, THE p318
975 57th Ave W, VANCOUVER, BC, V6P 1S4
SIC 8399

GOVERNING COUNCIL OF THE SALVATION ARMY IN CANADA, THE p326
3303 32 Ave, VERNON, BC, V1T 2M7
(250) 549-4111   SIC 8399

GOVERNING COUNCIL OF THE SALVATION ARMY IN CANADA, THE p327
1551 Cedar Hill Cross Rd, VICTORIA, BC, V8P 2P3
(250) 382-3714   SIC 8399

GOVERNING COUNCIL OF THE SALVATION ARMY IN CANADA, THE p336
1746 Island Hwy, VICTORIA, BC, V9B 1H8
(250) 727-3853   SIC 8399

GOVERNING COUNCIL OF THE SALVATION ARMY IN CANADA, THE p521
44 Nelson St W, BRAMPTON, ON, L6X 1C1
(905) 453-0988   SIC 8399

GOVERNING COUNCIL OF THE SALVATION ARMY IN CANADA, THE p609
533 Main St E, HAMILTON, ON, L8M 1H9
(905) 527-6212   SIC 8399

GOVERNING COUNCIL OF THE SALVATION ARMY IN CANADA, THE p789
171 George St, OTTAWA, ON, K1N 5W5
(613) 241-1573   SIC 8399

GOVERNING COUNCIL OF THE SALVATION ARMY IN CANADA, THE p894
1132 Broadview Ave, TORONTO, ON, M4K 2S5
(416) 425-1052   SIC 8399

GOVERNING COUNCIL OF THE SALVATION ARMY IN CANADA, THE p955
129 Hagar St, WELLAND, ON, L3B 5V9
(905) 735-0551   SIC 8399

GOVERNING COUNCIL OF THE SALVATION ARMY IN CANADA, THE p968
355 Church St, WINDSOR, ON, N9A 7G9
(519) 253-7473   SIC 8399

GOVERNING COUNCIL OF THE SALVATION ARMY IN CANADA, THE p1118
1655 Rue Richardson, Montreal, QC, H3K 3J7
(514) 288-2848   SIC 8399

GOVERNMENT OF ONTARIO p763
1860 Wilson Ave Suite 100, NORTH YORK, ON, M9M 3A7
(416) 392-6500   SIC 8399

GOVERNMENT OF ONTARIO p848
12 Gilbertson Dr, SIMCOE, ON, N3Y 4N5
(519) 426-6170   SIC 8399

GOVERNMENT OF ONTARIO p901
2 Bloor St W Suite 2500, TORONTO, ON, M4W 3E2
(416) 212-1253   SIC 8399

GOVERNMENT OF ONTARIO p940
5630-99 Wellesley St W, TORONTO, ON, M7A 1W1
(416) 327-0690   SIC 8399

GOVERNMENT OF ONTARIO p948
150 Tecumseh Rd, WALLACEBURG, ON, N8A 4K9
(519) 627-3907   SIC 8399

GOVERNMENT OF THE PROVINCE OF ALBERTA p39
301 14 St Nw Suite 406, CALGARY, AB, T2N 2A1
(403) 297-8435   SIC 8399

GOVERNMENT OF THE PROVINCE OF ALBERTA p72
180 Riverside Dr E, DRUMHELLER, AB, T0J 0Y4

(403) 823-1616   SIC 8399

GOVERNMENT OF THE PROVINCE OF ALBERTA p80
10405 Jasper Ave Nw Suite 600, EDMONTON, AB, T5J 3N4
(780) 422-0105   SIC 8399

GOVERNMENT OF THE PROVINCE OF ALBERTA p109
7000 113 St Nw Suite 3, EDMONTON, AB, T6H 5T6
(780) 427-4215   SIC 8399

GOVERNMENT OF THE PROVINCE OF ALBERTA p120
9915 Franklin Ave, FORT MCMURRAY, AB, T9H 2K4
(780) 743-7416   SIC 8399

GOVERNMENT OF THE PROVINCE OF ALBERTA p130
4620 53 Ave, HIGH PRAIRIE, AB, T0G 1E0
(780) 523-6450   SIC 8399

GOVERNMENT OF THE PROVINCE OF ALBERTA p150
9621 96 Ave Room 112 Provincial Building, PEACE RIVER, AB, T8S 1T4
(780) 624-6193   SIC 8399

GOVERNMENT OF THE PROVINCE OF BRITISH COLUMBIA p212
161 Fourth St, DUNCAN, BC, V9L 5J8
(250) 715-2725   SIC 8399

GOVERNMENT OF THE PROVINCE OF BRITISH COLUMBIA p212
116 Queens Rd Suite 101, DUNCAN, BC, V9L 2W6
(250) 715-2830   SIC 8399

GOVERNMENT OF THE PROVINCE OF BRITISH COLUMBIA p239
190 Wallace St Suite 301, NANAIMO, BC, V9R 5B1
(250) 741-5701   SIC 8399

GOVERNMENT OF THE PROVINCE OF BRITISH COLUMBIA p332
771 Vernon Ave, VICTORIA, BC, V8X 5A7
(250) 952-4111   SIC 8399

HAMILTON HEALTH SCIENCES CORPORATION p615
1725 Upper James St Suite 2, HAMILTON, ON, L9B 1K7
(289) 396-7000   SIC 8399

HIATUS HOUSE p968
250 Louis Ave, WINDSOR, ON, N9A 1W2
(519) 252-7781   SIC 8399

HOPE MISSION SOCIETY p83
10336 114 St Nw, EDMONTON, AB, T5K 1S3
(780) 453-3877   SIC 8399

IMARKETING SOLUTIONS GROUP INC p63
3710 Westwinds Dr Ne Unit 24, CALGARY, AB, T3J 5H3
SIC 8399

IMARKETING SOLUTIONS GROUP INC p82
10025 106 St Nw Suite 200, EDMONTON, AB, T5J 1G4
(780) 482-5801   SIC 8399

IMARKETING SOLUTIONS GROUP INC p346
800 Rosser Ave Suite D7, BRANDON, MB, R7A 6N5
(204) 727-4242   SIC 8399

IMARKETING SOLUTIONS GROUP INC p563
8000 Jane St Suite 401, CONCORD, ON, L4K 5B8
SIC 8399

IMARKETING SOLUTIONS GROUP INC p610
4 Hughson St S Suite P400, HAMILTON, ON, L8N 3Z1
(905) 529-7896   SIC 8399

IMARKETING SOLUTIONS GROUP INC p786
2197 Riverside Dr Suite 203, OTTAWA, ON, K1H 7X3
(613) 733-1091   SIC 8399

IMARKETING SOLUTIONS GROUP INC

*p*927
80 Bloor St W Suite 601, TORONTO, ON, M5S 2V1
(416) 646-3128   *SIC* 8399
INDEPENDENT COUNSELLING ENTERPRISES INC   *p*127
11402 100 St Suite 202, GRANDE PRAIRIE, AB, T8V 2N5
(780) 402-8556   *SIC* 8399
INDIA RAINBOW COMMUNITY SERVICES OF PEEL   *p*698
3038 Hurontario St Suite 206, Mississauga, ON, L5B 3B9
(905) 275-2369   *SIC* 8399
INSTITUTE FOR WORK & HEALTH   *p*911
481 University Ave Suite 800, TORONTO, ON, M5G 2E9
(416) 927-2027   *SIC* 8399
INVEST OTTAWA   *p*794
80 Aberdeen St Suite 100, OTTAWA, ON, K1S 5R5
(613) 828-6274   *SIC* 8399
JOHN HOWARD SOCIETY OF NIAGARA   *p*855
210 King St, ST CATHARINES, ON, L2R 3J9
(905) 682-2657   *SIC* 8399
JOHN HOWARD SOCIETY OF NORTH ISLAND, THE   *p*204
1455 Cliffe Ave, COURTENAY, BC, V9N 2K6
(250) 338-7341   *SIC* 8399
JUVENILE DIABETES RESEARCH FOUNDATION CANADA   *p*745
2550 Victoria Park Ave Suite 800, NORTH YORK, ON, M2J 5A9
(647) 789-2000   *SIC* 8399
KERRY'S PLACE AUTISM SERVICES   *p*491
34 Berczy St Unit 190, AURORA, ON, L4G 1W9
(905) 841-6611   *SIC* 8399
KERRY'S PLACE AUTISM SERVICES   *p*818
19660 Warden Ave, QUEENSVILLE, ON, L0G 1R0
(905) 478-1482   *SIC* 8399
LUTHERWOOD   *p*952
139 Father David Bauer Dr Suite 1, WATERLOO, ON, N2L 6L1
(519) 884-7755   *SIC* 8399
M.O.R.E. SERVICES INC   *p*404
16 Stanley St, MIRAMICHI, NB, E1N 2S8
(506) 624-5407   *SIC* 8399
MACDONALD, SR JOHN HUGH MEMORIAL HOSTEL   *p*359
83 Churchill Dr Suite 204, THOMPSON, MB, R8N 0L6
(204) 677-7870   *SIC* 8399
MAMAWETAN CHURCHILL RIVER REGIONAL HEALTH AUTHORITY   *p*1271
1016 La Ronge Ave, LA RONGE, SK, S0J 1L0
(306) 425-8512   *SIC* 8399
MANITOULIN-SUDBURY DISTRICT SERVICES BOARD   *p*949
5 Dyke St, WARREN, ON, P0H 2N0
(705) 967-0639   *SIC* 8399
MCMAN YOUTH, FAMILY AND COMMUNITY SERVICES ASSOCIATION   *p*85
11821 123 St Nw, EDMONTON, AB, T5L 0G7
(780) 453-0449   *SIC* 8399
MCMAN YOUTH, FAMILY AND COMMUNITY SERVICES ASSOCIATION   *p*143
941 South Railway St Se Unit 4, MEDICINE HAT, AB, T1A 2W3
(403) 527-1588   *SIC* 8399
MCMAN YOUTH, FAMILY AND COMMUNITY SERVICES ASSOCIATION   *p*175
5115 49 St Suite 208, WHITECOURT, AB, T7S 1N7
(780) 778-3290   *SIC* 8399
MEADOW LAKE TRIBAL COUNCIL   *p*1265
Gd, CANOE NARROWS, SK, S0M 0K0
(306) 829-2140   *SIC* 8399
MEMORIAL UNIVERSITY OF NEWFOUNDLAND   *p*434

20 Lambe's Lane, ST. JOHN'S, NL, A1B 4E9
SIC 8399
MENNONITE CENTRAL COMMITTEE CANADA   *p*177
2776 Bourquin Cres W Suite 103, ABBOTSFORD, BC, V2S 6A4
(604) 850-6608   *SIC* 8399
MILTON DISTRICT HOSPITAL AUXILIARY   *p*682
Gd Lcd Main, MILTON, ON, L9T 2Y2
(905) 878-2383   *SIC* 8399
MISSION SERVICES OF LONDON   *p*657
459 York St, LONDON, ON, N6B 1R3
(519) 672-8500   *SIC* 8399
MOCREEBEC CONSUL OF THE CREE NATION   *p*723
22 Nooki-June-I-Beg Rd, MOOSE FACTORY, ON, P0L 1W0
(705) 658-4769   *SIC* 8399
MOSAIC-NEWCOMER FAMILY RESOURCE NETWORK INCORPORATED   *p*375
397 Carlton St, WINNIPEG, MB, R3B 2K9
(204) 774-7311   *SIC* 8399
MULTI-P E P INC   *p*1239
4025 Rue De La Garlock, SHERBROOKE, QC, J1L 1W9
SIC 8399
MULTICULTURAL COUNCIL OF WINDSOR & ESSEX COUNTY   *p*968
245 Janette Ave, WINDSOR, ON, N9A 4Z2
(519) 255-1127   *SIC* 8399
MULTIPLE SCLEROSIS SOCIETY OF CANADA   *p*101
9405 50 St Nw Suite 150, EDMONTON, AB, T6B 2T4
(780) 463-1190   *SIC* 8399
MULTIPLE SCLEROSIS SOCIETY OF CANADA   *p*191
4330 Kingsway Suite 1501, BURNABY, BC, V5H 4G7
(604) 689-3144   *SIC* 8399
MULTIPLE SCLEROSIS SOCIETY OF CANADA   *p*1107
550 Rue Sherbrooke O Bureau 1010, Montreal, QC, H3A 1B9
(514) 849-7591   *SIC* 8399
MUNICIPAL DISTRICT OF OPPORTUNITY #17   *p*65
Gd, CALLING LAKE, AB, T0G 0K0
(780) 331-2619   *SIC* 8399
NUNATSIAVUT GOVERNMENT, THE   *p*428
3 American Rd, HOPEDALE, NL, A0P 1G0
(709) 933-3894   *SIC* 8399
NURSING & HOMEMAKERS INC   *p*844
2347 Kennedy Rd Suite 204, SCARBOROUGH, ON, M1T 3T8
(416) 754-0700   *SIC* 8399
OAKLANDS COMMUNITY CENTRE   *p*328
2827 Belmont Ave Suite 1, VICTORIA, BC, V8R 4B2
(250) 370-9101   *SIC* 8399
PACE INDEPENDENT LIVING   *p*760
3270 Bathurst St Suite 715, NORTH YORK, ON, M6A 3A8
(416) 785-9904   *SIC* 8399
PARKDALE COMMUNITY FOOD BANK   *p*939
1499 Queen St W, TORONTO, ON, M6R 1A3
(416) 532-2375   *SIC* 8399
PATHWAYS COMMUNITY SERVICES ASSOCIATION   *p*59
6919 32 Ave Nw Suite 103, CALGARY, AB, T3B 0K6
(403) 247-5003   *SIC* 8399
PAVILLON DU PARC   *p*1034
895 Rue Dollard, GATINEAU, QC, J8L 3T4
(819) 986-3018   *SIC* 8399
PAVILLON DU PARC   *p*1075
160 Rue King, MANIWAKI, QC, J9E 3N2
(819) 449-3235   *SIC* 8399
PEACE ARCH COMMUNITY SERVICES SOCIETY   *p*340
882 Maple St, WHITE ROCK, BC, V4B 4M2
(604) 531-6226   *SIC* 8399

PEACE HILLS BINGO ASSOCIATION   *p*174
4708 57 St, WETASKIWIN, AB, T9A 2B7
(780) 352-2137   *SIC* 8399
PEEL FAMILY EDUCATION CENTRE   *p*522
4 Sir Lou Dr Suite 104, BRAMPTON, ON, L6Y 4J7
(905) 452-0332   *SIC* 8399
PORT COLBORNE COMMUNITY ASSOCIATION FOR RESOURCE EXTENSION   *p*816
92 Charlotte St, PORT COLBORNE, ON, L3K 3E1
(905) 834-3629   *SIC* 8399
POSITIVE LIVING SOCIETY OF BRITISH COLUMBIA   *p*305
1101 Seymour St, VANCOUVER, BC, V6B 5S8
(604) 893-2200   *SIC* 8399
PRINCE GEORGE NATIVE FRIENDSHIP CENTRE SOCIETY   *p*259
1600 3rd Ave Suite 21, PRINCE GEORGE, BC, V2L 3G6
(250) 564-3568   *SIC* 8399
PROVINCE OF PEI   *p*984
14 Mackinnon Dr, O'LEARY, PE, C0B 1V0
(902) 859-8730   *SIC* 8399
PROVINCE OF PEI   *p*985
310 Brophy Ave, SUMMERSIDE, PE, C1N 5N4
(902) 888-8440   *SIC* 8399
PROVINCE OF PEI   *p*985
290 Water St, SUMMERSIDE, PE, C1N 1B8
(902) 888-8100   *SIC* 8399
QUEENS COUNTY RESIDENTIAL SERVICES INC   *p*981
94 Mount Edward Rd Suite 200, CHARLOTTETOWN, PE, C1A 5S6
(902) 566-4470   *SIC* 8399
RAY OF HOPE INC   *p*641
47 Madison Ave S, KITCHENER, ON, N2G 3M4
(519) 741-8881   *SIC* 8399
REGENT PARK COMMUNITY HEALTH CENTRE   *p*905
38 Regent St Suite 2, TORONTO, ON, M5A 3N7
(416) 362-0805   *SIC* 8399
REGIE REGIONALE DE LA SANTE ET DES SERVICES SOCIAUX SAGUENAY LAC-SAINT-JEAN   *p*1015
305 Rue Saint-Vallier Bureau 2250, CHICOUTIMI, QC, G7H 5H6
(418) 541-1000   *SIC* 8399
REGINA SOCCER ASSOCIATION, THE   *p*1286
1321 Saskatchewan Dr, REGINA, SK, S4P 0C9
(306) 352-8040   *SIC* 8399
RELANCE OUTAOUAIS INC, LA   *p*1036
700 Boul Greber, GATINEAU, QC, J8V 3P8
(819) 243-5237   *SIC* 8399
RELANCE OUTAOUAIS INC, LA   *p*1037
45 Boul Sacre-Coeur, GATINEAU, QC, J8X 1C6
(819) 776-5870   *SIC* 8399
RESIDENTIAL CARE   *p*464
Gd Yarmouth Stn Hebron, HEBRON, NS, B5A 5Z9
SIC 8399
S.U.C.C.E.S.S. (ALSO KNOWN AS UNITED CHINESE COMMUNITY ENRICHMENT SERVICES SOCIETY)   *p*270
8191 Westminster Hwy Unit 300, RICHMOND, BC, V6X 1A7
(604) 270-0077   *SIC* 8399
SAGAMOK ANISHNAWBEK   *p*678
4005 Espaniel, MASSEY, ON, P0P 1P0
(705) 865-2171   *SIC* 8399
SAINT ELIZABETH REHAB   *p*857
110b Hannover Dr Suite 105, ST CATHARINES, ON, L2W 1A4
(905) 988-9198   *SIC* 8399
SAVE THE CHILDREN CANADA   *p*750
4141 Yonge St Suite 300, NORTH YORK, ON, M2P 2A8

(416) 221-5501   *SIC* 8399
SERVICES FAMILIAUX JEANNE SAUVE   *p*626
29 Mundy Ave, KAPUSKASING, ON, P5N 1R1
(705) 335-8538   *SIC* 8399
SOCIETY FOR TREATMENT OF AUTISM (CALGARY REGION)   *p*36
404 94 Ave Se, CALGARY, AB, T2J 0E8
(403) 253-2291   *SIC* 8399
SOUTHWEST COMMUNITY OPTIONS INC   *p*352
210 Queen St, NINETTE, MB, R0K 1R0
(204) 528-5060   *SIC* 8399
ST VINCENT DE PAUL SOCIETY   *p*907
70 Gerrard St E, TORONTO, ON, M5B 1G6
(416) 595-1578   *SIC* 8399
ST. JAMES COMMUNITY SERVICE SOCIETY   *p*302
329 Powell St, VANCOUVER, BC, V6A 1G5
(604) 606-0300   *SIC* 8399
ST. LEONARD'S SOCIETY OF LONDON   *p*657
405 Dundas St, LONDON, ON, N6B 1V9
(519) 850-3777   *SIC* 8399
ST. MATTHEW'S HOUSE   *p*609
414 Barton St E, HAMILTON, ON, L8L 2Y3
(905) 523-5546   *SIC* 8399
STELMASCHUK, W. J. AND ASSOCIATES LTD   *p*597
345 Segwun Blvd, GRAVENHURST, ON, P1P 1C5
(705) 687-8042   *SIC* 8399
STRATHCONA COUNTY   *p*163
2755 Broadmoor Blvd Suite 276, SHERWOOD PARK, AB, T8H 2W7
(780) 464-4044   *SIC* 8399
SURREY COMMUNITY SERVICE SOCIETY   *p*284
9815 140 St, SURREY, BC, V3T 4M4
(604) 951-7342   *SIC* 8399
THE PRINCESS MARGARET CANCER FOUNDATION   *p*912
700 University Ave Suite 1056, TORONTO, ON, M5G 1Z5
(416) 946-6560   *SIC* 8399
THUNDER BAY DISTRICT CRIME STOPPERS INC   *p*826
3267 Highway 130, ROSSLYN, ON, P7K 0B1
(807) 623-8477   *SIC* 8399
TIMISKAMING HOME SUPPORT/SOUTIEN A DOMICILE   *p*574
61 Fifth Ave, ENGLEHART, ON, P0J 1H0
SIC 8399
TORONTO COMMUNITY HOSTELS   *p*926
344 Bloor St W Suite 402, TORONTO, ON, M5S 3A7
(416) 963-0043   *SIC* 8399
TRANSCONA SPRINGFIELD EMPLOYMENT NETWORK INC   *p*366
232 Reigon Ave W, WINNIPEG, MB, R2J 0H3
(204) 777-0302   *SIC* 8399
TRANSITION HOUSE COMMUNITY OFFICE   *p*329
3060 Cedar Hill Rd Suite 100, VICTORIA, BC, V8T 3J5
(250) 592-2927   *SIC* 8399
TROIKA DEVELOPMENT INC   *p*227
1856 Ambrosi Rd Suite 114, KELOWNA, BC, V1Y 4R9
(250) 869-4945   *SIC* 8399
UNION OF ONTARIO INDIANS   *p*568
1024 Mississauga Rd, CURVE LAKE, ON, K0L 1R0
(705) 657-9383   *SIC* 8399
UNITED WAY OF PEEL REGION, THE   *p*699
90 Burnhamthorpe Rd W Suite 408, MISSISSAUGA, ON, L5B 3C3
(905) 602-3650   *SIC* 8399
UNITED WAY OF THE ALBERTA CAPITAL REGION   *p*89
15132 Stony Plain Rd Nw, Edmonton, AB,

T5P 3Y3
(780) 990-1000 SIC 8399
UNITED WAY OF THE LOWER MAINLAND p190
4543 Canada Way, Burnaby, BC, V5G 4T4
(604) 294-8929 SIC 8399
UNITED WAY OF WINNIPEG p376
580 Main St, WINNIPEG, MB, R3B 1C7
(204) 477-5360 SIC 8399
UNIVERSITE DE MONTREAL, L' p1100
3875 Rue Saint-Urbain, Montreal, QC, H2W 1V1
(514) 890-8156 SIC 8399
UNIVERSITY OF VICTORIA p332
Gd, VICTORIA, BC, V8W 2Y2
(250) 721-8036 SIC 8399
VALORIS POUR ENFANTS ET ADULTES DE PRESCOTT-RUSSELL p550
Gd, CASSELMAN, ON, K0A 1M0
(613) 673-5148 SIC 8399
WEST HILL COMMUNITY SERVICES p839
3545 Kingston Rd, SCARBOROUGH, ON, M1M 1R6
(416) 284-6439 SIC 8399
WINDSOR URBAN DESIGN COMMUNITY p969
400 City Hall Sq E Suite 400, WINDSOR, ON, N9A 7K6
(519) 255-6543 SIC 8399
WINDSOR-ESSEX CHILDREN'S AID SOCIETY p829
161 Kendall St, SARNIA, ON, N7V 4G6
(519) 336-0623 SIC 8399
WOODGREEN COMMUNITY SERVICES p894
815 Danforth Ave Suite 100, TORONTO, ON, M4J 1L2
(416) 645-6000 SIC 8399
YMCA DU QUEBEC, LES p1089
4567 Rue Hochelaga, Montreal, QC, H1V 1C8
(514) 255-4651 SIC 8399
YMCA DU QUEBEC, LES p1118
255 Av Ash, Montreal, QC, H3K 2R1
(514) 935-4711 SIC 8399
YMCA DU QUEBEC, LES p1143
230 Boul Brunswick, POINTE-CLAIRE, QC, H9R 5N5
(514) 630-9622 SIC 8399
YMCAS ACROSS SOUTHWESTERN ONTARIO p829
660 Oakdale Ave, SARNIA, ON, N7V 2A9
(519) 336-5950 SIC 8399
YOUTH PROTECTION p1254
700 Boul Forest, VAL-D'OR, QC, J9P 2L3
(819) 825-0002 SIC 8399

SIC 8412 Museums and art galleries

ART GALLERY OF ONTARIO p927
317 Dundas St W Suite 535, TORONTO, ON, M5T 1G4
(416) 977-0414 SIC 8412
BOMBARDIER INC p1254
794 Rue Saint-Joseph, VALCOURT, QC, J0E 2L0
(514) 861-9481 SIC 8412
CANADA SCIENCE AND TECHNOLOGY MUSEUMS CORPORATION p783
2421 Lancaster Rd, OTTAWA, ON, K1B 4L5
(613) 991-3044 SIC 8412
CANADA SCIENCE AND TECHNOLOGY MUSEUMS CORPORATION p787
11 Aviation Pkwy, OTTAWA, ON, K1K 2X5
(613) 993-2010 SIC 8412
CANADIAN HERITAGE p229
23433 Mavis Ave, LANGLEY, BC, V1M 2R5
(604) 513-4779 SIC 8412
CANADIAN MUSEUM FOR HUMAN RIGHTS p377
85 Israel Asper Way, WINNIPEG, MB, R3C 0L5
(204) 289-2000 SIC 8412

CANADIAN MUSEUM OF NATURE p801
240 Mcleod St, OTTAWA, ON, K2P 2R1
(613) 566-4700 SIC 8412
CENTENNIAL CENTRE OF SCIENCE AND TECHNOLOGY p753
770 Don Mills Rd, NORTH YORK, ON, M3C 1T3
(416) 429-4100 SIC 8412
CITY OF BURNABY p189
6501 Deer Lake Ave, BURNABY, BC, V5G 3T6
(604) 297-4565 SIC 8412
CITY OF HAMILTON, THE p612
600 York Blvd, HAMILTON, ON, L8R 3H1
(905) 546-2872 SIC 8412
CITY OF SURREY, THE p285
13750 88 Ave, SURREY, BC, V3W 3L1
(604) 501-5566 SIC 8412
CORPORATION OF THE CITY OF MARKHAM, THE p668
9350 Markham Rd, MARKHAM, ON, L3P 3J3
(905) 294-4576 SIC 8412
CORPORATION OF THE CITY OF PETERBOROUGH, THE p808
470 Water St, PETERBOROUGH, ON, K9H 3M3
(705) 295-6694 SIC 8412
CORPORATION OF THE CITY OF WATERLOO, THE p644
10 Huron Rd, KITCHENER, ON, N2P 2R7
(519) 748-1914 SIC 8412
EDMONTON SPACE & SCIENCE FOUNDATION p86
11211 142 St Nw, EDMONTON, AB, T5M 4A1
(780) 452-9100 SIC 8412
GOUVERNEMENT DE LA PROVINCE DE QUEBEC p1040
100 Rue Laurier, GATINEAU, QC, K1A 0M8
(819) 776-7000 SIC 8412
GOUVERNEMENT DE LA PROVINCE DE QUEBEC p1157
1 Av Wolfe-Montcalm, Quebec, QC, G1R 5H3
(418) 643-2150 SIC 8412
GOVERNMENT OF THE PROVINCE OF ALBERTA p72
Gdd, DRUMHELLER, AB, T0J 0Y0
(403) 823-7707 SIC 8412
MEDICINE HAT, CITY OF p144
401 1 St Se, MEDICINE HAT, AB, T1A 8W2
(403) 502-8580 SIC 8412
MUSEE DE LA CIVILISATION p1157
2 Cote De La Fabrique, Quebec, QC, G1R 3V6
(418) 692-2843 SIC 8412
MUSEE DES BEAUX-ARTS DE MONTREAL p1116
1379 Rue Sherbrooke O, Montreal, QC, H3G 1J5
(514) 285-1600 SIC 8412
NEW BRUNSWICK MUSEUM, THE p416
277 Douglas Ave, SAINT JOHN, NB, E2K 1E5
(506) 643-2322 SIC 8412
NOVA SCOTIA, PROVINCE OF p470
4568 Highway 12, NEW ROSS, NS, B0J 2M0
(902) 689-2210 SIC 8412
POWER PLANT CONTEMPORARY ART GALLERY, THE p920
231 Queens Quay W, TORONTO, ON, M5J 2G8
(416) 973-4949 SIC 8412
RCAF MEMORIAL MUSEUM p489
Gd Po Stn Forces, ASTRA, ON, K0K 3W0
SIC 8412
REGIONAL MUNICIPALITY OF PEEL, THE p520
9 Wellington St E, BRAMPTON, ON, L6W 1Y1
(905) 791-4055 SIC 8412
SOCIETE DU MUSEE D'ARCHEOLOGIE ET

D'HISTOIRE DE MONTREAL POINTE-A-CALLIERE p1103
173 Place D'youville, Montreal, QC, H2Y 2B2
(514) 872-9150 SIC 8412
TORONTO AND REGION CONSERVATION AUTHORITY p756
1000 Murray Ross Pky, NORTH YORK, ON, M3J 2P3
(416) 736-1740 SIC 8412
TROIS-RIVIERES, VILLE DE p1252
200 Av Des Draveurs, Trois-Rivieres, QC, G9A 0B6
(819) 372-4633 SIC 8412
UNIVERSITY OF BRITISH COLUMBIA, THE p321
6393 Marine Dr Nw, VANCOUVER, BC, V6T 1Z2
(604) 822-5087 SIC 8412
VILLE DE MONTREAL p1090
4581 Rue Sherbrooke E, Montreal, QC, H1X 2B2
(514) 872-0663 SIC 8412

SIC 8422 Botanical and zoological gardens

JARDIN BOTANIQUE DE MONTREAL p1090
4101 Rue Sherbrooke E Bureau 255, Montreal, QC, H1X 2B2
(514) 872-1493 SIC 8422
SOCIETE DES ETABLISSEMENTS DE PLEIN AIR DU QUEBEC p1162
1675 Av Des Hotels, Quebec, QC, G1W 4S3
(418) 659-5264 SIC 8422

SIC 8611 Business associations

ALBERTA ENERGY REGULATOR p130
9808 100 Ave Ss 1 Suite 205, HIGH LEVEL, AB, T0H 1Z0
(780) 926-5399 SIC 8611
CANADIAN RED CROSS SOCIETY, THE p60
1305 11 Ave Sw, CALGARY, AB, T3C 3P6
(403) 541-6100 SIC 8611
CHRISTIAN LABOUR ASSOCIATION OF CANADA p96
14920 118 Ave Nw, EDMONTON, AB, T5V 1B8
(780) 454-6181 SIC 8611
CITY OF WINNIPEG, THE p374
395 Main St Suite 7, WINNIPEG, MB, R3B 3N8
(204) 986-8023 SIC 8611
COMMISSION DE LA CONSTRUCTION DU QUEBEC p1095
1201 Boul Cremazie E, Montreal, QC, H2M 0A6
(514) 593-3121 SIC 8611
COMMISSION DE LA CONSTRUCTION DU QUEBEC p1120
3530 Rue Jean-Talon O, Montreal, QC, H3R 2G3
(514) 341-7740 SIC 8611
DISTRICT OF TIMISKAMING SOCIAL SERVICES ADMINISTRATION BOARD p636
29 Duncan Ave N, KIRKLAND LAKE, ON, P2N 1X5
(705) 567-9366 SIC 8611
DOWNTOWN WATCH p377
426 Portage Ave Suite 101, WINNIPEG, MB, R3C 0C9
(204) 958-4620 SIC 8611
EDMONTON REAL ESTATE BOARD CO-OPERATIVE LISTING BUREAU LIMITED p86
14220 112 Ave Nw, EDMONTON, AB, T5M 2T8
(780) 451-6666 SIC 8611
FLOWERS CANADA INC p794
99 Fifth Ave Suite 305, OTTAWA, ON, K1S 5K4
(800) 447-5147 SIC 8611
GREATER VICTORIA VISITORS & CON-

VENTION BUREAU p331
31 Bastion Sq, VICTORIA, BC, V8W 1J1
(250) 414-6999 SIC 8611
GS1 CANADA p990
9200 Boul Du Golf, ANJOU, QC, H1J 3A1
(514) 355-8929 SIC 8611
GUELPH, CITY OF p602
19 Northumberland St, GUELPH, ON, N1H 3A6
(519) 822-3550 SIC 8611
INNOVAGE CANADA LP p820
35 Fulton Way Suite 200, RICHMOND HILL, ON, L4B 2N4
(905) 738-9950 SIC 8611
INVESTMENT INDUSTRY REGULATORY ORGANIZATION OF CANADA p312
650 Georgia St W Suite 1325, VANCOUVER, BC, V6E 2R5
(604) 683-6222 SIC 8611
NANAIMO ASSOCIATION FOR COMMUNITY LIVING p240
96 Cavan St Suite 201, NANAIMO, BC, V9R 2V1
(250) 741-0224 SIC 8611
NOVA SCOTIA, PROVINCE OF p442
2447 Main Hwy 3, BARRINGTON, NS, B0W 1E0
(902) 637-2335 SIC 8611
OTTAWA SALUS CORPORATION p798
1006 Fisher Ave, OTTAWA, ON, K1Z 6P5
(613) 722-3305 SIC 8611
ST. JOHN COUNCIL FOR ONTARIO p737
5734 Glenholme Ave, NIAGARA FALLS, ON, L2G 4Y3
(905) 356-7340 SIC 8611
ST. JOHN COUNCIL FOR ONTARIO p902
365 Bloor St E Suite 900, TORONTO, ON, M4W 3L4
(416) 967-4244 SIC 8611
VICTORIAN ORDER OF NURSES FOR CANADA p804
1280 20th St E, OWEN SOUND, ON, N4K 6H6
(519) 376-5895 SIC 8611

SIC 8621 Professional organizations

ACCESS INDEPENDENT LIVING SERVICES p752
7 The Donway E Suite 403, NORTH YORK, ON, M3C 3P8
(416) 443-1701 SIC 8621
ALBERTA HEALTH SERVICES p110
1110 113 St Nw, EDMONTON, AB, T6J 7J4
(780) 342-1560 SIC 8621
ALBERTA HEALTH SERVICES p132
518 Robson St, JASPER, AB, T0E 1E0
(780) 852-4395 SIC 8621
ALBERTA MEDICAL ASSOCIATION p87
12204 106 Ave Nw Suite 300, EDMONTON, AB, T5N 3Z1
(780) 482-0319 SIC 8621
ASSOCIATION DES GENS D'AFFAIRES & PROFESSIONNELS ITALO-CANADIENS INC, L' p1215
8370 Boul Lacordaire Bureau 310, SAINT-LEONARD, QC, H1R 3Y6
(514) 254-4929 SIC 8621
ASSOCIATION INTERNATIONALE DES ETUDIANTS EN SCIENCES ECONOMIQUES ET COMMERCIALES p1100
315 Rue Sainte-Catherine E Bureau 213, Montreal, QC, H2X 3X2
(514) 987-3288 SIC 8621
BOUNDARY TRAILS HEALTH CENTRE FOUNDATION INC p361
Gd, WINKLER, MB, R6W 1H8
(204) 331-8808 SIC 8621
BRITISH COLUMBIA AUTOMOBILE ASSOCIATION p269
5951 No. 3 Rd Unit 180, RICHMOND, BC, V6X 2E3

(604) 268-5850 *SIC* 8621
BRITISH COLUMBIA CANCER FOUNDATION p284
13750 96 Ave, SURREY, BC, V3V 1Z2
(604) 930-2098 *SIC* 8621
BRITISH COLUMBIA COLLEGE OF TEACHERS p315
2025 Broadway W Suite 400, VANCOUVER, BC, V6J 1Z6
SIC 8621
CALGARY YOUNG MEN'S CHRISTIAN ASSOCIATION p118
Gd, EXSHAW, AB, T0L 2C0
(403) 673-3858 *SIC* 8621
CANADIAN BAR ASSOCIATION, THE p793
865 Carling Ave Suite 500, OTTAWA, ON, K1S 5S8
(613) 237-2925 *SIC* 8621
CANADIAN BAR ASSOCIATION, THE p907
20 Toronto St Suite 300, TORONTO, ON, M5C 2B8
(416) 869-1047 *SIC* 8621
CANADIAN INSTITUTE OF ACTUARIES p792
360 Albert St Suite 1740, OTTAWA, ON, K1R 7X7
(613) 236-8196 *SIC* 8621
CANADIAN MEDICAL ASSOCIATION p51
708 11 Ave Sw Unit 300, CALGARY, AB, T2R 0E4
(403) 244-8000 *SIC* 8621
CANADIAN MEDICAL PROTECTIVE ASSOCIATION, THE p794
875 Carling Ave Suite 928, OTTAWA, ON, K1S 5P1
(613) 725-2000 *SIC* 8621
CANADIAN MENTAL HEALTH ASSOCIATION, THE p27
105 12 Ave Se Suite 400, CALGARY, AB, T2G 1A1
(403) 297-1700 *SIC* 8621
CANADIAN MENTAL HEALTH ASSOCIATION, THE p212
51 Trunk Rd, DUNCAN, BC, V9L 2N7
(250) 746-5512 *SIC* 8621
CANADIAN MENTAL HEALTH ASSOCIATION, THE p225
504 Sutherland Ave, KELOWNA, BC, V1Y 5X1
(250) 861-3644 *SIC* 8621
CANADIAN MENTAL HEALTH ASSOCIATION, THE p341
51 Fourth Ave S, WILLIAMS LAKE, BC, V2G 1J6
(250) 398-8220 *SIC* 8621
CANADIAN MENTAL HEALTH ASSOCIATION, THE p470
8736 Commercial St, NEW MINAS, NS, B4N 3C5
(902) 690-2422 *SIC* 8621
CANADIAN MENTAL HEALTH ASSOCIATION, THE p828
210 Lochiel St, SARNIA, ON, N7T 4C7
(519) 337-5411 *SIC* 8621
CANADIAN MENTAL HEALTH ASSOCIATION/PEEL BRANCH p521
7700 Hurontario St Suite 601, BRAMPTON, ON, L6Y 4M3
(905) 451-2123 *SIC* 8621
CANADIAN RED CROSS SOCIETY, THE p252
216 Hastings Ave Suite 130, PENTICTON, BC, V2A 2V6
(250) 493-7533 *SIC* 8621
CANADIAN RED CROSS SOCIETY, THE p299
209 6th Ave W, VANCOUVER, BC, V5Y 1K7
(604) 301-2566 *SIC* 8621
CANADIAN RED CROSS SOCIETY, THE p622
Po Box 1298, IROQUOIS FALLS A, ON, P0K 1G0
(705) 232-6537 *SIC* 8621
CANADIAN RED CROSS SOCIETY, THE p883
60 Wilson Ave Suite 201, TIMMINS, ON, P4N 2S7
(705) 267-6085 *SIC* 8621
CAREFOR HEALTH & COMMUNITY SERVICES p799
2576 Carling Ave, OTTAWA, ON, K2B 7H5
(613) 721-6496 *SIC* 8621
CEGERTEC INC p1008
4805 Boul Lapiniere Bureau 4300, BROSSARD, QC, J4Z 0G2
(450) 656-3356 *SIC* 8621
CEGERTEC INC p1013
255 Rue Racine E Bureau 150, CHICOUTIMI, QC, G7H 7L2
(418) 549-6680 *SIC* 8621
CEGERTEC INC p1110
630 Boul Rene-Levesque O Bureau 2940, Montreal, QC, H3B 1S6
(514) 871-8196 *SIC* 8621
CENTRE DE SANTE ET DE SERVICES SOCIAUX DE LA HAUTE-GASPESIE p1224
50 Rue Du Belvedere, SAINTE-ANNE-DES-MONTS, QC, G4V 1X4
(418) 797-2744 *SIC* 8621
CENTRE DE SANTE ET DE SERVICES SOCIAUX LA POMMERAIE p997
34 Rue Saint-Joseph, BEDFORD, QC, J0J 1A0
(450) 248-4304 *SIC* 8621
CENTRE DE SANTE ET DE SERVICES SOCIAUX PIERRE-BOUCHER p1002
160 Boul De Montarville Bureau 201, BOUCHERVILLE, QC, J4B 6S2
(450) 468-3530 *SIC* 8621
CERTIFIED GENERAL ACCOUNTANTS ASSOCIATION OF CANADA p192
4200 North Fraser Way Suite 100, BURNABY, BC, V5J 5K7
(604) 408-6660 *SIC* 8621
CHARTERED PROFESSIONAL ACCOUNTANTS OF BRITISH COLUMBIA p303
555 Hastings St W Unit 800, VANCOUVER, BC, V6B 4N5
(604) 872-7222 *SIC* 8621
CHINMAYA MISSION (HALTON REGION) p610
206 Locke St S, HAMILTON, ON, L8P 4B4
(905) 570-0159 *SIC* 8621
COLLEGE OF PHARMACISTS OF BRITISH COLUMBIA p315
1765 8th Ave W Suite 200, VANCOUVER, BC, V6J 5C6
(604) 733-2440 *SIC* 8621
COMMISSION SCOLAIRE DE ROUYN-NORANDA p1177
15 10th Rue, ROUYN-NORANDA, QC, J9X 5C9
(819) 762-8161 *SIC* 8621
CORPORATION LEEDS GRENVILLE & LANARK DISTRICT HEALTH UNIT, THE p850
52 Abbott St N Suite 2, SMITHS FALLS, ON, K7A 1W3
(613) 283-2740 *SIC* 8621
COU HOLDING ASSOCIATION INC p599
170 Research Lane, GUELPH, ON, N1G 5E2
(519) 823-1940 *SIC* 8621
CWB GROUP - INDUSTRY SERVICES p681
8260 Parkhill Dr, MILTON, ON, L9T 5V7
(905) 542-1312 *SIC* 8621
DIETITIANS OF CANADA p668
14 Meyer Cir, MARKHAM, ON, L3P 4C2
(905) 471-7314 *SIC* 8621
EAST CENTRAL HEALTH AND PUBLIC HEATH HOMECARE AND REHABILITATION p172
4701 52 St Suite 11, VERMILION, AB, T9X 1J9
(780) 853-5270 *SIC* 8621
EASTERN ONTARIO HEALTH UNIT p485
60 Anik St Suite 2, ALEXANDRIA, ON, K0C 1A0
(613) 525-1112 *SIC* 8621
EASTERN ONTARIO HEALTH UNIT p618
134 Main St E Suite 301, HAWKESBURY, ON, K6A 1A3
(613) 632-4355 *SIC* 8621
GHD CONSULTANTS LTEE p1008
9955 Rue De Chateauneuf Unite 220, BROSSARD, QC, J4Z 3V5
(450) 678-3951 *SIC* 8621
GHD CONSULTANTS LTEE p1015
1600 Boul Saint-Paul Bureau 150, CHICOUTIMI, QC, G7J 4N1
(418) 698-4018 *SIC* 8621
GHD CONSULTANTS LTEE p1165
445 Av Saint-Jean-Baptiste Bureau 390, Quebec, QC, G2E 5N7
(418) 658-0112 *SIC* 8621
GHD CONSULTANTS LTEE p1173
491 Rue Jean-Marie-Leblanc, RIMOUSKI, QC, G5M 1B8
(418) 724-7030 *SIC* 8621
GOVERNMENT OF THE PROVINCE OF BRITISH COLUMBIA p330
547 Michigan St, VICTORIA, BC, V8V 1S5
(250) 388-7844 *SIC* 8621
HEALTH INTEGRATION NETWORK OF HAMILTON NIAGARA HALDIMAND BRANT p598
264 Main St E, GRIMSBY, ON, L3M 1P8
(905) 945-4930 *SIC* 8621
HOPITAL JEFFERY HALE - SAINT BRIGID'S p1159
1250 Ch Sainte-Foy, Quebec, QC, G1S 2M6
(418) 684-5333 *SIC* 8621
INTERNATIONAL FEDERATION OF BIOSAFETY ASSOCIATIONS INC p375
445 Ellice Ave, WINNIPEG, MB, R3B 3P5
(204) 946-0908 *SIC* 8621
INVESTMENT INDUSTRY REGULATORY ORGANIZATION OF CANADA p1112
5 Place Ville-Marie Bureau 1550, Montreal, QC, H3B 2G2
(514) 878-2854 *SIC* 8621
LA FONDATION CANADIENNE DU REIN p753
15 Gervais Dr Unit 700, NORTH YORK, ON, M3C 1Y8
(416) 445-0373 *SIC* 8621
NUNATSIAVUT GOVERNMENT, THE p431
Gd, POSTVILLE, NL, A0P 1N0
(709) 479-9842 *SIC* 8621
ONTARIO MEDICAL ASSOCIATION p902
250 Bloor St E Suite 1510, TORONTO, ON, M4W 1E6
(416) 323-9540 *SIC* 8621
ONTARIO SECONDARY SCHOOL TEACHERS' FEDERATION, THE p758
60 Mobile Dr Suite 100, NORTH YORK, ON, M4A 2P3
(416) 751-8300 *SIC* 8621
ORDRE DES PHARMACIENS DU QUEBEC p1103
266 Rue Notre-Dame O Bureau 301, Montreal, QC, H2Y 1T6
(514) 284-9588 *SIC* 8621
ORDRE DES TRAVAILLEURS SOCIAUX ET DES THERAPEUTES CONJUGAUX ET FAMILIAUX DU QUEBEC p1096
255 Boul Cremazie E Bureau 520, Montreal, QC, H2M 1L5
(514) 731-3925 *SIC* 8621
OTTAWA YOUNG MEN'S AND YOUNG WOMEN'S CHRISTIAN ASSOCIATION p728
1642 Merivale Rd, NEPEAN, ON, K2G 4A1
(613) 727-7070 *SIC* 8621
OTTAWA YOUNG MEN'S AND YOUNG WOMEN'S CHRISTIAN ASSOCIATION p792
99 Bank St Suite 1, OTTAWA, ON, K1P 6B9
(613) 233-9331 *SIC* 8621
PARSONS BRINCKERHOFF HALSALL INC p538
3050 Harvester Rd Unit 100, BURLINGTON, ON, L7L 3J1
(905) 681-8481 *SIC* 8621
PEEL HALTON ACQUIRED BRAIN IN-
JURIES SERVICES p768
37 Bond St, OAKVILLE, ON, L6K 1L8
(905) 844-2240 *SIC* 8621
PICTOU COUNTY HEALTH AUTHORITY p470
835 East River Rd, NEW GLASGOW, NS, B2H 3S6
(902) 752-8311 *SIC* 8621
PICTOU COUNTY HEALTH AUTHORITY p472
222 Haliburton Rd, PICTOU, NS, B0K 1H0
(902) 485-4324 *SIC* 8621
PRAIRIE MOUNTAIN HEALTH p345
340 9th St Suite 800, BRANDON, MB, R7A 6C2
SIC 8621
QUINTE HEALTHCARE CORPORATION p815
403 Picton Main St, PICTON, ON, K0K 2T0
(613) 476-1008 *SIC* 8621
REGIONAL HEALTH AUTHORITY NB p405
1780 Water St Suite 300, MIRAMICHI, NB, E1N 1B6
(506) 778-6102 *SIC* 8621
ROYAL COLLEGE OF PHYSICIANS AND SURGEONS OF CANADA, THE p794
774 Echo Dr, OTTAWA, ON, K1S 5N8
(613) 730-8177 *SIC* 8621
SCHOOL DISTRICT NO. 79 (COWICHAN VALLEY) p212
2557 Beverly St, DUNCAN, BC, V9L 2X3
(250) 748-0321 *SIC* 8621
TCA QUEBEC p1208
4868 Rue Levy, SAINT-LAURENT, QC, H4R 2P1
(514) 332-9346 *SIC* 8621
TOOTINAOWAZIIBEENG TREATY RESERVE p356
Gd, SHORTDALE, MB, R0L 1W0
(204) 546-3267 *SIC* 8621
VANCOUVER COASTAL HEALTH AUTHORITY p303
166 Hastings St E, VANCOUVER, BC, V6A 1N4
SIC 8621
WORLEYPARSONS CANADA SERVICES LTD p337
2780 Veterans Memorial Pky Suite 106, VICTORIA, BC, V9B 3S6
SIC 8621

SIC 8631 Labor organizations

BC GOVERNMENT AND SERVICE EMPLOYEES' UNION p189
4925 Canada Way, BURNABY, BC, V5G 1M1
(604) 215-1499 *SIC* 8631
BROCKVILLE POLICE ASSOCIATION p530
2269 Parkedale Ave W, BROCKVILLE, ON, K6V 3G9
(613) 342-0127 *SIC* 8631
CANADIAN UNION OF POSTAL WORKERS p138
Gd Lcd Main, LETHBRIDGE, AB, T1J 3Y2
SIC 8631
CANADIAN UNION OF POSTAL WORKERS p194
1090 Ironwood St, CAMPBELL RIVER, BC, V9W 5P7
SIC 8631
CANADIAN UNION OF POSTAL WORKERS p206
11622 7 St, DAWSON CREEK, BC, V1G 4R8
(250) 782-1882 *SIC* 8631
CANADIAN UNION OF POSTAL WORKERS p263
Gd Stn Main, PRINCE RUPERT, BC, V8J 3P3
(250) 627-7233 *SIC* 8631
CANADIAN UNION OF POSTAL WORKERS p880

212 Miles St E Suite 102, THUNDER BAY, ON, P7C 1J6
(807) 624-9131   SIC 8631
CANADIAN UNION OF POSTAL WORKERS   p963
3719 Walker Rd, WINDSOR, ON, N8W 3S9
(519) 944-4102   SIC 8631
CANADIAN UNION OF PUBLIC EMPLOYEES   p189
4940 Canada Way Suite 500, BURNABY, BC, V5G 4T3
(604) 291-1940   SIC 8631
CANADIAN UNION OF PUBLIC EMPLOYEES   p219
736b Seymour St, KAMLOOPS, BC, V2C 2H3
(250) 377-8446   SIC 8631
CANADIAN UNION OF PUBLIC EMPLOYEES   p377
275 Broadway Suite 703, WINNIPEG, MB, R3C 4M6
(204) 942-0343   SIC 8631
CANADIAN UNION OF PUBLIC EMPLOYEES   p377
275 Broadway Suite 403b, WINNIPEG, MB, R3C 4M6
(204) 942-6524   SIC 8631
CANADIAN UNION OF PUBLIC EMPLOYEES   p584
25 Belfield Rd, ETOBICOKE, ON, M9W 1E8
(416) 798-3399   SIC 8631
CANADIAN UNION OF PUBLIC EMPLOYEES   p794
182 Isabella St, OTTAWA, ON, K1S 1V7
(613) 722-0652   SIC 8631
CANADIAN UNION OF PUBLIC EMPLOYEES   p923
1482 Bathurst St Suite 200, TORONTO, ON, M5P 3H1
(416) 393-0440   SIC 8631
CANADIAN UNION OF PUBLIC EMPLOYEES   p1095
565 Boul Cremazie E Bureau 7100, Montreal, QC, H2M 2V9
(514) 384-9681   SIC 8631
CANADIAN UNION OF PUBLIC EMPLOYEES   p1262
6 Rue Weredale Park Bureau 105, WESTMOUNT, QC, H3Z 1Y6
(514) 932-7161   SIC 8631
CANADIAN UNION OF PUBLIC EMPLOYEES   p1291
3731 Eastgate Dr, REGINA, SK, S4Z 1A5
(306) 525-5874   SIC 8631
CENTRALE DES SYNDICATS DEMOCRATIQUES   p1085
9405 Rue Sherbrooke E Bureau 200, Montreal, QC, H1L 6P3
(514) 899-1070   SIC 8631
CENTRALE DES SYNDICATS DU QUEBEC (CSQ), LA   p1149
320 Rue Saint-Joseph E Bureau 100, Quebec, QC, G1K 9E7
(418) 649-8888   SIC 8631
CHRISTIAN LABOUR ASSOCIATION OF CANADA   p280
15483 104 Ave, SURREY, BC, V3R 1N9
(604) 576-7000   SIC 8631
CHRISTIAN LABOUR ASSOCIATION OF CANADA   p598
89 South Service Rd, GRIMSBY, ON, L3M 5K3
(905) 945-1500   SIC 8631
CONFEDERATION DES SYNDICATS NATIONAUX (C.S.N.)   p1014
73 Rue Arthur-Hamel, CHICOUTIMI, QC, G7H 3M9
(418) 549-7702   SIC 8631
CONFEDERATION DES SYNDICATS NATIONAUX (C.S.N.)   p1094
1601 Av De Lorimier, Montreal, QC, H2K 4M5
(514) 529-4993   SIC 8631
CONFEDERATION DES SYNDICATS NATIONAUX (C.S.N.)
124 Rue Sainte-Marie, RIMOUSKI, QC, G5L 4E3
(418) 723-7811   SIC 8631
ELEMENTARY TEACHERS FEDERATION OF ONTARIO   p903
136 Isabella St, TORONTO, ON, M4Y 0B5
(416) 926-0295   SIC 8631
ENERGY & CHEMICAL WORKERS UNION LOCAL 530   p123
10208 99 Ave, FORT SASKATCHEWAN, AB, T8L 1Y1
(780) 998-2074   SIC 8631
FEDERATION DES TRAVAILLEURS ET TRAVAILLEUSES DU QUEBEC (FTQ)   p1095
565 Boul Cremazie E Unite 12100, Montreal, QC, H2M 2W3
(514) 383-8000   SIC 8631
FEDERATION INTERPROFESSIONNELLE DE LA SANTE DU QUEBEC-FIQ   p1106
2050 Rue De Bleury, Montreal, QC, H3A 2J5
(514) 987-1141   SIC 8631
HYDRO-QUEBEC   p1166
5050 Boul Des Gradins Bureau 200, Quebec, QC, G2J 1P8
(418) 624-2811   SIC 8631
MANITOBA TEACHERS' SOCIETY, THE   p384
191 Harcourt St, WINNIPEG, MB, R3J 3H2
(204) 837-6953   SIC 8631
MAPLE TERRAZZO MARBLE & TILE INCORPORATED   p561
200 Edgeley Blvd Unit 9, CONCORD, ON, L4K 3Y8
(905) 760-1776   SIC 8631
MCMASTER STUDENTS UNION INCORPORATED   p612
1280 Main St W Rm 1, HAMILTON, ON, L8S 4K1
(905) 525-9140   SIC 8631
METALLURGISTES UNIS D'AMERIQUE   p1251
227 Boul Du Saint-Maurice, Trois-Rivieres, QC, G9A 3N8
(819) 376-6106   SIC 8631
ONTARIO ENGLISH CATHOLIC TEACHERS ASSOCIATION, THE   p742
387 Algonquin Ave, NORTH BAY, ON, P1B 4W4
(705) 495-4433   SIC 8631
ONTARIO PUBLIC SERVICE EMPLOYEES UNION   p509
67 Beresford Cres, BRAMPTON, ON, L6P 2M1
(416) 326-2591   SIC 8631
PROGRESSIVE INTERCULTURAL COMMUNITY SERVICES SOCIETY   p286
7566 120a St Suite 230, SURREY, BC, V3W 1N3
(604) 596-4242   SIC 8631
PUBLIC SERVICE ALLIANCE OF CANADA   p1167
5050 Boul Des Gradins Bureau 130, Quebec, QC, G2J 1P8
(418) 666-6500   SIC 8631
SOCIETE DES TRAVERSIERS DU QUEBEC   p1150
251 Rue De L'estuaire, Quebec, QC, G1K 8S8
(418) 643-1806   SIC 8631
SYNDICAT QUEBECOIS DES EMPLOYEES & EMPLOYES DE SERVICE SECTION LOCAL 298 (FTQ)   p1167
5000 Boul Des Gradins Bureau 130, Quebec, QC, G2J 1N3
(418) 626-3100   SIC 8631
SYNDICAT QUEBECOIS DES EMPLOYEES & EMPLOYES DE SERVICE SECTION LOCAL 298 (FTQ)   p1167
5000 Boul Des Gradins Bureau 130, Quebec, QC, G2J 1N3
(418) 626-3100   SIC 8631
TRAVAILLEURS CANADIEN DE L'AUTOMOBILE SECTION LOCALE 62   p1027
9045 Ch Cote-De-Liesse Bureau 203, DORVAL, QC, H9P 2M9
(514) 636-8080   SIC 8631
UNIFOR   p216
1045 Gibsons Way, GIBSONS, BC, V0N 1V4
(604) 886-2722   SIC 8631
UNIFOR   p487
110 St. Arnaud St, AMHERSTBURG, ON, N9V 2N8
(519) 730-0099   SIC 8631
UNIFOR   p504
160 Catharine St, BELLEVILLE, ON, K8P 1M8
(613) 962-8122   SIC 8631
UNIFOR   p517
15 Westcreek Blvd Suite 1, BRAMPTON, ON, L6T 5T4
(905) 874-4026   SIC 8631
UNIFOR   p570
34 Queen St, DRYDEN, ON, P8N 1A3
(807) 223-8146   SIC 8631
UNIFOR   p634
728 Arlington Park Pl, KINGSTON, ON, K7M 8H9
(613) 542-7368   SIC 8631
UNIFOR   p639
600 Wabanaki Dr, KITCHENER, ON, N2C 2K4
(519) 585-3160   SIC 8631
UNIFOR   p639
1111 Homer Watson Blvd, KITCHENER, ON, N2C 2P7
SIC 8631
UNIFOR   p686
5915 Airport Rd Suite 510, MISSISSAUGA, ON, L4V 1T1
(905) 678-0800   SIC 8631
UNIFOR   p782
1425 Phillip Murray Ave Suite 1, OSHAWA, ON, L1J 8L4
(905) 723-1187   SIC 8631
UNIFOR   p815
28 Dup Albert W, PLATTSVILLE, ON, N0J 1S0
(519) 684-7346   SIC 8631
UNIFOR   p817
115 Shipley Ave, PORT ELGIN, ON, N0H 2C5
(519) 389-3200   SIC 8631
UNIFOR   p856
20 Walnut St, ST CATHARINES, ON, L2T 1H5
(905) 227-7717   SIC 8631
UNIFOR   p881
112 Gore St W, THUNDER BAY, ON, P7E 3V9
(807) 475-2829   SIC 8631
UNIFOR   p964
2345 Central Ave, WINDSOR, ON, N8W 4J1
(519) 944-5866   SIC 8631
UNION DES PRODUCTEURS AGRICOLE, L'   p1186
15 Ch De La Grande-Cote Bureau 2, SAINT-EUSTACHE, QC, J7P 5L3
(450) 472-0440   SIC 8631
UNITED FOOD AND COMMERCIAL WORKERS CANADA UNION   p975
70 Creditview Rd, WOODBRIDGE, ON, L4L 9N4
(905) 850-0096   SIC 8631
UNITED FOOD AND COMMERCIAL WORKERS CANADA UNION   p1097
1200 Boul Cremazie E Bureau 100, Montreal, QC, H2P 3A7
(514) 332-5825   SIC 8631
UNITED STEELWORKERS OF AMERICA   p441
10 Tantramar Pl, AMHERST, NS, B4H 2A1
(902) 667-0727   SIC 8631
UNITED STEELWORKERS OF AMERICA   p477
1 Diamond St, TRENTON, NS, B0K 1X0
SIC 8631
UNITED STEELWORKERS OF AMERICA   p557
1000 26 Hwy, COLLINGWOOD, ON, L9Y 4V8
SIC 8631
UNITED STEELWORKERS OF AMERICA   p762
21 Fenmar Dr, NORTH YORK, ON, M9L 2Y9
SIC 8631
UNITED STEELWORKERS OF AMERICA   p831
68 Dennis St, SAULT STE. MARIE, ON, P6A 2W9
(705) 759-4945   SIC 8631
UNITED STEELWORKERS OF AMERICA   p898
234 Eglinton Ave E Suite 800, TORONTO, ON, M4P 1K7
(416) 487-1571   SIC 8631
VILLE DE MONTREAL   p1122
5600 Ch Upper-Lachine, Montreal, QC, H4A 2A7
(514) 872-1765   SIC 8631
WORKPLACE SAFETY & INSURANCE BOARD, THE   p631
234 Concession St Suite 304, KINGSTON, ON, K7K 6W6
(613) 544-9682   SIC 8631

SIC 8641 Civic and social associations

ALMA MATER SOCIETY OF QUEEN'S UNIVERSITY INCORPORATED   p631
99 University Ave, KINGSTON, ON, K7L 3N5
(613) 533-2725   SIC 8641
ASSOCIATION DES AUXILIAIRES BENEVOLES DU CSSS DE CLEOPHAS-CLAVEAU, L'   p1052
1000 Rue Du Docteur-Desgagne, LA BAIE, QC, G7B 2Y6
(418) 544-3381   SIC 8641
ASSOCIATION DES PERSONNES RETRAITEES DE LA TELE-UNIVERSITE   p1148
455 Rue Du Parvis, Quebec, QC, G1K 9H6
(418) 657-2262   SIC 8641
ASSOCIATION GENERALE DES ETUDIANTS ET ETUDIANTES DU COLLEGE LIONEL-GROULX INC   p1230
100 Rue Duquet, SAINTE-THERESE, QC, J7E 3G6
SIC 8641
BOYS AND GIRLS CLUBS OF CANADA   p889
2005 Sheppard Ave E Suite 400, TORONTO, ON, M2J 5B4
(905) 477-7272   SIC 8641
CENTRES JEUNESSE DE LANAUDIERE, LES   p1045
1170 Rue Ladouceur, JOLIETTE, QC, J6E 3W7
(450) 759-0755   SIC 8641
CHEVALIER DE COLOMB (CONSEIL NO 1093)   p1040
170 Rue Saint-Antoine N, GRANBY, QC, J2G 5G8
(450) 375-1093   SIC 8641
CITE DES ARTS DU CIRQUE   p1090
2345 Rue Jarry E, Montreal, QC, H1Z 4P3
(514) 376-8648   SIC 8641
CITY OF REGINA, THE   p1289
2420 Elphinstone St, REGINA, SK, S4T 7S7
(306) 777-7529   SIC 8641
COMMUNITY LIVING ALGOMA   p830
1020 Queen St E, SAULT STE. MARIE, ON, P6A 2C6
(705) 942-1960   SIC 8641
COOP DE TRAVAIL BRASSERIE ARTISANALE LE TROU DU DIABLE   p1234
412 Willow Ave, SHAWINIGAN, QC, G9N 1X2
(819) 537-9151   SIC 8641
DUCKS UNLIMITED CANADA   p497

740 Huronia Rd Suite 1, BARRIE, ON, L4N 6C6
(705) 721-4444   SIC 8641
ECHO BAY ELKS LODGE NO. 535 OF THE BENEVOLENT & PROTECTIVE ORDER OF ELKS OF CANADA, INC
96 Church St, ECHO BAY, ON, P0S 1C0
(705) 248-2989   SIC 8641
FAMEE FURLANE TORONTO   p974
7065 Islington Ave, WOODBRIDGE, ON, L4L 1V9
(905) 851-1166   SIC 8641
FONDATION DU CENTRE DE JEUNESSE DU BAS-SAINT-LAURENT   p1172
287 Rue Pierre-Saindon, RIMOUSKI, QC, G5L 9A7
(418) 722-1897   SIC 8641
GIRL GUIDES OF CANADA/GUIDES DU CANADA   p338
1124 Inglewood Ave, WEST VANCOUVER, BC, V7T 1Y5
(604) 922-1124   SIC 8641
GIRL GUIDES OF CANADA/GUIDES DU CANADA   p900
14 Birch Ave, TORONTO, ON, M4V 1C8
(416) 920-6666   SIC 8641
GOUVERNEMENT DE LA PROVINCE DE QUEBEC   p1177
180 Boul Rideau Unite 1.04, ROUYN-NORANDA, QC, J9X 1N9
(819) 763-3333   SIC 8641
GRAND RIVER CONSERVATION AUTHORITY   p550
Gd, CAYUGA, ON, N0A 1E0
(905) 768-3288   SIC 8641
HAMILTON YOUNG WOMEN'S CHRISTIAN ASSOCIATION, THE   p607
52 Ottawa St N, HAMILTON, ON, L8H 3Y7
(905) 522-9922   SIC 8641
INTERIOR COMMUNITY SERVICES   p218
765 Tranquille Rd, KAMLOOPS, BC, V2B 3J3
(250) 376-3511   SIC 8641
ITALIAN-CANADIAN CLUB OF GUELPH   p598
135 Ferguson St, GUELPH, ON, N1E 2Y9
(519) 821-1110   SIC 8641
KIWANIS CLUB OF CASA LOMA, TORONTO   p924
1 Austin Terr, TORONTO, ON, M5R 1X8
(416) 925-1588   SIC 8641
MCMAN YOUTH, FAMILY AND COMMUNITY SERVICES ASSOCIATION   p32
6712 Fisher St Se Unit 80, CALGARY, AB, T2H 2A7
(403) 508-7742   SIC 8641
NATURE-ACTION QUEBEC INC   p998
120 Rue Ledoux, BELOEIL, QC, J3G 0A4
(450) 536-0422   SIC 8641
NAVY LEAGUE OF CANADA, THE   p254
4210 Cedarwood St, PORT ALBERNI, BC, V9Y 4A6
(250) 723-7442   SIC 8641
NAVY LEAGUE OF CANADA, THE   p502
16 South Front St, BELLEVILLE, ON, K8N 2Y3
(613) 962-4647   SIC 8641
ONTARIO ENGLISH CATHOLIC TEACHERS ASSOCIATION, THE   p829
281 East St N, SARNIA, ON, N7T 6X8
(519) 332-4550   SIC 8641
ONTARIO INSTITUTE FOR STUDIES IN EDUCATION OF THE UNIVERSITY OF TORONTO   p912
500 University Ave Suite 602, TORONTO, ON, M5G 1V7
(416) 946-5938   SIC 8641
PICTOU COUNTY YMCA YWCA   p470
558 South Frederick St, NEW GLASGOW, NS, B2H 3P5
(902) 752-0202   SIC 8641
REAL ESTATE COUNCIL OF ONTARIO p940
3300 Bloor St W Suite 1200 West Tower, TORONTO, ON, M8X 2X2
(416) 207-4800   SIC 8641
ROYAL CANADIAN LEGION NORTH CALGARY BRANCH (NO 264)   p39
1910 Kensington Rd Nw, CALGARY, AB, T2N 3R5
(403) 283-5264   SIC 8641
ROYAL CANADIAN LEGION, THE   p19
2625 78 Ave Se, CALGARY, AB, T2C 3B7
SIC 8641
ROYAL CANADIAN LEGION, THE   p74
11150 82 St Nw Suite 178, EDMONTON, AB, T5B 2V1
(780) 479-4277   SIC 8641
ROYAL CANADIAN LEGION, THE   p127
9912 101 Ave Suite 54, GRANDE PRAIRIE, AB, T8V 0X8
(780) 532-3110   SIC 8641
ROYAL CANADIAN LEGION, THE   p174
5003 52 Ave, WETASKIWIN, AB, T9A 0W9
(780) 352-2662   SIC 8641
ROYAL CANADIAN LEGION, THE   p481
Building 946, IQALUIT, NU, X0A 0H0
(867) 979-6215   SIC 8641
ROYAL CANADIAN LEGION, THE   p489
49 Daniel St N, ARNPRIOR, ON, K7S 2K6
(613) 623-4722   SIC 8641
ROYAL CANADIAN LEGION, THE   p555
151 6th Ave, COCHRANE, ON, P0L 1C0
(705) 272-3205   SIC 8641
ROYAL CANADIAN LEGION, THE   p625
86 Aird Pl, KANATA, ON, K2L 0A1
(613) 591-3335   SIC 8641
ROYAL CANADIAN LEGION, THE   p853
600 Ontario St, ST CATHARINES, ON, L2N 7H8
(905) 934-1261   SIC 8641
ROYAL CANADIAN LEGION, THE   p956
10099 Perth Rd, WESTPORT, ON, K0G 1X0
(613) 273-3615   SIC 8641
ROYAL CANADIAN LEGION, THE   p983
94 Main Dr, MISCOUCHE, PE, C0B 1T0
(902) 436-2672   SIC 8641
ROYAL CANADIAN LEGION, THE   p985
340 Notre Dame St, SUMMERSIDE, PE, C1N 1S5
(902) 436-2091   SIC 8641
SALMON RIVER SALMON ASSOCIATION p468
80 Placide Comeau Rd, METEGHAN RIVER, NS, B0W 2L0
(902) 769-5400   SIC 8641
SASKATOON FAMILY YOUNG MEN'S CHRISTIAN ASSOCIATION   p1298
25 22nd St E, SASKATOON, SK, S7K 0C7
(306) 652-7515   SIC 8641
SCOUTS CANADA   p203
5200 Comox Logging Rd, COURTENAY, BC, V9J 1P9
SIC 8641
SCOUTS CANADA   p756
10 Kodiak Cres Unit 120, NORTH YORK, ON, M3J 3G5
(416) 490-6364   SIC 8641
SOCIETE DES ETABLISSEMENTS DE PLEIN AIR DU QUEBEC   p1083
Gd, MONTCERF-LYTTON, QC, J0W 1N0
SIC 8641
SQUAMISH NATION   p279
1380 Stawamus Rd, SQUAMISH, BC, V8B 0B5
(604) 987-1118   SIC 8641
STRAITS RURAL DEVELOPMENT ASSOCIATION   p431
Gd, SANDY COVE, NL, A0K 5C0
(709) 456-2122   SIC 8641
STUDENTS' FEDERATION OF THE UNIVERSITY OF OTTAWA, THE   p789
85 Universite Pvt Suite 07, OTTAWA, ON, K1N 6N5
(613) 562-5966   SIC 8641
TORONTO CLUB   p921
107 Wellington St W, TORONTO, ON, M5J 1H1
(416) 362-2751   SIC 8641

U B C ALUMNI ASSOCIATION   p320
6163 University Blvd, VANCOUVER, BC, V6T 1Z1
(604) 822-3313   SIC 8641
UNIVERSITY CLUB OF TORONTO, THE p912
380 University Ave, TORONTO, ON, M5G 1R6
(416) 597-1336   SIC 8641
UNIVERSITY OF LETHBRIDGE, THE   p140
4401 University Dr W Suite 180, LETHBRIDGE, AB, T1K 3M4
(403) 329-2222   SIC 8641
VOLUNTEER ASSOCIATION FROM THE ST MICHAELS HOSPITAL, THE   p907
30 Bond St, TORONTO, ON, M5B 1W8
(416) 864-5859   SIC 8641
YMCA OF GREATER HALIFAX/DARTMOUTH, THE   p460
5670 Spring Garden Rd Suite 306, HALIFAX, NS, B3J 1H6
(902) 423-9709   SIC 8641
YMCA OF GREATER TORONTO   p575
35 Victoria Ave, ESSEX, ON, N8M 1M4
(519) 776-7305   SIC 8641
YMCA OF GREATER TORONTO   p833
235 Mcnabb St, SAULT STE. MARIE, ON, P6B 1Y3
(705) 945-5178   SIC 8641
YMCA OF GREATER TORONTO   p969
500 Victoria Ave, WINDSOR, ON, N9A 4M8
(519) 258-9622   SIC 8641
YMCA OF NIAGARA   p956
310 Woodland Rd, WELLAND, ON, L3C 7N3
(905) 735-9622   SIC 8641
YMCA OF SIMCOE/MUSKOKA   p775
Gd, ORILLIA, ON, L3V 6H8
(705) 325-2253   SIC 8641
YORK CLUB, THE   p924
135 St. George St Suite 218, TORONTO, ON, M5R 2L8
(416) 922-3101   SIC 8641
YOUNG MEN'S AND YOUNG WOMEN'S CHRISTIAN ASSOCIATION OF WINNIPEG INCORPORATED, THE   p367
454 Kimberly Ave, WINNIPEG, MB, R2K 0X8
(204) 668-8140   SIC 8641
YOUNG MEN'S AND YOUNG WOMEN'S CHRISTIAN ASSOCIATION OF WINNIPEG INCORPORATED, THE   p386
3550 Portage Ave, WINNIPEG, MB, R3K 0Z8
(204) 889-8052   SIC 8641
YOUNG MEN'S CHRISTIAN ASSOCIATION OF GREATER VANCOUVER   p283
14988 57 Ave, SURREY, BC, V3S 7S6
(604) 575-9622   SIC 8641
YOUNG MENS CHRISTIAN ASSOCIATION   p870
10 Elm St Suite 112, SUDBURY, ON, P3C 5N3
(705) 674-2324   SIC 8641
YOUNG WOMEN'S CHRISTIAN ASSOCIATION   p309
535 Hornby St Suite 100, VANCOUVER, BC, V6C 2E8
(604) 895-5777   SIC 8641
YOUTH SERVICES BUREAU OF OTTAWA p798
1199 Carling Ave Unit B, OTTAWA, ON, K1Z 8N3
(613) 722-4802   SIC 8641

SIC 8651 Political organizations

KINGSTON AND THE ISLANDS POLITICAL PARTY   p631
15 Alamein Dr, KINGSTON, ON, K7L 4R5
(613) 546-6081   SIC 8651
SASKATCHEWAN LIBERAL ASSOCIATION p1286
2054 Broad St, REGINA, SK, S4P 1Y3

SIC 8651

SIC 8661 Religious organizations

ABBAYE STE-MARIE DES DEUX-MONTAGNES   p1228
2803 Ch D'oka, SAINTE-MARTHE-SUR-LE-LAC, QC, J0N 1P0
(450) 473-7278   SIC 8661
ACTION INTERNATIONAL MINISTRIES CORPORATION   p21
3015 21 St Ne Unit A, CALGARY, AB, T2E 7T1
(403) 204-1421   SIC 8661
AFRICA INLAND MISSION INTERNATIONAL (CANADA)   p842
1641 Victoria Park Ave, SCARBOROUGH, ON, M1R 1P8
(416) 751-6077   SIC 8661
AISH HATORAH   p933
1072 Eglinton Ave W, TORONTO, ON, M6C 2E2
(416) 785-1107   SIC 8661
ALBERTA CONFERENCE OF THE SEVENTH-DAY ADVENTISTS CHURCH p9
155 100 St Ne, CALGARY, AB, T1X 0L4
(403) 280-3500   SIC 8661
ANGLICAN CHURCH OF CANADA   p900
300 Lonsdale Rd, TORONTO, ON, M4V 1X4
(416) 488-7884   SIC 8661
ARCHEVEQUE CATHOLIQUE ROMAIN DE QUEBEC, L'   p1162
2470 Rue Triquet, Quebec, QC, G1W 1E2
(418) 651-2232   SIC 8661
BERGTHALER MENNONITE CHURCH p646
413 Wilkinson Dr, LEAMINGTON, ON, N8H 1A1
(519) 326-2152   SIC 8661
BETH EMETH BAIS YEHUDA SYNAGOGUE p754
100 Elder St, NORTH YORK, ON, M3H 5G7
(416) 633-3838   SIC 8661
BETH TIKVAH SYNAGOGUE   p748
3080 Bayview Ave, NORTH YORK, ON, M2N 5L3
(416) 221-3433   SIC 8661
CANADA TORONTO EAST MISSION   p934
851 Ossington Ave, TORONTO, ON, M6G 3V2
(416) 531-0535   SIC 8661
CATHOLIC INDEPENDENT SCHOOLS OF VANCOUVER ARCHDIOCESE, THE   p293
870 Victoria Dr, VANCOUVER, BC, V5L 4E7
(604) 253-7311   SIC 8661
CATHOLIC INDEPENDENT SCHOOLS OF VANCOUVER ARCHDIOCESE, THE   p319
2550 Camosun St, VANCOUVER, BC, V6R 3W6
(604) 228-8811   SIC 8661
CHABAD AT FLAMINGO INC   p875
8001 Bathurst St, THORNHILL, ON, L4J 8L5
(905) 763-4040   SIC 8661
CHRISTIAN AND MISSIONARY ALLIANCE IN CANADA, THE   p57
12345 40 St Se, CALGARY, AB, T2Z 4E6
(403) 252-7572   SIC 8661
CHRISTIAN AND MISSIONARY ALLIANCE IN CANADA, THE   p59
12 Bowridge Dr Nw, CALGARY, AB, T3B 2T9
(403) 288-2674   SIC 8661
CHRISTIAN AND MISSIONARY ALLIANCE IN CANADA, THE   p94
17504 98a Ave Nw, EDMONTON, AB, T5T 5T8
(780) 486-4010   SIC 8661
CHRISTIAN AND MISSIONARY ALLIANCE IN CANADA, THE   p200
2601 Spuraway Ave, COQUITLAM, BC, V3C 2C4
(604) 464-6744   SIC 8661
CHRISTIAN AND MISSIONARY ALLIANCE IN CANADA, THE   p290

SIC 8661 Religious organizations

15128 27b Ave, SURREY, BC, V4P 1P2
(604) 531-4733   SIC 8661
CHRISTIAN AND MISSIONARY ALLIANCE IN CANADA, THE   p299
11 10th Ave W, VANCOUVER, BC, V5Y 1R5
(604) 876-2181   SIC 8661
CHRISTIAN SCHOOL ASSOCIATION OF SURREY   p289
8930 162 St, SURREY, BC, V4N 3G1
(604) 581-2474   SIC 8661
CHURCH OF SCIENTOLOGY OF TORONTO   p903
696 Yonge St, TORONTO, ON, M4Y 2A7
(416) 925-2146   SIC 8661
CHURCH OF SCIENTOLOGY OF TORONTO   p1149
665 Rue Saint-Joseph E, Quebec, QC, G1K 3C1
(418) 524-4615   SIC 8661
CLERCS DU SAINT-VIATEUR DU CANADA   p1045
132 Rue Saint-Charles-Borromee S, JOLIETTE, QC, J6E 4T3
(450) 756-4568   SIC 8661
CONGREGATION BETH TIKVAH AHAVAT SHALOM NUSACH HOARI   p1024
136 Boul Westpark, DOLLARD-DES-ORMEAUX, QC, H9A 2K2
(514) 683-5610   SIC 8661
CORPORATION ARCHIEPISCOPALE CATHOLIQUE ROMAINE DE MONTREAL   p1127
750 Boul Saint-Sylvain, Montreal, QC, H7E 2X3
(450) 661-1532   SIC 8661
CORPORATION OF QUEENSWAY CATHEDRAL   p577
1536 The Queensway, ETOBICOKE, ON, M8Z 1T5
(416) 255-0141   SIC 8661
DEEPER LIFE BIBLE CHURCH   p758
750 Oakdale Rd Suite 46, NORTH YORK, ON, M3N 2Z4
(416) 740-7023   SIC 8661
DIOCESE DE CHICOUTIMI   p1014
602 Rue Racine E, CHICOUTIMI, QC, G7H 1V1
(418) 543-0783   SIC 8661
EGLISE NOUVELLE VIE DE LONGUEUIL INC   p1070
200 Rue Du Parc-Industriel, LONGUEUIL, QC, J4H 3V6
(450) 646-2150   SIC 8661
ELMSLEY LOMBARDY PASTORAL CHARGE   p807
1502 Rideau Ferry Rd, PERTH, ON, K7H 3C7
(613) 267-3855   SIC 8661
EVANGELICAL FREE CHURCH OF CANADA MISSION   p230
7600 Glover Rd, LANGLEY, BC, V2Y 1Y1
(604) 513-2183   SIC 8661
FABRIQUE ST-JOSEPH DE GRANBY   p1041
270 Rue Deragon, GRANBY, QC, J2G 5J5
(450) 372-0811   SIC 8661
FILLES DE LA CHARITE DU SACRE-COEUR DE JESUS, LES   p1236
60 Rue Jean-Maurice, SHERBROOKE, QC, J1G 1V5
SIC 8661
FIRST UNITED CHURCH   p952
16 William St W, WATERLOO, ON, N2L 1J3
(519) 745-8487   SIC 8661
FRONTIERS CHRISTIAN MINISTRIES INC   p88
10216 124 St Nw Unit 215, EDMONTON, AB, T5N 4A3
(780) 421-9090   SIC 8661
GOVERNING COUNCIL OF THE SALVATION ARMY IN CANADA, THE   p144
164 Stratton Way Se, MEDICINE HAT, AB, T1B 3R3
(403) 527-2474   SIC 8661
GOVERNING COUNCIL OF THE SALVA-

TION ARMY IN CANADA, THE   p197
46420 Brooks Ave, CHILLIWACK, BC, V2P 1C5
(604) 792-0311   SIC 8661
GOVERNING COUNCIL OF THE SALVATION ARMY IN CANADA, THE   p218
344 Poplar St, KAMLOOPS, BC, V2B 4B8
(250) 554-1611   SIC 8661
GOVERNING COUNCIL OF THE SALVATION ARMY IN CANADA, THE   p439
4925 45 St, YELLOWKNIFE, NT, X1A 1K6
(867) 920-4673   SIC 8661
GOVERNING COUNCIL OF THE SALVATION ARMY IN CANADA, THE   p604
1320 Gordon St, GUELPH, ON, N1L 1H3
(519) 836-9360   SIC 8661
GOVERNING COUNCIL OF THE SALVATION ARMY IN CANADA, THE   p808
219 Simcoe St, PETERBOROUGH, ON, K9H 2H6
SIC 8661
GOVERNING COUNCIL OF THE SALVATION ARMY IN CANADA, THE   p1122
4375 Av Montclair, Montreal, QC, H4B 2J5
(514) 481-0431   SIC 8661
GREY SISTERS OF THE IMMACULATE CONCEPTION   p806
700 Mackay St, PEMBROKE, ON, K8A 1G6
(613) 735-4111   SIC 8661
HILLSVALE COLONY HUTTERIAN BRETHEREN LIMITED   p1267
Gd, CUT KNIFE, SK, S0M 0N0
(306) 398-2915   SIC 8661
HUTTERIAN BRETHREN CHURCH OF DOWNIE LAKE INC   p1273
Gd, MAPLE CREEK, SK, S0N 1N0
(306) 662-3462   SIC 8661
HUTTERIAN BRETHREN CHURCH OF CAYLEY   p67
Gd, CAYLEY, AB, T0L 0P0
(403) 395-2125   SIC 8661
HUTTERIAN BRETHREN CHURCH OF CLEARDALE   p68
Gd, CLEARDALE, AB, T0H 3Y0
(780) 685-2870   SIC 8661
HUTTERIAN BRETHREN CHURCH OF EWELME COLONY   p119
Gd, FORT MACLEOD, AB, T0L 0Z0
(403) 553-2606   SIC 8661
HUTTERIAN BRETHREN CHURCH OF FERRYBANK   p151
Gd, PONOKA, AB, T4J 1R9
(403) 783-2259   SIC 8661
HUTTERIAN BRETHREN CHURCH OF HOLT   p132
Gd, IRMA, AB, T0B 2H0
(780) 754-2175   SIC 8661
HUTTERIAN BRETHREN CHURCH OF LEEDALE   p158
Rr 4, RIMBEY, AB, T0C 2J0
(403) 843-6681   SIC 8661
HUTTERIAN BRETHREN CHURCH OF ROSEBUD   p160
Gd, ROCKYFORD, AB, T0J 2R0
(403) 533-2205   SIC 8661
HUTTERIAN BRETHREN CHURCH OF STARLAND   p72
Gd, DRUMHELLER, AB, T0J 0Y0
(403) 772-3855   SIC 8661
HUTTERIAN BRETHREN CHURCH OF TSCHETTER   p132
Gd, IRRICANA, AB, T0M 1B0
(403) 935-2362   SIC 8661
HUTTERIAN BRETHREN CHURCH OF WOLF CREEK   p168
Gd, STIRLING, AB, T0K 2E0
(403) 756-2180   SIC 8661
HUTTERIAN BRETHREN OF KYLE INC   p1271
Gd, KYLE, SK, S0L 1T0
(306) 375-2910   SIC 8661
HUTTERIAN BRETHREN OF PENNANT INC   p1278
Gd, PENNANT STATION, SK, S0N 1X0

(306) 626-3369   SIC 8661
HUTTERIAN BRETHREN OF PINCHER CREEK AS A CHURCH, THE   p150
Gd, PINCHER CREEK, AB, T0K 1W0
(403) 627-4021   SIC 8661
HUTTERIAN BRETHREN OF ROSETOWN   p1291
Gd, ROSETOWN, SK, S0L 2V0
(306) 882-3344   SIC 8661
INTER-VARSITY CHRISTIAN FELLOWSHIP OF CANADA   p818
942 Clearwater Lake Rd Rr 2, PORT SYDNEY, ON, P0B 1L0
(705) 385-2370   SIC 8661
JANZ TEAM MINISTRIES INC   p363
2121a Henderson Hwy, WINNIPEG, MB, R2G 1P8
(204) 334-0055   SIC 8661
KELOWNA TRINITY BAPTIST CHURCH   p226
1905 Springfield Rd, KELOWNA, BC, V1Y 7V7
(250) 860-3273   SIC 8661
KINGDOM COVENANT MINISTRIES INTERNATIONAL   p693
1224 Dundas St E Unit 20, MISSISSAUGA, ON, L4Y 4A2
(905) 566-1084   SIC 8661
MEADOWVALE BIBLE BAPTIST CHURCH   p710
2720 Gananoque Dr, MISSISSAUGA, ON, L5N 2R2
(905) 826-4114   SIC 8661
MEETING HOUSE, THE   p765
2700 Bristol Cir, OAKVILLE, ON, L6H 6E1
(905) 287-7000   SIC 8661
MILLWOODS PENTECOSTAL ASSEMBLY   p111
2225 66 St Nw, EDMONTON, AB, T6K 4E6
(780) 462-1515   SIC 8661
MISSIONAIRES DE MARIANNHILL INC, LES   p1240
2075 Ch De Sainte-Catherine, SHERBROOKE, QC, J1N 1E7
(819) 562-4676   SIC 8661
MISSIONNAIRES OBLATS DE MARIE IMMACULEE, LES   p1171
460 1re Rue Bureau 600, RICHELIEU, QC, J3L 4B5
(450) 658-8761   SIC 8661
NETHERLANDS REFORMED CONGREGATION OF CHILLIWACK, THE   p197
50420 Castleman Rd, CHILLIWACK, BC, V2P 6H4
(604) 792-9945   SIC 8661
NEW ELMSPRING HUTTERIAN BRETHEREN   p142
Gd, MAGRATH, AB, T0K 1J0
(403) 758-3255   SIC 8661
NORTH AMERICA INDIAN MISSION OF CANADA   p211
5027 47a Ave Suite 200, DELTA, BC, V4K 1T9
SIC 8661
NORTH TORONTO CHRISTIAN SCHOOL   p745
255 Yorkland Blvd, NORTH YORK, ON, M2J 1S3
(416) 491-7667   SIC 8661
NORTHERN CANADA EVANGELICAL MISSION, INC   p396
622 Cox Point Rd, CUMBERLAND BAY, NB, E4A 2Y4
(506) 479-5811   SIC 8661
NORTHERN CANADA EVANGELICAL MISSION, INC   p1279
Lot 6 Block 6 Nw Section 10 Range 17 W Of 2nd, PRINCE ALBERT, SK, S6V 7V4
(306) 764-3388   SIC 8661
PENTECOSTAL ASSEMBLIES OF CANADA, THE   p177
35131 Straiton Rd, ABBOTSFORD, BC, V2S 7Z1
(604) 853-4166   SIC 8661

PENTECOSTAL ASSEMBLIES OF CANADA, THE   p231
21277 56 Ave, LANGLEY, BC, V2Y 1M3
(604) 530-7538   SIC 8661
PENTECOSTAL ASSEMBLIES OF CANADA, THE   p233
20411 Douglas Cres, LANGLEY, BC, V3A 4B6
(604) 533-2232   SIC 8661
PENTECOSTAL ASSEMBLIES OF CANADA, THE   p270
9300 Westminster Hwy, RICHMOND, BC, V6X 1B1
(604) 278-3191   SIC 8661
PENTECOSTAL ASSEMBLIES OF CANADA, THE   p578
1536 The Queensway, ETOBICOKE, ON, M8Z 1T5
(416) 255-0141   SIC 8661
POWER TO CHANGE MINISTRIES   p390
1345 Pembina Hwy Suite 206, WINNIPEG, MB, R3T 2B6
(204) 943-9924   SIC 8661
PRAIRIEVIEW COLONY   p164
Gd, SIBBALD, AB, T0J 3E0
(403) 676-2230   SIC 8661
PRESENTATION GENERALATE   p435
180 Military Rd, ST. JOHN'S, NL, A1C 2E8
(709) 753-8340   SIC 8661
PRETRES DE SAINT-SULPICE DE MONTREAL, LES   p1103
116 Rue Notre-Dame O, Montreal, QC, H2Y 1T2
(514) 849-6561   SIC 8661
RAINBOW COLONY FARMING CO LTD   p157
26052 Township Road 350, RED DEER COUNTY, AB, T4G 0M4
(403) 227-6465   SIC 8661
REGROUPEMENT DES ARCHIVES DU SEMINAIRE DE SHERBROOKE ET DE L'ARCHIDIOCESE DE SHERBROOKE   p1017
6747 Rte Louis-S.-Saint-Laurent, COMPTON, QC, J0B 1L0
(819) 835-5474   SIC 8661
RELIGIEUSES HOSPITALIERES DE SAINT-JOSEPH   p394
2144 Vallee Lourdes Dr, BATHURST, NB, E2A 4R9
(506) 547-8320   SIC 8661
RELIGIEUSES HOSPITALIERES DE SAINT-JOSEPH   p1100
251 Av Des Pins O, Montreal, QC, H2W 1R6
(514) 844-3961   SIC 8661
RIVER ROAD COLONY   p145
Gd, MILK RIVER, AB, T0K 1M0
(403) 344-4433   SIC 8661
ROCKY MOUNTAIN COLLEGE A CENTRE FOR BIBLICAL STUDIES   p37
4039 Brentwood Rd Nw, CALGARY, AB, T2L 1L1
(403) 284-5100   SIC 8661
ROMAN CATHOLIC ARCHDIOCESE OF VANCOUVER, THE   p300
4885 Saint John Paul Ii Way, VANCOUVER, BC, V5Z 0G3
(604) 683-0281   SIC 8661
SALVATION ARMY MEDICINE HAT CORPS, THE   p145
164 Stratton Way Se, MEDICINE HAT, AB, T1B 3R3
(403) 527-2474   SIC 8661
SERVANTES DE NOTRE-DAME REINE DU CLERGE   p1054
13 Rue Du Foyer Bureau 310, LAC-AU-SAUMON, QC, G0J 1M0
(418) 778-5836   SIC 8661
SERVANTES DE NOTRE-DAME REINE DU CLERGE   p1173
57 Rue Jules-A.-Brillant, RIMOUSKI, QC, G5L 1X1
SIC 8661
SISTERS OF CHARITY   p462
215 Seton Rd, HALIFAX, NS, B3M 0C9
(902) 406-8100   SIC 8661

SIC 8699 Membership organizations, nec

SISTERS OF CHARITY OF OTTAWA, THE p788
50 Maple Lane, OTTAWA, ON, K1M 1G8
(613) 745-1584   SIC 8661

SISTERS OF CHARITY OF THE IMMACULATE CONCEPTION p417
31 Cliff St, SAINT JOHN, NB, E2L 3A9
(506) 847-2065   SIC 8661

SOCIETE DES MISSIONAIRES D'AFRIQUE (PERES BLANCS) PROVINCE DE L'AMERIQUE DU NORD p1240
100 Rue Du Cardinal-Lavigerie, SHERBROOKE, QC, J1M 0A2
(819) 346-4844   SIC 8661

SOEURS DE L'ASSOMPTION DE LA SAINTE VIERGE, LES p1135
160 Rue Du Carmel, NICOLET, QC, J3T 1Z8
(819) 293-4559   SIC 8661

SOEURS DE LA CHARITE D'OTTAWA, LES p789
43 Bruyere St, OTTAWA, ON, K1N 5C8
(613) 562-0050   SIC 8661

SOEURS DE LA CONGREGATION DE NOTRE-DAME, LES p475
170 George St, SYDNEY, NS, B1P 1J2
(902) 539-6089   SIC 8661

SOEURS DE LA CONGREGATION DE NOTRE-DAME, LES p981
246 Sydney St, CHARLOTTETOWN, PE, C1A 1H1
(902) 892-4181   SIC 8661

SOEURS DE LA CONGREGATION DE NOTRE-DAME, LES p1028
12 Av Dahlia, DORVAL, QC, H9S 3N2
(514) 631-3422   SIC 8661

SOEURS DE LA CONGREGATION DE NOTRE-DAME, LES p1046
393 Rue De Lanaudiere, JOLIETTE, QC, J6E 3L9
(450) 752-1481   SIC 8661

SOEURS DE LA CONGREGATION DE NOTRE-DAME, LES p1122
5015 Av Notre-Dame-De-Grace, Montreal, QC, H4A 1K2
(514) 485-1461   SIC 8661

SOEURS GRISES DE MONTREAL, LES p1117
1190 Rue Guy, Montreal, QC, H3H 2L4
SIC 8661

SOUTH PEACE HUTTERIAN BRETHREN CHURCH p207
13204 Mckinnon Way, DAWSON CREEK, BC, V1G 4H7
SIC 8661

ST. AUGUSTINE'S SEMINARY OF TORONTO p839
2661 Kingston Rd, SCARBOROUGH, ON, M1M 1M3
(416) 261-7207   SIC 8661

SYNAGOGUE AND JEWISH COMMUNITY CENTRE OF OTTAWA p798
21 Nadolny Sachs Pvt, OTTAWA, ON, K2A 1R9
(613) 798-9818   SIC 8661

TEMPLE SINAI CONGREGATION OF TORONTO p759
210 Wilson Ave, NORTH YORK, ON, M5M 3B1
(416) 487-4161   SIC 8661

THE LITTLE BROTHERS OF THE GOOD SHEPHERD (CANADA) p905
412 Queen St E, TORONTO, ON, M5A 1T3
(416) 869-3619   SIC 8661

UNITED CHURCH OF CANADA, THE p277
2520w Shawnigan Lake Rd, SHAWNIGAN LAKE, BC, V0R 2W2
(250) 743-2189   SIC 8661

UNITED CHURCH OF CANADA, THE p423
615 Main St, BISHOPS FALLS, NL, A0H 1C0
(709) 258-5556   SIC 8661

UNITED CHURCH OF CANADA, THE p445
87 Hillcrest St, BRIDGEWATER, NS, B4V 1T2

(902) 543-4833   SIC 8661

UNITED CHURCH OF CANADA, THE p667
933 Talbot Rd, MAIDSTONE, ON, N0R 1K0
(519) 723-2284   SIC 8661

UNITED CHURCH OF CANADA, THE p772
63 Factory St, ODESSA, ON, K0H 2H0
(613) 386-7125   SIC 8661

UNITED CHURCH OF CANADA, THE p968
664 Victoria Ave, WINDSOR, ON, N9A 4N2
(519) 973-5573   SIC 8661

URSULINE RELIGIOUS OF THE DIOCESE OF LONDON IN ONTARIO p551
20 Merici Way, CHATHAM, ON, N7L 3L8
(519) 352-5225   SIC 8661

WATCH TOWER BIBLE AND TRACT SOCIETY OF CANADA p956
390 Clare Ave, WELLAND, ON, L3C 5R2
SIC 8661

WILLINGDON CHURCH p190
4812 Willingdon Ave, BURNABY, BC, V5G 3H6
(604) 435-5544   SIC 8661

SIC 8699 Membership organizations, nec

ALBERTA MOTOR ASSOCIATION p9
3650 20 Ave Ne, CALGARY, AB, T1Y 6E8
(403) 590-0001   SIC 8699

ALBERTA MOTOR ASSOCIATION p40
530 8 Ave Sw Suite 100, CALGARY, AB, T2P 3S8
(403) 262-2345   SIC 8699

ALBERTA MOTOR ASSOCIATION p103
9520 42 Ave Nw, EDMONTON, AB, T6E 5Y4
(780) 989-6230   SIC 8699

ALBERTA MOTOR ASSOCIATION p125
11401 99 St, GRANDE PRAIRIE, AB, T8V 2H6
(780) 532-4421   SIC 8699

AMITY GOODWILL INDUSTRIES p450
202 Brownlow Ave Unit 8, DARTMOUTH, NS, B3B 1T5
(902) 700-9194   SIC 8699

AUTOMOBILE ET TOURING CLUB DU QUEBEC (A.T.C.Q.) p1019
3131 Boul Saint-Martin O Bureau 100, Cote Saint-Luc, QC, H7T 2Z5
(450) 682-8100   SIC 8699

AUTOMOBILE ET TOURING CLUB DU QUEBEC (A.T.C.Q.) p1164
8000 Rue Armand-Viau Bureau 500, Quebec, QC, G2C 2E2
(418) 624-2424   SIC 8699

AUTOMOBILE ET TOURING CLUB DU QUEBEC (A.T.C.Q.) p1238
2990 Rue King O, SHERBROOKE, QC, J1L 1Y7
(819) 566-5132   SIC 8699

AWASIS AGENCY OF NORTHERN MANITOBA p347
Gd, CROSS LAKE, MB, R0B 0J0
(204) 676-3902   SIC 8699

BIG TROUT LAKE BAND PERSONNEL OFFICE p504
Gd, BIG TROUT LAKE, ON, P0V 1G0
SIC 8699

BRITISH COLUMBIA AUTOMOBILE ASSOCIATION p176
33310 South Fraser Way, ABBOTSFORD, BC, V2S 2B4
(604) 855-0530   SIC 8699

BRITISH COLUMBIA AUTOMOBILE ASSOCIATION p208
7343 120 St, DELTA, BC, V4C 6P5
(604) 268-5900   SIC 8699

BRITISH COLUMBIA AUTOMOBILE ASSOCIATION p219
500 Notre Dame Dr Suite 400, KAMLOOPS, BC, V2C 6T6
(250) 852-4600   SIC 8699

BRITISH COLUMBIA AUTOMOBILE ASSOCIATION p225
1470 Harvey Ave Suite 18, KELOWNA, BC,

V1Y 9K8
(250) 870-4900   SIC 8699

BRITISH COLUMBIA AUTOMOBILE ASSOCIATION p232
20190 Langley Bypass Unit 10, LANGLEY, BC, V3A 9J9
(604) 268-5950   SIC 8699

BRITISH COLUMBIA AUTOMOBILE ASSOCIATION p241
6581 Aulds Rd Suite 400, NANAIMO, BC, V9T 6J6
(250) 390-7700   SIC 8699

BRITISH COLUMBIA AUTOMOBILE ASSOCIATION p252
2100 Main St Unit 100, PENTICTON, BC, V2A 5H7
(250) 487-2450   SIC 8699

BRITISH COLUMBIA AUTOMOBILE ASSOCIATION p261
2324 Ferry Ave Suite 100, PRINCE GEORGE, BC, V2N 0B1
(250) 649-2399   SIC 8699

BRITISH COLUMBIA AUTOMOBILE ASSOCIATION p299
999 Broadway W Suite 720, VANCOUVER, BC, V5Z 1K5
(604) 268-5600   SIC 8699

BRITISH COLUMBIA AUTOMOBILE ASSOCIATION p317
2347 41st Ave W, VANCOUVER, BC, V6M 2A3
(604) 268-5800   SIC 8699

BRITISH COLUMBIA AUTOMOBILE ASSOCIATION p330
1075 Pandora Ave, VICTORIA, BC, V8V 3P6
SIC 8699

BRITISH COLUMBIA AUTOMOBILE ASSOCIATION p338
608 Park Royal N, WEST VANCOUVER, BC, V7T 1H9
(604) 268-5650   SIC 8699

BRITISH COLUMBIA'S CHILDREN'S HOSPITAL FOUNDATION p299
938 28th Ave W, VANCOUVER, BC, V5Z 4H4
(604) 875-2444   SIC 8699

BRONFMAN JEWISH EDUCATION CENTRE p1121
1 Car Cummings Bureau 502, Montreal, QC, H3W 1M6
(514) 345-2610   SIC 8699

CAA NORTH & EAST ONTARIO p784
2151 Thurston Dr, OTTAWA, ON, K1G 6C9
(613) 820-1890   SIC 8699

CAA NORTH & EAST ONTARIO p877
585 Memorial Ave, THUNDER BAY, ON, P7B 3Z1
(807) 345-1261   SIC 8699

CANADIAN CANCER SOCIETY p340
15240 Thrift Ave Suite 104, WHITE ROCK, BC, V4B 2L1
(604) 538-0011   SIC 8699

CANADIAN COAST GUARD AUXILIARY (CENTRAL AND ARCTIC) INC p892
577 Kingston Rd Suite 206, TORONTO, ON, M4E 1R3
(416) 463-7283   SIC 8699

CANADIAN DIABETES ASSOCIATION p16
3700 78 Ave Se Unit 240, CALGARY, AB, T2C 2L8
(403) 509-0070   SIC 8699

CANADIAN DIABETES ASSOCIATION p22
2323 32 Ave Ne Unit 204, CALGARY, AB, T2E 6Z3
(403) 266-0620   SIC 8699

CANADIAN DIABETES ASSOCIATION p377
310 Broadway Unit 200, WINNIPEG, MB, R3C 0S6
(204) 925-3800   SIC 8699

CANADIAN DIABETES ASSOCIATION p414
362 Rothesay Ave, SAINT JOHN, NB, E2J 2C4
(506) 693-4232   SIC 8699

CANADIAN DIABETES ASSOCIATION p763

2300 Sheppard Ave W Suite 201, NORTH YORK, ON, M9M 3A4
(416) 746-5757   SIC 8699

CANADIAN DIABETES ASSOCIATION p946
45 Montreal Rd, VANIER, ON, K1L 6E8
(613) 521-1902   SIC 8699

CANADIAN GOODWILL INDUSTRIES CORP p374
70 Princess St, WINNIPEG, MB, R3B 1K2
(204) 943-6435   SIC 8699

CANADIAN OLYMPIC COMMITTEE p899
21 St Clair Ave E Suite 900, TORONTO, ON, M4T 1L9
(416) 962-0262   SIC 8699

CANADIAN OUTCOMES RESEARCH INSTITUTE p27
1212 1 St Se Suite 200, CALGARY, AB, T2G 2H8
SIC 8699

CANADIAN RED CROSS SOCIETY, THE p431
17 Major's Path, ST. JOHN'S, NL, A1A 4Z9
(709) 758-8400   SIC 8699

CANADIAN RED CROSS SOCIETY, THE p576
4210 Dundas St W, ETOBICOKE, ON, M8X 1Y6
(416) 236-1791   SIC 8699

CARLETON UNIVERSITY STUDENTS' ASSOCIATION p794
1125 Colonel By Dr Rm 401, OTTAWA, ON, K1S 5B6
(613) 520-6688   SIC 8699

CATHOLIC CROSS-CULTURAL SERVICES p694
4557 Hurontario St B11 & 12, MISSISSAUGA, ON, L4Z 3M2
(905) 272-1703   SIC 8699

CATHOLIC CROSS-CULTURAL SERVICES p837
1200 Markham Rd Suite 503, SCARBOROUGH, ON, M1H 3C3
(416) 289-6766   SIC 8699

CENTRE DE READAPTATION DEFICIENCE INTELECTUELLE NORMAND-LARAMEE, LE p1128
261 Boul Sainte-Rose, Montreal, QC, H7L 1M1
(450) 622-4376   SIC 8699

CITY OF WINNIPEG, THE p379
1057 Logan Ave, WINNIPEG, MB, R3E 3N8
(204) 986-2155   SIC 8699

CLARENDON FOUNDATION (CHESHIRE HOMES) INC p904
25 Henry Lane Terr Suite 442, TORONTO, ON, M5A 4B6
SIC 8699

CLUB DE VOITURES ANCIENNES DE LA MAURICIE INC p1248
930 Rue Des Saules, Trois-Rivieres, QC, G8Y 2K5
(819) 374-9638   SIC 8699

COMMISSION SCOLAIRE DE LA SEIGNEURIE-DES-MILLE-ILES p1078
9850 Rue De Belle-Riviere, MIRABEL, QC, J7N 2X8
(450) 434-8150   SIC 8699

COMMUNITY LIVING ESSEX COUNTY p486
260 Bathurst St, AMHERSTBURG, ON, N9V 1Y9
(519) 736-5077   SIC 8699

COMMUNITY LIVING ONTARIO p605
713 Mountain St, HALIBURTON, ON, K0M 1S0
(705) 457-1452   SIC 8699

COOP FEDEREE, LA p1069
2405 Rue De La Province, LONGUEUIL, QC, J4G 1G3
(450) 670-2231   SIC 8699

CORPORATION OF THE CITY OF TORONTO p886
225 Confederation Dr, TORONTO, ON, M1G 1B2
(416) 396-4026   SIC 8699

SIC 8711 Engineering services

DEPARTMENT OF COMMUNITY SERVICES CHILD WELFARE p475
25 Cossitt Heights Dr, SYDNEY, NS, B1P 7B4
(902) 563-0561   SIC 8699

EASTER SEALS CANADA p898
40 Holly St Suite 401, TORONTO, ON, M4S 3C3
(416) 932-8382   SIC 8699

ERINOAK KIDS CENTRE FOR TREATMENT p703
2655 North Sheridan Way Suite N, MISSISSAUGA, ON, L5K 2P8
(905) 491-4439   SIC 8699

EVANGELICAL INTERNATIONAL CRUSADE (CANADA) INC p572
1 Union St, ELMIRA, ON, N3B 3J9
(519) 669-8844   SIC 8699

FEDERATION DE L'UPA DE LA MONTEREGIE p1194
3800 Boul Casavant O, SAINT-HYACINTHE, QC, J2S 8E3
(450) 774-9154   SIC 8699

FIVE COUNTIES CHILDREN'S CENTRE p647
9 Russell St E, LINDSAY, ON, K9V 1Z7
(705) 324-1922   SIC 8699

FONDATION SOURCE BLEU p1003
1130 Rue De Montbrun, BOUCHERVILLE, QC, J4B 8W6
(450) 641-3165   SIC 8699

FRESHWATER FISHERIES SOCIETY OF BC p176
34345 Vye Rd, ABBOTSFORD, BC, V2S 7P6
(604) 504-4709   SIC 8699

FRIENDS OF THE ALBERTA JUBILEE AUDITORIUM SOCIETY p39
1415 14 Ave Nw, CALGARY, AB, T2N 1M4
(403) 297-8001   SIC 8699

GOOD SAMARITAN SOCIETY, THE (A LUTHERAN SOCIAL SERVICE ORGANIZATION) p144
550 Spruce Way Se, MEDICINE HAT, AB, T1B 4P1
(403) 528-5050   SIC 8699

GOODWILL INDUSTRIES, ONTARIO GREAT LAKES p665
990 Pond Mills Rd, LONDON, ON, N6N 1A2
(519) 685-5389   SIC 8699

GOVERNING COUNCIL OF THE SALVATION ARMY IN CANADA, THE p657
281 Wellington St, LONDON, ON, N6B 2L4
(519) 661-0343   SIC 8699

GOVERNING COUNCIL OF THE SALVATION ARMY IN CANADA, THE p1117
880 Rue Guy, Montreal, QC, H3J 1T4
(514) 932-2214   SIC 8699

GREENPEACE CANADA p789
110 Clarence St Suite 5, OTTAWA, ON, K1N 5P6
(416) 597-8408   SIC 8699

GROUPE COOPERATIF DYNACO p1219
41 Rte 287 S, Saint-Philippe-de-Neri, QC, G0L 4A0
(418) 498-2366   SIC 8699

HALTON ALCOHOL DRUG AND GAMBLING ASSESSMENT PREVENTION AND TREATMENT SERVICES p539
777 Guelph Line Suite 214, BURLINGTON, ON, L7R 3N2
(905) 639-6537   SIC 8699

HALTON ALCOHOL DRUG AND GAMBLING ASSESSMENT PREVENTION AND TREATMENT SERVICES p681
245 Commercial St Unit B1, MILTON, ON, L9T 2J3
(905) 639-6537   SIC 8699

HAMILTON HEALTH SCIENCES CORPORATION p609
1200 Main St W Rm 2, HAMILTON, ON, L8N 3Z5
(905) 521-2100   SIC 8699

HOCKEY CANADA p789
801 King Edward Ave Suite N204, OTTAWA, ON, K1N 6N5
SIC 8699

HOMES FIRST SOCIETY p929
805 Wellington St W, TORONTO, ON, M5V 1G8
(416) 395-0928   SIC 8699

INUIT TAPIRIIT KANATAMI p791
75 Albert St Suite 1101, OTTAWA, ON, K1P 5E7
(613) 238-8181   SIC 8699

KINARK CHILD AND FAMILY SERVICES p672
600 Alden Rd Suite 200, MARKHAM, ON, L3R 0E7
(905) 479-0158   SIC 8699

KITCHENER WATERLOO YOUNG MENS CHRISTIAN ASSOCIATION, THE p641
460 Frederick St Suite 203, KITCHENER, ON, N2H 2P5
(519) 584-1937   SIC 8699

LA COOP UNIVERT p1143
229 Rue Dupont, PONT-ROUGE, QC, G3H 1P3
(418) 873-2535   SIC 8699

MA MAWI-WI-CHI-ITATA CENTRE INC p375
443 Spence St, WINNIPEG, MB, R3B 2R8
(204) 925-0348   SIC 8699

MANITOBA MOTOR LEAGUE, THE p370
2211 Mcphillips St Unit C, WINNIPEG, MB, R2V 3M5
(204) 262-6234   SIC 8699

MEMORIAL UNIVERSITY OF NEWFOUNDLAND p434
300 Prince Philip Dr Suite 4019, ST. JOHN'S, NL, A1B 3X5
(709) 637-6200   SIC 8699

MENNONITE ECONOMIC DEVELOPMENT ASSOCIATES OF CANADA p954
155 Frobisher Dr Suite I-106, WATERLOO, ON, N2V 2E1
(519) 725-1633   SIC 8699

NORTH EAST OUTREACH AND SUPPORT SERVICES, INC p1274
128 Mckendry Ave W, MELFORT, SK, S0E 1A0
(306) 752-9464   SIC 8699

ONTARIO FEDERATION FOR CEREBRAL PALSY p612
1100 Main St W Unit 301, HAMILTON, ON, L8S 1B3
(905) 522-2928   SIC 8699

OTTAWA HUMANE SOCIETY p800
245 West Hunt Club Rd, OTTAWA, ON, K2E 1A6
(613) 725-3166   SIC 8699

OTTAWA YOUNG MEN'S AND YOUNG WOMEN'S CHRISTIAN ASSOCIATION p798
200 Lockhart Ave, OTTAWA, ON, K2A 4C6
SIC 8699

PARLIAMENTARY CENTRE p792
255 Albert St Suite 802, OTTAWA, ON, K1P 6A9
(613) 237-0143   SIC 8699

PEMBROKE OLD TIME FIDDLING ASSOCIATION INCORPORATED p568
Gd, DEEP RIVER, ON, K0J 1P0
(613) 635-7200   SIC 8699

PEROGY - POLISH HALL p880
818 Spring St, THUNDER BAY, ON, P7C 3L6
(807) 623-8613   SIC 8699

RIDEAU CLUB LIMITED p792
99 Bank St Suite 1500, OTTAWA, ON, K1P 6B9
(613) 233-7787   SIC 8699

SASK SPORT INC p1300
510 Cynthia St, SASKATOON, SK, S7L 7K7
(306) 975-0873   SIC 8699

SASKATCHEWAN MOTOR CLUB p1283
105 Kress St, REGINA, SK, S4N 5X8
(306) 791-4387   SIC 8699

SOCIETY OF GRADUATE STUDENTS p656
1151 Richmond St Suite 260, LONDON, ON, N6A 3K7
(519) 661-3394   SIC 8699

SPINAL CORD INJURY CANADA p425
20 Reids Rd, CORNER BROOK, NL, A2H 5Y7
(709) 634-9901   SIC 8699

STATESMAN CORPORATION p62
1858 Sirocco Dr Sw Suite 312, CALGARY, AB, T3H 3P7
(403) 249-7113   SIC 8699

SUCO INC p1092
1453 Rue Beaubien E Bureau 210, Montreal, QC, H2G 3C6
(514) 272-3019   SIC 8699

SUNBEAM CENTRE p637
1120 Victoria St N Suite 205, KITCHENER, ON, N2B 3T2
(519) 741-1121   SIC 8699

TORONTO HUMANE SOCIETY, THE p905
11 River St, Toronto, ON, M5A 4C2
(416) 392-2273   SIC 8699

UNITED WAY OF LONDON & MIDDLESEX p657
409 King St, London, ON, N6B 1S5
(519) 438-1721   SIC 8699

USASK SMALL ANIMAL CLINICAL STUD p1304
52 Campus Dr, SASKATOON, SK, S7N 5B4
(306) 966-7068   SIC 8699

WAR AMPUTATIONS OF CANADA, THE p888
1 Maybrook Dr, TORONTO, ON, M1V 5K9
(416) 412-0600   SIC 8699

WINKLER CONSUMERS COOPERATIVE LTD p352
945 Thornhill St, MORDEN, MB, R6M 1J9
(204) 822-5868   SIC 8699

YMCA OF GREATER TORONTO p500
22 Grove St W, BARRIE, ON, L4N 1M7
(705) 726-6421   SIC 8699

YMCA OF GREATER TORONTO p521
8 Nelson St W, BRAMPTON, ON, L6X 4J2
SIC 8699

YMCA OF GREATER TORONTO p590
1555 Garrison Rd, FORT ERIE, ON, L2A 1P8
(905) 871-9622   SIC 8699

YMCA OF GREATER TORONTO p945
101 Ymca Blvd, UNIONVILLE, ON, L6G 0A1
(905) 513-0884   SIC 8699

YOUNG MEN'S CHRISTIAN ASSOCIATION OF EDMONTON p95
7121 178 St Nw, EDMONTON, AB, T5T 5T9
(780) 930-2311   SIC 8699

YOUNG WOMEN'S CHRISTIAN ASSOCIATION OF GREATER TORONTO p900
81 St Clair Ave E, TORONTO, ON, M4T 1M7
(416) 924-4762   SIC 8699

SIC 8711 Engineering services

0203114 B.C. LTD p265
3031 Viking Way Suite 210, RICHMOND, BC, V6V 1W1
(604) 270-7728   SIC 8711

ABB INC p26
4411 6 St Se Unit 110, CALGARY, AB, T2G 4E8
(403) 253-0271   SIC 8711

ACADIA CONSULTANTS AND INSPECTORS LIMITED p408
40 Henri Dunant St, MONCTON, NB, E1E 1E5
(506) 857-8313   SIC 8711

ACUREN GROUP INC p122
240 Taiganova Cres Unit 2, FORT MCMURRAY, AB, T9K 0T4
(780) 790-1776   SIC 8711

ADI LIMITED p399
1133 Regent St Suite 300, FREDERICTON, NB, E3B 3Z2
(506) 452-9000   SIC 8711

ADI LIMITED p408
40 Henri Dunant St, MONCTON, NB, E1E 1E5
(506) 857-8889   SIC 8711

ADI LIMITED p475
301 Alexandra St, SYDNEY, NS, B1S 2E8
(902) 562-2394   SIC 8711

ADVANCED MEASUREMENTS INC p30
7110 Fisher Rd Se, CALGARY, AB, T2H 0W3
(403) 571-7273   SIC 8711

AECOM CANADA LTD p30
6807 Railway St Se Suite 200, CALGARY, AB, T2H 2V6
(403) 254-3301   SIC 8711

AECOM CANADA LTD p55
340 Midpark Way Se Suite 300, CALGARY, AB, T2X 1P1
(403) 270-9200   SIC 8711

AECOM CANADA LTD p90
18817 Stony Plain Rd Nw Suite 101, EDMONTON, AB, T5S 0C2
(780) 486-7000   SIC 8711

AECOM CANADA LTD p90
17203 103 Ave Nw, EDMONTON, AB, T5S 1J4
(780) 488-6800   SIC 8711

AECOM CANADA LTD p136
514 Stafford Dr N Suite 200, LETHBRIDGE, AB, T1H 2B2
(403) 329-1678   SIC 8711

AECOM CANADA LTD p189
3001 Wayburne Dr Unit 275, BURNABY, BC, V5G 4W3
SIC 8711

AECOM CANADA LTD p222
3275 Lakeshore Rd Suite 201, KELOWNA, BC, V1W 3S9
(250) 762-3727   SIC 8711

AECOM CANADA LTD p328
41 Gorge Rd E Suite 200, VICTORIA, BC, V8T 2W1
(250) 475-6355   SIC 8711

AECOM CANADA LTD p387
99 Commerce Dr, WINNIPEG, MB, R3P 0Y7
(204) 477-5381   SIC 8711

AECOM CANADA LTD p388
1479 Buffalo Pl, WINNIPEG, MB, R3T 1L7
SIC 8711

AECOM CANADA LTD p605
45 Goderich Rd Suite 201, HAMILTON, ON, L8E 4W8
(905) 578-3040   SIC 8711

AECOM CANADA LTD p655
250 York St Citiplaza, LONDON, ON, N6A 6K2
(519) 673-0510   SIC 8711

AECOM CANADA LTD p687
5080 Commerce Blvd, MISSISSAUGA, ON, L4W 4P2
(905) 238-0007   SIC 8711

AECOM CANADA LTD p801
1150 Morrison Dr Suite 302, OTTAWA, ON, K2H 8S9
(613) 820-8282   SIC 8711

AECOM CANADA LTD p856
30 Hannover Dr Suite 3, ST CATHARINES, ON, L2W 1A3
(905) 688-4272   SIC 8711

AECOM CANADA LTD p870
1361 Paris St Suite 105, SUDBURY, ON, P3E 3B6
(705) 674-8343   SIC 8711

AECOM CANADA LTD p957
300 Water St Suite 1, WHITBY, ON, L1N 9J2
(905) 668-9363   SIC 8711

AECOM CANADA LTD p1109
1010 Rue De La Gauchetiere O Bureau 1400, Montreal, QC, H3B 2N2
(514) 940-6862   SIC 8711

AECOM CANADA LTD p1284
1621 Albert St Suite 183, REGINA, SK, S4P 2S5
(306) 522-3266   SIC 8711

AINLEY & ASSOCIATES LIMITED p555

280 Pretty River Pky N, COLLINGWOOD, ON, L9Y 4J5
(705) 445-3451 SIC 8711
ALTITUDE AEROSPACE INC p1208
2705 Boul Pitfield Bureau 200, SAINT-LAURENT, QC, H4S 1T2
(514) 335-6922 SIC 8711
AMEC FOSTER WHEELER AMERICAS LIMITED p39
801 6 Ave Sw Suite 900, CALGARY, AB, T2P 3W3
(403) 298-4170 SIC 8711
AMEC FOSTER WHEELER AMERICAS LIMITED p99
5681 70 St Nw, EDMONTON, AB, T6B 3P6
(780) 436-2152 SIC 8711
AMEC FOSTER WHEELER AMERICAS LIMITED p119
10204 Centennial Dr, FORT MCMURRAY, AB, T9H 1Y5
(780) 791-0848 SIC 8711
AMEC FOSTER WHEELER AMERICAS LIMITED p130
4208 55 Ave, HIGH PRAIRIE, AB, T8A 3X5
(780) 523-4842 SIC 8711
AMEC FOSTER WHEELER AMERICAS LIMITED p137
740 4 Ave S Suite 210, LETHBRIDGE, AB, T1J 0N9
(403) 329-1467 SIC 8711
AMEC FOSTER WHEELER AMERICAS LIMITED p164
7 Mcleod Ave Suite 112, SPRUCE GROVE, AB, T7X 4B8
(780) 571-8075 SIC 8711
AMEC FOSTER WHEELER AMERICAS LIMITED p186
4445 Lougheed Hwy Suite 600, BURNABY, BC, V5C 0E4
(604) 294-3811 SIC 8711
AMEC FOSTER WHEELER AMERICAS LIMITED p219
913 Laval Cres, KAMLOOPS, BC, V2C 5P4
(250) 374-1347 SIC 8711
AMEC FOSTER WHEELER AMERICAS LIMITED p261
3456 Opie Cres, PRINCE GEORGE, BC, V2N 2P9
(250) 564-3243 SIC 8711
AMEC FOSTER WHEELER AMERICAS LIMITED p291
1385 Cedar Ave, TRAIL, BC, V1R 4C3
(250) 368-2400 SIC 8711
AMEC FOSTER WHEELER AMERICAS LIMITED p303
111 Dunsmuir St Suite 400, VANCOUVER, BC, V6B 5W3
(604) 664-4315 SIC 8711
AMEC FOSTER WHEELER AMERICAS LIMITED p391
440 Dovercourt Dr, WINNIPEG, MB, R3Y 1G4
(204) 488-2997 SIC 8711
AMEC FOSTER WHEELER AMERICAS LIMITED p399
495 Prospect St Suite 1, FREDERICTON, NB, E3B 9M4
(506) 458-1000 SIC 8711
AMEC FOSTER WHEELER AMERICAS LIMITED p449
130 Eileen Stubbs Ave Suite 201, DARTMOUTH, NS, B3B 2C4
(902) 420-8900 SIC 8711
AMEC FOSTER WHEELER AMERICAS LIMITED p449
32 Troop Ave Unit 301, DARTMOUTH, NS, B3B 1Z1
(902) 468-2848 SIC 8711
AMEC FOSTER WHEELER AMERICAS LIMITED p537
3215 North Service Rd, BURLINGTON, ON, L7N 3G2
(905) 335-2353 SIC 8711
AMEC FOSTER WHEELER AMERICAS LIMITED p606
505 Woodward Ave Suite 1, HAMILTON, ON, L8H 6N6
(905) 312-0700 SIC 8711
AMEC FOSTER WHEELER AMERICAS LIMITED p659
1398 Wellington Rd S Unit 2, LONDON, ON, N6E 3N6
(519) 681-2400 SIC 8711
AMEC FOSTER WHEELER AMERICAS LIMITED p726
210 Colonnade Rd Suite 300, NEPEAN, ON, K2E 7L5
(613) 727-0658 SIC 8711
AMEC FOSTER WHEELER AMERICAS LIMITED p842
104 Crockford Blvd, SCARBOROUGH, ON, M1R 3C3
(416) 751-6565 SIC 8711
AMEC FOSTER WHEELER AMERICAS LIMITED p876
3300 Merrittville Hwy Unit 5, THOROLD, ON, L2V 4Y6
(905) 687-6616 SIC 8711
AMEC FOSTER WHEELER AMERICAS LIMITED p1281
608 Mcleod St, REGINA, SK, S4N 4Y1
SIC 8711
AMEC FOSTER WHEELER AMERICAS LIMITED p1302
121 Research Dr Unit 301, SASKATOON, SK, S7N 1K2
(306) 477-1155 SIC 8711
AMEC FOSTER WHEELER INC p764
2020 Winston Park Dr Suite 700, OAKVILLE, ON, L6H 6X7
(905) 829-5400 SIC 8711
ANDRITZ HYDRO CANADA INC p1056
895 Av George-V, LACHINE, QC, H8S 2R9
(514) 428-6820 SIC 8711
ANDRITZ HYDRO CANADA INC p1056
390 Rue Sherbrooke, LACHINE, QC, H8S 1G4
(514) 428-6843 SIC 8711
APLIN & MARTIN CONSULTANTS LTD p176
33230 Old Yale Rd Suite 101, ABBOTSFORD, BC, V2S 2J5
SIC 8711
APLIN & MARTIN CONSULTANTS LTD p285
12448 82 Ave Suite 201, SURREY, BC, V3W 3E9
(604) 597-9189 SIC 8711
ARCHITECTURE49 INC p566
1345 Rosemount Ave, CORNWALL, ON, K6J 3E5
(613) 933-5602 SIC 8711
ASSOCIATED ENGINEERING (B.C.) LTD p189
4940 Canada Way Suite 300, BURNABY, BC, V5G 4M5
(604) 293-1411 SIC 8711
ASSOCIATED ENGINEERING (ONT.) LTD p579
304 The East Mall Suite 800, ETOBICOKE, ON, M9B 6E2
(416) 622-9502 SIC 8711
ASSOCIATED ENGINEERING (SASK) LTD p1281
199 Leonard St, REGINA, SK, S4N 5X5
(306) 721-2466 SIC 8711
ASSOCIATED ENGINEERING (SASK) LTD p1299
2225 Northridge Dr Suite 1, SASKATOON, SK, S7L 6X6
(306) 653-4969 SIC 8711
ASSOCIATED ENGINEERING ALBERTA LTD p61
600 Crowfoot Cres Nw Suite 400, CALGARY, AB, T3G 0B4
(403) 262-4500 SIC 8711
ASSOCIATED ENGINEERING ALBERTA LTD p78
9888 Jasper Ave Suite 500, EDMONTON, AB, T5J 5C6
(780) 451-7666 SIC 8711
ASSOCIATED ENGINEERING ALBERTA LTD p138
400 4 Ave S Suite 1001, LETHBRIDGE, AB, T1J 4E1
(403) 329-1404 SIC 8711
ASSOCIATED ENGINEERING ALBERTA LTD p1281
1922 Park St, REGINA, SK, S4N 7M4
(306) 721-2466 SIC 8711
ASSOCIATED ENGINEERING GROUP LTD p189
4940 Canada Way Suite 300, BURNABY, BC, V5G 4M5
(604) 293-1411 SIC 8711
AUSENCO ENGINEERING CANADA INC p532
1016b Sutton Dr Suite 100, BURLINGTON, ON, L7L 6B8
(905) 319-1698 SIC 8711
AUSENCO ENGINEERING CANADA INC p1104
555 Boul Rene-Levesque O Bureau 200, Montreal, QC, H2Z 1B1
(514) 866-1221 SIC 8711
AUTOPRO AUTOMATION CONSULTANTS LTD p12
525 28 St Se Suite 360, CALGARY, AB, T2A 6W9
(403) 569-6480 SIC 8711
AUTOPRO AUTOMATION CONSULTANTS LTD p103
4208 97 St Nw Suite 203, EDMONTON, AB, T6E 5Z9
(780) 733-7550 SIC 8711
AUTOPRO AUTOMATION CONSULTANTS LTD p189
4370 Dominion St Suite 600, BURNABY, BC, V5G 4L7
(604) 419-4350 SIC 8711
AXOR EXPERTS-CONSEILS INC p1233
660 Boul Laure Bureau 105, Sept-Iles, QC, G4R 1X9
(418) 968-1320 SIC 8711
BANTREL CO. p40
700 6 Ave Sw Suite 1400, CALGARY, AB, T2P 0T8
(403) 290-5000 SIC 8711
BANTREL CO. p53
1201 Glenmore Trail Sw Suite 1061, CALGARY, AB, T2V 4Y8
(403) 290-5000 SIC 8711
BANTREL CO. p99
4999 98 Ave Nw Unit 401, EDMONTON, AB, T6B 2X3
(780) 462-5600 SIC 8711
BARLON ENGINEERING GROUP LTD, THE p51
340 12 Ave Sw Suite 1110, CALGARY, AB, T2R 1L5
(403) 261-7097 SIC 8711
BBA INC p942
10 Carlson Crt Suite 420, TORONTO, ON, M9W 6L2
(416) 585-2115 SIC 8711
BBA INC p1082
375 Boul Sir-Wilfrid-Laurier, MONT-SAINT-HILAIRE, QC, J3H 6C3
(450) 464-2111 SIC 8711
BBA INC p1109
630 Boul Rene-Levesque O Bureau 2500, Montreal, QC, H3B 1S6
(514) 866-2111 SIC 8711
BEAUDOIN HURENS INC p1139
13200 Boul Metropolitain E, POINTE-AUX-TREMBLES, QC, H1A 5K8
(514) 642-8422 SIC 8711
BECHT ENGINEERING CANADA LTD p15
4720 106 Ave Se Suite 210a, CALGARY, AB, T2C 3G5
(403) 256-3575 SIC 8711
BECHTEL QUEBEC LIMITEE p1105
1500 Boul Robert-Bourassa Bureau 910, Montreal, QC, H3A 3S7
(514) 871-1711 SIC 8711
BMT FLEET TECHNOLOGY LIMITED p623
311 Legget Dr, KANATA, ON, K2K 1Z8
(613) 592-2830 SIC 8711
BOMBARDIER INC p741
1500 Airport Rd, NORTH BAY, ON, P1B 8G2
SIC 8711
BOMBARDIER INC p1026
9501 Av Ryan, DORVAL, QC, H9P 1A2
(514) 855-5000 SIC 8711
BOMBARDIER INC p1078
10200 Rue Irenee-Vachon Bureau 450, MIRABEL, QC, J7N 3E3
(450) 476-0550 SIC 8711
BOMBARDIER INC p1078
13100 Boul Henri-Fabre Bureau 209, MIRABEL, QC, J7N 3C6
(514) 855-5000 SIC 8711
BPR - GROUPE-CONSEIL, SENC p1172
464 Boul Saint-Germain, RIMOUSKI, QC, G5L 3P1
(418) 723-8151 SIC 8711
BPR INC p1002
1205 Rue Ampere Bureau 310, BOUCHERVILLE, QC, J4B 7M6
(450) 655-8440 SIC 8711
BPR INC p1067
8165 Rue Du Mistral Bureau 201, Levis, QC, G6X 3R8
(418) 835-2366 SIC 8711
BPR INC p1154
4655 Boul Wilfrid-Hamel, Quebec, QC, G1P 2J7
(418) 871-8151 SIC 8711
BPR-INFRASTRUCTURE INC p1040
155 Rue Saint-Jacques Bureau 404, GRANBY, QC, J2G 9A7
(450) 378-3779 SIC 8711
BRETECH ENGINEERING LTD p414
49 Mcilveen Dr, SAINT JOHN, NB, E2J 4Y6
(506) 633-1774 SIC 8711
CANADIAN STEBBINS ENGINEERING & MFG CO LIMITED p769
2384 Speers Rd, OAKVILLE, ON, L6L 5M2
(905) 825-1800 SIC 8711
CANSOLV TECHNOLOGIES INC p1105
400 Boul De Maisonneuve O Bureau 200, Montreal, QC, H3A 1L4
(514) 382-4411 SIC 8711
CAPE BRETON REGIONAL MUNICIPALITY p475
320 Esplanade St Suite 300, SYDNEY, NS, B1P 7B9
(902) 563-5180 SIC 8711
CASCADES CS+ INC p1002
131 Rue Jacques-Menard, BOUCHERVILLE, QC, J4B 0K5
(819) 363-5100 SIC 8711
CASCADES CS+ INC p1007
9500 Av Illinois, BROSSARD, QC, J4Y 3B7
(450) 923-3300 SIC 8711
CASCADES CS+ INC p1048
15 Rue Lamontagne, KINGSEY FALLS, QC, J0A 1B0
(819) 363-5971 SIC 8711
CASSADY ENGINEERING LTD p147
2314 5 St, NISKU, AB, T9E 7W9
(780) 955-3780 SIC 8711
CBCL LIMITED p457
1489 Hollis St, HALIFAX, NS, B3J 3M5
(902) 421-7241 SIC 8711
CBCL LIMITED p474
164 Charlotte St, SYDNEY, NS, B1P 1C3
(902) 539-1330 SIC 8711
CH2M HILL CANADA LIMITED p41
800 6 Ave Sw Suite 1500, CALGARY, AB, T2P 3G3
SIC 8711
CH2M HILL CANADA LIMITED p190
4720 Kingsway Suite 2100, BURNABY, BC, V5H 4N2
(604) 684-3282 SIC 8711
CH2M HILL CANADA LIMITED p744
245 Consumers Rd Suite 400, NORTH

YORK, ON, M2J 1R3
(416) 499-9000 SIC 8711

CH2M HILL CANADA LIMITED p799
1101 Prince Of Wales Dr Unit 330, OTTAWA, ON, K2C 3W7
(613) 723-8700 SIC 8711

CH2M HILL ENERGY CANADA LTD p192
4599 Tillicum St, BURNABY, BC, V5J 3J9
SIC 8711

CHEMETICS INC p294
2930 Virtual Way Suite 200, VANCOUVER, BC, V5M 0A5
(604) 734-1200 SIC 8711

CIMA+ S.E.N.C. p1034
420 Boul Maloney E Bureau 201, GATINEAU, QC, J8P 7N8
(819) 663-9294 SIC 8711

CIMA+ S.E.N.C. p1069
2147 Rue De La Province, LONGUEUIL, QC, J4G 1Y6
(514) 337-2462 SIC 8711

CIMA+ S.E.N.C. p1114
6740 Rue Notre-Dame O Bureau 900, Montreal, QC, H3C 3X6
(514) 337-2462 SIC 8711

CIMA+ S.E.N.C. p1167
1145 Boul Lebourgneuf Bureau 300, Quebec, QC, G2K 2K8
(418) 623-3373 SIC 8711

CIMA+ S.E.N.C. p1174
37 Rue Delage, Riviere-du-Loup, QC, G5R 3P2
(418) 862-8217 SIC 8711

CIMA+ S.E.N.C. p1239
3385 Rue King O, SHERBROOKE, QC, J1L 1P8
(819) 565-3385 SIC 8711

CIMARRON PROJECTS LTD p30
6025 11 St Se Suite 300, CALGARY, AB, T2H 2Z2
(403) 252-3436 SIC 8711

CITY OF SURREY, THE p281
6651 148 St Fl 3, SURREY, BC, V3S 3C7
(604) 591-4152 SIC 8711

CLEARESULT CANADA INC p932
100 King St W Suite 5800, TORONTO, ON, M5X 2A1
(416) 504-3400 SIC 8711

CLIFTON ASSOCIATES LTD p1277
501 104th St, NORTH BATTLEFORD, SK, S9A 1M5
(306) 445-1621 SIC 8711

CLIFTON ASSOCIATES LTD p1295
1925 1st Ave N Suite 4, SASKATOON, SK, S7K 6W1
(306) 975-0401 SIC 8711

CLOUGH ENERCORE LIMITED p16
115 Quarry Park Rd Se Suite 140, CALGARY, AB, T2C 5G9
(403) 523-2000 SIC 8711

CMC ELECTRONIQUE INC p801
415 Legget Dr, OTTAWA, ON, K2K 2B2
(613) 592-6500 SIC 8711

CMC ELECTRONIQUE INC p1203
600 Boul Dr.-Frederik-Philips, SAINT-LAURENT, QC, H4M 2S9
(514) 748-3148 SIC 8711

CONERGY INC. p91
17815 111 Ave Nw, EDMONTON, AB, T5S 2X3
(780) 489-3700 SIC 8711

CONSTRUCTION & EXPERTISE PG INC p996
500 Rue Robert-Mckenzie, BEAUHARNOIS, QC, J6N 0N9
(450) 429-5000 SIC 8711

CONSTRUCTION KIEWIT CIE p1000
4333 Boul De La Grande-Allee, BOIS-BRIAND, QC, J7H 1M7
(450) 435-5756 SIC 8711

CONSULTANTS AECOM INC p1018
1 Place Laval Bureau 200, Cote Saint-Luc, QC, H7N 1A1
(450) 967-1260 SIC 8711

CONSULTANTS AECOM INC p1037
228 Boul Saint-Joseph Bureau 303, GATINEAU, QC, J8Y 3X4
(819) 777-1630 SIC 8711

CONSULTANTS AECOM INC p1155
4700 Boul Wilfrid-Hamel, Quebec, QC, G1P 2J9
(418) 871-2452 SIC 8711

CONSULTANTS CANARAIL INC p1110
1100 Boul Rene-Levesque O etage 10e, Montreal, QC, H3B 4N4
(514) 985-0930 SIC 8711

CONSULTANTS LBCD INC, LES p1256
1000 Av Saint-Charles Bureau 1008, VAUDREUIL-DORION, QC, J7V 8P5
(450) 455-6119 SIC 8711

CONSULTANTS MESAR INC p1252
4500 Rue Charles-Malhiot, Trois-Rivieres, QC, G9B 0V4
(819) 537-5771 SIC 8711

CONVERGINT TECHNOLOGIES LTD p287
2677 192 St Unit 101, SURREY, BC, V3Z 3X1
(604) 536-8979 SIC 8711

CORPORATION OF THE CITY OF BARRIE, THE p494
249 Bradford St, BARRIE, ON, L4M 4T5
(705) 739-4221 SIC 8711

CORPORATION OF THE CITY OF WINDSOR p962
2545 Pillette Rd, WINDSOR, ON, N8T 1P9
SIC 8711

CORRPRO CANADA, INC p214
8607 101 St, FORT ST. JOHN, BC, V1J 5K4
(250) 787-9100 SIC 8711

CP ENERGY MARKETING INC p41
505 2 St Sw Suite 84, CALGARY, AB, T2P 1N8
(403) 717-4600 SIC 8711

CRH CANADA GROUP INC p768
690 Dorval Dr Suite 200, OAKVILLE, ON, L6K 3W7
(905) 842-2741 SIC 8711

CROSSEY ENGINEERING LTD p744
2255 Sheppard Ave E Suite E 331, NORTH YORK, ON, M2J 4Y1
(416) 497-3111 SIC 8711

CWA ENGINEERS INC p294
2925 Virtual Way Suite 380, VANCOUVER, BC, V5M 4X5
(604) 526-2275 SIC 8711

DBA ENGINEERING LTD p974
401 Hanlan Rd, WOODBRIDGE, ON, L4L 3T1
(905) 851-0090 SIC 8711

DEGOLYER AND MACNAUGHTON CANADA INC p43
311 6 Ave Sw Suite 1430, CALGARY, AB, T2P 3H2
(403) 266-8680 SIC 8711

DELCAN INTERNATIONAL CORPORATION p671
625 Cochrane Dr Suite 500, MARKHAM, ON, L3R 9R9
(905) 943-0500 SIC 8711

DESSAU INC p799
2625 Queensview Dr Suite 105, OTTAWA, ON, K2B 8K2
(613) 226-9667 SIC 8711

DESSAU INC p1111
1060 Boul Robert-Bourassa Unite 600, Montreal, QC, H3B 4V3
(514) 281-1033 SIC 8711

DESSAU INC p1167
1260 Boul Lebourgneuf Bureau 250, Quebec, QC, G2K 2G2
(418) 626-1688 SIC 8711

DESSAU INC p1253
1032 3e Av, VAL-D'OR, QC, J9P 1T6
(819) 825-1353 SIC 8711

DILLON CONSULTING LIMITED p389
1558 Willson Pl, WINNIPEG, MB, R3T 0Y4
(204) 453-2301 SIC 8711

DILLON CONSULTING LIMITED p400
1149 Smythe St Suite 200, FREDERICTON, NB, E3B 3H4
(506) 444-4820 SIC 8711

DILLON CONSULTING LIMITED p463
137 Chain Lake Dr Suite 100, HALIFAX, NS, B3S 1B3
(902) 450-4000 SIC 8711

DILLON CONSULTING LIMITED p547
5 Cherry Blossom Rd Unit 1, CAMBRIDGE, ON, N3H 4R7
SIC 8711

DILLON CONSULTING LIMITED p594
5335 Canotek Rd Suite 200, GLOUCESTER, ON, K1J 9L4
(613) 745-2213 SIC 8711

DILLON CONSULTING LIMITED p641
51 Breithaupt St Suite 1, KITCHENER, ON, N2H 5G5
(519) 571-9833 SIC 8711

DILLON CONSULTING LIMITED p655
130 Dufferin Ave Suite 1400, LONDON, ON, N6A 5R2
(519) 438-6192 SIC 8711

DILLON CONSULTING LIMITED p744
235 Yorkland Blvd Suite 800, NORTH YORK, ON, M2J 4Y8
(416) 229-4646 SIC 8711

DILLON CONSULTING LIMITED p771
1155 North Service Rd W Unit 14, OAKVILLE, ON, L6M 3E3
SIC 8711

DILLON CONSULTING LIMITED p963
3200 Deziel Dr Suite 608, WINDSOR, ON, N8W 5K8
(519) 948-5000 SIC 8711

EHV POWER ULC p596
21 Cardico Dr, GORMLEY, ON, L0H 1G0
(905) 888-7266 SIC 8711

ELLARD-WILLSON ENGINEERING LIMITED p671
260 Town Centre Blvd Suite 202, MARKHAM, ON, L3R 8H8
(905) 940-3100 SIC 8711

EMERSON ELECTRIC CANADA LIMITED p17
110 Quarry Park Blvd Se Suite 200, CALGARY, AB, T2C 3G3
(403) 258-6200 SIC 8711

ENGLOBE CORP p1030
1430 Boul Lemire, DRUMMONDVILLE, QC, J2C 5A4
(819) 475-6688 SIC 8711

ENTREPRISE G N P INC p1260
750 Boul Pierre-Roux E, VICTORIAVILLE, QC, G6T 1S6
(819) 752-7140 SIC 8711

EXP SERVICES INC p31
7220 Fisher St Se Unit 375, CALGARY, AB, T2H 2H8
(403) 509-3030 SIC 8711

EXP SERVICES INC p104
8616 51 Ave Nw Unit 101, EDMONTON, AB, T6E 6E6
(780) 435-3662 SIC 8711

EXP SERVICES INC p189
3001 Wayburne Dr Suite 275, BURNABY, BC, V5G 4W3
(604) 874-1245 SIC 8711

EXP SERVICES INC p400
1133 Regent St Suite 300, FREDERICTON, NB, E3B 3Z2
(506) 452-9000 SIC 8711

EXP SERVICES INC p433
60 Pippy Pl Suite 200, ST. JOHN'S, NL, A1B 4H7
(709) 579-2027 SIC 8711

EXP SERVICES INC p497
561 Bryne Dr, BARRIE, ON, L4N 9Y3
(705) 734-6222 SIC 8711

EXP SERVICES INC p514
1595 Clark Blvd, BRAMPTON, ON, L6T 4V1
(905) 793-9800 SIC 8711

EXP SERVICES INC p547
405 Maple Grove Rd Unit 6, CAMBRIDGE, ON, N3E 1B6
(519) 650-4918 SIC 8711

EXP SERVICES INC p726
154 Colonnade Rd, NEPEAN, ON, K2E 7J5
(613) 225-9940 SIC 8711

EXP SERVICES INC p862
428 Millen Rd Suite 1, STONEY CREEK, ON, L8E 3N9
(905) 664-3300 SIC 8711

EXP SERVICES INC p870
885 Regent St Suite 3-6a, SUDBURY, ON, P3E 5M4
(705) 674-9681 SIC 8711

EXP SERVICES INC p873
220 Commerce Valley Dr W Suite 500, THORNHILL, ON, L3T 0A8
(905) 695-3217 SIC 8711

EXP SERVICES INC p884
690 River Park Rd Suite 401, TIMMINS, ON, P4P 1B4
(705) 268-4351 SIC 8711

EXP SERVICES INC p1038
170 Rue Deveault Bureau 100, GATINEAU, QC, J8Z 1S6
(819) 777-0332 SIC 8711

EXP SERVICES INC p1105
1001 Boul De Maisonneuve O Bureau 800b, Montreal, QC, H3A 3C8
(514) 788-6158 SIC 8711

EXP SERVICES INC p1238
150 Rue De Vimy, SHERBROOKE, QC, J1J 3M7
(819) 562-3871 SIC 8711

EXP SERVICES INC p1238
2605 Rue Bonin, SHERBROOKE, QC, J1K 1C5
(819) 821-4373 SIC 8711

EXP SERVICES INC p1260
50 Rte De La Grande-Ligne, VICTORIAVILLE, QC, G6T 0E6
(819) 758-8265 SIC 8711

FEKETE ASSOCIATES INC p44
540 5 Ave Sw Suite 2000, CALGARY, AB, T2P 0M2
(403) 213-4200 SIC 8711

FENCO SHAWINIGAN ENGINEERING LIMITED p458
5657 Spring Garden Rd Suite 200, HALIFAX, NS, B3J 3R4
(902) 492-4544 SIC 8711

FJORDS PROCESSING CANADA INC p898
1920 Yonge St Suite 301, TORONTO, ON, M4S 3E2
(416) 343-9223 SIC 8711

FLEETWAY INC p791
141 Laurier Ave W Suite 800, OTTAWA, ON, K1P 5J3
(613) 236-6048 SIC 8711

FLUOR CANADA LTD p55
55 Sunpark Plaza Se, CALGARY, AB, T2X 3R4
(403) 537-4000 SIC 8711

FLUOR CANADA LTD p120
9816 Hardin St Suite 300, FORT MCMURRAY, AB, T9H 4K3
(780) 790-6002 SIC 8711

FLUOR CANADA LTD p311
1075 Georgia St W Suite 700, VANCOUVER, BC, V6E 4M7
(604) 488-2000 SIC 8711

FNP ENGINEERING p39
1240 Kensington Rd Nw Suite 403, CALGARY, AB, T2N 3P7
(403) 270-8833 SIC 8711

G.C.M. CONSULTANTS INC p1003
1310 Rue Nobel, BOUCHERVILLE, QC, J4B 5H3
(514) 351-8350 SIC 8711

G.C.M. CONSULTANTS INC p1066
4000 Boul Guillaume-Couture Unite 200, Levis, QC, G6W 1H7
(418) 834-0014 SIC 8711

GEMINI ENGINEERING LIMITED p44
839 5 Ave Sw Suite 400, CALGARY, AB, T2P

3C8
(403) 255-2916 SIC 8711
GEMTEC LIMITED p409
77 Rooney Cres, MONCTON, NB, E1E 4M4
(506) 858-7180 SIC 8711
GENICAD INC p1153
2260 Rue Leon-Harmel, Quebec, QC, G1N 4L2
(418) 682-3313 SIC 8711
GHD CONSULTANTS LTEE p726
179 Colonnade Rd Suite 400, NEPEAN, ON, K2E 7J4
(613) 723-8182 SIC 8711
GOLDER ASSOCIATES LTD p88
16820 107 Ave Nw, EDMONTON, AB, T5P 4C3
(780) 483-3499 SIC 8711
GOLDER ASSOCIATES LTD p177
2190 West Railway St Suite 300, ABBOTSFORD, BC, V2S 2E2
(604) 850-8786 SIC 8711
GOLDER ASSOCIATES LTD p195
201 Columbia Ave, CASTLEGAR, BC, V1N 1A8
(250) 365-0344 SIC 8711
GOLDER ASSOCIATES LTD p220
929 Mcgill Rd, KAMLOOPS, BC, V2C 6E9
(250) 828-6116 SIC 8711
GOLDER ASSOCIATES LTD p334
3795 Carey Rd Fl 2, VICTORIA, BC, V8Z 6T8
(250) 881-7372 SIC 8711
GOLDER ASSOCIATES LTD p497
121 Commerce Park Dr Unit L, BARRIE, ON, L4N 8X1
(705) 722-4492 SIC 8711
GOLDER ASSOCIATES LTD p545
210 Sheldon Dr Suite 201, CAMBRIDGE, ON, N1T 1A8
SIC 8711
GOLDER ASSOCIATES LTD p664
309 Exeter Rd Unit 1, LONDON, ON, N6L 1C1
(519) 652-0099 SIC 8711
GOLDER ASSOCIATES LTD p801
1931 Robertson Rd, OTTAWA, ON, K2H 5B7
(613) 592-9600 SIC 8711
GOLDER ASSOCIATES LTD p869
33 Mackenzie St Suite 100, SUDBURY, ON, P3C 4Y1
(705) 524-6861 SIC 8711
GOLDER ASSOCIATES LTD p964
1825 Provincial Rd, WINDSOR, ON, N8W 5V7
(519) 250-3733 SIC 8711
GOLDER ASSOCIATES LTD p1292
1721 8th St E, SASKATOON, SK, S7H 0T4
(306) 665-7989 SIC 8711
GOUVERNEMENT DE LA PROVINCE DE QUEBEC p1158
930 Ch Sainte-Foy Bureau 5, Quebec, QC, G1S 2L4
(418) 643-6618 SIC 8711
GOUVERNEMENT DE LA PROVINCE DE QUEBEC p1166
700 7e Rue De L'aeroport, Quebec, QC, G2G 2S8
(418) 528-8686 SIC 8711
GOVERNING COUNCIL OF THE UNIVERSITY OF TORONTO p925
10 King's College Rd, TORONTO, ON, M5S 3E5
(416) 978-2820 SIC 8711
GOVERNING COUNCIL OF THE UNIVERSITY OF TORONTO p925
10 King's College Rd Rm 1024, TORONTO, ON, M5S 3H5
(416) 978-3112 SIC 8711
GPEC INTERNATIONAL LTD p783
2880 Sheffield Rd Suite 3, OTTAWA, ON, K1B 1A4
(613) 747-1788 SIC 8711
GREER GALLOWAY GROUP INC, THE p502
1620 Wallbridge-Loyalist Rd Suite 5, BELLEVILLE, ON, K8N 4Z5
(613) 966-3068 SIC 8711
GROUPE CONSEIL TDA INC p993
26 Boul Comeau, BAIE-COMEAU, QC, G4Z 3A8
(418) 296-6711 SIC 8711
GROUPE S.M. INTERNATIONAL INC, LE p1096
433 Rue Chabanel O Bureau 1200, Montreal, QC, H2N 2J8
(514) 982-6001 SIC 8711
GROUPE STAVIBEL INC p988
762 Av De L'industrie, AMOS, QC, J9T 4L9
(819) 732-8355 SIC 8711
GROUPE STAVIBEL INC p1177
25 Rue Gamble E, ROUYN-NORANDA, QC, J9X 3B6
(819) 764-5181 SIC 8711
GROUPE STAVIBEL INC p1177
150 Rue Gamble O, ROUYN-NORANDA, QC, J9X 2R7
(819) 764-5181 SIC 8711
GROUPE STAVIBEL INC p1177
1375 Av Lariviere, ROUYN-NORANDA, QC, J9X 6M6
(819) 764-5181 SIC 8711
GROUPE STAVIBEL INC p1253
1271 7e Rue, VAL-D'OR, QC, J9P 3S1
(819) 825-2233 SIC 8711
GUILDFORDS (2005) INC p407
151 Halifax St, MONCTON, NB, E1C 9R6
(506) 859-0818 SIC 8711
HATCH CORPORATION p45
840 7 Ave Sw Suite 1250, CALGARY, AB, T2P 3G2
(403) 269-9555 SIC 8711
HATCH CORPORATION p245
2201 Marine Dr, NEW WESTMINSTER, BC, V3M 2H4
SIC 8711
HATCH CORPORATION p311
1066 Hastings St W Suite 1010, VANCOUVER, BC, V6E 3X2
(604) 629-1736 SIC 8711
HATCH CORPORATION p476
106-200 Church Hill Dr, SYDNEY, NS, B1S 0H5
(902) 564-5583 SIC 8711
HATCH CORPORATION p534
5035 South Service Rd, BURLINGTON, ON, L7L 6M9
(519) 772-1201 SIC 8711
HATCH CORPORATION p672
15 Allstate Pky Suite 300, MARKHAM, ON, L3R 5B4
(905) 943-9600 SIC 8711
HATCH CORPORATION p814
1815 Ironstone Manor Suite 10, PICKERING, ON, L1W 3W9
(902) 564-5583 SIC 8711
HATCH CORPORATION p1112
5 Place Ville-Marie Bureau 1400, Montreal, QC, H3B 2G2
(514) 861-0583 SIC 8711
HATCH LTD p311
1066 Hastings St W Suite 400, VANCOUVER, BC, V6E 3X1
(604) 683-9141 SIC 8711
HATCH LTD p378
500 Portage Ave Suite 600, WINNIPEG, MB, R3C 3Y8
(204) 786-8751 SIC 8711
HATCH LTD p735
4342 Queen St Suite 500, NIAGARA FALLS, ON, L2E 7J7
(905) 374-5200 SIC 8711
HATCH LTD p869
128 Pine St Suite 103, SUDBURY, ON, P3C 1X3
(705) 688-0250 SIC 8711
HATCH LTD p1112
5 Place Ville-Marie Bureau 1400, Montreal, QC, H3B 2G2
(514) 861-0583 SIC 8711
HATCH LTD p1242
3220 Boul Saint-Louis, SOREL-TRACY, QC, J3R 5P8
(450) 743-2763 SIC 8711
HATCH LTD p1302
121 Research Dr Suite 201, SASKATOON, SK, S7N 1K2
(306) 657-7500 SIC 8711
HDR CORPORATION p820
100 York Blvd Suite 300, RICHMOND HILL, ON, L4B 1J8
(289) 695-4600 SIC 8711
HDR CORPORATION p914
255 Adelaide St W, TORONTO, ON, M5H 1X9
(647) 777-4900 SIC 8711
HIRSCHFIELD WILLIAMS TIMMINS LTD p332
4400 Chatterton Way Suite 302, VICTORIA, BC, V8X 5J2
SIC 8711
HOOD TECHNICAL CONSULTANTS LTD p161
150 Chippewa Rd Suite 258, SHERWOOD PARK, AB, T8A 6A2
(780) 416-4663 SIC 8711
HYDRO-QUEBEC p1246
1185 Boul Frontenac E, THETFORD MINES, QC, G6G 8C6
(418) 338-2140 SIC 8711
INGENIERIE CARMICHAEL LTEE p18
6504 30 St Se, CALGARY, AB, T2C 1N4
(403) 255-3322 SIC 8711
INGENIERIE CARMICHAEL LTEE p1120
3822 Av De Courtrai, Montreal, QC, H3S 1C1
(514) 735-4361 SIC 8711
INTEGRATED DISTRIBUTION SYSTEMS LIMITED PARTNERSHIP p575
10 Diesel Dr, ETOBICOKE, ON, M8W 2T8
(416) 259-3281 SIC 8711
ISL ENGINEERING AND LAND SERVICES LTD p31
6325 12 St Se Suite 1, CALGARY, AB, T2H 2K1
(403) 254-0544 SIC 8711
ISL ENGINEERING AND LAND SERVICES LTD p105
7909 51 Ave Nw Suite 100, EDMONTON, AB, T6E 5L9
(780) 438-9000 SIC 8711
ISL HOLDINGS INC p32
6325 12 St Se Unit 1, CALGARY, AB, T2H 2K1
(403) 254-0544 SIC 8711
J.L. RICHARDS & ASSOCIATES LIMITED p870
314 Countryside Dr, SUDBURY, ON, P3E 6G2
(705) 522-8174 SIC 8711
JACOBS CANADA INC p32
6835 Railway St Se Suite 200, CALGARY, AB, T2H 2V6
(403) 258-0554 SIC 8711
JENSEN HUGHES CONSULTING CANADA LTD p266
13900 Maycrest Way Unit 135, RICHMOND, BC, V6V 3E2
(604) 295-4000 SIC 8711
JMP ENGINEERING INC p543
1425 Bishop St N Unit 8, CAMBRIDGE, ON, N1R 6J9
SIC 8711
JNE CONSULTING LTD p609
121 Shaw St, HAMILTON, ON, L8L 3P6
(905) 529-5122 SIC 8711
JOHNSTON-VERMETTE GROUPE CONSEIL INC p997
1095 Av Des Oiselets, Becancour, QC, G9H 4P7
(819) 298-4470 SIC 8711
JOHNSTON-VERMETTE GROUPE CONSEIL INC p1112
625 Boul Rene-Levesque O Bureau 801, Montreal, QC, H3B 1R2
(514) 396-3550 SIC 8711
KELLAM BERG ENGINEERING & SURVEYS LTD p32
5800 1a St Sw, CALGARY, AB, T2H 0G1
(403) 640-0900 SIC 8711
KENAIDAN CONTRACTING LTD p722
7080 Derrycrest Dr, MISSISSAUGA, ON, L5W 0G5
(905) 670-2660 SIC 8711
KJA CONSULTANTS INC p914
85 Richmond St W, TORONTO, ON, M5H 2C9
(416) 961-3938 SIC 8711
KLOHN CRIPPEN BERGER LTD p10
2618 Hopewell Pl Ne Suite 500, CALGARY, AB, T1Y 7J7
(403) 648-4244 SIC 8711
KLOHN CRIPPEN BERGER LTD p294
2955 Virtual Way Suite 500, VANCOUVER, BC, V5M 4X6
(604) 669-3800 SIC 8711
KLOHN CRIPPEN BERGER LTD p870
1361 Paris St Unit 101, SUDBURY, ON, P3E 3B6
(705) 522-1367 SIC 8711
KNIGHT PIESOLD LTD p742
1650 Main St W, NORTH BAY, ON, P1B 8G5
(705) 476-2165 SIC 8711
KONTZAMANIS GRAUMANN SMITH MACMILLAN INC p878
1001 William St Suite 301a, THUNDER BAY, ON, P7B 6M1
(807) 623-2195 SIC 8711
KONTZAMANIS GRAUMANN SMITH MACMILLAN INC p1290
4561 Parliament Ave Suite 200, REGINA, SK, S4W 0G3
(306) 757-9681 SIC 8711
KONTZAMANIS GRAUMANN SMITH MACMILLAN INC p1290
4561 Parliament Ave Suite 200, REGINA, SK, S4W 0G3
(306) 757-9681 SIC 8711
KOVIT ENGINEERING LIMITED p869
31 Dean Ave, SUDBURY, ON, P3C 3B8
(705) 523-1040 SIC 8711
KVAERNER PROCESS SYSTEMS CANADA INC p18
3131 57 Ave Se, CALGARY, AB, T2C 0B2
(403) 216-0750 SIC 8711
LANMARK ENGINEERING INC p53
2424 4 St Sw Suite 340, CALGARY, AB, T2S 2T4
(403) 536-7300 SIC 8711
LAPORTE ENGINEERING INC p942
89 Skyway Ave Suite 100, TORONTO, ON, M9W 6R4
(416) 675-6761 SIC 8711
LE GROUPE MANUFACTURIER D'ASCENSEURS GLOBAL TARDIF INC p1180
120 Rue De Naples, SAINT-AUGUSTIN-DE-DESMAURES, QC, G3A 2Y2
(418) 878-4116 SIC 8711
LES SERVICES EXP INC p1116
1441 Boul Rene-Levesque O Bureau 200, Montreal, QC, H3G 1T7
(514) 931-1080 SIC 8711
LONQUIST & CO. (CANADA) ULC p46
255 5 Ave Sw Suite 2360, CALGARY, AB, T2P 3G6
(403) 451-4992 SIC 8711
LVM/HTES LTD p28
2806 Ogden Rd Se, CALGARY, AB, T2G 4R7
(403) 255-3273 SIC 8711
MACHINABILITY AUTOMATION CORP p770
1045 South Service Rd W, OAKVILLE, ON, L6L 6K3
(905) 618-0187 SIC 8711
MACLELLAN, C.J. & ASSOCIATES INCORPORATED p442
65 Beech Hill Rd Suite 2, ANTIGONISH, NS,

B2G 2P9
(902) 863-1220 *SIC* 8711

MACOGEP INC p1112
1255 Boul Robert-Bourassa Bureau 700, Montreal, QC, H3B 3W1
(514) 223-9001 *SIC* 8711

MAGNATE ENGINEERING & ASSOCIATES INC p282
19425 Langley Bypass Suite 107, SURREY, BC, V3S 6K1
(604) 539-1411 *SIC* 8711

MAGNATE ENGINEERING & ASSOCIATES INC p515
220 Advance Blvd, BRAMPTON, ON, L6T 4J5
(905) 799-8220 *SIC* 8711

MAJOR D. S. SERVICES LIMITED p843
55 Nugget Ave Unit 229, SCARBOROUGH, ON, M1S 3L1
(416) 292-6300 *SIC* 8711

MATSU MANUFACTURING INC p592
71 Todd Rd, GEORGETOWN, ON, L7G 4R8
SIC 8711

MCCORMICK RANKIN CORPORATION p641
72 Victoria St S Suite 100, KITCHENER, ON, N2G 4Y9
(519) 741-1464 *SIC* 8711

MCCORMICK RANKIN CORPORATION p795
1145 Hunt Club Rd Suite 300, OTTAWA, ON, K1V 0Y3
(613) 736-7200 *SIC* 8711

MCELHANNEY CONSULTING SERVICES LTD p240
1351 Estevan Rd Unit 1, NANAIMO, BC, V9S 3Y3
(250) 716-3336 *SIC* 8711

MCW CONSULTANTS LTD p312
1185 Georgia St W Suite 1400, VANCOUVER, BC, V6E 4E6
(604) 687-1821 *SIC* 8711

MCW CONSULTANTS LTD p407
77 Vaughan Harvey Blvd Suite 200, MONCTON, NB, E1C 0K2
(506) 857-8880 *SIC* 8711

MECANIQUE INDUSTRIELLE A.L. TECH INC p993
240 Rue Manville O, ASBESTOS, QC, J1T 1G7
(819) 879-6777 *SIC* 8711

MET-CHEM CANADA INC p1104
555 Boul Rene-Levesque O Bureau 300, Montreal, QC, H2Z 1B1
(514) 288-5211 *SIC* 8711

METSO MINERALS CANADA INC p224
2281 Hunter Rd, KELOWNA, BC, V1X 7C5
(250) 861-5501 *SIC* 8711

MORISSETTE, CHARLES INC p1054
150 Ch Des Hamelin, LA TUQUE, QC, G9X 3N6
(819) 523-3366 *SIC* 8711

MORRISON HERSHFIELD LIMITED p32
6807 Railway St Se Suite 300, CALGARY, AB, T2H 2V6
(403) 246-4500 *SIC* 8711

MORRISON HERSHFIELD LIMITED p117
1603 91 St Sw Suite 300, EDMONTON, AB, T6X 0W8
(780) 483-5200 *SIC* 8711

MORRISON HERSHFIELD LIMITED p187
4321 Still Creek Dr Unit 310, BURNABY, BC, V5C 6S7
(604) 454-0402 *SIC* 8711

MORRISON HERSHFIELD LIMITED p676
125 Commerce Valley Dr W Suite 300, MARKHAM, ON, L3T 7W4
(416) 499-3110 *SIC* 8711

MPE ENGINEERING LTD p139
714 5 Ave S Suite 300, LETHBRIDGE, AB, T1J 0V1
(403) 329-3442 *SIC* 8711

MTE CONSULTANTS INC p534
1016 Sutton Dr Suite A, BURLINGTON, ON, L7L 6B8
(905) 639-2552 *SIC* 8711

NAIRNE, DAVID & ASSOCIATES LTD p248
171 Esplanade W Suite 250, NORTH VANCOUVER, BC, V7M 3J9
(604) 984-3503 *SIC* 8711

NAVTECH INC p952
295 Hagey Blvd Suite 200, WATERLOO, ON, N2L 6R5
(519) 747-1170 *SIC* 8711

NAYLOR ENGINEERING ASSOCIATES LTD p642
353 Bridge St E, KITCHENER, ON, N2K 2Y5
(519) 741-1313 *SIC* 8711

NBM ENGINEERING INC p767
1525 Cornwall Rd, U 27, OAKVILLE, ON, L6J 0B2
(905) 845-7770 *SIC* 8711

NORTHWEST HYDRAULIC CONSULTANTS LTD p117
9819 12 Ave Sw, EDMONTON, AB, T6X 0E3
(780) 436-5868 *SIC* 8711

NORTHWEST HYDRAULIC CONSULTANTS LTD p248
30 Gostick Pl, NORTH VANCOUVER, BC, V7M 3G3
(604) 980-6011 *SIC* 8711

ORBIS ENGINEERING FIELD SERVICES LTD p105
9404 41 Ave Nw Suite 300, EDMONTON, AB, T6E 6G8
(780) 988-1455 *SIC* 8711

PAGEAU, MOREL & ASSOCIES INC p1036
365 Boul Greber Bureau 302, GATINEAU, QC, J8T 5R3
(819) 776-4665 *SIC* 8711

PAGEAU, MOREL & ASSOCIES INC p1097
210 Boul Cremazie O Bureau 110, Montreal, QC, H2P 1C6
(514) 382-5150 *SIC* 8711

PARSONS INC p245
604 Columbia St Suite 400, NEW WESTMINSTER, BC, V3M 1A5
(604) 525-9333 *SIC* 8711

PARSONS INC p594
1223 Michael St Suite 100, GLOUCESTER, ON, K1J 7T2
(613) 738-4160 *SIC* 8711

PARSONS INC p660
1069 Wellington Rd Suite 214, LONDON, ON, N6E 2H6
(519) 681-8771 *SIC* 8711

PARSONS INC p674
625 Cochrane Dr Suite 500, MARKHAM, ON, L3R 9R9
(905) 943-0500 *SIC* 8711

PETO MACCALLUM LTD p498
19 Churchill Dr, BARRIE, ON, L4N 8Z5
(705) 734-3900 *SIC* 8711

PETO MACCALLUM LTD p638
16 Franklin St S, KITCHENER, ON, N2C 1R4
(519) 893-7500 *SIC* 8711

PHASOR ENGINEERING INC p14
1829 54 St Se Suite 218, CALGARY, AB, T2B 1N5
(403) 238-3695 *SIC* 8711

PHOENIX PETROLEUM LTD p452
42 Fielding Ave, DARTMOUTH, NS, B3B 1E4
(902) 481-0620 *SIC* 8711

POWERHOUSE CONTROLS LIMITED p865
89 Lorne Ave E Unit 2, STRATFORD, ON, N5A 6S4
(519) 273-6602 *SIC* 8711

POYRY (VANCOUVER) INC. p314
1550 Alberni St Suite 200, VANCOUVER, BC, V6G 1A5
(604) 689-0344 *SIC* 8711

PROTECTION INCENDIE VIKING INC p193
7885 North Fraser Way Unit 140, BURNABY, BC, V5J 5M7
(604) 324-7122 *SIC* 8711

R. V. ANDERSON ASSOCIATES LIMITED p745
2001 Sheppard Ave E Suite 400, NORTH YORK, ON, M2J 4Z8
(416) 497-8600 *SIC* 8711

R. V. ANDERSON ASSOCIATES LIMITED p868
436 Westmount Ave Suite 6, SUDBURY, ON, P3A 5Z8
(705) 560-5555 *SIC* 8711

R.J. BURNSIDE & ASSOCIATES LIMITED p516
170 Steelwell Rd Suite 200, BRAMPTON, ON, L6T 5T3
(905) 793-9239 *SIC* 8711

R.J. BURNSIDE & ASSOCIATES LIMITED p556
3 Ronell Cres Suite 2, COLLINGWOOD, ON, L9Y 4J6
(705) 446-0515 *SIC* 8711

R.J. BURNSIDE & ASSOCIATES LIMITED p602
292 Speedvale Ave W Unit 7, GUELPH, ON, N1H 1C4
(519) 823-4995 *SIC* 8711

R.J. BURNSIDE & ASSOCIATES LIMITED p734
16775 Yonge St Suite 200, NEWMARKET, ON, L3Y 8J4
(905) 953-8967 *SIC* 8711

RACAL PELAGOS CANADA LTD p455
209 Aerotech Dr Suite 3a, GOFFS, NS, B2T 1K3
SIC 8711

READ JONES CHRISTOFFERSEN LTD p38
1816 Crowchild Trail Nw Suite 500, CALGARY, AB, T2M 3Y7
(403) 283-5073 *SIC* 8711

READ JONES CHRISTOFFERSEN LTD p335
645 Tyee Rd Suite 220, VICTORIA, BC, V9A 6X5
(250) 386-7794 *SIC* 8711

READ JONES CHRISTOFFERSEN LTD p920
144 Front St W Suite 500, TORONTO, ON, M5J 2L7
(416) 977-5335 *SIC* 8711

ROBINSON CONSULTANTS INC p626
350 Palladium Dr Suite 210, KANATA, ON, K2V 1A8
(613) 592-6060 *SIC* 8711

ROCHE LTEE p1011
301 Boul Industriel, Chateauguay, QC, J6J 4Z2
(450) 691-1858 *SIC* 8711

ROLLS-ROYCE CANADA LIMITEE p449
461 Windmill Rd, DARTMOUTH, NS, B3A 1J9
(902) 468-2928 *SIC* 8711

ROWAN WILLIAMS DAVIES & IRWIN INC p48
736 8 Ave Sw Suite 1000, CALGARY, AB, T2P 1H4
(403) 232-6771 *SIC* 8711

ROY CONSULTANTS GROUP LTD p394
548 King Ave, BATHURST, NB, E2A 1P7
(506) 546-4484 *SIC* 8711

RPS ENERGY CANADA LTD p48
800 5 Ave Sw Suite 1400, CALGARY, AB, T2P 3T6
(403) 265-7226 *SIC* 8711

RSW INC p1168
5600 Boul Des Galeries Bureau 500, Quebec, QC, G2K 2H6
(418) 648-9512 *SIC* 8711

RWDI AIR INC p48
736 8 Ave Sw Suite 1000, CALGARY, AB, T2P 1H4
(403) 232-6771 *SIC* 8711

RWDI AIR INC p600
600 Southgate Dr, GUELPH, ON, N1G 4P6
(519) 823-1311 *SIC* 8711

RWDI GROUP INC p48
736 8 Ave Sw Suite 1000, CALGARY, AB, T2P 1H4
(403) 232-6771 *SIC* 8711

SACRE CONSULTANTS LTD p247
315 Mountain Hwy, NORTH VANCOUVER, BC, V7J 2K7
(604) 983-0305 *SIC* 8711

SERVICES D'ESSAIS INTERTEK AN LTEE p720
6225 Kenway Dr, MISSISSAUGA, ON, L5T 2L3
(905) 678-7820 *SIC* 8711

SINTRA INC p1178
240 Av Marcel-Baril, ROUYN-NORANDA, QC, J9X 7C1
(819) 762-6505 *SIC* 8711

SMITH AND ANDERSEN CONSULTING ENGINEERING p798
1600 Carling Ave Suite 530, OTTAWA, ON, K1Z 1G3
(613) 230-1186 *SIC* 8711

SMS ENGINEERING LTD p383
770 Bradford St, WINNIPEG, MB, R3H 0N3
(204) 775-0291 *SIC* 8711

SNC-LAVALIN (S.A.) INC p388
148 Nature Park Way, WINNIPEG, MB, R3P 0X7
(204) 786-8080 *SIC* 8711

SNC-LAVALIN INC p49
605 5 Ave Sw Suite 1400, CALGARY, AB, T2P 3H5
(403) 294-2100 *SIC* 8711

SNC-LAVALIN INC p82
10235 101 St Nw Suite 608, EDMONTON, AB, T5J 3G1
(780) 426-1000 *SIC* 8711

SNC-LAVALIN INC p313
745 Thurlow St Suite 500, VANCOUVER, BC, V6E 0C5
(604) 662-3555 *SIC* 8711

SNC-LAVALIN INC p388
148 Nature Park Way, WINNIPEG, MB, R3P 0X7
(204) 786-8080 *SIC* 8711

SNC-LAVALIN INC p430
1133 Topsail Rd, MOUNT PEARL, NL, A1N 5G2
(709) 368-0118 *SIC* 8711

SNC-LAVALIN INC p459
5657 Spring Garden Rd Suite 200, HALIFAX, NS, B3J 3R4
(902) 492-4544 *SIC* 8711

SNC-LAVALIN INC p581
195 The West Mall, ETOBICOKE, ON, M9C 5K1
(416) 252-5311 *SIC* 8711

SNC-LAVALIN INC p752
235 Lesmill Rd, NORTH YORK, ON, M3B 2V1
(416) 445-8255 *SIC* 8711

SNC-LAVALIN INC p943
345 Carlingview Dr, TORONTO, ON, M9W 6N9
SIC 8711

SNC-LAVALIN INC p1108
1801 Av Mcgill College Unite 1200, Montreal, QC, H3A 2N4
(514) 393-8000 *SIC* 8711

SNC-LAVALIN INC p1168
5500 Boul Des Galeries Bureau 200, Quebec, QC, G2K 2E2
(418) 621-5500 *SIC* 8711

SNC-LAVALIN INTERNATIONAL INC p49
605 5 Ave Sw Suite 1400, CALGARY, AB, T2P 3H5
(403) 294-2100 *SIC* 8711

SNC-LAVALIN INTERNATIONAL INC p754
789 Don Mills Rd Suite 1000, NORTH YORK, ON, M3C 1T5
(416) 422-4056 *SIC* 8711

SNC-LAVALIN INTERNATIONAL INC p766
2275 Upper Middle Rd E, OAKVILLE, ON, L6H 0C3
(905) 829-8808 *SIC* 8711

SNC-LAVALIN INTERNATIONAL INC p829
265 Front St N Suite 301, SARNIA, ON, N7T 7X1

(519) 336-0201 SIC 8711
SNC-LAVALIN INTERNATIONAL INC p1104
455 Boul Rene-Levesque O 21e Etage, Montreal, QC, H2Z 1Z3
(514) 393-1000 SIC 8711
SNC-LAVALIN PAE INC p792
170 Laurier Ave W Suite 1104, OTTAWA, ON, K1P 5V5
SIC 8711
SNC-LAVALIN PHARMA INC p1125
8000 Boul Decarie, Montreal, QC, H4P 2S4
(514) 735-5651 SIC 8711
SOUTEX INC p1154
357 Rue Jackson Bureau 7, Quebec, QC, G1N 4C4
(418) 871-2455 SIC 8711
SPROULE ASSOCIATES LIMITED p49
140 4 Ave Sw Unit 900, CALGARY, AB, T2P 3N3
(403) 294-5500 SIC 8711
STANTEC ARCHITECTURE LTD p1286
1820 Hamilton St Suite 400, REGINA, SK, S4P 2B8
(306) 781-6400 SIC 8711
STANTEC CONSULTING INTERNATIONAL LTD p83
10160 112 St Nw, EDMONTON, AB, T5K 2L6
(780) 917-7000 SIC 8711
STANTEC CONSULTING INTERNATIONAL LTD p743
147 Mcintyre St W Suite 200, NORTH BAY, ON, P1B 2Y5
(705) 494-8255 SIC 8711
STANTEC CONSULTING LTD p11
2886 Sunridge Way Ne Suite 130, CALGARY, AB, T1Y 7H9
(403) 245-5661 SIC 8711
STANTEC CONSULTING LTD p20
37 Quarry Park Blvd Se Suite 200, CALGARY, AB, T2C 5H9
(403) 252-3436 SIC 8711
STANTEC CONSULTING LTD p33
1200 59 Ave Se Suite 150, CALGARY, AB, T2H 2M4
(403) 216-2140 SIC 8711
STANTEC CONSULTING LTD p82
10060 Jasper Ave Nw Suite 2001, EDMONTON, AB, T5J 3R8
(780) 229-1070 SIC 8711
STANTEC CONSULTING LTD p83
10160 112 St Nw, EDMONTON, AB, T5K 2L6
(780) 917-7000 SIC 8711
STANTEC CONSULTING LTD p139
220 4 St S Suite 290, LETHBRIDGE, AB, T1J 4J7
(403) 329-3344 SIC 8711
STANTEC CONSULTING LTD p227
1620 Dickson Ave Suite 400, KELOWNA, BC, V1Y 9Y2
(250) 860-3225 SIC 8711
STANTEC CONSULTING LTD p284
13401 108 Ave 10th Floor, SURREY, BC, V3T 5T3
(604) 587-8400 SIC 8711
STANTEC CONSULTING LTD p305
111 Dunsmuir St Suite 1100, VANCOUVER, BC, V6B 6A3
(604) 696-8000 SIC 8711
STANTEC CONSULTING LTD p335
655 Tyee Rd Suite 400, VICTORIA, BC, V9A 6X5
(250) 388-9161 SIC 8711
STANTEC CONSULTING LTD p378
386 Broadway Suite 603, WINNIPEG, MB, R3C 3R6
SIC 8711
STANTEC CONSULTING LTD p411
115 Harrisville Blvd, MONCTON, NB, E1H 3T3
(506) 857-8607 SIC 8711
STANTEC CONSULTING LTD p416
130 Somerset St, SAINT JOHN, NB, E2K 2X4
(506) 634-2185 SIC 8711
STANTEC CONSULTING LTD p432
99 Airport Rd, ST. JOHN'S, NL, A1A 4Y3
(709) 576-8612 SIC 8711
STANTEC CONSULTING LTD p434
141 Kelsey Dr, ST. JOHN'S, NL, A1B 0L2
(709) 738-0122 SIC 8711
STANTEC CONSULTING LTD p439
4910 53 St, YELLOWKNIFE, NT, X1A 1V2
(867) 920-2882 SIC 8711
STANTEC CONSULTING LTD p468
201 Churchill Dr Suite 207, MEMBERTOU, NS, B1S 0H1
(902) 564-1855 SIC 8711
STANTEC CONSULTING LTD p656
171 Queens Ave 6th Floor, LONDON, ON, N6A 5J7
(519) 645-2007 SIC 8711
STANTEC CONSULTING LTD p674
675 Cochrane Dr Suite 300 W Tower, MARKHAM, ON, L3R 0B8
(905) 944-7777 SIC 8711
STANTEC CONSULTING LTD p743
147 Mcintyre St W Suite 200, NORTH BAY, ON, P1B 2Y5
(705) 494-8255 SIC 8711
STANTEC CONSULTING LTD p863
835 Paramount Dr Suite 200, STONEY CREEK, ON, L8J 0B4
(905) 385-3234 SIC 8711
STANTEC CONSULTING LTD p871
1760 Regent St, SUDBURY, ON, P3E 3Z8
(705) 566-6891 SIC 8711
STANTEC CONSULTING LTD p931
49 Bathurst St Suite 300, TORONTO, ON, M5V 2P2
(416) 364-8401 SIC 8711
STANTEC CONSULTING LTD p952
300 Hagey Boulevard Suite 100, WATERLOO, ON, N2L 0A4
(519) 579-4410 SIC 8711
STANTEC CONSULTING LTD p966
140 Ouellette Pl Suite 100, WINDSOR, ON, N8X 1L9
(519) 966-2250 SIC 8711
STANTEC CONSULTING LTD p1113
1060 Boul Robert-Bourassa Bureau 600, Montreal, QC, H3B 4V3
(514) 281-1010 SIC 8711
STANTEC CONSULTING LTD p1173
287 Rue Pierre-Saindon Bureau 401, RIMOUSKI, QC, G5L 9A7
(418) 723-4010 SIC 8711
STANTEC CONSULTING LTD p1251
1455 Rue Champlain, Trois-Rivieres, QC, G9A 5X4
(819) 378-7949 SIC 8711
STANTEC INC p378
386 Broadway Suite 603, WINNIPEG, MB, R3C 3R6
SIC 8711
STMICROELECTRONICS (CANADA), INC p729
16 Fitzgerald Rd Suite 100, NEPEAN, ON, K2H 8R6
(613) 768-9000 SIC 8711
SUMMERLAND, CORPORATION OF THE DISTRICT OF p279
9215 Cedar Ave, SUMMERLAND, BC, V0H 1Z2
(250) 494-0431 SIC 8711
SUN DAWN INTEGRATED SERVICES INC p317
1606 5th Ave W, VANCOUVER, BC, V6J 1N8
(604) 739-3801 SIC 8711
SUPERHEAT FGH CANADA INC p629
1463 Highway 21, KINCARDINE, ON, N2Z 2X3
(519) 396-1324 SIC 8711
SWIFT ENGINEERING INC p49
736 8 Ave Sw Suite 910, CALGARY, AB, T2P 1H4
(403) 705-4800 SIC 8711
SYSTEMES JOINER INC p1057
1925 52e Av, LACHINE, QC, H8T 3C3
(514) 636-5555 SIC 8711
TAMARACK POWER PARTNERS p85
13155 146 St Nw, EDMONTON, AB, T5L 4S8
(780) 455-4300 SIC 8711
TECHNA-WEST ENGINEERING LTD p82
10010 106 St Nw Suite 600, EDMONTON, AB, T5J 3L8
(780) 451-4800 SIC 8711
TECSAR ENGINEERING INC p829
117 Front St N, SARNIA, ON, N7T 0B3
(519) 383-8028 SIC 8711
TECSULT INTERNATIONAL LIMITEE p1156
4700 Boul Wilfrid-Hamel Bureau 200, Quebec, QC, G1P 2J9
(418) 871-2444 SIC 8711
TEKARRA PROJECT SERVICES LTD p50
131 9 Ave Sw Unit 20, CALGARY, AB, T2P 1K1
(403) 984-6583 SIC 8711
TEKNIKA HBA INC p1238
150 Rue De Vimy, SHERBROOKE, QC, J1J 3M7
(819) 562-3871 SIC 8711
TERRACON GEOTECHNIQUE LTD p121
8212 Manning Ave, FORT MCMURRAY, AB, T9H 1V9
(780) 743-9343 SIC 8711
TESHMONT CONSULTANTS LP p390
1190 Waverley St, WINNIPEG, MB, R3T 0P4
(204) 284-8100 SIC 8711
TETRA TECH CANADA INC p97
14940 123 Ave Nw, EDMONTON, AB, T5V 1B4
(780) 451-2121 SIC 8711
TETRA TECH CANADA INC p227
1715 Dickson Ave Suite 150, KELOWNA, BC, V1Y 9G6
(250) 862-4832 SIC 8711
TETRA TECH CANADA INC p242
4376 Boban Dr Suite 1, NANAIMO, BC, V9T 6A7
(250) 756-2256 SIC 8711
TETRA TECH CANADA INC p309
885 Dunsmuir St Unit 1000, VANCOUVER, BC, V6C 1N5
(604) 685-0275 SIC 8711
TETRA TECH INDUSTRIES INC p428
109b Drake Ave, LABRADOR CITY, NL, A2V 2L8
(709) 944-3650 SIC 8711
TETRA TECH INDUSTRIES INC p988
100 Rue Saint-Joseph Bureau 111, ALMA, QC, G8B 7A6
(418) 668-8307 SIC 8711
TETRA TECH INDUSTRIES INC p1088
5100 Rue Sherbrooke E, Montreal, QC, H1V 3R9
(514) 257-1112 SIC 8711
TETRA TECH INDUSTRIES INC p1088
5100 Rue Sherbrooke E Bureau 400, Montreal, QC, H1V 3R9
(514) 257-0707 SIC 8711
TETRA TECH INDUSTRIES INC p1156
4655 Boul Wilfrid-Hamel, Quebec, QC, G1P 2J7
(418) 872-8151 SIC 8711
TETRA TECH OGD INC p270
10851 Shellbridge Way Suite 100, RICHMOND, BC, V6X 2W8
(604) 270-7728 SIC 8711
TETRA TECH QB INC p1088
5100 Rue Sherbrooke E Bureau 900, Montreal, QC, H1V 3R9
(514) 257-1112 SIC 8711
TETRA TECH QC INC p1089
5100 Rue Sherbrooke E Bureau 900, Montreal, QC, H1V 3R9
(514) 257-0707 SIC 8711
TETRA TECH QE INC p1089
5100 Rue Sherbrooke E Bureau 900, Montreal, QC, H1V 3R9
(514) 257-0707 SIC 8711
THALES CANADA INC p752
105 Moatfield Dr Suite 100, NORTH YORK, ON, M3B 0A4
(416) 742-3900 SIC 8711
THE ROYAL INSTITUTE FOR THE ADVANCEMENT OF LEARNING MCGILL UNIVERSITY p1108
817 Rue Sherbrooke O Bureau 492, Montreal, QC, H3A 0C3
(514) 398-6860 SIC 8711
THINKPATH INC p517
201 Westcreek Blvd, BRAMPTON, ON, L6T 5S6
(416) 622-5200 SIC 8711
THURBER ENGINEERING LTD p34
180 7330 Fisher St Se, CALGARY, AB, T2H 2H8
(403) 253-9217 SIC 8711
THURBER ENGINEERING LTD p106
9636 51 Ave Nw Suite 200, EDMONTON, AB, T6E 6A5
(780) 438-1460 SIC 8711
THURBER ENGINEERING LTD p766
2010 Winston Park Dr Suite 103, OAKVILLE, ON, L6H 5R7
(905) 829-8666 SIC 8711
URBAN SYSTEMS LTD p11
2716 Sunridge Way Ne Suite 101, CALGARY, AB, T1Y 0A5
(403) 291-1193 SIC 8711
URBAN SYSTEMS LTD p82
10345 105 St Nw Suite 200, EDMONTON, AB, T5J 1E8
(780) 430-4041 SIC 8711
URBAN SYSTEMS LTD p227
1353 Ellis St Unit 304, KELOWNA, BC, V1Y 1Z9
(250) 762-2517 SIC 8711
URBAN SYSTEMS LTD p267
13353 Commerce Pky Unit 2163, RICHMOND, BC, V6V 3A1
(604) 736-6336 SIC 8711
URBAN SYSTEMS LTD p306
1090 Homer St Suite 550, VANCOUVER, BC, V6B 2W9
(604) 235-1701 SIC 8711
VALCOM CONSULTING GROUP INC p792
85 Albert St Suite 300, OTTAWA, ON, K1P 6A4
(613) 594-5200 SIC 8711
VANDERWESTEN & RUTHERFORD ASSOCIATES, INC p488
1349 Sandhill Dr Suite 201, ANCASTER, ON, L9G 4V5
(905) 648-0373 SIC 8711
VILLE DE SAGUENAY p1015
216 Rue Racine E, CHICOUTIMI, QC, G7H 1R9
(418) 698-3130 SIC 8711
WEIR CANADA, INC p26
2715 18 St Ne, CALGARY, AB, T2E 7E6
(403) 250-7000 SIC 8711
WORLEYPARSONS CANADA SERVICES LTD p34
8500 Macleod Tr Se, CALGARY, AB, T2H 2N1
(403) 258-8000 SIC 8711
WORLEYPARSONS CANADA SERVICES LTD p52
540 12 Ave Sw, CALGARY, AB, T2R 0H4
(403) 508-5300 SIC 8711
WORLEYPARSONS CANADA SERVICES LTD p59
151 Canada Olympic Rd Sw Suite 500, CALGARY, AB, T3B 6B7
(403) 247-0200 SIC 8711
WORLEYPARSONS CANADA SERVICES LTD p102
9405 50 St Nw Suite 101, EDMONTON, AB, T6B 2T4
SIC 8711

SIC 8712 Architectural services

WORLEYPARSONS CANADA SERVICES LTD p107
5008 86 St Nw Suite 120, EDMONTON, AB, T6E 5S2
(780) 440-5300   SIC 8711

WORLEYPARSONS CANADA SERVICES LTD p188
4321 Still Creek Dr Suite 600, BURNABY, BC, V5C 6S7
(604) 298-1616   SIC 8711

WORLEYPARSONS CANADA SERVICES LTD p249
233 1st St W, NORTH VANCOUVER, BC, V7M 1B3
(604) 985-6488   SIC 8711

WORLEYPARSONS CANADA SERVICES LTD p436
215 Water St Suite 604, ST. JOHN'S, NL, A1C 6C9
SIC 8711

WORLEYPARSONS CANADA SERVICES LTD p692
2645 Skymark Ave, MISSISSAUGA, ON, L4W 4H2
(905) 614-1778   SIC 8711

WORLEYPARSONS CANADA SERVICES LTD p945
8133 Warden Ave, UNIONVILLE, ON, L6G 1B3
(905) 940-4774   SIC 8711

WORLEYPARSONSCORD LTD p73
8500 Macleod Trail Se Suite 400s, EDMONTON, AB, T2H 2N1
SIC 8711

WSP CANADA GROUP LIMITED p34
5151 3 St Se, CALGARY, AB, T2H 2X6
(403) 269-7440   SIC 8711

WSP CANADA GROUP LIMITED p78
10576 113 St Nw Suite 200, EDMONTON, AB, T5H 3H5
(780) 423-4123   SIC 8711

WSP CANADA GROUP LIMITED p227
540 Leon Ave, KELOWNA, BC, V1Y 6J6
(250) 869-1334   SIC 8711

WSP CANADA GROUP LIMITED p322
1045 Howe St Suite 700, VANCOUVER, BC, V6Z 2A9
(604) 685-9381   SIC 8711

WSP CANADA GROUP LIMITED p376
93 Lombard Ave Suite 111, WINNIPEG, MB, R3B 3B1
(204) 943-3178   SIC 8711

WSP CANADA INC p26
405 18 St Se, CALGARY, AB, T2E 6J5
(403) 248-9463   SIC 8711

WSP CANADA INC p122
9905 Sutherland St, FORT MCMURRAY, AB, T9H 1V3
(780) 743-3969   SIC 8711

WSP CANADA INC p163
2693 Broadmoor Blvd Suite 132, SHERWOOD PARK, AB, T8H 0G1
(780) 410-6740   SIC 8711

WSP CANADA INC p330
401 Garbally Rd Suite 400, VICTORIA, BC, V8T 5M3
(250) 384-5510   SIC 8711

WSP CANADA INC p366
10 Prairie Way, WINNIPEG, MB, R2J 3J8
(204) 477-6650   SIC 8711

WSP CANADA INC p675
600 Cochrane Dr Suite 500, MARKHAM, ON, L3R 5K3
(905) 475-7270   SIC 8711

WSP CANADA INC p734
1091 Gorham St Suite 301, NEWMARKET, ON, L3Y 8X7
SIC 8711

WSP CANADA INC p799
2611 Queensview Dr Suite 300, OTTAWA, ON, K2B 8K2
(613) 829-2800   SIC 8711

WSP CANADA INC p804
1450 1st Ave W Suite 101, OWEN SOUND, ON, N4K 6W2
(519) 376-7612   SIC 8711

WSP CANADA INC p879
1269 Premier Way, THUNDER BAY, ON, P7B 0A3
(807) 625-6700   SIC 8711

WSP CANADA INC p900
1300 Yonge St Suite 801, TORONTO, ON, M4T 1X3
(416) 484-4200   SIC 8711

WSP CANADA INC p985
195 Macewen Rd, SUMMERSIDE, PE, C1N 5Y4
(902) 436-2669   SIC 8711

WSP CANADA INC p989
3 Rue Principale N Bureau 200, AMOS, QC, J9T 2K5
(819) 732-0457   SIC 8711

WSP CANADA INC p1021
2525 Boul Daniel-Johnson Bureau 525, Cote Saint-Luc, QC, H7T 1S9
(450) 686-0980   SIC 8711

WSP CANADA INC p1036
500 Greber Blvd, GATINEAU, QC, J8T 7W3
(819) 243-2827   SIC 8711

WSP CANADA INC p1046
138 Rue Saint-Paul, JOLIETTE, QC, J6E 5G3
(450) 756-0617   SIC 8711

WSP CANADA INC p1051
89 Boul Don-Quichotte Bureau 9, L'Ile-Perrot, QC, J7V 6X2
(514) 453-1621   SIC 8711

WSP CANADA INC p1069
816 Boul Guimond, LONGUEUIL, QC, J4G 1T5
(450) 448-5000   SIC 8711

WSP CANADA INC p1073
2405 Boul Fernand-Lafontaine Bureau 101, LONGUEUIL, QC, J4N 1N7
(450) 679-7220   SIC 8711

WSP CANADA INC p1080
595 Boul Albiny-Paquette, MONT-LAURIER, QC, J9L 1L5
(819) 623-3302   SIC 8711

WSP CANADA INC p1083
386 Rue De Saint-Jovite Bureau 1, MONT-TREMBLANT, QC, J8E 2Z9
(819) 425-3483   SIC 8711

WSP CANADA INC p1190
11535 1re Av Bureau 200, SAINT-GEORGES, QC, G5Y 7H5
(418) 228-8041   SIC 8711

WSP CANADA INC p1221
1300 Boul De La Rive-Sud Bureau 401, SAINT-ROMUALD, QC, G6W 5M6
(418) 839-1733   SIC 8711

WSP CANADA INC p1240
171 Rue Leger, SHERBROOKE, QC, J1L 1M2
(819) 562-8888   SIC 8711

WSP CANADA INC p1252
3450 Boul Gene-H.-Kruger Bureau 300, Trois-Rivieres, QC, G9A 4M3
(819) 375-1292   SIC 8711

WSP CANADA INC p1254
1075 3e Av E, VAL-D'OR, QC, J9P 0J7
(819) 825-4711   SIC 8711

WSP CANADA INC p1305
203 Wellman Cres, SASKATOON, SK, S7T 0J1
(306) 665-6223   SIC 8711

YOLLES PARTNERSHIP INC p921
207 Queens Quay W Suite 550, TORONTO, ON, M5J 1A7
(416) 363-8123   SIC 8711

SIC 8712 Architectural services

9189-8957 QUEBEC INC p1123
780 Av Brewster, Montreal, QC, H4C 2K1
(514) 932-5101   SIC 8712

ARCHITECTURE49 INC p784
200 Tremblay Rd Suite 152, OTTAWA, ON, K1G 3H5
(613) 238-0440   SIC 8712

BLEU TECH MONTREAL INC p1213
4150 Chomedey (A-13) O, SAINT-LAURENT, QC, H7R 6E9
(450) 767-2890   SIC 8712

BURGENER KILPA TRICK DESIGN INTERNATIONAL p41
640 8 Ave Sw Suite 300, CALGARY, AB, T2P 1G7
(403) 233-2525   SIC 8712

CANNON DESIGN ARCHITECTURE INC p313
1500 Georgia St W Suite 710, VANCOUVER, BC, V6G 2Z6
(604) 688-5710   SIC 8712

CANNON DESIGN ARCHITECTURE INC p913
200 University Ave Suite 1200, TORONTO, ON, M5H 3C6
(416) 915-0121   SIC 8712

CS & P ARCHITECTS INC p897
2345 Yonge St Suite 200, TORONTO, ON, M4P 2E5
(416) 482-5002   SIC 8712

CYGNUS SIGN MANAGEMENT INC p303
1228 Hamilton St Unit 302, VANCOUVER, BC, V6B 6L2
(604) 261-3330   SIC 8712

DIALOG p80
10237 104 St Nw Suite 100, EDMONTON, AB, T5J 1B1
(780) 429-1580   SIC 8712

GOVERNING COUNCIL OF THE UNIVERSITY OF TORONTO p927
230 College St Suite 120, TORONTO, ON, M5T 1R2
(416) 978-5038   SIC 8712

GROUPE COTE REGIS INC p1150
115 Rue Abraham-Martin Bureau 500, Quebec, QC, G1K 8N1
(418) 692-4617   SIC 8712

HDR CORPORATION p797
1545 Carling Ave Suite 410, OTTAWA, ON, K1Z 8P9
(613) 234-7575   SIC 8712

HOK ARCHITECTS CORPORATION p911
400 University Ave Suite 2200, TORONTO, ON, M5G 1S5
(416) 203-9993   SIC 8712

IBI GROUP p24
611 Meredith Rd Ne Suite 500, CALGARY, AB, T2E 2W5
(403) 270-5600   SIC 8712

IBI GROUP p81
10830 Jasper Ave Nw Suite 300, EDMONTON, AB, T5J 2B3
(780) 428-4000   SIC 8712

IBI GROUP p312
1285 Pender St W Suite 700, VANCOUVER, BC, V6E 4B1
(604) 683-8797   SIC 8712

IBI GROUP INC p900
95 St Clair Ave W Suite 200, TORONTO, ON, M4V 1N6
(416) 924-9966   SIC 8712

ISL ENGINEERING AND LAND SERVICES LTD p230
20338 65 Ave Suite 301, LANGLEY, BC, V2Y 2X3
(604) 530-2288   SIC 8712

KASIAN ARCHITECTURE INTERIOR DESIGN AND PLANNING LTD p46
1011 9 Ave Sw, CALGARY, AB, T2P 1L3
(403) 265-2440   SIC 8712

KASIAN ARCHITECTURE INTERIOR DESIGN AND PLANNING LTD p81
10150 Jasper Ave Nw Suite 251, EDMONTON, AB, T5J 1W4
(780) 990-0800   SIC 8712

KEITH PANEL SYSTEMS CO., LTD p248
40 Gostick Pl Suite 1, NORTH VANCOUVER, BC, V7M 3G3
(604) 987-4499   SIC 8712

MUSSON CATTELL MACKEY PARTNERSHIP ARCHITECTS DESIGNERS PLANNERS p323
555 Burrard St Suite 1600, VANCOUVER, BC, V7X 1M9
(604) 687-2990   SIC 8712

NORR LIMITED p789
55 Murray St Suite 600, OTTAWA, ON, K1N 5M3
(613) 241-5300   SIC 8712

OMICRON ARCHITECTURE ENGINEERING CONSTRUCTION LTD p47
833 4 Ave Sw Suite 500, CALGARY, AB, T2P 3T5
(403) 262-9733   SIC 8712

OMICRON ARCHITECTURE ENGINEERING CONSTRUCTION LTD p323
595 Burrard St, VANCOUVER, BC, V7X 1M7
(604) 632-3350   SIC 8712

SERVICES INTEGRES LEMAY ET ASSOCIES INC p1150
734 Rue Saint-Joseph E Bureau 4, Quebec, QC, G1K 3C3
(418) 647-1037   SIC 8712

STANTEC ARCHITECTURE LTD p83
10160 112 St Nw, EDMONTON, AB, T5K 2L6
(780) 917-7000   SIC 8712

STANTEC ARCHITECTURE LTD p227
1620 Dickson Ave Suite 400, KELOWNA, BC, V1Y 9Y2
(250) 860-3225   SIC 8712

STANTEC ARCHITECTURE LTD p305
111 Dunsmuir St Suite 1100, VANCOUVER, BC, V6B 6A3
(604) 696-8000   SIC 8712

STANTEC ARCHITECTURE LTD p335
655 Tyee Rd Suite 400, VICTORIA, BC, V9A 6X5
(250) 388-9161   SIC 8712

STANTEC ARCHITECTURE LTD p376
500 / 311 Portage Ave, WINNIPEG, MB, R3B 2B9
(204) 489-5900   SIC 8712

STANTEC ARCHITECTURE LTD p434
141 Kelsey Dr, ST. JOHN'S, NL, A1B 0L2
(709) 576-8612   SIC 8712

STANTEC ARCHITECTURE LTD p439
4910 53 St 2nd Floor, YELLOWKNIFE, NT, X1A 1V2
(867) 920-2882   SIC 8712

STANTEC ARCHITECTURE LTD p800
1331 Clyde Ave Suite 400, OTTAWA, ON, K2C 3G4
(613) 722-4420   SIC 8712

STANTEC ARCHITECTURE QUEBEC LTD p1204
100 Boul Alexis-Nihon Bureau 110, SAINT-LAURENT, QC, H4M 2N6
(514) 739-0708   SIC 8712

TOKER + ASSOCIATES ARCHITECTURE INDUSTRIAL DESIGN LTD p52
340 12 Ave Sw Unit 1180, CALGARY, AB, T2R 1L5
(403) 245-3089   SIC 8712

ZEIDLER PARTNERSHIP ARCHITECTS p931
315 Queen St W Unit 200, TORONTO, ON, M5V 2X2
(416) 596-8300   SIC 8712

SIC 8713 Surveying services

369135 ALBERTA LTD p21
5438 11 St Ne Suite 212, CALGARY, AB, T2E 7E9
(403) 295-0694   SIC 8713

AEROQUEST LIMITED p490
245 Industrial Pky N, AURORA, ON, L4G 4C4
(905) 672-9129   SIC 8713

ALLNORTH CONSULTANTS LIMITED p432

2 Hunt's Lane, ST. JOHN'S, NL, A1B 2L3
(709) 579-1492   SIC 8713
**ALTUS GEOMATICS LIMITED PARTNER-
SHIP**   p125
11417 91 Ave, GRANDE PRAIRIE, AB, T8V
5Z3
(780) 532-6793   SIC 8713
**ALTUS GEOMATICS LIMITED PARTNER-
SHIP**   p726
14 Colonnade Rd Suite 150, NEPEAN, ON,
K2E 7M6
(613) 721-1333   SIC 8713
**ALTUS GEOMATICS LIMITED PARTNER-
SHIP**   p909
33 Yonge St Suite 500, TORONTO, ON, M5E
1G4
(416) 641-9500   SIC 8713
**ALTUS GEOMATICS LIMITED PARTNER-
SHIP**   p1153
1265 Boul Charest O Bureau 1200, Quebec,
QC, G1N 2C9
(418) 628-6019   SIC 8713
ANDERSON, J E AND ASSOCIATES   p333
4212 Glanford Ave, VICTORIA, BC, V8Z 4B7
(250) 727-2214   SIC 8713
**ARPENTEURS-GEOMETRES GENDRON,
LEFEBVRE & ASSOCIES, LES**   p1018
1 Place Laval Bureau 200, Cote Saint-Luc,
QC, H7N 1A1
(450) 967-1260   SIC 8713
BARNES J.D., LIMITED   p681
401 Wheelabrator Way Suite A, MILTON,
ON, L9T 3C1
(905) 875-9955   SIC 8713
BOUNDARY TECHNICAL GROUP INC   p2
421 East Lake Rd Ne Unit 8, AIRDRIE, AB,
T4A 2J7
(403) 948-2198   SIC 8713
CALTECH SURVEYS LTD   p1282
389 Park St, REGINA, SK, S4N 5B2
(306) 775-1814   SIC 8713
CAN-AM GEOMATICS CORP   p103
7909 51 Ave Nw Suite 110, EDMONTON,
AB, T6E 5L9
(780) 468-5900   SIC 8713
CAN-AM GEOMATICS SASK CORP   p1306
15 Dufferin St W, SWIFT CURRENT, SK,
S9H 5A1
(306) 773-3333   SIC 8713
CGG CANADA SERVICES LTD   p41
715 5 Ave Sw Suite 2200, CALGARY, AB,
T2P 2X6
(403) 205-6000   SIC 8713
CLARKE, A. J. AND ASSOCIATES LTD p610
25 Main St W Unit 300, HAMILTON, ON, L8P
1H1
(905) 528-8761   SIC 8713
**GOVERNMENT OF THE PROVINCE OF AL-
BERTA**   p100
4999 98 Ave Nw Suite 402, EDMONTON,
AB, T6B 2X3
(780) 422-1927   SIC 8713
GROUPE BARBE & ROBIDOUX.SAT INC
p1083
991 Rue De Saint-Jovite Bureau 201,
MONT-TREMBLANT, QC, J8E 3J8
(819) 425-2777   SIC 8713
GROUPE BGJLR INC, LE   p1150
420 Boul Charest E Bureau 400, Quebec,
QC, G1K 8M4
(418) 522-0060   SIC 8713
MALTAIS GEOMATICS INC   p92
17011 105 Ave Nw, EDMONTON, AB, T5S
1M5
(780) 926-4123   SIC 8713
MALTAIS GEOMATICS INC   p92
17011 105 Ave Nw, Edmonton, AB, T5S 1M5
(780) 483-2015   SIC 8713
**MCELHANNEY ASSOCIATES LAND SUR-
VEYING LTD**   p214
8808 72 St, FORT ST. JOHN, BC, V1J 6M2
(250) 787-0356   SIC 8713
**MCELHANNEY CONSULTING SERVICES
LTD**   p141

5704 44 St Suite 116, LLOYDMINSTER, AB,
T9V 2A1
(780) 875-8857   SIC 8713
MCELHANNEY LAND SURVEYS LTD   p51
999 8 St Sw Suite 450, CALGARY, AB, T2R
1J5
(403) 245-4711   SIC 8713
MCELHANNEY LAND SURVEYS LTD   p127
9928 111 Ave, GRANDE PRAIRIE, AB, T8V
4C3
(780) 532-0633   SIC 8713
MERIDIAN SURVEYS LTD   p1297
3111 Millar Ave Suite 1, SASKATOON, SK,
S7K 6N3
(306) 934-1818   SIC 8713
MIDWEST SURVEYS INC   p105
9830 42 Ave Nw Unit 102, EDMONTON, AB,
T6E 5V5
(780) 433-6411   SIC 8713
MIDWEST SURVEYS INC   p144
1825 Bomford Cres Sw Suite 100,
MEDICINE HAT, AB, T1A 5E8
(403) 527-2944   SIC 8713
MIDWEST SURVEYS INC   p1273
25 Pacific Ave, MAPLE CREEK, SK, S0N
1N0
(306) 662-3677   SIC 8713
MIDWEST SURVEYS INC   p1283
405 Maxwell Cres, REGINA, SK, S4N 5X9
(306) 525-8706   SIC 8713
NORTHCAN SURVEYS LTD   p47
706 7 Ave Sw Suite 1070, CALGARY, AB,
T2P 0Z1
(403) 266-1046   SIC 8713
OPUS STEWART WEIR LTD   p163
2121 Premier Way Suite 140, SHERWOOD
PARK, AB, T8H 0B8
(780) 410-2580   SIC 8713
PALS SURVEYS & ASSOCIATES LTD   p93
10704 176 St Nw, EDMONTON, AB, T5S
1G7
(780) 455-3177   SIC 8713
PRECISION GEOMATICS INC   p25
2816 11 St Ne Suite 102, CALGARY, AB,
T2E 7S7
(403) 250-1829   SIC 8713
STANTEC GEOMATICS LTD   p83
10160 112 St Nw, EDMONTON, AB, T5K
2L6
(780) 917-7000   SIC 8713
STANTEC GEOMATICS LTD   p227
1620 Dickson Ave Suite 400, KELOWNA,
BC, V1Y 9Y2
(250) 860-3225   SIC 8713
STANTEC GEOMATICS LTD   p952
300 Hagey Boulevard Suite 100, WATER-
LOO, ON, N2L 0A4
(519) 579-4410   SIC 8713
TOMKINSON, D.N. INVESTMENTS LTD   p52
340 12 Ave Sw Suite 900, CALGARY, AB,
T2R 1L5
(403) 269-8887   SIC 8713
UNDERHILL GEOMATICS LTD   p184
3430 Brighton Ave Suite 210a, BURNABY,
BC, V5A 3H4
(604) 687-6866   SIC 8713
WSP CANADA INC   p50
717 7 Ave Sw Suite 1800, CALGARY, AB,
T2P 0Z3
(403) 263-8200   SIC 8713
WSP CANADA INC   p83
9925 109 St Nw Suite 1000, EDMONTON,
AB, T5K 2J8
(780) 466-6555   SIC 8713
WSP CANADA INC   p144
623 4 St Se Suite 302, MEDICINE HAT, AB,
T1A 0L1
(403) 527-3707   SIC 8713
WSP CANADA INC   p215
10716 100 Ave, FORT ST. JOHN, BC, V1J
1Z3
(250) 787-0300   SIC 8713
WSP CANADA INC   p1283
333 Park St, REGINA, SK, S4N 5B2

(306) 586-0837   SIC 8713

*SIC 8721 Accounting, auditing, and
bookkeeping*

10SHEET SERVICES INC   p306
717 Pender W Unit 200, VANCOUVER, BC,
V6C 1G9
(888) 760-1940   SIC 8721
ADP CANADA CO   p30
6025 11 St Se Suite 100, CALGARY, AB,
T2H 2Z2
(403) 258-5000   SIC 8721
ADP CANADA CO   p190
4720 Kingsway Suite 500, BURNABY, BC,
V5H 4N2
(604) 431-2700   SIC 8721
ADP CANADA CO   p449
130 Eileen Stubbs Ave Unit 22, DART-
MOUTH, NS, B3B 2C4
(902) 491-5000   SIC 8721
ADP CANADA CO   p576
3250 Bloor St W Suite 1600, ETOBICOKE,
ON, M8X 2X9
(416) 207-2900   SIC 8721
ATCO I-TEK BUSINESS SERVICES LTD p78
10035 105 St Nw, EDMONTON, AB, T5J
1C8
(780) 420-7875   SIC 8721
**AUDICO SERVICES LIMITED PARTNER-
SHIP**   p912
390 Bay St Suite 1900, TORONTO, ON,
M5H 2Y2
(416) 361-1622   SIC 8721
BDO CANADA LIMITED   p275
571 6 St Ne Suite 201, SALMON ARM, BC,
V1E 1R6
(250) 832-7171   SIC 8721
BDO CANADA LIMITED   p306
925 Georgia St W Suite 600, VANCOUVER,
BC, V6C 3L2
(604) 688-5421   SIC 8721
BDO CANADA LLP   p40
903 8 Ave Sw Suite 620, CALGARY, AB, T2P
0P7
(403) 232-0688   SIC 8721
BDO CANADA LLP   p103
9897 34 Ave Nw, EDMONTON, AB, T6E 5X9
(780) 461-8000   SIC 8721
BDO CANADA LLP   p204
35 10th Ave S, CRANBROOK, BC, V1C 2M9
(250) 426-4285   SIC 8721
BDO CANADA LLP   p219
272 Victoria St Suite 300, KAMLOOPS, BC,
V2C 1Z6
(778) 257-1486   SIC 8721
BDO CANADA LLP   p224
1631 Dickson Ave Suite 400, KELOWNA,
BC, V1Y 0B5
(250) 763-6700   SIC 8721
BDO CANADA LLP   p230
19916 64 Ave Suite 220, LANGLEY, BC,
V2Y 1A2
(604) 534-8691   SIC 8721
BDO CANADA LLP   p275
571 6 St Ne Unit 201, SALMON ARM, BC,
V1E 1R6
(250) 832-7171   SIC 8721
BDO CANADA LLP   p306
925 Georgia St W Suite 600, VANCOUVER,
BC, V6C 3L2
(604) 688-5421   SIC 8721
BDO CANADA LLP   p325
2706 30 Ave Suite 202, VERNON, BC, V1T
2B6
(250) 545-2136   SIC 8721
BDO CANADA LLP   p344
148 10th St, BRANDON, MB, R7A 4E6
(204) 727-0671   SIC 8721
BDO CANADA LLP   p353
480 Saskatchewan Ave W, PORTAGE LA
PRAIRIE, MB, R1N 0M4
(204) 857-2856   SIC 8721

BDO CANADA LLP   p360
23111 Hwy 14 Unit 3, WINKLER, MB, R6W
4B3
(204) 325-4787   SIC 8721
BDO CANADA LLP   p376
200 Graham Ave Suite 700, WINNIPEG,
MB, R3C 4L5
(204) 956-7200   SIC 8721
BDO CANADA LLP   p443
1496 Bedford Highway Suite 101, BED-
FORD, NS, B4A 1E5
(902) 444-5540   SIC 8721
BDO CANADA LLP   p496
300 Lakeshore Dr Suite 300, BARRIE, ON,
L4N 0B4
(705) 726-6331   SIC 8721
BDO CANADA LLP   p537
3115 Harvester Rd Suite 400, BURLING-
TON, ON, L7N 3N8
(905) 639-9500   SIC 8721
BDO CANADA LLP   p556
186 Hurontario St Suite 202, COLLING-
WOOD, ON, L9Y 4T4
(705) 445-4421   SIC 8721
BDO CANADA LLP   p573
991 Limoges Rd, EMBRUN, ON, K0A 1W0
(613) 443-5201   SIC 8721
BDO CANADA LLP   p603
660 Speedvale Ave W Suite 201, GUELPH,
ON, N1K 1E5
(519) 824-5410   SIC 8721
BDO CANADA LLP   p627
301 First Ave S Suite 300, KENORA, ON,
P9N 4E9
(807) 468-5531   SIC 8721
BDO CANADA LLP   p670
60 Columbia Way Suite 300, MARKHAM,
ON, L3R 0C9
(905) 946-1066   SIC 8721
BDO CANADA LLP   p681
14 Martin St, MILTON, ON, L9T 2P9
(905) 615-8787   SIC 8721
BDO CANADA LLP   p697
1 City Centre Dr Suite 1700, MISSISSAUGA,
ON, L5B 1M2
(905) 270-7700   SIC 8721
BDO CANADA LLP   p774
19 Front St N, ORILLIA, ON, L3V 4R6
(705) 325-1386   SIC 8721
BDO CANADA LLP   p802
1717 2nd Ave E Suite 200, OWEN SOUND,
ON, N4K 6V4
(519) 376-6110   SIC 8721
BDO CANADA LLP   p828
250 Christina St N, SARNIA, ON, N7T 7V3
(519) 337-5500   SIC 8721
BDO CANADA LLP   p830
747 Queen St E Suite 1109, SAULT STE.
MARIE, ON, P6A 2A8
(705) 945-0990   SIC 8721
BDO CANADA LLP   p877
1095 Barton St, THUNDER BAY, ON, P7B
5N3
(807) 625-4444   SIC 8721
BDO CANADA LLP   p948
121 Jackson St, WALKERTON, ON, N0G
2V0
(519) 881-1211   SIC 8721
BDO CANADA LLP   p951
150 Caroline St S Suite 201, WATERLOO,
ON, N2L 0A5
(519) 576-5220   SIC 8721
BDO CANADA LLP   p963
3630 Rhodes Dr Suite 200, WINDSOR, ON,
N8W 5A4
(519) 944-6993   SIC 8721
BDO CANADA LLP   p976
94 Graham St Suite 757, WOODSTOCK,
ON, N4S 6J7
(519) 539-0500   SIC 8721
BDO CANADA LLP   p984
107 Walker Ave, SUMMERSIDE, PE, C1N
0C9
(902) 436-2171   SIC 8721

BDO CANADA LLP p1109
1000 Rue De La Gauchetiere O Bureau 200, Montreal, QC, H3B 4W5
(514) 931-0841 SIC 8721

BERRIS MANGAN CHARTERED ACCOUNTANTS p315
1827 5th Ave W, VANCOUVER, BC, V6J 1P5
(604) 682-8492 SIC 8721

BESSNER GALLAY KREISMAN p1262
4150 Rue Sainte-Catherine O Bureau 600, WESTMOUNT, QC, H3Z 2Y5
(514) 908-3600 SIC 8721

BLANCHETTE VACHON ET ASSOCIES CA SENCRL p1067
8149 Rue Du Mistral Bureau 202, Levis, QC, G6X 1G5
(418) 387-3636 SIC 8721

BLANCHETTE VACHON ET ASSOCIES CA SENCRL p1189
10665 1re Av Bureau 300, SAINT-GEORGES, QC, G5Y 6X8
(418) 228-9761 SIC 8721

CANADA REVENUE AGENCY p416
126 Prince William St, SAINT JOHN, NB, E2L 2B6
(506) 636-4623 SIC 8721

CANADIAN PUBLIC ACCOUNTABILITY BOARD p913
150 York St Suite 900, TORONTO, ON, M5H 3S5
(416) 913-8260 SIC 8721

CAPSERVCO LIMITED PARTNERSHIP p245
628 Sixth Ave, NEW WESTMINSTER, BC, V3M 6Z1
(604) 521-3761 SIC 8721

CAPSERVCO LIMITED PARTNERSHIP p331
888 Fort St Suite 300, VICTORIA, BC, V8W 1H8
(250) 383-4191 SIC 8721

CAPSERVCO LIMITED PARTNERSHIP p406
633 Main St Suite 500, MONCTON, NB, E1C 9X9
(506) 857-0100 SIC 8721

CAPSERVCO LIMITED PARTNERSHIP p457
2000 Barrington St Suite 1100, HALIFAX, NS, B3J 3K1
(902) 421-1734 SIC 8721

CAPSERVCO LIMITED PARTNERSHIP p480
328 Main St, YARMOUTH, NS, B5A 1E4
(902) 742-7842 SIC 8721

CAPSERVCO LIMITED PARTNERSHIP p741
222 Mcintyre St W Suite 200, NORTH BAY, ON, P1B 2Y8
(705) 472-6500 SIC 8721

CAPSERVCO LIMITED PARTNERSHIP p878
979 Alloy Dr Suite 300, THUNDER BAY, ON, P7B 5Z8
(807) 345-6571 SIC 8721

CATALYST LLP p16
200 Quarry Park Blvd Se Suite 250, CALGARY, AB, T2C 5E3
(403) 296-0082 SIC 8721

CCTF CORPORATION p533
4151 North Service Rd Unit 2, BURLINGTON, ON, L7L 4X6
(905) 335-5320 SIC 8721

CENTRE DE SERVICES DE PAIE CGI INC p1019
3206 Sud Laval (A-440) O, Cote Saint-Luc, QC, H7T 2H6
(514) 850-6291 SIC 8721

CENTRE DE SERVICES DE PAIE CGI INC p1095
1611 Boul Cremazie E 7th Floor, Montreal, QC, H2M 2P2
(514) 850-6300 SIC 8721

CERIDIAN CANADA LTD p10
2618 Hopewell Pl Ne Suite 310, CALGARY, AB, T1Y 7J7
(403) 262-6035 SIC 8721

CERIDIAN CANADA LTD p87
10216 124 St Nw Suite 120, EDMONTON, AB, T5N 4A3
(780) 702-8732 SIC 8721

CERIDIAN CANADA LTD p318
1200 73rd Ave W Suite 1400, VANCOUVER, BC, V6P 6G5
(604) 267-6200 SIC 8721

CERIDIAN CANADA LTD p450
238 Brownlow Ave Suite 310, DARTMOUTH, NS, B3B 1Y2
(902) 442-3200 SIC 8721

CERIDIAN CANADA LTD p670
675 Cochrane Dr Suite 515n, MARKHAM, ON, L3R 0B8
(905) 947-7000 SIC 8721

CERIDIAN CANADA LTD p687
5600 Explorer Dr Suite 400, MISSISSAUGA, ON, L4W 4Y2
(905) 282-8100 SIC 8721

CERIDIAN CANADA LTD p794
343 Preston St Suite 1000, OTTAWA, ON, K1S 1N4
(613) 228-0222 SIC 8721

CERIDIAN CANADA LTD p1209
8777 Rte Transcanadienne, SAINT-LAURENT, QC, H4S 1Z6
(514) 908-3000 SIC 8721

CHILDREN'S & WOMEN'S HEALTH CENTRE OF BRITISH COLUMBIA BRANCH p315
1770 7th Ave W Suite 260, VANCOUVER, BC, V6J 4Y6
SIC 8721

CJW CONSULTANTS INC p190
4720 Kingsway Suite 900, BURNABY, BC, V5H 4N2
(604) 435-4317 SIC 8721

COLLINS BARROW KAWARTHAS LLP p809
272 Charlotte St, PETERBOROUGH, ON, K9J 2V4
(705) 742-3418 SIC 8721

COLLINS BARROW MONTREAL p1110
625 Boul Rene-Levesque O Bureau 1100, Montreal, QC, H3B 1R2
(514) 866-8553 SIC 8721

COLLINS BARROW OTTAWA LLP p729
301 Moodie Dr Suite 400, NEPEAN, ON, K2H 9C4
(613) 820-8010 SIC 8721

COLLINS BARROW REGION OF WATERLOO p951
554 Weber St N, WATERLOO, ON, N2L 5C6
(519) 725-7700 SIC 8721

COLLINS BARROW, SUDBURY - NIPISSING LLP p867
1174 St. Jerome St, SUDBURY, ON, P3A 2V9
(705) 560-5592 SIC 8721

CONCENTRIX TECHNOLOGIES SERVICES (CANADA) LIMITED p684
6655 Airport Rd, MISSISSAUGA, ON, L4V 1V8
(416) 380-3800 SIC 8721

CRAWFORD SMITH & SWALLOW CHARTERED ACCOUNTANTS LLP p735
4741 Queen St, NIAGARA FALLS, ON, L2E 2M2
(905) 356-4200 SIC 8721

CRAWFORD SMITH & SWALLOW CHARTERED ACCOUNTANTS LLP p854
43 Church St Suite 400, ST CATHARINES, ON, L2R 7E1
(905) 937-2100 SIC 8721

D & H GROUP CHARTERED ACCOUNTANTS p314
1333 Broadway W, VANCOUVER, BC, V6H 4C1
(604) 731-5881 SIC 8721

DALE MATHESON CARR-HILTON LABONTE LLP p310
1140 Pender St W Suite 1500, VANCOUVER, BC, V6E 4G1
(604) 687-4747 SIC 8721

DALLAIRE FOREST KIROUAC, COMPTABLES PROFESSIONNELS AGRES, S.E.N.C.R.L. p1160
1175 Av Lavigerie Bureau 580, Quebec, QC, G1V 4P1
(418) 650-2266 SIC 8721

DAVIDSON & COMPANY CHARTERED ACCOUNTANTS LLP p324
609 Grandville St Suite 1200, VANCOUVER, BC, V7Y 1G6
(604) 687-0947 SIC 8721

DELOITTE & TOUCHE INC p435
10 Factory Lane, ST. JOHN'S, NL, A1C 6H5
(709) 576-8480 SIC 8721

DELOITTE & TOUCHE INC p1008
4605 Boul Lapiniere Bureau 200, BROSSARD, QC, J4Z 3T5
(450) 618-4270 SIC 8721

DELOITTE & TOUCHE INC p1020
2540 Boul Daniel-Johnson Bureau 210, Cote Saint-Luc, QC, H7T 2S3
(450) 978-3500 SIC 8721

DELOITTE & TOUCHE INC p1041
190 Rue Deragon, GRANBY, QC, J2G 5H9
(450) 372-3347 SIC 8721

DELOITTE & TOUCHE INC p1054
226 2e Rue E, LA SARRE, QC, J9Z 2G9
(819) 333-2392 SIC 8721

DELOITTE & TOUCHE INC p1158
925 Grande Allee O Bureau 400, Quebec, QC, G1S 4Z4
(418) 624-3333 SIC 8721

DELOITTE & TOUCHE INC p1251
1500 Rue Royale Bureau 250, Trois-Rivieres, QC, G9A 6E6
(819) 691-1212 SIC 8721

DELOITTE & TOUCHE MANAGEMENT CONSULTANTS p1172
287 Rue Pierre-Saindon Unite 402, RIMOUSKI, QC, G5L 9A7
(418) 724-4136 SIC 8721

DELOITTE & TOUCHE MANAGEMENT CONSULTANTS p1284
2103 11th Ave Suite 900, REGINA, SK, S4P 3Z8
(306) 525-1600 SIC 8721

DELOITTE LLP p43
850 2 St Sw Suite 700, CALGARY, AB, T2P 0R8
(403) 267-1700 SIC 8721

DELOITTE LLP p79
10180 101 St Nw Suite 2000, EDMONTON, AB, T5J 4E4
(780) 421-3611 SIC 8721

DELOITTE LLP p230
8621 201 St Suite 600, LANGLEY, BC, V2Y 0G9
(604) 534-7477 SIC 8721

DELOITTE LLP p259
299 Victoria St Suite 500, PRINCE GEORGE, BC, V2L 5B8
(250) 564-1111 SIC 8721

DELOITTE LLP p323
1055 Dunsmuir St Suite 2800, VANCOUVER, BC, V7X 1P4
(604) 669-4466 SIC 8721

DELOITTE LLP p331
737 Yates St Suite 300, VICTORIA, BC, V8W 1L6
(250) 978-4403 SIC 8721

DELOITTE LLP p417
44 Chipman Hill Suite 700, SAINT JOHN, NB, E2L 2A9
(506) 632-1080 SIC 8721

DELOITTE LLP p458
1969 Upper Water St Suite 1500, HALIFAX, NS, B3J 3R7
(902) 422-8541 SIC 8721

DELOITTE LLP p538
1005 Skyview Dr Suite 202, BURLINGTON, ON, L7P 5B1
(905) 315-6770 SIC 8721

DELOITTE LLP p602
98 Macdonell St Suite 400, GUELPH, ON, N1H 8K9
(519) 824-5244 SIC 8721

DELOITTE LLP p618
300 Mcgill St, HAWKESBURY, ON, K6A 1P8
(613) 632-4178 SIC 8721

DELOITTE LLP p644
4210 King St E, KITCHENER, ON, N2P 2G5
(519) 650-7600 SIC 8721

DELOITTE LLP p748
5140 Yonge St Suite 1700, NORTH YORK, ON, M2N 6L7
(416) 601-6150 SIC 8721

DELOITTE LLP p791
100 Queen St Suite 1600, OTTAWA, ON, K1P 1J9
(613) 236-2442 SIC 8721

DELOITTE LLP p855
3rd Fl, ST CATHARINES, ON, L2S 3W2
(905) 323-6000 SIC 8721

DELOITTE LLP p913
22 Adelaide St W Suite 200, TORONTO, ON, M5H 0A9
(416) 601-6150 SIC 8721

DELOITTE LLP p1194
2200 Av Pratte Bureau 100, SAINT-HYACINTHE, QC, J2S 4B6
(450) 774-4000 SIC 8721

DELOITTE LLP p1279
77 15th St E Suite 5, PRINCE ALBERT, SK, S6V 1E9
(306) 763-7411 SIC 8721

DELOITTE LLP p1295
122 1st Ave S Suite 400, SASKATOON, SK, S7K 7E5
(306) 343-4400 SIC 8721

DELOITTE MANAGEMENT SERVICES LP p913
121 King St W Suite 300, TORONTO, ON, M5H 3T9
(416) 775-2364 SIC 8721

DIGIFACTS SYNDICATE p190
4720 Kingsway Suite 900, BURNABY, BC, V5H 4N2
(604) 435-4317 SIC 8721

DUNCAN SABINE COLLYER PARTNERS LLP p116
Gd, EDMONTON, AB, T6X 0P6
(780) 414-0364 SIC 8721

DURWARD JONES BARKWELL & COMPANY LLP p598
4 Christie St, GRIMSBY, ON, L3M 4H4
(905) 945-5439 SIC 8721

DURWARD JONES BARKWELL & COMPANY LLP p854
69 Ontario St, ST CATHARINES, ON, L2R 5J5
(905) 684-9221 SIC 8721

DURWARD JONES BARKWELL & COMPANY LLP p855
20 Corporate Park Dr Suite 300, ST CATHARINES, ON, L2S 3W2
(905) 684-9221 SIC 8721

DURWARD JONES BARKWELL & COMPANY LLP p955
171 Division St, WELLAND, ON, L3B 4A1
(905) 735-2140 SIC 8721

ERNST & YOUNG INC p80
10020 100 St Nw Suite 2200, EDMONTON, AB, T5J 0N3
(780) 423-5811 SIC 8721

ERNST & YOUNG INC p377
360 Main St Suite 2700, WINNIPEG, MB, R3C 4G9
(204) 947-6519 SIC 8721

ERNST & YOUNG INC p458
Rbc Waterside Ctr 1871 Hollis Suite 500, HALIFAX, NS, B3J 0C3
(902) 420-1080 SIC 8721

ERNST & YOUNG INC p655
255 Queens Ave Suite 1800, LONDON, ON, N6A 5R8
(519) 672-6100 SIC 8721

ERNST & YOUNG INC p1111
800 Boul Rene-Levesque O Bureau 1900, Montreal, QC, H3B 1X9
(514) 875-6060 SIC 8721

ERNST & YOUNG LLP p44
440 2 Ave Sw Suite 1000, CALGARY, AB,

T2P 5E9
(403) 290-4100 SIC 8721
ERNST & YOUNG LLP p324
700 Georgia St W Suite 2200, VANCOUVER, BC, V7Y 1K8
(604) 891-8200 SIC 8721
ERNST & YOUNG LLP p417
12 Smythe St Suite 565, SAINT JOHN, NB, E2L 5G5
(506) 634-7000 SIC 8721
ERNST & YOUNG LLP p435
139 Water St, ST. JOHN'S, NL, A1C 1B2
(709) 726-2840 SIC 8721
ERNST & YOUNG LLP p458
1959 Upper Water St Suite 1301, HALIFAX, NS, B3J 3N2
(902) 420-1080 SIC 8721
ERNST & YOUNG LLP p642
515 Riverbend Dr, KITCHENER, ON, N2K 3S3
(519) 744-1171 SIC 8721
ERNST & YOUNG LLP p791
99 Bank St Suite 1600, OTTAWA, ON, K1P 6B9
(613) 232-1511 SIC 8721
ERNST & YOUNG LLP p873
175 Commerce Valley Dr W Suite 600, THORNHILL, ON, L3T 7P6
(905) 731-1500 SIC 8721
ERNST & YOUNG LLP p922
222 Bay St, TORONTO, ON, M5K 1J7
(416) 943-2040 SIC 8721
ERNST & YOUNG LLP p922
222 Bay St 21 Fl, TORONTO, ON, M5K 1J7
(416) 864-1234 SIC 8721
ERNST & YOUNG LLP p1111
800 Boul Rene-Levesque O Bureau 1900, Montreal, QC, H3B 1X9
(514) 875-6060 SIC 8721
ERNST & YOUNG LLP p1111
1 Place Ville-Marie Bureau 2400, Montreal, QC, H3B 3M9
(514) 875-6060 SIC 8721
ERNST & YOUNG LLP p1160
2875 Boul Laurier Unite 410, Quebec, QC, G1V 0C7
(418) 524-5151 SIC 8721
FAMME & CO. PROFESSIONAL CORPORATION p864
125 Ontario St, STRATFORD, ON, N5A 3H1
(519) 271-7581 SIC 8721
FAUTEUX, BRUNO, BUSSIERE, LEEWARDEN, CPA, S.E.N.C.R.L. p1097
1100 Boul Cremazie E Bureau 805, Montreal, QC, H2P 2X2
(514) 729-3221 SIC 8721
FEDERATION DES CAISSES DESJARDINS DU QUEBEC p1095
1611 Boul Cremazie E Bureau 300, Montreal, QC, H2M 2P2
(514) 356-5000 SIC 8721
FULLER LANDAU LLP p925
151 Bloor St W, TORONTO, ON, M5S 1S4
(416) 645-6500 SIC 8721
FULLER LANDAU SENCRL p1111
1010 Rue De La Gauchetiere O Bureau 200, Montreal, QC, H3B 2S1
(514) 875-2865 SIC 8721
GOLDFARB SHULMAN PATEL & CO LLP p559
400 Bradwick Dr Suite 100, CONCORD, ON, L4K 5V9
(416) 226-6800 SIC 8721
GRANT THORNTON LLP p45
833 4 Ave Sw Suite 900, CALGARY, AB, T2P 3T5
(403) 260-2500 SIC 8721
GRANT THORNTON LLP p80
10060 Jasper Ave Nw Suite 1701, EDMONTON, AB, T5J 3R8
(780) 422-7114 SIC 8721
GRANT THORNTON LLP p226
1633 Ellis St Suite 200, KELOWNA, BC, V1Y 2A8

(250) 712-6800 SIC 8721
GRANT THORNTON LLP p230
8700 200 St Suite 320, LANGLEY, BC, V2Y 0G4
(604) 455-2600 SIC 8721
GRANT THORNTON LLP p304
333 Seymour St Suite 1600, VANCOUVER, BC, V6B 0A4
(604) 687-2711 SIC 8721
GRANT THORNTON LLP p331
888 Fort St, VICTORIA, BC, V8W 1H8
(250) 383-4191 SIC 8721
GRANT THORNTON LLP p387
94 Commerce Dr, WINNIPEG, MB, R3P 0Z3
(204) 944-0100 SIC 8721
GRANT THORNTON LLP p400
570 Queen St 4th Fl, FREDERICTON, NB, E3B 6Z6
(506) 458-8200 SIC 8721
GRANT THORNTON LLP p417
87 Canterbury St, SAINT JOHN, NB, E2L 2C7
(506) 382-2655 SIC 8721
GRANT THORNTON LLP p417
1 Germain St Suite 1100, SAINT JOHN, NB, E2L 4V1
(506) 634-2900 SIC 8721
GRANT THORNTON LLP p432
15 International Pl Suite 300, ST. JOHN'S, NL, A1A 0L4
(709) 778-8800 SIC 8721
GRANT THORNTON LLP p458
2000 Barrington St Suite 1100, HALIFAX, NS, B3J 3K1
(902) 421-1734 SIC 8721
GRANT THORNTON LLP p465
15 Webster St, KENTVILLE, NS, B4N 1H4
(902) 678-7307 SIC 8721
GRANT THORNTON LLP p475
500 George St Suite 200, SYDNEY, NS, B1P 1K6
(902) 562-5581 SIC 8721
GRANT THORNTON LLP p477
35 Commercial St Suite 400, TRURO, NS, B2N 3H9
(902) 893-1150 SIC 8721
GRANT THORNTON LLP p672
15 Allstate Pky Suite 200, MARKHAM, ON, L3R 5B4
(416) 607-2656 SIC 8721
GRANT THORNTON LLP p698
201 City Centre Dr Suite 501, MISSISSAUGA, ON, L5B 2T4
(416) 366-0100 SIC 8721
GRANT THORNTON LLP p981
98 Fitzroy St Suite 710, CHARLOTTETOWN, PE, C1A 1R7
(902) 892-6547 SIC 8721
GRANT THORNTON LLP p985
220 Water St, SUMMERSIDE, PE, C1N 1B3
(902) 436-9155 SIC 8721
GRECO MANAGEMENT INC p861
21 Teal Ave, STONEY CREEK, ON, L8E 2P1
(905) 560-0661 SIC 8721
IBM CANADA LIMITED p745
245 Consumers Rd, NORTH YORK, ON, M2J 1R3
(905) 316-7785 SIC 8721
IFG - INTERNATIONAL FINANCIAL GROUP LTD p908
100 Yonge St Suite 1501, TORONTO, ON, M5C 2W1
(416) 645-2434 SIC 8721
IRVING TRANSPORTATION SERVICES LIMITED p400
71 Alison Blvd, FREDERICTON, NB, E3B 1A1
SIC 8721
KINGSTON ROSS PASNAK LLP p81
9888 Jasper Ave Nw Suite 1500, EDMONTON, AB, T5J 5C6
(780) 424-3000 SIC 8721
KPMG INC p81
10125 102 St Nw, EDMONTON, AB, T5J

3V8
(780) 429-7300 SIC 8721
KPMG INC p179
32575 Simon Ave, ABBOTSFORD, BC, V2T 4W6
(604) 857-2269 SIC 8721
KPMG INC p560
100 New Park Pl Suite 1400, CONCORD, ON, L4K 0J3
SIC 8721
KPMG INC p1285
1881 Scarth St Suite 2000, REGINA, SK, S4P 4K9
(306) 791-1200 SIC 8721
KPMG LLP p46
205 5 Ave Sw Suite 1200, CALGARY, AB, T2P 2V7
(403) 691-8000 SIC 8721
KPMG LLP p81
10125 102 St Nw, EDMONTON, AB, T5J 3V8
(780) 429-7300 SIC 8721
KPMG LLP p138
400 4 Ave S Suite 500, LETHBRIDGE, AB, T1J 4E1
(403) 380-5700 SIC 8721
KPMG LLP p191
4720 Kingsway Suite 2400, BURNABY, BC, V5H 4N2
(604) 527-3600 SIC 8721
KPMG LLP p197
9123 Mary St Suite 200, CHILLIWACK, BC, V2P 4H7
(604) 793-4700 SIC 8721
KPMG LLP p220
206 Seymour St Suite 200, KAMLOOPS, BC, V2C 6P5
(250) 372-5581 SIC 8721
KPMG LLP p223
3200 Richter St Suite 200, KELOWNA, BC, V1W 5K9
(250) 979-7150 SIC 8721
KPMG LLP p259
177 Victoria St Suite 400, PRINCE GEORGE, BC, V2L 5R8
(250) 563-7151 SIC 8721
KPMG LLP p324
777 Dunsmuir St Suite 900, VANCOUVER, BC, V7Y 1K3
(604) 691-3000 SIC 8721
KPMG LLP p326
3205 32 St Unit 300, VERNON, BC, V1T 9A2
(250) 503-5300 SIC 8721
KPMG LLP p331
730 View St Suite 800, VICTORIA, BC, V8W 3Y7
(250) 480-3500 SIC 8721
KPMG LLP p375
1 Lombard Pl Unit 2000, WINNIPEG, MB, R3B 0X3
(204) 957-1770 SIC 8721
KPMG LLP p400
77 Westmorland St Suite 700, FREDERICTON, NB, E3B 6Z3
(506) 452-8000 SIC 8721
KPMG LLP p407
1 Factory Lane Suite 300, MONCTON, NB, E1C 9M3
(506) 856-4400 SIC 8721
KPMG LLP p458
1959 Upper Water St Suite 1500, HALIFAX, NS, B3J 3N2
(902) 492-6000 SIC 8721
KPMG LLP p611
21 King St W Suite 700, HAMILTON, ON, L8P 4W7
(905) 523-2259 SIC 8721
KPMG LLP p631
863 Princess St Suite 400, KINGSTON, ON, K7L 5N4
(613) 549-1550 SIC 8721
KPMG LLP p656
140 Fullarton St Suite 1400, LONDON, ON, N6A 5P2

(519) 672-4880 SIC 8721
KPMG LLP p742
925 Stockdale Rd Suite 300, NORTH BAY, ON, P1B 9N5
(705) 472-5110 SIC 8721
KPMG LLP p750
4100 Yonge St Unit 200, NORTH YORK, ON, M2P 2H3
(416) 228-7000 SIC 8721
KPMG LLP p802
160 Elgin St Suite 2000, OTTAWA, ON, K2P 2P7
(613) 212-5764 SIC 8721
KPMG LLP p831
111 Elgin St Suite 200, SAULT STE. MARIE, ON, P6A 6L6
(705) 949-5811 SIC 8721
KPMG LLP p869
144 Pine St Suite 4, SUDBURY, ON, P3C 1X3
(705) 675-8500 SIC 8721
KPMG LLP p915
333 Bay St Suite 4600, TORONTO, ON, M5H 2S5
(416) 777-8500 SIC 8721
KPMG LLP p950
115 King St S Suite 201, WATERLOO, ON, N2J 5A3
(519) 747-8800 SIC 8721
KPMG LLP p964
3200 Deziel Dr Suite 618, WINDSOR, ON, N8W 5K8
SIC 8721
KPMG LLP p1107
600 Boul De Maisonneuve O Unite 1500, Montreal, QC, H3A 0A3
(514) 840-2100 SIC 8721
KPMG LLP p1285
1881 Scarth St Suite 2000, REGINA, SK, S4P 4K9
(306) 791-1200 SIC 8721
KPMG LLP p1296
475 2nd Ave S Suite 500, SASKATOON, SK, S7K 1P4
(306) 934-6200 SIC 8721
LAKEFRONT UTILITY SERVICES INC p555
207 Division St, COBOURG, ON, K9A 3P6
(905) 372-2193 SIC 8721
LEMIEUX NOLET COMPTABLES AGREES S.E.N.C.R.L. p1065
5020 Boul Guillaume-Couture, Levis, QC, G6V 4Z6
(418) 833-2114 SIC 8721
LEMIEUX NOLET COMPTABLES AGREES S.E.N.C.R.L. p1167
815 Boul Lebourgneuf Unite 401, Quebec, QC, G2J 0C1
(418) 659-7374 SIC 8721
LEVY PILOTTE S.E.N.C.R.L. p1121
5250 Boul Decarie Bureau 700, Montreal, QC, H3X 3Z6
(514) 487-1566 SIC 8721
LIPTON CHARTERED ACCOUNTANTS LLP p745
245 Fairview Mall Dr Suite 600, NORTH YORK, ON, M2J 4T1
(416) 496-2900 SIC 8721
M2 SOLUTIONS INC p778
628 Beechwood St, OSHAWA, ON, L1G 2R9
(905) 436-1784 SIC 8721
MACKAY & PARTNERS p81
10010 106 St Nw Suite 705, EDMONTON, AB, T5J 3L8
(780) 420-0626 SIC 8721
MACKAY & PARTNERS p312
1177 Hastings St W Suite 1100, VANCOUVER, BC, V6E 4T5
(604) 687-4511 SIC 8721
MACKAY & PARTNERS p439
5103 51st Streetx1a 2n5, YELLOWKNIFE, NT, X1A 2N5
(867) 920-4404 SIC 8721
MALENFANT DALLAIRE, COMPTABLES AGREES, S.E.N.C.R.L. p1161

2600 Boul Laurier Bureau 872, Quebec, QC, G1V 4W2
(418) 654-0636   SIC 8721
MALLETTE S.E.N.C.R.L.   p987
505 Rue Sacre-Coeur O, ALMA, QC, G8B 1M4
(418) 668-2324   SIC 8721
MALLETTE S.E.N.C.R.L.   p989
30 Boul Saint-Benoit E Bureau 101, AMQUI, QC, G5J 2B7
(418) 629-2255   SIC 8721
MALLETTE S.E.N.C.R.L.   p994
229 Boul La Salle, BAIE-COMEAU, QC, G4Z 1S7
(418) 296-9651   SIC 8721
MALLETTE S.E.N.C.R.L.   p1023
1264 Boul Wallberg, DOLBEAU-MISTASSINI, QC, G8L 1H1
(418) 276-1152   SIC 8721
MALLETTE S.E.N.C.R.L.   p1066
1200 Boul Guillaume-Couture Unite 501, Levis, QC, G6W 5M6
(418) 839-7531   SIC 8721
MALLETTE S.E.N.C.R.L.   p1173
188 Rue Des Gouverneurs Bureau 200, RIMOUSKI, QC, G5L 8G1
(418) 724-4414   SIC 8721
MALLETTE S.E.N.C.R.L.   p1184
197 Rue Principale, SAINT-CYPRIEN, QC, G0L 2P0
SIC 8721
MARCIL LAVALLEE   p594
1420 Blair Pl Suite 400, GLOUCESTER, ON, K1J 9L8
(613) 745-8387   SIC 8721
MARSH CANADA LIMITED   p459
5657 Spring Garden Rd Suite 701, HALIFAX, NS, B3J 3R4
(902) 429-2769   SIC 8721
MILLARD, ROUSE & ROSEBRUGH LLP   p529
96 Nelson St, BRANTFORD, ON, N3T 2N1
(519) 759-3511   SIC 8721
MNP LLP   p8
247 1st St W, BROOKS, AB, T1R 1C1
(403) 362-8909   SIC 8721
MNP LLP   p81
10104 103 Ave Nw Suite 400, EDMONTON, AB, T5J 0H8
(780) 451-4406   SIC 8721
MNP LLP   p81
10235 101 St Nw Suite 1600, EDMONTON, AB, T5J 3G1
(780) 822-9420   SIC 8721
MNP LLP   p121
9707 Main St, FORT MCMURRAY, AB, T9H 1T5
(780) 791-9000   SIC 8721
MNP LLP   p127
9909 102 St Suite 7, GRANDE PRAIRIE, AB, T8V 2V4
(780) 831-1700   SIC 8721
MNP LLP   p135
5019 49 Ave Suite 200, LEDUC, AB, T9E 6T5
(780) 986-2626   SIC 8721
MNP LLP   p139
3425 2 Ave S Suite 1, LETHBRIDGE, AB, T1J 4V1
(403) 380-1600   SIC 8721
MNP LLP   p143
666 4 St Se, MEDICINE HAT, AB, T1A 0K9
(403) 548-2105   SIC 8721
MNP LLP   p150
9913 98 Ave, PEACE RIVER, AB, T8S 1J5
(780) 624-3252   SIC 8721
MNP LLP   p197
45780 Yale Rd Unit 1, CHILLIWACK, BC, V2P 2N4
(604) 792-1915   SIC 8721
MNP LLP   p212
372 Coronation Ave Suite 200, DUNCAN, BC, V9L 2T3
(250) 748-3761   SIC 8721

MNP LLP   p226
1628 Dickson Ave Suite 600, KELOWNA, BC, V1Y 9X1
(250) 763-8919   SIC 8721
MNP LLP   p236
11939 224 St Suite 201, MAPLE RIDGE, BC, V2X 6B2
(604) 463-8831   SIC 8721
MNP LLP   p240
96 Wallace St, NANAIMO, BC, V9R 0E2
(250) 753-8251   SIC 8721
MNP LLP   p282
5455 152 St Suite 316, SURREY, BC, V3S 5A5
(604) 574-7211   SIC 8721
MNP LLP   p323
1055 Dunsmuir Suite 2300, VANCOUVER, BC, V7X 1J1
(604) 639-0001   SIC 8721
MNP LLP   p345
1401 Princess Ave, BRANDON, MB, R7A 7L7
(204) 727-0661   SIC 8721
MNP LLP   p353
780 Saskatchewan Ave W, PORTAGE LA PRAIRIE, MB, R1N 0M7
(204) 239-6117   SIC 8721
MNP LLP   p534
1122 International Blvd Unit 602, BURLINGTON, ON, L7L 6Z8
(905) 639-3328   SIC 8721
MNP LLP   p628
315 Main St S, KENORA, ON, P9N 1T4
(807) 468-3338   SIC 8721
MNP LLP   p915
111 Richmond St W Suite 300, TORONTO, ON, M5H 2G4
(416) 596-1711   SIC 8721
MNP LLP   p1112
1155 Boul Rene-Levesque O Bureau 2300, Montreal, QC, H3B 2K2
(514) 932-4115   SIC 8721
MNP LLP   p1268
1219 5th St Unit 100, ESTEVAN, SK, S4A 0Z5
(306) 634-2603   SIC 8721
MNP LLP   p1274
601 Main St, MELFORT, SK, S0E 1A0
(306) 752-5800   SIC 8721
MNP LLP   p1279
103 Churchill St, PREECEVILLE, SK, S0A 3B0
(306) 547-3357   SIC 8721
MNP LLP   p1285
2010 11th Ave Suite 900, REGINA, SK, S4P 0J3
(306) 790-7900   SIC 8721
MNP LLP   p1292
701 9th St E, SASKATOON, SK, S7H 0M6
(306) 682-2673   SIC 8721
MNP LLP   p1296
119 4th Ave S Suite 800, SASKATOON, SK, S7K 5X2
(306) 665-6766   SIC 8721
MNP LLP   p1306
50 1st Ave Ne, SWIFT CURRENT, SK, S9H 4W4
(306) 773-8375   SIC 8721
MNP LLP   p1308
8 4th St Ne, WEYBURN, SK, S4H 0X7
(306) 842-8915   SIC 8721
MSCM LLP   p581
701 Evans Ave Suite 800, ETOBICOKE, ON, M9C 1A3
(416) 626-6000   SIC 8721
NEW BRUNSWICK SOUTHERN RAILWAY COMPANY LIMITED   p399
71 Sunset Dr, FREDERICTON, NB, E3A 1A2
(506) 632-4654   SIC 8721
NEXIA FRIEDMAN S.E.N.C.R.L.   p1125
8000 Boul Decarie Bureau 500, Montreal, QC, H4P 2S4
(514) 731-7901   SIC 8721

O I EMPLOYEE LEASING INC   p527
188 Mohawk St, BRANTFORD, ON, N3S 2X2
(519) 752-2230   SIC 8721
OAKRIDGE ACCOUNTING SERVICES LTD   p224
2604 Enterprise Way Unit 1, KELOWNA, BC, V1X 7Y5
(250) 712-3800   SIC 8721
PEO CANADA LTD   p47
805 5 Ave Sw Suite 100, CALGARY, AB, T2P 0N6
(403) 237-5577   SIC 8721
PETRIE RAYMOND S.E.N.C.R.L   p1096
255 Boul Cremazie E Bureau 1000, Montreal, QC, H2M 1L5
(514) 342-4740   SIC 8721
PRGX CANADA CORP   p723
60 Courtney Park Dr W Unit 4, MISSISSAUGA, ON, N5W 0B3
(905) 670-7879   SIC 8721
PRICEWATERHOUSECOOPERS LLP   p82
10088 102 Ave Nw Suite 1501, EDMONTON, AB, T5J 3N5
(780) 441-6700   SIC 8721
PRICEWATERHOUSECOOPERS LLP   p283
13450 102 Ave Suite 1400, SURREY, BC, V3T 5X3
(604) 806-7000   SIC 8721
PRICEWATERHOUSECOOPERS LLP   p309
250 Howe St Suite 700, VANCOUVER, BC, V6C 3S7
(604) 806-7000   SIC 8721
PRICEWATERHOUSECOOPERS LLP   p375
1 Lombard Pl Suite 2300, WINNIPEG, MB, R3B 0X6
(204) 926-2400   SIC 8721
PRICEWATERHOUSECOOPERS LLP   p417
44 Chipman Hill Suite 300, SAINT JOHN, NB, E2L 2A9
(506) 632-1810   SIC 8721
PRICEWATERHOUSECOOPERS LLP   p434
125 Kelsey Drive Suite 200, ST. JOHN'S, NL, A1B 0L2
(709) 722-3883   SIC 8721
PRICEWATERHOUSECOOPERS LLP   p459
1601 Lower Water St Suite 400, HALIFAX, NS, B3J 3P6
(902) 491-7400   SIC 8721
PRICEWATERHOUSECOOPERS LLP   p611
21 King St W Suite 100, HAMILTON, ON, L8P 4W7
SIC 8721
PRICEWATERHOUSECOOPERS LLP   p656
465 Richmond St Suite 300, LONDON, ON, N6A 5P4
(519) 640-8000   SIC 8721
PRICEWATERHOUSECOOPERS LLP   p695
1 Robert Speck Pky Suite 1100, MISSISSAUGA, ON, L4Z 3M3
SIC 8721
PRICEWATERHOUSECOOPERS LLP   p792
99 Bank St Suite 800, OTTAWA, ON, K1P 1E4
(613) 237-3702   SIC 8721
PRICEWATERHOUSECOOPERS LLP   p920
18 York St Suite 2600, TORONTO, ON, M5J 0B2
(416) 869-1130   SIC 8721
PRICEWATERHOUSECOOPERS LLP   p950
95 King St W Ste 201, WATERLOO, ON, N2J 5A2
(519) 570-5700   SIC 8721
PRICEWATERHOUSECOOPERS LLP   p968
245 Ouellette Ave 3rd Fl, WINDSOR, ON, N9A 7J2
(519) 985-8900   SIC 8721
PRICEWATERHOUSECOOPERS LLP   p1113
1250 Boul Rene-Levesque O Bureau 2800, Montreal, QC, H3B 4W8
(514) 205-5000   SIC 8721
PRICEWATERHOUSECOOPERS LLP   p1161
2640 Boul Laurier Bureau 1700, Quebec, QC, G1V 5C2

(418) 522-7001   SIC 8721
PRICEWATERHOUSECOOPERS LLP   p1297
123 2nd Ave S Suite 200, SASKATOON, SK, S7K 7E6
(306) 668-5900   SIC 8721
PRO CANADA WEST ENERGY INC   p1275
Hwy 39 S, MIDALE, SK, S0C 1S0
(306) 458-2232   SIC 8721
PSB BOISJOLI S.E.N.R.C.L   p1081
3333 Boul Graham Bureau 400, MONT-ROYAL, QC, H3R 3L5
(514) 341-5511   SIC 8721
PWC MANAGEMENT SERVICES LP   p280
10190 152a St 3 Fl, SURREY, BC, V3R 1J7
(604) 806-7000   SIC 8721
PWC MANAGEMENT SERVICES LP   p417
44 Chipman Hill Unit 300, SAINT JOHN, NB, E2L 4B9
(506) 653-9499   SIC 8721
RAYMOND CHABOT GRANT THORNTON S.E.N.C.R.L.   p792
116 Albert St Suite 1000, OTTAWA, ON, K1P 5G3
(613) 760-3500   SIC 8721
RAYMOND CHABOT GRANT THORNTON S.E.N.C.R.L.   p989
66 1re Av O, AMOS, QC, J9T 1T8
(819) 732-3208   SIC 8721
RAYMOND CHABOT GRANT THORNTON S.E.N.C.R.L.   p1008
4805 Boul Lapiniere Bureau 2100, BROSSARD, QC, J4Z 0G2
(450) 445-6226   SIC 8721
RAYMOND CHABOT GRANT THORNTON S.E.N.C.R.L.   p1015
255 Rue Racine E Bureau 800, CHICOUTIMI, QC, G7H 7L2
(418) 549-4142   SIC 8721
RAYMOND CHABOT GRANT THORNTON S.E.N.C.R.L.   p1020
2500 Boul Daniel-Johnson Bureau 300, Cote Saint-Luc, QC, H7T 2P6
(514) 382-0270   SIC 8721
RAYMOND CHABOT GRANT THORNTON S.E.N.C.R.L.   p1022
112 Rue Du Sud Bureau 100, COWANSVILLE, QC, J2K 2X2
(450) 263-2010   SIC 8721
RAYMOND CHABOT GRANT THORNTON S.E.N.C.R.L.   p1038
15 Rue Gamelin Bureau 400, GATINEAU, QC, J8Y 6N5
(819) 770-9833   SIC 8721
RAYMOND CHABOT GRANT THORNTON S.E.N.C.R.L.   p1053
901 5e Rue Rouleau Unite 400, La Pocatiere, QC, G0R 1Z0
(418) 856-2547   SIC 8721
RAYMOND CHABOT GRANT THORNTON S.E.N.C.R.L.   p1065
5700 Rue J.-B.-Michaud Bureau 400, Levis, QC, G6V 0B1
(418) 835-3965   SIC 8721
RAYMOND CHABOT GRANT THORNTON S.E.N.C.R.L.   p1077
305 Rue De La Gare, MATANE, QC, G4W 3J2
(418) 562-0203   SIC 8721
RAYMOND CHABOT GRANT THORNTON S.E.N.C.R.L.   p1173
165 Av Belzile, RIMOUSKI, QC, G5L 8Y2
(418) 722-4611   SIC 8721
RAYMOND CHABOT GRANT THORNTON S.E.N.C.R.L.   p1175
300 Boul De L'hotel-De-Ville, Riviere-du-Loup, QC, G5R 5C6
(418) 862-6396   SIC 8721
RAYMOND CHABOT GRANT THORNTON S.E.N.C.R.L.   p1189
11505 1re Av Bureau 300, SAINT-GEORGES, QC, G5Y 7X3
(418) 228-8969   SIC 8721
RAYMOND CHABOT GRANT THORNTON S.E.N.C.R.L.   p1195

BUSINESSES BY INDUSTRY CLASSIFICATION

SIC 8731 Commercial physical research

1355 Boul Johnson O, SAINT-HYACINTHE, QC, J2S 8W7
(450) 773-2424 SIC 8721

RAYMOND CHABOT GRANT THORNTON S.E.N.C.R.L. p1197
745 Rue Gadbois Bureau 201, SAINT-JEAN-SUR-RICHELIEU, QC, J3A 0A1
(450) 348-6886 SIC 8721

RAYMOND CHABOT GRANT THORNTON S.E.N.C.R.L. p1237
455 Rue King O Bureau 500, SHERBROOKE, QC, J1H 6G4
(819) 822-4000 SIC 8721

RAYMOND CHABOT GRANT THORNTON S.E.N.C.R.L. p1246
257 Rue Notre-Dame O Bureau 2e, THETFORD MINES, QC, G6G 1J7
(418) 335-7511 SIC 8721

RAYMOND CHABOT INC p1084
5 Boul Tache E, MONTMAGNY, QC, G5V 1B6
(418) 248-1303 SIC 8721

RDL LEGARE MC NICOLL INC p1168
1305 Boul Lebourgneuf Bureau 401, Quebec, QC, G2K 2E4
(418) 622-6666 SIC 8721

RLB LLP p602
15 Lewis Rd Suite 1, GUELPH, ON, N1H 1E9
(519) 822-9933 SIC 8721

ROSENBERG SMITH & PARTNERS LLP p562
2000 Steeles Ave W Unit 200, CONCORD, ON, L4K 3E9
(905) 660-3800 SIC 8721

ROY DESROCHERS LAMBERT S.E.N.C.R.L p1259
450 Boul Des Bois-Francs N, VICTORIAVILLE, QC, G6P 1H3
(819) 758-1544 SIC 8721

RSM RICHTER LLP p916
200 King St W Suite 1100, TORONTO, ON, M5H 3T4
(416) 932-8000 SIC 8721

RYDER TRUCK RENTAL CANADA LTD p516
30 Pedigree Crt Suite 1, BRAMPTON, ON, L6T 5T8
(905) 759-2000 SIC 8721

S. F. PARTNERSHIP LLP p749
4950 Yonge St Suite 400, NORTH YORK, ON, M2N 6K1
(416) 250-1212 SIC 8721

SCHWARTZ LEVITSKY FELDMAN S.E.N.C.R.L. p898
2300 Yonge St Suite 1500, TORONTO, ON, M4P 1E4
(416) 785-5353 SIC 8721

SEGAL LLP p745
2005 Sheppard Ave E Suite 500, NORTH YORK, ON, M2J 5B4
(416) 391-4499 SIC 8721

SMYTHE RATCLIFFE LLP p309
355 Burrard St Suite 700, VANCOUVER, BC, V6C 2G8
(604) 687-1231 SIC 8721

TAUB, BERNARD & COMPANY p760
1167 Caledonia Rd, NORTH YORK, ON, M6A 2X1
(416) 785-5353 SIC 8721

TAYLOR, LEIBOW LLP p610
105 Main St E Suite 700, HAMILTON, ON, L8N 1G6
(905) 523-0003 SIC 8721

TEAM CANADA LLC p924
360 Davenport Rd, TORONTO, ON, M5R 1K6
(416) 603-6144 SIC 8721

UNIVERSITE DU QUEBEC p1101
1430 Rue Saint-Denis, Montreal, QC, H2X 3J8
(514) 987-6140 SIC 8721

VERIDIAN CORPORATION p813
1465 Pickering Pky Suite 2, PICKERING, ON, L1V 7G7

(905) 420-8440 SIC 8721

WELCH LLP p503
525 Dundas St E, BELLEVILLE, ON, K8N 1G4
(613) 966-2844 SIC 8721

WELCH LLP p1039
975 Boul Saint-Joseph Bureau 201, GATINEAU, QC, J8Z 1W8
(819) 771-7381 SIC 8721

WILKINSON & COMPANY LLP p503
139 Front St Suite 100, BELLEVILLE, ON, K8N 2Y6
(613) 966-1871 SIC 8721

WILKINSON & COMPANY LLP p944
71 Dundas St W, TRENTON, ON, K8V 3P4
(888) 713-7283 SIC 8721

YOUNG PARKYN MCNAB LLP p139
530 8 St S Suite 100, LETHBRIDGE, AB, T1J 2J8
(403) 382-6800 SIC 8721

ZEIFMANS LLP p761
201 Bridgeland Ave Suite 1, NORTH YORK, ON, M6A 1Y7
(416) 256-4000 SIC 8721

SIC 8731 Commercial physical research

2930862 CANADA INC p1125
6111 Av Royalmount Bureau 100, Montreal, QC, H4P 2T4
(514) 340-1114 SIC 8731

ABC GROUP RESEARCH & DEVELOPMENT LTD p762
2 Norelco Dr, NORTH YORK, ON, M9L 2X6
(416) 742-4037 SIC 8731

ACADIAN SEAPLANTS LIMITED p480
133 Islandview Rd, YARMOUTH, NS, B5A 4A6
(902) 742-9159 SIC 8731

ACRODEX INC p90
11420 170 St Nw, EDMONTON, AB, T5S 1L7
(780) 426-4444 SIC 8731

ACTIVATION LABORATORIES LTD p487
41 Bittern St, ANCASTER, ON, L9G 4V5
(905) 648-9611 SIC 8731

AGAT LABORATORIES LTD p21
2905 12 St Ne, CALGARY, AB, T2E 7J2
(403) 736-2000 SIC 8731

AGAT LABORATORIES LTD p449
11 Morris Dr Suite 122, DARTMOUTH, NS, B3B 1M2
(902) 468-8718 SIC 8731

AGAT LABORATORIES LTD p693
5835 Coopers Ave, MISSISSAUGA, ON, L4Z 1Y2
(905) 712-5100 SIC 8731

AGAT LABORATORIES LTD p1208
9770 Rte Transcanadienne, SAINT-LAURENT, QC, H4S 1V9
(514) 337-1000 SIC 8731

AGRITECH PARK INCORPORATED p444
90 Research Dr, BIBLE HILL, NS, B6L 2R2
SIC 8731

ALBERTA HEALTH SERVICES p107
8440 112 St Nw, EDMONTON, AB, T6G 2B7
(780) 616-6215 SIC 8731

ALPHORA RESEARCH INC p702
2395 Speakman Dr Suite 2001, MISSISSAUGA, ON, L5K 1B3
(905) 403-0477 SIC 8731

ALPHORA RESEARCH INC p764
2884 Portland Dr, OAKVILLE, ON, L6H 5W8
(905) 829-9704 SIC 8731

ALS CANADA LTD p9
2559 29 St Ne, CALGARY, AB, T1Y 7B5
(403) 407-1800 SIC 8731

ALS CANADA LTD p125
9505 111 St, GRANDE PRAIRIE, AB, T8V 5W1
(780) 539-5196 SIC 8731

ALS CANADA LTD p532
1435 Norjohn Crt Unit 1, BURLINGTON, ON, L7L 0E6
(905) 331-3111 SIC 8731

ALS CANADA LTD p867
1512 Old Falconbridge Rd, SUDBURY, ON, P3A 4N8
(705) 560-7225 SIC 8731

ALS CANADA LTD p877
1081 Barton St, THUNDER BAY, ON, P7B 5N3
(807) 623-6463 SIC 8731

ALS CANADA LTD p953
60 Northland Rd Unit 1, WATERLOO, ON, N2V 2B8
(519) 886-6910 SIC 8731

ALTASCIENCES COMPAGNIE INC p1080
1200 Av Beaumont, MONT-ROYAL, QC, H3P 3P1
(514) 858-6077 SIC 8731

ALTASCIENCES COMPAGNIE INC p1080
1100 Av Beaumont Bureau 101, MONT-ROYAL, QC, H3P 3H5
(514) 341-6077 SIC 8731

ALTASCIENCES COMPAGNIE INC p1133
575 Boul Armand-Frappier, Montreal-Ouest, QC, H7V 4B3
(450) 973-6077 SIC 8731

ANTECH DIAGNOSTICS CANADA LTD p706
6625 Kitimat Rd Suite 1, MISSISSAUGA, ON, L5N 6J1
(905) 567-0597 SIC 8731

APPLIED BIOLOGICAL MATERIALS INC p265
1-3671 Viking Way, RICHMOND, BC, V6V 2J5
(604) 247-2416 SIC 8731

AURORA BIOMED INC p301
1001 Pender St E, VANCOUVER, BC, V6A 1W2
(604) 215-8700 SIC 8731

BANK OF MONTREAL p846
4100 Gordon Baker Rd, SCARBOROUGH, ON, M1W 3E8
(416) 508-7618 SIC 8731

BELLEMARE ENVIRONNEMENT p1250
11450 Boul Industriel, Trois-Rivieres, QC, G9A 5E1
(819) 697-2227 SIC 8731

BOEHRINGER INGELHEIM (CANADA) LTD p533
5180 South Service Rd, BURLINGTON, ON, L7L 5H4
(905) 639-0333 SIC 8731

BOEHRINGER INGELHEIM (CANADA) LTD p1018
2100 Rue Cunard, Cote Saint-Luc, QC, H7S 2G5
SIC 8731

BRITISH COLUMBIA CANCER AGENCY BRANCH p299
570 7th Ave W Suite 100, VANCOUVER, BC, V5Z 4S6
(604) 707-5800 SIC 8731

BUBBLE TECHNOLOGY INDUSTRIES INC p550
31278 Hwy 17 W, CHALK RIVER, ON, K0J 1J0
(613) 589-2456 SIC 8731

CADUCEON ENTERPRISES INC p630
285 Dalton Ave, KINGSTON, ON, K7K 6Z1
(613) 544-2001 SIC 8731

CADUCEON ENTERPRISES INC p795
2378 Holly Lane, OTTAWA, ON, K1V 7P1
(613) 526-0123 SIC 8731

CAMSO INC p1074
2675 Rue Macpherson, MAGOG, QC, J1X 0E6
(819) 868-1500 SIC 8731

CANADIAN HEART RESEARCH CENTRE p744
259 Yorkland Rd Suite 200, NORTH YORK, ON, M2J 0B5
(416) 977-8010 SIC 8731

CANCER CARE ONTARIO p877
980 Oliver Rd, THUNDER BAY, ON, P7B 6V4
(807) 343-1610 SIC 8731

CASCADES INC p1048
471 Boul Marie-Victorin, KINGSEY FALLS, QC, J0A 1B0
(819) 363-5700 SIC 8731

CENTRE DE RECHERCHE INFORMATIQUE DE MONTREAL INC p1119
405 Av Ogilvy Bureau 101, Montreal, QC, H3N 1M3
(514) 840-1234 SIC 8731

CENTRE DE SANTE ET DE SERVICES SOCIAUX DE LA VIEILLE-CAPITALE p1158
1270 Ch Sainte-Foy, Quebec, QC, G1S 2M4
(418) 654-2731 SIC 8731

CENTRE HOSPITALIER UNIVERSITAIRE DE QUEBEC p1160
2705 Boul Laurier Bureau 4, Quebec, QC, G1V 4G2
(418) 654-2244 SIC 8731

CERVUS EQUIPMENT CORPORATION p16
5159 72 Ave Se, CALGARY, AB, T2C 3H3
(403) 243-6011 SIC 8731

CERVUS EQUIPMENT CORPORATION p103
9412 51 Ave Nw, EDMONTON, AB, T6E 5A6
(780) 432-6262 SIC 8731

CERVUS EQUIPMENT CORPORATION p157
280 Burnt Park Dr Unit 10, RED DEER COUNTY, AB, T4S 0K7
(403) 346-9011 SIC 8731

CERVUS EQUIPMENT CORPORATION p1295
210 Faithfull Cres, SASKATOON, SK, S7K 8H8
(306) 933-3383 SIC 8731

CESL LIMITED p318
8898 Heather St Unit 107, VANCOUVER, BC, V6P 3S8
SIC 8731

CHAMPION TECHNOLOGIES ULC p162
2300 Premier Way, SHERWOOD PARK, AB, T8H 2L2
(780) 417-2720 SIC 8731

CIRION BIOPHARMA RECHERCHE INC p1128
3150 Rue Delaunay, Montreal, QC, H7L 5E1
(450) 688-6445 SIC 8731

CITOXLAB AMERIQUE DU NORD INC p1133
445 Boul Armand-Frappier, Montreal-Ouest, QC, H7V 4B3
(450) 973-2240 SIC 8731

COOP FEDEREE, LA p1069
604 Rue Jean-Neveu, LONGUEUIL, QC, J4G 1P1
(450) 674-5271 SIC 8731

CORE LABORATORIES CANADA LTD p100
4777 93 Ave Nw, EDMONTON, AB, T6B 2T6
(780) 468-2850 SIC 8731

DNA LANDMARKS INC p1198
84 Rue Richelieu, SAINT-JEAN-SUR-RICHELIEU, QC, J3B 6X3
(450) 358-2621 SIC 8731

DYNASTREAM INNOVATIONS INC p69
100 Grande Blvd W Suite 201, COCHRANE, AB, T4C 0S4
(403) 932-9292 SIC 8731

EMERGENT BIOSOLUTIONS CANADA INC p391
26 Henlow Bay, WINNIPEG, MB, R3Y 1G4
(204) 275-4200 SIC 8731

ENERKEM INC p1237
375 Rue De Courcelette Bureau 900, SHERBROOKE, QC, J1H 3X4
(819) 347-1111 SIC 8731

EXOVA CANADA INC p23
4605 12 St Ne, CALGARY, AB, T2E 4R3
SIC 8731

EXOVA CANADA INC p726
146 Colonnade Rd Unit 8, NEPEAN, ON, K2E 7Y1
(613) 727-5692 SIC 8731

F.T.C. ENTERPRISES LIMITED p981
101 Belvedere Ave, CHARLOTTETOWN, PE, C1A 7N8

(902) 368-5548   SIC 8731
FIELDING CHEMICAL TECHNOLOGIES INC   p699
3549 Mavis Rd, MISSISSAUGA, ON, L5C 1T7
(905) 279-5122   SIC 8731
FONDATION DE L'INSTITUT DE RECHERCHES CLINIQUE DE MONTREAL   p1099
110 Av Des Pins O, Montreal, QC, H2W 1R7
(514) 987-5500   SIC 8731
FPINNOVATIONS   p320
2665 East Mall, VANCOUVER, BC, V6T 1Z4
(604) 224-3221   SIC 8731
FPINNOVATIONS   p1155
319 Rue Franquet, Quebec, QC, G1P 4R4
(418) 659-2647   SIC 8731
GENDON POLYMER SERVICES INC   p506
38 Nixon Rd, BOLTON, ON, L7E 1W2
(905) 951-6118   SIC 8731
GENERAL FUSION INC   p183
3680 Bonneville Pl Suite 106, BURNABY, BC, V3N 4T5
(604) 420-0920   SIC 8731
GHD CONSULTANTS LTEE   p1066
2181 4e Rue, Levis, QC, G6W 5M6
(418) 839-0041   SIC 8731
GLOBAL IQ INC   p80
10230 Jasper Ave Nw Suite 4570, EDMONTON, AB, T5J 4P6
(780) 420-0633   SIC 8731
GOUVERNEMENT DE LA PROVINCE DE QUEBEC   p1155
2700 Rue Einstein Bureau C2105, Quebec, QC, G1P 3W8
(418) 643-1632   SIC 8731
GOVERNORS OF THE UNIVERSITY OF ALBERTA, THE   p107
11227 Saskatchewan Dr Unit E344, EDMONTON, AB, T6G 2G2
(780) 492-3254   SIC 8731
GOVERNORS OF THE UNIVERSITY OF ALBERTA, THE   p107
45 University Campus Nw Rm 410, EDMONTON, AB, T6G 2P5
(780) 492-2131   SIC 8731
GROUPE VISION NEW LOOK INC   p1209
4405 Ch Du Bois-Franc, SAINT-LAURENT, QC, H4S 1A8
(514) 904-5665   SIC 8731
HYDRO-QUEBEC   p1097
140 Boul Cremazie O, Montreal, QC, H2P 1C3
(514) 858-8500   SIC 8731
HYDRO-QUEBEC   p1255
1800 Boul Lionel-Boulet, VARENNES, QC, J3X 1P7
(450) 652-8011   SIC 8731
ID BIOMEDICAL CORPORATION OF QUEBEC   p1155
2323 Boul Du Parc-Technologique, Quebec, QC, G1P 4R8
(418) 650-0010   SIC 8731
ID BIOMEDICAL CORPORATION OF QUEBEC   p1155
2323 Boul Du Parc-Technologique, Quebec, QC, G1P 4R8
(450) 978-4599   SIC 8731
INNOVADERM RECHERCHES INC   p1094
1851 Sherbrooke E Suite 502, Montreal, QC, H2K 4L5
(514) 521-4285   SIC 8731
INSTITUT DE RECHERCHE ET DEVELOPPEMENT EN AGROENVIRONEMENT INC   p1155
2700 Rue Einstein Bureau D1110, Quebec, QC, G1P 3W8
(418) 643-2380   SIC 8731
INSTITUT DE RECHERCHE ET DEVELOPPEMENT EN AGROENVIRONEMENT INC   p1195
3300 Rue Sicotte, SAINT-HYACINTHE, QC, J2S 2M2
SIC 8731

INSTITUT NATIONAL D'OPTIQUE   p611
175 Longwood Rd S Suite 316 A, HAMILTON, ON, L8P 0A1
(905) 529-7016   SIC 8731
INSTITUT NATIONALE DE SANTE PUBLIQUE DU QUEBEC   p1161
945 Av Wolfe Bureau 4, Quebec, QC, G1V 5B3
(418) 650-5115   SIC 8731
INSTITUT NATIONALE DE SANTE PUBLIQUE DU QUEBEC   p1224
20045 Ch Sainte-Marie, SAINTE-ANNE-DE-BELLEVUE, QC, H9X 3R5
(514) 457-2070   SIC 8731
INTEL OF CANADA, LTD   p314
1333 Broadway W Suite 688, VANCOUVER, BC, V6H 4C1
(604) 639-1188   SIC 8731
INVENTIV HEALTH CLINIQUE INC   p1155
2500 Rue Einstein, Quebec, QC, G1P 0A2
(418) 527-4000   SIC 8731
ISKIN INC   p754
3 Concorde Gate Unit 311, NORTH YORK, ON, M3C 3N7
(416) 924-9607   SIC 8731
IZAAK WALTON KILLAM HEALTH CENTRE, THE   p460
Gd, HALIFAX, NS, B3K 6R8
(902) 470-6682   SIC 8731
JSS RECHERCHE MEDICALE INC   p1209
9400 Boul Henri-Bourassa O, SAINT-LAURENT, QC, H4S 1N8
(514) 934-6116   SIC 8731
KANE BIOTECH INC   p389
196 Innovation Dr Suite 162, WINNIPEG, MB, R3T 2N2
(204) 453-1301   SIC 8731
KARDIUM INC   p193
8518 Glenlyon Pky Suite 155, BURNABY, BC, V5J 0B6
(604) 248-8891   SIC 8731
LABORATOIRES D'ANALYSES S.M. INC   p1255
1471 Boul Lionel-Boulet, VARENNES, QC, J3X 1P7
(514) 332-6001   SIC 8731
MAPLE LEAF FOODS INC   p602
7474 Mclean Rd, GUELPH, ON, N1H 6H9
(519) 780-3560   SIC 8731
MAXXAM ANALYTICS INTERNATIONAL CORPORATION   p101
9331 48 St Nw, EDMONTON, AB, T6B 2R4
(780) 468-3500   SIC 8731
MAXXAM ANALYTICS INTERNATIONAL CORPORATION   p444
200 Bluewater Rd Suite 201, BEDFORD, NS, B4B 1G9
(902) 420-0203   SIC 8731
MEP TECHNOLOGIES INC   p1019
1690 Rue Cunard, Cote Saint-Luc, QC, H7S 2B2
(450) 978-9214   SIC 8731
MICROTEK INTERNATIONAL INC   p275
6761 Kirkpatrick Cres, SAANICHTON, BC, V8M 1Z8
SIC 8731
MORGAN SOLAR INC   p936
30 Ordnance St, TORONTO, ON, M6K 1A2
(416) 203-1655   SIC 8731
MPB COMMUNICATIONS INC   p1142
147 Hymus Blvd, POINTE-CLAIRE, QC, H9R 1E9
(514) 694-8751   SIC 8731
NERIUM BIOTECHNOLOGY, INC   p920
220 Bay St Unit 500, TORONTO, ON, M5J 2W4
(416) 862-7330   SIC 8731
NEURORX RESEARCH INC   p1100
3575 Av Du Parc Bureau 5322, Montreal, QC, H2X 3P9
(514) 908-0088   SIC 8731
NEUROSTREAM TECHNOLOGIES SENC   p1180
4780 Rue Saint-Felix Bureau 105, SAINT-

AUGUSTIN-DE-DESMAURES, QC, G3A 2J9
SIC 8731
NIKON METROLOGY CANADA INC   p546
55 Fleming Dr Suite 13, CAMBRIDGE, ON, N2V 2B8
(519) 831-6924   SIC 8731
NORDION INC   p1134
535 Boul Cartier O, Montreal-Ouest, QC, H7V 3S8
(450) 687-5165   SIC 8731
NOVADAQ TECHNOLOGIES INC   p184
8329 Eastlake Dr Unit 101, BURNABY, BC, V5A 4W2
(604) 232-9861   SIC 8731
NSF-GFTC   p600
125 Chancellors Way, GUELPH, ON, N1G 0E7
(519) 821-1246   SIC 8731
NUVO PHARMACEUTICALS INC   p1255
3655 Ch De La Cote-Bissonnette, VARENNES, QC, J3X 1P7
(450) 929-0050   SIC 8731
PHARMA MEDICA RESEARCH INC   p887
4770 Sheppard Ave E Suite 2, TORONTO, ON, M1S 3V6
(416) 759-4111   SIC 8731
PINCHIN LTD   p624
555 Legget Dr Suite 1001, KANATA, ON, K2K 2X3
(613) 592-3387   SIC 8731
PIONEER HI-BRED LIMITED   p632
461 Front Rd, KINGSTON, ON, K7L 5A5
(613) 548-5500   SIC 8731
PIONEER HI-BRED PRODUCTION LTD   p541
12111 Mississauga Rd, CALEDON, ON, L7C 1X1
(905) 843-9166   SIC 8731
PIONEER HI-BRED PRODUCTION LTD   p977
596779 County Rd Hwy Suite 59, WOODSTOCK, ON, N4S 7W8
(519) 462-2732   SIC 8731
REGIONAL MUNICIPALITY OF WATERLOO, THE   p547
100 Maple Grove Rd, CAMBRIDGE, ON, N3H 4R7
(519) 650-8264   SIC 8731
RESEARCH NOW INC   p896
3080 Yonge St Suite 2000, TORONTO, ON, M4N 3N1
(800) 599-7938   SIC 8731
REVOLUTION ENVIRONMENTAL SOLUTIONS ACQUISITION GP INC   p115
6110 27 St Nw, EDMONTON, AB, T6P 1Y5
(780) 450-7664   SIC 8731
ROLTA CANADA LTD   p674
140 Allstate Pky Suite 503, MARKHAM, ON, L3R 5Y8
(905) 754-8100   SIC 8731
SAMUEL LUNENFELD RESEARCH INSTITUTE OF MOUNT SINAI HOSPITAL   p912
600 University Ave Suite 1078, TORONTO, ON, M5G 1X5
(416) 596-4200   SIC 8731
SEPRACOR CANADA (NOVA SCOTIA) LIMITED   p479
24 Irven Dr, WINDSOR, NS, B0N 2T0
(902) 798-4100   SIC 8731
SGS CANADA INC   p302
950 Powell St Unit 203, VANCOUVER, BC, V6A 1H9
(604) 629-1890   SIC 8731
SGS CANADA INC   p591
1209 O'neil Dr W, GARSON, ON, P3L 1L5
(705) 693-4555   SIC 8731
SGS CANADA INC   p603
503 Imperial Rd N Suite 1, GUELPH, ON, N1H 6T9
(519) 837-1600   SIC 8731
SKYPOWER SERVICES ULC   p932
100 King St W Fl 52, TORONTO, ON, M5X 1C9
(416) 979-4625   SIC 8731
SMUCKER FOODS OF CANADA CORP   p587

191 Attwell Dr Suite 4, ETOBICOKE, ON, M9W 5Z2
(416) 675-2541   SIC 8731
SO CANADA INC   p745
2005 Sheppard Ave E Suite 100, NORTH YORK, ON, M2J 5B4
SIC 8731
STERIMAX INC   p766
2770 Portland Dr, OAKVILLE, ON, L6H 6R4
(905) 890-0661   SIC 8731
SYNCRUDE CANADA LTD   p113
9421 17 Ave Nw, EDMONTON, AB, T6N 1H4
(780) 970-6800   SIC 8731
TECK METALS LTD   p703
2380 Speakman Dr, MISSISSAUGA, ON, L5K 1B4
SIC 8731
TECK RESOURCES LIMITED   p272
12380 Horseshoe Way, RICHMOND, BC, V7A 4Z1
(778) 296-4900   SIC 8731
UNIVERSITE DU QUEBEC   p1150
490 Rue De La Couronne, Quebec, QC, G1K 9A9
(418) 654-2524   SIC 8731
UNIVERSITY OF VICTORIA   p328
3800 Finnerty Rd Suite 168, VICTORIA, BC, V8P 5C2
(250) 472-5400   SIC 8731
UNIVERSITY OF WESTERN ONTARIO, THE   p661
999 Collip Cir Room Ll31, LONDON, ON, N6G 0J3
(519) 661-2173   SIC 8731
VALACTA INC   p1224
555 Boul Des Anciens-Combattants, SAINTE-ANNE-DE-BELLEVUE, QC, H9X 3R4
(514) 459-3030   SIC 8731
VARI-FORM INC   p979
62 Ridgeway Cir, WOODSTOCK, ON, N4V 1C9
SIC 8731
VECIMA NETWORKS INC   p1301
150 Cardinal Pl, SASKATOON, SK, S7L 6H7
(306) 955-7075   SIC 8731
VEOLIA ES CANADA SERVICES INDUSTRIELS INC   p1252
2895 Rue Jules-Vachon, Trois-Rivieres, QC, G9A 5E1
(819) 372-0803   SIC 8731
WELL RESOURCES INC   p115
3919 149a St Nw, EDMONTON, AB, T6R 1J8
(780) 430-7789   SIC 8731
WORKSHOPX INC   p797
6 Hamilton Ave N Suite 004, OTTAWA, ON, K1Y 4R1
(613) 860-7000   SIC 8731
XENON PHARMACEUTICALS INC   p190
3650 Gilmore Way, BURNABY, BC, V5G 4W8
(604) 484-3300   SIC 8731
XEROX CANADA INC   p703
2660 Speakman Dr, Mississauga, ON, L5K 2L1
(905) 823-7091   SIC 8731
YESUP ECOMMERCE SOLUTIONS INC   p744
565 Gordon Baker Rd, NORTH YORK, ON, M2H 2W2
(416) 499-8009   SIC 8731
ZALICUS PHARMACEUTICALS LTD   p321
2389 Health Sciences Mall Suite 301, VANCOUVER, BC, V6T 1Z3
(604) 909-2530   SIC 8731

SIC 8732 Commercial nonphysical research

ACROBAT RESEARCH LTD   p549
Gd, CAPREOL, ON, P0M 1H0
(705) 858-4343   SIC 8732

SIC 8733 Noncommercial research organizations

AIMIA PROPRIETARY LOYALTY CANADA INC p932
130 King St W Suite 1600, TORONTO, ON, M5X 2A2
(905) 214-8699 SIC 8732

AIMIA PROPRIETARY LOYALTY CANADA INC p1101
759 Rue Du Square-Victoria Bureau 105, Montreal, QC, H2Y 2J7
SIC 8732

BBM ANALYTICS INC p751
1500 Don Mills Rd 3rd Fl, NORTH YORK, ON, M3B 3L7
(416) 445-8881 SIC 8732

BROGAN INC p623
303 Terry Fox Dr Suite 300, KANATA, ON, K2K 3J1
(613) 599-0711 SIC 8732

CANADIAN INTERNATIONAL COUNCIL p794
1125 Colonel By Dr, OTTAWA, ON, K1S 5B6
(613) 903-4011 SIC 8732

CATO RESEARCH CANADA INC p1204
9900 Boul Cavendish Bureau 300, SAINT-LAURENT, QC, H4M 2V2
(514) 856-2286 SIC 8732

CCI RESEARCH INC p773
71 Broadway, ORANGEVILLE, ON, L9W 1K1
(519) 938-9552 SIC 8732

CEGEP DE TROIS-RIVIERES p1249
3351 Boul Des Forges, Trois-Rivieres, QC, G8Z 4M3
(819) 376-5075 SIC 8732

CENTRE DE RECHERCHE INDUSTRIELLE DU QUEBEC p1095
1201 Boul Cremazie E Bureau 1 210, Montreal, QC, H2M 0A6
(514) 383-1550 SIC 8732

CENTRE HOSPITALIER UNIVERSITAIRE DE QUEBEC p1157
9 Rue Mcmahon, Quebec, QC, G1R 3S3
(418) 691-5281 SIC 8732

CONNOR, CLARK & LUNN FINANCIAL GROUP p913
181 University Ave Suite 300, TORONTO, ON, M5H 3M7
(416) 862-2020 SIC 8732

CORTINA SYSTEMS CORP p623
535 Legget Dr Suite 120, KANATA, ON, K2K 3B8
(613) 595-4001 SIC 8732

DECIMA INC p801
160 Elgin St Suite 1800, OTTAWA, ON, K2P 2P7
(613) 230-2200 SIC 8732

DECIMA INC p897
2345 Yonge St Suite 704, TORONTO, ON, M4P 2E5
(416) 962-9109 SIC 8732

ELEMENTAL DATA COLLECTION INC p791
170 Laurier Ave W Suite 400, OTTAWA, ON, K1P 5V5
(613) 667-9352 SIC 8732

ELI LILLY CANADA INC p600
150 Research Lane Suite 120, GUELPH, ON, N1G 4T2
(519) 821-0277 SIC 8732

FORUM RESEARCH INC p925
180 Bloor St W Suite 1401, TORONTO, ON, M5S 2V6
(416) 960-3153 SIC 8732

FROST & SULLIVAN CANADA INC p745
2001 Sheppard Ave E Suite 504, NORTH YORK, ON, M2J 4Z8
(416) 490-1511 SIC 8732

GENERATION 5 MATHEMATICAL TECHNOLOGIES INC p745
515 Consumers Rd Suite 600, NORTH YORK, ON, M2J 4Z2
SIC 8732

GESTION CANADADIRECT INC p1026
743 Av Renaud, DORVAL, QC, H9P 2N1
(514) 422-8557 SIC 8732

GEXEL TELECOM INTERNATIONAL INC p1102
507 Place D'armes Bureau 1503, Montreal, QC, H2Y 2W8
(514) 935-9300 SIC 8732

GOUVERNEMENT DE LA PROVINCE DE QUEBEC p1157
800 Place D'youville Bureau 300, Quebec, QC, G1R 6E2
(418) 643-4326 SIC 8732

GOVERNING COUNCIL OF THE UNIVERSITY OF TORONTO p925
1 Devonshire Pl, TORONTO, ON, M5S 3K7
(416) 946-8926 SIC 8732

GOVERNING COUNCIL OF THE UNIVERSITY OF TORONTO p926
100 St. George St Suite 6018, TORONTO, ON, M5S 3G3
(416) 978-3452 SIC 8732

GOVERNORS OF THE UNIVERSITY OF ALBERTA, THE p107
11405 87 Ave Nw Suite 3 300, EDMONTON, AB, T6G 1C9
(780) 492-8211 SIC 8732

GREENWICH ASSOCIATES ULC p747
1220 Sheppard Ave E Suite 201, NORTH YORK, ON, M2K 2S5
(416) 493-6111 SIC 8732

GREENWICH ASSOCIATES ULC p1100
67 Rue Sainte-Catherine O Bureau 790, Montreal, QC, H2X 1Z7
(514) 282-6482 SIC 8732

H2 MARKETING & COMMUNICATIONS p908
36 Toronto St Suite 800, TORONTO, ON, M5C 2C5
(416) 862-2800 SIC 8732

HARRIS/DECIMA p897
2345 Yonge St Suite 405, TORONTO, ON, M4P 2E5
(416) 716-4903 SIC 8732

ICOM INFORMATION & COMMUNICATIONS L.P. p842
41 Metropolitan Rd, SCARBOROUGH, ON, M1R 2T5
(416) 297-7887 SIC 8732

ICT CANADA MARKETING INC p405
459 Elmwood Dr, MONCTON, NB, E1A 2X2
SIC 8732

IMPACT RESEARCH INC p1150
300 Rue Saint-Paul Bureau 300, Quebec, QC, G1K 7R1
(418) 647-2727 SIC 8732

INSIGHTRIX RESEARCH INC p1296
3223 Millar Ave Suite 1, SASKATOON, SK, S7K 5Y3
(306) 657-5640 SIC 8732

IOGEN BIO-PRODUCTS CORPORATION p795
310 Hunt Club Rd, OTTAWA, ON, K1V 1C1
(613) 733-9830 SIC 8732

IPSOS LIMITED PARTNERSHIP p312
1285 Pender St W Suite 200, VANCOUVER, BC, V6E 4B1
(778) 373-5000 SIC 8732

IPSOS-ASI, LTD p1262
245 Av Victoria Bureau 100, WESTMOUNT, QC, H3Z 2M6
(514) 934-5555 SIC 8732

LEGAL LINK CORPORATION, THE p915
333 Bay St Suite 400, TORONTO, ON, M5H 2R2
(416) 348-0432 SIC 8732

LEGER MARKETING INC p375
35 King St Suite 5, WINNIPEG, MB, R3B 1H4
(204) 885-7570 SIC 8732

LEGER MARKETING INC p1102
507 Place D'armes Bureau 700, Montreal, QC, H2Y 2W8
(514) 845-5660 SIC 8732

MALATEST, R. A. & ASSOCIATES LTD p81
10621 100 Ave Nw Suite 300, EDMONTON, AB, T5J 0B3
(780) 448-9042 SIC 8732

MALATEST, R. A. & ASSOCIATES LTD p791
294 Albert St Suite 500, OTTAWA, ON, K1P 6E6
(613) 688-1847 SIC 8732

MARITZ RESEARCH COMPANY p902
425 Bloor St E, TORONTO, ON, M4W 3R4
(416) 922-8014 SIC 8732

MARKET PROBE CANADA COMPANY p576
1243 Islington Ave Suite 200, ETOBICOKE, ON, M8X 1Y9
(416) 233-1555 SIC 8732

MARKET PROBE CANADA COMPANY p897
40 Eglinton Ave E Suite 501, TORONTO, ON, M4P 3A2
(416) 487-4144 SIC 8732

MARU GROUP CANADA INC p902
2 Bloor St E Suite 1600, TORONTO, ON, M4W 1A8
(647) 258-1416 SIC 8732

MCELHANNEY ASSOCIATES LAND SURVEYING LTD p141
5704 44 St Suite 116, LLOYDMINSTER, AB, T9V 2A1
(780) 875-8857 SIC 8732

MEMORIAL UNIVERSITY OF NEWFOUNDLAND p434
230 Elizabeth Ave, ST. JOHN'S, NL, A1B 1T5
(709) 864-4791 SIC 8732

MORNINGSTAR RESEARCH INC p915
141 Adelaide St W Suite 910, TORONTO, ON, M5H 3L5
(416) 366-4253 SIC 8732

NIELSEN MEDIA RESEARCH LIMITED p673
160 Mcnabb St, MARKHAM, ON, L3R 4B8
(905) 475-1131 SIC 8732

NRG RESEARCH GROUP INC p378
360 Main St Suite 1910, WINNIPEG, MB, R3C 3Z3
(204) 429-8999 SIC 8732

NUMERIS p407
1234 Main St Suite 600, MONCTON, NB, E1C 1H7
(506) 859-7700 SIC 8732

OPINION SEARCH INC p802
160 Elgin St Suite 1800, OTTAWA, ON, K2P 2P7
(613) 230-9109 SIC 8732

OPINION SEARCH INC p1107
1080 Rue Beaverhall Bureau 400, Montreal, QC, H3A 1E4
(514) 288-0199 SIC 8732

PARETO RETAIL SERVICES INC p821
56 Leek Cres, RICHMOND HILL, ON, L4B 1H1
SIC 8732

PHASE 5 CONSULTING GROUP INC p789
109 Murray St Suite 4, OTTAWA, ON, K1N 5M5
(613) 241-7555 SIC 8732

QUALITY RESPONSE INC p899
2200 Yonge St Suite 903, TORONTO, ON, M4S 2C6
(416) 484-0072 SIC 8732

QUEEN'S UNIVERSITY AT KINGSTON p632
115 Barrack St, KINGSTON, ON, K7L 3N6
(613) 533-6081 SIC 8732

SAINE MARKETING INC p1117
1600 Boul Rene-Levesque O Bureau 1800, Montreal, QC, H3H 1P9
(514) 931-8236 SIC 8732

SPECTRA ENERGY EMPRESS L.P. p49
425 1 St Sw Suite 2600, CALGARY, AB, T2P 3L8
(403) 699-1999 SIC 8732

STRADA SURVEY INC p975
41 Gaudaur Rd Suite A1, WOODBRIDGE, ON, L4L 3R8
(905) 850-5088 SIC 8732

SUNNYBROOK RESEARCH INSTITUTE p897
2075 Bayview Ave, TORONTO, ON, M4N 3M5
(416) 480-6100 SIC 8732

TELECOMMUNICATIONS RESEARCH LABORATORIES p390
135 Innovation Dr Suite 100, WINNIPEG, MB, R3T 6A8
(204) 489-6060 SIC 8732

THOMSON REUTERS CANADA LIMITED p916
333 Bay St Suite 400, TORONTO, ON, M5H 2R2
(416) 687-7500 SIC 8732

THOMSON REUTERS CANADA LIMITED p1115
75 Rue Queen Bureau 4700, Montreal, QC, H3C 2N6
(514) 393-9911 SIC 8732

TNS CANADIAN FACTS INC p656
150 Dufferin Ave, LONDON, ON, N6A 5N6
SIC 8732

TOPIGEN PHARMACEUTIQUES INC p1089
2901 Rue Rachel E Bureau 13, Montreal, QC, H1W 4A4
(514) 868-0077 SIC 8732

UNIVERSITE CONCORDIA p1116
1455 Boul De Maisonneuve O Bureau Gm 900, Montreal, QC, H3G 1M8
(514) 848-2424 SIC 8732

UNIVERSITE DU QUEBEC p1150
490 Rue De La Couronne, Quebec, QC, G1K 9A9
(418) 654-2665 SIC 8732

UNIVERSITY OF BRITISH COLUMBIA, THE p320
6199 South Campus Rd, VANCOUVER, BC, V6T 1W5
(604) 822-6283 SIC 8732

UNIVERSITY OF MANITOBA p391
137 Innovation Dr Unit 200, WINNIPEG, MB, R3T 6B6
(204) 474-9195 SIC 8732

WESTERN OPINION RESEARCH INC p376
213 Notre Dame Ave Suite 806, WINNIPEG, MB, R3B 1N3
(204) 989-8999 SIC 8732

WSP CANADA INC p128
10127 120 Ave, GRANDE PRAIRIE, AB, T8V 8H8
(780) 539-3222 SIC 8732

SIC 8733 Noncommercial research organizations

CANADIAN BREAST CANCER FOUNDATION p310
1090 Pender St W Suite 300, VANCOUVER, BC, V6E 2N7
(604) 683-2873 SIC 8733

EVYSIO MEDICAL DEVICES ULC p314
1099 8th Ave W Unit 107, VANCOUVER, BC, V6H 1C3
(604) 742-0600 SIC 8733

FPINNOVATIONS p320
2601 East Mall, VANCOUVER, BC, V6T 1Z4
(604) 228-4804 SIC 8733

FPINNOVATIONS p1141
570 Boul Saint-Jean, POINTE-CLAIRE, QC, H9R 3J9
(514) 630-4100 SIC 8733

FRASER INSTITUTE, THE p316
1770 Burrard St, VANCOUVER, BC, V6J 3G7
(604) 688-0221 SIC 8733

GENESENSE TECHNOLOGIES INC p585
2 Meridian Rd, ETOBICOKE, ON, M9W 4Z7
(416) 798-1200 SIC 8733

GOLDFINGER JEWELRY INC p274
Gd, RICHMOND, BC, V7E 3E6
(604) 275-0061 SIC 8733

GOVERNING COUNCIL OF THE UNIVERSITY OF TORONTO p925
1 King's College Cir Suite 2109, TORONTO, ON, M5S 1A8
(416) 978-1000 SIC 8733

GOVERNORS OF THE UNIVERSITY OF

SIC 8734 Testing laboratories

CALGARY, THE p39
3330 Hospital Dr Nw Suite 3330, CALGARY, AB, T2N 4N1
SIC 8733
INC RESEARCH TORONTO, INC p929
720 King St W 7th Fl, TORONTO, ON, M5V 2T3
(416) 963-9338 *SIC* 8733
INNOTECH ALBERTA INC p37
3608 33 St Nw, CALGARY, AB, T2L 2A6
(403) 210-5222 *SIC* 8733
INNOTECH ALBERTA INC p172
75th St Hwy 16a, VEGREVILLE, AB, T9C 1T4
(780) 632-8211 *SIC* 8733
INSTITUT NATIONAL DE LA RECHERCHE SCIENTIFIQUE p1100
385 Rue Sherbrooke E, Montreal, QC, H2X 1E3
(514) 499-4000 *SIC* 8733
INTERNATIONAL INSTITUTE FOR SUSTAINABLE DEVELOPMENT p375
111 Lombard Ave Suite 325, WINNIPEG, MB, R3B 0T4
(204) 958-7700 *SIC* 8733
LONDON HEALTH SCIENCES CENTRE RESEARCH INC p658
750 Base Line Rd E Suite 300, LONDON, ON, N6C 2R5
(519) 667-6649 *SIC* 8733
LUNENFELD RESEARCH INSTITUTE p912
600 University Ave Rm 982, TORONTO, ON, M5G 1X5
(416) 586-8811 *SIC* 8733
OTTAWA HEART INSTITUTE RESEARCH CORPORATION p797
40 Ruskin St, OTTAWA, ON, K1Y 4W7
(613) 761-5000 *SIC* 8733
OTTAWA HOSPITAL, THE p797
725 Parkdale Ave, OTTAWA, ON, K1Y 4E9
(613) 761-4395 *SIC* 8733
PFIZER CANADA INC p690
2400 Skymark Ave Suite 3, MISSISSAUGA, ON, L4W 5L7
SIC 8733
PPD CANADA, LTD p644
123 Pioneer Dr, KITCHENER, ON, N2P 2B4
(519) 208-4222 *SIC* 8733
PROVIDENCE HEALTH CARE SOCIETY p322
1081 Burrard St Suite 166, VANCOUVER, BC, V6Z 1Y6
(604) 806-8007 *SIC* 8733
RAINBOW DISTRICT SCHOOL BOARD p871
275 Loach's Rd, SUDBURY, ON, P3E 2P8
(705) 523-3308 *SIC* 8733
RECHERCHE HEAD INC, LA p1117
1610 Rue Sainte-Catherine O Bureau 410, Montreal, QC, H3H 2S2
(514) 938-4323 *SIC* 8733
RICK HANSEN INSTITUTE p300
818 10th Ave W Unit 6400, VANCOUVER, BC, V5Z 1M9
(604) 827-2421 *SIC* 8733
ROBARTS RESEARCH INSTITUTE p656
100 Perth Dr, LONDON, ON, N6A 5K8
(519) 663-5777 *SIC* 8733
SASKATCHEWAN RESEARCH COUNCIL, THE p1289
6 Research Dr Suite 129, REGINA, SK, S4S 7J7
(306) 787-9400 *SIC* 8733
SASKATCHEWAN RESEARCH COUNCIL, THE p1303
15 Innovation Blvd Suite 125, SASKATOON, SK, S7N 2X8
(306) 933-5400 *SIC* 8733
SASKATCHEWAN RESEARCH COUNCIL, THE p1303
422 Downey Rd Suite 102, SASKATOON, SK, S7N 4N1
(306) 933-6932 *SIC* 8733
STEMCELL TECHNOLOGIES CANADA INC p301

570 7th Ave W Suite 400, VANCOUVER, BC, V5Z 1B3
(604) 877-0713 *SIC* 8733
THE GOVERNORS OF THE UNIVERSITY OF ALBERTA p108
11 University Campus Nw Suite 405, EDMONTON, AB, T6G 2E9
(780) 492-9400 *SIC* 8733
THE GOVERNORS OF THE UNIVERSITY OF ALBERTA p108
8625 112 St Nw Suite 222, EDMONTON, AB, T6G 1K8
(780) 492-5787 *SIC* 8733
TRIUMF p320
4004 Wesbrook Mall, VANCOUVER, BC, V6T 2A3
(604) 222-1047 *SIC* 8733
UNIVERSITE DU QUEBEC p1173
310 Allee Des Ursulines, RIMOUSKI, QC, G5L 2Z9
(418) 724-1770 *SIC* 8733
UNIVERSITE DU QUEBEC p1256
1650 Boul Lionel-Boulet, VARENNES, QC, J3X 1P7
(450) 929-8100 *SIC* 8733
UNIVERSITY HEALTH NETWORK p912
620 University Ave Suite 706, TORONTO, ON, M5G 2C1
(416) 946-2294 *SIC* 8733
UNIVERSITY OF BRITISH COLUMBIA, THE p181
100 Pachena Rd, BAMFIELD, BC, V0R 1B0
(250) 728-3301 *SIC* 8733
UNIVERSITY OF BRITISH COLUMBIA, THE p320
2202 Main Mall Rm 230, VANCOUVER, BC, V6T 1Z4
(604) 822-4329 *SIC* 8733
UNIVERSITY OF VICTORIA p332
Gd, VICTORIA, BC, V8W 2Y2
(250) 721-6115 *SIC* 8733
VANCOUVER COASTAL HEALTH AUTHORITY p301
2647 Willow St Rm 100, VANCOUVER, BC, V5Z 1M9
(604) 875-4372 *SIC* 8733
VANCOUVER COASTAL HEALTH AUTHORITY p301
2635 Laurel St Level 7, VANCOUVER, BC, V5Z 1M9
(604) 675-2575 *SIC* 8733

SIC 8734 Testing laboratories

4131185 CANADA INC p1062
3885 Boul Industriel, Laval, QC, H7L 4S3
(450) 663-6724 *SIC* 8734
ACUREN GROUP INC p114
7450 18 St Nw, EDMONTON, AB, T6P 1N8
(780) 440-2131 *SIC* 8734
ACUREN GROUP INC p431
112 Forest Rd, ST. JOHN'S, NL, A1A 1E6
(709) 753-2100 *SIC* 8734
ACUREN GROUP INC p769
2190 Speers Rd, OAKVILLE, ON, L6L 2X8
(905) 825-8595 *SIC* 8734
ACUREN GROUP INC p828
396 Mcgregor Side Rd Suite 1, SARNIA, ON, N7T 7H5
(519) 336-3021 *SIC* 8734
AGAT LABORATORIES LTD p21
3801 21 St Ne, CALGARY, AB, T2E 6T5
(403) 299-2000 *SIC* 8734
AGAT LABORATORIES LTD p125
10203 123 St Unit B, GRANDE PRAIRIE, AB, T8V 8B7
(780) 402-2050 *SIC* 8734
ALS CANADA LTD p246
2103 Dollarton Hwy, NORTH VANCOUVER, BC, V7H 0A7
(604) 984-0221 *SIC* 8734
ALS CANADA LTD p290
2912 Molitor St, TERRACE, BC, V8G 3A4

(250) 635-3309 *SIC* 8734
ALS CANADA LTD p532
1435 Norjohn Crt Unit 1, BURLINGTON, ON, L7L 0E6
(905) 331-3111 *SIC* 8734
ALS CANADA LTD p884
2090 Riverside Dr Unit 10, TIMMINS, ON, P4R 0A2
(705) 360-1987 *SIC* 8734
BUFFALO INSPECTION SERVICES (2005) INC p99
3867 Roper Rd Nw, EDMONTON, AB, T6B 3S5
(780) 486-7344 *SIC* 8734
CANADIAN STANDARDS ASSOCIATION p112
1707 94 St Nw, EDMONTON, AB, T6N 1E6
(780) 490-2035 *SIC* 8734
CANADIAN STANDARDS ASSOCIATION p265
13799 Commerce Pky, RICHMOND, BC, V6V 2N9
(604) 273-4581 *SIC* 8734
CAR-BER TESTING SERVICES INC p815
911 Michigan Ave, POINT EDWARD, ON, N7V 1H2
(519) 336-7775 *SIC* 8734
CENTRAL LABORATORY FOR VETERINARIANS LTD p103
8131 Roper Rd Nw, EDMONTON, AB, T6E 6S4
(780) 437-8808 *SIC* 8734
CERTISPEC SERVICES INC p257
2813 Murray St, PORT MOODY, BC, V3H 1X3
(604) 469-9180 *SIC* 8734
CORE LABORATORIES CANADA LTD p23
2810 12 St Ne, CALGARY, AB, T2E 7P7
(403) 250-4000 *SIC* 8734
CORE LABORATORIES CANADA LTD p27
125 9 Ave Se Suite 2100, CALGARY, AB, T2G 0P6
(403) 269-2055 *SIC* 8734
ELECTRONIC WARFARE ASSOCIATES-CANADA LTD p787
1223 Michael St Suite 200, OTTAWA, ON, K1J 7T2
(613) 230-6067 *SIC* 8734
ENVIROTEST SYSTEMS (B.C.) LTD p202
1316 United Blvd, COQUITLAM, BC, V3K 6Y2
SIC 8734
EXOVA CANADA INC p543
15 High Ridge Crt, CAMBRIDGE, ON, N1R 7L3
(519) 621-8191 *SIC* 8734
EXOVA CANADA INC p703
2395 Speakman Dr Suite 583, MISSISSAUGA, ON, L5K 1B3
(905) 822-4111 *SIC* 8734
EXOVA CANADA INC p1141
121 Boul Hymus, POINTE-CLAIRE, QC, H9R 1E6
(514) 697-3273 *SIC* 8734
GENTOX LABORATORIES INC p671
1345 Denison St, MARKHAM, ON, L3R 5V2
(416) 798-4988 *SIC* 8734
HEALTH CANADA p402
377 Boul Broadway, GRAND-SAULT/GRAND FALLS, NB, E3Z 2K3
(506) 473-8710 *SIC* 8734
IOTRON INDUSTRIES CANADA INC p256
1425 Kebet Way, PORT COQUITLAM, BC, V3C 6L3
(604) 945-8838 *SIC* 8734
KASHRUTH COUNCIL OF CANADA p760
3200 Dufferin St Suite 308, NORTH YORK, ON, M6A 3B2
(416) 635-9550 *SIC* 8734
LEIDOS, INC p719
6108 Edwards Blvd, MISSISSAUGA, ON, L5T 2V7
SIC 8734
LVM INC p1189

540 91e Rue, SAINT-GEORGES, QC, G5Y 3K6
(418) 227-6161 *SIC* 8734
MASTERFEEDS INC p865
1131 Erie St, STRATFORD, ON, N5A 6S4
(519) 272-1768 *SIC* 8734
MAXXAM ANALYTICS INTERNATIONAL CORPORATION p24
2021 41 Ave Ne, CALGARY, AB, T2E 6P2
(403) 291-3077 *SIC* 8734
MAXXAM ANALYTICS INTERNATIONAL CORPORATION p101
6744 50 St Nw, EDMONTON, AB, T6B 3M9
(780) 378-8500 *SIC* 8734
MAXXAM ANALYTICS INTERNATIONAL CORPORATION p189
4606 Canada Way, BURNABY, BC, V5G 1K5
(604) 734-7276 *SIC* 8734
MAXXAM ANALYTICS INTERNATIONAL CORPORATION p475
90 Esplanade St, SYDNEY, NS, B1P 1A1
(902) 567-1255 *SIC* 8734
MAXXAM ANALYTICS INTERNATIONAL CORPORATION p600
335 Laird Rd Unit 2, GUELPH, ON, N1G 4P7
(519) 836-2400 *SIC* 8734
MAXXAM ANALYTICS INTERNATIONAL CORPORATION p710
1919 Minnesota Crt Suite 500, MISSISSAUGA, ON, L5N 0C9
(905) 288-2150 *SIC* 8734
MISTRAS SERVICES INC p1067
765 Rue De Saint-Romuald, Levis, QC, G6W 5M6
(418) 837-4664 *SIC* 8734
ONTARIO CLEAN WATER AGENCY p949
30 Woodland Dr, WASAGA BEACH, ON, L9Z 2V5
(705) 429-2525 *SIC* 8734
ONTARIO NUTRI LAB INC p588
6589 First Line Suite 3, FERGUS, ON, N1M 2W4
(519) 843-5669 *SIC* 8734
PAINE, J. R. & ASSOCIATES LTD p92
17505 106 Ave Nw, EDMONTON, AB, T5S 1E7
(780) 489-0700 *SIC* 8734
PMG TECHNOLOGIES INC p999
100 Rue Du Landais, BLAINVILLE, QC, J7C 5C9
(450) 430-7981 *SIC* 8734
PRAIRIE AGRICULTURAL MACHINERY INSTITUTE p1270
2215 8 Ave, HUMBOLDT, SK, S0K 2A1
(306) 682-2555 *SIC* 8734
QSL QUEBEC INC p1221
765 Rue De L'eglise Bureau 90, SAINT-ROMUALD, QC, G6W 5M6
(418) 837-4664 *SIC* 8734
SERVICES D'ESSAIS INTERTEK AN LTEE p203
1500 Brigantine Dr, COQUITLAM, BC, V3K 7C1
(604) 520-3321 *SIC* 8734
SERVICES D'ESSAIS INTERTEK AN LTEE p862
710 South Service Rd Unit 1, STONEY CREEK, ON, L8E 5S7
(905) 529-0090 *SIC* 8734
SERVICES D'ESSAIS INTERTEK AN LTEE p1057
1829 32e Av, LACHINE, QC, H8T 3J1
(514) 631-3100 *SIC* 8734
SERVICES EXP INC, LES p1130
4500 Rue Louis-B.-Mayer, Montreal, QC, H7P 6E4
(450) 682-8013 *SIC* 8734
SGS CANADA INC p121
235 Macdonald Cres, FORT MCMURRAY, AB, T9H 4B5
(780) 791-6454 *SIC* 8734
SGS CANADA INC p376
153 Lombard Ave Suite 111, WINNIPEG, MB, R3B 0T4

(204) 942-8557   SIC 8734
SGS CANADA INC   p645
3347 Lakefield Rd Rr 3, LAKEFIELD, ON, K0L 2H0
(705) 652-2000   SIC 8734
SGS CANADA INC   p819
16a Young St, RED LAKE, ON, P0V 2M0
(807) 727-2939   SIC 8734
SGS CANADA INC   p890
1885 Leslie St, TORONTO, ON, M3B 2M3
(416) 736-2782   SIC 8734
SGS CANADA INC   p1090
3420 Boul Saint-Joseph E, Montreal, QC, H1X 1W6
(514) 255-1679   SIC 8734
SGS CANADA INC   p1156
1300 Boul Du Parc-Technologique, Quebec, QC, G1P 4S3
(418) 683-2163   SIC 8734
TESTING LABORATORIES OF CANADA CORP.   p711
1840 Argentia Rd Suite B, MISSISSAUGA, ON, L5N 1P9
(905) 812-7783   SIC 8734
TRANSCAT CANADA INC   p535
916 Gateway, BURLINGTON, ON, L7L 5K7
(905) 632-5869   SIC 8734
VETERINARY REFERRAL CLINIC   p903
920 Yonge St Suite 117, TORONTO, ON, M4W 3C7
(416) 920-2002   SIC 8734
VOLT CANADA INC   p1114
1155 Rue Metcalfe Bureau 2002, Montreal, QC, H3B 2V6
(514) 787-3175   SIC 8734
WOODBRIDGE FOAM CORPORATION p976
8214 Kipling Ave, WOODBRIDGE, ON, L4L 2A4
(905) 851-9237   SIC 8734

SIC 8741 Management services

373813 ONTARIO LIMITED   p921
Gd, TORONTO, ON, M5K 1N2
(416) 865-0040   SIC 8741
678925 ONTARIO INC   p910
14 College St, TORONTO, ON, M5G 1K2
(416) 962-7500   SIC 8741
ACCORD FINANCIAL LTD   p924
77 Bloor St W Suite 1803, TORONTO, ON, M5S 1M2
(416) 961-0007   SIC 8741
AEC INTERNATIONAL INC   p942
10 Carlson Crt Suite 640, TORONTO, ON, M9W 6L2
(416) 224-5115   SIC 8741
AGROPUR COOPERATIVE   p1193
4700 Rue Armand-Frappier, SAINT-HUBERT, QC, J3Z 1G5
(450) 443-4838   SIC 8741
ALBERTA URBAN MUNICIPALITIES ASSOCIATION   p103
10507 Saskatchewan Dr Nw, EDMONTON, AB, T6E 4S1
(780) 409-4319   SIC 8741
AMEC FOSTER WHEELER AMERICAS LIMITED   p39
112 4 Ave Sw Suite 1000, CALGARY, AB, T2P 0H3
SIC 8741
AMEC FOSTER WHEELER AMERICAS LIMITED   p432
133 Crosbie Rd Suite 202, ST. JOHN'S, NL, A1B 1H3
(709) 722-7023   SIC 8741
AMEC FOSTER WHEELER AMERICAS LIMITED   p546
405 Maple Grove Rd Suite 6, CAMBRIDGE, ON, N3E 1B6
(519) 653-3570   SIC 8741
AMEC FOSTER WHEELER INC   p960
11865 County Rd 42, WINDSOR, ON, N8N 2M1

(519) 735-2499   SIC 8741
ANTHONY MACAULEY ASSOCIATES INC   p790
85 Albert St Suite 605, OTTAWA, ON, K1P 6A4
(613) 230-3833   SIC 8741
APPLESHORE RESTAURANTS INC   p969
2187 Huron Church Rd Unit 240, WINDSOR, ON, N9C 2L8
(519) 972-3000   SIC 8741
ARI FINANCIAL SERVICES INC   p699
1270 Central Pky W Suite 600, MISSISSAUGA, ON, L5C 4P4
(905) 803-8000   SIC 8741
ASENTUS CONSULTING GROUP LTD p303
1286 Homer St Suite 200, VANCOUVER, BC, V6B 2Y5
(604) 609-9993   SIC 8741
ASSANTE FINANCIAL MANAGEMENT LTD p176
33386 South Fraser Way Suite 101, ABBOTSFORD, BC, V2S 2B5
(604) 852-1804   SIC 8741
ASSANTE FINANCIAL MANAGEMENT LTD p301
650 Georgia St W Suite 800, VANCOUVER, BC, V6A 2A1
(604) 687-7526   SIC 8741
ASSANTE FINANCIAL MANAGEMENT LTD p303
650 Georgia St W Suite 800, VANCOUVER, BC, V6B 4N8
(604) 678-3444   SIC 8741
ASSANTE FINANCIAL MANAGEMENT LTD p391
5 Scurfield Blvd Unit 10, WINNIPEG, MB, R3Y 1G3
(204) 982-1860   SIC 8741
ASSANTE FINANCIAL MANAGEMENT LTD p532
4145 North Service Rd Suite 100, BURLINGTON, ON, L7L 6A3
(905) 332-5503   SIC 8741
ASSANTE FINANCIAL MANAGEMENT LTD p697
350 Burnhamthorpe Rd W Suite 218, MISSISSAUGA, ON, L5B 3J1
(905) 273-6605   SIC 8741
ATCO STRUCTURES & LOGISTICS LTD p1265
Gd, BUSHELL PARK, SK, S0H 0N0
(306) 694-2780   SIC 8741
ATLIFIC INC   p1101
250 Rue Saint-Antoine O Bureau 400, Montreal, QC, H2Y 0A3
(514) 509-5500   SIC 8741
ATTICUS CANADA INC   p932
100 King St W Suite 3700, TORONTO, ON, M5X 2A1
(416) 644-8795   SIC 8741
AVIVA CANADA INC   p78
10250 101 St Nw Suite 1700, EDMONTON, AB, T5J 3P4
(780) 424-2300   SIC 8741
AVIVA CANADA INC   p321
1125 Howe St Suite 1100, VANCOUVER, BC, V6Z 2Y6
(604) 699-2040   SIC 8741
AVIVA CANADA INC   p416
85 Charlotte St Suite 201506, SAINT JOHN, NB, E2L 2J2
(506) 634-1111   SIC 8741
AVIVA CANADA INC   p797
1545 Carling Ave, OTTAWA, ON, K1Z 8P9
(416) 288-5205   SIC 8741
AVIVA CANADA INC   p910
500 University Ave, TORONTO, ON, M5G 1V7
(416) 288-5202   SIC 8741
AWG NORTHERN INDUSTRIES INC   p258
1011 Victoria St, PRINCE GEORGE, BC, V2L 0C8
(250) 563-1555   SIC 8741
BANQUE NATIONALE DU CANADA   p40

450 1 St Sw Suite 2800, CALGARY, AB, T2P 5H1
(403) 266-1116   SIC 8741
BARRINGTON CONSULTING GROUP INCORPORATED, THE   p457
1326 Barrington St, HALIFAX, NS, B3J 1Z1
(902) 491-4462   SIC 8741
BIOFOREST TECHNOLOGIES INC   p832
59 Industrial Park Cres Unit 1, SAULT STE. MARIE, ON, P6B 5P3
(705) 942-5824   SIC 8741
BOSTON CONSULTING GROUP OF CANADA LIMITED, THE   p917
181 Bay St Suite 2400, TORONTO, ON, M5J 2T3
(416) 955-4200   SIC 8741
BRANDT TRACTOR PROPERTIES LTD p1284
Hwy 1 E, REGINA, SK, S4P 3R8
(306) 791-7777   SIC 8741
BROOKFIELD PROPERTIES LTD   p790
112 Kent St Suite 480, OTTAWA, ON, K1P 5P2
(613) 783-0930   SIC 8741
BURGUNDY ASSET MANAGEMENT LTD p1105
1501 Av Mcgill College Bureau 2090, Montreal, QC, H3A 3M8
(514) 844-8091   SIC 8741
CAISSE DESJARDINS DE SAINT-JEROME p1200
296 Rue De Martigny O Bureau 200, Saint-Jerome, QC, J7Y 4C9
SIC 8741
CAISSE DESJARDINS DE TERREBONNE p1076
115 Montee Masson Unite 1, MASCOUCHE, QC, J7K 3B4
(450) 474-1186   SIC 8741
CAISSE DESJARDINS DU SUD DE LA CHAUDIERE   p1189
1275 Boul Dionne, SAINT-GEORGES, QC, G5Y 0R4
(418) 227-7000   SIC 8741
CALCON MANAGEMENT, L.P.   p27
700 Centre St Se, CALGARY, AB, T2G 5P6
(403) 537-4426   SIC 8741
CANADIAN STANDARDS ASSOCIATION p697
90 Burnhamthorpe Rd W Suite 300, MISSISSAUGA, ON, L5B 3C3
SIC 8741
CAPITAL CARE GROUP INC   p76
10410 111 Ave Nw, EDMONTON, AB, T5G 3A2
(780) 496-3200   SIC 8741
CARDTRONICS CANADA OPERATIONS INC   p12
1420 28 St Ne Suite 6, CALGARY, AB, T2A 7W6
(403) 207-1500   SIC 8741
CARILLION CANADA INC   p797
1145 Carling Ave Suite 1317, OTTAWA, ON, K1Z 7K4
(613) 722-6521   SIC 8741
CENTRAL CARD SERVICES INC   p1284
2221 Cornwall St, REGINA, SK, S4P 2L1
(306) 566-1346   SIC 8741
CENTRE FINANCIER AUX ENTREPRISES DES CAISSES DESJARDIN CHAUDIERE-NORD   p1227
1017 Boul Vachon N Bureau 300, SAINTE-MARIE, QC, G6E 1M3
(418) 386-1333   SIC 8741
CHOICES IN COMMUNITY LIVING INC p153
5715 41 Street Cres, RED DEER, AB, T4N 1B3
(403) 343-7471   SIC 8741
CIMA CANADA INC   p1214
3400 Boul Du Souvenir Suite 600, SAINT-LAURENT, QC, H7V 3Z2
(514) 337-2462   SIC 8741
CITCO (CANADA) INC   p457
5151 George St Suite 700, HALIFAX, NS,

B3J 1M5
(902) 442-4242   SIC 8741
CLEARWATER SEAFOODS LIMITED PARTNERSHIP   p467
240 Montague St, LUNENBURG, NS, B0J 2C0
(902) 634-8049   SIC 8741
COLLIERS PROJECT LEADERS INC   p300
555 12th Ave W Suite 550, VANCOUVER, BC, V5Z 3X7
(604) 714-0988   SIC 8741
COLLIERS PROJECT LEADERS INC   p537
3027 Harvester Rd Suite 101, BURLINGTON, ON, L7N 3G7
(905) 639-2425   SIC 8741
COLLIERS PROJECT LEADERS INC   p786
1900 City Park Dr Suite 402, OTTAWA, ON, K1J 1A3
(613) 216-4345   SIC 8741
COLLIERS PROJECT LEADERS INC   p799
2720 Iris St, OTTAWA, ON, K2C 1E6
(613) 820-6610   SIC 8741
COMMISSION SCOLAIRE DE LA JONQUIERE   p1046
2875 Boul Du Saguenay, Jonquiere, QC, G7S 2H2
(418) 548-7373   SIC 8741
COMMISSION SCOLAIRE DES HAUTS-CANTONS   p1055
4730 Rue Dollard, Lac-Megantic, QC, G6B 1G6
(819) 583-2351   SIC 8741
COMPAGNIE DES CHEMINS DE FER NATIONAUX DU CANADA   p928
277 Front St W, TORONTO, ON, M5V 2X4
SIC 8741
CONFIDENCE MANAGEMENT LTD   p391
475 Dovercourt Dr, WINNIPEG, MB, R3Y 1G4
(204) 487-2500   SIC 8741
CONSEILLERS EN GESTION ET INFORMATIQUE CGI INC   p906
250 Yonge St Suite 2000, TORONTO, ON, M5B 2L7
(416) 363-7827   SIC 8741
CORPORATION OF THE REGIONAL MUNICIPALITY OF DURHAM, THE   p778
600 Oshawa Blvd N Suite 208, OSHAWA, ON, L1G 5T9
(905) 579-3313   SIC 8741
DALKIA CANADA INC   p941
130 King St Suite 1800, TORONTO, ON, M9N 1L5
(416) 860-6232   SIC 8741
DEFENCE CONSTRUCTION (1951) LIMITED   p71
188 Buffalo Rd, DENWOOD, AB, T0B 1B0
(780) 842-1363   SIC 8741
DEFENCE CONSTRUCTION (1951) LIMITED   p411
Building B-71, OROMOCTO, NB, E2V 4J5
(506) 357-6291   SIC 8741
DEFENCE CONSTRUCTION (1951) LIMITED   p792
350 Albert St Suite 1900, OTTAWA, ON, K1R 1A4
(613) 998-9548   SIC 8741
DEL MANAGEMENT SOLUTIONS INC p754
4810 Dufferin St Suite E, NORTH YORK, ON, M3H 5S8
(416) 661-3070   SIC 8741
DELOITTE & TOUCHE MANAGEMENT CONSULTANTS   p458
1969 Upper Water St Suite 1500, HALIFAX, NS, B3J 3R7
(902) 422-8541   SIC 8741
DELOITTE & TOUCHE MANAGEMENT CONSULTANTS   p918
181 Bay St Suite 1400, TORONTO, ON, M5J 2V1
(416) 601-6150   SIC 8741
DELOITTE LLP   p791
100 Queen St Suite 800, OTTAWA, ON, K1P 5T8

(613) 751-5449 SIC 8741
DELTA HOTELS LIMITED p23
2001 Airport Rd Ne, CALGARY, AB, T2E 6Z8
(403) 291-2600 SIC 8741
DELTA HOTELS LIMITED p27
209 4 Ave Se, CALGARY, AB, T2G 0C6
(403) 266-1980 SIC 8741
DELTA HOTELS LIMITED p79
10222 102 St Nw, EDMONTON, AB, T5J 4C5
(780) 429-3900 SIC 8741
DELTA HOTELS LIMITED p273
3500 Cessna Dr, RICHMOND, BC, V7B 1C7
(604) 278-1241 SIC 8741
DELTA HOTELS LIMITED p377
350 St Mary Ave, WINNIPEG, MB, R3C 3J2
(204) 944-7259 SIC 8741
DELTA HOTELS LIMITED p400
1133 Regent St, FREDERICTON, NB, E3B 3Z2
SIC 8741
DELTA HOTELS LIMITED p417
39 King St, SAINT JOHN, NB, E2L 4W3
(506) 648-1981 SIC 8741
DELTA HOTELS LIMITED p458
1990 Barrington St, HALIFAX, NS, B3J 1P2
(902) 425-6700 SIC 8741
DELTA HOTELS LIMITED p475
300 Esplanade St, SYDNEY, NS, B1P 1A7
(902) 562-7500 SIC 8741
DELTA HOTELS LIMITED p533
975 Syscon Rd, BURLINGTON, ON, L7L 5S3
(905) 631-8300 SIC 8741
DELTA HOTELS LIMITED p620
939 60 Hwy, HUNTSVILLE, ON, P1H 1B2
(705) 789-4417 SIC 8741
DELTA HOTELS LIMITED p640
105 King St E, KITCHENER, ON, N2G 2K8
(519) 569-4588 SIC 8741
DELTA HOTELS LIMITED p657
325 Dundas St, LONDON, ON, N6B 1T9
(519) 679-6111 SIC 8741
DELTA HOTELS LIMITED p688
5444 Dixie Rd Suite 47, MISSISSAUGA, ON, L4W 2L2
(905) 624-1144 SIC 8741
DELTA HOTELS LIMITED p708
6750 Mississauga Rd, MISSISSAUGA, ON, L5N 2L3
(905) 821-1981 SIC 8741
DELTA HOTELS LIMITED p793
361 Queen St, OTTAWA, ON, K1R 7S9
SIC 8741
DELTA HOTELS LIMITED p844
2035 Kennedy Rd, SCARBOROUGH, ON, M1T 3G2
(416) 299-1500 SIC 8741
DELTA HOTELS LIMITED p922
77 King St W Suite 2300, TORONTO, ON, M5K 2A1
(416) 874-2000 SIC 8741
DELTA HOTELS LIMITED p980
18 Queen St, CHARLOTTETOWN, PE, C1A 4A1
(902) 566-2222 SIC 8741
DELTA HOTELS LIMITED p1239
2685 Rue King O, SHERBROOKE, QC, J1L 1C1
(819) 822-1989 SIC 8741
DELTA HOTELS LIMITED p1251
1620 Rue Notre-Dame Centre, Trois-Rivieres, QC, G9A 6E5
(819) 376-1991 SIC 8741
DELTA HOTELS LIMITED p1284
1919 Saskatchewan Dr Suite 100, REGINA, SK, S4P 4H2
(306) 525-5255 SIC 8741
DENTRIX INC p39
1632 14 Ave Nw Suite 221, CALGARY, AB, T2N 1M7
(403) 289-9908 SIC 8741
DESJARDINS FINANCIAL SECURITY INDE-

PENDENT NETWORK p332
3939 Quadra St Suite 101, VICTORIA, BC, V8X 1J5
(250) 708-3376 SIC 8741
DOME PRODUCTIONS INC p929
1 Blue Jays Way Suite 3400, TORONTO, ON, M5V 1J3
(416) 341-2001 SIC 8741
DUCARTOR HOLDINGS LTD p914
130 Adelaide St W Suite 701, TORONTO, ON, M5H 2K4
(416) 593-5555 SIC 8741
DWP SOLUTIONS INC p786
2012 Norway Cres, OTTAWA, ON, K1H 5N7
(613) 738-9574 SIC 8741
EGON ZEHNDER INTERNATIONAL INC p918
181 Bay St Suite 3920, TORONTO, ON, M5J 2T3
(416) 364-0222 SIC 8741
ELLISDON INC p799
2680 Queensview Dr, OTTAWA, ON, K2B 8J9
(613) 565-2680 SIC 8741
ENBRIDGE COMMERCIAL SERVICES INC p745
500 Consumers Rd, NORTH YORK, ON, M2J 1P8
(416) 492-5000 SIC 8741
ENERGIE VALERO INC p726
2 Gurdwara Rd Suite 400, NEPEAN, ON, K2E 1A2
(613) 727-5500 SIC 8741
ENERPLUS GLOBAL ENERGY MANAGEMENT CO p43
333 7 Ave Sw Suite 3000, CALGARY, AB, T2P 2Z1
(403) 298-2200 SIC 8741
ESIT CANADA ENTERPRISE SERVICES CO p854
570 Glendale Ave, ST CATHARINES, ON, L2R 7B3
(905) 641-4241 SIC 8741
EXCHANGE SOLUTIONS INC p908
36 Toronto St Suite 1200, TORONTO, ON, M5C 2C5
(416) 646-7000 SIC 8741
EXTENDICARE (CANADA) INC p781
1143 Wentworth St W Ste 201, OSHAWA, ON, L1J 8P7
(905) 433-7600 SIC 8741
FEDERATION DES CAISSES DESJARDINS DU QUEBEC p1198
145 Boul Saint-Joseph, SAINT-JEAN-SUR-RICHELIEU, QC, J3B 1W5
(450) 359-0038 SIC 8741
FINANCIAL MANAGEMENT (BC) INC p330
1009 Cook St, VICTORIA, BC, V8V 3Z6
SIC 8741
FLEISHMAN HILLARD CANADA CORP p791
1200-45 O'connor S, OTTAWA, ON, K1P 1A4
(613) 238-2090 SIC 8741
FLEXTRACK INC p898
2200 Yonge St Suite 801, TORONTO, ON, M4S 2C6
(416) 545-5288 SIC 8741
FUJITSU CONSEIL (CANADA) INC p791
55 Metcalfe St Suite 530, OTTAWA, ON, K1P 6L5
(613) 238-2697 SIC 8741
GANOTEC MECANIQUE INC p1176
378 Rang De La Montagne Rr 5, ROUGEMONT, QC, J0L 1M0
(819) 377-5533 SIC 8741
GENIVAR CONSTRUCTION INC p1166
5355 Boul Des Gradins, Quebec, QC, G2J 1C8
(418) 623-2306 SIC 8741
GENIVAR CONSTRUCTION LTD p918
60 Harbour St, TORONTO, ON, M5J 1B7
(416) 977-9666 SIC 8741
GESTION JALMEC INC p1149

320 Rue Abraham-Martin Bureau 105, Quebec, QC, G1K 8N2
(418) 525-3013 SIC 8741
GIFFELS CORPORATION p585
2 International Blvd, ETOBICOKE, ON, M9W 1A2
(416) 798-5500 SIC 8741
GLOBAL KNOWLEDGE NETWORK (CANADA) INC p797
1600 Scott St Suite 300, OTTAWA, ON, K1Y 4N7
(613) 288-0451 SIC 8741
GOLDER ASSOCIATES LTD p958
2001 Thickson Rd S, WHITBY, ON, L1N 6J3
(905) 723-2727 SIC 8741
GOODLAW SERVICES LIMITED PARTNERSHIP p906
250 Yonge St Suite 2400, TORONTO, ON, M5B 2L7
(416) 979-2211 SIC 8741
GOUVERNEMENT DE LA PROVINCE DE QUEBEC p1126
800 Sq Victoria 22e etage, Montreal, QC, H4Z 1G3
(514) 395-0337 SIC 8741
GOVERNING COUNCIL OF THE SALVATION ARMY IN CANADA, THE p187
3833 Henning Dr Suite 103, BURNABY, BC, V5C 6N5
(604) 299-3908 SIC 8741
GOVERNMENT OF ONTARIO p939
33 Bloor St E Suite 100, TORONTO, ON, M7A 2S2
(416) 326-5855 SIC 8741
GOVERNMENT OF SASKATCHEWAN p1285
1920 Rose St, REGINA, SK, S4P 0A9
(306) 787-6871 SIC 8741
GOVERNMENT OF THE PROVINCE OF ALBERTA p166
5025 49 Ave, ST PAUL, AB, T0A 3A4
(780) 645-6210 SIC 8741
GOVERNORS OF THE UNIVERSITY OF ALBERTA, THE p107
144 University Campus Nw, EDMONTON, AB, T6G 2R3
(780) 492-4668 SIC 8741
GP CANADA CO p1111
1100 Av Des Canadiens-De-Montreal Bureau 253, Montreal, QC, H3B 2S2
(514) 392-9143 SIC 8741
GREATER VANCOUVER REGIONAL DISTRICT, THE p191
4330 Kingsway, BURNABY, BC, V5H 4G7
(604) 451-6575 SIC 8741
GROUPE JURISER ENR p1150
70 Rue Dalhousie Bureau 500, Quebec, QC, G1K 4B2
SIC 8741
GROUPHEALTH GLOBAL PARTNERS INC p281
2626 Croydon Dr Suite 200, SURREY, BC, V3S 0S8
(604) 542-4100 SIC 8741
GROUPHEALTH GLOBAL PARTNERS INC p497
556 Bryne Dr Suite 20, BARRIE, ON, L4N 9P6
(705) 797-5142 SIC 8741
HEWITT MANAGEMENT LTD p311
1111 Georgia St W Suite 2010, VANCOUVER, BC, V6E 4M3
(604) 683-7311 SIC 8741
HITACHI CAPITAL CANADA CORP p538
3390 South Service Rd Suite 301, BURLINGTON, ON, L7N 3J5
(866) 241-9021 SIC 8741
HOGG ROBINSON CANADA INC p311
1090 Georgia St W Suite 310, VANCOUVER, BC, V6E 3V7
(604) 681-0300 SIC 8741
HOUSING SERVICES INC p757
35 Carl Hall Rd Suite 1, NORTH YORK, ON, M3K 2B6
(416) 921-3625 SIC 8741

IGM FINANCIAL INC p540
390 Brant St Suite 600, BURLINGTON, ON, L7R 4J4
(905) 333-3335 SIC 8741
IHS ENERGY (CANADA) LTD p28
1331 Macleod Trail Se Suite 200, CALGARY, AB, T2G 0K3
(403) 532-8175 SIC 8741
INNOMAR STRATEGIES INC p770
3470 Superior Crt Suite 2, OAKVILLE, ON, L6L 0C4
(905) 847-4310 SIC 8741
INNOVATION, SCIENCE AND ECONOMIC DEVELOPMENT CANADA p490
126 Wellington St W Suite 204, AURORA, ON, L4G 2N9
(905) 713-2096 SIC 8741
INVESTORS GROUP FINANCIAL SERVICES INC p51
1333 8 St Sw Suite 700, CALGARY, AB, T2R 1M6
(403) 229-0555 SIC 8741
INVESTORS GROUP FINANCIAL SERVICES INC p55
51 Sunpark Dr Se Suite 201, CALGARY, AB, T2X 3V4
(403) 256-5890 SIC 8741
INVESTORS GROUP FINANCIAL SERVICES INC p81
10060 Jasper Ave Nw Suite 2400, EDMONTON, AB, T5J 3R8
(780) 448-1988 SIC 8741
INVESTORS GROUP FINANCIAL SERVICES INC p127
11012 100 St Suite 109, GRANDE PRAIRIE, AB, T8V 2N1
(780) 532-3366 SIC 8741
INVESTORS GROUP FINANCIAL SERVICES INC p153
4909 49 St Suite 200, RED DEER, AB, T4N 1V1
(403) 343-7030 SIC 8741
INVESTORS GROUP FINANCIAL SERVICES INC p177
2001 Mccallum Rd Suite 101, ABBOTSFORD, BC, V2S 3N5
(604) 853-8111 SIC 8741
INVESTORS GROUP FINANCIAL SERVICES INC p191
5945 Kathleen Ave Suite 900, BURNABY, BC, V5H 4J7
(604) 431-0117 SIC 8741
INVESTORS GROUP FINANCIAL SERVICES INC p204
1599 Cliffe Ave Suite 22, COURTENAY, BC, V9N 2K6
(250) 338-7811 SIC 8741
INVESTORS GROUP FINANCIAL SERVICES INC p220
741 Sahali Terr Suite 100, KAMLOOPS, BC, V2C 6X7
(250) 372-2955 SIC 8741
INVESTORS GROUP FINANCIAL SERVICES INC p241
5070 Uplands Dr Suite 101, NANAIMO, BC, V9T 6N1
(250) 729-0904 SIC 8741
INVESTORS GROUP FINANCIAL SERVICES INC p269
5811 Cooney Rd Suite 100, RICHMOND, BC, V6X 3M1
(604) 270-7700 SIC 8741
INVESTORS GROUP FINANCIAL SERVICES INC p318
2052 41st Ave W Suite 200, VANCOUVER, BC, V6M 1Y8
(604) 228-7777 SIC 8741
INVESTORS GROUP FINANCIAL SERVICES INC p331
737 Yates St Suite 600, VICTORIA, BC, V8W 1L6
(250) 388-4234 SIC 8741
INVESTORS GROUP FINANCIAL SERVICES INC p333

4400 Chatterton Way Suite 101, VICTORIA, BC, V8X 5J2
(250) 727-9191 SIC 8741
INVESTORS GROUP FINANCIAL SERVICES INC p384
1661 Portage Ave Suite 702, WINNIPEG, MB, R3J 3T7
(204) 786-2708 SIC 8741
INVESTORS GROUP FINANCIAL SERVICES INC p407
1255 Main St, MONCTON, NB, E1C 1H9
(506) 857-8055 SIC 8741
INVESTORS GROUP FINANCIAL SERVICES INC p417
55 Union St Unit 101, SAINT JOHN, NB, E2L 5B7
(506) 632-8930 SIC 8741
INVESTORS GROUP FINANCIAL SERVICES INC p451
238 Brownlow Ave Suite 104, DARTMOUTH, NS, B3B 1Y2
(902) 468-3444 SIC 8741
INVESTORS GROUP FINANCIAL SERVICES INC p497
128 Wellington St W Suite 103, BARRIE, ON, L4N 8J6
(705) 726-7836 SIC 8741
INVESTORS GROUP FINANCIAL SERVICES INC p519
208 County Court Blvd, BRAMPTON, ON, L6W 4S9
(905) 450-1500 SIC 8741
INVESTORS GROUP FINANCIAL SERVICES INC p543
1150 Franklin Blvd Suite 104, CAMBRIDGE, ON, N1R 7J2
(519) 624-9348 SIC 8741
INVESTORS GROUP FINANCIAL SERVICES INC p551
245 St Clair St, CHATHAM, ON, N7L 3J8
(519) 358-1115 SIC 8741
INVESTORS GROUP FINANCIAL SERVICES INC p598
155 Main St E Suite 207, GRIMSBY, ON, L3M 1P2
(905) 945-4554 SIC 8741
INVESTORS GROUP FINANCIAL SERVICES INC p600
649 Scottsdale Dr Suite 401, GUELPH, ON, N1G 4T7
(519) 836-6320 SIC 8741
INVESTORS GROUP FINANCIAL SERVICES INC p635
1000 Gardiners Rd Suite 100, KINGSTON, ON, K7P 3C4
(613) 384-8973 SIC 8741
INVESTORS GROUP FINANCIAL SERVICES INC p727
2 Gurdwara Rd Suite 500, NEPEAN, ON, K2E 1A2
(613) 723-7200 SIC 8741
INVESTORS GROUP FINANCIAL SERVICES INC p745
200 Yorkland Blvd Suite 300, NORTH YORK, ON, M2J 5C1
(416) 491-7400 SIC 8741
INVESTORS GROUP FINANCIAL SERVICES INC p749
4950 Yonge St Unit 2100, NORTH YORK, ON, M2N 6K1
(416) 733-4722 SIC 8741
INVESTORS GROUP FINANCIAL SERVICES INC p771
1275 North Service Rd W Unit 100, OAKVILLE, ON, L6M 3G4
(905) 847-7776 SIC 8741
INVESTORS GROUP FINANCIAL SERVICES INC p803
733 9th Ave E Suite 1, OWEN SOUND, ON, N4K 3E6
(519) 372-1177 SIC 8741
INVESTORS GROUP FINANCIAL SERVICES INC p813
1550 Kingston Rd Suite 313, PICKERING, ON, L1V 1C3
(905) 831-0034 SIC 8741
INVESTORS GROUP FINANCIAL SERVICES INC p828
201 Front St N Unit 1410, SARNIA, ON, N7T 7T9
(519) 336-4262 SIC 8741
INVESTORS GROUP FINANCIAL SERVICES INC p830
855 Queen St E Suite 100, SAULT STE. MARIE, ON, P6A 2B3
(705) 759-0220 SIC 8741
INVESTORS GROUP FINANCIAL SERVICES INC p834
305 Milner Ave Suite 701, SCARBOROUGH, ON, M1B 3V4
(416) 292-7229 SIC 8741
INVESTORS GROUP FINANCIAL SERVICES INC p869
144 Pine St Suite 101, SUDBURY, ON, P3C 1X3
(705) 674-4551 SIC 8741
INVESTORS GROUP FINANCIAL SERVICES INC p878
1113 Jade Crt Suite 100, THUNDER BAY, ON, P7B 6M7
(807) 345-6363 SIC 8741
INVESTORS GROUP FINANCIAL SERVICES INC p914
145 King St W Suite 2800, TORONTO, ON, M5H 1J8
(416) 860-1668 SIC 8741
INVESTORS GROUP FINANCIAL SERVICES INC p958
1614 Dundas St E Unit 111, WHITBY, ON, L1N 8Y8
(905) 434-8400 SIC 8741
INVESTORS GROUP FINANCIAL SERVICES INC p981
18 Queen St Suite 106, CHARLOTTETOWN, PE, C1A 4A1
(902) 566-4661 SIC 8741
INVESTORS GROUP FINANCIAL SERVICES INC p1142
6500 Aut Transcanadienne Bureau 600, POINTE-CLAIRE, QC, H9R 0A5
(514) 426-0886 SIC 8741
INVESTORS GROUP FINANCIAL SERVICES INC p1162
3075 Ch Des Quatre-Bourgeois Bureau 104, Quebec, QC, G1W 4Y5
(418) 654-1411 SIC 8741
INVESTORS GROUP FINANCIAL SERVICES INC p1249
4450 Boul Des Forges Bureau 215, Trois-Rivieres, QC, G8Y 1W5
(819) 378-2371 SIC 8741
INVESTORS GROUP FINANCIAL SERVICES INC p1305
1848 Mcormond Dr Suite 102, SASKATOON, SK, S7S 0A5
(306) 653-3920 SIC 8741
INVESTORS GROUP INC p1166
815 Boul Lebourgneuf Bureau 500, Quebec, QC, G2J 0C1
(418) 626-1994 SIC 8741
INVESTORS GROUP TRUST CO. LTD p502
81 Millennium Pky Suite A, BELLEVILLE, ON, K8N 4Z5
(613) 962-7777 SIC 8741
IPEX GESTION INC p1257
3 Place Du Commerce Bureau 101, VERDUN, QC, H3E 1H7
(514) 769-2200 SIC 8741
IVANHOE CAMBRIDGE INC p191
4729 Kingsway Suite 604, BURNABY, BC, V5H 2C3
(604) 438-4715 SIC 8741
IVEY MANAGEMENT SERVICES p655
1151 Richmond St, LONDON, ON, N6A 3K7
(519) 661-3272 SIC 8741
JACKMAN, JOE BRAND INC p930
477 Richmond St W Suite 210, TORONTO, ON, M5V 3E7
(416) 304-9944 SIC 8741
K.R.T. & ASSOCIATES INCORPORATED p405
60 Pleasant St, MIRAMICHI, NB, E1V 1X7
(506) 622-5400 SIC 8741
KNIGHT FACILITIES MANAGEMENT ULC p322
840 Howe St Suite 1000, VANCOUVER, BC, V6Z 2M1
SIC 8741
KPMG INC p805
84 James St, PARRY SOUND, ON, P2A 1T9
(705) 746-9346 SIC 8741
LIFEMARK HEALTH MANAGEMENT INC p10
2121 29 St Ne, CALGARY, AB, T1Y 7H8
(403) 297-9500 SIC 8741
LIFEMARK HEALTH MANAGEMENT INC p24
1221 Barlow Trail Se, CALGARY, AB, T2E 6S2
(403) 569-8050 SIC 8741
LIFEMARK HEALTH MANAGEMENT INC p28
2225 Macleod Trail Se, CALGARY, AB, T2G 5B6
(403) 221-8340 SIC 8741
LIFEMARK HEALTH MANAGEMENT INC p35
9250 Macleod Trail Se Unit 1, CALGARY, AB, T2J 0P5
(403) 974-0174 SIC 8741
LIFEMARK HEALTH MANAGEMENT INC p54
2000 Southland Dr Sw, CALGARY, AB, T2V 4S4
(403) 252-8535 SIC 8741
LIFEMARK HEALTH MANAGEMENT INC p62
2000 69 St Sw, CALGARY, AB, T3H 4V7
(403) 240-0124 SIC 8741
LIFEMARK HEALTH MANAGEMENT INC p89
154 Meadowlark Shopping Ctr Nw, EDMONTON, AB, T5R 5W9
(780) 429-4761 SIC 8741
LITZ EQUIPMENT LTD p379
277 Mcphillips St, WINNIPEG, MB, R3E 2K7
(204) 783-7979 SIC 8741
LOGIHEDRON INC p702
1670 Finfar Crt Unit 2, MISSISSAUGA, ON, L5J 4K1
(905) 823-5767 SIC 8741
LUTHER HOMES INC p370
1081 Andrews St, WINNIPEG, MB, R2V 2G9
(204) 338-4641 SIC 8741
MAGNA INTERNATIONAL INC p515
2550 Steeles Ave E, BRAMPTON, ON, L6T 5R3
SIC 8741
MAGNA INTERNATIONAL INC p560
180 Confederation Pky, CONCORD, ON, L4K 4T8
(905) 761-1316 SIC 8741
MANTRALOGIX INC p695
267 Matheson Blvd E Suite 5, MISSISSAUGA, ON, L4Z 1X8
(905) 629-3200 SIC 8741
MCATEER, J.J. & ASSOCIATES INCORPORATED p673
45 Mcintosh Dr, MARKHAM, ON, L3R 8C7
(905) 946-8655 SIC 8741
MD MANAGEMENT LIMITED p51
708 11 Ave Sw Suite 300, CALGARY, AB, T2R 0E4
(403) 244-8000 SIC 8741
MD MANAGEMENT LIMITED p611
1 King St W Suite 1200, HAMILTON, ON, L8P 1A4
(905) 526-8999 SIC 8741
MD MANAGEMENT LIMITED p785
1870 Alta Vista Dr Suite 1, OTTAWA, ON, K1G 6R7
(613) 731-4552 SIC 8741
MELLOY MANAGEMENT LIMITED p919
95 Wellington St W Suite 1200, TORONTO, ON, M5J 2Z9
(416) 864-9700 SIC 8741
MERITAS CARE CORPORATION p969
2990 Riverside Dr W Suite B, WINDSOR, ON, N9C 1A2
(519) 254-4341 SIC 8741
MILTON MANAGEMENT p81
10155 102 St Nw Suite 2700, EDMONTON, AB, T5J 4G8
(780) 429-1751 SIC 8741
MONITOR COMPANY CANADA p915
100 Simcoe St Suite 500, TORONTO, ON, M5H 3G2
(416) 408-4800 SIC 8741
MORGUARD CORPORATION p894
47 Thorncliffe Park Dr Suite 105, TORONTO, ON, M4H 1J5
(416) 421-8109 SIC 8741
MORGUARD INVESTMENTS LIMITED p1297
134 Primrose Dr Suite 20, SASKATOON, SK, S7K 5S6
(306) 933-2422 SIC 8741
NAL RESOURCES MANAGEMENT LIMITED p47
550 6 Ave Sw Suite 600, CALGARY, AB, T2P 0S2
(403) 294-3600 SIC 8741
NAL RESOURCES MANAGEMENT LIMITED p67
Gd, CAROLINE, AB, T0M 0M0
SIC 8741
NATIONAL RESEARCH COUNCIL CANADA p782
1200 Montreal Rd Suite 207, OTTAWA, ON, K1A 0R6
(613) 993-9200 SIC 8741
NEW HORIZON SYSTEM SOLUTIONS INC p578
800 Kipling Ave Suite 8, ETOBICOKE, ON, M8Z 5G5
(416) 207-6800 SIC 8741
NORTH EASTMAN HEALTH ASSOCIATION INC p353
24 Aberdeen Ave, PINAWA, MB, R0E 1L0
(204) 753-2012 SIC 8741
ONTARIO POWER GENERATION INC p885
Gd, TIVERTON, ON, N0G 2T0
(519) 361-6414 SIC 8741
OPEN SOLUTIONS CANADA INC p768
700 Dorval Dr Suite 202, OAKVILLE, ON, L6K 3V3
(905) 849-1390 SIC 8741
OPSIS GESTION D'INFRASTRUCTURES INC p1099
4750 Av Henri-Julien, Montreal, QC, H2T 2C8
(514) 982-6774 SIC 8741
OWESON LTD p803
945 3rd Ave E Suite 212, OWEN SOUND, ON, N4K 2K8
(519) 376-7612 SIC 8741
PACRIM HOSPITALITY SERVICES INC p443
30 Damascus Rd Suite 201, BEDFORD, NS, B4A 0C1
(902) 404-7474 SIC 8741
PCL CONSTRUCTION MANAGEMENT INC p24
2882 11 St Ne, CALGARY, AB, T2E 7S7
(403) 250-4800 SIC 8741
PCL CONSTRUCTION MANAGEMENT INC p105
5400 99 St Nw, EDMONTON, AB, T6E 3P4
(780) 733-6000 SIC 8741
PERSONNEL UNIQUE CANADA INC p1028
455 Boul Fenelon Bureau 210, DORVAL, QC, H9S 5T8
(514) 633-6220 SIC 8741
PLUSONE INC p916
347 Bay St Suite 506, TORONTO, ON, M5H 2R7

(416) 861-1662 *SIC* 8741
PRICING SOLUTIONS LTD p905
106 Front St E Suite 300, TORONTO, ON, M5A 1E1
(416) 943-0505 *SIC* 8741
PRIMARIS MANAGEMENT INC p908
1 Adelaide St E Suite 900, TORONTO, ON, M5C 2V9
(416) 642-7800 *SIC* 8741
PWC CAPITAL INC p656
140 Fullarton St Suite 2002, LONDON, ON, N6A 5P2
(519) 488-1280 *SIC* 8741
PWC MANAGEMENT SERVICES LP p283
13450 102 Ave Suite 1400, SURREY, BC, V3T 5X3
(604) 806-7000 *SIC* 8741
RAND A TECHNOLOGY CORPORATION p722
151 Courtneypark Dr W Suite 201, MISSISSAUGA, ON, L5W 1Y5
(905) 565-2929 *SIC* 8741
RESPIRON CARE-PLUS INC p696
2085 Hurontario St Suite 103, MISSISSAUGA, ON, L5A 4G1
(905) 306-0204 *SIC* 8741
REVERA INC p82
10264 100 St Nw, EDMONTON, AB, T5J 5C2
(780) 988-7711 *SIC* 8741
RIGHT MANAGEMENT CANADA, INC p902
2 Bloor St E, TORONTO, ON, M4W 1A8
(416) 926-1324 *SIC* 8741
RLG INTERNATIONAL INC. p191
4710 Kingsway Suite 2800, BURNABY, BC, V5H 4M2
(604) 669-7178 *SIC* 8741
RSM RUV MANAGEMENT p916
200 King St W Suite 1100, TORONTO, ON, M5H 3T4
(416) 932-8000 *SIC* 8741
S & E SERVICES LIMITED PARTNERSHIP p1113
1155 Boul Rene-Levesque O Unite 4000, Montreal, QC, H3B 3V2
(514) 397-3196 *SIC* 8741
S B R INTERNATIONAL INC p905
173 Queen St E, TORONTO, ON, M5A 1S2
SIC 8741
S.I. SYSTEMS LTD p48
401 9 Ave Sw Suite 311, CALGARY, AB, T2P 3C5
(403) 263-1200 *SIC* 8741
S.I. SYSTEMS PARTNERSHIP p48
401 9 Ave Sw Suite 311, CALGARY, AB, T2P 3C5
(403) 450-5174 *SIC* 8741
S.U.C.C.E.S.S. (ALSO KNOWN AS UNITED CHINESE COMMUNITY ENRICHMENT SERVICES SOCIETY) p316
1755 Broadway W Suite 200, VANCOUVER, BC, V6J 4S5
SIC 8741
SAINT MARY'S UNIVERSITY p459
1546 Barrington St, HALIFAX, NS, B3J 3X7
SIC 8741
SAJELEX INC p1113
1 Place Ville-Marie Bureau 1900, Montreal, QC, H3B 2C3
SIC 8741
SAVVIS COMMUNICATIONS CANADA, INC p711
6800 Millcreek Dr, MISSISSAUGA, ON, L5N 4J9
(905) 363-3737 *SIC* 8741
SCI LOGISTICS LTD p229
9087b 198 St Suite 210, LANGLEY, BC, V1M 3B1
(604) 888-3170 *SIC* 8741
SCI LOGISTICS LTD p234
26868 56 Ave Unit 109, LANGLEY, BC, V4W 1N9
(604) 857-5051 *SIC* 8741
SCI LOGISTICS LTD p587

180 Attwell Dr Suite 600, ETOBICOKE, ON, M9W 6A9
(866) 773-7735 *SIC* 8741
SCOTT INDUSTRIES (1995) INC p316
1818 Cornwall Ave Suite 100, VANCOUVER, BC, V6J 1C7
(604) 874-8228 *SIC* 8741
SEI INVESTMENTS CANADA COMPANY p920
70 York St Suite 1600, TORONTO, ON, M5J 1S9
(416) 777-9700 *SIC* 8741
SERCO CANADA INC p427
271 Canadian Forces, HAPPY VALLEY-GOOSE BAY, NL, A0P 1C0
(709) 896-6946 *SIC* 8741
SERVICE D'AIDE A LA FAMILLE EDMUNDSTON GRAND SAULT INC p398
13 Rue Dugal, EDMUNDSTON, NB, E3V 1X4
(506) 737-8000 *SIC* 8741
SERVICES DE CONSULTATION SUPERIEURES AEROSPATIALES (ASCS) INC p999
890 Boul Michele-Bohec, BLAINVILLE, QC, J7C 5E2
(450) 435-9210 *SIC* 8741
SERVICES DE GESTION QUANTUM LIMITEE, LES p920
55 University Ave Suite 950, TORONTO, ON, M5J 2H7
(416) 366-3660 *SIC* 8741
SERVICES DE GESTION TEKNIKA HBA INC, LES p1238
150 Rue De Vimy, SHERBROOKE, QC, J1J 3M7
(819) 562-3871 *SIC* 8741
SERVICES FERROVIAIRES CANAC INC p1213
6505 Rte Transcanadienne Bureau 405, SAINT-LAURENT, QC, H4T 1S3
(514) 734-4700 *SIC* 8741
SHAW MANAGEMENT CONSULTANTS INC p581
145 The West Mall, ETOBICOKE, ON, M9C 1C2
(416) 767-4200 *SIC* 8741
SHOPPERS DRUG MART INC p188
3999 Henning Dr Unit 400, BURNABY, BC, V5C 6P9
(604) 296-4400 *SIC* 8741
SHOPPERS DRUG MART INC p411
10 Deware Dr, MONCTON, NB, E1H 2S6
(506) 857-3360 *SIC* 8741
SIERRA SYSTEMS GROUP INC p378
444 St Mary Ave Suite 1050, WINNIPEG, MB, R3C 3T1
(204) 942-2575 *SIC* 8741
SNC-LAVALIN OPERATIONS & MAINTENANCE INC p395
88 Sr Green Rd Suite 101, CAMPBELLTON, NB, E3N 3Y6
(866) 440-8144 *SIC* 8741
SNC-LAVALIN OPERATIONS & MAINTENANCE INC p435
354 Water St Suite 300, ST. JOHN'S, NL, A1C 1C4
SIC 8741
SNC-LAVALIN OPERATIONS & MAINTENANCE INC p798
1600 Carling Ave Suite 800, OTTAWA, ON, K1Z 1G3
SIC 8741
SNC-LAVALIN OPERATIONS & MAINTENANCE INC p931
250 Front St W, TORONTO, ON, M5V 3G5
SIC 8741
SOCIETE CONSEIL GROUPE LGS p1116
1360 Boul Rene-Levesque O Bureau 400, Montreal, QC, H3G 2W6
(514) 964-0939 *SIC* 8741
SOCIETE D'ENERGIE DE LA BAIE JAMES, LA p1095
888 Boul De Maisonneuve E, Montreal, QC,

H2L 4S8
(514) 286-2020 *SIC* 8741
SODEXO QUEBEC LIMITEE p1115
930 Rue Wellington Bureau 100, Montreal, QC, H3C 1T8
(514) 866-5561 *SIC* 8741
SOGEP INC p1070
1895 Rue Adoncour, LONGUEUIL, QC, J4J 5G8
(450) 468-7640 *SIC* 8741
SPECTRUM HEALTH CARE LTD p700
1290 Central Pky W Suite 302, MISSISSAUGA, ON, L5C 4R3
(905) 272-2271 *SIC* 8741
STAR GROUP INTERNATIONAL TRADING CORPORATION p726
3971 Greenbank Rd, NEPEAN, ON, K2C 3H2
(613) 692-6640 *SIC* 8741
STARTEK CANADA SERVICES LTD p1286
2130 11th Ave Suite 301, REGINA, SK, S4P 0J5
SIC 8741
STEEPLEJACK MANAGEMENT CORPORATION p106
8925 62 Ave Nw, EDMONTON, AB, T6E 5L2
(780) 465-9016 *SIC* 8741
SUREWAY CONSTRUCTION MANAGEMENT LTD p115
7331 18 St Nw, EDMONTON, AB, T6P 1P9
(780) 440-2121 *SIC* 8741
SYMCOR INC p754
8 Prince Andrew Pl, NORTH YORK, ON, M3C 2H4
(905) 273-1000 *SIC* 8741
SYMPHONY SENIOR LIVING INC p157
10 Inglewood Dr Suite 315, RED DEER, AB, T4R 0L2
(403) 346-1134 *SIC* 8741
SYMPHONY SENIOR LIVING INC p1143
15 Place De La Triade Bureau 1012, POINTE-CLAIRE, QC, H9R 0A3
(514) 695-6695 *SIC* 8741
SYMPHONY SENIOR LIVING INC p1257
325 Ch De La Pointe-Sud, VERDUN, QC, H3E 0B1
(514) 767-6792 *SIC* 8741
T GP MANAGEMENT p916
150 York Street Unit 1801, TORONTO, ON, M5H 3S5
(416) 507-1800 *SIC* 8741
T L C NURSING LTD p811
1434 Chemong Rd Suite 14, PETERBOROUGH, ON, K9J 6X2
SIC 8741
TECSULT EDUPLUS INC p1101
85 Rue Sainte-Catherine O, Montreal, QC, H2X 3P4
(514) 287-8677 *SIC* 8741
TECSULT QUEBEC LTEE p1108
2001 Rue University, Montreal, QC, H3A 2A6
(514) 287-8500 *SIC* 8741
THURBER MANAGEMENT LTD p334
4396 West Saanich Rd Suite 100, VICTORIA, BC, V8Z 3E9
(250) 727-2201 *SIC* 8741
TODDGLEN MANAGEMENT LIMITED p746
2225 Sheppard Ave E Suite 1100, NORTH YORK, ON, M2J 5C2
(416) 492-2450 *SIC* 8741
TRIMARK HEALTHCARE SERVICES LTD p314
1500 Georgia St W Suite 1300, VANCOUVER, BC, V6G 2Z6
(604) 425-2208 *SIC* 8741
UNIVERSITE MCGILL p1101
3465 Rue Durocher Bureau 310, Montreal, QC, H2X 0A8
(514) 398-3884 *SIC* 8741
UPONOR INFRA LTD p712
6507 Mississauga Rd Unit A, MISSISSAUGA, ON, L5N 1A6
(905) 858-0206 *SIC* 8741

URBACON BUILDINGS GROUP CORP p896
750 Lake Shore Blvd E, TORONTO, ON, M4M 3M3
(855) 863-9405 *SIC* 8741
VANCOUVER COASTAL HEALTH AUTHORITY p301
520 6th Ave W Suite 200, VANCOUVER, BC, V5Z 4H5
(604) 874-7626 *SIC* 8741
VANCOUVER COASTAL HEALTH AUTHORITY p301
601 Broadway W Suite 900, VANCOUVER, BC, V5Z 4C2
(604) 297-9267 *SIC* 8741
VICTORIAN ORDER OF NURSES GREATER HALIFAX p480
55 Starrs Rd Unit 7, YARMOUTH, NS, B5A 2T2
(902) 742-4512 *SIC* 8741
VISA CANADA CORPORATION p922
77 King W Suite 4400, TORONTO, ON, M5K 1J5
(416) 367-8472 *SIC* 8741
VON CANADA-ONTARIO GREATER NIAGARA p852
A-7 Neilson Ave, ST CATHARINES, ON, L2M 5V9
(905) 641-0630 *SIC* 8741
WE CARE HEALTH SERVICES INC p139
400 4 Ave S Suite 411, LETHBRIDGE, AB, T1J 4E1
(403) 380-4441 *SIC* 8741
WFG SECURITIES OF CANADA INC p178
34314 Marshall Rd Suite 206, ABBOTSFORD, BC, V2S 1L9
(604) 851-5806 *SIC* 8741
WINNIPEG REGIONAL HEALTH AUTHORITY, THE p379
155 Carlton St Suite 1800, WINNIPEG, MB, R3C 3H8
(204) 926-7179 *SIC* 8741
WPP GROUP CANADA COMMUNICATIONS LIMITED p792
55 Metcalfe St Suite 1100, OTTAWA, ON, K1P 6L5
(613) 238-4371 *SIC* 8741
XPERA RISK MITIGATION & INVESTIGATION LP p888
155 Gordon Baker Rd Suite 101, TORONTO, ON, M2H 3N5
(416) 449-8677 *SIC* 8741
Y FIRM MANAGEMENT INC p942
130 King St Suite 2700, TORONTO, ON, M9N 1L5
(416) 860-8370 *SIC* 8741

SIC 8742 Management consulting services

6362222 CANADA INC p1156
930 Rue D'aiguillon, Quebec, QC, G1R 5M9
(418) 780-2080 *SIC* 8742
AB AUTOMATION LTD p971
2155 Talbot Rd, WINDSOR, ON, N9H 1A7
(519) 737-1900 *SIC* 8742
AECOM CANADA LTD p183
3292 Production Way, BURNABY, BC, V5A 4R4
(604) 444-6400 *SIC* 8742
AECOM CANADA LTD p644
50 Sportsworld Crossing Rd Suite 290, KITCHENER, ON, N2P 0A4
(519) 650-5313 *SIC* 8742
AECOM CANADA LTD p669
300 Town Centre Blvd Suite 300, MARKHAM, ON, L3R 5Z6
SIC 8742
AECOM CANADA LTD p873
105 Commerce Valley Dr W, THORNHILL, ON, L3T 7W3
(905) 886-7022 *SIC* 8742
AECOM CANADA LTD p1154
4700 Boul Wilfrid-Hamel, Quebec, QC, G1P 2J9

BUSINESSES BY INDUSTRY CLASSIFICATION

SIC 8742 Management consulting services

(418) 871-2444 *SIC 8742*
ALBERTA TREASURY BRANCHES p11
229 33 St Ne Suite 400, CALGARY, AB, T2A 4Y6
(403) 974-6850 *SIC 8742*
ALLNORTH CONSULTANTS LIMITED p240
20 Townsite Rd, NANAIMO, BC, V9S 5T7
(250) 753-7472 *SIC 8742*
ALLNORTH CONSULTANTS LIMITED p310
1100 Melville St Unit 1200, VANCOUVER, BC, V6E 4A6
(604) 602-1175 *SIC 8742*
AMDOCS CANADIAN MANAGED SERVICES INC p687
1705 Tech Ave Unit 2, MISSISSAUGA, ON, L4W 0A2
(905) 614-4000 *SIC 8742*
ARAMARK ENTERTAINMENT SERVICES (CANADA) INC p224
1223 Water St, KELOWNA, BC, V1Y 9V1
(250) 979-0878 *SIC 8742*
ARAMARK ENTERTAINMENT SERVICES (CANADA) INC p303
800 Griffiths Way, VANCOUVER, BC, V6B 6G1
(604) 780-7623 *SIC 8742*
ARROW SPEED CONTROLS LIMITED p265
13851 Bridgeport Rd, RICHMOND, BC, V6V 1J6
(604) 321-4033 *SIC 8742*
ASPIN KEMP & ASSOCIATES INC p984
9 Myrtle St, STRATFORD, PE, C1B 1P4
(902) 620-4882 *SIC 8742*
ASSANTE WEALTH MANAGEMENT LTD p907
20 Queen St E, TORONTO, ON, M5C 3G7
(416) 364-1145 *SIC 8742*
ATB SECURITES INC p63
3699 63 Ave Ne, CALGARY, AB, T3J 0G7
(780) 619-7304 *SIC 8742*
BAIN & COMPANY CANADA, INC p901
2 Bloor St E, TORONTO, ON, M4W 1A8
(416) 929-1888 *SIC 8742*
BANQUE TORONTO-DOMINION, LA p532
5515 North Service Rd Unit 400, BURLINGTON, ON, L7L 6G4
(905) 331-7511 *SIC 8742*
BEAM CANADA INC p301
611 Alexander St Suite 301, VANCOUVER, BC, V6A 1E1
(604) 251-3366 *SIC 8742*
BENEFIT PLAN ADMINISTRATORS LIMITED p575
90 Burnhamthorpe Rd W, ETOBICOKE, ON, L5B 3C3
(905) 275-6466 *SIC 8742*
BMO PRIVATE INVESTMENT COUNSEL INC p78
10199 101 St Nw Suite 211, EDMONTON, AB, T5J 3Y4
(780) 408-0531 *SIC 8742*
BRADFORD COMPANY LTD p659
4070 White Oak Rd, LONDON, ON, N6E 0B1
(519) 451-4393 *SIC 8742*
CAE INC p716
2025 Logistics Dr, MISSISSAUGA, ON, L5S 1Z9
(905) 672-8650 *SIC 8742*
CALGARY ROMAN CATHOLIC SEPARATE SCHOOL DISTRICT #1 p60
6220 Lakeview Dr Sw, CALGARY, AB, T3E 5T1
(403) 500-2000 *SIC 8742*
CANADIAN IMPERIAL BANK OF COMMERCE p327
3970 Shelbourne St, VICTORIA, BC, V8N 3E2
(250) 356-4467 *SIC 8742*
CANADIAN UNION OF POSTAL WORKERS p494
109 Bayfield St Suite 303, BARRIE, ON, L4M 3A9
(705) 722-3491 *SIC 8742*

CAPITAL MARKETS COMPANY LIMITED, THE p913
360 Bay St Suite 600, TORONTO, ON, M5H 2V6
(416) 923-4570 *SIC 8742*
CAPITALE GESTION FINANCIERE INC, LA p1062
3080 Boul Le Carrefour Bureau 520, Laval, QC, H7T 2R5
(514) 873-9364 *SIC 8742*
CARNEGIE, SHAUN p888
716 Gordon Baker Rd, TORONTO, ON, M2H 3B4
SIC 8742
CATERPILLAR LOGISTICS SERVICE INC p722
150 Courtneypark Dr W Suite C, MISSISSAUGA, ON, L5W 1Y6
(905) 564-9734 *SIC 8742*
CB RICHARD ELLIS GLOBAL CORPORATE SERVICES LTD p793
1125 Colonel By Dr Suite 4400, OTTAWA, ON, K1S 5R1
(613) 231-3875 *SIC 8742*
CELERO SOLUTIONS INC p30
8500 Macleod Trail Se Suite 350n, CALGARY, AB, T2H 2N1
(403) 258-5900 *SIC 8742*
CELERO SOLUTIONS INC p1284
2055 Albert St, REGINA, SK, S4P 2T8
(306) 566-1244 *SIC 8742*
CENTRE DE SANTE ET DE SERVICES SOCIAUX DE LA MONTAGNE p1120
6560 Ch De La Cote-Des-Neiges, Montreal, QC, H3S 2A7
(514) 736-2323 *SIC 8742*
CLIFTON ASSOCIATES LTD p22
2222 30 Ave Ne, CALGARY, AB, T2E 7K9
(403) 263-2556 *SIC 8742*
COASTAL FINANCIAL CREDIT UNION LIMITED p468
9 Abbotsharbour Rd, MIDDLE WEST PUBNICO, NS, B0W 2M0
(902) 762-2372 *SIC 8742*
COMMUNITY LIVING TORONTO p924
20 Spadina Rd Suite 257, TORONTO, ON, M5R 2S7
(416) 968-0650 *SIC 8742*
CRITICAL CONTROL ENERGY SERVICES CORP p83
10045 111 St Nw, EDMONTON, AB, T5K 2M5
(780) 423-3100 *SIC 8742*
DAIRY QUEEN CANADA INC p56
215 Shawville Blvd Se, CALGARY, AB, T2Y 3H9
SIC 8742
DAIRY QUEEN CANADA INC p729
36 Robertson Rd, NEPEAN, ON, K2H 5Y8
(613) 596-6447 *SIC 8742*
DAIRY QUEEN CANADA INC p794
1272 Bank St, OTTAWA, ON, K1S 3Y4
(613) 738-7146 *SIC 8742*
DELOITTE LLP p671
15 Allstate Pky Suite 400, MARKHAM, ON, L3R 5B4
SIC 8742
DESSAU INC p1251
1455 Rue Champlain, Trois-Rivieres, QC, G9A 5X4
(819) 378-6159 *SIC 8742*
DILLON CONSULTING LIMITED p273
3820 Cessna Dr Suite 510, RICHMOND, BC, V7B 0A2
(604) 278-7847 *SIC 8742*
DONNA CONA INC p726
106 Colonnade Rd Suite 100, NEPEAN, ON, K2E 7L6
(613) 234-5407 *SIC 8742*
DUNDEE 360 REAL ESTATE CORPORATION p1116
1430 Rue Sherbrooke O, Montreal, QC, H3G 1K4
(514) 987-6452 *SIC 8742*

ECOHOME FINANCIAL INC p933
700 Lawrence Ave W Suite 325, TORONTO, ON, M6A 3B4
(905) 695-8557 *SIC 8742*
EDT GCV CIVIL S.E.P. p1050
1095 Rue Valets, L'ANCIENNE-LORETTE, QC, G2E 4M7
(418) 872-0600 *SIC 8742*
ENBRIDGE INTERNATIONAL INC p43
425 1 St Sw Suite 3000, CALGARY, AB, T2P 3L8
SIC 8742
ENGLOBE CORP p1003
85 Rue J.-A.-Bombardier Bureau 100, BOUCHERVILLE, QC, J4B 8P1
(450) 641-1740 *SIC 8742*
ENGLOBE CORP p1015
1309 Boul Saint-Paul, CHICOUTIMI, QC, G7J 3Y2
(418) 698-6827 *SIC 8742*
ENGLOBE CORP p1172
331 Rue Rivard, RIMOUSKI, QC, G5L 7J6
(418) 723-1144 *SIC 8742*
ENTEGRUS SERVICES INC p552
320 Queen St, CHATHAM, ON, N7M 2H6
(519) 352-6300 *SIC 8742*
EVIMBEC LTEE p1066
1175 Boul Guillaume-Couture Bureau 200, Levis, QC, G6W 5M6
(418) 834-7000 *SIC 8742*
EXXONMOBIL BUSINESS SUPPORT CENTRE CANADA ULC p410
95 Boundary Dr, MONCTON, NB, E1G 5C6
(800) 567-3776 *SIC 8742*
FEDERATION DES CAISSES DESJARDINS DU QUEBEC p993
7450 Boul Des Galeries D'anjou Unite 300, ANJOU, QC, H1M 3M3
(514) 253-7227 *SIC 8742*
FEDERATION DES CAISSES DESJARDINS DU QUEBEC p1194
2175 Rue Girouard O, SAINT-HYACINTHE, QC, J2S 3A9
(450) 773-1842 *SIC 8742*
FLINT ENERGY SERVICES LTD. p158
1901 Highway Ave Se, REDCLIFF, AB, T0J 2P0
SIC 8742
FLINT FIELD SERVICES LTD p159
44a St Suite 4908, ROCKY MOUNTAIN HOUSE, AB, T4T 1B6
(403) 845-3832 *SIC 8742*
FORD CREDIT CANADA LIMITED p91
10335 172 St Nw Suite 300, EDMONTON, AB, T5S 1K9
SIC 8742
FORMATRAD INC p1003
131 Rue Monseigneur-Tache, BOUCHERVILLE, QC, J4B 2K4
(514) 328-6819 *SIC 8742*
FRASER HEALTH AUTHORITY p200
2601 Lougheed Hwy Unit 6, Coquitlam, BC, V3C 4J2
(604) 777-7300 *SIC 8742*
FRASER HEALTH AUTHORITY p230
8521 198a St, LANGLEY, BC, V2Y 0A1
(604) 455-1300 *SIC 8742*
GESTION SOROMA (MONT ORFORD) INC p1136
4380 Ch Du Parc, ORFORD, QC, J1X 7N9
(514) 527-9546 *SIC 8742*
GLOBAL TRANSITION CONSULTING INC p212
80 Station St Suite 301, DUNCAN, BC, V9L 1M4
(250) 748-9880 *SIC 8742*
GOUVERNEMENT DE LA PROVINCE DE QUEBEC p1106
2050 Rue De Bleury Bureau 1.20, Montreal, QC, H3A 2J5
(514) 873-0001 *SIC 8742*
GOUVERNEMENT DE LA PROVINCE DE QUEBEC p1157
150 Boul Rene-Levesque E, Quebec, QC, G1R 5B1
(418) 646-4646 *SIC 8742*
GOUVERNEMENT DE LA PROVINCE DE QUEBEC p1173
337 Rue Moreault Bureau 2.10, RIMOUSKI, QC, G5L 1P4
(418) 727-3586 *SIC 8742*
GOVERNING COUNCIL OF THE SALVATION ARMY IN CANADA, THE p842
1645 Warden Ave, SCARBOROUGH, ON, M1R 5B3
(416) 335-8618 *SIC 8742*
GOVERNING COUNCIL OF THE UNIVERSITY OF TORONTO p925
315 Bloor St W, TORONTO, ON, M5S 0A7
(416) 978-7960 *SIC 8742*
GOVERNMENT OF ONTARIO p627
21 Wolsley St, KENORA, ON, P9N 3W7
(807) 467-3573 *SIC 8742*
GOVERNMENT OF SASKATCHEWAN p1285
2260 11th Ave Suite 18a, REGINA, SK, S4P 2N7
(306) 775-6188 *SIC 8742*
GOVERNMENT OF THE PROVINCE OF ALBERTA p83
10808 99 Ave Nw, EDMONTON, AB, T5K 0G5
(780) 422-7345 *SIC 8742*
GOVERNMENT OF THE PROVINCE OF ALBERTA p100
4999 98 Ave Nw, EDMONTON, AB, T6B 2X3
(780) 427-8901 *SIC 8742*
GOVERNMENT OF THE PROVINCE OF ALBERTA p100
4999 98 Ave Nw, EDMONTON, AB, T6B 2X3
(780) 427-8901 *SIC 8742*
GOVERNMENT OF THE PROVINCE OF ALBERTA p169
100 Ranch Market Suite 109, STRATHMORE, AB, T1P 0A8
(403) 934-8816 *SIC 8742*
GOVERNORS OF THE UNIVERSITY OF ALBERTA, THE p107
8900 114 St Nw, EDMONTON, AB, T6G 2V2
(780) 492-4241 *SIC 8742*
GROUPE PROMUTUEL FEDERATION DE SOCIETE MUTUELLES D'ASSURANCES GENERALES p1030
1500 Boul Lemire, DRUMMONDVILLE, QC, J2C 5A4
(819) 477-8844 *SIC 8742*
HARDMAN GROUP LIMITED, THE p417
1 Market Sq Suite 102, SAINT JOHN, NB, E2L 4Z6
(506) 658-3600 *SIC 8742*
HEALTH REGION 8 p130
4620 53rd Ave, HIGH PRAIRIE, AB, T0G 1E0
SIC 8742
HOGG ROBINSON CANADA INC p929
370 King St W Suite 700, TORONTO, ON, M5V 1J9
(416) 593-8866 *SIC 8742*
HOLLISWEALTH INC p844
2075 Kennedy Rd Suite 500, SCARBOROUGH, ON, M1T 3V3
(416) 292-0869 *SIC 8742*
HOPITAL DOUGLAS p1258
4932 Rue Wellington, VERDUN, QC, H4G 1X6
(514) 768-2668 *SIC 8742*
HORIZONS ACTIVE DIVERSIFIED INCOME ETF INC p909
26 Wellington St E Suite 700, TORONTO, ON, M5E 1S2
(416) 933-5745 *SIC 8742*
HSBC BANK CANADA p283
10012 King George Blvd, SURREY, BC, V3T 2W4
(604) 581-5281 *SIC 8742*
HSBC BANK CANADA p304
401 W Georgia St Suite 1300, VANCOUVER, BC, V6B 5A1
(604) 668-4682 *SIC 8742*

▲ Public Company   ■ Public Company Family Member   **HQ** Headquarters   **BR** Branch   **SL** Single Location

HUDSON'S BAY COMPANY p1057
2105 23e Av, LACHINE, QC, H8T 1X3
SIC 8742

I.W.A. FOREST INDUSTRY PENSION & PLAN p191
3777 Kingsway Suite 2100, BURNABY, BC, V5H 3Z7
(604) 433-6310   SIC 8742

IC AXON INC p1100
3575 Boul Saint-Laurent Bureau 650, Montreal, QC, H2X 2T7
(514) 940-1142   SIC 8742

IGM FINANCIAL INC p964
3100 Temple Dr Suite 600, WINDSOR, ON, N8W 5J6
(519) 969-7526   SIC 8742

IMV PROJECTS INC p45
500 5 Ave Sw Suite 1400, CALGARY, AB, T2P 3L5
(403) 537-8811   SIC 8742

INDUSTRIELLE ALLIANCE, ASSURANCE ET SERVICES FINANCIERS INC p1091
8550 Boul Pie-Ix Bureau 200, Montreal, QC, H1Z 4G2
(514) 356-2410   SIC 8742

INTEGRATED MUNICIPAL SERVICES INC p735
2800 Thorold Town Line, NIAGARA FALLS, ON, L2E 6S4
(905) 680-3777   SIC 8742

INTERNATIONAL ECONOMY SERVICES INC p750
1057 Steeles Ave W Suite 1, NORTH YORK, ON, M2R 2S9
(416) 725-1294   SIC 8742

INVESTORS GROUP FINANCIAL SERVICES INC p46
333 7 Ave Sw Suite 800, CALGARY, AB, T2P 2Z1
(403) 284-0494   SIC 8742

INVESTORS GROUP FINANCIAL SERVICES INC p61
37 Richard Way Sw Unit 100, CALGARY, AB, T3E 7M8
(403) 253-4840   SIC 8742

INVESTORS GROUP FINANCIAL SERVICES INC p105
8905 51 Ave Nw Unit 102, EDMONTON, AB, T6E 5J3
(780) 468-1658   SIC 8742

INVESTORS GROUP FINANCIAL SERVICES INC p141
4204 70 Ave, LLOYDMINSTER, AB, T9V 2X3
SIC 8742

INVESTORS GROUP FINANCIAL SERVICES INC p226
1628 Dickson Ave Suite 100, KELOWNA, BC, V1Y 9X1
(250) 762-3329   SIC 8742

INVESTORS GROUP FINANCIAL SERVICES INC p252
300 Riverside Dr Suite 206, PENTICTON, BC, V2A 9C9
(250) 492-8806   SIC 8742

INVESTORS GROUP FINANCIAL SERVICES INC p259
299 Victoria St Suite 900, PRINCE GEORGE, BC, V2L 5B8
(250) 564-2310   SIC 8742

INVESTORS GROUP FINANCIAL SERVICES INC p326
2899 30 Ave Suite 200, VERNON, BC, V1T 8G1
(250) 545-9188   SIC 8742

INVESTORS GROUP FINANCIAL SERVICES INC p502
81 Millennium Pky Suite A, BELLEVILLE, ON, K8N 4Z5
(613) 962-7777   SIC 8742

INVESTORS GROUP FINANCIAL SERVICES INC p525
260 Lynden Rd Unit 1, BRANTFORD, ON, N3R 0B9

(519) 756-5834   SIC 8742

INVESTORS GROUP FINANCIAL SERVICES INC p580
295 The West Mall Suite 700, ETOBICOKE, ON, M9C 4Z4
(416) 695-8600   SIC 8742

INVESTORS GROUP FINANCIAL SERVICES INC p611
21 King St W Unit 400, HAMILTON, ON, L8P 4W7
(905) 529-7165   SIC 8742

INVESTORS GROUP FINANCIAL SERVICES INC p698
1 City Centre Dr Suite 1020, MISSISSAUGA, ON, L5B 1M2
(905) 306-0031   SIC 8742

INVESTORS GROUP FINANCIAL SERVICES INC p735
4838 Dorchester Rd Suite 100, NIAGARA FALLS, ON, L2E 6N9
(905) 374-2842   SIC 8742

INVESTORS GROUP FINANCIAL SERVICES INC p811
1743 Lansdowne St W, PETERBOROUGH, ON, K9K 1R2
(705) 876-1282   SIC 8742

INVESTORS GROUP FINANCIAL SERVICES INC p950
80 King St S Suite 201, WATERLOO, ON, N2J 1P5
(519) 886-2360   SIC 8742

INVESTORS GROUP FINANCIAL SERVICES INC p1014
901 Boul Talbot Bureau 101, CHICOUTIMI, QC, G7H 6N7
(418) 696-1331   SIC 8742

INVESTORS GROUP FINANCIAL SERVICES INC p1125
8250 Boul Decarie Bureau 200, Montreal, QC, H4P 2P5
(514) 733-3950   SIC 8742

INVESTORS GROUP FINANCIAL SERVICES INC p1239
3425 Rue King O Bureau 140, SHERBROOKE, QC, J1L 1P8
(819) 566-0666   SIC 8742

IRON MOUNTAIN CANADA OPERATIONS ULC p515
10 Tilbury Crt, BRAMPTON, ON, L6T 3T4
(905) 454-2400   SIC 8742

ISLAND SAVINGS CREDIT UNION p212
89 Evans St, DUNCAN, BC, V9L 1P5
(250) 746-4171   SIC 8742

KILMARNOCK ENTERPRISE p944
166 North Murray St, TRENTON, ON, K8V 6R8
(613) 394-4422   SIC 8742

KPH TURCOT, UN PARTENARIAT S.E.N.C p1001
4333 Boul De La Grande-Allee, BOISBRIAND, QC, J7H 1M7
(450) 435-5756   SIC 8742

LE GROUPE AMYOT, GELINAS INC p1223
124 Rue Saint-Vincent, SAINTE-AGATHE-DES-MONTS, QC, J8C 2B1
(819) 326-3400   SIC 8742

LEE HECHT HARRISON-CANADA CORP p768
710 Dorval Dr Suite 108, OAKVILLE, ON, L6K 3V7
(905) 338-7679   SIC 8742

LIFTOW LIMITED p704
4180 Sladeview Cres Unit 3, MISSISSAUGA, ON, L5L 0A1
(905) 461-0262   SIC 8742

LINKAGE GROUP INC, THE p672
30 Centurian Dr Suite 200, MARKHAM, ON, L3R 8B8
(905) 415-2300   SIC 8742

LINNEN, HJ ASSOCIATES LTD p1285
2161 Scarth St Suite 200, REGINA, SK, S4P 2H8
(306) 586-9611   SIC 8742

LONDON LIFE INSURANCE COMPANY p240
1150 Terminal Ave N Unit 30, NANAIMO, BC, V9S 5L6
(250) 753-9955   SIC 8742

LONDON LIFE INSURANCE COMPANY p476
380 Kings Rd Suite 200, SYDNEY, NS, B1S 1A8
(902) 539-1160   SIC 8742

LONDON LIFE INSURANCE COMPANY p749
2 Sheppard Ave E Suite 600, NORTH YORK, ON, M2N 5Y7
(416) 250-5520   SIC 8742

LONDON LIFE INSURANCE COMPANY p1119
560 Boul Henri-Bourassa O Bureau 209, Montreal, QC, H3L 1P4
(514) 334-8701   SIC 8742

LONDON LIFE INSURANCE COMPANY p1285
2010 11th Ave Suite 650, REGINA, SK, S4P 0J3
(306) 586-0905   SIC 8742

LONGBAR MANAGEMENT SERVICES LIMITED PARTNERSHIP p915
250 University Ave Suite 700, TORONTO, ON, M5H 3E5
(416) 214-5200   SIC 8742

LOYALTYONE, CO p689
5055 Satellite Dr Unit 6, MISSISSAUGA, ON, L4W 5K7
(905) 212-6202   SIC 8742

MACQUARIE NORTH AMERICA LTD p919
181 Bay St Suite 3100, TORONTO, ON, M5J 2T3
(416) 607-5000   SIC 8742

MANION WILKINS & ASSOCIATES LTD p579
21 Four Seasons Pl Suite 500, ETOBICOKE, ON, M9B 0A5
(416) 234-5044   SIC 8742

MANULIFE CANADA LTD p1107
2000 Rue Mansfield Unite 200, Montreal, QC, H3A 2Z4
(514) 845-1612   SIC 8742

MATCH DRIVE INC p689
5225 Satellite Dr, MISSISSAUGA, ON, L4W 5P9
(905) 566-2824   SIC 8742

MATTAMY (MONARCH) LIMITED p725
3584 Jockvale Rd, NEPEAN, ON, K2C 3H2
(613) 692-8672   SIC 8742

MCINTOSH PERRY LIMITED p561
7900 Keele St Suite 200, CONCORD, ON, L4K 2A3
(905) 856-5200   SIC 8742

MD MANAGEMENT LIMITED p300
575 8th Ave W Suite 200, VANCOUVER, BC, V5Z 0B2
(604) 736-7778   SIC 8742

MD PRIVATE TRUST COMPANY p384
1661 Portage Ave Suite 606, WINNIPEG, MB, R3J 3T7
(204) 783-1824   SIC 8742

MDINA ENTERPRISES LTD p446
121 Duke St Suite 49, CHESTER, NS, B0J 1J0
(855) 855-3180   SIC 8742

MERCER (CANADA) LIMITED p793
360 Albert St Suite 701, OTTAWA, ON, K1R 7X7
(613) 230-9348   SIC 8742

MERCER (CANADA) LIMITED p919
70 University Ave Suite 900, TORONTO, ON, M5J 2M4
(416) 868-2000   SIC 8742

MILTOM MANAGEMENT LP p673
60 Columbia Way Suite 600, MARKHAM, ON, L3R 0C9
(905) 415-6700   SIC 8742

MODIS CANADA INC p459
1959 Upper Water St Suite 1700, HALIFAX, NS, B3J 3N2

(902) 421-2025   SIC 8742

MOUSE MARKETING INC p890
5 Kodiak Cres Suite 4-5, TORONTO, ON, M3J 3E5
(416) 398-4334   SIC 8742

NATIONAL BANK TRUST INC p1020
2500 Boul Daniel-Johnson Bureau 115, Cote Saint-Luc, QC, H7T 2P6
(450) 682-3200   SIC 8742

NAVIGANT CONSULTING LTD p908
1 Adelaide St E Suite 3000, TORONTO, ON, M5C 2V9
(416) 777-2440   SIC 8742

NDG FINANCIAL CORP p304
Gd Stn Terminal, VANCOUVER, BC, V6B 3P7
SIC 8742

NULOGX INC p710
2233 Argentia Rd Suite 202, MISSISSAUGA, ON, L5N 2X7
(905) 486-1162   SIC 8742

OPEN SOLUTIONS DATAWEST INC p316
1770 Burrard St Suite 300, VANCOUVER, BC, V6J 3G7
(604) 734-7494   SIC 8742

PCL INDUSTRIAL MANAGEMENT INC p106
5404 99 St Nww, EDMONTON, AB, T6E 3N7
(780) 733-5700   SIC 8742

PERIMETER FINANCIAL CORP p920
15 York St Suite 200, TORONTO, ON, M5J 0A3
(416) 703-7800   SIC 8742

PERSONAL SUPPORT & DEVELOPMENT NETWORK INC p81
10621 100 Ave Nw Suite 560, EDMONTON, AB, T5J 0B3
(780) 496-9224   SIC 8742

PIVAL INTERANTIONAL INC. p685
6611 Northwest Dr, MISSISSAUGA, ON, L4V 1L1
(905) 677-8179   SIC 8742

PIVOTAL PROJECTS INCORPORATED p897
2300 Yonge St Suite 2202, TORONTO, ON, M4P 1E4
(416) 847-0018   SIC 8742

PMA BRETHOUR REAL ESTATE CORPORATION INC p594
1010 Polytek St Suite 18, GLOUCESTER, ON, K1J 9J1
(613) 747-6766   SIC 8742

PRESIDENT'S CHOICE BANK p920
25 York St Suite 7fl, TORONTO, ON, M5J 2V5
(416) 204-2600   SIC 8742

PRGX CANADA CORP p1082
8569 Ch Dalton, MONT-ROYAL, QC, H4T 1V5
(514) 341-6888   SIC 8742

PRINCE ALBERT GRAND COUNCIL p1279
851 23rd St W, PRINCE ALBERT, SK, S6V 4M4
(306) 953-7248   SIC 8742

PROFESSIONAL THOUGHT LEADERS ACADEMY LTD p908
151 Yonge St 19th Floor, TORONTO, ON, M5C 2W7
(416) 216-5481   SIC 8742

PROGISTIX-SOLUTIONS INC p941
99 Signet Dr Suite 300, TORONTO, ON, M9L 0A2
(416) 401-7000   SIC 8742

PRUDENT BENEFITS ADMINISTRATION SERVICES INC p586
61 International Blvd Suite 110, ETOBICOKE, ON, M9W 6K4
(416) 674-8581   SIC 8742

RAYMOND JAMES (USA) LTD p916
40 King St W Suite 5300, TORONTO, ON, M5H 3Y2
(416) 777-7000   SIC 8742

RBC DOMINION SECURITIES INC p562
3300 Highway 7 Suite 701, CONCORD, ON, L4K 4M3
(905) 738-4510   SIC 8742

BUSINESSES BY INDUSTRY CLASSIFICATION

SIC 8743 Public relations services

RBC DOMINION SECURITIES INC p1113
1 Place Ville-Marie Bureau 300, Montreal, QC, H3B 4R8
(514) 878-7000 SIC 8742

RCM AEROSERVICES LTD p824
89 Mojave Cres, RICHMOND HILL, ON, L4S 1R7
(905) 264-7501 SIC 8742

REGIONAL MUNICIPALITY OF NIAGARA, THE p739
272 Wellington St, NIAGARA ON THE LAKE, ON, L0S 1J0
(905) 468-4208 SIC 8742

RESOLVE CORPORATION p445
197 Dufferin St Suite 100, BRIDGEWATER, NS, B4V 2G9
(902) 541-3600 SIC 8742

ROYAL BANK OF CANADA p737
6518 Lundy's Lane, NIAGARA FALLS, ON, L2G 1T6
(905) 356-7313 SIC 8742

RSM RICHTER & ASSOCIATES INC p898
90 Eglinton Ave E Suite 700, TORONTO, ON, M4P 2Y3
(416) 932-8000 SIC 8742

SCHAEFFER & ASSOCIATES LTD p562
6 Ronrose Dr Suite 100, CONCORD, ON, L4K 4R3
SIC 8742

SEACLIFF CONSTRUCTION CORP p313
1066 Hastings St W, VANCOUVER, BC, V6E 3X2
(604) 601-8206 SIC 8742

SERVICES ADMINISTRATIFS F.G.B. INC, LES p1027
2190 Boul Hymus, DORVAL, QC, H9P 1J7
(514) 367-1343 SIC 8742

SIEMENS CANADA LIMITED p101
6652 50 St Nw, EDMONTON, AB, T6B 2N7
(780) 450-6762 SIC 8742

SIEMENS CANADA LIMITED p720
6375 Shawson Dr, MISSISSAUGA, ON, L5T 1S7
(905) 819-5761 SIC 8742

SIMON FRASER UNIVERSITY p184
8888 University Dr Suite 3000, BURNABY, BC, V5A 1S6
(604) 291-3354 SIC 8742

SMG ADVISORS INC p749
170 Sheppard Ave E Suite 101, NORTH YORK, ON, M2N 3A4
(416) 223-5880 SIC 8742

SNC-LAVALIN GEM QUEBEC INC p994
50 Av William-Dobell, BAIE-COMEAU, QC, G4Z 1T7
(418) 296-6788 SIC 8742

SNC-LAVALIN GEM QUEBEC INC p1035
420 Boul Maloney E Suite 6, GATINEAU, QC, J8P 7N8
(819) 669-1225 SIC 8742

SNC-LAVALIN GEM QUEBEC INC p1048
3306 Boul Saint-Francois, Jonquiere, QC, G7X 2W9
(418) 547-5716 SIC 8742

SNC-LAVALIN GEM QUEBEC INC p1104
455 Boul Rene-Levesque O, Montreal, QC, H2Z 1Z3
(514) 393-8000 SIC 8742

SNC-LAVALIN GEM QUEBEC INC p1205
275 Rue Benjamin-Hudon, SAINT-LAURENT, QC, H4N 1J1
(514) 331-6910 SIC 8742

SNC-LAVALIN GEM QUEBEC INC p1207
2299 Rue Guenette, SAINT-LAURENT, QC, H4R 2E9
(514) 335-0083 SIC 8742

SNC-LAVALIN OPERATIONS & MAINTENANCE INC p459
1660 Hollis St Suite 301, HALIFAX, NS, B3J 1V7
SIC 8742

SOLUTIA SDO LTD p916
14 Duncan St Suite 209, TORONTO, ON, M5H 3G8

(416) 204-9797 SIC 8742

STATPRO CANADA INC p910
33 Yonge St Suite 2701, TORONTO, ON, M5E 1G4
(416) 619-3999 SIC 8742

STIFEL NICOLAUS CANADA INC p922
79 Wellington W, TORONTO, ON, M5K 1K7
SIC 8742

STRATIX TECHNOLOGIES INC p916
150 King St W Suite 2110, TORONTO, ON, M5H 1J9
(416) 865-3310 SIC 8742

STUDENTS ASSOCIATION OF THE ALGONQUIN COLLEGE OF APPLIED ARTS AND TECHNOLOGY CORP, THE p728
1385 Woodroffe Ave, NEPEAN, ON, K2G 1V8
(613) 727-3932 SIC 8742

T.E. FINANCIAL CONSULTANTS LTD p49
700 9 Ave Sw Suite 2230, CALGARY, AB, T2P 3V4
(403) 233-8370 SIC 8742

T.E. FINANCIAL CONSULTANTS LTD p1108
2020 Boul Robert-Bourassa Unite 2100, Montreal, QC, H3A 2A5
(514) 845-3200 SIC 8742

TD WATERHOUSE CANADA INC p674
3100 Steeles Ave E Suite 801, MARKHAM, ON, L3R 8T3
(905) 477-0676 SIC 8742

TD WATERHOUSE CANADA INC p926
77 Bloor St W Suite 3, TORONTO, ON, M5S 1M2
(416) 542-0971 SIC 8742

TECHNOLOGIES DE L'INFORMATION CIVIS INC p1146
373 Rue De Miranda, Quebec, QC, G1C 7X2
(418) 661-4289 SIC 8742

THOMSON REUTERS CANADA LIMITED p313
1055 Hastings St W, VANCOUVER, BC, V6E 2E9
SIC 8742

TISI CANADA INC p102
3904 53 Ave Nw, EDMONTON, AB, T6B 3N7
(780) 437-0860 SIC 8742

TODDGLEN WINDERMERE LIMITED p746
2225 Sheppard Ave E Suite 1100, NORTH YORK, ON, M2J 5C2
(416) 492-2450 SIC 8742

TORONTO REHABILITATION INSTITUTE p912
550 University Ave Suite 123, TORONTO, ON, M5G 2A2
(416) 597-3422 SIC 8742

TROJAN CONSOLIDATED INVESTMENTS LIMITED p754
18 Wynford Dr Suite 516, NORTH YORK, ON, M3C 3S2
(416) 785-3961 SIC 8742

TUNDRA STRATEGIES, INC p859
1393 Centre Line Rd, STAYNER, ON, L0M 1S0
(705) 734-7700 SIC 8742

UNILEVER CANADA INC p675
25 Centurian Dr Suite 101, MARKHAM, ON, L3R 5N8
(905) 947-9400 SIC 8742

VALACTA, SOCIETE EN COMMANDITE p1224
555 Boul Des Anciens-Combattants, SAINTE-ANNE-DE-BELLEVUE, QC, H9X 3R4
(514) 459-3030 SIC 8742

VALMET LTEE p879
400 Memorial Ave, THUNDER BAY, ON, P7B 3Y5
(807) 346-7100 SIC 8742

VANCOUVER CITY SAVINGS CREDIT UNION p250
1290 Marine Dr, NORTH VANCOUVER, BC, V7P 1T2
(604) 877-7000 SIC 8742

VEMAX MANAGEMENT INC p1299

Gd Stn Main, SASKATOON, SK, S7K 3J4
(306) 242-8554 SIC 8742

VICTORIA UNIVERSITY p927
75 Queen's Park Cres E, TORONTO, ON, M5S 1K7
(416) 585-4467 SIC 8742

WFG SECURITIES OF CANADA INC p183
7501 6th St, BURNABY, BC, V3N 3M2
SIC 8742

WILCO CONTRACTORS NORTHWEST INC p168
205 Carnegie Dr Unit 108, ST. ALBERT, AB, T8N 5B2
(780) 447-1199 SIC 8742

WORLD FINANCIAL GROUP INSURANCE AGENCY OF CANADA INC p1121
4721 Av Van Horne, Montreal, QC, H3W 1H8
(514) 731-2300 SIC 8742

WORLEYPARSONS CANADA SERVICES LTD p827
1086 Modeland Rd Bldg 1050, SARNIA, ON, N7S 6L2
(519) 332-0160 SIC 8742

YORK UNIVERSITY p756
4700 Keele St Suite 5075, NORTH YORK, ON, M3J 1P3
(416) 736-5061 SIC 8742

SIC 8743 Public relations services

AIMIA INC p932
130 King St W Suite 1600, TORONTO, ON, M5X 2A2
(905) 214-8699 SIC 8743

BRANDALLIANCE ONTARIO INC p707
6695 Millcreek Dr Suite 7, MISSISSAUGA, ON, L5N 5R8
(905) 819-0155 SIC 8743

CABINET DE RELATIONS PUBLIQUES NATIONAL INC, LE p928
310 Front St W Suite 500, TORONTO, ON, M5V 3B5
(416) 586-0180 SIC 8743

CARLSBERG CANADA INC p764
2650 Bristol Cir Suite 100, OAKVILLE, ON, L6H 6Z7
(905) 829-0299 SIC 8743

CONSUMER IMPACT MARKETING LTD p992
7171 Rue Jean-Talon E Bureau 401, ANJOU, QC, H1M 3N2
SIC 8743

CORPORATION OF THE CITY OF PICKERING, THE p812
2570 Tillings Rd, PICKERING, ON, L1V 2P8
(905) 683-7575 SIC 8743

CROSSMARK CANADA INC p708
2233 Argentia Rd Suite 1112, MISSISSAUGA, ON, L5N 2X7
(905) 363-1000 SIC 8743

EDELMAN PUBLIC RELATIONS WORLDWIDE CANADA INC p1099
4446 Boul Saint-Laurent Bureau 501, Montreal, QC, H2W 1Z5
(514) 844-6665 SIC 8743

ENCORE FIELD MARKETING SOLUTIONS INC p764
2421 Bristol Cir Suite 101, OAKVILLE, ON, L6H 5S9
(289) 999-5128 SIC 8743

GCI COMMUNICATIONS INC p901
160 Bloor St E Fl 8, TORONTO, ON, M4W 3P7
(416) 486-7200 SIC 8743

GOVERNMENT OF THE PROVINCE OF ALBERTA p83
8th Floor, EDMONTON, AB, T5K 2J5
(780) 422-0017 SIC 8743

GREY ADVERTISING ULC p898
40 Holly St Suite 600, TORONTO, ON, M4S 3C3
(416) 486-7200 SIC 8743

GROUPE CONSEIL RES PUBLICA INC p45
800 6 Ave Sw Suite 1600, CALGARY, AB, T2P 3G3
(403) 531-0331 SIC 8743

GROUPE CONSEIL RES PUBLICA INC p323
505 Burrard St Suite 620, VANCOUVER, BC, V7X 1M4
(604) 684-6655 SIC 8743

HIGH ROAD COMMUNICATIONS CORP p791
45 O'connor St Suite 1200, OTTAWA, ON, K1P 1A4
(613) 236-0909 SIC 8743

HIGH ROAD COMMUNICATIONS CORP p797
11 Holland Ave Suite 715, OTTAWA, ON, K1Y 4S1
(613) 236-0909 SIC 8743

HIGH ROAD COMMUNICATIONS CORP p929
360 Adelaide St W Suite 400, TORONTO, ON, M5V 1R7
(416) 368-8348 SIC 8743

HILL AND KNOWLTON LTEE p1157
580 Grande Allee E Bureau 240, Quebec, QC, G1R 2K2
(418) 523-3352 SIC 8743

IMPACT DETAIL INC p990
7887 Rue Grenache Bureau 201, ANJOU, QC, H1J 1C4
(514) 767-1555 SIC 8743

IMPORT TOOL CORPORATION LTD p45
910 7 Ave Sw Suite 440, CALGARY, AB, T2P 3N8
(403) 261-3032 SIC 8743

J.W. RESEARCH LTD p187
3823 Henning Dr Suite 104, BURNABY, BC, V5C 6P3
(604) 291-1877 SIC 8743

LABATT BREWING COMPANY LIMITED p304
1148 Homer St Suite 406, VANCOUVER, BC, V6B 2X6
(604) 642-6722 SIC 8743

LAC LA RONGE INDIAN BAND p1264
54 Far Reserve Rd, AIR RONGE, SK, S0J 3G0
(306) 425-2884 SIC 8743

LIVE NATION CANADA, INC p297
56 2nd Ave E Suite 500, VANCOUVER, BC, V5T 1B1
(604) 683-4233 SIC 8743

MANITOBA PUBLIC INSURANCE CORPORATION, THE p378
234 Donald St Suite 912, WINNIPEG, MB, R3C 4A4
(204) 985-7000 SIC 8743

MAPLE LEAF FOODS INC p709
2233 Argentia Rd Suite 300, MISSISSAUGA, ON, L5N 2X7
(905) 819-0322 SIC 8743

MARKETING STORE WORLDWIDE (CANADA) L.P., THE p936
1209 King St W, TORONTO, ON, M6K 1G2
(416) 583-3931 SIC 8743

NATIONAL PUBLIC RELATIONS (CANADA) INC p47
800 6 Ave Sw Suite 1600, CALGARY, AB, T2P 3G3
(403) 531-0331 SIC 8743

NEWS MARKETING CANADA CORP p932
100 King St W Suite 7000, TORONTO, ON, M5X 1A4
(416) 775-3000 SIC 8743

OFFICE DES CONGRES ET DU TOURISME DU GRAND MONTREAL INC, L' p1112
800 Boul Rene-Levesque O Bureau 2450, Montreal, QC, H3B 1X9
(514) 844-5400 SIC 8743

OMNICOM CANADA CORP p902
2 Bloor St W Suite 2202, TORONTO, ON, M4W 3E2
(416) 423-6605 SIC 8743

OMNICOM CANADA CORP p902

▲ Public Company   ■ Public Company Family Member   HQ Headquarters   BR Branch   SL Single Location

33 Bloor St E Suite 1607, TORONTO, ON, M4W 3H1
(416) 544-4912   SIC 8743
PUBLICATIONS GROUPE R.R. INTERNATIONAL INC, LES   p1094
2322 Rue Sherbrooke E, Montreal, QC, H2K 1E5
(514) 521-8148   SIC 8743
RESOLVE CORPORATION   p893
210 Wicksteed Ave, TORONTO, ON, M4G 2C3
SIC 8743
VILLE DE SALABERRY DE VALLEYFIELD   p1232
275 Rue Hebert, SALABERRY-DE-VALLEYFIELD, QC, J6S 5Y9
(450) 370-4820   SIC 8743
WEBER SHANDWICK WORLDWIDE (CANADA) INC   p905
351 King St E Suite 800, TORONTO, ON, M5A 0L6
(416) 964-6444   SIC 8743

SIC 8748 Business consulting, nec

1010360 ONTARIO INC   p973
200 Hanlan Rd, WOODBRIDGE, ON, L4L 3P6
(905) 856-1162   SIC 8748
2010282 ONTARIO INC   p693
5749 Coopers Ave, MISSISSAUGA, ON, L4Z 1R9
SIC 8748
2207544 ONTARIO INC   p721
1250 Eglinton Ave W Suite 138, MISSISSAUGA, ON, L5V 1N3
(905) 795-7781   SIC 8748
ACCELERATED CONNECTIONS INC   p927
155 Wellington St W Suite 3740, TORONTO, ON, M5V 3H1
(416) 637-3432   SIC 8748
AECOM CANADA LTD   p189
6400 Roberts St Suite 490, BURNABY, BC, V5G 4C9
(604) 299-4144   SIC 8748
AJM PETROLEUM CONSULTANTS, A PARTNERSHIP OF CORPORATIONS   p39
425 1 St Sw Suite 600, CALGARY, AB, T2P 3L8
(403) 648-3200   SIC 8748
AMA NSG INC   p706
6699 Campobello Rd, MISSISSAUGA, ON, L5N 2L7
(905) 826-3922   SIC 8748
AMEC FOSTER WHEELER AMERICAS LIMITED   p648
131 Fielding Rd, LIVELY, ON, P3Y 1L7
(705) 682-2632   SIC 8748
AMEC FOSTER WHEELER AMERICAS LIMITED   p669
3190 Steeles Ave E Suite 305, MARKHAM, ON, L3R 1G9
(905) 415-2632   SIC 8748
AMEC FOSTER WHEELER AMERICAS LIMITED   p726
210 Colonnade Rd Unit 300, NEPEAN, ON, K2E 7L5
(613) 727-0658   SIC 8748
AMEC FOSTER WHEELER AMERICAS LIMITED   p1025
1425 Rte Transcanadienne Bureau 400, DORVAL, QC, H9P 2W9
(514) 684-5555   SIC 8748
AND 07 CONSULTING   p606
674 Queenston Rd, HAMILTON, ON, L8G 1A3
(905) 561-8960   SIC 8748
ANDRITZ AUTOMATION LTD   p258
556 North Nechako Rd Suite 205, PRINCE GEORGE, BC, V2K 1A1
(250) 564-3381   SIC 8748
ANKOR ENGINEERING SYSTEMS LTD p762
32 Penn Dr, NORTH YORK, ON, M9L 2A9

(416) 740-5671   SIC 8748
AQUA TERRE SOLUTIONS INC   p40
736 8 Ave Sw Suite 800, CALGARY, AB, T2P 1H4
(403) 266-2555   SIC 8748
AQUACULTURE DEVELOPMENT BRANCH   p330
3rd Fl, VICTORIA, BC, V8W 2Z7
(250) 356-2238   SIC 8748
ARCADIS CANADA INC   p303
1080 Mainland St Unit 308, VANCOUVER, BC, V6B 2T4
(604) 632-9941   SIC 8748
ARCADIS CANADA INC   p820
121 Granton Dr Unit 12, RICHMOND HILL, ON, L4B 3N4
(905) 764-9380   SIC 8748
ASSANTE FINANCIAL MANAGEMENT LTD p741
101 Mcintyre St W, NORTH BAY, ON, P1B 2Y5
(705) 476-5422   SIC 8748
ASSOCIATED ENVIRONMENTAL CONSULTANTS INC   p325
2800 29 St Suite 200, VERNON, BC, V1T 9P9
(250) 545-3672   SIC 8748
BDO CANADA LLP   p921
66 Wellington St W Suite 3600, TORONTO, ON, M5K 1H1
(416) 865-0200   SIC 8748
BIOREX INC   p1033
198 Boul De Gaspe Bureau 102, Gaspe, QC, G4X 1B1
(418) 368-5597   SIC 8748
BLUMETRIC ENVIRONMENTAL INC   p630
4 Cataraqui St, KINGSTON, ON, K7K 1Z7
(613) 531-2725   SIC 8748
BROADRIDGE INVESTOR COMMUNICATIONS CORPORATION   p713
5970 Chedworth Way, MISSISSAUGA, ON, L5R 4G5
(905) 507-5100   SIC 8748
CABOT CALL CENTRE   p433
66 Kenmount Rd Suite 203, ST. JOHN'S, NL, A1B 3V7
SIC 8748
CANADIAN DEVELOPMENT CONSULTANTS INTERNATIONAL INC   p790
246 Queen St Suite 300, OTTAWA, ON, K1P 5E4
(613) 234-1849   SIC 8748
CANADIAN SAFETY INSPECTIONS INC p57
3506 118 Ave Se Suite 106, CALGARY, AB, T2Z 3X1
(780) 826-7642   SIC 8748
CBRE LIMITED   p913
145 King St W Suite 1100, TORONTO, ON, M5H 1J8
(416) 362-2244   SIC 8748
CHECKWELL SOLUTIONS CORPORATION p289
19433 96 Ave Suite 200, SURREY, BC, V4N 4C4
(604) 506-4663   SIC 8748
COMMISSION SCOLAIRE DES BOIS-FRANCS   p1138
1650 Av Vallee, PLESSISVILLE, QC, G6L 2W5
(819) 362-7348   SIC 8748
COMPAGNIE DE TELEPHONE BELL DU CANADA OU BELL CANADA, LA   p570
20 Hunter St, DUNDAS, ON, L9H 1E6
(905) 577-6247   SIC 8748
CONNECTIONS CORPORATION   p688
2680 Matheson Blvd E Suite 102, MISSISSAUGA, ON, L4W 0A5
(416) 858-7833   SIC 8748
CONVERGINT TECHNOLOGIES LTD   p104
10017 56 Ave Nw, EDMONTON, AB, T6E 5L7
(780) 452-9800   SIC 8748
DAYTON & KNIGHT LTD   p249
889 Harbourside Dr Suite 210, NORTH VAN-

COUVER, BC, V7P 3S1
SIC 8748
DENISON MINES INC   p572
8 Kilborn Way, ELLIOT LAKE, ON, P5A 2T1
(705) 848-9191   SIC 8748
DILLON CONSULTING LIMITED   p28
334 11 Ave Se Suite 200, CALGARY, AB, T2G 0Y2
(403) 215-8880   SIC 8748
DST CONSULTING ENGINEERS INC   p784
2150 Thurston Dr Unit 203, OTTAWA, ON, K1G 5T9
(613) 748-1415   SIC 8748
DUCKS UNLIMITED CANADA   p91
10720 178 St Nw Suite 200, EDMONTON, AB, T5S 1J3
(780) 489-2203   SIC 8748
ECOPLANS LIMITED   p640
72 Victoria St S Suite 100, KITCHENER, ON, N2G 4Y9
SIC 8748
ECOPLANS LIMITED   p703
2655 North Sheridan Way Suite 280, MISSISSAUGA, ON, L5K 2P8
(905) 823-4988   SIC 8748
EMBANET ULC   p743
105 Gordon Baker Rd Suite 300, NORTH YORK, ON, M2H 3P8
(416) 494-6622   SIC 8748
ENERGY EFFICIENCY AND CONSERVATION AGENCY OF NEW BRUNSWICK p417
35 Charlotte St Suite 101, SAINT JOHN, NB, E2L 2H3
(506) 643-7826   SIC 8748
ENGLOBE CORP   p1221
318 Ch De La Grande-Ligne, SAINT-ROSAIRE, QC, G6T 0G1
(418) 653-4422   SIC 8748
ENGLOBE CORP   p1244
1140 Rue Levis, TERREBONNE, QC, J6W 5S6
(450) 961-3535   SIC 8748
ENVIRONMENT RESOURCES MANAGEMENT ASSOCIATION   p427
Gd, GRAND FALLS-WINDSOR, NL, A2A 2P7
(709) 489-7350   SIC 8748
ENVIRONNEMENT (MINIST RE DE L') p1155
2700 Rue Einstein, Quebec, QC, G1P 3W8
(418) 643-8225   SIC 8748
FTI CONSULTING CANADA INC   p922
79 Wellington St W Suite 2010, TORONTO, ON, M5K 1G8
(416) 649-8041   SIC 8748
GITXSAN SAFETY SERVICES INC   p217
1650 Omineca St, HAZELTON, BC, V0J 1Y0
(250) 842-6780   SIC 8748
GLOBAL UNIFIED SOLUTION SERVICES INC   p709
6535 Millcreek Dr Unit 58, MISSISSAUGA, ON, L5N 2M2
(905) 363-3600   SIC 8748
GOLDER ASSOCIATES LTD   p13
2535 3 Ave Se Suite 102, CALGARY, AB, T2A 7W5
(403) 299-5600   SIC 8748
GOLDER ASSOCIATES LTD   p214
10628 Peck Lane, FORT ST. JOHN, BC, V1J 4M7
(250) 785-9281   SIC 8748
GOLDER ASSOCIATES LTD   p225
1755 Springfield Rd Suite 220, KELOWNA, BC, V1Y 5V5
(250) 860-8424   SIC 8748
GOLDER ASSOCIATES LTD   p439
4905 48 St Suite 9, YELLOWKNIFE, NT, X1A 3S3
(867) 873-6319   SIC 8748
GOLDER ASSOCIATES LTD   p1124
9200 Boul De L'acadie Bureau 10, Montreal, QC, H4N 2T2
(514) 383-0990   SIC 8748
GOLDER ASSOCIATES LTD   p1234
22b Rue Lemaire, Sept-Iles, QC, G4S 1S3

(418) 968-6111   SIC 8748
GOUVERNEMENT DE LA PROVINCE DE QUEBEC   p1066
1400 Boul Guillaume-Couture Unite Rc, Levis, QC, G6W 8K7
(418) 838-5615   SIC 8748
GOUVERNEMENT DE LA PROVINCE DE QUEBEC   p1119
35 Rue De Port-Royal E, Montreal, QC, H3L 3T1
(514) 873-1923   SIC 8748
GOUVERNEMENT DE LA PROVINCE DE QUEBEC   p1155
2700 Rue Einstein Bureau E-2-220, Quebec, QC, G1P 3W8
(418) 643-1301   SIC 8748
GOUVERNEMENT DE LA PROVINCE DE QUEBEC   p1157
800 Place D'youville Bureau 18 1, Quebec, QC, G1R 3P4
(418) 643-9938   SIC 8748
GOUVERNEMENT DE LA PROVINCE DE QUEBEC   p1173
335 Rue Moreault, RIMOUSKI, QC, G5L 9C8
SIC 8748
GOUVERNEMENT DE LA PROVINCE DE QUEBEC   p1189
11500 1re Av Bureau 110, SAINT-GEORGES, QC, G5Y 2C3
(418) 226-3110   SIC 8748
GOVERNMENT OF ONTARIO   p877
34 Cumberland St N Suite 816, THUNDER BAY, ON, P7A 4L3
(807) 625-3972   SIC 8748
GOVERNMENT OF THE PROVINCE OF ALBERTA   p80
10020 101a Ave Nw Suite 600, EDMONTON, AB, T5J 3G2
(780) 427-4498   SIC 8748
GPCO INC   p1255
1471 Boul Lionel-Boulet Bureau 26, VARENNES, QC, J3X 1P7
SIC 8748
GRANT PRODUCTION TESTING SERVICES LTD   p155
6750 Golden West Ave, RED DEER, AB, T4P 1A8
(403) 314-0042   SIC 8748
GROUPE AST (1993) INC   p1161
2700 Boul Laurier Unite 1210, Quebec, QC, G1V 2L8
(418) 650-4490   SIC 8748
GROUPE D'ANALYSE LTEE   p1111
1000 Rue De La Gauchetiere O Bureau 1200, Montreal, QC, H3B 4W5
(514) 394-4460   SIC 8748
GROUPE IBI/DAA INC   p1157
580 Grande Allee E Bureau 590, Quebec, QC, G1R 2K2
(418) 522-0300   SIC 8748
GROUPEX INC   p901
3 Rowanwood Ave, TORONTO, ON, M4W 1Y5
(416) 968-0000   SIC 8748
GSI ENVIRONNEMENT INC   p1155
4495 Boul Wilfrid-Hamel Bureau 100, Quebec, QC, G1P 2J7
(418) 872-4227   SIC 8748
HEMMERA ENVIROCHEM INC   p191
4730 Kingsway 18 Fl, BURNABY, BC, V5H 0C6
(604) 669-0424   SIC 8748
HEWITT ASSOCIATES CORP   p748
2 Sheppard Ave E Suite 1500, NORTH YORK, ON, M2N 7A4
(416) 225-5001   SIC 8748
ICOM PRODUCTIONS INC   p45
140 8 Ave Sw Suite 400, CALGARY, AB, T2P 1B3
(403) 539-9276   SIC 8748
IGM FINANCIAL INC   p1285
2365 Albert St Suite 100, REGINA, SK, S4P 4K1

BUSINESSES BY INDUSTRY CLASSIFICATION
SIC 8748 Business consulting, nec 2581

(306) 757-3511 *SIC* 8748
ILLUMITI INC p873
123 Commerce Valley Dr E Suite 500, THORNHILL, ON, L3T 7W8
(905) 737-1066 *SIC* 8748
INTERBRAND CANADA INC p901
33 Bloor St E Suite 1400, TORONTO, ON, M4W 3H1
(416) 366-7100 *SIC* 8748
INVESTISSEMENT QUEBEC p1102
413 Rue Saint-Jacques Bureau 500, Montreal, QC, H2Y 1N9
(514) 873-4375 *SIC* 8748
IT/NET-OTTAWA INC p802
150 Elgin St Suite 1800, OTTAWA, ON, K2P 2P8
(613) 234-8638 *SIC* 8748
JENSEN HUGHES CONSULTING CANADA LTD p942
2150 Islington Ave Suite 100, TORONTO, ON, M9P 3V4
(647) 559-1251 *SIC* 8748
JNE CONSULTING LTD p538
3370 South Service Rd Suite 107, BURLINGTON, ON, L7N 3M6
SIC 8748
KAMLOOPS, THE CORPORATION OF THE CITY OF p220
105 Seymour St, KAMLOOPS, BC, V2C 2C6
(250) 828-3311 *SIC* 8748
KLB GROUP CANADA INC p1123
1001 Rue Lenoir Suite A417-B, Montreal, QC, H4C 2Z6
(438) 387-4404 *SIC* 8748
LA FINANCIERE AGRICOLE DU QUEBEC p1031
380 Boul Saint-Joseph O, DRUMMONDVILLE, QC, J2E 1C6
SIC 8748
LGL LIMITED p277
9768 Second St, SIDNEY, BC, V8L 3Y8
(250) 656-0127 *SIC* 8748
LIFTOW LIMITED p452
110 Wright Ave, DARTMOUTH, NS, B3B 1R6
(902) 469-6721 *SIC* 8748
MACHINES A PAPIER ANDRITZ LIMITEE p1057
2260 32e Av, LACHINE, QC, H8T 3H4
(514) 631-7700 *SIC* 8748
MANNATECH INDEPENDENT ASSOCIATE p1281
832 Mann Ave, RADVILLE, SK, S0C 2G0
(306) 869-3237 *SIC* 8748
MARBEK RESOURCE CONSULTANTS LTD p802
222 Somerset St W Suite 300, OTTAWA, ON, K2P 2G3
(613) 523-0784 *SIC* 8748
MARSH CANADA LIMITED p375
1 Lombard Pl Suite 1420, WINNIPEG, MB, R3B 0X3
(204) 982-6526 *SIC* 8748
MARTEC LIMITED p459
1888 Brunswick St Suite 400, HALIFAX, NS, B3J 3J8
(902) 425-5101 *SIC* 8748
MATRIX SOLUTIONS INC p51
214 11 Ave Sw Suite 600, CALGARY, AB, T2R 0K1
(403) 237-0606 *SIC* 8748
MATRIX SOLUTIONS INC p109
6325 Gateway Blvd Nw Suite 142, EDMONTON, AB, T6H 5H6
(780) 490-6830 *SIC* 8748
MAXXAM ANALYTICS INTERNATIONAL CORPORATION p1212
889 Montee De Liesse, SAINT-LAURENT, QC, H4T 1P5
(514) 448-9001 *SIC* 8748
MCELHANNEY CONSULTING SERVICES LTD p87
13455 114 Ave Suite 201, EDMONTON, AB, T5M 4C4

(780) 451-3420 *SIC* 8748
MCELHANNEY CONSULTING SERVICES LTD p283
13450 102 Ave Suite 2300, SURREY, BC, V3T 5X3
(604) 596-0391 *SIC* 8748
MET INC p101
5715 76 Ave Nw, EDMONTON, AB, T6B 0A7
(780) 485-8500 *SIC* 8748
MILLENNIUM RESEARCH GROUP INC p902
175 Bloor St E Suite 701, TORONTO, ON, M4W 3R8
(416) 364-7776 *SIC* 8748
MILLS, BRYAN IRODESSO CORP p46
140 4 Ave Sw Suite 2240, CALGARY, AB, T2P 3N3
(403) 503-0144 *SIC* 8748
MILLS, BRYAN IRODESSO CORP p753
1129 Leslie St, NORTH YORK, ON, M3C 2K5
(416) 447-4740 *SIC* 8748
MKTG CANADA CORP p897
1 Eglinton Ave E Suite 800, TORONTO, ON, M4P 3A1
(416) 250-0321 *SIC* 8748
NATIONAL INCOME PROTECTION PLAN INC p690
2595 Skymark Ave Unit 206, MISSISSAUGA, ON, L4W 4L5
(905) 219-0096 *SIC* 8748
NORWEST CORPORATION p29
411 1 St Se Suite 2700, CALGARY, AB, T2G 4Y5
(403) 237-7763 *SIC* 8748
OPTUMINSIGHT (CANADA) INC p1207
3333 Boul De La Cote-Vertu Bureau 200, SAINT-LAURENT, QC, H4R 2N1
(514) 940-0313 *SIC* 8748
OTTAWA SAFETY COUNCIL p729
2068 Robertson Rd Unit 105, NEPEAN, ON, K2H 5Y8
(613) 238-1513 *SIC* 8748
OUEST BUSINESS SOLUTIONS INC p305
311 Water St Suite 300, VANCOUVER, BC, V6B 1B8
(604) 731-9886 *SIC* 8748
PANGAEA SYSTEMS INC p312
1066 Hastings St W Unit 2300, VANCOUVER, BC, V6E 3X1
(604) 692-4700 *SIC* 8748
PARSONS CANADA LTD p229
19890 92a Ave, LANGLEY, BC, V1M 3A9
(604) 513-1000 *SIC* 8748
PARSONS CANADA LTD p704
3715 Laird Dr Suite 100, MISSISSAUGA, ON, L5L 0A3
(905) 820-1210 *SIC* 8748
PEMBINA INSTITUTE FOR APPROPRIATE DEVELOPMENT p48
608 7 St Sw Suite 200, CALGARY, AB, T2P 1Z2
SIC 8748
PEOPLELOGIC CORP p744
250 Tempo Ave, NORTH YORK, ON, M2H 2N8
SIC 8748
PINCHIN LTD p366
54 Terracon Pl, WINNIPEG, MB, R2J 4G7
(204) 452-0983 *SIC* 8748
PINCHIN LTD p710
2470 Milltower Crt Suite 363, MISSISSAUGA, ON, L5N 7W5
(905) 363-0678 *SIC* 8748
PINCHIN WEST LTD p57
11505 35 St Se Suite 111, CALGARY, AB, T2Z 4B1
(403) 250-5722 *SIC* 8748
PINCHIN WEST LTD p83
9707 110 St Nw Suite 200, EDMONTON, AB, T5K 2L9
(780) 425-6600 *SIC* 8748
PIONEER ENVIRO GROUP LTD p163
2055 Premier Way Suite 121, SHERWOOD PARK, AB, T8H 0G2

(780) 464-2184 *SIC* 8748
PRECISION COMMUNICATION SERVICES CORP p762
99 Signet Dr Unit 200, NORTH YORK, ON, M9L 1T6
(416) 749-0110 *SIC* 8748
PRINCETON REVIEW CANADA INC, THE p924
1255 Bay St Suite 550, TORONTO, ON, M5R 2A9
(416) 944-8001 *SIC* 8748
PROTECT AIR CO p674
2751 John St, MARKHAM, ON, L3R 2Y8
(905) 944-8877 *SIC* 8748
PUC ENERGIES INC p831
765 Queen St E, SAULT STE. MARIE, ON, P6A 2A8
(705) 759-6500 *SIC* 8748
RADIOLOGY CONSULTANTS ASSOCIATED p2
110 Mayfair Close Se, AIRDRIE, AB, T4A 1T6
(403) 777-3040 *SIC* 8748
RB2 ENERGY SERVICES INC p65
9550 114 Ave Se Suite 20, CALGARY, AB, T3S 0A5
(403) 203-2344 *SIC* 8748
RESOLVE CORPORATION p695
2 Robert Speck Pky Suite 1600, MISSISSAUGA, ON, L4Z 1H8
(905) 306-6200 *SIC* 8748
SAFEMAP INTERNATIONAL INC p309
666 Burrard St Suite 500, VANCOUVER, BC, V6C 3P6
(604) 642-6110 *SIC* 8748
SANMINA-SCI SYSTEMS (CANADA) INC p25
424 Aviation Rd Ne, CALGARY, AB, T2E 8H6
(403) 295-5100 *SIC* 8748
SCHOOL DISTRICT NO. 60 (PEACE RIVER NORTH) p215
10112 105 Ave, FORT ST. JOHN, BC, V1J 4S4
(250) 262-6000 *SIC* 8748
SGS CANADA INC p757
1140 Sheppard Ave W Suite 6, NORTH YORK, ON, M3K 2A2
(416) 633-9400 *SIC* 8748
SIDEL ETK INC p1131
1045 Chomedey A-13 E, Montreal, QC, H7W 4V3
(450) 973-3337 *SIC* 8748
SLR CONSULTING (CANADA) LTD p316
1620 8th Ave W Suite 200, VANCOUVER, BC, V6J 1V4
(604) 738-2500 *SIC* 8748
SNC-LAVALIN INC p727
20 Colonnade Rd Suite 110, NEPEAN, ON, K2E 7M6
(416) 635-5882 *SIC* 8748
SNC-LAVALIN INC p1069
2271 Boul Fernand-Lafontaine, LONGUEUIL, QC, J4G 2R7
(514) 393-1000 *SIC* 8748
SOLUTIONS BOURASSA BOYER INC p1257
3323 Boul De La Gare, VAUDREUIL-DORION, QC, J7V 8W5
(450) 424-7000 *SIC* 8748
STANTEC CONSULTING LTD p191
4730 Kingsway Suite 500, BURNABY, BC, V5H 0C6
(604) 436-3014 *SIC* 8748
STARTEK CANADA SERVICES LTD p630
100 Innovation Dr, KINGSTON, ON, K7K 7E7
(613) 531-6350 *SIC* 8748
STRATEGIC COMMUNICATIONS INC p317
1770 7th Ave W Suite 305, VANCOUVER, BC, V6J 4Y6
(604) 681-3030 *SIC* 8748
TECTURA (CANADA), INC p538
3410 South Service Rd Suite 200, BURLINGTON, ON, L7N 3T2

(905) 681-2100 *SIC* 8748
TEEMA SOLUTIONS GROUP INC p309
666 Burrard St Suite 500, VANCOUVER, BC, V6C 3P6
(604) 639-3118 *SIC* 8748
TERA ENVIRONMENTAL CONSULTANTS LTD p50
815 8 Ave Sw Suite 1100, CALGARY, AB, T2P 3P2
(403) 265-2885 *SIC* 8748
TERRAPROBE LIMITED p499
220 Bayview Dr Unit 25, BARRIE, ON, L4N 4Y8
(705) 739-8355 *SIC* 8748
TERVITA CORPORATION p6
302 3rd Ave W, BEAVERLODGE, AB, T0H 0C0
(780) 354-3279 *SIC* 8748
TERVITA CORPORATION p29
140 10 Ave Se Suite 1600, CALGARY, AB, T2G 0R1
(403) 233-7565 *SIC* 8748
TERVITA CORPORATION p122
8130 Fraser Ave, FORT MCMURRAY, AB, T9H 1W6
(780) 714-3372 *SIC* 8748
TERVITA CORPORATION p156
8149 Edgar Industrial Close, RED DEER, AB, T4P 3R4
(403) 346-4550 *SIC* 8748
TERVITA CORPORATION p169
946 Boulder Blvd, STONY PLAIN, AB, T7Z 0E6
(780) 963-1484 *SIC* 8748
TERVITA CORPORATION p384
1199 St James St Suite 1, WINNIPEG, MB, R3H 0K8
(204) 832-4561 *SIC* 8748
TERVITA CORPORATION p535
5045 North Service Rd 2nd Fl, BURLINGTON, ON, L7L 5H6
SIC 8748
TORONTO HYDRO ENERGY SERVICES INC p587
10 Belfield Rd, ETOBICOKE, ON, M9W 1G1
SIC 8748
TOTAL SAFETY SERVICES INC p247
1336 Main St, NORTH VANCOUVER, BC, V7J 1C3
SIC 8748
TYCO INTEGRATED FIRE & SECURITY CANADA, INC p34
401 Forge Rd Se, CALGARY, AB, T2H 0S9
SIC 8748
UNIVERSITY OF NEW BRUNSWICK p401
6 Duffie Dr, FREDERICTON, NB, E3B 5A3
(506) 453-4830 *SIC* 8748
UNIVERSITY OF WESTERN ONTARIO, THE p657
1151 Richmond St Suite 3140, LONDON, ON, N6A 3K7
(519) 661-3208 *SIC* 8748
URBAN ENVIRONMENT CENTRE (TORONTO), THE p579
74 Six Point Rd, ETOBICOKE, ON, M8Z 2X2
(416) 203-3106 *SIC* 8748
VALCOM CONSULTING GROUP INC p411
281 Restigouche Rd Suite 204, OROMOCTO, NB, E2V 2H2
(506) 357-5835 *SIC* 8748
VEOLIA ES CANADA SERVICES INDUSTRIELS INC p539
2250 Industrial St, BURLINGTON, ON, L7P 1A1
SIC 8748
VFA CANADA CORPORATION p192
4211 Kingsway Suite 400, BURNABY, BC, V5H 1Z6
(604) 685-3757 *SIC* 8748
WATER MATRIX INC p976
555 Hanlan Rd Suite 1, WOODBRIDGE, ON, L4L 4R8
(905) 850-8080 *SIC* 8748
WELLWOOD COLONY OF HUTTERIAN

▲ Public Company ■ Public Company Family Member HQ Headquarters BR Branch SL Single Location

BRETHREN TRUST p352
23517 Wellwood Rd, NINETTE, MB, R0K 1R0
(204) 776-2130 SIC 8748
WESTERN INVENTORY SERVICE LTD p782
199 Wentworth St W Suite 4, OSHAWA, ON, L1J 6P4
(905) 571-6436 SIC 8748
WSP CANADA INC p128
10070 117 Ave, GRANDE PRAIRIE, AB, T8V 7S4
(780) 538-2667 SIC 8748
WSP CANADA INC p1178
152 Av Murdoch, ROUYN-NORANDA, QC, J9X 1E2
(819) 797-3222 SIC 8748

SIC 8999 Services, nec

AMEC NCL LIMITED p910
700 University Ave Suite 200, TORONTO, ON, M5G 1X6
(416) 592-2102 SIC 8999
ANDRE FILION & ASSOCIES INC p1104
1801 Av Mcgill College Bureau 910, Montreal, QC, H3A 2N4
(514) 844-9160 SIC 8999
AON CONSULTING INC p303
401 West Georgia, VANCOUVER, BC, V6B 5A1
(604) 683-7311 SIC 8999
AON CONSULTING INC p917
145 Wellington St W Suite 300, TORONTO, ON, M5J 1H8
(416) 542-5500 SIC 8999
AON CONSULTING INC p1109
700 Rue De La Gauchetiere O Bureau 1900, Montreal, QC, H3B 0A7
(514) 845-6231 SIC 8999
AON CONSULTING INC p1159
2600 Boul Laurier Bureau 750, Quebec, QC, G1V 4W2
(418) 650-1119 SIC 8999
AON CONSULTING INC p1294
105 21st St E 8th Fl, SASKATOON, SK, S7K 0B3
(306) 975-8855 SIC 8999
AQUENT INC p924
77 Bloor St W Suite 1405, TORONTO, ON, M5S 1M2
(416) 323-0600 SIC 8999
ATLANTIC NUCLEAR SERVICES INC p399
125 Hanwell Rd, FREDERICTON, NB, E3B 2P9
(506) 458-9552 SIC 8999
BOYD EXPLORATION CONSULTANTS LTD p41
800 6 Ave Sw Suite 1200, Calgary, AB, T2P 3G3
(403) 233-2455 SIC 8999
C L CONSULTANTS LIMITED p22
3601 21 St Ne Suite A, CALGARY, AB, T2E 6T5
(403) 250-3982 SIC 8999
DION, DURRELL & ASSOCIATES INC p906
250 Yonge St Suite 2, TORONTO, ON, M5B 2L7
(416) 408-2626 SIC 8999
DUCKS UNLIMITED CANADA p261
7813 Renison Pl, PRINCE GEORGE, BC, V2N 3J2
(250) 964-3825 SIC 8999
DUCKS UNLIMITED CANADA p358
1 Mallard Bay, STONEWALL, MB, R0C 2Z0
(204) 467-3265 SIC 8999
DUCKS UNLIMITED CANADA p1166
710 Rue Bouvier Bureau 260, Quebec, QC, G2J 1C2
(418) 623-1650 SIC 8999
DUCKS UNLIMITED CANADA p1287
1030 Winnipeg St, REGINA, SK, S4R 8P8
(306) 569-0424 SIC 8999
DYNAMIC RESCUE SYSTEMS INC p202
63a Clipper St, COQUITLAM, BC, V3K 6X2
(604) 522-0228 SIC 8999
GOUVERNEMENT DE LA PROVINCE DE QUEBEC p1033
163 Ch De La Chute, FORT-COULONGE, QC, J0X 1V0
(819) 683-2626 SIC 8999
GOUVERNEMENT DE LA PROVINCE DE QUEBEC p1159
880 Ch Sainte-Foy Bureau 1 20b, Quebec, QC, G1S 2L2
(418) 627-6278 SIC 8999
GOUVERNEMENT DE LA PROVINCE DE QUEBEC p1260
75a Rue Des Oblats N, VILLE-MARIE, QC, J9V 1J2
(819) 629-6407 SIC 8999
GOVERNMENT OF THE PROVINCE OF ALBERTA p80
10155 102 St Nw Suite 1109, EDMONTON, AB, T5J 4L4
(780) 427-8392 SIC 8999
GOVERNMENT OF THE PROVINCE OF ALBERTA p133
9540 94 Ave, LAC LA BICHE, AB, T0A 2C0
(780) 623-5266 SIC 8999
HEWITT ASSOCIATES CORP p45
202 6 Ave Sw Suite 1700, CALGARY, AB, T2P 2R9
SIC 8999
HRDOWNLOADS INC p655
195 Dufferin Ave Suite 500, LONDON, ON, N6A 1K7
(519) 438-9763 SIC 8999
KINECTRICS NORTH AMERICA INC p578
800 Kipling Ave Unit 2, ETOBICOKE, ON, M8Z 5G5
(416) 207-6000 SIC 8999
MERCER (CANADA) LIMITED p46
222 3 Ave Sw Suite 1200, CALGARY, AB, T2P 0B4
(403) 269-4945 SIC 8999
MERCER (CANADA) LIMITED p308
550 Burrard St Suite 900, VANCOUVER, BC, V6C 3S8
(604) 683-6761 SIC 8999
MERCER (CANADA) LIMITED p375
1 Lombard Pl Suite 1410, WINNIPEG, MB, R3B 0X5
(204) 947-0055 SIC 8999
MERCER (CANADA) LIMITED p459
1801 Hollis St Suite 1300, HALIFAX, NS, B3J 3N4
(902) 429-7050 SIC 8999
MERCER (CANADA) LIMITED p1107
1981 Av Mcgill College Bureau 800, Montreal, QC, H3A 3T5
(514) 285-1802 SIC 8999
MORNEAU SHEPELL LTD p32
5940 Macleod Trail Sw Suite 306, CALGARY, AB, T2H 2G4
(403) 355-3700 SIC 8999
MORNEAU SHEPELL LTD p153
4808 50 St Suite 50, RED DEER, AB, T4N 1X5
SIC 8999
MORNEAU SHEPELL LTD p323
505 Burrard St, VANCOUVER, BC, V7X 1M6
(604) 642-5200 SIC 8999
MORNEAU SHEPELL LTD p402
40 Crowther Lane Suite 300, FREDERICTON, NB, E3C 0J1
(506) 458-9081 SIC 8999
MORNEAU SHEPELL LTD p462
7071 Bayers Rd Suite 3007, HALIFAX, NS, B3L 2C2
(902) 429-8013 SIC 8999
MORNEAU SHEPELL LTD p1126
800 Square Victoria Bureau 4000, MONTREAL, QC, H4Z 0A4
(514) 878-9090 SIC 8999
MORNEAU SHEPELL LTD p1157
79 Boul Rene-Levesque E Bureau 100, Quebec, QC, G1R 5N5
(418) 529-4536 SIC 8999
NATURE CONSERVANCY OF CANADA, THE p29
1202 Centre St Se Suite 830, CALGARY, AB, T2G 5A5
(403) 262-1253 SIC 8999
NATURE CONSERVANCY OF CANADA, THE p1099
55 Av Du Mont-Royal O Bureau 1000, Montreal, QC, H2T 2S6
(514) 876-1606 SIC 8999
NAV CANADA p384
4 Hangar Line Rd, WINNIPEG, MB, R3J 3Y7
(204) 983-8407 SIC 8999
PELMOREX COMMUNICATIONS INC p1094
1205 Av Papineau Bureau 251, Montreal, QC, H2K 4R2
(514) 597-0232 SIC 8999
RCM TECHNOLOGIES CANADA CORP p814
895 Brock Rd, PICKERING, ON, L1W 3C1
(905) 837-8333 SIC 8999
SCHOOL DISTRICT NO 36 (SURREY) p287
13018 80 Ave Suite 101, SURREY, BC, V3W 3B2
(604) 590-9422 SIC 8999
SCHOOL DISTRICT NO. 44 (NORTH VANCOUVER) p250
810 21st St W, NORTH VANCOUVER, BC, V7P 2C1
(604) 903-3798 SIC 8999
SNC-LAVALIN NUCLEAR INC p766
2275 Upper Middle Rd E, OAKVILLE, ON, L6H 0C3
(905) 829-8808 SIC 8999
SOCIETE DES ETABLISSEMENTS DE PLEIN AIR DU QUEBEC p1218
112 Rte De La Reserve-De-Rimouski, SAINT-NARCISSE-DE-RIMOUSKI, QC, G0K 1S0
(418) 735-5672 SIC 8999
SONOVISION CANADA INC p792
85 Albert St Suite 400, OTTAWA, ON, K1P 6A4
(613) 234-4849 SIC 8999
SPB PSYCHOLOGIE ORGANISATIONELLE INC p1070
555 Boul Roland-Therrien Bureau 300, LONGUEUIL, QC, J4H 4E7
(450) 646-1022 SIC 8999
TEKNICA OVERSEAS LTD p50
350 7 Ave Sw Suite 2700, CALGARY, AB, T2P 3N9
SIC 8999
TERRAPROBE LIMITED p520
10 Bram Crt, BRAMPTON, ON, L6W 3R6
(905) 796-2650 SIC 8999
TOWERS WATSON CANADA INC p903
175 Bloor St E Suite 1701, TORONTO, ON, M4W 3T6
(416) 960-2700 SIC 8999

2017 Canadian Key Business Directory

Répertoire des principales entreprises Canadiennes 2017

Section III

Central Information Source
Alphabetic Listing

Source d'information centrale—inscriptions dans l'ordre alphabétique

BUSINESSES ALPHABETICALLY   10SHEET SERVICES INC   3001

0

0037264 BC LTD   p 271
11388 No. 5 Rd Suite 110, RICHMOND, BC, V7A 4E7
(604) 279-8484   SIC 7331

011 COMMUNICATIONS   p 690
See OPTIC COMMUNICATIONS CANADA INC

0203114 B.C. LTD   p 265
3031 Viking Way Suite 210, RICHMOND, BC, V6V 1W1
(604) 270-7728   SIC 8711

0319637 B.C. LTD   p 313
8901 Stanley Park Dr, Vancouver, BC, V6G 3E2
(604) 681-7275   SIC 5812

041216 NB LTD   p 396
376 Rue Champlain, DIEPPE, NB, E1A 1P3
(506) 858-5085   SIC 7349

0427802 MANITOBA LTD   p 361
1459 Regent Ave W, WINNIPEG, MB, R2C 3B2
(204) 661-8181   SIC 5511

0429746 B.C. LTD   p 207
1345 Cliveden Ave, DELTA, BC, V3M 6C7
(604) 515-4555   SIC 5142

0429746 B.C. LTD   p 664
2825 Innovation Dr, LONDON, ON, N6M 0B6
(519) 937-7777   SIC 5142

059884 N.B. INC   p 414
1360 Rothesay Rd, SAINT JOHN, NB, E2H 2J1
(506) 633-1200   SIC 5032

0725671 B.C. LTD   p 183
3600 Bainbridge Ave, BURNABY, BC, V5A 4X2
(604) 606-1903   SIC 6712

0735290 MANITOBA LTD   p 363
1919 Henderson Hwy Unit 9, WINNIPEG, MB, R2G 1P4
(204) 334-1162   SIC 5812

0773278 B.C LTD   p 180
20955 Hemlock Valley Rd, AGASSIZ, BC, V0M 1A1
(604) 797-6882   SIC 7011

0781337 B.C. LTD   p 299
380 2nd Ave W Suite 300, VANCOUVER, BC, V5Y 1C8
(604) 699-2328   SIC 4832

0947951 BC LTD.   p 261
7677 Pacific St, PRINCE GEORGE, BC, V2N 5S4
(250) 961-8851   SIC 7218

1

10 ACRE TRUCK STOP   p 502
See HANNAFIN, E.J. ENTERPRISES LIMITED

100 MILE ELEMENTARY SCHOOL   p 176
See SCHOOL DISTRICT NO 27 (CARIBOO-CHILCOTIN)

100 MILE HOUSE ELEMENTARY SCHOOL p 176
See SCHOOL DISTRICT NO 27 (CARIBOO-CHILCOTIN)

100 MILE JUNIOR SECONDARY SCHOOL p 176
See SCHOOL DISTRICT NO 27 (CARIBOO-CHILCOTIN)

100 MILE LUMBER   p 176
See WEST FRASER TIMBER CO. LTD

100.3 THE Q   p 329
See JIM PATTISON BROADCAST GROUP LIMITED PARTNERSHIP

1000 ISLANDS CHARITY CASINO   p 591
See ONTARIO LOTTERY AND GAMING CORPORATION

1003274 ONTARIO LIMITED   p 717
1055 Courtneypark Dr E Suite A, MISSISSAUGA, ON, L5T 1M7
(905) 565-8781   SIC 4212

1003694 ONTARIO INC   p 848
69 Talbot St S, SIMCOE, ON, N3Y 2Z4

(519) 428-1161   SIC 8059

1003694 ONTARIO INC   p 857
1580 King St N, ST JACOBS, ON, N0B 2N0
(519) 664-0756   SIC 8082

1003694 ONTARIO INC   p 953
151 Frobisher Dr Suite B207, WATERLOO, ON, N2V 2C9
(519) 725-4999   SIC 8082

1004839 ONTARIO LIMITED   p 703
3105 Dundas St W Suite 101, MISSISSAUGA, ON, L5L 3R8
(905) 569-7000   SIC 5812

100496 P.E.I. INC   p 982
420 Mount Edward Rd, CHARLOTTETOWN, PE, C1E 2A1
(902) 368-3442   SIC 5032

10052787 CANADA INC   p 1256
48 Boul De La Cite-Des-Jeunes Bureau 100, VAUDREUIL-DORION, QC, J7V 9L5
(450) 218-0505   SIC 5812

1006823 BC LTD   p 1243
165 Rue Du Bord-De-L'eau, TADOUSSAC, QC, G0T 2A0
(418) 235-4421   SIC 7011

1009278 ONTARIO INC   p 669
800 Cochrane Dr, MARKHAM, ON, L3R 8C9
SIC 2752

100979 CANADA INC   p 1120
2550 Ch Bates Bureau 110, Montreal, QC, H3S 1A7
SIC 1542

1009833 ALBERTA LTD   p 9
3363 26 Ave Ne, CALGARY, AB, T1Y 6L4
(403) 543-7711   SIC 5999

1009833 ALBERTA LTD   p 61
40 Crowfoot Terr Nw, CALGARY, AB, T3G 4J8
(403) 543-7969   SIC 5999

1009833 ALBERTA LTD   p 125
10310 108a St, GRANDE PRAIRIE, AB, T8V 7M1
(780) 513-4409   SIC 5999

1009833 ALBERTA LTD   p 156
5250 22 St Suite 100, RED DEER, AB, T4R 2T4
(403) 309-4800   SIC 5999

1009833 ALBERTA LTD   p 254
1097 Nicola Ave Suite 110, PORT COQUITLAM, BC, V3B 8B2
(604) 464-9770   SIC 5999

1009833 ALBERTA LTD   p 1299
300 Confederation Dr Suite 40, SASKATOON, SK, S7L 4R6
(306) 978-6990   SIC 5199

101 STREET APARTMENTS   p 76
See EDMONTON JOHN HOWARD SOCIETY

101011657 SASKATCHEWAN LTD   p 1288
3915 Albert St, REGINA, SK, S4S 3R4
SIC 5812

1010360 ONTARIO INC   p 850
2952 Thompson Rd, SMITHVILLE, ON, L0R 2A0
SIC 1623

1010360 ONTARIO INC   p 973
200 Hanlan Rd, WOODBRIDGE, ON, L4L 3P6
(905) 856-1162   SIC 8748

101055401 SASKATCHEWAN LTD   p 1291
2404 8th St E, SASKATOON, SK, S7H 0V6
(306) 374-3344   SIC 5812

101084058 SASKATCHEWAN LTD   p 1306
2180 Oman Dr, SWIFT CURRENT, SK, S9H 3X4
(306) 773-0644   SIC 3523

101087365 SASKATCHEWAN LTD   p 1281
1465 Mcdonald St Suite A, REGINA, SK, S4N 2Y2
(306) 522-3350   SIC 8322

1011191 ONTARIO INC   p 946
3140 Old Hwy 69 N Suite 28, VAL CARON, ON, P3N 1G3
(705) 897-4958   SIC 5411

1021416 ALBERTA LTD   p 2

216 Edmonton Trail Ne, AIRDRIE, AB, T4B 1R9
(403) 948-9335   SIC 5812

1022239 ONTARIO INC   p 833
633 Wallace Terr, SAULT STE. MARIE, ON, P6C 6A2
(705) 945-7500   SIC 4121

1022804 ONTARIO INC   p 686
1335 Shawson Dr, MISSISSAUGA, ON, L4W 5J6
(905) 564-0241   SIC 4212

1023248 ONTARIO INC   p 813
870 Mckay Rd, PICKERING, ON, L1W 2Y4
(905) 426-8989   SIC 7389

1024399 ONTARIO INC   p 860
3 Iber Rd Unit 2, STITTSVILLE, ON, K2S 1E6
(613) 836-4488   SIC 5719

1024591 ONTARIO INC   p 645
56 Rue Longueil, L'ORIGNAL, ON, K0B 1K0
(613) 675-4614   SIC 6712

1034881 ONTARIO INC   p 836
629 Markham Rd, SCARBOROUGH, ON, M1H 2A4
(416) 439-3333   SIC 5411

1036028 ONTARIO LIMITED   p 817
Gd Lcd Main, PORT HOPE, ON, L1A 3V4
SIC 5812

1036028 ONTARIO LIMITED   p 943
Highway 401, TRENTON, ON, K8V 6B4
(613) 392-4603   SIC 5812

1036274 ONTARIO INC   p 564
1901 Mcconnell Ave Ss 42, CORNWALL, ON, K6H 0B9
(613) 933-8363   SIC 5812

1039658 ONTARIO INC   p 793
1123 Bank St, OTTAWA, ON, K1S 3X4
SIC 5731

1046114 ONTARIO INC   p 684
6350 Viscount Rd, MISSISSAUGA, ON, L4V 1H3
(905) 672-0007   SIC 5085

1046201 ONTARIO LIMITED   p 826
1577 County Road 34, RUTHVEN, ON, N0P 2G0
(519) 322-2328   SIC 4213

10464 NEWFOUNDLAND LTD   p 425
41 Maple Valley Rd, CORNER BROOK, NL, A2H 6T2
(709) 639-2222   SIC 5812

1048271 ONTARIO INC   p 805
1200 Pembroke St W, PEMBROKE, ON, K8A 7T1
(613) 735-5335   SIC 5411

1048536 ONTARIO LTD   p 726
148 Colonnade Rd Suite 13, NEPEAN, ON, K2E 7R4
(613) 727-0413   SIC 7349

1048547 ONTARIO INC   p 857
185 County Rd 10, ST EUGENE, ON, K0B 1P0
(613) 674-3183   SIC 2022

1051107 ONTARIO LTD   p 812
1725 Kingston Rd Suite 25, PICKERING, ON, L1V 4L9
(905) 619-1000   SIC 5812

105675 ONTARIO LIMITED   p 684
6577 Northwest Dr, MISSISSAUGA, ON, L4V 1L1
(905) 293-9900   SIC 3471

1056934 ONTARIO LTD   p 759
65 Orfus Rd, NORTH YORK, ON, M6A 1L7
(416) 410-7469   SIC 7999

1059936 ONTARIO INC   p 547
1574 Eagle St N, CAMBRIDGE, ON, N3H 4S5
(519) 653-6565   SIC 3471

1059936 ONTARIO INC   p 678
25 Bodrington Crt, MARKHAM, ON, L6G 1B6
(905) 940-9334   SIC 7699

1060412 ONTARIO LIMITED   p 583
280 Belfield Rd, ETOBICOKE, ON, M9W 1H6

SIC 4212

1061890 ONTARIO LTD   p 842
1361 Huntingwood Dr Unit 6, SCARBOROUGH, ON, M1S 3J1
(416) 298-8918   SIC 2339

1063967 ALBERTA CORPORATION   p 125
10007 99 Ave, GRANDE PRAIRIE, AB, T8V 0R7
(780) 538-3828   SIC 5812

10663 NEWFOUNDLAND LTD   p 427
Gd Happy Valley-Goose Bay Stn C, HAPPY VALLEY-GOOSE BAY, NL, A0P 1C0
(709) 896-2421   SIC 4424

1069000 ONTARIO LTD   p 654
304 Talbot St, LONDON, ON, N6A 2R4
SIC 5812

106953 CANADA LTEE   p 1199
475 Boul De Sainte-Marcelle, Saint-Jerome, QC, J7Y 2P7
(450) 438-9992   SIC 2434

107.5 DAVE FM   p 543
See CORUS ENTERTAINMENT INC

1070481 ONTARIO INC   p 946
9 Stevens Ave Suite 502, VANIER, ON, K1K 1K4
(613) 748-7000   SIC 8361

1073197 ONTARIO LTD   p 894
576 Danforth Ave, TORONTO, ON, M4K 1R1
(416) 466-2931   SIC 5812

1073849 ONTARIO LIMITED   p 496
75 Dyment Rd, BARRIE, ON, L4N 3H6
(705) 733-0022   SIC 3841

1073946 ALBERTA LTD   p 125
12002 101 Ave Suite 101, GRANDE PRAIRIE, AB, T8V 8B1
(780) 882-8800   SIC 8322

1075992 ALBERTA LTD   p 190
4405 Central Blvd, BURNABY, BC, V5H 4M3
(604) 438-1881   SIC 7011

1078505 ONTARIO INC   p 819
125 York Blvd, RICHMOND HILL, ON, L4B 3B4
SIC 5812

1082267 ALBERTA LTD   p 328
1640 Oak Bay Ave Unit 201, VICTORIA, BC, V8R 1B2
(250) 920-9750   SIC 6099

1084130 ONTARIO LIMITED   p 945
5691 Sideroad 20, UTOPIA, ON, L0M 1T0
SIC 7349

1085098 ONTARIO LTD   p 623
329 March Rd, KANATA, ON, K2K 2E1
(613) 591-3895   SIC 5812

1090769 ONTARIO INC   p 960
2508 Windermere Rd, WINDERMERE, ON, P0B 1P0
(705) 769-3611   SIC 7011

1093641 ONTARIO LIMITED   p 579
5302 Dundas St W, ETOBICOKE, ON, M9B 1B2
(416) 213-1035   SIC 4832

1094285 ONTARIO LIMITED   p 746
2901 Bayview Ave Suite 107, NORTH YORK, ON, M2K 1E6
(416) 227-1271   SIC 5812

1094285 ONTARIO LIMITED   p 899
1560 Yonge St, TORONTO, ON, M4T 2S9
(905) 338-5233   SIC 5812

1094285 ONTARIO LIMITED   p 916
207 Queens Quay W, TORONTO, ON, M5J 1A7
SIC 5812

109470 CANADA INC   p 988
1620 Av De L'Energie, ALMA, QC, G8C 1M6
(418) 668-6656   SIC 4212

1095141 ONTARIO LIMITED   p 669
7225 Woodbine Ave Suite 119, MARKHAM, ON, L3R 1A3
(905) 940-2199   SIC 5812

1095533 ONTARIO INC   p 717
320 Ambassador Dr, MISSISSAUGA, ON, L5T 2J3
(905) 795-9575   SIC 2752

10SHEET SERVICES INC   p 306

▲ Public Company   ■ Public Company Family Member   **HQ** Headquarters   **BR** Branch   **SL** Single Location

717 Pender W Unit 200, VANCOUVER, BC, V6C 1G9
(888) 760-1940   SIC 8721

1100378 ONTARIO LIMITED   p 762
805 Fenmar Dr, NORTH YORK, ON, M9L 1C8
(416) 746-7704   SIC 3694

1100833 ONTARIO LIMITED   p 934
672 Dupont St Suite 201, TORONTO, ON, M6G 1Z6
(416) 535-1555   SIC 5722

1109131 ONTARIO INC   p 960
13300 Desro Dr, WINDSOR, ON, N8N 2L9
(519) 979-7999   SIC 7999

1110 HOWE HOLDINGS INCORPORATED p 321
1110 Howe St, VANCOUVER, BC, V6Z 1R2
(604) 684-2151   SIC 7011

1112308 ONTARIO LIMITED   p 583
246 Attwell Dr, ETOBICOKE, ON, M9W 5B4
(416) 675-1635   SIC 7342

1118174 ONTARIO LIMITED   p 897
808 Mount Pleasant Rd, TORONTO, ON, M4P 2L2
(416) 487-5101   SIC 7011

1120919 ONTARIO LTD   p 726
18 Bentley Ave Suite A, NEPEAN, ON, K2E 6T8
(613) 723-9227   SIC 1521

1121859 ONTARIO LIMITED   p 900
1 Benvenuto Pl Suite 220, TORONTO, ON, M4V 2L1
(416) 961-8011   SIC 5812

1125151 ONTARIO LIMITED   p 583
6931 Steeles Ave W Suite 1, ETOBICOKE, ON, M9W 6K7
(416) 675-9235   SIC 5699

1127770 B.C. LTD   p 299
777 Broadway W, VANCOUVER, BC, V5Z 4J7
SIC 5047

112792 CANADA INC   p 336
2924f Jacklin Rd Unit 137, VICTORIA, BC, V9B 3Y5
(250) 474-2225   SIC 4214

1131170 ONTARIO INC   p 511
2023 Williams Pky Unit 12, BRAMPTON, ON, L6S 5N1
(905) 790-2655   SIC 7532

1132694 ONTARIO INC   p 715
7550 Kimbel St, MISSISSAUGA, ON, L5S 1A2
(905) 677-1948   SIC 7389

1133940 ALBERTA LTD   p 102
10454 82 Ave Nw, EDMONTON, AB, T6E 4Z7
(780) 465-8150   SIC 7011

1140102 ALBERTA LTD   p 39
855 2 St Sw Suite 1800, CALGARY, AB, T2P 4J8
(403) 645-2000   SIC 6712

1147699 ONTARIO LTD   p 589
6974 Forest Rd, FOREST, ON, N0N 1J0
(519) 786-5335   SIC 5999

1148305 ONTARIO INC   p 580
1750 The Queensway Suite 443, ETOBICOKE, ON, M9C 5H5
(416) 622-6677   SIC 5812

1149318 ONTARIO INC   p 21
1726 25 Ave Ne Suite 2, CALGARY, AB, T2E 7K1
(403) 717-2500   SIC 4214

115161 CANADA INC   p 512
1 Wilkinson Rd Suite 2, BRAMPTON, ON, L6T 4M6
(905) 455-1500   SIC 4225

115161 CANADA INC   p 686
2645 Skymark Ave, MISSISSAUGA, ON, L4W 4H2
SIC 4226

115768 CANADA INC   p 1103
1130 Rue Jeanne-Mance, Montreal, QC, H2Z 1L7
(514) 861-3166   SIC 5812

116106 CANADA INC   p 1233
810 Boul Laure, Sept-Iles, QC, G4R 0E8
(418) 962-1254   SIC 5812

1162006 ONTARIO LTD   p 923
1467 Bathurst St, TORONTO, ON, M5P 3G8
(416) 653-1144   SIC 5541

1170880 ONTARIO LIMITED   p 686
5525 Ambler Dr, MISSISSAUGA, ON, L4W 3Z1
(905) 282-9998   SIC 5012

1172413 ONTARIO INC   p 624
651 Terry Fox Dr Suite Side, KANATA, ON, K2L 4E7
(613) 836-3680   SIC 5812

1175328 ONTARIO LIMITED   p 801
111 Cooper St, OTTAWA, ON, K2P 2E3
(613) 238-1331   SIC 7011

1177972 ONTARIO LIMITED   p 875
221 Racco Pky Unit A, THORNHILL, ON, L4J 8X9
(416) 674-8880   SIC 5962

1180207 ONTARIO LIMITED   p 601
232 Silvercreek Pky N, GUELPH, ON, N1H 7P8
(519) 836-5858   SIC 5812

1184892 ALBERTA LTD   p 26
115 9 Ave Se Suite 294, CALGARY, AB, T2G 0P5
(403) 246-3636   SIC 5812

119155 CANADA LIMITED   p 800
159 Cleopatra Dr Suite 100, OTTAWA, ON, K2G 5X4
(613) 226-8680   SIC 5136

1193055 ONTARIO INC   p 524
45 King George Rd, BRANTFORD, ON, N3R 5K2
(519) 751-4042   SIC 5812

1197767 ONTARIO LTD   p 729
3766 Fallowfield Rd, NEPEAN, ON, K2J 1A1
(613) 825-8765   SIC 5541

119859 CANADA INC   p 1100
3701 Boul Saint-Laurent, Montreal, QC, H2X 2V7
(514) 844-1874   SIC 5411

1202937 ONTARIO INC.   p 788
54 York St, OTTAWA, ON, K1N 5T1
(613) 241-3474   SIC 5812

1204626 ONTARIO INC   p 877
570 Squier Pl, THUNDER BAY, ON, P7B 6M2
(807) 935-2792   SIC 1794

1206953 ONTARIO INC   p 631
237 Ontario St, KINGSTON, ON, K7L 2Z4
(613) 549-6300   SIC 7011

1207273 ALBERTA ULC   p 1048
16767 Boul Hymus, KIRKLAND, QC, H9H 3L4
(514) 630-6080   SIC 3842

120776 CANADA INC   p 1073
700 Rue Canadel, LOUISEVILLE, QC, J5V 3A4
(819) 228-8471   SIC 6712

1210632 ONTARIO INC   p 827
283 Christina St N, SARNIA, ON, N7T 5V4
(519) 337-7571   SIC 7011

1211084 ONTARIO LTD   p 632
765 Gardiners Rd, KINGSTON, ON, K7M 3Y5
(613) 384-2010   SIC 5541

1212360 ONTARIO LIMITED   p 619
42 Delawana Rd, HONEY HARBOUR, ON, P0E 1E0
(705) 756-2424   SIC 7011

1212551 ONTARIO INC   p 654
95 Pond Mills Rd, LONDON, ON, N5Z 3X3
(519) 645-1917   SIC 5812

1212551 ONTARIO INC   p 654
915 Commissioners Rd E, LONDON, ON, N5Z 3H9
(519) 649-1678   SIC 5812

121352 CANADA INC   p 1177
1156 Av Lariviere, ROUYN-NORANDA, QC, J9X 4K8
(819) 797-3300   SIC 5084

1213874 ONTARIO INC   p 805
100 Pembroke St E, PEMBROKE, ON, K8A 8A3
(613) 732-9955   SIC 5812

1214391 ONTARIO INC   p 507
101 Clarington Blvd, BOWMANVILLE, ON, L1C 4Z3
(905) 697-3702   SIC 5812

1221122 ONTARIO LIMITED   p 644
33 Mcintyre Dr Unit A, KITCHENER, ON, N2R 1E4
(519) 748-4822   SIC 3589

1221295 ONTARIO INC   p 9
3424 26 St Ne Unit 3, CALGARY, AB, T1Y 4T7
(403) 692-6283   SIC 7361

122164 CANADA LIMITED   p 601
10 Fox Run Dr, GUELPH, ON, N1H 6H9
(519) 763-7200   SIC 5812

122164 CANADA LIMITED   p 893
45 Wicksteed Ave, TORONTO, ON, M4G 4H9
(416) 421-8559   SIC 5812

1222010 ONTARIO INC   p 784
2000 Thurston Dr Unit 12, OTTAWA, ON, K1G 4K7
(613) 739-4000   SIC 7311

123 BUSY BEAVERS LEARNING CENTRES INC   p 768
690 Dorval Dr Suite 400, OAKVILLE, ON, L6K 3W7
SIC 8351

1230172 ONTARIO INC   p 799
110 Central Park Dr Suite 512, OTTAWA, ON, K2C 4G3
(613) 727-2773   SIC 6513

1230839 ONTARIO LIMITED   p 960
11900 Brouillette Crt, WINDSOR, ON, N8N 4X8
(519) 735-9810   SIC 8051

123179 CANADA INC   p 1109
1117 Rue Sainte-Catherine O Bureau 303, Montreal, QC, H3B 1H9
(514) 844-2612   SIC 6519

123273 CANADA INC   p 1002
1001 Boul De Montarville Bureau 49, BOUCHERVILLE, QC, J4B 6P5
(450) 641-1151   SIC 5912

123273 CANADA INC   p 1040
751 Rue Principale Bureau 121, GRANBY, QC, J2G 2Y6
(450) 375-5596   SIC 5912

123273 CANADA INC   p 1071
832 Rue Saint-Laurent O, LONGUEUIL, QC, J4K 1C3
(450) 677-6311   SIC 5912

123273 CANADA INC   p 1096
370 Rue Jarry E, Montreal, QC, H2P 1T9
(514) 382-4730   SIC 5912

123273 CANADA INC   p 1170
100 Boul Brien, REPENTIGNY, QC, J6A 5N4
(450) 585-7880   SIC 5912

123273 CANADA INC   p 1170
910 Boul Iberville Bureau 171, REPENTIGNY, QC, J5Y 2P9
(450) 585-7725   SIC 5912

123273 CANADA INC   p 1201
25 Rue Saint-Georges, Saint-Jerome, QC, J7Z 4Z1
(450) 432-1120   SIC 5912

1233481 ONTARIO INC   p 550
1040 Kohler Rd, CAYUGA, ON, N0A 1E0
(905) 772-0303   SIC 7948

1248741 ONTARIO LTD   p 788
47 Clarence St, OTTAWA, ON, K1N 9K1
(613) 241-1343   SIC 5812

1248776 ONTARIO INC   p 624
6 Edgewater St Suite 6458, KANATA, ON, K2L 1V8
(613) 831-9183   SIC 5812

1252336 ONTARIO INC   p 549
106 Reis Rd, CARP, ON, K0A 1L0
(613) 836-1473   SIC 5999

1252537 ONTARIO LIMITED   p 717
1015 Westport Cres, MISSISSAUGA, ON, L5T 1E8
(905) 670-3353   SIC 4213

1260269 ONTARIO INC   p 595
33862 Airport Rd, GODERICH, ON, N7A 3Y2
SIC 4581

126074 ONTARIO INC   p 774
6 Kitchener St, ORILLIA, ON, L3V 6Z9
(705) 327-2232   SIC 8361

1260848 ONTARIO INC   p 606
706 Queenston Rd, HAMILTON, ON, L8G 1A2
(905) 560-9615   SIC 5812

1260848 ONTARIO INC   p 642
700 Westmount Rd W, KITCHENER, ON, N2M 1R9
(519) 581-0679   SIC 5812

1260848 ONTARIO INC   p 642
354 Highland Rd W, KITCHENER, ON, N2M 3C7
(519) 744-4427   SIC 5812

1260848 ONTARIO INC   p 642
Westmount Rd W, KITCHENER, ON, N2M 5C4
(519) 744-1585   SIC 5812

1260848 ONTARIO INC   p 950
109 King St N Unit D, WATERLOO, ON, N2J 2X5
(519) 884-6774   SIC 5812

126677 CANADA LIMITED   p 783
1620 Michael St, OTTAWA, ON, K1B 3T7
(613) 741-2800   SIC 5812

127323 CANADA INC   p 507
179 Baseline Rd E, BOWMANVILLE, ON, L1C 3L4
(905) 623-4455   SIC 2499

127323 CANADA INC   p 1199
600 Boul Roland-Godard, Saint-Jerome, QC, J7Y 4C5
(450) 431-3221   SIC 3553

1279028 ONTARIO LIMITED   p 661
755 Wonderland Rd N, LONDON, ON, N6H 4L1
(519) 473-7772   SIC 5461

128374 CANADA LTD   p 1035
343 Boul Greber, GATINEAU, QC, J8T 5R3
SIC 5812

1287788 ONTARIO LTD   p 962
7780 Tecumseh Rd E, WINDSOR, ON, N8T 1E9
(519) 945-1800   SIC 5812

129177 CANADA INC   p 717
1445 Courtneypark Dr E, MISSISSAUGA, ON, L5T 2E3
(905) 670-6683   SIC 4214

1295224 ONTARIO LIMITED   p 882
258 Broadway St, Tillsonburg, ON, N4G 3R4
(519) 688-7674   SIC 5812

1298051 ONTARIO INC   p 764
2035 Winston Park Dr, OAKVILLE, ON, L6H 6P5
(905) 829-3233   SIC 5812

1300323 ONTARIO INC   p 593
2710 Stevenage Dr, GLOUCESTER, ON, K1G 5N2
(613) 737-0000   SIC 4214

1300323 ONTARIO INC   p 677
176 Hillmount Rd, MARKHAM, ON, L6C 1Z9
(905) 887-5557   SIC 4214

1304003 ONTARIO LTD   p 496
80 Bradford St Suite 507, BARRIE, ON, L4N 6S7
(705) 727-7888   SIC 8049

1307761 ONTARIO LTD   p 967
1190 Wyandotte St W, WINDSOR, ON, N9A 5Y5
(519) 254-6107   SIC 5812

1310281 ONTARIO INC   p 593
1820 Ogilvie Rd, GLOUCESTER, ON, K1J 7P4
(613) 748-6931   SIC 5812

131289 CANADA INC   p 1041
252 Rue Denison E, GRANBY, QC, J2H 2R6

▲ Public Company   ■ Public Company Family Member   HQ Headquarters   BR Branch   SL Single Location

BUSINESSES ALPHABETICALLY

(450) 375-3941   SIC 5431
1313256 ONTARIO INC   p 965
2491 Dougall Ave, WINDSOR, ON, N8X 1T3
(519) 946-0283   SIC 5932

131387 CANADA INC   p 1075
231 Rue Herault Rr 1, MANSFIELD, QC, J0X 1R0
(819) 683-2740   SIC 5411

132087 CANADA INC   p 1123
6675 Boul Monk, Montreal, QC, H4E 3J2
(514) 767-5323   SIC 5411

1321365 ONTARIO LIMITED   p 678
8500 Warden Ave, MARKHAM, ON, L6G 1A5
(905) 470-8522   SIC 7991

132405 CANADA INC   p 1025
1484 Boul Hymus, DORVAL, QC, H9P 1J6
(514) 685-1425   SIC 7349

1324743 ONTARIO LIMITED   p 632
630 Gardiners Rd, KINGSTON, ON, K7M 3X9
(613) 384-5988   SIC 5812

1325994 ONTARIO LIMITED   p 819
9 East Wilmot St Suite 2, RICHMOND HILL, ON, L4B 1A3
(905) 881-5927   SIC 7933

1326760 ONTARIO INC   p 668
6040 Highway 7 E Unit 1, MARKHAM, ON, L3P 3A8
(905) 294-8736   SIC 5812

1327601 ONTARIO INC   p 717
50 Courtneypark Dr E, MISSISSAUGA, ON, L5T 2Y3
(905) 565-6225   SIC 5812

1327698 ONTARIO LTD   p 582
1751 Albion Rd, ETOBICOKE, ON, M9V 1C3
(416) 746-6962   SIC 5812

1329481 ONTARIO INC   p 568
2930 French Hill Rd, CUMBERLAND, ON, K4C 1K7
(613) 833-1917   SIC 4212

1333375 ONTARIO LIMITED   p 717
6090 Dixie Rd, MISSISSAUGA, ON, L5T 1A6
(905) 670-0050   SIC 7011

1333482 ONTARIO LIMITED   p 879
113 Leith St, THUNDER BAY, ON, P7C 1M7
(807) 623-4968   SIC 4121

1335270 ONTARIO LTD   p 693
87 Matheson Blvd E, MISSISSAUGA, ON, L4Z 2Y5
(905) 502-8000   SIC 5812

1339877 ONTARIO LTD   p 632
670 Gardiners Rd, KINGSTON, ON, K7M 3X9
(613) 634-6220   SIC 5812

1343929 ONTARIO LIMITED   p 537
880 Laurentian Dr Suite 1, BURLINGTON, ON, L7N 3V6
(905) 632-0864   SIC 7371

1346674 ONTARIO LIMITED   p 735
4800 Bender St, NIAGARA FALLS, ON, L2E 6W7
(905) 374-4444   SIC 5812

134736 CANADA INC   p 1077
250 Av Du Phare E, MATANE, QC, G4W 3N4
(418) 566-2651   SIC 7011

1351786 ONTARIO LTD   p 840
37 William Kitchen Rd, SCARBOROUGH, ON, M1P 5B7
(800) 361-3111   SIC 5812

1353042 ONTARIO LIMITED   p 557
177 Creditstone Rd, CONCORD, ON, L4K 1N5
SIC 1731

1360548 ONTARIO LIMITED   p 557
370 North Rivermede Rd Unit 1, CONCORD, ON, L4K 3N2
(905) 669-5883   SIC 5461

1364084 ONTARIO INC   p 876
3530 Schmon Pky Suite 11, THOROLD, ON, L2V 4Y6
(905) 984-8484   SIC 7011

1364279 ONTARIO INC   p 595
2559 Bank St, GLOUCESTER, ON, K1T 1M8
(613) 736-7022   SIC 5511

1371185 ONTARIO INC   p 265
3389 No. 6 Rd, RICHMOND, BC, V6V 1P6
SIC 5045

1373372 ONTARIO LTD   p 677
9255 Woodbine Ave, MARKHAM, ON, L6C 1Y9
SIC 5411

1376302 ONTARIO INC   p 664
329 Sovereign Rd, LONDON, ON, N6M 1A6
(519) 859-5056   SIC 2434

1379025 ONTARIO LIMITED   p 376
330 York Ave Suite 508, WINNIPEG, MB, R3C 0N9
(204) 942-0101   SIC 7011

1381111 ONTARIO LTD   p 898
2200 Yonge St Suite 603, TORONTO, ON, M4S 2C6
(416) 486-2222   SIC 5812

1381667 ONTARIO INC   p 496
64 Saunders Rd, BARRIE, ON, L4N 9A8
(705) 721-4501   SIC 4212

1382769 ONTARIO LIMITED   p 632
650 Gardiners Rd, KINGSTON, ON, K7M 3X9
(613) 384-7784   SIC 5812

138440 CANADA INC   p 1109
Gd, Montreal, QC, H3B 4B5
(514) 876-1376   SIC 7999

1388312 ONTARIO INC   p 712
5700 Keaton Cres Unit 1, MISSISSAUGA, ON, L5R 3H5
(905) 272-0727   SIC 2531

1388688 ONTARIO LIMITED   p 521
499 Main St S Suite 56, BRAMPTON, ON, L6Y 1N7
(905) 459-1337   SIC 6512

138984 CANADA LTEE   p 1119
6744 Rue Hutchison, Montreal, QC, H3N 1Y4
(514) 270-3024   SIC 2051

139673 CANADA INC   p 987
1190 Rue Lemay, ACTON VALE, QC, J0H 1A0
(450) 546-0101   SIC 5122

1399731 ONTARIO INC   p 496
181 Big Bay Point Rd, BARRIE, ON, L4N 8M5
(705) 722-9809   SIC 3443

1404136 ONTARIO LIMITED   p 899
1510 Yonge St, TORONTO, ON, M4T 1Z6
(416) 962-8662   SIC 5651

1406284 ONTARIO INC   p 557
3201 Highway 7, CONCORD, ON, L4K 5Z7
(905) 660-4700   SIC 7011

1409096 ONTARIO LIMITED   p 15
7505 48 St Se Suite 250, CALGARY, AB, T2C 4C7
(780) 429-3676   SIC 7353

141081 CANADA INC   p 1029
570 Boul Saint-Joseph, DRUMMONDVILLE, QC, J2C 2B9
(819) 477-3334   SIC 5812

1411337 ONTARIO INC   p 601
5072 Whitelaw Rd, GUELPH, ON, N1H 6J4
(519) 827-0431   SIC 4213

1413249 ONTARIO INC   p 957
75 Consumers Dr Suite 17, WHITBY, ON, L1N 9S2
(905) 665-6575   SIC 5812

141517 CANADA LTEE   p 1011
1155 Boul Ford, Chateauguay, QC, J6J 4Z2
(450) 692-5527   SIC 1761

1421239 ONTARIO INC   p 505
124 Commercial Rd, BOLTON, ON, L7E 1K4
(905) 951-6800   SIC 6712

1427732 ONTARIO INC   p 864
1067 Ontario St Suite 2, STRATFORD, ON, N5A 6W6
(519) 272-2701   SIC 5812

1428228 ONTARIO INC   p 750

4141 Yonge St Suite 301, NORTH YORK, ON, M2P 2A8
(416) 221-6411   SIC 4724

1428309 ONTARIO LTD   p 973
5585 Highway 7, WOODBRIDGE, ON, L4L 1T5
SIC 5511

1429634 ONTARIO LIMITED   p 507
51 Port Darlington Rd Suite 1, BOWMANVILLE, ON, L1C 3K3
(905) 697-0503   SIC 4151

1430499 ALBERTA LTD   p 68
29 Alberta Rd, CLARESHOLM, AB, T0L 0T0
(403) 625-2546   SIC 5812

143962 CANADA INC   p 1092
4329 Av Papineau, Montreal, QC, H2H 1T3
(514) 596-3800   SIC 7841

144503 CANADA INC   p 1062
1600 Boul Le Corbusier Bureau 502, Laval, QC, H7S 1Y9
(450) 687-5710   SIC 5999

1448170 ONTARIO LIMITED   p 816
12 Petersburg Cir, PORT COLBORNE, ON, L3K 5V4
(905) 835-6761   SIC 7699

1456882 ONTARIO LTD   p 759
3401 Dufferin St, NORTH YORK, ON, M6A 2T9
(416) 789-3533   SIC 5461

1471899 ALBERTA LTD   p 84
13040 148 St, EDMONTON, AB, T5L 2H8
(780) 460-2399   SIC 1542

148200 CANADA INC   p 1138
101 Boul Cardinal-Leger Unite 11, PINCOURT, QC, J7W 3Y3
(514) 425-5885   SIC 5912

1492332 ONTARIO LIMITED   p 859
2821 Stevensville Rd, STEVENSVILLE, ON, L0S 1S0
(905) 382-9669   SIC 7996

1498882 ONTARIO INC   p 649
1915 Dundas St Suite Side, LONDON, ON, N5V 5J9
(519) 451-5737   SIC 5812

150 MILE ELEMENTARY SCHOOL   p 176
See SCHOOL DISTRICT NO 27 (CARIBOO-CHILCOTIN)

1500451 ONTARIO LIMITED   p 494
165 Wellington St E, BARRIE, ON, L4M 2C7
(705) 737-0389   SIC 5411

1504953 ALBERTA LTD   p 50
119 12 Ave Sw, CALGARY, AB, T2R 0G8
(403) 206-9565   SIC 7011

1510610 ONTARIO INC   p 740
1811 Seymour St, NORTH BAY, ON, P1A 0C7
(705) 474-0350   SIC 7692

151332 CANADA INC   p 1169
3637 Rue Queen, RAWDON, QC, J0K 1S0
(450) 834-2523   SIC 5912

1514444 ONTARIO INC   p 727
526 West Hunt Club Rd, NEPEAN, ON, K2G 7B5
(613) 274-2746   SIC 5812

1526439 ONTARIO LIMITED   p 627
470 First Ave S, KENORA, ON, P9N 1W5
(807) 468-5521   SIC 7011

1528593 ONTARIO INC   p 948
6941 Base Line, WALLACEBURG, ON, N8A 4L3
(519) 627-7885   SIC 3479

1528593 ONTARIO INC   p 948
6941 Base Line, WALLACEBURG, ON, N8A 1A1
SIC 3479

1534825 ONTARIO INC   p 807
3119 Petawawa Blvd, PETAWAWA, ON, K8H 1X9
(613) 687-0841   SIC 5812

153926 CANADA INC   p 1034
381 Boul Maloney E Bureau 15, GATINEAU, QC, J8P 1E3
(819) 663-4164   SIC 5912

1544982 ONTARIO INC   p 646

50 Victoria Ave N, LEAMINGTON, ON, N8H 2W1
(519) 776-9153   SIC 3471

1548383 ONTARIO INC   p 916
249 Queens Quay W Suite 109, TORONTO, ON, M5J 2N5
(416) 203-3333   SIC 7011

1550825 ONTARIO INC   p 784
751 Peter Morand Cres, OTTAWA, ON, K1G 6S9
(613) 739-0909   SIC 8059

1555501 CANADA INC   p 1203
180 Rue Authier, SAINT-LAURENT, QC, H4M 2C6
SIC 5084

1555314 ONTARIO INC   p 805
100 Crandall St Suite 100, PEMBROKE, ON, K8A 6X8
(613) 735-4593   SIC 7532

1555965 ONTARIO INC   p 614
473 Concession St, HAMILTON, ON, L9A 1C1
(905) 383-7160   SIC 5461

1560804 ONTARIO INC   p 567
40 Cameron E, COTTAM, ON, N0R 1B0
SIC 7389

1561109 ONTARIO INC   p 923
40 Bernard Ave, TORONTO, ON, M5R 1R2
(416) 460-0980   SIC 5122

1561716 ONTARIO LTD   p 583
930 Dixon Rd, ETOBICOKE, ON, M9W 1J9
(416) 674-7777   SIC 5812

1561716 ONTARIO LTD   p 812
705 Kingston Rd, PICKERING, ON, L1V 6K3
(905) 420-3334   SIC 5812

1561716 ONTARIO LTD   p 912
212 King St W, TORONTO, ON, M5H 1K5
(416) 408-4064   SIC 5812

156307 CANADA INC   p 1012
473 3e Rue, CHIBOUGAMAU, QC, G8P 1N6
(418) 748-2669   SIC 7011

1565720 ONTARIO LIMITED   p 524
84 Lynden Rd, BRANTFORD, ON, N3R 6B8
(519) 754-0303   SIC 5812

156861 CANADA INC   p 1024
64 Boul Brunswick, DOLLARD-DES-ORMEAUX, QC, H9B 2L3
(514) 421-4445   SIC 3625

1569243 ONTARIO INC   p 496
316 Bayview Dr, BARRIE, ON, L4N 8X9
(705) 719-4870   SIC 5712

1574626 ONTARIO LTD   p 532
1227 Appleby Line, BURLINGTON, ON, L7L 5H9
(905) 315-7710   SIC 7549

1589711 ONTARIO INC   p 860
566 Arvin Ave, STONEY CREEK, ON, L8E 5P1
(905) 643-9044   SIC 3544

159211 CANADA INC   p 1124
11870 Boul Saint-Germain, Montreal, QC, H4J 2A2
SIC 5137

1594414 ONTARIO LIMITED   p 835
4473 Kingston Rd, SCARBOROUGH, ON, M1E 2N7
(416) 281-9140   SIC 5411

1597686 ONTARIO INC   p 726
9 Antares Dr, NEPEAN, ON, K2E 7V5
SIC 1711

1597823 ALBERTA LTD   p 158
Hwy 11 Range Rd 70, ROCKY MOUNTAIN HOUSE, AB, T4T 1A7
(403) 845-3072   SIC 6712

1608296 ONTARIO LIMITED   p 959
4170 Baldwin St S, WHITBY, ON, L1R 3H8
(905) 655-2075   SIC 5812

161229 CANADA INC   p 636
21 Government Rd E, KIRKLAND LAKE, ON, P2N 1A1
SIC 1241

161251 CANADA INC   p 996
355 Rue Dupont, Beaupre, QC, G0A 1E0
(418) 827-8347   SIC 6712

▲ Public Company   ■ Public Company Family Member   **HQ** Headquarters   **BR** Branch   **SL** Single Location

162069 CANADA INC *p* 1068
1800 Boul Marie-Victorin Bureau 203, LONGUEUIL, QC, J4G 1Y9
(450) 670-1110   *SIC* 7361

162404 CANADA INC *p* 1098
160 Rue Saint-Viateur E Bureau 602, Montreal, QC, H2T 1A8
(514) 276-2000   *SIC* 2339

1625443 ONTARIO INC *p* 545
75 Lingard Rd, CAMBRIDGE, ON, N1T 2A8
(519) 624-9914   *SIC* 4731

1630 PARKWAY GOLF COURSE LTD *p* 200
3251 Plateau Blvd, COQUITLAM, BC, V3E 3B8
(604) 945-4007   *SIC* 7992

163048 CANADA INC *p* 1050
6476 Boul Wilfrid-Hamel, L'ANCIENNE-LORETTE, QC, G2E 2J1
(418) 872-3000   *SIC* 5812

1638825 ONTARIO LTD *p* 802
1605 16th St E, OWEN SOUND, ON, N4K 5N3
(519) 370-2003   *SIC* 5812

163972 CANADA INC *p* 1096
9600 Rue Meilleur Bureau 730, Montreal, QC, H2N 2E3
(514) 385-3629   *SIC* 5621

164074 CANADA INC *p* 916
151 Front St W, TORONTO, ON, M5J 2N1
SIC 5812

1646419 ONTARIO INC *p* 774
400 Memorial Ave, ORILLIA, ON, L3V 0T7
(705) 325-9511   *SIC* 7011

1650473 ONTARIO INC *p* 608
10 Hillyard St, HAMILTON, ON, L8L 8J9
(905) 522-9222   *SIC* 5093

1670002 ONTARIO LIMITED *p* 551
48 Fifth St S Suite 406, CHATHAM, ON, N7M 4V8
(519) 436-1250   *SIC* 7361

167986 CANADA INC *p* 1025
1901 Rte Transcanadienne, DORVAL, QC, H9P 1J1
(514) 685-2202   *SIC* 5099

168662 CANADA INC *p* 1097
260 Rue Gary-Carter, Montreal, QC, H2R 2V7
(514) 384-7691   *SIC* 5632

1690651 ONTARIO INC *p* 524
265 King George Rd, BRANTFORD, ON, N3R 6Y1
(519) 759-0571   *SIC* 5411

1694863 ONTARIO INC *p* 835
4694 Kingston Rd, SCARBOROUGH, ON, M1E 2P9
(416) 913-7184   *SIC* 7011

170TH C.T. GRILL INC *p* 21
2480 37 Ave Ne, CALGARY, AB, T2E 8S6
(403) 291-0520   *SIC* 5812

170TH C.T. GRILL INC *p* 110
10333 34 Ave Nw, EDMONTON, AB, T6J 6V1
(780) 430-0606   *SIC* 5812

1711085 ONTARIO INC *p* 806
37 Champlain Rd Suite 1, PENETANGUISHENE, ON, L9M 1S1
(705) 549-2075   *SIC* 3732

1712790 ONTARIO LTD *p* 686
5500 Dixie Rd, MISSISSAUGA, ON, L4W 4N3
(905) 282-9998   *SIC* 5511

1716530 ONTARIO INC *p* 727
22 Barnstone Dr, NEPEAN, ON, K2G 2P9
(613) 843-9887   *SIC* 6513

1726837 ONTARIO INC *p* 686
1290 Crestlawn Dr Bldg 1, MISSISSAUGA, ON, L4W 1A6
(905) 282-1600   *SIC* 5812

1732187 ONTARIO INC *p* 772
1905 Blackacre Dr Rr 1, OLDCASTLE, ON, N0R 1L0
(519) 737-9948   *SIC* 3544

173532 CANADA INC *p* 1215
7870 Rue Fleuricourt, SAINT-LEONARD, QC, H1R 2L3
(514) 274-2870   *SIC* 6712

173569 CANADA INC *p* 1035
325 Boul Greber Bureau C, GATINEAU, QC, J8T 8J3
(819) 246-2243   *SIC* 5812

1743088 ONTARIO LTD *p* 526
46 Adams Blvd, BRANTFORD, ON, N3S 7V2
(519) 752-5900   *SIC* 4953

175246 CANADA INC *p* 1137
4928 Boul Des Sources Bureau 2545, PIERREFONDS, QC, H8Y 3C9
(514) 684-0779   *SIC* 5812

175246 CANADA INC *p* 1206
3330 Boul De La Cote-Vertu, SAINT-LAURENT, QC, H4R 1P8
(514) 331-3177   *SIC* 5812

176441 CANADA INC *p* 1119
11177 Rue Hamon, Montreal, QC, H3M 3E4
(514) 335-0310   *SIC* 6712

1767168 ONTARIO LTD *p* 569
2147 Dorchester Rd, DORCHESTER, ON, N0L 1G2
(519) 268-1100   *SIC* 5812

176815 CANADA INC *p* 1208
6400 Rue Vanden-Abeele, SAINT-LAURENT, QC, H4S 1R9
(514) 333-5340   *SIC* 5074

1772887 ONTARIO LIMITED *p* 909
6 Church St Suite 200, TORONTO, ON, M5E 1M1
(416) 364-3336   *SIC* 2721

177293 CANADA LTD *p* 95
15015 123 Ave Nw Suite 200, EDMONTON, AB, T5V 1J7
(780) 453-5500   *SIC* 1311

177293 CANADA LTD *p* 257
Gd, PORT MOODY, BC, V3H 3E1
(604) 933-2641   *SIC* 1311

177417 CANADA INC *p* 1187
102 Rue Du Parc-Industriel, Saint-Evariste-de-Forsyth, QC, G0M 1S0
(418) 459-6443   *SIC* 3537

178028 CANADA INC *p* 769
1328 Speers Rd, OAKVILLE, ON, L6L 2X4
(905) 825-1995   *SIC* 3471

1788741 ONTARIO INC *p* 738
6161 Thorold Stone Rd Suite 3, NIAGARA FALLS, ON, L2J 1A4
(905) 357-6600   *SIC* 5461

1799795 ONTARIO LIMITED *p* 946
171 Montreal Rd, VANIER, ON, K1L 6E4
(613) 745-5720   *SIC* 7361

1803661 ONTARIO INC *p* 860
3 Iber Rd Unit 2, STITTSVILLE, ON, K2S 1E6
(613) 836-4488   *SIC* 5719

1808963 ONTARIO INC *p* 564
1495 Gerald St, CORNWALL, ON, K6H 7G8
(613) 932-5326   *SIC* 7349

1814124 ONTARIO INC *p* 854
181 Niagara St, ST CATHARINES, ON, L2R 4M1
(905) 687-3388   *SIC* 8361

1835755 ONTARIO LIMITED *p* 555
227 Hwy 11 S, COCHRANE, ON, P0L 1C0
(705) 272-2090   *SIC* 1611

1883865 ALBERTA LTD *p* 39
840 9 Ave Sw, CALGARY, AB, T2P 1L7
(403) 398-7623   *SIC* 5813

188669 CANADA INC *p* 1226
1999 Rue Nobel Bureau 7a, SAINTE-JULIE, QC, J3E 1Z7
(450) 649-9400   *SIC* 7349

1887780 NOVA SCOTIA LIMITED *p* 460
3330 Kempt Rd, HALIFAX, NS, B3K 4X1
SIC 5511

1894359 ONTARIO INC *p* 496
455 Welham Rd, BARRIE, ON, L4N 8Z6
(705) 726-5841   *SIC* 3569

1942675 ALBERTA LTD *p* 99
6943 68 Ave, EDMONTON, AB, T6B 3E3
(780) 472-6806   *SIC* 5093

1942675 ALBERTA LTD *p* 114
1912 66 Ave Nw, EDMONTON, AB, T6P 1M4
(780) 440-2222   *SIC* 3412

1942675 ALBERTA LTD *p* 140
5408 52 Ave, LLOYDMINSTER, AB, T9V 2T5
(780) 875-4421   *SIC* 3412

1946338 ONTARIO LIMITED *p* 235
600 Ebadora Ln, MALAHAT, BC, V0R 2L0
(250) 856-0188   *SIC* 7011

1972 MEMORIAL HIGH SCHOOL *p* 353
See OXFORD HOUSE FIRST NATION BOARD OF EDUCATION INC

19959 YUKON INC *p* 217
3240 Village Way, HEFFLEY CREEK, BC, V0E 1Z1
(250) 578-6000   *SIC* 7011

1SHOPPINGCART.COM *p* 500
See WEB.COM CANADA, INC

1ST SECURE *p* 178
See ABBOTSFORD SECURITY SERVICES

1ST STUDENT CANADA *p* 873
See FIRSTCANADA ULC

2

20 BEES WINERY *p* 739
See LAKEVIEW CELLARS ESTATE WINERY LIMITED

20 VIC INDUSTRIAL *p* 812
See 20 VIC MANAGEMENT INC

20 VIC MANAGEMENT INC *p* 39
333 7 Ave Sw Suite 900, CALGARY, AB, T2P 2Z1
(403) 441-4901   *SIC* 6531

20 VIC MANAGEMENT INC *p* 185
4567 Lougheed Hwy Suite 260, BURNABY, BC, V5C 3Z6
(604) 299-0606   *SIC* 6512

20 VIC MANAGEMENT INC *p* 367
1225 St Mary's Rd Suite 86, WINNIPEG, MB, R2M 5E5
(204) 257-4449   *SIC* 6512

20 VIC MANAGEMENT INC *p* 461
7001 Mumford Rd Suite 202, HALIFAX, NS, B3L 2H8
(902) 454-8666   *SIC* 6512

20 VIC MANAGEMENT INC *p* 798
2121 Carling Ave Suite 201, OTTAWA, ON, K2A 1H2
(613) 725-1546   *SIC* 6512

20 VIC MANAGEMENT INC *p* 812
1355 Kingston Rd Suite 20, PICKERING, ON, L1V 1B8
(905) 831-6066   *SIC* 6512

20 VIC MANAGEMENT INC *p* 856
221 Glendale Ave, ST CATHARINES, ON, L2T 2K9
(905) 687-6622   *SIC* 6531

2004995 ONTARIO LIMITED *p* 921
66 Wellington St W, TORONTO, ON, M5K 1J3
(416) 777-1144   *SIC* 5812

2008788 ONTARIO LIMITED *p* 857
580 James St S, ST MARYS, ON, N4X 1C6
(519) 349-2850   *SIC* 3317

2010282 ONTARIO INC *p* 693
5749 Coopers Ave, MISSISSAUGA, ON, L4Z 1R9
SIC 8748

2010665 ONTARIO LTD *p* 973
25 Woodstream Blvd Suite 1, WOODBRIDGE, ON, L4L 7Y8
(905) 265-7843   *SIC* 5812

2014595 ONTARIO INC *p* 612
1685 Main St W Unit 5, HAMILTON, ON, L8S 1G5
(905) 577-0626   *SIC* 7999

2014767 ONTARIO LIMITED *p* 485
1827 Allanport Rd, ALLANBURG, ON, L0S 1A0
(905) 227-0521   *SIC* 2653

2014767 ONTARIO LIMITED *p* 532
4331 Mainway, BURLINGTON, ON, L7L 5N9

(905) 335-4225   *SIC* 2653

2018429 ONTARIO LTD *p* 542
48 Cowansview Rd, CAMBRIDGE, ON, N1R 7N3
(519) 740-3757   *SIC* 6712

2020799 ONTARIO LIMITED *p* 778
600 Grandview St S Suite 17, OSHAWA, ON, L1H 8P4
(905) 728-8401   *SIC* 5411

2034301 ONTARIO INC *p* 724
151 King St Ss 2, MOUNT ALBERT, ON, L0G 1M0
(416) 779-4879   *SIC* 7389

2046223 ONTARIO INC *p* 482
31 Barr Rd Unit 14, AJAX, ON, L1S 3Y1
SIC 6512

2063412 INVESTMENT LP *p* 567
143 Mary St, CREEMORE, ON, L0M 1G0
(705) 466-3437   *SIC* 8051

2063412 INVESTMENT LP *p* 669
302 Town Centre Blvd Suite 200, MARKHAM, ON, L3R 0E8
(905) 477-4006   *SIC* 8052

2063414 INVESTMENT LP *p* 669
302 Town Centre Blvd Suite 200, MARKHAM, ON, L3R 0E8
(905) 477-4006   *SIC* 8051

2063414 ONTARIO LIMITED *p* 494
130 Owen St, BARRIE, ON, L4M 3H7
(705) 726-8621   *SIC* 8051

2063414 ONTARIO LIMITED *p* 509
9257 Goreway Dr, BRAMPTON, ON, L6P 0N5
(905) 799-7502   *SIC* 8051

2063414 ONTARIO LIMITED *p* 510
215 Sunny Meadow Blvd, BRAMPTON, ON, L6R 3B5
(905) 458-7604   *SIC* 8059

2063414 ONTARIO LIMITED *p* 524
389 West St, BRANTFORD, ON, N3R 3V9
(519) 759-4666   *SIC* 8051

2063414 ONTARIO LIMITED *p* 568
143 Mary St, CREEMORE, ON, L0M 1G0
(705) 466-3437   *SIC* 8051

2063414 ONTARIO LIMITED *p* 572
120 Barnswallow Dr, ELMIRA, ON, N3B 2Y9
(519) 669-5777   *SIC* 8051

2063414 ONTARIO LIMITED *p* 597
200 Kelly Dr, GRAVENHURST, ON, P1P 1P3
(705) 687-3444   *SIC* 8051

2063414 ONTARIO LIMITED *p* 669
302 Town Centre Blvd Suite 200, MARKHAM, ON, L3R 0E8
(905) 477-4006   *SIC* 8051

2063414 ONTARIO LIMITED *p* 740
401 William St, NORTH BAY, ON, P1A 1X5
(705) 476-2602   *SIC* 8051

2063414 ONTARIO LIMITED *p* 757
22 Norfinch Dr, NORTH YORK, ON, M3N 1X1
(416) 623-1120   *SIC* 8051

2063414 ONTARIO LIMITED *p* 819
170 Red Maple Rd, RICHMOND HILL, ON, L4B 4T8
(905) 731-2273   *SIC* 8051

2063414 ONTARIO LIMITED *p* 840
1000 Ellesmere Rd Suite 333, SCARBOROUGH, ON, M1P 5G2
(416) 291-0222   *SIC* 8051

2063414 ONTARIO LIMITED *p* 923
225 St. George St, TORONTO, ON, M5R 2M2
(416) 967-3985   *SIC* 8051

2063414 ONTARIO LIMITED *p* 941
2005 Lawrence Ave W Suite 323, TORONTO, ON, M9N 3V4
(416) 243-8879   *SIC* 8051

2063414 ONTARIO LIMITED *p* 942
70 Humberline Dr, TORONTO, ON, M9W 7H3
(416) 213-7300   *SIC* 8051

2063414 ONTARIO LIMITED *p* 973
5400 Steeles Ave W, WOODBRIDGE, ON,

L4L 9S1
(905) 856-7200 SIC 8051
2065858 ONTARIO LIMITED p 511
9055 Airport Rd, BRAMPTON, ON, L6S 0B8
(905) 793-0443 SIC 5812
206684 BC LTD p 278
3720 Highway 16 W, SMITHERS, BC, V0J 2N1
(250) 847-6142 SIC 5812
2069718 ONTARIO LIMITED p 756
1140 Sheppard Ave W Unit 13, NORTH YORK, ON, M3K 2A2
(416) 633-7333 SIC 1521
2070403 ONTARIO INC p 638
509 Wilson Ave Suite 16, KITCHENER, ON, N2C 2M4
(519) 893-3100 SIC 5812
2088343 ONTARIO LIMITED p 769
2125 Wyecroft Rd, OAKVILLE, ON, L6L 5L7
SIC 3679
20TH ST SCHOOL p 575
See TORONTO DISTRICT SCHOOL BOARD
2101440 ONTARIO INC p 819
30 East Beaver Creek Rd Suite 204, RICHMOND HILL, ON, L4B 1J2
(416) 469-3131 SIC 7371
2107453 ONTARIO LTD. p 706
7111 Syntex Dr, MISSISSAUGA, ON, L5N 8C3
(647) 960-9377 SIC 6221
2111964 ONTARIO INC p 496
350 Yonge St, BARRIE, ON, L4N 4C8
(705) 739-9788 SIC 5812
2114185 ONTARIO CORP p 605
4252 County Rd 21 Rr 3, HALIBURTON, ON, K0M 1S0
(705) 457-1800 SIC 7011
2121 p 798
See PHARMA PLUS DRUGMARTS LTD
2138894 ONTARIO INC p 887
140 Shorting Rd, TORONTO, ON, M1S 3S6
(416) 240-0911 SIC 7381
2153463 ONTARIO INC p 686
5185 Tomken Rd Unit 1, MISSISSAUGA, ON, L4W 1P1
SIC 4213
2158390 ONTARIO INC p 825
3002 Richelieu St, ROCKLAND, ON, K4K 0B5
(613) 446-7772 SIC 5812
2159-2993 QUEBEC INC p 993
8 Av Cabot, BAIE-COMEAU, QC, G4Z 1L8
(418) 296-3391 SIC 7011
2161-1298 QUEBEC INC p 1263
1031 7e Rang, WICKHAM, QC, J0C 1S0
(819) 398-6303 SIC 2491
2166-2440 QUEBEC INC p 1258
19 Boul Des Bois-Francs S, VICTORIAVILLE, QC, G6P 4S2
(819) 758-7176 SIC 5813
2168587 ONTARIO LTD p 763
50 Marmora St, NORTH YORK, ON, M9M 2X5
(416) 661-7744 SIC 2053
2169-5762 QUEBEC INC p 1242
281 Rue Edward-Assh, STE-CATHERINE-DE-LA-J-CARTIE, QC, G3N 1A3
(418) 875-1839 SIC 5661
2173-4108 QUEBEC INC p 1229
640 Chomedey (A-13) O, SAINTE-ROSE, QC, H7X 3S9
SIC 5941
2177761 ONTARIO INC p 703
2477 Motorway Blvd Suite 3, MISSISSAUGA, ON, L5L 3R2
(905) 828-8488 SIC 5511
2179321 ONTARIO LIMITED p 751
27 Larabee Cres, NORTH YORK, ON, M3A 3E6
(416) 219-1050 SIC 5074
2188262 ONTARIO INC p 897
586 Eglinton Ave E Unit 208, TORONTO, ON, M4P 1P2

(416) 802-2382 SIC 5047
2207544 ONTARIO INC p 721
1250 Eglinton Ave W Suite 138, MISSISSAUGA, ON, L5V 1N3
(905) 795-7781 SIC 8748
221449 ALBERTA LTD p 15
3504 80 Ave Se, CALGARY, AB, T2C 1J3
(403) 279-5898 SIC 2431
2278988 ONTARIO INC p 1002
1620 Boul De Montarville, BOUCHERVILLE, QC, J4B 8P4
(450) 449-4911 SIC 5141
2295822 CANADA INC. p 1109
800 Boul Rene-Levesque O Bureau 2200, MONTREAL, QC, H3B 1X9
SIC 7389
2298679 ONTARIO INC p 947
201 Millway Ave Unit 18, VAUGHAN, ON, L4K 5K8
(905) 695-1670 SIC 7349
2310-3393 QUEBEC INC p 1028
4534 Boul Saint-Joseph Bureau 289, DRUMMONDVILLE, QC, J2A 1B5
(819) 472-7442 SIC 5912
2316-7240 QUEBEC INC p 1029
600 Boul Saint-Joseph, DRUMMONDVILLE, QC, J2C 2C1
(819) 478-4141 SIC 7011
2318-7081 QUEBEC INC p 1013
1080 Boul Talbot, CHICOUTIMI, QC, G7H 4B6
(418) 543-1521 SIC 7011
2320-3755 QUEBEC INC p 1024
3800 Boul Des Sources, DOLLARD-DES-ORMEAUX, QC, H9B 1Z9
(514) 685-5555 SIC 5511
2321-1998 QUEBEC INC p 1127
1070 Montee Masson, Montreal, QC, H7C 2R2
(450) 661-1515 SIC 6712
2330-2029 QUEBEC INC p 1090
5135 10e Av, Montreal, QC, H1Y 2G5
(514) 525-3757 SIC 5999
2343-7393 QUEBEC INC p 1250
1620 Rue Notre-Dame Centre, Trois-Rivieres, QC, G9A 6E5
(819) 376-1991 SIC 7011
2355294 ONTARIO INC p 941
94 Fenmar Dr, TORONTO, ON, M9L 1M5
(416) 222-1773 SIC 4953
2356723 NOVA SCOTIA LIMITED p 479
14 Lake Major Rd, WESTPHAL, NS, B2Z 1B1
(902) 434-7199 SIC 1521
2393689 CANADA INC p 1018
1850 Boul Le Corbusier Bureau 200, Cote Saint-Luc, QC, H7S 2K1
(450) 973-6700 SIC 3842
23RD AVENUE PIZZA LTD p 110
11023 23 Ave Nw, EDMONTON, AB, T6J 6P9
(780) 435-5005 SIC 5812
24/7 CUSTOMER CANADA, INC p 907
20 Toronto St Suite 530, TORONTO, ON, M5C 2B8
(416) 214-9337 SIC 7371
2400318 ONTARIO INC p 557
731 Millway Ave, CONCORD, ON, L4K 3S8
(905) 677-7776 SIC 2752
2419658 ONTARIO INC p 676
7680 Markham Rd Suite 1, MARKHAM, ON, L3S 4S1
(905) 201-0477 SIC 5812
2420-5064 QUEBEC INC p 1040
604 Rue Principale, GRANBY, QC, J2G 2X7
(450) 372-3848 SIC 5812
2424-4931 QUEBEC INC p 1233
119 Rue Monseigneur-Blanche, Sept-Iles, QC, G4R 3G7
(418) 962-2555 SIC 5511
2427-9028 QUEBEC INC p 1165
1475 Av Jules-Verne, Quebec, QC, G2G 2R8
(418) 871-5150 SIC 5941

2434-1281 QUEBEC INC p 1198
800 Rue Pierre-Caisse, SAINT-JEAN-SUR-RICHELIEU, QC, J3B 7Y5
(450) 348-6031 SIC 6712
2437-0223 QUEBEC INC p 1170
364 Rue Notre-Dame, REPENTIGNY, QC, J6A 2S5
(450) 581-7071 SIC 4493
2451379 MANITOBA LTD p 356
30 River Rd, ST ANDREWS, MB, R1A 2V1
(204) 334-2107 SIC 7997
2518879 ONTARIO INC p 651
1712 Dundas St, LONDON, ON, N5W 3C9
(519) 659-8725 SIC 5621
2521153 ONTARIO INC p 871
17 Beechener St, SUTTON WEST, ON, L0E 1R0
(416) 222-7144 SIC 7381
252356 ALBERTA LTD p 102
9833 44 Ave Nw Suite 3, EDMONTON, AB, T6E 5E3
(780) 452-5730 SIC 7349
2525-7577 QUEBEC INC. p 1128
3050 Boul Industriel, Montreal, QC, H7L 4P7
SIC 2821
2528-6360 QUEBEC INC p 1228
1171 Ch Saint-Henri Bureau 1, SAINTE-MARTHE, QC, J0P 1W0
(450) 459-4241 SIC 5812
2533481 MANITOBA LTD p 376
330 St Mary Ave Suite 700, WINNIPEG, MB, R3C 3Z5
(204) 957-0520 SIC 8111
2535-0356 QUEBEC INC p 1029
1015 Boul Saint-Joseph, DRUMONDVILLE, QC, J2C 2C4
(819) 477-0442 SIC 5941
2538-1245 QUEBEC INC p 1013
381 Rue Racine E, CHICOUTIMI, QC, G7H 1S8
(418) 543-9025 SIC 5813
2540-9392 QUEBEC INC p 1219
995 Rte Prevost Bureau 1, Saint-Pierre-Ile-D'Orleans, QC, G0A 4E0
(418) 828-2287 SIC 5812
2550-7856 QUEBEC INC p 1197
1050 Rue Stefoni, SAINT-JEAN-SUR-RICHELIEU, QC, J3A 1T5
(450) 349-5861 SIC 8361
2553-4330 QUEBEC INC p 1233
18 Aviation General E, Sept-Iles, QC, G4R 4K2
(418) 961-2808 SIC 4512
2572567 CANADA INC p 446
102 Penhorn Dr, DARTMOUTH, NS, B2W 1K9
(902) 469-9050 SIC 5511
2582101 ONTARIO INC p 700
880 Lakeshore Rd E, MISSISSAUGA, ON, L5E 1E1
(905) 274-2533 SIC 2671
2618-1833 QUEBEC INC p 1097
274 Rue Jean-Talon E, Montreal, QC, H2R 1S7
(514) 273-3224 SIC 6712
261911 ONTARIO INC p 507
2279 Laval St, BOURGET, ON, K0A 1E0
(613) 487-2331 SIC 8051
2627 W 16TH AVENUE HOLDINGS LTD p 317
2627 16th Ave W, VANCOUVER, BC, V6K 3C2
(604) 736-0009 SIC 5411
2630-6241 QUEBEC INC p 993
305 Boul La Salle, Baie-Comeau, QC, G4Z 2L5
(418) 296-9191 SIC 5571
2639-6564 QUEBEC INC p 1002
1150a Rue Volta, BOUCHERVILLE, QC, J4B 7A2
(450) 641-2243 SIC 5812
2645-3530 QUEBEC INC p 1247
124 Rue Langlois, TRECESSON, QC, J0Y 2S0

(819) 732-1493 SIC 1541
2646-2937 QUEBEC INC p 1082
61 Montee Ryan Bureau 2534, MONT-TREMBLANT, QC, J8E 1S3
SIC 5812
2653193 MANITOBA LTD p 382
565 Roseberry St, WINNIPEG, MB, R3H 0T3
(204) 774-5370 SIC 3589
2732-0100 QUEBEC INC p 1183
1212 Av Saint-Alphonse Rr 2, SAINT-BRUNO-LAC-SAINT-JEAN, QC, G0W 2L0
(418) 343-2989 SIC 6712
2732-2304 QUEBEC INC p 1177
1225 Av Lariviere, ROUYN-NORANDA, QC, J9X 6M6
(819) 762-6565 SIC 5511
2737-2895 QUEBEC INC p 1052
2152 Ch Saint-Joseph, LA BAIE, QC, G7B 3N9
(418) 544-2622 SIC 5143
2739-9708 QUEBEC INC p 1121
5192 Ch De La Cote-Saint-Luc, Montreal, QC, H3W 2G9
(514) 738-1384 SIC 5431
2744-4215 QUEBEC INC p 1098
5455 Av De Gaspe Bureau 801, Montreal, QC, H2T 3B3
(514) 844-1636 SIC 5812
2745925 CANADA INC p 90
18552 111 Ave Nw, EDMONTON, AB, T5S 2V4
(780) 628-3291 SIC 4214
2746-2993 QUEBEC INC p 1040
140 Rue Martin, GRANBY, QC, J2G 8B4
(450) 361-3790 SIC 4213
2747-6043 QUEBEC INC p 997
245 Rue Duvernay, BELOEIL, QC, J3G 2M3
(450) 467-2140 SIC 5431
2755-4609 QUEBEC INC p 1000
4243 Rue Marcel-Lacasse, BOISBRIAND, QC, J7H 1N4
(450) 970-2045 SIC 4131
2757-5158 QUEBEC INC p 1063
4589 Aut 440 O Bureau 103, Laval, QC, H7W 0J7
(450) 688-9050 SIC 5211
2757-5158 QUEBEC INC p 1197
1050 Boul Du Seminaire N Bureau 210, SAINT-JEAN-SUR-RICHELIEU, QC, J3A 1S7
(450) 359-7980 SIC 2434
2758792 CANADA INC p 1024
3352 Boul Des Sources, DOLLARD-DES-ORMEAUX, QC, H9B 1Z9
(514) 684-6846 SIC 5999
2772981 CANADA INC p 1151
455 Rue Du Marais Bureau 235, Quebec, QC, G1M 3A2
(418) 681-1545 SIC 7323
277702 BRITISH COLUMBIA LTD p 178
2320 Peardonville Rd, ABBOTSFORD, BC, V2T 6J8
(604) 850-7414 SIC 2511
2786591 CANADA INC p 1037
251 Boul Saint-Joseph Bureau 2, GATINEAU, QC, J8Y 3X5
(819) 775-2590 SIC 6162
2786591 CANADA INC p 1159
2785 Boul Laurier Bureau Rc 100, Quebec, QC, G1V 2L9
(418) 659-7738 SIC 6163
2788331 CANADA INC p 1190
701 Av Saint-Georges, SAINT-GEORGES-DE-CHAMPLAIN, QC, G9T 5K4
(819) 533-5445 SIC 5411
28 AUGUSTA FUND LTD p 30
6920 Macleod Trail Se, CALGARY, AB, T2H 0L3
(403) 259-3119 SIC 5812
2809630 CANADA INC p 1262
4150 Rue Sherbrooke O Bureau 400, WESTMOUNT, QC, H3Z 1C2
(514) 989-9909 SIC 6719
2814048 MANITOBA LTD p 361

1576 Regent Ave W, WINNIPEG, MB, R2C 3B4
(204) 949-6004   SIC 5812
281558 B.C. LTD   p 248
153 16th St W, NORTH VANCOUVER, BC, V7M 1T3
(604) 985-0414   SIC 5812
284734 ALBERTA LTD   p 168
4701 42 St, STETTLER, AB, T0C 2L0
(403) 742-1102   SIC 1541
285 PEMBINA INC   p 386
285 Pembina Hwy, WINNIPEG, MB, R3L 2E1
(204) 284-0802   SIC 6531
2850-1799 QUEBEC INC   p 1136
44 Av De L'auberge, ORFORD, QC, J1X 6J3
(819) 843-1616   SIC 7011
2850401 CANADA INC   p 1244
2021 Ch Gascon, TERREBONNE, QC, J6X 4H2
(450) 964-9333   SIC 5461
2852-7414 QUEBEC INC   p 1013
805 Boul Talbot, CHICOUTIMI, QC, G7H 4B3
(418) 698-8877   SIC 5812
2852-7885 QUEBEC INC   p 1022
11 Rue Des Pins, DESCHAMBAULT, QC, G0A 1S0
(418) 286-4959   SIC 7011
2855-6512 QUEBEC INC   p 1082
125 Ch Des Patriotes S, MONT-SAINT-HILAIRE, QC, J3H 3G5
(450) 446-6060   SIC 7011
2857-4077 QUEBEC INC   p 1042
850 7e Av, Grand-Mere, QC, G9T 2B8
(819) 533-4553   SIC 5411
287706 ALBERTA LTD   p 152
4707 50 St, RED DEER, AB, T4N 1X3
SIC 7011
287912 ONTARIO LTD   p 782
2193 Keene Rd, Otonabee, ON, K9J 6X7
(705) 743-6141   SIC 5411
289900 ONTARIO LIMITED   p 736
8921 Sodom Rd, NIAGARA FALLS, ON, L2G 0T4
(905) 295-4436   SIC 5812
290756 ALBERTA LTD   p 61
710 Crowfoot Cres Nw, CALGARY, AB, T3G 4S3
(403) 374-3374   SIC 5511
2930862 CANADA INC   p 1125
6111 Av Royalmount Bureau 100, Montreal, QC, H4P 2T4
(514) 340-1114   SIC 8731
2936950 CANADA INC   p 1049
315 Ch De Knowlton, KNOWLTON, QC, J0E 1V0
(450) 243-6161   SIC 2844
293967 ALBERTA LTD   p 166
470 St Albert Rd Suite 20, ST. ALBERT, AB, T8N 5J9
(780) 458-6884   SIC 5812
2946-6380 QUEBEC INC   p 1028
2550b 139 Rte, DRUMMONDVILLE, QC, J2A 2K3
(819) 478-2023   SIC 2448
2950-4602 QUEBEC INC   p 1224
2 Boul Sainte-Anne, SAINTE-ANNE-DES-PLAINES, QC, J0N 1H0
(450) 478-1701   SIC 5251
2953-6778 QUEBEC INC   p 1002
549 Rue De Verrazano Bureau 3000, BOUCHERVILLE, QC, J4B 7W2
(450) 449-1516   SIC 1711
2955-7196 QUEBEC INC   p 1133
965 Boul Cure-Labelle, Montreal-Ouest, QC, H7V 2V7
(450) 681-1683   SIC 5912
2957-3243 QUEBEC INC   p 1258
139 Boul Des Bois-Francs S, VICTORIAVILLE, QC, G6P 4S4
(819) 758-5311   SIC 5812
2958-3465 QUEBEC INC   p 1174
311 Boul De L'hotel-De-Ville, Riviere-du-Loup, QC, G5R 5S4
(418) 862-9520   SIC 7011
295823 ONTARIO INC   p 854
31 Raymond St, ST CATHARINES, ON, L2R 2T3
(905) 685-4279   SIC 7381
2959-0411 QUEBEC INC   p 1159
2955 Boul Laurier, Quebec, QC, G1V 2M2
(418) 654-3644   SIC 5812
2968-5278 QUEBEC INC   p 1177
41 6e Rue, ROUYN-NORANDA, QC, J9X 1Y8
(819) 762-2341   SIC 7011
2969-9899 QUEBEC INC   p 1133
3905 Boul Industriel, MONTREAL-NORD, QC, H1H 2Z2
(514) 744-1010   SIC 7381
2970-7163 QUEBEC INC.   p 1241
1115 Rte Marie-Victorin, SOREL-TRACY, QC, J3R 1L7
(450) 742-1655   SIC 5812
2970-9177 QUEBEC INC   p 1203
1051 Rue D9carie Unit9 52, SAINT-LAURENT, QC, H4L 3M8
(514) 748-7725   SIC 5912
2971-0886 QUEBEC INC   p 1148
Pr Succ B, Quebec, QC, G1K 6Z9
SIC 5511
2972-6924 QUEBEC INC   p 1152
2150 Rue Leon-Harmel, Quebec, QC, G1N 4L2
(418) 683-2431   SIC 3442
2973-8424 QUEBEC INC   p 1165
5233 Boul Wilfrid-Hamel, Quebec, QC, G2E 2H1
(418) 871-8182   SIC 5812
297943 ALBERTA LTD   p 160
2016 Sherwood Dr Suite 15, SHERWOOD PARK, AB, T8A 3X3
(780) 467-1234   SIC 7011
2982897 CANADA INC   p 1128
2425 Rue Michelin, Montreal, QC, H7L 5B9
(514) 332-4830   SIC 1711
2990181 CANADA INC   p 1088
5000 Rue Sherbrooke E, Montreal, QC, H1V 1A1
(514) 253-3365   SIC 7011
299208 ONTARIO INC   p 797
861 Clyde Ave, OTTAWA, ON, K1Z 5A4
(613) 728-1751   SIC 2026
2ND AVE GRILL   p 1295
See CONCEPT GRILLS LTD
2XPOSE   p 1096
See RUDSAK INC

3

 # 340661   p 1098
See UNIPRIX INC
3 BOYS TANK/VAC   p 124
See 770970 ALBERTA LTD
3 MACS   p 915
See MACDOUGALL, MACDOUGALL & MACTIER INC
300322 ONTARIO LIMITED   p 654
150 Dufferin Ave Suite 100, LONDON, ON, N6A 5N6
(519) 672-5272   SIC 6719
300826 ALBERTA LTD   p 54
10456 Southport Rd Sw, CALGARY, AB, T2W 3M5
SIC 5812
3008754 MANITOBA LTD   p 344
1630 Park Ave, BRANDON, MB, R7A 1J5
(204) 728-5930   SIC 5812
3013774 CANADA INC   p 1254
162 Rue De La Cascade, VAL-DES-MONTS, QC, J8N 1L4
(819) 671-6888   SIC 1521
301726 ALBERTA LTD   p 122
8751 94 St, FORT SASKATCHEWAN, AB, T8L 4P7
(780) 998-9999   SIC 5812
3019969 CANADA INC   p 1152
400 Rue Morse, Quebec, QC, G1N 4L4
(418) 683-2201   SIC 5136
3025052 NOVA SCOTIA LIMITED   p 460
3363 Kempt Rd, HALIFAX, NS, B3K 4X5
(902) 453-2110   SIC 5012
3025235 NOVA SCOTIA ULC   p 1104
1050 Rue Sherbrooke O, Montreal, QC, H3A 2R6
(514) 985-6225   SIC 7011
3032948 NOVA SCOTIA LIMITED   p 477
437 Prince St, TRURO, NS, B2N 1E6
(902) 895-1651   SIC 7011
3033441 NOVA SCOTIA COMPANY   p 162
172 Turbo Dr, SHERWOOD PARK, AB, T8H 2J6
(780) 464-7774   SIC 5085
3033441 NOVA SCOTIA COMPANY   p 545
1700 Bishop St N, CAMBRIDGE, ON, N1T 1T2
(519) 624-9451   SIC 5085
3043177 NOVA SCOTIA LIMITED   p 449
61 Raddall Ave, DARTMOUTH, NS, B3B 1T4
(902) 446-3940   SIC 7374
3056309 CANADA INC   p 1104
3407 Rue Peel, Montreal, QC, H3A 1W7
(514) 288-4141   SIC 7011
3065359 CANADA INC   p 1147
7777 Boul Henri-Bourassa, Quebec, QC, G1H 3G1
(418) 626-7777   SIC 5511
306632 SASKATCHEWAN LTD   p 1277
2222 100th St, NORTH BATTLEFORD, SK, S9A 0X6
(306) 445-4491   SIC 5511
308462 ONTARIO INC   p 500
4658 Ontario St, BEAMSVILLE, ON, L0R 1B4
(905) 563-8264   SIC 2599
3086011 NOVA SCOTIA LIMITED   p 448
313 Prince Albert Rd, DARTMOUTH, NS, B2Y 1N3
(902) 469-5850   SIC 5999
3089-3242 QUEBEC INC   p 1159
3031 Boul Laurier, Quebec, QC, G1V 2M2
(418) 658-2727   SIC 7011
3090-0872 QUEBEC INC   p 1115
1225 Rue Crescent, Montreal, QC, H3G 2B1
(514) 861-4111   SIC 5812
3090-9626 QUEBEC INC   p 1082
100 Ch Champagne, MONT-TREMBLANT, QC, J8E 1V4
(819) 425-2772   SIC 7011
3090723 NOVA SCOTIA LIMITED   p 234
5690 268 St, LANGLEY, BC, V4W 3X4
SIC 3442
3091-0418 QUEBEC INC   p 1133
545 Boul Cure-Labelle, Montreal-Ouest, QC, H7V 2T3
(450) 681-0600   SIC 5812
3091-0418 QUEBEC INC   p 1170
358 Rue Notre-Dame, REPENTIGNY, QC, J6A 2S5
SIC 5812
3092-4435 QUEBEC INC   p 1175
1225 Boul Marcotte, ROBERVAL, QC, G8H 2P1
(418) 275-7511   SIC 7011
3093-6975 QUEBEC INC   p 1128
1780 Place Martenot Bureau 17, Montreal, QC, H7L 5B5
(450) 668-4888   SIC 3993
3094176 NOVA SCOTIA LIMITED   p 448
510 Portland St, DARTMOUTH, NS, B2Y 4W7
(902) 462-3344   SIC 5812
3096-0876 QUEBEC INC   p 1116
1740 Boul Rene-Levesque O, Montreal, QC, H3H 1R3
(514) 931-8916   SIC 7011
3097-0230 QUEBEC INC   p 1118
148 Rue Fleury O, Montreal, QC, H3L 1T4
(514) 387-6436   SIC 5912
3098-6145 QUEBEC INC   p 987
1000 Boul Des Cascades, ALMA, QC, G8B 3G4
(418) 668-7419   SIC 7011
3098524 CANADA INC   p 1148
2505 Boul Henri-Bourassa, Quebec, QC, G1J 3X2
(418) 648-9518   SIC 5511
3099-8488 QUEBEC INC   p 987
120 Rte Du Mont-Adstock, ADSTOCK, QC, G0N 1S0
(418) 422-2242   SIC 7011
3100-2918 QUEBEC INC   p 1258
36 Rue Leblanc, VICTORIAVILLE, QC, G6P 9B2
(819) 357-5295   SIC 7349
3100-7669 QUEBEC INC   p 1032
1989 Rue Michelin, FABREVILLE, QC, H7L 5B7
(450) 973-7765   SIC 5063
3104346 CANADA INC   p 1094
576 Rue Sainte-Catherine E Bureau 111, Montreal, QC, H2L 2E1
(514) 845-3345   SIC 5812
3105822 CANADA INC   p 1024
3883 Boul Saint-Jean Bureau 300, DOLLARD-DES-ORMEAUX, QC, H9G 3B9
(514) 624-4244   SIC 4724
3108392 MANITOBA LTD   p 367
1050 Nairn Ave, WINNIPEG, MB, R2L 0Y4
(204) 668-4414   SIC 5812
3111326 CANADA INC   p 1013
1611 Boul Talbot, CHICOUTIMI, QC, G7H 4C3
(418) 698-8611   SIC 5812
3116506 CANADA INC   p 1072
2479 Ch De Chambly, LONGUEUIL, QC, J4L 1M2
(450) 468-4406   SIC 5461
3119696 CANADA INC   p 927
269 Richmond St W Suite 201, TORONTO, ON, M5V 1X1
(416) 368-1623   SIC 7389
3124673 CANADA INC   p 1252
1030 Rue Leo-Fournier, VAL-D'OR, QC, J9P 6X8
(819) 825-5283   SIC 2411
3127885 CANADA INC   p 759
111 Orfus Rd, NORTH YORK, ON, M6A 1M4
(416) 785-1771   SIC 5621
3130606 CANADA INC   p 1036
203-492 Boul De L'hopital, GATINEAU, QC, J8V 2P4
(819) 561-0911   SIC 8059
313679 ALBERTA LTD   p 154
7620 50 Ave, RED DEER, AB, T4P 2A8
(403) 340-2224   SIC 5511
3158764 CANADA INC   p 1031
512 111 Rte, DUPUY, QC, J0Z 1X0
SIC 5093
316291 ALBERTA LTD   p 99
4315 92 Ave Nw, EDMONTON, AB, T6B 3M7
(780) 465-9771   SIC 2439
3169693 CANADA INC   p 1109
895 Rue De La Gauchetiere O Bureau 401, Montreal, QC, H3B 4G1
(514) 393-1247   SIC 5461
3177743 MANITOBA LTD   p 355
1018 Manitoba Ave, SELKIRK, MB, R1A 4M2
(204) 785-7777   SIC 5812
3177743 MANITOBA LTD   p 384
2517 Portage Ave, WINNIPEG, MB, R3J 0P1
(204) 925-4101   SIC 5812
3193560 CANADA INC   p 1035
120 Boul De L'hopital Bureau 105, GATINEAU, QC, J8T 8M2
(819) 561-3354   SIC 5812
3200221 MANITOBA LTD   p 358
Po Box 779, STONEWALL, MB, R0C 2Z0
(204) 467-8282   SIC 5171
3225537 NOVA SCOTIA LIMITED   p 372
90 Hutchings St Unit B, WINNIPEG, MB, R2X 2X1

BUSINESSES ALPHABETICALLY

(204) 272-2880   SIC 5013
3225537 NOVA SCOTIA LIMITED   p 762
805 Fenmar Dr, NORTH YORK, ON, M9L 1C8
   SIC 3694
3229211 MANITOBA LTD   p 344
150 5th St, BRANDON, MB, R7A 3K4
(204) 727-6404   SIC 7011
3232077 CANADA INC   p 1252
121 Boul Des Montagnais, UASHAT, QC, G4R 5R1
(418) 962-3378   SIC 7389
323416 B.C. LTD   p 211
6005 17a Hwy, DELTA, BC, V4K 5B8
(604) 946-4404   SIC 7011
324007 ALBERTA LTD   p 84
13220 St Albert Trail Nw Suite 303, EDMONTON, AB, T5L 4W1
(780) 477-2233   SIC 7389
324007 ALBERTA LTD   p 172
Gd Stn Main, VERMILION, AB, T9X 2C1
(780) 853-5372   SIC 5154
324007 ALBERTA LTD   p 359
153158 Rd 58 N, VIRDEN, MB, R0M 2C0
(204) 748-2809   SIC 5154
324007 ALBERTA LTD   p 1272
Gd Lcd Main, LLOYDMINSTER, SK, S9V 0X5
(306) 825-8831   SIC 5154
324007 ALBERTA LTD   p 1279
Gd, PRINCE ALBERT, SK, S6V 5R5
(306) 763-8463   SIC 5154
324007 ALBERTA LTD   p 1309
107 York Rd E, YORKTON, SK, S3N 2W4
(306) 783-9437   SIC 5154
3243753 CANADA INC   p 1037
490 Boul Saint-Joseph Bureau 203, GATINEAU, QC, J8Y 3Y7
(819) 568-8787   SIC 7379
3248 KING GEORGE HWY HOLDINGS LTD   p 290
3248 King George Blvd, SURREY, BC, V4P 1A5
(604) 541-3902   SIC 5499
3251 PLATEAU GOLF COURSE LTD   p 200
3251 Plateau Blvd, COQUITLAM, BC, V3E 3B8
(604) 945-4007   SIC 7992
3264760 MANITOBA LTD   p 391
165 Cordite Rd, WINNIPEG, MB, R3W 1S1
(204) 224-1654   SIC 3452
3269001 MANITOBA LTD   p 359
146 Selkirk Ave, THOMPSON, MB, R8N 0N1
(204) 677-4551   SIC 7011
3327647 BRITISH COLUMBIA LTD   p 310
1095 Pender St W Suite 900, VANCOUVER, BC, V6E 2M6
(604) 662-3838   SIC 6553
3283313 CANADA INC   p 512
80 Devon Rd Unit 3, BRAMPTON, ON, L6T 5B3
   SIC 7389
3294269 CANADA INC   p 1170
100 Boul Brien Bureau 129, REPENTIGNY, QC, J6A 5N4
   SIC 4812
3302775 NOVA SCOTIA LTD   p 445
See SOUTH SHORE CHEVROLET
330626 ALBERTA LTD   p 174
4802 51 St Suite 1, WHITECOURT, AB, T7S 1R9
(780) 778-5900   SIC 5411
3323501 CANADA INC   p 1131
8201 Place Marien, MONTREAL-EST, QC, H1B 5W6
(514) 322-9120   SIC 3479
3323773 CANADA INC   p 1075
33 Rue Du Lac, MANIWAKI, QC, J9E 3K4
(819) 441-0040   SIC 2421
3327770 MANITOBA LTD   p 358
Hwy 10 North, THE PAS, MB, R9A 1K8
(204) 623-1800   SIC 7011
333 TRADING LTD   p 26

908 34 Ave Se, CALGARY, AB, T2G 1V3
(403) 240-2540   SIC 2673
333308 ONTARIO LTD   p 900
55 Bloor St W Suite 506, TORONTO, ON, M4W 1A5
(416) 964-2900   SIC 5719
3349608 CANADA INC   p 728
68 Robertson Rd, NEPEAN, ON, K2H 5Y8
(613) 820-4000   SIC 7371
3358097 CANADA INC   p 1246
4680 Boul Frontenac E, THETFORD MINES, QC, G6H 4G5
(418) 338-8588   SIC 6712
3367771 CANADA INC   p 1256
189 Boul Harwood, VAUDREUIL-DORION, QC, J7V 1Y3
(450) 455-2827   SIC 5149
3373738 CANADA INC   p 1034
655 Boul Maloney E, GATINEAU, QC, J8P 1G2
(819) 669-6111   SIC 5599
337450 ALBERTA LTD   p 38
2420 16 Ave Nw, CALGARY, AB, T2M 0M5
(403) 289-6900   SIC 5812
3378918 CANADA INC   p 1214
6255 Boul Couture, SAINT-LEONARD, QC, H1P 3G7
(514) 668-3532   SIC 3714
340107 ALBERTA LTD   p 77
10665 109 St Nw, EDMONTON, AB, T5H 3B5
(780) 474-6466   SIC 5812
340107 ALBERTA LTD   p 98
15327 97 St Nw, EDMONTON, AB, T5X 5V3
(780) 476-6474   SIC 5812
340107 ALBERTA LTD   p 166
595 St Albert Trail, ST. ALBERT, AB, T8N 6G5
(780) 459-1411   SIC 5812
3401987 CANADA INC.   p 1056
900 Rue Du Pacifique, LACHINE, QC, H8S 1C4
(514) 367-3001   SIC 6712
341-7777 TAXI LTD   p 152
4819 48 Ave Unit 280, RED DEER, AB, T4N 3T2
(403) 341-7777   SIC 4121
341822 ONTARIO INC   p 936
28 Halton St, TORONTO, ON, M6J 1R3
(416) 533-5198   SIC 8051
3436080 CANADA INC   p 572
5 Duke St, ELMIRA, ON, N3B 2W2
   SIC 5039
3447693 CANADA INC   p 492
15 Waydom Dr, AYR, ON, N0B 1E0
(519) 623-5005   SIC 3089
3453871 CANADA INC   p 1256
2400 Rang Saint-Antoine Bureau 3, VAUDREUIL-DORION, QC, J7V 8P2
(450) 455-1100   SIC 5813
3459128 CANADA INC   p 1133
705 Boul Cure-Labelle, MONTREAL-OUEST, QC, H7V 2T8
(450) 978-2333   SIC 5411
3499481 CANADA INC   p 268
4551 No. 3 Rd, RICHMOND, BC, V6X 2C3
(604) 214-1306   SIC 5999
3499481 CANADA INC   p 406
1380 Mountain Rd, MONCTON, NB, E1C 2T8
(506) 854-7387   SIC 5999
3499481 CANADA INC   p 463
215e Chain Lake Dr, HALIFAX, NS, B3S 1C9
   SIC 5999
3499481 CANADA INC   p 658
765 Exeter Rd Suite F2, LONDON, ON, N6E 3T1
(519) 681-6300   SIC 5999
3499481 CANADA INC   p 727
1547 Merivale Rd, NEPEAN, ON, K2G 4V3
(613) 224-1212   SIC 5999
3510000 CANADA INC   p 1060
9216 Rue Boivin, LASALLE, QC, H8R 2E7
(514) 367-1025   SIC 7336

351658 ONTARIO LIMITED   p 521
8525 Mississauga Rd, BRAMPTON, ON, L6Y 0C1
(905) 455-8400   SIC 7992
3522997 CANADA INC   p 1211
180 Montee De Liesse, SAINT-LAURENT, QC, H4T 1N7
(514) 341-6161   SIC 6712
3529495 CANADA INC   p 1211
7300 Ch De La Cote-De-Liesse, SAINT-LAURENT, QC, H4T 1E7
(514) 733-8818   SIC 7011
356746 HOLDINGS INC   p 206
11705 8 St, DAWSON CREEK, BC, V1G 4N9
   SIC 7011
357672 B.C. LTD   p 213
742 Hwy 3 Rr 5, FERNIE, BC, V0B 1M5
(250) 423-6871   SIC 7011
35790 MANITOBA LTD   p 346
1836 Brandon Ave, BRANDON, MB, R7B 3G8
(204) 725-4223   SIC 5812
357C, LE   p 1102
See GESTION 357 DE LA COMMUNE INC
360641 BC LTD   p 299
555 12th Ave W Unit 201, VANCOUVER, BC, V5Z 3X7
(604) 879-8038   SIC 5812
3609022 CANADA INC   p 1129
4155 Chomedey A-13 E, Montreal, QC, H7P 0A8
(450) 628-4488   SIC 5021
360I CANADA   p 929
See DENTSUBOS INC
361680 ALBERTA LTD   p 102
10501 82 Ave Nw, EDMONTON, AB, T6E 2A3
(780) 439-9829   SIC 5812
3618358 CANADA INC   p 15
5353 72 Ave Se Unit 49, CALGARY, AB, T2C 4X6
(403) 279-5208   SIC 4212
3618358 CANADA INC   p 570
465 Ofield Rd S, DUNDAS, ON, L9H 5E2
(905) 628-5277   SIC 4731
3618358 CANADA INC   p 1229
655 Chomedey (A-13) E Unite 13, SAINTE-ROSE, QC, H7W 5N4
(450) 688-2882   SIC 4731
3627730 CANADA INC   p 299
395 8th Ave W, VANCOUVER, BC, V5Y 1N7
(604) 255-1151   SIC 7359
3627730 CANADA INC   p 376
375 York Av Suite 210, WINNIPEG, MB, R3C 3J3
(204) 775-6198   SIC 7812
3627730 CANADA INC   p 686
2365 Matheson Blvd E, MISSISSAUGA, ON, L4W 5B3
(905) 366-9200   SIC 7359
3627730 CANADA INC   p 784
3020 Hawthorne Rd Suite 300, OTTAWA, ON, K1G 3J6
(613) 526-3121   SIC 7389
3627730 CANADA INC   p 927
255 Front St W, TORONTO, ON, M5V 2W6
(416) 585-8144   SIC 7359
3627730 CANADA INC   p 1056
1930 Rue Onesime-Gagnon, LACHINE, QC, H8T 3M6
(514) 631-0710   SIC 7359
3627730 CANADA INC   p 1056
2056 32e Av, LACHINE, QC, H8T 3H7
(514) 631-1821   SIC 7812
3627730 CANADA INC   p 1152
2025 Rue Lavoisier Bureau 100, Quebec, QC, G1N 4L6
(418) 687-9055   SIC 7359
369135 ALBERTA LTD   p 21
5438 11 St Ne Suite 212, CALGARY, AB, T2E 7E9
(403) 295-0694   SIC 8713
3705391 CANADA LIMITED   p 594

5370 Canotek Rd Unit 1, GLOUCESTER, ON, K1J 9E6
(613) 742-7555   SIC 4214
3722007 CANADA INC   p 1011
1241 Rue Des Cascades Bureau 1, Chateauguay, QC, J6K 4Z2
(450) 691-5510   SIC 3469
372831 BC LTD   p 254
3261 Coast Meridian Rd, PORT COQUITLAM, BC, V3B 3N3
(604) 941-4711   SIC 5621
373813 ONTARIO LIMITED   p 921
Gd, TORONTO, ON, M5K 1N2
(416) 865-0040   SIC 8741
3761258 CANADA INC   p 78
10180 101 St Nw Suite 310, EDMONTON, AB, T5J 3S4
(780) 702-1432   SIC 7372
376973 ONTARIO LIMITED   p 512
7 Strathearn Ave Suite A, BRAMPTON, ON, L6T 4P1
(905) 799-3900   SIC 4212
3782981 CANADA INC.   p 788
125 Beechwood Ave, OTTAWA, ON, K1M 1L5
(613) 744-6896   SIC 1541
3794873 CANADA LTD   p 1104
475 Rue Sherbrooke O, Montreal, QC, H3A 2L9
   SIC 7011
379778 ALBERTA CORPORATION   p 164
Gd, SPIRIT RIVER, AB, T0H 3G0
(780) 765-2496   SIC 1389
3812073 CANADA INC   p 1215
4929 Rue Jarry E Bureau 208, SAINT-LEONARD, QC, H1R 1Y1
(514) 324-1024   SIC 7389
3819299 CANADA INC   p 1019
2600 Boul Daniel-Johnson, Cote Saint-Luc, QC, H7T 2K1
(450) 973-3804   SIC 5499
3819299 CANADA INC   p 1229
760 Chomedey (A-13) O, SAINTE-ROSE, QC, H7X 3S9
(450) 969-3435   SIC 5812
3831906 CANADA INC   p 577
283 Horner Ave, ETOBICOKE, ON, M8Z 4Y4
(416) 231-2309   SIC 2015
3855155 CANADA INC   p 1116
1420 Rue Du Fort, Montreal, QC, H3H 2C4
(514) 274-8008   SIC 5411
3856011 CANADA INC   p 11
1108 53 Ave Suite 105, CALGARY, AB, T2A 1V5
(403) 250-5667   SIC 5193
3856011 CANADA INC   p 192
8560 Roseberry Ave Unit 1, BURNABY, BC, V5J 3N3
(604) 412-9760   SIC 5992
3857387 CANADA INC   p 1025
2311 Place Transcanadienne, DORVAL, QC, H9P 2X7
(514) 683-2030   SIC 5511
387742 ONTARIO LIMITED   p 590
831 King's Hwy, FORT FRANCES, ON, P9A 2X5
(807) 274-8535   SIC 5812
3886298 CANADA INC   p 1134
24 Rte Germain, NEWPORT, QC, G0C 2A0
(418) 343-2206   SIC 5142
389259 ONTARIO LIMITED   p 518
236 Rutherford Rd S, BRAMPTON, ON, L6W 3J6
(905) 451-6470   SIC 5013
391605 BRITISH COLUMBIA LTD   p 324
3300 Redmond Pit Rd, VANDERHOOF, BC, V0J 3A0
(250) 567-3136   SIC 2421
392268 ALBERTA LTD   p 154
7414 50 Ave, RED DEER, AB, T4P 1X7
(403) 347-3300   SIC 5521
393450 ONTARIO LIMITED   p 726
2259 Prince Of Wales Dr, NEPEAN, ON,

▲ Public Company   ■ Public Company Family Member   HQ Headquarters   BR Branch   SL Single Location

3952851 CANADA INC
K2E 6Z8
(613) 226-5813   SIC 7011

3952851 CANADA INC p 1229
2875 Rue Jules-Brillant, SAINTE-ROSE, QC, H7P 6B2
SIC 6712

3981240 CANADA INC p 904
259 Lake Shore Blvd E, TORONTO, ON, M5A 3T7
SIC 5511

3992 BC INC p 197
45225 Luckakuck Way, CHILLIWACK, BC, V2R 3C7
(604) 858-5512   SIC 5812

3L FILTERS 2007 INC p 542
427 Elgin St N, CAMBRIDGE, ON, N1R 8G4
(519) 621-9949   SIC 3569

3M CANADA COMPANY p 351
400 Route 100, MORDEN, MB, R6M 1Z9
(204) 822-6284   SIC 2821

3M CANADA COMPANY p 530
1360 California Ave, BROCKVILLE, ON, K6V 5V8
(613) 345-0111   SIC 2891

3M CANADA COMPANY p 530
60 California Ave, BROCKVILLE, ON, K6V 7N5
(613) 498-5900   SIC 2672

3M CANADA COMPANY p 577
14 Plastics Ave, ETOBICOKE, ON, M8Z 4B7
(416) 503-3911   SIC 2678

3M CANADA COMPANY p 649
300 Tartan Dr, LONDON, ON, N5V 4M9
(519) 451-2500   SIC 2891

3M CANADA COMPANY p 649
801 Clarke Rd, LONDON, ON, N5V 3B3
(519) 452-6139   SIC 2891

3M CANADA COMPANY p 680
2751 Peddie Rd, MILTON, ON, L9T 0K1
(905) 875-2568   SIC 4225

3M CANADA COMPANY p 797
1545 Carling Ave Suite 700, OTTAWA, ON, K1Z 8P9
(613) 722-2070   SIC 5065

3M CANADA COMPANY p 807
2 Craig St, PERTH, ON, K7H 3E2
(613) 267-5300   SIC 2672

3M PROMOTIONAL MARKETS p 577
See 3M CANADA COMPANY

3R-BUS p 1226
See TRANSPORT CLEMENT BEGIN INC

4

#4275 p 62
See STARBUCKS COFFEE CANADA, INC

4 & 20 CAR WASH p 53
See SUNCOR ENERGY INC

4 GLACES, LES p 1006
See CANLAN ICE SPORTS CORP

401/DIXIE HYUNDAI p 687
See AUTOCANADA INC

4010205 CANADA INC p 1071
1010 Rue De Serigny, LONGUEUIL, QC, J4K 5G7
(450) 651-3702   SIC 6531

4010205 CANADA INC p 1115
1425 Boul Rene-Levesque O Bureau 406, Montreal, QC, H3G 1T7
SIC 6512

402909 ALBERTA LTD p 134
8224 Sparrow Cres, LEDUC, AB, T9E 8B7
SIC 7532

405730 ONTARIO LIMITED p 829
1730 London Line, SARNIA, ON, N7W 1A1
(519) 542-5543   SIC 7948

406106 ALBERTA INC p 182
6741 Cariboo Rd Suite 101, BURNABY, BC, V3N 4A3
(604) 421-5677   SIC 5044

406421 ALBERTA LTD p 154
8133 Edgar Industrial Close, RED DEER, AB, T4P 3R4
(403) 340-9825   SIC 1381

4078187 CANADA INC p 1109
600 Rue De La Gaucheti Re Bureau 1900, Montreal, QC, H3B 4L8

4115155 MANITOBA LIMITED p 353
2180 Saskatchewan Ave W, PORTAGE LA PRAIRIE, MB, R1N 0P3
(204) 239-8200   SIC 5812

411930 ONTARIO LIMITED p 651
379 Highbury Ave N, LONDON, ON, N5W 5K8
(519) 455-9090   SIC 3479

412506 ONTARIO LTD p 573
915 Notre Dame St, EMBRUN, ON, K0A 1W0
(613) 443-3442   SIC 8051

4126254 CANADA INC p 1208
5631 Ch Saint-Francois, SAINT-LAURENT, QC, H4S 1W6
(514) 745-8241   SIC 7299

4131185 CANADA INC p 1062
3885 Boul Industriel, Laval, QC, H7L 4S3
(450) 663-6724   SIC 8734

4207602 CANADA INC p 1104
2024 Rue Peel Bureau 400, Montreal, QC, H3A 1W5
(514) 881-2525   SIC 5136

4207602 CANADA INC p 1127
875 Montee Saint-Francois, Montreal, QC, H7C 2S8
(514) 881-2525   SIC 4225

4211596 CANADA INC p 78
10020 101a Ave Nw Suite 800, EDMONTON, AB, T5J 3G2
(780) 423-6801   SIC 6411

4211596 CANADA INC p 306
666 Burrard St Suite 200, VANCOUVER, BC, V6C 2X8
(604) 688-8909   SIC 6411

4211677 CANADA INC p 1025
10315 Ch Cote-De-Liesse, DORVAL, QC, H9P 1A6
(514) 636-8033   SIC 4212

4211677 CANADA INC p 1029
330 Rue Rocheleau, DRUMMONDVILLE, QC, J2C 7S7
(819) 477-9005   SIC 4212

4211677 CANADA INC p 1162
5150 Rue John-Molson, Quebec, QC, G1X 3X4
(514) 761-2345   SIC 7389

4211677 CANADA INC p 1252
3700 Boul L.-P.-Normand, Trois-Rivieres, QC, G9B 0G2
(819) 693-0019   SIC 4212

421229 ONTARIO LIMITED p 717
7255 Pacific Cir, MISSISSAUGA, ON, L5T 1V1
(905) 564-5581   SIC 5992

423027 BC LTD p 185
4219a Lougheed Hwy Unit A, BURNABY, BC, V5C 3Y6
(604) 299-7600   SIC 5812

427 AUTO COLLISION LIMITED p 577
395 Evans Ave, ETOBICOKE, ON, M8Z 1K8
(416) 259-6344   SIC 7532

428675 BC LTD p 188
7155 Kingsway Suite 300, BURNABY, BC, V5E 2V1
SIC 7999

428675 BC LTD p 285
7093 King George Blvd Suite 401a, SURREY, BC, V3W 5A2
(604) 590-3230   SIC 7999

429149 B.C. LTD p 182
8168 Glenwood Dr, BURNABY, BC, V3N 5E9
(604) 549-2000   SIC 5719

429512 ONTARIO LIMITED p 727
117 Centrepointe Dr Suite 117, NEPEAN, ON, K2G 5X3
(613) 695-2800   SIC 5812

429512 ONTARIO LIMITED p 793
779 Bank St, OTTAWA, ON, K1S 3V5
(613) 235-2624   SIC 5812

429616 ONTARIO LIMITED p 752
880 Lawrence Ave E, NORTH YORK, ON, M3C 1P6
(416) 445-2255   SIC 8361

4317572 CANADA INC p 1166
5540 Boul Des Gradins, Quebec, QC, G2J 1R7
(418) 622-0555   SIC 5812

434870 B.C. LTD p 239
262 Southside Dr, NANAIMO, BC, V9R 6Z5
(250) 753-4135   SIC 2092

4355768 CANADA INC p 1148
410 Boul Charest E Bureau 500, Quebec, QC, G1K 8G3
(418) 977-3169   SIC 3993

4372752 MANITOBA LTD p 376
326 Broadway Suite 400, WINNIPEG, MB, R3C 0S5
(204) 943-4997   SIC 5812

438357 ONTARIO LIMITED p 669
95 Royal Crest Crt Unit 14, MARKHAM, ON, L3R 9X5
(905) 940-4007   SIC 7349

4386396 CANADA INC p 748
2 Sheppard Ave E Suite 2000, NORTH YORK, ON, M2N 5Y7
(416) 225-9900   SIC 7361

4392230 CANADA INC p 1078
10466 Montee Clement, MIRABEL, QC, J7J 1Z4
(450) 476-1922   SIC 7997

4395612 MANITOBA LTD p 387
1450 Corydon Ave Suite 2, WINNIPEG, MB, R3N 0J3
(204) 989-5000   SIC 6531

4417194 CANADA INC p 1186
305 Av Mathers, SAINT-EUSTACHE, QC, J7P 4C1
(450) 472-7086   SIC 7832

4441028 CANADA INC p 1114
740 Rue Notre-Dame O Bureau 1120, Montreal, QC, H3C 3X6
(514) 871-1033   SIC 6712

4460596 CANADA INC p 526
87 Sinclair Blvd, BRANTFORD, ON, N3S 7X6
(519) 770-4770   SIC 2032

446784 B.C. LTD p 176
2291 West Railway St Suite B, ABBOTSFORD, BC, V2S 2E3
(604) 864-9682   SIC 8322

446987 ONTARIO INC p 410
78 Wyse St, MONCTON, NB, E1G 0Z5
(506) 383-3358   SIC 5712

446987 ONTARIO INC p 483
20 Kingston Rd W, AJAX, ON, L1T 4K8
(905) 683-0819   SIC 5712

446987 ONTARIO INC p 510
70 Great Lakes Dr Suite 148, BRAMPTON, ON, L6R 2K7
(905) 458-7533   SIC 5712

446987 ONTARIO INC p 512
3389 Steeles Ave E, BRAMPTON, ON, L6T 5W4
(905) 494-1118   SIC 5712

446987 ONTARIO INC p 669
5000 Highway 7 E Suite 328, MARKHAM, ON, L3R 4M9
(905) 470-0604   SIC 5712

446987 ONTARIO INC p 764
2501 Hyde Park Gate, OAKVILLE, ON, L6H 6G6
(905) 829-2988   SIC 5712

446987 ONTARIO INC p 973
16 Famous Ave Suite 145, WOODBRIDGE, ON, L4L 9M3
(905) 264-1211   SIC 5712

4489161 CANADA INC p 1060
400 Rue Louis-Fortier Bureau 100a, LASALLE, QC, H8R 0A8
(514) 370-8000   SIC 8361

4498411 MANITOBA LTD p 357
Gd Stn Main, STEINBACH, MB, R5G 1L8
(204) 326-4653   SIC 7992

4499034 CANADA INC p 287
19275 25 Ave, SURREY, BC, V3Z 3X1
(604) 542-4773   SIC 5063

450252 ONTARIO LTD p 847
95 Main St S, SEAFORTH, ON, N0K 1W0
(519) 527-1631   SIC 5411

4513380 CANADA INC p 21
1925 18 Ave Ne Suite 320, CALGARY, AB, T2E 7T8
(403) 250-3753   SIC 4731

4513380 CANADA INC p 78
10060 Jasper Ave Nw Suite 950, EDMONTON, AB, T5J 3R8
(780) 421-4351   SIC 4731

4513380 CANADA INC p 287
17735 1 Ave Suite 165, SURREY, BC, V3Z 9S1
(604) 538-1144   SIC 4731

4513380 CANADA INC p 310
1140 Pender St W Suite 500, VANCOUVER, BC, V6E 4H5
(604) 685-3555   SIC 4731

4513380 CANADA INC p 408
1010 St George Blvd, MONCTON, NB, E1E 4R5
(506) 857-3026   SIC 4731

4513380 CANADA INC p 589
33 Walnut St, FORT ERIE, ON, L2A 1S7
(905) 871-1606   SIC 4731

4513380 CANADA INC p 638
55 Overland Dr, KITCHENER, ON, N2C 2B3
(519) 743-8271   SIC 4731

4513380 CANADA INC p 684
6725 Airport Rd Suite 400, MISSISSAUGA, ON, L4V 1V2
(905) 676-3700   SIC 4731

4513380 CANADA INC p 684
6725 Airport Rd Ste 101, MISSISSAUGA, ON, L4V 1V2
(905) 676-3700   SIC 4731

4513380 CANADA INC p 713
6155 Belgrave Rd, MISSISSAUGA, ON, L5R 4E6
SIC 4731

4513380 CANADA INC p 722
150 Courtneypark Dr W Suite C, MISSISSAUGA, ON, L5W 1Y6
SIC 4731

4513380 CANADA INC p 828
4676 Brigden Rd, SARNIA, ON, N7T 7H3
(519) 332-2633   SIC 4731

4513380 CANADA INC p 917
40 University Ave Suite 602, TORONTO, ON, M5J 1J9
(416) 863-9339   SIC 4731

4513380 CANADA INC p 1211
6700 Ch De La Cote-De-Liesse Bureau 300, SAINT-LAURENT, QC, H4T 2B5
(514) 735-2000   SIC 4731

4542410 CANADA INC p 686
2700 Matheson Blvd E Suite 800, MISSISSAUGA, ON, L4W 4V9
(800) 268-6353   SIC 2066

458291 BC LTD p 253
19167 Ford Rd, PITT MEADOWS, BC, V3Y 2B6
(604) 465-9237   SIC 5812

458422 ONTARIO LIMITED p 566
220 Emma Ave, CORNWALL, ON, K6J 5V8
(613) 933-6972   SIC 8051

458890 B.C. LTD p 211
101 Trans Canada Hwy, DUNCAN, BC, V9L 3P8
(250) 748-5151   SIC 5812

458984 ONTARIO LIMITED p 751
125 Moatfield Dr, NORTH YORK, ON, M3B 3L6
(416) 391-1424   SIC 5812

45TH STREET LIMITED PARTNERSHIP p 1299
701 45th St W, SASKATOON, SK, S7L 5W5
(306) 934-0600   SIC 5039

464161 ALBERTA LTD p 99
4520 76 Ave Nw, EDMONTON, AB, T6B 0A5

▲ Public Company   ■ Public Company Family Member   HQ Headquarters   BR Branch   SL Single Location

BUSINESSES ALPHABETICALLY

(780) 468-5400 SIC 7011
465439 ONTARIO INC p 540
1200 Plains Rd E, BURLINGTON, ON, L7S 1W6
(905) 632-8010 SIC 4214
4659555 MANITOBA LTD p 374
330a King St, WINNIPEG, MB, R3B 3H4
(204) 989-5820 SIC 7361
469006 ONTARIO INC p 649
163 Stronach Cres, LONDON, ON, N5V 3G5
(519) 679-8810 SIC 7349
470858 ALBERTA LTD p 102
5674 75 St Nw, EDMONTON, AB, T6E 5X6
(780) 485-9905 SIC 7549
471540 B.C. LTD p 332
3965 Quadra St, VICTORIA, BC, V8X 1J8
(250) 727-3931 SIC 5812
473980 ONTARIO LTD p 778
485 Waterloo Crt, OSHAWA, ON, L1H 3X2
(905) 433-1392 SIC 4151
477599 ALBERTA LTD p 154
6350 67 St Suite 1, RED DEER, AB, T4P 3L7
(403) 346-3339 SIC 7999
483696 ALBERTA LTD p 102
7921 Coronet Rd Nw, EDMONTON, AB, T6E 4N7
(780) 465-4651 SIC 5812
487244 ALBERTA LTD p 90
10212 178 St Nw, EDMONTON, AB, T5S 1H3
(780) 483-7516 SIC 5521
487244 ALBERTA LTD p 134
6217 50 St, LEDUC, AB, T9E 7A9
(780) 986-9665 SIC 5511
488491 ONTARIO INC p 772
355 Broadway Suite 1, ORANGEVILLE, ON, L9W 3Y3
(519) 941-5161 SIC 6513
49 NORTH MECHANICAL LTD p 319
3641 29th Ave W Suite 201, VANCOUVER, BC, V6S 1T5
(604) 224-7604 SIC 1711
490892 B.C. LTD p 239
1 Terminal Ave N, NANAIMO, BC, V9R 5R4
(250) 753-3051 SIC 7011
498224 BC INC p 317
2450 2nd Ave W, VANCOUVER, BC, V6K 1J6
(604) 731-2127 SIC 8051
49TH PARALLEL GROCERY LIMITED p 243
1824 Cedar Rd, NANAIMO, BC, V9X 1H9
(250) 722-7010 SIC 5411
4III INNOVATIONS INC p 69
141 2 Ave E, COCHRANE, AB, T4C 2B9
(403) 800-3095 SIC 3699
4TH STREET ROSE CATERING p 52
See 4TH STREET ROSE RESTAURANT LTD
4TH STREET ROSE RESTAURANT LTD p 52
2116 4 St Sw, CALGARY, AB, T2S 1W7
  SIC 5812

5

5 SAISONS, LES p 1136
See METRO RICHELIEU INC
5-0 TAXI CO. INC. p 737
8236 Beaverdams Rd, NIAGARA FALLS, ON, L2H 3K8
(905) 358-3232 SIC 4121
5-0 TAXI CO. INC. p 854
16 Mitchell St, ST CATHARINES, ON, L2R 3W4
(905) 685-5464 SIC 4121
5-YEAR REPLACEMENT COST ADVANTAGE/ SOLUTION p 1204
See MELOCHE MONNEX INC
500408 N.B. INC p 398
370 Main St, FREDERICTON, NB, E3A 1E5
(506) 462-9950 SIC 5812
500PX, INC p 912
20 Duncan St Suite 1, TORONTO, ON, M5H 3G8
(647) 465-1033 SIC 4813
501070 BC LTD p 209
9924 River Rd, DELTA, BC, V4G 1B5
(604) 940-8410 SIC 4731
501420 NB INC p 408
320b Edinburgh Dr, MONCTON, NB, E1E 2L1
(506) 383-3305 SIC 6531
501420 NB INC p 413
103 Hampton Rd, ROTHESAY, NB, E2E 3L3
(506) 847-2020 SIC 6531
501420 NB INC p 461
7075 Bayers Rd Suite 216, HALIFAX, NS, B3L 2C2
(902) 453-1700 SIC 6531
501420 NB INC p 470
8999 Commercial St, NEW MINAS, NS, B4N 3E3
(902) 681-4663 SIC 6531
5055091 MANITOBA INC p 359
4 Moak Cres, THOMPSON, MB, R8N 2B7
(204) 677-0111 SIC 5812
506555 ONTARIO LIMITED p 805
1356 Pembroke St E, Pembroke, ON, K8A 6W2
(613) 735-0166 SIC 5511
508173 ALBERTA LTD p 174
5016 50 Ave, WHITECOURT, AB, T7S 1S8
(780) 778-6656 SIC 5411
510081 ONTARIO LIMITED p 657
276 Dundas St, LONDON, ON, N6B 1T6
(519) 439-0188 SIC 5812
510172 ONTARIO LTD p 867
100 Rr1 Foundry St, SUDBURY, ON, P3A 4R7
(705) 674-5626 SIC 3743
510487 ONTARIO LIMITED p 883
760 Algonquin Blvd, TIMMINS, ON, P4N 7E3
(705) 267-6467 SIC 5812
511670 ALBERTA LTD p 102
4220 98 St Nw Suite 201, EDMONTON, AB, T6E 6A1
(780) 466-1262 SIC 1542
511670 ALBERTA LTD p 1286
845 Broad St Suite 205, REGINA, SK, S4R 8G9
(306) 525-1644 SIC 1542
512844 ALBERTA LTD p 137
3939 1 Ave S, LETHBRIDGE, AB, T1J 4P8
(403) 327-3154 SIC 6712
515331 N.B. INC p 406
125 Westmorland St, MONCTON, NB, E1C 0S3
(506) 850-1060 SIC 5813
516447 ALBERTA LTD p 140
5501 44 St, LLOYDMINSTER, AB, T9V 0B1
(780) 875-3809 SIC 5812
517235 ALBERTA LTD p 26
200 8 Ave Se, CALGARY, AB, T2G 0K7
(403) 290-1012 SIC 5812
518162 ALBERTA INC p 828
272 St Andrew St, SARNIA, ON, N7T 8G8
(519) 336-9590 SIC 5033
524986 SASKATCHEWAN LTD p 140
5621 44 St, LLOYDMINSTER, AB, T9V 0B2
(780) 875-7000 SIC 7011
528728 BC LTD p 188
7195 Canada Way, BURNABY, BC, V5E 3R7
  SIC 8051
530093 ONTARIO LIMITED p 917
207 Queens Quay W Suite 200, TORONTO, ON, M5J 1A7
(416) 203-1233 SIC 5812
534118 ONTARIO CORPORATION p 632
2440 Princess St, Kingston, ON, K7M 3G4
(613) 549-1479 SIC 5511
534592 ONTARIO INC p 568
33373 Hwy 17, DEEP RIVER, ON, K0J 1P0
  SIC 2026
535688 ONTARIO LTD p 807
98 Dufferin St, PERTH, ON, K7H 3A7
(613) 267-3353 SIC 5812
540731 ONTARIO LIMITED p 717
7105 Pacific Cir, MISSISSAUGA, ON, L5T 2A8
(905) 564-5620 SIC 1721
541907 ONTARIO LIMITED p 295
2075 Kingsway, VANCOUVER, BC, V5N 2T2
(604) 876-5531 SIC 7011
543077 ALBERTA LTD p 115
305 116 Ave Nw, EDMONTON, AB, T6S 1G3
(780) 467-2627 SIC 5032
546073 ONTARIO LIMITED p 894
348 Danforth Ave Suite 8, TORONTO, ON, M4K 1N8
(416) 466-2129 SIC 5499
550338 ALBERTA LTD p 21
3530 11a St Ne Suite 1, CALGARY, AB, T2E 6M7
(403) 250-7878 SIC 7349
551382 BC LTD p 295
1645 1st Ave E Suite 98, VANCOUVER, BC, V5N 1A8
(604) 254-1214 SIC 5411
552429 ONTARIO LTD p 857
389 South Edgeware Rd, ST THOMAS, ON, N5P 4C5
  SIC 4213
552653 ONTARIO INC p 978
580 Bruin Blvd, WOODSTOCK, ON, N4V 1E5
(519) 537-5586 SIC 7011
558297 ONTARIO LTD p 807
3025 Petawawa Blvd Suite 6, PETAWAWA, ON, K8H 1X9
(613) 687-5000 SIC 5411
561138 ONTARIO LTD p 629
28 Elm St, KILLALOE, ON, K0J 2A0
(613) 757-2966 SIC 2421
564438 ALBERTA LTD p 90
18043 111 Ave Nw, EDMONTON, AB, T5S 2P2
(780) 453-3964 SIC 5085
567945 ALBERTA LTD p 4
116 Eagle Cres, BANFF, AB, T1L 1A3
(403) 762-3287 SIC 1731
570230 ONTARIO INC p 658
387 Wellington Rd, LONDON, ON, N6C 4P9
(519) 680-1830 SIC 5812
572412 B.C. LTD p 277
9851 Old Spallumcheen Rd, SICAMOUS, BC, V0E 2V3
(250) 836-4689 SIC 7992
575636 ONTARIO LIMITED p 511
1 Lascelles Blvd, BRAMPTON, ON, L6S 3T1
  SIC 4731
577830 B.C. LTD p 283
13237 King George Blvd, SURREY, BC, V3T 2T3
(604) 585-9955 SIC 5033
580799 ALBERTA LTD p 119
316 Mackay Cres, FORT MCMURRAY, AB, T9H 4E4
(780) 791-5477 SIC 6712
581821 ONTARIO LIMITED p 828
126 Green St, SARNIA, ON, N7T 2K5
(519) 336-3430 SIC 1731
584482 ONTARIO INC p 596
3 Main St, GORE BAY, ON, P0P 1H0
(705) 282-2007 SIC 8051
586307 ALBERTA LTD p 61
7422 Crowfoot Rd Nw Unit 201, CALGARY, AB, T3G 3N7
(403) 296-2200 SIC 5921
588990 ONTARIO INC p 569
520 Government St, DRYDEN, ON, P8N 2P7
(807) 223-4884 SIC 5812
591182 ONTARIO LIMITED p 739
56 Niagara Stone Rd, NIAGARA ON THE LAKE, ON, L0S 1J0
(905) 685-4544 SIC 4213
591182 ONTARIO LIMITED p 976
645 Athlone Ave, WOODSTOCK, ON, N4S 7V8
  SIC 4214
592534 ONTARIO INC p 751
1262 Don Mills Rd Suite 202, NORTH YORK, ON, M3B 2W7
(416) 447-8409 SIC 8059
595028 ALBERTA LTD p 77
11825 105 Ave Nw, EDMONTON, AB, T5H 0L9
(780) 421-7361 SIC 5621
599515 ALBERTA LTD p 52
730 17 Ave Sw, CALGARY, AB, T2S 0B7
(403) 228-3566 SIC 5813
599681 SASKATCHEWAN LTD p 125
9101 116 St, GRANDE PRAIRIE, AB, T8V 6S7
(780) 532-3414 SIC 7699
5TOUCH SOLUTIONS INC p 900
14th Floor, TORONTO, ON, M4W 3R8
(647) 496-5623 SIC 7374
5U SERVICES INC p 1056
10220 Ch De La Cote-De-Liesse, LACHINE, QC, H8T 1A3
(514) 635-1103 SIC 1731

6

6 DEGREES DESIGN p 1176
See VINS ARTERRA CANADA, DIVISION QUEBEC, INC
600653 SASKATCHEWAN LTD p 1271
601 11th Ave E, KINDERSLEY, SK, S0L 1S2
(306) 463-6555 SIC 7011
602390 ONTARIO LIMITED p 842
81 Scottfield Dr, SCARBOROUGH, ON, M1S 5R4
(416) 740-9000 SIC 5146
604329 SASKATCHEWAN LTD p 1286
444 Broad St, REGINA, SK, S4R 1X3
(306) 525-8848 SIC 5511
6080090 CANADA INC p 1284
2010 11th Ave, REGINA, SK, S4P 0J3
(306) 777-0500 SIC 6211
6091636 CANADA INC p 1125
4700 Rue De La Savane Bureau 310, Montreal, QC, H4P 1T7
(514) 448-6931 SIC 7389
6093369 ONTARIO LIMITED p 539
Gd Lcd 1, BURLINGTON, ON, L7R 3X7
(905) 336-3660 SIC 7997
6096998 ONTARIO INC p 713
6200 Cantay Rd, MISSISSAUGA, ON, L5R 3Y9
(905) 501-9350 SIC 2511
611421 ONTARIO INC. p 740
119 Progress Crt, NORTH BAY, ON, P1A 0C1
(705) 476-4222 SIC 3799
6142974 CANADA INC p 900
175 Bloor St E Suite 606, TORONTO, ON, M4W 3R8
(416) 934-1436 SIC 6282
6143580 CANADA INC. p 1148
10 Rue Saint-Antoine, Quebec, QC, G1K 4C9
(418) 692-1022 SIC 5812
615317 NB INC p 394
891 Route 880, BERWICK, NB, E5P 3H5
(506) 433-6168 SIC 5193
6172245 CANADA INC p 419
3112 Main St Unit 3, SALISBURY, NB, E4J 2L6
(506) 372-9542 SIC 1731
6173306 CANADA INC p 988
12 1re Av E Bureau 49, AMOS, QC, J9T 1H3
(819) 727-9441 SIC 5812
6173306 CANADA INC p 1054
616 2e Rue E, LA SARRE, QC, J9Z 2S5
(819) 339-5619 SIC 5812
617400 SASKATCHEWAN LTD p 1288
4250 Albert St, REGINA, SK, S4S 3R9
(306) 585-0579 SIC 5411
6202683 CANADA INC p 989
7050 Boul Henri-Bourassa E, ANJOU, QC, H1E 7K7
(514) 328-7777 SIC 5511

▲ Public Company   ■ Public Company Family Member   HQ Headquarters   BR Branch   SL Single Location

620828 N.B. INC p 669
80 Acadia Ave Suite 100, MARKHAM, ON, L3R 9V1
(905) 754-4800 SIC 7349

621828 ONTARIO LTD p 577
7a Taymall Ave, ETOBICOKE, ON, M8Z 3Y8
(416) 252-1186 SIC 6712

623878 ALBERTA LTD p 5
6011 49 St, BARRHEAD, AB, T7N 1A5
(780) 674-3300 SIC 7011

625009 B.C. LTD p 178
30435 Progressive Way Unit 1, ABBOTSFORD, BC, V2T 6Z1
SIC 1542

625147 ONTARIO LTD p 651
1657 Dundas St E, Unit # 1, LONDON, ON, N5W 3C6
(519) 679-3683 SIC 8021

626394 ONTARIO INC p 955
684 South Pelham Rd, WELLAND, ON, L3C 3C8
(905) 735-5744 SIC 5992

6268595 CANADA INC p 557
150 Connie Cres Suite 3, CONCORD, ON, L4K 1L9
(905) 660-3289 SIC 5122

628656 SASKATCHEWAN LTD p 1291
1800 Prince Of Wales Dr, REGINA, SK, S4Z 1A4
(306) 789-3883 SIC 7011

629112 SASKATCHEWAN LTD p 1294
366 3rd Ave S, SASKATOON, SK, S7K 1M5
(306) 244-1975 SIC 4832

633515 ALBERTA LTD p 152
4422 33a St, RED DEER, AB, T4N 0N8
(403) 347-7661 SIC 1389

6362222 CANADA INC p 1156
930 Rue D'aiguillon, Quebec, QC, G1R 5M9
(418) 780-2080 SIC 8742

6362222 CANADA INC p 1257
1 Carrefour Alexander-Graham-Bell Bureau A-7, VERDUN, QC, H3E 3B3
(514) 937-1188 SIC 7379

6410138 CANADA INC p 1246
1760 Rue Setlakwe, THETFORD MINES, QC, G6G 8B2
SIC 2493

6423264 CANADA INC p 1133
3055 Boul Notre-Dame Bureau 1700, Montreal-Ouest, QC, H7V 4C6
(450) 681-3055 SIC 8361

642354 ALBERTA LTD p 2
185 East Lake Cres Ne, AIRDRIE, AB, T4A 2H7
(403) 912-1230 SIC 5812

647802 ONTARIO LIMITED p 735
4199 River Rd, NIAGARA FALLS, ON, L2E 3E7
(905) 357-1133 SIC 5947

651233 ONTARIO INC p 615
630 Stone Church Rd W, HAMILTON, ON, L9B 1A7
(905) 389-3487 SIC 5461

6518729 CANADA INC p 71
3702 62 St, DRAYTON VALLEY, AB, T7A 1S1
(780) 542-5141 SIC 1389

6518729 CANADA INC p 125
Gd, GRANDE PRAIRIE, AB, T8V 2Z7
SIC 4213

656955 ONTARIO LIMITED p 815
101 Parent St, PLANTAGENET, ON, K0B 1L0
(613) 673-4835 SIC 8051

659725 NEW BRUNSWICK INC p 422
215 Beardsley Rd, WOODSTOCK, NB, E7M 4E1
(506) 328-9848 SIC 7011

66295 MANITOBA LTD p 388
1280 Pembina Hwy, WINNIPEG, MB, R3T 2B2
(204) 452-8100 SIC 5713

6657443 CANADA p 1108
See VALTECH CANADA INC

666248 ONTARIO LIMITED p 645
7300 Major Mackenzie Dr, KLEINBURG, ON, L0J 1C0
(905) 893-0900 SIC 4212

668824 ALBERTA LTD p 9
2930 32 Ave Ne, CALGARY, AB, T1Y 5J4
(403) 250-9107 SIC 5065

668824 ALBERTA LTD p 88
10421 170 St Nw, EDMONTON, AB, T5P 4T2
(780) 444-7007 SIC 5731

668824 ALBERTA LTD p 102
10133 34 Ave Nw, EDMONTON, AB, T6E 6J8
(780) 438-6242 SIC 5731

668824 ALBERTA LTD p 223
2463 Highway 97 N Suite 155, KELOWNA, BC, V1X 4J2
(250) 762-5900 SIC 7539

668824 ALBERTA LTD p 382
1130 St James St, WINNIPEG, MB, R3H 0K7
(204) 775-7082 SIC 7389

668824 ALBERTA LTD p 1281
2530 E Victoria Ave, REGINA, SK, S4N 6M5
(306) 790-7755 SIC 5999

668824 ALBERTA LTD p 1294
2731 Faithfull Ave, SASKATOON, SK, S7K 7C3
(306) 664-3666 SIC 5731

668977 ALBERTA INC p 55
235 Shawville Blvd Se, CALGARY, AB, T2Y 3H9
(403) 256-6999 SIC 5812

677957 ONTARIO LIMITED p 732
869 Mulock Dr Suite 1, NEWMARKET, ON, L3Y 8S3
(905) 853-3356 SIC 5411

678114 ONTARIO INC p 769
380 Sherin Dr, Oakville, ON, L6L 4J3
(905) 847-1413 SIC 6513

678925 ONTARIO INC p 910
14 College St, TORONTO, ON, M5G 1K2
(416) 962-7500 SIC 8741

679137 ONTARIO LIMITED p 557
200 Spinnaker Way, CONCORD, ON, L4K 5E5
(905) 738-3682 SIC 3542

682439 ONTARIO INC p 715
2375 Lucknow Dr, MISSISSAUGA, ON, L5S 1H9
(800) 265-9370 SIC 4213

682439 ONTARIO INC p 740
348 Birchs Rd Suite 824, NORTH BAY, ON, P1A 4A9
(705) 476-0444 SIC 4213

682523 ALBERTA LTD p 239
515 Broadway Dr, NAKUSP, BC, V0G 1R0
(250) 265-3618 SIC 7011

6861083 CANADA INC p 1039
53 Rue Du Blizzard, GATINEAU, QC, J9A 0C8
(819) 777-2222 SIC 5091

687336 ONTARIO LIMITED p 717
335 Superior Blvd, MISSISSAUGA, ON, L5T 2L6
(905) 565-6840 SIC 5941

689109 ALBERTA LTD p 9
2791 32 Ave Ne, CALGARY, AB, T1Y 2G1
(403) 291-2229 SIC 5812

6894658 CANADA INC p 1122
4035 Rue Saint-Ambroise, Montreal, QC, H4C 2E1
(514) 932-8054 SIC 2673

6926614 CANADA INC p 924
80 Bloor St W Suite 1800, TORONTO, ON, M5S 2V1
(416) 892-2071 SIC 2421

6929818 CANADA INC p 713
10 Kingsbridge Garden Cir Suite 704, MISSISSAUGA, ON, L5R 3K6
SIC 2421

6931014 CANADA INC p 1206
3100 Boul Thimens, SAINT-LAURENT, QC, H4R 0C9
(514) 904-6789 SIC 5141

6938001 CANADA INC p 1096
433 Rue Chabanel O Bureau 801, Montreal, QC, H2N 2J6
(514) 383-0026 SIC 5621

7

7-ELEVEN CANADA, INC p 21
311 16 Ave Ne, CALGARY, AB, T2E 1K1
(403) 276-2111 SIC 5411

7-ELEVEN CANADA, INC p 34
9128 Macleod Trail Se, CALGARY, AB, T2J 0P5
(403) 255-6540 SIC 5411

7-ELEVEN CANADA, INC p 65
5010 48 Ave, CAMROSE, AB, T4V 0J5
(780) 672-1126 SIC 5411

7-ELEVEN CANADA, INC p 94
1017 Potter Greens Dr Nw, EDMONTON, AB, T5T 6A4
(780) 443-2482 SIC 5411

7-ELEVEN CANADA, INC p 119
10002 Franklin Ave, FORT MCMURRAY, AB, T9H 2K6
(780) 715-0781 SIC 5411

7-ELEVEN CANADA, INC p 152
5925 54 Ave, RED DEER, AB, T4N 4M7
(403) 343-7111 SIC 5411

7-ELEVEN CANADA, INC p 196
5001 Access Rd S, CHETWYND, BC, V0C 1J0
(250) 788-3710 SIC 5411

7-ELEVEN CANADA, INC p 240
1602 Bowen Rd, NANAIMO, BC, V9S 1G6
(250) 753-4233 SIC 5411

7-ELEVEN CANADA, INC p 265
3531 Viking Way Unit 7, RICHMOND, BC, V6V 1W1
(604) 273-2008 SIC 5411

7-ELEVEN CANADA, INC p 366
554 Keenleyside St, WINNIPEG, MB, R2K 3H2
(204) 985-0135 SIC 5411

7-ELEVEN CANADA, INC p 367
456 Talbot Ave, WINNIPEG, MB, R2L 0R5
(204) 985-0142 SIC 5411

7-ELEVEN CANADA, INC p 391
5 Scurfield Blvd Unit 30, WINNIPEG, MB, R3Y 1G3
(204) 487-3663 SIC 5411

7-ELEVEN CANADA, INC p 1279
215 15th St W, PRINCE ALBERT, SK, S6V 3P9
(306) 764-2101 SIC 5411

7-ELEVEN CANADA, INC p 1279
606 Branion Dr, PRINCE ALBERT, SK, S6V 2S1
(306) 764-8355 SIC 5411

7-ELEVEN FOOD CENTER p 265
See 7-ELEVEN CANADA, INC

7-ELEVEN FOOD CENTER p 391
See 7-ELEVEN CANADA, INC

7-ELEVEN STORE #20594 p 367
See 7-ELEVEN CANADA, INC

7-ELEVEN STORE #20926 p 240
See 7-ELEVEN CANADA, INC

7-ELEVEN STORE #23281 p 366
See 7-ELEVEN CANADA, INC

7-ELEVEN STORE #25349 p 21
See 7-ELEVEN CANADA, INC

7-ELEVEN STORE #26140 p 65
See 7-ELEVEN CANADA, INC

7-ELEVEN STORE #26892 p 1279
See 7-ELEVEN CANADA, INC

7-ELEVEN STORE #26940 p 152
See 7-ELEVEN CANADA, INC

7-ELEVEN STORE #29510 p 34
See 7-ELEVEN CANADA, INC

7-ELEVEN STORE #32104 p 196
See 7-ELEVEN CANADA, INC

7-ELEVEN STORE #32250 p 1279
See 7-ELEVEN CANADA, INC

7-ELEVEN STORE #32252 p 119
See 7-ELEVEN CANADA, INC

7-ELEVEN STORE #33047 p 94
See 7-ELEVEN CANADA, INC

7012985 CANADA INC p 1262
3500 Boul De Maisonneuve O Bureau 700, WESTMOUNT, QC, H3Z 3C1
(514) 380-2700 SIC 7379

704610 ALBERTA LTD p 21
380 Mctavish Rd Ne Suite 3, CALGARY, AB, T2E 7G5
(403) 735-3299 SIC 4581

706017 ONTARIO CORP p 973
101 Caster Ave, WOODBRIDGE, ON, L4L 5Z2
(905) 851-3189 SIC 1521

7073674 CANADA LTD p 790
77 Bank St, OTTAWA, ON, K1P 5N2
(613) 831-2235 SIC 5812

710712 ALBERTA INC p 110
3414 Gateway Blvd Nw Suite 406, EDMONTON, AB, T6J 6R5
(780) 435-1922 SIC 7933

711 p 340
See CANADA POST CORPORATION

712934 ALBERTA LTD p 74
11931 Wayne Gretzky Dr, EDMONTON, AB, T5B 1Z7
(780) 471-2001 SIC 5736

715152 ONTARIO INC p 568
33005 Highway 17 East Rr 1, DEEP RIVER, ON, K0J 1P0
(613) 584-4776 SIC 4151

715639 ALBERTA LTD p 55
70 Shawville Blvd Se Suite 400, CALGARY, AB, T2Y 2Z3
(403) 256-5681 SIC 5812

715639 ALBERTA LTD p 56
4307 130 Ave Se Suite 190, CALGARY, AB, T2Z 3V8
(403) 257-5337 SIC 5812

7169311 MANITOBA LTD p 382
975 Sherwin Rd Unit 1, WINNIPEG, MB, R3H 0T8
(855) 838-7852 SIC 5193

717 9472 CANADA INC p 717
6392 Netherhart Rd, MISSISSAUGA, ON, L5T 1A2
(905) 677-7140 SIC 4212

718009 ONTARIO INC p 783
2617 Edinburgh Pl, OTTAWA, ON, K1B 5M1
(613) 742-7171 SIC 7389

718695 ONTARIO INC p 616
1170 Upper James St, HAMILTON, ON, L9C 3B1
(905) 574-7880 SIC 5812

718878 ONTARIO LIMITED p 683
7485 Bath Rd, MISSISSAUGA, ON, L4T 4C1
(905) 362-0822 SIC 7389

722140 ONTARIO LIMITED p 684
3160 Caravelle Dr, MISSISSAUGA, ON, L4V 1K9
SIC 6712

7246404 CANADA INC p 1183
1210 Av Saint-Alphonse, SAINT-BRUNO-LAC-SAINT-JEAN, QC, G0W 2L0
(418) 343-2989 SIC 3711

725024 ALBERTA LTD p 15
11158 42 St Se, CALGARY, AB, T2C 0J9
(403) 279-7600 SIC 6712

725850 ALBERTA LTD p 64
1881 120 Ave Ne, CALGARY, AB, T3K 0S5
(403) 273-1220 SIC 4212

725961 ALBERTA LIMITED p 130
9802 97 St Ss 1, HIGH LEVEL, AB, T0H 1Z0
(780) 926-8844 SIC 7011

730 GAS BAR p 549
See 730 TRUCK STOP INC

730 TRUCK STOP INC p 549
2085 Shanly Rd, CARDINAL, ON, K0E 1E0
(613) 657-3155 SIC 5541

733644 ALBERTA LTD p 156
2079 50 Ave, RED DEER, AB, T4R 1Z4
(403) 986-4312 SIC 5812

BUSINESSES ALPHABETICALLY

73559 ALBERTA LTD   p 30
5728 1 St Sw, CALGARY, AB, T2H 0E2
(403) 252-7651   *SIC* 6512

742718 ALBERTA LTD   p 110
4235 Gateway Blvd Nw, EDMONTON, AB, T6J 5H2
(780) 438-1222   *SIC* 7011

742906 ONTARIO LTD   p 545
300 Sheldon Dr, CAMBRIDGE, ON, N1T 1A8
(519) 740-7797   *SIC* 3599

742994 ONTARIO INC   p 644
600 Doon Village Rd, KITCHENER, ON, N2P 1G6
(519) 748-0221   *SIC* 5812

745822 ONTARIO LIMITED   p 826
1593 Essex County Rd 34, RUTHVEN, ON, N0P 2G0
(519) 326-5743   *SIC* 5148

7500 TAXI   p 833
See 1022239 ONTARIO INC

75040 MANITOBA LTD   p 385
3690 Portage Ave, WINNIPEG, MB, R3K 0Z8
(888) 219-5989   *SIC* 5511

751768 ALBERTA INC   p 5
84 Bonin Cres, BEAUMONT, AB, T4X 1N7
SIC 1623

756694 ONTARIO LTD   p 731
54 May St, NEW LISKEARD, ON, P0J 1P0
(705) 647-4733   *SIC* 5812

762695 ONTARIO LIMITED   p 686
2770 Matheson Blvd E, MISSISSAUGA, ON, L4W 4M5
(905) 238-3466   *SIC* 6712

765865 ONTARIO INC   p 382
2019 Sargent Ave Unit 18, WINNIPEG, MB, R3H 0Z7
(204) 779-0132   *SIC* 4581

768308 ONTARIO INC   p 872
30043 Jane Rd, THAMESVILLE, ON, N0P 2K0
(519) 692-4416   *SIC* 2035

768812 ONTARIO INC   p 883
363 Algonquin Blvd W, TIMMINS, ON, P4N 2S3
(705) 269-9996   *SIC* 4899

768812 ONTARIO INC   p 954
53 Broadway, WAWA, ON, P0S 1K0
(705) 856-7007   *SIC* 4813

770970 ALBERTA LTD   p 124
315 St E, FOX CREEK, AB, T0H 1P0
(780) 622-2273   *SIC* 4212

770976 ONTARIO LIMITED   p 763
2625g Weston Rd, NORTH YORK, ON, M9N 3X2
(416) 242-5090   *SIC* 5812

7790643 CANADA INC   p 1080
2265 Crois Ainsley, MONT-ROYAL, QC, H3P 2S8
(450) 228-2571   *SIC* 7011

779414 ONTARIO INC   p 599
304 Stone Rd W, GUELPH, ON, N1G 4W4
(519) 836-4950   *SIC* 5812

783312 ONTARIO LIMITED   p 696
2281 Camilla Rd, MISSISSAUGA, ON, L5A 2K2
(905) 848-4840   *SIC* 5411

7922825 CANADA INC   p 268
651 Fraserwood Pl Unit 210, RICHMOND, BC, V6W 1J3
(604) 247-4001   *SIC* 4899

792884 ONTARIO INC   p 722
257 Derry Rd W, MISSISSAUGA, ON, L5W 1G3
(905) 564-1574   *SIC* 7349

7979134 CANADA INC   p 1098
7075 Av Casgrain, Montreal, QC, H2S 3A3
(450) 477-4100   *SIC* 2051

8

800 CHAB   p 1276
See GOLDEN WEST BROADCASTING LTD

8003149 CANADA INC   p 1099
6674 Av De L'esplanade, Montreal, QC, H2V 4L5
(514) 273-3300   *SIC* 4214

801 WEST GEORGIA LTD   p 306
801 Georgia St W, VANCOUVER, BC, V6C 1P7
(604) 682-5566   *SIC* 7011

816793 ONTARIO LIMITED   p 644
4396 King St E Suite 4, KITCHENER, ON, N2P 2G4
(519) 650-0331   *SIC* 5812

817936 ALBERTA LTD   p 39
513 8 Ave Sw Suite 126, CALGARY, AB, T2P 1G1
(403) 508-9999   *SIC* 5812

820229 ONTARIO LIMITED   p 838
2206 Eglinton Ave E, SCARBOROUGH, ON, M1L 4S7
(416) 288-1177   *SIC* 5812

821373 ONTARIO LTD   p 512
3 Brewster Rd Suite 5, BRAMPTON, ON, L6T 5G9
(905) 794-2074   *SIC* 5087

824416 ONTARIO LTD   p 755
1027 Finch Ave W, NORTH YORK, ON, M3J 2C7
(416) 736-6000   *SIC* 5812

825371 ALBERTA LTD   p 174
Gd Stn Main, WHITECOURT, AB, T7S 1S1
(780) 778-6611   *SIC* 5812

826788 ONTARIO LTD   p 903
467 Church St Suite 3, TORONTO, ON, M4Y 2C5
(416) 972-0887   *SIC* 5812

838116 ONTARIO INC   p 557
35 Adesso Dr Suite 18, CONCORD, ON, L4K 3C7
(905) 760-0850   *SIC* 2051

8388059 CANADA INC   p 669
4250 14th Ave, MARKHAM, ON, L3R 0J3
(416) 848-8500   *SIC* 2752

841065 ONTARIO INC   p 776
250 Centrum Blvd Suite Side, ORLEANS, ON, K1E 3J1
(613) 834-0088   *SIC* 5812

848357 ONTARIO INC   p 934
33 Christie St, TORONTO, ON, M6G 3B1
(416) 536-1117   *SIC* 8051

85605 CANADA INC   p 1081
845 Av Plymouth, MONT-ROYAL, QC, H4P 1B2
SIC 5136

8561567 CANADA INC   p 1045
585 Rue Saint-Pierre S, JOLIETTE, QC, J6E 8R8
(450) 759-6361   *SIC* 2053

857780 ONTARIO LIMITED   p 887
1399 Kennedy Rd Suite 22, TORONTO, ON, M1P 2L6
SIC 7991

8603600 CANADA INC   p 801
27 Northside Rd Unit 2710, OTTAWA, ON, K2H 8S1
(613) 265-4095   *SIC* 5947

864773 ONTARIO LIMITED   p 532
4480 Paletta Crt, BURLINGTON, ON, L7L 5R2
(905) 825-1856   *SIC* 2011

8649545 CANADA INC   p 1115
1232 Rue De La Montagne, Montreal, QC, H3G 1Z1
(514) 392-1970   *SIC* 5812

865072 ONTARIO LIMITED   p 618
931 Front St, HEARST, ON, P0L 1N0
(705) 362-4304   *SIC* 5813

8677018 CANADA INC   p 802
140 Iber Rd, OTTAWA, ON, K2S 1E9
(613) 742-6766   *SIC* 3086

867907 ONTARIO LIMITED   p 735
4414 Portage Rd, NIAGARA FALLS, ON, L2E 6A5
(905) 354-2521   *SIC* 5812

87029 CANADA LTD   p 732
200 Davis Dr, NEWMARKET, ON, L3Y 2N4

(905) 898-5383   *SIC* 7389

876224 ONTARIO LIMITED   p 508
150 Muskoka Rd 118 W, BRACEBRIDGE, ON, P1L 1T4
(705) 645-7947   *SIC* 5812

876350 ALBERTA LTD   p 149
4520 46 St, OLDS, AB, T4H 1A1
(403) 556-7988   *SIC* 5812

87878 CANADA LTEE   p 1159
3055 Boul Laurier, Quebec, QC, G1V 4X2
(418) 651-2440   *SIC* 7011

8815003 CANADA INC   p 1156
1225 Cours Du General-De Montcalm, Quebec, QC, G1R 4W6
(418) 647-2222   *SIC* 7011

882547 ONTARIO INC   p 540
1235 Fairview St Suite 1, BURLINGTON, ON, L7S 2H9
(905) 632-6000   *SIC* 5812

882976 ONTARIO INC   p 967
1090 University Ave W Suite 200, WINDSOR, ON, N9A 5S4
(519) 977-7334   *SIC* 7371

8843848 CANADA INC   p 1056
2100 52e Av Bureau 100, LACHINE, QC, H8T 2Y5
(514) 556-3088   *SIC* 5251

8919470 CANADA INC   p 1084
10000 Boul Henri-Bourassa E, Montreal, QC, H1C 1T1
(514) 648-6366   *SIC* 1795

8TH AVENUE ELITE REALTY LTD   p 281
15252 32 Ave Unit 210, SURREY, BC, V3S 0R7
SIC 6531

9

90.3 AMP RADIO   p 24
See NEWFOUNDLAND CAPITAL CORPORATION LIMITED

9003-3416 QUEBEC INC   p 1012
503 3e Rue, CHIBOUGAMAU, QC, G8P 1N8
(418) 748-2606   *SIC* 5912

9003-4406 QUEBEC INC   p 1139
169 Boul Sainte-Anne, Pointe-Au-Pere, QC, G5M 1C3
(418) 725-0911   *SIC* 5511

9003-7755 QUEBEC INC   p 1069
900 Rue Saint-Charles E, LONGUEUIL, QC, J4H 3Y2
(450) 646-8100   *SIC* 7011

9010-5826 QUEBEC INC   p 1115
1459 Rue Crescent, Montreal, QC, H3G 2B2
(514) 288-3814   *SIC* 5812

9013-1194 QUEBEC INC   p 1075
83 Rue Principale N, MANIWAKI, QC, J9E 2B5
(819) 449-3600   *SIC* 5812

9013-3489 QUEBEC INC   p 1236
1105 Rue King E, SHERBROOKE, QC, J1G 1E5
SIC 5461

9015-7009 QUEBEC INC   p 1015
1235 Rue Bersimis, CHICOUTIMI, QC, G7K 1A4
(418) 549-0744   *SIC* 6719

9015-9492 QUEBEC INC   p 1122
3025 Rue Saint-Ambroise, Montreal, QC, H4C 2C2
(514) 932-0328   *SIC* 5461

9016-1126 QUEBEC INC   p 1100
180 Rue Sainte-Catherine O, Montreal, QC, H2X 3Y2
(514) 282-7444   *SIC* 5812

9016-7974 QUA BEC INC   p 1247
830 Boul Thibeau, Trois-Rivieres, QC, G8T 7A6
(819) 376-6664   *SIC* 5812

9016-7974 QUEBEC INC   p 1247
See 9016-7974 QUA BEC INC

9016-8063 QUEBEC INC   p 1129
3925 Boul Cure-Labelle, Montreal, QC, H7P 0A5
(450) 688-9222   *SIC* 7996

9017-2438 QUEBEC INC   p 1088
5350 Rue Sherbrooke E, Montreal, QC, H1V 1A1
SIC 5812

9017-6165 QUEBEC INC   p 1252
1690 3e Av, VAL-D'OR, QC, J9P 1W2
(819) 825-9118   *SIC* 5812

9020-4983 QUEBEC INC   p 1046
2035 Rue Deschenes, Jonquiere, QC, G7S 5E3
(418) 548-5000   *SIC* 7353

9020-5758 QUEBEC INC   p 1007
8600 Boul Leduc, BROSSARD, QC, J4Y 0G6
(450) 443-4127   *SIC* 5499

9020-5758 QUEBEC INC   p 1066
1218 Rue De La Concorde, Levis, QC, G6W 0M7
(418) 903-5454   *SIC* 5499

9021-2200 QUEBEC INC   p 1029
1275 Rue Janelle, DRUMMONDVILLE, QC, J2C 3E4
SIC 2531

9022-1672 QUEBEC INC   p 1151
955 Boul Pierre-Bertrand, Quebec, QC, G1M 2E8
SIC 5813

9023-4436 QUEBEC INC   p 1159
2450 Boul Laurier, Quebec, QC, G1V 2L1
(418) 780-8035   *SIC* 5941

902316 ONTARIO LIMITED   p 973
200 Hanlan Rd Suite A, WOODBRIDGE, ON, L4L 3P6
(905) 850-5544   *SIC* 2789

9025-5159 QUEBEC INC   p 1024
3839 Boul Saint-Jean, DOLLARD-DES-ORMEAUX, QC, H9G 1X2
(514) 626-6440   *SIC* 5812

9026-6511 QUEBEC INC   p 1178
1657 Ch De L'avalanche, SAINT-ADOLPHE-D'HOWARD, QC, J0T 2B0
(819) 327-3232   *SIC* 7011

9027-3111 QUEBEC INC   p 1252
932 3e Av, VAL-D'OR, QC, J9P 1T3
(819) 824-9651   *SIC* 7011

9027-7757 QUEBEC INC   p 1104
410 Rue Sherbrooke O, Montreal, QC, H3A 1B3
(514) 844-8844   *SIC* 7011

9028-3409 QUEBEC INC   p 1240
4801 Boul Bourque, SHERBROOKE, QC, J1N 2G6
(819) 563-2602   *SIC* 5651

9029-2970 QUEBEC INC   p 1077
135 Boul Dion, MATANE, QC, G4W 3L8
(418) 562-3751   *SIC* 7389

9029-4307 QUEBEC INC   p 1258
34 Rue De L'artisan, VICTORIAVILLE, QC, G6P 7E3
(819) 752-5743   *SIC* 6712

9029-5015 QUEBEC INC   p 1029
915 Rue Hains, DRUMMONDVILLE, QC, J2C 3A1
(819) 478-4971   *SIC* 6712

9030-5582 QUEBEC INC   p 1245
1460 Ch Gascon Bureau 101, TERREBONNE, QC, J6X 2Z5
(450) 492-5225   *SIC* 5812

9031-6332 QUEBEC INC   p 1252
1080 3e Av, VAL-D'OR, QC, J9P 1T6
(819) 825-9000   *SIC* 5511

9031-7520 QUEBEC INC   p 1118
500 Boul Gouin E Bureau 201, Montreal, QC, H3L 3R9
(514) 858-1883   *SIC* 7361

9038-5477 QUEBEC INC   p 995
482 Boul Beaconsfield Bureau 204, BEACONSFIELD, QC, H9W 4C4
(514) 695-3131   *SIC* 8059

9038-7200 QUEBEC INC   p 1186
255 25e Av Bureau 926, SAINT-EUSTACHE, QC, J7P 4Y1
(450) 974-3493   *SIC* 5461

9041-1273 QUEBEC INC   p 1104

2045 Rue Peel, Montreal, QC, H3A 1T6
(514) 982-6064   *SIC* 7011

9042-0654 QUEBEC INC   *p* 1188
2030 127e Rue, SAINT-GEORGES, QC, G5Y 2W8
(418) 227-4279   *SIC* 6712

9043-3798 QUEBEC INC   *p* 1249
5110 Boul Jean-Xxiii, Trois-Rivieres, QC, G8Z 4A7
(819) 374-5323   *SIC* 5511

9045-4604 QUEBEC INC   *p* 1029
1200 Boul Rene-Levesque, DRUMMONDVILLE, QC, J2C 5W4
(819) 474-3930   *SIC* 5511

9046-2680 QUEBEC INC   *p* 1244
1030 Boul Moody, TERREBONNE, QC, J6W 3K9
(450) 492-5156   *SIC* 5812

9046-2680 QUEBEC INC   *p* 1245
2980 Ch Gascon, TERREBONNE, QC, J6X 3Z3
(450) 477-1600   *SIC* 5812

9048-4270 QUEBEC INC   *p* 1218
594 Ch Olivier, SAINT-NICOLAS, QC, G7A 2N6
(418) 836-5050   *SIC* 5571

9048-9493 QUEBEC INC   *p* 1181
27 Rue Industrielle, Saint-Benoit-Labre, QC, G0M 1P0
(418) 228-6979   *SIC* 4213

9049-3347 QUEBEC INC   *p* 1260
383 Boul De La Bonaventure, VICTORIAVILLE, QC, G6T 1V5
(819) 758-0667   *SIC* 2752

9049-5243 QUEBEC INC   *p* 1242
59 Ch Labrie Rr 4, St-Francois-Xavier-de-Brompton, QC, J0B 2V0
SIC 2431

9050-6347 QUEBEC INC   *p* 1124
1805 Rue Sauve O Unite 202, Montreal, QC, H4N 3B8
(514) 332-2255   *SIC* 5812

9052-9975 QUEBEC INC   *p* 1211
6600 Ch De La Cote-De-Liesse, SAINT-LAURENT, QC, H4T 1E3
(514) 735-5150   *SIC* 7299

9053-3837 QUEBEC INC   *p* 1188
11400 1re Av, SAINT-GEORGES, QC, G5Y 5S4
(418) 227-1515   *SIC* 6712

9054-2747 QUEBEC INC   *p* 1040
791 Rue Principale, GRANBY, QC, J2G 2Y6
(450) 777-3511   *SIC* 5812

9057-6455 QUEBEC INC   *p* 1139
12575 Rue Sherbrooke E Bureau 205, POINTE-AUX-TREMBLES, QC, H1B 1C8
(514) 645-2771   *SIC* 5812

9059-2114 QUEBEC INC   *p* 1067
8389 Av Sous-Le-Vent Bureau 300, Levis, QC, G6X 1K7
(418) 832-2222   *SIC* 6531

9059-4300 QUEBEC INC   *p* 1173
367 Montee Industrielle-Et-Commerciale, RIMOUSKI, QC, G5M 1Y1
(418) 721-2003   *SIC* 5812

9059-5307 QUEBEC INC   *p* 992
7999 Boul Des Galeries D'anjou, ANJOU, QC, H1M 1W9
(514) 355-7330   *SIC* 5812

9060-1048 QUEBEC INC   *p* 1138
17725 Boul De Pierrefonds, PIERREFONDS, QC, H9J 3L1
(514) 620-9850   *SIC* 8051

9061-3845 QUEBEC INC   *p* 1221
21a Av De La Gare, SAINT-SAUVEUR, QC, J0R 1R0
(450) 227-8803   *SIC* 5812

9061-9552 QUEBEC INC   *p* 1017
489 Boul Des Laurentides Bureau 133, Cote Saint-Luc, QC, H7G 2V2
(450) 669-9009   *SIC* 5812

9061-9552 QUEBEC INC   *p* 1228
3099 Boul De La Concorde E, SAINTE-ROSE, QC, H7E 2C1

(450) 664-2995   *SIC* 5812

9063-6465 QUEBEC INC   *p* 1186
272 Rue Dubois, Saint-Eustache, QC, J7P 4W9
(514) 875-3922   *SIC* 5511

9064-2166 QUEBEC INC   *p* 1191
1415 Boul Des Promenades Bureau 111, SAINT-HUBERT, QC, J3Y 5K2
(450) 465-9371   *SIC* 5999

9064-3032 QUEBEC INC   *p* 1245
2565 Ch Comtois, TERREBONNE, QC, J6X 0H6
(514) 648-4222   *SIC* 4212

9064-3792 QUEBEC INC   *p* 1068
2025 Rue De La Metropole, LONGUEUIL, QC, J4G 1S9
(450) 676-9141   *SIC* 6712

9064-4048 QUEBEC INC   *p* 1045
1505 Boul Base-De-Roc, JOLIETTE, QC, J6E 0L1
(450) 759-6900   *SIC* 5812

9065-0805 QUEBEC INC   *p* 1047
2395 Rue Saint-Dominique, Jonquiere, QC, G7X 6L1
(418) 542-7587   *SIC* 6531

9065-1837 QUEBEC INC   *p* 1250
300 Rue Des Forges, Trois-Rivieres, QC, G9A 2G8
(819) 370-2005   *SIC* 5813

9066-7213 QUEBEC INC   *p* 1007
3820 Rue Isabelle, BROSSARD, QC, J4Y 2R3
SIC 5045

9067-7022 QUEBEC INC   *p* 1013
1494 Boul Talbot, CHICOUTIMI, QC, G7H 4C2
(418) 696-3158   *SIC* 5812

9068-5165 QUEBEC INC   *p* 1170
332 Boul Notre-Dame-Des-Champs Bureau 201, REPENTIGNY, QC, J6A 3B7
(450) 581-0051   *SIC* 7361

9070-9734 QUEBEC INC   *p* 1225
1580 Boul Des Ecluses, SAINTE-CATHERINE, QC, J5C 2B4
(450) 638-9018   *SIC* 5812

9071-3686 QUEBEC INC   *p* 998
41 Rue Gaston-Dumoulin, BLAINVILLE, QC, J7C 6B4
(450) 435-8449   *SIC* 1799

9071-3975 QUEBEC INC   *p* 1101
410 Rue Saint-Nicolas Bureau 5, Montreal, QC, H2Y 2P5
(514) 286-1754   *SIC* 2011

9074-0747 QUEBEC INC.   *p* 1238
4100 Rue Lesage, SHERBROOKE, QC, J1L 0B6
(819) 346-1881   *SIC* 3441

9074-1190 QUEBEC INC   *p* 1064
790 Boul Alphonse-Desjardins Bureau 27, Levis, QC, G6V 7J5
(418) 833-3407   *SIC* 8361

9074-1190 QUEBEC INC   *p* 1188
11765 1re Av Bureau 317, SAINT-GEORGES, QC, G5Y 8G7
(418) 228-8685   *SIC* 8361

9074-8898 QUEBEC INC   *p* 1120
3195 Ch De Bedford, Montreal, QC, H3S 1G3
(514) 376-6240   *SIC* 2342

9075-6602 QUEBEC INC   *p* 1164
6275 Boul De L'ormiere, Quebec, QC, G2C 1B9
(418) 842-3232   *SIC* 1541

9081-3239 QUEBEC INC   *p* 1147
7100 Boul Henri-Bourassa, Quebec, QC, G1H 3E4
(418) 627-5517   *SIC* 6531

9083-7436 QUEBEC INC   *p* 1245
250 Rue Henry-Bessemer, TERREBONNE, QC, J6Y 1T3
(450) 965-0200   *SIC* 3479

9088-6615 QUEBEC INC   *p* 1054
11 Boul Industriel, LA SARRE, QC, J9Z 2X2
(819) 333-1200   *SIC* 3312

9095-1302 QUEBEC INC   *p* 1035
60 Rue De La Futaie Bureau 512, GATINEAU, QC, J8T 8P5
(819) 568-2355   *SIC* 6513

9095-9133 QUEBEC INC   *p* 1012
625 Boul Sainte-Genevieve, CHICOUTIMI, QC, G7G 2E5
(418) 545-7680   *SIC* 5411

9098-0145 QUEBEC INC   *p* 1240
4701 Boul Bourque, SHERBROOKE, QC, J1N 2G6
(819) 564-2257   *SIC* 3272

9098-2067 QUEBEC INC   *p* 1199
1 Rue John-F.-Kennedy, Saint-Jerome, QC, J7Y 4B4
(450) 660-6200   *SIC* 5812

9098-2067 QUEBEC INC   *p* 1199
2001 Boul Du Cure-Labelle, Saint-Jerome, QC, J7Y 1S2
(450) 431-6411   *SIC* 5812

9099-7768 QUEBEC INC   *p* 1180
109 Rue Des Grands-Lacs, SAINT-AUGUSTIN-DE-DESMAURES, QC, G3A 1V9
(418) 878-3616   *SIC* 3444

9099-9012 QUEBEC INC   *p* 1016
709 Rue Merrill, COATICOOK, QC, J1A 2S2
SIC 5699

91.9 SPORT   *p* 1099
See RNC MEDIA INC

9100-9647 QUEBEC INC   *p* 1165
2800 Av Saint-Jean-Baptiste Bureau 235, Quebec, QC, G2E 6J5
(418) 527-7775   *SIC* 6794

9101-2468 QUEBEC INC   *p* 1240
5119 Boul Bourque, Sherbrooke, QC, J1N 2K6
(819) 564-8664   *SIC* 5511

9101-5925 QUEBEC INC   *p* 1040
603 Rue Principale, GRANBY, QC, J2G 2X9
(450) 777-3030   *SIC* 5812

9101-6394 QUEBEC INC   *p* 1140
701 38e Rue, POINTE-CALUMET, QC, J0N 1G2
(450) 473-1000   *SIC* 7999

9101-6451 QUEBEC INC   *p* 1216
4266 Rue Jean-Talon E Bureau 3004, SAINT-LEONARD, QC, H1S 1J7
(514) 376-9119   *SIC* 5812

9101-8713 QUEBEC INC   *p* 1159
2825 Boul Laurier, Quebec, QC, G1V 2L9
(418) 653-4975   *SIC* 7011

9102-8001 QUEBEC INC   *p* 1159
2815 Boul Laurier, Quebec, QC, G1V 4H3
(418) 658-2793   *SIC* 7011

9104-4974 QUEBEC INC   *p* 998
1135 Boul Du Cure-Labelle, BLAINVILLE, QC, J7C 2N2
(450) 420-5083   *SIC* 5812

9107-1696 QUEBEC INC   *p* 1035
1000 Boul Maloney O, GATINEAU, QC, J8T 3R6
(819) 243-8080   *SIC* 5812

9107-7081 QUEBEC INC   *p* 1073
351 Rue Notre-Dame N, LOUISEVILLE, QC, J5V 1X9
(819) 228-9497   *SIC* 6712

911 INDUSTRIAL RESPONSE INC   *p* 125
11025 89 Ave Unit 120, GRANDE PRAIRIE, AB, T8V 5B9
(780) 933-9111   *SIC* 8322

9111-2128 QUEBEC INC   *p* 1230
237 204 Rte, SAINTE-ROSE-DE-WATFORD, QC, G0R 4G0
(418) 267-4151   *SIC* 3679

9111-3829 QUEBEC INC   *p* 1047
1180 Bellevue St, Jonquiere, QC, G7X 1A5
(418) 543-1632   *SIC* 6712

9113-9303 QUEBEC INC   *p* 1170
515 Rue Leclerc Bureau 102, REPENTIGNY, QC, J6A 8G9
SIC 5812

911587 ONTARIO LTD   *p* 978
570 Norwich Ave, WOODSTOCK, ON, N4V 1C6
(519) 539-1337   *SIC* 5812

911640 ALBERTA LTD   *p* 75
9499 137 Ave Nw Suite 239, EDMONTON, AB, T5E 5R8
(780) 406-3838   *SIC* 5812

9117-4383 QUEBEC INC   *p* 1101
407 Rue Mcgill Bureau 101, Montreal, QC, H2Y 2G3
(514) 849-0333   *SIC* 5813

9117-6347 QUEBEC INC   *p* 1252
2888 Ch Sullivan, VAL-D'OR, QC, J9P 0B9
(819) 874-5913   *SIC* 1541

9118-8706 QUEBEC INC.   *p* 1145
585 Rue Clemenceau, Quebec, QC, G1C 7Z9
(418) 667-3131   *SIC* 5511

9119-6832 QUEBEC INC   *p* 1066
1 Ch Des Iles, Levis, QC, G6W 8B6
(418) 835-6161   *SIC* 5511

9120-5583 QUEBEC INC   *p* 1176
236 Boul Labelle, Rosemere, QC, J7A 2H4
(450) 435-2200   *SIC* 6211

9121-1128 QUEBEC INC   *p* 1140
188 Av Oneida, POINTE-CLAIRE, QC, H9R 1A8
(514) 694-3439   *SIC* 6712

9122-1994 QUEBEC INC   *p* 1029
350 Rue Rocheleau, DRUMMONDVILLE, QC, J2C 7S7
(819) 477-6891   *SIC* 6712

9122-6910 QUEBEC INC   *p* 1250
4520 Boul Des Recollets, Trois-Rivieres, QC, G9A 4N2
(819) 370-1099   *SIC* 5812

9122-9831 QUEBEC INC   *p* 1188
250 Rang Des Iles, Saint-Gedeon, QC, G0W 2P0
(418) 345-2589   *SIC* 7011

9123-2017 QUEBEC INC   *p* 1117
1982 Rue Notre-Dame O Bureau 2, Montreal, QC, H3J 1M8
SIC 6531

9124-4269 QUEBEC INC   *p* 987
1049 Av Du Pont S, ALMA, QC, G8B 0E8
(418) 662-1178   *SIC* 5812

9124-4905 QUEBEC INC   *p* 1068
1019 Ch Industriel, Levis, QC, G7A 1B3
(418) 831-1019   *SIC* 1542

9124-5704 QUEBEC INC   *p* 1002
1175 Rue Ampere, BOUCHERVILLE, QC, J4B 7M6
(450) 655-2350   *SIC* 5511

9126-5546 QUEBEC INC   *p* 1169
2815 Boul Laurier, Qui obec, QC, G1V 4H3
(418) 658-2583   *SIC* 5812

9128-3820 QUEBEC INC   *p* 1049
461 Ch De Knowlton, KNOWLTON, QC, J0E 1V0
(450) 243-6692   *SIC* 5411

9129-0163 QUEBEC INC   *p* 1231
39 Rue Buntin, SALABERRY-DE-VALLEYFIELD, QC, J6S 6V9
(450) 377-9200   *SIC* 8361

9129-4710 QUEBEC INC   *p* 1013
1740 Boul Du Royaume O, CHICOUTIMI, QC, G7H 5B1
(418) 698-6668   *SIC* 7378

9130-1093 QUEBEC INC   *p* 1103
1001 Rue Du Square-Victoria Bureau 500, Montreal, QC, H2Z 2B5
(514) 841-7600   *SIC* 6512

9130-1093 QUEBEC INC   *p* 1246
805 Boul Frontenac E, THETFORD MINES, QC, G6G 6L5
(418) 338-6388   *SIC* 6512

9130-1093 QUEBEC INC   *p* 1246
See 9130-1093 QUEBEC INC

9130-1168 QUEBEC INC   *p* 1103
1001 Rue Du Square-Victoria Bureau 500, Montreal, QC, H2Z 2B5
(514) 841-7600   *SIC* 6512

9130-1168 QUEBEC INC   *p* 1174
298 Boul Armand-Theriault Bureau 2,

Riviere-du-Loup, QC, G5R 4C2
(418) 862-7848 SIC 6512

9130-1168 QUEBEC INC. p 1174
See 9130-1168 QUEBEC INC

9130-4930 QUEBEC INC p 1226
1940 Rue Leonard-De Vinci, SAINTE-JULIE, QC, J3E 1Y8
(450) 922-3131 SIC 5812

9130-8452 QUEBEC INC p 1177
275 Boul Industriel, ROUYN-NORANDA, QC, J9X 6P2
SIC 7822

9132-1554 QUEBEC INC p 1036
2 Rue Montcalm, GATINEAU, QC, J8X 4B4
(819) 778-3880 SIC 5812

9132-4285 QUEBEC INC p 1103
1100 Cote Du Beaver Hall, MONTREAL, QC, H2Z 1S8
(514) 875-1515 SIC 7389

9134417 CANADA INC p 265
3231 No. 6 Rd, RICHMOND, BC, V6V 1P6
(604) 258-0370 SIC 4222

9134417 CANADA INC p 265
3371 No. 6 Rd, RICHMOND, BC, V6V 1P6
(604) 258-0354 SIC 6153

9136-6419 QUEBEC INC p 1214
1766 Ch Sainte-Angelique, SAINT-LAZARE, QC, J7T 2X8
SIC 1761

9136-8910 QUEBEC INC p 1000
355 Montee Sanche Bureau 2600, BOISBRIAND, QC, J7G 2E7
(450) 434-2223 SIC 5812

9137-1666 QUEBEC INC p 1076
1134 Rue Ouiatchouan Rr 1, MASHTEUIATSH, QC, G0W 2H0
SIC 1541

9138-7472 QUEBEC INC p 1245
1060 Rue Armand-Bombardier, TERREBONNE, QC, J6Y 1R9
(450) 477-9996 SIC 4131

9139-4874 QUEBEC INC p 1006
2151 Boul Lapiniere, BROSSARD, QC, J4W 2T5
(450) 766-0404 SIC 5812

914068 ONTARIO INC p 787
1200 St. Laurent Blvd Suite 500, OTTAWA, ON, K1K 3B8
(613) 747-0888 SIC 5812

9141-0720 QUEBEC INC p 1140
136 Av Oneida, POINTE-CLAIRE, QC, H9R 1A8
(514) 426-1332 SIC 3699

9143-1874 QUEBEC INC. p 1118
1751 Rue Richardson Bureau 1000, Montreal, QC, H3K 1G6
SIC 2015

9144-8720 QUEBEC INC p 1079
1092 Rue Lachapelle, MONT-LAURIER, QC, J9L 3T9
(819) 623-6745 SIC 1799

9145-1971 QUEBEC INC p 1116
1808 Rue Sherbrooke O, Montreal, QC, H3H 1E5
(514) 933-8111 SIC 7011

9150-3979 QUEBEC INC p 1214
8700 Boul Langelier, SAINT-LEONARD, QC, H1P 3C6
(514) 323-0740 SIC 5411

9152-2177 QUEBEC INC p 1069
116 Rue Guilbault, LONGUEUIL, QC, J4H 2T2
(450) 679-2300 SIC 8021

9154-7323 QUEBEC INC. p 1166
5055 Boul Des Gradins, Quebec, QC, G2J 1E5
(418) 626-8600 SIC 5511

9158-9325 QUEBEC INC p 1196
1015 Rue Des Lilas, SAINT-JEAN-CHRYSOSTOME, QC, G6Z 3K4
(418) 834-8077 SIC 5411

9159-9159 QUEBEC INC p 1140
6815 Rte Transcanadienne Unit9 28c, POINTE-CLAIRE, QC, H9R 5J1

(514) 695-4211 SIC 5912

9161-7340 QUEBEC INC p 1197
180 Boul Omer-Marcil Bureau 2884, SAINT-JEAN-SUR-RICHELIEU, QC, J2W 2V1
(450) 359-0169 SIC 5812

9164-2033 QUEBEC INC p 1002
1228 Rue Nobel, BOUCHERVILLE, QC, J4B 5H1
(450) 655-9966 SIC 7011

9165-8021 QUEBEC INC p 1015
1690 Rue De La Manic, CHICOUTIMI, QC, G7K 1J1
(418) 543-5111 SIC 7549

9167200 CANADA INC p 1093
485 Rue Rachel E, Montreal, QC, H2J 2H1
(514) 284-4494 SIC 2295

9168-1924 QUEBEC INC p 1175
400 Rue L'annonciation S, Riviere-Rouge, QC, J0T 1T0
(819) 275-2694 SIC 5251

9170-7570 QUEBEC INC p 1012
949 3e Rue, CHIBOUGAMAU, QC, G8P 1R4
(418) 748-2691 SIC 1711

9172-2785 QUEBEC INC p 1052
1000 Rue Bagot, LA BAIE, QC, G7B 2N9
(418) 544-2224 SIC 5812

9175-3681 QUEBEC INC p 1220
530 Rue J Oswald Forest Bureau 3, SAINT-ROCH-DE-L'ACHIGAN, QC, J0K 3H0
(450) 588-6909 SIC 2542

9177-1436 QUEBEC INC p 1188
11505 1re Av Bureau 500, SAINT-GEORGES, QC, G5Y 7X3
(418) 228-8031 SIC 1541

9181-8153 QUEBEC INC p 1134
680 Ch Du Village Rr 2, MORIN-HEIGHTS, QC, J0R 1H0
(450) 226-5769 SIC 5411

9183-0943 QUEBEC INC p 1128
2130 Boul Dagenais O, Montreal, QC, H7L 5X9
(450) 963-9558 SIC 6712

9184-2518 QUEBEC INC p 1154
2511 Boul Du Parc-Technologique, Quebec, QC, G1P 4S5
(418) 656-9917 SIC 3544

9185-2335 QUEBEC INC p 1045
450 Rue Saint-Thomas, JOLIETTE, QC, J6E 3R1
(450) 752-2525 SIC 7011

9187-7571 QUEBEC INC p 1162
3125 Boul Hochelaga, Quebec, QC, G1W 2P9
(418) 653-7267 SIC 7011

9189-8957 QUEBEC INC p 1123
780 Av Brewster, Montreal, QC, H4C 2K1
(514) 932-5101 SIC 8712

918962 ONTARIO INC p 449
107 Shubie Dr, DARTMOUTH, NS, B3B 0C3
(902) 468-6080 SIC 5812

918962 ONTARIO INC p 927
133 John St, TORONTO, ON, M5V 2E4
(416) 595-9100 SIC 5812

9190-0738 QUEBEC INC p 1046
2694 Rue De La Salle Bureau 101, Jonquiere, QC, G7S 2A7
(418) 699-7777 SIC 7999

9192-2732 QUEBEC INC p 1064
5865 Rue Des Arpents, Levis, QC, G6V 6Y1
(418) 837-4774 SIC 5812

9193-9298 QUEBEC INC p 1156
813 Av Cartier, Quebec, QC, G1R 2R8
(418) 529-0068 SIC 5812

9197-4220 QUEBEC INC p 997
1205 Rue Louis-Marchand, BELOEIL, QC, J3G 6S4
(450) 464-8121 SIC 4953

92 CITI FM p 386
See ROGERS MEDIA INC

92.3 FRED FM p 400
See NEWFOUNDLAND CAPITAL CORPORATION LIMITED

9204-9170 QUEBEC INC p 989
135 Boul Saint-Benoit E, AMQUI, QC, G5J 2C2
(418) 629-4616 SIC 2411

9205-2976 QUEBEC INC p 1011
1200 Rue Des Cascades, Chateauguay, QC, J6J 4Z2
(450) 699-9300 SIC 3465

9205-6126 QUEBEC INC p 1056
1255 32e Av, LACHINE, QC, H8T 3H2
(514) 631-5223 SIC 4214

9207-1869 QUEBEC INC p 1062
2785 Boul Saint-Elzear O, Laval, QC, H7P 4J8
SIC 5561

9207-4616 QUEBEC INC p 1025
555 Boul Mcmillan, DORVAL, QC, H9P 1B7
(514) 631-2411 SIC 7011

9209-5256 QUEBEC INC p 1125
4700 Rue De La Savane Bureau 210, MONTREAL, QC, H4P 1T7
(514) 906-4713 SIC 7374

9212-4007 QUEBEC INC p 1100
3670 Boul Saint-Laurent, Montreal, QC, H2X 2V4
(514) 670-6110 SIC 5621

9213-9286 QUEBEC INC p 1177
1355 Av Lariviere, ROUYN-NORANDA, QC, J9X 6M6
(819) 762-5000 SIC 5511

9213-9674 QUEBEC INC p 1024
218 Rue Andras, DOLLARD-DES-ORMEAUX, QC, H9B 1R6
(514) 501-9273 SIC 4731

9214-6489 QUEBEC INC p 1047
162 Rue Joseph-Gagne N, Jonquiere, QC, G7X 9H3
(418) 695-1793 SIC 5211

9215-7510 QUEBEC INC p 1245
1041 Boul Des Entreprises O, TERREBONNE, QC, J6Y 1V2
(450) 628-4288 SIC 3081

9216-3146 QUEBEC INC p 1013
224 Rue Des Laurentides, CHICOUTIMI, QC, G7H 7X8
(418) 615-1414 SIC 2082

9217-5637 QUEBEC INC p 1222
734 Rue Notre-Dame, SAINT-SULPICE, QC, J5W 3W7
(514) 771-7161 SIC 5921

9218-7384 QUEBEC INC p 1000
3330 Av Des Grandes Tourelles, BOISBRIAND, QC, J7H 0A2
(450) 419-4677 SIC 5941

9218-7384 QUEBEC INC p 1002
1155 Place Nobel Bureau C, BOUCHERVILLE, QC, J4B 7L3
(450) 645-9998 SIC 5941

9218-7384 QUEBEC INC p 1007
9850 Boul Leduc Bureau 10, BROSSARD, QC, J4Y 0B4
(450) 812-7413 SIC 5941

9225-4002 QUEBEC INC p 1166
5150 Boul Pierre-Bertrand, Quebec, QC, G2J 1B7
(418) 621-5150 SIC 5172

9229-3786 QUEBEC INC p 1024
160 Rue Commerciale, DONNACONA, QC, G3M 1W1
SIC 5511

9230-5713 QUEBEC INC p 1244
569 Boul Des Seigneurs, TERREBONNE, QC, J6W 1T5
(450) 471-9912 SIC 5812

9230-9970 QUEBEC INC p 1164
2295 Av Chauveau Bureau 200, Quebec, QC, G2C 0G7
(418) 842-3381 SIC 5411

9235078 CANADA INC p 1104
2000 Rue Peel Bureau 400, Montreal, QC, H3A 2W5
(514) 384-1570 SIC 7311

9235078 CANADA INC p 1104
2000 Rue Peel Bureau 400, Montreal, QC, H3A 2W5
(514) 316-9277 SIC 7311

924169 ONTARIO LIMITED p 923
66 Avenue Rd Unit 4, TORONTO, ON, M5R 3N8
(416) 922-2868 SIC 8011

9246-4759 QUEBEC INC p 1058
8000 Boul Newman, LASALLE, QC, H8N 1X9
(514) 595-5666 SIC 5511

9248-1464 QUEBEC INC p 1042
599 Rue Simonds S, GRANBY, QC, J2J 1C1
(450) 378-3187 SIC 7219

9248-5523 QUEBEC INC p 1211
4575 Rue Hickmore, SAINT-LAURENT, QC, H4T 1S5
(514) 934-4545 SIC 7389

9252-6698 QUEBEC INC p 1068
510 Rue De Bernieres, Levis, QC, G7A 1E1
(418) 830-1234 SIC 5812

9254-7553 QUEBEC INC p 1185
516, Rang Des Sloan, SAINT-EDOUARD-DE-NAPIERVILLE, QC, J0L 1Y0
SIC 7389

9254-7983 QUEBEC INC p 1151
560 Boul Wilfrid-Hamel, Quebec, QC, G1M 2S9
(418) 529-6261 SIC 5719

9264-6231 QUEBEC INC p 1242
281 Rue Edward-Assh, STE-CATHERINE-DE-LA-J-CARTIE, QC, G3N 1A3
(418) 875-1839 SIC 5621

9264-7387 QUEBEC INC p 1117
1708 Rue Notre-Dame O, Montreal, QC, H3J 1M3
(514) 439-1130 SIC 5812

9267-8010 QUEBEC INC p 1040
338 Rue Saint-Jacques, GRANBY, QC, J2G 3N2
(450) 372-4447 SIC 5961

926715 ONTARIO INC p 596
384 Academy Hill Rd Rr 1, GRAFTON, ON, K0K 2G0
(905) 349-2493 SIC 7991

9270-5425 QUEBEC INC p 1060
9100 Rue Elmslie Bureau 200, LASALLE, QC, H8R 1V6
(514) 365-1642 SIC 1731

9271-9756 QUEBEC INC p 1096
9310 Boul Saint-Laurent Bureau 1117b, Montreal, QC, H2N 1N4
(514) 562-5596 SIC 5641

9273-9127 QUEBEC INC p 1118
383 Rue Bridge, Montreal, QC, H3K 2C7
(514) 935-5446 SIC 5147

9277-9230 QUEBEC INC p 1243
950 Montee Des Pionniers, TERREBONNE, QC, J6V 1S8
(450) 704-0605 SIC 5812

9278-3430 QUEBEC INC p 1092
4670 Rue D'iberville, Montreal, QC, H2H 2M2
(514) 527-7192 SIC 5147

9278-3455 QUEBEC INC p 1118
2715 Rue De Reading, Montreal, QC, H3K 1P7
(514) 937-8571 SIC 5147

9280-4475 QUEBEC INC p 1109
1184 Rue Sainte-Catherine O Bureau 101, Montreal, QC, H3B 1K1
(514) 508-9139 SIC 7629

9284-3473 QUEBEC INC p 1116
1980 Rue Sherbrooke O Bureau 29, MONTREAL, QC, H3H 1E8
(514) 935-9993 SIC 5812

9288-3461 QUEBEC INC p 1216
7665 Boul Lacordaire, SAINT-LEONARD, QC, H1S 2A7
(514) 253-8696 SIC 5012

9291-5487 QUEBEC INC p 1008
4305 Boul Lapiniere Bureau 100, BROSSARD, QC, J4Z 3H8
(450) 677-0007 SIC 6531

9292-2871 QUEBEC INC p 1164
2335 Boul Bastien, Quebec, QC, G2B 1B3
(418) 842-9160 SIC 5812

9292-2897 QUEBEC INC p 1164
2335 Boul Bastien, Quebec, QC, G2B 1B3
(418) 842-9160 SIC 5812

9297-6232 QUEBEC INC p 1211
361 Rue Locke, SAINT-LAURENT, QC, H4T 1X7
(514) 389-5757 SIC 2911

9309-6774 QUEBEC INC p 1250
9300 Boul Industriel, Trois-Rivieres, QC, G9A 5E1
(819) 539-8058 SIC 5142

9310-8405 QUEBEC INC p 1101
239 Rue Du Saint-Sacrement Bureau 304, Montreal, QC, H2Y 1W9
(514) 793-1761 SIC 7381

93168185 QUEBEC INC p 1086
7100 Rue Jean-Talon E Bureau 210, Montreal, QC, H1M 3S3
(514) 722-0024 SIC 7371

9333-2161 QUEBEC INC p 1152
2189 Rue Leon-Harmel, QUEBEC, QC, G1N 4N5
(418) 681-1160 SIC 7929

933796 ONTARIO INC p 762
3700 Weston Rd, NORTH YORK, ON, M9L 2Z4
(416) 667-9700 SIC 4212

934571 ONTARIO LIMITED p 692
2200 Dundas St E Unit 1, MISSISSAUGA, ON, L4X 2V3
(905) 275-9430 SIC 5812

9353-0251 QUEBEC INC p 1000
770 Boul Du Cure-Boivin, BOISBRIAND, QC, J7G 2A7
(450) 434-6223 SIC 5211

939927 ONTARIO LIMITED p 583
200 Queen's Plate Dr, ETOBICOKE, ON, M9W 6Y9
(416) 746-6000 SIC 5812

939935 ONTARIO LIMITED p 669
7660 Woodbine Ave, MARKHAM, ON, L3R 2N2
(905) 479-6000 SIC 5812

94.1 FM p 1306
See GOLDEN WEST BROADCASTING LTD

940734 ONTARIO LIMITED p 638
670 Fairway Rd S, KITCHENER, ON, N2C 1X3
(519) 894-0811 SIC 5812

941624 ALBERTA LTD p 130
9616 Hwy 58, HIGH LEVEL, AB, T0H 1Z0
(780) 821-1000 SIC 7011

944622 ONTARIO LIMITED p 617
175 Swayze Rd, HANNON, ON, L0R 1P0
(905) 692-4488 SIC 4151

945575 ALBERTA LTD p 148
10 Southridge Dr, OKOTOKS, AB, T1S 1N1
(403) 995-0224 SIC 5812

947465 ONTARIO LTD p 649
573 Admiral Crt, LONDON, ON, N5V 4L3
(519) 455-1390 SIC 4151

954559 ONTARIO INC p 955
830 Niagara St, WELLAND, ON, L3C 1M3
(905) 735-4040 SIC 5812

956240 ONTARIO INC p 631
390 Princess St, KINGSTON, ON, K7L 1B8
(613) 547-5553 SIC 5812

957358 ONTARIO INC p 884
1120 Riverside Dr, TIMMINS, ON, P4R 1A2
(705) 268-9555 SIC 5812

95781 CANADA INC p 1099
3927 Rue Saint-Denis, Montreal, QC, H2W 2M4
(514) 845-5333 SIC 5812

9631984 CANADA INC p 1087
6800 Boul Des Grandes-Prairies, Montreal, QC, H1P 3P3
(450) 424-0500 SIC 2011

9631984 CANADA INC p 1256
270 Rue Joseph-Carrier, VAUDREUIL-DORION, QC, J7V 5V5
(800) 361-4045 SIC 2011

964211 ONTARIO LTD p 1035
215 Rue Bellehumeur, GATINEAU, QC, J8T 8H3

965046 ONTARIO INC p 678
80 Citizen Crt Unit 11, MARKHAM, ON, L6G 1A7
(905) 305-0195 SIC 7699

968563 ONTARIO INC p 852
498 Ontario St, ST CATHARINES, ON, L2N 4N1
(905) 937-7070 SIC 5812

969200 ONTARIO LIMITED p 726
195 Colonnade Rd, NEPEAN, ON, K2E 7K3
(613) 226-3830 SIC 1752

971016 ONTARIO LIMITED p 826
1621 Road 3, RUTHVEN, ON, N0P 2G0
SIC 5148

9711864 CANADA INC p 984
180 Mill River Resort Rd, O'LEARY, PE, C0B 1V0
(902) 859-3555 SIC 7011

975445 ONTARIO INC p 539
2084 Old Lakeshore Rd, BURLINGTON, ON, L7R 1A3
(905) 634-2084 SIC 5812

976668 ONTARIO LTD p 630
33 Benson St, KINGSTON, ON, K7K 5W2
(613) 547-9744 SIC 5812

977619 ONTARIO INC p 788
67 Clarence St, OTTAWA, ON, K1N 5P5
(613) 562-0674 SIC 5812

979786 ONTARIO LIMITED p 917
146 Front St W, TORONTO, ON, M5J 1G2
(416) 977-8840 SIC 5812

98002 CANADA LTEE p 1073
325 Rue Sherbrooke Bureau 133, MAGOG, QC, J1X 2R9
(819) 843-1115 SIC 5912

980443 ONTARIO INC p 636
1005 Ottawa St N Suite 72, KITCHENER, ON, N2A 1H2
SIC 5399

981543 ONTARIO INC p 769
1150 South Service Rd W, OAKVILLE, ON, L6L 5T7
(905) 827-1669 SIC 4213

982598 ONTARIO LIMITED p 569
65 Main St, DOWLING, ON, P0M 1R0
(705) 855-9018 SIC 5411

9828-3573 QUEBEC INC p 1116
1005 Rue Guy, Montreal, QC, H3H 2K4
(514) 938-0810 SIC 7011

984379 ONTARIO INC p 948
3620 Moyer Rd, VINELAND, ON, L0R 2C0
(905) 562-7088 SIC 2084

985907 ONTARIO LIMITED p 831
389 Great Northern Rd, SAULT STE. MARIE, ON, P6B 4Z8
(705) 941-9999 SIC 5812

98599 CANADA LTD p 443
961 Bedford Hwy, BEDFORD, NS, B4A 1A9
(902) 425-2411 SIC 5713

990628 ONTARIO INC p 808
270 Rubidge St Suite 246, PETERBOROUGH, ON, K9J 3P2
(705) 748-4000 SIC 8361

993106 ALBERTA LTD p 114
1444 78 Ave Nw, EDMONTON, AB, T6P 1L7
(780) 438-5930 SIC 5172

995475 ONTARIO LTD p 630
417 Weller Ave, KINGSTON, ON, K7K 6K3
(613) 547-7900 SIC 5812

995812 ALBERTA LTD p 39
840 9 Ave Sw, CALGARY, AB, T2P 1L7
(403) 398-7623 SIC 5813

99767 CANADA p 1262
See 99767 CANADA LTEE

99767 CANADA LTEE p 1262
4795 Rue Sainte-Catherine O, WESTMOUNT, QC, H3Z 1S8
(514) 731-5654 SIC 5194

A

A & A CONTRACT CUSTOMS BROKERS LTD p 693
160 Traders Blvd E Suite 2 5, MISSISSAUGA, ON, L4Z 3K7
(905) 507-8300 SIC 4731

A & A NATURAL STONE p 592
See ASHCROFT & ASSOCIATES NATURAL STONE LTD

A & A SERVICE COMPANY p 125
See BEST FACILITIES SERVICES LTD

A & B RAIL SERVICES LTD p 162
50 Strathmoor Dr Suite 200, SHERWOOD PARK, AB, T8H 2B6
(780) 449-7699 SIC 1629

A & D PRECISION LIMITED p 557
289 Bradwick Dr, CONCORD, ON, L4K 1K5
(905) 669-5888 SIC 7699

A & I PRODUCTS CANADA INC p 343
432 Railway St W, ALTONA, MB, R0G 0B0
(204) 324-8621 SIC 5083

A & P p 738
See METRO ONTARIO INC

A & P FOOD STORES p 646
See METRO ONTARIO INC

A & P FOOD STORES p 782
See METRO ONTARIO INC

A & P STORES p 663
See METRO ONTARIO INC

A & P STORES p 962
See METRO ONTARIO INC

A & W p 11
See A & W FOOD SERVICES OF CANADA INC

A & W p 55
See 715639 ALBERTA LTD

A & W p 157
See A & W FOOD SERVICES OF CANADA INC

A & W p 178
See ALDERGROVE FOODS LTD

A & W p 188
See A & W FOOD SERVICES OF CANADA INC

A & W p 279
See A & W FOOD SERVICES OF CANADA INC

A & W p 285
See A & W FOOD SERVICES OF CANADA INC

A & W p 325
See LAWDAN INVESTMENTS LTD

A & W p 335
See A & W FOOD SERVICES OF CANADA INC

A & W p 361
See A & W FOOD SERVICES OF CANADA INC

A & W p 367
See A & W FOOD SERVICES OF CANADA INC

A & W p 372
See A & W FOOD SERVICES OF CANADA INC

A & W p 380
See A & W FOOD SERVICES OF CANADA INC

A & W p 385
See A & W FOOD SERVICES OF CANADA INC

A & W p 388
See A & W FOOD SERVICES OF CANADA INC

A & W p 424
See A & W FOOD SERVICES OF CANADA INC

A & W p 637
See A & W FOOD SERVICES OF CANADA INC

A & W p 787
See A & W FOOD SERVICES OF CANADA INC

A & W p 856
See A & W FOOD SERVICES OF CANADA INC

A & W p 953
See A & W FOOD SERVICES OF CANADA INC

A & W p 1006
See A & W FOOD SERVICES OF CANADA INC

A & W p 1147
See A & W FOOD SERVICES OF CANADA INC

A & W p 1289
See JORIDO FOODS SERVICES LTD

A & W p 1291
See A & W FOOD SERVICES OF CANADA INC

A & W p 1294
See A & W FOOD SERVICES OF CANADA INC

A & W p 1301
See JORIDO FOODS SERVICES LTD

A & W FAMILY RESTAURANT p 199
See FRIENDSHIP FOOD COMPANY LTD, THE

A & W FOOD SERVICES OF CANADA INC p 5
4902 50 Ave, BARRHEAD, AB, T7N 1A6
(780) 674-7666 SIC 5812

A & W FOOD SERVICES OF CANADA INC p 11
3120 17 Ave Se, CALGARY, AB, T2A 0P9
(403) 273-1373 SIC 5812

A & W FOOD SERVICES OF CANADA INC p 59
1320 14 St Sw, CALGARY, AB, T3C 1C5
(403) 244-2761 SIC 5812

A & W FOOD SERVICES OF CANADA INC p 136
1250 2a Ave N, LETHBRIDGE, AB, T1H 0E3
(403) 381-3444 SIC 5812

A & W FOOD SERVICES OF CANADA INC p 157
121 Leva Ave, RED DEER COUNTY, AB, T4E 1B2
(403) 343-6893 SIC 5812

A & W FOOD SERVICES OF CANADA INC p 180
7211 Morrow Rd, AGASSIZ, BC, V0M 1A0
(604) 796-2070 SIC 5812

A & W FOOD SERVICES OF CANADA INC p 188
6535 Kingsway, BURNABY, BC, V5E 1E1
(604) 433-6212 SIC 5812

A & W FOOD SERVICES OF CANADA INC p 195
1982 Columbia Ave, CASTLEGAR, BC, V1N 2W7
(250) 365-4990 SIC 5812

A & W FOOD SERVICES OF CANADA INC p 197
8249 Eagle Landing Pky Unit 500, CHILLIWACK, BC, V2R 0P9
(604) 392-1128 SIC 5812

A & W FOOD SERVICES OF CANADA INC p 241
5800 Turner Rd Suite 701, NANAIMO, BC, V9T 6J4
(250) 756-4076 SIC 5812

A & W FOOD SERVICES OF CANADA INC p 258
1716 20th Ave, PRINCE GEORGE, BC, V2L 4B8
(250) 564-2311 SIC 5812

A & W FOOD SERVICES OF CANADA INC p 279
10355 152 St, SURREY, BC, V3R 7C3
(604) 498-4370 SIC 5812

A & W FOOD SERVICES OF CANADA INC p 285
7330 King George Blvd, SURREY, BC, V3W 5A5
(604) 590-2226 SIC 5812

A & W FOOD SERVICES OF CANADA INC p 285
12133 72 Ave, SURREY, BC, V3W 2M1
(604) 596-2224 SIC 5812

A & W FOOD SERVICES OF CANADA INC p 335

BUSINESSES ALPHABETICALLY

A PARTSOURCE 3015

860 Esquimalt Rd, VICTORIA, BC, V9A 3M4
(250) 388-5221   *SIC* 5812
A & W FOOD SERVICES OF CANADA INC
p 361
1639 Regent Ave W, WINNIPEG, MB, R2C 4H9
(204) 668-8303   *SIC* 5812
A & W FOOD SERVICES OF CANADA INC
p 364
107 Vermillion Rd Suite 10, WINNIPEG, MB, R2J 4A9
(204) 255-2176   *SIC* 5812
A & W FOOD SERVICES OF CANADA INC
p 367
1225 St Mary's Rd, WINNIPEG, MB, R2M 5E5
(204) 255-9338   *SIC* 5812
A & W FOOD SERVICES OF CANADA INC
p 372
817 Keewatin St, WINNIPEG, MB, R2X 3B9
(204) 697-2033   *SIC* 5812
A & W FOOD SERVICES OF CANADA INC
p 380
1520 Portage Ave, WINNIPEG, MB, R3G 0W8
(204) 774-3275   *SIC* 5812
A & W FOOD SERVICES OF CANADA INC
p 385
3095 Portage Ave, WINNIPEG, MB, R3K 0W4
(204) 885-7633   *SIC* 5812
A & W FOOD SERVICES OF CANADA INC
p 388
867 Waverley St, WINNIPEG, MB, R3T 5P4
(204) 487-0381   *SIC* 5812
A & W FOOD SERVICES OF CANADA INC
p 424
96 Conception Bay Hwy, CONCEPTION BAY SOUTH, NL, A1W 3A5
(709) 834-1987   *SIC* 5812
A & W FOOD SERVICES OF CANADA INC
p 438
22 Otto Dr, YELLOWKNIFE, NT, X1A 2T8
(867) 669-7071   *SIC* 5812
A & W FOOD SERVICES OF CANADA INC
p 637
933 Victoria St N, KITCHENER, ON, N2B 3C6
(519) 576-1859   *SIC* 5812
A & W FOOD SERVICES OF CANADA INC
p 669
5000 Highway 7 E Unit 8, MARKHAM, ON, L3R 4M9
(905) 513-1059   *SIC* 5812
A & W FOOD SERVICES OF CANADA INC
p 732
16650 Yonge St, NEWMARKET, ON, L3X 2N8
(905) 868-9020   *SIC* 5812
A & W FOOD SERVICES OF CANADA INC
p 787
1200 St. Laurent Blvd Unit 607, OTTAWA, ON, K1K 3B8
(613) 741-8950   *SIC* 5812
A & W FOOD SERVICES OF CANADA INC
p 788
50 Rideau St Unit J, OTTAWA, ON, K1N 9J7
(613) 230-2753   *SIC* 5812
A & W FOOD SERVICES OF CANADA INC
p 856
221 Glendale Ave Suite 1009, ST CATHARINES, ON, L2T 2K9
(905) 684-1884   *SIC* 5812
A & W FOOD SERVICES OF CANADA INC
p 951
550 King St N Suite F12, WATERLOO, ON, N2L 5W6
(519) 747-9394   *SIC* 5812
A & W FOOD SERVICES OF CANADA INC
p 953
335 Farmer's Market Rd Unit 201, WATERLOO, ON, N2V 0A4
(519) 746-0550   *SIC* 5812
A & W FOOD SERVICES OF CANADA INC

p 989
99 235 Rte, ANGE-GARDIEN, QC, J0E 1E0
(450) 293-0029   *SIC* 5812
A & W FOOD SERVICES OF CANADA INC
p 1006
2151 Boul Lapiniere, BROSSARD, QC, J4W 2T5
(450) 672-1966   *SIC* 5812
A & W FOOD SERVICES OF CANADA INC
p 1031
5000 Rue Girardin, DRUMMONDVILLE, QC, J2E 1A1
(819) 474-7255   *SIC* 5812
A & W FOOD SERVICES OF CANADA INC
p 1147
4685 1re Av, Quebec, QC, G1H 2T1
(418) 623-2336   *SIC* 5812
A & W FOOD SERVICES OF CANADA INC
p 1286
2701 Avonhurst Dr, REGINA, SK, S4R 3J3
(306) 545-6441   *SIC* 5812
A & W FOOD SERVICES OF CANADA INC
p 1288
4315 Albert St, REGINA, SK, S4S 3R6
SIC 5812
A & W FOOD SERVICES OF CANADA INC
p 1291
2512 8th St E, SASKATOON, SK, S7H 0V6
(306) 374-6464   *SIC* 5812
A & W FOOD SERVICES OF CANADA INC
p 1294
822 51st St E, SASKATOON, SK, S7K 0X8
(306) 931-3376   *SIC* 5812
A & W FOOD SERVICES OF CANADA INC
p 1311
2222 2nd Ave, WHITEHORSE, YT, Y1A 1C8
(867) 633-3772   *SIC* 5812
A & W RESTAURANT   *p* 13
See *ELECTRIC FOODS INC*
A & W RESTAURANT   *p* 59
See *A & W FOOD SERVICES OF CANADA INC*
A & W RESTAURANT   *p* 110
See *CHIRO FOODS LIMITED*
A & W RESTAURANT   *p* 136
See *A & W FOOD SERVICES OF CANADA INC*
A & W RESTAURANT   *p* 166
See *CHIRO FOODS LIMITED*
A & W RESTAURANT   *p* 180
See *A & W FOOD SERVICES OF CANADA INC*
A & W RESTAURANT   *p* 326
See *PLAZA VENTURES LTD*
A & W RESTAURANT   *p* 477
See *BOONE FOOD SERVICES LIMITED*
A & W RESTAURANT   *p* 669
See *A & W FOOD SERVICES OF CANADA INC*
A & W RESTAURANT   *p* 788
See *A & W FOOD SERVICES OF CANADA INC*
A & W RESTAURANT   *p* 803
See *CHIRO FOODS LIMITED*
A & W RESTAURANT   *p* 951
See *A & W FOOD SERVICES OF CANADA INC*
A & W RESTAURANT   *p* 1296
See *JORIDO FOODS SERVICES LTD*
A & W RESTAURANTS   *p* 162
See *CHIRO FOODS LIMITED*
A & W RESTAURANTS   *p* 195
See *A & W FOOD SERVICES OF CANADA INC*
A & W RESTAURANTS   *p* 219
See *RKL FOODS LTD*
A & W RESTAURANTS   *p* 241
See *A & W FOOD SERVICES OF CANADA INC*
A & W RESTAURANTS   *p* 258
See *A & W FOOD SERVICES OF CANADA INC*
A & W RESTAURANTS   *p* 301
See *AL-BARAKA INVESTMENTS INC*

A & W RESTAURANTS   *p* 364
See *A & W FOOD SERVICES OF CANADA INC*
A 1 DELIVERY SERVICES   *p* 21
2915 21 St Ne Unit 101, CALGARY, AB, T2E 7T1
SIC 4212
A A A ALARM SYSTEMS LTD   *p* 26
118 50 Ave Se, CALGARY, AB, T2G 2A8
(403) 233-7454   *SIC* 5065
A A A SECURITY SYSTEM   *p* 26
See *A A A ALARM SYSTEMS LTD*
A A WRIGHT PUBLIC SCHOOL   *p* 948
See *LAMBTON KENT DISTRICT SCHOOL BOARD*
A AB ACTION ADMINISTRATION   *p* 1132
See *TRANSPORT LYON INC*
A AND P FOOD STORES 083   *p* 510
See *METRO ONTARIO INC*
A AND W   *p* 56
See *715639 ALBERTA LTD*
A B C CHILD CARE CENTRE   *p* 829
See *LONDON BRIDGE CHILD CARE SERVICES INC*
A B C COMPANY LIMITED   *p* 575
123 Fourth St, ETOBICOKE, ON, M8V 2Y6
(905) 812-5941   *SIC* 5311
A B C FAMILY RESTAURANT   *p* 178
See *BRADBURYS RESTAURANTS (1994) LTD*
A B C FAMILY RESTAURANT   *p* 233
See *LAIKA ENTERPRISES INC*
A B DALEY COMMUNITY SCHOOL   *p* 146
See *LIVINGSTONE RANGE SCHOOL DIVISION NO 68*
A B ELLIS PUBLIC ELEMENTARY SCHOOL   *p* 574
See *RAINBOW DISTRICT SCHOOL BOARD*
A B GREENWELL PRIMARY   *p* 228
See *SCHOOL DISTRICT NO. 79 (COWICHAN VALLEY)*
A BUCK OR TWO 45   *p* 636
See *980443 ONTARIO INC*
A C E COURIER SERVICES   *p* 325
See *ALL-CAN EXPRESS LTD*
A C EXPRESS DIV   *p* 769
See *981543 ONTARIO INC*
A COUNTY OF ELGIN   *p* 858
See *ELGIN MANOR HOME FOR SR CITIZENS*
A D L FOODS   *p* 984
See *AMALGAMATED DAIRIES LIMITED*
A D P SERVICES AUX CONCESSIONNAIRES   *p* 1002
See *A D P DEALER SERVICES LTD*
A D P DATAPHIE   *p* 913
See *BROADRIDGE SOFTWARE LIMITED*
A D P DEALER SERVICES LTD   *p* 1002
204 Boul De Montarville, BOUCHERVILLE, QC, J4B 6S2
(450) 641-7200   *SIC* 7371
A D T SECURITY SERVICES   *p* 379
See *TYCO INTEGRATED FIRE & SECURITY CANADA, INC*
A DIVISION OF CLEAN HARBORS   *p* 147
See *JL FILTRATION INC*
A E BOWERS ELEMENTARY SCHOOL   *p* 3
See *ROCKY VIEW SCHOOL DIVISION NO. 41, THE*
A E PEACOCK COLLEGIATE   *p* 1276
See *PRAIRIE SOUTH SCHOOL DIVISION NO 210*
A E PERRY ELEMENTARY   *p* 219
See *SCHOOL DISTRICT 73 (KAMLOOPS/THOMPSON)*
A F C TECHNOLOGIES INC   *p* 729
61 Bill Leathem Dr, NEPEAN, ON, K2J 0P7
(613) 843-3000   *SIC* 3651
A FOR AWESOME   *p* 296
See *AWESPIRING PRODUCTIONS INC*
A G I AUTO ACCESSOIRES   *p* 1220
See *GARAGISTES INDEPENDANTS DE PORTNEUF INC*

A G PROFESSIONAL HAIR CARE PRODUCTS   *p* 186
See *A.G. PROFESSIONAL HAIR CARE PRODUCTS LTD*
A G S AUTOMOTIVE   *p* 542
See *A.G. SIMPSON AUTOMOTIVE INC*
A G S AUTOMOTIVE   *p* 965
See *A.G. SIMPSON AUTOMOTIVE INC*
A H P MATTHEW ELEMENTARY SCHOOL *p* 284
See *SCHOOL DISTRICT NO 36 (SURREY)*
A I M   *p* 607
See *FER & METAUX AMERICAINS S.E.C.*
A I M QUEBEC   *p* 1148
See *COMPAGNIE AMERICAINE DE FER & METAUX INC, LA*
A I T   *p* 1304
See *APPLIED INDUSTRIAL TECHNOLOGIES, LP*
A J CHARBONNEAU PUBLIC SCHOOL   *p* 489
See *RENFREW COUNTY DISTRICT SCHOOL BOARD*
A J FORSYTH   *p* 241
See *RUSSEL METALS INC*
A J MCLELLAN ELEMENTRY SCHOOL   *p* 282
See *SCHOOL DISTRICT NO 36 (SURREY)*
A K WIGG PUBLIC SCHOOL   *p* 589
See *DISTRICT SCHOOL BOARD OF NIAGARA*
A L FORTUNE SECONDARY SCHOOL   *p* 213
See *NORTH OKANAGAN SHUSWAP SCHOOL DISTRICT 83*
A L HORTON ELEMENTARY SCHOOL   *p* 172
See *ELK ISLAND PUBLIC SCHOOLS REGIONAL DIVISION NO. 14*
A L S CHEMEX   *p* 884
See *ALS CANADA LTD*
A LIFE CHOICE (MARQUE DE COMMERCE)   *p* 1112
See *NORTON ROSE CANADA S.E.N.C.R.L., S.R.L.*
A M A   *p* 9
See *ALBERTA MOTOR ASSOCIATION*
A M A   *p* 34
See *ALBERTA MOTOR ASSOCIATION*
A M A   *p* 60
See *ALBERTA MOTOR ASSOCIATION*
A M A   *p* 103
See *ALBERTA MOTOR ASSOCIATION*
A M A   *p* 125
See *ALBERTA MOTOR ASSOCIATION*
A M A   *p* 138
See *ALBERTA MOTOR ASSOCIATION*
A M CUNNINGHAM JUNIOR SCHOOL   *p* 608
See *HAMILTON-WENTWORTH DISTRICT SCHOOL BOARD, THE*
A M J CAMPBELL   *p* 64
See *AMJ CAMPBELL INC*
A M J CAMPBELL VAN LINES   *p* 336
See *112792 CANADA INC*
A M J CAMPBELL VAN LINES   *p* 784
See *AMJ CAMPBELL INC*
A MEMBER OF HURON PERTH HEALTHCARE ALLIANCE   *p* 847
See *SEAFORTH COMMUNITY HOSPITAL*
A MURRAY MACKAY BRIDGE   *p* 451
See *HALIFAX-DARTMOUTH BRIDGE COMMISSION*
A P LOW PRIMARY SCHOOL   *p* 428
See *LABRADOR SCHOOL BOARD*
A P P D   *p* 961
See *ASSOCIATION FOR PERSONS WITH PHYSICAL DISABILITIES WINDSOR ESSEX*
A PARTSOURCE   *p* 1301
See *CANADIAN TIRE CORPORATION,*

LIMITED
A POWER INTERNATIONAL TRADING COMPANY p 313
1575 Robson St, VANCOUVER, BC, V6G 1C3
(604) 872-0712   SIC 5812

A R C INDUSTRIES p 883
See TILLSONBURG AND DISTRICT ASSOCIATION FOR COMMUNITY LIVING

A R KAUFMAN PUBLIC SCHOOL p 643
See WATERLOO REGION DISTRICT SCHOOL BOARD

A R T B p 1154
See ATELIER DE READAPTATION AU TRAVAIL DE BEAUCE INC

A RIGHT TO LEARN INC p 751
55 Scarsdale Rd, NORTH YORK, ON, M3B 2R3
(416) 444-7644   SIC 8211

A S B GREENWORLD LTD p 412
200 Daigle Ch, POINTE-SAPIN, NB, E9A 1T6
(506) 876-3937   SIC 2879

A S B GREENWORLD LTD p 724
332911 Plank Line, MOUNT ELGIN, ON, N0J 1N0
(519) 688-3413   SIC 1499

A S L PAVING LTD p 1272
4001 52 St, LLOYDMINSTER, SK, S9V 2B5
(306) 825-4984   SIC 1611

A S L PAVING LTD p 1286
2400 1st Ave, REGINA, SK, S4R 8G6
(306) 569-2045   SIC 1611

A SPLENDID AFFAIR p 62
10 Coachway Rd Sw Unit 143, CALGARY, AB, T3H 1E5
(403) 228-6280   SIC 5812

A T B FINANCIAL p 138
See ALBERTA TREASURY BRANCHES

A T B FINANCIAL p 172
See ALBERTA TREASURY BRANCHES

A TRAFFIX COMPANY p 397
See INFIKNOWLEDGE, ULC

A V GRAHAM SCHOOL p 961
See GREATER ESSEX COUNTY DISTRICT SCHOOL BOARD

A VOTRE SANTE p 1115
See SODEXO QUEBEC LIMITEE

A WAY EXPRESS COURIER SERVICE p 892
2168 Danforth Ave, TORONTO, ON, M4C 1K3
(416) 424-4471   SIC 7389

A Y JACKSON SECONDARY SCHOOL p 744
See TORONTO DISTRICT SCHOOL BOARD

A Z BUS TOURS INC p 762
3666 Weston Rd, NORTH YORK, ON, M9L 1W2
(416) 748-8828   SIC 4142

A&M REALTY PARTNERS INC p 313
1500 Georgia St W Suite 1750, VANCOUVER, BC, V6G 2Z6
(604) 909-2111   SIC 6531

A&W RESTAURANT p 732
See A & W FOOD SERVICES OF CANADA INC

A-1 DELIVERY SERVICE LOGISTICS p 512
See 376973 ONTARIO LIMITED

A-1 LINEN CHEST p 1130
See BOUTIQUE LINEN CHEST (PHASE II) INC

A-BUDGET CAR AND TRUCK RENTALS p 584
See BUDGETAUTO INC

A-FIRE BURNER SYSTEMS p 141
See GRIT INDUSTRIES INC

A-LINE ATLANTIC INC p 526
30 Sinclair Blvd, BRANTFORD, ON, N3S 7Y1
(519) 758-1953   SIC 5112

A-SCOTT DISCOUNT USED AUTO PARTS p 284

See RALPH'S AUTO SUPPLY (B.C.) LTD

A. & R. BELLEY INC p 1238
965 Rue Cabana, SHERBROOKE, QC, J1K 2M3
(819) 563-2667   SIC 5113

A. B. LUCAS SECONDARY SCHOOL p 653
See THAMES VALLEY DISTRICT SCHOOL BOARD

A. BEAUMONT TRANSPORT INC p 1180
280 Rte De Fossambault, SAINT-AUGUSTIN-DE-DESMAURES, QC, G3A 2P9
(418) 878-4888   SIC 4213

A. C. E. COURIER SERVICE p 219
See ALL-CAN EXPRESS LTD

A. CASSIDY LORNE ELEMENTARY SCHOOL p 860
See OTTAWA-CARLETON DISTRICT SCHOOL BOARD

A. G. BAILLIE MEMORIAL SCHOOL p 469
See CHIGNECTO CENTRAL REGIONAL SCHOOL BOARD

A. J. FOREST PRODUCTS LTD p 216
59952 Squamish Valley Rd, GARIBALDI HIGHLANDS, BC, V0N 1T0
(604) 898-3712   SIC 2421

A. J. SMELTZER JUNIOR HIGH SCHOOL p 467
See HALIFAX REGIONAL SCHOOL BOARD

A. LACROIX & FILS GRANIT LTEE p 1221
450 Rue Principale, Saint-Sebastien-de-Frontenac, QC, G0Y 1M0
(819) 652-2828   SIC 1411

A. LASSONDE INC p 15
7419 30 St Se, CALGARY, AB, T2C 1N6
(403) 296-9350   SIC 2033

A. LASSONDE INC p 472
19 Collins Rd, PORT WILLIAMS, NS, B0P 1T0
(902) 542-2224   SIC 2033

A. LASSONDE INC p 512
390 Orenda Rd, BRAMPTON, ON, L6T 1G8
(905) 791-5300   SIC 2033

A. LASSONDE INC p 553
496648 Grey Rd No. 2, CLARKSBURG, ON, N0H 1J0
(519) 599-6300   SIC 2033

A. LASSONDE INC p 583
95 Vulcan St, ETOBICOKE, ON, M9W 1L4
(416) 244-4224   SIC 2086

A. LASSONDE INC p 1084
11500 Boul Henri-Bourassa E, Montreal, QC, H1C 1S9
(514) 351-4010   SIC 2033

A. LASSONDE INC p 1176
170 5e Av, ROUGEMONT, QC, J0L 1M0
(450) 469-4926   SIC 2033

A. LASSONDE INC p 1214
9430 Boul Langelier, SAINT-LEONARD, QC, H1P 3H8
(514) 323-8896   SIC 5149

A. M. CASTLE & CO. (CANADA) INC p 114
2503 84 Ave Nw, EDMONTON, AB, T6P 1K1
(780) 417-4130   SIC 5541

A. M. CASTLE & CO. (CANADA) INC p 706
2150 Argentia Rd, MISSISSAUGA, ON, L5N 2K7
(905) 858-3888   SIC 5051

A. M. CASTLE & CO. (CANADA) INC p 1140
835 Av Selkirk, POINTE-CLAIRE, QC, H9R 3S2
(514) 694-9575   SIC 5051

A. S. MATHESON ELEMENTARY SCHOOL p 225
See BOARD OF EDUCATION OF SCHOOL DISTRICT NO. 23 (CENTRAL OKANAGAN), THE

A.B.C. ALLEN BUSINESS COMMUNICATIONS LTD p 264
248 Reid St, QUESNEL, BC, V2J 2M2
(250) 992-1230   SIC 4812

A.B.C. RECYCLING LTD p 182

8081 Meadow Ave, BURNABY, BC, V3N 2V9
(604) 522-9727   SIC 5093

A.B.P. & DEESIN p 1179
See LAFLAMME PORTES ET FENETRES CORP

A.C. HUNTER LIBRARY p 434
See PROVINCIAL INFORMATION & LIBRARY RESOURCES BOARD

A.C. PLASTICS CANADA p 1064
See PLASTICON CANADA INC

A.C.D. WHOLESALE MEATS LTD p 937
140 Ryding Ave, TORONTO, ON, M6N 1H2
(416) 766-2200   SIC 5147

A.C.E. p 1252
See ACE SERVICES MECANIQUES INC

A.C.M.C.J. HOLDINGS LTD p 252
415 Haven Hill Rd, PENTICTON, BC, V2A 4E9
(250) 492-2600   SIC 8361

A.D. RUNDLE MIDDLE SCHOOL p 197
See SCHOOL DISTRICT NO 33 CHILLIWACK

A.D.L. p 982
See AMALGAMATED DAIRIES LIMITED

A.D.L. TOBACO p 1077
See GESTION A.D.L. SENC

A.E. CROSS JUNIOR HIGH SCHOOL p 60
See CALGARY BOARD OF EDUCATION

A.G. HAIR COSMETICS p 185
See A.G. PROFESSIONAL HAIR CARE PRODUCTS LTD

A.G. PROFESSIONAL HAIR CARE PRODUCTS LTD p 185
3765 William St, BURNABY, BC, V5C 3H8
(604) 294-8870   SIC 2844

A.G. PROFESSIONAL HAIR CARE PRODUCTS LTD p 186
3765 William St, BURNABY, BC, V5C 3H8
(604) 294-8870   SIC 5122

A.G. SIMPSON AUTOMOTIVE INC p 542
560 Conestoga Blvd, CAMBRIDGE, ON, N1R 7P7
(519) 621-7953   SIC 3465

A.G. SIMPSON AUTOMOTIVE INC p 778
901 Simcoe St S, OSHAWA, ON, L1H 4L1
(905) 571-2121   SIC 3465

A.G. SIMPSON AUTOMOTIVE INC p 888
200 Yorkland Blvd Suite 800, TORONTO, ON, M2J 5C1
(416) 438-6650   SIC 3714

A.G. SIMPSON AUTOMOTIVE INC p 965
275 Eugenie St E, WINDSOR, ON, N8X 2X9
(519) 969-5193   SIC 3462

A.G.E.E.C.L.G. p 1230
See ASSOCIATION GENERALE DES ETUDIANTS ET ETUDIANTES DU COLLEGE LIONEL-GROULX INC

A.I.M p 591
See AERODROME INTERNATIONAL MAINTENANCE INC

A.J. BUS LINES p 831
See A.J. BUS LINES LIMITED

A.J. BUS LINES LIMITED p 505
370 Leacock St, BLIND RIVER, ON, P0R 1B0
(705) 356-7889   SIC 4151

A.J. BUS LINES LIMITED p 572
2 Charles Walk, ELLIOT LAKE, ON, P5A 2A3
(705) 848-3013   SIC 5943

A.J. BUS LINES LIMITED p 572
3474 Highway 17, ECHO BAY, ON, P0S 1C0
(705) 248-2157   SIC 4151

A.J. BUS LINES LIMITED p 831
132 Industrial Park Cres, SAULT STE. MARIE, ON, P6B 5P2
(705) 759-1228   SIC 4119

A.J. FORSYTH p 208
See RUSSEL METALS INC

A.M. GUY MEMORIAL HEALTH CENTRE p 427
See CENTRAL REGIONAL HEALTH AUTHORITY

A.M.A. INSURANCE AGENCY LTD p 108
10310 39a Ave, EDMONTON, AB, T6H 5X9
(780) 430-5555   SIC 6411

A.M.L. HOLDINGS LTD p 242
6800 Island Hwy N, NANAIMO, BC, V9V 1A3
(250) 390-3031   SIC 5511

A.M.S. ENTERPRISES p 788
See 3782981 CANADA INC.

A.O. SMITH ENTERPRISES LTD p 864
768 Erie St, STRATFORD, ON, N4Z 1A2
(519) 271-5800   SIC 5074

A.O. SMITH ENTERPRISES STRATFORD WATER SYSTEM DIV., p 864
See A.O. SMITH ENTERPRISES LTD

A.P. PLASMAN INC. p 872
418 Silver Creek Industrial Dr Rr1, TECUMSEH, ON, N8N 4Y3
(519) 727-4545   SIC 3089

A.P. PLASMAN INC. p 882
24 Industrial Park Rd, TILBURY, ON, N0P 2L0
(519) 682-1155   SIC 7532

A.P. PLASMAN INC. p 967
5245 Burke St Suite 1, WINDSOR, ON, N9A 6J3
(519) 737-6984   SIC 3089

A.P. PLASMAN INC. p 967
5250 Outer Dr Suite 1, WINDSOR, ON, N9A 6J3
(519) 737-1633   SIC 3089

A.P. PLASMAN INC. p 967
5265 Outer Dr Suite 2, WINDSOR, ON, N9A 6J3
(519) 737-9602   SIC 3089

A.P. PLASMAN INC. p 969
635 Sprucewood Ave, WINDSOR, ON, N9C 0B3
(519) 791-9119   SIC 3089

A.P. PLASMAN TECUMSEH PLANT p 872
See A.P. PLASMAN INC.

A.P. PLASMAN TILBURY p 882
See A.P. PLASMAN INC.

A.P.A p 1204
See AGENCES W PELLETIER (1980) INC

A.P.M. DIESEL p 1021
See A.P.M. DIESEL (1992) INC.

A.P.M. DIESEL (1992) INC. p 1021
135 Rue Miner, COWANSVILLE, QC, J2K 3Y5
(450) 260-1999   SIC 3519

A.R. THOMSON GROUP p 112
10030 31 Ave Nw, EDMONTON, AB, T6N 1G4
(780) 450-8080   SIC 3053

A.R. THOMSON GROUP p 154
7621 Edgar Industrial Dr Suite 3, RED DEER, AB, T4P 3R2
(403) 341-4511   SIC 5085

A.R. THOMSON GROUP p 157
215 Clearview Dr, RED DEER COUNTY, AB, T4E 0A1
(403) 341-4511   SIC 5085

A.R. WILLIAMS MATERIALS HANDLING p 16
See CERVUS EQUIPMENT CORPORATION

A.R. WILLIAMS MATERIALS HANDLING p 103
See CERVUS EQUIPMENT CORPORATION

A.R. WILLIAMS MATERIALS HANDLING p 157
See CERVUS EQUIPMENT CORPORATION

A.R. WILLIAMS MATERIALS HANDLING p 1295
See CERVUS EQUIPMENT CORPORATION

A.R.C. RESINS CORPORATION p 1068
2525 Rue Jean-Desy, LONGUEUIL, QC, J4G 1G6
(450) 928-3688   SIC 2821

BUSINESSES ALPHABETICALLY

A.R.M. HOLDINGS INC p 219
1962 Glenwood Dr, KAMLOOPS, BC, V2C 4G4
(250) 372-5479   SIC 7359

A.S.A.P. SECURED INC p 1109
1255 Rue Peel Bureau 1101, Montreal, QC, H3B 2T9
(514) 868-0202   SIC 7381

A.Y. JACKSON SECONDARY SCHOOL p 625
See OTTAWA-CARLETON DISTRICT SCHOOL BOARD

A/D FIRE PROTECTION SYSTEMS INC p 833
420 Tapscott Rd Unit 5, SCARBOROUGH, ON, M1B 1Y4
(416) 292-2361   SIC 3479

AAFC p 376
See AGRICULTURE AND AGRIFOOD CANADA

AAI OF CANADA p 929
See FGX CANADA CORP

AAILSOFT INC p 483
88 Telford St, AJAX, ON, L1T 4Z5
(416) 452-5687   SIC 7379

AAROC EQUIPMENT p 650
See J-AAR EXCAVATING LIMITED

AB AUTOMATION LTD p 971
2155 Talbot Rd, WINDSOR, ON, N9H 1A7
(519) 737-1900   SIC 8742

AB MAURI (CANADA) LIMITEE p 26
2201 15 St Se, CALGARY, AB, T2G 3M3
(403) 265-4937   SIC 2099

AB MAURI (CANADA) LIMITEE p 1060
31 Rue Airlie, LASALLE, QC, H8R 1Z8
(514) 366-1053   SIC 2099

ABACO PHARMA p 989
See ATELIER ABACO INC

ABATEMENT TECHNOLOGIES LIMITED p 589
7 High St, FORT ERIE, ON, L2A 3P6
(905) 871-4720   SIC 3634

ABATTEURS JACQUES ELEMENT INC, LES p 1069
650 Boul Roland-Therrien, LONGUEUIL, QC, J4H 3V9
(450) 928-2761   SIC 5812

ABATTOIR COLBEX INC p 1184
455 4e Rang De Simpson, SAINT-CYRILLE-DE-WENDOVER, QC, J1Z 1T8
SIC 2011

ABB BER-MAC p 159
See CEB INVESTMENTS INC

ABB BOMEM p 1140
See ABB INC

ABB INC p 15
2 Smed Lane Suite 110, CALGARY, AB, T2C 4T5
(403) 806-1700   SIC 5063

ABB INC p 26
4411 6 St Se Unit 110, CALGARY, AB, T2G 4E8
(403) 253-0271   SIC 8711

ABB INC p 65
9800 Endeavor Dr Se, CALGARY, AB, T3S 0A1
(403) 252-7551   SIC 3621

ABB INC p 102
9418 39 Ave Nw, EDMONTON, AB, T6E 5T9
(780) 447-4677   SIC 5063

ABB INC p 112
9604 31 Ave Nw, EDMONTON, AB, T6N 1C4
(780) 466-1676   SIC 7629

ABB INC p 192
3731 North Fraser Way Suite 600, BURNABY, BC, V5J 5J2
(604) 434-2454   SIC 3823

ABB INC p 268
10651 Shellbridge Way, RICHMOND, BC, V6X 2W8
(604) 207-6000   SIC 7372

ABB INC p 512
201 Westcreek Blvd, BRAMPTON, ON, L6T 5S6
(905) 460-3000   SIC 5065

ABB INC p 537
3450 Harvester Rd, BURLINGTON, ON, L7N 3W5
(905) 639-8840   SIC 3823

ABB INC p 1056
2117 32e Av, LACHINE, QC, H8T 3J1
SIC 5211

ABB INC p 1140
123 Av Labrosse, POINTE-CLAIRE, QC, H9R 1A3
SIC 7629

ABB INC p 1154
3400 Rue Pierre-Ardouin, Quebec, QC, G1P 0B2
(418) 877-2944   SIC 3823

ABB INC p 1208
2575 Boul Alfred-Nobel, SAINT-LAURENT, QC, H4S 2G1
(438) 843-6672   SIC 3612

ABB INC p 1255
1600 Boul Lionel-Boulet, VARENNES, QC, J3X 1P7
(450) 652-2901   SIC 3612

ABBAYE STE-MARIE DES DEUX-MONTAGNES p 1228
2803 Ch D'oka, SAINTE-MARTHE-SUR-LE-LAC, QC, J0N 1P0
(450) 473-7278   SIC 8661

ABBEY PARK HIGH SCHOOL p 771
See HALTON DISTRICT SCHOOL BOARD

ABBEYDALE ELEMENTARY SCHOOL p 12
See CALGARY BOARD OF EDUCATION

ABBOTSFORD CENTRE p 176
See CITY OF ABBOTSFORD

ABBOTSFORD CHRISTIAN ELEMENTARY SCHOOL p 180
3939 Old Clayburn Rd, ABBOTSFORD, BC, V3G 1J9
(604) 850-2694   SIC 8211

ABBOTSFORD CONTINUING EDUCATION SECONDARY SCHOOL p 179
See SCHOOL DISTRICT NO 34 (ABBOTSFORD)

ABBOTSFORD FIRE RESCUE SERVICE p 178
See CITY OF ABBOTSFORD

ABBOTSFORD HEALTH PROTECTION p 176
See FRASER HEALTH AUTHORITY

ABBOTSFORD MIDDLE SCHOOL p 177
See SCHOOL DISTRICT NO 34 (ABBOTSFORD)

ABBOTSFORD NEWS, THE p 176
See BLACK PRESS GROUP LTD

ABBOTSFORD RESTAURANTS LTD p 176
2142 West Railway St, ABBOTSFORD, BC, V2S 2E2
(604) 855-9893   SIC 5812

ABBOTSFORD SECURITY SERVICES p 178
2669 Langdon St Suite 201, ABBOTSFORD, BC, V2T 3L3
(604) 870-4731   SIC 7381

ABBOTSFORD TAXI LTD p 178
30950 Wheel Ave Suite 502, ABBOTSFORD, BC, V2T 6G7
(604) 859-5251   SIC 4121

ABBOTSFORD TIMES p 179
See POSTMEDIA NETWORK INC

ABBOTSFORD TRADITIONAL MIDDLE SCHOOL p 179
See SCHOOL DISTRICT NO 34 (ABBOTSFORD)

ABBOTSFORD VIRTUAL SCHOOL p 177
See SCHOOL DISTRICT NO 34 (ABBOTSFORD)

ABBOTT ELEMENTARY SCHOOL p 97
See EDMONTON SCHOOL DISTRICT NO. 7

ABC AIR MANAGEMENT SYSTEMS INC p 583
110 Ronson Dr, ETOBICOKE, ON, M9W 1B6
(416) 744-3113   SIC 3089

ABC AIR MANAGEMENT SYSTEMS INC p 583
2200 Islington Ave Suite 100, ETOBICOKE, ON, M9W 3W5
SIC 3089

ABC CHILD CARE CENTRE p 654
See LONDON BRIDGE CHILD CARE SERVICES INC

ABC CLIMATE CONTROL SYSTEMS INC p 583
54 Bethridge Rd, ETOBICOKE, ON, M9W 1N1
(416) 744-3113   SIC 3089

ABC COMMUNICATIONS p 264
See A.B.C. ALLEN BUSINESS COMMUNICATIONS LTD

ABC DAY NURSERY OF WINDSOR p 962
1225 Lauzon Rd, WINDSOR, ON, N8S 3M9
(519) 945-1110   SIC 8351

ABC DAY NURSERY OF WINDSOR p 965
888 Hanna St E, WINDSOR, ON, N8X 2N9
(519) 256-5141   SIC 8351

ABC GROUP p 973
100 Hanlan Rd Suite 3, WOODBRIDGE, ON, L4L 4V8
(905) 392-0485   SIC 6712

ABC GROUP INC p 513
303 Orenda Rd Suite B, BRAMPTON, ON, L6T 5C3
(905) 450-3600   SIC 3089

ABC GROUP INC p 557
161 Snidercroft Rd Unit A, CONCORD, ON, L4K 2J8
(905) 669-0999   SIC 3089

ABC GROUP INC p 583
20 Brydon Dr, ETOBICOKE, ON, M9W 5R6
(416) 743-6731   SIC 3089

ABC GROUP INC p 684
3325 Orlando Dr, MISSISSAUGA, ON, L4V 1C5
(905) 671-0310   SIC 3089

ABC GROUP INC p 762
2 Norelco Dr, NORTH YORK, ON, M9L 2X6
(416) 246-1782   SIC 3089

ABC GROUP INC p 763
1925 Wilson Ave, NORTH YORK, ON, M9M 1A9
(416) 741-0273   SIC 3087

ABC GROUP PRODUCT DEVELOPMENT, DIV. OF p 513
See ABC GROUP INC

ABC GROUP RESEARCH & DEVELOPMENT LTD p 762
2 Norelco Dr, NORTH YORK, ON, M9L 2X6
(416) 742-4037   SIC 8731

ABC GROUP TRANSPORTATION p 973
See ABC GROUP

ABC HEAD START SOCIETY p 82
9829 103 St Nw, EDMONTON, AB, T5K 0X9
(780) 461-5353   SIC 8322

ABC INOAC EXTERIOR SYSTEMS INC. p 583
220 Brockport Dr, ETOBICOKE, ON, M9W 5S1
(416) 675-7480   SIC 3089

ABC INTERIOR SYSTEMS INC p 583
10 Disco Rd, ETOBICOKE, ON, M9W 1L7
(416) 675-2220   SIC 3089

ABC PLASTICS MOULDING, A DIV OF p 583
See ABC GROUP INC

ABCO p 684
See ABCO INTERNATIONAL FREIGHT INC

ABCO INTERNATIONAL FREIGHT INC p 684
5945 Airport Rd Suite 338, MISSISSAUGA, ON, L4V 1R9
(905) 405-8088   SIC 4731

ABCO INTERNATIONAL FREIGHT INC p 1025
670 Av Orly Bureau 201, DORVAL, QC, H9P 1E9
(514) 636-2226   SIC 4731

ABCO MAINTENANCE SYSTEMS INC p 21
260 20 Ave Ne, CALGARY, AB, T2E 1P9
(403) 293-5752   SIC 7349

ABCOR FILTERS INC p 942
41 City View Dr, TORONTO, ON, M9W 5A5
(416) 245-6886   SIC 3714

ABCRC p 103
See ALBERTA BEVERAGE CONTAINER RECYCLING CORPORATION

ABDOULAH ENTERPRISES LTD p 1286
433 N Albert St, REGINA, SK, S4R 3C3
SIC 5812

ABELL PEST CONTROL INC p 207
207669 Ribley St, DELTA, BC, V3M 6L9
(604) 421-6619   SIC 7342

ABELL PEST CONTROL INC p 637
36b Centennial Rd, KITCHENER, ON, N2B 3G1
(519) 836-3800   SIC 7342

ABELL PEST CONTROL INC p 703
3075 Ridgeway Dr Suite 27, MISSISSAUGA, ON, L5L 5M6
(905) 828-1300   SIC 7342

ABERDEEN COMPOSITE SCHOOL p 1264
See PRAIRIE SPIRIT SCHOOL DIVISION NO. 206

ABERDEEN ELEMENTARY PUBLIC SCHOOL p 657
See THAMES VALLEY DISTRICT SCHOOL BOARD

ABERDEEN ELEMENTARY SCHOOL p 180
See SCHOOL DISTRICT NO 34 (ABBOTSFORD)

ABERDEEN ELEMENTARY SCHOOL p 218
See SCHOOL DISTRICT 73 (KAMLOOPS/THOMPSON)

ABERDEEN HOSPITAL p 470
See PICTOU COUNTY HEALTH AUTHORITY

ABF FREIGHT SYSTEM CANADA, LTD p 513
15 Strathearn Ave, BRAMPTON, ON, L6T 4P1
(905) 458-5888   SIC 4213

ABF FREIGHT SYSTEM CANADA, LTD p 605
400 Grays Rd Suite 218, HAMILTON, ON, L8E 3J6
(905) 573-0603   SIC 4213

ABF FREIGHT SYSTEM CANADA, LTD p 1165
445 Av Saint-Jean-Baptiste Bureau 300, Quebec, QC, G2E 5N7
(418) 872-8812   SIC 4213

ABF TERMINAL #225 p 1165
See ABF FREIGHT SYSTEM CANADA, LTD

ABF TERMINAL #245 p 605
See ABF FREIGHT SYSTEM CANADA, LTD

ABILITY JANITORIAL SERVICES LIMITED p 798
870 Campbell Ave Suite 2, OTTAWA, ON, K2A 2C5
SIC 7349

ABITIBI BOWATER p 856
See PF RESOLU CANADA INC

ABITIBI-CONSOLIDATED, DIVISION BAIE-COMEAU p 994
See PF RESOLU CANADA INC

ABITIBIBOWATER p 1075
See PF RESOLU CANADA INC

ABL X-PRESS LTD p 76
11560 120 St Nw, EDMONTON, AB, T5G 2Y2
(780) 448-3673   SIC 4213

ABL XPERTECH p 76
See ABL X-PRESS LTD

ABLE CLOTHING INC p 836
2050 Ellesmere Rd Unit 8, SCARBOROUGH, ON, M1H 3A9
SIC 2329

▲ Public Company   ■ Public Company Family Member   HQ Headquarters   BR Branch   SL Single Location

ABLOY CANADA INC p 1208
9630 Rte Transcanadienne, SAINT-LAURENT, QC, H4S 1V9
(514) 335-9500 SIC 5072

ABM p 265
See APPLIED BIOLOGICAL MATERIALS INC

ABM COLLEGE p 9
3880 29 St Ne Suite 200, CALGARY, AB, T1Y 6B6
(403) 719-4300 SIC 8221

ABMAST INC p 1194
6935 Rue Picard, SAINT-HYACINTHE, QC, J2S 1H3
(450) 774-4660 SIC 3291

ABONNEMENT QUEBEC & DESSIN p 1114
See TRANSCONTINENTAL PRINTING INC

ABORIGINAL FOCUS SCHOOL p 293
See BOARD OF EDUCATION OF SCHOOL DISTRICT NO. 39 (VANCOUVER), THE

ABOUGOUSH COLLISION INC p 224
1960 Dayton St, KELOWNA, BC, V1Y 7W6
(250) 868-2693 SIC 7532

ABOUTOWN TRANSPORTATION LIMITED p 657
1 Bathurst St, LONDON, ON, N6B 3R2
(519) 663-2222 SIC 4151

ABP LOCATION INC p 1084
12900 Boul Industriel, Montreal, QC, H1A 4Z6
(514) 528-5445 SIC 7359

ABRAFLEX SANDBLASTING & PAINTING p 648
See ABS MANUFACTURING AND DISTRIBUTING LIMITED

ABRASIVE TECHNOLOGY NA INC p 1025
2250 Boul Hymus, DORVAL, QC, H9P 1J9
(514) 421-7396 SIC 5085

ABREY ENTERPRISES INC p 207
1285 Cliveden Ave, DELTA, BC, V3M 6M3
(604) 718-1125 SIC 5812

ABREY ENTERPRISES INC p 244
515 Sixth St, NEW WESTMINSTER, BC, V3L 3B9
(604) 718-1172 SIC 5812

ABS EQUIPMENT LEASING LTD p 692
1495 Sedlescomb Dr, MISSISSAUGA, ON, L4X 1M4
(905) 625-5941 SIC 3545

ABS MACHINING INC p 692
1495 Sedlescomb Dr, MISSISSAUGA, ON, L4X 1M4
(905) 625-5941 SIC 3599

ABS MANUFACTURING AND DISTRIBUTING LIMITED p 648
235 Fielding Rd, LIVELY, ON, P3Y 1L8
SIC 3471

ABS ON TIME LOGISTICS INC p 599
525 Southgate Dr Unit 1, GUELPH, ON, N1G 3W6
(519) 826-9910 SIC 5013

ABS-CBN CANADA, ULC p 904
411 Richmond St E Suite 203, TORONTO, ON, M5A 3S5
(800) 345-2465 SIC 7822

ABSA THE PRESSURE EQUIPMENT SAFETY AUTHORITY p 112
See ALBERTA BOILERS SAFETY ASSOCIATION (ABSA)

ABSOLU COMMUNICATION MARKETING p 1167
See CREATION STRATEGIQUE ABSOLUE INC

ABSOLUTE ENERGY SOLUTIONS INC p 61
600 Crowfoot Cres Nw Suite 302, CALGARY, AB, T3G 0B4
(403) 266-5027 SIC 3533

ABSOLUTE ENERGY SOLUTIONS INC p 99
5710 36 St Nw, EDMONTON, AB, T6B 3T2
(780) 440-9058 SIC 3545

ABSOLUTE ENERGY SOLUTIONS INC p 99
6312 50 St Nw, EDMONTON, AB, T6B 2N7
(780) 469-7466 SIC 3533

ABSOLUTE SOFTWARE CORPORATION p 323
1055 Dunsmuir St Suite 1400, VANCOUVER, BC, V7X 1K8
(604) 730-9851 SIC 7371

ABSOLUTE COMPLETION TECHNOLOGIES p 99
See ABSOLUTE ENERGY SOLUTIONS INC

ABZAC AMERIQUE p 1028
See ABZAC CANADA INC

ABZAC CANADA INC p 1028
2945 Boul Lemire, Drummondville, QC, J2B 6Y8
(514) 866-3488 SIC 2655

ACA p 465
11 Calkin Dr Suite 1, KENTVILLE, NS, B4N 3V7
(902) 678-1335 SIC 2015

ACADEMIE ANGE GABRIEL p 530
See CONSEIL DES ECOLES CATHOLIQUES DE LANGUE FRANCAISE DU CENTRE-EST

ACADEMIE ANTOINE-MANSEAU p 1045
20 Rue Saint-Charles-Borromee S, JOLIETTE, QC, J6E 4T1
(450) 753-4271 SIC 8211

ACADEMIE ASSOMPTION p 393
See CONSEIL SCOLAIRE DISTRICT NO 5

ACADEMIE CATHOLIQUE MERE-TERESA p 613
See CONSEIL SCOLAIRE DE DISTRICT CATHOLIQUE CENTRE-SUD

ACADEMIE DE LA NORAINE p 824
See CONSEIL SCOLAIRE VIAMONDE

ACADEMIE DE LA TAMISE p 652
See CONSEIL SCOLAIRE VIAMONDE

ACADEMIE DES SACRES-CURS p 1181
1575 Rang Des Vingt, SAINT-BRUNO, QC, J3V 4P6
(450) 653-3681 SIC 8211

ACADEMIE DUNTON p 1085
See COMMISSION SCOLAIRE ENGLISH-MONTREAL

ACADEMIE FRANCOIS-LABELLE p 1170
1227 Rue Notre-Dame, REPENTIGNY, QC, J5Y 3H2
(450) 582-2020 SIC 8211

ACADEMIE KUPER INC p 1048
2 Rue Aesop, KIRKLAND, QC, H9H 5G5
(514) 426-3007 SIC 8211

ACADEMIE LES ESTACADES p 1248
See COMMISSION SCOLAIRE DU CHEMIN-DU-ROY

ACADEMIE MARIE-CLAIRE p 1049
18190 Boul Elkas, KIRKLAND, QC, H9J 3Y4
(514) 697-9995 SIC 8211

ACADEMIE MAXIMUM SECURITE ET INVESTIGATION INC p 1203
901 Av Sainte-Croix, SAINT-LAURENT, QC, H4L 3Y5
(514) 747-7642 SIC 7381

ACADEMIE NOTRE DAME p 397
See DISTRICT SCOLAIRE 3

ACADEMIE ST-CLEMENT p 1080
See COMMISSION SCOLAIRE MARGUERITE-BOURGEOYS

ACADEMIE STE-THERESE INC, L' p 1176
1 Ch Des Ecoliers, Rosemere, QC, J7A 4Y1
(450) 434-1130 SIC 8211

ACADEMY CANADA INC p 432
169 Kenmount Rd Suite 167, ST. JOHN'S, NL, A1B 3P9
(709) 739-6767 SIC 8221

ACADEMY OF DANCE p 279
15326 103a Ave, Surrey, BC, V3R 7A2
(604) 882-0422 SIC 7911

ACADEMY OF KING EDWARD, THE p 104
See EDMONTON SCHOOL DISTRICT NO. 7

ACADEMY OF SPHERICAL ARTS LTD, THE p 936
1 Snooker St, TORONTO, ON, M6K 1G1
(416) 532-3075 SIC 5812

ACADIA BROADCASTING LIMITED p 416
58 King St Suite 300, SAINT JOHN, NB, E2L 1G4
(506) 633-3323 SIC 4832

ACADIA BROADCASTING LIMITED p 444
215 Dominion St Suite 2, BRIDGEWATER, NS, B4V 2G8
(902) 543-2401 SIC 4832

ACADIA CONSULTANTS AND INSPECTORS LIMITED p 408
40 Henri Dunant St, MONCTON, NB, E1E 1E5
(506) 857-8313 SIC 8711

ACADIA ELEMENTARY SCHOOL p 35
See CALGARY BOARD OF EDUCATION

ACADIA FOUNDATION p 129
501 5 St W Suite 17, HANNA, AB, T0J 1P0
(403) 854-3288 SIC 8361

ACADIA FOUNDATION p 149
310 2nd St W, OYEN, AB, T0J 2J0
(403) 664-3661 SIC 8361

ACADIA JUNIOR HIGH SCHOOL p 390
See PEMBINA TRAILS SCHOOL DIVISION, THE

ACADIA PAVING LTD. p 1302
121 105th St E, SASKATOON, SK, S7N 1Z2
(306) 374-4738 SIC 1611

ACADIA STREET ELEMENTARY SCHOOL p 469
See CHIGNECTO CENTRAL REGIONAL SCHOOL BOARD

ACADIA STUDENTS' UNION INC p 479
30 Highland Ave, WOLFVILLE, NS, B4P 2R5
(902) 585-2110 SIC 6321

ACADIA SUZUKI SUBARU p 1151
See AUTOMOBILES ACADIA INC

ACADIAN COACH LINES LP p 406
300 Main St Unit B2-2, MONCTON, NB, E1C 1B9
SIC 4142

ACADIAN COACH LINES LP p 737
7500 Lundy's Lane, NIAGARA FALLS, ON, L2H 1G8
(905) 353-9782 SIC 4142

ACADIAN CREDIT UNION LIMITED p 446
15089 Cabot Trail, CHETICAMP, NS, B0E 1H0
(902) 224-2055 SIC 6062

ACADIAN SALES p 718
See COATINGS 85 LTD

ACADIAN SEAPLANTS LIMITED p 446
698 Conestoga St, CORNWALLIS, NS, B0S 1H0
(902) 638-8302 SIC 2875

ACADIAN SEAPLANTS LIMITED p 467
8421 Hwy 3, LOWER WOODS HARBOUR, NS, B0W 2E0
(902) 723-2678 SIC 2875

ACADIAN SEAPLANTS LIMITED p 480
133 Islandview Rd, YARMOUTH, NS, B5A 4A6
(902) 742-9159 SIC 8731

ACAN WINDOWS AND DOORS p 430
See ACAN WINDOWS INC

ACAN WINDOWS INC p 430
1641 Topsail Rd, PARADISE, NL, A1L 1V1
SIC 3089

ACC p 344
See ASSINIBOINE COMMUNITY COLLEGE

ACC p 382
See ASSINIBOINE COMMUNITY COLLEGE

ACC p 603
See ACC FARMERS' FINANCIAL

ACC FARMERS' FINANCIAL p 603
660 Speedvale Ave W Unit 201, GUELPH, ON, N1K 1E5
(519) 766-0544 SIC 6159

ACCEDE ENERGY SERVICES LTD p 6
27312 Twp Rd Unit 12, BLACKFALDS, AB, T0M 0J0
SIC 7353

ACCEDE ENERGY SERVICES LTD p 65
5022 42 Ave, CALMAR, AB, T0C 0V0
(780) 985-4202 SIC 7353

ACCEDE ENERGY SERVICES LTD p 1268
Gd Lcd Main, ESTEVAN, SK, S4A 2A1
(306) 634-6868 SIC 7353

ACCELERATED CONNECTIONS INC p 927
155 Wellington St W Suite 3740, TORONTO, ON, M5V 3H1
(416) 637-3432 SIC 8748

ACCELLOS CANADA, INC p 873
125 Commerce Valley Dr W Suite 700, THORNHILL, ON, L3T 7W4
(905) 695-9999 SIC 7371

ACCENT p 1140
See AMEUBLEMENTS EL RAN LTEE

ACCENT INN HOTEL p 268
See ACCENT INNS INC

ACCENT INNS p 219
See ACCENT INNS INC

ACCENT INNS INC p 186
3777 Henning Dr, BURNABY, BC, V5C 6N5
(604) 473-5000 SIC 7011

ACCENT INNS INC p 219
1325 Columbia St W, KAMLOOPS, BC, V2C 6P4
(250) 374-8877 SIC 7011

ACCENT INNS INC p 224
1140 Harvey Ave, KELOWNA, BC, V1Y 6E7
(250) 862-8888 SIC 7011

ACCENT INNS INC p 268
10551 St. Edwards Dr, RICHMOND, BC, V6X 3L8
(604) 273-3311 SIC 7011

ACCENT INNS INC p 332
3233 Maple St, VICTORIA, BC, V8X 4Y9
(250) 475-7500 SIC 7011

ACCEO SOLUTIONS INC p 293
2985 Virtual Way Suite 260, VANCOUVER, BC, V5M 4X7
SIC 5045

ACCEO SOLUTIONS INC p 678
80 Citizen Crt Suite 1, MARKHAM, ON, L6G 1A7
(905) 477-4747 SIC 7371

ACCEO SOLUTIONS INC p 1165
7710 Boul Wilfrid-Hamel, Quebec, QC, G2G 2J5
(418) 877-0088 SIC 7372

ACCERTACLAIM SERVICORP INC p 923
4 New St, TORONTO, ON, M5R 1P6
(416) 922-6565 SIC 8011

ACCES JEUX p 1093
See SUPERCLUB VIDEOTRON LTEE, LE

ACCES PHARMA CHEZ WALMART p 1075
See WAL-MART CANADA CORP

ACCES PHARMA CHEZ WALMART p 1230
See WAL-MART CANADA CORP

ACCES PHARMA CHEZ WALMART p 1232
See WAL-MART CANADA CORP

ACCES TOYOTA p 1177
See 9213-9286 QUEBEC INC

ACCES VACANCES p 1166
See AGENCE DE VOYAGES D'AUTOMOBILE ET TOURING CLUB DU QUEBEC INC

ACCESS p 1212
See CUIRS BENTLEY INC

ACCESS BETTER LIVING INC p 883
733 Ross Ave E Suite 3, TIMMINS, ON, P4N 8S8
(705) 268-2240 SIC 8361

ACCESS CENTRE p 817
See CENTRAL EAST COMMUNITY CARE ACCESS CENTRE FOUNDATION

ACCESS CENTRE FOR COMMUNITY CARE IN LANARK, LEEDS AND GRENVILLE p 849
52 Abbott St N, SMITHS FALLS, ON, K7A 1W3
(613) 283-8012 SIC 8059

ACCESS COMMUNITY SERVICES INC p

BUSINESSES ALPHABETICALLY

817
160 Walton St, PORT HOPE, ON, L1A 1N6
(905) 885-6358   SIC 8361
ACCESS CREDIT UNION LIMITED   p 343
129 Third Ave Ne, ALTONA, MB, R0G 0B0
(204) 324-6437   SIC 6062
ACCESS CREDIT UNION LIMITED   p 351
430 Stephen St, MORDEN, MB, R6M 1T6
(204) 822-4485   SIC 6062
ACCESS FIRE   p 882
28 Mill Street W, TILBURY, ON, N0P 2L0
SIC 1711
ACCESS FLOWER TRADING INC   p 768
700 Dorval Dr Suite 405, OAKVILLE, ON, L6K 3V3
(905) 849-1343   SIC 5193
ACCESS HEALTHCARE SERVICES INC   p 805
458 Pembroke St E, PEMBROKE, ON, K8A 3L2
(613) 732-4713   SIC 8082
ACCESS INDEPENDENT LIVING SERVICES   p 752
7 The Donway E Suite 403, NORTH YORK, ON, M3C 3P8
(416) 443-1701   SIC 8621
ACCESS INDEPENDENT LIVING SERVICES   p 842
2155 Lawrence Ave E Suite 623, SCARBOROUGH, ON, M1R 5G9
(416) 752-2490   SIC 8361
ACCESS PIPELINE INC   p 122
88 Ave, FORT SASKATCHEWAN, AB, T8L 2S9
(780) 997-0499   SIC 4789
ACCESS PLUMBING & HEATING LTD p 166
215 Carnegie Dr Unit 5, ST. ALBERT, AB, T8N 5B1
(780) 459-5999   SIC 1711
ACCESS PROGRAM PERSONS WITH DEVELOPMENTAL DISABILITIES (PDD) INQUIRIES   p 39
See GOVERNMENT OF THE PROVINCE OF ALBERTA
ACCESS RIVER EAST   p 367
See WINNIPEG REGIONAL HEALTH AUTHORITY, THE
ACCESS ST MARK'S   p 752
See ACCESS INDEPENDENT LIVING SERVICES
ACCESS TO CONTINUING EDUCATION CENTRE   p 1203
See RIVERSIDE SCHOOL BOARD
ACCESSIBLE MEDIA INC   p 752
1090 Don Mills Rd Suite 200, NORTH YORK, ON, M3C 3R6
(416) 422-4222   SIC 7812
ACCESSIBLE MEDIA INC   p 869
40 Elm St Unit M 300, SUDBURY, ON, P3C 1S8
SIC 7389
ACCESSOIRES D'AUTOMOBILES LEBLANC   p 1252
See UNI-SELECT INC
ACCESSOIRES DE VEHICULES TOUT TERRAIN   p 1004
See MOTOVAN CORPORATION
ACCESSOIRES POUR VELOS O G D LTEE p 1208
10555 Boul Henri-Bourassa O Bureau 10, SAINT-LAURENT, QC, H4S 1A1
(514) 332-0416   SIC 7312
ACCESSORIES BY/PAR RAE   p 1041
See LANDES CANADA INC
ACCESSORIES BY/PAR RAE INC   p 1040
395 Rue Saint-Vallier, GRANBY, QC, J2G 7Y1
(450) 378-5600   SIC 2387
ACCIDENT BENEFITS CONSULTANT p 610
See MORRIS, B. LAW GROUP
ACCIONA INFRASTRUCTURE CANADA INC   p 323
595 Burrard St Suite 2000, VANCOUVER, BC, V7X 1J1
(604) 622-6550   SIC 1541
ACCLAIM HEALTH   p 769
See ACCLAIM HEALTH COMMUNITY CARE SERVICES
ACCLAIM HEALTH COMMUNITY CARE SERVICES   p 769
2370 Speers Rd, OAKVILLE, ON, L6L 5M2
(905) 827-8800   SIC 8082
ACCLAIM SBA DISABILITY MANAGEMENT INC   p 898
250 Merton St Unit 503, TORONTO, ON, M4S 1B1
(800) 565-2857   SIC 8331
ACCOLADE GROUP   p 819
See ACCOLADE GROUP INC
ACCOLADE GROUP INC   p 819
66 West Beaver Creek Rd, RICHMOND HILL, ON, L4B 1G5
(416) 465-7211   SIC 2329
ACCOR CANADA INC   p 513
160 Steelwell Rd Suite 126, BRAMPTON, ON, L6T 5T3
(905) 451-3313   SIC 7011
ACCOR CANADA INC   p 696
3670 Hurontario St, MISSISSAUGA, ON, L5B 1P3
(905) 896-1000   SIC 7011
ACCOR CANADA INC   p 788
33 Nicholas St, OTTAWA, ON, K1N 9M7
(613) 760-4771   SIC 5812
ACCOR CANADA INC   p 788
33 Nicholas St, OTTAWA, ON, K1N 9M7
(613) 760-4771   SIC 7011
ACCOR CANADA INC   p 889
3 Park Home Ave, TORONTO, ON, M2N 6L3
(416) 733-2929   SIC 7011
ACCOR CANADA INC   p 909
45 The Esplanade, TORONTO, ON, M5E 1W2
(416) 367-8900   SIC 7011
ACCORD FINANCIAL CORP   p 1262
3500 Boul De Maisonneuve O Bureau 1510, WESTMOUNT, QC, H3Z 3C1
(514) 932-8223   SIC 6153
ACCORD FINANCIAL LTD   p 924
77 Bloor St W Suite 1803, TORONTO, ON, M5S 1M2
(416) 961-0007   SIC 8741
ACCORD SPECIALIZED INVESTIGATIONS & SECURITY   p 893
1560 Bayview Ave Ste 300, TORONTO, ON, M4G 3B8
(416) 461-2774   SIC 7382
ACCOUNTEMPS   p 45
See HALF, ROBERT CANADA INC
ACCOUNTEMPS   p 323
See HALF, ROBERT CANADA INC
ACCOUNTEMPS   p 1112
See HALF, ROBERT CANADA INC
ACCOUNTEMPS, DIV OF   p 80
See HALF, ROBERT CANADA INC
ACCOUNTEMPS, DIV OF   p 533
See HALF, ROBERT CANADA INC
ACCOUNTEMPS, DIV OF   p 919
See HALF, ROBERT CANADA INC
ACCOUNTING DEPARTMENT   p 459
See MCINNES COOPER
ACCOUNTS PAYABLE DEPT   p 78
See ALBERTA HEALTH SERVICES
ACCOUNTS PAYABLE OFFICE   p 661
See UNIVERSITY OF WESTERN ONTARIO, THE
ACCOUNTS RECEIVABLE DEPT   p 745
See IBM CANADA LIMITED
ACCOUNTS RECOVERY   p 537
See ARO INC
ACCRAPLY CANADA, INC   p 536
3070 Mainway Unit 16 19, BURLINGTON, ON, L7M 3X1
(905) 336-8880   SIC 3565

ACCREDITED SUPPORTS TO THE COMMUNITY   p 71
1709 15th Ave, DIDSBURY, AB, T0M 0W0
(403) 335-8671   SIC 8322
ACCUBID SYSTEMS LTD   p 557
7725 Jane St Suite 200, CONCORD, ON, L4K 1X4
(905) 761-8800   SIC 7371
ACCUCAM MACHINING   p 545
See 742906 ONTARIO INC
ACCUCAPS INDUSTRIES LIMITED   p 865
720 Wright St, STRATHROY, ON, N7G 3H8
(519) 245-8880   SIC 2899
ACCUCAPS STRATHROY OPERATIONS   p 865
See ACCUCAPS INDUSTRIES LIMITED
ACCULITE,   p 639
See ACUITY BRANDS LIGHTNING, INC
ACCURATE DOOR & HARDWARE   p 187
See MORGUARD CORPORATION
ACCURATE RIVER PRODUCTS   p 146
See ACR GROUP INC
ACCURISTIX   p 764
2905 Bristol Cir, OAKVILLE, ON, L6H 6Z5
(905) 829-9927   SIC 6712
ACCUTRAC CAPITAL SOLUTIONS INC   p 774
174 West St S 2 Fl, ORILLIA, ON, L3V 6L4
(866) 531-2615   SIC 6153
ACE BAKERY LIMITED   p 715
580 Secretariat Crt, MISSISSAUGA, ON, L5S 2A5
(905) 565-8138   SIC 5461
ACE BAKERY LIMITED   p 761
1 Hafis Rd, NORTH YORK, ON, M6M 2V6
(416) 241-3600   SIC 5461
ACE BUILDING MAINTENANCE INC p 102
8861 63 Ave Nw, EDMONTON, AB, T6E 0E9
(780) 413-4537   SIC 7349
ACE COURIER SERVICES   p 12
See ALL-CAN EXPRESS LTD
ACE COURIER SERVICES   p 239
See ALL-CAN EXPRESS LTD
ACE INDUSTRIAL SERVICES   p 119
See ATHABASCA CHIPEWYAN EMPIRE INDUSTRIAL SERVICES LTD
ACE INTERNATIONAL TRUCK & ENGINE p 17
See GLOVER INTERNATIONAL TRUCKS LTD
ACE SERVICES MECANIQUES INC   p 1252
1010 Rue Leo-Fournier, VAL-D'OR, QC, J9P 6X8
(819) 874-8091   SIC 7699
ACFO-HURONIE   p 806
See ASSOCIATION CANADIENNE-FRANCAISE DE L'ONTARIO/HURONIE
ACHES & PAINS TORONTO'S PREMIER MEDICINE & THERAPY   p 932
See MCI MEDICAL CLINICS INC
ACHIEVO NETSTAR SOLUTIONS COMPANY   p 751
220 Duncan Mill Rd Suite 505, NORTH YORK, ON, M3B 3J5
(416) 383-1818   SIC 7371
ACHILLE DE LA CHEVROTIERE   p 1132
See SOBEYS QUEBEC INC
ACHOO TISSU   p 1126
See MARTINI-VISPAK INC
ACI   p 408
See ACADIA CONSULTANTS AND INSPECTORS LIMITED
ACI BRANDS INC   p 767
2616 Sheridan Garden Dr, OAKVILLE, ON, L6J 7Z2
(905) 829-1566   SIC 5137
ACIER AGF INC   p 1154
595 Av Newton, Quebec, QC, G1P 4C4
(418) 877-7715   SIC 2499
ACIER ARGO LTEE   p 1025
2175 Boul Hymus, DORVAL, QC, H9P 1J8
(514) 634-8066   SIC 5051

ACIER C M C, DIV DE LONGUEIL   p 1069
See CRAWFORD METAL CORPORATION
ACIER DEMERS   p 1232
See ATELIER D'USINAGE QUENNEVILLE INC
ACIER ECAN   p 1154
See ACIER AGF INC
ACIER GENDRON LTEE   p 1068
2270 Rue Garneau, LONGUEUIL, QC, J4G 1E7
(450) 442-9494   SIC 5051
ACIER INOXYDABLE PINACLE INC p 1208
4665 Rue Cousens, SAINT-LAURENT, QC, H4S 1X5
(514) 745-0360   SIC 5023
ACIER LEROUX   p 989
See RUSSEL METALS INC
ACIER LEROUX   p 1005
See RUSSEL METALS INC
ACIER LEROUX   p 1015
See RUSSEL METALS INC
ACIER LEROUX   p 1174
See RUSSEL METALS INC
ACIER LEROUX   p 1245
See RUSSEL METALS INC
ACIER LEROUX, A DIV OF RUSSEL METALS   p 1181
See RUSSEL METALS INC
ACIER LOUBIER   p 1163
See RUSSEL METALS INC
ACIER METOSTEEL   p 999
See GROUPE J.S.V. INC, LE
ACIER METROPOLITAN   p 1192
See METROBEC INC
ACIER NOVA INC   p 1058
6001 Rue Irwin, LASALLE, QC, H8N 1A1
(514) 789-0511   SIC 5051
ACIER PACIFIQUE INC   p 1213
845 Av Munck, SAINT-LAURENT, QC, H7S 1A9
(514) 384-4690   SIC 5051
ACIER PICARD INC   p 1255
1951 Ch De L'Energie, VARENNES, QC, J3X 1P7
(450) 649-9000   SIC 5051
ACIES METROPOLITAN INC   p 1191
5055 Rue Ramsay, SAINT-HUBERT, QC, J3Y 2S3
(450) 678-5080   SIC 4953
ACKER FINLEY CANADA FOCUS FUND   p 912
181 University Ave Suite 1400, TORONTO, ON, M5H 3M7
(416) 777-9005   SIC 6722
ACKLANDS - GRAINGER INC   p 26
4340 Manhattan Rd Se, CALGARY, AB, T2G 4B2
(403) 243-4291   SIC 5085
ACKLANDS - GRAINGER INC   p 84
14360 123 Ave Nw, EDMONTON, AB, T5L 2Y3
(780) 454-8180   SIC 5085
ACKLANDS - GRAINGER INC   p 86
11708 167 St Nw, EDMONTON, AB, T5M 3Z2
(780) 453-3684   SIC 5085
ACKLANDS - GRAINGER INC   p 95
15986 118 Ave Nw, EDMONTON, AB, T5V 1C4
(780) 453-3071   SIC 5085
ACKLANDS - GRAINGER INC   p 102
8468 Roper Rd Nw, EDMONTON, AB, T6E 6W4
(780) 465-0511   SIC 5085
ACKLANDS - GRAINGER INC   p 119
284 Macdonald Cres Suite 200, FORT MCMURRAY, AB, T9H 4B6
(780) 743-3344   SIC 5085
ACKLANDS - GRAINGER INC   p 125
11537 95 Ave, GRANDE PRAIRIE, AB, T8V 5P7
(780) 532-5541   SIC 5085
ACKLANDS - GRAINGER INC   p 186

▲ Public Company   ■ Public Company Family Member   HQ Headquarters   BR Branch   SL Single Location

2475 Douglas Rd, BURNABY, BC, V5C 5A9
(604) 299-1212   SIC 5085
ACKLANDS - GRAINGER INC   p 376
10 Fort St Suite 300, WINNIPEG, MB, R3C 1C4
(204) 956-0880   SIC 5085
ACKLANDS - GRAINGER INC   p 784
3020 Hawthorne Rd, OTTAWA, ON, K1G 3J6
(613) 744-5012   SIC 5085
ACKLANDS - GRAINGER INC   p 873
50 Minthorn Blvd, THORNHILL, ON, L3T 7X8
(905) 763-3474   SIC 5084
ACKLANDS - GRAINGER INC   p 1040
415 Rue Robinson S, GRANBY, QC, J2G 7N2
(450) 375-1771   SIC 5085
ACKLANDS - GRAINGER INC   p 1211
4475 Rue Griffith, SAINT-LAURENT, QC, H4T 2A2
(514) 332-6105   SIC 5099
ACKLANDS - GRAINGER INC   p 1260
757 Boul Pierre-Roux E, VICTORIAVILLE, QC, G6T 1S7
(819) 758-9991   SIC 5085
ACKLANDS - GRAINGER INC   p 1281
680 Mcleod St, REGINA, SK, S4N 4Y1
(306) 721-3200   SIC 3569
ACKLANDS - GRAINGER INC   p 1304
3602 Millar Ave, SASKATOON, SK, S7P 0B1
(306) 664-5500   SIC 5085
ACME PROTECTIVE SYSTEMS LIMITED   p 315
1632 6th Ave W, VANCOUVER, BC, V6J 1R3
(604) 534-8088   SIC 1731
ACME SCHOOL   p 2
See GOLDEN HILLS SCHOOL DIVISION #75
ACME SUPPLIES LTD   p 328
2311 Government St, VICTORIA, BC, V8T 4P4
(250) 383-8822   SIC 5087
ACME UNITED LIMITED   p 724
351 Foster St, MOUNT FOREST, ON, N0G 2L1
(519) 323-3101   SIC 5044
ACORN DINNER THEATRE   p 949
See OAK'S INN (WALLACEBURG) INC
ACOSTA CANADA   p 56
See ACOSTA CANADA CORPORATION
ACOSTA CANADA   p 228
See ACOSTA CANADA CORPORATION
ACOSTA CANADA   p 449
See ACOSTA CANADA CORPORATION
ACOSTA CANADA   p 973
See ACOSTA CANADA CORPORATION
ACOSTA CANADA CORPORATION   p 56
3445 114 Ave Se Suite 107, CALGARY, AB, T2Z 0K6
(403) 236-5505   SIC 5141
ACOSTA CANADA CORPORATION   p 228
9440 202 St Unit 100, LANGLEY, BC, V1M 4A6
(604) 881-1414   SIC 5141
ACOSTA CANADA CORPORATION   p 449
67 Wright Ave, DARTMOUTH, NS, B3B 1H2
(902) 468-2007   SIC 5141
ACOSTA CANADA CORPORATION   p 973
250 Rowntree Dairy Rd, WOODBRIDGE, ON, L4L 9J7
(905) 264-0466   SIC 5141
ACOSTA CANADA CORPORATION   p 1000
1700 Boul Lionel-Bertrand Bureau 100, BOISBRIAND, QC, J7H 1N7
(450) 435-1000   SIC 5141
ACOUSTI PLUS   p 1165
See PROULX, G. INC
ACOUSTIBOARD   p 1031
See SOPREMA INC
ACOUSTICAL & TOTAL CLEANING SERVICES   p 103

See ACOUSTICAL CEILING & BUILDING MAINTENANCE LTD
ACOUSTICAL CEILING & BUILDING MAINTENANCE LTD   p 103
7940 Coronet Rd Nw, EDMONTON, AB, T6E 4N8
(780) 496-9035   SIC 7349
ACR GROUP INC   p 146
511 12 Ave, NISKU, AB, T9E 7N8
(780) 955-2802   SIC 3069
ACR GROUP INC   p 271
12771 No. 5 Rd, RICHMOND, BC, V7A 4E9
(604) 274-9955   SIC 3069
ACR RUBBER   p 271
See ACR GROUP INC
ACRES ENTERPRISES LTD   p 219
971 Camosun Cres, KAMLOOPS, BC, V2C 6G1
(250) 372-7456   SIC 6553
ACRES MANITOBA   p 378
See HATCH LTD
ACROBAT RESEARCH LTD   p 549
Gd, CAPREOL, ON, P0M 1H0
(705) 858-4343   SIC 8732
ACROBAT RESULT MARKETING   p 549
See ACROBAT RESEARCH LTD
ACRODEX INC   p 15
10524 42 St Se Suite 3, CALGARY, AB, T2C 5C7
(403) 265-2667   SIC 5045
ACRODEX INC   p 90
11420 170 St Nw, EDMONTON, AB, T5S 1L7
(780) 426-4444   SIC 8731
ACRODEX INC   p 669
1300 Rodick Rd Unit C, MARKHAM, ON, L3R 8C3
(905) 752-2180   SIC 7378
ACROPOLIS WAREHOUSING   p 1266
See ROSENAU TRANSPORT LTD
ACRYLON PLASTICS INC   p 361
2954 Day St, WINNIPEG, MB, R2C 2Z2
(204) 669-2224   SIC 3089
ACT TELECONFERENCING CANADA INCORPORATED   p 623
555 Legget Dr Suite 230, KANATA, ON, K2K 2X3
(613) 592-5752   SIC 7389
ACT3 M.H.S. INC   p 931
495 Wellington St W Suite 250, TORONTO, ON, M5V 1E9
(416) 597-0707   SIC 7319
ACT3 M.H.S. INC   p 1098
7236 Rue Marconi, Montreal, QC, H2R 2Z5
(514) 844-5050   SIC 7319
ACTAVIS PHARMA COMPANY   p 706
6733 Mississauga Rd Suite 400, MISSISSAUGA, ON, L5N 6J5
(905) 814-1820   SIC 2834
ACTIFAX   p 1071
See FORUM DES COURTIERS INC, LE
ACTION CAR AND TRUCK ACCESSORIES   p 813
See ACTION VAN & TRUCK WORLD LTD
ACTION CAR AND TRUCK ACCESSORIES INC   p 408
200 Horsman Rd, MONCTON, NB, E1E 0E8
(506) 877-1237   SIC 5531
ACTION ELECTRICAL LTD   p 103
7931 Coronet Rd Nw, EDMONTON, AB, T6E 4N7
(780) 465-0792   SIC 1731
ACTION FIBERGLASS & MANUFACTURING LTD   p 408
See ACTION CAR AND TRUCK ACCESSORIES INC
ACTION INTERNATIONAL MINISTRIES CORPORATION   p 21
3015 21 St Ne Unit A, CALGARY, AB, T2E 7T1
(403) 204-1421   SIC 8661

ACTION LINE HOUSING SOCIETY   p 186
3755 Mcgill St, BURNABY, BC, V5C 1M2
(604) 291-0607   SIC 8361
ACTION MEDIA   p 1104
See 9235078 CANADA INC
ACTION RECYCLED AUTO PARTS (1997) LTD   p 356
2955 Day St, SPRINGFIELD, MB, R2C 2Z2
(204) 224-5678   SIC 5013
ACTION TQS   p 1114
See V INTERACTIONS INC
ACTION VAN & TRUCK WORLD LTD   p 813
1050 Squires Beach Rd, PICKERING, ON, L1W 3N8
(905) 428-7373   SIC 5531
ACTIONWEAR SASKATOON INC   p 1293
114 Melville St, SASKATOON, SK, S7J 0R1
(306) 933-3088   SIC 3842
ACTIVATION LABORATORIES LTD   p 487
41 Bittern St, ANCASTER, ON, L9G 4V5
(905) 648-9611   SIC 8731
ACTIVE BURGESS MOULD & DESIGN   p 967
See ACTIVE INDUSTRIAL SOLUTIONS INC
ACTIVE CANADA INC   p 1000
4065 Rue Marcel-Lacasse, BOISBRIAND, QC, J7H 1N4
(450) 430-7105   SIC 4213
ACTIVE INDUSTRIAL SOLUTIONS INC   p 948
980 Old Glass Rd, WALLACEBURG, ON, N8A 3T2
SIC 3089
ACTIVE INDUSTRIAL SOLUTIONS INC   p 967
2155 North Talbot Rd Suite 3, WINDSOR, ON, N9A 6J3
(519) 737-1341   SIC 3544
ACTIVE INDUSTRIAL SOLUTIONS INC   p 967
5250 Pulleyblank St, WINDSOR, ON, N9A 6J3
(519) 737-2921   SIC 3544
ACTIVITY CENTRE   p 1272
See LANGENBURG & DISTRICT ACTIVITY CENTRE INC
ACTLABS   p 487
See ACTIVATION LABORATORIES LTD
ACTON DISTRICT HIGH SCHOOL   p 482
See HALTON DISTRICT SCHOOL BOARD
ACTON STATION MAIN   p 482
See CANADA POST CORPORATION
ACUITY BRANDS LIGHTNING, INC   p 639
219 Shoemaker St, KITCHENER, ON, N2E 3B3
SIC 3648
ACUITY HOLDINGS, INC   p 90
11627 178 St Nw, EDMONTON, AB, T5S 1N6
(780) 453-5800   SIC 2844
ACUITY HOLDINGS, INC   p 364
450 Provencher Blvd, WINNIPEG, MB, R2J 0B9
(204) 233-3342   SIC 2842
ACUITY HOLDINGS, INC   p 1026
660 Av Lepine, DORVAL, QC, H9P 1G2
(514) 631-9041   SIC 5999
ACURA   p 1004
See HONDA CANADA INC
ACURA EAST   p 483
See PICKERING AUTOMOBILES INC
ACURA MAINTENANCE SERVICES LTD   p 721
4739 Rathkeale Rd, MISSISSAUGA, ON, L5V 1K3
(905) 755-0150   SIC 7349
ACURA SERVICES FINANCIER   p 1004
See HONDA CANADA FINANCE INC
ACUREN GROUP   p 21
See ACUREN GROUP INC
ACUREN GROUP INC   p 21
1411 25 Ave Ne Unit 3, CALGARY, AB, T2E 7L6

(403) 291-3126   SIC 7389
ACUREN GROUP INC   p 114
7450 18 St Nw, EDMONTON, AB, T6P 1N8
(780) 440-2131   SIC 8734
ACUREN GROUP INC   p 122
240 Taiganova Cres Unit 2, FORT MCMURRAY, AB, T9K 0T4
(780) 790-1776   SIC 8711
ACUREN GROUP INC   p 271
12271 Horseshoe Way, RICHMOND, BC, V7A 4V4
(604) 275-3800   SIC 3821
ACUREN GROUP INC   p 431
112 Forest Rd, ST. JOHN'S, NL, A1A 1E6
(709) 753-2100   SIC 8734
ACUREN GROUP INC   p 769
2190 Speers Rd, OAKVILLE, ON, L6L 2X8
(905) 825-8595   SIC 8734
ACUREN GROUP INC   p 828
396 Mcgregor Side Rd Suite 1, SARNIA, ON, N7T 7H5
(519) 336-3021   SIC 8734
ACUREN GROUP INC   p 1281
1135 E Weaver St, REGINA, SK, S4N 5Y2
(306) 761-2588   SIC 1389
ACUTRUSS INDUSTRIES (1996) LTD   p 325
2003 43 St, VERNON, BC, V1T 6K7
(250) 545-3215   SIC 2439
AD HOC IMEDIA   p 1239
See PREIMPRESSION AD HOC LE GROUPE INC
ADA B MASSECAR CAMPUS WATERFORD PUBLIC SCHOOL   p 950
See GRAND ERIE DISTRICT SCHOOL BOARD
ADACEL INC   p 1027
455 Boul Fenelon Bureau 208, DORVAL, QC, H9S 5T8
(514) 636-6365   SIC 3812
ADAIR MORSE   p 908
See EH MANAGEMENT LIMITED
ADAM BECK JUNIOR PUBLIC SCHOOL   p 893
See TORONTO DISTRICT SCHOOL BOARD
ADAM ROBERTSON ELEMENTARY SCHOOL   p 206
See SCHOOL DISTRICT NO. 8 (KOOTENAY LAKE)
ADAMS 22 HOLDINGS LTD   p 211
2628 Beverly St, DUNCAN, BC, V9L 5C7
(250) 709-2205   SIC 5461
ADAMS CARGO LIMITED   p 684
6751 Professional Crt, MISSISSAUGA, ON, L4V 1Y3
(905) 678-0459   SIC 4212
ADAMS LAKE LUMBER   p 196
See INTERFOR CORPORATION
ADAMS PHARMACY LTD   p 631
1011 Princess St Suite 1209, KINGSTON, ON, K7L 1H3
(613) 531-5373   SIC 5912
ADAMSDALE ELEMENTARY SCHOOL   p 869
See RAINBOW DISTRICT SCHOOL BOARD
ADAMSON & DOBBIN LIMITED   p 809
407 Pido Rd, PETERBOROUGH, ON, K9J 6X7
(705) 745-5751   SIC 1711
ADANAC PARK LODGE   p 292
See LITTLE MOUNTAIN RESIDENTIAL CARE & HOUSING SOCIETY
ADAPTIVE ENGINEERING INC   p 26
4033 14 St Se, CALGARY, AB, T2G 3K6
(403) 744-5120   SIC 3999
ADCO POWER LTD   p 255
1605 Kebet Way, PORT COQUITLAM, BC, V3C 5W9
(604) 941-1002   SIC 4911
ADD CANADA COMPANY   p 1140
52 Boul Hymus Bureau 102, POINTE-CLAIRE, QC, H9R 1C9

BUSINESSES ALPHABETICALLY

(514) 428-9020 *SIC* 7371
ADD INK *p* 845
See ATLANTIC PACKAGING PRODUCTS LTD
ADDENDA CAPITAL INC *p* 1058
2101 Av Dollard Bureau 38, LASALLE, QC, H8N 1S2
(514) 368-5610 *SIC* 6282
ADDENDA CAPITAL INC *p* 1109
800 Boul Rene-Levesque O Bureau 2750, Montreal, QC, H3B 1X9
(514) 287-0223 *SIC* 6282
ADDICTION AND MENTAL HEALTH SERVICES *p* 153
See GOVERNMENT OF THE PROVINCE OF ALBERTA
ADDICTION SERVICES *p* 446
See GUYSBOROUGH ANTIGONISH STRAIT HEALTH AUTHORITY
ADDICTION SERVICES *p* 465
See NOVA SCOTIA, PROVINCE OF
ADDICTION SERVICES *p* 467
See NOVA SCOTIA, PROVINCE OF
ADDICTION SERVICES *p* 1285
See REGINA QU'APPELLE REGIONAL HEALTH AUTHORITY
ADDICTIONS & MENTAL HEALTH SERVICES *p* 526
See ST. LEONARD'S COMMUNITY SERVICES
ADDICTIONS AND MENTAL HEALTH *p* 399
65 Brunswick St, FREDERICTON, NB, E3B 1G5
(506) 453-2132 *SIC* 8093
ADDICTIONS FOUNDATION OF MANITOBA, THE *p* 356
175 Nomad St, SOUTHPORT, MB, R0H 1N1
(204) 428-6600 *SIC* 8361
ADDICTIONS FOUNDATION OF MANITOBA, THE *p* 357
540 Central Ave, STE ROSE DU LAC, MB, R0L 1S0
(204) 447-4040 *SIC* 8093
ADDICTIONS FOUNDATION OF MANITOBA, THE *p* 359
90 Princeton Dr, THOMPSON, MB, R8N 0L3
(204) 677-7303 *SIC* 8069
ADDICTIONS FOUNDATION OF MANITOBA, THE *p* 376
200 Osborne St N, WINNIPEG, MB, R3C 1V4
(204) 944-6235 *SIC* 8093
ADDISONMCKEE CANADA ULC *p* 526
333 Henry St Unit B, BRANTFORD, ON, N3S 7R4
(519) 720-6800 *SIC* 3559
ADDITIFS DE PERFORMANCE ELITE *p* 1002
See AZELIS CANADA INC
ADDITION MANUFACTURING TECHNOLOGIES *p* 526
See ADDISONMCKEE CANADA ULC
ADDITION-ELLE *p* 1113
See REITMANS (CANADA) LIMITEE
ADECCO *p* 374
See ADECCO EMPLOYMENT SERVICES LIMITED
ADECCO *p* 917
See ADECCO EMPLOYMENT SERVICES LIMITED
ADECCO EMPLOYMENT SERVICES LIMITED *p* 374
228 Notre Dame Ave, WINNIPEG, MB, R3B 1N7
(204) 956-5454 *SIC* 7361
ADECCO EMPLOYMENT SERVICES LIMITED *p* 917
20 Bay St Suite 800, TORONTO, ON, M5J 2N8
(416) 646-3322 *SIC* 7361
ADECEL TECHNOLOGIES *p* 1027
See ADACEL INC
ADELAIDE CLUB, THE *p* 896
See WINGBACK ENTERPRISES LIMITED
ADELAIDE HOODLESS SCHOOL *p* 609
See HAMILTON-WENTWORTH DISTRICT SCHOOL BOARD, THE
ADELAIDE MCLAUGHLIN ELEMENTARY SCHOOL *p* 781
See DURHAM DISTRICT SCHOOL BOARD
ADELAIDE W.G. MACDONALD PUBLIC SCHOOL *p* 866
See THAMES VALLEY DISTRICT SCHOOL BOARD
ADELCO *p* 1213
See VERITIV CANADA, INC
ADELE *p* 1165
See ADELE 1994 INC
ADELE 1994 INC *p* 1165
5237 Boul Wilfrid-Hamel Bureau 190, Quebec, QC, G2E 2H2
(418) 877-1000 *SIC* 7349
ADEN BOWMAN COLLEGIATE *p* 1293
See BOARD OF EDUCATION OF SASKATOON SCHOOL DIVISION NO. 13 OF SASKATCHEWAN, THE
ADEO BEAUTY INC *p* 965
2855 Howard Ave, WINDSOR, ON, N8X 3Y4
(519) 250-5073 *SIC* 7231
ADESA AUCTIONS CANADA CORPORATION *p* 2
1621 Veterans Blvd Nw, AIRDRIE, AB, T4A 2G7
(403) 912-4400 *SIC* 5012
ADESA AUCTIONS CANADA CORPORATION *p* 146
1701 9 St, NISKU, AB, T9E 8M8
(780) 955-4400 *SIC* 5012
ADESA AUCTIONS CANADA CORPORATION *p* 268
7111 No. 8 Rd, RICHMOND, BC, V6W 1L9
(604) 232-4403 *SIC* 5012
ADESA AUCTIONS CANADA CORPORATION *p* 376
Hwy 7 N, WINNIPEG, MB, R3C 2E6
(204) 697-4400 *SIC* 5012
ADESA AUCTIONS CANADA CORPORATION *p* 430
192 Mcnamara Dr, PARADISE, NL, A1L 0A6
(709) 364-3250 *SIC* 5012
ADESA AUCTIONS CANADA CORPORATION *p* 455
300 Sky Blvd, GOFFS, NS, B2T 1K3
(902) 873-4400 *SIC* 5012
ADESA AUCTIONS CANADA CORPORATION *p* 492
55 Waydom Dr Suite 1, AYR, ON, N0B 1E0
(519) 622-9500 *SIC* 5012
ADESA AUCTIONS CANADA CORPORATION *p* 513
55 Auction Lane, BRAMPTON, ON, L6T 5P4
(905) 790-7653 *SIC* 5012
ADESA AUCTIONS CANADA CORPORATION *p* 513
55 Auction Lane 2nd Floor, BRAMPTON, ON, L6T 5P4
(905) 790-7653 *SIC* 5012
ADESA AUCTIONS CANADA CORPORATION *p* 882
18800 County Road 42 Rr 5, TILBURY, ON, N0P 2L0
(519) 682-9500 *SIC* 5012
ADESA AUCTIONS CANADA CORPORATION *p* 947
1717 Ch Burton Ss 4, VARS, ON, K0A 3H0
(613) 443-4400 *SIC* 5012
ADESA AUCTIONS CANADA CORPORATION *p* 1294
37507 Hwy 12, SASKATOON, SK, S7K 3J7
(306) 242-8771 *SIC* 5012
ADESA CALGARY *p* 2
See ADESA AUCTIONS CANADA CORPORATION
ADESA CANADA *p* 513
See ADESA AUCTIONS CANADA CORPORATION
ADESA EDMONTON *p* 146
See ADESA AUCTIONS CANADA CORPORATION
ADESA HALIFAX *p* 455
See ADESA AUCTIONS CANADA CORPORATION
ADESA KITCHENER *p* 492
See ADESA AUCTIONS CANADA CORPORATION
ADESA OTTAWA *p* 947
See ADESA AUCTIONS CANADA CORPORATION
ADESA SASKATOON *p* 1294
See ADESA AUCTIONS CANADA CORPORATION
ADESA ST JOHN'S *p* 430
See ADESA AUCTIONS CANADA CORPORATION
ADESA TORONTO *p* 513
See ADESA AUCTIONS CANADA CORPORATION
ADESA VANCOUVER *p* 268
See ADESA AUCTIONS CANADA CORPORATION
ADESA WINNIPEG *p* 376
See ADESA AUCTIONS CANADA CORPORATION
ADEXMAT *p* 1044
See SYSTEMES ADEX INC, LES
ADF DIESEL MONTREAL INC *p* 1222
5 Ch De La Cote-Saint-Paul, SAINT-STANISLAS-DE-CHAMPLAIN, QC, G0X 3E0
(418) 328-8713 *SIC* 5084
ADI LIMITED *p* 399
1133 Regent St Suite 300, FREDERICTON, NB, E3B 3Z2
(506) 452-9000 *SIC* 8711
ADI LIMITED *p* 408
40 Henri Dunant St, MONCTON, NB, E1E 1E5
(506) 857-8889 *SIC* 8711
ADI LIMITED *p* 475
301 Alexandra St, SYDNEY, NS, B1S 2E8
(902) 562-2394 *SIC* 8711
ADI-BURTEK *p* 717
See BW TECHNOLOGIES LTD
ADIDAS CANADA LIMITED *p* 112
1409 99 St Nw Suite 103, EDMONTON, AB, T6N 0B4
(780) 440-1446 *SIC* 5091
ADIDAS CANADA LIMITED *p* 192
3771 North Fraser Way Suite 7, BURNABY, BC, V5J 5G5
(604) 420-6646 *SIC* 5091
ADIDAS CANADA LIMITED *p* 387
1599 Kenaston Blvd Suite 300, WINNIPEG, MB, R3P 2N3
(204) 928-4810 *SIC* 5699
ADIDAS CANADA LIMITED *p* 526
156 Adams Blvd, BRANTFORD, ON, N3S 7V5
(519) 752-7311 *SIC* 5661
ADIDAS CANADA LIMITED *p* 737
7500 Lundy's Ln Suite B12b19, NIAGARA FALLS, ON, L2H 1G8
(289) 341-0003 *SIC* 5661
ADIDAS CANADA LIMITED *p* 906
10 Dundas St E, TORONTO, ON, M5B 2G9
(416) 915-8140 *SIC* 5941
ADIDAS CANADA LIMITED *p* 972
8100 27 Hwy Suite 1, WOODBRIDGE, ON, L4H 3N2
(905) 266-4200 *SIC* 5091
ADIDAS CANADA LIMITED *p* 972
8100 27 Hwy Suite 1, WOODBRIDGE, ON, L4H 3N2
(905) 266-4200 *SIC* 5139
ADIDAS CANADA LIMITED *p* 1000
3414 Av Des Grandes Tourelles, BOISBRIAND, QC, J7H 0A2
(450) 420-3434 *SIC* 5941
ADIDAS CANADA LIMITED *p* 1206
3545 Boul Thimens, SAINT-LAURENT, QC, H4R 1V5
(514) 331-4943 *SIC* 5091
ADIDAS ENTREPOT *p* 1000
See ADIDAS CANADA LIMITED
ADIDAS GROUP *p* 972
See ADIDAS CANADA LIMITED
ADIDAS OUTLET SHOP *p* 387
See ADIDAS CANADA LIMITED
ADJ HOLDINGS INC *p* 649
2068 Piper Ln, LONDON, ON, N5V 3N6
(519) 455-4065 *SIC* 7692
ADJALA CENTRAL PUBLIC SCHOOL *p* 666
See SIMCOE COUNTY DISTRICT SCHOOL BOARD, THE
ADLER FIRESTOPPING LTD *p* 1
53016 Hwy 60 Unit 23, ACHESON, AB, T7X 5A7
(780) 962-9495 *SIC* 7389
ADLER INSULATION 2005 LTD *p* 1
53016 Hwy 60 Unit 23, ACHESON, AB, T7X 5A7
(780) 962-9495 *SIC* 1742
ADLER INSULATION 2005 LTD *p* 63
3851 54 Ave Ne Suite 105, CALGARY, AB, T3J 3W5
(403) 590-0758 *SIC* 1742
ADLYS HOTELS INC *p* 950
59 King St N, WATERLOO, ON, N2J 2X2
(519) 886-3350 *SIC* 5812
ADM AGRI-INDUSTRIES COMPANY *p* 26
4002 Bonnybrook Rd Se, CALGARY, AB, T2G 4M9
(403) 267-5600 *SIC* 2045
ADM AGRI-INDUSTRIES COMPANY *p* 140
4805 62 Ave, LLOYDMINSTER, AB, T9V 2J7
(780) 875-5554 *SIC* 2079
ADM AGRI-INDUSTRIES COMPANY *p* 143
1222 Allowance Ave Se, MEDICINE HAT, AB, T1A 3H1
SIC 2041
ADM AGRI-INDUSTRIES COMPANY *p* 374
7 Higgins Ave, WINNIPEG, MB, R3B 0A1
(204) 925-2100 *SIC* 2041
ADM AGRI-INDUSTRIES COMPANY *p* 679
202 First St, MIDLAND, ON, L4R 4L1
(705) 526-7861 *SIC* 2041
ADM AGRI-INDUSTRIES COMPANY *p* 705
1770 Barbertown Rd, MISSISSAUGA, ON, L5M 2M5
(905) 826-2701 *SIC* 5149
ADM AGRI-INDUSTRIES COMPANY *p* 1008
155 Av D'iberia, CANDIAC, QC, J5R 3H1
(450) 659-1911 *SIC* 2046
ADM AGRI-INDUSTRIES COMPANY *p* 1089
3800 Rue Notre-Dame E, Montreal, QC, H1W 2J8
(514) 528-3224 *SIC* 2079
ADM AGRI-INDUSTRIES COMPANY *p* 1114
995 Rue Mill, MONTREAL, QC, H3C 1Y5
(514) 937-9937 *SIC* 2079
ADM COCOA, DIV OF *p* 1089
See ADM AGRI-INDUSTRIES COMPANY
ADM LYSAC, DIV *p* 1114
See ADM AGRI-INDUSTRIES COMPANY

ADM MILLING DIV OF *p 26*
See ADM AGRI-INDUSTRIES COMPANY
ADM MILLING CO *p 679*
See ADM AGRI-INDUSTRIES COMPANY
ADM MILLING CO *p 705*
See ADM AGRI-INDUSTRIES COMPANY
ADM MILLING COMPANY *p 140*
See ADM AGRI-INDUSTRIES COMPANY
ADM MILLING, DIV OF *p 374*
See ADM AGRI-INDUSTRIES COMPANY
ADMINISTRATION CENTRE FOR SPORT CULTURE & RECREATION *p 1300*
See SASK SPORT INC
ADMISSION OFFICE *p 981*
See HOLLAND COLLEGE
ADMISSIONS & AWARDS DEPARTMENT *p 925*
See GOVERNING COUNCIL OF THE UNIVERSITY OF TORONTO
ADNAP ENTERPRISES LTD *p 50*
602 11 Ave Sw Suite 402, CALGARY, AB, T2R 1J8
SIC 8351
ADOBE SYSTEMS CANADA INC *p 793*
343 Preston St, OTTAWA, ON, K1S 1N4
(613) 940-3676 *SIC 7372*
ADOLESCENT PARENT CENTRE *p 380*
See WINNIPEG SCHOOL DIVISION
ADONAI RESIDENTIAL SERVICES INC *p 644*
389 Pinnacle Dr, KITCHENER, ON, N2P 2P7
(519) 896-6718 *SIC 8361*
ADONIS *p 1020*
See GROUPE ADONIS INC
ADONIS MARKET *p 1206*
See 6931014 CANADA INC
ADORA KITCHENS LTD *p 68*
1112 18 Ave, COALDALE, AB, T1M 1N2
(403) 345-3118 *SIC 2434*
ADOX/OKI BERING *p 718*
See ESSENDANT CANADA, INC
ADOXIO BUSINESS SOLUTIONS LIMITED *p 1281*
1445 Park St Suite 200, REGINA, SK, S4N 4C5
(306) 569-6501 *SIC 7372*
ADP *p 30*
See ADP CANADA CO
ADP CANADA CO *p 30*
6025 11 St Se Suite 100, CALGARY, AB, T2H 2Z2
(403) 258-5000 *SIC 8721*
ADP CANADA CO *p 190*
4720 Kingsway Suite 500, BURNABY, BC, V5H 4N2
(604) 431-2700 *SIC 8721*
ADP CANADA CO *p 449*
130 Eileen Stubbs Ave Unit 22, DARTMOUTH, NS, B3B 2C4
(902) 491-5000 *SIC 8721*
ADP CANADA CO *p 576*
3250 Bloor St W Suite 1600, ETOBICOKE, ON, M8X 2X9
(416) 207-2900 *SIC 8721*
ADP CANADA CO *p 1002*
204 Boul De Montarville, BOUCHERVILLE, QC, J4B 6S2
(450) 641-7200 *SIC 7374*
ADP DEALER SERVICES *p 190*
See ADP CANADA CO
ADP DEALER SERVICES *p 449*
See ADP CANADA CO
ADRIAN CLARKSON ELEMENTARY SCHOOL *p 728*
See OTTAWA-CARLETON DISTRICT SCHOOL BOARD
ADRIAN STEEL OF CANADA INC *p 505*
40 Simpson Rd, BOLTON, ON, L7E 1Y4
(905) 565-0540 *SIC 2542*
ADRIAN'S BAKERY *p 103*
See CANADA BREAD COMPANY, LIMITED
ADRICO MACHINE WORKS LTD *p 26*
1165j 44 Ave Se, CALGARY, AB, T2G 4X4

(403) 243-7930 *SIC 3599*
ADRIENNE CLARKSON PUBLIC SCHOOL *p 822*
See YORK REGION DISTRICT SCHOOL BOARD
ADS CANNADA *p 960*
See IDEAL PIPE
ADT *p 453*
See TYCO INTEGRATED FIRE & SECURITY CANADA, INC
ADT *p 1193*
See AXSUN INC
ADT CANADA INC *p 686*
855 Matheson Blvd E Unit 15, MISSISSAUGA, ON, L4W 4L6
(905) 206-0430 *SIC 6211*
ADT CANADA INC *p 797*
1600 Laperriere Ave Suite 200, OTTAWA, ON, K1Z 1B7
(613) 228-6000 *SIC 5072*
ADT CANADA INC *p 1015*
58 Boul De L'universite O, CHICOUTIMI, QC, G7J 1T3
(418) 690-5000 *SIC 1731*
ADT CANADA INC *p 1164*
2290 Rue Jean-Perrin Bureau 100, Quebec, QC, G2C 1T9
(418) 647-1382 *SIC 7382*
ADT CANADA INC *p 1164*
2290 Rue Jean-Perrin Bureau 100, Quebec, QC, G2C 1T9
(418) 683-9472 *SIC 1731*
ADT CANADA INC *p 1166*
4715 Av Des Replats Bureau 265, Quebec, QC, G2J 1B8
(418) 822-2288 *SIC 5063*
ADT SECURITY SYSTEMS *p 727*
See TYCO INTEGRATED FIRE & SECURITY CANADA, INC
ADULT ADDICTION SERVICES *p 51*
See ALBERTA HEALTH SERVICES
ADULT CENTER *p 894*
See TORONTO DISTRICT SCHOOL BOARD
ADULT EDUCATION CENTRE *p 618*
See CONSEIL SCOLAIRE DE DISTRICT CATHOLIQUE DE L'EST ONTARIEN
ADULT HIGH SCHOOL *p 793*
See OTTAWA-CARLETON DISTRICT SCHOOL BOARD
ADULT HIGH SCHOOL ADMINISTRATION *p 443*
See HALIFAX REGIONAL SCHOOL BOARD
ADULT LEARNING CENTRE *p 969*
See GREATER ESSEX COUNTY DISTRICT SCHOOL BOARD
ADULT MENTAL HEALTH SERVICES *p 943*
See COMMUNITY ADDICTION & MENTAL HEALTH SERVICES OF HALDIMAN & NORFOLK
ADVANCE DRAINAGE SYSTEM INC *p 1190*
250a Boul Industriel, SAINT-GERMAIN-DE-GRANTHAM, QC, J0C 1K0
(819) 395-4244 *SIC 1711*
ADVANCE DRYWALL LTD *p 726*
44 Bentley Ave, NEPEAN, ON, K2E 6T8
(613) 226-7722 *SIC 1742*
ADVANCE ELECTRONICS LTD *p 380*
1300 Portage Ave, WINNIPEG, MB, R3G 0V1
(204) 786-6541 *SIC 5999*
ADVANCE SAVINGS CREDIT UNION LIMITED *p 412*
620 Coverdale Rd Unit 6, RIVERVIEW, NB, E1B 3K6
(506) 386-2830 *SIC 6062*
ADVANCE TECH *p 496*
See ADVANCE TECH GRAPHICS INC
ADVANCE TECH GRAPHICS INC *p 496*
190 Nanette's Point Rd Suite 315, BARRIE, ON, L4N 8J8
(416) 315-4579 *SIC 7336*

ADVANCE WIRE PRODUCTS LTD *p 287*
19095 24 Ave Suite 19095, SURREY, BC, V3Z 3S9
(604) 541-4666 *SIC 2599*
ADVANCED AUDIO & VIDEO *p 380*
See ADVANCE ELECTRONICS LTD
ADVANCED EMISSIONS TECHNOLOGIES LTD *p 815*
128 Kendall St, POINT EDWARD, ON, N7V 4G5
(519) 336-4498 *SIC 7549*
ADVANCED INTEGRATION TECHNOLOGY CANADA INC *p 180*
3168 262 St Suite 100, ALDERGROVE, BC, V4W 2Z6
(604) 856-8939 *SIC 3812*
ADVANCED MEASUREMENTS INC *p 30*
7110 Fisher Rd Se, CALGARY, AB, T2H 0W3
(403) 571-7273 *SIC 8711*
ADVANCED MEDICAL DISCOVERIES INSTITUTE *p 912*
See UNIVERSITY HEALTH NETWORK
ADVANCED MICROWAVE TECHNOLOGY *p 1026*
See ADVANTECH SANS FIL INC
ADVANCED MOTION & CONTROLS LTD *p 496*
26 Saunders Rd, BARRIE, ON, L4N 9A8
(705) 726-2260 *SIC 5065*
ADVANCED PRODUCT TECHNOLOGIES, DIV OF *p 561*
See MAGNA POWERTRAIN INC
ADVANCED SAFETY PARAMEDICS INC *p 125*
9728 101 Ave Unit 204, GRANDE PRAIRIE, AB, T8V 5B6
SIC 1389
ADVANCED TECHNOLOGY & ASSEMBLY *p 1024*
See 156861 CANADA INC
ADVANCED UTILITY SYSTEMS CORPORATION *p 744*
2235 Sheppard Ave E Suite 1400, NORTH YORK, ON, M2J 5B5
(416) 490-0149 *SIC 7371*
ADVANCED UVALUX SUN TANNING EQUIPMENT *p 978*
See UVALUX INTERNATIONAL INC
ADVANCEMENT SERVICES *p 332*
See UNIVERSITY OF VICTORIA
ADVANTAGE ENGINEERING INC *p 551*
830 Richmond St, CHATHAM, ON, N7M 5J5
SIC 3089
ADVANTAGE ENGINEERING INC *p 772*
5000 Regal Dr, OLDCASTLE, ON, N0R 1L0
(519) 737-7535 *SIC 3089*
ADVANTAGE PERSONNEL LTD *p 449*
75 Akerley Blvd Unit S, DARTMOUTH, NS, B3B 1R7
(902) 468-5624 *SIC 7361*
ADVANTAGE PERSONNEL LTD *p 842*
2130 Lawrence Ave E Suite 310, SCARBOROUGH, ON, M1R 3A6
(416) 288-0368 *SIC 7361*
ADVANTAGE SALES AND MARKETING CANADA *p 669*
See ASM CANADA, INC
ADVANTAGE SALES AND MARKETING CANADA *p 1129*
See ASM CANADA, INC
ADVANTECH ALLGON TECHNOLOGIES MICRO-ONDE INC *p 1208*
2341 Boul Alfred-Nobel, SAINT-LAURENT, QC, H4S 2B8
SIC 3663
ADVANTECH SANS FIL INC *p 1026*
657 Av Orly, DORVAL, QC, H9P 1G1
(514) 420-0045 *SIC 3679*
ADVENTIST HEALTH CARE HOME SOCIETY *p 277*

2281 Mills Rd Suite 223, SIDNEY, BC, V8L 2C3
(250) 656-0717 *SIC 8051*
ADVOCARE HEALTH SERVICES *p 227*
See SLIZEK INC
ADVOCATE HEALTH CARE PARTNERSHIP (NO. 1) *p 923*
429 Walmer Rd, TORONTO, ON, M5P 2X9
(416) 967-6949 *SIC 8051*
ADVOCATE MEDIA INCORPORATED *p 471*
181 Brown's Point Rd, PICTOU, NS, B0K 1H0
(902) 485-1990 *SIC 2711*
ADVOCATE PRINTING AND PUBLISHING COMPANY LIMITED *p 471*
Gd, PICTOU, NS, B0K 1H0
(902) 485-1990 *SIC 2731*
ADVOCATE SIGNS AND BANNERS *p 471*
See ADVOCATE PRINTING AND PUBLISHING COMPANY LIMITED
ADWOOD MANUFACTURING LTD *p 90*
10604 205 St Nw, EDMONTON, AB, T5S 1Z1
(780) 455-0912 *SIC 5099*
AEARO CANADA LIMITED *p 684*
6889 Rexwood Rd Suite 8, MISSISSAUGA, ON, L4V 1R2
(905) 795-0700 *SIC 3842*
AEC INTERNATIONAL INC *p 942*
10 Carlson Crt Suite 640, TORONTO, ON, M9W 6L2
(416) 224-5115 *SIC 8741*
AECL *p 414*
See ATOMIC ENERGY OF CANADA LIMITED
AECL *p 817*
See ATOMIC ENERGY OF CANADA LIMITED
AECL *p 885*
See ATOMIC ENERGY OF CANADA LIMITED
AECL WHITE SHELL LABORATORY *p 353*
See ATOMIC ENERGY OF CANADA LIMITED
AECOLE ROBB ROAD ELEMENTARY SCHOOL *p 199*
See SCHOOL DISTRICT NO. 71 (COMOX VALLEY)
AECOM *p 655*
See AECOM CANADA LTD
AECOM CANADA LTD *p 30*
6807 Railway St Se Suite 200, CALGARY, AB, T2H 2V6
(403) 254-3301 *SIC 8711*
AECOM CANADA LTD *p 55*
340 Midpark Way Se Suite 300, CALGARY, AB, T2X 1P1
(403) 270-9200 *SIC 8711*
AECOM CANADA LTD *p 90*
17203 103 Ave Nw, EDMONTON, AB, T5S 1J4
(780) 488-6800 *SIC 8711*
AECOM CANADA LTD *p 90*
18817 Stony Plain Rd Nw Suite 101, EDMONTON, AB, T5S 0C2
(780) 486-7000 *SIC 8711*
AECOM CANADA LTD *p 136*
514 Stafford Dr N Suite 200, LETHBRIDGE, AB, T1H 2B2
(403) 329-1678 *SIC 8711*
AECOM CANADA LTD *p 173*
1718 23rd Ave, WAINWRIGHT, AB, T9W 1T2
(780) 842-4220 *SIC 7692*
AECOM CANADA LTD *p 173*
1910 15 Ave, WAINWRIGHT, AB, T9W 1L2
(780) 842-6188 *SIC 1623*
AECOM CANADA LTD *p 183*
3292 Production Way, BURNABY, BC, V5A 4R4
(604) 444-6400 *SIC 8742*
AECOM CANADA LTD *p 189*
3001 Wayburne Dr Unit 275, BURNABY, BC, V5G 4W3

SIC 8711
AECOM CANADA LTD *p* 189
6400 Roberts St Suite 490, BURNABY, BC, V5G 4C9
(604) 299-4144   *SIC* 8748
AECOM CANADA LTD *p* 222
3275 Lakeshore Rd Suite 201, KELOWNA, BC, V1W 3S9
(250) 762-3727   *SIC* 8711
AECOM CANADA LTD *p* 328
415 Gorge Rd E Suite 200, VICTORIA, BC, V8T 2W1
(250) 475-6355   *SIC* 8711
AECOM CANADA LTD *p* 359
Gd, VIRDEN, MB, R0M 2C0
(204) 748-2796   *SIC* 1389
AECOM CANADA LTD *p* 387
99 Commerce Dr, WINNIPEG, MB, R3P 0Y7
(204) 477-5381   *SIC* 8711
AECOM CANADA LTD *p* 388
1479 Buffalo Pl, WINNIPEG, MB, R3T 1L7
SIC 8711
AECOM CANADA LTD *p* 605
45 Goderich Rd Suite 201, HAMILTON, ON, L8E 4W8
(905) 578-3040   *SIC* 8711
AECOM CANADA LTD *p* 644
50 Sportsworld Crossing Rd Suite 290, KITCHENER, ON, N2P 0A4
(519) 650-5313   *SIC* 8742
AECOM CANADA LTD *p* 655
250 York St Citiplaza, LONDON, ON, N6A 6K2
(519) 673-0510   *SIC* 8711
AECOM CANADA LTD *p* 669
300 Town Centre Blvd Suite 300, MARKHAM, ON, L3R 5Z6
SIC 8742
AECOM CANADA LTD *p* 687
5080 Commerce Blvd, MISSISSAUGA, ON, L4W 4P2
(905) 238-0007   *SIC* 8711
AECOM CANADA LTD *p* 801
1150 Morrison Dr Suite 302, OTTAWA, ON, K2H 8S9
(613) 820-8282   *SIC* 8711
AECOM CANADA LTD *p* 856
30 Hannover Dr Suite 3, ST CATHARINES, ON, L2W 1A3
(905) 688-4272   *SIC* 8711
AECOM CANADA LTD *p* 870
1361 Paris St Suite 105, SUDBURY, ON, P3E 3B6
(705) 674-8343   *SIC* 8711
AECOM CANADA LTD *p* 873
105 Commerce Valley Dr W, THORNHILL, ON, L3T 7W3
(905) 886-7022   *SIC* 8742
AECOM CANADA LTD *p* 957
300 Water St Suite 1, WHITBY, ON, L1N 9J2
(905) 668-9363   *SIC* 8711
AECOM CANADA LTD *p* 1109
1010 Rue De La Gauchetiere O Bureau 1400, Montreal, QC, H3B 2N2
(514) 940-6862   *SIC* 8711
AECOM CANADA LTD *p* 1154
4700 Boul Wilfrid-Hamel, Quebec, QC, G1P 2J9
(418) 871-2444   *SIC* 8742
AECOM CANADA LTD *p* 1264
Hwy 361, ALIDA, SK, S0C 0B0
(306) 443-2281   *SIC* 1389
AECOM CANADA LTD *p* 1265
Gd, CARLYLE, SK, S0C 0R0
SIC 1623
AECOM CANADA LTD *p* 1284
1621 Albert St Suite 183, REGINA, SK, S4P 2S5
(306) 522-3266   *SIC* 8711
AECOM CANADA LTD *p* 1309
Highway 1 East 3 North Service Rd, WHITE CITY, SK, S4L 5B1
(306) 779-2200   *SIC* 1389
AECOM CONSULTANTS *p* 1154

AECOM CONSULTANTS *p* 1156
See TECSULT INTERNATIONAL LIMITEE
AECOM ENERGY SERVICES LTD *p* 30
6025 11 St Se Suite 240, CALGARY, AB, T2H 2Z2
(403) 218-7100   *SIC* 1389
AECOM PRODUCTION SERVICES LTD *p* 15
9727 40 St Se, CALGARY, AB, T2C 2P4
(403) 236-5611   *SIC* 3494
AECOM PRODUCTION SERVICES LTD *p* 39
300 5 Ave Sw Suite 700, CALGARY, AB, T2P 3C4
(403) 218-7100   *SIC* 1389
AECOM PRODUCTION SERVICES LTD *p* 68
10222 79 Ave Ss 55, CLAIRMONT, AB, T0H 0W0
(780) 539-7111   *SIC* 4213
AECOM PRODUCTION SERVICES LTD *p* 68
10414 84 Ave Ss 55, CLAIRMONT, AB, T0H 0W0
(780) 539-0069   *SIC* 1731
AECOM PRODUCTION SERVICES LTD *p* 71
6242 56 Ave, DRAYTON VALLEY, AB, T7A 1T1
(780) 542-5348   *SIC* 4619
AECOM PRODUCTION SERVICES LTD *p* 90
18817 Stony Plain Rd, EDMONTON, AB, T5S 0C2
(780) 486-7000   *SIC* 1389
AECOM PRODUCTION SERVICES LTD *p* 151
53 Imperial Dr, RAINBOW LAKE, AB, T0H 2Y0
(780) 956-3941   *SIC* 1629
AECOM PRODUCTION SERVICES LTD *p* 154
4747 78a St Close, RED DEER, AB, T4P 2G9
(403) 342-6280   *SIC* 7389
AECOM PRODUCTION SERVICES LTD *p* 158
1901 Highway Ave Ne, REDCLIFF, AB, T0J 2P0
(403) 548-3190   *SIC* 1623
AECOM PRODUCTION SERVICES LTD *p* 214
8320 89a St, FORT ST. JOHN, BC, V1J 4H6
(250) 787-9092   *SIC* 1389
AECOM PRODUCTION SERVICES LTD *p* 214
9507 Alaska Rd, FORT ST. JOHN, BC, V1J 1A3
(250) 787-7878   *SIC* 1731
AECOM TECSULT *p* 1018
See CONSULTANTS AECOM INC
AECOM TECSULT *p* 1037
See CONSULTANTS AECOM INC
AECOM TECSULT *p* 1155
See CONSULTANTS AECOM INC
AECON ATLANTIC GROUP *p* 454
See AECON CONSTRUCTION GROUP INC
AECON ATLANTIC GROUP *p* 454
See AECON GROUP INC
AECON BUILDINGS OTTAWA *p* 623
See AECON CONSTRUCTION GROUP INC
AECON CONSTRUCTION AND MATERIALS LIMITED *p* 160
53367 Range Road 232, SHERWOOD PARK, AB, T8A 4V2
(780) 416-5700   *SIC* 1629
AECON CONSTRUCTION AND MATERIALS LIMITED *p* 583
20 Carlson Crt Suite 800, ETOBICOKE, ON, M9W 7K6
(905) 454-1078   *SIC* 1629
AECON CONSTRUCTION GROUP INC *p* 116
1003 Ellwood Rd Sw Suite 301, EDMONTON, AB, T6X 0B3

SIC 1541
AECON CONSTRUCTION GROUP INC *p* 454
1387 Eastern Passage Hwy, EASTERN PASSAGE, NS, B3G 1M5
SIC 1622
AECON CONSTRUCTION GROUP INC *p* 496
40 Churchill Dr, BARRIE, ON, L4N 8Z5
(705) 733-2543   *SIC* 1623
AECON CONSTRUCTION GROUP INC *p* 536
3090 Harrison Crt, BURLINGTON, ON, L7M 0W4
(905) 336-8787   *SIC* 1731
AECON CONSTRUCTION GROUP INC *p* 542
150 Sheldon Dr, CAMBRIDGE, ON, N1R 7K9
(519) 653-3200   *SIC* 1541
AECON CONSTRUCTION GROUP INC *p* 573
7879 Howard Ave, EMBRO, ON, N0J 1J0
(519) 726-7361   *SIC* 1623
AECON CONSTRUCTION GROUP INC *p* 583
20 Carlson Crt Suite 800, ETOBICOKE, ON, M9W 7K6
(416) 293-7004   *SIC* 1541
AECON CONSTRUCTION GROUP INC *p* 619
95 Sluse Rd, HOLLAND LANDING, ON, L9N 1G8
(905) 853-7148   *SIC* 1541
AECON CONSTRUCTION GROUP INC *p* 623
495 March Rd Suite 100, KANATA, ON, K2K 3G1
(613) 591-3007   *SIC* 1541
AECON CONSTRUCTION GROUP INC *p* 634
637 Norris Crt, KINGSTON, ON, K7P 2R9
SIC 1522
AECON GROUP INC *p* 454
1387 Main Rd, EASTERN PASSAGE, NS, B3G 1M5
SIC 1522
AECON GROUP INC *p* 703
4140a Sladeview Crescent, MISSISSAUGA, ON, L5L 6A1
(905) 828-9055   *SIC* 4841
AECON INDUSTRIAL - CENTRAL CANADA *p* 542
See AECON CONSTRUCTION GROUP INC
AECON INDUSTRIAL WESTERN *p* 160
See AECON CONSTRUCTION AND MATERIALS LIMITED
AECON INFRASTRUCTURE *p* 116
See AECON CONSTRUCTION GROUP INC
AECON LOCKERBIE INDUSTRIAL INC *p* 95
14940 121a Ave Nw, EDMONTON, AB, T5V 1A3
(780) 452-1250   *SIC* 1542
AECON LOCKERBIE INDUSTRIAL INC *p* 211
6425 River Rd, DELTA, BC, V4K 5B9
(604) 521-3322   *SIC* 3443
AECON TRANSPORTATION WEST LTD *p* 65
9700 Endeavor Dr Se, CALGARY, AB, T3S 0A1
(403) 293-9300   *SIC* 1611
AECON UTILITIES *p* 496
See AECON CONSTRUCTION GROUP INC
AECON UTILITIES *p* 536
See AECON CONSTRUCTION GROUP INC
AECON UTILITIES *p* 573
See AECON CONSTRUCTION GROUP INC
AECON UTILITIES *p* 583

See AECON CONSTRUCTION GROUP INC
AECON UTILITIES *p* 619
See AECON CONSTRUCTION GROUP INC
AECON WATER INFRASTRUCTURE INC *p* 30
7335 Flint Rd Se, CALGARY, AB, T2H 1G3
(403) 770-1914   *SIC* 1629
AEGIS GROUP *p* 899
See GENESIS MEDIA INC
AER *p* 130
See ALBERTA ENERGY REGULATOR
AERO AVIATION INC *p* 21
393 Palmer Rd Ne Suite 59, CALGARY, AB, T2E 7G4
(403) 250-3663   *SIC* 4581
AERO LINK CANADA INC *p* 715
7035 Fir Tree Dr, MISSISSAUGA, ON, L5S 1J7
(905) 677-5362   *SIC* 4512
AERO MAG 2000 (YEG) INC *p* 129
4123 39 St E, GRANDE PRAIRIE, AB, T9E 0V4
(780) 890-7273   *SIC* 1721
AERO TURBINE SUPPORT LTD *p* 230
5225 216 St Suite 18a, LANGLEY, BC, V2Y 2N3
SIC 4581
AERO-MAG 2000 (YUL) INC *p* 1208
8181 Rue Herve-Saint-Martin, SAINT-LAURENT, QC, H4S 2A5
(514) 636-1930   *SIC* 3728
AERODROME INTERNATIONAL MAINTENANCE INC *p* 591
330 Guelph St Unit 4, GEORGETOWN, ON, L7G 4B5
(905) 873-8777   *SIC* 4212
AEROGARE DE BAGOTVILLE, L' *p* 1052
7000 Ch De L'aeroport, LA BAIE, QC, G7B 0E4
(418) 677-2651   *SIC* 4581
AEROINFO SYSTEMS INC *p* 265
13575 Commerce Pky Unit 200, RICHMOND, BC, V6V 2L1
(604) 232-4200   *SIC* 7371
AEROPORTS DE MONTREAL *p* 1025
See AEROPORTS DE MONTREAL
AEROPORTS DE MONTREAL *p* 1025
580 Boul Stuart-Graham S, DORVAL, QC, H4Y 1G4
(514) 633-2811   *SIC* 4581
AEROPRO *p* 1233
See 2553-4330 QUEBEC INC
AEROQUEST LIMITED *p* 490
245 Industrial Pky N, AURORA, ON, L4G 4C4
(905) 672-9129   *SIC* 8713
AEROQUEST SURVEYS *p* 490
See AEROQUEST LIMITED
AEROSPACE & DEFENCE *p* 842
See INTERNATIONAL CUSTOM PRODUCTS INC
AEROSPACE COMPONENTS, DIV OF *p* 441
See I.M.P. GROUP LIMITED
AEROSPACE ENGINEERING, SCHOOL OF *p* 907
See RYERSON UNIVERSITY
AEROSPATIAL ROCKLAND *p* 1142
See MHD - ROCKLAND INC
AEROSPATIALE HOCHELAGA *p* 643
See DEVTEK AEROSPACE INC.
AEROSPATIALE HOCHELAGA DIV OF *p* 1128
See DEVTEK AEROSPACE INC.
AEROSPATIALE SARGENT CANADA *p* 991
See RBC BEARINGS CANADA, INC
AEROTEK AVIATION *p* 696
See AEROTEK ULC
AEROTEK ULC *p* 21
7326 10 St Ne Suite 105, CALGARY, AB, T2E 8W1
(403) 516-3600   *SIC* 7361

▲ Public Company   ■ Public Company Family Member   **HQ** Headquarters   **BR** Branch   **SL** Single Location

AEROTEK ULC p 186
4321 Still Creek Dr Suite 150, BURNABY, BC, V5C 6S7
(604) 293-8000   SIC 7361

AEROTEK ULC p 265
13575 Commerce Pky Suite 150, RICHMOND, BC, V6V 2L1
(604) 412-3500   SIC 7361

AEROTEK ULC p 644
4275 King St E Suite 310, KITCHENER, ON, N2P 2E9
(519) 707-1025   SIC 7361

AEROTEK ULC p 696
350 Burnhamthorpe Rd W Suite 800, MISSISSAUGA, ON, L5B 3J1
(905) 283-1200   SIC 7361

AES DRILLING FLUIDS p 790
See CES ENERGY SOLUTIONS CORP

AES DRILLING FLUIDS p 1265
See CES ENERGY SOLUTIONS CORP

AESTHETICS LANDSCAPE CONTRACTORS p 860
1092 Highway 8, STONEY CREEK, ON, L8E 5H8
(905) 643-9933   SIC 5083

AEVITAS INC p 114
7722 9 St Nw, EDMONTON, AB, T6P 1L6
(780) 440-1825   SIC 4953

AEVITAS INC p 526
46 Adams Blvd, BRANTFORD, ON, N3S 7V2
(519) 752-5900   SIC 4953

AEVITAS INC p 564
2425 Industrial Park Dr, CORNWALL, ON, K6H 7M4
(613) 938-7575   SIC 4953

AEVITAS INC p 636
455 Archer Dr, KIRKLAND LAKE, ON, P2N 3J5
(705) 567-9997   SIC 4953

AFA FOREST PRODUCTS INC p 228
19822 101 Ave, LANGLEY, BC, V1M 3G6
(604) 513-4850   SIC 5039

AFA FOREST PRODUCTS INC p 651
98 Clarke Rd, LONDON, ON, N5W 5M9
(519) 457-2311   SIC 5031

AFA FOREST PRODUCTS INC p 1068
2085 Rue De La Metropole, LONGUEUIL, QC, J4G 1S9
(514) 598-7735   SIC 5211

AFD PETROLEUM LTD p 114
1444 78 Ave Nw, EDMONTON, AB, T6P 1L7
(780) 438-5930   SIC 5172

AFEX p 928
See ASSOCIATED FOREIGN EXCHANGE, ULC

AFFI p 1154
See ATELIER LA FLECHE DE FER INC

AFFILIATED AGENTS EN DOUANES LIMITEE p 583
500 Carlingview Dr, ETOBICOKE, ON, M9W 5R3
SIC 4731

AFFILIATED AGENTS EN DOUANES LIMITEE p 583
See AFFILIATED AGENTS EN DOUANES LIMITEE

AFFILIATED AGENTS EN DOUANES LIMITEE p 735
6150 Valley Way, NIAGARA FALLS, ON, L2E 1Y3
(905) 358-7181   SIC 4731

AFFILIATED AGENTS EN DOUANES LIMITEE p 735
See AFFILIATED AGENTS EN DOUANES LIMITEE

AFFILIATED AGENTS EN DOUANES LIMITEE p 1130
1616 Sud Laval (A-440) O, Montreal, QC, H7S 2E7
(450) 681-4555   SIC 4731

AFFILIATED INTL TRANSPORT p 1130
See AFFILIATED AGENTS EN DOUANES LIMITEE

AFFINIO INC p 461
2717 Joseph Howe Dr Suite 300, HALIFAX, NS, B3L 4T9
(866) 991-3263   SIC 5734

AFFINITY CATERING p 62
See A SPLENDID AFFAIR

AFFINITY CREDIT UNION p 1305
31 Main St, SHELLBROOK, SK, S0J 2E0
(306) 934-4000   SIC 6062

AFFINITY CREDIT UNION p 1308
210 Main St, WATROUS, SK, S0K 4T0
(306) 946-3312   SIC 6062

AFFINITY FOOD GROUP INC p 550
720 Grand Ave W, CHATHAM, ON, N7L 1C6
SIC 5812

AFFINITY FOOD GROUP INC p 965
1411 Ouellette Ave, WINDSOR, ON, N8X 1K1
(519) 254-2440   SIC 5812

AFG GLASS p 1144
See AGC FLAT GLASS NORTH AMERICA LTD

AFI p 1152
See GROUPE EDGENDA INC

AFL GROUPE FINANCIER p 1067
See ASSURANCES FONTAINE LEMAY & ASS INC, LES

AFRICA INLAND MISSION INTERNATIONAL (CANADA) p 842
1641 Victoria Park Ave, SCARBOROUGH, ON, M1R 1P8
(416) 751-6077   SIC 8661

AFS p 523
See AUTOMATED FULFILLMENT SYSTEM INC

AFSC p 134
See AGRICULTURE FINANCIAL SERVICES CORPORATION

AFSC p 137
See AGRICULTURE FINANCIAL SERVICES CORPORATION

AFTA RESTAURANT LTD p 1284
2050 Halifax St, REGINA, SK, S4P 1T7
(306) 790-9440   SIC 5812

AFTON CHEMICAL CANADA CORPORATION p 567
220 St Clair Pky Rr 2, CORUNNA, ON, N0N 1G0
SIC 2911

AFTON SCHOOL OF THE ARTS p 89
See EDMONTON SCHOOL DISTRICT NO. 7

AG ALFAGOMMA DESIGN p 1208
See ALFAGOMMA CANADA INC

AG GROWTH INTERNATIONAL INC p 148
215 Barons St, NOBLEFORD, AB, T0L 1S0
(403) 320-5585   SIC 3523

AG GROWTH INTERNATIONAL INC p 354
74 Hwy 205 E, ROSENORT, MB, R0G 1W0
(204) 746-2396   SIC 3532

AG GROWTH INTERNATIONAL INC p 364
450 Rue Desautels, WINNIPEG, MB, R2H 3E6
(204) 233-7133   SIC 3443

AG GROWTH INTERNATIONAL INC p 1305
201 Industrial Drive, SASKATOON, SK, S7R 0H4
(306) 934-0611   SIC 3496

AGASSIZ ELEMENTARY & SECONDARY SCHOOL p 180
See SCHOOL DISTRICT 78

AGAT p 21
See AGAT LABORATORIES LTD

AGAT p 125
See AGAT LABORATORIES LTD

AGAT p 449
See AGAT LABORATORIES LTD

AGAT p 693
See AGAT LABORATORIES LTD

AGAT p 1208
See AGAT LABORATORIES LTD

AGAT LABORATORIES LTD p 21
3801 21 St Ne, CALGARY, AB, T2E 6T5
(403) 299-2000   SIC 8734

AGAT LABORATORIES LTD p 21
2905 12 St Ne, CALGARY, AB, T2E 7J2
(403) 736-2000   SIC 8731

AGAT LABORATORIES LTD p 125
10203 123 St Unit B, GRANDE PRAIRIE, AB, T8V 8B7
(780) 402-2050   SIC 8734

AGAT LABORATORIES LTD p 449
11 Morris Dr Suite 122, DARTMOUTH, NS, B3B 1M2
(902) 468-8718   SIC 8731

AGAT LABORATORIES LTD p 693
5835 Coopers Ave, MISSISSAUGA, ON, L4Z 1Y2
(905) 712-5100   SIC 8731

AGAT LABORATORIES LTD p 1208
9770 Rte Transcanadienne, SAINT-LAURENT, QC, H4S 1V9
(514) 337-1000   SIC 8731

AGC FLAT GLASS NORTH AMERICA LTD p 1144
250 Rue De Copenhague, PORTNEUF, QC, G0A 2Y0
SIC 3211

AGE LINK PERSONNEL SERVICES INC p 607
400 Parkdale Ave N Unit 2a, HAMILTON, ON, L8H 5Y2
(905) 572-6162   SIC 8322

AGENCE ANDRE BEAULNE LTEE p 1215
5055 Boul Metropolitain E Bureau 200, SAINT-LEONARD, QC, H1R 1Z7
(514) 329-3333   SIC 6411

AGENCE BELOEIL p 1082
See INDUSTRIELLE ALLIANCE, ASSURANCE ET SERVICES FINANCIERS INC

AGENCE DE LA SANTE ET DES SERVICES SOCIAUX DE L'ESTRIE p 1236
See GOUVERNEMENT DE LA PROVINCE DE QUEBEC

AGENCE DE LA SANTE ET DES SERVICES SOCIAUX DE LA MONTEREGIE, L' p 1071
1255 Rue Beauregard, LONGUEUIL, QC, J4K 2M3
(450) 679-6772   SIC 8399

AGENCE DE PLACEMENT HELENE ROY LTEE p 1037
266 Boul Saint-Joseph Bureau 200, GATINEAU, QC, J8Y 3X9
(819) 771-7333   SIC 7361

AGENCE DE PLACEMENT HELENE ROY LTEE p 1237
1335 Rue King O Bureau 220, SHERBROOKE, QC, J1J 2B8
(819) 822-0088   SIC 7361

AGENCE DE PLACEMENT SELECT INC p 1199
96 Rue De Martigny O, Saint-Jerome, QC, J7Y 2G1
(450) 431-6292   SIC 7361

AGENCE DE PLACEMENT TRESOR p 1018
See AGENCE DE PLACEMENT TRESOR INC

AGENCE DE PLACEMENT TRESOR INC p 1018
2a Rue Grenon O, Cote Saint-Luc, QC, H7N 2G6
(450) 933-7090   SIC 7361

AGENCE DE RECOUVREMENT p 285
See SERVICES FINANCIERS NCO, INC

AGENCE DE RECOUVREMENT p 309
See SERVICES FINANCIERS NCO, INC

AGENCE DE RECOUVREMENT p 831
See SERVICES FINANCIERS NCO, INC

AGENCE DE RECOUVREMENT NCO p 1119
See SERVICES FINANCIERS NCO, INC

AGENCE DE RECOUVREMENT TCR p 1130
See TOTAL CREDIT RECOVERY LIMITED

AGENCE DE REVENUE DU CANADA p 1036
See GOUVERNEMENT DE LA PROVINCE DE QUEBEC

AGENCE DE SECURITE D'INVESTIGATION EXPO INC p 1093
2335 Rue Ontario E, Montreal, QC, H2K 1W2
SIC 7381

AGENCE DE SECURITE MIRADO 2002, LES p 1177
See AGENCES DE SECURITE MIRADO 2002 INC

AGENCE DE VOYAGES D'AUTOMOBILE ET TOURING CLUB DU p 1062
See AGENCE DE VOYAGES D'AUTOMOBILE ET TOURING CLUB DU QUEBEC INC

AGENCE DE VOYAGES D'AUTOMOBILE ET TOURING CLUB DU p 1159
See AGENCE DE VOYAGES D'AUTOMOBILE ET TOURING CLUB DU QUEBEC INC

AGENCE DE VOYAGES D'AUTOMOBILE ET TOURING CLUB DU p 1250
See AGENCE DE VOYAGES D'AUTOMOBILE ET TOURING CLUB DU QUEBEC INC

AGENCE DE VOYAGES D'AUTOMOBILE ET TOURING CLUB DU QUEBEC INC p 1062
3131 Boul Saint-Martin O Bureau 100, Laval, QC, H7T 2Z5
(450) 682-8100   SIC 4724

AGENCE DE VOYAGES D'AUTOMOBILE ET TOURING CLUB DU QUEBEC INC p 1159
2600 Boul Laurier Bureau 133, Quebec, QC, G1V 4T3
(418) 653-9200   SIC 4724

AGENCE DE VOYAGES D'AUTOMOBILE ET TOURING CLUB DU QUEBEC INC p 1166
444 Rue Bouvier, Quebec, QC, G2J 1E3
(418) 624-8222   SIC 6712

AGENCE DE VOYAGES D'AUTOMOBILE ET TOURING CLUB DU QUEBEC INC p 1250
4085 Boul Des Recollets, Trois-Rivieres, QC, G9A 6M1
(819) 376-9394   SIC 4724

AGENCE DU LIVRE p 1238
See BIBLAIRIE G.G.C. LTEE

AGENCE GRANBY, L' p 1041
See INDUSTRIELLE ALLIANCE, ASSURANCE ET SERVICES FINANCIERS INC

AGENCE MEDIA EQUATION HUMAINE p 1103
See NVENTIVE INC

AGENCE MIRUM CANADA INC p 1101
407 Rue Mcgill 2e etage, Montreal, QC, H2Y 2G3
(514) 987-9992   SIC 7311

AGENCE QUEBEC PLUS p 1237
See CORPORATION ASICS CANADA

AGENCE ST MARTIN p 1020
See INDUSTRIELLE ALLIANCE, ASSURANCE ET SERVICES FINANCIERS INC

AGENCES DE SECURITE MIRADO 2002 INC p 1177
121 8e Rue, ROUYN-NORANDA, QC, J9X 2A5
(819) 797-5184   SIC 7381

AGENCES KYOTO LTEE, LES p 1078
16500 Montee Guenette, MIRABEL, QC, J7J 2E2
(450) 438-1255   SIC 5511

AGENCES W PELLETIER (1980) INC p 1089
3075 Rue Sainte-Catherine E Bureau 1980, Montreal, QC, H1W 3X6
(514) 598-9777   SIC 5085

AGENCES W PELLETIER (1980) INC p 1204
1400 Boul Jules-Poitras, SAINT-LAURENT,

BUSINESSES ALPHABETICALLY

QC, H4N 1X7
(514) 276-6700   SIC 5087
AGENCY OPERATIONS CENTRES DEPARTMENT OF BANKING OPERATIONS B DIV OF   p 687
See BANK OF CANADA
AGENCY OPERATIONS CENTRES DEPARTMENT OF MONTREAL   p 1257
See BANK OF CANADA
AGES, DIV OF   p 372
See BROCK WHITE CANADA COMPANY, LLC
AGF - REBAR (DIETRICH DIVISION)   p 651
See AGF - REBAR INC
AGF - REBAR INC   p 122
186 Sturgeon Way, FORT SASKATCHEWAN, AB, T8L 2N9
(780) 998-5565   SIC 3449
AGF - REBAR INC   p 651
120 Mcmillan St, LONDON, ON, N5W 6C6
(519) 455-2540   SIC 1791
AGF - REBAR INC   p 669
2800 14th Ave Suite 204, MARKHAM, ON, L3R 0E4
(416) 243-3903   SIC 3449
AGF ACCES INC   p 1096
9601 Boul Saint-Laurent, Montreal, QC, H2N 1P6
(514) 385-1762   SIC 7353
AGF ALL WORLD TAX ADVANTAGE GROUP LIMITED   p 917
Gd, TORONTO, ON, M5J 2W7
(416) 367-1900   SIC 6722
AGF CANADIAN RESOURCES FUND LIMITED   p 921
66 Wellington St W, TORONTO, ON, M5K 1E9
(800) 268-8583   SIC 6722
AGF DU-FOR   p 1096
See AGF ACCES INC
AGF MANAGEMENT LIMITED   p 1109
1 Place Ville-Marie Unite 1630, Montreal, QC, H3B 2B6
(514) 982-0070   SIC 6282
AGFA HEALTHCARE INC   p 713
5975 Falbourne St Suite 2, MISSISSAUGA, ON, L5R 3V8
(416) 241-1110   SIC 5047
AGFA HEALTHCARE INC   p 951
375 Hagey Blvd, WATERLOO, ON, N2L 6R5
(519) 746-2900   SIC 7371
AGG HOLDINGS LTD   p 525
300 King George Rd, BRANTFORD, ON, N3R 5L8
(519) 752-8088   SIC 5999
AGI   p 26
See ACKLANDS - GRAINGER INC
AGI   p 86
See ACKLANDS - GRAINGER INC
AGI   p 95
See ACKLANDS - GRAINGER INC
AGI   p 102
See ACKLANDS - GRAINGER INC
AGI   p 119
See ACKLANDS - GRAINGER INC
AGI   p 125
See ACKLANDS - GRAINGER INC
AGI   p 186
See ACKLANDS - GRAINGER INC
AGI   p 376
See ACKLANDS - GRAINGER INC
AGI   p 784
See ACKLANDS - GRAINGER INC
AGI   p 873
See ACKLANDS - GRAINGER INC
AGI   p 1040
See ACKLANDS - GRAINGER INC
AGI   p 1211
See ACKLANDS - GRAINGER INC
AGI   p 1260
See ACKLANDS - GRAINGER INC
AGI   p 1281

See ACKLANDS - GRAINGER INC
AGI   p 1305
See AG GROWTH INTERNATIONAL INC
AGI SHOREWOOD   p 841
See SHOREWOOD PACKAGING CORP. OF CANADA LIMITED
AGILENT TECHNOLOGIES CANADA INC   p 706
6705 Millcreek Dr Unit 5, MISSISSAUGA, ON, L5N 5M4
(289) 290-3851   SIC 5084
AGILITY LOGISTICS, CO.   p 717
185 Courtneypark Dr E Suite B, MISSISSAUGA, ON, L5T 2T6
(905) 612-7500   SIC 4731
AGILITY RECOVERY SOLUTIONS LTD   p 687
1090 Brevik Pl, MISSISSAUGA, ON, L4W 3Y5
(905) 625-7620   SIC 8322
AGINCOURT AUTOHAUS INC   p 844
3450 Sheppard Ave E, SCARBOROUGH, ON, M1T 3K4
SIC 5511
AGINCOURT COLLEGIATE INSTITUTE   p 888
See TORONTO DISTRICT SCHOOL BOARD
AGINCOURT ROAD PUBLIC SCHOOL   p 800
See OTTAWA-CARLETON DISTRICT SCHOOL BOARD
AGLAND   p 141
See AGLAND CORP
AGLAND CORP   p 141
Hwy 16, LLOYDMINSTER, AB, T9V 3A2
(780) 875-4471   SIC 5083
AGLINE INTERNATIONAL   p 1300
See O.K. TIRE STORES INC
AGNES MACPHAIL ELEMENTARY SCHOOL   p 888
See TORONTO DISTRICT SCHOOL BOARD
AGNES TAYLOR ELEMENTARY SCHOOL   p 518
See PEEL DISTRICT SCHOOL BOARD
AGNEW JOHNSTONE ELEMENTARY SCHOOL   p 880
See LAKEHEAD DISTRICT SCHOOL BOARD
AGNEW, J. E. FOOD SERVICES LTD   p 630
285 Ontario St, KINGSTON, ON, K7K 2X7
SIC 5812
AGNEW, J. E. FOOD SERVICES LTD   p 631
312 Princess St, KINGSTON, ON, K7L 1B6
(613) 544-0563   SIC 5812
AGNEW, J. E. FOOD SERVICES LTD   p 631
681 Princess St, KINGSTON, ON, K7L 1E8
(613) 544-0201   SIC 5812
AGNEW, J. E. FOOD SERVICES LTD   p 632
2260 Princess St, KINGSTON, ON, K7M 3G4
SIC 5812
AGNEW, J. E. FOOD SERVICES LTD   p 632
4037 Bath Rd, KINGSTON, ON, K7M 4Y5
(613) 389-3322   SIC 5812
AGNEW, J. E. FOOD SERVICES LTD   p 632
506 Gardiners Rd, KINGSTON, ON, K7M 7W9
(613) 384-7137   SIC 5812
AGNEW, J. E. FOOD SERVICES LTD   p 1245
5481 Boul Laurier, TERREBONNE, QC, J7M 1C3
(450) 477-5736   SIC 5812
AGNICO EAGLE MINES LIMITED   p 1175
299 Rte Saint-Paul N, Riviere-Heva, QC, J0Y 2H0
(819) 735-2034   SIC 1041
AGNICO EAGLE MINES LIMITED   p 1176
10200 Rte De Preissac, ROUYN-NORANDA, QC, J0Y 1C0
(819) 759-3700   SIC 1041
AGNICO EAGLE MINES LIMITED   p 1253
1953 3rd Av O, VAL-D'OR, QC, J9P 4N9

(819) 874-7822   SIC 1481
AGNICO EAGLE MINES, DIVISION GOLDEX   p 1253
See AGNICO EAGLE MINES LIMITED
AGNICO EAGLE MINES, DIVISION LARONDE   p 1176
See AGNICO EAGLE MINES LIMITED
AGNICO EAGLE MINES, LAPA DIVISION   p 1175
See AGNICO EAGLE MINES LIMITED
AGORA MANUFACTURING INC   p 513
104 Hedgedale Rd, BRAMPTON, ON, L6T 5L2
(905) 459-5100   SIC 3499
AGPRO GRAIN   p 349
See VITERRA INC
AGPRO GRAIN   p 1276
See VITERRA INC
AGR   p 928
See ASTLEY-GILBERT LIMITED
AGRA FOUNDATIONS LIMITED   p 11
416 Monument Pl Se, CALGARY, AB, T2A 1X3
(403) 272-5531   SIC 1794
AGRA FOUNDATIONS LIMITED   p 103
7708 Wagner Rd Nw, EDMONTON, AB, T6E 5B2
(780) 468-3392   SIC 1794
AGRA FOUNDATIONS LIMITED   p 1302
121 105th St E, SASKATOON, SK, S7N 1Z2
(306) 373-3762   SIC 2491
AGRATURF EQUIPMENT SERVICES INC   p 492
3160 Alps Rd, AYR, ON, N0B 1E0
(519) 632-8998   SIC 5999
AGRATURF EQUIPMENT SERVICES INC   p 567
170 County Road 13, COURTLAND, ON, N0J 1E0
(519) 688-1011   SIC 5999
AGRI-MARCHE   p 1199
See AGRI-MARCHE INC
AGRI-MARCHE INC   p 1199
870 Rue Alfred-Viau, Saint-Jerome, QC, J7Y 4N8
(450) 438-1214   SIC 3556
AGRI-MONDO INC   p 1002
165 Rue J.-A.-Bombardier, BOUCHERVILLE, QC, J4B 8P1
(450) 449-9899   SIC 5431
AGRIBRANDS PURINA CANADA   p 977
See CARGILL LIMITED
AGRICO   p 683
See AGRICO CANADA LIMITED
AGRICO CANADA LIMITED   p 683
2896 Slough St Unit 6, MISSISSAUGA, ON, L4T 1G3
(905) 672-5700   SIC 5191
AGRICORE UNITED   p 71
See VITERRA INC
AGRICORE UNITED   p 1267
See VITERRA INC
AGRICORE UNITED   p 1302
See VITERRA INC
AGRICORE UNITED   p 1307
See VITERRA INC
AGRICORP   p 599
1 Stone Rd W, GUELPH, ON, N1G 4Y2
(888) 247-4999   SIC 6331
AGRICOTECH   p 1183
See GROUPE AGRITEX INC, LE
AGRICULTURE AND AGRIFOOD CANADA   p 376
Po Box 6100 Stn Main, WINNIPEG, MB, R3C 4N3
SIC 4899
AGRICULTURE FINANCIAL SERVICES CORPORATION   p 134
5030 50 St, LACOMBE, AB, T4L 1W8
(403) 782-4641   SIC 6159
AGRICULTURE FINANCIAL SERVICES CORPORATION   p 134
5718 56 Ave, LACOMBE, AB, T4L 1B1
(403) 782-8200   SIC 6159

AGRICULTURE FINANCIAL SERVICES CORPORATION   p 137
905 4 Ave S Suite 200, LETHBRIDGE, AB, T1J 0P4
(403) 381-5474   SIC 6411
AGRIFOODS INTERNATIONAL COOPERATIVE LTD   p 21
4215 12 St Ne, CALGARY, AB, T2E 4P9
(403) 571-6400   SIC 2026
AGRIFOODS INTERNATIONAL COOPERATIVE LTD   p 152
5410 50 Ave, RED DEER, AB, T4N 4B5
(403) 357-3861   SIC 2021
AGRINOR   p 1183
See NUTRINOR COOPERATIVE
AGRINOVE   p 978
See KERRY (CANADA) INC
AGRITECH PARK INCORPORATED   p 444
90 Research Dr, BIBLE HILL, NS, B6L 2R2
SIC 8731
AGRITEX DRUMMONDVILLE   p 1030
See GROUPE AGRITEX INC, LES
AGRITEX RICHMOND   p 1172
See GROUPE AGRITEX INC, LES
AGRITEX YAMASKA   p 1190
See GROUPE AGRITEX INC, LES
AGRITRAC EQUIPMENT LTD   p 172
6425 55 Ave, VEGREVILLE, AB, T9C 1T5
(780) 632-6677   SIC 5999
AGRITRAC EQUIPMENT LTD   p 173
11140 100 St, WESTLOCK, AB, T7P 2C3
(780) 349-3720   SIC 5999
AGRIUM   p 34
See AGRIUM CANADA PARTNERSHIP
AGRIUM ADVANCED   p 210
See NU-GRO LTD
AGRIUM ADVANCED TECHNOLOGIES   p 526
See NU-GRO LTD
AGRIUM ADVANCED TECHNOLOGIES INC   p 525
10 Craig St, BRANTFORD, ON, N3R 7J1
(519) 757-0077   SIC 2873
AGRIUM ADVANCED TECHNOLOGIES INC   p 530
10 Loyalist Dr, BRIGHTON, ON, K0K 1H0
(613) 475-1262   SIC 2879
AGRIUM CANADA PARTNERSHIP   p 34
13131 Lake Fraser Dr Se, CALGARY, AB, T2J 7E8
(403) 225-7000   SIC 2873
AGRIUM INC   p 30
Gd, CALGARY, AB, T2H 2P4
(403) 936-5821   SIC 2873
AGRIUM INC   p 122
11751 River Rd, FORT SASKATCHEWAN, AB, T8L 4J1
(780) 998-6911   SIC 2873
AGRIUM INC   p 152
Gd Stn Postal Box Ctr, RED DEER, AB, T4N 5E6
(403) 885-4010   SIC 2873
AGRIUM INC   p 158
Gd, REDWATER, AB, T0A 2W0
(780) 998-6111   SIC 2873
AGRIUM INC   p 626
Gd Lcd Main, KAPUSKASING, ON, P5N 2X9
SIC 2873
AGRIUM INC   p 1307
16 Agrium Rd, VANSCOY, SK, S0L 3J0
(306) 668-4343   SIC 1474
AGRIUM INC   p 1307
Gd, VANSCOY, SK, S0L 3J0
(306) 683-1280   SIC 1011
AGRIUM VANSCOY POTASH OPERATIONS   p 1307
See AGRIUM INC
AGRO OLDS JOHN DEERE   p 149
See CERVUS LP
AGRO STETTLER   p 168
See CERVUS LP

AGRO ZAFFIRO LLP p 610
1 James St S Suite 400 4th Fl, HAMILTON, ON, L8P 4R5
(905) 527-6877   SIC 8111

AGROMEX INC p 989
251 235 Rte, ANGE-GARDIEN, QC, J0E 1E0
(450) 293-3694   SIC 2011

AGROMEX VIANDES, DIV OF p 989
See AGROMEX INC

AGROPUR p 1138
See AGROPUR COOPERATIVE

AGROPUR p 1193
See PRODUITS ALIMENTAIRES ANCO LTEE, LES

AGROPUR COOPERATIVE p 71
Gd, DIAMOND CITY, AB, T0K 0T0
(403) 381-4024   SIC 2022

AGROPUR COOPERATIVE p 196
47582 Yale Rd, CHILLIWACK, BC, V2P 7N1
SIC 5143

AGROPUR COOPERATIVE p 228
13269 Simpson Rd, LADYSMITH, BC, V9G 1H8
(250) 245-7978   SIC 5143

AGROPUR COOPERATIVE p 328
2220 Dowler Pl, VICTORIA, BC, V8T 4H3
(250) 360-5200   SIC 5143

AGROPUR COOPERATIVE p 405
256 Lawlor Lane, MIRAMICHI, NB, E1V 3Z9
(506) 627-7720   SIC 5143

AGROPUR COOPERATIVE p 669
7100 Woodbine Ave Suite 400, MARKHAM, ON, L3R 5J2
(905) 947-5600   SIC 2026

AGROPUR COOPERATIVE p 706
6535 Millcreek Dr Unit 42, MISSISSAUGA, ON, L5N 2M2
(905) 812-3002   SIC 5451

AGROPUR COOPERATIVE p 777
1001 Dairy Dr, ORLEANS, ON, K4A 3N3
(613) 834-5700   SIC 5143

AGROPUR COOPERATIVE p 989
466 132 Rte O Bureau 1320, AMQUI, QC, G5J 2G7
(418) 629-3133   SIC 2026

AGROPUR COOPERATIVE p 996
75 Av Lambert, BEAUCEVILLE, QC, G5X 3N5
(418) 774-9848   SIC 2022

AGROPUR COOPERATIVE p 1001
81 Rue Saint-Felix, BON-CONSEIL, QC, J0C 1A0
(819) 336-2727   SIC 5143

AGROPUR COOPERATIVE p 1040
510 Rue Principale, GRANBY, QC, J2G 2X2
(450) 375-1991   SIC 2022

AGROPUR COOPERATIVE p 1042
1100 Rue Omer-Deslauriers, GRANBY, QC, J2J 0S7
(450) 777-5300   SIC 2022

AGROPUR COOPERATIVE p 1086
5635 Av Pierre-De Coubertin, Montreal, QC, H1N 1R1
(514) 254-8046   SIC 5143

AGROPUR COOPERATIVE p 1136
1400 Ch D'oka, OKA, QC, J0N 1E0
(450) 479-6396   SIC 2022

AGROPUR COOPERATIVE p 1138
2400 Rue De La Cooperative, PLESSISVILLE, QC, G6L 3G8
(819) 362-7338   SIC 2023

AGROPUR COOPERATIVE p 1151
2465 1re Av, Quebec, QC, G1L 3M9
(418) 641-0857   SIC 2026

AGROPUR COOPERATIVE p 1181
57 Ch De La Rabastaliere O, SAINT-BRUNO, QC, J3V 1Y7
SIC 2026

AGROPUR COOPERATIVE p 1193
4700 Rue Armand-Frappier, SAINT-HUBERT, QC, J3Z 1G5
(450) 443-4838   SIC 8741

AGROPUR COOPERATIVE p 1194

AGROPUR COOPERATIVE p 1204
333 Boul Lebeau, SAINT-LAURENT, QC, H4N 1S3
(514) 332-2220   SIC 3556

AGROPUR DIV. NATREL p 989
See AGROPUR COOPERATIVE

AGROPUR DIVISION FROMAGE ET PRODUITS FONCTIONNELS p 996
See AGROPUR COOPERATIVE

AGROPUR DIVISION NATREL p 1151
See AGROPUR COOPERATIVE

AGROPUR FINE CHEESE p 706
See AGROPUR COOPERATIVE

AGROPUR FINE CHEESE DIVISION p 1193
See AGROPUR COOPERATIVE

AGROPUR LETHBRIDGE p 71
See AGROPUR COOPERATIVE

AGROPUR NATREL, DIV OF p 669
See AGROPUR COOPERATIVE

AGROPUR, DIV FROMAGES FIN p 1194
See AGROPUR COOPERATIVE

AGS AUTOMOTIVE SYSTEMS p 888
See A.G. SIMPSON AUTOMOTIVE INC

AGS FLEXITALLIC, INC p 99
4340 78 Ave Nw, EDMONTON, AB, T6B 3J5
(780) 466-5050   SIC 3053

AGSTONE p 1003
See GRAYMONT (QC) INC

AGWEST LTD p 348
Highway 1 W, ELIE, MB, R0H 0H0
(204) 353-3850   SIC 7359

AHKWESAHSNE MOHAWK BOARD OF EDUCATION p 485
See MOHAWK COUNCIL OF AKWESASNE

AHKWESAHSNE MOHAWK SCHOOL p 485
See MOHAWK COUNCIL OF AKWESASNE

AHTAHKAKOOP EDUCATION BOARD p 1265
Po Box 280, CANWOOD, SK, S0J 0K0
(306) 468-2854   SIC 8211

AHTAHKAKOOP SCHOOL p 1265
See AHTAHKAKOOP EDUCATION BOARD

AIA AUTOMATION INC p 1129
2886 Boul Daniel-Johnson, Montreal, QC, H7P 5Z7
(450) 680-1846   SIC 3569

AIC p 732
See ALLIED INTERNATIONAL CREDIT CORP

AIDE A LA COMMUNAUTE & SERVICES A DOMICILE p 1163
14 Rue Saint-Amand Bureau 842, Quebec, QC, G2A 2K9
(418) 842-9791   SIC 8059

AIDE AUX PERSONNES AGEES DE LAVAL INC p 1213
2388 35e Av, SAINT-LAURENT, QC, H7R 3P4
(450) 627-4641   SIC 8322

AIDE-MAISON VALLEE DE LA MATAPEDIA p 989
78 Rue Des Forges, AMQUI, QC, G5J 3A6
(418) 629-5812   SIC 8322

AIDE-MAISON VALLEE DE LA MATAPEDIA p 1232
1 Rue Saindon, SAYABEC, QC, G0J 3K0
(418) 536-5456   SIC 8361

AIDS COMMITTEE OF TORONTO p 905
399 Church St Suite 400, TORONTO, ON, M5B 2J6
(416) 340-2437   SIC 8322

AIESEC p 1100
See ASSOCIATION INTERNATIONALE DES ETUDIANTS EN SCIENCES ECONOMIQUES ET COMMERCIALES

AIG INSURANCE COMPANY OF CANADA p 323
595 Burrard St Suite 2073, VANCOUVER, BC, V7X 1G4
(604) 684-1514   SIC 6411

AIG INSURANCE COMPANY OF CANADA p 1104
2000 Av Mcgill College Bureau 1200, Montreal, QC, H3A 3H3
(514) 842-0603   SIC 6411

AIGUISAGE INDUSTRIEL DE BEAUCHE p 1227
See INOVIA INC

AIKAWA GROUP p 1240
See FIDUCIE TECHNOLOGIES DE FIBRES AIKAWA

AILEEN WRIGHT ENGLISH CATHOLIC SCHOOL p 555
See NORTHEASTERN CATHOLIC DISTRICT SCHOOL BOARD

AIM DELSAN p 1085
See SERVICES ENVIRONNEMENTAUX DELSAN-A.I.M. INC, LES

AIM HOLDING TRUST p 201
2000 Brigantine Dr, COQUITLAM, BC, V3K 7B5
(604) 525-3900   SIC 6712

AIM LEVIS p 1065
See COMPAGNIE AMERICAINE DE FER & METAUX INC, LA

AIMIA INC p 932
130 King St W Suite 1600, TORONTO, ON, M5X 2A2
(905) 214-8699   SIC 8743

AIMIA PROPRIETARY LOYALTY CANADA INC p 932
130 King St W Suite 1600, TORONTO, ON, M5X 2A2
(905) 214-8699   SIC 8732

AIMIA PROPRIETARY LOYALTY CANADA INC p 1101
759 Rue Du Square-Victoria Bureau 105, Montreal, QC, H2Y 2J7
SIC 8732

AINLEY & ASSOCIATES LIMITED p 555
280 Pretty River Pky N, COLLINGWOOD, ON, L9Y 4J5
(705) 445-3451   SIC 8711

AINSWORTH HOT SPRINGS LTD p 180
3609 Highway 31, AINSWORTH HOT SPRINGS, BC, V0G 1A0
(250) 229-4212   SIC 7011

AINSWORTH HOT SPRINGS RESORT p 180
See AINSWORTH HOT SPRINGS LTD

AINSWORTH INC p 15
7304 30 St Se Suite 102, CALGARY, AB, T2C 1W2
(403) 265-6750   SIC 1731

AINSWORTH INC p 758
131 Bermondsey Rd, NORTH YORK, ON, M4A 1X4
(416) 751-4420   SIC 1731

AINSWORTH INC p 917
161 Bay St Suite 527, TORONTO, ON, M5J 2S1
(416) 594-8451   SIC 1731

AINSWORTH MANAGEMENT SERVICES INC p 959
56 Carlinds Dr, WHITBY, ON, L1R 3B9
(905) 666-9156   SIC 7349

AIR BOREALIS LIMITED PARTNERSHIP p 427
1 Centralia Dr, HAPPY VALLEY-GOOSE BAY, NL, A0P 1C0
(709) 576-1800   SIC 4512

AIR CANADA p 21
8001 21 St Ne Unit B, CALGARY, AB, T2E 8H2
(403) 221-2895   SIC 4512

AIR CANADA p 78
6th Ave N, EDMONTON, AB, T5J 2T2
(780) 890-8121   SIC 4512

AIR CANADA p 374
355 Portage Ave Suite 3850, WINNIPEG, MB, R3B 0J6
(204) 941-2684   SIC 4512

AIR CANADA p 382
2020 Sargent Ave Suite 210, WINNIPEG, MB, R3H 0E1
(204) 788-7801   SIC 4512

AIR CANADA p 382
2020 Sargent Ave, WINNIPEG, MB, R3H 0E1
(204) 788-7871   SIC 4581

AIR CANADA p 382
2000 Wellington Ave Rm 222, WINNIPEG, MB, R3H 1C1
(204) 788-6953   SIC 4581

AIR CANADA p 415
1 Air Canada Way, SAINT JOHN, NB, E2K 0B1
(506) 637-2444   SIC 7389

AIR CANADA p 418
4180 Loch Lomond Rd, SAINT JOHN, NB, E2N 1L7
(506) 632-1526   SIC 4512

AIR CANADA p 454
1 Bell Blvd Suite 7, ENFIELD, NS, B2T 1K2
(902) 873-2350   SIC 4581

AIR CANADA p 683
2570 Britannia Rd E, MISSISSAUGA, ON, L4T 3B5
(905) 694-5440   SIC 4581

AIR CANADA p 794
900 Airport Parkway Pvt, OTTAWA, ON, K1V 2E7
(613) 783-6463   SIC 4512

AIR CANADA p 1052
7000 Ch De L'aeroport, LA BAIE, QC, G7B 0E4
(418) 677-3424   SIC 4512

AIR CANADA p 1118
Gd, Montreal, QC, H3L 3N6
(514) 422-7445   SIC 4581

AIR CANADA p 1126
735 Stuart Graham N, Montreal, QC, H4Y 1C3
SIC 4512

AIR CANADA p 1165
510 Rue Principale, Quebec, QC, G2G 2T9
(514) 422-5000   SIC 4512

AIR CANADA CARGO p 21
See AIR CANADA

AIR CANADA CARGO p 78
See AIR CANADA

AIR CANADA CARGO p 382
See AIR CANADA

AIR CANADA CARGO p 418
See AIR CANADA

AIR CANADA CARGO p 794
See AIR CANADA

AIR CANADA CARGO p 1126
See AIR CANADA

AIR CANADA EXPRESS p 451
See JAZZ AVIATION LP

AIR CANADA JAZZ - REGIONAL OFFICE p 1025
See JAZZ AVIATION LP

AIR CANADA VACATION p 686
See TOURAM LIMITED PARTNERSHIP

AIR CREEBEC INC p 883
Gd Lcd Main, TIMMINS, ON, P4N 7C4
(705) 264-9521   SIC 4512

AIR CREEBEC INC p 1026
9475 Av Ryan, DORVAL, QC, H9P 1A2
(514) 636-8501   SIC 4512

AIR CREEBEC INC p 1261
18 Rue Waskaganish, WASKAGANISH, QC, J0M 1R0
(819) 895-8355   SIC 4512

AIR INUIT LTEE p 1049
Gd, KUUJJUAQ, QC, J0M 1C0
(819) 964-2935   SIC 4512

AIR INUIT LTEE p 1169
106 Rue Iberville, RADISSON, QC, J0Y 2X0
(819) 638-8163   SIC 4512

AIR INUIT LTEE p 1208
6005 Boul De La Cote-Vertu, SAINT-LAURENT, QC, H4S 0B1
(514) 905-9445   SIC 4512

AIR KING REMANUFACTURING p 1283
See UAP INC

BUSINESSES ALPHABETICALLY

AIR LABRADOR p 427
See AIR LABRADOR LIMITED
AIR LABRADOR LIMITED p 427
62 Dakota Dr, HAPPY VALLEY-GOOSE BAY, NL, A0P 1C0
(709) 896-6747   SIC 4512
AIR LABRADOR LIMITED p 427
85 Dakota Dr, HAPPY VALLEY-GOOSE BAY, NL, A0P 1C0
(709) 896-6730   SIC 4512
AIR LIQUIDE p 123
See AIR LIQUIDE CANADA INC
AIR LIQUIDE p 449
See AIR LIQUIDE CANADA INC
AIR LIQUIDE CANADA DISTRIBUTION CENTRE p 608
See AIR LIQUIDE CANADA INC
AIR LIQUIDE CANADA INC p 15
3004 54 Ave Se, CALGARY, AB, T2C 0A7
(403) 777-4700   SIC 5169
AIR LIQUIDE CANADA INC p 40
140 4 Ave Sw Suite 550, CALGARY, AB, T2P 3N3
(403) 774-4320   SIC 2813
AIR LIQUIDE CANADA INC p 103
10020 56 Ave Nw, EDMONTON, AB, T6E 5Z2
SIC 2813
AIR LIQUIDE CANADA INC p 123
55522 Route 214, FORT SASKATCHEWAN, AB, T8L 3T2
(780) 992-1077   SIC 2813
AIR LIQUIDE CANADA INC p 265
23231 Fraserwood Way, RICHMOND, BC, V6V 3B3
(604) 677-4427   SIC 2813
AIR LIQUIDE CANADA INC p 337
1405 Stevens Rd Unit 360, WEST KELOWNA, BC, V1Z 3Y2
(250) 769-4280   SIC 2813
AIR LIQUIDE CANADA INC p 379
58 Weston St, WINNIPEG, MB, R3E 3H7
(204) 989-9353   SIC 2813
AIR LIQUIDE CANADA INC p 406
280 John St, MONCTON, NB, E1C 9W3
(506) 857-8390   SIC 4932
AIR LIQUIDE CANADA INC p 441
38 Station St, AMHERST, NS, B4H 3E3
(902) 667-0000   SIC 2813
AIR LIQUIDE CANADA INC p 449
180 Akerley Blvd Suite 100, DARTMOUTH, NS, B3B 2B7
(902) 468-5152   SIC 2813
AIR LIQUIDE CANADA INC p 513
1700 Steeles Ave E Suite 387, BRAMPTON, ON, L6T 1A6
(905) 793-2000   SIC 2813
AIR LIQUIDE CANADA INC p 532
5315 North Service Rd, BURLINGTON, ON, L7L 6C1
(905) 335-4877   SIC 2813
AIR LIQUIDE CANADA INC p 608
131 Birmingham St, HAMILTON, ON, L8L 6W6
(905) 547-1602   SIC 2813
AIR LIQUIDE CANADA INC p 608
680 Burlington St E, HAMILTON, ON, L8L 4J8
(905) 529-0500   SIC 5169
AIR LIQUIDE CANADA INC p 651
351 Eleanor St, LONDON, ON, N5W 6B7
(519) 455-3990   SIC 3548
AIR LIQUIDE CANADA INC p 717
6915 Davand Dr, MISSISSAUGA, ON, L5T 1L5
(905) 670-2222   SIC 5085
AIR LIQUIDE CANADA INC p 762
155 Signet Dr, NORTH YORK, ON, M9L 1V1
(416) 745-1304   SIC 2813
AIR LIQUIDE CANADA INC p 989
11201 Boul Ray-Lawson Bureau 6, ANJOU, QC, H1J 1M6
(450) 641-6222   SIC 2813
AIR LIQUIDE CANADA INC p 1088

5030 Rue De Rouen, Montreal, QC, H1V 1J2
(514) 251-6838   SIC 3823
AIR LIQUIDE CANADA INC p 1151
225 Rue Fortin, Quebec, QC, G1M 3M2
(418) 683-1917   SIC 5169
AIR LIQUIDE CANADA INC p 1255
3090 Ch De La Baronnie, VARENNES, QC, J3X 1P7
(450) 652-9163   SIC 4212
AIR LIQUIDE CANADA INC p 1255
3575 Boul Marie Victorin, VARENNES, QC, J3X 1P9
(450) 652-0611   SIC 5169
AIR NORTH PARTNERSHIP p 273
1 3rd Suite 3135, RICHMOND, BC, V7B 1Y7
(604) 207-1165   SIC 4512
AIR NORTH PARTNERSHIP p 273
4840 Miller Rd Unit 100, RICHMOND, BC, V7B 1K7
(604) 279-0330   SIC 4512
AIR NORTH, YUKON'S AIRLINE p 273
See AIR NORTH PARTNERSHIP
AIR PRODUCTS p 828
See AIR PRODUCTS CANADA LTD
AIR PRODUCTS p 1180
See AIR PRODUCTS CANADA LTD
AIR PRODUCTS CANADA LTD p 115
720 Petroleum Way Nw, EDMONTON, AB, T6S 1H5
(780) 417-1957   SIC 1311
AIR PRODUCTS CANADA LTD p 724
2100 Regional Rd 3, NANTICOKE, ON, N0A 1L0
(519) 587-2401   SIC 2813
AIR PRODUCTS CANADA LTD p 828
20 Indian Rd, SARNIA, ON, N7T 7K2
(519) 332-1500   SIC 2813
AIR PRODUCTS CANADA LTD p 1180
185 Rue Des Grands-Lacs, SAINT-AUGUSTIN-DE-DESMAURES, QC, G3A 2K8
(418) 878-1400   SIC 2813
AIR TRANSAT p 303
See AIR TRANSAT A. T. INC
AIR TRANSAT A. T. INC p 303
Gd Stn Terminal, VANCOUVER, BC, V6B 3P7
(604) 303-3801   SIC 4581
AIR TRANSAT A.T. INC p 1208
5959 Boul De La Cote-Vertu, SAINT-LAURENT, QC, H4S 2E6
(514) 906-0330   SIC 4512
AIR TRANSAT CARGO p 1208
See AIR TRANSAT A.T. INC
AIR TRANSPORTATION SERVICE p 117
See GOVERNMENT OF THE PROVINCE OF ALBERTA
AIR-TERRE EQUIPEMENT INCORPOREE p 1040
420 Rue Edouard, GRANBY, QC, J2G 3Z3
(450) 378-8107   SIC 3728
AIRBORNE SYSTEMS CANADA LTD p 503
35 Wilson Ave, BELLEVILLE, ON, K8P 1R7
(613) 967-8069   SIC 2399
AIRBOSS OF AMERICA CORP p 640
101 Glasgow St, KITCHENER, ON, N2G 4X8
(519) 576-5565   SIC 3069
AIRBOSS RUBBER COMPOUNDING p 640
See AIRBOSS OF AMERICA CORP
AIRBUS HELICOPTERS p 589
See AIRBUS HELICOPTERS CANADA LIMITED
AIRBUS HELICOPTERS CANADA LIMITED p 589
1100 Gilmore Rd, FORT ERIE, ON, L2A 5M4
(905) 871-7772   SIC 3721
AIRCARE PROGRAM p 202
See ENVIROTEST SYSTEMS (B.C.) LTD
AIRCO p 1091
See DESCAIR INC
AIRCO QUEMAR ET DENDEC ET BINETTE,

DIV D p 1091
See DESCAIR INC
AIRDRIE CHRYSLER DODGE JEEP p 2
See NORTH HILL MOTORS (1975) LTD
AIRDRIE REGIONAL HEALTH CENTRE p 2
See ALBERTA HEALTH SERVICES
AIRDRIE SAFEWAY p 3
See SOBEYS WEST INC
AIRDRIE, CITY OF p 2
800 East Lake Blvd Ne, AIRDRIE, AB, T4A 2K9
(403) 948-8804   SIC 7999
AIREAU QUALITE CONTROLE INC p 999
660 Rue De La Sabliere, BOIS-DES-FILION, QC, J6Z 4T7
(450) 621-6661   SIC 5075
AIREX INDUSTRIES INC p 1029
3025 Rue Kunz, DRUMMONDVILLE, QC, J2C 6Y4
(819) 477-3030   SIC 3999
AIRFLO HEATING & AIR CONDITIONING LTD p 152
6013 48 Ave, RED DEER, AB, T4N 3V5
(403) 340-3866   SIC 1711
AIRGAS CANADA INC p 207
634 Derwent Way, DELTA, BC, V3M 5P8
(604) 520-0355   SIC 5169
AIRLINE DIVISION OF CUPE p 584
See CANADIAN UNION OF PUBLIC EMPLOYEES
AIRLINER MOTOR HOTEL (1972) LTD p 315
2233 Burrard St Suite 309, VANCOUVER, BC, V6J 3H9
SIC 5813
AIRPORT ELEMENTARY SCHOOL p 235
See SCHOOL DISTRICT NO. 71 (COMOX VALLEY)
AIRPORT MANAGERS OFFICE p 439
See GOVERNMENT OF THE NORTH-WEST TERRITORIES
AIRPORT PLAZA p 432
See CITY HOTELS LIMITED
AIRPORT TERMINAL SERVICE INC CANADIAN p 712
6500 Silver Dart Dr Unit 211, MISSISSAUGA, ON, L5P 1B1
(905) 405-9550   SIC 4581
AIRPORT TERMINAL SERVICES CANADIAN COMPANY p 21
8075 22 St Ne, CALGARY, AB, T2E 7Z6
(403) 291-0965   SIC 4581
AIRPORT TERMINAL SERVICES CANADIAN COMPANY p 382
2000 Wellington Ave Unit 249, WINNIPEG, MB, R3H 1C2
(204) 774-0665   SIC 4581
AIRPORTER BUS SERVICE p 150
See FIRSTCANADA ULC
AIRPORTER, SERVICE, DIV OF p 751
See FIRSTCANADA ULC
AIRSPRAY (1967) LTD p 164
2160 Airport Dr, SPRINGBROOK, AB, T4S 2E8
(403) 886-4088   SIC 7389
AIRSPRAY TANKERS p 164
See AIRSPRAY (1967) LTD
AIRSPRINT INC. p 21
1910 Mccall Landng Ne, CALGARY, AB, T2E 9B5
(403) 730-2344   SIC 4522
AIRWAYS TRANSIT SERVICE LIMITED p 953
99 Northland Rd Unit A, WATERLOO, ON, N2V 1Y8
(519) 658-5521   SIC 4131
AISCENT TECHNOLOGIES INC p 190
4720 Kingsway Suite 2600, BURNABY, BC, V5H 4N2
(778) 374-1720   SIC 3699
AISH HATORAH p 933
1072 Eglinton Ave W, TORONTO, ON, M6C

2E2
(416) 785-1107   SIC 8661
AIT p 180
See ADVANCED INTEGRATION TECHNOLOGY CANADA INC
AJ FORSYTH p 262
See RUSSEL METALS INC
AJ HOLDINGS LTD p 412
525 Pinewood Rd, RIVERVIEW, NB, E1B 0K3
(506) 386-3400   SIC 5531
AJAX DOWN SIMULCAST p 484
See PICOV DOWNS INC
AJAX FIRE AND EMERGENCY SERVICES p 482
See CORPORATION OF THE TOWN OF AJAX, THE
AJAX HIGH SCHOOL p 483
See DURHAM DISTRICT SCHOOL BOARD
AJAX PICKERING NEWS ADVERTISER p 483
See METROLAND MEDIA GROUP LTD
AJAX TOCCO MAGNETHERMIC CANADA LIMITED p 482
333 Station St, AJAX, ON, L1S 1S3
(905) 683-4980   SIC 3567
AJILON CONSULTING p 459
See MODIS CANADA INC
AJILON COUSULTING p 792
See MODIS CANADA INC
AJILON STAFFING OF CANADA LIMITED p 907
1 Adelaide St E Suite 2500, TORONTO, ON, M5C 2V9
SIC 7361
AJM PETROLEUM CONSULTANTS, A PARTNERSHIP OF CORPORATIONS p 39
425 1 St Sw Suite 600, CALGARY, AB, T2P 3L8
(403) 648-3200   SIC 8748
AKHURST MACHINERY LIMITED p 103
9615 63 Ave Nw, EDMONTON, AB, T6E 0G2
(780) 435-3936   SIC 5084
AKHURST MACHINERY LIMITED p 207
1669 Foster's Way, DELTA, BC, V3M 6S7
(604) 540-1430   SIC 5084
AKI SUSHI BAR p 1012
See ALIMENTS SAVEURS DU MONDE INC, LES
AKITA DRILLING LTD p 40
333 7 Ave Sw Unit 1000, CALGARY, AB, T2P 2Z1
(403) 292-7979   SIC 1382
AKITA DRILLING LTD p 146
2302 8 St, NISKU, AB, T9E 7Z2
(780) 955-6700   SIC 1381
AKRAN MARKETING p 784
See 1222010 ONTARIO INC
AKZO NOBEL CHEMICALS LTD p 1304
3910 Wanuskewin Rd, SASKATOON, SK, S7P 0B7
(306) 242-3855   SIC 2869
AKZO NOBEL COATINGS LTD p 583
110 Woodbine Downs Blvd Unit 4, ETOBICOKE, ON, M9W 5S6
(416) 674-6633   SIC 2851
AKZO NOBEL COATINGS LTD p 1026
1405 55e Av, DORVAL, QC, H9P 2W3
(514) 631-8686   SIC 5231
AKZO NOBEL COATINGS LTD p 1199
1001 Boul Roland-Godard, Saint-Jerome, QC, J7Y 4C2
SIC 2851
AKZO NOBEL PATE ET PERFORMANCE CANADA INC p 1074
1900 Rue Saint-Patrice E Bureau 25, MAGOG, QC, J1X 3W5
(819) 843-8942   SIC 2899
AKZO NOBEL PATE ET PERFORMANCE CANADA INC p 1232
640 Boul Des Erables, SALABERRY-DE-VALLEYFIELD, QC, J6T 6G4
(450) 377-1131   SIC 2899

AKZO NOBEL PEINTURES p 1199
See AKZO NOBEL COATINGS LTD
AKZO NOBEL WOOD COATINGS LTD p 1260
274 Rue Saint-Louis Bureau 6, WARWICK, QC, J0A 1M0
(819) 358-7500 SIC 5198
AL PALLADINI COMMUNITY CENTRE p 974
See CORPORATION OF THE CITY OF VAUGHAN, THE
AL-BARAKA INVESTMENTS INC p 301
1520 Main St, VANCOUVER, BC, V6A 2W8
(604) 986-5778 SIC 5812
AL-PACK ENTERPRISES LTD p 410
60 Commerce St, MONCTON, NB, E1H 0A5
(506) 852-4262 SIC 2653
AL-PACK ENTERPRISES LTD p 980
5 Macmillan Cres, CHARLOTTETOWN, PE, C1A 8G3
(902) 628-6637 SIC 5084
ALAMOS GOLD INC p 678
259 Matheson St, MATACHEWAN, ON, P0K 1M0
(705) 565-9800 SIC 1041
ALAN ARSENAULT HOLDINGS LTD p 64
500 Country Hills Blvd Ne Unit 900, CALGARY, AB, T3K 5H2
(403) 226-9331 SIC 5812
ALARM CAP p 990
See ENTREPRISES MICROTEC INC, LES
ALARMCAP p 1180
See ENTREPRISES MICROTEC INC, LES
ALASKAN TECHNOLOGIES CORP p 95
11810 152 St Nw, EDMONTON, AB, T5V 1E3
(780) 447-2660 SIC 1711
ALBANY INTERNATIONAL CANADA CORP p 807
Rideau Perry Rd, PERTH, ON, K7H 3E3
(613) 267-6600 SIC 2231
ALBERICI CONSTRUCTORS, LTD p 538
1005 Skyview Dr Suite 300, BURLINGTON, ON, L7P 5B1
(905) 315-3000 SIC 1542
ALBERNI DISTRICT SECONDARY SCHOOL p 254
See SCHOOL DISTRICT #70 (ALBERNI) SCHOOL BOARD
ALBERNI PACIFIC SAWMILL p 254
See WESTERN FOREST PRODUCTS INC
ALBERNI VALLEY TIMES p 254
See POSTMEDIA NETWORK INC
ALBERT AT BAY SUITE HOTEL LTD p 792
435 Albert St, OTTAWA, ON, K1R 7X4
(613) 238-8858 SIC 7011
ALBERT CAMPBELL C.I. p 846
See TORONTO DISTRICT SCHOOL BOARD
ALBERT COUNTY HEALTH & WELLNESS CENTRE p 412
See REGIONAL HEALTH AUTHORITY B
ALBERT INFRASTRUCTURE AND TRANSPORTATION p 100
See GOVERNMENT OF THE PROVINCE OF ALBERTA
ALBERT LACOMBE ELEMENTARY SCHOOL p 166
See GREATER ST. ALBERT CATHOLIC REGIONAL DIVISION NO. 29
ALBERT MCMAHON ELEMENTARY SCHOOL p 238
See SCHOOL DISTRICT #75 (MISSION)
ALBERTA SUSTAINABLE RESOURCE DEV p 83
See GOVERNMENT OF THE PROVINCE OF ALBERTA
ALBERTA ALCOHOL AND DRUG ABUSE p 78
See ALBERTA HEALTH SERVICES
ALBERTA ASPHALT ENTERPRISES INC p 114
6450 27 St Nw, EDMONTON, AB, T6P 1M6

(780) 469-9999 SIC 1799
ALBERTA BALLET COMPANY, THE p 52
141 18 Ave Sw, CALGARY, AB, T2S 0B8
(403) 228-4430 SIC 7922
ALBERTA BEVERAGE CONTAINER RECYCLING CORPORATION p 21
901 57 Ave Ne Suite 8, CALGARY, AB, T2E 8X9
(403) 264-0170 SIC 4953
ALBERTA BEVERAGE CONTAINER RECYCLING CORPORATION p 103
9455 45 Ave Nw, EDMONTON, AB, T6E 6B9
(780) 435-3640 SIC 3411
ALBERTA BOARD COMPANY p 90
See ADWOOD MANUFACTURING LTD
ALBERTA BOILERS SAFETY ASSOCIATION (ABSA) p 112
9410 20 Ave Nw, EDMONTON, AB, T6N 0A4
(780) 437-9100 SIC 7389
ALBERTA CANCER CORRIDOR p 52
See ALBERTA HEALTH SERVICES
ALBERTA CO-OP TAXI LINE LTD p 99
5036 106 Ave Nw, EDMONTON, AB, T6A 1E9
(780) 414-2698 SIC 4121
ALBERTA CONFERENCE OF THE SEVENTH-DAY ADVENTISTS CHURCH p 9
155 100 St Ne, CALGARY, AB, T1X 0L4
(403) 280-3500 SIC 8661
ALBERTA DISTANCE LEARNING CENTRE p 78
10055 106 St Nw Suite 300, EDMONTON, AB, T5J 2Y2
(780) 452-4655 SIC 8211
ALBERTA ELECTRIC SYSTEM OPERATOR p 40
330 5 Ave Sw Suite 2500, CALGARY, AB, T2P 0L4
(403) 539-2450 SIC 4911
ALBERTA EMPLOYMENT & IMMIGRATION p 150
See GOVERNMENT OF THE PROVINCE OF ALBERTA
ALBERTA ENERGY REGULATOR p 130
9808 100 Ave Ss 1 Suite 205, HIGH LEVEL, AB, T0H 1Z0
(780) 926-5399 SIC 8611
ALBERTA GEOLOGICAL SURVEY p 100
See GOVERNMENT OF THE PROVINCE OF ALBERTA
ALBERTA GOLD TAXI p 152
See 341-7777 TAXI LTD
ALBERTA HEALTH SERVICES p 2
604 Main St S, AIRDRIE, AB, T4B 3K7
(403) 912-8400 SIC 8062
ALBERTA HEALTH SERVICES p 3
3100 48 Ave, ATHABASCA, AB, T9S 1M9
(780) 675-6000 SIC 8062
ALBERTA HEALTH SERVICES p 3
3401 48 Ave, ATHABASCA, AB, T9S 1M7
(780) 675-2231 SIC 8062
ALBERTA HEALTH SERVICES p 4
305 Lynx St, BANFF, AB, T1L 1H7
(403) 762-2222 SIC 8062
ALBERTA HEALTH SERVICES p 5
Gd, BASSANO, AB, T0J 0B0
(403) 641-3183 SIC 8011
ALBERTA HEALTH SERVICES p 5
412 10a St, BEAVERLODGE, AB, T0H 0C0
(780) 354-2647 SIC 8062
ALBERTA HEALTH SERVICES p 5
4815 51 Ave, BARRHEAD, AB, T7N 1M1
(780) 674-2221 SIC 8062
ALBERTA HEALTH SERVICES p 5
5336 59 Ave, BARRHEAD, AB, T7N 1L2
(780) 674-4506 SIC 8052
ALBERTA HEALTH SERVICES p 5
6203 49 St, BARRHEAD, AB, T7N 1A1
(780) 674-3408 SIC 8011
ALBERTA HEALTH SERVICES p 6

2001 107 St, BLAIRMORE, AB, T0K 0E0
(403) 562-5011 SIC 8062
ALBERTA HEALTH SERVICES p 6
717 Government Rd, BLACK DIAMOND, AB, T0L 0H0
(403) 933-2222 SIC 8062
ALBERTA HEALTH SERVICES p 6
52 Ave Unit 4834, BENTLEY, AB, T0C 0J0
(403) 748-4115 SIC 8051
ALBERTA HEALTH SERVICES p 6
4904 50th Ave, BONNYVILLE, AB, T9N 2G4
(780) 826-3381 SIC 8062
ALBERTA HEALTH SERVICES p 7
938 Centre St, BOW ISLAND, AB, T0K 0G0
(403) 545-3200 SIC 8062
ALBERTA HEALTH SERVICES p 7
5004 Lakeview Rd, BOYLE, AB, T0A 0M0
(780) 689-3732 SIC 8069
ALBERTA HEALTH SERVICES p 8
440 3 St E Suite 300, BROOKS, AB, T1R 0X8
(403) 501-3232 SIC 8062
ALBERTA HEALTH SERVICES p 8
515 1st Ave Se, BROOKS, AB, T1R 0H6
(403) 362-7575 SIC 8011
ALBERTA HEALTH SERVICES p 36
6617 Centre St Nw, CALGARY, AB, T2K 4Y5
(403) 944-7500 SIC 8011
ALBERTA HEALTH SERVICES p 38
1403 29 St Nw Suite 1403, CALGARY, AB, T2N 2T9
(403) 670-1110 SIC 8011
ALBERTA HEALTH SERVICES p 38
1403 29 St Nw Suite 403, CALGARY, AB, T2N 2T9
(403) 944-2068 SIC 8062
ALBERTA HEALTH SERVICES p 38
1005 17 St Nw, CALGARY, AB, T2N 2E5
(403) 297-4664 SIC 8062
ALBERTA HEALTH SERVICES p 51
1177 11 Ave Sw Suite 200, CALGARY, AB, T2R 1K9
(403) 297-3071 SIC 8322
ALBERTA HEALTH SERVICES p 51
1213 4 St Sw Suite 3223, CALGARY, AB, T2R 0X7
(403) 532-6460 SIC 8011
ALBERTA HEALTH SERVICES p 51
1213 4 St Sw Suite 3223, CALGARY, AB, T2R 0X7
(403) 955-6700 SIC 8093
ALBERTA HEALTH SERVICES p 52
2210 2 St Sw Suite 712, CALGARY, AB, T2S 3C3
(403) 698-8020 SIC 8069
ALBERTA HEALTH SERVICES p 53
7007 14 St Sw, CALGARY, AB, T2V 1P9
(403) 943-3000 SIC 8011
ALBERTA HEALTH SERVICES p 54
10101 Southport Rd Sw, CALGARY, AB, T2W 3N2
(403) 943-1111 SIC 8011
ALBERTA HEALTH SERVICES p 54
10101 Southport Rd Sw, CALGARY, AB, T2W 3N2
(403) 943-0755 SIC 8011
ALBERTA HEALTH SERVICES p 55
31 Sunpark Plaza Se Suite 113, CALGARY, AB, T2X 3W5
(403) 943-9300 SIC 8093
ALBERTA HEALTH SERVICES p 61
1829 Ranchlands Blvd Nw Suite 10, CALGARY, AB, T3G 2A7
(403) 239-6600 SIC 8011
ALBERTA HEALTH SERVICES p 66
4615 56 St, CAMROSE, AB, T4V 4M5
(780) 679-2900 SIC 8059
ALBERTA HEALTH SERVICES p 66
5015 50 Ave Suite 103, CAMROSE, AB, T4V 3P7
(780) 608-8611 SIC 8011
ALBERTA HEALTH SERVICES p 66
1100 Hospital Pl, CANMORE, AB, T1W 1N2
(403) 678-3769 SIC 6324

ALBERTA HEALTH SERVICES p 67
144 2nd St W, CARDSTON, AB, T0K 0K0
(403) 653-5234 SIC 8062
ALBERTA HEALTH SERVICES p 68
221 42nd Ave W, Claresholm, AB, T0L 0T0
(403) 625-1395 SIC 8361
ALBERTA HEALTH SERVICES p 69
60 Grand Blvd, COCHRANE, AB, T0S 0S4
(403) 851-6130 SIC 8062
ALBERTA HEALTH SERVICES p 69
4720 55 St, COLD LAKE, AB, T9M 1V8
(780) 594-4404 SIC 8062
ALBERTA HEALTH SERVICES p 71
1210 20e Ave, DIDSBURY, AB, T0M 0W0
(403) 335-9393 SIC 8062
ALBERTA HEALTH SERVICES p 71
5920 51 Ave, DAYSLAND, AB, T0B 1A0
(780) 374-3746 SIC 8062
ALBERTA HEALTH SERVICES p 73
14007 50 St Nw, EDMONTON, AB, T5A 5E4
(780) 342-4000 SIC 8062
ALBERTA HEALTH SERVICES p 76
10230 111 Ave Nw Suite 2e, EDMONTON, AB, T5G 0B7
(780) 735-7999 SIC 8062
ALBERTA HEALTH SERVICES p 77
11010 101 St Nw Suite 215, EDMONTON, AB, T5H 4B9
(780) 424-4660 SIC 8062
ALBERTA HEALTH SERVICES p 77
10539 105 St Nw, EDMONTON, AB, T5H 2W8
SIC 8062
ALBERTA HEALTH SERVICES p 78
10030 107 St Nw Suite 700, EDMONTON, AB, T5J 3E4
(780) 735-0986 SIC 8062
ALBERTA HEALTH SERVICES p 78
10030 107 St Nw 14th Fl, EDMONTON, AB, T5J 3E4
(403) 943-0845 SIC 8062
ALBERTA HEALTH SERVICES p 78
10302 107 St Nw, EDMONTON, AB, T5J 1K2
(780) 427-4291 SIC 8062
ALBERTA HEALTH SERVICES p 78
104 Ave 100 St, EDMONTON, AB, T5J 0K1
SIC 8322
ALBERTA HEALTH SERVICES p 82
11111 Jasper Ave Nw, EDMONTON, AB, T5K 0L4
(780) 482-8111 SIC 8011
ALBERTA HEALTH SERVICES p 82
9942 108 St Nw, EDMONTON, AB, T5K 2J5
(780) 342-7700 SIC 8062
ALBERTA HEALTH SERVICES p 98
17480 Fort Rd Nw Suite 175, EDMONTON, AB, T5Y 6A8
(780) 342-5555 SIC 8063
ALBERTA HEALTH SERVICES p 107
8440 112 St Nw, EDMONTON, AB, T6G 2B7
(780) 616-6215 SIC 8731
ALBERTA HEALTH SERVICES p 110
1110 113 St Nw, EDMONTON, AB, T6J 7J4
(780) 342-1560 SIC 8621
ALBERTA HEALTH SERVICES p 110
10707 29 Ave Nw, EDMONTON, AB, T6J 6W1
(780) 430-9110 SIC 8062
ALBERTA HEALTH SERVICES p 118
10628 100th St, FAIRVIEW, AB, T0H 1L0
(780) 835-6100 SIC 8062
ALBERTA HEALTH SERVICES p 118
5225 50 St, EVANSBURG, AB, T0E 0T0
(780) 727-2288 SIC 8093
ALBERTA HEALTH SERVICES p 123
10420 98 Ave Suite 121, FORT SASKATCHEWAN, AB, T8L 2N6
SIC 8062
ALBERTA HEALTH SERVICES p 123
9430 95 St, FORT SASKATCHEWAN, AB, T8L 1R8
(780) 998-2256 SIC 8062
ALBERTA HEALTH SERVICES p 124

102 Lady Helen Ave, GALAHAD, AB, T0B 1R0
(780) 583-3788   SIC 8051
ALBERTA HEALTH SERVICES   p 125
11333 106 St, GRANDE PRAIRIE, AB, T8V 6T7
(780) 538-5210   SIC 8062
ALBERTA HEALTH SERVICES   p 125
10710 97 St, GRANDE PRAIRIE, AB, T8V 7G6
(780) 538-1253   SIC 4119
ALBERTA HEALTH SERVICES   p 125
10409 98 St, GRANDE PRAIRIE, AB, T8V 2E8
(780) 538-7100   SIC 8062
ALBERTA HEALTH SERVICES   p 129
5621 Wilcox Rd, GRIMSHAW, AB, T0H 1W0
(780) 332-6500   SIC 8062
ALBERTA HEALTH SERVICES   p 129
904 Centre St N, HANNA, AB, T0J 1P0
(403) 854-3331   SIC 8062
ALBERTA HEALTH SERVICES   p 130
4531 47 Ave, HARDISTY, AB, T0B 1V0
(780) 888-3742   SIC 8011
ALBERTA HEALTH SERVICES   p 131
560 9 Ave Sw, HIGH RIVER, AB, T1V 1B3
(403) 652-2200   SIC 8062
ALBERTA HEALTH SERVICES   p 132
518 Robson St, JASPER, AB, T0E 1E0
(780) 852-4395   SIC 8621
ALBERTA HEALTH SERVICES   p 133
9110 93rd St, LAC LA BICHE, AB, T0A 2C0
(780) 623-4404   SIC 8062
ALBERTA HEALTH SERVICES   p 134
5010 51 St, LACOMBE, AB, T4L 1W2
(403) 782-6535   SIC 8062
ALBERTA HEALTH SERVICES   p 134
5430 47 Ave, LACOMBE, AB, T4L 1G8
(403) 782-3336   SIC 8062
ALBERTA HEALTH SERVICES   p 134
4210 48 St, LEDUC, AB, T9E 5Z3
(780) 986-7711   SIC 8062
ALBERTA HEALTH SERVICES   p 138
960 19 St S Suite 110, LETHBRIDGE, AB, T1J 1W5
(403) 388-6009   SIC 8062
ALBERTA HEALTH SERVICES   p 138
200 4 Ave S Suite 110, LETHBRIDGE, AB, T1J 4C9
(403) 388-6700   SIC 8099
ALBERTA HEALTH SERVICES   p 138
200 5 Ave S Rm A252, LETHBRIDGE, AB, T1J 4L1
(403) 329-5255   SIC 8011
ALBERTA HEALTH SERVICES   p 140
700 Nursing Home Rd, LINDEN, AB, T0M 1J0
(403) 546-3966   SIC 8051
ALBERTA HEALTH SERVICES   p 142
4417 45th St, MAYERTHORPE, AB, T0E 1N0
(780) 786-2261   SIC 8062
ALBERTA HEALTH SERVICES   p 143
350 3rd Ave Nw, MCLENNAN, AB, T0H 2L0
(780) 324-3730   SIC 8062
ALBERTA HEALTH SERVICES   p 145
517 Center E, MILK RIVER, AB, T0K 1M0
(403) 647-3500   SIC 8062
ALBERTA HEALTH SERVICES   p 146
9706 100 Ave, MORINVILLE, AB, T8R 1T2
(780) 939-7482   SIC 8322
ALBERTA HEALTH SERVICES   p 148
11 Cimarron Common, OKOTOKS, AB, T1S 2E9
(403) 995-2600   SIC 8093
ALBERTA HEALTH SERVICES   p 149
4919 Lac St, ONOWAY, AB, T0E 1V0
(780) 967-4136   SIC 8062
ALBERTA HEALTH SERVICES   p 149
312 3 St E, OYEN, AB, T0J 2J0
(403) 664-3528   SIC 8062
ALBERTA HEALTH SERVICES   p 149
3901 57 Ave, OLDS, AB, T4H 1T4
(403) 556-3381   SIC 8062

ALBERTA HEALTH SERVICES   p 150
Lot 18 Peace River Airport, PEACE RIVER, AB, T8S 1Z1
SIC 4119
ALBERTA HEALTH SERVICES   p 150
1222 Bev Mclachlin Dr, PINCHER CREEK, AB, T0K 1W0
(403) 627-1234   SIC 8062
ALBERTA HEALTH SERVICES   p 151
5002 54 Ave, PROVOST, AB, T0B 3S0
(780) 753-2291   SIC 8062
ALBERTA HEALTH SERVICES   p 151
Gd Stn Main, PONOKA, AB, T4J 1R9
(403) 783-7600   SIC 8011
ALBERTA HEALTH SERVICES   p 151
5800 57 Ave, PONOKA, AB, T4J 1P1
(403) 783-3341   SIC 8062
ALBERTA HEALTH SERVICES   p 151
5900 Highway 2a, PONOKA, AB, T4J 1P5
(403) 783-4491   SIC 8011
ALBERTA HEALTH SERVICES   p 152
3942 50a Ave, RED DEER, AB, T4N 4E7
(403) 343-4422   SIC 8062
ALBERTA HEALTH SERVICES   p 152
4755 49 St Unit 2, RED DEER, AB, T4N 1T6
(403) 346-8336   SIC 8093
ALBERTA HEALTH SERVICES   p 152
4920 51 St Suite 202, RED DEER, AB, T4N 6K8
(403) 340-5103   SIC 8093
ALBERTA HEALTH SERVICES   p 152
4736 30 St, RED DEER, AB, T4N 5H8
SIC 8051
ALBERTA HEALTH SERVICES   p 158
4812 58 St, REDWATER, AB, T0A 2W0
(780) 942-3932   SIC 8011
ALBERTA HEALTH SERVICES   p 158
5016 52 Ave Suite 1, ROCKY MOUNTAIN HOUSE, AB, T4T 1T2
(403) 845-3347   SIC 8062
ALBERTA HEALTH SERVICES   p 162
2 Brower Dr, SHERWOOD PARK, AB, T8H 1V4
(780) 342-4600   SIC 8093
ALBERTA HEALTH SERVICES   p 164
4212 55 Ave, SMOKY LAKE, AB, T0A 3C0
(780) 656-2030   SIC 8062
ALBERTA HEALTH SERVICES   p 165
4713 48 Ave, ST PAUL, AB, T0A 3A3
(780) 645-3331   SIC 8062
ALBERTA HEALTH SERVICES   p 165
5610 50 Ave, ST PAUL, AB, T0A 3A1
(780) 645-3396   SIC 8062
ALBERTA HEALTH SERVICES   p 166
201 Boudreau Rd, ST. ALBERT, AB, T8N 6C4
(780) 418-8200   SIC 8062
ALBERTA HEALTH SERVICES   p 168
4405 South Park Dr, STONY PLAIN, AB, T7Z 2M7
(780) 968-3600   SIC 8062
ALBERTA HEALTH SERVICES   p 169
709 1 St Ne, SUNDRE, AB, T0M 1X0
(403) 638-3033   SIC 8062
ALBERTA HEALTH SERVICES   p 170
5011 50 Ave E Wing, TABER, AB, T1G 1N9
(403) 223-7230   SIC 8011
ALBERTA HEALTH SERVICES   p 170
29 Freeman Dr, SWAN HILLS, AB, T0G 2C0
(780) 333-7000   SIC 8011
ALBERTA HEALTH SERVICES   p 170
4602 49 Ave, SYLVAN LAKE, AB, T4S 1M7
(403) 887-2244   SIC 8322
ALBERTA HEALTH SERVICES   p 172
5720 50 Ave, VERMILION, AB, T9X 1K7
(780) 853-5305   SIC 8062
ALBERTA HEALTH SERVICES   p 173
10203 96 St Suite 137, WESTLOCK, AB, T7P 2R3
(780) 349-3306   SIC 8062
ALBERTA HEALTH SERVICES   p 173
530 6 Ave, WAINWRIGHT, AB, T9W 1R6
(780) 842-1539   SIC 8062
ALBERTA HEALTH SERVICES   p 173

10024 107 Ave, WESTLOCK, AB, T7P 2E3
(780) 349-3316   SIC 8062
ALBERTA HEALTH SERVICES   p 173
881 Mistassiny Rd, WABASCA, AB, T0G 2K0
(780) 891-3007   SIC 8062
ALBERTA HEALTH SERVICES   p 174
20 Sunset Blvd, WHITECOURT, AB, T7S 1M8
(780) 778-2285   SIC 8062
ALBERTA HEALTH SERVICES   p 174
5610 40 Ave, WETASKIWIN, AB, T9A 3E4
SIC 8069
ALBERTA HEALTH SERVICES   p 174
6910 47 St, WETASKIWIN, AB, T9A 3N3
(780) 361-7100   SIC 8062
ALBERTA HEALTH SERVICES   p 175
Gd, Winfield, AB, T0C 2X0
(780) 682-4755   SIC 8062
ALBERTA HEALTH SERVICES, EDM CLINENG   p 107
See ALBERTA HEALTH SERVICES
ALBERTA HONDA   p 76
See ZANE HOLDINGS LTD
ALBERTA HONEY PRODUCERS COOPERATIVE   p 165
See BEE MAID HONEY LIMITED
ALBERTA HOSPITAL EDMONTON   p 98
See ALBERTA HEALTH SERVICES
ALBERTA HUMAN SERVICE (CHILDREN SERVICE)   p 88
See GOVERNMENT OF THE PROVINCE OF ALBERTA
ALBERTA INDUSTRIAL METALS   p 156
See RUSSEL METALS INC
ALBERTA INNOVATES - HEALTH SOLUTIONS   p 78
10104 103 Ave Nw Suite 1500, EDMONTON, AB, T5J 0H8
(780) 423-5727   SIC 6111
ALBERTA INNOVATES-TECHNOLOGY FUTURES   p 37
See INNOTECH ALBERTA INC
ALBERTA INNOVATES-TECHNOLOGY FUTURES   p 172
See INNOTECH ALBERTA INC
ALBERTA JANITORIAL LTD   p 88
15557 Stony Plain Rd Nw Suite A, EDMONTON, AB, T5P 3Z1
(780) 467-9202   SIC 7349
ALBERTA JUSTICE   p 126
See GOVERNMENT OF THE PROVINCE OF ALBERTA
ALBERTA LEARNING   p 80
See GOVERNMENT OF THE PROVINCE OF ALBERTA
ALBERTA LEGAL & SERVICES DIRECTORY   p 298
See B. & C. LIST (1982) LTD
ALBERTA LIFE CARE LTD   p 94
17203 99 Ave Nw, EDMONTON, AB, T5T 6S5
(780) 433-2223   SIC 8361
ALBERTA MEDICAL ASSOCIATION   p 87
12204 106 Ave Nw Suite 300, EDMONTON, AB, T5N 3Z1
(780) 482-0319   SIC 8621
ALBERTA MOTOR ASSOCIATION   p 9
3650 20 Ave Ne, CALGARY, AB, T1Y 6E8
(403) 590-0001   SIC 8699
ALBERTA MOTOR ASSOCIATION   p 34
10816 Macleod Trail Se Suite 524, CALGARY, AB, T2J 5N8
(403) 278-3530   SIC 4724
ALBERTA MOTOR ASSOCIATION   p 40
530 8 Ave Sw Suite 100, CALGARY, AB, T2P 3S8
(403) 262-2345   SIC 8699

ALBERTA MOTOR ASSOCIATION   p 60
4700 17 Ave Sw, CALGARY, AB, T3E 0E3
(403) 240-5300   SIC 4724
ALBERTA MOTOR ASSOCIATION   p 103
9520 42 Ave Nw, EDMONTON, AB, T6E 5Y4
(780) 989-6230   SIC 8699
ALBERTA MOTOR ASSOCIATION   p 125
11401 99 St, GRANDE PRAIRIE, AB, T8V 2H6
(780) 532-4421   SIC 8699
ALBERTA MOTOR ASSOCIATION   p 138
120 Scenic Dr S, LETHBRIDGE, AB, T1J 4R4
(403) 328-1181   SIC 4724
ALBERTA MOTOR ASSOCIATION TRAVEL AGENCY LTD   p 60
4700 17 Ave Sw, CALGARY, AB, T3E 0E3
(403) 240-5350   SIC 4725
ALBERTA MOTOR ASSOCIATION TRAVEL AGENCY LTD   p 108
10310 39a Ave, EDMONTON, AB, T6H 5X9
(780) 430-5555   SIC 4724
ALBERTA NEWSPAPER GROUP INC   p 138
504 7 St S, LETHBRIDGE, AB, T1J 2H1
(403) 328-4411   SIC 2711
ALBERTA NEWSPRINT   p 175
See WEST FRASER TIMBER CO. LTD
ALBERTA OIL TOOL   p 104
See DOVER CORPORATION (CANADA) LIMITED
ALBERTA ONE-CALL CORPORATION   p 26
4242 7 St Se Suite 104, CALGARY, AB, T2G 2Y8
(403) 531-3700   SIC 4899
ALBERTA OPERATIONS, PRENTISS SITE p 153
See DOW CHEMICAL CANADA ULC
ALBERTA PLYWOOD   p 109
See WEST FRASER MILLS LTD
ALBERTA PLYWOOD   p 164
See WEST FRASER MILLS LTD
ALBERTA POWER (2000) LTD   p 129
Gd, HANNA, AB, T0J 1P0
(403) 854-5100   SIC 4911
ALBERTA SCHOOL FOR THE DEAF   p 109
See EDMONTON SCHOOL DISTRICT NO. 7
ALBERTA SENIOR AND COMMUNITY SUPPORT   p 80
See GOVERNMENT OF THE PROVINCE OF ALBERTA
ALBERTA SENIORS AND COMMUNITY SUPPORT   p 80
See GOVERNMENT OF THE PROVINCE OF ALBERTA
ALBERTA SPECIAL EVENT EQUIPMENT RENTALS & SALES LTD   p 103
6010 99 St Nw, EDMONTON, AB, T6E 3P2
(780) 669-0179   SIC 7359
ALBERTA TERMINALS   p 84
See CARGILL LIMITED
ALBERTA TRANSPORTATION   p 100
See GOVERNMENT OF THE PROVINCE OF ALBERTA
ALBERTA TREASURY BOARD   p 83
See GOVERNMENT OF THE PROVINCE OF ALBERTA
ALBERTA TREASURY BRANCHES   p 2
404 Main St Se, AIRDRIE, AB, T4B 3C3
(403) 948-5828   SIC 6036
ALBERTA TREASURY BRANCHES   p 5
Gd Stn Main, BARRHEAD, AB, T7N 1B8
(780) 674-2241   SIC 6036
ALBERTA TREASURY BRANCHES   p 8
219 2 St E, BROOKS, AB, T1R 0G8
(403) 362-3351   SIC 6036
ALBERTA TREASURY BRANCHES   p 11
229 33 St Ne Suite 400, CALGARY, AB, T2A 4Y6
(403) 974-6850   SIC 8742
ALBERTA TREASURY BRANCHES   p 12
3620 17 Ave Se, CALGARY, AB, T2A 0R9
(403) 297-6507   SIC 6036
ALBERTA TREASURY BRANCHES   p 21

6715 8 St Ne Suite 144, CALGARY, AB, T2E 7H7
(403) 541-4300   SIC 6036
ALBERTA TREASURY BRANCHES   p 30
33 Heritage Meadows Way Se Suite 1200, CALGARY, AB, T2H 3B8
(403) 974-3599   SIC 6036
ALBERTA TREASURY BRANCHES   p 30
6455 Macleod Trail Sw Suite 264, CALGARY, AB, T2H 0K3
(403) 297-6503   SIC 6036
ALBERTA TREASURY BRANCHES   p 37
3630 Brentwood Rd Nw, CALGARY, AB, T2L 1K8
(403) 297-8164   SIC 6036
ALBERTA TREASURY BRANCHES   p 38
217 16 Ave Nw Suite 200, CALGARY, AB, T2M 0H5
(403) 974-5222   SIC 6036
ALBERTA TREASURY BRANCHES   p 51
919 11 Ave Sw Suite 700, CALGARY, AB, T2R 1P3
(403) 541-4119   SIC 6036
ALBERTA TREASURY BRANCHES   p 62
601 Stewart Green Sw, CALGARY, AB, T3H 3C8
(403) 297-3900   SIC 6036
ALBERTA TREASURY BRANCHES   p 66
4887 50 St, CAMROSE, AB, T4V 1P6
(780) 672-3331   SIC 6036
ALBERTA TREASURY BRANCHES   p 71
1820 20 St, DIDSBURY, AB, T0M 0W0
(403) 335-3386   SIC 6036
ALBERTA TREASURY BRANCHES   p 71
5017 51 Ave, DRAYTON VALLEY, AB, T7A 1S2
(780) 542-4406   SIC 6036
ALBERTA TREASURY BRANCHES   p 73
350 Manning Cross Nw, EDMONTON, AB, T5A 5A1
(780) 422-6003   SIC 6036
ALBERTA TREASURY BRANCHES   p 74
8804 118 Ave Nw, EDMONTON, AB, T5B 0T4
(780) 427-4171   SIC 6036
ALBERTA TREASURY BRANCHES   p 75
12703 97 St Nw, EDMONTON, AB, T5E 4C1
(780) 422-9438   SIC 6036
ALBERTA TREASURY BRANCHES   p 78
10020 100 St Nw Suite 2100, EDMONTON, AB, T5J 0N3
(780) 408-7000   SIC 6036
ALBERTA TREASURY BRANCHES   p 78
9888 Jasper Ave Nw Suite 100, EDMONTON, AB, T5J 1P1
(780) 408-7500   SIC 6036
ALBERTA TREASURY BRANCHES   p 83
11366 104 Ave Nw, EDMONTON, AB, T5K 2W9
(780) 422-4800   SIC 6036
ALBERTA TREASURY BRANCHES   p 84
13304 137 Ave Nw, EDMONTON, AB, T5L 4Z6
(780) 427-7353   SIC 6036
ALBERTA TREASURY BRANCHES   p 90
17107 Stony Plain Rd Nw, EDMONTON, AB, T5S 2M9
(780) 408-7474   SIC 6036
ALBERTA TREASURY BRANCHES   p 103
8008 104 St Nw, EDMONTON, AB, T6E 4E2
(780) 427-4162   SIC 6036
ALBERTA TREASURY BRANCHES   p 112
5331 23 Ave Nw, EDMONTON, AB, T6L 7G4
(780) 422-2600   SIC 6159
ALBERTA TREASURY BRANCHES   p 117
313 50 St W, EDSON, AB, T7E 1T8
(780) 723-5571   SIC 6036
ALBERTA TREASURY BRANCHES   p 119
11 Haineault St, FORT MCMURRAY, AB, T9H 1R8
(780) 790-3300   SIC 6036
ALBERTA TREASURY BRANCHES   p 123
9964 99 Ave, FORT SASKATCHEWAN, AB, T8L 4G8

(780) 998-5161   SIC 6036
ALBERTA TREASURY BRANCHES   p 129
232 2 Ave W, HANNA, AB, T0J 1P0
(403) 854-4404   SIC 6036
ALBERTA TREASURY BRANCHES   p 131
207 Pembina Ave, HINTON, AB, T7V 2B3
(780) 865-2294   SIC 6036
ALBERTA TREASURY BRANCHES   p 132
4962 50th St, INNISFAIL, AB, T4G 1S7
(403) 227-3350   SIC 6036
ALBERTA TREASURY BRANCHES   p 135
4821 50 Ave, LEDUC, AB, T9E 6X6
(780) 986-2226   SIC 6036
ALBERTA TREASURY BRANCHES   p 138
601 Mayor Magrath Dr S, LETHBRIDGE, AB, T1J 4M5
(403) 382-4388   SIC 6036
ALBERTA TREASURY BRANCHES   p 138
727 4 Ave S, LETHBRIDGE, AB, T1J 0P1
(403) 381-5431   SIC 6036
ALBERTA TREASURY BRANCHES   p 142
4910 50 St, MAYERTHORPE, AB, T0E 1N0
(780) 786-2207   SIC 6036
ALBERTA TREASURY BRANCHES   p 150
769 Main St, PINCHER CREEK, AB, T0K 1W0
(403) 627-3304   SIC 6036
ALBERTA TREASURY BRANCHES   p 150
9904 100 Ave, PEACE RIVER, AB, T8S 1S2
(780) 618-3282   SIC 6036
ALBERTA TREASURY BRANCHES   p 151
5013 50th St, PROVOST, AB, T0B 3S0
(780) 753-2247   SIC 6036
ALBERTA TREASURY BRANCHES   p 152
4911 51 St Suite 100, RED DEER, AB, T4N 6V4
(403) 340-5130   SIC 6159
ALBERTA TREASURY BRANCHES   p 152
4919 59 St Suite 101, RED DEER, AB, T4N 6C9
(403) 340-5384   SIC 6036
ALBERTA TREASURY BRANCHES   p 159
4515 52 Ave, ROCKY MOUNTAIN HOUSE, AB, T4T 1A6
(403) 844-2004   SIC 6036
ALBERTA TREASURY BRANCHES   p 162
201 Wye Rd, SHERWOOD PARK, AB, T8B 1N1
(780) 449-6770   SIC 6036
ALBERTA TREASURY BRANCHES   p 162
550 Baseline Rd Unit 100, SHERWOOD PARK, AB, T8H 2G8
(780) 464-4444   SIC 6036
ALBERTA TREASURY BRANCHES   p 164
4518 50 St, SPIRIT RIVER, AB, T0H 3G0
(780) 864-3650   SIC 6036
ALBERTA TREASURY BRANCHES   p 165
16 Mcleod Ave, SPRUCE GROVE, AB, T7X 3Y1
(780) 962-6000   SIC 6036
ALBERTA TREASURY BRANCHES   p 168
5014 50 St, STONY PLAIN, AB, T7Z 1T2
(780) 963-2214   SIC 6211
ALBERTA TREASURY BRANCHES   p 172
4931 50th St Gd, VEGREVILLE, AB, T9C 1V5
(780) 632-2340   SIC 6036
ALBERTA TREASURY BRANCHES   p 173
10532 100 Ave, WESTLOCK, AB, T7P 2J9
(780) 349-4481   SIC 6036
ALBERTA TREASURY BRANCHES   p 174
5115 50 Ave, WHITECOURT, AB, T7S 1S8
(780) 778-2442   SIC 6036
ALBERTA URBAN MUNICIPALITIES ASSOCIATION   p 103
10507 Saskatchewan Dr Nw, EDMONTON, AB, T6E 4S1
(780) 409-4319   SIC 8741
ALBERTS FAMILY RESTAURANT   p 103
See ALBERTS RESTAURANTS LTD
ALBERTS FAMILY RESTAURANT   p 108
See ALBERTS RESTAURANTS LTD
ALBERTS HOMESTEAD GRILL   p 162

See ALBERTS RESTAURANTS LTD
ALBERTS RESTAURANTS LTD   p 94
1640 Burlington Ave, EDMONTON, AB, T5T 3J7
(780) 444-3105   SIC 5812
ALBERTS RESTAURANTS LTD   p 103
5107 99 St Nw, EDMONTON, AB, T6E 5B7
SIC 5812
ALBERTS RESTAURANTS LTD   p 108
10362 51 Ave Nw, EDMONTON, AB, T6H 5X6
(780) 437-7081   SIC 5812
ALBERTS RESTAURANTS LTD   p 156
5250 22 St Suite 60, RED DEER, AB, T4R 2T4
(403) 358-3223   SIC 5812
ALBERTS RESTAURANTS LTD   p 162
26 Strathmoor Dr, SHERWOOD PARK, AB, T8H 2B6
SIC 5812
ALBI MAZDA   p 1076
See AUTOMOBILES DELEC INC
ALBIAN SANDS ENERGY INC   p 119
Gd Lcd Main, FORT MCMURRAY, AB, T9H 3E2
(780) 713-4400   SIC 1382
ALBION BRANCH   p 583
See TORONTO PUBLIC LIBRARY BOARD
ALBION ELEMENTARY SCHOOL   p 235
See SCHOOL DISTRICT NO 42 (MAPLE RIDGE-PITT MEADOWS)
ALBION FARMS AND FISHERIES   p 292
See INTERCITY PACKERS LTD
ALBION FISHERIES LTD   p 12
3320 14 Ave Ne Suite 5, CALGARY, AB, T2A 6J4
(403) 235-4531   SIC 5146
ALBION FISHERIES LTD   p 335
740 Tyee Rd, VICTORIA, BC, V9A 6X3
(250) 382-8286   SIC 5146
ALBION FISHERIES VICTORIA, DIV OF   p 335
See ALBION FISHERIES LTD
ALBION HEIGHTS JUNIOR MIDDLE SCHOOL   p 942
See TORONTO DISTRICT SCHOOL BOARD
ALBION HILLS   p 541
See TORONTO AND REGION CONSERVATION AUTHORITY
ALBION KUMON CENTRE   p 582
See KUMON CANADA INC
ALBRIGHT GARDENS HOMES INCORPORATED   p 500
5050 Hillside Dr, BEAMSVILLE, ON, L0R 1B2
(905) 563-8252   SIC 8322
ALCAN PACKAGING   p 516
See PECHINEY PLASTIC PACKAGING (CANADA) INC
ALCAN PRIMARY METAL GROUP, DIV OF   p 228
See RIO TINTO ALCAN INC
ALCAN SPECIALTY ALUMINOUS   p 531
See RIO TINTO ALCAN INC
ALCAN USINE SHAWINIGAN   p 1235
See RIO TINTO ALCAN INC
ALCATEL NETWORKS   p 1104
See ALCATEL-LUCENT CANADA INC
ALCATEL-LUCENT CANADA INC   p 186
4190 Still Creek Dr Suite 3140, BURNABY, BC, V5C 6C6
(604) 430-3600   SIC 4899
ALCATEL-LUCENT CANADA INC   p 1104
600 Boul De Maisonneuve O Bureau 75, Montreal, QC, H3A 3J2
(514) 484-1616   SIC 4899
ALCO ELECTRONICS INC   p 669
725 Denison St, MARKHAM, ON, L3R 1B8
(905) 477-7878   SIC 5099
ALCO GAS & OIL PRODUCTION EQUIPMENT LTD   p 103

5203 75 St Nw, EDMONTON, AB, T6E 5S5
(780) 465-9061   SIC 3533
ALCO INC   p 108
6925 104 St Nw, EDMONTON, AB, T6H 2L5
(780) 435-3502   SIC 3541
ALCOA CANADA CIE   p 993
100 Rte Maritime, BAIE-COMEAU, QC, G4Z 2L6
(418) 296-3311   SIC 3354
ALCOA CANADA CIE   p 996
6900 Boul Raoul-Duchesne, Becancour, QC, G9H 2V2
(819) 294-2900   SIC 3334
ALCOA CANADA CIE   p 1022
1 Boul Des Sources, DESCHAMBAULT, QC, G0A 1S0
(418) 286-5287   SIC 3334
ALCOA CANADA CIE   p 1109
1 Place Ville-Marie Bureau 2310, Montreal, QC, H3B 3M5
(514) 904-5030   SIC 3334
ALCOA CANADA CIE   p 1128
4001 Des Laurentides (A-15) E, Montreal, QC, H7L 3H7
(450) 680-2500   SIC 3334
ALCONA GLEN ELEMENTARY SCHOOL   p 622
See SIMCOE COUNTY DISTRICT SCHOOL BOARD, THE
ALCOOL NB LIQUOR   p 400
See NEW BRUNSWICK LIQUOR CORPORATION
ALCOOL NB LIQUOR   p 407
See NEW BRUNSWICK LIQUOR CORPORATION
ALCORNS   p 66
See BELLSTAR HOTELS & RESORTS LTD
ALDBOROUGH PUBLIC SCHOOL   p 826
See THAMES VALLEY DISTRICT SCHOOL BOARD
ALDER FLATS ELEMENTARY SCHOOL p 3
See WETASKIWIN REGIONAL PUBLIC SCHOOLS
ALDER MEDICAL CENTER   p 194
See MACNEILL, DR PHILIP M
ALDERGROVE COMMUNITY SECONDARY SCHOOL   p 181
See SCHOOL DISTRICT NO. 35 (LANGLEY)
ALDERGROVE CREDIT UNION   p 181
See CREDIT UNION CENTRAL OF CANADA
ALDERGROVE FOODS LTD   p 178
32520 South Fraser Way, ABBOTSFORD, BC, V2T 1X5
(604) 850-1012   SIC 5812
ALDERGROVE KINSMEN COMMUNITY CENTRE   p 181
See LANGLEY, CORPORATION OF THE TOWNSHIP OF
ALDERGROVE PUBLIC SCHOOL   p 675
See YORK REGION DISTRICT SCHOOL BOARD
ALDERGROVE SCHOOL   p 94
See EDMONTON SCHOOL DISTRICT NO. 7
ALDERNEY GATE PUBLIC LIBRARY   p 448
See HALIFAX REGIONAL MUNICIPALITY
ALDERNEY SCHOOL   p 448
See HALIFAX REGIONAL SCHOOL BOARD
ALDERSHOT ELEMENTARY SCHOOL   p 465
See ANNAPOLIS VALLEY REGIONAL SCHOOL BOARD
ALDERSHOT SCHOOL   p 541
See HALTON DISTRICT SCHOOL BOARD
ALDERSON ELEMENTARY SCHOOL p 202
See SCHOOL DISTRICT NO. 43 (COQUITLAM)
ALDERWOOD CORPORATION   p 442
42 Jones St, BADDECK, NS, B0E 1B0
(902) 295-2644   SIC 8361
ALDERWOOD REST HOME   p 442

▲ Public Company   ■ Public Company Family Member   HQ Headquarters   BR Branch   SL Single Location

See ALDERWOOD CORPORATION
ALDILA BOUTIQUE p 272
See SARIHAN HOLDINGS LTD.
ALDO p 311
See GROUPE ALDO INC, LE
ALDO p 322
See GROUPE ALDO INC, LE
ALDO p 906
See GROUPE ALDO INC, LE
ALDO ACCESSORIES p 95
See GROUPE ALDO INC, LE
ALDO SHOES p 906
See GROUPE ALDO INC, LE
ALE WALKER TRANSPORT p 857
See 552429 ONTARIO LIMITED
ALECTRA UTILITIES CORPORATION p 611
55 John St N, HAMILTON, ON, L8R 3M8
(905) 522-6611   SIC 4911
ALEGRO PROJECTS AND FABRICATION LTD. p 146
1201 8 St, NISKU, AB, T9E 7M3
(780) 955-0266   SIC 7692
ALERIS ALUMINIUM CANADA S.E.C. p 1247
290 Rue Saint-Laurent, Trois-Rivieres, QC, G8T 6G7
    SIC 3463
ALES GROUPE CANADA INC p 1109
1255 Rue University Bureau 1600, Montreal, QC, H3B 3X4
(514) 932-3636   SIC 5131
ALEVA GENERATIONS INC p 1211
6125 Ch De La Cote-De-Liesse, SAINT-LAURENT, QC, H4T 1C8
(514) 228-7989   SIC 5621
ALEX AITKEN ELEMENTARY SCHOOL p 212
See SCHOOL DISTRICT NO. 79 (COWICHAN VALLEY)
ALEX COULOMBE LTEE p 1153
2300 Rue Cyrille-Duquet, Quebec, QC, G1N 2G5
(418) 687-2700   SIC 5149
ALEX HOPE ELEMENTARY p 229
See BOARD OF EDUCATION OF SCHOOL DISTRICT NO. 35 (LANGLEY)
ALEX HOPE ELEMENTARY SCHOOL p 230
See SCHOOL DISTRICT NO. 35 (LANGLEY)
ALEX MARION RESTAURANTS LTD p 1281
940 E Victoria Ave, REGINA, SK, S4N 7A9
    SIC 5812
ALEX MEDIA SERVICES p 1115
See RESEAU QUEBECOR MEDIA INC
ALEX MUNRO ELEMENTARY SCHOOL p 36
See CALGARY BOARD OF EDUCATION
ALEX WILLIAMSON MOTOR SALES LIMITED p 945
1 Banff Rd, UXBRIDGE, ON, L9P 1S9
(905) 852-3357   SIC 5511
ALEXANDER DENNIS (CANADA) INC p 557
130 Pippin Rd Unit B, CONCORD, ON, L4K 4X9
(905) 660-8400   SIC 3711
ALEXANDER ELEMENTARY SCHOOL p 177
See SCHOOL DISTRICT NO 34 (ABBOTSFORD)
ALEXANDER FIRST NATIONS EDUCATION AUTHORITY p 146
Gd, MORINVILLE, AB, T8R 1A1
(780) 939-3551   SIC 8211
ALEXANDER FORBES SCHOOL p 126
See GRANDE PRAIRIE PUBLIC SCHOOL DISTRICT #2357
ALEXANDER GIBSON MEMORIAL SCHOOL p 398
See ANGLOPHONE WEST SCHOOL DISTRICT (ASD-W)
ALEXANDER GRAHAM BELL PUBLIC SCHOOL p 484
See DURHAM DISTRICT SCHOOL BOARD

ALEXANDER HENRY HIGH SCHOOL p 832
See ALGOMA DISTRICT SCHOOL BOARD
ALEXANDER KUSKA KSG CATHOLIC SCHOOL p 956
See NIAGARA CATHOLIC DISTRICT SCHOOL BOARD
ALEXANDER MACKENZIE HIGH SCHOOL p 823
See YORK REGION DISTRICT SCHOOL BOARD
ALEXANDER MACKENZIE SECONDARY SCHOOL p 827
See LAMBTON KENT DISTRICT SCHOOL BOARD
ALEXANDER MONTESSORI SCHOOL INC p 786
188 Billings Ave, OTTAWA, ON, K1H 5K9
(613) 733-6137   SIC 8211
ALEXANDER MUIR & GLADSTONE AVE SCHOOL p 936
See TORONTO DISTRICT SCHOOL BOARD
ALEXANDER MUIR PUBLIC SCHOOL p 732
See YORK REGION DISTRICT SCHOOL BOARD
ALEXANDER PLACE LONG TERM CARE p 949
See JARLETTE LTD
ALEXANDER ROBINSON ELEMENTARY SCHOOL p 237
See SCHOOL DISTRICT NO 42 (MAPLE RIDGE-PITT MEADOWS)
ALEXANDER STIRLING PUBLIC SCHOOL p 885
See TORONTO DISTRICT SCHOOL BOARD
ALEXANDRA COMMUNITY ELEMENTARY SCHOOL p 803
See BLUEWATER DISTRICT SCHOOL BOARD
ALEXANDRA COMMUNITY HEALTH CENTRE p 21
1318 Centre St Ne Suite 101, CALGARY, AB, T2E 2R7
(403) 266-2622   SIC 8011
ALEXANDRA HOSPITAL INGERSOLL, THE p 620
29 Noxon St, INGERSOLL, ON, N5C 1B8
(519) 485-1700   SIC 8062
ALEXANDRA JUNIOR HIGH SCHOOL p 143
See MEDICINE HAT SCHOOL DISTRICT NO. 76
ALEXANDRA PUBLIC SCHOOL p 648
See TRILLIUM LAKELANDS DISTRICT SCHOOL BOARD
ALEXANDRA SCHOOL p 854
See DISTRICT SCHOOL BOARD OF NIAGARA
ALEXANDRE GAUDET p 993
See METRO INC
ALEXANDRIA FIRE DEPARTMENT p 485
See TOWNSHIP OF NORTH GLENGARRY
ALEXIS PARK SCHOOL p 326
See SCHOOL DISTRICT NO 22 (VERNON)
ALEXMUIR JUNIOR ELEMENTARY SCHOOL p 846
See TORONTO DISTRICT SCHOOL BOARD
ALFA LAVAL INC p 842
101 Milner Ave, SCARBOROUGH, ON, M1S 4S6
(416) 299-6101   SIC 5085
ALFAGOMMA CANADA INC p 1208
6550 Rue Abrams Bureau 6540, SAINT-LAURENT, QC, H4S 1Y2
(514) 333-5577   SIC 5085
ALFATEC p 136
See LEGAL ALFALFA PRODUCTS LTD
ALFIELD INDUSTRIES p 586
See MARTINREA AUTOMOTIVE INC
ALGOMA CENTRAL CORPORATION p 816

1 Chestnut St, PORT COLBORNE, ON, L3K 1R3
(905) 834-4549   SIC 3731
ALGOMA CENTRAL CORPORATION p 854
63 Church St Suite 600, ST CATHARINES, ON, L2R 3C4
(905) 687-7888   SIC 4432
ALGOMA CENTRAL MARINE p 854
See ALGOMA CENTRAL CORPORATION
ALGOMA DISTRICT SCHOOL BOARD p 505
147 Woodward Ave, BLIND RIVER, ON, P0R 1B0
(705) 356-2221   SIC 8211
ALGOMA DISTRICT SCHOOL BOARD p 532
2 Henderson Lane Rr 2, BRUCE MINES, ON, P0R 1C0
(705) 785-3483   SIC 8211
ALGOMA DISTRICT SCHOOL BOARD p 550
20 Teak St, CHAPLEAU, ON, P0M 1K0
(705) 864-1452   SIC 8211
ALGOMA DISTRICT SCHOOL BOARD p 568
32 Kensington Rd, DESBARATS, ON, P0R 1E0
(705) 782-6263   SIC 8211
ALGOMA DISTRICT SCHOOL BOARD p 572
303 Mississauga Ave, ELLIOT LAKE, ON, P5A 1E8
(705) 848-7162   SIC 8211
ALGOMA DISTRICT SCHOOL BOARD p 572
81 Central Ave, ELLIOT LAKE, ON, P5A 2G4
(705) 848-3951   SIC 8211
ALGOMA DISTRICT SCHOOL BOARD p 596
Mahler Rd, GOULAIS RIVER, ON, P0S 1E0
(705) 649-2130   SIC 8211
ALGOMA DISTRICT SCHOOL BOARD p 619
162 Fourth Ave, HORNEPAYNE, ON, P0M 1Z0
(807) 868-2503   SIC 8211
ALGOMA DISTRICT SCHOOL BOARD p 830
139 Elizabeth St, SAULT STE. MARIE, ON, P6A 3Z5
(705) 945-7132   SIC 8211
ALGOMA DISTRICT SCHOOL BOARD p 830
1272 Base Line, SAULT STE. MARIE, ON, P6A 5K6
(705) 945-7135   SIC 8211
ALGOMA DISTRICT SCHOOL BOARD p 830
1007 Trunk Rd, SAULT STE. MARIE, ON, P6A 5K9
(705) 945-7181   SIC 8211
ALGOMA DISTRICT SCHOOL BOARD p 830
1601 Wellington St E, SAULT STE. MARIE, ON, P6A 2R8
(705) 945-7177   SIC 8211
ALGOMA DISTRICT SCHOOL BOARD p 830
161 Denwood Dr, SAULT STE. MARIE, ON, P6A 5R4
(705) 945-7148   SIC 8211
ALGOMA DISTRICT SCHOOL BOARD p 830
84 Albert St E, SAULT STE. MARIE, ON, P6A 2H9
(705) 856-4464   SIC 8211
ALGOMA DISTRICT SCHOOL BOARD p 830
3924 Queen St E, SAULT STE. MARIE, ON, P6A 5K9
(705) 945-7133   SIC 8211
ALGOMA DISTRICT SCHOOL BOARD p 830

54 Amber St, SAULT STE. MARIE, ON, P6A 5G1
(705) 945-7129   SIC 8211
ALGOMA DISTRICT SCHOOL BOARD p 830
644 Albert St E, SAULT STE. MARIE, ON, P6A 2K7
(705) 945-7111   SIC 8211
ALGOMA DISTRICT SCHOOL BOARD p 830
75 Arizona Ave, SAULT STE. MARIE, ON, P6A 4L9
(705) 945-7115   SIC 8211
ALGOMA DISTRICT SCHOOL BOARD p 830
8 Fourth Line W, SAULT STE. MARIE, ON, P6A 0B5
(705) 945-7118   SIC 8211
ALGOMA DISTRICT SCHOOL BOARD p 830
250 Mark St, SAULT STE. MARIE, ON, P6A 3M7
(705) 945-7106   SIC 8211
ALGOMA DISTRICT SCHOOL BOARD p 831
51 Wireless Ave, SAULT STE. MARIE, ON, P6B 1L4
(705) 945-7134   SIC 8211
ALGOMA DISTRICT SCHOOL BOARD p 831
24 Paradise Ave, SAULT STE. MARIE, ON, P6B 5K2
(705) 945-7108   SIC 8211
ALGOMA DISTRICT SCHOOL BOARD p 831
210 Grand Blvd, SAULT STE. MARIE, ON, P6B 4S8
(705) 945-7128   SIC 8211
ALGOMA DISTRICT SCHOOL BOARD p 831
750 North St, SAULT STE. MARIE, ON, P6B 2C5
(705) 945-7177   SIC 8211
ALGOMA DISTRICT SCHOOL BOARD p 831
92 Manitou Dr, SAULT STE. MARIE, ON, P6B 5K6
(705) 945-7125   SIC 8211
ALGOMA DISTRICT SCHOOL BOARD p 831
90 Chapple Ave, SAULT STE. MARIE, ON, P6B 3N9
(705) 945-7149   SIC 8211
ALGOMA DISTRICT SCHOOL BOARD p 831
80 Weldon Ave, SAULT STE. MARIE, ON, P6B 3C6
(705) 945-7136   SIC 8211
ALGOMA DISTRICT SCHOOL BOARD p 832
232 Northern Ave E, SAULT STE. MARIE, ON, P6B 4H6
    SIC 8211
ALGOMA DISTRICT SCHOOL BOARD p 832
735 North St, SAULT STE. MARIE, ON, P6B 2C4
(705) 945-7124   SIC 8211
ALGOMA DISTRICT SCHOOL BOARD p 832
750 North St, SAULT STE. MARIE, ON, P6B 2C5
(705) 945-7177   SIC 8211
ALGOMA DISTRICT SCHOOL BOARD p 832
96 Northwood St, SAULT STE. MARIE, ON, P6B 4M4
(705) 945-7138   SIC 8211
ALGOMA DISTRICT SCHOOL BOARD p 833
331 Patrick St, SAULT STE. MARIE, ON, P6C 3Y9
    SIC 8211
ALGOMA DISTRICT SCHOOL BOARD p

ALGOMA DISTRICT SCHOOL BOARD

833
636 Goulais Ave, SAULT STE. MARIE, ON, P6C 5A7
(705) 945-7180   SIC 8211

ALGOMA DISTRICT SCHOOL BOARD p 833
83 East Balfour St, SAULT STE. MARIE, ON, P6C 1X4
(705) 945-7119   SIC 8211

ALGOMA DISTRICT SCHOOL BOARD p 847
1459 Riverview Rd, SERPENT RIVER, ON, P0P 1V0
(705) 844-2168   SIC 8211

ALGOMA DISTRICT SCHOOL BOARD p 851
35 John St, SPANISH, ON, P0P 2A0
(705) 844-1098   SIC 8211

ALGOMA DISTRICT SCHOOL BOARD p 873
90 Station Rd, THESSALON, ON, P0R 1L0
(705) 842-2410   SIC 8211

ALGOMA MANOR p 873
See ALGOMA MANOR NURSING HOME

ALGOMA MANOR NURSING HOME p 873
145 Dawson St, THESSALON, ON, P0R 1L0
(705) 842-2840   SIC 8361

ALGOMA PUBLIC HEALTH p 832
See BOARD OF HEALTH FOR THE DISTRICT OF ALGOMA HEALTH UNIT

ALGOMA STEEL INC p 830
105 West St, SAULT STE. MARIE, ON, P6A 7B4
(705) 945-2351   SIC 5051

ALGOMA UNIVERSITY p 517
24 Queen St E Suite 102, BRAMPTON, ON, L6V 1A3
(905) 451-0100   SIC 8221

ALGOMA UNIVERSITY p 830
See GOVERNMENT OF ONTARIO

ALGON ISOLATIONS (2000) INC p 1127
4800 Rue Bernard-Lefebvre, Montreal, QC, H7C 0A5
(450) 661-3472   SIC 1742

ALGONQUIN & LAKESHORE CATHOLIC DISTRICT SCHOOL BOARD p 487
97 Park Cres, AMHERSTVIEW, ON, K7N 1L7
(613) 389-1122   SIC 8211

ALGONQUIN & LAKESHORE CATHOLIC DISTRICT SCHOOL BOARD p 493
192 Bridge St W, BANCROFT, ON, K0L 1C0
(613) 332-3300   SIC 8211

ALGONQUIN & LAKESHORE CATHOLIC DISTRICT SCHOOL BOARD p 501
135 Adam St, BELLEVILLE, ON, K8N 5K3
(613) 968-6993   SIC 8211

ALGONQUIN & LAKESHORE CATHOLIC DISTRICT SCHOOL BOARD p 501
405 Bridge St E, BELLEVILLE, ON, K8N 1P7
(613) 962-3653   SIC 8211

ALGONQUIN & LAKESHORE CATHOLIC DISTRICT SCHOOL BOARD p 501
301 Church St, BELLEVILLE, ON, K8N 3C7
(613) 967-0404   SIC 8211

ALGONQUIN & LAKESHORE CATHOLIC DISTRICT SCHOOL BOARD p 501
273 Church St, BELLEVILLE, ON, K8N 3C7
(613) 968-5765   SIC 8211

ALGONQUIN & LAKESHORE CATHOLIC DISTRICT SCHOOL BOARD p 630
158 Patrick St, KINGSTON, ON, K7K 3P5
(613) 542-1437   SIC 8211

ALGONQUIN & LAKESHORE CATHOLIC DISTRICT SCHOOL BOARD p 630
130 Russell St, KINGSTON, ON, K7K 2E9
(613) 545-1902   SIC 8211

ALGONQUIN & LAKESHORE CATHOLIC DISTRICT SCHOOL BOARD p 630
114 Wiley St, KINGSTON, ON, K7K 5B5
(613) 546-5981   SIC 8211

ALGONQUIN & LAKESHORE CATHOLIC DISTRICT SCHOOL BOARD p 630

455 St Martha St, KINGSTON, ON, K7K 7C2
(613) 544-4050   SIC 8211

ALGONQUIN & LAKESHORE CATHOLIC DISTRICT SCHOOL BOARD p 631
301 Johnson St, KINGSTON, ON, K7L 1Y5
(613) 546-7555   SIC 8211

ALGONQUIN & LAKESHORE CATHOLIC DISTRICT SCHOOL BOARD p 631
370 Kingston Mills Rd, KINGSTON, ON, K7L 5H6
(613) 542-8611   SIC 8211

ALGONQUIN & LAKESHORE CATHOLIC DISTRICT SCHOOL BOARD p 633
20 Cranbrook St, KINGSTON, ON, K7M 4M9
(613) 389-2800   SIC 8211

ALGONQUIN & LAKESHORE CATHOLIC DISTRICT SCHOOL BOARD p 633
131 Grant Timmins Dr, KINGSTON, ON, K7M 8N3
(613) 544-5449   SIC 7699

ALGONQUIN & LAKESHORE CATHOLIC DISTRICT SCHOOL BOARD p 633
234 Norman Rogers Dr, KINGSTON, ON, K7M 2R4
(613) 542-1575   SIC 8211

ALGONQUIN & LAKESHORE CATHOLIC DISTRICT SCHOOL BOARD p 633
355 Waterloo Dr, KINGSTON, ON, K7M 8P5
(613) 549-4499   SIC 8211

ALGONQUIN & LAKESHORE CATHOLIC DISTRICT SCHOOL BOARD p 633
736 High Gate Park Dr, KINGSTON, ON, K7M 5Z9
(613) 389-4388   SIC 8211

ALGONQUIN & LAKESHORE CATHOLIC DISTRICT SCHOOL BOARD p 635
1085 Woodbine Rd, KINGSTON, ON, K7P 2V9
(613) 384-1919   SIC 8211

ALGONQUIN & LAKESHORE CATHOLIC DISTRICT SCHOOL BOARD p 635
1044 Lancaster Dr, KINGSTON, ON, K7P 2L6
(613) 384-8644   SIC 8211

ALGONQUIN & LAKESHORE CATHOLIC DISTRICT SCHOOL BOARD p 635
974 Pembridge Cres, KINGSTON, ON, K7P 1A3
(613) 389-1891   SIC 8211

ALGONQUIN & LAKESHORE CATHOLIC DISTRICT SCHOOL BOARD p 725
240 Marilyn Ave, NAPANEE, ON, K7R 2L4
(613) 354-9500   SIC 8211

ALGONQUIN & LAKESHORE CATHOLIC DISTRICT SCHOOL BOARD p 943
15 A Tripp Blvd, TRENTON, ON, K8V 6M2
(613) 392-6577   SIC 8211

ALGONQUIN & LAKESHORE CATHOLIC DISTRICT SCHOOL BOARD p 943
15 Tripp Blvd, TRENTON, ON, K8V 6M2
(613) 394-4843   SIC 8211

ALGONQUIN & LAKESHORE CATHOLIC DISTRICT SCHOOL BOARD p 943
85 Campbell St, TRENTON, ON, K8V 3A2
(613) 392-3538   SIC 8211

ALGONQUIN & LAKESHORE CATHOLIC DISTRICT SCHOOL BOARD p 945
114 Hunderford Rd, TWEED, ON, K0K 3J0
(613) 478-2601   SIC 8211

ALGONQUIN AVENUE ELEMENTARY SCHOOL p 878
See LAKEHEAD DISTRICT SCHOOL BOARD

ALGONQUIN COLLEGE OF APPLIED ARTS AND TECHNOLOGY, p 618
1 Main St E Suite 500, HAWKESBURY, ON, K6A 1A1
(613) 632-4143   SIC 8221

ALGONQUIN PROPERTIES LIMITED p 420
184 Adolphus St, ST ANDREWS, NB, E5B 1T7
(506) 529-8823   SIC 7011

ALGONQUIN PUBLIC SCHOOL p 978
See THAMES VALLEY DISTRICT SCHOOL BOARD

ALGONQUIN RIDGE ELEMENTARY SCHOOL p 498
See SIMCOE COUNTY DISTRICT SCHOOL BOARD, THE

ALGONQUIN ROAD PUBLIC SCHOOL p 871
See RAINBOW DISTRICT SCHOOL BOARD

ALGONQUIN STUDENTS ASSOCIATION p 728
See STUDENTS ASSOCIATION OF THE ALGONQUIN COLLEGE OF APPLIED ARTS AND TECHNOLOGY CORP, THE

ALGONQUIS PARK p 960
See GOVERNMENT OF ONTARIO

ALGORITHME PHARMA p 1080
See ALTASCIENCES COMPAGNIE INC

ALGORITHME PHARMA p 1133
See ALTASCIENCES COMPAGNIE INC

ALI-PRET p 1035
See ALIMENTS MARTEL INC

ALI-PRET p 1221
See ALIMENTS MARTEL INC

ALIANT TELECOM p 469
See BELL ALIANT REGIONAL COMMUNICATIONS INC

ALIANT TELECOM p 980
See BELL ALIANT REGIONAL COMMUNICATIONS INC

ALICE BROWN ELEMENTARY SCHOOL p 232
See BOARD OF EDUCATION OF SCHOOL DISTRICT NO. 35 (LANGLEY)

ALICE FAZOOLI'S p 766
See SIR CORP

ALICE FAZOOLI'S p 975
See SIR CORP

ALIGNVEST CAPITAL MANAGEMENT INC p 932
100 King St W Suite 7050, TORONTO, ON, M5X 1C7
(416) 775-1009   SIC 6722

ALIK ENTERPRISES LTD p 339
4222 Village Sq, WHISTLER, BC, V0N 1B4
(604) 932-4540   SIC 5812

ALIKAT ENTERPRISES INC p 851
17 Keefer Rd, ST CATHARINES, ON, L2M 6K4
(905) 684-8134   SIC 5621

ALIM JOHNVINCE p 1004
See JOHNVINCE FOODS

ALIMENTATION FRANCOIS GERMAIN INC p 999
425 Boul Adolphe-Chapleau, BOIS-DES-FILION, QC, J6Z 1H9
   SIC 5411

ALIMENTATION GAUTHIER & FRERES ENR p 1042
See 2857-4077 QUEBEC INC

ALIMENTATION MARC BOUGIE INC p 1090
3185 Rue Beaubien E, Montreal, QC, H1Y 1H5
(514) 721-2433   SIC 5411

ALIMENTATION NORMAND HUDON INC p 1100
3575 Av Du Parc Bureau 5100, Montreal, QC, H2X 3P9
(514) 843-3530   SIC 5411

ALIMENTATION OLIVIER,GUY INC p 1180
3525 Rue De L'hetriere, SAINT-AUGUSTIN-DE-DESMAURES, QC, G3A 0C1
(418) 872-4444   SIC 5411

ALIMENTATION PROVIGO PORT CARTIER p 1144
See PROVIGO DISTRIBUTION INC

ALIMENTATION TRACY INC p 1241
6950 Rte Marie-Victorin, SOREL-TRACY, QC, J3R 1S6
(450) 743-9999   SIC 5146

ALIMENTATION YVES UB p 1140
See METRO RICHELIEU INC

ALIMENTATION YVON LAMONTAGNE p 1023

See PROVIGO DISTRIBUTION INC

ALIMENTS AULT p 581
See PARMALAT CANADA INC

ALIMENTS BILOPAGE p 998
See ALIMENTS TRIUMPH INC

ALIMENTS BROOKSIDE (QUEBEC) INC, LES p 1194
6780 Boul Choquette, SAINT-HYACINTHE, QC, J2S 8L1
(450) 771-7177   SIC 2064

ALIMENTS CARAVAN INC, LES p 1203
1565 Boul De La Cote-Vertu Bureau 2314, SAINT-LAURENT, QC, H4L 2A1
(514) 336-9489   SIC 5812

ALIMENTS DARE p 1202
See DARE FOODS LIMITED

ALIMENTS F. LECLERC p 1180
See BISCUITS LECLERC LTEE

ALIMENTS KELLOGG CANADA p 990
See KELLOGG CANADA INC

ALIMENTS KRISPY KERNELS INC p 1154
2620 Av Watt, QUEBEC, QC, G1P 3T5
(418) 658-4640   SIC 2096

ALIMENTS KRISPY KERNELS INC p 1260
40 Rue Du Moulin, WARWICK, QC, J0A 1M0
(819) 358-3600   SIC 2096

ALIMENTS LALUMIERE p 721
See TROPHY FOODS INC

ALIMENTS LE CHIEN D'OR, LES p 1152
See NADOR INC

ALIMENTS LEVITTS INC, LES p 1058
7070 Rue Saint-Patrick, LASALLE, QC, H8N 1V2
(514) 367-1654   SIC 2011

ALIMENTS LUCYPORC p 1101
See 9071-3975 QUEBEC INC

ALIMENTS MARTEL INC p 1035
212 Boul De L'aeroport, GATINEAU, QC, J8R 3X3
(819) 663-0835   SIC 5963

ALIMENTS MARTEL INC p 1056
2387 Rue Remembrance, LACHINE, QC, H8S 1X4
   SIC 2099

ALIMENTS MARTEL INC p 1221
670 Rue De L'Eglise, SAINT-ROMUALD, QC, G6W 5M6
(418) 839-8841   SIC 2099

ALIMENTS MONT-ROUGE p 1176
See A. LASSONDE INC

ALIMENTS NEWLY WEDS, LES p 1004
See NEWLY WEDS FOODS CO.

ALIMENTS NOREL p 1001
See PLAISIRS GASTRONOMIQUES INC

ALIMENTS NOVALI p 1003
See ENTREPRISES PATES ET CROUTES L.B. INC, LES

ALIMENTS OLYMPUS (CANADA), LES p 1043
3201 Boul Taschereau, GREENFIELD PARK, QC, J4V 2H4
   SIC 5812

ALIMENTS ORIGINAL, DIVISION CANTIN INC p 1146
1910 Av Du Sanctuaire, Quebec, QC, G1E 3L2
(418) 663-3523   SIC 2033

ALIMENTS PHILIPS p 988
See CHARCUTERIE L. FORTIN LIMITEE

ALIMENTS PRINCE, S.E.C. p 1029
255 Rue Rocheleau, DRUMMONDVILLE, QC, J2C 7G2
(819) 475-3030   SIC 2013

ALIMENTS SAPUTO LIMITEE p 124
82 Main Ave Sw, GLENWOOD, AB, T0K 2R0
(403) 626-3691   SIC 2023

ALIMENTS SAPUTO LIMITEE p 344
365 Park Ave E, BRANDON, MB, R7A 7A5
(204) 725-8600   SIC 5451

ALIMENTS SAPUTO LIMITEE p 360
235 Manitoba Rd, WINKLER, MB, R6W 0J8
(204) 325-4321   SIC 2022

ALIMENTS SAPUTO LIMITEE p 399
75 Whiting Rd, FREDERICTON, NB, E3B

5Y5
(506) 451-2400 SIC 5143
ALIMENTS SAPUTO LIMITEE p 591
279 Guelph St, GEORGETOWN, ON, L7G 4B3
(905) 702-7200 SIC 2026
ALIMENTS SAPUTO LIMITEE p 872
284 Hope St W, TAVISTOCK, ON, N0B 2R0
(519) 655-2337 SIC 2022
ALIMENTS SAPUTO LIMITEE p 1214
6869 Boul Metropolitain E, SAINT-LEONARD, QC, H1P 1X8
(514) 328-6662 SIC 5141
ALIMENTS SAVEURS DU MONDE INC, LES p 1012
105 Rue Principale, Chateauguay, QC, J6K 1G2
(450) 699-0819 SIC 5812
ALIMENTS TOUSAIN INC p 1204
95 Rue Stinson, SAINT-LAURENT, QC, H4N 2E1
(514) 748-7353 SIC 5141
ALIMENTS TRADITION INC, LES p 989
9000 Boul Des Sciences, ANJOU, QC, H1J 3A9
(514) 355-1131 SIC 8099
ALIMENTS TRIUMPH INC p 998
1020 Boul Michele-Bohec, BLAINVILLE, QC, J7C 5E2
(450) 979-0001 SIC 2013
ALIMENTS ULTIMA INC p 717
6400 Shawson Dr Unit 3, MISSISSAUGA, ON, L5T 1L8
(905) 565-8500 SIC 5143
ALIMENTS V-H p 688
See CONAGRA FOODS CANADA INC
ALIMENTS WHYTE'S INC, LES p 1128
1540 Rue Des Patriotes, Montreal, QC, H7L 2N6
(450) 625-1976 SIC 5141
ALION SCIENCE AND TECHNOLOGY (CANADA) CORPORATION p 801
303 Moodie Dr, OTTAWA, ON, K2H 9R4
(613) 751-2812 SIC 3731
ALIOTOURS p 788
See TOURS NEW YORK INC
ALISON PARK ELEMENTARY SCHOOL p 544
See WATERLOO REGION DISTRICT SCHOOL BOARD
ALIX AUTOMOBILES INC p 1092
6807 Av De Lorimier, Montreal, QC, H2G 2P8
(514) 376-9191 SIC 5511
ALIX M A C SCHOOL p 3
See WOLF CREEK SCHOOL DIVISION NO.72
ALIX TOYOTA p 1092
See ALIX AUTOMOBILES INC
ALL CANADIAN COURIER CORP p 784
380 Terminal Ave Suite 200, OTTAWA, ON, K1G 0Z3
(613) 688-3001 SIC 7389
ALL HEALTH SERVICES INC p 901
66 Collier St Unit 9d, TORONTO, ON, M4W 1L9
(416) 515-1151 SIC 7361
ALL PEACE PROTECTION LTD p 125
11117 100 St Suite 202, GRANDE PRAIRIE, AB, T8V 2N2
(780) 538-1166 SIC 7381
ALL SAINT CATHOLIC SECONDARY SCHOOL p 959
See DURHAM CATHOLIC DISTRICT SCHOOL BOARD
ALL SAINTS CATHOLIC ELEMENTARY SCHOOL p 596
See YORK CATHOLIC DISTRICT SCHOOL BOARD
ALL SAINTS ELEMENTARY SCHOOL p 704
See DUFFERIN-PEEL CATHOLIC DISTRICT SCHOOL BOARD
ALL SAINTS HIGH SCHOOL p 624
See OTTAWA CATHOLIC DISTRICT SCHOOL BOARD
ALL SEASONS p 1210
See SHAH TRADING COMPANY LIMITED
ALL SENIORS CARE ASC p 901
See ALL SENIORS CARE LIVING CENTRES LTD
ALL SENIORS CARE LIVING CENTRES LTD p 64
21 Auburn Bay St Se Suite 428, CALGARY, AB, T3M 2A9
(403) 234-9695 SIC 6513
ALL SENIORS CARE LIVING CENTRES LTD p 373
10 Hallonquist Dr Suite 318, WINNIPEG, MB, R2Y 2M5
(204) 885-1415 SIC 8361
ALL SENIORS CARE LIVING CENTRES LTD p 901
175 Bloor St E Suite 601, TORONTO, ON, M4W 3R8
(416) 323-3773 SIC 6513
ALL SENIORS CARE LIVING CENTRES LTD p 1035
465 Boul De La Gappe Bureau 214, GATINEAU, QC, J8T 0A2
(819) 246-5050 SIC 8361
ALL SENIORS CARE LIVING CENTRES LTD p 1284
1535 Anson Rd Suite 140, REGINA, SK, S4P 0C2
(306) 565-0515 SIC 6513
ALL STAR MOVING IN NEW MARKET p 483
See ROCKBRUNE BROTHERS LIMITED
ALL STEEL BUILDERS LIMITED p 134
Gd, LAMONT, AB, T0B 2R0
SIC 1791
ALL WEATHER WINDOWS LTD p 15
8241 30 St Se Suite 1, CALGARY, AB, T2C 1H7
SIC 2431
ALL WEATHER WINDOWS LTD p 90
18550 118a Ave Nw, EDMONTON, AB, T5S 2K7
(780) 468-2989 SIC 3442
ALL WEATHER WINDOWS LTD p 364
124 Terracon Pl, WINNIPEG, MB, R2J 4G7
(204) 947-2433 SIC 5031
ALL WEATHER WINDOWS LTD p 684
3100 Caravelle Dr, MISSISSAUGA, ON, L4V 1K9
(905) 696-0005 SIC 3442
ALL WEATHER WINDOWS LTD. p 684
See ALL WEATHER WINDOWS LTD
ALL WOOD FINE INTERIORS LTD p 575
81 Akron Rd Suite 101, ETOBICOKE, ON, M8W 1T3
(416) 252-2552 SIC 2541
ALL-CAN EXPRESS LTD p 12
3016 10 Ave Ne Suite 122, CALGARY, AB, T2A 6A3
(403) 235-6464 SIC 7389
ALL-CAN EXPRESS LTD p 219
775 Laval Cres, KAMLOOPS, BC, V2C 5P2
(250) 828-1311 SIC 7389
ALL-CAN EXPRESS LTD p 239
85 Tenth St, NANAIMO, BC, V9R 6R6
(250) 741-1422 SIC 7389
ALL-CAN EXPRESS LTD p 325
711 Waddington Dr, VERNON, BC, V1T 8T5
(250) 545-3669 SIC 7389
ALL-EQUIPMENT LTD p 125
11426 97 Ave, GRANDE PRAIRIE, AB, T8V 5Z5
(780) 538-2211 SIC 5013
ALL-FAB BUILDING COMPONENTS INC p 1281
610 Henderson Dr, REGINA, SK, S4N 5X3
(306) 721-8131 SIC 5039
ALL-SIDE CONTRACTING LTD p 73
12812 52 St Nw, EDMONTON, AB, T5A 0B6
(780) 473-3959 SIC 1761
ALL-WELD COMPANY LIMITED p 844
14 Passmore Ave, SCARBOROUGH, ON, M1V 2R6
(416) 293-3638 SIC 7539
ALL-WEST GLASS EDMONTON LTD p 86
11638 156 St Nw, EDMONTON, AB, T5M 3T5
(780) 451-6108 SIC 1793
ALL-WEST GLASS PRINCE GEORGE p 258
See AWG NORTHERN INDUSTRIES INC
ALLAIN EQUIPMENT MANUFACTURING LTD p 411
577 Route 535, NOTRE-DAME, NB, E4V 2K4
(506) 576-6436 SIC 3599
ALLAN A GREENLEAF SCHOOL p 950
See HAMILTON-WENTWORTH DISTRICT SCHOOL BOARD, THE
ALLAN A MARTIN SENIOR PUBLIC SCHOOL p 700
See PEEL DISTRICT SCHOOL BOARD
ALLAN BLAIR CANCER CENTER p 1290
See SASKATCHEWAN CANCER AGENCY
ALLAN CANDY COMPANY LIMITED, THE p 693
3 Robert Speck Pky Suite 250, MISSISSAUGA, ON, L4Z 2G5
(905) 270-2221 SIC 2064
ALLAN CANDY COMPANY LIMITED, THE p 1042
850 Boul Industriel, GRANBY, QC, J2J 1B8
(450) 372-1080 SIC 2064
ALLAN DRIVE MIDDLE SCHOOL p 506
See PEEL DISTRICT SCHOOL BOARD
ALLAN SCHOOL p 1264
See PRAIRIE SPIRIT SCHOOL DIVISION NO. 206
ALLAN WATSON HIGH SCHOOL p 138
See LETHBRIDGE SCHOOL DISTRICT NO. 51
ALLANDALE HEIGHTS PUBLIC SCHOOL p 499
See SIMCOE COUNTY DISTRICT SCHOOL BOARD, THE
ALLANDALE SCHOOL TRANSIT LIMITED p 496
137 Brock St, BARRIE, ON, L4N 2M3
(705) 728-1148 SIC 4151
ALLARD DISTRIBUTING p 428
See ENERGIE VALERO INC
ALLARD SIGNATURE p 1016
See PRODUITS ALIMENTAIRES ALLARD (1998) LTEE, LES
ALLCARD LIMITED p 547
765 Boxwood Dr Suite 650, CAMBRIDGE, ON, N3E 1A4
(519) 650-9515 SIC 5947
ALLCARE MAINTENANCE SERVICES INC p 973
410 Chrislea Rd Unit 20, WOODBRIDGE, ON, L4L 8B5
(905) 856-8558 SIC 7349
ALLDRITT DEVELOPMENT LIMITED p 86
14310 111 Ave Nw Suite 305, EDMONTON, AB, T5M 3Z7
(780) 453-5631 SIC 6512
ALLDRITT DEVELOPMENT LIMITED p 86
15035 114 Ave Nw, EDMONTON, AB, T5M 2Z1
(780) 451-2732 SIC 1711
ALLDRITT DEVELOPMENT LIMITED p 288
2055 152 St Suite 300, SURREY, BC, V4A 4N7
(604) 536-5525 SIC 6552
ALLEGION CANADA INC p 583
51 Worcester Rd, ETOBICOKE, ON, M9W 4K2
(416) 213-4500 SIC 5084
ALLEGIS GLOBAL SOLUTIONS CANADA CORPORATION p 697
350 Burnhamthorpe Rd W Unit 700, MISSISSAUGA, ON, L5B 3J1
(905) 283-1400 SIC 7361
ALLEGIS TALENT2 p 697
See ALLEGIS GLOBAL SOLUTIONS CANADA CORPORATION
ALLEN ENTREPRENEUR GENERAL INC p 1191
118 Rue De La Gare, Saint-Henri-de-Levis, QC, G0R 3E0
(418) 882-2277 SIC 1611
ALLEN, LARRY HOLDINGS (1997) LTD p 260
1924 3rd Ave, PRINCE GEORGE, BC, V2M 1G7
(250) 564-4103 SIC 5812
ALLEN, S & SONS DISASTER KLEENUP p 469
See ALLEN, S & SONS FIRE RESTORATION & GENERAL CONTRACTORS LTD
ALLEN, S & SONS FIRE RESTORATION & GENERAL CONTRACTORS LTD p 469
49 Riverside St, NEW GLASGOW, NS, B2H 2N2
(902) 755-3473 SIC 1799
ALLENBY JR PS p 923
See TORONTO DISTRICT SCHOOL BOARD
ALLENDALE JUNIOR HIGH SCHOOL p 108
See EDMONTON SCHOOL DISTRICT NO. 7
ALLIANCE BUILDING MAINTENANCE LTD p 90
18823 111 Ave Nw, EDMONTON, AB, T5S 2X4
(780) 447-2574 SIC 7349
ALLIANCE CORPORATION p 706
2395 Meadowpine Blvd, MISSISSAUGA, ON, L5N 7W6
(905) 821-4797 SIC 5065
ALLIANCE DE LA FONCTION PUBLIQUE DU CANADA p 1167
See PUBLIC SERVICE ALLIANCE OF CANADA
ALLIANCE ENERGY LIMITED p 1281
504 Henderson Dr, REGINA, SK, S4N 5X2
(306) 721-6484 SIC 1731
ALLIANCE ENERGY LIMITED p 1294
3230 Faithfull Ave, SASKATOON, SK, S7K 8H3
(306) 242-5802 SIC 1731
ALLIANCE ENVELOPE LIMITED p 557
111 Jacob Keffer Pky Suite 1, CONCORD, ON, L4K 4V1
(905) 417-4002 SIC 2677
ALLIANCE FINANCIAL GROUP p 425
See INDUSTRIELLE ALLIANCE, ASSURANCE ET SERVICES FINANCIERS INC
ALLIANCE FORD INC p 1223
90 Boul Norbert-Morin, SAINTE-AGATHE-DES-MONTS, QC, J8C 3K8
(514) 875-1925 SIC 5511
ALLIANCE FRANCAISE p 699
See ALLIANCE FRANCAISE DE TORONTO
ALLIANCE FRANCAISE DE TORONTO p 699
1140 Burnhamthorpe Rd W Suite 111, MISSISSAUGA, ON, L5C 4E9
(905) 272-4444 SIC 8299
ALLIANCE FRANCAISE DE TORONTO p 923
24 Spadina Rd, TORONTO, ON, M5R 2S7
(416) 922-2014 SIC 8299
ALLIANCE FUNERAIRE DU ROYAUME p 1014
See COOPERATIVE FUNERAIRE DE CHICOUTIMI
ALLIANCE GROUP p 9
See 1221295 ONTARIO INC
ALLIANCE MERCANTILE INC p 189
3451 Wayburne Dr, BURNABY, BC, V5G 3L1
(604) 299-3566 SIC 5023
ALLIANCE PIPELINE LTD p 125
10944 92 Ave, GRANDE PRAIRIE, AB, T8V 6B5
(780) 402-3102 SIC 4922
ALLIANCE PUBLIC SCHOOL p 742
See NEAR NORTH DISTRICT SCHOOL BOARD

ALLIED BLOWER & SHEET METAL LTD p 1
53016 Hwy 60 Unit 36, ACHESON, AB, T7X 5A7
(780) 962-6464   SIC 1796

ALLIED BLOWER & SHEET METAL LTD p 340
1105 Boundary St, WILLIAMS LAKE, BC, V2G 4K3
(250) 398-7154   SIC 1761

ALLIED CONVEYORS LIMITED p 813
902 Dillingham Rd, PICKERING, ON, L1W 1Z6
(905) 839-5196   SIC 3535

ALLIED DON VALLEY HOTEL INC p 752
175 Wynford Dr, NORTH YORK, ON, M3C 1J3
(416) 449-4111   SIC 7011

ALLIED ENGINEERING, DIV OF p 246
See E-Z-RECT MANUFACTURING LTD

ALLIED FITTING p 545
See 3033441 NOVA SCOTIA COMPANY

ALLIED FITTING CANADA p 162
See 3033441 NOVA SCOTIA COMPANY

ALLIED INTERNATIONAL CREDIT CORP p 732
16635 Yonge St Suite 26, NEWMARKET, ON, L3X 1V6
(905) 470-8181   SIC 4899

ALLIED INTERNATIONAL CREDIT CORP p 1099
4200 Boul Saint-Laurent Suite 600, MONTREAL, QC, H2W 2R2
(866) 259-4317   SIC 4899

ALLIED INTERNATIONAL OF TORONTO p 678
See QUALITY MOVE MANAGEMENT INC

ALLIED INTERNATIONAL OF VANCOUVER p 210
See QUALITY MOVE MANAGEMENT INC

ALLIED MARINE & INDUSTRIAL INC p 816
1 Lake Rd, PORT COLBORNE, ON, L3K 1A2
(905) 834-8275   SIC 7699

ALLIED SYSTEMS (CANADA) COMPANY p 115
12210 17 St Ne, EDMONTON, AB, T6S 1A6
(780) 472-6641   SIC 4213

ALLIED SYSTEMS (CANADA) COMPANY p 364
736 Marion St, WINNIPEG, MB, R2J 0K4
(204) 233-4924   SIC 4213

ALLIED SYSTEMS (CANADA) COMPANY p 408
699 St George Blvd, MONCTON, NB, E1E 2C2
SIC 4213

ALLIED SYSTEMS (CANADA) COMPANY p 511
2000 Williams Pky, BRAMPTON, ON, L6S 6B3
(905) 458-0900   SIC 4213

ALLIED SYSTEMS (CANADA) COMPANY p 557
8950 Keele St, CONCORD, ON, L4K 2N2
(905) 669-2930   SIC 4213

ALLIED SYSTEMS (CANADA) COMPANY p 665
6151 Colonel Talbot Rd, LONDON, ON, N6P 1J2
(519) 652-6577   SIC 4213

ALLIED SYSTEMS (CANADA) COMPANY p 963
1790 Provincial Rd, WINDSOR, ON, N8W 5W3
SIC 4213

ALLIED SYSTEMS (CANADA) COMPANY p 1017
5901 Av Westminster, Cote Saint-Luc, QC, H4W 2J9
SIC 4213

ALLIED SYSTEMS (CANADA) COMPANY p 1067
2709 Av De La Rotonde, Levis, QC, G6X 2M2

(418) 832-8707   SIC 4213

ALLIED TEXTILES & REFUSE INC p 1123
3700 Rue Saint-Patrick Bureau 200, MONTREAL, QC, H4E 1A2
(514) 932-5962   SIC 5093

ALLIED WINDOWS p 234
See 3090723 NOVA SCOTIA LIMITED

ALLIN CABLE REELS DIV OF p 507
See 127323 CANADA INC

ALLISTON ADULT LEARNING CENTER p 486
See SIMCOE COUNTY DISTRICT SCHOOL BOARD, THE

ALLISTON UNION PUBLIC SCHOOL p 486
See SIMCOE COUNTY DISTRICT SCHOOL BOARD, THE

ALLMAR INC p 15
4910 76 Ave Se, CALGARY, AB, T2C 2X2
(403) 236-2604   SIC 5072

ALLMAR INC p 86
11641 151 St Nw, EDMONTON, AB, T5M 4E6
(780) 447-1605   SIC 5039

ALLMAR INC p 185
3085 Norland Ave, BURNABY, BC, V5B 3A9
(604) 299-7531   SIC 5039

ALLMAR INTERNATIONAL p 15
See ALLMAR INC

ALLMAR INTERNATIONAL p 86
See ALLMAR INC

ALLMAR INTERNATIONAL p 185
See ALLMAR INC

ALLMET ROOF PRODUCTS, LTD p 551
650 Riverview Dr Unit 1, CHATHAM, ON, N7M 0N2
(519) 380-9265   SIC 3069

ALLNORTH CONSULTANTS LIMITED p 240
20 Townsite Rd, NANAIMO, BC, V9S 5T7
(250) 753-7472   SIC 8742

ALLNORTH CONSULTANTS LIMITED p 310
1100 Melville St Unit 1200, VANCOUVER, BC, V6E 4A6
(604) 602-1175   SIC 8742

ALLNORTH CONSULTANTS LIMITED p 432
2 Hunt's Lane, ST. JOHN'S, NL, A1B 2L3
(709) 579-1492   SIC 8713

ALLSCO BUILDING PRODUCTS LTD p 408
70 Rideout St, MONCTON, NB, E1E 1E2
(506) 853-8080   SIC 3089

ALLSCRIPTS CANADA CORPORATION p 265
13888 Wireless Way Suite 110, RICHMOND, BC, V6V 0A3
(604) 273-4900   SIC 7372

ALLSTAR HOLDINGS INCORPORATED p 293
1420 Adanac St, VANCOUVER, BC, V5L 2C3
(604) 255-1135   SIC 7349

ALLSTAR WATERPROOFING & RESTORATION p 293
See ALLSTAR HOLDINGS INCORPORATED

ALLSTATE p 992
See ALLSTATE INSURANCE COMPANY OF CANADA

ALLSTATE CLAIMS SERVICES p 406
See ALLSTATE INSURANCE COMPANY OF CANADA

ALLSTATE INSURANCE COMPANY OF CANADA p 27
4639 Manhattan Rd Se Suite 125, CALGARY, AB, T2G 4B3
(403) 974-8700   SIC 6411

ALLSTATE INSURANCE COMPANY OF CANADA p 406
60 Queen St, MONCTON, NB, E1C 0J1
(506) 859-7820   SIC 6411

ALLSTATE INSURANCE COMPANY OF CANADA p 992
7100 Rue Jean-Talon E Bureau 120, ANJOU, QC, H1M 3S3
(514) 356-4780   SIC 6331

ALLSTATE INSURANCE COMPANY OF CANADA p 1165
1150 Aut Duplessis Unit 600, Quebec, QC, G2G 2B5
(819) 569-5911   SIC 6411

ALLSTREAM BUSINESS INC p 30
6101 6 St Se, CALGARY, AB, T2H 1L9
(403) 258-8800   SIC 4899

ALLSTREAM BUSINESS INC p 90
10638 178 St Nw, EDMONTON, AB, T5S 1H4
(780) 486-1144   SIC 5065

ALLSTREAM BUSINESS INC p 185
6150 Lougheed Hwy, BURNABY, BC, V5B 2Z9
(604) 421-0505   SIC 5065

ALLSTREAM BUSINESS INC p 344
517 18th St, BRANDON, MB, R7A 5Y9
(204) 225-5687   SIC 4899

ALLSTREAM BUSINESS INC p 670
7550 Birchmount Rd, MARKHAM, ON, L3R 6C6
(905) 513-4600   SIC 1731

ALLSTREAM BUSINESS INC p 670
7550 Birchmount Rd, MARKHAM, ON, L3R 6C6
(416) 345-2000   SIC 4899

ALLSTREAM IT SERVICES, DIV OF p 50
See ZAYO CANADA INC

ALLTECH, DIV OF p 659
See MASTERFEEDS LP

ALLTECK LINE CONTRACTORS INC p 186
4940 Still Creek Ave, BURNABY, BC, V5C 4E4
(604) 294-8172   SIC 1623

ALLTECK LINE CONTRACTORS INC p 234
5363 273a St, LANGLEY, BC, V4W 3Z4
(604) 857-6600   SIC 1623

ALLTERRA CONSTRUCTION LTD p 336
2158 Millstream Rd, VICTORIA, BC, V9B 6H4
(250) 658-3772   SIC 1794

ALLWEST INSURANCE SERVICES p 316
See INSURANCE CORPORATION OF BRITISH COLUMBIA

ALMA MATER SOCIETY OF QUEEN'S UNIVERSITY INCORPORATED p 631
99 University Ave, KINGSTON, ON, K7L 3N5
(613) 533-2725   SIC 8641

ALMA MATER SOCIETY OF THE UNIVERSITY OF BRITISH COLUMBIA VANCOUVER p 319
6138 Sub Blvd Suite 101a, VANCOUVER, BC, V6T 2A5
(604) 822-4396   SIC 5812

ALMADINA CHARTER SCHOOL p 14
See CALGARY BOARD OF EDUCATION

ALMADINA LANGUAGE CHARTER ACADEMY p 14
See ALMADINA SCHOOL SOCIETY

ALMADINA SCHOOL SOCIETY p 14
2031 Sable Dr Se, CALGARY, AB, T2B 1R9
(403) 543-5074   SIC 8211

ALMAS, R. F. COMPANY LIMITED p 604
2146 Sandusk Rd, HAGERSVILLE, ON, N0A 1H0
(905) 768-3170   SIC 5651

ALMONTE & DISTRICT HIGH SCHOOL p 486
See UPPER CANADA DISTRICT SCHOOL BOARD, THE

ALMONTE GENERAL HOSPITAL p 549
37 Neelin St, CARLETON PLACE, ON, K7C 2J6
SIC 4119

ALMONTY INDUSTRIES INC p 932
100 King St W Suite 5700, TORONTO, ON, M5X 1C7
(647) 438-9766   SIC 1061

ALOMA CRESCENT PUBLIC SCHOOL p 516
See PEEL DISTRICT SCHOOL BOARD

ALONSA SCHOOL p 343
See TURTLE RIVER SCHOOL DIVISION

ALOTA CARS p 615
See LSL HOLDINGS INC

ALOUETTE BUS LINES LTD p 866
194 Front St Suite Front, STURGEON FALLS, ON, P2B 2J3
(705) 753-3911   SIC 4151

ALOUETTE ELEMENTARY SCHOOL p 236
See SCHOOL DISTRICT NO 42 (MAPLE RIDGE-PITT MEADOWS)

ALP (AUTO LOGISTICS PROVIDERS) CANADA LIMITED p 485
4700 Industrial Pky, ALLISTON, ON, L9R 1V4
(905) 435-0377   SIC 4231

ALP II ST-PRIME p 1220
See BOIS D'INGENIERIE ABITIBI-LP II INC

ALPA ROOF TRUSSES p 596
See ALPA ROOF TRUSSES INC

ALPA ROOF TRUSSES INC p 596
5532 Slaters Rd, GORMLEY, ON, L0H 1G0
(905) 713-6616   SIC 2439

ALPHA HOME HEALTH CARE LTD p 336
1701 Island Hwy, VICTORIA, BC, V9B 1J1
(250) 383-4423   SIC 8059

ALPHA HOUSE p 291
See GREATER TRAIL COMMUNITY HEALTH COUNCIL

ALPHA LABORATORIES INC p 751
1262 Don Mills Rd Suite 103, NORTH YORK, ON, M3B 2W7
(416) 449-2166   SIC 8071

ALPHA LABORATORIES INC p 893
45 Overlea Blvd Suite 2, TORONTO, ON, M4H 1C3
(416) 421-9414   SIC 8071

ALPHA POLY CORPORATION p 513
296 Walker Dr, BRAMPTON, ON, L6T 4B3
(905) 789-6770   SIC 2673

ALPHA SECONDARY SCHOOL p 186
See BURNABY SCHOOL BOARD DISTRICT 41

ALPHA TECHNOLOGIES LTD p 717
6740 Davand Dr Unit 4, MISSISSAUGA, ON, L5T 2K9
(416) 457-8363   SIC 7629

ALPHA-VICO INC p 1032
1035 Boul Magenta E, FARNHAM, QC, J2N 1B9
(450) 293-5354   SIC 2531

ALPHAGARY (CANADA) LIMITED p 860
5 Pinelands Ave, STONEY CREEK, ON, L8E 3A4
SIC 2822

ALPHAPRO MANAGEMENT INC p 909
26 Wellington St E Suite 700, TORONTO, ON, M5E 1S2
(416) 933-5745   SIC 6722

ALPHORA RESEARCH INC p 702
2395 Speakman Dr Suite 2001, MISSISSAUGA, ON, L5K 1B3
(905) 403-0477   SIC 8731

ALPHORA RESEARCH INC p 764
2884 Portland Dr, OAKVILLE, ON, L6H 5W8
(905) 829-9704   SIC 8731

ALPINE HEATING LTD p 90
10333 174 St Nw, EDMONTON, AB, T5S 1H1
(780) 469-0491   SIC 1711

ALPINE HELICOPTERS INC p 66
91 Bow Valley Trail, CANMORE, AB, T1W 1N8
(403) 678-4802   SIC 4522

ALPINE PUBLIC SCHOOL p 640
See WATERLOO REGION DISTRICT SCHOOL BOARD

ALPINE SYSTEMS CORPORATION p 676
120 Travail Rd, MARKHAM, ON, L3S 3J1
(905) 417-2766   SIC 3443

ALPINE PLANT FOODS p 731
See NACHURS ALPINE SOLUTIONS INC

ALPNET CANADA p 1113
See SDL INTERNATIONAL (CANADA) INC

▲ Public Company   ■ Public Company Family Member   **HQ** Headquarters   **BR** Branch   **SL** Single Location

BUSINESSES ALPHABETICALLY

ALS CANADA LTD p 9
2559 29 St Ne, CALGARY, AB, T1Y 7B5
(403) 407-1800 SIC 8731
ALS CANADA LTD p 125
9505 111 St, GRANDE PRAIRIE, AB, T8V 5W1
(780) 539-5196 SIC 8731
ALS CANADA LTD p 183
8081 Lougheed Hwy Suite 100, BURNABY, BC, V5A 1W9
(778) 370-3150 SIC 8071
ALS CANADA LTD p 246
2103 Dollarton Hwy, NORTH VANCOUVER, BC, V7H 0A7
(604) 984-0221 SIC 8734
ALS CANADA LTD p 290
2912 Molitor St, TERRACE, BC, V8G 3A4
(250) 635-3309 SIC 8734
ALS CANADA LTD p 532
1435 Norjohn Crt Unit 1, BURLINGTON, ON, L7L 0E6
(905) 331-3111 SIC 8731
ALS CANADA LTD p 532
1435 Norjohn Crt Unit 1, BURLINGTON, ON, L7L 0E6
(905) 331-3111 SIC 8734
ALS CANADA LTD p 867
1512 Old Falconbridge Rd, SUDBURY, ON, P3A 4N8
(705) 560-7225 SIC 8731
ALS CANADA LTD p 877
1081 Barton St, THUNDER BAY, ON, P7B 5N3
(807) 623-6463 SIC 8731
ALS CANADA LTD p 884
2090 Riverside Dr Unit 10, TIMMINS, ON, P4R 0A2
(705) 360-1987 SIC 8734
ALS CANADA LTD p 953
60 Northland Rd Unit 1, WATERLOO, ON, N2V 2B8
(519) 886-6910 SIC 8731
ALS CHEMEX p 290
See ALS CANADA LTD
ALS CHEMEX p 867
See ALS CANADA LTD
ALS ENVIRONMENTAL p 183
See ALS CANADA LTD
ALS ENVIRONMENTAL p 532
See ALS CANADA LTD
ALS GROUP p 246
See ALS CANADA LTD
ALS LABRATORY GROUP p 9
See ALS CANADA LTD
ALSASK FIRE EQUIPMENT p 1283
See VIPOND INC
ALSCO CANADA CORPORATION p 27
4080 Ogden Rd Se, CALGARY, AB, T2G 4P7
(403) 265-7277 SIC 2269
ALSCO CANADA CORPORATION p 27
4080 Ogden Rd Se, CALGARY, AB, T2G 4P7
(403) 265-7277 SIC 7213
ALSCO CANADA CORPORATION p 84
14710 123 Ave Nw, EDMONTON, AB, T5L 2Y4
(780) 454-9641 SIC 7211
ALSCO CANADA CORPORATION p 239
91 Comox Rd, NANAIMO, BC, V9R 3H7
(250) 754-4464 SIC 7213
ALSCO CANADA CORPORATION p 299
5 4th Ave W, VANCOUVER, BC, V5Y 1G2
(604) 876-3272 SIC 7213
ALSCO CANADA CORPORATION p 532
5475 North Service Rd Suite 7, BURLINGTON, ON, L7L 5H7
(905) 315-7502 SIC 7213
ALSCO CANADA CORPORATION p 1058
2500 Rue Senkus, LASALLE, QC, H8N 2X9
(514) 595-7381 SIC 7218
ALSCO CANADA CORPORATION p 1153
1150 Rue Des Ardennes, Quebec, QC, G1N 4J3

(418) 681-6185 SIC 7213
ALSCO CANADA CORPORATION p 1294
406 45th St E, SASKATOON, SK, S7K 0W2
(306) 934-0900 SIC 7213
ALSCO UNIFORM & LINEN SERVICE p 27
See ALSCO CANADA CORPORATION
ALSCO UNIFORM & LINEN SERVICE p 239
See ALSCO CANADA CORPORATION
ALSCO UNIFORM & LINEN SERVICE p 299
See ALSCO CANADA CORPORATION
ALSCO UNIFORM & LINEN SERVICE p 532
See ALSCO CANADA CORPORATION
ALSCO UNIFORM & LINEN SERVICE p 1294
See ALSCO CANADA CORPORATION
ALSCO UNIFORM & LINEN SERVICES p 27
See ALSCO CANADA CORPORATION
ALSCOTT AIR SYSTEMS LIMITED p 449
120 Joseph Zatzman Dr, DARTMOUTH, NS, B3B 1M4
(902) 468-7080 SIC 1711
ALSIP'S INDUSTRIAL PRODUCTS LTD p 367
1 Cole Ave, WINNIPEG, MB, R2L 1J3
(204) 667-3330 SIC 5039
ALSTOM CANADA INC p 15
7550 Ogden Dale Rd Se Suite 200, CALGARY, AB, T2C 4X9
SIC 4789
ALSTOM CANADA INC p 112
9623 25 Ave Nw, EDMONTON, AB, T6N 1H7
(780) 447-4660 SIC 4911
ALSTOM CANADA INC p 192
731 North Fraser Way Suite 550, BURNABY, BC, V5J 5J2
(604) 412-2849 SIC 3621
ALSTOM CANADA INC p 537
845 Harrington Crt, BURLINGTON, ON, L7N 3P3
(905) 333-3667 SIC 5084
ALSTOM CANADA INC p 594
1430 Blair Pl Suite 600, GLOUCESTER, ON, K1J 9N2
(613) 747-5222 SIC 7699
ALSTOM CANADA INC p 1038
60 Rue Jean-Proulx, GATINEAU, QC, J8Z 1W1
SIC 3443
ALSTOM CANADA INC p 1103
1050 Cote Du Beaver Hall, Montreal, QC, H2Z 0A5
(514) 333-0888 SIC 7311
ALSTOM CANADA INC p 1241
1350 Ch Saint-Roch, SOREL-TRACY, QC, J3R 5P9
(450) 746-6500 SIC 4911
ALSTOM TELECITE MONTREAL p 1103
See ALSTOM CANADA INC
ALSTOM TRANSPORT, DIV OF p 15
See ALSTOM CANADA INC
ALTA GENETICS INC p 4
263090 Range Road 11, BALZAC, AB, T0M 0E0
(403) 226-0666 SIC 5159
ALTA INFINITI p 973
See 1428309 ONTARIO LTD
ALTA TELECOM p 1180
See ATI TELECOM INTERNATIONAL COMPANY
ALTA VISTA PUBLIC SCHOOL p 786
See OTTAWA-CARLETON DISTRICT SCHOOL BOARD
ALTADORE ELEMENTARY SCHOOL p 53
See CALGARY BOARD OF EDUCATION
ALTADORE GYMNASTIC CLUB p 15
6303 30 St Se Suite 101, CALGARY, AB, T2C 1R4
(403) 720-2711 SIC 7991
ALTADORE QUALITY HOTEL & SUITES p 978
See 552653 ONTARIO INC
ALTAGAS p 71
See HARMATTAN GAS PROCESSING LIMITED PARTNERSHIP
ALTAGAS UTILITIES INC p 135
5509 45 St, LEDUC, AB, T9E 6T6
(780) 986-5215 SIC 4923
ALTAGAS UTILITY GROUP INC p 40
355 4 Ave Sw Suite 1700, CALGARY, AB, T2P 0J1
(403) 806-3310 SIC 1311
ALTAIR CONTRACTING ULC p 103
9464 51 Ave Nw, EDMONTON, AB, T6E 5A6
(780) 465-5363 SIC 1742
ALTALINK, L.P. p 15
7503 30 St Se, CALGARY, AB, T2C 1V4
(403) 267-3400 SIC 4911
ALTANIRA SECURITIES p 1109
See BANQUE NATIONALE DU CANADA
ALTANTIC COCA-COLA BOTTLING p 982
See COCA-COLA REFRESHMENTS CANADA COMPANY
ALTARIO SCHOOL p 3
See PRAIRIE LAND REGIONAL DIVISION 25
ALTASCIENCES COMPAGNIE INC p 1080
1100 Av Beaumont Bureau 101, MONT-ROYAL, QC, H3P 3H5
(514) 341-6077 SIC 8731
ALTASCIENCES COMPAGNIE INC p 1080
1200 Av Beaumont, MONT-ROYAL, QC, H3P 3P1
(514) 858-6077 SIC 8731
ALTASCIENCES COMPAGNIE INC p 1133
575 Boul Armand-Frappier, Montreal-Ouest, QC, H7V 4B3
(450) 973-6077 SIC 8731
ALTEC INDUSTRIES LTD p 364
57 Durand Rd, WINNIPEG, MB, R2J 3T1
(204) 663-8362 SIC 1799
ALTEC INDUSTRIES LTD p 681
831 Nipissing Rd, MILTON, ON, L9T 4Z4
(905) 875-2000 SIC 5084
ALTERNA BANK p 801
See ALTERNA SAVINGS AND CREDIT UNION LIMITED
ALTERNA SAVINGS p 583
165 Attwell Dr, ETOBICOKE, ON, M9W 5Y5
(416) 252-5621 SIC 6062
ALTERNA SAVINGS p 924
800 Bay St, TORONTO, ON, M5S 3A9
(416) 252-5621 SIC 6062
ALTERNA SAVINGS AND CREDIT UNION LIMITED p 801
90k Robertson Rd, OTTAWA, ON, K2H 5Z1
(613) 560-0100 SIC 6062
ALTERNATIVE AND CONTINUING EDUCATION CENTRE p 951
See WATERLOO REGION DISTRICT SCHOOL BOARD
ALTERNATIVE HIGH SCHOOL p 53
See CALGARY BOARD OF EDUCATION
ALTERNATIVE PRIMARY SCHOOL JR p 923
See TORONTO DISTRICT SCHOOL BOARD
ALTERNATIVE YOUTH CENTRE p 746
See TROPICANA COMMUNITY SERVICES ORGANIZATION OF SCARBOROUGH, THE
ALTERNATIVES COMMUNITY PROGRAM PETERBOROUGH SERVICES INC p 809
267 Stewart St, PETERBOROUGH, ON, K9J 3M8
(705) 742-7038 SIC 8399
ALTERNATURE INC p 1090
9210 Pie-Ix Blvd, Montreal, QC, H1Z 4H7
(514) 382-7520 SIC 7389
ALTEX ENERGY LTD p 1272
Gd, LASHBURN, SK, S0M 1H0
(306) 285-1212 SIC 4789
ALTEX INDUSTRIES INC p 99
6831 42 St Nw, EDMONTON, AB, T6B 2X1
(780) 468-6862 SIC 3443
ALTIMAX COURIER (2006) LIMITED p 449
132 Trider Cres, DARTMOUTH, NS, B3B 1R6

(902) 460-6006 SIC 7389
ALTITUDE AEROSPACE INC p 1208
2705 Boul Pitfield Bureau 200, SAINT-LAURENT, QC, H4S 1T2
(514) 335-6922 SIC 8711
ALTON p 994
See INTERNATIONAL SUPPLIERS AND CONTRACTORS INC
ALTONA COMMUNITY MEMORIAL HEALTH CENTRE p 343
See REGIONAL HEALTH AUTHORITY - CENTRAL MANITOBA INC
ALTONA FOREST PUBLIC SCHOOL p 813
See DURHAM DISTRICT SCHOOL BOARD
ALTROM AUTO GROUP LTD p 833
1995 Markham Rd, SCARBOROUGH, ON, M1B 2W3
(416) 281-8600 SIC 5015
ALTRUCK IDEALEASE p 547
See KIRBY INTERNATIONAL TRUCKS LTD
ALTRUCK IDEALEASE p 638
See KIRBY INTERNATIONAL TRUCKS LTD
ALTRUCK INTERNATIONAL p 547
See KIRBY INTERNATIONAL TRUCKS LTD
ALTRUCK TRANSPORTATION p 534
See KIRBY INTERNATIONAL TRUCKS LTD
ALTUM HEALTH p 721
See UNIVERSITY HEALTH NETWORK
ALTUS ENERGY SERVICES LTD p 40
222 3 Ave Sw Suite 740, CALGARY, AB, T2P 0B4
SIC 1389
ALTUS GEOMATICS LIMITED PARTNERSHIP p 125
11417 91 Ave, GRANDE PRAIRIE, AB, T8V 5Z3
(780) 532-6793 SIC 8713
ALTUS GEOMATICS LIMITED PARTNERSHIP p 726
14 Colonnade Rd Suite 150, NEPEAN, ON, K2E 7M6
(613) 721-1333 SIC 8713
ALTUS GEOMATICS LIMITED PARTNERSHIP p 909
33 Yonge St Suite 500, TORONTO, ON, M5E 1G4
(416) 641-9500 SIC 8713
ALTUS GEOMATICS LIMITED PARTNERSHIP p 1153
1265 Boul Charest O Bureau 1200, Quebec, QC, G1N 2C9
(418) 628-6019 SIC 8713
ALTUS GROUP p 125
See ALTUS GEOMATICS LIMITED PARTNERSHIP
ALTUS GROUP p 726
See ALTUS GEOMATICS LIMITED PARTNERSHIP
ALTUS GROUP p 909
See ALTUS GEOMATICS LIMITED PARTNERSHIP
ALTUS GROUP p 1153
See ALTUS GEOMATICS LIMITED PARTNERSHIP
ALTUS GROUP LIMITED p 1109
1100 Boul Rene-Levesque O Bureau 1600, Montreal, QC, H3B 4N4
(514) 392-7700 SIC 6531
ALUMA SYSTEMS (CANADA) p 418
See ALUMA SYSTEMS INC
ALUMA SYSTEMS INC p 119
Gd Lcd Main, FORT MCMURRAY, AB, T9H 3E2
(780) 790-4852 SIC 1799
ALUMA SYSTEMS INC p 122
925 Memorial Dr, FORT MCMURRAY, AB, T9K 0K4
(780) 743-5011 SIC 5082
ALUMA SYSTEMS INC p 418
250 Industrial Dr, SAINT JOHN, NB, E2R

▲ Public Company ■ Public Company Family Member HQ Headquarters BR Branch SL Single Location

1A5
(506) 633-9820 SIC 7353
ALUMA SYSTEMS INC p 449
40 Simmonds Dr, DARTMOUTH, NS, B3B 1R3
(902) 468-9533 SIC 5082
ALUMA SYSTEMS INC p 505
2 Manchester Court, BOLTON, ON, L7E 2J3
(905) 669-5282 SIC 7353
ALUMABRITE ANODIZING, DIV p 606
See KROMET INTERNATIONAL INC
ALUMI UBC p 320
See U B C ALUMNI ASSOCIATION
ALUMI-BUNK CORPORATION p 501
21 Enterprise Dr, BELLEVILLE, ON, K8N 4Z5
SIC 7539
ALUMICOR LIMITED p 372
205 Hutchings St, WINNIPEG, MB, R2X 2R4
(204) 633-8316 SIC 3442
ALUMICOR LIMITED p 443
155 Bluewater Rd, BEDFORD, NS, B4B 1H1
(902) 835-4545 SIC 3444
ALUMICOR LIMITED p 1208
9355 Rte Transcanadienne, SAINT-LAURENT, QC, H4S 1V3
(514) 335-7760 SIC 2819
ALUMINART PRODUCTS LIMITED p 513
1 Summerlea Rd, BRAMPTON, ON, L6T 4V2
(905) 791-7521 SIC 3442
ALUMINERIE DE BAIE COMEAU p 993
See ALCOA CANADA CIE
ALUMINERIE DE BAIE-COMEAU p 1022
See ALCOA CANADA CIE
ALUMINERIE DE BAIE-COMEAU p 1109
See ALCOA CANADA CIE
ALUMINERIE DE BECANCOUR INC p 996
5555 Rue Pierre-Thibault Bureau 217, BECANCOUR, QC, G9H 2T7
(819) 294-6101 SIC 3463
ALUMINUM ASSOCIATES p 652
See HOMEWAY COMPANY LIMITED
ALUMNI AFFAIRS AND DEVELOPMENT p 434
See MEMORIAL UNIVERSITY OF NEWFOUNDLAND
ALVIN CURLING PUBLIC SCHOOL p 835
See TORONTO DISTRICT SCHOOL BOARD
ALWEATHER WINDOWS & DOORS LIMITED p 450
27 Troop Ave, DARTMOUTH, NS, B3B 2A7
(902) 468-2605 SIC 5211
ALWIN HOLLAND ELEMENTARY SCHOOL p 215
See SCHOOL DISTRICT NO. 60 (PEACE RIVER NORTH)
ALYTH CAR DEPARTMENT p 27
See CANADIAN PACIFIC RAILWAY COMPANY
AM 1190 RADIO STATION p 1308
See GOLDEN WEST BROADCASTING LTD
AM PM SERVICE p 182
See 406106 ALBERTA INC
AM PRODUCTIONS p 802
See INFORMATION SCIENCE INDUSTRIES (CANADA) LIMITED
AM-GAS SERVICES INC p 160
261064 Wagon Wheel Cres, ROCKY VIEW COUNTY, AB, T4A 0E2
(403) 984-9830 SIC 3564
AM730 p 324
See CORUS ENTERTAINMENT INC
AMA NSG INC p 706
6699 Campobello Rd, MISSISSAUGA, ON, L5N 2L7
(905) 826-3922 SIC 8748
AMA TRAVEL p 60
See ALBERTA MOTOR ASSOCIATION TRAVEL AGENCY LTD
AMA TRAVEL p 108
See ALBERTA MOTOR ASSOCIATION TRAVEL AGENCY LTD
AMADA CANADA LTD p 1042
885 Rue Georges-Cros, GRANBY, QC, J2J 1E8
(514) 866-2012 SIC 5084
AMALGAMATED DAIRIES LIMITED p 980
215 Fitzroy St, CHARLOTTETOWN, PE, C1A 1S6
(902) 566-5515 SIC 3556
AMALGAMATED DAIRIES LIMITED p 982
50 Fourth St, CHARLOTTETOWN, PE, C1E 2B5
(902) 628-8115 SIC 2026
AMALGAMATED DAIRIES LIMITED p 982
50 Fourth St, CHARLOTTETOWN, PE, C1E 2B5
(902) 566-5411 SIC 2026
AMALGAMATED DAIRIES LIMITED p 984
400 Read Dr, SUMMERSIDE, PE, C1N 5A9
(902) 888-5000 SIC 5451
AMALGAMATED DAIRIES LIMITED p 984
30 Greenwood Dr, SUMMERSIDE, PE, C1N 3Y1
(902) 436-4284 SIC 7538
AMATO PIZZA INC p 906
429a Yonge St, TORONTO, ON, M5B 1T1
(416) 977-8989 SIC 5812
AMATO PIZZA INC p 927
534 Queen St W, TORONTO, ON, M5V 2B5
(416) 703-8989 SIC 5812
AMAYA (ALBERTA) INC p 40
750 11 St Sw Suite 400, CALGARY, AB, T2P 3N7
SIC 7371
AMBASSADOR BUILDING MAINTENANCE LIMITED p 966
628 Monmouth Rd, WINDSOR, ON, N8Y 3L1
(519) 255-1107 SIC 7349
AMBASSADOR CONFERENCE RESORT p 634
See M AND R MELO'S LIMITED
AMBASSADOR DUTY FREE MANAGEMENT SERVICES LIMITED p 969
707 Patricia Rd, WINDSOR, ON, N9B 0B5
(519) 977-9100 SIC 5399
AMBASSADOR DUTY FREE STORE, THE p 969
See AMBASSADOR DUTY FREE MANAGEMENT SERVICES LIMITED
AMBASSADOR LIMOUSINE SERVICE p 12
316 Meridian Rd Se, CALGARY, AB, T2A 1X2
(403) 299-4910 SIC 4111
AMBASSADOR MECHANICAL L.P. p 352
400 Fort Whyte Way Unit 110, OAK BLUFF, MB, R4G 0B1
(204) 231-1094 SIC 1711
AMBASSADOR MOTOR HOTEL p 867
See BENC HOTEL HOLDINGS LIMITED
AMBATOVY JOINT VENTURE p 575
2200 Lake Shore Blvd W, ETOBICOKE, ON, M8V 1A4
(416) 924-4551 SIC 1061
AMBATOVY PROJECT p 575
See AMBATOVY JOINT VENTURE
AMBULANCE LANAUDIERE p 1045
See AMBULANCES JOLIETTE INC
AMBULANCE NEW BRUNSWICK INC p 406
210 John St Suite 101, MONCTON, NB, E1C 0B8
(506) 872-6500 SIC 4119
AMBULANCE SERVICE BRITISH COLUMBIA p 217
See DISTRICT OF KITIMAT
AMBULANCE SERVICE BRITISH COLUMBIA p 228
See DISTRICT OF KITIMAT
AMBULANCES COTE-NORD INC p 994
2726 Boul Lafleche, BAIE-COMEAU, QC, G5C 1E4
(418) 589-3564 SIC 4119
AMBULANCES JOLIETTE INC p 1045
751 Rue Samuel-Racine, JOLIETTE, QC, J6E 0E8
(450) 759-6106 SIC 4119
AMBULANCES SAINT HYACINTHE p 1194
See DESSERCOM INC
AMC FORM TECHNOLOGIES p 350
35 Headingley St, HEADINGLEY, MB, R4H 0A8
(204) 633-8800 SIC 5211
AMCO WHOLESALE p 258
1030 2nd Ave, PRINCE GEORGE, BC, V2L 3A9
(250) 564-4451 SIC 5251
AMCO WHOLESALE p 259
See NORTHERN HARDWARE & FURNITURE CO., LTD
AMCOR RIGID PLASTICS - BRAMPTON p 518
See AMCOR RIGID PLASTICS ATLANTIC, INC
AMCOR RIGID PLASTICS ATLANTIC, INC p 518
95 Biscayne Cres, BRAMPTON, ON, L6W 4R2
(905) 450-5579 SIC 3089
AMDOCS CANADIAN MANAGED SERVICES INC p 687
1705 Tech Ave Unit 2, MISSISSAUGA, ON, L4W 0A2
(905) 614-4000 SIC 8742
AMDOCS CANADIAN MANAGED SERVICES INC p 901
2 Bloor St E Suite 3100, TORONTO, ON, M4W 1A8
SIC 7371
AMDOCS CANADIAN MANAGED SERVICES INC p 1208
200-2351 Boul Alfred-Nobel, SAINT-LAURENT, QC, H4S 0B2
(514) 338-3100 SIC 7371
AMEC p 39
See AMEC FOSTER WHEELER AMERICAS LIMITED
AMEC p 910
See AMEC NCL LIMITED
AMEC AMERICAS p 606
See AMEC FOSTER WHEELER AMERICAS LIMITED
AMEC EARTH & ENVIRONMENTAL p 391
See AMEC FOSTER WHEELER AMERICAS LIMITED
AMEC EARTH & ENVIRONMENTAL p 399
See AMEC FOSTER WHEELER AMERICAS LIMITED
AMEC EARTH & ENVIRONMENTAL p 659
See AMEC FOSTER WHEELER AMERICAS LIMITED
AMEC EARTH & ENVIRONMENTAL A DIVISION OF p 449
See AMEC FOSTER WHEELER AMERICAS LIMITED
AMEC EARTH & ENVIRONMENTAL DIV OF p 1025
See AMEC FOSTER WHEELER AMERICAS LIMITED
AMEC EARTH & ENVIRONMENTAL DIVISION p 726
See AMEC FOSTER WHEELER AMERICAS LIMITED
AMEC EARTH & ENVIRONMENTAL DIVISION OF p 1302
See AMEC FOSTER WHEELER AMERICAS LIMITED
AMEC EARTH & ENVIRONMENTAL, DIV OF p 119
See AMEC FOSTER WHEELER AMERICAS LIMITED
AMEC EARTH & ENVIRONMENTAL, DIV OF p 130
See AMEC FOSTER WHEELER AMERICAS LIMITED
AMEC EARTH & ENVIRONMENTAL, DIV OF p 186
See AMEC FOSTER WHEELER AMERICAS LIMITED
AMEC EARTH & ENVIRONMENTAL, DIV OF p 219
See AMEC FOSTER WHEELER AMERICAS LIMITED
AMEC EARTH & ENVIRONMENTAL, DIV OF p 261
See AMEC FOSTER WHEELER AMERICAS LIMITED
AMEC EARTH & ENVIRONMENTAL, DIV OF p 546
See AMEC FOSTER WHEELER AMERICAS LIMITED
AMEC EARTH & ENVIRONMENTAL, DIV OF p 726
See AMEC FOSTER WHEELER AMERICAS LIMITED
AMEC EARTH & ENVIRONMENTAL, DIV OF p 842
See AMEC FOSTER WHEELER AMERICAS LIMITED
AMEC EARTH & ENVIRONMENTAL, DIV OF p 876
See AMEC FOSTER WHEELER AMERICAS LIMITED
AMEC EARTH & EVIRONMENTAL DIVISION p 303
See AMEC FOSTER WHEELER AMERICAS LIMITED
AMEC EC SERVICES p 764
See AMEC FOSTER WHEELER INC
AMEC ENGINEERING p 39
See AMEC FOSTER WHEELER INC
AMEC ENVIRONMENT & INFRASTRACTURE, DIV OF p 99
See AMEC FOSTER WHEELER AMERICAS LIMITED
AMEC FOSTER WHEELER p 537
See AMEC FOSTER WHEELER AMERICAS LIMITED
AMEC FOSTER WHEELER AMERICAS LIMITED p 39
801 6 Ave Sw Suite 900, CALGARY, AB, T2P 3W3
(403) 298-4170 SIC 8711
AMEC FOSTER WHEELER AMERICAS LIMITED p 39
112 4 Ave Sw Suite 1000, CALGARY, AB, T2P 0H3
SIC 8741
AMEC FOSTER WHEELER AMERICAS LIMITED p 99
5681 70 St Nw, EDMONTON, AB, T6B 3P6
(780) 436-2152 SIC 8711
AMEC FOSTER WHEELER AMERICAS LIMITED p 119
10204 Centennial Dr, FORT MCMURRAY, AB, T9H 1Y5
(780) 791-0848 SIC 8711
AMEC FOSTER WHEELER AMERICAS LIMITED p 130
4208 55 Ave, HIGH PRAIRIE, AB, T8A 3X5
(780) 523-4842 SIC 8711
AMEC FOSTER WHEELER AMERICAS LIMITED p 137
740 4 Ave S Suite 210, LETHBRIDGE, AB, T1J 0N9
(403) 329-1467 SIC 8711
AMEC FOSTER WHEELER AMERICAS LIMITED p 164
See AMEC FOSTER WHEELER AMERICAS LIMITED
AMEC FOSTER WHEELER AMERICAS LIMITED p 164
7 Mcleod Ave Suite 112, SPRUCE GROVE, AB, T7X 4B8

(780) 571-8075   SIC 8711
AMEC FOSTER WHEELER AMERICAS LIMITED p 186
4445 Lougheed Hwy Suite 600, BURNABY, BC, V5C 0E4
(604) 294-3811   SIC 8711
AMEC FOSTER WHEELER AMERICAS LIMITED p 219
913 Laval Cres, KAMLOOPS, BC, V2C 5P4
(250) 374-1347   SIC 8711
AMEC FOSTER WHEELER AMERICAS LIMITED p 261
3456 Opie Cres, PRINCE GEORGE, BC, V2N 2P9
(250) 564-3243   SIC 8711
AMEC FOSTER WHEELER AMERICAS LIMITED p 291
1385 Cedar Ave, TRAIL, BC, V1R 4C3
(250) 368-2400   SIC 8711
AMEC FOSTER WHEELER AMERICAS LIMITED p 303
111 Dunsmuir St Suite 400, VANCOUVER, BC, V6B 5W3
(604) 664-4315   SIC 8711
AMEC FOSTER WHEELER AMERICAS LIMITED p 391
440 Dovercourt Dr, WINNIPEG, MB, R3Y 1G4
(204) 488-2997   SIC 8711
AMEC FOSTER WHEELER AMERICAS LIMITED p 399
495 Prospect St Suite 1, FREDERICTON, NB, E3B 9M4
(506) 458-1000   SIC 8711
AMEC FOSTER WHEELER AMERICAS LIMITED p 432
133 Crosbie Rd Suite 202, ST. JOHN'S, NL, A1B 1H3
(709) 722-7023   SIC 8741
AMEC FOSTER WHEELER AMERICAS LIMITED p 449
130 Eileen Stubbs Ave Suite 201, DARTMOUTH, NS, B3B 2C4
(902) 420-8900   SIC 8711
AMEC FOSTER WHEELER AMERICAS LIMITED p 449
32 Troop Ave Unit 301, DARTMOUTH, NS, B3B 1Z1
(902) 468-2848   SIC 8711
AMEC FOSTER WHEELER AMERICAS LIMITED p 537
3215 North Service Rd, BURLINGTON, ON, L7N 3G2
(905) 335-2353   SIC 8711
AMEC FOSTER WHEELER AMERICAS LIMITED p 546
405 Maple Grove Rd Suite 6, CAMBRIDGE, ON, N3E 1B6
(519) 653-3570   SIC 8741
AMEC FOSTER WHEELER AMERICAS LIMITED p 606
505 Woodward Ave Suite 1, HAMILTON, ON, L8H 6N6
(905) 312-0700   SIC 8711
AMEC FOSTER WHEELER AMERICAS LIMITED p 648
131 Fielding Rd, LIVELY, ON, P3Y 1L7
(705) 682-2632   SIC 8748
AMEC FOSTER WHEELER AMERICAS LIMITED p 659
1398 Wellington Rd S Unit 2, LONDON, ON, N6E 3N6
(519) 681-2400   SIC 8711
AMEC FOSTER WHEELER AMERICAS LIMITED p 669
3190 Steeles Ave E Suite 305, MARKHAM, ON, L3R 1G9
(905) 415-2632   SIC 8748
AMEC FOSTER WHEELER AMERICAS LIMITED p 726
210 Colonnade Rd Suite 300, NEPEAN, ON, K2E 7L5
(613) 727-0658   SIC 8711
AMEC FOSTER WHEELER AMERICAS LIMITED p 726
210 Colonnade Rd Unit 300, NEPEAN, ON, K2E 7L5
(613) 727-0658   SIC 8748
AMEC FOSTER WHEELER AMERICAS LIMITED p 842
104 Crockford Blvd, SCARBOROUGH, ON, M1R 3C3
(416) 751-6565   SIC 8711
AMEC FOSTER WHEELER AMERICAS LIMITED p 876
3300 Merrittville Hwy Unit 5, THOROLD, ON, L2V 4Y6
(905) 687-6616   SIC 8711
AMEC FOSTER WHEELER AMERICAS LIMITED p 1025
1425 Rte Transcanadienne Bureau 400, DORVAL, QC, H9P 2W9
(514) 684-5555   SIC 8748
AMEC FOSTER WHEELER AMERICAS LIMITED p 1281
608 Mcleod St, REGINA, SK, S4N 4Y1
SIC 8711
AMEC FOSTER WHEELER AMERICAS LIMITED p 1302
121 Research Dr Unit 301, SASKATOON, SK, S7N 1K2
(306) 477-1155   SIC 8711
AMEC FOSTER WHEELER INC p 39
801 6 Ave Sw Suite 900, CALGARY, AB, T2P 3W3
(403) 298-4170   SIC 6712
AMEC FOSTER WHEELER INC p 39
801 6th Ave Sw Unit 900, CALGARY, AB, T2P 3W3
(403) 298-4170   SIC 6719
AMEC FOSTER WHEELER INC p 432
133 Crosbie Rd, ST. JOHN'S, NL, A1B 1H3
(709) 724-1900   SIC 7373
AMEC FOSTER WHEELER INC p 764
2020 Winston Park Dr Suite 700, OAKVILLE, ON, L6H 6X7
(905) 829-5400   SIC 6719
AMEC FOSTER WHEELER INC p 764
2020 Winston Park Dr Suite 700, OAKVILLE, ON, L6H 6X7
(905) 829-5400   SIC 8711
AMEC FOSTER WHEELER INC p 960
11865 County Rd 42, WINDSOR, ON, N8N 2M1
(519) 735-2499   SIC 8741
AMEC NCL LIMITED p 910
700 University Ave Suite 200, TORONTO, ON, M5G 1X6
(416) 592-2102   SIC 8999
AMEC USINAGE INC p 1180
110 Rue Des Grands-Lacs, SAINT-AUGUSTIN-DE-DESMAURES, QC, G3A 2K1
(418) 878-4133   SIC 3599
AMECO SERVICES INC p 122
1025 Memorial Dr, FORT MCMURRAY, AB, T9K 0K4
(780) 588-2400   SIC 7359
AMEMSO p 909
See ASSOCIATION OF MUNICIPAL EMERGENCY MEDICAL SERVICES OF ONTARIO
AMENAGEMENT DI PAOLO p 1124
See CONSTRUCTION DI PAOLO INC
AMENAGEMENT ET DESIGN SPORTSCENE INC p 1256
47 Boul De La Cite-Des-Jeunes, VAUDREUIL-DORION, QC, J7V 8C1
(450) 510-3011   SIC 1542
AMER SPORTS CANADA INC p 189
4250 Manor St, BURNABY, BC, V5G 1B2
(604) 454-9900   SIC 3949
AMER SPORTS CANADA INC p 246
2220 Dollarton Hwy Unit 110, NORTH VANCOUVER, BC, V7H 1A8
(604) 960-3001   SIC 5091
AMER SPORTS CANADA INC p 293
2770 Bentall St, VANCOUVER, BC, V5M 4H4
(604) 960-3001   SIC 3949
AMER SPORTS CANADA INC p 670
2700 14th Ave Unit 1, MARKHAM, ON, L3R 0J1
(905) 470-9966   SIC 5091
AMERACE p 845
See THOMAS & BETTS, LIMITEE
AMERELLA OF CANADA LTD p 1081
5703 Rue Ferrier, MONT-ROYAL, QC, H4P 1N3
(514) 683-9511   SIC 5136
AMERESCO CANADA INC p 748
90 Sheppard Ave E Suite 7, NORTH YORK, ON, M2N 6X3
(416) 512-7700   SIC 3825
AMERI-CAN INVESTMENTS INC p 617
29 Delta Dr, HARROW, ON, N0R 1G0
(519) 738-3514   SIC 3496
AMERICA ONLINE CANADA INC p 406
11 Ocean Limited Way, MONCTON, NB, E1C 0H1
SIC 4899
AMERICA ONLINE CANADA INC p 928
99 Spadina Ave Suite 200, TORONTO, ON, M5V 3P8
(416) 263-8100   SIC 7319
AMERICAN BUS PRODUCTS p 572
See LEEDS TRANSIT INC
AMERICAN EXPRESS p 610
See AMEX CANADA INC
AMERICAN EXPRESS p 799
See AMEX CANADA INC
AMERICAN EXPRESS p 889
See AMEX CANADA INC
AMERICAN EXPRESS p 912
See AMEX CANADA INC
AMERICAN EXPRESS TRAVEL p 907
See AMEX CANADA INC
AMERICAN STANDARD p 564
See AS CANADA, ULC
AMERICAN YEAST SALES CORPORATION p 1089
1620 Rue Prefontaine, Montreal, QC, H1W 2N8
(514) 529-2595   SIC 2099
AMERICANA CONFERENCE RESORT & SPA p 738
See RESORTS INTERNATIONAL (NIAGARA) INC
AMERICREDIT FINANCIAL SERVICES OF CANADA LTD p 811
200 Jameson Dr, PETERBOROUGH, ON, K9K 2N3
(705) 876-3900   SIC 6141
AMERISPA INC p 996
17575 Boul Becancour, Becancour, QC, G9H 1A5
(819) 233-4664   SIC 8049
AMESBURY MIDDLE SCHOOL p 761
See TORONTO DISTRICT SCHOOL BOARD
AMEUBLEMENT LEON p 990
See LEON'S FURNITURE LIMITED
AMEUBLEMENTS EL RAN LTEE p 1140
2751 Aut Transcanadienne, POINTE-CLAIRE, QC, H9R 1B4
(514) 630-5656   SIC 2512
AMEUBLEMENTS J.C. PERREAULT, LES p 1221
See MEUBLES JCPERREAULT INC
AMEUBLEMENTS TANGUAY INC p 1013
1990 Boul Talbot, CHICOUTIMI, QC, G7H 7Y3
(418) 698-4411   SIC 5712
AMEUBLEMENTS TANGUAY INC p 1064
1600 Boul Alphonse-Desjardins, Levis, QC, G6V 0G9
(418) 833-4511   SIC 5712
AMEUBLEMENTS TANGUAY INC p 1145
777 Rue Clemenceau, Quebec, QC, G1C 7T9
(418) 666-4411   SIC 5021
AMEUBLEMENTS TANGUAY INC p 1154
4875 Boul De L'ormiere, Quebec, QC, G1P 1K6
(418) 871-4411   SIC 5712
AMEUBLEMENTS TANGUAY INC p 1164
7200 Rue Armand-Viau, Quebec, QC, G2C 2A7
(418) 847-4411   SIC 5712
AMEUBLEMENTS TANGUAY INC p 1167
5000 Boul Des Galeries, Quebec, QC, G2K 2L5
(418) 622-5051   SIC 5712
AMEUBLEMENTS TANGUAY INC p 1173
375 Montee Industrielle-Et-Commerciale, RIMOUSKI, QC, G5M 1Y1
(418) 725-4411   SIC 5712
AMEUBLEMENTS TANGUAY INC p 1174
245 Boul De L'hotel-De-Ville, Riviere-du-Loup, QC, G5R 5H5
(418) 867-4711   SIC 5712
AMEUBLEMENTS TANGUAY INC p 1188
8955 Boul Lacroix, SAINT-GEORGES, QC, G5Y 5E2
(418) 226-4411   SIC 5021
AMEUBLEMENTS TANGUAY INC p 1249
2200 Boul Des Recollets, Trois-Rivieres, QC, G8Z 3X5
(819) 373-1111   SIC 5712
AMEX CANADA INC p 610
100 King St W Suite 600, HAMILTON, ON, L8P 1A2
SIC 4724
AMEX CANADA INC p 670
80 Micro Crt Suite 300, MARKHAM, ON, L3R 9Z5
(905) 475-2177   SIC 6153
AMEX CANADA INC p 687
5090 Explorer Dr Suite 300, MISSISSAUGA, ON, L4W 4T9
SIC 4725
AMEX CANADA INC p 799
1840 Woodward Dr, OTTAWA, ON, K2C 0P7
(613) 226-8641   SIC 6099
AMEX CANADA INC p 889
2225 Sheppard Ave E, TORONTO, ON, M2J 5C2
(905) 474-8000   SIC 6099
AMEX CANADA INC p 907
100 Yonge St Suite 1600, TORONTO, ON, M5C 2W1
SIC 4724
AMEX CANADA INC p 912
121 Richmond St W, TORONTO, ON, M5H 2K1
(416) 868-4992   SIC 4724
AMG LOGISTICS p 587
See SCI LOGISTICS LTD
AMH CANADA LTEE p 1172
391 Rue Saint-Jean-Baptiste E, RIMOUSKI, QC, G5L 1Z2
(418) 724-4105   SIC 3548
AMHERST COVE CONSOLIDATED SCHOOL p 980
See PUBLIC SCHOOLS BRANCH
AMHERST HOSPITAL & NURSING HOM p 298
See CEDARHURST PRIVATE HOSPITAL LTD
AMHERST ISLAND FERRY p 859
See CORPORATION OF LOYALIST TOWNSHIP, THE
AMHERST P.O. p 441
See CANADA POST CORPORATION
AMHERST REGIONAL HIGH SCHOOL p 441
See CHIGNECTO CENTRAL REGIONAL SCHOOL BOARD
AMHERST STN MAIN PO p 441
See CANADA POST CORPORATION
AMHERST, TOWN OF p 441
98 East Victoria St, AMHERST, NS, B4H 1X6
(902) 667-7743   SIC 4953
AMHERSTBURG PUBLIC SCHOOL p 487
See GREATER ESSEX COUNTY DISTRICT

SCHOOL BOARD
AMHERSTBURG STN MAIN POST OFFICE
p 486
See CANADA POST CORPORATION
AMHERSTVIEW PUBLIC SCHOOL p 487
See LIMESTONE DISTRICT SCHOOL BOARD
AMHIL ENTERPRISES LTD p 532
5330 Mainway, BURLINGTON, ON, L7L 6A4
(905) 332-9765   SIC 3089
AMI p 684
See AMI AIR MANAGEMENT INC
AMI AIR MANAGEMENT INC p 684
3223 Orlando Dr, MISSISSAUGA, ON, L4V 1C5
(905) 694-9676   SIC 3822
AMI HONDA, L' p 1177
See 2732-2304 QUEBEC INC
AMI PARTNERS INC p 909
26 Wellington St E Suite 800, TORONTO, ON, M5E 1S2
SIC 6722
AMI-CO p 1215
See MAISON AMI-CO (1981) INC, LA
AMICA (CITY CENTRE) CORPORATION p 697
380 Princess Royal Dr, MISSISSAUGA, ON, L5B 4M9
(905) 803-8100   SIC 8361
AMICA AT ARBUTUS MANOR p 317
See AMICA MATURE LIFESTYLES INC
AMICA AT BAYVIEW GARDENS p 746
See AMICA MATURE LIFESTYLES INC
AMICA AT BEARBROOK p 593
See AMICA MATURE LIFESTYLES INC
AMICA AT DOUGLAS HOUSE p 330
50 Douglas St, VICTORIA, BC, V8V 2N8
(250) 383-6258   SIC 8361
AMICA AT EDGEMONT VILLAGE p 250
See AMICA MATURE LIFESTYLES INC
AMICA AT ERIN MILLS p 705
See AMICA MATURE LIFESTYLES INC
AMICA AT SOMERSET HOUSE p 330
See AMICA MATURE LIFESTYLES INC
AMICA AT SWAN LAKE p 668
See AMICA MATURE LIFESTYLES INC
AMICA AT THE BALMORAL CLUB p 900
See AMICA MATURE LIFESTYLES INC
AMICA AT WEST VANCOUVER p 338
659 Clyde Ave, WEST VANCOUVER, BC, V7T 1C8
(604) 921-9181   SIC 8059
AMICA AT WINDSOR p 966
4909 Riverside Dr E Suite 207, WINDSOR, ON, N8Y 0A4
(519) 948-5500   SIC 6513
AMICA MATURE LIFESTYLES INC p 250
3225 Highland Blvd, NORTH VANCOUVER, BC, V7R 0A3
(604) 929-6361   SIC 8361
AMICA MATURE LIFESTYLES INC p 317
2125 Eddington Dr Suite 204, VANCOUVER, BC, V6L 3A9
(604) 736-8936   SIC 8361
AMICA MATURE LIFESTYLES INC p 330
540 Dallas Rd Suite 423, VICTORIA, BC, V8V 4X9
(250) 380-9121   SIC 8361
AMICA MATURE LIFESTYLES INC p 593
2645 Innes Rd Suite 342, GLOUCESTER, ON, K1B 3J7
(613) 837-8720   SIC 8361
AMICA MATURE LIFESTYLES INC p 668
6360 16th Ave Suite 336, MARKHAM, ON, L3P 7Y6
(905) 201-6058   SIC 8361
AMICA MATURE LIFESTYLES INC p 705
4620 Kimbermount Ave, MISSISSAUGA, ON, L5M 5W5
(905) 816-9163   SIC 8361
AMICA MATURE LIFESTYLES INC p 746
19 Rean Dr, NORTH YORK, ON, M2K 0A4
(647) 286-7935   SIC 8361
AMICA MATURE LIFESTYLES INC p 900

155 Balmoral Ave Suite 130, TORONTO, ON, M4V 1J5
(416) 927-0055   SIC 8361
AMICI RESTAURANT p 376
See 4372752 MANITOBA LTD
AMICO CANADA INC p 234
27475 52 Ave, LANGLEY, BC, V4W 4B2
(604) 607-1475   SIC 3499
AMICO CANADA INC p 532
1080 Corporate Dr, BURLINGTON, ON, L7L 5R6
(905) 335-4474   SIC 3499
AMICO ISG VANCOUVER p 234
See AMICO CANADA INC
AMICO-ISG p 532
See AMICO CANADA INC
AMILIA p 1118
See ENTREPRISES AMILIA INC, LES
AMINO NORTH AMERICA CORPORATION p 858
15 Highbury Ave, ST THOMAS, ON, N5P 4M1
(519) 637-2156   SIC 3465
AMISK ELEMENTARY SCHOOL p 3
See BUFFALO TRAIL PUBLIC SCHOOLS REGIONAL DIVISION NO. 28
AMISKWACIY JUNIOR AND SENIOR HIGH SCHOOL p 76
See EDMONTON SCHOOL DISTRICT NO. 7
AMITY GOODWILL INDUSTRIES p 450
202 Brownlow Ave Unit 8, DARTMOUTH, NS, B3B 1T5
(902) 700-9194   SIC 8699
AMJ CAMPBELL p 953
See AMJ CAMPBELL INC
AMJ CAMPBELL COMMERCIAL p 64
See 725850 ALBERTA LTD
AMJ CAMPBELL INC p 64
1881 120 Ave Ne, CALGARY, AB, T3K 0S5
(403) 273-1220   SIC 4213
AMJ CAMPBELL INC p 364
1333 Niakwa Rd E Unit 12, WINNIPEG, MB, R2J 3T5
(204) 669-9900   SIC 4214
AMJ CAMPBELL INC p 496
20 Mills Rd Unit N, BARRIE, ON, L4N 6H4
(705) 721-4501   SIC 4214
AMJ CAMPBELL INC p 717
6140 Vipond Dr, MISSISSAUGA, ON, L5T 2B2
(905) 670-7111   SIC 4214
AMJ CAMPBELL INC p 764
2695 Bristol Cir Unit 2, OAKVILLE, ON, L6H 6X5
(905) 829-1233   SIC 4214
AMJ CAMPBELL INC p 784
2710 Stevenage Dr, OTTAWA, ON, K1G 3N2
(613) 737-0000   SIC 4214
AMJ CAMPBELL INC p 953
275 Frobisher Dr Unit 2, WATERLOO, ON, N2V 2G4
(519) 833-1200   SIC 4214
AMJ CAMPBELL INTERNATIONAL/ALLPORTS INTERNATIONAL MOVERS p 209
See 501070 BC LTD
AMJ CAMPBELL VAN LINES p 496
See 1381667 ONTARIO INC
AMJ CAMPBELL VAN LINES p 593
See 1300323 ONTARIO INC
AMJ CAMPBELL VAN LINES p 677
See 1300323 ONTARIO INC
AMJ CAMPBELL VAN LINES MONTREAL p 1056
See 9205-6126 QUEBEC INC
AMJ CAMPBELL VAN LINES OAKVILLE p 764
See AMJ CAMPBELL INC
AMJ CAMPBELL VAN LINES-EDMONTON p 90
See 2745925 CANADA INC
AMJ VAN LINES p 496
See AMJ CAMPBELL INC

AMJ VAN LINES p 717
See AMJ CAMPBELL INC
AMLOG CANADA, INC p 170
Hwy 3, TABER, AB, T1G 2C6
(403) 223-8833   SIC 4222
AMMAR, JOE p 104
See EVENT PLANNING HEADQUARTERS
AMMEUBLEMENT LEON p 1026
See LEON'S FURNITURE LIMITED
AMNOR INDUSTRIES INC p 1139
12480 Rue April Bureau 103, POINTE-AUX-TREMBLES, QC, H1B 5N5
(514) 494-4242   SIC 7699
AMNOR INDUSTRIES INC p 1177
8 Rue Doyon, ROUYN-NORANDA, QC, J9X 7B4
(819) 762-9044   SIC 7699
AMO p 912
See ASSOCIATION OF MUNICIPALITIES OF ONTARIO
AMOS, DR H M p 775
2555 St. Joseph Blvd Suite 304, ORLEANS, ON, K1C 1S6
(613) 837-4207   SIC 8011
AMPAC p 1245
See 9215-7510 QUEBEC INC
AMPACET CANADA COMPANY p 209
7763 Progress Way, DELTA, BC, V4G 1A3
SIC 2816
AMPCO GRAFIX DIV OF p 201
See AMPCO MANUFACTURERS INC
AMPCO MANUFACTURERS INC p 201
9 Burbidge St Suite 101, COQUITLAM, BC, V3K 7B2
(604) 472-3800   SIC 2759
AMPCO MANUFACTURERS INC p 201
9 Burbidge St Unit 101, COQUITLAM, BC, V3K 7B2
SIC 2759
AMPHENOL CANADA CORP p 833
605 Milner Ave, SCARBOROUGH, ON, M1B 5X6
(416) 291-4401   SIC 5065
AMPHORA MAINTENANCE SERVICES INC p 894
707a Danforth Ave, TORONTO, ON, M4J 1L2
(416) 461-0401   SIC 7349
AMPRIOR DISTRICT HIGH SCHOOL p 489
See RENFREW COUNTY DISTRICT SCHOOL BOARD
AMRO TRAVEL p 1024
See 3105822 CANADA INC
AMS p 631
See ALMA MATER SOCIETY OF QUEEN'S UNIVERSITY INCORPORATED
AMSTED CANADA INC p 361
104 Regent Ave E, WINNIPEG, MB, R2C 0C1
(204) 222-4252   SIC 3462
AMSTEL INVESTMENTS INC p 410
2550 Mountain Rd, MONCTON, NB, E1G 1B4
(506) 383-5050   SIC 7011
AMSTEL INVESTMENTS INC p 412
114 Millennium Dr, QUISPAMSIS, NB, E2E 0C6
(506) 849-8050   SIC 7011
AMSTERDAM INN & SUITES p 410
See AMSTEL INVESTMENTS INC
AMSTERDAM PRODUCTS LTD p 564
2 Montreal Rd, CORNWALL, ON, K6H 6L4
(613) 933-7393   SIC 7389
AMT p 649
See ADJ HOLDINGS INC
AMTECH p 1220
See 9175-3681 QUEBEC INC
AMYLIOR INC p 1256
1650 Rue Chicoine, VAUDREUIL-DORION, QC, J7V 8P2
(450) 424-0288   SIC 2514
AMYSYSTEMS p 1256
See AMYLIOR INC
AN AFFAIR TO REMEMBER p 22

See CATERING HEADQUARTERS LTD
ANABANANA & DESIGN (HORIZONTAL) p 906
See LE CHATEAU INC
ANABANANA & DESIGN (HORIZONTAL) p 1205
See LE CHATEAU INC
ANACHEMIA CANADA CO p 1055
255 Rue Norman, LACHINE, QC, H8R 1A3
(514) 489-5711   SIC 5049
ANACHEMIA SCIENCE p 1055
See ANACHEMIA CANADA CO
ANACONDA MINING INC p 423
310 Highway 410, BAIE VERTE, NL, A0K 1B0
SIC 1041
ANADARKO p 118
See CANADIAN NATURAL RESOURCES LIMITED
ANAGO (NON) RESIDENTIAL RESOURCES INC p 649
1670 Oxford St E, LONDON, ON, N5V 3G2
SIC 8361
ANAHIM LAKE SAWMILL p 181
See WEST CHILCOTIN FOREST PRODUCTS LTD
ANAMET CANADA INC p 590
36 Wolfe St, FRANKFORD, ON, K0K 2C0
(613) 398-1313   SIC 3644
ANANDALE SCHOOL p 883
See THAMES VALLEY DISTRICT SCHOOL BOARD
ANAX INC p 557
173 Adesso Dr Unit 1, CONCORD, ON, L4K 3C3
(416) 480-2247   SIC 1761
ANCASTER HIGH SCHOOL p 487
See HAMILTON-WENTWORTH DISTRICT SCHOOL BOARD, THE
ANCASTER MEADOW ELEMENTARY PUBLIC SCHOOL p 488
See HAMILTON-WENTWORTH CATHOLIC SCHOOL BOARD
ANCASTER SENIOR PUBLIC SCHOOL p 487
See HAMILTON-WENTWORTH DISTRICT SCHOOL BOARD, THE
ANCHOR DANLY INC p 545
311 Pinebush Rd, CAMBRIDGE, ON, N1T 1B2
(519) 740-3060   SIC 3544
ANCHOR DANLY INC p 882
95 Lyon Ave N, TILBURY, ON, N0P 2L0
(519) 682-0470   SIC 3499
ANCHOR PACKING p 1059
See ROBCO INC
ANCHOR PERSON PROJECT p 905
See ST. MICHAEL'S HOSPITAL
AND 07 CONSULTING p 606
674 Queenston Rd, HAMILTON, ON, L8G 1A3
(905) 561-8960   SIC 8748
ANDERDON PUBLIC SCHOOL p 487
See GREATER ESSEX COUNTY DISTRICT SCHOOL BOARD
ANDEROL CANADA p 572
See LANXESS CANADA CO./CIE
ANDERSEN PACIFIC FOREST PRODUCTS LTD p 235
9730 287 St, MAPLE RIDGE, BC, V2W 1L1
(604) 462-7316   SIC 2421
ANDERSON COLLEGIATE VOCATIONAL INSTITUTE p 957
See DURHAM DISTRICT SCHOOL BOARD
ANDERSON CONSULTING p 721
See 2207544 ONTARIO INC
ANDERSON DDB HEALTH & LIFESTYLE p 902
See OMNICOM CANADA CORP
ANDERSON ELEMENTARY SCHOOL p 271
See BOARD OF EDUCATION SCHOOL DISTRICT #38 (RICHMOND)

BUSINESSES ALPHABETICALLY

ANDERSON LEARNING INC *p 840*
1500 Birchmount Rd, SCARBOROUGH, ON, M1P 2G5
(416) 266-8878   *SIC* 8211

ANDERSON WATTS LTD *p 185*
6336 Darnley St, BURNABY, BC, V5B 3B1
(604) 291-7751   *SIC* 5141

ANDERSON, J E AND ASSOCIATES *p 333*
4212 Glanford Ave, VICTORIA, BC, V8Z 4B7
(250) 727-2214   *SIC* 8713

ANDERSON, PAT AGENCIES LTD *p 190*
4680 Kingsway Suite 200, BURNABY, BC, V5H 4L9
(604) 430-8887   *SIC* 6411

ANDORRA BUILDING MAINTENANCE LTD *p 577*
46 Chauncey Ave, ETOBICOKE, ON, M8Z 2Z4
(416) 537-7772   *SIC* 7349

ANDRE FILION & ASSOCIES INC *p 1104*
1801 Av Mcgill College Bureau 910, Montreal, QC, H3A 2N4
(514) 844-9160   *SIC* 8999

ANDRE PELISSIER INC *p 1250*
3605 Rue Bellefeuille, TROIS-RIVIERES, QC, G9A 5Z6
(819) 376-3725   *SIC* 1731

ANDREAS STEAK & LOBSTER *p 248*
See 281558 B.C. LTD

ANDRES WINES ATLANTIC LTD *p 448*
99 Wyse Rd Suite 350, DARTMOUTH, NS, B3A 4S5
(902) 461-8173   *SIC* 2084

ANDREW FLECK CHILD CARE SERVICES *p 788*
195 George St, OTTAWA, ON, K1N 5W6
(613) 789-4100   *SIC* 8351

ANDREW HUNTER ELEMENTARY SCHOOL *p 499*
See SIMCOE COUNTY DISTRICT SCHOOL BOARD, THE

ANDREW MYNARSKI V.C. SCHOOL *p 373*
See WINNIPEG SCHOOL DIVISION

ANDREW PELLER LIMITED *p 224*
1125 Richter St, KELOWNA, BC, V1Y 2K6
(250) 762-3332   *SIC* 5921

ANDREW PELLER LIMITED *p 250*
400 Covert Pl, OLIVER, BC, V0H 1T5
(250) 485-8538   *SIC* 2084

ANDREW PELLER LIMITED *p 318*
1200 73rd Ave W Suite 1000, VANCOUVER, BC, V6P 6G5
(604) 264-0554   *SIC* 2084

ANDREW PELLER LIMITED *p 598*
697 South Service Rd, GRIMSBY, ON, L3M 4E8
(905) 643-4131   *SIC* 5812

ANDREW PELLER LIMITED *p 598*
697 South Service Rd, GRIMSBY, ON, L3M 4E8
(905) 643-7333   *SIC* 2084

ANDREW PELLER LIMITED *p 739*
1249 Niagara Stone Rd, NIAGARA ON THE LAKE, ON, L0S 1J0
(905) 468-3201   *SIC* 2084

ANDREW PELLER LIMITED *p 739*
1249 Niagara Stone Rd, NIAGARA ON THE LAKE, ON, L0S 1J0
(905) 468-7123   *SIC* 2084

ANDREW SCHOOL *p 3*
See ELK ISLAND PUBLIC SCHOOLS REGIONAL DIVISION NO. 14

ANDREW SIBBALD ELEMENTARY SCHOOL *p 34*
See CALGARY BOARD OF EDUCATION

ANDREW'S SPORT CENTRE *p 980*
See ANDREWS HOCKEY GROWTH PROGRAMS INC

ANDREWS DEPARTMENT STORE *p 933*
See DARREN MASON & ASSOCIATES LTD

ANDREWS HOCKEY GROWTH PROGRAMS INC *p 980*
550 University Ave, CHARLOTTETOWN, PE, C1A 4P3
(902) 894-9600   *SIC* 7999

ANDREWS MAILING SERVICE LTD *p 490*
226 Industrial Pky N Unit 7, AURORA, ON, L4G 4C3
(905) 503-1700   *SIC* 7331

ANDRITZ AUTOMATION INC *p 258*
556 North Nechako Rd Suite 205, PRINCE GEORGE, BC, V2K 1A1
(250) 564-3381   *SIC* 8748

ANDRITZ DRT SERVICE CENTRE *p 525*
See ANDRITZ HYDRO CANADA INC

ANDRITZ HYDRO CANADA INC *p 525*
45 Roy Blvd, BRANTFORD, ON, N3R 7K1
(519) 754-4590   *SIC* 3554

ANDRITZ HYDRO CANADA INC *p 1056*
895 Av George-V, LACHINE, QC, H8S 2R9
(514) 428-6820   *SIC* 8711

ANDRITZ HYDRO CANADA INC *p 1056*
390 Rue Sherbrooke, LACHINE, QC, H8S 1G4
(514) 428-6843   *SIC* 8711

ANDRITZ HYDRO CANADA INC *p 1294*
2600 Wentz Ave, SASKATOON, SK, S7K 2L1
(306) 931-0801   *SIC* 3569

ANDRITZ LTEE *p 1056*
2260 32e Av, LACHINE, QC, H8T 3H4
(514) 631-7700   *SIC* 5084

ANDRITZ SEPARATION, DIV OF *p 1294*
See ANDRITZ HYDRO CANADA INC

ANDROID INDUSTRIES LLC *p 511*
14 Precidio Crt, BRAMPTON, ON, L6S 6E3
(905) 458-4774   *SIC* 3694

ANDRON STAINLESS LTD *p 717*
6170 Tomken Rd, MISSISSAUGA, ON, L5T 1X7
(905) 564-5144   *SIC* 3498

ANGEL ACCESSIBILITY INC *p 328*
2508 Bridge St, VICTORIA, BC, V8T 5H3
(250) 383-0405   *SIC* 1796

ANGEL RESTORATION & DESASTER CLEANUP *p 246*
See ANGEL RESTORATION INC

ANGEL RESTORATION INC *p 246*
1484 Rupert St, NORTH VANCOUVER, BC, V7J 1E9
(604) 984-7575   *SIC* 8322

ANGEL STAR HOLDINGS LTD *p 330*
740 Burdett Ave Suite 1901, VICTORIA, BC, V8W 1B2
(250) 382-4221   *SIC* 7011

ANGELO'S BAKERY AND DELI *p 661*
See 1279028 ONTARIO LIMITED

ANGES G HODGE ELEMENTARY SCHOOL *p 529*
See GRAND ERIE DISTRICT SCHOOL BOARD

ANGIE'S KITCHEN *p 951*
See ANGIE'S KITCHEN LIMITED

ANGIE'S KITCHEN LIMITED *p 851*
1761 Erbs Rd W, ST AGATHA, ON, N0B 2L0
(519) 747-1700   *SIC* 5812

ANGIE'S KITCHEN LIMITED *p 951*
47 Erb St W, WATERLOO, ON, N2L 1S8
(519) 886-2540   *SIC* 5812

ANGLICAN CHURCH OF CANADA *p 900*
300 Lonsdale Rd, TORONTO, ON, M4V 1X4
(416) 488-7884   *SIC* 8661

ANGLICAN HOMES INC *p 436*
Gd Stn Main, ST. JOHN'S, NL, A1N 2B9
SIC 8051

ANGLIN ENTERPRISES INC *p 965*
220 Tecumseh Rd W, WINDSOR, ON, N8X 1G1
(519) 727-4398   *SIC* 6712

ANGLOPHONE SOUTH SCHOOL DISTRICT (ASD-S) *p 403*
11 School St, HAMPTON, NB, E5N 6B1
(506) 832-6020   *SIC* 8211

ANGLOPHONE SOUTH SCHOOL DISTRICT (ASD-S) *p 403*
122 School St, HAMPTON, NB, E5N 6B2
(506) 832-6022   *SIC* 8211

ANGLOPHONE SOUTH SCHOOL DISTRICT (ASD-S) *p 412*
189 Pettingill Rd, QUISPAMSIS, NB, E2E 3S8
(506) 847-6210   *SIC* 8211

ANGLOPHONE SOUTH SCHOOL DISTRICT (ASD-S) *p 412*
290 Hampton Rd, QUISPAMSIS, NB, E2E 4N1
(506) 847-6207   *SIC* 8211

ANGLOPHONE SOUTH SCHOOL DISTRICT (ASD-S) *p 412*
398 Hampton Rd, QUISPAMSIS, NB, E2E 4V5
(506) 847-6200   *SIC* 8211

ANGLOPHONE SOUTH SCHOOL DISTRICT (ASD-S) *p 412*
9 Kensington Ave, QUISPAMSIS, NB, E2E 2T8
(506) 847-6212   *SIC* 8211

ANGLOPHONE SOUTH SCHOOL DISTRICT (ASD-S) *p 413*
63 Hampton Rd, ROTHESAY, NB, E2E 5L6
(506) 849-5515   *SIC* 8211

ANGLOPHONE SOUTH SCHOOL DISTRICT (ASD-S) *p 413*
7 Hampton Rd, ROTHESAY, NB, E2E 5K8
(506) 847-6201   *SIC* 8211

ANGLOPHONE SOUTH SCHOOL DISTRICT (ASD-S) *p 413*
230 Eriskay Dr, ROTHESAY, NB, E2E 5G7
(506) 847-6203   *SIC* 8211

ANGLOPHONE SOUTH SCHOOL DISTRICT (ASD-S) *p 413*
61 Hampton Rd, ROTHESAY, NB, E2E 5L6
(506) 847-6204   *SIC* 8211

ANGLOPHONE SOUTH SCHOOL DISTRICT (ASD-S) *p 413*
10 Broadway St, ROTHESAY, NB, E2H 1B2
(506) 847-6213   *SIC* 8211

ANGLOPHONE SOUTH SCHOOL DISTRICT (ASD-S) *p 415*
490 Woodward Ave, SAINT JOHN, NB, E2K 5N3
(506) 658-5300   *SIC* 8211

ANGLOPHONE SOUTH SCHOOL DISTRICT (ASD-S) *p 420*
1800 Route 124, SPRINGFIELD KINGS CO, NB, E5T 2K2
(506) 485-3030   *SIC* 8211

ANGLOPHONE SOUTH SCHOOL DISTRICT (ASD-S) *p 421*
49 Bryant Dr, SUSSEX, NB, E4E 2P2
(506) 432-2022   *SIC* 8211

ANGLOPHONE SOUTH SCHOOL DISTRICT (ASD-S) *p 421*
55 Leonard Dr, SUSSEX, NB, E4E 2P8
(506) 432-2017   *SIC* 8211

ANGLOPHONE SOUTH SCHOOL DISTRICT (ASD-S) *p 421*
12 Dutch Valley Rd, SUSSEX CORNER, NB, E4E 2Y1
(506) 432-2018   *SIC* 8211

ANGLOPHONE WEST SCHOOL DISTRICT (ASD-W) *p 394*
3466 Route 625, BOIESTOWN, NB, E6A 1C8
SIC 8211

ANGLOPHONE WEST SCHOOL DISTRICT (ASD-W) *p 395*
33 Forest Ave, CHIPMAN, NB, E4A 1Z8
(506) 339-7015   *SIC* 8211

ANGLOPHONE WEST SCHOOL DISTRICT (ASD-W) *p 397*
430 Main St, DOAKTOWN, NB, E9C 1E8
SIC 8211

ANGLOPHONE WEST SCHOOL DISTRICT (ASD-W) *p 397*
747 Route 628, DURHAM BRIDGE, NB, E6C 1N6
(506) 453-3238   *SIC* 8211

ANGLOPHONE WEST SCHOOL DISTRICT (ASD-W) *p 398*
778 Maclaren Ave, FREDERICTON, NB, E3A 3L7
(506) 453-5429   *SIC* 8211

ANGLOPHONE WEST SCHOOL DISTRICT (ASD-W) *p 398*
80 Main St, FREDERICTON, NB, E3A 1C4
(506) 453-5421   *SIC* 8211

ANGLOPHONE WEST SCHOOL DISTRICT (ASD-W) *p 398*
39 Carman Ave, FREDERICTON, NB, E3A 3W9
(506) 453-5402   *SIC* 8211

ANGLOPHONE WEST SCHOOL DISTRICT (ASD-W) *p 398*
324 Fulton Ave, FREDERICTON, NB, E3A 5J4
(506) 453-5436   *SIC* 8211

ANGLOPHONE WEST SCHOOL DISTRICT (ASD-W) *p 398*
681 Dobie St, FREDERICTON, NB, E3A 2Z2
(506) 453-5405   *SIC* 8211

ANGLOPHONE WEST SCHOOL DISTRICT (ASD-W) *p 398*
129 Mcadam Ave, FREDERICTON, NB, E3A 1G7
(506) 453-5422   *SIC* 8211

ANGLOPHONE WEST SCHOOL DISTRICT (ASD-W) *p 398*
241 Canada St, FREDERICTON, NB, E3A 4A1
(506) 453-5431   *SIC* 8211

ANGLOPHONE WEST SCHOOL DISTRICT (ASD-W) *p 398*
30 School St, FLORENCEVILLE-BRISTOL, NB, E7L 2G2
(506) 392-5120   *SIC* 8211

ANGLOPHONE WEST SCHOOL DISTRICT (ASD-W) *p 398*
499 Cliffe St, FREDERICTON, NB, E3A 9P5
(506) 457-6898   *SIC* 8211

ANGLOPHONE WEST SCHOOL DISTRICT (ASD-W) *p 398*
111 Park St, FREDERICTON, NB, E3A 2J6
(506) 453-5423   *SIC* 8211

ANGLOPHONE WEST SCHOOL DISTRICT (ASD-W) *p 399*
692 Montgomery St, FREDERICTON, NB, E3B 2X8
(506) 453-5433   *SIC* 8211

ANGLOPHONE WEST SCHOOL DISTRICT (ASD-W) *p 399*
575 George St, FREDERICTON, NB, E3B 1K2
(506) 453-5419   *SIC* 8211

ANGLOPHONE WEST SCHOOL DISTRICT (ASD-W) *p 399*
363 Priestman St, FREDERICTON, NB, E3B 3B5
(506) 453-5424   *SIC* 8211

ANGLOPHONE WEST SCHOOL DISTRICT (ASD-W) *p 399*
300 Priestman St, FREDERICTON, NB, E3B 6J8
(506) 453-5279   *SIC* 8211

ANGLOPHONE WEST SCHOOL DISTRICT (ASD-W) *p 399*
184 Connaught St, FREDERICTON, NB, E3B 2A9
(506) 453-5404   *SIC* 8211

▲ Public Company   ■ Public Company Family Member   **HQ** Headquarters   **BR** Branch   **SL** Single Location

ANGLOPHONE WEST SCHOOL DISTRICT (ASD-W) *p 399*
1360 Woodstock Rd, FREDERICTON, NB, E3B 9G7
(506) 453-5409   SIC 8211

ANGLOPHONE WEST SCHOOL DISTRICT (ASD-W) *p 401*
3188 Woodstock Rd, FREDERICTON, NB, E3C 1K9
(506) 453-5414   SIC 8211

ANGLOPHONE WEST SCHOOL DISTRICT (ASD-W) *p 402*
340 Royal Rd, FREDERICTON, NB, E3G 6J9
(506) 453-5438   SIC 8211

ANGLOPHONE WEST SCHOOL DISTRICT (ASD-W) *p 403*
1908 Route 3, HARVEY STATION, NB, E6K 2P4
(506) 366-2201   SIC 8211

ANGLOPHONE WEST SCHOOL DISTRICT (ASD-W) *p 403*
166 Mckeen Dr, KESWICK RIDGE, NB, E6L 1N9
(506) 363-4703   SIC 8211

ANGLOPHONE WEST SCHOOL DISTRICT (ASD-W) *p 403*
2055 Route 3, HARVEY YORK CO, NB, E6K 1L1
(506) 366-2200   SIC 8211

ANGLOPHONE WEST SCHOOL DISTRICT (ASD-W) *p 404*
42 Cedar St, MINTO, NB, E4B 2Z9
(506) 327-3365   SIC 8211

ANGLOPHONE WEST SCHOOL DISTRICT (ASD-W) *p 404*
29 Lake Ave, MCADAM, NB, E6J 1N7
(506) 784-6828   SIC 8211

ANGLOPHONE WEST SCHOOL DISTRICT (ASD-W) *p 404*
126 Park St, MINTO, NB, E4B 3K9
(506) 327-3388   SIC 8211

ANGLOPHONE WEST SCHOOL DISTRICT (ASD-W) *p 411*
75 Clover St, NEW MARYLAND, NB, E3C 1C5
(506) 453-5420   SIC 8211

ANGLOPHONE WEST SCHOOL DISTRICT (ASD-W) *p 421*
28 Bridge St, STANLEY, NB, E6B 1B2
(506) 367-7690   SIC 8211

ANGUS G FOODS INC *p 447*
588 Portland St, DARTMOUTH, NS, B2W 2M3
(902) 435-3181   SIC 5812

ANGUS MCKAY SCHOOL *p 367*
See *RIVER EAST TRANSCONA SCHOOL DIVISION*

ANGUS TIGER LIMITED *p 488*
3 Massey St Unit 4, ANGUS, ON, L0M 1B0
(705) 424-1890   SIC 5399

ANI-MAT INC *p 1241*
395 Rue Rodolphe-Racine, SHERBROOKE, QC, J1R 0S7
(819) 821-2091   SIC 2273

ANICINABE COMMUNITY SCHOOL *p 353*
See *SAGKEENG EDUCATION AUTHORITY*

ANIMAL CARE CENTRE *p 320*
See *UNIVERSITY OF BRITISH COLUMBIA, THE*

ANIMAL HEALTH, DIV OF *p 533*
See *BOEHRINGER INGELHEIM (CANADA) LTD*

ANIMAL SERVICES *p 379*
See *CITY OF WINNIPEG, THE*

ANIMALERIE DYNO INC *p 1164*
8925 Boul De L'ormiere, Quebec, QC, G2C 1C4
(418) 843-1466   SIC 5999

ANISHINABEK NATION *p 568*
See *UNION OF ONTARIO INDIANS*

ANISHINABEK POLICE SERVICE LTD *p 591*
1436 Highway 17 B, GARDEN RIVER, ON, P6A 6Z1
(705) 946-2539   SIC 7381

ANIXTER CANADA INC *p 95*
12354 184 St Nw, EDMONTON, AB, T5V 0A5
(780) 452-8171   SIC 5051

ANIXTER CANADA INC *p 268*
18371 Blundell Rd, RICHMOND, BC, V6W 1L8
(604) 276-0366   SIC 5051

ANIXTER CANADA INC *p 513*
7956 Torbram Rd Unit 1, BRAMPTON, ON, L6T 5A2
(905) 790-9100   SIC 3644

ANIXTER CANADA INC *p 713*
200 Foster Cres, MISSISSAUGA, ON, L5R 3Y5
(905) 568-8999   SIC 5063

ANIXTER CANADA INC *p 1056*
3000 Rue Louis-A.-Amos, LACHINE, QC, H8T 3P8
(514) 636-3636   SIC 5063

ANIXTER POWER SOLUTIONS CANADA INC *p 387*
1099 Wilkes Avenue Unit 7, WINNIPEG, MB, R3P 2S2
(204) 284-3834   SIC 5085

ANIXTER POWER SOLUTIONS CANADA INC *p 555*
188 Purdy Rd, COLBORNE, ON, K0K 1S0
(905) 355-2474   SIC 5085

ANIXTER POWER SOLUTIONS CANADA INC *p 555*
188 Purdy Rd Rr 2, COLBORNE, ON, K0K 1S0
(905) 355-2474   SIC 1731

ANIXTER POWER SOLUTIONS CANADA INC *p 762*
601 Ormont Dr, NORTH YORK, ON, M9L 2W6
(416) 745-9292   SIC 5085

ANKOR ENGINEERING SYSTEMS LTD *p 762*
32 Penn Dr, NORTH YORK, ON, M9L 2A9
(416) 740-5671   SIC 8748

ANMAR MECHANICAL AND ELECTRICAL CONTRACTORS LTD *p 649*
199 Mumford Rd, LIVELY, ON, P3Y 0A4
(705) 692-0888   SIC 3312

ANN-LOUISE JEWELLERS LTD *p 296*
18 2nd Ave E, VANCOUVER, BC, V5T 1B1
(604) 873-6341   SIC 5944

ANNA MAE'S BAKERY & RESTAURANT *p 680*
See *MILLBANK HOME BAKERY AND COUNTRY CAFE LTD*

ANNA MCCREA PUBLIC SCHOOL *p 830*
See *ALGOMA DISTRICT SCHOOL BOARD*

ANNABLE FOODS LTD *p 275*
2027 Columbia Ave, ROSSLAND, BC, V0G 1Y0
(250) 362-5206   SIC 5411

ANNACIS ISLAND WASTE WATER TREATMENT PLANT *p 207*
See *GREATER VANCOUVER REGIONAL DISTRICT*

ANNAN & BIRD LITHOGRAPHERS *p 719*
See *MOORE CANADA CORPORATION*

ANNAPOLIS COUNTY ADULT RESIDENTIAL CENTRE *p 444*
200 Church St, BRIDGETOWN, NS, B0S 1C0
(902) 665-4566   SIC 8361

ANNAPOLIS EAST ELEMENTARY SCHOOL *p 444*
See *ANNAPOLIS VALLEY REGIONAL SCHOOL BOARD*

ANNAPOLIS ROYAL NURSING HOME LTD *p 441*
Gd, ANNAPOLIS ROYAL, NS, B0S 1A0
(902) 532-2240   SIC 8051

ANNAPOLIS VALLEY DISTRICT HEALTH AUTHORITY *p 444*
121 Orchard St Rr 3 Suite 131, BERWICK, NS, B0P 1E0
(902) 538-0096   SIC 8062

ANNAPOLIS VALLEY DISTRICT HEALTH AUTHORITY *p 465*
150 Exhibieln St, KENTVILLE, NS, B4N 5E3
(902) 678-7381   SIC 8062

ANNAPOLIS VALLEY PEAT MOSS COMPANY LIMITED *p 983*
747 Canadian Rd Rr 2, COLEMAN, PE, C0B 1H0
(902) 831-2669   SIC 1499

ANNAPOLIS VALLEY REGIONAL LIBRARY *p 444*
See *NOVA SCOTIA, PROVINCE OF*

ANNAPOLIS VALLEY REGIONAL SCHOOL BOARD *p 441*
100 Champlain Dr, ANNAPOLIS ROYAL, NS, B0S 1A0
(902) 532-3150   SIC 8211

ANNAPOLIS VALLEY REGIONAL SCHOOL BOARD *p 442*
1276 Victoria Rd, AYLESFORD, NS, B0P 1C0
(902) 847-4400   SIC 8211

ANNAPOLIS VALLEY REGIONAL SCHOOL BOARD *p 442*
1941 Hwy 1, AUBURN, NS, B0P 1A0
(902) 847-4440   SIC 8211

ANNAPOLIS VALLEY REGIONAL SCHOOL BOARD *p 442*
486 Oak Island Rd, AVONPORT, NS, B0P 1B0
(902) 542-6900   SIC 8211

ANNAPOLIS VALLEY REGIONAL SCHOOL BOARD *p 444*
220 Veterans Dr, BERWICK, NS, B0P 1E0
(902) 538-4720   SIC 8211

ANNAPOLIS VALLEY REGIONAL SCHOOL BOARD *p 444*
121 Orchard St Rr 3, BERWICK, NS, B0P 1E0
(902) 538-4600   SIC 8211

ANNAPOLIS VALLEY REGIONAL SCHOOL BOARD *p 444*
4339 Brooklyn St, BERWICK, NS, B0P 1E0
(902) 538-4670   SIC 8211

ANNAPOLIS VALLEY REGIONAL SCHOOL BOARD *p 444*
7 Park St, BRIDGETOWN, NS, B0S 1C0
(902) 665-5430   SIC 8211

ANNAPOLIS VALLEY REGIONAL SCHOOL BOARD *p 444*
456 Granville St, BRIDGETOWN, NS, B0S 1C0
(902) 665-5400   SIC 8211

ANNAPOLIS VALLEY REGIONAL SCHOOL BOARD *p 445*
1017 J Jordan Rd, CANNING, NS, B0P 1H0
(902) 582-2010   SIC 8211

ANNAPOLIS VALLEY REGIONAL SCHOOL BOARD *p 445*
6113 Highway 1, CAMBRIDGE, NS, B0P 1G0
(902) 538-4680   SIC 8211

ANNAPOLIS VALLEY REGIONAL SCHOOL BOARD *p 445*
6125 Highway 1 Rr 1, CAMBRIDGE, NS, B0P 1G0
(902) 538-4700   SIC 8211

ANNAPOLIS VALLEY REGIONAL SCHOOL BOARD *p 446*
120 Sandster Bridge Rd, CURRYS CORNER, NS, B0N 1H0
(902) 792-6700   SIC 8211

ANNAPOLIS VALLEY REGIONAL SCHOOL BOARD *p 446*
2305 English Mountain Rd, COLDBROOK, NS, B4R 1B4
(902) 690-3830   SIC 8211

ANNAPOLIS VALLEY REGIONAL SCHOOL BOARD *p 455*
106 School St, FALMOUTH, NS, B0P 1L0
(902) 792-6710   SIC 8211

ANNAPOLIS VALLEY REGIONAL SCHOOL BOARD *p 455*
109 North St, GRANVILLE FERRY, NS, B0S 1K0
(902) 532-3270   SIC 8211

ANNAPOLIS VALLEY REGIONAL SCHOOL BOARD *p 455*
Gd, GREENWOOD, NS, B0P 1N0
(902) 765-7510   SIC 8211

ANNAPOLIS VALLEY REGIONAL SCHOOL BOARD *p 464*
11 School St, HANTSPORT, NS, B0P 1P0
(902) 684-4005   SIC 8211

ANNAPOLIS VALLEY REGIONAL SCHOOL BOARD *p 465*
35 Gary Pearl Dr, KENTVILLE, NS, B4N 0H4
(902) 690-3850   SIC 8211

ANNAPOLIS VALLEY REGIONAL SCHOOL BOARD *p 465*
446 Aldershot Rd, KENTVILLE, NS, B4N 3A1
(902) 690-3820   SIC 8211

ANNAPOLIS VALLEY REGIONAL SCHOOL BOARD *p 465*
625 Pine Ridge Ave, KINGSTON, NS, B0P 1R0
(902) 765-7530   SIC 8211

ANNAPOLIS VALLEY REGIONAL SCHOOL BOARD *p 468*
18 Gates Ave, MIDDLETON, NS, B0S 1P0
(902) 825-5350   SIC 8211

ANNAPOLIS VALLEY REGIONAL SCHOOL BOARD *p 470*
34 Jones Rd, NEW MINAS, NS, B4N 3N1
(902) 681-4900   SIC 8211

ANNAPOLIS VALLEY REGIONAL SCHOOL BOARD *p 470*
9387 Commercial St, NEW MINAS, NS, B4N 3G3
(709) 922-2003   SIC 8211

ANNAPOLIS VALLEY REGIONAL SCHOOL BOARD *p 470*
8008 Highway 14, NEWPORT, NS, B0N 2A0
(902) 757-4120   SIC 8211

ANNAPOLIS VALLEY REGIONAL SCHOOL BOARD *p 472*
1261 Belcher St, PORT WILLIAMS, NS, B0P 1T0
(902) 542-6074   SIC 8211

ANNAPOLIS VALLEY REGIONAL SCHOOL BOARD *p 479*
225 Payzant Dr, WINDSOR, NS, B0N 2T0
(902) 792-6740   SIC 8211

ANNAPOLIS VALLEY REGIONAL SCHOOL BOARD *p 479*
4555 Highway 1, WINDSOR, NS, B0N 2T0
(902) 792-6720   SIC 8211

ANNAPOLIS VALLEY REGIONAL SCHOOL BOARD *p 479*
75 Greenwich Rd S Suite 2, WOLFVILLE, NS, B4P 2R2
(902) 542-6060   SIC 8211

ANNAPOLIS VALLEY REGIONAL SCHOOL BOARD *p 479*
103 Morrison Dr, WINDSOR, NS, B0N 2T0
(902) 538-4600   SIC 8211

ANNAPOLIS VALLEY REGIONAL SCHOOL BOARD *p 479*
19 Acadia St, WOLFVILLE, NS, B4P 1K8
(902) 542-6050   SIC 8211

ANNAPOLIS VALLEY REGIONAL SCHOOL BOARD *p 480*
2781 Greenfield Rd, WOLFVILLE, NS, B4P 2R1
(902) 542-6090   SIC 8211

ANNAPOLIS WEST EDUCATION CENTRE *p 441*
See *ANNAPOLIS VALLEY REGIONAL SCHOOL BOARD*

ANNE & MAX TANENBAUM COMMUNITY HEBREW ACADEMY OF TORONTO *p 667*

9600 Bathurst St, MAPLE, ON, L6A 3Z8
(905) 787-8772   SIC 8211
ANNE AND MAX TANENBAUM HEBREW ACADEMY OF TORONTO   p 754
200 Wilmington Ave, NORTH YORK, ON, M3H 5J8
(416) 636-5984   SIC 8211
ANNE HATHAWAY DAY CARE CENTRE   p 864
See CORPORATION OF THE CITY OF STRATFORD
ANNE HATHWAY PUBLIC SCHOOL   p 864
See AVON MAITLAND DISTRICT SCHOOL BOARD
ANNE MCCLYMONT ELEMENTARY   p 222
See BOARD OF EDUCATION OF SCHOOL DISTRICT NO. 23 (CENTRAL OKANAGAN), THE
ANNETTE STREET PUBLIC SCHOOL p 938
See TORONTO DISTRICT SCHOOL BOARD
ANNETTE'S DONUTS LIMITED   p 941
1965 Lawrence Ave W, TORONTO, ON, M9N 1H5
(416) 656-3444   SIC 2051
ANNEX PUBLISHING & PRINTING INC   p 490
222 Edward St, AURORA, ON, L4G 1W6
(905) 727-0077   SIC 2721
ANNEX PUBLISHING & PRINTING INC   p 568
300 Argyle Ave, DELHI, ON, N4B 2Y1
SIC 2711
ANNEXE SAINT JOSEPH   p 992
See COMMISSION SCOLAIRE DE LA POINTE-DE-L'ILE
ANNIE FOOTE SCHOOL   p 9
See CALGARY BOARD OF EDUCATION
ANNIE GALE JUNIOR HIGH SCHOOL   p 9
See CALGARY BOARD OF EDUCATION
ANNIE L GAETZ ELEMENTARY SCHOOL p 152
See BOARD OF TRUSTEES OF THE RED DEER PUBLIC SCHOOL DISTRICT NO. 104, THE
ANNIEDALE ELEMENTARY SCHOOL p 290
See SCHOOL DISTRICT NO 36 (SURREY)
ANNUNCIATION CATHOLIC SCHOOL p 890
See TORONTO CATHOLIC DISTRICT SCHOOL BOARD
ANNUNCIATION ELEMENTARY SCHOOL p 89
See EDMONTON CATHOLIC SEPARATE SCHOOL DISTRICT NO.7
ANNUNCIATION OF OUR LORD   p 616
See HAMILTON-WENTWORTH CATHOLIC SCHOOL BOARD
ANNUNCIATION SCHOOL   p 263
See PRINCE RUPERT SCHOOL DISTRICT 52
ANODIZING & PAINT T.N.M INC   p 1141
21 Ch De L'aviation, POINTE-CLAIRE, QC, H9R 4Z2
(514) 429-7777   SIC 3471
ANOLA ELEMENTARY SCHOOL   p 343
See SUNRISE SCHOOL DIVISION
ANSELL CANADA INC   p 1021
105 Rue Lauder, COWANSVILLE, QC, J2K 2K8
(450) 266-1850   SIC 5122
ANSON GENERAL HOSPITAL   p 622
58 Anson Dr, IROQUOIS FALLS, ON, P0K 1E0
(705) 258-3221   SIC 8361
ANSON PARK PUBLIC SCHOOL   p 887
See TORONTO DISTRICT SCHOOL BOARD
ANSON PLACE CARE CENTRE   p 605
See EXTENDICARE INC
ANSON S TAYLOR JUNIOR PUBLIC SCHOOL   p 844
See TORONTO DISTRICT SCHOOL BOARD
ANSUL CANADA LIMITEE   p 1016

675 Rue Merrill, COATICOOK, QC, J1A 2S2
(819) 849-2751   SIC 3052
ANSWER PLUS   p 610
See PASWORD GROUP INC, THE
ANSWERNET   p 580
See TELEPARTNERS CALL CENTRE INC
ANTECH DIAGNOSTICS CANADA LTD   p 706
6625 Kitimat Rd Suite 1, MISSISSAUGA, ON, L5N 6J1
(905) 567-0597   SIC 8731
ANTHONY MACAULEY ASSOCIATES INC p 790
85 Albert St Suite 605, OTTAWA, ON, K1P 6A4
(613) 230-3833   SIC 8741
ANTI-FRICTION ENTERPRISES (1985) LIMITED   p 513
150 Summerlea Rd, BRAMPTON, ON, L6T 4X3
(905) 793-4493   SIC 3471
ANTON'S PASTA LTD   p 186
4260 Hastings St, BURNABY, BC, V5C 2J6
(604) 299-6636   SIC 5812
ANVIL INTERNATIONAL   p 849
See MUELLER CANADA LTD
AO SAFETY   p 684
See AEARO CANADA LIMITED
AOC RESINS AND COATINGS COMPANY p 601
38 Royal Rd, GUELPH, ON, N1H 1G3
(519) 821-5180   SIC 2821
AOL CANADA   p 406
See AMERICA ONLINE CANADA INC
AOL CANADA   p 928
See AMERICA ONLINE CANADA INC
AON BENFIELD CANADA ULC   p 279
15225 104 Ave Suite 320, SURREY, BC, V3R 6Y8
SIC 6211
AON CANADA INC   p 78
10025 102a Ave Nw Unit 700, EDMONTON, AB, T5J 2Z2
(780) 423-1444   SIC 6411
AON CANADA INC   p 321
900 Howe St, VANCOUVER, BC, V6Z 2M4
(604) 688-4442   SIC 6411
AON CANADA INC   p 374
1 Lombard Pl Suite 1800, WINNIPEG, MB, R3B 2A3
(204) 956-1070   SIC 6411
AON CANADA INC   p 1109
700 Rue De La Gauchetiere O Unite 1800, Montreal, QC, H3B 0A5
(514) 842-5000   SIC 6411
AON CANADA INC   p 1284
2103 11th Ave Suite 1000, REGINA, SK, S4P 3Z8
(306) 569-6700   SIC 6411
AON CONSULTING INC   p 303
401 West Georgia, VANCOUVER, BC, V6B 5A1
(604) 683-7311   SIC 8999
AON CONSULTING INC   p 917
145 Wellington St W Suite 300, TORONTO, ON, M5J 1H8
(416) 542-5500   SIC 8999
AON CONSULTING INC   p 1109
700 Rue De La Gauchetiere O Bureau 1900, Montreal, QC, H3B 0A7
(514) 845-6231   SIC 8999
AON CONSULTING INC   p 1159
2600 Boul Laurier Bureau 750, Quebec, QC, G1V 4W2
(418) 650-1119   SIC 8999
AON CONSULTING INC   p 1294
105 21st St E 8th Fl, SASKATOON, SK, S7K 0B3
(306) 975-8855   SIC 8999
AON GROUP INC   p 808
307 Aylmer St N, PETERBOROUGH, ON, K9J 7M4
(705) 742-3801   SIC 6712

AON HEWITT, DIV OF   p 303
See AON CONSULTING INC
AON INC   p 808
131 Charlotte St Suite 333, PETERBOROUGH, ON, K9J 2T6
(705) 876-1314   SIC 6513
AON INC   p 808
307 Aylmer St N, PETERBOROUGH, ON, K9J 7M4
(705) 742-5445   SIC 6553
AON INSURANCE MANAGERS   p 321
See AON CANADA INC
AON PARIZEAU INC   p 1109
700 Rue De La Gauchetiere O Bureau 1600, Montreal, QC, H3B 0A4
(514) 842-5000   SIC 6411
AON PARIZEAU INC   p 1159
See AON PARIZEAU INC
AON PARIZEAU INC   p 1159
2600 Boul Laurier Bureau 750, Quebec, QC, G1V 4W2
(418) 529-1234   SIC 6411
AON REED STENHOUSE   p 78
See AON CANADA INC
AON REED STENHOUSE   p 374
See AON CANADA INC
AON REED STENHOUSE INC   p 26
1100 1 St Se Suite 4fl, CALGARY, AB, T2G 1B1
(403) 267-7010   SIC 6411
AON REED STENHOUSE   p 78
10025 102a Ave Nw Suite 900, EDMONTON, AB, T5J 0Y2
(780) 423-9801   SIC 6411
AON REED STENHOUSE INC   p 303
401 W Georgia St Suite 1200, VANCOUVER, BC, V6B 5A1
(604) 688-4442   SIC 6411
AON REED STENHOUSE INC   p 328
1803 Douglas St, VICTORIA, BC, V8T 5C3
(250) 388-7577   SIC 6411
AON REED STENHOUSE INC   p 432
125 Kelsey Dr Suite 100, ST. JOHN'S, NL, A1B 0L2
(709) 739-1000   SIC 6411
AON REED STENHOUSE INC   p 457
1969 Upper Water St Suite 1001, HALIFAX, NS, B3J 3R7
(902) 429-7310   SIC 6411
AON REED STENHOUSE INC   p 654
255 Queens Ave Suite 1400, LONDON, ON, N6A 5R8
(519) 433-3441   SIC 6411
AON REED STENHOUSE INC   p 764
2010 Winston Park Dr Suite 200, OAKVILLE, ON, L6H 6A3
(905) 829-5008   SIC 6411
AON REED STENHOUSE INC   p 793
333 Preston St Suite 600 Preston Sq Tower 1, OTTAWA, ON, K1S 5N4
(613) 722-7070   SIC 6411
AON REED STENHOUSE INC   p 877
1205 Amber Dr Unit 100, THUNDER BAY, ON, P7B 6M4
(807) 346-7450   SIC 6411
AON REED STENHOUSE INC   p 917
20 Bay St Suite 2400, TORONTO, ON, M5J 2N8
(416) 868-5500   SIC 6411
AON REED STENHOUSE INC   p 1109
700 De La Gauchetiere O Bureau 1800, Montreal, QC, H3B 0A4
(514) 842-5000   SIC 6411
AON REED STENHOUSE INC   p 1284
2103 11th Ave Suite 1000, REGINA, SK, S4P 3Z8
(306) 569-6700   SIC 6411
AONES CRANES   p 867
See KAVERIT CRANES & SERVICE ULC
AP&C REVETEMENTS & POUDRES AVANCEES INC   p 1000
3765 Rue La Verendrye Bureau 110, BOISBRIAND, QC, J7H 1R8
(450) 434-1004   SIC 3479

APAC SOLUTIONS GLOBALES   p 1119
See SERVICE A LA CLIENTELE ALORICA LTEE
APACHE CANADA LTD   p 40
421 7 Ave Sw Suite 2800, CALGARY, AB, T2P 4K9
(403) 261-1200   SIC 1382
APACHE CANADA LTD   p 67
5018 50 Ave, CASTOR, AB, T0C 0X0
(403) 882-3751   SIC 1311
APACHE CANADA LTD   p 70
Gd, CONSORT, AB, T0C 1B0
(403) 577-3811   SIC 1382
APACHE CANADA LTD   p 146
Gd, MIRROR, AB, T0B 3C0
(403) 788-2350   SIC 1311
APACHE CANADA LTD   p 170
Gd, SWAN HILLS, AB, T0G 2C0
SIC 5541
APACHE CANADA LTD   p 173
10011 106 St Unit 204, WESTLOCK, AB, T7P 2K3
(780) 307-3800   SIC 1382
APACHE CANADA LTD   p 175
958 Beach Rd, ZAMA CITY, AB, T0H 4E0
(780) 683-8000   SIC 2911
APACHE CANADA LTD   p 1275
Gd, MIDALE, SK, S4H 3M8
(306) 458-2884   SIC 1389
APACHE CANADA LTD   p 1291
Hwy 371 W, Richmound, SK, S0N 2E0
SIC 1382
APCGM   p 992
See ASSOCIATION DE PARENTS DU CENTRE GABRIELLE MAJOR
APEX   p 1268
See APEX DISTRIBUTION INC
APEX COMMUNICATIONS INC   p 272
11666 Steveston Hwy Suite 3120, RICHMOND, BC, V7A 5J3
(604) 274-3300   SIC 5999
APEX COMMUNICATIONS INC   p 283
13734 104 Ave Suite 201, SURREY, BC, V3T 1W5
(604) 583-3300   SIC 5999
APEX DARTMOUTH DIV OF   p 408
See APEX INDUSTRIES INC
APEX DISTRIBUTION INC   p 1268
315a Kensington Ave, ESTEVAN, SK, S4A 2A6
(306) 634-2835   SIC 5084
APEX GRAPHICS   p 717
See 1095533 ONTARIO INC
APEX INDUSTRIES INC   p 408
100 Millennium Blvd, MONCTON, NB, E1E 2G8
(506) 857-1677   SIC 3442
APEX MOTOR EXPRESS LTD   p 511
60 Ward Rd, BRAMPTON, ON, L6S 4L5
(905) 789-5000   SIC 4213
APEX SECONDARY   p 233
See SCHOOL DISTRICT NO. 35 (LANGLEY)
APEX WIRELESS   p 272
See APEX COMMUNICATIONS INC
APEX WIRELESS   p 283
See APEX COMMUNICATIONS INC
APEX-NIAGARA TOOL LTD   p 854
54 Catherine St, ST CATHARINES, ON, L2R 7R5
(905) 704-1797   SIC 5251
APLIN & MARTIN CONSULTANTS LTD   p 176
33230 Old Yale Rd Suite 101, ABBOTSFORD, BC, V2S 2J5
SIC 8711
APLIN & MARTIN CONSULTANTS LTD   p 285
12448 82 Ave Suite 201, SURREY, BC, V3W 3E9
(604) 597-9189   SIC 8711
APN INC   p 1154
2659 Boul Du Parc-Technologique, Quebec, QC, G1P 4S5

(418) 266-1247   SIC 3089
APNAIR   p 1119
See BIRON LABORATOIRE MEDICAL INC
APOBIOLOGIX   p 762
See APOTEX INC
APOGEE INTERACTIVE   p 724
See 2034301 ONTARIO INC
APOLLO HEALTH AND BEAUTY CARE INC
p 890
1 Apollo Pl, TORONTO, ON, M3J 0H2
(416) 758-3700   SIC 2679
APOLLO MICROWAVES   p 1027
See MICRO-ONDES APOLLO LTEE
APOSTOLIC CHRISTIAN SCHOOL   p 412
See APOSTOLIC PENTECOSTAL CHURCH
APOSTOLIC PENTECOSTAL CHURCH   p 412
123 Main St, PLASTER ROCK, NB, E7G 2H2
(506) 356-8690   SIC 8211
APOTEX INC   p 583
50 Steinway Blvd Suite 3, ETOBICOKE, ON, M9W 6Y3
(416) 675-0338   SIC 2834
APOTEX INC   p 762
200 Barmac Dr, NORTH YORK, ON, M9L 2Z7
(800) 268-4623   SIC 2834
APOTEX INC   p 762
285 Garyray Dr, NORTH YORK, ON, M9L 1P2
(416) 749-9300   SIC 2834
APOTEX INC   p 822
380 Elgin Mills Rd E, RICHMOND HILL, ON, L4C 5H2
(905) 884-2050   SIC 2834
APOTEX INC   p 1141
755 Boul Saint-Jean Bureau 607, POINTE-CLAIRE, QC, H9R 5M9
(514) 630-3335   SIC 2834
APOTEX PHARMACHEM INC   p 528
34 Spalding Dr, BRANTFORD, ON, N3T 6B8
(519) 756-8942   SIC 2834
APP CANADA   p 1056
See ASIA PULP & PAPER (CANADA) LTD
APP PARKING   p 125
See ALL PEACE PROTECTION LTD
APPALACHIA HIGH SCHOOL   p 431
See WESTERN SCHOOL DISTRICT
APPARENT NETWORKS CANADA INC   p 303
321 Water St Suite 400, VANCOUVER, BC, V6B 1B8
(604) 433-2333   SIC 7371
APPLANIX CORPORATION   p 820
85 Leek Cres, RICHMOND HILL, ON, L4B 3B3
(289) 695-6000   SIC 3829
APPLE AMERICAN   p 254
2325 Ottawa St Suite 300, PORT COQUITLAM, BC, V3B 8A4
SIC 5812
APPLE CANADA INC   p 917
120 Bremner Blvd Suite 1600, TORONTO, ON, M5J 0A8
(647) 943-4400   SIC 5045
APPLE CANADA INC   p 1019
3035 Boul Le Carrefour Bureau C14b, Cote Saint-Luc, QC, H7T 1C8
(450) 902-4400   SIC 5045
APPLE LANE TERTIARY MENTAL HEALTH GERIATRIC UNIT   p 218
See INTERIOR HEALTH AUTHORITY
APPLE STORE   p 917
See APPLE CANADA INC
APPLEBEE'S GRILL & BAR   p 156
See NORTHERN APPLE RESTAURANTS INC
APPLEBEE'S NEIGHBORHOOD GRILL   p 254
See APPLE AMERICAN
APPLEBEE'S NEIGHBORHOOD GRILL   p 544
See TRUE NORTH RESTAURANTS INC

APPLEBEE'S NEIGHBORHOOD GRILL & BAR   p 494
See DYNAPPLE MANAGEMENT CORP
APPLEBEE'S NEIGHBORHOOD GRILL & BAR   p 503
265 North Front St, BELLEVILLE, ON, K8P 3C3
SIC 5812
APPLEBEE'S NEIGHBOURHOOD GRILL & BAR   p 879
See THUNDER APPLE NORTH INC
APPLEBEES'S NEIGHBORHOOD GRILL & BAR   p 722
See TRUE NORTH RESTAURANTS INC
APPLEBY PLACE RETIREMENT RESIDENCE   p 535
See REVERA INC
APPLECROP PUBLIC SCHOOL   p 484
See DURHAM DISTRICT SCHOOL BOARD
APPLEONE SERVICES LTD   p 697
33 City Centre Dr Suite 640, MISSISSAUGA, ON, L5B 2N5
(416) 236-0421   SIC 7361
APPLESHORE RESTAURANTS INC   p 969
2187 Huron Church Rd Unit 240, WINDSOR, ON, N9C 2L8
(519) 972-3000   SIC 8741
APPLEWOOD KIA   p 232
See APPLEWOOD MOTORS INC
APPLEWOOD MOTORS INC   p 232
19764 Langley Bypass, Langley, BC, V3A 7B1
(604) 533-7881   SIC 5511
APPLEWOOD SCHOOL   p 705
See PEEL DISTRICT SCHOOL BOARD
APPLEWOOD VALUMART   p 693
See LOBLAWS SUPERMARKETS LIMITED
APPLIANCE CANADA, A DIV OF LEON'S FURNITURE LIMITED   p 560
See LEON'S FURNITURE LIMITED
APPLIED BIOLOGICAL MATERIALS INC   p 265
1-3671 Viking Way, RICHMOND, BC, V6V 2J5
(604) 247-2416   SIC 8731
APPLIED ELECTRONICS LIMITED   p 687
1260 Kamato Rd, MISSISSAUGA, ON, L4W 1Y1
(905) 625-4321   SIC 5065
APPLIED INDUSTRIAL TECHNOLOGIES, LP   p 21
4600 5 St Ne Suite 3, CALGARY, AB, T2E 7C3
(403) 230-2428   SIC 5084
APPLIED INDUSTRIAL TECHNOLOGIES, LP   p 114
8620 18 St Nw, EDMONTON, AB, T6P 1K5
(780) 464-5528   SIC 5084
APPLIED INDUSTRIAL TECHNOLOGIES, LP   p 993
5 Av Narcisse-Blais, BAIE-COMEAU, QC, G4Z 1T3
(418) 296-5575   SIC 5084
APPLIED INDUSTRIAL TECHNOLOGIES, LP   p 1154
2584 Av Dalton, Quebec, QC, G1P 3S4
(418) 659-3924   SIC 3561
APPLIED INDUSTRIAL TECHNOLOGIES, LP   p 1294
3077 Faithfull Ave, SASKATOON, SK, S7K 8B3
(306) 934-3366   SIC 5084
APPLIED INDUSTRIAL TECHNOLOGIES, LP   p 1304
143 Wheeler St, SASKATOON, SK, S7P 0A4
(306) 931-0888   SIC 5085
APPLUS RTD   p 101
See RTD QUALITY SERVICES INC
APPS CARTAGE INC   p 513
275 Orenda Rd, BRAMPTON, ON, L6T 3T7
(905) 451-2720   SIC 4212
APPS INTERNATIONAL   p 513
See APPS CARTAGE INC

APRA TRUCK LINES TRANSPORT   p 645
See 666248 ONTARIO LIMITED
APRIL POINT LODGE   p 328
See OAK BAY MARINA LTD
APTOS CANADA INC   p 1208
9300 Rte Transcanadienne Bureau 300, SAINT-LAURENT, QC, H4S 1K5
(514) 426-0822   SIC 7371
APX HOSPITALITY MANAGEMENT INC   p 90
18335 105 Ave Nw Suite 101, EDMONTON, AB, T5S 2K9
(780) 484-1515   SIC 7011
AQC   p 999
See AIREAU QUALITE CONTROLE INC
AQUA DATA INC   p 1138
95 5e Av, PINCOURT, QC, J7W 5K8
(514) 425-1010   SIC 7373
AQUA TERRE   p 40
See AQUA TERRE SOLUTIONS INC
AQUA TERRE SOLUTIONS INC   p 40
736 8 Ave Sw Suite 800, CALGARY, AB, T2P 1H4
(403) 266-2555   SIC 8748
AQUA-LUNG CANADA LTD   p 275
6820 Kirkpatrick Cres, SAANICHTON, BC, V8M 1Z9
(250) 652-5881   SIC 5091
AQUA-MER INC   p 1010
868 Boul Perron, CARLETON, QC, G0C 1J0
(418) 364-7055   SIC 7991
AQUA-NOR DIV   p 555
See FORTIER BEVERAGES LIMITED
AQUA-POWER CLEANERS (1979) LTD   p 402
65 Royal Parkway, FREDERICTON, NB, E3G 0J9
(506) 458-1113   SIC 7349
AQUACULTURE DEVELOPMENT BRANCH   p 330
3rd Fl, VICTORIA, BC, V8W 2Z7
(250) 356-2238   SIC 8748
AQUARIUM SERVICES WAREHOUSE OUTLETS INC   p 693
850 Dundas St E, MISSISSAUGA, ON, L4Y 2B8
(905) 276-6900   SIC 5421
AQUARIUM SERVICES WAREHOUSE OUTLETS INC   p 840
1295 Kennedy Rd, SCARBOROUGH, ON, M1P 2L4
(416) 757-3281   SIC 5999
AQUATECH SERVICES TECHNIQUES DES EAUX INC   p 1069
101 Boul Roland-Therrien Bureau 110, LONGUEUIL, QC, J4H 4B9
(450) 646-5270   SIC 4941
AQUATECH SOCIETE DE GESTION DE L'EAU INC   p 996
407 Boul Renault, BEAUCEVILLE, QC, G5X 1N7
SIC 4941
AQUATECH SOCIETE DE GESTION DE L'EAU INC   p 1068
See AQUATECH SOCIETE DE GESTION DE L'EAU INC
AQUATECH SOCIETE DE GESTION DE L'EAU INC   p 1068
2999 Rue De L'Ile-Charron, LONGUEUIL, QC, J4G 1R6
(450) 442-1480   SIC 4952
AQUATECH SOCIETE DE GESTION DE L'EAU INC   p 1236
2275 Rue Claude-Greffard, SHERBROOKE, QC, J1H 5H1
(819) 566-0775   SIC 4941
AQUATECH STATION D'EPURATION   p 996
See AQUATECH SOCIETE DE GESTION DE L'EAU INC
AQUATECK WATER SYSTEMS DISTRIBUTORS LTD   p 783

2700 Lancaster Rd Suite 116, OTTAWA, ON, K1B 4T7
(613) 526-4613   SIC 5084
AQUATERRA CORPORATION   p 183
3600 Bainbridge Ave, BURNABY, BC, V5A 4X2
(604) 606-1903   SIC 5149
AQUATERRA CORPORATION   p 268
6560 Mcmillan Way, RICHMOND, BC, V6W 1L2
(604) 232-7600   SIC 5149
AQUATERRA CORPORATION   p 268
6560 Mcmillan Way, RICHMOND, BC, V6W 1L2
(604) 232-7610   SIC 5963
AQUATERRA CORPORATION   p 687
1200 Britannia Rd E, MISSISSAUGA, ON, L4W 4T5
(905) 795-6500   SIC 5149
AQUATERRA CORPORATION   p 989
9021 Boul Metropolitain E, ANJOU, QC, H1J 3C4
(514) 956-2600   SIC 2899
AQUATIC CENTRE   p 174
See TOWN OF WESTLOCK
AQUATIC CENTRE   p 1277
See NORTH BATTLEFORD, CITY OF
AQUATIC OFFICE   p 1310
See YORKTON, CITY OF
AQUENT   p 924
See AQUENT INC
AQUENT INC   p 924
77 Bloor St W Suite 1405, TORONTO, ON, M5S 1M2
(416) 323-0600   SIC 8999
AQUIFER DISTRIBUTION LTD   p 1294
227a Venture Cres, SASKATOON, SK, S7K 6N8
(306) 242-1567   SIC 5074
AQUILINI GROUP PROPERTIES LIMITED PARTNERSHIP   p 1101
208 Rue Saint-Antoine O, Montreal, QC, H2Y 0A6
(514) 288-8886   SIC 6512
AQUILINI INVESTMENT GROUP INC   p 262
815 1st Ave W, PRINCE RUPERT, BC, V8J 1B3
(250) 624-9060   SIC 7011
AQUILINI INVESTMENT GROUP INC   p 406
1005 Main St, MONCTON, NB, E1C 1G9
(506) 854-6340   SIC 7011
ARAAM INC   p 90
11616 178 St Nw, EDMONTON, AB, T5S 2E6
(780) 444-1388   SIC 2515
ARAMARK   p 69
See ARAMARK MANAGEMENT SERVICES OF CANADA INC
ARAMARK CANADA LTD.   p 30
625 77 Ave Se Unit 4, CALGARY, AB, T2H 2B9
(403) 212-4800   SIC 7389
ARAMARK CANADA LTD.   p 102
9828 47 Ave Nw Suite 1, EDMONTON, AB, T6E 5P3
(780) 438-3544   SIC 7389
ARAMARK CANADA LTD.   p 107
125 University Campus Nw, EDMONTON, AB, T6G 2H6
(780) 492-5800   SIC 5812
ARAMARK CANADA LTD.   p 207
1585 Cliveden Ave Unit 1, DELTA, BC, V3M 6M1
(604) 521-5727   SIC 5962
ARAMARK CANADA LTD.   p 222
3333 University Way Suite 124, KELOWNA, BC, V1V 1V7
(250) 807-9208   SIC 5812
ARAMARK CANADA LTD.   p 321
808 Nelson St Suite 710, VANCOUVER, BC, V6Z 2H2
(604) 694-6303   SIC 7349
ARAMARK CANADA LTD.   p 379
727 Mcdermot Ave, WINNIPEG, MB, R3E

3P5
(204) 779-1365   SIC 5431
ARAMARK CANADA LTD.   p 393
1750 Sunset Dr, BATHURST, NB, E2A 4L7
(506) 544-3449   SIC 5812
ARAMARK CANADA LTD.   p 399
59 Dineen Dr, FREDERICTON, NB, E3B 9V7
(506) 460-0310   SIC 5812
ARAMARK CANADA LTD.   p 456
923 Robie St, HALIFAX, NS, B3H 3C3
(902) 420-5599   SIC 5812
ARAMARK CANADA LTD.   p 577
105 The East Mall Unit 1, ETOBICOKE, ON, M8Z 5X9
(416) 231-3186   SIC 5962
ARAMARK CANADA LTD.   p 706
6880 Financial Dr Suite 200, MISSISSAUGA, ON, L5N 7Y5
SIC 5441
ARAMARK CANADA LTD.   p 741
100 College Dr, NORTH BAY, ON, P1B 8K9
(705) 472-7548   SIC 5812
ARAMARK CANADA LTD.   p 752
770 Don Mills Rd, NORTH YORK, ON, M3C 1T3
(416) 696-5530   SIC 5812
ARAMARK CANADA LTD.   p 759
750 Lawrence Ave W Suite 2623, NORTH YORK, ON, M6A 1B8
(416) 784-7714   SIC 5962
ARAMARK CANADA LTD.   p 812
2151 East Bank Dr, PETERBOROUGH, ON, K9L 1Z8
(705) 741-0399   SIC 5812
ARAMARK CANADA LTD.   p 835
105 East Ave Unit 1, SCARBOROUGH, ON, M1C 3K9
(416) 649-2051   SIC 5962
ARAMARK CANADA LTD.   p 860
903 Barton St Suite 5, STONEY CREEK, ON, L8E 5P5
(905) 643-4550   SIC 5962
ARAMARK CANADA LTD.   p 870
935 Ramsey Lake Rd Suite 705, SUDBURY, ON, P3E 2C6
(705) 673-6559   SIC 5812
ARAMARK CANADA LTD.   p 877
955 Oliver Rd, THUNDER BAY, ON, P7B 5E1
(807) 343-8337   SIC 5812
ARAMARK CANADA LTD.   p 900
200 Bloor St E Suite 1, TORONTO, ON, M4W 1E5
(416) 926-3654   SIC 5812
ARAMARK CANADA LTD.   p 903
1 Mount Pleasant Rd, TORONTO, ON, M4Y 2Y5
(416) 935-7487   SIC 5812
ARAMARK CANADA LTD.   p 905
290 Yonge St Suite 600, TORONTO, ON, M5B 1C8
(416) 204-1802   SIC 5812
ARAMARK CANADA LTD.   p 924
100 St. George St, TORONTO, ON, M5S 3G3
(416) 591-6557   SIC 5812
ARAMARK CANADA LTD.   p 924
21 Classic Ave Suite 1008, TORONTO, ON, M5S 2Z3
SIC 5812
ARAMARK CANADA LTD.   p 943
105 East Mall, TORONTO, ON, N8Z 5X9
(800) 263-6344   SIC 5812
ARAMARK CANADA LTD.   p 1154
2350 Av Watt, Quebec, QC, G1P 4M7
(418) 650-2929   SIC 5812
ARAMARK ENTERTAINMENT SERVICES p 303
See ARAMARK ENTERTAINMENT SERVICES (CANADA) INC
ARAMARK ENTERTAINMENT SERVICES (CANADA) INC   p 224
1223 Water St, KELOWNA, BC, V1Y 9V1

(250) 979-0878   SIC 8742
ARAMARK ENTERTAINMENT SERVICES (CANADA) INC   p 303
800 Griffiths Way, VANCOUVER, BC, V6B 6G1
(604) 780-7623   SIC 8742
ARAMARK HEALTH CARE SERVICES   p 321
See ARAMARK CANADA LTD.
ARAMARK HIGHER EDUCATION   p 870
See ARAMARK CANADA LTD.
ARAMARK MANAGED SERVICES   p 107
See ARAMARK CANADA LTD.
ARAMARK MANAGED SERVICES   p 207
See ARAMARK CANADA LTD.
ARAMARK MANAGED SERVICES   p 222
See ARAMARK CANADA LTD.
ARAMARK MANAGED SERVICES   p 860
See ARAMARK CANADA LTD.
ARAMARK MANAGED SERVICES   p 877
See ARAMARK CANADA LTD.
ARAMARK MANAGED SERVICES   p 905
See ARAMARK CANADA LTD.
ARAMARK MANAGEMENT SERVICES OF CANADA INC   p 69
302 Quigley Dr, COCHRANE, AB, T4C 1X9
(403) 932-6422   SIC 5812
ARAMARK QUEBEC INC   p 1021
222 Rue Mercier, COWANSVILLE, QC, J2K 3R9
(450) 263-6660   SIC 5812
ARAMARK QUEBEC INC   p 1053
870 Ch De Saint-Jean, LA PRAIRIE, QC, J5R 2L5
(450) 444-2793   SIC 5812
ARAMARK QUEBEC INC   p 1154
3400 Boul Neuvialle, Quebec, QC, G1P 3A8
(418) 681-1459   SIC 5812
ARAMARK QUEBEC INC   p 1211
4900 Rue Fisher, SAINT-LAURENT, QC, H4T 1J6
(514) 341-7770   SIC 5812
ARAMARK QUEBEC INC   p 1233
441 Av Brochu Bureau 101, Sept-Iles, QC, G4R 2W9
(418) 968-7537   SIC 5812
ARAMARK REFRESHMENT   p 30
See ARAMARK CANADA LTD.
ARAMARK REFRESHMENT SERVICES   p 102
See ARAMARK CANADA LTD.
ARAMARK REFRESHMENT SERVICES   p 577
See ARAMARK CANADA LTD.
ARAMARK REFRESHMENT SERVICES CANADA   p 835
See ARAMARK CANADA LTD.
ARAMARK REMOTE SERVICES   p 107
See TRAVERS FOOD SERVICE LTD
ARAMARK REMOTE SERVICES   p 146
See TRAVERS FOOD SERVICE LTD
ARAMDOU ENGINEERING BUSINESS AND SERVICES   p 707
See CANADIAN TEST CASE 31 LTD
ARAXI RESTAURANT & BAR   p 339
See ALIK ENTERPRISES LTD
ARBEC, BOIS D'OEUVRE INC   p 1054
1053 Boul Ducharme, LA TUQUE, QC, G9X 3C3
(514) 327-2733   SIC 2421
ARBITRIX   p 1103
See SERVICES CONSEILS ARBITREX INC, LES
ARBOR GLEN PUBLIC SCHOOL   p 744
See TORONTO DISTRICT SCHOOL BOARD
ARBOR MEMORIAL SERVICES INC   p 40
17 Av Garden Rd Se, CALGARY, AB, T2P 2G7
(403) 272-9824   SIC 7521
ARBOR MEMORIAL SERVICES INC   p 385
4000 Portage Ave, WINNIPEG, MB, R3K 1W3
(204) 982-8100   SIC 7521

ARBOR MEMORIAL SERVICES INC   p 408
1167 Salisbury Rd, MONCTON, NB, E1E 3V9
(506) 858-9470   SIC 6531
ARBOR MEMORIAL SERVICES INC   p 483
541 Taunton Rd W, AJAX, ON, L1T 4T2
(289) 275-2047   SIC 6531
ARBOR MEMORIAL SERVICES INC   p 483
1757 Church St N, AJAX, ON, L1T 4R3
(905) 428-2051   SIC 6531
ARBOR MEMORIAL SERVICES INC   p 523
10061 Chinguacousy Rd, BRAMPTON, ON, L7A 0H6
(905) 840-3400   SIC 7261
ARBOR MEMORIAL SERVICES INC   p 596
12492 Woodbine Ave S, GORMLEY, ON, L0H 1G0
(905) 888-0734   SIC 6553
ARBOR MEMORIAL SERVICES INC   p 608
15 West Ave N, HAMILTON, ON, L8L 5B9
(905) 522-2496   SIC 7261
ARBOR MEMORIAL SERVICES INC   p 612
1895 Main St W, HAMILTON, ON, L8S 1J2
(905) 528-1128   SIC 6531
ARBOR MEMORIAL SERVICES INC   p 630
49 Colborne St, KINGSTON, ON, K7K 1C7
(613) 546-5454   SIC 7261
ARBOR MEMORIAL SERVICES INC   p 649
2001 Dundas St, LONDON, ON, N5V 1P6
(519) 451-2410   SIC 6531
ARBOR MEMORIAL SERVICES INC   p 652
1559 Fanshawe Park Rd E, LONDON, ON, N5X 3Z9
(519) 452-3770   SIC 7261
ARBOR MEMORIAL SERVICES INC   p 677
10 Cachet Woods Crt, MARKHAM, ON, L6C 3G1
(905) 887-8600   SIC 7261
ARBOR MEMORIAL SERVICES INC   p 725
3700 Prince Of Wales Dr, NEPEAN, ON, K2C 3H2
(613) 692-1211   SIC 7261
ARBOR MEMORIAL SERVICES INC   p 743
33 Memory Gardens Lane, NORTH YORK, ON, M2H 3K4
(416) 493-9580   SIC 6712
ARBOR MEMORIAL SERVICES INC   p 844
3280 Sheppard Ave E, SCARBOROUGH, ON, M1T 3K3
(416) 773-0933   SIC 7261
ARBOR MEMORIAL SERVICES INC   p 957
21 Garrard Rd, WHITBY, ON, L1N 3K4
(905) 665-0600   SIC 7261
ARBOR MEMORIAL SERVICES INC   p 1141
701 Av Donegani, POINTE-CLAIRE, QC, H9P 5G6
(514) 694-9294   SIC 6531
ARBOR MEMORIAL SERVICES INC   p 1284
Po Box 4620 Stn Main, REGINA, SK, S4P 3Y3
(306) 791-6777   SIC 6531
ARBORG & DISTRICT HEALTH CENTER   p 343
Gd, ARBORG, MB, R0C 0A0
(204) 376-5247   SIC 8062
ARBORG EARLY MIDDLE SCHOOL   p 343
See EVERGREEN SCHOOL DIVISION
ARBORG PERSONAL CARE HOME   p 343
See INTERLAKE REGIONAL HEALTH AUTHORITY INC
ARBORGATE SCHOOL   p 350
See SEINE RIVER SCHOOL DIVISION
ARBOUR LAKE DENTAL CENTRE   p 61
150 Crowfoot Cres Nw Suite 224, CALGARY, AB, T3G 3T2
(403) 241-8808   SIC 8021
ARBOUR LAKE SCHOOL   p 61
See CALGARY BOARD OF EDUCATION
ARBOUR MEMORIAL   p 743
See ARBOR MEMORIAL SERVICES INC
ARBUTUS CARE CENTRE   p 317
See REVERA INC
ARBUTUS GLOBAL MIDDLE SCHOOL   p 327

See BOARD OF EDUCATION OF SCHOOL DISTRICT NO. 61 (GREATER VICTORIA)
ARBUTUS WEST ENTERPRISES LTD p 228
Gd Stn Main, LADYSMITH, BC, V9G 1B9
(250) 245-2303   SIC 5812
ARBY'S   p 38
See SUNNY HOLDINGS LIMITED
ARBY'S   p 774
See HANSON RESTAURANTS INC
ARBY'S OF CANADA   p 226
See RTM OPERATING COMPANY OF CANADA INC
ARBY'S OF CANADA   p 362
See RTM OPERATING COMPANY OF CANADA INC
ARBY'S RESTAURANT   p 552
See HANSON RESTAURANTS (TB) INC
ARBY'S RESTAURANTS   p 9
See 689109 ALBERTA LTD
ARBY'S RESTAURANTS   p 962
See LAUGHTON, JAMES ENTERPRISES INC
ARBY'S ROAST BEEF RESTAURANT p 810
See HANSON RESTAURANTS INC
ARC BUSINESS SOLUTIONS INC   p 78
10088 102 Ave Nw Suite 2507, EDMONTON, AB, T5J 2Z1
(780) 702-5022   SIC 7379
ARC INDUSTRIES   p 543
See COMMUNITY LIVING CAMBRIDGE
ARC INDUSTRIES   p 601
See COMMUNITY LIVING GUELPH WELLINGTON
ARC INDUSTRIES   p 978
See WOODSTOCK AND DISTRICT DEVELOPMENTAL SERVICES
ARC INDUSTRIES, DIV OF   p 482
See COMMUNITY LIVING AJAX-PICKERING & WHITBY
ARC PROGRAMS LTD   p 224
513 Bernard Ave, KELOWNA, BC, V1Y 6N9
(250) 763-2977   SIC 8361
ARC THE HOTEL   p 791
See KIMWEST HOTELS ENTERPRISES LTD
ARC'TERYX EQUIPMENT DIV.   p 189
See AMER SPORTS CANADA INC
ARC'TERYX EQUIPMENT DIV.   p 246
See AMER SPORTS CANADA INC
ARC'TERYX EQUIPMENT DIV.   p 293
See AMER SPORTS CANADA INC
ARCADIA CONSOLIDATED SCHOOL p 442
See TRI-COUNTY REGIONAL SCHOOL BOARD
ARCADIS CANADA INC   p 303
1080 Mainland St Unit 308, VANCOUVER, BC, V6B 2T4
(604) 632-9941   SIC 8748
ARCADIS CANADA INC   p 820
121 Granton Dr Unit 12, RICHMOND HILL, ON, L4B 3N4
(905) 764-9380   SIC 8748
ARCELORMITTAL COTEAU-DU-LAC INC p 1021
25 Rue De L'acier, COTEAU-DU-LAC, QC, J0P 1B0
(450) 763-0915   SIC 3479
ARCELORMITTAL OTTAWA INC   p 783
2555 Sheffield Rd, OTTAWA, ON, K1B 3V6
(613) 745-6000   SIC 5093
ARCELORMITTAL PRODUITS LONGS CANADA S.E.N.C.   p 1017
3900 Rte Des Acieries, CONTRECOEUR, QC, J0L 1C0
(450) 392-3226   SIC 3312
ARCELORMITTAL PRODUITS LONGS CANADA S.E.N.C.   p 1017
2050 Rte Des Acieries, CONTRECOEUR, QC, J0L 1C0
(450) 587-2012   SIC 3312
ARCELORMITTAL PRODUITS LONGS CANADA S.E.N.C.   p 1072
2555 Ch Du Lac, LONGUEUIL, QC, J4N 1C1

(450) 442-7700 SIC 3316
ARCELORMITTAL PRODUITS LONGS CANADA S.E.N.C. p 1123
5900 Rue Saint-Patrick, Montreal, QC, H4E 1B3
(514) 762-5260 SIC 3312
ARCELORMITTAL TAILORED BLANKS AMERICAS LIMITED p 557
55 Confederation Pky, CONCORD, ON, L4K 4Y7
(905) 761-1525 SIC 3542
ARCELORMITTAL TAILORED BLANKS MERELBEKE p 557
See ARCELORMITTAL TAILORED BLANKS AMERICAS LIMITED
ARCELORMITTAL TUBULAR PRODUCTS CANADA G.P. p 521
14 Holtby Ave, BRAMPTON, ON, L6X 2M3
(905) 451-2400 SIC 3714
ARCELORMITTAL TUBULAR PRODUCTS CANADA G.P. p 976
193 Givins St, WOODSTOCK, ON, N4S 5Y8
(519) 537-6671 SIC 3714
ARCH CHEMICALS CANADA, INC p 769
160 Warner Dr, OAKVILLE, ON, L6L 6E7
(905) 847-9878 SIC 5169
ARCH STREET PUBLIC SCHOOL p 785
See OTTAWA-CARLETON DISTRICT SCHOOL BOARD
ARCHAMBAULT p 1006
See GROUPE ARCHAMBAULT INC
ARCHAMBAULT p 1086
See GROUPE ARCHAMBAULT INC
ARCHAMBAULT p 1167
See GROUPE ARCHAMBAULT INC
ARCHAMBAULT ANJOU p 993
See GROUPE ARCHAMBAULT INC
ARCHAMBAULT CHICOUTIMI p 1014
See GROUPE ARCHAMBAULT INC
ARCHAMBAULT ECOLE DE MUSIQUE p 1229
See GROUPE ARCHAMBAULT INC
ARCHAMBAULT LAVAL p 1019
See GROUPE ARCHAMBAULT INC
ARCHAMBAULT PLACE DES ARTS p 1100
See GROUPE ARCHAMBAULT INC
ARCHBISHOP CARNEY REGIONAL SECONDARY SCHOOL p 254
See CATHOLIC INDEPENDENT SCHOOLS OF VANCOUVER ARCHDIOCESE, THE
ARCHBISHOP DENIS O'CONNOR CATHOLIC HIGH SCHOOL p 482
See DURHAM CATHOLIC DISTRICT SCHOOL BOARD
ARCHBISHOP JORDAN HIGH SCHOOL p 161
See ELK ISLAND CATHOLIC SEPARATE REGIONAL DIVISION NO. 41
ARCHBISHOP JOSEPH MACNEIL SCHOOL p 115
See EDMONTON CATHOLIC SEPARATE SCHOOL DISTRICT NO.7
ARCHBISHOP MACDONALD HIGH SCHOOL p 88
See EDMONTON CATHOLIC SEPARATE SCHOOL DISTRICT NO.7
ARCHBISHOP MC O'NEILL HIGH SCHOOL p 1287
See BOARD OF EDUCATION OF THE REGINA ROMAN CATHOLIC SEPARATE SCHOOL DIVISION NO. 81
ARCHBISHOP O'SULLIVAN CATHOLIC SCHOOL p 635
See ALGONQUIN & LAKESHORE CATHOLIC DISTRICT SCHOOL BOARD
ARCHBISHOP OSCAR ROMERO CATHOLIC HIGH SCHOOL p 94
See EDMONTON CATHOLIC SEPARATE SCHOOL DISTRICT NO.7
ARCHBISHOP ROMERO CATHOLIC SECONDARY SCHOOL p 938
See TORONTO CATHOLIC DISTRICT SCHOOL BOARD
ARCHE DAYBREAK, L' p 824
11339 Yonge St, RICHMOND HILL, ON, L4S 1L1
(905) 884-3454 SIC 8361
ARCHER PETROLEUM CORP p 306
1052 409 Granville St, VANCOUVER, BC, V6C 1T2
(604) 200-1022 SIC 1381
ARCHEVEQUE CATHOLIQUE ROMAIN DE QUEBEC, L' p 1162
2470 Rue Triquet, Quebec, QC, G1W 1E2
(418) 651-2232 SIC 8661
ARCHIBALD INC p 1169
1530 Av Des Affaires, Quebec, QC, G3J 1Y8
(418) 407-6033 SIC 5812
ARCHIBALD MICROBRASSERIE p 1169
See ARCHIBALD INC
ARCHIE MCCOY (HAMILTON) LIMITED p 944
1890 Highway 5 W, TROY, ON, L0R 2B0
(519) 647-3411 SIC 3321
ARCHITECTUAL WINDOWS AND DOORS p 268
See GIENOW WINDOWS & DOORS INC
ARCHITECTURAL DIVISION p 644
See AECOM CANADA LTD
ARCHITECTURAL PRECAST p 734
See SPECIALTY PRECAST ERECTORS LIMITED
ARCHITECTURAL WINDOWS & DOORS p 17
See GIENOW WINDOWS & DOORS INC
ARCHITECTURE49 INC p 566
1345 Rosemount Ave, CORNWALL, ON, K6J 3E5
(613) 933-5602 SIC 8711
ARCHITECTURE49 INC p 784
200 Tremblay Rd Suite 152, OTTAWA, ON, K1G 3H5
(613) 238-0440 SIC 8712
ARCHIVE IRON MOUNTAIN p 1133
See IRON MOUNTAIN CANADA OPERATIONS ULC
ARCHIVES IRON MOUNTAIN p 18
See IRON MOUNTAIN CANADA OPERATIONS ULC
ARCHIVES IRON MOUNTAIN p 85
See IRON MOUNTAIN CANADA OPERATIONS ULC
ARCHIVES IRON MOUNTAIN p 86
See IRON MOUNTAIN CANADA OPERATIONS ULC
ARCHIVES IRON MOUNTAIN p 105
See IRON MOUNTAIN CANADA OPERATIONS ULC
ARCHIVES IRON MOUNTAIN p 193
See IRON MOUNTAIN CANADA OPERATIONS ULC
ARCHIVES IRON MOUNTAIN p 389
See IRON MOUNTAIN CANADA OPERATIONS ULC
ARCHIVES IRON MOUNTAIN p 414
See IRON MOUNTAIN CANADA OPERATIONS ULC
ARCHIVES IRON MOUNTAIN p 515
See IRON MOUNTAIN CANADA OPERATIONS ULC
ARCHIVES IRON MOUNTAIN p 559
See IRON MOUNTAIN CANADA OPERATIONS ULC
ARCHIVES IRON MOUNTAIN p 843
See IRON MOUNTAIN CANADA OPERATIONS ULC
ARCHIVES IRON MOUNTAIN p 1123
See IRON MOUNTAIN CANADA OPERATIONS ULC
ARCHIVES USED BOOKSTORE p 390
See UNIVERSITY OF MANITOBA
ARCHWOOD SCHOOL p 365
See LOUIS RIEL SCHOOL DIVISION
ARCITIC INDUSTRIAL SOLUTIONS p 689
See JOHN BROOKS COMPANY LIMITED
ARCOLA COMMUNITY SCHOOL p 1281
See BOARD OF EDUCATION REGINA SCHOOL DIVISION NO. 4 OF SASKATCHEWAN
ARCOLA SCHOOL p 1264
See SOUTH EAST CORNERSTONE SCHOOL DIVISION NO. 209
ARCTIC BEVERAGES LP p 355
107 Mountain View Rd Unit 2, ROSSER, MB, R0H 1E0
(204) 633-8686 SIC 5149
ARCTIC CO-OPERATIVES LIMITED p 481
Gd, GJOA HAVEN, NU, X0B 1J0
(867) 360-7271 SIC 5411
ARCTIC GLACIER INC p 289
9679 186 St, SURREY, BC, V4N 3N8
(604) 888-4311 SIC 2097
ARCTIC GLACIER INC p 551
745 Park Ave W, CHATHAM, ON, N7M 1X3
(519) 352-1400 SIC 2097
ARCTIC GLACIER INC p 1118
2760 Rue De Reading, Montreal, QC, H3K 1P5
(514) 935-7413 SIC 2097
ARCTIC POWER SYSTEMS BC LTD p 289
18509 96 Ave, SURREY, BC, V4N 3P7
(877) 551-8588 SIC 1623
ARCTIC SPAS p 171
See BLUE FALLS MANUFACTURING LTD
ARCTIC TRUCK PARTS & SERVICE p 17
See CRANE CARRIER (CANADA) LIMITED
ARCTIC TRUCK PARTS & SERVICE p 162
See CRANE CARRIER (CANADA) LIMITED
ARCTURUS REALTY CORPORATION p 936
100 Princes Blvd, TORONTO, ON, M6K 3C3
(416) 263-3034 SIC 6512
ARCTURUS REALTY CORPORATION p 1090
4100 Rue Molson Bureau 340, Montreal, QC, H1Y 3N1
(514) 737-8635 SIC 6531
ARDEN ELEMENTARY SCHOOL p 204
See SCHOOL DISTRICT NO. 71 (COMOX VALLEY)
ARDENE p 1210
See PLACEMENTS ARDEN INC, LES
ARDMORE SCHOOL p 3
See NORTHERN LIGHTS SCHOOL DIVISION NO. 69
ARDROSSAN ELEMENTARY SCHOOL p 3
See ELK ISLAND PUBLIC SCHOOLS REGIONAL DIVISION NO. 14
ARDROSSAN JUNIOR SENIOR HIGH p 3
See ELK ISLAND PUBLIC SCHOOLS REGIONAL DIVISION NO. 14
ARDTREA CUMBERLAND BEACH SCHOOL p 775
See SIMCOE COUNTY DISTRICT SCHOOL BOARD, THE
ARENA DE REPENTIGNY LTEE p 1170
80 Boul Brien, REPENTIGNY, QC, J6A 5K7
(450) 581-7060 SIC 7941
ARENA ETIENNE DESMARTEAU p 1090
See VILLE DE MONTREAL
ARENA LAPERRIERE p 1178
See ROUYN-NORANDA, VILLE DE
ARENA MAURICE RICHARD p 1089
See VILLE DE MONTREAL
ARENAS AND ICE RINKS CITY OF OTTAWA PUBLIC SKATING CIVIC CENTRE LANSDOWNE PARK p 794
See CITY OF OTTAWA
AREOSPACE AND TECHNOLOGY CAMPUS p 273
See BRITISH COLUMBIA INSTITUTE OF TECHNOLOGY, THE
AREVA NP CANADA LTD p 813
925 Brock Rd Suite B, PICKERING, ON, L1W 2X9
(905) 421-2600 SIC 1629
ARG SERVICES INC p 203
1130 21st St, COURTENAY, BC, V9N 2B8
SIC 3443
ARGENTIA FREEZERS & TERMINALS LIMITED p 426
Gd, FRESHWATER PB, NL, A0B 1W0
(709) 227-5603 SIC 4222
ARGO SALES INC p 143
925 23 St Sw, MEDICINE HAT, AB, T1A 8R1
(403) 526-3142 SIC 3443
ARGO SALES INC p 146
655 30 Ave, NISKU, AB, T9E 0R4
(780) 955-8660 SIC 5084
ARGO SALES ULC p 143
See ARGO SALES INC
ARGO SALES ULC p 146
See ARGO SALES INC
ARGUS INDUSTRIES p 384
See SATELLITE INDUSTRIES LTD
ARGUS MACHINE CO. LTD p 103
5820 97 St Nw Suite 5720, EDMONTON, AB, T6E 3J1
(780) 434-9451 SIC 3494
ARGUS MACHINE CO. LTD p 146
2327 5 St, NISKU, AB, T9E 8H7
(780) 955-9314 SIC 3599
ARGUS TELECOM INTERNATIONAL INC p 1206
2505 Rue Guenette, SAINT-LAURENT, QC, H4R 2E9
(514) 331-0840 SIC 5065
ARGUS TRANSPORT p 1210
See TRANSPORT ARGUS CANADA INC
ARGYLE ALTERNATIVE HIGH SCHOOL p 376
See WINNIPEG SCHOOL DIVISION
ARGYLE ASSOCIATES ORAL MAXILOFACIAL SURGERY p 775
See AMOS, DR H M
ARGYLE BAR & GRILL p 457
See CHRISCO RESTAURANTS LIMITED
ARGYLE PUBLIC ELEMENTARY SCHOOL p 1288
See BOARD OF EDUCATION REGINA SCHOOL DIVISION NO. 4 OF SASKATCHEWAN
ARGYLE SECONDARY SCHOOL p 247
See SCHOOL DISTRICT NO. 44 (NORTH VANCOUVER)
ARGYLLE CLUB p 650
See GOODLIFE FITNESS CENTRES INC
ARI FINANCIAL SERVICES INC p 545
95 Raglin Rd, CAMBRIDGE, ON, N1T 1X9
(905) 624-8733 SIC 7515
ARI FINANCIAL SERVICES INC p 699
1270 Central Pky W Suite 600, MISSISSAUGA, ON, L5C 4P4
(905) 803-8000 SIC 8741
ARI FINANCIAL SERVICES INC p 1018
2570 Boul Le Corbusier, Cote Saint-Luc, QC, H7S 2K8
(450) 978-7070 SIC 5511
ARISS MANUFACTURING p 488
See LINAMAR CORPORATION
ARISTA SUITES p 696
See MORGUARD CORPORATION
ARISTOCRAT TM p 1259
See WOOD WYANT CANADA INC
ARITZIA LP p 301
611 Alexander St Suite 118, VANCOUVER, BC, V6A 1E1
(604) 251-3132 SIC 5621
ARITZIA LP p 324
701 Georgia St W Suite 53d, VANCOUVER, BC, V7Y 1K8
(604) 681-9301 SIC 5621
ARITZIA LP p 333
3147 Douglas St Unit 165, VICTORIA, BC, V8Z 6E3
(250) 220-6963 SIC 5621
ARITZIA LP p 557
1 Bass Pro Mills Dr, CONCORD, ON, L4K 5W4
(905) 669-8049 SIC 5621
ARITZIA LP p 580
25 The West Mall, ETOBICOKE, ON, M9C

1B8
(416) 695-8493 SIC 5621

ARITZIA LP p 744
1800 Sheppard E, NORTH YORK, ON, M2J 5A7
(416) 494-5166 SIC 5963

ARIVLE ENTERPRISES LTD p 186
4512 Lougheed Hwy, BURNABY, BC, V5C 3Z4
(604) 294-0471 SIC 5812

ARIZONA B BAR & GRILL INC p 584
215 Carlingview Dr, ETOBICOKE, ON, M9W 5X8
(416) 674-7772 SIC 5812

ARJENAM FOODS LIMITED p 468
8226 Highway 1, METEGHAN, NS, B0W 2J0
(902) 645-2919 SIC 5812

ARK LAN SCHOOL p 549
See UPPER CANADA DISTRICT SCHOOL BOARD, THE

ARLA FOODS INC p 192
7525 Lowland Dr, BURNABY, BC, V5J 5L1
(604) 437-8561 SIC 5143

ARLANXEO CANADA INC p 828
1265 Vidal St S, SARNIA, ON, N7T 7M2
(519) 337-8251 SIC 2822

ARLEN TOOL CO. LTD p 963
3305 Deziel Dr, WINDSOR, ON, N8W 5A5
(519) 944-4444 SIC 3544

ARLIE'S SPORT SHOP (DOWNTOWN) LTD p 856
221 Glendale Ave, ST CATHARINES, ON, L2T 2K9
(905) 684-8730 SIC 5941

ARLINGTON MIDDLE SCHOOL p 933
See TORONTO DISTRICT SCHOOL BOARD

ARLYN ENTERPRISES LTD p 15
6303 30 St Se Unit 112, CALGARY, AB, T2C 1R4
(403) 279-2223 SIC 5172

ARM RIVER SCHOOL p 1273
See PRAIRIE VALLEY SCHOOL DIVISION NO 208

ARMADALE COMMUNITY CENTRE p 676
See CORPORATION OF THE CITY OF MARKHAM, THE

ARMAND GENEST & FILS p 1152
See LA-BIL INC

ARMAND GUAY p 1167
See GUAY INC

ARMATEC SURVIVABILITY CORP p 569
One Newton Ave, DORCHESTER, ON, N0L 1G4
(519) 268-2999 SIC 3795

ARMATURE ELECTRIC LIMITED p 192
3811 North Fraser Way, BURNABY, BC, V5J 5J2
(604) 879-6141 SIC 1731

ARMATURES BOIS-FRANCS INC p 1260
249 Boul De La Bonaventure, VICTORIAVILLE, QC, G6T 1V5
(819) 758-7501 SIC 3443

ARMITAGE VILLAGE PUBLIC SCHOOL p 732
See YORK REGION DISTRICT SCHOOL BOARD

ARMOIRES CAMBOARD p 1079
See ARMOIRES FABRITEC LTEE

ARMOIRES CORDEAU INC p 1193
7675 Rang De La Pointe-Du-Jour, SAINT-HYACINTHE, QC, J2R 1H7
(450) 796-6128 SIC 2434

ARMOIRES CUISINES ACTION p 1063
See 2757-5158 QUEBEC INC

ARMOIRES CUISINES ACTION p 1197
See 2757-5158 QUEBEC INC

ARMOIRES DE CUISINE BERNIER INC p 1066
1955 3e Rue Bureau 70, Levis, QC, G6W 5M6
(418) 839-8142 SIC 2434

ARMOIRES EVI p 1183
See EBENISTERIE VISITATION INC

ARMOIRES FABRITEC LTEE p 1017
705 Rue Pope, COOKSHIRE-EATON, QC, J0B 1M0
SIC 2434

ARMOIRES FABRITEC LTEE p 1079
1230 Rue Industrielle, MONT-JOLI, QC, G5H 3S2
(418) 775-7010 SIC 2434

ARMOROOF DIV OF p 28
See IKO INDUSTRIES LTD

ARMOROOF DIV OF p 519
See IKO INDUSTRIES LTD

ARMOROOF DIV OF p 618
See IKO INDUSTRIES LTD

ARMOROOF DIV OF p 666
See IKO INDUSTRIES LTD

ARMORWORKS ENTERPRISES CANADA, ULC p 227
8775 Jim Bailey Cres Suite B2, KELOWNA, BC, V4V 2L7
(250) 766-0145 SIC 3499

ARMOTEC 2008 INC p 1029
2250 Rue Sigouin, DRUMMONDVILLE, QC, J2C 5Z4
(819) 478-4024 SIC 2434

ARMOUR HEIGHT PUBLIC SCHOOL p 808
See KAWARTHA PINE RIDGE DISTRICT SCHOOL BOARD

ARMOUR HEIGHTS PS p 759
See TORONTO DISTRICT SCHOOL BOARD

ARMOUR TRANSPORT p 452
See POLE STAR TRANSPORT INCORPORATED

ARMOUR TRANSPORT INC p 393
1957 Miramichi Ave, BATHURST, NB, E2A 1Y7
(506) 548-2633 SIC 4213

ARMOUR TRANSPORT INC p 403
1746 Route 640, HANWELL, NB, E3C 2B2
(506) 459-5151 SIC 4212

ARMOUR TRANSPORT INC p 408
244 Edinburgh Dr, MONCTON, NB, E1E 4C7
SIC 4213

ARMOUR TRANSPORT INC p 408
350 English Dr Suite 905, MONCTON, NB, E1E 3Y9
(506) 861-0270 SIC 4225

ARMOUR TRANSPORT INC p 408
689 Edinburgh Dr, MONCTON, NB, E1E 2L4
(506) 857-0205 SIC 4213

ARMOUR TRANSPORT INC p 427
Gd Lcd Main, GRAND FALLS-WINDSOR, NL, A2A 2J1
(709) 489-8487 SIC 4213

ARMOUR TRANSPORT INC p 430
14 St. Anne's Cres, PARADISE, NL, A1L 1K1
(709) 782-7410 SIC 4213

ARMOUR TRANSPORT INC p 450
80 Guildford Ave, DARTMOUTH, NS, B3B 0G3
(902) 481-7161 SIC 4213

ARMOUR TRANSPORT INC p 474
443 Massey Dr, SYDNEY, NS, B1P 2T8
(902) 539-4185 SIC 4213

ARMOUR TRANSPORT INC p 477
204 Willow St, TRURO, NS, B2N 5A2
(902) 897-9777 SIC 4213

ARMOUR TRANSPORTATION SYSTEMS p 393
See ARMOUR TRANSPORT INC

ARMOUR TRANSPORTATION SYSTEMS p 403
See ARMOUR TRANSPORT INC

ARMOUR TRANSPORTATION SYSTEMS p 408
See ARMOUR TRANSPORT INC

ARMOUR TRANSPORTATION SYSTEMS p 427
See ARMOUR TRANSPORT INC

ARMOUR TRANSPORTATION SYSTEMS p 430
See ARMOUR TRANSPORT INC

ARMOUR TRANSPORTATION SYSTEMS p 450
See ARMOUR TRANSPORT INC

ARMOUR TRANSPORTATION SYSTEMS p 474
See ARMOUR TRANSPORT INC

ARMOUR TRANSPORTATION SYSTEMS p 477
See ARMOUR TRANSPORT INC

ARMS PUB p 254
See 372831 BC LTD

ARMSTRONG CHEEES p 154
See SAPUTO INC

ARMSTRONG ELEMENTARY SCHOOL p 183
See BURNABY SCHOOL BOARD DISTRICT 41

ARMSTRONG HEAT TRANSFER GROUP p 1040
See ARMSTRONG-HUNT INC

ARMSTRONG PUBLIC SCHOOL p 488
See LAKEHEAD DISTRICT SCHOOL BOARD

ARMSTRONG, DR C S PROFESSIONAL CORPORATION p 40
401 9 Ave Sw Suite 320, CALGARY, AB, T2P 3C5
(403) 221-4489 SIC 8011

ARMSTRONG-HUNT INC p 1040
648 Rue Moeller, GRANBY, QC, J2G 8N1
(450) 378-2655 SIC 3443

ARMTEC p 1
See ARMTEC LP

ARMTEC p 15
See ARMTEC LP

ARMTEC p 261
See ARMTEC LP

ARMTEC p 268
See ARMTEC LP

ARMTEC p 281
See ARMTEC LP

ARMTEC p 370
See ARMTEC LP

ARMTEC p 593
See ARMTEC LP

ARMTEC p 601
See ARMTEC LP

ARMTEC p 948
See ARMTEC LP

ARMTEC p 978
See ARMTEC LP

ARMTEC p 1180
See ARMTEC LP

ARMTEC p 1183
See ARMTEC LP

ARMTEC p 1197
See ARMTEC LP

ARMTEC HOLDINGS LIMITED p 601
370 Speedvale Ave W Suite 101, GUELPH, ON, N1H 7M7
(519) 822-0210 SIC 3272

ARMTEC LP p 1
26229 Township Road 531a Suite 205, ACHESON, AB, T7X 5A4
(780) 444-1560 SIC 3272

ARMTEC LP p 14
4300 50 Ave Se Suite 217, CALGARY, AB, T2B 2T7
(403) 248-3171 SIC 3272

ARMTEC LP p 15
8916 48 St Se, CALGARY, AB, T2C 2P9
(403) 279-8161 SIC 3312

ARMTEC LP p 261
2001 Industrial Way, PRINCE GEORGE, BC, V2N 5S6
(250) 561-0017 SIC 3312

ARMTEC LP p 268
7900 Nelson Rd, RICHMOND, BC, V6W 1G4
(604) 278-9766 SIC 3312

ARMTEC LP p 281
19060 54 Ave, SURREY, BC, V3S 8E5
(604) 576-1808 SIC 3312

ARMTEC LP p 370
2500 Ferrier St, WINNIPEG, MB, R2V 4P6
(204) 338-9311 SIC 3312

ARMTEC LP p 593
5598 Power Rd, GLOUCESTER, ON, K1G 3N4
(613) 822-1488 SIC 1791

ARMTEC LP p 601
370 Speedvale Ave W Suite 101, GUELPH, ON, N1H 7M7
(519) 822-0210 SIC 3312

ARMTEC LP p 601
370 Speedvale Ave W, GUELPH, ON, N1H 7M7
(519) 822-0210 SIC 3312

ARMTEC LP p 601
41 George St, GUELPH, ON, N1H 1S5
(519) 822-0046 SIC 3312

ARMTEC LP p 612
505 York Blvd Suite 2, HAMILTON, ON, L8R 3K4
(905) 521-0999 SIC 3312

ARMTEC LP p 723
51 Arthur St, MITCHELL, ON, N0K 1N0
(519) 348-8465 SIC 3312

ARMTEC LP p 772
33 Centennial Rd, ORANGEVILLE, ON, L9W 1R1
(519) 942-2643 SIC 3088

ARMTEC LP p 948
857 Conc 14, WALKERTON, ON, N0G 2V0
(519) 392-6929 SIC 3312

ARMTEC LP p 956
6760 Baldwin St N, WHITBY, ON, L1M 1X8
(905) 655-3311 SIC 3272

ARMTEC LP p 978
901 Pattulo Ave E, WOODSTOCK, ON, N4V 1C8
(519) 421-1102 SIC 3312

ARMTEC LP p 1180
85 Rue De Rotterdam, SAINT-AUGUSTIN-DE-DESMAURES, QC, G3A 1T1
(418) 878-3630 SIC 3312

ARMTEC LP p 1183
669 201 Rte, SAINT-CLET, QC, J0P 1S0
(450) 456-3366 SIC 3312

ARMTEC LP p 1197
800 Boul Pierre-Tremblay, SAINT-JEAN-SUR-RICHELIEU, QC, J2X 4W8
(450) 346-4481 SIC 3312

ARMTEC ONTARIO CENTRAL SALES p 601
See ARMTEC LP

ARMY & NAVY DEPT. STORE LIMITED p 12
1107 33 St Ne Unit 1, CALGARY, AB, T2A 6T2
(403) 248-6660 SIC 5311

ARMY & NAVY DEPT. STORE LIMITED p 74
100 Londonderry Mall Unit A, EDMONTON, AB, T5C 3C8
SIC 5399

ARMY & NAVY DEPT. STORE LIMITED p 103
10411 82 Ave Nw Suite 5, EDMONTON, AB, T6E 2A1
(780) 433-5503 SIC 5311

ARMY & NAVY DEPT. STORE LIMITED p 232
5501 204 St Unit 100, LANGLEY, BC, V3A 5N8
(604) 514-1774 SIC 5311

ARMY & NAVY DEPT. STORE LIMITED p 244
502 Columbia St, NEW WESTMINSTER, BC, V3L 1B1
(604) 526-4661 SIC 5311

ARMY & NAVY DEPT. STORE LIMITED p 303
27 Hastings St W Suite 25, VANCOUVER, BC, V6B 1G5
(604) 682-6644 SIC 5311

ARMY & NAVY DEPT. STORE NO.12 p 74
See ARMY & NAVY DEPT. STORE LIMITED

ARNEG CANADA INC p 1058

▲ Public Company   ■ Public Company Family Member   **HQ** Headquarters   **BR** Branch   **SL** Single Location

18 Rue Richelieu, LACOLLE, QC, J0J 1J0
(450) 246-3837   SIC 3585
ARNETT & BURGESS OIL FIELD CONSTRUCTION LIMITED 5
5024 46 Ave, BASHAW, AB, T0B 0H0
(780) 372-3954   SIC 1629
ARNETT & BURGESS OIL FIELD CONSTRUCTION LIMITED 40
715 5 Ave Sw Suite 620, CALGARY, AB, T2P 2X6
(403) 265-0900   SIC 4619
ARNETT & BURGESS OIL FIELD CONSTRUCTION LIMITED p 160
4510 50 St, SEDGEWICK, AB, T0B 4C0
(780) 384-4050   SIC 1623
ARNOLD H MCLEOD ELEMENTARY SCHOOL p 406
See SCHOOL DISTRICT 2
ARNOLD WINDSHIELD DISTRIBUTORS p 102
See WINDSHIELD SURGEONS LTD
ARNOTT CHARLTON PUBLIC SCHOOL 518
See PEEL DISTRICT SCHOOL BOARD
ARNOTT CONSTRUCTION LIMITED p 556
46 Stewart Rd, COLLINGWOOD, ON, L9Y 4K1
(705) 445-5459   SIC 4959
ARNOTT CONSTRUCTION LIMITED p 679
2 Bertram Industrial Pky Suite 1, MIDHURST, ON, L0L 1X0
(705) 792-7620   SIC 7699
ARNPRIOR BUILDERS SUPPLIES, DIV OF p 489
See M. SULLIVAN & SON LIMITED
ARNPRIOR LEGION BRANCH 174 p 489
See ROYAL CANADIAN LEGION, THE
ARNPRIOR VILLA RETIREMENT RESIDENCE p 489
See REVERA INC
ARO COLLECTION PACIFIQUE p 223
See ARO INC
ARO INC p 223
405 Highway 33 W, KELOWNA, BC, V1X 1Y2
(250) 762-7070   SIC 7322
ARO INC p 537
3370 South Service Rd Suite 10, BURLINGTON, ON, L7N 3M6
SIC 7322
ARO INC p 670
7030 Woodbine Ave Suite 700, MARKHAM, ON, L3R 6G2
(289) 789-1001   SIC 7322
ARO INC p 670
See ARO INC
ARODAL SERVICES LTD p 265
2631 Viking Way Suite 248, RICHMOND, BC, V6V 3B5
(604) 274-0477   SIC 7349
AROMAFORCE p 1024
See BIOFORCE CANADA INC
ARONOVITCH MACAULAY ROLLO LLP p 917
145 Wellington St W Suite 300, TORONTO, ON, M5J 1H8
(416) 369-9393   SIC 8111
ARP AUTOMATION CONTROLS INC p 131
80042 475 Ave E Unit 200, HIGH RIVER, AB, T1V 1M3
(403) 652-7130   SIC 3625
ARPAC STORAGE SYSTEMS CORPORATION 15
7220 44 St Se Suite 200, CALGARY, AB, T2C 3A7
(403) 236-9066   SIC 5084
ARPAC STORAGE SYSTEMS CORPORATION p 90

17847 111 Ave Nw, EDMONTON, AB, T5S 2X3
(780) 454-8566   SIC 2542
ARPENTEURS-GEOMETRES GENDRON, LEFEBVRE & ASSOCIES, LES p 1018
1 Place Laval Bureau 200, Cote Saint-Luc, QC, H7N 1A1
(450) 967-1260   SIC 8713
ARPENTS VERTS FRUITS LEGUMES p 997
See 2747-6043 QUEBEC INC
ARPENTS VERTS, FRUITS & LEGUMES INC, LES p 1082
365 Boul Sir-Wilfrid-Laurier Bureau 107, MONT-SAINT-HILAIRE, QC, J3H 6A2
SIC 5431
ARRAY CANADA INC p 509
35 Reagen's Industrial Pky, BRADFORD, ON, L3Z 0Z9
(416) 213-5740   SIC 3993
ARRAY CANADA INC p 509
35 Reagen's Industrial Pky, BRADFORD, ON, L3Z 0Z9
(905) 775-5630   SIC 2542
ARRAY SYSTEMS COMPUTING INC p 755
1120 Finch Ave W, NORTH YORK, ON, M3J 3H7
(416) 736-0900   SIC 7371
ARRELL YOUTH CENTRE p 614
See BANYAN COMMUNITY SERVICES INC
ARRIMAGE DU ST LAURENT p 1148
See QUEBEC STEVEDORING LTD
ARRISCRAFT CANADA INC p 1185
500 Boul De La Gabelle, Saint-Etienne-des-Gres, QC, G0X 2P0
(819) 535-1717   SIC 3271
ARRISCRAFT INTERNATIONAL LIMITED PARTNERSHIP p 1185
See ARRISCRAFT CANADA INC
ARROW ADVANTAGE p 463
See ARROW ELECTRONICS CANADA LTD
ARROW CAPITAL MANAGEMENT INC p 907
36 Toronto St Suite 750, TORONTO, ON, M5C 2C5
(416) 323-0477   SIC 6211
ARROW DIVERSIFIED FUND p 907
36 Toronto St Suite 750, TORONTO, ON, M5C 2C5
(416) 323-0477   SIC 6722
ARROW ELECTRONICS CANADA LTD p 463
155 Chain Lake Dr Suite 27, HALIFAX, NS, B3S 1B3
(902) 450-2600   SIC 5065
ARROW ELECTRONICS CANADA LTD p 717
171 Superior Blvd Suite 2, MISSISSAUGA, ON, L5T 2L6
(905) 565-4405   SIC 5065
ARROW GAMES CORPORATION p 736
6199 Don Murie St, NIAGARA FALLS, ON, L2G 0B1
(905) 354-7300   SIC 5092
ARROW GAMES CORPORATION p 817
9515 Montrose Rd Unit 2, PORT ROBINSON, ON, L0S 1K0
(905) 354-7300   SIC 5092
ARROW LAKES HOSPITAL p 239
See INTERIOR HEALTH AUTHORITY
ARROW LAKES SCHOOL DISTRICT #10 p 239
403 23 Hwy N, NAKUSP, BC, V0G 1R0
(250) 265-3731   SIC 8211
ARROW LAKES SCHOOL DISTRICT #10 p 239
619 4th St, NAKUSP, BC, V0G 1R0
(250) 265-3668   SIC 8211
ARROW LAKES SCHOOL DISTRICT #10 p 244
604 7th Ave, NEW DENVER, BC, V0G 1S0
(250) 358-7222   SIC 8211
ARROW MARINE SERVICES LTD p 265
11580 Mitchell Rd, RICHMOND, BC, V6V

1T7
SIC 4493
ARROW MINING SERVICES INC p 279
318 Rally St, STEWART, BC, V0T 1W0
(250) 636-2178   SIC 4212
ARROW MINING SERVICES INC p 306
999 Hastings St W Suite 1300, VANCOUVER, BC, V6C 2W2
(604) 324-1333   SIC 4212
ARROW PACKING COMPANY p 313
See CALKINS & BURKE LIMITED
ARROW RELOAD SYSTEMS INC p 160
53309 Range Road 232, SHERWOOD PARK, AB, T8A 4V2
(780) 464-4640   SIC 4789
ARROW SPEED CONTROLS LIMITED p 265
13851 Bridgeport Rd, RICHMOND, BC, V6V 1J6
(604) 321-4033   SIC 8742
ARROW TAHLTAN JOINT VENTURE p 279
See ARROW TRANSPORTATION SYSTEMS INC
ARROW TRANSPORTATION SYSTEMS p 150
See GOLD STAR TRANSPORT (1975) LTD
ARROW TRANSPORTATION SYSTEMS INC p 181
925 Mesa Vista Dr, ASHCROFT, BC, V0K 1A0
(250) 453-9411   SIC 4212
ARROW TRANSPORTATION SYSTEMS INC p 219
1805 Mission Flats Rd, KAMLOOPS, BC, V2C 1A9
(250) 374-6715   SIC 4212
ARROW TRANSPORTATION SYSTEMS INC p 219
970 Mcmaster Way Suite 400, KAMLOOPS, BC, V2C 6K2
(250) 374-3831   SIC 4212
ARROW TRANSPORTATION SYSTEMS INC p 264
75 Star Rd N, QUESNEL, BC, V2J 5K2
(250) 992-8103   SIC 4212
ARROW TRANSPORTATION SYSTEMS INC p 279
318 Railway St, STEWART, BC, V0T 1W0
(250) 636-2178   SIC 4212
ARROW TRUCK SALES CANADA, INC p 687
1285 Shawson Dr, MISSISSAUGA, ON, L4W 1C4
(800) 311-7144   SIC 4212
ARROW/BELL COMPONENTS p 717
See ARROW ELECTRONICS CANADA LTD
ARROWHEAD NATIVE BIBLE CENTRE p 396
See NORTHERN CANADA EVANGELICAL MISSION, INC
ARROWHEAD NATIVE BIBLE CENTRE p 1279
See NORTHERN CANADA EVANGELICAL MISSION, INC
ARROWVIEW ELEMENTARY SCHOOL p 263
See SCHOOL DISTRICT NO 69 (QUALICUM)
ARSENAL CLEANING SERVICES LTD p 845
80 Nashdene Rd Unit 7, SCARBOROUGH, ON, M1V 5E4
(416) 321-8777   SIC 7349
ARSLANIAN CUTTING WORKS NWT LTD p 438
106 Archibald St, YELLOWKNIFE, NT, X1A 2P4
(867) 873-0138   SIC 3915
ARSYSTEMS INTERNATIONAL INC p 669
2770 14th Ave Suite 101, MARKHAM, ON, L3R 0J1
(905) 968-3096   SIC 7389
ART DE VIVRE FABRICATION INC p 1002
240 Boul Industriel, BOUCHERVILLE, QC,

J4B 2X4
(450) 449-4430   SIC 2844
ART GALLERY OF ONTARIO p 927
317 Dundas St W Suite 535, TORONTO, ON, M5T 1G4
(416) 977-0414   SIC 8412
ART IN MOTION p 201
See ART IN MOTION LIMITED PARTNERSHIP
ART IN MOTION LIMITED PARTNERSHIP p 201
2000 Hartley Ave, COQUITLAM, BC, V3K 6W5
(604) 525-3900   SIC 5199
ART INSTITUTE OF TORONTO, THE p 910
See ART INSTITUTE OF VANCOUVER INC, THE
ART INSTITUTE OF VANCOUVER INC, THE p 293
2665 Renfrew St, VANCOUVER, BC, V5M 0A7
(604) 683-9200   SIC 8221
ART INSTITUTE OF VANCOUVER INC, THE p 910
655 Bay St Suite 200, TORONTO, ON, M5G 2K4
(416) 351-7273   SIC 8299
ART INSTITUTE OF VANCOUVER, THE p 293
See ART INSTITUTE OF VANCOUVER INC, THE
ART-IS-IN BAKERY INC p 792
250 City Centre Ave Unit 112, OTTAWA, ON, K1R 6K7
(613) 695-1226   SIC 5461
ARTAFLEX INC p 820
174 West Beaver Creek Rd, RICHMOND HILL, ON, L4B 1B4
(905) 470-0109   SIC 3679
ARTCRAFT ELECTRIC LIMITED p 513
8050 Torbram Rd, BRAMPTON, ON, L6T 3T2
(905) 791-1551   SIC 3645
ARTCRAFT KITCHENS p 738
See NIAGARA ARTCRAFT WOODWORK COMPANY LIMITED, THE
ARTECH DIGITAL ENTERTAINMENT INC p 796
6 Hamilton Ave N, OTTAWA, ON, K1Y 4R1
(613) 728-4880   SIC 7371
ARTECH STUDIOS p 796
See ARTECH DIGITAL ENTERTAINMENT INC
ARTERRA WINES CANADA, INC p 420
10 Levesque St, SCOUDOUC, NB, E4P 3P3
(506) 532-4426   SIC 2084
ARTERRA WINES CANADA, INC p 735
4887 Dorchester Rd, NIAGARA FALLS, ON, L2E 6N8
(905) 358-7141   SIC 2084
ARTERRA WINES CANADA, INC p 739
Gd, NIAGARA ON THE LAKE, ON, L0S 1J0
(905) 468-4637   SIC 2084
ARTESIAN DRIVE PUBLIC SCHOOL p 705
See PEEL DISTRICT SCHOOL BOARD
ARTHUR A LEACH JR HIGH SCHOOL p 390
See PEMBINA TRAILS SCHOOL DIVISION, THE
ARTHUR CARDI p 659
See LONDON DISTRICT CATHOLIC SCHOOL BOARD
ARTHUR DAY MIDDLE SCHOOL p 362
See RIVER EAST TRANSCONA SCHOOL DIVISION
ARTHUR E. WRIGHT SCHOOL p 369
See SEVEN OAKS SCHOOL DIVISION
ARTHUR FORD PUBLIC SCHOOL p 663
See THAMES VALLEY DISTRICT SCHOOL BOARD
ARTHUR FUNERAL & CREAMATION CENTRE p 831
See SERVICE CORPORATION INTERNA-

BUSINESSES ALPHABETICALLY

TIONAL (CANADA) LIMITED
ARTHUR HATTON ELEMENTARY SCHOOL p 219
See SCHOOL DISTRICT 73 (KAMLOOPS/THOMPSON)
ARTHUR J. GALLAGHER CANADA LIMITED p 396
1040 Rue Champlain Suite 200, DIEPPE, NB, E1A 8L8
(506) 862-2070   SIC 6411
ARTHUR MEIGHEN PUBLIC SCHOOL p 857
See AVON MAITLAND DISTRICT SCHOOL BOARD
ARTHUR PECHEY PUBLIC SCHOOL p 1280
See SASKATCHEWAN RIVER SCHOOL DIVISION #119
ARTHUR ROGER & ASSOCIES INC p 1063
2010 Boul Dagenais O, LAVAL-OUEST, QC, H7L 5W2
(450) 963-5080   SIC 5141
ARTHUR STEVENSON ELEMENTARY p 219
See SCHOOL DISTRICT 73 (KAMLOOPS/THOMPSON)
ARTHUR STRINGER PUBLIC SCHOOL p 658
See THAMES VALLEY DISTRICT SCHOOL BOARD
ARTHUR VOADEN SECONDARY SCHOOL p 858
See THAMES VALLEY DISTRICT SCHOOL BOARD
ARTIC SPAS p 70
See BLUE FALLS MANUFACTURING LTD
ARTICLES INTERNATIONAUX p 1081
See STOKES INC
ARTICLES MENAGERS DURA INC p 1228
2105 Boul Dagenais O, SAINTE-ROSE, QC, H7L 5W9
(450) 622-3872   SIC 5021
ARTIK/OEM INC p 482
560b Finley Ave, AJAX, ON, L1S 2E3
(905) 428-8728   SIC 3086
ARTIS REIT p 376
See ARTIS US HOLDINGS II GP, INC
ARTIS REIT p 376
See ARTIS US HOLDINGS II, LLC
ARTIS US HOLDINGS II GP, INC p 376
360 Main St Suite 300, WINNIPEG, MB, R3C 3Z3
(204) 947-1250   SIC 6519
ARTIS US HOLDINGS II, LLC p 376
360 Main Street Suite 300, WINNIPEG, MB, R3C 3Z3
(204) 494-1250   SIC 6519
ARTISTIC STAIRS p 15
See 221449 ALBERTA LTD
ARTIZAN p 1141
See CHANDELLES ET CREATIONS ROBIN INC
ARTOPEX INC p 1042
800 Rue Vadnais, GRANBY, QC, J2J 1A7
(450) 378-0189   SIC 2522
ARTS & CULTURE CENTRE p 426
See PROVINCE OF NEWFOUNDLAND & LABRADOR
ARTSMARKETING SERVICES INC p 907
100 Lombard St Suite 105, TORONTO, ON, M5C 1M3
(416) 941-9000   SIC 7389
ARVINMERITOR CANADA p 520
See MERITOR AFTERMARKET CANADA INC
ARYZTA CANADA CO. p 526
115 Sinclair Blvd Suite 1, BRANTFORD, ON, N3S 7X6
(519) 720-2000   SIC 5145
ARZ GROUP LIMITED p 744
279 Yorkland Blvd, NORTH YORK, ON, M2J 1S5
(416) 847-0350   SIC 5099

AS CANADA, ULC p 564
235 Saunders Dr, CORNWALL, ON, K6H 5R6
(613) 933-0408   SIC 3431
AS CUSTOM CONTRACTING LTD p 818
41a Elizabeth St, Quinte West, ON, K0K 1H0
SIC 1521
ASA ALLOYS p 162
See CANADIAN SPECIALTY METALS ULC
ASAHI REFINING CANADA LTD p 519
130 Glidden Rd, BRAMPTON, ON, L6W 3M8
(905) 453-6120   SIC 3339
ASAHI REFINING CANADA LTD p 853
16 Smith St Suite 1, ST CATHARINES, ON, L2P 3J1
(905) 682-9258   SIC 3366
ASBURY BUILDING SERVICES INC p 577
323 Evans Ave, ETOBICOKE, ON, M8Z 1K2
SIC 7349
ASCENSEURS RE-NO p 709
See KONE INC
ASCENSEURS THYSSEN KRUPP p 1153
See DOVER CORPORATION (CANADA) LIMITED
ASCENSION CATHOLIC ELEMENTARY p 534
See HALTON CATHOLIC DISTRICT SCHOOL BOARD
ASCENSION OF OUR LORD SCHOOL p 64
See CALGARY ROMAN CATHOLIC SEPARATE SCHOOL DISTRICT #1
ASCENSION OF OUR LORD SECONDARY SCHOOL p 683
See DUFFERIN-PEEL CATHOLIC DISTRICT SCHOOL BOARD
ASCENTIUM INC p 1037
490 Boul Saint-Joseph Bureau 300, GATINEAU, QC, J8Y 3Y7
(819) 770-0313   SIC 4899
ASCO NUMATICS p 528
See EMERSON ELECTRIC CANADA LIMITED
ASCO POWER TECHNOLOGIES CANADA, DIV OF p 528
See EMERSON ELECTRIC CANADA LIMITED
ASCS CANADIAN SIGNAL CORPORATION p 957
606 Beech St W, WHITBY, ON, L1N 7T8
(905) 665-4300   SIC 3679
ASD SOLUTIONS LTD p 715
190 Statesman Dr, MISSISSAUGA, ON, L5S 1X7
(519) 271-4900   SIC 5045
ASENTUS CONSULTING GROUP LTD p 303
1286 Homer St Suite 200, VANCOUVER, BC, V6B 2Y5
(604) 609-9993   SIC 8741
ASH LEE JEFFERSON ELEMENTARY SCHOOL p 454
See HALIFAX REGIONAL SCHOOL BOARD
ASHBRIDGES BAY TREATMENT PLANT p 895
See CORPORATION OF THE CITY OF TORONTO
ASHBROS ENTERPRISES LTD p 70
4931 52 Ave, CRANFORD, AB, T0K 0R0
(403) 223-1888   SIC 1389
ASHBURN GOLF CLUB p 461
See HALIFAX GOLF & COUNTRY CLUB, LIMITED
ASHCROFT & ASSOCIATES NATURAL STONE LTD p 592
381297 Concession 17, Georgian Bluffs, ON, N0H 2T0
(519) 534-5966   SIC 1411
ASHCROFT HOSPITAL AND COMMUNITY HEALTH CARE CENTRE p 181
See INTERIOR HEALTH AUTHORITY
ASHCROFT INSTRUMENTS CANADA INC p 681

151 Steeles Ave E, MILTON, ON, L9T 1Y1
(905) 864-4989   SIC 3823
ASHCROFT SECONDARY SCHOOL p 181
See SCHOOL DISTRICT #74 (GOLD TRAIL)
ASHERN CENTRAL SCHOOL p 343
See LAKESHORE SCHOOL DIVISION
ASHFIELD HEALTHCARE CANADA INC p 1141
263 Av Labrosse, POINTE-CLAIRE, QC, H9R 1A3
(514) 630-7484   SIC 7389
ASHLEY FURNITURE p 384
See TDG FURNITURE INC
ASHLEY FURNITURE HOME STORE p 33
See TDG FURNITURE INC
ASHLEY FURNITURE HOME STORE p 510
See TDG FURNITURE INC
ASHLEY FURNITURE HOMESTORE p 140
See TDG FURNITURE INC
ASHLEY HOME FUNITURE HOME STORE p 11
See TDG FURNITURE INC
ASHLEY OAKS PUBLIC SCHOOL p 660
See THAMES VALLEY DISTRICT SCHOOL BOARD
ASHLEY, WILLIAM LTD p 697
100 City Centre Dr, MISSISSAUGA, ON, L5B 2C9
SIC 5719
ASHMONT ELEMENTARY COMMUNITY SCHOOL p 3
See ST. PAUL EDUCATION REGIONAL DIVISION NO 1
ASHMONT SECONDARY SCHOOL p 3
See ST. PAUL EDUCATION REGIONAL DIVISION NO 1
ASHTON p 1156
See ASHTON CASSE-CROUTE INC
ASHTON CASSE-CROUTE INC p 1147
520 Boul Louis-Xiv, Quebec, QC, G1H 4N8
(418) 628-7352   SIC 5812
ASHTON CASSE-CROUTE INC p 1151
550 Boul Wilfrid-Hamel, Quebec, QC, G1M 2S6
(418) 648-0895   SIC 5812
ASHTON CASSE-CROUTE INC p 1151
600 Rue Du Marais, Quebec, QC, G1M 3R1
(418) 682-6565   SIC 5812
ASHTON CASSE-CROUTE INC p 1156
640 Grande Allee E, Quebec, QC, G1R 2K5
(418) 522-3449   SIC 5812
ASHTON CASSE-CROUTE INC p 1159
2700 Boul Laurier, Quebec, QC, G1V 2L8
(418) 656-1096   SIC 5812
ASHTON CASSE-CROUTE INC p 1164
9375 Boul De L'ormiere, Quebec, QC, G2B 3K7
SIC 5812
ASHTON CASSE-CROUTE INC p 1167
5401 Boul Des Galeries, Quebec, QC, G2K 1N4
(418) 622-5052   SIC 5812
ASHTON CREEK ELEMENTARY p 213
See NORTH OKANAGAN SHUSWAP SCHOOL DISTRICT 83
ASHTON LOUIS XIV p 1147
See ASHTON CASSE-CROUTE INC
ASHTON MEADOWS PUBLIC SCHOOL p 677
See YORK REGION DISTRICT SCHOOL BOARD
ASHTON, CHEZ p 1152
See PLACEMENTS ASHTON LEBLOND INC, LES
ASI COMPUTER TECHNOLOGIES (CANADA) CORP p 669
3930 14th Ave Unit 1, MARKHAM, ON, L3R 0A8
(905) 470-1000   SIC 5045
ASIA PULP & PAPER (CANADA) LTD p 1056
1820 46e Av, LACHINE, QC, H8T 2P2
(514) 631-2300   SIC 5113

ASIAN DRAGON GROUP INC p 306
475 Howe St Suite 1100, VANCOUVER, BC, V6C 2B3
(604) 801-5939   SIC 1081
ASIAN TELEVISION NETWORK INC p 732
130 Pony Dr, NEWMARKET, ON, L3Y 7B6
(905) 773-8966   SIC 4833
ASIG p 683
See ASIG CANADA LTD
ASIG p 712
See ASIG CANADA LTD
ASIG CANADA LTD p 683
7440 Torbram Rd, MISSISSAUGA, ON, L4T 1G9
(905) 694-2813   SIC 5172
ASIG CANADA LTD p 712
5600 Silver Dart Dr, MISSISSAUGA, ON, L5P 1B2
(905) 694-2846   SIC 5172
ASIG CANADA LTD p 1299
2515 Airport Rd Suite 7, SASKATOON, SK, S7L 1M4
(306) 651-6018   SIC 5172
ASKAN ARTS LIMITED p 890
20 Toro Rd, TORONTO, ON, M3J 2A7
(416) 398-2333   SIC 7699
ASKEW'S FOOD SERVICE LTD p 181
3305 Smith Dr Unit 8, ARMSTRONG, BC, V0E 1B1
(250) 546-3039   SIC 5411
ASKEW'S FOOD SERVICE LTD p 275
111 Lakeshore Dr Ne, SALMON ARM, BC, V1E 4N3
(250) 832-2064   SIC 5411
ASKEW'S FOODS p 275
See ASKEW'S FOOD SERVICE LTD
ASM CANADA, INC p 21
5655 10 St Ne Suite 111, CALGARY, AB, T2E 8W7
(403) 253-4488   SIC 5141
ASM CANADA, INC p 669
160 Mcnabb St Suite 330, MARKHAM, ON, L3R 4E4
(905) 475-9623   SIC 5141
ASM CANADA, INC p 1129
2 Place Laval Unite 460, Montreal, QC, H7N 5N6
(450) 975-2525   SIC 5141
ASPEN GROVE SCHOOL p 128
See GRANDE PRAIRIE PUBLIC SCHOOL DISTRICT #2357
ASPEN HEALTH SERVICES p 149
See GOVERNMENT OF THE PROVINCE OF ALBERTA
ASPEN HEALTH SERVICES p 173
See ALBERTA HEALTH SERVICES
ASPEN HEIGHTS ELEMENTARY SCHOOL p 154
See BOARD OF TRUSTEES OF THE RED DEER PUBLIC SCHOOL DISTRICT NO. 104, THE
ASPEN HOUSE p 146
See ALBERTA HEALTH SERVICES
ASPEN PARK ELEMENTARY SCHOOL p 199
See SCHOOL DISTRICT NO. 71 (COMOX VALLEY)
ASPEN PLANERS LTD p 237
2399 Quilchena Ave, MERRITT, BC, V1K 1B8
(250) 378-9266   SIC 2421
ASPEN PLANERS LTD p 284
12770 116 Ave, SURREY, BC, V3V 7H9
(604) 580-2240   SIC 5031
ASPEN VIEW PUBLIC SCHOOL DIVISION NO. 78 p 3
5502 48 Ave, ATHABASCA, AB, T9S 1L3
(780) 675-2213   SIC 8211
ASPEN VIEW PUBLIC SCHOOL DIVISION NO. 78 p 4
3001 Whispering Hills Dr, ATHABASCA, AB, T9S 1N3
(780) 675-4546   SIC 8211
ASPEN VIEW PUBLIC SCHOOL DIVISION

NO. 78
5032 Taylor Rd, BOYLE, AB, T0A 0M0
(780) 689-3647   SIC 8211
ASPEN VIEW PUBLIC SCHOOL DIVISION NO. 78   p 164
5019 50 St, SMOKY LAKE, AB, T0A 3C0
(780) 656-3820   SIC 8211
ASPEN VIEW PUBLIC SCHOOL DIVISION NO. 78   p 171
Half Apt Mile, THORHILD, AB, T0A 3J0
(780) 398-3610   SIC 8211
ASPEN VIEW PUBLIC SCHOOL DIVISION NO. 78   p 172
5014 52 Ave, VILNA, AB, T0A 3L0
(780) 636-1406   SIC 8211
ASPENTECH CANADA LTD   p 40
205 5 Ave Sw Suite 3300, CALGARY, AB, T2P 2V7
(403) 538-4781   SIC 7371
ASPENWOOD ELEMENTARY SCHOOL 257
See SCHOOL DISTRICT NO. 43 (COQUITLAM)
ASPEX GROUP   p 1114
See CAMEO OPTICAL LTD
ASPHALTE DESJARDINS INC   p 1078
17250 Cote Saint-Antoine, MIRABEL, QC, J7J 2G9
(450) 432-4317   SIC 1442
ASPHALTE DESJARDINS INC   p 1230
300 Boul Ducharme, SAINTE-THERESE, QC, J7E 2E9
(450) 430-7160   SIC 3273
ASPHALTE TRUDEAU LTEE   p 1227
3600 Ch Des Bedard, SAINTE-JUSTINE-DE-NEWTON, QC, J0P 1T0
(450) 764-3617   SIC 1499
ASPIN HOME SERVICES   p 240
See ASPIN ROOFING & GUTTERS LTD
ASPIN KEMP & ASSOCIATES INC   p 984
9 Myrtle St, STRATFORD, PE, C1B 1P4
(902) 620-4882   SIC 8742
ASPIN ROOFING & GUTTERS LTD   p 240
2210 Petersen Pl, NANAIMO, BC, V9S 4N5
SIC 1761
ASPIRE SPECIAL NEEDS RESOURCE SOCIETY   p 152
4826 47 St, RED DEER, AB, T4N 1R2
(403) 340-2606   SIC 8322
ASPLUNDH CANADA ULC   p 145
Gd, MILLARVILLE, AB, T0L 1K0
SIC 5191
ASPLUNDH CANADA ULC   p 455
645 Pratt And Whitney Dr Suite 1, GOFFS, NS, B2T 0H4
(902) 468-8733   SIC 7299
ASPLUNDH TREE SERVICE ULC   p 455
See ASPLUNDH CANADA ULC
ASPOTOGAN CONSOLIDATED ELEMENTARY SCHOOL   p 445
See SOUTH SHORE REGIONAL SCHOOL BOARD
ASPOTOGAN CONSOLIDATED ELEMENTARY SCHOOL   p 465
See SOUTH SHORE REGIONAL SCHOOL BOARD
ASPREVA INTERNATIONAL LTD   p 333
4464 Markham St Unit 1203, VICTORIA, BC, V8Z 7X8
(250) 744-2488   SIC 2834
ASQUITH INTERIOR DIMENSIONS INC   p 899
21 St Clair Ave E Suite 700, TORONTO, ON, M4T 1L9
SIC 1542
ASSA ABLOY OF CANADA LTD   p 557
160 Four Valley Dr, CONCORD, ON, L4K 4T9
(905) 738-2466   SIC 5072
ASSANTE CAPITAL MANAGEMENT   p 697
See ASSANTE CAPITAL MANAGEMENT LTD
ASSANTE CAPITAL MANAGEMENT LTD   p 460
5548 Kaye St Suite 201, HALIFAX, NS, B3K 1Y5
(902) 423-1200   SIC 6211
ASSANTE CAPITAL MANAGEMENT LTD   p 610
175 Longwood Rd S Suite 400, HAMILTON, ON, L8P 0A1
(905) 526-0485   SIC 6211
ASSANTE CAPITAL MANAGEMENT LTD   p 642
487 Riverbend Dr, KITCHENER, ON, N2K 3S3
(519) 772-5509   SIC 6211
ASSANTE CAPITAL MANAGEMENT LTD   p 697
350 Burnhamthorpe Rd W Suite 218, MISSISSAUGA, ON, L5B 3J1
(905) 272-2750   SIC 6211
ASSANTE CAPITAL MANAGEMENT LTD   p 746
1210 Sheppard Ave E Suite 307, NORTH YORK, ON, M2K 1E3
(416) 494-2300   SIC 6211
ASSANTE CAPITAL MANAGEMENT LTD   p 801
301 Moodie Dr Suite 121, OTTAWA, ON, K2H 9C4
(613) 729-7526   SIC 6211
ASSANTE CAPITAL MANAGEMENT LTD   p 820
550 Highway 7 E Suite 328, RICHMOND HILL, ON, L4B 3Z4
(905) 771-1535   SIC 6211
ASSANTE CAPITAL MANAGEMENT LTD   p 1294
500 Spadina Cres E Suite 301, SASKATOON, SK, S7K 4H9
(306) 665-3244   SIC 6211
ASSANTE FINANCIAL MANAGEMENT LTD   p 176
33386 South Fraser Way Suite 101, ABBOTSFORD, BC, V2S 2B5
(604) 852-1804   SIC 8741
ASSANTE FINANCIAL MANAGEMENT LTD   p 301
650 Georgia St W Suite 800, VANCOUVER, BC, V6A 2A1
(604) 687-7526   SIC 8741
ASSANTE FINANCIAL MANAGEMENT LTD   p 303
650 Georgia St W Suite 800, VANCOUVER, BC, V6B 4N8
(604) 678-3444   SIC 8741
ASSANTE FINANCIAL MANAGEMENT LTD   p 391
5 Scurfield Blvd Unit 10, WINNIPEG, MB, R3Y 1G3
(204) 982-1860   SIC 8741
ASSANTE FINANCIAL MANAGEMENT LTD   p 532
4145 North Service Rd Suite 100, BURLINGTON, ON, L7L 6A3
(905) 332-5503   SIC 8741
ASSANTE FINANCIAL MANAGEMENT LTD   p 697
350 Burnhamthorpe Rd W Suite 218, MISSISSAUGA, ON, L5B 3J1
(905) 273-6605   SIC 8741
ASSANTE FINANCIAL MANAGEMENT LTD   p 741
101 Mcintyre St W, NORTH BAY, ON, P1B 2Y5
(705) 476-5422   SIC 8748
ASSANTE WEALTH MANAGEMENT   p 176
See ASSANTE FINANCIAL MANAGEMENT LTD
ASSANTE WEALTH MANAGEMENT   p 301
See ASSANTE FINANCIAL MANAGEMENT LTD
ASSANTE WEALTH MANAGEMENT   p 391
See ASSANTE FINANCIAL MANAGEMENT LTD
ASSANTE WEALTH MANAGEMENT   p 460
See ASSANTE CAPITAL MANAGEMENT LTD
ASSANTE WEALTH MANAGEMENT   p 532
See ASSANTE FINANCIAL MANAGEMENT LTD
ASSANTE WEALTH MANAGEMENT   p 610
See ASSANTE CAPITAL MANAGEMENT LTD
ASSANTE WEALTH MANAGEMENT   p 642
See ASSANTE CAPITAL MANAGEMENT LTD
ASSANTE WEALTH MANAGEMENT   p 697
See ASSANTE FINANCIAL MANAGEMENT LTD
ASSANTE WEALTH MANAGEMENT   p 741
See ASSANTE FINANCIAL MANAGEMENT LTD
ASSANTE WEALTH MANAGEMENT   p 746
See ASSANTE CAPITAL MANAGEMENT LTD
ASSANTE WEALTH MANAGEMENT   p 801
See ASSANTE CAPITAL MANAGEMENT LTD
ASSANTE WEALTH MANAGEMENT   p 820
See ASSANTE CAPITAL MANAGEMENT LTD
ASSANTE WEALTH MANAGEMENT   p 1294
See ASSANTE CAPITAL MANAGEMENT LTD
ASSANTE WEALTH MANAGEMENT LTD   p 907
20 Queen St E, TORONTO, ON, M5C 3G7
(416) 364-1145   SIC 8742
ASSEAU-BPR   p 1154
See BPR INC
ASSESSMENT AND TREATMENT SERVICES   p 249
See VANCOUVER COASTAL HEALTH AUTHORITY
ASSESSMENT CENTER   p 965
See GREATER ESSEX COUNTY DISTRICT SCHOOL BOARD
ASSET COMPUTER PERSONNEL LTD   p 907
700-110 Yonge St, TORONTO, ON, M5C 1T4
(416) 777-1717   SIC 7361
ASSET RELAY   p 1040
See SIMBOL TEST SYSTEMS INC
ASSIKINACK PUBLIC SCHOOL   p 498
See SIMCOE COUNTY DISTRICT SCHOOL BOARD, THE
ASSINIBOIA 7TH AVENUE SCHOOL   p 1264
See PRAIRIE SOUTH SCHOOL DIVISION NO 210
ASSINIBOIA BRANCH   p 1264
See CONEXUS CREDIT UNION 2006
ASSINIBOIA COMPREHENSIVE HIGH SCHOOL   p 1264
See PRAIRIE SOUTH SCHOOL DIVISION NO 210
ASSINIBOIA DOWNS   p 385
See MANITOBA JOCKEY CLUB INC
ASSINIBOIA LIVESTOCK AUCTION   p 1264
See NILSSON BROS. INC
ASSINIBOIA UNION HOSPITAL   p 1264
See FIVE HILLS REGIONAL HEALTH AUTHORITY
ASSINIBOINE COMMUNITY COLLEGE   p 344
1430 Victoria Ave E, BRANDON, MB, R7A 2A9
(204) 725-8700   SIC 8222
ASSINIBOINE COMMUNITY COLLEGE   p 382
1313 Border St Suite 87, WINNIPEG, MB, R3H 0X4
(204) 694-7111   SIC 8222
ASSINIBOINE DENTAL GROUP   p 385
3278 Portage Ave, WINNIPEG, MB, R3K 0Z1
(204) 958-4444   SIC 8021
ASSINIBOINE GORDON INN ON THE PARK   p 384
See GORDON HOTELS & MOTOR INNS LTD
ASSINIBOINE RHA MENTAL HEALTH   p 345
See PRAIRIE MOUNTAIN HEALTH
ASSOCIATE CLINIC   p 40
See ARMSTRONG, DR C S PROFESSIONAL CORPORATION
ASSOCIATE CLINIC   p 152
4705 48 Ave, RED DEER, AB, T4N 3T1
(403) 346-2057   SIC 8011
ASSOCIATED ENGINEERING (B.C.) LTD   p 189
4940 Canada Way Suite 300, BURNABY, BC, V5G 4M5
(604) 293-1411   SIC 8711
ASSOCIATED ENGINEERING (BC)   p 189
See ASSOCIATED ENGINEERING GROUP LTD
ASSOCIATED ENGINEERING (ONT.) LTD   p 579
304 The East Mall Suite 800, ETOBICOKE, ON, M9B 6E2
(416) 622-9502   SIC 8711
ASSOCIATED ENGINEERING (SASK) LTD   p 1281
199 Leonard St, REGINA, SK, S4N 5X5
(306) 721-2466   SIC 8711
ASSOCIATED ENGINEERING (SASK) LTD   p 1299
2225 Northridge Dr Suite 1, SASKATOON, SK, S7L 6X6
(306) 653-4969   SIC 8711
ASSOCIATED ENGINEERING ALBERTA LTD   p 61
600 Crowfoot Cres Nw Suite 400, CALGARY, AB, T3G 0B4
(403) 262-4500   SIC 8711
ASSOCIATED ENGINEERING ALBERTA LTD   p 78
9888 Jasper Ave Suite 500, EDMONTON, AB, T5J 5C6
(780) 451-7666   SIC 8711
ASSOCIATED ENGINEERING ALBERTA LTD   p 138
400 4 Ave S Suite 1001, LETHBRIDGE, AB, T1J 4E1
(403) 329-1404   SIC 8711
ASSOCIATED ENGINEERING ALBERTA LTD   p 1281
1922 Park St, REGINA, SK, S4N 7M4
(306) 721-2466   SIC 8711
ASSOCIATED ENGINEERING GROUP LTD   p 189
4940 Canada Way Suite 300, BURNABY, BC, V5G 4M5
(604) 293-1411   SIC 8711
ASSOCIATED ENVIRONMENTAL CONSULTANTS INC   p 325
2800 29 St Suite 200, VERNON, BC, V1T 9P9
(250) 545-3672   SIC 8748
ASSOCIATED FOREIGN EXCHANGE, ULC   p 928
200 Front St W Suite 2203, TORONTO, ON, M5V 3K2
(416) 360-2136   SIC 6081
ASSOCIATED HEBREW SCHOOLS OF TORONTO   p 933
18 Neptune Dr, TORONTO, ON, M6A 1X1
(416) 787-1872   SIC 8211
ASSOCIATED MARITIME PHARMACIES LIMITED   p 454
269 Highway 214 Unit 2, ELMSDALE, NS, B2S 1K1
(902) 883-8018   SIC 5912
ASSOCIATED MATERIALS CANADA LIMITED   p 532
1001 Corporate Dr, BURLINGTON, ON, L7L 5V5

(905) 319-5561   SIC 3444
ASSOCIATED PRO-CLEANING SERVICES CORP   p 670
3400 14th Ave Suite 39, MARKHAM, ON, L3R 0H7
(905) 477-6966   SIC 7349
ASSOCIATED TUBE CANADA, DIV OF   p 674
See SAMUEL, SON & CO., LIMITED
ASSOCIATION CANADIENNE DES COURTIERS EN VALEURS MOBILIERES   p 1112
See INVESTMENT INDUSTRY REGULATORY ORGANIZATION OF CANADA
ASSOCIATION CANADIENNE SANTE MENTALE LAC-ST-JEAN PARADIS   p 1175
See CANADIAN MENTAL HEALTH ASSOCIATION, THE
ASSOCIATION CANADIENNE-FRANCAISE DE L'ONTARIO/HURONIE   p 806
63 Main St, PENETANGUISHENE, ON, L9M 1S8
(705) 549-3116   SIC 8399
ASSOCIATION D'ENTRAIDE LE CHAINON INC, L'   p 1099
4373 Av De L'esplanade, Montreal, QC, H2W 1T2
(514) 845-0151   SIC 8322
ASSOCIATION D'HOSPITALISATION CANASSURANCE   p 580
185 The West Mall Suite 610, ETOBICOKE, ON, M9C 5L5
(416) 626-1688   SIC 6321
ASSOCIATION DE PARENTS DU CENTRE GABRIELLE MAJOR   p 992
8150 Boul Metropolitain E, ANJOU, QC, H1K 1A1
SIC 8322
ASSOCIATION DE TAXI DIAMOND DE MONTREAL LTEE, L'   p 1097
7294 Rue Lajeunesse Bureau A, Montreal, QC, H2R 2H4
(514) 273-1725   SIC 4121
ASSOCIATION DES AUXILIAIRES BENEVOLES DU CSSS DE CLEOPHAS-CLAVEAU, L'   p 1052
1000 Rue Du Docteur-Desgagne, LA BAIE, QC, G7B 2Y6
(418) 544-3381   SIC 8641
ASSOCIATION DES ETUDIANTS DU COLLEGE REGIONAL CHAM   p 1159
See ASSOCIATION DES ETUDIANTS DU COLLEGE REGIONAL CHAMPLAIN L'
ASSOCIATION DES ETUDIANTS DU COLLEGE REGIONAL CHAMPLAIN L'   p 1159
790 Av Neree-Tremblay, Quebec, QC, G1V 4K2
(418) 656-6921   SIC 8211
ASSOCIATION DES GENS D'AFFAIRES & PROFESSIONNELS ITALO-CANADIENS INC, L'   p 1215
8370 Boul Lacordaire Bureau 310, SAINT-LEONARD, QC, H1R 3Y6
(514) 254-4929   SIC 8621
ASSOCIATION DES GESTIONNAIRES DE L'HOPITAL SAINTE-JUSTINE   p 1120
3175 Ch De La Cote-Sainte-Catherine, Montreal, QC, H3T 1C5
(514) 345-4931   SIC 8069
ASSOCIATION DES PERSONNES RETRAITEES DE LA TELE-UNIVERSITE   p 1148
455 Rue Du Parvis, Quebec, QC, G1K 9H6
(418) 657-2262   SIC 8641
ASSOCIATION ETUDIANTE CITE COLLEGIAL   p 787
801 Aviation Pky, OTTAWA, ON, K1K 4R3
(613) 742-2493   SIC 8222
ASSOCIATION FOR PERSONS WITH PHYSICAL DISABILITIES WINDSOR ESSEX   p 961

3185 Forest Glade Dr, WINDSOR, ON, N8R 1W7
(519) 979-1641   SIC 8322
ASSOCIATION GENERALE DES ETUDIANTS DU C.E.G.E.P. DE ST-JEROME INC, L   p 1201
455 Rue Fournier Bureau 450, Saint-Jerome, QC, J7Z 4V2
(450) 435-7147   SIC 8221
ASSOCIATION GENERALE DES ETUDIANTS ET ETUDIANTES DU COLLEGE LIONEL-GROULX INC   p 1230
100 Rue Duquet, SAINTE-THERESE, QC, J7E 3G6
SIC 8641
ASSOCIATION INTERNATIONALE DES ETUDIANTS EN SCIENCES ECONOMIQUES ET COMMERCIALES   p 1100
315 Rue Sainte-Catherine E Bureau 213, Montreal, QC, H2X 3X2
(514) 987-3288   SIC 8621
ASSOCIATION OF MUNICIPAL EMERGENCY MEDICAL SERVICES OF ONTARIO   p 909
1 Yonge St Suite 1801, TORONTO, ON, M5E 1W7
SIC 4119
ASSOCIATION OF MUNICIPALITIES OF ONTARIO   p 912
200 University Ave Suite 801, TORONTO, ON, M5H 3C6
(416) 971-9856   SIC 6282
ASSOCIATION OF NEIGHBOURHOOD HOUSES OF BRITISH COLUMBIA   p 293
2131 Renfrew St, VANCOUVER, BC, V5M 4M5
(604) 251-1225   SIC 8322
ASSOCIATION OF NEIGHBOURHOOD HOUSES OF BRITISH COLUMBIA   p 295
4065 Victoria Dr, VANCOUVER, BC, V5N 4M9
(604) 874-4231   SIC 8399
ASSOCIATION OF NEIGHBOURHOOD HOUSES OF BRITISH COLUMBIA   p 295
6470 Victoria Dr, VANCOUVER, BC, V5P 3X7
(604) 324-6212   SIC 8322
ASSOCIATION OF NEIGHBOURHOOD HOUSES OF BRITISH COLUMBIA   p 296
800 Broadway E, VANCOUVER, BC, V5T 1Y1
(604) 879-8208   SIC 8399
ASSOCIATION OF NEIGHBOURHOOD HOUSES OF BRITISH COLUMBIA   p 313
1019 Broughton St, VANCOUVER, BC, V6G 2A7
(604) 683-2554   SIC 8399
ASSOCIATION QUEBECOISE DES CENTRES DE LA PETITE ENFANCE   p 1097
7245 Rue Clark Bureau 401, Montreal, QC, H2R 2Y4
(514) 326-8008   SIC 8399
ASSOCIATION SPORTIVE ET COMMUNAUTAIRE DU CENTRE-SUD INC   p 1094
2093 Rue De La Visitation, Montreal, QC, H2L 3C9
(514) 522-2246   SIC 8322
ASSOCIATION TOURISTIQUE REGIONALE DE MONTREAL, L'   p 1112
See OFFICE DES CONGRES ET DU TOURISME DU GRAND MONTREAL INC, L'
ASSUMPTION CATHOLIC SCHOOL   p 492
See LONDON DISTRICT CATHOLIC SCHOOL BOARD
ASSUMPTION CATHOLIC SCHOOL   p 852
See NIAGARA CATHOLIC DISTRICT SCHOOL BOARD
ASSUMPTION CATHOLIC SECONDARY SCHOOL   p 537
See HALTON CATHOLIC DISTRICT

SCHOOL BOARD
ASSUMPTION COLLAGE SCHOOL   p 528
See BRANT HALDIMAND NORFOLK CATHOLIC DISTRICT SCHOOL BOARD
ASSUMPTION COLLEGE CATHOLIC HIGH SCHOOL   p 970
See WINDSOR-ESSEX CATHOLIC DISTRICT SCHOOL BOARD, THE
ASSUMPTION COLLEGE SCHOOL   p 528
See BRANT HALDIMAND NORFOLK CATHOLIC DISTRICT SCHOOL BOARD
ASSUMPTION JUNIOR & SENIOR HIGH SCHOOL   p 70
See LAKELAND ROMAN CATHOLIC SEPARATE SCHOOL DISTRICT NO. 150
ASSUMPTION LIFE   p 396
See ASSUMPTION MUTUAL LIFE INSURANCE COMPANY
ASSUMPTION MUTUAL LIFE INSURANCE COMPANY   p 396
411 Rue Champlain, DIEPPE, NB, E1A 1P2
(506) 857-9400   SIC 6311
ASSUMPTION SCHOOL   p 636
See CONSEIL SCOLAIRE CATHOLIQUE DE DISTRICT DES GRANDES RIVIERES, LE
ASSUMPTION SCHOOL   p 946
See OTTAWA CATHOLIC DISTRICT SCHOOL BOARD
ASSURANCE MARTIN & CYR INC   p 1101
460 Rue Mcgill, Montreal, QC, H2Y 2H2
(514) 527-9546   SIC 6712
ASSURANCE VIE BANQUE NATIONALE   p 1109
See BANQUE NATIONALE DU CANADA
ASSURANCES FONTAINE LEMAY & ASS INC, LES   p 1067
893 Av Taniata, Levis, QC, G6Z 2E3
(418) 839-5951   SIC 6411
ASSURANCES GROULX   p 1018
See ASSURANCES ROLAND GROULX INC, LES
ASSURANCES H. BRALEY LTEE, LES   p 1141
1868 Boul Des Sources, Suite 400, POINTE-CLAIRE, QC, H9R 5R2
(514) 620-0051   SIC 6311
ASSURANCES JEAN-CLAUDE LECLERC INC   p 1031
230 Boul Saint-Joseph O, DRUMMONDVILLE, QC, J2E 0G3
(819) 477-3156   SIC 6411
ASSURANCES RBC   p 1063
See RBC LIFE INSURANCE COMPANY
ASSURANCES ROLAND GROULX INC, LES   p 1018
666 Boul Saint-Martin O Bureau 120, Cote Saint-Luc, QC, H7M 5G4
SIC 6411
ASSURED PACKAGING DIVISION   p 560
See K-G SPRAY-PAK INC
ASTENJOHNSON DRYER FABRIC   p 623
See ASTENJOHNSON, INC
ASTENJOHNSON, INC   p 623
48 Richardson Side Rd, KANATA, ON, K2K 1X2
(613) 592-5851   SIC 2221
ASTENJOHNSON, INC   p 623
1243 Teron Rd, KANATA, ON, K2K 1X2
(613) 592-5851   SIC 2299
ASTENJOHNSON, INC   p 1231
213 Boul Du Havre, SALABERRY-DE-VALLEYFIELD, QC, J6S 1R9
(450) 373-2425   SIC 2299
ASTLEY-GILBERT LIMITED   p 928
485 Wellington St W, TORONTO, ON, M5V 1E9
(416) 348-0002   SIC 3861
ASTOR'S, JACK BAR & GRILL   p 538
See SIR CORP
ASTRA COFFRAGE   p 998
See 9071-3686 QUEBEC INC
ASTRAL BROADCASTING GROUP INC   p 917

181 Bay St Unit 100, TORONTO, ON, M5J 2T3
(416) 956-2010   SIC 7812
ASTRAL BROADCASTING GROUP INC   p 1116
1616 Boul Rene-Levesque O Bureau 300, Montreal, QC, H3H 1P8
(514) 939-3150   SIC 4833
ASTRAL BROADCASTING GROUP INC   p 1172
875 Boul Saint-Germain, RIMOUSKI, QC, G5L 3T9
(418) 724-8833   SIC 4832
ASTRAL DRIVE ELEMENTARY SCHOOL   p 446
See HALIFAX REGIONAL SCHOOL BOARD
ASTRAL DRIVE JUNOIR HIGH SCHOOL   p 446
See HALIFAX REGIONAL SCHOOL BOARD
ASTRAL MEDIA AFFICHAGE, S.E.C.   p 900
2 St Clair Ave W Suite 2000, TORONTO, ON, M4V 1L5
(416) 924-6664   SIC 7312
ASTRAL MEDIA AFFICHAGE, S.E.C.   p 1156
900 Place D'youville, Quebec, QC, G1R 3P7
(418) 687-9900   SIC 4832
ASTRAL MEDIA RADIO   p 374
177 Lombard Ave Suite 3, WINNIPEG, MB, R3B 0W5
(204) 944-1031   SIC 4832
ASTRAL MEDIA RADIO ATLANTIC INC   p 477
187 Industrial Ave, TRURO, NS, B2N 6V3
(902) 893-6060   SIC 4832
ASTRAL MEDIA RADIO INC   p 21
1110 Centre St Ne Suite 300, CALGARY, AB, T2E 2R2
(403) 242-1116   SIC 4832
ASTRAL MEDIA RADIO INC   p 252
33 Carmi Ave, PENTICTON, BC, V2A 3G4
(250) 492-2800   SIC 4832
ASTRAL MEDIA RADIO INC   p 278
1280 Main St, SMITHERS, BC, V0J 2N0
(250) 847-5250   SIC 4832
ASTRAL MEDIA RADIO INC   p 655
99 Dundas St, LONDON, ON, N6A 6K1
(519) 858-9053   SIC 4832
ASTRAL MEDIA RADIO INC   p 854
12 Yates St, ST CATHARINES, ON, L2R 5R2
(905) 684-1174   SIC 4832
ASTRAL MEDIA RADIO INC   p 900
2 St Clair Ave W Suite 200, TORONTO, ON, M4V 1L6
(416) 323-5200   SIC 4832
ASTRAL MEDIA RADIO INC   p 1013
121 Rue Racine E, CHICOUTIMI, QC, G7H 1R6
(418) 545-2577   SIC 4832
ASTRAL MEDIA RADIO INC   p 1013
267 Racine St E, CHICOUTIMI, QC, G7H 1S5
(418) 543-9797   SIC 4832
ASTRAL MEDIA RADIO INC   p 1037
15 Rue Taschereau, GATINEAU, QC, J8Y 2V6
(819) 243-5555   SIC 6794
ASTRAL MEDIA RADIO INC   p 1116
2100 Rue Sainte-Catherine O Bureau 1000, Montreal, QC, H3H 2T3
(514) 529-3200   SIC 4832
ASTRAL MEDIA RADIO INC   p 1237
1840 Rue King O Bureau 200, SHERBROOKE, QC, J1J 2E2
(819) 566-6655   SIC 4832
ASTRAL MEDIA RADIO INC   p 1237
1845 Rue King O, SHERBROOKE, QC, J1J 2E4
(819) 347-1414   SIC 4832
ASTRAL TELEVISION NETWORK, DIV OF   p 897

▲ Public Company   ■ Public Company Family Member   HQ Headquarters   BR Branch   SL Single Location

See BELL MEDIA INC
ASTRAZENECA CANADA INC *p* 693
1004 Middlegate Rd Suite 5000, MISSISSAUGA, ON, L4Y 1M4
(905) 277-7111   SIC 2834
ASTRONICS LSI CANADA *p* 1027
See SYSTEMES LUMINESCENT CANADA INC
ASURION CANADA, INC *p* 406
11 Ocean Limited Way, MONCTON, NB, E1C 0H1
(506) 386-9200   SIC 4899
AT THE CROSSROADS FAMILY RESTAURANT LTD *p* 572
384 Arthur St S, ELMIRA, ON, N3B 2P4
(519) 669-9428   SIC 5812
AT&T GLOBAL SERVICES CANADA CO *p* 873
55 Commerce Valley Dr W Suite 700, THORNHILL, ON, L3T 7V9
(905) 762-7390   SIC 4899
ATB FINANCIAL *p* 2
See ALBERTA TREASURY BRANCHES
ATB FINANCIAL *p* 5
See ALBERTA TREASURY BRANCHES
ATB FINANCIAL *p* 8
See ALBERTA TREASURY BRANCHES
ATB FINANCIAL *p* 11
See ALBERTA TREASURY BRANCHES
ATB FINANCIAL *p* 12
See ALBERTA TREASURY BRANCHES
ATB FINANCIAL *p* 21
See ALBERTA TREASURY BRANCHES
ATB FINANCIAL *p* 30
See ALBERTA TREASURY BRANCHES
ATB FINANCIAL *p* 37
See ALBERTA TREASURY BRANCHES
ATB FINANCIAL *p* 51
See ALBERTA TREASURY BRANCHES
ATB FINANCIAL *p* 62
See ALBERTA TREASURY BRANCHES
ATB FINANCIAL *p* 66
See ALBERTA TREASURY BRANCHES
ATB FINANCIAL *p* 71
See ALBERTA TREASURY BRANCHES
ATB FINANCIAL *p* 73
See ALBERTA TREASURY BRANCHES
ATB FINANCIAL *p* 74
See ALBERTA TREASURY BRANCHES
ATB FINANCIAL *p* 75
See ALBERTA TREASURY BRANCHES
ATB FINANCIAL *p* 78
See ALBERTA TREASURY BRANCHES
ATB FINANCIAL *p* 83
See ALBERTA TREASURY BRANCHES
ATB FINANCIAL *p* 84
See ALBERTA TREASURY BRANCHES
ATB FINANCIAL *p* 90
See ALBERTA TREASURY BRANCHES
ATB FINANCIAL *p* 103
See ALBERTA TREASURY BRANCHES
ATB FINANCIAL *p* 112
See ALBERTA TREASURY BRANCHES
ATB FINANCIAL *p* 117
See ALBERTA TREASURY BRANCHES
ATB FINANCIAL *p* 119
See ALBERTA TREASURY BRANCHES
ATB FINANCIAL *p* 123
See ALBERTA TREASURY BRANCHES
ATB FINANCIAL *p* 129
See ALBERTA TREASURY BRANCHES
ATB FINANCIAL *p* 131
See ALBERTA TREASURY BRANCHES
ATB FINANCIAL *p* 132
See ALBERTA TREASURY BRANCHES
ATB FINANCIAL *p* 135
See ALBERTA TREASURY BRANCHES
ATB FINANCIAL *p* 138
See ALBERTA TREASURY BRANCHES
ATB FINANCIAL *p* 142
See ALBERTA TREASURY BRANCHES
ATB FINANCIAL *p* 151
See ALBERTA TREASURY BRANCHES
ATB FINANCIAL *p* 152
See ALBERTA TREASURY BRANCHES
ATB FINANCIAL *p* 159
See ALBERTA TREASURY BRANCHES
ATB FINANCIAL *p* 162
See ALBERTA TREASURY BRANCHES
ATB FINANCIAL *p* 164
See ALBERTA TREASURY BRANCHES
ATB FINANCIAL *p* 165
See ALBERTA TREASURY BRANCHES
ATB FINANCIAL *p* 168
See ALBERTA TREASURY BRANCHES
ATB FINANCIAL *p* 169
See GOVERNMENT OF THE PROVINCE OF ALBERTA
ATB FINANCIAL *p* 173
See ALBERTA TREASURY BRANCHES
ATB FINANCIAL *p* 174
See ALBERTA TREASURY BRANCHES
ATB SECURITES INC *p* 63
3699 63 Ave Ne, CALGARY, AB, T3J 0G7
(780) 619-7304   SIC 8742
ATC-FROST MAGNETICS INC *p* 764
1130 Eighth Line, OAKVILLE, ON, L6H 2R4
(905) 844-6681   SIC 3677
ATC-FROST MAGNETICS INC *p* 951
550 Parkside Dr Unit D6, WATERLOO, ON, N2L 5V4
(905) 844-6681   SIC 3677
ATCO DRUMHELLER DIVISION *p* 72
See ATCO ELECTRIC LTD
ATCO ELCTRIC YUKON *p* 1311
See ATCO ELECTRIC LTD
ATCO ELECTRIC *p* 73
See ATCO ELECTRIC LTD
ATCO ELECTRIC *p* 125
See ATCO ELECTRIC LTD
ATCO ELECTRIC *p* 149
See ATCO ELECTRIC LTD
ATCO ELECTRIC LTD *p* 72
90 Railway Ave, DRUMHELLER, AB, T0J 0Y0
(403) 823-1436   SIC 4911
ATCO ELECTRIC LTD *p* 73
610 12th St Sw, DRUMHELLER, AB, T1A 4T9
(403) 823-1428   SIC 4911
ATCO ELECTRIC LTD *p* 78
10080 Jasper Ave Nw, EDMONTON, AB, T5J 1V9
(780) 420-7302   SIC 1623
ATCO ELECTRIC LTD *p* 78
10040 104 St Nw Suite 800, EDMONTON, AB, T5J 0Z2
(780) 420-3859   SIC 1629
ATCO ELECTRIC LTD *p* 78
10035 105 St Nw, EDMONTON, AB, T5J 2V6
(800) 668-2248   SIC 4911
ATCO ELECTRIC LTD *p* 119
190 Mackay Cres, FORT MCMURRAY, AB, T9H 4W8
SIC 4911
ATCO ELECTRIC LTD *p* 125
9717 97 Ave, GRANDE PRAIRIE, AB, T8V 6L9
(780) 538-7032   SIC 4911
ATCO ELECTRIC LTD *p* 129
Gd, HANNA, AB, T0J 1P0
(403) 854-5141   SIC 4911
ATCO ELECTRIC LTD *p* 130
Gd, HIGH LEVEL, AB, T0H 1Z0
(780) 926-4491   SIC 4911
ATCO ELECTRIC LTD *p* 140
6208 48 St, LLOYDMINSTER, AB, T9V 2G1
(780) 871-5624   SIC 4911
ATCO ELECTRIC LTD *p* 146
1006 15 Ave, NISKU, AB, T9E 7S5
(780) 955-6200   SIC 4911
ATCO ELECTRIC LTD *p* 149
7902 104th Ave, PEACE RIVER, AB, T8S 1T9
(780) 624-6701   SIC 4911
ATCO ELECTRIC LTD *p* 164
104 Birch Rd, SLAVE LAKE, AB, T0G 2A0
(780) 849-7622   SIC 4911
ATCO ELECTRIC LTD *p* 172
6502 55th Ave, VEGREVILLE, AB, T9C 1R7
(780) 632-5973   SIC 4911
ATCO ELECTRIC LTD *p* 1311
1100 Front St Suite 100, WHITEHORSE, YT, Y1A 3T4
(867) 633-7000   SIC 4911
ATCO FRONTEC LOGISTICS CORP *p* 619
1540 Airport Rd, HORNELL HEIGHTS, ON, P0H 1P0
(705) 494-2011   SIC 1731
ATCO GAS *p* 50
See ATCO GAS AND PIPELINES LTD
ATCO GAS *p* 55
See ATCO GAS AND PIPELINES LTD
ATCO GAS *p* 90
See ATCO GAS AND PIPELINES LTD
ATCO GAS *p* 125
See ATCO GAS AND PIPELINES LTD
ATCO GAS *p* 154
See ATCO GAS AND PIPELINES LTD
ATCO GAS AND PIPELINES LTD *p* 2
84 Gateway Dr Ne, AIRDRIE, AB, T4B 0J6
(403) 948-2973   SIC 4619
ATCO GAS AND PIPELINES LTD *p* 9
3055 37 Ave Ne, CALGARY, AB, T1Y 6A2
(403) 219-8600   SIC 4923
ATCO GAS AND PIPELINES LTD *p* 21
4415 12 St Ne, CALGARY, AB, T2E 4R1
(403) 245-7857   SIC 4923
ATCO GAS AND PIPELINES LTD *p* 50
909 11 Ave Sw Suite 1200, CALGARY, AB, T2R 1L7
(403) 245-7060   SIC 4923
ATCO GAS AND PIPELINES LTD *p* 50
1040 11 Ave Sw, CALGARY, AB, T2R 0G3
(403) 245-7551   SIC 4923
ATCO GAS AND PIPELINES LTD *p* 55
383 Midpark Blvd Se, CALGARY, AB, T2X 3C8
(403) 254-6200   SIC 4923
ATCO GAS AND PIPELINES LTD *p* 65
4331 38 St, CAMROSE, AB, T4V 3P9
(780) 672-8804   SIC 4924
ATCO GAS AND PIPELINES LTD *p* 65
See ATCO GAS AND PIPELINES LTD
ATCO GAS AND PIPELINES LTD *p* 90
11751 186 St Nw, EDMONTON, AB, T5S 2Y2
(780) 420-5719   SIC 1389
ATCO GAS AND PIPELINES LTD *p* 125
8801 112 St, GRANDE PRAIRIE, AB, T8V 6A4
(780) 539-2400   SIC 4924
ATCO GAS AND PIPELINES LTD *p* 136
410 Stafford Dr N, LETHBRIDGE, AB, T1H 2A9
(403) 380-5400   SIC 4922
ATCO GAS AND PIPELINES LTD *p* 154
7590 Edgar Industrial Dr, RED DEER, AB, T4P 3R2
(403) 357-5200   SIC 4924
ATCO GAS AND PIPELINES LTD *p* 166
23 Boudreau Rd, ST. ALBERT, AB, T8N 7P6
SIC 4924
ATCO GAS, DIV OF *p* 2
See ATCO GAS AND PIPELINES LTD
ATCO GAS, DIV OF *p* 50
See ATCO GAS AND PIPELINES LTD
ATCO I-TEK BUSINESS SERVICES LTD *p* 78
10035 105 St Nw, EDMONTON, AB, T5J 1C8
(780) 420-7875   SIC 8721
ATCO ITEK *p* 79
See CANADIAN UTILITIES LIMITED
ATCO MIDSTREAM LTD *p* 39
240 4 Ave Sw Suite 900, CALGARY, AB, T2P 4H4
(403) 513-3700   SIC 4899
ATCO POWER *p* 78
See ATCO ELECTRIC LTD
ATCO POWER *p* 129
See ATCO ELECTRIC LTD
ATCO POWER ALBERTA LTD *p* 50
919 11 Ave Sw Suite 1400, CALGARY, AB, T2R 1P3
(403) 209-6900   SIC 4911
ATCO POWER CANADA LTD *p* 1294
8 Hwy 7 W Gd Stn Main Gd Stn Main, SASKATOON, SK, S7K 3J4
(306) 668-8745   SIC 4911
ATCO STRUCTURES & LOGISTICS LTD *p* 119
121 Signal Rd, FORT MCMURRAY, AB, T9H 4N6
(780) 714-6773   SIC 7519
ATCO STRUCTURES & LOGISTICS LTD *p* 164
30 Alberta Ave, SPRUCE GROVE, AB, T7X 4A9
(780) 962-3111   SIC 3448
ATCO STRUCTURES & LOGISTICS LTD *p* 1265
Gd, BUSHELL PARK, SK, S0H 0N0
(306) 694-2780   SIC 8741
ATCO STRUCTURES & LOGISTICS SERVICES LTD *p* 438
5109 48 St Suite 203, YELLOWKNIFE, NT, X1A 1N5
(867) 669-7370   SIC 4581
ATCO STRUCTURES & LOGISTICS SERVICES LTD *p* 481
Gd, IQALUIT, NU, X0A 0H0
(867) 979-2782   SIC 4581
ATCO STRUCTURES & LOGISTICS SERVICES LTD *p* 481
See ATCO STRUCTURES & LOGISTICS SERVICES LTD
ATCO STUCTURES *p* 164
See ATCO STRUCTURES & LOGISTICS LTD
ATCO TOWER SHEERNESS *p* 129
See ALBERTA POWER (2000) LTD
ATELIER ABACO INC *p* 989
9100 Rue Claveau, ANJOU, QC, H1J 1Z4
(514) 355-6182   SIC 7389
ATELIER CENTRAL DE FABRICATION DE MEDICUS *p* 1093
See GROUPE MEDICUS INC, LE
ATELIER D'USINAGE QUENNEVILLE INC *p* 1232
39 Av Du Parc, SALABERRY-DE-VALLEYFIELD, QC, J6T 2R1
(450) 377-5991   SIC 3569
ATELIER DE BOIS 80 *p* 1199
See 106953 CANADA LTEE
ATELIER DE COUPAGE ECONOMIE LTEE *p* 1123
6200 Rue Notre-Dame O, Montreal, QC, H4C 1V4
(514) 767-6767   SIC 3544
ATELIER DE MECANIQUE PREMONT INC *p* 1151
1071 Boul Pierre-Bertrand, Quebec, QC, G1M 2E8
(418) 683-1340   SIC 7699
ATELIER DE MEUBLES *p* 1095
See SOCIETE DE SAINT-VINCENT DE PAUL DE MONTREAL, LA
ATELIER DE READAPTATION AU TRAVAIL DE BEAUCE INC *p* 1154
2485 Boul Neuvialle, Quebec, QC, G1P 3A6
(418) 682-0782   SIC 7349
ATELIER DU MARTIN-PECHEUR INC *p* 1016
192 Boul Notre-Dame, CLERMONT, QC, G4A 1E9
(418) 439-3941   SIC 7349
ATELIER INDUSTRIEL ST-JEAN (1980) INC *p* 1198
277 Rue Langlois, SAINT-JEAN-SUR-RICHELIEU, QC, J3B 4S4

(450) 347-2616   SIC 8331
ATELIER LA FLECHE DE FER INC   p 1123
4750 Rue Dagenais, Montreal, QC, H4C 1L7
SIC 2099
ATELIER LA FLECHE DE FER INC   p 1154
1400 Av Galilee, Quebec, QC, G1P 4E3
(418) 683-2946   SIC 7629
ATELIER LOFT   p 1120
See UNIFORMES LOFT INC, LES
ATELIER MULTI-METAL ARCHITECTURAL INC   p 1180
121 Rue De Naples, SAINT-AUGUSTIN-DE-DESMAURES, QC, G3A 2W6
(418) 878-5600   SIC 3553
ATELIER SIGNES D'ESPOIR   p 1147
4155 4e Av O, Quebec, QC, G1H 7A6
(418) 624-4752   SIC 2732
ATELIERS D'USINAGE MDM, LES   p 1046
See LIARD INDUSTRIES INC
ATELIERS DE REPARATION   p 1046
See COMMISSION SCOLAIRE DE LA JONQUIERE
ATELIERS ETABLISSEMENT DETENTION QUEBEC, LES   p 1147
See FOND BENEFICE PERSONNES INCARCEREES CENTRE DETENTION DE QUEBEC
ATELIERS G. PAQUETTE INC   p 1170
104 Rue Laroche, REPENTIGNY, QC, J6A 7M5
(450) 654-6744   SIC 7629
ATELIERS TRANSITION INC, LES   p 1194
1255 Rue Delorme Bureau 103, SAINT-HYACINTHE, QC, J2S 2J3
(450) 771-2747   SIC 7389
ATHABASCA CHIPEWYAN EMPIRE INDUSTRIAL SERVICES LTD   p 119
125b Macdonald Cres, FORT MCMURRAY, AB, T9H 4B3
(780) 743-9739   SIC 1799
ATHABASCA COMMUNITY HEALTH SERVICES   p 3
See ALBERTA HEALTH SERVICES
ATHABASCA HEALTHCARE CENTRE   p 3
See ALBERTA HEALTH SERVICES
ATHABASCA MOTOR HOTEL (1972) LTD   p 133
510 Patricia St, JASPER, AB, T0E 1E0
(780) 852-3386   SIC 7011
ATHABASCA NORTHERN DIVISION   p 133
See COMPAGNIE DES CHEMINS DE FER NATIONAUX DU CANADA
ATHABASCA UNIVERSITY   p 166
22 Sir Winston Churchill Ave Unit 301, ST. ALBERT, AB, T8N 1B4
(780) 459-1144   SIC 8249
ATHABASCA VALLEY HOTEL   p 131
See ATHABASCA VALLEY HOTEL ENTERPRISES INC
ATHABASCA VALLEY HOTEL ENTERPRISES INC   p 131
124 Athabasca Ave, HINTON, AB, T7V 2A5
(780) 865-2241   SIC 5813
ATHABASKA AIRWAYS LTD   p 1279
Gd, PRINCE ALBERT, SK, S6V 5R4
(306) 764-1404   SIC 4522
ATHENA CONSOLIDATED SCHOOL   p 985
See PUBLIC SCHOOLS BRANCH
ATHENA CONSTRUCTION INC   p 1031
2311 Rue Principale, DUNHAM, QC, J0E 1M0
(450) 263-0445   SIC 1541
ATHENA FAMILY RESTAURANT   p 1302
See GREEK SPOT FAMILY RESTAURANT INC
ATHENS DISTRICT HIGH SCHOOL   p 490
See UPPER CANADA DISTRICT SCHOOL BOARD, THE
ATHLETES IN ACTION SPORT CAMPS   p 390
See POWER TO CHANGE MINISTRIES

ATHLETES WORLD   p 94
See FGL SPORTS LTD
ATHLETES WORLD   p 190
See FGL SPORTS LTD
ATHLETES WORLD   p 280
See FGL SPORTS LTD
ATHLETES WORLD   p 596
See FGL SPORTS LTD
ATHLETES WORLD   p 885
See FGL SPORTS LTD
ATHLETES WORLD   p 906
See FGL SPORTS LTD
ATHLONE ELEMENTARY SCHOOL   p 84
See EDMONTON SCHOOL DISTRICT NO. 7
ATHLONE SCHOOL   p 385
See ST. JAMES-ASSINIBOIA SCHOOL DIVISION
ATHOL CENTRAL ELEMENTARY SCHOOL   p 553
See HASTINGS AND PRINCE EDWARD DISTRICT SCHOOL BOARD
ATI TECHNOLOGIES ULC   p 873
1 Commerce Valley Dr E, THORNHILL, ON, L3T 7X6
(905) 882-7589   SIC 3577
ATI TELECOM INTERNATIONAL, COMPANY   p 1180
278 138 Rte Bureau 216, SAINT-AUGUSTIN-DE-DESMAURES, QC, G3A 2C5
(418) 878-7008   SIC 4899
ATIKAMEG SCHOOL   p 4
See WHITE FISH LAKE FIRST NATION #459
ATIKOKAN HIGH SCHOOL   p 490
See RAINY RIVER DISTRICT SCHOOL BOARD
ATIS PORTES ET FENETRES CORP. p 1245
2175 Boul Des Entreprises, TERREBONNE, QC, J6Y 1W9
(450) 492-0404   SIC 2431
ATITUDES RESTAURANT & BISTRO, L'   p 439
See YELLOWKNIFE INN LTD
ATKINSON HOME BUILDING CENTRE   p 633
See BMP (1985) LIMITED
ATLANTIC AIR-COOLED ENGINES DIV   p 409
See ROBERT K. BUZZELL LIMITED
ATLANTIC BUSINESS INTERIORS LIMITED   p 450
30 Troop Ave, DARTMOUTH, NS, B3B 1Z1
(902) 468-3200   SIC 5021
ATLANTIC CASH & CARRY   p 409
See ATLANTIC WHOLESALERS LTD
ATLANTIC CAT   p 450
See ATLANTIC TRACTORS & EQUIPMENT LIMITED
ATLANTIC COATED PAPERS LTD   p 1263
139 Rue Principale N, WINDSOR, QC, J1S 2E1
(819) 845-7866   SIC 2672
ATLANTIC COMPRESSED AIR LTD   p 409
484 Edinburgh Dr, MONCTON, NB, E1E 2L1
(506) 858-9500   SIC 5084
ATLANTIC CONTAINER LINE AB   p 457
1969 Upper Water St Suite 1608, HALIFAX, NS, B3J 3R7
(800) 225-1235   SIC 4424
ATLANTIC CONTROLS DIV OF   p 1049
See CONTROLES LAURENTIDE LTEE
ATLANTIC FABRICS LIMITED   p 447
114 Woodlawn Rd, DARTMOUTH, NS, B2W 2S7
(902) 434-1440   SIC 5949
ATLANTIC FUNERAL HOME   p 462
See MEMORIAL GARDENS CANADA LIMITED
ATLANTIC GROCERY DISTRIBUTORS LIMITED   p 423
1 Hope Ave, BAY ROBERTS, NL, A0A 1G0
(709) 786-9720   SIC 5141
ATLANTIC HOST   p 394
See R. DEGRACE HOLDINGS LTD
ATLANTIC HOTELS PARTNERSHIP   p 303
510 Hastings St W, VANCOUVER, BC, V6B 1L8
(604) 687-8813   SIC 7011
ATLANTIC INDUSTRIES LIMITED   p 413
32 York Street, SACKVILLE, NB, E4L 1G6
(506) 364-4600   SIC 3499
ATLANTIC LOTTERY CORPORATION INC, THE   p 432
30 Hallett Cres, ST. JOHN'S, NL, A1B 4C5
(709) 724-1700   SIC 7999
ATLANTIC LOTTERY CORPORATION INC, THE   p 450
201 Brownlow Ave Suite 33, DARTMOUTH, NS, B3B 1W2
(902) 481-8300   SIC 7999
ATLANTIC MEMORIAL ELEMENTARY SCHOOL   p 479
See HALIFAX REGIONAL SCHOOL BOARD
ATLANTIC MINING NS CORP   p 468
6749 Moose River Rd, MIDDLE MUSQUODOBOIT, NS, B0N 1X0
(902) 384-2772   SIC 1041
ATLANTIC NEWSPRINT COMPANY, DIV   p 957
See ATLANTIC PACKAGING PRODUCTS LTD
ATLANTIC NUCLEAR SERVICES INC p 399
125 Hanwell Rd, FREDERICTON, NB, E3B 2P9
(506) 458-9552   SIC 8999
ATLANTIC PACKAGING PRODUCTS LTD p 621
45 Chisholm Dr, INGERSOLL, ON, N5C 2C7
(519) 485-4921   SIC 2653
ATLANTIC PACKAGING PRODUCTS LTD p 687
5711 Atlantic Dr, MISSISSAUGA, ON, L4W 1H3
(905) 670-0301   SIC 2653
ATLANTIC PACKAGING PRODUCTS LTD p 839
255 Brimley Rd Suite 1, SCARBOROUGH, ON, M1M 3J2
(416) 261-2356   SIC 3081
ATLANTIC PACKAGING PRODUCTS LTD p 840
111 Progress Ave, SCARBOROUGH, ON, M1P 2Y9
(416) 298-5456   SIC 2679
ATLANTIC PACKAGING PRODUCTS LTD p 840
80 Progress Ave Suite Side, SCARBOROUGH, ON, M1P 2Z1
(416) 642-1090   SIC 2396
ATLANTIC PACKAGING PRODUCTS LTD p 840
350 Midwest Rd, SCARBOROUGH, ON, M1P 3A9
(416) 642-1236   SIC 2653
ATLANTIC PACKAGING PRODUCTS LTD p 845
118 Tiffield Rd, SCARBOROUGH, ON, M1V 5N2
(416) 421-3636   SIC 2653
ATLANTIC PACKAGING PRODUCTS LTD p 845
45 Milliken Blvd, SCARBOROUGH, ON, M1V 1V3
(416) 298-5566   SIC 2676
ATLANTIC PACKAGING PRODUCTS LTD p 845
55 Milliken Blvd, SCARBOROUGH, ON, M1V 1V3
(416) 298-5508   SIC 2653
ATLANTIC PACKAGING PRODUCTS LTD p 957
1900 Thickson Rd S, WHITBY, ON, L1N 9E1

(905) 686-5944   SIC 2621
ATLANTIC PROVINCES GROUP SALES OFFICE   p 458
See GREAT-WEST LIFE ASSURANCE COMPANY, THE
ATLANTIC RETAIL CO-OPERATIVES FEDERATION   p 406
20 Record St, Moncton, NB, E1C 1A6
(506) 858-6173   SIC 5411
ATLANTIC RETAIL CO-OPERATIVES FEDERATION   p 406
80 Mapleton Rd, MONCTON, NB, E1C 7W8
(506) 858-6173   SIC 5411
ATLANTIC RETAIL CO-OPERATIVES FEDERATION   p 411
92 Halifax St, MONCTON, NB, E1Z 9E2
(506) 858-6334   SIC 2048
ATLANTIC RETAIL CO-OPERATIVES FEDERATION   p 412
1 Market St, QUISPAMSIS, NB, E2E 4B1
(506) 847-6520   SIC 5411
ATLANTIC RETAIL CO-OPERATIVES FEDERATION   p 413
11 Wright St, SACKVILLE, NB, E4L 4P8
(506) 536-0679   SIC 5411
ATLANTIC RETAIL CO-OPERATIVES FEDERATION   p 426
24 Carr Cres, GANDER, NL, A1V 2E3
(709) 651-3751   SIC 7359
ATLANTIC RETAIL CO-OPERATIVES FEDERATION   p 470
47 Minas Ware House Rd, NEW MINAS, NS, B4N 5A5
(902) 681-6124   SIC 5191
ATLANTIC RETAIL CO-OPERATIVES FEDERATION   p 474
440 Keltic Dr, SYDNEY, NS, B1L 1B8
SIC 5141
ATLANTIC RETAIL CO-OPERATIVES FEDERATION   p 477
349 Willow St, Truro, NS, B2N 5A6
(902) 895-3854   SIC 2048
ATLANTIC RETAIL CO-OPERATIVES FEDERATION   p 1051
1069 Ch Du Gros-Cap, L'Etang-du-Nord, QC, G4T 3M9
(418) 986-2219   SIC 5411
ATLANTIC ROOFERS LIMITED   p 444
674 Highway 214 Unit 1, BELNAN, NS, B2S 2N2
(902) 445-5044   SIC 1761
ATLANTIC SHELLFISH   p 424
See BARRY GROUP INC
ATLANTIC SUPERSTORE   p 470
See ATLANTIC WHOLESALERS LTD
ATLANTIC SUPERSTORE   p 471
See ATLANTIC WHOLESALERS LTD
ATLANTIC SUPERSTORE   p 479
See ATLANTIC WHOLESALERS LTD
ATLANTIC SUPERSTORE, THE   p 414
See ATLANTIC WHOLESALERS LTD
ATLANTIC SUPERSTORE, THE   p 453
See ATLANTIC WHOLESALERS LTD
ATLANTIC TOWING LIMITED   p 399
71 Alison Blvd, FREDERICTON, NB, E3B 5B4
SIC 4492
ATLANTIC TRACTORS & EQUIPMENT LIMITED   p 399
165 Urquhart Cres, FREDERICTON, NB, E3B 8K4
(506) 452-6651   SIC 5082
ATLANTIC TRACTORS & EQUIPMENT LIM-

ITED
410
11 Lynds Ave, MONCTON, NB, E1H 1X6
(506) 852-4545   SIC 5082
ATLANTIC TRACTORS & EQUIPMENT LIMITED   p
450
175 Akerley Blvd, DARTMOUTH, NS, B3B 3Z6
(902) 468-0581   SIC 5082
ATLANTIC TRACTORS & EQUIPMENT LIMITED   p
982
130 Sherwood Rd, CHARLOTTETOWN, PE, C1E 0E4
(902) 894-7329   SIC 5082
ATLANTIC TRAILER & EQUIPMENT LTD   p
429
8 Lintros Pl, MOUNT PEARL, NL, A1N 5K2
(709) 745-3260   SIC 5083
ATLANTIC WHOLESALERS   p 462
See LOBLAW PROPERTIES LIMITED
ATLANTIC WHOLESALERS LTD   p 393
700 St. Peter Ave, BATHURST, NB, E2A 2Y7
(506) 547-3180   SIC 5411
ATLANTIC WHOLESALERS LTD   p 398
116 Main St, FREDERICTON, NB, E3A 9N6
(506) 474-1270   SIC 5411
ATLANTIC WHOLESALERS LTD   p 402
240 Ch Madawaska, GRAND-SAULT/GRAND FALLS, NB, E3Y 1A5
(506) 473-4619   SIC 5411
ATLANTIC WHOLESALERS LTD   p 404
153 Harvey Rd Unit 1, MCADAM, NB, E6J 1A1
(506) 784-2536   SIC 5411
ATLANTIC WHOLESALERS LTD   p 404
2 Johnson Ave, MIRAMICHI, NB, E1N 3B7
(506) 773-9792   SIC 5411
ATLANTIC WHOLESALERS LTD   p 409
100 Baig Blvd, MONCTON, NB, E1E 1C8
(506) 852-2000   SIC 5141
ATLANTIC WHOLESALERS LTD   p 409
520 St George Blvd, MONCTON, NB, E1E 2B5
(506) 852-2139   SIC 5141
ATLANTIC WHOLESALERS LTD   p 410
89 Trinity Dr, MONCTON, NB, E1G 2J7
(506) 383-4919   SIC 5411
ATLANTIC WHOLESALERS LTD   p 411
1198 Onondaga St, OROMOCTO, NB, E2V 1B8
(506) 357-5982   SIC 5411
ATLANTIC WHOLESALERS LTD   p 412
425 Coverdale Rd, RIVERVIEW, NB, E1B 3K3
(506) 387-5992   SIC 5411
ATLANTIC WHOLESALERS LTD   p 414
168 Rothesay Ave, SAINT JOHN, NB, E2J 2B5
(506) 648-1320   SIC 5411
ATLANTIC WHOLESALERS LTD   p 414
168 Rothesay Ave, SAINT JOHN, NB, E2J 2B5
(506) 648-1325   SIC 5411
ATLANTIC WHOLESALERS LTD   p 415
650 Somerset St, SAINT JOHN, NB, E2K 2Y7
(506) 658-6054   SIC 5411
ATLANTIC WHOLESALERS LTD   p 420
229j Boul J D Gauthier Suite 2, SHIPPAGAN, NB, E8S 1N2
(506) 336-0820   SIC 5411
ATLANTIC WHOLESALERS LTD   p 421
10 Lower Cove Rd, SUSSEX, NB, E4E 0B7
(506) 433-9820   SIC 5411
ATLANTIC WHOLESALERS LTD   p 421
3409 Rue Principale Suite 31, TRACADIE-SHEILA, NB, E1X 1C7
(506) 393-1155   SIC 5411
ATLANTIC WHOLESALERS LTD   p 422
350 Connell St, WOODSTOCK, NB, E7M 5G8
(506) 328-1100   SIC 5411

ATLANTIC WHOLESALERS LTD   p 423
4 Fernwood Crt, BOTWOOD, NL, A0H 1E0
(709) 257-4230   SIC 5411
ATLANTIC WHOLESALERS LTD   p 441
26 Market St, ANTIGONISH, NS, B2G 3B4
(902) 863-6711   SIC 5411
ATLANTIC WHOLESALERS LTD   p 441
21 St Anthony St, ANNAPOLIS ROYAL, NS, B0S 1A0
(902) 532-7791   SIC 5411
ATLANTIC WHOLESALERS LTD   p 441
126 Albion St S, AMHERST, NS, B4H 2X3
(902) 661-0703   SIC 5411
ATLANTIC WHOLESALERS LTD   p 441
100 Post Rd, ANTIGONISH, NS, B2G 2K4
(902) 863-4046   SIC 5411
ATLANTIC WHOLESALERS LTD   p 443
1650 Bedford Hwy, BEDFORD, NS, B4A 4J7
(902) 832-3117   SIC 5411
ATLANTIC WHOLESALERS LTD   p 444
21 Davison Dr, BRIDGEWATER, NS, B4V 3K8
(902) 543-1809   SIC 5411
ATLANTIC WHOLESALERS LTD   p 444
240 Dufferin St, BRIDGEWATER, NS, B4V 2G7
(902) 543-4661   SIC 5411
ATLANTIC WHOLESALERS LTD   p 444
197 Commercial St, BERWICK, NS, B0P 1E0
(902) 538-8818   SIC 5411
ATLANTIC WHOLESALERS LTD   p 446
920 Cole Harbour Rd, DARTMOUTH, NS, B2V 2J5
(902) 462-4500   SIC 5411
ATLANTIC WHOLESALERS LTD   p 453
470 Warwick St, DIGBY, NS, B0V 1A0
(902) 245-4108   SIC 5411
ATLANTIC WHOLESALERS LTD   p 454
295 Highway 214, ELMSDALE, NS, B2S 2L1
(902) 883-1180   SIC 5411
ATLANTIC WHOLESALERS LTD   p 455
155 Reserve St, GLACE BAY, NS, B1A 4W3
(902) 842-9609   SIC 5411
ATLANTIC WHOLESALERS LTD   p 456
1075 Barrington St, HALIFAX, NS, B3H 4P1
(902) 492-3240   SIC 5411
ATLANTIC WHOLESALERS LTD   p 456
9996 Rte 16, GUYSBOROUGH, NS, B0H 1N0
(902) 533-4070   SIC 5141
ATLANTIC WHOLESALERS LTD   p 463
210 Chain Lake Dr, HALIFAX, NS, B3S 1C5
(902) 450-5317   SIC 5411
ATLANTIC WHOLESALERS LTD   p 465
451 Main St, KENTVILLE, NS, B4N 1K9
(902) 678-3893   SIC 5411
ATLANTIC WHOLESALERS LTD   p 466
50 Milton Rd, LIVERPOOL, NS, B0T 1K0
(902) 354-5776   SIC 5411
ATLANTIC WHOLESALERS LTD   p 466
470 Main St, KINGSTON, NS, B0P 1R0
(902) 765-3516   SIC 5411
ATLANTIC WHOLESALERS LTD   p 467
745 Sackville Dr, LOWER SACKVILLE, NS, B4E 2R2
(902) 864-2299   SIC 5411
ATLANTIC WHOLESALERS LTD   p 469
394 Westville Rd, NEW GLASGOW, NS, B2H 2J7
(902) 928-0066   SIC 5912
ATLANTIC WHOLESALERS LTD   p 470
9064 Commercial St, NEW MINAS, NS, B4N 3E4
(902) 681-0665   SIC 5411
ATLANTIC WHOLESALERS LTD   p 471
125 King St Suite 321, NORTH SYDNEY, NS, B2A 3S1
(902) 794-7111   SIC 5411
ATLANTIC WHOLESALERS LTD   p 474
332 Welton St, SYDNEY, NS, B1P 5S4
(902) 562-8281   SIC 5411
ATLANTIC WHOLESALERS LTD   p 475
1225 Kings Rd, SYDNEY, NS, B1S 1E1

(902) 539-7657   SIC 5411
ATLANTIC WHOLESALERS LTD   p 479
11 Cole Dr, WINDSOR, NS, B0N 2T0
(902) 798-9537   SIC 5411
ATLANTIC WHOLESALERS LTD   p 480
104 Starrs Rd, YARMOUTH, NS, B5A 2T5
(902) 742-3392   SIC 5992
ATLANTIC WHOLESALERS LTD   p 980
465 University Ave, CHARLOTTETOWN, PE, C1A 4N9
(902) 569-2850   SIC 5411
ATLANTIC WHOLESALERS LTD   p 980
499 Main St, ALBERTON, PE, C0B 1B0
(902) 853-2220   SIC 5411
ATLANTIC WHOLESALERS LTD   p 982
680 University Ave, CHARLOTTETOWN, PE, C1E 1E3
(902) 368-8163   SIC 5411
ATLANTIC WHOLESALERS LTD   p 983
Broadway St Suite 31, KENSINGTON, PE, C0B 1M0
(902) 836-4709   SIC 5411
ATLANTIC WHOLESALERS LTD   p 983
509 Main St, MONTAGUE, PE, C0A 1R0
(902) 838-5421   SIC 5411
ATLANTIC WHOLESALERS LTD   p 984
535 Granville St, SUMMERSIDE, PE, C1N 6N4
(902) 888-1581   SIC 5411
ATLANTICA DIVERSIFIED TRANSPORTATION SYSTEMS   p
453
31 John Snook Blvd, DEBERT, NS, B0M 1G0
SIC 4213
ATLANTIS   p 1127
See CENTRE DE CONDITIONEMENT PHYSIQUE ATLANTIS INC
ATLANTIS POMPE STE-FOY INC   p 1153
1844 Boul Wilfrid-Hamel, Quebec, QC, G1N 3Z2
(418) 681-7301   SIC 5084
ATLANTIS PROGRAMS AND PEDALHEADS   p
297
See ATLANTIS PROGRAMS INC
ATLANTIS PROGRAMS INC   p 297
101 4894 Fraser St, VANCOUVER, BC, V5V 4H5
(604) 874-6464   SIC 7999
ATLAS COMPRESSORS CANADA   p 706
See ATLAS COPCO CANADA INC
ATLAS COPCO CANADA INC   p 649
200 Mumford Rd Suite A, LIVELY, ON, P3Y 1L2
(705) 673-6711   SIC 5082
ATLAS COPCO CANADA INC   p 706
2900 Argentia Rd Unit 13, MISSISSAUGA, ON, L5N 7X9
(905) 816-9369   SIC 5084
ATLAS COPCO CANADA INC   p 717
1025 Tristar Dr, MISSISSAUGA, ON, L5T 1W5
(289) 562-6126   SIC 5082
ATLAS COPCO CANADA INC   p 836
755 Progress Ave, SCARBOROUGH, ON, M1H 2W7
(416) 439-4181   SIC 5085
ATLAS COPCO CANADA INC   p 1024
30 Rue Montrose, DOLLARD-DES-ORMEAUX, QC, H9B 3J9
(514) 421-4121   SIC 5084
ATLAS COPCO COMPRESSORS CANADA   p 1024
See ATLAS COPCO CANADA INC
ATLAS COPCO CONSTRUCTION AND MINING CANADA, DIV OF   p 649
See ATLAS COPCO CANADA INC
ATLAS COPCO MINING & ROCK EXCAVATION TECHNIQUE CANADA   p
717
See ATLAS COPCO CANADA INC
ATLAS FLUID SYSTEM, DIV OF   p 947
See MARTINREA AUTOMOTIVE INC

ATLAS FLUID SYSTEMS   p 515
See MARTINREA INTERNATIONAL INC
ATLAS GRAHAM   p 383
See JOSEPH & COMPANY LTD
ATLAS POLAR COMPANY LIMITED   p 994
18980 Aut Transcanadienne, Baie-D'Urfe, QC, H9X 3R1
(514) 457-1288   SIC 3537
ATLAS TIRE WHOLESALE INC   p 717
6200 Tomken Rd, MISSISSAUGA, ON, L5T 1X7
(905) 670-7354   SIC 5014
ATLAS TUBE CANADA ULC   p 617
200 Clark St, HARROW, ON, N0R 1G0
(519) 738-5000   SIC 3317
ATLAS TUBE CANADA ULC   p 954
160 Dain Ave, WELLAND, ON, L3B 5Y6
(905) 735-7473   SIC 3317
ATLATSA RESOURCES CORPORATION   p
306
666 Burrard St Suite 1700, VANCOUVER, BC, V6C 2X8
(604) 631-1300   SIC 1081
ATLIFIC HOTELS   p 1101
See ATLIFIC INC
ATLIFIC INC   p 134
210 Village Rd, LAKE LOUISE, AB, T0L 1E0
(403) 522-3791   SIC 7011
ATLIFIC INC   p 330
728 Humboldt St, VICTORIA, BC, V8W 3Z5
(250) 480-3800   SIC 7011
ATLIFIC INC   p 339
4429 Sundial Pl, WHISTLER, BC, V0N 1B4
(604) 932-4004   SIC 7011
ATLIFIC INC   p 388
1330 Pembina Hwy, WINNIPEG, MB, R3T 2B4
(204) 452-4747   SIC 7011
ATLIFIC INC   p 436
44 Queen St, STEPHENVILLE, NL, A2N 2M5
(709) 643-6666   SIC 7011
ATLIFIC INC   p 584
231 Carlingview Dr, ETOBICOKE, ON, M9W 5E8
(416) 675-0411   SIC 7011
ATLIFIC INC   p 599
716 Gordon St, GUELPH, ON, N1G 1Y6
(519) 836-1240   SIC 7011
ATLIFIC INC   p 657
383 Colborne St, LONDON, ON, N6B 3P5
(519) 433-7222   SIC 7011
ATLIFIC INC   p 736
4960 Clifton Hill, NIAGARA FALLS, ON, L2G 3N4
(905) 358-3293   SIC 7011
ATLIFIC INC   p 883
Algonquin Po Box 730 Stn Main, TIMMINS, ON, P4N 7G2
(705) 268-7171   SIC 7011
ATLIFIC INC   p 1069
900 Rue Saint-Charles E, LONGUEUIL, QC, J4H 3Y2
(450) 646-8100   SIC 7011
ATLIFIC INC   p 1101
250 Rue Saint-Antoine O Bureau 400, Montreal, QC, H2Y 0A3
(514) 509-5500   SIC 8741
ATMOSPHERE   p 4
See FGL SPORTS LTD
ATMOSPHERE   p 95
See FGL SPORTS LTD
ATMOSPHERE   p 199
See FGL SPORTS LTD
ATMOSPHERE   p 218
See FGL SPORTS LTD
ATMOSPHERE   p 259
See FGL SPORTS LTD
ATMOSPHERE   p 324
See FGL SPORTS LTD
ATMOSPHERE   p 1100
See GROUPE LALIBERTE SPORTS INC
ATMOSPHERE   p 1159
See 9023-4436 QUEBEC INC

ATMOSPHERE ROSEMERE # 699 p 1176
See BEAULIEU, CLAUDE SPORT INC
ATOMIC ENERGY OF CANADA LIMITED p 353
Gd, PINAWA, MB, R0E 1L0
(204) 753-2311   SIC 2819
ATOMIC ENERGY OF CANADA LIMITED p 414
430 Bayside Dr, SAINT JOHN, NB, E2J 1A8
(506) 633-2325   SIC 2819
ATOMIC ENERGY OF CANADA LIMITED p 817
110 Walton St, PORT HOPE, ON, L1A 1N5
(905) 885-8830   SIC 2819
ATOMIC ENERGY OF CANADA LIMITED p 885
Gd, TIVERTON, ON, N0G 2T0
SIC 2819
ATOMIK INTERIORS INC p 15
4905 102 Ave Se Unit 19, CALGARY, AB, T2C 2X7
(403) 215-5977   SIC 1742
ATOMIK SPRAY SYSTEMS p 15
See ATOMIK INTERIORS INC
ATOTECH CANADA LTD p 532
1180 Corporate Dr, BURLINGTON, ON, L7L 5R6
(905) 332-0111   SIC 2899
ATPAC INC p 1084
10700 Boul Henri-Bourassa E, Montreal, QC, H1C 1G9
(514) 881-8888   SIC 5013
ATREUS SYSTEMS CORP p 801
1130 Morrison Dr Suite 300, OTTAWA, ON, K2H 9N6
SIC 7371
ATRIA NETWORKS LP p 610
120 King St W Suite 950, HAMILTON, ON, L8P 4V2
SIC 4899
ATRIUM GROUP INC, THE p 457
1515 Dresden Row, HALIFAX, NS, B3J 4B1
(902) 425-5700   SIC 5431
ATS p 1229
See 3618358 CANADA INC
ATS ADVANCE MANUFACTURING, DIV OF p 547
See ATS AUTOMATION TOOLING SYSTEMS INC
ATS ANDLAUER TRANSPORTATION SERVICES p 570
See 3618358 CANADA INC
ATS AUTOMATION TOOLING SYSTEMS INC p 547
730 Fountain St N Suite 2b, CAMBRIDGE, ON, N3H 4R7
(519) 653-6500   SIC 3569
ATS TEST INC p 973
600 Chrislea Rd, WOODBRIDGE, ON, L4L 8K9
(905) 850-8600   SIC 3823
ATS TRAFFIC-ALBERTA LTD p 15
2807 58 Ave Se, CALGARY, AB, T2C 0B4
(403) 236-9860   SIC 7353
ATS TRAFFIC-ALBERTA LTD p 114
9015 14 St Nw, EDMONTON, AB, T6P 0C9
(780) 440-4114   SIC 3993
ATS/CONCORDE TRANSPORTATION p 15
See 3618358 CANADA INC
ATTACHE-REMORQUES GATINEAU p 1034
See 3373738 CANADA INC
ATTACHES KINGSTON p 1233
See TENAQUIP LIMITEE
ATTACHES RELIABLES, LES p 1069
See QUINCAILLERIE RICHELIEU LTEE
ATTAWAPISKAT FIRST NATION EDUCATION AUTHORITY p 490
91a Reserve, ATTAWAPISKAT, ON, P0L 1A0
(705) 997-2114   SIC 8211
ATTERSLEY, GORDON B. PUBLIC SCHOOL p 782
See DURHAM DISTRICT SCHOOL BOARD

ATTICUS CANADA INC p 932
100 King St W Suite 3700, TORONTO, ON, M5X 2A1
(416) 644-8795   SIC 8741
ATTICUS INTERIM MANAGEMENT p 932
See ATTICUS CANADA INC
ATTRACTION IMAGES PRODUCTIONS INC p 1098
5455 Av De Gaspe Bureau 804, Montreal, QC, H2T 3B3
(514) 285-7001   SIC 7922
ATTRACTION INC p 1055
672 Rue Du Parc, LAC-DROLET, QC, G0Y 1C0
(819) 549-2477   SIC 5136
ATTRELL MOTOR p 524
See HYUNDAI CANADA INC
ATTRIDGE TRANSPORTATION INCORPORATED p 949
27 Mill St S, WATERDOWN, ON, L0R 2H0
(905) 690-2632   SIC 4141
ATV ASN NEW BRUNSWICK DIV OF p 406
See BELL MEDIA INC
AU ROYAUME CHRYSLER DODGE JEEP p 1223
700 Rue Principale, SAINTE-AGATHE-DES-MONTS, QC, J8C 1L3
(819) 326-4524   SIC 5511
AUBAINERIE p 1195
See MAGASINS UREKA INC
AUBAINERIE CONCEPT MODE INC, L' p 1253
965 Rue Germain, VAL-D'OR, QC, J9P 7H7
(819) 824-4377   SIC 5651
AUBAINERIE CONCEPT MODE, L p 1012
80 Boul D'anjou, Chateauguay, QC, J6K 1C3
(450) 699-0444   SIC 5651
AUBAINERIE CONCEPT MODE, L' p 1059
See E.D.M. LASALLE INC
AUBAINERIE JEAN TALON p 1216
See CROTEAU, J. A. (1989) INC
AUBAINERIE, L p 994
See R. CROTEAU RIMOUSKI INC
AUBE, J.-P. RESTAURANT SERVICES LTD p 883
522 Algonquin Blvd E Unit 520, TIMMINS, ON, P4N 1B7
(705) 264-7323   SIC 5812
AUBE, J.-P. RESTAURANT SERVICES LTD p 884
1870 Riverside Dr, TIMMINS, ON, P4R 1N7
(705) 267-4411   SIC 5812
AUBERGE & SPA LE NORDIK INC p 1012
16 Ch Nordik, CHELSEA, QC, J9B 2P7
(819) 827-1111   SIC 7991
AUBERGE & SPA WEST BROME p 1261
See AUBERGE WEST BROME (CONDOS) INC
AUBERGE BROMONT p 1005
See CHATEAU BROMONT INC
AUBERGE DE LA POINTE INC p 1174
10 Boul Cartier, Riviere-du-Loup, QC, G5R 6A1
(418) 862-3514   SIC 7011
AUBERGE DE LA RIVE INC p 1241
165 Ch Sainte-Anne, SOREL-TRACY, QC, J3P 6J7
(450) 742-5691   SIC 7011
AUBERGE DES FALAISES p 1053
See RESTOTEL CONSULTANTS INC
AUBERGE DES GALLANT p 1228
See 2528-6360 QUEBEC INC
AUBERGE DES ILES p 1188
See 9122-9831 QUEBEC INC
AUBERGE DU CHATEAU BROMONT p 1005
See CHATEAU BROMONT INC
AUBERGE DU LAC PRISCAULT p 1184
See CAMP MUSICAL PERE LINDSAY INC
AUBERGE DU LAC SACACOMIE INC p 1179
4000 Ch Yvon-Plante, SAINT-ALEXIS-DES-MONTS, QC, J0K 1V0

(819) 265-4444   SIC 7011
AUBERGE DU POMMIER INC p 750
4150 Yonge St, NORTH YORK, ON, M2P 2C6
(416) 222-2220   SIC 5812
AUBERGE DU PORTAGE LTEE p 1136
671 Rte Du Fleuve, NOTRE-DAME-DU-PORTAGE, QC, G0L 1Y0
(418) 862-3601   SIC 7011
AUBERGE ESTRIMONT p 1136
See 2850-1799 QUEBEC INC
AUBERGE GOUVERNEURS MATANE ENR p 1077
See 134736 CANADA INC
AUBERGE GRAY ROCKS p 1082
See 3090-9626 QUEBEC INC
AUBERGE LE BALUCHON, GASTRONOMIE.SPA.PLEIN ET CULTURE p 1219
See CONCEPT ECO-PLEIN AIR LE BALUCHON INC
AUBERGE PRES DU LAC INN p 419
See PRES DU LAC LTD
AUBERGE RIVIERE-DU-LOUP p 1174
See 2958-3465 QUEBEC INC
AUBERGE SAINT-ANTOINE INC p 1148
10 Rue Saint-Antoine, Quebec, QC, G1K 4C9
(418) 692-2211   SIC 7011
AUBERGE SIR WILFRID p 1159
See 87878 CANADA LTEE
AUBERGE STE-FOY p 1161
See IMMEUBLES JACQUES ROBITAILLE INC, LES
AUBERGE WEST BROME (CONDOS) INC p 1261
128 Rte 139, West Brome, QC, J0E 2P0
(450) 266-7552   SIC 7011
AUBIN & ST-PIERRE INC p 1053
350 Rue Raygo Rr 1, La Presentation, QC, J0H 1B0
(450) 796-2966   SIC 5083
AUBINPELISSIER p 1250
See ANDRE PELISSIER INC
AUBREY D MOODIE INTERMEDIATE SCHOOL p 801
See OTTAWA-CARLETON DISTRICT SCHOOL BOARD
AUBURN DRIVE HIGH SCHOOL p 447
See HALIFAX REGIONAL SCHOOL BOARD
AUBURN HEIGHTS RETIREMENT RESIDENCE p 64
See ALL SENIORS CARE LIVING CENTRES LTD
AUBURN RENTALS p 84
See DENILLE INDUSTRIES LTD
AUDI p 1181
See AUTOMOBILES NIQUET INC, LES
AUDI KITCHENER-WATERLOO p 637
See CROSBY AUDI INC
AUDICO SERVICES LIMITED PARTNERSHIP p 912
390 Bay St Suite 1900, TORONTO, ON, M5H 2Y2
(416) 361-1622   SIC 8721
AUDIO VISUAL SYSTEMS INTEGRATION INC p 77
10552 106 St Nw, EDMONTON, AB, T5H 2X6
(780) 426-7454   SIC 5999
AUDIO VISUAL SYSTEMS INTEGRATION INC p 186
3830 1st Ave, BURNABY, BC, V5C 3W1
(604) 877-1400   SIC 5999
AUDIO VISUAL SYSTEMS INTEGRATION INC p 328
1950 Government St Unit 12, VICTORIA, BC, V8T 4N8
(250) 385-3458   SIC 5999
AUDIO WAREHOUSE p 1294
See AUDIO WAREHOUSE LTD

AUDIO WAREHOUSE LTD p 1286
1330 Cornwall St, REGINA, SK, S4R 2H5
(306) 352-1838   SIC 5731
AUDIO WAREHOUSE LTD p 1294
1601 Quebec Ave, SASKATOON, SK, S7K 1V6
(306) 664-8885   SIC 5735
AUDIOTECH HEALTHCARE CORPORATION p 219
175 2nd Ave Suite 760, KAMLOOPS, BC, V2C 5W1
(250) 372-5847   SIC 5047
AUDITORIUM DE VERDUN p 1258
See VILLE DE MONTREAL
AUGUSTON ELEMENTARY SCHOOL p 180
See SCHOOL DISTRICT NO 34 (ABBOTSFORD)
AULDE DOUBLINER p 788
62 William St, OTTAWA, ON, K1N 7A3
(613) 241-0066   SIC 5812
AUMA p 103
See ALBERTA URBAN MUNICIPALITIES ASSOCIATION
AUREOLE PHARMACEUTIQUE CANADA p 1078
See HALO PHARMACEUTICAL CANADA INC
AURORA BIOMED INC p 301
1001 Pender St E, VANCOUVER, BC, V6A 1W2
(604) 215-8700   SIC 8731
AURORA CAMPUS p 438
See AURORA COLLEGE
AURORA COLLEGE p 438
50 Conibear Cres, FORT SMITH, NT, X0E 0P0
(867) 266-4966   SIC 8222
AURORA COLLEGE p 438
50 Conibear Cres, FORT SMITH, NT, X0E 0P0
(867) 872-7000   SIC 8221
AURORA COLLEGE p 438
50 Conibear Cres, FORT SMITH, NT, X0E 0P0
(867) 872-7500   SIC 8222
AURORA COLLEGE p 438
87 Gwich'in Rd, INUVIK, NT, X0E 0T0
(867) 777-7800   SIC 8221
AURORA ELEMENTARY SCHOOL p 72
See WILD ROSE SCHOOL DIVISION NO. 66
AURORA ELEMENTARY SCHOOL p 159
See WILD ROSE SCHOOL DIVISION NO. 66
AURORA GROVE PUBLIC SCHOOL p 492
See YORK REGION DISTRICT SCHOOL BOARD
AURORA HEIGHTS PUBLIC SCHOOL p 492
See YORK REGION DISTRICT SCHOOL BOARD
AURORA HOME HARDWARE & BUILDING CENTRE p 490
See BARFITT BROS. HARDWARE (AURORA) LTD
AURORA SENIOR PUBLIC SCHOOL p 492
See YORK REGION DISTRICT SCHOOL BOARD
AURORA STN MAIN PO p 490
See CANADA POST CORPORATION
AURUM CERAMIC DENTAL LAB (BC) p 299
See AURUM CERAMIC DENTAL LABORATORIES LTD
AURUM CERAMIC DENTAL LABORATORIES LTD p 299
936 8th Ave W Suite 305, VANCOUVER, BC, V5Z 1E5
(604) 737-2010   SIC 8072
AUSENCO p 532
See AUSENCO ENGINEERING CANADA INC
AUSENCO ENGINEERING CANADA INC p

532
1016b Sutton Dr Suite 100, BURLINGTON, ON, L7L 6B8
(905) 319-1698 SIC 8711
AUSENCO ENGINEERING CANADA INC p 1104
555 Boul Rene-Levesque O Bureau 200, Montreal, QC, H2Z 1B1
(514) 866-1221 SIC 8711
AUSTEN FURNITURE (1992) LTD p 557
241 Snidercroft Rd, CONCORD, ON, L4K 2J8
(905) 761-0911 SIC 2514
AUSTIN ELEMENTARY SCHOOL p 343
See PINE CREEK SCHOOL DIVISION
AUSTIN O'BRIEN CATHOLIC HIGH SCHOOL p 100
See EDMONTON CATHOLIC SEPARATE SCHOOL DISTRICT NO.7
AUSTIN ROAD ELEMENTARY SCHOOL p 258
See BOARD OF EDUCATION OF SCHOOL DISTRICT NO. 57 (PRINCE GEORGE), THE
AUTHENTIC CONCIERGE AND SECURITY SERVICES INC p 938
2333 Dundas St W Suite 206, TORONTO, ON, M6R 3A6
(416) 777-1812 SIC 7381
AUTHENTIC T-SHIRT COMPANY ULC, THE p 318
850 Kent Ave South W, VANCOUVER, BC, V6P 3G1
(778) 732-0258 SIC 5136
AUTHENTIC T-SHIRT COMPANY ULC, THE p 687
1575 South Gateway Rd Unit D, MISSISSAUGA, ON, L4W 5J1
(905) 602-6411 SIC 5136
AUTHENTIQUE MAGASIN LEVI'S, L' p 1112
See PANTORAMA INDUSTRIES INC
AUTHENTIQUE POSE CAFE INC, L' p 1188
9555 10e Av, SAINT-GEORGES, QC, G5Y 8J8
(418) 228-3191 SIC 5046
AUTO CAMIONS MICHEL AUGER INC p 1170
575 Rue Notre-Dame, REPENTIGNY, QC, J6A 2T6
(514) 891-9950 SIC 5511
AUTO COITEUX MONTREAL LTEE p 1092
5265 Av Papineau, Montreal, QC, H2H 1W1
(514) 521-3201 SIC 5511
AUTO LAC INC p 405
2491 King George Hwy, MIRAMICHI, NB, E1V 6W3
(506) 773-9448 SIC 5399
AUTO LOGISTICS PROVIDERS CANADA p 485
See ALP (AUTO LOGISTICS PROVIDERS) CANADA LIMITED
AUTO LOISIRS p 1103
See PRESSE, LTEE, LA
AUTO TRADER p 384
See TRADER CORPORATION
AUTO TRADER p 453
See TRADER CORPORATION
AUTO TRADER p 582
See TRADER CORPORATION
AUTO TRADER p 797
See TRADER CORPORATION
AUTO TRADER p 963
See TRADER CORPORATION
AUTO WAREHOUSING COMPANY CANADA LIMITED p 621
274180 Wallace Line, INGERSOLL, ON, N5C 3J7
(519) 485-0351 SIC 4789
AUTO WAREHOUSING COMPANY CANADA LIMITED p 780
1150 Stevenson Rd S Suite 1, OSHAWA, ON, L1J 0B3
(905) 725-6549 SIC 4789
AUTO WAREHOUSING COMPANY CANADA LIMITED p 962

5500 North Service Rd E, WINDSOR, ON, N8T 3P3
(519) 948-7877 SIC 4789
AUTO WEST BMW p 270
See M T K AUTO WEST LTD
AUTO WEST SUPER STORE p 90
See 487244 ALBERTA LTD
AUTO-PAK p 564
See BENSON GROUP INC
AUTOBUS B. R. INC p 1154
2625 Av Watt, Quebec, QC, G1P 3T2
(418) 653-9199 SIC 4151
AUTOBUS BERGERON BUS LINES INC p 947
1801 Russland Rd Ss 4, VARS, ON, K0A 3H0
SIC 4151
AUTOBUS BRUNET INC, LES p 1199
986 Rue Des Lacs, Saint-Jerome, QC, J5L 1T4
(450) 438-8363 SIC 4151
AUTOBUS C MONGEAU p 1201
See TRANSCOBEC (1987) INC
AUTOBUS DE L'ENERGIE p 1235
See TRANSPORT SCOLAIRE SOGESCO INC
AUTOBUS DES ERABLES LTEE p 1189
1200 38e Rue, SAINT-GEORGES, QC, G5Y 6Y5
(418) 227-9207 SIC 4151
AUTOBUS DU FER INC p 1233
126 Rue Monseigneur-Blanche, Sept-Iles, QC, G4R 3G8
(418) 968-9515 SIC 4151
AUTOBUS DU VILLAGE INC, LES p 1033
65 Rue Thibault, GATINEAU, QC, J8L 3Z1
(819) 281-9235 SIC 4151
AUTOBUS FLEUR DE LYS INC p 1067
2591 Av De La Rotonde, Levis, QC, G6X 2M2
(418) 832-7788 SIC 4142
AUTOBUS G.D. INC, LES p 1186
10 Ch Du Petit-Chicot, SAINT-EUSTACHE, QC, J7R 4K3
(450) 473-5114 SIC 4151
AUTOBUS GALLAND LTEE p 1082
360 Rue Magloire-Gosselin Unite 1, MONT-TREMBLANT, QC, J8E 2R3
(819) 681-0871 SIC 4131
AUTOBUS LA DILIGENCE p 1223
See TRANSPORT SCOLAIRE SOGESCO INC
AUTOBUS LA MONTREALAISE INC, LES p 1228
1200 Av Laplace, SAINTE-ROSE, QC, H7C 2M4
(450) 664-0449 SIC 4151
AUTOBUS LA QUEBECOISE INC p 1039
545 Rue De Vernon, GATINEAU, QC, J9J 3K4
(819) 770-1070 SIC 4151
AUTOBUS LA QUEBECOISE INC p 1067
1043 Rue Du Parc-Industriel, Levis, QC, G6Z 1C5
(418) 834-3133 SIC 4111
AUTOBUS LA QUEBECOISE INC p 1165
5480 Rue Rideau, Quebec, QC, G2E 5V2
(418) 872-5525 SIC 4151
AUTOBUS LALONDE BUS LINES INC, LES p 507
2207 Etchier St, BOURGET, ON, K0A 1E0
(613) 487-2230 SIC 4151
AUTOBUS LAVAL LTEE p 1145
445 Rue Des Alleghanys Bureau 201, Quebec, QC, G1C 4N4
(418) 667-3265 SIC 4151
AUTOBUS LE PROMENEUR INC p 1082
240 117 Rte, MONT-TREMBLANT, QC, J8E 2X1
(819) 425-3096 SIC 4151
AUTOBUS MAHEUX LTEE, LES p 1178
3280 Rue Saguenay, ROUYN-NORANDA, QC, J9Y 0E2
(819) 797-3200 SIC 4151

AUTOBUS MAHEUX LTEE, LES p 1253
855 Boul Barrette, VAL-D'OR, QC, J9P 0J8
(819) 825-4767 SIC 4151
AUTOBUS MANIC INC p 993
41 Av William-Dobell, BAIE-COMEAU, QC, G4Z 1T8
(418) 296-6462 SIC 4151
AUTOBUS OUTAOUAIS p 1039
See AUTOBUS LA QUEBECOISE INC
AUTOBUS QUEBEC METRO 2000 INC p 1169
2050 Av Industrielle, Quebec, QC, G3K 1L7
(418) 842-0525 SIC 4151
AUTOBUS TERREMONT LTEE p 1076
343 Ch Des Anglais, MASCOUCHE, QC, J7L 3P8
(450) 477-1500 SIC 4151
AUTOBUS TERREMONT LTEE p 1098
7190 Rue Marconi, Montreal, QC, H2S 3K1
(514) 272-1779 SIC 4142
AUTOBUS THOMAS INC p 1029
2275 Rue Canadien, DRUMMONDVILLE, QC, J2C 7V9
(819) 474-2700 SIC 4151
AUTOBUS TRANSCO p 1084
See AUTOBUS TRANSCO (1988) INC
AUTOBUS TRANSCO (1988) INC p 992
7880 Boul Metropolitain E, ANJOU, QC, H1K 1A1
(514) 352-2330 SIC 4151
AUTOBUS TRANSCO (1988) INC p 1059
8201 Rue Elmslie, LASALLE, QC, H8N 2W6
(514) 363-4315 SIC 4151
AUTOBUS TRANSCO (1988) INC p 1084
7975 Boul Henri-Bourassa E, Montreal, QC, H1E 1N9
(514) 648-8625 SIC 4151
AUTOBUS TRANSCO (1988) INC p 1191
3530 Rue Richelieu, SAINT-HUBERT, QC, J3Y 7B1
(450) 676-5553 SIC 4151
AUTOBUS TRANSCOBEC (1987) INC, LES p 1199
21 Rue John-F.-Kennedy, Saint-Jerome, QC, J7Y 4B4
(450) 432-9748 SIC 4151
AUTOBUS UNCLE HARRY INC p 1062
4010 Boul Dagenais O, Laval, QC, H7R 1L2
(450) 625-0506 SIC 4151
AUTOBUS VENISE LTEE p 1231
50 Rue Mcarthur, SALABERRY-DE-VALLEYFIELD, QC, J6S 4M5
(450) 373-4144 SIC 4151
AUTOBUS VOLTIGEURS INC p 1029
1600 Boul Lemire, DRUMMONDVILLE, QC, J2C 5A4
(819) 474-4181 SIC 4142
AUTOBUS YVES SEGUIN & FILS INC p 1245
1730 Rue Effingham, TERREBONNE, QC, J6Y 1R7
(450) 433-6958 SIC 4151
AUTOCANADA INC p 687
5515 Ambler Dr, MISSISSAUGA, ON, L4W 3Z1
(905) 238-8080 SIC 5511
AUTOCANADA NORTHLAND MOTORS GP INC p 259
2021 Highway 16 W, PRINCE GEORGE, BC, V2L 0A4
(250) 564-6663 SIC 5511
AUTOCAR HELIE INC. p 997
3505 Boul De Port-Royal, Becancour, QC, G9H 1Y2
(819) 371-1177 SIC 4151
AUTOCAR MTL EXPRESS p 1000
See 2755-4609 QUEBEC INC
AUTOCARS JASMIN INC p 1047
2249 Rue Saint-Hubert, Jonquiere, QC, G7X 5P1
(418) 547-2167 SIC 4111
AUTOCARS ORLEANS EXPRESS INC p 1114
740 Rue Notre-Dame O Bureau 1000, Mon-

treal, QC, H3C 3X6
(514) 395-4000 SIC 4131
AUTOCOM MANUFACTURING p 604
See LINAMAR CORPORATION
AUTODATA SOLUTIONS COMPANY p 651
345 Saskatoon St, LONDON, ON, N5W 4R4
(519) 451-2323 SIC 7371
AUTODESK CANADA CIE p 792
427 Laurier Ave W Suite 500, OTTAWA, ON, K1R 7Y2
(613) 755-5000 SIC 7372
AUTODESK CANADA CIE p 904
210 King St E, TORONTO, ON, M5A 1J7
(416) 362-9181 SIC 7371
AUTODESK CANADA CIE p 1114
10 Rue Duke, Montreal, QC, H3C 2L7
(514) 393-1616 SIC 7371
AUTOFILL PRODUCTS p 995
See SCHOLLE IPN CANADA LTD
AUTOGAS PROPANE LTD p 192
5605 Byrne Rd, BURNABY, BC, V5J 3J1
(604) 433-4900 SIC 5984
AUTOLIV CANADA INC p 670
7455 Birchmount Rd, MARKHAM, ON, L3R 5C2
(905) 475-8510 SIC 2394
AUTOLIV CANADA INC p 882
20 Autoliv Dr, TILBURY, ON, N0P 2L0
(519) 682-1083 SIC 2394
AUTOLIV CANADA INC p 882
351 Queen St N, TILBURY, ON, N0P 2L0
(519) 682-9501 SIC 3089
AUTOLIV ELECTRONICS CANADA INC p 670
7455 Birchmount Rd, MARKHAM, ON, L3R 5C2
(905) 475-8510 SIC 3679
AUTOLIV NORTH AMERICA p 670
See AUTOLIV ELECTRONICS CANADA INC
AUTOLUX LTD p 813
1550 Bayly St Unit 45, PICKERING, ON, L1W 3W1
SIC 4111
AUTOMATED FULFILLMENT SYSTEM INC p 523
80 Van Kirk Dr Suite 5, BRAMPTON, ON, L7A 1B1
(905) 840-4141 SIC 7331
AUTOMATIC COATING LIMITED p 842
211 Nugget Ave, SCARBOROUGH, ON, M1S 3B1
(416) 335-7500 SIC 3479
AUTOMATIC SYSTEMES AMERIQUE INC p 1007
4005 Boul Matte Bureau D, BROSSARD, QC, J4Y 2P4
(450) 659-0737 SIC 1731
AUTOMEX p 1212
See LANIEL (CANADA) INC
AUTOMOBILE ET TOURING CLUB DU QUEBEC (A.T.C.Q.) p 1019
3131 Boul Saint-Martin O Bureau 100, Cote Saint-Luc, QC, H7T 2Z5
(450) 682-8100 SIC 8699
AUTOMOBILE ET TOURING CLUB DU QUEBEC (A.T.C.Q.) p 1164
8000 Rue Armand-Viau Bureau 500, Quebec, QC, G2C 2E2
(418) 624-2424 SIC 8699
AUTOMOBILE ET TOURING CLUB DU QUEBEC (A.T.C.Q.) p 1238
2990 Rue King O, SHERBROOKE, QC, J1L 1Y7
(819) 566-5132 SIC 8699
AUTOMOBILE KAMOURASKA (1992) INC p 1219
255 Av Patry, SAINT-PASCAL, QC, G0L 3Y0
(418) 492-3432 SIC 5511
AUTOMOBILES ACADIA INC p 1151
999 Av Galibois, Quebec, QC, G1M 3S4
(418) 681-6000 SIC 5511
AUTOMOBILES AUTOHAUS LTEE, LES p 1059

1855 Av Dollard, LASALLE, QC, H8N 1T9
SIC 5511
AUTOMOBILES DELEC INC p 1076
3550 Av De La Gare, MASCOUCHE, QC, J7K 3C1
(514) 722-5555   SIC 5521
AUTOMOBILES LAFRENIERE INC p 1135
525 131 Rte, NOTRE-DAME-DES-PRAIRIES, QC, J6E 0M1
(450) 752-2002   SIC 5511
AUTOMOBILES NIQUET INC, LES p 1181
1905 Boul Sir-Wilfrid-Laurier, SAINT-BRUNO, QC, J3V 0G8
(450) 653-1553   SIC 5511
AUTOMOBILES NIQUET INC, LES p 1181
1917 Boul Sir-Wilfrid-Laurier Bureau 116, SAINT-BRUNO, QC, J3V 0G8
(450) 653-1553   SIC 5511
AUTOMOBILES NORD SUD INC p 1200
325 Rue John-F.-Kennedy, Saint-Jerome, QC, J7Y 4B5
(450) 438-1273   SIC 5511
AUTOMOBILES ST-EUSTACHE INC p 998
16 Rue De Braine, BLAINVILLE, QC, J7B 1Z1
(514) 927-8977   SIC 5511
AUTOMOBILES VAL ESTRIE INC p 1238
4141 Rue King O, SHERBROOKE, QC, J1L 1P5
(819) 563-4466   SIC 5511
AUTOMOTIVE & VEHICLE TECHNOLOGY PRO p 612
See MCMASTER UNIVERSITY
AUTOMOTIVE GAUGE & FIXTURE LIMITED p 967
5270 Burke St, WINDSOR, ON, N9A 6J3
(519) 737-7148   SIC 3544
AUTOMOTIVE SYSTEMS GROUP p 773
See JOHNSON CONTROLS NOVA SCOTIA U.L.C.
AUTOMOTIVE TECHNICIAN p 210
See FOUNTAIN TIRE LTD
AUTONEUM CANADA LTD p 649
1800 Huron St, LONDON, ON, N5V 3A6
(519) 659-5752   SIC 2299
AUTONEUM CANADA LTD p 882
1451 Bell Mill Sideroad, TILLSONBURG, ON, N4G 4H8
(519) 842-6411   SIC 2299
AUTOPNEU AUCLAIR p 1152
See SERVICE DE PNEUS AUCLAIR INC
AUTOPRO AUTOMATION CONSULTANTS LTD p 12
525 28 St Se Suite 360, CALGARY, AB, T2A 6W9
(403) 569-6480   SIC 8711
AUTOPRO AUTOMATION CONSULTANTS LTD p 103
4208 97 St Nw Suite 203, EDMONTON, AB, T6E 5Z9
(780) 733-7550   SIC 8711
AUTOPRO AUTOMATION CONSULTANTS LTD p 189
4370 Dominion St Suite 600, BURNABY, BC, V5G 4L7
(604) 419-4350   SIC 8711
AUTOS R. CHAGNON DE GRANBY INC p 1042
1711 Rue Principale, GRANBY, QC, J2J 0M9
(450) 378-9963   SIC 5511
AUTOSPA EXPRESS p 532
See 1574626 ONTARIO LTD
AUTOSYSTEMS p 502
See MAGNA INTERNATIONAL INC
AUTOSYSTEMS p 504
See MAGNA INTERNATIONAL INC
AUTOTUBE LIMITED p 954
7963 Confederation Line, WATFORD, ON, N0M 2S0
(519) 849-6318   SIC 3312
AUTOWORLD SUPERSTORE p 134
See 487244 ALBERTA LTD
AUTUMN ENTERPRISES INC p 157

37473 Highway 2, RED DEER COUNTY, AB, T4E 1B3
(403) 341-3040   SIC 5571
AUTUMN INVESTMENTS LTD p 180
3070 264 St Suite B, ALDERGROVE, BC, V4W 3E1
(604) 856-0344   SIC 5812
AUX SABLE CANADA LP p 40
605 5 Ave Sw Suite 2800, CALGARY, AB, T2P 3H5
(403) 508-5870   SIC 4899
AV-TECH INC p 989
8002 Rue Jarry, ANJOU, QC, H1J 1H5
(514) 493-1162   SIC 7349
AV-TECH INC p 1153
2300 Rue Leon-Harmel Bureau 101, Quebec, QC, G1N 4L2
(418) 686-2300   SIC 1711
AVALANCHE STATION DE SKI p 1178
See 9026-6511 QUEBEC INC
AVALON MUSIC p 561
See MOOD MEDIA ENTERTAINMENT LTD
AVALON PUBLIC SCHOOL p 777
See OTTAWA-CARLETON DISTRICT SCHOOL BOARD
AVALON RETIREMENT CENTER p 772
See 488491 ONTARIO INC
AVALON SCHOOL p 109
See EDMONTON SCHOOL DISTRICT NO. 7
AVANT SLEEP p 897
See 2188262 ONTARIO LTD
AVANTE AUTOMOBILE CORPORATION p 822
10414 Yonge St, RICHMOND HILL, ON, L4C 3C3
(905) 780-9999   SIC 5511
AVANTE MAZDA p 822
See AVANTE AUTOMOBILE CORPORATION
AVANTE SECURITY p 752
See SECURE 724 LTD
AVANTE SECURITY INC p 751
1959 Leslie St, NORTH YORK, ON, M3B 2M3
(416) 923-2435   SIC 7382
AVANTGLIDE p 1219
See GROUPE DUTAILIER INC
AVAYA CANADA CORP p 623
1135 Innovation Dr Suite 100, KANATA, ON, K2K 3G7
SIC 7371
AVAYA CANADA CORP p 670
11 Allstate Pky Suite 300, MARKHAM, ON, L3R 9T8
(905) 474-6000   SIC 4899
AVEDA TRANSPORTATION AND ENERGY SERVICES INC p 64
2505 Country Hills Blvd Ne, CALGARY, AB, T3N 1A6
(403) 226-0733   SIC 1389
AVELIA AIR p 1211
See AVELIA GROUPE
AVELIA GROUPE p 1211
951 Rue Reverchon, SAINT-LAURENT, QC, H4T 4L2
SIC 1541
AVELLO SPA & HEALTH CLUB p 339
See AVELLO SPA LTD
AVELLO SPA LTD p 339
4090 Whistler Way Suite 400, WHISTLER, BC, V0N 1B4
(604) 935-3444   SIC 7991
AVELON MALL REGIONAL SHOPPING CENTRE p 433
See CROMBIE DEVELOPMENTS LIMITED
AVENDRA p 918
See CANADIAN PACIFIC RAILWAY COMPANY
AVENTA TREATMENT FOUNDATION FOR WOMEN p 52
610 25 Ave Sw, CALGARY, AB, T2S 0L6
(403) 245-9050   SIC 8322
AVENTUR ENERGY CORP p 214

10493 Alder Cres, FORT ST. JOHN, BC, V1J 4M7
(250) 785-7093   SIC 1389
AVENUE INDUSTRIAL SUPPLY COMPANY LIMITED p 820
35 Staples Ave Suite 110, RICHMOND HILL, ON, L4B 4W6
(905) 780-2200   SIC 5084
AVENUE MACHINERY CORP p 176
1521 Sumas Way, ABBOTSFORD, BC, V2S 8M9
(604) 792-4111   SIC 5083
AVENUE MAGAZINE, DIV OF p 29
See REDPOINT MEDIA GROUP INC
AVENUE MEDICAL CENTRE p 528
See DOWNIE, THOMPSON MEDICINE PROFESSIONAL CORPORATION
AVENUE MEDICAL CENTRE p 528
See BANNESTER, DR LESLIE R
AVERTEX UTILITY SOLUTIONS INC p 833
205235 County Rd 109, SCARBOROUGH, ON, L9W 0T8
(519) 942-3030   SIC 1623
AVERY CONSTRUCTION LIMITED p 830
1109 Allen's Side Rd, SAULT STE. MARIE, ON, P6A 5K8
SIC 1611
AVERY DENNISON CANADA CORPORATION p 1256
220 Rue Joseph-Carrier, VAUDREUIL-DORION, QC, J7V 5V5
(450) 455-7971   SIC 2672
AVERY WEIGH-TRONIX p 268
9111 River Dr, RICHMOND, BC, V6X 1Z1
(604) 273-9401   SIC 3596
AVH CHIPMAN p 465
See NOVA SCOTIA HEALTH AUTHORITY
AVI-SPL p 819
See AVI-SPL CANADA LTD
AVI-SPL CANADA LTD p 819
35 East Beaver Creek Rd Suite 1, RICHMOND HILL, ON, L4B 1B3
(866) 797-5635   SIC 4813
AVIAT NETWORKS CANADA ULC p 1141
6500 Aut Transcanadienne Bureau 400, POINTE-CLAIRE, QC, H9R 0A5
(514) 800-1410   SIC 4899
AVIAWEST RESORTS INC p 243
1600 Stroulger Rd Unit 1, NANOOSE BAY, BC, V9P 9B7
(250) 468-7121   SIC 7011
AVIAWEST RESORTS INC p 303
868 Hamilton St, VANCOUVER, BC, V6B 6A2
SIC 7011
AVID TECHNOLOGY CANADA CORP p 1100
3510 Boul Saint-Laurent Bureau 300, Montreal, QC, H2X 2V2
(514) 845-1636   SIC 7371
AVIDA HEALTHWEAR INC p 891
87 Northline Rd, TORONTO, ON, M4B 3E9
(416) 751-5874   SIC 2337
AVIGILON p 303
See AVIGILON CORPORATION
AVIGILON CORPORATION p 303
555 Robson St 3rd Fl, VANCOUVER, BC, V6B 3K9
(604) 629-5182   SIC 3651
AVION SERVICES CORP p 382
2000 Wellington Ave Suite 503, WINNIPEG, MB, R3H 1C1
(204) 784-5800   SIC 7381
AVIONAIR INC p 1026
9025 Av Ryan, DORVAL, QC, H9P 1A2
(514) 631-7500   SIC 4522
AVIS p 376
See AVISCAR INC
AVIS p 584
See AVISCAR INC
AVIS p 795
See AVISCAR INC
AVIS p 1025

See AVISCAR INC
AVIS BUDGET CONTACT CENTER p 399
See WYNDHAM WORLDWIDE CANADA INC
AVIS BUDGET GROUP p 455
See AVISCAR INC
AVIS RENT A CAR p 406
See AVISCAR INC
AVISCAR INC p 246
1640 Electra Blvd Suite 131, NORTH SAANICH, BC, V8L 5V4
(250) 656-6033   SIC 7514
AVISCAR INC p 376
234 York Ave, WINNIPEG, MB, R3C 0N5
(204) 989-7521   SIC 7514
AVISCAR INC p 406
515 Main St, MONCTON, NB, E1C 1C4
(506) 857-0162   SIC 7514
AVISCAR INC p 454
1 Bell Blvd Suite 7, ENFIELD, NS, B2T 1K2
(902) 429-0963   SIC 7514
AVISCAR INC p 455
111 Selfridge Way, GOFFS, NS, B2T 0C1
(902) 429-8769   SIC 7514
AVISCAR INC p 455
111 Selfridge Way, GOFFS, NS, B2T 0C1
(902) 492-7512   SIC 7514
AVISCAR INC p 584
1 Convair Dr, ETOBICOKE, ON, M9W 6Z9
(416) 213-8400   SIC 7514
AVISCAR INC p 795
180 Paul Benoit Dr, OTTAWA, ON, K1V 2E5
(613) 521-7541   SIC 7514
AVISCAR INC p 1025
975 Boul Romeo-Vachon N Bureau 317, DORVAL, QC, H4Y 1H2
(514) 636-1902   SIC 7514
AVISCAR INC p 1109
1225 Rue Metcalfe, Montreal, QC, H3B 2V5
(514) 866-2847   SIC 7515
AVISON YOUNG COMMERCIAL REAL ESTATE (ONTARIO) INC p 697
77 City Centre Dr Suite 301, MISSISSAUGA, ON, L5B 1M5
(905) 712-2100   SIC 6531
AVIVA p 1096
See AVIVA CANADA INC
AVIVA CANADA p 78
See AVIVA INSURANCE COMPANY OF CANADA
AVIVA CANADA INC p 78
10250 101 St Nw Suite 1700, EDMONTON, AB, T5J 3P4
(780) 424-2300   SIC 8741
AVIVA CANADA INC p 321
1125 Howe St Suite 1100, VANCOUVER, BC, V6Z 2Y6
(604) 699-2040   SIC 8741
AVIVA CANADA INC p 416
85 Charlotte St Suite 201506, SAINT JOHN, NB, E2L 2J2
(506) 634-1111   SIC 8741
AVIVA CANADA INC p 448
99 Wyse Rd Suite 1600, DARTMOUTH, NS, B3A 4S5
(902) 460-3100   SIC 6411
AVIVA CANADA INC p 678
10 Aviva Way Suite 100, MARKHAM, ON, L6G 0G1
(416) 288-1800   SIC 6411
AVIVA CANADA INC p 697
33 City Centre Dr Suite 300, MISSISSAUGA, ON, L5B 2N5
(905) 949-3900   SIC 6411
AVIVA CANADA INC p 797
1545 Carling Ave, OTTAWA, ON, K1Z 8P9
(416) 288-5205   SIC 8741
AVIVA CANADA INC p 910
500 University Ave, TORONTO, ON, M5G 1V7
(416) 288-5202   SIC 8741
AVIVA CANADA INC p 1096
555 Rue Chabanel O Bureau 900, Montreal,

QC, H2N 2H8
(514) 850-4100 SIC 6411
AVIVA CANADA INC p 1109
630 Boul Rene-Levesque O Bureau 900, Montreal, QC, H3B 1S6
(514) 876-5029 SIC 6331
AVIVA COMPAGNIE D'ASSURANCE DU CANADA p 1109
See AVIVA INSURANCE COMPANY OF CANADA
AVIVA INSURANCE COMPANY OF CANADA p 40
140 4 Ave Sw Suite 2400, CALGARY, AB, T2P 3W4
(403) 750-0600 SIC 6331
AVIVA INSURANCE COMPANY OF CANADA p 78
10250 101 St Nw Suite 1700, EDMONTON, AB, T5J 3P4
(780) 428-1822 SIC 6331
AVIVA INSURANCE COMPANY OF CANADA p 321
1125 Howe St Suite 1100, VANCOUVER, BC, V6Z 2Y6
(604) 669-2626 SIC 6331
AVIVA INSURANCE COMPANY OF CANADA p 374
201 Portage Ave Suite 900, WINNIPEG, MB, R3B 3K6
(204) 942-0424 SIC 6331
AVIVA INSURANCE COMPANY OF CANADA p 416
1 Germain St Suite 902, SAINT JOHN, NB, E2L 4V1
(506) 634-1111 SIC 6411
AVIVA INSURANCE COMPANY OF CANADA p 610
1 King St W Suite 600, HAMILTON, ON, L8P 1A4
(905) 523-5936 SIC 6331
AVIVA INSURANCE COMPANY OF CANADA p 655
255 Queens Ave Suite 1500, LONDON, ON, N6A 5R8
(519) 438-2981 SIC 6331
AVIVA INSURANCE COMPANY OF CANADA p 728
161 Greenbank Rd Suite 250, NEPEAN, ON, K2H 5V6
(613) 235-6776 SIC 6411
AVIVA INSURANCE COMPANY OF CANADA p 838
2206 Eglinton Ave E Suite 160, SCARBOROUGH, ON, M1L 4S8
(416) 288-1800 SIC 6331
AVIVA INSURANCE COMPANY OF CANADA p 912
121 King St W Suite 1400, TORONTO, ON, M5H 3T9
(416) 363-9363 SIC 6411
AVIVA INSURANCE COMPANY OF CANADA p 1109
630 Boul Rene-Levesque O Bureau 700, Montreal, QC, H3B 1S6
(514) 399-1200 SIC 6331
AVIVA INSURANCE COMPANY OF CANADA p 1167
1305 Boul Lebourgneuf Bureau 207, Quebec, QC, G2K 2E4
(418) 621-9393 SIC 6331
AVIVA PRODUCTS p 728
See AVIVA INSURANCE COMPANY OF CANADA
AVIVA TRADERS p 1109
See AVIVA CANADA INC
AVMAX GROUP INC p 21
275 Palmer Rd Ne, CALGARY, AB, T2E 7G4
(403) 250-2644 SIC 7622
AVMAX GROUP INC p 21
380 Mctavish Rd Ne, CALGARY, AB, T2E 7G5
(403) 735-3299 SIC 4581
AVMOR LTEE p 1128
950 Rue Michelin, Montreal, QC, H7L 5C1

(450) 629-8074 SIC 2842
AVNET CANADA p 706
See AVNET INTERNATIONAL (CANADA) LTD
AVNET CANADA p 1211
See AVNET INTERNATIONAL (CANADA) LTD
AVNET COMPUTER ENTERPRISES SOLUTION DIVISION p 726
See AVNET INTERNATIONAL (CANADA) LTD
AVNET INTERNATIONAL (CANADA) LTD p 706
6950 Creditview Rd Unit 2, MISSISSAUGA, ON, L5N 0A6
(905) 812-4400 SIC 5065
AVNET INTERNATIONAL (CANADA) LTD p 726
190 Colonnade Rd Suite A, NEPEAN, ON, K2E 7J5
(613) 226-1700 SIC 5065
AVNET INTERNATIONAL (CANADA) LTD p 1211
7575 Rte Transcanadienne Bureau 600, SAINT-LAURENT, QC, H4T 1V6
(514) 335-1000 SIC 5065
AVOCETTE TECHNOLOGIES INC p 244
610 Sixth St Suite 202, NEW WESTMINSTER, BC, V3L 3C2
(604) 395-6000 SIC 7371
AVOCETTE TECHNOLOGIES INC p 330
1022 Government St Unit Main, VICTORIA, BC, V8W 1X7
(250) 389-2993 SIC 7371
AVON MAITLAND DISTRICT SCHOOL BOARD p 490
5972 Line 72, ATWOOD, ON, N0G 1B0
(519) 356-2241 SIC 8211
AVON MAITLAND DISTRICT SCHOOL BOARD p 532
39978 Centennial Rd, BRUCEFIELD, ON, N0M 1J0
(519) 233-3330 SIC 8211
AVON MAITLAND DISTRICT SCHOOL BOARD p 554
163 Princess St E, CLINTON, ON, N0M 1L0
(519) 482-8795 SIC 8299
AVON MAITLAND DISTRICT SCHOOL BOARD p 554
165 Princess St E, CLINTON, ON, N0M 1L0
(519) 482-3471 SIC 8211
AVON MAITLAND DISTRICT SCHOOL BOARD p 554
27 Percival St, CLINTON, ON, N0M 1L0
(519) 482-9424 SIC 8211
AVON MAITLAND DISTRICT SCHOOL BOARD p 554
670 Cut Line Rd, CLINTON, ON, N0M 1L0
(519) 482-3471 SIC 8211
AVON MAITLAND DISTRICT SCHOOL BOARD p 588
92 Gidley E, EXETER, ON, N0M 1S0
(519) 235-0880 SIC 8211
AVON MAITLAND DISTRICT SCHOOL BOARD p 588
93 Victoria St E Ss 1, EXETER, ON, N0M 1S1
(519) 235-2630 SIC 8211
AVON MAITLAND DISTRICT SCHOOL BOARD p 595
125 Blake St W, GODERICH, ON, N7A 1Z1
(519) 524-8972 SIC 8211
AVON MAITLAND DISTRICT SCHOOL BOARD p 595
135 Gibbons St, GODERICH, ON, N7A 3J5
SIC 8211
AVON MAITLAND DISTRICT SCHOOL BOARD p 595
189 Elizabeth St, GODERICH, ON, N7A 3T9
SIC 8211
AVON MAITLAND DISTRICT SCHOOL BOARD p 596
8727 164 Rd, GOWANSTOWN, ON, N0G

1Y0
(519) 291-2380 SIC 8211
AVON MAITLAND DISTRICT SCHOOL BOARD p 648
155 Maitland Ave S, LISTOWEL, ON, N4W 2M4
(519) 291-1880 SIC 8211
AVON MAITLAND DISTRICT SCHOOL BOARD p 648
305 Binning St W, LISTOWEL, ON, N4W 1G4
SIC 8211
AVON MAITLAND DISTRICT SCHOOL BOARD p 666
Rr 7, LUCKNOW, ON, N0G 2H0
(519) 529-7900 SIC 8211
AVON MAITLAND DISTRICT SCHOOL BOARD p 683
Gd, MILVERTON, ON, N0K 1M0
(519) 595-8859 SIC 8211
AVON MAITLAND DISTRICT SCHOOL BOARD p 723
165 Frances St E Rr 5, MITCHELL, ON, N0K 1N0
(519) 348-8472 SIC 8211
AVON MAITLAND DISTRICT SCHOOL BOARD p 723
95 Frances St E, MITCHELL, ON, N0K 1N0
(519) 348-8495 SIC 8211
AVON MAITLAND DISTRICT SCHOOL BOARD p 847
58 Chalk St N, SEAFORTH, ON, N0K 1W0
(519) 527-0790 SIC 8211
AVON MAITLAND DISTRICT SCHOOL BOARD p 847
4663 Road 135, SEBRINGVILLE, ON, N0K 1X0
(519) 393-5300 SIC 8211
AVON MAITLAND DISTRICT SCHOOL BOARD p 848
2215 Fraser St, SHAKESPEARE, ON, N0B 2P0
(519) 625-8722 SIC 8211
AVON MAITLAND DISTRICT SCHOOL BOARD p 857
151 Water St N, ST MARYS, ON, N4X 1B8
SIC 8211
AVON MAITLAND DISTRICT SCHOOL BOARD p 857
338 Elizabeth St, ST MARYS, ON, N4X 1B6
(519) 284-1731 SIC 8211
AVON MAITLAND DISTRICT SCHOOL BOARD p 859
4384 First Line 20, St. Pauls, ON, N0K 1V0
(519) 393-6196 SIC 8211
AVON MAITLAND DISTRICT SCHOOL BOARD p 864
35 Mowat St, STRATFORD, ON, N5A 2B8
(519) 271-3727 SIC 8211
AVON MAITLAND DISTRICT SCHOOL BOARD p 864
347 Brunswick St, STRATFORD, ON, N5A 3N1
SIC 8211
AVON MAITLAND DISTRICT SCHOOL BOARD p 864
315 West Gore St, STRATFORD, ON, N5A 7N4
(519) 271-2826 SIC 8211
AVON MAITLAND DISTRICT SCHOOL BOARD p 864
428 Forman Ave, STRATFORD, ON, N5A 6R7
(519) 271-9740 SIC 8211
AVON MAITLAND DISTRICT SCHOOL BOARD p 864
77 Bruce St, STRATFORD, ON, N5A 4A2
(519) 271-8576 SIC 8211
AVON MAITLAND DISTRICT SCHOOL BOARD p 864
60 St Andrew St, STRATFORD, ON, N5A 1A3
(519) 271-4500 SIC 8211
AVON MAITLAND DISTRICT SCHOOL

BOARD p 864
59 Bedford Dr, STRATFORD, ON, N5A 5J7
(519) 273-1190 SIC 8211
AVON MAITLAND DISTRICT SCHOOL BOARD p 864
49 Rebecca St, STRATFORD, ON, N5A 3P2
(519) 271-4487 SIC 8211
AVON MAITLAND DISTRICT SCHOOL BOARD p 971
131 John St E, WINGHAM, ON, N0G 2W0
SIC 8211
AVON MAITLAND DISTRICT SCHOOL BOARD p 971
231 Madill Dr E, WINGHAM, ON, N0G 2W0
(519) 357-1800 SIC 8211
AVON VIEW HIGH SCHOOL p 479
See ANNAPOLIS VALLEY REGIONAL SCHOOL BOARD
AVONDALE ELEMENTARY SCHOOL p 126
See GRANDE PRAIRIE PUBLIC SCHOOL DISTRICT #2357
AVONDALE PUBLIC SCHOOL p 750
See TORONTO DISTRICT SCHOOL BOARD
AVONMORE ELEMENTARY SCHOOL p 102
See EDMONTON SCHOOL DISTRICT NO. 7
AVRIL SUPERMARCHE SANTE p 1007
See 9020-5758 QUEBEC INC
AVRIL SUPERMARCHE SANTE p 1066
See 9020-5758 QUEBEC INC
AWARD LIMOUSINE SERVICES p 612
See SERVICE CORPORATION INTERNATIONAL (CANADA) LIMITED
AWASIS AGENCY OF NORTHERN MANITOBA p 347
Gd, CROSS LAKE, MB, R0B 0J0
(204) 676-3902 SIC 8699
AWC p 962
See AUTO WAREHOUSING COMPANY CANADA LIMITED
AWESPIRING PRODUCTIONS INC p 296
1256 6th Ave E, VANCOUVER, BC, V5T 1E7
(604) 484-0266 SIC 7336
AWG NORTHERN INDUSTRIES INC p 258
1011 Victoria St, PRINCE GEORGE, BC, V2L 0C8
(250) 563-1555 SIC 8741
AWP p 287
See ADVANCE WIRE PRODUCTS LTD
AXA ASSISTANCE CANADA INC p 1104
2001 Boul Robert-Bourassa Bureau 1850, Montreal, QC, H3A 2L8
(514) 285-9053 SIC 6411
AXA ASSURANCES INC p 310
1090 Georgia St W Suite 1350, VANCOUVER, BC, V6E 3V7
SIC 6311
AXA ASSURANCES INC p 436
35 Blackmarsh Rd, ST. JOHN'S, NL, A1E 1S4
(709) 726-8974 SIC 6311
AXA ASSURANCES INC p 1159
2640 Boul Laurier Bureau 900, Quebec, QC, G1V 5C2
(418) 654-9918 SIC 6311
AXA INSURANCE (CANADA) p 655
250 York St Suite 200, LONDON, ON, N6A 6K2
(519) 679-9440 SIC 6331
AXA INSURANCE (CANADA) p 747
5700 Yonge St Suite 1400, NORTH YORK, ON, M2M 4K2
(416) 218-4175 SIC 6331
AXA PACIFIC INSURANCE p 310
See AXA ASSURANCES INC
AXALTA COATING SYSTEMS CANADA COMPANY p 482
408 Fairall St, AJAX, ON, L1S 1R6
(905) 683-5500 SIC 5013
AXE MUSIC p 74
See 712934 ALBERTA LTD
AXE MUSIC INC p 27

▲ Public Company   ■ Public Company Family Member   HQ Headquarters   BR Branch   SL Single Location

BUSINESSES ALPHABETICALLY

BAIE, LA 3057

4114 Macleod Trail Se, CALGARY, AB, T2G 2R7
(403) 243-5200   SIC 5736

AXE TI INC   p 1162
955 Av De Bourgogne Bureau 201, Quebec, QC, G1X 3E5
(418) 654-0222   SIC 7361

AXION   p 1088
See SOLOTECH QUEBEC INC

AXIS INSURANCE MANAGERS INC   p 313
1455 Georgia St W Suite 600, VANCOUVER, BC, V6G 2T3
(604) 731-5328   SIC 6411

AXIS INSURANCE MANAGERS INC   p 313
1455 W Georgia St Unit 600, VANCOUVER, BC, V6G 2T3
(604) 685-4288   SIC 6411

AXIS SORTING INC   p 601
300 Willow Rd Unit 102b, GUELPH, ON, N1H 7C6
(519) 212-4990   SIC 7549

AXISOURCE HOLDINGS INC   p 843
45 Commander Blvd Suite 1, SCARBOROUGH, ON, M1S 3Y3
SIC 5045

AXON CLINICAL RESEARCH   p 928
See CABINET DE RELATIONS PUBLIQUES NATIONAL INC, LE

AXON SOLUTIONS (CANADA) INC   p 374
201 Portage Ave Suite 15, WINNIPEG, MB, R3B 3K6
(204) 934-2493   SIC 7371

AXOR EXPERTS-CONSEILS INC   p 1233
660 Boul Laure Bureau 105, Sept-Iles, QC, G4R 1X9
(418) 968-1320   SIC 8711

AXSUN INC   p 1193
4900 Rue Armand-Frappier Bureau 450, SAINT-HUBERT, QC, J3Z 1G5
(450) 445-3003   SIC 4731

AXXESS INTERNATIONAL COURTIERS EN DOUANES INC   p 715
1804 Alstep Dr Unit 1, MISSISSAUGA, ON, L5S 1W1
(905) 672-0270   SIC 4731

AXXESS INTERNATIONAL COURTIERS EN DOUANES INC   p 1101
360 Rue Saint-Jacques 12eme Etage, Montreal, QC, H2Y 1P5
(514) 849-9377   SIC 4731

AXXESS INTERNATIONAL COURTIERS EN DOUANES INC   p 1154
360 Rue Franquet Bureau 110, Quebec, QC, G1P 4N3
(418) 658-0390   SIC 4731

AXYZ ANIMATION   p 928
See AXYZ EDIT INC

AXYZ EDIT INC   p 928
477 Richmond St W Suite 405, TORONTO, ON, M5V 3E7
(416) 504-0425   SIC 7819

AYER'S CLIFF ELEMENTARY SCHOOL   p 993
See COMMISSION SCOLAIRE EASTERN TOWNSHIPS

AYLMER, LORD SENIOR CAMPUS   p 1039
See COMMISSION SCOLAIRE WESTERN QUEBEC

AYR FARMERS' MUTUAL INSURANCE COMPANY   p 492
1400 Northumberland St Rr 1, AYR, ON, N0B 1E0
(519) 632-7413   SIC 6331

AYR FEED & SUPPLY   p 493
See NIAGARA GRAIN & FEED (1984) LIMITED

AZ HOME AND GIFTS   p 268
See AZ TRADING CO. LTD

AZ TRADING CO. LTD   p 268
7080 River Rd Suite 223, RICHMOND, BC, V6X 1X5
(604) 214-3600   SIC 5947

AZELIS CANADA INC   p 1002
1570 Rue Ampere Bureau 106, BOUCHERVILLE, QC, J4B 7L4
(450) 449-6363   SIC 5169

B

B & B LANDSCAPE & CARTAGE INC   p 360
66 Second St, WEST ST PAUL, MB, R2P 0G5
(204) 339-4643   SIC 4212

B & C DALLNER HOLDINGS INC   p 804
2227 Elginfield Rd Rr 5, PARKHILL, ON, N0M 2K0
(519) 294-1052   SIC 5812

B & D INSULATION INC   p 826
1351 Lougar Ave, SARNIA, ON, N7S 5N5
(519) 344-5287   SIC 1799

B & I TRUCK PARTS INC   p 496
480 Dunlop St W, BARRIE, ON, L4N 9W5
(705) 737-3201   SIC 5531

B & J MUSIC LTD   p 696
2360 Tedlo St, MISSISSAUGA, ON, L5A 3V3
(905) 896-3001   SIC 5736

B & R HOLDINGS INC   p 891
32 Cranfield Rd, TORONTO, ON, M4B 3H3
(416) 701-9800   SIC 2672

B & T STEEL   p 861
See RUSSEL METALS INC

B C HYDRO   p 211
See BRITISH COLUMBIA HYDRO AND POWER AUTHORITY

B C A A   p 232
See BRITISH COLUMBIA AUTOMOBILE ASSOCIATION

B C A A   p 261
See BRITISH COLUMBIA AUTOMOBILE ASSOCIATION

B C A A   p 330
See BRITISH COLUMBIA AUTOMOBILE ASSOCIATION

B C AMBULANCE SERVICE   p 316
See GOVERNMENT OF THE PROVINCE OF BRITISH COLUMBIA

B C MINERAL STATISTICS   p 328
1810 Blanshard St, VICTORIA, BC, V8T 4J1
(250) 952-0521   SIC 1241

B D L   p 12
See BREWERS' DISTRIBUTOR LTD

B D L   p 56
See BREWERS' DISTRIBUTOR LTD

B D L   p 388
See BREWERS' DISTRIBUTOR LTD

B D L   p 1293
See BREWERS' DISTRIBUTOR LTD

B D L BUILDING SERVICES LTD   p 88
10515 170 St Nw, EDMONTON, AB, T5P 4W2
(780) 486-4552   SIC 7349

B I & I   p 1110
See BOILER INSPECTION AND INSURANCE COMPANY OF CANADA, THE

B K MOTORS   p 952
See KASSIK INVESTMENTS INC

B R LOGISTIQUE INTERNATIONAL   p 1029
See GROUPE TYT INC

B S D RESTAURANTS LIMITED   p 470
9148 Commercial St, NEW MINAS, NS, B4N 3E5
(902) 681-1203   SIC 5812

B X-SWAN LAKE FIRE DEPT   p 325
See REGIONAL DISTRICT OF NORTH OKANAGAN

B&B HOSPITALITY INC   p 615
1400 Upper James St Suite 26, HAMILTON, ON, L9B 1K3
(905) 385-9998   SIC 5812

B&M EMPLOYMENT INC   p 758
168 Oakdale Rd Unit 8, NORTH YORK, ON, M3N 2S5
(416) 747-5359   SIC 7361

B-93 FM CJBZ   p 139
See PATTISON, JIM INDUSTRIES LTD

B. & C. LIST (1982) INC   p 298
8278 Manitoba St, Vancouver, BC, V5X 3A2
(604) 482-3100   SIC 2721

B. & R. ECKEL'S TRANSPORT LTD   p 95
15911 132 Ave Nw, EDMONTON, AB, T5V 1H8
(780) 447-5847   SIC 1389

B. & R. ECKEL'S TRANSPORT LTD   p 172
4837 40 St, VERMILION, AB, T9X 1H6
(780) 853-5368   SIC 4213

B. & R. ECKEL'S TRANSPORT LTD   p 1272
4609 52 St, LLOYDMINSTER, SK, S9V 2B3
(306) 825-4904   SIC 1389

B. A. PARKER ELEMENTARY SCHOOL   p 592
See SUPERIOR GREENSTONE DISTRICT SCHOOL BOARD

B. G. HIGH VOLTAGE SYSTEMS LIMITED   p 596
27 Cardico Dr, GORMLEY, ON, L0H 1G0
(905) 888-6677   SIC 1623

B. GINGRAS ENTERPRISES LTD   p 103
4505 101 St Nw, EDMONTON, AB, T6E 5C6
(780) 435-3355   SIC 7349

B.A. EXPRESS   p 19
See ROBINSON, B.A. CO. LTD

B.A. EXPRESS   p 383
See ROBINSON, B.A. CO. LTD

B.B. INVESTMENTS INC   p 64
388 Country Hills Blvd Ne Suite 600, CALGARY, AB, T3K 5J6
(403) 226-7171   SIC 5812

B.C. FASTENERS & TOOLS (2000) LTD   p 285
12824 Anvil Way Unit 101, SURREY, BC, V3W 8E7
(604) 599-5455   SIC 5085

B.C.W. BINDERY SERVICES LTD   p 670
599 Denison St, MARKHAM, ON, L3R 1B8
(905) 415-1900   SIC 2789

B.G.E. SERVICE & SUPPLY LTD   p 119
305 Macdonald Cres Suite 4, FORT MCMURRAY, AB, T9H 4B7
(780) 743-2998   SIC 5085

B.U.I.L.D. BUILDING URBAN INDUSTRIES FOR LOCAL DEVELOPMENT INC   p 371
765 Main St Unit 200, WINNIPEG, MB, R2W 3N5
(204) 943-5981   SIC 1521

B2B BANK DEALER SERVICES   p 910
See B2B BANK FINANCIAL SERVICES INC

B2B BANK FINANCIAL SERVICES INC   p 910
199 Bay St Suite 610, TORONTO, ON, M5G 1M5
(416) 926-0221   SIC 6282

BABCOCK COMMUNITY CARE CENTRE   p 949
196 Wellington St, WARDSVILLE, ON, N0L 2N0
SIC 8051

BABYGAP   p 906
See GAP (CANADA) INC

BABYGAP   p 965
See GAP (CANADA) INC

BACARDI CANADA INC   p 513
1000 Steeles Ave E, BRAMPTON, ON, L6T 1A1
(905) 451-6100   SIC 2085

BACB HOLDINGS LTD   p 209
7228 Progress Way Suite 15, DELTA, BC, V4G 1H2
(778) 785-1534   SIC 4789

BACHMANN DAMPJOINT INC   p 1032
1460 Rue Michelin, FABREVILLE, QC, H7L 4R3
(450) 786-8686   SIC 3822

BACKCHECK DIV OF   p 289
See CHECKWELL SOLUTIONS CORPORATION

BAD BOY FURNITURE WAREHOUSE LIMITED   p 496
42 Caplan Ave, BARRIE, ON, L4N 0M5
(705) 722-7132   SIC 5712

BAD BOY FURNITURE WAREHOUSE LIMITED   p 840
1119 Kennedy Rd, SCARBOROUGH, ON, M1P 2K8
(416) 750-8888   SIC 5712

BAD HARE SALOON, THE   p 968
See TOTAL HOSPITALITY SERVICES INC

BADALI'S, JOE ITALIAN RESTAURANT & BAR   p 917
See BADALI'S, JOE PIAZZA ON FRONT INC

BADALI'S, JOE PIAZZA ON FRONT INC   p 917
156 Front St W, TORONTO, ON, M5J 2L6
(416) 977-3064   SIC 5812

BADAVIN EEYOU SCHOOL   p 1050
See CREE SCHOOL BOARD

BADDECK ACADEMY   p 442
See CAPE BRETON-VICTORIA REGIONAL SCHOOL BOARD

BADDER BUS SERVICE LIMITED   p 956
290 Finney St, WEST LORNE, ON, N0L 2P0
(519) 768-2820   SIC 4142

BADDER GROUP INCORPORATED, THE   p 492
50 Progress Dr, AYLMER, ON, N5H 3J1
(519) 765-1100   SIC 4151

BADEN PUBLIC SCHOOL   p 493
See WATERLOO REGION DISTRICT SCHOOL BOARD

BADGER DAYLIGHTING LTD   p 125
8930 111 St Suite 123, GRANDE PRAIRIE, AB, T8V 4W1
(780) 538-2777   SIC 1389

BADGER DAYLIGHTING LTD   p 154
6740 65 Ave Suite 403, RED DEER, AB, T4P 1A5
(403) 343-0303   SIC 1389

BADMINTON AND RACQUET CLUB OF TORONTO, THE   p 900
25 St Clair Ave W, TORONTO, ON, M4V 1K6
(416) 921-2159   SIC 7997

BAE NEWPLAN   p 430
See SNC-LAVALIN INC

BAG TO EARTH INC   p 725
201 Richmond Blvd, NAPANEE, ON, K7R 3Z9
(613) 354-1330   SIC 2674

BAGG INC   p 912
372 Bay St Suite 2100, TORONTO, ON, M5H 2W9
(416) 863-1800   SIC 7361

BAGOS BUN BAKERY LTD   p 30
303 58 Ave Se Suite 3, CALGARY, AB, T2H 0P3
(403) 252-3660   SIC 2051

BAGOS BUN BAKERY LTD   p 513
8 Atlas Crt, BRAMPTON, ON, L6T 5C1
(905) 458-0388   SIC 5461

BAGUE COURONNEE INC, LA   p 1206
5565 Ch De La Cote-De-Liesse, SAINT-LAURENT, QC, H4P 1A1
(514) 381-1589   SIC 3911

BAGUETTECO   p 1056
See BOULART INC

BAIE COMEAU MAZDA   p 994
See MAZDA CANADA INC

BAIE STE-ANNE CO-OPERATIVE LTD   p 393
5575 Route 117, BAIE-SAINTE-ANNE, NB, E9A 1H2
(506) 228-4211   SIC 5411

BAIE VERTE ACADEMY   p 423
See NOVA CENTRAL SCHOOL DISTRICT

BAIE VERTE CAMPUS   p 423
See COLLEGE OF THE NORTH ATLANTIC

BAIE VERTE HIGH SCHOOL   p 423
See NOVA CENTRAL SCHOOL DISTRICT

BAIE, LA   p 1006
See HUDSON'S BAY COMPANY

BAIE, LA   p 1028
See HUDSON'S BAY COMPANY

BAIE, LA   p 1161
See HUDSON'S BAY COMPANY

BAIE, LA   p 1176

▲ Public Company   ■ Public Company Family Member   HQ Headquarters   BR Branch   SL Single Location

See HUDSON'S BAY COMPANY
BAILEY HELICOPTERS LTD p 214
6219 242 Rd, FORT ST. JOHN, BC, V1J 4M6
(250) 785-2518 SIC 4522
BAILEY METAL PROCESSING p 716
See BAILEY METAL PRODUCTS LIMITED
BAILEY METAL PRODUCTS LIMITED p 9
3924 27 St Ne, CALGARY, AB, T1Y 5K7
(403) 248-3536 SIC 3444
BAILEY METAL PRODUCTS LIMITED p 557
1 Caldari Rd, CONCORD, ON, L4K 3Z9
(905) 738-9267 SIC 3312
BAILEY METAL PRODUCTS LIMITED p 716
7496 Tranmere Dr, MISSISSAUGA, ON, L5S 1K4
(416) 648-0342 SIC 3312
BAILEY METAL PRODUCTS LIMITED p 717
6920 Columbus Rd, MISSISSAUGA, ON, L5T 2G1
(905) 565-9665 SIC 3399
BAILEY METAL PRODUCTS LIMITED p 1026
525 Av Edward Vii, DORVAL, QC, H9P 1E7
(514) 735-3455 SIC 3312
BAILEY'S WELDING & CONSTRUCTION INC p 71
6205 56 Ave, DRAYTON VALLEY, AB, T7A 1S5
(780) 542-3578 SIC 1799
BAILLARGEON, YVES ET FILS CONTRACTEUR GENERAL INC p 1191
3185 Rue Pasteur, SAINT-HUBERT, QC, J3Y 3Z6
(450) 656-4735 SIC 5083
BAIN & COMPANY CANADA, INC p 901
2 Bloor St E, TORONTO, ON, M4W 1A8
(416) 929-1888 SIC 8742
BAIN MAGIQUE p 1187
See DISTRIBUTION BATH FITTER INC
BAINS OCEANIA INC p 1247
8 Rue Patrice-Cote Bureau 244, TROIS-PISTOLES, QC, G0L 4K0
(418) 851-1818 SIC 3089
BAINS ULTRA INC p 1068
956 Ch Olivier, Levis, QC, G7A 2N1
(418) 831-4344 SIC 3089
BAINS ULTRA INC p 1068
1200 Ch Industriel Bureau 4, Levis, QC, G7A 1B1
(418) 831-7132 SIC 5999
BAINULTRA p 1068
See BAINS ULTRA INC
BAIRDMORE ELEMENTARY SCHOOL p 390
See PEMBINA TRAILS SCHOOL DIVISION, THE
BAKEMARK CANADA p 265
See BAKEMARK INGREDIENTS CANADA LIMITED
BAKEMARK INGREDIENTS CANADA LIMITED p 265
2480 Viking Way, RICHMOND, BC, V6V 1N2
(604) 303-1700 SIC 5149
BAKER ATLAS p 6
See BAKER HUGHES CANADA COMPANY
BAKER ATLAS p 8
See BAKER HUGHES CANADA COMPANY
BAKER ATLAS p 40
See BAKER HUGHES CANADA COMPANY
BAKER ATLAS p 147
See BAKER HUGHES CANADA COMPANY
BAKER BROOK SAWMILL p 393
See J. D. IRVING, LIMITED
BAKER DRIVE ELEMENTARY SCHOOL p 201
See SCHOOL DISTRICT NO. 43 (COQUITLAM)
BAKER HUGHES CANADA COMPANY p 6
5816 50 Ave, BONNYVILLE, AB, T9N 2N6
(780) 826-3409 SIC 1389
BAKER HUGHES CANADA COMPANY p 8
380 Well St, BROOKS, AB, T1R 1C2
(403) 362-2736 SIC 1389
BAKER HUGHES CANADA COMPANY p 14
5050 47 St Se, CALGARY, AB, T2B 3S1
(403) 537-3850 SIC 2911
BAKER HUGHES CANADA COMPANY p 15
4839 90 Ave Se Suite Frnt, CALGARY, AB, T2C 2S8
(403) 531-5300 SIC 1389
BAKER HUGHES CANADA COMPANY p 40
401 9 Ave Sw Suite 1000, CALGARY, AB, T2P 3C5
(403) 537-3400 SIC 5084
BAKER HUGHES CANADA COMPANY p 40
401 9 Ave Sw Suite 1300, CALGARY, AB, T2P 3C5
(403) 537-3573 SIC 5169
BAKER HUGHES CANADA COMPANY p 56
4948 126 Ave Se Suite 27, CALGARY, AB, T2Z 0A9
(403) 250-2111 SIC 1389
BAKER HUGHES CANADA COMPANY p 68
7002 96 St Ss 55, CLAIRMONT, AB, T0H 0W0
(780) 538-9475 SIC 1389
BAKER HUGHES CANADA COMPANY p 68
8002 98 St Ss 55, CLAIRMONT, AB, T0H 0W0
(780) 539-5210 SIC 1389
BAKER HUGHES CANADA COMPANY p 72
4 Hy-Grade Cres, DRUMHELLER, AB, T0J 0Y0
SIC 1389
BAKER HUGHES CANADA COMPANY p 99
5119 67 Ave Nw, EDMONTON, AB, T6B 2R8
(780) 434-8800 SIC 1389
BAKER HUGHES CANADA COMPANY p 99
9010 34 St Nw, EDMONTON, AB, T6B 2V1
(780) 465-9495 SIC 1389
BAKER HUGHES CANADA COMPANY p 122
805 Memorial Dr Unit 3, FORT MCMURRAY, AB, T9K 0K4
(780) 799-3327 SIC 1623
BAKER HUGHES CANADA COMPANY p 131
522 East River Rd, HINTON, AB, T7V 2G3
SIC 1389
BAKER HUGHES CANADA COMPANY p 135
7016 45 St, LEDUC, AB, T9E 7E7
(780) 986-5559 SIC 5084
BAKER HUGHES CANADA COMPANY p 141
5101 65 St, LLOYDMINSTER, AB, T9V 2E8
(780) 875-6181 SIC 1389
BAKER HUGHES CANADA COMPANY p 147
1201 8 St, NISKU, AB, T9E 7M3
(780) 955-2020 SIC 5084
BAKER HUGHES CANADA COMPANY p 147
402 22 Ave, NISKU, AB, T9E 7W8
(780) 955-3033 SIC 1389
BAKER HUGHES CANADA COMPANY p 154
4089 77 St, RED DEER, AB, T4P 2T3
(403) 357-1401 SIC 1389
BAKER HUGHES CANADA COMPANY p 154
4940 81 St Suite 4, RED DEER, AB, T4P 3V3
(403) 341-7575 SIC 1389
BAKER HUGHES CANADA COMPANY p 154
7880 Edgar Industrial Drive, RED DEER, AB, T4P 3R2
(403) 340-3015 SIC 1389
BAKER HUGHES CANADA COMPANY p 154
8009 Edgar Industrial Cres, RED DEER, AB, T4P 3S2
(403) 340-3500 SIC 5084
BAKER HUGHES CANADA COMPANY p 158
1901 Broadway Ave Ne, REDCLIFF, AB, T0J 2P0
SIC 1389
BAKER HUGHES CANADA COMPANY p 174
3804 38 Ave, WHITECOURT, AB, T7S 0A2
SIC 1389
BAKER HUGHES CANADA COMPANY p 429
16 Kyle Ave, MOUNT PEARL, NL, A1N 4R5
(709) 748-4900 SIC 1381
BAKER HUGHES CANADA COMPANY p 450
141b Joseph Zatzman Dr, DARTMOUTH, NS, B3B 1M7
SIC 5084
BAKER HUGHES CANADA COMPANY p 1268
Devonian Po Box 403 Stn Main, ESTEVAN, SK, S4A 2A4
SIC 1389
BAKER HUGHES INC p 158
1901 Broadway Ave Ne, REDCLIFF, AB, T0J 2P0
SIC 3533
BAKER HUGHES INTEQ, DIV OF p 147
See BAKER HUGHES CANADA COMPANY
BAKER NEWBY p 178
See BAKER NEWBY LLP
BAKER NEWBY LLP p 178
2955 Gladwin Rd Suite 200, ABBOTSFORD, BC, V2T 5T4
(604) 852-3646 SIC 8111
BAKER OIL TOOLS p 40
See BAKER HUGHES CANADA COMPANY
BAKER OIL TOOLS p 68
See BAKER HUGHES CANADA COMPANY
BAKER OIL TOOLS, DIV OF p 154
See BAKER HUGHES CANADA COMPANY
BAKER PETROLITE p 429
See BAKER HUGHES CANADA COMPANY
BAKER PETROLITE, DIV OF p 14
See BAKER HUGHES CANADA COMPANY
BAKER, G.R. MEMORIAL HOSPITAL p 264
See NORTHERN HEALTH AUTHORITY
BAKER, WALTER & CHANTAL SALES LTD p 487
1060 Wilson St W, ANCASTER, ON, L9G 3K9
(905) 304-0000 SIC 5531
BAKERMET p 783
See ARCELORMITTAL OTTAWA INC
BAKERS CHOICE FINE FOODS p 470
See FLOWER CART, THE
BAKERVIEW ELEMENTARY SCHOOL p 179
See SCHOOL DISTRICT NO 34 (ABBOTSFORD)
BALA AVENUE JUNIOR SCHOOL p 937
See TORONTO DISTRICT SCHOOL BOARD
BALACLAVA SCHOOL p 591
See HAMILTON-WENTWORTH DISTRICT SCHOOL BOARD, THE
BALACLAVA STREET ADULT AND ALTERNATIVE EDUCATION CENTRE p 858
See THAMES VALLEY DISTRICT SCHOOL BOARD
BALCARRES COMMUNITY SCHOOL p 1264
See PRAIRIE VALLEY SCHOOL DIVISION NO 208
BALDONNEL ELEMENTARY SCHOOL p 181
See SCHOOL DISTRICT NO. 60 (PEACE RIVER NORTH)
BALDOR DODGE RELIANCE p 864
See BALDOR ELECTRIC CANADA INC
BALDOR ELECTRIC CANADA INC p 864
678 Erie St, STRATFORD, ON, N4Z 1A2
(519) 271-3630 SIC 3621
BALDOR ELECTRIC CANADA INC p 1225
180 Boul Gagnon, SAINTE-CLAIRE, QC, G0R 2V0
(418) 883-3322 SIC 3429
BALDUR HEALTH DISTRICT p 343
See PRAIRIE MOUNTAIN HEALTH
BALDUR SCHOOL p 343
See PRAIRIE SPIRIT SCHOOL DIVISION
BALFOUR COLLEGIATE SCHOOL p 1284
See BOARD OF EDUCATION REGINA SCHOOL DIVISION NO. 4 OF SASKATCHEWAN
BALGONIE ELEMENTARY SCHOOL p 1264
See PRAIRIE VALLEY SCHOOL DIVISION NO 208
BALISCUS L'ESPACE EAU ET PLOMBERIE p 1091
See DESCHENES & FILS LTEE
BALL PACKAGING PRODUCTS CANADA CORP p 265
1700 No. 6 Rd, RICHMOND, BC, V6V 1W3
SIC 3411
BALL PACKAGING PRODUCTS CANADA CORP p 957
1506 Wentworth St, WHITBY, ON, L1N 7C1
(905) 666-3600 SIC 3411
BALLANTRAE PUBLIC SCHOOL p 863
See YORK REGION DISTRICT SCHOOL BOARD
BALLANTYNE, PETER CREE NATION p 1278
Gd, PELICAN NARROWS, SK, S0P 0E0
(306) 632-1121 SIC 8211
BALLY TOTAL FITNESS p 837
See EXTREME FITNESS GROUP INC
BALMORAL DRIVE MIDDLE SCHOOL p 516
See PEEL DISTRICT SCHOOL BOARD
BALMORAL INVESTMENTS LTD p 275
2476 Mount Newton Cross Rd, SAANICHTON, BC, V8M 2B8
(250) 652-1146 SIC 7011
BALMORAL INVESTMENTS LTD p 336
101 Island Hwy, VICTORIA, BC, V9B 1E8
(250) 388-7807 SIC 7011
BALMORAL JUNIOR HIGH SCHOOL p 38
See CALGARY BOARD OF EDUCATION
BALMY BEACH COMMUNITY SCHOOL p 893
See TORONTO DISTRICT SCHOOL BOARD
BALOG AUCTION SERVICES INC p 138
Gd Lcd Main, LETHBRIDGE, AB, T1J 3Y2
(403) 320-1980 SIC 5154
BALON CONSTRUCTION LTD p 90
18910 111 Ave Nw, EDMONTON, AB, T5S 0B6
SIC 1542
BALSILLIE FAMILY BRANCH p 645
See YMCA OF CENTRAL EAST ONTARIO
BALTIMORE ELEMENTARY SCHOOL p 493
See KAWARTHA PINE RIDGE DISTRICT SCHOOL BOARD
BALWIN SCHOOL p 75
See EDMONTON SCHOOL DISTRICT NO. 7
BAN RIGH FOUNDATION p 632
See QUEEN'S UNIVERSITY AT KINGSTON
BANANA REPUBLIC p 44
See GAP (CANADA) INC
BANANA REPUBLIC p 95
See GAP (CANADA) INC
BANANA REPUBLIC p 190
See GAP (CANADA) INC
BANANA REPUBLIC p 271
See GAP (CANADA) INC
BANANA REPUBLIC p 300
See GAP (CANADA) INC
BANANA REPUBLIC p 311
See GAP (CANADA) INC
BANANA REPUBLIC p 324
See GAP (CANADA) INC
BANANA REPUBLIC p 338
See GAP (CANADA) INC
BANANA REPUBLIC p 461

See GAP (CANADA) INC
BANANA REPUBLIC p 580
See GAP (CANADA) INC
BANANA REPUBLIC p 638
See GAP (CANADA) INC
BANANA REPUBLIC p 661
See GAP (CANADA) INC
BANANA REPUBLIC p 725
See GAP (CANADA) INC
BANANA REPUBLIC p 746
See GAP (CANADA) INC
BANANA REPUBLIC p 759
See GAP (CANADA) INC
BANANA REPUBLIC p 906
See GAP (CANADA) INC
BANANA REPUBLIC p 925
See GAP (CANADA) INC
BANANA REPUBLIC p 1111
See GAP (CANADA) INC
BANBURY HEIGHTS ELEMENTARY SCHOOL p 524
See GRAND ERIE DISTRICT SCHOOL BOARD
BANC METAL INDUSTRIES LIMITED p 448
277 Pleasant St Unit 508, DARTMOUTH, NS, B2Y 4B7
(902) 461-6450   SIC 3441
BANCROFT SCHOOL p 1098
See COMMISSION SCOLAIRE ENGLISH-MONTREAL
BANCTEC p 1105
See BANCTEC (CANADA), INC
BANCTEC (CANADA), INC p 670
100 Allstate Pky Suite 400, MARKHAM, ON, L3R 6H3
(905) 475-6060   SIC 7371
BANCTEC (CANADA), INC p 1105
400 Boul De Maisonneuve O Bureau 1120, Montreal, QC, H3A 1L4
(514) 392-4900   SIC 7371
BANDAI NAMCO STUDIOS VANCOUVER INC p 296
577 Great Northern Way Suite 210, VANCOUVER, BC, V5T 1E1
(604) 876-1346   SIC 7372
BANDED PEEK SCHOOL p 7
See ROCKY VIEW SCHOOL DIVISION NO. 41, THE
BANDES M.W.E. p 1063
See NUERA ENTREPRISES CANADA INC
BANDSTRA MOVING SYSTEMS LTD p 268
9920 River Dr Unit 135, RICHMOND, BC, V6X 3S3
(604) 273-5111   SIC 4214
BANDSTRA TRANSPORTATION p 262
See MANITOULIN TRANSPORTATION
BANDSTRA TRANSPORTATION SYSTEMS LTD p 261
9499 Milwaukee Way, PRINCE GEORGE, BC, V2N 5T3
(250) 562-6621   SIC 4212
BANDSTRA TRANSPORTATION SYSTEMS LTD p 268
9920 River Dr Unit 135, RICHMOND, BC, V6X 3S3
(604) 270-4440   SIC 4213
BANDSTRA TRANSPORTATION SYSTEMS LTD p 278
2990 Hwy 16 E, SMITHERS, BC, V0J 2N0
(250) 847-6451   SIC 4213
BANFF CARIBOU LODGE & SPA p 4
See BANFF CARIBOU PROPERTIES LTD
BANFF CARIBOU PROPERTIES LTD p 4
1029 Banff Ave, BANFF, AB, T1L 1A2
(403) 762-5531   SIC 7011
BANFF CARIBOU PROPERTIES LTD p 4
117 Banff Ave, BANFF, AB, T0L 0C0
(403) 760-3030   SIC 5812
BANFF CARIBOU PROPERTIES LTD p 4
337 Banff Ave, BANFF, AB, T1L 1B1
(403) 762-2207   SIC 7011
BANFF CARIBOU PROPERTIES LTD p 4
521 Banff Ave, BANFF, AB, T1L 1B7
(403) 762-5887   SIC 7011

BANFF CARIBOU PROPERTIES LTD p 4
901 Hidden Ridge Way, BANFF, AB, T1L 1H8
(403) 762-3544   SIC 7011
BANFF COMMUNITY HIGH SCHOOL p 4
See CANADIAN ROCKIES REGIONAL DIVISION NO 12
BANFF ELEMENTARY SCHOOL p 4
See CANADIAN ROCKIES REGIONAL DIVISION NO 12
BANFF LODGING COMPANY p 4
See BANFF CARIBOU PROPERTIES LTD
BANFF PTARMIGAN p 4
See BANFF CARIBOU PROPERTIES LTD
BANFF ROCKY MOUNTAIN RESORT p 4
See BANFF CARIBOU PROPERTIES LTD
BANFF SAFEWAY p 4
See SOBEYS WEST INC
BANFF TRAIL ELEMENTARY SCHOOL p 38
See CALGARY BOARD OF EDUCATION
BANGKOK GARDEN INC p 910
18 Elm St, TORONTO, ON, M5G 1G7
(416) 977-6748   SIC 5812
BANIERE IGA EXTRA, LA p 1146
See SOBEYS CAPITAL INCORPORATED
BANK LAURENTIEN DU CANADA p 1040
See BANQUE LAURENTIENNE DU CANADA
BANK OF AMERICA MERRILL LYNCH p 46
See MERRILL LYNCH CANADA INC
BANK OF CANADA p 687
5990 Explorer Dr, MISSISSAUGA, ON, L4W 5G3
SIC 6011
BANK OF CANADA p 1257
1001 Rue Levert, VERDUN, QC, H3E 1V4
(514) 888-4310   SIC 6011
BANK OF CHINA (CANADA) p 873
50 Minthorn Blvd Suite 600, THORNHILL, ON, L3T 7X8
(905) 771-6886   SIC 6021
BANK OF MONTREAL p 9
2555 32 St Ne Suite 150, CALGARY, AB, T1Y 7J6
(403) 234-1715   SIC 6021
BANK OF MONTREAL p 40
350 7 Ave Sw Suite 900, CALGARY, AB, T2P 3N9
(403) 503-7409   SIC 6021
BANK OF MONTREAL p 54
10233 Elbow Dr Sw Suite 345, CALGARY, AB, T2W 1E8
(403) 234-3844   SIC 6021
BANK OF MONTREAL p 60
5249 Richmond Rd Sw Suite 1, CALGARY, AB, T3E 7C4
(403) 234-1886   SIC 6021
BANK OF MONTREAL p 61
101 Crowfoot Way Nw, CALGARY, AB, T3G 2R2
(403) 234-2896   SIC 6021
BANK OF MONTREAL p 76
208 Kingsway Garden Mall Nw, EDMONTON, AB, T5G 3A6
(780) 441-6528   SIC 6021
BANK OF MONTREAL p 88
236 Mayfield Common Nw, EDMONTON, AB, T5P 4B3
(780) 441-6525   SIC 6021
BANK OF MONTREAL p 107
11630 87 Ave Nw, EDMONTON, AB, T6G 0Y2
(780) 441-6580   SIC 6021
BANK OF MONTREAL p 118
Gd, FORT MACKAY, AB, T0P 1C0
(780) 762-3500   SIC 6021
BANK OF MONTREAL p 119
9920 Franklin Ave, FORT MCMURRAY, AB, T9H 2K5
(780) 790-6992   SIC 6021
BANK OF MONTREAL p 125
10705 West Side Dr, GRANDE PRAIRIE, AB, T8V 8J4

(780) 538-8150   SIC 6021
BANK OF MONTREAL p 138
606 4 Ave S, LETHBRIDGE, AB, T1J 0N7
(403) 382-3200   SIC 6021
BANK OF MONTREAL p 186
4567 Lougheed Hwy Suite 72, BURNABY, BC, V5C 4A1
(604) 665-6660   SIC 6021
BANK OF MONTREAL p 196
See BANK OF MONTREAL
BANK OF MONTREAL p 196
46115 Yale Rd, CHILLIWACK, BC, V2P 2P2
(604) 792-1971   SIC 6021
BANK OF MONTREAL p 203
585 England Ave, COURTENAY, BC, V9N 2N2
(250) 334-3181   SIC 6021
BANK OF MONTREAL p 211
1206 56 St, DELTA, BC, V4L 2A4
(604) 668-1412   SIC 6021
BANK OF MONTREAL p 224
1141 Harvey Ave, KELOWNA, BC, V1Y 6E8
(250) 861-1660   SIC 6021
BANK OF MONTREAL p 235
22410 Lougheed Hwy, MAPLE RIDGE, BC, V2X 2T6
(604) 463-2444   SIC 6021
BANK OF MONTREAL p 243
298 Baker St, NELSON, BC, V1L 4H3
(250) 352-5321   SIC 6021
BANK OF MONTREAL p 244
610 Sixth Ave Suite 125, NEW WESTMINSTER, BC, V3L 3C2
(604) 665-3770   SIC 6021
BANK OF MONTREAL p 251
220 Island Hwy W Suite 1, PARKSVILLE, BC, V9P 2P3
(250) 248-5711   SIC 6021
BANK OF MONTREAL p 252
195 Main St Suite 201, PENTICTON, BC, V2A 6K1
(250) 492-4240   SIC 6021
BANK OF MONTREAL p 269
3880 No. 3 Rd Suite 100, RICHMOND, BC, V6X 2C1
(604) 668-1388   SIC 6021
BANK OF MONTREAL p 283
10155 King George Blvd, SURREY, BC, V3T 5H9
(604) 668-1180   SIC 6021
BANK OF MONTREAL p 285
7140 120 St, SURREY, BC, V3W 3M8
(604) 668-1560   SIC 6021
BANK OF MONTREAL p 288
1626 Martin Dr Suite 2, SURREY, BC, V4A 6E7
(604) 531-5581   SIC 6021
BANK OF MONTREAL p 288
See BANK OF MONTREAL
BANK OF MONTREAL p 293
3290 Grandview Hwy, VANCOUVER, BC, V5M 2G2
(604) 665-2514   SIC 6021
BANK OF MONTREAL p 298
8156 Main St, VANCOUVER, BC, V5X 3L6
(604) 668-1404   SIC 6021
BANK OF MONTREAL p 299
777 Broadway W Suite 105, VANCOUVER, BC, V5Z 4J7
(604) 665-7179   SIC 6021
BANK OF MONTREAL p 301
168 Pender St E, VANCOUVER, BC, V6A 1T5
(604) 665-7225   SIC 6021
BANK OF MONTREAL p 319
See BANK OF MONTREAL
BANK OF MONTREAL p 319
4502 10th Ave W, VANCOUVER, BC, V6R 2J1
(604) 665-7097   SIC 6021
BANK OF MONTREAL p 319
4395 Dunbar St, VANCOUVER, BC, V6S 2G2
(604) 665-7093   SIC 6021

BANK OF MONTREAL p 323
595 Burrard St, VANCOUVER, BC, V7X 1L7
(604) 668-1218   SIC 6021
BANK OF MONTREAL p 327
3616 Shelbourne St, VICTORIA, BC, V8P 5J5
(250) 389-2460   SIC 6021
BANK OF MONTREAL p 339
5377 Headland Dr, WEST VANCOUVER, BC, V7W 3C7
(604) 668-1213   SIC 6021
BANK OF MONTREAL p 361
1565 Regent Ave W Suite 4, WINNIPEG, MB, R2C 3B3
(204) 985-2459   SIC 6021
BANK OF MONTREAL p 399
505 King St, FREDERICTON, NB, E3B 1E7
(506) 453-0280   SIC 6021
BANK OF MONTREAL p 406
633 Main St Suite 250, MONCTON, NB, E1C 9X9
(506) 853-5724   SIC 6021
BANK OF MONTREAL p 416
15 Market Sq, SAINT JOHN, NB, E2L 1E8
(506) 632-0202   SIC 6021
BANK OF MONTREAL p 422
656 Main St, WOODSTOCK, NB, E7M 2G9
(506) 328-6631   SIC 6021
BANK OF MONTREAL p 435
238 Water St, ST. JOHN'S, NL, A1C 1A9
(709) 758-2055   SIC 6021
BANK OF MONTREAL p 462
21 Alma Cres, HALIFAX, NS, B3N 2C4
(902) 421-3400   SIC 6021
BANK OF MONTREAL p 490
15252 Yonge St, AURORA, ON, L4G 1N4
(905) 727-4228   SIC 6021
BANK OF MONTREAL p 494
509 Bayfield St Unit J016, BARRIE, ON, L4M 4Z8
(705) 734-7930   SIC 6021
BANK OF MONTREAL p 500
2 Opeongo Line, BARRYS BAY, ON, K0J 1B0
(613) 756-2693   SIC 6021
BANK OF MONTREAL p 501
201 Front St, BELLEVILLE, ON, K8N 5A4
(613) 967-4300   SIC 6021
BANK OF MONTREAL p 521
499 Main St S, BRAMPTON, ON, L6Y 1N7
(905) 459-9330   SIC 6021
BANK OF MONTREAL p 537
865 Harrington Crt, BURLINGTON, ON, L7N 3P3
(905) 319-4800   SIC 6021
BANK OF MONTREAL p 538
1505 Guelph Line, BURLINGTON, ON, L7P 3B6
(905) 336-2484   SIC 6021
BANK OF MONTREAL p 566
159 Pitt St, CORNWALL, ON, K6J 3P5
(613) 938-5617   SIC 6021
BANK OF MONTREAL p 566
See BANK OF MONTREAL
BANK OF MONTREAL p 575
863 Browns Line, ETOBICOKE, ON, M8W 3V7
(416) 259-3236   SIC 6021
BANK OF MONTREAL p 576
3022 Bloor St W, ETOBICOKE, ON, M8X 1C4
(416) 231-2255   SIC 6021
BANK OF MONTREAL p 577
1230 The Queensway, ETOBICOKE, ON, M8Z 1R8
(416) 259-9691   SIC 6021
BANK OF MONTREAL p 582
1530 Albion Rd Suite 215, ETOBICOKE, ON, M9V 1B4
(416) 740-5705   SIC 6021
BANK OF MONTREAL p 601
78 St Georges Sq, GUELPH, ON, N1H 6K9
(519) 824-3920   SIC 6021
BANK OF MONTREAL p 631

BANK OF MONTREAL

297 King St E, KINGSTON, ON, K7L 3B3
(613) 545-3005   SIC 6021
BANK OF MONTREAL p 633
945 Gardiners Rd, KINGSTON, ON, K7M 7H4
(613) 384-5634   SIC 6021
See BANK OF MONTREAL
BANK OF MONTREAL p 640
1074 King St E, KITCHENER, ON, N2G 2N2
(519) 885-9262   SIC 6021
BANK OF MONTREAL p 655
270 Dundas St, LONDON, ON, N6A 1H3
(519) 667-6129   SIC 6021
BANK OF MONTREAL p 655
See BANK OF MONTREAL
BANK OF MONTREAL p 693
985 Dundas St E, MISSISSAUGA, ON, L4Y 2B9
(905) 279-6530   SIC 6021
BANK OF MONTREAL p 726
1454 Merivale Rd, NEPEAN, ON, K2E 5P1
(613) 564-6100   SIC 6021
BANK OF MONTREAL p 729
250 Greenbank Rd Suite 15, NEPEAN, ON, K2H 8X4
(613) 564-6490   SIC 6021
BANK OF MONTREAL p 741
154 Main St E, NORTH BAY, ON, P1B 1A8
(705) 472-2620   SIC 6021
BANK OF MONTREAL p 747
5925 Yonge St, NORTH YORK, ON, M2M 3V7
(416) 221-5561   SIC 6021
BANK OF MONTREAL p 748
See BANK OF MONTREAL
BANK OF MONTREAL p 748
4881 Yonge St, NORTH YORK, ON, M2N 5X3
(416) 549-6592   SIC 6021
BANK OF MONTREAL p 757
1700 Wilson Ave, NORTH YORK, ON, M3L 1B2
(416) 247-6281   SIC 6021
BANK OF MONTREAL p 757
1951 Sheppard Ave W, NORTH YORK, ON, M3L 1Y8
(416) 743-0222   SIC 6021
BANK OF MONTREAL p 761
2953 Bathurst St, NORTH YORK, ON, M6B 3B2
(416) 789-7915   SIC 6021
BANK OF MONTREAL p 778
600 King St E, OSHAWA, ON, L1H 1G6
SIC 6021
BANK OF MONTREAL p 778
38 Simcoe St S, OSHAWA, ON, L1H 4G2
(905) 432-6700   SIC 6021
BANK OF MONTREAL p 778
See BANK OF MONTREAL
BANK OF MONTREAL p 796
1247 Wellington St W, OTTAWA, ON, K1Y 3A3
(613) 564-6090   SIC 6021
BANK OF MONTREAL p 801
160 Elgin St Suite 200, OTTAWA, ON, K2P 2C4
(613) 564-6037   SIC 6021
BANK OF MONTREAL p 803
See BANK OF MONTREAL
BANK OF MONTREAL p 803
899 2nd Ave E, OWEN SOUND, ON, N4K 2H2
(519) 376-4130   SIC 6021
BANK OF MONTREAL p 836
1225 Mccowan Rd Suite 2986, SCARBOROUGH, ON, M1H 3K3
(416) 438-9900   SIC 6021
BANK OF MONTREAL p 836
See BANK OF MONTREAL
BANK OF MONTREAL p 838
2739 Eglinton Ave E, SCARBOROUGH, ON, M1K 2S2
(416) 267-1157   SIC 6021

BANK OF MONTREAL p 838
627 Pharmacy Ave, SCARBOROUGH, ON, M1L 3H3
(416) 759-9371   SIC 6021
BANK OF MONTREAL p 844
2350 Kennedy Rd, SCARBOROUGH, ON, M1T 3H1
(416) 291-7987   SIC 6021
BANK OF MONTREAL p 846
4100 Gordon Baker Rd, SCARBOROUGH, ON, M1W 3E8
(416) 508-7618   SIC 8731
BANK OF MONTREAL p 846
3550 Pharmacy Ave, SCARBOROUGH, ON, M1W 3Z3
(416) 490-4300   SIC 6021
BANK OF MONTREAL p 854
191 Welland Ave, ST CATHARINES, ON, L2R 2P2
SIC 6021
BANK OF MONTREAL p 862
910 Queenston Rd, STONEY CREEK, ON, L8G 1B5
(905) 662-4903   SIC 6021
BANK OF MONTREAL p 870
79 Durham St, SUDBURY, ON, P3E 3M5
(705) 670-2235   SIC 6021
BANK OF MONTREAL p 870
2017 Long Lake Rd, SUDBURY, ON, P3E 4M8
(705) 522-2090   SIC 6021
BANK OF MONTREAL p 873
8500 Leslie St Suite 101, THORNHILL, ON, L3T 7M8
SIC 6021
BANK OF MONTREAL p 877
256 Red River Rd, THUNDER BAY, ON, P7B 1A8
(807) 343-1450   SIC 6021
BANK OF MONTREAL p 898
2210 Yonge St, TORONTO, ON, M4S 2B8
(416) 488-1145   SIC 6021
See BANK OF MONTREAL
BANK OF MONTREAL p 910
700 University Ave Suite 1, TORONTO, ON, M5G 1X7
(416) 867-5330   SIC 6021
BANK OF MONTREAL p 913
6 King St W, TORONTO, ON, M5H 1C3
(416) 867-6636   SIC 6021
BANK OF MONTREAL p 932
302 Bay St, TORONTO, ON, M5X 1A1
(416) 867-6404   SIC 6021
BANK OF MONTREAL p 932
100 King St W Suite 2100, TORONTO, ON, M5X 2A1
(416) 867-5050   SIC 6021
BANK OF MONTREAL p 933
1226 St Clair Ave W, TORONTO, ON, M6E 1B4
(416) 652-3444   SIC 6021
BANK OF MONTREAL p 939
2330 Bloor St W, TORONTO, ON, M6S 1P3
(416) 769-4151   SIC 6021
BANK OF MONTREAL p 950
See BANK OF MONTREAL
BANK OF MONTREAL p 950
3 King St S, WATERLOO, ON, N2J 1N9
(519) 885-9250   SIC 6021
BANK OF MONTREAL p 959
3960 Brock St N, WHITBY, ON, L1R 3E1
(905) 665-2740   SIC 6021
BANK OF MONTREAL p 963
1435 Tecumseh Rd E, WINDSOR, ON, N8W 1C2
SIC 6021
BANK OF MONTREAL p 976
See BANK OF MONTREAL
BANK OF MONTREAL p 976
534 Dundas St, WOODSTOCK, ON, N4S 1C5
(519) 539-2057   SIC 6021
BANK OF MONTREAL p 980

105 Grafton St Suite 100, CHARLOTTETOWN, PE, C1A 7L2
(902) 892-2437   SIC 6021
BANK OF MONTREAL p 998
1099 Boul Du Cure-Labelle, BLAINVILLE, QC, J7C 2M2
(450) 434-1855   SIC 6021
BANK OF MONTREAL p 1037
320 Boul Saint-Joseph Bureau 348, GATINEAU, QC, J8Y 3Y8
(819) 775-7930   SIC 6021
BANK OF MONTREAL p 1040
399 Rue Principale, GRANBY, QC, J2G 2W7
(450) 375-6748   SIC 6021
BANK OF MONTREAL p 1044
54 Rue Cameron, HUDSON, QC, J0P 1H0
(450) 458-5316   SIC 6021
BANK OF MONTREAL p 1046
2840 Place Davis, Jonquiere, QC, G7S 2C5
(418) 548-7133   SIC 6021
BANK OF MONTREAL p 1070
279 Rue Saint-Charles O, LONGUEUIL, QC, J4H 1E4
(450) 463-5008   SIC 6021
BANK OF MONTREAL p 1101
105 Rue Saint-Jacques Bureau 2, Montreal, QC, H2Y 1L6
(514) 877-7816   SIC 6021
BANK OF MONTREAL p 1109
1205 Rue Sainte-Catherine O Bureau 2118, Montreal, QC, H3B 1K7
(514) 877-6850   SIC 6021
BANK OF MONTREAL p 1109
670 Rue Sainte-Catherine O, Montreal, QC, H3B 1C1
(514) 877-8010   SIC 6021
BANK OF MONTREAL p 1120
5145 Ch De La Cote-Des-Neiges, Montreal, QC, H3T 1X9
(514) 341-2240   SIC 6021
BANK OF MONTREAL p 1121
5353 Ch Queen-Mary, Montreal, QC, H3X 1V2
(514) 877-8186   SIC 6021
BANK OF MONTREAL p 1122
5501 Av De Monkland, Montreal, QC, H4A 1C8
(514) 877-9028   SIC 6021
BANK OF MONTREAL p 1124
9150 Boul De L'acadie Bureau 10, Montreal, QC, H4N 2T2
(514) 382-8060   SIC 6021
BANK OF MONTREAL p 1129
2 Place Laval Bureau 270, Montreal, QC, H7N 5N6
(450) 975-2884   SIC 6159
BANK OF MONTREAL p 1158
1375 Ch Sainte-Foy, Quebec, QC, G1S 2N2
(418) 688-5800   SIC 6021
BANK OF MONTREAL p 1159
2700 Boul Laurier, Quebec, QC, G1V 2L8
(418) 577-1834   SIC 6021
BANK OF MONTREAL p 1191
7171 Boul Cousineau Bureau100, SAINT-HUBERT, QC, J3Y 8N2
(450) 926-1122   SIC 6021
BANK OF MONTREAL p 1223
40 Boul Norbert-Morin Bureau 234, SAINTE-AGATHE-DES-MONTS, QC, J8C 2V6
(819) 326-1030   SIC 6021
BANK OF MONTREAL p 1238
2959 Rue King O, SHERBROOKE, QC, J1L 1C7
(819) 822-5145   SIC 6021
BANK OF MONTREAL p 1248
4125 Boul Des Forges, Trois-Rivieres, QC, G8Y 1W1
(819) 372-4050   SIC 6021
BANK OF MONTREAL p 1278
202 Franklin St S, OUTLOOK, SK, S0L 2N0
(306) 867-8689   SIC 6021
BANK OF MONTREAL p 1284
2103 11th Ave Suite 1171, REGINA, SK, S4P 3Z8

(306) 569-5602   SIC 6021
BANK OF MONTREAL p 1294
134 Primrose Dr Suite 58, SASKATOON, SK, S7K 5S6
(306) 934-5745   SIC 6021
BANK OF MONTREAL INSTITUTE FOR LEARNING p 846
See BANK OF MONTREAL
BANK OF MONTREAL SECURITIES CANADA p 932
See BMO NESBITT BURNS INC
BANK OF NOVA SCOTIA, THE p 9
2220 68 St Ne Suite 600, CALGARY, AB, T1Y 6Y7
(403) 299-3090   SIC 6021
BANK OF NOVA SCOTIA, THE p 30
8706 Macleod Trail Se, CALGARY, AB, T2H 0M4
(403) 221-6874   SIC 6021
BANK OF NOVA SCOTIA, THE p 38
1204 Kensington Rd Nw Suite 100, CALGARY, AB, T2N 3P5
(403) 974-7070   SIC 6021
BANK OF NOVA SCOTIA, THE p 38
1941 Uxbridge Dr Nw Suite 12, CALGARY, AB, T2N 2V2
(403) 221-6800   SIC 6021
BANK OF NOVA SCOTIA, THE p 40
240 8 Ave Sw Suite 315, CALGARY, AB, T2P 1B5
(403) 221-6401   SIC 6021
BANK OF NOVA SCOTIA, THE p 40
700 2 St Sw Suite 2000, CALGARY, AB, T2P 2W1
(403) 221-6585   SIC 6021
BANK OF NOVA SCOTIA, THE p 53
1401 17 Ave Sw, CALGARY, AB, T2T 0C6
(403) 221-6821   SIC 6021
BANK OF NOVA SCOTIA, THE p 55
34 Midlake Blvd Se, CALGARY, AB, T2X 2X7
(403) 221-6595   SIC 6021
BANK OF NOVA SCOTIA, THE p 60
6449 Crowchild Trail Sw, CALGARY, AB, T3E 5R7
(403) 221-6846   SIC 6021
BANK OF NOVA SCOTIA, THE p 61
1829 Ranchlands Blvd Nw Suite 171, CALGARY, AB, T3G 2A7
(403) 221-6810   SIC 6021
BANK OF NOVA SCOTIA, THE p 61
8888 Country Hills Blvd Nw Suite 404, CALGARY, AB, T3G 5T4
(403) 662-3270   SIC 6021
BANK OF NOVA SCOTIA, THE p 63
850 Saddletowne Cir Ne Suite 32, CALGARY, AB, T3J 0H5
(403) 299-6018   SIC 6021
BANK OF NOVA SCOTIA, THE p 64
356 Cranston Rd Se Suite 5000, CALGARY, AB, T3M 0S9
(403) 221-6627   SIC 6021
BANK OF NOVA SCOTIA, THE p 74
8108 118 Ave Nw, EDMONTON, AB, T5B 0S1
(780) 448-7735   SIC 6021
BANK OF NOVA SCOTIA, THE p 75
13150 97 St Nw, EDMONTON, AB, T5E 4C6
(780) 448-7756   SIC 6021
BANK OF NOVA SCOTIA, THE p 79
10050 Jasper Ave Nw, EDMONTON, AB, T5J 1V7
(780) 448-7600   SIC 6021
BANK OF NOVA SCOTIA, THE p 86
232 Westmount Shopping Center Nw Suite 232, EDMONTON, AB, T5M 3L7
(780) 413-4330   SIC 6021
BANK OF NOVA SCOTIA, THE p 97
3210 118 Ave Nw Suite 166, EDMONTON, AB, T5W 4W1
SIC 6021
BANK OF NOVA SCOTIA, THE p 99
6304 90 Ave Nw, EDMONTON, AB, T6B 0P2
(780) 448-7860   SIC 6021

BUSINESSES ALPHABETICALLY

BANK OF NOVA SCOTIA, THE p 108
6304 104 St Nw, EDMONTON, AB, T6H 2K9
SIC 6021

BANK OF NOVA SCOTIA, THE p 111
2331 66 St Nw Suite 119, EDMONTON, AB, T6K 4B4
(780) 448-7960 *SIC* 6021

BANK OF NOVA SCOTIA, THE p 116
3804 17 St Nw, EDMONTON, AB, T6T 0C2
(780) 448-7711 *SIC* 6021

BANK OF NOVA SCOTIA, THE p 119
9541 Franklin Ave, FORT MCMURRAY, AB, T9H 3Z7
(780) 743-3386 *SIC* 6021

BANK OF NOVA SCOTIA, THE p 122
287 Powder Dr, FORT MCMURRAY, AB, T9K 0M3
SIC 6021

BANK OF NOVA SCOTIA, THE p 125
9834 100 Ave, GRANDE PRAIRIE, AB, T8V 0T8
(780) 532-9250 *SIC* 6021

BANK OF NOVA SCOTIA, THE p 132
4949 50 St, INNISFAIL, AB, T4G 1S7
(403) 227-0158 *SIC* 6021

BANK OF NOVA SCOTIA, THE p 135
5419 50 St, LEDUC, AB, T9E 6Z7
(780) 986-4441 *SIC* 6021

BANK OF NOVA SCOTIA, THE p 138
702 3 Ave S, LETHBRIDGE, AB, T1J 0H6
(403) 382-3300 *SIC* 6021

BANK OF NOVA SCOTIA, THE p 152
4421 50 Ave, RED DEER, AB, T4N 3Z5
(403) 340-4794 *SIC* 6021

BANK OF NOVA SCOTIA, THE p 152
5002 50 St, RED DEER, AB, T4N 1Y3
(403) 340-4780 *SIC* 6021

BANK OF NOVA SCOTIA, THE p 160
993 Fir St Suite 15, SHERWOOD PARK, AB, T8A 4N5
(780) 467-2276 *SIC* 6021

BANK OF NOVA SCOTIA, THE p 166
138 Gradin Park Plaza, ST. ALBERT, AB, T8N 1B4
SIC 6021

BANK OF NOVA SCOTIA, THE p 170
10 Hewlett Park Landng Unit 13a, SYLVAN LAKE, AB, T4S 2J3
(403) 887-1340 *SIC* 6021

BANK OF NOVA SCOTIA, THE p 194
961 Alder St, CAMPBELL RIVER, BC, V9W 2R1
(250) 286-4350 *SIC* 6021

BANK OF NOVA SCOTIA, THE p 196
46059 Yale Rd, CHILLIWACK, BC, V2P 2M1
(604) 702-3250 *SIC* 6021

BANK OF NOVA SCOTIA, THE p 199
2929 Barnet Hwy Suite 2308, COQUITLAM, BC, V3B 5R5
(604) 927-7075 *SIC* 6021

BANK OF NOVA SCOTIA, THE p 201
465 North Rd, COQUITLAM, BC, V3K 3V9
(604) 933-3300 *SIC* 6021

BANK OF NOVA SCOTIA, THE p 203
392 5th St, COURTENAY, BC, V9N 1K1
(250) 703-4800 *SIC* 6021

BANK OF NOVA SCOTIA, THE p 211
435 Trunk Rd, DUNCAN, BC, V9L 2P5
(250) 715-3850 *SIC* 6021

BANK OF NOVA SCOTIA, THE p 214
9915 100 St, FORT ST. JOHN, BC, V1J 3Y3
(250) 262-5150 *SIC* 6021

BANK OF NOVA SCOTIA, THE p 219
276 Victoria St, KAMLOOPS, BC, V2C 2A2
(250) 314-3950 *SIC* 6021

BANK OF NOVA SCOTIA, THE p 222
3275 Lakeshore Rd Suite 100, KELOWNA, BC, V1W 3S9
(250) 712-3075 *SIC* 6021

BANK OF NOVA SCOTIA, THE p 224
488 Bernard Ave, KELOWNA, BC, V1Y 6N7
(250) 712-4055 *SIC* 6021

BANK OF NOVA SCOTIA, THE p 232
20555 56 Ave Unit 101, LANGLEY, BC, V3A 3Y9
(604) 532-6750 *SIC* 6021

BANK OF NOVA SCOTIA, THE p 243
502 Baker St Suite 5, NELSON, BC, V1L 4H9
(250) 354-5590 *SIC* 6021

BANK OF NOVA SCOTIA, THE p 257
7030 Alberni St, POWELL RIVER, BC, V8A 2C3
(604) 485-3175 *SIC* 6021

BANK OF NOVA SCOTIA, THE p 259
390 Victoria St, PRINCE GEORGE, BC, V2L 4X4
(250) 960-4700 *SIC* 6021

BANK OF NOVA SCOTIA, THE p 265
13340 Smallwood Pl Suite 205, RICHMOND, BC, V6V 1W8
(800) 663-9215 *SIC* 6021

BANK OF NOVA SCOTIA, THE p 271
6300 No. 3 Rd, RICHMOND, BC, V6Y 2B3
(604) 668-3079 *SIC* 6021

BANK OF NOVA SCOTIA, THE p 275
391 Hudson St Nw, SALMON ARM, BC, V1E 2S1
(250) 833-3500 *SIC* 6021

BANK OF NOVA SCOTIA, THE p 280
15170 104 Ave, SURREY, BC, V3R 1N3
(604) 586-3200 *SIC* 6021

BANK OF NOVA SCOTIA, THE p 285
13790 72 Ave Suite 101, SURREY, BC, V3W 2P4
(604) 501-5353 *SIC* 6021

BANK OF NOVA SCOTIA, THE p 285
7378 120 St, SURREY, BC, V3W 3M9
(604) 501-3325 *SIC* 6021

BANK OF NOVA SCOTIA, THE p 290
4602 Lakelse Ave, TERRACE, BC, V8G 1R1
(250) 635-8500 *SIC* 6021

BANK OF NOVA SCOTIA, THE p 293
2800 1st Ave E Unit 244, VANCOUVER, BC, V5M 4P1
(604) 668-2075 *SIC* 6021

BANK OF NOVA SCOTIA, THE p 301
268 Keefer St Suite 101, VANCOUVER, BC, V6A 1X5
(604) 668-2163 *SIC* 6021

BANK OF NOVA SCOTIA, THE p 306
409 Granville St Unit 700, VANCOUVER, BC, V6C 1T2
(604) 630-4000 *SIC* 6021

BANK OF NOVA SCOTIA, THE p 306
510 Burrard St Suite 408, VANCOUVER, BC, V6C 3A8
(604) 718-1500 *SIC* 6021

BANK OF NOVA SCOTIA, THE p 306
815 Hastings St W Suite 300, VANCOUVER, BC, V6C 1B4
(604) 668-3032 *SIC* 6021

BANK OF NOVA SCOTIA, THE p 325
3213 30 Ave, VERNON, BC, V1T 2C6
(250) 260-5500 *SIC* 6021

BANK OF NOVA SCOTIA, THE p 328
1644 Hillside Ave Suite 77, VICTORIA, BC, V8T 2C5
(250) 953-5560 *SIC* 6021

BANK OF NOVA SCOTIA, THE p 328
2669 Douglas St, VICTORIA, BC, V8T 4M2
(250) 953-2500 *SIC* 6021

BANK OF NOVA SCOTIA, THE p 330
702 Yates St, VICTORIA, BC, V8W 1L4
(250) 953-5400 *SIC* 6021

BANK OF NOVA SCOTIA, THE p 340
15190 North Bluff Rd, WHITE ROCK, BC, V4B 3E5
(604) 541-3400 *SIC* 6021

BANK OF NOVA SCOTIA, THE p 344
1003 Rosser Ave, BRANDON, MB, R7A 0L5
(204) 729-3360 *SIC* 6021

BANK OF NOVA SCOTIA, THE p 344
1570 18th St Suite 49, BRANDON, MB, R7A 5C5
(204) 729-3870 *SIC* 6021

BANK OF NOVA SCOTIA, THE p 367
1150 Nairn Ave, WINNIPEG, MB, R2L 0Y5
(204) 985-3700 *SIC* 6021

BANK OF NOVA SCOTIA, THE p 370
1970 Main St, WINNIPEG, MB, R2V 2B6
(204) 985-3250 *SIC* 6021

BANK OF NOVA SCOTIA, THE p 370
843 Leila Ave Suite 2, WINNIPEG, MB, R2V 3J7
(204) 985-3011 *SIC* 6021

BANK OF NOVA SCOTIA, THE p 376
200 Portage Ave, WINNIPEG, MB, R3C 2R7
(204) 985-3011 *SIC* 6021

BANK OF NOVA SCOTIA, THE p 393
1300 St. Peter Ave Suite 202, BATHURST, NB, E2A 3A6
(506) 548-9921 *SIC* 6021

BANK OF NOVA SCOTIA, THE p 393
325 Main St, AROOSTOOK, NB, E7H 2Z4
(506) 392-8020 *SIC* 6021

BANK OF NOVA SCOTIA, THE p 398
490 King St, FREDERICTON, NB, E3A 0A1
(506) 452-9800 *SIC* 6021

BANK OF NOVA SCOTIA, THE p 405
139 Henry St, MIRAMICHI, NB, E1V 2N5
(506) 622-1461 *SIC* 6021

BANK OF NOVA SCOTIA, THE p 406
780 Main St, MONCTON, NB, E1C 1E6
(506) 857-3636 *SIC* 6021

BANK OF NOVA SCOTIA, THE p 406
796 Mountain Rd, MONCTON, NB, E1C 2R4
(506) 857-3646 *SIC* 6021

BANK OF NOVA SCOTIA, THE p 411
1024 Onondaga St Suite 80044, OROMOCTO, NB, E2V 1B8
(506) 357-8441 *SIC* 6021

BANK OF NOVA SCOTIA, THE p 414
533 Westmorland Rd, SAINT JOHN, NB, E2J 2G5
(506) 658-3200 *SIC* 6021

BANK OF NOVA SCOTIA, THE p 416
40 Charlotte St Suite 420, SAINT JOHN, NB, E2L 2H6
SIC 6021

BANK OF NOVA SCOTIA, THE p 416
39 King St, SAINT JOHN, NB, E2L 4W3
(506) 658-3365 *SIC* 6021

BANK OF NOVA SCOTIA, THE p 418
35 Main St W, SAINT JOHN, NB, E2M 3M9
(506) 658-3360 *SIC* 6021

BANK OF NOVA SCOTIA, THE p 422
570 Main St, WOODSTOCK, NB, E7M 2C3
(506) 328-3341 *SIC* 6021

BANK OF NOVA SCOTIA, THE p 423
92 Powell Dr, CARBONEAR, NL, A1Y 1A5
(709) 596-4680 *SIC* 6021

BANK OF NOVA SCOTIA, THE p 424
236a Memorial Dr, CLARENVILLE, NL, A5A 1N9
(709) 466-4601 *SIC* 6021

BANK OF NOVA SCOTIA, THE p 425
62 Broadway, CORNER BROOK, NL, A2H 4C8
(709) 637-4720 *SIC* 6021

BANK OF NOVA SCOTIA, THE p 426
68 Elizabeth Dr, GANDER, NL, A1V 1J8
(709) 256-1500 *SIC* 6021

BANK OF NOVA SCOTIA, THE p 427
26 Cromer Ave, GRAND FALLS-WINDSOR, NL, A2A 1X2
(709) 489-1700 *SIC* 6021

BANK OF NOVA SCOTIA, THE p 429
Po Box 70 Rpo Centennial Sq, MOUNT PEARL, NL, A1N 2C1
(709) 576-7796 *SIC* 6021

BANK OF NOVA SCOTIA, THE p 433
37 Rowan St, ST. JOHN'S, NL, A1B 2X2
(709) 576-1199 *SIC* 6021

BANK OF NOVA SCOTIA, THE p 433
48 Kenmount Rd, ST. JOHN'S, NL, A1B 1W3
(709) 576-1300 *SIC* 6021

BANK OF NOVA SCOTIA, THE p 441
255 Main St, ANTIGONISH, NS, B2G 2C1
(902) 863-4800 *SIC* 6021

BANK OF NOVA SCOTIA, THE p 444
Gd Lcd Main, BRIDGEWATER, NS, B4V 2V8
SIC 6021

BANK OF NOVA SCOTIA, THE p 447
21 Micmac Dr, DARTMOUTH, NS, B2X 2H4
(902) 420-4921 *SIC* 6021

BANK OF NOVA SCOTIA, THE p 448
93 Portland St Suite 91, DARTMOUTH, NS, B2Y 1H5
(902) 420-4940 *SIC* 6021

BANK OF NOVA SCOTIA, THE p 456
6005 Coburg Rd, HALIFAX, NS, B3H 1Y8
(902) 420-4929 *SIC* 6021

BANK OF NOVA SCOTIA, THE p 457
1709 Hollis St, HALIFAX, NS, B3J 1W1
(902) 420-3567 *SIC* 6021

BANK OF NOVA SCOTIA, THE p 457
1465 Brenton St Suite 301, HALIFAX, NS, B3J 3T3
(902) 420-7100 *SIC* 6021

BANK OF NOVA SCOTIA, THE p 457
5201 Duke St Suite Upper, HALIFAX, NS, B3J 1N9
(902) 420-4971 *SIC* 6021

BANK OF NOVA SCOTIA, THE p 462
255 Lacewood Dr, HALIFAX, NS, B3M 4G2
(902) 420-3590 *SIC* 6021

BANK OF NOVA SCOTIA, THE p 465
47 Aberdeen St, KENTVILLE, NS, B4N 2M9
(902) 678-2181 *SIC* 6021

BANK OF NOVA SCOTIA, THE p 466
518 Sackville Dr, LOWER SACKVILLE, NS, B4C 2R8
(902) 864-2228 *SIC* 6021

BANK OF NOVA SCOTIA, THE p 468
301 Main St Unit 293, MIDDLETON, NS, B0S 1P0
(902) 825-4894 *SIC* 6021

BANK OF NOVA SCOTIA, THE p 471
302 Commercial St, NORTH SYDNEY, NS, B2A 1C2
(902) 794-4754 *SIC* 6021

BANK OF NOVA SCOTIA, THE p 478
3650 Hammonds Plains Rd Suite 368, UPPER TANTALLON, NS, B3Z 4R3
(902) 826-2124 *SIC* 6021

BANK OF NOVA SCOTIA, THE p 480
389 Main St, YARMOUTH, NS, B5A 4B1
(902) 742-7116 *SIC* 6021

BANK OF NOVA SCOTIA, THE p 483
15 Westney Rd N Suite 2, AJAX, ON, L1T 1P5
(905) 427-3255 *SIC* 6021

BANK OF NOVA SCOTIA, THE p 485
13 Victoria St W, ALLISTON, ON, L9R 1S9
(705) 435-4344 *SIC* 6021

BANK OF NOVA SCOTIA, THE p 488
169 John St N, ARNPRIOR, ON, K7S 2N8
(613) 623-7314 *SIC* 6021

BANK OF NOVA SCOTIA, THE p 488
17 King St Unit 15, ANGUS, ON, L0M 1B2
(705) 424-5588 *SIC* 6021

BANK OF NOVA SCOTIA, THE p 488
17 King St Unit 5, ANGUS, ON, L0M 1B2
(705) 424-5761 *SIC* 6021

BANK OF NOVA SCOTIA, THE p 488
851 Golf Links Rd, ANCASTER, ON, L9K 1L5
(905) 304-4100 *SIC* 6021

BANK OF NOVA SCOTIA, THE p 490
14720 Yonge St, AURORA, ON, L4G 7H8
(905) 727-1307 *SIC* 6021

BANK OF NOVA SCOTIA, THE p 493
50 Hastings St N, BANCROFT, ON, K0L 1C0
(613) 332-2040 *SIC* 6021

BANK OF NOVA SCOTIA, THE p 494
509 Bayfield St, BARRIE, ON, L4M 4Z8
(705) 726-3690 *SIC* 6021

BANK OF NOVA SCOTIA, THE p 496
1 Dunlop St W, BARRIE, ON, L4N 1A1
(705) 726-0217 *SIC* 6021

BANK OF NOVA SCOTIA, THE p 496
19 Mapleview Dr W, BARRIE, ON, L4N 9H5
(705) 725-2670 *SIC* 6021

BANK OF NOVA SCOTIA, THE p 496

▲ Public Company   ■ Public Company Family Member   **HQ** Headquarters   **BR** Branch   **SL** Single Location

BANK OF NOVA SCOTIA, THE
190 Minet's Point Rd, BARRIE, ON, L4N 8J8
(705) 725-7320 SIC 6021

BANK OF NOVA SCOTIA, THE p 503
305 North Front St, BELLEVILLE, ON, K8P 3C3
(613) 962-3408 SIC 6021

BANK OF NOVA SCOTIA, THE p 503
390 North Front St, BELLEVILLE, ON, K8P 3E1
(613) 967-6750 SIC 6021

BANK OF NOVA SCOTIA, THE p 507
100 Clarington Blvd, BOWMANVILLE, ON, L1C 4Z3
(905) 623-2122 SIC 6021

BANK OF NOVA SCOTIA, THE p 508
248 Manitoba St Suite 5, BRACEBRIDGE, ON, P1L 2E1
SIC 6021

BANK OF NOVA SCOTIA, THE p 513
36 Avondale Blvd, BRAMPTON, ON, L6T 1H3
SIC 6021

BANK OF NOVA SCOTIA, THE p 521
1 Main St S, BRAMPTON, ON, L6Y 1M8
(905) 451-7330 SIC 6021

BANK OF NOVA SCOTIA, THE p 521
7700 Hurontario St Unit 301, BRAMPTON, ON, L6Y 4M3
(905) 453-7020 SIC 6021

BANK OF NOVA SCOTIA, THE p 525
61 Lynden Rd, BRANTFORD, ON, N3R 7J9
(519) 751-5030 SIC 6021

BANK OF NOVA SCOTIA, THE p 528
170 Colborne St, BRANTFORD, ON, N3T 2G6
(519) 751-5000 SIC 6021

BANK OF NOVA SCOTIA, THE p 530
7 King St W, BROCKVILLE, ON, K6V 3P7
(613) 342-0140 SIC 6021

BANK OF NOVA SCOTIA, THE p 539
547 Brant St, BURLINGTON, ON, L7R 2G6
(905) 637-5509 SIC 6021

BANK OF NOVA SCOTIA, THE p 542
544 Hespeler Rd, CAMBRIDGE, ON, N1R 6J8
(519) 740-4004 SIC 6021

BANK OF NOVA SCOTIA, THE p 542
72 Main St, CAMBRIDGE, ON, N1R 1V7
(519) 740-4050 SIC 6021

BANK OF NOVA SCOTIA, THE p 549
85 Bridge St, CARLETON PLACE, ON, K7C 2V4
(613) 253-5400 SIC 6021

BANK OF NOVA SCOTIA, THE p 550
635 Grand Ave W, CHATHAM, ON, N7L 1C5
(519) 354-5110 SIC 6021

BANK OF NOVA SCOTIA, THE p 551
213 King St W Suite 518, CHATHAM, ON, N7M 1E6
(519) 354-5560 SIC 6021

BANK OF NOVA SCOTIA, THE p 554
68 King St W, COBOURG, ON, K9A 2M3
(905) 372-3361 SIC 6021

BANK OF NOVA SCOTIA, THE p 556
247 Hurontario St, COLLINGWOOD, ON, L9Y 2M4
(705) 445-0580 SIC 6021

BANK OF NOVA SCOTIA, THE p 570
101 Osler Dr Suite 138, DUNDAS, ON, L9H 4H4
(905) 627-9273 SIC 6021

BANK OF NOVA SCOTIA, THE p 577
1037 The Queensway, ETOBICOKE, ON, M8Z 6C7
(416) 503-1550 SIC 6021

BANK OF NOVA SCOTIA, THE p 577
85 The East Mall, ETOBICOKE, ON, M8Z 5W4
(416) 503-1800 SIC 6021

BANK OF NOVA SCOTIA, THE p 579
250 The East Mall, ETOBICOKE, ON, M9B 3Y8
(416) 233-5547 SIC 6021

BANK OF NOVA SCOTIA, THE p 579
270 The Kingsway Suite 8, ETOBICOKE, ON, M9A 3T7
(416) 233-2136 SIC 6021

BANK OF NOVA SCOTIA, THE p 589
200 Garrison Rd, FORT ERIE, ON, L2A 5S6
(905) 871-5824 SIC 6021

BANK OF NOVA SCOTIA, THE p 594
2339 Ogilvie Rd, GLOUCESTER, ON, K1J 8M6
(613) 741-6265 SIC 6021

BANK OF NOVA SCOTIA, THE p 594
2400 City Park Dr, GLOUCESTER, ON, K1J 1H6
(613) 748-6001 SIC 6021

BANK OF NOVA SCOTIA, THE p 607
1255 Barton St E, HAMILTON, ON, L8H 2V4
(905) 549-3521 SIC 6021

BANK OF NOVA SCOTIA, THE p 609
12 King St E, HAMILTON, ON, L8N 4G9
(905) 528-7501 SIC 6021

BANK OF NOVA SCOTIA, THE p 613
997a Fennell Ave E, HAMILTON, ON, L8T 1R1
(905) 574-9010 SIC 6021

BANK OF NOVA SCOTIA, THE p 616
630 Upper James St, HAMILTON, ON, L9C 2Z1
(905) 575-6520 SIC 6021

BANK OF NOVA SCOTIA, THE p 619
70 King William St, HUNTSVILLE, ON, P1H 2A5
SIC 6021

BANK OF NOVA SCOTIA, THE p 624
482 Hazeldean Rd, KANATA, ON, K2L 1V4
(613) 831-2922 SIC 6021

BANK OF NOVA SCOTIA, THE p 625
8111 Campeau Dr, KANATA, ON, K2T 1B7
(613) 591-2020 SIC 6021

BANK OF NOVA SCOTIA, THE p 627
40 Main St S, KENORA, ON, P9N 1S7
(807) 468-6483 SIC 6021

BANK OF NOVA SCOTIA, THE p 627
139 Prescott St, KEMPTVILLE, ON, K0G 1J0
(613) 258-5961 SIC 6021

BANK OF NOVA SCOTIA, THE p 631
168 Wellington St, KINGSTON, ON, K7L 3E4
(613) 544-3033 SIC 6021

BANK OF NOVA SCOTIA, THE p 631
145 Princess St Suite 143, KINGSTON, ON, K7L 1A8
(613) 530-2010 SIC 6021

BANK OF NOVA SCOTIA, THE p 640
64 King St W, KITCHENER, ON, N2G 1A3
(519) 571-6400 SIC 6021

BANK OF NOVA SCOTIA, THE p 647
165 Kent St W, LINDSAY, ON, K9V 4S2
(705) 324-2123 SIC 6021

BANK OF NOVA SCOTIA, THE p 653
1250 Highbury Ave N, LONDON, ON, N5Y 6M7
(519) 451-4930 SIC 6021

BANK OF NOVA SCOTIA, THE p 655
420 Richmond St, LONDON, ON, N6A 3C9
(519) 642-5000 SIC 6021

BANK OF NOVA SCOTIA, THE p 659
639 Southdale Rd E, LONDON, ON, N6E 3M2
(519) 686-0301 SIC 6021

BANK OF NOVA SCOTIA, THE p 661
301 Oxford St W, LONDON, ON, N6H 1S6
(519) 642-5044 SIC 6021

BANK OF NOVA SCOTIA, THE p 668
101 Main St N, MARKHAM, ON, L3P 1X9
(905) 294-3113 SIC 6021

BANK OF NOVA SCOTIA, THE p 670
7321 Woodbine Ave, MARKHAM, ON, L3R 3V7
(905) 940-6350 SIC 6021

BANK OF NOVA SCOTIA, THE p 679
291 King St, MIDLAND, ON, L4R 3M5
(705) 526-2237 SIC 6021

BANK OF NOVA SCOTIA, THE p 683
7205 Goreway Dr Unit 39, MISSISSAUGA, ON, L4T 2T9
(905) 678-4300 SIC 6021

BANK OF NOVA SCOTIA, THE p 684
6725 Airport Rd Suite 100, MISSISSAUGA, ON, L4V 1V2
SIC 6021

BANK OF NOVA SCOTIA, THE p 693
49 Matheson Blvd E Suite 3, MISSISSAUGA, ON, L4Z 2Y5
SIC 6021

BANK OF NOVA SCOTIA, THE p 693
2 Robert Speck Pky Suite 100, MISSISSAUGA, ON, L4Z 1H8
(905) 276-4540 SIC 6021

BANK OF NOVA SCOTIA, THE p 702
2225 Erin Mills Pky Suite 1000, MISSISSAUGA, ON, L5K 2S9
(905) 822-5354 SIC 6021

BANK OF NOVA SCOTIA, THE p 712
6120 Midfield Rd, MISSISSAUGA, ON, L5P 1B1
(905) 677-3422 SIC 6021

BANK OF NOVA SCOTIA, THE p 713
660 Eglinton Ave W, MISSISSAUGA, ON, L5R 3V2
(905) 568-4010 SIC 6021

BANK OF NOVA SCOTIA, THE p 727
1649 Merivale Rd, NEPEAN, ON, K2G 3K2
(613) 226-3983 SIC 6021

BANK OF NOVA SCOTIA, THE p 732
1100 Davis Dr, NEWMARKET, ON, L3Y 8W8
(905) 830-5900 SIC 6021

BANK OF NOVA SCOTIA, THE p 732
17900 Yonge St, NEWMARKET, ON, L3Y 8S1
(905) 853-7445 SIC 6021

BANK OF NOVA SCOTIA, THE p 738
6225 Thorold Stone Rd, NIAGARA FALLS, ON, L2J 1A6
(905) 356-4495 SIC 6021

BANK OF NOVA SCOTIA, THE p 741
1500 Fisher St, NORTH BAY, ON, P1B 2H3
(705) 472-5680 SIC 6021

BANK OF NOVA SCOTIA, THE p 741
204 Main St W, NORTH BAY, ON, P1B 2T7
(705) 494-4689 SIC 6021

BANK OF NOVA SCOTIA, THE p 746
2901 Bayview Ave Suite 109, NORTH YORK, ON, M2K 1E6
(416) 590-7910 SIC 6021

BANK OF NOVA SCOTIA, THE p 747
6416 Yonge St, NORTH YORK, ON, M2M 3X4
(416) 590-7488 SIC 6021

BANK OF NOVA SCOTIA, THE p 748
5075 Yonge St, NORTH YORK, ON, M2N 6C6
(416) 590-7320 SIC 6021

BANK OF NOVA SCOTIA, THE p 752
885 Lawrence Ave E, NORTH YORK, ON, M3C 1P7
(416) 448-7050 SIC 6021

BANK OF NOVA SCOTIA, THE p 755
845 Finch Ave W, NORTH YORK, ON, M3J 2C7
(416) 665-8742 SIC 6021

BANK OF NOVA SCOTIA, THE p 762
2 Toryork Dr, NORTH YORK, ON, M9L 1X6
(416) 749-4900 SIC 6021

BANK OF NOVA SCOTIA, THE p 771
1500 Upper Middle Rd W Unit 10, OAKVILLE, ON, L6M 3G3
(905) 847-0220 SIC 6021

BANK OF NOVA SCOTIA, THE p 773
97 First St, ORANGEVILLE, ON, L9W 2E8
(519) 941-5544 SIC 6021

BANK OF NOVA SCOTIA, THE p 774
56 Mississaga St E, ORILLIA, ON, L3V 1V5
(705) 325-1341 SIC 6021

BANK OF NOVA SCOTIA, THE p 776
110 Place D'orleans Dr, ORLEANS, ON, K1C 2L9
(613) 824-6691 SIC 6021

BANK OF NOVA SCOTIA, THE p 778
75 King St W, OSHAWA, ON, L1H 8W7
(905) 723-1630 SIC 6021

BANK OF NOVA SCOTIA, THE p 780
800 King St W, OSHAWA, ON, L1J 2L5
(905) 404-6950 SIC 6021

BANK OF NOVA SCOTIA, THE p 790
118 Sparks St, OTTAWA, ON, K1P 5B6
(613) 564-5100 SIC 6021

BANK OF NOVA SCOTIA, THE p 790
119 Queen St Suite 501, OTTAWA, ON, K1P 6L8
(613) 564-7974 SIC 6021

BANK OF NOVA SCOTIA, THE p 793
828 Bank St, OTTAWA, ON, K1S 3W1
(613) 564-5333 SIC 6021

BANK OF NOVA SCOTIA, THE p 795
2714 Alta Vista Dr, OTTAWA, ON, K1V 7T4
(613) 731-3660 SIC 6021

BANK OF NOVA SCOTIA, THE p 798
2121 Carling Ave, OTTAWA, ON, K2A 1S3
(613) 798-2000 SIC 6021

BANK OF NOVA SCOTIA, THE p 801
186 Bank St, OTTAWA, ON, K2P 1W6
(613) 564-5307 SIC 6021

BANK OF NOVA SCOTIA, THE p 803
857 2nd Ave E, OWEN SOUND, ON, N4K 2H2
(519) 376-8480 SIC 6021

BANK OF NOVA SCOTIA, THE p 805
81 Pembroke St W, PEMBROKE, ON, K8A 5M7
(613) 732-2826 SIC 6021

BANK OF NOVA SCOTIA, THE p 808
111 Hunter St W, PETERBOROUGH, ON, K9H 7G5
(705) 748-2886 SIC 6021

BANK OF NOVA SCOTIA, THE p 809
780 Clonsilla Ave, PETERBOROUGH, ON, K9J 5Y3
(705) 748-5681 SIC 6021

BANK OF NOVA SCOTIA, THE p 815
211 Main St, PICTON, ON, K0K 2T0
(613) 476-3207 SIC 6021

BANK OF NOVA SCOTIA, THE p 819
215 Raglan St S, RENFREW, ON, K7V 1R2
(613) 432-5818 SIC 6021

BANK OF NOVA SCOTIA, THE p 820
420 Highway 7 E Unit 38, RICHMOND HILL, ON, L4B 3K2
(905) 731-6915 SIC 6021

BANK OF NOVA SCOTIA, THE p 822
10355 Yonge St, RICHMOND HILL, ON, L4C 3C1
(905) 884-1107 SIC 6021

BANK OF NOVA SCOTIA, THE p 826
1116 Concession St, RUSSELL, ON, K4R 1C8
(613) 445-2880 SIC 6021

BANK OF NOVA SCOTIA, THE p 828
560 Exmouth St, SARNIA, ON, N7T 5P5
(519) 339-1300 SIC 6021

BANK OF NOVA SCOTIA, THE p 828
238 Indian Rd S, SARNIA, ON, N7T 3W4
(519) 339-1330 SIC 6021

BANK OF NOVA SCOTIA, THE p 830
293 Bay St Suite 79, SAULT STE. MARIE, ON, P6A 1X3
(705) 254-7660 SIC 6021

BANK OF NOVA SCOTIA, THE p 836
3475 Lawrence Ave E, SCARBOROUGH, ON, M1H 1B2
(416) 439-2333 SIC 6021

BANK OF NOVA SCOTIA, THE p 838
1940 Eglinton Ave E, SCARBOROUGH, ON, M1L 4R1
(416) 288-4645 SIC 6021

BANK OF NOVA SCOTIA, THE p 838
2201 Eglinton Ave E Suite 1, SCARBOROUGH, ON, M1L 4S2
(416) 701-7307 SIC 6021

BANK OF NOVA SCOTIA, THE p 838
2668 Eglinton Ave E, SCARBOROUGH, ON,

M1K 2S3
(416) 266-4446   SIC 6021
BANK OF NOVA SCOTIA, THE   p 840
300 Borough Dr Unit 2, SCARBOROUGH, ON, M1P 4P5
(416) 296-5626   SIC 6021
BANK OF NOVA SCOTIA, THE   p 845
250 Alton Towers Cir Suite 1, SCARBOROUGH, ON, M1V 3Z4
(416) 297-6500   SIC 6021
BANK OF NOVA SCOTIA, THE   p 846
2900 Warden Ave, SCARBOROUGH, ON, M1W 2S8
(416) 497-7012   SIC 6021
BANK OF NOVA SCOTIA, THE   p 849
92 Lombard St, SMITHS FALLS, ON, K7A 4G5
(613) 284-4111   SIC 6021
BANK OF NOVA SCOTIA, THE   p 854
185 St. Paul St Ste 177, ST CATHARINES, ON, L2R 3M5
(905) 684-2021   SIC 6021
BANK OF NOVA SCOTIA, THE   p 855
500 Glenridge Ave, ST CATHARINES, ON, L2S 3A1
(905) 684-6988   SIC 6021
BANK OF NOVA SCOTIA, THE   p 864
1 Ontario St, STRATFORD, ON, N5A 3G7
(519) 272-8250   SIC 6021
BANK OF NOVA SCOTIA, THE   p 867
1094 Barrydowne Rd, SUDBURY, ON, P3A 3V3
(705) 560-2700   SIC 6021
BANK OF NOVA SCOTIA, THE   p 875
7700 Bathurst St Suite 18, THORNHILL, ON, L4J 7Y3
(905) 731-8009   SIC 6021
BANK OF NOVA SCOTIA, THE   p 877
745 Hewitson St, THUNDER BAY, ON, P7B 6B5
(807) 623-5626   SIC 6021
BANK OF NOVA SCOTIA, THE   p 877
225 Red River Rd, THUNDER BAY, ON, P7B 1A7
(807) 343-5600   SIC 6021
BANK OF NOVA SCOTIA, THE   p 882
199 Broadway St, TILLSONBURG, ON, N4G 3P9
(519) 688-6400   SIC 6021
BANK OF NOVA SCOTIA, THE   p 883
1 Pine St S Suite Bank, TIMMINS, ON, P4N 2J9
(705) 268-8030   SIC 6021
BANK OF NOVA SCOTIA, THE   p 892
2072 Danforth Ave, TORONTO, ON, M4C 1J6
(416) 425-8444   SIC 6021
BANK OF NOVA SCOTIA, THE   p 894
363 Broadview Ave, TORONTO, ON, M4K 2M7
(416) 465-3531   SIC 6021
BANK OF NOVA SCOTIA, THE   p 894
661 Danforth Ave, TORONTO, ON, M4J 1L2
SIC 6021
BANK OF NOVA SCOTIA, THE   p 903
555 Yonge St, TORONTO, ON, M4Y 3A6
(416) 515-2800   SIC 6021
BANK OF NOVA SCOTIA, THE   p 907
100 Yonge St Suite 1801, TORONTO, ON, M5C 2W1
(416) 866-7075   SIC 6021
BANK OF NOVA SCOTIA, THE   p 907
20 Adelaide St E Suite 601, TORONTO, ON, M5C 2T6
(416) 866-4666   SIC 6021
BANK OF NOVA SCOTIA, THE   p 912
40 King St W Suite 1500, TORONTO, ON, M5H 3Y2
(416) 933-1392   SIC 6021
BANK OF NOVA SCOTIA, THE   p 913
392 Bay St, TORONTO, ON, M5H 3K5
(416) 866-5700   SIC 6021
BANK OF NOVA SCOTIA, THE   p 917
61 Front St W Suite 120, TORONTO, ON, M5J 1E5
(416) 866-7871   SIC 6531
BANK OF NOVA SCOTIA, THE   p 927
347 Bathurst St, TORONTO, ON, M5T 2S7
(416) 866-6651   SIC 6021
BANK OF NOVA SCOTIA, THE   p 927
292 Spadina Ave, TORONTO, ON, M5T 2E7
(416) 866-4612   SIC 6021
BANK OF NOVA SCOTIA, THE   p 927
See BANK OF NOVA SCOTIA, THE
BANK OF NOVA SCOTIA, THE   p 928
222 Queen St W, TORONTO, ON, M5V 1Z3
(416) 866-6591   SIC 6021
BANK OF NOVA SCOTIA, THE   p 934
643 College St, TORONTO, ON, M6G 1B7
(416) 537-2191   SIC 6021
BANK OF NOVA SCOTIA, THE   p 939
2295 Bloor St W, TORONTO, ON, M6S 1P1
(416) 760-2330   SIC 6021
BANK OF NOVA SCOTIA, THE   p 943
68 Dundas St W, TRENTON, ON, K8V 3P3
(613) 392-2531   SIC 6021
BANK OF NOVA SCOTIA, THE   p 948
541 James St, WALLACEBURG, ON, N8A 2P1
(519) 627-2268   SIC 6021
BANK OF NOVA SCOTIA, THE   p 949
1263 Mosley St Unit 1, WASAGA BEACH, ON, L9Z 2Y7
(705) 429-0977   SIC 6021
BANK OF NOVA SCOTIA, THE   p 950
115 King St S, WATERLOO, ON, N2J 5A3
(519) 886-2500   SIC 6021
BANK OF NOVA SCOTIA, THE   p 962
7041 Tecumseh Rd E, WINDSOR, ON, N8T 3K7
(519) 974-4530   SIC 6021
BANK OF NOVA SCOTIA, THE   p 963
3751 Tecumseh Rd E, WINDSOR, ON, N8W 1H8
(519) 974-4500   SIC 6021
BANK OF NOVA SCOTIA, THE   p 967
388 Ouellette Ave, WINDSOR, ON, N9A 1A6
(519) 973-5300   SIC 6021
BANK OF NOVA SCOTIA, THE   p 971
3889 Dougall Ave, WINDSOR, ON, N9G 1X3
(519) 969-0251   SIC 6021
BANK OF NOVA SCOTIA, THE   p 972
9333 Weston Rd Unit 1, WOODBRIDGE, ON, L4H 3G8
(905) 303-5990   SIC 6021
BANK OF NOVA SCOTIA, THE   p 973
7600 Weston Rd Suite 3, WOODBRIDGE, ON, L4L 8B7
(905) 850-1805   SIC 6021
BANK OF NOVA SCOTIA, THE   p 976
485 Dundas St, WOODSTOCK, ON, N4S 1C3
(519) 421-5295   SIC 6021
BANK OF NOVA SCOTIA, THE   p 980
Gd, CHARLOTTETOWN, PE, C1A 7L4
(902) 566-5004   SIC 6021
BANK OF NOVA SCOTIA, THE   p 980
135 St. Peters Rd, CHARLOTTETOWN, PE, C1A 5P3
(902) 894-5013   SIC 6021
BANK OF NOVA SCOTIA, THE   p 984
274 Water St, SUMMERSIDE, PE, C1N 1B8
(902) 436-2204   SIC 6021
BANK OF NOVA SCOTIA, THE   p 1006
2151 Boul Lapiniere Bureau A27, BROSSARD, QC, J4W 2T5
(450) 672-4570   SIC 6021
BANK OF NOVA SCOTIA, THE   p 1006
See BANK OF NOVA SCOTIA, THE
BANK OF NOVA SCOTIA, THE   p 1072
2235 Boul Roland-Therrien, LONGUEUIL, QC, J4N 1P2
(450) 647-4770   SIC 6021
BANK OF NOVA SCOTIA, THE   p 1076
258 Montee Masson, MASCOUCHE, QC, J7K 3B5
(450) 474-7575   SIC 6021
BANK OF NOVA SCOTIA, THE   p 1081
2380 Ch Lucerne, MONT-ROYAL, QC, H3R 2J8
(514) 735-2261   SIC 6021
BANK OF NOVA SCOTIA, THE   p 1096
352 Rue Chabanel O, Montreal, QC, H2N 1G6
(514) 385-2447   SIC 6021
BANK OF NOVA SCOTIA, THE   p 1105
1002 Rue Sherbrooke O Bureau 200, Montreal, QC, H3A 3L6
(514) 499-5432   SIC 6021
BANK OF NOVA SCOTIA, THE   p 1105
1002 Rue Sherbrooke O Bureau 600, Montreal, QC, H3A 3L6
(514) 287-3600   SIC 6021
BANK OF NOVA SCOTIA, THE   p 1105
1800 Av Mcgill College Bureau 1600, Montreal, QC, H3A 3K9
(514) 281-8811   SIC 6021
BANK OF NOVA SCOTIA, THE   p 1105
1900 Av Mcgill College, Montreal, QC, H3A 3L2
SIC 6021
BANK OF NOVA SCOTIA, THE   p 1109
1111 Rue Sainte-Catherine O, Montreal, QC, H3B 1J4
SIC 6021
BANK OF NOVA SCOTIA, THE   p 1116
1922 Rue Sainte-Catherine O Bureau 300, Montreal, QC, H3H 1M4
(514) 846-8017   SIC 6021
BANK OF NOVA SCOTIA, THE   p 1125
7885 Boul Decarie, Montreal, QC, H4P 2H2
(514) 731-6844   SIC 6021
BANK OF NOVA SCOTIA, THE   p 1141
6815 Aut Transcanadienne Bureau 21, POINTE-CLAIRE, QC, H9R 1C4
(514) 695-5230   SIC 6021
BANK OF NOVA SCOTIA, THE   p 1256
3070 Boul De La Gare, VAUDREUIL-DORION, QC, J7V 0H1
(450) 455-2233   SIC 6021
BANK OF NOVA SCOTIA, THE   p 1275
303 Main St N, MOOSE JAW, SK, S6H 0W2
(306) 693-3691   SIC 6021
BANK OF NOVA SCOTIA, THE   p 1279
800 15th St E Suite 230, PRINCE ALBERT, SK, S6V 8E3
(306) 764-3401   SIC 6021
BANK OF NOVA SCOTIA, THE   p 1284
1901 Hamilton St, REGINA, SK, S4P 2C7
(306) 780-1200   SIC 6021
BANK OF NOVA SCOTIA, THE   p 1286
3835 Sherwood Dr, REGINA, SK, S4R 4A8
(306) 780-1220   SIC 6021
BANK OF NOVA SCOTIA, THE   p 1292
1004 8th St E, SASKATOON, SK, S7H 0R9
(306) 668-1480   SIC 6021
BANK OF NOVA SCOTIA, THE   p 1292
3510 8th St E, SASKATOON, SK, S7H 0W6
(306) 668-1600   SIC 6021
BANK OF NOVA SCOTIA, THE   p 1294
111 2nd Ave S, SASKATOON, SK, S7K 1K6
(306) 668-1400   SIC 6021
BANK OF NOVA SCOTIA, THE   p 1299
201 Avenue S N, SASKATOON, SK, S7L 2Z7
SIC 6021
BANK OF NOVA SCOTIA, THE   p 1301
2410 22nd St W Unit 9, SASKATOON, SK, S7M 5S6
(306) 668-1565   SIC 6021
BANK OF NOVA SCOTIA, THE   p 1301
306 20th St W Suite 20, SASKATOON, SK, S7M 0X2
(306) 668-1540   SIC 6021
BANK OF NOVA SCOTIA, THE   p 1311
212 Main St, WHITEHORSE, YT, Y1A 2B1
(867) 667-6231   SIC 6021
BANK OF TOKYO-MITSUBISHI UFJ (CANADA)   p 306
666 Burrard St Unit 950, VANCOUVER, BC, V6C 3L1
(604) 691-7300   SIC 6021
BANK OF TOKYO-MITSUBISHI UFJ (CANADA)   p 917
200 Bay St Suite 1700, TORONTO, ON, M5J 2J1
(416) 865-0220   SIC 6211
BANK STREET KIA   p 595
See 1364279 ONTARIO INC
BANKHEAD ELEMENTARY SCHOOL   p 225
See BOARD OF EDUCATION OF SCHOOL DISTRICT NO. 23 (CENTRAL OKANAGAN), THE
BANNER RECREATIONAL PRODUCTS   p 325
See BANNGATE HOLDINGS LTD
BANNERMAN SCHOOL   p 98
See EDMONTON SCHOOL DISTRICT NO. 7
BANNESTER, DR LESLIE R   p 528
221 Brant Ave Suite 1, BRANTFORD, ON, N3T 3J2
(519) 753-8666   SIC 8011
BANNGATE HOLDINGS LTD   p 325
3001 43 Ave Unit 3, VERNON, BC, V1T 3L4
(250) 542-0058   SIC 5571
BANQ   p 1013
See BIBLIOTHEQUE ET ARCHIVES NATIONALES DU QUEBEC
BANQ   p 1033
See BIBLIOTHEQUE ET ARCHIVES NATIONALES DU QUEBEC
BANQ   p 1035
See BIBLIOTHEQUE ET ARCHIVES NATIONALES DU QUEBEC
BANQ   p 1094
See BIBLIOTHEQUE ET ARCHIVES NATIONALES DU QUEBEC
BANQ   p 1160
See BIBLIOTHEQUE ET ARCHIVES NATIONALES DU QUEBEC
BANQ   p 1177
See BIBLIOTHEQUE ET ARCHIVES NATIONALES DU QUEBEC
BANQ   p 1233
See BIBLIOTHEQUE ET ARCHIVES NATIONALES DU QUEBEC
BANQ   p 1236
See BIBLIOTHEQUE ET ARCHIVES NATIONALES DU QUEBEC
BANQ   p 1250
See BIBLIOTHEQUE ET ARCHIVES NATIONALES DU QUEBEC
BANQUE DE DEVELOPPEMENT DU CANADA   p 40
444 7 Ave Sw Suite 110, CALGARY, AB, T2P 0X8
(403) 292-5600   SIC 6141
BANQUE DE DEVELOPPEMENT DU CANADA   p 224
313 Bernard Ave, KELOWNA, BC, V1Y 6N6
(250) 470-4802   SIC 6141
BANQUE DE DEVELOPPEMENT DU CANADA   p 230
6424 200 St Suite 101b, LANGLEY, BC, V2Y 2T3
(604) 532-5151   SIC 6141
BANQUE DE DEVELOPPEMENT DU CANADA   p 241
6581 Aulds Rd Unit 500, NANAIMO, BC, V9T 6J6
(250) 754-0247   SIC 6141
BANQUE DE DEVELOPPEMENT DU CANADA   p 281
5577 153a St Unit 301, SURREY, BC, V3S 5K7
(604) 586-2410   SIC 6141
BANQUE DE DEVELOPPEMENT DU CANADA   p 323
505 Burrard St Suite 2100, VANCOUVER, BC, V7X 1M6
(604) 676-0021   SIC 6141
BANQUE DE DEVELOPPEMENT DU CANADA   p 344
940 Princess Ave Unit 10, BRANDON, MB,

R7A 0P6
(877) 232-2269   SIC 6141
BANQUE DE DEVELOPPEMENT DU CANADA   p 377
155 Carlton St Suite 1100, WINNIPEG, MB, R3C 3H8
(204) 983-7900   SIC 6141
BANQUE DE DEVELOPPEMENT DU CANADA   p 387
1655 Kenaston Blvd Suite 200, WINNIPEG, MB, R3P 2M4
(204) 984-7442   SIC 6141
BANQUE DE DEVELOPPEMENT DU CANADA   p 435
215 Water St Suite 800, ST. JOHN'S, NL, A1C 6C9
(709) 772-5505   SIC 6141
BANQUE DE DEVELOPPEMENT DU CANADA   p 457
2000 Barrington St Suite 1400, HALIFAX, NS, B3J 3K1
(902) 426-0341   SIC 6141
BANQUE DE DEVELOPPEMENT DU CANADA   p 477
622 Prince St, TRURO, NS, B2N 1G4
(902) 895-6377   SIC 6141
BANQUE DE DEVELOPPEMENT DU CANADA   p 480
396 Main St, YARMOUTH, NS, B5A 1E9
SIC 6141
BANQUE DE DEVELOPPEMENT DU CANADA   p 532
4145 North Service Rd Suite 401, BURLINGTON, ON, L7L 6A3
(905) 315-9248   SIC 6141
BANQUE DE DEVELOPPEMENT DU CANADA   p 655
380 Wellington St, LONDON, ON, N6A 5B5
(519) 645-4229   SIC 6141
BANQUE DE DEVELOPPEMENT DU CANADA   p 693
4310 Sherwoodtowne Blvd, MISSISSAUGA, ON, L4Z 4C4
(905) 566-6499   SIC 6141
BANQUE DE DEVELOPPEMENT DU CANADA   p 717
1450 Meyerside Dr Suite 600, MISSISSAUGA, ON, L5T 2N5
(905) 565-9740   SIC 6141
BANQUE DE DEVELOPPEMENT DU CANADA   p 790
55 Metcalfe St Suite 1400, OTTAWA, ON, K1P 6L5
(877) 232-2269   SIC 6141
BANQUE DE DEVELOPPEMENT DU CANADA   p 832
153 Great Northern Rd, SAULT STE. MARIE, ON, P6B 4Y9
(877) 232-2269   SIC 6141
BANQUE DE DEVELOPPEMENT DU CANADA   p 834
305 Milner Ave Suite 112, SCARBOROUGH, ON, M1B 3V4
(416) 952-7900   SIC 6141
BANQUE DE DEVELOPPEMENT DU CANADA   p 868
233 Brady St E Unit 10, SUDBURY, ON, P3B 4H5
(888) 463-6232   SIC 6141
BANQUE DE DEVELOPPEMENT DU CANADA   p 913
121 King St W Suite 1200, TORONTO, ON, M5H 3T9
(416) 973-0341   SIC 6141
BANQUE DE DEVELOPPEMENT DU CANADA   p 1002
1570 Rue Ampere Bureau 300, BOUCHERVILLE, QC, J4B 7L4
(888) 463-6232   SIC 6141
BANQUE DE DEVELOPPEMENT DU CANADA   p 1019
2525 Boul Daniel-Johnson Bureau 100, Cote Saint-Luc, QC, H7T 1S9
(450) 973-3727   SIC 6141

BANQUE DE DEVELOPPEMENT DU CANADA   p 1109
5 Place Ville-Marie Bureau 400, Montreal, QC, H3B 5E7
(514) 283-5904   SIC 6141
BANQUE DE DEVELOPPEMENT DU CANADA   p 1109
5 Place Ville-Marie Bureau 12525, Montreal, QC, H3B 2G2
(514) 496-7946   SIC 6141
BANQUE DE DEVELOPPEMENT DU CANADA   p 1158
1134 Grande Allee O, Quebec, QC, G1S 1E5
(418) 648-3972   SIC 6141
BANQUE DE DEVELOPPEMENT DU CANADA   p 1279
135 21st St E, PRINCE ALBERT, SK, S6V 1L9
SIC 6141
BANQUE HSBC CANADA   p 1106
See HSBC BANK CANADA
BANQUE LAURENTIENNE   p 989
See BANQUE LAURENTIENNE DU CANADA
BANQUE LAURENTIENNE   p 1109
See BANQUE LAURENTIENNE DU CANADA
BANQUE LAURENTIENNE   p 1123
See BANQUE LAURENTIENNE DU CANADA
BANQUE LAURENTIENNE DU CANADA   p 576
2972 Bloor St W, ETOBICOKE, ON, M8X 1B9
(416) 236-1761   SIC 6021
BANQUE LAURENTIENNE DU CANADA   p 655
150 Dufferin Ave, LONDON, ON, N6A 5N6
(519) 888-1717   SIC 6021
BANQUE LAURENTIENNE DU CANADA   p 747
5615 Yonge St, NORTH YORK, ON, M2M 4G3
(416) 250-8080   SIC 6021
BANQUE LAURENTIENNE DU CANADA   p 989
7050 Rue Jarry, ANJOU, QC, H1J 1G4
(514) 351-1279   SIC 6021
BANQUE LAURENTIENNE DU CANADA   p 1018
1899 Boul Rene-Laennec, Cote Saint-Luc, QC, H7M 5E2
(450) 629-1459   SIC 6021
BANQUE LAURENTIENNE DU CANADA   p 1040
40 Rue Evangeline, GRANBY, QC, J2G 8K1
(450) 378-7942   SIC 6021
BANQUE LAURENTIENNE DU CANADA   p 1045
373 Rue Notre-Dame, JOLIETTE, QC, J6E 3H5
(450) 759-3132   SIC 6021
BANQUE LAURENTIENNE DU CANADA   p 1060
8262 Boul Champlain, LASALLE, QC, H8P 1B5
(514) 367-1411   SIC 6021
BANQUE LAURENTIENNE DU CANADA   p 1060
8787 Boul Newman, LASALLE, QC, H8R 1Y9
(514) 363-0113   SIC 6021
BANQUE LAURENTIENNE DU CANADA   p 1070
4 Rue Saint-Charles E, LONGUEUIL, QC, J4H 1A9
(514) 284-7809   SIC 6021
BANQUE LAURENTIENNE DU CANADA   p 1075
111 Boul Desjardins, MANIWAKI, QC, J9E 2C9
(800) 252-1846   SIC 6021
BANQUE LAURENTIENNE DU CANADA   p

1087
4155 Rue Belanger, Montreal, QC, H1T 1A2
(514) 376-6963   SIC 6021
BANQUE LAURENTIENNE DU CANADA   p 1089
3720 Rue Ontario E, Montreal, QC, H1W 1R9
(514) 523-1144   SIC 6021
BANQUE LAURENTIENNE DU CANADA   p 1094
936 Rue Sainte-Catherine E, Montreal, QC, H2L 2E7
(514) 842-8093   SIC 6021
BANQUE LAURENTIENNE DU CANADA   p 1096
555 Rue Chabanel O Unite 1500, Montreal, QC, H2N 2H7
(514) 284-4600   SIC 6021
BANQUE LAURENTIENNE DU CANADA   p 1097
10 Rue Jean-Talon E, Montreal, QC, H2R 1S3
(514) 273-1585   SIC 6021
BANQUE LAURENTIENNE DU CANADA   p 1109
1100 Boul Rene-Levesque O, Montreal, QC, H3B 4N4
(514) 874-0750   SIC 6021
BANQUE LAURENTIENNE DU CANADA   p 1114
1390 Rue Barre, Montreal, QC, H3C 5X9
(514) 989-1487   SIC 6021
BANQUE LAURENTIENNE DU CANADA   p 1119
2490 Rue De Salaberry, Montreal, QC, H3M 1K9
(514) 334-7481   SIC 6021
BANQUE LAURENTIENNE DU CANADA   p 1123
4080 Rue Saint-Jacques, Montreal, QC, H4C 1J2
(514) 935-9624   SIC 6021
BANQUE LAURENTIENNE DU CANADA   p 1124
1805 Rue Sauve O Bureau 105, Montreal, QC, H4N 3B8
(514) 748-6150   SIC 6021
BANQUE LAURENTIENNE DU CANADA   p 1126
6640 Av Somerled, Montreal, QC, H4V 1T2
(514) 481-2728   SIC 6021
BANQUE LAURENTIENNE DU CANADA   p 1136
1447 Av Van Horne, OUTREMONT, QC, H2V 1K9
(514) 274-7792   SIC 6021
BANQUE LAURENTIENNE DU CANADA   p 1159
2828 Boul Laurier Bureau 100, Quebec, QC, G1V 0B9
(418) 659-4955   SIC 6021
BANQUE LAURENTIENNE DU CANADA   p 1203
1430 Rue Poirier, SAINT-LAURENT, QC, H4L 1H3
(514) 252-1846   SIC 6021
BANQUE LAURENTIENNE DU CANADA   p 1215
4725 Rue Jarry E, SAINT-LEONARD, QC, H1R 1X7
(514) 374-0817   SIC 6021
BANQUE LAURENTIENNE DU CANADA   p 1258
5501 Rue De Verdun, VERDUN, QC, H4H 1K9
SIC 6021
BANQUE LAURENTIENNE DU CANADA   p 1262
4287 Rue Sherbrooke O, WESTMOUNT, QC, H3Z 1C8
(514) 481-0318   SIC 6021
BANQUE LAURENTIENNE, LA   p 1097
See BANQUE LAURENTIENNE DU CANADA

BANQUE NATIONAL DU CANADA   p 1132
See BANQUE NATIONALE DU CANADA
BANQUE NATIONALE   p 1020
See NATIONAL BANK TRUST INC
BANQUE NATIONALE DU CANADA   p 40
407 8 Ave Sw Suite 1000, CALGARY, AB, T2P 1E5
(403) 294-4917   SIC 6021
BANQUE NATIONALE DU CANADA   p 40
450 1 St Sw Suite 2800, CALGARY, AB, T2P 5H1
(403) 266-1116   SIC 8741
BANQUE NATIONALE DU CANADA   p 776
5929 Jeanne D'arc Blvd S Suite Aa, ORLEANS, ON, K1C 6V8
(613) 830-9327   SIC 6021
BANQUE NATIONALE DU CANADA   p 788
242 Rideau St, OTTAWA, ON, K1N 0B7
(613) 241-9110   SIC 6021
BANQUE NATIONALE DU CANADA   p 913
121 King St W Suite 1700, TORONTO, ON, M5H 3T9
(416) 864-7791   SIC 6021
BANQUE NATIONALE DU CANADA   p 913
145 King St W Suite 710, TORONTO, ON, M5H 1J8
(416) 864-7981   SIC 6021
BANQUE NATIONALE DU CANADA   p 932
130 King St W Suite 3200, TORONTO, ON, M5X 2A2
(416) 864-7759   SIC 6021
BANQUE NATIONALE DU CANADA   p 932
130 King St Suite 3000, TORONTO, ON, M5X 1J9
(416) 542-2383   SIC 7389
BANQUE NATIONALE DU CANADA   p 988
101 1re Av O, AMOS, QC, J9T 1V1
(819) 727-9391   SIC 6021
BANQUE NATIONALE DU CANADA   p 993
277 1re Av, ASBESTOS, QC, J1T 1Y6
(819) 879-5471   SIC 6021
BANQUE NATIONALE DU CANADA   p 997
180 Boul Sir-Wilfrid-Laurier, BELOEIL, QC, J3G 4G7
(450) 467-0231   SIC 6021
BANQUE NATIONALE DU CANADA   p 1006
8200 Boul Taschereau Bureau 1400, BROSSARD, QC, J4X 2S6
(450) 923-1000   SIC 6021
BANQUE NATIONALE DU CANADA   p 1010
1117 Boul De Perigny, CHAMBLY, QC, J3L 1W7
(450) 658-4374   SIC 6021
BANQUE NATIONALE DU CANADA   p 1011
99 Boul D'anjou, Chateauguay, QC, J6J 2R2
(450) 692-1990   SIC 6021
BANQUE NATIONALE DU CANADA   p 1013
1180 Boul Talbot Bureau 201, CHICOUTIMI, QC, G7H 4B6
(418) 545-1655   SIC 6021
BANQUE NATIONALE DU CANADA   p 1018
3 Place Laval Bureau 60, Cote Saint-Luc, QC, H7N 1A2
(450) 442-9091   SIC 6021
BANQUE NATIONALE DU CANADA   p 1024
3550 Boul Des Sources, DOLLARD-DES-ORMEAUX, QC, H9B 1Z9
(514) 684-5670   SIC 6021
BANQUE NATIONALE DU CANADA   p 1028
1950 Boul Saint-Joseph, DRUMMONDVILLE, QC, J2B 1R2
(819) 477-9494   SIC 6021
BANQUE NATIONALE DU CANADA   p 1040
193 Rue Principale, GRANBY, QC, J2G 2V5
(450) 372-5859   SIC 6021
BANQUE NATIONALE DU CANADA   p 1051
60 Boul Don-Quichotte, L'Ile-Perrot, QC, J7V 6L7
(514) 453-7142   SIC 6021
BANQUE NATIONALE DU CANADA   p 1059
8449 Boul Newman, LASALLE, QC, H8N 2Y7
(514) 367-0112   SIC 6021
BANQUE NATIONALE DU CANADA p 1062

2500 Boul Daniel-Johnson Bureau 100, Laval, QC, H7T 2P6
(450) 686-7030   SIC 6021
BANQUE NATIONALE DU CANADA p 1064
49b Rte Du President-Kennedy Bureau 200, Levis, QC, G6V 6C3
(418) 833-8020   SIC 6021
BANQUE NATIONALE DU CANADA p 1097
8091 Rue Saint-Denis, Montreal, QC, H2R 2G2
(514) 381-2391   SIC 6021
BANQUE NATIONALE DU CANADA p 1101
500 Place D'armes Bureau 500, Montreal, QC, H2Y 2W3
(514) 271-4166   SIC 6021
BANQUE NATIONALE DU CANADA p 1101
500 Place D'armes Bureau 500, Montreal, QC, H2Y 2W3
(514) 394-6642   SIC 6021
BANQUE NATIONALE DU CANADA p 1105
955 Boul De Maisonneuve O, Montreal, QC, H3A 1M4
(514) 281-9620   SIC 6021
BANQUE NATIONALE DU CANADA p 1109
1100 Boul Robert-Bourassa Bureau 12e, Montreal, QC, H3B 3A5
(514) 394-5000   SIC 6531
BANQUE NATIONALE DU CANADA p 1109
28e Etage 600, Rue De La Gauchetiere O, Montreal, QC, H3B 4L2
(514) 394-4385   SIC 6153
BANQUE NATIONALE DU CANADA p 1109
1100 Robert-Bourassa Unite 12e, Montreal, QC, H3B 3A5
(514) 871-7500   SIC 6311
BANQUE NATIONALE DU CANADA p 1118
451 Boul Henri-Bourassa E, Montreal, QC, H3L 1C5
(514) 387-6291   SIC 6021
BANQUE NATIONALE DU CANADA p 1120
5355 Ch De La Cote-Des-Neiges, Montreal, QC, H3T 1Y4
(514) 340-9550   SIC 6021
BANQUE NATIONALE DU CANADA p 1126
2 Complexe Desjardins, Montreal, QC, H5B 1B4
(514) 281-9650   SIC 6021
BANQUE NATIONALE DU CANADA p 1127
3131 Boul De La Concorde E Bureau A, Montreal, QC, H7E 4W4
(450) 661-4132   SIC 6021
BANQUE NATIONALE DU CANADA p 1131
47 Boul Samson, Montreal, QC, H7X 3R8
(450) 689-2120   SIC 6021
BANQUE NATIONALE DU CANADA p 1132
6425 Boul Leger, MONTREAL-NORD, QC, H1G 6J7
(514) 327-1611   SIC 6021
BANQUE NATIONALE DU CANADA p 1137
14965 Boul De Pierrefonds, PIERREFONDS, QC, H9H 4M5
(514) 626-7330   SIC 6021
BANQUE NATIONALE DU CANADA p 1145
945 Av Nordique, Quebec, QC, G1C 7S8
(418) 661-8772   SIC 6021
BANQUE NATIONALE DU CANADA p 1147
4605 1re Av, Quebec, QC, G1H 2T1
(418) 628-1331   SIC 6021
BANQUE NATIONALE DU CANADA p 1147
8500 Boul Henri-Bourassa Bureau 213, Quebec, QC, G1G 5X1
(418) 628-8565   SIC 6021
BANQUE NATIONALE DU CANADA p 1156
150 Boul Rene-Levesque E, Quebec, QC, G1R 5B1
(418) 647-6100   SIC 6021
BANQUE NATIONALE DU CANADA p 1156
333 Grande Allee E Bureau 400, Quebec, QC, G1R 5W3
(418) 521-6400   SIC 6021
BANQUE NATIONALE DU CANADA p 1169
1135 Boul Pie-Xi N, Quebec, QC, G3K 2P8
(418) 847-7069   SIC 6021
BANQUE NATIONALE DU CANADA p 1170

100 Boul Brien Bureau 54, REPENTIGNY, QC, J6A 5N4
(450) 585-8111   SIC 6021
BANQUE NATIONALE DU CANADA p 1170
165 Rue Notre-Dame, REPENTIGNY, QC, J6A 0A8
(450) 585-5900   SIC 6021
BANQUE NATIONALE DU CANADA p 1174
295 Boul Armand-Theriault, Riviere-du-Loup, QC, G5R 5H3
(418) 862-7248   SIC 6021
BANQUE NATIONALE DU CANADA p 1186
761 Boul Arthur-Sauve, SAINT-EUSTACHE, QC, J7R 4K3
(450) 472-8772   SIC 6021
BANQUE NATIONALE DU CANADA p 1189
11485 1re Av, SAINT-GEORGES, QC, G5Y 2C7
(418) 228-8828   SIC 6021
BANQUE NATIONALE DU CANADA p 1194
1955 Rue Des Cascades, SAINT-HYACINTHE, QC, J2S 8K9
(450) 773-6111   SIC 6021
BANQUE NATIONALE DU CANADA p 1198
400 Boul Du Seminaire N Bureau D1, SAINT-JEAN-SUR-RICHELIEU, QC, J3B 5L2
(450) 348-6131   SIC 6021
BANQUE NATIONALE DU CANADA p 1201
265 Rue Saint-Georges Bureau 100, Saint-Jerome, QC, J7Z 5A1
(450) 436-3314   SIC 6021
BANQUE NATIONALE DU CANADA p 1206
1130 Boul Marcel-Laurin, SAINT-LAURENT, QC, H4R 1J7
(514) 332-4220   SIC 6021
BANQUE NATIONALE DU CANADA p 1214
8020 Boul Langelier, SAINT-LEONARD, QC, H1P 3K1
(514) 327-4133   SIC 6021
BANQUE NATIONALE DU CANADA p 1215
8730 Boul Provencher, SAINT-LEONARD, QC, H1R 3N7
(514) 729-1886   SIC 6021
BANQUE NATIONALE DU CANADA p 1226
1033 Boul Armand-Frappier, SAINTE-JULIE, QC, J3E 3R5
(450) 649-1141   SIC 6021
BANQUE NATIONALE DU CANADA p 1227
160 Rue Notre-Dame N, SAINTE-MARIE, QC, G6E 3Z9
(418) 387-2333   SIC 6021
BANQUE NATIONALE DU CANADA p 1230
206 Boul Du Cure-Labelle, SAINTE-THERESE, QC, J7E 2X7
(450) 430-2077   SIC 6021
BANQUE NATIONALE DU CANADA p 1236
578 Rue King E, SHERBROOKE, QC, J1G 1B5
(819) 346-8448   SIC 6021
BANQUE NATIONALE DU CANADA p 1238
3075 Boul De Portland, SHERBROOKE, QC, J1L 2Y7
(819) 563-4011   SIC 6021
BANQUE NATIONALE DU CANADA p 1241
58 Rue Du Roi, SOREL-TRACY, QC, J3P 4M7
(450) 742-5684   SIC 6021
BANQUE NATIONALE DU CANADA p 1244
1080 Boul Des Seigneurs, TERREBONNE, QC, J6W 3W4
(450) 471-3768   SIC 6021
BANQUE NATIONALE DU CANADA p 1245
2135 Ch Gascon, TERREBONNE, QC, J6X 4H2
(450) 964-4859   SIC 6021
BANQUE NATIONALE DU CANADA p 1247
305 Rue Barkoff, Trois-Rivieres, QC, G8T 2A5
(819) 376-3735   SIC 6021
BANQUE NATIONALE DU CANADA p 1250
324 Rue Des Forges Bureau 200, Trois-Rivieres, QC, G9A 2G8
(819) 378-2771   SIC 6021
BANQUE NATIONALE DU CANADA p 1258

174 Rue Notre-Dame E Bureau 2e, VICTORIAVILLE, QC, G6P 4A1
(819) 758-5261   SIC 6021
BANQUE ROYALE   p 1006
See ROYAL BANK OF CANADA
BANQUE SCOTIA   p 1081
See BANK OF NOVA SCOTIA, THE
BANQUE SCOTIA   p 1105
See BANK OF NOVA SCOTIA, THE
BANQUE SCOTIA   p 1256
See BANK OF NOVA SCOTIA, THE
BANQUE TORONTO-DOMINION, LA   p 5
5037 50 St, BARRHEAD, AB, T7N 1A5
(780) 674-2216   SIC 6021
BANQUE TORONTO-DOMINION, LA   p 9
2045 34 St Ne, CALGARY, AB, T1Y 6Z2
(403) 292-1254   SIC 6021
BANQUE TORONTO-DOMINION, LA   p 14
1804 36 St Se, CALGARY, AB, T2B 0X6
(403) 299-3429   SIC 6021
BANQUE TORONTO-DOMINION, LA   p 27
305 Centre St Sw, CALGARY, AB, T2G 2B9
(403) 292-1830   SIC 6021
BANQUE TORONTO-DOMINION, LA   p 34
10816 Macleod Trail Se Suite 234, CALGARY, AB, T2J 5N8
(403) 271-0202   SIC 6021
BANQUE TORONTO-DOMINION, LA   p 34
755 Lake Bonavista Dr Se, CALGARY, AB, T2J 0N3
(403) 299-3400   SIC 6021
BANQUE TORONTO-DOMINION, LA   p 40
300 5 Ave Sw Suite 31, CALGARY, AB, T2P 3C4
(403) 292-1012   SIC 6021
BANQUE TORONTO-DOMINION, LA   p 40
317 7 Ave Sw Suite 180, CALGARY, AB, T2P 2Y9
(403) 292-1221   SIC 6021
BANQUE TORONTO-DOMINION, LA   p 40
355 4 Ave Sw, CALGARY, AB, T2P 0J1
(403) 292-1165   SIC 6021
BANQUE TORONTO-DOMINION, LA   p 53
1600 90 Ave Sw Suite C143, CALGARY, AB, T2V 5A8
(403) 252-5352   SIC 6021
BANQUE TORONTO-DOMINION, LA   p 55
69 Shawville Blvd Se, CALGARY, AB, T2Y 3P3
(403) 215-5670   SIC 6021
BANQUE TORONTO-DOMINION, LA   p 56
4307 130 Ave Se Suite 20, CALGARY, AB, T2Z 3V8
(403) 257-7120   SIC 6021
BANQUE TORONTO-DOMINION, LA   p 58
4880 32 Ave Nw, CALGARY, AB, T3A 4N7
(403) 299-3255   SIC 6021
BANQUE TORONTO-DOMINION, LA   p 58
5005 Dalhousie Dr Nw Suite 303, CALGARY, AB, T3A 5R8
(403) 543-7280   SIC 6021
BANQUE TORONTO-DOMINION, LA   p 61
260 Crowfoot Cres Nw, CALGARY, AB, T3G 3N5
(403) 299-3418   SIC 6021
BANQUE TORONTO-DOMINION, LA   p 64
8118 Beddington Blvd Nw, CALGARY, AB, T3K 2R6
(403) 275-4033   SIC 6021
BANQUE TORONTO-DOMINION, LA   p 73
13318 50 St Nw, EDMONTON, AB, T5A 4Z8
(780) 456-8578   SIC 6021
BANQUE TORONTO-DOMINION, LA   p 74
36 Londonderry Mall Nw, EDMONTON, AB, T5C 3C8
(780) 448-8630   SIC 6021
BANQUE TORONTO-DOMINION, LA   p 75
13711 93 St Nw, EDMONTON, AB, T5E 5V6
(780) 475-6671   SIC 6021
BANQUE TORONTO-DOMINION, LA   p 79
10088 102 Ave Nw Suite 2601, EDMONTON, AB, T5J 2Z1
(780) 448-8156   SIC 6021
BANQUE TORONTO-DOMINION, LA   p 79

400 Edmonton City Centre Nw Suite 445, EDMONTON, AB, T5J 4H5
(780) 415-7283   SIC 6021
BANQUE TORONTO-DOMINION, LA   p 83
11704 Jasper Ave Nw, EDMONTON, AB, T5K 0N3
(780) 448-8480   SIC 6021
BANQUE TORONTO-DOMINION, LA   p 94
6655 178 St Nw Suite 120, EDMONTON, AB, T5T 4J5
(780) 448-8360   SIC 6021
BANQUE TORONTO-DOMINION, LA   p 98
12645 142 Ave Nw, EDMONTON, AB, T5X 5Y8
(780) 472-2400   SIC 6021
BANQUE TORONTO-DOMINION, LA   p 103
10864 82 Ave Nw, EDMONTON, AB, T6E 2B3
(780) 448-8435   SIC 6021
BANQUE TORONTO-DOMINION, LA   p 103
10864 82 Ave Nw, EDMONTON, AB, T6E 2B3
(780) 448-8450   SIC 6021
BANQUE TORONTO-DOMINION, LA   p 110
2325 111 St Nw, EDMONTON, AB, T6J 5E5
(780) 448-8282   SIC 6021
BANQUE TORONTO-DOMINION, LA   p 110
4108 Calgary Trail Nw, EDMONTON, AB, T6J 6Y6
(780) 434-6481   SIC 6021
BANQUE TORONTO-DOMINION, LA   p 111
133 Millbourne Shopping Centre Nw, EDMONTON, AB, T6K 3L6
(780) 462-4625   SIC 6021
BANQUE TORONTO-DOMINION, LA   p 139
2033 Mayor Magrath Dr S, LETHBRIDGE, AB, T1K 2S2
(403) 381-5030   SIC 6021
BANQUE TORONTO-DOMINION, LA   p 143
601 3 St Se, MEDICINE HAT, AB, T1A 0H4
(403) 528-6300   SIC 6021
BANQUE TORONTO-DOMINION, LA   p 156
5001 19 St Unit 500, RED DEER, AB, T4R 3R1
(403) 342-4700   SIC 6021
BANQUE TORONTO-DOMINION, LA   p 165
100 Jennifer Heil Way Ste 10, SPRUCE GROVE, AB, T7X 4B8
(780) 962-0404   SIC 6021
BANQUE TORONTO-DOMINION, LA   p 174
5002 50 Ave, WETASKIWIN, AB, T9A 0S4
(780) 361-5200   SIC 6021
BANQUE TORONTO-DOMINION, LA   p 176
2130 Sumas Way, ABBOTSFORD, BC, V2S 2C7
(604) 870-3950   SIC 6021
BANQUE TORONTO-DOMINION, LA   p 178
32435 South Fraser Way Suite 1, ABBOTSFORD, BC, V2T 1X4
(604) 850-5921   SIC 6021
BANQUE TORONTO-DOMINION, LA   p 186
1933 Willingdon Ave Suite 2, BURNABY, BC, V5C 5J3
(604) 654-3939   SIC 6021
BANQUE TORONTO-DOMINION, LA   p 219
500 Notre Dame Dr Suite 500, KAMLOOPS, BC, V2C 6T6
(250) 314-3000   SIC 6021
BANQUE TORONTO-DOMINION, LA   p 224
1950 Harvey Ave Suite 150, KELOWNA, BC, V1Y 8J8
(250) 762-4142   SIC 6021
BANQUE TORONTO-DOMINION, LA   p 235
20398 Dewdney Trunk Rd Unit 200, MAPLE RIDGE, BC, V2X 3E3
(604) 460-2925   SIC 6021
BANQUE TORONTO-DOMINION, LA   p 235
22709 Lougheed Hwy Unit 560, MAPLE RIDGE, BC, V2X 2V5
(604) 466-6800   SIC 6021
BANQUE TORONTO-DOMINION, LA   p 238
32555 London Ave Suite 140, MISSION, BC, V2V 6M7
(604) 820-5600   SIC 6021

BANQUE TORONTO-DOMINION, LA *p* 240
1150 Terminal Ave N Suite 1, NANAIMO, BC, V9S 5L6
(250) 754-7731 *SIC* 6021

BANQUE TORONTO-DOMINION, LA *p* 244
610 Sixth St Suite 237, NEW WESTMINSTER, BC, V3L 3C2
(604) 654-5394 *SIC* 6021

BANQUE TORONTO-DOMINION, LA *p* 249
1315 Marine Dr, NORTH VANCOUVER, BC, V7P 3E5
(604) 984-4282 *SIC* 6021

BANQUE TORONTO-DOMINION, LA *p* 251
115 Alberni Hwy, PARKSVILLE, BC, V9P 2G9
(250) 248-7329 *SIC* 6021

BANQUE TORONTO-DOMINION, LA *p* 252
2210 Main St Suite 130, PENTICTON, BC, V2A 5H8
(250) 770-2333 *SIC* 6021

BANQUE TORONTO-DOMINION, LA *p* 252
390 Main St, PENTICTON, BC, V2A 5C3
(250) 492-0145 *SIC* 6021

BANQUE TORONTO-DOMINION, LA *p* 253
3008 3rd Ave, PORT ALBERNI, BC, V9Y 2A5
(250) 720-4810 *SIC* 6021

BANQUE TORONTO-DOMINION, LA *p* 259
400 Victoria St Suite 390, PRINCE GEORGE, BC, V2L 2J7
(250) 614-2950 *SIC* 6021

BANQUE TORONTO-DOMINION, LA *p* 271
6020 No. 3 Rd, RICHMOND, BC, V6Y 2B3
(604) 606-0700 *SIC* 6021

BANQUE TORONTO-DOMINION, LA *p* 277
2406 Beacon Ave, SIDNEY, BC, V8L 1X4
(250) 655-5244 *SIC* 6021

BANQUE TORONTO-DOMINION, LA *p* 290
2429 152 St Unit 100, SURREY, BC, V4P 1N4
(604) 541-2052 *SIC* 6021

BANQUE TORONTO-DOMINION, LA *p* 299
511 41st Ave W, VANCOUVER, BC, V5Z 2M7
(604) 261-7266 *SIC* 6021

BANQUE TORONTO-DOMINION, LA *p* 313
1690 Davie St, VANCOUVER, BC, V6G 1V9
(604) 683-5644 *SIC* 6021

BANQUE TORONTO-DOMINION, LA *p* 318
8005 Granville St, VANCOUVER, BC, V6P 4Z5
(604) 257-7830 *SIC* 6021

BANQUE TORONTO-DOMINION, LA *p* 319
3396 Broadway W, VANCOUVER, BC, V6R 2B2
SIC 6021

BANQUE TORONTO-DOMINION, LA *p* 323
1055 Dunsmuir St, VANCOUVER, BC, V7X 1L4
(604) 659-7452 *SIC* 6021

BANQUE TORONTO-DOMINION, LA *p* 324
700 Georgia St W, VANCOUVER, BC, V7Y 1K8
(604) 654-3665 *SIC* 6021

BANQUE TORONTO-DOMINION, LA *p* 324
700 Georgia St W Suite 1000, VANCOUVER, BC, V7Y 1K8
(604) 482-8400 *SIC* 6021

BANQUE TORONTO-DOMINION, LA *p* 327
3675 Shelbourne St, VICTORIA, BC, V8P 4H1
(250) 405-5260 *SIC* 6021

BANQUE TORONTO-DOMINION, LA *p* 328
2000 Cadboro Bay Rd, VICTORIA, BC, V8R 5G5
(250) 592-8111 *SIC* 6021

BANQUE TORONTO-DOMINION, LA *p* 332
3530 Blanshard St, VICTORIA, BC, V8X 1W3
(250) 356-4121 *SIC* 6021

BANQUE TORONTO-DOMINION, LA *p* 335
184 Wilson St Suite 100, VICTORIA, BC, V9A 7N6
(250) 405-6100 *SIC* 6021

BANQUE TORONTO-DOMINION, LA *p* 343
137 3rd St, BIRCH RIVER, MB, R0L 0E0
SIC 6021

BANQUE TORONTO-DOMINION, LA *p* 358
501 Main St E, SWAN RIVER, MB, R0L 1Z0
(204) 734-4544 *SIC* 6021

BANQUE TORONTO-DOMINION, LA *p* 358
302 Edwards Ave, THE PAS, MB, R9A 1K6
(204) 627-4501 *SIC* 6021

BANQUE TORONTO-DOMINION, LA *p* 359
300 Mystery Lake Rd, THOMPSON, MB, R8N 0M2
(204) 677-6083 *SIC* 6021

BANQUE TORONTO-DOMINION, LA *p* 361
1615 Regent Ave W Suite 800, WINNIPEG, MB, R2C 5C6
(204) 988-2700 *SIC* 6021

BANQUE TORONTO-DOMINION, LA *p* 367
270 St Anne's Rd, WINNIPEG, MB, R2M 3A4
SIC 6021

BANQUE TORONTO-DOMINION, LA *p* 370
1375 Mcphillips St Suite 7, WINNIPEG, MB, R2V 3V1
(204) 985-4560 *SIC* 6021

BANQUE TORONTO-DOMINION, LA *p* 370
2305 Mcphillips St Suite 400, WINNIPEG, MB, R2V 3E1
(204) 988-2457 *SIC* 6021

BANQUE TORONTO-DOMINION, LA *p* 374
201 Portage Ave Suite 300, WINNIPEG, MB, R3B 3K6
(204) 988-2811 *SIC* 6021

BANQUE TORONTO-DOMINION, LA *p* 399
77 Westmorland St Suite 100, FREDERICTON, NB, E3B 6Z3
(506) 458-8228 *SIC* 6021

BANQUE TORONTO-DOMINION, LA *p* 406
860 Main St Suite 500, MONCTON, NB, E1C 1G2
(506) 853-4370 *SIC* 6021

BANQUE TORONTO-DOMINION, LA *p* 416
44 Chipman Hill Suite 200, SAINT JOHN, NB, E2L 2A9
(506) 634-1870 *SIC* 6021

BANQUE TORONTO-DOMINION, LA *p* 443
1475 Bedford Hwy, BEDFORD, NS, B4A 3Z5
(902) 835-7400 *SIC* 6021

BANQUE TORONTO-DOMINION, LA *p* 461
6239 Quinpool Rd, HALIFAX, NS, B3L 1A4
(902) 422-7471 *SIC* 6021

BANQUE TORONTO-DOMINION, LA *p* 465
42 Webster St, KENTVILLE, NS, B4N 1H7
(902) 678-2131 *SIC* 6021

BANQUE TORONTO-DOMINION, LA *p* 487
98 Wilson St W, ANCASTER, ON, L9G 1N3
(905) 648-1805 *SIC* 6021

BANQUE TORONTO-DOMINION, LA *p* 494
320 Bayfield St, BARRIE, ON, L4M 3C1
(705) 721-6005 *SIC* 6021

BANQUE TORONTO-DOMINION, LA *p* 494
33 Collier St Suite Fl2, BARRIE, ON, L4M 1G5
(705) 721-6001 *SIC* 6021

BANQUE TORONTO-DOMINION, LA *p* 501
202 Front St, BELLEVILLE, ON, K8N 2Z2
(613) 967-2222 *SIC* 6021

BANQUE TORONTO-DOMINION, LA *p* 507
2379 Highway 2, BOWMANVILLE, ON, L1C 5A4
(905) 623-2514 *SIC* 6021

BANQUE TORONTO-DOMINION, LA *p* 510
90 Great Lakes Dr, BRAMPTON, ON, L6R 2K7
(905) 790-8557 *SIC* 6021

BANQUE TORONTO-DOMINION, LA *p* 513
25 Peel Centre Dr, BRAMPTON, ON, L6T 3R5
(905) 793-4880 *SIC* 6021

BANQUE TORONTO-DOMINION, LA *p* 519
295a Queen St E, BRAMPTON, ON, L6W 3R1
(905) 451-4280 *SIC* 6021

BANQUE TORONTO-DOMINION, LA *p* 521
545 Steeles Ave W, BRAMPTON, ON, L6Y 4E7
(905) 454-3540 *SIC* 6021

BANQUE TORONTO-DOMINION, LA *p* 521
7686 Hurontario St, BRAMPTON, ON, L6Y 5B5
(905) 457-3201 *SIC* 6021

BANQUE TORONTO-DOMINION, LA *p* 528
70 Market St, BRANTFORD, ON, N3T 2Z7
(519) 759-5679 *SIC* 6021

BANQUE TORONTO-DOMINION, LA *p* 532
2000 Appleby Line Unit G1, BURLINGTON, ON, L7L 6M6
(905) 332-2240 *SIC* 6021

BANQUE TORONTO-DOMINION, LA *p* 532
5515 North Service Rd Unit 400, BURLINGTON, ON, L7L 6G4
(905) 331-7511 *SIC* 8742

BANQUE TORONTO-DOMINION, LA *p* 538
1505 Guelph Line, BURLINGTON, ON, L7P 3B6
(905) 335-1990 *SIC* 6021

BANQUE TORONTO-DOMINION, LA *p* 542
200 Franklin Blvd, CAMBRIDGE, ON, N1R 8N8
(519) 622-1010 *SIC* 6021

BANQUE TORONTO-DOMINION, LA *p* 542
81 Main St, CAMBRIDGE, ON, N1R 1W1
SIC 6021

BANQUE TORONTO-DOMINION, LA *p* 547
699 King St E, CAMBRIDGE, ON, N3H 3N7
(519) 653-2363 *SIC* 6021

BANQUE TORONTO-DOMINION, LA *p* 556
104 Hurontario St, COLLINGWOOD, ON, L9Y 2L8
(705) 445-4881 *SIC* 6021

BANQUE TORONTO-DOMINION, LA *p* 556
104 Hurontario St, COLLINGWOOD, ON, L9Y 2L9
(705) 445-8243 *SIC* 6021

BANQUE TORONTO-DOMINION, LA *p* 570
82 King St W, DUNDAS, ON, L9H 1T9
(905) 627-3559 *SIC* 6021

BANQUE TORONTO-DOMINION, LA *p* 591
29 Main St S, GEORGETOWN, ON, L7G 3G2
(905) 877-2266 *SIC* 6021

BANQUE TORONTO-DOMINION, LA *p* 594
1648 Montreal Rd, GLOUCESTER, ON, K1J 6N5
(613) 745-6533 *SIC* 6021

BANQUE TORONTO-DOMINION, LA *p* 597
81 Crescent St Suite 24, GRAND BEND, ON, N0M 1T0
(519) 238-8435 *SIC* 6021

BANQUE TORONTO-DOMINION, LA *p* 598
350 Eramosa Rd, GUELPH, ON, N1E 2M9
(519) 763-2020 *SIC* 6021

BANQUE TORONTO-DOMINION, LA *p* 601
170 Silvercreek Pky N, GUELPH, ON, N1H 7P7
(519) 824-8100 *SIC* 6021

BANQUE TORONTO-DOMINION, LA *p* 608
1900 King St E, HAMILTON, ON, L8K 1W1
(905) 545-7903 *SIC* 6021

BANQUE TORONTO-DOMINION, LA *p* 610
100 King St W Suite 1500, HAMILTON, ON, L8P 1A2
(905) 527-3626 *SIC* 6021

BANQUE TORONTO-DOMINION, LA *p* 610
100 King St W Suite 500, HAMILTON, ON, L8P 1A2
(905) 527-3626 *SIC* 6021

BANQUE TORONTO-DOMINION, LA *p* 613
1119 Fennell Ave E, HAMILTON, ON, L8T 1S2
(905) 387-9500 *SIC* 6021

BANQUE TORONTO-DOMINION, LA *p* 624
457 Hazeldean Rd Unit 28, KANATA, ON, K2L 1V1
(613) 592-8947 *SIC* 6021

BANQUE TORONTO-DOMINION, LA *p* 631
27 Princess St Suite 202, KINGSTON, ON, K7L 1A3

(613) 544-5450 *SIC* 6021

BANQUE TORONTO-DOMINION, LA *p* 638
2960 Kingsway Dr, KITCHENER, ON, N2C 1X1
(519) 885-8520 *SIC* 6021

BANQUE TORONTO-DOMINION, LA *p* 640
381 King St W Suite 3rd, KITCHENER, ON, N2G 1B8
(519) 579-2160 *SIC* 6021

BANQUE TORONTO-DOMINION, LA *p* 642
272 Highland Rd W, KITCHENER, ON, N2M 3C5
(519) 749-3277 *SIC* 6021

BANQUE TORONTO-DOMINION, LA *p* 644
123 Pioneer Dr Suite 1, KITCHENER, ON, N2P 2A3
(519) 885-8555 *SIC* 6021

BANQUE TORONTO-DOMINION, LA *p* 648
195 Main St E, LISTOWEL, ON, N4W 2B5
(519) 291-2840 *SIC* 6021

BANQUE TORONTO-DOMINION, LA *p* 653
1314 Huron St, LONDON, ON, N5Y 4V2
(519) 451-0453 *SIC* 6021

BANQUE TORONTO-DOMINION, LA *p* 654
1086 Commissioners Rd E, LONDON, ON, N5Z 4W8
(519) 649-2370 *SIC* 6021

BANQUE TORONTO-DOMINION, LA *p* 655
220 Dundas St, LONDON, ON, N6A 1H3
(519) 663-1560 *SIC* 6021

BANQUE TORONTO-DOMINION, LA *p* 655
380 Wellington St Suite 10, LONDON, ON, N6A 5B5
(519) 640-2856 *SIC* 6021

BANQUE TORONTO-DOMINION, LA *p* 657
275 Dundas St, LONDON, ON, N6B 3L1
(519) 663-1500 *SIC* 6021

BANQUE TORONTO-DOMINION, LA *p* 659
1420 Ernest Ave, LONDON, ON, N6E 2H8
(519) 686-6810 *SIC* 6021

BANQUE TORONTO-DOMINION, LA *p* 661
215 Oxford St W, LONDON, ON, N6H 1S5
(519) 438-8311 *SIC* 6021

BANQUE TORONTO-DOMINION, LA *p* 664
3029 Wonderland Rd S, LONDON, ON, N6L 1R4
(519) 668-3504 *SIC* 6021

BANQUE TORONTO-DOMINION, LA *p* 667
2933 Major Mackenzie Dr, MAPLE, ON, L6A 3N9
(905) 832-2000 *SIC* 6021

BANQUE TORONTO-DOMINION, LA *p* 670
7077 Kennedy Rd, MARKHAM, ON, L3R 0N8
(905) 946-8824 *SIC* 6021

BANQUE TORONTO-DOMINION, LA *p* 681
252 Main St E, MILTON, ON, L9T 1N8
(905) 878-2834 *SIC* 6021

BANQUE TORONTO-DOMINION, LA *p* 697
3037 Clayhill Rd, MISSISSAUGA, ON, L5B 4L2
(905) 949-6565 *SIC* 6021

BANQUE TORONTO-DOMINION, LA *p* 699
1177 Central Pky W Suite 35, MISSISSAUGA, ON, L5C 4P3
(905) 896-3188 *SIC* 6021

BANQUE TORONTO-DOMINION, LA *p* 713
20 Milverton Dr Suite 10, MISSISSAUGA, ON, L5R 3G2
(905) 568-3600 *SIC* 6021

BANQUE TORONTO-DOMINION, LA *p* 713
728 Bristol Rd W, MISSISSAUGA, ON, L5R 4A3
(905) 507-0870 *SIC* 6021

BANQUE TORONTO-DOMINION, LA *p* 722
7060 Mclaughlin Rd, MISSISSAUGA, ON, L5W 1W7
(905) 565-7220 *SIC* 6021

BANQUE TORONTO-DOMINION, LA *p* 727
1547 Merivale Rd, NEPEAN, ON, K2G 4V3
(613) 226-7353 *SIC* 6021

BANQUE TORONTO-DOMINION, LA *p* 727
1642 Merivale Rd, NEPEAN, ON, K2G 4A1
(613) 226-2224 *SIC* 6021

▲ Public Company   ■ Public Company Family Member   **HQ** Headquarters   **BR** Branch   **SL** Single Location

BANQUE TORONTO-DOMINION, LA p 732
1155 Davis Dr, NEWMARKET, ON, L3Y 8R1
(905) 830-9650   SIC 6021
BANQUE TORONTO-DOMINION, LA p 740
300 Lakeshore Dr, NORTH BAY, ON, P1A 3V2
(705) 474-1724   SIC 6021
BANQUE TORONTO-DOMINION, LA p 741
240 Main St E, NORTH BAY, ON, P1B 1B1
(705) 472-4370   SIC 6021
BANQUE TORONTO-DOMINION, LA p 743
3555 Don Mills Rd, NORTH YORK, ON, M2H 3N3
(416) 498-3331   SIC 6021
BANQUE TORONTO-DOMINION, LA p 747
2518 Bayview Ave, NORTH YORK, ON, M2L 1A9
(416) 444-4457   SIC 6021
BANQUE TORONTO-DOMINION, LA p 748
4950 Yonge St Suite 1600, NORTH YORK, ON, M2N 6K1
(416) 512-6788   SIC 6211
BANQUE TORONTO-DOMINION, LA p 764
2325 Trafalgar Rd, OAKVILLE, ON, L6H 6N9
(905) 257-0255   SIC 6021
BANQUE TORONTO-DOMINION, LA p 787
525 Coventry Rd, OTTAWA, ON, K1K 2C5
(613) 782-1219   SIC 6021
BANQUE TORONTO-DOMINION, LA p 787
562 Montreal Rd, OTTAWA, ON, K1K 0T9
(613) 783-6210   SIC 6021
BANQUE TORONTO-DOMINION, LA p 792
360 Albert St Suite 1100, OTTAWA, ON, K1R 7X7
(613) 783-1993   SIC 6021
BANQUE TORONTO-DOMINION, LA p 793
1158 Bank St, OTTAWA, ON, K1S 3X8
(613) 783-6222   SIC 6021
BANQUE TORONTO-DOMINION, LA p 795
2470 Bank St, OTTAWA, ON, K1V 8S2
(613) 526-2128   SIC 6021
BANQUE TORONTO-DOMINION, LA p 796
1620 Scott St, OTTAWA, ON, K1Y 4S7
SIC 6021
BANQUE TORONTO-DOMINION, LA p 797
1309 Carling Ave, OTTAWA, ON, K1Z 7L3
(613) 728-2681   SIC 6021
BANQUE TORONTO-DOMINION, LA p 798
1800 Carling Ave, OTTAWA, ON, K2A 1E2
(613) 728-1802   SIC 6021
BANQUE TORONTO-DOMINION, LA p 801
263 Elgin St, OTTAWA, ON, K2P 1L8
(613) 783-6260   SIC 6021
BANQUE TORONTO-DOMINION, LA p 803
901 2nd Ave E, OWEN SOUND, ON, N4K 2H5
(519) 376-6510   SIC 6021
BANQUE TORONTO-DOMINION, LA p 803
985 2nd Ave E Suite 101, OWEN SOUND, ON, N4K 2H5
(519) 376-2535   SIC 6021
BANQUE TORONTO-DOMINION, LA p 809
Gd, PETERBOROUGH, ON, K9J 7H7
(705) 745-5777   SIC 6021
BANQUE TORONTO-DOMINION, LA p 819
270 Raglan St S, RENFREW, ON, K7V 1R4
(613) 432-3682   SIC 6021
BANQUE TORONTO-DOMINION, LA p 820
200-500 Highway 7 E, RICHMOND HILL, ON, L4B 1J1
(905) 764-7730   SIC 6021
BANQUE TORONTO-DOMINION, LA p 832
44 Great Northern Rd, SAULT STE. MARIE, ON, P6B 4Y5
(705) 254-7355   SIC 6021
BANQUE TORONTO-DOMINION, LA p 836
740 Progress Ave, SCARBOROUGH, ON, M1H 2X3
(416) 983-5204   SIC 6021
BANQUE TORONTO-DOMINION, LA p 838
2428 Eglinton Ave E, SCARBOROUGH, ON, M1K 2P7
(416) 751-3810   SIC 6021
BANQUE TORONTO-DOMINION, LA p 840
26 William Kitchen Rd, SCARBOROUGH, ON, M1P 5B7
(416) 292-2201   SIC 6021
BANQUE TORONTO-DOMINION, LA p 842
85 Ellesmere Rd, SCARBOROUGH, ON, M1R 4B7
(416) 441-2041   SIC 6021
BANQUE TORONTO-DOMINION, LA p 844
3477 Sheppard Ave E, SCARBOROUGH, ON, M1T 3K6
(416) 291-9566   SIC 6021
BANQUE TORONTO-DOMINION, LA p 848
135 Queensway E, SIMCOE, ON, N3Y 4M5
(519) 426-9230   SIC 6021
BANQUE TORONTO-DOMINION, LA p 851
364 Scott St, ST CATHARINES, ON, L2M 3W4
(905) 934-6225   SIC 6021
BANQUE TORONTO-DOMINION, LA p 852
37 Lakeshore Rd, ST CATHARINES, ON, L2N 2T2
(905) 646-4141   SIC 6021
BANQUE TORONTO-DOMINION, LA p 856
240 Glendale Ave, ST CATHARINES, ON, L2T 2L2
(905) 684-8719   SIC 6021
BANQUE TORONTO-DOMINION, LA p 862
800 Queenston Rd, STONEY CREEK, ON, L8G 1A7
(905) 664-6510   SIC 6021
BANQUE TORONTO-DOMINION, LA p 864
41 Downie St, STRATFORD, ON, N5A 1W7
(519) 271-4160   SIC 6021
BANQUE TORONTO-DOMINION, LA p 870
1935 Paris St Suite 3, SUDBURY, ON, P3E 3C6
(705) 522-2370   SIC 6021
BANQUE TORONTO-DOMINION, LA p 873
67 Bruce St, THORNBURY, ON, N0H 2P0
(519) 599-2622   SIC 6021
BANQUE TORONTO-DOMINION, LA p 873
7967 Yonge St, THORNHILL, ON, L3T 2C4
(905) 881-3252   SIC 6021
BANQUE TORONTO-DOMINION, LA p 882
200 Broadway St Suite 205, TILLSONBURG, ON, N4G 5A7
(519) 842-8401   SIC 6021
BANQUE TORONTO-DOMINION, LA p 891
801 O'connor Dr, TORONTO, ON, M4B 2S7
(416) 757-1361   SIC 6021
BANQUE TORONTO-DOMINION, LA p 897
2453 Yonge St, TORONTO, ON, M4P 2H6
(416) 932-1500   SIC 6021
BANQUE TORONTO-DOMINION, LA p 898
1955 Yonge St, TORONTO, ON, M4S 1Z6
(416) 481-4423   SIC 6021
BANQUE TORONTO-DOMINION, LA p 899
2 St Clair Ave E Suite 100, TORONTO, ON, M4T 2T5
(416) 944-4054   SIC 6021
BANQUE TORONTO-DOMINION, LA p 913
11 King St W, TORONTO, ON, M5H 4C7
SIC 6021
BANQUE TORONTO-DOMINION, LA p 917
161 Bay St Suite 3200, TORONTO, ON, M5J 2T2
(416) 361-5400   SIC 6021
BANQUE TORONTO-DOMINION, LA p 920
77 King St W Suite 3000, TORONTO, ON, M5K 2A1
(416) 864-6448   SIC 6021
BANQUE TORONTO-DOMINION, LA p 921
79 Wellington St W, TORONTO, ON, M5K 1A2
(416) 982-8990   SIC 6021
BANQUE TORONTO-DOMINION, LA p 921
Gd, TORONTO, ON, M5K 1A2
(416) 982-4888   SIC 6021
BANQUE TORONTO-DOMINION, LA p 921
66 Wellington St West Rd, TORONTO, ON, M5K 1A2
(416) 982-8641   SIC 6021
BANQUE TORONTO-DOMINION, LA p 921
66 Wellington St W, TORONTO, ON, M5K 1A2
(416) 982-7650   SIC 6021
BANQUE TORONTO-DOMINION, LA p 921
55 King St W, TORONTO, ON, M5K 1A2
(416) 982-2322   SIC 6021
BANQUE TORONTO-DOMINION, LA p 921
15th St, TORONTO, ON, M5K 1A2
(416) 982-6703   SIC 6021
BANQUE TORONTO-DOMINION, LA p 921
100 Wellington St W, TORONTO, ON, M5K 1Y6
(416) 982-5146   SIC 6021
BANQUE TORONTO-DOMINION, LA p 921
100 Wellington St, TORONTO, ON, M5K 1A2
(416) 982-8910   SIC 6021
BANQUE TORONTO-DOMINION, LA p 928
443 Queen St W, TORONTO, ON, M5V 2B1
(416) 982-2535   SIC 6021
BANQUE TORONTO-DOMINION, LA p 933
687 St Clair Ave W, TORONTO, ON, M6C 1B2
(416) 653-1130   SIC 6021
BANQUE TORONTO-DOMINION, LA p 939
3422 Dundas St W, TORONTO, ON, M6S 2S1
SIC 6021
BANQUE TORONTO-DOMINION, LA p 941
1746 Jane St, TORONTO, ON, M9N 2S9
(416) 244-1121   SIC 6021
BANQUE TORONTO-DOMINION, LA p 945
4630 Highway 7, UNIONVILLE, ON, L3R 1M5
(905) 475-9960   SIC 6021
BANQUE TORONTO-DOMINION, LA p 953
460 Erb St W, WATERLOO, ON, N2T 1N5
(519) 885-8586   SIC 6021
BANQUE TORONTO-DOMINION, LA p 957
80 Thickson Rd S Suite 2, WHITBY, ON, L1N 7T2
(905) 666-9933   SIC 6021
BANQUE TORONTO-DOMINION, LA p 957
209 Dundas St E Suite 500, WHITBY, ON, L1N 7H8
(905) 665-8016   SIC 6021
BANQUE TORONTO-DOMINION, LA p 960
13300 Tecumseh Rd E, WINDSOR, ON, N8N 4R8
(519) 735-0010   SIC 6021
BANQUE TORONTO-DOMINION, LA p 962
7404 Tecumseh Rd E, WINDSOR, ON, N8T 1E9
(519) 944-8822   SIC 6021
BANQUE TORONTO-DOMINION, LA p 965
1407 Ottawa St, WINDSOR, ON, N8X 2G1
(519) 256-6363   SIC 6021
BANQUE TORONTO-DOMINION, LA p 965
3100 Howard Ave, WINDSOR, ON, N8X 3Y8
(519) 969-0181   SIC 6021
BANQUE TORONTO-DOMINION, LA p 970
1550 Grand Marais Rd W, WINDSOR, ON, N9E 4L1
(519) 972-1990   SIC 6021
BANQUE TORONTO-DOMINION, LA p 976
539 Dundas St W, WOODSTOCK, ON, N4S 1C6
(519) 539-2002   SIC 6021
BANQUE TORONTO-DOMINION, LA p 980
192 Queen St, CHARLOTTETOWN, PE, C1A 4B5
(902) 629-2265   SIC 6021
BANQUE TORONTO-DOMINION, LA p 1013
255 Rue Racine E Bureau 100, CHICOUTIMI, QC, G7H 7L2
(418) 549-0412   SIC 6021
BANQUE TORONTO-DOMINION, LA p 1024
3720 Boul Des Sources, DOLLARD-DES-ORMEAUX, QC, H9B 1Z9
(514) 683-0391   SIC 6021
BANQUE TORONTO-DOMINION, LA p 1037
349 Boul Saint-Joseph, GATINEAU, QC, J8Y 3Z4
(819) 770-5672   SIC 6021
BANQUE TORONTO-DOMINION, LA p 1039
181 Rue Principale Bureau A7, GATINEAU, QC, J9H 6A6
(819) 682-5375   SIC 6021
BANQUE TORONTO-DOMINION, LA p 1072
2665 Ch De Chambly, LONGUEUIL, QC, J4L 1M3
(450) 647-5243   SIC 6021
BANQUE TORONTO-DOMINION, LA p 1089
2959 Rue Sherbrooke E, Montreal, QC, H1W 1B2
(514) 289-0361   SIC 6021
BANQUE TORONTO-DOMINION, LA p 1101
500 Rue Saint-Jacques Bureau 151, Montreal, QC, H2Y 1S1
(514) 289-0799   SIC 6021
BANQUE TORONTO-DOMINION, LA p 1141
265 Boul Saint-Jean Bureau A, POINTE-CLAIRE, QC, H9R 3J1
(514) 695-2590   SIC 6021
BANQUE TORONTO-DOMINION, LA p 1166
5685 Boul Des Gradins, Quebec, QC, G2J 1V1
(418) 624-2966   SIC 6021
BANQUE TORONTO-DOMINION, LA p 1171
100 Boul Brien Bureau 145, REPENTIGNY, QC, J6A 5N4
(450) 582-1881   SIC 6021
BANQUE TORONTO-DOMINION, LA p 1206
3131 Boul De La Cote-Vertu, SAINT-LAURENT, QC, H4R 1Y8
(514) 337-2772   SIC 6021
BANQUE TORONTO-DOMINION, LA p 1241
1005 Rte Marie-Victorin Bureau 250, SOREL-TRACY, QC, J3R 1L5
(450) 742-2769   SIC 6021
BANQUE TORONTO-DOMINION, LA p 1279
2805 6th Ave E Unit 107, PRINCE ALBERT, SK, S6V 6Z6
(306) 953-8230   SIC 6021
BANSHEE ENTERPRISES LTD   p 1284
2330 15th Ave Suite 100, REGINA, SK, S4P 1A2
SIC 1623
BANTING & BEST PUBLIC SCHOOL p 846
See TORONTO DISTRICT SCHOOL BOARD
BANTING & BEST SHERWOOD CAMPUS p 16
See CALGARY BOARD OF EDUCATION
BANTING MEMORIAL HIGH SCHOOL p 486
See SIMCOE COUNTY DISTRICT SCHOOL BOARD, THE
BANTING MIDDLE SCHOOL   p 201
See SCHOOL DISTRICT NO. 43 (COQUITLAM)
BANTREL CO.   p 40
700 6 Ave Sw Suite 1400, CALGARY, AB, T2P 0T8
(403) 290-5000   SIC 8711
BANTREL CO.   p 53
1201 Glenmore Trail Sw Suite 1061, CALGARY, AB, T2V 4Y8
(403) 290-5000   SIC 8711
BANTREL CO.   p 99
4999 98 Ave Nw Unit 401, EDMONTON, AB, T6B 2X3
(780) 462-5600   SIC 8711
BANYAN COMMUNITY SERVICES INC p 614
320 Anchor Rd, HAMILTON, ON, L8W 3R2
(905) 574-0610   SIC 8322
BAR BUONANOTTE INC   p 1100
3518 Boul Saint-Laurent, Montreal, QC, H2X 2V1
(514) 848-0644   SIC 5812
BAR CAPPUCINO   p 1083
See STATION MONT-TREMBLANT SOCIETE EN COMMANDITE
BAR L'EVASION ENR   p 1258
See 2166-2440 QUEBEC INC
BAR SUITE 701   p 1103
See RESTAURANT AIX INC
BAR-B-BARN   p 1118
See RESTAURANT LES BON GARS INC

BARBARA FRUM BRANCH p 760
See TORONTO PUBLIC LIBRARY BOARD
BARBARIAN SPORTSWEAR INC p 644
575 Trillium Dr, KITCHENER, ON, N2R 1J9
(519) 895-1932   SIC 2329
BARBER GROUP INVESTMENTS INC p 599
485 Southgate Dr, GUELPH, ON, N1G 3W6
SIC 5039
BARDEAUX LAJOIE INC, LES p 1186
101 10e Rang E Rr 2, Saint-Eusebe, QC, G0L 2Y0
(418) 899-2541   SIC 2429
BARDON SUPPLIES LIMITED p 496
500 Dunlop St W, BARRIE, ON, L4N 9W5
(705) 722-9909   SIC 5074
BARDON SUPPLIES LIMITED p 501
405 College St E, BELLEVILLE, ON, K8N 4Z6
(613) 966-5643   SIC 5074
BARDON SUPPLIES LIMITED p 513
24 Melanie Dr, BRAMPTON, ON, L6T 4K9
(905) 791-4500   SIC 5074
BARDON SUPPLIES LIMITED p 633
670 Progress Ave, KINGSTON, ON, K7M 4W9
(613) 384-5870   SIC 5074
BARE SPORTS CANADA LTD p 192
3711 North Fraser Way Suite 50, BURNABY, BC, V5J 5J2
(604) 235-2630   SIC 3069
BARER ENGINEERING COMPANY p 1203
See 155501 CANADA INC
BARFITT BROS. HARDWARE (AURORA) LTD p 490
289 Wellington St E, AURORA, ON, L4G 6H6
(905) 727-4751   SIC 5251
BARGAIN ANNEX p 551
See N. TEPPERMAN LIMITED
BARGAIN GIANT STORES p 1127
See MAGASINS HART INC
BARILLET JONQUIERE INC, LE p 1047
2523 Rue Saint-Dominique, Jonquiere, QC, G7X 6K1
(418) 547-2668   SIC 5812
BARKERS POINT ELEMENTARY SCHOOL p 398
See ANGLOPHONE WEST SCHOOL DISTRICT (ASD-W)
BARKMAN CONCRETE LTD p 366
909 Gateway Rd, WINNIPEG, MB, R2K 3L1
(204) 667-3310   SIC 5032
BARLON ENGINEERING GROUP LTD, THE p 51
340 12 Ave Sw Suite 1110, CALGARY, AB, T2R 1L5
(403) 261-7097   SIC 8711
BARN, THE p 613
See METRO RICHELIEU INC
BARNES & CASTLE p 759
See BENIX & CO. INC
BARNES DISTRIBUTION p 500
See MSC INDUSTRIAL SUPPLY ULC
BARNES J.D., LIMITED p 681
401 Wheelabrator Way Suite A, MILTON, ON, L9T 3C1
(905) 875-9955   SIC 8713
BARNHILL MEMORIAL SCHOOL p 418
See SCHOOL DISTRICT 8
BARNSLEY INVESTMENTS LTD p 2
104 Edmonton Trail Ne Suite 1, AIRDRIE, AB, T4B 1S1
(403) 948-6000   SIC 5812
BARNWELL SCHOOL p 5
See BOARD OF TRUSTEES OF HORIZON SCHOOL DIVISION NO 67
BARON OILFIELD SUPPLY p 125
9515 108 St, GRANDE PRAIRIE, AB, T8V 5R7
(780) 532-5661   SIC 5084
BARON OUTDOOR PRODUCTS LTD p 670
8365 Woodbine Ave Suite 1, MARKHAM, ON, L3R 2P4
(905) 944-0682   SIC 5941

BARON SPORTS p 1115
See SAIL PLEIN AIR INC
BARON SPORTS p 1130
See SAIL PLEIN AIR INC
BARON SPORTS p 1143
See SAIL PLEIN AIR INC
BARONDALE PUBLIC SCHOOL p 695
See PEEL DISTRICT SCHOOL BOARD
BARR COLONY SCHOOL p 141
See LLOYDMINSTER SCHOOL DIVISION NO 99
BARR, GORDON LIMITED p 630
156 Duff St, KINGSTON, ON, K7K 2L5
(613) 542-4922   SIC 1623
BARRCANA HOMES INC p 5
59504 Range Rd 32, BARRHEAD, AB, T7N 1A4
(780) 305-0505   SIC 2452
BARRDAY PROTECTIVE SOLUTIONS p 545
See BARRDAY, INC
BARRDAY, INC p 545
75 Moorefield St, CAMBRIDGE, ON, N1T 1S2
(519) 621-3620   SIC 2299
BARREAU DU HAUT CANADA p 915
See LAW SOCIETY OF UPPER CANADA, THE
BARRETT CORPORATION p 511
100 Corporation Dr, BRAMPTON, ON, L6S 6B5
(905) 789-7575   SIC 5063
BARRETT EXPLORER p 1
See BMG HOLDINGS LTD
BARRETT HIDES INC p 496
75 Welham Rd, BARRIE, ON, L4N 8Y3
(705) 734-9905   SIC 5159
BARRETT SAUNDERS ASSOCIATES p 511
See BARRETT CORPORATION
BARRETT, HAROLD T JUNIOR HIGH SCHOOL p 443
See HALIFAX REGIONAL SCHOOL BOARD
BARRHAVEN CHRYSLER DODGE JEEP RAM p 802
See MOTOR WORKS ONE HOLDINGS INC
BARRHAVEN MAZDA p 802
See MOTOR WORKS TWO HOLDINGS INC
BARRHAVEN PUBLIC SCHOOL p 801
See OTTAWA-CARLETON DISTRICT SCHOOL BOARD
BARRHEAD & DISTRICT SOCIAL HOUSING ASSOCIATION p 5
4321 52 Ave, BARRHEAD, AB, T7N 1M6
(780) 674-2787   SIC 6531
BARRHEAD A & W p 5
See A & W FOOD SERVICES OF CANADA INC
BARRHEAD BRANCH p 5
See SERVUS CREDIT UNION LTD
BARRHEAD COMMUNITY HEALTH SERVICES p 5
See ALBERTA HEALTH SERVICES
BARRHEAD COMPOSITE HIGH SCHOOL p 5
See PEMBINA HILLS REGIONAL DIVISION 7
BARRHEAD CONTINUING CARE CENTER p 5
See ALBERTA HEALTH SERVICES
BARRHEAD ELEMENTARY SCHOOL p 5
See PEMBINA HILLS REGIONAL DIVISION 7
BARRHEAD HEALTHCARE CENTRE p 5
See ALBERTA HEALTH SERVICES
BARRHEAD NEIGHBOURHOOD INN p 5
See 623878 ALBERTA LTD
BARRICK GOLD p 278
See BARRICK GOLD CORPORATION
BARRICK GOLD CORPORATION p 278
660 Air Miles North Of Stewart, SMITHERS, BC, V0J 2N0

(604) 522-9877   SIC 1041
BARRIE ALLANDALE RECREATION CENTRE p 497
See CORPORATION OF THE CITY OF BARRIE, THE
BARRIE CENTRAL COLLEGIATE INSTITUTE p 499
See SIMCOE COUNTY DISTRICT SCHOOL BOARD, THE
BARRIE COMMUNITY HEALTH CENTRE p 494
56 Bayfield St, BARRIE, ON, L4M 3A5
(705) 734-9690   SIC 8011
BARRIE CREEK COMMUNITY SCHOOL p 8
See PRAIRIE LAND REGIONAL DIVISION 25
BARRIE MEMORIAL HOSPITAL FOUNDATION p 1044
10 Rue King Bureau 200, HUNTINGDON, QC, J0S 1H0
(450) 829-3877   SIC 8322
BARRIE NATIONAL PINES GOLF & COUNTRY CLUB p 494
Gd Stn Main, BARRIE, ON, L4M 4S8
(705) 431-7000   SIC 7997
BARRIE NORTH COLLEGIATE p 495
See SIMCOE COUNTY DISTRICT SCHOOL BOARD, THE
BARRIE PUBLIC LIBRARY p 494
60 Worsley St, BARRIE, ON, L4M 1L6
(705) 728-1010   SIC 8231
BARRIE SORTATION PLANT p 496
See CANADA POST CORPORATION
BARRIE WELDING & MACHINE (1974) LIMITED p 496
136 Victoria St, BARRIE, ON, L4N 2J4
(705) 734-1926   SIC 3569
BARRIERE ELEMENTARY SCHOOL p 181
See SCHOOL DISTRICT 73 (KAMLOOPS/THOMPSON)
BARRIERE SECONDARY SCHOOL p 181
See SCHOOL DISTRICT 73 (KAMLOOPS/THOMPSON)
BARRINGTON CONSULTING GROUP INCORPORATED, THE p 457
1326 Barrington St, HALIFAX, NS, B3J 1Z1
(902) 491-4462   SIC 8741
BARRINGTON MARKET SUPERSTORE p 456
See ATLANTIC WHOLESALERS LTD
BARRON POULTRY LIMITED p 486
7470 County Road 18, AMHERSTBURG, ON, N9V 2Y7
(519) 726-5252   SIC 2015
BARRY GROUP p 393
See BARRY GROUP INC
BARRY GROUP INC p 393
12 Allee Frigault, ANSE-BLEUE, NB, E8N 2J2
SIC 5421
BARRY GROUP INC p 423
3 Fish Plant Rd, BURGEO, NL, A0N 2H0
(709) 886-2325   SIC 5146
BARRY GROUP INC p 424
1 Masonic Terrace, CLARENVILLE, NL, A5A 1N2
(709) 466-7186   SIC 2092
BARRY GROUP INC p 426
Gd, DOVER, NL, A0G 1X0
(709) 537-5888   SIC 2091
BARRY-ROBERT ENTREPRISES LTD p 1026
290 Av Guthrie, DORVAL, QC, H9P 2V2
(514) 931-7789   SIC 8322
BARTEK INGREDIENTS INC p 860
690 South Service Rd, STONEY CREEK, ON, L8E 5M5
(905) 643-1286   SIC 2865

BARTEX p 1187
See TRI-TEXCO INC
BARTHOLOMEWS BAR & GRILL p 331
See EXECUTIVE HOUSE LTD
BARTLE & GIBSON CO LTD p 21
4300 21 St Ne, CALGARY, AB, T2E 9A6
(403) 291-1099   SIC 5074
BARTLE & GIBSON CO LTD p 255
1458 Mustang Pl, PORT COQUITLAM, BC, V3C 6L2
(604) 941-7318   SIC 5074
BARTLE BROS INC p 598
204 Victoria Rd S, GUELPH, ON, N1E 5R1
(519) 766-9751   SIC 5812
BARTLETT'S VALUE MART p 825
See LOBLAWS SUPERMARKETS LIMITED
BARTON & KITELEY FUNERAL HOME & CREMATION CENTRE p 831
See SERVICE CORPORATION INTERNATIONAL (CANADA) LIMITED
BARTON AUTO PARTS LIMITED p 860
201 Barton St Suite 1, STONEY CREEK, ON, L8E 2K3
(905) 662-9266   SIC 5013
BARTON INSURANCE BROKERS LTD p 264
103 East 1 St Suite 101, REVELSTOKE, BC, V0E 2S0
(250) 837-5211   SIC 6411
BARTON RETIREMENT INC p 732
17290 Leslie St Suite 1, NEWMARKET, ON, L3Y 3E1
(905) 967-1331   SIC 8361
BARTON SECONDARY SCHOOL p 613
See HAMILTON-WENTWORTH DISTRICT SCHOOL BOARD, THE
BASAD LOGISTICS INC p 557
21 Staffern Dr, CONCORD, ON, L4K 2X2
(905) 532-0422   SIC 4225
BASF CANADA INC p 387
7 Ossington Crt, WINNIPEG, MB, R3P 2B3
(204) 985-1884   SIC 2821
BASF CANADA INC p 557
90 Snidercroft Rd, CONCORD, ON, L4K 2K1
(905) 669-4628   SIC 2821
BASF CANADA INC p 566
501 Wallrich Ave, CORNWALL, ON, K6J 2B5
(613) 933-5330   SIC 2821
BASF CANADA INC p 713
100 Milverton Dr Floor 5, MISSISSAUGA, ON, L5R 4H1
(289) 360-1300   SIC 2821
BASF CANADA INC p 713
100 Milverton Dr Unit 500, MISSISSAUGA, ON, L5R 4H1
(289) 360-1300   SIC 2821
BASF CANADA INC p 967
845 Wyandotte St W, WINDSOR, ON, N9A 5Y1
(519) 256-3155   SIC 2851
BASF CANADA INC p 1211
162 Rue Barr, SAINT-LAURENT, QC, H4T 1Y4
(514) 341-4082   SIC 2821
BASIC MORTGAGE CORP p 822
10211 Yonge St Unit 201, RICHMOND HILL, ON, L4C 3B3
(905) 508-6300   SIC 6162
BASIC PACKAGING INDUSTRIES INC p 694
5591 Mcadam Rd, MISSISSAUGA, ON, L4Z 1N4
(905) 890-0922   SIC 2842
BASINVIEW DRIVE COMMUNITY SCHOOL p 443
See HALIFAX REGIONAL SCHOOL BOARD
BASKIN-ROBBINS p 962
See TOKHASEPYAN FAMILY ENTERPRISES LIMITED
BASNETT TRUCK SERVICE p 131
See VERN BASNETT CONSULTING LTD
BASQ INTERNATIONAL INC p 1081

▲ Public Company   ■ Public Company Family Member   HQ Headquarters   BR Branch   SL Single Location

BUSINESSES ALPHABETICALLY

8515 Place Devonshire Bureau 214, MONT-ROYAL, QC, H4P 2K1
(514) 733-0066   SIC 7389
BASS BUILDING MAINTENANCE LTD   p 687
1233 Aerowood Dr, MISSISSAUGA, ON, L4W 1B9
(905) 629-2277   SIC 7349
BASS PRO SHOPS CANADA INC   p 557
1 Bass Pro Mills Dr, CONCORD, ON, L4K 5W4
(905) 761-4000   SIC 5941
BASS RIVER ELEMENTARY   p 443
See CHIGNECTO CENTRAL REGIONAL SCHOOL BOARD
BASSANO FARMS LTD   p 5
415 10 St, BASSANO, AB, T0J 0B0
(403) 641-3933   SIC 5431
BASSANO HOSPITAL   p 5
See ALBERTA HEALTH SERVICES
BASSANO SCHOOL   p 5
See GRASSLANDS REGIONAL DIVISION 6
BASTION ELEMENTARY SCHOOL   p 276
See NORTH OKANAGAN SHUSWAP SCHOOL DISTRICT 83
BASTION PLACE   p 276
See INTERIOR HEALTH AUTHORITY
BATEAUX PRINCECRAFT LTD   p 1144
725 Rue Saint-Henri, PRINCEVILLE, QC, G6L 5C2
(819) 364-5581   SIC 3732
BATEMAN FOODS (1995) LTD   p 73
13504 Victoria Trail Nw, EDMONTON, AB, T5A 5C9
(780) 432-1535   SIC 5411
BATESVILLE CASKET CANADA, DIV OF   p 689
See HILL-ROM CANADA LTD
BATH & BODY WORKS INC   p 367
1225 St Mary's Rd Suite 95, WINNIPEG, MB, R2M 5E5
(204) 256-3636   SIC 5719
BATH & BODY WORKS INC   p 764
240 Leighland Ave Suite 228, OAKVILLE, ON, L6H 3H6
(905) 845-3385   SIC 5719
BATH PUBLIC SCHOOL   p 500
See LIMESTONE DISTRICT SCHOOL BOARD
BATHIUM   p 1005
See SOLUTIONS BLEUES CANADA INC
BATHURST GLEN GOLF CLUB   p 824
See TORONTO AND REGION CONSERVATION AUTHORITY
BATHURST, CITY OF   p 393
850 St. Anne St, BATHURST, NB, E2A 6X2
(506) 549-3300   SIC 7999
BATIMAT   p 1125
See EMCO CORPORATION
BATISE INVESTMENTS LIMITED   p 757
3625 Dufferin St Suite 503, NORTH YORK, ON, M3K 1Z2
(416) 635-7520   SIC 6553
BATISSEURS DE RESEAUX   p 1141
See EXPERTECH NETWORK INSTALLATION INC
BATON ROUGE   p 721
5860 Mavis Rd, MISSISSAUGA, ON, L5V 3B7
SIC 5812
BATON ROUGE   p 1125
See GROUPE RESTAURANTS IMVESCOR INC
BATON ROUGE RESTAURANT   p 625
790 Kanata Ave Unit M3, KANATA, ON, K2T 1H8
(613) 591-3655   SIC 5812
BATON ROUGE RESTAURANTS   p 765
See IMVESCOR RESTAURANT GROUP INC
BATSHAW YOUTH AND FAMILY CENTRES   p 1098
See LES CENTRES DE LA JEUNESSE ET DE LA FAMILLE BATSHAW
BATTALION PARK SCHOOL   p 62
See CALGARY BOARD OF EDUCATION
BATTENFELD GREASE (CANADA) LTD.   p 577
68 Titan Rd, ETOBICOKE, ON, M8Z 2J8
(416) 239-1548   SIC 2911
BATTERIES ELECTRIQUES QUEBEC   p 1195
See GROUPE MASKA INC
BATTERIES PUISSANTES, LES   p 991
See POWER BATTERY SALES LTD
BATTERY HOTEL & SUITES   p 431
See BATTERY MANAGEMENT INC
BATTERY MANAGEMENT INC   p 431
100 Signal Hill Rd, ST. JOHN'S, NL, A1A 1B3
SIC 7011
BATTLE RIVER REGIONAL DIVISION 31   p 5
202 King St, BAWLF, AB, T0B 0J0
(780) 373-3784   SIC 8211
BATTLE RIVER REGIONAL DIVISION 31   p 66
200 Mount Pleasant Dr, CAMROSE, AB, T4V 4B5
(780) 672-0880   SIC 8211
BATTLE RIVER REGIONAL DIVISION 31   p 66
6206 43 Ave, CAMROSE, AB, T4V 0A7
(780) 672-5588   SIC 8211
BATTLE RIVER REGIONAL DIVISION 31   p 66
6205 48 Ave Suite 228, CAMROSE, AB, T4V 0K4
(780) 672-4416   SIC 8211
BATTLE RIVER REGIONAL DIVISION 31   p 66
5216 52 Ave, CAMROSE, AB, T4V 0X4
(780) 672-0106   SIC 8211
BATTLE RIVER REGIONAL DIVISION 31   p 66
4809 46 St, CAMROSE, AB, T4V 1G8
(780) 672-7785   SIC 8211
BATTLE RIVER REGIONAL DIVISION 31   p 66
4807 43 St, CAMROSE, AB, T4V 1A9
(780) 672-2980   SIC 8211
BATTLE RIVER REGIONAL DIVISION 31   p 71
5210 50th St, DAYSLAND, AB, T0B 1A0
(780) 374-3676   SIC 8211
BATTLE RIVER REGIONAL DIVISION 31   p 118
4914 46 Ave, FORESTBURG, AB, T0B 1N0
(780) 582-3792   SIC 8211
BATTLE RIVER REGIONAL DIVISION 31   p 130
Gd, HAY LAKES, AB, T0B 1W0
(780) 878-3368   SIC 8211
BATTLE RIVER REGIONAL DIVISION 31   p 132
5335 50 Ave, HOLDEN, AB, T0B 2C0
(780) 688-3858   SIC 8211
BATTLE RIVER REGIONAL DIVISION 31   p 133
5017 49 Ave, KILLAM, AB, T0B 2L0
(780) 385-3690   SIC 8211
BATTLE RIVER REGIONAL DIVISION 31   p 146
808 2nd Ave, NEW NORWAY, AB, T0B 3L0
(780) 855-3936   SIC 8211
BATTLE RIVER REGIONAL DIVISION 31   p 160
5101 50 Ave, SEDGEWICK, AB, T0B 4C0
(780) 384-3817   SIC 8211
BATTLE RIVER REGIONAL DIVISION 31   p 169
Gd, STROME, AB, T0B 4H0
(780) 376-3504   SIC 8211
BATTLE RIVER REGIONAL DIVISION 31   p 171
4824 58th Ave, TOFIELD, AB, T0B 4J0
(780) 662-3133   SIC 8211
BATTLE RIVER REGIONAL DIVISION 31   p 172
5503 51 St, VIKING, AB, T0B 4N0
(780) 336-3352   SIC 8211
BATTLEFIELD EQUIPMENT RENTALS   p 390
See TOROMONT INDUSTRIES LTD
BATTLEFIELD EQUIPMENT RENTALS   p 499
See TOROMONT INDUSTRIES LTD
BATTLEFIELD EQUIPMENT RENTALS   p 517
See TOROMONT INDUSTRIES LTD
BATTLEFIELD EQUIPMENT RENTALS   p 548
See TOROMONT INDUSTRIES LTD
BATTLEFIELD EQUIPMENT RENTALS   p 651
See TOROMONT INDUSTRIES LTD
BATTLEFIELD EQUIPMENT RENTALS   p 862
See TOROMONT INDUSTRIES LTD
BATTLEFORD CENTRAL ELEMENTARY SCHOOL   p 1264
See LIVING SKY SCHOOL DIVISION NO. 202
BATTLEFORD PUBLISHING LTD   p 1277
892 104th St, NORTH BATTLEFORD, SK, S9A 1M9
(306) 445-7261   SIC 2711
BATTLEFORD TRADE & EDUCATION CENTRE INC   p 1277
702 102nd St, NORTH BATTLEFORD, SK, S9A 1E3
(306) 445-6141   SIC 8322
BATURYN ELEMENTARY SCHOOL   p 98
See EDMONTON SCHOOL DISTRICT NO. 7
BAU-VAL INC   p 1191
435 Ch De La Carriere, SAINT-HIPPOLYTE, QC, J8A 1E9
(450) 436-8767   SIC 1429
BAU-VAL INC   p 1231
355 Boul Monseigneur-Langlois, SALABERRY-DE-VALLEYFIELD, QC, J6S 0G5
(450) 377-4544   SIC 1429
BAU-VAL INC   p 1255
3350 Ch De La Butte-Aux-Renards, VARENNES, QC, J3X 1P7
(450) 652-0689   SIC 2951
BAU-VAL INC   p 1255
3350 Ch De La Butte-Aux-Renards, VARENNES, QC, J3X 1P7
(450) 652-9818   SIC 2951
BAUER PARTNERSHIP   p 684
6490 Viscount Rd, MISSISSAUGA, ON, L4V 1H3
SIC 6712
BAUMEIER CORPORATION   p 547
1050 Fountain St N, CAMBRIDGE, ON, N3H 4R7
(519) 650-5553   SIC 3599
BAUMEIER ENGINEERED PRODUCTS DIV OF   p 547
See BAUMEIER CORPORATION
BAUSCH & LOMB CANADA   p 563
See VALEANT CANADA LP
BAWATING COLLEGIATE & VOCATION SCHOOL   p 832
See ALGOMA DISTRICT SCHOOL BOARD
BAWLF SCHOOL   p 5
See BATTLE RIVER REGIONAL DIVISION 31
BAXANDALL DRUGS LTD   p 107
8210 109 St Nw, EDMONTON, AB, T6G 1C8
(780) 433-3121   SIC 5912
BAXTER CENTRAL PUBLIC SCHOOL   p 572
See SIMCOE COUNTY DISTRICT SCHOOL BOARD, THE
BAXTER CORPORATION   p 485
89 Centre St S, ALLISTON, ON, L9R 1J4

BAY, THE 3069

(705) 435-6261   SIC 5122
BAXTER CORPORATION   p 687
2785 Skymark Ave Suite 14, MISSISSAUGA, ON, L4W 4Y3
(905) 290-6997   SIC 3231
BAXTER CORPORATION   p 706
7125 Mississauga Rd, MISSISSAUGA, ON, L5N 0C2
(905) 369-6000   SIC 2834
BAY   p 144
See HUDSON'S BAY COMPANY
BAY AREA LEARNING CENTER   p 538
See HALTON DISTRICT SCHOOL BOARD
BAY CENTRE FOR BIRTH CONTROL   p 912
See SUNNYBROOK HEALTH SCIENCES CENTRE FOUNDATION
BAY D'ESPOIR ACADEMY   p 429
See NOVA CENTRAL SCHOOL DISTRICT
BAY FERRIES LIMITED   p 980
94 Water St, CHARLOTTETOWN, PE, C1A 1A6
(902) 566-3838   SIC 4449
BAY HAVEN NURSING HOME INC   p 556
499 Hume St Suite 18, COLLINGWOOD, ON, L9Y 4H8
(705) 445-6501   SIC 8051
BAY HAVEN SENIOR CARE COMMUNITY   p 556
See BAY HAVEN NURSING HOME INC
BAY INTERNATIONAL CANADA ULC   p 40
140 4 Ave Sw Suite 2100, CALGARY, AB, T2P 3N3
(403) 781-1110   SIC 1541
BAY STREET BISTRO INC   p 792
160 Bay St, OTTAWA, ON, K1R 7X8
SIC 5812
BAY TRAVEL, THE   p 458
See MARITIME TRAVEL INC
BAY, THE   p 4
See HUDSON'S BAY COMPANY
BAY, THE   p 10
See HUDSON'S BAY COMPANY
BAY, THE   p 31
See HUDSON'S BAY COMPANY
BAY, THE   p 45
See HUDSON'S BAY COMPANY
BAY, THE   p 75
See HUDSON'S BAY COMPANY
BAY, THE   p 95
See HUDSON'S BAY COMPANY
BAY, THE   p 109
See HUDSON'S BAY COMPANY
BAY, THE   p 138
See HUDSON'S BAY COMPANY
BAY, THE   p 156
See HUDSON'S BAY COMPANY
BAY, THE   p 191
See HUDSON'S BAY COMPANY
BAY, THE   p 218
See HUDSON'S BAY COMPANY
BAY, THE   p 252
See HUDSON'S BAY COMPANY
BAY, THE   p 259
See HUDSON'S BAY COMPANY
BAY, THE   p 271
See HUDSON'S BAY COMPANY
BAY, THE   p 300
See HUDSON'S BAY COMPANY
BAY, THE   p 307
See HUDSON'S BAY COMPANY
BAY, THE   p 338
See HUDSON'S BAY COMPANY
BAY, THE   p 378
See HUDSON'S BAY COMPANY
BAY, THE   p 381
See HUDSON'S BAY COMPANY
BAY, THE   p 407
See HUDSON'S BAY COMPANY
BAY, THE   p 449
See HUDSON'S BAY COMPANY
BAY, THE   p 462
See HUDSON'S BAY COMPANY
BAY, THE   p 475
See HUDSON'S BAY COMPANY

▲ Public Company   ■ Public Company Family Member   HQ Headquarters   BR Branch   SL Single Location

BAY, THE *p 494*
See HUDSON'S BAY COMPANY
BAY, THE *p 514*
See HUDSON'S BAY COMPANY
BAY, THE *p 522*
See HUDSON'S BAY COMPANY
BAY, THE *p 540*
See HUDSON'S BAY COMPANY
BAY, THE *p 543*
See HUDSON'S BAY COMPANY
BAY, THE *p 585*
See HUDSON'S BAY COMPANY
BAY, THE *p 633*
See HUDSON'S BAY COMPANY
BAY, THE *p 659*
See HUDSON'S BAY COMPANY
BAY, THE *p 661*
See HUDSON'S BAY COMPANY
BAY, THE *p 672*
See HUDSON'S BAY COMPANY
BAY, THE *p 698*
See HUDSON'S BAY COMPANY
BAY, THE *p 705*
See HUDSON'S BAY COMPANY
BAY, THE *p 760*
See HUDSON'S BAY COMPANY
BAY, THE *p 765*
See HUDSON'S BAY COMPANY
BAY, THE *p 781*
See HUDSON'S BAY COMPANY
BAY, THE *p 789*
See HUDSON'S BAY COMPANY
BAY, THE *p 822*
See HUDSON'S BAY COMPANY
BAY, THE *p 838*
See HUDSON'S BAY COMPANY
BAY, THE *p 856*
See HUDSON'S BAY COMPANY
BAY, THE *p 908*
See HUDSON'S BAY COMPANY
BAY, THE *p 1080*
See HUDSON'S BAY COMPANY
BAY, THE *p 1142*
See HUDSON'S BAY COMPANY
BAY, THE *p 1296*
See HUDSON'S BAY COMPANY
BAYARD PRESS CANADA INC *p 1092*
4475 Rue Frontenac, MONTREAL, QC, H2H 2S2
(514) 844-2111   *SIC 2731*
BAYCITY KIA *p 500*
See WILLIAMS, JIM LEASING LIMITED
BAYCOR INDUSTRIES LTD *p 40*
404 6 Ave Sw Suite 300, CALGARY, AB, T2P 0R9
(403) 294-0600   *SIC 6211*
BAYCREST PUBLIC SCHOOL *p 760*
See TORONTO DISTRICT SCHOOL BOARD
BAYER CROPSCIENCE INC *p 15*
160 Quarry Park Blvd Se Suite 200, CALGARY, AB, T2C 3G3
(403) 723-7400   *SIC 2879*
BAYER CROPSCIENCE INC *p 136*
3106 9 Ave N Suite 10, LETHBRIDGE, AB, T1H 5E5
(403) 329-0706   *SIC 2879*
BAYER CROPSCIENCE INC *p 599*
160 Research Lane Suite 5, GUELPH, ON, N1G 5B2
(519) 767-3366   *SIC 5169*
BAYER CROPSCIENCE INC *p 1281*
295 Henderson Dr, REGINA, SK, S4N 6C2
(306) 721-4500   *SIC 5191*
BAYER CROPSCIENCE INC *p 1294*
5 Clumbers Hwy 41, SASKATOON, SK, S7K 7E9
(306) 477-9400   *SIC 5191*
BAYER HEALTHCARE *p 584*
See BAYER INC
BAYER HEALTHCARE *p 601*
See BAYER INC
BAYER HEALTHCARE *p 828*
See BAYER INC

BAYER INC *p 584*
77 Belfield Rd Suite 621, ETOBICOKE, ON, M9W 1G6
(416) 248-0771   *SIC 5122*
BAYER INC *p 601*
75 Oxford St, GUELPH, ON, N1H 2M5
(905) 282-5541   *SIC 5122*
BAYER INC *p 828*
1265 Vidal St S, SARNIA, ON, N7T 7M2
(519) 337-8251   *SIC 2822*
BAYER INC *p 1141*
7600 Rte Transcanadienne, POINTE-CLAIRE, QC, H9R 1C8
(514) 697-5550   *SIC 2834*
BAYFIELD 7 CINEMAS *p 494*
See GOLDEN THEATRES LIMITED
BAYFIELD SCHOOL INC *p 563*
30 County Road 39, CONSECON, ON, K0K 1T0
(613) 392-3551   *SIC 8211*
BAYRIDGE ELEMENTARY SCHOOL *p 288*
See SCHOOL DISTRICT NO 36 (SURREY)
BAYRIDGE PUBLIC SCHOOL *p 634*
See LIMESTONE DISTRICT SCHOOL BOARD
BAYRIDGE SECONDARY SCHOOL *p 634*
See LIMESTONE DISTRICT SCHOOL BOARD
BAYSHORE BROADCASTING CORPORATION *p 803*
270 9 St E, OWEN SOUND, ON, N4K 5P5
(519) 376-2030   *SIC 4832*
BAYSHORE CATHOLIC SCHOOL *p 725*
See OTTAWA CATHOLIC DISTRICT SCHOOL BOARD
BAYSHORE HEALTH GROUP *p 852*
See BAYSHORE HEALTHCARE LTD.
BAYSHORE HEALTHCARE LTD. *p 299*
555 12th Ave W Unit 410, VANCOUVER, BC, V5Z 3X7
(604) 873-2545   *SIC 8082*
BAYSHORE HEALTHCARE LTD. *p 328*
1512 Fort St, VICTORIA, BC, V8S 5J2
(250) 370-2253   *SIC 8082*
BAYSHORE HEALTHCARE LTD. *p 384*
1700 Ness Ave, WINNIPEG, MB, R3J 3Y1
(204) 943-7124   *SIC 8049*
BAYSHORE HEALTHCARE LTD. *p 409*
50 Driscoll Cres Suite 201, MONCTON, NB, E1E 3R8
(506) 857-9992   *SIC 8082*
BAYSHORE HEALTHCARE LTD. *p 415*
600 Main St Suite C150, SAINT JOHN, NB, E2K 1J5
(506) 633-9588   *SIC 8082*
BAYSHORE HEALTHCARE LTD. *p 461*
7071 Bayers Rd Suite 237, HALIFAX, NS, B3L 2C2
(902) 425-7683   *SIC 8059*
BAYSHORE HEALTHCARE LTD. *p 550*
857 Grand Ave W Suite 206, CHATHAM, ON, N7L 4T1
(519) 354-2019   *SIC 8059*
BAYSHORE HEALTHCARE LTD. *p 566*
112 Second St W, CORNWALL, ON, K6J 1G5
(613) 938-1691   *SIC 8082*
BAYSHORE HEALTHCARE LTD. *p 613*
755 Concession St Suite 100, HAMILTON, ON, L8V 1C4
(905) 523-5999   *SIC 8082*
BAYSHORE HEALTHCARE LTD. *p 659*
595 Bradley Ave Suite 2, LONDON, ON, N6E 3Z8
(519) 438-6313   *SIC 8082*
BAYSHORE HEALTHCARE LTD. *p 778*
1 Mary St N Unit C, OSHAWA, ON, L1G 7W8
(905) 433-4002   *SIC 8082*
BAYSHORE HEALTHCARE LTD. *p 795*
310 Hunt Club Rd Suite 202, OTTAWA, ON, K1V 1C1
(613) 733-4408   *SIC 8082*
BAYSHORE HEALTHCARE LTD. *p 830*
390 Bay St Suite 304, SAULT STE. MARIE, ON, P6A 1X2
(705) 942-3232   *SIC 8082*
BAYSHORE HEALTHCARE LTD. *p 849*
94 Beckwith St N, SMITHS FALLS, ON, K7A 2C1
(613) 283-1400   *SIC 8082*
BAYSHORE HEALTHCARE LTD. *p 852*
282 Linwell Rd Suite 205, ST CATHARINES, ON, L2N 6N5
(905) 688-5214   *SIC 8322*
BAYSHORE HEALTHCARE LTD. *p 870*
2120 Regent St Suite 8, SUDBURY, ON, P3E 3Z9
(705) 523-6668   *SIC 8082*
BAYSHORE HEALTHCARE LTD. *p 883*
119 Pine St S Suite 202, TIMMINS, ON, P4N 2K3
(705) 268-6088   *SIC 8082*
BAYSHORE HEALTHCARE LTD. *p 901*
345 Bloor St E Unit 1b, TORONTO, ON, M4W 3J6
(416) 927-7850   *SIC 8082*
BAYSHORE HEALTHCARE LTD. *p 966*
1275 Walker Rd Suite 10, WINDSOR, ON, N8Y 4X9
(519) 973-5411   *SIC 8082*
BAYSHORE HOME HEALTH *p 299*
See BAYSHORE HEALTHCARE LTD.
BAYSHORE HOME HEALTH *p 328*
See BAYSHORE HEALTHCARE LTD.
BAYSHORE HOME HEALTH *p 409*
See BAYSHORE HEALTHCARE LTD.
BAYSHORE HOME HEALTH *p 415*
See BAYSHORE HEALTHCARE LTD.
BAYSHORE HOME HEALTH *p 461*
See BAYSHORE HEALTHCARE LTD.
BAYSHORE HOME HEALTH *p 550*
See BAYSHORE HEALTHCARE LTD.
BAYSHORE HOME HEALTH *p 566*
See BAYSHORE HEALTHCARE LTD.
BAYSHORE HOME HEALTH *p 613*
See BAYSHORE HEALTHCARE LTD.
BAYSHORE HOME HEALTH *p 659*
See BAYSHORE HEALTHCARE LTD.
BAYSHORE HOME HEALTH *p 778*
See BAYSHORE HEALTHCARE LTD.
BAYSHORE HOME HEALTH *p 795*
See BAYSHORE HEALTHCARE LTD.
BAYSHORE HOME HEALTH *p 830*
See BAYSHORE HEALTHCARE LTD.
BAYSHORE HOME HEALTH *p 849*
See BAYSHORE HEALTHCARE LTD.
BAYSHORE HOME HEALTH *p 870*
See BAYSHORE HEALTHCARE LTD.
BAYSHORE HOME HEALTH *p 883*
See BAYSHORE HEALTHCARE LTD.
BAYSHORE HOME HEALTH *p 901*
See BAYSHORE HEALTHCARE LTD.
BAYSHORE HOME HEALTH *p 966*
See BAYSHORE HEALTHCARE LTD.
BAYSHORE HOMEHEALTH *p 384*
See BAYSHORE HEALTHCARE LTD.
BAYSHORE PUBLIC SCHOOL *p 725*
See OTTAWA-CARLETON DISTRICT SCHOOL BOARD
BAYSIDE MIDDLE SCHOOL *p 182*
See SCHOOL DISTRICT 63 (SAANICH)
BAYSIDE MIDDLE SCHOOL *p 415*
See SCHOOL DISTRICT 8
BAYSIDE SECONDARY SCHOOL *p 502*
See HASTINGS AND PRINCE EDWARD DISTRICT SCHOOL BOARD
BAYTEK DRYWALL & STUCCO LTD *p 86*
14518 115a Ave Nw, EDMONTON, AB, T5M 3C5
(780) 732-5316   *SIC 1742*
BAYTEX ENERGY CORP *p 41*
520 3 Ave Sw Suite 2800, CALGARY, AB, T2P 0R3
(587) 952-3000   *SIC 1311*
BAYTEX ENERGY CORP *p 149*
4526 49 Ave Suite 7, OLDS, AB, T4H 1A4
(403) 556-3174   *SIC 1382*

BAYTEX ENERGY CORP *p 1272*
Gd Lcd Main, LLOYDMINSTER, SK, S9V 0X5
(306) 825-3616   *SIC 1382*
BAYTHORN PUBLIC SCHOOL *p 874*
See YORK REGION DISTRICT SCHOOL BOARD
BAYVIEW COMMUNITY SCHOOL *p 468*
See SOUTH SHORE REGIONAL SCHOOL BOARD
BAYVIEW EDUCATION CENTRE *p 472*
See STRAIT REGIONAL SCHOOL BOARD
BAYVIEW ELEMENTARY SCHOOL *p 240*
See SCHOOL DISTRICT NO. 68 (NANAIMO-LADYSMITH)
BAYVIEW ELEMENTARY SCHOOL *p 680*
See SIMCOE COUNTY DISTRICT SCHOOL BOARD, THE
BAYVIEW FAIRWAYS PUBLIC SCHOOL *p 875*
See YORK REGION DISTRICT SCHOOL BOARD
BAYVIEW GLEN PUBLIC SCHOOL *p 874*
See YORK REGION DISTRICT SCHOOL BOARD
BAYVIEW GOLF & COUNTRY CLUB LIMITED *p 873*
25 Fairway Heights Dr, THORNHILL, ON, L3T 3X1
(905) 889-4833   *SIC 7997*
BAYVIEW HEIGHTS PUBLIC SCHOOL *p 814*
See DURHAM DISTRICT SCHOOL BOARD
BAYVIEW HILL ELEMENTARY SCHOOL *p 822*
See YORK REGION DISTRICT SCHOOL BOARD
BAYVIEW PUBLIC SCHOOL *p 796*
See OTTAWA-CARLETON DISTRICT SCHOOL BOARD
BAYVIEW PUBLIC SCHOOL *p 803*
See BLUEWATER DISTRICT SCHOOL BOARD
BAYVIEW SECONDARY SCHOOL *p 823*
See YORK REGION DISTRICT SCHOOL BOARD
BAYVIEW VILLA NURSING HOME *p 746*
See EXTENDICARE (CANADA) INC
BAYVIEW VILLAGE SHOPPING CENTRE *p 747*
See ORLANDO CORPORATION
BAYVIEW WILDWOOD RESORT LIMITED *p 847*
1500 Port Stanton Pky Rr 1, SEVERN BRIDGE, ON, P0E 1N0
(705) 689-2338   *SIC 7011*
BAYWOOD ENTERPRISES *p 740*
See 611421 ONTARIO INC.
BAYWOOD HOMES *p 756*
See 2069718 ONTARIO LIMITED
BAZAAR & NOVELTY *p 736*
See ARROW GAMES CORPORATION
BBA INC *p 942*
10 Carlson Crt Suite 420, TORONTO, ON, M9W 6L2
(416) 585-2115   *SIC 8711*
BBA INC *p 1082*
375 Boul Sir-Wilfrid-Laurier, MONT-SAINT-HILAIRE, QC, J3H 6C3
(450) 464-2111   *SIC 8711*
BBA INC *p 1109*
630 Boul Rene-Levesque O Bureau 2500, Montreal, QC, H3B 1S6
(514) 866-2111   *SIC 8711*
BBDO CANADA CORP *p 901*
2 Bloor St W Suite 2900, TORONTO, ON, M4W 3E2
(416) 323-9162   *SIC 7311*
BBE *p 129*
See BBE EXPEDITING LTD
BBE EXPEDITING LTD *p 129*
3724 47 Ave E, GRANDE PRAIRIE, AB, T9E 0V4

(780) 890-8611 SIC 4731
BBM ANALYTICS INC p 751
1500 Don Mills Rd 3rd Fl, NORTH YORK, ON, M3B 3L7
(416) 445-8881 SIC 8732
BC AGRO p 285
See BRITISH COLUMBIA HYDRO AND POWER AUTHORITY
BC AMBULANCE p 252
See EMERGENCY AND HEALTH SERVICES COMMISSION
BC AMBULANCE SERVICE p 235
See GOVERNMENT OF THE PROVINCE OF BRITISH COLUMBIA
BC AMBULANCE SERVICE p 263
See GOVERNMENT OF THE PROVINCE OF BRITISH COLUMBIA
BC AMBULANCE SERVICE p 281
See GOVERNMENT OF THE PROVINCE OF BRITISH COLUMBIA
BC AMBULANCE SERVICE p 322
See GOVERNMENT OF THE PROVINCE OF BRITISH COLUMBIA
BC AND YUKON DIVISION, THE p 300
See CANADIAN CANCER SOCIETY
BC ASSESSMENT AUTHORITY p 178
See BC HOUSING MANAGEMENT COMMISSION
BC BIOMEDICAL LABORATORIES LTD p 229
20999 88 Ave Suite 102, LANGLEY, BC, V1M 2C9
(604) 882-0426 SIC 8071
BC CANCER AGENCY p 299
See BRITISH COLUMBIA CANCER AGENCY BRANCH
BC CANCER FOUNDATION p 224
399 Royal Ave, KELOWNA, BC, V1Y 5L3
(250) 712-3900 SIC 8069
BC CHILDREN'S HOSPITAL FOUNDATION (BCCHF) p 299
See BRITISH COLUMBIA'S CHILDREN'S HOSPITAL FOUNDATION
BC COLLEGE OF TEACHERS p 315
See BRITISH COLUMBIA COLLEGE OF TEACHERS
BC COMMUNITY CARE p 189
See FRASER HEALTH AUTHORITY
BC FERRIES p 240
See BRITISH COLUMBIA FERRY SERVICES INC
BC FERRIES p 256
See BRITISH COLUMBIA FERRY SERVICES INC
BC FERRIES p 262
See BRITISH COLUMBIA FERRY SERVICES INC
BC FERRIES p 277
See BRITISH COLUMBIA FERRY SERVICES INC
BC GOVERNMENT AND SERVICE EMPLOYEES' UNION p 189
4925 Canada Way, BURNABY, BC, V5G 1M1
(604) 215-1499 SIC 8631
BC HOUSING MANAGEMENT COMMISSION p 178
31935 South Fraser Way Suite 240, ABBOTSFORD, BC, V2T 5N7
(604) 850-5900 SIC 6531
BC HOUSING MANAGEMENT COMMISSION p 333
3440 Douglas St Unit 201, VICTORIA, BC, V8Z 3L5
(250) 475-7550 SIC 6531
BC HYDRO p 176
See BRITISH COLUMBIA HYDRO AND POWER AUTHORITY
BC HYDRO p 181
See BRITISH COLUMBIA HYDRO AND POWER AUTHORITY

BC HYDRO p 194
See BRITISH COLUMBIA HYDRO AND POWER AUTHORITY
BC HYDRO p 195
See BRITISH COLUMBIA HYDRO AND POWER AUTHORITY
BC HYDRO p 204
See BRITISH COLUMBIA HYDRO AND POWER AUTHORITY
BC HYDRO p 214
See BRITISH COLUMBIA HYDRO AND POWER AUTHORITY
BC HYDRO p 218
See BRITISH COLUMBIA HYDRO AND POWER AUTHORITY
BC HYDRO p 239
See BRITISH COLUMBIA HYDRO AND POWER AUTHORITY
BC HYDRO p 244
See BRITISH COLUMBIA HYDRO AND POWER AUTHORITY
BC HYDRO p 253
See BRITISH COLUMBIA HYDRO AND POWER AUTHORITY
BC HYDRO p 257
See BRITISH COLUMBIA HYDRO AND POWER AUTHORITY
BC HYDRO p 261
See BRITISH COLUMBIA HYDRO AND POWER AUTHORITY
BC HYDRO p 264
See BRITISH COLUMBIA HYDRO AND POWER AUTHORITY
BC HYDRO p 285
See BRITISH COLUMBIA HYDRO AND POWER AUTHORITY
BC HYDRO p 303
See BRITISH COLUMBIA HYDRO AND POWER AUTHORITY
BC HYDRO TRANSMISSION AND DISTRIBUTION, DIV OF p 323
See BRITISH COLUMBIA HYDRO AND POWER AUTHORITY
BC MENTAL HEALTH p 212
See EMERGENCY AND HEALTH SERVICES COMMISSION
BC MIN CHILD & FAM DEV p 212
See GOVERNMENT OF THE PROVINCE OF BRITISH COLUMBIA
BC PURCHASING COMMISSION WAREHOUSE p 334
See GOVERNMENT OF THE PROVINCE OF BRITISH COLUMBIA
BC STEVENS COMPANY p 209
8188 Swenson Way, DELTA, BC, V4G 1J6
(604) 634-3088 SIC 5047
BCAA p 219
See BRITISH COLUMBIA AUTOMOBILE ASSOCIATION
BCAA p 241
See BRITISH COLUMBIA AUTOMOBILE ASSOCIATION
BCAA p 269
See BRITISH COLUMBIA AUTOMOBILE ASSOCIATION
BCAA p 317
See BRITISH COLUMBIA AUTOMOBILE ASSOCIATION
BCAA p 338
See BRITISH COLUMBIA AUTOMOBILE ASSOCIATION
BCAA KELOWNA 82 p 225
See BRITISH COLUMBIA AUTOMOBILE ASSOCIATION
BCAA TRAVE p 199
See BRITISH COLUMBIA AUTOMOBILE ASSOCIATION
BCB CORPORATE SERVICES LTD p 99
5736 59 St Nw, EDMONTON, AB, T6B 3L4
(780) 465-0821 SIC 5085
BCBG MAX AZRIA p 580
See BCBG MAX AZRIA CANADA INC

BCBG MAX AZRIA p 713
See BCBG MAX AZRIA CANADA INC
BCBG MAX AZRIA CANADA INC p 580
25 The West Mall Suite 1766, ETOBICOKE, ON, M9C 1B8
(416) 695-0606 SIC 5137
BCBG MAX AZRIA CANADA INC p 713
5985 Rodeo Dr Unit 9, MISSISSAUGA, ON, L5R 3X8
(905) 366-0197 SIC 5137
BCBG MAX AZRIA CANADA INC p 906
218 Yonge St, TORONTO, ON, M5B 2H6
(416) 640-2766 SIC 5611
BCBG MAX AZRIA CANADA INC p 1109
960 Rue Sainte-Catherine O, Montreal, QC, H3B 1E3
(514) 868-9561 SIC 5137
BCE ELIX INC p 1257
14 Place Du Commerce Bureau 510, VERDUN, QC, H3E 1T5
(877) 909-3549 SIC 7371
BCE I MC p 1110
See COMPAGNIE DE TELEPHONE BELL DU CANADA OU BELL CANADA, LA
BCF p 1159
See BCF S.E.N.C.R.L.
BCF S.E.N.C.R.L. p 1159
2828 Boul Laurier Bureau 1200, Quebec, QC, G1V 0B9
(418) 266-4500 SIC 8111
BCI LENO INC p 928
366 Adelaide St W Suite 500, TORONTO, ON, M5V 1R9
(416) 408-2300 SIC 2721
BCIMC REALTY CORPORATION p 706
6880 Financial Dr Suite 100, MISSISSAUGA, ON, L5N 7Y5
(905) 819-6750 SIC 6531
BCIT p 303
See BRITISH COLUMBIA INSTITUTE OF TECHNOLOGY, THE
BCL MAGNETICS p 535
See TEMPEL CANADA COMPANY
BCLC p 294
See BRITISH COLUMBIA LOTTERY CORPORATION
BCP EXPRESS p 300
See ROBINSON, B.A. CO. LTD
BCP PLUMBING SUPPLIES, DIV OF p 383
See ROBINSON, B.A. CO. LTD
BCR PROPERTIES LTD p 248
221 Esplanade W Suite 600, NORTH VANCOUVER, BC, V7M 3J3
(604) 678-4701 SIC 6719
BCS GLOBAL NETWORKS INC p 580
5525 Eglinton Ave W Unit 128, ETOBICOKE, ON, M9C 5K5
(647) 722-8500 SIC 4899
BD - CANADA p 706
See BECTON DICKINSON CANADA INC
BD CANADA LTD p 185
6558 Hastings St Unit 141, BURNABY, BC, V5B 1S2
(604) 205-6937 SIC 5461
BD CANADA LTD p 301
369 Terminal Ave Suite 210, VANCOUVER, BC, V6A 4C4
(604) 296-3500 SIC 5461
BD DIAGNOSTIC p 1155
See GENEOHM SCIENCES CANADA INC
BDC p 40
See BANQUE DE DEVELOPPEMENT DU CANADA
BDC p 224
See BANQUE DE DEVELOPPEMENT DU CANADA
BDC p 241
See BANQUE DE DEVELOPPEMENT DU CANADA
BDC p 281
See BANQUE DE DEVELOPPEMENT DU CANADA
BDC p 323
See BANQUE DE DEVELOPPEMENT DU

BDC p 344
See BANQUE DE DEVELOPPEMENT DU CANADA
BDC p 377
See BANQUE DE DEVELOPPEMENT DU CANADA
BDC p 387
See BANQUE DE DEVELOPPEMENT DU CANADA
BDC p 457
See BANQUE DE DEVELOPPEMENT DU CANADA
BDC p 477
See BANQUE DE DEVELOPPEMENT DU CANADA
BDC p 480
See BANQUE DE DEVELOPPEMENT DU CANADA
BDC p 655
See BANQUE DE DEVELOPPEMENT DU CANADA
BDC p 693
See BANQUE DE DEVELOPPEMENT DU CANADA
BDC p 717
See BANQUE DE DEVELOPPEMENT DU CANADA
BDC p 790
See BANQUE DE DEVELOPPEMENT DU CANADA
BDC p 832
See BANQUE DE DEVELOPPEMENT DU CANADA
BDC p 868
See BANQUE DE DEVELOPPEMENT DU CANADA
BDC p 1002
See BANQUE DE DEVELOPPEMENT DU CANADA
BDC p 1019
See BANQUE DE DEVELOPPEMENT DU CANADA
BDC p 1109
See BANQUE DE DEVELOPPEMENT DU CANADA
BDC p 1158
See BANQUE DE DEVELOPPEMENT DU CANADA
BDC p 1279
See BANQUE DE DEVELOPPEMENT DU CANADA
BDC VENTURE CAPITAL p 1109
See BANQUE DE DEVELOPPEMENT DU CANADA
BDH TECH p 1015
See SEFAR BDH INC
BDI CANADA INC p 519
52 Bramsteele Rd Unit 1, BRAMPTON, ON, L6W 3M5
(905) 459-5202 SIC 5084
BDI CANADA INC p 717
6235 Tomken Rd, MISSISSAUGA, ON, L5T 1K2
(905) 238-3392 SIC 5085
BDL p 92
See MTE LOGISTIX EDMONTON INC
BDO CANADA p 496
See BDO CANADA LLP
BDO CANADA p 670
See BDO CANADA LLP
BDO CANADA LIMITED p 275
571 6 St Ne Suite 201, SALMON ARM, BC, V1E 1R6
(250) 832-7171 SIC 8721
BDO CANADA LIMITED p 306
925 Georgia St W Suite 600, VANCOUVER, BC, V6C 3L2
(604) 688-5421 SIC 8721
BDO CANADA LIMITED p 537
3115 Harvester Rd Suite 400, BURLINGTON, ON, L7N 3N8
(905) 637-8554 SIC 8111
BDO CANADA LIMITED p 610

▲ Public Company   ■ Public Company Family Member   HQ Headquarters   BR Branch   SL Single Location

BDO CANADA LIMITED

25 Main St W Suite 805, HAMILTON, ON, L8P 1H1
(905) 524-1008   SIC 8111
BDO CANADA LIMITED   p 820
45 Vogell Rd Unit 300, RICHMOND HILL, ON, L4B 3P6
(905) 508-0080   SIC 8111
BDO CANADA LLP   p 40
903 8 Ave Sw Suite 620, CALGARY, AB, T2P 0P7
(403) 232-0688   SIC 8721
BDO CANADA LLP   p 103
9897 34 Ave Nw, EDMONTON, AB, T6E 5X9
(780) 461-8000   SIC 8721
BDO CANADA LLP   p 204
35 10th Ave S, CRANBROOK, BC, V1C 2M9
(250) 426-4285   SIC 8721
BDO CANADA LLP   p 219
272 Victoria St Suite 300, KAMLOOPS, BC, V2C 1Z6
(778) 257-1486   SIC 8721
BDO CANADA LLP   p 224
1631 Dickson Ave Suite 400, KELOWNA, BC, V1Y 0B5
(250) 763-6700   SIC 8721
BDO CANADA LLP   p 230
19916 64 Ave Suite 220, LANGLEY, BC, V2Y 1A2
(604) 534-8691   SIC 8721
BDO CANADA LLP   p 275
571 6 St Ne Unit 201, SALMON ARM, BC, V1E 1R6
(250) 832-7171   SIC 8721
BDO CANADA LLP   p 306
925 Georgia St W Suite 600, VANCOUVER, BC, V6C 3L2
(604) 688-5421   SIC 8721
BDO CANADA LLP   p 325
2706 30 Ave Suite 202, VERNON, BC, V1T 2B6
(250) 545-2136   SIC 8721
BDO CANADA LLP   p 344
148 10th St, BRANDON, MB, R7A 4E6
(204) 727-0671   SIC 8721
BDO CANADA LLP   p 353
480 Saskatchewan Ave W, PORTAGE LA PRAIRIE, MB, R1N 0M4
(204) 857-2856   SIC 8721
BDO CANADA LLP   p 360
23111 Hwy 14 Unit 3, WINKLER, MB, R6W 4B3
(204) 325-4787   SIC 8721
BDO CANADA LLP   p 376
200 Graham Ave Suite 700, WINNIPEG, MB, R3C 4L5
(204) 956-7200   SIC 8721
BDO CANADA LLP   p 443
1496 Bedford Highway Suite 101, BEDFORD, NS, B4A 1E5
(902) 444-5540   SIC 8721
BDO CANADA LLP   p 496
300 Lakeshore Dr Suite 300, BARRIE, ON, L4N 0B4
(705) 726-6331   SIC 8721
BDO CANADA LLP   p 537
3115 Harvester Rd Suite 400, BURLINGTON, ON, L7N 3N8
(905) 639-9500   SIC 8721
BDO CANADA LLP   p 556
186 Hurontario St Suite 202, COLLINGWOOD, ON, L9Y 4T4
(705) 445-4421   SIC 8721
BDO CANADA LLP   p 573
991 Limoges Rd, EMBRUN, ON, K0A 1W0
(613) 443-5201   SIC 8721
BDO CANADA LLP   p 603
660 Speedvale Ave W Suite 201, GUELPH, ON, N1K 1E5
(519) 824-5410   SIC 8721
BDO CANADA LLP   p 627
301 First Ave S Suite 300, KENORA, ON, P9N 4E9
(807) 468-5531   SIC 8721
BDO CANADA LLP   p 670

60 Columbia Way Suite 300, MARKHAM, ON, L3R 0C9
(905) 946-1066   SIC 8721
BDO CANADA LLP   p 681
14 Martin St, MILTON, ON, L9T 2P9
(905) 615-8787   SIC 8721
BDO CANADA LLP   p 697
1 City Centre Dr Suite 1700, MISSISSAUGA, ON, L5B 1M2
(905) 270-7700   SIC 8721
BDO CANADA LLP   p 774
19 Front St N, ORILLIA, ON, L3V 4R6
(705) 325-1386   SIC 8721
BDO CANADA LLP   p 802
1717 2nd Ave E Suite 200, OWEN SOUND, ON, N4K 6V4
(519) 376-6110   SIC 8721
BDO CANADA LLP   p 828
250 Christina St N, SARNIA, ON, N7T 7V3
(519) 337-5500   SIC 8721
BDO CANADA LLP   p 830
747 Queen St E Suite 1109, SAULT STE. MARIE, ON, P6A 2A8
(705) 945-0990   SIC 8721
BDO CANADA LLP   p 877
1095 Barton St, THUNDER BAY, ON, P7B 5N3
(807) 625-4444   SIC 8721
BDO CANADA LLP   p 917
123 Front St W Suite 1100, TORONTO, ON, M5J 2M2
(416) 865-0210   SIC 8111
BDO CANADA LLP   p 921
66 Wellington St W Suite 3600, TORONTO, ON, M5K 1H1
(416) 865-0200   SIC 8748
BDO CANADA LLP   p 948
121 Jackson St, WALKERTON, ON, N0G 2V0
(519) 881-1211   SIC 8721
BDO CANADA LLP   p 951
150 Caroline St S Suite 201, WATERLOO, ON, N2L 0A5
(519) 576-5220   SIC 8721
BDO CANADA LLP   p 963
3630 Rhodes Dr Suite 200, WINDSOR, ON, N8W 5A4
(519) 944-6993   SIC 8721
BDO CANADA LLP   p 976
94 Graham St Suite 757, WOODSTOCK, ON, N4S 6J7
(519) 539-0500   SIC 8721
BDO CANADA LLP   p 984
107 Walker Ave, SUMMERSIDE, PE, C1N 0C9
(902) 436-2171   SIC 8721
BDO CANADA LLP   p 1109
1000 Rue De La Gauchetiere O Bureau 200, Montreal, QC, H3B 4W5
(514) 931-0841   SIC 8721
BDO DUNWOODY   p 275
See BDO CANADA LIMITED
BDO DUNWOODY   p 306
See BDO CANADA LIMITED
BDO DUNWOODY   p 537
See BDO CANADA LIMITED
BDO DUNWOODY   p 610
See BDO CANADA LIMITED
BDO DUNWOODY   p 820
See BDO CANADA LIMITED
BDP CANADA ULC   p 584
10 Carlson Crt Suite 801, ETOBICOKE, ON, M9W 6L2
(905) 602-0200   SIC 4731
BDP DE SAINT LEONARD   p 1214
See CANADA POST CORPORATION
BDP INTERNATIONAL   p 584
See BDP CANADA ULC
BDP JONQUIERE   p 1047
See CANADA POST CORPORATION
BDP LA PRAIRIE   p 1053
See CANADA POST CORPORATION
BDP MONT JOLI SUCCURSALE BUREAU CHEF   p 1079

See CANADA POST CORPORATION
BE PRESSURE SUPPLY INC   p 178
30585 Progressive Way, ABBOTSFORD, BC, V2T 6W3
(604) 850-6662   SIC 3589
BEACH ARMS RETIREMENT LODGE INC p 895
505 Kingston Rd, TORONTO, ON, M4L 1V5
(416) 698-0414   SIC 6513
BEACH CLUB   p 1140
See 9101-6394 QUEBEC INC
BEACH GROVE GOLF AND COUNTRY CLUB   p 961
See BEACH GROVE GOLF AND COUNTRY CLUB LIMITED
BEACH GROVE GOLF AND COUNTRY CLUB LIMITED   p 961
14134 Riverside Dr E, WINDSOR, ON, N8N 1B6
(519) 979-8134   SIC 7997
BEACH GROVE NURSING HOME   p 982
See PROVINCE OF PEI
BEACHBURG PUBLIC SCHOOL   p 500
See RENFREW COUNTY DISTRICT SCHOOL BOARD
BEACHES ALTERNATIVE SCHOOL   p 892
See TORONTO DISTRICT SCHOOL BOARD
BEACON BAY MARINA   p 806
See 1711085 ONTARIO INC
BEACON HEIGHTS SCHOOL   p 97
See EDMONTON SCHOOL DISTRICT NO. 7
BEACON HILL SCHOOL   p 120
See FORT MCMURRAY PUBLIC SCHOOL DISTRICT #2833
BEACON INTERNATIONAL WAREHOUSING LIMITED   p 525
325 West St Suite B110, BRANTFORD, ON, N3R 3V6
(519) 756-6463   SIC 4731
BEACON ROOFING SUPPLY CANADA COMPANY   p 557
8400 Keele St Unit 1, CONCORD, ON, L4K 2A6
(905) 761-1762   SIC 5033
BEACON ROOFING SUPPLY CANADA COMPANY   p 1139
13145 Rue Prince-Arthur, POINTE-AUX-TREMBLES, QC, H1A 1A9
(514) 642-8691   SIC 5039
BEACONSFIELD HIGH SCHOOL   p 995
See LESTER B. PEARSON SCHOOL BOARD
BEALMORAL JUNIOR SECONDARY   p 249
See SCHOOL DISTRICT NO. 44 (NORTH VANCOUVER)
BEAM CANADA INC   p 301
611 Alexander St Suite 301, VANCOUVER, BC, V6A 1E1
(604) 251-3366   SIC 8742
BEAM CANADA INC   p 576
3300 Bloor St W Ctr Tower 5th Suite 40, ETOBICOKE, ON, M8X 2X3
(416) 849-7300   SIC 5182
BEAMISH   p 774
See K.J BEAMISH CONSTRUCTION CO. LTD
BEAMISH, K. J. CONSTRUCTION   p 617
See CEDARHURST QUARRIES & CRUSHING LIMITED
BEAMSVILLE DISTRICT SECONDARY SCHOOL   p 500
See DISTRICT SCHOOL BOARD OF NIAGARA
BEAR CLAW CASINO   p 1265
See SASKATCHEWAN INDIAN GAMING AUTHORITY INC
BEAR CREEK ELEMENTARY SCHOOL   p 286
See SCHOOL DISTRICT NO 36 (SURREY)
BEAR SLASHING LTD   p 6
7402 50 Ave, BONNYVILLE, AB, T9N 0B7

(780) 826-8048   SIC 1389
BEAR TRAIL   p 960
See COUPLES RESORT INC
BEAR, JOHN PONTIAC BUICK CADILLAC LTD   p 616
1200 Upper James St, Hamilton, ON, L9C 3B1
(905) 575-9400   SIC 5511
BEARCOM MANAGEMENT GROUP   p 1
26230 Twp Rd 531a Suite 103, ACHESON, AB, T7X 5A4
(780) 962-4645   SIC 5012
BEARSKIN AIRLINES   p 358
See BEARSKIN LAKE AIR SERVICE LP
BEARSKIN AIRLINES   p 849
See BEARSKIN LAKE AIR SERVICE LP
BEARSKIN AIRLINES   p 880
See BEARSKIN LAKE AIR SERVICE LP
BEARSKIN LAKE AIR SERVICE LP   p 358
585 6th Ave S, STONEWALL, MB, R0C 2Z0
SIC 8299
BEARSKIN LAKE AIR SERVICE LP   p 849
7 Airport Rd, SIOUX LOOKOUT, ON, P8T 1J6
(807) 737-3473   SIC 4522
BEARSKIN LAKE AIR SERVICE LP   p 880
1475 Walsh St W, THUNDER BAY, ON, P7E 4X6
(807) 577-1141   SIC 4512
BEARSKIN LAKE AIR SERVICE LP   p 880
216 Round Blvd Suite 2, THUNDER BAY, ON, P7E 3N9
(807) 475-0006   SIC 4512
BEARSPAW SCHOOL   p 64
253210 Bearspaw Rd, CALGARY, AB, T3L 2S5
(403) 239-9607   SIC 8211
BEAT 94.5 FM   p 299
See 0781337 B.C. LTD
BEATRICE STRONG PUBLIC SCHOOL   p 817
See KAWARTHA PINE RIDGE DISTRICT SCHOOL BOARD
BEATTIE SCHOOL OF THE ARTS   p 221
See SCHOOL DISTRICT 73 (KAMLOOPS/THOMPSON)
BEATTIE STATIONERY LIMITED   p 855
399 Vansickle Rd Suite 3056, ST CATHARINES, ON, L2S 3T4
(905) 688-4040   SIC 5943
BEATTIE'S BASICS   p 855
See BEATTIE STATIONERY LIMITED
BEATTY FLEMING SENIOR PUBLIC SCHOOL   p 521
See PEEL DISTRICT SCHOOL BOARD
BEATTY FLOORS LTD   p 293
1840 Pandora St, VANCOUVER, BC, V5L 1M7
(604) 254-9571   SIC 1752
BEATTY FOODS LTD   p 482
374 Queen St E, ACTON, ON, L7J 2Y5
(519) 853-9128   SIC 5812
BEATTY FOODS LTD   p 517
372 Main St N, BRAMPTON, ON, L6V 1P8
(905) 455-2841   SIC 5812
BEATTY FOODS LTD   p 518
50 Quarry Edge Dr, BRAMPTON, ON, L6V 4K2
(905) 451-8371   SIC 5812
BEATTY FOODS LTD   p 523
11670 Hurontario St, BRAMPTON, ON, L7A 1R2
(905) 846-3677   SIC 5812
BEAU CADEAU & PANIER PANACHE   p 1143
See PANIER & CADEAU INC, LE
BEAUBASSIN   p 462
See CONSEIL SCOLAIRE ACADIEN PROVINCIAL
BEAUCE AUTO ACCESSOIRES   p 1190
See UNI-SELECT QUEBEC INC
BEAUCHESNE, EDOUARD (1985) INC   p 1217
3211 Rue De L'industrie, SAINT-MATHIEU-

DE-BELOEIL, QC, J3G 4S5
(450) 467-8776   SIC 5039
BEAUDOIN HURENS INC   p 1139
13200 Boul Metropolitain E, POINTE-AUX-TREMBLES, QC, H1A 5K8
(514) 642-8422   SIC 8711
BEAUFORT-DELTA EDUCATION COUNCIL   p 438
477 Mangilaluk Loop, TUKTOYAKTUK, NT, X0E 1C0
(867) 977-2255   SIC 8211
BEAUFORT-DELTA EDUCATION COUNCIL   p 438
Gd, INUVIK, NT, X0E 0T0
(867) 777-7170   SIC 8211
BEAUFORT-DELTA EDUCATION COUNCIL   p 438
Gd, ULUKHAKTOK, NT, X0E 0S0
(867) 396-3804   SIC 8211
BEAUFORT-DELTA HEALTH & SOCIAL SERVICES AUTHORITY   p 438
285 Mackenzie Rd, INUVIK, NT, X0E 0T0
(867) 777-8000   SIC 8062
BEAUGARTE (QUEBEC INC)   p 1159
2590 Boul Laurier Bureau 150, Quebec, QC, G1V 4M6
(418) 659-2442   SIC 5812
BEAUGARTE (QUEBEC) INC   p 1160
2600 Boul Laurier, Quebec, QC, G1V 4W1
(418) 659-2442   SIC 5812
BEAUGRAND AGENCY   p 1086
See INDUSTRIELLE ALLIANCE, ASSURANCE ET SERVICES FINANCIERS INC
BEAUHARNOIS BDP   p 996
See CANADA POST CORPORATION
BEAULIEU, CLAUDE SPORT INC   p 1176
401 Boul Labelle Bureau A25, Rosemere, QC, J7A 3T2
(450) 435-3820   SIC 5941
BEAULIEU, CLAUDE SPORT INC   p 1200
900 Boul Grignon, Saint-Jerome, QC, J7Y 3S7
(450) 432-9400   SIC 5941
BEAULNE & RHEAUME   p 1215
See AGENCE ANDRE BEAULNE LTEE
BEAUMAC MANAGEMENT LIMITED   p 804
307 Grand River St N, PARIS, ON, N3L 2N9
(519) 442-5964   SIC 5812
BEAUMONDE HEIGHTS JUNIOR & MIDDLE SCHOOL   p 583
See TORONTO DISTRICT SCHOOL BOARD
BEAUMONT SCHOOL   p 388
See PEMBINA TRAILS SCHOOL DIVISION, THE
BEAUMONT SOBEYS   p 5
See SOBEYS CAPITAL INCORPORATED
BEAUPORT MAZDA   p 1145
See 9118-8706 QUEBEC INC.
BEAUPORT STE-ANNE INC, LE   p 1146
220 Boul Sainte-Anne, Quebec, QC, G1E 3L7
(418) 666-9444   SIC 5812
BEAUSEJOUR CONSUMERS CO-OPERATIVE LIMITED   p 344
822 Park Ave, BRANDON, MB, R7A 0A1
(204) 268-1824   SIC 5541
BEAUSEJOUR DISTRICT HOSPITAL   p 353
See NORTH EASTMAN HEALTH ASSOCIATION INC
BEAUSEJOUR EARLY YEARS SCHOOL   p 343
See SUNRISE SCHOOL DIVISION
BEAUSEJOUR HEALTH CENTRE   p 343
See NORTH EASTMAN HEALTH ASSOCIATION INC
BEAUTE STAR BEDARD QUEBEC INC   p 1166
6500 Boul Pierre-Bertrand, Quebec, QC, G2J 1R4
(418) 627-6500   SIC 5087
BEAUTIFUL PLAINS SCHOOL DIVISION   p 346
230 Main St, CARBERRY, MB, R0K 0H0
(204) 834-2172   SIC 8211
BEAUTIFUL PLAINS SCHOOL DIVISION   p 346
309 1st St, CARBERRY, MB, R0K 0H0
(204) 834-2828   SIC 8211
BEAUTIFUL PLAINS SCHOOL DIVISION   p 352
361 3rd Ave, NEEPAWA, MB, R0J 1H0
(204) 476-2323   SIC 8211
BEAUTIFUL PLAINS SCHOOL DIVISION   p 352
440 Hospital St, NEEPAWA, MB, R0J 1H0
(204) 476-3305   SIC 8211
BEAUTY SYSTEMS GROUP (CANADA) INC   p 15
5381 72 Ave Se Suite 54, CALGARY, AB, T2C 4X6
(403) 236-7662   SIC 5087
BEAUTY SYSTEMS GROUP (CANADA) INC   p 30
5734 Burbank Cres Se, CALGARY, AB, T2H 1Z6
(403) 253-9128   SIC 5999
BEAUTY SYSTEMS GROUP (CANADA) INC   p 706
2345 Argentia Rd Suite 102, MISSISSAUGA, ON, L5N 8K4
(905) 817-2020   SIC 5087
BEAUTY SYSTEMS GROUP (CANADA) INC   p 717
395 Pendant Dr, MISSISSAUGA, ON, L5T 2W9
(905) 696-2600   SIC 5087
BEAUTYROCK HOLDINGS INC   p 503
3 Applewood Dr Suite 3, BELLEVILLE, ON, K8P 4E3
(613) 932-2525   SIC 7389
BEAUTYROCK INC   p 564
16 Second St E Suite A, CORNWALL, ON, K6H 1Y3
(613) 932-2525   SIC 7389
BEAUVAIS, TRUCHON & ASSOCIES   p 1156
79 Boul Rene-Levesque E Bureau 200, Quebec, QC, G1R 5N5
(418) 692-4180   SIC 8111
BEAUWARD SHOPPING CENTRES LTD   p 1194
3200 Boul Laframboise Bureau 1009, SAINT-HYACINTHE, QC, J2S 4Z5
(450) 773-8282   SIC 6512
BEAVER AND BULLDOG SPORTS PUB & WINGERY   p 615
See B&B HOSPITALITY INC
BEAVER BANK KINSAC'S ELEMENTARY SCHOOL   p 443
See HALIFAX REGIONAL SCHOOL BOARD
BEAVER BRAE SECONDARY SCHOOL   p 628
See KEEWATIN PATRICIA DISTRICT SCHOOL BOARD
BEAVER BROOK ANTIMONY MINE INC   p 426
Gd, GLENWOOD, NL, A0G 2K0
(709) 679-5866   SIC 1099
BEAVER BUS LINES LIMITED   p 364
339 Archibald St, WINNIPEG, MB, R2J 0W6
(204) 989-7007   SIC 4142
BEAVER CREEK ELEMENTARY SCHOOL   p 287
See SCHOOL DISTRICT NO 36 (SURREY)
BEAVER FOUNDATION   p 160
5128 57 Ave, SEDGEWICK, AB, T0B 4C0
(780) 336-3353   SIC 8361
BEAVER FOUNDATION   p 171
5824 50th St, TOFIELD, AB, T0B 4J0
(780) 662-3477   SIC 8361
BEAVER LODGE   p 436
See BROWNING HARVEY LIMITED
BEAVER MACHINE CORPORATION   p 732
250 Harry Walker Pkwy N Unit 1, NEWMARKET, ON, L3Y 7B4
(905) 836-4700   SIC 3581
BEAVER VALLEY COMMUNITY SCHOOL   p 873
See BLUEWATER DISTRICT SCHOOL BOARD
BEAVERBANK MONARCH DRIVE   p 443
See HALIFAX REGIONAL SCHOOL BOARD
BEAVERBROOK SCHOOL   p 408
See SCHOOL DISTRICT 2
BEAVERCREST COMMUNITY SCHOOL   p 668
See BLUEWATER DISTRICT SCHOOL BOARD
BEAVERLODGE ELEMENTARY SCHOOL   p 6
See PEACE WAPITI SCHOOL DIVISION NO.76
BEAVERLODGE MOTOR INN   p 6
See VI-AL HOLDINGS LTD
BEAVERLODGE MUNICIPAL HOSPITAL   p 5
See GOVERNMENT OF THE PROVINCE OF ALBERTA
BEAVERLODGE PUBLIC HEALTH CENTRE   p 5
See ALBERTA HEALTH SERVICES
BEAVERLODGE REGIONAL HIGH SCHOOL   p 6
See PEACE WAPITI SCHOOL DIVISION NO.76
BEAVERLY ELEMENTARY SCHOOL   p 261
See BOARD OF EDUCATION OF SCHOOL DISTRICT NO. 57 (PRINCE GEORGE), THE
BEAZLEY CANADA LIMITED   p 917
55 University Ave Suite 550, TORONTO, ON, M5J 2H7
(416) 601-2155   SIC 6411
BEBE CONFORT   p 1166
See J.M. CLEMENT LTEE
BECHT ENGINEERING CANADA LTD   p 15
4720 106 Ave Se Suite 210a, CALGARY, AB, T2C 3G5
(403) 256-3575   SIC 8711
BECHTEL QUEBEC LIMITEE   p 1105
1500 Boul Robert-Bourassa Bureau 910, Montreal, QC, H3A 3S7
(514) 871-1711   SIC 8711
BECKER ACROMA   p 527
See SHERWIN-WILLIAMS CANADA INC
BECKER UNDERWOOD   p 1305
See BECKER UNDERWOOD CANADA LTD
BECKER UNDERWOOD CANADA LTD   p 1305
3835 Thatcher Ave, SASKATOON, SK, S7R 1A3
(306) 373-3060   SIC 2874
BECKLEY FARM LODGE FOUNDATION   p 330
530 Simcoe St, VICTORIA, BC, V8V 4W4
(250) 381-4421   SIC 8051
BECKLEY FARM LODGE SOCIETY   p 330
See BECKLEY FARM LODGE FOUNDATION
BECKMAN COULTER CANADA INC   p 706
7075 Financial Dr, MISSISSAUGA, ON, L5N 6V8
(905) 819-1234   SIC 5047
BECKWITH PUBLIC SCHOOL   p 549
See UPPER CANADA DISTRICT SCHOOL BOARD, THE
BECOTTE INC   p 1258
483 Rue Notre-Dame O, VICTORIAVILLE, QC, G6P 1S7
(819) 758-4436   SIC 2321
BECTON DICKINSON CANADA INC   p 706
2100 Derry Rd W Suite 100, MISSISSAUGA, ON, L5N 0B3
(905) 288-6000   SIC 5047
BEDCO DIVISION DE GERODON INC   p 1018
2305 Av Francis-Hughes, Cote Saint-Luc, QC, H7S 1N5
(514) 384-2820   SIC 3499
BEDDINGTON HEIGHTS ELEMENTARY SCHOOL   p 64
See CALGARY BOARD OF EDUCATION
BEDDINGTON'S BED & BATH   p 860
See 1024399 ONTARIO INC
BEDDINGTON'S BED & BATH   p 860
See 1803661 ONTARIO INC
BEDELL'S (LONDON) FOOD SERVICE DISTRIBUTORS   p 665
See SYSCO CANADA, INC
BEDFORD ACCOUNTING   p 443
See BDO CANADA LLP
BEDFORD INVESTMENTS LTD   p 443
772 Bedford Hwy, BEDFORD, NS, B4A 1A2
(902) 835-9033   SIC 5812
BEDFORD JUNIOR HIGH SCHOOL   p 443
See HALIFAX REGIONAL SCHOOL BOARD
BEDFORD PUBLIC SCHOOL   p 864
See AVON MAITLAND DISTRICT SCHOOL BOARD
BEDFORD ROAD COLLEGIATE   p 1299
See BOARD OF EDUCATION OF SASKATOON SCHOOL DIVISION NO. 13 OF SASKATCHEWAN, THE
BEDFORD, DIV OF   p 686
See TIMKEN CANADA LP
BEDONDAINE   p 1149
See BENJO INC
BEDWELL MANAGEMENT SYSTEMS   p 814
See BEDWELL MOVERS LTD
BEDWELL MOVERS LTD   p 814
1051 Toy Ave, PICKERING, ON, L1W 3N9
(905) 686-0002   SIC 4212
BEDWELL VAN LINES LIMITED   p 814
1051 Toy Ave, PICKERING, ON, L1W 3N9
(416) 283-9667   SIC 4214
BEE BELL HEALTH BAKERY INC   p 103
10416 80 Ave Nw, EDMONTON, AB, T6E 5T7
SIC 5461
BEE CLEAN   p 103
See B. GINGRAS ENTERPRISES LTD
BEE CLEAN CENTRAL   p 367
See CORREIA ENTERPRISES LTD
BEE CLEAN CO (BRANDON) LTD   p 344
1515 Parker Blvd, BRANDON, MB, R7A 7P7
(204) 727-8322   SIC 7349
BEE MAID HONEY LIMITED   p 165
70 Alberta Ave, SPRUCE GROVE, AB, T7X 3B1
(780) 962-5573   SIC 2099
BEE-CLEAN BUILDING MAINTENANCE INCORPORATED   p 1281
1555a Mcdonald St, REGINA, SK, S4N 6H7
(306) 757-8020   SIC 7349
BEECHVILLE LAKESIDE TIMBERLEA ELEMENTARY SCHOOL   p 476
See HALIFAX REGIONAL SCHOOL BOARD
BEECHWOOD SCHOOL   p 1137
See LESTER B. PEARSON SCHOOL BOARD
BEEDIE SCHOOL OF BUSINESS   p 309
See SIMON FRASER UNIVERSITY
BEEFEATER MOTOR INN HOTEL   p 1269
See SYMONS THE BAKER LTD
BEELAND CO-OPERATIVE ASSOCIATION LIMITED   p 1307
1101 99 St, TISDALE, SK, S0E 1T0
(306) 873-2688   SIC 5171
BEENOX INC   p 1148
305 Boul Charest E Bureau 700, Quebec, QC, G1K 3H3
(418) 522-2468   SIC 7371
BEER STORE , THE   p 518
See BREWERS RETAIL INC
BEER STORE DISTRIBUTION CENTRE   p 519
See BREWERS RETAIL INC
BEER STORE DISTRIBUTION CENTRE,

BEER STORE, THE

BEER STORE, THE *p* 649
See BREWERS RETAIL INC
BEER STORE, THE *p* 496
See BREWERS RETAIL INC
BEER STORE, THE *p* 591
See BREWERS RETAIL INC
BEER STORE, THE *p* 630
See BREWERS RETAIL INC
BEER STORE, THE *p* 636
See BREWERS RETAIL INC
BEER STORE, THE *p* 664
See BREWERS RETAIL INC
BEER STORE, THE *p* 764
See BREWERS RETAIL INC
BEER STORE, THE *p* 784
See BREWERS RETAIL INC
BEER STORE, THE *p* 860
See BREWERS RETAIL INC
BEER STORE, THE *p* 876
See BREWERS RETAIL INC
BEER STORE, THE *p* 939
See BREWERS RETAIL INC
BEGIN & BEGIN INCORPOREE *p* 1073
76 295 Rte, Lots-Renverses, QC, G0L 1V0
(418) 899-6786   SIC 2426
BEHAVIOURAL HEALTH FOUNDATION INC, THE *p* 355
1147 Brezzy Point Rd, SELKIRK, MB, R1A 2A7
(204) 482-9711   SIC 8361
BEHAVIOURAL HEALTH FOUNDATION MALE YOUTH SERVICES, THE *p* 355
See BEHAVIOURAL HEALTH FOUNDATION INC, THE
BEHLEN INDUSTRIES INC *p* 360
355 Pembina Ave E, WINKLER, MB, R6W 3N4
(204) 325-4368   SIC 3441
BEHLEN INDUSTRIES INC *p* 537
3390 South Service Rd, BURLINGTON, ON, L7N 3J5
(905) 319-8125   SIC 1541
BEIGNES G.L.C. INC, LES *p* 1226
1911 Ch Du Fer-A-Cheval, SAINTE-JULIE, QC, J3E 2T4
(450) 649-0756   SIC 5812
BEIGNES TIM HORTON INC *p* 1189
9024 Boul Lacroix, SAINT-GEORGES, QC, G5Y 5P4
(418) 227-5989   SIC 5812
BEILY'S PUB & GRILL *p* 1291
See 101554401 SASKATCHEWAN LTD
BEISEKER COMMUNITY SCHOOL *p* 6
See ROCKY VIEW SCHOOL DIVISION NO. 41, THE
BEKINS CANTINS *p* 259
See BEKINS MOVING & STORAGE (CANADA) LTD
BEKINS MOVING & STORAGE (CANADA) LTD *p* 251
Gd, PARKSVILLE, BC, V9P 2G2
(250) 248-8805   SIC 4212
BEKINS MOVING & STORAGE (CANADA) LTD *p* 259
551 1st Ave, PRINCE GEORGE, BC, V2L 2Y2
(250) 563-0371   SIC 4213
BEKINS MOVING & STORAGE (CANADA) LTD *p* 275
6598 Bryn Rd, SAANICHTON, BC, V8M 1X6
(250) 544-2245   SIC 4214
BEL AIR ORLEANS TOYOTA *p* 776
See BEL-AIR AUTOMOBILES INC
BEL AYR ELEMENTARY SCHOOL *p* 447
See HALIFAX REGIONAL SCHOOL BOARD
BEL-AIR AUTOMOBILES INC *p* 776
1485 Youville Dr, ORLEANS, ON, K1C 4R1
(613) 830-3401   SIC 5511
BEL-AIR AUTOMOBILES INC *p* 787
450 Mcarthur Ave, OTTAWA, ON, K1K 1G4
(613) 741-3270   SIC 5511
BEL-PAR INDUSTRIES LTD *p* 284
12160 103a Ave, SURREY, BC, V3V 3G8

(604) 581-5291   SIC 2541
BELAIR DIRECT *p* 799
See COMPAGNIE D'ASSURANCE BELAIR INC, LA
BELAIR DIRECT *p* 910
See COMPAGNIE D'ASSURANCE BELAIR INC, LA
BELAIR DIRECT *p* 992
See COMPAGNIE D'ASSURANCE BELAIR INC, LA
BELAIR DIRECT *p* 1167
See COMPAGNIE D'ASSURANCE BELAIR INC, LA
BELANGER MEMORIAL HIGH SCHOOL *p* 426
See WESTERN SCHOOL DISTRICT
BELFAST CONSOLIDATED SCHOOL *p* 980
See EASTERN SCHOOL DISTRICT
BELFAST ELEMENTARY SCHOOL *p* 22
See CALGARY BOARD OF EDUCATION
BELFOR (CANADA) INC *p* 90
17408 116 Ave Nw, EDMONTON, AB, T5S 2X2
(780) 455-5566   SIC 1799
BELFOR (CANADA) INC *p* 240
2301a Mccullough Rd, NANAIMO, BC, V9S 4M9
(250) 756-9333   SIC 1799
BELFOR (CANADA) INC *p* 285
7677d 132 St, SURREY, BC, V3W 4M8
(604) 599-9980   SIC 1799
BELFOR (CANADA) INC *p* 333
4216 Glanford Ave, VICTORIA, BC, V8Z 4B7
(250) 978-5556   SIC 1799
BELFOR (CANADA) INC *p* 382
801 Berry St, WINNIPEG, MB, R3H 0S7
(204) 774-8186   SIC 1799
BELFOR (CANADA) INC *p* 396
57 Rue Sylvio, DIEPPE, NB, E1A 7X1
(506) 853-0006   SIC 1799
BELFOR (CANADA) INC *p* 412
11 William Crt, QUISPAMSIS, NB, E2E 4B1
(506) 847-4169   SIC 1799
BELFOR (CANADA) INC *p* 864
457 Douro St, STRATFORD, ON, N5A 3S9
(519) 271-1129   SIC 1799
BELFOR PROPERTY RESTORATION SERVICES *p* 382
See BELFOR (CANADA) INC
BELFOR PROPERTY & RESTORATION *p* 285
See BELFOR (CANADA) INC
BELFOR PROPERTY RESTORATION *p* 240
See BELFOR (CANADA) INC
BELFOR PROPERTY RESTORATION *p* 864
See BELFOR (CANADA) INC
BELFOR PROPERTY RESTORATION SERVICES *p* 412
See BELFOR (CANADA) INC
BELFOR RESTORATION SERVICES *p* 90
See BELFOR (CANADA) INC
BELFOR RESTORATION SERVICES *p* 333
See BELFOR (CANADA) INC
BELGO ELEMENTARY SCHOOL *p* 223
See BOARD OF EDUCATION OF SCHOOL DISTRICT NO. 23 (CENTRAL OKANAGAN), THE
BELL ALIANT *p* 1014
See COMPAGNIE DE TELEPHONE BELL DU CANADA OU BELL CANADA, LA
BELL ALIANT REGIONAL COMMUNICATIONS INC *p* 393
275 King Ave, BATHURST, NB, E2A 1N9
(506) 547-3768   SIC 4899
BELL ALIANT REGIONAL COMMUNICATIONS INC *p* 398
20 Mcgloin St, FREDERICTON, NB, E3A 5T8
(506) 444-9600   SIC 4899
BELL ALIANT REGIONAL COMMUNICA-

TIONS INC *p* 399
64 Elson Blvd, FREDERICTON, NB, E3B 6G3
(506) 444-6484   SIC 4899
BELL ALIANT REGIONAL COMMUNICATIONS INC *p* 406
27 Alma St, MONCTON, NB, E1C 4Y2
(506) 860-8655   SIC 4899
BELL ALIANT REGIONAL COMMUNICATIONS INC *p* 415
151 Woodward Ave, SAINT JOHN, NB, E2K 1Z9
(506) 632-6484   SIC 4899
BELL ALIANT REGIONAL COMMUNICATIONS INC *p* 416
Gd, SAINT JOHN, NB, E2L 4K2
(506) 658-7169   SIC 4899
BELL ALIANT REGIONAL COMMUNICATIONS INC *p* 424
244 Memorial Dr, CLARENVILLE, NL, A5A 1N9
(709) 466-6130   SIC 4899
BELL ALIANT REGIONAL COMMUNICATIONS INC *p* 425
332 O'connell Dr, CORNER BROOK, NL, A2H 7V1
(709) 637-8395   SIC 4899
BELL ALIANT REGIONAL COMMUNICATIONS INC *p* 425
19 Main St, CORNER BROOK, NL, A2H 1C2
(709) 637-8219   SIC 4899
BELL ALIANT REGIONAL COMMUNICATIONS INC *p* 426
185 Airport Blvd, GANDER, NL, A1V 1K6
(709) 256-5181   SIC 4899
BELL ALIANT REGIONAL COMMUNICATIONS INC *p* 427
7 Hardy Ave, GRAND FALLS-WINDSOR, NL, A2A 2P8
(709) 489-5669   SIC 4899
BELL ALIANT REGIONAL COMMUNICATIONS INC *p* 429
760 Topsail Rd Suite 2110, MOUNT PEARL, NL, A1N 3J5
(709) 739-2122   SIC 4899
BELL ALIANT REGIONAL COMMUNICATIONS INC *p* 433
34 Pippy Pl, ST. JOHN'S, NL, A1B 3X4
(709) 722-3748   SIC 7359
BELL ALIANT REGIONAL COMMUNICATIONS INC *p* 453
23 Water St, DIGBY, NS, B0V 1A0
(902) 245-8331   SIC 4899
BELL ALIANT REGIONAL COMMUNICATIONS INC *p* 457
1505 Barrington St Suite 1102, HALIFAX, NS, B3J 3K5
(902) 487-4609   SIC 4899
BELL ALIANT REGIONAL COMMUNICATIONS INC *p* 465
852 Park St, KENTVILLE, NS, B4N 3V7
(902) 679-2162   SIC 4899
BELL ALIANT REGIONAL COMMUNICATIONS INC *p* 465
363 Main St, KENTVILLE, NS, B4N 1K7
(902) 678-3308   SIC 4899
BELL ALIANT REGIONAL COMMUNICATIONS INC *p* 469
4852 Plymouth Rd, NEW GLASGOW, NS, B2H 5C5
(902) 752-5345   SIC 4899
BELL ALIANT REGIONAL COMMUNICATIONS INC *p* 474
56 Pitt St, SYDNEY, NS, B1P 5X5
(902) 539-9450   SIC 4899
BELL ALIANT REGIONAL COMMUNICATIONS INC *p* 477
810 Prince St, TRURO, NS, B2N 1H1
(902) 486-2620   SIC 4899
BELL ALIANT REGIONAL COMMUNICATIONS INC *p* 980
69 Belvedere Ave, CHARLOTTETOWN, PE, C1A 9K5
(902) 566-0131   SIC 4899
BELL ALIANT STORE *p* 425
See BELL ALIANT REGIONAL COMMUNICATIONS INC
BELL AND HOWELL CANADA LTD *p* 53
7620 Elbow Dr Sw, CALGARY, AB, T2V 1K2
(403) 640-4214   SIC 5112
BELL AND HOWELL CANADA LTD *p* 820
30 Mural St Unit 6, RICHMOND HILL, ON, L4B 1B5
(416) 746-2200   SIC 7629
BELL CANADA *p* 293
See ACCEO SOLUTIONS INC
BELL CANADA *p* 415
See BELL ALIANT REGIONAL COMMUNICATIONS INC
BELL CANADA *p* 526
See BELL TECHNICAL SOLUTIONS INC
BELL CANADA *p* 707
See COMPAGNIE DE TELEPHONE BELL DU CANADA OU BELL CANADA, LA
BELL CANADA *p* 779
See COMPAGNIE DE TELEPHONE BELL DU CANADA OU BELL CANADA, LA
BELL CANADA *p* 971
See COMPAGNIE DE TELEPHONE BELL DU CANADA OU BELL CANADA, LA
BELL CANADA ENGINEERING *p* 570
See COMPAGNIE DE TELEPHONE BELL DU CANADA OU BELL CANADA, LA
BELL CANADA FLEET *p* 755
See COMPAGNIE DE TELEPHONE BELL DU CANADA OU BELL CANADA, LA
BELL CENTRE *p* 906
See PACIFIC LINK COMMUNICATIONS INC
BELL CONFERENCING INC *p* 687
5099 Creekbank Rd Suite B4, MISSISSAUGA, ON, L4W 5N2
(905) 602-3900   SIC 7389
BELL DISTRIBUTION BUREAU DE MONTREAL *p* 1028
See BELL MOBILITE INC
BELL EXPRESSVU INC *p* 751
115 Scarsdale Rd, NORTH YORK, ON, M3B 2R2
(416) 383-6299   SIC 4899
BELL EXPRESSVU INC *p* 752
100 Wynford Dr Suite 300, NORTH YORK, ON, M3C 4B4
(416) 383-6600   SIC 4841
BELL EXPRESSVU INC *p* 1027
200 Boul Bouchard Bureau 72, DORVAL, QC, H9S 1A8
(514) 828-6600   SIC 4833
BELL FLAVORS & FRAGRANCES (CANADA) CO *p* 1007
3800 Rue Isabelle Bureau H, BROSSARD, QC, J4Y 2R3
(450) 444-3819   SIC 2087
BELL GLOBE MEDIA *p* 790
See BELL MEDIA INC
BELL HELECOPTER TEXTRON *p* 23
See COMPAGNIE DE TELEPHONE BELL

▲ Public Company   ■ Public Company Family Member   HQ Headquarters   BR Branch   SL Single Location

DU CANADA OU BELL CANADA, LA
BELL HELICOPTER p 21
See BELL HELICOPTER TEXTRON CANADA LIMITEE
BELL HELICOPTER TEXTRON CANADA LIMITEE p 21
58 Aero Dr Ne Suite 101, CALGARY, AB, T2E 8Z9
(403) 275-5876   SIC 3721
BELL HIGH SCHOOL p 729
See OTTAWA-CARLETON DISTRICT SCHOOL BOARD
BELL MEDIA INC p 21
1110 Centre St Ne Suite 300, CALGARY, AB, T2E 2R2
(403) 240-5850   SIC 4832
BELL MEDIA INC p 41
535 7 Ave Sw, CALGARY, AB, T2P 0Y4
(403) 508-2222   SIC 4832
BELL MEDIA INC p 62
80 Patina Rise Sw, CALGARY, AB, T3H 2W4
(403) 240-5600   SIC 4833
BELL MEDIA INC p 79
10212 Jasper Ave Nw, EDMONTON, AB, T5J 5A3
(780) 424-2222   SIC 4832
BELL MEDIA INC p 90
18520 Stony Plain Rd Nw Suite 100, EDMONTON, AB, T5S 1A8
(780) 435-1049   SIC 4832
BELL MEDIA INC p 90
18520 Stony Plain Rd Nw Suite 100, EDMONTON, AB, T5S 1A8
(780) 443-3322   SIC 4833
BELL MEDIA INC p 136
640 13 St N, LETHBRIDGE, AB, T1H 2S8
(403) 329-3644   SIC 4833
BELL MEDIA INC p 224
435 Bernard Ave Suite 300, KELOWNA, BC, V1Y 6N8
(250) 860-8600   SIC 4832
BELL MEDIA INC p 321
750 Burrard St Suite 300, VANCOUVER, BC, V6Z 2V6
(604) 608-2868   SIC 4833
BELL MEDIA INC p 321
969 Robson St Unit 500, VANCOUVER, BC, V6Z 1X5
(604) 871-9000   SIC 4832
BELL MEDIA INC p 330
1420 Broad St, VICTORIA, BC, V8W 2B1
(250) 381-2484   SIC 4833
BELL MEDIA INC p 346
2940 Victoria Ave, BRANDON, MB, R7B 3Y3
(204) 728-1150   SIC 4833
BELL MEDIA INC p 374
177 Lombard Ave Suite 3, WINNIPEG, MB, R3B 0W5
(204) 944-1031   SIC 4832
BELL MEDIA INC p 377
345 Graham Ave Suite 400, WINNIPEG, MB, R3C 5S6
(204) 788-3300   SIC 4833
BELL MEDIA INC p 388
1445 Pembina Hwy, WINNIPEG, MB, R3T 5C2
(204) 477-5120   SIC 4832
BELL MEDIA INC p 406
191 Halifax St, MONCTON, NB, E1C 9R6
(506) 857-2600   SIC 4833
BELL MEDIA INC p 414
251 Bayside Dr, SAINT JOHN, NB, E2J 1A7
(506) 658-1010   SIC 4833
BELL MEDIA INC p 460
2885 Robie St, HALIFAX, NS, B3K 5Z4
(902) 453-4000   SIC 4833
BELL MEDIA INC p 460
2900 Agricola St, HALIFAX, NS, B3K 6A7
(902) 453-2524   SIC 4832
BELL MEDIA INC p 477
187 Industrial Ave, TRURO, NS, B2N 6V3
(902) 893-6060   SIC 4832
BELL MEDIA INC p 496
33 Beacon Rd, BARRIE, ON, L4N 9J9
(705) 734-3300   SIC 4833
BELL MEDIA INC p 530
601 Stuart Blvd, BROCKVILLE, ON, K6V 5V9
(613) 345-1666   SIC 4832
BELL MEDIA INC p 631
Gd, KINGSTON, ON, K7L 4V5
(613) 544-1380   SIC 4832
BELL MEDIA INC p 640
864 King St W, KITCHENER, ON, N2G 1E8
(519) 578-1313   SIC 4833
BELL MEDIA INC p 658
743 Wellington Rd, LONDON, ON, N6C 4R5
(519) 686-2525   SIC 4833
BELL MEDIA INC p 662
1 Communications Rd, LONDON, ON, N6J 4Z1
(519) 686-8810   SIC 4832
BELL MEDIA INC p 726
1504 Merivale Rd, NEPEAN, ON, K2E 6Z5
(613) 225-1069   SIC 4832
BELL MEDIA INC p 726
See BELL MEDIA INC
BELL MEDIA INC p 741
245 Oak St E, NORTH BAY, ON, P1B 8P8
(705) 476-3111   SIC 4833
BELL MEDIA INC p 788
87 George St, OTTAWA, ON, K1N 9H7
(613) 224-1313   SIC 4833
BELL MEDIA INC p 788
87 George St, OTTAWA, ON, K1N 9H7
(613) 789-0606   SIC 4833
BELL MEDIA INC p 790
100 Queen St Suite 1400, OTTAWA, ON, K1P 1J9
(613) 236-7343   SIC 4833
BELL MEDIA INC p 790
100 Queen St Suite 1400, OTTAWA, ON, K1P 1J9
(613) 566-3600   SIC 2711
BELL MEDIA INC p 805
611 Tv Tower Rd, PEMBROKE, ON, K8A 6Y6
SIC 4833
BELL MEDIA INC p 809
59 George St N, PETERBOROUGH, ON, K9J 3G2
(705) 742-8844   SIC 4832
BELL MEDIA INC p 843
9 Channel Nine Crt, SCARBOROUGH, ON, M1S 4B5
(416) 332-5000   SIC 4833
BELL MEDIA INC p 883
681 Pine St N, TIMMINS, ON, P4N 7L6
(705) 264-4211   SIC 4833
BELL MEDIA INC p 897
50 Eglinton Ave E Suite 1, TORONTO, ON, M4P 1A6
(416) 924-6664   SIC 4833
BELL MEDIA INC p 928
444 Front St W, TORONTO, ON, M5V 2S9
(416) 585-5000   SIC 5192
BELL MEDIA INC p 928
720 King St W Suite 1000, TORONTO, ON, M5V 2T3
SIC 7922
BELL MEDIA INC p 950
255 King St N Suite 207, WATERLOO, ON, N2J 4V2
SIC 4832
BELL MEDIA INC p 1093
1205 Av Papineau, Montreal, QC, H2K 4R2
(514) 273-6311   SIC 4833
BELL MEDIA INC p 1094
1717 Boul Rene-Levesque E, Montreal, QC, H2L 4T9
(514) 989-2523   SIC 4832
BELL MEDIA INC p 1094
1717 Boul Rene-Levesque E Bureau 120, Montreal, QC, H2L 4T9
(514) 529-3200   SIC 4832
BELL MEDIA INC p 1253
1610 3e Av, VAL-D'OR, QC, J9P 1V8
(819) 825-2568   SIC 4832
BELL MEDIA INC p 1294
216 1st Ave N, SASKATOON, SK, S7K 3W3
(306) 665-8600   SIC 4833
BELL MOBILITE INC p 41
111 5 Ave Sw Suite 2100, CALGARY, AB, T2P 3Y6
SIC 5065
BELL MOBILITE INC p 294
2925 Virtual Way Suite 400, VANCOUVER, BC, V5M 4X5
(604) 678-4160   SIC 4899
BELL MOBILITE INC p 374
395 Notre Dame Ave, WINNIPEG, MB, R3B 1R2
(204) 943-5544   SIC 5065
BELL MOBILITE INC p 594
1420 Blair Pl Suite 700, GLOUCESTER, ON, K1J 9L8
SIC 5063
BELL MOBILITE INC p 687
5055 Satellite Dr Unit 1, MISSISSAUGA, ON, L4W 5K7
SIC 5731
BELL MOBILITE INC p 780
419 King St W, OSHAWA, ON, L1J 2K5
(905) 579-4026   SIC 4899
BELL MOBILITE INC p 1028
200 Boul Bouchard Bureau 500, DORVAL, QC, H9S 5X5
(514) 420-7700   SIC 5999
BELL MOBILITY p 294
See COMPAGNIE DE TELEPHONE BELL DU CANADA OU BELL CANADA, LA
BELL MOBILITY CENTRE p 673
See PACIFIC LINK COMMUNICATIONS INC
BELL MOBILITY INC p 294
See BELL MOBILITE INC
BELL PARK ACADEMIC CENTRE p 466
See HALIFAX REGIONAL SCHOOL BOARD
BELL SOLUTIONS TECHNIQUES p 1191
See BELL TECHNICAL SOLUTIONS INC
BELL TECHNICAL SOLUTIONS INC p 496
777 Bayview Dr Unit 1, BARRIE, ON, L4N 9A5
(705) 737-1575   SIC 1731
BELL TECHNICAL SOLUTIONS INC p 526
353 Elgin St, BRANTFORD, ON, N3S 7P5
(519) 756-2886   SIC 7629
BELL TECHNICAL SOLUTIONS INC p 635
826 Fortune Cres Suite B, KINGSTON, ON, K7P 2T3
(613) 634-3357   SIC 1731
BELL TECHNICAL SOLUTIONS INC p 707
6535 Millcreek Dr, MISSISSAUGA, ON, L5N 2M2
SIC 1623
BELL TECHNICAL SOLUTIONS INC p 727
1740 Woodroffe Ave, NEPEAN, ON, K2G 3R8
(613) 746-4465   SIC 4899
BELL TECHNICAL SOLUTIONS INC p 867
1771 Old Falconbridge Rd, SUDBURY, ON, P3A 4R7
(705) 566-6122   SIC 4899
BELL TECHNICAL SOLUTIONS INC p 1002
75 Rue J.-A.-Bombardier Suite 200, BOUCHERVILLE, QC, J4B 8P1
(450) 449-1120   SIC 1731
BELL TECHNICAL SOLUTIONS INC p 1191
6396 Grande Allee, SAINT-HUBERT, QC, J3Y 8J8
(450) 678-0100   SIC 4899
BELL TRAILER SALES p 377
See G. J. BELL ENTERPISES LTD
BELL WORLD p 161
See PACIFIC LINK COMMUNICATIONS INC
BELL WORLD p 504
See PACIFIC LINK COMMUNICATIONS INC
BELL WORLD p 506
See PACIFIC LINK COMMUNICATIONS INC
BELL WORLD p 507
See PACIFIC LINK COMMUNICATIONS INC
BELL WORLD p 508
See PACIFIC LINK COMMUNICATIONS INC
BELL WORLD p 515
See PACIFIC LINK COMMUNICATIONS INC
BELL WORLD p 526
See PACIFIC LINK COMMUNICATIONS INC
BELL WORLD p 552
See PACIFIC LINK COMMUNICATIONS INC
BELL WORLD p 565
See PACIFIC LINK COMMUNICATIONS INC
BELL WORLD p 581
See PACIFIC LINK COMMUNICATIONS INC
BELL WORLD p 586
See PACIFIC LINK COMMUNICATIONS INC
BELL WORLD p 600
See PACIFIC LINK COMMUNICATIONS INC
BELL WORLD p 606
See PACIFIC LINK COMMUNICATIONS INC
BELL WORLD p 650
See PACIFIC LINK COMMUNICATIONS INC
BELL WORLD p 673
See PACIFIC LINK COMMUNICATIONS INC
BELL WORLD p 680
See PACIFIC LINK COMMUNICATIONS INC
BELL WORLD p 703
See PACIFIC LINK COMMUNICATIONS INC
BELL WORLD p 728
See PACIFIC LINK COMMUNICATIONS INC
BELL WORLD p 738
See PACIFIC LINK COMMUNICATIONS INC
BELL WORLD p 748
See PACIFIC LINK COMMUNICATIONS INC
BELL WORLD p 756
See PACIFIC LINK COMMUNICATIONS INC
BELL WORLD p 758
See PACIFIC LINK COMMUNICATIONS INC
BELL WORLD p 760
See PACIFIC LINK COMMUNICATIONS INC
BELL WORLD p 780
See BELL MOBILITE INC
BELL WORLD p 788
See PACIFIC LINK COMMUNICATIONS INC
BELL WORLD p 806
See PACIFIC LINK COMMUNICATIONS INC
BELL WORLD p 810
See PACIFIC LINK COMMUNICATIONS INC
BELL WORLD p 813
See PACIFIC LINK COMMUNICATIONS INC
BELL WORLD p 827
See PACIFIC LINK COMMUNICATIONS INC
BELL WORLD p 834
See PACIFIC LINK COMMUNICATIONS INC
BELL WORLD p 845
See PACIFIC LINK COMMUNICATIONS

BELL WORLD *p* 875
See PACIFIC LINK COMMUNICATIONS INC

BELL WORLD *p* 897
See PACIFIC LINK COMMUNICATIONS INC

BELL WORLD *p* 935
See PACIFIC LINK COMMUNICATIONS INC

BELL WORLD *p* 956
See PACIFIC LINK COMMUNICATIONS INC

BELL WORLD *p* 966
See PACIFIC LINK COMMUNICATIONS INC

BELL WORLD *p* 977
See PACIFIC LINK COMMUNICATIONS INC

BELL'S CORNER PUBLIC SCHOOL *p* 729
See OTTAWA-CARLETON DISTRICT SCHOOL BOARD

BELLA BELLA COMMUNITY SCHOOL SOCIETY *p* 181
Gd, BELLA BELLA, BC, V0T 1Z0
(250) 957-2323   SIC 8211

BELLA COOLA ELEMENTARY SCHOOL *p* 182
See SCHOOL DISTRICT 49 CENTRAL COAST

BELLA HOSIERY MILLS INC *p* 1124
1401 Rue Legendre O Bureau 200, MONTREAL, QC, H4N 2R9
(514) 274-6500   SIC 3842

BELLA SENIOR CARE RESIDENCES INC *p* 736
8720 Willoughby Dr, NIAGARA FALLS, ON, L2G 7X3
(905) 295-2727   SIC 8051

BELLA VISTA INN LTD *p* 1270
Hwy 5, HUMBOLDT, SK, S0K 2A1
(306) 682-2686   SIC 7011

BELLAI BROTHERS CONSTRUCTION LTD *p* 792
440 Laurier Ave W, OTTAWA, ON, K1R 7X6
(613) 782-2932   SIC 1771

BELLAI BROTHERS CONSTRUCTION LTD *p* 1037
30 Rue Adrien-Robert, GATINEAU, QC, J8Y 3S2
(819) 771-7704   SIC 1771

BELLAI CANADA *p* 1037
See BELLAI BROTHERS CONSTRUCTION LTD

BELLATRIX EXPLORATION LTD *p* 71
5516 Industrial Rd, DRAYTON VALLEY, AB, T7A 1R1
(403) 266-8670   SIC 1381

BELLBOY DRYCLEANING & LAUNDRY LTD *p* 401
426 Hodgson Rd, FREDERICTON, NB, E3C 2G5
(506) 451-7732   SIC 7216

BELLBOY DRYCLEANING SERVICE *p* 401
See BELLBOY DRYCLEANING & LAUNDRY LTD

BELLE RIVER DISTRICT HIGH SCHOOL *p* 501
See GREATER ESSEX COUNTY DISTRICT SCHOOL BOARD

BELLE RIVER ENTERPRISES LTD *p* 980
Gd, BELLE RIVER, PE, C0A 1B0
(902) 962-2248   SIC 2092

BELLE RIVER PUBLIC SCHOOL *p* 501
See GREATER ESSEX COUNTY DISTRICT SCHOOL BOARD

BELLEISLE REGIONAL HIGH SCHOOL *p* 420
See ANGLOPHONE SOUTH SCHOOL DISTRICT (ASD-S)

BELLEMARE COUVERTURES LTEE *p* 1045
1044 Rue Raoul-Charette, JOLIETTE, QC, J6E 8S6

(450) 759-4933   SIC 1761

BELLEMARE ENVIRONNEMENT *p* 1250
11450 Boul Industriel, Trois-Rivieres, QC, G9A 5E1
(819) 697-2227   SIC 8731

BELLEMONT POWELL LTEE *p* 1002
1570 Ampere St Bureau 508, BOUCHERVILLE, QC, J4B 7L4
(450) 641-2661   SIC 5141

BELLEROSE COMPOSITE HIGH SCHOOL *p* 167
See ST. ALBERT PUBLIC SCHOOL DISTRICT NO. 5565

BELLEVILLE DIALYSIS CLINIC *p* 502
See KINGSTON GENERAL HOSPITAL

BELLEVILLE WATERS *p* 503
See CORPORATION OF THE CITY OF BELLEVILLE, THE

BELLEVUE PATHE HOLDINGS LTD *p* 1116
2100 Rue Sainte-Catherine O Bureau 1000, Montreal, QC, H3H 2T3
(514) 939-5000   SIC 7812

BELLM, A. J. HOLDINGS INC *p* 539
2300 Fairview St, BURLINGTON, ON, L7R 2E4
(905) 632-5371   SIC 6712

BELLMERE JUNIOR ELEMENTARY SCHOOL *p* 886
See TORONTO DISTRICT SCHOOL BOARD

BELLMOORE PUBLIC SCHOOL *p* 504
See HAMILTON-WENTWORTH CATHOLIC SCHOOL BOARD

BELLS CORNERS *p* 729
See DAIRY QUEEN CANADA INC

BELLSTAR HOTELS & RESORTS LTD *p* 66
107 Montane Rd Unit 100, CANMORE, AB, T1W 3J2
(403) 678-9350   SIC 7011

BELLVIEW- JOSEPH BRANT SCHOOL *p* 527
See GRAND ERIE DISTRICT SCHOOL BOARD

BELLWOOD HEALTH SERVICES *p* 893
See BELLWOOD HEALTH SERVICES INC

BELLWOOD HEALTH SERVICES INC *p* 893
175 Brentcliffe Rd, TORONTO, ON, M4G 0C5
(416) 495-0926   SIC 8069

BELLWYCK PACKAGING INC *p* 803
Gd, OWEN SOUND, ON, N4K 5N9
(800) 265-3708   SIC 2657

BELLWYCK PACKAGING SOLUTIONS *p* 803
See BELLWYCK PACKAGING INC

BELMEAD ELEMENTARY SCHOOL *p* 94
See EDMONTON SCHOOL DISTRICT NO. 7

BELMONT *p* 702
See TAKARA COMPANY, CANADA, LTD

BELMONT ELEMENTARY SCHOOL *p* 73
See EDMONTON SCHOOL DISTRICT NO. 7

BELMONT ELEMENTARY SCHOOL *p* 233
See SCHOOL DISTRICT NO. 35 (LANGLEY)

BELMONT GOLF COURSE LTD *p* 229
22555 Telegraph Trail, LANGLEY, BC, V1M 3S4
(604) 888-9898   SIC 7997

BELMONT PRESS LIMITED *p* 678
5 Bodrington Crt, MARKHAM, ON, L6G 1A6
(905) 940-4900   SIC 7389

BELMONT SECONDARY SCHOOL *p* 336
See SCHOOL DISTRICT NO 62 (SOOKE)

BELO SUN MINING CORP *p* 913
65 Queen St W Suite 800, TORONTO, ON, M5H 2M5
(416) 309-2137   SIC 1041

BELOW THE BELT LTD *p* 1294
177 Midtown Plaza Suite 205, SASKATOON, SK, S7K 1J9
(306) 934-8891   SIC 5651

BELRON CANADA INCORPOREE *p* 289

18800 96 Ave, SURREY, BC, V4N 3R1
(604) 513-2298   SIC 5013

BELRON CANADA INCORPOREE *p* 496
1 King St Unit 1, BARRIE, ON, L4N 6B5
(705) 726-5711   SIC 7536

BELRON CANADA INCORPOREE *p* 1090
8288 Boul Pie-Ix, Montreal, QC, H1Z 3T6
(514) 593-8000   SIC 7536

BELRON CANADA INCORPOREE *p* 1092
5940 Av Papineau, Montreal, QC, H2G 2W8
(514) 273-8861   SIC 7536

BELRON CANADA INCORPOREE *p* 1228
1485 Boul Saint-Elzear O Bureau 201, SAINTE-ROSE, QC, H7L 3N6
(514) 327-1122   SIC 7622

BELTERRA *p* 261
See BELTERRA CORPORATION

BELTERRA CORPORATION *p* 15
9160 52 St Se, CALGARY, AB, T2C 5A9
(403) 253-9333   SIC 5084

BELTERRA CORPORATION *p* 207
1609 Derwent Way, DELTA, BC, V3M 6K8
(604) 540-1950   SIC 5085

BELTERRA CORPORATION *p* 261
2247 Quinn St S, PRINCE GEORGE, BC, V2N 2X4
(250) 562-1245   SIC 5085

BELTERRA CORPORATION *p* 1245
1015 Rue Des Forges, TERREBONNE, QC, J6Y 0J9
(450) 621-8228   SIC 5085

BELVEDERE GOLF & COUNTRY CLUB *p* 162
51418 Hwy 21 S, SHERWOOD PARK, AB, T8H 2T2
(780) 467-2025   SIC 7997

BELVEDERE RESOURCES LTD *p* 306
999 Canada Pl Suite 404, VANCOUVER, BC, V6C 3E2
(604) 513-0007   SIC 1041

BELVEDERE-PARKWAY ELEMENTARY SCHOOL *p* 59
See CALGARY BOARD OF EDUCATION

BELVIKA TRADE & PACKAGING LTD *p* 694
340 Traders Blvd E, MISSISSAUGA, ON, L4Z 1W7
(905) 502-7444   SIC 7389

BELWOOD POULTRY LIMITED *p* 486
4272 4th Conc N, AMHERSTBURG, ON, N9V 2Y9
(519) 736-2236   SIC 5144

BEN CALF ROBE - ST. CLARE ELEMENTARY JUNIOR HIGH SCHOOL *p* 97
See EDMONTON CATHOLIC SEPARATE SCHOOL DISTRICT NO.7

BEN CALF ROBE SOCIETY OF EDMONTON *p* 74
12046 77 St Nw, EDMONTON, AB, T5B 2G7
(780) 477-6648   SIC 8322

BEN DESHAIES INC *p* 1079
3900 Ch De La Lievre N, MONT-LAURIER, QC, J9L 3G4
(819) 623-6244   SIC 5141

BEN MOSS JEWELLERS *p* 374
See BEN MOSS JEWELLERS WESTERN CANADA LTD

BEN MOSS JEWELLERS WESTERN CANADA LTD *p* 374
201 Portage Ave Suite 300, WINNIPEG, MB, R3B 3K6
(204) 947-6682   SIC 5944

BEN R MCMULLIN ELEMENTARY SCHOOL *p* 831
See ALGOMA DISTRICT SCHOOL BOARD

BEN'S *p* 414
See CANADA BREAD COMPANY, LIMITED

BENAPAC INC *p* 564
700 Education Rd, CORNWALL, ON, K6H 6B8
(613) 933-1700   SIC 5013

BENC HOTEL HOLDINGS LIMITED *p* 867
225 Falconbridge Rd, SUDBURY, ON, P3A 5K4
(705) 566-3601   SIC 7011

BENCH *p* 306
See 10SHEET SERVICES INC

BENCH ELEMENTARY SCHOOL *p* 199
See SCHOOL DISTRICT NO. 79 (COWICHAN VALLEY)

BENCHMARK LAW CORP *p* 274
9471 Kirkmond Cres, RICHMOND, BC, V7E 1M7
(604) 786-7724   SIC 8111

BEND ALL AUTOMOTIVE INCORPORATED *p* 492
115 Wanless Crt, AYR, ON, N0B 1E0
(519) 623-2001   SIC 3671

BEND ALL AUTOMOTIVE INCORPORATED *p* 492
655 Waydom Dr, AYR, ON, N0B 1E0
(519) 623-2002   SIC 2531

BEND ALL AUTOMOTIVE INCORPORATED *p* 493
575 Waydom Dr, AYR, ON, N0B 1E0
(519) 623-2001   SIC 3499

BEND ALL AUTOMOTIVE INCORPORATED *p* 547
498 Eagle St N Units 3 & 4, CAMBRIDGE, ON, N3H 1C2
(519) 623-2001   SIC 3499

BENDALE BUSINESS & TECHNICAL INSTITUTE *p* 841
See TORONTO DISTRICT SCHOOL BOARD

BENDALE JUNIOR PUBLIC SCHOOL *p* 837
See TORONTO DISTRICT SCHOOL BOARD

BENEFIT PLAN ADMINISTRATORS LIMITED *p* 575
90 Burnhamthorpe Rd W, ETOBICOKE, ON, L5B 3C3
(905) 275-6466   SIC 8742

BENEFIT PLAN ADMINISTRATORS LIMITED *p* 757
1263 Wilson Ave Suite 205, NORTH YORK, ON, M3M 3G2
(416) 240-7480   SIC 6321

BENGARD MANUFACTURING, DIV OF *p* 689
See LOXCREEN CANADA LTD

BENGOUGH HEALTH CENTRE *p* 1264
See SUN COUNTRY HEALTH REGION

BENGOUGH HEALTH CENTRE *p* 1264
See SUN COUNTRY REGIONAL HEALTH AUTHORITY

BENITO SCHOOL *p* 343
See SWAN VALLEY SCHOOL DIVISION

BENIX & CO. INC *p* 759
98 Orfus Rd, NORTH YORK, ON, M6A 1L9
(416) 784-0732   SIC 5719

BENJO INC *p* 1148
550 Boul Charest E, Quebec, QC, G1K 3J3
(418) 640-0001   SIC 5945

BENJO INC *p* 1149
520 Boul Charest E Bureau 233, Quebec, QC, G1K 3J3
(418) 692-7470   SIC 5945

BENMILLER INN & SPA *p* 596
See ROSE CORPORATION, THE

BENNETT JONES LLP *p* 79
10020 100 St Nw Suite 3200, EDMONTON, AB, T5J 0N3
(780) 421-8133   SIC 8111

BENNETT JONES LLP *p* 790
45 O'connor St Suite 1900, OTTAWA, ON, K1P 1A4
(613) 683-2300   SIC 8111

BENNETT JONES LLP *p* 932
100 King St W Suite 3400, TORONTO, ON, M5X 2A1
(416) 863-1200   SIC 8111

BENNETT RESTAURANT *p* 433
75 Kelsey Dr, ST. JOHN'S, NL, A1B 0C7

(709) 726-5190   SIC 5812
BENNETT RESTAURANT LTD
54 Kenmount Rd, ST. JOHN'S, NL, A1B 1W2
(709) 754-1254   SIC 5812
BENNINGTON SAFEWAY   p 64
See SOBEYS WEST INC
BENNY & CO   p 1038
See ROTISSERIE NOJO INC
BENNY STARK LIMITED   p 937
200 Union St, TORONTO, ON, M6N 3M9
(416) 654-3464   SIC 5093
BENOIT OILFIELD CONSTRUCTION (1997) LTD   p 68
302 Rupert St, CHAUVIN, AB, T0B 0V0
(780) 858-3794   SIC 1623
BENPRO TECHNOLOGIES CORPORATION   p 15
4707 Glenmore Trail Se, CALGARY, AB, T2C 2R9
(403) 255-2944   SIC 3499
BENSEN MANUFACTURING INC   p 301
405 Railway St Suite 203, VANCOUVER, BC, V6A 1A7
(604) 684-4919   SIC 2519
BENSON AUTO PARTS   p 503
See BENSON GROUP INC
BENSON AUTO PARTS   p 729
See BENSON GROUP INC
BENSON AUTO PARTS   p 784
See BENSON GROUP INC
BENSON AUTO PARTS   p 1035
See BENSON GROUP INC
BENSON BEVERLY TIRE   p 570
See BEVERLY GROUP INC, THE
BENSON GROUP INC   p 503
35 Harriett St, BELLEVILLE, ON, K8P 1V4
(613) 962-9535   SIC 5013
BENSON GROUP INC   p 564
700 Education Rd, CORNWALL, ON, K6H 6B8
(613) 933-1700   SIC 5013
BENSON GROUP INC   p 729
34 Stafford Rd, NEPEAN, ON, K2H 8W1
(613) 829-9872   SIC 5013
BENSON GROUP INC   p 784
1400 Ages Dr, OTTAWA, ON, K1G 5T4
(613) 746-5353   SIC 5013
BENSON GROUP INC   p 1035
95 Boul Greber, GATINEAU, QC, J8T 3P9
(819) 669-6555   SIC 5013
BENSON GROUP INC   p 1201
829 Rue Saint-Georges, Saint-Jerome, QC, J7Z 5E2
(450) 431-5355   SIC 5013
BENSON PIECES D'AUTO   p 1201
See BENSON GROUP INC
BENTAL REAL ESTATE SERVICES LP   p 917
55 University Ave Suite 300, TORONTO, ON, M5J 2H7
SIC 6531
BENTALL KENNEDY (CANADA) LIMITED PARTNERSHIP   p 41
112 4 Ave Sw Suite 1300, CALGARY, AB, T2P 0H3
(403) 303-2400   SIC 6553
BENTALL KENNEDY (CANADA) LIMITED PARTNERSHIP   p 323
505 Burrard St Suite 770, VANCOUVER, BC, V7X 1M4
(604) 646-2800   SIC 6531
BENTALL KENNEDY (CANADA) LIMITED PARTNERSHIP   p 584
10 Carlson Crt Suite 500, ETOBICOKE, ON, M9W 6L2
(416) 674-7707   SIC 6531
BENTALL KENNEDY (CANADA) LIMITED PARTNERSHIP   p 707
6880 Financial Dr 1 Fl, MISSISSAUGA, ON, L5N 7Y5
(905) 542-8881   SIC 6531
BENTALL KENNEDY (CANADA) LIMITED PARTNERSHIP   p 790

50 O'connor St Suite 315, OTTAWA, ON, K1P 6L2
(613) 236-6452   SIC 6531
BENTALL KENNEDY (CANADA) LIMITED PARTNERSHIP   p 917
1 York St Suite 1100, TORONTO, ON, M5J 2L9
(416) 681-3400   SIC 6531
BENTALL KENNEDY (CANADA) LIMITED PARTNERSHIP   p 1109
1155 Rue Metcalfe Bureau 55, Montreal, QC, H3B 2V6
(514) 393-8820   SIC 6531
BENTALL REAL ESTATE SERVICES   p 41
See BENTALL KENNEDY (CANADA) LIMITED PARTNERSHIP
BENTALL REAL ESTATE SERVICES   p 707
See BENTALL KENNEDY (CANADA) LIMITED PARTNERSHIP
BENTALL REAL ESTATE SERVICES   p 790
See BENTALL KENNEDY (CANADA) LIMITED PARTNERSHIP
BENTLEY CANADA INC   p 1081
5375-85 Rue Pare Bureau 201, MONT-ROYAL, QC, H4P 1P7
(514) 341-9646   SIC 5948
BENTLEY CARE CENTRE   p 6
See ALBERTA HEALTH SERVICES
BENTLEY RETIREMENT COMMUNITY   p 1309
See REVERA INC
BENTLEY SCHOOL   p 6
See WOLF CREEK SCHOOL DIVISION NO.72
BENTLEY SYSTEMS   p 1081
See BENTLEY CANADA INC
BENTLEY'S HOSPITALITY INC   p 864
99 Ontario St, STRATFORD, ON, N5A 3H1
(519) 271-1121   SIC 5812
BENTLEY'S INN BAR & RESTAURANT   p 864
See BENTLEY'S HOSPITALITY INC
BENTLEYS OF LONDON SLACKS LTD   p 372
1309 Mountain Ave, WINNIPEG, MB, R2X 2Y1
(204) 786-6081   SIC 2339
BENTLY NEVADA   p 113
See GENERAL ELECTRIC CANADA COMPANY
BENTO NOUVEAU LTD   p 820
50 West Pearce St Unit 17, RICHMOND HILL, ON, L4B 1C5
(905) 881-7772   SIC 4225
BENTO NOUVEAU LTD   p 1062
1487 Rue Berlier, Laval, QC, H7L 3Z1
SIC 5141
BENTO SUSHI   p 820
See BENTO NOUVEAU LTD
BENZY HOGAN INVESTMENTS LTD   p 541
181 Plains Rd W, BURLINGTON, ON, L7T 0B1
SIC 5511
BER-MAC   p 155
See CEB INVESTMENTS INC
BERC BOWES JUNIOR SECONDARY SCHOOL   p 215
See SCHOOL DISTRICT NO. 60 (PEACE RIVER NORTH)
BERDICK MFG. MANITOBA LTD   p 361
404 Roblin Blvd E, WINKLER, MB, R6W 0H2
(204) 325-8053   SIC 3089
BERDICK WINDOWS & DOORS   p 361
See BERDICK MFG. MANITOBA LTD
BERENDSEN FLUID POWER LTD   p 846
35a Ironside Cres Suite 1, SCARBOROUGH, ON, M1X 1G5
(416) 335-5557   SIC 5084
BERENS RIVER SCHOOL   p 343
See FRONTIER SCHOOL DIVISION
BERESKIN & PARR INC.   p 707
6733 Mississauga Rd Suite 600, MISSISSAUGA, ON, L5N 6J5
(905) 812-3600   SIC 8111

BERETTA ENTERPRISES (1994) LTD   p 1272
Gd Stn Main, LLOYDMINSTER, SK, S9V 0X5
(780) 875-6522   SIC 1623
BERETTA PIPELINE CONSTRUCTION LTD   p 1272
Gd Stn Main, LLOYDMINSTER, SK, S9V 0X5
SIC 1623
BEREZAN MANAGEMENT (B.C.) LTD   p 284
12867 96 Ave, SURREY, BC, V3V 6V9
SIC 5813
BERGER PEATMOSS   p 393
See TOURBIERES BERGER LTEE, LES
BERGERON   p 1005
See SERVICES MATREC INC
BERGERON MAYBOIS, DIV OF   p 989
See TRANSPORT TFI 23 S.E.C.
BERGTHALER MENNONITE CHURCH   646
413 Wilkinson Dr, LEAMINGTON, ON, N8H 1A1
(519) 326-2152   SIC 8661
BERKSHIRE CLUB   p 663
See SIFTON PROPERTIES LIMITED
BERKSHIRE PARK ELEMENTARY SCHOOL   p 281
See SCHOOL DISTRICT NO 36 (SURREY)
BERLINES TRANSIT INC   p 998
719 Boul Industriel Bureau 102b, BLAINVILLE, QC, J7C 3V3
(450) 437-3589   SIC 4151
BERLITZ   p 41
See BERLITZ CANADA INC
BERLITZ CANADA INC   p 41
237 4 Ave Sw Suite 103, CALGARY, AB, T2P 4K3
(403) 265-3850   SIC 8299
BERLITZ CANADA INC   p 697
3660 Hurontario St Suite 303, MISSISSAUGA, ON, L5B 3C4
(905) 272-5111   SIC 8299
BERLITZ CANADA INC   p 697
3660 Hurontario St Suite 302, MISSISSAUGA, ON, L5B 3C4
(905) 896-0215   SIC 8299
BERLITZ CANADA INC   p 792
350 Sparks St Suite 1001, OTTAWA, ON, K1R 7S8
(613) 234-8686   SIC 8299
BERLITZ CANADA INC   p 1008
6300 Av Auteuil Bureau 230, BROSSARD, QC, J4Z 3P2
SIC 8299
BERLITZ CANADA INC   p 1105
2001 Av Mcgill College, Montreal, QC, H3A 1G1
(514) 288-3111   SIC 8299
BERLITZ CANADA INC   p 1156
900 Boul Rene-Levesque E Bureau 850, Quebec, QC, G1R 2B5
SIC 8299
BERLITZ CANADA INC   p 1203
9900 Boul Cavendish Bureau 305, SAINT-LAURENT, QC, H4M 2V2
(514) 387-2566   SIC 8299
BERLITZ LANGUAGE CENTRES   p 792
See BERLITZ CANADA INC
BERLITZ LANGUAGE CENTRES OF CANADA   p 1203
See BERLITZ CANADA INC
BERLITZ LANGUAGE SCHOOL   p 697
See BERLITZ CANADA INC
BERNARD ELEMENTARY SCHOOL   p 197
See SCHOOL DISTRICT NO 33 CHILLIWACK
BERNEL MASONRY LTD   p 513
131 Delta Park Blvd Suite 1, BRAMPTON, ON, L6T 5M8
(905) 791-8818   SIC 1741
BERNER TRAIL JUNIOR ELEMENTARY SCHOOL   p 835
See TORONTO DISTRICT SCHOOL BOARD

BERNICE MACNAUGHTON HIGH SCHOOL   p 409
See SCHOOL DISTRICT 2
BERNIE WOLFE COMMUNITY SCHOOL   p 363
See RIVER EAST TRANSCONA SCHOOL DIVISION
BERNSTRIN'S DR STANLEY K HEALTH & DIET CLINICS   p 902
See POST ROAD HEALTH & DIET INC
BERRIGAN ELEMENTARY SCHOOL   p 730
See OTTAWA-CARLETON DISTRICT SCHOOL BOARD
BERRIS MANGAN CHARTERED ACCOUNTANTS   p 315
1827 5th Ave W, VANCOUVER, BC, V6J 1P5
(604) 682-8492   SIC 8721
BERRY & SMITH TRUCKING LTD   p 209
8208 Swenson Way Unit 100, DELTA, BC, V4G 1J6
(604) 582-1244   SIC 4212
BERRY PLASTICS CANADA INC   p 835
595 Coronation Dr, SCARBOROUGH, ON, M1E 2K4
(416) 281-6000   SIC 3081
BERRY, DON HOLDINGS INC   p 804
194 Grand River St N, PARIS, ON, N3L 2N3
SIC 5461
BERSACO INC   p 1043
717 Rue De La Montagne, GRANDES-BERGERONNES, QC, G0T 1G0
(418) 232-1100   SIC 2448
BERT AMBROSE SCHOOL   p 215
See SCHOOL DISTRICT NO. 60 (PEACE RIVER NORTH)
BERT CHURCH HIGH SCHOOL   p 2
See ROCKY VIEW SCHOOL DIVISION NO. 41, THE
BERT EDWARDS ELEMENTARY SCHOOL   p 219
See SCHOOL DISTRICT 73 (KAMLOOPS/THOMPSON)
BERT FOX COMMUNITY HIGH SCHOOL   p 1269
See PRAIRIE VALLEY SCHOOL DIVISION NO 208
BERTHA KENNEDY SCHOOL   p 166
See GREATER ST. ALBERT CATHOLIC REGIONAL DIVISION NO. 29
BERTIE PUBLIC SCHOOL   p 825
See DISTRICT SCHOOL BOARD OF NIAGARA
BERTRAND CONSTRUCTION   p 645
See 1024591 ONTARIO INC
BERTRUN E GLAVIN ELEMENTARY SCHOOL   p 367
See RIVER EAST TRANSCONA SCHOOL DIVISION
BERUSCHI ENTERPRISES LTD   p 264
112 1 St E, REVELSTOKE, BC, V0E 2S0
(250) 837-2107   SIC 7011
BERWICK & DISTRICT SCHOOL   p 444
See ANNAPOLIS VALLEY REGIONAL SCHOOL BOARD
BERWIL LTEE   p 1090
8651 9e Av Bureau 1, Montreal, QC, H1Z 3A1
(514) 376-0121   SIC 1711
BESNER   p 1067
See TRANSPORT TFI 6 S.E.C.
BESSBOROUGH DRIVE ELEMENTARY & MIDDLE SCHOOL   p 893
See TORONTO DISTRICT SCHOOL BOARD
BESSBOROUGH SCHOOL   p 409
See SCHOOL DISTRICT 2
BESSEMER & LAKE ERIE RAILROAD   p 1109
935 Rue De La Gauchetiere O Bureau 11, Montreal, QC, H3B 2M9
(514) 399-4536   SIC 4011

BESSER PRONEQ INC p1076
765 Rue Sicard, MASCOUCHE, QC, J7K 3L7
(450) 966-3000 SIC 3544

BESSETTE ET BOUDREAU INC p1254
680 Rte 143 S, VAL-JOLI, QC, J1S 0G6
(819) 845-7722 SIC 4212

BESSIE NICHOLS SCHOOL p112
See EDMONTON SCHOOL DISTRICT NO. 7

BESSNER GALLAY KREISMAN p1262
4150 Rue Sainte-Catherine O Bureau 600, WESTMOUNT, QC, H3Z 2Y5
(514) 908-3600 SIC 8721

BEST ACCESS SYSTEMS, DIV OF p1213
See STANLEY BLACK & DECKER CANADA CORPORATION

BEST BUY p9
See BEST BUY CANADA LTD

BEST BUY p30
See BEST BUY CANADA LTD

BEST BUY p90
See BEST BUY CANADA LTD

BEST BUY p112
See BEST BUY CANADA LTD

BEST BUY p156
See BEST BUY CANADA LTD

BEST BUY p190
See BEST BUY CANADA LTD

BEST BUY p199
See BEST BUY CANADA LTD

BEST BUY p230
See BEST BUY CANADA LTD

BEST BUY p283
See BEST BUY CANADA LTD

BEST BUY p299
See BEST BUY CANADA LTD

BEST BUY p361
See BEST BUY CANADA LTD

BEST BUY p450
See BEST BUY CANADA LTD

BEST BUY p484
See BEST BUY CANADA LTD

BEST BUY p505
See BEST BUY CANADA LTD

BEST BUY p513
See BEST BUY CANADA LTD

BEST BUY p538
See BEST BUY CANADA LTD

BEST BUY p572
See BEST BUY CANADA LTD

BEST BUY p625
See BEST BUY CANADA LTD

BEST BUY p633
See BEST BUY CANADA LTD

BEST BUY p638
See BEST BUY CANADA LTD

BEST BUY p659
See BEST BUY CANADA LTD

BEST BUY p670
See BEST BUY CANADA LTD

BEST BUY p727
See BEST BUY CANADA LTD

BEST BUY p757
See BEST BUY CANADA LTD

BEST BUY p787
See BEST BUY CANADA LTD

BEST BUY p820
See BEST BUY CANADA LTD

BEST BUY p838
See BEST BUY CANADA LTD

BEST BUY p840
See BEST BUY CANADA LTD

BEST BUY p855
See BEST BUY CANADA LTD

BEST BUY p910
See BEST BUY CANADA LTD

BEST BUY p957
See BEST BUY CANADA LTD

BEST BUY p963
See BEST BUY CANADA LTD

BEST BUY p973
See BEST BUY CANADA LTD

BEST BUY p992
See BEST BUY CANADA LTD

BEST BUY p1035
See BEST BUY CANADA LTD

BEST BUY p1043
See BEST BUY CANADA LTD

BEST BUY p1124
See BEST BUY CANADA LTD

BEST BUY p1141
See BEST BUY CANADA LTD

BEST BUY p1256
See BEST BUY CANADA LTD

BEST BUY p1290
See BEST BUY CANADA LTD

BEST BUY CANADA LTD p9
3221 Sunridge Way Ne Suite 500, CALGARY, AB, T1Y 7M4
(403) 717-1000 SIC 5999

BEST BUY CANADA LTD p30
6909 Macleod Trail Sw, CALGARY, AB, T2H 0L6
SIC 5734

BEST BUY CANADA LTD p30
8180 11 St Se Unit 300, CALGARY, AB, T2H 3B5
(403) 258-7975 SIC 5731

BEST BUY CANADA LTD p56
350 Shawville Blvd Se Unit 110, CALGARY, AB, T2Y 3S4
(403) 509-9120 SIC 5734

BEST BUY CANADA LTD p79
10304 109 St Nw, EDMONTON, AB, T5J 1M3
(780) 498-5505 SIC 5731

BEST BUY CANADA LTD p90
17539 Stony Plain Rd Nw, EDMONTON, AB, T5S 2S1
(780) 443-6700 SIC 5731

BEST BUY CANADA LTD p110
3451 Calgary Trail Nw, EDMONTON, AB, T6J 6Z2
SIC 5731

BEST BUY CANADA LTD p112
9931 19 Ave Nw, EDMONTON, AB, T6N 1M4
(780) 431-6700 SIC 5999

BEST BUY CANADA LTD p125
11120 100 Ave, GRANDE PRAIRIE, AB, T8V 7L2
SIC 5731

BEST BUY CANADA LTD p144
3292 Dunmore Rd Se Unit 600, MEDICINE HAT, AB, T1B 2R4
(403) 527-0982 SIC 5731

BEST BUY CANADA LTD p156
5001 19 St Unit 800, RED DEER, AB, T4R 3R1
(403) 314-5645 SIC 5731

BEST BUY CANADA LTD p156
5250 22 St Suite 110, RED DEER, AB, T4R 2T4
SIC 5731

BEST BUY CANADA LTD p190
4805 Kingsway, BURNABY, BC, V5H 4T6
(778) 452-2250 SIC 5731

BEST BUY CANADA LTD p190
6200 Mckay Ave Unit 144, BURNABY, BC, V5H 4L7
(604) 434-3844 SIC 5999

BEST BUY CANADA LTD p199
1135 Pinetree Way, COQUITLAM, BC, V3B 7K5
(604) 468-5500 SIC 5731

BEST BUY CANADA LTD p203
3245 Cliffe Ave Suite 1, COURTENAY, BC, V9N 2L9
(250) 334-9791 SIC 5731

BEST BUY CANADA LTD p229
19890 92a Ave, LANGLEY, BC, V1M 3A9
(604) 419-5500 SIC 5999

BEST BUY CANADA LTD p230
20202 66 Ave Suite 3f, LANGLEY, BC, V2Y 1P3
(604) 530-7787 SIC 5731

BEST BUY CANADA LTD p232
20150 Langley Bypass Suite 90, LANGLEY, BC, V3A 9J8
SIC 5731

BEST BUY CANADA LTD p241
3200 Island Hwy N Unit 87, NANAIMO, BC, V9T 1W1
(250) 729-8632 SIC 5731

BEST BUY CANADA LTD p261
3900 Walls Ave Suite 701, PRINCE GEORGE, BC, V2N 4L4
(250) 561-2277 SIC 5731

BEST BUY CANADA LTD p283
10025 King George Blvd Unit 2153, SURREY, BC, V3T 5H9
(604) 580-7788 SIC 5731

BEST BUY CANADA LTD p283
10145 King George Blvd Unit 3200, SURREY, BC, V3T 5H9
(604) 588-5666 SIC 5731

BEST BUY CANADA LTD p283
10232c Whalley Blvd Suite 10232, SURREY, BC, V3T 4H2
SIC 5731

BEST BUY CANADA LTD p285
7538 120 St, SURREY, BC, V3W 3N1
(778) 578-5746 SIC 5731

BEST BUY CANADA LTD p299
2220 Cambie St, VANCOUVER, BC, V5Z 2T7
(604) 638-4966 SIC 5731

BEST BUY CANADA LTD p321
798 Granville St Suite 200, VANCOUVER, BC, V6Z 3C3
(604) 683-2502 SIC 5731

BEST BUY CANADA LTD p325
5600 24 St, VERNON, BC, V1T 9T3
(250) 542-0701 SIC 5731

BEST BUY CANADA LTD p338
2100 Park Royal S, WEST VANCOUVER, BC, V7T 2W4
(604) 913-3336 SIC 5731

BEST BUY CANADA LTD p344
901 18th St N Suite A, BRANDON, MB, R7A 7S1
(204) 727-6826 SIC 5731

BEST BUY CANADA LTD p361
1570 Regent Ave W, WINNIPEG, MB, R2C 3B4
(204) 667-9140 SIC 5731

BEST BUY CANADA LTD p361
1580 Regent Ave W Unit 10, WINNIPEG, MB, R2C 2Y9
(204) 661-8157 SIC 5731

BEST BUY CANADA LTD p388
1910 Pembina Hwy Unit 6, WINNIPEG, MB, R3T 4S5
(204) 982-0551 SIC 5731

BEST BUY CANADA LTD p399
1220 Prospect St, FREDERICTON, NB, E3B 3C1
(506) 452-1600 SIC 5731

BEST BUY CANADA LTD p406
50 Plaza Blvd, MONCTON, NB, E1C 0G4
(506) 853-5188 SIC 5731

BEST BUY CANADA LTD p414
80 Consumers Dr, SAINT JOHN, NB, E2J 4Z3
(506) 657-3680 SIC 5731

BEST BUY CANADA LTD p450
119 Gale Terr, DARTMOUTH, NS, B3B 0C4
(902) 468-0075 SIC 5731

BEST BUY CANADA LTD p474
800 Grand Lake Rd Unit E60, SYDNEY, NS, B1P 6S9
(902) 539-5877 SIC 5731

BEST BUY CANADA LTD p484
20 Kingston Rd W, AJAX, ON, L1T 4K8
(905) 619-6977 SIC 5731

BEST BUY CANADA LTD p494
411 Bayfield St Suite 1, BARRIE, ON, L4M 6E5
(705) 727-4950 SIC 5731

BEST BUY CANADA LTD p505
86 Pillsworth Rd, BOLTON, ON, L7E 4G8
SIC 5731

BEST BUY CANADA LTD p511
9250 Airport Rd Suite 1, BRAMPTON, ON, L6S 6K5
(905) 494-7272 SIC 5065

BEST BUY CANADA LTD p513
25 Peel Centre Dr Unit 451, BRAMPTON, ON, L6T 3R5
(905) 494-2179 SIC 5731

BEST BUY CANADA LTD p538
1200 Brant St Unit 1, BURLINGTON, ON, L7P 5C6
SIC 5731

BEST BUY CANADA LTD p551
802 St Clair St, CHATHAM, ON, N7L 0E8
(519) 354-5525 SIC 5731

BEST BUY CANADA LTD p572
175 Green Lane E, EAST GWILLIMBURY, ON, L9N 0C9
(905) 954-1262 SIC 5731

BEST BUY CANADA LTD p594
1525 City Prk Dr, GLOUCESTER, ON, K1J 1H3
SIC 5731

BEST BUY CANADA LTD p599
151 Stone Rd W, GUELPH, ON, N1G 5L4
(519) 766-4660 SIC 5731

BEST BUY CANADA LTD p625
255 Kanata Ave Unit D1, KANATA, ON, K2T 1K5
SIC 5999

BEST BUY CANADA LTD p625
745 Kanata Ave Suite Gg1, KANATA, ON, K2T 1H9
(613) 287-3912 SIC 5731

BEST BUY CANADA LTD p633
616 Gardiners Rd Unit 1, KINGSTON, ON, K7M 9B8
SIC 5731

BEST BUY CANADA LTD p633
770 Gardiners Rd, KINGSTON, ON, K7M 3X9
(613) 887-2599 SIC 5731

BEST BUY CANADA LTD p638
215 Fairway Rd S, KITCHENER, ON, N2C 1X2
(519) 783-0333 SIC 5731

BEST BUY CANADA LTD p644
50 Gateway Park Dr, KITCHENER, ON, N2P 2J4
SIC 5731

BEST BUY CANADA LTD p652
1735 Richmond St Suite 111, LONDON, ON, N5X 3Y2
(519) 640-2900 SIC 5731

BEST BUY CANADA LTD p659
1080 Wellington Rd, LONDON, ON, N6E 1M2
(519) 686-2160 SIC 5999

BEST BUY CANADA LTD p661
1885 Hyde Park Rd, LONDON, ON, N6H 0A3
SIC 5731

BEST BUY CANADA LTD p670
5000 Highway 7 E Unit D, MARKHAM, ON, L3R 4M9
(905) 754-3025 SIC 5731

BEST BUY CANADA LTD p703
3050 Vega Blvd Suite 3, MISSISSAUGA, ON, L5L 5X8
SIC 5731

BEST BUY CANADA LTD p707
2975 Argentia Rd, MISSISSAUGA, ON, L5N 0A2
(905) 285-9948 SIC 5731

BEST BUY CANADA LTD p713
6075 Mavis Rd Unit 1, MISSISSAUGA, ON, L5R 4G6
(905) 361-8251 SIC 5999

BEST BUY CANADA LTD p727
1701 Merivale Rd, NEPEAN, ON, K2G 3K2
(613) 212-0146 SIC 5999

BEST BUY CANADA LTD p732
17890 Yonge St, NEWMARKET, ON, L3Y

8S1
SIC 5999
BEST BUY CANADA LTD p 741
1500 Fisher St, NORTH BAY, ON, P1B 2H3
(705) 472-2126 *SIC* 5731
BEST BUY CANADA LTD p 748
5095 Yonge St Unit A14, NORTH YORK, ON, M2N 6Z4
(416) 642-7980 *SIC* 5999
BEST BUY CANADA LTD p 757
695 Wilson Ave, NORTH YORK, ON, M3K 1E3
(416) 635-6574 *SIC* 5731
BEST BUY CANADA LTD p 763
2625a Weston Rd, NORTH YORK, ON, M9N 3V8
(416) 242-6162 *SIC* 5731
BEST BUY CANADA LTD p 773
99 First St, ORANGEVILLE, ON, L9W 2E8
(519) 940-8206 *SIC* 5731
BEST BUY CANADA LTD p 774
3200 Monarch Dr Unit 1, ORILLIA, ON, L3V 8A2
(705) 325-0519 *SIC* 5731
BEST BUY CANADA LTD p 777
2020 Mer Bleue Rd Unit C2, ORLEANS, ON, K4A 0G2
(613) 830-2706 *SIC* 5731
BEST BUY CANADA LTD p 778
1471 Harmony Rd N, OSHAWA, ON, L1H 7K5
(905) 433-4455 *SIC* 5731
BEST BUY CANADA LTD p 787
380 Coventry Rd, OTTAWA, ON, K1K 2C6
(613) 212-0333 *SIC* 5731
BEST BUY CANADA LTD p 795
2210 Bank St Unit B1, OTTAWA, ON, K1V 1J5
(613) 526-7450 *SIC* 5731
BEST BUY CANADA LTD p 820
225 High Tech Rd Unit C, RICHMOND HILL, ON, L4B 0A6
(905) 695-3906 *SIC* 5731
BEST BUY CANADA LTD p 826
1380 Exmouth St, SARNIA, ON, N7S 3X9
(519) 542-4388 *SIC* 5731
BEST BUY CANADA LTD p 832
548 Great Northern Rd, SAULT STE. MARIE, ON, P6B 4Z9
(705) 942-0722 *SIC* 5731
BEST BUY CANADA LTD p 838
50 Ashtonbee Rd Unit 2, SCARBOROUGH, ON, M1L 4R5
(416) 615-2879 *SIC* 5731
BEST BUY CANADA LTD p 840
480 Progress Ave, SCARBOROUGH, ON, M1P 5J1
(416) 296-7020 *SIC* 5731
BEST BUY CANADA LTD p 855
420 Vansickle Rd Suite 1, ST CATHARINES, ON, L2S 0C7
(905) 378-0333 *SIC* 5731
BEST BUY CANADA LTD p 877
767 Memorial Ave Suite 1, THUNDER BAY, ON, P7B 3Z7
(807) 346-1900 *SIC* 5999
BEST BUY CANADA LTD p 893
845 Eglinton Ave E, TORONTO, ON, M4G 4G9
(647) 253-1270 *SIC* 5999
BEST BUY CANADA LTD p 897
2400 Yonge St, TORONTO, ON, M4P 2H4
(416) 489-4726 *SIC* 5731
BEST BUY CANADA LTD p 910
65 Dundas St W, TORONTO, ON, M5G 2C3
(416) 642-8321 *SIC* 5731
BEST BUY CANADA LTD p 937
10 Old Stock Yards Rd, TORONTO, ON, M6N 5G8
(416) 766-1577 *SIC* 5731
BEST BUY CANADA LTD p 945
8601 Warden Ave Suite 1, UNIONVILLE, ON, L3R 0B5
SIC 5731

BEST BUY CANADA LTD p 951
580 King St N Unit B, WATERLOO, ON, N2L 6L3
(519) 886-1073 *SIC* 5999
BEST BUY CANADA LTD p 957
1751 Victoria St E, WHITBY, ON, L1N 9W4
(905) 666-3453 *SIC* 5731
BEST BUY CANADA LTD p 963
4379 Walker Rd, WINDSOR, ON, N8W 3T6
(519) 967-2070 *SIC* 5731
BEST BUY CANADA LTD p 973
7850 Weston Rd Suite 1, WOODBRIDGE, ON, L4L 9N8
(905) 264-3191 *SIC* 5731
BEST BUY CANADA LTD p 982
191 Buchanan Dr, CHARLOTTETOWN, PE, C1E 2E4
(902) 626-2081 *SIC* 5999
BEST BUY CANADA LTD p 992
7400 Boul Des Roseraies, ANJOU, QC, H1M 3X8
(514) 356-2168 *SIC* 5731
BEST BUY CANADA LTD p 992
7200 Boul Des Roseraies, ANJOU, QC, H1M 2T5
SIC 5731
BEST BUY CANADA LTD p 1013
1401 Boul Talbot, CHICOUTIMI, QC, G7H 5N6
(418) 698-6701 *SIC* 5731
BEST BUY CANADA LTD p 1035
920 Boul Maloney O, GATINEAU, QC, J8T 3R6
(819) 966-2222 *SIC* 5731
BEST BUY CANADA LTD p 1042
90 Rue Simonds N, GRANBY, QC, J2J 2L1
(450) 372-0883 *SIC* 5731
BEST BUY CANADA LTD p 1043
1000 Av Auguste, GREENFIELD PARK, QC, J4V 3R4
(450) 766-2300 *SIC* 5731
BEST BUY CANADA LTD p 1043
1800 Av Auguste, GREENFIELD PARK, QC, J4V 3R4
(450) 443-3817 *SIC* 5731
BEST BUY CANADA LTD p 1059
7077 Boul Newman, LASALLE, QC, H8N 1X1
(514) 368-6570 *SIC* 5731
BEST BUY CANADA LTD p 1062
1560 Boul Le Corbusier, Laval, QC, H7S 1Y8
(450) 781-2030 *SIC* 5731
BEST BUY CANADA LTD p 1109
470 Rue Sainte-Catherine O, Montreal, QC, H3B 1A6
(514) 393-2600 *SIC* 5731
BEST BUY CANADA LTD p 1117
2313 Rue Sainte-Catherine O Bureau 108, Montreal, QC, H3H 1N2
SIC 5731
BEST BUY CANADA LTD p 1124
8871 Boul De L'acadie, Montreal, QC, H4N 3K1
(514) 905-4269 *SIC* 5731
BEST BUY CANADA LTD p 1141
6321 Aut Transcanadienne Bureau 121, POINTE-CLAIRE, QC, H9R 5A5
(514) 428-1999 *SIC* 5999
BEST BUY CANADA LTD p 1141
6815 Rte Transcanadienne, POINTE-CLAIRE, QC, H9R 1C4
(514) 782-2400 *SIC* 5731
BEST BUY CANADA LTD p 1145
847 Rue Clemenceau, QUEBEC, QC, G1C 2K6
SIC 5731
BEST BUY CANADA LTD p 1167
1475 Boul Lebourgneuf, Quebec, QC, G2K 2G3
(418) 263-1044 *SIC* 5731
BEST BUY CANADA LTD p 1181
1235 Boul Des Promenades, SAINT-BRUNO, QC, J3V 6H1
(450) 461-1557 *SIC* 5731

BEST BUY CANADA LTD p 1200
1125 Boul Jean-Baptiste-Rolland O, Saint-Jerome, QC, J7Y 4Y7
SIC 5999
BEST BUY CANADA LTD p 1203
7075 Place Robert-Joncas Bureau M101, SAINT-LAURENT, QC, H4M 2Z2
(514) 905-7700 *SIC* 5731
BEST BUY CANADA LTD p 1206
3820 Boul De La C Te-Vertu, SAINT-LAURENT, QC, H4R 1P8
(514) 906-2500 *SIC* 5999
BEST BUY CANADA LTD p 1243
790 Montee Des Pionniers, TERREBONNE, QC, J6V 1N9
(450) 470-9636 *SIC* 5731
BEST BUY CANADA LTD p 1250
4520 Boul Des Recollets Bureau 900a, Trois-Rivieres, QC, G9A 4N2
(819) 379-6161 *SIC* 5731
BEST BUY CANADA LTD p 1256
3090 Boul De La Gare, VAUDREUIL-DORION, QC, J7V 0H1
(450) 455-8434 *SIC* 5731
BEST BUY CANADA LTD p 1279
800 15th St E Unit 300, PRINCE ALBERT, SK, S6V 8E3
(306) 922-9410 *SIC* 5731
BEST BUY CANADA LTD p 1281
1825e Victoria Ave, REGINA, SK, S4N 6E6
(306) 791-4000 *SIC* 5731
BEST BUY CANADA LTD p 1290
2125 Prince Of Wales Dr, REGINA, SK, S4V 3A4
(306) 546-0100 *SIC* 5731
BEST BUY CANADA LTD p 1302
1723 Preston Ave N Unit 221, SASKATOON, SK, S7N 4V2
(306) 955-6800 *SIC* 5731
BEST CANADIAN MOTOR INN p 1273
See REMAI INVESTMENT CORPORATION
BEST COLOR PRESS LTD p 295
1728 E Kent Ave South, VANCOUVER, BC, V5P 2S7
(604) 327-7382 *SIC* 2759
BEST FACILITIES SERVICES LTD p 125
Gd, GRANDE PRAIRIE, AB, T8V 2Z7
(780) 532-3508 *SIC* 7349
BEST OF CARE LTD, THE p 431
Gd, ST MARYS, NL, A0B 3B0
(709) 525-2425 *SIC* 8051
BEST THIER WAS p 665
See PATENE BUILDING SUPPLIES LTD
BEST VALUE MOTEL INC p 630
33 Benson St, KINGSTON, ON, K7K 5W2
(613) 546-3661 *SIC* 7011
BEST WESTERN p 291
See TIN WIS RESORT LTD
BEST WESTERN p 1037
See INNVEST PROPERTIES CORP
BEST WESTERN BEACON HARBOUR p 622
See BEST WESTERN HOTEL
BEST WESTERN BARCLAY HOTEL p 254
See G. D. P. INVESTMENTS LTD
BEST WESTERN CAIRN CROFT HOTEL p 736
See CADE HOLDING INC
BEST WESTERN CALGARY CENTRE INN p 29
See NILE PROPERTIES (1988) LTD
BEST WESTERN CARLTON PLAZA HOTEL p 331
See MAYFAIR PROPERTIES LTD
BEST WESTERN CHARTERHOUSE HOTELS p 376
See 1379025 ONTARIO LIMITED
BEST WESTERN COQUITLAM p 202
See COQUITLAM INN AND CONVENTION CENTRE LTD
BEST WESTERN COWICHAN VALLEY INN p 212
See SACPYR INVESTMENTS LTD

BEST WESTERN DORCHESTER HOTEL, THE p 240
See N & S HOTEL GROUP INC
BEST WESTERN FIRESIDE INN p 633
See GTS HOLDINGS LIMITED
BEST WESTERN GLENGARRY p 477
See GLENGARRY MOTEL & RESTAURANT LIMITED
BEST WESTERN GUILDWOOD INN p 815
See GUILDWOOD INN LIMITED, THE
BEST WESTERN HIGHLAND INN p 680
See HIGHLAND INN CORPORATION
BEST WESTERN HOTEL p 622
2793 Beacon Blvd, JORDAN STATION, ON, L0R 1S0
(905) 562-4155 *SIC* 7011
BEST WESTERN HOTEL & SUITES p 126
See HOLLOWAY LODGING LIMITED PARTNERSHIP
BEST WESTERN HOTEL EUROPA p 1116
See FINANCE ELKAY (QUEBEC) INC
BEST WESTERN HOTEL UNIVERSEL p 1030
See GESTION J.L.T. UNIVERSELLE INC
BEST WESTERN KINGS INN p 191
See LAMBETH HOLDINGS LTD
BEST WESTERN LAKESIDE INN p 627
See 1526439 ONTARIO LIMITED
BEST WESTERN LAMPLIGHTER INN p 658
See LAMPLIGHTER INNS (LONDON) LIMITED
BEST WESTERN MIRAGE HOTEL & RESORT p 130
See 941624 ALBERTA LTD
BEST WESTERN NORTH BAY HOTEL AND CONFERENCE CENTRE, THE p 740
See INVEST REIT
BEST WESTERN PARKWAY INN p 565
See NORBRO HOLDINGS LTD
BEST WESTERN PLUS p 124
See FOX CREEK DEVELOPMENTS 2011 LTD
BEST WESTERN PLUS CHATEAU GRANVILLE HOTEL p 321
See CHATEAU GRANVILLE INC
BEST WESTERN PLUS MARIPOSA INN AND CONFERENCE CENTRE p 774
See 1646419 ONTARIO INC
BEST WESTERN RAINBOW COUNTRY INN p 198
See LICKMAN TRAVEL CENTRE INC
BEST WESTERN ROEHAMPTON HOTEL & SUITES p 897
See 1118174 ONTARIO LIMITED
BEST WESTERN SANDS HOTEL p 314
See R P B HOLDINGS LTD
BEST WESTERN SEA TO SKY HOTEL p 216
See SEA TO SKY HOTEL INC
BEST WESTERN SUITES p 51
See KHATIJA INVESTMENTS LTD
BEST WESTERN THE WESTERLY HOTEL, DIV OF p 204
See COURTENAY LODGE LTD
BEST WESTERN VILLAGE PARK INN p 38
See ROYAL HOST INC
BEST WESTERN VILLE-MARIE HOTELS & SUITES p 1104
See 3056309 CANADA INC
BEST WESTERN WAYSIDE INN & SUITE p 142
See WAYSIDE MANAGEMENT LTD
BEST WESTERN WHEELS INN p 552
See BRAD-LEA MEADOWS LIMITED
BESTORA INC p 797
18 Burnside Ave Suite 601, OTTAWA, ON, K1Y 4V7
SIC 7311
BETEL HOME FOUNDATION p 349
96 1st Ave, GIMLI, MB, R0C 1B1
(204) 642-5556 *SIC* 8051
BETH EMETH BAIS YEHUDA SYNAGOGUE p 754

100 Elder St, NORTH YORK, ON, M3H 5G7
(416) 633-3838   SIC 8661
BETH TIKVAH SYNAGOGUE   p 748
3080 Bayview Ave, NORTH YORK, ON, M2N 5L3
(416) 221-3433   SIC 8661
BETHANIA MENNONITE PERSONAL CARE HOME INC   p 366
1045 Concordia Ave, WINNIPEG, MB, R2K 3S7
(204) 667-0795   SIC 8361
BETHANY AIRDRIE   p 2
See BETHANY CARE SOCIETY
BETHANY CARE CENTRE CALGARY   p 38
See BETHANY CARE SOCIETY
BETHANY CARE SOCIETY
1736 1 Ave Nw Suite 725, AIRDRIE, AB, T4B 2C4
(403) 948-6022   SIC 8051
BETHANY CARE SOCIETY   p 38
916 18a St Nw Suite 3085, CALGARY, AB, T2N 1C6
(403) 284-0161   SIC 8051
BETHANY CARE SOCIETY   p 64
19 Harvest Gold Manor Ne, CALGARY, AB, T3K 4Y1
(403) 226-8200   SIC 8051
BETHANY CARE SOCIETY   p 69
302 Quigley Dr, COCHRANE, AB, T4C 1X9
(403) 932-6422   SIC 8051
BETHANY CARE SOCIETY   p 156
99 College Cir, RED DEER, AB, T4R 0M3
(403) 357-3700   SIC 8322
BETHANY CARE SOCIETY   p 170
4700 47 Ave Suite 16, SYLVAN LAKE, AB, T4S 2M3
(403) 887-8687   SIC 8051
BETHANY HARVEST HILLS   p 64
See BETHANY CARE SOCIETY
BETHANY PIONEER VILLAGE INC   p 1275
Gd, MIDDLE LAKE, SK, S0K 2X0
(306) 367-2033   SIC 8051
BETHANY SYLVAN LAKE   p 170
See BETHANY CARE SOCIETY
BETHEL-MAIDSTONE UNITED CHURCH   p 667
See UNITED CHURCH OF CANADA, THE
BETHESDA CHRISTIAN ASSOCIATION   p 178
2975 Gladwin Rd Suite 105, ABBOTSFORD, BC, V2T 5T4
(604) 850-6604   SIC 8322
BETHESDA HOME FOR THE MENTALLY HANDICAPPED INC   p 948
3950 Fly Rd Rr 1, VINELAND, ON, L0R 2C0
(905) 562-4184   SIC 8399
BETHESDA HOSPITAL   p 357
See SOUTHERN HEALTH-SANTE SUD
BETHESDA PROGRAMS   p 948
See BETHESDA HOME FOR THE MENTALLY HANDICAPPED INC
BETHLEHEM, WILLIAM TRENCHING   p 539
See SENTREX COMMUNICATIONS INC
BETON ADAM INC   p 1222
300 Rang Brule, SAINT-THOMAS, QC, J0K 3L0
(450) 759-8434   SIC 3273
BETON BARRETTE INC   p 1253
1000 Boul Barrette, VAL-D'OR, QC, J9P 0J8
(819) 825-8112   SIC 5032
BETON ST-MARC   p 1217
See GRAYMONT (PORTNEUF) INC
BETONEL MD   p 1069
See PPG ARCHITECTURAL COATINGS CANADA INC
BETONNIERES MODERNES   p 1230
See ASPHALTE DESJARDINS INC
BETONS PREFABRIQUES DU LAC INC   p 987
890 Rue Des Pins O, ALMA, QC, G8B 7R3
(418) 668-6161   SIC 3272
BETONS PREFABRIQUES TRANS-CANADA INC   p 1186

454 Rang De L'Eglise, Saint-Eugene-de-Grantham, QC, J0C 1J0
(819) 396-2624   SIC 5032
BETTER BEEF-CARGILL MEAT SOLUTIONS, DIV OF   p 598
See CARGILL LIMITED
BETTER LIVING AT THOMPSON HOUSE   p 753
1 Overland Dr, NORTH YORK, ON, M3C 2C3
(416) 447-7244   SIC 8051
BETTY GIBSON SCHOOL   p 344
See BRANDON SCHOOL DIVISION, THE
BETTY GILBERT ELEMENTARY SCHOOL   p 181
See SCHOOL DISTRICT NO. 35 (LANGLEY)
BETTY HUFF ELEMENTARY SCHOOL   p 284
See SCHOOL DISTRICT NO 36 (SURREY)
BETTY'S RESTAURANT & TAVERN   p 736
See 289900 ONTARIO LIMITED
BEULAH ALLIANCE CHURCH   p 94
See CHRISTIAN AND MISSIONARY ALLIANCE IN CANADA, THE
BEURLING ACADEMY   p 1258
See LESTER B. PEARSON SCHOOL BOARD
BEVERLEY HEIGHTS MIDDLE SCHOOL   p 891
See TORONTO DISTRICT SCHOOL BOARD
BEVERLEY HILLS HOME IMPROVEMENTS INC   p 860
201 Barton St Unit 3, STONEY CREEK, ON, L8E 2K3
(905) 578-2292   SIC 1521
BEVERLEY SCHOOL   p 927
See TORONTO DISTRICT SCHOOL BOARD
BEVERLY ACRES PUBLIC SCHOOL   p 823
See YORK REGION DISTRICT SCHOOL BOARD
BEVERLY CENTRAL SCHOOL   p 944
See HAMILTON-WENTWORTH DISTRICT SCHOOL BOARD, THE
BEVERLY CENTRE INC, THE   p 54
1729 90 Ave Sw, CALGARY, AB, T2V 4S1
(403) 253-8806   SIC 8051
BEVERLY GARDEN MARKET IGA   p 97
See FOUR PLUS FOOD MARKET LTD
BEVERLY GLEN JUNIOR PUBLIC SCHOOL   p 888
See TORONTO DISTRICT SCHOOL BOARD
BEVERLY GROUP INC, THE   p 570
525 6 Hwy, DUNDAS, ON, L9H 7K1
(905) 525-9240   SIC 5531
BFG CANADA LTD   p 591
88 Todd Rd, GEORGETOWN, ON, L7G 4R7
(905) 873-8744   SIC 2099
BFI CANADA   p 102
See WASTE CONNECTIONS OF CANADA INC
BFI CANADA   p 137
See WASTE CONNECTIONS OF CANADA INC
BFI CANADA   p 160
See WASTE CONNECTIONS OF CANADA INC
BFI CANADA   p 224
See WASTE CONNECTIONS OF CANADA INC
BFI CANADA   p 251
See WASTE CONNECTIONS OF CANADA INC
BFI CANADA   p 509
See WASTE CONNECTIONS OF CANADA INC
BFI CANADA   p 529
See WASTE CONNECTIONS OF CANADA INC
BFI CANADA   p 553

See WASTE CONNECTIONS OF CANADA INC
BFI CANADA   p 632
See WASTE CONNECTIONS OF CANADA INC
BFI CANADA   p 667
See WASTE CONNECTIONS OF CANADA INC
BFI CANADA   p 725
See WASTE CONNECTIONS OF CANADA INC
BFI CANADA   p 754
See WASTE CONNECTIONS OF CANADA INC
BFI CANADA   p 784
See WASTE CONNECTIONS OF CANADA INC
BFI CANADA   p 811
See WASTE CONNECTIONS OF CANADA INC
BFI USINE DE TRIAGE LACHENAIE   p 1243
See COMPLEXE ENVIRO CONNEXIONS LTEE
BFL CANADA INSURANCE SERVICES   p 38
1167 Kensington Cres Nw Suite 200, CALGARY, AB, T2N 1X7
(403) 451-4132   SIC 6311
BGCCVI   p 239
See BOYS AND GIRLS CLUBS OF CENTRAL VANCOUVER ISLAND
BGI HOLDINGS INC   p 15
5375 50 St Se Suite 3, CALGARY, AB, T2C 3W1
(403) 299-9400   SIC 2731
BGK CONSULTANTS   p 1262
See BESSNER GALLAY KREISMAN
BGRS LIMITED   p 752
39 Wynford Dr, NORTH YORK, ON, M3C 3K5
(416) 510-5600   SIC 7389
BHI INSTALLATION INC   p 513
278 Orenda Rd, BRAMPTON, ON, L6T 4X6
(905) 791-2850   SIC 1751
BI PURE WATER (CANADA) INC   p 289
9790 190 St Unit 2, SURREY, BC, V4N 3M9
(604) 882-6650   SIC 1629
BI-EAU PURE   p 1182
See GESTION BI-EAU PURE INC
BIALIK HIGH SCHOOL   p 1017
See JEWISH PEOPLE'S SCHOOLS AND PERETZ SCHOOLS INC
BIAMONTE INVESTMENTS LTD   p 737
7600 Lundy's Lane, NIAGARA FALLS, ON, L2H 1H1
(905) 354-2211   SIC 5812
BIASUCCI DEVELOPMENTS INC   p 833
544 Wellington St W, SAULT STE. MARIE, ON, P6C 3T6
(705) 946-8701   SIC 1542
BIBBY STE CROIX   p 1225
See CANADA PIPE COMPANY ULC
BIBEAU RONA   p 1242
See MATERIAUX R.M. BIBEAU LTEE
BIBILIOTHEQUES ET ARCHIVES NATIONAL DU QUEBEC   p 1095
See GOUVERNEMENT DE LA PROVINCE DE QUEBEC
BIBLAIRIE G.G.C. LTEE   p 1238
3770 Boul Industriel, SHERBROOKE, QC, J1L 1N6
(514) 525-4442   SIC 5192
BIBLE BAPTIST CHURCH   p 710
See MISSISSAUGA CHRISTIAN ACADEMY & DAYCARE
BIBLE HILL JUNIOR HIGH SCHOOL   p 477
See CHIGNECTO CENTRAL REGIONAL SCHOOL BOARD
BIBLES FOR MISSIONS THRIFT STORE   p 570
33 King St E, DUNDAS, ON, L9H 5R1
(905) 627-2412   SIC 5932
BIBLIOGRAPHIC SERVICES DEPARTMENT   p 905

See TORONTO PUBLIC LIBRARY BOARD
BIBLIOTHEQUE ADELARD BERGER   p 1199
See SAINT-JEAN-SUR-RICHELIEU, VILLE DE
BIBLIOTHEQUE AHUNTSIC   p 1119
See VILLE DE MONTREAL
BIBLIOTHEQUE ARRONDISSEMENT D'ANJOU   p 992
See VILLE DE MONTREAL ARRONDISSEMENT D'ANJOU
BIBLIOTHEQUE CECILE ROULEAU   1157
See GOUVERNEMENT DE LA PROVINCE DE QUEBEC
BIBLIOTHEQUE DE DORVAL   p 1028
See CITE DE DORVAL
BIBLIOTHEQUE DE LA VILLE DE SAINTE THERESE   p 1231
See SAINTE-THERESE, VILLE DE
BIBLIOTHEQUE DE MONTREAL   p 1091
See VILLE DE MONTREAL
BIBLIOTHEQUE DE SAINT-LEONARD   p 1216
See VILLE DE MONTREAL
BIBLIOTHEQUE ET ARCHIVES NATIONALES DU QUEBEC   p 1013
930 Rue Jacques-Cartier E Bureau C-103, CHICOUTIMI, QC, G7H 7K9
(418) 698-3516   SIC 8231
BIBLIOTHEQUE ET ARCHIVES NATIONALES DU QUEBEC   p 1033
80 Boul De Gaspe, Gaspe, QC, G4X 1A9
(418) 727-3500   SIC 8231
BIBLIOTHEQUE ET ARCHIVES NATIONALES DU QUEBEC   p 1035
855 Boul De La Gappe, GATINEAU, QC, J8T 8H9
(819) 568-8798   SIC 8231
BIBLIOTHEQUE ET ARCHIVES NATIONALES DU QUEBEC   p 1094
475 Boul De Maisonneuve E, Montreal, QC, H2L 5C4
(514) 873-1100   SIC 8231
BIBLIOTHEQUE ET ARCHIVES NATIONALES DU QUEBEC   p 1095
See GOUVERNEMENT DE LA PROVINCE DE QUEBEC
BIBLIOTHEQUE ET ARCHIVES NATIONALES DU QUEBEC   p 1160
1055 Av Du Seminaire, Quebec, QC, G1V 4N1
(418) 643-8904   SIC 8231
BIBLIOTHEQUE ET ARCHIVES NATIONALES DU QUEBEC   p 1177
27 Rue Du Terminus O, ROUYN-NORANDA, QC, J9X 2P3
(819) 763-3484   SIC 8231
BIBLIOTHEQUE ET ARCHIVES NATIONALES DU QUEBEC   p 1233
700 Boul Laure Bureau 190, Sept-Iles, QC, G4R 1Y1
(418) 964-8434   SIC 8231
BIBLIOTHEQUE ET ARCHIVES NATIONALES DU QUEBEC   p 1236
225 Rue Frontenac Bureau 401, SHERBROOKE, QC, J1H 1K1
(819) 820-3010   SIC 8231
BIBLIOTHEQUE ET ARCHIVES NATIONALES DU QUEBEC   p 1250
225 Rue Des Forges Unite 208, Trois-Rivieres, QC, G9A 5Z5
(819) 371-6015   SIC 8231
BIBLIOTHEQUE EVA SENECAL   p 1237

▲ Public Company   ■ Public Company Family Member   HQ Headquarters   BR Branch   SL Single Location

See VILLE DE SHERBROOKE
BIBLIOTHEQUE INTERMUNICIPALE PIER-REFONDS/DOLLARD DES ORMEAUX p 1137
13555 Boul De Pierrefonds, PIERREFONDS, QC, H9A 1A6
(514) 620-4181   SIC 8231
BIBLIOTHEQUE MUNICIPALE DE BLAINVILLE p 999
See VILLE DE BLAINVILLE
BIBLIOTHEQUE MUNICIPALE DE CHATEAUGUAY p 1011
See CHATEAUGUAY, VILLE DE
BIBLIOTHEQUE MUNICIPALE LA POCATIERE p 1053
See VILLE DE LA POCATIERE
BIBLIOTHEQUE PUBLIQUE PIERREFONDS p 1137
See VILLE DE MONTREAL
BIBLIOTHEQUE MUNICIPALE p 1029
See VILLE DE DRUMMONDVILLE, LA
BIC INC p 758
155 Oakdale Rd, NORTH YORK, ON, M3N 1W2
(416) 742-9173   SIC 5122
BIC SPORT p 758
See BIC INC
BICENTENNIAL SCHOOL p 449
See HALIFAX REGIONAL SCHOOL BOARD
BICK FINANCIAL p 487
See BICK FINANCIAL SECURITY CORPORATION
BICK FINANCIAL SECURITY CORPORATION p 487
241 Wilson St E, ANCASTER, ON, L9G 2B8
(905) 648-9559   SIC 6282
BIDELL GAS COMPRESSION p 20
See TOTAL ENERGY SERVICES INC
BIENFAIT WELDON SCHOOL p 1264
See SOUTH EAST CORNERSTONE SCHOOL DIVISION NO. 209
BIG 8 BEVERAGES LIMITED p 473
120 North Foord St, STELLARTON, NS, B0K 0A2
(902) 755-6333   SIC 2086
BIG AL AQUARIUM SERVICE WAREHOUSE p 693
See AQUARIUM SERVICES WAREHOUSE OUTLETS INC
BIG AL'S p 840
See AQUARIUM SERVICES WAREHOUSE OUTLETS INC
BIG BILL p 1074
See CODET INC
BIG BROTHERS-BIG SISTERS OF SAINT JOHN INC p 416
39 King St, SAINT JOHN, NB, E2L 4W3
(506) 635-1145   SIC 8322
BIG CARROT NATURAL FOOD MARKET p 894
See 546073 ONTARIO LIMITED
BIG COUNTRY ENERGY SERVICES LIMITED PARTNERSHIP p 8
350 Aquaduct Dr, BROOKS, AB, T1R 1B2
(403) 362-3222   SIC 1623
BIG COUNTRY ENERGY SERVICES LIMITED PARTNERSHIP p 145
1010 Brier Park Dr Nw, MEDICINE HAT, AB, T1C 1Z7
(403) 529-6444   SIC 1623
BIG COUNTRY ENERGY SERVICES LIMITED PARTNERSHIP p 151
6709 44 Ave, PONOKA, AB, T4J 1J8
SIC 1623
BIG COUNTRY ENERGY SERVICES LIMITED PARTNERSHIP p 174

3905 35 St Suite 3, WHITECOURT, AB, T7S 0A2
(780) 706-2141   SIC 1623
BIG COUNTRY ENERGY SERVICES LIMITED PARTNERSHIP p 1306
2105 North Service Rd W, SWIFT CURRENT, SK, S9H 5K9
(306) 778-1500   SIC 1623
BIG COUNTRY HOSPITAL p 149
See ALBERTA HEALTH SERVICES
BIG COUNTRY XXFM p 127
See JIM PATTISON BROADCAST GROUP LIMITED PARTNERSHIP
BIG D BINGO p 965
See COMMUNITY GAMING & ENTERTAINMENT GROUP LP
BIG EARL RADIO p 95
See NEWCAP INC
BIG FREIGHT SYSTEMS INC p 372
10 Hutchings St, WINNIPEG, MB, R2X 2X1
(204) 772-3434   SIC 4213
BIG FREIGHT WAREHOUSING p 372
See BIG FREIGHT SYSTEMS INC
BIG HORN TRANSPORT p 115
See TRANSX LTD
BIG MOO ICE CREAM PARLOURS, THE p 170
4603 Lakeshore Rd, SYLVAN LAKE, AB, T4S 1C3
(403) 887-5533   SIC 5451
BIG O p 772
See ARMTEC LP
BIG RIG COLLISION p 134
See 402909 ALBERTA LTD
BIG RIVER FIRST NATION p 1267
160 Victorie, DEBDEN, SK, S0J 2X0
(306) 724-2282   SIC 8211
BIG RIVER HEALTH CENTRE p 1265
See PRINCE ALBERT PARKLAND REGIONAL HEALTH AUTHORITY
BIG ROCK SCHOOL p 148
See FOOTHILLS SCHOOL DIVISION NO. 38
BIG TROUT LAKE BAND PERSONNEL OFFICE p 504
Gd, BIG TROUT LAKE, ON, P0V 1G0
SIC 8699
BIGELOW FOWLER CLINIC p 138
1605 9 Ave S, LETHBRIDGE, AB, T1J 1W2
(403) 327-3121   SIC 8011
BIGELOW FOWLER CLINIC p 139
30 Jerry Potts Blvd W, LETHBRIDGE, AB, T1K 5M5
(403) 381-8444   SIC 8093
BIGELOW LIPTAK OF CANADA, DIV OF p 769
See CANADIAN STEBBINS ENGINEERING & MFG CO LIMITED
BIGGAR p 911
See FETHERSTONHAUGH & CO.
BIGGAR CENTRAL SCHOOL 2000 p 1265
See SUN WEST SCHOOL DIVISION NO 207 SASKATCHEWAN
BIGGAR HOSPITAL p 1265
See HEARTLAND REGIONAL HEALTH AUTHORITY
BIGHILL LEISURE POOL p 69
See CORPORATION OF THE TOWN OF COCHRANE
BIIDAABAN ELEMENTARY SCHOOL p 678
See SAGAMOK ANISHNAWBEK
BIKINI VILLAGE p 1088
See BOUTIQUE LA VIE EN ROSE INC
BIKINI VILLAGE p 1226
See GROUPE BIKINI VILLAGE INC
BILINGUALONE, DIV OF p 697
See APPLEONE SERVICES LTD
BILL MATTICK'S RESTAURANT & LOUNGE p 333
See CORDOVA BAY GOLF COURSE LTD
BILLABONG ROAD & BRIDGE MAINTENANCE INC p 278

2865 Tatlow Rd, SMITHERS, BC, V0J 2N5
(250) 847-8737   SIC 1611
BILLABONG ROAD & BRIDGE MAINTENANCE INC p 290
5630 16 Hwy W, TERRACE, BC, V8G 0C6
(250) 638-7918   SIC 1611
BILLINGS LODGE RETIREMENT COMMUNITY p 786
See BRUMICAL INVESTMENTS LIMITED
BILLY GREEN ELEMENTARY SCHOOL p 863
See HAMILTON-WENTWORTH DISTRICT SCHOOL BOARD, THE
BILLY K'S RESTAURANT INC p 564
1380 Second St E, CORNWALL, ON, K6H 2B8
SIC 5812
BIMAC MANAGEMENT LIMITED p 525
300 King George Rd Suite 1, BRANTFORD, ON, N3R 5L7
(519) 756-2046   SIC 5812
BINDERY OVERLOAD (EDMONTON) LTD p 86
16815 117 Ave Nw Suite 110, EDMONTON, AB, T5M 3V6
(780) 484-9444   SIC 2789
BINGO COUNTRY HOLDINGS LIMITED p 482
610 Monarch Ave, AJAX, ON, L1S 6M4
(905) 427-8572   SIC 7999
BINGO COUNTRY HOLDINGS LIMITED p 523
190 Bovaird Dr W Suite 49, BRAMPTON, ON, L7A 1A2
(905) 451-7771   SIC 7999
BINGO COUNTRY HOLDINGS LIMITED p 763
2424 Finch Ave W, NORTH YORK, ON, M9M 2E3
SIC 7999
BINGO COUNTRY HOLDINGS LIMITED p 778
285 Taunton Rd E, OSHAWA, ON, L1G 3V2
SIC 7999
BINGO COUNTRY HOLDINGS LIMITED p 858
140 Edward St, ST THOMAS, ON, N5P 1Z3
(519) 633-1984   SIC 7999
BINGO JEAN TALON p 1147
See BINGO SAINTE-FOY INC
BINGO KELOWNA p 225
See GOLDWING INVESTMENTS (SASKATOON) LIMITED
BINGO ONE LIMITED p 867
940 Newgate Ave, SUDBURY, ON, P3A 5J9
(705) 560-4243   SIC 7999
BINGO SAINTE-FOY INC p 1147
1750 Rue Du Perigord, Quebec, QC, G1G 5X3
(418) 623-6979   SIC 7999
BINSCARTH SCHOOL p 343
See PARK WEST SCHOOL DIVISION
BIO AGRI MIX LP p 723
52 Wellington St, MITCHELL, ON, N0K 1N0
(519) 348-9865   SIC 2834
BIO BISCUIT INC p 1194
5505 Av Trudeau Bureau 15, SAINT-HYACINTHE, QC, J2S 1H5
(450) 778-1349   SIC 2047
BIOCAD MEDICALE INC p 1154
750 Boul Du Parc-Technologique, Quebec, QC, G1P 4S3
(418) 683-8435   SIC 3842
BIOFORCE CANADA INC p 1024
66 Boul Brunswick, DOLLARD-DES-ORMEAUX, QC, H9B 2L3
(514) 421-3441   SIC 5149
BIOFOREST TECHNOLOGIES INC p 832
59 Industrial Park Cres Unit 1, SAULT STE. MARIE, ON, P6B 5P3
(705) 942-5824   SIC 8741

BIOGEN IDEC CANADA INC p 697
90 Burnhamthorpe Rd W Suite 1100, MISSISSAUGA, ON, L5B 3C3
(905) 804-1444   SIC 2834
BIOLAB EQUIPMENT LTD p 537
3250 Harvester Rd Unit 6, BURLINGTON, ON, L7N 3W9
(905) 639-7025   SIC 3821
BIOMEDICAL RESEARCH CENTRE, THE p 320
See UNIVERSITY OF BRITISH COLUMBIA, THE
BIOPAK LIMITED p 103
7824 51 Ave Nw, EDMONTON, AB, T6E 6W2
SIC 2023
BIOREX INC p 1033
198 Boul De Gaspe Bureau 102, Gaspe, QC, G4X 1B1
(418) 368-5597   SIC 8748
BIOSITE p 1255
See GSI ENVIRONNEMENT INC
BIOSPHERA p 1188
See AUTHENTIQUE POSE CAFE INC, L'
BIOSYSTEMS ENGINEERING p 391
See UNIVERSITY OF MANITOBA
BIOTHERM CANADA p 1107
See OREAL CANADA INC, L'
BIOVECTRA INC p 982
17 Hillstrom Ave, CHARLOTTETOWN, PE, C1E 2C2
(902) 566-9116   SIC 3841
BIOVECTRA INC p 982
29 Mccarville St, CHARLOTTETOWN, PE, C1E 2A7
(902) 566-9116   SIC 2834
BIRCH CLIFF HEIGHTS PUBLIC SCHOOL p 887
See TORONTO DISTRICT SCHOOL BOARD
BIRCH CLIFF PUBLIC SCHOOL p 840
See TORONTO DISTRICT SCHOOL BOARD
BIRCH HILL EQUITY PARTNERS II LTD p 921
100 Wellington St W Suite 2300, TORONTO, ON, M5K 1B7
(416) 775-3800   SIC 6211
BIRCH HILLS CO-OPERATIVE ASSOCIATION LIMITED p 1265
1 Wilson St, Birch Hills, SK, S0J 0G0
(306) 749-2255   SIC 5171
BIRCH HILLS HEALTH FACILITY p 1265
See PRINCE ALBERT PARKLAND REGIONAL HEALTH AUTHORITY
BIRCH HILS SCHOOL p 1265
See SASKATCHEWAN RIVER SCHOOL DIVISION #119
BIRCH'S RESIDENCE p 740
See COMMUNITY LIVING NORTH BAY
BIRCHBANK ELEMENTARY SCHOOL p 516
See PEEL DISTRICT SCHOOL BOARD
BIRCHCLIFF ENERGY LTD p 164
5605 Hwy 49, SPIRIT RIVER, AB, T0H 3G0
(780) 864-4624   SIC 2911
BIRCHES NURSING HOME, THE p 469
See TWIN OAKS SENIOR CITIZENS ASSOCIATION
BIRCHLAND ELEMENTARY SCHOOL p 255
See SCHOOL DISTRICT NO. 43 (COQUITLAM)
BIRCHLAND PLYWOOD - VENEER LIMITED p 873
12564 Hwy 17 E, THESSALON, ON, P0R 1L0
(705) 842-2430   SIC 2435
BIRCHMOUNT PARK COLLEGIATE INSTITUTE p 840
See TORONTO DISTRICT SCHOOL BOARD

BIRCHMOUNT SCHOOL p 408
See SCHOOL DISTRICT 2
BIRCHVIEW DUNES ELEMENTARY SCHOOL p 949
See SIMCOE COUNTY DISTRICT SCHOOL BOARD, THE
BIRCHWOOD AUTOMOTIVE GROUP LIMITED p 385
3965 Portage Ave Unit 60, WINNIPEG, MB, R3K 2H2
(204) 885-1999   SIC 7532
BIRCHWOOD CHEVROLET BUICK GMC p 385
See BIRCHWOOD PONTIAC BUICK LIMITED
BIRCHWOOD HONDA p 362
See KARLO TRADE CENTRE LTD
BIRCHWOOD PONTIAC BUICK LIMITED p 385
3965 Portage Ave Unit 40, Winnipeg, MB, R3K 2H1
(204) 837-5811   SIC 5511
BIRD CIVIL ET MINES LTEE p 1141
1870 Boul Des Sources Bureau 200, POINTE-CLAIRE, QC, H9R 5N4
(514) 426-1333   SIC 1629
BIRD CONSTRUCTION p 412
See BIRD CONSTRUCTION COMPANY LIMITED
BIRD CONSTRUCTION COMPANY LIMITED p 56
12143 40 St Se Suite 106, CALGARY, AB, T2Z 4E6
(403) 319-0470   SIC 1542
BIRD CONSTRUCTION COMPANY LIMITED p 268
6900 Graybar Rd Suite 2370, RICHMOND, BC, V6W 0A5
(604) 271-4600   SIC 1542
BIRD CONSTRUCTION COMPANY LIMITED p 412
120 Millennium Dr Suite 200, QUISPAMSIS, NB, E2E 0C6
(506) 849-2473   SIC 1542
BIRD CONSTRUCTION COMPANY LIMITED p 687
5700 Explorer Dr Suite 400, MISSISSAUGA, ON, L4W 0C6
(905) 602-4122   SIC 1542
BIRD CONSTRUCTION GROUP p 56
See BIRD CONSTRUCTION COMPANY LIMITED
BIRD GENERAL CONTRACTORS LTD p 433
90 O'leary Ave Suite 101, ST. JOHN'S, NL, A1B 2C7
(709) 726-9095   SIC 1622
BIRD STAIRS p 399
See BIRD, J.W. AND COMPANY LIMITED
BIRD'S HILL SCHOOL p 348
See RIVER EAST TRANSCONA SCHOOL DIVISION
BIRD, J.W. AND COMPANY LIMITED p 399
670 Wilsey Rd, FREDERICTON, NB, E3B 7K4
(506) 453-9915   SIC 5039
BIRDS CREEK PUBLIC SCHOOL p 494
See HASTINGS AND PRINCE EDWARD DISTRICT SCHOOL BOARD
BIRKS JEWELLERS p 789
See GROUPE BIRKS INC
BIRON p 1012
See 9170-7570 QUEBEC INC
BIRON LABORATOIRE MEDICAL INC p 1119
1575 Boul Henri-Bourassa O, Montreal, QC, H3M 3A9
(514) 331-9279   SIC 8071
BIRON LABORATOIRE MEDICAL INC p 1214
1811 Ch Sainte-Angelique, SAINT-LAZARE, QC, J7T 2X9
SIC 8071
BIRON LABORATOIRE MEDICAL INC p 1233
140 Rue Du Pere-Divet, SEPT-ILES, QC, G4R 3P6
(418) 960-2345   SIC 7363
BIRON SOIN DU SOMMEIL p 1233
See BIRON LABORATOIRE MEDICAL INC
BIRTLE COLLEGIATE INSTITUTE p 344
See PARK WEST SCHOOL DIVISION
BIRTLE HEALTH SERVICES DISTRICT p 344
843 Gurethud St, BIRTLE, MB, R0M 0C0
(204) 842-3317   SIC 8062
BISCOUNT MONTGOMERY SCHOOL p 608
See HAMILTON-WENTWORTH DISTRICT SCHOOL BOARD, THE
BISCUITS LECLERC LTEE p 1180
91 Rue De Rotterdam, SAINT-AUGUSTIN-DE-DESMAURES, QC, G3A 1T1
(418) 878-2601   SIC 2052
BISHOP & ASSOCIATES p 56
See BISHOP, DONALD H. PROFESSIONAL CORPORATION
BISHOP ALEXANDER CARTER CATHOLIC SECONDARY SCHOOL p 617
See SUDBURY CATHOLIC DISTRICT SCHOOL BOARD
BISHOP ALLEN ACADEMY p 576
See TORONTO CATHOLIC DISTRICT SCHOOL BOARD
BISHOP BELLEAU SCHOOL p 723
See NORTHEASTERN CATHOLIC DISTRICT SCHOOL BOARD
BISHOP CARROLL HIGH SCHOOL p 60
See CALGARY ROMAN CATHOLIC SEPARATE SCHOOL DISTRICT #1
BISHOP FRANCIS ALLEN SCHOOL p 522
See DUFFERIN-PEEL CATHOLIC DISTRICT SCHOOL BOARD
BISHOP GRANDIN SENIOR HIGH SCHOOL p 54
See CALGARY ROMAN CATHOLIC SEPARATE SCHOOL DISTRICT #1
BISHOP GRESCHUK SCHOOL p 98
See EDMONTON CATHOLIC SEPARATE SCHOOL DISTRICT NO.7
BISHOP HAMILTON CHRISTIAN MONTESSORI SCHOOL p 799
See BISHOP HAMILTON MONTESSORI SCHOOL
BISHOP HAMILTON MONTESSORI SCHOOL p 776
1395 Youville Dr, ORLEANS, ON, K1C 4R1
(613) 834-6265   SIC 8299
BISHOP HAMILTON MONTESSORI SCHOOL p 799
2199 Regency Terr, OTTAWA, ON, K2C 1H2
(613) 596-4013   SIC 8211
BISHOP KIDD SCHOOL p 12
See CALGARY ROMAN CATHOLIC SEPARATE SCHOOL DISTRICT #1
BISHOP LLOYD MIDDLE SCHOOL p 141
See LLOYDMINSTER SCHOOL DIVISION NO 99
BISHOP MACDONELL CATHOLIC HIGH SCHOOL p 604
See WELLINGTON CATHOLIC DISTRICT SCHOOL BOARD
BISHOP MACDONELL ELEMENTARY SCHOOL p 564
See CATHOLIC DISTRICT SCHOOL BOARD OF EASTERN ONTARIO
BISHOP O'BYRNE HIGH SCHOOL p 56
See CALGARY ROMAN CATHOLIC SEPARATE SCHOOL DISTRICT #1
BISHOP P.F. REDING SECONDARY p 681
See HALTON CATHOLIC DISTRICT SCHOOL BOARD
BISHOP ROUTHIER SCHOOL p 130
See NORTHLAND SCHOOL DIVISION 61
BISHOP RYAN CATHOLIC SECONDARY SCHOOL p 617
See HAMILTON-WENTWORTH CATHOLIC SCHOOL BOARD
BISHOP SAVARYN SCHOOL p 98
See EDMONTON CATHOLIC SEPARATE SCHOOL DISTRICT NO.7
BISHOP SCALABRINI CATHOLIC ELEMENTARY SCHOOL p 697
See DUFFERIN-PEEL CATHOLIC DISTRICT SCHOOL BOARD
BISHOP SCALABRINI ELEMENTARY SCHOOL p 876
See YORK CATHOLIC DISTRICT SCHOOL BOARD
BISHOP SMITH ALTERNATE SCHOOL p 806
See RENFREW COUNTY CATHOLIC DISTRICT SCHOOL BOARD
BISHOP TONNOS SECONDARY SCHOOL p 487
See HAMILTON-WENTWORTH CATHOLIC SCHOOL BOARD
BISHOP TOWNSEND PUBLIC SCHOOL p 654
See THAMES VALLEY DISTRICT SCHOOL BOARD
BISHOP WHELAN SCHOOL p 1028
See LESTER B. PEARSON SCHOOL BOARD
BISHOP'S CELLAR LIMITED, THE p 457
1477 Lower Water St, HALIFAX, NS, B3J 3Z4
(902) 490-2675   SIC 5182
BISHOP, DONALD H. PROFESSIONAL CORPORATION p 56
11410 27 St Se Unit 6, CALGARY, AB, T2Z 3R6
(403) 974-3937   SIC 8042
BISHOPS FALLS UNITED CHURCH p 423
See UNITED CHURCH OF CANADA, THE
BISON SPORTS p 387
See UNIVERSITY OF MANITOBA
BISSELL CENTRE p 77
10527 96 St Nw, Edmonton, AB, T5H 2H6
(780) 423-2285   SIC 8322
BISSELL CENTRE p 103
9238 34 Ave Nw, EDMONTON, AB, T6E 5P2
(780) 440-1883   SIC 8322
BISSET ELEMENTARY SCHOOL p 112
See EDMONTON SCHOOL DISTRICT NO. 7
BISSETT INVESTMENT MANAGEMENT p 44
See FRANKLIN TEMPLETON INVESTMENTS CORP
BISSONETTE, LAURIE CA p 869
See KPMG LLP
BISTHRAM CLUB DE GOLF CANDIAC INC p 1008
45 Ch D'auteuil, CANDIAC, QC, J5R 2C8
(450) 659-9163   SIC 7992
BISTRO OLIVIERI p 1244
See LIBRAIRIE RENAUD-BRAY INC
BIZERBA CANADA INC p 707
2810 Argentia Rd Unit 9, MISSISSAUGA, ON, L5N 8L2
(905) 816-0498   SIC 5084
BIZOU INTERNATIONAL INC p 1189
8585 Boul Lacroix, SAINT-GEORGES, QC, G5Y 5L6
(418) 227-0424   SIC 5944
BJ PIPELINE INSPECTION SERVICES p 15
See BAKER HUGHES CANADA COMPANY
BJ PROCESS & PIPELINE SERVICES DIV p 122
See BAKER HUGHES CANADA COMPANY
BJ TOOL SERVICES LTD p 15
7071 112 Ave Se, CALGARY, AB, T2C 5A5
(403) 236-2815   SIC 3533
BLACK & DECKER CANADA INC p 530
100 Central Ave W, BROCKVILLE, ON, K6V 4N8
(613) 342-6641   SIC 5084
BLACK & DECKER CANADA INC p 820
125 Mural St, RICHMOND HILL, ON, L4B 1M4
(905) 886-9511   SIC 5072
BLACK & LEE FORMAL WEAR RENTALS LTD p 317
2082 41st Ave W, VANCOUVER, BC, V6M 1Y8
SIC 5699
BLACK & MCDONALD LIMITED p 12
1071 26 St Ne, CALGARY, AB, T2A 6K8
(403) 235-0335   SIC 1711
BLACK & MCDONALD LIMITED p 90
10717 181 St Nw, EDMONTON, AB, T5S 1N3
(780) 484-1141   SIC 1731
BLACK & MCDONALD LIMITED p 293
1331 Clark Dr, VANCOUVER, BC, V5L 3K9
(604) 301-1070   SIC 1731
BLACK & MCDONALD LIMITED p 379
401 Weston St Suite A, WINNIPEG, MB, R3E 3H4
(204) 786-5776   SIC 1711
BLACK & MCDONALD LIMITED p 431
29 Ottawa St, ST. JOHN'S, NL, A1A 2R9
(709) 896-2639   SIC 1711
BLACK & MCDONALD LIMITED p 450
60 Cutler Ave, DARTMOUTH, NS, B3B 0J6
(902) 468-3101   SIC 1711
BLACK & MCDONALD LIMITED p 567
81 Osborne Rd, COURTICE, ON, L1E 2R3
(905) 837-1291   SIC 1711
BLACK & MCDONALD LIMITED p 786
2460 Don Reid Dr, OTTAWA, ON, K1H 1E1
(613) 526-1226   SIC 1731
BLACK & MCDONALD LIMITED p 846
35 Pullman Crt, SCARBOROUGH, ON, M1X 1E4
(416) 291-8200   SIC 1711
BLACK & MCDONALD LIMITED p 846
31 Pullman Crt, SCARBOROUGH, ON, M1X 1E4
(416) 298-9977   SIC 1711
BLACK & MCDONALD LIMITED p 860
328 Green Rd, STONEY CREEK, ON, L8E 5T7
(905) 560-3100   SIC 1711
BLACK & MCDONALD LIMITED p 1211
625 Rue Gougeon, Saint-Laurent, QC, H4T 2B4
(514) 735-6671   SIC 1731
BLACK & MCDONALD SHEET METAL AND CUSTOM FABRICATION p 846
See BLACK & MCDONALD LIMITED
BLACK BALL FERRY LINE p 330
See BLACK BALL TRANSPORT INC
BLACK BALL TRANSPORT INC p 330
430 Belleville St, VICTORIA, BC, V8V 1W9
(250) 386-2202   SIC 4482
BLACK BEAR RIDGE GOLF COURSE p 564
See BLACK BEAR RIDGE INC
BLACK BEAR RIDGE INC p 564
501 Harmony Rd, CORBYVILLE, ON, K0K 1V0
(613) 968-2327   SIC 7992
BLACK BOND BOOKS LTD p 238
32555 London Ave Suite 344, MISSION, BC, V2V 6M7
SIC 5942
BLACK BOX NETWORK SERVICES p 745
See NORSTAN CANADA LTD
BLACK CREEK METAL INC p 859
2991 Townline Rd, STEVENSVILLE, ON, L0S 1S0
(905) 382-3152   SIC 3441
BLACK CREEK PIONEER VILLAGE p 756
See TORONTO AND REGION CONSERVATION AUTHORITY
BLACK ELECTRIC LTD p 782
217 Cardevco Road, OTTAWA, ON, K0A 1L0
(613) 738-0705   SIC 1731

BUSINESSES ALPHABETICALLY

BLACK GOLD REGIONAL DIVISION #18 p 5
5417 43 Ave, BEAUMONT, AB, T4X 1K1
(780) 929-6282 *SIC* 8211

BLACK GOLD REGIONAL DIVISION #18 p 5
5103 50 Ave, BEAUMONT, AB, T4X 1K4
(780) 929-8663 *SIC* 8211

BLACK GOLD REGIONAL DIVISION #18 p 5
4801 55 Ave, BEAUMONT, AB, T4X 1K2
(780) 929-5988 *SIC* 8211

BLACK GOLD REGIONAL DIVISION #18 p 5
4322 44 St, BEAUMONT, AB, T4X 1K3
(780) 929-2175 *SIC* 8211

BLACK GOLD REGIONAL DIVISION #18 p 5
37 Coloniale Way, BEAUMONT, AB, T4X 1M7
(780) 929-5904 *SIC* 8211

BLACK GOLD REGIONAL DIVISION #18 p 65
5100 49th St, CALMAR, AB, T0C 0V0
(780) 985-3515 *SIC* 8211

BLACK GOLD REGIONAL DIVISION #18 p 71
1 Jasper Crt S, DEVON, AB, T9G 1A2
(780) 987-3705 *SIC* 8211

BLACK GOLD REGIONAL DIVISION #18 p 71
105 Athabasca Ave, DEVON, AB, T9G 1A4
(780) 987-3709 *SIC* 8211

BLACK GOLD REGIONAL DIVISION #18 p 71
165 Athabasca Dr, DEVON, AB, T9G 1A5
(780) 987-2204 *SIC* 8211

BLACK GOLD REGIONAL DIVISION #18 p 135
4412 48 St, LEDUC, AB, T9E 7J3
(780) 986-2184 *SIC* 8211

BLACK GOLD REGIONAL DIVISION #18 p 135
4308 50 St, LEDUC, AB, T9E 6K8
(780) 986-2248 *SIC* 8211

BLACK GOLD REGIONAL DIVISION #18 p 135
3206 Coady Blvd, LEDUC, AB, T9E 7J8
(780) 986-7888 *SIC* 8211

BLACK GOLD REGIONAL DIVISION #18 p 135
127 Corinthia Dr Suite 1, LEDUC, AB, T9E 7J2
(780) 986-8404 *SIC* 8211

BLACK GOLD REGIONAL DIVISION #18 p 135
4503 45 St Suite 1, LEDUC, AB, T9E 7K4
(780) 986-8421 *SIC* 8211

BLACK GOLD REGIONAL DIVISION #18 p 135
4502 51 St, LEDUC, AB, T9E 7J7
(780) 986-8474 *SIC* 8211

BLACK GOLD REGIONAL DIVISION #18 p 135
95 Alton Dr, LEDUC, AB, T9E 5K4
(780) 986-6750 *SIC* 8211

BLACK GOLD REGIONAL DIVISION #18 p 135
5212 52 St, LEDUC, AB, T9E 6V6
(780) 986-8456 *SIC* 8211

BLACK GOLD REGIONAL DIVISION #18 p 146
5150 Centre St, NEW SAREPTA, AB, T0B 3M0
(780) 941-3924 *SIC* 8211

BLACK GOLD REGIONAL DIVISION #18 p 146
5051 2 St S, NEW SAREPTA, AB, T0B 3M0
(780) 941-3927 *SIC* 8211

BLACK GOLD REGIONAL DIVISION #18 p 171
5303 48 Ave, THORSBY, AB, T0C 2P0
(780) 789-3776 *SIC* 8211

BLACK GOLD REGIONAL DIVISION #18 p 173
5412 50 St, WARBURG, AB, T0C 2T0
(780) 848-2822 *SIC* 8211

BLACK GOLD REGIONAL SCHOOLS p 135
See BLACK GOLD REGIONAL DIVISION #18

BLACK MOUNTAIN ELEMENTARY SCHOOL p 222
See BOARD OF EDUCATION OF SCHOOL DISTRICT NO. 23 (CENTRAL OKANAGAN), THE

BLACK MOUNTAIN IDA PHARMACY p 223
See BLACK MOUNTAIN PHARMACY (1979) LTD

BLACK MOUNTAIN PHARMACY (1979) LTD p 223
590 Highway 33 W Unit 11, KELOWNA, BC, V1X 6A8
(250) 860-1707 *SIC* 5912

BLACK PRESS p 331
See ISLAND PUBLISHERS LTD

BLACK PRESS GROUP LTD p 21
278 19 St Ne, CALGARY, AB, T2E 8P7
(403) 730-8990 *SIC* 2711

BLACK PRESS GROUP LTD p 156
2950 Bremner Ave, RED DEER, AB, T4R 1M9
(403) 343-2400 *SIC* 2711

BLACK PRESS GROUP LTD p 176
34375 Gladys Ave, ABBOTSFORD, BC, V2S 2H5
(604) 853-1144 *SIC* 2711

BLACK PRESS GROUP LTD p 181
359 Borthwick Ave, BARRIERE, BC, V0E 1E0
(250) 672-5611 *SIC* 2711

BLACK PRESS GROUP LTD p 182
8325 Riverbend Crt, BURNABY, BC, V3N 5E7
(604) 636-8020 *SIC* 2711

BLACK PRESS GROUP LTD p 194
250 Dogwood St Suite 104, CAMPBELL RIVER, BC, V9W 2X9
(250) 287-9227 *SIC* 2711

BLACK PRESS GROUP LTD p 196
45860 Spadina Ave, CHILLIWACK, BC, V2P 6H9
(604) 702-5550 *SIC* 2711

BLACK PRESS GROUP LTD p 204
765 Mcphee Ave, COURTENAY, BC, V9N 2Z7
(250) 338-5811 *SIC* 2711

BLACK PRESS GROUP LTD p 211
5380 Trans Canada Hwy Unit 2, DUNCAN, BC, V9L 6W4
SIC 2711

BLACK PRESS GROUP LTD p 223
2495 Enterprise Way, KELOWNA, BC, V1X 7K2
(250) 766-4688 *SIC* 2711

BLACK PRESS GROUP LTD p 228
940 Oyster Bay Dr, LADYSMITH, BC, V9G 1G3
(250) 245-0350 *SIC* 2711

BLACK PRESS GROUP LTD p 240
777b Poplar St, NANAIMO, BC, V9S 2H7
(250) 753-3707 *SIC* 2711

BLACK PRESS GROUP LTD p 251
154 Middleton Ave Suite 4, PARKSVILLE, BC, V9P 2H2
(250) 248-4341 *SIC* 2711

BLACK PRESS GROUP LTD p 252
2250 Camrose St, PENTICTON, BC, V2A 8R1
(250) 492-0444 *SIC* 2711

BLACK PRESS GROUP LTD p 275
171 Shuswap St Sw, SALMON ARM, BC, V1E 4H8
(250) 832-2131 *SIC* 2711

BLACK PRESS GROUP LTD p 278
3764 Broadway Ave, SMITHERS, BC, V0J 2N0
(250) 847-3266 *SIC* 2711

BLACK PRESS GROUP LTD p 287
2411 160 St Unit 200, SURREY, BC, V3Z 0C8
(604) 531-1711 *SIC* 2711

BLACK PRESS GROUP LTD p 290
3210 Clinton St, TERRACE, BC, V8G 5R2
(250) 638-7283 *SIC* 2711

BLACK PRESS GROUP LTD p 325
4407 25 Ave, VERNON, BC, V1T 1P5
(250) 542-3558 *SIC* 2711

BLACK PRESS GROUP LTD p 333
770 Enterprise Cres Suite 200, VICTORIA, BC, V8Z 6R4
(250) 727-2460 *SIC* 2759

BLACK PRESS GROUP LTD p 340
188 First Ave N, WILLIAMS LAKE, BC, V2G 1Y8
(250) 392-2331 *SIC* 2711

BLACK RIVER PUBLIC SCHOOL p 871
See YORK REGION DISTRICT SCHOOL BOARD

BLACK SAXON III INC p 741
201 Pinewood Park Dr, NORTH BAY, ON, P1B 8Z4
(705) 472-0810 *SIC* 7011

BLACKADAR CONTINUING CARE CENTRE LTD p 570
101 Creighton Rd, DUNDAS, ON, L9H 3B7
(905) 627-5465 *SIC* 8051

BLACKBERRY LIMITED p 951
2240 University Ave E, WATERLOO, ON, N2K 0A9
(519) 888-7465 *SIC* 3663

BLACKBERRY LIMITED p 951
450 Phillip St, WATERLOO, ON, N2L 5J2
(519) 888-7465 *SIC* 3663

BLACKBURN ELEMENTARY SCHOOL p 261
See BOARD OF EDUCATION OF SCHOOL DISTRICT NO. 57 (PRINCE GEORGE), THE

BLACKBURN HAMLET P.O. p 593
See CANADA POST CORPORATION

BLACKBURN RADIO INC p 551
117 Keil Dr S, CHATHAM, ON, N7M 3H3
(519) 354-2200 *SIC* 4832

BLACKBURN RADIO INC p 966
2090 Wyandotte St E, WINDSOR, ON, N8Y 5B2
(519) 944-4400 *SIC* 4832

BLACKBURN RADIO INC p 971
215 Carling Terr, WINGHAM, ON, N0G 2W0
(519) 357-1310 *SIC* 4832

BLACKBURN SERVICE D'INVENTAIRE INC p 1013
125 Rue Dube, CHICOUTIMI, QC, G7H 2V3
(418) 543-4567 *SIC* 7389

BLACKFIRE EXPLORATION LTD p 41
825 8 Ave Sw Suite 4150, CALGARY, AB, T2P 2T4
(403) 289-7995 *SIC* 1481

BLACKLINE SAFETY CORP p 27
1215 13 St Se Suite 101, CALGARY, AB, T2G 3J4
(403) 451-0327 *SIC* 3663

BLACKLOCK FINE ART'S ELEMENTRY SCHOOL p 233
See SCHOOL DISTRICT NO. 35 (LANGLEY)

BLACKMONT CAPITAL p 308
See MACQUARIE CAPITAL MARKETS CANADA LTD

BLACKS HARBOUR SCHOOL p 394
See SCHOOL DISTRICT NO 10

BLACKSMITH PUBLIC SCHOOL p 891
See TORONTO DISTRICT SCHOOL BOARD

BLACKWATCH ENERGY SERVICES OPERATING CORP p 72
561 Premier Rd, DRUMHELLER, AB, T0J 0Y0
SIC 1389

BLACKWATER CREEK ELEMENTARY SCHOOL p 206
See SCHOOL DISTRICT NO. 48 (HOWE SOUND)

BLACKWOOD PARTNERS CORPORATION p 283
10153 King George Blvd Suite 2153, SURREY, BC, V3T 2W1
(604) 587-7778 *SIC* 6512

BLACVILLE SCHOOL p 394
See DISTRICT EDUCATION COUNCIL-SCHOOL DISTRICT 16

BLADDER CANCER CANADA p 889
4936 Yonge St Suite 1000, TORONTO, ON, M2N 6S3
(866) 974-8889 *SIC* 8399

BLADEMASTER p 552
See GUSPRO INC

BLAINE LAKE COMPOSITE SCHOOL p 1265
See PRAIRIE SPIRIT SCHOOL DIVISION NO. 206

BLAINVILLE TOYOTA INC p 1230
120 Boul Desjardins E, SAINTE-THERESE, QC, J7E 1C8
(450) 435-3685 *SIC* 5511

BLAIR RIDGE PUBLIC SCHOOL p 956
See DURHAM CATHOLIC DISTRICT SCHOOL BOARD

BLAIR, W C RECREATION CENTRE p 233
See LANGLEY, CORPORATION OF THE TOWNSHIP OF

BLAIS & LANGLOIS INC p 1063
1137 Boul Industriel Gd, Lebel-sur-Quevillon, QC, J0Y 1X0
(819) 755-3220 *SIC* 1531

BLAIS & LANGLOIS INC p 1077
3100 Boul Industriel, MATAGAMI, QC, J0Y 2A0
(819) 739-2905 *SIC* 1542

BLAIS & LANGLOIS INC p 1259
345 Rue Cartier, VICTORIAVILLE, QC, G6R 1E3
(819) 739-2905 *SIC* 1542

BLAKE STREET JUNIOR PUBLIC SCHOOL p 894
See TORONTO DISTRICT SCHOOL BOARD

BLAKE, CASSELS & GRAYDON LLP p 41
855 2 St Sw Suite 3500, CALGARY, AB, T2P 4J8
(403) 260-9600 *SIC* 8111

BLAKE, CASSELS & GRAYDON LLP p 323
595 Burrard St Suite 2600, VANCOUVER, BC, V7X 1L3
(604) 631-3300 *SIC* 8111

BLAKE, CASSELS & GRAYDON LLP p 928
199 Bay St Suite 4000, TORONTO, ON, M5V 1V3
(416) 863-2400 *SIC* 8111

BLAKE, CASSELS & GRAYDON LLP p 1110
1 Place Ville-Marie Bureau 3000, Montreal, QC, H3B 4N8
(514) 982-4000 *SIC* 8111

BLAKEBURN ELEMENTARY SCHOOL p 255
See SCHOOL DISTRICT NO. 43 (COQUITLAM)

BLANCHETTE & VACHON COMPTABLE AGREE p 1189
See BLANCHETTE VACHON ET ASSOCIES CA SENCRL

BLANCHETTE VACHON ET ASSOCIES CA SENCRL p 1067
8149 Rue Du Mistral Bureau 202, Levis, QC, G6X 1G5
(418) 387-3636 *SIC* 8721

BLANCHETTE VACHON ET ASSOCIES CA SENCRL p 1189
10665 1re Av Bureau 300, SAINT-GEORGES, QC, G5Y 6X8
(418) 228-9101 *SIC* 8721

BLANCO CANADA INC p 577
37 Jutland Rd, ETOBICOKE, ON, M8Z 2G6
(416) 251-4733 *SIC* 3431

▲ Public Company   ■ Public Company Family Member   **HQ** Headquarters   **BR** Branch   **SL** Single Location

BLANTYRE PUBLIC SCHOOL p 840
See TORONTO DISTRICT SCHOOL BOARD
BLARCHMONT ELEMENTARY SCHOOL p 227
See BOARD OF EDUCATION OF SCHOOL DISTRICT NO. 06 (ROCKY MOUNTAIN), THE
BLAST RADIUS INC p 928
99 Spadina Ave Suite 200, TORONTO, ON, M5V 3P8
(416) 214-4220 SIC 7374
BLASTECH p 529
See T.F. WARREN GROUP INC
BLAYDON PUBLIC SCHOOL p 757
See TORONTO DISTRICT SCHOOL BOARD
BLAZE BISTRO & LOUNGE p 377
See DELTA HOTELS LIMITED
BLAZE KING p 253
See VALLEY COMFORT SYSTEMS INC
BLCO ENTERPRISES LTD p 165
170 Highway 16a, SPRUCE GROVE, AB, T7X 3X3
(780) 962-4822 SIC 5812
BLENHEIM COMMUNITY VILLAGE RETIREMENT RESIDENCE p 504
See REVERA LONG TERM CARE INC
BLENHEIM DISTRICT HIGH SCHOOL p 504
See LAMBTON KENT DISTRICT SCHOOL BOARD
BLESSED CARDINAL NEWMAN ELEMENTARY & HIGH SCHOOL p 57
See CALGARY ROMAN CATHOLIC SEPARATE SCHOOL DISTRICT #1
BLESSED CARDINAL NEWMAN SECONDARY SCHOOL p 839
See TORONTO CATHOLIC DISTRICT SCHOOL BOARD
BLESSED KATERI SCHOOL p 644
See WATERLOO CATHOLIC DISTRICT SCHOOL BOARD
BLESSED KATERI TEKAKWITHA p 889
See TORONTO CATHOLIC DISTRICT SCHOOL BOARD
BLESSED KATERI TEKAKWITHA SCHOOL p 776
See OTTAWA CATHOLIC DISTRICT SCHOOL BOARD
BLESSED MARGHERITA OF CITT DI CASTELLO SCHOOL p 891
See TORONTO CATHOLIC DISTRICT SCHOOL BOARD
BLESSED MOTHER TERESA SCHOOL p 546
See WATERLOO CATHOLIC DISTRICT SCHOOL BOARD
BLESSED MOTHER TERESA SECONDARY SCHOOL p 835
See TORONTO CATHOLIC DISTRICT SCHOOL BOARD
BLESSED MOTHER THERESA SCHOOL p 55
See CALGARY ROMAN CATHOLIC SEPARATE SCHOOL DISTRICT #1
BLESSED POPE PAUL VI ELEMENTARY SCHOOL p 938
See TORONTO CATHOLIC DISTRICT SCHOOL BOARD
BLESSED SACRAMENT CATHOLIC SCHOOL p 653
See LONDON DISTRICT CATHOLIC SCHOOL BOARD
BLESSED SACRAMENT CATHOLIC SCHOOL p 923
See TORONTO CATHOLIC DISTRICT SCHOOL BOARD
BLESSED SACRAMENT ELEMENTARY SCHOOL p 532
See BRANT HALDIMAND NORFOLK CATHOLIC DISTRICT SCHOOL BOARD

BLESSED SACRAMENT SCHOOL p 173
See EAST CENTRAL ALBERTA CATHOLIC SEPERATE SCHOOLS REGIONAL DIVISION NO 16
BLESSED SACRAMENT SCHOOL p 613
See HAMILTON-WENTWORTH CATHOLIC SCHOOL BOARD
BLESSED SACRAMENT SCHOOL p 640
See WATERLOO CATHOLIC DISTRICT SCHOOL BOARD
BLESSED TERESA OF CALCUTTA SCHOOL p 614
See HAMILTON-WENTWORTH CATHOLIC SCHOOL BOARD
BLESSED TRINITY CATHOLIC SCHOOL p 705
See DUFFERIN-PEEL CATHOLIC DISTRICT SCHOOL BOARD
BLESSED TRINITY ELEMENTARY SCHOOL p 747
See TORONTO CATHOLIC DISTRICT SCHOOL BOARD
BLESSED TRINITY SCHOOL p 668
See YORK CATHOLIC DISTRICT SCHOOL BOARD
BLEU TECH p 1213
See BLEU TECH MONTREAL INC
BLEU TECH MONTREAL INC p 1213
4150 Chomedey (A-13) O, SAINT-LAURENT, QC, H7R 6E9
(450) 767-2890 SIC 8712
BLG p 41
See BORDEN LADNER GERVAIS LLP
BLG p 306
See BORDEN LADNER GERVAIS LLP
BLG p 790
See BORDEN LADNER GERVAIS LLP
BLG p 913
See BORDEN LADNER GERVAIS LLP
BLG p 1110
See BORDEN LADNER GERVAIS LLP
BLIND RIVER DISTRICT HEALTH CENTRE AUXILIARY INC p 505
525 Causley, BLIND RIVER, ON, P0R 1B0
(705) 356-2265 SIC 8062
BLINDS TO GO INC p 1086
3100 Boul De L'assomption, Montreal, QC, H1N 3S4
(514) 259-9955 SIC 2591
BLISS CARMAN SENIOR PUBLIC SCHOOL p 839
See TORONTO DISTRICT SCHOOL BOARD
BLIZZARD COURIER SERVICE LTD p 751
1937 Leslie St, NORTH YORK, ON, M3B 2M3
(416) 444-0596 SIC 7389
BLJC p 623
See BROOKFIELD GLOBAL INTEGRATED SOLUTIONS CANADA LP
BLOMMER CHOCOLATE COMPANY OF CANADA INC p 548
103 Second Ave, CAMPBELLFORD, ON, K0L 1L0
(705) 653-5821 SIC 2066
BLONDEAU TAXI LIMITEE p 783
2161 Bantree St, OTTAWA, ON, K1B 4X3
SIC 4151
BLONDEAU TRANSPORTATION p 783
See BLONDEAU TAXI LIMITEE
BLOOMSTAR BOUQUET p 11
See 3856011 CANADA INC
BLOOMSTAR BOUQUET p 192
See 3856011 CANADA INC
BLOOR COLLEGIATE INSTITUTE p 935
See TORONTO DISTRICT SCHOOL BOARD
BLOORDALE MIDDLE SCHOOL p 581
See TORONTO DISTRICT SCHOOL BOARD
BLOORVIEW SCHOOL p 746
See TORONTO DISTRICT SCHOOL BOARD
BLOW MOLD GROUP p 528

See WENTWORTH MOLD LTD
BLT FOODS LTD p 414
499 Rothesay Ave, SAINT JOHN, NB, E2J 2C6
(506) 633-1098 SIC 5812
BLUE BOY MOTOR HOTEL LTD p 298
725 Marine Dr Se, VANCOUVER, BC, V5X 2T9
(604) 321-6611 SIC 7011
BLUE BUS p 249
See CORPORATION OF THE DISTRICT OF WEST VANCOUVER, THE
BLUE CASTLE GAMES INC p 186
4401 Still Creek Dr Unit 300, BURNABY, BC, V5C 6G9
(604) 299-5626 SIC 7372
BLUE CHIP COOKIES p 320
See UNIVERSITY OF BRITISH COLUMBIA, THE
BLUE CRAB BAR & GRILL p 330
See COAST HOTELS LIMITED
BLUE CREST INTERFAITH HOME p 427
See EASTERN REGIONAL INTEGRATED HEALTH AUTHORITY
BLUE FALLS MANUFACTURING LTD p 70
3706 18 Ave, COLEMAN, AB, T0K 0M0
(403) 562-8008 SIC 3999
BLUE FALLS MANUFACTURING LTD p 171
4549 52 St, THORSBY, AB, T0C 2P0
(780) 789-2626 SIC 3999
BLUE HERON SUPPORT SERVICES ASSOCIATION p 5
Gd Stn Main, BARRHEAD, AB, T7N 1B8
(780) 674-4944 SIC 8361
BLUE HILLS ACADEMY p 490
402 Bloomington Rd, AURORA, ON, L4G 0L9
(905) 773-4323 SIC 8093
BLUE HILLS CHILD & FAMILY CENTRE p 490
See BLUE HILLS ACADEMY
BLUE HIVE p 903
See YOUNG & RUBICAM GROUP OF COMPANIES ULC, THE
BLUE JAY ELEMENTARY SCHOOL p 179
See SCHOOL DISTRICT NO 34 (ABBOTSFORD)
BLUE JAYS LODGE p 892
See OPERATION SPRINGBOARD
BLUE LINE TAXI p 609
See BLUE LINE TRANSPORTATION LTD
BLUE LINE TRANSPORTATION LTD p 609
160 John St S, HAMILTON, ON, L8N 2C4
(905) 525-2583 SIC 4121
BLUE MOUNTAIN ELEMENTARY SCHOOL p 237
See SCHOOL DISTRICT NO 42 (MAPLE RIDGE-PITT MEADOWS)
BLUE MOUNTAIN MANOR RETIREMENT HOME p 859
See REVERA INC
BLUE MOUNTAIN RESORT p 304
See INTRAWEST ULC
BLUE MOUNTAIN RESORT p 505
See INTRAWEST ULC
BLUE MOUNTAIN RESORTS LIMITED PARTNERSHIP p 505
108 Jozo Weider Blvd, BLUE MOUNTAINS, ON, L9Y 3Z2
(705) 445-0231 SIC 7011
BLUE RIDGE INN p 186
See ACCENT INNS INC
BLUE RIDGE INN p 224
See ACCENT INNS INC
BLUE SKY SOLAR RACING p 925
See GOVERNING COUNCIL OF THE UNIVERSITY OF TORONTO
BLUE SPRING GOLF CLUB p 629
See CLUBLINK CORPORATION ULC
BLUE SPRINGS GOLF CLUB p 482
See CLUBLINK CORPORATION ULC
BLUE TREE HOTELS GP ULC p 79
10135 100 St Nw, EDMONTON, AB, T5J 0N7
(780) 426-3636 SIC 7011
BLUE TREE HOTELS INVESTMENT (CANADA), LTD p 917
Westin Harbour Castle, Toronto, ON, M5J 1A6
(416) 869-1600 SIC 7011
BLUE WATER (QUEBEC) LIMITED p 450
40 Topple Dr, DARTMOUTH, NS, B3B 1L6
(902) 468-4900 SIC 5172
BLUE WATER AGENCIES p 450
See BLUE WATER (QUEBEC) LIMITED
BLUE WATER BRIDGE AUTHORITY p 815
See BLUE WATER BRIDGE CANADA
BLUE WATER BRIDGE CANADA p 815
1555 Venetian Blvd Suite 436, POINT EDWARD, ON, N7T 0A9
(519) 336-2720 SIC 4785
BLUE WATER REST HOME p 979
37792 Zurich-Hensall Rd Rr 3, ZURICH, ON, N0M 2T0
(519) 236-4373 SIC 8051
BLUE WILLOW PUBLIC SCHOOL p 976
See YORK REGION DISTRICT SCHOOL BOARD
BLUEBERRY COMMUNITY SCHOOL p 169
See PARKLAND SCHOOL DIVISION NO. 70
BLUEBERRY CREEK COMMUNITY SCHOOL p 195
See SCHOOL DISTRICT # 20 (KOOTENAY-COLUMBIA)
BLUEDROP PERFORMANCE LEARNING p 401
See BLUEDROP PERFORMANCE LEARNING INC
BLUEDROP PERFORMANCE LEARNING INC p 401
50 Crowther Lane Suite 100, FREDERICTON, NB, E3C 0J1
SIC 8299
BLUEDROP SIMULATION SERVICES INC p 463
36 Solutions Dr Suite 300, HALIFAX, NS, B3S 1N2
(800) 563-3638 SIC 3728
BLUENOTES p 59
See YM INC. (SALES)
BLUENOTES p 368
See YM INC. (SALES)
BLUENOTES p 475
See YM INC. (SALES)
BLUENOTES p 782
See YM INC. (SALES)
BLUENOTES p 808
See YM INC. (SALES)
BLUENOTES p 907
See YM INC. (SALES)
BLUERIDGE ELEMENTARY SCHOOL p 246
See SCHOOL DISTRICT NO. 44 (NORTH VANCOUVER)
BLUES CAMP p 1106
See FESTIVAL INTERNATIONAL DE JAZZ DE MONTREAL INC, LE
BLUESHORE FINANCIAL CREDIT UNION p 248
1100 Lonsdale Ave Suite 101, NORTH VANCOUVER, BC, V7M 2H1
(604) 903-2660 SIC 6062
BLUESHORE FINANCIAL CREDIT UNION p 339
4321 Village Gate Blvd, WHISTLER, BC, V0N 1B4
(604) 905-4310 SIC 6062
BLUEVALE COLLEGIATE INSTITUTE p 951
See WATERLOO REGION DISTRICT SCHOOL BOARD
BLUEWATER ADULT LEISURE LIVING p 829
See PARKBRIDGE LIFESTYLE COMMUNITIES INC
BLUEWATER DISTRICT SCHOOL BOARD p 493
574 Louisa St, AYTON, ON, N0G 1C0

BUSINESSES ALPHABETICALLY

(519) 665-7783　SIC 8211
BLUEWATER DISTRICT SCHOOL BOARD p 553
307 1st Ave N, CHESLEY, ON, N0G 1L0
(519) 363-3225　SIC 8211
BLUEWATER DISTRICT SCHOOL BOARD p 553
231 4th Ave Se, CHESLEY, ON, N0G 1L0
(519) 363-2344　SIC 8211
BLUEWATER DISTRICT SCHOOL BOARD p 570
251 Young St, DUNDALK, ON, N0C 1B0
(519) 923-2622　SIC 8211
BLUEWATER DISTRICT SCHOOL BOARD p 571
239 Kincardine St, DURHAM, ON, N0G 1R0
(519) 369-2217　SIC 8211
BLUEWATER DISTRICT SCHOOL BOARD p 571
426 George St E, DURHAM, ON, N0G 1R0
SIC 8211
BLUEWATER DISTRICT SCHOOL BOARD p 589
29 Campbell St, FLESHERTON, ON, N0C 1E0
(519) 924-2752　SIC 8211
BLUEWATER DISTRICT SCHOOL BOARD p 617
149 12th Ave, HANOVER, ON, N4N 2S8
(519) 364-1891　SIC 8211
BLUEWATER DISTRICT SCHOOL BOARD p 617
181 7th St, HANOVER, ON, N4N 1G7
(519) 364-3770　SIC 8211
BLUEWATER DISTRICT SCHOOL BOARD p 617
524 13th St, HANOVER, ON, N4N 1Y4
(519) 364-2910　SIC 8211
BLUEWATER DISTRICT SCHOOL BOARD p 619
402 Bruce St, HEPWORTH, ON, N0H 1P0
(519) 935-2061　SIC 8211
BLUEWATER DISTRICT SCHOOL BOARD p 619
777346 10 Hwy Rr 3, HOLLAND CENTRE, ON, N0H 1R0
(519) 794-2729　SIC 8211
BLUEWATER DISTRICT SCHOOL BOARD p 629
1805 Hwy 21 N, KINCARDINE, ON, N2Z 2X4
(519) 396-3371　SIC 8211
BLUEWATER DISTRICT SCHOOL BOARD p 629
785 Russell St, KINCARDINE, ON, N2Z 1S7
(519) 396-7035　SIC 8211
BLUEWATER DISTRICT SCHOOL BOARD p 629
885 River Lane, KINCARDINE, ON, N2Z 2B9
(519) 396-9151　SIC 8211
BLUEWATER DISTRICT SCHOOL BOARD p 648
5 Moore St, LIONS HEAD, ON, N0H 1W0
(519) 793-3211　SIC 8211
BLUEWATER DISTRICT SCHOOL BOARD p 666
463 Bob St, LUCKNOW, ON, N0G 2H0
(519) 528-3022　SIC 8211
BLUEWATER DISTRICT SCHOOL BOARD p 668
101 Main St E, MARKDALE, ON, N0C 1H0
(519) 986-2990　SIC 8211
BLUEWATER DISTRICT SCHOOL BOARD p 679
408053 Grey Road 4, MAXWELL, ON, N0C 1J0
(519) 922-2341　SIC 8211
BLUEWATER DISTRICT SCHOOL BOARD p 679
186 Cook St, MEAFORD, ON, N4L 1H2
(519) 538-2260　SIC 8211
BLUEWATER DISTRICT SCHOOL BOARD p 679

125 Eliza St, MEAFORD, ON, N4L 1A4
(519) 538-4426　SIC 8211
BLUEWATER DISTRICT SCHOOL BOARD p 679
555 St Vincent St, MEAFORD, ON, N4L 1C6
(519) 538-1950　SIC 8211
BLUEWATER DISTRICT SCHOOL BOARD p 803
1130 8th St E, OWEN SOUND, ON, N4K 1M7
(519) 376-2851　SIC 8211
BLUEWATER DISTRICT SCHOOL BOARD p 803
1525 7th Ave E, OWEN SOUND, ON, N4K 2Z3
(519) 376-6306　SIC 8211
BLUEWATER DISTRICT SCHOOL BOARD p 803
1550 8th St E, OWEN SOUND, ON, N4K 0A2
(519) 376-2010　SIC 8211
BLUEWATER DISTRICT SCHOOL BOARD p 803
501 8th St W, OWEN SOUND, ON, N4K 3M8
(519) 376-1771　SIC 8211
BLUEWATER DISTRICT SCHOOL BOARD p 803
615 6th St E, OWEN SOUND, ON, N4K 1G5
(519) 376-6665　SIC 8211
BLUEWATER DISTRICT SCHOOL BOARD p 816
504 Catherine St Ss 1, PORT ELGIN, ON, N0H 2C1
(519) 832-2038　SIC 8211
BLUEWATER DISTRICT SCHOOL BOARD p 816
780 Gustavus St Ss 4, PORT ELGIN, ON, N0H 2C4
(519) 832-2091　SIC 8211
BLUEWATER DISTRICT SCHOOL BOARD p 851
61 Victoria St, SOUTHAMPTON, ON, N0H 2L0
(519) 797-3241　SIC 8211
BLUEWATER DISTRICT SCHOOL BOARD p 873
189 Bruce St S, THORNBURY, ON, N0H 2P0
(519) 599-5991　SIC 8211
BLUEWATER DISTRICT SCHOOL BOARD p 948
400 Colborne St S Rr 4, WALKERTON, ON, N0G 2V0
SIC 8211
BLUEWATER DISTRICT SCHOOL BOARD p 948
595 Warden St, WALKERTON, ON, N0G 2V0
SIC 8211
BLUEWATER HEALTH p 812
450 Blanche St, PETROLIA, ON, N0N 1R0
(519) 464-4400　SIC 8062
BLUEWAVE ANTENNA SYSTEMS LTD p 21
7015 8 St Ne, CALGARY, AB, T2E 8A2
(403) 291-4422　SIC 4899
BLUEWAVE ENERGY LTD p 117
7539 1a Ave, EDSON, AB, T7E 1X6
(780) 712-6111　SIC 5541
BLUEWAVE ENERGY LTD p 125
14125 99 St Suite 101, GRANDE PRAIRIE, AB, T8V 7G2
(780) 814-6111　SIC 5541
BLUEWAVE ENERGY LTD p 450
201 Brownlow Ave Unit 15, DARTMOUTH, NS, B3B 1W2
(902) 468-2244　SIC 5541
BLUEWAVE ENERGY LTD p 450
30 Oland Crt, DARTMOUTH, NS, B3B 1V2
(902) 481-0515　SIC 5541
BLUMETRIC ENVIRONMENTAL INC p 630
4 Cataraqui St, KINGSTON, ON, K7K 1Z7
(613) 531-2725　SIC 8748
BLUMETRIC ENVIRONMETAL INC p 630
See BLUMETRIC ENVIRONMENTAL INC

BLUNDELL ELEMENTARY SCHOOL p 274
See BOARD OF EDUCATION SCHOOL DISTRICT #38 (RICHMOND)
BLUNDELL INDUSTRIES LTD p 269
11351 River Rd, RICHMOND, BC, V6X 1Z6
(604) 270-3300　SIC 6712
BLYTHWOOD JUNIOR PUBLIC SCHOOL p 897
See TORONTO DISTRICT SCHOOL BOARD
BM METALS SERVICES INC p 870
2502 Elm St, SUDBURY, ON, P3E 4R6
(705) 682-9277　SIC 4212
BMC SOFTWARE CANADA INC p 873
50 Minthorn Blvd Suite 200, THORNHILL, ON, L3T 7X8
(905) 707-4600　SIC 7372
BMG HOLDINGS LTD p 1
26229 Township Road 531a Suite 201, ACHESON, AB, T7X 5A4
(780) 962-8200　SIC 5012
BMG HOLDINGS LTD p 403
32 Sawyer Rd, JACKSONVILLE, NB, E7M 3B7
(506) 328-8853　SIC 5091
BMI p 448
See BANC METAL INDUSTRIES LIMITED
BML GROUP LIMITED p 684
5905 Campus Rd, MISSISSAUGA, ON, L4V 1P9
(905) 676-1293　SIC 6719
BMO p 9
See BANK OF MONTREAL
BMO p 40
See BANK OF MONTREAL
BMO p 60
See BANK OF MONTREAL
BMO p 61
See BANK OF MONTREAL
BMO p 76
See BANK OF MONTREAL
BMO p 88
See BANK OF MONTREAL
BMO p 107
See BANK OF MONTREAL
BMO p 118
See BANK OF MONTREAL
BMO p 119
See BANK OF MONTREAL
BMO p 125
See BANK OF MONTREAL
BMO p 138
See BANK OF MONTREAL
BMO p 186
See BANK OF MONTREAL
BMO p 203
See BANK OF MONTREAL
BMO p 211
See BANK OF MONTREAL
BMO p 224
See BANK OF MONTREAL
BMO p 235
See BANK OF MONTREAL
BMO p 243
See BANK OF MONTREAL
BMO p 244
See BANK OF MONTREAL
BMO p 252
See BANK OF MONTREAL
BMO p 269
See BANK OF MONTREAL
BMO p 283
See BANK OF MONTREAL
BMO p 285
See BANK OF MONTREAL
BMO p 293
See BANK OF MONTREAL
BMO p 298
See BANK OF MONTREAL
BMO p 299
See BANK OF MONTREAL
BMO p 301
See BANK OF MONTREAL
BMO p 319

See BANK OF MONTREAL
BMO p 323
BMO p 327
BMO p 339
BMO p 361
BMO p 399
BMO p 406
BMO p 416
BMO p 422
BMO p 435
BMO p 462
BMO p 490
BMO p 494
BMO p 501
BMO p 521
BMO p 537
BMO p 538
BMO p 575
BMO p 576
BMO p 577
BMO p 582
BMO p 601
BMO p 631
BMO p 633
BMO p 693
BMO p 726
BMO p 729
BMO p 741
BMO p 747
BMO p 757
BMO p 761
BMO p 778
BMO p 796
BMO p 801
BMO p 838
BMO p 844
BMO p 854
BMO p 862
BMO p 870
BMO p 898
BMO p 913
BMO p 932
BMO p 933

▲ Public Company　■ Public Company Family Member　**HQ** Headquarters　**BR** Branch　**SL** Single Location

BMO
See BANK OF MONTREAL
BMO p 939
See BANK OF MONTREAL
BMO p 959
See BANK OF MONTREAL
BMO p 963
See BANK OF MONTREAL
BMO p 980
See BANK OF MONTREAL
BMO p 998
See BANK OF MONTREAL
BMO p 1070
See BANK OF MONTREAL
BMO p 1101
See BANK OF MONTREAL
BMO p 1101
See BMO LIFE ASSURANCE COMPANY
BMO p 1109
See BANK OF MONTREAL
BMO p 1121
See BANK OF MONTREAL
BMO p 1124
See BANK OF MONTREAL
BMO p 1159
See BANK OF MONTREAL
BMO p 1191
See BANK OF MONTREAL
BMO p 1248
See BANK OF MONTREAL
BMO p 1278
See BANK OF MONTREAL
BMO p 1294
See BANK OF MONTREAL
BMO BANK OF MONTREAL p 500
See BANK OF MONTREAL
BMO BANK OF MONTREAL p 877
See BANK OF MONTREAL
BMO BANK OF MONTREAL p 1040
See BANK OF MONTREAL
BMO BANK OF MONTREAL p 1046
See BANK OF MONTREAL
BMO BANK OF MONTREAL p 1158
See BANK OF MONTREAL
BMO BANQUE DE MONTREAL p 1238
See BANK OF MONTREAL
BMO CENTRE DE FINANCEMENT DE VEHICULE p 1129
See BANK OF MONTREAL
BMO HARRIS PRIVATE BANKING p 78
See BMO PRIVATE INVESTMENT COUNSEL INC
BMO HUDSON BRANCH p 1044
See BANK OF MONTREAL
BMO INVESTORLINE INC p 932
100 King St W Suite 1, TORONTO, ON, M5X 2A1
(416) 867-6300   SIC 6211
BMO INVESTORLINE INC p 1104
2015 Rue Peel Unite 200, Montreal, QC, H3A 1T8
(888) 776-6886   SIC 6211
BMO LIFE ASSURANCE COMPANY p 909
60 Yonge St, TORONTO, ON, M5E 1H5
(416) 596-3900   SIC 6411
BMO LIFE ASSURANCE COMPANY p 1101
119 Rue Saint-Jacques, Montreal, QC, H2Y 1L6
(514) 877-7373   SIC 6011
BMO LIGNE D'ACTION p 1104
See BMO INVESTORLINE INC
BMO MONKLAND & GIROUARD BRANCH p 1122
See BANK OF MONTREAL
BMO NESBITT BURNS p 1159
See BMO NESBITT BURNS INC
BMO NESBITT BURNS INC p 40
333 7 Ave Sw Suite 2200, CALGARY, AB, T2P 2Z1
(403) 515-1500   SIC 6211
BMO NESBITT BURNS INC p 40
525 8 Ave Sw Suite 3200, CALGARY, AB, T2P 1G1
(403) 261-9550   SIC 6211

BMO NESBITT BURNS INC p 40
888 3 St Sw Suite 4100, CALGARY, AB, T2P 5C5
(403) 260-9300   SIC 6211
BMO NESBITT BURNS INC p 288
1959 152 St Suite 270, SURREY, BC, V4A 9E3
(604) 535-4300   SIC 6211
BMO NESBITT BURNS INC p 306
885 Georgia St W Suite 1800, VANCOUVER, BC, V6C 3E8
(604) 608-2201   SIC 6211
BMO NESBITT BURNS INC p 330
730 View St Suite 1000, VICTORIA, BC, V8W 3Y7
(250) 361-2412   SIC 6211
BMO NESBITT BURNS INC p 376
360 Main St Suite 1400, WINNIPEG, MB, R3C 3Z3
(204) 949-2500   SIC 6211
BMO NESBITT BURNS INC p 399
65 Regent St Suite 200, FREDERICTON, NB, E3B 7H8
(506) 458-8570   SIC 6211
BMO NESBITT BURNS INC p 457
1969 Upper Water St Suite 1901, HALIFAX, NS, B3J 3R7
(902) 429-3710   SIC 6211
BMO NESBITT BURNS INC p 612
77 James St N Suite 301, HAMILTON, ON, L8R 2K3
(905) 570-8600   SIC 6211
BMO NESBITT BURNS INC p 655
255 Queens Ave Suite 1900, LONDON, ON, N6A 5R8
(519) 672-8560   SIC 6211
BMO NESBITT BURNS INC p 697
90 Burnhamthorpe Rd W Suite 210, MISSISSAUGA, ON, L5B 3C3
(905) 897-9200   SIC 6211
BMO NESBITT BURNS INC p 748
4881 Yonge St 9th Flr, NORTH YORK, ON, M2N 5X3
(416) 590-7600   SIC 6211
BMO NESBITT BURNS INC p 767
132 Trafalgar Rd, OAKVILLE, ON, L6J 3G5
(905) 337-2000   SIC 6211
BMO NESBITT BURNS INC p 788
303 Dalhousie St Suite 300, OTTAWA, ON, K1N 7E8
(613) 562-6400   SIC 6211
BMO NESBITT BURNS INC p 790
269 Laurier Ave W Suite 201, OTTAWA, ON, K1P 5J9
(613) 567-6232   SIC 6211
BMO NESBITT BURNS INC p 797
1600 Carling Ave Suite 700, OTTAWA, ON, K1Z 1B4
(613) 798-4200   SIC 6211
BMO NESBITT BURNS INC p 836
100 Consilium Pl Suite 106, SCARBOROUGH, ON, M1H 3E3
(416) 296-0040   SIC 6211
BMO NESBITT BURNS INC p 877
1139 Alloy Dr Suite 210, THUNDER BAY, ON, P7B 6M8
(807) 343-1900   SIC 6211
BMO NESBITT BURNS INC p 932
1 First Canadian Pl 21st Fl, TORONTO, ON, M5X 1H3
(416) 359-4000   SIC 6211
BMO NESBITT BURNS INC p 932
1 First Canadian Place 38th Fl, TORONTO, ON, M5X 1H3
(416) 359-4440   SIC 6211
BMO NESBITT BURNS INC p 932
100 King St W Fl 44, TORONTO, ON, M5X 1A1
(416) 365-6000   SIC 6211
BMO NESBITT BURNS INC p 936
1360 King St W, TORONTO, ON, M6K 1H3
(416) 365-6008   SIC 6211
BMO NESBITT BURNS INC p 939
95 Grosvenor St Suite 600, TORONTO, ON,

M7A 1Z1
(416) 325-0755   SIC 6211
BMO NESBITT BURNS INC p 951
20 Erb St W Suite 601, WATERLOO, ON, N2L 1T2
(519) 886-3100   SIC 6211
BMO NESBITT BURNS INC p 967
100 Ouellette Ave Suite 1100, WINDSOR, ON, N9A 6T3
(519) 977-6697   SIC 6211
BMO NESBITT BURNS INC p 1006
1850 Rue Panama Bureau 400, BROSSARD, QC, J4W 3C6
(450) 466-5500   SIC 6211
BMO NESBITT BURNS INC p 1104
1501 Av Mcgill College Bureau 3000, Montreal, QC, H3A 3M8
(514) 282-5800   SIC 6211
BMO NESBITT BURNS INC p 1159
2828 Boul Laurier, Quebec, QC, G1V 0B9
(418) 647-3124   SIC 6211
BMO NESBITT BURNS INC p 1284
2103 11th Ave Suite 1171, REGINA, SK, S4P 3Z8
(306) 780-9700   SIC 6211
BMO NESBITT BURNS PRIVATE CLIENT p 877
See BMO NESBITT BURNS INC
BMO NESTBITT BURNS p 873
See BANK OF MONTREAL
BMO PRIVATE INVESTMENT COUNSEL INC p 78
10199 101 St Nw Suite 211, EDMONTON, AB, T5J 3Y4
(780) 408-0531   SIC 8742
BMP (1985) LIMITED p 633
731 Development Dr, KINGSTON, ON, K7M 4W6
(613) 389-6709   SIC 5211
BMP MECHANICAL LTD p 30
6420 6a St Se Suite 110, CALGARY, AB, T2H 2B7
(403) 816-4409   SIC 1711
BMR AGRIZONE p 1003
See GROUPE BMR INC
BMT FLEET TECHNOLOGY LIMITED p 623
311 Legget Dr, KANATA, ON, K2K 1Z8
(613) 592-2830   SIC 8711
BMW CANADA INC p 315
2040 Burrard St, VANCOUVER, BC, V6J 3H5
(604) 736-7381   SIC 5511
BMW CANADA INC p 824
50 Ultimate Dr, RICHMOND HILL, ON, L4S 0C8
(905) 770-1758   SIC 5012
BMW GROUP CANADA p 824
See BMW CANADA INC
BMW OF MISSISSAUGA p 689
See MARANELLO MOTORS LIMITED
BMW PRODUCTS & SERVICES p 142
See WEATHERFORD ARTIFICIAL LIFT SYSTEMS CANADA LTD
BNP PARIBAS (CANADA) p 921
77 King St W Suite 4100, TORONTO, ON, M5K 2A1
(416) 365-9600   SIC 6021
BNP PARIBAS (CANADA) p 1104
1981 Av Mcgill College Bureau 515, Montreal, QC, H3A 2W8
(514) 285-6000   SIC 6021
BO SERIES INC p 577
124 The East Mall, ETOBICOKE, ON, M8Z 5V5
(416) 234-5900   SIC 7812
BOA CATHOLIC ELEMENTARY SCHOOLS HOLY NAME p 631
See ALGONQUIN & LAKESHORE CATHOLIC DISTRICT SCHOOL BOARD
BOADEN CATERING LIMITED p 696
505 Queensway E Unit 12, MISSISSAUGA, ON, L5A 4B4
(905) 276-1161   SIC 5812
BOARD OF EDUCATION OF SASKA-

TOON SCHOOL DIVISION NO. 13 OF SASKATCHEWAN, THE p 1292
2721 Main St, SASKATOON, SK, S7H 0M2
(306) 242-3555   SIC 8211
BOARD OF EDUCATION OF SASKATOON SCHOOL DIVISION NO. 13 OF SASKATCHEWAN, THE p 1292
203 Rosedale Rd, SASKATOON, SK, S7H 5H1
(306) 683-7500   SIC 8211
BOARD OF EDUCATION OF SASKATOON SCHOOL DIVISION NO. 13 OF SASKATCHEWAN, THE p 1292
1511 Louise Ave, SASKATOON, SK, S7H 2R2
(306) 683-7250   SIC 8211
BOARD OF EDUCATION OF SASKATOON SCHOOL DIVISION NO. 13 OF SASKATCHEWAN, THE p 1292
1306 Lorne Ave, SASKATOON, SK, S7H 1X8
(306) 683-7140   SIC 8211
BOARD OF EDUCATION OF SASKATOON SCHOOL DIVISION NO. 13 OF SASKATCHEWAN, THE p 1292
3440 Harrington St, SASKATOON, SK, S7H 3Y4
(306) 683-7170   SIC 8211
BOARD OF EDUCATION OF SASKATOON SCHOOL DIVISION NO. 13 OF SASKATCHEWAN, THE p 1292
4215 Degeer St, SASKATOON, SK, S7H 4N6
(306) 683-7440   SIC 8211
BOARD OF EDUCATION OF SASKATOON SCHOOL DIVISION NO. 13 OF SASKATCHEWAN, THE p 1292
605 Acadia Dr, SASKATOON, SK, S7H 3V8
(306) 683-7700   SIC 8211
BOARD OF EDUCATION OF SASKATOON SCHOOL DIVISION NO. 13 OF SASKATCHEWAN, THE p 1293
1905 Preston Ave, SASKATOON, SK, S7J 2E7
(306) 683-7850   SIC 8211
BOARD OF EDUCATION OF SASKATOON SCHOOL DIVISION NO. 13 OF SASKATCHEWAN, THE p 1293
1905 Eastlake Ave, SASKATOON, SK, S7J 0W9
(306) 683-7420   SIC 8211
BOARD OF EDUCATION OF SASKATOON SCHOOL DIVISION NO. 13 OF SASKATCHEWAN, THE p 1293
1904 Clarence Ave S, SASKATOON, SK, S7J 1L3
(306) 683-7600   SIC 8211
BOARD OF EDUCATION OF SASKATOON SCHOOL DIVISION NO. 13 OF SASKATCHEWAN, THE p 1293
1715 Drinkle St, SASKATOON, SK, S7J 0P8
(306) 683-7400   SIC 8211
BOARD OF EDUCATION OF SASKATOON SCHOOL DIVISION NO. 13 OF SASKATCHEWAN, THE p 1293
2606 Broadway Ave, SASKATOON, SK, S7J 0Z6
(306) 683-7300   SIC 8211
BOARD OF EDUCATION OF SASKATOON SCHOOL DIVISION NO. 13 OF SASKATCHEWAN, THE p 1293
715 East Drive, SASKATOON, SK, S7J 2X8
(306) 683-7100   SIC 8211
BOARD OF EDUCATION OF SASKATOON SCHOOL DIVISION NO. 13 OF SASKATCHEWAN, THE p 1293
527 Kingsmere Blvd, SASKATOON, SK, S7J 3V4
(306) 683-7330   SIC 8211
BOARD OF EDUCATION OF SASKATOON SCHOOL DIVISION NO. 13 OF SASKATCHEWAN, THE p 1293
3144 Arlington Ave, SASKATOON, SK, S7J 3L5

(306) 683-7290 SIC 8211
BOARD OF EDUCATION OF SASKATOON SCHOOL DIVISION NO. 13 OF SASKATCHEWAN, THE p 1293
305 Waterbury Rd, SASKATOON, SK, S7J 4Z7
(306) 683-7320 SIC 8211
BOARD OF EDUCATION OF SASKATOON SCHOOL DIVISION NO. 13 OF SASKATCHEWAN, THE p 1293
2621 Cairns Ave, SASKATOON, SK, S7J 1V8
(306) 683-7270 SIC 8211
BOARD OF EDUCATION OF SASKATOON SCHOOL DIVISION NO. 13 OF SASKATCHEWAN, THE p 1294
602 Lenore Dr, SASKATOON, SK, S7K 6A6
(306) 683-7750 SIC 8211
BOARD OF EDUCATION OF SASKATOON SCHOOL DIVISION NO. 13 OF SASKATCHEWAN, THE p 1294
60 Ravine Dr, SASKATOON, SK, S7K 1E2
(306) 683-7430 SIC 8211
BOARD OF EDUCATION OF SASKATOON SCHOOL DIVISION NO. 13 OF SASKATCHEWAN, THE p 1294
430 Redberry Rd, SASKATOON, SK, S7K 5H6
(306) 683-7340 SIC 8211
BOARD OF EDUCATION OF SASKATOON SCHOOL DIVISION NO. 13 OF SASKATCHEWAN, THE p 1294
310 21st St E, SASKATOON, SK, S7K 1M7
(306) 683-8348 SIC 8211
BOARD OF EDUCATION OF SASKATOON SCHOOL DIVISION NO. 13 OF SASKATCHEWAN, THE p 1294
274 Russell Rd, SASKATOON, SK, S7K 7E1
(306) 683-7120 SIC 8211
BOARD OF EDUCATION OF SASKATOON SCHOOL DIVISION NO. 13 OF SASKATCHEWAN, THE p 1294
Rr 5 Lcd Main, SASKATOON, SK, S7K 3J8
(306) 343-1494 SIC 8211
BOARD OF EDUCATION OF SASKATOON SCHOOL DIVISION NO. 13 OF SASKATCHEWAN, THE p 1299
1001 Northumberland Ave, SASKATOON, SK, S7L 3W8
(306) 683-7480 SIC 8211
BOARD OF EDUCATION OF SASKATOON SCHOOL DIVISION NO. 13 OF SASKATCHEWAN, THE p 1299
722 Bedford Rd, SASKATOON, SK, S7L 0G2
(306) 683-7650 SIC 8211
BOARD OF EDUCATION OF SASKATOON SCHOOL DIVISION NO. 13 OF SASKATCHEWAN, THE p 1299
510 34th St W, SASKATOON, SK, S7L 0Y2
(306) 683-7360 SIC 8211
BOARD OF EDUCATION OF SASKATOON SCHOOL DIVISION NO. 13 OF SASKATCHEWAN, THE p 1299
431 Avenue T N, SASKATOON, SK, S7L 3B5
(306) 683-7260 SIC 8211
BOARD OF EDUCATION OF SASKATOON SCHOOL DIVISION NO. 13 OF SASKATCHEWAN, THE p 1299
411 Avenue J N, SASKATOON, SK, S7L 2K4
(306) 683-7490 SIC 8211
BOARD OF EDUCATION OF SASKATOON SCHOOL DIVISION NO. 13 OF SASKATCHEWAN, THE p 1299
3620 Centennial Dr, SASKATOON, SK, S7L 5L2
(306) 683-7350 SIC 8211
BOARD OF EDUCATION OF SASKATOON SCHOOL DIVISION NO. 13 OF SASKATCHEWAN, THE p 1299
3555 John A Macdonald Rd, SASKATOON, SK, S7L 4R9
(306) 683-7180 SIC 8211

BOARD OF EDUCATION OF SASKATOON SCHOOL DIVISION NO. 13 OF SASKATCHEWAN, THE p 1299
2220 Rusholme Rd, SASKATOON, SK, S7L 4A4
(306) 683-7800 SIC 8211
BOARD OF EDUCATION OF SASKATOON SCHOOL DIVISION NO. 13 OF SASKATCHEWAN, THE p 1299
204 30th St W, SASKATOON, SK, S7L 0N9
(306) 683-7160 SIC 8211
BOARD OF EDUCATION OF SASKATOON SCHOOL DIVISION NO. 13 OF SASKATCHEWAN, THE p 1299
162 Wedge Rd, SASKATOON, SK, S7L 6Y4
(306) 683-7200 SIC 8211
BOARD OF EDUCATION OF SASKATOON SCHOOL DIVISION NO. 13 OF SASKATCHEWAN, THE p 1299
16 Valens Dr, SASKATOON, SK, S7L 3S1
(306) 683-7240 SIC 8211
BOARD OF EDUCATION OF SASKATOON SCHOOL DIVISION NO. 13 OF SASKATCHEWAN, THE p 1299
1410 Byers Cres, SASKATOON, SK, S7L 4H3
(306) 683-7150 SIC 8211
BOARD OF EDUCATION OF SASKATOON SCHOOL DIVISION NO. 13 OF SASKATCHEWAN, THE p 1301
2515 18th St W, SASKATOON, SK, S7M 4A9
(306) 683-7510 SIC 8211
BOARD OF EDUCATION OF SASKATOON SCHOOL DIVISION NO. 13 OF SASKATCHEWAN, THE p 1301
3220 Ortona St, SASKATOON, SK, S7M 3R6
(306) 683-7370 SIC 8211
BOARD OF EDUCATION OF SASKATOON SCHOOL DIVISION NO. 13 OF SASKATCHEWAN, THE p 1301
427 Mccormack Rd, SASKATOON, SK, S7M 5L8
(306) 683-7280 SIC 8211
BOARD OF EDUCATION OF SASKATOON SCHOOL DIVISION NO. 13 OF SASKATCHEWAN, THE p 1301
721 Avenue K S, SASKATOON, SK, S7M 2E7
(306) 683-7310 SIC 8211
BOARD OF EDUCATION OF SASKATOON SCHOOL DIVISION NO. 13 OF SASKATCHEWAN, THE p 1301
215 Avenue S S, SASKATOON, SK, S7M 2Z9
(306) 683-7390 SIC 8211
BOARD OF EDUCATION OF SASKATOON SCHOOL DIVISION NO. 13 OF SASKATCHEWAN, THE p 1301
210 Avenue H S, SASKATOON, SK, S7M 1W2
(306) 683-7410 SIC 8211
BOARD OF EDUCATION OF SASKATOON SCHOOL DIVISION NO. 13 OF SASKATCHEWAN, THE p 1302
101 Wiggins Ave S, SASKATOON, SK, S7N 1K3
(306) 683-7130 SIC 8211
BOARD OF EDUCATION OF SASKATOON SCHOOL DIVISION NO. 13 OF SASKATCHEWAN, THE p 1302
225 Kenderdine Rd, SASKATOON, SK, S7N 3V2
(306) 683-7190 SIC 8211
BOARD OF EDUCATION OF SASKATOON SCHOOL DIVISION NO. 13 OF SASKATCHEWAN, THE p 1302
411 11th St E, SASKATOON, SK, S7N 0E9
(306) 683-7580 SIC 8211
BOARD OF EDUCATION OF SASKATOON SCHOOL DIVISION NO. 13 OF SASKATCHEWAN, THE p 1302
501 115th St E, SASKATOON, SK, S7N 2X9

(306) 683-7220 SIC 8211
BOARD OF EDUCATION OF SASKATOON SCHOOL DIVISION NO. 13 OF SASKATCHEWAN, THE p 1302
639 Broadway Ave, SASKATOON, SK, S7N 1B2
(306) 683-7470 SIC 8211
BOARD OF EDUCATION OF SASKATOON SCHOOL DIVISION NO. 13 OF SASKATCHEWAN, THE p 1302
1008 Egbert Ave, SASKATOON, SK, S7N 1X6
(306) 683-7460 SIC 8211
BOARD OF EDUCATION OF SASKATOON SCHOOL DIVISION NO. 13 OF SASKATCHEWAN, THE p 1305
160 Nelson Rd, SASKATOON, SK, S7S 1P5
(306) 683-7950 SIC 8211
BOARD OF EDUCATION OF SCHOOL DISTRICT NO. 06 (ROCKY MOUNTAIN), THE p 216
1500 9th St S, GOLDEN, BC, V0A 1H0
(250) 344-2201 SIC 8211
BOARD OF EDUCATION OF SCHOOL DISTRICT NO. 06 (ROCKY MOUNTAIN), THE p 216
1500 9 St S, GOLDEN, BC, V0A 1H0
SIC 8211
BOARD OF EDUCATION OF SCHOOL DISTRICT NO. 06 (ROCKY MOUNTAIN), THE p 216
1000 14th Ave S, GOLDEN, BC, V0A 1H0
(250) 344-5513 SIC 8211
BOARD OF EDUCATION OF SCHOOL DISTRICT NO. 06 (ROCKY MOUNTAIN), THE p 216
620 9th St S, GOLDEN, BC, V0A 1H0
(250) 344-6317 SIC 8211
BOARD OF EDUCATION OF SCHOOL DISTRICT NO. 06 (ROCKY MOUNTAIN), THE p 216
812 14th St S, GOLDEN, BC, V0A 1H0
(250) 344-5068 SIC 8211
BOARD OF EDUCATION OF SCHOOL DISTRICT NO. 06 (ROCKY MOUNTAIN), THE p 218
1202 13th Ave, INVERMERE, BC, V0A 1K4
(250) 342-6232 SIC 8211
BOARD OF EDUCATION OF SCHOOL DISTRICT NO. 06 (ROCKY MOUNTAIN), THE p 218
1535 14th St Suite 4, INVERMERE, BC, V0A 1K4
(250) 342-9213 SIC 8211
BOARD OF EDUCATION OF SCHOOL DISTRICT NO. 06 (ROCKY MOUNTAIN), THE p 227
689 Rotary Dr, KIMBERLEY, BC, V1A 1E4
(250) 427-2283 SIC 8211
BOARD OF EDUCATION OF SCHOOL DISTRICT NO. 06 (ROCKY MOUNTAIN), THE p 227
405 Halpin St, KIMBERLEY, BC, V1A 2H1
(250) 427-4827 SIC 8211
BOARD OF EDUCATION OF SCHOOL DISTRICT NO. 06 (ROCKY MOUNTAIN), THE p 227
1850 Warren Ave, KIMBERLEY, BC, V1A 1S1
SIC 8211
BOARD OF EDUCATION OF SCHOOL DISTRICT NO. 06 (ROCKY MOUNTAIN), THE p 227
8676 95a Hwy, KIMBERLEY, BC, V1A 3M3
(250) 427-2268 SIC 4151
BOARD OF EDUCATION OF SCHOOL DISTRICT NO. 06 (ROCKY MOUNTAIN), THE p 337
6171 Wasa School, WASA, BC, V0B 2K0
(250) 422-3494 SIC 8211
BOARD OF EDUCATION OF SCHOOL DISTRICT NO. 23 (CENTRAL OKANAGAN), THE p 222
125 Snowsell St N, KELOWNA, BC, V1V 2E3

(250) 870-5128 SIC 8211
BOARD OF EDUCATION OF SCHOOL DISTRICT NO. 23 (CENTRAL OKANAGAN), THE p 222
125 Snowsell St N, KELOWNA, BC, V1V 2E3
SIC 8211
BOARD OF EDUCATION OF SCHOOL DISTRICT NO. 23 (CENTRAL OKANAGAN), THE p 222
1650 Gallagher Rd, KELOWNA, BC, V1P 1G7
(250) 765-1955 SIC 8211
BOARD OF EDUCATION OF SCHOOL DISTRICT NO. 23 (CENTRAL OKANAGAN), THE p 222
475 Yates Rd, KELOWNA, BC, V1V 1R3
(250) 762-4495 SIC 8211
BOARD OF EDUCATION OF SCHOOL DISTRICT NO. 23 (CENTRAL OKANAGAN), THE p 222
3675 Casorso Rd, KELOWNA, BC, V1W 3E1
(250) 870-5135 SIC 8211
BOARD OF EDUCATION OF SCHOOL DISTRICT NO. 23 (CENTRAL OKANAGAN), THE p 222
4176 Spiers Rd, KELOWNA, BC, V1W 4B5
(250) 861-1122 SIC 8211
BOARD OF EDUCATION OF SCHOOL DISTRICT NO. 23 (CENTRAL OKANAGAN), THE p 222
4346 Gordon Dr, KELOWNA, BC, V1W 1S5
(250) 870-5138 SIC 8211
BOARD OF EDUCATION OF SCHOOL DISTRICT NO. 23 (CENTRAL OKANAGAN), THE p 222
4489 Lakeshore Rd, KELOWNA, BC, V1W 1W9
(250) 870-5133 SIC 8211
BOARD OF EDUCATION OF SCHOOL DISTRICT NO. 23 (CENTRAL OKANAGAN), THE p 222
121 Drysdale Blvd, KELOWNA, BC, V1V 2X9
(250) 870-5130 SIC 8211
BOARD OF EDUCATION OF SCHOOL DISTRICT NO. 23 (CENTRAL OKANAGAN), THE p 222
3130 Gordon Dr, KELOWNA, BC, V1W 3M4
(250) 870-5106 SIC 8211
BOARD OF EDUCATION OF SCHOOL DISTRICT NO. 23 (CENTRAL OKANAGAN), THE p 223
705 Rutland Rd N, KELOWNA, BC, V1X 3B6
(250) 870-5134 SIC 8211
BOARD OF EDUCATION OF SCHOOL DISTRICT NO. 23 (CENTRAL OKANAGAN), THE p 223
125 Adventure Rd, KELOWNA, BC, V1X 1N3
SIC 8211
BOARD OF EDUCATION OF SCHOOL DISTRICT NO. 23 (CENTRAL OKANAGAN), THE p 223
200 Mallach Rd, KELOWNA, BC, V1X 2W5
(250) 870-5113 SIC 8211
BOARD OF EDUCATION OF SCHOOL DISTRICT NO. 23 (CENTRAL OKANAGAN), THE p 223
350 Ziprick Rd, KELOWNA, BC, V1X 4H3
(250) 870-5111 SIC 8211
BOARD OF EDUCATION OF SCHOOL DISTRICT NO. 23 (CENTRAL OKANAGAN), THE p 223
3735 Parkdale Rd, KELOWNA, BC, V1X 6K9
SIC 8211
BOARD OF EDUCATION OF SCHOOL DISTRICT NO. 23 (CENTRAL OKANAGAN), THE p 223
470 Ziprick Rd, KELOWNA, BC, V1X 4H4
(250) 870-5119 SIC 8211

BOARD OF EDUCATION OF SCHOOL DISTRICT NO. 23 (CENTRAL OKANAGAN), THE *p 223*
620 Webster Rd, KELOWNA, BC, V1X 4V5
SIC 8211

BOARD OF EDUCATION OF SCHOOL DISTRICT NO. 23 (CENTRAL OKANAGAN), THE *p 223*
700 Pearson Rd, KELOWNA, BC, V1X 5H8
SIC 8211

BOARD OF EDUCATION OF SCHOOL DISTRICT NO. 23 (CENTRAL OKANAGAN), THE *p 223*
705 Kitch Rd, KELOWNA, BC, V1X 5V8
(250) 870-5134   SIC 8211

BOARD OF EDUCATION OF SCHOOL DISTRICT NO. 23 (CENTRAL OKANAGAN), THE *p 225*
1079 Raymer Ave, KELOWNA, BC, V1Y 4Z7
(250) 870-5105   SIC 8211

BOARD OF EDUCATION OF SCHOOL DISTRICT NO. 23 (CENTRAL OKANAGAN), THE *p 225*
1280 Wilson Ave, KELOWNA, BC, V1Y 6Y6
SIC 8211

BOARD OF EDUCATION OF SCHOOL DISTRICT NO. 23 (CENTRAL OKANAGAN), THE *p 225*
2090 Gordon Dr, KELOWNA, BC, V1Y 3H9
SIC 8211

BOARD OF EDUCATION OF SCHOOL DISTRICT NO. 23 (CENTRAL OKANAGAN), THE *p 225*
580 Doyle Ave, KELOWNA, BC, V1Y 7V1
SIC 8211

BOARD OF EDUCATION OF SCHOOL DISTRICT NO. 23 (CENTRAL OKANAGAN), THE *p 225*
960 Glenmore Dr, KELOWNA, BC, V1Y 4P1
SIC 8211

BOARD OF EDUCATION OF SCHOOL DISTRICT NO. 23 (CENTRAL OKANAGAN), THE *p 251*
5486 Clements Cres, PEACHLAND, BC, V0H 1X5
(250) 870-5122   SIC 8211

BOARD OF EDUCATION OF SCHOOL DISTRICT NO. 23 (CENTRAL OKANAGAN), THE *p 337*
1221 Hudson Rd, WEST KELOWNA, BC, V1Z 1J5
SIC 8211

BOARD OF EDUCATION OF SCHOOL DISTRICT NO. 23 (CENTRAL OKANAGAN), THE *p 337*
1680 Westlake Rd, WEST KELOWNA, BC, V1Z 3G6
(250) 870-5146   SIC 8211

BOARD OF EDUCATION OF SCHOOL DISTRICT NO. 23 (CENTRAL OKANAGAN), THE *p 337*
3565 Mciver Rd, WEST KELOWNA, BC, V4T 1H8
(250) 768-1889   SIC 8211

BOARD OF EDUCATION OF SCHOOL DISTRICT NO. 23 (CENTRAL OKANAGAN), THE *p 337*
3430 Webber Rd, WEST KELOWNA, BC, V4T 1G8
(250) 870-5142   SIC 8211

BOARD OF EDUCATION OF SCHOOL DISTRICT NO. 23 (CENTRAL OKANAGAN), THE *p 337*
2010 Daimler Dr, WEST KELOWNA, BC, V1Z 3Y4
SIC 8211

BOARD OF EDUCATION OF SCHOOL DISTRICT NO. 23 (CENTRAL OKANAGAN), THE *p 337*
3044 Sandstone Dr, WEST KELOWNA, BC, V4T 1T2
(250) 870-5132   SIC 8211

BOARD OF EDUCATION OF SCHOOL DISTRICT NO. 23 (CENTRAL OKANAGAN), THE *p 337*
3230 Salmon Rd, WEST KELOWNA, BC, V4T 1A7
SIC 8211

BOARD OF EDUCATION OF SCHOOL DISTRICT NO. 23 (CENTRAL OKANAGAN), THE *p 339*
3770 Elliott Rd, WESTBANK, BC, V4T 1W9
(250) 870-5103   SIC 8211

BOARD OF EDUCATION OF SCHOOL DISTRICT NO. 23 (CENTRAL OKANAGAN), THE *p 341*
10241 Bottom Wood Lake Rd, WINFIELD, BC, V4V 1Y7
(250) 870-5102   SIC 8211

BOARD OF EDUCATION OF SCHOOL DISTRICT NO. 23 (CENTRAL OKANAGAN), THE *p 341*
2115 Davidson Rd, WINFIELD, BC, V4V 1R3
(250) 870-5117   SIC 8211

BOARD OF EDUCATION OF SCHOOL DISTRICT NO. 35 (LANGLEY) *p 180*
27330 28 Ave, ALDERGROVE, BC, V4W 3K1
(604) 856-4167   SIC 8211

BOARD OF EDUCATION OF SCHOOL DISTRICT NO. 35 (LANGLEY) *p 180*
4452 256 St, ALDERGROVE, BC, V4W 1J3
(604) 856-8539   SIC 8211

BOARD OF EDUCATION OF SCHOOL DISTRICT NO. 35 (LANGLEY) *p 181*
3300 270 St, ALDERGROVE, BC, V4W 3H2
(604) 856-7775   SIC 8211

BOARD OF EDUCATION OF SCHOOL DISTRICT NO. 35 (LANGLEY) *p 229*
20292 91a Ave, LANGLEY, BC, V1M 2G2
(604) 513-8000   SIC 8211

BOARD OF EDUCATION OF SCHOOL DISTRICT NO. 35 (LANGLEY) *p 229*
21150 85 Ave, LANGLEY, BC, V1M 2M4
(604) 888-7109   SIC 8211

BOARD OF EDUCATION OF SCHOOL DISTRICT NO. 35 (LANGLEY) *p 229*
21555 91 Ave, LANGLEY, BC, V1M 3Z3
(604) 888-6111   SIC 8211

BOARD OF EDUCATION OF SCHOOL DISTRICT NO. 35 (LANGLEY) *p 229*
9096 Trattle St Gd Stn Fort Langley, LANGLEY, BC, V1M 2S6
(604) 888-3113   SIC 8211

BOARD OF EDUCATION OF SCHOOL DISTRICT NO. 35 (LANGLEY) *p 230*
20260 64 Ave, LANGLEY, BC, V2Y 1N3
(604) 534-3294   SIC 8211

BOARD OF EDUCATION OF SCHOOL DISTRICT NO. 35 (LANGLEY) *p 231*
20785 24 Ave, LANGLEY, BC, V2Z 2B4
(604) 534-4644   SIC 8211

BOARD OF EDUCATION OF SCHOOL DISTRICT NO. 35 (LANGLEY) *p 231*
23422 47 Ave, LANGLEY, BC, V2Z 2S3
(604) 534-7904   SIC 8211

BOARD OF EDUCATION OF SCHOOL DISTRICT NO. 35 (LANGLEY) *p 231*
22144 Old Yale Rd Suite 11, LANGLEY, BC, V2Z 1B5
(604) 532-1181   SIC 8211

BOARD OF EDUCATION OF SCHOOL DISTRICT NO. 35 (LANGLEY) *p 231*
22144 Old Yale Rd, LANGLEY, BC, V2Z 1B5
(604) 530-0251   SIC 8211

BOARD OF EDUCATION OF SCHOOL DISTRICT NO. 35 (LANGLEY) *p 232*
20011 44 Ave, LANGLEY, BC, V3A 6L8
(604) 534-0744   SIC 8211

BOARD OF EDUCATION OF SCHOOL DISTRICT NO. 35 (LANGLEY) *p 232*
20050 53 Ave, LANGLEY, BC, V3A 3T9
(604) 533-1468   SIC 8211

BOARD OF EDUCATION OF SCHOOL DISTRICT NO. 35 (LANGLEY) *p 232*
20902 37a Ave, LANGLEY, BC, V3A 5N2
(604) 530-2141   SIC 8211

BOARD OF EDUCATION OF SCHOOL DISTRICT NO. 35 (LANGLEY) *p 232*
20441 Grade Cres, LANGLEY, BC, V3A 4J8
(604) 534-9285   SIC 8211

BOARD OF EDUCATION OF SCHOOL DISTRICT NO. 35 (LANGLEY) *p 232*
20190 48 Ave, LANGLEY, BC, V3A 3L4
(604) 530-5151   SIC 8211

BOARD OF EDUCATION OF SCHOOL DISTRICT NO. 35 (LANGLEY) *p 232*
4875 222 St, LANGLEY, BC, V3A 3Z7
(604) 532-0188   SIC 8211

BOARD OF EDUCATION OF SCHOOL DISTRICT NO. 39 (VANCOUVER), THE *p 292*
555 Lillooet St, VANCOUVER, BC, V5K 4G4
(604) 713-4620   SIC 8211

BOARD OF EDUCATION OF SCHOOL DISTRICT NO. 39 (VANCOUVER), THE *p 292*
1430 Lillooet St, VANCOUVER, BC, V5K 4H6
(604) 713-4686   SIC 8211

BOARD OF EDUCATION OF SCHOOL DISTRICT NO. 39 (VANCOUVER), THE *p 292*
2450 Cambridge St, VANCOUVER, BC, V5K 1L2
(604) 713-4716   SIC 8211

BOARD OF EDUCATION OF SCHOOL DISTRICT NO. 39 (VANCOUVER), THE *p 292*
250 Skeena St, VANCOUVER, BC, V5K 4N8
(604) 713-4709   SIC 8211

BOARD OF EDUCATION OF SCHOOL DISTRICT NO. 39 (VANCOUVER), THE *p 292*
2625 Franklin St, VANCOUVER, BC, V5K 3W7
(604) 713-5507   SIC 8211

BOARD OF EDUCATION OF SCHOOL DISTRICT NO. 39 (VANCOUVER), THE *p 293*
727 Templeton Dr, VANCOUVER, BC, V5L 4N8
(604) 713-8984   SIC 8211

BOARD OF EDUCATION OF SCHOOL DISTRICT NO. 39 (VANCOUVER), THE *p 293*
2235 Kitchener St, VANCOUVER, BC, V5L 2W9
(604) 713-5889   SIC 8211

BOARD OF EDUCATION OF SCHOOL DISTRICT NO. 39 (VANCOUVER), THE *p 293*
1661 Napier St, VANCOUVER, BC, V5L 4X4
(604) 713-5735   SIC 8211

BOARD OF EDUCATION OF SCHOOL DISTRICT NO. 39 (VANCOUVER), THE *p 293*
1950 Hastings St E, VANCOUVER, BC, V5L 1T7
(604) 713-4696   SIC 8211

BOARD OF EDUCATION OF SCHOOL DISTRICT NO. 39 (VANCOUVER), THE *p 294*
3315 22nd Ave E, VANCOUVER, BC, V5M 2Z2
(604) 713-4851   SIC 8211

BOARD OF EDUCATION OF SCHOOL DISTRICT NO. 39 (VANCOUVER), THE *p 294*
2684 2nd Ave E, VANCOUVER, BC, V5M 1C9
(604) 713-4705   SIC 8211

BOARD OF EDUCATION OF SCHOOL DISTRICT NO. 39 (VANCOUVER), THE *p 294*
2325 Cassiar St Suite 39, VANCOUVER, BC, V5M 3X3
(604) 713-4611   SIC 8211

BOARD OF EDUCATION OF SCHOOL DISTRICT NO. 39 (VANCOUVER), THE *p 294*
3663 Penticton St, VANCOUVER, BC, V5M 3C9
(604) 713-4605   SIC 8211

BOARD OF EDUCATION OF SCHOOL DISTRICT NO. 39 (VANCOUVER), THE *p 294*
2600 Broadway E, VANCOUVER, BC, V5M 1Y5
(604) 713-8215   SIC 8211

BOARD OF EDUCATION OF SCHOOL DISTRICT NO. 39 (VANCOUVER), THE *p 294*
3375 Nootka St, VANCOUVER, BC, V5M 3N2
(604) 713-4767   SIC 8211

BOARD OF EDUCATION OF SCHOOL DISTRICT NO. 39 (VANCOUVER), THE *p 295*
1755 55th Ave E, VANCOUVER, BC, V5P 1Z7
(604) 713-8278   SIC 8211

BOARD OF EDUCATION OF SCHOOL DISTRICT NO. 39 (VANCOUVER), THE *p 295*
7550 Victoria Dr, VANCOUVER, BC, V5P 3Z7
(604) 713-4817   SIC 8211

BOARD OF EDUCATION OF SCHOOL DISTRICT NO. 39 (VANCOUVER), THE *p 295*
4444 Dumfries St, VANCOUVER, BC, V5N 3T2
(604) 713-4735   SIC 8211

BOARD OF EDUCATION OF SCHOOL DISTRICT NO. 39 (VANCOUVER), THE *p 295*
3525 Dumfries St, VANCOUVER, BC, V5N 3S5
(604) 713-4723   SIC 8211

BOARD OF EDUCATION OF SCHOOL DISTRICT NO. 39 (VANCOUVER), THE *p 295*
3433 Commercial St, VANCOUVER, BC, V5N 4E8
(604) 713-5858   SIC 8211

BOARD OF EDUCATION OF SCHOOL DISTRICT NO. 39 (VANCOUVER), THE *p 295*
1750 22nd Ave E, VANCOUVER, BC, V5N 2P7
(604) 713-4650   SIC 8211

BOARD OF EDUCATION OF SCHOOL DISTRICT NO. 39 (VANCOUVER), THE *p 295*
1551 37th Ave E, VANCOUVER, BC, V5P 1E4
(604) 713-4890   SIC 8211

BOARD OF EDUCATION OF SCHOOL DISTRICT NO. 39 (VANCOUVER), THE *p 295*
1401 49th Ave E, VANCOUVER, BC, V5P 1S2
(604) 713-4793   SIC 8211

BOARD OF EDUCATION OF SCHOOL DISTRICT NO. 39 (VANCOUVER), THE *p 295*

1850 41st Ave E, VANCOUVER, BC, V5P 1K9
(604) 713-5390 SIC 8211
BOARD OF EDUCATION OF SCHOOL DISTRICT NO. 39 (VANCOUVER), THE p 295
2055 Woodland Dr, VANCOUVER, BC, V5N 3N9
(604) 713-4663 SIC 8211
BOARD OF EDUCATION OF SCHOOL DISTRICT NO. 39 (VANCOUVER), THE p 295
2421 Scarboro Ave, VANCOUVER, BC, V5P 2L5
(604) 713-4570 SIC 8211
BOARD OF EDUCATION OF SCHOOL DISTRICT NO. 39 (VANCOUVER), THE p 295
1300 Broadway E Suite 39, VANCOUVER, BC, V5N 1V6
(604) 713-4599 SIC 8211
BOARD OF EDUCATION OF SCHOOL DISTRICT NO. 39 (VANCOUVER), THE p 296
3417 Euclid Ave, VANCOUVER, BC, V5R 6H2
(604) 713-5340 SIC 8211
BOARD OF EDUCATION OF SCHOOL DISTRICT NO. 39 (VANCOUVER), THE p 296
3340 54th Ave E, VANCOUVER, BC, V5S 1Z3
(604) 713-4828 SIC 8211
BOARD OF EDUCATION OF SCHOOL DISTRICT NO. 39 (VANCOUVER), THE p 296
3323 Wellington Ave, VANCOUVER, BC, V5R 4Y3
(604) 713-4844 SIC 8211
BOARD OF EDUCATION OF SCHOOL DISTRICT NO. 39 (VANCOUVER), THE p 296
3250 Kingsway, VANCOUVER, BC, V5R 5K5
(604) 713-4810 SIC 8211
BOARD OF EDUCATION OF SCHOOL DISTRICT NO. 39 (VANCOUVER), THE p 296
3155 27th Ave E, VANCOUVER, BC, V5R 1P3
(604) 713-8180 SIC 8211
BOARD OF EDUCATION OF SCHOOL DISTRICT NO. 39 (VANCOUVER), THE p 296
2900 44th Ave E, VANCOUVER, BC, V5R 3A8
(604) 713-4771 SIC 8211
BOARD OF EDUCATION OF SCHOOL DISTRICT NO. 39 (VANCOUVER), THE p 296
2740 Guelph St, VANCOUVER, BC, V5T 3P7
(604) 713-5290 SIC 8211
BOARD OF EDUCATION OF SCHOOL DISTRICT NO. 39 (VANCOUVER), THE p 296
2300 Guelph St, VANCOUVER, BC, V5T 3P1
(604) 713-4617 SIC 8211
BOARD OF EDUCATION OF SCHOOL DISTRICT NO. 39 (VANCOUVER), THE p 296
3633 Tanner St, VANCOUVER, BC, V5R 5P7
(604) 713-4778 SIC 8211
BOARD OF EDUCATION OF SCHOOL DISTRICT NO. 39 (VANCOUVER), THE p 296
6955 Frontenac St, VANCOUVER, BC, V5S 3T4
(604) 713-4760 SIC 8211
BOARD OF EDUCATION OF SCHOOL DISTRICT NO. 39 (VANCOUVER), THE p 296
6901 Elliott St, VANCOUVER, BC, V5S 2N1
(604) 713-4746 SIC 8211
BOARD OF EDUCATION OF SCHOOL DISTRICT NO. 39 (VANCOUVER), THE p 296
6454 Killarney St, VANCOUVER, BC, V5S 2X7
(604) 713-8950 SIC 8211
BOARD OF EDUCATION OF SCHOOL DISTRICT NO. 39 (VANCOUVER), THE p 296
6111 Elliott St, VANCOUVER, BC, V5S 2M1
(604) 713-4752 SIC 8211
BOARD OF EDUCATION OF SCHOOL DISTRICT NO. 39 (VANCOUVER), THE p 296
6100 Battison St, VANCOUVER, BC, V5S 3M8
(604) 713-4775 SIC 8211
BOARD OF EDUCATION OF SCHOOL DISTRICT NO. 39 (VANCOUVER), THE p 296
4710 Slocan St, VANCOUVER, BC, V5R 2A1
(604) 713-4666 SIC 8211
BOARD OF EDUCATION OF SCHOOL DISTRICT NO. 39 (VANCOUVER), THE p 297
1010 17th Ave E Suite 39, VANCOUVER, BC, V5V 0A6
(604) 713-4978 SIC 8211
BOARD OF EDUCATION OF SCHOOL DISTRICT NO. 39 (VANCOUVER), THE p 297
1300 29th Ave E, VANCOUVER, BC, V5V 2T3
(604) 713-4971 SIC 8211
BOARD OF EDUCATION OF SCHOOL DISTRICT NO. 39 (VANCOUVER), THE p 297
315 23rd Ave E, VANCOUVER, BC, V5V 1X6
(604) 713-4985 SIC 8211
BOARD OF EDUCATION OF SCHOOL DISTRICT NO. 39 (VANCOUVER), THE p 297
419 24th Ave E, VANCOUVER, BC, V5V 2A2
(604) 713-8233 SIC 8211
BOARD OF EDUCATION OF SCHOOL DISTRICT NO. 39 (VANCOUVER), THE p 297
4251 Ontario St Suite 39, VANCOUVER, BC, V5V 3G8
(604) 713-4912 SIC 8211
BOARD OF EDUCATION OF SCHOOL DISTRICT NO. 39 (VANCOUVER), THE p 297
4860 Main St, VANCOUVER, BC, V5V 3R8
(604) 713-5245 SIC 8211
BOARD OF EDUCATION OF SCHOOL DISTRICT NO. 39 (VANCOUVER), THE p 298
1000 59th Ave E, VANCOUVER, BC, V5X 1Y7
(604) 713-4784 SIC 8211
BOARD OF EDUCATION OF SCHOOL DISTRICT NO. 39 (VANCOUVER), THE p 298
530 41st Ave E, VANCOUVER, BC, V5W 1P3
(604) 324-1317 SIC 8211
BOARD OF EDUCATION OF SCHOOL DISTRICT NO. 39 (VANCOUVER), THE p 298
5855 Ontario St, VANCOUVER, BC, V5W 2L8
(604) 713-4965 SIC 8211
BOARD OF EDUCATION OF SCHOOL DISTRICT NO. 39 (VANCOUVER), THE p 298
6010 Fraser St, VANCOUVER, BC, V5W 2Z7
(604) 713-5770 SIC 8211
BOARD OF EDUCATION OF SCHOOL DISTRICT NO. 39 (VANCOUVER), THE p 298
7410 Columbia St, VANCOUVER, BC, V5X 3C1
(604) 713-4901 SIC 8211
BOARD OF EDUCATION OF SCHOOL DISTRICT NO. 39 (VANCOUVER), THE p 298
960 39th Ave E, VANCOUVER, BC, V5W 1K8
(604) 713-4799 SIC 8211
BOARD OF EDUCATION OF SCHOOL DISTRICT NO. 39 (VANCOUVER), THE p 299
100 15th Ave W, VANCOUVER, BC, V5Y 3B7
(604) 713-4946 SIC 8211
BOARD OF EDUCATION OF SCHOOL DISTRICT NO. 39 (VANCOUVER), THE p 299
6350 Tisdall St, VANCOUVER, BC, V5Z 3N4
(604) 713-5367 SIC 8211
BOARD OF EDUCATION OF SCHOOL DISTRICT NO. 39 (VANCOUVER), THE p 299
5025 Willow St Suite 39, VANCOUVER, BC, V5Z 3S1
(604) 713-8927 SIC 8211
BOARD OF EDUCATION OF SCHOOL DISTRICT NO. 39 (VANCOUVER), THE p 299
500 20th Ave W, VANCOUVER, BC, V5Z 1X7
(604) 713-4932 SIC 8211
BOARD OF EDUCATION OF SCHOOL DISTRICT NO. 39 (VANCOUVER), THE p 301
1130 Keefer St, VANCOUVER, BC, V6A 1Z3
(604) 713-4641 SIC 8211
BOARD OF EDUCATION OF SCHOOL DISTRICT NO. 39 (VANCOUVER), THE p 301
333 Terminal Ave Suite 400, VANCOUVER, BC, V6A 4C1
(604) 713-5731 SIC 8211
BOARD OF EDUCATION OF SCHOOL DISTRICT NO. 39 (VANCOUVER), THE p 301
592 Pender St E, VANCOUVER, BC, V6A 1V5
(604) 713-4630 SIC 8211
BOARD OF EDUCATION OF SCHOOL DISTRICT NO. 39 (VANCOUVER), THE p 310
1150 Nelson St, VANCOUVER, BC, V6E 1J2
(604) 713-5495 SIC 8211
BOARD OF EDUCATION OF SCHOOL DISTRICT NO. 39 (VANCOUVER), THE p 313
1755 Barclay St, VANCOUVER, BC, V6G 1K6
(604) 713-8999 SIC 8211
BOARD OF EDUCATION OF SCHOOL DISTRICT NO. 39 (VANCOUVER), THE p 313
1100 Bidwell St, VANCOUVER, BC, V6G 2K4
(604) 713-5055 SIC 8211
BOARD OF EDUCATION OF SCHOOL DISTRICT NO. 39 (VANCOUVER), THE p 314
4070 Oak St, VANCOUVER, BC, V6H 2M8
(604) 713-4941 SIC 8211
BOARD OF EDUCATION OF SCHOOL DISTRICT NO. 39 (VANCOUVER), THE p 314
1166 14th Ave W, VANCOUVER, BC, V6H 1P6
(604) 713-4585 SIC 8211
BOARD OF EDUCATION OF SCHOOL DISTRICT NO. 39 (VANCOUVER), THE p 314
900 School Green, VANCOUVER, BC, V6H 3N7
(604) 713-4959 SIC 8211
BOARD OF EDUCATION OF SCHOOL DISTRICT NO. 39 (VANCOUVER), THE p 315
1580 Broadway W, VANCOUVER, BC, V6J 5K8
(604) 713-5495 SIC 8211
BOARD OF EDUCATION OF SCHOOL DISTRICT NO. 39 (VANCOUVER), THE p 315
1936 10th Ave W, VANCOUVER, BC, V6J 2B2
(604) 713-5426 SIC 8211
BOARD OF EDUCATION OF SCHOOL DISTRICT NO. 39 (VANCOUVER), THE p 315
4250 Marguerite St, VANCOUVER, BC, V6J 4G3
(604) 713-5500 SIC 8211
BOARD OF EDUCATION OF SCHOOL DISTRICT NO. 39 (VANCOUVER), THE p 317
2550 10th Ave W, VANCOUVER, BC, V6K 2J6
(604) 713-8961 SIC 8211
BOARD OF EDUCATION OF SCHOOL DISTRICT NO. 39 (VANCOUVER), THE p 317
2250 Eddington Dr, VANCOUVER, BC, V6L 2E7
(604) 713-8974 SIC 8211
BOARD OF EDUCATION OF SCHOOL DISTRICT NO. 39 (VANCOUVER), THE p 317
2896 6th Ave W, VANCOUVER, BC, V6K 1X1
(604) 713-5403 SIC 8211
BOARD OF EDUCATION OF SCHOOL DISTRICT NO. 39 (VANCOUVER), THE p 317
3400 Balaclava St, VANCOUVER, BC, V6L 2S6
(604) 713-5396 SIC 8211
BOARD OF EDUCATION OF SCHOOL DISTRICT NO. 39 (VANCOUVER), THE p 317
4055 Blenheim St, VANCOUVER, BC, V6L 2Z1
(604) 713-5454 SIC 8211
BOARD OF EDUCATION OF SCHOOL DISTRICT NO. 39 (VANCOUVER), THE p 317
6360 Maple St, VANCOUVER, BC, V6M 4M2
(604) 713-8200 SIC 8211
BOARD OF EDUCATION OF SCHOOL DISTRICT NO. 39 (VANCOUVER), THE p 317
5300 Maple St, VANCOUVER, BC, V6M 3T6
(604) 713-5420 SIC 8211
BOARD OF EDUCATION OF SCHOOL DISTRICT NO. 39 (VANCOUVER), THE p 317
5350 East Boulevard, VANCOUVER, BC, V6M 3V2
(604) 713-8220 SIC 8211
BOARD OF EDUCATION OF SCHOOL DISTRICT NO. 39 (VANCOUVER), THE p 317
5970 Selkirk St, VANCOUVER, BC, V6M 2Y8
(604) 713-4920 SIC 8211
BOARD OF EDUCATION OF SCHOOL DISTRICT NO. 39 (VANCOUVER), THE p 317
6199 Cypress St, VANCOUVER, BC, V6M 3S3
(604) 713-5356 SIC 8211
BOARD OF EDUCATION OF SCHOOL DISTRICT NO. 39 (VANCOUVER), THE p 317
4170 Trafalgar St, VANCOUVER, BC, V6L 2M5

(604) 713-5475   SIC 8211
BOARD OF EDUCATION OF SCHOOL DISTRICT NO. 39 (VANCOUVER), THE p 318
8370 Cartier St, VANCOUVER, BC, V6P 4T8
(604) 713-4895   SIC 8211
BOARD OF EDUCATION OF SCHOOL DISTRICT NO. 39 (VANCOUVER), THE p 318
5351 Camosun St, VANCOUVER, BC, V6N 2C4
(604) 713-5414   SIC 8211
BOARD OF EDUCATION OF SCHOOL DISTRICT NO. 39 (VANCOUVER), THE p 318
590 65th Ave W, VANCOUVER, BC, V6P 2P8
(604) 713-5380   SIC 8211
BOARD OF EDUCATION OF SCHOOL DISTRICT NO. 39 (VANCOUVER), THE p 318
7455 Maple St Suite 39, VANCOUVER, BC, V6P 5P8
(604) 713-4952   SIC 8211
BOARD OF EDUCATION OF SCHOOL DISTRICT NO. 39 (VANCOUVER), THE p 318
7350 Laurel St, VANCOUVER, BC, V6P 3T9
(604) 713-4925   SIC 8211
BOARD OF EDUCATION OF SCHOOL DISTRICT NO. 39 (VANCOUVER), THE p 318
7055 Heather St, VANCOUVER, BC, V6P 3P7
(604) 713-8189   SIC 8211
BOARD OF EDUCATION OF SCHOOL DISTRICT NO. 39 (VANCOUVER), THE p 319
4102 16th Ave W, VANCOUVER, BC, V6R 3E3
(604) 713-5408   SIC 8211
BOARD OF EDUCATION OF SCHOOL DISTRICT NO. 39 (VANCOUVER), THE p 319
5395 Chancellor Blvd, VANCOUVER, BC, V6T 1E2
(604) 713-5350   SIC 8211
BOARD OF EDUCATION OF SCHOOL DISTRICT NO. 39 (VANCOUVER), THE p 319
3939 16th Ave W, VANCOUVER, BC, V6R 3C9
(604) 713-8171   SIC 8211
BOARD OF EDUCATION OF SCHOOL DISTRICT NO. 39 (VANCOUVER), THE p 319
3050 Crown St, VANCOUVER, BC, V6R 4K9
(604) 713-4577   SIC 8211
BOARD OF EDUCATION OF SCHOOL DISTRICT NO. 39 (VANCOUVER), THE p 319
2896 Acadia Rd, VANCOUVER, BC, V6T 1S2
(604) 713-8258   SIC 8211
BOARD OF EDUCATION OF SCHOOL DISTRICT NO. 39 (VANCOUVER), THE p 319
2000 Trimble St Suite 39, VANCOUVER, BC, V6R 3Z4
(604) 713-5464   SIC 8211
BOARD OF EDUCATION OF SCHOOL DISTRICT NO. 39 (VANCOUVER), THE p 320
1850 East Mall, VANCOUVER, BC, V6T 1Z1
(604) 713-4694   SIC 8211
BOARD OF EDUCATION OF SCHOOL DISTRICT NO. 39 (VANCOUVER), THE p 321
150 Drake St, VANCOUVER, BC, V6Z 2X1
(604) 713-5890   SIC 8211
BOARD OF EDUCATION OF SCHOOL DISTRICT NO. 50 (HAIDA GWAII), THE p 237

2151 Tahayghen Dr, MASSET, BC, V0T 1M0
BOARD OF EDUCATION OF SCHOOL DISTRICT NO. 50 (HAIDA GWAII), THE p 237
1647 Collison St, MASSET, BC, V0T 1M0
(250) 626-5522   SIC 8211
BOARD OF EDUCATION OF SCHOOL DISTRICT NO. 50 (HAIDA GWAII), THE p 263
701 Oceanview Dr, QUEEN CHARLOTTE, BC, V0T 1S1
(250) 559-8822   SIC 8211
BOARD OF EDUCATION OF SCHOOL DISTRICT NO. 57 (PRINCE GEORGE), THE p 235
310 Nechako Dr, MACKENZIE, BC, V0J 2C0
(250) 997-6340   SIC 8211
BOARD OF EDUCATION OF SCHOOL DISTRICT NO. 57 (PRINCE GEORGE), THE p 235
32 Heather Cres, MACKENZIE, BC, V0J 2C0
SIC 8211
BOARD OF EDUCATION OF SCHOOL DISTRICT NO. 57 (PRINCE GEORGE), THE p 235
500 Skeena Dr, MACKENZIE, BC, V0J 2C0
(250) 997-6510   SIC 8211
BOARD OF EDUCATION OF SCHOOL DISTRICT NO. 57 (PRINCE GEORGE), THE p 258
2233 Sussex Lane, PRINCE GEORGE, BC, V2K 3J1
(250) 962-9211   SIC 8211
BOARD OF EDUCATION OF SCHOOL DISTRICT NO. 57 (PRINCE GEORGE), THE p 258
4440 Craig Dr, PRINCE GEORGE, BC, V2K 3P5
(250) 562-5381   SIC 8211
BOARD OF EDUCATION OF SCHOOL DISTRICT NO. 57 (PRINCE GEORGE), THE p 258
4543 Austin Rd W, PRINCE GEORGE, BC, V2K 2H9
SIC 8211
BOARD OF EDUCATION OF SCHOOL DISTRICT NO. 57 (PRINCE GEORGE), THE p 258
4600 Zral Rd, PRINCE GEORGE, BC, V2K 5X9
(250) 962-6966   SIC 8211
BOARD OF EDUCATION OF SCHOOL DISTRICT NO. 57 (PRINCE GEORGE), THE p 258
701 North Nechako Rd, PRINCE GEORGE, BC, V2K 1A2
(250) 564-0707   SIC 8211
BOARD OF EDUCATION OF SCHOOL DISTRICT NO. 57 (PRINCE GEORGE), THE p 258
7151 Heather Park Rd, PRINCE GEORGE, BC, V2K 5Y3
(250) 962-1811   SIC 8211
BOARD OF EDUCATION OF SCHOOL DISTRICT NO. 57 (PRINCE GEORGE), THE p 258
4540 Handlen Rd, PRINCE GEORGE, BC, V2K 2J8
(250) 962-9271   SIC 8211
BOARD OF EDUCATION OF SCHOOL DISTRICT NO. 57 (PRINCE GEORGE), THE p 259
747 Winnipeg St, PRINCE GEORGE, BC, V2L 2V3
(250) 563-7124   SIC 8211
BOARD OF EDUCATION OF SCHOOL DISTRICT NO. 57 (PRINCE GEORGE), THE p 259
2579 Victoria St, PRINCE GEORGE, BC, V2L 2M3
(250) 562-4843   SIC 8211
BOARD OF EDUCATION OF SCHOOL DISTRICT NO. 57 (PRINCE GEORGE), THE p 259

311 Wilson Cres, PRINCE GEORGE, BC, V2L 4P8
(250) 563-1062   SIC 8211
BOARD OF EDUCATION OF SCHOOL DISTRICT NO. 57 (PRINCE GEORGE), THE p 259
2100 Ferry Ave, PRINCE GEORGE, BC, V2L 4R5
(250) 561-6800   SIC 8211
BOARD OF EDUCATION OF SCHOOL DISTRICT NO. 57 (PRINCE GEORGE), THE p 259
1401 17th Ave, PRINCE GEORGE, BC, V2L 3Z2
(250) 562-2737   SIC 8211
BOARD OF EDUCATION OF SCHOOL DISTRICT NO. 57 (PRINCE GEORGE), THE p 260
3805 Rainbow Dr, PRINCE GEORGE, BC, V2M 3W2
(250) 563-4208   SIC 8211
BOARD OF EDUCATION OF SCHOOL DISTRICT NO. 57 (PRINCE GEORGE), THE p 260
4444 Hill Ave, PRINCE GEORGE, BC, V2M 5V9
(250) 562-9525   SIC 8211
BOARD OF EDUCATION OF SCHOOL DISTRICT NO. 57 (PRINCE GEORGE), THE p 260
290 Voyageur Dr, PRINCE GEORGE, BC, V2M 4P2
(250) 964-7743   SIC 8211
BOARD OF EDUCATION OF SCHOOL DISTRICT NO. 57 (PRINCE GEORGE), THE p 260
257 Anderson St, PRINCE GEORGE, BC, V2M 6C1
(250) 562-5384   SIC 8211
BOARD OF EDUCATION OF SCHOOL DISTRICT NO. 57 (PRINCE GEORGE), THE p 260
251 Ogilvie St S, PRINCE GEORGE, BC, V2M 3M4
(250) 562-1161   SIC 8211
BOARD OF EDUCATION OF SCHOOL DISTRICT NO. 57 (PRINCE GEORGE), THE p 260
1193 Harper St, PRINCE GEORGE, BC, V2M 2X1
(250) 562-1773   SIC 8211
BOARD OF EDUCATION OF SCHOOL DISTRICT NO. 57 (PRINCE GEORGE), THE p 260
2901 Griffiths Ave, PRINCE GEORGE, BC, V2M 2S7
(250) 562-6441   SIC 8211
BOARD OF EDUCATION OF SCHOOL DISTRICT NO. 57 (PRINCE GEORGE), THE p 260
4375 Eaglenest Cres, PRINCE GEORGE, BC, V2M 4Y5
(250) 562-2862   SIC 8211
BOARD OF EDUCATION OF SCHOOL DISTRICT NO. 57 (PRINCE GEORGE), THE p 260
4131 Rainbow Dr, PRINCE GEORGE, BC, V2M 3W3
(250) 562-1164   SIC 8211
BOARD OF EDUCATION OF SCHOOL DISTRICT NO. 57 (PRINCE GEORGE), THE p 261
2222 Blackburn South Rd, PRINCE GEORGE, BC, V2N 6C1
(250) 963-7060   SIC 8211
BOARD OF EDUCATION OF SCHOOL DISTRICT NO. 57 (PRINCE GEORGE), THE p 261
2633 Vanier Dr, PRINCE GEORGE, BC, V2N 1V1
(250) 562-3076   SIC 8211
BOARD OF EDUCATION OF SCHOOL DISTRICT NO. 57 (PRINCE GEORGE), THE p 261

3400 Westwood Dr, PRINCE GEORGE, BC, V2N 1S1
(250) 562-4321   SIC 8211
BOARD OF EDUCATION OF SCHOOL DISTRICT NO. 57 (PRINCE GEORGE), THE p 261
3500 Westwood Dr, PRINCE GEORGE, BC, V2N 1S1
(250) 562-5822   SIC 8211
BOARD OF EDUCATION OF SCHOOL DISTRICT NO. 57 (PRINCE GEORGE), THE p 261
4140 Campbell Ave, PRINCE GEORGE, BC, V2N 3A9
(250) 562-5388   SIC 8211
BOARD OF EDUCATION OF SCHOOL DISTRICT NO. 57 (PRINCE GEORGE), THE p 261
4509 Highway 16 W, PRINCE GEORGE, BC, V2N 5M8
(250) 964-6422   SIC 8211
BOARD OF EDUCATION OF SCHOOL DISTRICT NO. 57 (PRINCE GEORGE), THE p 261
5410 Cowart Rd, PRINCE GEORGE, BC, V2N 1Z2
(250) 964-4408   SIC 8211
BOARD OF EDUCATION OF SCHOOL DISTRICT NO. 57 (PRINCE GEORGE), THE p 261
6180 Domano Blvd, PRINCE GEORGE, BC, V2N 3Z4
(250) 964-4431   SIC 8211
BOARD OF EDUCATION OF SCHOOL DISTRICT NO. 57 (PRINCE GEORGE), THE p 261
7300 Southridge Ave, PRINCE GEORGE, BC, V2N 4Y6
(250) 964-3544   SIC 8211
BOARD OF EDUCATION OF SCHOOL DISTRICT NO. 57 (PRINCE GEORGE), THE p 261
7900 Malaspina Ave, PRINCE GEORGE, BC, V2N 4A9
(250) 964-9874   SIC 8211
BOARD OF EDUCATION OF SCHOOL DISTRICT NO. 57 (PRINCE GEORGE), THE p 261
9777 Western Rd, PRINCE GEORGE, BC, V2N 6M9
(250) 964-9311   SIC 8211
BOARD OF EDUCATION OF SCHOOL DISTRICT NO. 57 (PRINCE GEORGE), THE p 261
8515 Old Cariboo Hwy, PRINCE GEORGE, BC, V2N 5X5
(250) 963-7259   SIC 8211
BOARD OF EDUCATION OF SCHOOL DISTRICT NO. 57 (PRINCE GEORGE), THE p 292
201 Ash, VALEMOUNT, BC, V0E 2Z0
(250) 566-4431   SIC 8211
BOARD OF EDUCATION OF SCHOOL DISTRICT NO. 61 (GREATER VICTORIA) p 327
4413 Torquay Dr, VICTORIA, BC, V8N 3L3
(250) 477-9511   SIC 8211
BOARD OF EDUCATION OF SCHOOL DISTRICT NO. 61 (GREATER VICTORIA) p 327
3970 Gordon Head Rd, VICTORIA, BC, V8N 3X3
(250) 477-6977   SIC 8211
BOARD OF EDUCATION OF SCHOOL DISTRICT NO. 61 (GREATER VICTORIA) p 327
3963 Borden St, VICTORIA, BC, V8P 3H9
(250) 479-1696   SIC 8211
BOARD OF EDUCATION OF SCHOOL DISTRICT NO. 61 (GREATER VICTORIA) p 327
4421 Greentree Terr, VICTORIA, BC, V8N

3S9
(250) 472-1530 SIC 8211
BOARD OF EDUCATION OF SCHOOL DISTRICT NO. 61 (GREATER VICTORIA) p 327
1440 Harrop Rd, VICTORIA, BC, V8P 2S6
(250) 477-6948 SIC 8211
BOARD OF EDUCATION OF SCHOOL DISTRICT NO. 61 (GREATER VICTORIA) p 327
3910 Cedar Hill Rd, VICTORIA, BC, V8P 3Z9
(250) 477-6945 SIC 8211
BOARD OF EDUCATION OF SCHOOL DISTRICT NO. 61 (GREATER VICTORIA) p 327
1671 Kenmore Rd, VICTORIA, BC, V8N 4M8
(250) 477-1855 SIC 8211
BOARD OF EDUCATION OF SCHOOL DISTRICT NO. 61 (GREATER VICTORIA) p 327
1765 Lansdowne Rd, VICTORIA, BC, V8P 1A7
(250) 598-3336 SIC 8211
BOARD OF EDUCATION OF SCHOOL DISTRICT NO. 61 (GREATER VICTORIA) p 327
2306 Edgelow St, VICTORIA, BC, V8N 1R5
(250) 477-1878 SIC 8211
BOARD OF EDUCATION OF SCHOOL DISTRICT NO. 61 (GREATER VICTORIA) p 327
3875 Haro Rd, VICTORIA, BC, V8N 4A6
(250) 477-1804 SIC 8211
BOARD OF EDUCATION OF SCHOOL DISTRICT NO. 61 (GREATER VICTORIA) p 327
1525 Rowan St, VICTORIA, BC, V8P 1X4
(250) 370-9110 SIC 8211
BOARD OF EDUCATION OF SCHOOL DISTRICT NO. 61 (GREATER VICTORIA) p 328
2827 Belmont Ave, VICTORIA, BC, V8R 4B2
(250) 595-2444 SIC 8211
BOARD OF EDUCATION OF SCHOOL DISTRICT NO. 61 (GREATER VICTORIA) p 328
2290 Musgrave St, VICTORIA, BC, V8R 5Y2
(250) 592-2486 SIC 8211
BOARD OF EDUCATION OF SCHOOL DISTRICT NO. 61 (GREATER VICTORIA) p 328
1260 Grant St, VICTORIA, BC, V8T 1C2
(250) 388-5456 SIC 8211
BOARD OF EDUCATION OF SCHOOL DISTRICT NO. 61 (GREATER VICTORIA) p 328
1824 Fairfield Rd, VICTORIA, BC, V8S 1G8
(250) 598-5191 SIC 8211
BOARD OF EDUCATION OF SCHOOL DISTRICT NO. 61 (GREATER VICTORIA) p 328
1118 Princess Ave, VICTORIA, BC, V8T 1L3
(250) 385-3381 SIC 8211
BOARD OF EDUCATION OF SCHOOL DISTRICT NO. 61 (GREATER VICTORIA) p 330
1280 Fort St, VICTORIA, BC, V8V 3L2
(250) 386-3591 SIC 8211
BOARD OF EDUCATION OF SCHOOL DISTRICT NO. 61 (GREATER VICTORIA) p 330
140 Oswego St, VICTORIA, BC, V8V 2B1
(250) 384-7184 SIC 8211
BOARD OF EDUCATION OF SCHOOL DISTRICT NO. 61 (GREATER VICTORIA) p 330
508 Douglas St, VICTORIA, BC, V8V 2P7
(250) 382-5234 SIC 8211
BOARD OF EDUCATION OF SCHOOL DISTRICT NO. 61 (GREATER VICTORIA) p 332
1031 Lucas Ave, VICTORIA, BC, V8X 5L2
(250) 479-2896 SIC 8211
BOARD OF EDUCATION OF SCHOOL DISTRICT NO. 61 (GREATER VICTORIA) p 332
3427 Quadra St, VICTORIA, BC, V8X 1G8
(250) 382-7231 SIC 8211
BOARD OF EDUCATION OF SCHOOL DISTRICT NO. 61 (GREATER VICTORIA) p 332
765 Rogers Ave, VICTORIA, BC, V8X 5K6
(250) 744-2343 SIC 8211
BOARD OF EDUCATION OF SCHOOL DISTRICT NO. 61 (GREATER VICTORIA) p 333
4005 Raymond St N, VICTORIA, BC, V8Z 4K9
(250) 479-1691 SIC 8211
BOARD OF EDUCATION OF SCHOOL DISTRICT NO. 61 (GREATER VICTORIA) p 333
4109 Rosedale Ave, VICTORIA, BC, V8Z 5J5
(250) 479-4014 SIC 8211
BOARD OF EDUCATION OF SCHOOL DISTRICT NO. 61 (GREATER VICTORIA) p 333
4190 Carey Rd, VICTORIA, BC, V8Z 4G8
(250) 479-8293 SIC 8211
BOARD OF EDUCATION OF SCHOOL DISTRICT NO. 61 (GREATER VICTORIA) p 333
505 Dumeresq St, VICTORIA, BC, V8Z 1X3
(250) 479-1678 SIC 8211
BOARD OF EDUCATION OF SCHOOL DISTRICT NO. 61 (GREATER VICTORIA) p 333
957 Burnside Rd W, VICTORIA, BC, V8Z 6E9
(250) 479-8271 SIC 8211
BOARD OF EDUCATION OF SCHOOL DISTRICT NO. 61 (GREATER VICTORIA) p 333
3751 Grange Rd, VICTORIA, BC, V8Z 4T2
(250) 479-8256 SIC 8211
BOARD OF EDUCATION OF SCHOOL DISTRICT NO. 61 (GREATER VICTORIA) p 335
1250 Highrock Ave, VICTORIA, BC, V9A 4V7
(250) 384-7125 SIC 8211
BOARD OF EDUCATION OF SCHOOL DISTRICT NO. 61 (GREATER VICTORIA) p 335
1010 Wychbury Ave, VICTORIA, BC, V9A 5K6
(250) 385-3441 SIC 8211
BOARD OF EDUCATION OF SCHOOL DISTRICT NO. 61 (GREATER VICTORIA) p 335
3155 Albina St, VICTORIA, BC, V9A 1Z6
(250) 386-1408 SIC 8211
BOARD OF EDUCATION OF SCHOOL DISTRICT NO. 61 (GREATER VICTORIA) p 335
750 Front St, VICTORIA, BC, V9A 3Y4
(250) 382-9131 SIC 8211
BOARD OF EDUCATION OF SCHOOL DISTRICT NO. 61 (GREATER VICTORIA) p 335
847 Colville Rd, VICTORIA, BC, V9A 4N9
(250) 382-9226 SIC 8211
BOARD OF EDUCATION OF SCHOOL DISTRICT NO. 61 (GREATER VICTORIA) p 336
218 Helmcken Rd, VICTORIA, BC, V9B 1S6
(250) 479-1671 SIC 8211
BOARD OF EDUCATION OF SCHOOL DISTRICT NO. 61 (GREATER VICTORIA) p 336
2750 Shoreline Dr, VICTORIA, BC, V9B 1M6
(250) 386-8367 SIC 8299
BOARD OF EDUCATION OF SCHOOL DISTRICT NO. 61 (GREATER VICTORIA) p 336
97 Talcott Rd, VICTORIA, BC, V9B 6L9
(250) 744-2701 SIC 8211
BOARD OF EDUCATION OF SCHOOL DISTRICT NO. 91 (NECHAKO LAKE), THE p 193
6710 Decker Lake Frontage Rd, BURNS LAKE, BC, V0J 1E1
(250) 698-7301 SIC 8211
BOARD OF EDUCATION OF SCHOOL DISTRICT NO. 91 (NECHAKO LAKE), THE p 193
34310 Keefes Landing Rd, BURNS LAKE, BC, V0J 1E4
(250) 694-3396 SIC 8211
BOARD OF EDUCATION OF SCHOOL DISTRICT NO. 91 (NECHAKO LAKE), THE p 193
685 Hwy 16 W, BURNS LAKE, BC, V0J 1E0
(250) 692-7733 SIC 8211
BOARD OF EDUCATION OF SCHOOL DISTRICT NO. 91 (NECHAKO LAKE), THE p 193
Gd, BURNS LAKE, BC, V0J 1E0
(250) 692-3146 SIC 8211
BOARD OF EDUCATION OF SCHOOL DISTRICT NO. 91 (NECHAKO LAKE), THE p 213
12 Ave E, FORT ST. JAMES, BC, V0J 1P0
(250) 996-8237 SIC 8211
BOARD OF EDUCATION OF SCHOOL DISTRICT NO. 91 (NECHAKO LAKE), THE p 214
450 Douglas St, FORT ST. JAMES, BC, V0J 1P0
(250) 996-7126 SIC 8211
BOARD OF EDUCATION OF SCHOOL DISTRICT NO. 91 (NECHAKO LAKE), THE p 215
110 Chowsunket St, FRASER LAKE, BC, V0J 1S0
(250) 699-6233 SIC 8211
BOARD OF EDUCATION OF SCHOOL DISTRICT NO. 91 (NECHAKO LAKE), THE p 291
Gd, TOPLEY, BC, V0J 2Y0
SIC 8211
BOARD OF EDUCATION OF SCHOOL DISTRICT NO. 91 (NECHAKO LAKE), THE p 324
2608 Bute St, VANDERHOOF, BC, V0J 3A1
(250) 567-2291 SIC 8211
BOARD OF EDUCATION OF SCHOOL DISTRICT NO. 91 (NECHAKO LAKE), THE p 324
187 Victoria St, VANDERHOOF, BC, V0J 3A0
(250) 567-4413 SIC 8211
BOARD OF EDUCATION OF SCHOOL DISTRICT NO. 91 (NECHAKO LAKE), THE p 324
187 Victoria St, VANDERHOOF, BC, V0J 3A0
(250) 567-2267 SIC 8211
BOARD OF EDUCATION OF SCHOOL DISTRICT NO. 91 (NECHAKO LAKE), THE p 324
310 Cashmere Rd, VANDERHOOF, BC, V0J 3A0
SIC 8211
BOARD OF EDUCATION OF SCHOOL DISTRICT NO. 91 (NECHAKO LAKE), THE p 324
1850 Riley, VANDERHOOF, BC, V0J 3A0
(250) 567-2258 SIC 8211
BOARD OF EDUCATION OF THE REGINA ROMAN CATHOLIC SEPARATE SCHOOL DIVISION NO. 81 p 1282
2707 E 7th Ave, REGINA, SK, S4N 5E8
(306) 791-7390 SIC 8211
BOARD OF EDUCATION OF THE REGINA ROMAN CATHOLIC SEPARATE SCHOOL DIVISION NO. 81 p 1282
425 15th Ave, REGINA, SK, S4N 0V1
(306) 791-7285 SIC 8211
BOARD OF EDUCATION OF THE REGINA ROMAN CATHOLIC SEPARATE SCHOOL DIVISION NO. 81 p 1282
621 Douglas Ave E, REGINA, SK, S4N 1H7
(306) 791-7300 SIC 8211
BOARD OF EDUCATION OF THE REGINA ROMAN CATHOLIC SEPARATE SCHOOL DIVISION NO. 81 p 1282
150 Brotherton Ave, REGINA, SK, S4N 0J7
(306) 791-7325 SIC 8211
BOARD OF EDUCATION OF THE REGINA ROMAN CATHOLIC SEPARATE SCHOOL DIVISION NO. 81 p 1282
2343 Edgar St, REGINA, SK, S4N 3L2
(306) 791-7310 SIC 8211
BOARD OF EDUCATION OF THE REGINA ROMAN CATHOLIC SEPARATE SCHOOL DIVISION NO. 81 p 1284
1027 College Ave, REGINA, SK, S4P 1A7
(306) 791-7230 SIC 8211
BOARD OF EDUCATION OF THE REGINA ROMAN CATHOLIC SEPARATE SCHOOL DIVISION NO. 81 p 1287
134 Argyle St, REGINA, SK, S4R 4C3
(306) 791-7240 SIC 8211
BOARD OF EDUCATION OF THE REGINA ROMAN CATHOLIC SEPARATE SCHOOL DIVISION NO. 81 p 1287
140 N Mcintosh St, REGINA, SK, S4R 4Z9
(306) 791-7365 SIC 8211
BOARD OF EDUCATION OF THE REGINA ROMAN CATHOLIC SEPARATE SCHOOL DIVISION NO. 81 p 1287
150 Argyle St, REGINA, SK, S4R 4C3
(306) 791-7380 SIC 8211
BOARD OF EDUCATION OF THE REGINA ROMAN CATHOLIC SEPARATE SCHOOL DIVISION NO. 81 p 1287
302 Upland Dr, REGINA, SK, S4R 5X3
(306) 791-7340 SIC 8211
BOARD OF EDUCATION OF THE REGINA ROMAN CATHOLIC SEPARATE SCHOOL DIVISION NO. 81 p 1287
727 N Mcintosh St, REGINA, SK, S4R 6E4
(306) 791-7320 SIC 8211
BOARD OF EDUCATION OF THE REGINA ROMAN CATHOLIC SEPARATE SCHOOL DIVISION NO. 81 p 1288
2330 25th Ave, REGINA, SK, S4S 4E6
(306) 791-7251 SIC 8211
BOARD OF EDUCATION OF THE REGINA ROMAN CATHOLIC SEPARATE SCHOOL DIVISION NO. 81 p 1288
37 Cameron Cres, REGINA, SK, S4S 2X1
(306) 791-7270 SIC 8211
BOARD OF EDUCATION OF THE REGINA ROMAN CATHOLIC SEPARATE SCHOOL DIVISION NO. 81 p 1289
10 Dempsey Ave, REGINA, SK, S4T 7H9
(306) 791-7350 SIC 8211
BOARD OF EDUCATION OF THE REGINA ROMAN CATHOLIC SEPARATE SCHOOL DIVISION NO. 81 p 1289
625 Elphinstone St, REGINA, SK, S4T 3L1
(306) 791-7248 SIC 8211
BOARD OF EDUCATION OF THE REGINA ROMAN CATHOLIC SEPARATE SCHOOL DIVISION NO. 81 p 1289
45 Mikkelson Dr, REGINA, SK, S4T 6B7
(306) 791-7335 SIC 8211
BOARD OF EDUCATION OF THE REGINA ROMAN CATHOLIC SEPARATE SCHOOL DIVISION NO. 81 p 1289
3118 14th Ave, REGINA, SK, S4T 1R9
(306) 791-7280 SIC 8211
BOARD OF EDUCATION OF THE REGINA ROMAN CATHOLIC SEPARATE SCHOOL DIVISION NO. 81 p 1289
1314 Elphinstone St, REGINA, SK, S4T 3M4
(306) 791-7290 SIC 8211
BOARD OF EDUCATION OF THE REGINA ROMAN CATHOLIC SEPARATE SCHOOL DIVISION NO. 81 p 1290
3150 Windsor Park Rd, REGINA, SK, S4V

3A1
(306) 791-1717 SIC 8211
BOARD OF EDUCATION OF THE REGINA ROMAN CATHOLIC SEPARATE SCHOOL DIVISION NO. 81 *p 1290*
2910 E Shooter Dr, REGINA, SK, S4V 0Y7
(306) 791-7360 SIC 8211
BOARD OF EDUCATION OF THE REGINA ROMAN CATHOLIC SEPARATE SCHOOL DIVISION NO. 81 *p 1291*
6823 Gillmore Dr, REGINA, SK, S4X 4J3
(306) 791-7305 SIC 8211
BOARD OF EDUCATION OF THE REGINA ROMAN CATHOLIC SEPARATE SCHOOL DIVISION NO. 81 *p 1291*
5757 Rochdale Blvd, REGINA, SK, S4X 3P5
(306) 791-7260 SIC 8211
BOARD OF EDUCATION OF THE REGINA ROMAN CATHOLIC SEPARATE SCHOOL DIVISION NO. 81 *p 1291*
770 Rink Ave, REGINA, SK, S4X 1V8
(306) 791-7345 SIC 8211
BOARD OF EDUCATION REGINA SCHOOL DIVISION NO. 4 OF SASKATCHEWAN *p 1281*
2315 Abbott Rd, REGINA, SK, S4N 2K2
(306) 791-8542 SIC 8211
BOARD OF EDUCATION REGINA SCHOOL DIVISION NO. 4 OF SASKATCHEWAN *p 1281*
1225 E 9th Ave, REGINA, SK, S4N 0H4
(306) 791-8588 SIC 8211
BOARD OF EDUCATION REGINA SCHOOL DIVISION NO. 4 OF SASKATCHEWAN *p 1281*
400 Fines Dr, REGINA, SK, S4N 5L9
(306) 523-3350 SIC 8211
BOARD OF EDUCATION REGINA SCHOOL DIVISION NO. 4 OF SASKATCHEWAN *p 1281*
2828 E Dewdney Ave, REGINA, SK, S4N 5G8
(306) 791-8553 SIC 8211
BOARD OF EDUCATION REGINA SCHOOL DIVISION NO. 4 OF SASKATCHEWAN *p 1281*
1069 E 14th Ave, REGINA, SK, S4N 0T8
(306) 523-3300 SIC 8211
BOARD OF EDUCATION REGINA SCHOOL DIVISION NO. 4 OF SASKATCHEWAN *p 1282*
635 Douglas Ave E, REGINA, SK, S4N 1H7
(306) 523-3720 SIC 8211
BOARD OF EDUCATION REGINA SCHOOL DIVISION NO. 4 OF SASKATCHEWAN *p 1282*
1920 E 7th Ave, REGINA, SK, S4N 6M9
(306) 791-8463 SIC 8211
BOARD OF EDUCATION REGINA SCHOOL DIVISION NO. 4 OF SASKATCHEWAN *p 1282*
117 Brotherton Ave, REGINA, SK, S4N 0J8
(306) 791-8582 SIC 8211
BOARD OF EDUCATION REGINA SCHOOL DIVISION NO. 4 OF SASKATCHEWAN *p 1282*
710 Graham Rd, REGINA, SK, S4N 7A5
(306) 791-8548 SIC 8211
BOARD OF EDUCATION REGINA SCHOOL DIVISION NO. 4 OF SASKATCHEWAN *p 1284*
2033 Toronto St, REGINA, SK, S4P 1N2
(306) 791-8460 SIC 8211
BOARD OF EDUCATION REGINA SCHOOL DIVISION NO. 4 OF SASKATCHEWAN *p 1284*
1245 College Ave, REGINA, SK, S4P 1B1
(306) 523-3200 SIC 8211
BOARD OF EDUCATION REGINA SCHOOL DIVISION NO. 4 OF SASKATCHEWAN *p 1286*
3105 4th Ave N, REGINA, SK, S4R 0V2
(306) 791-8570 SIC 8211
BOARD OF EDUCATION REGINA SCHOOL DIVISION NO. 4 OF SASKATCHEWAN *p 1286*
180 Wells St, REGINA, SK, S4R 5Z7
(306) 791-8510 SIC 8211
BOARD OF EDUCATION REGINA SCHOOL DIVISION NO. 4 OF SASKATCHEWAN *p 1286*
139 Toronto St, REGINA, SK, S4R 1L8
(306) 791-8502 SIC 8211
BOARD OF EDUCATION REGINA SCHOOL DIVISION NO. 4 OF SASKATCHEWAN *p 1286*
55 Davin Cres, REGINA, SK, S4R 7E4
(306) 791-8594 SIC 8211
BOARD OF EDUCATION REGINA SCHOOL DIVISION NO. 4 OF SASKATCHEWAN *p 1286*
103 Fairview Rd, REGINA, SK, S4R 0A6
(306) 791-8563 SIC 8211
BOARD OF EDUCATION REGINA SCHOOL DIVISION NO. 4 OF SASKATCHEWAN *p 1287*
222 Rink Ave, REGINA, SK, S4R 7T8
(306) 791-8523 SIC 8211
BOARD OF EDUCATION REGINA SCHOOL DIVISION NO. 4 OF SASKATCHEWAN *p 1287*
40 Weekes Cres, REGINA, SK, S4R 6X7
(306) 791-8483 SIC 8211
BOARD OF EDUCATION REGINA SCHOOL DIVISION NO. 4 OF SASKATCHEWAN *p 1287*
335 N Garnet St, REGINA, SK, S4R 3S8
(306) 791-8500 SIC 8211
BOARD OF EDUCATION REGINA SCHOOL DIVISION NO. 4 OF SASKATCHEWAN *p 1287*
200 Broad St, REGINA, SK, S4R 1W9
(306) 791-8454 SIC 8211
BOARD OF EDUCATION REGINA SCHOOL DIVISION NO. 4 OF SASKATCHEWAN *p 1287*
18 Wakefield Cres, REGINA, SK, S4R 4T3
(306) 791-8486 SIC 8211
BOARD OF EDUCATION REGINA SCHOOL DIVISION NO. 4 OF SASKATCHEWAN *p 1288*
93 Lincoln Dr, REGINA, SK, S4S 6P1
(306) 791-8476 SIC 8211
BOARD OF EDUCATION REGINA SCHOOL DIVISION NO. 4 OF SASKATCHEWAN *p 1288*
4510 Queen St, REGINA, SK, S4S 6K9
(306) 791-8489 SIC 8211
BOARD OF EDUCATION REGINA SCHOOL DIVISION NO. 4 OF SASKATCHEWAN *p 1288*
38 Turgeon Cres, REGINA, SK, S4S 3Z7
(306) 791-8492 SIC 8211
BOARD OF EDUCATION REGINA SCHOOL DIVISION NO. 4 OF SASKATCHEWAN *p 1288*
3100 20th Ave, REGINA, SK, S4S 0N8
(306) 791-8513 SIC 8211
BOARD OF EDUCATION REGINA SCHOOL DIVISION NO. 4 OF SASKATCHEWAN *p 1288*
131 Massey Rd, REGINA, SK, S4S 4N3
(306) 791-8504 SIC 8211
BOARD OF EDUCATION REGINA SCHOOL DIVISION NO. 4 OF SASKATCHEWAN *p 1288*
2501 Grant Rd, REGINA, SK, S4S 5E7
(306) 791-8590 SIC 8211
BOARD OF EDUCATION REGINA SCHOOL DIVISION NO. 4 OF SASKATCHEWAN *p 1288*
2601 Coronation St, REGINA, SK, S4S 0L4
(306) 523-3550 SIC 8211
BOARD OF EDUCATION REGINA SCHOOL DIVISION NO. 4 OF SASKATCHEWAN *p 1288*
2941 Lakeview Ave, REGINA, SK, S4S 1G8
(306) 791-8536 SIC 8211
BOARD OF EDUCATION REGINA SCHOOL DIVISION NO. 4 OF SASKATCHEWAN *p 1289*
1100 Mcintosh St, REGINA, SK, S4T 5B7
(306) 523-3450 SIC 8211
BOARD OF EDUCATION REGINA SCHOOL DIVISION NO. 4 OF SASKATCHEWAN *p 1289*
4210 4th Ave, REGINA, SK, S4T 0H6
SIC 8211
BOARD OF EDUCATION REGINA SCHOOL DIVISION NO. 4 OF SASKATCHEWAN *p 1289*
3350 7th Ave, REGINA, SK, S4T 0P6
(306) 523-3500 SIC 8211
BOARD OF EDUCATION REGINA SCHOOL DIVISION NO. 4 OF SASKATCHEWAN *p 1289*
2401 Retallack St, REGINA, SK, S4T 2L2
(306) 791-8574 SIC 8211
BOARD OF EDUCATION REGINA SCHOOL DIVISION NO. 4 OF SASKATCHEWAN *p 1289*
841 Horace St, REGINA, SK, S4T 5L1
(306) 791-8466 SIC 8211
BOARD OF EDUCATION REGINA SCHOOL DIVISION NO. 4 OF SASKATCHEWAN *p 1289*
840 Athol St, REGINA, SK, S4T 3B5
(306) 791-8516 SIC 8211
BOARD OF EDUCATION REGINA SCHOOL DIVISION NO. 4 OF SASKATCHEWAN *p 1289*
6330 7th Ave N, REGINA, SK, S4T 7J1
(306) 791-8556 SIC 8211
BOARD OF EDUCATION REGINA SCHOOL DIVISION NO. 4 OF SASKATCHEWAN *p 1289*
1340 Robinson St, REGINA, SK, S4T 2N4
(306) 791-8539 SIC 8211
BOARD OF EDUCATION REGINA SCHOOL DIVISION NO. 4 OF SASKATCHEWAN *p 1289*
5637 7th Ave, REGINA, SK, S4T 0S9
(306) 791-8526 SIC 8211
BOARD OF EDUCATION REGINA SCHOOL DIVISION NO. 4 OF SASKATCHEWAN *p 1290*
2710 Helmsing St, REGINA, SK, S4V 0W9
(306) 791-8471 SIC 8211
BOARD OF EDUCATION REGINA SCHOOL DIVISION NO. 4 OF SASKATCHEWAN *p 1290*
125 Paynter Cres, REGINA, SK, S4X 2A9
(306) 791-8496 SIC 8211
BOARD OF EDUCATION REGINA SCHOOL DIVISION NO. 4 OF SASKATCHEWAN *p 1290*
101 Mayfield Rd, REGINA, SK, S4V 0B5
(306) 791-8451 SIC 8211
BOARD OF EDUCATION REGINA SCHOOL DIVISION NO. 4 OF SASKATCHEWAN *p 1290*
3838 E Buckingham Dr, REGINA, SK, S4V 3A1
(306) 791-8585 SIC 8211
BOARD OF EDUCATION REGINA SCHOOL DIVISION NO. 4 OF SASKATCHEWAN *p 1290*
5255 Rochdale Blvd, REGINA, SK, S4X 4M8
(306) 523-3400 SIC 8211
BOARD OF EDUCATION REGINA SCHOOL DIVISION NO. 4 OF SASKATCHEWAN *p 1290*
6215 Whelan Dr, REGINA, SK, S4X 3P6
(306) 791-8507 SIC 8211
BOARD OF EDUCATION REGINA SCHOOL DIVISION NO. 4 OF SASKATCHEWAN *p 1290*
6903 Dalgliesh Dr, REGINA, SK, S4X 3A1
(306) 791-8559 SIC 8211
BOARD OF EDUCATION REGINA SCHOOL DIVISION NO. 4 OF SASKATCHEWAN *p 1291*
480 Rink Ave, REGINA, SK, S4X 1S7
(306) 791-8623 SIC 8211
BOARD OF EDUCATION SCHOOL DISTRICT #38 (RICHMOND) 265
4151 Jacombs Rd, RICHMOND, BC, V6V 1N7
SIC 8211
BOARD OF EDUCATION SCHOOL DISTRICT #38 (RICHMOND) *p 265*
5180 Smith Dr, RICHMOND, BC, V6V 2W5
(604) 668-6514 SIC 8211
BOARD OF EDUCATION SCHOOL DISTRICT #38 (RICHMOND) *p 265*
12091 Cambie Rd, RICHMOND, BC, V6V 1G5
(604) 668-6225 SIC 8211
BOARD OF EDUCATION SCHOOL DISTRICT #38 (RICHMOND) *p 269*
10071 Finlayson Dr, RICHMOND, BC, V6X 1W7
(604) 668-6444 SIC 8211
BOARD OF EDUCATION SCHOOL DISTRICT #38 (RICHMOND) *p 269*
9500 Kilby Dr, RICHMOND, BC, V6X 3N2
(604) 668-6275 SIC 8211
BOARD OF EDUCATION SCHOOL DISTRICT #38 (RICHMOND) *p 269*
9671 Odlin Rd, RICHMOND, BC, V6X 1E1
(604) 668-6448 SIC 8211
BOARD OF EDUCATION SCHOOL DISTRICT #38 (RICHMOND) *p 271*
7171 Minoru Blvd, RICHMOND, BC, V6Y 1Z3
(604) 668-6400 SIC 8211
BOARD OF EDUCATION SCHOOL DISTRICT #38 (RICHMOND) *p 271*
8600 Cook Rd, RICHMOND, BC, V6Y 1V7
(604) 668-6454 SIC 8211
BOARD OF EDUCATION SCHOOL DISTRICT #38 (RICHMOND) *p 271*
8600 Ash St, RICHMOND, BC, V6Y 2S3
(604) 668-6281 SIC 8211
BOARD OF EDUCATION SCHOOL DISTRICT #38 (RICHMOND) *p 271*
7520 Sunnymede Cres, RICHMOND, BC, V6Y 2V8
(604) 668-6538 SIC 8211
BOARD OF EDUCATION SCHOOL DISTRICT #38 (RICHMOND) *p 271*
8160 St. Albans Rd, RICHMOND, BC, V6Y 2K9
(604) 668-6288 SIC 8211
BOARD OF EDUCATION SCHOOL DISTRICT #38 (RICHMOND) *p 271*
9460 Alberta Rd, RICHMOND, BC, V6Y 1T6
(604) 214-6629 SIC 8211
BOARD OF EDUCATION SCHOOL DISTRICT #38 (RICHMOND) *p 272*
9491 Ash St, RICHMOND, BC, V7A 2T7
(604) 668-6269 SIC 8211
BOARD OF EDUCATION SCHOOL DISTRICT #38 (RICHMOND) *p 272*
8980 Williams Rd, RICHMOND, BC, V7A 1G6
(604) 668-6600 SIC 8211
BOARD OF EDUCATION SCHOOL DISTRICT #38 (RICHMOND) *p 272*
9831 Herbert Rd, RICHMOND, BC, V7A 1T6
(604) 668-6699 SIC 8211

BOARD OF EDUCATION SCHOOL DISTRICT #38 (RICHMOND) p 272
9500 No. 4 Rd, RICHMOND, BC, V7A 2Y9
(604) 668-6575   SIC 8211

BOARD OF EDUCATION SCHOOL DISTRICT #38 (RICHMOND) p 272
10300 Seacote Rd, RICHMOND, BC, V7A 4B2
(604) 668-7810   SIC 8211

BOARD OF EDUCATION SCHOOL DISTRICT #38 (RICHMOND) p 272
10400 Leonard Rd, RICHMOND, BC, V7A 2N5
(604) 668-6236   SIC 8211

BOARD OF EDUCATION SCHOOL DISTRICT #38 (RICHMOND) p 272
10851 Shell Rd, RICHMOND, BC, V7A 3W6
(604) 668-6602   SIC 8211

BOARD OF EDUCATION SCHOOL DISTRICT #38 (RICHMOND) p 272
11511 King Rd, RICHMOND, BC, V7A 3B5
(604) 668-6280   SIC 8211

BOARD OF EDUCATION SCHOOL DISTRICT #38 (RICHMOND) p 272
7700 Alouette Dr, RICHMOND, BC, V7A 1S1
(604) 668-6692   SIC 8211

BOARD OF EDUCATION SCHOOL DISTRICT #38 (RICHMOND) p 273
7360 Lombard Rd, RICHMOND, BC, V7C 3N1
(604) 668-6470   SIC 8211

BOARD OF EDUCATION SCHOOL DISTRICT #38 (RICHMOND) p 274
3711 Georgia St, RICHMOND, BC, V7E 6M3
(604) 668-6649   SIC 8211

BOARD OF EDUCATION SCHOOL DISTRICT #38 (RICHMOND) p 274
11371 Kingfisher Dr, RICHMOND, BC, V7E 4Y6
(604) 668-6497   SIC 8211

BOARD OF EDUCATION SCHOOL DISTRICT #38 (RICHMOND) p 274
10111 4th Ave, RICHMOND, BC, V7E 1V5
(604) 668-6660   SIC 8211

BOARD OF EDUCATION SCHOOL DISTRICT #38 (RICHMOND) p 274
10451 Lassam Rd, RICHMOND, BC, V7E 2C2
(604) 668-6133   SIC 8211

BOARD OF EDUCATION SCHOOL DISTRICT #38 (RICHMOND) p 274
9200 No. 1 Rd, RICHMOND, BC, V7E 6L5
SIC 8211

BOARD OF EDUCATION SCHOOL DISTRICT #38 (RICHMOND) p 274
6800 Azure Rd, RICHMOND, BC, V7C 2S8
(604) 668-6522   SIC 8211

BOARD OF EDUCATION SCHOOL DISTRICT #38 (RICHMOND) p 274
6600 Williams Rd, RICHMOND, BC, V7E 1K5
(604) 668-6668   SIC 8211

BOARD OF EDUCATION SCHOOL DISTRICT #38 (RICHMOND) p 274
6480 Blundell Rd, RICHMOND, BC, V7C 1H8
(604) 668-6562   SIC 8211

BOARD OF EDUCATION SCHOOL DISTRICT #38 (RICHMOND) p 274
5380 Woodwards Rd, RICHMOND, BC, V7E 1H1
(604) 668-6198   SIC 8211

BOARD OF EDUCATION SCHOOL DISTRICT #38 (RICHMOND) p 274
5100 Brunswick Dr, RICHMOND, BC, V7E 6K9
(604) 668-7844   SIC 8211

BOARD OF EDUCATION SCHOOL DISTRICT #38 (RICHMOND) p 274
4511 Hermitage Dr, RICHMOND, BC, V7E 4T1
(604) 668-6639   SIC 8211

BOARD OF EDUCATION SCHOOL DISTRICT #38 (RICHMOND) p 274
4251 Garry St, RICHMOND, BC, V7E 2T9
(604) 718-4050   SIC 8211

BOARD OF EDUCATION SCHOOL DISTRICT 72 (CAMPBELL RIVER), THE p 194
1681 Dogwood St S, CAMPBELL RIVER, BC, V9W 8C1
SIC 8211

BOARD OF EDUCATION SCHOOL DISTRICT 72 (CAMPBELL RIVER), THE p 194
2175 Campbell River Rd, CAMPBELL RIVER, BC, V9W 4N8
SIC 8211

BOARD OF EDUCATION SCHOOL DISTRICT 72 (CAMPBELL RIVER), THE p 194
678 Hudson Rd, CAMPBELL RIVER, BC, V9H 1T4
(250) 923-0735   SIC 8211

BOARD OF EDUCATION SCHOOL DISTRICT 72 (CAMPBELL RIVER), THE p 194
525 Hilchey Rd, CAMPBELL RIVER, BC, V9W 6S3
(250) 923-4251   SIC 8211

BOARD OF EDUCATION SCHOOL DISTRICT 72 (CAMPBELL RIVER), THE p 194
400 7th Ave, CAMPBELL RIVER, BC, V9W 3Z9
(250) 287-8346   SIC 8211

BOARD OF EDUCATION SCHOOL DISTRICT 72 (CAMPBELL RIVER), THE p 194
699 Sandowne Dr, CAMPBELL RIVER, BC, V9W 5G9
(250) 923-4248   SIC 8211

BOARD OF EDUCATION SCHOOL DISTRICT 72 (CAMPBELL RIVER), THE p 194
350 Dogwood St, CAMPBELL RIVER, BC, V9W 2X9
(250) 286-6282   SIC 8211

BOARD OF EDUCATION SCHOOL DISTRICT 72 (CAMPBELL RIVER), THE p 194
300 Birch St S, CAMPBELL RIVER, BC, V9W 2S1
(250) 287-8805   SIC 8211

BOARD OF EDUCATION SCHOOL DISTRICT 72 (CAMPBELL RIVER), THE p 194
261 Cedar St, CAMPBELL RIVER, BC, V9W 2V3
(250) 287-8335   SIC 8211

BOARD OF EDUCATION SCHOOL DISTRICT 72 (CAMPBELL RIVER), THE p 194
250 Larwood Rd, CAMPBELL RIVER, BC, V9W 1S4
(250) 923-4311   SIC 8211

BOARD OF EDUCATION SCHOOL DISTRICT 72 (CAMPBELL RIVER), THE p 194
3773 Mclelan Rd, CAMPBELL RIVER, BC, V9H 1K2
(250) 923-4266   SIC 8211

BOARD OF GOVERNOR'S OF RED RIVER COLLEGE, THE p 361
561 Main St Suite 101, WINKLER, MB, R6W 1E8
(204) 325-9672   SIC 8222

BOARD OF GOVERNOR'S OF RED RIVER COLLEGE, THE p 377
123 Main St Suite 300, WINNIPEG, MB, R3C 1A3
(204) 945-6151   SIC 8299

BOARD OF GOVERNOR'S OF RED RIVER COLLEGE, THE p 382
2055 Notre Dame Ave, WINNIPEG, MB, R3H 0J9
(204) 632-3960   SIC 8222

BOARD OF HEALTH FOR THE DISTRICT OF ALGOMA HEALTH UNIT p 832
294 Willow Ave, SAULT STE. MARIE, ON, P6B 0A9
(705) 942-4646   SIC 8011

BOARD OF SCHOOL TRUSTEE OF SCHOOL DISTRICT NO. 47 (POWELL RIVER) p 257
5400 Marine Ave, POWELL RIVER, BC, V8A 2L6
(604) 483-3171   SIC 8211

BOARD OF SCHOOL TRUSTEE OF SCHOOL DISTRICT NO. 47 (POWELL RIVER) p 257
7312 Abbotsford St, POWELL RIVER, BC, V8A 2G5
(604) 485-6164   SIC 8211

BOARD OF SCHOOL TRUSTEE OF SCHOOL DISTRICT NO. 47 (POWELL RIVER) p 257
7105 Nootka St, POWELL RIVER, BC, V8A 5E3
(604) 485-2756   SIC 8211

BOARD OF SCHOOL TRUSTEE OF SCHOOL DISTRICT NO. 47 (POWERLL RIVER) p 257
See BOARD OF SCHOOL TRUSTEE OF SCHOOL DISTRICT NO. 47 (POWELL RIVER)

BOARD OF SCHOOL TRUSTEE OF SCHOOL DISTRICT NO. 47 (POWERLL RIVER) p 257
5506 Willow Ave, POWELL RIVER, BC, V8A 4P4
(604) 483-9162   SIC 8211

BOARD OF SCHOOL TRUSTEE OF SCHOOL DISTRICT NO. 47 (POWERLL RIVER) p 257
6960 Quesnel St, POWELL RIVER, BC, V8A 1J2
(604) 485-5660   SIC 8211

BOARD OF SCHOOL TRUSTEE OF SCHOOL DISTRICT NO. 47 (POWERLL RIVER) p 258
6388 Sutherland Ave, POWELL RIVER, BC, V8A 4W4
(604) 483-3191   SIC 8211

BOARD OF SCHOOL TRUSTEES DISTRICT NO. 39 VANCOUVER p 317
See BOARD OF EDUCATION OF SCHOOL DISTRICT NO. 39 (VANCOUVER), THE

BOARD OF SCHOOL TRUSTEES OF SCHOOL DISTRICT #40 (NEW WESTMINSTER), THE p 244
701 Park Cres, NEW WESTMINSTER, BC, V3L 5V4
(604) 517-5940   SIC 8211

BOARD OF SCHOOL TRUSTEES OF SCHOOL DISTRICT #40 (NEW WESTMINSTER), THE p 244
605 Second St, NEW WESTMINSTER, BC, V3L 5R9
(604) 517-6030   SIC 8211

BOARD OF SCHOOL TRUSTEES OF SCHOOL DISTRICT #40 (NEW WESTMINSTER), THE p 244
331 Richmond St, NEW WESTMINSTER, BC, V3L 4B7
(604) 517-6090   SIC 8211

BOARD OF SCHOOL TRUSTEES OF SCHOOL DISTRICT #40 (NEW WESTMINSTER), THE p 244
91 Courtney Cres, NEW WESTMINSTER, BC, V3L 4M1
(604) 517-6020   SIC 8211

BOARD OF SCHOOL TRUSTEES OF SCHOOL DISTRICT #40 (NEW WESTMINSTER), THE p 245
1010 Hamilton St, NEW WESTMINSTER, BC, V3M 2M9
(604) 517-6060   SIC 8211

BOARD OF SCHOOL TRUSTEES OF SCHOOL DISTRICT #40 (NEW WESTMINSTER), THE p 245
835 Eighth St, NEW WESTMINSTER, BC, V3M 3S9
(604) 517-6220   SIC 8211

BOARD OF SCHOOL TRUSTEES OF SCHOOL DISTRICT #40 (NEW WESTMINSTER), THE p 245
833 Salter St, NEW WESTMINSTER, BC, V3M 6G8
(604) 517-6040   SIC 8211

BOARD OF SCHOOL TRUSTEES OF SCHOOL DISTRICT #40 (NEW WESTMINSTER), THE p 245
921 Salter St, NEW WESTMINSTER, BC, V3M 6G8
(604) 517-6080   SIC 8211

BOARD OF TRUSTEES OF HORIZON SCHOOL DIVISION NO 67 p 5
320 Heritage Rd, BARNWELL, AB, T0K 0B0
(403) 223-2902   SIC 8211

BOARD OF TRUSTEES OF HORIZON SCHOOL DIVISION NO 67 p 129
Gd, GRASSY LAKE, AB, T0K 0Z0
(403) 655-2211   SIC 8211

BOARD OF TRUSTEES OF HORIZON SCHOOL DIVISION NO 67 p 145
205 5th Ave, MILK RIVER, AB, T0K 1M0
(403) 647-3665   SIC 8211

BOARD OF TRUSTEES OF HORIZON SCHOOL DIVISION NO 67 p 170
5310 42 Ave, TABER, AB, T1G 1B6
(403) 223-2487   SIC 8211

BOARD OF TRUSTEES OF HORIZON SCHOOL DIVISION NO 67 p 170
4820 56 Ave, TABER, AB, T1G 1H4
(403) 223-2988   SIC 8211

BOARD OF TRUSTEES OF HORIZON SCHOOL DIVISION NO 67 p 170
5511a 54 St, TABER, AB, T1G 1L5
(403) 223-2292   SIC 8211

BOARD OF TRUSTEES OF HORIZON SCHOOL DIVISION NO 67 p 170
5412 54 St, TABER, AB, T1G 1L5
(403) 223-2170   SIC 8211

BOARD OF TRUSTEES OF HORIZON SCHOOL DIVISION NO 67 p 172
423 7 St N, VAUXHALL, AB, T0K 2K0
(403) 654-2422   SIC 8211

BOARD OF TRUSTEES OF HORIZON SCHOOL DIVISION NO 67 p 172
623 5th Ave N, VAUXHALL, AB, T0K 2K0
(403) 654-2145   SIC 8211

BOARD OF TRUSTEES OF HORIZON SCHOOL DIVISION NO 67 p 173
409 3rd Ave, WARNER, AB, T0K 2L0
(403) 642-3931   SIC 8211

BOARD OF TRUSTEES OF SCHOOL DISTRICT 61 (GREATER VICTORIA) p 327

4139 Torquay Dr, VICTORIA, BC, V8N 3L1
(250) 477-0181 SIC 8211
BOARD OF TRUSTEES OF THE RED DEER PUBLIC SCHOOL DISTRICT NO. 104, THEp 152
5901 55 St, RED DEER, AB, T4N 7C8
(403) 343-8780 SIC 8211
BOARD OF TRUSTEES OF THE RED DEER PUBLIC SCHOOL DISTRICT NO. 104, THEp 152
5704 60 St, RED DEER, AB, T4N 6V6
(403) 342-2170 SIC 8211
BOARD OF TRUSTEES OF THE RED DEER PUBLIC SCHOOL DISTRICT NO. 104, THEp 152
56 Holt St, RED DEER, AB, T4N 6A6
(403) 343-3288 SIC 8211
BOARD OF TRUSTEES OF THE RED DEER PUBLIC SCHOOL DISTRICT NO. 104, THEp 152
5205 48 Ave, RED DEER, AB, T4N 6X3
(403) 346-5795 SIC 8211
BOARD OF TRUSTEES OF THE RED DEER PUBLIC SCHOOL DISTRICT NO. 104, THEp 152
5121 48 Ave, RED DEER, AB, T4N 6X3
(403) 346-4397 SIC 8211
BOARD OF TRUSTEES OF THE RED DEER PUBLIC SCHOOL DISTRICT NO. 104, THEp 152
4401 37 Ave, RED DEER, AB, T4N 2T5
(403) 346-6377 SIC 8211
BOARD OF TRUSTEES OF THE RED DEER PUBLIC SCHOOL DISTRICT NO. 104, THEp 152
4720 49 St, RED DEER, AB, T4N 1T7
(403) 340-3200 SIC 8211
BOARD OF TRUSTEES OF THE RED DEER PUBLIC SCHOOL DISTRICT NO. 104, THEp 152
5 Oldbury St, RED DEER, AB, T4N 5A8
(403) 347-3731 SIC 8211
BOARD OF TRUSTEES OF THE RED DEER PUBLIC SCHOOL DISTRICT NO. 104, THEp 152
4331 34 St, RED DEER, AB, T4N 0N9
(403) 346-5765 SIC 8211
BOARD OF TRUSTEES OF THE RED DEER PUBLIC SCHOOL DISTRICT NO. 104, THEp 152
4204 58 St, RED DEER, AB, T4N 2L6
(403) 347-1171 SIC 8211
BOARD OF TRUSTEES OF THE RED DEER PUBLIC SCHOOL DISTRICT NO. 104, THEp 152
4145 46 St, RED DEER, AB, T4N 3C5
(403) 346-3223 SIC 8211
BOARD OF TRUSTEES OF THE RED DEER PUBLIC SCHOOL DISTRICT NO. 104, THEp 152
3929 40 Ave, RED DEER, AB, T4N 2W5
(403) 343-2455 SIC 8211
BOARD OF TRUSTEES OF THE RED DEER PUBLIC SCHOOL DISTRICT NO. 104, THEp 152
3814 55 Ave, RED DEER, AB, T4N 4N3
(403) 343-1838 SIC 8211
BOARD OF TRUSTEES OF THE RED DEER PUBLIC SCHOOL DISTRICT NO. 104, THEp 152
3310 55 Ave, RED DEER, AB, T4N 4N1
(403) 347-8911 SIC 8211
BOARD OF TRUSTEES OF THE RED DEER PUBLIC SCHOOL DISTRICT NO. 104, THEp 152
32 Mitchell Ave, RED DEER, AB, T4N 0L6
(403) 347-5660 SIC 8211
BOARD OF TRUSTEES OF THE RED DEER PUBLIC SCHOOL DISTRICT NO. 104, THEp 152
17 Springfield Ave, RED DEER, AB, T4N 0C6
(403) 346-3838 SIC 8211
BOARD OF TRUSTEES OF THE RED DEER PUBLIC SCHOOL DISTRICT NO. 104, THEp 154
6375 77 St, RED DEER, AB, T4P 3E9
(403) 340-3100 SIC 8211
BOARD OF TRUSTEES OF THE RED DEER PUBLIC SCHOOL DISTRICT NO. 104, THEp 154
61 Noble Ave, RED DEER, AB, T4P 2C4
(403) 342-0727 SIC 8211
BOARD OF TRUSTEES OF THE RED DEER PUBLIC SCHOOL DISTRICT NO. 104, THEp 154
5869 69 Street Dr, RED DEER, AB, T4P 1C3
(403) 347-2581 SIC 8211
BOARD OF TRUSTEES OF THE RED DEER PUBLIC SCHOOL DISTRICT NO. 104, THEp 154
300 Timothy Dr, RED DEER, AB, T4P 0L1
(403) 348-0050 SIC 8211
BOARD OF TRUSTEES OF THE RED DEER PUBLIC SCHOOL DISTRICT NO. 104, THEp 154
See BOARD OF TRUSTEES OF THE RED DEER PUBLIC SCHOOL DISTRICT NO. 104, THE
BOARD OF TRUSTEES OF THE RED DEER PUBLIC SCHOOL DISTRICT NO. 104, THEp 156
26 Lawford Ave, RED DEER, AB, T4R 3L6
(403) 343-8958 SIC 8211
BOARD OF TRUSTEES OF THE RED DEER PUBLIC SCHOOL DISTRICT NO. 104, THEp 156
150 Lockwood Ave, RED DEER, AB, T4R 2M4
(403) 342-6655 SIC 8211
BOARDROOM ECO APPAREL p 302
See T.N.T. GARMENT MANUFACTURING LTD
BOARDROOM SNOWBOARD SHOP p 316
See HIGH OUTPUT SPORTS CANADA INC
BOARDWALK GAMING p 188
See 428675 BC LTD
BOARDWALK GAMING CENTER p 867
See BINGO ONE LIMITED
BOART LONGYEAR p 605
See BOART LONGYEAR CANADA
BOART LONGYEAR CANADA p 16
4025 96 Ave Se, CALGARY, AB, T2C 4T7
(403) 287-1460 SIC 1799
BOART LONGYEAR CANADA p 605
310 Niven St S, HAILEYBURY, ON, P0J 1K0
(705) 672-3800 SIC 3532
BOART LONGYEAR CANADA p 741
1111 Main St W, NORTH BAY, ON, P1B 2W4
(705) 474-2800 SIC 1799
BOATHOUSE p 856
See ARLIE'S SPORT SHOP (DOWNTOWN) LTD
BOATHOUSE RESTAURANTS OF CANADA p 340
14935 Marine Dr, WHITE ROCK, BC, V4B 1C3
(604) 536-7320 SIC 5812
BOB ABATE COMMUNITY CENTRE p 934
See CORPORATION OF THE CITY OF TORONTO
BOB EDWARDS JUNIOR HIGH SCHOOL p 12
See CALGARY BOARD OF EDUCATION
BOB MACQUARRIE RECREATION COMPLEX - ORLEANS p 784
See CITY OF OTTAWA
BOBBY ORR PUBLIC SCHOOL p 779
See DURHAM DISTRICT SCHOOL BOARD
BOBBYBEND SCHOOL p 358
See JENNINGS CAPITAL INC
BOBCAT OF CALGARY p 16
See CERVUS CONTRACTORS EQUIPMENT LP
BOBCAT OF EDMONTON p 84
See CERVUS CONTRACTORS EQUIPMENT LP
BOBCAYGEON PUBLIC SCHOOL p 505
See TRILLIUM LAKELANDS DISTRICT SCHOOL BOARD
BOBIER VILLA p 571
See CORPORATION OF THE COUNTY OF ELGIN
BOBRICK WASHROOM EQUIPMENT COMPANY p 842
45 Rolark Dr, SCARBOROUGH, ON, M1R 3B1
(416) 298-1611 SIC 3431
BOC CANADA p 1152
See LINDE CANADA LIMITED
BOC GASES p 515
See LINDE CANADA LIMITED
BOC GASES p 664
See LINDE CANADA LIMITED
BOC GASES p 1074
See LINDE CANADA LIMITED
BOC GASES p 1215
See LINDE CANADA LIMITED
BODNAR DRILLING LTD p 357
23 Delaurier Dr, STE ROSE DU LAC, MB, R0L 1S0
(204) 447-2755 SIC 1481
BODY BLUE 2006 INC p 584
130 Claireville Dr, ETOBICOKE, ON, M9W 5Y3
(905) 677-8333 SIC 5122
BODY SHOP CANADA LIMITED, THE p 94
8882 170 St Nw Suite 1742, EDMONTON, AB, T5T 4J2
(780) 481-1945 SIC 5999
BODY SHOP CANADA LIMITED, THE p 751
33 Kern Rd, NORTH YORK, ON, M3B 1S9
SIC 5999
BODY SHOP CANADA LIMITED, THE p 759
1 Yorkdale Rd Suite 510, NORTH YORK, ON, M6A 3A1
(416) 782-2948 SIC 6794
BODY SHOP, THE p 94
See BODY SHOP CANADA LIMITED, THE
BODY SHOP, THE p 751
See BODY SHOP CANADA LIMITED, THE
BODY WORKS p 433
See HICKMAN MOTORS LIMITED
BODYCOTE TESTING GROUP p 281
See EXOVA CANADA INC
BODYCOTE THERMAL PROCESSING p 637
See EXOVA CANADA INC
BOEHMER BOX LP p 644
1560 Battler Rd, KITCHENER, ON, N2R 1J6
(519) 576-2480 SIC 2652
BOEHRINGER INGELHEIM (CANADA) LTD p 533
5180 South Service Rd, BURLINGTON, ON, L7L 5H4
(905) 639-0333 SIC 8731
BOEHRINGER INGELHEIM (CANADA) LTD p 1018
2100 Rue Cunard, Cote Saint-Luc, QC, H7S 2G5
SIC 8731
BOFFINS FOOD SERVICES p 1303
See SASKATCHEWAN OPPORTUNITIES CORPORATION
BOGART PUBLIC SCHOOL p 735
See YORK REGION DISTRICT SCHOOL BOARD
BOILER INSPECTION AND INSURANCE COMPANY OF CANADA, THE p 913
390 Bay St Suite 2000, TORONTO, ON, M5H 2Y2
(416) 363-5491 SIC 6331
BOILER INSPECTION AND INSURANCE COMPANY OF CANADA, THE p 1110
800 Boul Rene-Levesque O Bureau 1735, Montreal, QC, H3B 1X9
(514) 861-8261 SIC 6411
BOIRON CANADA INC p 1181
1300 Rue Rene-Descartes, SAINT-BRUNO, QC, J3V 0B7
(450) 723-2066 SIC 5122
BOIRON DOLISOS p 1181
See BOIRON CANADA INC
BOIS B.S.L MATANE p 1079
See BOIS BSL INC
BOIS BSL GASPESIE p 1064
See BOIS BSL INC
BOIS BSL INC p 1064
239 Rte Bellevue O, Les Mechins, QC, G0J 1T0
(418) 729-3728 SIC 2426
BOIS BSL INC p 1079
1081 Boul Industriel, MONT-JOLI, QC, G5H 3K8
(418) 775-5360 SIC 5023
BOIS BYTOWN p 1040
See ENTREPRISES P. BONHOMME LTEE, LES
BOIS D' OEUVRE CEDRICO p 1054
See GROUPE CEDRICO INC
BOIS D'INGENIERIE ABITIBI-LP II INC p 1220
101 Rue Du Parc-Industriel, SAINT-PRIME, QC, G8J 1H3
(418) 251-4545 SIC 2491
BOIS D'INGENIERIE ABITIBI-LP INCp 1220
101 Rue Du Parc-Industriel, SAINT-PRIME, QC, G8J 1H3
(418) 251-3333 SIC 3449
BOIS D'OEUVRE CEDRICO INC p 1010
562 Rte 132 E, CAUSAPSCAL, QC, G0J 1J0
(418) 756-5727 SIC 5099
BOIS DAAQUAM INC p 1160
2590 Boul Laurier Bureau 740, Quebec, QC, G1V 4M6
SIC 2421
BOIS DE STRUCTURE LEE p 1229
See METALTECH-OMEGA INC
BOIS EXPANSION INC p 1198
285 Rue Carreau, SAINT-JEAN-SUR-RICHELIEU, QC, J3B 7Z7
(450) 358-4008 SIC 5031
BOIS GOODFELLOW (MARITIMES) LTEE p 1022
225 Rue Goodfellow, DELSON, QC, J5B 1V5
(450) 635-6511 SIC 5031
BOIS GRANVAL G.D.S. INC p 1043
10 Rue Industrielle Bureau 280, Grande-Vallee, QC, G0E 1K0
(418) 393-2244 SIC 2421
BOIS NOBLES KA'N'ENDA LTEE p 1079
701 Rue Iberville, MONT-LAURIER, QC, J9L 3W7
(819) 623-2445 SIC 2421
BOIS OUVRE DE BEAUCEVILLE (1992) INC p 996
201 134e Rue, BEAUCEVILLE, QC, G5X 3H9
(418) 774-3606 SIC 2431
BOIS PELADEAU INC p 1062
137 Boul Bellerose O, Laval, QC, H7K 3B5
(450) 667-6950 SIC 2426
BOIS TRAITE DU QUEBEC p 1077
See CANWEL BUILDING MATERIALS LTD
BOIS TURCOTTE LTEE p 988
21 Rue Principale S, AMOS, QC, J9T 2J4
(819) 732-6407 SIC 5211
BOISE NOTRE DAME, LES RESIDENCES p 1133
See 6423264 CANADA INC
BOISERIE IMPERIAL WOODCRAFT p 1017
See ARMOIRES FABRITEC LTEE
BOISERIES B.G. INC p 1220
5 Rue Des Pionniers, Saint-Remi, QC, J0L 2L0
(450) 454-5755 SIC 2431
BOISERIES MILLE ILES p 1084
See BOISERIES RAYMOND INC
BOISERIES RAYMOND INC p 1084
11880 56e Av, Montreal, QC, H1E 2L6
(514) 494-1141 SIC 2431
BOISSEVAIN HEALTH CENTRE p 344
See PRAIRIE MOUNTAIN HEALTH

BOISSEVAIN SCHOOL p 344
See TURTLE MOUNTAIN SCHOOL DIVISION
BOKIT MC p 1068
See MATERIAUX BOMAT INC
BOLD EVENT CREATIVE INC p 183
7570 Conrad St, BURNABY, BC, V5A 2H7
(604) 437-7677 SIC 3999
BOLDER GRAPHICS p 15
See BGI HOLDINGS INC
BOLDRICK BUS SERVICE LIMITED p 943
1029 County Rd 40, TRENTON, ON, K8V 5P4
SIC 4151
BOLDRICK BUS SERVICE LIMITED p 945
341 Victoria N, TWEED, ON, K0K 3J0
(613) 478-3322 SIC 4151
BOLDRICK TRUCK & AUTO CENTRE p 943
See BOLDRICK BUS SERVICE LIMITED
BOLDRICK TRUCK & AUTO CENTRE p 945
See BOLDRICK BUS SERVICE LIMITED
BOLIVAR, W R TRANSPORT LTD p 464
15813 Highway 3, HEBBVILLE, NS, B4V 6X9
(902) 530-3046 SIC 4213
BOLLORE LOGISTICS CANADA INC p 1208
See BOLLORE LOGISTIQUES CANADA INC
BOLLORE LOGISTIQUES CANADA INC p 717
90 Admiral Blvd, MISSISSAUGA, ON, L5T 2W1
(905) 677-9022 SIC 4731
BOLLORE LOGISTIQUES CANADA INC p 1208
10045 Boul Henri-Bourassa O, SAINT-LAURENT, QC, H4S 1A1
(514) 956-7870 SIC 4731
BOLT p 1243
See TEMBEC INC
BOLTHOUSE FARMS CANADA INC p 956
303 Milo Rd, WHEATLEY, ON, N0P 2P0
(519) 825-3412 SIC 5431
BOLTKRETE SERVICES (2004) INC p 557
381 Spinnaker Way, CONCORD, ON, L4K 4N4
(905) 738-9859 SIC 1611
BOLTON REXALL DRUG STORE p 506
See REXALL PHARMACY GROUP LTD
BOMBARDIER AERONATIQUE p 1206
See BOMBARDIER INC
BOMBARDIER AERONAUTIQUE p 741
See BOMBARDIER INC
BOMBARDIER AERONAUTIQUE p 757
See BOMBARDIER INC
BOMBARDIER AERONAUTIQUE p 1025
See BOMBARDIER INC
BOMBARDIER AERONAUTIQUE p 1026
See BOMBARDIER INC
BOMBARDIER AERONAUTIQUE p 1078
See BOMBARDIER INC
BOMBARDIER AERONAUTIQUE p 1211
See BOMBARDIER INC
BOMBARDIER AERONAUTIQUE p 1275
See BOMBARDIER INC
BOMBARDIER INC p 633
1059 Taylor-Kidd Blvd, KINGSTON, ON, K7M 6J9
(613) 384-3100 SIC 2754
BOMBARDIER INC p 717
6291 Ordan Dr, MISSISSAUGA, ON, L5T 1G9
(905) 795-7869 SIC 4111
BOMBARDIER INC p 741
1500 Airport Rd, NORTH BAY, ON, P1B 8G2
SIC 8711
BOMBARDIER INC p 757
123 Garratt Blvd, NORTH YORK, ON, M3K 1Y5
(416) 633-7310 SIC 3721
BOMBARDIER INC p 790
50 O'connor St Suite 1425, OTTAWA, ON, K1P 6L2

(613) 237-4050 SIC 5088
BOMBARDIER INC p 1025
400 Ch De La Cote-Vertu, DORVAL, QC, H4S 1Y9
(514) 855-5000 SIC 3721
BOMBARDIER INC p 1025
595 Boul Stuart-Graham N, DORVAL, QC, H4Y 1E2
(514) 420-4000 SIC 5599
BOMBARDIER INC p 1025
200 Ch De La Cote-Vertu Bureau 1110, DORVAL, QC, H4S 2A3
(514) 420-4000 SIC 3721
BOMBARDIER INC p 1026
9501 Av Ryan, DORVAL, QC, H9P 1A2
(514) 855-5000 SIC 8711
BOMBARDIER INC p 1076
2042 Ch Laverdure, MARICOURT, QC, J0E 2L2
(514) 861-9481 SIC 5599
BOMBARDIER INC p 1078
10200 Rue Irenee-Vachon Bureau 450, MIRABEL, QC, J7N 3E3
(450) 476-0550 SIC 8711
BOMBARDIER INC p 1078
13100 Boul Henri-Fabre, MIRABEL, QC, J7N 3C6
(514) 855-5000 SIC 3721
BOMBARDIER INC p 1078
13100 Boul Henri-Fabre Bureau 209, MIRABEL, QC, J7N 3C6
(514) 855-5000 SIC 8711
BOMBARDIER INC p 1181
1101 Rue Parent, SAINT-BRUNO, QC, J3V 6E6
(514) 861-9481 SIC 4111
BOMBARDIER INC p 1206
1800 Boul Marcel-Laurin, SAINT-LAURENT, QC, H4R 1K2
(514) 855-5000 SIC 3812
BOMBARDIER INC p 1211
8575 Ch De La Cote-De-Liesse, SAINT-LAURENT, QC, H4T 1G5
(514) 344-6620 SIC 8249
BOMBARDIER INC p 1254
794 Rue Saint-Joseph, VALCOURT, QC, J0E 2L0
(514) 861-9481 SIC 8412
BOMBARDIER INC p 1275
Po Box 5000 Stn Main, MOOSE JAW, SK, S6H 7Z8
(306) 694-2222 SIC 8299
BOMBARDIER PRODUITS RECREATIFS INC p 1238
75 Rue J.-A.-Bombardier, SHERBROOKE, QC, J1L 1W3
(819) 566-3000 SIC 5599
BOMBARDIER PRODUITS RECREATIFS INC p 1254
565 Rue De La Montagne Bureau 210, VALCOURT, QC, J0E 2L0
(450) 532-2211 SIC 3799
BOMBARDIER PRODUITS RECREATIFS INC p 1254
565 Rue De La Montagne, VALCOURT, QC, J0E 2L0
(450) 532-2211 SIC 5012
BOMBARDIER PRODUITS RECREATIFS INC p 1257
1059 Rue De La Montagne Bureau 200, VERDUN, QC, H3G 0B9
(514) 732-7003 SIC 5012
BOMBARDIER TRANSPORT p 717
See BOMBARDIER INC
BOMBARDIER TRANSPORT p 1053
See BOMBARDIER TRANSPORTATION CANADA INC
BOMBARDIER TRANSPORT p 1181
See BOMBARDIER TRANSPORTATION CANADA INC
BOMBARDIER TRANSPORTATION p 1181
See BOMBARDIER INC
BOMBARDIER TRANSPORTATION CANADA INC p 879

1001 Montreal St, THUNDER BAY, ON, P7C 4V6
(807) 475-2810 SIC 3743
BOMBARDIER TRANSPORTATION CANADA INC p 1053
230 Rte O Bureau 130, La Pocatiere, QC, G0R 1Z0
(418) 856-1232 SIC 5088
BOMBARDIER TRANSPORTATION CANADA INC p 1181
1101 Rue Parent, SAINT-BRUNO, QC, J3V 6E6
(450) 441-2020 SIC 7363
BOMBARIDER TRANSPORT p 879
See BOMBARDIER TRANSPORTATION CANADA INC
BOMBAY COMPANY, THE p 410
See 446987 ONTARIO INC
BOMBAY COMPANY, THE p 483
See 446987 ONTARIO INC
BOMBAY COMPANY, THE p 510
See 446987 ONTARIO INC
BOMBAY COMPANY, THE p 512
See 446987 ONTARIO INC
BOMBAY COMPANY, THE p 669
See 446987 ONTARIO INC
BOMBAY COMPANY, THE p 764
See 446987 ONTARIO INC
BOMBAY COMPANY, THE p 973
See 446987 ONTARIO INC
BOMDARDIER AERONAUTIQUE p 1078
See BOMBARDIER INC
BON ACCORD COMMUNITY SCHOOL p 6
See STURGEON SCHOOL DIVISION #24
BON AIR RESIDENCE p 548
See CHARTWELL SENIORS HOUSING REAL ESTATE INVESTMENT TRUST
BON DIEU DANS LA RUE, ORGANISATION POUR JEUNES ADULTES INC, LE p 1094
1662 Rue Ontario E, Montreal, QC, H2L 1S7
(514) 526-7677 SIC 8399
BON MATIN p 1229
See MULTI-MARQUES INC
BONACCORD ELEMENTARY SCHOOL p 280
See SCHOOL DISTRICT NO 36 (SURREY)
BONANZA RESTAURANT p 1276
See COR-BON ENTERPRISES LTD
BONAR LAW MEMORIAL SCHOOL p 412
See DISTRICT EDUCATION COUNCIL-SCHOOL DISTRICT 16
BONAVENTURE MEADOWS PUBLIC SCHOOL p 651
See THAMES VALLEY DISTRICT SCHOOL BOARD
BONAVENTURE POLYVALENTE SCHOOL p 1002
See EASTERN SHORES SCHOOL BOARD
BONAVISTA ENERGY CORPORATION p 70
Gd, CONSORT, AB, T0C 1B0
(403) 577-3777 SIC 1311
BONAVISTA PETROLEUM LTD p 142
Gd, MANYBERRIES, AB, T0K 1L0
(403) 868-3789 SIC 1311
BONBONS OINK OINK INC, LES p 1125
4810 Rue Jean-Talon O, Montreal, QC, H4P 2N5
(514) 731-4555 SIC 2064
BONCOR BUILDING PRODUCTS CO, DIV OF p 665
See ROYAL GROUP, INC
BOND INTERNATIONAL COLLEGE p 840
See ANDERSON LEARNING INC
BOND LAKE PUBLIC SCHOOL p 824
See YORK REGION DISTRICT SCHOOL BOARD
BOND PLACE HOTEL LTD p 906
65 Dundas St E, TORONTO, ON, M5B 2G8
(416) 362-6061 SIC 7011
BONDAR, ROBERTA PUBLIC SCHOOL p 794
See OTTAWA-CARLETON DISTRICT SCHOOL BOARD
BONDFIELD CONSTRUCTION COMPANY LIMITED p 557
407 Basaltic Rd, CONCORD, ON, L4K 4W8
(416) 667-8422 SIC 1542
BONDUELLE ONTARIO INC p 865
225 Lothian Ave, STRATHROY, ON, N7G 4J1
(519) 245-4600 SIC 2037
BONE MARROW - HAMILTON p 609
See CANADIAN BLOOD SERVICES
BONE MARROW - SASKATCHEWAN p 1295
See CANADIAN BLOOD SERVICES
BONHOMMES, LES p 1034
See ENTREPRISES P. BONHOMME LTEE, LES
BONNECHERE MANOR p 819
See CORPORATION OF THE COUNTY OF RENFREW
BONNETERIE BELLA INC. p 1124
1401 Rue Legendre O, Montreal, QC, H4N 2R9
(514) 381-8519 SIC 2251
BONNETERIE RELIABLE INC p 1096
8785 Av Du Parc, Montreal, QC, H2N 1Y7
(514) 382-2861 SIC 2251
BONNEVILLE SOLUTIONS p 485
See KP BUILDING PRODUCTS LTD
BONNEWS LODGE p 423
See CENTRAL REGIONAL HEALTH AUTHORITY
BONNIE BRAE HEALTH CARE p 872
See REVERA LONG TERM CARE INC
BONNIE DOON SAFEWAY p 102
See SOBEYS WEST INC
BONNIE TOGS CHILDREN'S LIMITED p 542
65 Struck Crt, CAMBRIDGE, ON, N1R 8L2
(519) 624-6574 SIC 5641
BONNIE TOGS CHILDREN'S LIMITED p 973
200 Windflower Gate, WOODBRIDGE, ON, L4L 9L3
(905) 264-8411 SIC 5641
BONNYLODGE p 7
See LAKELAND LODGE AND HOUSING FOUNDATION
BONNYVILLE CENTRALIZED HIGH SCHOOL p 7
See NORTHERN LIGHTS SCHOOL DIVISION NO. 69
BONNYVILLE COMMUNITY HEALTH SERVICES p 6
See ALBERTA HEALTH SERVICES
BONNYVILLE HEALTH CENTRE p 7
5001 Lakeshore Dr, BONNYVILLE, AB, T9N 2J7
(780) 826-3311 SIC 8062
BONNYVILLE NEIGHBORHOOD INN p 7
See BONNYVILLE NEIGHBOURHOOD INN INC
BONNYVILLE NEIGHBOURHOOD INN INC p 7
5011 66 St, BONNYVILLE, AB, T9N 2L9
(780) 826-3300 SIC 5812
BONTERRA RESTAURANTS INC p 41
101 6 St Sw Suite 120, CALGARY, AB, T2P 5K7
(403) 262-8480 SIC 5812
BONTERRA TRATTARIA p 41
See BONTERRA RESTAURANTS INC
BOOM TOWN CASINO p 120
See GAMEHOST INC
BOOMER CLUB, THE p 663
See LADY'S A CHAMP (1995) LIMITED, THE
BOONE FOOD SERVICES LIMITED p 477
245 Robie St, TRURO, NS, B2N 5N6
(902) 453-5330 SIC 5812
BOONE PLUMBING AND HEATING SUPPLY INC p 593
1282 Algoma Rd Suite 613, GLOUCESTER, ON, K1B 3W8

▲ Public Company   ■ Public Company Family Member   HQ Headquarters   BR Branch   SL Single Location

(613) 746-9960   SIC 5074
BOOTLEGGER   p 156
See BOOTLEGGER CLOTHING INC
BOOTLEGGER   p 232
See BOOTLEGGER CLOTHING INC
BOOTLEGGER   p 494
See BOOTLEGGER CLOTHING INC
BOOTLEGGER   p 877
See BOOTLEGGER CLOTHING INC
BOOTLEGGER CLOTHING INC   p 156
4900 Molly Bannister Dr Unit 113, RED DEER, AB, T4R 1N9
(403) 346-2170   SIC 5651
BOOTLEGGER CLOTHING INC   p 232
19705 Fraser Hwy Suite 219, LANGLEY, BC, V3A 7E9
(604) 534-6410   SIC 5621
BOOTLEGGER CLOTHING INC   p 265
4460 Jacombs Rd, RICHMOND, BC, V6V 2C5
(604) 276-8400   SIC 5621
BOOTLEGGER CLOTHING INC   p 494
509 Bayfield St, BARRIE, ON, L4M 4Z8
(705) 726-3630   SIC 5651
BOOTLEGGER CLOTHING INC   p 877
1000 Fort William Rd Unit 1, THUNDER BAY, ON, P7B 6B9
(807) 623-1103   SIC 5651
BORALEX INC   p 1105
772 Rue Sherbrooke O Bureau 200, Montreal, QC, H3A 1G1
(514) 284-9890   SIC 4911
BORDEN LADNER GERVAIS LLP   p 41
520 3 Ave Sw Suite 1900, CALGARY, AB, T2P 0R3
(403) 232-9500   SIC 8111
BORDEN LADNER GERVAIS LLP   p 306
200 Burrard St Suite 1200, VANCOUVER, BC, V6C 3L6
(604) 687-5744   SIC 8111
BORDEN LADNER GERVAIS LLP   p 790
100 Queen St Suite 1100, OTTAWA, ON, K1P 1J9
(613) 237-5160   SIC 8111
BORDEN LADNER GERVAIS LLP   p 913
22 Adelaide St W Suite 3400, TORONTO, ON, M5H 4E3
(416) 367-6000   SIC 8111
BORDEN LADNER GERVAIS LLP   p 1110
1000 Rue De La Gauchetiere O Bureau 900, Montreal, QC, H3B 5H4
(514) 879-1212   SIC 8111
BORDEN METAL PRODUCTS (CANADA) LIMITED   p 501
50 Dayfoot St, BEETON, ON, L0G 1A0
(905) 729-2229   SIC 3446
BORDER CHEMICAL COMPANY LIMITED p 374
595 Gunn Rd, WINNIPEG, MB, R3A 1L1
(204) 222-3276   SIC 2873
BORDER CITY BUILDING CENTRE LTD   p 141
2802 50 Ave, LLOYDMINSTER, AB, T9V 2S3
(780) 875-7762   SIC 5251
BORDER CITY R.V. CENTRE LTD   p 1272
Gd Lcd Main, LLOYDMINSTER, SK, S9V 0X5
(403) 875-0345   SIC 5571
BORDER LAND SCHOOL DIVISION   p 343
155 5th St Nw, ALTONA, MB, R0G 0B1
(204) 324-8206   SIC 8211
BORDER LAND SCHOOL DIVISION   p 343
181 6th St Se Ss 3, ALTONA, MB, R0G 0B3
(204) 324-6416   SIC 8211
BORDER LAND SCHOOL DIVISION   p 343
27 4th St Sw, ALTONA, MB, R0G 0B2
(204) 328-8611   SIC 8211
BORDER LAND SCHOOL DIVISION   p 343
83 3rd St Nw, ALTONA, MB, R0G 0B1
(204) 324-5319   SIC 8211
BORDER LAND SCHOOL DIVISION   p 349
622 9th St, GRETNA, MB, R0G 0V0
(204) 327-5344   SIC 8211

BORDER LAND SCHOOL DIVISION   p 356
21 Canham St, SPRAGUE, MB, R0A 1Z0
(204) 437-2175   SIC 8211
BORDER LAND SCHOOL DIVISION   p 360
100 School Ave, VITA, MB, R0A 2K0
(204) 425-3535   SIC 8211
BORDER PAVING LTD   p 66
4217 41 St, CAMROSE, AB, T4V 3V8
(780) 672-3389   SIC 1611
BORDER PAVING LTD   p 168
Gd, STONY PLAIN, AB, T7Z 1W1
(780) 967-3330   SIC 1611
BORDER VALLEY SCHOOL   p 361
See GARDEN VALLEY SCHOOL DIVISION
BORDER-LINE HOUSING CO (1975) INC   p 1266
415 Spencer St, CARNDUFF, SK, S0C 0S0
(306) 482-3424   SIC 8051
BORDERLAND CO-OPERATIVE LIMITED   p 1291
125 Ellis St, ROCANVILLE, SK, S0A 3L0
(306) 645-2160   SIC 5411
BOREAL CENTER   p 122
See CONSEIL SCOLAIRE CENTRE-NORD
BOREAL NORTHWEST   p 856
See VWR EDUCATION, LTD
BOREALIS CAPITAL CORPORATION p 599
435 Stone Rd W Suite 204, GUELPH, ON, N1G 2X6
(519) 265-9077   SIC 6282
BOREALIS GRILLE AND BAR   p 644
See NEIGHBOURHOOD GROUP OF COMPANIES LIMITED, THE
BOREALIS MECHANICAL LTD   p 119
330 Mackenzie Blvd, FORT MCMURRAY, AB, T9H 4C4
(780) 792-2660   SIC 1711
BOREALIS MUSEE   p 1252
See TROIS-RIVIERES, VILLE DE
BORETS CANADA LTD   p 147
2305 8 St, NISKU, AB, T9E 7Z3
(780) 955-4795   SIC 5084
BORETS-WEATHERFORD   p 147
See BORETS CANADA LTD
BORGES, P J INC   p 599
502 Edinburgh Rd S, GUELPH, ON, N1G 4Z1
(519) 823-5787   SIC 5812
BOROUGHQUEST LIMITED   p 809
898 Monaghan Rd Unit 4b, PETERBOROUGH, ON, K9J 5K4
(705) 749-1100   SIC 5812
BORZA INSPECTIONS LTD   p 162
140 Portage Close, SHERWOOD PARK, AB, T8H 2W2
(780) 416-0999   SIC 1389
BOSA CONSTRUCTION INC   p 306
838 West Hastings St Unit 1001, VANCOUVER, BC, V6C 0A6
(604) 299-1363   SIC 1522
BOSA PROPERTIES INC   p 188
7155 Kingsway Suite 1200, BURNABY, BC, V5E 2V1
(604) 412-0313   SIC 6531
BOSANQUET CENTRAL SCHOOL   p 872
See LAMBTON KENT DISTRICT SCHOOL BOARD
BOSCH REXROTH CANADA CORP   p 536
3426 Mainway, BURLINGTON, ON, L7M 1A8
(905) 335-5511   SIC 5084
BOSCH REXROTH CANADA CORP   p 954
490 Prince Charles Dr S, WELLAND, ON, L3B 5X7
(905) 735-0510   SIC 5084
BOSCH REXROTH CANADA CORP   p 1068
725 Rue Delage, LONGUEUIL, QC, J4G 2P8
(450) 928-1111   SIC 5084
BOSLEY'S PET FOOD PLUS INC   p 274
6751 Westminster Hwy Suite 140, RICHMOND, BC, V7C 4V4
SIC 5999
BOSS BAKERY & RESTAURANT   p 301

See BOSS BAKERY & RESTAURANT LTD, THE
BOSS BAKERY & RESTAURANT LTD, THE   p 301
532 Main St, VANCOUVER, BC, V6A 2T9
(604) 683-3860   SIC 5461
BOSS LUBRICANTS   p 15
See ARLYN ENTERPRISES LTD
BOSTON CONSULTING GROUP OF CANADA LIMITED, THE   p 917
181 Bay St Suite 2400, TORONTO, ON, M5J 2T3
(416) 955-4200   SIC 8741
BOSTON PIZZA   p 7
See CANALTA
BOSTON PIZZA   p 38
See 337450 ALBERTA LTD
BOSTON PIZZA   p 54
See 300826 ALBERTA LTD
BOSTON PIZZA   p 55
See 668977 ALBERTA INC
BOSTON PIZZA   p 58
See D B P ALBERTA INC
BOSTON PIZZA   p 81
See JASPER AVENUE PIZZA LIMITED
BOSTON PIZZA   p 87
See WESTMOUNT RESTAURANT INC
BOSTON PIZZA   p 105
See LANSDOWNE HOLDINGS LTD
BOSTON PIZZA   p 110
See 23RD AVENUE PIZZA LTD
BOSTON PIZZA   p 113
See FOREVER IN DOUGH INC
BOSTON PIZZA   p 120
See FORT MCMURRAY PIZZA LTD
BOSTON PIZZA   p 122
See 301726 ALBERTA LTD
BOSTON PIZZA   p 131
See MOUNTAIN VIEW RESTAURANT INC
BOSTON PIZZA   p 134
See CROWN JEWEL INVESTMENTS LTD
BOSTON PIZZA   p 139
See BOSTON PIZZA INTERNATIONAL INC
BOSTON PIZZA   p 148
See 945575 ALBERTA LTD
BOSTON PIZZA   p 149
See 876350 ALBERTA LTD
BOSTON PIZZA   p 155
See NORTH HILL HOLDINGS INC
BOSTON PIZZA   p 162
See ULTIMA HOLDINGS LTD
BOSTON PIZZA   p 164
See GWN PIZZA CORP
BOSTON PIZZA   p 165
See SPRUCE GROVE PIZZA LTD
BOSTON PIZZA   p 168
70 Boulder Blvd, STONY PLAIN, AB, T7Z 1V7
(780) 963-5006   SIC 5812
BOSTON PIZZA   p 169
800 Pine Rd Suite 114, STRATHMORE, AB, T1P 0A2
(403) 934-0017   SIC 5812
BOSTON PIZZA   p 174
See WATER TOWER RESTAURANT (2000) LTD
BOSTON PIZZA   p 185
See 423027 BC LTD
BOSTON PIZZA   p 213
1602 7th Ave, FERNIE, BC, V0B 1M0
(250) 423-2634   SIC 5812
BOSTON PIZZA   p 214
See G & G PIZZA INC
BOSTON PIZZA   p 333
See JRKB HOLDINS LTD
BOSTON PIZZA   p 340
See BOSTON PIZZA INTERNATIONAL INC
BOSTON PIZZA   p 353
See 4115155 MANITOBA LIMITED
BOSTON PIZZA   p 355
See 3177743 MANITOBA LTD
BOSTON PIZZA   p 359
See 5055091 MANITOBA INC
BOSTON PIZZA   p 384

See 3177743 MANITOBA LTD
BOSTON PIZZA   p 405
See BOSTON PIZZA INTERNATIONAL INC
BOSTON PIZZA   p 439
See M BOTLAXO LTD
BOSTON PIZZA   p 526
See WAY, G RESTAURANTS SERVICES LTD
BOSTON PIZZA   p 590
See BOSTON PIZZA INTERNATIONAL INC
BOSTON PIZZA   p 664
See WONDERLAND PIZZA LTD
BOSTON PIZZA   p 676
See 2419658 ONTARIO INC
BOSTON PIZZA   p 679
16835 12 Hwy, MIDLAND, ON, L4R 0A9
(705) 526-9966   SIC 5812
BOSTON PIZZA   p 705
2915 Eglinton Ave W, MISSISSAUGA, ON, L5M 6J3
(905) 569-0517   SIC 5812
BOSTON PIZZA   p 767
See WINSTON CHURCHILL PIZZA LIMITED
BOSTON PIZZA   p 772
See TOOR & ASSOCIATES INC
BOSTON PIZZA   p 802
See 1638825 ONTARIO LTD
BOSTON PIZZA   p 809
See BOSTON PIZZA INTERNATIONAL INC
BOSTON PIZZA   p 827
See SARNIA PIZZA LIMITED
BOSTON PIZZA   p 834
See TOOR RESTAURANTS MANAGEMENT INC
BOSTON PIZZA   p 840
See EAGLE RESTAURANT MANAGEMENT INC
BOSTON PIZZA   p 856
See PENCE RESTAURANT SERVICES LTD
BOSTON PIZZA   p 953
597 King St N, WATERLOO, ON, N2V 2N3
(519) 880-1828   SIC 5812
BOSTON PIZZA   p 965
See WALKER TOWNE PIZZA INC
BOSTON PIZZA   p 977
431 Norwich Ave, WOODSTOCK, ON, N4S 3W4
(519) 536-7800   SIC 5812
BOSTON PIZZA   p 992
See BOSTON PIZZA INTERNATIONAL INC
BOSTON PIZZA   p 1019
See BOSTON PIZZA INTERNATIONAL INC
BOSTON PIZZA   p 1031
See RESTO DU FAUBOURG DRUMMOND INC.
BOSTON PIZZA   p 1076
See BOSTON PIZZA INTERNATIONAL INC
BOSTON PIZZA   p 1238
See BOSTON PIZZA INTERNATIONAL INC
BOSTON PIZZA   p 1284
See AFTA RESTAURANT LTD
BOSTON PIZZA   p 1290
See BOSTON PIZZA INTERNATIONAL INC
BOSTON PIZZA   p 1311
See SILVER GREEN HOLDINGS LIMITED
BOSTON PIZZA #137   p 154
See SOUTH HILL HOLDINGS INC
BOSTON PIZZA #209   p 1306
1601 North Service Rd E, SWIFT CURRENT, SK, S9H 3X6
(306) 778-7666   SIC 5812
BOSTON PIZZA 111   p 64
See B.B. INVESTMENTS INC
BOSTON PIZZA 505   p 717
See 1327601 ONTARIO INC
BOSTON PIZZA CAPILANO   p 99
See M & V ENTERPRISES LTD
BOSTON PIZZA CROWFOOT   p 61
See DOUBLE B INVESTMENTS INC
BOSTON PIZZA INTERNATIONAL INC   p 139
2041 Mayor Magrath Dr S, LETHBRIDGE, AB, T1K 2S2

(403) 327-4590   SIC 5812
BOSTON PIZZA INTERNATIONAL INC   p 340
285 Donald Rd, WILLIAMS LAKE, BC, V2G 4K4
(250) 398-7600   SIC 5812
BOSTON PIZZA INTERNATIONAL INC   p 405
98 Douglastown Blvd, MIRAMICHI, NB, E1V 0A3
(506) 778-9940   SIC 5812
BOSTON PIZZA INTERNATIONAL INC   p 441
135 Church St, ANTIGONISH, NS, B2G 2E2
(902) 867-3444   SIC 5812
BOSTON PIZZA INTERNATIONAL INC   p 590
840 King's Hwy, FORT FRANCES, ON, P9A 2X4
(807) 274-2727   SIC 5812
BOSTON PIZZA INTERNATIONAL INC   p 697
1 City Centre Dr Suite 708, MISSISSAUGA, ON, L5B 1M2
(905) 848-2700   SIC 6794
BOSTON PIZZA INTERNATIONAL INC   p 809
821 Rye St, PETERBOROUGH, ON, K9J 6X1
(705) 740-2775   SIC 5812
BOSTON PIZZA INTERNATIONAL INC   p 832
601 Great Northern Rd, SAULT STE. MARIE, ON, P6B 5A1
(705) 949-5560   SIC 5812
BOSTON PIZZA INTERNATIONAL INC   p 992
7300 Boul Des Roseraies, ANJOU, QC, H1M 2T5
(514) 788-4848   SIC 5812
BOSTON PIZZA INTERNATIONAL INC   p 1019
450 Prom Du Centropolis, Cote Saint-Luc, QC, H7T 3C2
(450) 688-2229   SIC 5812
BOSTON PIZZA INTERNATIONAL INC   p 1019
3030 Boul Le Carrefour Bureau 802, Cote Saint-Luc, QC, H7T 2P5
(450) 687-2004   SIC 6794
BOSTON PIZZA INTERNATIONAL INC   p 1068
1432 Rte Des Rivieres, Levis, QC, G7A 2N9
(418) 831-1999   SIC 5812
BOSTON PIZZA INTERNATIONAL INC   p 1076
150 Montee Masson Bureau 622, MASCOUCHE, QC, J7K 3B5
(450) 474-6363   SIC 5812
BOSTON PIZZA INTERNATIONAL INC   p 1238
550 Rue Jean-Paul-Perrault, SHERBROOKE, QC, J1L 3A6
(819) 565-0606   SIC 5812
BOSTON PIZZA INTERNATIONAL INC   p 1276
1650 Main St N, MOOSE JAW, SK, S6J 1L3
(306) 691-2222   SIC 5812
BOSTON PIZZA INTERNATIONAL INC   p 1290
2660 E Quance St, REGINA, SK, S4V 2X5
(306) 779-4500   SIC 5812
BOSTON PIZZA OKOTOKS 149   p 149
See TOMANICK GROUP, THE
BOSTON PIZZA ORLEANS   p 776
3884 Innes Rd, ORLEANS, ON, K1W 1K9
(613) 590-0881   SIC 5812
BOSTON PIZZA ROCKLAND   p 825
See 2158390 ONTARIO INC
BOSTON SCIENTIFIC LTD   p 687
5060 Spectrum Way Suite 405, MISSISSAUGA, ON, L4W 5N5
(905) 291-6900   SIC 3841
BOT CONSTRUCTION LIMITED   p 769
1224 Speers Rd, OAKVILLE, ON, L6L 5B6
(905) 827-4167   SIC 1611
BOTHWELL   p 546
See SAMUEL, SON & CO., LIMITED
BOTHWELL CHEESE INC   p 352
61 Main St, New Bothwell, MB, R0A 1C0
(204) 388-4666   SIC 2022
BOTHWELL ELEMENTARY SCHOOL   p 289
See SCHOOL DISTRICT NO 36 (SURREY)
BOTHWELL STEEL   p 546
See SAMUEL, SON & CO., LIMITED
BOTWOOD COLLEGIATE   p 423
See NOVA CENTRAL SCHOOL DISTRICT
BOUCHER & JONES FUELS   p 950
See BOUCHER & JONES INC
BOUCHER & JONES INC   p 950
155 Roger St Suite 1, WATERLOO, ON, N2J 1B1
(519) 653-3501   SIC 5171
BOUCHER, J.C. & FILS LTEE   p 1040
1400 Rue Principale Rr 1, GIRARDVILLE, QC, G0W 1R0
(418) 258-3261   SIC 2411
BOUCHERIE COTE INC   p 1000
387 Ch De La Grande-Cote, BOISBRIAND, QC, J7G 1A9
(450) 437-6877   SIC 5421
BOUCHERIE LE BIFTHEQUE   p 1212
See LE BIFTHEQUE INC
BOUCHERS ASSOCIES DE BOISBRIAND SENC, LES   p 1000
See BOUCHERIE COTE INC
BOUCHERVILLE ELEMENTARY SCHOOL p 1005
See RIVERSIDE SCHOOL BOARD
BOUCLAIR HOME   p 1141
See BOUCLAIR INC
BOUCLAIR INC   p 1019
2585 Boul Daniel-Johnson, Cote Saint-Luc, QC, H7T 1S8
(450) 682-5541   SIC 5947
BOUCLAIR INC   p 1141
152 Av Alston, POINTE-CLAIRE, QC, H9R 6B4
(514) 426-0115   SIC 5719
BOUCLAIR INC   p 1200
1044 Boul Du Grand-Heron, Saint-Jerome, QC, J7Y 5K8
(450) 432-4474   SIC 5023
BOUCLAIR INC   p 1216
4425 Rue Jean-Talon E, SAINT-LEONARD, QC, H1S 1J9
(514) 725-9175   SIC 5949
BOUCTOUCHE PHARMACY LTD   p 394
30 Irving Blvd Suite 200, BOUCTOUCHE, NB, E4S 3L2
(506) 743-2434   SIC 5912
BOUDOIR 1861   p 1100
See 9212-4007 QUEBEC INC
BOUGHTON LAW CORPORATION   p 323
595 Burrard St Suite 1000, VANCOUVER, BC, V7X 1S8
(604) 647-4102   SIC 8111
BOULANG PREMIERE MOISSON GARS   p 1109
See 3169693 CANADA INC
BOULANGERIE AU PAIN DORE LTEE   p 1089
3075 Rue De Rouen, Montreal, QC, H1W 3Z2
(514) 528-8877   SIC 2051
BOULANGERIE AU PAIN DORE LTEE   p 1120
5214 Ch De La Cote-Des-Neiges, Montreal, QC, H3T 1X8
(514) 342-8995   SIC 2051
BOULANGERIE GADOUA LTEE   p 1053
170 Boul Taschereau Bureau 220, LA PRAIRIE, QC, J5R 5H6
(450) 245-3326   SIC 2051
BOULANGERIE GADOUA LTEE   p 1222
561 Rue Principale, SAINT-THOMAS, QC, J0K 3L0
SIC 5461
BOULANGERIE MULTI-MARQUES   p 1035
See MULTI-MARQUES INC
BOULANGERIE MULTI-MARQUES   p 1088
See MULTI-MARQUES INC
BOULANGERIE MULTI-MARQUES   p 1146
See CANADA BREAD COMPANY, LIMITED
BOULANGERIE PREMIERE MOISSON 1072
See 3116506 CANADA INC
BOULANGERIE PREMIERE MOISSON 1098
See 7979134 CANADA INC
BOULANGERIE PREMIERE MOISSON 1122
See 9015-9492 QUEBEC INC
BOULANGERIE PREMIERE MOISSON 1244
See 2850401 CANADA INC
BOULANGERIE PREMIERE MOISSON 1256
See 3367771 CANADA INC
BOULANGERIE SAINT METHODE   p 987
See NATURO PAIN INC
BOULANGERIE SAINTE MARTINE   p 1228
See DARE FOODS LIMITED
BOULANGERIE ST THOMAS   p 1222
See BOULANGERIE GADOUA LTEE
BOULANGERIE ST-METHODE INC   p 987
14 Rue Principale E, ADSTOCK, QC, G0N 1S0
(418) 422-2246   SIC 5461
BOULANGERIE VACHON INC   p 1214
8770 Boul Langelier Bureau 230, SAINT-LEONARD, QC, H1P 3C6
(514) 326-5084   SIC 5149
BOULANGERIE VACHON INC   p 1227
380 Rue Notre-Dame N, SAINTE-MARIE, QC, G6E 2K7
(418) 387-5421   SIC 5149
BOULANGERIES WESTON   p 1134
See WESTON BAKERIES LIMITED
BOULANGERIES WESTON QUEBEC LIMITEE   p 1072
2700 Boul Jacques-Cartier E, LONGUEUIL, QC, J4N 1L5
(450) 448-7246   SIC 2051
BOULART INC   p 1056
1355 32e Av, LACHINE, QC, H8T 3H2
(514) 631-4040   SIC 2051
BOULEVARD CLUB LIMITED, THE   p 936
1491 Lake Shore Blvd W, TORONTO, ON, M6K 3C2
(416) 532-3341   SIC 7997
BOUNDARY CENTRAL SECONDARY SCHOOL   p 237
See SCHOOL DISTRICT 51 BOUNDARY
BOUNDARY ELEMENTARY SCHOOL   p 247
See SCHOOL DISTRICT NO. 44 (NORTH VANCOUVER)
BOUNDARY LANE COLONY SCHOOL   p 348
See FORT LA BOSSE SCHOOL DIVISION
BOUNDARY PARK ELEMENTARY SCHOOL   p 287
See SCHOOL DISTRICT NO 36 (SURREY)
BOUNDARY PUBLISHERS LTD   p 1268
134 Perkins St, ESTEVAN, SK, S4A 2K1
(306) 634-9522   SIC 2711
BOUNDARY PUBLISHERS LTD   p 1268
68 Souris Ave, ESTEVAN, SK, S4A 2M3
(306) 634-2654   SIC 2711
BOUNDARY STREET ELEMENTARY SCHOOL   p 818
See UPPER CANADA DISTRICT SCHOOL BOARD, THE
BOUNDARY TECHNICAL GROUP INC   p 2
421 East Lake Rd Ne Unit 8, AIRDRIE, AB, T4A 2J7
(403) 948-2198   SIC 8713
BOUNDARY TRAILS HEALTH CENTRE FOUNDATION INC   p 361
Gd, WINKLER, MB, R6W 1H8
(204) 331-8808   SIC 8621
BOUNDARY-ABRASITEC PRODUCTS INC.   p 90
10740 181 St Nw, EDMONTON, AB, T5S 1K8
(780) 486-2626   SIC 3532
BOURASSA, S. (ST-SAUVEUR) LTEE   p 1221
105b Av Guindon Rr 6, SAINT-SAUVEUR, QC, J0R 1R6
(450) 227-4737   SIC 5411
BOURGABEC INC   p 1156
600 Grande Allee E, Quebec, QC, G1R 2K5
(418) 522-0393   SIC 5813
BOURGAULT INDUSTRIES LTD   p 1306
501 Barbier Dr, ST BRIEUX, SK, S0K 3V0
(306) 275-4800   SIC 1761
BOURGEONS DE LA MITIS, LES   p 1079
1811 Boul Gaboury, MONT-JOLI, QC, G5H 4B5
(418) 775-3077   SIC 7349
BOUTIN, V. EXPRESS INC   p 1002
50 Ch Du Tremblay, BOUCHERVILLE, QC, J4B 6Z5
(450) 449-7373   SIC 4213
BOUTIN, V. EXPRESS INC   p 1138
1397 Rue Savoie, PLESSISVILLE, QC, G6L 1J8
(819) 362-7333   SIC 4213
BOUTIQUE DE GOLF LE GRAND PORTNEUF   p 1143
See GOLF DU GRAND PORTNEUF INC, LE
BOUTIQUE DU BUREAU GYVA INC   p 988
221 Rue Principale S, AMOS, QC, J9T 2J8
(819) 732-5531   SIC 7359
BOUTIQUE ELECTRONIQUE, LA   p 1024
See 2758792 CANADA INC
BOUTIQUE ET MAGASIN A RAYONS LINEN CHEST   p 1063
See BOUTIQUE LINEN CHEST (PHASE II) INC
BOUTIQUE JACOB   p 1211
See ALEVA GENERATIONS INC
BOUTIQUE JACOB INC   p 190
4700 Kingsway Suite 2135, BURNABY, BC, V5H 4M1
SIC 5621
BOUTIQUE JACOB INC   p 299
650 41st Ave W Unit 179, VANCOUVER, BC, V5Z 2M9
SIC 5621
BOUTIQUE JACOB INC   p 540
900 Maple Ave Unit 110, BURLINGTON, ON, L7S 2J8
SIC 5621
BOUTIQUE JACOB INC   p 638
2960 Kingsway Dr, KITCHENER, ON, N2C 1X1
SIC 5621
BOUTIQUE JACOB INC   p 713
5875 Rodeo Dr, MISSISSAUGA, ON, L5R 4C1
SIC 5621
BOUTIQUE JACOB INC   p 759
3401 Dufferin St, NORTH YORK, ON, M6A 2T9
SIC 5621
BOUTIQUE JACOB INC   p 788
50 Rideau St Suite 275, OTTAWA, ON, K1N 9J7
SIC 5621
BOUTIQUE JACOB INC   p 875
1 Promenade Cir, THORNHILL, ON, L4J 4P8
SIC 5621
BOUTIQUE JACOB INC   p 901
55 Bloor St W, TORONTO, ON, M4W 1A5
SIC 5621
BOUTIQUE JACOB INC   p 1019
3035 Boul Le Carrefour, Cote Saint-Luc, QC, H7T 1C8
(450) 681-5231   SIC 5621
BOUTIQUE JACOB INC   p 1115

▲ Public Company   ■ Public Company Family Member   HQ Headquarters   BR Branch   SL Single Location

1220 Rue Sainte-Catherine O, Montreal, QC, H3G 1P1
(514) 228-7986   SIC 5621
BOUTIQUE JACOB INC   p 1211
6125 Ch De La Cote-De-Liesse, SAINT-LAURENT, QC, H4T 1C8
(514) 228-7989   SIC 5621
BOUTIQUE LA VIE EN ROSE INC   p 232
20150 Langley Bypass Unit 10, LANGLEY, BC, V3A 9J8
(604) 539-0257   SIC 5632
BOUTIQUE LA VIE EN ROSE INC   p 232
See BOUTIQUE LA VIE EN ROSE INC
BOUTIQUE LA VIE EN ROSE INC   p 510
40 Great Lakes Dr, BRAMPTON, ON, L6R 2K7
(905) 458-5336   SIC 5632
BOUTIQUE LA VIE EN ROSE INC   p 540
900 Maple Ave, BURLINGTON, ON, L7S 2J8
(905) 681-0049   SIC 5632
BOUTIQUE LA VIE EN ROSE INC   p 540
See BOUTIQUE LA VIE EN ROSE INC
BOUTIQUE LA VIE EN ROSE INC   p 670
See BOUTIQUE LA VIE EN ROSE INC
BOUTIQUE LA VIE EN ROSE INC   p 670
5000 Highway 7 E, MARKHAM, ON, L3R 4M9
(905) 513-6594   SIC 5632
BOUTIQUE LA VIE EN ROSE INC   p 700
See BOUTIQUE LA VIE EN ROSE INC
BOUTIQUE LA VIE EN ROSE INC   p 700
1250 South Service Rd Suite 100, MISSISSAUGA, ON, L5E 1V4
(905) 278-2043   SIC 5632
BOUTIQUE LA VIE EN ROSE INC   p 725
See BOUTIQUE LA VIE EN ROSE INC
BOUTIQUE LA VIE EN ROSE INC   p 725
100 Bayshore Dr Unit 54, NEPEAN, ON, K2B 8C1
(613) 828-8383   SIC 5632
BOUTIQUE LA VIE EN ROSE INC   p 779
See BOUTIQUE LA VIE EN ROSE INC
BOUTIQUE LA VIE EN ROSE INC   p 779
1471 Harmony Rd N Unit 2, OSHAWA, ON, L1H 7K5
(905) 429-2066   SIC 5632
BOUTIQUE LA VIE EN ROSE INC   p 788
50 Rideau St, OTTAWA, ON, K1N 9J7
(613) 563-2959   SIC 5632
BOUTIQUE LA VIE EN ROSE INC   p 788
See BOUTIQUE LA VIE EN ROSE INC
BOUTIQUE LA VIE EN ROSE INC   p 906
See BOUTIQUE LA VIE EN ROSE INC
BOUTIQUE LA VIE EN ROSE INC   p 906
218 Yonge St, TORONTO, ON, M5B 2H6
(416) 595-0898   SIC 5632
BOUTIQUE LA VIE EN ROSE INC   p 1013
1401 Boul Talbot, CHICOUTIMI, QC, G7H 5N6
(418) 690-2537   SIC 5632
BOUTIQUE LA VIE EN ROSE INC   p 1013
See BOUTIQUE LA VIE EN ROSE INC
BOUTIQUE LA VIE EN ROSE INC   p 1049
See BOUTIQUE LA VIE EN ROSE INC
BOUTIQUE LA VIE EN ROSE INC   p 1049
3204 Rue Jean-Yves, KIRKLAND, QC, H9J 2R6
(514) 630-9288   SIC 5632
BOUTIQUE LA VIE EN ROSE INC   p 1088
4320 Av Pierre-De Coubertin, Montreal, QC, H1V 1A6
(514) 256-9446   SIC 5632
BOUTIQUE LA VIE EN ROSE INC   p 1140
2430 Chomedey (A-13) O, POINTE-CLAIRE, QC, H7X 4G8
(450) 689-7779   SIC 5632
BOUTIQUE LA VIE EN ROSE INC   p 1140
See BOUTIQUE LA VIE EN ROSE INC
BOUTIQUE LA VIE EN ROSE INC   p 1172
See BOUTIQUE LA VIE EN ROSE INC
BOUTIQUE LA VIE EN ROSE INC   p 1172

419 Boul Jessop, RIMOUSKI, QC, G5L 7Y5
(418) 723-5512   SIC 5137
BOUTIQUE LA VIE EN ROSE INC   p 1200
See BOUTIQUE LA VIE EN ROSE INC
BOUTIQUE LA VIE EN ROSE INC   p 1200
900 Boul Grignon, Saint-Jerome, QC, J7Y 3S7
(450) 565-2999   SIC 5632
BOUTIQUE LE PENTAGONE INC   p 1242
281 Rue Edward-Assh, STE-CATHERINE-DE-LA-J-CARTIE, QC, G3N 1A3
(418) 875-1839   SIC 5621
BOUTIQUE LINEN CHEST (PHASE II) INC p 1006
7350 Boul Taschereau Bureau 49, BROSSARD, QC, J4W 1M9
(450) 671-2202   SIC 5719
BOUTIQUE LINEN CHEST (PHASE II) INC p 1063
4455 Des Laurentides (A-15) E, LAVAL-OUEST, QC, H7L 5X8
(514) 331-5260   SIC 5719
BOUTIQUE LINEN CHEST (PHASE II) INC p 1080
2305 Ch Rockland Bureau 500, MONT-ROYAL, QC, H3P 3E9
(514) 341-7810   SIC 5714
BOUTIQUE LINEN CHEST (PHASE II) INC p 1110
625 Rue Sainte-Catherine O Bureau 222, Montreal, QC, H3B 1B7
(514) 282-9525   SIC 5719
BOUTIQUE LINEN CHEST (PHASE II) INC p 1130
1655 Boul Le Corbusier, Montreal, QC, H7S 1Z3
(450) 681-9090   SIC 5023
BOUTIQUE LINEN CHEST (PHASE II) INC p 1160
2700 Boul Laurier Bureau 2800, Quebec, QC, G1V 2L8
(418) 658-5218   SIC 5719
BOUTIQUE LINEN CHEST (PHASE II) INC p 1171
100 Boul Brien, REPENTIGNY, QC, J6A 5N4
(450) 585-7907   SIC 5719
BOUTIQUE TRISTAN & ISEUT INC   p 788
50 Rideau St Suite 300, OTTAWA, ON, K1N 9J7
(613) 567-5507   SIC 5611
BOUTIQUE TRISTAN & ISEUT INC   p 1019
3035 Boul Le Carrefour, Cote Saint-Luc, QC, H7T 1C8
(450) 687-6382   SIC 5651
BOUTIQUE TRISTAN & ISEUT INC   p 1110
1001 Rue Sainte-Catherine O, Montreal, QC, H3B 1H2
(514) 271-7787   SIC 5651
BOUTIQUE TRISTAN & ISEUT INC   p 1118
20 Rue Des Seigneurs, Montreal, QC, H3K 3K3
(514) 937-4601   SIC 5621
BOUTIQUE TRISTAN & ISEUT INC   p 1182
401 Boul Des Promenades Bureau 4, SAINT-BRUNO, QC, J3V 6A8
(450) 653-9253   SIC 5621
BOUVET, ANDRE LTEE   p 997
16090 Boul Des Acadiens, Becancour, QC, G9H 1K9
(819) 233-2357   SIC 1794
BOUVIDARD LTEE   p 995
25 Rue Saint-Jean-Baptiste, BAIE-SAINT-PAUL, QC, G3Z 1M2
(418) 435-5585   SIC 5812
BOUVRY EXPORTS CALGARY LTD   p 118
Gd, FORT MACLEOD, AB, T0L 0Z0
(403) 553-4431   SIC 2011
BOUYGUES BUILDING CANADA INC p 910
180 Dundas St W Suite 2605, TORONTO, ON, M5G 1Z8
SIC 1541
BOW AND ARROW PUB, THE   p 899
See NEIGHBOURHOOD GROUP OF COMPANIES LIMITED, THE

BOW CITY   p 21
See BOW CITY DELIVERY (1989) LTD
BOW CITY COLONY SCHOOL   p 8
See GRASSLANDS REGIONAL DIVISION 6
BOW CITY DELIVERY (1989) LTD   p 21
1423 45 Ave Ne Bay Ctr, CALGARY, AB, T2E 2P3
(403) 250-5329   SIC 7389
BOW GROUPE DE PLOMBERIE INC   p 569
531 Shaw Rd, DORCHESTER, ON, N0L 1G4
SIC 3351
BOW GROUPE DE PLOMBERIE INC p 1040
15 Rue Vittie, GRANBY, QC, J2G 6N8
(450) 372-5481   SIC 3089
BOW ISLAND HEALTH CENTRE   p 7
See ALBERTA HEALTH SERVICES
BOW MEL CHRYSLER LTD   p 211
461 Trans Canada Hwy, DUNCAN, BC, V9L 3R7
(250) 748-8144   SIC 5511
BOW METALLICS   p 569
See BOW GROUPE DE PLOMBERIE INC
BOW RIVER IRRIGATION DISTRICT   p 172
704 7 Ave N, VAUXHALL, AB, T0K 2K0
(403) 654-2111   SIC 4971
BOW RIVER PROPERTY MANAGEMENT & LEASING   p 52
See ENTERPRISE UNIVERSAL INC
BOW VALLEY HIGH SCHOOL   p 69
See ROCKY VIEW SCHOOL DIVISION NO. 41, THE
BOW VALLEY SQUARE   p 47
See OXFORD PROPERTIES GROUP INC
BOWCROFT ELEMENTARY SCHOOL   p 59
See CALGARY BOARD OF EDUCATION
BOWDEN PO   p 782
See CANADA POST CORPORATION
BOWDENS MEDIA MONITORING LIMITED   p 753
150 Ferrand Dr Suite 1100, NORTH YORK, ON, M3C 3E5
(416) 750-2220   SIC 7319
BOWEN ISLAND ELEMENTARY SCHOOL p 182
See SCHOOL DISTRICT NO. 45 (WEST VANCOUVER)
BOWERS MEDICAL SUPPLY   p 210
See RADION LABORATORIES LTD
BOWERS PROCESS EQUIPMENT   p 865
See TAILWIND INVESTMENTS LTD
BOWMORE JUNIOR & SENIOR PUBLIC SCHOOL   p 895
See TORONTO DISTRICT SCHOOL BOARD
BOWNE ENTERPRISE SOLUTIONS, DIV OF   p 753
See RR DONELLEY CANADA FINANCIAL COMPANY
BOWNESS BAKERY (ALBERTA) INC   p 22
4280 23 St Ne Suite 1, CALGARY, AB, T2E 6X7
(403) 250-9760   SIC 2051
BOWNESS HIGH SCHOOL   p 59
See CALGARY BOARD OF EDUCATION
BOWSER ELEMENTARY SCHOOL   p 182
See SCHOOL DISTRICT NO 69 (QUALICUM)
BOXMASTER, DIV OF   p 272
See CROWN CORRUGATED COMPANY
BOXWOOD PUBLIC SCHOOL   p 676
See YORK REGION DISTRICT SCHOOL BOARD
BOYAUX MULTIFLEX   p 1214
See HEBDRAULIQUE INC
BOYCHUK ENERGY INC   p 41
440 2 Ave Sw Unit 1700, CALGARY, AB, T2P 5E9
(403) 206-4122   SIC 4213
BOYD AUTOBODY & GLASS   p 225
See BOYD GROUP INC, THE
BOYD AUTOBODY & GLASS   p 281
See BOYD GROUP INC, THE

BOYD AUTOBODY & GLASS   p 388
See BOYD GROUP INC, THE
BOYD AUTOBODY AND GLASS   p 224
See ABOUGOUSH COLLISION INC
BOYD EXPLORATION CONSULTANTS LTD p 41
800 6 Ave Sw Suite 1200, Calgary, AB, T2P 3G3
(403) 233-2455   SIC 8999
BOYD GROUP INC, THE   p 225
1960a Dayton St, KELOWNA, BC, V1Y 7W6
(250) 868-2693   SIC 7532
BOYD GROUP INC, THE   p 281
5726 Landmark Way, SURREY, BC, V3S 7H1
(604) 530-9818   SIC 7532
BOYD GROUP INC, THE   p 388
2405 Pembina Hwy, WINNIPEG, MB, R3T 2H4
(204) 269-5520   SIC 7539
BOYD MOVING & STORAGE LTD   p 783
1255 Leeds Ave Unit 1, OTTAWA, ON, K1B 3W2
(613) 244-4444   SIC 4214
BOYD PETRO SEARCH   p 41
See BOYD EXPLORATION CONSULTANTS LTD
BOYD SECONDARY SCHOOL   p 274
See BOARD OF EDUCATION SCHOOL DISTRICT #38 (RICHMOND)
BOYER, PETER CHEVROLET PONTIAC BUICK LTD   p 725
401 Hwy 41, NAPANEE, ON, K7R 3L1
(613) 354-2166   SIC 5511
BOYKIW, DONALD   p 41
450 1 St Sw Suite 2500, CALGARY, AB, T2P 5H1
(403) 260-7000   SIC 8111
BOYLE CO-OPERATIVE ASSOCIATION LIMITED   p 7
4802 Taylor Rd, BOYLE, AB, T0A 0M0
(780) 689-3751   SIC 5541
BOYLE HEALTHCARE CENTRE   p 7
See ALBERTA HEALTH SERVICES
BOYLE SCHOOL   p 7
See ASPEN VIEW PUBLIC SCHOOL DIVISION NO. 78
BOYNE LODGE PERSONAL CARE HOME p 346
See BOYNE VALLEY HOSTEL CORPORATION, THE
BOYNE VALLEY HOSTEL CORPORATION, THE   p 346
120 4th Ave Sw Rr 3, CARMAN, MB, R0G 0J0
(204) 745-6715   SIC 8361
BOYS & GIRLS CLUBS OF HAMILTON 607
See HAMILTON EAST KIWANIS BOYS & GIRLS CLUB INCORPORATED
BOYS AND GIRLS CLUB COMMUNITY SERVICES OF DELTA/RICHMOND   p 208
11393 84 Ave, DELTA, BC, V4C 2L9
(604) 596-9595   SIC 8322
BOYS AND GIRLS CLUBS OF CANADA 889
2005 Sheppard Ave E Suite 400, TORONTO, ON, M2J 5B4
(905) 477-7272   SIC 8641
BOYS AND GIRLS CLUBS OF CENTRAL VANCOUVER ISLAND   p 239
20 Fifth St, NANAIMO, BC, V9R 1M7
(250) 754-3215   SIC 8322
BOYS' & GIRLS' CLUB OF DURHAM p 779
433 Eulalie Ave, OSHAWA, ON, L1H 2C6
(905) 728-5121   SIC 8351
BOYS' & GIRLS' CLUB OF LONDON p 657
184 Horton St E, LONDON, ON, N6B 1K8
(519) 434-9114   SIC 7997
BOZANTO INC   p 1141
1999 Boul Des Sources, POINTE-CLAIRE, QC, H9R 5Z4
(514) 630-3320   SIC 2519
BP CANADA   p 829

BUSINESSES ALPHABETICALLY

See PLAINS MIDSTREAM CANADA ULC
BP CANADA p 1059
See CIE MATERIAUX DE CONSTRUCTION BP CANADA, LA
BP CANADA ENERGY COMPANY p 40
240 4 Ave Sw, CALGARY, AB, T2P 4H4
(403) 233-1313   SIC 1311
BP CANADA ENERGY COMPANY p 70
Gd, CONKLIN, AB, T0P 1H0
(780) 559-2236   SIC 1311
BP CANADA ENERGY COMPANY p 71
24 48-07 W5 Gd Stn Main Gd Stn Main, DRAYTON VALLEY, AB, T7A 1T1
(780) 542-8100   SIC 4922
BP CANADA ENERGY COMPANY p 117
5310 4 Ave, EDSON, AB, T7E 1L4
(780) 723-3604   SIC 1311
BP CANADA ENERGY COMPANY p 123
11010 126th St, FORT SASKATCHEWAN, AB, T8L 2T2
(780) 992-2700   SIC 1311
BP CANADA ENERGY COMPANY p 125
9909 102 St Suite 214, GRANDE PRAIRIE, AB, T8V 2V4
(780) 354-2226   SIC 1311
BP CANADA ENERGY COMPANY p 142
Gd, MANNING, AB, T0H 2M0
(780) 836-3364   SIC 1311
BP CANADA ENERGY COMPANY p 143
Gd Lcd 1, MEDICINE HAT, AB, T1A 7E4
(403) 529-2361   SIC 1311
BP CANADA ENERGY COMPANY p 164
Gd, SLAVE LAKE, AB, T0G 2A0
SIC 1311
BP CANADA ENERGY COMPANY p 828
201 Front St N Suite 1405, SARNIA, ON, N7T 7T9
(519) 383-3500   SIC 1311
BP CANADA ENERGY COMPANY p 1268
Gd, ESTEVAN, SK, S4A 2A1
(306) 487-2551   SIC 1311
BPG GRAPHIC SOLUTIONS p 669
See 1009278 ONTARIO INC
BPR p 1088
See TETRA TECH INDUSTRIES INC
BPR p 1089
See TETRA TECH QE INC
BPR - GROUPE-CONSEIL, SENC p 1172
464 Boul Saint-Germain, RIMOUSKI, QC, G5L 3P1
(418) 723-8151   SIC 8711
BPR INC p 1002
1205 Rue Ampere Bureau 310, BOUCHERVILLE, QC, J4B 7M6
(450) 655-8440   SIC 8711
BPR INC p 1067
8165 Rue Du Mistral Bureau 201, Levis, QC, G6X 3R8
(418) 835-2366   SIC 8711
BPR INC p 1154
4655 Boul Wilfrid-Hamel, Quebec, QC, G1P 2J7
(418) 871-8151   SIC 8711
BPR-INFRASTRUCTURE INC p 1040
155 Rue Saint-Jacques Bureau 404, GRANBY, QC, J2G 9A7
(450) 378-3779   SIC 8711
BPSR CORPORATION p 575
123 Fourth St, ETOBICOKE, ON, M8V 2Y6
(905) 999-9999   SIC 5311
BPSR NOVELTIES p 575
See BPSR CORPORATION
BRACEBRIDGE EXAMINER p 508
See METROLAND MEDIA GROUP LTD
BRACEBRIDGE LEARNING CENTER p 508
See TRILLIUM LAKELANDS DISTRICT SCHOOL BOARD
BRACEBRIDGE PUBLIC SCHOOL p 508
See TRILLIUM LAKELANDS DISTRICT SCHOOL BOARD
BRACKENDALE ELEMENTARY SCHOOL p 182
See SCHOOL DISTRICT NO. 48 (HOWE SOUND)

BRAD'S NOFRILLS p 276
See LOBLAWS INC
BRAD-LEA MEADOWS LIMITED p 552
615 Richmond St, CHATHAM, ON, N7M 1R2
(519) 436-5506   SIC 7011
BRADBURYS RESTAURANTS (1994) LTD p 178
32080 Marshall Rd, ABBOTSFORD, BC, V2T 1A1
(604) 854-3344   SIC 5812
BRADDAN PRIVATE HOSPITAL p 317
See 498224 BC INC
BRADFORD CANADA p 659
See BRADFORD COMPANY LTD
BRADFORD COMPANY LTD p 659
4070 White Oak Rd, LONDON, ON, N6E 0B1
(519) 451-4393   SIC 8742
BRADFORD DIRECT INC p 814
1920 Clements Rd, PICKERING, ON, L1W 3V6
(416) 789-7411   SIC 7331
BRADFORD DISTRICT HIGH SCHOOL p 509
See SIMCOE COUNTY DISTRICT SCHOOL BOARD, THE
BRADFORD ELEMENTARY SCHOOL p 509
See SIMCOE COUNTY DISTRICT SCHOOL BOARD, THE
BRADFORD GREENHOUSES GARDEN GALLERY p 509
See BRADFORD GREENHOUSES LIMITED
BRADFORD GREENHOUSES LIMITED p 509
2433 12th Conc, BRADFORD, ON, L3Z 2B2
(905) 775-4769   SIC 5191
BRADFORD WHITE - CANADA INC p 605
9 Brigden Gate, HALTON HILLS, ON, L7G 0A3
(905) 203-0600   SIC 5064
BRADGATE ARMS p 900
See REVERA INC
BRADKEN p 664
See BRADKEN CANADA MANUFACTURED PRODUCTS LTD
BRADKEN CANADA MANUFACTURED PRODUCTS LTD p 664
45 Enterprise Dr, LONDON, ON, N6N 1C1
(519) 685-3000   SIC 3599
BRADKEN CANADA MANUFACTURED PRODUCTS LTD p 1079
105 Av De La Fonderie, MONT-JOLI, QC, G5H 1W2
(418) 775-4358   SIC 3321
BRADLEY p 1178
See MDBB EST INC
BRADLEY AIR SERVICES LIMITED p 625
20 Cope Dr, KANATA, ON, K2M 2V8
(613) 254-6200   SIC 4522
BRADLEY AIR SERVICES LIMITED p 795
100 Thad Johnson Pvt, OTTAWA, ON, K1V 0R1
(613) 254-6200   SIC 8322
BRADLEY AIR-CONDITIONING LIMITED p 557
150 Connie Cres Suite 14, CONCORD, ON, L4K 1L9
(905) 660-5400   SIC 1711
BRADLEY, M L LIMITED p 725
3406 Frank Kenny Rd, NAVAN, ON, K4B 0C5
(613) 835-2488   SIC 4111
BRADSHAW ELEMENTARY SCHOOL p 233
See SCHOOL DISTRICT NO. 35 (LANGLEY)
BRADSTREET IRONWORKS INC p 9
75 Templehill Dr Ne Unit 7, CALGARY, AB, T1Y 4C4
SIC 3533
BRADY HOUSE p 807
See TAYSIDE COMMUNITY RESIDENTIAL & SUPPORT OPTIONS
BRADY ROAD LANDFILL p 391

See CITY OF WINNIPEG, THE
BRAEBURN JUNIOR SCHOOL p 587
See TORONTO DISTRICT SCHOOL BOARD
BRAEFOOT ELEMENTARY SCHOOL p 327
See BOARD OF EDUCATION OF SCHOOL DISTRICT NO. 61 (GREATER VICTORIA)
BRAEMAR ELEMENTARY SCHOOL p 249
See SCHOOL DISTRICT NO. 44 (NORTH VANCOUVER)
BRAEMAR RETIREMENT CENTRE p 972
See MACGOWAN NURSING HOMES LTD
BRAESIDE SCHOOL p 54
See CALGARY BOARD OF EDUCATION
BRAFASCO p 387
See ANIXTER POWER SOLUTIONS CANADA INC
BRAIN INJURY COMMUNITY RE-ENTRY (NIAGARA) INC p 876
3340 Schmon Pkwy Unit 2, THOROLD, ON, L2V 4Y6
(905) 687-6788   SIC 8399
BRAIN INJURY SERVICES OF NORTHERN ONTARIO p 876
130 Castlegreen Dr, THUNDER BAY, ON, P7A 7T9
(807) 768-1881   SIC 8361
BRALEY WINTON FINANCIAL GROUP p 1141
See ASSURANCES H. BRALEY LTEE, LES
BRAMALEA SALES PARTS DISTRIBUTION CENTRE p 514
See FORD MOTOR COMPANY OF CANADA, LIMITED
BRAMBLES CANADA INC p 513
50 Driver Rd, BRAMPTON, ON, L6T 5V2
(905) 458-1521   SIC 4226
BRAMBLES CANADA INC p 895
77 East Don Roadway, TORONTO, ON, M4M 2A5
(416) 424-3087   SIC 4226
BRAMBLEWOOD ELEMENTARY SCHOOL p 200
See SCHOOL DISTRICT NO. 43 (COQUITLAM)
BRAMBURYTOWN HOLDINGS CORP p 741
1899 Algonquin Ave, NORTH BAY, ON, P1B 4Y8
SIC 5812
BRAMGATE AUTOMOTIVE INC p 518
268 Queen St E, BRAMPTON, ON, L6V 1B9
(905) 459-6040   SIC 5511
BRAMGATE VOLKSWAGEN p 518
See BRAMGATE AUTOMOTIVE INC
BRAMPTON BRICK LIMITED p 523
225 Wanless Dr, BRAMPTON, ON, L7A 1E9
SIC 3251
BRAMPTON BRICK LIMITED p 678
455 Rodick Rd, MARKHAM, ON, L6G 1B2
(905) 475-5900   SIC 3444
BRAMPTON CENTENNIAL SECONDARY SCHOOL p 522
See PEEL DISTRICT SCHOOL BOARD
BRAMPTON CESSNA p 553
See BRAMPTON FLYING CLUB
BRAMPTON CIVIC HOSPITAL p 510
See WILLIAM OSLER HEALTH SYSTEM
BRAMPTON CIVIC HOSPITAL p 511
See WILLIAM OSLER HEALTH SYSTEM
BRAMPTON FIRE & EMERGENCY SERVICES p 519
See CORPORATION OF THE CITY OF BRAMPTON, THE
BRAMPTON FLYING CLUB p 553
13691 Mclaughlin Rd, CHELTENHAM, ON, L7C 2B2
(416) 798-7928   SIC 8299
BRAMPTON FUNERAL HOME & CEMETERY p 523
See ARBOR MEMORIAL SERVICES INC
BRAMPTON GOLF CLUB LIMITED p 519
7700 Kennedy Rd, BRAMPTON, ON, L6W 0A1
(905) 457-5700   SIC 7997
BRAMPTON NORTH SUPERCENTRE p 518
See WAL-MART CANADA CORP
BRANCH 168 p 481
See ROYAL CANADIAN LEGION, THE
BRAND FELT OF CANADA LIMITED p 692
2559 Wharton Glen Ave, MISSISSAUGA, ON, L4X 2A8
(905) 272-3350   SIC 2231
BRAND FELT OF CANADA LIMITED p 692
2559 Wharton Glen Ave, MISSISSAUGA, ON, L4X 2A8
(905) 279-6680   SIC 2231
BRANDALLIANCE ONTARIO INC p 707
6695 Millcreek Dr Suite 7, MISSISSAUGA, ON, L5N 5R8
(905) 819-0155   SIC 8743
BRANDES U.S. SMALL CAP EQUITY FUND p 917
20 Bay St Suite 400, TORONTO, ON, M5J 2N8
(416) 306-5700   SIC 6722
BRANDON ACCOUNTING p 344
See BDO CANADA LLP
BRANDON GATE PUBLIC SCHOOL p 684
See PEEL DISTRICT SCHOOL BOARD
BRANDON MCC TRIFTH SHOP p 345
See MENNONITE CENTRAL COMMITTEE CANADA
BRANDON POLICE SERVICE p 344
See BRANDON, CITY OF
BRANDON SCHOOL DIVISION, THE p 344
527 Louise Ave, BRANDON, MB, R7A 0X1
(204) 729-3161   SIC 8211
BRANDON SCHOOL DIVISION, THE p 344
415 Queens Ave, BRANDON, MB, R7A 1K9
(204) 729-3200   SIC 8211
BRANDON SCHOOL DIVISION, THE p 344
335 Queens Ave E, BRANDON, MB, R7A 2B9
(204) 729-3265   SIC 8211
BRANDON SCHOOL DIVISION, THE p 344
330 3rd St, BRANDON, MB, R7A 3C3
(204) 729-3285   SIC 8211
BRANDON SCHOOL DIVISION, THE p 344
1930 1st St, BRANDON, MB, R7A 6Y6
(204) 729-3900   SIC 8211
BRANDON SCHOOL DIVISION, THE p 344
701 12th St, BRANDON, MB, R7A 6H7
(204) 729-3965   SIC 8211
BRANDON SCHOOL DIVISION, THE p 344
10 Knowlton Dr, BRANDON, MB, R7A 6N7
(204) 729-3290   SIC 8211
BRANDON SCHOOL DIVISION, THE p 344
1105 Louise Ave E, BRANDON, MB, R7A 1Y2
(204) 725-0333   SIC 8211
BRANDON SCHOOL DIVISION, THE p 344
1129 3rd St, BRANDON, MB, R7A 3E7
(204) 729-3220   SIC 8211
BRANDON SCHOOL DIVISION, THE p 344
535 Park St, BRANDON, MB, R7A 6M6
(204) 729-3990   SIC 8211
BRANDON SCHOOL DIVISION, THE p 344
540 18th St, BRANDON, MB, R7A 5B2
(204) 729-3270   SIC 8211
BRANDON SCHOOL DIVISION, THE p 346
32 E.Fotheringham Dr, BRANDON, MB, R7B 3G3
(204) 729-3210   SIC 8211
BRANDON SCHOOL DIVISION, THE p 346
3800 Park Ave, BRANDON, MB, R7B 3X2
(204) 729-3250   SIC 8211
BRANDON SCHOOL DIVISION, THE p 346
49 Silver Birch Dr, BRANDON, MB, R7B 1A8
(204) 729-3260   SIC 8211
BRANDON SCHOOL DIVISION, THE p 346
65 Whillier Dr, BRANDON, MB, R7B 0X8
(204) 729-3950   SIC 8211
BRANDON SCHOOL DIVISION, THE p 346
715 Mcdiarmid Dr, BRANDON, MB, R7B 2H7
(204) 729-3170   SIC 8211

▲ Public Company   ■ Public Company Family Member   HQ Headquarters   BR Branch   SL Single Location

BRANDON SCHOOL DIVISION, THE p 346
1220 22nd St, BRANDON, MB, R7B 1T4
(204) 729-3988   SIC 8211
BRANDON SCHOOL DIVISION, THE p 346
813 26th St, BRANDON, MB, R7B 2B6
(204) 729-3955   SIC 8211
BRANDON SCHOOL DIVISION, THE p 355
101 St Barbara St, SHILO, MB, R0K 2A0
(204) 765-7900   SIC 8211
BRANDON UNIVERSITY p 344
270 18th St, BRANDON, MB, R7A 6A9
(204) 728-9520   SIC 8221
BRANDON, CITY OF p 344
1020 Victoria Ave, BRANDON, MB, R7A 1A9
(204) 729-2345   SIC 7381
BRANDT p 50
See VARCO CANADA ULC
BRANDT ENGINEERED PRODUCT p 1284
See BRANDT INDUSTRIES LTD
BRANDT INDUSTRIES LTD p 1284
302 Mill St, REGINA, SK, S4P 3E1
(306) 791-7557   SIC 3535
BRANDT PROPERTIES LTD p 1284
Hwy 1 E, REGINA, SK, S4P 3R8
(306) 525-1314   SIC 6512
BRANDT TRACTOR p 125
See 599681 SASKATCHEWAN LTD
BRANDT TRACTOR LTD p 14
3555 46 Ave Se, CALGARY, AB, T2B 3B3
(403) 248-0018   SIC 5084
BRANDT TRACTOR LTD p 68
7301 102 St Ss 55, CLAIRMONT, AB, T0H 0W0
(780) 532-3414   SIC 5084
BRANDT TRACTOR LTD p 90
10630 176 St Nw, EDMONTON, AB, T5S 1M2
(780) 484-6613   SIC 5084
BRANDT TRACTOR LTD p 119
360 Mackenzie Blvd Suite 5, FORT MC-MURRAY, AB, T9H 4C4
(780) 791-6635   SIC 5084
BRANDT TRACTOR LTD p 154
101 Burnt Park Dr, RED DEER, AB, T4P 0J7
(403) 343-7557   SIC 5084
BRANDT TRACTOR LTD p 214
48 Alaska Hwy, FORT ST. JOHN, BC, V1J 4J1
(250) 785-6762   SIC 5082
BRANDT TRACTOR LTD p 221
499 Chilcotin Rd, KAMLOOPS, BC, V2H 1G4
(250) 374-2115   SIC 5082
BRANDT TRACTOR LTD p 261
1049 Great St, PRINCE GEORGE, BC, V2N 2K8
(250) 562-1151   SIC 5084
BRANDT TRACTOR LTD p 289
9500 190 St, SURREY, BC, V4N 3S2
(604) 882-8888   SIC 5084
BRANDT TRACTOR LTD p 325
3104v 48 Ave, VERNON, BC, V1T 3R6
(250) 545-2188   SIC 5084
BRANDT TRACTOR LTD p 388
3700 Mcgillivray Blvd, WINNIPEG, MB, R3T 5S3
(204) 231-2333   SIC 5084
BRANDT TRACTOR LTD p 1294
2410 Millar Ave, SASKATOON, SK, S7K 3V2
(306) 664-4141   SIC 5084
BRANDT TRACTOR PROPERTIES LTD p 1284
Hwy 1 E, REGINA, SK, S4P 3R8
(306) 791-7777   SIC 8741
BRANLYN COMMUNITY SCHOOL p 524
See GRAND ERIE DISTRICT SCHOOL BOARD
BRANT AVENUE PUBLIC SCHOOL p 599
See UPPER GRAND DISTRICT SCHOOL BOARD, THE
BRANT COUNTY FORD SALES LIMITED p 525
85 Lynden Rd, BRANTFORD, ON, N3R 7J9

(519) 752-7858   SIC 7532
BRANT FOOD CENTER LTD p 528
94 Grey St, BRANTFORD, ON, N3T 2T5
(519) 756-8002   SIC 5431
BRANT HALDIMAND NORFOLK CATHOLIC DISTRICT SCHOOL BOARD p 524
238 Brantwood Park Rd, BRANTFORD, ON, N3P 1N9
(519) 756-2288   SIC 8211
BRANT HALDIMAND NORFOLK CATHOLIC DISTRICT SCHOOL BOARD p 525
80 Paris Rd, BRANTFORD, ON, N3R 1H9
(519) 759-2318   SIC 8211
BRANT HALDIMAND NORFOLK CATHOLIC DISTRICT SCHOOL BOARD p 525
80 Paris Rd, BRANTFORD, ON, N3R 1H9
(519) 758-0466   SIC 8211
BRANT HALDIMAND NORFOLK CATHOLIC DISTRICT SCHOOL BOARD p 525
65 Sky Acres Dr, BRANTFORD, ON, N3R 5W6
(519) 756-5751   SIC 8211
BRANT HALDIMAND NORFOLK CATHOLIC DISTRICT SCHOOL BOARD p 525
55 Kent Rd, BRANTFORD, ON, N3R 7X8
(519) 758-5056   SIC 8211
BRANT HALDIMAND NORFOLK CATHOLIC DISTRICT SCHOOL BOARD p 525
233 Memorial Dr, BRANTFORD, ON, N3R 5T2
(519) 759-3314   SIC 8211
BRANT HALDIMAND NORFOLK CATHOLIC DISTRICT SCHOOL BOARD p 525
320 Fairview Dr, BRANTFORD, ON, N3R 2X6
(519) 759-0380   SIC 8211
BRANT HALDIMAND NORFOLK CATHOLIC DISTRICT SCHOOL BOARD p 526
120 Ninth Ave, BRANTFORD, ON, N3S 1E7
(519) 753-5283   SIC 8211
BRANT HALDIMAND NORFOLK CATHOLIC DISTRICT SCHOOL BOARD p 527
358 Marlborough St, BRANTFORD, ON, N3S 4V1
(519) 756-5032   SIC 8211
BRANT HALDIMAND NORFOLK CATHOLIC DISTRICT SCHOOL BOARD p 527
455 Colborne St, BRANTFORD, ON, N3S 3N8
(519) 753-0552   SIC 8211
BRANT HALDIMAND NORFOLK CATHOLIC DISTRICT SCHOOL BOARD p 528
12 Dalewood Ave, BRANTFORD, ON, N3T 0M5
(519) 753-8953   SIC 8211
BRANT HALDIMAND NORFOLK CATHOLIC DISTRICT SCHOOL BOARD p 528
14 Flanders Dr, BRANTFORD, ON, N3T 6M2
(519) 756-4706   SIC 8211
BRANT HALDIMAND NORFOLK CATHOLIC DISTRICT SCHOOL BOARD p 528
165 Dufferin Ave, BRANTFORD, ON, N3T 4R4
(519) 759-4211   SIC 8211
BRANT HALDIMAND NORFOLK CATHOLIC DISTRICT SCHOOL BOARD p 528
257 Shellard's Lane, BRANTFORD, ON, N3T 5L5
(519) 751-2030   SIC 8211

BRANT HALDIMAND NORFOLK CATHOLIC DISTRICT SCHOOL BOARD p 532
185 King St W, BURFORD, ON, N0E 1A0
(519) 449-2984   SIC 8211
BRANT HALDIMAND NORFOLK CATHOLIC DISTRICT SCHOOL BOARD p 542
35 Braemar Ave, CALEDONIA, ON, N3W 2M5
(905) 765-0649   SIC 8211
BRANT HALDIMAND NORFOLK CATHOLIC DISTRICT SCHOOL BOARD p 542
81 Orkney St E, CALEDONIA, ON, N3W 1L3
(905) 765-4626   SIC 8211
BRANT HALDIMAND NORFOLK CATHOLIC DISTRICT SCHOOL BOARD p 550
17 Brant St W, CAYUGA, ON, N0A 1E0
(905) 772-3863   SIC 8211
BRANT HALDIMAND NORFOLK CATHOLIC DISTRICT SCHOOL BOARD p 568
373 Northern Ave, DELHI, ON, N4B 2R4
(519) 582-2470   SIC 8211
BRANT HALDIMAND NORFOLK CATHOLIC DISTRICT SCHOOL BOARD p 571
209 Alder St W, DUNNVILLE, ON, N1A 1R3
(905) 774-6052   SIC 8211
BRANT HALDIMAND NORFOLK CATHOLIC DISTRICT SCHOOL BOARD p 604
92 Main St, HAGERSVILLE, ON, N0A 1H0
(905) 768-5151   SIC 8211
BRANT HALDIMAND NORFOLK CATHOLIC DISTRICT SCHOOL BOARD p 645
26 Albert St, LANGTON, ON, N0E 1G0
(519) 875-2556   SIC 8211
BRANT HALDIMAND NORFOLK CATHOLIC DISTRICT SCHOOL BOARD p 804
20 Sunset Dr, PARIS, ON, N3L 3W4
(519) 442-5333   SIC 8211
BRANT HALDIMAND NORFOLK CATHOLIC DISTRICT SCHOOL BOARD p 816
3 Lynn Park Ave, PORT DOVER, ON, N0A 1N5
(519) 583-0231   SIC 8211
BRANT HALDIMAND NORFOLK CATHOLIC DISTRICT SCHOOL BOARD p 848
128 Evergreen Hill Rd, SIMCOE, ON, N3Y 4K1
(519) 429-3600   SIC 8211
BRANT HALDIMAND NORFOLK CATHOLIC DISTRICT SCHOOL BOARD p 848
34 Potts Rd, SIMCOE, ON, N3Y 2S8
(519) 426-0820   SIC 8211
BRANT HALDIMAND NORFOLK CATHOLIC DISTRICT SCHOOL BOARD p 950
250 Washington St, WATERFORD, ON, N0E 1Y0
(519) 443-8607   SIC 8211
BRANT INSTORE CORPORATION p 527
254 Henry St, BRANTFORD, ON, N3S 7R5
(519) 759-4361   SIC 2759
BRANT SCREEN CRAFT p 527
See BRANT INSTORE CORPORATION
BRANT TOWNSHIP CENTRAL PUBLIC SCHOOL p 948
See BLUEWATER DISTRICT SCHOOL BOARD
BRANT WHOLESALE LTD. p 527
112 Grey St, BRANTFORD, ON, N3S 4V9
(519) 756-8010   SIC 5148
BRANTFORD COLLEGIATE & VOCATIONAL INSTITUTE p 528

See GRAND ERIE DISTRICT SCHOOL BOARD
BRANTFORD CORONATION ELEMENTARY SCHOOL p 525
See GRAND ERIE DISTRICT SCHOOL BOARD
BRANTFORD ELEMENTARY SCHOOL p 188
See BURNABY SCHOOL BOARD DISTRICT 41
BRANTFORD GOLF AND COUNTRY CLUB, LIMITED p 528
60 Ava Rd, BRANTFORD, ON, N3T 5H2
(519) 752-3731   SIC 7997
BRANTFORD METALS DISPOSAL p 529
See TRIPLE M METAL LP
BRANTFORD MUNICIPAL AIRPORT p 528
See CORPORATION OF THE CITY OF BRANTFORD, THE
BRANTFORD PRICE CHOPPER p 527
See SOBEYS CAPITAL INCORPORATED
BRANTFORD PUBLIC LIBRARY BOARD p 528
173 Colborne St, BRANTFORD, ON, N3T 2G8
(519) 756-2220   SIC 8231
BRANTFORD YMCA FAMILY PROGRAM p 528
See YMCA OF HAMILTON/BURLINGTON/BRANTFORD
BRANTMAC MANAGEMENT LIMITED p 525
73 King George Rd, BRANTFORD, ON, N3R 5K2
(519) 756-7350   SIC 5812
BRANTON JUNIOR HIGH SCHOOL p 38
See CALGARY BOARD OF EDUCATION
BRANTWOOD PUBLIC SCHOOL p 767
See HALTON DISTRICT SCHOOL BOARD
BRAS D'OR ELEMENTARY SCHOOL p 444
See CAPE BRETON-VICTORIA REGIONAL SCHOOL BOARD
BRAS DE FER GINGRAS INC, LES p 1222
367 Boul Chabot, SAINT-UBALDE, QC, G0A 4L0
(418) 277-2690   SIC 3714
BRAS ROBOTISE p 1001
See KINOVA INC
BRASS CRAFT p 527
See MASCO CANADA LIMITED
BRASSARD BURO INC p 1154
2747 Av Watt, Quebec, QC, G1P 3X3
(418) 657-5500   SIC 5112
BRASSELER CANADA INC p 1147
4500 Boul Henri-Bourassa Bureau 230, Quebec, QC, G1H 3A5
(418) 622-1195   SIC 5047
BRASSERIE FLEURIMONT p 1236
See GESTION LOUMA INC
BRASSERIE LABATT p 1059
See LABATT BREWING COMPANY LIMITED
BRASSERIE LABATT p 1061
See LABATT BREWING COMPANY LIMITED
BRASSERIE LE GRAND BOURG INC p 1147
8500 Boul Henri-Bourassa Bureau 8, Quebec, QC, G1G 5X1
(418) 623-5757   SIC 5813
BRASSERIE LE MANOIR p 1141
See CLAIREBEC INC
BRASSEURS RJ INC, LES p 906
275 Yonge St, TORONTO, ON, M5B 1N8
(647) 347-6286   SIC 2082
BRAULT & MARTINEAU p 1006
See GROUPE BMTC INC
BRAULT & MARTINEAU p 1036
See GROUPE BMTC INC
BRAULT & MARTINEAU p 1049
See GROUPE BMTC INC
BRAULT & MARTINEAU p 1200
See GROUPE BMTC INC
BRAULT & MARTINEAU p 1231

See GROUPE BMTC INC
BRAULT ET MARTINEAU p 1042
See GROUPE BMTC INC
BRAULT ET MARTINEAU p 1171
See GROUPE BMTC INC
BRAULT ET MARTINEAU p 1216
See GROUPE BMTC INC
BRAY CONTROLS CANADA LTD p 1211
377 Rue Mccaffrey, SAINT-LAURENT, QC, H4T 1Z7
(514) 344-2729   *SIC* 3625
BRAY'S INDEPENDENT p 980
See ATLANTIC WHOLESALERS LTD
BRAZEAU WELL SERVICING p 68
See BUILDERS ENERGY SERVICES LTD
BRC BUSINESS ENTERPRISES LTD p 591
24 Armstrong Ave, GEORGETOWN, ON, L7G 4R9
(905) 873-8509   *SIC* 2521
BRDHC p 505
See BLIND RIVER DISTRICT HEALTH CENTRE AUXILIARY INC
BREAD GARDEN BAKERY CAFE p 316
See SPECTRA GROUP OF GREAT RESTAURANTS INC, THE
BREADKO BAKERY p 717
See BREADKO NATIONAL BAKING LTD
BREADKO NATIONAL BAKING LTD p 717
6310 Kestrel Rd, MISSISSAUGA, ON, L5T 1Z3
(905) 670-4949   *SIC* 5461
BREADY ELEMENTARY SCHOOL p 1277
See LIVING SKY SCHOOL DIVISION NO. 202
BREAKAWAY GAMING CENTRE p 967
655 Crawford Ave, WINDSOR, ON, N9A 5C7
(519) 256-0001   *SIC* 7999
BREAKER ELECTRIC p 19
See ROBERTSON BRIGHT LTD
BREAKING THE CYCLE p 900
See CANADIAN MOTHERCRAFT SOCIETY
BREAKWATER FISHERIES LIMITED p 425
23 Hill View Dr, COTTLESVILLE, NL, A0G 1S0
SIC 2092
BREAU, RAYMOND LTD p 402
276 Boul Broadway, GRAND-SAULT/GRAND FALLS, NB, E3Z 2K2
(506) 473-3300   *SIC* 5912
BREBEUF COLLEGE SECONDARY SCHOOL p 748
See TORONTO CATHOLIC DISTRICT SCHOOL BOARD
BRECHIN ELEMENTARY SCHOOL p 241
See SCHOOL DISTRICT NO. 68 (NANAIMO-LADYSMITH)
BRECHIN PUBLIC SCHOOL p 529
See SIMCOE COUNTY DISTRICT SCHOOL BOARD, THE
BRECK CONSTRUCTION p 1294
See BRECK SCAFFOLD SOLUTIONS, INC
BRECK SCAFFOLD SOLUTIONS, INC p 1294
6 Cory Lane, SASKATOON, SK, S7K 3J7
(306) 242-5532   *SIC* 1799
BREETA PACKAGING p 289
See BREETA SALES & MARKETING LTD
BREETA SALES & MARKETING LTD p 289
9775 188 St Suite 104, SURREY, BC, V4N 3N2
(604) 888-2334   *SIC* 5199
BREITHAUPT COMMUNITY CENTRE p 641
See CORPORATION OF THE CITY OF KITCHENER
BREMO INC p 1180
214 138 Rte, SAINT-AUGUSTIN-DE-DESMAURES, QC, G3A 2X9
(418) 878-4070   *SIC* 3052
BRENLO LTD p 584
41 Racine Rd, ETOBICOKE, ON, M9W 2Z4
(416) 749-6857   *SIC* 2431
BRENNAN FARMS LTD p 403

40 Industrial Dr, HARTLAND, NB, E7P 2G6
(506) 375-8602   *SIC* 4212
BRENNTAG CANADA INC p 16
3124 54 Ave Se, CALGARY, AB, T2C 0A8
(403) 720-5650   *SIC* 5169
BRENNTAG CANADA INC p 135
6628 45 St, LEDUC, AB, T9E 7C9
(780) 986-4544   *SIC* 5169
BRENNTAG CANADA INC p 229
20333 102b Ave, LANGLEY, BC, V1M 3H1
(604) 513-9009   *SIC* 5169
BRENNTAG CANADA INC p 364
681 Plinguet St, WINNIPEG, MB, R2J 2X2
(204) 233-3416   *SIC* 5169
BRENNTAG CANADA INC p 566
730 Seventh St W, CORNWALL, ON, K6J 5Y1
(613) 937-4004   *SIC* 7389
BRENNTAG CANADA INC p 577
43 Jutland Rd, ETOBICOKE, ON, M8Z 2G6
(416) 259-8231   *SIC* 5169
BRENNTAG CANADA INC p 584
35 Vulcan St, ETOBICOKE, ON, M9W 1L3
(416) 243-9615   *SIC* 5198
BRENNTAG CANADA INC p 684
6395 Northwest Dr, MISSISSAUGA, ON, L4V 1K2
(905) 671-1511   *SIC* 5169
BRENNTAG CANADA INC p 1056
2900 Boul Jean-Baptiste-Deschamps, LACHINE, QC, H8T 1C8
(514) 636-9230   *SIC* 5169
BRENNTAG CORNWALL PLANT p 566
See BRENNTAG CANADA INC
BRENT KENNEDY ELEMENTARY SCHOOL p 206
See SCHOOL DISTRICT NO. 8 (KOOTENAY LAKE)
BRENTWOOD ELEMENTARY SCHOOL p 182
See SCHOOL DISTRICT 63 (SAANICH)
BRENTWOOD BAY LODGE LTD p 182
849 Verdier Ave, BRENTWOOD BAY, BC, V8M 1C5
(250) 544-2079   *SIC* 7991
BRENTWOOD BAY RESORT & SPA p 182
See BRENTWOOD BAY LODGE LTD
BRENTWOOD CARE CENTER p 39
See INTERCARE CORPORATE GROUP INC
BRENTWOOD CO-OP p 37
See CALGARY CO-OPERATIVE ASSOCIATION LIMITED
BRENTWOOD ELEMENTARY p 37
See CALGARY BOARD OF EDUCATION
BRENTWOOD ELEMENTARY p 161
See ELK ISLAND PUBLIC SCHOOLS REGIONAL DIVISION NO. 14
BRENTWOOD ELEMENTARY SCHOOL p 169
See GOLDEN HILLS SCHOOL DIVISION #75
BRENTWOOD LANES CANADA LTD p 965
2482 Dougall Ave, WINDSOR, ON, N8X 1T2
(519) 966-2724   *SIC* 5812
BRENTWOOD LIBRARY p 576
See TORONTO PUBLIC LIBRARY BOARD
BRENTWOOD PARK SCHOOL p 185
See BURNABY SCHOOL BOARD DISTRICT 41
BRENTWOOD SAFEWAY p 37
See SOBEYS WEST INC
BRENTWOOD TOWN CENTER p 185
See 20 VIC MANAGEMENT INC
BRESARA GROUP LTD p 379
1049 Pacific Ave, WINNIPEG, MB, R3E 1G5
(204) 786-8853   *SIC* 7349
BRESCIA UNIVERSITY COLLEGE p 661
See URSULINE RELIGIOUS OF THE DIOCESE OF LONDON IN ONTARIO
BRESLAU ELEMENTARY SCHOOL p 529
See WATERLOO REGION DISTRICT SCHOOL BOARD
BRETECH ENGINEERING LTD p 414

49 Mcilveen Dr, SAINT JOHN, NB, E2J 4Y6
(506) 633-1774   *SIC* 8711
BRETON ELEMENTARY SCHOOL p 8
See WILD ROSE SCHOOL DIVISION NO. 66
BRETON HIGH SCHOOL p 7
See WILD ROSE SCHOOL DIVISION NO. 66
BRETON, L. TRANSPORT LTEE p 1075
439 Rte 255 N, MARBLETON, QC, J0B 2L0
(819) 887-6773   *SIC* 4213
BRETT-YOUNG SEEDS LIMITED p 391
Hwy 330 And Hwy 100 Sw Corner, WINNIPEG, MB, R3V 1L5
(204) 261-7932   *SIC* 5191
BRETTYOUNG p 391
See BRETT-YOUNG SEEDS LIMITED
BREUVAGES KIRI p 1188
See TECHNOBEV S.E.C.
BREWASTERS BREWING CO & RESTAURANT p 51
See BREWSTERS BREW PUB & BRASSERIE (ALBERTA) INC
BREWER POOLS p 794
See CITY OF OTTAWA
BREWERS p 906
See BRASSEURS RJ INC, LES
BREWERS RETAIL INC p 496
30 Anne St S, BARRIE, ON, L4N 2C6
(705) 728-4043   *SIC* 5921
BREWERS RETAIL INC p 518
198 Queen St E, BRAMPTON, ON, L6V 1B7
(905) 451-4685   *SIC* 5921
BREWERS RETAIL INC p 519
69 First Gulf Blvd, BRAMPTON, ON, L6W 4T8
(905) 450-2799   *SIC* 5181
BREWERS RETAIL INC p 591
236 Guelph St, GEORGETOWN, ON, L7G 4B1
(905) 873-9191   *SIC* 5921
BREWERS RETAIL INC p 630
121 Cataraqui St, KINGSTON, ON, K7K 1Z8
(613) 548-7786   *SIC* 5921
BREWERS RETAIL INC p 636
1255 Weber St E, KITCHENER, ON, N2A 1C2
(519) 894-9120   *SIC* 5921
BREWERS RETAIL INC p 649
50 Vagnini Crt, LIVELY, ON, P3Y 1K8
(705) 692-7663   *SIC* 5921
BREWERS RETAIL INC p 664
280 Sovereign Rd, LONDON, ON, N6M 1B3
(519) 451-3699   *SIC* 5921
BREWERS RETAIL INC p 764
2923 Portland Dr, OAKVILLE, ON, L6H 5S4
(905) 829-9015   *SIC* 7699
BREWERS RETAIL INC p 784
2750 Swansea Cres, OTTAWA, ON, K1G 6R8
(613) 738-8615   *SIC* 5921
BREWERS RETAIL INC p 860
414 Dewitt Rd, STONEY CREEK, ON, L8E 4B7
(905) 664-7921   *SIC* 5921
BREWERS RETAIL INC p 876
184 Camelot St, THUNDER BAY, ON, P7A 4A9
(807) 345-3561   *SIC* 5181
BREWERS RETAIL INC p 939
3524 Dundas St W, TORONTO, ON, M6S 2S1
(416) 767-0441   *SIC* 5921
BREWERS' DISTRIBUTOR LTD p 12
2930 Centre Ave Ne, CALGARY, AB, T2A 4Y2
(403) 531-1050   *SIC* 5181
BREWERS' DISTRIBUTOR LTD p 56
11500 29 St Se Suite 101, CALGARY, AB, T2Z 3W9
(800) 661-2337   *SIC* 4225
BREWERS' DISTRIBUTOR LTD p 244
109 Braid St Suite 101, NEW WESTMINSTER, BC, V3L 5H4
(604) 664-2300   *SIC* 2082
BREWERS' DISTRIBUTOR LTD p 255
1711 Kingsway Ave, PORT COQUITLAM, BC, V3C 0B6
(604) 927-4055   *SIC* 5181
BREWERS' DISTRIBUTOR LTD p 388
1370 Sony Pl Unit 300, WINNIPEG, MB, R3T 1N5
(204) 958-7930   *SIC* 5181
BREWERS' DISTRIBUTOR LTD p 1293
2630a Jasper Ave, SASKATOON, SK, S7J 2K2
(306) 931-0110   *SIC* 5181
BREWS SUPPLY LTD p 90
18003 111 Ave Nw Suite 452, EDMONTON, AB, T5S 2P2
(780) 452-3730   *SIC* 5063
BREWSTER INC p 4
100 Gopher St, BANFF, AB, T1L 1J3
(403) 762-6700   *SIC* 4725
BREWSTERS BREW PUB & BRASSERIE (ALBERTA) INC p 51
834 11 Ave Sw, CALGARY, AB, T2R 0E5
(403) 265-2739   *SIC* 5813
BREWSTERS BREW PUB & BRASSERIE (ALBERTA) INC p 61
25 Crowfoot Terr Nw, CALGARY, AB, T3G 4J8
(403) 208-2739   *SIC* 5812
BREWSTERS BREW PUB & BRASSERIE (ALBERTA) INC p 98
15327 Castle Downs Rd Nw, EDMONTON, AB, T5X 6C3
(780) 425-4677   *SIC* 5812
BREWSTERS BREW PUB & BRASSERIE INC p 1287
480 N Mccarthy Blvd, REGINA, SK, S4R 7M2
(306) 522-2739   *SIC* 5812
BREWSTERS BREWING CO & RESTAURANT p 61
See BREWSTERS BREW PUB & BRASSERIE (ALBERTA) INC
BREWSTERS BREWING CO & RESTAURANT p 98
See BREWSTERS BREW PUB & BRASSERIE (ALBERTA) INC
BREWSTERS BREWING CO & RESTAURANT p 1287
See BREWSTERS BREW PUB & BRASSERIE INC
BRIAN PUBLIC SCHOOL p 746
See TORONTO DISTRICT SCHOOL BOARD
BRIAN SMITH OUTDOOR EDUCATION CENTRE p 572
98 Mink Lake Rd, EGANVILLE, ON, K0J 1T0
(613) 628-2403   *SIC* 7032
BRIAN W. FLEMING PUBLIC SCHOOL p 692
See PEEL DISTRICT SCHOOL BOARD
BRIARCREST JUNIOR SCHOOL p 582
See TORONTO DISTRICT SCHOOL BOARD
BRIARGREEN PUBLIC SCHOOL p 728
See OTTAWA-CARLETON DISTRICT SCHOOL BOARD
BRIARWOOD ELEMENTARY SCHOOL p 696
See PEEL DISTRICT SCHOOL BOARD
BRICK p 1191
See BRICK WAREHOUSE LP, THE
BRICK BREWING CO. LIMITED p 589
1 Old Brewing Lane, FORMOSA, ON, N0G 1W0
(519) 367-2995   *SIC* 2082
BRICK BREWING CO. LIMITED p 637
400 Bingemans Centre Dr, KITCHENER, ON, N2B 3X9
(519) 742-2732   *SIC* 5921

▲ Public Company   ■ Public Company Family Member   **HQ** Headquarters   **BR** Branch   **SL** Single Location

BRICK CLEARANCE CENTER *p 328*
See BRICK WAREHOUSE LP, THE
BRICK STORE, THE *p 519*
See BRICK WAREHOUSE LP, THE
BRICK STORE, THE *p 754*
See BRICK WAREHOUSE LP, THE
BRICK STREET PUBLIC SCHOOL *p 663*
See THAMES VALLEY DISTRICT SCHOOL BOARD

BRICK WAREHOUSE LP, THE *p 30*
9 Heritage Meadows Way Se, CALGARY, AB, T2H 0A7
(403) 692-1100   SIC 5712

BRICK WAREHOUSE LP, THE *p 77*
10705 101 St Nw, EDMONTON, AB, T5H 2S4
(780) 497-4900   SIC 5712

BRICK WAREHOUSE LP, THE *p 84*
12222 137 Ave Nw Suite 101, EDMONTON, AB, T5L 4X5
(780) 472-4272   SIC 5712

BRICK WAREHOUSE LP, THE *p 94*
8770 170 St Suite 1480, EDMONTON, AB, T5T 4M2
(780) 444-1000   SIC 5712

BRICK WAREHOUSE LP, THE *p 119*
19 Riedel St Suite 110, FORT MCMURRAY, AB, T9H 5P8
(780) 743-5777   SIC 5712

BRICK WAREHOUSE LP, THE *p 125*
11345 104 Ave, GRANDE PRAIRIE, AB, T8V 0N7
(780) 538-2525   SIC 5712

BRICK WAREHOUSE LP, THE *p 139*
3727 Mayor Magrath Dr S, LETHBRIDGE, AB, T1K 8A8
(403) 320-2900   SIC 5712

BRICK WAREHOUSE LP, THE *p 156*
5111 22 St Suite 7, RED DEER, AB, T4R 2K1
(403) 340-2000   SIC 5712

BRICK WAREHOUSE LP, THE *p 176*
2067 Sumas Way, ABBOTSFORD, BC, V2S 8H6
(604) 504-1771   SIC 5712

BRICK WAREHOUSE LP, THE *p 183*
3100 Production Way Suite 103, BURNABY, BC, V5A 4R4
(604) 415-4900   SIC 5712

BRICK WAREHOUSE LP, THE *p 199*
3000 Lougheed Hwy Suite 122, COQUITLAM, BC, V3B 1C5
(604) 941-0808   SIC 5712

BRICK WAREHOUSE LP, THE *p 219*
1689 Trans Canada Hwy E, KAMLOOPS, BC, V2C 3Z5
(250) 314-1115   SIC 5712

BRICK WAREHOUSE LP, THE *p 223*
948 Mccurdy Rd Suite 100, KELOWNA, BC, V1X 2P7
(250) 765-2220   SIC 5712

BRICK WAREHOUSE LP, THE *p 230*
20020 Willowbrook Dr Suite 400, LANGLEY, BC, V2Y 2T4
(604) 539-3900   SIC 5712

BRICK WAREHOUSE LP, THE *p 241*
6361 Hammond Bay Rd, NANAIMO, BC, V9T 5Y1
(250) 390-3999   SIC 5712

BRICK WAREHOUSE LP, THE *p 261*
2454 Ferry Ave, PRINCE GEORGE, BC, V2N 0B1
(250) 614-8080   SIC 5712

BRICK WAREHOUSE LP, THE *p 269*
3100 St. Edwards Dr Unit 150, RICHMOND, BC, V6X 4C4
(604) 270-8829   SIC 5712

BRICK WAREHOUSE LP, THE *p 283*
10153 King George Blvd Suite 2151, SURREY, BC, V3T 2W3
(604) 588-0808   SIC 5712

BRICK WAREHOUSE LP, THE *p 294*
2999 Grandview Hwy, VANCOUVER, BC, V5M 2E4
(604) 433-2000   SIC 5712

BRICK WAREHOUSE LP, THE *p 328*
2835 Douglas St, VICTORIA, BC, V8T 4M6
(250) 360-2300   SIC 5712

BRICK WAREHOUSE LP, THE *p 336*
2945 Jacklin Rd Suite 500, VICTORIA, BC, V9B 5E3
(250) 380-1133   SIC 5712

BRICK WAREHOUSE LP, THE *p 338*
2205 Park Royal S, WEST VANCOUVER, BC, V7T 2W5
(604) 921-4600   SIC 5712

BRICK WAREHOUSE LP, THE *p 469*
280 Stellarton Rd, NEW GLASGOW, NS, B2H 1M5
(902) 752-0309   SIC 5722

BRICK WAREHOUSE LP, THE *p 496*
52 Caplan Ave, BARRIE, ON, L4N 9J2
(705) 721-4106   SIC 5712

BRICK WAREHOUSE LP, THE *p 503*
200 Bell Blvd, BELLEVILLE, ON, K8P 5L8
(613) 967-1006   SIC 5712

BRICK WAREHOUSE LP, THE *p 519*
188 Clarence St, BRAMPTON, ON, L6W 1T4
(905) 454-3100   SIC 5712

BRICK WAREHOUSE LP, THE *p 525*
410 Fairview Dr, BRANTFORD, ON, N3R 7V7
(519) 753-3700   SIC 5712

BRICK WAREHOUSE LP, THE *p 533*
990 Fraser Dr, BURLINGTON, ON, L7L 5P5
(905) 333-5533   SIC 5712

BRICK WAREHOUSE LP, THE *p 593*
1960 Cyrville Rd, GLOUCESTER, ON, K1B 1A5
(613) 746-8600   SIC 5712

BRICK WAREHOUSE LP, THE *p 615*
1441 Upper James St, HAMILTON, ON, L9B 1K2
(905) 387-7002   SIC 5712

BRICK WAREHOUSE LP, THE *p 633*
770 Gardiners Rd Unit 1, KINGSTON, ON, K7M 3X9
(613) 634-5200   SIC 5712

BRICK WAREHOUSE LP, THE *p 644*
4283 King St E, KITCHENER, ON, N2P 2E9
(519) 653-1099   SIC 5712

BRICK WAREHOUSE LP, THE *p 664*
1040 Wharncliffe Rd S, LONDON, ON, N6L 1H2
(519) 649-6464   SIC 5712

BRICK WAREHOUSE LP, THE *p 677*
9809 Hwy 48, MARKHAM, ON, L6E 0E5
(905) 201-3470   SIC 5712

BRICK WAREHOUSE LP, THE *p 692*
1607 Dundas St E, MISSISSAUGA, ON, L4X 1L5
(905) 629-2900   SIC 5712

BRICK WAREHOUSE LP, THE *p 713*
5800 Mclaughlin Rd Unit 2, MISSISSAUGA, ON, L5R 4B7
(905) 502-7500   SIC 5712

BRICK WAREHOUSE LP, THE *p 717*
6765 Kennedy Rd, MISSISSAUGA, ON, L5T 0A2
(905) 696-3400   SIC 5712

BRICK WAREHOUSE LP, THE *p 727*
565 West Hunt Club Rd, NEPEAN, ON, K2G 5W5
(613) 225-8898   SIC 5712

BRICK WAREHOUSE LP, THE *p 733*
17940 Yonge St Suite A, NEWMARKET, ON, L3Y 8S4
(905) 830-5888   SIC 5712

BRICK WAREHOUSE LP, THE *p 754*
4250 Dufferin St, NORTH YORK, ON, M3H 5W4
(416) 635-5522   SIC 5712

BRICK WAREHOUSE LP, THE *p 763*
2625b Weston Rd Unit 7, NORTH YORK, ON, M9N 3W1
(416) 249-1211   SIC 5712

BRICK WAREHOUSE LP, THE *p 803*
1125 8th St E, OWEN SOUND, ON, N4K 1M5
(519) 371-8061   SIC 5712

BRICK WAREHOUSE LP, THE *p 809*
1200 Lansdowne St W, PETERBOROUGH, ON, K9J 2A1
(705) 743-8676   SIC 5712

BRICK WAREHOUSE LP, THE *p 826*
1379 London Rd Suite 3, SARNIA, ON, N7S 1P6
(519) 542-1461   SIC 5712

BRICK WAREHOUSE LP, THE *p 840*
1165 Kennedy Rd, SCARBOROUGH, ON, M1P 2K8
(416) 751-2150   SIC 5712

BRICK WAREHOUSE LP, THE *p 840*
19 William Kitchen Rd, SCARBOROUGH, ON, M1P 5B7
(416) 751-3383   SIC 5712

BRICK WAREHOUSE LP, THE *p 867*
747 Notre Dame Ave, SUDBURY, ON, P3A 2T2
(705) 560-9911   SIC 5712

BRICK WAREHOUSE LP, THE *p 877*
869 Fort William Rd, THUNDER BAY, ON, P7B 0A9
(807) 475-7300   SIC 5712

BRICK WAREHOUSE LP, THE *p 909*
63 Yonge St, TORONTO, ON, M5E 1Z1
SIC 5712

BRICK WAREHOUSE LP, THE *p 935*
1352 Dufferin St, TORONTO, ON, M6H 4G4
(416) 535-3000   SIC 5712

BRICK WAREHOUSE LP, THE *p 963*
4001 Legacy Park Dr Suite B, WINDSOR, ON, N8W 5S6
(519) 969-1585   SIC 5712

BRICK WAREHOUSE LP, THE *p 973*
137 Chrislea Rd, WOODBRIDGE, ON, L4L 8N6
(905) 850-5300   SIC 5712

BRICK WAREHOUSE LP, THE *p 1000*
3400 Av Des Grandes Tourelles, BOISBRIAND, QC, J7H 0A2
(450) 420-4224   SIC 5712

BRICK WAREHOUSE LP, THE *p 1035*
920 Boul Maloney O, GATINEAU, QC, J8T 3R6
(819) 568-5115   SIC 5712

BRICK WAREHOUSE LP, THE *p 1059*
6867 Boul Newman, LASALLE, QC, H8N 3E4
(514) 595-9900   SIC 5712

BRICK WAREHOUSE LP, THE *p 1124*
8701 Boul De L'acadie, Montreal, QC, H4N 3K1
(514) 381-1313   SIC 5722

BRICK WAREHOUSE LP, THE *p 1191*
1451 Boul Des Promenades, SAINT-HUBERT, QC, J3Y 5K2
(450) 926-9400   SIC 5712

BRICK WAREHOUSE LP, THE *p 1243*
274 Montee Des Pionniers, TERREBONNE, QC, J6V 1S6
(450) 657-7171   SIC 5712

BRICK WAREHOUSE LP, THE *p 1279*
1403 Central Ave Unit 1, PRINCE ALBERT, SK, S6V 7J4
(306) 763-1775   SIC 5712

BRICK WAREHOUSE LP, THE *p 1287*
2425 7th Ave N, REGINA, SK, S4R 0K4
(306) 924-2020   SIC 5712

BRICK WAREHOUSE LP, THE *p 1294*
2035 1st Ave N, SASKATOON, SK, S7K 6W1
(306) 244-1400   SIC 5712

BRICK WAREHOUSE, THE *p 77*
See BRICK WAREHOUSE LP, THE
BRICK, THE *p 84*
See BRICK WAREHOUSE LP, THE
BRICK, THE *p 119*
See BRICK WAREHOUSE LP, THE
BRICK, THE *p 156*
See BRICK WAREHOUSE LP, THE
BRICK, THE *p 183*
See BRICK WAREHOUSE LP, THE
BRICK, THE *p 223*
See BRICK WAREHOUSE LP, THE
BRICK, THE *p 241*
See BRICK WAREHOUSE LP, THE
BRICK, THE *p 261*
See BRICK WAREHOUSE LP, THE
BRICK, THE *p 269*
See BRICK WAREHOUSE LP, THE
BRICK, THE *p 283*
See BRICK WAREHOUSE LP, THE
BRICK, THE *p 294*
See BRICK WAREHOUSE LP, THE
BRICK, THE *p 469*
See BRICK WAREHOUSE LP, THE
BRICK, THE *p 496*
See BRICK WAREHOUSE LP, THE
BRICK, THE *p 503*
See BRICK WAREHOUSE LP, THE
BRICK, THE *p 525*
See BRICK WAREHOUSE LP, THE
BRICK, THE *p 593*
See BRICK WAREHOUSE LP, THE
BRICK, THE *p 615*
See BRICK WAREHOUSE LP, THE
BRICK, THE *p 633*
See BRICK WAREHOUSE LP, THE
BRICK, THE *p 644*
See BRICK WAREHOUSE LP, THE
BRICK, THE *p 677*
See BRICK WAREHOUSE LP, THE
BRICK, THE *p 733*
See BRICK WAREHOUSE LP, THE
BRICK, THE *p 763*
See BRICK WAREHOUSE LP, THE
BRICK, THE *p 826*
See BRICK WAREHOUSE LP, THE
BRICK, THE *p 867*
See BRICK WAREHOUSE LP, THE
BRICK, THE *p 877*
See BRICK WAREHOUSE LP, THE
BRICK, THE *p 963*
See BRICK WAREHOUSE LP, THE
BRICK, THE *p 1000*
See BRICK WAREHOUSE LP, THE
BRICK, THE *p 1035*
See BRICK WAREHOUSE LP, THE
BRICK, THE *p 1243*
See BRICK WAREHOUSE LP, THE
BRICK, THE *p 1279*
See BRICK WAREHOUSE LP, THE
BRICK, THE *p 1287*
See BRICK WAREHOUSE LP, THE
BRICK, THE *p 1294*
See BRICK WAREHOUSE LP, THE

BRIDGE RIVER GENERATING STATION *p 277*
See BRITISH COLUMBIA HYDRO AND POWER AUTHORITY

BRIDGEABLE *p 936*
See COOLER SOLUTIONS INC

BRIDGEHOUSE ASSET MANAGERS *p 917*
20 Bay St Suite 400, TORONTO, ON, M5J 2N8
(416) 306-5700   SIC 6722

BRIDGEPORT ELEMENTARY SCHOOL *p 642*
See WATERLOO REGION DISTRICT SCHOOL BOARD

BRIDGEPORT SCHOOL *p 455*
See CAPE BRETON-VICTORIA REGIONAL SCHOOL BOARD

BRIDGES RESTAURANT *p 314*
See JALM HOLDINGS LTD

BRIDGES, DAVID INC *p 364*
360 Dawson Rd N, WINNIPEG, MB, R2J 0S7
(204) 233-0500   SIC 3399

BRIDGESTONE CANADA INC *p 229*
20146 100a Ave, LANGLEY, BC, V1M 3G2
(604) 530-4162   SIC 5014

BRIDGESTONE CANADA INC *p 636*
1005 Ottawa St N Suite 26, KITCHENER,

ON, N2A 1H2
(519) 893-9013 SIC 5999
BRIDGESTONE CANADA INC p 713
5770 Hurontario St Suite 400, MISSISSAUGA, ON, L5R 3G5
(877) 468-6270 SIC 5014
BRIDGESTONE CANADA INC p 977
1200 Dundas St, WOODSTOCK, ON, N4S 7V9
(519) 537-6231 SIC 2296
BRIDGESTONE CANADA INC p 1045
1200 Boul Firestone, Joliette, QC, J6E 2W5
(450) 756-1061 SIC 3011
BRIDGESTONE CANADA INC p 1153
120 Av Saint-Sacrement, Quebec, QC, G1N 3X6
(418) 681-0511 SIC 5014
BRIDGETOWN REGIONAL ELEMENTARY SCHOOL p 444
See ANNAPOLIS VALLEY REGIONAL SCHOOL BOARD
BRIDGETOWN REGIONAL HIGH SCHOOL p 444
See ANNAPOLIS VALLEY REGIONAL SCHOOL BOARD
BRIDGEVIEW ELEMENTARY SCHOOL p 281
See SCHOOL DISTRICT NO 36 (SURREY)
BRIDGEVIEW ELEMENTARY SCHOOL p 815
See LAMBTON KENT DISTRICT SCHOOL BOARD
BRIDGEWATER JUNIOR SENIOR HIGH SCHOOL p 445
See SOUTH SHORE REGIONAL SCHOOL BOARD
BRIDGEWATER PHARMACY LIMITED p 444
215 Dominion St Suite 511, BRIDGEWATER, NS, B4V 2K7
(902) 543-3418 SIC 5912
BRIDGEWATER PHARMASAVE p 444
See BRIDGEWATER PHARMACY LIMITED
BRIDGEWATER STN MAIN PO p 444
See CANADA POST CORPORATION
BRIDGEWATER UNITED CHURCH p 445
See UNITED CHURCH OF CANADA, THE
BRIDLEWOOD JUNIOR PUBLIC SCHOOL p 844
See TORONTO DISTRICT SCHOOL BOARD
BRIER PARK PUBLIC SCHOOL p 525
See GRAND ERIE DISTRICT SCHOOL BOARD
BRIGADOON PUBLIC SCHOOL p 645
See WATERLOO REGION DISTRICT SCHOOL BOARD
BRIGAR ENTERPRISES INC p 496
3 Sarjeant Dr, BARRIE, ON, L4N 4V9
(705) 739-4811 SIC 5812
BRIGDEN PUBLIC SCHOOL p 530
See LAMBTON KENT DISTRICT SCHOOL BOARD
BRIGDEN VOLUNTEER FIRE HALL p 530
See CORPORATION OF THE TOWNSHIP OF ST. CLAIR, THE
BRIGGS & STRATTON CANADA INC p 717
6500 Tomken Rd, MISSISSAUGA, ON, L5T 2E9
(905) 565-0265 SIC 3524
BRIGHOUSE ELEMENTARY SCHOOL p 274
See BOARD OF EDUCATION SCHOOL DISTRICT #38 (RICHMOND)
BRIGHT SHOPPER p 437
See SOBEYS CAPITAL INCORPORATED
BRIGHT'S GROVE ELEMENTARY SCHOOL p 530
See LAMBTON KENT DISTRICT SCHOOL BOARD
BRIGHTER MECHANICAL LIMITED p 265
21000 Westminster Hwy Suite 2140, RICHMOND, BC, V6V 2S9
(604) 279-0901 SIC 1711

BRIGHTON PUBLIC SCHOOL p 530
See KAWARTHA PINE RIDGE DISTRICT SCHOOL BOARD
BRIGHTVIEW ELEMENTARY SCHOOL p 88
See EDMONTON SCHOOL DISTRICT NO. 7
BRIMWOOD BOULEVARD JUNIOR PUBLIC SCHOOL p 888
See TORONTO DISTRICT SCHOOL BOARD
BRINK'S p 12
See BRINK'S CANADA LIMITED
BRINK'S p 649
See BRINK'S CANADA LIMITED
BRINK'S CANADA p 783
See BRINK'S CANADA LIMITED
BRINK'S CANADA p 1301
See BRINK'S CANADA LIMITED
BRINK'S CANADA LIMITED p 12
640 28 St Ne Unit 8, CALGARY, AB, T2A 6R3
(403) 272-2259 SIC 7381
BRINK'S CANADA LIMITED p 84
14680 134 Ave Nw, EDMONTON, AB, T5L 4T4
(780) 453-5057 SIC 7381
BRINK'S CANADA LIMITED p 223
1516 Keehn Rd Suite 107, KELOWNA, BC, V1X 5T3
(250) 862-3244 SIC 7381
BRINK'S CANADA LIMITED p 275
6721 Butler Cres Suite 6, SAANICHTON, BC, V8M 1Z7
(250) 544-2016 SIC 7381
BRINK'S CANADA LIMITED p 289
18758 96 Ave Suite 103, SURREY, BC, V4N 3P9
(604) 513-9916 SIC 7381
BRINK'S CANADA LIMITED p 297
247 1st Ave E, VANCOUVER, BC, V5T 1A7
(604) 875-6221 SIC 7381
BRINK'S CANADA LIMITED p 377
222 York Ave, WINNIPEG, MB, R3C 0N5
(204) 985-9400 SIC 7381
BRINK'S CANADA LIMITED p 414
40 Whitebone Way, SAINT JOHN, NB, E2J 4W2
(506) 633-0205 SIC 7381
BRINK'S CANADA LIMITED p 429
88 Glencoe Dr, MOUNT PEARL, NL, A1N 4S9
(709) 747-0288 SIC 7381
BRINK'S CANADA LIMITED p 450
19 Ilsley Ave, DARTMOUTH, NS, B3B 1L5
(902) 468-7124 SIC 7381
BRINK'S CANADA LIMITED p 496
240 Bayview Dr Suite 4, BARRIE, ON, L4N 4Y8
(705) 726-6720 SIC 7381
BRINK'S CANADA LIMITED p 575
95 Browns Line, ETOBICOKE, ON, M8W 3S2
(416) 461-0261 SIC 7381
BRINK'S CANADA LIMITED p 608
75 Lansdowne Ave, HAMILTON, ON, L8L 8A3
(905) 549-5997 SIC 7381
BRINK'S CANADA LIMITED p 633
159 Binnington Crt, KINGSTON, ON, K7M 8R7
(613) 542-2185 SIC 7381
BRINK'S CANADA LIMITED p 639
55 Trillium Park Pl, KITCHENER, ON, N2E 1X1
(519) 748-5358 SIC 7381
BRINK'S CANADA LIMITED p 649
1495 Spanner St, LONDON, ON, N5V 1Z1
(519) 659-3457 SIC 7381
BRINK'S CANADA LIMITED p 707
2233 Argentia Rd Suite 400, MISSISSAUGA, ON, L5N 2X7
(905) 306-9600 SIC 7381
BRINK'S CANADA LIMITED p 783

2755 Lancaster Rd, OTTAWA, ON, K1B 4V8
(613) 521-8650 SIC 7381
BRINK'S CANADA LIMITED p 809
920 Major Bennett Dr, PETERBOROUGH, ON, K9J 6X6
(705) 742-8961 SIC 7381
BRINK'S CANADA LIMITED p 867
2423 Lasalle Blvd, SUDBURY, ON, P3A 2A9
(705) 560-7007 SIC 7381
BRINK'S CANADA LIMITED p 877
887a Tungsten St, THUNDER BAY, ON, P7B 6H2
(807) 623-2999 SIC 7381
BRINK'S CANADA LIMITED p 963
3275 Electricity Dr, WINDSOR, ON, N8W 5J1
(519) 944-5556 SIC 7381
BRINK'S CANADA LIMITED p 1282
1761 Wallace St, REGINA, SK, S4N 3Z7
(306) 525-8704 SIC 7381
BRINK'S CANADA LIMITED p 1301
538 Avenue L S, SASKATOON, SK, S7M 2H4
(306) 652-9271 SIC 7381
BRINK'S HAMILTON p 608
See BRINK'S CANADA LIMITED
BRINKS TORONTO p 575
See BRINK'S CANADA LIMITED
BRIQUE ET PAVE CHICOINE p 1016
See GROUPE GIROUX MACONNEX INC
BRIQUES MERIDIAN CANADA LTEE p 1053
See MERIDIAN BRICK CANADA LTD
BRISBANE PUBLIC SCHOOL p 574
See UPPER GRAND DISTRICT SCHOOL BOARD, THE
BRISDALE PUBLIC SCHOOL p 524
See PEEL DISTRICT SCHOOL BOARD
BRITA p 519
See CLOROX COMPANY OF CANADA, LTD, THE
BRITA CANADA CORPORATION p 519
150 Biscayne Cres, BRAMPTON, ON, L6W 4V3
(905) 789-2465 SIC 5074
BRITANNIA JR HIGH SCHOOL p 88
See EDMONTON SCHOOL DISTRICT NO. 7
BRITANNIA PUBLIC SCHOOL p 722
See PEEL DISTRICT SCHOOL BOARD
BRITCO LP p 180
1825 Tower Dr, AGASSIZ, BC, V0M 1A2
(604) 796-2257 SIC 2452
BRITCO LP p 230
21690 Smith Cres Glover Rd, LANGLEY, BC, V2Y 2R1
(604) 888-2000 SIC 2452
BRITISH COLUMBIA AUTOMOBILE ASSOCIATION p 176
33310 South Fraser Way, ABBOTSFORD, BC, V2S 2B4
(604) 855-0530 SIC 8699
BRITISH COLUMBIA AUTOMOBILE ASSOCIATION p 199
2773 Barnet Hwy Suite 50, COQUITLAM, BC, V3B 1C2
(604) 268-5750 SIC 6411
BRITISH COLUMBIA AUTOMOBILE ASSOCIATION p 208
7343 120 St, DELTA, BC, V4C 6P5
(604) 268-5900 SIC 8699
BRITISH COLUMBIA AUTOMOBILE ASSOCIATION p 219
500 Notre Dame Dr Suite 400, KAMLOOPS, BC, V2C 6T6
(250) 852-4600 SIC 8699
BRITISH COLUMBIA AUTOMOBILE ASSOCIATION p 225
1470 Harvey Ave Suite 18, KELOWNA, BC,

V1Y 9K8
(250) 870-4900 SIC 8699
BRITISH COLUMBIA AUTOMOBILE ASSOCIATION p 232
20190 Langley Bypass Unit 10, LANGLEY, BC, V3A 9J9
(604) 268-5950 SIC 8699
BRITISH COLUMBIA AUTOMOBILE ASSOCIATION p 241
6581 Aulds Rd Suite 400, NANAIMO, BC, V9T 6J6
(250) 390-7700 SIC 8699
BRITISH COLUMBIA AUTOMOBILE ASSOCIATION p 252
2100 Main St Unit 100, PENTICTON, BC, V2A 5H7
(250) 487-2450 SIC 8699
BRITISH COLUMBIA AUTOMOBILE ASSOCIATION p 261
2324 Ferry Ave Suite 100, PRINCE GEORGE, BC, V2N 0B1
(250) 649-2399 SIC 8699
BRITISH COLUMBIA AUTOMOBILE ASSOCIATION p 269
5951 No. 3 Rd Unit 180, RICHMOND, BC, V6X 2E3
(604) 268-5850 SIC 8621
BRITISH COLUMBIA AUTOMOBILE ASSOCIATION p 299
999 Broadway W Suite 720, VANCOUVER, BC, V5Z 1K5
(604) 268-5600 SIC 8699
BRITISH COLUMBIA AUTOMOBILE ASSOCIATION p 317
2347 41st Ave W, VANCOUVER, BC, V6M 2A3
(604) 268-5800 SIC 8699
BRITISH COLUMBIA AUTOMOBILE ASSOCIATION p 330
1075 Pandora Ave, VICTORIA, BC, V8V 3P6
SIC 8699
BRITISH COLUMBIA AUTOMOBILE ASSOCIATION p 338
608 Park Royal N, WEST VANCOUVER, BC, V7T 1H9
(604) 268-5650 SIC 8699
BRITISH COLUMBIA CANCER AGENCY BRANCH p 284
13750 96 Ave, SURREY, BC, V3V 1Z2
(604) 930-2098 SIC 8069
BRITISH COLUMBIA CANCER AGENCY BRANCH p 299
600 10th Ave W, VANCOUVER, BC, V5Z 4E6
(604) 877-6000 SIC 8069
BRITISH COLUMBIA CANCER AGENCY BRANCH p 299
570 7th Ave W Suite 100, VANCOUVER, BC, V5Z 4S6
(604) 707-5800 SIC 8731
BRITISH COLUMBIA CANCER AGENCY BRANCH p 328
2410 Lee Ave, VICTORIA, BC, V8R 6V5
(250) 519-5500 SIC 8399
BRITISH COLUMBIA CANCER FOUNDATION p 224
See BC CANCER FOUNDATION
BRITISH COLUMBIA CANCER FOUNDATION p 284
13750 96 Ave, SURREY, BC, V3V 1Z2
(604) 930-2098 SIC 8621
BRITISH COLUMBIA COLLEGE OF TEACHERS p 315

2025 Broadway W Suite 400, VANCOUVER, BC, V6J 1Z6
SIC 8621
BRITISH COLUMBIA COMPENSATION BOARD *p 274*
See GOVERNMENT OF THE PROVINCE OF BRITISH COLUMBIA
BRITISH COLUMBIA FERRY SERVICES INC *p 240*
1904 East Wellington Rd, NANAIMO, BC, V9S 5X6
(250) 753-2214   *SIC* 4482
BRITISH COLUMBIA FERRY SERVICES INC *p 256*
6800 Hwy 19, PORT HARDY, BC, V0N 2P0
(877) 223-8778   *SIC* 4482
BRITISH COLUMBIA FERRY SERVICES INC *p 262*
Gd Stn Main, PRINCE RUPERT, BC, V8J 3P3
(250) 624-9627   *SIC* 4482
BRITISH COLUMBIA FERRY SERVICES INC *p 277*
2070 Henry Ave W, SIDNEY, BC, V8L 5Y1
(250) 978-1630   *SIC* 4482
BRITISH COLUMBIA HYDRO AND POWER AUTHORITY *p 176*
916 Riverside Rd, ABBOTSFORD, BC, V2S 7N9
(604) 854-8483   *SIC* 4911
BRITISH COLUMBIA HYDRO AND POWER AUTHORITY *p 181*
Main St, ATLIN, BC, V0W 1A0
(250) 651-7526   *SIC* 4911
BRITISH COLUMBIA HYDRO AND POWER AUTHORITY *p 194*
1105 Evergreen Rd, CAMPBELL RIVER, BC, V9W 3S1
(250) 286-8700   *SIC* 4911
BRITISH COLUMBIA HYDRO AND POWER AUTHORITY *p 195*
601 18 St, CASTLEGAR, BC, V1R 4L2
(250) 365-4550   *SIC* 4911
BRITISH COLUMBIA HYDRO AND POWER AUTHORITY *p 204*
330 Lerwick Rd, COURTENAY, BC, V9N 9E5
(250) 897-7402   *SIC* 4911
BRITISH COLUMBIA HYDRO AND POWER AUTHORITY *p 211*
7056 Bell Mckinnon Rd, DUNCAN, BC, V9L 6B5
(250) 701-4600   *SIC* 4911
BRITISH COLUMBIA HYDRO AND POWER AUTHORITY *p 211*
6494 Norcross Rd, DUNCAN, BC, V9L 6C1
(250) 746-3807   *SIC* 4911
BRITISH COLUMBIA HYDRO AND POWER AUTHORITY *p 214*
9228 100 Ave, FORT ST. JOHN, BC, V1J 1X7
(250) 267-5187   *SIC* 4911
BRITISH COLUMBIA HYDRO AND POWER AUTHORITY *p 218*
20632 Peace Canyon Rd, HUDSON'S HOPE, BC, V0C 1V0
(250) 783-7400   *SIC* 4911
BRITISH COLUMBIA HYDRO AND POWER AUTHORITY *p 239*
92 7th Ave W, NAKUSP, BC, V0G 1R0
(250) 265-2239   *SIC* 4911
BRITISH COLUMBIA HYDRO AND POWER AUTHORITY *p 244*
Gd Stn Main, NEW WESTMINSTER, BC, V3L 4X8
(604) 528-1600   *SIC* 4911
BRITISH COLUMBIA HYDRO AND POWER AUTHORITY *p 253*
4820 Wallace St, PORT ALBERNI, BC, V9Y 3Y2
(250) 724-2711   *SIC* 4911
BRITISH COLUMBIA HYDRO AND POWER AUTHORITY *p 257*
Gd, PORT MOODY, BC, V3H 3C8
(604) 469-6100   *SIC* 4911

BRITISH COLUMBIA HYDRO AND POWER AUTHORITY *p 261*
3333 22nd Ave, PRINCE GEORGE, BC, V2N 1B4
(250) 561-4800   *SIC* 4911
BRITISH COLUMBIA HYDRO AND POWER AUTHORITY *p 264*
1200 Powerhouse Rd, REVELSTOKE, BC, V0E 2S0
(250) 814-6600   *SIC* 4911
BRITISH COLUMBIA HYDRO AND POWER AUTHORITY *p 277*
3500 Seton Portage Rd, SHALALTH, BC, V0N 3C0
(250) 259-8221   *SIC* 4911
BRITISH COLUMBIA HYDRO AND POWER AUTHORITY *p 278*
Gd, SOUTH SLOCAN, BC, V0G 2G0
(250) 359-7287   *SIC* 4911
BRITISH COLUMBIA HYDRO AND POWER AUTHORITY *p 285*
12430 88 Ave, SURREY, BC, V3W 3Y1
(604) 590-7662   *SIC* 4911
BRITISH COLUMBIA HYDRO AND POWER AUTHORITY *p 285*
12345 88 Ave, SURREY, BC, V3W 5Z9
(604) 590-7565   *SIC* 4911
BRITISH COLUMBIA HYDRO AND POWER AUTHORITY *p 303*
401 Georgia St W, VANCOUVER, BC, V6B 5A1
(604) 694-8559   *SIC* 4911
BRITISH COLUMBIA HYDRO AND POWER AUTHORITY *p 323*
1055 Dunsmuir St Suite 1100, VANCOUVER, BC, V7X 1V5
(403) 717-4639   *SIC* 4911
BRITISH COLUMBIA INSTITUTE OF TECHNOLOGY FACULTY AND STAFF ASSOCIATION *p 248*
See BRITISH COLUMBIA INSTITUTE OF TECHNOLOGY, THE
BRITISH COLUMBIA INSTITUTE OF TECHNOLOGY, THE *p 248*
265 Esplanade W, NORTH VANCOUVER, BC, V7M 1A5
(604) 453-4100   *SIC* 8222
BRITISH COLUMBIA INSTITUTE OF TECHNOLOGY, THE *p 273*
3800 Cessna Dr, RICHMOND, BC, V7B 0A1
(604) 419-3777   *SIC* 8222
BRITISH COLUMBIA INSTITUTE OF TECHNOLOGY, THE *p 303*
555 Seymour St Suite 750, VANCOUVER, BC, V6B 3H6
SIC 8222
BRITISH COLUMBIA LOTTERY CORPORATION *p 294*
2940 Virtual Way, VANCOUVER, BC, V5M 0A6
(604) 215-0649   *SIC* 7999
BRITISH COLUMBIA MENTAL HEALTH SOCIETY *p 200*
2601 Lougheed Hwy, COQUITLAM, BC, V3C 4J2
(604) 524-7000   *SIC* 8063
BRITISH COLUMBIA'S CHILDREN'S HOSPITAL FOUNDATION *p 299*
938 28th Ave W, VANCOUVER, BC, V5Z 4H4
(604) 875-2444   *SIC* 8699
BRITISH CONFECTIONERY COMPANY LIMITED *p 433*
187 Kenmount Rd Suite 2, ST. JOHN'S, NL, A1B 3P9
(709) 747-2377   *SIC* 2679
BRITISH PACIFIC TRANSPORT LTD *p 229*

9975 199b St, LANGLEY, BC, V1M 3G4
(604) 888-2976   *SIC* 4213
BRITLE HEALTH CENTRE *p 344*
See BIRTLE HEALTH SERVICES DISTRICT
BRITMAN INDUSTRIES LIMITED *p 482*
655 Finley Ave Suite 1, AJAX, ON, L1S 3V3
(905) 619-1477   *SIC* 7389
BRITMAN PACKAGING SERVICES *p 482*
See BRITMAN INDUSTRIES LIMITED
BROADACRES ELEMENTARY SCHOOL *p 941*
See TORONTO DISTRICT SCHOOL BOARD
BROADCAST CENTER *p 220*
See PATTISON, JIM INDUSTRIES LTD
BROADCOM CANADA LTD *p 265*
13711 International Pl Unit 200, RICHMOND, BC, V6V 2Z8
(604) 233-8500   *SIC* 7371
BROADGRAIN COMMODITIES INC *p 907*
18 King St E Suite 900, TORONTO, ON, M5C 1C4
(416) 504-0070   *SIC* 5153
BROADLANDS PUBLIC SCHOOL *p 751*
See TORONTO DISTRICT SCHOOL BOARD
BROADLEAF DISTRIBUTION *p 86*
See CANWEL BUILDING MATERIALS LTD
BROADLEAF LOGISTICS *p 372*
See CANWEL BUILDING MATERIALS LTD
BROADMOOR SAFEWAY *p 272*
See SOBEYS WEST INC
BROADRIDGE CUSTOMER COMMUNICATIONS CANADA, ULC *p 623*
31 Richardson Side Rd, KANATA, ON, K2K 0A1
(613) 739-9901   *SIC* 2759
BROADRIDGE CUSTOMER COMMUNICATIONS CANADA, ULC *p 670*
2601 14th Ave, MARKHAM, ON, L3R 0H9
(905) 470-2000   *SIC* 2759
BROADRIDGE FINANCIAL SOLUTION *p 306*
See BROADRIDGE SOFTWARE LIMITED
BROADRIDGE INVESTOR COMMUNICATIONS CORPORATION *p 713*
5970 Chedworth Way, MISSISSAUGA, ON, L5R 4G5
(905) 507-5100   *SIC* 8748
BROADRIDGE SOFTWARE LIMITED *p 306*
510 Burrard St Suite 600, VANCOUVER, BC, V6C 3A8
(604) 687-2133   *SIC* 7374
BROADRIDGE SOFTWARE LIMITED *p 913*
4 King St W Suite 500, TORONTO, ON, M5H 1B6
(416) 350-0999   *SIC* 7371
BROADVIEW CENTENNIAL LODGE *p 1265*
See REGINA QU'APPELLE REGIONAL HEALTH AUTHORITY
BROADVIEW NURSING CENTRE LIMITED *p 849*
210 Brockville St, SMITHS FALLS, ON, K7A 3Z4
(613) 283-1845   *SIC* 8051
BROADVIEW PUBLIC SCHOOL *p 798*
See OTTAWA-CARLETON DISTRICT SCHOOL BOARD
BROADVIEW UNION HOSPITAL *p 1265*
See REGINA QU'APPELLE REGIONAL HEALTH AUTHORITY
BROADWAY BAR & GRILL CENTRAL *p 726*
See THEODORE RESTAURANTS INC
BROADWAY CONSTRUCTION *p 388*
See PHOENIX ENTERPRISES LTD
BROADWAY PROMOTIONS *p 726*
See THEODORE RESTAURANTS INC
BROADWAY REFRIGERATION AND AIR CONDITIONING CO. LTD *p 293*
1490 Venables St, VANCOUVER, BC, V5L 4X6
(604) 255-2461   *SIC* 1711
BROADWAY ROOFING CO LTD *p 192*
7430 Lowland Dr Suite 400, BURNABY, BC, V5J 5A4
(604) 439-9107   *SIC* 1761
BROCK CANADA INC *p 16*
5401 53 St Se, CALGARY, AB, T2C 4P6
(403) 203-0633   *SIC* 3999
BROCK CANADA INC *p 103*
8925 62 Ave Nw, EDMONTON, AB, T6E 5L2
(780) 465-9016   *SIC* 1389
BROCK CORYDON SCHOOL *p 387*
See WINNIPEG SCHOOL DIVISION
BROCK SOLUTIONS INC *p 638*
90 Ardelt Ave, KITCHENER, ON, N2C 2C9
(519) 571-1522   *SIC* 3491
BROCK UNIVERSITY *p 608*
1842 King St E, HAMILTON, ON, L8K 1V7
(905) 547-3555   *SIC* 8221
BROCK UNIVERSITY FACULTY EDUCA *p 608*
See BROCK UNIVERSITY
BROCK WHITE CANADA COMPANY, LLC *p 16*
4880 104 Ave Se, CALGARY, AB, T2C 2H3
(403) 279-2710   *SIC* 5039
BROCK WHITE CANADA COMPANY, LLC *p 90*
21359 115 Ave Nw, EDMONTON, AB, T5S 0K5
(780) 447-1774   *SIC* 5039
BROCK WHITE CANADA COMPANY, LLC *p 95*
12959 156 St Nw, EDMONTON, AB, T5V 0A2
(780) 451-1580   *SIC* 5039
BROCK WHITE CANADA COMPANY, LLC *p 285*
7678 132 St, SURREY, BC, V3W 4M9
(604) 576-9911   *SIC* 5039
BROCK WHITE CANADA COMPANY, LLC *p 372*
879 Keewatin St, WINNIPEG, MB, R2X 2S7
(204) 772-3991   *SIC* 5039
BROCKLEHURST GEMSTONE CARE CENTRE *p 250*
See RIVERSIDE RETIREMENT CENTRE LTD
BROCKLEHURST MIDDLE SCHOOL *p 219*
See SCHOOL DISTRICT 73 (KAMLOOPS/THOMPSON)
BROCKVILLE & DISTRICT ASSOCIATION FOR COMMUNITY INVOLVEMENT *p 530*
2495 Parkedale Ave Unit 4, BROCKVILLE, ON, K6V 3H2
(613) 345-4092   *SIC* 8093
BROCKVILLE AREA CENTRE FOR DEVELOPMENTALLY HANDICAPPED PERSONS INC *p 530*
61 King St E, BROCKVILLE, ON, K6V 1B2
(613) 345-1290   *SIC* 8322
BROCKVILLE COLLEGIATE INSTITUTE *p 531*
See UPPER CANADA DISTRICT SCHOOL BOARD, THE
BROCKVILLE GENERAL HOSPITAL *p 530*
42 Garden St, BROCKVILLE, ON, K6V 2C3
(613) 345-5645   *SIC* 8062
BROCKVILLE MENTAL HEALTH CENTRE *p 531*
See ROYAL OTTAWA MENTAL HEALTH CENTRE
BROCKVILLE POLICE ASSOCIATION *p 530*
2269 Parkedale Ave W, BROCKVILLE, ON, K6V 3G9
(613) 342-0127   *SIC* 8631
BRODA GROUP HOLDINGS LIMITED PARTNERSHIP *p 1280*
4271 5th Ave E, PRINCE ALBERT, SK, S6W 0A5
(306) 764-5337   *SIC* 1522

BRODIE RESOURCE BRANCH LIBRARY p 881
See THUNDER BAY PUBLIC LIBRARY BOARD
BROGAN INC p 623
303 Terry Fox Dr Suite 300, KANATA, ON, K2K 3J1
(613) 599-0711   SIC 8732
BROKERAGE SERVICES, DIV OF p 376
See W. H. ESCOTT COMPANY LIMITED
BROKERHOUSE DISTRIBUTORS INC p 584
108 Woodbine Downs Blvd Unit 4, ETOBICOKE, ON, M9W 5S6
(416) 798-3537   SIC 5722
BROLAIN DISTRIBUTORS LTD p 545
1731 Bishop St, CAMBRIDGE, ON, N1T 1N5
(519) 740-9311   SIC 5169
BRONFMAN JEWISH EDUCATION CENTRE p 1121
1 Car Cummings Bureau 502, Montreal, QC, H3W 1M6
(514) 345-2610   SIC 8699
BROOK CROMPTON LTD p 584
264 Attwell Dr, ETOBICOKE, ON, M9W 5B2
(416) 675-3844   SIC 5063
BROOK HAVEN CARE CENTRE p 337
See INTERIOR HEALTH AUTHORITY
BROOKDALE PULBIC SCHOOL p 770
See HALTON DISTRICT SCHOOL BOARD
BROOKE CENTRAL PUBLIC SCHOOL p 486
See LAMBTON KENT DISTRICT SCHOOL BOARD
BROOKFIELD ENERGY MARKETING INC p 1035
480 Boul De La Cite Bureau 200, GATINEAU, QC, J8T 8R3
(819) 561-2722   SIC 4911
BROOKFIELD FOODS LIMITED p 450
1 Wright Ave, DARTMOUTH, NS, B3B 1G5
(902) 468-7417   SIC 5142
BROOKFIELD GLOBAL INTEGRATED SOLUTIONS CANADA LP p 623
350 Terry Fox Dr Suite 12, KANATA, ON, K2K 2W5
(613) 254-8834   SIC 6531
BROOKFIELD HIGH SCHOOL p 796
See OTTAWA-CARLETON DISTRICT SCHOOL BOARD
BROOKFIELD JUNIOR HIGH SCHOOL p 445
See CHIGNECTO CENTRAL REGIONAL SCHOOL BOARD
BROOKFIELD NOVA COLD LTD p 450
635 Av Wilkinson, DARTMOUTH, NS, B3B 0H4
(902) 468-1328   SIC 4222
BROOKFIELD OFFICE PROPERTIES MANAGEMENT p 790
See BROOKFIELD PROPERTIES LTD
BROOKFIELD PLACE MANAGEMENT OFFICE p 917
See BROOKFIELD PROPERTIES LTD
BROOKFIELD PROPERTIES (CDHI) LTD p 917
181 Bay St Suite 330, TORONTO, ON, M5J 2T3
(416) 363-9491   SIC 6531
BROOKFIELD PROPERTIES LTD p 41
111 5 Ave Sw Suite 327, CALGARY, AB, T2P 3Y6
(403) 265-2430   SIC 6531
BROOKFIELD PROPERTIES LTD p 41
335 8 Ave Sw Suite 800, CALGARY, AB, T2P 1C9
(403) 266-8922   SIC 6531
BROOKFIELD PROPERTIES LTD p 790
112 Kent St Suite 480, OTTAWA, ON, K1P 5P2
(613) 783-0930   SIC 8741
BROOKFIELD PROPERTIES LTD p 917
181 Bay St Suite 220, TORONTO, ON, M5J 2T3
(416) 777-6480   SIC 6531
BROOKFIELD PROPERTIES LTD p 917
181 Bay St Suite 330, TORONTO, ON, M5J 2T3
(416) 369-2300   SIC 6512
BROOKFIELD RESIDENTIAL SERVICES LTD p 917
99 Harbour Sq Suite 77, TORONTO, ON, M5J 2H2
(416) 203-2004   SIC 6531
BROOKHAVEN PUBLIC SCHOOL p 937
See TORONTO DISTRICT SCHOOL BOARD
BROOKHOUSE ELEMENTARY SCHOOL p 447
See HALIFAX REGIONAL SCHOOL BOARD
BROOKLANDS SCHOOL p 370
See ST. JAMES-ASSINIBOIA SCHOOL DIVISION
BROOKLIN CONCRETE, DIV OF p 956
See ARMTEC LP
BROOKLIN ESTATES GENERAL PARTNER INC. p 973
3700 Steeles Ave W Suite 800, WOODBRIDGE, ON, L4L 8M9
(905) 850-8508   SIC 6553
BROOKLIN MEWS INC p 815
3430 Seventh Concession Rd, PICKERING, ON, L1Y 1C6
(905) 655-9187   SIC 7992
BROOKLIN VILLAGE PUBLIC SCHOOL p 956
See DURHAM DISTRICT SCHOOL BOARD
BROOKLYN DISTRICT ELEMENTARY SCHOOL p 470
See ANNAPOLIS VALLEY REGIONAL SCHOOL BOARD
BROOKLYN ELEMENTARY SCHOOL p 199
See SCHOOL DISTRICT NO. 71 (COMOX VALLEY)
BROOKLYN ELEMENTARY-CAPE LAZO p 199
See SCHOOL DISTRICT NO. 71 (COMOX VALLEY)
BROOKMILL BOULEVARD JUNIOR PUBLIC SCHOOL p 846
See TORONTO DISTRICT SCHOOL BOARD
BROOKS CAMPUS p 8
See MEDICINE HAT COLLEGE
BROOKS COMPOSITE HIGH SCHOOL p 8
See GRASSLANDS REGIONAL DIVISION 6
BROOKS EMS p 8
See ALBERTA HEALTH SERVICES
BROOKS GOLF CLUB p 8
1311 1 Ave E, BROOKS, AB, T1R 1C3
(403) 362-2998   SIC 7997
BROOKS HEALTH CENTRE p 8
See ALBERTA HEALTH SERVICES
BROOKS JUNIOR HIGH SCHOOL p 8
See GRASSLANDS REGIONAL DIVISION 6
BROOKS RECREATION CENTRE p 8
See CITY OF BROOKS
BROOKS ROAD ELEMENTARY SCHOOL p 886
See TORONTO DISTRICT SCHOOL BOARD
BROOKSBANK ELEMENTARY SCHOOL p 248
See SCHOOL DISTRICT NO. 44 (NORTH VANCOUVER)
BROOKSIDE ELEMENTARY SCHOOL p 109
See EDMONTON SCHOOL DISTRICT NO. 7
BROOKSIDE ELEMENTARY SCHOOL p 286
See SCHOOL DISTRICT NO 36 (SURREY)
BROOKSIDE FOODS LTD p 178
3899 Mt Lehman Rd, ABBOTSFORD, BC, V2T 5W5
(604) 607-7665   SIC 5149
BROOKSIDE FRUIT COMPANY p 178
3889 Mt Lehman Rd, ABBOTSFORD, BC, V2T 5W5
(604) 607-6650   SIC 2064
BROOKSIDE JUNIOR HIGH SCHOOL p 464
See HALIFAX REGIONAL SCHOOL BOARD
BROOKSIDE PUBLIC SCHOOL p 666
See AVON MAITLAND DISTRICT SCHOOL BOARD
BROOKSIDE PUBLIC SCHOOL p 847
See TORONTO DISTRICT SCHOOL BOARD
BROOKSIDE RETIREMENT RESIDENCE p 824
See REVERA INC
BROOKSIDE SECONDARY SCHOOL p 554
See KAWARTHA PINE RIDGE DISTRICT SCHOOL BOARD
BROOKSWOOD SECONDARY SCHOOL p 232
See BOARD OF EDUCATION OF SCHOOL DISTRICT NO. 35 (LANGLEY)
BROOKVIEW MIDDLE SCHOOL p 758
See TORONTO DISTRICT SCHOOL BOARD
BROOKVILLE CARRIERS VAN, DIV OF p 418
See LAIDLAW CARRIERS VAN LP
BROOKVILLE MANUFACTURING COMPANY p 414
See 059884 N.B. INC
BROOKVILLE PUBLIC SCHOOL p 548
See HALTON DISTRICT SCHOOL BOARD
BROOKWOOD EARLY SCHOOL p 165
See PARKLAND SCHOOL DIVISION NO. 70
BROTHER ANDRE HIGH SCHOOL p 669
See YORK CATHOLIC DISTRICT SCHOOL BOARD
BROTHERS & WRIGHT ELECTRICAL SERVICES INC p 670
251 Amber St Unit 1, MARKHAM, ON, L3R 3J7
SIC 1731
BROUILLETTE MANOR p 960
See 1230839 ONTARIO LIMITED
BROWN & ROOT p 114
See BROWN & ROOT INDUSTRIAL SERVICES CANADA CORPORATION
BROWN & ROOT INDUSTRIAL SERVICES CANADA CORPORATION p 114
3300 76 Ave Nw Bldg B, EDMONTON, AB, T6P 1J4
(780) 577-4440   SIC 1629
BROWN & RUTHERFORD CO LTD p 371
5 Sutherland Ave, WINNIPEG, MB, R2W 3B6
(204) 942-0701   SIC 5031
BROWN BROS. AGENCIES LIMITED p 329
565 Manchester Rd Suite 204, VICTORIA, BC, V8T 2N7
(250) 385-8771   SIC 6411
BROWN BROS. AGENCIES LIMITED p 330
1125 Blanshard St, VICTORIA, BC, V8W 2H7
(250) 385-8771   SIC 6411
BROWN JUNIOR PUBLIC SCHOOL p 900
See TORONTO DISTRICT SCHOOL BOARD
BROWN PACKAGING p 485
See 2014767 ONTARIO LIMITED
BROWN PACKAGING p 532
See 2014767 ONTARIO LIMITED
BROWN'S CLEANERS p 792
See BROWN'S CLEANERS AND TAILORS LIMITED
BROWN'S CLEANERS AND TAILORS LIMITED p 792
270 City Centre Ave, OTTAWA, ON, K1R 7R7
(613) 235-5181   SIC 7216
BROWN'S SHOES p 1160
See CHAUSSURES BROWNS INC
BROWN, BARRIE PONTIAC BUICK GMC LTD p 194
2700 Island Hwy, CAMPBELL RIVER, BC, V9W 2H5
(250) 287-7272   SIC 5511
BROWN, DAVID UNION PUMPS p 16
See CLYDE UNION CANADA LIMITED
BROWN, GEORGE COLLEGE OF APPLIED ARTS AND TECHNOLOGY, THE p 924
See GEORGE BROWN COLLEGE OF APPLIED ARTS AND TECHNOLOGY, THE
BROWNELL SCHOOL p 1294
See BOARD OF EDUCATION OF SASKATOON SCHOOL DIVISION NO. 13 OF SASKATCHEWAN, THE
BROWNING HARVEY LIMITED p 436
15 Ropewalk Lane, ST. JOHN'S, NL, A1E 4P1
(709) 579-4116   SIC 2086
BROWNING, ROBERT SCHOOL p 385
See ST. JAMES-ASSINIBOIA SCHOOL DIVISION
BROWNING-FERRIS QUEBEC INC p 1243
3779 Ch Des Quarante-Arpents, TERREBONNE, QC, J6V 9T6
(450) 474-2423   SIC 4953
BROWNINGS HOLDINGS LTD p 429
7 Park Ave, MOUNT PEARL, NL, A1N 1J1
(709) 364-7725   SIC 7011
BROWNLEE LLP p 51
396 11 Ave Sw Suite 700, CALGARY, AB, T2R 0C5
(403) 232-8300   SIC 8111
BROWNRIDGE PUBLIC SCHOOL p 876
See YORK REGION DISTRICT SCHOOL BOARD
BROWNS p 1206
See CHAUSSURES BROWNS INC
BROWNS SHOE p 759
See CHAUSSURES BROWNS INC
BROWNS SHOES p 1110
See CHAUSSURES BROWNS INC
BROWNSVILLE HOLDINGS INC p 492
Gd Lcd Main, AYLMER, ON, N5H 2R7
(519) 866-3446   SIC 6712
BRP p 1238
See BOMBARDIER PRODUITS RECREATIFS INC
BRT p 1254
See BOMBARDIER PRODUITS RECREATIFS INC
BRT SOLUTIONS p 1091
See GROUPE BRT INC, LE
BRUCE JUNIOR PUBLIC SCHOOL p 896
See TORONTO DISTRICT SCHOOL BOARD
BRUCE MIDDLE SCHOOL p 385
See ST. JAMES-ASSINIBOIA SCHOOL DIVISION
BRUCE PENINSULA DISTRICT SCHOOL p 648
See BLUEWATER DISTRICT SCHOOL BOARD
BRUCE POWER L.P. p 910
700 University Ave Suite 200, TORONTO, ON, M5G 1X6
(519) 361-2673   SIC 4911
BRUCE R. SMITH LIMITED p 525
5 Craig St, BRANTFORD, ON, N3R 7H8
(519) 426-0904   SIC 4212
BRUCE R. SMITH LIMITED p 552
370 Colborne St, CHATHAM, ON, N7M 5J4
SIC 4213
BRUCE T LINDLEY PUBLIC SCHOOL p 539

See HALTON DISTRICT SCHOOL BOARD
BRUCE TELECOM *p 885*
See MUNICIPALITY OF KINCARDINE, THE
BRUCE TRAIL PUBLIC SCHOOL *p 681*
See HALTON DISTRICT SCHOOL BOARD
BRUCE-GREY CATHOLIC DISTRICT SCHOOL BOARD *p 589*
201 Concession 12, FORMOSA, ON, N0G 1W0
(519) 367-2900   *SIC* 8211
BRUCE-GREY CATHOLIC DISTRICT SCHOOL BOARD *p 617*
334 10th Ave, HANOVER, ON, N4N 2N5
(519) 364-2760   *SIC* 8211
BRUCE-GREY CATHOLIC DISTRICT SCHOOL BOARD *p 629*
709 Russell St, KINCARDINE, ON, N2Z 1R1
(519) 396-4330   *SIC* 8211
BRUCE-GREY CATHOLIC DISTRICT SCHOOL BOARD *p 803*
555 15th St E Suite 5, OWEN SOUND, ON, N4K 1X2
(519) 376-4278   *SIC* 8211
BRUCE-GREY CATHOLIC DISTRICT SCHOOL BOARD *p 803*
885 25th St E, OWEN SOUND, ON, N4K 6X6
(519) 371-0161   *SIC* 8211
BRUCE-GREY CATHOLIC DISTRICT SCHOOL BOARD *p 803*
925 9th Ave W, OWEN SOUND, ON, N4K 4N8
(519) 376-9370   *SIC* 8211
BRUCE-GREY CATHOLIC DISTRICT SCHOOL BOARD *p 816*
584 Stafford St, PORT ELGIN, ON, N0H 2C1
(519) 389-5495   *SIC* 8211
BRUCE-GREY CATHOLIC DISTRICT SCHOOL BOARD *p 948*
450 Robinson St, WALKERTON, ON, N0G 2V0
(519) 881-1900   *SIC* 8211
BRUCELEA HAVEN HOME FOR THE AGED *p 948*
41 Mcgivern St, WALKERTON, ON, N0G 2V0
(519) 881-1570   *SIC* 8361
BRUDERHEIM ENERGY TERMINAL LTD *p 9*
555018 Range Road 202, BRUDERHEIM, AB, T0B 0S0
(403) 604-6605   *SIC* 5169
BRUINSMA HOLDINGS LTD *p 83*
10232 112 St Nw Suite 200, EDMONTON, AB, T5K 1M4
(780) 421-4300   *SIC* 6712
BRUKER LTD *p 681*
555 Steeles Ave E, MILTON, ON, L9T 1Y6
(905) 876-4641   *SIC* 5049
BRULEURS COEN CANADA INC, LES *p 1186*
226 Rue Roy, SAINT-EUSTACHE, QC, J7R 5R6
SIC 3433
BRUMICAL INVESTMENTS LIMITED *p 786*
1180 Belanger Ave, OTTAWA, ON, K1H 8N2
(613) 737-7877   *SIC* 8361
BRUNELLE, GUY INC *p 1087*
4450 Rue Belanger, Montreal, QC, H1T 1B5
(514) 729-0008   *SIC* 1721
BRUNET ET CLOUTIER *p 1199*
See AUTOBUS BRUNET INC, LES
BRUNET PHARMACIE *p 1164*
See MCMAHON DISTRIBUTEUR PHARMACEUTIQUE INC
BRUNETTE PLACE SAINTE-FOY *p 1161*
See MCMAHON DISTRIBUTEUR PHARMACEUTIQUE INC
BRUNSKILL SCHOOL *p 1302*
See BOARD OF EDUCATION OF SASKATOON SCHOOL DIVISION NO. 13 OF SASKATCHEWAN, THE
BRUNSWICK CENTRES INC *p 653*
1062 Adelaide St N, LONDON, ON, N5Y 2N1
SIC 7933
BRUNSWICK ELEMENTARY SCHOOL *p 1274*
See NORTH EAST SCHOOL DIVISION
BRUNSWICK HURON BOWL *p 653*
See BRUNSWICK CENTRES INC
BRUNSWICK NEWS INC *p 397*
20 Rue St-Francois, EDMUNDSTON, NB, E3V 1E3
(506) 735-5575   *SIC* 2711
BRUNSWICK NEWS INC *p 402*
229 Boul Broadway, GRAND-SAULT/GRAND FALLS, NB, E3Z 2K1
(506) 473-3083   *SIC* 2711
BRUNSWICK NEWS INC *p 405*
2428 King George Hwy, MIRAMICHI, NB, E1V 6V9
(506) 622-2600   *SIC* 2711
BRUNSWICK NEWS INC *p 406*
939 Main St, MONCTON, NB, E1C 8P3
(506) 859-4900   *SIC* 2711
BRUTE KITCHEN EQUIPMENT *p 1213*
See CUSTOM DIAMOND INTERNATIONAL INC
BRYANT FULTON & SHEE ADVERTISING INC *p 306*
455 Granville St Suite 300, VANCOUVER, BC, V6C 1T1
SIC 7311
BSM SERVICES (1998) LTD *p 404*
948 Ch Royal, MEMRAMCOOK, NB, E4K 1Y8
(506) 862-0810   *SIC* 1711
BSM TECHNOLOGIES LTD *p 189*
4299 Canada Way Suite 215, BURNABY, BC, V5G 1H3
(866) 287-0135   *SIC* 3699
BSM TECHNOLOGIES LTD *p 584*
75 International Blvd Suite 100, ETOBICOKE, ON, M9W 6L9
(416) 675-1201   *SIC* 3699
BTG INTERNATIONAL CANADA INC *p 801*
11 Hines Rd Suite 200, OTTAWA, ON, K2K 2X1
(613) 801-1880   *SIC* 3841
BTI *p 550*
See BUBBLE TECHNOLOGY INDUSTRIES INC
BTI CANADA *p 311*
See HOGG ROBINSON CANADA INC
BTI CANADA *p 378*
See HOGG ROBINSON CANADA INC
BTI CANADA *p 458*
See HOGG ROBINSON CANADA INC
BTI SYSTEMS INC *p 623*
1000 Innovation Dr Unit 200, KANATA, ON, K2K 3E7
(613) 287-1700   *SIC* 4899
BTN ATLANTIC *p 394*
See 615317 NB INC
BTO VENTURES LTD *p 21*
2475 27 Ave Ne, CALGARY, AB, T2E 8M1
(403) 717-0670   *SIC* 5812
BUANDERIE BLANCHELLE INC, LA *p 1197*
825 Av Montrichard, SAINT-JEAN-SUR-RICHELIEU, QC, J2X 5K8
(450) 347-4390   *SIC* 7218
BUANDERIES PIERRE R DEXTRAZE *p 1042*
See 9248-1464 QUEBEC INC
BUANDRY PARANET INC *p 1153*
1105 Rue Vincent-Massey, Quebec, QC, G1N 1N2
(418) 688-0889   *SIC* 7219
BUBBLE TECHNOLOGY INDUSTRIES INC *p 550*
31278 Hwy 17 W, CHALK RIVER, ON, K0J 1J0
(613) 589-2456   *SIC* 8731
BUBBLETEASE *p 670*
See BUBBLETEASE INC
BUBBLETEASE INC *p 670*
400 Esna Park Dr Suite 11, MARKHAM, ON, L3R 3K2
(905) 940-2660   *SIC* 5812
BUCARS R.V. CENTRE *p 4*
See REDSON RESOURCE MANAGEMENT LTD
BUCHANAN ELEMENTARY SCHOOL *p 22*
See CALGARY BOARD OF EDUCATION
BUCHANAN ELEMENTARY SCHOOL *p 373*
See ST. JAMES-ASSINIBOIA SCHOOL DIVISION
BUCHANAN LUMBER DIV OF *p 130*
See BUCHANAN, GORDON ENTERPRISES LTD
BUCHANAN MEMORIAL HEALTH CARE COMPLEX *p 469*
32610 Cabot Trail, NEILS HARBOUR, NS, B0C 1N0
(902) 336-2200   *SIC* 8062
BUCHANAN MEMORIAL HOSPITAL *p 469*
See GUYSBOROUGH ANTIGONISH STRAIT HEALTH AUTHORITY
BUCHANAN PARK SCHOOL *p 616*
See HAMILTON-WENTWORTH DISTRICT SCHOOL BOARD, THE
BUCHANAN PUBLIC SCHOOL *p 842*
See TORONTO DISTRICT SCHOOL BOARD
BUCHANAN, GORDON ENTERPRISES LTD *p 130*
1 Railway Ave, HIGH PRAIRIE, AB, T0G 1E0
(780) 523-4544   *SIC* 2421
BUCHNER MANUFACTURING INC *p 732*
16650 Bayview Ave, NEWMARKET, ON, L3X 2S8
(905) 836-1506   *SIC* 3444
BUCK MOUNTAIN CENTRAL SCHOOL *p 9*
See WETASKIWIN REGIONAL PUBLIC SCHOOLS
BUCKET SHOP INC, THE *p 885*
24 Government Rd S, TIMMINS, ON, P4R 1N4
(705) 531-2658   *SIC* 5085
BUCKHAM TRANSPORT LIMITED *p 493*
Hwy 28, BAILIEBORO, ON, K0L 1B0
(705) 939-6311   *SIC* 4213
BUCKINGHAM ELEMENTARY SCHOOL *p 188*
See BURNABY SCHOOL BOARD DISTRICT 41
BUCKINGHAM SPORTS PROPERTIES COMPANY *p 890*
4000 Chesswood Dr, TORONTO, ON, M3J 2B9
(416) 630-8114   *SIC* 7941
BUCKWOLD WESTERN *p 16*
See BUCKWOLD WESTERN LTD
BUCKWOLD WESTERN LTD *p 16*
6313 30 St Se, CALGARY, AB, T2C 1R4
(403) 279-2636   *SIC* 5023
BUCKWOLD WESTERN LTD *p 96*
12843 153 St Nw, EDMONTON, AB, T5V 0B6
(780) 447-1539   *SIC* 5023
BUCKWOLD WESTERN LTD *p 209*
10207 Nordel Crt, DELTA, BC, V4G 1J9
(604) 583-2355   *SIC* 5023
BUCKWOLD WESTERN LTD *p 372*
70 Plymouth St, WINNIPEG, MB, R2X 2V7
(204) 633-7572   *SIC* 5023
BUCYRUS BLADES OF CANADA LIMITED *p 357*
62 Life Sciences Pky, STEINBACH, MB, R5G 2G6
(204) 326-3461   *SIC* 3531
BUDD BROTHERS HOLDING COMPANY LTD *p 769*
2400 South Service Rd W, OAKVILLE, ON, L6L 5M9
(905) 845-1610   *SIC* 5511
BUDD'S IMPORTED CARS *p 769*
See BUDD, STUART & SONS LIMITED
BUDD'S SATURN SAAB OF OAKVILLE *p 769*
See BUDD BROTHERS HOLDING COMPANY LTD
BUDD, STUART & SONS LIMITED *p 769*
2430 South Service Rd W, OAKVILLE, ON, L6L 5M9
(905) 845-1443   *SIC* 5511
BUDGET AUTO INC *p 1151*
See BUDGETAUTO INC
BUDGET BRAKE & MUFFLER *p 269*
4280 No. 3 Rd Suite 120, RICHMOND, BC, V6X 2C2
(604) 273-1288   *SIC* 7533
BUDGET CAR & TRUCK RENTALS OF OTTAWA LTD *p 797*
1551 Laperriere Ave, OTTAWA, ON, K1Z 7T1
(613) 729-6666   *SIC* 7514
BUDGET CAR RENTALS TORONTO LIMITED *p 684*
5905 Campus Rd, MISSISSAUGA, ON, L4V 1P9
SIC 7514
BUDGET RENT-A-CAR *p 259*
See DEVON TRANSPORT LTD
BUDGET RENT-A-CAR *p 270*
See PHELPS LEASING LTD
BUDGET RENT-A-CAR *p 273*
See BUDGET RENT-A-CAR OF B.C. LTD
BUDGET RENT-A-CAR OF B.C. LTD *p 273*
3840 Mcdonald Rd, RICHMOND, BC, V7B 1L8
(604) 668-7000   *SIC* 7514
BUDGET RENT-A-CAR OF CALGARY *p 25*
See PRAIRIE VIEW HOLDINGS LTD
BUDGET RENT-A-CAR OF CALGARY *p 29*
See PRAIRIE VIEW HOLDINGS LTD
BUDGETAUTO INC *p 584*
1 Convair Dr, ETOBICOKE, ON, M9W 6Z9
(416) 213-8400   *SIC* 7514
BUDGETAUTO INC *p 1025*
575 Boul Albert-De Niverville, DORVAL, QC, H4Y 1J3
(514) 636-0743   *SIC* 7514
BUDGETAUTO INC *p 1151*
380 Boul Wilfrid-Hamel, Quebec, QC, G1M 2S4
(418) 687-4220   *SIC* 7514
BUENA VISTA SCHOOL *p 1292*
See BOARD OF EDUCATION OF SASKATOON SCHOOL DIVISION NO. 13 OF SASKATCHEWAN, THE
BUENA VISTA TELEVISION DISTRIBUTION *p 931*
See WALT DISNEY COMPANY (CANADA) LTD, THE
BUFFALO AIRWAYS LTD *p 438*
108 Berry St, YELLOWKNIFE, NT, X1A 2R3
(867) 873-6112   *SIC* 4729
BUFFALO CANOE CLUB *p 825*
4475 Erie Rd Suite 1, RIDGEWAY, ON, L0S 1N0
(905) 894-2750   *SIC* 7997
BUFFALO HEAD PRAIRIE SCHOOL *p 9*
See FORT VERMILION SCHOOL DIVISON 52
BUFFALO INSPECTION SERVICES (2005) INC *p 99*
3867 Roper Rd Nw, EDMONTON, AB, T6B 3S5
(780) 486-7344   *SIC* 8734
BUFFALO LODGE *p 121*
See NORALTA LODGE LTD
BUFFALO TRAIL PUBLIC SCHOOLS REGIONAL DIVISION NO. 28 *p 3*
4911 53rd St, AMISK, AB, T0B 0B0
(780) 856-3771   *SIC* 8211
BUFFALO TRAIL PUBLIC SCHOOLS REGIONAL DIVISION NO. 28 *p 73*
5216 53rd St, EDGERTON, AB, T0B 1K0
(780) 755-3810   *SIC* 8211

BUFFALO TRAIL PUBLIC SCHOOLS REGIONAL DIVISION NO. 28 p
133
5110 51 St, KITSCOTY, AB, T0B 2P0
(780) 846-2121   SIC 8211

BUFFALO TRAIL PUBLIC SCHOOLS REGIONAL DIVISION NO. 28 p
142
105 2 St S, MARWAYNE, AB, T0B 2X0
(780) 847-3930   SIC 8211

BUFFALO TRAIL PUBLIC SCHOOLS REGIONAL DIVISION NO. 28 p
142
5002 52nd Ave, MANNVILLE, AB, T0B 2W0
(780) 763-3615   SIC 8211

BUFFALO TRAIL PUBLIC SCHOOLS REGIONAL DIVISION NO. 28 p
149
310 Park Ave, PARADISE VALLEY, AB, T0B 3R0
(780) 745-2277   SIC 8211

BUFFALO TRAIL PUBLIC SCHOOLS REGIONAL DIVISION NO. 28 p
151
4504 52 Ave, PROVOST, AB, T0B 3S0
(780) 753-6824   SIC 8211

BUFFALO TRAIL PUBLIC SCHOOLS REGIONAL DIVISION NO. 28 p
172
4837 44 St, VERMILION, AB, T9X 1G3
(780) 853-5444   SIC 8211

BUFFALO TRAIL PUBLIC SCHOOLS REGIONAL DIVISION NO. 28 p
172
5102 46 St, VERMILION, AB, T9X 1G5
(780) 853-4177   SIC 8211

BUFFALO TRAIL PUBLIC SCHOOLS REGIONAL DIVISION NO. 28 p
173
800 6 St, WAINWRIGHT, AB, T9W 2R5
(780) 842-4481   SIC 8211

BUFFALO TRAIL PUBLIC SCHOOLS REGIONAL DIVISION NO. 28 p
173
905 10 St, WAINWRIGHT, AB, T9W 2R6
(780) 842-3361   SIC 8211

BUFFET CHINOIS MING WAH p 1202
See VUE LOINTAINE INC
BUFFET MAISON KIRIN , LE p 1133
See 3091-0418 QUEBEC INC
BUFFET MAISON KIRIN REPENTIGNY p 1170
See 3091-0418 QUEBEC INC
BUFFET NICO INC p 1219
14 Plage Poisson, SAINT-PIERRE-LES-BECQUETS, QC, G0X 2Z0
(819) 376-8093   SIC 5812
BUFFET NICO INC p 1219
485 Rte Marie-Victorin Bureau 2, SAINT-PIERRE-LES-BECQUETS, QC, G0X 2Z0
(819) 376-8093   SIC 5812
BUFFETS JE RECOIS INC, LES p 1164
2405 Rue De Celles Bureau 3, Quebec, QC, G2C 1K7
(418) 626-1010   SIC 5812
BUFFETS MAISON ENR, LES p 1219
See 2540-9392 QUEBEC INC
BUHLER EZEE-ON, INC p 172
5110 62 St, VEGREVILLE, AB, T9C 1N6
(780) 632-2126   SIC 3523
BUHLER INDUSTRIES INC p 388
1260 Clarence Ave Suite 112, WINNIPEG, MB, R3T 1T2
SIC 3523
BUHLER INDUSTRIES INC. p 351
301 Mountain St S, MORDEN, MB, R6M 1X7
(204) 822-4467   SIC 3523
BUHLER INDUSTRIES INC. p 388
See BUHLER INDUSTRIES INC
BUHLER VERSATILE INC p 389
1260 Clarence Ave, WINNIPEG, MB, R3T 1T2
(204) 284-6100   SIC 3523
BUHLER VERSATILE INDUSTRIES p 1294

North Corman Industrial Park, SASKATOON, SK, S7K 0A1
(306) 931-3000   SIC 5033
BUHLER, JOHN INC p 351
See JOHN BUHLER INC
BUICK CREEK ELEMENTARY & JUNIOR SECONDARY SCHOOL p 182
See SCHOOL DISTRICT NO. 60 (PEACE RIVER NORTH)
BUILD-A-MOLD, DIV OF p 967
See A.P. PLASMAN INC.
BUILDDIRECT.COM TECHNOLOGIES INC p 265
13333 Vulcan Way Unit 10, RICHMOND, BC, V6V 1K4
(604) 318-8169   SIC 4225
BUILDERS ENERGY SERVICES LTD p 41
250 2 St Sw Suite 1100, CALGARY, AB, T2P 0C1
(403) 693-2378   SIC 1389
BUILDERS ENERGY SERVICES LTD p 68
9020 99 St Ss 55, CLAIRMONT, AB, T0H 0W0
(780) 539-5650   SIC 1381
BUILDERS ENERGY SERVICES LTD p 164
Gd, SLAVE LAKE, AB, T0G 2A0
(780) 849-2342   SIC 5251
BUILDERS ENERGY SERVICES LTD p 170
6002 64 St, TABER, AB, T1G 1Z3
SIC 1389
BUILDERS FURNITURE LTD p 366
695 Washington Ave, WINNIPEG, MB, R2K 1M4
(204) 668-0783   SIC 2541
BUILDING AUTOMATION p 383
See SIEMENS CANADA LIMITED
BUILDING AUTOMATION p 796
See SIEMENS CANADA LIMITED
BUILDING DEPARTMENT p 380
See WINNIPEG SCHOOL DIVISION
BUILDINGS DIVISION p 267
See STUART OLSON CONSTRUCTION LTD
BUILDINGS DIVISION p 392
See STUART OLSON CONSTRUCTION LTD
BUILDIT SOFTWARE & SOLUTIONS p 1262
See FARO TECHNOLOGIES CANADA INC
BUILT IT BY DESIGN INC p 717
1580 Trinity Dr Suite 10, MISSISSAUGA, ON, L5T 1L6
(905) 696-0468   SIC 1542
BUL RIVER MINERAL p 218
See BUL RIVER MINERAL CORPORATION
BUL RIVER MINERAL CORPORATION p 218
Gd, JAFFRAY, BC, V0B 1T0
(250) 429-3711   SIC 1081
BULANI AGRO INC p 1265
801 Hwy 4, BIGGAR, SK, S0K 0M0
(306) 948-1800   SIC 5191
BULGIN HOLDINGS LIMITED p 435
354 Water St, ST. JOHN'S, NL, A1C 1C4
(709) 722-0311   SIC 5621
BULK BARN FOODS LIMITED p 661
1965 Hyde Park Rd, LONDON, ON, N6H 0A3
(519) 473-4897   SIC 5141
BULK BARN FOODS LIMITED p 822
9350 Yonge St Suite A6, RICHMOND HILL, ON, L4C 5G2
(905) 883-3036   SIC 5411
BULK BARN FOODS LIMITED p 840
300 Borough Dr Suite 2, SCARBOROUGH, ON, M1P 4P5
(416) 279-1180   SIC 5411
BULKLEY VALLEY LEARNING CENTER p 278
See SCHOOL DISTRICT NO. 54 (BULKLEY VALLEY)
BULKLEY VALLEY WHOLESALE p 278
See GREAT PACIFIC INDUSTRIES INC
BULMER AIRCRAFT SERVICES LTD p 396
1579 Rue Champlain Suite 2, DIEPPE, NB,

E1A 7P5
(506) 858-5472   SIC 4581
BULUTH MISSABE & IRON RANGE RAILROAD p
1110
935 Rue De La Gauchetiere O Bureau 4eme, Montreal, QC, H3B 2M9
(514) 399-4536   SIC 4011
BUMPER TO BUMPER p 352
See T.I.C. PARTS AND SERVICE
BUNCHES FLOWER COMPANY p 107
7108 109 St Nw, EDMONTON, AB, T6G 1B8
(780) 447-5359   SIC 5992
BUNGE CANADA p 84
14711 128 Ave Nw, EDMONTON, AB, T5L 3H3
(780) 452-4720   SIC 2079
BUNGE CANADA p 173
1101 4 Ave, WAINWRIGHT, AB, T9W 1H1
(780) 842-6154   SIC 2076
BUNGE CANADA p 343
35 10th Ave Nw, ALTONA, MB, R0G 0B0
(204) 324-6481   SIC 2076
BUNGE CANADA p 355
1 Main St, RUSSELL, MB, R0J 1W0
(204) 773-3422   SIC 2079
BUNGE CANADA p 608
515 Victoria Ave N, HAMILTON, ON, L8L 8G7
(905) 527-9121   SIC 2076
BUNGE CANADA p 1008
4605 Boul Lapiniere Bureau 160, BROSSARD, QC, J4Z 3T5
(450) 462-6100   SIC 5153
BUNGE CANADA p 1277
Hwy 35 S, NIPAWIN, SK, S0E 1E0
(306) 862-4686   SIC 2076
BUNGE DU CANADA LTEE p 1149
300 Rue Dalhousie, Quebec, QC, G1K 8M8
(418) 692-3761   SIC 3523
BUNZL CANADA INC p 533
4240 Harvester Rd Unit 3, BURLINGTON, ON, L7L 0E8
(905) 637-4040   SIC 5113
BUNZL DISTRIBUTION p 533
See BUNZL CANADA INC
BURCHELLS LLP p 457
1801 Hollis St Suite 1800, HALIFAX, NS, B3J 3N4
(902) 423-6361   SIC 8111
BURDETT SCHOOL p 9
See PRAIRIE ROSE SCHOOL DIVISION NO 8
BUREAU D'AFFAIRE D'ANJOU p 990
See GAZ METRO INC
BUREAU D'ASSURANCE DU CANADA SERVICE D'ENQUETE p 1245
See INSURANCE BUREAU OF CANADA
BUREAU DE DEVELOPMENT DE MONTREAL p
1120
See UNIVERSITE DE MONTREAL, L'
BUREAU DE NORMALISATION DU QUEBEC (BNQ) p
1095
See CENTRE DE RECHERCHE INDUSTRIELLE DU QUEBEC
BUREAU DE POST THETFORD MINES p
1246
See CANADA POST CORPORATION
BUREAU DE POSTE ALMA p 987
See CANADA POST CORPORATION
BUREAU DE POSTE DE RIVIERE DU LOUP p 1174
See CANADA POST CORPORATION
BUREAU DE POSTE DE SAINT CONSTANT p 1184
See CANADA POST CORPORATION
BUREAU DE POSTE DE SAINT SEBASTIEN p
1221
See CANADA POST CORPORATION
BUREAU DE POSTE MONT LAURIER p
1079

See CANADA POST CORPORATION
BUREAU DE POSTE SAINTE-AGATHE-DES-MONTS p
1223
See CANADA POST CORPORATION
BUREAU DE POSTE VAUDREUIL DORION p 1256
See CANADA POST CORPORATION
BUREAU DE POSTE VICTORIAVILLE p 1258
See CANADA POST CORPORATION
BUREAU DE POSTES DE BELOEIL p 997
See CANADA POST CORPORATION
BUREAU DE POSTES DE MATANE p 1077
See CANADA POST CORPORATION
BUREAU DE POSTES SAINT JEAN p 1198
See CANADA POST CORPORATION
BUREAU DE ST ROMUALD p 1066
See CENTRES JEUNESSE CHAUDIERE-APPALACHES, LES
BUREAU EN GROS p 991
See STAPLES CANADA INC
BUREAU EN GROS p 1001
See STAPLES CANADA INC
BUREAU EN GROS p 1005
See STAPLES CANADA INC
BUREAU EN GROS p 1008
See STAPLES CANADA INC
BUREAU EN GROS p 1009
See STAPLES CANADA INC
BUREAU EN GROS p 1015
See STAPLES CANADA INC
BUREAU EN GROS p 1031
See STAPLES CANADA INC
BUREAU EN GROS p 1035
See STAPLES CANADA INC
BUREAU EN GROS p 1039
See STAPLES CANADA INC
BUREAU EN GROS p 1041
See STAPLES CANADA INC
BUREAU EN GROS p 1043
See STAPLES CANADA INC
BUREAU EN GROS p 1046
See STAPLES CANADA INC
BUREAU EN GROS p 1047
See STAPLES CANADA INC
BUREAU EN GROS p 1049
See STAPLES CANADA INC
BUREAU EN GROS p 1066
See STAPLES CANADA INC
BUREAU EN GROS p 1072
See STAPLES CANADA INC
BUREAU EN GROS p 1076
See STAPLES CANADA INC
BUREAU EN GROS p 1087
See STAPLES CANADA INC
BUREAU EN GROS p 1095
See STAPLES CANADA INC
BUREAU EN GROS p 1113
See STAPLES CANADA INC
BUREAU EN GROS p 1115
See STAPLES CANADA INC
BUREAU EN GROS p 1125
See STAPLES CANADA INC
BUREAU EN GROS p 1130
See STAPLES CANADA INC
BUREAU EN GROS p 1133
See STAPLES CANADA INC
BUREAU EN GROS p 1134
See STAPLES CANADA INC
BUREAU EN GROS p 1143
See STAPLES CANADA INC
BUREAU EN GROS p 1146
See STAPLES CANADA INC
BUREAU EN GROS p 1154
See STAPLES CANADA INC
BUREAU EN GROS p 1161
See STAPLES CANADA INC
BUREAU EN GROS p 1166
See STAPLES CANADA INC
BUREAU EN GROS p 1167
See STAPLES CANADA INC
BUREAU EN GROS p 1174
See STAPLES CANADA INC

BUREAU EN GROS
See STAPLES CANADA INC
BUREAU EN GROS p 1187
See STAPLES CANADA INC
BUREAU EN GROS p 1190
See STAPLES CANADA INC
BUREAU EN GROS p 1194
See STAPLES CANADA INC
BUREAU EN GROS p 1198
See STAPLES CANADA INC
BUREAU EN GROS p 1201
See STAPLES CANADA INC
BUREAU EN GROS p 1216
See STAPLES CANADA INC
BUREAU EN GROS p 1231
See STAPLES CANADA INC
BUREAU EN GROS p 1232
See STAPLES CANADA INC
BUREAU EN GROS p 1235
See STAPLES CANADA INC
BUREAU EN GROS p 1240
See STAPLES CANADA INC
BUREAU EN GROS p 1241
See STAPLES CANADA INC
BUREAU EN GROS p 1244
See STAPLES CANADA INC
BUREAU EN GROS p 1248
See STAPLES CANADA INC
BUREAU EN GROS p 1251
See STAPLES CANADA INC
BUREAU EN GROS p 1257
See STAPLES CANADA INC
BUREAU EN GROS p 1260
See STAPLES CANADA INC
BUREAU EN GROS p 1263
See STAPLES CANADA INC
BUREAU-SPEC p 992
See GRAND & TOY LIMITED
BUREAUTIQUE COTE-SUD INC p 1083
49 Rue Saint-Jean-Baptiste E, MONT-MAGNY, QC, G5V 1J6
(418) 248-4949 SIC 5112
BURFORD DISTRICT ELEMENTARY SCHOOL p 532
See GRAND ERIE DISTRICT SCHOOL BOARD
BURGENER KILPA TRICK DESIGN INTERNATIONAL p 41
640 8 Ave Sw Suite 300, CALGARY, AB, T2P 1G7
(403) 233-2525 SIC 8712
BURGEO ACADEMY p 423
See WESTERN SCHOOL DISTRICT
BURGER KING p 13
See REDBERRY FRANCHISING CORP
BURGER KING p 33
See REDBERRY FRANCHISING CORP
BURGER KING p 85
See QSR EDMONTON (2009) LTD
BURGER KING p 198
See QSR SERVICES CORP
BURGER KING p 253
See VALLEY KING FOODS INC
BURGER KING p 260
See REDBERRY FRANCHISING CORP
BURGER KING p 283
See RFGOP RESTAURANT HOLDINGS LTD
BURGER KING p 326
See VALLEY KING FOODS INC
BURGER KING p 345
See REDBERRY FRANCHISING CORP
BURGER KING p 362
See REDBERRY FRANCHISING CORP
BURGER KING p 366
See REDBERRY FRANCHISING CORP
BURGER KING p 370
See REDBERRY FRANCHISING CORP
BURGER KING p 381
See REDBERRY FRANCHISING CORP
BURGER KING p 386
See REDBERRY FRANCHISING CORP
BURGER KING p 401
See REDBERRY FRANCHISING CORP
BURGER KING p 470
See B S D RESTAURANTS LIMITED
BURGER KING p 475
See LYNK, R.K. ENTERPRISES LIMITED
BURGER KING p 483
See REDBERRY FRANCHISING CORP
BURGER KING p 520
See MILLS GROUP INC, THE
BURGER KING p 526
See REDBERRY FRANCHISING CORP
BURGER KING p 555
See REDBERRY FRANCHISING CORP
BURGER KING p 562
See REDBERRY FRANCHISING CORP
BURGER KING p 565
See REDBERRY FRANCHISING CORP
BURGER KING p 578
See REDBERRY FRANCHISING CORP
BURGER KING p 581
See REDBERRY FRANCHISING CORP
BURGER KING p 586
See REDBERRY FRANCHISING CORP
BURGER KING p 602
See REDBERRY FRANCHISING CORP
BURGER KING p 637
See REDBERRY FRANCHISING CORP
BURGER KING p 638
See REDBERRY FRANCHISING CORP
BURGER KING p 643
See REDBERRY FRANCHISING CORP
BURGER KING p 660
See REDBERRY FRANCHISING CORP
BURGER KING p 674
See REDBERRY FRANCHISING CORP
BURGER KING p 690
See REDBERRY FRANCHISING CORP
BURGER KING p 695
See REDBERRY FRANCHISING CORP
BURGER KING p 700
See REDBERRY FRANCHISING CORP
BURGER KING p 701
See REDBERRY FRANCHISING CORP
BURGER KING p 711
See REDBERRY FRANCHISING CORP
BURGER KING p 720
See REDBERRY FRANCHISING CORP
BURGER KING p 729
See REDBERRY FRANCHISING CORP
BURGER KING p 737
See REDBERRY FRANCHISING CORP
BURGER KING p 757
See REDBERRY FRANCHISING CORP
BURGER KING p 760
See REDBERRY FRANCHISING CORP
BURGER KING p 763
See REDBERRY FRANCHISING CORP
BURGER KING p 766
See REDBERRY FRANCHISING CORP
BURGER KING p 778
See REDBERRY FRANCHISING CORP
BURGER KING p 781
See REDBERRY FRANCHISING CORP
BURGER KING p 887
See REDBERRY FRANCHISING CORP
BURGER KING p 894
See REDBERRY FRANCHISING CORP
BURGER KING p 896
See REDBERRY FRANCHISING CORP
BURGER KING p 907
See REDBERRY FRANCHISING CORP
BURGER KING p 936
See REDBERRY FRANCHISING CORP
BURGER KING p 951
See REDBERRY FRANCHISING CORP
BURGER KING p 958
See REDBERRY FRANCHISING CORP
BURGER KING p 961
See REDBERRY FRANCHISING CORP
BURGER KING p 968
See REDBERRY FRANCHISING CORP
BURGER KING p 969
See REDBERRY FRANCHISING CORP
BURGER KING p 1005
See REDBERRY FRANCHISING CORP
BURGER KING p 1036
See REDBERRY FRANCHISING CORP
BURGER KING p 1038
See REDBERRY FRANCHISING CORP
BURGER KING p 1041
See REDBERRY FRANCHISING CORP
BURGER KING p 1059
See REDBERRY FRANCHISING CORP
BURGER KING p 1065
See REDBERRY FRANCHISING CORP
BURGER KING p 1070
See REDBERRY FRANCHISING CORP
BURGER KING p 1087
See REDBERRY FRANCHISING CORP
BURGER KING p 1096
See REDBERRY FRANCHISING CORP
BURGER KING p 1113
See REDBERRY FRANCHISING CORP
BURGER KING p 1140
See REDBERRY FRANCHISING CORP
BURGER KING p 1197
See REDBERRY FRANCHISING CORP
BURGER KING p 1225
See 9070-9734 QUEBEC INC
BURGER KING p 1236
See REDBERRY FRANCHISING CORP
BURGER KING p 1239
See REDBERRY FRANCHISING CORP
BURGER KING p 1244
See REDBERRY FRANCHISING CORP
BURGER KING p 1259
See REDBERRY FRANCHISING CORP
BURGER KING p 1292
See REDBERRY FRANCHISING CORP
BURGER KING p 1300
See REDBERRY FRANCHISING CORP
BURGER KING p 1303
See REDBERRY FRANCHISING CORP
BURGER KING 3420 p 663
See REDBERRY FRANCHISING CORP
BURGER KING 3739 p 250
See RFGOP RESTAURANT HOLDINGS LTD
BURGER KING 3918 p 233
See RFGOP RESTAURANT HOLDINGS LTD
BURGER KING 552 p 964
See REDBERRY FRANCHISING CORP
BURGER KING RESTAURANT p 418
See DUMVILLE RESTAURANTS LTD
BURGER KING RESTAURANT p 698
See REDBERRY FRANCHISING CORP
BURGER KING RESTAURANTS p 544
See REDBERRY FRANCHISING CORP
BURGESS, JOHN WILLIAM ENTERPRISES INC p 693
1327 Dundas St E, MISSISSAUGA, ON, L4Y 2C7
(905) 275-6867 SIC 5812
BURGESS, JOHN WILLIAM ENTERPRISES INC p 697
151 City Centre Dr Unit 303, MISSISSAUGA, ON, L5B 1M7
(905) 306-7942 SIC 5812
BURGUNDY ASSET MANAGEMENT LTD p 1105
1501 Av Mcgill College Bureau 2090, Montreal, QC, H3A 3M8
(514) 844-8091 SIC 8741
BURIN PENINSULA HEALTH CARE CENTRE p 423
See EASTERN REGIONAL INTEGRATED HEALTH AUTHORITY
BURKE ELEMENTARY SCHOOL p 1274
See NORTH EAST SCHOOL DIVISION
BURKE FALLS AND DISTRICT HEALTH CENTER p 532
See MUSKOKA ALGONQUIN HEALTHCARE
BURKE MEDIA p 77
See MCCALLUM PRINTING GROUP INC
BURKERT CONTROMATIC INC p 533
5002 South Service Rd, BURLINGTON, ON, L7L 5Y7
(905) 632-3033 SIC 5085
BURKERT FLUID CONTROL SYSTEMS p 533
See BURKERT CONTROMATIC INC
BURKHOLDER MIDDLE SCHOOL p 613
See HAMILTON-WENTWORTH DISTRICT SCHOOL BOARD, THE
BURLEIGH HILL PUBLIC SCHOOL p 856
See DISTRICT SCHOOL BOARD OF NIAGARA
BURLINGTON ACCOUNTING p 537
See BDO CANADA LLP
BURLINGTON ANGELA COUGHLAN POOL p 538
See CORPORATION OF THE CITY OF BURLINGTON
BURLINGTON AUTOMATION CORP. p 533
5041 Fairview St, BURLINGTON, ON, L7L 4W8
(905) 681-9622 SIC 3011
BURLINGTON CENTRAL HIGH SCHOOL p 540
See HALTON CATHOLIC DISTRICT SCHOOL BOARD
BURLINGTON GOLF AND COUNTRY CLUB LIMITED p 541
422 North Shore Blvd E, BURLINGTON, ON, L7T 1W9
(905) 634-7726 SIC 7997
BURLINGTON GYMNASTICS CLUB INC p 540
710 Maple Ave, BURLINGTON, ON, L7S 1M6
(905) 637-5774 SIC 7991
BURLINGTON LAIDLAW p 537
See FIRSTCANADA ULC
BURLINGTON MOVERS p 536
See CAMPBELL BROS. MOVERS LIMITED
BURLINGTON POST, THE p 534
See METROLAND MEDIA GROUP LTD
BURLINGTON RESOURCES p 72
See CONOCOPHILLIPS WESTERN CANADA PARTNERSHIP
BURLINGTON TRANSFORMER STATION p 541
See ONTARIO POWER GENERATION INC
BURLINGTON TRANSIT p 537
See CORPORATION OF THE CITY OF BURLINGTON
BURNABY CENTRAL SECONDARY SCHOOL p 189
See BURNABY SCHOOL BOARD DISTRICT 41
BURNABY HOSPITAL p 189
See FRASER HEALTH AUTHORITY
BURNABY MOUNTAIN SECONDARY SCHOOL p 182
See BURNABY SCHOOL BOARD DISTRICT 41
BURNABY NORTH SECONDARY SCHOOL p 185
See BURNABY SCHOOL BOARD DISTRICT 41
BURNABY NOW p 184
See POSTMEDIA NETWORK INC
BURNABY PARKS & RECREATION p 190
See CITY OF BURNABY
BURNABY PUBLIC LIBRARY p 186
4595 Albert St, BURNABY, BC, V5C 2G6
(604) 299-8955 SIC 8231
BURNABY PUBLIC LIBRARY p 188
7311 Kingsway, BURNABY, BC, V5E 1G8
(604) 522-3971 SIC 8231
BURNABY SCHOOL BOARD DISTRICT 41 p 182
8800 Eastlake Dr, BURNABY, BC, V3J 7X5
SIC 8211
BURNABY SCHOOL BOARD DISTRICT 41 p 182
9540 Erickson Dr, BURNABY, BC, V3J 1M9
SIC 8211
BURNABY SCHOOL BOARD DISTRICT 41

p 182
9847 Lyndhurst St, BURNABY, BC, V3J 1E9
(604) 664-8751   *SIC* 8211
BURNABY SCHOOL BOARD DISTRICT 41
p 183
7622 12th Ave, BURNABY, BC, V3N 2K1
SIC 8211
BURNABY SCHOOL BOARD DISTRICT 41
p 183
7590 Mission Ave, BURNABY, BC, V3N 5C7
(604) 664-8226   *SIC* 8211
BURNABY SCHOOL BOARD DISTRICT 41
p 183
7502 2nd St, BURNABY, BC, V3N 3R5
(604) 664-8819   *SIC* 8211
BURNABY SCHOOL BOARD DISTRICT 41
p 183
7014 Stride Ave, BURNABY, BC, V3N 1T4
(604) 527-0444   *SIC* 8211
BURNABY SCHOOL BOARD DISTRICT 41
p 183
2176 Duthie Ave, BURNABY, BC, V5A 2S2
(604) 664-8766   *SIC* 8211
BURNABY SCHOOL BOARD DISTRICT 41
p 183
7651 18th Ave, BURNABY, BC, V3N 1J1
SIC 8211
BURNABY SCHOOL BOARD DISTRICT 41
p 183
8757 Armstrong Ave, BURNABY, BC, V3N 2H8
SIC 8211
BURNABY SCHOOL BOARD DISTRICT 41
p 183
8580 16th Ave, BURNABY, BC, V3N 1S6
SIC 8211
BURNABY SCHOOL BOARD DISTRICT 41
p 183
8525 Forest Grove Dr, BURNABY, BC, V5A 4H5
SIC 8211
BURNABY SCHOOL BOARD DISTRICT 41
p 183
7881 Government Rd, BURNABY, BC, V5A 2C9
SIC 8211
BURNABY SCHOOL BOARD DISTRICT 41
p 183
7777 18th St, BURNABY, BC, V3N 5E5
SIC 8211
BURNABY SCHOOL BOARD DISTRICT 41
p 185
6055 Halifax St, BURNABY, BC, V5B 2P4
(604) 664-8794   *SIC* 8211
BURNABY SCHOOL BOARD DISTRICT 41
p 185
6990 Aubrey St, BURNABY, BC, V5B 2E5
SIC 8211
BURNABY SCHOOL BOARD DISTRICT 41
p 185
2200 Sperling Ave, BURNABY, BC, V5B 4K7
SIC 8211
BURNABY SCHOOL BOARD DISTRICT 41
p 185
350 Holdom Ave, BURNABY, BC, V5B 3V1
(604) 664-8637   *SIC* 8211
BURNABY SCHOOL BOARD DISTRICT 41
p 185
510 Duncan Ave, BURNABY, BC, V5B 4L9
SIC 8211
BURNABY SCHOOL BOARD DISTRICT 41
p 185
1075 Stratford Ave, BURNABY, BC, V5B 3X9
SIC 8211
BURNABY SCHOOL BOARD DISTRICT 41
p 185
1455 Delta Ave, BURNABY, BC, V5B 3G4
SIC 8211
BURNABY SCHOOL BOARD DISTRICT 41
p 185
751 Hammarskjold Dr Rm 115, BURNABY, BC, V5B 4A1
SIC 8211
BURNABY SCHOOL BOARD DISTRICT 41

p 186
4375 Pandora St, BURNABY, BC, V5C 2B6
SIC 8211
BURNABY SCHOOL BOARD DISTRICT 41
p 186
50 Gilmore Ave, BURNABY, BC, V5C 4P5
SIC 8211
BURNABY SCHOOL BOARD DISTRICT 41
p 186
4600 Parker St, BURNABY, BC, V5C 3E2
SIC 8211
BURNABY SCHOOL BOARD DISTRICT 41
p 188
6066 Buckingham Ave, BURNABY, BC, V5E 2A4
(604) 664-8616   *SIC* 8211
BURNABY SCHOOL BOARD DISTRICT 41
p 188
6512 Brantford Ave, BURNABY, BC, V5E 2S1
(604) 664-8603   *SIC* 8211
BURNABY SCHOOL BOARD DISTRICT 41
p 188
7355 Morley St, BURNABY, BC, V5E 2K1
SIC 8211
BURNABY SCHOOL BOARD DISTRICT 41
p 189
3963 Brandon St, BURNABY, BC, V5G 2P6
SIC 8211
BURNABY SCHOOL BOARD DISTRICT 41
p 189
4041 Canada Way, BURNABY, BC, V5G 1G6
(604) 296-6915   *SIC* 7389
BURNABY SCHOOL BOARD DISTRICT 41
p 189
4343 Smith Ave, BURNABY, BC, V5G 2V5
SIC 8211
BURNABY SCHOOL BOARD DISTRICT 41
p 189
5325 Kincaid St, BURNABY, BC, V5G 1W2
(604) 664-8735   *SIC* 8211
BURNABY SCHOOL BOARD DISTRICT 41
p 189
5490 Eglinton St, BURNABY, BC, V5G 2B2
(604) 664-8712   *SIC* 8211
BURNABY SCHOOL BOARD DISTRICT 41
p 189
4861 Canada Way, BURNABY, BC, V5G 1L7
SIC 8211
BURNABY SCHOOL BOARD DISTRICT 41
p 189
4939 Canada Way, BURNABY, BC, V5G 1M1
SIC 8211
BURNABY SCHOOL BOARD DISTRICT 41
p 190
4404 Sardis St, BURNABY, BC, V5H 1K7
SIC 8211
BURNABY SCHOOL BOARD DISTRICT 41
p 190
6060 Marlborough Ave, BURNABY, BC, V5H 3L7
(604) 296-9021   *SIC* 8211
BURNABY SCHOOL BOARD DISTRICT 41
p 192
5455 Rumble St, BURNABY, BC, V5J 2B7
SIC 8211
BURNABY SCHOOL BOARD DISTRICT 41
p 192
6166 Imperial St, BURNABY, BC, V5J 1G5
SIC 8211
BURNABY SCHOOL BOARD DISTRICT 41
p 192
5858 Clinton St, BURNABY, BC, V5J 2M3
(604) 664-8660   *SIC* 8211
BURNABY SCHOOL BOARD DISTRICT 41
p 192
4850 Irmin St, BURNABY, BC, V5J 1Y2
SIC 8211
BURNABY SCHOOL BOARD DISTRICT 41
p 192
4567 Imperial St, BURNABY, BC, V5J 1B7
SIC 8211

BURNABY SCHOOL BOARD DISTRICT 41
p 192
4446 Watling St, BURNABY, BC, V5J 5H3
SIC 8211
BURNABY SCHOOL BOARD DISTRICT 41
p 192
3883 Rumble St, BURNABY, BC, V5J 1Z5
(604) 664-8862   *SIC* 8211
BURNABY SOUTH SECONDARY SCHOOL
p 192
See BURNABY SCHOOL BOARD DISTRICT 41
BURNABY VILLAGE MUSEUM   *p* 189
See CITY OF BURNABY
BURNBRAE FARMS LIMITED   *p* 666
3356 County Road 27, LYN, ON, K0E 1M0
(613) 345-5651   *SIC* 5144
BURNBRAE GARDENS   *p* 548
See OMNI HEALTH CARE LTD
BURNCO ROCK PRODUCTS LTD   *p* 2
134 East Lake Blvd Ne, AIRDRIE, AB, T4A 2G2
(403) 948-1115   *SIC* 3273
BURNCO ROCK PRODUCTS LTD   *p* 99
3867 92 Ave Nw, EDMONTON, AB, T6B 3B4
(780) 414-8896   *SIC* 3273
BURNCO ROCK PRODUCTS LTD   *p* 232
19779 56 Ave, LANGLEY, BC, V3A 3X8
(604) 534-3700   *SIC* 3273
BURNDY CANADA INC   *p* 670
245 Renfrew Dr, MARKHAM, ON, L3R 6G3
(905) 940-3288   *SIC* 3643
BURNDY CANADA INC   *p* 814
870 Brock Rd, PICKERING, ON, L1W 1Z8
(905) 752-5400   *SIC* 3643
BURNHAMTHORPE ELEMENTARY SCHOOL   *p* 693
See PEEL DISTRICT SCHOOL BOARD
BURNSIDE, RJ INTERNATIONAL   *p* 734
See R.J. BURNSIDE & ASSOCIATES LIMITED
BURNSTEIN, DR. & ASSOCIATES   *p* 767
1484 Cornwall Rd, OAKVILLE, ON, L6J 7W5
SIC 8299
BURNSVIEW SECONDARY SCHOOL *p* 209
See DELTA SCHOOL DISTRICT NO.37
BURNT ELM PUBLIC SCHOOL   *p* 524
See PEEL DISTRICT SCHOOL BOARD
BURNTWOOD COMMUNITY HEALTH RESOURCE CENTER   *p* 359
See NORTHERN REGIONAL HEALTH AUTHORITY
BURNTWOOD SCHOOL   *p* 359
See SCHOOL DISTRICT OF MYSTERY LAKE
BURO DESIGN INTERNATIONAL A.Q. INC *p* 1217
125 Rue Quintal, SAINT-LIN-LAURENTIDES, QC, J5M 2S8
(450) 439-8554   *SIC* 2521
BUROPRO CITATION INC   *p* 997
600 Boul Sir-Wilfrid-Laurier, BELOEIL, QC, J3G 4J2
(450) 464-6464   *SIC* 5112
BUROPRO CITATION INC   *p* 1029
1050 Boul Rene-Levesque, DRUMMONDVILLE, QC, J2C 5W4
(819) 478-7878   *SIC* 5112
BURQUITLAM CARE SOCIETY   *p* 201
560 Sydney Ave, COQUITLAM, BC, V3K 6A4
(604) 939-6485   *SIC* 8051
BURQUITLAM LIONS CARE CENTRE *p* 201
See BURQUITLAM CARE SOCIETY
BURRITT BROS. CARPET   *p* 293
See BEATTY FLOORS LTD
BURROWING OWL ESTATE WINERY *p* 250
See BURROWING OWL VINEYARDS LTD
BURROWING OWL VINEYARDS LTD *p* 250
100 Burrowing Owl Pl, OLIVER, BC, V0H 1T0
(250) 498-0620   *SIC* 2084
BURROWS & KEEWATIN SAFEWAY *p* 370

See SOBEYS WEST INC
BURROWS HALL JUNIOR PUBLIC SCHOOL   *p* 885
See TORONTO DISTRICT SCHOOL BOARD
BURROWS LUMBER   *p* 352
See SAWYER WOOD PRODUCTS INC
BURSEY SERVICES LIMITED   *p* 433
303 Thorburn Rd, ST. JOHN'S, NL, A1B 4J9
(709) 722-9576   *SIC* 7349
BUS BOYS COMPANY   *p* 447
See PERRY RAND TRANSPORTATION GROUP LIMITED
BUS CENTRE   *p* 1
See BEARCOM MANAGEMENT GROUP
BUS GARAGE   *p* 221
See SCHOOL DISTRICT 73 (KAMLOOPS/THOMPSON)
BUS INFORMATION   *p* 176
See SCHOOL DISTRICT NO 27 (CARIBOO-CHILCOTIN)
BUSCH TECHNIQUE DU VIDE   *p* 1000
See BUSCH VACUUM TECHNICS INC
BUSCH VACUUM TECHNICS INC   *p* 1000
1740 Boul Lionel-Bertrand, BOISBRIAND, QC, J7H 1N7
(450) 435-6899   *SIC* 3563
BUSHNELL CORPORATION OF CANADA *p* 557
B-140 Great Gulf Dr, CONCORD, ON, L4K 5W1
(905) 771-2980   *SIC* 3827
BUSHNELL PERFORMANCE OPTICS *p* 557
See BUSHNELL CORPORATION OF CANADA
BUSHTUKAH INC   *p* 797
203 Richmond Rd, OTTAWA, ON, K1Z 6W4
(613) 232-0211   *SIC* 5941
BUSINESS DEPOT/STAPLES   *p* 203
See STAPLES CANADA INC
BUSINESS DEVELOPMENT BANK OF CANADA   *p* 435
See BANQUE DE DEVELOPPEMENT DU CANADA
BUSINESS DEVELOPMENT BANK OF CANADA   *p* 532
See BANQUE DE DEVELOPPEMENT DU CANADA
BUSINESS DEVELOPMENT BANK OF CANADA   *p* 834
See BANQUE DE DEVELOPPEMENT DU CANADA
BUSINESS DEVELOPMENT BANK OF CANADA   *p* 913
See BANQUE DE DEVELOPPEMENT DU CANADA
BUSINESS MANAGEMENT SERVICES   *p* 286
See SCHOOL DISTRICT NO 36 (SURREY)
BUSINESS SOLUTIONS DIVISION   *p* 307
See CANON CANADA INC
BUSINESS SOLUTIONS DIVISION   *p* 537
See CANON CANADA INC
BUSINESS SOLUTIONS DIVISION   *p* 644
See CANON CANADA INC
BUSINESS SOLUTIONS DIVISION   *p* 665
See CANON CANADA INC
BUSINESS SOLUTIONS DIVISION   *p* 901
See CANON CANADA INC
BUSINESS SUPPORT SERVICE   *p* 849
See NORFOLK ASSOCIATION FOR COMMUNITY LIVING
BUSY BEE MACHINE TOOLS LTD   *p* 557
130 Great Gulf Dr, CONCORD, ON, L4K 5W1
(800) 461-2879   *SIC* 5251
BUTCHER BLOCK, THE   *p* 206
See LAWRENCE MEAT PACKING CO. LTD
BUTCHER ENGINEERING ENTERPRISES LIMITED, THE   *p* 519
120 Orenda Rd, BRAMPTON, ON, L6W 1W2
(905) 459-3030   *SIC* 7389
BUTLER BUILDING & OILFIELD INSULA-

TION p
215
See TRANS PEACE CONSTRUCTION (1987) LTD
BUTLER BUILDING CANADA p 536
3070 Mainway Unit 21, BURLINGTON, ON, L7M 3X1
(905) 332-7786   SIC 1791
BUTLER CHEVROLET PONTIAC BUICK CADILLAC LTD p 805
1370 Pembroke St W, PEMBROKE, ON, K8A 7M3
(613) 735-3147   SIC 5511
BUTTE COLONY p 1265
Gd, BRACKEN, SK, S0N 0G0
(306) 298-4445   SIC 7389
BUTTERWORTH, MARY SCHOOL p 98
See EDMONTON SCHOOL DISTRICT NO. 7
BUY-LOW FOODS LTD p 4
4919 48 St, ATHABASCA, AB, T9S 1B9
(780) 675-2236   SIC 5411
BUY-LOW FOODS LTD p 12
200 52 St Ne Suite 11, CALGARY, AB, T2A 4K8
SIC 5411
BUY-LOW FOODS LTD p 16
7100 44 St Se, CALGARY, AB, T2C 2V7
(403) 236-6300   SIC 5411
BUY-LOW FOODS LTD p 216
7370 4th St, GRAND FORKS, BC, V0H 1H0
(250) 442-5560   SIC 5411
BUY-LOW FOODS LTD p 229
19676 Telegraph Trail, LANGLEY, BC, V1M 3E5
(604) 888-1121   SIC 5141
BUY-LOW FOODS LTD p 232
4121 200 St, LANGLEY, BC, V3A 1K8
(604) 533-1823   SIC 5411
BUY-LOW FOODS LTD p 235
155 Main St, LILLOOET, BC, V0K 1V0
(250) 256-7922   SIC 5411
BUY-LOW FOODS LTD p 253
4647 Johnston Rd, PORT ALBERNI, BC, V9Y 5M5
(250) 723-4811   SIC 5411
BUY-LOW FOODS LTD p 283
10636 King George Blvd, SURREY, BC, V3T 2X3
SIC 5411
BUY-LOW FOODS LTD p 297
370 Broadway E, VANCOUVER, BC, V5T 4G5
(604) 872-5776   SIC 5411
BUY-LOW FOODS LTD p 298
6095 Fraser St, VANCOUVER, BC, V5W 2Z8
(604) 321-9828   SIC 5411
BUY-LOW FOODS LTD p 303
990 Seymour St, VANCOUVER, BC, V6B 3L9
(604) 682-3071   SIC 5411
BUY-LOW FOODS LTD p 325
5301 25 Ave Suite 108, VERNON, BC, V1T 9R1
(250) 503-1110   SIC 5411
BUY-LOW FOODS LTD p 337
891 Anders Rd, WEST KELOWNA, BC, V1Z 1K2
(250) 769-6502   SIC 5411
BUYATAB ONLINE INC p 303
B1 788 Beatty St, VANCOUVER, BC, V6B 2M1
(604) 678-3275   SIC 5961
BUYNFLY FOOD LIMITED p 428
208 Humber Ave, LABRADOR CITY, NL, A2V 1K9
(709) 944-4003   SIC 5411
BUZZBUZZHOME CORPORATION p 928
333 Adelaide St W Suite 600, TORONTO, ON, M5V 1R5
(416) 944-2899   SIC 4813
BW FOUNDERS HOLDCO LTD p 450
30 Oland Crt, DARTMOUTH, NS, B3B 1V2

(902) 481-0515   SIC 5172
BW TECHNOLOGIES LTD p 717
6510 Kennedy Rd, MISSISSAUGA, ON, L5T 2X4
(905) 564-3210   SIC 3829
BWAY PACKAGING CANADA p 770
See ROPAK CANADA INC
BWI HOLDINGS INC p 15
3915 61 Ave Se, CALGARY, AB, T2C 1V5
(403) 255-2900   SIC 6712
BWM INDUSTRIAL AUTOMATION p 496
See BARRIE WELDING & MACHINE (1974) LIMITED
BWXT CANADA LTD p 542
581 Coronation Blvd, CAMBRIDGE, ON, N1R 3E9
(519) 621-2130   SIC 3621
BX ELEMENTARY SCHOOL p 325
See SCHOOL DISTRICT NO 22 (VERNON)
BYERS TRANSPORTATION SYSTEMS p 259
See LANDTRAN SYSTEMS INC
BYMARK RESTAURANT & BAR p 921
See 2004995 ONTARIO LIMITED
BYNG PUBLIC SCHOOL p 859
See SIMCOE COUNTY DISTRICT SCHOOL BOARD, THE
BYRNE CREEK SECONDARY SCHOOL p 183
See BURNABY SCHOOL BOARD DISTRICT 41
BYRON NORTHVIEW PUBLIC SCHOOL p 664
See THAMES VALLEY DISTRICT SCHOOL BOARD
BYRON SOMERSET PUBLIC SCHOOL p 663
See THAMES VALLEY DISTRICT SCHOOL BOARD
BYRON SOUTHWOOD ELEMENTARY SCHOOL p 663
See THAMES VALLEY DISTRICT SCHOOL BOARD
BYRON STREET ACADEMY p 958
See GOVERNMENT OF ONTARIO
BYRON-HILL GROUP CANADA INC p 751
255 Duncan Mill Rd Suite 310, NORTH YORK, ON, M3B 3H9
(416) 590-1555   SIC 6553
BYTOWN CATERING p 595
See STUDY BREAK LIMITED

C

+COLE SACRE-COEUR p 591
See CONSEIL SCOLAIRE DE DISTRICT CATHOLIQUE CENTRE-SUD
?COLE L MENTAIRE CATHOLIQUE SAINTE-FAMILLE p 707
See CONSEIL SCOLAIRE DE DISTRICT CATHOLIQUE CENTRE-SUD
?COLE CORINTHIA PARK SCHOOL p 135
See BLACK GOLD REGIONAL DIVISION #18
?COLE JOHN WILSON ELEMENTARY SCHOOL p 132
See CHINOOKS EDGE SCHOOL DIVISION NO. 73
?COLE STE MARGUERITE D'YOUVILLE p 947
See CONSEIL SCOLAIRE CATHOLIQUE DU DISTRICT FRANCO-NORD
C & D CLEANING & SECURITY SERVICES LIMITED p 463
106 Chain Lake Dr Unit 2a, HALIFAX, NS, B3S 1A8
(902) 450-5654   SIC 7349
C & M p 1097
See C & M TEXTILES INC
C & M TEXTILES INC p 1097
7500 Rue Saint-Hubert, Montreal, QC, H2R 2N6
(514) 272-0247   SIC 5949
C & P BAKERY LTD p 420
131 King St Suite 638, ST STEPHEN, NB,

E3L 2C7
(506) 465-0180   SIC 5812
C & P BAKERY LTD p 420
203 Mowat Dr, ST ANDREWS, NB, E5B 2N9
(506) 529-4080   SIC 5812
C & P BAKERY LTD p 420
78 Milltown Blvd Suite 76, ST STEPHEN, NB, E3L 1G6
SIC 5812
C & T p 41
See C & T RESOURCES LTD
C & T RESOURCES LTD p 41
520 5 Ave Sw Suite 1400, CALGARY, AB, T2P 3R7
(403) 266-0930   SIC 1311
C A P S S p 714
See ESI CANADA
C A R p 959
See COMMUNITY ADVANTAGE REHABILITATION INC
C A W CDA WINDSOR AREA OFFICE p 964
See UNIFOR
C AND C ENTERPRISES p 568
See 1329481 ONTARIO INC
C B N S p 472
See CAPE BRETON & CENTRAL NOVA SCOTIA RAILWAY LIMITED
C B O p 1096
See 9271-9756 QUEBEC INC
C C CARROTHERS PUBLIC SCHOOL p 654
See THAMES VALLEY DISTRICT SCHOOL BOARD
C D FARQUHARSON JUNIOR ELEMENTARY SCHOOL p 844
See TORONTO DISTRICT SCHOOL BOARD
C D HOWE PUBLIC SCHOOL p 877
See LAKEHEAD DISTRICT SCHOOL BOARD
C E BROUGHTON PUBLIC SCHOOL p 957
See DURHAM DISTRICT SCHOOL BOARD
C F P L'ENVOLE p 1010
See COMMISSION SCOLAIRE RENE-LEVESQUE
C G U INSURANCE p 40
See AVIVA INSURANCE COMPANY OF CANADA
C H BRAY ELEMENTARY SHOOL p 487
See HAMILTON-WENTWORTH DISTRICT SCHOOL BOARD, THE
C H I P CORP p 898
See CANADIAN HOME INCOME PLAN CORPORATION
C H S L D SHAWVILLE p 1235
See CENTRE D'ACCEUIL PONTIAC
C H S L D VIGI SAINT AUGUSTIN p 1181
See VIGI SANTE LTEE
C I T E ROCK DETENTE F M 102.7 p 1237
See ASTRAL MEDIA RADIO INC
C I V T p 321
See BELL MEDIA INC
C J ENTERPRISES p 168
See 284734 ALBERTA LTD
C J M C Q p 1247
See CENTRE JEUNESSE DE LA MAURICIE ET DU CENTRE-DU-QUEBEC, LE
C J SCHURTER ELEMENTARY SCHOOL p 164
See HIGH PRAIRIE SCHOOL DIVISION NO 48
C L CONSULTANTS LIMITED p 22
3601 21 St Ne Suite A, CALGARY, AB, T2E 6T5
(403) 250-3982   SIC 8999
C L S C DES SEIGNEURIES p 1002
See CENTRE DE SANTE ET DE SERVICES SOCIAUX PIERRE-BOUCHER
C L S C HUNTINGDON p 1044
See BARRIE MEMORIAL HOSPITAL FOUNDATION
C M FINCH ELEMENTARY SCHOOL p 215
See SCHOOL DISTRICT NO. 60 (PEACE

RIVER NORTH)
C M L SNIDER SCHOOL p 956
See HASTINGS AND PRINCE EDWARD DISTRICT SCHOOL BOARD
C N p 767
See COMPAGNIE DES CHEMINS DE FER NATIONAUX DU CANADA
C N p 881
See COMPAGNIE DES CHEMINS DE FER NATIONAUX DU CANADA
C N I B p 380
See CANADIAN NATIONAL INSTITUTE FOR THE BLIND, THE
C N I B p 431
See CANADIAN NATIONAL INSTITUTE FOR THE BLIND, THE
C N I B p 607
See CANADIAN NATIONAL INSTITUTE FOR THE BLIND, THE
C N RAIL p 84
See COMPAGNIE DES CHEMINS DE FER NATIONAUX DU CANADA
C N RAIL p 828
See COMPAGNIE DES CHEMINS DE FER NATIONAUX DU CANADA
C N RAIL p 1274
See COMPAGNIE DES CHEMINS DE FER NATIONAUX DU CANADA
C P A p 425
See SPINAL CORD INJURY CANADA
C P U DESIGN p 1090
See CPU SERVICE D'ORDINATEUR INC
C P U DESIGN p 1153
See CPU SERVICE D'ORDINATEUR INC
C R GUMMOW SCHOOL p 554
See KAWARTHA PINE RIDGE DISTRICT SCHOOL BOARD
C R JUDD PUBLIC SCHOOL p 549
See RAINBOW DISTRICT SCHOOL BOARD
C R MARCHANT MIDDLE SCHOOL p 942
See TORONTO DISTRICT SCHOOL BOARD
C S C p 1116
See COMPUTER SCIENCES CANADA INC
C S G BRODERIE & SOIE INTERNATIONALE INC p 1082
8660 Ch Darnley Bureau 102, MONT-ROYAL, QC, H4T 1M4
SIC 7389
C S T B p 1189
See CENTRE DE SOUS-TRAITANCE BEAUCE (C.S.T.B.) INC
C T REINFORCING STEEL CO ALBERTA LTD p 169
55202 Sh 825 Unit 186, STURGEON COUNTY, AB, T8L 5C1
(780) 998-5565   SIC 3441
C U P W p 206
See CANADIAN UNION OF POSTAL WORKERS
C W JEFFERYS CI p 756
See TORONTO DISTRICT SCHOOL BOARD
C W SULLIVAN ELEMENTARY SCHOOL p 518
See DUFFERIN-PEEL CATHOLIC DISTRICT SCHOOL BOARD
C&C ENTERPRISES ELECTRICAL CONSTRUCTION p 828
See 581821 ONTARIO LIMITED
C&M ELECTRIC LTD p 549
3038 Carp Rd, CARP, ON, K0A 1L0
(613) 839-3232   SIC 1731
C-MAC MICROCIRCUITS ULC p 1239
3000 Boul Industriel, SHERBROOKE, QC, J1L 1V8
(819) 821-4524   SIC 5411
C-MAC MICROSYSTEMS SOLUTIONS p 1239
See C-MAC MICROCIRCUITS ULC
C.B.S. CONSTRUCTION LTD p 119

150 Mackay Cres, FORT MCMURRAY, AB, T9H 4W8
(780) 743-1810   SIC 1629
C. C. LOUGHLIN ELEMENTARY SCHOOL p 425
See WESTERN SCHOOL DISTRICT
C. E. BARRY INTERMEDIATE SCHOOL p 217
See SCHOOL DISTRICT 78
C. H. NORTON PUBLIC SCHOOL p 536
See HALTON DISTRICT SCHOOL BOARD
C. HEAD LIMITED p 12
3516 8 Ave Ne Suite 326, CALGARY, AB, T2A 6K5
(403) 248-6400   SIC 5251
C. KEAY INVESTMENTS LTD p 16
7288 84 St Se, CALGARY, AB, T2C 4T6
(403) 720-7100   SIC 7519
C. KEAY INVESTMENTS LTD p 96
15205 131 Ave Nw, EDMONTON, AB, T5V 0A4
(780) 447-7373   SIC 7539
C. R. PLASTIC PRODUCTS INC p 864
1172 Erie St Stratford, STRATFORD, ON, N4Z 0A1
(519) 271-1283   SIC 2519
C. S. E. CENTRE DE L'ILE p 992
See COMMISSION SCOLAIRE DE LA POINTE-DE-L'ILE
C.A. FRUIT PRODUCTS LTD p 700
1000 Lakeshore Rd E, MISSISSAUGA, ON, L5E 1E4
(905) 271-1711   SIC 2033
C.A. SPENCER INC p 1129
2930 Boul Dagenais O, Montreal, QC, H7P 1T1
(450) 622-2420   SIC 5031
C.A.-C.L.S.C. J. OCTAVE ROUSSIN p 1139
13926 Rue Notre-Dame E, POINTE-AUX-TREMBLES, QC, H1A 1T5
(514) 642-4050   SIC 8361
C.A.R.S. RV AND MARINE p 154
See 392268 ALBERTA LTD
C.A.T. INC p 725
505 Goodyear Rd, NAPANEE, ON, K7R 3L2
(613) 354-0282   SIC 4213
C.AM.B.I. p 996
See CORPORATION AMBULANCIERE DE BEAUCE INC
C.B. ENGINEERING LTD p 27
5040 12a St Se, CALGARY, AB, T2G 5K9
(403) 259-6220   SIC 5084
C.C.T. LOGISTIC SERVICES p 21
See 1149318 ONTARIO INC
C.D.M.V. INC p 16
5375 50 St Se Suite 7, CALGARY, AB, T2C 3W1
SIC 5047
C.D.M.V. INC p 450
340 Wright Ave Unit 5, DARTMOUTH, NS, B3B 0B3
SIC 5047
C.D.M.V. INC p 1162
3220 Av Watt Bureau 220, Quebec, QC, G1X 4Z6
(450) 771-2368   SIC 5047
C.D.M.V. INC p 1194
2999 Boul Choquette, SAINT-HYACINTHE, QC, J2S 6H5
(450) 771-2368   SIC 5047
C.E.G.E.P. DE ST-JEROME p 1201
See ASSOCIATION GENERALE DES ETUDIANTS DU C.E.G.E.P. DE ST-JEROME INC, L
C.F.F. STAINLESS STEELS INC p 607
1840 Burlington St E, HAMILTON, ON, L8H 3L4
(905) 549-2603   SIC 5051
C.G. AIR SYSTEMES INC p 1242
207 Rue Industrielle, STE-MARGUERITE-DE-DORCHESTER, QC, G0S 2X0
(418) 935-7075   SIC 3842
C.G. BROWN MEMORIAL POOL p 185
See CITY OF BURNABY

C.G. MAINTENANCE & SANITARY PRODUCTS INC p 755
40 Saint Regis Cres, NORTH YORK, ON, M3J 1Y5
SIC 5087
C.H. ROBINSON PROJECT LOGISTICS LTD p 717
6155 Tomken Rd Suite 11, MISSISSAUGA, ON, L5T 1X3
(905) 672-2427   SIC 4731
C.H.P.B.F. p 1258
See CENTRE POUR HANDICAPES PHYSIQUES DES BOIS-FRANCS INC
C.H.S.L.D DU BAS-RICHELIEU p 1241
See CENTE D'HEBERGEMENT ET DE SOIN DE LONGUE DUREE DU BAS-RICHELIEU
C.H.S.L.D. p 1024
See VIGI SANTE LTEE
C.H.S.L.D. p 1056
See CENTRE D'HEBERGEMENT SOIN DE LONGUE DUREE BUSSEY (QUEBEC) INC
C.H.S.L.D. NOTRE DAME DE LOURDES, DIV. DE p 1218
See VIGI SANTE LTEE
C.H.S.L.D. SHERMONT INC p 1236
3220 12e Av N, SHERBROOKE, QC, J1H 5H3
(819) 820-8900   SIC 8051
C.I.A p 1116
See GROUPE ALITHYA INC
C.I.C. p 1302
See CROWN INVESTMENTS CORPORATION OF SASKATCHEWAN
C.L.S.C. C.H. S. L. D MAC DE DESJARDINS p 1064
15 Rue De L'arsenal, Levis, QC, G6V 4P6
(418) 835-3400   SIC 8399
C.L.S.C. DU GRAND CHICOUTIMI p 1014
See CENTRE LOCAL DES SERVICES COMMUNAUTAIRES DU GRAND CHICOUTIMI
C.L.S.C. DU HAVRE p 1241
30 Rue Ferland, SOREL-TRACY, QC, J3P 3C7
(450) 746-4545   SIC 8093
C.L.S.C. MALAUZE p 1077
See GOUVERNEMENT DE LA PROVINCE DE QUEBEC
C.L.S.C. VILLERAY p 1092
1425 Rue Jarry E, Montreal, QC, H2E 1A7
(514) 376-4141   SIC 8399
C.M.L. FOODS LTD p 973
205 Marycroft Ave Unit 14, WOODBRIDGE, ON, L4L 5X8
(905) 856-2948   SIC 5812
C.P. LOEWEN ENTERPRISES LTD p 357
77 Pth 52 W, STEINBACH, MB, R5G 1B2
(204) 326-6446   SIC 2431
C.P.E. COMMUNAUTAIRE LES TROTTINETTES p 1257
See CENTRE DE LA PETITE ENFANCE COMMUNAUTAIRE LES TROTTINETTES
C.P.E. TUMIAPIIT p 1049
See CENTRE DE LA PETITE ENFANCE IQITAUVIK
C.P.M.S. p 915
See MORNINGSTAR RESEARCH INC
C.P.S.N. p 1171
See CENTRE PEDAGOGIQUE NICOLAS ET STEPHANIE INC
C.R. LAURENCE OF CANADA LIMITED p 557
65 Tigi Crt, CONCORD, ON, L4K 5E4
(905) 303-7966   SIC 3211
C.R.A. COLLATERAL RECOVERY & ADMINISTRATION INC p 27
1289 Highfield Cres Se Unit 109, CALGARY, AB, T2G 5M2
(403) 240-3450   SIC 7381
C.R.D.I. SAGUENAY LAC-ST-JEAN p 1175

See CENTRE DE READAPTATION EN DEFICIENCE INTELLECTUELLE DU SAGUENAY LAC-ST-JEAN
C.S. DEFI-AUTONOMIE D'ANTOINE-LABELLE p 1080
See COOPERATIVE DE SOLIDARITE DEFI-AUTONOMIE D'ANTOINE-LABELLE
C.S.S. OFFICE FURNITURE SYSTEMS SERVICE INC p 16
4920 72 Ave Se, CALGARY, AB, T2C 4B5
(403) 720-3050   SIC 7641
C.S.S.S. DES PAYS-D'EN-HAUT p 1242
428 Rue Du Baron-Louis-Empain, STE-MARGUERITE-DU-LAC-MASSON, QC, J0T 1L0
SIC 8361
C.T. COPIEUR / JUTEAU & RUEL p 1201
See JUTEAU & RUEL INC
C.T.A.Q.M. p 1166
See COOPERATIVE DES TECHNICIENS AMBULANCIERS DU QUEBEC METROPOLITAIN
C.T.M.A. TRAVERSIER LTEE p 1009
435 Ch Avila-Arseneau, CAP-AUX-MEULES, QC, G4T 1J3
(418) 986-6600   SIC 4424
C103 p 409
See NEWCAP INC
C2 MEDIA p 265
See C2 MEDIA CANADA ULC
C2 MEDIA CANADA ULC p 265
14291 Burrows Rd, RICHMOND, BC, V6V 1K9
(604) 270-4000   SIC 2759
CAA p 784
See CAA NORTH & EAST ONTARIO
CAA p 877
See CAA NORTH & EAST ONTARIO
CAA BRITISH COLUMBIA p 252
See BRITISH COLUMBIA AUTOMOBILE ASSOCIATION
CAA MANITOBA p 368
See MANITOBA MOTOR LEAGUE, THE
CAA MANITOBA p 370
See MANITOBA MOTOR LEAGUE, THE
CAA NORTH & EAST ONTARIO p 784
2151 Thurston Dr, OTTAWA, ON, K1G 6C9
(613) 820-1890   SIC 8699
CAA NORTH & EAST ONTARIO p 877
585 Memorial Ave, THUNDER BAY, ON, P7B 3Z1
(807) 345-1261   SIC 8699
CAA QUEBEC p 1019
See AUTOMOBILE ET TOURING CLUB DU QUEBEC (A.T.C.Q.)
CAA SHERBROOKE p 1238
See AUTOMOBILE ET TOURING CLUB DU QUEBEC (A.T.C.Q.)
CAA SOUTH CENTRAL ONTARIO p 605
163 Centennial Pky N Suite 201, HAMILTON, ON, L8E 1H8
(905) 525-1520   SIC 4724
CAA STONEY CREEK p 605
See CAA SOUTH CENTRAL ONTARIO
CAA-QUEBEC p 1164
See AUTOMOBILE ET TOURING CLUB DU QUEBEC (A.T.C.Q.)
CAA/AMA p 40
See ALBERTA MOTOR ASSOCIATION
CABAN p 314
See CLUB MONACO CORP
CABAN p 925
See CLUB MONACO CORP
CABANONS DIRECT p 1217
See CABANONS FONTAINE INC
CABANONS FONTAINE INC p 1217
3497 Rue De L'industrie, SAINT-MATHIEU-DE-BELOEIL, QC, J3G 0R9
(450) 536-3563   SIC 2452
CABARET LES AMAZONES p 1122
See PLACEMENTS SERGAKIS INC
CABCOR INC p 1238
980 Rue Panneton, SHERBROOKE, QC,

J1K 2B2
(819) 566-2401   SIC 6712
CABE ALTERNATE SECONDARY SCHOOL p 201
See SCHOOL DISTRICT NO. 43 (COQUITLAM)
CABELA'S p 22
See CABELA'S RETAIL CANADA INC
CABELA'S CANADA p 365
See CABELA'S RETAIL CANADA INC
CABELA'S CANADA p 387
See CABELA'S RETAIL CANADA INC
CABELA'S RETAIL CANADA INC p 22
851 64 Ave Ne, CALGARY, AB, T2E 3B8
(403) 910-0200   SIC 5941
CABELA'S RETAIL CANADA INC p 365
25 De Baets St, WINNIPEG, MB, R2J 4G5
(204) 788-4867   SIC 5941
CABELA'S RETAIL CANADA INC p 387
580 Sterling Lyon Pky, WINNIPEG, MB, R3P 1E9
(204) 786-8966   SIC 5941
CABINET DE RELATIONS PUBLIQUES NATIONAL INC, LE p 928
310 Front St W Suite 500, TORONTO, ON, M5V 3B5
(416) 586-0180   SIC 8743
CABLE PUBLIC AFFAIRS CHANNEL INC p 790
45 O'connor St Suite 1750, OTTAWA, ON, K1P 1A4
(613) 567-2722   SIC 4841
CABLECOM DIV. p 466
See EMERA UTILITY SERVICES INCORPORATED
CABLEWORKS COMMUNICATIONS p 419
See 6172245 CANADA INC
CABOT CALL CENTRE p 433
66 Kenmount Rd Suite 203, ST. JOHN'S, NL, A1B 3V7
SIC 8748
CABOT LINKS AT INVERNESS, LIMITED PARTNERSHIP p 465
15933 Central Ave, INVERNESS, NS, B0E 1N0
(902) 258-4653   SIC 7992
CABOT SECONDARY SCHOOL p 469
See CAPE BRETON-VICTORIA REGIONAL SCHOOL BOARD
CACADES GROUPE CARTON PLAT EAST ANGUS p 1261
See CASCADES CANADA ULC
CACTUS CAFE 'EL PIQUANTE' INC p 1241
30 Rue Du Roi, SOREL-TRACY, QC, J3P 4M5
(450) 742-8208   SIC 5812
CACTUS CLUB p 190
See CACTUS RESTAURANTS LTD
CACTUS CLUB p 269
See CACTUS RESTAURANTS LTD
CACTUS CLUB CAFE p 186
See CACTUS RESTAURANTS LTD
CACTUS CLUB CAFE p 201
See CACTUS RESTAURANTS LTD
CACTUS CLUB CAFE p 208
See CACTUS RESTAURANTS LTD
CACTUS CLUB CAFE p 223
See CACTUS RESTAURANTS LTD
CACTUS CLUB CAFE p 241
See CACTUS RESTAURANTS LTD
CACTUS CLUB CAFE p 249
See CACTUS RESTAURANTS LTD
CACTUS CLUB CAFE p 310
See CACTUS RESTAURANTS LTD
CACTUS CLUB CAFE p 315
See CACTUS RESTAURANTS LTD
CACTUS RESTAURANTS LTD p 186
4219 Lougheed Hwy, BURNABY, BC, V5C 3Y6
SIC 5812
CACTUS RESTAURANTS LTD p 190
4653 Kingsway, BURNABY, BC, V5H 2B3
(604) 431-8448   SIC 5812

CACTUS RESTAURANTS LTD p 201
101 Schoolhouse St Suite 110, COQUITLAM, BC, V3K 4X8
(604) 777-0440   SIC 5812

CACTUS RESTAURANTS LTD p 208
7907 120 St, DELTA, BC, V4C 6P6
(604) 591-1707   SIC 5812

CACTUS RESTAURANTS LTD p 223
1575 Banks Rd Suite 200, KELOWNA, BC, V1X 7Y8
(250) 763-6752   SIC 5812

CACTUS RESTAURANTS LTD p 241
5800 Turner Rd Unit 8, NANAIMO, BC, V9T 6J4
(250) 729-0011   SIC 5812

CACTUS RESTAURANTS LTD p 249
1598 Pemberton Ave, NORTH VANCOUVER, BC, V7P 2S2
(604) 986-5776   SIC 5812

CACTUS RESTAURANTS LTD p 269
5500 No. 3 Rd, RICHMOND, BC, V6X 2C8
(604) 244-9969   SIC 5812

CACTUS RESTAURANTS LTD p 303
357 Davie St, Vancouver, BC, V6B 1R2
(604) 685-8070   SIC 5812

CACTUS RESTAURANTS LTD p 310
1136 Robson St, VANCOUVER, BC, V6E 1B2
(604) 687-3278   SIC 5812

CACTUS RESTAURANTS LTD p 315
1530 Broadway W, VANCOUVER, BC, V6J 5K9
(604) 733-0434   SIC 5812

CACTUS RESTO BAR p 1258
See 2957-3243 QUEBEC INC

CADARACKQUE PUBLIC SCHOOL p 484
See DURHAM CATHOLIC DISTRICT SCHOOL BOARD

CADE HOLDING INC p 736
6400 Lundy's Lane, NIAGARA FALLS, ON, L2G 1T6
(905) 356-1161   SIC 7011

CADENCE DESIGN SYSTEMS (CANADA) LTD p 801
1130 Morrison Dr Suite 240, OTTAWA, ON, K2H 9N6
(613) 828-5626   SIC 7389

CADILLAC FAIRVIEW CORPORATION LIMITED, THE p 30
6455 Macleod Trail Sw Suite B1, CALGARY, AB, T2H 0K8
(403) 259-5241   SIC 6512

CADILLAC FAIRVIEW CORPORATION LIMITED, THE p 58
3625 Shaganappi Trail Nw Unit 214, CALGARY, AB, T3A 0E2
(403) 286-8733   SIC 6512

CADILLAC FAIRVIEW CORPORATION LIMITED, THE p 324
609 Granville St Suite 910, VANCOUVER, BC, V7Y 1H4
(604) 688-7236   SIC 6512

CADILLAC FAIRVIEW CORPORATION LIMITED, THE p 380
1485 Portage Ave Suite 66q, WINNIPEG, MB, R3G 0W4
(204) 784-2501   SIC 6531

CADILLAC FAIRVIEW CORPORATION LIMITED, THE p 494
509 Bayfield St Suite K003, BARRIE, ON, L4M 4Z8
(705) 726-9411   SIC 6512

CADILLAC FAIRVIEW CORPORATION LIMITED, THE p 614
999 Upper Wentworth St Suite 145, HAMILTON, ON, L9A 4X5
(905) 387-4455   SIC 6512

CADILLAC FAIRVIEW CORPORATION LIMITED, THE p 633
945 Gardiners Rd, KINGSTON, ON, K7M 7H4
(613) 389-7900   SIC 6512

CADILLAC FAIRVIEW CORPORATION LIMITED, THE p 638
2960 Kingsway Dr, KITCHENER, ON, N2C 1X1
(519) 894-2450   SIC 6512

CADILLAC FAIRVIEW CORPORATION LIMITED, THE p 660
1680 Richmond St Suite 23, LONDON, ON, N6G 3Y9
(519) 667-4884   SIC 6512

CADILLAC FAIRVIEW CORPORATION LIMITED, THE p 670
5000 Highway 7 E, MARKHAM, ON, L3R 4M9
(905) 477-6600   SIC 6512

CADILLAC FAIRVIEW CORPORATION LIMITED, THE p 705
5100 Erin Mills Pky Suite 235, MISSISSAUGA, ON, L5M 4Z5
(905) 569-1981   SIC 6512

CADILLAC FAIRVIEW CORPORATION LIMITED, THE p 753
75 The Donway W Suite 910, NORTH YORK, ON, M3C 2E9
(416) 447-6087   SIC 6512

CADILLAC FAIRVIEW CORPORATION LIMITED, THE p 906
250 Yonge St Suite 610, TORONTO, ON, M5B 2L7
(416) 598-8500   SIC 6553

CADILLAC FAIRVIEW CORPORATION LIMITED, THE p 906
220 Yonge St Suite 110, TORONTO, ON, M5B 2H1
(416) 598-8700   SIC 6512

CADILLAC FAIRVIEW CORPORATION LIMITED, THE p 913
20 Queen St W Suite 500, TORONTO, ON, M5H 3R4
(416) 598-8200   SIC 6512

CADILLAC FAIRVIEW CORPORATION LIMITED, THE p 922
66 Wellington St W Suite 3800, TORONTO, ON, M5K 1A1
(416) 869-1144   SIC 6512

CADILLAC FAIRVIEW CORPORATION LIMITED, THE p 928
200 Front St W Suite 2207, TORONTO, ON, M5V 3K2
(416) 340-6615   SIC 6512

CADILLAC FAIRVIEW CORPORATION LIMITED, THE p 992
7999 Boul Des Galeries D'anjou Bureau 2220, ANJOU, QC, H1M 1W6
(514) 353-4411   SIC 6512

CADILLAC FAIRVIEW TD CENTRE, THE p 922
See CADILLAC FAIRVIEW CORPORATION LIMITED, THE

CADILLAR FAIRVIEW p 823
See ONTREA INC

CADUCEON ENTERPRISES INC p 630
285 Dalton Ave, KINGSTON, ON, K7K 6Z1
(613) 544-2001   SIC 8731

CADUCEON ENTERPRISES INC p 795
2378 Holly Lane, OTTAWA, ON, K1V 7P1
(613) 526-0123   SIC 8731

CADZOW, WILLIAM J HEALTH CENTRE p 133
See ALBERTA HEALTH SERVICES

CAE INC p 623
1135 Innovation Dr Suite 300, KANATA, ON, K2K 3G7
(613) 247-0342   SIC 3699

CAE INC p 623
1145 Innovation Dr, KANATA, ON, K2K 3G8
(613) 225-0070   SIC 8299

CAE INC p 716
2025 Logistics Dr, MISSISSAUGA, ON, L5S 1Z9
(905) 672-8650   SIC 8742

CAERNARVON SCHOOL p 98
See EDMONTON SCHOOL DISTRICT NO. 7

CAESARS WINDSOR p 968
See WINDSOR CASINO LIMITED

CAESARSTONE p 557
See CAESARSTONE CANADA INC

CAESARSTONE CANADA INC p 557
8899 Jane St, CONCORD, ON, L4K 2M6
(416) 479-8400   SIC 3253

CAFE CAMPUS p 1100
See COOPERATIVE TRAVAILLEURS TRAVAILLEUSES CAFE-CAMPUS

CAFE CHERRIER INC p 1100
3635 Rue Saint-Denis, Montreal, QC, H2X 3L6
(514) 843-4308   SIC 5812

CAFE DES ARTISTES p 995
See BOUVIDARD LTEE

CAFE DU MONDE p 1150
See GROUPE RESTOS PLAISIRS INC, LE

CAFE FERREIRA p 1106
See FM RESTO DESIGN INC

CAFE HOLT TMA482, 017 p 901
See HOLT, RENFREW & CIE, LIMITEE

CAFE MORGANE p 1250
See CAFE MORGANE ROYALE INC

CAFE MORGANE ROYALE INC p 1250
4945 Boul Gene-H.-Kruger, Trois-Rivieres, QC, G9A 4N5
(819) 694-1118   SIC 5499

CAFE NICOLE BISTRO p 788
See ACCOR CANADA INC

CAFE STARBUCKS p 1162
See STARBUCKS COFFEE CANADA, INC

CAFE VIENNE p 1115
See GROUPE CAFE VIENNE 1998 INC, LE

CAFETERIA DE LA CAPITALE INC p 1154
See CAFETERIA DE LA CAPITALE INC

CAFETERIA DE LA CAPITALE INC p 1154
2590 Av Watt, Quebec, QC, G1P 4S2
(418) 653-3329   SIC 5812

CAFETERIAS MONCHATEAU LTEE p 1154
455 Rue Braille, Quebec, QC, G1P 3V2
(418) 653-8331   SIC 5812

CAGE AU SPORT, LA p 1111
See GROUPE SPORTSCENE INC

CAGE AUX SPORTS p 1002
See 2639-6564 QUEBEC INC

CAGE AUX SPORTS p 1147
See GROUPE SPORTSCENE INC

CAGE AUX SPORTS p 1231
See GROUPE SPORTSCENE INC

CAGE AUX SPORTS , LA p 1182
See GROUPE SPORTSCENE INC

CAGE AUX SPORTS BROSSARD p 1007
See GROUPE SPORTSCENE INC

CAGE AUX SPORTS DE LEBOURGNEUF, LA p 1166
See 4317572 CANADA INC

CAGE AUX SPORTS DE ST CONSTANT (LA) p 1184
See GROUPE SPORTSCENE INC

CAGE AUX SPORTS DRUMMONDVILLE p 1030
See GROUPE SPORTSCENE INC

CAGE AUX SPORTS RENE LEVESQUE, LA p 1116
See GROUPE SPORTSCENE INC

CAGE AUX SPORTS, LA p 1012
See GROUPE SPORTSCENE INC

CAGE AUX SPORTS, LA p 1013
See 3111326 CANADA INC

CAGE AUX SPORTS, LA p 1050
See 163048 CANADA INC

CAGE AUX SPORTS, LA p 1059
See GROUPE SPORTSCENE INC

CAGE AUX SPORTS, LA p 1065
See GROUPE SPORTSCENE INC

CAGE AUX SPORTS, LA p 1102
See GROUPE SPORTSCENE INC

CAGE AUX SPORTS, LA p 1125
See GROUPE SPORTSCENE INC

CAGE AUX SPORTS, LA p 1142
See GROUPE SPORTSCENE INC

CAGE AUX SPORTS, LA p 1248
See GROUPE SPORTSCENE INC

CAGE AUX SPORTS, LE p 1245
See GROUPE SPORTSCENE INC

CAGES AUX SPORTS BOISBRIAND p 1001
See GROUPE SPORTSCENE INC

CAIN LAMARRE CASGRAIN WELLS p 1013
See CAIN LAMARRE CASGRAIN WELLS, S.E.N.C.R.L.

CAIN LAMARRE CASGRAIN WELLS, S.E.N.C.R.L. p 1013
255 Rue Racine E Bureau 600, CHICOUTIMI, QC, G7H 7L2
(418) 545-4580   SIC 8111

CAIN LAMARRE CASGRAIN WELLS, S.E.N.C.R.L. p 1110
630 Boul Rene-Levesque O Bureau 2780, Montreal, QC, H3B 1S6
(514) 393-4580   SIC 8111

CAIN LAMARRE CASGRAIN WELLS, S.E.N.C.R.L. p 1156
580 Grande Allee E Bureau 440, Quebec, QC, G1R 2K2
(418) 681-7200   SIC 8111

CAIRINE WILSON SECONDARY SCHOOL p 776
See OTTAWA-CARLETON DISTRICT SCHOOL BOARD

CAIRNSMORE PLACE p 212
See VANCOUVER ISLAND HEALTH AUTHORITY

CAIRO, FRANK ENTERPRISES LTD p 79
10018 106 St Nw, EDMONTON, AB, T5J 1G1
(780) 429-4407   SIC 7231

CAISSE D'ECONOMIE SOLIDAIRE DESJARDINS p 1093
See CAISSE D'ECONOMIE SOLIDAIRE DESJARDINS

CAISSE D'ECONOMIE SOLIDAIRE DESJARDINS p 1093
2175 Boul De Maisonneuve E Bureau 150, Montreal, QC, H2K 4S3
(514) 598-2122   SIC 6062

CAISSE D'ECONOMIE SOLIDAIRE DESJARDINS p 1149
155 Boul Charest E Bureau 500, Quebec, QC, G1K 3G6
(418) 647-1527   SIC 6062

CAISSE DESJARDINS p 1076
See CAISSE DESJARDINS DE TERREBONNE

CAISSE DESJARDINS - CENTREDE SERVICE p 1093
1685 Rue Rachel E, Montreal, QC, H2J 2K6
(514) 524-3551   SIC 6159

CAISSE DESJARDINS CITE-DU-NORD DE MONTREAL p 1095
555 Boul Cremazie E, MONTREAL, QC, H2M 1L8
(514) 384-2530   SIC 6062

CAISSE DESJARDINS DE VAUDREUIL-SOULANGES p 1222
1004 Rue Principale, SAINT-ZOTIQUE, QC,

J0P 1Z0
(450) 763-5500 SIC 6062
CAISSE DESJARDINS DE VAUDREUIL-SOULANGES *p*
1256
170 Boul Harwood, VAUDREUIL-DORION, QC, J7V 1Y2
(450) 455-7901 SIC 6062
CAISSE DESJARDINS DE BEARN-FABRE-LORRAINVILLE
1073
1 Rue Notre-Dame O, LORRAINVILLE, QC, J0Z 2R0
SIC 6062
CAISSE DESJARDINS DE BEAUCE-CENTRE *p*
1247
247 Rue Notre-Dame, TRING-JONCTION, QC, G0N 1X0
(418) 397-5238 SIC 6062
CAISSE DESJARDINS DE BOUCHERVILLE *p* 1002
500 Boul Du Fort-Saint-Louis, BOUCHERVILLE, QC, J4B 1S4
(450) 655-9041 SIC 6062
CAISSE DESJARDINS DE CHIBOUGAMAU *p* 1012
519 3e Rue, CHIBOUGAMAU, QC, G8P 1N8
(418) 748-6461 SIC 6062
CAISSE DESJARDINS DE CHICOUTIMI *p* 1013
1685 Boul Talbot Bureau 700, CHICOUTIMI, QC, G7H 7Y4
(418) 543-1700 SIC 6062
CAISSE DESJARDINS DE DRUMMONDVILLE *p*
1029
460 Boul Saint-Joseph, DRUMMONDVILLE, QC, J2C 2A8
(819) 474-2524 SIC 6062
CAISSE DESJARDINS DE DRUMMONDVILLE *p*
1029
See CAISSE DESJARDINS DE DRUMMONDVILLE
CAISSE DESJARDINS DE DRUMMONDVILLE *p*
1029
905 Rue Gauthier, DRUMMONDVILLE, QC, J2C 0A1
(819) 474-2524 SIC 6159
CAISSE DESJARDINS DE GRANBY-HAUTE-YAMASKA *p*
1040
190 Rue Deragon, GRANBY, QC, J2G 5H9
(450) 777-5353 SIC 6062
CAISSE DESJARDINS DE HULL-AYLMER *p*
1036
30 Rue Victoria Bureau 100, GATINEAU, QC, J8X 0A8
(819) 776-3000 SIC 6062
CAISSE DESJARDINS DE HULL-AYLMER *p*
1037
880 Boul De La Carriere Bureau 100, GATINEAU, QC, J8Y 6T5
(819) 778-1400 SIC 6062
CAISSE DESJARDINS DE HULL-AYLMER *p*
1039
219 Boul Du Plateau, GATINEAU, QC, J9A 0N4
(819) 776-3000 SIC 6062
CAISSE DESJARDINS DE KILDARE *p* 1228
21 Rue Louis-Charles-Panet, Sainte-Melanie, QC, J0K 3A0
(450) 752-0602 SIC 6021
CAISSE DESJARDINS DE L'ANSE DE LA POCATIERE *p* 1221
1009 Rte De La Seigneurie, SAINT-ROCH-DES-AULNAIES, QC, G0R 4E0
(418) 856-2340 SIC 6062
CAISSE DESJARDINS DE L'EDUCATION *p*
1085
9405 Rue Sherbrooke E Bureau 2500, Montreal, QC, H1L 6P3
(514) 351-7295 SIC 6062
CAISSE DESJARDINS DE L'EDUCATION *p*
1089
3705 Rue Sherbrooke E, Montreal, QC, H1X 1Z9
(514) 351-7295 SIC 6062
CAISSE DESJARDINS DE L'ERABLE *p*
1138
1658 Rue Saint-Calixte, PLESSISVILLE, QC, G6L 1P9
(819) 362-3236 SIC 6062
CAISSE DESJARDINS DE L'ILE-DES-SOEURS-VERDUN *p*
1257
4162 Rue Wellington, VERDUN, QC, H4G 1V7
(514) 766-8591 SIC 6062
CAISSE DESJARDINS DE L'OUEST DE LA MAURICIE *p* 1073
75 Av Saint-Laurent Bureau 300, LOUISEVILLE, QC, J5V 1J6
(819) 228-9422 SIC 6062
CAISSE DESJARDINS DE L'OUEST DE LA MAURICIE *p* 1185
1234 Rue Principale, Saint-Etienne-des-Gres, QC, G0X 2P0
(819) 535-2018 SIC 6062
CAISSE DESJARDINS DE L'OUEST DE LA MAURICIE *p* 1223
2310 Rue Paul-Lemay, Sainte-Angele-de-Premont, QC, J0K 1R0
(819) 268-2138 SIC 6062
CAISSE DESJARDINS DE L'OUEST DE LAVAL *p* 1062
4791 Boul Dagenais O, Laval, QC, H7R 1L7
(450) 962-1800 SIC 6062
CAISSE DESJARDINS DE L'OUEST DE LAVAL *p* 1229
440 Desste Chomedey (A-13) O, SAINTE-ROSE, QC, H7X 3S9
(450) 962-1800 SIC 6062
CAISSE DESJARDINS DE LA BAIE *p* 1052
1262 6e Av, LA BAIE, QC, G7B 1R4
(418) 544-7365 SIC 6062
CAISSE DESJARDINS DE LA CHAUDIERE *p* 1203
1240 Rue Du Pont, SAINT-LAMBERT-DE-LAUZON, QC, G0S 2W0
(418) 831-2674 SIC 6062
CAISSE DESJARDINS DE LA NOUVELLE-ACADIE *p*
1196
4 Rue Beaudry, SAINT-JACQUES, QC, J0K 2R0
(450) 839-7211 SIC 6062
CAISSE DESJARDINS DE LA PETITE-NATION *p*
1137
276 Rue Papineau, PAPINEAUVILLE, QC, J0V 1R0
(819) 983-7313 SIC 6062
CAISSE DESJARDINS DE LA PETITE-NATION *p*
1179
79 Rue Principale, Saint-Andre-Avellin, QC, J0V 1W0
(819) 983-7313 SIC 6062
CAISSE DESJARDINS DE LA REGION DE THETFORD *p* 987
37 Rue Principale O, ADSTOCK, QC, G0N 1S0
(418) 422-2083 SIC 6062
CAISSE DESJARDINS DE LA RIVE-NORD DU SAGUENAY *p* 1012
2212 Rue Roussel, CHICOUTIMI, QC, G7G 1W7
(418) 549-4273 SIC 6062
CAISSE DESJARDINS DE LA RIVE-NORD DU SAGUENAY *p* 1032
122 Boul Saint-David, FALARDEAU, QC, G0V 1C0
(418) 549-4273 SIC 6062
CAISSE DESJARDINS DE LA ROUGE *p*
1135
2260 Ch Du Tour-Du-Lac, NOMININGUE, QC, J0W 1R0
(819) 278-0520 SIC 6021
CAISSE DESJARDINS DE LASALLE *p* 1060
8180 Boul Champlain, LASALLE, QC, H8P 1B4
(514) 366-6231 SIC 6062
CAISSE DESJARDINS DE LEVIS *p* 1064
1200 Boul Alphonse-Desjardins, Levis, QC, G6V 6Y8
(418) 833-5515 SIC 6062
CAISSE DESJARDINS DE LIMOILOU *p*
1151
800 3e Av, Quebec, QC, G1L 2W9
(418) 628-0155 SIC 6062
CAISSE DESJARDINS DE LORIMIER-VILLERAY *p*
1089
3250 Rue Masson, Montreal, QC, H1X 1R2
(514) 376-7676 SIC 6062
CAISSE DESJARDINS DE LORIMIER-VILLERAY *p*
1096
8164 Rue Saint-Hubert, Montreal, QC, H2P 1Z2
(514) 376-7676 SIC 6062
CAISSE DESJARDINS DE MEKINAC-DES CHENAUX *p* 1222
400 Rue Notre-Dame, SAINT-TITE, QC, G0X 3H0
(418) 365-7591 SIC 6062
CAISSE DESJARDINS DE NICOLET *p* 995
324 Rte Marie-Victorin, BAIE-DU-FEBVRE, QC, J0G 1A0
(819) 293-8570 SIC 6062
CAISSE DESJARDINS DE PORT-CARTIER *p* 1144
8 Boul Des Iles Bureau 7, PORT-CARTIER, QC, G5B 2J4
(418) 766-3032 SIC 6062
CAISSE DESJARDINS DE RIMOUSKI *p*
1172
100 Rue Julien-Rehel, RIMOUSKI, QC, G5L 0G6
(418) 723-3368 SIC 6062
CAISSE DESJARDINS DE RIVIERE-DES-PRAIRIES *p*
1084
8300 Boul Maurice-Duplessis, Montreal, QC, H1E 3A3
(514) 648-5800 SIC 6062
CAISSE DESJARDINS DE SAINT-HUBERT *p* 1191
5045 Boul Cousineau, SAINT-HUBERT, QC, J3Y 3K7
(450) 443-0047 SIC 6062
CAISSE DESJARDINS DE SAINT-HUBERT *p* 1191
5040 Boul Gaetan-Boucher, SAINT-HUBERT, QC, J3Y 7R8
(450) 443-0047 SIC 6062
CAISSE DESJARDINS DE SAINT-JEROME *p* 1200
296 Rue De Martigny O Bureau 200, Saint-Jerome, QC, J7Y 4C9
SIC 8741
CAISSE DESJARDINS DE SAINT-JEROME *p* 1201
100 Place Du Cure-Labelle, Saint-Jerome, QC, J7Z 1Z6
(450) 436-5335 SIC 6062
CAISSE DESJARDINS DE SAINTE-FOY *p*
1162
3211 Ch Sainte-Foy, Quebec, QC, G1X 1R3
(418) 653-0515 SIC 6062
CAISSE DESJARDINS DE SALABERRY-DE-VALLEYFIELD *p*
1231
120 Rue Alexandre, SALABERRY-DE-VALLEYFIELD, QC, J6S 3K4
(450) 377-4177 SIC 6062
CAISSE DESJARDINS DE SALABERRY-DE-VALLEYFIELD *p*
1232
15 Rue Saint-Thomas, SALABERRY-DE-VALLEYFIELD, QC, J6T 4J1
(450) 377-4177 SIC 6062
CAISSE DESJARDINS DE SAULT-AU-RECOLLET-MONTREAL-NORD *p*
1132
5640 Boul Leger, MONTREAL-NORD, QC, H1G 1K5
(514) 322-9310 SIC 6062
CAISSE DESJARDINS DE TERREBONNE *p*
1076
115 Montee Masson Unite 1, MASCOUCHE, QC, J7K 3B4
(450) 474-1186 SIC 8741
CAISSE DESJARDINS DE VARENNES *p*
1255
50 Rue La Gabelle Bureau 100, VARENNES, QC, J3X 2J4
(450) 652-0607 SIC 6062
CAISSE DESJARDINS DES BOIS-FRANCS *p* 1258
932 Boul Des Bois-Francs S, VICTORIAVILLE, QC, G6P 5V8
SIC 6062
CAISSE DESJARDINS DES DEUX-RIVIERES DE SHERBROOKE *p*
1236
1261 Rue King E, SHERBROOKE, QC, J1G 1E7
(819) 565-9991 SIC 6062
CAISSE DESJARDINS DES GRANDS BOULEVARDS DE LAVAL *p* 1018
387 Rue Laurier, Cote Saint-Luc, QC, H7N 2P3
(450) 663-6020 SIC 6062
CAISSE DESJARDINS DES RIVIERES CHAUDIERE ET ETCHEMIN *p* 1067
730 Av Taniata Unite 100, Levis, QC, G6Z 2C5
(418) 839-8819 SIC 6062
CAISSE DESJARDINS DES RIVIERES DE QUEBEC *p* 1164
2240 Boul Bastien, QUEBEC, QC, G2B 1B6
(418) 842-1214 SIC 6062
CAISSE DESJARDINS DES SEIGNEURIES DE BELLECHASE *p* 996
310 Rte Du Fleuve, BEAUMONT, QC, G0R 1C0
(418) 887-3337 SIC 6062
CAISSE DESJARDINS DES SEIGNEURIES DE BELLECHASE *p* 1222
361 Rue Principale, SAINT-VALLIER, QC, G0R 4J0
(418) 887-3337 SIC 6062
CAISSE DESJARDINS DES SEIGNEURIES DE LA FRONTIERE *p* 1181
765 Rue Principale, SAINT-BLAISE-SUR-RICHELIEU, QC, J0J 1W0
(450) 291-5100 SIC 6062
CAISSE DESJARDINS DES SEIGNEURIES DE LA FRONTIERE *p* 1196
20 Rue Principale, SAINT-JACQUES-LE-MINEUR, QC, J0J 1Z0
(450) 346-8810 SIC 6062
CAISSE DESJARDINS DES TROIS-RIVIERES *p*
1250
1200 Rue Royale, Trois-Rivieres, QC, G9A 4J2
(819) 376-1200 SIC 6062
CAISSE DESJARDINS DES VERTS-SOMMETS DE L'ESTRIE *p*
1217
225 Rte 253 S, SAINT-MALO, QC, J0B 2Y0
(819) 849-9822 SIC 6021
CAISSE DESJARDINS DU CARREFOUR DES LACS *p* 1188
385 Rue Principale, SAINT-FERDINAND, QC, G0N 1N0
(418) 428-9509 SIC 6062
CAISSE DESJARDINS DU CARREFOUR DES LACS *p* 1202
118 Av Saint-Joseph, SAINT-JOSEPH-DE-COLERAINE, QC, G0N 1B0

(418) 423-7501   SIC 6062
CAISSE DESJARDINS DU CENTRE DE LA NOUVELLE-BEAUCE   p 1181
1497 Rue Saint-Georges, SAINT-BERNARD, QC, G0S 2G0
   SIC 6062

CAISSE DESJARDINS DU CENTRE DE LOTBINIERE   p 1061
377 Rue Saint-Joseph, LAURIER-STATION, QC, G0S 1N0
(418) 728-9222   SIC 6062

CAISSE DESJARDINS DU CENTRE-EST DE LA METROPOLE   p 1216
4565 Rue Jean-Talon E, SAINT-LEONARD, QC, H1S 3H6
(514) 725-5050   SIC 6062

CAISSE DESJARDINS DU CENTRE-VILLE DE QUEBEC   p 1149
135 Rue Saint-Vallier O, Quebec, QC, G1K 1J9
(418) 687-2810   SIC 6062

CAISSE DESJARDINS DU CENTRE-VILLE DE QUEBEC   p 1149
390 Boul Charest E Bureau 200, Quebec, QC, G1K 3H4
(418) 529-8585   SIC 6062

CAISSE DESJARDINS DU CENTRE-VILLE DE QUEBEC   p 1149
510 Rue Saint-Francois E, Quebec, QC, G1K 2Z4
(418) 687-2810   SIC 6062

CAISSE DESJARDINS DU COEUR DES HAUTES-LAURENTIDES   p 1135
104 Rue Principale, NOTRE-DAME-DU-LAUS, QC, J0X 2M0
(819) 623-4400   SIC 6062

CAISSE DESJARDINS DU COEUR-DE-L'ILE   p 1092
2050 Boul Rosemont, MONTREAL, QC, H2G 1T1
(514) 376-7676   SIC 6062

CAISSE DESJARDINS DU DOMAINE-DU-ROY   p 1187
1297 Boul Du Sacre-Coeur, Saint-Felicien, QC, G8K 2R1
(418) 679-1381   SIC 6062

CAISSE DESJARDINS DU HAUT-RICHELIEU   p 1197
175 Boul Omer-Marcil, SAINT-JEAN-SUR-RICHELIEU, QC, J2W 0A3
(450) 359-5933   SIC 6062

CAISSE DESJARDINS DU LAC-MEMPHREMAGOG   p 1075
342 Rue Principale, MANSONVILLE, QC, J0E 1X0
(819) 843-3328   SIC 6036

CAISSE DESJARDINS DU MONT-BELLEVUE DE SHERBROOKE   p 1237
1815 Rue King O Bureau 300, SHERBROOKE, QC, J1J 2E3
(819) 821-2201   SIC 5999

CAISSE DESJARDINS DU MONT-BELLEVUE DE SHERBROOKE   p 1238
2370 Rue Galt O Bureau 2, SHERBROOKE, QC, J1K 2W7
(819) 566-4363   SIC 6062

CAISSE DESJARDINS DU NORD DE LAVAL   p 1032
269 Boul Sainte-Rose Bureau 318, FABREVILLE, QC, H7L 0A2
(450) 625-5558   SIC 6062

CAISSE DESJARDINS DU NORD DE LAVAL   p 1228
396 Boul Cure-Labelle, SAINTE-ROSE, QC, H7L 4T7
(450) 622-8130   SIC 6062

CAISSE DESJARDINS DU NORD DE SHERBROOKE   p 1236
630 Rue King E, SHERBROOKE, QC, J1G 1B8
(819) 566-0050   SIC 6062

CAISSE DESJARDINS DU NORD DE SHERBROOKE   p 1237
1268 Rue Prospect, SHERBROOKE, QC, J1J 1J5
   SIC 6062

CAISSE DESJARDINS DU NORD DE SHERBROOKE   p 1263
89 2e Av, WINDSOR, QC, J1S 1Z5
(819) 845-2424   SIC 6062

CAISSE DESJARDINS DU PLATEAU MONTCALM   p 1156
1165 Av De Bourlamaque, Quebec, QC, G1R 2P9
   SIC 6062

CAISSE DESJARDINS DU SUD DE LA BEAUCE   p 1222
629 Rue Principale, Saint-Theophile, QC, G0M 2A0
(418) 685-3078   SIC 6062

CAISSE DESJARDINS DU SUD DE LA CHAUDIERE   p 1189
1275 Boul Dionne, SAINT-GEORGES, QC, G5Y 0R4
(418) 227-7000   SIC 8741

CAISSE DESJARDINS DU SUD DE LA CHAUDIERE   p 1217
140 1re Av E, SAINT-MARTIN, QC, G0M 1B0
(418) 382-5391   SIC 6211

CAISSE DESJARDINS DU VIEUX-LONGUEUIL   p 1070
1 Rue Saint-Charles O, LONGUEUIL, QC, J4H 1C4
(450) 646-9811   SIC 6062

CAISSE DESJARDINS DU VIEUX-MOULIN (BEAUPORT)   p 1145
3341 Rue Du Carrefour, Quebec, QC, G1C 8J9
(418) 667-4440   SIC 6062

CAISSE DESJARDINS GODEFROY   p 997
4265 Boul De Port-Royal, Becancour, QC, G9H 1Z3
(819) 233-2333   SIC 6062

CAISSE DESJARDINS PIERRE-LE GARDEUR   p 1243
See CAISSE DESJARDINS PIERRE-LE GARDEUR

CAISSE DESJARDINS PIERRE-LE GARDEUR   p 1243
1000 Montee Des Pionniers Unite 100, TERREBONNE, QC, J6V 1S8
(450) 581-4740   SIC 6062

CAISSE DESJARDINS THERESE-DE BLAINVILLE   p 1230
200 Boul Du Cure-Labelle Bureau 100, SAINTE-THERESE, QC, J7E 2X5
(450) 430-6550   SIC 6062

CAISSE DESJARDINS VALLEE DE LA MATAPEDIA   p 989
15 Rue Du Pont, AMQUI, QC, G5J 2P4
(418) 629-2271   SIC 6062

CAISSE FINANCIER D'ATHABASKA   p 1258
See CAISSE DESJARDINS DES BOIS-FRANCS

CAISSE POPULAIRE DE LA PRAIRIE   p 1053
1600 Ch De Saint-Jean, LA PRAIRIE, QC, J5R 0J1
(450) 659-5431   SIC 6062

CAISSE POPULAIRE DE MEMRAMCOOK   p 404
See FEDERATION DES CAISSES POPULAIRE ACADIENNES INC, LA

CAISSE POPULAIRE DE TIMMINS LIMITEE, LA   p 883
45 Mountjoy St N, TIMMINS, ON, P4N 8H7
(705) 268-9724   SIC 6062

CAISSE POPULAIRE DES ILES   p 404
See FEDERATION DES CAISSES POPULAIRE ACADIENNES INC, LA

CAISSE POPULAIRE DES VOYAGEURS INC   p 779
600 Grandview St S, OSHAWA, ON, L1H 8P4
(905) 432-7336   SIC 6062

CAISSE POPULAIRE DES VOYAGEURS INC   p 867
1380 Lasalle Blvd, SUDBURY, ON, P3A 1Z6
(705) 566-3644   SIC 6062

CAISSE POPULAIRE DESJARDINS D'ALMA   p 1054
1350 Rue Principale, LABRECQUE, QC, G0W 2S0
(418) 669-1414   SIC 6062

CAISSE POPULAIRE DESJARDINS DE CHARLESBOURG   p 1147
14070 Boul Henri-Bourassa, Quebec, QC, G1G 5S9
(418) 626-1146   SIC 6062

CAISSE POPULAIRE DESJARDINS DE GENTILLY   p 997
See FEDERATION DES CAISSES DESJARDINS DU QUEBEC

CAISSE POPULAIRE DESJARDINS DE L'ENVOLEE   p 998
1070 Boul Du Cure-Labelle, BLAINVILLE, QC, J7C 2M7
(450) 430-4603   SIC 6062

CAISSE POPULAIRE DESJARDINS DE L'ENVOLEE   p 1224
148 Boul Sainte-Anne, SAINTE-ANNE-DES-PLAINES, QC, J0N 1H0
(450) 430-4603   SIC 6062

CAISSE POPULAIRE DESJARDINS DE L'EST DE DRUMMOND   p 1184
4155 Rue Principale, SAINT-CYRILLE-DE-WENDOVER, QC, J1Z 1C7
(819) 397-4243   SIC 6062

CAISSE POPULAIRE DESJARDINS DE LA HAUTE-GASPESIE   p 1224
10 1re Av E, SAINTE-ANNE-DES-MONTS, QC, G4V 1A3
(418) 763-2214   SIC 6062

CAISSE POPULAIRE DESJARDINS DE LA MALBAIE   p 1052
130 Rue John-Nairne, LA MALBAIE, QC, G5A 1Y1
(418) 665-4443   SIC 6062

CAISSE POPULAIRE DESJARDINS DE POINTE-AUX-TREMBLES   p 1084
See CAISSE POPULAIRE DESJARDINS DE POINTE-AUX-TREMBLES

CAISSE POPULAIRE DESJARDINS DE POINTE-AUX-TREMBLES   p 1084
13990 Rue De Montigny, Montreal, QC, H1A 1J6
(514) 640-5200   SIC 6062

CAISSE POPULAIRE DESJARDINS DE POINTE-AUX-TREMBLES   p 1084
850 Rue Notre-Dame E Bureau 15, Montreal, QC, H1A 1X6
   SIC 6062

CAISSE POPULAIRE DESJARDINS DE POINTE-AUX-TREMBLES   p 1139
13120 Rue Sherbrooke E, POINTE-AUX-TREMBLES, QC, H1A 3W2
(514) 640-5200   SIC 6062

CAISSE POPULAIRE DESJARDINS DE QUEBEC   p 1156
550 Rue Saint-Jean, QUEBEC, QC, G1R 1P6
(418) 522-6806   SIC 6062

CAISSE POPULAIRE DESJARDINS DE RICHELIEU-SAINT-MATHIAS   p 1171
1111 3e Rue, RICHELIEU, QC, J3L 3Z2
(450) 658-0649   SIC 6062

CAISSE POPULAIRE DESJARDINS DE RIVIERE-DU-LOUP   p 1174
106 Rue Lafontaine, Riviere-du-Loup, QC, G5R 3A1
(418) 862-7255   SIC 6062

CAISSE POPULAIRE DESJARDINS DE SAINT-JEAN-CHRYSOSTOME   p 1196
730 Rue Commerciale, SAINT-JEAN-CHRYSOSTOME, QC, G6Z 2C5
(418) 839-8819   SIC 6062

CAISSE POPULAIRE DESJARDINS DE SAINT-JEAN-SUR-RICHELIEU   p 1198
See CAISSE POPULAIRE DESJARDINS DE SAINT-JEAN-SUR-RICHELIEU

CAISSE POPULAIRE DESJARDINS DE SAINT-JEAN-SUR-RICHELIEU   p 1198
211 Rue Mayrand, SAINT-JEAN-SUR-RICHELIEU, QC, J3B 3L1
(450) 347-5553   SIC 6062

CAISSE POPULAIRE DESJARDINS DE SAINT-JEAN-SUR-RICHELIEU   p 1198
25 Rue Saint-Jacques, SAINT-JEAN-SUR-RICHELIEU, QC, J3B 2J6
(450) 347-5553   SIC 6062

CAISSE POPULAIRE DESJARDINS DE SAINT-LAURENT   p 1206
3500 Boul De La Cote-Vertu Bureau 160, SAINT-LAURENT, QC, H4R 2X7
(514) 748-8821   SIC 6062

CAISSE POPULAIRE DESJARDINS DES MILLE-ILES   p 1061
600 Montee Du Moulin Bureau 6, Laval, QC, H7A 1Z6
(450) 661-7274   SIC 6062

CAISSE POPULAIRE DESJARDINS DES MILLE-ILES   p 1127
4433 Boul De La Concorde E, Montreal, QC, H7C 1M4
(450) 661-7274   SIC 6062

CAISSE POPULAIRE DESJARDINS DES RAMEES   p 1044
142 Rte 199, HAVRE-AUBERT, QC, G4T 9B6
(418) 937-2361   SIC 6062

CAISSE POPULAIRE DESJARDINS DES RAMEES   p 1051
1278 Ch De La Verniere, L'Etang-du-Nord, QC, G4T 3E6
(418) 986-2319   SIC 6062

CAISSE POPULAIRE DESJARDINS DU PIEMONT LAURENTIEN   p 1050
1638 Rue Notre-Dame, L'ANCIENNE-LORETTE, QC, G2E 3B6
(418) 872-1445   SIC 6062

CAISSE POPULAIRE DESJARDINS DU PLATEAU D'APPALACHES   p 1220
See FEDERATION DES CAISSES DESJARDINS DU QUEBEC

CAISSE POPULAIRE DESJARDINS LE MANOIR   p 1245
4771 Boul Laurier, TERREBONNE, QC, J7M 1S9
(450) 474-2474   SIC 6062

CAISSE POPULAIRE HAUT MADAWASKA   p 396
See FEDERATION DES CAISSES POPULAIRE ACADIENNES INC, LA

CAISSE POPULAIRE PEMBINA LTEE   p 352
151 Notre Dame Ave W, NOTRE DAME DE LOURDES, MB, R0G 1M0
(204) 248-2332   SIC 6062

CAISSE SAINT JEAN BAPTIST   p 1029
See CAISSE DESJARDINS DE DRUMMONDVILLE

CAISSEN WATER TECHNOLOGIES INC   p 119
381 Mackenzie Blvd, FORT MCMURRAY, AB, T9H 5E2
   SIC 3589

CAISSEN WATER TECHNOLOGIES INC   p 658
865 Commissioners Rd E, LONDON, ON, N6C 2V4
(519) 685-0445   SIC 5963

CAISSEN WATER TECHNOLOGIES INC   p 664
2800 Roxburgh Rd Unit 4, LONDON, ON, N6N 1K9
(519) 963-0338   SIC 5963

CAISSES DESJARDINS   p 996
See FEDERATION DES CAISSES DES-

BUSINESSES ALPHABETICALLY

CALGARY BOARD OF EDUCATION   3115

JARDINS DU QUEBEC
CAISSES DESJARDINS   p 1012
See FEDERATION DES CAISSES DESJARDINS DU QUEBEC
CAISTOR CENTRAL PUBLIC SCHOOL p 541
See DISTRICT SCHOOL BOARD OF NIAGARA
CAJUN'S CLOTHING STORE   p 479
See ACADIA STUDENTS' UNION INC
CALBECK'S SUPERMARKET   p 527
See SOBEYS CAPITAL INCORPORATED
CALCON MANAGEMENT, L.P.   p 27
700 Centre St Se, CALGARY, AB, T2G 5P6
(403) 537-4426   SIC 8741
CALDER CENTRE   p 1294
See SASKATOON REGIONAL HEALTH AUTHORITY
CALDER SCHOOL   p 76
See EDMONTON SCHOOL DISTRICT NO. 7
CALDERSTONE MIDDLE SCHOOL p 509
See PEEL DISTRICT SCHOOL BOARD
CALDIC CANADA INC   p 707
6980 Creditview Rd, MISSISSAUGA, ON, L5N 8E2
(905) 812-7300   SIC 2043
CALDON WOODS GOLFS CLUB p 506
See CLUBLINK CORPORATION ULC
CALDWELL ROAD ELEMENTARY SCHOOL   p 446
See HALIFAX REGIONAL SCHOOL BOARD
CALDWELL STREET ELEMENTARY SCHOOL   p 549
See UPPER CANADA DISTRICT SCHOOL BOARD, THE
CALEA HOMECARE, DIV OF   p 687
See CALEA LTD
CALEA LTD   p 687
2785 Skymark Ave Unit 2, MISSISSAUGA, ON, L4W 4Y3
(905) 238-1234   SIC 5122
CALEB BRETT CANADA   p 193
See INTERTEK TESTING SERVICES (ITS) CANADA LTD
CALEDON CENTRAL PUBLIC SCHOOL p 542
See PEEL DISTRICT SCHOOL BOARD
CALEDON COMMUNITY SERVICES p 506
18 King St E Suite 2, BOLTON, ON, L7E 1E8
(905) 584-9460   SIC 8322
CALEDON EAST PUBLIC SCHOOL p 542
See PEEL DISTRICT SCHOOL BOARD
CALEDON SAND & GRAVEL INC   p 506
14442 Regional Road 50 Suite 50, BOLTON, ON, L7E 3E2
(905) 951-2244   SIC 5032
CALEDON SAND & GRAVEL INC   p 542
17847 Hurontario St, CALEDON VILLAGE, ON, L7K 1X2
(519) 927-5224   SIC 5032
CALEDON TUBING, DIV OF   p 857
See 2008788 ONTARIO LIMITED
CALEDONIA CENTENNIAL PUBLIC SCHOOL   p 542
See GRAND ERIE DISTRICT SCHOOL BOARD
CALEDONIA JUNIOR HIGH SCHOOL p 447
See HALIFAX REGIONAL SCHOOL BOARD
CALEDONIA PARK SCHOOL   p 135
See BLACK GOLD REGIONAL DIVISION #18
CALEDONIA REGIONAL HIGH SCHOOL p 403
See SCHOOL DISTRICT 2
CALEDONIA SENIOR SECONDARY SCHOOL   p 291
See COAST MOUNTAINS BOARD OF EDUCATION SCHOOL DISTRICT NO. 82
CALEDONIA TRANSPORTATION CO p 617
See 944622 ONTARIO LIMITED
CALENDAR CLUB OF CANADA   p 804
See CALENDAR CLUB OF CANADA LIMITED PARTNERSHIP
CALENDAR CLUB OF CANADA LIMITED PARTNERSHIP   p 804
6 Adams St Suite A, PARIS, ON, N3L 3X4
(519) 442-8355   SIC 5945
CALENDAR, THE   p 223
See BLACK PRESS GROUP LTD
CALERES CANADA, INC   p 807
1857 Rogers Rd, PERTH, ON, K7H 1P7
(613) 267-0348   SIC 5139
CALERIN GOLF CLUB INC   p 574
9521 10th Side Rd, ERIN, ON, N0B 1T0
(519) 833-2168   SIC 7997
CALFRAC WELL SERVICES LTD   p 128
13401 97 St, GRANDE PRAIRIE, AB, T8X 1S8
(780) 402-3125   SIC 1389
CALFRAC WELL SERVICES LTD   p 155
7310 Edgar Industrial Dr, RED DEER, AB, T4P 3R2
(403) 340-3569   SIC 1381
CALFRAC WELL SERVICES LTD   p 206
709 106 Ave, DAWSON CREEK, BC, V1G 4V9
(250) 782-2529   SIC 1389
CALGARY & DISTRICT BRANCH   p 22
See CANADIAN DIABETES ASSOCIATION
CALGARY ACADEMY   p 62
See CALGARY SOCIETY FOR EFFECTIVE EDUCATION OF LEARNING DISABLED
CALGARY ADDICTION YOUTH SERVICES p 38
See ALBERTA HEALTH SERVICES
CALGARY ANIMAL SERVICES   p 27
See CITY OF CALGARY, THE
CALGARY BOARD OF EDUCATION   p 9
3428 42 St Ne, CALGARY, AB, T1Y 6A3
(403) 777-6700   SIC 8211
CALGARY BOARD OF EDUCATION   p 9
1927 61 St Ne, CALGARY, AB, T1Y 4W6
(403) 777-6750   SIC 8211
CALGARY BOARD OF EDUCATION   p 9
6203 24 Ave Ne, CALGARY, AB, T1Y 2C5
(403) 777-6720   SIC 8211
CALGARY BOARD OF EDUCATION   p 9
6320 Temple Dr Ne, CALGARY, AB, T1Y 5V5
(403) 777-6680   SIC 8211
CALGARY BOARD OF EDUCATION   p 9
7400 California Blvd Ne, CALGARY, AB, T1Y 6R2
(403) 777-7233   SIC 8211
CALGARY BOARD OF EDUCATION   p 9
3020 52 St Ne, CALGARY, AB, T1Y 5P4
(403) 280-6565   SIC 8211
CALGARY BOARD OF EDUCATION   p 9
155 Rundlehill Dr Ne, CALGARY, AB, T1Y 2W9
(403) 777-7060   SIC 8211
CALGARY BOARD OF EDUCATION   p 9
4120 Rundlehorn Dr Ne, CALGARY, AB, T1Y 4W9
(403) 777-6760   SIC 8211
CALGARY BOARD OF EDUCATION   p 9
5840 24 Ave Ne, CALGARY, AB, T1Y 6G4
(403) 777-7700   SIC 8211
CALGARY BOARD OF EDUCATION   p 9
4820 Rundlewood Dr Ne, CALGARY, AB, T1Y 5V9
(403) 777-6690   SIC 8211
CALGARY BOARD OF EDUCATION   p 9
577 Whiteridge Way Ne, CALGARY, AB, T1Y 4S8
(403) 777-7680   SIC 8211
CALGARY BOARD OF EDUCATION   p 12
4711 Maryvale Dr Ne, CALGARY, AB, T2A 3A1
(403) 777-8190   SIC 8211
CALGARY BOARD OF EDUCATION   p 12
1212 47 St Se, CALGARY, AB, T2A 1R3
(403) 777-7800   SIC 8211
CALGARY BOARD OF EDUCATION   p 12
5004 Marbank Dr Ne, CALGARY, AB, T2A 3J6
(403) 777-8120   SIC 8211
CALGARY BOARD OF EDUCATION   p 12
5105 8 Ave Ne, CALGARY, AB, T2A 4M1
(403) 248-4054   SIC 8211
CALGARY BOARD OF EDUCATION   p 12
5645 Pensacola Cres Se, CALGARY, AB, T2A 2G4
(403) 777-8230   SIC 8211
CALGARY BOARD OF EDUCATION   p 12
5808 Madigan Dr Ne, CALGARY, AB, T2A 4P5
(403) 777-8110   SIC 8211
CALGARY BOARD OF EDUCATION   p 12
5958 4 Ave Ne, CALGARY, AB, T2A 4B1
(403) 777-8240   SIC 8211
CALGARY BOARD OF EDUCATION   p 12
6033 Madigan Dr Ne, CALGARY, AB, T2A 5G9
(403) 777-7780   SIC 8211
CALGARY BOARD OF EDUCATION   p 12
6226 Penbrooke Dr Se, CALGARY, AB, T2A 6M7
(403) 777-8150   SIC 8211
CALGARY BOARD OF EDUCATION   p 12
819 32 St Se, CALGARY, AB, T2A 0Y9
(403) 777-7370   SIC 8211
CALGARY BOARD OF EDUCATION   p 12
4807 Forego Ave Se, CALGARY, AB, T2C4
(403) 777-8180   SIC 8211
CALGARY BOARD OF EDUCATION   p 12
1304 44 St Se, CALGARY, AB, T2A 1M8
(403) 272-6665   SIC 8211
CALGARY BOARD OF EDUCATION   p 12
1520 39 St Se, CALGARY, AB, T2A 1H9
(403) 777-8220   SIC 8211
CALGARY BOARD OF EDUCATION   p 12
2805 Radcliffe Dr Se, CALGARY, AB, T2A 0C8
(403) 777-8070   SIC 8211
CALGARY BOARD OF EDUCATION   p 12
4424 Marlborough Dr Ne, CALGARY, AB, T2A 2Z5
(403) 777-7770   SIC 8211
CALGARY BOARD OF EDUCATION   p 12
320 Abergale Dr Ne, CALGARY, AB, T2A 6W2
(403) 777-6970   SIC 8211
CALGARY BOARD OF EDUCATION   p 14
3909 26 Ave Se, CALGARY, AB, T2B 0C6
(403) 777-7360   SIC 8211
CALGARY BOARD OF EDUCATION   p 14
3743 Dover Ridge Dr Se, CALGARY, AB, T2B 2E1
(403) 817-4000   SIC 8211
CALGARY BOARD OF EDUCATION   p 14
3113 30 Ave Se, CALGARY, AB, T2B 0G9
(403) 777-8260   SIC 8211
CALGARY BOARD OF EDUCATION   p 14
2031 Sable Dr Se, CALGARY, AB, T2B 1R9
(403) 543-5074   SIC 8211
CALGARY BOARD OF EDUCATION   p 16
65 Rivervalley Dr Se, CALGARY, AB, T2C 3Z7
(403) 777-6510   SIC 8211
CALGARY BOARD OF EDUCATION   p 16
1819 66 Ave Se, CALGARY, AB, T2C 2K5
(403) 777-8650   SIC 8211
CALGARY BOARD OF EDUCATION   p 16
2011 66 Ave Se, CALGARY, AB, T2C 1J4
(403) 777-7590   SIC 8211
CALGARY BOARD OF EDUCATION   p 22
1229 17a St Ne, CALGARY, AB, T2E 4V4
(403) 777-6250   SIC 8211
CALGARY BOARD OF EDUCATION   p 22
950 6 St Ne, CALGARY, AB, T2E 8M3
(403) 777-6800   SIC 8211
CALGARY BOARD OF EDUCATION   p 22
3717 Centre St Nw, CALGARY, AB, T2E 2Y2
(403) 777-6260   SIC 8211
CALGARY BOARD OF EDUCATION   p 22
2411 Vermillion St Ne, CALGARY, AB, T2E 6J3
(403) 777-6000   SIC 8211
CALGARY BOARD OF EDUCATION   p 22
2324 Maunsell Dr Ne, CALGARY, AB, T2E 6A2
(403) 777-6290   SIC 8211
CALGARY BOARD OF EDUCATION   p 22
2215 8 Ave Ne, CALGARY, AB, T2E 0T7
(403) 777-7610   SIC 8211
CALGARY BOARD OF EDUCATION   p 22
211 Mcknight Blvd Ne, CALGARY, AB, T2E 5S7
(403) 253-9257   SIC 8211
CALGARY BOARD OF EDUCATION   p 22
2004 4 St Ne, CALGARY, AB, T2E 3T8
(403) 777-6300   SIC 8211
CALGARY BOARD OF EDUCATION   p 22
1610 6 St Ne, CALGARY, AB, T2E 3Y9
(403) 777-7500   SIC 8211
CALGARY BOARD OF EDUCATION   p 22
107 6a St Ne, CALGARY, AB, T2E 0B7
(403) 777-7350   SIC 8211
CALGARY BOARD OF EDUCATION   p 22
130 28 Ave Ne, CALGARY, AB, T2E 2A8
(403) 777-6330   SIC 8211
CALGARY BOARD OF EDUCATION   p 27
315 10 Ave Se Suite 206, CALGARY, AB, T2G 0W2
(403) 268-3265   SIC 8211
CALGARY BOARD OF EDUCATION   p 27
1921 9 Ave Se, CALGARY, AB, T2G 0V3
(403) 777-6780   SIC 8211
CALGARY BOARD OF EDUCATION   p 27
3610 9 St Se, CALGARY, AB, T2G 3C5
SIC 7389
CALGARY BOARD OF EDUCATION   p 30
47 Fyffe Rd Se, CALGARY, AB, T2H 1B9
(403) 777-6420   SIC 8211
CALGARY BOARD OF EDUCATION   p 30
7840 Fairmount Dr Se, CALGARY, AB, T2H 0Y1
(403) 777-7900   SIC 8211
CALGARY BOARD OF EDUCATION   p 30
9019 Fairmount Dr Se, CALGARY, AB, T2H 0Z4
(403) 259-5585   SIC 8211
CALGARY BOARD OF EDUCATION   p 34
253 Parkland Way Se, CALGARY, AB, T2J 3Y9
(403) 777-6880   SIC 8211
CALGARY BOARD OF EDUCATION   p 34
343 Willow Park Dr Se, CALGARY, AB, T2J 0K7
(403) 777-6900   SIC 8211
CALGARY BOARD OF EDUCATION   p 34
1711 Lake Bonavista Dr Se, CALGARY, AB, T2J 2X9
(403) 777-6830   SIC 8211
CALGARY BOARD OF EDUCATION   p 35
2127 146 Ave Se, CALGARY, AB, T2J 6P8
(403) 777-6840   SIC 8211
CALGARY BOARD OF EDUCATION   p 35
2500 Lake Bonavista Dr Se, CALGARY, AB, T2J 2Y6
(403) 777-7720   SIC 8211
CALGARY BOARD OF EDUCATION   p 35
605 Queensland Dr Se, CALGARY, AB, T2J 4S8
(403) 777-6860   SIC 8211
CALGARY BOARD OF EDUCATION   p 35
725 Mapleton Dr Se, CALGARY, AB, T2J 1S1
(403) 777-7520   SIC 8211
CALGARY BOARD OF EDUCATION   p 35
9603 5 St Se, CALGARY, AB, T2J 1K4
(403) 777-8440   SIC 8211
CALGARY BOARD OF EDUCATION   p 35
963 Queensland Dr Se, CALGARY, AB, T2J 5E5
(403) 777-7430   SIC 8211
CALGARY BOARD OF EDUCATION   p 35
1015 120 Ave Se, CALGARY, AB, T2J 2L1
(403) 777-6871   SIC 8211
CALGARY BOARD OF EDUCATION   p 35
10203 Maplemont Rd Se, CALGARY, AB,

▲ Public Company   ■ Public Company Family Member   **HQ** Headquarters   **BR** Branch   **SL** Single Location

T2J 1W3
(403) 777-6280   *SIC* 8211
CALGARY BOARD OF EDUCATION   *p* 35
199 Queen Charlotte Way Se, CALGARY, AB, T2J 4H9
(403) 777-6960   *SIC* 8211
CALGARY BOARD OF EDUCATION   *p* 36
11 Holmwood Ave Nw, CALGARY, AB, T2K 2G5
(403) 777-6200   *SIC* 8211
CALGARY BOARD OF EDUCATION   *p* 36
19n Rosevale Dr Nw, CALGARY, AB, T2K 1N6
(403) 777-6230   *SIC* 8211
CALGARY BOARD OF EDUCATION   *p* 36
226 Northmount Dr Nw, CALGARY, AB, T2K 3G5
(403) 777-6034   *SIC* 8211
CALGARY BOARD OF EDUCATION   *p* 36
4004 4 St Nw, CALGARY, AB, T2K 1A1
(403) 230-4743   *SIC* 8211
CALGARY BOARD OF EDUCATION   *p* 36
412 Northmount Dr Nw, CALGARY, AB, T2K 3H6
(403) 777-7280   *SIC* 8211
CALGARY BOARD OF EDUCATION   *p* 36
427 78 Ave Ne, CALGARY, AB, T2K 0R9
(403) 777-6600   *SIC* 8211
CALGARY BOARD OF EDUCATION   *p* 36
820 64 Ave Nw, CALGARY, AB, T2K 0M5
(403) 777-6650   *SIC* 8211
CALGARY BOARD OF EDUCATION   *p* 36
5646 Thornton Rd Nw, CALGARY, AB, T2K 3B9
(403) 777-6670   *SIC* 8211
CALGARY BOARD OF EDUCATION   *p* 36
640 Northmount Dr Nw, CALGARY, AB, T2K 3J5
(403) 777-6150   *SIC* 8211
CALGARY BOARD OF EDUCATION   *p* 36
6600 4 St Nw, CALGARY, AB, T2K 1C2
(403) 777-7670   *SIC* 8211
CALGARY BOARD OF EDUCATION   *p* 36
6620 4 St Nw, CALGARY, AB, T2K 1C2
(403) 274-2240   *SIC* 8211
CALGARY BOARD OF EDUCATION   *p* 36
6625 4 St Ne, CALGARY, AB, T2K 5C7
(403) 777-6620   *SIC* 8211
CALGARY BOARD OF EDUCATION   *p* 36
7440 10 St Nw, CALGARY, AB, T2K 1H6
(403) 777-6640   *SIC* 8211
CALGARY BOARD OF EDUCATION   *p* 36
4922 North Haven Dr Nw, CALGARY, AB, T2K 2K2
(403) 777-6220   *SIC* 8211
CALGARY BOARD OF EDUCATION   *p* 37
1231 Northmount Dr Nw, CALGARY, AB, T2L 0C9
(403) 777-6130   *SIC* 8211
CALGARY BOARD OF EDUCATION   *p* 37
1484 Northmount Dr Nw, CALGARY, AB, T2L 0G6
(403) 777-6170   *SIC* 8211
CALGARY BOARD OF EDUCATION   *p* 37
2155 Chilcotin Rd Nw, CALGARY, AB, T2L 0X2
(403) 777-7400   *SIC* 8211
CALGARY BOARD OF EDUCATION   *p* 37
3826 Collingwood Dr Nw, CALGARY, AB, T2L 0R6
(403) 777-6180   *SIC* 8211
CALGARY BOARD OF EDUCATION   *p* 37
5215 33 St Nw, CALGARY, AB, T2L 1V3
(403) 777-7290   *SIC* 8211
CALGARY BOARD OF EDUCATION   *p* 37
5220 Northland Dr Nw, CALGARY, AB, T2L 2J6
(403) 289-9241   *SIC* 8211
CALGARY BOARD OF EDUCATION   *p* 38
211 7 St Nw, CALGARY, AB, T2N 1S2
(403) 777-6390   *SIC* 8211
CALGARY BOARD OF EDUCATION   *p* 38
905 13 Ave Nw, CALGARY, AB, T2M 0G3
(403) 777-7530   *SIC* 8211

CALGARY BOARD OF EDUCATION   *p* 38
805 37 St Nw, CALGARY, AB, T2N 4N8
(403) 270-1751   *SIC* 8211
CALGARY BOARD OF EDUCATION   *p* 38
512 18 St Nw, CALGARY, AB, T2N 2G5
(403) 777-6380   *SIC* 8211
CALGARY BOARD OF EDUCATION   *p* 38
402 18 St Nw, CALGARY, AB, T2N 2G5
(403) 777-6789   *SIC* 8211
CALGARY BOARD OF EDUCATION   *p* 38
3232 Cochrane Rd Nw, CALGARY, AB, T2M 4J3
(403) 777-6120   *SIC* 8211
CALGARY BOARD OF EDUCATION   *p* 38
3035 Utah Dr Nw, CALGARY, AB, T2N 3Z9
(403) 777-6240   *SIC* 8211
CALGARY BOARD OF EDUCATION   *p* 38
3009 Morley Trail Nw, CALGARY, AB, T2M 4G9
(403) 289-2551   *SIC* 8211
CALGARY BOARD OF EDUCATION   *p* 38
220 16 Ave Nw, CALGARY, AB, T2M 0H4
(403) 777-7330   *SIC* 8211
CALGARY BOARD OF EDUCATION   *p* 38
1019 1 St Nw, CALGARY, AB, T2M 2S2
(403) 276-5521   *SIC* 8211
CALGARY BOARD OF EDUCATION   *p* 38
120 23 St Nw, CALGARY, AB, T2N 2P1
(403) 777-7630   *SIC* 8211
CALGARY BOARD OF EDUCATION   *p* 38
1418 7 Ave Nw, CALGARY, AB, T2N 0Z2
(403) 777-6360   *SIC* 8211
CALGARY BOARD OF EDUCATION   *p* 38
2108 10 St Nw, CALGARY, AB, T2M 3M4
(403) 777-6210   *SIC* 8211
CALGARY BOARD OF EDUCATION   *p* 38
2103 20 St Nw, CALGARY, AB, T2M 3W1
(403) 777-7440   *SIC* 8211
CALGARY BOARD OF EDUCATION   *p* 51
1121 12 Ave Sw, CALGARY, AB, T2R 0J8
(403) 777-8560   *SIC* 8211
CALGARY BOARD OF EDUCATION   *p* 52
4804 6 St Sw, CALGARY, AB, T2S 2N3
(403) 777-7760   *SIC* 8211
CALGARY BOARD OF EDUCATION   *p* 52
641 17 Ave Sw, CALGARY, AB, T2S 0B5
(403) 228-5363   *SIC* 8211
CALGARY BOARD OF EDUCATION   *p* 52
829 Rideau Rd Sw, CALGARY, AB, T2S 0S2
(403) 777-7480   *SIC* 8211
CALGARY BOARD OF EDUCATION   *p* 53
5139 14 St Sw, CALGARY, AB, T2T 3W5
(403) 777-6980   *SIC* 8211
CALGARY BOARD OF EDUCATION   *p* 53
2234 14 St Sw, CALGARY, AB, T2T 3T3
(403) 777-7980   *SIC* 8211
CALGARY BOARD OF EDUCATION   *p* 53
1216 36 Ave Sw, CALGARY, AB, T2T 2E9
(403) 777-6940   *SIC* 8211
CALGARY BOARD OF EDUCATION   *p* 53
5003 20 St Sw, CALGARY, AB, T2T 5A5
(403) 777-7730   *SIC* 8211
CALGARY BOARD OF EDUCATION   *p* 53
4506 16 St Sw, CALGARY, AB, T2T 4H9
(403) 777-6910   *SIC* 8211
CALGARY BOARD OF EDUCATION   *p* 53
845 Hillcrest Ave Sw, CALGARY, AB, T2T 0Z1
(403) 777-8570   *SIC* 8211
CALGARY BOARD OF EDUCATION   *p* 53
2701 22 St Sw, CALGARY, AB, T2T 5G5
(403) 240-1470   *SIC* 8211
CALGARY BOARD OF EDUCATION   *p* 53
3904 20 St Sw, CALGARY, AB, T2T 4Z9
(403) 777-8300   *SIC* 8211
CALGARY BOARD OF EDUCATION   *p* 54
9632 Oakfield Dr Sw, CALGARY, AB, T2V 0L1
(403) 777-7650   *SIC* 8211
CALGARY BOARD OF EDUCATION   *p* 54
910 75 Ave Sw, CALGARY, AB, T2V 0S6
(403) 253-2261   *SIC* 8211
CALGARY BOARD OF EDUCATION   *p* 54
898 Sylvester Cres Sw, CALGARY, AB, T2W 0R7
(403) 259-3527   *SIC* 8211
CALGARY BOARD OF EDUCATION   *p* 54
88 Woodgreen Dr Sw, CALGARY, AB, T2W 4W9
(403) 777-8640   *SIC* 8211
CALGARY BOARD OF EDUCATION   *p* 54
8706 Elbow Dr Sw, CALGARY, AB, T2V 1L2
(403) 777-7490   *SIC* 8211
CALGARY BOARD OF EDUCATION   *p* 54
395 Canterbury Dr Sw, CALGARY, AB, T2W 1J1
(403) 777-8600   *SIC* 8211
CALGARY BOARD OF EDUCATION   *p* 54
27 Woodfield Way Sw, CALGARY, AB, T2W 5E1
(403) 777-8630   *SIC* 8211
CALGARY BOARD OF EDUCATION   *p* 54
255 Sackville Dr Sw, CALGARY, AB, T2W 0W7
(403) 777-8500   *SIC* 8211
CALGARY BOARD OF EDUCATION   *p* 54
23 Sackville Dr Sw, CALGARY, AB, T2W 0W3
(403) 777-7890   *SIC* 8211
CALGARY BOARD OF EDUCATION   *p* 54
2315 Palliser Dr Sw, CALGARY, AB, T2V 3S4
(403) 777-8620   *SIC* 8211
CALGARY BOARD OF EDUCATION   *p* 54
2266 Woodpark Ave Sw, CALGARY, AB, T2W 2Z8
(403) 251-8022   *SIC* 8211
CALGARY BOARD OF EDUCATION   *p* 54
1747 107 Ave Sw, CALGARY, AB, T2W 0C3
(403) 777-8470   *SIC* 8211
CALGARY BOARD OF EDUCATION   *p* 54
1312 75 Ave Sw, CALGARY, AB, T2V 0S6
(403) 777-8480   *SIC* 8211
CALGARY BOARD OF EDUCATION   *p* 54
12424 Elbow Dr Sw, CALGARY, AB, T2W 1H2
(403) 777-7690   *SIC* 8211
CALGARY BOARD OF EDUCATION   *p* 54
10631 Oakfield Dr Sw, CALGARY, AB, T2W 2T3
(403) 777-8610   *SIC* 8211
CALGARY BOARD OF EDUCATION   *p* 54
10020 19 St Sw, CALGARY, AB, T2V 1R2
(403) 777-7930   *SIC* 8211
CALGARY BOARD OF EDUCATION   *p* 54
10 Hillgrove Cres Sw, CALGARY, AB, T2V 3K7
(403) 777-8511   *SIC* 8211
CALGARY BOARD OF EDUCATION   *p* 55
660 Sunmills Dr Se, CALGARY, AB, T2X 3R5
(403) 777-6430   *SIC* 8211
CALGARY BOARD OF EDUCATION   *p* 55
55 Midpark Rise Se, CALGARY, AB, T2X 1L7
(403) 777-8680   *SIC* 8211
CALGARY BOARD OF EDUCATION   *p* 55
200 Sunmills Dr Se, CALGARY, AB, T2X 2N9
(403) 777-8690   *SIC* 8211
CALGARY BOARD OF EDUCATION   *p* 55
1039 Suncastle Dr Se, CALGARY, AB, T2X 2Z1
(403) 777-6400   *SIC* 8211
CALGARY BOARD OF EDUCATION   *p* 56
224 Shawnessy Dr Sw, CALGARY, AB, T2Y 1M1
(403) 777-8670   *SIC* 8211
CALGARY BOARD OF EDUCATION   *p* 56
150 Somerset Manor Sw, CALGARY, AB, T2Y 4S2
(403) 777-7001   *SIC* 8211
CALGARY BOARD OF EDUCATION   *p* 56
115 Shannon Dr Sw, CALGARY, AB, T2Y 0K6
(403) 777-6163   *SIC* 8211
CALGARY BOARD OF EDUCATION   *p* 57
16210 Mckenzie Lake Way Se, CALGARY, AB, T2Z 1L7
(403) 777-6500   *SIC* 8211
CALGARY BOARD OF EDUCATION   *p* 57
400 Douglas Park Blvd Se, CALGARY, AB, T2Z 4A3
(403) 777-6177   *SIC* 8211
CALGARY BOARD OF EDUCATION   *p* 58
10330 Hamptons Blvd Nw, CALGARY, AB, T3A 6G2
(403) 777-7300   *SIC* 8211
CALGARY BOARD OF EDUCATION   *p* 58
10959 Hidden Valley Dr Nw, CALGARY, AB, T3A 6J2
(403) 777-7236   *SIC* 8211
CALGARY BOARD OF EDUCATION   *p* 58
250 Edgepark Blvd Nw, CALGARY, AB, T3A 3S2
(403) 777-7190   *SIC* 8211
CALGARY BOARD OF EDUCATION   *p* 58
4255 40 St Nw, CALGARY, AB, T3A 0H7
(403) 777-6090   *SIC* 8211
CALGARY BOARD OF EDUCATION   *p* 58
4440 Dallyn St Nw, CALGARY, AB, T3A 1K3
(403) 777-6030   *SIC* 8211
CALGARY BOARD OF EDUCATION   *p* 58
5225 Varsity Dr Nw, CALGARY, AB, T3A 1A7
(403) 777-6050   *SIC* 8211
CALGARY BOARD OF EDUCATION   *p* 58
5315 Varsity Dr Nw, CALGARY, AB, T3A 1A7
(403) 777-7540   *SIC* 8211
CALGARY BOARD OF EDUCATION   *p* 58
55 Edgevalley Cir Nw, CALGARY, AB, T3A 4X1
(403) 777-6340   *SIC* 8211
CALGARY BOARD OF EDUCATION   *p* 58
5500 Dalhart Rd Nw, CALGARY, AB, T3A 1V6
(403) 777-7420   *SIC* 8211
CALGARY BOARD OF EDUCATION   *p* 59
3405 Spruce Dr Sw, CALGARY, AB, T3C 0A5
(403) 777-8410   *SIC* 8211
CALGARY BOARD OF EDUCATION   *p* 59
150 Westminster Dr Sw, CALGARY, AB, T3C 2T3
(403) 777-8420   *SIC* 8211
CALGARY BOARD OF EDUCATION   *p* 59
1406 40 St Sw, CALGARY, AB, T3C 1W7
(403) 777-8390   *SIC* 8211
CALGARY BOARD OF EDUCATION   *p* 59
120 45 St Sw, CALGARY, AB, T3C 2B3
(403) 777-8430   *SIC* 8211
CALGARY BOARD OF EDUCATION   *p* 59
3600 16 Ave Sw Suite 109, CALGARY, AB, T3C 1A5
(403) 777-7329   *SIC* 8211
CALGARY BOARD OF EDUCATION   *p* 59
3915 69 St Nw, CALGARY, AB, T3B 2J9
(403) 777-7260   *SIC* 8211
CALGARY BOARD OF EDUCATION   *p* 59
939 45 St Sw, CALGARY, AB, T3C 2B9
(403) 777-7870   *SIC* 8211
CALGARY BOARD OF EDUCATION   *p* 59
4627 77 St Nw, CALGARY, AB, T3B 2N6
(403) 286-5092   *SIC* 8211
CALGARY BOARD OF EDUCATION   *p* 59
4631 85 St Nw, CALGARY, AB, T3B 2R8
(403) 777-6010   *SIC* 8211
CALGARY BOARD OF EDUCATION   *p* 59
536 Sonora Ave Sw, CALGARY, AB, T3C 2J9
(403) 777-8590   *SIC* 8211
CALGARY BOARD OF EDUCATION   *p* 59
6305 33 Ave Nw, CALGARY, AB, T3B 1K8
(403) 247-7771   *SIC* 8211
CALGARY BOARD OF EDUCATION   *p* 59
7235 Silver Mead Rd Nw, CALGARY, AB, T3B 3V1
(403) 777-6070   *SIC* 8211
CALGARY BOARD OF EDUCATION   *p* 59
3940 73 St Nw, CALGARY, AB, T3B 2L9
(403) 777-6020   *SIC* 8211
CALGARY BOARD OF EDUCATION   *p* 60
3031 Lindsay Dr Sw, CALGARY, AB, T3E

6A9
(403) 777-8350   SIC 8211
CALGARY BOARD OF EDUCATION   p 60
3008 33 St Sw, CALGARY, AB, T3E 2T9
(403) 777-8360   SIC 8211
CALGARY BOARD OF EDUCATION   p 60
2519 Richmond Rd Sw Suite 168, CALGARY, AB, T3E 4M2
(403) 777-7200   SIC 8221
CALGARY BOARD OF EDUCATION   p 60
2336 53 Ave Sw, CALGARY, AB, T3E 1L2
(403) 243-4500   SIC 8211
CALGARY BOARD OF EDUCATION   p 60
3445 37 St Sw, CALGARY, AB, T3E 3C2
(403) 777-7410   SIC 8211
CALGARY BOARD OF EDUCATION   p 60
5111 21 St Sw, CALGARY, AB, T3E 1R9
(403) 243-8880   SIC 8211
CALGARY BOARD OF EDUCATION   p 60
50 Grafton Dr Sw, CALGARY, AB, T3E 4W3
(403) 777-8310   SIC 8211
CALGARY BOARD OF EDUCATION   p 60
4725 33 Ave Sw, CALGARY, AB, T3E 3V1
(403) 777-8320   SIC 8211
CALGARY BOARD OF EDUCATION   p 60
3519 36 Ave Sw, CALGARY, AB, T3E 1C2
(403) 777-8400   SIC 8211
CALGARY BOARD OF EDUCATION   p 61
610 Ranchlands Blvd Nw, CALGARY, AB, T3G 2C5
(403) 777-6350   SIC 8211
CALGARY BOARD OF EDUCATION   p 61
27 Arbour Crest Dr Nw, CALGARY, AB, T3G 4H3
(403) 777-7310   SIC 8211
CALGARY BOARD OF EDUCATION   p 62
369 Sienna Park Dr Sw, CALGARY, AB, T3H 4S2
(403) 777-7187   SIC 8211
CALGARY BOARD OF EDUCATION   p 62
875 Strathcona Dr Sw, CALGARY, AB, T3H 2Z7
(403) 777-8370   SIC 8211
CALGARY BOARD OF EDUCATION   p 63
1331 Falconridge Dr Ne, CALGARY, AB, T3J 1T4
(403) 777-6730   SIC 8211
CALGARY BOARD OF EDUCATION   p 63
100 Castlebrook Dr Ne, CALGARY, AB, T3J 2J4
(403) 777-6950   SIC 8211
CALGARY BOARD OF EDUCATION   p 63
139 Falshire Dr Ne, CALGARY, AB, T3J 1P7
(403) 777-8800   SIC 8211
CALGARY BOARD OF EDUCATION   p 63
500 Martindale Blvd Ne, CALGARY, AB, T3J 4W8
(403) 777-7195   SIC 8211
CALGARY BOARD OF EDUCATION   p 63
180 Falshire Dr Ne, CALGARY, AB, T3J 3A5
(403) 777-6930   SIC 8211
CALGARY BOARD OF EDUCATION   p 64
50 Scurfield Way Nw, CALGARY, AB, T3L 1T2
(403) 777-6193   SIC 8211
CALGARY BOARD OF EDUCATION   p 64
95 Bermuda Rd Nw, CALGARY, AB, T3K 2J6
(403) 777-6610   SIC 8211
CALGARY BOARD OF EDUCATION   p 64
375 Sandarac Dr Nw, CALGARY, AB, T3K 4B2
(403) 777-6660   SIC 8211
CALGARY BOARD OF EDUCATION   p 65
12626 85 St Nw, CALGARY, AB, T3R 1J3
(403) 662-3547   SIC 8211
CALGARY CATHOLIC IMMIGRATION SOCIETY   p 22
23 Mcdougall Crt Ne, CALGARY, AB, T2E 8R3
(403) 262-8132   SIC 8322
CALGARY CATHOLIC IMMIGRATION SOCIETY   p 51

1111 11 Ave Sw Unit 111, CALGARY, AB, T2R 0G5
(403) 262-2006   SIC 8322
CALGARY CO-OP   p 22
See CALGARY CO-OPERATIVE ASSOCIATION LIMITED
CALGARY CO-OP   p 35
See CALGARY CO-OPERATIVE ASSOCIATION LIMITED
CALGARY CO-OP   p 61
See CALGARY CO-OPERATIVE ASSOCIATION LIMITED
CALGARY CO-OP   p 169
See CALGARY CO-OPERATIVE ASSOCIATION LIMITED
CALGARY CO-OPERATIVE ASSOCIATION LIMITED   p 12
3330 17 Ave Se Suite 5, CALGARY, AB, T2A 0P3
(403) 299-4461   SIC 5411
CALGARY CO-OPERATIVE ASSOCIATION LIMITED   p 22
540 16 Ave Ne, CALGARY, AB, T2E 1K4
(403) 299-4276   SIC 5411
CALGARY CO-OPERATIVE ASSOCIATION LIMITED   p 35
1221 Canyon Meadows Dr Se Suite 95, CALGARY, AB, T2J 6G2
(403) 299-4350   SIC 5411
CALGARY CO-OPERATIVE ASSOCIATION LIMITED   p 37
4122 Brentwood Rd Nw Suite 4, CALGARY, AB, T2L 1K8
(403) 299-4301   SIC 5411
CALGARY CO-OPERATIVE ASSOCIATION LIMITED   p 61
35 Crowfoot Way Nw, CALGARY, AB, T3G 2L4
(403) 216-4500   SIC 5411
CALGARY CO-OPERATIVE ASSOCIATION LIMITED   p 169
320 2nd St, STRATHMORE, AB, T1P 1K1
(403) 934-3121   SIC 5411
CALGARY COUNSELLING CENTRE   p 27
105 12 Ave Se Suite 100, CALGARY, AB, T2G 1A1
(403) 265-4980   SIC 8322
CALGARY CROWN PROSECUTORS OFFICE, THE   p 44
See GOVERNMENT OF THE PROVINCE OF ALBERTA
CALGARY EXHIBITION AND STAMPEDE LIMITED   p 27
1801 Big Four Trail Se, CALGARY, AB, T2G 2W1
(403) 261-0108   SIC 5812
CALGARY FAMILY SERVICE SOCIETY p 41
1000 8 Ave Sw Suite 200, CALGARY, AB, T2P 3M7
(403) 205-5264   SIC 8322
CALGARY FASTENERS & TOOLS LTD p 16
4550 72 Ave Se, CALGARY, AB, T2C 3Z2
(403) 279-7417   SIC 5085
CALGARY FASTENERS & TOOLS LTD p 22
2211 32 Ave Ne, CALGARY, AB, T2E 6Z3
(403) 291-9177   SIC 5085
CALGARY FASTENERS & TOOLS LTD p 27
1288 42 Ave Se Unit 1, CALGARY, AB, T2G 5P1
(403) 287-5340   SIC 5085
CALGARY FINANCE   p 54
See ALBERTA HEALTH SERVICES
CALGARY FRENCH & INTERNATIONAL SCHOOL SOCIETY, THE   p 62
700 77 St Sw, CALGARY, AB, T3H 5R1
(403) 240-1500   SIC 8299
CALGARY GOLF AND COUNTRY CLUB   p 30
Elbow Dr & 50th Ave Sw, CALGARY, AB, T2H 1Y3
(403) 243-3530   SIC 7997
CALGARY GYMNASTICS CENTRE   p 59
179 Canada Olympic Rd Sw, CALGARY, AB,

T3B 5R5
(403) 242-1171   SIC 7999
CALGARY HERALD, THE   p 25
See POSTMEDIA NETWORK INC
CALGARY HOME APPLIANCE   p 34
See TRAIL APPLIANCES LTD
CALGARY HOME APPLIANCE   p 107
See TRAIL APPLIANCES LTD
CALGARY INTEGRATED SERVICES   p 13
See KIGEP MANAGEMENT LTD
CALGARY INTERNATIONAL AIRPORT p 23
See ENTERPRISE RENT-A-CAR CANADA COMPANY
CALGARY ISLAMIC SCHOOL   p 10
See MUSLIM COMMUNITY FOUNDATION OF CALGARY
CALGARY ITALIAN BAKERY LTD   p 30
5310 5 St Se, CALGARY, AB, T2H 1L2
(403) 255-3515   SIC 2051
CALGARY JEWISH ACADEMY, THE   p 54
6700 Kootenay St Sw, CALGARY, AB, T2V 1P7
(403) 253-3992   SIC 8351
CALGARY JOHN HOWARD SOCIETY, THE p 27
917 9 Ave Se, CALGARY, AB, T2G 0S5
(403) 266-4566   SIC 8322
CALGARY JOHN HOWARD SOCIETY, THE p 27
615 13 Ave Se, CALGARY, AB, T2G 1C4
(403) 232-6388   SIC 8322
CALGARY MANUAL THERAPY CENTRE   p 35
See LIFEMARK HEALTH MANAGEMENT INC
CALGARY MARRIOTT HOTEL   p 28
See LUXURY HOTELS INTERNATIONAL OF CANADA, ULC
CALGARY PARKING AUTHORITY   p 27
400 39 Ave SE, CALGARY, AB, T2G 5P8
(403) 537-7012   SIC 7521
CALGARY PARKING AUTHORITY   p 41
451 6 St Sw, CALGARY, AB, T2P 4A2
(403) 264-4226   SIC 7521
CALGARY PETERBILT LTD   p 136
4110 18 Ave N, LETHBRIDGE, AB, T1H 6N7
(403) 328-0500   SIC 5012
CALGARY PETERBILT LTD   p 157
27 Burnt Lake Cres, RED DEER COUNTY, AB, T4S 0K6
(403) 342-5100   SIC 5511
CALGARY PUBLIC LIBRARY   p 27
616 Macleod Trail Se, CALGARY, AB, T2G 2M2
(403) 260-2712   SIC 8231
CALGARY PUBLIC LIBRARY   p 35
11161 Bonaventure Dr Se, CALGARY, AB, T2J 6S1
(403) 221-2090   SIC 8231
CALGARY PUBLIC LIBRARY   p 37
1530 Northmount Dr Nw, CALGARY, AB, T2L 0G6
(403) 221-2030   SIC 8231
CALGARY R&D CENTRE   p 57
See TRICAN WELL SERVICE LTD
CALGARY RAMADA DOWNTOWN LIMITED PARTNERSHIP   p 41
708 8 Ave Sw, CALGARY, AB, T2P 1H2
(403) 263-7600   SIC 7011
CALGARY RESOURCE CENTER   p 51
See GREAT-WEST LIFE ASSURANCE COMPANY, THE
CALGARY ROMAN CATHOLIC SEPARATE SCHOOL DISTRICT #1   p 2
1820 1 Ave Nw, AIRDRIE, AB, T4B 2E6
(403) 948-4661   SIC 8211
CALGARY ROMAN CATHOLIC SEPARATE SCHOOL DISTRICT #1   p 2
410 Yankee Valley Blvd Sw, AIRDRIE, AB, T4B 2M1
(403) 500-2041   SIC 8211
CALGARY ROMAN CATHOLIC SEPARATE SCHOOL DISTRICT #1   p 9
111 Rundlehill Dr Ne, CALGARY, AB, T1Y

2W9
(403) 500-2044   SIC 8211
CALGARY ROMAN CATHOLIC SEPARATE SCHOOL DISTRICT #1   p 9
6006 Rundlehorn Dr Ne, CALGARY, AB, T1Y 2X1
(403) 500-2076   SIC 8211
CALGARY ROMAN CATHOLIC SEPARATE SCHOOL DISTRICT #1   p 9
2419 50 St Ne, CALGARY, AB, T1Y 1Z5
(403) 285-3800   SIC 8211
CALGARY ROMAN CATHOLIC SEPARATE SCHOOL DISTRICT #1   p 10
6110 Temple Dr Ne, CALGARY, AB, T1Y 5V4
(403) 500-2081   SIC 8211
CALGARY ROMAN CATHOLIC SEPARATE SCHOOL DISTRICT #1   p 10
4225 44 Ave Ne, CALGARY, AB, T1Y 4Y1
(403) 500-2077   SIC 8211
CALGARY ROMAN CATHOLIC SEPARATE SCHOOL DISTRICT #1   p 10
6839 Temple Dr Ne, CALGARY, AB, T1Y 5N4
(403) 500-2088   SIC 8211
CALGARY ROMAN CATHOLIC SEPARATE SCHOOL DISTRICT #1   p 12
4589 Marbank Dr Ne, CALGARY, AB, T2A 3V8
(403) 500-2068   SIC 8211
CALGARY ROMAN CATHOLIC SEPARATE SCHOOL DISTRICT #1   p 12
1717 41 St Se, CALGARY, AB, T2A 1L2
(403) 500-2032   SIC 8211
CALGARY ROMAN CATHOLIC SEPARATE SCHOOL DISTRICT #1   p 12
1420 28 St Se, CALGARY, AB, T2A 0Y8
(403) 500-2052   SIC 8211
CALGARY ROMAN CATHOLIC SEPARATE SCHOOL DISTRICT #1   p 12
1005 Abbotsford Dr Ne, CALGARY, AB, T2A 7N5
(403) 500-2090   SIC 8211
CALGARY ROMAN CATHOLIC SEPARATE SCHOOL DISTRICT #1   p 12
6020 4 Ave Ne, CALGARY, AB, T2A 4B1
(403) 500-2074   SIC 8211
CALGARY ROMAN CATHOLIC SEPARATE SCHOOL DISTRICT #1   p 12
904 32 St Se, CALGARY, AB, T2A 0Z1
(403) 500-2054   SIC 8211
CALGARY ROMAN CATHOLIC SEPARATE SCHOOL DISTRICT #1   p 12
708 47 St Se, CALGARY, AB, T2A 1P8
(403) 500-2034   SIC 8211
CALGARY ROMAN CATHOLIC SEPARATE SCHOOL DISTRICT #1   p 14
3619 28 St Se, CALGARY, AB, T2B 2J1
(403) 500-2073   SIC 8211
CALGARY ROMAN CATHOLIC SEPARATE SCHOOL DISTRICT #1   p 14
3719 26 Ave Se, CALGARY, AB, T2B 0C6
(403) 500-2033   SIC 8211
CALGARY ROMAN CATHOLIC SEPARATE SCHOOL DISTRICT #1   p 16
5 Avenue Sw Suite 1000, CALGARY, AB, T2C 2V5
(403) 500-2000   SIC 8211
CALGARY ROMAN CATHOLIC SEPARATE SCHOOL DISTRICT #1   p 16
55 Lynndale Cres Se, CALGARY, AB, T2C 0T8
(403) 500-2020   SIC 8211
CALGARY ROMAN CATHOLIC SEPARATE SCHOOL DISTRICT #1   p 22
231 6 St Ne, CALGARY, AB, T2E 3Y1
(403) 500-2011   SIC 8211
CALGARY ROMAN CATHOLIC SEPARATE SCHOOL DISTRICT #1   p 22
928 Radnor Ave Ne, CALGARY, AB, T2E 5H5
(403) 500-2016   SIC 8211
CALGARY ROMAN CATHOLIC SEPARATE SCHOOL DISTRICT #1   p 27

1010 21 Ave Se, CALGARY, AB, T2G 1N2
(403) 500-2012 SIC 8211
CALGARY ROMAN CATHOLIC SEPARATE SCHOOL DISTRICT #1 p 30
416 83 Ave Se, CALGARY, AB, T2H 1N3
(403) 500-2030 SIC 8211
CALGARY ROMAN CATHOLIC SEPARATE SCHOOL DISTRICT #1 p 35
13615 Deer Ridge Dr Se, CALGARY, AB, T2J 6S7
(403) 500-2057 SIC 8211
CALGARY ROMAN CATHOLIC SEPARATE SCHOOL DISTRICT #1 p 35
13825 Parkside Dr Se, CALGARY, AB, T2J 5A8
(403) 500-2072 SIC 8211
CALGARY ROMAN CATHOLIC SEPARATE SCHOOL DISTRICT #1 p 35
610 Agate Cres Se, CALGARY, AB, T2J 0Z3
(403) 500-2040 SIC 8211
CALGARY ROMAN CATHOLIC SEPARATE SCHOOL DISTRICT #1 p 35
1710 Acadia Dr Se, CALGARY, AB, T2J 3X8
(403) 271-5770 SIC 8211
CALGARY ROMAN CATHOLIC SEPARATE SCHOOL DISTRICT #1 p 35
927 Lake Sylvan Dr Se, CALGARY, AB, T2J 2P8
(403) 500-2060 SIC 8211
CALGARY ROMAN CATHOLIC SEPARATE SCHOOL DISTRICT #1 p 36
320 64 Ave Nw, CALGARY, AB, T2K 0L8
(403) 500-2049 SIC 8211
CALGARY ROMAN CATHOLIC SEPARATE SCHOOL DISTRICT #1 p 36
320 72 Ave Ne, CALGARY, AB, T2K 5J3
(403) 500-2067 SIC 8211
CALGARY ROMAN CATHOLIC SEPARATE SCHOOL DISTRICT #1 p 36
5607 Thornton Rd Nw, CALGARY, AB, T2K 3C1
(403) 295-1990 SIC 8211
CALGARY ROMAN CATHOLIC SEPARATE SCHOOL DISTRICT #1 p 36
7423 10 St Nw, CALGARY, AB, T2K 1H5
(403) 500-2059 SIC 8211
CALGARY ROMAN CATHOLIC SEPARATE SCHOOL DISTRICT #1 p 37
1232 Northmount Dr Nw, CALGARY, AB, T2L 0E1
(403) 500-2039 SIC 8211
CALGARY ROMAN CATHOLIC SEPARATE SCHOOL DISTRICT #1 p 37
3320 Carol Dr Nw, CALGARY, AB, T2L 0K7
(403) 500-2025 SIC 8211
CALGARY ROMAN CATHOLIC SEPARATE SCHOOL DISTRICT #1 p 37
877 Northmount Dr Nw, CALGARY, AB, T2L 0A3
(403) 500-2026 SIC 8211
CALGARY ROMAN CATHOLIC SEPARATE SCHOOL DISTRICT #1 p 38
2312 18 St Nw, CALGARY, AB, T2M 3T5
(403) 220-9556 SIC 8211
CALGARY ROMAN CATHOLIC SEPARATE SCHOOL DISTRICT #1 p 38
108 22 St Nw, CALGARY, AB, T2N 2M8
(403) 500-2008 SIC 8211
CALGARY ROMAN CATHOLIC SEPARATE SCHOOL DISTRICT #1 p 38
2512 5 St Nw, CALGARY, AB, T2M 3C7
(403) 500-2009 SIC 8211
CALGARY ROMAN CATHOLIC SEPARATE SCHOOL DISTRICT #1 p 52
111 18 Ave Sw Suite 1, CALGARY, AB, T2S 0B8
(403) 500-2024 SIC 8211
CALGARY ROMAN CATHOLIC SEPARATE SCHOOL DISTRICT #1 p 52
235 18 Ave Sw, CALGARY, AB, T2S 0C2
(403) 500-2001 SIC 8211
CALGARY ROMAN CATHOLIC SEPARATE SCHOOL DISTRICT #1 p 52
1916 2 St Sw, CALGARY, AB, T2S 1S3
(403) 500-2002 SIC 8211
CALGARY ROMAN CATHOLIC SEPARATE SCHOOL DISTRICT #1 p 53
2445 23 Ave Sw, CALGARY, AB, T2T 0W3
(403) 249-8793 SIC 8211
CALGARY ROMAN CATHOLIC SEPARATE SCHOOL DISTRICT #1 p 54
10340 19 St Sw, CALGARY, AB, T2V 1R2
(403) 500-2053 SIC 8211
CALGARY ROMAN CATHOLIC SEPARATE SCHOOL DISTRICT #1 p 54
2990 Cedarbrae Dr Sw, CALGARY, AB, T2W 2N9
(403) 500-2070 SIC 8211
CALGARY ROMAN CATHOLIC SEPARATE SCHOOL DISTRICT #1 p 54
7112 7 St Sw, CALGARY, AB, T2V 1E9
(403) 500-2022 SIC 8211
CALGARY ROMAN CATHOLIC SEPARATE SCHOOL DISTRICT #1 p 54
111 Haddon Rd Sw, CALGARY, AB, T2V 2Y2
(403) 500-2047 SIC 8211
CALGARY ROMAN CATHOLIC SEPARATE SCHOOL DISTRICT #1 p 55
730 Woodbine Blvd Sw, CALGARY, AB, T2W 4W4
(403) 500-2084 SIC 8211
CALGARY ROMAN CATHOLIC SEPARATE SCHOOL DISTRICT #1 p 55
70 Sunmills Dr Se, CALGARY, AB, T2X 2R5
(403) 500-2087 SIC 8211
CALGARY ROMAN CATHOLIC SEPARATE SCHOOL DISTRICT #1 p 55
10910 Elbow Dr Sw, CALGARY, AB, T2W 1G6
(403) 500-2043 SIC 8211
CALGARY ROMAN CATHOLIC SEPARATE SCHOOL DISTRICT #1 p 55
121 Midlake Blvd Se, CALGARY, AB, T2X 1T7
(403) 500-2078 SIC 8211
CALGARY ROMAN CATHOLIC SEPARATE SCHOOL DISTRICT #1 p 56
14826 Millrise Hill Sw, CALGARY, AB, T2Y 2B4
(403) 254-5446 SIC 8211
CALGARY ROMAN CATHOLIC SEPARATE SCHOOL DISTRICT #1 p 56
65 Shannon Dr Sw, CALGARY, AB, T2Y 2T5
(403) 500-2089 SIC 8211
CALGARY ROMAN CATHOLIC SEPARATE SCHOOL DISTRICT #1 p 56
99 Bridlewood Rd Sw, CALGARY, AB, T2Y 4J5
(403) 500-2104 SIC 8211
CALGARY ROMAN CATHOLIC SEPARATE SCHOOL DISTRICT #1 p 56
333 Shawville Blvd Se Suite 500, CALGARY, AB, T2Y 4H3
(403) 500-2103 SIC 8211
CALGARY ROMAN CATHOLIC SEPARATE SCHOOL DISTRICT #1 p 57
16201 Mckenzie Lake Blvd Se, CALGARY, AB, T2Z 2G7
(403) 500-2092 SIC 8211
CALGARY ROMAN CATHOLIC SEPARATE SCHOOL DISTRICT #1 p 57
2919 Douglasdale Blvd Se, CALGARY, AB, T2Z 2H9
(403) 500-2069 SIC 8211
CALGARY ROMAN CATHOLIC SEPARATE SCHOOL DISTRICT #1 p 58
10845 Hidden Valley Dr Nw, CALGARY, AB, T3A 6K3
(403) 500-2105 SIC 8211
CALGARY ROMAN CATHOLIC SEPARATE SCHOOL DISTRICT #1 p 58
4820 Dalhart Rd Nw, CALGARY, AB, T3A 1C2
(403) 500-2058 SIC 8211
CALGARY ROMAN CATHOLIC SEPARATE SCHOOL DISTRICT #1 p 58
4525 49 St Nw, CALGARY, AB, T3A 0K4
(403) 500-2051 SIC 8211
CALGARY ROMAN CATHOLIC SEPARATE SCHOOL DISTRICT #1 p 58
115 Edenwold Dr Nw, CALGARY, AB, T3A 3S8
(403) 241-8862 SIC 8211
CALGARY ROMAN CATHOLIC SEPARATE SCHOOL DISTRICT #1 p 59
4511 8 Ave Sw, CALGARY, AB, T3C 0G9
(403) 500-2021 SIC 8211
CALGARY ROMAN CATHOLIC SEPARATE SCHOOL DISTRICT #1 p 59
7311 34 Ave Nw, CALGARY, AB, T3B 1N5
(403) 500-2045 SIC 8211
CALGARY ROMAN CATHOLIC SEPARATE SCHOOL DISTRICT #1 p 59
7318 Silver Springs Blvd Nw, CALGARY, AB, T3B 4N1
(403) 500-2063 SIC 8211
CALGARY ROMAN CATHOLIC SEPARATE SCHOOL DISTRICT #1 p 60
4624 Richard Rd Sw, CALGARY, AB, T3E 6L1
(403) 500-2056 SIC 8211
CALGARY ROMAN CATHOLIC SEPARATE SCHOOL DISTRICT #1 p 60
4331 41 Ave Sw, CALGARY, AB, T3E 1G2
(403) 500-2031 SIC 8211
CALGARY ROMAN CATHOLIC SEPARATE SCHOOL DISTRICT #1 p 60
3011 35 St Sw, CALGARY, AB, T3E 2Y7
(403) 500-2006 SIC 8211
CALGARY ROMAN CATHOLIC SEPARATE SCHOOL DISTRICT #1 p 60
2227 58 Ave Sw, CALGARY, AB, T3E 1N6
(403) 500-2035 SIC 8211
CALGARY ROMAN CATHOLIC SEPARATE SCHOOL DISTRICT #1 p 60
6220 Lakeview Dr Sw, CALGARY, AB, T3E 5T1
(403) 500-2000 SIC 8742
CALGARY ROMAN CATHOLIC SEPARATE SCHOOL DISTRICT #1 p 60
5340 26 Ave Sw, CALGARY, AB, T3E 0R6
(403) 500-2048 SIC 8211
CALGARY ROMAN CATHOLIC SEPARATE SCHOOL DISTRICT #1 p 61
375 Hawkstone Dr Nw, CALGARY, AB, T3G 3T7
(403) 500-2099 SIC 8211
CALGARY ROMAN CATHOLIC SEPARATE SCHOOL DISTRICT #1 p 61
1500 Arbour Lake Rd Nw, CALGARY, AB, T3G 4X9
(403) 500-2100 SIC 8211
CALGARY ROMAN CATHOLIC SEPARATE SCHOOL DISTRICT #1 p 61
730 Citadel Way Nw, CALGARY, AB, T3G 5S6
(403) 500-2113 SIC 8211
CALGARY ROMAN CATHOLIC SEPARATE SCHOOL DISTRICT #1 p 61
7811 Ranchview Dr Nw, CALGARY, AB, T3G 2B3
(403) 500-2083 SIC 8211
CALGARY ROMAN CATHOLIC SEPARATE SCHOOL DISTRICT #1 p 62
300 Strathcona Dr Sw, CALGARY, AB, T3H 1N9
(403) 500-2003 SIC 8211
CALGARY ROMAN CATHOLIC SEPARATE SCHOOL DISTRICT #1 p 63
1420 Falconridge Dr Ne, CALGARY, AB, T3J 2C3
(403) 500-2080 SIC 8211
CALGARY ROMAN CATHOLIC SEPARATE SCHOOL DISTRICT #1 p 63
119 Castleridge Dr Ne, CALGARY, AB, T3J 1P6
(403) 500-2085 SIC 8211
CALGARY ROMAN CATHOLIC SEPARATE SCHOOL DISTRICT #1 p 63
4 Coral Springs Blvd Ne, CALGARY, AB, T3J 3J3
(403) 500-2036 SIC 8211
CALGARY ROMAN CATHOLIC SEPARATE SCHOOL DISTRICT #1 p 64
12455 Coventry Hills Way Ne, CALGARY, AB, T3K 5Z4
(403) 500-2102 SIC 8211
CALGARY ROMAN CATHOLIC SEPARATE SCHOOL DISTRICT #1 p 64
327 Sandarac Dr Nw, CALGARY, AB, T3K 4B2
(403) 500-2094 SIC 8211
CALGARY ROMAN CATHOLIC SEPARATE SCHOOL DISTRICT #1 p 64
509 Harvest Hills Dr Ne, CALGARY, AB, T3K 4G9
(403) 500-2075 SIC 8211
CALGARY ROMAN CATHOLIC SEPARATE SCHOOL DISTRICT #1 p 64
919 Tuscany Dr Nw, CALGARY, AB, T3L 2T5
(403) 500-2108 SIC 8211
CALGARY ROMAN CATHOLIC SEPARATE SCHOOL DISTRICT #1 p 68
197 Invermere Dr, CHESTERMERE, AB, T1X 1M7
(403) 500-2110 SIC 8211
CALGARY ROMAN CATHOLIC SEPARATE SCHOOL DISTRICT #1 p 69
129 Powell St, COCHRANE, AB, T4C 1Y2
(403) 500-2065 SIC 8211
CALGARY ROMAN CATHOLIC SEPARATE SCHOOL DISTRICT #1 p 69
501 Sunset Dr, COCHRANE, AB, T4C 2K4
(403) 500-2106 SIC 8211
CALGARY SCIENTIFIC INC p 27
1210 20 Ave Se Suite 208, CALGARY, AB, T2G 1M8
(403) 270-7159 SIC 7374
CALGARY SCOPE SOCIETY p 22
219 18 St Se, CALGARY, AB, T2E 6J5
(403) 509-0200 SIC 8322
CALGARY SOCIETY FOR EFFECTIVE EDUCATION OF LEARNING DISABLED p 62
1677 93 St Sw, CALGARY, AB, T3H 0R3
(403) 686-6444 SIC 8211
CALGARY SOCIETY FOR PERSONS WITH DISABILITIES p 60
3410 Spruce Dr Sw, CALGARY, AB, T3C 3A4
(403) 246-4450 SIC 8052
CALGARY TECH CENTRE p 16
See BRENNTAG CANADA INC
CALGARY TELECOM p 64
See FRIENDLY TELECOM INC
CALGARY TOWER FACILITIES LTD p 41
101 9 Ave Sw, CALGARY, AB, T2P 1J9
(403) 266-7171 SIC 5812
CALGARY TRAIL MEDICENTRE p 109
See MEDICENTRES CANADA INC
CALGARY TRANSIT p 63
See CITY OF CALGARY, THE
CALGARY TRANSPORTATION p 57
See ROBINSON, C.H. COMPANY (CANADA) LTD
CALGARY URBAN PROJECT SOCIETY p 51
622 11 Ave Sw, CALGARY, AB, T2R 0E2
(403) 264-2217 SIC 8351
CALGARY WALDORF SCHOOL p 62
See CALGARY WALDORF SCHOOL SOCIETY
CALGARY WALDORF SCHOOL SOCIETY p 62
515 Cougar Ridge Dr Sw Suite 1, CALGARY, AB, T3H 5G9
(403) 287-1868 SIC 8211
CALGARY WINTER CLUB p 37
4611 14 St Nw, CALGARY, AB, T2K 1J7
(403) 289-0040 SIC 7997
CALGARY YOUNG MEN'S CHRISTIAN ASSOCIATION p 41
940 6 Ave Sw Suite 510, Calgary, AB, T2P 3T1

(403) 252-4206 SIC 7032
CALGARY YOUNG MEN'S CHRISTIAN ASSOCIATION p
54
11 Haddon Rd Sw, CALGARY, AB, T2V 2X8
SIC 8399
CALGARY YOUNG MEN'S CHRISTIAN ASSOCIATION p
56
333 Shawville Blvd Se Suite 400, CALGARY, AB, T2Y 4H3
SIC 8322
CALGARY YOUNG MEN'S CHRISTIAN ASSOCIATION p
61
8100 John Laurie Blvd Nw, CALGARY, AB, T3G 3S3
(403) 547-6576 SIC 8399
CALGARY YOUNG MEN'S CHRISTIAN ASSOCIATION p
118
Gd, EXSHAW, AB, T0L 2C0
(403) 673-3858 SIC 8621
CALIAN LTD p 623
340 Legget Dr Suite 101, KANATA, ON, K2K 1Y6
(613) 599-8600 SIC 4899
CALIAN LTD p 1110
700 Rue De La Gauchetiere O Bureau 26e, Montreal, QC, H3B 5M2
SIC 7361
CALIAN LTD p 1302
18 Innovation Blvd, SASKATOON, SK, S7N 3R1
(306) 931-3425 SIC 4899
CALICO PUBLIC SCHOOL p 757
See TORONTO DISTRICT SCHOOL BOARD
CALIFORNIA CLEANING p 516
See QUIET HARMONY INC
CALIFORNIA L.I.N.E. INC p 1184
701 Rang Saint-Pierre N Unite 1, SAINT-CONSTANT, QC, J5A 0R2
(450) 632-9000 SIC 4212
CALIFORNIA SPA & FITNESS STORE p 717
See 687336 ONTARIO LIMITED
CALKINS & BURKE LIMITED p 313
1500 Georgia St W Suite 800, VANCOUVER, BC, V6G 2Z6
(604) 669-3741 SIC 5146
CALKINS CONSULTING INC p 155
6620 Orr Dr, RED DEER, AB, T4P 3V8
(403) 341-3561 SIC 5812
CALL BEFORE YOU DIG p 26
See ALBERTA ONE-CALL CORPORATION
CALL ROACH'S YELLOW TAXI p 877
See ROACH'S TAXI (1988) LTD
CALL-A-CAB LIMITED p 809
2026 Bensfort Rd, PETERBOROUGH, ON, K9J 0G7
(705) 745-2424 SIC 4151
CALL-US INFO LTD p 460
6009 Quinpool Rd, HALIFAX, NS, B3K 5J7
SIC 7389
CALLAGHAN INN LIMITED p 143
954 7 St Sw, MEDICINE HAT, AB, T1A 7R7
(403) 527-8844 SIC 7011
CALLING FOUNDATION, THE p 317
2740 King Edward Ave W Suite 233, VANCOUVER, BC, V6L 3H5
(604) 737-1125 SIC 6513
CALLING LAKE SCHOOL p 65
See NORTHLAND SCHOOL DIVISION 61
CALLINGWOOD ELEMENTARY SCHOOL p 94
See EDMONTON SCHOOL DISTRICT NO. 7
CALM AIR p 382
See CALM AIR INTERNATIONAL LP
CALM AIR INTERNATIONAL LP p 347
Gd, CHURCHILL, MB, R0B 0E0
(204) 675-8858 SIC 4512
CALM AIR INTERNATIONAL LP p 382
50 Morberg Way, WINNIPEG, MB, R3H 0A4

(204) 956-6196 SIC 4512
CALM AIR INTERNATIONAL LP p 382
930 Ferry Rd, WINNIPEG, MB, R3H 0Y8
(204) 956-6101 SIC 4581
CALMAR SECONDARY SCHOOL p 65
See BLACK GOLD REGIONAL DIVISION #18
CALMEC PRECISION LIMITED p 718
1400 Bonhill Rd, MISSISSAUGA, ON, L5T 1L3
(905) 677-7976 SIC 3549
CALMONT LEASING LTD p 16
5475 53 St Se, CALGARY, AB, T2C 4P6
(403) 279-8272 SIC 7513
CALMONT TRUCK CENTRE LTD p 90
11403 174 St Nw, EDMONTON, AB, T5S 2P4
(780) 451-2680 SIC 5511
CALORITECH p 774
See CCI THERMAL TECHNOLOGIES INC
CALTECH DESIGN INC p 42
444 5 Ave Sw Suite 2350, CALGARY, AB, T2P 2T8
(403) 216-2140 SIC 7389
CALTECH SURVEYS LTD p 1282
389 Park St, REGINA, SK, S4N 5B2
(306) 775-1814 SIC 8713
CALTEX TRANSPORT p 1057
See COURTIER DOUANES INTERNATIONAL SKYWAY LTEE
CALVALLEY PETROLEUM INC p 42
600 6 Ave Sw Suite 700, CALGARY, AB, T2P 0S5
(403) 297-0490 SIC 1311
CALVIN CHRISTIAN SCHOOL p 363
See GREATER WINNIPEG SOCIETY FOR CHRISTIAN EDUCATION I
CALVIN CHRISTIAN SCHOOLS SOCIETY OF CHATHAM INC p 552
475 Keil Dr S, CHATHAM, ON, N7M 6L8
(519) 352-4980 SIC 8211
CALVIN KLEVIN p 1212
See PVH CANADA, INC
CALVIN PARK PUBLIC SCHOOL p 634
See LIMESTONE DISTRICT SCHOOL BOARD
CAM CLARK FORD SALES LTD p 2
925 Veterans Blvd Nw Bay 1, AIRDRIE, AB, T4A 2G6
(403) 948-6660 SIC 5511
CAM TRAN CO. LTD p 165
120 Diamond Ave, SPRUCE GROVE, AB, T7X 3B2
(780) 948-8703 SIC 3533
CAM-SLIDE p 732
See MAGNA SEATING INC
CAM-SLIDE MANUFACTURING p 491
See MAGNA SEATING INC
CAMA WOODLANDS NURSING HOME p 538
159 Panin Rd, BURLINGTON, ON, L7P 5A6
(905) 681-6441 SIC 8051
CAMASTRA DISANTO RHODES DENTISTRY PROFESSIONAL CORPORATION p 779
255 King St E, OSHAWA, ON, L1H 1C5
(905) 579-5464 SIC 8021
CAMBIE COMMUNITY CENTRE p 267
See RICHMOND, CITY OF
CAMBIE ST. CONSTRUCTORS INC p 318
8807 Laurel St, VANCOUVER, BC, V6P 3V9
SIC 1542
CAMBLI INTERNATIONAL p 1198
See GROUPE CAMBLI INC
CAMBORNE PUBLIC SCHOOL p 554
See KAWARTHA PINE RIDGE DISTRICT SCHOOL BOARD
CAMBRIAN COLLEGE OF APPLIED ARTS & TECHNOLOGY, THE p 867
1400 Barrydowne Rd, SUDBURY, ON, P3A 3V8
(705) 566-8101 SIC 8222
CAMBRIAN HEIGHTS ELEMENTARY SCHOOL p 36

See CALGARY BOARD OF EDUCATION
CAMBRIDGE & DISTRICT COMMUNITY ELEMENTARY SCHOOL p 445
See ANNAPOLIS VALLEY REGIONAL SCHOOL BOARD
CAMBRIDGE COUNTRY MANOR p 547
See CARESSANT-CARE NURSING AND RETIREMENT HOMES LIMITED
CAMBRIDGE FIRE DEPARTMENT p 543
See CORPORATION OF THE CITY OF CAMBRIDGE, THE
CAMBRIDGE HOTEL AND CONFERENCE CENTRE LIMITED p 547
700 Hespeler Rd, CAMBRIDGE, ON, N3H 5L8
(519) 622-1505 SIC 7011
CAMBRIDGE ICE PARK p 544
See RINK PARTNERS CORPORATION
CAMBRIDGE MERCANTILE CORP p 1203
9800 Boul Cavendish Bureau 505, SAINT-LAURENT, QC, H4M 2V9
(514) 956-6005 SIC 6099
CAMBRIDGE PRO FAB INC p 487
1362 Osprey Dr Suite 76, ANCASTER, ON, L9G 4V5
SIC 3621
CAMBRIDGE PRO FAB INC p 528
84 Shaver Rd, BRANTFORD, ON, N3T 5M1
(519) 751-4351 SIC 4911
CAMBRIDGE PUBLIC SCHOOL p 574
See UPPER CANADA DISTRICT SCHOOL BOARD, THE
CAMBRIDGE RIGGING CENTRAL LIMITED p 493
60 Wanless Crt Suite 3, AYR, ON, N0B 1E0
(519) 623-4000 SIC 4212
CAMBRIDGE STREET COMMUNITY PUBLIC SCHOOL p 793
See OTTAWA-CARLETON DISTRICT SCHOOL BOARD
CAMBRIDGE SUITES LIMITED, THE p 457
1601 Lower Water St Suite 700, HALIFAX, NS, B3J 3P6
(902) 421-1601 SIC 7011
CAMBRIDGE TOYOTA p 547
See EAGLE NORTH HOLDINGS INC
CAMBRO LASERTEK LTD p 548
34 Tanner Ind Pk, CAMPBELLFORD, ON, K0L 1L0
(905) 355-3224 SIC 1761
CAMCARB COMPRESSED GASES p 762
See AIR LIQUIDE CANADA INC
CAMCO CUTTING TOOLS LTD p 223
124 Adams Rd Suite 101, KELOWNA, BC, V1X 7R2
SIC 5085
CAMCOR MANUFACTURING p 604
See LINAMAR CORPORATION
CAMEO CRAFTS p 1057
See CORPORATION D'ETIQUETTE MULTI-COLOR CANADA
CAMEO KNITTING p 1104
See 4207602 CANADA INC
CAMEO OPTICAL LTD p 1114
600 Rue Peel Bureau 302, Montreal, QC, H3C 2H1
(514) 938-3000 SIC 5049
CAMERON ELEMENTARY SCHOOL p 182
See BURNABY SCHOOL BOARD DISTRICT 41
CAMERON FLOW SYSTEMS LTD p 22
7944 10 St Ne, CALGARY, AB, T2E 8W1
(403) 291-4814 SIC 3825
CAMERON HEIGHTS COLLEGIATE INSTITUTE p 641
See WATERLOO REGION DISTRICT SCHOOL BOARD
CAMERON PUBLIC SCHOOL p 889
See TORONTO DISTRICT SCHOOL BOARD
CAMERON STREET PUBLIC SCHOOL p 556

See SIMCOE COUNTY DISTRICT SCHOOL BOARD, THE
CAMFIL CANADA INC p 558
2700 Steeles Ave W, CONCORD, ON, L4K 3C8
(905) 660-0688 SIC 3569
CAMFIL CANADA INC p 1128
2785 Av Francis-Hughes, Montreal, QC, H7L 3J6
(450) 629-3030 SIC 5085
CAMFIL FARR FILTERS p 558
See CAMFIL CANADA INC
CAMH PEEL p 713
See CENTRE FOR ADDICTION AND MENTAL HEALTH
CAMILLA CARE COMMUNITY p 699
See SIENNA SENIOR LIVING INC
CAMILLA ROAD SENIOR PUBLIC SCHOOL p 696
See PEEL DISTRICT SCHOOL BOARD
CAMILLA SCHOOL p 169
See STURGEON SCHOOL DIVISION #24
CAMILLE MAILLOUX R.D.L. INC p 1174
331 Rue Temiscouata, Riviere-du-Loup, QC, G5R 2Y9
(418) 862-2898 SIC 4151
CAMION REMORQUES MAXIME p 991
See MAXIM TRANSPORTATION SERVICES INC
CAMIONNAGE C.P. INC p 994
19501 Av Clark-Graham, Baie-D'Urfe, QC, H9X 3T1
(514) 457-2550 SIC 4212
CAMIONS FREIGHTLINER M.B. TROIS-RIVIERES LTEE p 1252
300 Rue Quenneville, Trois-Rivieres, QC, G9B 1X6
(819) 377-9997 SIC 5511
CAMIONS FREIGHTLINER QUEBEC INC p 1154
2380 Av Dalton, Quebec, QC, G1P 3X1
(418) 657-2425 SIC 5511
CAMIONS INDUSTRIELS YALE INC p 973
340 Hanlan Rd, WOODBRIDGE, ON, L4L 3P6
(905) 851-6620 SIC 5084
CAMIONS LAGUE INC p 989
9651 Boul Louis-H.-Lafontaine, ANJOU, QC, H1J 2A3
(514) 493-6940 SIC 7513
CAMIS INC p 600
649 Scottsdale Dr Suite 90, GUELPH, ON, N1G 4T7
(519) 766-0901 SIC 7372
CAMLACHIE PO p 548
See CANADA POST CORPORATION
CAMLANE GROUP INC, THE p 496
10 Patterson Rd, BARRIE, ON, L4N 5P4
SIC 4213
CAMOPLAST SOLIDEAL-CENTRE TECHNIQUE p 1074
See CAMSO INC
CAMOSUN POSTAL OUTLET p 219
See CANADA POST CORPORATION
CAMP B'NAI B'RITH p 1169
See CAMP BNAI BRITH INC
CAMP BNAI BRITH INC p 1169
7861 Ch River, QUYON, QC, J0X 2V0
(819) 458-2660 SIC 7032
CAMP GEORGE p 847
45 Good Fellowship Rd, SEGUIN, ON, P2A 0B2
(705) 732-6964 SIC 7032
CAMP HURONDA p 619
Gd Stn Main, HUNTSVILLE, ON, P1H 2K2
(705) 789-7153 SIC 7032
CAMP LE RANCH MASSAWIPPI INC p 1040
1695 8e Rang E, GRANBY, QC, J2G 8C7
(450) 777-4511 SIC 7032
CAMP MUSICAL PERE LINDSAY INC p 1184
100 Rang Petit Beloeil, Saint-Come, QC,

CAMP O CARREFOUR, LE

JOK 2B0
(450) 883-6024 SIC 8299
CAMP O CARREFOUR, LE p 1219
See LE PATRO ROC -AMADOUR (1978) INC.
CAMP PAPILLON p 1179
See SOCIETE POUR LES ENFANTS HANDICAPES DU QUEBEC
CAMP SMITTY p 572
See BRIAN SMITH OUTDOOR EDUCATION CENTRE
CAMP SPATIAL CANADA p 1019
2150 Des Laurentides A-15 O, Cote Saint-Luc, QC, H7T 2T8
(450) 978-3600 SIC 7032
CAMP TAPAWINGO p 805
See YOUNG WOMEN'S CHRISTIAN ASSOCIATION OF GREATER TORONTO
CAMP USA-MONDE p 1100
See MAKWA AVENTURES INC, LES
CAMP WEREDALE p 1044
See FOUNDATION WEREDALE
CAMPBELL ASSOCIATES (LETHBRIDGE) LIMITED p 138
430 Mayor Magrath Dr S Suite 1, LETHBRIDGE, AB, T1J 3M1
(403) 328-8101 SIC 8011
CAMPBELL BROS. MOVERS LIMITED p 511
145 Sun Pac Blvd, BRAMPTON, ON, L6S 5Z6
(905) 853-1322 SIC 4214
CAMPBELL BROS. MOVERS LIMITED p 536
1160 Blair Rd Suite 9, BURLINGTON, ON, L7M 1K9
(905) 332-4262 SIC 4214
CAMPBELL BROS. MOVERS LIMITED p 536
1160 Blair Rd Unit 9, BURLINGTON, ON, L7M 1K9
(905) 336-9947 SIC 4214
CAMPBELL BURTIN & MCMULLEN p 231
See MCMULLAN, RICHARD W LAW CORPORATION
CAMPBELL CLINIC p 138
See CAMPBELL ASSOCIATES (LETHBRIDGE) LIMITED
CAMPBELL COMPANY OF CANADA p 575
60 Birmingham St, ETOBICOKE, ON, M8V 2B8
(416) 251-1131 SIC 2032
CAMPBELL COMPANY OF CANADA p 648
1400 Mitchell Rd S, LISTOWEL, ON, N4W 3G7
SIC 5142
CAMPBELL COMPANY OF CANADA p 992
7151 Rue Jean-Talon E Bureau 708, ANJOU, QC, H1M 3N8
SIC 5149
CAMPBELL RIVER HEALTH UNIT p 195
See VANCOUVER ISLAND HEALTH AUTHORITY
CAMPBELL RIVER MIRROR p 194
See BLACK PRESS GROUP LTD
CAMPBELL SCIENTIFIC (CANADA) CORPORATION p 84
14532 131 Ave Nw, EDMONTON, AB, T5L 4X4
(780) 454-2505 SIC 7629
CAMPBELL, A M J INTERNATIONAL p 717
See 129177 CANADA INC
CAMPBELL, JAMES INC p 493
141 Hastings St N, BANCROFT, ON, K0L 1C0
(613) 332-2029 SIC 5812
CAMPBELL, JAMES INC p 647
333 Kent St W, LINDSAY, ON, K9V 2Z7
(705) 324-6668 SIC 5812
CAMPBELL, JAMES INC p 808
360 George St N, PETERBOROUGH, ON, K9H 7E7
(705) 876-6227 SIC 5812

CAMPBELL, JAMES INC p 809
978 Lansdowne St W, PETERBOROUGH, ON, K9J 1Z9
(705) 743-6731 SIC 5812
CAMPBELL, JAMES INC p 812
400 Lansdowne St E, PETERBOROUGH, ON, K9L 0B2
(705) 741-2887 SIC 5812
CAMPBELLFORD DISTRICT HIGH SCHOOL p 548
See KAWARTHA PINE RIDGE DISTRICT SCHOOL BOARD
CAMPBELLTON ELEMENTARY SCHOOL p 194
See BOARD OF EDUCATION SCHOOL DISTRICT 72 (CAMPBELL RIVER), THE
CAMPBELLTON MIDDLE SCHOOL p 395
See SCHOOL DISTRICT 15
CAMPBELLTON POST OFFICE p 395
See CANADA POST CORPORATION
CAMPBELLTON REGIONAL HOSPITAL p 395
See RESTIGOUCHE HEALTH AUTHORITY
CAMPBELLTOWN ELEMENTARY SCHOOL p 161
See ELK ISLAND PUBLIC SCHOOLS REGIONAL DIVISION NO. 14
CAMPERS VILLAGE DIV. p 33
See NORSEMAN INC
CAMPERS VILLAGE DIV. p 89
See NORSEMAN INC
CAMPERVILLE SCHOOL p 346
See FRONTIER SCHOOL DIVISION
CAMPIO FURNITURE LIMITED p 973
5770 Highway 7 Unit 1, WOODBRIDGE, ON, L4L 1T8
(905) 850-6636 SIC 2512
CAMPIO GROUP p 973
See CAMPIO FURNITURE LIMITED
CAMPOBELLO SCHOOL p 422
See SCHOOL DISTRICT NO 10
CAMPUS BEVERAGE SERVICES p 925
See GOVERNING COUNCIL OF THE UNIVERSITY OF TORONTO
CAMPUS CREW p 659
See FIRST EFFORT INVESTMENTS LIMITED
CAMPUS DE LEVIS p 1066
See UNIVERSITE DU QUEBEC
CAMPUS DE PREVOST p 1144
See LES CENTRES DE LA JEUNESSE ET DE LA FAMILLE BATSHAW
CAMPUS DES ILES p 1051
See COLLEGE D'ENSEIGNEMENT GENERALE & PROFESSIONNEL DE LA GASPESIE & DES ILES
CAMPUS LONGUEUIL p 1072
See UNIVERSITE DE SHERBROOKE
CAMPUS POLICE p 925
See GOVERNING COUNCIL OF THE UNIVERSITY OF TORONTO
CAMPUS PRIMAIRE MONT TRAMBLANT PAVILLON FLEUR SOLEIL p 1082
See COMMISSION SCOLAIRE DES LAURENTIDES
CAMPUS RECREATION p 39
See GOVERNORS OF THE UNIVERSITY OF CALGARY, THE
CAMPUS SECURITY p 320
See UNIVERSITY OF BRITISH COLUMBIA, THE
CAMROSE ASSOCIATION FOR COMMUNITY LIVING p 66
4604 57 St, CAMROSE, AB, T4V 2E7
(780) 672-0257 SIC 8361
CAMROSE COMPOSITE HIGH SCHOOL p 66
See BATTLE RIVER REGIONAL DIVISION 31
CAMROSE EMERGENCY MEDICAL SERVICE p 66
See CITY OF CAMROSE, THE

CAMROSE GOLF COURSE p 66
See CITY OF CAMROSE, THE
CAMROSE HOME CARE p 66
See ALBERTA HEALTH SERVICES
CAMROSE INTERNATIONAL p 66
See GLOVER INTERNATIONAL TRUCKS LTD
CAMROSE RESORT CASINO p 66
3201 48 Ave, CAMROSE, AB, T4V 0K9
(780) 679-0904 SIC 7011
CAMSO INC p 1074
2633 Rue Macpherson, MAGOG, QC, J1X 0E6
(819) 823-1777 SIC 3569
CAMSO INC p 1074
2675 Rue Macpherson, MAGOG, QC, J1X 0E6
(819) 868-1500 SIC 8731
CAMSO INC p 1178
130 Rue De L'Eglise, ROXTON FALLS, QC, J0H 1E0
(450) 548-5821 SIC 3299
CAMSO INC p 1234
4162 Rue Burrill, SHAWINIGAN, QC, G9N 0C3
(819) 539-2220 SIC 3569
CAMTAC MANUFACTURING p 604
See LINAMAR CORPORATION
CAMUS HYDRONICS LIMITED p 718
6226 Netherhart Rd, MISSISSAUGA, ON, L5T 1B7
(905) 696-7800 SIC 3433
CAN ALTA BINDERY CORP p 52
1711 4 St Sw Suite 407, CALGARY, AB, T2S 1V8
(403) 245-8226 SIC 2789
CAN ALTA BINDERY CORP p 103
8445 Davies Rd Nw, EDMONTON, AB, T6E 4N3
(780) 466-9973 SIC 5943
CAN AM LOGISTICS INC p 558
1201 Creditstone Rd, CONCORD, ON, L4K 0C2
(416) 798-4965 SIC 4213
CAN AQUA INTERNATIONAL p 1180
3126 Rue Delisle, SAINT-AUGUSTIN-DE-DESMAURES, QC, G3A 2W4
(418) 872-8080 SIC 5074
CAN ART ALUMINUM EXTRUSION INC p 961
428 Jutras Dr S, WINDSOR, ON, N8N 5C5
(519) 272-4399 SIC 3354
CAN WEST PROJECTS INC p 63
85 Freeport Blvd Ne Suite 202, CALGARY, AB, T3J 4X8
(403) 261-8890 SIC 1623
CAN-AM GEOMATICS CORP p 103
7909 51 Ave Nw Suite 110, EDMONTON, AB, T6E 5L9
(780) 468-5900 SIC 8713
CAN-AM GEOMATICS SASK CORP p 1306
15 Dufferin St W, SWIFT CURRENT, SK, S9H 5A1
(306) 773-3333 SIC 8713
CAN-AM TRACTOR LTD p 552
9831 Longwoods Rd Suite 1, CHATHAM, ON, N7M 5J7
(519) 351-4300 SIC 5083
CAN-AR COACH, DIV OF p 562
See TOKMAKJIAN INC
CAN-CELL INDUSTRIES INC p 96
16355 130 Ave Nw, EDMONTON, AB, T5V 1K5
(780) 453-3610 SIC 2621
CAN-DER CONSTRUCTION LTD p 103
5410 97 St Nw, EDMONTON, AB, T6E 5C1
(780) 436-2980 SIC 1522
CAN-EAST EQUIPMENT p 553
See HURON TRACTOR LTD
CAN-EAST EQUIPMENT p 858
See HURON TRACTOR LTD
CAN-ENG FURNACES INTERNATIONAL LTD p 735
6800 Montrose Rd, NIAGARA FALLS, ON,

L2E 6V5
(905) 356-1327 SIC 3567
CAN-MED HEALTH CARE p 444
See I.M.P. GROUP LIMITED
CAN-NET CANADA p 1206
See CANSEL SURVEY EQUIPMENT INC
CANAC p 1050
See CANAC-MARQUIS GRENIER LTEE
CANAC p 1066
See CANAC-MARQUIS GRENIER LTEE
CANAC IMMOBILIER INC p 1050
6245 Boul Wilfrid-Hamel Bureau 400, L'ANCIENNE-LORETTE, QC, G2E 5W2
(418) 667-1313 SIC 5211
CANAC-MARQUIS GRENIER LTEE p 1013
2061 Boul Talbot, CHICOUTIMI, QC, G7H 8B2
(418) 698-2992 SIC 5211
CANAC-MARQUIS GRENIER LTEE p 1050
6235 Boul Wilfrid-Hamel, L'ANCIENNE-LORETTE, QC, G2E 5W2
(418) 872-2874 SIC 5211
CANAC-MARQUIS GRENIER LTEE p 1050
6245 Boul Wilfrid-Hamel, L'ANCIENNE-LORETTE, QC, G2E 5W2
(418) 667-1313 SIC 6719
CANAC-MARQUIS GRENIER LTEE p 1064
1805 Boul Alphonse-Desjardins, Levis, QC, G6V 9K5
(418) 833-6667 SIC 5211
CANAC-MARQUIS GRENIER LTEE p 1066
376 Av Taniata, Levis, QC, G6W 5M6
(418) 839-0621 SIC 5251
CANAC-MARQUIS GRENIER LTEE p 1146
947 Av Royale, Quebec, QC, G1E 1Z9
(418) 667-1729 SIC 5039
CANAC-MARQUIS GRENIER LTEE p 1147
4250 Boul Henri-Bourassa, Quebec, QC, G1H 3A5
(418) 626-1144 SIC 5251
CANAC-MARQUIS GRENIER LTEE p 1151
475 Boul Pierre-Bertrand, Quebec, QC, G1M 3T8
(418) 687-2960 SIC 5211
CANAC-MARQUIS GRENIER LTEE p 1153
49 Rue Marie-De-L'incarnation, Quebec, QC, G1N 3E5
(418) 681-6221 SIC 5231
CANAC-MARQUIS GRENIER LTEE p 1163
1230 Rue Charles-Albanel, Quebec, QC, G1X 4V1
(418) 871-7900 SIC 5211
CANAC-MARQUIS GRENIER LTEE p 1168
1230 Boul Louis-Xiv, Quebec, QC, G2L 1M2
(418) 628-0450 SIC 5251
CANAC-MARQUIS GRENIER LTEE p 1173
228 Rue Des Negociants, RIMOUSKI, QC, G5M 1B6
(418) 723-0007 SIC 5211
CANAC-MARQUIS GRENIER LTEE p 1189
15700 1re Av, SAINT-GEORGES, QC, G5Y 2A3
(418) 228-8999 SIC 5251
CANAC-MARQUIS GRENIER LTEE p 1249
2350 Boul Des Recollets, Trois-Rivieres, QC, G8Z 3X7
(819) 374-2036 SIC 5251
CANAC-MARQUIS GRENIER LTEE p 1258
635 Boul Jutras E, VICTORIAVILLE, QC, G6P 7H4
(819) 752-7775 SIC 5251
CANACCORD CAPITAL CORPORATION p 178
See CANACCORD GENUITY CORP
CANACCORD FINANCIAL p 79
See CANACCORD GENUITY CORP
CANACCORD GENUITY CORP p 42
450 1 St Sw Suite 2200, CALGARY, AB, T2P 5H1
(403) 508-3800 SIC 6211
CANACCORD GENUITY CORP p 79
10180 101 St Nw Suite 2700, EDMONTON, AB, T5J 3S4
(780) 408-1500 SIC 6211

BUSINESSES ALPHABETICALLY

CANACCORD GENUITY CORP p 178
32071 South Fraser Way Suite 2, ABBOTSFORD, BC, V2T 1W3
(604) 504-1504 SIC 6211

CANACCORD GENUITY CORP p 324
609 Granville St Suite 2100, VANCOUVER, BC, V7Y 1H2
(604) 331-1444 SIC 6211

CANACCORD GENUITY CORP p 324
609 Granville St Suite 2200, VANCOUVER, BC, V7Y 1H2
(604) 684-5992 SIC 6211

CANACCORD GENUITY CORP p 790
45 O'connor St Suite 830, OTTAWA, ON, K1P 1A4
SIC 6733

CANACCORD GENUITY CORP p 1110
1250 Boul Rene-Levesque O Bureau 2000, Montreal, QC, H3B 4W8
(514) 844-5443 SIC 6211

CANACCORD GENUITY GROUP INC p 306
609 Granville St Suite 2200, VANCOUVER, BC, V6C 1X6
(604) 643-7300 SIC 6211

CANAD CORPORATION OF CANADA INC p 370
2100 Mcphillips St, WINNIPEG, MB, R2V 3T9
(204) 633-0024 SIC 7011

CANAD CORPORATION OF MANITOBA LTD p 361
826 Regent Ave W, WINNIPEG, MB, R2C 3A8
(204) 224-1681 SIC 7011

CANAD CORPORATION OF MANITOBA LTD p 365
1034 Elizabeth Rd, WINNIPEG, MB, R2J 1B3
(204) 253-2641 SIC 7011

CANAD CORPORATION OF MANITOBA LTD p 369
930 Jefferson Ave Suite 302, WINNIPEG, MB, R2P 1W1
(204) 697-1495 SIC 7929

CANAD CORPORATION OF MANITOBA LTD p 369
930 Jefferson Ave Suite 3, WINNIPEG, MB, R2P 1W1
(204) 697-1495 SIC 7011

CANAD CORPORATION OF MANITOBA LTD p 389
1792 Pembina Hwy, WINNIPEG, MB, R3T 2G2
(204) 269-6955 SIC 7011

CANAD INNS EXPRESS FORT GARRY (CELEBRATIONS, ALLEY CATZ, THE BEACH NIGHT CLUB) p 369
See CANAD CORPORATION OF MANITOBA LTD

CANAD INNS GARDEN CITY p 370
See CANAD CORPORATION OF CANADA INC

CANAD TRANSCONA INN p 361
See CANAD CORPORATION OF MANITOBA LTD

CANADA ALLOY CASTING COMPANY p 638
See FLOWSERVE CANADA CORP

CANADA AVIATION AND SPACE MUSEUM p 783
See CANADA SCIENCE AND TECHNOLOGY MUSEUMS CORPORATION

CANADA AVIATION AND SPACE MUSEUM p 787
See CANADA SCIENCE AND TECHNOLOGY MUSEUMS CORPORATION

CANADA BREAD p 809
See CANADA BREAD COMPANY, LIMITED

CANADA BREAD COMPANY, LIMITED p 16
2425 52 Ave Se Suite 2, CALGARY, AB, T2C 4X7
(403) 236-4505 SIC 5461

CANADA BREAD COMPANY, LIMITED p 16
4320 80 Ave Se, CALGARY, AB, T2C 4N6
(403) 203-1675 SIC 2051

CANADA BREAD COMPANY, LIMITED p 96
12151 160 St Nw, EDMONTON, AB, T5V 1M4
(780) 451-4663 SIC 2051

CANADA BREAD COMPANY, LIMITED p 103
9850 62 Ave Nw, EDMONTON, AB, T6E 0E3
SIC 2051

CANADA BREAD COMPANY, LIMITED p 207
669 Ridley Pl Suite 101, DELTA, BC, V3M 6Y9
(604) 526-4700 SIC 2051

CANADA BREAD COMPANY, LIMITED p 230
6350 203 St, LANGLEY, BC, V2Y 1L9
(604) 532-8200 SIC 2051

CANADA BREAD COMPANY, LIMITED p 406
235 Botsford St, MONCTON, NB, E1C 4X9
(506) 857-9158 SIC 2051

CANADA BREAD COMPANY, LIMITED p 412
135 Melissa St Suite B, RICHIBUCTO ROAD, NB, E3A 6V9
(506) 452-8808 SIC 5149

CANADA BREAD COMPANY, LIMITED p 414
30 Whitebone Way, SAINT JOHN, NB, E2J 4W2
(506) 633-1185 SIC 5461

CANADA BREAD COMPANY, LIMITED p 422
220 Houlton Rd, WOODSTOCK, NB, E7M 4L9
(506) 325-1600 SIC 2051

CANADA BREAD COMPANY, LIMITED p 433
67 O'leary Ave, ST. JOHN'S, NL, A1B 2C9
(709) 722-5410 SIC 2051

CANADA BREAD COMPANY, LIMITED p 558
711 Rivermede Rd, CONCORD, ON, L4K 2G9
(905) 660-3034 SIC 2051

CANADA BREAD COMPANY, LIMITED p 579
10 Four Seasons Pl Suite 1200, ETOBICOKE, ON, M9B 6H7
(416) 622-2040 SIC 2051

CANADA BREAD COMPANY, LIMITED p 580
35 Rakely Crt Suite 1, ETOBICOKE, ON, M9C 5A5
(416) 622-2040 SIC 2051

CANADA BREAD COMPANY, LIMITED p 614
155 Nebo Rd Suite 1, HAMILTON, ON, L8W 2E1
(905) 387-3935 SIC 5149

CANADA BREAD COMPANY, LIMITED p 718
6645 Tomken Rd Unit 18, MISSISSAUGA, ON, L5T 2C3
SIC 5149

CANADA BREAD COMPANY, LIMITED p 740
1704 Seymour St, NORTH BAY, ON, P1A 0E1
(705) 474-3970 SIC 2051

CANADA BREAD COMPANY, LIMITED p 809
774 Rye St Unit 17, PETERBOROUGH, ON, K9J 6W9
(705) 745-6753 SIC 5149

CANADA BREAD COMPANY, LIMITED p 936
2 Fraser Ave, TORONTO, ON, M6K 1Y6
SIC 2051

CANADA BREAD COMPANY, LIMITED p 937
130 Cawthra Ave, TORONTO, ON, M6N 3C2
(416) 626-4382 SIC 2051

CANADA BREAD COMPANY, LIMITED p 1146
553 Av Royale, Quebec, QC, G1E 1Y4
(418) 661-4400 SIC 2051

CANADA BREAD COMPANY, LIMITED p 1228
3455 Av Francis-Hughes, SAINTE-ROSE, QC, H7L 5A5
(450) 669-2222 SIC 5461

CANADA BREAD FROZEN BAKERY p 16
See CANADA BREAD COMPANY, LIMITED

CANADA BROKERLINK (ONTARIO) INC p 27
4124 9 St Se Suite 100, CALGARY, AB, T2G 3C4
(403) 209-6300 SIC 6411

CANADA BROKERLINK (ONTARIO) INC p 90
17520 111 Ave Nw, EDMONTON, AB, T5S 0A2
(780) 474-8911 SIC 6411

CANADA BROKERLINK (ONTARIO) INC p 877
1139 Alloy Dr Suite 110, THUNDER BAY, ON, P7B 6M8
(807) 622-6155 SIC 6411

CANADA BROKERLINK INC p 809
201 George St N Unit 201, PETERBOROUGH, ON, K9J 3G7
(705) 743-4211 SIC 6411

CANADA BROKERLINK INC p 877
1139 Alloy Dr Suite 110, THUNDER BAY, ON, P7B 6M8
(807) 623-4343 SIC 6411

CANADA BROKERLINK INC p 909
48 Yonge St Suite 700, TORONTO, ON, M5E 1G6
(416) 368-6511 SIC 6411

CANADA CARTAGE p 16
See CANADA CARTAGE SYSTEM LIMITED PARTNERSHIP

CANADA CARTAGE DIVERSIFIED ULC p 716
1115 Cardiff Blvd, MISSISSAUGA, ON, L5S 1L8
(905) 564-2115 SIC 4212

CANADA CARTAGE SYSTEM LIMITED PARTNERSHIP p 16
4700 102 Ave Se, CALGARY, AB, T2C 2X8
(403) 296-0290 SIC 4213

CANADA COLORS AND CHEMICALS (EASTERN) LIMITED p 572
60 First St W, ELMIRA, ON, N3B 1G6
(519) 669-1332 SIC 2819

CANADA COLORS AND CHEMICALS (EASTERN) LIMITED p 901
175 Bloor St E Suite 1300, TORONTO, ON, M4W 3R8
(416) 443-5500 SIC 5169

CANADA COLORS AND CHEMICALS (EASTERN) LIMITED p 1208
9999 Rte Transcanadienne, SAINT-LAURENT, QC, H4S 1V1
(514) 333-7820 SIC 5169

CANADA COLORS AND CHEMICALS LIMITED p 135
7106 42 St, LEDUC, AB, T9E 0R8
(780) 224-3841 SIC 5169

CANADA COLORS AND CHEMICALS LIMITED p 519
See CANADA COLORS AND CHEMICALS LIMITED

CANADA COLORS AND CHEMICALS LIMITED p 519
238 Glidden Rd Suite 3, BRAMPTON, ON, L6W 1H8
(905) 459-1232 SIC 5169

CANADA COLORS AND CHEMICALS LIMITED p 555
See CANADA COLORS AND CHEMICALS LIMITED

CANADA COLORS AND CHEMICALS LIMITED p 555
263 Purdy Rd, COLBORNE, ON, K0K 1S0
(905) 355-3226 SIC 2821

CANADA CULVERT p 346
See WESTMAN STEEL INDUSTRIES

CANADA CULVERT p 356
See WESTMAN STEEL INC

CANADA DIRECT p 1026
See GESTION CANADADIRECT INC

CANADA DOUGH DELIGHT p 558
See CANADA BREAD COMPANY, LIMITED

CANADA DRAYAGE INC p 255
1375 Kingsway Ave, PORT COQUITLAM, BC, V3C 1S2
(604) 364-1454 SIC 4212

CANADA DRAYAGE INC p 1056
4415 Rue Fairway, LACHINE, QC, H8T 1B5
(514) 639-7878 SIC 4212

CANADA DRAYAGE INC p 1090
3000 Rue Omer-Lavallee, Montreal, QC, H1Y 3R8
(514) 931-0365 SIC 4212

CANADA FIBERS LTD p 755
35 Vanley Cres Suite 500, NORTH YORK, ON, M3J 2B7
(416) 398-7989 SIC 4953

CANADA FIRE EQUIPMENT INC p 628
31 Bache Ave, KESWICK, ON, L4P 0C7
(905) 535-2777 SIC 5999

CANADA FORGINGS INC p 954
166 Major St, WELLAND, ON, L3B 3T4
(905) 735-1220 SIC 3462

CANADA FRESH BREAD p 678
See WHOLESOME HARVEST BAKING LTD.

CANADA GAME AQUATIC CENTRE p 661
See CORPORATION OF THE CITY OF LONDON

CANADA GAMES AQUATIC CENTRE p 220
See KAMLOOPS, THE CORPORATION OF THE CITY OF

CANADA GAMES POOL p 244
See CORPORATION OF THE CITY OF NEW WESTMINSTER

CANADA GREY MOTOR INN p 129
See GREYHOUND CANADA TRANSPORTATION ULC

CANADA HEALTH & WELFARE p 160
See HEALTH CANADA

CANADA HEALTH INFOWAY p 914
See INFOROUTE SANTE DU CANADA INC

CANADA HOUSE WELLNESS GROUP INC. p 814
1773 Bayly St, PICKERING, ON, L1W 2Y7
(905) 492-9420 SIC 8011

CANADA IMPERIAL OIL LIMITED p 42
237 4 Ave Sw Suite 2480, CALGARY, AB, T2P 0H6
(800) 567-3776 SIC 5172

CANADA IMPERIAL OIL LIMITED p 828
602 Christina St S, SARNIA, ON, N7T 7M5
(519) 339-2000 SIC 5172

CANADA INN EXPRESS FORT GARY p 389
See CANAD CORPORATION OF MANITOBA LTD

CANADA INNS WINDSORS PARK p 365
See CANAD CORPORATION OF MANITOBA LTD

CANADA LANDS COMPANY CLC LIMITED p 457
1505 Barrington St Suite 1205, HALIFAX, NS, B3J 3K5
(416) 952-6100 SIC 6531

CANADA LANDS COMPANY CLC LIMITED p 918
1 University Ave Suite 1200, TORONTO, ON, M5J 2P1
(416) 952-6100 SIC 6531

CANADA LANDS COMPANY CLC LIMITED p 928
301 Front St W, TORONTO, ON, M5V 2T6

(416) 868-6937 SIC 6531
CANADA LIFE p 927
See GREAT-WEST LIFE ASSURANCE COMPANY, THE
CANADA LIFE ASSURANCE COMPANY, THE p 913
390 Bay St Suite 1100, TORONTO, ON, M5H 2Y2
(416) 342-5406 SIC 6311
CANADA LIFE ASSURANCE COMPANY, THE p 1284
1901 Scarth St Suite 414, REGINA, SK, S4P 4L4
(306) 751-6000 SIC 6311
CANADA LIFE MORTGAGE SERVICES LTD p 910
330 University Ave, TORONTO, ON, M5G 1R8
(416) 597-6981 SIC 6163
CANADA LOYAL FINANCIAL LIMITED p 764
2866 Portland Dr, OAKVILLE, ON, L6H 5W8
(905) 829-5514 SIC 6311
CANADA MALTAGE p 1114
See CANADA MALTING CO. LIMITED
CANADA MALTING CO. LIMITED p 1114
205 Rue Riverside, Montreal, QC, H3C 2H9
(514) 935-1133 SIC 2083
CANADA MOLD TECHNOLOGY INC p 978
1075 Ridgeway Rd, WOODSTOCK, ON, N4V 1E3
(519) 421-0711 SIC 3089
CANADA PALLET CORP p 554
755 Division St, COBOURG, ON, K9A 3T1
(905) 373-0761 SIC 2448
CANADA PIPE COMPANY ULC p 419
245 Industrial Dr, SAINT JOHN, NB, E2R 1A4
(506) 633-2541 SIC 3491
CANADA PIPE COMPANY ULC p 476
156 James St, TIMBERLEA, NS, B3T 1P1
(902) 444-7350 SIC 5051
CANADA PIPE COMPANY ULC p 1218
106 Montee Basse, SAINT-OURS, QC, J0G 1P0
(450) 785-2205 SIC 3322
CANADA PIPE COMPANY ULC p 1225
6200 Rue Principale, SAINTE-CROIX, QC, G0S 2H0
(418) 926-3262 SIC 3312
CANADA POST p 204
See CANADA POST CORPORATION
CANADA POST p 817
See CANADA POST CORPORATION
CANADA POST p 852
See CANADA POST CORPORATION
CANADA POST p 1275
See CANADA POST CORPORATION
CANADA POST CORPORATION p 22
5438 11 St Ne Suite 220, CALGARY, AB, T2E 7E9
(403) 295-0694 SIC 4311
CANADA POST CORPORATION p 30
6939 Fisher Rd Se, CALGARY, AB, T2H 0W4
(403) 974-2645 SIC 4311
CANADA POST CORPORATION p 39
1941 Uxbridge Dr Nw Suite 23, CALGARY, AB, T2N 2V2
(403) 289-0202 SIC 4311
CANADA POST CORPORATION p 54
2580 Southland Dr Sw, CALGARY, AB, T2V 4J8
(403) 246-1154 SIC 4311
CANADA POST CORPORATION p 60
1610 37 St Sw Suite 55, CALGARY, AB, T3C 3P1
(403) 240-4473 SIC 4311
CANADA POST CORPORATION p 61
7750 Ranchview Dr Nw, CALGARY, AB, T3G 1Y9
(403) 239-6464 SIC 4311
CANADA POST CORPORATION p 66
4901 50 Ave, CAMROSE, AB, T4V 0S2

(780) 672-7332 SIC 4311
CANADA POST CORPORATION p 68
9922 102 Ave, CLAIRMONT, AB, T0H 0W1
(780) 567-3848 SIC 4311
CANADA POST CORPORATION p 84
12135 149 St Nw, EDMONTON, AB, T5L 5H2
(780) 945-2600 SIC 4311
CANADA POST CORPORATION p 115
584 Riverbend Sq Nw, EDMONTON, AB, T6R 2E3
(780) 439-9778 SIC 4311
CANADA POST CORPORATION p 119
9521 Franklin Ave Suite 160, FORT MCMURRAY, AB, T9H 3Z7
(780) 880-3323 SIC 4311
CANADA POST CORPORATION p 123
10004 103 St, FORT SASKATCHEWAN, AB, T8L 2E1
(780) 992-6000 SIC 4311
CANADA POST CORPORATION p 125
11524 84 Ave, GRANDE PRAIRIE, AB, T8V 3B5
(780) 831-0203 SIC 4311
CANADA POST CORPORATION p 134
5120 51 Ave, LACOMBE, AB, T4L 1J5
(403) 782-6006 SIC 4311
CANADA POST CORPORATION p 138
704 4 Ave S, LETHBRIDGE, AB, T1J 0N8
(403) 382-4604 SIC 4311
CANADA POST CORPORATION p 144
3292 Dunmore Rd Se, MEDICINE HAT, AB, T1B 2R4
(403) 526-1426 SIC 4311
CANADA POST CORPORATION p 148
27 Mcrae St, OKOTOKS, AB, T1S 1A0
(403) 938-4233 SIC 4311
CANADA POST CORPORATION p 150
1220 Windsor Ave, PENHOLD, AB, T0M 1R0
(403) 886-2450 SIC 4311
CANADA POST CORPORATION p 152
4909 50 St, RED DEER, AB, T4N 1X8
SIC 4311
CANADA POST CORPORATION p 159
4912 47 Ave, ROCKY MOUNTAIN HOUSE, AB, T4T 1V3
(403) 845-3606 SIC 4311
CANADA POST CORPORATION p 160
1080 Strathcona Dr, SHERWOOD PARK, AB, T8A 0Z7
(780) 449-2040 SIC 4311
CANADA POST CORPORATION p 160
5017 51st Ave, SANGUDO, AB, T0E 2A0
(780) 785-2223 SIC 4311
CANADA POST CORPORATION p 162
26 Cranford Way, SHERWOOD PARK, AB, T8H 0W7
SIC 4311
CANADA POST CORPORATION p 165
360 Saskatchewan Ave, SPRUCE GROVE, AB, T7X 0G6
(780) 962-4419 SIC 4311
CANADA POST CORPORATION p 168
5305 50 St, STONY PLAIN, AB, T7Z 1A0
(780) 963-2867 SIC 4311
CANADA POST CORPORATION p 174
4811 51 St, WETASKIWIN, AB, T9A 1L1
SIC 4311
CANADA POST CORPORATION p 188
7155 Kingsway Ste 302, BURNABY, BC, V5E 2V1
(604) 525-1571 SIC 4311
CANADA POST CORPORATION p 190
6025 Sussex St, BURNABY, BC, V5H 3C2
(604) 482-4299 SIC 4311
CANADA POST CORPORATION p 194
1090 Ironwood St, CAMPBELL RIVER, BC, V9W 5P0
(250) 287-9124 SIC 4311
CANADA POST CORPORATION p 195
1011 4th St, CASTLEGAR, BC, V1N 2B1
(250) 365-7237 SIC 4311
CANADA POST CORPORATION p 196

46229 Yale Rd, CHILLIWACK, BC, V2P 2P4
(604) 795-1604 SIC 4311
CANADA POST CORPORATION p 201
1029 Ridgeway Ave, COQUITLAM, BC, V3J 1S6
SIC 4311
CANADA POST CORPORATION p 201
552 Clarke Rd Unit 107, COQUITLAM, BC, V3J 3X5
(604) 936-7255 SIC 4311
CANADA POST CORPORATION p 204
101 10th Ave S, CRANBROOK, BC, V1C 2N1
(250) 426-8266 SIC 4311
CANADA POST CORPORATION p 204
333 Hunt Pl, COURTENAY, BC, V9N 1G0
(250) 334-9423 SIC 4311
CANADA POST CORPORATION p 206
11622 7 St, DAWSON CREEK, BC, V1G 4R8
(250) 782-2322 SIC 4311
CANADA POST CORPORATION p 211
5432 12 Ave, DELTA, BC, V4M 2B3
(604) 943-4747 SIC 4311
CANADA POST CORPORATION p 212
191 Ingram St, DUNCAN, BC, V9L 1N8
(250) 746-4523 SIC 4311
CANADA POST CORPORATION p 214
10139 101 Ave, FORT ST. JOHN, BC, V1J 2B4
(250) 785-4625 SIC 4311
CANADA POST CORPORATION p 217
5875 Central, HORNBY ISLAND, BC, V0R 1Z0
(250) 335-1121 SIC 4311
CANADA POST CORPORATION p 219
970 Camosun Cres, KAMLOOPS, BC, V2C 6G2
(250) 374-1879 SIC 4311
CANADA POST CORPORATION p 225
530 Gaston Ave, KELOWNA, BC, V1Y 0A5
(250) 762-2118 SIC 4311
CANADA POST CORPORATION p 228
450 City Centre, KITIMAT, BC, V8C 1T0
(250) 632-6722 SIC 4311
CANADA POST CORPORATION p 236
20800 Lougheed Hwy, MAPLE RIDGE, BC, V2X 2R3
(604) 463-3651 SIC 4311
CANADA POST CORPORATION p 238
33191 1st Ave, MISSION, BC, V2V 1G5
(604) 826-6034 SIC 4311
CANADA POST CORPORATION p 243
514 Vernon St, NELSON, BC, V1L 4E7
(250) 352-3538 SIC 4311
CANADA POST CORPORATION p 244
24 Ovens Ave, NEW WESTMINSTER, BC, V3L 1Z2
(604) 522-8050 SIC 4311
CANADA POST CORPORATION p 249
949 3rd St W Suite 105, NORTH VANCOUVER, BC, V7P 3P7
SIC 4311
CANADA POST CORPORATION p 252
56 Industrial Ave W, PENTICTON, BC, V2A 6M2
(250) 492-5717 SIC 4311
CANADA POST CORPORATION p 253
5262 Argyle St Unit F, PORT ALBERNI, BC, V9Y 1T9
(250) 723-5411 SIC 4311
CANADA POST CORPORATION p 253
3737 10th Ave, PORT ALBERNI, BC, V9Y 4W5
(250) 724-1442 SIC 4311
CANADA POST CORPORATION p 255
1628 Industrial Ave, PORT COQUITLAM, BC, V3C 6N3
(604) 942-9112 SIC 4311
CANADA POST CORPORATION p 257
45 Mary St, PORT MOODY, BC, V3H 9X9
(604) 936-5515 SIC 4311
CANADA POST CORPORATION p 258
4812 Joyce Ave, POWELL RIVER, BC, V8A 3B8

(604) 485-0281 SIC 4311
CANADA POST CORPORATION p 261
9598 Penn Rd, PRINCE GEORGE, BC, V2N 5T6
(250) 562-5241 SIC 4311
CANADA POST CORPORATION p 261
3505 15th Ave, PRINCE GEORGE, BC, V2N 0E8
(250) 563-4422 SIC 4311
CANADA POST CORPORATION p 264
346 Reid St, QUESNEL, BC, V2J 2M4
(250) 992-2200 SIC 4311
CANADA POST CORPORATION p 269
7680 River Rd, RICHMOND, BC, V6X 3K0
(604) 273-3743 SIC 4311
CANADA POST CORPORATION p 276
5557 Inlet Ave, SECHELT, BC, V0N 3A0
(604) 885-2411 SIC 4311
CANADA POST CORPORATION p 276
370 Hudson St Nw, SALMON ARM, BC, V1E 1A0
(250) 832-3093 SIC 4311
CANADA POST CORPORATION p 277
2065 Mills Rd W, SIDNEY, BC, V8L 5X2
(250) 953-1372 SIC 4311
CANADA POST CORPORATION p 281
17790 56 Ave Suite 104, SURREY, BC, V3S 1C7
(604) 574-7436 SIC 4311
CANADA POST CORPORATION p 283
10688 King George Blvd, SURREY, BC, V3T 2X3
(604) 589-3445 SIC 4311
CANADA POST CORPORATION p 290
3232 Emerson St, TERRACE, BC, V8G 2R8
(250) 638-1862 SIC 4311
CANADA POST CORPORATION p 291
805 Spokane St, TRAIL, BC, V1R 3W4
(250) 364-2585 SIC 4311
CANADA POST CORPORATION p 293
333 Woodland Dr, VANCOUVER, BC, V5L 0B6
(604) 258-0201 SIC 4311
CANADA POST CORPORATION p 295
1755 Broadway E, VANCOUVER, BC, V5N 1W2
(604) 872-8451 SIC 4311
CANADA POST CORPORATION p 303
349 Georgia St W Unit 100, VANCOUVER, BC, V6B 0N2
(604) 662-1606 SIC 4311
CANADA POST CORPORATION p 303
Gd Stn Terminal, VANCOUVER, BC, V6B 3P7
SIC 4311
CANADA POST CORPORATION p 315
2405 Pine St, VANCOUVER, BC, V6J 3E9
(604) 482-4214 SIC 4311
CANADA POST CORPORATION p 325
3101 32 Ave, VERNON, BC, V1T 2M2
(250) 545-8239 SIC 4311
CANADA POST CORPORATION p 328
1625 Fort St, VICTORIA, BC, V8R 1H8
(250) 595-3548 SIC 4311
CANADA POST CORPORATION p 331
714 Yates St, VICTORIA, BC, V8W 1L4
(250) 953-1352 SIC 4311
CANADA POST CORPORATION p 333
4181 Glanford Ave Suite 400, VICTORIA, BC, V8Z 7X4
SIC 4311
CANADA POST CORPORATION p 334
3575 Douglas St, VICTORIA, BC, V8Z 3L6
(250) 475-7572 SIC 4311
CANADA POST CORPORATION p 335
1153 Esquimalt Rd, VICTORIA, BC, V9A 3N7
(250) 382-4399 SIC 5411
CANADA POST CORPORATION p 340
370 Proctor St, WILLIAMS LAKE, BC, V2G 4P6
(250) 392-2711 SIC 4311
CANADA POST CORPORATION p 340

48 Second Ave S, WILLIAMS LAKE, BC, V2G 1H6
(250) 392-3647 *SIC* 4311
CANADA POST CORPORATION *p* 344
914 Douglas St, BRANDON, MB, R7A 7B2
(204) 729-3585 *SIC* 4311
CANADA POST CORPORATION *p* 353
9 Saskatchewan Ave W, PORTAGE LA PRAIRIE, MB, R1N 0P4
(204) 857-5890 *SIC* 4311
CANADA POST CORPORATION *p* 355
356 Main St, SELKIRK, MB, R1A 1T6
SIC 4311
CANADA POST CORPORATION *p* 359
103 Selkirk Ave, THOMPSON, MB, R8N 0M5
(204) 677-9502 *SIC* 4311
CANADA POST CORPORATION *p* 361
104 Regent Ave E, WINNIPEG, MB, R2C 0C1
(204) 985-0189 *SIC* 4311
CANADA POST CORPORATION *p* 372
1462 Church Ave, WINNIPEG, MB, R2X 1T1
(204) 987-5704 *SIC* 4311
CANADA POST CORPORATION *p* 388
4910 Roblin Blvd Unit 150, WINNIPEG, MB, R3R 0G7
SIC 4311
CANADA POST CORPORATION *p* 393
255 Rue Notre Dame, ATHOLVILLE, NB, E3N 4T1
(506) 789-0500 *SIC* 4311
CANADA POST CORPORATION *p* 395
35 Roseberry St, CAMPBELLTON, NB, E3N 2G5
(506) 753-0200 *SIC* 4311
CANADA POST CORPORATION *p* 396
680 Boul Malenfant, DIEPPE, NB, E1A 5V8
SIC 4311
CANADA POST CORPORATION *p* 405
305 Pleasant St, MIRAMICHI, NB, E1V 1Y8
(506) 622-4615 *SIC* 4311
CANADA POST CORPORATION *p* 423
29 Main St, BAIE VERTE, NL, A0K 1B0
(709) 532-4626 *SIC* 4311
CANADA POST CORPORATION *p* 425
14 Main St, CORNER BROOK, NL, A2H 1B8
(709) 637-8807 *SIC* 4311
CANADA POST CORPORATION *p* 427
16 High St, GRAND FALLS-WINDSOR, NL, A2A 1C6
(709) 489-9553 *SIC* 4311
CANADA POST CORPORATION *p* 428
500 Vanier Ave Suite 2, LABRADOR CITY, NL, A2V 2W7
(709) 944-3979 *SIC* 4311
CANADA POST CORPORATION *p* 436
144 Main St, STEPHENVILLE, NL, A2N 0B5
(709) 643-8350 *SIC* 4311
CANADA POST CORPORATION *p* 441
126 Albion St S, AMHERST, NS, B4H 2X3
(902) 661-0703 *SIC* 4311
CANADA POST CORPORATION *p* 441
325 Main St, ANTIGONISH, NS, B2G 2C3
(902) 863-3464 *SIC* 4311
CANADA POST CORPORATION *p* 441
38 Havelock St, AMHERST, NS, B4H 4C3
(902) 667-7734 *SIC* 4311
CANADA POST CORPORATION *p* 441
75 St Ninian St Suite 1, ANTIGONISH, NS, B2G 2R8
(902) 863-6550 *SIC* 4311
CANADA POST CORPORATION *p* 444
135 North St, BRIDGEWATER, NS, B4V 8Z8
(902) 543-1960 *SIC* 4311
CANADA POST CORPORATION *p* 450
28 Topple Dr, DARTMOUTH, NS, B3B 1L6
(902) 494-4672 *SIC* 4311
CANADA POST CORPORATION *p* 457
1526 Dresden Row, HALIFAX, NS, B3J 3K3
(902) 420-1594 *SIC* 4311
CANADA POST CORPORATION *p* 465
495 Main St Suite 1, KENTVILLE, NS, B4N 3W5

(902) 678-0773 *SIC* 4311
CANADA POST CORPORATION *p* 469
280 Stellarton Rd, NEW GLASGOW, NS, B2H 1M5
(902) 755-9588 *SIC* 4311
CANADA POST CORPORATION *p* 474
1230 Upper Prince St, SYDNEY, NS, B1P 0C5
SIC 4311
CANADA POST CORPORATION *p* 474
17 Archibald Ave, SYDNEY, NS, B1P 3L6
(902) 794-5020 *SIC* 4311
CANADA POST CORPORATION *p* 477
366 Industrial Ave, TRURO, NS, B2N 6V7
(902) 897-3341 *SIC* 4311
CANADA POST CORPORATION *p* 477
664 Prince St, TRURO, NS, B2N 1G6
(902) 893-7277 *SIC* 4311
CANADA POST CORPORATION *p* 480
15 Willow St, YARMOUTH, NS, B5A 1T8
(902) 742-4221 *SIC* 4311
CANADA POST CORPORATION *p* 482
53 Bower St, ACTON, ON, L7J 1E1
(519) 853-0410 *SIC* 4311
CANADA POST CORPORATION *p* 486
66 Richmond St, AMHERSTBURG, ON, N9V 1E9
(519) 736-3992 *SIC* 4311
CANADA POST CORPORATION *p* 488
90 Madawaska St Suite 1, ARNPRIOR, ON, K7S 1S3
(613) 623-4318 *SIC* 4311
CANADA POST CORPORATION *p* 490
20 Wellington St E, AURORA, ON, L4G 1H5
SIC 4311
CANADA POST CORPORATION *p* 496
73 Morrow Rd, BARRIE, ON, L4N 3V7
(705) 728-3592 *SIC* 4311
CANADA POST CORPORATION *p* 511
9780 Bramalea Rd Suite 301, BRAMPTON, ON, L6S 2P1
SIC 4311
CANADA POST CORPORATION *p* 519
26 Hale Rd, BRAMPTON, ON, L6W 3M1
(905) 453-6806 *SIC* 4311
CANADA POST CORPORATION *p* 527
794 Colborne St, BRANTFORD, ON, N3S 3S4
(519) 752-2892 *SIC* 4311
CANADA POST CORPORATION *p* 528
58 Dalhousie St, BRANTFORD, ON, N3T 2J2
(519) 752-2505 *SIC* 4311
CANADA POST CORPORATION *p* 530
2399 Parkedale Ave, BROCKVILLE, ON, K6V 3G9
(613) 342-6701 *SIC* 4311
CANADA POST CORPORATION *p* 548
6705 Camlachie Rd, CAMLACHIE, ON, N0N 1E0
SIC 4311
CANADA POST CORPORATION *p* 549
42 Bridge St, CARLETON PLACE, ON, K7C 2V1
(613) 257-3324 *SIC* 4311
CANADA POST CORPORATION *p* 551
416 St Clair St, CHATHAM, ON, N7L 3K5
SIC 4311
CANADA POST CORPORATION *p* 552
120 Wellington St W, CHATHAM, ON, N7M 4V9
(519) 352-1310 *SIC* 4311
CANADA POST CORPORATION *p* 564
805 Boundary Rd Suite 2, CORNWALL, ON, K6H 6K8
(613) 938-3911 *SIC* 4311
CANADA POST CORPORATION *p* 569
97 King St, DRYDEN, ON, P8N 1B8
(807) 223-2473 *SIC* 4311
CANADA POST CORPORATION *p* 571
92 Dunsford Rd Suite 1, DUNSFORD, ON, K0M 1L0
SIC 4311
CANADA POST CORPORATION *p* 571

201 Broad St E, DUNNVILLE, ON, N1A 1G1
(905) 774-6545 *SIC* 4311
CANADA POST CORPORATION *p* 584
2110 Kipling Ave, ETOBICOKE, ON, M9W 4K5
(416) 743-8755 *SIC* 4311
CANADA POST CORPORATION *p* 589
55 Jarvis St, FORT ERIE, ON, L2A 0B2
(905) 871-5510 *SIC* 4311
CANADA POST CORPORATION *p* 590
301 Scott St, FORT FRANCES, ON, P9A 1H1
(807) 274-5573 *SIC* 4311
CANADA POST CORPORATION *p* 591
112 Guelph St, GEORGETOWN, ON, L7G 3Z5
(905) 877-1917 *SIC* 4311
CANADA POST CORPORATION *p* 593
2638 Innes Rd, GLOUCESTER, ON, K1B 4Z5
(613) 824-2257 *SIC* 4311
CANADA POST CORPORATION *p* 598
2 Main St W, GRIMSBY, ON, L3M 1R4
SIC 4311
CANADA POST CORPORATION *p* 607
60 Kenilworth Ave N, HAMILTON, ON, L8H 4R5
SIC 4311
CANADA POST CORPORATION *p* 610
75 Frid St, HAMILTON, ON, L8P 0A9
SIC 4311
CANADA POST CORPORATION *p* 614
999 Upper Wentworth St, HAMILTON, ON, L9A 4X5
(905) 388-8459 *SIC* 4311
CANADA POST CORPORATION *p* 617
252 10th St, HANOVER, ON, N4N 1N9
(519) 364-3491 *SIC* 4311
CANADA POST CORPORATION *p* 618
284 Main St E, HAWKESBURY, ON, K6A 1A5
(613) 632-6792 *SIC* 4311
CANADA POST CORPORATION *p* 620
2 Main St W, HUNTSVILLE, ON, P1H 2E1
(705) 789-2221 *SIC* 4311
CANADA POST CORPORATION *p* 621
36 Charles St W, INGERSOLL, ON, N5C 2L6
(519) 485-3700 *SIC* 4311
CANADA POST CORPORATION *p* 621
8056 Yonge St, INNISFIL, ON, L9S 1L6
(705) 436-4622 *SIC* 4311
CANADA POST CORPORATION *p* 628
202 Church St, KESWICK, ON, L4P 1J8
(905) 476-3321 *SIC* 4311
CANADA POST CORPORATION *p* 631
120 Clarence St, KINGSTON, ON, K7L 1X4
(613) 530-2260 *SIC* 4311
CANADA POST CORPORATION *p* 635
28 Division St N, KINGSVILLE, ON, N9Y 1C9
(519) 733-2343 *SIC* 4311
CANADA POST CORPORATION *p* 636
15 Government Rd E, KIRKLAND LAKE, ON, P2N 1A1
(705) 567-3333 *SIC* 4311
CANADA POST CORPORATION *p* 639
70 Trillium Dr, KITCHENER, ON, N2E 0E2
(519) 748-3056 *SIC* 4311
CANADA POST CORPORATION *p* 646
25 John St, LEAMINGTON, ON, N8H 1H3
(519) 326-2678 *SIC* 4311
CANADA POST CORPORATION *p* 655
255 Dufferin Ave, LONDON, ON, N6A 4K1
(519) 435-4963 *SIC* 4311
CANADA POST CORPORATION *p* 667
9926 Keele St, MAPLE, ON, L6A 3Y4
(905) 832-1435 *SIC* 4311
CANADA POST CORPORATION *p* 680
525 Dominion Ave, MIDLAND, ON, L4R 1P8
(705) 526-5571 *SIC* 4311
CANADA POST CORPORATION *p* 681
8490 Lawson Rd, MILTON, ON, L9T 8T3
(905) 878-0849 *SIC* 4311

CANADA POST CORPORATION *p* 687
4567 Dixie Rd Suite 152, MISSISSAUGA, ON, L4W 1S2
(416) 979-3033 *SIC* 4311
CANADA POST CORPORATION *p* 693
1310 Dundas St E, MISSISSAUGA, ON, L4Y 2C1
(905) 279-5892 *SIC* 4311
CANADA POST CORPORATION *p* 694
340 Matheson Blvd E, MISSISSAUGA, ON, L4Z 1P5
(905) 755-9328 *SIC* 4311
CANADA POST CORPORATION *p* 703
2273 Dundas St W, MISSISSAUGA, ON, L5K 2L8
(905) 828-7447 *SIC* 4311
CANADA POST CORPORATION *p* 705
145 Queen St S, MISSISSAUGA, ON, L5M 1L1
(905) 826-3521 *SIC* 4311
CANADA POST CORPORATION *p* 718
6915 Dixie Rd, MISSISSAUGA, ON, L5T 2G2
SIC 4311
CANADA POST CORPORATION *p* 722
425 Courtneypark Dr W Unit 102, MISSISSAUGA, ON, L5W 0E4
(905) 565-6604 *SIC* 4311
CANADA POST CORPORATION *p* 725
124 Centre St N, NAPANEE, ON, K7R 1N3
(613) 354-3711 *SIC* 4311
CANADA POST CORPORATION *p* 726
141 Colonnade Rd, NEPEAN, ON, K2E 7L9
(613) 764-1008 *SIC* 4311
CANADA POST CORPORATION *p* 735
4500 Queen St, NIAGARA FALLS, ON, L2E 2L5
(905) 374-6667 *SIC* 4311
CANADA POST CORPORATION *p* 743
101 Placer Crt, NORTH YORK, ON, M2H 3H9
SIC 4311
CANADA POST CORPORATION *p* 750
6035 Bathurst St, NORTH YORK, ON, M2R 1Z3
(416) 226-1717 *SIC* 4311
CANADA POST CORPORATION *p* 753
169 The Donway W, NORTH YORK, ON, M3C 4G6
(416) 444-6271 *SIC* 4311
CANADA POST CORPORATION *p* 769
1130 Speers Rd, OAKVILLE, ON, L6L 2X4
(905) 338-1199 *SIC* 4311
CANADA POST CORPORATION *p* 773
150 First St, ORANGEVILLE, ON, L9W 3T7
(519) 940-9740 *SIC* 4311
CANADA POST CORPORATION *p* 782
1400 Merivale Rd, OTTAWA, ON, K1A 0Y9
SIC 4311
CANADA POST CORPORATION *p* 782
2701 Riverside Dr, OTTAWA, ON, K1A 0B1
(613) 734-8440 *SIC* 4311
CANADA POST CORPORATION *p* 782
2701 Riverside Dr Suite 604, OTTAWA, ON, K1A L9
(613) 734-1017 *SIC* 4311
CANADA POST CORPORATION *p* 782
2701 Riverside Dr, OTTAWA, ON, K1A 1L5
(613) 734-8440 *SIC* 4311
CANADA POST CORPORATION *p* 792
797 Somerset St W Suite 14, OTTAWA, ON, K1R 6R3
(613) 729-6761 *SIC* 4311
CANADA POST CORPORATION *p* 799
1355 Richmond Rd, OTTAWA, ON, K2B 6R7
(613) 828-2672 *SIC* 4311
CANADA POST CORPORATION *p* 805
162 Pembroke St W, PEMBROKE, ON, K8A 5M8
(613) 732-2411 *SIC* 4311
CANADA POST CORPORATION *p* 807
7 Beckwith St E, PERTH, ON, K7H 1B2
(613) 267-1608 *SIC* 4311
CANADA POST CORPORATION *p* 809

▲ Public Company   ■ Public Company Family Member   **HQ** Headquarters   **BR** Branch   **SL** Single Location

CANADA POST CORPORATION
795 Rye St, PETERBOROUGH, ON, K9J 6X1
SIC 4311

CANADA POST CORPORATION p 816
184 Elm St, PORT COLBORNE, ON, L3K 4N8
(905) 834-3331   *SIC* 4311

CANADA POST CORPORATION p 817
192 Queen St, PORT PERRY, ON, L9L 1B9
SIC 4311

CANADA POST CORPORATION p 819
249 Raglan St S, RENFREW, ON, K7V 1R3
(613) 432-3384   *SIC* 4311

CANADA POST CORPORATION p 822
21 Arnold Cres, RICHMOND HILL, ON, L4C 3R6
(905) 884-9424   *SIC* 4311

CANADA POST CORPORATION p 828
105 Christina St S, SARNIA, ON, N7T 2M7
(519) 344-7074   *SIC* 4311

CANADA POST CORPORATION p 828
242 Indian Rd S, Sarnia, ON, N7T 3W4
SIC 4311

CANADA POST CORPORATION p 839
1085 Kingston Rd, SCARBOROUGH, ON, M1N 4E3
(416) 699-5355   *SIC* 4311

CANADA POST CORPORATION p 840
280 Progress Ave, SCARBOROUGH, ON, M1P 2Z4
(416) 299-4577   *SIC* 4311

CANADA POST CORPORATION p 848
124 Norfolk St N, SIMCOE, ON, N3Y 3N8
(519) 426-1365   *SIC* 4311

CANADA POST CORPORATION p 849
17 Church St E, SMITHS FALLS, ON, K7A 1H1
SIC 4311

CANADA POST CORPORATION p 851
234 Bunting Rd, ST CATHARINES, ON, L2M 3Y1
(905) 688-7765   *SIC* 4311

CANADA POST CORPORATION p 852
163 Scott St, ST CATHARINES, ON, L2N 1H3
(905) 934-9792   *SIC* 4311

CANADA POST CORPORATION p 860
393 Millen Rd, STONEY CREEK, ON, L8E 5A8
(905) 664-0009   *SIC* 4311

CANADA POST CORPORATION p 863
6379 Main St, STOUFFVILLE, ON, L4A 1G4
(905) 640-2466   *SIC* 4311

CANADA POST CORPORATION p 864
75 Waterloo St S, STRATFORD, ON, N5A 7B2
(519) 271-1282   *SIC* 4311

CANADA POST CORPORATION p 865
62 Frank St, STRATHROY, ON, N7G 2R4
(519) 245-1461   *SIC* 4311

CANADA POST CORPORATION p 882
54 Brock St W, TILLSONBURG, ON, N4G 2A5
(519) 688-1119   *SIC* 4311

CANADA POST CORPORATION p 883
140 Second Ave, TIMMINS, ON, P4N 1E9
(705) 268-2951   *SIC* 4311

CANADA POST CORPORATION p 891
2800 Keele St, TORONTO, ON, M3M 2G4
SIC 4311

CANADA POST CORPORATION p 892
2315 Danforth Ave, TORONTO, ON, M4C 1K5
SIC 4311

CANADA POST CORPORATION p 893
2 Laird Dr, TORONTO, ON, M4G 4K6
SIC 4311

CANADA POST CORPORATION p 894
1032 Pape Ave, TORONTO, ON, M4K 3W2
(416) 423-4661   *SIC* 4311

CANADA POST CORPORATION p 895
1075 Queen St E, TORONTO, ON, M4M 0C1
SIC 4311

CANADA POST CORPORATION p 896
2708 Yonge St, TORONTO, ON, M4N 2H9
(416) 483-7122   *SIC* 4311

CANADA POST CORPORATION p 903
50 Charles St E, TORONTO, ON, M4Y 1T1
(416) 413-4815   *SIC* 4311

CANADA POST CORPORATION p 910
1 Dundas St W Suite 500, TORONTO, ON, M5G 2L5
SIC 4311

CANADA POST CORPORATION p 933
509 St Clair Ave W, TORONTO, ON, M6C 1A1
SIC 4311

CANADA POST CORPORATION p 934
1773 Eglinton Ave W, TORONTO, ON, M6E 2H7
SIC 4311

CANADA POST CORPORATION p 935
772 Dovercourt Rd, TORONTO, ON, M6H 0A2
SIC 4311

CANADA POST CORPORATION p 936
1117 Queen St W Suite 156, TORONTO, ON, M6J 3X7
(416) 532-1234   *SIC* 4311

CANADA POST CORPORATION p 937
873 Jane St, TORONTO, ON, M6N 4C4
(416) 763-1311   *SIC* 4311

CANADA POST CORPORATION p 941
2050 Weston Rd, TORONTO, ON, M9N 1X4
SIC 4311

CANADA POST CORPORATION p 943
70 Front St, TRENTON, ON, K8V 4N4
(613) 392-4402   *SIC* 4311

CANADA POST CORPORATION p 946
Gd, VAL RITA, ON, P0L 2G0
(705) 335-3026   *SIC* 4311

CANADA POST CORPORATION p 948
620 Wellington St, WALLACEBURG, ON, N8A 2Y5
(519) 627-4771   *SIC* 4311

CANADA POST CORPORATION p 949
17 Main St N, WATERDOWN, ON, L8B 1R4
(905) 689-8364   *SIC* 4311

CANADA POST CORPORATION p 950
70 King St N, WATERLOO, ON, N2J 2X1
(519) 886-1330   *SIC* 4311

CANADA POST CORPORATION p 954
26 Division St, WELLAND, ON, L3B 3Z6
(905) 734-4211   *SIC* 4311

CANADA POST CORPORATION p 961
11910 Tecumseh Rd E, WINDSOR, ON, N8N 0B9
(519) 735-9808   *SIC* 4311

CANADA POST CORPORATION p 963
1430 Grand Marais W, WINDSOR, ON, N8W 1W2
(519) 966-4231   *SIC* 4311

CANADA POST CORPORATION p 971
303 Josephine St, WINGHAM, ON, N0G 2W0
(519) 357-2680   *SIC* 4311

CANADA POST CORPORATION p 973
21 Haist Ave Suite 1, WOODBRIDGE, ON, L4L 5V5
(905) 851-1237   *SIC* 4311

CANADA POST CORPORATION p 977
433 Norwich Ave, WOODSTOCK, ON, N4S 3W4
(519) 537-3131   *SIC* 4311

CANADA POST CORPORATION p 984
454 Granville St, SUMMERSIDE, PE, C1N 4K7
(902) 436-5652   *SIC* 4311

CANADA POST CORPORATION p 987
160 Rue Saint-Joseph, ALMA, QC, G8B 0E7
(418) 662-3106   *SIC* 4311

CANADA POST CORPORATION p 988
32 1re Av O, AMOS, QC, J9T 1T8
(819) 732-5853   *SIC* 4311

CANADA POST CORPORATION p 996
37 Rue Saint-Laurent, BEAUHARNOIS, QC, J6N 1V1

(450) 225-1065   *SIC* 4311

CANADA POST CORPORATION p 997
595 Boul Sir-Wilfrid-Laurier, BELOEIL, QC, J3G 4J1
SIC 4311

CANADA POST CORPORATION p 998
580 Av Gilles-Villeneuve, BERTHIERVILLE, QC, J0K 1A0
SIC 4311

CANADA POST CORPORATION p 1000
4570 Rue Ambroise-Lafortune, BOIS-BRIAND, QC, J7H 0E5
(450) 435-4527   *SIC* 4311

CANADA POST CORPORATION p 1010
1223 Boul De Perigny, CHAMBLY, QC, J3L 1W7
(450) 658-0232   *SIC* 4311

CANADA POST CORPORATION p 1013
1939 Rue Des Sapins Unite 1, CHICOUTIMI, QC, G7H 0H7
(418) 690-0350   *SIC* 4311

CANADA POST CORPORATION p 1021
224 Rue Du Sud, COWANSVILLE, QC, J2K 2X4
(450) 266-2101   *SIC* 4311

CANADA POST CORPORATION p 1024
3347 Boul Des Sources, DOLLARD-DES-ORMEAUX, QC, H9B 1Z8
(514) 683-5460   *SIC* 4311

CANADA POST CORPORATION p 1033
52 Rue Fontenelle, Gaspe, QC, G4X 6R2
(418) 368-4325   *SIC* 4311

CANADA POST CORPORATION p 1040
297 Rue Principale, GRANBY, QC, J2G 2W1
(450) 372-3987   *SIC* 4311

CANADA POST CORPORATION p 1042
696 5e Av, Grand-Mere, QC, G9T 2M6
(819) 538-1651   *SIC* 4311

CANADA POST CORPORATION p 1045
877 Rue Papineau, JOLIETTE, QC, J6E 2L6
(450) 752-6612   *SIC* 4311

CANADA POST CORPORATION p 1047
3219 Boul Saint-Francois, Jonquiere, QC, G7T 0A6
(418) 548-0588   *SIC* 4311

CANADA POST CORPORATION p 1050
1697 Rue Notre-Dame, L'ANCIENNE-LORETTE, QC, G2E 3B9
SIC 4311

CANADA POST CORPORATION p 1053
550 Boul Taschereau, LA PRAIRIE, QC, J5R 1V1
(450) 659-1183   *SIC* 4311

CANADA POST CORPORATION p 1060
9566 Rue Jean-Milot, LASALLE, QC, H8R 1X7
SIC 4311

CANADA POST CORPORATION p 1062
850 Rue Montrose, Laval, QC, H7E 0H1
(514) 345-7503   *SIC* 4311

CANADA POST CORPORATION p 1076
3131 Boul Mascouche, MASCOUCHE, QC, J7K 1Y0
SIC 4311

CANADA POST CORPORATION p 1077
200 Av Saint-Jerome, MATANE, QC, G4W 0C7
(418) 562-0537   *SIC* 4311

CANADA POST CORPORATION p 1079
1496 Boul Jacques-Cartier Bureau 183113, MONT-JOLI, QC, G5H 0B3
(418) 775-2271   *SIC* 4311

CANADA POST CORPORATION p 1079
530 Boul Packard, MONT-LAURIER, QC, J9L 0A0
(819) 623-3463   *SIC* 4311

CANADA POST CORPORATION p 1086
6700 Rue Sherbrooke E, Montreal, QC, H1N 1C9
(514) 259-3233   *SIC* 4311

CANADA POST CORPORATION p 1088
4290 Rue Ontario E, Montreal, QC, H1V 1K3
(514) 259-3233   *SIC* 4311

CANADA POST CORPORATION p 1110
1100 Boul Rene-Levesque O, Montreal, QC, H3B 4N4
SIC 4311

CANADA POST CORPORATION p 1121
4944 Boul Decarie, Montreal, QC, H3X 2H7
(514) 369-4813   *SIC* 4311

CANADA POST CORPORATION p 1121
5345 Ch Queen-Mary, Montreal, QC, H3X 1T9
(514) 489-7207   *SIC* 4311

CANADA POST CORPORATION p 1123
5820 Boul Monkland, Montreal, QC, H4E 3H6
SIC 4311

CANADA POST CORPORATION p 1153
660 Rue Graham-Bell, Quebec, QC, G1N 0B2
(418) 847-2160   *SIC* 4311

CANADA POST CORPORATION p 1162
2900 Ch Saint-Louis, Quebec, QC, G1W 4R7
(418) 651-1374   *SIC* 5912

CANADA POST CORPORATION p 1163
3291 Ch Sainte-Foy Unite 225, Quebec, QC, G1X 3V2
(418) 652-1738   *SIC* 4311

CANADA POST CORPORATION p 1166
6700 Boul Pierre-Bertrand Bureau 200, Quebec, QC, G2J 0B6
SIC 4311

CANADA POST CORPORATION p 1169
1340 Boul Pie-Xi N, Quebec, QC, G3J 1X3
(418) 842-3178   *SIC* 4311

CANADA POST CORPORATION p 1172
139 Rue De Sainte-Cecile-Du-Bic, RIMOUSKI, QC, G0L 1B0
(418) 736-4988   *SIC* 4311

CANADA POST CORPORATION p 1174
200 Rue Lafontaine, Riviere-du-Loup, QC, G5R 0J4
(418) 862-6348   *SIC* 4311

CANADA POST CORPORATION p 1177
151 Av Du Lac, ROUYN-NORANDA, QC, J9X 4N6
(819) 762-5555   *SIC* 4311

CANADA POST CORPORATION p 1182
50 Rue Rabastaliere O, SAINT-BRUNO, QC, J3V 1Y0
(450) 441-1583   *SIC* 4311

CANADA POST CORPORATION p 1184
171 Rue Saint-Pierre Bureau 104, SAINT-CONSTANT, QC, J5A 2G9
(450) 632-2430   *SIC* 4311

CANADA POST CORPORATION p 1186
405 Boul Arthur-Sauve, SAINT-EUSTACHE, QC, J7P 2B2
(450) 473-6474   *SIC* 4311

CANADA POST CORPORATION p 1189
14200 Boul Lacroix, SAINT-GEORGES, QC, G5Y 0C3
(418) 228-1354   *SIC* 4311

CANADA POST CORPORATION p 1194
2020 Rue Girouard O, SAINT-HYACINTHE, QC, J2S 3A6
(450) 771-6767   *SIC* 4311

CANADA POST CORPORATION p 1198
246 Rue Champlain, SAINT-JEAN-SUR-RICHELIEU, QC, J3B 0J8
(450) 347-5337   *SIC* 4311

CANADA POST CORPORATION p 1211
555 Rue Mcarthur Bureau 1506, SAINT-LAURENT, QC, H4T 1T4
(514) 345-4571   *SIC* 4311

CANADA POST CORPORATION p 1214
6105 Boul Metropolitain E, SAINT-LEONARD, QC, H1P 0A3
(514) 955-3148   *SIC* 4311

CANADA POST CORPORATION p 1221
548 Rue Principale, Saint-Sebastien, QC, J0J 2C0
(450) 244-5593   *SIC* 4311

CANADA POST CORPORATION p 1223
36 Rue Principale E, SAINTE-AGATHE-DES-MONTS, QC, J8C 1J4

BUSINESSES ALPHABETICALLY — CANADIAN BLOOD SERVICES 3125

(819) 326-1096   SIC 4311
CANADA POST CORPORATION   p 1226
461 Rue Saint-Joseph, SAINTE-JULIE, QC, J3E 1W8
(450) 649-5471   SIC 4311
CANADA POST CORPORATION   p 1232
180 Rue Victoria, SALABERRY-DE-VALLEYFIELD, QC, J6T 0B6
(450) 373-3030   SIC 4311
CANADA POST CORPORATION   p 1233
203-701 Boul Laure, Sept-Iles, QC, G4R 0G6
(418) 962-7730   SIC 4311
CANADA POST CORPORATION   p 1246
8 Rue Notre-Dame E, THETFORD MINES, QC, G6G 0C2
(418) 338-2177   SIC 4311
CANADA POST CORPORATION   p 1247
1285 Rue Notre-Dame E, Trois-Rivieres, QC, G8T 4J9
(819) 691-4215   SIC 4311
CANADA POST CORPORATION   p 1256
100 Rte De Lotbiniere, VAUDREUIL-DORION, QC, J7V 2T4
(450) 455-3026   SIC 4311
CANADA POST CORPORATION   p 1258
133 Rue Saint-Jean-Baptiste, VICTORIAVILLE, QC, G6P 0C8
(819) 458-3333   SIC 4311
CANADA POST CORPORATION   p 1272
4616 49 Ave, LLOYDMINSTER, SK, S9V 0T2
(306) 825-7510   SIC 4311
CANADA POST CORPORATION   p 1275
63 Ross St W, MOOSE JAW, SK, S6H 2M2
(306) 691-4770   SIC 4311
CANADA POST CORPORATION   p 1277
1242 100th St, NORTH BATTLEFORD, SK, S9A 0V7
(306) 446-4000   SIC 4311
CANADA POST CORPORATION   p 1279
9 Marquis Rd W, PRINCE ALBERT, SK, S6V 8B9
(306) 953-1900   SIC 4311
CANADA POST CORPORATION   p 1279
1403 Central Ave Unit 550, PRINCE ALBERT, SK, S6V 7J4
(306) 922-1711   SIC 4311
CANADA POST CORPORATION   p 1281
214 Main St, RADVILLE, SK, S0C 2G0
(306) 869-2433   SIC 4311
CANADA POST CORPORATION   p 1282
2223 E Victoria Ave Suite 109, REGINA, SK, S4N 6E4
SIC 4311
CANADA POST CORPORATION   p 1284
2200 Saskatchewan Dr, REGINA, SK, S4P 3V7
(306) 761-6301   SIC 4311
CANADA POST CORPORATION   p 1288
2625 31st Ave, REGINA, SK, S4S 2R3
(306) 761-6373   SIC 4311
CANADA POST CORPORATION   p 1295
817 51st St E, SASKATOON, SK, S7K 0G9
SIC 4311
CANADA POST CORPORATION   p 1309
70 Bull Cres, YORKTON, SK, S3N 3W7
(306) 783-4647   SIC 4311
CANADA POST CORPORATION   p 1311
300 Range Rd, WHITEHORSE, YT, Y1A 0H8
(867) 668-2195   SIC 4311
CANADA POST FORT ERIE   p 589
See CANADA POST CORPORATION
CANADA POST HUNTSVILLE   p 620
See CANADA POST CORPORATION
CANADA POST STATION C   p 936
See CANADA POST CORPORATION
CANADA POST TRENTON   p 943
See CANADA POST CORPORATION
CANADA POWERTRAIN, DIV OF   p 91
See CRANE CARRIER (CANADA) LIMITED
CANADA PURE SPRING WATER, DIV OF   p 756

See TEL-E CONNECT SYSTEMS LTD
CANADA REVENUE AGENCY   p 416
126 Prince William St, SAINT JOHN, NB, E2L 2B6
(506) 636-4623   SIC 8721
CANADA REVENUE AGENCY SAINT JOHN PSO   p 416
See CANADA REVENUE AGENCY
CANADA SAFEWAY   p 52
See SOBEYS WEST INC
CANADA SAFEWAY   p 176
See SOBEYS WEST INC
CANADA SAFEWAY   p 317
See SOBEYS WEST INC
CANADA SAFEWAY # 14   p 209
See SOBEYS WEST INC
CANADA SAFEWAY # 165   p 181
See SOBEYS WEST INC
CANADA SAFEWAY #838   p 87
See SOBEYS WEST INC
CANADA SAFEWAY 263   p 25
See SOBEYS WEST INC
CANADA SAFEWAY 76   p 203
See SOBEYS WEST INC
CANADA SAFEWAY LIMITED   p 36
See SOBEYS WEST INC
CANADA SAFEWAY LIMITED   p 39
See SOBEYS WEST INC
CANADA SAFEWAY NO. 171   p 276
See SOBEYS WEST INC
CANADA SCIENCE AND TECHNOLOGY MUSEUMS CORPORATION   p 783
2421 Lancaster Rd, OTTAWA, ON, K1B 4L5
(613) 991-3044   SIC 8412
CANADA SCIENCE AND TECHNOLOGY MUSEUMS CORPORATION   p 787
11 Aviation Pkwy, OTTAWA, ON, K1K 2X5
(613) 993-2010   SIC 8412
CANADA STAMP   p 662
See STERLING MARKING PRODUCTS INC
CANADA STAMP   p 894
See STERLING MARKING PRODUCTS INC
CANADA STARCH OPERATING COMPANY INC   p 580
405 The West Mall Suite 600, ETOBICOKE, ON, M9C 0A1
SIC 2046
CANADA SUMMIT CENTRE   p 620
See CORPORATION OF THE TOWN OF HUNTSVILLE, THE
CANADA TECH CORP   p 22
1437 47 Ave Ne Suite 105, CALGARY, AB, T2E 6N7
(403) 232-1400   SIC 3533
CANADA TORONTO EAST MISSION   p 934
851 Ossington Ave, TORONTO, ON, M6G 3V2
(416) 531-0535   SIC 8661
CANADA TRUST   p 340
See CANADA TRUST COMPANY, THE
CANADA TRUST COMPANY, THE   p 318
2198 41st Ave W, VANCOUVER, BC, V6M 1Z1
(604) 261-1301   SIC 6021
CANADA TRUST COMPANY, THE   p 340
1584 Johnston Rd, WHITE ROCK, BC, V4B 3Z7
SIC 6021
CANADA TRUST COMPANY, THE   p 386
1114 Corydon Ave, WINNIPEG, MB, R3M 0Y9
(204) 985-4400   SIC 6021
CANADA TRUST COMPANY, THE   p 387
2030 Corydon Ave, WINNIPEG, MB, R3P 0N2
(204) 985-4620   SIC 6021
CANADA TRUST COMPANY, THE   p 600
585 Scottsdale Dr, GUELPH, ON, N1G 3E7
SIC 6021
CANADA TRUST COMPANY, THE   p 962
5790 Wyandotte St E, WINDSOR, ON, N8S 1M5

(519) 944-4355   SIC 6021
CANADA TRUST COMPANY, THE   p 1275
145 Main St N, MOOSE JAW, SK, S6H 0V9
SIC 6021
CANADA TUBEFORM INC   p 664
2879 Innovation Dr, LONDON, ON, N6M 0B6
(519) 451-9995   SIC 3465
CANADA WATERLOO POST OFFICE   p 950
See CANADA POST CORPORATION
CANADA WAY CARE CENTRE   p 188
See 528728 BC LTD
CANADA WEST BOOT FACTORY OUTLET   p 372
See CANADA WEST SHOE MANUFACTURING INC
CANADA WEST SHOE MANUFACTURING INC   p 372
1250 Fife St, WINNIPEG, MB, R2X 2N6
(204) 632-4110   SIC 5661
CANADA WINNIPEG AREA CONTROL   p 384
See NAV CANADA
CANADA'S LOG PEOPLE INC   p 176
5467 Tatton Stn. Rd Rr 1, 100 MILE HOUSE, BC, V0K 2E1
(250) 791-5222   SIC 1521
CANADA'S NATIONAL BALLET SCHOOL   p 903
400 Jarvis St, TORONTO, ON, M4Y 2G6
(416) 964-3780   SIC 7911
CANADA'S NATIONAL LABORATORY FOR PARTICLE & NUCLEAR PHYSICS   p 320
See TRIUMF
CANADA'S WONDERLAND COMPANY   p 947
9580 Jane St, VAUGHAN, ON, L6A 1S6
(905) 832-7000   SIC 7996
CANADADRUGS.COM LP   p 365
24 Terracon Pl, WINNIPEG, MB, R2J 4G7
SIC 5912
CANADAUSPHARMACY   p 375
See PHARMACY NORTH INC
CANADAY'S APPAREL LTD   p 1275
115 Coronation Dr, MOOSE JAW, SK, S6H 4P3
(306) 692-6406   SIC 2325
CANADEL INC   p 1073
700 Rue Canadel, LOUISEVILLE, QC, J5V 3A4
(819) 228-8471   SIC 2511
CANADIAN MARTYRS SCHOOL   p 696
See DUFFERIN-PEEL CATHOLIC DISTRICT SCHOOL BOARD
CANADIAN ADDICTION TREATMENT PHARMACY LP   p 946
311 Mcarthur Ave Suite 105, VANIER, ON, K1L 6P1
(613) 749-2324   SIC 5122
CANADIAN AID ORGANIZATION FOR IRAQI SOCIETY REHAB. (CAOFISR)   p 822
8 Lawson Crt, RICHMOND HILL, ON, L4C 8L6
(647) 449-1621   SIC 8399
CANADIAN ALLIANCE TERMINALS INC   p 209
7510 Hopcott Rd Suite 10, DELTA, BC, V4G 1B6
(604) 270-6077   SIC 4225
CANADIAN AMERICAN TRANSPORTATION   p 725
See C.A.T. INC
CANADIAN APARTMENT PROPERTIES REAL ESTATE INVESTMENT TRUST   p 909
11 Church St Suite 401, TORONTO, ON, M5E 1W1
(416) 861-5771   SIC 6722
CANADIAN APPRENTICESHIP FORUM   p 786
2197 Riverside Dr Suite 404, OTTAWA, ON, K1H 7X3
(613) 235-4004   SIC 8249
CANADIAN ASSOCIATED LABORATORIES LIMITED   p 460
2457 Maynard St, HALIFAX, NS, B3K 3V2
(902) 429-1820   SIC 8072
CANADIAN ASSOCIATION OF TOKEN COLLECTORS   p 482
273 Mill St E, ACTON, ON, L7J 1J7
(519) 853-3812   SIC 7699
CANADIAN AUTO WORKERS   p 639
See UNIFOR
CANADIAN BANK NOTE   p 726
See CANADIAN BANK NOTE COMPANY, LIMITED
CANADIAN BANK NOTE COMPANY, LIMITED   p 22
2507 12 St Ne Suite 105, CALGARY, AB, T2E 7L5
(403) 250-9515   SIC 2759
CANADIAN BANK NOTE COMPANY, LIMITED   p 726
18 Auriga Dr, NEPEAN, ON, K2E 7T9
(613) 722-6607   SIC 2759
CANADIAN BANK NOTE COMPANY, LIMITED   p 726
18 Auriga Dr Suite 200, NEPEAN, ON, K2E 7T9
(613) 225-3018   SIC 2796
CANADIAN BAR ASSOCIATION, THE   p 793
865 Carling Ave Suite 500, OTTAWA, ON, K1S 5S8
(613) 237-2925   SIC 8621
CANADIAN BAR ASSOCIATION, THE   p 907
20 Toronto St Suite 300, TORONTO, ON, M5C 2B8
(416) 869-1047   SIC 8621
CANADIAN BASE OPERATORS INC   p 556
101 Pretty River Pky S Suite 6, COLLINGWOOD, ON, L9Y 4M8
(705) 446-9019   SIC 7538
CANADIAN BLIND MANUFACTURING INC   p 265
5900 No. 6 Rd Unit 110, RICHMOND, BC, V6V 1Z1
(604) 304-3476   SIC 2591
CANADIAN BLOOD SERVICES   p 51
737 13 Ave Sw, CALGARY, AB, T2R 1J1
(403) 410-2650   SIC 8099
CANADIAN BLOOD SERVICES   p 152
5020 68 St Suite 5, RED DEER, AB, T4N 7B4
(403) 309-3378   SIC 8099
CANADIAN BLOOD SERVICES   p 225
1865 Dilworth Dr Suite 103, KELOWNA, BC, V1Y 9T1
(250) 717-5244   SIC 8099
CANADIAN BLOOD SERVICES   p 261
2277 Westwood Dr, PRINCE GEORGE, BC, V2N 4V6
(250) 563-2560   SIC 8099
CANADIAN BLOOD SERVICES   p 320
2211 Wesbrook Mall, VANCOUVER, BC, V6T 2B5
(604) 822-7587   SIC 8099
CANADIAN BLOOD SERVICES   p 344
800 Rosser Ave, BRANDON, MB, R7A 6N5
(204) 571-3100   SIC 8099
CANADIAN BLOOD SERVICES   p 415
405 University Ave, SAINT JOHN, NB, E2K 0H6
(506) 648-5012   SIC 8099
CANADIAN BLOOD SERVICES   p 609
397 Ontario St Suite 395, HAMILTON, ON, L8N 1H8
(888) 236-6283   SIC 8099
CANADIAN BLOOD SERVICES   p 784
1800 Alta Vista Dr, OTTAWA, ON, K1G 4J5
(613) 739-2300   SIC 8099
CANADIAN BLOOD SERVICES   p 867
944 Barrydowne Rd, SUDBURY, ON, P3A 3V3
(705) 674-2636   SIC 8099

▲ Public Company   ■ Public Company Family Member   HQ Headquarters   BR Branch   SL Single Location

CANADIAN BLOOD SERVICES *p* 869
300 Elm St, SUDBURY, ON, P3C 1V4
(705) 688-3300   *SIC* 8099
CANADIAN BLOOD SERVICES *p* 1295
325 20th St E, SASKATOON, SK, S7K 0A9
(306) 651-6600   *SIC* 8099
CANADIAN BRASS & COPPER CO *p* 558
225 Doney Cres Suite 1, CONCORD, ON, L4K 1P6
(416) 736-0797   *SIC* 5051
CANADIAN BREAST CANCER FOUNDATION 310
1090 Pender St W Suite 300, VANCOUVER, BC, V6E 2N7
(604) 683-2873   *SIC* 8733
CANADIAN BREAST CANCER FOUNDATION *p* 907
20 Victoria St Suite 600, TORONTO, ON, M5C 2N8
(416) 815-1313   *SIC* 8399
CANADIAN BREAST CANCER FOUNDATION *p* 910
375 University Ave Suite 301, TORONTO, ON, M5G 2J5
(416) 596-6773   *SIC* 8399
CANADIAN BREAST CANCER FOUNDATION ONTARIO CHAPTER *p* 907
See *CANADIAN BREAST CANCER FOUNDATION*
CANADIAN BROADCASTING CORPORATION *p* 39
1724 Westmount Blvd Nw, CALGARY, AB, T2N 3G7
(403) 521-6000   *SIC* 4832
CANADIAN BROADCASTING CORPORATION *p* 79
123 Edmonton City Centre Nw, EDMONTON, AB, T5J 2Y8
(780) 468-7777   *SIC* 4833
CANADIAN BROADCASTING CORPORATION *p* 303
700 Hamilton St, VANCOUVER, BC, V6B 2R5
(604) 662-6000   *SIC* 4832
CANADIAN BROADCASTING CORPORATION *p* 374
541 Portage Ave, WINNIPEG, MB, R3B 2G1
(204) 788-3222   *SIC* 4833
CANADIAN BROADCASTING CORPORATION *p* 400
1160 Regent St, FREDERICTON, NB, E3B 3Z1
(506) 451-4000   *SIC* 4833
CANADIAN BROADCASTING CORPORATION *p* 406
250 Archibald St, MONCTON, NB, E1C 8N8
(506) 853-6894   *SIC* 4832
CANADIAN BROADCASTING CORPORATION *p* 415
560 Main St, SAINT JOHN, NB, E2K 1J5
(506) 632-7710   *SIC* 4832
CANADIAN BROADCASTING CORPORATION *p* 433
95 University Ave, ST. JOHN'S, NL, A1B 1Z4
(709) 576-5000   *SIC* 4833
CANADIAN BROADCASTING CORPORATION *p* 438
155 Mackenzie Rd Bay, INUVIK, NT, X0E 0T0
(867) 777-7600   *SIC* 4832
CANADIAN BROADCASTING CORPORATION *p* 438
5002 Forrest Dr, YELLOWKNIFE, NT, X1A 2A9
(867) 669-5400   *SIC* 4833
CANADIAN BROADCASTING CORPORATION *p* 457
5600 Sackville St, HALIFAX, NS, B3J 1L2
(902) 420-4483   *SIC* 4832
CANADIAN BROADCASTING CORPORATION *p* 476
285 Alexandra St, SYDNEY, NS, B1S 2E8
(902) 539-5050   *SIC* 4833
CANADIAN BROADCASTING CORPORATION *p* 481
Gd, IQALUIT, NU, X0A 0H0
(867) 979-6100   *SIC* 4833
CANADIAN BROADCASTING CORPORATION *p* 869
15 Mackenzie St, SUDBURY, ON, P3C 4Y1
(705) 688-3232   *SIC* 4832
CANADIAN BROADCASTING CORPORATION *p* 928
205 Wellington St W Unit 9a211, TORONTO, ON, M5V 3G7
(416) 205-3072   *SIC* 4833
CANADIAN BROADCASTING CORPORATION *p* 928
205 Wellington St W, TORONTO, ON, M5V 3G7
SIC 4833
CANADIAN BROADCASTING CORPORATION *p* 928
250 Front St W, TORONTO, ON, M5V 3G5
(416) 205-3311   *SIC* 4832
CANADIAN BROADCASTING CORPORATION *p* 967
825 Riverside Dr W, WINDSOR, ON, N9A 5K9
(519) 255-3497   *SIC* 4833
CANADIAN BROADCASTING CORPORATION *p* 980
430 University Ave, CHARLOTTETOWN, PE, C1A 4N6
(902) 629-6400   *SIC* 4832
CANADIAN BROADCASTING CORPORATION *p* 1013
500 Rue Des Sagueneens, CHICOUTIMI, QC, G7H 6N4
(418) 696-6600   *SIC* 4832
CANADIAN BROADCASTING CORPORATION *p* 1077
155 Rue Saint-Sacrement, MATANE, QC, G4W 1Y9
(418) 562-0290   *SIC* 4832
CANADIAN BROADCASTING CORPORATION *p* 1094
1400 Boul Rene-Levesque E, Montreal, QC, H2L 2M2
(514) 597-6000   *SIC* 4833
CANADIAN BROADCASTING CORPORATION *p* 1156
888 Rue Saint-Jean Unite 224, Quebec, QC, G1R 5H6
(418) 656-8206   *SIC* 4832
CANADIAN BROADCASTING CORPORATION *p* 1172
185 Boul Rene-Lepage E, RIMOUSKI, QC, G5L 1P2
(418) 723-2217   *SIC* 4832
CANADIAN BROADCASTING CORPORATION *p* 1233
350 Rue Smith Bureau 30, Sept-Iles, QC, G4R 3X2
(418) 968-0720   *SIC* 4832
CANADIAN BROADCASTING CORPORATION *p* 1237
1335 Rue King O Bureau 330, SHERBROOKE, QC, J1J 2B8
(819) 620-0000   *SIC* 4832
CANADIAN BROADCASTING CORPORATION *p* 1271
308 La Ronge, LA RONGE, SK, S0J 1L0
(306) 425-3324   *SIC* 4833
CANADIAN BROADCASTING CORPORATION *p* 1284
2440 Broad St, REGINA, SK, S4P 0A5
(306) 347-9540   *SIC* 4832
CANADIAN BROADCASTING CORPORATION *p* 1295
128 4th Avenue S Unit 100, SASKATOON, SK, S7K 1M8
(306) 956-7400   *SIC* 4833
CANADIAN BROADCASTING CORPORATION *p* 1311
3103 3rd Ave, WHITEHORSE, YT, Y1A 1E5
(867) 668-8400   *SIC* 4832
CANADIAN BROKERS *p* 493
See *RUSSELL A. FARROW LIMITED*
CANADIAN CANCER SOCIETY *p* 22
325 Manning Rd Ne Unit 200, CALGARY, AB, T2E 2P5
(403) 205-3966   *SIC* 8399
CANADIAN CANCER SOCIETY *p* 219
141 Victoria St Suite 214, KAMLOOPS, BC, V2C 1Z5
(250) 374-9188   *SIC* 8399
CANADIAN CANCER SOCIETY *p* 252
74 Wade Ave E Unit 103, PENTICTON, BC, V2A 8M4
(250) 490-9681   *SIC* 8399
CANADIAN CANCER SOCIETY *p* 263
172 2 Ave W, QUALICUM BEACH, BC, V9K 1T7
SIC 8399
CANADIAN CANCER SOCIETY *p* 264
332 Front St, QUESNEL, BC, V2J 2K3
SIC 8399
CANADIAN CANCER SOCIETY *p* 294
3689 1st Ave E Suite 230, VANCOUVER, BC, V5M 1C2
SIC 8399
CANADIAN CANCER SOCIETY *p* 300
565 10th Ave W Suite 44, VANCOUVER, BC, V5Z 4J4
(604) 872-4400   *SIC* 7389
CANADIAN CANCER SOCIETY *p* 325
3402 27 Ave Suite 104, VERNON, BC, V1T 1S1
(250) 542-0770   *SIC* 8399
CANADIAN CANCER SOCIETY *p* 340
15240 Thrift Ave Suite 104, WHITE ROCK, BC, V4B 2L1
(604) 538-0011   *SIC* 8699
CANADIAN CANCER SOCIETY *p* 341
176 Fourth Ave N, WILLIAMS LAKE, BC, V2G 2C7
(250) 392-3442   *SIC* 8399
CANADIAN CANCER SOCIETY *p* 377
193 Sherbrook St Suite 1, WINNIPEG, MB, R3C 2B7
(204) 774-7483   *SIC* 8399
CANADIAN CANCER SOCIETY *p* 456
5826 South St Suite 1, HALIFAX, NS, B3H 1S6
(902) 423-6183   *SIC* 8399
CANADIAN CANCER SOCIETY *p* 469
Gd Lcd Main, NEW GLASGOW, NS, B2H 5C9
SIC 8399
CANADIAN CANCER SOCIETY *p* 900
55 St Clair Ave W Suite 500, TORONTO, ON, M4V 2Y7
(416) 488-5400   *SIC* 8399
CANADIAN CANCER SOCIETY *p* 1087
5151 Boul De L'assomption, Montreal, QC, H1T 4A9
(514) 255-5151   *SIC* 8399
CANADIAN CANCER SOCIETY *p* 1284
1910 Mcintyre St, REGINA, SK, S4P 2R3
(306) 790-5822   *SIC* 8399
CANADIAN CANCER SOCIETY MANITOBA DIVISION *p* 377
See *CANADIAN CANCER SOCIETY*
CANADIAN CART SALES, DIV OF *p* 734
See *TURF CARE PRODUCTS CANADA LIMITED*
CANADIAN CHAMPION, THE *p* 682
See *METROLAND MEDIA GROUP LTD*
CANADIAN CHOICE WHOLESALERS LTD
p 303
1202 Richards St, VANCOUVER, BC, V6B 3G2
(604) 633-2392   *SIC* 5411
CANADIAN CO CO TOURS, INC *p* 4
220 Bear St Suite 205, BANFF, AB, T1L 1A2
(403) 762-5600   *SIC* 4725
CANADIAN CO CO TOURS, INC *p* 310
1281 Georgia St W Suite 505, VANCOUVER, BC, V6E 3J7
(604) 685-6388   *SIC* 4725
CANADIAN COAST GUARD AUXILIARY (CENTRAL AND ARCTIC) INC *p* 892
577 Kingston Rd Suite 206, TORONTO, ON, M4E 1R3
(416) 463-7283   *SIC* 8699
CANADIAN COLLEGE OF NATUROPATHIC MEDICINE *p* 747
See *INSTITUTE OF NATUROPATHIC EDUCATION AND RESEARCH*
CANADIAN CONDOMINIUM MANAGEMENT CORP 99
9440 49 St Nw Suite 230, EDMONTON, AB, T6B 2M9
(780) 485-0505   *SIC* 1531
CANADIAN CONTRACT CLEANING SPECIALISTS, INC *p* 22
1420 40 Ave Ne Suite 3, CALGARY, AB, T2E 6L1
(403) 259-5560   *SIC* 7349
CANADIAN CONTRACT CLEANING SPECIALISTS, INC *p* 131
603 10 Ave Se, HIGH RIVER, AB, T1V 1K2
SIC 7349
CANADIAN CONTRACT CLEANING SPECIALISTS, INC *p* 155
7550 40 Ave, RED DEER, AB, T4P 2H8
(403) 348-8440   *SIC* 7349
CANADIAN CONTRACT CLEANING SPECIALISTS, INC *p* 820
10 East Wilmot St Unit 25, RICHMOND HILL, ON, L4B 1G9
(905) 707-0410   *SIC* 7349
CANADIAN CORPS OF COMMISSIONAIRES (MANITOBA AND NORTHWESTERN ONTARIO DIVISION) *p* 380
290 Burnell St, WINNIPEG, MB, R3G 2A7
(204) 942-5993   *SIC* 7381
CANADIAN CORPS OF COMMISSIONAIRES (NORTHERN ALBERTA) *p* 87
10633 124 St Nw Suite 101, EDMONTON, AB, T5N 1S5
(780) 451-1974   *SIC* 7381
CANADIAN CORRECTIONAL MANAGEMENT INC *p* 404

4 Airport Dr, MIRAMICHI, NB, E1N 3W4
(506) 624-2160   *SIC* 7381
CANADIAN CUSTOM CABLE INC   *p* 10
3823 29 St Ne, CALGARY, AB, T1Y 6B5
(403) 250-2271   *SIC* 3496
CANADIAN DEVELOPMENT CONSULTANTS INTERNATIONAL INC   *p* 790
246 Queen St Suite 300, OTTAWA, ON, K1P 5E4
(613) 234-1849   *SIC* 8748
CANADIAN DEWATERING L.P.   *p* 16
8816 40 St Se, CALGARY, AB, T2C 2P2
(403) 291-3313   *SIC* 5084
CANADIAN DEWATERING L.P.   *p* 114
8350 1 St Nw, EDMONTON, AB, T6P 1X2
(780) 400-2260   *SIC* 5084
CANADIAN DEWATERING L.P.   *p* 289
19577 94 Ave, SURREY, BC, V4N 4E6
(604) 888-0042   *SIC* 5084
CANADIAN DIABETES ASSOCIATION   *p* 16
3700 78 Ave Se Unit 240, CALGARY, AB, T2C 2L8
(403) 509-0070   *SIC* 8699
CANADIAN DIABETES ASSOCIATION   *p* 22
2323 32 Ave Ne Unit 204, CALGARY, AB, T2E 6Z3
(403) 266-0620   *SIC* 8699
CANADIAN DIABETES ASSOCIATION   *p* 377
310 Broadway Unit 200, WINNIPEG, MB, R3C 0S6
(204) 925-3800   *SIC* 8699
CANADIAN DIABETES ASSOCIATION   *p* 414
362 Rothesay Ave, SAINT JOHN, NB, E2J 2C4
(506) 693-4232   *SIC* 8699
CANADIAN DIABETES ASSOCIATION   *p* 763
2300 Sheppard Ave W Suite 201, NORTH YORK, ON, M9M 3A4
(416) 746-5757   *SIC* 8699
CANADIAN DIABETES ASSOCIATION   *p* 946
45 Montreal Rd, VANIER, ON, K1L 6E8
(613) 521-1902   *SIC* 8699
CANADIAN DINERS (1995) L.P. LTD   *p* 787
1130 St. Laurent Blvd, OTTAWA, ON, K1K 3B6
(613) 747-9190   *SIC* 5812
CANADIAN DOORMAT AND MOP SERVICES   *p* 77
See *CANADIAN LINEN AND UNIFORM SERVICE CO*
CANADIAN ECO RUBBER LTD   *p* 513
8 Bramwin Crt Suite 18, BRAMPTON, ON, L6T 5G2
(905) 487-2824   *SIC* 5531
CANADIAN ELECTRO DRIVES   *p* 255
See *CANADIAN ELECTRO DRIVES (2009) LTD*
CANADIAN ELECTRO DRIVES (2009) LTD   *p* 255
1538 Kebet Way, PORT COQUITLAM, BC, V3C 5M5
(604) 468-8788   *SIC* 5063
CANADIAN EMPLOYMENT CONTRACTORS INC   *p* 692
2077 Dundas St E Suite 101, MISSISSAUGA, ON, L4X 1M2
(905) 282-9578   *SIC* 7361
CANADIAN FISHING COMPANY   *p* 298
See *PATTISON, JIM INDUSTRIES LTD*
CANADIAN FISHING COMPANY   *p* 302
See *PATTISON, JIM INDUSTRIES LTD*
CANADIAN FISHING COMPANY   *p* 776
See *PATTISON, JIM INDUSTRIES LTD*
CANADIAN FISHING COMPANY LIMITED, THE   *p* 262
121 George Hills Way, PRINCE RUPERT, BC, V8J 1A3

(250) 624-6726   *SIC* 2091
CANADIAN FLIGHT ACADEMY LTD   *p* 780
1250 Airport Blvd, OSHAWA, ON, L1J 8P5
(905) 404-9252   *SIC* 8299
CANADIAN FLUORESCENT INDUSTRIES *p* 565
See *PHILIPS LIGHTING CANADA LTD*
CANADIAN FOLDING CARTONS INC *p* 429
14 Clyde Ave, MOUNT PEARL, NL, A1N 4S1
(709) 368-2133   *SIC* 2657
CANADIAN FOOD INSPECTION AGENCY *p* 402
See *HEALTH CANADA*
CANADIAN FOOTWEAR (1982) LTD   *p* 374
128 Adelaide St, WINNIPEG, MB, R3A 0W5
(204) 944-7460   *SIC* 5661
CANADIAN FORCES HOUSING AGENCY *p* 411
See *PUBLIC SAFETY CANADA*
CANADIAN FOREST PRODUCTS LTD   *p* 131
Gd, HINES CREEK, AB, T0H 2A0
SIC 2421
CANADIAN FOREST PRODUCTS LTD   *p* 181
36654 Hart Hwy, BEAR LAKE, BC, V0J 3G0
(250) 972-4700   *SIC* 2421
CANADIAN FOREST PRODUCTS LTD   *p* 204
1000 Industrial Road 1, CRANBROOK, BC, V1C 4C6
(250) 426-6241   *SIC* 2421
CANADIAN FOREST PRODUCTS LTD   *p* 214
9312 259 Rd Lcd Main, FORT ST. JOHN, BC, V1J 4M6
(250) 787-3600   *SIC* 5031
CANADIAN FOREST PRODUCTS LTD   *p* 217
1397 Morice River Forest Service Rd Rr 1, HOUSTON, BC, V0J 1Z1
(250) 845-5200   *SIC* 2421
CANADIAN FOREST PRODUCTS LTD   *p* 235
Mill Rd, MACKENZIE, BC, V0J 2C0
(250) 997-3271   *SIC* 2421
CANADIAN FOREST PRODUCTS LTD   *p* 244
430 Canfor Ave, NEW WESTMINSTER, BC, V3L 5G2
(604) 521-9650   *SIC* 2421
CANADIAN FOREST PRODUCTS LTD   *p* 258
5353 Northwood Pulpmill Rd, PRINCE GEORGE, BC, V2K 5R8
(250) 962-3828   *SIC* 2421
CANADIAN FOREST PRODUCTS LTD   *p* 259
5162 Northwood Pulp Mill Rd, PRINCE GEORGE, BC, V2L 4W2
(250) 962-3500   *SIC* 2421
CANADIAN FOREST PRODUCTS LTD   *p* 261
2533 Prince George Pulpmill Rd, PRINCE GEORGE, BC, V2N 2K3
(250) 561-3981   *SIC* 2421
CANADIAN FOREST PRODUCTS LTD   *p* 261
2789 Pulp Mill Rd, PRINCE GEORGE, BC, V2N 2K3
(250) 563-0161   *SIC* 2421
CANADIAN FOREST PRODUCTS LTD   *p* 264
1920 Brownmiller Rd, QUESNEL, BC, V2J 6S1
SIC 5031
CANADIAN FOREST PRODUCTS LTD   *p* 290
8300 Cherry Ave E, TAYLOR, BC, V0C 2K0
(250) 789-9300   *SIC* 2421
CANADIAN FOREST PRODUCTS LTD   *p* 318
1700 75th Ave W Unit 100, VANCOUVER,

BC, V6P 6G2
(604) 661-5241   *SIC* 2421
CANADIAN FOREST PRODUCTS LTD   *p* 324
1399 Bearhead Rd, VANDERHOOF, BC, V0J 3A2
(250) 567-4725   *SIC* 2421
CANADIAN FOREST PRODUCTS LTD   *p* 325
2996 Mccorvie Rd, VAVENBY, BC, V0E 3A0
(250) 676-9518   *SIC* 5031
CANADIAN FOREST PRODUCTS LTD   *p* 342
Gd, WOSS, BC, V0N 3P0
(250) 281-2300   *SIC* 2421
CANADIAN FREIGHTWAYS   *p* 86
See *TRANSPORT TFI 7 S.E.C*
CANADIAN FREIGHTWAYS   *p* 184
See *TRANSPORT TFI 7 S.E.C*
CANADIAN FREIGHTWAYS   *p* 262
See *TRANSPORT TFI 7 S.E.C*
CANADIAN GOODWILL INDUSTRIES CORP   *p* 374
70 Princess St, WINNIPEG, MB, R3B 1K2
(204) 943-6435   *SIC* 8699
CANADIAN GUIDE RAIL CORPORATION *p* 348
2840 Wenzel St, EAST ST PAUL, MB, R2E 1E7
(204) 222-2142   *SIC* 3441
CANADIAN HEARING SOCIETY   *p* 786
2197 Riverside Dr Suite 600, OTTAWA, ON, K1H 7X3
(613) 521-0509   *SIC* 8099
CANADIAN HEARING SOCIETY   *p* 870
1233 Paris St, SUDBURY, ON, P3E 3B6
(705) 522-1020   *SIC* 8399
CANADIAN HEART RESEARCH CENTRE *p* 744
259 Yorkland Rd Suite 200, NORTH YORK, ON, M2J 0B5
(416) 977-8010   *SIC* 8731
CANADIAN HERITAGE   *p* 229
23433 Mavis Ave, LANGLEY, BC, V1M 2R5
(604) 513-4779   *SIC* 8412
CANADIAN HICKORY FARMS LTD   *p* 820
200 West Beaver Creek Rd Unit 14, RICHMOND HILL, ON, L4B 1B4
(905) 669-5929   *SIC* 5499
CANADIAN HOME CARE ASSOCIATION   *p* 713
10 Kingsbridge Garden Cir Suite 704, MISSISSAUGA, ON, L5R 3K6
SIC 8399
CANADIAN HOME INCOME PLAN CORPORATION   *p* 898
1881 Yonge St Suite 300, TORONTO, ON, M4S 3C4
(416) 925-2447   *SIC* 6162
CANADIAN HORIZONS LAND INVESTMENT CORPORATION   *p* 42
645 7 Ave Sw Suite 900, CALGARY, AB, T2P 4G8
(403) 539-4814   *SIC* 6552
CANADIAN IMPERIAL BANK OF COMMERCE   *p* 10
3070 Sunridge Blvd Ne, CALGARY, AB, T1Y 7G6
(403) 221-6018   *SIC* 6021
CANADIAN IMPERIAL BANK OF COMMERCE   *p* 12
122 17th Ave Sw, CALGARY, AB, T2A 0R1
(403) 974-6371   *SIC* 6021
CANADIAN IMPERIAL BANK OF COMMERCE   *p* 12
200 52 St Ne Suite 2, CALGARY, AB, T2A 4K8
SIC 6021
CANADIAN IMPERIAL BANK OF COM-

MERCE   *p* 30
6200 Macleod Trail Sw, CALGARY, AB, T2H 0K6
(403) 974-2744   *SIC* 6021
CANADIAN IMPERIAL BANK OF COMMERCE   *p* 38
2015 16 Ave Nw, CALGARY, AB, T2M 0M3
(403) 974-2734   *SIC* 6021
CANADIAN IMPERIAL BANK OF COMMERCE   *p* 42
333 7 Ave Sw Suite 600, CALGARY, AB, T2P 2Z1
(403) 232-2400   *SIC* 6021
CANADIAN IMPERIAL BANK OF COMMERCE   *p* 42
717 7 Ave Sw, CALGARY, AB, T2P 0Z3
(403) 974-2761   *SIC* 6021
CANADIAN IMPERIAL BANK OF COMMERCE   *p* 42
309 8 Ave Sw Suite 1, CALGARY, AB, T2P 1C6
(403) 974-1021   *SIC* 6021
CANADIAN IMPERIAL BANK OF COMMERCE   *p* 42
205 5 Ave Sw Suite 110, CALGARY, AB, T2P 2V7
(403) 974-6326   *SIC* 6021
CANADIAN IMPERIAL BANK OF COMMERCE   *p* 63
5242 Falsbridge Dr Ne, CALGARY, AB, T3J 3G1
(403) 974-2787   *SIC* 6021
CANADIAN IMPERIAL BANK OF COMMERCE   *p* 73
13610 50 St Nw Suite 2769, EDMONTON, AB, T5A 4Y3
(780) 473-3550   *SIC* 6021
CANADIAN IMPERIAL BANK OF COMMERCE   *p* 79
10102 Jasper Ave Nw, EDMONTON, AB, T5J 1W5
(780) 429-7744   *SIC* 6021
CANADIAN IMPERIAL BANK OF COMMERCE   *p* 83
11504 104 Ave Nw, EDMONTON, AB, T5K 2S5
(780) 408-1183   *SIC* 6021
CANADIAN IMPERIAL BANK OF COMMERCE   *p* 89
15630 87 Ave Nw, EDMONTON, AB, T5R 5W9
(780) 408-1202   *SIC* 6021
CANADIAN IMPERIAL BANK OF COMMERCE   *p* 97
3924 118 Ave Nw, EDMONTON, AB, T5W 0Z9
(780) 408-1125   *SIC* 6021
CANADIAN IMPERIAL BANK OF COMMERCE   *p* 107
8207 112 St Nw, EDMONTON, AB, T6G 2L9
(780) 432-1620   *SIC* 6021
CANADIAN IMPERIAL BANK OF COMMERCE   *p* 119
8553 Manning Ave, FORT MCMURRAY, AB, T9H 3N7
(780) 743-3312   *SIC* 6021
CANADIAN IMPERIAL BANK OF COMMERCE   *p* 123
9903 101 St, FORT SASKATCHEWAN, AB,

CANADIAN IMPERIAL BANK OF COMMERCE

T8L 1V6
(780) 998-2261 SIC 6021
CANADIAN IMPERIAL BANK OF COMMERCE p
125
9933 100 Ave, GRANDE PRAIRIE, AB, T8V 0V1
(780) 538-8300 SIC 6021
CANADIAN IMPERIAL BANK OF COMMERCE p
130
10004 100 Ave Ss 1, HIGH LEVEL, AB, T0H 1Z0
(780) 926-2211 SIC 6021
CANADIAN IMPERIAL BANK OF COMMERCE p
138
701 4 Ave S, LETHBRIDGE, AB, T1J 0P1
(403) 382-2000 SIC 6021
CANADIAN IMPERIAL BANK OF COMMERCE p
143
501 3 St Se, MEDICINE HAT, AB, T1A 0H2
(403) 528-6100 SIC 6021
CANADIAN IMPERIAL BANK OF COMMERCE p
144
See CANADIAN IMPERIAL BANK OF COMMERCE
CANADIAN IMPERIAL BANK OF COMMERCE p
144
3292 Dunmore Rd Se Suite 113, MEDICINE HAT, AB, T1B 2R4
(403) 528-6145 SIC 6021
CANADIAN IMPERIAL BANK OF COMMERCE p
151
5002 50 St, PONOKA, AB, T4J 1R7
(403) 783-5581 SIC 6021
CANADIAN IMPERIAL BANK OF COMMERCE p
162
590 Baseline Rd Suite 160, SHERWOOD PARK, AB, T8H 1Y4
(780) 417-7677 SIC 6021
CANADIAN IMPERIAL BANK OF COMMERCE p
178
32041 South Fraser Way, ABBOTSFORD, BC, V2T 1W3
(604) 870-3123 SIC 6021
CANADIAN IMPERIAL BANK OF COMMERCE p
190
4755 Kingsway, BURNABY, BC, V5H 4W2
(604) 665-1379 SIC 6021
CANADIAN IMPERIAL BANK OF COMMERCE p
195
1801 Columbia Ave, CASTLEGAR, BC, V1N 3Y2
(250) 365-3325 SIC 6021
CANADIAN IMPERIAL BANK OF COMMERCE p
196
9245 Young Rd, CHILLIWACK, BC, V2P 4R3
(604) 702-3130 SIC 6021
CANADIAN IMPERIAL BANK OF COMMERCE p
199
3000 Lincoln Ave, COQUITLAM, BC, V3B 7L9
(604) 927-2767 SIC 6036
CANADIAN IMPERIAL BANK OF COMMERCE p
201
552 Clarke Rd Unit 403, COQUITLAM, BC, V3J 3X5
(604) 933-2133 SIC 6021
CANADIAN IMPERIAL BANK OF COMMERCE p
201
See CANADIAN IMPERIAL BANK OF COMMERCE
CANADIAN IMPERIAL BANK OF COMMERCE p
204
825 Cliffe Ave, COURTENAY, BC, V9N 2J8
(250) 338-6751 SIC 6021
CANADIAN IMPERIAL BANK OF COMMERCE p
204
919 Baker St, CRANBROOK, BC, V1C 1A4
(800) 465-2422 SIC 6021
CANADIAN IMPERIAL BANK OF COMMERCE p
214
9959 100 Ave, FORT ST. JOHN, BC, V1J 1Y4
(250) 785-8101 SIC 6021
CANADIAN IMPERIAL BANK OF COMMERCE p
219
304 Victoria St, KAMLOOPS, BC, V2C 2A5
(250) 314-3188 SIC 6021
CANADIAN IMPERIAL BANK OF COMMERCE p
225
2107 Harvey Ave, KELOWNA, BC, V1Y 9X4
(250) 470-1650 SIC 6021
CANADIAN IMPERIAL BANK OF COMMERCE p
225
328 Bernard Ave Ste 2, KELOWNA, BC, V1Y 6N5
(250) 763-6611 SIC 6021
CANADIAN IMPERIAL BANK OF COMMERCE p
239
650 Terminal Ave Suite 66, NANAIMO, BC, V9R 5E2
(250) 716-2060 SIC 6021
CANADIAN IMPERIAL BANK OF COMMERCE p
248
1601 Lonsdale Ave, NORTH VANCOUVER, BC, V7M 2J5
(604) 981-2402 SIC 6021
CANADIAN IMPERIAL BANK OF COMMERCE p
252
295 Main St, PENTICTON, BC, V2A 5B1
(250) 770-3333 SIC 6021
CANADIAN IMPERIAL BANK OF COMMERCE p
253
2995 3rd Ave, PORT ALBERNI, BC, V9Y 2A6
(250) 720-2300 SIC 6021
CANADIAN IMPERIAL BANK OF COMMERCE p
259
1410 3rd Ave, PRINCE GEORGE, BC, V2L 3G2
(250) 614-6444 SIC 6021
CANADIAN IMPERIAL BANK OF COMMERCE p
261
3055 Massey Dr Suite 233, PRINCE GEORGE, BC, V2N 2S9
(250) 614-6400 SIC 6021
CANADIAN IMPERIAL BANK OF COMMERCE p
271
6011 No. 3 Rd, RICHMOND, BC, V6Y 2B2
(604) 665-6106 SIC 6021
CANADIAN IMPERIAL BANK OF COMMERCE p
276
310 Alexander St Ne, SALMON ARM, BC, V1E 1E7
(250) 833-3334 SIC 6021
CANADIAN IMPERIAL BANK OF COMMERCE p
295
1427 Kingsway, VANCOUVER, BC, V5N 2R6
(604) 665-1039 SIC 6021
CANADIAN IMPERIAL BANK OF COMMERCE p
301
501 Main St Suite 1, VANCOUVER, BC, V6A 2V2
(604) 665-2071 SIC 6021
CANADIAN IMPERIAL BANK OF COMMERCE p
310
1036 Georgia St W, VANCOUVER, BC, V6E 3C7
(604) 665-1478 SIC 6021
CANADIAN IMPERIAL BANK OF COMMERCE p
310
1066 Hastings St W Suite 1600, VANCOUVER, BC, V6E 3X1
(604) 688-4330 SIC 6021
CANADIAN IMPERIAL BANK OF COMMERCE p
323
Gd, VANCOUVER, BC, V7X 1K8
(604) 661-2307 SIC 6021
CANADIAN IMPERIAL BANK OF COMMERCE p
325
3201 30 Ave, VERNON, BC, V1T 2C6
(250) 260-6300 SIC 6021
CANADIAN IMPERIAL BANK OF COMMERCE p
327
3970 Shelbourne St, VICTORIA, BC, V8N 3E2
(250) 356-4467 SIC 8742
CANADIAN IMPERIAL BANK OF COMMERCE p
331
1175 Douglas St Suite 210, VICTORIA, BC, V8W 2E1
(800) 465-2422 SIC 6021
CANADIAN IMPERIAL BANK OF COMMERCE p
341
220 Oliver St, WILLIAMS LAKE, BC, V2G 1M1
(250) 392-2351 SIC 6021
CANADIAN IMPERIAL BANK OF COMMERCE p
344
803 Rosser Ave, BRANDON, MB, R7A 0L1
(204) 726-3000 SIC 6021
CANADIAN IMPERIAL BANK OF COMMERCE p
361
1586 Regent Ave W, WINNIPEG, MB, R2C 3B4
(204) 944-5900 SIC 6021
CANADIAN IMPERIAL BANK OF COMMERCE p
363
1433 Henderson Hwy, WINNIPEG, MB, R2G 1N3
(204) 944-6415 SIC 6021
CANADIAN IMPERIAL BANK OF COMMERCE p
367
1545 St Mary's Rd, WINNIPEG, MB, R2M 3V8
(204) 944-6803 SIC 6021
CANADIAN IMPERIAL BANK OF COMMERCE p
377
375 Main St, WINNIPEG, MB, R3C 2P3
(204) 944-6963 SIC 6021
CANADIAN IMPERIAL BANK OF COMMERCE p
377
333 St Mary Ave Suite 87, WINNIPEG, MB, R3C 4A5
(204) 944-5057 SIC 6021
CANADIAN IMPERIAL BANK OF COMMERCE p
380
1485 Portage Ave, WINNIPEG, MB, R3G 0W4
(204) 944-5868 SIC 6021
CANADIAN IMPERIAL BANK OF COMMERCE p
382
37 Stevenson Rd, WINNIPEG, MB, R3H 0H9
(204) 944-5129 SIC 6021
CANADIAN IMPERIAL BANK OF COMMERCE p
385
3369 Portage Ave, WINNIPEG, MB, R3K 0W9
(204) 944-6029 SIC 6021
CANADIAN IMPERIAL BANK OF COMMERCE p
386
1120 Grant Ave Suite 17, WINNIPEG, MB, R3M 2A6
(204) 944-5063 SIC 6021
CANADIAN IMPERIAL BANK OF COMMERCE p
389
2866 Pembina Hwy Suite 10, WINNIPEG, MB, R3T 2J1
(204) 944-5119 SIC 6021
CANADIAN IMPERIAL BANK OF COMMERCE p
400
See CANADIAN IMPERIAL BANK OF COMMERCE
CANADIAN IMPERIAL BANK OF COMMERCE p
400
1142 Smythe St, FREDERICTON, NB, E3B 3H5
(506) 458-8774 SIC 6021
CANADIAN IMPERIAL BANK OF COMMERCE p
400
448 Queen St, FREDERICTON, NB, E3B 1B6
(506) 452-9100 SIC 6021
CANADIAN IMPERIAL BANK OF COMMERCE p
406
759 Main St, MONCTON, NB, E1C 1E5
(506) 859-3717 SIC 6021
CANADIAN IMPERIAL BANK OF COMMERCE p
414
70 Consumers Dr, SAINT JOHN, NB, E2J 4Z3
(506) 633-7750 SIC 6021
CANADIAN IMPERIAL BANK OF COMMERCE p
435
215 Water St Suite 800, ST. JOHN'S, NL, A1C 6C9
(709) 576-8800 SIC 6021
CANADIAN IMPERIAL BANK OF COMMERCE p
436
15 Hamlyn Rd, ST. JOHN'S, NL, A1E 6E2
(709) 576-8909 SIC 6021
CANADIAN IMPERIAL BANK OF COMMERCE p
436
470 Topsail Rd, ST. JOHN'S, NL, A1E 2C3
(709) 576-8877 SIC 6021
CANADIAN IMPERIAL BANK OF COMMERCE p
457
1809 Barrington St Suite 1501, HALIFAX, NS, B3J 3K8
(902) 428-4750 SIC 6021
CANADIAN IMPERIAL BANK OF COMMERCE p
457
5367 Cogswell St, HALIFAX, NS, B3J 3X5
(902) 420-3920 SIC 6021
CANADIAN IMPERIAL BANK OF COMMERCE p

463
18 Parkland Dr, HALIFAX, NS, B3S 1T5
(902) 428-4701   SIC 6021
CANADIAN IMPERIAL BANK OF COMMERCE p
477
813 Prince St, TRURO, NS, B2N 1G7
(902) 895-5341   SIC 6021
CANADIAN IMPERIAL BANK OF COMMERCE p
484
15 Westney Rd N Suite 2, AJAX, ON, L1T 1P4
(905) 683-1412   SIC 6021
CANADIAN IMPERIAL BANK OF COMMERCE p
494
46 Dunlop St E, BARRIE, ON, L4M 1A3
(705) 728-2459   SIC 6021
CANADIAN IMPERIAL BANK OF COMMERCE p
501
237 Front St, BELLEVILLE, ON, K8N 2Z4
(613) 966-2641   SIC 6021
CANADIAN IMPERIAL BANK OF COMMERCE p
505
257 Main St, BLOOMFIELD, ON, K0K 1G0
(613) 393-3150   SIC 6021
CANADIAN IMPERIAL BANK OF COMMERCE p
509
549 Holland St W, BRADFORD, ON, L3Z 0C1
(905) 775-9304   SIC 6021
CANADIAN IMPERIAL BANK OF COMMERCE p
510
630 Peter Robertson Blvd Unit 9, BRAMPTON, ON, L6R 1T4
(905) 793-5644   SIC 6021
CANADIAN IMPERIAL BANK OF COMMERCE p
513
16 Lisa St, BRAMPTON, ON, L6T 5R2
(905) 451-1497   SIC 6021
CANADIAN IMPERIAL BANK OF COMMERCE p
525
84 Lynden Rd, BRANTFORD, ON, N3R 6B8
(519) 759-1250   SIC 6021
CANADIAN IMPERIAL BANK OF COMMERCE p
530
98 King St W, BROCKVILLE, ON, K6V 3P9
(613) 342-6651   SIC 6021
CANADIAN IMPERIAL BANK OF COMMERCE p
539
2400 Fairview St, BURLINGTON, ON, L7R 2E4
(905) 632-5622   SIC 6021
CANADIAN IMPERIAL BANK OF COMMERCE p
542
11 Main St, CAMBRIDGE, ON, N1R 1V5
(519) 621-5030   SIC 6021
CANADIAN IMPERIAL BANK OF COMMERCE p
552
99 King St E, CHATHAM, ON, N7M 3M9
(519) 352-7150   SIC 6021
CANADIAN IMPERIAL BANK OF COMMERCE p
554
51 King St W, COBOURG, ON, K9A 2M1
(905) 372-4381   SIC 6021
CANADIAN IMPERIAL BANK OF COMMERCE p
556
86 Hurontario St, COLLINGWOOD, ON, L9Y 2L8
(705) 445-2780   SIC 6021
CANADIAN IMPERIAL BANK OF COMMERCE p
564
1 Second St W, CORNWALL, ON, K6H 5E3
(613) 932-3200   SIC 6021
CANADIAN IMPERIAL BANK OF COMMERCE p
574
33 Talbot St N, ESSEX, ON, N8M 1A3
(519) 776-5226   SIC 6021
CANADIAN IMPERIAL BANK OF COMMERCE p
577
1582 The Queensway Suite 1508, ETOBICOKE, ON, M8Z 1V1
(416) 255-4483   SIC 6021
CANADIAN IMPERIAL BANK OF COMMERCE p
582
89 Humber College Blvd, ETOBICOKE, ON, M9V 4B8
(416) 749-4116   SIC 6021
CANADIAN IMPERIAL BANK OF COMMERCE p
582
1500 Royal York Rd Suite 1, ETOBICOKE, ON, M9P 3B6
(416) 249-5013   SIC 6021
CANADIAN IMPERIAL BANK OF COMMERCE p
582
1530 Albion Rd, ETOBICOKE, ON, M9V 1B4
(416) 741-2102   SIC 6021
CANADIAN IMPERIAL BANK OF COMMERCE p
590
203 Scott St, FORT FRANCES, ON, P9A 1G8
(807) 274-5391   SIC 6021
CANADIAN IMPERIAL BANK OF COMMERCE p
601
59 Wyndham St N, GUELPH, ON, N1H 4E7
(519) 766-6400   SIC 6021
CANADIAN IMPERIAL BANK OF COMMERCE p
616
673d Upper James St, HAMILTON, ON, L9C 5R9
(905) 387-1382   SIC 6021
CANADIAN IMPERIAL BANK OF COMMERCE p
628
24 The Queensway S, KESWICK, ON, L4P 1Y9
(905) 476-4362   SIC 6021
CANADIAN IMPERIAL BANK OF COMMERCE p
631
256 Bagot St, KINGSTON, ON, K7L 3G5
(613) 546-8000   SIC 6021
CANADIAN IMPERIAL BANK OF COMMERCE p
633
785 Gardiners Rd, KINGSTON, ON, K7M 7H8
(613) 384-2514   SIC 6021
CANADIAN IMPERIAL BANK OF COMMERCE p
639
245 Strasburg Rd Unit C, KITCHENER, ON, N2E 3W7
(519) 578-2450   SIC 6021
CANADIAN IMPERIAL BANK OF COMMERCE p
640
1 King St E Suite 200, KITCHENER, ON, N2G 2K4
(519) 742-4432   SIC 6021
CANADIAN IMPERIAL BANK OF COMMERCE p
641
385 Frederick St, KITCHENER, ON, N2H 2P2
(519) 744-4151   SIC 6021
CANADIAN IMPERIAL BANK OF COMMERCE p
646
69 Erie St S, LEAMINGTON, ON, N8H 3B2
(519) 326-6141   SIC 6021
CANADIAN IMPERIAL BANK OF COMMERCE p
647
66 Kent St W, LINDSAY, ON, K9V 2Y2
(705) 324-2183   SIC 6021
CANADIAN IMPERIAL BANK OF COMMERCE p
648
105 Main St W, LISTOWEL, ON, N4W 1A2
(519) 291-1920   SIC 6021
CANADIAN IMPERIAL BANK OF COMMERCE p
653
1299 Oxford St E, LONDON, ON, N5Y 4W5
(519) 452-7400   SIC 6021
CANADIAN IMPERIAL BANK OF COMMERCE p
667
34 Huron St & Barker St, MANITOUWADGE, ON, P0T 2C0
(807) 826-3201   SIC 6021
CANADIAN IMPERIAL BANK OF COMMERCE p
670
7125 Woodbine Ave, MARKHAM, ON, L3R 1A3
(905) 475-6754   SIC 6021
CANADIAN IMPERIAL BANK OF COMMERCE p
680
274 King St, MIDLAND, ON, L4R 3M6
(705) 526-2256   SIC 6021
CANADIAN IMPERIAL BANK OF COMMERCE p
731
6 Armstrong St, NEW LISKEARD, ON, P0J 1P0
(705) 647-6877   SIC 6021
CANADIAN IMPERIAL BANK OF COMMERCE p
741
195 Main St W, NORTH BAY, ON, P1B 2T6
(705) 474-8900   SIC 6021
CANADIAN IMPERIAL BANK OF COMMERCE p
747
5650 Yonge St Suite 1400, NORTH YORK, ON, M2M 4G3
(416) 218-9922   SIC 4899
CANADIAN IMPERIAL BANK OF COMMERCE p
748
4841 Yonge St, NORTH YORK, ON, M2N 5X2
(416) 223-7361   SIC 6021
CANADIAN IMPERIAL BANK OF COMMERCE p
748
5255 Yonge St, NORTH YORK, ON, M2N 6P4
(416) 223-8772   SIC 6021
CANADIAN IMPERIAL BANK OF COMMERCE p
757
1098 Wilson Ave, NORTH YORK, ON, M3M 1G7
(416) 633-9156   SIC 6021
CANADIAN IMPERIAL BANK OF COMMERCE p
757
1700 Wilson Ave, NORTH YORK, ON, M3L 1B2
(416) 244-5632   SIC 6021
CANADIAN IMPERIAL BANK OF COMMERCE p
761
1400 Lawrence Ave W, NORTH YORK, ON, M6L 1A7
(416) 235-2387   SIC 6021
CANADIAN IMPERIAL BANK OF COMMERCE p
761
2866 Dufferin St, NORTH YORK, ON, M6B 3S6
(416) 781-5610   SIC 6021
CANADIAN IMPERIAL BANK OF COMMERCE p
763
2340 Finch Ave W, NORTH YORK, ON, M9M 2C7
(416) 749-6062   SIC 6021
CANADIAN IMPERIAL BANK OF COMMERCE p
767
197 Lakeshore Rd E, OAKVILLE, ON, L6J 1H5
(905) 845-4327   SIC 6021
CANADIAN IMPERIAL BANK OF COMMERCE p
769
1515 Rebecca St, OAKVILLE, ON, L6L 5G8
(800) 465-2422   SIC 6021
CANADIAN IMPERIAL BANK OF COMMERCE p
774
1 Mississaga St W, ORILLIA, ON, L3V 3A5
(705) 325-4441   SIC 6021
CANADIAN IMPERIAL BANK OF COMMERCE p
780
419 King St W, OSHAWA, ON, L1J 2K5
(905) 576-9560   SIC 6021
CANADIAN IMPERIAL BANK OF COMMERCE p
786
2217 Riverside Dr E, OTTAWA, ON, K1H 1A1
(613) 736-6010   SIC 6021
CANADIAN IMPERIAL BANK OF COMMERCE p
790
119 Sparks St, OTTAWA, ON, K1P 5B5
(613) 564-8600   SIC 6021
CANADIAN IMPERIAL BANK OF COMMERCE p
790
50 O'connor St Suite 800, OTTAWA, ON, K1P 6L2
(613) 783-7344   SIC 6211
CANADIAN IMPERIAL BANK OF COMMERCE p
809
825 Monaghan Rd, PETERBOROUGH, ON, K9J 5K2
(705) 742-0445   SIC 6021
CANADIAN IMPERIAL BANK OF COMMERCE p
812
376 Kingston Rd Suite 1, PICKERING, ON, L1V 6K4
(905) 509-2560   SIC 6021
CANADIAN IMPERIAL BANK OF COMMERCE p
817
145 Queen St, PORT PERRY, ON, L9L 1B8
(905) 985-4444   SIC 6021
CANADIAN IMPERIAL BANK OF COMMERCE p
820
300 West Beaver Creek Rd Suite 201, RICHMOND HILL, ON, L4B 3B1
(905) 886-1370   SIC 6021
CANADIAN IMPERIAL BANK OF COMMERCE p
822
9335 Yonge St, RICHMOND HILL, ON, L4C 1V4
(905) 884-4460   SIC 6021
CANADIAN IMPERIAL BANK OF COMMERCE p
826
1170 London Rd, SARNIA, ON, N7S 1P4

(519) 337-0373 SIC 6021
CANADIAN IMPERIAL BANK OF COMMERCE p
828
478 Exmouth St, SARNIA, ON, N7T 5P3
(519) 336-2276 SIC 6021
CANADIAN IMPERIAL BANK OF COMMERCE p
830
530 Queen St E Suite 100, SAULT STE. MARIE, ON, P6A 2A1
(705) 254-6633 SIC 6021
CANADIAN IMPERIAL BANK OF COMMERCE p
835
371 Old Kingston Rd, SCARBOROUGH, ON, M1C 1B7
(416) 282-1477 SIC 6021
CANADIAN IMPERIAL BANK OF COMMERCE p
838
2 Lebovic Ave, SCARBOROUGH, ON, M1L 4V9
(416) 757-6780 SIC 6021
CANADIAN IMPERIAL BANK OF COMMERCE p
838
2705 Eglinton Ave E, SCARBOROUGH, ON, M1K 2S2
(416) 266-5314 SIC 6021
CANADIAN IMPERIAL BANK OF COMMERCE p
839
2472 Kingston Rd, SCARBOROUGH, ON, M1N 1V3
(800) 465-2422 SIC 6021
CANADIAN IMPERIAL BANK OF COMMERCE p
848
5 Norfolk St S, SIMCOE, ON, N3Y 2V8
(519) 426-4630 SIC 6021
CANADIAN IMPERIAL BANK OF COMMERCE p
849
50 Front, SIOUX LOOKOUT, ON, P8T 1A1
(807) 737-2331 SIC 6021
CANADIAN IMPERIAL BANK OF COMMERCE p
858
440 Talbot St, ST THOMAS, ON, N5P 1B9
(519) 631-1280 SIC 6021
CANADIAN IMPERIAL BANK OF COMMERCE p
864
30 Downie St, STRATFORD, ON, N5A 1W5
(519) 271-0920 SIC 6021
CANADIAN IMPERIAL BANK OF COMMERCE p
867
1349 Lasalle Blvd, SUDBURY, ON, P3A 1Z2
(705) 566-2458 SIC 6021
CANADIAN IMPERIAL BANK OF COMMERCE p
875
800 Steeles Ave W Suite 712, THORNHILL, ON, L4J 7L2
(905) 660-3476 SIC 6021
CANADIAN IMPERIAL BANK OF COMMERCE p
877
2 Cumberland St S, THUNDER BAY, ON, P7B 2T2
(807) 343-3710 SIC 6021
CANADIAN IMPERIAL BANK OF COMMERCE p
880
127 Arthur St W, THUNDER BAY, ON, P7E 5P7
(807) 474-3600 SIC 6021
CANADIAN IMPERIAL BANK OF COMMERCE p
882
200 Broadway St, TILLSONBURG, ON, N4G 5A7
(519) 842-7331 SIC 6021
CANADIAN IMPERIAL BANK OF COMMERCE p
883
236 Third Ave, TIMMINS, ON, P4N 1E1
(705) 264-4234 SIC 6021
CANADIAN IMPERIAL BANK OF COMMERCE p
909
33 Yonge St Suite 700, TORONTO, ON, M5E 1G4
(416) 980-3799 SIC 6021
CANADIAN IMPERIAL BANK OF COMMERCE p
913
150 York St Suite 300, TORONTO, ON, M5H 3S5
(416) 307-3563 SIC 6021
CANADIAN IMPERIAL BANK OF COMMERCE p
918
20 Bay St Suite 416, TORONTO, ON, M5J 2N8
(416) 980-3699 SIC 6021
CANADIAN IMPERIAL BANK OF COMMERCE p
923
199 Bay St, TORONTO, ON, M5L 1G9
(416) 980-7777 SIC 6021
CANADIAN IMPERIAL BANK OF COMMERCE p
923
462 Spadina Rd, TORONTO, ON, M5P 2W4
(416) 487-1396 SIC 6021
CANADIAN IMPERIAL BANK OF COMMERCE p
923
25 King St Crt, TORONTO, ON, M5L 1A2
(416) 980-4552 SIC 6021
CANADIAN IMPERIAL BANK OF COMMERCE p
934
1164 St Clair Ave W, TORONTO, ON, M6E 1B3
(416) 652-1152 SIC 6021
CANADIAN IMPERIAL BANK OF COMMERCE p
943
91 Dundas St W, TRENTON, ON, K8V 3P4
(613) 394-3364 SIC 6021
CANADIAN IMPERIAL BANK OF COMMERCE p
945
4360 Highway 7 E, UNIONVILLE, ON, L3R 1L9
(905) 477-2540 SIC 6021
CANADIAN IMPERIAL BANK OF COMMERCE p
949
9 Hamilton St N, WATERDOWN, ON, L0R 2H0
(905) 689-6685 SIC 6021
CANADIAN IMPERIAL BANK OF COMMERCE p
951
550 King St N, WATERLOO, ON, N2L 5W6
(519) 884-9230 SIC 6021
CANADIAN IMPERIAL BANK OF COMMERCE p
957
101 Brock St N, WHITBY, ON, L1N 4H3
(905) 668-3352 SIC 6021
CANADIAN IMPERIAL BANK OF COMMERCE p
957
80 Thickson Rd S, WHITBY, ON, L1N 7T2
(905) 430-1801 SIC 6021
CANADIAN IMPERIAL BANK OF COMMERCE p
962
6800 Tecumseh Rd E, WINDSOR, ON, N8T 1E6
(519) 948-5295 SIC 6021
CANADIAN IMPERIAL BANK OF COMMERCE p
965
1395 Ottawa St, WINDSOR, ON, N8X 2E9
(519) 256-3441 SIC 6021
CANADIAN IMPERIAL BANK OF COMMERCE p
965
3100 Howard Ave, WINDSOR, ON, N8X 3Y8
(519) 969-5932 SIC 6021
CANADIAN IMPERIAL BANK OF COMMERCE p
967
100 Ouellette Ave Suite 203, WINDSOR, ON, N9A 6T3
(519) 977-7000 SIC 6021
CANADIAN IMPERIAL BANK OF COMMERCE p
970
3168 Dougall Ave, WINDSOR, ON, N9E 1S6
(519) 969-8720 SIC 6021
CANADIAN IMPERIAL BANK OF COMMERCE p
971
5870 Malden Rd, WINDSOR, ON, N9H 1S4
(519) 969-3712 SIC 6021
CANADIAN IMPERIAL BANK OF COMMERCE p
973
7850 Weston Rd Suite 2, WOODBRIDGE, ON, L4L 9N8
(905) 851-7003 SIC 6021
CANADIAN IMPERIAL BANK OF COMMERCE p
973
8535 27 Hwy, WOODBRIDGE, ON, L4L 1A7
(905) 264-6184 SIC 6021
CANADIAN IMPERIAL BANK OF COMMERCE p
980
465 University Ave, CHARLOTTETOWN, PE, C1A 4N9
(902) 892-3477 SIC 6021
CANADIAN IMPERIAL BANK OF COMMERCE p
1006
7250 Boul Taschereau Bureau 1, BROSSARD, QC, J4W 1M9
(450) 672-5880 SIC 6021
CANADIAN IMPERIAL BANK OF COMMERCE p
1045
95 Place Bourget N Bureau 204, JOLIETTE, QC, J6E 5E6
(450) 756-4521 SIC 6021
CANADIAN IMPERIAL BANK OF COMMERCE p
1059
7077 Boul Newman, LASALLE, QC, H8N 1X1
(514) 365-0592 SIC 6021
CANADIAN IMPERIAL BANK OF COMMERCE p
1096
343 Rue Chabanel O, Montreal, QC, H2N 2G1
(514) 388-7900 SIC 6021
CANADIAN IMPERIAL BANK OF COMMERCE p
1105
2001 Boul Robert-Bourassa Unite 1600, Montreal, QC, H3A 2A6
(514) 285-3600 SIC 6289
CANADIAN IMPERIAL BANK OF COMMERCE p
1105
See CANADIAN IMPERIAL BANK OF COMMERCE
CANADIAN IMPERIAL BANK OF COMMERCE p
1114
610 Rue Saint-Jacques, Montreal, QC, H3C 1C7
(514) 845-2119 SIC 6011
CANADIAN IMPERIAL BANK OF COMMERCE p
1141
6341 Aut Transcanadienne Bureau 120, POINTE-CLAIRE, QC, H9R 5A5
(514) 697-1227 SIC 6021
CANADIAN IMPERIAL BANK OF COMMERCE p
1176
299 Boul Labelle, Rosemere, QC, J7A 2H7
(450) 437-0550 SIC 6021
CANADIAN IMPERIAL BANK OF COMMERCE p
1204
249 Boul De La Cote-Vertu, SAINT-LAURENT, QC, H4N 1C8
(514) 334-3405 SIC 6021
CANADIAN IMPERIAL BANK OF COMMERCE p
1239
3050 Boul De Portland, SHERBROOKE, QC, J1L 1K1
(819) 569-9911 SIC 6021
CANADIAN IMPERIAL BANK OF COMMERCE p
1253
824 3e Av, VAL-D'OR, QC, J9P 1T1
(819) 825-8830 SIC 6021
CANADIAN IMPERIAL BANK OF COMMERCE p
1272
4915 50 St, LLOYDMINSTER, SK, S9V 0N1
(306) 825-4424 SIC 6021
CANADIAN IMPERIAL BANK OF COMMERCE p
1279
1132 Central Ave, PRINCE ALBERT, SK, S6V 4V6
(306) 764-6692 SIC 6021
CANADIAN IMPERIAL BANK OF COMMERCE p
1284
1800 Hamilton St Suite 200, REGINA, SK, S4P 4K7
(306) 359-8585 SIC 6021
CANADIAN IMPERIAL BANK OF COMMERCE p
1284
2412 11th Ave, REGINA, SK, S4P 0K3
(306) 337-6000 SIC 6021
CANADIAN IMPERIAL BANK OF COMMERCE p
1295
201 21st St E Unit 21, SASKATOON, SK, S7K 0B8
(306) 668-3488 SIC 6021
CANADIAN IMPERIAL BANK OF COMMERCE p
1311
110 Main St, WHITEHORSE, YT, Y1A 2A8
(867) 667-2534 SIC 6021
CANADIAN INN p 344
See 3229211 MANITOBA LTD
CANADIAN INSTITUTE FOR HEALTH INFORMATION p
897
90 Eglinton Ave E Suite 300, TORONTO, ON, M4P 2Y3
(416) 481-2002 SIC 8361
CANADIAN INSTITUTE OF ACTUARIES p
792
360 Albert St Suite 1740, OTTAWA, ON, K1R 7X7
(613) 236-8196 SIC 8621
CANADIAN INSTITUTE OF UKRAINIAN STUDIES, DIV OF p 108
See THE GOVERNORS OF THE UNIVERSITY OF ALBERTA
CANADIAN INSTITUTES OF HEALTH RESEARCH p
1258
See HEALTH CANADA
CANADIAN INTERNATIONAL COUNCIL p
794
1125 Colonel By Dr, OTTAWA, ON, K1S 5B6

(613) 903-4011   SIC 8732
CANADIAN IPG   p 858
See CANADIAN IPG CORPORATION
CANADIAN IPG CORPORATION   p 858
130 Woodworth Ave, ST THOMAS, ON, N5P 3K1
(519) 637-1945   SIC 5084
CANADIAN KAWASAKI MOTORS INC p 886
101 Thermos Rd, TORONTO, ON, M1L 4W8
(416) 445-7775   SIC 5012
CANADIAN KENWORTH COMPANY   p 710
See PACCAR OF CANADA LTD
CANADIAN LAWYER MAGAZINE INC p 490
240 Edward St, AURORA, ON, L4G 3S9
(905) 841-6480   SIC 5192
CANADIAN LINEN AND UNIFORM   p 639
See CANADIAN LINEN AND UNIFORM SERVICE CO
CANADIAN LINEN AND UNIFORM SERVICE CO   p 27
4525 Manilla Rd Se, CALGARY, AB, T2G 4B6
(403) 243-8080   SIC 7213
CANADIAN LINEN AND UNIFORM SERVICE CO   p 77
8631 Stadium Rd Nw, EDMONTON, AB, T5H 3W9
(780) 665-3905   SIC 7213
CANADIAN LINEN AND UNIFORM SERVICE CO   p 138
See CANADIAN LINEN AND UNIFORM SERVICE CO
CANADIAN LINEN AND UNIFORM SERVICE CO   p 138
1818 3 Ave S, LETHBRIDGE, AB, T1J 0L5
(403) 328-2321   SIC 7213
CANADIAN LINEN AND UNIFORM SERVICE CO   p 186
2750 Gilmore Ave, BURNABY, BC, V5C 4T9
(778) 331-6200   SIC 7213
CANADIAN LINEN AND UNIFORM SERVICE CO   p 329
947 North Park St, VICTORIA, BC, V8T 1C5
(250) 384-8166   SIC 7213
CANADIAN LINEN AND UNIFORM SERVICE CO   p 369
1860 King Edward St, WINNIPEG, MB, R2R 0N2
(204) 633-7261   SIC 7213
CANADIAN LINEN AND UNIFORM SERVICE CO   p 450
41 Thornhill Dr Suite 136, DARTMOUTH, NS, B3B 1R9
(902) 468-2155   SIC 7213
CANADIAN LINEN AND UNIFORM SERVICE CO   p 496
116 Victoria St, BARRIE, ON, L4N 2J1
(705) 739-0573   SIC 7213
CANADIAN LINEN AND UNIFORM SERVICE CO   p 605
See CANADIAN LINEN AND UNIFORM SERVICE CO
CANADIAN LINEN AND UNIFORM SERVICE CO   p 605
350 Grays Rd, HAMILTON, ON, L8E 2Z2
(905) 560-2411   SIC 7213
CANADIAN LINEN AND UNIFORM SERVICE CO   p 639
301 Shoemaker St, KITCHENER, ON, N2E 3B3
(519) 893-3219   SIC 7213
CANADIAN LINEN AND UNIFORM SERVICE CO   p 654
155 Adelaide St S, LONDON, ON, N5Z 3K8
(519) 686-5000   SIC 7213
CANADIAN LINEN AND UNIFORM SERVICE CO   p 784
See CANADIAN LINEN AND UNIFORM SERVICE CO
CANADIAN LINEN AND UNIFORM SERVICE CO   p 784
1695 Russell Rd, OTTAWA, ON, K1G 0N1
(613) 736-9975   SIC 7213
CANADIAN LINEN AND UNIFORM SERVICE CO   p 891
75 Norfinch Dr Suite 1, TORONTO, ON, M3N 1W8
(416) 849-5100   SIC 7218
CANADIAN LINEN AND UNIFORM SERVICE CO   p 963
2975 St Etienne Blvd, WINDSOR, ON, N8W 5B1
(519) 944-5811   SIC 7213
CANADIAN LINEN AND UNIFORM SERVICE CO   p 1282
180 N Leonard St, REGINA, SK, S4N 5V7
(306) 721-4848   SIC 7213
CANADIAN LINEN AND UNIFORM SERVICE CO   p 1295
302 1st Ave N, SASKATOON, SK, S7K 1X4
(306) 652-3614   SIC 7213
CANADIAN LYNDEN TRANSPORT LTD   p 1
53016 Hwy 60 Suite 20, ACHESON, AB, T7X 5A7
(780) 960-9444   SIC 4213
CANADIAN MALARTIC GP   p 569
72 Upper Canada Drive, DOBIE, ON, P0K 1B0
(705) 567-4377   SIC 1481
CANADIAN MAPLE DELIGHTS   p 1102
See CITADELLE COOPERATIVE DE PRODUCTEURS DE SIROP D'ERABLE
CANADIAN MARKETING TEST CASE 200 LIMITED   p 713
5770 Hurontario St, MISSISSAUGA, ON, L5R 3G5
(800) 986-5569   SIC 3949
CANADIAN MARKETING TEST CASE 204 LIMITED   p 713
5770 Hurontario St, MISSISSAUGA, ON, L5R 3G5
SIC 5091
CANADIAN MARKETING TEST CASE 206 LIMITED   p 713
5770 Hurontario St, MISSISSAUGA, ON, L5R 3G5
(905) 555-5555   SIC 2732
CANADIAN MARTYRS CATHOLIC SCHOOL   p 806
See SIMCOE MUSKOKA CATHOLIC DISTRICT SCHOOL BOARD
CANADIAN MARTYRS CATHOLIC SCHOOL   p 852
See NIAGARA CATHOLIC DISTRICT SCHOOL BOARD
CANADIAN MARTYRS CATHOLIC SCHOOL   p 892
See TORONTO CATHOLIC DISTRICT SCHOOL BOARD
CANADIAN MARTYRS ELEMENTARY SCHOOL   p 536
See HALTON CATHOLIC DISTRICT SCHOOL BOARD
CANADIAN MARTYRS ELEMENTARY SCHOOL   p 734
See YORK CATHOLIC DISTRICT SCHOOL BOARD
CANADIAN MARTYRS SCHOOL   p 637
See WATERLOO CATHOLIC DISTRICT SCHOOL BOARD
CANADIAN MEDICAL ASSOCIATION   p 51
708 11 Ave Sw Unit 300, CALGARY, AB, T2R 0E4
(403) 244-8000   SIC 8621
CANADIAN MEDICAL PROTECTIVE ASSOCIATION, THE   p 794
875 Carling Ave Suite 928, OTTAWA, ON, K1S 5P1
(613) 725-2000   SIC 8621
CANADIAN MENTAL HEALTH ASSOCIATION GRAND RIVER BRANCH   p 601
147 Wyndham St N, GUELPH, ON, N1H 4E9
(519) 836-6220   SIC 8093
CANADIAN MENTAL HEALTH ASSOCIATION TORONTO BRANCH, THE   p 778
60 Bond St W, OSHAWA, ON, L1G 1A5
(905) 436-8760   SIC 8011
CANADIAN MENTAL HEALTH ASSOCIATION TORONTO BRANCH, THE   p 836
1200 Markham Rd Suite 500, SCARBOROUGH, ON, M1H 3C3
(416) 289-6285   SIC 8011
CANADIAN MENTAL HEALTH ASSOCIATION, NIAGARA BRANCH   p 854
15 Wellington St, ST CATHARINES, ON, L2R 5P7
(905) 641-5222   SIC 8011
CANADIAN MENTAL HEALTH ASSOCIATION, SIMCOE COUNTY BRANCH   p 496
151 Essa Rd Suite 202, BARRIE, ON, L4N 3L2
(705) 725-5491   SIC 8093
CANADIAN MENTAL HEALTH ASSOCIATION, THE   p 27
105 12 Ave Se Suite 400, CALGARY, AB, T2G 1A1
(403) 297-1700   SIC 8621
CANADIAN MENTAL HEALTH ASSOCIATION, THE   p 212
51 Trunk Rd, DUNCAN, BC, V9L 2N7
(250) 746-5512   SIC 8621
CANADIAN MENTAL HEALTH ASSOCIATION, THE   p 225
504 Sutherland Ave, KELOWNA, BC, V1Y 5X1
(250) 861-3644   SIC 8621
CANADIAN MENTAL HEALTH ASSOCIATION, THE   p 341
51 Fourth Ave S, WILLIAMS LAKE, BC, V2G 1J6
(250) 398-8220   SIC 8621
CANADIAN MENTAL HEALTH ASSOCIATION, THE   p 470
8736 Commercial St, NEW MINAS, NS, B4N 3C5
(902) 690-2422   SIC 8621
CANADIAN MENTAL HEALTH ASSOCIATION, THE   p 828
210 Lochiel St, SARNIA, ON, N7T 4C7
(519) 337-5411   SIC 8621
CANADIAN MENTAL HEALTH ASSOCIATION, THE   p 1175
962 Boul Saint-Joseph, ROBERVAL, QC, G8H 2L9
(418) 275-2405   SIC 8011
CANADIAN MENTAL HEALTH ASSOCIATION, YORK REGION BRANCH   p 490
15150 Yonge St Suite 3a, AURORA, ON, L4G 1M2
SIC 8093
CANADIAN MENTAL HEALTH ASSOCIATION-CARIBOO CHILCOTIN BRANCH   p 341
See CANADIAN MENTAL HEALTH ASSOCIATION, THE
CANADIAN MENTAL HEALTH ASSOCIATION-CHAMPLAIN EST   p 566
329 Pitt St, CORNWALL, ON, K6J 3R1
(613) 933-5845   SIC 8011
CANADIAN MENTAL HEALTH ASSOCIATION-COCHRANE-TIMISKAMING BRANCH   p 731
20 May St S, NEW LISKEARD, ON, P0J 1P0
(705) 647-4444   SIC 8059
CANADIAN MENTAL HEALTH ASSOCIATION-KINGS COUNTY BRANCH p 470
See CANADIAN MENTAL HEALTH ASSOCIATION, THE
CANADIAN MENTAL HEALTH ASSOCIATION/PEEL BRANCH   p 521
7700 Hurontario St Suite 601, BRAMPTON, ON, L6Y 4M3
(905) 451-2123   SIC 8621
CANADIAN MINE DEVELOPMENT   p 311
See HILLSBOROUGH RESOURCES LIMITED
CANADIAN MINI-WAREHOUSE PROPERTIES COMPANY   p 1202
380 Boul Sir-Wilfrid-Laurier, SAINT-LAMBERT, QC, J4R 2L2
(450) 465-9970   SIC 4225
CANADIAN MOTHERCRAFT SOCIETY   p 900
32 Heath St W, TORONTO, ON, M4V 1T3
(416) 920-3515   SIC 8351
CANADIAN MOUNTAIN HOLIDAYS LIMITED PARTNERSHIP   p 4
217 Bear St, BANFF, AB, T1L 1J6
(403) 762-7100   SIC 7011
CANADIAN MOUNTAIN HOLIDAYS LIMITED PARTNERSHIP   p 239
515 Broadway St, NAKUSP, BC, V0G 1R0
(250) 265-3121   SIC 7011
CANADIAN MOUNTAIN HOLIDAYS LIMITED PARTNERSHIP   p 264
Highway 23 N, REVELSTOKE, BC, V0E 2S0
(250) 837-4245   SIC 7011
CANADIAN MUSEUM FOR HUMAN RIGHTS   p 377
85 Israel Asper Way, WINNIPEG, MB, R3C 0L5
(204) 289-2000   SIC 8412
CANADIAN MUSEUM OF NATURE   p 801
240 Mcleod St, OTTAWA, ON, K2P 2R1
(613) 566-4700   SIC 8412
CANADIAN NATIONAL EXHIBITION ASSOCIATION   p 936
210 Princes Blvd, TORONTO, ON, M6K 3C3
(416) 263-3600   SIC 7996
CANADIAN NATIONAL INSTITUTE FOR THE BLIND, THE   p 22
15 Colonel Baker Pl Ne, CALGARY, AB, T2E 4Z3
(403) 266-8831   SIC 8322
CANADIAN NATIONAL INSTITUTE FOR THE BLIND, THE   p 296
5055 Joyce St Suite 100, VANCOUVER, BC, V5R 6B2
(604) 431-2121   SIC 8322
CANADIAN NATIONAL INSTITUTE FOR THE BLIND, THE   p 380
1080 Portage Ave, WINNIPEG, MB, R3G 3M3
(204) 774-5421   SIC 8322
CANADIAN NATIONAL INSTITUTE FOR THE BLIND, THE   p 431

CANADIAN NATIONAL INSTITUTE FOR THE BLIND, THE
70 The Boulevard, ST. JOHN'S, NL, A1A 1K2
(709) 754-1180 SIC 8011

CANADIAN NATIONAL INSTITUTE FOR THE BLIND, THE p 607
115 Parkdale Ave N, HAMILTON, ON, L8H 5X1
(905) 528-8555 SIC 8331

CANADIAN NATIONAL INSTITUTE FOR THE BLIND, THE p 658
749 Base Line Rd E, LONDON, ON, N6C 2R6
(519) 685-8420 SIC 8322

CANADIAN NATIONAL INSTITUTE FOR THE BLIND, THE p 666
4 Joe Finley Way #1, Parry Sound, On P2a 2w8, MACTIER, ON, P0C 1H0
(705) 375-2630 SIC 8322

CANADIAN NATIONAL INSTITUTE FOR THE BLIND, THE p 786
1355 Bank St Suite 101, OTTAWA, ON, K1H 8K7
(613) 563-4021 SIC 8093

CANADIAN NATIONAL INSTITUTE FOR THE BLIND, THE p 893
1929 Bayview Ave, TORONTO, ON, M4G 3E8
(416) 486-2500 SIC 8331

CANADIAN NATIONAL RAILWAY CO p 828
See COMPAGNIE DES CHEMINS DE FER NATIONAUX DU CANADA

CANADIAN NATIONAL STEEL CORPORATION p 42
700 4 Ave Sw Suite 1060, CALGARY, AB, T2P 3J4
(403) 263-2444 SIC 3317

CANADIAN NATURAL RESOURCES LIMITED p 7
Gd Stn Main, BONNYVILLE, AB, T9N 2J6
(780) 826-8110 SIC 1311

CANADIAN NATURAL RESOURCES LIMITED p 42
324 8 Ave Sw Suite 1800, CALGARY, AB, T2P 2Z2
(403) 517-6700 SIC 1311

CANADIAN NATURAL RESOURCES LIMITED p 72
Gd, DRUMHELLER, AB, T0J 0Y0
(403) 787-3980 SIC 1311

CANADIAN NATURAL RESOURCES LIMITED p 118
Gd, FOISY, AB, T0A 1E0
SIC 1311

CANADIAN NATURAL RESOURCES LIMITED p 119
Hwy 63, FORT MCMURRAY, AB, T9H 5N4
(780) 828-2500 SIC 1311

CANADIAN NATURAL RESOURCES LIMITED p 124
Gd, GORDONDALE, AB, T0H 1V0
(780) 353-3984 SIC 1311

CANADIAN NATURAL RESOURCES LIMITED p 125
9705 97 St, GRANDE PRAIRIE, AB, T8V 8B9
(780) 831-7475 SIC 1311

CANADIAN NATURAL RESOURCES LIMITED p 141
6603 44 St, LLOYDMINSTER, AB, T9V 2X1
(780) 871-7800 SIC 1311

CANADIAN NATURAL RESOURCES LIMITED p 214
9900 100 Ave Suite 220, FORT ST. JOHN, BC, V1J 5S7

(250) 785-3085 SIC 1311

CANADIAN NATURAL RESOURCES LIMITED p 1268
206 Souris Ave, ESTEVAN, SK, S4A 1J7
(306) 634-2643 SIC 1311

CANADIAN NIAGARA HOTELS INC p 736
5875 Falls Ave, NIAGARA FALLS, ON, L2G 3K7
(905) 374-4445 SIC 7011

CANADIAN NORTH INC p 22
580 Palmer Ne Suite 200, CALGARY, AB, T2E 7R3
(403) 503-2310 SIC 4512

CANADIAN NORTH INC p 438
5109 48 St 202 Nunasi Bldg., YELLOWKNIFE, NT, X1A 1N5
(867) 669-4000 SIC 4729

CANADIAN NORTHERN SHIELD INSURANCE COMPANY p 225
1633 Ellis St Suite 400, KELOWNA, BC, V1Y 2A8
(250) 712-1236 SIC 6411

CANADIAN NORTHERN SHIELD INSURANCE COMPANY p 303
555 Hastings St W Suite 1900, VANCOUVER, BC, V6B 4N5
(604) 662-2900 SIC 6411

CANADIAN NORTHERN SHIELD INSURANCE COMPANY p 331
1675 Douglas St Suite 510, VICTORIA, BC, V8W 2G5
(250) 388-5454 SIC 6211

CANADIAN OLYMPIC COMMITTEE p 899
21 St Clair Ave E Suite 900, TORONTO, ON, M4T 1L9
(416) 962-0262 SIC 8699

CANADIAN OPERA COMPANY p 913
145 Queen St W, TORONTO, ON, M5H 4G1
(416) 363-6671 SIC 7922

CANADIAN OUTCOMES RESEARCH INSTITUTE p 27
1212 1 St Se Suite 200, CALGARY, AB, T2G 2H8
SIC 8699

CANADIAN OVERSEAS MARKETING CORPORATION p 299
2020 Yukon St, VANCOUVER, BC, V5Y 3N8
SIC 7331

CANADIAN PACIFIC RAILWAY p 103
See CANADIAN PACIFIC RAILWAY COMPANY

CANADIAN PACIFIC RAILWAY COMPANY p 16
7550 Ogden Dale Rd Se, CALGARY, AB, T2C 4X9
SIC 4011

CANADIAN PACIFIC RAILWAY COMPANY p 16
11020 52 St Se, CALGARY, AB, T2C 4M2
(403) 203-8915 SIC 4011

CANADIAN PACIFIC RAILWAY COMPANY p 27
1702 30 Ave Se Suite 9, CALGARY, AB, T2G 5S4
(403) 303-8766 SIC 4011

CANADIAN PACIFIC RAILWAY COMPANY p 27
2881 Alyth Rd Se, CALGARY, AB, T2G 5S3
(403) 303-8843 SIC 4011

CANADIAN PACIFIC RAILWAY COMPANY p 42
133 9 Ave Sw, CALGARY, AB, T2P 2M3
SIC 4011

CANADIAN PACIFIC RAILWAY COMPANY p 55
327 Chaparral Pl Se, CALGARY, AB, T2X 3J9
(403) 201-3177 SIC 4011

CANADIAN PACIFIC RAILWAY COMPANY p 69
Gd, COALHURST, AB, T0L 0V0
(403) 329-7726 SIC 4011

CANADIAN PACIFIC RAILWAY COMPANY p 103
10155 39 Ave Nw, EDMONTON, AB, T6E 6C8
(780) 463-6550 SIC 4011

CANADIAN PACIFIC RAILWAY COMPANY p 103
7710 100 St Nw, EDMONTON, AB, T6E 4X7
(780) 414-2308 SIC 4011

CANADIAN PACIFIC RAILWAY COMPANY p 103
7935 Gateway Blvd Nw, EDMONTON, AB, T6E 3X8
(780) 414-2305 SIC 4011

CANADIAN PACIFIC RAILWAY COMPANY p 103
7935 Gateway Blvd Nw, EDMONTON, AB, T6E 3X8
(780) 414-2320 SIC 4011

CANADIAN PACIFIC RAILWAY COMPANY p 133
1 Old Lodge Rd, JASPER, AB, T0E 1E0
(780) 852-6406 SIC 7011

CANADIAN PACIFIC RAILWAY COMPANY p 143
402 North Railway St Se, MEDICINE HAT, AB, T1A 2Z2
(403) 528-5008 SIC 4011

CANADIAN PACIFIC RAILWAY COMPANY p 155
6867 Edgar Industrial Dr, RED DEER, AB, T4P 3R2
(403) 346-2189 SIC 4011

CANADIAN PACIFIC RAILWAY COMPANY p 176
63 West Railway Ave, ABBOTSFORD, BC, V2S 8H9
(604) 944-5706 SIC 4011

CANADIAN PACIFIC RAILWAY COMPANY p 219
2855 Thompson Dr, KAMLOOPS, BC, V2C 4L7
SIC 4011

CANADIAN PACIFIC RAILWAY COMPANY p 253
17900 Kennedy Rd, PITT MEADOWS, BC, V3Y 1Z1
(604) 469-4300 SIC 4011

CANADIAN PACIFIC RAILWAY COMPANY p 254
2080 Lougheed Hwy, PORT COQUITLAM, BC, V3B 4H3
(604) 944-5816 SIC 4011

CANADIAN PACIFIC RAILWAY COMPANY p 255
1118 Coutts Way, Port Coquitlam, BC, V3C 6B6
(604) 944-7427 SIC 4011

CANADIAN PACIFIC RAILWAY COMPANY p 264
420 Victoria Rd, REVELSTOKE, BC, V0E 2S0
(250) 837-8229 SIC 4011

CANADIAN PACIFIC RAILWAY COMPANY p 264
420 Victoria Rd, REVELSTOKE, BC, V0E 2S0
(250) 837-8236 SIC 4111

CANADIAN PACIFIC RAILWAY COMPANY p 264
127 Track St E, REVELSTOKE, BC, V0E 2S0
(250) 837-8253 SIC 4731

CANADIAN PACIFIC RAILWAY COMPANY p 291
101 Ritchie Ave, TRAIL, BC, V1R 1G8
(250) 364-2021 SIC 4011

CANADIAN PACIFIC RAILWAY COMPANY p 339
4599 Chateau Blvd, WHISTLER, BC, V0N 1B4

(604) 938-2086 SIC 7011

CANADIAN PACIFIC RAILWAY COMPANY p 372
478 Mcphillips St Bldg 7, WINNIPEG, MB, R2X 2G8
(204) 947-8102 SIC 4011

CANADIAN PACIFIC RAILWAY COMPANY p 374
1 Lombard Pl Suite 1300, WINNIPEG, MB, R3B 0X3
SIC 4011

CANADIAN PACIFIC RAILWAY COMPANY p 379
901 Logan Ave, WINNIPEG, MB, R3E 1N7
(204) 946-3401 SIC 4011

CANADIAN PACIFIC RAILWAY COMPANY p 391
14 Fultz Blvd, WINNIPEG, MB, R3Y 0L6
(204) 947-8101 SIC 4011

CANADIAN PACIFIC RAILWAY COMPANY p 542
10 Malcolm St, CAMBRIDGE, ON, N1R 1L8
(519) 621-4130 SIC 4011

CANADIAN PACIFIC RAILWAY COMPANY p 547
800 Fountain St N, CAMBRIDGE, ON, N3H 4R7
(519) 650-0458 SIC 4011

CANADIAN PACIFIC RAILWAY COMPANY p 577
36 North Queen St, ETOBICOKE, ON, M8Z 2C4
SIC 4011

CANADIAN PACIFIC RAILWAY COMPANY p 610
20 Studholme Rd, HAMILTON, ON, L8P 4Z1
(905) 523-9412 SIC 4011

CANADIAN PACIFIC RAILWAY COMPANY p 610
20 Studholme Rd, HAMILTON, ON, L8P 4Z1
(905) 523-9433 SIC 7011

CANADIAN PACIFIC RAILWAY COMPANY p 619
7251 Trafalgar Rd, HORNBY, ON, L0P 1E0
(905) 693-1270 SIC 7011

CANADIAN PACIFIC RAILWAY COMPANY p 645
6830 Rutherford Rd, KLEINBURG, ON, L0J 1C0
(905) 893-5050 SIC 4011

CANADIAN PACIFIC RAILWAY COMPANY p 666
1 Station St, MACTIER, ON, P0C 1H0
(705) 375-2750 SIC 4011

CANADIAN PACIFIC RAILWAY COMPANY p 668
Gd, MARATHON, ON, P0T 2E0
(807) 229-2060 SIC 4011

CANADIAN PACIFIC RAILWAY COMPANY p 699
1290 Central Pky W Suite 800, MISSISSAUGA, ON, L5C 4R3
(905) 803-3252 SIC 4011

CANADIAN PACIFIC RAILWAY COMPANY p 741
100 Ferguson St, NORTH BAY, ON, P1B 1W8
(705) 472-6200 SIC 4011

CANADIAN PACIFIC RAILWAY COMPANY p 809
270 George St N, PETERBOROUGH, ON, K9J 3H1
(705) 745-1211 SIC 4011

CANADIAN PACIFIC RAILWAY COMPANY p 847
219 Brunswick St, SCHREIBER, ON, P0T 2S0
(807) 824-2054 SIC 4011

CANADIAN PACIFIC RAILWAY COMPANY p 877
949 Fort William Rd, THUNDER BAY, ON, P7B 3A6
(807) 625-5665 SIC 4111

CANADIAN PACIFIC RAILWAY COMPANY

879
500 Mcnaughton St, THUNDER BAY, ON, P7C 5Z3
(807) 625-5679   *SIC* 4011
CANADIAN PACIFIC RAILWAY COMPANY *p* 880
440 Syndicate Ave S, THUNDER BAY, ON, P7E 1E5
(807) 625-5601   *SIC* 4011
CANADIAN PACIFIC RAILWAY COMPANY *p* 918
40 University Ave Suite 200, TORONTO, ON, M5J 1T1
(705) 233-2898   *SIC* 4011
CANADIAN PACIFIC RAILWAY COMPANY *p* 918
70 York St Suite 1200, TORONTO, ON, M5J 1S9
   SIC 7011
CANADIAN PACIFIC RAILWAY COMPANY *p* 937
750 Runnymede Rd, TORONTO, ON, M6N 3V4
(416) 761-5405   *SIC* 4011
CANADIAN PACIFIC RAILWAY COMPANY *p* 954
60749 Reilly Rd W, WELLAND, ON, L3B 5N6
(905) 735-0154   *SIC* 4011
CANADIAN PACIFIC RAILWAY COMPANY *p* 1017
5901 Av Westminster, Cote Saint-Luc, QC, H4W 2J9
(514) 483-7102   *SIC* 4011
CANADIAN PACIFIC RAILWAY COMPANY *p* 1110
1100 Av Des Canadiens-De-Montreal Unite 215, Montreal, QC, H3B 2S2
   SIC 4011
CANADIAN PACIFIC RAILWAY COMPANY *p* 1114
1100 Rue De La Gauchetiere, Montreal, QC, H3C 3E4
(514) 395-5151   *SIC* 4111
CANADIAN PACIFIC RAILWAY COMPANY *p* 1265
101 Railway Ave, BREDENBURY, SK, S0A 0H0
(306) 898-2144   *SIC* 4011
CANADIAN PACIFIC RAILWAY COMPANY *p* 1275
3 Manitoba St W, MOOSE JAW, SK, S6H 1P8
(306) 693-5421   *SIC* 4011
CANADIAN PACIFIC RAILWAY COMPANY *p* 1275
3 Manitoba St W, MOOSE JAW, SK, S6H 1P8
(306) 693-5422   *SIC* 4011
CANADIAN PACIFIC RAILWAY COMPANY *p* 1287
2305 Dewdney Ave, REGINA, SK, S4R 8R2
(306) 777-0801   *SIC* 7011
CANADIAN PACIFIC RAILWAY COMPANY *p* 1287
2305 Dewdney Ave, REGINA, SK, S4R 8R2
(306) 777-0821   *SIC* 4011
CANADIAN PACIFIC RAILWAY COMPANY *p* 1302
801 Gray Ave, SASKATOON, SK, S7N 2K6
(306) 931-7426   *SIC* 4111
CANADIAN PRESS, THE   *p* 321
840 Howe St Suite 250, VANCOUVER, BC, V6Z 2L2
(604) 687-1662   *SIC* 7383
CANADIAN PRESS, THE   *p* 1101
215 Rue Saint-Jacques Unite 100, Montreal, QC, H2Y 1M6
(514) 849-3212   *SIC* 7383
CANADIAN PRINCESS RESORT   *p* 292
See *OAK BAY MARINA LTD*
CANADIAN PUBLIC ACCOUNTABILITY BOARD   *p* 913
150 York St Suite 900, TORONTO, ON, M5H 3S5
(416) 913-8260   *SIC* 8721
CANADIAN RAILINGS LIMITED   *p* 558
596 Oster Lane, CONCORD, ON, L4K 2C1
(905) 669-9221   *SIC* 2431
CANADIAN REAL ESTATE INVESTMENT TRUST   *p* 42
140 4 Ave Sw Suite 210, CALGARY, AB, T2P 3N3
(403) 235-3443   *SIC* 6531
CANADIAN RED CROSS   *p* 1257
See *CANADIAN RED CROSS SOCIETY, THE*
CANADIAN RED CROSS COMMUNITY HEALTH SERVICES   *p* 963
See *CANADIAN RED CROSS SOCIETY, THE*
CANADIAN RED CROSS SOCIETY, THE   *p* 60
1305 11 Ave Sw Suite 100, CALGARY, AB, T3C 3P6
(403) 205-3448   *SIC* 8322
CANADIAN RED CROSS SOCIETY, THE   *p* 60
1305 11 Ave Sw, CALGARY, AB, T3C 3P6
(403) 541-6100   *SIC* 8611
CANADIAN RED CROSS SOCIETY, THE   *p* 252
216 Hastings Ave Suite 130, PENTICTON, BC, V2A 2V6
(250) 493-7533   *SIC* 8621
CANADIAN RED CROSS SOCIETY, THE   *p* 299
209 6th Ave W, VANCOUVER, BC, V5Y 1K7
(604) 301-2566   *SIC* 8621
CANADIAN RED CROSS SOCIETY, THE   *p* 415
70 Lansdowne Ave, SAINT JOHN, NB, E2K 2Z8
(506) 674-6200   *SIC* 8322
CANADIAN RED CROSS SOCIETY, THE   *p* 431
17 Major's Path, ST. JOHN'S, NL, A1A 4Z9
(709) 758-8400   *SIC* 8699
CANADIAN RED CROSS SOCIETY, THE   *p* 433
7 Wicklow St, ST. JOHN'S, NL, A1B 3Z9
   SIC 8099
CANADIAN RED CROSS SOCIETY, THE   *p* 450
133 Troop Ave, DARTMOUTH, NS, B3B 2A7
(902) 496-0103   *SIC* 8361
CANADIAN RED CROSS SOCIETY, THE   *p* 457
1940 Gottingen St, HALIFAX, NS, B3J 3Y2
(902) 423-3680   *SIC* 8322
CANADIAN RED CROSS SOCIETY, THE   *p* 503
365 North Front St, BELLEVILLE, ON, K8P 5A5
(613) 332-2444   *SIC* 8322
CANADIAN RED CROSS SOCIETY, THE   *p* 530
80 Charles St, BROCKVILLE, ON, K6V 1T3
(613) 342-3523   *SIC* 8322
CANADIAN RED CROSS SOCIETY, THE   *p* 537
3210 Harvester Rd, BURLINGTON, ON, L7N 3T1
(905) 632-9420   *SIC* 8322
CANADIAN RED CROSS SOCIETY, THE   *p* 564
165 Montreal Rd, CORNWALL, ON, K6H 1B2
(613) 932-3412   *SIC* 8059
CANADIAN RED CROSS SOCIETY, THE   *p* 576
4210 Dundas St W, ETOBICOKE, ON, M8X 1Y6
(416) 236-1791   *SIC* 8699
CANADIAN RED CROSS SOCIETY, THE   *p* 622
Po Box 1298, IROQUOIS FALLS A, ON, P0K 1G0
(705) 232-6537   *SIC* 8621
CANADIAN RED CROSS SOCIETY, THE   *p* 658
810 Commissioners Rd E, LONDON, ON, N6C 2V5
(519) 681-7330   *SIC* 8399
CANADIAN RED CROSS SOCIETY, THE   *p* 659
517 Consortium Crt, LONDON, ON, N6E 2S8
(613) 740-1900   *SIC* 8093
CANADIAN RED CROSS SOCIETY, THE   *p* 713
5700 Cancross Crt, MISSISSAUGA, ON, L5R 3E9
(905) 890-1000   *SIC* 8322
CANADIAN RED CROSS SOCIETY, THE   *p* 830
390 Bay St Suite 305, SAULT STE. MARIE, ON, P6A 1X2
   SIC 8322
CANADIAN RED CROSS SOCIETY, THE   *p* 883
60 Wilson Ave Suite 201, TIMMINS, ON, P4N 2S7
(705) 267-6085   *SIC* 8621
CANADIAN RED CROSS SOCIETY, THE   *p* 938
21 Randolph Ave, TORONTO, ON, M6P 4G4
(416) 480-2500   *SIC* 8399
CANADIAN RED CROSS SOCIETY, THE   *p* 963
3909 Grand Marais Rd E Suite 400, WINDSOR, ON, N8W 1W9
(519) 944-8144   *SIC* 8099
CANADIAN RED CROSS SOCIETY, THE   *p* 1257
6 Place Du Commerce, VERDUN, QC, H3E 1P4
(514) 362-2929   *SIC* 8322
CANADIAN REFORMED SOCIETY FOR A HOME FOR THE AGED INC   *p* 538
4486 Guelph Line, BURLINGTON, ON, L7P 0N2
(905) 335-3636   *SIC* 8051
CANADIAN ROCKIES REGIONAL DIVISION NO 12   *p* 4
325 Squirrel S, BANFF, AB, T1L 1H1
(403) 762-4465   *SIC* 8211
CANADIAN ROCKIES REGIONAL DIVISION NO 12   *p* 4
330 Banff Ave, BANFF, AB, T1L 1K1
(403) 762-4411   *SIC* 8211
CANADIAN ROCKIES REGIONAL DIVISION NO 12   *p* 66
1033 Cougar Creek Dr, CANMORE, AB, T1W 1C8
(403) 678-6292   *SIC* 8211
CANADIAN ROCKIES REGIONAL DIVISION NO 12   *p* 66
1800 8 Ave Suite Unit, CANMORE, AB, T1W 1Y2
(403) 678-6192   *SIC* 8211
CANADIAN ROCKIES REGIONAL DIVISION NO 12   *p* 66
618 7 Ave Suite 12, CANMORE, AB, T1W 2H5
(403) 678-5545   *SIC* 4151
CANADIAN ROCKIES REGIONAL DIVISION NO 12   *p* 66
618 7 Ave Suite 12, CANMORE, AB, T1W 2H5
(403) 678-6006   *SIC* 8211
CANADIAN ROCKIES REGIONAL DIVISION NO 12   *p* 118
27 Mount Allan Dr, EXSHAW, AB, T0L 2C0
(403) 673-3656   *SIC* 8211
CANADIAN ROCKPORT HOMES   *p* 293
See *CANADIAN ROCKPORT HOMES INTERNATIONAL INC*
CANADIAN ROCKPORT HOMES INTERNATIONAL INC   *p* 293
2317 Wall St, VANCOUVER, BC, V5L 1B8
   SIC 1521
CANADIAN ROCKY MOUNTAIN RESORTS LTD   *p* 213
Gd, FIELD, BC, V0A 1G0
(250) 343-6418   *SIC* 7011
CANADIAN ROYALTIES INC   *p* 1110
800 Boul Rene-Levesque O Bureau 410, Montreal, QC, H3B 1X9
(514) 879-1688   *SIC* 1081
CANADIAN SAFETY INSPECTIONS INC   *p* 57
3506 118 Ave Se Suite 106, CALGARY, AB, T2Z 3X1
(780) 826-7642   *SIC* 8748
CANADIAN SALT COMPANY   *p* 117
See *K+S SEL WINDSOR LTEE*
CANADIAN SCIENCE PUBLISHING (CSP) *p* 726
65 Auriga Dr Suite 203, NEPEAN, ON, K2E 7W6
(613) 656-9846   *SIC* 2721
CANADIAN SECURITIES REGISTRATION SYSTEMS   *p* 695
See *RESOLVE CORPORATION*
CANADIAN SECURITY CONCEPTS INC   *p* 657
303 Richmond St Suite 204, LONDON, ON, N6B 2H8
(519) 642-0444   *SIC* 5999
CANADIAN SPECIALTY METALS ULC   *p* 162
20 Challenger Cres, SHERWOOD PARK, AB, T8H 2R1
(780) 416-6422   *SIC* 5051
CANADIAN SPECIALTY METALS ULC   *p* 1208
5775 Rue Kieran, SAINT-LAURENT, QC, H4S 0A3
(514) 339-1211   *SIC* 5051
CANADIAN SPRINGS   *p* 268
See *AQUATERRA CORPORATION*
CANADIAN SPRINGS   *p* 687
See *AQUATERRA CORPORATION*
CANADIAN SPRINGS WATER COMPANY *p* 268
See *AQUATERRA CORPORATION*
CANADIAN STANDARDS ASSOCIATION *p* 112
1707 94 St Nw, EDMONTON, AB, T6N 1E6
(780) 490-2035   *SIC* 8734
CANADIAN STANDARDS ASSOCIATION *p* 265
13799 Commerce Pky, RICHMOND, BC, V6V 2N9
(604) 273-4581   *SIC* 8734
CANADIAN STANDARDS ASSOCIATION *p* 697
90 Burnhamthorpe Rd W Suite 300, MISSISSAUGA, ON, L5B 3C3
   SIC 8741
CANADIAN STEBBINS ENGINEERING & MFG CO LIMITED   *p* 769
2384 Speers Rd, OAKVILLE, ON, L6L 5M2
(905) 825-1800   *SIC* 8711
CANADIAN STOCK TRANSFER COMPANY INC   *p* 913
320 Bay St Suite 1000, TORONTO, ON, M5H 4A6
(888) 402-1644   *SIC* 6231
CANADIAN STORES   *p* 575
See *A B C COMPANY LIMITED*
CANADIAN SUB-SURFACE ENERGY SERVICES CORP   *p* 158
Gd, REDCLIFF, AB, T0J 2P0
(403) 529-1388   *SIC* 8322
CANADIAN SURF BOAT MFG. INC   *p* 194

▲ Public Company   ■ Public Company Family Member   **HQ** Headquarters   **BR** Branch   **SL** Single Location

Gd, CAMPBELL RIVER, BC, V9W 5B6
(250) 287-6421   SIC 3732
CANADIAN TELECOMMUNICATION DE-VELOPMENT CORPORATION   p 577
55 Chauncey Ave, ETOBICOKE, ON, M8Z 2Z2
SIC 4899
CANADIAN TENNIS ASSOCIATION   p 1097
285 Rue Gary-Carter, Montreal, QC, H2R 2W1
(514) 273-0094   SIC 7999
CANADIAN TEST CASE 145   p 713
5770 Hurontario St, MISSISSAUGA, ON, L5R 3G5
SIC 2834
CANADIAN TEST CASE 158   p 1105
505 Boul De Maisonneuve O Bureau 906, MONTREAL, QC, H3A 3C2
(514) 904-1496   SIC 5499
CANADIAN TEST CASE 168 INC.   p 713
5770 Hurontario St, MISSISSAUGA, ON, L5R 3G5
SIC 3714
CANADIAN TEST CASE 169 DIV   p 713
See CANADIAN TEST CASE 168 INC.
CANADIAN TEST CASE 173   p 707
6750 Century Ave, Suite 305, MISSISSAUGA, ON, L5N 0B7
(905) 812-5923   SIC 3732
CANADIAN TEST CASE 177 CORP   p 707
6750 Century Ave Suite 305, MISSISSAUGA, ON, L5N 2V8
(905) 812-5920   SIC 5812
CANADIAN TEST CASE 185   p 707
6750 Century Ave Suite 300, MISSISSAUGA, ON, L5N 2V8
(905) 999-2222   SIC 3714
CANADIAN TEST CASE 193   p 713
5770 Hurontario St, MISSISSAUGA, ON, L5R 3G5
SIC 2331
CANADIAN TEST CASE 21   p 707
6750 Century Ave Suite 305, MISSISSAUGA, ON, L5N 2V8
(905) 999-9999   SIC 1044
CANADIAN TEST CASE 29-B   p 713
5770 Hurontario St, MISSISSAUGA, ON, L5R 3G5
(905) 812-5922   SIC 6324
CANADIAN TEST CASE 31 LTD   p 707
6750 Century Ave Suite 305, MISSISSAUGA, ON, L5N 2V8
(905) 999-9999   SIC 5199
CANADIAN TEST CASE 36 LIMITED   p 707
6750 Century Ave Suite 305, MISSISSAUGA, ON, L5N 2V8
(905) 999-9999   SIC 5331
CANADIAN TEST CASE 49 LTD   p 707
6750 Century Ave Suite 305, MISSISSAUGA, ON, L5N 2V8
(905) 999-9999   SIC 6311
CANADIAN TEST CASE 52   p 713
5770 Hurontario St, Mississauga, ON, L5R 3G5
SIC 3949
CANADIAN TEST CASE 65   p 707
6750 Century Ave Suite 305, MISSISSAUGA, ON, L5N 2V8
(905) 999-9999   SIC 1011
CANADIAN TEST CASE 87   p 707
6750 Century Ave Suite 305, MISSISSAUGA, ON, L5N 2V8
(905) 999-9999   SIC 5932
CANADIAN TIRE   p 57
See GREG SAARI MERCHANDISING LTD
CANADIAN TIRE   p 213
See HAYES, J.A. HOLDINGS LTD
CANADIAN TIRE   p 247
See T MACRAE FAMILY SALES LTD
CANADIAN TIRE   p 255
See HOPE DISTRIBUTION & SALES INC
CANADIAN TIRE   p 272
See CANADIAN TIRE CORPORATION, LIMITED
CANADIAN TIRE   p 332
See CANADIAN TIRE CORPORATION, LIMITED
CANADIAN TIRE   p 412
See AJ HOLDINGS LTD
CANADIAN TIRE   p 485
See WILLIAM B. RATTRAY HOLDINGS INC
CANADIAN TIRE   p 487
See BAKER, WALTER & CHANTAL SALES LTD
CANADIAN TIRE   p 508
See DOTY, RONALD T. LIMITED
CANADIAN TIRE   p 548
See MCCARTHY-ELLIS MERCANTILE LTD
CANADIAN TIRE   p 555
See KEVIN P. SMITH HOLDINGS LTD
CANADIAN TIRE   p 568
See H.S. PIKE HOLDINGS INC
CANADIAN TIRE   p 591
See GOSTLIN, DAN ENTERPRISES INC
CANADIAN TIRE   p 595
4792 Bank Street, GLOUCESTER, ON, K1T 3W7
(613) 822-2163   SIC 5014
CANADIAN TIRE   p 627
See CANADIAN TIRE CORPORATION, LIMITED
CANADIAN TIRE   p 638
See GAUTHIER, CHRIS J. HOLDINGS LTD
CANADIAN TIRE   p 825
See JEMARICA INC
CANADIAN TIRE   p 1043
See GESTION DENIS M. ROSSIGNOL INC
CANADIAN TIRE   p 1044
See MAGASIN JEAN DUMAS INC
CANADIAN TIRE   p 1161
See INVESTISSEMENTS YVES GAGNE LTEE
CANADIAN TIRE   p 1182
See INVESTISSEMENT PIERRE MARCOTTE LIMITEE, LES
CANADIAN TIRE   p 1229
See GESTION MICHEL SEGUIN INC
CANADIAN TIRE   p 1276
See PUGLIA, P. M. SALES LTD
CANADIAN TIRE #096   p 1236
See ROY DANIEL LTEE
CANADIAN TIRE 138   p 1042
See MICHEL THIBAUDEAU INC
CANADIAN TIRE 272   p 729
See TEX-DON LTD
CANADIAN TIRE 356   p 218
See JUUSOLA, JACK SALES LTD
CANADIAN TIRE 450   p 69
See CURTIN, AUSTIN SALES LTD
CANADIAN TIRE 57   p 648
See CASSIE CO ENTERPRISES LTD
CANADIAN TIRE ASSOCIATE STORE   p 12
See C. HEAD LIMITED
CANADIAN TIRE ASSOCIATE STORE   p 131
868 Carmichael Lane, HINTON, AB, T7V 1Y6
(780) 865-6198   SIC 5531
CANADIAN TIRE ASSOCIATE STORE   p 424
See CANADIAN TIRE CORPORATION, LIMITED
CANADIAN TIRE ASSOCIATE STORE   p 815
See CANADIAN TIRE CORPORATION, LIMITED
CANADIAN TIRE ASSOCIATE STORE LTD   p 276
2090 10 Ave Sw, SALMON ARM, BC, V1E 1T4
(250) 832-5474   SIC 5531
CANADIAN TIRE ASSOCIATE STORE, DIV OF   p 565
See MISTEREL INC
CANADIAN TIRE CORPORATION ASSOCIATES STORE   p 819
See KENOPIC, W. V. & SONS LIMITED
CANADIAN TIRE CORPORATION, LIMITED   p 14
1817 52 St Se Suite 714, CALGARY, AB, T2B 2Y5
(403) 204-7854   SIC 5531
CANADIAN TIRE CORPORATION, LIMITED   p 37
637 Goddard Ave Ne, CALGARY, AB, T2K 6K1
(403) 274-5901   SIC 5531
CANADIAN TIRE CORPORATION, LIMITED   p 90
10103 175 St Nw, EDMONTON, AB, T5S 1L9
(780) 489-5561   SIC 5531
CANADIAN TIRE CORPORATION, LIMITED   p 149
6900 46 St Unit 600, OLDS, AB, T4H 0A2
(403) 556-9949   SIC 5531
CANADIAN TIRE CORPORATION, LIMITED   p 218
480 Sarah Rd, INVERMERE, BC, V0A 1K3
(250) 342-4433   SIC 5531
CANADIAN TIRE CORPORATION, LIMITED   p 272
11388 Steveston Hwy, RICHMOND, BC, V7A 5J5
(604) 271-6651   SIC 5531
CANADIAN TIRE CORPORATION, LIMITED   p 332
801 Royal Oak Dr, VICTORIA, BC, V8X 4V1
(250) 727-6561   SIC 5531
CANADIAN TIRE CORPORATION, LIMITED   p 341
1050 South Lakeside Dr, WILLIAMS LAKE, BC, V2G 3A6
(250) 392-3303   SIC 5531
CANADIAN TIRE CORPORATION, LIMITED   p 353
2445 Saskatchewan Ave W, PORTAGE LA PRAIRIE, MB, R1N 4A6
(204) 857-3591   SIC 5399
CANADIAN TIRE CORPORATION, LIMITED   p 423
95 Columbus Dr, CARBONEAR, NL, A1Y 1A6
(709) 596-5103   SIC 5399
CANADIAN TIRE CORPORATION, LIMITED   p 424
1 High St, CHANNEL-PORT-AUX-BASQUES, NL, A0M 1C0
(709) 695-2158   SIC 5399
CANADIAN TIRE CORPORATION, LIMITED   p 449
201 Wyse Rd, DARTMOUTH, NS, B3A 1N1
(902) 463-0460   SIC 5531
CANADIAN TIRE CORPORATION, LIMITED   p 511
9263 Airport Rd, BRAMPTON, ON, L6S 0B6
(905) 494-6303   SIC 5399
CANADIAN TIRE CORPORATION, LIMITED   p 600
127 Stone Rd W Unit 42, GUELPH, ON, N1G 5G4
(519) 822-9521   SIC 5531
CANADIAN TIRE CORPORATION, LIMITED   p 627
311 Ryans Well Dr, KEMPTVILLE, ON, K0G 1J0
(613) 258-3479   SIC 5531
CANADIAN TIRE CORPORATION, LIMITED   p 707
6400 Millcreek Dr Suite 16, MISSISSAUGA, ON, L5N 3E7
(905) 814-8578   SIC 5531
CANADIAN TIRE CORPORATION, LIMITED   p 741
1016 Fisher St Suite 782, NORTH BAY, ON, P1B 2G4
(705) 476-2162   SIC 5531
CANADIAN TIRE CORPORATION, LIMITED   p 812
1095 Kingston Rd, PICKERING, ON, L1V 1B5
(905) 420-1332   SIC 5531
CANADIAN TIRE CORPORATION, LIMITED   p 815
13321 Loyalist Pky Rr 1, PICTON, ON, K0K 2T0
(613) 476-7407   SIC 5531
CANADIAN TIRE CORPORATION, LIMITED   p 883
234 Spruce St S Suite 783, TIMMINS, ON, P4N 2M5
(705) 264-4400   SIC 5531
CANADIAN TIRE CORPORATION, LIMITED   p 901
839 Yonge St Suite 150, TORONTO, ON, M4W 2H2
(416) 925-9592   SIC 5531
CANADIAN TIRE CORPORATION, LIMITED   p 1033
39 Montee De Sandy Beach, Gaspe, QC, G4X 2A9
(418) 368-6868   SIC 5531
CANADIAN TIRE CORPORATION, LIMITED   p 1120
6700 Ch De La Cote-Des-Neiges Bureau 240, Montreal, QC, H3S 2B2
(514) 737-2954   SIC 5999
CANADIAN TIRE CORPORATION, LIMITED   p 1288
2965 Gordon Rd Suite 65, REGINA, SK, S4S 6H7
(306) 585-1334   SIC 5531
CANADIAN TIRE CORPORATION, LIMITED   p 1299
301 Confederation Dr, SASKATOON, SK, S7L 5C3
(306) 384-1212   SIC 5531
CANADIAN TIRE CORPORATION, LIMITED   p 1301
2305 22nd St W Unit 6, SASKATOON, SK, S7M 0V6
(306) 384-2220   SIC 5531
CANADIAN TIRE CORPORATION, LTD   p 1033
See CANADIAN TIRE CORPORATION, LIMITED
CANADIAN TIRE CORPORATION, LTD   p 1120
See CANADIAN TIRE CORPORATION, LIMITED
CANADIAN TIRE MIRAMICHI   p 405
See AUTO LAC INC
CANADIAN TIRE NO 482   p 276
See JUUSOLA, JACK SALES LTD
CANADIAN TIRE REAL ESTATE LIMITED   p 898
2180 Yonge St, TORONTO, ON, M4S 2B9
(416) 480-3000   SIC 6531
CANADIAN TIRE REAL ESTATE LIMITED   p 1072
2211 Boul Roland-Therrien Bureau 256, LONGUEUIL, QC, J4N 1P2
(450) 448-1177   SIC 6531
CANADIAN TIRE SERVICES LIMITED   p 955
1000 East Main St, WELLAND, ON, L3B 3Z3
(905) 735-3131   SIC 6153
CANADIAN TIRE STORE # 212   p 8
See CURTIN, AUSTIN SALES LTD
CANADIAN TIRE STORE 482   p 276
See JUUSOLA, JACK SALES LTD
CANADIAN UNIFORM LIMITED   p 758
75 Norfinch Dr, NORTH YORK, ON, M3N 1W8
(416) 252-9321   SIC 5699
CANADIAN UNION OF POSTAL WORKERS   p 138
Gd Lcd Main, LETHBRIDGE, AB, T1J 3Y2
SIC 8631
CANADIAN UNION OF POSTAL WORKERS   p 194
1090 Ironwood St, CAMPBELL RIVER, BC, V9W 5P7
SIC 8631
CANADIAN UNION OF POSTAL WORKERS

p 206
11622 7 St, DAWSON CREEK, BC, V1G 4R8
(250) 782-1882 SIC 8631
CANADIAN UNION OF POSTAL WORKERS
p 263
Gd Stn Main, PRINCE RUPERT, BC, V8J 3P3
(250) 627-7233 SIC 8631
CANADIAN UNION OF POSTAL WORKERS
p 494
109 Bayfield St Suite 303, BARRIE, ON, L4M 3A9
(705) 722-3491 SIC 8742
CANADIAN UNION OF POSTAL WORKERS
p 880
212 Miles St E Suite 102, THUNDER BAY, ON, P7C 1J6
(807) 624-9131 SIC 8631
CANADIAN UNION OF POSTAL WORKERS
p 963
3719 Walker Rd, WINDSOR, ON, N8W 3S9
(519) 944-4102 SIC 8631
CANADIAN UNION OF PUBLIC EMPLOYEES *p*
189
4940 Canada Way Suite 500, BURNABY, BC, V5G 4T3
(604) 291-1940 SIC 8631
CANADIAN UNION OF PUBLIC EMPLOYEES *p*
219
736b Seymour St, KAMLOOPS, BC, V2C 2H3
(250) 377-8446 SIC 8631
CANADIAN UNION OF PUBLIC EMPLOYEES *p*
377
275 Broadway Suite 403b, WINNIPEG, MB, R3C 4M6
(204) 942-6524 SIC 8631
CANADIAN UNION OF PUBLIC EMPLOYEES *p*
377
275 Broadway Suite 703, WINNIPEG, MB, R3C 4M6
(204) 942-0343 SIC 8631
CANADIAN UNION OF PUBLIC EMPLOYEES *p*
584
25 Belfield Rd, ETOBICOKE, ON, M9W 1E8
(416) 798-3399 SIC 8631
CANADIAN UNION OF PUBLIC EMPLOYEES *p*
794
182 Isabella St, OTTAWA, ON, K1S 1V7
(613) 722-0652 SIC 8631
CANADIAN UNION OF PUBLIC EMPLOYEES *p*
923
1482 Bathurst St Suite 200, TORONTO, ON, M5P 3H1
(416) 393-0440 SIC 8631
CANADIAN UNION OF PUBLIC EMPLOYEES *p*
1095
565 Boul Cremazie E Bureau 7100, Montreal, QC, H2M 2V9
(514) 384-9681 SIC 8631
CANADIAN UNION OF PUBLIC EMPLOYEES *p*
1262
6 Rue Weredale Park Bureau 105, WESTMOUNT, QC, H3Z 1Y6
(514) 932-7161 SIC 8631
CANADIAN UNION OF PUBLIC EMPLOYEES *p*
1291
3731 Eastgate Dr, REGINA, SK, S4Z 1A5
(306) 525-5874 SIC 8631
CANADIAN UNIVERSITIES TRAVEL SERVICE LIMITED *p*
903
45 Charles St W Suite 200, TORONTO, ON,
M4Y 2R4
SIC 4724
CANADIAN URBAN MANAGEMENT LIMITED *p*
77
10572 105 St Nw, EDMONTON, AB, T5H 2W7
(780) 424-7722 SIC 6531
CANADIAN UTILITIES LIMITED *p* 79
10035 105 St Nw, EDMONTON, AB, T5J 1C8
(780) 420-7875 SIC 4911
CANADIAN UTILITY CONSTRUCTION CORP *p* 183
7950 Venture St, BURNABY, BC, V5A 1V3
(604) 415-3463 SIC 1623
CANADIAN UTILITY CONSTRUCTION CORP *p* 281
14928 56 Ave Suite 305, SURREY, BC, V3S 2N5
(604) 574-6640 SIC 1623
CANADIAN UTILITY CONSTRUCTION CORP *p* 281
6739 176 St Unit 1, SURREY, BC, V3S 4G6
(604) 576-9358 SIC 1623
CANADIAN WASTE MANAGEMENT *p* 1230
See WM QUEBEC INC
CANADIAN WELLHEAD ISOLATION CORPORATION *p*
143
2319 10 Ave Sw Suite A, MEDICINE HAT, AB, T1A 8G2
SIC 1389
CANADIAN WESTERN BANK *p* 10
2810 32 Ave Ne, CALGARY, AB, T1Y 5J4
(403) 250-8838 SIC 6021
CANADIAN WESTERN BANK *p* 16
6127 Barlow Trail Se, CALGARY, AB, T2C 4W8
(403) 269-9882 SIC 6021
CANADIAN WESTERN BANK *p* 30
6606 Macleod Trail Sw, CALGARY, AB, T2H 0K6
(403) 252-2299 SIC 6021
CANADIAN WESTERN BANK *p* 42
606 4 St Sw Suite 400, CALGARY, AB, T2P 1T1
(403) 262-8700 SIC 6021
CANADIAN WESTERN BANK *p* 57
5222 130 Ave Se Suite 300, CALGARY, AB, T2Z 0G4
(403) 257-8235 SIC 6021
CANADIAN WESTERN BANK *p* 79
10303 Jasper Ave Nw, EDMONTON, AB, T5J 3N6
(780) 423-8801 SIC 6021
CANADIAN WESTERN BANK *p* 87
12230 Jasper Ave Nw Suite 100, EDMONTON, AB, T5N 3K3
(780) 424-4846 SIC 6021
CANADIAN WESTERN BANK *p* 90
17603 100 Ave Nw, EDMONTON, AB, T5S 2M1
(780) 484-7407 SIC 6021
CANADIAN WESTERN BANK *p* 125
11226 100 Ave, GRANDE PRAIRIE, AB, T8V 7L2
(780) 831-1888 SIC 6021
CANADIAN WESTERN BANK *p* 152
4822 51 Ave, RED DEER, AB, T4N 4H3
(403) 341-4000 SIC 6021
CANADIAN WESTERN BANK *p* 201
101 Schoolhouse St Suite 310, COQUITLAM, BC, V3K 4X8
(604) 540-8829 SIC 6021
CANADIAN WESTERN BANK *p* 225
1674 Bertram St Suite 100, KELOWNA, BC, V1Y 9G4
(250) 862-8008 SIC 6021
CANADIAN WESTERN BANK *p* 241
6475 Metral Dr Unit 101, NANAIMO, BC, V9T 2L9
(250) 390-0088 SIC 6021
CANADIAN WESTERN BANK *p* 285
7548 120 St Suite 1, SURREY, BC, V3W 3N1
(604) 591-1898 SIC 6021
CANADIAN WESTERN BANK *p* 307
666 Burrard St 22nd Fl, VANCOUVER, BC, V6C 2X8
(604) 669-0081 SIC 6021
CANADIAN WESTERN BANK *p* 377
230 Portage Ave, WINNIPEG, MB, R3C 0B1
(204) 956-4669 SIC 6021
CANADIAN WESTERN BANK & TRUST *p* 16
See CANADIAN WESTERN BANK
CANADIAN WESTERN TRUST COMPANY *p* 303
750 Cambie St Suite 300, VANCOUVER, BC, V6B 0A2
(604) 685-2081 SIC 6091
CANADIAN-BRITISH CONSULTING GROUP LIMITED *p* 457
1489 Hollis St, HALIFAX, NS, B3J 3M5
(902) 421-7241 SIC 6712
CANADIEN NATIONAL *p* 1067
See COMPAGNIE DES CHEMINS DE FER NATIONAUX DU CANADA
CANADREAM CAMPERS *p* 10
See CANADREAM INC
CANADREAM CAMPERS *p* 210
See CANADREAM INC
CANADREAM CORPORATION *p* 160
292154 Crosspointe Dr, ROCKY VIEW COUNTY, AB, T4A 0V2
(403) 291-1000 SIC 7519
CANADREAM INC *p* 10
2510 27 St Ne, CALGARY, AB, T1Y 7G1
(403) 291-1000 SIC 7519
CANADREAM INC *p* 210
7119 River Rd, DELTA, BC, V4G 1A9
(604) 940-2171 SIC 7519
CANADREAM RV RENTALS & SALES *p* 160
See CANADREAM CORPORATION
CANALTA *p* 7
4402 41 Ave, BONNYVILLE, AB, T9N 2E5
(403) 846-2343 SIC 5812
CANALTA AFTER-SCHOOL CARE *p* 207
See SCHOOL DISTRICT #59 PEACE RIVER SOUTH
CANAM *p* 407
See GROUPE CANAM INC
CANAM *p* 716
See GROUPE CANAM INC
CANAM *p* 1188
See GROUPE CANAM INC
CANAM BRIDGES *p* 1153
See GROUPE CANAM INC
CANAM HAMBRO *p* 1003
See GROUPE CANAM INC
CANAMERA UNITED SUPPLY *p* 43
See DIVERSITY TECHNOLOGIES CORPORATION
CANARAIL *p* 1110
See CONSULTANTS CANARAIL INC
CANARCTIC *p* 1111
See FEDNAV LIMITEE
CANARCTIC GRAPHICS LTD *p* 439
5102 50 St, YELLOWKNIFE, NT, X1A 1S2
(867) 873-5924 SIC 7335
CANARM LTD *p* 489
7686 Sixteenth Line Rr 4, ARTHUR, ON, N0G 1A0
(519) 848-3910 SIC 5063
CANARM LTD *p* 1127
2555 Rue Bernard-Lefebvre, Montreal, QC, H7C 0A5
(450) 665-2535 SIC 5063
CANAROPA (1954) INC *p* 584
1866 Kipling Ave, ETOBICOKE, ON, M9W 4J1
(416) 241-4445 SIC 5072
CANARX SERVICES INC *p* 965
235 Eugenie St W Suite 105d, WINDSOR, ON, N8X 2X7
(519) 973-3040 SIC 5122
CANATRUSS *p* 1246
See 6410138 CANADA INC
CANBERRA CO *p* 558
50b Caldari Rd, CONCORD, ON, L4K 4N8
(905) 660-5373 SIC 3829
CANCAP PHARMACEUTICAL LTD *p* 265
13111 Vanier Pl Unit 180, RICHMOND, BC, V6V 2J1
(604) 278-2188 SIC 5912
CANCER CARE ONTARIO *p* 616
565 Sanatorium Rd Suite 207, HAMILTON, ON, L9C 7N4
(905) 389-0101 SIC 8099
CANCER CARE ONTARIO *p* 631
25 King St W, KINGSTON, ON, K7L 5P9
(613) 544-2630 SIC 8069
CANCER CARE ONTARIO *p* 877
980 Oliver Rd, THUNDER BAY, ON, P7B 6V4
(807) 343-1610 SIC 8731
CANCER CARE ONTARIO *p* 877
984 Oliver Rd Suite 401, THUNDER BAY, ON, P7B 7C7
(807) 684-7777 SIC 8069
CANCERCARE MANITOBA *p* 377
25 Sherbrook St Unit 5, WINNIPEG, MB, R3C 2B1
(204) 788-8000 SIC 8099
CANCERCARE MANITOBA *p* 379
675 Mcdermot Ave Suite 1160, WINNIPEG, MB, R3E 0V9
(204) 787-4143 SIC 8069
CANCLEAN FINANCIAL CORP *p* 977
304 Athlone Ave, WOODSTOCK, ON, N4S 7V8
(519) 539-4822 SIC 7542
CANCORE BUILDING SERVICES LTD *p* 895
1306 Queen St E, TORONTO, ON, M4L 1C4
(416) 406-1900 SIC 7349
CANDA SIX FORTUNE ENTERPRISE CO. LTD *p* 192
8138 North Fraser Way, BURNABY, BC, V5J 0E7
(604) 432-9000 SIC 5149
CANDAN R.V. CENTER *p* 233
See TRAVELAND R.V. RENTALS LTD
CANDEREL STONERIDGE EQUITY GROUP INC *p* 924
1075 Bay St Suite 400, TORONTO, ON, M5S 2B1
(416) 593-6366 SIC 6553
CANDEREL STONERIDGE EQUITY GROUP INC *p* 924
130 Bloor St W Suite 502, TORONTO, ON, M5S 1N5
(416) 922-4579 SIC 6553
CANDIAC GOLF CLUB *p* 1008
See BISTHRAM CLUB DE GOLF CANDIAC INC
CANDO RAIL SERVICES LTD *p* 344
830 Douglas St, BRANDON, MB, R7A 7B2
(204) 726-4545 SIC 1629
CANDUCT INDUSTRIES LIMITED *p* 664
4575 Blakie Rd, LONDON, ON, N6L 1P8
(519) 652-8603 SIC 2655
CANEDA TRANSPORT LTD *p* 14
4330 46 Ave Se, CALGARY, AB, T2B 3N7
(403) 236-7900 SIC 4213
CANEM SYSTEMS LTD *p* 30
7110 Fairmount Dr Se, CALGARY, AB, T2H 0X4
(403) 259-2221 SIC 1731
CANEM SYSTEMS LTD *p* 86
11320 151 St Nw, EDMONTON, AB, T5M 4A9
(780) 454-0381 SIC 1731
CANEM SYSTEMS LTD *p* 155
7483 49 Ave, RED DEER, AB, T4P 1N1
(403) 347-1266 SIC 1731
CANEM SYSTEMS LTD *p* 241
4386 Boban Dr Suite 9b, NANAIMO, BC, V9T 6A7
(250) 751-7760 SIC 1731
CANEM SYSTEMS LTD *p* 265

1600 Valmont Way Suite 100, RICHMOND, BC, V6V 1Y4
(604) 273-1131   SIC 1731
CANEM SYSTEMS LTD   p 332
3311 Oak St Suite B, VICTORIA, BC, V8X 1P9
(250) 475-1955   SIC 1731
CANEX DEVELOPMENT CORPORATION LIMITED   p 435
187 Gower St Suite 300, ST. JOHN'S, NL, A1C 1R2
(709) 754-0666   SIC 7992
CANEXUS CORPORATION   p 243
See CHEMTRADE ELECTROCHEM INC
CANEXUS CORPORATION   p 246
See CHEMTRADE ELECTROCHEM INC
CANEXUS CORPORATION   p 344
See CHEMTRADE ELECTROCHEM INC
CANFAB PACKAGING INC   p 779
707 Raleigh Ave, OSHAWA, ON, L1H 8T4
(905) 404-2023   SIC 2655
CANFAB PACKAGING INC   p 1118
2740 Rue Saint-Patrick, Montreal, QC, H3K 1B8
(514) 935-5265   SIC 2655
CANFOR   p 131
See CANADIAN FOREST PRODUCTS LTD
CANFOR   p 214
See CANADIAN FOREST PRODUCTS LTD
CANFOR   p 217
See CANADIAN FOREST PRODUCTS LTD
CANFOR - PLATEAU   p 324
See CANADIAN FOREST PRODUCTS LTD
CANFOR MACKENZIE DIVISION   p 235
See CANADIAN FOREST PRODUCTS LTD
CANFOR PULP   p 261
See CANADIAN FOREST PRODUCTS LTD
CANFOR RESEARCH & DEVELOPMENT CENTRE   p 318
See CANADIAN FOREST PRODUCTS LTD
CANFOR-NORTHWOOD PULP MILL   p 258
See CANADIAN FOREST PRODUCTS LTD
CANFORGE   p 954
See CANADA FORGINGS INC
CANICKEL MINING LIMITED   p 360
Gd, WABOWDEN, MB, R0B 1S0
(204) 689-2972   SIC 1081
CANIMEX INC   p 1030
285 Rue Saint-Georges, DRUMMONDVILLE, QC, J2C 4H3
(819) 477-1335   SIC 3429
CANJET AIRLINES   p 455
See I.M.P. GROUP INTERNATIONAL INCORPORATED
CANLAN ICE SPORTS   p 1006
See QUATRE GLACES (1994) INC, LES
CANLAN ICE SPORTS CORP   p 232
5700 Langley Bypass, LANGLEY, BC, V3A 8L7
(604) 532-8946   SIC 7999
CANLAN ICE SPORTS CORP   p 382
1871 Ellice Ave, WINNIPEG, MB, R3H 0C1
(204) 784-8888   SIC 7999
CANLAN ICE SPORTS CORP   p 755
989 Murray Ross Pky, NORTH YORK, ON, M3J 3M4
(416) 661-4423   SIC 5812
CANLAN ICE SPORTS CORP   p 1006
5880 Boul Taschereau, BROSSARD, QC, J4W 1M6
(450) 462-2113   SIC 7999
CANLAN ICE SPORTS CORP   p 1266
2301 Grasswood Rd E, CORMAN PARK, SK, S7T 1C8
(306) 955-3606   SIC 7999
CANLAN ICE SPORTS CORP   p 1284
Gd Lcd Main, REGINA, SK, S4P 2Z4
SIC 7997
CANLAN ICE SPORTS LANGLEY TWIN RINKS   p 232
See CANLAN ICE SPORTS CORP
CANLYTE, DIV OF   p 1057
See PHILIPS LIGHTING CANADA LTD
CANMARC REIT   p 450

11 Akerley Blvd Suite 200, DARTMOUTH, NS, B3B 0H1
SIC 6513
CANMARC REIT   p 980
200 Pownal St, CHARLOTTETOWN, PE, C1A 3W8
(902) 892-2496   SIC 7011
CANMORE COLLEGIATE HIGH SCHOOL   p 66
See CANADIAN ROCKIES REGIONAL DIVISION NO 12
CANMORE FIRE RESCUE   p 67
See TOWN OF CANMORE
CANMORE GENERAL HOSPITAL   p 66
See ALBERTA HEALTH SERVICES
CANMORE HOTEL   p 67
See MOUNTAIN DEW INVESTMENTS LTD
CANMORE RECREATION CENTRE   p 67
See TOWN OF CANMORE
CANMORE SAFEWAY   p 67
See SOBEYS WEST INC
CANMORE TOURISM OPERATIONS   p 66
See ALPINE HELICOPTERS INC
CANNERY SEAFOOD RESTAURANT   p 293
See SILVERBIRCH NO. 41 OPERATIONS LIMITED PARTNERSHIP
CANNON DESIGN ARCHITECTURE INC   p 313
1500 Georgia St W Suite 710, VANCOUVER, BC, V6G 2Z6
(604) 688-5710   SIC 8712
CANNON DESIGN ARCHITECTURE INC   p 913
200 University Ave Suite 1200, TORONTO, ON, M5H 3C6
(416) 915-0121   SIC 8712
CANNON HYGIENE CANADA   p 651
See CITRON HYGIENE LP
CANNON SECURITY AND PATROL SERVICES   p 779
23 Simcoe St S Fl 2, OSHAWA, ON, L1H 4G1
(416) 742-9994   SIC 7381
CANNON, DR C F SCHOOL   p 781
See DURHAM DISTRICT SCHOOL BOARD
CANOE INC   p 904
333 King St E Suite 1, TORONTO, ON, M5A 3X5
(416) 947-2154   SIC 4813
CANOE LAKE HEALTH CENTRE   p 1265
See MEADOW LAKE TRIBAL COUNCIL
CANON   p 1209
See CANON CANADA INC
CANON CANADA INC   p 22
2828 16 St Ne, CALGARY, AB, T2E 7K7
(403) 717-2900   SIC 5044
CANON CANADA INC   p 307
999 Hastings St W Suite 1900, VANCOUVER, BC, V6C 2W2
(604) 296-8000   SIC 5044
CANON CANADA INC   p 521
8000 Mississauga Rd, BRAMPTON, ON, L6Y 0C3
(905) 795-1111   SIC 5044
CANON CANADA INC   p 537
3375 North Service Rd Suite A 10, BURLINGTON, ON, L7N 3G2
SIC 5045
CANON CANADA INC   p 644
500 Trillium Dr Unit 23, KITCHENER, ON, N2R 1E5
SIC 5044
CANON CANADA INC   p 665
647 Wilton Grove Rd, LONDON, ON, N6N 1N7
SIC 5044
CANON CANADA INC   p 784
2260 Walkley Rd, OTTAWA, ON, K1G 6A8
(613) 248-8060   SIC 5044
CANON CANADA INC   p 901
175 Bloor St E Suite 1200, TORONTO, ON, M4W 3R8
(416) 491-9330   SIC 5999

CANON CANADA INC   p 1149
300 Rue Saint-Paul Bureau 410, Quebec, QC, G1K 7R1
(418) 687-5630   SIC 5044
CANON CANADA INC   p 1206
4767 Rue Levy, SAINT-LAURENT, QC, H4R 2P9
(514) 745-6363   SIC 5049
CANON CANADA INC   p 1209
8801 Rte Transcanadienne Bureau 176, SAINT-LAURENT, QC, H4S 1Z6
(514) 342-8821   SIC 5044
CANON DIRECT SALES DIV   p 784
See CANON CANADA INC
CANON RICHARDS MEMORIAL ACADEMY   p 426
See WESTERN SCHOOL DISTRICT
CANOPTEC INC   p 940
349 Evans Ave, TORONTO, ON, M8Z 1K2
(416) 521-9969   SIC 5048
CANPAR   p 659
See CANPAR TRANSPORT L.P.
CANPAR CARRIER   p 22
See CANPAR TRANSPORT L.P.
CANPAR COURIER   p 496
See CANPAR TRANSPORT L.P.
CANPAR COURIER   p 513
See CANPAR TRANSPORT L.P.
CANPAR HAMILTON   p 606
See CANPAR TRANSPORT L.P.
CANPAR HOLDINGS LTD   p 42
144 4 Ave Sw Suite 400, CALGARY, AB, T2P 3N4
(403) 221-0800   SIC 1311
CANPAR TRANSPORT L.P.   p 22
707 Barlow Trail Se Unit D, CALGARY, AB, T2E 8C2
(403) 235-6701   SIC 7389
CANPAR TRANSPORT L.P.   p 99
4635 92 Ave Nw, EDMONTON, AB, T6B 2J4
(780) 465-4054   SIC 7389
CANPAR TRANSPORT L.P.   p 183
8399 Eastlake Dr, BURNABY, BC, V5A 4W2
(604) 421-3452   SIC 4731
CANPAR TRANSPORT L.P.   p 382
750 Berry St Suite A, WINNIPEG, MB, R3H 0S6
SIC 4213
CANPAR TRANSPORT L.P.   p 493
120 Wanless Crt, AYR, ON, N0B 1E0
(800) 387-9335   SIC 7389
CANPAR TRANSPORT L.P.   p 496
168 John St, BARRIE, ON, L4N 2L2
(705) 728-3335   SIC 7389
CANPAR TRANSPORT L.P.   p 513
201 Westcreek Blvd Suite 102, BRAMPTON, ON, L6T 0G8
(905) 499-2699   SIC 7389
CANPAR TRANSPORT L.P.   p 558
473 Basaltic Rd, CONCORD, ON, L4K 4W8
(905) 303-7725   SIC 7389
CANPAR TRANSPORT L.P.   p 606
41 Brockley Dr Suite 1, HAMILTON, ON, L8E 3C3
(905) 573-3077   SIC 7389
CANPAR TRANSPORT L.P.   p 654
3 Buchanan Crt Suite 2, LONDON, ON, N5Z 4P9
SIC 4213
CANPAR TRANSPORT L.P.   p 659
3600 White Oak Rd, Suite 5, LONDON, ON, N6E 2Z9
(905) 430-8435   SIC 7389
CANPAR TRANSPORT L.P.   p 876
320 Collier Rd S, THOROLD, ON, L2V 5B6
(905) 227-9733   SIC 7389
CANPAR TRANSPORT L.P.   p 940
205 New Toronto St, TORONTO, ON, M8V 0A1
(416) 869-1332   SIC 4213
CANPAR TRANSPORT L.P.   p 948
18 Industrial Rd, WALKERTON, ON, N0G 2V0
(519) 881-2770   SIC 4731

CANPAR TRANSPORT L.P.   p 1042
1065 Boul Industriel, GRANBY, QC, J2J 2B8
(450) 378-6405   SIC 7389
CANPAR TRANSPORT L.P.   p 1165
5125 Rue Rideau, Quebec, QC, G2E 5H5
SIC 4213
CANPLAS INDUSTRIES LTD   p 496
500 Veterans Dr Suite 1800, BARRIE, ON, L4N 9J5
(705) 726-3361   SIC 3088
CANPRO INVESTMENT   p 1111
See FEDERAL LEASING CORPORATION LTD
CANQUEST COMMUNICATIONS (ONLINE) INC   p 552
14 William St N, CHATHAM, ON, N7M 4L1
(519) 351-8647   SIC 4813
CANRIG DRILLING TECHNOLOGY LTD   p 16
5250 94 Ave Se Suite 5250, CALGARY, AB, T2C 3Z3
(403) 279-3466   SIC 1389
CANROOF CORPORATION INC   p 895
560 Commissioners St, TORONTO, ON, M4M 1A7
(416) 461-8122   SIC 5211
CANSEL   p 22
See CANSEL SURVEY EQUIPMENT INC
CANSEL   p 450
See CANSEL SURVEY EQUIPMENT INC
CANSEL SURVEY EQUIPMENT INC   p 22
236 40 Ave Ne, CALGARY, AB, T2E 2M7
(403) 243-1836   SIC 5049
CANSEL SURVEY EQUIPMENT INC   p 450
100 Ilsley Ave Suite C & D, DARTMOUTH, NS, B3B 1L3
(902) 429-5002   SIC 5049
CANSEL SURVEY EQUIPMENT INC   p 1206
2295 Rue Guenette, SAINT-LAURENT, QC, H4R 2E9
(888) 222-6735   SIC 5049
CANSEW INC   p 759
28 Apex Rd, NORTH YORK, ON, M6A 2V2
(416) 782-1124   SIC 5131
CANSLIT DIV OF   p 1259
See IMAFLEX INC
CANSOLV TECHNOLOGIES INC   p 1105
400 Boul De Maisonneuve O Bureau 200, Montreal, QC, H3A 1L4
(514) 382-4411   SIC 8711
CANSPEC GROUP I   p 828
See ACUREN GROUP INC
CANTAK CORPORATION   p 42
355 4 Ave Sw Suite 1050, CALGARY, AB, T2P 0J1
(403) 269-5536   SIC 5051
CANTALK (CANADA) INC   p 374
70 Arthur St Suite 250, WINNIPEG, MB, R3B 1G7
(204) 982-1245   SIC 4899
CANTALK USA   p 374
See CANTALK (CANADA) INC
CANTAX   p 1238
See WOLTERS KLUWER CANADA LIMITED
CANTEC SECURITY SERVICES INC   p 854
140 Welland Ave Unit 5, ST CATHARINES, ON, L2R 2N6
(905) 687-9500   SIC 7381
CANTECH   p 566
See COMPAGNIE CANADIAN TECHNICAL TAPE LTEE
CANTEEN OF CANADA LIMITED   p 687
5560 Explorer Dr Suite 400, MISSISSAUGA, ON, L4W 5M3
(416) 258-4636   SIC 5812
CANTERBURY HIGH SCHOOL   p 395
See SCHOOL DISTRICT 14
CANTERBURY HIGH SCHOOL   p 785
See OTTAWA-CARLETON DISTRICT SCHOOL BOARD
CANTERBURY HOUSE BOOKSTORE   p 794
See SAINT PAUL UNIVERSITY
CANTRAIL COACH LINES LTD   p 301

1375 Vernon Dr, VANCOUVER, BC, V6A 3V4
(604) 294-5541   SIC 4111
CANTWELL CULLEN & COMPANY INC p 649
10 Artisans Cres, LONDON, ON, N5V 4N6
(519) 659-1107   SIC 3492
CANTWELL CULLEN & COMPANY INC p 769
1131 South Service Rd W, OAKVILLE, ON, L6L 6K4
(905) 825-3255   SIC 3679
CANUSA CPS p 620
See SHAWCOR LTD
CANWEL p 16
See CANWEL BUILDING MATERIALS LTD
CANWEL p 365
See CANWEL BUILDING MATERIALS LTD
CANWEL p 450
See CANWEL BUILDING MATERIALS LTD
CANWEL p 998
See CANWEL BUILDING MATERIALS LTD
CANWEL BUILDING MATERIALS LTD p 16
9229 Barlow Trail Se, CALGARY, AB, T2C 2N8
(403) 279-7108   SIC 5039
CANWEL BUILDING MATERIALS LTD p 86
11553 154 St Nw, EDMONTON, AB, T5M 3N7
(780) 452-5395   SIC 5039
CANWEL BUILDING MATERIALS LTD p 234
5350 275 St, LANGLEY, BC, V4W 0C1
(604) 607-6888   SIC 5039
CANWEL BUILDING MATERIALS LTD p 284
See CANWEL BUILDING MATERIALS LTD
CANWEL BUILDING MATERIALS LTD p 284
9815 Robson Rd, SURREY, BC, V3V 2R9
(604) 585-2511   SIC 5039
CANWEL BUILDING MATERIALS LTD p 310
1055 West Georgia St Suite 1100, VANCOUVER, BC, V6E 3P3
(604) 432-1400   SIC 5039
CANWEL BUILDING MATERIALS LTD p 365
350 De Baets St, WINNIPEG, MB, R2J 0H4
(204) 633-4890   SIC 5039
CANWEL BUILDING MATERIALS LTD p 372
1330 Inkster Blvd, WINNIPEG, MB, R2X 1P7
(204) 633-7003   SIC 5039
CANWEL BUILDING MATERIALS LTD p 450
120 Ilsley Ave, DARTMOUTH, NS, B3B 1S7
(902) 468-8585   SIC 5031
CANWEL BUILDING MATERIALS LTD p 998
651 Boul Industriel, BLAINVILLE, QC, J7C 3V3
(450) 435-6911   SIC 5032
CANWEL BUILDING MATERIALS LTD p 1077
50 Rue Saint-Denis, Maskinonge, QC, J0K 1N0
(819) 227-4449   SIC 5039
CANWEST PROPANE p 6
See GIBSON ENERGY ULC
CANWEST PROPANE p 17
See GIBSON ENERGY ULC
CANWEST PROPANE p 120
See GIBSON ENERGY ULC
CANWEST PROPANE p 141
See GIBSON ENERGY ULC
CANWEST PROPANE p 280
See GIBSON ENERGY ULC
CANWOOD HIGH SCHOOL p 1265
See SASKATCHEWAN RIVER SCHOOL DIVISION #119
CANWOOD PUBLIC SCHOOL p 1265
See PARKLAND SCHOOL DIVISION NO. 70
CANXPRESS DISTRIBUTION LTD p 159
51st Ave 61 Se Bldg No. 285115, ROCKY VIEW COUNTY, AB, T1X 0K3
(403) 265-6563   SIC 4212
CANYON CREEK CHOP HOUSE p 562
See SIR CORP
CANYON CREEK CHOP HOUSE p 737
See SIR CORP
CANYON CREEK CHOP HOUSE p 887
See SIR CORP
CANYON CREEK CHOPHOUSE p 581
See SIR CORP
CANYON CREEK STEAK & CHOPHOUSE p 698
See SIR CORP
CANYON HEIGHTS ELEMENTARY SCHOOL p 250
See SCHOOL DISTRICT NO. 44 (NORTH VANCOUVER)
CANYON MEADOWS ELEMENTARY SCHOOL p 54
See CALGARY BOARD OF EDUCATION
CANYON SERVICES GROUP INC p 42
645 7 Ave Sw Suite 2900, CALGARY, AB, T2P 4G8
(403) 266-0202   SIC 1389
CANYON TECHNICAL SERVICES LTD p 68
9102 102 St Ss 55 Suite 55, CLAIRMONT, AB, T0H 0W0
(780) 357-2250   SIC 1389
CANYON TECHNICAL SERVICES LTD p 153
28042 Hwy 11 Unit 322, RED DEER, AB, T4N 5H3
(403) 309-0505   SIC 1389
CANYON TECHNICAL SERVICES LTD p 1268
548 Bourquin Rd, ESTEVAN, SK, S4A 2A7
(306) 637-3360   SIC 1389
CANYON-LISTER ELEMENTARY SCHOOL p 195
See SCHOOL DISTRICT NO. 8 (KOOTENAY LAKE)
CAOFISR p 822
See CANADIAN AID ORGANIZATION FOR IRAQI SOCIETY REHAB. (CAOFISR)
CAP REIT p 909
See CANADIAN APARTMENT PROPERTIES REAL ESTATE INVESTMENT TRUST
CAPABLE BUILDING CLEANING LTD p 398
158 Clark St, FREDERICTON, NB, E3A 2W7
(506) 458-9343   SIC 7349
CAPCO p 913
See CAPITAL MARKETS COMPANY LIMITED, THE
CAPE BALD PACKERS, LIMITED p 465
126 Beach Rd, INVERNESS, NS, B0E 1N0
(902) 258-2272   SIC 7389
CAPE BRETON & CENTRAL NOVA SCOTIA RAILWAY LIMITED p 472
4 Macsween St, PORT HAWKESBURY, NS, B9A 2H7
(902) 625-5715   SIC 4111
CAPE BRETON DISTRICT HEALTH AUTHORITY p 475
1482 George St, SYDNEY, NS, B1P 1P3
(902) 567-8000   SIC 8062
CAPE BRETON REGIONAL HOSPITAL p 475
See CAPE BRETON DISTRICT HEALTH AUTHORITY
CAPE BRETON REGIONAL MUNICIPALITY p 455
24 West Ave, GLACE BAY, NS, B1A 6E9
(902) 842-1171   SIC 7699
CAPE BRETON REGIONAL MUNICIPALITY p 475
320 Esplanade St Suite 300, SYDNEY, NS, B1P 7B9
(902) 563-5180   SIC 8711
CAPE BRETON REGIONAL MUNICIPALITY p 475
481 George St Suite 200, SYDNEY, NS, B1P 1K5
(902) 564-2200   SIC 7389
CAPE BRETON REGIONAL MUNICIPALITY p 475
575 Grand Lake Rd, SYDNEY, NS, B1P 5T3
(902) 563-5593   SIC 4953
CAPE BRETON-VICTORIA REGIONAL SCHOOL BOARD p 442
320 Shore Rd, BADDECK, NS, B0E 1B0
(902) 295-2359   SIC 8211
CAPE BRETON-VICTORIA REGIONAL SCHOOL BOARD p 444
10 Alder Point Rd, BRAS D'OR, NS, B1Y 2K1
(902) 736-4000   SIC 8211
CAPE BRETON-VICTORIA REGIONAL SCHOOL BOARD p 446
30 Mt Florence St, COXHEATH, NS, B1R 1T8
(902) 562-4961   SIC 8211
CAPE BRETON-VICTORIA REGIONAL SCHOOL BOARD p 453
3546 East Bay Hwy, EAST BAY, NS, B1J 1A3
(902) 828-2010   SIC 8211
CAPE BRETON-VICTORIA REGIONAL SCHOOL BOARD p 453
81 Centre Ave, DONKIN, NS, B1A 6N4
(902) 737-2120   SIC 8211
CAPE BRETON-VICTORIA REGIONAL SCHOOL BOARD p 455
10 Second St, GLACE BAY, NS, B1A 5Z4
(902) 849-2003   SIC 8211
CAPE BRETON-VICTORIA REGIONAL SCHOOL BOARD p 455
1260 Main St, GLACE BAY, NS, B1A 5A4
(902) 842-2285   SIC 8211
CAPE BRETON-VICTORIA REGIONAL SCHOOL BOARD p 455
256 Park Rd, FLORENCE, NS, B1Y 1N2
(902) 736-6273   SIC 8211
CAPE BRETON-VICTORIA REGIONAL SCHOOL BOARD p 469
32039 Cabot Trail, NEILS HARBOUR, NS, B0C 1N0
(902) 336-2266   SIC 8211
CAPE BRETON-VICTORIA REGIONAL SCHOOL BOARD p 470
319 James St, NEW WATERFORD, NS, B1H 2X9
SIC 8211
CAPE BRETON-VICTORIA REGIONAL SCHOOL BOARD p 470
3237 Nicholson Ave, NEW WATERFORD, NS, B1H 1N9
(902) 862-7127   SIC 8211
CAPE BRETON-VICTORIA REGIONAL SCHOOL BOARD p 471
25 Wilkie Ave, NORTH SYDNEY, NS, B2A 1Y5
(902) 794-2419   SIC 8211
CAPE BRETON-VICTORIA REGIONAL SCHOOL BOARD p 471
30 Regent St, NORTH SYDNEY, NS, B2A 2E6
(902) 794-2492   SIC 8211
CAPE BRETON-VICTORIA REGIONAL SCHOOL BOARD p 471
33 Napoleon St, NORTH SYDNEY, NS, B2A 3G6
(902) 794-7037   SIC 8211
CAPE BRETON-VICTORIA REGIONAL SCHOOL BOARD p 472
25 James St, RIVER RYAN, NS, B1H 1B8
(902) 862-4000   SIC 8211
CAPE BRETON-VICTORIA REGIONAL SCHOOL BOARD p 473
2185 New Waterford Hwy, SOUTH BAR, NS, B1N 3H7
(902) 562-0776   SIC 8211
CAPE BRETON-VICTORIA REGIONAL SCHOOL BOARD p 474
199 Jameson St, SYDNEY, NS, B1N 2P7
(902) 562-6130   SIC 8211
CAPE BRETON-VICTORIA REGIONAL SCHOOL BOARD p 474
999 Alexandra St, SYDNEY, NS, B1L 1E5
(902) 562-4595   SIC 8211
CAPE BRETON-VICTORIA REGIONAL SCHOOL BOARD p 475
275 George St, SYDNEY, NS, B1P 1J7
(902) 564-8293   SIC 8211
CAPE BRETON-VICTORIA REGIONAL SCHOOL BOARD p 475
1464 George St, SYDNEY, NS, B1P 1P3
(902) 564-5636   SIC 8211
CAPE BRETON-VICTORIA REGIONAL SCHOOL BOARD p 475
125 Sunnydale Dr, SYDNEY, NS, B1R 1J4
(902) 539-3031   SIC 8211
CAPE BRETON-VICTORIA REGIONAL SCHOOL BOARD p 476
30 Mt Kemmel St, SYDNEY, NS, B1S 3V6
(902) 562-8878   SIC 8211
CAPE BRETON-VICTORIA REGIONAL SCHOOL BOARD p 476
2 School St, SYDNEY MINES, NS, B1V 1R3
(902) 736-8382   SIC 8211
CAPE BRETON-VICTORIA REGIONAL SCHOOL BOARD p 476
125 Kenwood Dr, SYDNEY, NS, B1S 1T8
(902) 564-4587   SIC 8211
CAPE BRETON-VICTORIA REGIONAL SCHOOL BOARD p 476
300 Memorial Dr, SYDNEY MINES, NS, B1V 2Y5
(902) 736-6233   SIC 8211
CAPE BRETON-VICTORIA REGIONAL SCHOOL BOARD p 476
755 Main St, SYDNEY MINES, NS, B1V 2L4
(902) 736-8140   SIC 8211
CAPE BRETON-VICTORIA REGIONAL SCHOOL BOARD p 476
596 Main St, SYDNEY MINES, NS, B1V 2K8
(902) 736-8549   SIC 8211
CAPE BRETON-VICTORIA REGIONAL SCHOOL BOARD p 476
35 Phillip St, SYDNEY, NS, B1S 1M8
(902) 567-2144   SIC 8211
CAPE COD WOOD SIDINGS DIV OF p 464
See MARWOOD LTD
CAPE HORN ELEMENTARY SCHOOL p 203
See SCHOOL DISTRICT NO. 43 (COQUITLAM)
CAPELLA TELECOMMUNICATIONS INC p 1032
2065 Rue Michelin, FABREVILLE, QC, H7L 5B7
(450) 686-0033   SIC 4899
CAPESPAN NORTH AMERICA LLC p 1211
6700 Ch De La Cote-De-Liesse Bureau 301, SAINT-LAURENT, QC, H4T 2B5
(514) 739-9181   SIC 5148
CAPILANO ELEMENTARY SCHOOL p 99
See EDMONTON SCHOOL DISTRICT NO. 7
CAPILANO ELEMENTARY SCHOOL p 250
See SCHOOL DISTRICT NO. 44 (NORTH VANCOUVER)
CAPILANO GOLF AND COUNTRY CLUB LIMITED p 338
420 Southborough Dr, WEST VANCOUVER, BC, V7S 1M2
(604) 922-9331   SIC 7997
CAPILANO HEIGHTS CHINESE RESTAURANT p 250
See CAPILANO HEIGHTS RESTAURANT CO. LTD
CAPILANO HEIGHTS RESTAURANT CO. LTD p 250
5020 Capilano Rd, NORTH VANCOUVER, BC, V7R 4K7
(604) 987-9511   SIC 5812
CAPILANO MEDICENTRE p 99
See MEDICENTRES CANADA INC

CAPILANO SUSPENSION BRIDGE LTD p 250
3735 Capilano Rd Suite 1889, NORTH VANCOUVER, BC, V7R 4J1
(604) 985-7474   SIC 4724

CAPILANO UNIVERSITY p 246
2055 Purcell Way Suite 284, NORTH VANCOUVER, BC, V7J 3H5
(604) 986-1911   SIC 8221

CAPILANO UNIVERSITY p 276
5627 Inlet Ave, SECHELT, BC, V0N 3A3
(604) 885-9310   SIC 8221

CAPILANO UNIVERSITY p 279
1150 Carson Pl, SQUAMISH, BC, V8B 0B1
(604) 892-5322   SIC 8221

CAPILANO, DIV OF p 234
See ROPAK CANADA INC

CAPITAL CARE GRANDVIEW p 108
See CAPITAL CARE GROUP INC

CAPITAL CARE GROUP INC p 75
9113 144 Ave Nw, EDMONTON, AB, T5E 6K2
(780) 496-2575   SIC 8051

CAPITAL CARE GROUP INC p 76
10410 111 Ave Nw, EDMONTON, AB, T5G 3A2
(780) 496-3200   SIC 8741

CAPITAL CARE GROUP INC p 89
16815 88 Ave Nw Suite 119, EDMONTON, AB, T5R 5Y7
(780) 413-4712   SIC 8051

CAPITAL CARE GROUP INC p 89
8720 165 St Nw, EDMONTON, AB, T5R 5Y8
(780) 413-4770   SIC 8059

CAPITAL CARE GROUP INC p 89
8740 165 St Nw Suite 438, EDMONTON, AB, T5R 2R8
(780) 341-2300   SIC 8051

CAPITAL CARE GROUP INC p 108
6215 124 St Nw, EDMONTON, AB, T6H 3V1
(780) 496-7100   SIC 8051

CAPITAL CARE LYNNWOOD p 89
See CAPITAL CARE GROUP INC

CAPITAL CONCRETE p 91
See FLATWORKS INDUSTRIES WEST LTD

CAPITAL EQUIPMENT RENTALS, DIV p 622
See CAPITOL PIPE SUPPORTS LIMITED

CAPITAL HEALTH CENTRE p 78
See ALBERTA HEALTH SERVICES

CAPITAL HILL HOTEL & SUITES p 792
See RODAS INVESTMENTS LIMITED

CAPITAL INDUSTRIAL SALES & SERVICE LTD p 1295
210 48th St E Suite 3, SASKATOON, SK, S7K 6A4
(306) 651-3314   SIC 3537

CAPITAL MARKETS COMPANY LIMITED, THE p 913
360 Bay St Suite 600, TORONTO, ON, M5H 2V6
(416) 923-4570   SIC 8742

CAPITAL MEMORIAL GARDENS p 725
See MEMORIAL GARDENS CANADA LIMITED

CAPITAL PAVING INC p 546
6678 Wellington Road 34, CAMBRIDGE, ON, N3C 2V4
(519) 220-1753   SIC 1442

CAPITAL PRINTING & FORMS INC p 84
14133 128a Ave Nw, EDMONTON, AB, T5L 4P5
(780) 453-5039   SIC 5112

CAPITAL PRINTING & FORMS INK p 84
See CAPITAL PRINTING & FORMS INC

CAPITAL REGIONAL DISTRICT p 246
1885 Forest Park Rd, NORTH SAANICH, BC, V8L 4A3
(250) 656-7271   SIC 8322

CAPITAL REGIONAL DISTRICT p 278
2168 Phillips Rd, SOOKE, BC, V9Z 0Y3
(250) 642-8000   SIC 7999

CAPITAL SECURITY & INVESTIGATIONS p 566

504 Pitt St, CORNWALL, ON, K6J 3R5
(613) 937-4111   SIC 7381

CAPITAL SECURITY & INVESTIGATIONS p 594
1128 Cadboro Rd, GLOUCESTER, ON, K1J 7R1
(613) 744-1194   SIC 7381

CAPITAL TRAITEUR p 1104
See CAPITAL TRAITEUR MONTREAL INC

CAPITAL TRAITEUR MONTREAL INC p 1104
159 Rue Saint-Antoine O Bureau 400, Montreal, QC, H2Z 2A7
(514) 875-1897   SIC 5812

CAPITAL TRAITEUR MONTREAL INC p 1104
201 Av Viger O, Montreal, QC, H2Z 1X7
(514) 871-3111   SIC 5812

CAPITALE ASSUREUR DE L'ADMINISTRATION PUBLIQUE INC, LA p 1156
625 Rue Jacques-Parizeau, Quebec, QC, G1R 2G5
(418) 644-4106   SIC 6311

CAPITALE CARD p 1156
See CAPITALE ASSUREUR DE L'ADMINISTRATION PUBLIQUE INC, LA

CAPITALE DU MONT-ROYAL COURTIER IMMOBILIER AGREE, LA p 1093
1152 Av Du Mont-Royal E, Montreal, QC, H2J 1X8
(514) 597-2121   SIC 6531

CAPITALE GESTION FINANCIERE INC, LA p 1062
3080 Boul Le Carrefour Bureau 520, Laval, QC, H7T 2R5
(514) 873-9364   SIC 8742

CAPITALE GESTION FINANCIERE INC, LA p 1156
625 Rue Saint-Amable, Quebec, QC, G1R 2G5
(418) 643-3884   SIC 7389

CAPITALE GESTION FINANCIERE INC, LA p 1160
650-2875 Boul Laurier, Quebec, QC, G1V 5B1
(418) 644-0038   SIC 6411

CAPITALE IMMOBILIERE MFQ INC, LA p 1147
7500 Av Thomas-Baillairge, Quebec, QC, G1H 7M4
(418) 628-8968   SIC 8361

CAPITALE IMMOBILIERE MFQ INC, LA p 1158
750 Ch Sainte-Foy Bureau 404, Quebec, QC, G1S 4P1
(418) 914-8747   SIC 8051

CAPITALE, LA p 1160
See CAPITALE GESTION FINANCIERE INC, LA

CAPITOL FUNERAL & CEMETARY p 725
See ARBOR MEMORIAL SERVICES INC

CAPITOL HILL ELEMENTARY SCHOOL p 185
See BURNABY SCHOOL BOARD DISTRICT 41

CAPITOL PIPE SUPPORTS LIMITED p 622
85 Talbot St E, JARVIS, ON, N0A 1J0
(519) 587-4571   SIC 7359

CAPITOLE DE QUEBEC INC, LE p 1156
972 Rue Saint-Jean, Quebec, QC, G1R 1R5
(418) 694-9930   SIC 5812

CAPPY SMART ELEMENTARY SCHOOL p 12
See CALGARY BOARD OF EDUCATION

CAPRI COMMUNITY HEALTH CENTRE p 226
See INTERIOR HEALTH AUTHORITY

CAPRI INSURANCE SERVICES LTD p 325
2702 48 Ave, VERNON, BC, V1T 3R4
(250) 542-0291   SIC 6411

CAPRI INTERCITY FINANCIAL CORP p 25
1835 Gordon Dr Suite 204, KELOWNA, BC, V1Y 3H5

(250) 860-2426   SIC 6411

CAPRION BIOSCIENCES INC p 1100
201 Av Du President-Kennedy Bureau 3900, Montreal, QC, H2X 3Y7
(514) 360-3600   SIC 2834

CAPRION PROTEOME p 1100
See CAPRION BIOSCIENCES INC

CAPSERVCO p 45
See GRANT THORNTON LLP

CAPSERVCO p 226
See GRANT THORNTON LLP

CAPSERVCO p 304
See GRANT THORNTON LLP

CAPSERVCO p 387
See GRANT THORNTON LLP

CAPSERVCO p 672
See GRANT THORNTON LLP

CAPSERVCO p 981
See GRANT THORNTON LLP

CAPSERVCO LIMITED PARTNERSHIP p 245
628 Sixth Ave, NEW WESTMINSTER, BC, V3M 6Z1
(604) 521-3761   SIC 8721

CAPSERVCO LIMITED PARTNERSHIP p 331
888 Fort St Suite 300, VICTORIA, BC, V8W 1H8
(250) 383-4191   SIC 8721

CAPSERVCO LIMITED PARTNERSHIP p 406
633 Main St Suite 500, MONCTON, NB, E1C 9X9
(506) 857-0100   SIC 8721

CAPSERVCO LIMITED PARTNERSHIP p 457
2000 Barrington St Suite 1100, HALIFAX, NS, B3J 3K1
(902) 421-1734   SIC 8721

CAPSERVCO LIMITED PARTNERSHIP p 480
328 Main St, YARMOUTH, NS, B5A 1E4
(902) 742-7842   SIC 8721

CAPSERVCO LIMITED PARTNERSHIP p 741
222 Mcintyre St W Suite 200, NORTH BAY, ON, P1B 2Y8
(705) 472-6500   SIC 8721

CAPSERVCO LIMITED PARTNERSHIP p 878
979 Alloy Dr Suite 300, THUNDER BAY, ON, P7B 5Z8
(807) 345-6571   SIC 8721

CAPSULES AMCOR FLEXIBLES CANADA INC p 1183
2301 112 Rte, Saint-Cesaire, QC, J0L 1T0
(450) 469-0777   SIC 3466

CAPTAIN JAMES COOK ELEMENTARY SCHOOL p 296
See BOARD OF EDUCATION OF SCHOOL DISTRICT NO. 39 (VANCOUVER), THE

CAPTAIN JOHN PALLISER ELEMENTARY SCHOOL p 37
See CALGARY BOARD OF EDUCATION

CAPTAIN MICHAEL VANDENBOS PUBLIC SCHOOL p 959
See DURHAM DISTRICT SCHOOL BOARD

CAPTAIN R WILSON PUBLIC SCHOOL p 771
See HALTON DISTRICT SCHOOL BOARD

CAPTIVE OILFIELD RENTALS p 1268
See ACCEDE ENERGY SERVICES LTD

CAR RENTALS & SERVICES (2000) LTD p 1284
1500 Winnipeg St, REGINA, SK, S4P 1E7
SIC 7514

CAR-BER TESTING SERVICES p 815
See CAR-BER TESTING SERVICES INC

CAR-BER TESTING SERVICES INC p 815
911 Michigan Ave, POINT EDWARD, ON, N7V 1H2
(519) 336-7775   SIC 8734

CARA FOODS p 368
1221 St Mary's Rd, WINNIPEG, MB, R2M

5L5
(204) 254-2128   SIC 5812

CARA FOODS p 1049
3100 Rue Jean-Yves, KIRKLAND, QC, H9J 2R6
SIC 5812

CARA FOODS INC p 303
1109 Hamilton St, VANCOUVER, BC, V6B 5P6
SIC 5812

CARA FOODS INTERNATIONAL LTD p 824
1620 Elgin Mills Rd E, RICHMOND HILL, ON, L4S 0B2
(905) 508-4139   SIC 5812

CARA OPERATIONS LIMITED p 56
265 Shawville Blvd Se, CALGARY, AB, T2Y 3H9
(403) 254-1900   SIC 5812

CARA OPERATIONS LIMITED p 57
4307 130 Ave Se Unit 180, CALGARY, AB, T2Z 3V8
SIC 5812

CARA OPERATIONS LIMITED p 61
112 Crowfoot Terr Nw, CALGARY, AB, T3G 4J8
(403) 241-9740   SIC 5812

CARA OPERATIONS LIMITED p 61
28 Crowfoot Cir Nw, CALGARY, AB, T3G 2T3
SIC 5812

CARA OPERATIONS LIMITED p 62
5622 Signal Hill Ctr Sw, CALGARY, AB, T3H 3P8
(403) 217-1100   SIC 5812

CARA OPERATIONS LIMITED p 83
11736 104 Ave Nw, EDMONTON, AB, T5K 2P3
(403) 217-7780   SIC 5812

CARA OPERATIONS LIMITED p 90
17115 100 Ave Nw, EDMONTON, AB, T5S 1T9
(780) 641-2352   SIC 5812

CARA OPERATIONS LIMITED p 110
3203 Calgary Trail Nw, EDMONTON, AB, T6J 5X8
(780) 477-9402   SIC 5812

CARA OPERATIONS LIMITED p 112
1708 99 St Nw, EDMONTON, AB, T6N 1M5
(780) 469-9013   SIC 5812

CARA OPERATIONS LIMITED p 156
1935 50 Ave, RED DEER, AB, T4R 1Z4
SIC 5812

CARA OPERATIONS LIMITED p 156
2004 50 Ave Unit 195, RED DEER, AB, T4R 3A2
(403) 352-0030   SIC 5812

CARA OPERATIONS LIMITED p 160
975 Broadmoor Blvd Suite 42, SHERWOOD PARK, AB, T8A 5W9
(780) 944-0202   SIC 5812

CARA OPERATIONS LIMITED p 166
445 St Albert Trail Suite 10, ST. ALBERT, AB, T8N 6T9
(780) 458-7770   SIC 5812

CARA OPERATIONS LIMITED p 178
32470 South Fraser Way Unit 1, ABBOTSFORD, BC, V2T 1X3
SIC 5812

CARA OPERATIONS LIMITED p 186
3860 Lougheed Hwy, BURNABY, BC, V5C 6N4
SIC 5812

CARA OPERATIONS LIMITED p 197
8249 Eagle Landing Pky Suite 600, CHILLIWACK, BC, V2R 0P9
(604) 701-3480   SIC 5812

CARA OPERATIONS LIMITED p 199
2929 Barnet Hwy Suite 1046, COQUITLAM, BC, V3B 5R5
(604) 472-7772   SIC 5812

CARA OPERATIONS LIMITED p 221
1055 Hillside Dr Unit 600, KAMLOOPS, BC, V2E 2S5
(250) 314-0714   SIC 5812

CARA OPERATIONS LIMITED *p 223*
1500 Banks Rd Unit 400, KELOWNA, BC, V1X 7Y1
(250) 861-7888 *SIC* 5812

CARA OPERATIONS LIMITED *p 225*
1455 Harvey Ave Suite 1475, KELOWNA, BC, V1Y 6E9
(250) 762-6362 *SIC* 5812

CARA OPERATIONS LIMITED *p 232*
20075 Langley Bypass, LANGLEY, BC, V3A 8R6
(604) 514-9000 *SIC* 5812

CARA OPERATIONS LIMITED *p 236*
20395 Lougheed Hwy Suite 680, MAPLE RIDGE, BC, V2X 2P9
SIC 5812

CARA OPERATIONS LIMITED *p 241*
4715 Rutherford Rd, NANAIMO, BC, V9T 5S5
(250) 758-2388 *SIC* 5812

CARA OPERATIONS LIMITED *p 273*
6260 Miller Rd, RICHMOND, BC, V7B 1B3
(604) 278-9144 *SIC* 5812

CARA OPERATIONS LIMITED *p 283*
9666 King George Hwy, SURREY, BC, V3T 2V4
SIC 5812

CARA OPERATIONS LIMITED *p 287*
16071 24 Ave Suite 3097, SURREY, BC, V3Z 9H7
(604) 542-5230 *SIC* 5812

CARA OPERATIONS LIMITED *p 310*
1145 Robson St, VANCOUVER, BC, V6E 1B5
(604) 682-4477 *SIC* 5812

CARA OPERATIONS LIMITED *p 317*
3204 Broadway W, VANCOUVER, BC, V6K 2H4
(604) 732-8100 *SIC* 5812

CARA OPERATIONS LIMITED *p 339*
2115 Louie Dr, WESTBANK, BC, V4T 1Y2
(250) 707-1900 *SIC* 5812

CARA OPERATIONS LIMITED *p 339*
4555 Blackcomb Way, WHISTLER, BC, V0N 1B4
(604) 905-5422 *SIC* 5812

CARA OPERATIONS LIMITED *p 361*
1574 Regent Ave W, WINNIPEG, MB, R2C 3B4
(204) 668-2723 *SIC* 5812

CARA OPERATIONS LIMITED *p 380*
665 Empress St, WINNIPEG, MB, R3G 3P7
(204) 789-9939 *SIC* 5812

CARA OPERATIONS LIMITED *p 382*
2000 Wellington Ave Suite 249, WINNIPEG, MB, R3H 1C2
SIC 5812

CARA OPERATIONS LIMITED *p 396*
9 Champlain St, DIEPPE, NB, E1A 1N4
(506) 859-8608 *SIC* 5812

CARA OPERATIONS LIMITED *p 401*
6 Av Trinity, FREDERICTON, NB, E3C 0B8
(506) 457-1483 *SIC* 5812

CARA OPERATIONS LIMITED *p 460*
3434 Kempt Rd, HALIFAX, NS, B3K 4X7
(902) 454-8495 *SIC* 5812

CARA OPERATIONS LIMITED *p 466*
560 Sackville Dr, LOWER SACKVILLE, NS, B4C 2S2
SIC 5812

CARA OPERATIONS LIMITED *p 484*
50 Kingston Rd E, AJAX, ON, L1Z 1G1
SIC 5812

CARA OPERATIONS LIMITED *p 486*
36 Young St, ALLISTON, ON, L9R 1P8
(705) 434-9990 *SIC* 5812

CARA OPERATIONS LIMITED *p 488*
771 Golf Links Rd, ANCASTER, ON, L9K 1L5
(905) 304-4980 *SIC* 5812

CARA OPERATIONS LIMITED *p 488*
771 Golf Links Rd, ANCASTER, ON, L9K 1L5
(905) 304-5100 *SIC* 5812

CARA OPERATIONS LIMITED *p 494*
397 Bayfield St, BARRIE, ON, L4M 3C5
(705) 737-5272 *SIC* 5812

CARA OPERATIONS LIMITED *p 494*
458 Bayfield St, BARRIE, ON, L4M 5A2
(705) 735-6598 *SIC* 5812

CARA OPERATIONS LIMITED *p 496*
75 Barrie View Dr, BARRIE, ON, L4N 8V4
(705) 733-0791 *SIC* 5812

CARA OPERATIONS LIMITED *p 497*
150 Park Place Blvd, BARRIE, ON, L4N 6P1
(705) 722-7667 *SIC* 5812

CARA OPERATIONS LIMITED *p 497*
27 Mapleview Dr W, BARRIE, ON, L4N 9H5
(705) 739-2220 *SIC* 5812

CARA OPERATIONS LIMITED *p 503*
15 Bell Blvd, BELLEVILLE, ON, K8P 4S5
(613) 962-7010 *SIC* 5812

CARA OPERATIONS LIMITED *p 503*
170 Bell Blvd, BELLEVILLE, ON, K8P 5L2
(613) 967-9970 *SIC* 5812

CARA OPERATIONS LIMITED *p 506*
20 Mcewan Dr E, BOLTON, ON, L7E 2Y3
(905) 857-9913 *SIC* 5812

CARA OPERATIONS LIMITED *p 507*
170 Liberty St S, BOWMANVILLE, ON, L1C 4W4
(905) 623-0650 *SIC* 5812

CARA OPERATIONS LIMITED *p 511*
2870 Queen St E, BRAMPTON, ON, L6S 6E8
(905) 791-5655 *SIC* 5812

CARA OPERATIONS LIMITED *p 511*
9065 Airport Rd Suite 3034, BRAMPTON, ON, L6S 0B8
(905) 799-6129 *SIC* 5812

CARA OPERATIONS LIMITED *p 513*
150 West Dr, BRAMPTON, ON, L6T 4P9
(905) 457-0504 *SIC* 5812

CARA OPERATIONS LIMITED *p 518*
70 Quarry Edge Dr, BRAMPTON, ON, L6V 4K2
(905) 796-1700 *SIC* 5812

CARA OPERATIONS LIMITED *p 519*
2 County Court Blvd Suite 170, BRAMPTON, ON, L6W 3W8
(905) 452-0947 *SIC* 5812

CARA OPERATIONS LIMITED *p 519*
289 Queen St E, BRAMPTON, ON, L6W 2C2
SIC 5812

CARA OPERATIONS LIMITED *p 525*
57 King George Rd, BRANTFORD, ON, N3R 5K2
(519) 759-2142 *SIC* 5812

CARA OPERATIONS LIMITED *p 525*
84 Lynden Rd Suite 1771, BRANTFORD, ON, N3R 6B8
(519) 759-6990 *SIC* 5812

CARA OPERATIONS LIMITED *p 527*
218 Henry St Suite 1, BRANTFORD, ON, N3S 0E3
(519) 770-0573 *SIC* 5812

CARA OPERATIONS LIMITED *p 530*
358 Stewart Blvd, BROCKVILLE, ON, K6V 4X1
(613) 498-1465 *SIC* 5812

CARA OPERATIONS LIMITED *p 536*
4511 Dundas St, BURLINGTON, ON, L7M 5B4
(905) 335-2051 *SIC* 5812

CARA OPERATIONS LIMITED *p 538*
2025 Guelph Line Suite 1, BURLINGTON, ON, L7P 4M8
SIC 5812

CARA OPERATIONS LIMITED *p 542*
40 Pinebush Rd, CAMBRIDGE, ON, N1R 8K5
(519) 620-2411 *SIC* 5812

CARA OPERATIONS LIMITED *p 543*
600 Hespeler Rd, CAMBRIDGE, ON, N1R 8H2
(519) 620-7887 *SIC* 5812

CARA OPERATIONS LIMITED *p 549*
10455 Hwy #7, CARLETON PLACE, ON, K7C 3P2
(613) 257-5248 *SIC* 5812

CARA OPERATIONS LIMITED *p 551*
25 St Clair St, CHATHAM, ON, N7L 3H6
(519) 352-1262 *SIC* 5812

CARA OPERATIONS LIMITED *p 552*
804 Richmond St, CHATHAM, ON, N7M 5J5
(519) 351-0330 *SIC* 5812

CARA OPERATIONS LIMITED *p 556*
371 First St, COLLINGWOOD, ON, L9Y 1B3
(705) 444-5711 *SIC* 5812

CARA OPERATIONS LIMITED *p 566*
960 Brookdale Ave Suite 18, CORNWALL, ON, K6J 4P5
(613) 930-2353 *SIC* 5812

CARA OPERATIONS LIMITED *p 576*
2955 Bloor St W, ETOBICOKE, ON, M8X 1B8
(416) 233-4573 *SIC* 5812

CARA OPERATIONS LIMITED *p 577*
805 The Queensway, ETOBICOKE, ON, M8Z 1N6
(416) 251-6746 *SIC* 5812

CARA OPERATIONS LIMITED *p 584*
648 Dixon Rd, ETOBICOKE, ON, M9W 1J1
(416) 244-1841 *SIC* 5812

CARA OPERATIONS LIMITED *p 588*
793 Tower St S, FERGUS, ON, N1M 2R2
(519) 843-3527 *SIC* 5812

CARA OPERATIONS LIMITED *p 591*
256 Guelph St Suite 3, GEORGETOWN, ON, L7G 4B1
(905) 877-7150 *SIC* 5812

CARA OPERATIONS LIMITED *p 591*
320 Guelph St, GEORGETOWN, ON, L7G 4B5
(905) 873-6392 *SIC* 5812

CARA OPERATIONS LIMITED *p 597*
Hwy 11 S, GRAVENHURST, ON, P1P 1R1
(705) 684-8288 *SIC* 5812

CARA OPERATIONS LIMITED *p 600*
201 Stone Rd W, GUELPH, ON, N1G 5L4
(519) 766-1549 *SIC* 5812

CARA OPERATIONS LIMITED *p 606*
200 Centennial Pky N, HAMILTON, ON, L8E 4A1
SIC 5812

CARA OPERATIONS LIMITED *p 606*
724 Queenston Rd, HAMILTON, ON, L8G 1A2
(905) 561-8284 *SIC* 5812

CARA OPERATIONS LIMITED *p 606*
735 Queenston Rd, HAMILTON, ON, L8G 1A1
(905) 561-8323 *SIC* 5812

CARA OPERATIONS LIMITED *p 612*
875 Main St W, HAMILTON, ON, L8S 4P9
(905) 524-0995 *SIC* 5812

CARA OPERATIONS LIMITED *p 614*
1575 Upper Ottawa St, HAMILTON, ON, L8W 3E2
(905) 574-5555 *SIC* 5812

CARA OPERATIONS LIMITED *p 615*
1508 Upper James St, HAMILTON, ON, L9B 1K3
(905) 318-3992 *SIC* 5812

CARA OPERATIONS LIMITED *p 615*
1550 Upper James St, HAMILTON, ON, L9B 2L6
(905) 575-8696 *SIC* 5812

CARA OPERATIONS LIMITED *p 625*
130 Earl Grey Dr, KANATA, ON, K2T 1B6
(613) 599-4343 *SIC* 5812

CARA OPERATIONS LIMITED *p 630*
85 Dalton Ave, KINGSTON, ON, K7K 6C2
(613) 547-0100 *SIC* 5812

CARA OPERATIONS LIMITED *p 637*
1157 Victoria St N, KITCHENER, ON, N2B 3C8
(519) 584-2880 *SIC* 5812

CARA OPERATIONS LIMITED *p 638*
560 Fairway Rd S, KITCHENER, ON, N2C 1X3

(519) 894-1311 *SIC* 5812

CARA OPERATIONS LIMITED *p 638*
589 Fairway Rd S, KITCHENER, ON, N2C 1X4
SIC 5812

CARA OPERATIONS LIMITED *p 639*
740 Ottawa St S, KITCHENER, ON, N2E 1B6
(519) 579-0524 *SIC* 5812

CARA OPERATIONS LIMITED *p 642*
188 Highland Rd W, KITCHENER, ON, N2M 3C2
SIC 5812

CARA OPERATIONS LIMITED *p 642*
525 Highland Rd E, KITCHENER, ON, N2M 3W9
(519) 578-7030 *SIC* 5812

CARA OPERATIONS LIMITED *p 643*
235 Ira Needles Blvd, KITCHENER, ON, N2N 0B2
(519) 568-8008 *SIC* 5812

CARA OPERATIONS LIMITED *p 644*
4391 King St E, KITCHENER, ON, N2P 2G1
SIC 5812

CARA OPERATIONS LIMITED *p 647*
330 Kent St W, LINDSAY, ON, K9V 4T7
(705) 324-0800 *SIC* 5812

CARA OPERATIONS LIMITED *p 652*
92 Fanshawe Park Rd E, LONDON, ON, N5X 4C5
(519) 672-0968 *SIC* 5812

CARA OPERATIONS LIMITED *p 653*
1141 Highbury Ave N, LONDON, ON, N5Y 1A5
(519) 453-8100 *SIC* 5812

CARA OPERATIONS LIMITED *p 659*
1067 Wellington Rd Suite 1135, LONDON, ON, N6E 2H5
(519) 681-1600 *SIC* 5812

CARA OPERATIONS LIMITED *p 660*
1335 Fanshawe Park Rd W, LONDON, ON, N6G 0E3
(519) 473-6694 *SIC* 5812

CARA OPERATIONS LIMITED *p 661*
735 Wonderland Rd N, LONDON, ON, N6H 4L1
(519) 657-5241 *SIC* 5812

CARA OPERATIONS LIMITED *p 670*
3131 Highway 7 E, MARKHAM, ON, L3R 0T9
(905) 470-6700 *SIC* 5812

CARA OPERATIONS LIMITED *p 670*
7359 Woodbine Ave, MARKHAM, ON, L3R 1A7
(905) 305-9948 *SIC* 5812

CARA OPERATIONS LIMITED *p 677*
2890 Major Mackenzie Dr E Unit C, MARKHAM, ON, L6C 0G6
(905) 887-1050 *SIC* 5812

CARA OPERATIONS LIMITED *p 681*
1230 Steeles Ave E, MILTON, ON, L9T 6R1
(905) 760-2244 *SIC* 5812

CARA OPERATIONS LIMITED *p 681*
45 Chisholm Dr, MILTON, ON, L9T 4A6
(905) 876-4731 *SIC* 5812

CARA OPERATIONS LIMITED *p 687*
1485 Aerowood Dr, MISSISSAUGA, ON, L4W 1C2
(905) 624-8501 *SIC* 5812

CARA OPERATIONS LIMITED *p 687*
1495 Aerowood Dr, MISSISSAUGA, ON, L4W 1C2
(905) 206-9811 *SIC* 5812

CARA OPERATIONS LIMITED *p 694*
30 Bristol Rd E, MISSISSAUGA, ON, L4Z 3K8
(905) 568-3262 *SIC* 5812

CARA OPERATIONS LIMITED *p 694*
5031 Hurontario St, MISSISSAUGA, ON, L4Z 3X7
(905) 890-6500 *SIC* 5812

CARA OPERATIONS LIMITED *p 705*
2575 Eglinton Ave W, MISSISSAUGA, ON, L5M 7E1

SIC 5812
CARA OPERATIONS LIMITED p 707
6430 Erin Mills Pky, MISSISSAUGA, ON, L5N 3P3
(905) 858-0809   *SIC* 5812
CARA OPERATIONS LIMITED p 707
6430 Erin Mills Pky, MISSISSAUGA, ON, L5N 3P3
(905) 858-5849   *SIC* 5812
CARA OPERATIONS LIMITED p 707
6465 Millcreek Dr, MISSISSAUGA, ON, L5N 5R3
SIC 5812
CARA OPERATIONS LIMITED p 718
60 Courtneypark Dr E Bldg G, MISSISSAUGA, ON, L5T 2Y3
(905) 564-7391   *SIC* 5812
CARA OPERATIONS LIMITED p 728
1711 Merivale Rd, NEPEAN, ON, K2G 3K2
(613) 288-0517   *SIC* 5812
CARA OPERATIONS LIMITED p 733
1111 Davis Dr Unit 44, NEWMARKET, ON, L3Y 8X2
(905) 853-3311   *SIC* 5812
CARA OPERATIONS LIMITED p 733
18162 Yonge St, NEWMARKET, ON, L3Y 4V8
(905) 853-5345   *SIC* 5812
CARA OPERATIONS LIMITED p 733
18158 Yonge St, NEWMARKET, ON, L3Y 4V8
(905) 895-6336   *SIC* 5812
CARA OPERATIONS LIMITED p 736
4960 Clifton Hill, NIAGARA FALLS, ON, L2G 3N4
(905) 353-0051   *SIC* 5812
CARA OPERATIONS LIMITED p 736
6666 Lundy's Lane, NIAGARA FALLS, ON, L2G 1V5
(905) 356-1028   *SIC* 5812
CARA OPERATIONS LIMITED p 737
3770 Montrose Rd Suite 6, NIAGARA FALLS, ON, L2H 3K3
(905) 354-9660   *SIC* 5812
CARA OPERATIONS LIMITED p 741
1899 Algonquin Ave, NORTH BAY, ON, P1B 4Y8
(705) 474-7191   *SIC* 5812
CARA OPERATIONS LIMITED p 746
3253 Bayview Ave, NORTH YORK, ON, M2K 1G4
(416) 250-0050   *SIC* 5812
CARA OPERATIONS LIMITED p 746
3343 Bayview Ave, NORTH YORK, ON, M2K 1G4
(416) 730-9599   *SIC* 5812
CARA OPERATIONS LIMITED p 748
5095 Yonge St Unit A13, NORTH YORK, ON, M2N 6Z4
SIC 5812
CARA OPERATIONS LIMITED p 751
861 York Mills Rd Suite 1, NORTH YORK, ON, M3B 1Y2
SIC 5812
CARA OPERATIONS LIMITED p 755
1113 Finch Ave W, NORTH YORK, ON, M3J 2P7
SIC 5812
CARA OPERATIONS LIMITED p 759
3401 Dufferin St Suite 17, NORTH YORK, ON, M6A 2T9
SIC 5812
CARA OPERATIONS LIMITED p 759
950 Lawrence Ave W, NORTH YORK, ON, M6A 1C4
(416) 783-8262   *SIC* 5812
CARA OPERATIONS LIMITED p 764
2530 Hyde Park Gate, OAKVILLE, ON, L6H 6M2
(905) 829-9932   *SIC* 5812
CARA OPERATIONS LIMITED p 768
450 South Service Rd W, OAKVILLE, ON, L6K 2H4
(905) 842-5510   *SIC* 5812

CARA OPERATIONS LIMITED p 769
3537 Wyecroft Rd Suite 3041, OAKVILLE, ON, L6L 0B7
(905) 827-1691   *SIC* 5812
CARA OPERATIONS LIMITED p 769
3549 Wyecroft Rd, OAKVILLE, ON, L6L 0B7
(905) 825-9134   *SIC* 5812
CARA OPERATIONS LIMITED p 773
115 Fifth Ave, ORANGEVILLE, ON, L9W 5B7
(519) 940-4004   *SIC* 5812
CARA OPERATIONS LIMITED p 774
390 Memorial Ave, ORILLIA, ON, L3V 0T7
(705) 327-6667   *SIC* 5812
CARA OPERATIONS LIMITED p 779
555 Simcoe St S, OSHAWA, ON, L1H 8K8
(905) 728-8833   *SIC* 5812
CARA OPERATIONS LIMITED p 784
1910 St. Laurent Blvd, OTTAWA, ON, K1G 1A4
(613) 733-2200   *SIC* 5812
CARA OPERATIONS LIMITED p 788
700 Sussex Dr Unit 201, OTTAWA, ON, K1N 1K4
(613) 789-5432   *SIC* 5812
CARA OPERATIONS LIMITED p 795
2216 Bank St, OTTAWA, ON, K1V 1J6
(613) 731-3058   *SIC* 5812
CARA OPERATIONS LIMITED p 797
675 Kirkwood Ave, OTTAWA, ON, K1Z 8N7
SIC 5812
CARA OPERATIONS LIMITED p 799
1080 Baxter Rd, OTTAWA, ON, K2C 4B1
(613) 721-1373   *SIC* 5812
CARA OPERATIONS LIMITED p 799
1100 Baxter Rd, OTTAWA, ON, K2C 4B1
SIC 5812
CARA OPERATIONS LIMITED p 803
1350 16th St E, OWEN SOUND, ON, N4K 6N7
(519) 372-1992   *SIC* 5812
CARA OPERATIONS LIMITED p 805
1290 Pembroke St W, PEMBROKE, ON, K8A 7A2
(613) 735-3279   *SIC* 5812
CARA OPERATIONS LIMITED p 809
870 The Parkway, PETERBOROUGH, ON, K9J 8S5
(705) 743-9385   *SIC* 5812
CARA OPERATIONS LIMITED p 822
9350 Yonge St Suite 1209, RICHMOND HILL, ON, L4C 5G2
(905) 737-4307   *SIC* 5812
CARA OPERATIONS LIMITED p 822
9625 Yonge St, RICHMOND HILL, ON, L4C 5T2
(905) 884-1515   *SIC* 5812
CARA OPERATIONS LIMITED p 823
13085 Yonge St, RICHMOND HILL, ON, L4E 3S8
(905) 773-1988   *SIC* 5812
CARA OPERATIONS LIMITED p 832
332 Great Northern Rd, SAULT STE. MARIE, ON, P6B 4Z7
(705) 256-2677   *SIC* 5812
CARA OPERATIONS LIMITED p 835
4410 Kingston Rd Suite 201, SCARBOROUGH, ON, M1E 2N5
(416) 281-0230   *SIC* 5812
CARA OPERATIONS LIMITED p 840
300 Borough Dr Suite 2, SCARBOROUGH, ON, M1P 4P5
(416) 290-0464   *SIC* 5812
CARA OPERATIONS LIMITED p 843
41 Milner Ave, SCARBOROUGH, ON, M1S 3P6
(416) 321-5684   *SIC* 5812
CARA OPERATIONS LIMITED p 844
2555 Victoria Park Ave Suite 19, SCARBOROUGH, ON, M1T 1A3
(416) 494-9693   *SIC* 5812
CARA OPERATIONS LIMITED p 852
10 Ymca Dr, ST CATHARINES, ON, L2N 7R6

(905) 646-5200   *SIC* 5812
CARA OPERATIONS LIMITED p 852
327 Lake St, ST CATHARINES, ON, L2N 7T3
(905) 938-7050   *SIC* 5812
CARA OPERATIONS LIMITED p 856
221 Glendale Ave, ST CATHARINES, ON, L2T 2K9
(905) 684-1145   *SIC* 5812
CARA OPERATIONS LIMITED p 856
221 Glendale Ave Unit 60a, ST CATHARINES, ON, L2T 2K9
SIC 5812
CARA OPERATIONS LIMITED p 859
415 Wellington St, ST THOMAS, ON, N5R 5K5
(519) 637-8962   *SIC* 5812
CARA OPERATIONS LIMITED p 864
684 Ontario St, STRATFORD, ON, N5A 3J7
(519) 271-2171   *SIC* 5812
CARA OPERATIONS LIMITED p 868
894 Kingsway, SUDBURY, ON, P3B 2E5
(519) 679-9660   *SIC* 5812
CARA OPERATIONS LIMITED p 870
2169 Regent St, SUDBURY, ON, P3E 5V3
(705) 523-1222   *SIC* 5812
CARA OPERATIONS LIMITED p 873
2910 Steeles Ave E, THORNHILL, ON, L3T 7X1
(905) 709-0550   *SIC* 5812
CARA OPERATIONS LIMITED p 878
615 Sibley Dr, THUNDER BAY, ON, P7B 6Z8
(807) 622-1000   *SIC* 5812
CARA OPERATIONS LIMITED p 878
805 Memorial Ave, THUNDER BAY, ON, P7B 3Z7
(807) 345-0400   *SIC* 5812
CARA OPERATIONS LIMITED p 885
1500 Riverside Dr, TIMMINS, ON, P4R 1A1
(705) 360-5999   *SIC* 5812
CARA OPERATIONS LIMITED p 893
60 Overlea Blvd Suite 1208, TORONTO, ON, M4H 1B6
(416) 696-2268   *SIC* 5812
CARA OPERATIONS LIMITED p 924
238 Bloor St W, TORONTO, ON, M5S 1T8
SIC 5812
CARA OPERATIONS LIMITED p 928
132 John St, TORONTO, ON, M5V 2E3
(416) 595-1990   *SIC* 5812
CARA OPERATIONS LIMITED p 934
570 Bloor St W, TORONTO, ON, M6G 1K1
(416) 538-3100   *SIC* 5812
CARA OPERATIONS LIMITED p 936
75 Hanna Ave Suite 3, TORONTO, ON, M6K 3N7
(416) 535-2662   *SIC* 5812
CARA OPERATIONS LIMITED p 937
590 Keele St, TORONTO, ON, M6N 3E2
(416) 760-7893   *SIC* 5812
CARA OPERATIONS LIMITED p 943
283 Dundas St E, TRENTON, ON, K8V 1M1
(613) 394-5780   *SIC* 5812
CARA OPERATIONS LIMITED p 945
3760 Highway 7, UNIONVILLE, ON, L3R 0N2
SIC 5812
CARA OPERATIONS LIMITED p 945
5070 Highway 7 E, UNIONVILLE, ON, L3R 5R9
(905) 305-1809   *SIC* 5812
CARA OPERATIONS LIMITED p 953
410 The Boardwalk, WATERLOO, ON, N2T 0A6
(519) 579-4949   *SIC* 5812
CARA OPERATIONS LIMITED p 957
175 Consumers Dr, WHITBY, ON, L1N 1C4
(905) 666-1411   *SIC* 5812
CARA OPERATIONS LIMITED p 957
195 Consumers Dr, WHITBY, ON, L1N 1C4
(905) 665-0605   *SIC* 5812
CARA OPERATIONS LIMITED p 962
7011 Tecumseh Rd E, WINDSOR, ON, N8T 3K7

(519) 945-6585   *SIC* 5812
CARA OPERATIONS LIMITED p 963
5011 Legacy Park Dr, WINDSOR, ON, N8W 5S6
SIC 5812
CARA OPERATIONS LIMITED p 969
1690 Huron Church Rd, WINDSOR, ON, N9C 0A9
(519) 973-4686   *SIC* 5812
CARA OPERATIONS LIMITED p 970
3095 Dougall Ave, WINDSOR, ON, N9E 1S3
(519) 972-4826   *SIC* 5812
CARA OPERATIONS LIMITED p 971
9 Amy Croft Dr, WINDSOR, ON, N9K 1C7
(519) 735-3390   *SIC* 5812
CARA OPERATIONS LIMITED p 973
3737 Rutherford Rd, WOODBRIDGE, ON, L4L 1A6
(905) 264-4017   *SIC* 5812
CARA OPERATIONS LIMITED p 973
3900 Highway 7, WOODBRIDGE, ON, L4L 9C3
(905) 850-1580   *SIC* 5812
CARA OPERATIONS LIMITED p 977
511 Norwich Ave, WOODSTOCK, ON, N4S 9A2
(519) 537-3117   *SIC* 5812
CARA OPERATIONS LIMITED p 977
623 Dundas St, WOODSTOCK, ON, N4S 1E1
(519) 539-9881   *SIC* 5812
CARA OPERATIONS LIMITED p 992
7265 Boul Des Galeries D'anjou, ANJOU, QC, H1M 2W2
(514) 352-7655   *SIC* 5812
CARA OPERATIONS LIMITED p 1018
1925 Boul Saint-Martin O, Cote Saint-Luc, QC, H7S 1N2
(450) 687-6575   *SIC* 5812
CARA OPERATIONS LIMITED p 1025
1185 Rue Rodolphe-Page Bureau 1, DORVAL, QC, H4Y 1H3
(514) 636-5824   *SIC* 5812
CARA OPERATIONS LIMITED p 1025
730 Ch De La Cote-Vertu, DORVAL, QC, H4S 1Y9
(514) 422-7031   *SIC* 5812
CARA OPERATIONS LIMITED p 1035
180 Boul Greber, GATINEAU, QC, J8T 6K2
(819) 243-3024   *SIC* 5812
CARA OPERATIONS LIMITED p 1044
95 Montee Lavigne, HUDSON, QC, J0P 1H0
(450) 458-1999   *SIC* 5812
CARA OPERATIONS LIMITED p 1072
1165 Ch Du Tremblay, LONGUEUIL, QC, J4N 1R4
(450) 647-6000   *SIC* 5812
CARA OPERATIONS LIMITED p 1140
1130 Chomedey (A-13) O, POINTE-CLAIRE, QC, H7X 4C9
(450) 689-9990   *SIC* 5812
CARA OPERATIONS LIMITED p 1176
170 Boul Labelle, Rosemere, QC, J7A 2H1
(450) 437-2840   *SIC* 5812
CARA OPERATIONS LIMITED p 1191
5060 Boul Cousineau Bureau 2324, SAINT-HUBERT, QC, J3Y 7G5
(450) 445-2247   *SIC* 5812
CARA OPERATIONS LIMITED p 1197
240 Boul Omer-Marcil, SAINT-JEAN-SUR-RICHELIEU, QC, J2W 2V1
(450) 348-6422   *SIC* 5812
CARA OPERATIONS LIMITED p 1237
2360 Rue King O, SHERBROOKE, QC, J1J 2E8
(819) 565-0909   *SIC* 5812
CARA OPERATIONS LIMITED p 1260
2060 Boul Des Laurentides, VIMONT, QC, H7M 2R5
(450) 667-1417   *SIC* 5812
CARA OPERATIONS LIMITED p 1282
1875 E Victoria Ave, REGINA, SK, S4N 6E6
(306) 949-4955   *SIC* 5812
CARA OPERATIONS LIMITED p 1288

2655 Gordon Rd, REGINA, SK, S4S 6H7
(306) 569-1557   SIC 5812
CARA OPERATIONS QUEBEC LTD   p 554
70 Strathy Rd, COBOURG, ON, K9A 5X4
(905) 377-0533   SIC 5812
CARA OPERATIONS QUEBEC LTD   p 558
199 Four Valley Dr, CONCORD, ON, L4K 0B8
(905) 760-2244   SIC 5812
CARA OPERATIONS QUEBEC LTD   p 577
1001 The Queensway, ETOBICOKE, ON, M8Z 6C7
(416) 255-0464   SIC 5812
CARA RESTAURANTS   p 232
20100 Langley Bypass, LANGLEY, BC, V3A 9J7
(604) 532-6799   SIC 5812
CARADOC CENTRAL PUBLIC SCHOOL   p 724
See THAMES VALLEY DISTRICT SCHOOL BOARD
CARADOC NORTH PUBLIC SCHOOL p 866
See THAMES VALLEY DISTRICT SCHOOL BOARD
CARAMAT DISTRICT PUBLIC SCHOOL   p 549
See SUPERIOR GREENSTONE DISTRICT SCHOOL BOARD
CARAMBECK PUBLIC SCHOOL   p 549
See UPPER CANADA DISTRICT SCHOOL BOARD, THE
CARAPRO LTD   p 395
60 Boul St-Pierre E, CARAQUET, NB, E1W 1B6
   SIC 2092
CARAT CANADA INC   p 1099
4446 Boul Saint-Laurent Bureau 500, Montreal, QC, H2W 1Z5
(514) 287-2555   SIC 7311
CARAT CANADA INC   p 1105
400 Boul De Maisonneuve O Bureau 250, Montreal, QC, H3A 1L4
(514) 284-4446   SIC 7311
CARAUSTAR CANADA, INC   p 630
309 Dalton Ave, KINGSTON, ON, K7K 6Z1
(613) 548-3120   SIC 2655
CARBERRY COLLEGIATE   p 346
See BEAUTIFUL PLAINS SCHOOL DIVISION
CARBERRY PUBLIC SCHOOL   p 510
See PEEL DISTRICT SCHOOL BOARD
CARBON STEEL PROFILES LIMITED   p 1011
1175 Boul Ford, Chateauguay, QC, J6J 4Z2
(450) 692-5600   SIC 3541
CARCANADA CORPORATION   p 356
136 Lakeside Rd, SPRINGFIELD, MB, R2J 4G8
   SIC 5521
CARD ONE PLUS LTD   p 897
40 Eglinton Ave E Suite 502, TORONTO, ON, M4P 3A2
   SIC 6099
CARD'S AQUACULTURE PRODUCTS (B.C.) LTD   p 256
8300 Bing Rd, Port Hardy, BC, V0N 2P0
   SIC 2399
CARDIGAN CONSOLIDATED SCHOOL   p 980
See EASTERN SCHOOL DISTRICT
CARDINAL CARETAKERS CO LIMITED   p 845
80 Dynamic Dr, SCARBOROUGH, ON, M1V 2V1
(416) 292-7701   SIC 7349
CARDINAL CARTER CATHOLIC HIGH SCHOOL   p 491
See YORK CATHOLIC DISTRICT SCHOOL BOARD
CARDINAL CARTER SECONDARY SCHOOL   p 646
See WINDSOR-ESSEX CATHOLIC DISTRICT SCHOOL BOARD, THE
CARDINAL COACH LINE   p 174

See FIRSTCANADA ULC
CARDINAL COLLINS HIGH SCHOOL ACADEMIC CENTRE   p 98
See EDMONTON CATHOLIC SEPARATE SCHOOL DISTRICT NO.7
CARDINAL CONSTRUCTION CO. LTD   p 1275
340 8th Ave Nw, MOOSE JAW, SK, S6H 4E7
(306) 692-0677   SIC 1542
CARDINAL COURIERS   p 607
See CARDINAL COURIERS LTD
CARDINAL COURIERS LTD   p 607
1930 Barton St E, HAMILTON, ON, L8H 2Y6
(905) 543-0092   SIC 7389
CARDINAL COURIERS LTD   p 783
2715 Sheffield Rd Suite B, OTTAWA, ON, K1B 3V8
(613) 228-0519   SIC 7389
CARDINAL EQUIPMENT INC   p 740
161 Ferris Dr Suite 7, NORTH BAY, ON, P1A 4K2
(705) 840-2056   SIC 5085
CARDINAL HEALTH CANADA INC   p 183
8590 Baxter Pl, BURNABY, BC, V5A 4T2
(604) 421-8588   SIC 3845
CARDINAL HEALTH CANADA INC   p 558
1000 Tesma Way, CONCORD, ON, L4K 5R8
(905) 417-2900   SIC 5047
CARDINAL HEALTH CANADA INC   p 694
175 Britannia Rd E Suite 1, MISSISSAUGA, ON, L4Z 4B9
(905) 417-2900   SIC 5047
CARDINAL HEALTH CANADA INC   p 718
1330 Meyerside Dr, MISSISSAUGA, ON, L5T 1C2
(905) 565-2302   SIC 5047
CARDINAL HEALTH CANADA INC   p 1141
6800 Aut Transcanadienne, POINTE-CLAIRE, QC, H9R 5L4
   SIC 5149
CARDINAL HEIGHTS SCHOOL   p 615
See HAMILTON-WENTWORTH DISTRICT SCHOOL BOARD, THE
CARDINAL LEGER CATHOLIC SCHOOL   p 886
See TORONTO CATHOLIC DISTRICT SCHOOL BOARD
CARDINAL LEGER JUNIOR HIGH SCHOOL   p 75
See EDMONTON CATHOLIC SEPARATE SCHOOL DISTRICT NO.7
CARDINAL MEAT   p 693
See CARDINAL MEAT SPECIALISTS LIMITED
CARDINAL MEAT SPECIALISTS LIMITED p 513
155 Hedgedale Rd, BRAMPTON, ON, L6T 5P3
(905) 459-4436   SIC 2011
CARDINAL MEAT SPECIALISTS LIMITED p 693
2396 Stanfield Rd, MISSISSAUGA, ON, L4Y 1S1
(905) 279-1734   SIC 2013
CARDINAL METAL INC   p 1131
10305 Boul Metropolitain E, MONTREAL-EST, QC, H1B 1A1
(450) 659-1572   SIC 5932
CARDINAL NEWMAN SCHOOL   p 738
See NIAGARA CATHOLIC DISTRICT SCHOOL BOARD
CARDINAL NEWMAN SECONDARY SCHOOL   p 862
See HAMILTON-WENTWORTH CATHOLIC SCHOOL BOARD
CARDINAL RIVER COALS LTD   p 131
Gd, HINTON, AB, T7V 1V5
(780) 692-5100   SIC 1221
CARDINAL RIVER OPERATIONS   p 132
See TECK COAL LIMITED
CARDIOLOGY CONSULTANTS (CALGARY) INC   p 22

803 1 Ave Ne Suite 306, CALGARY, AB, T2E 7C5
(403) 571-8600   SIC 8011
CARDONE INDUSTRIES ULC   p 91
17803 111 Ave Nw, EDMONTON, AB, T5S 2X3
(780) 444-5033   SIC 5013
CARDSTON ELEMENTARY SCHOOL   p 67
See WESTWIND SCHOOL DIVISION #74
CARDSTON HEALTH CENTER   p 67
See ALBERTA HEALTH SERVICES
CARDSTON HIGH SCHOOL   p 67
See WESTWIND SCHOOL DIVISION #74
CARDSTON JUNIOR HIGH SCHOOL   p 67
See WESTWIND SCHOOL DIVISION #74
CARDTRONICS CANADA OPERATIONS INC   p 12
1420 28 St Ne Suite 6, CALGARY, AB, T2A 7W6
(403) 207-1500   SIC 8741
CARDTRONICS CANADA, LTD   p 136
1530 33 St N Unit 3, LETHBRIDGE, AB, T1H 5H3
(403) 327-2162   SIC 6099
CARE 2000 HEALTH SERVICES   p 751
See 592534 ONTARIO INC
CARE CABS LTD   p 143
232 Maple Ave Se, MEDICINE HAT, AB, T1A 3A4
(403) 529-2211   SIC 4121
CARE PARTNERS   p 857
See 1003694 ONTARIO INC
CARE PARTNERS   p 953
See 1003694 ONTARIO INC
CARE PARTNERS-SIMCOE   p 848
See 1003694 ONTARIO INC
CARE-PLUS   p 696
See RESPIRON CARE-PLUS INC
CAREER CENTRE, THE   p 495
See SIMCOE MUSKOKA CATHOLIC DISTRICT SCHOOL BOARD
CAREFOR HEALTH & COMMUNITY SERVICES   p 799
2576 Carling Ave, OTTAWA, ON, K2B 7H5
(613) 721-6496   SIC 8621
CAREFOR HEALTH & COMMUNITY SERVICES   p 805
425 Cecelia St, PEMBROKE, ON, K8A 1S7
(613) 732-9993   SIC 8082
CAREFOR HEALTH AND COMMUNITY SERVICES   p 805
See CAREFOR HEALTH & COMMUNITY SERVICES
CAREFREE COACH & RV LTD   p 99
4510 51 Ave Nw, Edmonton, AB, T6B 2W2
   SIC 5561
CAREMED SERVICES INC   p 957
1450 Hopkins St Suite 205, WHITBY, ON, L1N 2C3
(905) 666-6656   SIC 8059
CAREPARTNERS INC   p 957
206 Gilbert St W, WHITBY, ON, L1N 1R8
(905) 668-7161   SIC 8082
CAREPARTNERS INC   p 977
485015 Sweaburg Rd, WOODSTOCK, ON, N4S 7V6
(519) 539-1222   SIC 8082
CARESSANT CARE BOURGET   p 507
See 261911 ONTARIO INC
CARESSANT CARE LINDSAY   p 647
See CARESSANT-CARE NURSING AND RETIREMENT HOMES LIMITED
CARESSANT CARE MARMORA   p 678
See CARESSANT-CARE NURSING AND RETIREMENT HOMES LIMITED
CARESSANT CARE NURSING HOME COBDEN   p 554
12 Wren Dr, COBDEN, ON, K0J 1K0
(613) 646-2109   SIC 8051
CARESSANT-CARE NURSING AND RETIREMENT HOMES LIMITED   p 547

3680 Speedsville Rd Suite 3, CAMBRIDGE, ON, N3H 4R6
(519) 650-0100   SIC 8051
CARESSANT-CARE NURSING AND RETIREMENT HOMES LIMITED   p 567
4850 Highway 59, COURTLAND, ON, N0J 1E0
(519) 668-0710   SIC 8051
CARESSANT-CARE NURSING AND RETIREMENT HOMES LIMITED   p 617
24 Louise St, HARRISTON, ON, N0G 1Z0
(519) 338-3700   SIC 8051
CARESSANT-CARE NURSING AND RETIREMENT HOMES LIMITED   p 647
114 Mclaughlin Rd, LINDSAY, ON, K9V 6L1
(705) 324-0300   SIC 8051
CARESSANT-CARE NURSING AND RETIREMENT HOMES LIMITED   p 647
240 Mary St W, LINDSAY, ON, K9V 5K5
(705) 324-1913   SIC 8051
CARESSANT-CARE NURSING AND RETIREMENT HOMES LIMITED   p 648
710 Reserve Ave S, LISTOWEL, ON, N4W 2L1
(519) 291-1041   SIC 8051
CARESSANT-CARE NURSING AND RETIREMENT HOMES LIMITED   p 678
58 Bursthall St, MARMORA, ON, K0K 2M0
(613) 472-3130   SIC 8051
CARESSANT-CARE NURSING AND RETIREMENT HOMES LIMITED   p 859
15 Bonnie Pl, ST THOMAS, ON, N5R 5T8
(519) 633-6493   SIC 8051
CARESSANT-CARE NURSING AND RETIREMENT HOMES LIMITED   p 859
4 Mary Bucke St, ST THOMAS, ON, N5R 5J6
(519) 633-3164   SIC 8051
CARESSANT-CARE NURSING AND RETIREMENT HOMES LIMITED   p 872
94 William St S Suite 202, TAVISTOCK, ON, N0B 2R0
(519) 655-2344   SIC 8051
CARESSANT-CARE NURSING AND RETIREMENT HOMES LIMITED   p 977
81 Fyfe Ave, WOODSTOCK, ON, N4S 8Y2
(519) 539-6461   SIC 8051
CAREWEST   p 22
950 Robert Rd Ne, CALGARY, AB, T2E 7T4
(403) 520-6735   SIC 8051
CAREWEST   p 22
722 16 Ave Ne, CALGARY, AB, T2E 6V7
(403) 230-6900   SIC 8052
CAREWEST   p 55
10301 Southport Lane Sw, CALGARY, AB, T2W 1S7
(403) 943-8140   SIC 8059
CAREWEST   p 59
1939 Veteran's Way Nw, CALGARY, AB, T3B 5Y8
(403) 944-7800   SIC 8361
CAREWEST   p 60
3504 Sarcee Rd Sw, CALGARY, AB, T3E 2L3
(403) 686-8100   SIC 8051
CAREWEST   p 62
6363 Simcoe Rd Sw, CALGARY, AB, T3H 4M3
(403) 240-7950   SIC 8051
CAREWEST COLOBEL BELCHER   p 59
See CAREWEST
CAREWEST DR VERNON FANNING CENTRE   p 22

▲ Public Company   ■ Public Company Family Member   **HQ** Headquarters   **BR** Branch   **SL** Single Location

CAREWEST NICKLE HOUSE p 22
See CAREWEST
CAREWEST ROYAL PARK p 55
See CAREWEST
CAREWEST SARCEE p 60
See CAREWEST
CARGILL AGHORIZONS p 84
See CARGILL LIMITED
CARGILL ANIMAL NUTRITION p 365
See CARGILL LIMITED
CARGILL ANIMAL NUTRITION DIV p 866
See CARGILL LIMITED
CARGILL ANIMAL NUTRITION DIV p 1066
See CARGILL LIMITED
CARGILL ANIMAL NUTRITION DIV p 1191
See CARGILL LIMITED
CARGILL CANOLA PROCESSING p 1266
See CARGILL LIMITED
CARGILL FOODS p 131
See CARGILL LIMITED
CARGILL FOODS p 584
See CARGILL LIMITED
CARGILL FOODS p 1010
See CARGILL LIMITED
CARGILL LIMITED p 42
440 2 Ave Sw Suite 200, CALGARY, AB, T2P 5E9
(403) 218-1000 SIC 4924
CARGILL LIMITED p 66
46450 Range Rd 200, CAMROSE, AB, T4V 2M9
SIC 2048
CARGILL LIMITED p 66
46450 Range Rd 200 Rr 1 Lcd Main, CAMROSE, AB, T4V 2M9
(780) 678-3815 SIC 5149
CARGILL LIMITED p 84
13020 127 Ave Nw, EDMONTON, AB, T5L 4Z5
(780) 454-0475 SIC 4221
CARGILL LIMITED p 84
13020 127 Ave Nw, EDMONTON, AB, T5L 4Z5
(780) 454-0475 SIC 5153
CARGILL LIMITED p 131
472 Avenue & Hwy Suite 2a, HIGH RIVER, AB, T1V 1P4
(403) 652-4688 SIC 2011
CARGILL LIMITED p 344
1200 Pacific Ave, BRANDON, MB, R7A 0J3
SIC 2048
CARGILL LIMITED p 365
627 Plinguet St, WINNIPEG, MB, R2J 2W9
SIC 5191
CARGILL LIMITED p 513
235 Nuggett Crt, BRAMPTON, ON, L6T 5H4
(905) 790-8660 SIC 2013
CARGILL LIMITED p 533
5305 Harvester Rd, BURLINGTON, ON, L7L 5K9
(905) 333-9301 SIC 2066
CARGILL LIMITED p 567
159 Talbot St Rr 1, COURTLAND, ON, N0J 1E0
(519) 688-2151 SIC 5191
CARGILL LIMITED p 584
71 Rexdale Blvd, ETOBICOKE, ON, M9W 1P1
SIC 2011
CARGILL LIMITED p 598
781 York Rd, GUELPH, ON, N1E 6N1
(519) 823-5200 SIC 2011
CARGILL LIMITED p 649
10 Cuddy Blvd, LONDON, ON, N5V 5E3
(519) 453-4996 SIC 2015
CARGILL LIMITED p 828
101 Exmouth St, SARNIA, ON, N7T 5M2
(519) 337-5428 SIC 4221
CARGILL LIMITED p 866
127 Zimmerman St, STRATHROY, ON, N7G 2G7
(519) 245-9600 SIC 5191
CARGILL LIMITED p 878

140 Darrel Ave, THUNDER BAY, ON, P7B 6T8
(807) 623-6724 SIC 4221
CARGILL LIMITED p 977
404 Main St, WOODSTOCK, ON, N4S 7X5
(519) 539-8561 SIC 2048
CARGILL LIMITED p 993
14 Rte Maritime, BAIE-COMEAU, QC, G4Z 2L6
(418) 296-2233 SIC 5153
CARGILL LIMITED p 1010
7901 Rue Samuel-Hatt, CHAMBLY, QC, J3L 6V7
(450) 447-4600 SIC 5153
CARGILL LIMITED p 1066
1875 2e Rue, Levis, QC, G6W 5M6
(418) 839-8884 SIC 2048
CARGILL LIMITED p 1191
5928 Boul Cousineau Bureau 300, SAINT-HUBERT, QC, J3Y 7R9
(450) 676-8607 SIC 5191
CARGILL LIMITED p 1266
Gd, CLAVET, SK, S0K 0Y0
(306) 668-5251 SIC 3556
CARGILL LIMITED p 1266
Gd, CLAVET, SK, S0K 0Y0
(306) 668-5105 SIC 4221
CARGILL LIMITED p 1266
Railroad Ave, CONGRESS, SK, S0H 0Y0
(306) 642-4956 SIC 5153
CARGILL LIMITED p 1275
Gd Lcd Main, MOOSE JAW, SK, S6H 4N6
(306) 693-3651 SIC 5191
CARGILL NUTRENA FEEDS p 344
See CARGILL LIMITED
CARGILL POWER AND GAS MARKETS LTD p 42
440 2 Ave Sw Suite 200, CALGARY, AB, T2P 5E9
(403) 218-1000 SIC 4924
CARGILL SARNIA p 828
See CARGILL LIMITED
CARGILL VALUE ADDED MEATS p 649
See CARGILL LIMITED
CARGILLL ANIMAL NUTRITION p 66
See CARGILL LIMITED
CARGO FLOW TERMINAL p 563
See TRIMAC TRANSPORTATION SERVICES LIMITED PARTNERSHIP
CARGO OFFICE p 262
See JAZZ AVIATION LP
CARGOJET p 724
See CARGOJET INC
CARGOJET INC p 724
9300 Airport Rd Suite 320, MOUNT HOPE, ON, L0R 1W0
(905) 679-0038 SIC 4512
CARGOLUTION INC p 1025
800 Boul Stuart-Graham S Bureau 360, DORVAL, QC, H4Y 1J6
(514) 636-2576 SIC 4731
CARIBOO ADVISOR p 340
See BLACK PRESS GROUP LTD
CARIBOO CHILCOTIN CHILD DEVELOPMENT CENTRE ASSOCIATION p 341
690 Second Ave N, WILLIAMS LAKE, BC, V2G 4C4
(250) 392-4481 SIC 8351
CARIBOO FRIENDSHIP SOCIETY p 341
99 Third Ave S, WILLIAMS LAKE, BC, V2G 1J1
(250) 398-6831 SIC 8322
CARIBOO HILL SECONDARY SCHOOL p 183
See BURNABY SCHOOL BOARD DISTRICT 41
CARIBOO KEEPSAKES p 264
See QUESNEL CRAFTERS SOCIETY
CARIBOO MEMORIAL COMPLEX p 341
See WILLIAMS LAKE, CITY OF
CARIBOU ROAD SERVICES LTD p 257
5201 52nd Ave, POUCE COUPE, BC, V0C 2C0

(250) 786-5440 SIC 5082
CARIHI HIGH SECONDARY SCHOOL p 194
See BOARD OF EDUCATION SCHOOL DISTRICT 72 (CAMPBELL RIVER), THE
CARILLION CANADA INC p 172
14403 16 Hwy, VEGREVILLE, AB, T9C 1V5
(780) 632-5063 SIC 1611
CARILLION CANADA INC p 572
3532 Highway 17, ECHO BAY, ON, P0S 1C0
SIC 1611
CARILLION CANADA INC p 797
1145 Carling Ave Suite 1317, OTTAWA, ON, K1Z 7K4
(613) 722-6521 SIC 8741
CARILLION SERVICE ROH p 797
See CARILLION CANADA INC
CARING CUPBOARD, THE p 858
803 Talbot St, ST THOMAS, ON, N5P 1E4
(519) 633-5308 SIC 8399
CARISBROOKE ELEMENTARY SCHOOL p 249
See SCHOOL DISTRICT NO. 44 (NORTH VANCOUVER)
CARITAS HEALTH GROUP REHABILITATION MEDICINE p 83
11111 Jasper Ave Nw Rm 2y08, EDMONTON, AB, T5K 0L4
(780) 342-8163 SIC 8049
CARL A. NESBITT PUBLIC SCHOOL p 868
See RAINBOW DISTRICT SCHOOL BOARD
CARLETON GARDENS p 189
See CHARTWELL SENIORS HOUSING REAL ESTATE INVESTMENT TRUST
CARLETON HEIGHTS PUBLIC SCHOOL p 800
See OTTAWA-CARLETON DISTRICT SCHOOL BOARD
CARLETON KIRK LODGE NURSING HOME p 418
2 Carleton Kirk Pl, SAINT JOHN, NB, E2M 5B8
(506) 643-7040 SIC 8051
CARLETON LODGE p 799
See CITY OF OTTAWA
CARLETON NORTH HIGH SCHOOL p 398
See ANGLOPHONE WEST SCHOOL DISTRICT (ASD-W)
CARLETON PLACE COMMUNITY CENTRE p 549
See CORPORATION OF THE TOWN OF CARLETON PLACE
CARLETON PLACE DRUG MART INC p 860
1250c Stittsville Main St Suite 21, STITTSVILLE, ON, K2S 1S9
(613) 836-3881 SIC 5912
CARLETON PLACE HIGH SCHOOL p 549
See UPPER CANADA DISTRICT SCHOOL BOARD, THE
CARLETON PLACE POST OFFICE p 549
See CANADA POST CORPORATION
CARLETON PUBLIC SCHOOL p 852
See DISTRICT SCHOOL BOARD OF NIAGARA
CARLETON SIR GUY ELEMENTARY SCHOOL p 296
See BOARD OF EDUCATION OF SCHOOL DISTRICT NO. 39 (VANCOUVER), THE
CARLETON UNIVERSITY STUDENTS' ASSOCIATION p 794
1125 Colonel By Dr Rm 401, OTTAWA, ON, K1S 5B6
(613) 520-6688 SIC 8699
CARLETON VILLAGE JUNIOR AND SENIOR SPORTS AND WELLNESS ACADEMY p 938
See TORONTO DISTRICT SCHOOL BOARD
CARLEX p 1206
See BAGUE COURONNEE INC, LA
CARLIN ELEMENTARY MIDDLE SCHOOL p 290

See NORTH OKANAGAN SHUSWAP SCHOOL DISTRICT 83
CARLING DAY PROGRAM p 799
See CAREFOR HEALTH & COMMUNITY SERVICES
CARLING HEIGHTS COMMUNITY CENTRE p 653
See CORPORATION OF THE CITY OF LONDON
CARLINGVIEW MANOR p 799
See REVERA LONG TERM CARE INC
CARLINGWOOD SHOPPING CENTRE p 798
See 20 VIC MANAGEMENT INC
CARLISLE GOLF & COUNTRY CLUB p 549
See KANEFF PROPERTIES LIMITED
CARLISLE TIRE & WHEEL p 387
See CARLSTAR GROUP ULC, THE
CARLOS & PEPE'S p 1108
See SERVICE DE GESTION REALMINT LTEE
CARLOS ELECTRIC LIMITED p 779
105 Olive Ave, OSHAWA, ON, L1H 2P1
(905) 728-7361 SIC 1731
CARLSBERG CANADA INC p 764
2650 Bristol Cir Suite 100, OAKVILLE, ON, L6H 6Z7
(905) 829-0299 SIC 8743
CARLSON BODY SHOP SUPPLY LTD p 103
5308 97 St Nw, EDMONTON, AB, T6E 5W5
(780) 438-0808 SIC 5013
CARLSON COMMERCIAL & INDUSTRIAL SERVICES LTD p 365
1035 Mission St, WINNIPEG, MB, R2J 0A4
(204) 233-0671 SIC 1799
CARLSON MARKETING p 1101
See AIMIA PROPRIETARY LOYALTY CANADA INC
CARLSON WAGONLIP TRAVEL p 42
See CARLSON WAGONLIT CANADA
CARLSON WAGONLIT p 432
See CARLSON WAGONLIT CANADA
CARLSON WAGONLIT CANADA p 42
645 7 Ave Sw Suite 350, CALGARY, AB, T2P 4G8
(403) 508-3000 SIC 4724
CARLSON WAGONLIT CANADA p 307
409 Granville St Suite 150, VANCOUVER, BC, V6C 1T2
(604) 601-3956 SIC 4724
CARLSON WAGONLIT CANADA p 432
92 Elizabeth Ave, ST. JOHN'S, NL, A1A 1W7
(709) 726-2900 SIC 4724
CARLSON WAGONLIT CANADA p 799
885 Meadowlands Dr Suite 401, OTTAWA, ON, K2C 3N2
(613) 274-6969 SIC 4724
CARLSON WAGONLIT CANADA p 799
885 Meadowlands Dr Suite 500, OTTAWA, ON, K2C 3N2
(613) 274-4561 SIC 4724
CARLSON WAGONLIT CANADA p 918
40 University Ave Suite 1100, TORONTO, ON, M5J 1T1
SIC 4724
CARLSON WAGONLIT TRAVEL p 307
See CARLSON WAGONLIT CANADA
CARLSON WAGONLIT TRAVEL p 799
See CARLSON WAGONLIT CANADA
CARLSON WAGONLIT TRAVEL p 918
See CARLSON WAGONLIT CANADA
CARLSON, G W ELEMENTARY SCHOOL p 213
See SCHOOL DISTRICT #81 (FORT NELSON)
CARLSTAR GROUP ULC, THE p 387
115 Lowson Cres, WINNIPEG, MB, R3P 1A6
(204) 488-4974 SIC 5531
CARLSTAR GROUP ULC, THE p 1056
2100 Rue Remembrance, LACHINE, QC, H8S 1X3
(514) 639-1616 SIC 3429
CARLTON CARDS LIMITED p 687

1820 Matheson Blvd Unit B1, MISSISSAUGA, ON, L4W 0B3
(905) 219-6410   SIC 5112
CARLTON COMPREHENSIVE HIGH SCHOOL p 1280
See SASKATCHEWAN RIVER SCHOOL DIVISION #119
CARLYLE ELEMENTARY SCHOOL p 1266
See SOUTH EAST CORNERSTONE SCHOOL DIVISION NO. 209
CARLYLE KING BRANCH LIBRARY p 1298
See SASKATOON PUBLIC LIBRARY
CARLYLE SCHOOL p 1081
See COMMISSION SCOLAIRE ENGLISH-MONTREAL
CARMA DEVELOPERS LTD p 79
10414 103 Ave Nw Suite 200, EDMONTON, AB, T5J 0J1
(780) 423-1910   SIC 6553
CARMACKS ENTERPRISES LTD p 96
13203 156 St, EDMONTON, AB, T5V 1V2
(780) 451-9118   SIC 1629
CARMACKS ENTERPRISES LTD p 119
Gd Lcd Main, FORT MCMURRAY, AB, T9H 3E2
SIC 1611
CARMACKS ENTERPRISES LTD p 147
701 25 Ave, NISKU, AB, T9E 0C1
(780) 955-5545   SIC 1611
CARMACKS INDUSTRIES p 119
See CARMACKS ENTERPRISES LTD
CARMAN CO-OP (1959) LTD p 346
61 Main St, Carman, MB, R0G 0J0
(204) 745-2073   SIC 5411
CARMAN MEMORIAL HOSPITAL p 346
350 4th St Sw, CARMAN, MB, R0G 0J0
(204) 745-2021   SIC 8062
CARMANA PLAZA p 312
See KBK NO 51 VENTURES LTD
CARMANAH SIGNS INC p 30
6025 12 St Se Suite 5, CALGARY, AB, T2H 2K1
(403) 252-6047   SIC 3993
CARMANAH TECHNOLOGIES CORPORATION p 335
203 Harbour Rd Suite 4, VICTORIA, BC, V9A 3S2
(250) 380-0052   SIC 5074
CARMELITE HOUSE p 427
See CENTRAL REGIONAL HEALTH AUTHORITY
CARMEN CARTAGE p 762
See 933796 ONTARIO INC
CARMENS CATERER p 614
See CARMENS INC
CARMENS INC p 614
1520 Stone Church Rd E, HAMILTON, ON, L8W 3P9
(905) 387-9490   SIC 7299
CARMEUSE LIME (CANADA) LIMITED p 505
3136b Highway 17 E, BLIND RIVER, ON, P0R 1B0
(705) 849-2201   SIC 3274
CARMEUSE LIME (CANADA) LIMITED p 570
600 5 Hwy W, DUNDAS, ON, L9H 5E2
(905) 628-8800   SIC 3274
CARMEUSE LIME (CANADA) LIMITED p 621
374681 County Rd 6, INGERSOLL, ON, N5C 3K5
(519) 423-6283   SIC 3274
CARMEUSE LIME CANADA (BLIND RIVER) p 505
See CARMEUSE LIME (CANADA) LIMITED
CARMEUSE NATURAL CHEMICALS p 621
See CARMEUSE LIME (CANADA) LIMITED
CARMI ELEMENTARY SCHOOL p 252
See SCHOOL DISTRICT NO 67 (OKANAGAN SKAHA)
CARMICHAEL ENGINEERING p 451
See INGENIERIE CARMICHAEL LTEE

CARMICHAEL HUTTERIAN COLONY INC p 1269
Gd, GULL LAKE, SK, S0N 1A0
(306) 672-3989   SIC 7389
CARMICHAEL PERMAFROST p 18
See INGENIERIE CARMICHAEL LTEE
CARNARVON ELEMENTARY SCHOOL p 317
See BOARD OF EDUCATION OF SCHOOL DISTRICT NO. 39 (VANCOUVER), THE
CARNDUFF EDUCATION COMPLEX p 1266
See SOUTH EAST CORNERSTONE SCHOOL DIVISION NO. 209
CARNEGIE, SHAUN p 888
716 Gordon Baker Rd, TORONTO, ON, M2H 3B4
SIC 8742
CARNEY HILL ELEMENTARY SCHOOL p 259
See BOARD OF EDUCATION OF SCHOOL DISTRICT NO. 57 (PRINCE GEORGE), THE
CARNEY'S WASTE SYSTEMS p 279
See CARNEY, OWEN G LTD
CARNEY, OWEN G LTD p 279
38950 Queens Way, SQUAMISH, BC, V8B 0K8
(604) 892-5604   SIC 4212
CAROLINE ROBINS COMMUNITY SCHOOL p 1299
See BOARD OF EDUCATION OF SASKATOON SCHOOL DIVISION NO. 13 OF SASKATCHEWAN, THE
CAROLINE SCHOOL p 67
See WILD ROSE SCHOOL DIVISION NO. 66
CAROLL PONTIAC BUICK p 462
See CARROLL PONTIAC BUICK GMC LTD
CARON & GAGNON LTEE p 1073
171 Av Dalcourt, LOUISEVILLE, QC, J5V 1A6
SIC 5039
CARON & GUAY INC p 1151
615 Boul Pierre-Bertrand, Quebec, QC, G1M 3J3
(418) 683-7534   SIC 5211
CARON TRANSPORTATION SYSTEMS PARTNERSHIP p 68
7502 98 St Ss 55, CLAIRMONT, AB, T0H 0W0
(780) 539-0377   SIC 4213
CARON TRANSPORTATION SYSTEMS PARTNERSHIP p 1295
Rr 4 Lcd Main, SASKATOON, SK, S7K 3J7
(306) 242-5966   SIC 4213
CARPATHIA ELEMENTARY SCHOOL p 387
See WINNIPEG SCHOOL DIVISION
CARPE DIEM p 511
See CARPE DIEM RESIDENTIAL TREATMENT HOMES FOR CHILDREN INC
CARPE DIEM RESIDENTIAL TREATMENT HOMES FOR CHILDREN INC p 511
29 Crescent Hill Dr N, BRAMPTON, ON, L6S 1C6
(905) 799-2947   SIC 8361
CARPENTER CANADA CO p 16
5800 36 St Se, CALGARY, AB, T2C 2A9
(403) 279-2466   SIC 3089
CARPENTER CANADA CO p 973
500 Hanlan Rd, WOODBRIDGE, ON, L4L 3P6
(416) 743-5689   SIC 1751
CARPENTER CANADA CO p 989
9500 Rue De L'innovation, ANJOU, QC, H1J 2X9
(514) 351-3221   SIC 3069
CARPENTERS LOCAL UNION 27 JOINT APPRENTICESHIP AND TRAINING TRUST FUND INC p 974
222 Rowntree Dairy Rd, WOODBRIDGE, ON, L4L 9T2
(905) 652-5507   SIC 8331
CARQUEST #1652 p 414
See CARQUEST CANADA LTD
CARQUEST AUTO PARTS p 593

See CARQUEST CANADA LTD
CARQUEST CANADA LTD p 414
550 Mcallister Dr, SAINT JOHN, NB, E2J 4N9
(506) 631-3888   SIC 5013
CARQUEST CANADA LTD p 593
1528 Star Top Rd Suite 7, GLOUCESTER, ON, K1B 3W6
(613) 749-5220   SIC 5013
CARQUEST CANADA LTD p 1002
1670 Rue Eiffel Bureau 100, BOUCHERVILLE, QC, J4B 7W1
(450) 641-5700   SIC 5531
CARQUEST DISTRIBUTION CENTER p 1002
See CARQUEST CANADA LTD
CARR, EARL ELECTRIC LTD p 549
120 Walgreen Rd, CARP, ON, K0A 1L0
(613) 831-9179   SIC 1731
CARREFOUR 78 (1993) INC p 1005
100 Boul De Bromont Unite 8, BROMONT, QC, J2L 2K6
(450) 534-0223   SIC 5812
CARREFOUR ANGRIGNON p 1059
See IMMEUBLES CARREFOUR RICHELIEU LTEE, LES
CARREFOUR ANGRIGNON p 1060
See WESTCLIFF MANAGEMENT LTD
CARREFOUR DE L'ESTRIE INC p 1262
4141 Rue Sherbrooke O Bureau 400, WESTMOUNT, QC, H3Z 1B8
(514) 931-7261   SIC 6512
CARREFOUR DE LA JEUNESSE p 397
See DISTRICT SCOLAIRE 3
CARREFOUR ENVIRONNEMENT SAGUENAY p 1015
See COMMISSION SCOLAIRE DES RIVES-DU-SAGUENAY
CARREFOUR ETUDIANT p 394
See CONSEIL SCOLAIRE DISTRICT NO 5
CARREFOUR ETUDIANT-BERESFORD p 394
See DISTRICT SCOLAIRE FRANCOPHONE NORD-EST
CARREFOUR FORMATION MAURICIE p 1234
See COMMISSION SCOLAIRE DE L'ENERGIE
CARREFOUR MULTI-SERVICES p 1257
See COMMISSION SCOLAIRE MARGUERITE-BOURGEOYS
CARREFOUR MULTISPORT p 1129
See CENTRE SPORTIF CARREFOUR 1992 LTEE
CARREFOUR SAINT-GEORGES p 1103
See 9130-1093 QUEBEC INC
CARREFOUR, LE p 784
See CONSEIL DES ECOLES PUBLIQUES DE L'EST DE L'ONTARIO
CARRIAGE HILLS VACATION OWNERS ASSOCIATION p 848
90 Highland Dr, SHANTY BAY, ON, L0L 2L0
(705) 835-5858   SIC 7011
CARRIER & BEGIN INC p 1191
484 Le Grand-Shenley, Saint-Honore-de-Shenley, QC, G0M 1V0
(418) 485-6884   SIC 2421
CARRIER EMERGENCY p 977
See CARRIER TRUCK CENTER INC
CARRIER ENTERPRISE CANADA, L.P. p 27
See CARRIER ENTERPRISE CANADA, L.P.
CARRIER ENTERPRISE CANADA, L.P p 232
See CARRIER ENTERPRISE CANADA, L.P.
CARRIER ENTERPRISE CANADA, L.P p 799
See CARRIER ENTERPRISE CANADA, L.P.
CARRIER ENTERPRISE CANADA, L.P p 1206
See CARRIER ENTERPRISE CANADA, L.P.
CARRIER ENTERPRISE CANADA, L.P p 1228
See CARRIER ENTERPRISE CANADA, L.P.

CARRIER ENTERPRISE CANADA, L.P. p 27
3201 Ogden Rd Se Suite 1, CALGARY, AB, T2G 4N4
(403) 243-0233   SIC 5078
CARRIER ENTERPRISE CANADA, L.P. p 27
3201 Ogden Rd Se Suite 1, CALGARY, AB, T2G 4N4
(403) 287-4800   SIC 5075
CARRIER ENTERPRISE CANADA, L.P. p 232
20350 Langley Bypass Suite 200, LANGLEY, BC, V3A 5E7
(604) 539-4650   SIC 5075
CARRIER ENTERPRISE CANADA, L.P. p 799
1050 Baxter Rd, OTTAWA, ON, K2C 3P1
(613) 820-0720   SIC 5075
CARRIER ENTERPRISE CANADA, L.P. p 1206
5060 Rue Levy, SAINT-LAURENT, QC, H4R 2P1
(514) 856-1336   SIC 1711
CARRIER ENTERPRISE CANADA, L.P. p 1228
2025 Boul Dagenais O, SAINTE-ROSE, QC, H7L 5V1
(514) 324-5050   SIC 5075
CARRIER FOREST PRODUCTS LTD p 261
12200 Willow Cale Forest Rd, PRINCE GEORGE, BC, V2N 7A8
(250) 963-9664   SIC 2421
CARRIER FOREST PRODUCTS LTD p 1279
Gd, PRINCE ALBERT, SK, S6V 5S8
(306) 922-6700   SIC 2421
CARRIER SEKANI FAMILY SERVICES SOCIETY p 324
240 Stewart St W, VANDERHOOF, BC, V0J 3A0
(250) 567-2900   SIC 8322
CARRIER TRUCK CENTER INC p 977
645 Athlone Ave, WOODSTOCK, ON, N4S 7V8
(519) 539-9837   SIC 5531
CARRIERE BERNIER LTEE p 1197
25 Ch Du Petit-Bernier, SAINT-JEAN-SUR-RICHELIEU, QC, J2Y 1B8
(514) 875-2841   SIC 1422
CARRIERES DUCHARME INC, LES p 1044
564 Ch De Covey Hill, HAVELOCK, QC, J0S 2C0
(450) 247-2787   SIC 3281
CARRIERES LAURENTIENNES p 1078
See ASPHALTE DESJARDINS INC
CARRIERES REGIONALES p 1231
See BAU-VAL INC
CARRINGTON HOUSE RESSIDENCE AND SUITES p 238
See CHARTWELL MASTER CARE LP
CARRINGTON PLACE RETIREMENT RESIDENCE p 325
See CHARTWELL SENIORS HOUSING REAL ESTATE INVESTMENT TRUST
CARRINGTON PLACE RETIREMENT RESIDENCE p 325
See CSH CARRINGTON PLACE INC
CARROLL PONTIAC BUICK GMC LTD p 462
44 Bedford Hwy, HALIFAX, NS, B3M 2J2
SIC 5511
CARROSSIER PROCOLOR SHERBROOKE OUEST p 1238
See AUTOMOBILES VAL ESTRIE INC
CARROT RIVER HIGH SCHOOL p 1266
See NORTH EAST SCHOOL DIVISION
CARRUTHERS CREEK PUBLIC SCHOOL p 482
See DURHAM CATHOLIC DISTRICT SCHOOL BOARD
CARRVILLE MILLS PUBLIC SCHOOL p 876
See YORK REGION DISTRICT SCHOOL BOARD

▲ Public Company   ■ Public Company Family Member   **HQ** Headquarters   **BR** Branch   **SL** Single Location

CARRY THE KETTLE HEALTH ADMINISTRATION *p* 1306
Carry The Kettle Indian Rsv, SINTALUTA, SK, S0G 4N0
(306) 727-2101   *SIC* 8399

CARSELAND NITROGEN OPERATIONS *p* 30
See AGRIUM INC

CARSILCO INTERNATIONAL LTD *p* 1262
1 Car Westmount Bureau 1150, WESTMOUNT, QC, H3Z 2P9
(514) 384-7440   *SIC* 5131

CARSON CUSTOM BROKERS LIMITED *p* 287
17735 1 Ave Suite 260, SURREY, BC, V3Z 9S1
(780) 496-9627   *SIC* 4731

CARSON CUSTOM BROKERS LIMITED *p* 287
17735 1 Ave Unit 206, SURREY, BC, V3Z 9S1
(604) 538-4966   *SIC* 4731

CARSON GRAHAM SECONDARY SCHOOL *p* 249
See SCHOOL DISTRICT NO. 44 (NORTH VANCOUVER)

CARSON GROVE ELEMENTARY SCHOOL *p* 594
See OTTAWA-CARLETON DISTRICT SCHOOL BOARD

CARSON INTERNATIONAL *p* 287
See CARSON CUSTOM BROKERS LIMITED

CARSON WELDING *p* 1309
See AECOM CANADA LTD

CARSTAIRS MARKETPLACE COOP *p* 67
See WESTVIEW CO-OPERATIVE ASSOCIATION LIMITED

CARTE CAPITALE *p* 1156
See CAPITALE GESTION FINANCIERE INC, LA

CARTE INTERNATIONAL INC *p* 369
1995 Logan Ave, WINNIPEG, MB, R2R 0H8
(204) 633-7220   *SIC* 3612

CARTER BODY SHOPS *p* 186
See CARTER CHEVROLET CADILLAC BUICK GMC BURNABY LTD

CARTER CHEVROLET CADILLAC BUICK GMC BURNABY LTD *p* 186
2460 Alpha Ave, BURNABY, BC, V5C 5L6
(604) 291-2311   *SIC* 7532

CARTER GROUP *p* 769
See 2088343 ONTARIO LIMITED

CARTER HONDA, DIV OF *p* 315
See CARTER MOTOR CARS LTD

CARTER MOTOR CARS LTD *p* 315
1502 3rd Ave W Suite 604, VANCOUVER, BC, V6J 1J7
(604) 736-8708   *SIC* 5571

CARTER, DWAYNE ENTERPRISES LTD *p* 384
2359 Ness Ave Suite 2, WINNIPEG, MB, R3J 1A5
(204) 949-3227   *SIC* 5812

CARTER, DWAYNE ENTERPRISES LTD *p* 385
3401 Portage Ave, WINNIPEG, MB, R3K 0W9
(204) 949-6022   *SIC* 5812

CARTER, DWAYNE ENTERPRISES LTD *p* 385
3655 Portage Ave Unit 64, WINNIPEG, MB, R3K 2G6
(204) 949-6014   *SIC* 5812

CARTHO SERVICES *p* 793
See OSLER, HOSKIN & HARCOURT LLP

CARTHOS SERVICES LP *p* 1110
1000 Rue De La Gauchetiere O Bureau 2100, Montreal, QC, H3B 4W5
(514) 904-8100   *SIC* 8111

CARTIER HOUSE CARE CENTRE LTD *p* 201
1419 Cartier Ave, COQUITLAM, BC, V3K 2C6
(604) 939-4654   *SIC* 8361

CARTIER PLACE SUITE HOTEL *p* 802
See FIDELITAS HOLDING COMPANY LIMITED

CARTONS ST-LAURENT INC *p* 1110
630 Boul Rene-Levesque O Bureau 3000, Montreal, QC, H3B 1S6
(514) 744-6461   *SIC* 2657

CARTWRIGHT CENTRAL PUBLIC SCHOOL *p* 504
See DURHAM DISTRICT SCHOOL BOARD

CARVETH CARE CENTRE *p* 591
See CARVETH NURSING HOME LIMITED

CARVETH NURSING HOME LIMITED *p* 591
375 James St, GANANOQUE, ON, K7G 2Z1
(613) 382-4752   *SIC* 8051

CASA BELLA WINDOWS INC *p* 758
124 Norfinch Dr, NORTH YORK, ON, M3N 1X1
(416) 650-1033   *SIC* 2431

CASA CUBANA *p* 1205
See SPIKE MARKS INC

CASA ENERGY SERVICES CORP *p* 41
630 8 Ave Sw Suite 500, CALGARY, AB, T2P 1G6
(403) 264-4582   *SIC* 1389

CASA ENERGY SERVICES CORP. *p* 51
525 11 Ave Sw Suite 201, CALGARY, AB, T2R 0C9
(403) 245-0029   *SIC* 1381

CASA LOMA *p* 924
See KIWANIS CLUB OF CASA LOMA, TORONTO

CASAVANT FRERES S.E.C *p* 1194
900 Rue Girouard E, SAINT-HYACINTHE, QC, J2S 2Y2
(450) 773-5001   *SIC* 3931

CASCADE (CANADA) LTD *p* 601
4 Nicholas Beaver Rd, GUELPH, ON, N1H 6H9
(519) 763-3675   *SIC* 3537

CASCADE (CANADA) LTD *p* 687
5570 Timberlea Blvd, MISSISSAUGA, ON, L4W 4M6
(905) 629-7777   *SIC* 3537

CASCADE AQUA-TECH LTD *p* 185
3215 Norland Ave Suite 100, BURNABY, BC, V5B 3A9
(604) 291-6101   *SIC* 5169

CASCADE BOXBOARD GROUP, THE *p* 716
See CASCADES CANADA ULC

CASCADE CANADA ULC *p* 1183
See CASCADES CANADA ULC

CASCADE CARRIERS L.P. *p* 16
6111 Ogden Dale Rd Se, CALGARY, AB, T2C 2A4
(403) 236-7110   *SIC* 4212

CASCADE ENERGY SERVICES L.P. *p* 71
6209 56 Ave, DRAYTON VALLEY, AB, T7A 1R6
(780) 542-5958   *SIC* 4225

CASCADE HEIGHTS ELEMENTARY SCHOOL *p* 189
See BURNABY SCHOOL BOARD DISTRICT 41

CASCADE SERVICES LTD *p* 214
9619 81 Ave, FORT ST. JOHN, BC, V1J 6P6
(250) 785-0236   *SIC* 1389

CASCADE SONOCO DIV KINGSEY FALLS *p* 1048
See CASCADES SONOCO INC

CASCADES BOX BOARD COBOURG *p* 554
See CASCADES CANADA ULC

CASCADES BOXBOARD GROUP TORONTO *p* 895
See CASCADES CANADA ULC

CASCADES BOXBOARD GROUP, DIV OF *p* 366
See CASCADES CANADA ULC

CASCADES CANADA ULC *p* 16
10351 46 St Se, CALGARY, AB, T2C 2X9
(403) 243-5700   *SIC* 4953

CASCADES CANADA ULC *p* 16
4441 76 Ave Se, CALGARY, AB, T2C 2G8
(403) 723-3750   *SIC* 2676

CASCADES CANADA ULC *p* 30
416 58 Ave Se, CALGARY, AB, T2H 0P4
(403) 531-3800   *SIC* 2653

CASCADES CANADA ULC *p* 223
144 Cambro Rd Unit A, KELOWNA, BC, V1X 7T3
(250) 491-2242   *SIC* 2611

CASCADES CANADA ULC *p* 243
800 Maughan Rd, NANAIMO, BC, V9X 1J2
(250) 722-3396   *SIC* 4953

CASCADES CANADA ULC *p* 265
3300 Viking Way, RICHMOND, BC, V6V 1N6
(604) 273-7321   *SIC* 2653

CASCADES CANADA ULC *p* 298
8325 Main St, VANCOUVER, BC, V5X 3M3
(604) 327-5272   *SIC* 4953

CASCADES CANADA ULC *p* 366
531 Golspie St, WINNIPEG, MB, R2K 2T9
(204) 667-6600   *SIC* 2657

CASCADES CANADA ULC *p* 380
680 Wall St, WINNIPEG, MB, R3G 2T8
(204) 786-5761   *SIC* 2653

CASCADES CANADA ULC *p* 409
232 Baig Blvd, MONCTON, NB, E1E 1C8
(506) 869-2200   *SIC* 2653

CASCADES CANADA ULC *p* 429
110 Clyde Ave, MOUNT PEARL, NL, A1N 4S2
(709) 747-1200   *SIC* 2653

CASCADES CANADA ULC *p* 497
35 Fraser Crt, BARRIE, ON, L4N 5J5
(705) 737-0470   *SIC* 2631

CASCADES CANADA ULC *p* 501
340 University Ave, BELLEVILLE, ON, K8N 5T6
(613) 968-3581   *SIC* 2653

CASCADES CANADA ULC *p* 511
1925 Williams Pky Unit 123, BRAMPTON, ON, L6S 2M3
SIC 2679

CASCADES CANADA ULC *p* 527
434 Henry St, BRANTFORD, ON, N3S 7W1
(519) 756-5264   *SIC* 4953

CASCADES CANADA ULC *p* 554
Gd Lcd Main, COBOURG, ON, K9A 4K1
(905) 372-5199   *SIC* 2631

CASCADES CANADA ULC *p* 558
655 Creditstone Rd Suite 41, CONCORD, ON, L4K 5P9
(905) 760-3900   *SIC* 2653

CASCADES CANADA ULC *p* 575
450 Evans Ave, ETOBICOKE, ON, M8W 2T5
(416) 255-8541   *SIC* 2657

CASCADES CANADA ULC *p* 577
66 Shorncliffe Rd, ETOBICOKE, ON, M8Z 5K1
(416) 231-2525   *SIC* 2611

CASCADES CANADA ULC *p* 716
7447 Bramalea Rd, MISSISSAUGA, ON, L5S 1C4
(905) 671-2940   *SIC* 2631

CASCADES CANADA ULC *p* 716
7830 Tranmere Dr Suite Unit, MISSISSAUGA, ON, L5S 1L9
(905) 678-8211   *SIC* 7389

CASCADES CANADA ULC *p* 809
105 Park St S, PETERBOROUGH, ON, K9J 3R8
SIC 2653

CASCADES CANADA ULC *p* 834
5910 Finch Ave E, SCARBOROUGH, ON, M1B 5P8
(416) 412-3500   *SIC* 2679

CASCADES CANADA ULC *p* 857
304 James St S, ST MARYS, ON, N4X 1B7
(519) 284-1840   *SIC* 2653

CASCADES CANADA ULC *p* 885
45 Thornmount Dr, TORONTO, ON, M1B 5P5
(416) 292-5149   *SIC* 4953

CASCADES CANADA ULC *p* 895
495 Commissioners St, TORONTO, ON, M4M 1A5
SIC 2631

CASCADES CANADA ULC *p* 933
1280 Caledonia Rd, TORONTO, ON, M6A 3B9
(416) 784-2866   *SIC* 2621

CASCADES CANADA ULC *p* 943
300 Marmora St, TRENTON, ON, K8V 5R8
(613) 392-6505   *SIC* 2679

CASCADES CANADA ULC *p* 957
1900 Thickson Rd S, WHITBY, ON, L1N 9E9
(416) 329-5200   *SIC* 2621

CASCADES CANADA ULC *p* 966
2470 Wyandotte St E, WINDSOR, ON, N8Y 4X2
(519) 254-7513   *SIC* 2653

CASCADES CANADA ULC *p* 1001
1350 Ch Quatre-Saisons, BON-CONSEIL, QC, J0C 1A0
(819) 336-2440   *SIC* 2899

CASCADES CANADA ULC *p* 1008
77 Boul Marie-Victorin, CANDIAC, QC, J5R 1C2
(450) 444-6400   *SIC* 2676

CASCADES CANADA ULC *p* 1008
75 Boul Marie-Victorin, CANDIAC, QC, J5R 1C2
(450) 444-6500   *SIC* 2621

CASCADES CANADA ULC *p* 1028
500 Rue Lauzon, DRUMMONDVILLE, QC, J2B 2Z3
(819) 472-5757   *SIC* 3089

CASCADES CANADA ULC *p* 1030
495 Rue Haggerty, DRUMMONDVILLE, QC, J2C 3G5
(819) 478-5983   *SIC* 2671

CASCADES CANADA ULC *p* 1048
398 Boul Marie-Victorin, KINGSEY FALLS, QC, J0A 1B0
(819) 363-5000   *SIC* 2631

CASCADES CANADA ULC *p* 1048
467 Boul Marie-Victorin, KINGSEY FALLS, QC, J0A 1B0
(819) 363-5600   *SIC* 2676

CASCADES CANADA ULC *p* 1048
406 Boul Marie-Victorin, KINGSEY FALLS, QC, J0A 1B0
(819) 363-5060   *SIC* 2631

CASCADES CANADA ULC *p* 1048
4010 Ch Saint-Andre, Jonquiere, QC, G7Z 0A5
(418) 542-9544   *SIC* 2631

CASCADES CANADA ULC *p* 1056
63 Boul Saint-Joseph, LACHINE, QC, H8S 2K9
(514) 363-9118   *SIC* 4953

CASCADES CANADA ULC *p* 1058
115 Rue De La Princesse, LACHUTE, QC, J8H 4M3
(450) 562-8585   *SIC* 2676

CASCADES CANADA ULC *p* 1088
2755 Rue Viau, Montreal, QC, H1V 3J4
(514) 251-3800   *SIC* 2631

CASCADES CANADA ULC *p* 1088
2755 Rue Viau, Montreal, QC, H1V 3J4
(514) 251-3800   *SIC* 2652

CASCADES CANADA ULC *p* 1130
2345 Des Laurentides (A-15) E, Montreal, QC, H7S 1Z7
(450) 688-1152   *SIC* 2676

CASCADES CANADA ULC *p* 1153
1450 Rue Semple, Quebec, QC, G1N 4B4
SIC 2653

CASCADES CANADA ULC *p* 1183
1850 Av De L'union, Saint-Cesaire, QC, J0L 1T0
(450) 469-3389   *SIC* 2621

CASCADES CANADA ULC *p* 1243
520 Rue Commerciale N, TEMISCOUATA-SUR-LE-LAC, QC, G0L 1E0
(418) 854-2803   *SIC* 2631

CASCADES CANADA ULC *p* 1247
700 Rue Notre-Dame E Bureau 23, Trois-

Rivieres, QC, G8T 4H9
(819) 373-4307   SIC 2631
CASCADES CANADA ULC p 1256
400 Rue Forbes, VAUDREUIL-DORION, QC, J7V 6N8
(450) 455-5731   SIC 2631
CASCADES CANADA ULC p 1260
400 Boul De La Bonaventure, VICTORIAVILLE, QC, G6T 1V8
(819) 758-3177   SIC 2653
CASCADES CANADA ULC p 1261
2 Rue Angus N, WESTBURY, QC, J0B 1R0
(819) 832-5300   SIC 2631
CASCADES CENTRE DE TRANSFORMATION p 1200
See ENTREPRISES ROLLAND INC, LES
CASCADES CONTAINER BOARD PACKAGING p 943
See CASCADES CANADA ULC
CASCADES CONTAINERBOARD PACKAGING - ART & DIE p 575
See CASCADES CANADA ULC
CASCADES CONTAINERBOARD PACKAGING BELLEVILLE p 501
See CASCADES CANADA ULC
CASCADES CONTAINERBOARD PACKAGING-BIRD DIV p 966
See CASCADES CANADA ULC
CASCADES CS+ INC p 1002
131 Rue Jacques-Menard, BOUCHERVILLE, QC, J4B 0K5
(819) 363-5100   SIC 8711
CASCADES CS+ INC p 1007
9500 Av Illinois, BROSSARD, QC, J4Y 3B7
(450) 923-3300   SIC 8711
CASCADES CS+ INC p 1048
15 Rue Lamontagne, KINGSEY FALLS, QC, J0A 1B0
(819) 363-5971   SIC 8711
CASCADES EMBALLAGE CARTON-CAISSE p 1088
See CASCADES CANADA ULC
CASCADES FORMA-PAK p 1048
See CASCADES CANADA ULC
CASCADES GIE p 1048
See CASCADES CS+ INC
CASCADES GROUPE TISSU p 1048
See CASCADES CANADA ULC
CASCADES GROUPE TISSU LACHUTE p 1058
See CASCADES CANADA ULC
CASCADES GROUPE TISSU-CANDIAC p 1008
See CASCADES CANADA ULC
CASCADES GROUPE TISSUS LAVAL p 1130
See CASCADES CANADA ULC
CASCADES INC p 1007
9500 Av Illinois, BROSSARD, QC, J4Y 3B7
(450) 923-3120   SIC 4225
CASCADES INC p 1048
408 Boul Marie-Victorin, KINGSEY FALLS, QC, J0A 1B0
(819) 363-5200   SIC 2631
CASCADES INC p 1048
455 Boul Marie-Victorin, KINGSEY FALLS, QC, J0A 1B0
(819) 363-5300   SIC 3081
CASCADES INC p 1048
471 Boul Marie-Victorin, KINGSEY FALLS, QC, J0A 1B0
(819) 363-5700   SIC 8731
CASCADES INC p 1236
2180 Rue Claude-Greffard, SHERBROOKE, QC, J1H 5H1
(819) 563-0011   SIC 4953
CASCADES INOPAK p 1028
See CASCADES CANADA ULC
CASCADES LUPEL p 1247

See CASCADES CANADA ULC
CASCADES MULTI-PRO p 1030
See CASCADES CANADA ULC
CASCADES PAPIER KINGSEY FALLS p 1048
See CASCADES INC
CASCADES PLASTIQUES DIV DE p 1048
See CASCADES INC
CASCADES RECOVERY+ p 16
See CASCADES CANADA ULC
CASCADES RECOVERY+ p 223
See CASCADES CANADA ULC
CASCADES RECOVERY+ p 243
See CASCADES CANADA ULC
CASCADES RECOVERY+ p 298
See CASCADES CANADA ULC
CASCADES RECOVERY+ p 527
See CASCADES CANADA ULC
CASCADES RECOVERY+ p 885
See CASCADES CANADA ULC
CASCADES RECOVERY+ - TORONTO p 577
See CASCADES CANADA ULC
CASCADES RECUPERATION + p 1056
See CASCADES CANADA ULC
CASCADES SONOCO INC p 1048
457 Boul Marie-Victorin, KINGSEY FALLS, QC, J0A 1B0
(819) 363-5400   SIC 2679
CASCADES TISSUE GROUP p 957
See CASCADES CANADA ULC
CASCADES TISSUE GROUP - CALGARY p 16
See CASCADES CANADA ULC
CASCADES TISSUE GROUP - CANDIAC p 1008
See CASCADES CANADA ULC
CASCADIA METALS LTD p 210
7630 Berg Rd, DELTA, BC, V4G 1G4
(604) 946-3890   SIC 5051
CASE 'N DRUM OIL LP p 659
3462 White Oak Rd, LONDON, ON, N6E 2Z9
(519) 681-3772   SIC 5172
CASE MANOR p 505
28 Boyd St, BOBCAYGEON, ON, K0M 1A0
(705) 738-2374   SIC 8051
CASE REALTY LIMITED p 840
55 Town Centre Crt Suite 100, SCARBOROUGH, ON, M1P 4X4
(416) 751-6533   SIC 6531
CASEBANK TECHNOLOGIES INC p 684
6205 Airport Rd Bldg A Suite 200, MISSISSAUGA, ON, L4V 1E1
(905) 364-3600   SIC 7371
CASEY CONCRETE LIMITED p 477
69 Glenwood Dr, TRURO, NS, B2N 1E9
(902) 895-1618   SIC 3273
CASEY HOUSE HOSPICE INC p 903
9 Huntley St, TORONTO, ON, M4Y 2K8
(416) 962-7600   SIC 8051
CASEY TRANSPORTATION COMPANY LIMITED p 629
1312 Wellington St W Suite 1, KING CITY, ON, L7B 1K5
(905) 727-2621   SIC 4151
CASEY'S p 920
See PRIME RESTAURANTS INC
CASEY'S BAR & GRILL p 840
See 1351786 ONTARIO LTD
CASEY'S BAR & GRILL RESTAURANT p 838
See DEBMAR HOLDINGS LIMITED
CASEY'S BAR AND GRILL p 626
See PRIME RESTAURANTS INC
CASEY'S BAR GRILL p 780
See CASEY'S GRILLHOUSE & BEVERAGE CO
CASEY'S GRILL AND BAR p 651
310 Clarke Rd, LONDON, ON, N5W 6G4
(519) 455-4392   SIC 5812
CASEY'S GRILL HOUSE & BEVERAGE p 869
See PRIME RESTAURANTS INC

CASEY'S GRILL HOUSE & BEVERAGE CO., p 969
1760 Huron Church Rd, WINDSOR, ON, N9C 2L4
SIC 5812
CASEY'S GRILLHOUSE & BEVERAGE CO p 780
419 King St W, OSHAWA, ON, L1J 2K5
(905) 576-3333   SIC 5812
CASEY'S RESTAURANT p 883
See 510487 ONTARIO LIMITED
CASEY'S RESTO BAR p 1004
See PRIME RESTAURANTS INC
CASEYS RESTAURANT p 657
See 510081 ONTARIO LIMITED
CASGRAIN & COMPAGNIE LIMITEE p 1110
1200 Av Mcgill College, Montreal, QC, H3B 4G7
(514) 871-8080   SIC 6211
CASH & CARRY CARPETS p 143
See JOUJAN BROTHERS FLOORING INC
CASH BACK p 45
See H & R BLOCK CANADA, INC
CASH CASINO PLACE p 154
See 477599 ALBERTA LTD
CASH MONEY p 967
See CASH MONEY CHEQUE CASHING INC
CASH MONEY CHEQUE CASHING INC p 967
596 Wyandotte St W, WINDSOR, ON, N9A 5X6
(519) 258-3559   SIC 6099
CASHMERE AVENUE PUBLIC SCHOOL p 698
See PEEL DISTRICT SCHOOL BOARD
CASINO ABS p 102
See PURE CANADIAN GAMING CORP
CASINO DE CHARLEVOIX, LE p 1053
See SOCIETE DES CASINOS DU QUEBEC INC, LA
CASINO DE MONTREAL p 1108
See SOCIETE DES CASINOS DU QUEBEC INC, LA
CASINO LETHBRIDGE p 139
See PURE CANADIAN GAMING CORP
CASINO MOOSE JAW p 1276
See SASKATCHEWAN GAMING CORPORATION
CASINO NANAIMO p 239
See GREAT CANADIAN CASINOS INC
CASINO NEW NOUVEAU-BRUNSWICK p 410
See SONCO GAMING NEW BRUNSWICK LIMITED PARTNERSHIP
CASINO NIAGARA LIMITED p 736
5705 Falls Ave, NIAGARA FALLS, ON, L2G 3K6
(905) 374-3598   SIC 7999
CASINO NOVA SCOTIA HALIFAX p 459
See METROPOLITAN ENTERTAINMENT GROUP
CASINO NOVA SCOTIA SYDNEY p 475
See METROPOLITAN ENTERTAINMENT GROUP
CASINO REGINA p 1286
See SASKATCHEWAN GAMING CORPORATION
CASINOYELLOWHEAD p 97
See PURE CANADIAN GAMING CORP
CASLAN SCHOOL p 67
See NORTHERN LIGHTS SCHOOL DIVISION NO. 69
CASORSO ELEMENTARY SCHOOL p 222
See BOARD OF EDUCATION OF SCHOOL DISTRICT NO. 23 (CENTRAL OKANAGAN), THE
CASSADY ENGINEERING LTD p 147
2314 5 St, NISKU, AB, T9E 7W9
(780) 955-3780   SIC 8711
CASSIDY'S TRANSFER & STORAGE LIMITED p 549
128 Willowlea Rd, CARP, ON, K0A 1L0

(613) 836-4225   SIC 4213
CASSIE CO ENTERPRISES LTD p 648
500 Mitchell Rd S, LISTOWEL, ON, N4W 3G7
(519) 291-1960   SIC 5251
CAST FX p 53
See GRIER CABINETS & DOORS INC
CASTLE METALS p 114
See A. M. CASTLE & CO. (CANADA) INC
CASTLE METALS p 706
See A. M. CASTLE & CO. (CANADA) INC
CASTLE PARK ELEMENTARY SCHOOL p 256
See SCHOOL DISTRICT NO. 43 (COQUITLAM)
CASTLE ROCK RESEARCH CORPORATION p 79
10180 101 St Nw Suite 2410, EDMONTON, AB, T5J 3S4
(780) 448-9619   SIC 2731
CASTLE ROYALE p 1017
See CSH CASTEL ROYAL INC
CASTLEBRIDGE PUBLIC SCHOOL p 706
See PEEL DISTRICT SCHOOL BOARD
CASTLEDOWNS MEDICENTRE p 89
See MEDICENTRES CANADA INC
CASTLEFRANK ELEMENTARY SCHOOL p 625
See OTTAWA-CARLETON DISTRICT SCHOOL BOARD
CASTLEGAR MENTAL HEALTH p 195
See INTERIOR HEALTH AUTHORITY
CASTLEGAR PO p 195
See CANADA POST CORPORATION
CASTLEMORE PUBLIC SCHOOL p 677
See YORK REGION DISTRICT SCHOOL BOARD
CASTLERIDGE SAFEWAY p 63
See SOBEYS WEST INC
CASTLETON ELEMENTARY SCHOOL p 550
See KAWARTHA PINE RIDGE DISTRICT SCHOOL BOARD
CASTLEVIEW CARE CENTRE p 195
See CHANTELLE MANAGEMENT LTD
CASTONGUAY S.E.N.C. p 1240
5939 Rue Joyal, SHERBROOKE, QC, J1N 1H1
(819) 864-4201   SIC 1629
CASTOOL TOOLING SYSTEMS p 946
See EXCO TECHNOLOGIES LIMITED
CASTOR VALLEY ELEMENTARY SCHOOL p 597
See OTTAWA-CARLETON DISTRICT SCHOOL BOARD
CASWELL COMMUNITY SCHOOL p 1299
See BOARD OF EDUCATION OF SASKATOON SCHOOL DIVISION NO. 13 OF SASKATCHEWAN, THE
CAT AND FIDDLE SPORTS BAR p 256
See MILLERS LANDING PUB LTD
CAT COUNTRY p 477
See BELL MEDIA INC
CAT RENTAL STORE, THE p 57
See RAYDON RENTALS LTD
CAT RENTAL STORE, THE p 127
See RAYDON RENTALS LTD
CAT RENTAL STORE, THE p 229
See RAYDON RENTALS LTD
CAT RENTALS p 121
See RAYDON RENTALS LTD
CAT THE RENTAL STORE p 93
See RAYDON RENTALS LTD
CATALOGUE p 789
See SEARS CANADA INC
CATALYST CAPITAL GROUP INC, THE p 55
10233 Elbow Dr Sw Suite 100, CALGARY, AB, T2W 1E8
(403) 252-2404   SIC 5149
CATALYST CAPITAL GROUP INC, THE p 254
2755 Lougheed Hwy Suite 10, PORT COQUITLAM, BC, V3B 5Y9

▲ Public Company   ■ Public Company Family Member   HQ Headquarters   BR Branch   SL Single Location

(403) 288-6700 SIC 5149
CATALYST LLP p 16
200 Quarry Park Blvd Se Suite 250, CALGARY, AB, T2C 5E3
(403) 296-0082 SIC 8721
CATALYST PAPER CORPORATION p 206
8541 Hay Road N, CROFTON, BC, V0R 1R0
(250) 246-6100 SIC 2621
CATALYST PAPER CORPORATION p 239
65 Front St Suite 201, NANAIMO, BC, V9R 5H9
(250) 734-8000 SIC 2621
CATALYST PAPER CORPORATION p 253
4000 Stamp Ave, PORT ALBERNI, BC, V9Y 5J7
(250) 723-2161 SIC 2621
CATALYST PAPER CORPORATION p 258
5775 Ash Ave, POWELL RIVER, BC, V8A 4R3
(604) 483-3722 SIC 2621
CATALYST PAPER CORPORATION p 284
10555 Timberland Rd, SURREY, BC, V3V 3T3
(604) 953-0373 SIC 2621
CATARACTE, LA p 402
See BRUNSWICK NEWS INC
CATARAQUI TOWN CENTRE p 633
See CADILLAC FAIRVIEW CORPORATION LIMITED, THE
CATARAQUI WOODS ELEMENTARY SCHOOL p 635
See LIMESTONE DISTRICT SCHOOL BOARD
CATELLI p 580
See CATELLI FOODS CORPORATION
CATELLI FOODS CORPORATION p 580
401 The West Mall Suite 11, ETOBICOKE, ON, M9C 5J5
(416) 626-3500 SIC 2099
CATERERS (YORK) LIMITED p 754
37 Southbourne Ave, NORTH YORK, ON, M3H 1A4
(416) 783-4293 SIC 5812
CATERING HEADQUARTERS LTD p 22
3716 2 St Ne, CALGARY, AB, T2E 3H7
(403) 245-5774 SIC 5812
CATERING, PHYLLIS p 355
Gd, SARTO, MB, R0A 1X0
(204) 434-6475 SIC 5812
CATERPILLAR p 370
See TOROMONT INDUSTRIES LTD
CATERPILLAR p 399
See ATLANTIC TRACTORS & EQUIPMENT LIMITED
CATERPILLAR p 410
See ATLANTIC TRACTORS & EQUIPMENT LIMITED
CATERPILLAR p 644
See HEWITT EQUIPMENT LIMITEE
CATERPILLAR p 861
See HEWITT MATERIAL HANDLING INC
CATERPILLAR p 982
See ATLANTIC TRACTORS & EQUIPMENT LIMITED
CATERPILLAR p 1016
See HEWITT EQUIPMENT LIMITEE
CATERPILLAR p 1038
See HEWITT EQUIPMENT LIMITEE
CATERPILLAR p 1142
See HEWITT EQUIPMENT LIMITEE
CATERPILLAR p 1180
See HEWITT EQUIPMENT LIMITEE
CATERPILLAR p 1209
See LOCATION HEWITT INC
CATERPILLAR p 1249
See HEWITT EQUIPMENT LIMITEE
CATERPILLAR p 1253
See HEWITT EQUIPMENT LIMITEE
CATERPILLAR LOGISTICS SERVICE INC p 722
150 Courtneypark Dr W Suite C, MISSISSAUGA, ON, L5W 1Y6
(905) 564-9734 SIC 8742
CATERPILLAR MINING CANADA ULC p 91
18131 118 Ave Nw, EDMONTON, AB, T5S 1M8
SIC 5082
CATERPILLAR MINING CANADA ULC p 867
2555 Maley Dr Suite 3, SUDBURY, ON, P3A 4R7
SIC 5082
CATERPILLAR OF CANADA CORPORATION p 1213
2900 Rue Joseph-A.-Bombardier, SAINT-LAURENT, QC, H7P 6E3
(450) 681-0681 SIC 5082
CATHAY HOUSE p 363
See T.W.Y. ENTERPRISES LTD
CATHCART BOULEVARD PUBLIC SCHOOL p 827
See LAMBTON KENT DISTRICT SCHOOL BOARD
CATHEDRAL HIGH SCHOOL p 608
See HAMILTON-WENTWORTH CATHOLIC SCHOOL BOARD
CATHEDRAL VILLAGE FREE HOUSE p 1284
See CATHEDRAL VILLAGE RESTAURANT LTD
CATHEDRAL VILLAGE RESTAURANT LTD p 1284
2062 Albert St, REGINA, SK, S4P 2T7
(306) 359-1661 SIC 5812
CATHELLE INC p 1128
3465 Boul Industriel, Montreal, QC, H7L 4S3
SIC 5063
CATHERINE NICOLS GUNN ELEMENTARY SCHOOL p 36
See CALGARY BOARD OF EDUCATION
CATHOLIC CEMETARY p 541
See ROMAN CATHOLIC EPISCOPAL CORPORATION OF THE DIOCESE OF HAMILTON IN ONTARIO, THE
CATHOLIC CEMETERIES-ARCHDIOCESE OF TORONTO p 974
7300 27 Hwy, WOODBRIDGE, ON, L4L 1A5
(905) 851-5822 SIC 6531
CATHOLIC CENTRAL HIGH SCHOOL p 138
See HOLY SPIRIT ROMAN CATHOLIC SEPARATE REGIONAL DIVISION NO 4
CATHOLIC CENTRAL SECONDARY SCHOOL p 966
See WINDSOR-ESSEX CATHOLIC DISTRICT SCHOOL BOARD, THE
CATHOLIC CHILDREN'S AID SOCIETY OF TORONTO, THE p 889
30 Drewry Ave, TORONTO, ON, M2M 4C4
(416) 395-1700 SIC 8322
CATHOLIC CHILDREN'S AID SOCIETY OF TORONTO, THE p 935
900 Dufferin St Suite 219, TORONTO, ON, M6H 4B1
(416) 395-1690 SIC 8322
CATHOLIC CROSS-CULTURAL SERVICES p 694
4557 Hurontario St B11 & 12, MISSISSAUGA, ON, L4Z 3M2
(905) 272-1703 SIC 8699
CATHOLIC CROSS-CULTURAL SERVICES p 697
3660 Hurontario St 7th Flr, MISSISSAUGA, ON, L5B 3C4
(905) 273-4140 SIC 8322
CATHOLIC CROSS-CULTURAL SERVICES p 837
1200 Markham Rd Suite 503, SCARBOROUGH, ON, M1H 3C3
(416) 289-6766 SIC 8699
CATHOLIC DISTRICT SCHOOL BOARD OF EASTERN ONTARIO p 485
220 Alexandria Main St S, ALEXANDRIA, ON, K0C 1A0
(613) 525-4274 SIC 8211
CATHOLIC DISTRICT SCHOOL BOARD OF EASTERN ONTARIO p 486
110 Paterson St, ALMONTE, ON, K0A 1A0
(613) 256-2532 SIC 8211
CATHOLIC DISTRICT SCHOOL BOARD OF EASTERN ONTARIO p 530
12 Durham St, BROCKVILLE, ON, K6V 7A4
(613) 342-1479 SIC 8211
CATHOLIC DISTRICT SCHOOL BOARD OF EASTERN ONTARIO p 530
294 First Ave, BROCKVILLE, ON, K6V 3B7
(613) 342-7711 SIC 8211
CATHOLIC DISTRICT SCHOOL BOARD OF EASTERN ONTARIO p 530
40 Central Ave W, BROCKVILLE, ON, K6V 4N5
(613) 342-4911 SIC 8211
CATHOLIC DISTRICT SCHOOL BOARD OF EASTERN ONTARIO p 530
74 Church St, BROCKVILLE, ON, K6V 3X6
(613) 342-0510 SIC 8211
CATHOLIC DISTRICT SCHOOL BOARD OF EASTERN ONTARIO p 549
157 Mckenzie St, CARLETON PLACE, ON, K7C 4P2
(613) 253-4700 SIC 8211
CATHOLIC DISTRICT SCHOOL BOARD OF EASTERN ONTARIO p 549
176 Townline Rd W, CARLETON PLACE, ON, K7C 3P7
(613) 257-8468 SIC 8211
CATHOLIC DISTRICT SCHOOL BOARD OF EASTERN ONTARIO p 549
4 Hawthorne Ave, CARLETON PLACE, ON, K7C 3A9
(613) 257-1538 SIC 8211
CATHOLIC DISTRICT SCHOOL BOARD OF EASTERN ONTARIO p 564
18044 Tyotown Rd, CORNWALL, ON, K6H 5R5
(613) 936-0319 SIC 8211
CATHOLIC DISTRICT SCHOOL BOARD OF EASTERN ONTARIO p 564
1811 Second St E, CORNWALL, ON, K6H 6P1
(613) 933-1007 SIC 8211
CATHOLIC DISTRICT SCHOOL BOARD OF EASTERN ONTARIO p 564
300 Adolphus St, CORNWALL, ON, K6H 3S6
(613) 932-7768 SIC 8211
CATHOLIC DISTRICT SCHOOL BOARD OF EASTERN ONTARIO p 564
300 Adolphus St, CORNWALL, ON, K6H 3S6
(613) 933-6739 SIC 8211
CATHOLIC DISTRICT SCHOOL BOARD OF EASTERN ONTARIO p 564
600 Mcconnell Ave, CORNWALL, ON, K6H 4M1
(613) 932-3455 SIC 8211
CATHOLIC DISTRICT SCHOOL BOARD OF EASTERN ONTARIO p 566
1500a Cumberland St, CORNWALL, ON, K6J 5V9
(613) 932-0349 SIC 8211
CATHOLIC DISTRICT SCHOOL BOARD OF EASTERN ONTARIO p 566
1424 Aubin Ave, CORNWALL, ON, K6J 4S2
(613) 933-3337 SIC 8211
CATHOLIC DISTRICT SCHOOL BOARD OF EASTERN ONTARIO p 566
323 Augustus St, CORNWALL, ON, K6J 3W4
(613) 933-3113 SIC 8211
CATHOLIC DISTRICT SCHOOL BOARD OF EASTERN ONTARIO p 566
607 Surgenor St, CORNWALL, ON, K6J 2H5
(613) 933-4615 SIC 8211
CATHOLIC DISTRICT SCHOOL BOARD OF EASTERN ONTARIO p 591
235 Georgiana St, GANANOQUE, ON, K7G 1M9
(613) 382-2361 SIC 8211
CATHOLIC DISTRICT SCHOOL BOARD OF EASTERN ONTARIO p 616
1235 Russell Rd, HAMMOND, ON, K0A 2A0
(613) 487-2913 SIC 8211
CATHOLIC DISTRICT SCHOOL BOARD OF EASTERN ONTARIO p 616
3818 Legault Rd, HAMMOND, ON, K0A 2A0
(613) 487-3075 SIC 8211
CATHOLIC DISTRICT SCHOOL BOARD OF EASTERN ONTARIO p 621
52 Dickinson Dr, INGLESIDE, ON, K0C 1M0
(613) 537-2556 SIC 8211
CATHOLIC DISTRICT SCHOOL BOARD OF EASTERN ONTARIO p 627
2755 Hwy 43, KEMPTVILLE, ON, K0G 1J0
(613) 258-7232 SIC 8211
CATHOLIC DISTRICT SCHOOL BOARD OF EASTERN ONTARIO p 627
2755 Highway 43, KEMPTVILLE, ON, K0G 1J0
(613) 258-7757 SIC 8211
CATHOLIC DISTRICT SCHOOL BOARD OF EASTERN ONTARIO p 627
521 Clothier St W, KEMPTVILLE, ON, K0G 1J0
(613) 258-7457 SIC 8211
CATHOLIC DISTRICT SCHOOL BOARD OF EASTERN ONTARIO p 723
40 Augusta St, MORRISBURG, ON, K0C 1X0
(613) 543-2907 SIC 8211
CATHOLIC DISTRICT SCHOOL BOARD OF EASTERN ONTARIO p 807
2066 Scotch Line Rd, PERTH, ON, K7H 3C5
(613) 267-4724 SIC 8211
CATHOLIC DISTRICT SCHOOL BOARD OF EASTERN ONTARIO p 807
34 Wilson St E, PERTH, ON, K7H 1L6
(613) 267-2865 SIC 8211
CATHOLIC DISTRICT SCHOOL BOARD OF EASTERN ONTARIO p 825
1001 Heritage Rd, ROCKLAND, ON, K4K 1R2
(613) 446-7215 SIC 8211
CATHOLIC DISTRICT SCHOOL BOARD OF EASTERN ONTARIO p 826
1035 Concession St, RUSSELL, ON, K4R 1G7
(613) 445-3788 SIC 8211
CATHOLIC DISTRICT SCHOOL BOARD OF EASTERN ONTARIO p 849
43 Russell St E, SMITHS FALLS, ON, K7A 1G2
(613) 283-6101 SIC 8211
CATHOLIC DISTRICT SCHOOL BOARD OF EASTERN ONTARIO p 849
5 Catherine St, SMITHS FALLS, ON, K7A 3Z9
(613) 283-1848 SIC 8211
CATHOLIC DISTRICT SCHOOL BOARD OF EASTERN ONTARIO p 850
385 Highway 29, SMITHS FALLS, ON, K7A 4W7
(613) 283-5007 SIC 8211
CATHOLIC DISTRICT SCHOOL BOARD OF EASTERN ONTARIO p 850
4 Ross St, SMITHS FALLS, ON, K7A 4L5
(613) 283-4477 SIC 8211
CATHOLIC DISTRICT SCHOOL BOARD OF EASTERN ONTARIO p 851
17283 County Rd 18, ST ANDREWS WEST, ON, K0C 2A0
(613) 932-6592 SIC 8211
CATHOLIC DISTRICT SCHOOL BOARD OF EASTERN ONTARIO p 946
Gd, VANKLEEK HILL, ON, K0B 1R0
(613) 678-5455 SIC 8211
CATHOLIC DISTRICT SCHOOL BOARD OF EASTERN ONTARIO p 960
20019 Kings Rd, WILLIAMSTOWN, ON, K0C 2J0
(613) 347-3518 SIC 8211
CATHOLIC EDUCATION CENTER p 642
See WATERLOO CATHOLIC DISTRICT SCHOOL BOARD
CATHOLIC EDUCATION CENTRE p 956
See NIAGARA CATHOLIC DISTRICT

SCHOOL BOARD
CATHOLIC FAMILY SERVICE OF CALGARY, THE p 51
707 10 Ave Sw Suite 250, CALGARY, AB, T2R 0B3
(403) 233-2360   SIC 8322
CATHOLIC IMMIGRATION CENTRE OTTAWA p 801
219 Argyle Ave Suite 500, OTTAWA, ON, K2P 2H4
(613) 232-9634   SIC 8331
CATHOLIC INDEPENDENT SCHOOLS OF VANCOUVER ARCHDIOCESE, THE p 185
1450 Delta Ave, BURNABY, BC, V5B 3G2
(604) 299-3530   SIC 8211
CATHOLIC INDEPENDENT SCHOOLS OF VANCOUVER ARCHDIOCESE, THE p 188
6656 Balmoral St, BURNABY, BC, V5E 1J1
(604) 435-5311   SIC 8211
CATHOLIC INDEPENDENT SCHOOLS OF VANCOUVER ARCHDIOCESE, THE p 196
8909 Mary St, CHILLIWACK, BC, V2P 4J4
(604) 792-7715   SIC 8211
CATHOLIC INDEPENDENT SCHOOLS OF VANCOUVER ARCHDIOCESE, THE p 201
1405 Como Lake Ave, COQUITLAM, BC, V3J 3P4
(604) 931-9071   SIC 8211
CATHOLIC INDEPENDENT SCHOOLS OF VANCOUVER ARCHDIOCESE, THE p 201
315 Walker St, COQUITLAM, BC, V3K 4C7
(604) 936-4228   SIC 8211
CATHOLIC INDEPENDENT SCHOOLS OF VANCOUVER ARCHDIOCESE, THE p 211
3900 Arthur Dr, DELTA, BC, V4K 3N5
(604) 946-2611   SIC 8211
CATHOLIC INDEPENDENT SCHOOLS OF VANCOUVER ARCHDIOCESE, THE p 248
541 Keith Rd W, NORTH VANCOUVER, BC, V7M 1M5
(604) 987-4431   SIC 8211
CATHOLIC INDEPENDENT SCHOOLS OF VANCOUVER ARCHDIOCESE, THE p 254
1335 Dominion Ave, PORT COQUITLAM, BC, V3B 8G7
(604) 942-7465   SIC 8211
CATHOLIC INDEPENDENT SCHOOLS OF VANCOUVER ARCHDIOCESE, THE p 288
15024 24 Ave, SURREY, BC, V4A 2H8
(604) 531-6316   SIC 8211
CATHOLIC INDEPENDENT SCHOOLS OF VANCOUVER ARCHDIOCESE, THE p 289
16193 88 Ave, SURREY, BC, V4N 1G3
(604) 581-3023   SIC 8211
CATHOLIC INDEPENDENT SCHOOLS OF VANCOUVER ARCHDIOCESE, THE p 292
2880 Venables St, VANCOUVER, BC, V5K 4Z6
(604) 255-5454   SIC 8211
CATHOLIC INDEPENDENT SCHOOLS OF VANCOUVER ARCHDIOCESE, THE p 292
575 Slocan St, VANCOUVER, BC, V5K 3X5
(604) 253-2434   SIC 8211
CATHOLIC INDEPENDENT SCHOOLS OF VANCOUVER ARCHDIOCESE, THE p 293
870 Victoria Dr, VANCOUVER, BC, V5L 4E7
(604) 253-7311   SIC 8661
CATHOLIC INDEPENDENT SCHOOLS OF VANCOUVER ARCHDIOCESE, THE p 297
2850 Quebec St, VANCOUVER, BC, V5T 3A9
(604) 879-4411   SIC 8211
CATHOLIC INDEPENDENT SCHOOLS OF VANCOUVER ARCHDIOCESE, THE p 297
428 Great Northern Way, VANCOUVER, BC, V5T 4S5
(604) 254-2727   SIC 8211
CATHOLIC INDEPENDENT SCHOOLS OF VANCOUVER ARCHDIOCESE, THE p 298
450 47th Ave E, VANCOUVER, BC, V5W 2B4
(604) 325-6317   SIC 8211

CATHOLIC INDEPENDENT SCHOOLS OF VANCOUVER ARCHDIOCESE, THE p 319
2550 Camosun St, VANCOUVER, BC, V6R 3W6
(604) 228-8811   SIC 8661
CATHOLIC INDEPENDENT SCHOOLS OF VANCOUVER ARCHDIOCESE, THE p 319
3745 28th Ave W, VANCOUVER, BC, V6S 1S5
(604) 224-5012   SIC 8211
CATHOLIC INDEPENDENT SCHOOLS, DIOCESE OF VICTORIA p 290
4836 Straume Ave, TERRACE, BC, V8G 4G3
(250) 635-3035   SIC 8211
CATHOLIC INDEPENDENT SCHOOLS, DIOCESE OF VICTORIA p 328
2368 Trent St, VICTORIA, BC, V8R 4Z3
(250) 592-6713   SIC 8211
CATHOLIC INDEPENDENT SCHOOLS, DIOCESE OF VICTORIA p 330
1002 Pandora Ave, VICTORIA, BC, V8V 3P5
(250) 382-3815   SIC 8211
CATHOLIC INDEPENDENT SCHOOLS, DIOCESE OF VICTORIA p 332
880 Mckenzie Ave, VICTORIA, BC, V8X 3G5
(250) 479-1414   SIC 8211
CATHOLIC INDEPENDENT SCHOOLS, DIOCESE OF VICTORIA p 334
757 Burnside Rd W, VICTORIA, BC, V8Z 1M9
(250) 479-1232   SIC 8211
CATHOLIC JACQUES CARTIER p 626
See CONSEIL SCOLAIRE CATHOLIQUE DE DISTRICT DES GRANDES RIVIERES, LE
CATHOLIC MITHCL p 731
See CONSEIL SCOLAIRE CATHOLIQUE DE DISTRICT DES GRANDES RIVIERES, LE
CATHOLIC SAINT GERARD p 883
See CONSEIL SCOLAIRE CATHOLIQUE DE DISTRICT DES GRANDES RIVIERES, LE
CATHOLIC SOCIAL SERVICES p 7
5201 44 St, BONNYVILLE, AB, T9N 2H1
(780) 826-3935   SIC 8399
CATHOLIC SOCIAL SERVICES p 77
10709 105 St Nw, EDMONTON, AB, T5H 2X3
(780) 424-3545   SIC 8399
CATHOLIC SOCIAL SERVICES p 153
5104 48 Ave, RED DEER, AB, T4N 3T8
(403) 347-8844   SIC 8361
CATHOLIC SOCIAL SERVICES p 173
1037 2 Ave Suite A, WAINWRIGHT, AB, T9W 1K7
(780) 842-6899   SIC 8361
CATHOLIC SOCIAL SERVICES p 174
5206 51 Ave, WETASKIWIN, AB, T9A 0V4
(780) 352-5535   SIC 8361
CATHY WEVER ELEMENTARY SCHOOL p 608
See HAMILTON-WENTWORTH DISTRICT SCHOOL BOARD, THE
CATO RESEARCH CANADA INC p 1204
9900 Boul Cavendish Bureau 300, SAINT-LAURENT, QC, H4M 2V2
(514) 856-2286   SIC 8732
CATTLEX LTD p 350
Gd, HAMIOTA, MB, R0M 0T0
(204) 764-2471   SIC 5154
CATULPA COMMUNITY SUPPORT SERVICES p 494
165 Ferris Lane, BARRIE, ON, L4M 2Y1
(705) 733-3227   SIC 8322
CATULPA-COMMUNITY SUPPORT SERVICES p 494
See CATULPA COMMUNITY SUPPORT SERVICES
CAUDLE PARK ELEMENTARY SCHOOL p 466

See HALIFAX REGIONAL SCHOOL BOARD
CAULFIELD ELEMENTARY SCHOOL p 339
See THE BOARD OF SCHOOL TRUSTEES OF SCHOOL DISTRICT NO. 45 (WEST VANCOUVER)
CAUSEWAY RESTAURANTS LTD p 331
812 Wharf St, VICTORIA, BC, V8W 1T3
(250) 381-2244   SIC 5812
CAVALIER DRIVE SCHOOL p 467
See HALIFAX REGIONAL SCHOOL BOARD
CAVALIER ENTERPRISES LTD p 1295
620 Spadina Cres E, SASKATOON, SK, S7K 3T5
(306) 652-6770   SIC 7011
CAVALIER ET DESSIN p 1003
See EMBALLAGES CARROUSEL INC, LES
CAVALLUZZO, HAYES, SHILTON, MCINTYRE & CORNISH LLP p 927
474 Bathurst St Suite 300, TORONTO, ON, M5T 2S6
(416) 964-1115   SIC 8111
CAVCO FOOD SERVICES LTD p 639
715 Ottawa St S, KITCHENER, ON, N2E 3H5
(519) 569-7224   SIC 5812
CAVCO FOOD SERVICES LTD p 642
431 Highland Rd W, KITCHENER, ON, N2M 3C6
(519) 578-8630   SIC 5812
CAVELL, EDITH CARE CENTRE p 138
See CHANTELLE MANAGEMENT LTD
CAVENDISH AGRI SERVICES LIMITED p 984
25532 Main Hwy Suite 2, SUMMERSIDE, PE, C1N 4J9
(902) 836-5555   SIC 2037
CAVENDISH FARMS - NEW ANNEN p 984
See CAVENDISH AGRI SERVICES LIMITED
CAVENDISH FARMS CORPORATION p 396
100 Prom Midland, DIEPPE, NB, E1A 6X4
(506) 858-7777   SIC 5142
CAVENDISH FARMS CORPORATION p 983
Gd, KENSINGTON, PE, C0B 1M0
(902) 836-5555   SIC 5142
CAVENDISH FARMS, DIV OF p 985
See GRAND FOREST HOLDINGS INCORPORATED
CAVENDISH MANOR RETIREMENT HOME p 736
See DIVERSICARE CANADA MANAGEMENT SERVICES CO., INC
CAVENDISH PRODUCE p 984
See ISLAND HOLDINGS LTD
CAVENDISH PRODUCE, DIV OF p 396
See CAVENDISH FARMS CORPORATION
CAW CANADA p 487
See UNIFOR
CAW LEGAL SERVICES PLAN p 963
2345 Central Ave, WINDSOR, ON, N8W 4J1
(519) 944-5866   SIC 8111
CAW LOCAL 105 p 570
See UNIFOR
CAW LOCAL 1075 p 881
See UNIFOR
CAW LOCAL 1839 p 504
See UNIFOR
CAW LOCAL 222 p 782
See UNIFOR
CAW LOCAL 31 p 634
See UNIFOR
CAW LOCAL 4401 p 856
See UNIFOR
CAW LOCAL 973 p 517
See UNIFOR
CAWSTON PRIMARY SCHOOL p 195
See SCHOOL DISTRICT NO. 53 (OKANAGAN SIMILKAMEEN)
CAWTHRA MINI SKOOL p 696
See MINI-SKOOL A CHILD'S PLACE INC
CAWTHRA PARK SECONDARY SCHOOL p 701

See PEEL DISTRICT SCHOOL BOARD
CAYLEY COLONY p 67
See HUTTERIAN BRETHREN CHURCH OF CAYLEY
CAYOOSH ELEMENTARY SCHOOL p 235
See SCHOOL DISTRICT #74 (GOLD TRAIL)
CAYUGA DISPLAYS INC p 550
5585 Hwy 3, CAYUGA, ON, N0A 1E0
(905) 772-0183   SIC 2541
CB PARTNERS CORPORATION p 30
7535 Flint Rd Se, CALGARY, AB, T2H 1G3
(403) 253-0565   SIC 1542
CB PARTNERS CORPORATION p 438
349 Old Airport Rd Suite 206, YELLOWKNIFE, NT, X1A 3X6
(867) 873-6337   SIC 1542
CB PARTNERS CORPORATION p 1299
2366 Ave C N Suite 273, SASKATOON, SK, S7L 5X5
(306) 979-1106   SIC 1542
CB RICHARD ELLIS GLOBAL CORPORATE SERVICES LTD p 793
1125 Colonel By Dr Suite 4400, OTTAWA, ON, K1S 5R1
(613) 231-3875   SIC 8742
CB RICHARD ELLIS MANAGEMENT SERVICES p 41
See CBRE LIMITED
CBC p 303
See CANADIAN BROADCASTING CORPORATION
CBC p 400
See CANADIAN BROADCASTING CORPORATION
CBC p 415
See CANADIAN BROADCASTING CORPORATION
CBC p 438
See CANADIAN BROADCASTING CORPORATION
CBC p 457
See CANADIAN BROADCASTING CORPORATION
CBC p 869
See CANADIAN BROADCASTING CORPORATION
CBC p 928
See CANADIAN BROADCASTING CORPORATION
CBC p 980
See CANADIAN BROADCASTING CORPORATION
CBC p 1094
See CANADIAN BROADCASTING CORPORATION
CBC p 1295
See CANADIAN BROADCASTING CORPORATION
CBC MANITOBA p 374
See CANADIAN BROADCASTING CORPORATION
CBC NORTH p 438
See CANADIAN BROADCASTING CORPORATION
CBC NORTH p 481
See CANADIAN BROADCASTING CORPORATION
CBC RADIO p 1237
See CANADIAN BROADCASTING CORPORATION
CBC RADIO CANADA p 1284
See CANADIAN BROADCASTING CORPORATION
CBC SPECIALTY METALS p 558
See CANADIAN BRASS & COPPER CO
CBC TV p 433
See CANADIAN BROADCASTING CORPORATION
CBC YUKON RADIO p 1311
See CANADIAN BROADCASTING COR-

CBC/CBRT/CBR p 39
See CANADIAN BROADCASTING CORPORATION
CBCI TELECOM p 1056
See CBCI TELECOM CANADA INC
CBCI TELECOM CANADA INC p 1056
2260 46e Av, LACHINE, QC, H8T 2P3
(514) 422-9333 SIC 4899
CBCL LIMITED p 457
1489 Hollis St, HALIFAX, NS, B3J 3M5
(902) 421-7241 SIC 8711
CBCL LIMITED p 474
164 Charlotte St, SYDNEY, NS, B1P 1C3
(902) 539-1330 SIC 8711
CBI HEALTH p 576
See CBI LIMITED
CBI LIMITED p 576
3300 Bloor St W Suite 900, ETOBICOKE, ON, M8X 2X2
(800) 463-2225 SIC 8049
CBI LIMITED p 676
110 Copper Creek Dr Suite 102, MARKHAM, ON, L6B 0P9
(905) 472-2273 SIC 8049
CBL p 670
See CBL DATA RECOVERY TECHNOLOGIES INC
CBL DATA RECOVERY TECHNOLOGIES INC p 670
590 Alden Rd Suite 105, MARKHAM, ON, L3R 8N2
(905) 479-9938 SIC 7375
CBRE p 913
See CBRE LIMITED
CBRE LIMITED p 41
530 8 Ave Sw Suite 500, CALGARY, AB, T2P 3S8
(403) 263-4444 SIC 6531
CBRE LIMITED p 41
530 8 Ave Sw Suite 500, CALGARY, AB, T2P 3S8
(403) 536-1290 SIC 6531
CBRE LIMITED p 79
10180 101 St Nw Suite 1220, EDMONTON, AB, T5J 3S4
(780) 424-5475 SIC 6531
CBRE LIMITED p 310
1021 Hastings St W Suite 2500, VANCOUVER, BC, V6E 0C3
(604) 662-3000 SIC 6531
CBRE LIMITED p 377
570 Portage Ave Fl 2, WINNIPEG, MB, R3C 0G4
(204) 943-5700 SIC 6531
CBRE LIMITED p 655
380 Wellington St Suite 30, LONDON, ON, N6A 5B5
(519) 673-6444 SIC 6531
CBRE LIMITED p 744
2001 Sheppard Ave E Suite 300, NORTH YORK, ON, M2J 4Z8
(416) 494-0600 SIC 6531
CBRE LIMITED p 913
145 King St W Suite 1100, TORONTO, ON, M5H 1J8
(416) 362-2244 SIC 8748
CBRE LIMITED p 913
40 King St W Suite 4100, TORONTO, ON, M5H 3Y4
(416) 947-7661 SIC 6531
CBRE LIMITED p 942
87 Skyway Ave Suite 100, TORONTO, ON, M9W 6R3
(416) 674-7900 SIC 6531
CBS p 119
See C. B. S. CONSTRUCTION LTD
CBV COLLECTION SERVICES LTD p 186
4664 Lougheed Hwy Unit 20, BURNABY, BC, V5C 5T5
(604) 687-4559 SIC 7322
CBV COLLECTIONS p 186
See CBV COLLECTION SERVICES LTD
CCC PLASTICS p 135

See CANADA COLORS AND CHEMICALS LIMITED
CCCSI p 820
See CANADIAN CONTRACT CLEANING SPECIALISTS, INC
CCD LIMITED PARTNERSHIP p 716
1115 Cardiff Blvd, MISSISSAUGA, ON, L5S 1L8
(905) 564-2115 SIC 6712
CCE REDHILL LEARNING CENTER p 862
See HAMILTON-WENTWORTH DISTRICT SCHOOL BOARD, THE
CCFGLM ONTARIO LIMITED p 577
1255 The Queensway, ETOBICOKE, ON, M8Z 1S1
(416) 252-5000 SIC 5812
CCHSLD DES PAYS D'EN HAUT p 1242
See C.S.S.S. DES PAYS-D'EN-HAUT
CCI ENTERTAINMENT LTD p 924
18 Dupont St, TORONTO, ON, M5R 1V2
(416) 964-8750 SIC 6712
CCI RESEARCH p 773
See CCI RESEARCH INC
CCI RESEARCH INC p 773
71 Broadway, ORANGEVILLE, ON, L9W 1K1
(519) 938-9552 SIC 8732
CCI THERMAL TECHNOLOGIES INC p 764
2721 Plymouth Dr, Oakville, ON, L6H 5R5
(905) 829-4422 SIC 3443
CCI THERMAL TECHNOLOGIES INC p 774
1 Hunter Valley Rd, ORILLIA, ON, L3V 0Y7
(705) 325-3473 SIC 3567
CCLC p 657
See LONDON CROSS CULTURAL LEARNER CENTRE
CCPEDQ p 1086
See FEDERATION DES CAISSES DESJARDINS DU QUEBEC
CCQ p 1120
See COMMISSION DE LA CONSTRUCTION DU QUEBEC
CCS CONTRACTING LTD p 16
2611 58 Ave Se Suite 677, CALGARY, AB, T2C 0B4
(403) 215-4040 SIC 1761
CCS MIDSTREAM SERVICES p 118
See TERVITA CORPORATION
CCTF CORPORATION p 99
5407 53 Ave Nw, EDMONTON, AB, T6B 3G2
(780) 463-8700 SIC 5032
CCTF CORPORATION p 533
4151 North Service Rd Suite 2, BURLINGTON, ON, L7L 4X6
(905) 335-5320 SIC 5085
CCTF CORPORATION p 533
4151 North Service Rd Unit 2, BURLINGTON, ON, L7L 4X6
(905) 335-5320 SIC 8721
CCTF CORPORATION p 767
1387 Cornwall Rd, OAKVILLE, ON, L6J 7T5
SIC 5074
CD PLUS GROUP OF STORES p 466
See ENTERTAINMENT ONE GP LIMITED
CD PLUS GROUP OF STORES p 514
See ENTERTAINMENT ONE GP LIMITED
CD WAREHOUSE INC p 727
1383 Clyde Ave, NEPEAN, ON, K2G 3H7
(613) 225-9027 SIC 5735
CDA-MANITOBA p 377
See CANADIAN DIABETES ASSOCIATION
CDC DISTRIBUTION CENTRES TORONTO INC p 717
6290 Kestrel Rd, MISSISSAUGA, ON, L5T 1Z4
(905) 564-0403 SIC 5013
CDCI p 790
See CANADIAN DEVELOPMENT CONSULTANTS INTERNATIONAL INC
CDG COAST DYNAMICS GROUP LTD p 336
2932 Ed Nixon Ter Unit 102, VICTORIA, BC, V9B 0B2
(250) 652-6003 SIC 3429

CDI COLLEGE p 26
See VANCOUVER CAREER COLLEGE (BURNABY) INC
CDI COLLEGE p 50
See VANCOUVER CAREER COLLEGE (BURNABY) INC
CDI COLLEGE p 76
See VANCOUVER CAREER COLLEGE (BURNABY) INC
CDI COLLEGE p 82
See VANCOUVER CAREER COLLEGE (BURNABY) INC
CDI COLLEGE p 285
See VANCOUVER CAREER COLLEGE (BURNABY) INC
CDI COLLEGE p 379
See VANCOUVER CAREER COLLEGE (BURNABY) INC
CDI COLLEGE p 483
See VANCOUVER CAREER COLLEGE (BURNABY) INC
CDI EDUCATION (ALBERTA) LIMITED PARTNERSHIP p 283
13401 108 Ave Suite 360, SURREY, BC, V3T 5T3
(604) 915-7288 SIC 8211
CDN AUTO RELEASING LTD p 485
4700 Tottenham Rd, ALLISTON, ON, L9R 1W7
SIC 4226
CDS p 1131
See FABE CUSTOM DOWNSTREAM SYSTEMS INC
CDSL CANADA LIMITED p 707
2480 Meadowvale Blvd Suite 100, MISSISSAUGA, ON, L5N 8M6
(905) 858-7100 SIC 7379
CDSL CANADA LIMITED p 1284
1900 Albert St Unit 700, REGINA, SK, S4P 4K8
(306) 761-4000 SIC 7379
CE 3 p 693
See STRONCO DESIGNS INC
CEA CENTRE REGIONAL INTEGRE DE FORMATION p 1041
See COMMISSION SCOLAIRE DU VAL-DES-CERFS
CEA DE LA SALLE PAVILLON p 1056
See COMMISSION SCOLAIRE MARGUERITE-BOURGEOYS
CEA LAURE CONON p 1014
See COMMISSION SCOLAIRE DES RIVES-DU-SAGUENAY
CEB INVESTMENTS INC p 155
7659 Edgar Industrial Dr Suite 4, RED DEER, AB, T4P 3R2
(403) 347-0077 SIC 1389
CEB INVESTMENTS INC p 159
4435 45th Ave, ROCKY MOUNTAIN HOUSE, AB, T4T 1T1
(403) 845-5404 SIC 1731
CECCE p 594
See CONSEIL DES ECOLES CATHOLIQUES DE LANGUE FRANCAISE DU CENTRE-EST
CECIL B STIRLING SCHOOL p 614
See HAMILTON-WENTWORTH DISTRICT SCHOOL BOARD, THE
CECIL RHODES SCHOOL p 380
See WINNIPEG SCHOOL DIVISION
CECIL SWANSON ELEMENTARY SCHOOL p 9
See CALGARY BOARD OF EDUCATION
CEDA FIELD SERVICES LP p 115
2220 119 Ave Ne, EDMONTON, AB, T6S 1B3
(780) 478-1048 SIC 7699
CEDA INTERNATIONAL CORPORATION p 34
11012 Macleod Trail Se Suite 500, CALGARY, AB, T2J 6A5
(403) 253-3233 SIC 2819
CEDA INTERNATIONAL CORPORATION p 119

180 Maclennan Cres, FORT MCMURRAY, AB, T9H 4E8
(780) 791-0707 SIC 2819
CEDA INTERNATIONAL CORPORATION p 1268
Gd Lcd Main, ESTEVAN, SK, S4A 2A1
(306) 634-4797 SIC 2819
CEDA-REACTOR p 119
See CEDA INTERNATIONAL CORPORATION
CEDAP p 1023
See CENTRE DE READAPTATION EN DEFICIENCE INTELLECTUELLE DU SAGUENAY LAC-ST-JEAN
CEDAR COMMUNITY SECONDARY SCHOOL p 243
See SCHOOL DISTRICT NO. 68 (NANAIMO-LADYSMITH)
CEDAR COTTAGE NEIGHBOURHOOD HOUSE p 295
See ASSOCIATION OF NEIGHBOURHOOD HOUSES OF BRITISH COLUMBIA
CEDAR CREEK PUBLIC SCHOOL p 493
See WATERLOO REGION DISTRICT SCHOOL BOARD
CEDAR DRIVE ELEMENTARY SCHOOL p 255
See SCHOOL DISTRICT NO. 43 (COQUITLAM)
CEDAR DRIVE JUNIOR PUBLIC SCHOOL p 886
See TORONTO DISTRICT SCHOOL BOARD
CEDAR ELEMENTARY p 194
See BOARD OF EDUCATION SCHOOL DISTRICT 72 (CAMPBELL RIVER), THE
CEDAR HILL MIDDLE SCHOOL p 327
See BOARD OF EDUCATION OF SCHOOL DISTRICT NO. 61 (GREATER VICTORIA)
CEDAR HILLS ELEMENTARY SCHOOL p 285
See SCHOOL DISTRICT NO 36 (SURREY)
CEDAR RIDGE CREATIVE CENTER p 886
See CORPORATION OF THE CITY OF TORONTO
CEDAR SPRINGS HEALTH RACQUET & SPORTS CLUB p 537
See CEDAR SPRINGS TENNIS LIMITED
CEDAR SPRINGS TENNIS LIMITED p 537
960 Cumberland Ave, BURLINGTON, ON, L7N 3J6
(905) 632-9758 SIC 7997
CEDAR VALLEY SCHOOL p 238
See SCHOOL DISTRICT #75 (MISSION)
CEDARBRAE COLLEGIATE INSTITUTE p 837
See TORONTO DISTRICT SCHOOL BOARD
CEDARBRAE PUBLIC SCHOOL p 953
See WATERLOO REGION DISTRICT SCHOOL BOARD
CEDARBRAE SCHOOL p 54
See CALGARY BOARD OF EDUCATION
CEDARBROOK PUBLIC SCHOOL p 886
See TORONTO DISTRICT SCHOOL BOARD
CEDARDALE REALTY HOLDINGS INC p 558
7077 Keele St Suite 102, CONCORD, ON, L4K 0B6
(905) 738-0754 SIC 6553
CEDARGROVE ELEMENTARY SCHOOL p 216
See SCHOOL DISTRICT NO. 46 (SUNSHINE COAST)
CEDARHURST PRIVATE HOSPITAL LTD p 298
375 59th Ave W, VANCOUVER, BC, V5X 1X3
(604) 321-6777 SIC 8051
CEDARHURST QUARRIES & CRUSHING LIMITED p 617
5625 Notre Dame Ave, HANMER, ON, P3P 1P2

(705) 969-4461 SIC 1629
CEDARLAND ELEMENTARY SCHOOL p 525
See GRAND ERIE DISTRICT SCHOOL BOARD
CEDARS CHRISTIAN SCHOOL p 258
See BOARD OF EDUCATION OF SCHOOL DISTRICT NO. 57 (PRINCE GEORGE), THE
CEDARSTONE ENHANCED CARE p 478
See SHANNEX INCORPORATED
CEDARVALE COMMUNITY SCHOOL p 933
See TORONTO DISTRICT SCHOOL BOARD
CEDARVALE LODGE p 628
See SPECIALTY CARE INC
CEDARVIEW LODGE p 247
See VANCOUVER COASTAL HEALTH AUTHORITY
CEDARVIEW MIDDLE SCHOOL p 730
See OTTAWA-CARLETON DISTRICT SCHOOL BOARD
CEDARVIEW RESIDENCE p 741
See COMMUNITY LIVING NORTH BAY
CEDARWOOD PUBLIC SCHOOL p 676
See YORK REGION DISTRICT SCHOOL BOARD
CEDROM-SNI p 1136
See CEDROM-SNI INC.
CEDROM-SNI INC. p 1136
825 Av Querbes Bureau 200, OUTREMONT, QC, H2V 3X1
(514) 278-6060 SIC 4899
CEEPS-BARNEYS LIMITED p 655
671 Richmond St, LONDON, ON, N6A 3G7
(519) 432-1425 SIC 5813
CEFEX p 584
See CEFEX - CENTRE FOR FIDUCIARY EXCELLENCE LLC
CEFEX - CENTRE FOR FIDUCIARY EXCELLENCE LLC p 584
20 Carlson Crt Suite 100, ETOBICOKE, ON, M9W 7K6
(416) 401-8702 SIC 6099
CEGEP BEAUCE-APPALACHES p 1055
3800 Rue Cousineau, Lac-Megantic, QC, G6B 2A3
(819) 583-5432 SIC 8221
CEGEP DE DRUMMONDVILLE p 1029
960 Rue Saint-Georges, DRUMMONDVILLE, QC, J2C 6A2
(819) 850-2093 SIC 8221
CEGEP DE JONQUIERE p 1047
See COLLEGE D'ENSEIGNEMENT GENERAL ET PROFESSIONNEL DE JONQUIERE
CEGEP DE L'ABITIBI TEMISCAMINGUE p 988
See COLLEGE D'ENSEIGNEMENT GENERAL & PROFESSIONEL DE L'ABITIBI-TEMISCAMINGUE
CEGEP DE LA POCATIERE p 1053
See COLLEGE D'ENSEIGNEMENT GENERAL & PROFESSIONEL DE LA POCATIERE
CEGEP DE SAINT-FELICIEN p 1012
110 Rue Obalski, CHIBOUGAMAU, QC, G8P 2E9
(418) 748-7637 SIC 8221
CEGEP DE STE-FOY p 1160
See COLLEGE D'ENSEIGNEMENT GENERAL & PROFESSIONEL STE-FOY
CEGEP DE TROIS-RIVIERES p 1249
3500 Rue De Courval, Trois-Rivieres, QC, G8Z 1T2
(819) 376-1721 SIC 8222
CEGEP DE TROIS-RIVIERES p 1249
3500 Rue De Courval, Trois-Rivieres, QC, G8Z 1T2
(819) 378-4911 SIC 8221
CEGEP DE TROIS-RIVIERES p 1249
3351 Boul Des Forges, Trois-Rivieres, QC, G8Z 4M3
(819) 376-5075 SIC 8732

CEGEP LIMOILOU p 1148
See COLLEGE D'ENSEIGNEMENT GENERAL ET PROFESSIONNEL LIMOILOU
CEGEP MONTMORENCY p 1129
See COLLEGE ENSEIGNANT GENERAL ET PROFESSIONNEL MONTMORENCY
CEGEP REGIONAL DE LANAUDIERE A TERREBONNE p 1245
See FONDATION DU CEGEP REGIONAL DE LANAUDIERE
CEGER INC p 1015
1180 Rue Bersimis, CHICOUTIMI, QC, G7K 1A5
(418) 543-4938 SIC 6712
CEGERCO INC p 1015
1180 Rue Bersimis, CHICOUTIMI, QC, G7K 1A5
(418) 543-6159 SIC 1611
CEGERTEC p 1013
See CEGERTEC INC
CEGERTEC INC p 1008
4805 Boul Lapiniere Bureau 4300, BROSSARD, QC, J4Z 0G2
(450) 656-3356 SIC 8621
CEGERTEC INC p 1013
255 Rue Racine E Bureau 150, CHICOUTIMI, QC, G7H 7L2
(418) 549-6680 SIC 8621
CEGERTEC INC p 1110
630 Boul Rene-Levesque O Bureau 2940, Montreal, QC, H3B 1S6
(514) 871-8196 SIC 8621
CEGERTEC WORLEYPARSONS INC p 1008
See CEGERTEC INC
CEGERTEC WORLEYPARSONS INC p 1110
See CEGERTEC INC
CEILI'S IRISH PUB & RESTAURANT p 39
See 817936 ALBERTA LTD
CELCO p 1067
See MASONITE INTERNATIONAL CORPORATION
CELCO CONTROLS LTD p 372
78 Hutchings St, WINNIPEG, MB, R2X 3B1
(204) 788-1677 SIC 3613
CELCOR LIMITED p 546
25 Sheffield St Suite 3, CAMBRIDGE, ON, N3C 1C4
(519) 220-0743 SIC 2631
CELEBRITIES NIGHT CLUB p 312
See KERAN HOLDINGS LTD
CELERO p 1284
See CELERO SOLUTIONS INC
CELERO SOLUTIONS INC p 30
8500 Macleod Trail Se Suite 350n, CALGARY, AB, T2H 2N1
(403) 258-5900 SIC 8742
CELERO SOLUTIONS INC p 1284
2055 Albert St, REGINA, SK, S4P 2T8
(306) 566-1244 SIC 8742
CELESTICA INC p 703
3333 Unity Dr Suite A, MISSISSAUGA, ON, L5L 3S6
(647) 620-6864 SIC 3812
CELESTICA INC p 753
12 Concorde Pl Suite 500, NORTH YORK, ON, M3C 3R8
(416) 448-5800 SIC 3679
CELLFOR INC p 275
6772 Oldfield Rd Suite 200, SAANICHTON, BC, V8M 2A3
(250) 507-3649 SIC 7389
CELLULAR ONE INC p 1124
9280 Boul De L'acadie, Montreal, QC, H4N 3C5
(514) 385-0770 SIC 5065
CELTRADE CANADA INC p 683
7566 Bath Rd, Mississauga, ON, L4T 1L2
(905) 678-1322 SIC 2035
CEMENTATION CANADA INC p 359
169 Hayes Rd, THOMPSON, MB, R8N 1M5
SIC 1241
CEMENTATION CANADA INC p 741

590 Graham Dr, NORTH BAY, ON, P1B 7S1
(705) 472-3381 SIC 1241
CEMETERY & PRE-PLANNING p 1024
See MEMORIAL GARDENS CANADA LIMITED
CEMTOL MANUFACTURING p 604
See LINAMAR CORPORATION
CEN-COMM COMMUNICATIONS INC p 513
5 Blair Dr, BRAMPTON, ON, L6T 2H4
(905) 457-7152 SIC 1731
CENGEA SOLUTIONS INC p 310
1188 Georgia St W Suite 560, VANCOUVER, BC, V6E 4A2
(604) 697-6400 SIC 7372
CENGEA SOLUTIONS INC p 377
330 St Mary Ave Suite 1120, WINNIPEG, MB, R3C 3Z5
(204) 957-7566 SIC 7372
CENINI, FR JOSEPH CATHOLIC SCHOOL p 778
See DURHAM CATHOLIC DISTRICT SCHOOL BOARD
CENOVUS ENERGY INC p 42
500 Centre St Se, CALGARY, AB, T2P 0M5
(403) 766-2000 SIC 1382
CENOVUS ENERGY MARKETING SERVICES LTD p 42
421 7 Ave Sw, CALGARY, AB, T2P 4K9
(403) 544-4485 SIC 1389
CENTE D'HEBERGEMENT ET DE SOIN DE LONGUE DUREE DU BAS-RICHELIEU p 1241
30 Rue Ferland, SOREL-TRACY, QC, J3P 3C7
(450) 743-5569 SIC 8093
CENTENNIAL 2000 INC p 27
4412 Manilla Rd Se Suite 1, CALGARY, AB, T2G 4B7
(403) 214-0044 SIC 2011
CENTENNIAL ACADEMY p 1122
3641 Av Prud'homme, Montreal, QC, H4A 3H6
(514) 486-5533 SIC 8211
CENTENNIAL CENTRAL PUBLIC SCHOOL p 489
See THAMES VALLEY DISTRICT SCHOOL BOARD
CENTENNIAL CENTRAL PUBLIC SCHOOL p 557
See GREATER ESSEX COUNTY DISTRICT SCHOOL BOARD
CENTENNIAL CENTRE OF SCIENCE AND TECHNOLOGY p 753
770 Don Mills Rd, NORTH YORK, ON, M3C 1T3
(416) 429-4100 SIC 8412
CENTENNIAL CENTRE, THE p 151
See ALBERTA HEALTH SERVICES
CENTENNIAL COLLEGE OF APPLIED ARTS & TECHNOLOGY, THE p 838
1960 Eglinton Ave E, SCARBOROUGH, ON, M1L 2M5
SIC 8222
CENTENNIAL COLLEGIATE p 1305
See BOARD OF EDUCATION OF SASKATOON SCHOOL DIVISION NO. 13 OF SASKATCHEWAN, THE
CENTENNIAL COMMUNITY SCHOOL p 1290
See BOARD OF EDUCATION REGINA SCHOOL DIVISION NO. 4 OF SASKATCHEWAN
CENTENNIAL ELEMENTARY SCHOOL p 174
See WETASKIWIN REGIONAL PUBLIC SCHOOLS
CENTENNIAL FOODSERVICE p 99
5116 67 Ave Nw, EDMONTON, AB, T6B 3N9
(780) 465-9991 SIC 5147
CENTENNIAL FOODSERVICE p 265
12759 Vulcan Way Unit 108, RICHMOND, BC, V6V 3C8
(604) 273-5261 SIC 2011

CENTENNIAL FOODSERVICE p 1301
2020 St Patrick Ave, SASKATOON, SK, S7M 0L9
(306) 665-2999 SIC 5142
CENTENNIAL GRAND WOODLANDS ELEMETARY SCHOOL p 525
See GRAND ERIE DISTRICT SCHOOL BOARD
CENTENNIAL HYLANDS ELEMENTARY SCHOOL p 848
See UPPER GRAND DISTRICT SCHOOL BOARD, THE
CENTENNIAL MATERIAL HANDLING LIMITED p 558
300 Bradwick Dr, CONCORD, ON, L4K 1K8
(416) 661-4609 SIC 2542
CENTENNIAL OPTICAL LIMITED p 1215
4555 Boul Des Grandes-Prairies Bureau 40, SAINT-LEONARD, QC, H1R 1A5
(514) 327-3891 SIC 5049
CENTENNIAL PARK ELEMENTARY p 179
See SCHOOL DISTRICT NO 34 (ABBOTSFORD)
CENTENNIAL PLACE p 680
2 Centennial Lane Rr 3, MILLBROOK, ON, L0A 1G0
(705) 932-4464 SIC 8051
CENTENNIAL PLAZA P.O. p 1024
See CANADA POST CORPORATION
CENTENNIAL POOL p 816
See SAUGEEN SHORES, TOWN OF
CENTENNIAL PUBLIC SCHOOL p 546
See WATERLOO REGION DISTRICT SCHOOL BOARD
CENTENNIAL PUBLIC SCHOOL p 634
See LIMESTONE DISTRICT SCHOOL BOARD
CENTENNIAL PUBLIC SCHOOL p 793
See OTTAWA-CARLETON DISTRICT SCHOOL BOARD
CENTENNIAL REGIONAL HIGH SCHOOL p 1043
See RIVERSIDE SCHOOL BOARD
CENTENNIAL RETIREMENT RESIDENCE p 778
See CSH CENTENNIAL INC
CENTENNIAL ROAD JUNIOR ELEMENTARY SCHOOL p 886
See TORONTO DISTRICT SCHOOL BOARD
CENTENNIAL SCHOOL p 112
See EDMONTON SCHOOL DISTRICT NO. 7
CENTENNIAL SCHOOL p 350
See SUNRISE SCHOOL DIVISION
CENTENNIAL SCHOOL p 355
See LORD SELKIRK SCHOOL DIVISION, THE
CENTENNIAL SCHOOL p 592
See HALTON DISTRICT SCHOOL BOARD
CENTENNIAL SECONDARY SCHOOL p 201
See SCHOOL DISTRICT NO. 43 (COQUITLAM)
CENTENNIAL SECONDARY SCHOOL p 503
See HASTINGS AND PRINCE EDWARD DISTRICT SCHOOL BOARD
CENTENNIAL SENIOR PUBLIC SCHOOL p 522
See PEEL DISTRICT SCHOOL BOARD
CENTENNIAL SENIOR PUBLIC SCHOOL p 953
See WATERLOO REGION DISTRICT SCHOOL BOARD
CENTENNIAL SPECIAL CARE HOME p 1268
See SUNRISE REGIONAL HEALTH AUTHORITY
CENTER FOR ADVANCED WOOD PROCESSING p

297
See UNIVERSITY OF BRITISH COLUMBIA, THE
CENTER FOR ARTS & TECHNOLOGY OKANAGAN p 227
See TEC THE EDUCATION COMPANY INC
CENTER FOR ARTS AND TECHNOLOGY ATLANTIC CANADA INC p 400
130 Carleton St, FREDERICTON, NB, E3B 3T4
(506) 460-1280   SIC 8249
CENTER FOR HEALTH MEDICINE p 108
See THE GOVERNORS OF THE UNIVERSITY OF ALBERTA
CENTER FOR HEALTH PROMOTIONS STUDIES p 107
See GOVERNORS OF THE UNIVERSITY OF ALBERTA, THE
CENTER FOR LIFELONG LEARNING p 652
See LONDON DISTRICT CATHOLIC SCHOOL BOARD
CENTER FOR PARAMEDIC EDUCATION AND RESEARCH p 861
See HAMILTON HEALTH SCIENCES CORPORATION
CENTER HIGH SCHOOL p 80
See EDMONTON SCHOOL DISTRICT NO. 7
CENTRAL FRASER VALLEY BUS LINE p 178
See TOWNSHIP TRANSIT SERVICES INC
CENTERLINE (WINDSOR) LIMITED p 971
595 Morton Dr, WINDSOR, ON, N9J 3T8
(519) 734-6886   SIC 3548
CENTERLINE (WINDSOR) LIMITED p 971
655 Morton Dr, WINDSOR, ON, N9J 3T9
(519) 734-8330   SIC 3548
CENTERRA GOLD INC p 918
1 University Ave Suite 1500, TORONTO, ON, M5J 2P1
(416) 204-1241   SIC 1081
CENTRA INDUSTRIES INC p 951
103 Bauer Pl, WATERLOO, ON, N2L 6B5
(519) 650-2828   SIC 3599
CENTRACT SETTLEMENT SERVICES INC p 753
39 Wynford Dr, NORTH YORK, ON, M3C 3K5
(416) 510-5300   SIC 6531
CENTRAL 1 CREDIT UNION p 259
879 Victoria St, PRINCE GEORGE, BC, V2L 2K7
(250) 562-5415   SIC 6062
CENTRAL 1 CREDIT UNION p 315
1441 Creekside Dr, VANCOUVER, BC, V6J 4S7
(604) 734-2511   SIC 6062
CENTRAL AIRE HEATING & AIR CONDITIONING p 57
See LENNOX CANADA INC
CENTRAL ALGOMA SECONDARY SCHOOL p 568
See ALGOMA DISTRICT SCHOOL BOARD
CENTRAL AMBULANCE COMMUNICATIONS CENTRE p 742
See GOVERNMENT OF ONTARIO
CENTRAL AVENUE PUBLIC SCHOOL p 572
See ALGOMA DISTRICT SCHOOL BOARD
CENTRAL BAKERY DEMPSTER p 937
See CANADA BREAD COMPANY, LIMITED
CENTRAL BUILDERS' SUPPLY P.G. LIMITED p 204
610 Anderton Ave, COURTENAY, BC, V9N 2H3
(250) 334-4416   SIC 1541
CENTRAL BUILDERS' SUPPLY P.G. LIMITED p 251
1395 Island Hwy W, PARKSVILLE, BC, V9P 1Y8

(250) 752-5565   SIC 5211
CENTRAL BUTTE ELEMENTARY & HIGH SCHOOL p 1266
See PRAIRIE SOUTH SCHOOL DIVISION NO 210
CENTRAL BUTTE REGENCY HOSPITAL p 1266
See FIVE HILLS REGIONAL HEALTH AUTHORITY
CENTRAL CARD SERVICES INC p 1284
2221 Cornwall St, REGINA, SK, S4P 2L1
(306) 566-1346   SIC 8741
CENTRAL CHAPEL G F TOMPKINS p 630
See ARBOR MEMORIAL SERVICES INC
CENTRAL CITY SHOPPING CENTRE p 283
See BLACKWOOD PARTNERS CORPORATION
CENTRAL COAST POWER CORPORATION p 275
629 Senanus Dr, SAANICHTON, BC, V8M 1S6
(250) 544-4985   SIC 4911
CENTRAL COAST SCHOOL DISTRICT 49 p 217
See SCHOOL DISTRICT 49 CENTRAL COAST
CENTRAL COLCHESTER JUNIOR HIGH SCHOOL p 445
See CHIGNECTO CENTRAL REGIONAL SCHOOL BOARD
CENTRAL COLLEGIATE INSTITUTE p 1276
See PRAIRIE SOUTH SCHOOL DIVISION NO 210
CENTRAL COMMUNITY ELEMENTARY SCHOOL p 256
See SCHOOL DISTRICT NO. 43 (COQUITLAM)
CENTRAL DAIRIES p 429
See FARMERS CO-OPERATIVE DAIRY LIMITED
CENTRAL DISTRICT OFFICE p 763
See CHRISTIAN HORIZONS
CENTRAL EAST COMMUNITY CARE ACCESS CENTRE FOUNDATION p 605
13321 Hwy 118, HALIBURTON, ON, K0M 1S0
(905) 430-3308   SIC 8322
CENTRAL EAST COMMUNITY CARE ACCESS CENTRE FOUNDATION p 647
370 Kent St W, LINDSAY, ON, K9V 6G8
(705) 324-9165   SIC 8059
CENTRAL EAST COMMUNITY CARE ACCESS CENTRE FOUNDATION p 817
151 Rose Glen Rd, PORT HOPE, ON, L1A 3V6
(905) 885-6600   SIC 8059
CENTRAL ELEMENTARY SCHOOL p 134
See NORTHERN LIGHTS SCHOOL DIVISION NO. 69
CENTRAL ELEMENTARY SCHOOL p 611
See HAMILTON-WENTWORTH DISTRICT SCHOOL BOARD, THE
CENTRAL ELGIN COLLEGIATE INSTITUTE p 859
See THAMES VALLEY DISTRICT SCHOOL BOARD
CENTRAL ETOBICOKE HIGH SCHOOL p 582
See TORONTO DISTRICT SCHOOL BOARD
CENTRAL GARAGE p 602
See CORPORATION OF THE COUNTY OF WELLINGTON
CENTRAL GRAPHICS AND CONTAINER GROUP LTD p 687
5526 Timberlea Blvd Suite 217, MISSISSAUGA, ON, L4W 2T7
(905) 238-8400   SIC 2653
CENTRAL HARDWARE LTD p 276
151 5 St Sw, SALMON ARM, BC, V1E 1S9
(250) 832-7722   SIC 5211

CENTRAL HAVEN SPECIAL CARE HOME INC p 1299
1020 Avenue I N, SASKATOON, SK, S7L 2H7
(306) 665-6180   SIC 8051
CENTRAL HIGH SCHOOL p 160
See BATTLE RIVER REGIONAL DIVISION 31
CENTRAL HOME IMPROVEMENT, DIV OF p 475
See S. & D. SMITH CENTRAL SUPPLIES LIMITED
CENTRAL HURON SECONDARY SCHOOL p 554
See AVON MAITLAND DISTRICT SCHOOL BOARD
CENTRAL INTERIOR PIPING & MAINTENANCE LTD p 258
7405 Hart Hwy Suite 1, PRINCE GEORGE, BC, V2K 3B1
(250) 962-7405   SIC 1799
CENTRAL KINGS RURAL HIGH SCHOOL p 445
See ANNAPOLIS VALLEY REGIONAL SCHOOL BOARD
CENTRAL LABORATORY FOR VETERINARIANS LTD p 103
8131 Roper Rd Nw, EDMONTON, AB, T6E 6S4
(780) 437-8808   SIC 8734
CENTRAL LAUNDRY & LINEN SERVICES p 448
See CROTHALL SERVICES CANADA INC
CENTRAL MACHINE & MARINE INC p 828
649 Mcgregor Rd, SARNIA, ON, N7T 7H5
(519) 337-3722   SIC 3599
CENTRAL MEMORIAL HIGH SCHOOL p 60
See CALGARY BOARD OF EDUCATION
CENTRAL MIDDLE SECONDARY SCHOOL p 330
See BOARD OF EDUCATION OF SCHOOL DISTRICT NO. 61 (GREATER VICTORIA)
CENTRAL MONTESSORI SCHOOL p 748
See CENTRAL MONTESSORI SCHOOLS INC
CENTRAL MONTESSORI SCHOOL p 875
See CENTRAL MONTESSORI SCHOOLS INC
CENTRAL MONTESSORI SCHOOLS INC p 748
200 Sheppard Ave E, NORTH YORK, ON, M2N 3A9
(416) 222-5940   SIC 8211
CENTRAL MONTESSORI SCHOOLS INC p 875
72 Steeles Ave W, THORNHILL, ON, L4J 1A1
(905) 889-0012   SIC 8211
CENTRAL MOUNTAIN AIR LTD p 273
4180 Agar Dr, RICHMOND, BC, V7B 1A3
(604) 207-0130   SIC 4512
CENTRAL MOUNTAIN AIR LTD p 278
6431 Airport Rd, SMITHERS, BC, V0J 2N2
(250) 877-5000   SIC 4512
CENTRAL OKANAGAN HOSPICE HOUSE p 226
See INTERIOR HEALTH AUTHORITY
CENTRAL ONTARIO BRANCH p 753
See LA FONDATION CANADIENNE DU REIN
CENTRAL ONTARIO ENERGY ALLIANCE p 603
See UPI INC
CENTRAL ONTARIO RESOURCE CENTRE p 779
See GREAT-WEST LIFE ASSURANCE COMPANY, THE
CENTRAL PARK ELEMENTARY SCHOOL p 1277
See NORTH EAST SCHOOL DIVISION
CENTRAL PARK LODGES p 90
See REVERA INC

CENTRAL PARK LODGES p 830
See REVERA INC
CENTRAL PARK LODGES p 855
See REVERA INC
CENTRAL PARK LODGES p 924
See REVERA INC
CENTRAL PARK LODGES p 967
See REVERA INC
CENTRAL PARK PUBLIC SCHOOL p 571
See HAMILTON-WENTWORTH DISTRICT SCHOOL BOARD, THE
CENTRAL PARK PUBLIC SCHOOL p 945
See YORK REGION DISTRICT SCHOOL BOARD
CENTRAL PARKLAND LODGE SASKATOON HEALTH REGION p 1272
36 Downing Dr E, LANIGAN, SK, S0K 2M0
(306) 365-1400   SIC 8059
CENTRAL PEEL SECONDARY SCHOOL p 518
See PEEL DISTRICT SCHOOL BOARD
CENTRAL PERTH ELEMENTARY SCHOOL p 847
See AVON MAITLAND DISTRICT SCHOOL BOARD
CENTRAL PLACE RETIREMENT COMMUNITY LTD p 803
855 3rd Ave E, OWEN SOUND, ON, N4K 2K6
(519) 371-1968   SIC 8361
CENTRAL PUBLIC SCHOOL p 507
See KAWARTHA PINE RIDGE DISTRICT SCHOOL BOARD
CENTRAL PUBLIC SCHOOL p 540
See HALTON DISTRICT SCHOOL BOARD
CENTRAL PUBLIC SCHOOL p 544
See WATERLOO REGION DISTRICT SCHOOL BOARD
CENTRAL PUBLIC SCHOOL p 565
See UPPER CANADA DISTRICT SCHOOL BOARD, THE
CENTRAL PUBLIC SCHOOL p 598
See DISTRICT SCHOOL BOARD OF NIAGARA
CENTRAL PUBLIC SCHOOL p 603
See UPPER GRAND DISTRICT SCHOOL BOARD, THE
CENTRAL PUBLIC SCHOOL p 636
See DISTRICT SCHOOL BOARD ONTARIO NORTH EAST
CENTRAL PUBLIC SCHOOL p 818
See UPPER CANADA DISTRICT SCHOOL BOARD, THE
CENTRAL PUBLIC SCHOOL p 819
See RENFREW COUNTY DISTRICT SCHOOL BOARD
CENTRAL PUBLIC SCHOOL p 970
See GREATER ESSEX COUNTY DISTRICT SCHOOL BOARD
CENTRAL PUBLIC SCHOOL p 978
See THAMES VALLEY DISTRICT SCHOOL BOARD
CENTRAL QUEENS ELEMENTARY SCHOOL p 983
See EASTERN SCHOOL DISTRICT
CENTRAL REGION p 939
See GOVERNMENT OF ONTARIO
CENTRAL REGION CHILD & FAMILY SERVICES p 159
See GOVERNMENT OF THE PROVINCE OF ALBERTA
CENTRAL REGIONAL HEALTH AUTHORITY p 423
25 Pleasantview Rd, BOTWOOD, NL, A0H 1E0
(709) 257-2874   SIC 8051
CENTRAL REGIONAL HEALTH AUTHORITY p 423
57262 Main St, BADGERS QUAY, NL, A0G

1B0
(709) 536-2405   SIC 8062
CENTRAL REGIONAL HEALTH AUTHORITY   p
423
Gd, BAIE VERTE, NL, A0K 1B0
(709) 532-4281   SIC 8062
CENTRAL REGIONAL HEALTH AUTHORITY   p
426
9 Central Island Rd N, FOGO, NL, A0G 2B0
(709) 266-2221   SIC 8062
CENTRAL REGIONAL HEALTH AUTHORITY   p
427
36 Queensway, GRAND FALLS-WINDSOR, NL, A2B 1J3
SIC 8062
CENTRAL REGIONAL HEALTH AUTHORITY   p
427
50 Union St, GRAND FALLS-WINDSOR, NL, A2A 2E1
(709) 292-2500   SIC 8062
CENTRAL REGIONAL HEALTH AUTHORITY   p
428
1 Alexander Ave, HARBOUR BRETON, NL, A0H 1P0
(709) 885-2359   SIC 8062
CENTRAL SCHOOL   p 170
See BOARD OF TRUSTEES OF HORIZON SCHOOL DIVISION NO 67
CENTRAL SENIOR SCHOOL   p 648
See TRILLIUM LAKELANDS DISTRICT SCHOOL BOARD
CENTRAL SPRYFIELD SCHOOL   p 463
See HALIFAX REGIONAL SCHOOL BOARD
CENTRAL SUN MINING INC   p 323
595 Burrard St Suite 3100, VANCOUVER, BC, V7X 1L7
(604) 681-8371   SIC 1081
CENTRAL SUPPLIES   p 442
See NOVA CAPITAL INCORPORATED
CENTRAL TAXI   p 737
See 5-0 TAXI CO. INC.
CENTRAL TECHNICAL SCHOOL   p 927
See TORONTO DISTRICT SCHOOL BOARD
CENTRAL TORONTO ACADEMY   p 935
See TORONTO DISTRICT SCHOOL BOARD
CENTRAL VALLEY TAXI   p 176
See CENTRAL VALLEY TAXI LTD
CENTRAL VALLEY TAXI LTD   p 176
1643 Salton Rd, ABBOTSFORD, BC, V2S 7P2
(604) 859-1111   SIC 4121
CENTRAL WATER & EQUIPMENT SERVICES LTD   p
91
10642 178 St Nw Unit 101, EDMONTON, AB, T5S 1H4
SIC 1389
CENTRAL WEB OFFSET, DIV OF   p 21
See BLACK PRESS GROUP LTD
CENTRAL WELDING & IRON WORKS   p
740
See 1510610 ONTARIO INC
CENTRAL WEST SPECIALIZED DEVELOPMENTAL SERVICES   p
536
3782 Star Lane, BURLINGTON, ON, L7M 5A0
(905) 336-4248   SIC 8322
CENTRALE DES SYNDICATS DEMOCRATIQUES   p
1085
9405 Rue Sherbrooke E Bureau 200, Montreal, QC, H1L 6P3
(514) 899-1070   SIC 8631
CENTRALE DES SYNDICATS DU QUEBEC (CSQ), LA   p 1149

320 Rue Saint-Joseph E Bureau 100, Quebec, QC, G1K 9E7
(418) 649-8888   SIC 8631
CENTRALIA GRAIN ELEVATOR   p 550
See PARRISH & HEIMBECKER, LIMITED
CENTRE DISTRIBUTION FRUITS ET LEGUMES   p 1004
See PROVIGO DISTRIBUTION INC
CENTRE 200   p 475
See CAPE BRETON REGIONAL MUNICIPALITY
CENTRE 24-JUIN FORMATION PROFESSIONNELLE   p
1235
See COMMISSION SCOLAIRE DE LA REGION-DE-SHERBROOKE
CENTRE 24-JUIN PAVILLON DES TECHNIQUES INDUSTRIELLES   p
1238
See COMMISSION SCOLAIRE DE LA REGION-DE-SHERBROOKE
CENTRE ACCEUIL HENRIETTE CERE   p
1191
6435 Ch De Chambly, SAINT-HUBERT, QC, J3Y 3R6
(450) 678-3291   SIC 8361
CENTRE ADMINISTRATIF I   p 1201
See COMMISSION SCOLAIRE DE LA RIVIERE-DU-NORD
CENTRE ADMINISTRATION COMMERCE ET SECRETARIAT   p 1034
See COMMISSION SCOLAIRE DES DRAVEURS
CENTRE ANJOU   p 992
See COMMISSION SCOLAIRE DE LA POINTE-DE-L'ILE
CENTRE ANTI POISON, LE   p 1158
See CENTRE DE SANTE ET DE SERVICES SOCIAUX DE LA VIEILLE-CAPITALE
CENTRE AT CIRCLE & EIGHTH, THE   p
1292
See MORGUARD INVESTMENTS LIMITED
CENTRE BAY YACHT STATION LTD   p 246
1103 Heritage Blvd, NORTH VANCOUVER, BC, V7J 3G8
(604) 986-0010   SIC 6719
CENTRE BERNARD GARIEPY   p 1242
See COMMISSION SCOLAIRE DE SOREL-TRACY
CENTRE BUTTERS-SAVOY ET HORIZON   p
1071
1255 Rue Beauregard Bureau 2201, LONGUEUIL, QC, J4K 2M3
(450) 679-6511   SIC 8361
CENTRE CARNAVAL   p 1059
See RIOCAN REAL ESTATE INVESTMENT TRUST
CENTRE CHAMPAGNEUR   p 1045
132 Rue Saint-Charles-Borromee S, JOLIETTE, QC, J6E 4T3
(450) 756-4568   SIC 8361
CENTRE CHRIST-ROI   p 1134
See CENTRE DE SANTE ET DE SERVICES SOCIAUX DE BECANCOUR-NICOLET-YAMASKA
CENTRE CHRISTE ROY   p 1080
See COMMISSION SCOLAIRE PIERRE-NEVEU, LA
CENTRE CITY CAPITAL LIMITED   p 701
15 Stavebank Rd S Suite 804, MISSISSAUGA, ON, L5G 2T2
(905) 891-7770   SIC 7011
CENTRE CLIENTELE DE MONTREAL p 989
See AIR LIQUIDE CANADA INC
CENTRE COMMERCIAL RIVIERE-DU-LOUP   p
1103
See 9130-1168 QUEBEC INC
CENTRE COMMUNAUTAIRE DE LOISIR DE LA COTE-DES-NEIGES   p 1120
5347 Ch De La Cote-Des-Neiges, Montreal, QC, H3T 1Y4
(514) 733-1478   SIC 8322
CENTRE COMMUNAUTAIRE FRANCO-

PHONE WINDSOR-ESSEX-KENT INC   p
962
7515 Forest Glade Dr, WINDSOR, ON, N8T 3P5
(519) 948-5545   SIC 7299
CENTRE COMMUNAUTAIRE JURIDIQUE DE L'ESTRIE   p 1236
225 Rue King O Bureau 234, SHERBROOKE, QC, J1H 1P8
(819) 563-6122   SIC 8111
CENTRE COMMUNAUTAIRE JURIDIQUE DE MONTREAL   p 1098
5800 Rue Saint-Denis Bureau 802, Montreal, QC, H2S 3L5
(514) 864-9833   SIC 8111
CENTRE COMMUNAUTAIRE LEONARDO DA VINCI   p 1215
8370 Boul Lacordaire, SAINT-LEONARD, QC, H1R 3Y6
(514) 955-8350   SIC 8322
CENTRE CONSEIL SERVICES DE GESTION DES AVOIRS   p
1151
See CAISSE DESJARDINS DE LIMOILOU
CENTRE CONSOLIDATED SCHOOL   p 467
See SOUTH SHORE REGIONAL SCHOOL BOARD
CENTRE COPL   p 1162
See UNIVERSITE LAVAL
CENTRE CULTUREL & SPORTIF REGINA ASSUMPTA   p 1092
See COLLEGE REGINA ASSUMPTA (1995)
CENTRE D HEBERGEMENT SAINTE-ANNE   p
1079
See CENTRE HOSPITALIER ET CENTRE DE READAPTATION ANTOINE-LABELLE
CENTRE D' HEBERGEMENT ST MARC DES CARRIERES   p 1217
See CENTRE DE SANTE ET DE SERVICES SOCIAUX DE PORTNEUF
CENTRE D' HEBERGEMENT ST-ANTOINE-DE-PADOUE   p
1217
See GOUVERNEMENT DE LA PROVINCE DE QUEBEC
CENTRE D'ACCUEIL DESY INC   p 1188
90 Rue Maskinonge, SAINT-GABRIEL-DE-BRANDON, QC, J0K 2N0
(450) 835-4712   SIC 8361
CENTRE D'ACCEUIL DIXVILLE INC   p 1237
1621 Rue Prospect, SHERBROOKE, QC, J1J 1K4
(819) 346-8471   SIC 8361
CENTRE D'ACCEUIL ERNEST ROUTHIER   p
1094
See CENTRE HOSPITALIER JACQUES VIGER
CENTRE D'ACCEUIL JEANNE CREVIER   p
1002
151 Rue De Muy, BOUCHERVILLE, QC, J4B 4W7
SIC 8361
CENTRE D'ACCUEIL NOTRE DAME DE L'ENFANT   p 1237
See CENTRE D'ACCEUIL DIXVILLE INC
CENTRE D'ACCUEIL PONTIAC   p 1235
290 Rue Marion, SHAWVILLE, QC, J0X 2Y0
(819) 647-5755   SIC 8361
CENTRE D'ACCUEIL ROGER SEGUIN   p
553
435 Lemay St, CLARENCE CREEK, ON, K0A 1N0
(613) 488-2053   SIC 8361
CENTRE D'ACCUEIL BELLEVUE   p 1065
See PAVILLON BELLEVUE INC
CENTRE D'ACCUEIL DU HAUT-ST LAURENT (CHSLD)   p
1136
65 Rue Hector, ORMSTOWN, QC, J0S 1K0
(450) 829-2346   SIC 8361
CENTRE D'ACCUEIL FATHER DOWD   p
1120
6565 Ch Hudson Bureau 217, Montreal, QC,

H3S 2T7
(514) 341-1007   SIC 8361
CENTRE D'ACCUEIL FERNAND LAROCQUE   p 1225
See CENTRES D'ACCUEIL LAVAL INC, LES
CENTRE D'ACCUEIL FRANCOIS SAGUENOT   p 1139
See C.A.-C.L.S.C. J. OCTAVE ROUSSIN
CENTRE D'ACCUEIL ST-NARCISSE p 1218
See CENTRE DE SANTE ET DE SERVICES SOCIAUX DE LA VALLEE-DE-LA-BATISCAN
CENTRE D'ACCUEIL VAUDREUIL   p 1256
See REGROUPEMENT DES C H S L D DES TROIS RIVES, LE
CENTRE D'AFFAIRES WELLINGTON   p
1257
See CAISSE DESJARDINS DE L'ILE-DES-SOEURS-VERDUN
CENTRE D'ANIMAUX NATURE   p 1062
See 144503 CANADA INC
CENTRE D'ANJOU   p 1219
See CENTRE DE SANTE ET DE SERVICES SOCIAUX DE KAMOURASKA
CENTRE D'APPRENTISSAGE HAUT MADAWASKA   p 396
See DISTRICT SCOLAIRE 3
CENTRE D'EBERGEMENT ANDREE PERRAULT   p
1194
See CSSS RICHELIEU-YAMASKA CH DE LA MRC D'ACTON
CENTRE D'EBERGEMENT AUCLAIRE   p
1098
See CENTRE DE SANTE ET DE SERVICES SOCIAUX DU COEUR-DE-L'ILE
CENTRE D'EBERGEMENT GAMELIN LAVERGNE   p 1093
See CENTRE DE SANTE ET DE SERVICES SOCIAUX JEANNE-MANCE
CENTRE D'EDUCATION DES ADULTES DES SOMMETS POINT DE SERVICE DE MAGOG   p 1074
See COMMISSION SCOLAIRE DES SOMMETS
CENTRE D'EDUCATION DES ADULTES   p
1077
See COMMISSION SCOLAIRE DE LA BAIE JAMES
CENTRE D'EDUCATION DES ADULTES   p
1247
See COMMISSION SCOLAIRE DU FLEUVE ET DES LACS
CENTRE D'EDUCATION DES ADULTES ANDRE MORRISSETE   p 1138
See COMMISSION SCOLAIRE DES BOIS-FRANCS
CENTRE D'EDUCATION DES ADULTES BEAUDOIN   p 1189
See COMMISSION SCOLAIRE DE LA BEAUCE-ETCHEMIN
CENTRE D'EDUCATION DES ADULTES CHAMPLAIN   p 1258
See COMMISSION SCOLAIRE MARGUERITE-BOURGEOYS
CENTRE D'EDUCATION DES ADULTES DE BELLECHASSE   p 1190
See COMMISSION SCOLAIRE DE LA COTE-DU-SUD, LA
CENTRE D'EDUCATION DES ADULTES DE KAMOURASKA RIVIERE-DU-LOUP-ECOLE THIBAUDEAU   p 1174
See COMMISSION SCOLAIRE DE KAMOURASKA RIVIERE-DU-LOUP
CENTRE D'EDUCATION DES ADULTES DE LASALLE   p 1060
See COMMISSION SCOLAIRE MARGUERITE-BOURGEOYS
CENTRE D'EDUCATION DES ADULTES DE POINTE SAINTE FOY   p 1162
See COMMISSION SCOLAIRE DES DECOUVREURS
CENTRE D'EDUCATION DES ADULTES DE

VICTORIAVILLE p 1258
See COMMISSION SCOLAIRE DES BOIS-FRANCS
CENTRE D'EDUCATION DES ADULTES DES DECOUVREURS p 1160
See COMMISSION SCOLAIRE DES DECOUVREURS
CENTRE D'EDUCATION DES ADULTES ET DE FORMATION PROFESSSIONNELLE p 1224
See COMMISSION SCOLAIRE DES CHIC-CHOCS
CENTRE D'EDUCATION DES ADULTES LEMOYNE D'IBERVILLE p 1070
See COMMISSION SCOLAIRE MARIE-VICTORIN
CENTRE D'EMPLOIE LOCAL DE HULL p 1037
See GOUVERNEMENT DE LA PROVINCE DE QUEBEC
CENTRE D'ENSEIGNEMENT ET DE FORMATION PROFESSIONEL ALLMA p 988
See COMMISSION SCOLAIRE DU LAC-ST-JEAN
CENTRE D'ESCOMPTE RACINE INC p 1168
1440 Boul Louis-Xiv, Quebec, QC, G2L 1M3
(418) 626-1000   SIC 5912
CENTRE D'ETUDES COLLEGIALES A CHIBOUGAMAU p 1012
See CEGEP DE SAINT-FELICIEN
CENTRE D'ETUDES COLLEGIALES DE LAC MEGANTIC - CEGEP p 1055
See CEGEP BEAUCE-APPALACHES
CENTRE D'ETUDES INTERAMERICAINES p 1162
See UNIVERSITE LAVAL
CENTRE D'ETUDES KOLEL BOKER p 1120
See YESHIVA GEDOLAH L'ECOLE D'ETUDES SUPERIEURES DE MONTREAL
CENTRE D'ETUDES PROFESSIONELLES p 1199
See COMMISSION SCOLAIRE DE LA RIVIERE-DU-NORD
CENTRE D'ETUDES UNIVERSITAIRES DE L'EST DE LA COTE-NORD p 1234
See UNIVERSITE DU QUEBEC A CHICOUTIMI
CENTRE D'EXCELLENCE EN FORMATION INDUSTRIELLE p 1263
See COMMISSION SCOLAIRE DES SOMMETS
CENTRE D'EXCELLENCE EN IRRADIATION GAMMA p 1134
See NORDION INC
CENTRE D'EXPERTISE EN ANALYSE ENVIRONNEMENTALE DU QUEBEC p 1155
See ENVIRONNEMENT (MINIST RE DE L')
CENTRE D'HEBERGEMENT BELLERIVE p 1052
See CENTRE INTEGRE UNIVERSITAIRE DE SANTE ET DE SERVICES SOCIAUX DE LA CAPITALE-NATIONALE, LE
CENTRE D'HEBERGEMENT CHAMPLAIN p 1007
See CENTRE DE SANTE ET DE SERVICES SOCIAUX CHAMPLAIN
CENTRE D'HEBERGEMENT CHAMPLAIN-DES-MONTAGNES p 1168
See GROUPE CHAMPLAIN INC
CENTRE D'HEBERGEMENT CHAMPLAIN-JEAN-LOUIS-LAPIERRE p 1184
See GROUPE CHAMPLAIN INC
CENTRE D'HEBERGEMENT DE CAP-SAINT-IGNACE p 1009
See CENTRE DE SANTE ET SERVICES SOCIAUX DE MONTMAGNY - L'ISLET

CENTRE D'HEBERGEMENT DE CHATEAU-GUAY p 1012
See CENTRE INTEGRE DE SANTE ET DE SERVICES SOCIAUX DE LA MONTEREGIE-OUEST
CENTRE D'HEBERGEMENT DE CONTRECOEUR p 1017
See CENTRE DE SANTE ET DE SERVICES SOCIAUX PIERRE-BOUCHER
CENTRE D'HEBERGEMENT DE LA PINIERE p 1127
See CENTRE DE SANTE ET DE SERVICES SOCIAUX DE LAVAL
CENTRE D'HEBERGEMENT DE LACHINE p 1056
See CENTRE DE SANTE ET DE SERVICES SOCIAUX DE DORVAL-LACHINE-LASALLE
CENTRE D'HEBERGEMENT DE SAINT-APOLLINAIRE p 1179
See GOUVERNEMENT DE LA PROVINCE DE QUEBEC
CENTRE D'HEBERGEMENT DE SAINT-FABIEN-DE-PANET p 1187
See CENTRE DE SANTE ET SERVICES SOCIAUX DE MONTMAGNY - L'ISLET
CENTRE D'HEBERGEMENT DE SAINTE-CLAIRE p 1225
See CSSS DU GRAND LITTORAL
CENTRE D'HEBERGEMENT DE VAL-D'OR p 1253
See CENTRE DE SANTE ET DE SERVICES SOCIAUX DE LA VALLEE-DE-L'OR
CENTRE D'HEBERGEMENT DES MOULINS INC p 1244
934 Rue Saint-Sacrement, TERREBONNE, QC, J6W 3G2
(450) 964-8448   SIC 8361
CENTRE D'HEBERGEMENT DRAPEAU-DESCHAMBAULT p 1230
See CENTRE DE SANTE ET DE SERVICES SOCIAUX DE THERESE-DE BLAINVILLE
CENTRE D'HEBERGEMENT DU BOISE LTEE p 1162
3690 Boul Neilson, Quebec, QC, G1W 0A9
(418) 781-0471   SIC 8361
CENTRE D'HEBERGEMENT DU CENTRE VILLE DE MONTREAL p 1100
See LE CENTRE DE SANTE ET DE SERVICES SOCIAUX JEANNE-MANCE
CENTRE D'HEBERGEMENT DU FARGY p 1146
See CENTRE INTEGRE UNIVERSITAIRE DE SANTE ET DE SERVICES SOCIAUX DE LA CAPITALE-NATIONALE, LE
CENTRE D'HEBERGEMENT ET DE SANTE DE LONGUE DUREE ST-JUDE INC p 1019
4410 Boul Saint-Martin O, Cote Saint-Luc, QC, H7T 1C3
(450) 687-7714   SIC 8051
CENTRE D'HEBERGEMENT ET DE SOINS DE LONGUE DUREE DE SAINTE-CATHERINE S.E.C. p 1225
3065 Boul Marie-Victorin, SAINTE-CATHERINE, QC, J5C 1Z3
(450) 290-7646   SIC 8069
CENTRE D'HEBERGEMENT ET DE SOINS DE LONGUE DUREE MONT-ROYAL p 1081
See VIGI SANTE LTEE
CENTRE D'HEBERGEMENT ET DE SOINS DE LONGUE DUREE PIERREFONDS p 1138
See VIGI SANTE LTEE
CENTRE D'HEBERGEMENT FERNAND LAROCQUE p 1225
See GOUVERNEMENT DE LA PROVINCE DE QUEBEC

CENTRE D'HEBERGEMENT HENRIETTE CERE p 1192
See CENTRE DE SANTE ET DE SERVICES SOCIAUX CHAMPLAIN
CENTRE D'HEBERGEMENT HUBERT MAISON NEUVE p 1176
See CLSC-CHSLD THERESE DE BLAINVILLE
CENTRE D'HEBERGEMENT LA PIETA p 1037
See CENTRE DE SANTE ET DE SERVICES SOCIAUX DE GATINEAU
CENTRE D'HEBERGEMENT MGR ROSS p 1033
See CENTRE DE SANTE ET DE SERVICES SOCIAUX DE LA COTE-DE-GASPE
CENTRE D'HEBERGEMENT NOTRE DAME DE LOURDES & SAINT CHARLES p 1150
See GOUVERNEMENT DE LA PROVINCE DE QUEBEC
CENTRE D'HEBERGEMENT SAINT CELESTIN p 1183
See GOUVERNEMENT DE LA PROVINCE DE QUEBEC
CENTRE D'HEBERGEMENT SAINT-LAMBERT p 1202
See CENTRE DE SANTE ET DE SERVICES SOCIAUX CHAMPLAIN
CENTRE D'HEBERGEMENT SOIN DE LONGUE DUREE BUSSEY (QUEBEC) INC p 1056
2069 Boul Saint-Joseph, LACHINE, QC, H8S 4B7
(514) 637-1127   SIC 8051
CENTRE D'HEBERGEMENT ST-FRANCOIS INC p 1127
4105 Montee Masson, Montreal, QC, H7B 1B6
(450) 666-6541   SIC 8059
CENTRE D'HEBERGEMENT ST-VINCENT DE MARIE INC p 1203
1175 Boul De La Cote-Vertu, SAINT-LAURENT, QC, H4L 5J1
(514) 744-1175   SIC 8051
CENTRE D'HEBERGEMENT STE-DOROTHEE p 1131
See CENTRE DE SANTE ET DE SERVICES SOCIAUX DE LAVAL
CENTRE D'HEBERGEMENT YVONNE-SYLVAIN p 1146
See CENTRE DE SANTE ET DE SERVICES SOCIAUX DE QUEBEC-NORD
CENTRE D'HERBEGREMNT DE DORVAL p 1028
See CHSLD LACHINE, NAZAIRE PICHE ET FOYER DORVAL, LES
CENTRE D'INFORMATION RX LTEE p 1068
2165 Rue De La Province, LONGUEUIL, QC, J4G 1Y6
(450) 646-9760   SIC 7376
CENTRE D'INTEGRATION SCOLAIRE INC p 1090
6361 6e Av, Montreal, QC, H1Y 2R7
(514) 374-8490   SIC 8361
CENTRE D'INTERVENTION DE CRISE L'ACCES p 1070
See CENTRE DE SANTE ET DE SERVICES SOCIAUX PIERRE-BOUCHER
CENTRE D'URGENCE DE SALABERRY p 1119
2758 Rue De Salaberry, Montreal, QC, H3M 1L3
(514) 337-4772   SIC 8093
CENTRE DANIEL JOHNSON p 1063
See COMMISSION SCOLAIRE DE LA POINTE-DE-L'ILE
CENTRE DE BILLARD INTERNATIONAL p 1215
See PLACEMENTS SERGAKIS INC

CENTRE DE CONDITIONEMENT PHYSIQUE ATLANTIS INC p 1127
4745 Av Des Industries, Montreal, QC, H7C 1A1
(450) 664-2285   SIC 3949
CENTRE DE CULASSE, LE p 1245
See UAP INC
CENTRE DE DISTRIBUTION GROUPE ALDO p 1207
See GROUPE ALDO INC, LE
CENTRE DE DISTRIBUTION LONGUEUIL p 1069
See COOP FEDEREE, LA
CENTRE DE DISTRIBUTION ROBERT p 1004
See GROUPE ROBERT INC
CENTRE DE FERTILITE PROCREA p 1080
See GROUPE OPMEDIC INC
CENTRE DE FINANCEMENT AUX ENTREPRISES NORD OUEST DE MONTREAL p 1206
See FEDERATION DES CAISSES DESJARDINS DU QUEBEC
CENTRE DE FINITION MONTREAL p 1025
See BOMBARDIER INC
CENTRE DE FORMATION COMPETENCE RIVE SUD p 1053
See COMMISSION SCOLAIRE DES GRANDES-SEIGNEURIES
CENTRE DE FORMATION CONTINUE COLLEGE LAFLECHE p 1249
See COLLEGE LAFLECHE
CENTRE DE FORMATION DE METIERS DE L'ACIER p 990
See COMMISSION SCOLAIRE DE LA POINTE-DE-L'ILE
CENTRE DE FORMATION DES ADULTES DE MONT-JOLI-MITIS p 1079
See COMMISSION SCOLAIRE DES PHARES
CENTRE DE FORMATION DES BATISSEURS, LE p 1227
See COMMISSION SCOLAIRE DE LA BEAUCE-ETCHEMIN
CENTRE DE FORMATION EASTERN QUEBEC p 1162
See COMMISSION SCOLAIRE CENTRAL QUEBEC
CENTRE DE FORMATION EN EQUIPEMENT MOTORISE p 1014
See COMMISSION SCOLAIRE DES RIVES-DU-SAGUENAY
CENTRE DE FORMATION EN MECANIQUE DE VEHICULES LOURD p 1066
See COMMISSION SCOLAIRE DES NAVIGATEURS
CENTRE DE FORMATION EN TRANSPORT DE CHARLESBOURG p 1168
See COMMISSION SCOLAIRE DES PREMIERES-SEIGNEURIES
CENTRE DE FORMATION ET D'EXTENSION EN FORESTERIE p 1010
See COMMISSION SCOLAIRE DES MONTS-ET-MAREES
CENTRE DE FORMATION GENERALE AUX ADULTES DE LA RIVIERE DU NORD L'EDIFICE MARCHAND p 1201
See COMMISSION SCOLAIRE DE LA RIVIERE-DU-NORD
CENTRE DE FORMATION GENERALE DE LA CROISEE p 1170
See COMMISSION SCOLAIRE DES AFFLUENTS
CENTRE DE FORMATION GENERALE DES ADULTES DE LA JONQUIERE p 1047
See COMMISSION SCOLAIRE DE LA JONQUIERE
CENTRE DE FORMATION GENERALE DES MONT-TREMBLANT p 1082
See COMMISSION SCOLAIRE DES LAURENTIDES

CENTRE DE FORMATION GENERALE LE PARALLELE p 1058
See COMMISSION SCOLAIRE DE LA RIVIERE-DU-NORD
CENTRE DE FORMATION HARRICANA p 988
See COMMISSION SCOLAIRE HARRICANA
CENTRE DE FORMATION JONQUIERE EDIFICE MELLON HOTELERIE p 1046
See COMMISSION SCOLAIRE DE LA JONQUIERE
CENTRE DE FORMATION POUR ADULTES CEA CLEMENT p 1061
See COMMISSION SCOLAIRE MARGUERITE-BOURGEOYS
CENTRE DE FORMATION PROFESSIONEL DE MAURICE BARBEAU p 1160
See COMMISSION SCOLAIRE DES DECOUVREURS
CENTRE DE FORMATION PROFESSIONEL DU QUEBEC p 1152
See COMMISSION SCOLAIRE DE LA CAPITALE, LA
CENTRE DE FORMATION PROFESSIONEL LE TREMPLIN p 1246
See COMMISSION SCOLAIRE DES APPALACHES
CENTRE DE FORMATION PROFESSIONELLE DE FORESTVILLE p 1033
See COMMISSION SCOLAIRE DE L'ESTUAIRE
CENTRE DE FORMATION PROFESSIONELLE DE WILBROD BHERER p 1149
See COMMISSION SCOLAIRE DE LA CAPITALE, LA
CENTRE DE FORMATION PROFESSIONELLE JONQUIERE EDIFICE SAINT-GERMAIN p 1047
See COMMISSION SCOLAIRE DE LA JONQUIERE
CENTRE DE FORMATION PROFESSIONELLE VISION 20 20 p 1259
See COMMISSION SCOLAIRE DES BOIS-FRANCS
CENTRE DE FORMATION PROFESSIONEL p 1023
See COMMISSION SCOLAIRE DU PAYS-DES-BLEUETS
CENTRE DE FORMATION PROFESSIONEL DE LEVIS p 1064
See COMMISSION SCOLAIRE DES NAVIGATEURS
CENTRE DE FORMATION PROFESSIONEL PERFORMANCE PLUS p 1058
See COMMISSION SCOLAIRE DE LA RIVIERE-DU-NORD
CENTRE DE FORMATION PROFESSIONEL QUALITECH p 1247
See COMMISSION SCOLAIRE DU CHEMIN-DU-ROY
CENTRE DE FORMATION PROFESSIONELLE p 1074
See COMMISSION SCOLAIRE DES SOMMETS
CENTRE DE FORMATION PROFESSIONELLE p 1253
See COMMISSION SCOLAIRE DE L'OR-ET-DES-BOIS
CENTRE DE FORMATION PROFESSIONELLE BEL-AVENIR p 1248
See COMMISSION SCOLAIRE DU CHEMIN-DU-ROY
CENTRE DE FORMATION PROFESSIONELLE DE BLACK LAKE p 1247
See COMMISSION SCOLAIRE DES APPALACHES
CENTRE DE FORMATION PROFESSIONELLE DE F P ROBERVAL p 1175
See COMMISSION SCOLAIRE DU PAYS-DES-BLEUETS
CENTRE DE FORMATION PROFESSIONELLE DE LA POINTE-D p 1232
See COMMISSION SCOLAIRE DE LA VALLEE-DES-TISSERANDS, LA
CENTRE DE FORMATION PROFESSIONELLE DE VERDUN p 1257
See COMMISSION SCOLAIRE MARGUERITE-BOURGEOYS
CENTRE DE FORMATION PROFESSIONELLE DES MOISSONS p 996
See COMMISSION SCOLAIRE DE LA VALLEE-DES-TISSERANDS, LA
CENTRE DE FORMATION PROFESSIONELLE DES SOMMETS p 1223
See COMMISSION SCOLAIRE DES LAURENTIDES
CENTRE DE FORMATION PROFESSIONELLE EN METALLURGIE ET MULTISERVICES p 1014
See COMMISSION SCOLAIRE DES RIVES-DU-SAGUENAY
CENTRE DE FORMATION PROFESSIONELLE ET GENERALE A.W. GAGNE p 1233
See COMMISSION SCOLAIRE DU FER
CENTRE DE FORMATION PROFESSIONELLE LAC ABITIBI p 1054
See COMMISSION SCOLAIRE ABITIBI
CENTRE DE FORMATION PROFESSIONELLE MARIE ROLLET p 1160
See COMMISSION SCOLAIRE DES DECOUVREURS
CENTRE DE FORMATION PROFESSIONELLE MAURICE-BARBEAU p 1160
See COMMISSION SCOLAIRE DES DECOUVREURS
CENTRE DE FORMATION PROFESSIONELLE PAVILLON BEGIN p 987
See COMMISSION SCOLAIRE DU LAC-ST-JEAN
CENTRE DE FORMATION PROFESSIONELLE PIERRE DUPUY p 1072
1150 Ch Du Tremblay, LONGUEUIL, QC, J4N 1A2
(450) 468-4000 SIC 8211
CENTRE DE FORMATION PROFESSIONELLE RELAIS DE LA LIEVRE p 1034
See COMMISSION SCOLAIRE AU COEUR DES VALLEES
CENTRE DE FORMATION RIMOUSKI NEIGETTE p 1172
See COMMISSION SCOLAIRE DES PHARES
CENTRE DE GESTION DES MATIERES RESIDUELLES DE LA MUNICIPALITE DES ILES-DE-LA-MADELEINE p 1009
See MUNICIPALITE DE ILES-DE-LA-MADELEINE, LA
CENTRE DE JEUNESSE DE MONTEREGIE p 1068
2010 Rue Limoges, LONGUEUIL, QC, J4G 1C3
(450) 677-8991 SIC 8322
CENTRE DE JOUR p 1200
See GOUVERNEMENT DE LA PROVINCE DE QUEBEC
CENTRE DE L EDUCATION DE FORMATION DE L EST ONTARIEN p 825
See UPPER CANADA DISTRICT SCHOOL BOARD, THE
CENTRE DE L'ALIZE p 1171
See COMMISSION SCOLAIRE DES AFFLUENTS
CENTRE DE L'AVENIR p 1076
See COMMISSION SCOLAIRE DES AFFLUENTS
CENTRE DE L'HORIZON p 1253
See COMMISSION SCOLAIRE DE L'OR-ET-DES-BOIS
CENTRE DE LA PETITE ENFANCE COMMUNAUTAIRE LES TROTTINETTES p 1257
202 Rue Galt Bureau 2, VERDUN, QC, H4G 2P2
(514) 761-0791 SIC 8351
CENTRE DE LA PETITE ENFANCE COMMUNAUTAIRE LES TROTTINETTES p 1257
4501 Rue Bannantyne, VERDUN, QC, H4G 1E3
(514) 765-7160 SIC 8351
CENTRE DE LA PETITE ENFANCE COMMUNAUTAIRE LES TROTTINETTES p 1258
1261 Rue Argyle, VERDUN, QC, H4H 1V4
(514) 769-1164 SIC 8351
CENTRE DE LA PETITE ENFANCE DE L'UNIVERSITE DE MONTREAL p 1256
See CENTRE DE LA PETITE ENFANCE DE L'UNIVERSITE DE MONTREAL
CENTRE DE LA PETITE ENFANCE DE L'UNIVERSITE DE MONTREAL p 1256
418 Av Saint-Charles, VAUDREUIL-DORION, QC, J7V 2N1
(450) 424-9304 SIC 8351
CENTRE DE LA PETITE ENFANCE DU CARREFOUR INC p 1093
2355 Rue Provencale, Montreal, QC, H2K 4P9
(514) 526-3241 SIC 8351
CENTRE DE LA PETITE ENFANCE IQITAUVIK p 1049
Gd, KUUJJUAQ, QC, J0M 1C0
(819) 964-2389 SIC 8351
CENTRE DE LA PETITE ENFANCE JARDIN DE FANFAN p 1074
431 Rue Du Moulin, MAGOG, QC, J1X 4A1
(819) 843-5349 SIC 8351
CENTRE DE LA PETITE ENFANCE L'ANTRE-TEMPS p 1054
61 Rue De L'Eglise, LABELLE, QC, J0T 1H0
(819) 686-9469 SIC 8351
CENTRE DE LA PETITE ENFANCE L'UNIVERS MAMUSE ET MEDUQUE INC p 1250
2855 Rue Monseigneur-Saint-Arnaud, Trois-Rivieres, QC, G9A 4L9
(819) 379-6778 SIC 8351
CENTRE DE LA PETITE ENFANCE LES CROQUIGNOLES INC p 998
10 Rue Bibiane-Nantel, BLAINVILLE, QC, J7C 5Y4
(450) 433-3733 SIC 8351
CENTRE DE LA PETITE ENFANCE LES MOUSSES DU MONT INC p 1182
775 Montee Montarville, SAINT-BRUNO, QC, J3V 6L6
(450) 441-4811 SIC 8351
CENTRE DE LA PETITE ENFANCE LES PETITS CAILLOUX p 1013
210 Rue Mezy, CHICOUTIMI, QC, G7G 1J5
(418) 698-4663 SIC 8351
CENTRE DE LA PETITE ENFANCE MAMIE-POM p 1183
1298 Av Saint-Paul, Saint-Cesaire, QC, J0L 1T0
(450) 469-4242 SIC 8351
CENTRE DE LA PETITE ENFANCE PANDA p 1240
2600 Rue College, SHERBROOKE, QC, J1M 1Z7
(819) 346-1414 SIC 8351
CENTRE DE LA PETITE ENFANCE PARC-EN-CIEL p 1023
888 Rue Saint-Antoine, Disraeli, QC, G0N 1E0
(418) 449-3004 SIC 8351
CENTRE DE LA PETITE ENFANCE PARC-EN-CIEL p 1246
566 Rue Christophe-Colomb, THETFORD MINES, QC, G6H 2N6
(418) 423-2004 SIC 8351
CENTRE DE LA PETITE ENFANCE PIERROT LA LUNE INC p 1071
1080 Boul Sainte-Foy, LONGUEUIL, QC, J4K 1W6
(450) 670-2336 SIC 8351
CENTRE DE LA PETITE ENFANCE POPULAIRE ST-MICHEL INC p 1090
7950 2e Av, Montreal, QC, H1Z 2S3
(514) 729-1878 SIC 8351
CENTRE DE LA PETITE ENFANCE SES AMIS p 1002
238 Rue Dupernay, BOUCHERVILLE, QC, J4B 1G6
(450) 655-1357 SIC 8351
CENTRE DE LA PETITE ENFANCE SES AMIS p 1068
625 Rue Adoncour, LONGUEUIL, QC, J4G 2M6
(450) 651-6349 SIC 8351
CENTRE DE LA SANTE ET DU SERVICES SOCIAUX DE LA BASSE COTE-NORD p 1044
Gd, HARRINGTON HARBOUR, QC, G0G 1N0
SIC 8059
CENTRE DE LA SARRE p 1054
See UNIVERSITE DU QUEBEC
CENTRE DE LANGUE p 1105
See BERLITZ CANADA INC
CENTRE DE LANGUES BERLITZ p 1008
See BERLITZ CANADA INC
CENTRE DE LIQUIDATION BRAULT & MARTINEAU p 1129
See GROUPE BMTC INC
CENTRE DE LIQUIDATION BRAULT & MARTINEAU p 1140
See GROUPE BMTC INC
CENTRE DE LIQUIDATION GEMO p 1041
See MEUBLES GEMO INC
CENTRE DE MACHINERIE DYNACO p 1053
See GROUPE COOPERATIF DYNACO
CENTRE DE MAINTENANCE ANDY INC, LE p 1231
4225 Boul Hebert, SALABERRY-DE-VALLEYFIELD, QC, J6S 6J2
(514) 667-8500 SIC 4731
CENTRE DE PHYSIATRIE SHERBROOKE INC p 1093
2049 Rue Sherbrooke E, Montreal, QC, H2K 1C1
(514) 527-4155 SIC 8049
CENTRE DE PROTECTION ET DE READAPTATION DE LA COTE-NORD p 994
1250 Rue Le Strat, BAIE-COMEAU, QC, G5C 1T8
(418) 589-2038 SIC 8361
CENTRE DE PROTECTION ET DE READAPTATION DE LA COTE-NORD p 994
835 Boul Jolliet, BAIE-COMEAU, QC, G5C 1P5

(418) 589-9927 SIC 8361
CENTRE DE PROTECTION ET DE READAPTATION DE LA COTE-NORD p 1233
128 Rue Regnault Bureau 206, Sept-Iles, QC, G4R 5T9
(418) 962-2578 SIC 8399
CENTRE DE READAPTATION DEFICIENCE INTELECTUELLE NORMAND-LARAMEE, LE p 1128
261 Boul Sainte-Rose, Montreal, QC, H7L 1M1
(450) 622-4376 SIC 8699
CENTRE DE READAPTATION EN DEFICIENCE INTELLECTUELLE DU SAGUENAY LAC-ST-JEAN p 1013
766 Rue Du Cenacle, CHICOUTIMI, QC, G7H 2J2
(418) 549-4003 SIC 8361
CENTRE DE READAPTATION EN DEFICIENCE INTELLECTUELLE DU SAGUENAY LAC-ST-JEAN p 1023
364 8e Av Bureau 8e, DOLBEAU-MISTASSINI, QC, G8L 3E5
(418) 276-7491 SIC 8322
CENTRE DE READAPTATION EN DEFICIENCE INTELLECTUELLE DU SAGUENAY LAC-ST-JEAN p 1175
835 Rue Roland, ROBERVAL, QC, G8H 3J5
(418) 765-3003 SIC 8361
CENTRE DE READAPTATION EN DEFICIENCE INTELLECTUELLE ET TED p 1064
55 Rue Du Mont-Marie, Levis, QC, G6V 0B8
(418) 833-3218 SIC 8361
CENTRE DE READAPTATION EN DEFICIENCE INTELLECTUELLE ET TED p 1083
20 Av Cote, MONTMAGNY, QC, G5V 1Z9
(418) 248-4970 SIC 8361
CENTRE DE READAPTATION EN DEFICIENCE PHYSIQUE LE BOUCLIER p 1045
See GOUVERNEMENT DE LA PROVINCE DE QUEBEC
CENTRE DE READAPTATION EN DEFICIENCE PHYSIQUE LE BOUCLIER p 1201
225 Rue Du Palais, Saint-Jerome, QC, J7Z 1X7
(450) 560-9898 SIC 8011
CENTRE DE READAPTATION GABRIELLE MAJOR p 1087
5695 Av Des Marronniers, Montreal, QC, H1T 2W3
(514) 252-6868 SIC 8361
CENTRE DE READAPTATION INTERVAL p 1029
See FONDATION DU CENTRE DE READAPTATION INTERVALE
CENTRE DE READAPTATION INTERVAL p 1248
4100 Rue Jacques-De Labadie, Trois-Rivieres, QC, G8Y 1T6
(819) 378-4083 SIC 8361
CENTRE DE READAPTATION INTERVAL p 1258
80 Rue Saint-Paul, VICTORIAVILLE, QC, G6P 9C8
(819) 752-4099 SIC 8361
CENTRE DE READAPTATION L'INTERACTION p 1174
See FONDATION DU CENTRE DE SANTE ET DE SERVICES SOCIAUX DE LA MITIS
CENTRE DE READAPTATION LA MAISON p 1177
7 9e Rue, ROUYN-NORANDA, QC, J9X 2A9
(819) 762-6592 SIC 8011
CENTRE DE READAPTATION LA MAISON INC p 1253
See CENTRE DE READAPTATION LA MAISON INC
CENTRE DE READAPTATION LA MAISON INC p 1253

975 Rue Germain, VAL-D'OR, QC, J9P 7H7
(819) 825-3337 SIC 8093
CENTRE DE READAPTATION LA MYRIADE, LE p 1076
1280 Ch Saint-Henri, MASCOUCHE, QC, J7K 2N1
(450) 474-4175 SIC 8361
CENTRE DE READAPTATION LA MYRIADE, LE p 1169
3733 Rue Charbonneau, RAWDON, QC, J0K 1S0
(450) 834-7101 SIC 8361
CENTRE DE READAPTATION LA MYRIADE, LE p 1171
625 Rue Leclerc, REPENTIGNY, QC, J6A 2E4
(450) 585-7811 SIC 8361
CENTRE DE READAPTATION LE BOUCLIER p 1201
See CENTRE DE READAPTATION EN DEFICIENCE PHYSIQUE LE BOUCLIER
CENTRE DE READAPTATION LE PORTAGE p 1150
See PROGRAMME DE PORTAGE RELATIF A LA DEPENDENCE DE LA DROGUE INC, LE
CENTRE DE READAPTATION LUCIE-BRUNEAU p 1093
See CORPORATION DU CENTRE DE READAPTATION LUCIE-BRUNEAU, LA
CENTRE DE READAPTATION MARIE ENFANT DU CHU SAINTE-JUSTINE p 1087
See CENTRE HOSPITALIER UNIVERSITAIRE SAINTE-JUSTINE
CENTRE DE READAPTATION POUR ALCOOLIQUES ET AUTRES TOXICOMANES SAINT-ANTOINE p 1175
See CENTRE DE SANTE ET DE SERVICES SOCIAUX DOMAINE-DU-ROY
CENTRE DE READAPTION ESTRIE INC p 1236
300 Rue King E Bureau 200, SHERBROOKE, QC, J1G 1B1
(819) 346-8411 SIC 8361
CENTRE DE RECEPTION LE MADISON INC p 1215
8750 Boul Provencher, SAINT-LEONARD, QC, H1R 3N7
(514) 374-7428 SIC 7299
CENTRE DE RECHERCHE DU CHUL p 1160
See CENTRE HOSPITALIER UNIVERSITAIRE DE QUEBEC
CENTRE DE RECHERCHE ET DEVELOPPEMENT, DIV. OF p 1048
See CASCADES INC
CENTRE DE RECHERCHE INDUSTRIELLE DU QUEBEC p 1095
1201 Boul Cremazie E Bureau 1 210, Montreal, QC, H2M 0A6
(514) 383-1550 SIC 8732
CENTRE DE RECHERCHE INFORMATIQUE DE MONTREAL INC p 1119
405 Av Ogilvy Bureau 101, Montreal, QC, H3N 1M3
(514) 840-1234 SIC 8731
CENTRE DE RECYCLAGE UNIVERSEL (1981) LTEE p 1253
1880 3e Av, VAL-D'OR, QC, J9P 7A9
(819) 874-5555 SIC 5013
CENTRE DE RENOVATION COOP A PLESSISVILLE p 1138
See SOCIETE COOPERATIVE AGRICOLE DES APPALACHES
CENTRE DE RENOVATION DYNACO BMR p 1077
See GROUPE COOPERATIF DYNACO

CENTRE DE RENOVATION DYNACO BMR p 1083
See GROUPE COOPERATIF DYNACO
CENTRE DE RENOVATION DYNACO BMR p 1173
See GROUPE COOPERATIF DYNACO
CENTRE DE RENOVATION DYNACO BMR p 1174
See GROUPE COOPERATIF DYNACO
CENTRE DE RENOVATION DYNACO BMR p 1219
See GROUPE COOPERATIF DYNACO
CENTRE DE RENOVATION DYNACO BMR p 1243
See GROUPE COOPERATIF DYNACO
CENTRE DE RENOVATION HOME HARDWARE MARIEVILLE p 1076
See HOME HARDWARE STORES LIMITED
CENTRE DE SANTE & DE SERVICES SOCIAUX DRUMMOND p 1001
91 Rue Saint-Thomas, BON-CONSEIL, QC, J0C 1A0
SIC 8051
CENTRE DE SANTE D'EASTMAN INC p 1105
See CENTRE DE SANTE D'EASTMAN INC
CENTRE DE SANTE D'EASTMAN INC p 1105
666 Rue Sherbrooke O Bureau 1601, Montreal, QC, H3A 1E7
(514) 845-8455 SIC 7299
CENTRE DE SANTE DES ETCHEMIN p 1055
331 Rue Du Sanatorium Rr 1, LAC-ETCHEMIN, QC, G0R 1S0
(418) 625-3101 SIC 8063
CENTRE DE SANTE DES ETCHEMIN p 1220
2770 20e Av, SAINT-PROSPER-DE-DORCHESTER, QC, G0M 1Y0
SIC 8361
CENTRE DE SANTE ET DE SERVICE SOCIAUX D'ARTHABASKA-ERABLE p 1258
61 Rue De L'ermitage, VICTORIAVILLE, QC, G6P 6X4
(819) 758-7511 SIC 8062
CENTRE DE SANTE ET DE SERVICE SOCIAUX DE LA REGION DE THETFORD p 1023
260 Av Champlain, Disraeli, QC, G0N 1E0
(418) 449-2020 SIC 8361
CENTRE DE SANTE ET DE SERVICE SOCIAUX DU GRAND LITTORAL SITE SAINT-FLAVIEN p 1188
See CENTRE DE SANTE ET DE SERVICES SOCIAUX (CSSS) ALPHONSE-DESJARDINS
CENTRE DE SANTE ET DE SERVICE SOCIAUX DU HAUT SAINT-FRANCOIS, LE p 1235
840 Rue Papineau, SHERBROOKE, QC, J1E 1Z2
(819) 829-9772 SIC 8093
CENTRE DE SANTE ET DE SERVICE SOCIAUX DU HAUT SAINT-FRANCOIS, LE p 1261
245 Rue Saint-Janvier, WEEDON, QC, J0B 3J0
SIC 7041
CENTRE DE SANTE ET DE SERVICE SOCIAUX DU HAUT SAINT-FRANCOIS, LE p 1261
460 2e Av, WEEDON, QC, J0B 3J0
(819) 877-3434 SIC 8093
CENTRE DE SANTE ET DE SERVICE SOCIAUX DU TEMISCOUATA p 1022
103 7e Rue E, Degelis, QC, G5T 1Y6
(418) 853-2572 SIC 8062
CENTRE DE SANTE ET DE SERVICE SO-

CIAUX DU TEMISCOUATA p 1174
45 Rue Du Foyer S, Riviere-Bleue, QC, G0L 2B0
(418) 893-5511 SIC 8361
CENTRE DE SANTE ET DE SERVICE SOCIAUX LES ESKERS DE L'ABITIBI p 988
632 1re Rue O, AMOS, QC, J9T 2N2
(819) 732-3271 SIC 8062
CENTRE DE SANTE ET DE SERVICES DE RIVIERE-DU-LOUP p 1185
See GOUVERNEMENT DE LA PROVINCE DE QUEBEC
CENTRE DE SANTE ET DE SERVICES SCOIAUX DE LA HAUTE-YAMASKA p 1261
48 Rue Young, WATERLOO, QC, J0E 2N0
(450) 539-3340 SIC 8399
CENTRE DE SANTE ET DE SERVICES SCOIAUX DE LA HAUTE-YAMASKA p 1261
5300 Rue Courville, WATERLOO, QC, J0E 2N0
(450) 539-5512 SIC 8051
CENTRE DE SANTE ET DE SERVICES SOCIAUX (CSSS) ALPHONSE-DESJARDINS p 1188
82 Rue Principale, SAINT-FLAVIEN, QC, G0S 2M0
(418) 728-2727 SIC 8361
CENTRE DE SANTE ET DE SERVICES SOCIAUX CHAMPLAIN p 1007
5050 Place Nogent, BROSSARD, QC, J4Y 2K3
(450) 672-3320 SIC 8062
CENTRE DE SANTE ET DE SERVICES SOCIAUX CHAMPLAIN p 1007
5050 Place Nogent, BROSSARD, QC, J4Y 2K3
(450) 672-3328 SIC 8322
CENTRE DE SANTE ET DE SERVICES SOCIAUX CHAMPLAIN p 1008
5811 Boul Taschereau Bureau 100, BROSSARD, QC, J4Z 1A5
(450) 445-4452 SIC 8062
CENTRE DE SANTE ET DE SERVICES SOCIAUX CHAMPLAIN p 1191
6800 Boul Cousineau, SAINT-HUBERT, QC, J3Y 8Z4
(450) 443-7400 SIC 8062
CENTRE DE SANTE ET DE SERVICES SOCIAUX CHAMPLAIN p 1192
5928 Boul Cousineau Bureau 200, SAINT-HUBERT, QC, J3Y 7R9
(450) 462-5120 SIC 8322
CENTRE DE SANTE ET DE SERVICES SOCIAUX CHAMPLAIN p 1192
5900 Boul Cousineau Bureau 200, SAINT-HUBERT, QC, J3Y 7R9
(450) 462-5120 SIC 8322
CENTRE DE SANTE ET DE SERVICES SOCIAUX CHAMPLAIN p 1192
6435 Ch De Chambly, SAINT-HUBERT, QC, J3Y 3R6
(450) 672-3320 SIC 8059
CENTRE DE SANTE ET DE SERVICES SOCIAUX CHAMPLAIN p 1202
831 Av Notre-Dame, SAINT-LAMBERT, QC, J4R 1S1
(450) 672-3328 SIC 8059
CENTRE DE SANTE ET DE SERVICES SOCIAUX D'AHUNTSIC ET MONTREAL-NORD p 1092
1725 Boul Gouin E, Montreal, QC, H2C 3H6
(514) 384-2000 SIC 8399
CENTRE DE SANTE ET DE SERVICES SOCIAUX DE BAIE DES CHALEURS p

1218
107 Route 132 O, SAINT-OMER, QC, G0C 2Z0
(418) 364-7064   SIC 8322
CENTRE DE SANTE ET DE SERVICES SOCIAUX DE BEAUCE   p
1189
12523 25e Av, SAINT-GEORGES, QC, G5Y 5N6
(418) 228-2244   SIC 8399
CENTRE DE SANTE ET DE SERVICES SOCIAUX DE BECANCOUR-NICOLET-YAMASKA
1134
675 Rue Saint-Jean-Baptiste, NICOLET, QC, J3T 1S4
(819) 293-2071   SIC 8069
CENTRE DE SANTE ET DE SERVICES SOCIAUX DE CHICOUTIMI
1013
1236 Rue D'angouleme, CHICOUTIMI, QC, G7H 6P9
(418) 698-3907   SIC 8361
CENTRE DE SANTE ET DE SERVICES SOCIAUX DE CHICOUTIMI
1013
305 Rue Saint-Vallier, CHICOUTIMI, QC, G7H 5H6
(418) 541-1046   SIC 8011
CENTRE DE SANTE ET DE SERVICES SOCIAUX DE DORVAL-LACHINE-LASALLE   p
1056
1900 Rue Notre-Dame Bureau 262, LACHINE, QC, H8S 2G2
(514) 639-0650   SIC 7991
CENTRE DE SANTE ET DE SERVICES SOCIAUX DE DORVAL-LACHINE-LASALLE   p
1056
650 Place D'accueil, LACHINE, QC, H8S 3Z5
(514) 634-7161   SIC 8361
CENTRE DE SANTE ET DE SERVICES SOCIAUX DE DORVAL-LACHINE-LASALLE   p
1060
650 16e Av, LASALLE, QC, H8P 2S3
(514) 637-2351   SIC 8062
CENTRE DE SANTE ET DE SERVICES SOCIAUX DE GATINEAU   p
1037
273 Rue Laurier, GATINEAU, QC, J8X 3W8
(819) 966-6420   SIC 8062
CENTRE DE SANTE ET DE SERVICES SOCIAUX DE KAMOURASKA   p
1219
575 Av Martin, SAINT-PASCAL, QC, G0L 3Y0
(418) 856-7000   SIC 8062
CENTRE DE SANTE ET DE SERVICES SOCIAUX DE LA BAIE-DES-CHALEURS   p
1137
See CENTRE DE SANTE ET DE SERVICES SOCIAUX DE LA BAIE-DES-CHALEURS
CENTRE DE SANTE ET DE SERVICES SOCIAUX DE LA BAIE-DES-CHALEURS   p
1137
273 Boul Gerard-D.-Levesque O, Paspebiac, QC, G0C 2K0
(418) 752-2572   SIC 8062
CENTRE DE SANTE ET DE SERVICES SOCIAUX DE LA COTE-DE-GASPE   p
1033
150 Rue Monseigneur-Ross, Gaspe, QC, G4X 2S7
SIC 8322
CENTRE DE SANTE ET DE SERVICES SOCIAUX DE LA COTE-DE-GASPE   p
1033
154 Boul Renard E, Gaspe, QC, G4X 5R5
(418) 269-2572   SIC 8062
CENTRE DE SANTE ET DE SERVICES SOCIAUX DE LA COTE-DE-GASPE   p
1134
600 Av William-May, MURDOCHVILLE, QC,

G0E 1W0
(418) 784-2572   SIC 8062
CENTRE DE SANTE ET DE SERVICES SOCIAUX DE LA COTE-DE-GASPE   p
1134
See CENTRE DE SANTE ET DE SERVICES SOCIAUX DE LA COTE-DE-GASPE
CENTRE DE SANTE ET DE SERVICES SOCIAUX DE LA HAUTE-GASPESIE   p
1224
50 Rue Du Belvedere, SAINTE-ANNE-DES-MONTS, QC, G4V 1X4
(418) 797-2744   SIC 8621
CENTRE DE SANTE ET DE SERVICES SOCIAUX DE LA MONTAGNE
1120
6560 Ch De La Cote-Des-Neiges, Montreal, QC, H3S 2A7
(514) 736-2323   SIC 8742
CENTRE DE SANTE ET DE SERVICES SOCIAUX DE LA MONTAGNE
1120
See CENTRE DE SANTE ET DE SERVICES SOCIAUX DE LA MONTAGNE
CENTRE DE SANTE ET DE SERVICES SOCIAUX DE LA POINTE-DE-L'ILE   p
1085
4900 Boul Lapointe, Montreal, QC, H1K 4W9
(514) 353-1227   SIC 8361
CENTRE DE SANTE ET DE SERVICES SOCIAUX DE LA POINTE-DE-L'ILE   p
1086
9503 Rue Sherbrooke E, Montreal, QC, H1L 6P2
(514) 356-2572   SIC 7991
CENTRE DE SANTE ET DE SERVICES SOCIAUX DE LA POMMERAIE, LE
1243
50 Rue Western, SUTTON, QC, J0E 2K0
(450) 538-3332   SIC 8361
CENTRE DE SANTE ET DE SERVICES SOCIAUX DE LA VALLEE-DE-L'OR   p
1075
691 Rue Royale, MALARTIC, QC, J0Y 1Z0
SIC 8062
CENTRE DE SANTE ET DE SERVICES SOCIAUX DE LA VALLEE-DE-L'OR   p
1075
1141 Rue Royale, MALARTIC, QC, J0Y 1Z0
(819) 825-5858   SIC 8062
CENTRE DE SANTE ET DE SERVICES SOCIAUX DE LA VALLEE-DE-L'OR   p
1233
961 Rue De La Clinique, SENNETERRE, QC, J0Y 2M0
SIC 8062
CENTRE DE SANTE ET DE SERVICES SOCIAUX DE LA VALLEE-DE-L'OR   p
1253
1212 Av Brebeuf, VAL-D'OR, QC, J9P 2C9
(819) 825-5858   SIC 8062
CENTRE DE SANTE ET DE SERVICES SOCIAUX DE LA VALLEE-DE-L'OR   p
1253
725 6e Rue, VAL-D'OR, QC, J9P 3Y1
(819) 825-5858   SIC 8062
CENTRE DE SANTE ET DE SERVICES SOCIAUX DE LA VALLEE-DE-LA-BATISCAN   p
1218
361 Rue Du College, SAINT-NARCISSE, QC, G0X 2Y0
(418) 328-3351   SIC 8051
CENTRE DE SANTE ET DE SERVICES SOCIAUX DE LA VALLEE-DE-LA-BATISCAN   p
1224
60 Rue De La Fabrique Bureau 217, Sainte-Anne-de-la-Perade, QC, G0X 2J0
(418) 325-2313   SIC 8051
CENTRE DE SANTE ET DE SERVICES SOCIAUX DE LA VALLEE-DE-LA-BATISCAN   p
1226
90 Rang Riviere Veillette, Sainte-Genevieve-de-Batiscan, QC, G0X 2R0

(418) 362-2727   SIC 8399
CENTRE DE SANTE ET DE SERVICES SOCIAUX DE LA VALLEE-DE-LA-BATISCAN   p
1230
651 Rue Saint-Jacques, Sainte-Thecle, QC, G0X 3G0
(418) 289-2114   SIC 8361
CENTRE DE SANTE ET DE SERVICES SOCIAUX DE LA VALLEE-DE-LA-GATINEAU   p
1075
177 Rue Des Oblats, MANIWAKI, QC, J9E 1G5
(819) 449-2513   SIC 8361
CENTRE DE SANTE ET DE SERVICES SOCIAUX DE LA VIEILLE-CAPITALE   p
1148
See CENTRE DE SANTE ET DE SERVICES SOCIAUX DE LA VIEILLE-CAPITALE
CENTRE DE SANTE ET DE SERVICES SOCIAUX DE LA VIEILLE-CAPITALE   p
1148
1401 Ch De La Canardiere, Quebec, QC, G1J 0A6
(418) 529-6571   SIC 8051
CENTRE DE SANTE ET DE SERVICES SOCIAUX DE LA VIEILLE-CAPITALE   p
1149
50 Rue Saint-Joseph E, Quebec, QC, G1K 3A5
(418) 529-2572   SIC 8322
CENTRE DE SANTE ET DE SERVICES SOCIAUX DE LA VIEILLE-CAPITALE   p
1149
105 Rue Hermine, Quebec, QC, G1K 1Y5
(418) 529-2501   SIC 8322
CENTRE DE SANTE ET DE SERVICES SOCIAUX DE LA VIEILLE-CAPITALE   p
1149
See CENTRE DE SANTE ET DE SERVICES SOCIAUX DE LA VIEILLE-CAPITALE
CENTRE DE SANTE ET DE SERVICES SOCIAUX DE LA VIEILLE-CAPITALE   p
1151
1451 Boul Pere-Lelievre Bureau 363, Quebec, QC, G1M 1N8
(418) 683-2516   SIC 8361
CENTRE DE SANTE ET DE SERVICES SOCIAUX DE LA VIEILLE-CAPITALE   p
1157
55 Ch Sainte-Foy, Quebec, QC, G1R 1S9
(418) 641-2572   SIC 8011
CENTRE DE SANTE ET DE SERVICES SOCIAUX DE LA VIEILLE-CAPITALE   p
1158
1270 Ch Sainte-Foy, Quebec, QC, G1S 2M4
(418) 654-2731   SIC 8731
CENTRE DE SANTE ET DE SERVICES SOCIAUX DE LAVAL
1018
1755 Boul Rene-Laennec, Cote Saint-Luc, QC, H7M 3L9
(450) 668-1010   SIC 8062
CENTRE DE SANTE ET DE SERVICES SOCIAUX DE LAVAL
1025
1515 Boul Chomedey, DORVAL, QC, H7V 3Y7
(450) 978-8300   SIC 8062
CENTRE DE SANTE ET DE SERVICES SOCIAUX DE LAVAL
1127
4895 Rue Saint-Joseph, Montreal, QC, H7C 1H6
(450) 661-3305   SIC 8361
CENTRE DE SANTE ET DE SERVICES SOCIAUX DE LAVAL   p
1131
1665 Rue Du Couvent, Montreal, QC, H7W 3A8
(450) 687-5690   SIC 8093
CENTRE DE SANTE ET DE SERVICES SOCIAUX DE LAVAL
1131
350 Boul Samson, Montreal, QC, H7X 1J4

(450) 689-0933   SIC 8361
CENTRE DE SANTE ET DE SERVICES SOCIAUX DE LAVAL
1133
800 Boul Chomedey Bureau 200, Montreal-Ouest, QC, H7V 3Y4
(450) 682-2952   SIC 8399
CENTRE DE SANTE ET DE SERVICES SOCIAUX DE PORTNEUF
1025
250 Boul Gaudreau Bureau 370, DONNACONA, QC, G3M 1L7
(418) 285-3025   SIC 8361
CENTRE DE SANTE ET DE SERVICES SOCIAUX DE PORTNEUF   p
1217
444 Rue Beauchamp, Saint-Marc-des-Carrieres, QC, G0A 4B0
(418) 268-3511   SIC 8361
CENTRE DE SANTE ET DE SERVICES SOCIAUX DE PORTNEUF   p
1220
700 Rue Saint-Cyrille Bureau 850, SAINT-RAYMOND, QC, G3L 1W1
(418) 337-4611   SIC 8062
CENTRE DE SANTE ET DE SERVICES SOCIAUX DE QUEBEC NORD
1151
See GOUVERNEMENT DE LA PROVINCE DE QUEBEC
CENTRE DE SANTE ET DE SERVICES SOCIAUX DE QUEBEC-NORD   p
996
11000 Rue Des Montagnards, Beaupre, QC, G0A 1E0
(418) 827-3726   SIC 8062
CENTRE DE SANTE ET DE SERVICES SOCIAUX DE QUEBEC-NORD   p
1145
4e Etage 2915, Av Du Bourg-Royal, Quebec, QC, G1C 3S2
(418) 661-5666   SIC 8011
CENTRE DE SANTE ET DE SERVICES SOCIAUX DE QUEBEC-NORD   p
1146
3365 Rue Guimont, Quebec, QC, G1E 2H1
(418) 663-8171   SIC 8361
CENTRE DE SANTE ET DE SERVICES SOCIAUX DE QUEBEC-NORD   p
1147
190 76e Rue E, Quebec, QC, G1H 7K4
(418) 628-6808   SIC 8011
CENTRE DE SANTE ET DE SERVICES SOCIAUX DE QUEBEC-NORD   p
1148
2480 Ch De La Canardiere, Quebec, QC, G1J 2G1
(418) 661-1413   SIC 8011
CENTRE DE SANTE ET DE SERVICES SOCIAUX DE RIVIERE-DU-LOUP   p
1174
28 Rue Joly, Riviere-du-Loup, QC, G5R 3H2
(418) 862-6385   SIC 8059
CENTRE DE SANTE ET DE SERVICES SOCIAUX DE THERESE-DE BLAINVILLE   p
1230
125 Rue Duquet, SAINTE-THERESE, QC, J7E 0A5
(450) 430-4553   SIC 8322
CENTRE DE SANTE ET DE SERVICES SOCIAUX DES AURORES BOREALES   p
1054
See CENTRE DE SANTE ET DE SERVICES SOCIAUX DES AURORES BOREALES
CENTRE DE SANTE ET DE SERVICES SOCIAUX DES AURORES BOREALES   p
1054
22 1re Av E, LA SARRE, QC, J9Z 1C4
(819) 333-5525   SIC 8361
CENTRE DE SANTE ET DE SERVICES SOCIAUX DES AURORES-BOREALES, LE   p
1137
136 Rue Principale, PALMAROLLE, QC, J0Z

3C0
(819) 787-2612 SIC 8361
CENTRE DE SANTE ET DE SERVICES SOCIAUX DES SOMMETS p
1223
234 Rue Saint-Vincent, Sainte-Agathe-Des-Monts, QC, J8C 2B8
(819) 324-4055 SIC 8051
CENTRE DE SANTE ET DE SERVICES SOCIAUX DOMAINE-DU-ROY p
1175
400 Av Bergeron, ROBERVAL, QC, G8H 1K8
(418) 275-8775 SIC 8069
CENTRE DE SANTE ET DE SERVICES SOCIAUX DOMAINE-DU-ROY p
1187
1229 Boul Du Sacre-Coeur, Saint-Felicien, QC, G8K 1A5
(418) 679-1585 SIC 8361
CENTRE DE SANTE ET DE SERVICES SOCIAUX DU COEUR-DE-L'ILE p
1092
1385 Rue Jean-Talon E, Montreal, QC, H2E 1S6
(514) 495-6767 SIC 8062
CENTRE DE SANTE ET DE SERVICES SOCIAUX DU COEUR-DE-L'ILE p
1098
6910 Rue Boyer, Montreal, QC, H2S 2J7
(514) 272-3011 SIC 8322
CENTRE DE SANTE ET DE SERVICES SOCIAUX DU PONTIAC p
1145
2135 Rue De La Terrasse-Cadieux, Quebec, QC, G1C 1Z2
(418) 667-3910 SIC 8051
CENTRE DE SANTE ET DE SERVICES SOCIAUX DU PONTIAC p
1235
See CENTRE DE SANTE ET DE SERVICES SOCIAUX DU PONTIAC
CENTRE DE SANTE ET DE SERVICES SOCIAUX DU PONTIAC p
1235
290 Rue Marion, SHAWVILLE, QC, J0X 2Y0
(819) 647-3553 SIC 8399
CENTRE DE SANTE ET DE SERVICES SOCIAUX DU SUD DE LANAUDIERE p
1244
See CENTRE DE SANTE ET DE SERVICES SOCIAUX DU SUD DE LANAUDIERE
CENTRE DE SANTE ET DE SERVICES SOCIAUX DU SUD DE LANAUDIERE p
1244
1317 Boul Des Seigneurs, TERREBONNE, QC, J6W 5B1
(450) 471-2881 SIC 8011
CENTRE DE SANTE ET DE SERVICES SOCIAUX DU SUD DE LANAUDIERE p
1244
1355 Grande Allee Bureau 101, TERREBONNE, QC, J6W 4K6
SIC 8011
CENTRE DE SANTE ET DE SERVICES SOCIAUX DU SUD-QUES p
1257
See CENTRE DE SANTE ET DE SERVICES SOCIAUX DU SUD-QUEST-VERDUN
CENTRE DE SANTE ET DE SERVICES SOCIAUX DU SUD-QUES p
1258
See CENTRE DE SANTE ET DE SERVICES SOCIAUX DU SUD-QUEST-VERDUN
CENTRE DE SANTE ET DE SERVICES SOCIAUX DU SUD-QUEST-VERDUN p
1123
6161 Rue Laurendeau, Montreal, QC, H4E 3X6
(514) 762-2777 SIC 8062
CENTRE DE SANTE ET DE SERVICES SOCIAUX DU SUD-QUEST-VERDUN p
1257
4000 Boul Lasalle, VERDUN, QC, H4G 2A3

(514) 362-1000 SIC 8062
CENTRE DE SANTE ET DE SERVICES SOCIAUX DU SUD-QUEST-VERDUN p
1258
1325 Rue Crawford, VERDUN, QC, H4H 2N6
(514) 766-8513 SIC 8361
CENTRE DE SANTE ET DE SERVICES SOCIAUX DU SUROIT p
1232
181 Rue Victoria Bureau 200, SALABERRY-DE-VALLEYFIELD, QC, J6T 1A7
(450) 373-6252 SIC 8011
CENTRE DE SANTE ET DE SERVICES SOCIAUX HAUT-RICHELIEU-ROUVILLE p
1183
1394 Rue Notre-Dame, Saint-Cesaire, QC, J0L 1T0
(450) 469-0269 SIC 8361
CENTRE DE SANTE ET DE SERVICES SOCIAUX HAUT-RICHELIEU-ROUVILLE p
1197
978 Boul Du Seminaire N, SAINT-JEAN-SUR-RICHELIEU, QC, J3A 1E5
(450) 358-2572 SIC 8062
CENTRE DE SANTE ET DE SERVICES SOCIAUX JEANNE-MANCE p
1093
1440 Rue Dufresne, Montreal, QC, H2K 3J3
(514) 527-8921 SIC 8361
CENTRE DE SANTE ET DE SERVICES SOCIAUX LA POMMERAIE p
997
34 Rue Saint-Joseph, BEDFORD, QC, J0J 1A0
(450) 248-4304 SIC 8621
CENTRE DE SANTE ET DE SERVICES SOCIAUX LA POMMERAIE p
1032
800 Rue Saint-Paul, FARNHAM, QC, J2N 2K6
(450) 293-3167 SIC 8361
CENTRE DE SANTE ET DE SERVICES SOCIAUX LUCILLE-TEASDALE p
1086
5810 Rue Sherbrooke E, Montreal, QC, H1N 1B2
(514) 255-2365 SIC 8322
CENTRE DE SANTE ET DE SERVICES SOCIAUX LUCILLE-TEASDALE p
1086
7445 Rue Hochelaga, Montreal, QC, H1N 3V2
(514) 251-6000 SIC 8322
CENTRE DE SANTE ET DE SERVICES SOCIAUX LUCILLE-TEASDALE p
1087
5601 Rue Belanger, Montreal, QC, H1T 1G3
(514) 256-5011 SIC 8093
CENTRE DE SANTE ET DE SERVICES SOCIAUX LUCILLE-TEASDALE p
1089
2909 Rue Rachel E, Montreal, QC, H1W 0A9
(514) 527-2161 SIC 8361
CENTRE DE SANTE ET DE SERVICES SOCIAUX PIERRE-BOUCHER p
1002
160 Boul De Montarville Bureau 201, BOUCHERVILLE, QC, J4B 6S2
(450) 468-3530 SIC 8621
CENTRE DE SANTE ET DE SERVICES SOCIAUX PIERRE-BOUCHER p
1017
4700 Rte Marie-Victorin, CONTRECOEUR, QC, J0L 1C0
(450) 468-8410 SIC 8361
CENTRE DE SANTE ET DE SERVICES SOCIAUX PIERRE-BOUCHER p
1070
90 Boul Sainte-Foy Bureau 200, LONGUEUIL, QC, J4J 1W4
(450) 679-8689 SIC 8322
CENTRE DE SANTE ET DE SERVICES

SOCIAUX-INSTITUT UNIVERSITAIRE DE GERIATRIE DE SHERBROOKE p 1236
1036 Rue Belvedere S, SHERBROOKE, QC, J1H 4C4
SIC 8051
CENTRE DE SANTE ET DES SERVICES SOCIAUX DE LA HAUTE-COTE-NORD p
1033
2 7e Rue, FORESTVILLE, QC, G0T 1E0
(418) 587-2212 SIC 8093
CENTRE DE SANTE ET DES SERVICES SOCIAUX DE LA HAUTE-COTE-NORD p
1243
162 Rue Des Jesuites, TADOUSSAC, QC, G0T 2A0
(418) 235-4588 SIC 8062
CENTRE DE SANTE ET SERVICES SOCIAUX DE MONTMAGNY - L'ISLET p
1009
146 Rue Du Manoir E, CAP-SAINT-IGNACE, QC, G0R 1H0
(418) 246-5644 SIC 8361
CENTRE DE SANTE ET SERVICES SOCIAUX DE MONTMAGNY - L'ISLET p
1051
2 Rue De La Madone, L'ISLET, QC, G0R 1X0
(418) 247-3927 SIC 8361
CENTRE DE SANTE ET SERVICES SOCIAUX DE MONTMAGNY - L'ISLET p
1051
101 Ch De La Voli Re, L'ISLE-AUX-GRUES, QC, G0R 1P0
(418) 248-4651 SIC 8062
CENTRE DE SANTE ET SERVICES SOCIAUX DE MONTMAGNY - L'ISLET p
1187
19 Rue Principale E, SAINT-FABIEN-DE-PANET, QC, G0R 2J0
(418) 249-4051 SIC 8059
CENTRE DE SANTE ET SERVICES SOCIAUX DE MONTMAGNY - L'ISLET p
1187
10 Rue Alphonse, SAINT-FABIEN-DE-PANET, QC, G0R 2J0
(418) 249-2572 SIC 8062
CENTRE DE SANTE ET SERVICES SOCIAUX DE MONTMAGNY - L'ISLET p
1196
430 Rue Jean-Leclerc, SAINT-JEAN-PORT-JOLI, QC, G0R 3G0
(418) 598-3355 SIC 8011
CENTRE DE SANTE ET SERVICES SOCIAUX DE PAPINEAU p
1179
See CENTRE DE SANTE ET SERVICES SOCIAUX DE PAPINEAU
CENTRE DE SANTE ET SERVICES SOCIAUX DE PAPINEAU p
1179
14 Rue Saint-Andre, Saint-Andre-Avellin, QC, J0V 1W0
(819) 983-7341 SIC 8361
CENTRE DE SANTE ET SERVICES SOCIAUX DES SOURCES p
993
475 3e Av, ASBESTOS, QC, J1T 1X6
(819) 879-7151 SIC 8059
CENTRE DE SANTE ET SERVICES SOCIAUX DU PONTIAC p
1235
200 Rue Argue, SHAWVILLE, QC, J0X 2Y0
(819) 647-2211 SIC 8099
CENTRE DE SANTE INUULITSIVIK p 1044
See CENTRE DE SANTE INUULITSIVIK
CENTRE DE SANTE INUULITSIVIK p 1044
Gd, INUKJUAK, QC, J0M 1M0
(819) 254-9090 SIC 7991
CENTRE DE SANTE PAUL-GILBERT p 1067
See CENTRE DE SERVICE SANTE ET SOCIAUX DU GRAND LITTORAL
CENTRE DE SANTE SERVICES SOCIAUX MARIA CHAPDELAINE p 1023
2000 Boul Du Sacre-Coeur, DOLBEAU-MISTASSINI, QC, G8L 2R5

(418) 276-1234 SIC 8062
CENTRE DE SANTE TULATTAVIK DE L'UNGAVA p 1049
Gd, KUUJJUAQ, QC, J0M 1C0
(819) 964-2905 SIC 8051
CENTRE DE SERVICE p 1075
See CAISSE DESJARDINS DU LAC-MEMPHREMAGOG
CENTRE DE SERVICE 2 p 1139
See CAISSE POPULAIRE DESJARDINS DE POINTE-AUX-TREMBLES
CENTRE DE SERVICE 6E AVENUE p 1052
See CAISSE DESJARDINS DE LA BAIE
CENTRE DE SERVICE BEGIN p 1012
See CAISSE DESJARDINS DE LA RIVE-NORD DU SAGUENAY
CENTRE DE SERVICE BELLEFEUILLE p
1201
See CAISSE DESJARDINS DE SAINT-JEROME
CENTRE DE SERVICE CAP-A-L'AIGLE p
1052
See CAISSE POPULAIRE DESJARDINS DE LA MALBAIE
CENTRE DE SERVICE CHENEVILLE p 1179
See CAISSE DESJARDINS DE LA PETITE-NATION
CENTRE DE SERVICE COLERAINE p 1202
See CAISSE DESJARDINS DU CARREFOUR DES LACS
CENTRE DE SERVICE CREMAZIE p 1095
See CAISSE DESJARDINS CITE-DU-NORD DE MONTREAL
CENTRE DE SERVICE CSDM p 1089
See CAISSE DESJARDINS DE L'EDUCATION
CENTRE DE SERVICE DAGENAIS p 1229
See CAISSE DESJARDINS DE L'OUEST DE LAVAL
CENTRE DE SERVICE DE CAP-AUX-MEULES p
1051
See CAISSE POPULAIRE DESJARDINS DES RAMEES
CENTRE DE SERVICE DE CHAPAIS p 1012
See CAISSE DESJARDINS DE CHIBOUGAMAU
CENTRE DE SERVICE DE D'ALBERTVILLE p 989
See CAISSE DESJARDINS VALLEE DE LA MATAPEDIA
CENTRE DE SERVICE DE L'ILE DU HAVRE-AUBERT p
1044
See CAISSE POPULAIRE DESJARDINS DES RAMEES
CENTRE DE SERVICE DE LA BAIE p 1052
See COMMISSION SCOLAIRE DES RIVES-DU-SAGUENAY
CENTRE DE SERVICE DE LA COLLINE p
1162
See CAISSE DESJARDINS DE SAINTE-FOY
CENTRE DE SERVICE DE LA MONTAGNE p 1250
See CAISSE DESJARDINS DES TROIS-RIVIERES
CENTRE DE SERVICE DE LOURDES p
1138
See CAISSE DESJARDINS DE L'ERABLE
CENTRE DE SERVICE DE SAINT-THEOPHILE p
1222
See CAISSE DESJARDINS DU SUD DE LA BEAUCE
CENTRE DE SERVICE DE ST-FELICIEN p
1187
See CAISSE DESJARDINS DU DOMAINE-DU-ROY
CENTRE DE SERVICE DE TOURELLE p
1224
See CAISSE POPULAIRE DESJARDINS DE LA HAUTE-GASPESIE
CENTRE DE SERVICE DE TRING-

JONCTION p
1247
See *CAISSE DESJARDINS DE BEAUCE-CENTRE*

CENTRE DE SERVICE DERAGON p 1040
See *CAISSE DESJARDINS DE GRANBY-HAUTE-YAMASKA*

CENTRE DE SERVICE DES MINES p 1159
See *GOUVERNEMENT DE LA PROVINCE DE QUEBEC*

CENTRE DE SERVICE DUVERNAY p 1127
See *CAISSE POPULAIRE DESJARDINS DES MILLE-ILES*

CENTRE DE SERVICE FALARDEAU p 1032
See *CAISSE DESJARDINS DE LA RIVE-NORD DU SAGUENAY*

CENTRE DE SERVICE LAFONTAINE p 1174
See *CAISSE POPULAIRE DESJARDINS DE RIVIERE-DU-LOUP*

CENTRE DE SERVICE PAPINEAUVILLE p 1137
See *CAISSE DESJARDINS DE LA PETITE-NATION*

CENTRE DE SERVICE PLATEAUX DE SHERBROOKE p 1236
See *CAISSE DESJARDINS DU NORD DE SHERBROOKE*

CENTRE DE SERVICE QUEBEC-EST p 1149
See *CAISSE DESJARDINS DU CENTRE-VILLE DE QUEBEC*

CENTRE DE SERVICE SAINT FERDINAND p 1188
See *CAISSE DESJARDINS DU CARREFOUR DES LACS*

CENTRE DE SERVICE SAINT-EDMOND p 1198
See *CAISSE POPULAIRE DESJARDINS DE SAINT-JEAN-SUR-RICHELIEU*

CENTRE DE SERVICE SAINT-JEAN p 1156
See *CAISSE POPULAIRE DESJARDINS DE QUEBEC*

CENTRE DE SERVICE SAINT-JEAN-CHRYSOSTOME p 1067
See *CAISSE DESJARDINS DES RIVIERES CHAUDIERE ET ETCHEMIN*

CENTRE DE SERVICE SAINT-THOMAS p 1231
See *CAISSE DESJARDINS DE SALABERRY-DE-VALLEYFIELD*

CENTRE DE SERVICE SANTE ET SOCIAUX DU GRAND LITTORAL p 1067
9330 Boul Du Centre-Hospitalier, Levis, QC, G6X 1L6
(418) 380-8993   SIC 8062

CENTRE DE SERVICE ST-NOEL CHABANEL p 1061
See *CAISSE POPULAIRE DESJARDINS DES MILLE-ILES*

CENTRE DE SERVICE ST-ZOTIQUE p 1222
See *CAISSE DESJARDINS DE VAUDREUIL-SOULANGES*

CENTRE DE SERVICES ANGUS p 1092
See *CAISSE DESJARDINS DU COEUR-DE-L'ILE*

CENTRE DE SERVICES AU ENTREPRISES p 1105
See *BANK OF NOVA SCOTIA, THE*

CENTRE DE SERVICES BAIE-DU-FEBVRE p 995
See *CAISSE DESJARDINS DE NICOLET*

CENTRE DE SERVICES BAIE-TRINITE p 1144
See *CAISSE DESJARDINS DE PORT-CARTIER*

CENTRE DE SERVICES BEAUMONT p 996
See *CAISSE DESJARDINS DES SEIGNEURIES DE BELLECHASE*

CENTRE DE SERVICES BECANCOUR p 997
See *CAISSE DESJARDINS GODEFROY*

CENTRE DE SERVICES BERNARD-RACICOT p 1191
See *CAISSE DESJARDINS DE SAINT-HUBERT*

CENTRE DE SERVICES BOULEVARD p 1029
See *CAISSE DESJARDINS DE DRUMMONDVILLE*

CENTRE DE SERVICES CHAMPLAIN p 1060
See *CAISSE DESJARDINS DE LASALLE*

CENTRE DE SERVICES CHAMPLAIN p 1222
See *CAISSE DESJARDINS DE MEKINAC-DES CHENAUX*

CENTRE DE SERVICES D'ASCOT CORNER p 1236
See *CAISSE DESJARDINS DES DEUX-RIVIERES DE SHERBROOKE*

CENTRE DE SERVICES DE BEARN p 1073
See *CAISSE DESJARDINS DE BEARN-FABRE-LORRAINVILLE*

CENTRE DE SERVICES DE LA COMMUNE p 1053
See *CAISSE POPULAIRE DE LA PRAIRIE*

CENTRE DE SERVICES DE LAURIER STATION p 1061
See *CAISSE DESJARDINS DU CENTRE DE LOTBINIERE*

CENTRE DE SERVICES DE NOTRE-DAME-DU-LAUS p 1135
See *CAISSE DESJARDINS DU COEUR DES HAUTES-LAURENTIDES*

CENTRE DE SERVICES DE PAIE CGI INC p 1019
3206 Sud Laval (A-440) O, Cote Saint-Luc, QC, H7T 2H6
(514) 850-6291   SIC 8721

CENTRE DE SERVICES DE PAIE CGI INC p 1095
1611 Boul Cremazie E 7th Floor, Montreal, QC, H2M 2P2
(514) 850-6300   SIC 8721

CENTRE DE SERVICES DE VILLERAY p 1096
See *CAISSE DESJARDINS DE LORIMIER-VILLERAY*

CENTRE DE SERVICES DOMAINE DES FORGES p 1032
See *CAISSE DESJARDINS DU NORD DE LAVAL*

CENTRE DE SERVICES DORION p 1256
See *CAISSE DESJARDINS DE VAUDREUIL-SOULANGES*

CENTRE DE SERVICES DU PLATEAU p 1039
See *CAISSE DESJARDINS DE HULL-AYLMER*

CENTRE DE SERVICES EN DEFICIENCE INTELLECTUELLE p 1029
See *CRDI TED NCQ IU*

CENTRE DE SERVICES EN DEFICIENCE INTELLECTUELLE MA p 997
See *CRDI TED NCQ IU*

CENTRE DE SERVICES FABREVILLE p 1228
See *CAISSE DESJARDINS DU NORD DE LAVAL*

CENTRE DE SERVICES FORT SAINT-LOUIS p 1002
See *CAISSE DESJARDINS DE BOUCHERVILLE*

CENTRE DE SERVICES HECTOR-MARTIN p 1191
See *CAISSE DESJARDINS DE SAINT-HUBERT*

CENTRE DE SERVICES ILE DE HULL p 1036
See *CAISSE DESJARDINS DE HULL-AYLMER*

CENTRE DE SERVICES LABRECQUE p 1054
See *CAISSE POPULAIRE DESJARDINS D'ALMA*

CENTRE DE SERVICES LAURIER p 1018
See *CAISSE DESJARDINS DES GRANDS BOULEVARDS DE LAVAL*

CENTRE DE SERVICES MASSON p 1089
See *CAISSE DESJARDINS DE LORIMIER-VILLERAY*

CENTRE DE SERVICES MONTREAL-SUD p 1070
See *CAISSE DESJARDINS DU VIEUX-LONGUEUIL*

CENTRE DE SERVICES NEUFCHATEL p 1164
See *CAISSE DESJARDINS DES RIVIERES DE QUEBEC*

CENTRE DE SERVICES NOTRE-DAME E p 1084
See *CAISSE POPULAIRE DESJARDINS DE POINTE-AUX-TREMBLES*

CENTRE DE SERVICES PARTAGES-MATERIEL ROULANT ET ATELIERS, LE p 1089
See *VILLE DE MONTREAL*

CENTRE DE SERVICES PERPETUEL p 1237
See *CAISSE DESJARDINS DU NORD DE SHERBROOKE*

CENTRE DE SERVICES PLACE D'AFFAIRES DE BOURLAMAQUE p 1156
See *CAISSE DESJARDINS DU PLATEAU MONTCALM*

CENTRE DE SERVICES QUEBEC p 1149
See *CAISSE D'ECONOMIE SOLIDAIRE DESJARDINS*

CENTRE DE SERVICES RENE-MASSON p 1084
See *CAISSE DESJARDINS DE RIVIERE-DES-PRAIRIES*

CENTRE DE SERVICES SAINT-BARNABE p 1073
See *CAISSE DESJARDINS DE L'OUEST DE LA MAURICIE*

CENTRE DE SERVICES SAINT-BLAISE p 1181
See *CAISSE DESJARDINS DES SEIGNEURIES DE LA FRONTIERE*

CENTRE DE SERVICES SAINT-ETIENNE-DES-GRES p 1185
See *CAISSE DESJARDINS DE L'OUEST DE LA MAURICIE*

CENTRE DE SERVICES SAINT-JACQUES-LE-MINEUR p 1196
See *CAISSE DESJARDINS DES SEIGNEURIES DE LA FRONTIERE*

CENTRE DE SERVICES SAINT-LAMBERT-DE-LAUZON p 1203
See *CAISSE DESJARDINS DE LA CHAUDIERE*

CENTRE DE SERVICES SAINT-LEOPOLD p 1062
See *CAISSE DESJARDINS DE L'OUEST DE LA MAURICIE*

CENTRE DE SERVICES SAINT-METHODE p 987
See *CAISSE DESJARDINS DE LA REGION DE THETFORD*

CENTRE DE SERVICES SAINT-VALLIER p 1222
See *CAISSE DESJARDINS DES SEIGNEURIES DE BELLECHASE*

CENTRE DE SERVICES SAINTE-ANGELE-DE-PREMONT p 1223
See *CAISSE DESJARDINS DE L'OUEST DE LA MAURICIE*

CENTRE DE SERVICES SOCIAUX BASHAW p 1262
See *LES CENTRES DE LA JEUNESSE ET DE LA FAMILLE BATSHAW*

CENTRE DE SERVICES SPHERETECH p 1206
See *CAISSE POPULAIRE DESJARDINS DE SAINT-LAURENT*

CENTRE DE SERVICES ST-ESPRIT p 1238
See *CAISSE DESJARDINS DU MONT-BELLEVUE DE SHERBROOKE*

CENTRE DE SERVICES ST-JACQUES p 1196
See *CAISSE DESJARDINS DE LA NOUVELLE-ACADIE*

CENTRE DE SERVICES ST-ROCH-DES-AULNAIES p 1221
See *CAISSE DESJARDINS DE L'ANSE DE LA POCATIERE*

CENTRE DE SERVICES VAL-BELAIR p 1050
See *CAISSE POPULAIRE DESJARDINS DU PIEMONT LAURENTIEN*

CENTRE DE SKI BROMONT p 1005
See *SKI BROMONT.COM, SOCIETE EN COMMANDITE*

CENTRE DE SKI LE RELAIS p 1055
See *CENTRE DE SKI LE RELAIS (1988) INC.*

CENTRE DE SKI LE RELAIS (1988) INC. p 1055
1084 Boul Du Lac, LAC-BEAUPORT, QC, G3B 0X5
(418) 849-1851   SIC 7011

CENTRE DE SKI MONT-BLANC p 1187
See *MONT BLANC SOCIETE EN COMMANDITE*

CENTRE DE SKI ST-RAYMOND p 1220
See *SAINT-RAYMOND, VILLE DE*

CENTRE DE SOINS LONGUE DUREE SAINT JOSEPH DE CHAMBLY p 1010
See *RESIDENCE ST-JOSEPH DE CHAMBLY*

CENTRE DE SOINS PROLONGES DE MONTREAL p 1088
See *CENTRE DE SOINS PROLONGES GRACE DART*

CENTRE DE SOINS PROLONGES GRACE DART p 1088
5155 Rue Sainte-Catherine E, Montreal, QC, H1V 2A5
(514) 255-2833   SIC 8069

CENTRE DE SOUS-TRAITANCE BEAUCE (C.S.T.B.) INC p 1189
9050 22e Av, SAINT-GEORGES, QC, G5Y 7R6
(418) 228-7431   SIC 7349

CENTRE DE TELEPHONE MOBILE (QUEBEC) INC p 1167
1100 Rue Bouvier Bureau 400, Quebec, QC, G2K 1L9
(418) 627-7040   SIC 4899

CENTRE DE THALASSOTHERAPIE p 1010
See *AQUA-MER INC*

CENTRE DE TOXICOLOGIE DU QUEBEC p 1161
See *INSTITUT NATIONALE DE SANTE PUBLIQUE DU QUEBEC*

CENTRE DE TRANSMISSION J.D.H. INC p 1187
1451 Boul Industriel, Saint-Felicien, QC, G8K 1W1
(418) 679-5885   SIC 7537

CENTRE DE TRAVAIL LARO INC p 1038
179 Rue Deveault, GATINEAU, QC, J8Z 1S7
(819) 770-6434   SIC 8331

CENTRE DE VISION p 1056
1087 Rue Notre-Dame, LACHINE, QC, H8S 2C3
(514) 634-5952   SIC 5049

CENTRE DENTAIRE LA VALLEE & ASOCIES S.E.N.C.R.L. p 1070
2066 Ch De Chambly Bureau 300,

LONGUEUIL, QC, J4J 3Y7
(450) 463-0050   SIC 8021
CENTRE DES 16 18 ANS   p 1043
See COMMISSION SCOLAIRE MARIE-VICTORIN
CENTRE DES ADULTES MARYMOUNT   p 1017
See COMMISSION SCOLAIRE ENGLISH-MONTREAL
CENTRE DES ARTS SAIDYE BRONFMAN p 1121
See YOUNG MEN'S & YOUNG WOMEN'S HEBREW ASSOCIATION OF MONTREAL
CENTRE DES ARTS VISUELS, LE   p 1262
350 Av Victoria, WESTMOUNT, QC, H3Z 2N4
(514) 488-9558   SIC 7999
CENTRE DES CIMES   p 1223
See COMMISSION SCOLAIRE DES LAURENTIDES
CENTRE DES CONGRES DE QUEBEC   p 1158
See SOCIETE DU CENTRE DES CONGRES DE QUEBEC
CENTRE DES LOISIRS ST-SACREMENT INC   p 1158
1360 Boul De L'entente, Quebec, QC, G1S 2T9
(418) 681-7809   SIC 7032
CENTRE DES MOTS CROISES INC   p 1186
53 Rue Saint-Eustache Bureau 250, SAINT-EUSTACHE, QC, J7R 2L2
(450) 473-1700   SIC 2711
CENTRE DES SERVICES ALTERNATIFS   p 1002
See COMMISSION SCOLAIRE DES PATRIOTES
CENTRE DES SERVICES AUX ENTREPRISES   p 1046
See COMMISSION SCOLAIRE DE LA JONQUIERE
CENTRE DU NOUVEL ENVOL   p 1231
See COMMISSION SCOLAIRE DE LA VALLEE-DES-TISSERANDS, LA
CENTRE DU CAMION (AMIANTE)   p 1246
See 3358097 CANADA INC
CENTRE DU CAMION BEAUDOIN INC   p 1028
5360 Rue Saint-Roch S, DRUMMONDVILLE, QC, J2B 6V4
(819) 478-8186   SIC 5511
CENTRE DU CAMION THIBAULT   p 1178
See THIBAULT CHEVROLET CADILLAC BUICK GMC DE ROUYN-NORANDA LTEE
CENTRE DU COMPTOIR SAG-LAC INC   p 987
1500 Boul Saint-Jude, ALMA, QC, G8B 3L4
(418) 662-6653   SIC 2434
CENTRE DU GOLF U.F.O. INC   p 1078
9500 Rang Sainte-Henriette, MIRABEL, QC, J7J 2A1
(514) 990-8392   SIC 7997
CENTRE DU NOUVEL HORIZON   p 1146
See COMMISSION SCOLAIRE DES PREMIERES-SEIGNEURIES
CENTRE DU PNEU VILLEMAIRE ENR   p 1045
See GARAGE VILLEMAIRE & FILS INC
CENTRE DU QUEBEC   p 1002
See SINTRA INC
CENTRE DU SABLON   p 1131
See CORPORATION DU CENTRE DU SABLON INC
CENTRE DU TRAIT D'UNION   p 1075
See COMMISSION SCOLAIRE DE L'OR-ET-DES-BOIS
CENTRE DU TRAVAIL   p 1022
See COTE-RECO INC
CENTRE DUFFERIN DISTRICT HIGH SCHOOL   p 848
See UPPER GRAND DISTRICT SCHOOL BOARD, THE
CENTRE DUROCHER   p 1052

See COMMISSION SCOLAIRE DES RIVES-DU-SAGUENAY
CENTRE EDUCATIF L'ABRI   p 1144
See COMMISSION SCOLAIRE DU FER
CENTRE EDUCATION ADULTES   p 989
See COMMISSION SCOLAIRE DES MONTS-ET-MAREES
CENTRE EDUCATION ADULTES DES BATELIERS SECTEUR LEVIS   p 1064
See COMMISSION SCOLAIRE DES NAVIGATEURS
CENTRE FINANCIER   p 1013
See CAISSE DESJARDINS DE CHICOUTIMI
CENTRE FINANCIER AUX ENTREPRISES DE L'EST DE L'ISLE DE MONTREAL   p 993
See FEDERATION DES CAISSES DESJARDINS DU QUEBEC
CENTRE FINANCIER AUX ENTREPRISES DE L'OUTAOUAIS   p 1037
See CAISSE DESJARDINS DE HULL-AYLMER
CENTRE FINANCIER AUX ENTREPRISES DES CAISSES DESJARDIN CHAUDIERE-NORD   p 1227
1017 Boul Vachon N Bureau 300, SAINTE-MARIE, QC, G6E 1M3
(418) 386-1333   SIC 8741
CENTRE FINANCIER AUX ENTREPRISES DES CAISSES DESJARDINS CHAUDIERE-SUD   p 1189
See CAISSE DESJARDINS DU SUD DE LA CHAUDIERE
CENTRE FINANCIER AUX ENTREPRISES DES LAURENTIDES   p 1200
See CAISSE DESJARDINS DE SAINT-JEROME
CENTRE FINANCIER AUX ENTREPRISES DESJARDINS DE QUEBEC   p 1149
See CAISSE DESJARDINS DU CENTRE-VILLE DE QUEBEC
CENTRE FINANCIER AUX ENTREPRISES DESJARDINS RIVE-SUD   p 1255
See CAISSE DESJARDINS DE VARENNES
CENTRE FINANCIER AUX ENTREPRISES DU SUD OUEST DE MONTREAL   p 1059
See FEDERATION DES CAISSES DESJARDINS DU QUEBEC
CENTRE FINANCIER IBERVILLE CHAMPLAIN   p 1008
See DESJARDINS SECURITE FINANCIERE, COMPAGNIE D'ASSURANCE VIE
CENTRE FOR ADDICTION AND MENTAL HEALTH   p 660
100 Collip Cir Suite 200, LONDON, ON, N6G 4X8
(519) 858-5000   SIC 8093
CENTRE FOR ADDICTION AND MENTAL HEALTH   p 713
30 Eglinton Ave W Suite 801, MISSISSAUGA, ON, L5R 3E7
(416) 535-8501   SIC 8093
CENTRE FOR ADDICTION AND MENTAL HEALTH   p 893
175 Brentcliffe Rd, TORONTO, ON, M4G 0C5
(416) 425-3930   SIC 8093
CENTRE FOR ADDICTION AND MENTAL HEALTH   p 924
33 Russell St, TORONTO, ON, M5S 2S1
(416) 535-8501   SIC 8093
CENTRE FOR CONTINUING EDUCATION p 1116
See UNIVERSITE CONCORDIA
CENTRE FOR EDUCATION AND TRAINING p 695
See QUALITY CONTINUOUS IMPROVEMENT CENTRE FOR COMMUNITY EDUCATION AND TRAINING
CENTRE FOR HIP HEALTH AND MOBILITY

p 301
See VANCOUVER COASTAL HEALTH AUTHORITY
CENTRE FOR INNOVATIVE MANAGEMENT   p 166
See ATHABASCA UNIVERSITY
CENTRE FOR INTER CULTURAL COMMUNICATION-CONTINUED STUDIES   p 320
See UNIVERSITY OF BRITISH COLUMBIA, THE
CENTRE FORMATION DU TRANSPORT ROUTIER   p 1078
See COMMISSION SCOLAIRE DE LA RIVIERE-DU-NORD
CENTRE FORMATION MITALURGIE DE LAVAL   p 1133
See COMMISSION SCOLAIRE DE LAVAL
CENTRE FORMATION PROFESSIONNELLE DE NEUFCHATEL   p 1164
See COMMISSION SCOLAIRE DE LA CAPITALE, LA
CENTRE FORMATION PROFESSIONNELLE PAVILLON DU VIEUX   p 1237
See COMMISSION SCOLAIRE DE LA REGION-DE-SHERBROOKE
CENTRE FRANCOIS MICHELLE   p 1136
5210 Av Durocher, OUTREMONT, QC, H2V 3Y1
(514) 948-6434   SIC 8211
CENTRE FRERE MOFFET   p 1260
See COMMISSION SCOLAIRE DU LAC-TEMISCAMINGUE
CENTRE FUNERAIRE COTE DES NEIGES   p 1121
See SERVICE CORPORATION INTERNATIONAL (CANADA) LIMITED
CENTRE GEORGES VEZINA   p 1015
See VILLE DE SAGUENAY
CENTRE GERIATRIQUE DE BEL AGE   p 1213
See SANTE COURVILLE INC
CENTRE GESTION DES AVOIRS   p 1197
See CAISSE DESJARDINS DU HAUT-RICHELIEU
CENTRE HEBERGEMENT JEANNE-LEBER   p 1086
See CENTRE DE SANTE ET DE SERVICES SOCIAUX LUCILLE-TEASDALE
CENTRE HEBERGEMENT ST-GEORGES   p 1100
See GROUPE ROY SANTE INC
CENTRE HERBERGEMENT DE DONNACONA   p 1025
See CENTRE DE SANTE ET DE SERVICES SOCIAUX DE PORTNEUF
CENTRE HOSPITALIER DE L'UNIVERSITE DE MONTREAL   p 1094
1560 Rue Sherbrooke E, Montreal, QC, H2L 4M1
(514) 890-8000   SIC 8062
CENTRE HOSPITALIER DE L'UNIVERSITE DE MONTREAL   p 1094
1595 Rue Ontario E, Montreal, QC, H2L 1S6
(514) 890-8004   SIC 7379
CENTRE HOSPITALIER DE L'UNIVERSITE DE MONTREAL   p 1100
1058 Rue Saint-Denis, Montreal, QC, H2X 3J4
(514) 890-8000   SIC 8062
CENTRE HOSPITALIER DE LA BAIE D'HUDSON   p 1144
Gd, PUVIRNITUQ, QC, J0M 1P0
(819) 988-2957   SIC 8062
CENTRE HOSPITALIER DE LACHINE DU CUSM   p 1060
See CENTRE DE SANTE ET DE SERVICES SOCIAUX DE DORVAL-LACHINE-LASALLE

CENTRE HOSPITALIER DE TRACADIE   p 421
See REGIONAL HEALTH AUTHORITY A
CENTRE HOSPITALIER DES FORESTIERS   p 1040
1 Rue Du Foyer, GRACEFIELD, QC, J0X 1W0
(819) 463-2100   SIC 8361
CENTRE HOSPITALIER DEUX-MONTAGNES INC   p 1022
2700 Ch D'oka, DEUX-MONTAGNES, QC, J7R 1P2
(450) 473-5111   SIC 8069
CENTRE HOSPITALIER DU CENTRE LA MAURICIE   p 1234
1265 Rue Trudel Bureau 6, SHAWINIGAN, QC, G9N 8T3
(819) 539-8371   SIC 7363
CENTRE HOSPITALIER DU CENTRE LA MAURICIE   p 1234
243 1re Rue De La Pointe, SHAWINIGAN, QC, G9N 1K2
SIC 8361
CENTRE HOSPITALIER ET CENTRE DE READAPTATION ANTOINE-LABELLE   p 1079
411 Rue De La Madone, MONT-LAURIER, QC, J9L 1S1
(819) 623-5940   SIC 8361
CENTRE HOSPITALIER ET CENTRE DE READAPTATION ANTOINE-LABELLE   p 1079
757 Rue De La Madone, MONT-LAURIER, QC, J9L 1T3
(819) 623-1234   SIC 8062
CENTRE HOSPITALIER ET CENTRE DE READAPTATION ANTOINE-LABELLE   p 1175
1525 Rue L'annonciation N, Riviere-Rouge, QC, J0T 1T0
(819) 275-2411   SIC 8062
CENTRE HOSPITALIER FLEURY   p 1091
2180 Rue Fleury E, Montreal, QC, H2B 1K3
(514) 383-9311   SIC 8062
CENTRE HOSPITALIER JACQUES VIGER p 1094
1051 Rue Saint-Hubert, Montreal, QC, H2L 3Y5
(514) 842-7181   SIC 8361
CENTRE HOSPITALIER NOTRE-DAME-DU-LAC   p 1022
See CENTRE DE SANTE ET DE SERVICE SOCIAUX DU TEMISCOUATA
CENTRE HOSPITALIER PIERRE LE GARDEUR   p 1243
911 Montee Des Pionniers, TERREBONNE, QC, J6V 2H2
(450) 654-7525   SIC 8062
CENTRE HOSPITALIER ST-FRANCOIS INC p 1151
1604 1re Av, Quebec, QC, G1L 3L6
(418) 524-6033   SIC 8051
CENTRE HOSPITALIER UNIVERSITAIRE DE QUEBEC   p 1151
10 Rue De L'espinay Bureau 520, Quebec, QC, G1L 3L5
(418) 525-4444   SIC 8062
CENTRE HOSPITALIER UNIVERSITAIRE DE QUEBEC   p 1157
11 Cote Du Palais Bureau 3431, Quebec, QC, G1R 2J6
(418) 525-4444   SIC 8062
CENTRE HOSPITALIER UNIVERSITAIRE DE QUEBEC   p 1157
9 Rue Mcmahon, Quebec, QC, G1R 3S3
(418) 691-5281   SIC 8732
CENTRE HOSPITALIER UNIVERSITAIRE DE QUEBEC   p 1160
2705 Boul Laurier Bureau 4, Quebec, QC, G1V 4G2
(418) 654-2244   SIC 8731
CENTRE HOSPITALIER UNIVERSITAIRE

DE QUEBEC *p* 1168
775 Rue Saint-Viateur Unite 130a, Quebec, QC, G2L 2Z3
(418) 622-1008   *SIC* 8062

CENTRE HOSPITALIER UNIVERSITAIRE SAINTE-JUSTINE *p* 1087
5200 Rue Belanger, Montreal, QC, H1T 1C9
(514) 374-1710   *SIC* 8093

CENTRE INTEGRE DE MECANIQUE INDUSTRIELLE DE LA CHAUDIERE CIMIC *p* 1189
See COMMISSION SCOLAIRE DE LA BEAUCE-ETCHEMIN

CENTRE INTEGRE DE SANTE ET DE SERVICES SOCIAUX DE CHAUDIERE-APPALACHES *p* 1214
100a Rue Monseigneur-Bilodeau, SAINT-LAZARE-DE-BELLECHASSE, QC, G0R 3J0
(418) 883-2227   *SIC* 8322

CENTRE INTEGRE DE SANTE ET DE SERVICES SOCIAUX DE LA MONTEREGIE-OUEST *p* 1012
95 Ch De La Haute-Riviere, Chateauguay, QC, J6K 3P1
(450) 692-8231   *SIC* 8322

CENTRE INTEGRE DE SANTE ET DE SERVICES SOCIAUX DE LA MONTEREGIE-OUEST *p* 1053
500 Av De Balmoral, LA PRAIRIE, QC, J5R 4N5
(450) 659-9148   *SIC* 8361

CENTRE INTEGRE DE SANTE ET DE SERVICES SOCIAUX DE LA MONTEREGIE-OUEST *p* 1198
315 Rue Macdonald Bureau 105, SAINT-JEAN-SUR-RICHELIEU, QC, J3B 8J3
(450) 348-6121   *SIC* 8361

CENTRE INTEGRE DE SANTE ET DE SERVICES SOCIAUX DE LANAUDIERE *p* 1045
1075 Boul Firestone Bureau 100, JOLIETTE, QC, J6E 6X6
(450) 755-2929   *SIC* 8011

CENTRE INTEGRE DE SANTE ET DE SERVICES SOCIAUX DE LANAUDIERE *p* 1045
See GOUVERNEMENT DE LA PROVINCE DE QUEBEC

CENTRE INTEGRE DE SANTE ET DE SERVICES SOCIAUX DE LANAUDIERE *p* 1201
11 Rue Boyer, Saint-Jerome, QC, J7Z 2K5
(450) 432-7588   *SIC* 8049

CENTRE INTEGRE DE SANTE ET DE SERVICES SOCIAUX DES *p* 1078
See CENTRE INTEGRE DE SANTE ET DE SERVICES SOCIAUX DES LAURENTIDES

CENTRE INTEGRE DE SANTE ET DE SERVICES SOCIAUX DES *p* 1186
See CENTRE INTEGRE DE SANTE ET DE SERVICES SOCIAUX DES LAURENTIDES

CENTRE INTEGRE DE SANTE ET DE SERVICES SOCIAUX DES LAURENTIDES *p* 1078
9100 Rue Dumouchel, MIRABEL, QC, J7N 5A1
(450) 258-2481   *SIC* 7041

CENTRE INTEGRE DE SANTE ET DE SERVICES SOCIAUX DES LAURENTIDES *p* 1186
29 Ch D'oka, SAINT-EUSTACHE, QC, J7R 1K6
(450) 491-1233   *SIC* 8062

CENTRE INTEGRE DE SANTE ET DE SERVICES SOCIAUX DES LAURENTIDES *p* 1200
66 Rue Danis, Saint-Jerome, QC, J7Y 2R3
(450) 436-3131   *SIC* 8011

CENTRE INTEGRE DE SANTE ET DE SERVICES SOCIAUX DES LAURENTIDES *p* 1223
125 Ch Du Tour-Du-Lac, SAINTE-AGATHE-DES-MONTS, QC, J8C 1B4
(819) 326-6221   *SIC* 8361

CENTRE INTEGRE DE SANTE ET DE SERVICES SOCIAUX DU BAS-SAINT-LAURENT *p* 1079
1526 Boul Jacques-Cartier, MONT-JOLI, QC, G5H 2V8
(418) 775-9753   *SIC* 8399

CENTRE INTEGRE UNIVERSITAIRE DE SANTE ET DE SERVICES SOCIAUX DE LA CAPITALE-NATIONALE, LE *p* 1052
555 Boul De Comporte Bureau 1, LA MALBAIE, QC, G5A 1W3
(418) 665-1727   *SIC* 8361

CENTRE INTEGRE UNIVERSITAIRE DE SANTE ET DE SERVICES SOCIAUX DE LA CAPITALE-NATIONALE, LE *p* 1146
700 Boul Des Chutes, Quebec, QC, G1E 2B7
(418) 663-9934   *SIC* 8361

CENTRE INTEGRE UNIVERSITAIRE DE SANTE ET DE SERVICES SOCIAUX DE LA CAPITALE-NATIONALE, LE *p* 1157
175 Rue Saint-Jean, Quebec, QC, G1R 1N4
(418) 648-6166   *SIC* 8011

CENTRE INTEGRE UNIVERSITAIRE SANTE ET SERVICES SOCIAUX DU CENTRE-SUD-DE-L'ILE-DE-MONTREAL *p* 1085
8147 Rue Sherbrooke E, Montreal, QC, H1L 1A7
(514) 356-4500   *SIC* 8322

CENTRE INTEGRE UNIVERSITAIRE SANTE ET SERVICES SOCIAUX DU CENTRE-SUD-DE-L'ILE-DE-MONTREAL *p* 1087
4675 Rue Belanger, Montreal, QC, H1T 1C2
(514) 593-3979   *SIC* 8011

CENTRE INTREGRE DE MECANIQUE *p* 1059
See COMMISSION SCOLAIRE MARGUERITE-BOURGEOYS

CENTRE JARDIN HAMEL INC *p* 1050
6029 Boul Wilfrid-Hamel, L'ANCIENNE-LORETTE, QC, G2E 2H3
(418) 872-9705   *SIC* 5261

CENTRE JEAN-PATRICE-CHIASSON MAISON SAINT-GEORGES, LE *p* 1236
1270 Rue Galt O, SHERBROOKE, QC, J1H 2A7
(819) 821-2500   *SIC* 8361

CENTRE JEUNESSE CHAUDIERE APPALACHES *p* 1202
See CENTRES JEUNESSE CHAUDIERE-APPALACHES, LES

CENTRE JEUNESSE COTE NORD *p* 994
See CENTRE DE PROTECTION ET DE READAPTATION DE LA COTE-NORD

CENTRE JEUNESSE COTE NORD *p* 1233
See CENTRE DE PROTECTION ET DE READAPTATION DE LA COTE-NORD

CENTRE JEUNESSE DE L'ABITIBI TEMISCAMINGUE *p* 988
341 Rue Principale N, AMOS, QC, J9T 2L8
(819) 732-3244   *SIC* 8322

CENTRE JEUNESSE DE L'ABITIBI TEMISCAMINGUE *p* 1055
1020 Av Amikwiche, LAC-SIMON, QC, J0Y 3N0
(819) 736-7466   *SIC* 8399

CENTRE JEUNESSE DE L'ABITIBI TEMISCAMINGUE *p* 1177
3 9e Rue, ROUYN-NORANDA, QC, J9X 2A9
(819) 762-0904   *SIC* 8322

CENTRE JEUNESSE DE L'ABITIBI TEMISCAMINGUE *p* 1253
700 Boul Forest, VAL-D'OR, QC, J9P 2L3
(819) 736-7466   *SIC* 8399

CENTRE JEUNESSE DE L'ESTRIE *p* 1236
340 Rue Dufferin, SHERBROOKE, QC, J1H 4M7
SIC 8322

CENTRE JEUNESSE DE L'ESTRIE *p* 1240
8475 Ch Blanchette, SHERBROOKE, QC, J1N 3A3
(819) 864-4221   *SIC* 8361

CENTRE JEUNESSE DE LA MAURICIE ET DU CENTRE-DU-QUEBEC, LE *p* 1028
See CENTRE JEUNESSE DE LA MAURICIE ET DU CENTRE-DU-QUEBEC, LE

CENTRE JEUNESSE DE LA MAURICIE ET DU CENTRE-DU-QUEBEC, LE *p* 1028
3100 Boul Lemire, DRUMMONDVILLE, QC, J2B 7R2
(819) 477-5115   *SIC* 8361

CENTRE JEUNESSE DE LA MAURICIE ET DU CENTRE-DU-QUEBEC, LE *p* 1030
787 Rue Saint-Pierre, DRUMMONDVILLE, QC, J2C 3X2
(819) 478-8123   *SIC* 8322

CENTRE JEUNESSE DE LA MAURICIE ET DU CENTRE-DU-QUEBEC, LE *p* 1030
See CENTRE JEUNESSE DE LA MAURICIE ET DU CENTRE-DU-QUEBEC, LE

CENTRE JEUNESSE DE LA MAURICIE ET DU CENTRE-DU-QUEBEC, LE *p* 1234
See CENTRE JEUNESSE DE LA MAURICIE ET DU CENTRE-DU-QUEBEC, LE

CENTRE JEUNESSE DE LA MAURICIE ET DU CENTRE-DU-QUEBEC, LE *p* 1234
750 Prom Du Saint-Maurice Bureau 300, SHAWINIGAN, QC, G9N 1L6
(819) 536-7111   *SIC* 8322

CENTRE JEUNESSE DE LA MAURICIE ET DU CENTRE-DU-QUEBEC, LE *p* 1247
80 Ch Du Passage Bureau 200, Trois-Rivieres, QC, G8T 2M2
(819) 372-0599   *SIC* 8322

CENTRE JEUNESSE DE LA MAURICIE ET DU CENTRE-DU-QUEBEC, LE *p* 1249
See CENTRE JEUNESSE DE LA MAURICIE ET DU CENTRE-DU-QUEBEC, LE

CENTRE JEUNESSE DE LA MAURICIE ET DU CENTRE-DU-QUEBEC, LE *p* 1249
1455 Boul Du Carmel, Trois-Rivieres, QC, G8Z 3R7
(819) 378-5481   *SIC* 8322

CENTRE JEUNESSE DE LA MAURICIE ET DU CENTRE-DU-QUEBEC, LE *p* 1249
2700 Boul Des Forges, Trois-Rivieres, QC, G8Z 1V2
(819) 372-3131   *SIC* 8322

CENTRE JEUNESSE DE LA MAURICIE ET DU CENTRE-DU-QUEBEC, LE *p* 1249
2735 Rue Papineau, Trois-Rivieres, QC, G8Z 1N8
(819) 378-8635   *SIC* 8322

CENTRE JEUNESSE DE LA MAURICIE ET DU CENTRE-DU-QUEBEC, LE *p* 1249
1455 Boul Du Carmel, Trois-Rivieres, QC, G8Z 3R7
(819) 378-5590   *SIC* 8322

CENTRE JEUNESSE DE LA MAURICIE ET DU CENTRE-DU-QUEBEC, LE *p* 1258
See CENTRE JEUNESSE DE LA MAURICIE ET DU CENTRE-DU-QUEBEC, LE

CENTRE JEUNESSE DE LA MAURICIE ET DU CENTRE-DU-QUEBEC, LE *p* 1258
38 Rue Monfette, VICTORIAVILLE, QC, G6P 1K2
(819) 758-0611   *SIC* 8322

CENTRE JEUNESSE DE LA MONTEREGIE *p* 1012
See GOUVERNEMENT DE LA PROVINCE DE QUEBEC

CENTRE JEUNESSE DE MONTREAL MONT ST-ANTOINE *p* 1085
See CENTRE INTEGRE UNIVERSITAIRE SANTE ET SERVICES SOCIAUX DU CENTRE-SUD-DE-L'ILE-DE-MONTREAL

CENTRE JEUNESSE DE QUEBEC SERVICE D'URGENCE SOCIALE *p* 1146
See GOUVERNEMENT DE LA PROVINCE DE QUEBEC

CENTRE JEUNESSE DE ROBERVAL, LE *p* 1175
See GOUVERNEMENT DE LA PROVINCE DE QUEBEC

CENTRE JEUNESSE DES LAURENTIDES *p* 1079
419 Rue De La Madone, MONT-LAURIER, QC, J9L 1S1
(819) 623-3884   *SIC* 8322

CENTRE JEUNESSE DES LAURENTIDES *p* 1200
358 Rue Laviolette, Saint-Jerome, QC, J7Y 2T1
(450) 432-9753   *SIC* 8322

CENTRE JEUNESSE DES LAURENTIDES *p* 1223
See CENTRE INTEGRE DE SANTE ET DE SERVICES SOCIAUX DES LAURENTIDES

CENTRE JEUNESSE DES LAURENTIDES *p* 1230
120 Boul Du Seminaire, SAINTE-THERESE, QC, J7E 1Z2
(450) 434-7735   *SIC* 8322

CENTRE JEUNESSE DU BAS-SAINT-LAURENT *p* 1172
See FONDATION DU CENTRE DE JEUNESSE DU BAS-SAINT-LAURENT

CENTRE JEUNESSE DU SAGUENAY LAC SAINT JEAN *p* 1023
See GOUVERNEMENT DE LA PROVINCE DE QUEBEC

CENTRE JEUNESSE SAGUENAY LAC ST-JEAN INC *p* 1175
254 Boul Sauve, ROBERVAL, QC, G8H 1A7
(418) 543-3006   *SIC* 8322

CENTRE JEUNESSE VAL DU LAC *p* 1240
See CENTRE JEUNESSE DE L'ESTRIE

CENTRE L'ESCALE *p* 1035
See COMMISSION SCOLAIRE DES DRAVEURS

CENTRE L'IMPULTION *p* 1063
See COMMISSION SCOLAIRE DE LAVAL

CENTRE L'OASIS *p* 1014
See COMMISSION SCOLAIRE DES RIVES-DU-SAGUENAY

CENTRE LA TRAVERSEE *p* 1092
1460 Boul Cremazie E, Montreal, QC, H2E 1A2
(514) 321-4984   *SIC* 8361

CENTRE LAFLECHE GRAND-MERE *p* 1234
555 Av De La Station, SHAWINIGAN, QC, G9N 1V9
(819) 536-0071   *SIC* 8361

CENTRE LE TREMPLIN-ROLLAND-GRATTON *p* 1062
See COMMISSION SCOLAIRE DE LAVAL

CENTRE LOCAL DE SANTE COMMUNAUTAIRE DE JOLIETTE *p* 1045
See GOUVERNEMENT DE LA PROVINCE DE QUEBEC

CENTRE LOCAL DES SERVICES COMMUNAUTAIRES DU GRAND CHICOUTIMI *p* 1014
411 Rue De L'hotel-Dieu, CHICOUTIMI, QC, G7H 7Z5
(418) 543-2221   *SIC* 8399

CENTRE LOCAL DES SERVICES COMMUNAUTAIRES-CTRE D'HEBERG.

DE SOINS DE LONGUE DUREE DE L'ER p 1073
2180 Rue Becancour, LYSTER, QC, G0S 1V0
(819) 389-5437 SIC 8361
CENTRE LOUIS FRECHETTE p 1132
See COMMISSION SCOLAIRE DE LA POINTE-DE-L'ILE
CENTRE LOUIS-JOLLIET p 1151
See COMMISSION SCOLAIRE DE LA CAPITALE, LA
CENTRE MARIO GOSSELIN p 1246
See THETFORD MINES, VILLE DE
CENTRE MEDICAL PHYSIMED p 1212
See GROUPE SANTE PHYSIMED INC
CENTRE MGR VICTOR TREMBLAY p 1013
See CENTRE DE SANTE ET DE SERVICES SOCIAUX DE CHICOUTIMI
CENTRE MINCEUR DE BOUCHERVILLE p 1004
See PENIGUEL MARIE-JOSEE
CENTRE MONTEREGIEN DE READAPTATION p 1191
5300 Ch De Chambly, SAINT-HUBERT, QC, J3Y 3N7
(450) 676-7447 SIC 7991
CENTRE MONTEREGIEN DE READAPTATION p 1194
1800 Rue Dessaulles, SAINT-HYACINTHE, QC, J2S 2T2
(450) 774-5003 SIC 8093
CENTRE MONTEREGIEN DE READAPTATION p 1195
730 Rue Saint-Pierre E, SAINT-HYACINTHE, QC, J2T 1N2
(450) 774-4104 SIC 8361
CENTRE MULTI SERVICE DES SAMARES PAVILLON DE FORMATION PROFESSIONNELLE DE L'ARGILE p 1045
See COMMISSION SCOLAIRE DES SAMARES
CENTRE NORMAND p 988
621 Rue De L'harricana, AMOS, QC, J9T 2P9
(819) 732-8241 SIC 8093
CENTRE NOTRE DAME DE L'ENFANT p 1263
See CRDI-TED ESTRIE
CENTRE NOTRE DAME DE L'ENFANT SHERBROOKE INC p 1237
1621 Rue Prospect, SHERBROOKE, QC, J1J 1K4
(819) 346-8471 SIC 8322
CENTRE ODILON GAUTHIER p 1147
See COMMISSION SCOLAIRE DES PREMIERES-SEIGNEURIES
CENTRE PEDAGOGIQUE NICOLAS ET STEPHANIE INC p 1171
50 Rue Thouin Bureau 230, REPENTIGNY, QC, J6A 4J4
(450) 585-4124 SIC 8211
CENTRE POUR HANDICAPES PHYSIQUES DES BOIS-FRANCS INC p 1258
59 Rue Monfette, VICTORIAVILLE, QC, G6P 1J8
(819) 758-9203 SIC 8322
CENTRE PSYCHO-PEDAGOGIQUE DE QUEBEC INC p 1160
1000 Rue Du Joli-Bois, Quebec, QC, G1V 3Z6
(418) 650-1171 SIC 8211
CENTRE QUEBECOIS DE FORMATION AERONAUTIQUE DE CHICOUTIMIE p 1191
See COLLEGE D'ENSEIGNEMENT GENERAL & PROFESSIONNEL DE CHICOUTIMI
CENTRE READAPTATION DE GASPESIE p 1010
328 Boul Rene-Levesque Bureau 102, CHANDLER, QC, G0C 1K0

(418) 689-4286 SIC 8361
CENTRE READAPTATION DE GASPESIE p 1033
See CENTRE READAPTATION DE GASPESIE
CENTRE READAPTATION DE GASPESIE p 1033
150 Rue Mgr-Ross Bureau 550, Gaspe, QC, G4X 2R8
(418) 368-2306 SIC 8093
CENTRE READAPTATION DE GASPESIE p 1224
230 Rte Du Parc, SAINTE-ANNE-DES-MONTS, QC, G4V 2C4
(418) 763-3325 SIC 8361
CENTRE READAPTATION EN DEFICIENCE INTELLECTUELLE CLAIR FOYER p 988
See CLAIR FOYER INC
CENTRE READAPTATION LA RESSOURSE p 1038
See GOUVERNEMENT DE LA PROVINCE DE QUEBEC
CENTRE RECREATIF EDOUARD RIVET p 1131
See SODEM INC
CENTRE RECREOTOURISTIQUE MONTJOYE p 1009
See SODEM INC
CENTRE REGIONAL DE SANTE ET DE SERVICE SOCIAUX DE LA BAIE-JAMES p 1011
32 3e Rue Bureau 238, CHAPAIS, QC, G0W 1H0
(418) 748-7658 SIC 8093
CENTRE REGIONAL DE SANTE ET DE SERVICE SOCIAUX DE LA BAIE-JAMES p 1012
51 3e Rue, CHIBOUGAMAU, QC, G8P 1N1
(418) 748-3662 SIC 8093
CENTRE REGIONAL DE SANTE ET DE SERVICE SOCIAUX DE LA BAIE-JAMES p 1063
950 Boul Quevillon, LEBEL-SUR-QUEVILLON, QC, J0Y 1X0
(819) 755-4881 SIC 8093
CENTRE REGIONAL DE SANTE ET DE SERVICE SOCIAUX DE LA BAIE-JAMES p 1169
199 Rue Jolliet, RADISSON, QC, J0Y 2X0
(819) 638-8991 SIC 8093
CENTRE REGIONAL DE FORMATION A DISTANCE DU GRAND MONTREAL p 992
See COMMISSION SCOLAIRE DE LA POINTE-DE-L'ILE
CENTRE REGIONALE DE SANTE & DE SERVICE SOCIAUX DE LA BAIE-JAMES p 1011
See CENTRE REGIONAL DE SANTE ET DE SERVICE SOCIAUX DE LA BAIE-JAMES
CENTRE REGIONALE DE SANTE & DE SERVICE SOCIAUX DE LA BAIE-JAMES p 1012
See CENTRE REGIONAL DE SANTE ET DE SERVICE SOCIAUX DE LA BAIE-JAMES
CENTRE REGIONALE DE SANTE & DE SERVICE SOCIAUX DE LA BAIE-JAMES p 1063
See CENTRE REGIONAL DE SANTE ET DE SERVICE SOCIAUX DE LA BAIE-JAMES
CENTRE REGIONALE DE SANTE & DE SERVICE SOCIAUX DE LA BAIE-JAMES p 1169
See CENTRE REGIONAL DE SANTE ET DE SERVICE SOCIAUX DE LA BAIE-JAMES
CENTRE ROBERT GUERTIN p 1037
See VILLE DE GATINEAU
CENTRE SAINT-LOUIS EDUCATION DES ADULTES p 1164
See COMMISSION SCOLAIRE DE LA CAPITALE, LA
CENTRE SAINT-MICHEL FORMATION POUR ADULTS p 1237
See COMMISSION SCOLAIRE DE LA

REGION-DE-SHERBROOKE
CENTRE SCOLAIRE ETOILE DE L'ACADIE p 468
See CONSEIL SCOLAIRE ACADIEN PROVINCIAL
CENTRE SCOLAIRE SAMUEL DE CHAMPLAIN p 416
See SCHOOL BOARD DISTRICT 01
CENTRE SCOLAIRE SEC JEANNE LAJOIE p 805
See CONSEIL DES ECOLES CATHOLIQUES DE LANGUE FRANCAISE DU CENTRE-EST
CENTRE SKI OWL'S HEAD p 1075
See DEVELOPPEMENT OWL'S HEAD INC
CENTRE SPORTIF p 1070
See CONSEIL DE VIE ETUDIANTE DE L'ECOLE NATIONALE AEROTECHNIQUE COLLEGE EDOUARD-MONTPETIT INC
CENTRE SPORTIF CARREFOUR 1992 LTEE p 1129
3095 Nord Laval (A-440) O, Montreal, QC, H7P 4W5
(450) 687-1857 SIC 7997
CENTRE SPORTIF PALADIUM INC p 1070
475 Boul Roland-Therrien, LONGUEUIL, QC, J4H 4A6
(450) 646-9995 SIC 7999
CENTRE ST-AUGUSTIN p 1145
See CENTRE DE SANTE ET DE SERVICES SOCIAUX DU PONTIAC
CENTRE ST-CHARLES p 1031
See SINTRA INC
CENTRE ST-LAURENT p 787
See MORGUARD INVESTMENTS LIMITED
CENTRE ST-LOUIS-DE-GONZAGUE p 1030
See COMMISSION SCOLAIRE DES CHENES
CENTRE ST-PAUL p 1123
See COMMISSION SCOLAIRE DE MONTREAL
CENTRE TACHE CENTRE p 364
See TACHE NURSING CENTRE-HOSPITALIER TACHE INC
CENTRE UBANISATION CULTURE ET SOCIETE p 1150
See UNIVERSITE DU QUEBEC
CENTRE VICTOR-LEGER p 1232
See VICONTE INC
CENTRE WELLINGTON CONTACT p 1258
See HOPITAL DOUGLAS
CENTRE WELLINGTON DISTRICT HIGH SCHOOL p 588
See UPPER GRAND DISTRICT SCHOOL BOARD, THE
CENTRE Y DU PARC, LE p 1099
See YMCA DU QUEBEC, LES
CENTRECORP MANAGEMENT SERVICES LIMITED p 924
94 Cumberland St Suite 600, TORONTO, ON, M5R 1A3
(416) 972-1803 SIC 6531
CENTRELINE EQUIPMENT RENTALS LTD p 552
401 Richmond St, CHATHAM, ON, N7M 1P5
(519) 354-2671 SIC 7359
CENTRELINE EQUIPMENT RENTALS LTD p 963
3950 Rhodes Dr, WINDSOR, ON, N8W 5C2
(519) 944-4500 SIC 7359
CENTRES D'ACCUEIL LAVAL INC, LES p 1225
5436 Boul Levesque E, Sainte-Dorothee, QC, H7C 1N7
(450) 661-5440 SIC 8051
CENTRES D'EDUCATION DES ADULTES p 1221
See COMMISSION SCOLAIRE DES NAVIGATEURS
CENTRES DE FORMATION PROFESSIONNELLE GABRIEL ROUSSEAU p 1221

See COMMISSION SCOLAIRE DES NAVIGATEURS
CENTRES DE FORMATION PROFESSIONNELLE DE L'ABESTERI p 993
See COMMISSION SCOLAIRE DES SOMMETS
CENTRES DE LA JEUNESSE ET DE LA FAMILLE BATSHAW p 1028
See LES CENTRES DE LA JEUNESSE ET DE LA FAMILLE BATSHAW
CENTRES DE RESSOURCES HUMAINES p 1012
See HEALTH CANADA
CENTRES DENTAIRES LAPOINTE INC p 1070
116 Rue Guilbault, LONGUEUIL, QC, J4H 2T2
(450) 679-2300 SIC 8021
CENTRES DENTAIRES LAPOINTE INC p 1086
5878 Rue Sherbrooke E Bureau 201, Montreal, QC, H1N 1B5
(514) 255-5801 SIC 8021
CENTRES JEUNESSE CHAUDIERE-APPALACHES, LES p 1064
100 Rte Monseigneur-Bourget Bureau 300, Levis, QC, G6V 2Y9
(418) 837-9331 SIC 8322
CENTRES JEUNESSE CHAUDIERE-APPALACHES, LES p 1064
25 Rue Vincent-Chagnon, Levis, QC, G6V 4V6
(418) 835-9659 SIC 8322
CENTRES JEUNESSE CHAUDIERE-APPALACHES, LES p 1066
1120 Boul Guillaume-Couture, Levis, QC, G6W 5M6
(418) 839-6888 SIC 8322
CENTRES JEUNESSE CHAUDIERE-APPALACHES, LES p 1083
117 Av Collin, MONTMAGNY, QC, G5V 2S7
(418) 248-3934 SIC 8322
CENTRES JEUNESSE CHAUDIERE-APPALACHES, LES p 1189
12521 25e Av, SAINT-GEORGES, QC, G5Y 5N6
(418) 228-5516 SIC 8322
CENTRES JEUNESSE CHAUDIERE-APPALACHES, LES p 1202
851 Av Sainte-Therese, SAINT-JOSEPH-DE-BEAUCE, QC, G0S 2V0
(418) 397-5781 SIC 8322
CENTRES JEUNESSE DE L'OUTAOUAIS, LES p 1034
621 Rue Notre-Dame, GATINEAU, QC, J8P 1N1
(819) 663-3344 SIC 8322
CENTRES JEUNESSE DE L'OUTAOUAIS, LES p 1038
155 Ch Freeman, GATINEAU, QC, J8Z 2A7
(819) 778-2099 SIC 8322
CENTRES JEUNESSE DE L'OUTAOUAIS, LES p 1039
452 Boul Alexandre-Tache, GATINEAU, QC, J9A 1M7
(819) 778-1813 SIC 8322
CENTRES JEUNESSE DE LANAUDIERE, LES p 1045
1170 Rue Ladouceur, JOLIETTE, QC, J6E 3W7
(450) 759-0755 SIC 8641
CENTRES JEUNESSE DE LANAUDIERE, LES p 1171
See CENTRES JEUNESSE DE LANAUDIERE, LES
CENTRES JEUNESSE DE LANAUDIERE, LES p 1171

BUSINESSES ALPHABETICALLY

630 Rue De Marseille Bureau 201, REPENTIGNY, QC, J6A 7A3
(450) 585-1423 SIC 8322
CENTRES JEUNESSE DE LANAUDIERE, LES p 1185
557 329 Rte, SAINT-DONAT-DE-MONTCALM, QC, J0T 2C0
SIC 8361
CENTRES JEUNESSE DES LAURENTIDES, LES p 1231
See GOUVERNEMENT DE LA PROVINCE DE QUEBEC
CENTRES JEUNESSE JONQUIERE p 1047
See LE CENTRE JEUNESSE DU SAGUENAY-LAC-SAINT-JEAN
CENTRES SERVICES AUX ENTREPRISES p 992
See COMMISSION SCOLAIRE DE LA POINTE-DE-L'ILE
CENTRICA ENERGY p 159
See DIRECT ENERGY MARKETING LIMITED
CENTRILIFT p 135
See BAKER HUGHES CANADA COMPANY
CENTRO GRILL & WINE BAR p 898
See SPAGO RESTAURANT INC
CENTUM MORTGAGE SPECIALISTS p 457
1649 Brunswick St, HALIFAX, NS, B3J 2G3
(902) 420-9090 SIC 6163
CENTURA (HAMILTON) LIMITED p 614
140 Nebo Rd, HAMILTON, ON, L8W 2E4
(905) 383-5100 SIC 5023
CENTURA (TORONTO) LIMITED p 659
993 Adelaide St S, LONDON, ON, N6E 1R5
(519) 681-1961 SIC 5032
CENTURA (TORONTO) LIMITED p 759
53 Apex Rd, NORTH YORK, ON, M6A 2V6
(416) 785-5165 SIC 5032
CENTURA (VANCOUVER) LIMITED p 189
4616 Canada Way, BURNABY, BC, V5G 1K5
(604) 298-8453 SIC 5032
CENTURA FLOOR & WALL FASHIONS p 189
See CENTURA (VANCOUVER) LIMITED
CENTURA FLOOR & WALL TILE p 614
See CENTURA (HAMILTON) LIMITED
CENTURA FLOOR AND FASHIONS p 659
See CENTURA (TORONTO) LIMITED
CENTURA FLOOR AND WALL FASHIONS p 759
See CENTURA (TORONTO) LIMITED
CENTURA QUEBEC p 1155
See CENTURA QUEBEC LTEE
CENTURA QUEBEC LTEE p 1155
2699 Av Watt, Quebec, QC, G1P 3X3
(418) 653-5267 SIC 5023
CENTURION ENERGY INTERNATIONAL INC p 42
205 5 Ave Sw Suite 800, CALGARY, AB, T2P 2V7
(403) 263-6002 SIC 1382
CENTURION MECHANICAL LTD p 61
2509 Dieppe Ave Sw Unit 301, CALGARY, AB, T3E 7J9
(403) 452-6761 SIC 1711
CENTURY 21 p 494
See CENTURY 21 B J ROTH REALTY LTD
CENTURY 21 p 670
See CENTURY 21 KING'S QUAY REAL ESTATE INC
CENTURY 21 B J ROTH REALTY LTD p 494
355 Bayfield St Suite 5, BARRIE, ON, L4M 3C3
(705) 721-9111 SIC 6531
CENTURY 21 B J ROTH REALTY LTD p 497
300 Lakeshore Dr Unit 100, BARRIE, ON, L4N 0B4
(705) 737-3664 SIC 6531
CENTURY 21 BAMBER REALTY LTD p 53
1612 17 Ave Sw, CALGARY, AB, T2T 0E3
(403) 875-4653 SIC 6531
CENTURY 21 IMMO PLUS p 1117
See 9123-2017 QUEBEC INC

CENTURY 21 KING'S QUAY REAL ESTATE INC p 670
7300 Warden Ave Suite 401, MARKHAM, ON, L3R 9Z6
(905) 940-3428 SIC 6531
CENTURY 21 LANTHORN REAL ESTATE LTD p 943
441 Front St, TRENTON, ON, K8V 6C1
(613) 392-2511 SIC 6531
CENTURY 21 PRESTIGE p 1147
See 9081-3239 QUEBEC INC
CENTURY 21 REGAL REALTY INC p 843
4030 Sheppard Ave E Suite 2, SCARBOROUGH, ON, M1S 1S6
(416) 291-0929 SIC 6531
CENTURY 21 TODAY REALTY LTD p 738
8123 Lundy's Lane Suite 10, NIAGARA FALLS, ON, L2H 1H3
(905) 356-9100 SIC 6531
CENTURY AIRLINE SERVICES INC p 809
779 Erskine Ave, PETERBOROUGH, ON, K9J 5V1
SIC 4111
CENTURY DOWNS RACETRACK & CASINO p 160
See UNITED HORSEMEN OF ALBERTA INC
CENTURY ENVIRONMENTAL SERVICES p 1299
See WOLSELEY CANADA INC
CENTURY FREIGHT p 24
See MILNE & CRAIGHEAD, INC
CENTURY GARDENS RECREATION CENTRE p 518
See CORPORATION OF THE CITY OF BRAMPTON, THE
CENTURY HOSPITALITY GROUP LTD p 79
10155 102 St Nw Suite 2550, EDMONTON, AB, T5J 4G8
(780) 424-0400 SIC 5812
CENTURY PINES GOLF CLUB p 944
See KANEFF PROPERTIES LIMITED
CENTURY PUBLIC SCHOOL p 727
See OTTAWA-CARLETON DISTRICT SCHOOL BOARD
CENTURY SECONDARY SCHOOL p 969
See GREATER ESSEX COUNTY DISTRICT SCHOOL BOARD
CENTURY TAXI p 416
See ROYAL TAXI
CEP LOCAL 1119 p 216
See UNIFOR
CEP LOCAL 12 p 815
See UNIFOR
CEPC p 995
See SHOEI CANADA CORPORATION
CERADYNE CANADA p 1014
See CERADYNE CANADA ULC
CERADYNE CANADA ULC p 1014
2702 Boul Talbot, Chicoutimi, QC, G7H 5B1
(418) 693-0227 SIC 3334
CERAMIQUE DECORS M.S.F. INC p 1147
4220 3e Av O, Quebec, QC, G1H 6T1
(418) 627-0123 SIC 5945
CERATEC INC p 1153
414 Av Saint-Sacrement, Quebec, QC, G1N 3Y3
(418) 681-0101 SIC 5032
CERATEC INC p 1204
1620 Boul Jules-Poitras, SAINT-LAURENT, QC, H4N 1Z3
(514) 956-0341 SIC 5032
CERATEC VAUDREUIL p 1204
See CERATEC INC
CERCUEILS ALLIANCE CASKETS INC p 397
355 Du Pouvoir Ch, EDMUNDSTON, NB, E3V 4K1
(506) 739-6226 SIC 3995
CEREBRAL PALSY ASSOCIATION IN ALBERTA p 63
3688 48 Ave Ne, CALGARY, AB, T3J 5C8

(403) 543-1161 SIC 8322
CEREBRAL PALSY PARENT COUNCIL OF TORONTO p 873
49 Green Lane Unit 251, THORNHILL, ON, L3T 7M9
(905) 731-0792 SIC 8059
CERESCORP COMPANY p 460
4755 Barrington St, HALIFAX, NS, B3K 6A8
(902) 453-4590 SIC 4491
CERIDIAN CANADA LTD p 10
2618 Hopewell Pl Ne Suite 310, CALGARY, AB, T1Y 7J7
(403) 262-6035 SIC 8721
CERIDIAN CANADA LTD p 87
10216 124 St Nw Suite 120, EDMONTON, AB, T5N 4A3
(780) 702-8732 SIC 8721
CERIDIAN CANADA LTD p 318
1200 73rd Ave W Suite 1400, VANCOUVER, BC, V6P 6G5
(604) 267-6200 SIC 8721
CERIDIAN CANADA LTD p 377
125 Garry St, WINNIPEG, MB, R3C 3P2
(204) 947-9400 SIC 7361
CERIDIAN CANADA LTD p 450
238 Brownlow Ave Suite 310, DARTMOUTH, NS, B3B 1Y2
(902) 442-3200 SIC 8721
CERIDIAN CANADA LTD p 670
675 Cochrane Dr Suite 515n, MARKHAM, ON, L3R 0B8
(905) 947-7000 SIC 8721
CERIDIAN CANADA LTD p 687
5600 Explorer Dr Suite 400, MISSISSAUGA, ON, L4W 4Y2
(905) 282-8100 SIC 8721
CERIDIAN CANADA LTD p 794
343 Preston St Suite 1000, OTTAWA, ON, K1S 1N4
(613) 228-0222 SIC 8721
CERIDIAN CANADA LTD p 1209
8777 Rte Transcanadienne, SAINT-LAURENT, QC, H4S 1Z6
(514) 908-3000 SIC 8721
CERIDIAN LIFEWORKS SERVICES p 670
See CERIDIAN CANADA LTD
CERMAQ CANADA LTD p 291
61 4th St, TOFINO, BC, V0R 2Z0
(250) 725-1255 SIC 2048
CERTAINTEED CANADA, INC p 972
61 Royal Group Cres, WOODBRIDGE, ON, L4H 1X9
(905) 652-5200 SIC 3296
CERTAINTEED GYPSUM CANADA, INC p 16
6715 Ogden Dale Rd Se, CALGARY, AB, T2C 2A4
(403) 279-0916 SIC 3275
CERTAINTEED GYPSUM CANADA, INC p 207
1070 Derwent Way, DELTA, BC, V3M 5R1
(604) 527-1405 SIC 3275
CERTAINTEED GYPSUM CANADA, INC p 343
Gd, AMARANTH, MB, R0H 0B0
(204) 843-2231 SIC 3275
CERTAINTEED GYPSUM CANADA, INC p 379
1200 Empress St, WINNIPEG, MB, R3E 3B4
(204) 786-3424 SIC 3275
CERTAINTEED GYPSUM CANADA, INC p 404
57 Quality Way, MCADAM, NB, E6J 1B1
(506) 784-2215 SIC 3275
CERTAINTEED GYPSUM CANADA, INC p 702
2424 Lakeshore Rd W, MISSISSAUGA, ON, L5J 1K4
(905) 823-9881 SIC 3275
CERTAINTEED GYPSUM CANADA, INC p 1225
700 1re Av, SAINTE-CATHERINE, QC, J5C 1C5
(450) 632-5440 SIC 3275

CERTIFIED GENERAL ACCOUNTANTS ASSOCIATION OF CANADA p 192
4200 North Fraser Way Suite 100, BURNABY, BC, V5J 5K7
(604) 408-6660 SIC 8621
CERTISPEC SERVICES INC p 257
2813 Murray St, PORT MOODY, BC, V3H 1X3
(604) 469-9180 SIC 8734
CERVOL SERVICE GROUP INC p 703
2295 Dunwin Dr Unit 4, MISSISSAUGA, ON, L5L 3S4
(905) 569-0557 SIC 1711
CERVUS AG EQUIPMENT LTD p 1274
2320 Saskatchewan Dr, MELFORT, SK, S0E 1A0
(306) 752-9344 SIC 5999
CERVUS AG EQUIPMENT LTD p 1308
406 1 St Ave W, WATROUS, SK, S0K 4T0
(306) 946-3362 SIC 5999
CERVUS CONTRACTORS EQUIPMENT LP p 16
4403 112 Ave Se Suite Unit, CALGARY, AB, T2C 5C5
(403) 243-2011 SIC 4213
CERVUS CONTRACTORS EQUIPMENT LP p 84
14504 Yellowhead Trail Nw, EDMONTON, AB, T5L 3C5
(780) 447-4441 SIC 5082
CERVUS EQUIPMENT CORPORATION p 16
5159 72 Ave Se, CALGARY, AB, T2C 3H3
(403) 243-6011 SIC 8731
CERVUS EQUIPMENT CORPORATION p 103
9412 51 Ave Nw, EDMONTON, AB, T6E 5A6
(780) 432-6262 SIC 8731
CERVUS EQUIPMENT CORPORATION p 157
280 Burnt Park Dr Unit 10, RED DEER COUNTY, AB, T4S 0K7
(403) 346-9011 SIC 8731
CERVUS EQUIPMENT CORPORATION p 1295
210 Faithfull Cres, SASKATOON, SK, S7K 8H8
(306) 933-3383 SIC 8731
CERVUS EQUIPMENT PETERBILT p 1268
See FRONTIER PETERBILT SALES LTD
CERVUS EQUIPMENT PETERBILT p 1282
See FRONTIER PETERBILT SALES LTD
CERVUS LP p 84
14566 Yellowhead Trail Nw, EDMONTON, AB, T5L 3C5
(780) 448-4522 SIC 5999
CERVUS LP p 149
4310 50 Ave, OLDS, AB, T4H 1A5
(403) 556-6961 SIC 5999
CERVUS LP p 151
6610 46 Ave, PONOKA, AB, T4J 1J8
(403) 783-3337 SIC 5083
CERVUS LP p 168
Hwy 12 W, STETTLER, AB, T0C 2L0
(403) 742-4427 SIC 5999
CERVUS LP p 171
102 1st Avenue N, TROCHU, AB, T0M 2C0
(403) 442-3982 SIC 5999
CES ENERGY SOLUTIONS CORP p 790
234 Laurier Ave W, OTTAWA, ON, K1P 6K6
(613) 233-2177 SIC 1382
CES ENERGY SOLUTIONS CORP p 1265
2 Miles S Highway 9, CARLYLE, SK, S0C 0R0
(306) 453-4411 SIC 1382
CES ENERGY SOLUTIONS CORP p 1265
Highway 9 S, CARLYLE, SK, S0C 0R0
(306) 453-4470 SIC 1382
CESAR VAN AND STORAGE p 536
See CAMPBELL BROS. MOVERS LIMITED
CESARONI CONTRACTING INC p 845
3015 Kennedy Rd Suite 101, SCARBOROUGH, ON, M1V 1E7
(416) 292-2225 SIC 1742
CESL ENGINEERING p 318

▲ Public Company   ■ Public Company Family Member   HQ Headquarters   BR Branch   SL Single Location

See CESL LIMITED
CESL LIMITED p 318
8898 Heather St Unit 107, VANCOUVER, BC, V6P 3S8
  SIC 8731
CESSCO FABRICATION & ENGINEERING LIMITED p 103
7310 99 St Nw, EDMONTON, AB, T6E 3R8
(780) 433-9531 SIC 3499
CETAL p 1061
179 Boul Laurier, LAURIER-STATION, QC, G0S 1N0
(418) 728-3119 SIC 2448
CEVA FREIGHT CANADA CORP p 687
1880 Matheson Blvd E, MISSISSAUGA, ON, L4W 5N4
(905) 672-3456 SIC 4731
CEVA LOGISTICS p 511
See CEVA LOGISTICS CANADA, ULC
CEVA LOGISTICS CANADA, ULC p 511
2600 North Park Dr, BRAMPTON, ON, L6S 6E2
(905) 789-2904 SIC 4212
CF CABLE TV INC p 1114
612 Rue Saint-Jacques, Montreal, QC, H3C 4M8
(514) 380-1999 SIC 4841
CFA, SOCIETE EN COMMANDITE p 1042
625 Rue Du Luxembourg, GRANBY, QC, J2J 2S9
(450) 770-8558 SIC 3497
CFB ESQUIMALT MILITARY FAMILY RESOURCE CENTRE p 335
1505 Esquimalt Rd, VICTORIA, BC, V9A 7N2
(250) 363-8628 SIC 8399
CFBR-FM THE BEAR 100.3 p 90
See BELL MEDIA INC
CFCN-TV CHANNEL 3 p 136
See BELL MEDIA INC
CFE CHAUDIERE NORD p 1227
See CENTRE FINANCIER AUX ENTREPRISES DES CAISSES DESJARDIN CHAUDIERE-NORD
CFE DU HAUT-RICHELIEU p 1198
See FEDERATION DES CAISSES DESJARDINS DU QUEBEC
CFGQ-FM p 43
See CORUS ENTERTAINMENT INC
CFIS LANGUAGE SCHOOLS p 62
See CALGARY FRENCH & INTERNATIONAL SCHOOL SOCIETY, THE
CFJR-CJPT, DIVISION OF p 530
See BELL MEDIA INC
CFMI-FM p 324
See CORUS ENTERTAINMENT INC
CFMJ AM 640 MOJO RADIO TALK RADIO FOR GUYS p 911
See CORUS PREMIUM CORPORATION
CFMJ-AM p 904
See CORUS ENTERTAINMENT INC
CFOS RADIO p 803
See BAYSHORE BROADCASTING CORPORATION
CFPL PAVILLON DALBE VIAU p 1056
See COMMISSION SCOLAIRE MARGUERITE-BOURGEOYS
CFPL-FM p 655
See CORUS ENTERTAINMENT INC
CFPOM p 1048
See COMMISSION SCOLAIRE MARGUERITE-BOURGEOYS
CFRA p 788
See BELL MEDIA INC
CFRN TV p 90
See BELL MEDIA INC
CFSW LNG CONSTRUCTORS p 186
4321 Still Creek Dr Suite 600, BURNABY, BC, V5C 6S7
(604) 603-4734 SIC 1541
CFX ENGINE CONTROLS AND ACCESSORIES p 104

See ENERFLEX LTD.
CG MAINTENANCE p 755
See C.G. MAINTENANCE & SANITARY PRODUCTS INC
CG POWER SYSTEMS CANADA INC p 389
101 Rockman St, WINNIPEG, MB, R3T 0L7
(204) 452-7446 SIC 3612
CGA CANADA p 192
See CERTIFIED GENERAL ACCOUNTANTS ASSOCIATION OF CANADA
CGG CANADA SERVICES LTD p 41
715 5 Ave Sw Suite 2200, CALGARY, AB, T2P 2X6
(403) 205-6000 SIC 8713
CGG CSL p 41
See CGG CANADA SERVICES LTD
CGI p 43
See CONSEILLERS EN GESTION ET INFORMATIQUE CGI INC
CGI p 79
See CONSEILLERS EN GESTION ET INFORMATIQUE CGI INC
CGI p 189
See CONSEILLERS EN GESTION ET INFORMATIQUE CGI INC
CGI p 401
See CONSEILLERS EN GESTION ET INFORMATIQUE CGI INC
CGI p 594
See CONSEILLERS EN GESTION ET INFORMATIQUE CGI INC
CGI p 707
See CDSL CANADA LIMITED
CGI p 906
See CONSEILLERS EN GESTION ET INFORMATIQUE CGI INC
CGI p 1014
See CONSEILLERS EN GESTION ET INFORMATIQUE CGI INC
CGI p 1095
See CONSEILLERS EN GESTION ET INFORMATIQUE CGI INC
CGI p 1149
See CONSEILLERS EN GESTION ET INFORMATIQUE CGI INC
CGI p 1284
See CDSL CANADA LIMITED
CGU INSURANCE CO. OF CANADA p 610
1 King St W Suite 600, HAMILTON, ON, L8P 1A4
  SIC 6411
CH TELEVISION p 329
See POSTMEDIA NETWORK INC
CH-CHSLD DE PAPINEAU p 1033
500 Rue Belanger, GATINEAU, QC, J8L 2M4
(819) 986-3341 SIC 8399
CH2M HILL CANADA LIMITED p 41
800 6 Ave Sw Suite 1500, CALGARY, AB, T2P 3G3
  SIC 8711
CH2M HILL CANADA LIMITED p 190
4720 Kingsway Suite 2100, BURNABY, BC, V5H 4N2
(604) 684-3282 SIC 8711
CH2M HILL CANADA LIMITED p 744
245 Consumers Rd Suite 400, NORTH YORK, ON, M2J 1R3
(416) 499-9000 SIC 8711
CH2M HILL CANADA LIMITED p 799
1101 Prince Of Wales Dr Unit 330, OTTAWA, ON, K2C 3W7
(613) 723-8700 SIC 8711
CH2M HILL ENERGY CANADA LTD p 192
4599 Tillicum St, BURNABY, BC, V5J 3J9
  SIC 8711
CHABAD AT FLAMINGO INC p 875
8001 Bathurst St, THORNHILL, ON, L4J 8L5
(905) 763-4040 SIC 8661
CHABOT & DESMARAIS INC p 1178
1015 Rue Bergeron Local A, SAINT-AGAPIT, QC, G0S 1Z0
(418) 888-3290 SIC 4212
CHABOT CARROSSERIE INC p 1083
264 Ch Des Poirier, MONTMAGNY, QC,

G5V 4S5
(418) 234-1525 SIC 7532
CHAD SMOKESHOPE 420 LTD. p 135
5111 50 St, LEDUC, AB, T9E 6X3
(780) 986-8560 SIC 5194
CHADWICK FOOD SERVICE MANAGEMENT INCORPORATED p 443
200 Waterfront Dr Suite 225, BEDFORD, NS, B4A 4J4
(902) 832-9489 SIC 5812
CHAFFEY-BURKE ELEMENTARY SCHOOL p 190
See BURNABY SCHOOL BOARD DISTRICT 41
CHAGNON HONDA p 1042
See AUTOS R. CHAGNON DE GRANBY INC
CHAI POULTRY INC p 895
115 Saulter St S, TORONTO, ON, M4M 3K8
(416) 462-1313 SIC 5144
CHAINE DE TRAVAIL ADAPTE p 1047
See CHAINE DE TRAVAIL ADAPTE C.T.A. INC
CHAINE DE TRAVAIL ADAPTE C.T.A. INC p 1047
2440 Rue Cantin Bureau 102, Jonquiere, QC, G7X 8S6
(418) 543-6758 SIC 7349
CHAINES TELE ASTRAL p 1116
See ASTRAL BROADCASTING GROUP INC
CHAIR RESOURCES INC p 932
100 King St W Suite 7080, TORONTO, ON, M5X 2A1
(416) 863-0447 SIC 1382
CHAIRMAN'S BRAND CORPORATION p 840
77 Progress Ave, SCARBOROUGH, ON, M1P 2Y7
(416) 288-8515 SIC 6794
CHALET ROTISSERIE & GRILL p 283
See CARA OPERATIONS LIMITED
CHALEUR REGIONAL HOSPITAL p 394
See REGIONAL HEALTH AUTHORITY A
CHALIFOUX SANI LAURENTIDES INC p 1199
2 Boul Maisonneuve, Saint-Jerome, QC, J5L 0A1
(450) 224-2855 SIC 7699
CHALLENGER MOTOR FREIGHT INC p 547
300 Maple Grove Rd, CAMBRIDGE, ON, N3E 1B7
(519) 653-6226 SIC 4213
CHALLENGER MOTOR FREIGHT INC p 547
866 Langs Dr, CAMBRIDGE, ON, N3H 5P6
(519) 650-3904 SIC 4225
CHALLENGER MOTOR FREIGHT INC p 1026
2770 Av Andre, DORVAL, QC, H9P 1K6
(514) 684-2025 SIC 4213
CHALMERS CONSTRUCTION INC p 621
1586 10th Line, INNISFIL, ON, L9S 3P3
(705) 734-6111 SIC 1741
CHALMERS ELEMENTARY SCHOOL p 209
See DELTA SCHOOL DISTRICT NO.37
CHALMERS STREET PUBLIC SCHOOL p 544
See WATERLOO REGION DISTRICT SCHOOL BOARD
CHAMBERLAIN SCHOOL p 129
See BOARD OF TRUSTEES OF HORIZON SCHOOL DIVISION NO 67
CHAMBLY SUCC BUREAU-CHEF p 1010
See CANADA POST CORPORATION
CHAMCO INDUSTRIES LTD p 2
553 Kingsview Way Se Suite 110, AIRDRIE, AB, T4A 0C9
(403) 945-8134 SIC 5084
CHAMCO INDUSTRIES LTD p 65
8900 Venture Ave Se, CALGARY, AB, T3S 0A2
(403) 777-1200 SIC 5084
CHAMCO INDUSTRIES LTD p 103

9515 51 Ave Nw, EDMONTON, AB, T6E 4W8
(780) 438-8076 SIC 5084
CHAMINADE COLLEGE SCHOOL p 761
See TORONTO CATHOLIC DISTRICT SCHOOL BOARD
CHAMOIS, THE p 362
See REENDERS CAR WASH LTD
CHAMP INDUSTRIES p 364
See BRIDGES, DAVID INC
CHAMP'S SPORTS p 95
See FOOT LOCKER CANADA CO.
CHAMPION FEED SERVICES LTD p 173
9415 109 St, WESTLOCK, AB, T7P 2M6
(780) 349-5886 SIC 2048
CHAMPION GOLF CAR OF CANADA p 987
See PRODUITS MOBILICAB CANADA INC
CHAMPION OATS PROCESSORS p 126
See HI-PRO FEEDS LP
CHAMPION PRODUCTS CORP p 758
350 Norfinch Dr, North York, ON, M3N 1Y4
(416) 749-4242 SIC 5087
CHAMPION PRODUCTS CORP p 947
10 Ronrose Dr, VAUGHAN, ON, L4K 4R3
(289) 695-3900 SIC 5113
CHAMPION TECHNOLOGIES ULC p 16
6040 46 St Se, CALGARY, AB, T2C 4P9
(403) 279-2835 SIC 5169
CHAMPION TECHNOLOGIES ULC p 42
Gd Lcd 1, CALGARY, AB, T2P 2G8
(403) 234-7881 SIC 5169
CHAMPION TECHNOLOGIES ULC p 42
815 8 Ave Sw Suite 1400, CALGARY, AB, T2P 3P2
(403) 234-7881 SIC 5169
CHAMPION TECHNOLOGIES ULC p 141
5201 63 St, LLOYDMINSTER, AB, T9V 2E7
(780) 875-7488 SIC 5169
CHAMPION TECHNOLOGIES ULC p 162
2300 Premier Way, SHERWOOD PARK, AB, T8H 2L2
(780) 417-2720 SIC 8731
CHAMPLAIN COMMUNITY CARE ACCESS CENTRE p 805
1100 Pembroke St E, PEMBROKE, ON, K8A 6Y7
(613) 732-7007 SIC 8082
CHAMPLAIN DISCOVERY PUBLIC SCHOOL p 806
See RENFREW COUNTY DISTRICT SCHOOL BOARD
CHAMPLAIN ELEMENTARY SCHOOL p 455
See ANNAPOLIS VALLEY REGIONAL SCHOOL BOARD
CHAMPLAIN HEIGHTS COMMUNITY SCHOOL p 296
See BOARD OF EDUCATION OF SCHOOL DISTRICT NO. 39 (VANCOUVER), THE
CHAMPLAIN HEIGHTS SCHOOL p 415
See SCHOOL DISTRICT 8
CHAMPLAIN MANOR RETIREMENT RESIDENCE p 774
65 Fittons Rd W, ORILLIA, ON, L3V 3V2
(705) 326-8597 SIC 8059
CHAMPLAIN SCHOOL p 371
See WINNIPEG SCHOOL DIVISION
CHAMPLAIN TAXI MONTREAL (1974) LTD p 1098
5775 Rue Saint-Andre, Montreal, QC, H2S 2K2
(514) 273-2435 SIC 4121
CHAMPS SPORTS p 514
See FOOT LOCKER CANADA CO.
CHANCELLOR COMMUNITY CENTRE p 974
See CORPORATION OF THE CITY OF VAUGHAN, THE
CHANCELLOR ELEMENTARY SCHOOL p 389
See PEMBINA TRAILS SCHOOL DIVISION, THE
CHANCES 'R' RESTAURANT p 800

BUSINESSES ALPHABETICALLY

CHARM JEWELRY LIMITED 3163

See OTTAWA RESTAURANT INVESTMENTS LIMITED
CHANDELLES ET CREATIONS ROBIN INC p 1141
151 Av Alston, POINTE-CLAIRE, QC, H9R 5V9
(514) 426-5999 SIC 5137
CHANDLER PARK MIDDLE SCHOOL p 278
See SMITHERS SCHOOL BOARD DISTRICT #54 (BULKLEY VALLEY)
CHANDLER SALES p 414
See J. D. IRVING, LIMITED
CHANDLER, DIV. OF p 410
See J. D. IRVING, LIMITED
CHANDOS CONSTRUCTION LTD p 30
6170 12 St Se, CALGARY, AB, T2H 2X2
(403) 640-0101 SIC 1542
CHANEL INC p 1008
55 Boul Marie-Victorin, CANDIAC, QC, J5R 1B6
(450) 659-1981 SIC 5122
CHANGES p 102
See DAWNMARK HOLDINGS INC
CHANTELLE MANAGEMENT LTD p 94
9395 172 St Nw Suite 224, EDMONTON, AB, T5T 5S6
(780) 444-4545 SIC 8361
CHANTELLE MANAGEMENT LTD p 138
1255 5 Ave S, LETHBRIDGE, AB, T1J 0V6
(403) 328-6631 SIC 8051
CHANTELLE MANAGEMENT LTD p 195
2300 14th Ave, CASTLEGAR, BC, V1N 4A6
(250) 365-7277 SIC 8361
CHANTENAY HOLDINGS LIMITED p 950
262 Weber St N, WATERLOO, ON, N2J 3H6
(519) 886-2950 SIC 5251
CHANTLER PACKAGES
See 2582101 ONTARIO INC
CHANTLER PACKAGING INC p 700
880 Lakeshore Rd E, MISSISSAUGA, ON, L5E 1E1
(905) 274-2533 SIC 2671
CHANTRELL CREEK ELEMENTARY SCHOOL p 290
See SCHOOL DISTRICT NO 36 (SURREY)
CHAPEL LAWN MEMORIAL GARDEN p 385
See MEMORIAL GARDENS CANADA LIMITED
CHAPLEAU HIGH SCHOOL p 550
See ALGOMA DISTRICT SCHOOL BOARD
CHAPMAN ELEMENTARY SCHOOL p 388
See PEMBINA TRAILS SCHOOL DIVISION, THE
CHAPMAN'S ICE CREAM p 668
See CHAPMAN'S, DAVID ICE CREAM LIMITED
CHAPMAN'S, DAVID ICE CREAM LIMITED p 403
368 William Bell Dr, HAMPTON, NB, E5N 2C2
(506) 832-2070 SIC 2024
CHAPMAN'S, DAVID ICE CREAM LIMITED p 668
774792 10 Hwy, MARKDALE, ON, N0C 1H0
(519) 986-2915 SIC 2024
CHAPPEL HILL CATHOLIC SCHOOL p 776
See OTTAWA CATHOLIC DISTRICT SCHOOL BOARD
CHAPTERS p 10
See INDIGO BOOKS & MUSIC INC
CHAPTERS p 35
See INDIGO BOOKS & MUSIC INC
CHAPTERS p 56
See INDIGO BOOKS & MUSIC INC
CHAPTERS p 58
See INDIGO BOOKS & MUSIC INC
CHAPTERS p 95
See INDIGO BOOKS & MUSIC INC
CHAPTERS p 110
See INDIGO BOOKS & MUSIC INC
CHAPTERS p 161
See INDIGO BOOKS & MUSIC INC
CHAPTERS p 167

See INDIGO BOOKS & MUSIC INC
CHAPTERS p 191
See INDIGO BOOKS & MUSIC INC
CHAPTERS p 221
See INDIGO BOOKS & MUSIC INC
CHAPTERS p 232
See INDIGO BOOKS & MUSIC INC
CHAPTERS p 242
See INDIGO BOOKS & MUSIC INC
CHAPTERS p 286
See INDIGO BOOKS & MUSIC INC
CHAPTERS p 314
See INDIGO BOOKS & MUSIC INC
CHAPTERS p 322
See INDIGO BOOKS & MUSIC INC
CHAPTERS p 331
See INDIGO BOOKS & MUSIC INC
CHAPTERS p 381
See INDIGO BOOKS & MUSIC INC
CHAPTERS p 397
See INDIGO BOOKS & MUSIC INC
CHAPTERS p 402
See INDIGO BOOKS & MUSIC INC
CHAPTERS p 433
See INDIGO BOOKS & MUSIC INC
CHAPTERS p 463
See INDIGO BOOKS & MUSIC INC
CHAPTERS p 484
See INDIGO BOOKS & MUSIC INC
CHAPTERS p 488
See INDIGO BOOKS & MUSIC INC
CHAPTERS p 497
See INDIGO BOOKS & MUSIC INC
CHAPTERS p 538
See INDIGO BOOKS & MUSIC INC
CHAPTERS p 580
See INDIGO BOOKS & MUSIC INC
CHAPTERS p 594
See INDIGO BOOKS & MUSIC INC
CHAPTERS p 672
See INDIGO BOOKS & MUSIC INC
CHAPTERS p 698
See INDIGO BOOKS & MUSIC INC
CHAPTERS p 704
See INDIGO BOOKS & MUSIC INC
CHAPTERS p 733
See INDIGO BOOKS & MUSIC INC
CHAPTERS p 747
See INDIGO BOOKS & MUSIC INC
CHAPTERS p 771
See INDIGO BOOKS & MUSIC INC
CHAPTERS p 781
See INDIGO BOOKS & MUSIC INC
CHAPTERS p 795
See INDIGO BOOKS & MUSIC INC
CHAPTERS p 810
See INDIGO BOOKS & MUSIC INC
CHAPTERS p 841
See INDIGO BOOKS & MUSIC INC
CHAPTERS p 868
See INDIGO BOOKS & MUSIC INC
CHAPTERS p 929
See INDIGO BOOKS & MUSIC INC
CHAPTERS p 950
See INDIGO BOOKS & MUSIC INC
CHAPTERS p 974
See INDIGO BOOKS & MUSIC INC
CHAPTERS p 1112
See INDIGO BOOKS & MUSIC INC
CHAPTERS p 1289
See INDIGO BOOKS & MUSIC INC
CHAPTERS #964 p 32
See INDIGO BOOKS & MUSIC INC
CHAPTERS 786 p 659
See INDIGO BOOKS & MUSIC INC
CHAPTERS 906 p 62
See INDIGO BOOKS & MUSIC INC
CHAPTERS 924 p 156
See INDIGO BOOKS & MUSIC INC
CHAPTERS 927 p 518
See INDIGO BOOKS & MUSIC INC
CHAPTERS BOOK STORE p 269
See INDIGO BOOKS & MUSIC INC
CHAPTERS INDIGO p 368

See INDIGO BOOKS & MUSIC INC
CHAPTERS STORE #920 p 95
See INDIGO BOOKS & MUSIC INC
CHAR-LAN DISTRICT HIGH SCHOOL p 960
See UPPER CANADA DISTRICT SCHOOL BOARD, THE
CHARCOAL STEAK HOUSE INC p 636
2980 King St E, KITCHENER, ON, N2A 1A9
(519) 893-6570 SIC 5812
CHARCUTERIE DE BRETAGE p 998
See CHARCUTERIE LA TOUR EIFFEL INC
CHARCUTERIE L. FORTIN LIMITEE p 988
5371 Av Du Pont N, ALMA, QC, G8E 1T9
(418) 347-3365 SIC 2013
CHARCUTERIE LA TOUR EIFFEL INC p 998
1020 Boul Michele-Bohec, BLAINVILLE, QC, J7C 5E2
(450) 979-0001 SIC 2011
CHARCUTERIE LA TOUR EIFFEL INC p 1151
485 Rue Des Entrepreneurs, Quebec, QC, G1M 2V2
(418) 687-2840 SIC 5147
CHAREST AUTOMOBILE LTEE p 1260
275 Boul Pierre-Roux E Bureau 443, VICTORIAVILLE, QC, G6T 1S9
(819) 758-8271 SIC 5511
CHAREST INTERNATIONAL p 1260
See CHAREST AUTOMOBILE LTEE
CHARIOT EXPRESS LTD p 65
9550 Enterprise Way Se, CALGARY, AB, T3S 0A1
(403) 252-4047 SIC 4212
CHARITAS HEALTH GROUP p 82
See ALBERTA HEALTH SERVICES
CHARL-POL INC p 1052
805 Rue De L'innovation, LA BAIE, QC, G7B 3N8
(418) 677-1518 SIC 3569
CHARL-POL INC p 1144
440 Rue Lucien-Thibodeau, PORTNEUF, QC, G0A 2Y0
(418) 286-4881 SIC 3569
CHARLEBOIS COMMUNITY SCHOOL p 1267
See NORTHERN LIGHTS SCHOOL DIVISION 113
CHARLES BEAUDOIN PUBLIC SCHOOL p 536
See HALTON DISTRICT SCHOOL BOARD
CHARLES BLOOM SECONDARY SCHOOL p 235
See SCHOOL DISTRICT NO 22 (VERNON)
CHARLES C MCLEAN PUBLIC SCHOOL p 596
See RAINBOW DISTRICT SCHOOL BOARD
CHARLES DICKENS ELEMENTARY SCHOOL p 297
See BOARD OF EDUCATION OF SCHOOL DISTRICT NO. 39 (VANCOUVER), THE
CHARLES E. WEBSTER PUBLIC SCHOOL p 937
See TORONTO DISTRICT SCHOOL BOARD
CHARLES G FRASER JUNIOR PUBLIC SCHOOL p 936
See TORONTO DISTRICT SCHOOL BOARD
CHARLES GORDON SENIOR ELEMENTARY SCHOOL p 838
See TORONTO DISTRICT SCHOOL BOARD
CHARLES H BEST MIDDLE SCHOOL p 755
See TORONTO DISTRICT SCHOOL BOARD
CHARLES H HULSE PUBLIC SCHOOL p 796
See OTTAWA-CARLETON DISTRICT SCHOOL BOARD
CHARLES HOWITT PUBLIC SCHOOL p 823
See YORK REGION DISTRICT SCHOOL BOARD
CHARLES JONES INDUSTRIAL LIMITED p 724
4 Hawk St Suite 900, NANTICOKE, ON, N0A 1L0
(519) 587-2283 SIC 5085
CHARLES JONES INDUSTRIAL LIMITED p 860
237 Arvin Ave, STONEY CREEK, ON, L8E 5S6
(905) 664-8448 SIC 5085
CHARLES P ALLEN HIGH SCHOOL p 443
See HALIFAX REGIONAL SCHOOL BOARD
CHARLES S. CURTIS MEMORIAL HOSPITAL, THE p 431
See LABRADOR-GRENFELL REGIONAL HEALTH AUTHORITY
CHARLES TAYLOR ADJUSTING p 42
See CHARLES TAYLOR CONSULTING SERVICES (CANADA) INC
CHARLES TAYLOR CONSULTING SERVICES (CANADA) INC p 42
321 6 Ave Sw Suite 910, CALGARY, AB, T2P 3H3
(403) 266-3336 SIC 6411
CHARLES TENNANT & COMPANY (CANADA) LIMITED p 763
34 Clayson Rd, NORTH YORK, ON, M9M 2G8
(416) 741-9264 SIC 5169
CHARLESWOOD DEPOT p 388
See CANADA POST CORPORATION
CHARLESWOOD LUMBER p 388
See MCMUNN & YATES BUILDING SUPPLIES LTD
CHARLIE KILLAM SCHOOL p 66
See BATTLE RIVER REGIONAL DIVISION 31
CHARLIE LAKE ELEMENTARY SCHOOL p 196
See SCHOOL DISTRICT NO. 60 (PEACE RIVER NORTH)
CHARLOTTE PRODUCTS LTD p 809
2060 Fisher Dr, PETERBOROUGH, ON, K9J 6X6
(705) 740-2880 SIC 2842
CHARLOTTETOWN CINEMAS p 982
See EMPIRE THEATRES LIMITED
CHARLOTTETOWN METAL PRODUCTS p 982
See MARITIME STEEL AND FOUNDRIES LIMITED
CHARLOTTETOWN RURAL HIGH SCHOOL p 982
See EASTERN SCHOOL DISTRICT
CHARLOTTETOWN SUPER STORE p 980
See ATLANTIC WHOLESALERS LTD
CHARLTOM RESTAURANTS LIMITED p 443
1511 Bedford Hwy, BEDFORD, NS, B4A 1E3
(902) 832-1050 SIC 5812
CHARLTOM RESTAURANTS LIMITED p 447
4 Forest Hills Pky, DARTMOUTH, NS, B2W 5G7
SIC 5812
CHARLTOM RESTAURANTS LIMITED p 461
6169 Quinpool Rd, HALIFAX, NS, B3L 4P8
(902) 429-3824 SIC 5812
CHARLTOM RESTAURANTS LIMITED p 463
11 Lakelands Blvd, HALIFAX, NS, B3S 1G4
(902) 450-5643 SIC 5812
CHARLTON PUBLIC SCHOOL p 876
See YORK REGION DISTRICT SCHOOL BOARD
CHARLTON SAVARD PUBLIC SCHOOL p 550
See DISTRICT SCHOOL BOARD ONTARIO NORTH EAST
CHARM DIAMOND CENTRES p 448
See CHARM JEWELRY LIMITED
CHARM JEWELRY LIMITED p 448
140 Portland St, DARTMOUTH, NS, B2Y

▲ Public Company   ■ Public Company Family Member   HQ Headquarters   BR Branch   SL Single Location

1J1
(902) 463-7177   SIC 5944
CHARPENTERIE INC, LA   p 1014
1651 Boul Du Royaume O Bureau 4, CHICOUTIMI, QC, G7H 5B1
(418) 549-7731   SIC 2439
CHARTER BUILDING CO DIV OF   p 856
See LADSON PROPERTIES LIMITED
CHARTERED PROFESSIONAL ACCOUNTANTS OF BRITISH COLUMBIA   p 303
555 Hastings St W Unit 800, VANCOUVER, BC, V6B 4N5
(604) 872-7222   SIC 8621
CHARTIER & PAROLIN INC   p 1090
9021 Boul Saint-Michel, Montreal, QC, H1Z 3G3
(514) 955-0800   SIC 5912
CHARTIER AND ASSOCIATES   p 377
See CBRE LIMITED
CHARTIER HOTELS LTD   p 1275
955 Thatcher Dr E, MOOSE JAW, SK, S6H 4N9
(306) 692-4894   SIC 7011
CHARTIS   p 1104
See AIG INSURANCE COMPANY OF CANADA
CHARTON-HOBBS INC   p 1257
3000 Boul Rene-Levesque Bureau 400, VERDUN, QC, H3E 1T9
(514) 353-8955   SIC 5169
CHARTRAND VALUE MART   p 555
See LOBLAW COMPANIES LIMITED
CHARTWELL   p 722
See COMPASS GROUP CANADA LTD
CHARTWELL AURORA LONG TERM CARE RESIDENCE   p 490
See CHARTWELL MASTER CARE LP
CHARTWELL CLASSIC OAK PARK LASALLE   p 971
See CSH OAK PARK LASALLE INC
CHARTWELL CLASSIC RIDEAU PLACE-ON-THE-RIVER   p 788
See CSH RIDEAU PLACE INC
CHARTWELL COLONEL BELCHER RETIREMENT RESIDENCE   p 59
See CHARTWELL MASTER CARE LP
CHARTWELL ELEMENTARY SCHOOL   p 338
See SCHOOL DISTRICT NO. 45 (WEST VANCOUVER)
CHARTWELL GEORGIAN TRADITION   p 556
See CHARTWELL MASTER CARE LP
CHARTWELL GUILDWOOD RETIREMENT RESIDENCE   p 886
See RESIDENCES ALLEGRO, S.E.C., LES
CHARTWELL IMPERIAL PLACE RETIREMENT RESIDENCE   p 283
See CHARTWELL MASTER CARE LP
CHARTWELL MASTER CARE LP   p 59
1945 Veteran's Way Nw, CALGARY, AB, T3B 5Y7
(587) 287-3937   SIC 6513
CHARTWELL MASTER CARE LP   p 238
32700 Seventh Ave, MISSION, BC, V2V 2C1
(604) 826-4747   SIC 6513
CHARTWELL MASTER CARE LP   p 283
13853 102 Ave, SURREY, BC, V3T 5P6
(604) 581-1555   SIC 8322
CHARTWELL MASTER CARE LP   p 490
15055 Yonge St, AURORA, ON, L4G 6T4
(905) 727-2952   SIC 8322
CHARTWELL MASTER CARE LP   p 490
32 Mill St, AURORA, ON, L4G 2R9
(905) 727-1939   SIC 8322
CHARTWELL MASTER CARE LP   p 556
57 Trott Blvd, COLLINGWOOD, ON, L9Y 0A3
(705) 444-6431   SIC 8322
CHARTWELL MASTER CARE LP   p 668

5958 16th Ave, MARKHAM, ON, L3P 8N1
(905) 294-1114   SIC 8059
CHARTWELL MASTER CARE LP   p 701
29 Mississauga Rd N, MISSISSAUGA, ON, L5H 2H7
(905) 891-2422   SIC 8322
CHARTWELL MASTER CARE LP   p 805
1022 Pembroke St E, PEMBROKE, ON, K8A 8A7
(613) 735-4056   SIC 8322
CHARTWELL MASTER CARE LP   p 812
1801 Valley Farm Rd, PICKERING, ON, L1V 0A5
(905) 420-3369   SIC 8322
CHARTWELL MASTER CARE LP   p 850
25 Van Horne Ave, SMITHS FALLS, ON, K7A 5L2
(613) 284-8080   SIC 8322
CHARTWELL MASTER CARE LP   p 875
784 Centre St, THORNHILL, ON, L4J 9G7
(905) 771-1013   SIC 6513
CHARTWELL QUEBEC (MEL) HOLDINGS INC   p 1127
3245 Boul Saint-Martin E, Montreal, QC, H7E 4T6
(450) 661-0911   SIC 8361
CHARTWELL QUEBEC (MEL) HOLDINGS INC   p 1239
445 Rue Des Erables, SHERBROOKE, QC, J1L 0C2
(819) 566-0808   SIC 8361
CHARTWELL REGENCY RETIREMENT RESIDENCE   p 701
29 Mississauga Rd N Suite 419, MISSISSAUGA, ON, L5H 2H7
(905) 891-2422   SIC 8361
CHARTWELL REIT   p 539
See CHARTWELL SENIORS HOUSING REAL ESTATE INVESTMENT TRUST
CHARTWELL RETIREMENT RESIDENCES   p 94
9612 172 St Nw Suite 112, EDMONTON, AB, T5T 6C7
(780) 443-1234   SIC 8361
CHARTWELL RETIREMENT RESIDENCES   p 570
255 Governors Rd Suite 109, DUNDAS, ON, L9H 3K4
(905) 627-8444   SIC 8361
CHARTWELL RETIREMENT RESIDENCES   p 595
3998 Bridle Path Dr, GLOUCESTER, ON, K1T 4H4
(613) 521-1977   SIC 8361
CHARTWELL RETIREMENT RESIDENCES   p 597
300 Muskoka Rd N Suite 308, GRAVENHURST, ON, P1P 1N8
(705) 687-3356   SIC 6513
CHARTWELL RETIREMENT RESIDENCES   p 696
590 Lolita Gdns Suite 355, MISSISSAUGA, ON, L5A 4N8
(905) 306-9984   SIC 8051
CHARTWELL RETIREMENT RESIDENCES   p 703
2065 Leanne Blvd Suite 344, MISSISSAUGA, ON, L5K 2L6
(905) 822-4663   SIC 8059
CHARTWELL RETIREMENT RESIDENCES   p 723
3 Fifth St W, MORRISBURG, ON, K0C 1X0
(613) 543-3984   SIC 6513
CHARTWELL RETIREMENT RESIDENCES   p 733
17290 Leslie St Suite 1, NEWMARKET, ON, L3Y 3E1
(905) 967-1331   SIC 6513
CHARTWELL RETIREMENT RESIDENCES   p 739
120 Wellington St, NIAGARA ON THE LAKE, ON, L0S 1J0
(905) 468-2111   SIC 8051
CHARTWELL RETIREMENT RESIDENCES   p 771

2140 Baronwood Dr Suite 225, OAKVILLE, ON, L6M 4V6
(905) 827-2405   SIC 8059
CHARTWELL RETIREMENT RESIDENCES   p 812
1801 Valley Farm Rd Suite 700, PICKERING, ON, L1V 0A5
(905) 420-3369   SIC 8059
CHARTWELL RETIREMENT RESIDENCES   p 875
784 Centre St Suite 404, THORNHILL, ON, L4J 9G7
(905) 771-1013   SIC 6513
CHARTWELL RETIREMENT RESIDENCES   p 936
138 Dowling Ave, TORONTO, ON, M6K 3A6
(416) 533-7935   SIC 8051
CHARTWELL RETIREMENT RESIDENCES   p 955
163 First Ave, WELLAND, ON, L3C 0A3
(905) 735-5333   SIC 6513
CHARTWELL RETIREMENT RESIDENCES   p 963
1750 North Service Rd E, WINDSOR, ON, N8W 1Y3
(519) 972-3330   SIC 6719
CHARTWELL SEIGNEURIES DU CARREFOUR RETIREMENT RESIDENCE   p 1239
See CHARTWELL QUEBEC (MEL) HOLDINGS INC
CHARTWELL SELECT CRESCENT GARDENS RETIREMENT COMMUNITY   p 288
1222 King George Blvd, SURREY, BC, V4A 9W6
(604) 541-8861   SIC 8361
CHARTWELL SELECT ELIZABETH TOWERS   p 433
See CSH ELIZABETH TOWERS INC
CHARTWELL SELECT HAMPTON HOUSE RETIREMENT COMMUNITY   p 196
See CSH HAMPTON HOUSE INC
CHARTWELL SELECT OAK PARK LAKE SHORE   p 501
See CHARTWELL SENIORS HOUSING REAL ESTATE INVESTMENT TRUST
CHARTWELL SELECT PICKERING CITY CENTRE   p 812
See CHARTWELL MASTER CARE LP
CHARTWELL SENIOR HOUSING   p 743
See CHARTWELL SENIORS HOUSING REAL ESTATE INVESTMENT TRUST
CHARTWELL SENIOR HOUSING   p 896
See CSH FOUR TEDDINGTON PARK INC
CHARTWELL SENIORS HOUSING REAL ESTATE INC   p 645
428 Front Rd, L'ORIGNAL, ON, K0B 1K0
(613) 675-4617   SIC 8051
CHARTWELL SENIORS HOUSING REAL ESTATE INVESTMENT TRUST   p 94
See CHARTWELL RETIREMENT RESIDENCES
CHARTWELL SENIORS HOUSING REAL ESTATE INVESTMENT TRUST   p 189
4125 Canada Way, Burnaby, BC, V5G 1G9
(604) 438-8224   SIC 8051
CHARTWELL SENIORS HOUSING REAL ESTATE INVESTMENT TRUST   p 236
12275 224 St, MAPLE RIDGE, BC, V2X 6H5
(604) 466-8602   SIC 8322
CHARTWELL SENIORS HOUSING REAL ESTATE INVESTMENT TRUST   p 325
4751 23 St, VERNON, BC, V1T 4K7
(250) 545-5704   SIC 6513
CHARTWELL SENIORS HOUSING REAL ESTATE INVESTMENT TRUST   p 490
32 Mill St, AURORA, ON, L4G 2R9
(905) 727-1939   SIC 8051
CHARTWELL SENIORS HOUSING REAL ESTATE INVESTMENT TRUST   p 490
145 Murray Dr, AURORA, ON, L4G 2C7

(905) 841-2777   SIC 6513
CHARTWELL SENIORS HOUSING REAL ESTATE INVESTMENT TRUST   p 501
1700 County Rd 22, BELLE RIVER, ON, N0R 1A0
(519) 727-0034   SIC 6513
CHARTWELL SENIORS HOUSING REAL ESTATE INVESTMENT TRUST   p 530
1813 County Rd 2 E, BROCKVILLE, ON, K6V 5T1
(613) 342-0200   SIC 8322
CHARTWELL SENIORS HOUSING REAL ESTATE INVESTMENT TRUST   p 539
2109 Lakeshore Rd, BURLINGTON, ON, L7R 4Z4
(905) 637-7757   SIC 8361
CHARTWELL SENIORS HOUSING REAL ESTATE INVESTMENT TRUST   p 548
131 Laidlaw St, CANNINGTON, ON, L0E 1E0
(705) 432-2385   SIC 8051
CHARTWELL SENIORS HOUSING REAL ESTATE INVESTMENT TRUST   p 570
See CHARTWELL RETIREMENT RESIDENCES
CHARTWELL SENIORS HOUSING REAL ESTATE INVESTMENT TRUST   p 580
495 The West Mall, ETOBICOKE, ON, M9C 5S3
(416) 622-7094   SIC 8059
CHARTWELL SENIORS HOUSING REAL ESTATE INVESTMENT TRUST   p 595
See CHARTWELL RETIREMENT RESIDENCES
CHARTWELL SENIORS HOUSING REAL ESTATE INVESTMENT TRUST   p 597
See CHARTWELL RETIREMENT RESIDENCES
CHARTWELL SENIORS HOUSING REAL ESTATE INVESTMENT TRUST   p 677
380 Church St Suite 421, MARKHAM, ON, L6B 1E1
(905) 472-3320   SIC 8059
CHARTWELL SENIORS HOUSING REAL ESTATE INVESTMENT TRUST   p 696
See CHARTWELL RETIREMENT RESIDENCES
CHARTWELL SENIORS HOUSING REAL ESTATE INVESTMENT TRUST   p 703
See CHARTWELL RETIREMENT RESIDENCES
CHARTWELL SENIORS HOUSING REAL ESTATE INVESTMENT TRUST   p 723
See CHARTWELL RETIREMENT RESIDENCES
CHARTWELL SENIORS HOUSING REAL ESTATE INVESTMENT TRUST   p 733
See CHARTWELL RETIREMENT RESIDENCES
CHARTWELL SENIORS HOUSING REAL ESTATE INVESTMENT TRUST   p 736
3584 Bridgewater St, NIAGARA FALLS, ON, L2G 6H1
(905) 295-6288   SIC 6513
CHARTWELL SENIORS HOUSING REAL ESTATE INVESTMENT TRUST   p 739
See CHARTWELL RETIREMENT RESIDENCES
CHARTWELL SENIORS HOUSING REAL ESTATE INVESTMENT TRUST   p 743
1925 Steeles Ave E, NORTH YORK, ON, M2H 2H3
(416) 493-4666   SIC 8322
CHARTWELL SENIORS HOUSING REAL ESTATE INVESTMENT TRUST   p 771
See CHARTWELL RETIREMENT RESIDENCES
CHARTWELL SENIORS HOUSING REAL ESTATE INVESTMENT TRUST   p 812
See CHARTWELL RETIREMENT RESIDENCES
CHARTWELL SENIORS HOUSING REAL ESTATE INVESTMENT TRUST   p 832
95 Fauquier Ave, SAULT STE. MARIE, ON,

P6B 2P2
(705) 253-1667 SIC 8322
CHARTWELL SENIORS HOUSING REAL ESTATE INVESTMENT TRUST p 875
See CHARTWELL RETIREMENT RESIDENCES
CHARTWELL SENIORS HOUSING REAL ESTATE INVESTMENT TRUST p 936
See CHARTWELL RETIREMENT RESIDENCES
CHARTWELL SENIORS HOUSING REAL ESTATE INVESTMENT TRUST p 955
See CHARTWELL RETIREMENT RESIDENCES
CHARTWELL SENIORS HOUSING REAL ESTATE INVESTMENT TRUST p 957
101 Manning Rd Suite 101, WHITBY, ON, L1N 9M2
(905) 665-9560 SIC 8361
CHARTWELL SENIORS HOUSING REAL ESTATE INVESTMENT TRUST p 963
See CHARTWELL RETIREMENT RESIDENCES
CHARTWELL VAN HORNE RETIREMENT p 850
See CHARTWELL MASTER CARE LP
CHASE HEALTH CENTRE p 196
See INTERIOR HEALTH AUTHORITY
CHASE RIVER ELEMENTARY SCHOOL p 240
See SCHOOL DISTRICT NO. 68 (NANAIMO-LADYSMITH)
CHASE SECONDARY SCHOOL p 196
See SCHOOL DISTRICT 73 (KAMLOOPS/THOMPSON)
CHASM SAWMILLS p 176
See WEST FRASER MILLS LTD
CHASSE TOYOTA p 1093
See GROUPE CHASSE INC
CHAT RADIO 94.5 FM p 158
See PATTISON, JIM INDUSTRIES LTD
CHATEAU BROMONT INC p 1005
90 Rue De Stanstead, BROMONT, QC, J2L 1K6
(450) 534-3433 SIC 7011
CHATEAU BROMONT INC p 1005
95 Rue De Montmorency, BROMONT, QC, J2L 2J1
(450) 534-3133 SIC 7011
CHATEAU CANMORE RESORT INC p 66
1720 Bow Valley Trail, CANMORE, AB, T1W 2X3
SIC 7011
CHATEAU CORNWALL p 564
See CSH CHATEAU CORNWALL INC
CHATEAU GEORGIAN RETIREMENT p 883
See CSH GEORGIAN RESIDENCE INC
CHATEAU GRANVILLE INC p 321
1100 Granville St, VANCOUVER, BC, V6Z 2B6
(604) 669-7070 SIC 7011
CHATEAU JASPER p 133
See JAS DAY INVESTMENTS LTD
CHATEAU JOLIETTE p 1045
See 9185-2335 QUEBEC INC
CHATEAU LACOMBE HOTEL LTD p 79
10111 Bellamy Hill Nw, EDMONTON, AB, T5J 1N7
(780) 428-6611 SIC 7011
CHATEAU LE GAP p 1083
See SKI LE GAP INC
CHATEAU MONT-SAINTE-ANNE INC p 996
500 Boul Du Beau-Pre, Beaupre, QC, G0A 1E0
(418) 827-1862 SIC 7011
CHATEAU PARK NURSING HOME p 969
See MERITAS CARE CORPORATION
CHATEAU PIERREFONDS INC p 1226
15928 Boul Gouin O Bureau 107, Sainte-Genevieve, QC, H9H 1C8
(514) 626-2300 SIC 8361
CHATEAU POULET DU QUEBEC LTEE p 1177
See CHATEAU POULET DU QUEBEC LTEE
CHATEAU POULET DU QUEBEC LTEE p 1177
44 Av Quebec, ROUYN-NORANDA, QC, J9X 6P9
(819) 764-6741 SIC 5812
CHATEAU RICHER MILL p 1011
See PF RESOLU CANADA INC
CHATEAU STORE 038, LE p 615
See LE CHATEAU INC
CHATEAU SUR LE LAC STE GENEVIEVE INC p 1226
16289 Boul Gouin O, Sainte-Genevieve, QC, H9H 1E2
(514) 620-9794 SIC 8051
CHATEAU VICTORIA HOTEL & SUITES p 330
See ANGEL STAR HOLDINGS LTD
CHATEAU WESTMOUNT INC p 1262
1860 Boul De Maisonneuve O, WESTMOUNT, QC, H3Z 3G2
(514) 369-3000 SIC 7041
CHATEAU, LE p 381
See LE CHATEAU INC
CHATEAUGUAY VALLEY CAREER CENTER p 1136
See COMMISSION SCOLAIRE NEW FRONTIER
CHATEAUGUAY VALLEY REGIONAL HIGH SCHOOL p 1136
See COMMISSION SCOLAIRE NEW FRONTIER
CHATEAUGUAY, VILLE DE p 1011
25 Boul Maple, Chateauguay, QC, J6J 3P7
(450) 698-3080 SIC 8231
CHATELECH COMMUNITY SECONDARY SCHOOL p 277
See SCHOOL DISTRICT NO. 46 (SUNSHINE COAST)
CHATHAM CHRISTIAN HIGH SCHOOL p 552
See CALVIN CHRISTIAN SCHOOLS SOCIETY OF CHATHAM INC
CHATHAM COACH LINES p 964
See PENETANG-MIDLAND COACH LINES LTD
CHATHAM HARVEY STORE p 551
See CARA OPERATIONS LIMITED
CHATHAM SUPERVALUE p 404
See ATLANTIC WHOLESALERS LTD
CHATHAM-KENT CHILDREN'S SERVICE p 551
495 Grand Ave W, CHATHAM, ON, N7L 1C5
(519) 352-0440 SIC 8322
CHATHAM-KENT PUBLIC LIBRARY p 552
See CORPORATION OF THE MUNICIPALITY OF CHATHAM-KENT, THE
CHATHAM-KENT SECONDARY SCHOOL p 551
See LAMBTON KENT DISTRICT SCHOOL BOARD
CHATSWORTH HEALTH CARE CENTRE p 553
See REVERA LONG TERM CARE INC
CHATTERS p 735
See 867907 ONTARIO LIMITED
CHAUHAN FOOD SERVICES INC p 939
3487 Dundas St W, TORONTO, ON, M6S 2S5
(416) 763-3113 SIC 5812
CHAUSSURES BROWNS INC p 759
3401 Dufferin St Suite 100, NORTH YORK, ON, M6A 2T9
(416) 787-0313 SIC 5661
CHAUSSURES BROWNS INC p 1110
1191 Rue Sainte-Catherine O, Montreal, QC, H3B 1K4
(514) 987-1206 SIC 5661
CHAUSSURES BROWNS INC p 1160
2450 Boul Laurier, Quebec, QC, G1V 2L1
(418) 659-1922 SIC 5661
CHAUSSURES BROWNS INC p 1206
2255 Rue Cohen, SAINT-LAURENT, QC, H4R 2N7
(514) 334-5000 SIC 5661
CHAUSSURES GABY p 1081
See PENSHU INC
CHAUSSURES GLOBO p 1182
See GROUPE ALDO INC, LE
CHAUSSURES RALLYE INC p 990
10001 Boul Ray-Lawson, ANJOU, QC, H1J 1L6
(514) 353-5888 SIC 3021
CHAUSSURES YELLOW p 1036
See GROUPE YELLOW INC
CHAUSSURES YELLOW p 1099
See GROUPE YELLOW INC
CHAUSSURES YELLOW p 1167
See GROUPE YELLOW INC
CHAY-FM p 494
See CORUS ENTERTAINMENT INC
CHBN FM THE BOUNCE p 79
See BELL MEDIA INC
CHC HELICOPTER CORPORATION p 455
See CHC HELICOPTER HOLDING S.A.R.L.
CHC HELICOPTER HOLDING S.A.R.L. p 455
799 Barnes Dr Suite 1, GOFFS, NS, B2T 1R8
SIC 4522
CHC HELICOPTERS CANADA INC p 273
4740 Agar Dr, RICHMOND, BC, V7B 1A3
(604) 276-7500 SIC 4522
CHD MAINTENANCE LIMITED p 761
274 Viewmount Ave, NORTH YORK, ON, M6B 1V2
(416) 782-5071 SIC 7349
CHEBUCTO VENTURES CORP p 214
8911 117 Ave, FORT ST. JOHN, BC, V1J 6B8
(250) 787-7501 SIC 5812
CHECKER CABS LTD p 12
316 Meridian Rd Se, CALGARY, AB, T2A 1X2
(403) 299-4999 SIC 4212
CHECKER CABS LTD p 22
1726 25 Ave Ne Suite 2, CALGARY, AB, T2E 7K1
(403) 974-1183 SIC 7389
CHECKER COURIER p 12
See CHECKER CABS LTD
CHECKER COURIER p 22
See CHECKER CABS LTD
CHECKRITE p 1132
See RITEPRO CORPORATION
CHECKWELL SOLUTIONS CORPORATION p 289
19433 96 Ave Suite 200, SURREY, BC, V4N 4C4
(604) 506-4663 SIC 8748
CHED-AM p 104
See CORUS ENTERTAINMENT INC
CHEDABUCTO EDUCATION CENTRE p 456
See STRAIT REGIONAL SCHOOL BOARD
CHEDOKE SCHOOL p 616
See HAMILTON-WENTWORTH DISTRICT SCHOOL BOARD, THE
CHEEMA CLEANING SERVICES LTD p 541
12366 Airport Rd, CALEDON, ON, L7C 2W1
(905) 951-7156 SIC 7349
CHEEMA SYSTEMS LTD p 358
439 Fischer Ave, THE PAS, MB, R9A 1M3
(204) 623-5446 SIC 7011
CHEESECAKE CAFE & BAKERY INC, THE p 30
7600 Macleod Trail Se, CALGARY, AB, T2H 0L9
(403) 255-7443 SIC 5812
CHEESECAKE CAFE, THE p 11
See PINEHILL MANAGEMENT CORP
CHEESECAKE CAFE, THE p 30
See CHEESECAKE CAFE & BAKERY INC, THE
CHEETAH TRANSPORT LTD p 289
9785 192 St Suite 103, SURREY, BC, V4N 4C7
(604) 882-7579 SIC 4212
CHELMSFORD PUBLIC SCHOOL p 553
See RAINBOW DISTRICT SCHOOL BOARD
CHELMSFORD VALLEY DISTRICT SCHOOL p 553
See RAINBOW DISTRICT SCHOOL BOARD
CHELSEA ELEMENTARY SCHOOL p 1012
See COMMISSION SCOLAIRE WESTERN QUEBEC
CHELSEA FOOD SERVICES LIMITED p 429
26 Commonwealth Ave, MOUNT PEARL, NL, A1N 1W6
(709) 364-9360 SIC 5812
CHELSEA FOOD SERVICES LIMITED p 432
571 Torbay Rd, ST. JOHN'S, NL, A1A 5G9
(709) 753-4941 SIC 5812
CHELSEA FOOD SERVICES LIMITED p 433
336 Freshwater Rd, ST. JOHN'S, NL, A1B 1C2
SIC 5812
CHELSEY PARK RETIREMENT COMMUNITY p 662
See DIVERSICARE CANADA MANAGEMENT SERVICES CO., INC
CHELTENHAM NURSING HOME p 889
See DIVERSICARE CANADA MANAGEMENT SERVICES CO., INC
CHELTON TECHNOLOGIES CANADA LIMITED p 225
1925 Kirschner Rd Suite 14, KELOWNA, BC, V1Y 4N7
(250) 763-2232 SIC 3663
CHEM-EST INDUSTRIES p 1268
See CEDA INTERNATIONAL CORPORATION
CHEMAINUS ALTERNATE SCHOOL p 196
See SCHOOL DISTRICT NO. 79 (COWICHAN VALLEY)
CHEMAINUS CREDIT UNION p 196
See COASTAL COMMUNITY CREDIT UNION
CHEMAINUS ELEMENTARY COMMUNITY SCHOOL p 196
See SCHOOL DISTRICT NO. 79 (COWICHAN VALLEY)
CHEMAINUS SAWMILL p 196
See WESTERN FOREST PRODUCTS INC
CHEMAINUS SECONDARY SCHOOL p 196
See SCHOOL DISTRICT NO. 79 (COWICHAN VALLEY)
CHEMCO ELECTRICAL CONTRACTORS LTD p 147
3135 4 St, NISKU, AB, T9E 8L1
(780) 436-9570 SIC 1731
CHEMETICS INC p 294
2930 Virtual Way Suite 200, VANCOUVER, BC, V5M 0A5
(604) 734-1200 SIC 8711
CHEMINS DE FER QUEBEC-GATINEAU INC p 1124
9001 Boul De L'acadie Bureau 600, Montreal, QC, H4N 3H5
(514) 948-6999 SIC 4111
CHEMINS DE FER QUEBEC-GATINEAU INC p 1250
900 Rue Bonaventure, Trois-Rivieres, QC, G9A 6G8
(819) 375-4796 SIC 4111
CHEMONG PUBLIC SCHOOL p 529
See KAWARTHA PINE RIDGE DISTRICT SCHOOL BOARD
CHEMQUE p 586
See ROYAL ADHESIVES & SEALANTS CANADA LTD
CHEMTRADE ELECTROCHEM INC p 243
1200 Macphee Rd, NANAIMO, BC, V9X 1J2
(250) 722-2212 SIC 2899
CHEMTRADE ELECTROCHEM INC p 246
100 Amherst Ave, NORTH VANCOUVER, BC, V7H 1S4
(604) 924-2828 SIC 2899

▲ Public Company ■ Public Company Family Member **HQ** Headquarters **BR** Branch **SL** Single Location

CHEMTRADE ELECTROCHEM INC p 246
100 Amherst Ave, NORTH VANCOUVER, BC, V7H 1S4
(604) 929-1107   SIC 2812

CHEMTRADE ELECTROCHEM INC p 344
8080 Richmond Ave E, BRANDON, MB, R7A 7R3
(204) 728-3777   SIC 2899

CHEMTRADE LOGISTICS (US) INC p 743
155 Gordon Baker Rd Suite 300, NORTH YORK, ON, M2H 3N5
(416) 496-5856   SIC 5169

CHEMTRADE LOGISTICS INC p 743
111 Gordon Baker Rd Suite 300, NORTH YORK, ON, M2H 3R1
(416) 496-9655   SIC 2819

CHEMTRADE PERFORMANCE CHEMICALS US, LLC p 743
155 Gordon Baker Rd Suite 300, NORTH YORK, ON, M2H 3N5
(416) 496-5856   SIC 5169

CHEMTURA CANADA CO./CIE p 835
10 Chemical Crt, SCARBOROUGH, ON, M1E 3X7
(416) 284-1662   SIC 2992

CHEMTURA CANADA CO./CIE p 835
565 Coronation Dr, SCARBOROUGH, ON, M1E 2K3
(416) 284-1661   SIC 2992

CHEN, J PHARMACY INC p 934
725 College St Suite 813, TORONTO, ON, M6G 1C5
(416) 534-2375   SIC 5912

CHENAIL p 1220
See PAVAGES CHENAIL INC, LES

CHENG SHIN RUBBER CANADA, INC p 511
400 Chrysler Dr Unit C, BRAMPTON, ON, L6S 5Z5
(905) 789-0882   SIC 5085

CHENOY'S DELICATESSEN & STEAK HOUSE INC p 1024
3616 Boul Saint-Jean, DOLLARD-DES-ORMEAUX, QC, H9G 1X1
(514) 620-2584   SIC 5812

CHEP p 409
See CHEP CANADA INC

CHEP CANADA INC p 14
4750 43 St Se Unit 134, CALGARY, AB, T2B 3N3
(403) 236-1633   SIC 7359

CHEP CANADA INC p 207
559 Annance Crt Suite 2, DELTA, BC, V3M 6Y7
(604) 520-2583   SIC 7359

CHEP CANADA INC p 409
145 English Dr, MONCTON, NB, E1E 3X3
(506) 858-8393   SIC 7359

CHEP CANADA INC p 513
76 Wentworth Crt, BRAMPTON, ON, L6T 5M7
(905) 790-2437   SIC 7359

CHEP CANADA INC p 707
7400 East Danbro Cres, MISSISSAUGA, ON, L5N 8C6
(905) 790-2437   SIC 7359

CHEP CANADA INC p 1002
331 Ch Du Tremblay, BOUCHERVILLE, QC, J4B 7M1
(450) 449-2374   SIC 7359

CHEP CANADA INC p 1208
3805 Rue Sartelon, SAINT-LAURENT, QC, H4S 2A6
(514) 745-2437   SIC 7353

CHERINGTON INTERCARE INC p 280
13453 111a Ave, SURREY, BC, V3R 2C5
(604) 581-2885   SIC 8051

CHERINGTON PLACE p 280
See CHERINGTON INTERCARE INC

CHERISON ENTERPRISES INC p 558
53 Courtland Ave Suite 1, CONCORD, ON, L4K 3T2
(905) 882-6168   SIC 5199

CHEROKEE PUBLIC SCHOOL p 744
See TORONTO DISTRICT SCHOOL BOARD

CHERRY HILL CLUB, LIMITED p 825
912 Cherry Hill Blvd, RIDGEWAY, ON, L0S 1N0
(905) 894-1122   SIC 7997

CHERRY HILL ELEMENTARY SCHOOL p 238
See SCHOOL DISTRICT #75 (MISSION)

CHERRY TREE ENTERPRISES INC p 812
1099 Kingston Rd Suite 1, PICKERING, ON, L1V 1B5
(905) 831-2665   SIC 5812

CHERRYTREE PUBLIC SCHOOL p 522
See PEEL DISTRICT SCHOOL BOARD

CHERRYWOOD ACRES SCHOOL p 735
See DISTRICT SCHOOL BOARD OF NIAGARA

CHES'S FISH & CHIPS p 435
See CHES'S SNACKS LIMITED

CHES'S SNACKS LIMITED p 435
9 Freshwater Rd, ST. JOHN'S, NL, A1C 2N1
(709) 722-4083   SIC 5812

CHESHIRE HOMES OF LONDON INC p 657
111 Waterloo St Suite 506, LONDON, ON, N6B 2M4
(519) 673-6617   SIC 8051

CHESHIRE HOMES OF LONDON INC p 661
120 Cherryhill Pl Suite 107, LONDON, ON, N6H 4N9
(519) 438-5922   SIC 8051

CHESHIRE HOMES OF LONDON INC p 859
200 Chestnut St Suite 110, ST THOMAS, ON, N5R 5P3
(519) 631-9007   SIC 8399

CHESHIRE HOMES OF LONDON INC p 977
742 Pavey St App 125, WOODSTOCK, ON, N4S 2L9
SIC 8322

CHESHIRE HOMES OF SASKATOON p 1293
2901 Louise St, SASKATOON, SK, S7J 3L1
(306) 374-6191   SIC 8361

CHESHIRE LONDON p 657
See CHESHIRE HOMES OF LONDON INC

CHESHIRE LONDON p 661
See CHESHIRE HOMES OF LONDON INC

CHESLEY DISTRICT HIGH SCHOOL p 553
See BLUEWATER DISTRICT SCHOOL BOARD

CHESSWOOD ARENAS p 890
See BUCKINGHAM SPORTS PROPERTIES COMPANY

CHESTER AREA MIDDLE SCHOOL p 446
See SOUTH SHORE REGIONAL SCHOOL BOARD

CHESTER DISTRICT SCHOOL p 446
See TRI-COUNTY REGIONAL SCHOOL BOARD

CHESTER ELEMENTARY SCHOOL p 895
See TORONTO DISTRICT SCHOOL BOARD

CHESTER LE JUNOIR PUBLIC SCHOOL p 888
See TORONTO DISTRICT SCHOOL BOARD

CHESTER RONNING SCHOOL p 66
See BATTLE RIVER REGIONAL DIVISION 31

CHESTERMERE HIGH SCHOOL p 48
See ROCKY VIEW SCHOOL DIVISION NO. 41, THE

CHESTERMERE LAKE MIDDLE SCHOOL p 68
See ROCKY VIEW SCHOOL DIVISION NO. 41, THE

CHESTERMERE SAFEWAY p 68
See SOBEYS WEST INC

CHETWYND FOREST INDUSTRIES p 196
See WEST FRASER MILLS LTD

CHETWYND SECONDARY SCHOOL p 196
See SCHOOL DISTRICT #59 PEACE RIVER SOUTH

CHEVALIER DE COLOMB (CONSEIL NO 1093) p 1040
170 Rue Saint-Antoine N, GRANBY, QC, J2G 5G8
(450) 375-1093   SIC 8641

CHEVERIE PHARMACY SERVICES INC p 441
158 Robert Angus Dr, AMHERST, NS, B4H 4R7
(902) 667-3784   SIC 5912

CHEVREFILS, E. & FILS INC p 1093
1293 Av Laurier E Bureau 1290, Montreal, QC, H2J 1H2
(514) 524-8788   SIC 5411

CHEVROLET BUICK GMC DE LASALLE p 1058
See 9246-4759 QUEBEC INC

CHEVRON CANADA LIMITED p 186
355 Willingdon Ave N, BURNABY, BC, V5C 1X4
(604) 257-4040   SIC 2911

CHEVRON CANADA LIMITED p 310
1050 Pender St W Suite 1200, VANCOUVER, BC, V6E 3T4
(604) 668-5300   SIC 2911

CHEVRON CANADA LIMITED p 435
215 Water St Suite 700, ST. JOHN'S, NL, A1C 6C9
(709) 757-6100   SIC 2911

CHEVRON CANADA RESOURCES p 310
See CHEVRON CANADA LIMITED

CHEVRON CANADA RESOURCES p 435
See CHEVRON CANADA LIMITED

CHEVRON CONSTRUCTION SERVICES LTD p 530
4475 County 15 Rd, BROCKVILLE, ON, K6V 5T2
(613) 926-0690   SIC 1541

CHEVRON LUBRICANTS CANADA INC p 718
6975 Pacific Cir Suite A, MISSISSAUGA, ON, L5T 2H3
SIC 5172

CHEVRON RESOURCES LTD p 42
500 5 Ave Sw Suite 700, CALGARY, AB, T2P 0L7
(403) 234-5000   SIC 1311

CHEVRONS LAVALLOIS INC, LES p 1129
2907 Boul Dagenais O, Montreal, QC, H7P 1T2
(450) 622-4990   SIC 2439

CHEWTERS CHOCOLATES (1992) INC p 207
1648 Derwent Way, DELTA, BC, V3M 6R9
(604) 515-7117   SIC 2066

CHEX-TV p 809
See CORUS ENTERTAINMENT INC

CHEYNE MIDDLE SCHOOL p 524
See PEEL DISTRICT SCHOOL BOARD

CHEZ ASHTON p 1146
See PLACEMENTS ASHTON LEBLOND INC, LES

CHEZ ASHTON p 1148
See PLACEMENTS ASHTON LEBLOND INC, LES

CHEZ ASHTON p 1151
See ASHTON CASSE-CROUTE INC

CHEZ ASHTON p 1157
See PLACEMENTS ASHTON LEBLOND INC, LES

CHEZ ASHTON p 1159
See ASHTON CASSE-CROUTE INC

CHEZ ASHTON p 1161
See PLACEMENTS ASHTON LEBLOND INC, LES

CHEZ ASHTON p 1218
See PLACEMENTS ASHTON LEBLOND INC, LES

CHEZ ASHTON CASSE CROUTE p 1164
See ASHTON CASSE-CROUTE INC

CHEZ DAGOBERT p 1156
See BOURGABEC INC

CHEZ HENRI MAJEAU ET FILS INC p 1183
30 Rue De La Visitation, Saint-Charles-Borromee, QC, J6E 4M8
(450) 759-1113   SIC 5812

CHEZ LOUIS POULET ET PIZZA INC p 1028
2815 Boul Lemire, DRUMMONDVILLE, QC, J2B 8E7
(819) 474-3494   SIC 5812

CHEZ LOUIS POULET ET PIZZA INC p 1030
150 Rue Saint-Georges, DRUMMONDVILLE, QC, J2C 4H1
(819) 474-5158   SIC 5812

CHEZ MAURICE p 1214
See HOTEL CHARTRAND & FILS INC

CHEZ PIGGY RESTAURANT LIMITED p 631
44 Princess St, KINGSTON, ON, K7L 1A4
(613) 544-7790   SIC 5461

CHIANTI CAFE & RESTAURANT p 102
See 361680 ALBERTA LTD

CHIC RESTO-POP INC, LE p 1089
1500 Av D'orleans, Montreal, QC, H1W 3R1
(514) 521-4089   SIC 5812

CHICAGO CHOP HOUSE LTD, THE p 42
604 8 Ave Sw, CALGARY, AB, T2P 1G4
SIC 5812

CHICAGO, CENTRAL & PACIFIC RAILROAD COMPANY (INC) p 1110
935 Rue De La Gauchetiere O, Montreal, QC, H3B 2M9
(514) 399-4536   SIC 4011

CHICKEN SHOP, THE p 522
See MAPLE LODGE FARMS LTD

CHIEF DAN GEORGE ELEMENTARY SCHOOL p 835
See TORONTO DISTRICT SCHOOL BOARD

CHIEF DAN GEORGE MIDDLE SCHOOL p 177
See SCHOOL DISTRICT NO 34 (ABBOTSFORD)

CHIEF JIMMY BRUNEAU SCHOOL p 438
See DOGRIB DIVISIONAL BOARD

CHIEF JUSTICE MILVAIN ELEMENTARY SCHOOL p 9
See CALGARY BOARD OF EDUCATION

CHIEF MAQUINNA ELEMENTARY p 294
See BOARD OF EDUCATION OF SCHOOL DISTRICT NO. 39 (VANCOUVER), THE

CHIEF MEDICAL EXAMINER OFFICE p 109
See GOVERNMENT OF THE PROVINCE OF ALBERTA

CHIEF OLD SUN ELEMENTARY SCHOOL p 164
See SIKSIKA BOARD OF EDUCATION

CHIEF PEGUIS JUNIOR HIGH SCHOOL p 363
See RIVER EAST TRANSCONA SCHOOL DIVISION

CHIEF SAM COOK MAHMUWEE EDUCATION CENTRE p 356
Gd, SPLIT LAKE, MB, R0B 1P0
(204) 342-2134   SIC 8211

CHIGANOIS ELEMENTARY SCHOOL p 453
See CHIGNECTO CENTRAL REGIONAL SCHOOL BOARD

CHIGNECTO CENTRAL ADULT HIGH SCHOOL, AMHERST p 441
See CHIGNECTO CENTRAL REGIONAL SCHOOL BOARD

CHIGNECTO CENTRAL REGIONAL SCHOOL BOARD p 441
190 Willow St, AMHERST, NS, B4H 3W5
(902) 661-2540   SIC 8211

CHIGNECTO CENTRAL REGIONAL SCHOOL BOARD p 441
21 Acadia St Suite 2, AMHERST, NS, B4H 4W3
SIC 8211

CHIGNECTO CENTRAL REGIONAL SCHOOL BOARD p 441
28 Dickey St, AMHERST, NS, B4H 4R4
(902) 661-2450   SIC 8211

CHIGNECTO CENTRAL REGIONAL SCHOOL BOARD *p* 441
36 Hickman St, AMHERST, NS, B4H 2M4
SIC 8211

CHIGNECTO CENTRAL REGIONAL SCHOOL BOARD *p* 441
879 204 Hwy, AMHERST, NS, B4H 3Y1
(902) 661-2464 *SIC* 8211

CHIGNECTO CENTRAL REGIONAL SCHOOL BOARD *p* 443
139 Maple Av, BASS RIVER, NS, B0M 1B0
(902) 647-3510 *SIC* 8211

CHIGNECTO CENTRAL REGIONAL SCHOOL BOARD *p* 445
207 Highway 289, BROOKFIELD, NS, B0N 1C0
(902) 673-5000 *SIC* 8211

CHIGNECTO CENTRAL REGIONAL SCHOOL BOARD *p* 445
233 289 Hwy, BROOKFIELD, NS, B0N 1C0
(902) 673-5050 *SIC* 8211

CHIGNECTO CENTRAL REGIONAL SCHOOL BOARD *p* 445
61 Onslow Rd, CENTRAL ONSLOW, NS, B6L 5K4
(902) 896-5570 *SIC* 8211

CHIGNECTO CENTRAL REGIONAL SCHOOL BOARD *p* 453
11145 2 Hwy, DEBERT, NS, B0M 1G0
(902) 662-4420 *SIC* 8211

CHIGNECTO CENTRAL REGIONAL SCHOOL BOARD *p* 453
1320 Masstown Rd, DEBERT, NS, B0M 1G0
(902) 662-4400 *SIC* 8211

CHIGNECTO CENTRAL REGIONAL SCHOOL BOARD *p* 454
29 Catherine St, ENFIELD, NS, B2T 1L4
(902) 883-5300 *SIC* 8211

CHIGNECTO CENTRAL REGIONAL SCHOOL BOARD *p* 454
75 Macmillan Dr, ELMSDALE, NS, B2S 1A5
(902) 883-5350 *SIC* 8211

CHIGNECTO CENTRAL REGIONAL SCHOOL BOARD *p* 465
4369 Highway 236, KENNETCOOK, NS, B0N 1P0
(902) 362-3300 *SIC* 8211

CHIGNECTO CENTRAL REGIONAL SCHOOL BOARD *p* 468
2331 Highway 2, MILFORD, NS, B0N 1Y0
(902) 758-4620 *SIC* 8211

CHIGNECTO CENTRAL REGIONAL SCHOOL BOARD *p* 469
477 Victoria Ave Exten, NEW GLASGOW, NS, B2H 1X1
(902) 755-8240 *SIC* 8211

CHIGNECTO CENTRAL REGIONAL SCHOOL BOARD *p* 469
246 Acadia St, NEW GLASGOW, NS, B2H 4G8
(902) 755-8420 *SIC* 8211

CHIGNECTO CENTRAL REGIONAL SCHOOL BOARD *p* 469
93 Albert St, NEW GLASGOW, NS, B2H 5W8
(902) 755-8400 *SIC* 8211

CHIGNECTO CENTRAL REGIONAL SCHOOL BOARD *p* 469
551 Highway 1, MOUNT UNIACKE, NS, B0N 1Z0
(902) 866-5100 *SIC* 8211

CHIGNECTO CENTRAL REGIONAL SCHOOL BOARD *p* 471
41 Jackson St, OXFORD, NS, B0M 1P0
SIC 8211

CHIGNECTO CENTRAL REGIONAL SCHOOL BOARD *p* 471
43 School St, PARRSBORO, NS, B0M 1S0
(902) 254-5605 *SIC* 8211

CHIGNECTO CENTRAL REGIONAL SCHOOL BOARD *p* 471
80 Mountain Lee Rd, NORTH RIVER, NS, B6L 6M2
(902) 896-5530 *SIC* 8211

CHIGNECTO CENTRAL REGIONAL SCHOOL BOARD *p* 471
350 Wellington St, PICTOU, NS, B0K 1H0
(902) 485-7991 *SIC* 8211

CHIGNECTO CENTRAL REGIONAL SCHOOL BOARD *p* 471
2998 Hwy 236, OLD BARNS, NS, B6L 1K3
(902) 896-5560 *SIC* 8211

CHIGNECTO CENTRAL REGIONAL SCHOOL BOARD *p* 471
249 Lower Main St, OXFORD, NS, B0M 1P0
(902) 447-4513 *SIC* 8211

CHIGNECTO CENTRAL REGIONAL SCHOOL BOARD *p* 471
88 Patterson St, PICTOU, NS, B0K 1H0
(902) 485-7200 *SIC* 8211

CHIGNECTO CENTRAL REGIONAL SCHOOL BOARD *p* 471
1999 Highway 376, PICTOU, NS, B0K 1H0
(902) 485-7960 *SIC* 8211

CHIGNECTO CENTRAL REGIONAL SCHOOL BOARD *p* 471
200 Louise St, PICTOU, NS, B0K 1H0
(902) 485-7200 *SIC* 8211

CHIGNECTO CENTRAL REGIONAL SCHOOL BOARD *p* 472
171 Queen St, PUGWASH, NS, B0K 1L0
(902) 243-3900 *SIC* 8211

CHIGNECTO CENTRAL REGIONAL SCHOOL BOARD *p* 472
2843 Barrensfield Rd, RIVER HEBERT, NS, B0L 1G0
(902) 251-3200 *SIC* 8211

CHIGNECTO CENTRAL REGIONAL SCHOOL BOARD *p* 472
2080 West River Station Rd, SALT SPRINGS, NS, B0K 1P0
(902) 925-6000 *SIC* 8211

CHIGNECTO CENTRAL REGIONAL SCHOOL BOARD *p* 472
192 Church St, PUGWASH, NS, B0K 1L0
(902) 243-3930 *SIC* 8211

CHIGNECTO CENTRAL REGIONAL SCHOOL BOARD *p* 473
84 Church St, SPRINGHILL, NS, B0M 1X0
(902) 597-4250 *SIC* 8211

CHIGNECTO CENTRAL REGIONAL SCHOOL BOARD *p* 473
71 Bridge Ave, STELLARTON, NS, B0K 0A2
(902) 755-8230 *SIC* 8211

CHIGNECTO CENTRAL REGIONAL SCHOOL BOARD *p* 473
6193 Trafalgar Rd, STELLARTON, NS, B0K 1S0
(902) 755-8450 *SIC* 8211

CHIGNECTO CENTRAL REGIONAL SCHOOL BOARD *p* 473
54 Mill Village Rd, SHUBENACADIE, NS, B0N 2H0
(902) 758-4600 *SIC* 8211

CHIGNECTO CENTRAL REGIONAL SCHOOL BOARD *p* 473
19 Junction Rd, SPRINGHILL, NS, B0M 1X0
(902) 597-4240 *SIC* 8211

CHIGNECTO CENTRAL REGIONAL SCHOOL BOARD *p* 476
163 School Rd, THORBURN, NS, B0K 1W0
(902) 922-3800 *SIC* 8211

CHIGNECTO CENTRAL REGIONAL SCHOOL BOARD *p* 476
30 Church Rd, TATAMAGOUCHE, NS, B0K 1V0
(902) 657-6220 *SIC* 8211

CHIGNECTO CENTRAL REGIONAL SCHOOL BOARD *p* 476
37 Dickie St, TRENTON, NS, B0K 1X0
(902) 755-8440 *SIC* 8211

CHIGNECTO CENTRAL REGIONAL SCHOOL BOARD *p* 476
13 New Row, THORBURN, NS, B0K 1W0
(902) 922-3840 *SIC* 8211

CHIGNECTO CENTRAL REGIONAL SCHOOL BOARD *p* 476
90 Blair Ave, TATAMAGOUCHE, NS, B0K 1V0
(902) 657-6200 *SIC* 8211

CHIGNECTO CENTRAL REGIONAL SCHOOL BOARD *p* 476
123 School Rd, THORBURN, NS, B0K 1W0
(902) 922-3820 *SIC* 8211

CHIGNECTO CENTRAL REGIONAL SCHOOL BOARD *p* 477
741 College Rd, TRURO, NS, B2N 5Y9
(902) 896-5500 *SIC* 8211

CHIGNECTO CENTRAL REGIONAL SCHOOL BOARD *p* 477
171 King St, TRURO, NS, B2N 3L3
(902) 243-3900 *SIC* 8211

CHIGNECTO CENTRAL REGIONAL SCHOOL BOARD *p* 477
34 Lorne St, TRURO, NS, B2N 3K3
(902) 896-5700 *SIC* 8211

CHIGNECTO CENTRAL REGIONAL SCHOOL BOARD *p* 477
445 Young St, TRURO, NS, B2N 7H9
(902) 896-5550 *SIC* 8211

CHIGNECTO CENTRAL REGIONAL SCHOOL BOARD *p* 477
60 Lorne St, TRURO, NS, B2N 3K3
(902) 897-8900 *SIC* 8211

CHIGNECTO CENTRAL REGIONAL SCHOOL BOARD *p* 478
33 Sunset Lane, VALLEY, NS, B6L 4K1
(902) 896-5520 *SIC* 8211

CHIGNECTO CENTRAL REGIONAL SCHOOL BOARD *p* 478
5327 Hwy 289, UPPER STEWIACKE, NS, B0N 2P0
(902) 671-3000 *SIC* 8211

CHIGNECTO CENTRAL REGIONAL SCHOOL BOARD *p* 479
104 Alma Rd, WESTVILLE, NS, B0K 2A0
(902) 396-2750 *SIC* 8211

CHIGNECTO CENTRAL REGIONAL SCHOOL BOARD *p* 479
2157 Main St S, WESTVILLE, NS, B0K 2A0
SIC 8211

CHIGNECTO CENTRAL REGIONAL SCHOOL BOARD *p* 479
2370 Spring Garden Rd, WESTVILLE, NS, B0K 2A0
(902) 396-2700 *SIC* 8211

CHIGNECTO CENTRAL REGIONAL SCHOOL BOARD *p* 946
307 Montgomery St, VANIER, ON, K1L 7W8
(613) 744-8523 *SIC* 8211

CHILCOTIN ROAD ELEMENTARY SCHOOL *p* 341
See SCHOOL DISTRICT NO 27 (CARIBOO-CHILCOTIN)

CHILD & FAMILY SERVICES *p* 772
See SIX NATIONS COUNCIL

CHILD & FAMILY SERVICES OF WESTERN MANITOBA *p* 344
800 Mctavish Ave, BRANDON, MB, R7A 7L4
(204) 726-6030 *SIC* 8322

CHILD & FAMILY SERVICES SOCIETY *p* 205
See KTUNAXA NATION COUNCIL

CHILD & YOUTH CARE *p* 332
See UNIVERSITY OF VICTORIA

CHILD & YOUTH PROGRAM *p* 1298
See SASKATOON REGIONAL HEALTH AUTHORITY

CHILD AND USED ADVOCATE *p* 39
See GOVERNMENT OF THE PROVINCE OF ALBERTA

CHILDREN AND YOUTH SERVICES *p* 55
See GOVERNMENT OF THE PROVINCE OF ALBERTA

CHILDREN OF ST MARTHA ELEMENTARY SCHOOL *p* 139
See HOLY SPIRIT ROMAN CATHOLIC SEPARATE REGIONAL DIVISION NO 4

CHILDREN OF THE EARTH HIGH SCHOOL *p* 371
See WINNIPEG SCHOOL DIVISION

CHILDREN PLACE, THE *p* 1019
See CHILDREN'S PLACE (CANADA) LP, THE

CHILDREN'S & WOMEN'S HEALTH CENTRE OF BRITISH COLUMBIA BRANCH *p* 314
4500 Oak St, VANCOUVER, BC, V6H 3N1
(604) 875-2424 *SIC* 8069

CHILDREN'S & WOMEN'S HEALTH CENTRE OF BRITISH COLUMBIA BRANCH *p* 315
1770 7th Ave W Suite 260, VANCOUVER, BC, V6J 4Y6
SIC 8721

CHILDREN'S AID SOCIETY *p* 829
See WINDSOR-ESSEX CHILDREN'S AID SOCIETY

CHILDREN'S AID SOCIETY OF LONDON & MIDDLESEX *p* 649
1680 Oxford St E, LONDON, ON, N5V 3G2
(519) 455-9000 *SIC* 8322

CHILDREN'S AID SOCIETY OF OXFORD COUNTY *p* 977
712 Peel St, WOODSTOCK, ON, N4S 0B4
(519) 539-6176 *SIC* 8322

CHILDREN'S AID SOCIETY OF PICTOU COUNTY *p* 469
7 Campbell's Lane, NEW GLASGOW, NS, B2H 2H9
(902) 755-5950 *SIC* 7389

CHILDREN'S AID SOCIETY OF THE COUNTY OF RENFREW *p* 805
77 Mary St, PEMBROKE, ON, K8A 5V4
(613) 735-6866 *SIC* 8322

CHILDREN'S AID SOCIETY OF THE DISTRICT OF MUSKOKA, THE *p* 508
49 Pine St, BRACEBRIDGE, ON, P1L 1K8
(705) 645-4426 *SIC* 8322

CHILDREN'S AID SOCIETY OF THE REGION OF PEEL, THE *p* 521
175 Vodden St W, BRAMPTON, ON, L6X 2W8
(905) 457-5410 *SIC* 8399

CHILDREN'S AID SOCIETY OF THE REGION OF PEEL, THE *p* 697
101 Queensway W Suite 500, MISSISSAUGA, ON, L5B 2P7
SIC 8399

CHILDREN'S AID SOCIETY OF THE REGIONAL MUNICIPALITY OF HALTON *p* 533
1445 Norjohn Crt, BURLINGTON, ON, L7L 0E6
(905) 333-4441 *SIC* 8322

CHILDREN'S AID SOCIETY OF THE REGIONAL MUNICIPALITY OF WATERLOO, THE *p* 543
168 Hespeler Rd, CAMBRIDGE, ON, N1R 6V7
(519) 576-0540 *SIC* 8322

CHILDREN'S AID SOCIETY OF THE REGIONAL MUNICIPALITY OF WATERLOO, THE *p* 638
200 Ardelt Ave, KITCHENER, ON, N2C 2L9
(519) 772-4399 *SIC* 8322

CHILDREN'S AID SOCIETY OF TORONTO *p* 805
77 Mary St Suite 100, PEMBROKE, ON, K8A 5V4
(613) 735-6866 *SIC* 8322

CHILDREN'S AID SOCIETY OF TORONTO *p* 819
331 Martin St, RENFREW, ON, K7V 1A1
(613) 432-4821 *SIC* 8322

CHILDREN'S AID SOCIETY OF TORONTO *p* 890
20 De Boers Dr Suite 250, TORONTO, ON, M3J 0H1
(416) 924-4646 *SIC* 8322

CHILDREN'S AUDIOLOGY AND ALLIED HEALTH SERVICES *p* 138
See ALBERTA HEALTH SERVICES

CHILDREN'S DEVELOPMENT CENTRE & ALTERNATE LEARNING PROGRAM p 333
See SCHOOL DISTRICT 63 (SAANICH)
CHILDREN'S HOSPITAL p 374
See WINNIPEG REGIONAL HEALTH AUTHORITY, THE
CHILDREN'S HOUSE MONTESSORI, THE p 970
2611 Labelle St, WINDSOR, ON, N9E 4G4
(519) 969-5278 SIC 8351
CHILDREN'S PLACE (CANADA) LP, THE p 30
6455 Macleod Trail Sw, CALGARY, AB, T2H 0K3
(403) 255-3620 SIC 5641
CHILDREN'S PLACE (CANADA) LP, THE p 190
4700 Kingsway Suite 1211, BURNABY, BC, V5H 4M1
(604) 430-6030 SIC 5641
CHILDREN'S PLACE (CANADA) LP, THE p 513
25 Peel Centre Dr, BRAMPTON, ON, L6T 3R5
(905) 799-8626 SIC 5641
CHILDREN'S PLACE (CANADA) LP, THE p 558
1 Bass Pro Mills Dr Suite F4, CONCORD, ON, L4K 5W4
(905) 738-1435 SIC 5641
CHILDREN'S PLACE (CANADA) LP, THE p 584
500 Rexdale Blvd, ETOBICOKE, ON, M9W 6K5
(416) 798-3683 SIC 5641
CHILDREN'S PLACE (CANADA) LP, THE p 633
945 Gardiners Rd, KINGSTON, ON, K7M 7H4
(613) 634-2567 SIC 5641
CHILDREN'S PLACE (CANADA) LP, THE p 713
6040 Cantay Rd, MISSISSAUGA, ON, L5R 4J2
(905) 502-0353 SIC 5641
CHILDREN'S PLACE (CANADA) LP, THE p 733
17600 Yonge St, NEWMARKET, ON, L3Y 4Z1
(905) 953-9260 SIC 5641
CHILDREN'S PLACE (CANADA) LP, THE p 787
1200 St. Laurent Blvd Suite 535, OTTAWA, ON, K1K 3B8
(613) 741-4547 SIC 5641
CHILDREN'S PLACE (CANADA) LP, THE p 798
92-2121 Carling Ave, OTTAWA, ON, K2A 1S3
(613) 798-9339 SIC 5641
CHILDREN'S PLACE (CANADA) LP, THE p 812
1355 Kingston Rd, PICKERING, ON, L1V 1B8
(905) 420-5624 SIC 5641
CHILDREN'S PLACE (CANADA) LP, THE p 822
9350 Yonge St, RICHMOND HILL, ON, L4C 5G2
(905) 884-4991 SIC 5641
CHILDREN'S PLACE (CANADA) LP, THE p 867
1349 Lasalle Blvd, SUDBURY, ON, P3A 1Z2
(705) 524-9645 SIC 5641
CHILDREN'S PLACE (CANADA) LP, THE p 935
900 Dufferin St Suite 10, TORONTO, ON, M6H 4A9
(416) 535-8935 SIC 5311
CHILDREN'S PLACE (CANADA) LP, THE p 992
7999 Boul Des Galeries D'anjou, ANJOU, QC, H1M 1W9
(514) 351-9109 SIC 5641

CHILDREN'S PLACE (CANADA) LP, THE p 1019
3035 Boul Le Carrefour, Cote Saint-Luc, QC, H7T 1C8
(450) 973-5208 SIC 5641
CHILDREN'S PLACE (CANADA) LP, THE p 1160
2700 Boul Laurier, Quebec, QC, G1V 2L8
(418) 652-3589 SIC 5641
CHILDREN'S PLACE, THE p 190
See CHILDREN'S PLACE (CANADA) LP, THE
CHILDREN'S PLACE, THE p 584
See CHILDREN'S PLACE (CANADA) LP, THE
CHILDREN'S PLACE, THE p 624
See KANCAR COMMUNITY CHILDRENS CENTRE INC
CHILDREN'S PLACE, THE p 633
See CHILDREN'S PLACE (CANADA) LP, THE
CHILDREN'S PLACE, THE p 787
See CHILDREN'S PLACE (CANADA) LP, THE
CHILDREN'S PLACE, THE p 797
See KANCAR COMMUNITY CHILDRENS CENTRE INC
CHILDREN'S PLACE, THE p 822
See CHILDREN'S PLACE (CANADA) LP, THE
CHILDREN'S PLACE, THE p 935
See CHILDREN'S PLACE (CANADA) LP, THE
CHILDREN'S PLACE, THE p 992
See CHILDREN'S PLACE (CANADA) LP, THE
CHILDREN'S PLACE,THE p 558
See CHILDREN'S PLACE (CANADA) LP, THE
CHILDREN'S REHABILITATION CENTRE ALGOMA p 833
74 Johnson Ave, SAULT STE. MARIE, ON, P6C 2V5
(705) 759-1131 SIC 8093
CHILDREN'S TREATMENT CENTRE OF CHATHAM KENT p 551
355 Lark St, CHATHAM, ON, N7L 5B2
(519) 354-0520 SIC 8093
CHILDREN'S WORLD ACADEMY (CWA) p 1059
See LESTER B. PEARSON SCHOOL BOARD
CHILDRENS AID SOCIETY OF BRANT p 772
16 Sunrise Crt Suite 600, OHSWEKEN, ON, N0A 1M0
(519) 753-8681 SIC 8322
CHILI'S TEXAS GRILL p 21
See 170TH C.T. GRILL INC
CHILIS TEXAS GRILL p 110
See 170TH C.T. GRILL INC
CHILLER'S BREW PUB AND EATERY p 1275
510 Home St W, MOOSE JAW, SK, S6H 7P4
(306) 694-5100 SIC 5812
CHILLIWACK CENTRAL ELEMENTARY SCHOOL p 197
See SCHOOL DISTRICT NO 33 CHILLIWACK
CHILLIWACK COMMUNITY SERVICES p 196
45938 Wellington Ave, CHILLIWACK, BC, V2P 2C7
(604) 792-4267 SIC 8399
CHILLIWACK FAMILY YMCA, THE p 197
See YOUNG MEN'S CHRISTIAN ASSOCIATION OF GREATER VANCOUVER
CHILLIWACK HEALTH UNIT p 196
See FRASER HEALTH AUTHORITY
CHILLIWACK MENTAL HEALTH CENTRE p 196
See FRASER HEALTH AUTHORITY
CHILLIWACK POST OFFICE p 196
See CANADA POST CORPORATION

CHILLIWACK PROGRESS, THE p 196
See BLACK PRESS GROUP LTD
CHILLIWACK SAFEWAY p 197
See SOBEYS WEST INC
CHILLIWACK SALISH PLACE ENTERPRISES INC p 307
409 Granville St Unit 1207, VANCOUVER, BC, V6C 1T2
SIC 7011
CHILLIWACK SECONDARY SCHOOL p 197
See SCHOOL DISTRICT NO 33 CHILLIWACK
CHILLIWACK TAXI LTD p 196
45877 Hocking Ave, CHILLIWACK, BC, V2P 1B5
(604) 795-9177 SIC 4121
CHILLIWACK TIMES NEWSPAPER p 197
See POSTMEDIA NETWORK INC
CHILLIWACK SCHOOL DISTRICT 33 p 197
See SCHOOL DISTRICT NO 33 CHILLIWACK
CHILLIWAKE MIDDLE SCHOOL p 197
See SCHOOL DISTRICT NO 33 CHILLIWACK
CHIMNEY HILL ELEMENTARY SCHOOL p 282
See SCHOOL DISTRICT NO 36 (SURREY)
CHIMO ELEMENTARY SCHOOL p 850
See UPPER CANADA DISTRICT SCHOOL BOARD, THE
CHIMO YOUTH RETREAT CENTRE p 77
10585 111 St Suite 103, EDMONTON, AB, T5H 3E8
(780) 420-0324 SIC 8322
CHIN RADIO/TV INTERNATIONAL p 934
See RADIO 1540 LIMITED
CHINA EDUCATION RESOURCES INC p 303
515 Pender St W Suite 300, VANCOUVER, BC, V6B 6H5
(604) 331-2388 SIC 5999
CHINA SHIPPING p 271
See CHINA SHIPPING (CANADA) AGENCY CO. LTD
CHINA SHIPPING (CANADA) AGENCY CO. LTD p 271
8100 Granville Ave Unit 730, RICHMOND, BC, V6Y 3T6
SIC 7359
CHINA TOWN & CO LTD p 462
381 Bedford Hwy, HALIFAX, NS, B3M 2L3
(902) 443-2444 SIC 5812
CHINA TOWN RESTAURANT & LOUNGE p 462
See CHINA TOWN & CO LTD
CHINESE CHRISTIAN WING KEI NURSING HOME ASSOCIATION p 22
1212 Centre St Ne, CALGARY, AB, T2E 2R4
(403) 277-7433 SIC 8361
CHINESE SENIORS SOCIETY p 139
35 Coachwood Rd W, LETHBRIDGE, AB, T1K 6B7
(403) 328-3138 SIC 8322
CHINGUACOUSY SECONDARY SCHOOL p 512
See PEEL DISTRICT SCHOOL BOARD
CHINMAYA MISSION (HALTON REGION) p 610
206 Locke St S, HAMILTON, ON, L8P 4B4
(905) 570-0159 SIC 8621
CHINOOK CENTRE p 30
See CADILLAC FAIRVIEW CORPORATION LIMITED, THE
CHINOOK CREDIT UNION LTD p 132
111 Centre St, HUSSAR, AB, T0J 1S0
(403) 787-3733 SIC 6062
CHINOOK CREDIT UNION LTD p 169
100 2nd Ave, STRATHMORE, AB, T1P 1K1
(403) 934-3358 SIC 6062
CHINOOK GOLF COURSE p 1307
See SWIFT CURRENT, CITY OF
CHINOOK LEARNING SERVICES p 60
See CALGARY BOARD OF EDUCATION

CHINOOK PARK ELEMENTARY SCHOOL p 54
See CALGARY BOARD OF EDUCATION
CHINOOK REGIONAL HOSPITAL p 138
See ALBERTA HEALTH SERVICES
CHINOOK SCHOOL DIVISION NO 211 p 1269
5175 Kings Ave, GULL LAKE, SK, S0N 1A0
(306) 672-3551 SIC 8211
CHINOOK SCHOOL DIVISION NO 211 p 1270
1 Connaught Ave, HERBERT, SK, S0H 2A0
(306) 784-2454 SIC 8211
CHINOOK SCHOOL DIVISION NO 211 p 1273
311 Louis Ave, MAPLE CREEK, SK, S0N 1N0
(306) 662-2655 SIC 8211
CHINOOK SCHOOL DIVISION NO 211 p 1305
301 7th Ave W, SHAUNAVON, SK, S0N 2M0
(306) 297-2733 SIC 8211
CHINOOK SCHOOL DIVISION NO 211 p 1305
Gd, SHAUNAVON, SK, S0N 2M0
(306) 297-2751 SIC 8211
CHINOOK SCHOOL DIVISION NO 211 p 1306
2100 Gladstone St E, SWIFT CURRENT, SK, S9H 3W7
(306) 778-9200 SIC 8211
CHINOOK SCHOOL DIVISION NO 211 p 1306
520 6th Ave Se, SWIFT CURRENT, SK, S9H 3P6
SIC 8211
CHINOOK SCHOOL DIVISION NO 211 p 1306
Gd, SIMMIE, SK, S0N 2N0
(306) 297-3387 SIC 8211
CHINOOK SCHOOL DIVISION NO 211 p 1308
1 Warrior Way, WALDECK, SK, S0H 4J0
SIC 8211
CHINOOK VILLAGE p 143
See EVANGELICAL HOUSING SOCIETY OF ALBERTA
CHINOOKS EDGE SCHOOL DIVISION NO. 73 p 67
Gd, CARSTAIRS, AB, T0M 0N0
(403) 337-3326 SIC 8211
CHINOOKS EDGE SCHOOL DIVISION NO. 73 p 70
206 3rd St E, CREMONA, AB, T0M 0R0
(403) 637-0077 SIC 8211
CHINOOKS EDGE SCHOOL DIVISION NO. 73 p 71
1515 15 Ave, DIDSBURY, AB, T0M 0W0
(403) 335-3356 SIC 8211
CHINOOKS EDGE SCHOOL DIVISION NO. 73 p 71
2016 23 St, DIDSBURY, AB, T0M 0W0
(403) 335-3234 SIC 8211
CHINOOKS EDGE SCHOOL DIVISION NO. 73 p 71
2405 23 St, DIDSBURY, AB, T0M 0W0
(403) 335-8700 SIC 8211
CHINOOKS EDGE SCHOOL DIVISION NO. 73 p 132
4501 52 Ave, INNISFAIL, AB, T4G 1A7
(403) 227-0060 SIC 8211
CHINOOKS EDGE SCHOOL DIVISION NO. 73 p 132
4457 51 Ave, INNISFAIL, AB, T4G 1A7
(403) 227-3292 SIC 8211
CHINOOKS EDGE SCHOOL DIVISION NO. 73 p 132
4459 51 Avenue, INNISFAIL, AB, T4G 1W4
(403) 227-3244 SIC 8211
CHINOOKS EDGE SCHOOL DIVISION NO. 73 p 149
5411 61 Ave, OLDS, AB, T4H 1T2
(403) 556-1003 SIC 8211
CHINOOKS EDGE SCHOOL DIVISION NO.

73 p 149
5413 53 St, OLDS, AB, T4H 1S9
(403) 556-8477   SIC 8211
CHINOOKS EDGE SCHOOL DIVISION NO. 73 p 150
Gd, PENHOLD, AB, T0M 1R0
(403) 886-2233   SIC 8211
CHINOOKS EDGE SCHOOL DIVISION NO. 73 p 153
4210 59 St, RED DEER, AB, T4N 2M9
(403) 346-4755   SIC 8211
CHINOOKS EDGE SCHOOL DIVISION NO. 73 p 165
1 Hwy 54, SPRUCE VIEW, AB, T0M 1V0
(403) 728-3459   SIC 8211
CHINOOKS EDGE SCHOOL DIVISION NO. 73 p 169
102 Second Ave Nw, SUNDRE, AB, T0M 1X0
(403) 638-4545   SIC 8211
CHINOOKS EDGE SCHOOL DIVISION NO. 73 p 170
2 Falcon Ridge Dr, SYLVAN LAKE, AB, T4S 2H1
(403) 887-0491   SIC 8211
CHINOOKS EDGE SCHOOL DIVISION NO. 73 p 170
310 Centre St N Unit 1, SUNDRE, AB, T0M 1X0
(403) 638-3939   SIC 8211
CHINOOKS EDGE SCHOOL DIVISION NO. 73 p 170
4720 45 Ave, SYLVAN LAKE, AB, T4S 1A5
(403) 887-3088   SIC 8211
CHINOOKS EDGE SCHOOL DIVISION NO. 73 p 170
4520 50 St, SYLVAN LAKE, AB, T4S 1A4
(403) 887-2412   SIC 8211
CHINTZ & COMPANY DECORATIVE FURNISHINGS INC p 60
1238 11 Ave Sw, CALGARY, AB, T3C 0M4
(403) 245-3449   SIC 7389
CHINTZ & COMPANY DECORATIVE FURNISHINGS INC p 77
10502 105 Ave Nw, EDMONTON, AB, T5H 0K8
(780) 428-8181   SIC 5712
CHINTZ & COMPANY DECORATIVE FURNISHINGS INC p 303
950 Homer St, VANCOUVER, BC, V6B 2W7
SIC 7389
CHIP REIT NO 20 OPERATIONS LIMITED PARTNERSHIP p 1299
2002 Airport Dr, SASKATOON, SK, S7L 6M4
(306) 242-1440   SIC 7011
CHIP REIT NO 23 OPERATIONS LIMITED PARTNERSHIP p 687
5050 Orbitor Dr, MISSISSAUGA, ON, L4W 4X2
(905) 238-9600   SIC 7011
CHIP REIT NO 29 OPERATIONS LIMITED PARTNERSHIP p 66
511 Bow Valley Trail, CANMORE, AB, T1W 1N7
(403) 678-3625   SIC 7011
CHIP REIT NO. 40 OPERATIONS LIMITED PARTERSHIP p 335
45 Songhees Rd, VICTORIA, BC, V9A 6T3
(250) 360-2999   SIC 7011
CHIPMAN FOREST AVENUE SCHOOL p 395
See ANGLOPHONE WEST SCHOOL DISTRICT (ASD-W)
CHIPPEWA INTERMEDIATE SCHOOL p 742
See NEAR NORTH DISTRICT SCHOOL BOARD
CHIPPEWA PUBLIC SCHOOL p 651
See THAMES VALLEY DISTRICT SCHOOL BOARD
CHIRO FOODS LIMITED p 94
17118 90 Ave Nw, EDMONTON, AB, T5T 4C8
(780) 438-8848   SIC 5812
CHIRO FOODS LIMITED p 110
4130 Calgary Trail Nw Suite 606, EDMONTON, AB, T6J 6Y6
(780) 438-3102   SIC 5812
CHIRO FOODS LIMITED p 162
99 Wye Rd Suite 43, SHERWOOD PARK, AB, T8B 1M1
(780) 449-3366   SIC 5812
CHIRO FOODS LIMITED p 166
2 Hebert Rd Suite 100, ST. ALBERT, AB, T8N 5T8
(780) 460-2060   SIC 5812
CHIRO FOODS LIMITED p 803
1313 16th St E, OWEN SOUND, ON, N4K 1Z4
(519) 371-8009   SIC 5812
CHISHOLM CENTRE p 767
See BURNSTEIN, DR. & ASSOCIATES
CHISHOLM, R. FOOD SERVICES INC p 740
140 Lakeshore Dr, NORTH BAY, ON, P1A 2A8
(705) 474-9770   SIC 5812
CHISHOLM, R. FOOD SERVICES INC p 741
1500 Fisher St, NORTH BAY, ON, P1B 2H3
(705) 494-6003   SIC 5812
CHISHOLM, R. FOOD SERVICES INC p 866
195 Front St, STURGEON FALLS, ON, P2B 2J4
(705) 753-5155   SIC 5812
CHL HELICOPTERS p 85
See HELICOPTERES CANADIENS LIMITEE
CHL HELICOPTERS p 427
See HELICOPTERES CANADIENS LIMITEE
CHLT 107, 7 FM p 1239
See CORUS ENTERTAINMENT INC
CHML-AM p 612
See CORUS ENTERTAINMENT INC
CHMS p 494
See HALIBURTON BROADCASTING GROUP INC
CHOCOLAT JEAN-TALON p 1206
See CONFISERIES REGAL INC
CHOCOLATERIE BERBARD CALLEBAUT p 22
See COCOCO CHOCOLATIERS INC
CHOEUR DU CEGEP DE SHERBROOKE p 1235
475 Rue Du Cegep, SHERBROOKE, QC, J1E 4K1
(819) 564-6350   SIC 8221
CHOI, GRACE G Y p 307
666 Burrard St Suite 2800, VANCOUVER, BC, V6C 2Z7
SIC 8111
CHOICE OFFICE INSTALLATIONS INC p 755
201 Limestone Cres, NORTH YORK, ON, M3J 2R1
(416) 645-8095   SIC 1799
CHOICES FOR YOUTH p 637
See WATERLOO REGION DISTRICT SCHOOL BOARD
CHOICES IN COMMUNITY LIVING INC p 153
5715 41 Street Cres, RED DEER, AB, T4N 1B3
(403) 343-7471   SIC 8741
CHOICES MARKET LTD p 317
See 2627 W 16TH AVENUE HOLDINGS LTD
CHOICES MARKET SOUTH SURREY p 290
See 3248 KING GEORGE HWY HOLDINGS LTD
CHOICES MARKET YALETOWN p 303
See CANADIAN CHOICE WHOLESALERS LTD
CHOO KIN ENTERPRISES LTD p 194
984 Shoppers Row, CAMPBELL RIVER, BC, V9W 2C5
(250) 287-8311   SIC 5912
CHOQUETTE - CKS INC p 1151
900 Boul Pierre-Bertrand Bureau 220, Quebec, QC, G1M 3K2
(418) 681-3944   SIC 7699
CHOTV CFGSTV p 1039
See RNC MEDIA INC
CHOYS HOLDINGS INCORPORATED p 269
4751 Shell Rd Suite 2, Richmond, BC, V6X 3H4
(604) 270-6882   SIC 5147
CHRI-GYN LTD p 500
5005 South Service Rd Ss 1, BEAMSVILLE, ON, L0R 1B4
(905) 563-1760   SIC 5461
CHRIS AKKERMAN ELEMENTARY SCHOOL p 12
See CALGARY BOARD OF EDUCATION
CHRIS AND STACEYS NO FRILLS p 700
See LOBLAW PROPERTIES LIMITED
CHRIS HADFIELD PUBLIC SCHOOL p 681
See HALTON DISTRICT SCHOOL BOARD
CHRISCO RESTAURANTS LIMITED p 457
1575 Argyle St, HALIFAX, NS, B3J 2B2
(902) 492-8844   SIC 5813
CHRIST THE KING CATHOLIC SCHOOL p 544
See WATERLOO CATHOLIC DISTRICT SCHOOL BOARD
CHRIST THE KING CATHOLIC SCHOOL p 576
See TORONTO CATHOLIC DISTRICT SCHOOL BOARD
CHRIST THE KING ELEMENTARY SCHOOL p 528
See BRANT HALDIMAND NORFOLK CATHOLIC DISTRICT SCHOOL BOARD
CHRIST THE KING ELEMENTARY SCHOOL p 970
See WINDSOR-ESSEX CATHOLIC DISTRICT SCHOOL BOARD, THE
CHRIST THE KING JUNIOR & SENIOR HIGH SCHOOL p 136
See ST THOMAS AQUINAS ROMAN CATHOLIC SEPARATE REGIONAL DIVISION #38
CHRIST THE KING SECONDARY p 592
See HALTON CATHOLIC DISTRICT SCHOOL BOARD
CHRIST THE REDEEMER CATHOLIC SEPARATE REGIONAL DIVISION NO. 3 p 8
408 1 St W, BROOKS, AB, T1R 0V8
(403) 362-5989   SIC 8211
CHRIST THE REDEEMER CATHOLIC SEPARATE REGIONAL DIVISION NO. 3 p 8
440 1 St W Suite 1, BROOKS, AB, T1R 1L7
(403) 362-8001   SIC 8211
CHRIST THE REDEEMER CATHOLIC SEPARATE REGIONAL DIVISION NO. 3 p 67
3100 Stewart Creek Dr Unit A, CANMORE, AB, T1W 3M6
(403) 609-3699   SIC 8211
CHRIST THE REDEEMER CATHOLIC SEPARATE REGIONAL DIVISION NO. 3 p 72
1000 North Dinosaur Trail, DRUMHELLER, AB, T0J 0Y1
(403) 823-3485   SIC 8211
CHRIST THE REDEEMER CATHOLIC SEPARATE REGIONAL DIVISION NO. 3 p 131
1500 High Country Dr Nw, HIGH RIVER, AB, T1V 1T7
(403) 652-2231   SIC 8211
CHRIST THE REDEEMER CATHOLIC SEPARATE REGIONAL DIVISION NO. 3 p 131
4 21 St Se, HIGH RIVER, AB, T1V 2A1
(403) 652-2889   SIC 8211
CHRIST THE REDEEMER CATHOLIC SEPARATE REGIONAL DIVISION NO. 3 p 148
338072 32 St E, OKOTOKS, AB, T1S 1A2
(403) 938-2477   SIC 8211
CHRIST THE REDEEMER CATHOLIC SEPARATE REGIONAL DIVISION NO. 3 p 148
42 Cimarron Trail, OKOTOKS, AB, T1S 2A8
(403) 938-8048   SIC 8211
CHRIST THE REDEEMER CATHOLIC SEPARATE REGIONAL DIVISION NO. 3 p 148
52 Robinson Dr Suite 1, OKOTOKS, AB, T1S 2A3
(403) 938-4318   SIC 8211
CHRIST THE REDEEMER CATHOLIC SEPARATE REGIONAL DIVISION NO. 3 p 148
53 Cimarron Dr Suite 1, OKOTOKS, AB, T1S 2A6
(403) 938-4600   SIC 8211
CHRIST THE REDEEMER CATHOLIC SEPARATE REGIONAL DIVISION NO. 3 p 148
53 Cimarron Dr Suite 1, OKOTOKS, AB, T1S 2A6
(403) 938-8046   SIC 8249
CHRIST THE TEACHER CATHOLIC SCHOOLS DIVISION 212 p 1274
1255 Prince Edward St, MELVILLE, SK, S0A 2P0
(306) 728-3877   SIC 8211
CHRIST THE TEACHER CATHOLIC SCHOOLS DIVISION 212 p 1309
212 Independent St, YORKTON, SK, S3N 0S8
(306) 782-2889   SIC 8211
CHRIST THE TEACHER CATHOLIC SCHOOLS DIVISION 212 p 1309
81 Henderson St E, YORKTON, SK, S3N 0A8
(306) 783-4121   SIC 8211
CHRIST THE TEACHER CATHOLIC SCHOOLS DIVISION 212 p 1309
487 Parkview Rd, YORKTON, SK, S3N 2L6
(306) 783-9212   SIC 8211
CHRIST THE TEACHER CATHOLIC SCHOOLS DIVISION 212 p 1309
280 Gladstone Ave N, YORKTON, SK, S3N 2A8
(306) 783-3128   SIC 8211
CHRIST THE TEACHER CATHOLIC SCHOOLS DIVISION 212 p 1309
407 Darlington St E, YORKTON, SK, S3N 3Y9
(306) 782-4407   SIC 8211
CHRISTENSEN & MCLEAN ROOFING CO p 96
16173 132 Ave Nw, EDMONTON, AB, T5V 1H8
(780) 447-1672   SIC 1761
CHRISTIAN AND MISSIONARY ALLIANCE IN CANADA, THE p 57
12345 40 St Se, CALGARY, AB, T2Z 4E6
(403) 252-7572   SIC 8661
CHRISTIAN AND MISSIONARY ALLIANCE IN CANADA, THE p 59
12 Bowridge Dr Nw, CALGARY, AB, T3B 2T9
(403) 288-2674   SIC 8661
CHRISTIAN AND MISSIONARY ALLIANCE IN CANADA, THE p 94
17504 98a Ave Nw, EDMONTON, AB, T5T 5T8
(780) 486-4010   SIC 8661
CHRISTIAN AND MISSIONARY ALLIANCE IN CANADA, THE p 200
2601 Spuraway Ave, COQUITLAM, BC, V3C 2C4
(604) 464-6744   SIC 8661
CHRISTIAN AND MISSIONARY ALLIANCE IN CANADA, THE p 290
15128 27b Ave, SURREY, BC, V4P 1P2
(604) 531-4733   SIC 8661
CHRISTIAN AND MISSIONARY ALLIANCE IN CANADA, THE p 299

11 10th Ave W, VANCOUVER, BC, V5Y 1R5
(604) 876-2181   SIC 8661
CHRISTIAN CREDIT UNION LTD   p 84
13504 142 St Nw, Edmonton, AB, T5L 4Z2
(780) 426-7165   SIC 6062
CHRISTIAN HORIZONS   p 524
1966 6 Conc W, BRANCHTON, ON, N0B 1L0
(519) 620-2990   SIC 8361
CHRISTIAN HORIZONS   p 552
241 Wellington St E, CHATHAM, ON, N7M 3P4
(519) 358-1516   SIC 8361
CHRISTIAN HORIZONS   p 554
5 Maplewood Blvd, COBOURG, ON, K9A 4J4
(905) 372-2603   SIC 8361
CHRISTIAN HORIZONS   p 554
700 Burnham St, COBOURG, ON, K9A 4X4
(905) 377-1701   SIC 8361
CHRISTIAN HORIZONS   p 626
1677 Century Rd Rr 1, KARS, ON, K0A 2E0
(613) 692-2445   SIC 8361
CHRISTIAN HORIZONS   p 644
25 Sportsworld Crossing Rd, KITCHENER, ON, N2P 0A5
(519) 650-0966   SIC 8361
CHRISTIAN HORIZONS   p 644
4275 King St E Suite 101, KITCHENER, ON, N2P 2E9
(519) 650-3241   SIC 8361
CHRISTIAN HORIZONS   p 679
6570 Bank St, METCALFE, ON, K0A 2P0
(613) 821-3875   SIC 8361
CHRISTIAN HORIZONS   p 763
155 Deerhide Cres, NORTH YORK, ON, M9M 2Z2
(416) 630-3646   SIC 8361
CHRISTIAN HORIZONS   p 811
1289 Kawartha Cres, PETERBOROUGH, ON, K9K 1G4
(705) 876-0700   SIC 8361
CHRISTIAN HORIZONS   p 815
4342 Sideline 2 Suite 2, PICKERING, ON, L1Y 1G2
(905) 649-5716   SIC 8361
CHRISTIAN HORIZONS   p 970
3635 Dougall Ave, WINDSOR, ON, N9E 1T5
(519) 255-7483   SIC 8361
CHRISTIAN HORIZONS   p 977
289 Graham St, WOODSTOCK, ON, N4S 6K8
(519) 539-3051   SIC 8361
CHRISTIAN LABOUR ASSOCIATION OF CANADA   p 96
14920 118 Ave Nw, EDMONTON, AB, T5V 1B8
(780) 454-6181   SIC 8611
CHRISTIAN LABOUR ASSOCIATION OF CANADA   p 280
15483 104 Ave, SURREY, BC, V3R 1N9
(604) 576-7000   SIC 8631
CHRISTIAN LABOUR ASSOCIATION OF CANADA   p 598
89 South Service Rd, GRIMSBY, ON, L3M 5K3
(905) 945-1500   SIC 8631
CHRISTIAN LIFE ASSEMBLY   p 231
See PENTECOSTAL ASSEMBLIES OF CANADA, THE
CHRISTIAN LIFE COMMUNITY CHURCH   p 177
See PENTECOSTAL ASSEMBLIES OF CANADA, THE
CHRISTIAN SCHOOL ASSOCIATION OF SURREY   p 289
8930 162 St, SURREY, BC, V4N 3G1
(604) 581-2474   SIC 8661
CHRISTIAN SENIOR CITIZENS HOME SOCIETY OF NORTHERN ALBERTA, THE   p 73
13425 57 St Nw Suite 223, EDMONTON, AB, T5A 2G1
(780) 478-2051   SIC 8361

CHRISTIE GARDENS APARTMENTS AND CARE INC   p 934
600 Melita Cres, TORONTO, ON, M6G 3Z4
(416) 530-1330   SIC 8051
CHRISTIE INNOMED INC   p 1186
516 Rue Dufour, SAINT-EUSTACHE, QC, J7R 0C3
(450) 472-9120   SIC 5047
CHRISTIE LAKE CONSERVATION AREA   p 570
See HAMILTON REGION CONSERVATION AUTHORITY
CHRISTIE OSSINGTON MEN'S HOSTEL   p 935
See CHRISTIE OSSINGTON NEIGHBOURHOOD CENTRE
CHRISTIE OSSINGTON NEIGHBOURHOOD CENTRE   p 935
973 Lansdowne Ave, TORONTO, ON, M6H 3Z5
(416) 516-8642   SIC 8322
CHRISTIE PUBLIC SCHOOL   p 801
See OTTAWA-CARLETON DISTRICT SCHOOL BOARD
CHRISTIN AUTOMOBILE INC   p 1139
12011 Rue Sherbrooke E, Pointe-Aux-Trembles, QC, H1B 1C6
(514) 640-1050   SIC 5511
CHRISTINA RIVER ENTERPRISES LIMITED PARTNERSHIP   p 119
Gd Lcd Main, FORT MCMURRAY, AB, T9H 3E2
(780) 334-2446   SIC 2448
CHRISTMAS NATURAL FOODS (WHOLESALERS) LTD   p 183
5589 Trapp Ave App Ave, BURNABY, BC, V3N 0B2
(604) 524-9964   SIC 5499
CHRISTOPHER'S WELDING LTD   p 71
Gd, DIDSBURY, AB, T0M 0W0
SIC 1389
CHROME DATA SOLUTIONS, LP   p 651
345 Saskatoon St, LONDON, ON, N5W 4R4
(519) 451-2323   SIC 7371
CHROME SOLUTIONS   p 651
See AUTODATA SOLUTIONS COMPANY
CHRONICLE JOURNAL, THE   p 878
See CONTINENTAL NEWSPAPERS (CANADA) LTD
CHRYSALIS   p 84
See CHRYSALIS: AN ALBERTA SOCIETY FOR CITIZENS WITH DISABILITIES
CHRYSALIS: AN ALBERTA SOCIETY FOR CITIZENS WITH DISABILITIES   p 30
6020 1a St Sw Suite 7, CALGARY, AB, T2H 0G3
(403) 258-1501   SIC 8331
CHRYSALIS: AN ALBERTA SOCIETY FOR CITIZENS WITH DISABILITIES   p 84
13325 St Albert Trail Nw, EDMONTON, AB, T5L 4R3
(780) 454-9656   SIC 8331
CHRYSLER FINANCIAL SERVICES CANADA INC   p 967
1 Riverside Dr W, WINDSOR, ON, N9A 5K3
(519) 973-2000   SIC 6153
CHS CANADA   p 6
See CHS COUNTRY OPERATIONS CANADA, INC
CHS COUNTRY OPERATIONS CANADA, INC   p 6
714 1 Ave, BEISEKER, AB, T0M 0G0
(403) 947-3767   SIC 5261
CHSJ 94.1 FM   p 416
See ACADIA BROADCASTING LIMITED
CHSLD CHANOINE-AUDET INC   p 1066
2155 Ch Du Sault, Levis, QC, G6W 2K7
(418) 834-5322   SIC 8051
CHSLD DU PLATEAU MONT-ROYAL   p 1093
See GOUVERNEMENT DE LA PROVINCE DE QUEBEC

CHSLD ERMITAGE   p 1258
See CENTRE DE SANTE ET DE SERVICE SOCIAUX D'ARTHABASKA-ERABLE
CHSLD JUIFS DE MONTREAL   p 1121
5725 Av Victoria Bureau 131, Montreal, QC, H3W 3H6
(514) 738-4500   SIC 8069
CHSLD LACHINE, NAZAIRE PICHE ET FOYER DORVAL, LES   p 1028
225 Av De La Presentation, DORVAL, QC, H9S 3L7
(514) 631-9094   SIC 8361
CHSLD LE CHATEAU   p 998
See GROUPE CHAMPLAIN INC
CHSLD MAISON PIE XII   p 1177
512 Av Richard, ROUYN-NORANDA, QC, J0Z 2X0
(819) 762-0908   SIC 8361
CHSLD MARIE-CLARET INC   p 1133
3345 Boul Henri-Bourassa E, MONTREAL-NORD, QC, H1H 1H6
(514) 322-4380   SIC 8361
CHSLD TREFLE D'OR, LES CENTRE D'HEBERGEMENT DE ST REMI   p 1220
See GOUVERNEMENT DE LA PROVINCE DE QUEBEC
CHSLD VIGI BROSSARD   p 1008
See VIGI SANTE LTEE
CHSLD VIGI ET BLAIS   p 1076
See VIGI SANTE LTEE
CHSLD VIGI ET LES CHUTES   p 1235
See VIGI SANTE LTEE
CHSLD VIGI MONTEREGIE   p 1193
See VIGI SANTE LTEE
CHSLD VIGI REINE ELIZABETH   p 1122
See VIGI SANTE LTEE
CHSLD VIGI SHERMONT   p 1237
See VIGI SANTE LTEE
CHU - CHO ENTERPRISES LTD   p 259
1157 5th Ave Suite 202, PRINCE GEORGE, BC, V2L 3L1
SIC 4212
CHUBB EDWARDS   p 606
See UTC FIRE & SECURITY CANADA
CHUBB EDWARDS   p 1162
See CSG SECURITY CORPORATION
CHUBB EDWARDS SECURITY   p 691
See UTC FIRE & SECURITY CANADA INC
CHUBB INSURANCE COMPANY OF CANADA   p 907
1 Adelaide St E Suite 1500, TORONTO, ON, M5C 2V9
(416) 863-0550   SIC 6331
CHUBB INSURANCE COMPANY OF CANADA   p 918
See CIGNA LIFE INSURANCE COMPANY OF CANADA
CHUBB SECURITY SYSTEMS   p 12
See CSG SECURITY CORPORATION
CHUBB SECURITY SYSTEMS   p 90
See CSG SECURITY CORPORATION
CHUBB SECURITY SYSTEMS   p 659
See CSG SECURITY CORPORATION
CHUBB SECURITY SYSTEMS   p 687
See CSG SECURITY CORPORATION
CHUBB SECURITY SYSTEMS, DIV OF   p 624
See CSG SECURITY CORPORATION
CHUBB SECURITY SYSTEMS, DIV OF   p 687
See CSG SECURITY CORPORATION
CHUDLEIGH'S LTD   p 681
8501 Chudleigh Way, MILTON, ON, L9T 0L9
(905) 878-8781   SIC 5461
CHUM INFORMATIQUE   p 1094
See CENTRE HOSPITALIER DE L'UNIVERSITE DE MONTREAL
CHUNG KEE NOODLE SHOP LTD   p 269
8291 Alexandra Rd Suite 185, RICHMOND, BC, V6X 1C3
(604) 231-8141   SIC 5812
CHUQ   p 1157
See CENTRE HOSPITALIER UNIVERSITAIRE DE QUEBEC

CHUQ PAVILLON HOTEL DIEU DE QUEBEC   p 1157
See CENTRE HOSPITALIER UNIVERSITAIRE DE QUEBEC
CHURCH OF JESUS CHRIST OF LATTER DAY SAINTS, THE   p 934
See CANADA TORONTO EAST MISSION
CHURCH OF SCIENTOLOGY OF TORONTO   p 903
696 Yonge St, TORONTO, ON, M4Y 2A7
(416) 925-2146   SIC 8661
CHURCH OF SCIENTOLOGY OF TORONTO   p 1149
665 Rue Saint-Joseph E, Quebec, QC, G1K 3C1
(418) 524-4615   SIC 8661
CHURCH ON THE QUEENSWAY   p 578
See PENTECOSTAL ASSEMBLIES OF CANADA, THE
CHURCH STREET JUNIOR PUBLIC SCHOOL   p 904
See TORONTO DISTRICT SCHOOL BOARD
CHURCH'S CHICKEN   p 296
See ROTHESAY HOLDINGS LTD
CHURCHBRIDGE CO-OPERATIVE ASSOCIATION LIMITED, THE   p 1266
Gd, Churchbridge, SK, S0A 0M0
(306) 896-2575   SIC 5171
CHURCHILL ALTERNATIVE SCHOOL   p 798
See OTTAWA-CARLETON DISTRICT SCHOOL BOARD
CHURCHILL COMPOSITE HIGH SCHOOL   p 1272
See NORTHERN LIGHTS SCHOOL DIVISION 113
CHURCHILL HEIGHTS ELEMENTARY SCHOOL   p 886
See TORONTO DISTRICT SCHOOL BOARD
CHURCHILL HIGH SCHOOL   p 386
See WINNIPEG SCHOOL DIVISION
CHURCHILL MEADOWS PUBLIC SCHOOL   p 706
See PEEL DISTRICT SCHOOL BOARD
CHURCHILL PLACE   p 767
See REVERA INC
CHURCHILL PUBLIC SCHOOL   p 750
See TORONTO DISTRICT SCHOOL BOARD
CHURCHILL PUBLIC SCHOOL   p 868
See RAINBOW DISTRICT SCHOOL BOARD
CHURCHILL RECREATION CENTRE   p 607
See CITY OF HAMILTON, THE
CHURCHILL RETIREMENT COMMUNITY, THE   p 82
See REVERA INC
CHURCHVILLE PUBLIC SCHOOL   p 522
See PEEL DISTRICT SCHOOL BOARD
CHURGIN, ARNOLD SHOES LIMITED   p 42
227 8 Ave Sw, CALGARY, AB, T2P 1B7
(403) 262-3366   SIC 5661
CHV   p 814
See CANADA HOUSE WELLNESS GROUP INC.
CI FINANCIAL CORP   p 907
2 Queen St E, TORONTO, ON, M5C 3G7
(416) 364-1145   SIC 6282
CIBA VISION CANADA DIV   p 710
See NOVARTIS PHARMA CANADA INC
CIBA VISION CANADA INC   p 707
7 Rimini Mews, MISSISSAUGA, ON, L5N 4K1
(905) 821-3661   SIC 5048
CIBA VISION DIV.   p 707
See CIBA VISION CANADA INC
CIBC   p 10
See CANADIAN IMPERIAL BANK OF COMMERCE
CIBC   p 12
See CANADIAN IMPERIAL BANK OF COM-

BUSINESSES ALPHABETICALLY

CIBC 3171

MERCE
CIBC p 30
See CANADIAN IMPERIAL BANK OF COMMERCE
CIBC p 38
See CANADIAN IMPERIAL BANK OF COMMERCE
CIBC p 42
See CANADIAN IMPERIAL BANK OF COMMERCE
CIBC p 63
See CANADIAN IMPERIAL BANK OF COMMERCE
CIBC p 73
See CANADIAN IMPERIAL BANK OF COMMERCE
CIBC p 79
See CANADIAN IMPERIAL BANK OF COMMERCE
CIBC p 83
See CANADIAN IMPERIAL BANK OF COMMERCE
CIBC p 89
See CANADIAN IMPERIAL BANK OF COMMERCE
CIBC p 97
See CANADIAN IMPERIAL BANK OF COMMERCE
CIBC p 107
See CANADIAN IMPERIAL BANK OF COMMERCE
CIBC p 119
See CANADIAN IMPERIAL BANK OF COMMERCE
CIBC p 123
See CANADIAN IMPERIAL BANK OF COMMERCE
CIBC p 125
See CANADIAN IMPERIAL BANK OF COMMERCE
CIBC p 130
See CANADIAN IMPERIAL BANK OF COMMERCE
CIBC p 138
See CANADIAN IMPERIAL BANK OF COMMERCE
CIBC p 143
See CANADIAN IMPERIAL BANK OF COMMERCE
CIBC p 151
See CANADIAN IMPERIAL BANK OF COMMERCE
CIBC p 162
See CANADIAN IMPERIAL BANK OF COMMERCE
CIBC p 178
See CANADIAN IMPERIAL BANK OF COMMERCE
CIBC p 190
See CANADIAN IMPERIAL BANK OF COMMERCE
CIBC p 195
See CANADIAN IMPERIAL BANK OF COMMERCE
CIBC p 196
See CANADIAN IMPERIAL BANK OF COMMERCE
CIBC p 199
See CANADIAN IMPERIAL BANK OF COMMERCE
CIBC p 204
See CANADIAN IMPERIAL BANK OF COMMERCE
CIBC p 214
See CANADIAN IMPERIAL BANK OF COMMERCE
CIBC p 225
See CANADIAN IMPERIAL BANK OF COMMERCE
CIBC p 239
See CANADIAN IMPERIAL BANK OF COMMERCE
CIBC p 248
See CANADIAN IMPERIAL BANK OF COMMERCE
CIBC p 252
See CANADIAN IMPERIAL BANK OF COMMERCE
CIBC p 253
See CANADIAN IMPERIAL BANK OF COMMERCE
CIBC p 261
See CANADIAN IMPERIAL BANK OF COMMERCE
CIBC p 271
See CANADIAN IMPERIAL BANK OF COMMERCE
CIBC p 276
See CANADIAN IMPERIAL BANK OF COMMERCE
CIBC p 295
See CANADIAN IMPERIAL BANK OF COMMERCE
CIBC p 301
See CANADIAN IMPERIAL BANK OF COMMERCE
CIBC p 310
See CANADIAN IMPERIAL BANK OF COMMERCE
CIBC p 316
See INTRIA ITEMS INC
CIBC p 325
See CANADIAN IMPERIAL BANK OF COMMERCE
CIBC p 327
See CANADIAN IMPERIAL BANK OF COMMERCE
CIBC p 331
See CANADIAN IMPERIAL BANK OF COMMERCE
CIBC p 341
See CANADIAN IMPERIAL BANK OF COMMERCE
CIBC p 344
See CANADIAN IMPERIAL BANK OF COMMERCE
CIBC p 361
See CANADIAN IMPERIAL BANK OF COMMERCE
CIBC p 363
See CANADIAN IMPERIAL BANK OF COMMERCE
CIBC p 367
See CANADIAN IMPERIAL BANK OF COMMERCE
CIBC p 377
See CANADIAN IMPERIAL BANK OF COMMERCE
CIBC p 380
See CANADIAN IMPERIAL BANK OF COMMERCE
CIBC p 382
See CANADIAN IMPERIAL BANK OF COMMERCE
CIBC p 385
See CANADIAN IMPERIAL BANK OF COMMERCE
CIBC p 386
See CANADIAN IMPERIAL BANK OF COMMERCE
CIBC p 389
See CANADIAN IMPERIAL BANK OF COMMERCE
CIBC p 400
See CANADIAN IMPERIAL BANK OF COMMERCE
CIBC p 406
See CANADIAN IMPERIAL BANK OF COMMERCE
CIBC p 414
See CANADIAN IMPERIAL BANK OF COMMERCE
CIBC p 435
See CANADIAN IMPERIAL BANK OF COMMERCE
CIBC p 436
See CANADIAN IMPERIAL BANK OF COMMERCE
CIBC p 457
See CANADIAN IMPERIAL BANK OF COMMERCE
CIBC p 463
See CANADIAN IMPERIAL BANK OF COMMERCE
CIBC p 477
See CANADIAN IMPERIAL BANK OF COMMERCE
CIBC p 484
See CANADIAN IMPERIAL BANK OF COMMERCE
CIBC p 494
See CANADIAN IMPERIAL BANK OF COMMERCE
CIBC p 501
See CANADIAN IMPERIAL BANK OF COMMERCE
CIBC p 505
See CANADIAN IMPERIAL BANK OF COMMERCE
CIBC p 513
See CANADIAN IMPERIAL BANK OF COMMERCE
CIBC p 525
See CANADIAN IMPERIAL BANK OF COMMERCE
CIBC p 530
See CANADIAN IMPERIAL BANK OF COMMERCE
CIBC p 539
See CANADIAN IMPERIAL BANK OF COMMERCE
CIBC p 542
See CANADIAN IMPERIAL BANK OF COMMERCE
CIBC p 552
See CANADIAN IMPERIAL BANK OF COMMERCE
CIBC p 554
See CANADIAN IMPERIAL BANK OF COMMERCE
CIBC p 556
See CANADIAN IMPERIAL BANK OF COMMERCE
CIBC p 564
See CANADIAN IMPERIAL BANK OF COMMERCE
CIBC p 574
See CANADIAN IMPERIAL BANK OF COMMERCE
CIBC p 577
See CANADIAN IMPERIAL BANK OF COMMERCE
CIBC p 582
See CANADIAN IMPERIAL BANK OF COMMERCE
CIBC p 601
See CANADIAN IMPERIAL BANK OF COMMERCE
CIBC p 616
See CANADIAN IMPERIAL BANK OF COMMERCE
CIBC p 628
See CANADIAN IMPERIAL BANK OF COMMERCE
CIBC p 631
See CANADIAN IMPERIAL BANK OF COMMERCE
CIBC p 633
See CANADIAN IMPERIAL BANK OF COMMERCE
CIBC p 639
See CANADIAN IMPERIAL BANK OF COMMERCE
CIBC p 640
See CANADIAN IMPERIAL BANK OF COMMERCE
CIBC p 641
See CANADIAN IMPERIAL BANK OF COMMERCE
CIBC p 646
See CANADIAN IMPERIAL BANK OF COMMERCE
CIBC p 647
See CANADIAN IMPERIAL BANK OF COMMERCE
CIBC p 648
See CANADIAN IMPERIAL BANK OF COMMERCE
CIBC p 653
See CANADIAN IMPERIAL BANK OF COMMERCE
CIBC p 670
See CANADIAN IMPERIAL BANK OF COMMERCE
CIBC p 680
See CANADIAN IMPERIAL BANK OF COMMERCE
CIBC p 731
See CANADIAN IMPERIAL BANK OF COMMERCE
CIBC p 741
See CANADIAN IMPERIAL BANK OF COMMERCE
CIBC p 748
See CANADIAN IMPERIAL BANK OF COMMERCE
CIBC p 757
See CANADIAN IMPERIAL BANK OF COMMERCE
CIBC p 761
See CANADIAN IMPERIAL BANK OF COMMERCE
CIBC p 763
See CANADIAN IMPERIAL BANK OF COMMERCE
CIBC p 767
See CANADIAN IMPERIAL BANK OF COMMERCE
CIBC p 769
See CANADIAN IMPERIAL BANK OF COMMERCE
CIBC p 774
See CANADIAN IMPERIAL BANK OF COMMERCE
CIBC p 780
See CANADIAN IMPERIAL BANK OF COMMERCE
CIBC p 786
See CANADIAN IMPERIAL BANK OF COMMERCE
CIBC p 790
See CANADIAN IMPERIAL BANK OF COMMERCE
CIBC p 809
See CANADIAN IMPERIAL BANK OF COMMERCE
CIBC p 812
See CANADIAN IMPERIAL BANK OF COMMERCE
CIBC p 817
See CANADIAN IMPERIAL BANK OF COMMERCE
CIBC p 820
See CANADIAN IMPERIAL BANK OF COMMERCE
CIBC p 822
See CANADIAN IMPERIAL BANK OF COMMERCE
CIBC p 826
See CANADIAN IMPERIAL BANK OF COMMERCE
CIBC p 828
See CANADIAN IMPERIAL BANK OF COMMERCE
CIBC p 830
See CANADIAN IMPERIAL BANK OF COMMERCE
CIBC p 835
See CANADIAN IMPERIAL BANK OF COMMERCE
CIBC p 838
See CANADIAN IMPERIAL BANK OF COMMERCE
CIBC p 839
See CANADIAN IMPERIAL BANK OF COMMERCE

▲ Public Company ■ Public Company Family Member **HQ** Headquarters **BR** Branch **SL** Single Location

CIBC *p 848*
See CANADIAN IMPERIAL BANK OF COMMERCE
CIBC *p 849*
See CANADIAN IMPERIAL BANK OF COMMERCE
CIBC *p 858*
See CANADIAN IMPERIAL BANK OF COMMERCE
CIBC *p 864*
See CANADIAN IMPERIAL BANK OF COMMERCE
CIBC *p 867*
See CANADIAN IMPERIAL BANK OF COMMERCE
CIBC *p 875*
See CANADIAN IMPERIAL BANK OF COMMERCE
CIBC *p 877*
See CANADIAN IMPERIAL BANK OF COMMERCE
CIBC *p 880*
See CANADIAN IMPERIAL BANK OF COMMERCE
CIBC *p 882*
See CANADIAN IMPERIAL BANK OF COMMERCE
CIBC *p 883*
See CANADIAN IMPERIAL BANK OF COMMERCE
CIBC *p 909*
See CANADIAN IMPERIAL BANK OF COMMERCE
CIBC *p 913*
See CANADIAN IMPERIAL BANK OF COMMERCE
CIBC *p 918*
See CANADIAN IMPERIAL BANK OF COMMERCE
CIBC *p 918*
See GESTION D'ACTIFS CIBC INC
CIBC *p 923*
See CANADIAN IMPERIAL BANK OF COMMERCE
CIBC *p 934*
See CANADIAN IMPERIAL BANK OF COMMERCE
CIBC *p 943*
See CANADIAN IMPERIAL BANK OF COMMERCE
CIBC *p 945*
See CANADIAN IMPERIAL BANK OF COMMERCE
CIBC *p 949*
See CANADIAN IMPERIAL BANK OF COMMERCE
CIBC *p 951*
See CANADIAN IMPERIAL BANK OF COMMERCE
CIBC *p 957*
See CANADIAN IMPERIAL BANK OF COMMERCE
CIBC *p 962*
See CANADIAN IMPERIAL BANK OF COMMERCE
CIBC *p 965*
See CANADIAN IMPERIAL BANK OF COMMERCE
CIBC *p 970*
See CANADIAN IMPERIAL BANK OF COMMERCE
CIBC *p 971*
See CANADIAN IMPERIAL BANK OF COMMERCE
CIBC *p 973*
See CANADIAN IMPERIAL BANK OF COMMERCE
CIBC *p 980*
See CANADIAN IMPERIAL BANK OF COMMERCE
CIBC *p 1006*
See CANADIAN IMPERIAL BANK OF COMMERCE
CIBC *p 1045*

See CANADIAN IMPERIAL BANK OF COMMERCE
CIBC *p 1059*
See CANADIAN IMPERIAL BANK OF COMMERCE
CIBC *p 1096*
See CANADIAN IMPERIAL BANK OF COMMERCE
CIBC *p 1114*
See CANADIAN IMPERIAL BANK OF COMMERCE
CIBC *p 1141*
See CANADIAN IMPERIAL BANK OF COMMERCE
CIBC *p 1176*
See CANADIAN IMPERIAL BANK OF COMMERCE
CIBC *p 1204*
See CANADIAN IMPERIAL BANK OF COMMERCE
CIBC *p 1239*
See CANADIAN IMPERIAL BANK OF COMMERCE
CIBC *p 1253*
See CANADIAN IMPERIAL BANK OF COMMERCE
CIBC *p 1272*
See CANADIAN IMPERIAL BANK OF COMMERCE
CIBC *p 1279*
See CANADIAN IMPERIAL BANK OF COMMERCE
CIBC *p 1284*
See CANADIAN IMPERIAL BANK OF COMMERCE
CIBC *p 1295*
See CANADIAN IMPERIAL BANK OF COMMERCE
CIBC *p 1311*
See CANADIAN IMPERIAL BANK OF COMMERCE
CIBC # 03032 *p 510*
See CANADIAN IMPERIAL BANK OF COMMERCE
CIBC #00922 *p 757*
See CANADIAN IMPERIAL BANK OF COMMERCE
CIBC 07892 *p 667*
See CANADIAN IMPERIAL BANK OF COMMERCE
CIBC 1042 *p 509*
See CANADIAN IMPERIAL BANK OF COMMERCE
CIBC BANKING CENTRE *p 219*
See CANADIAN IMPERIAL BANK OF COMMERCE
CIBC BANKING CENTRE *p 259*
See CANADIAN IMPERIAL BANK OF COMMERCE
CIBC BANKING CENTRE *p 967*
See CANADIAN IMPERIAL BANK OF COMMERCE
CIBC CUSTOMER CONTACT CENTRE *p 457*
See CANADIAN IMPERIAL BANK OF COMMERCE
CIBC FINANCIAL CENTRE *p 590*
See CANADIAN IMPERIAL BANK OF COMMERCE
CIBC INVESTOR SERVICES INC *p 1110*
1155 Boul Rene-Levesque O Bureau 1501, Montreal, QC, H3B 2J6
(514) 876-3343   *SIC* 6282
CIBC INVESTORS EDGE *p 1110*
See CIBC INVESTOR SERVICES INC
CIBC MELLON GLOBAL SECURITIES SERVICES COMPANY *p 655*
150 Dufferin Ave 5th Fl, LONDON, ON, N6A 5N6
(519) 873-2218   *SIC* 6091
CIBC MELLON TRUST COMPANY *p 41*
333 7 Ave Sw Unit 600, CALGARY, AB, T2P 2Z1
(403) 232-2400   *SIC* 6021

CIBC MELLON TRUST COMPANY *p 1105*
2001 Boul Robert-Bourassa Unite 1600, Montreal, QC, H3A 2A6
(514) 285-3600   *SIC* 6289
CIBC PRIVATE INVESTMENT COUNSEL INC *p 909*
55 Yonge St Suite 700, TORONTO, ON, M5E 1J4
(416) 980-8651   *SIC* 6282
CIBC WOOD GUNDY *p 41*
See CIBC WORLD MARKETS INC
CIBC WOOD GUNDY *p 79*
See CIBC WORLD MARKETS INC
CIBC WOOD GUNDY *p 288*
See CIBC WORLD MARKETS INC
CIBC WOOD GUNDY *p 318*
See CIBC WORLD MARKETS INC
CIBC WOOD GUNDY *p 330*
See CIBC WORLD MARKETS INC
CIBC WOOD GUNDY *p 374*
See CIBC WORLD MARKETS INC
CIBC WOOD GUNDY *p 416*
See CIBC WORLD MARKETS INC
CIBC WOOD GUNDY *p 435*
See CIBC WORLD MARKETS INC
CIBC WOOD GUNDY *p 457*
See CIBC WORLD MARKETS INC
CIBC WOOD GUNDY *p 496*
See CIBC WORLD MARKETS INC
CIBC WOOD GUNDY *p 539*
See CIBC WORLD MARKETS INC
CIBC WOOD GUNDY *p 554*
See CIBC WORLD MARKETS INC
CIBC WOOD GUNDY *p 610*
See CIBC WORLD MARKETS INC
CIBC WOOD GUNDY *p 697*
See CIBC WORLD MARKETS INC
CIBC WOOD GUNDY *p 750*
See CIBC WORLD MARKETS INC
CIBC WOOD GUNDY *p 767*
See CIBC WORLD MARKETS INC
CIBC WOOD GUNDY *p 790*
See CIBC WORLD MARKETS INC
CIBC WOOD GUNDY *p 873*
See CIBC WORLD MARKETS INC
CIBC WOOD GUNDY *p 913*
See CIBC WORLD MARKETS INC
CIBC WOOD GUNDY *p 917*
See CIBC WORLD MARKETS INC
CIBC WOOD GUNDY *p 941*
See CIBC WORLD MARKETS INC
CIBC WOOD GUNDY *p 950*
See CIBC WORLD MARKETS INC
CIBC WOOD GUNDY *p 973*
See CIBC WORLD MARKETS INC
CIBC WOOD GUNDY *p 1019*
See CIBC WORLD MARKETS INC
CIBC WOOD GUNDY *p 1105*
See CIBC WORLD MARKETS INC
CIBC WOOD GUNDY *p 1110*
See CIBC WORLD MARKETS INC
CIBC WOOD GUNDY *p 1160*
See CIBC WORLD MARKETS INC
CIBC WOODGUNDY *p 323*
See CANADIAN IMPERIAL BANK OF COMMERCE
CIBC WOODGUNDY *p 655*
See CIBC WORLD MARKETS INC
CIBC WORLD MARKETS *p 1294*
See CIBC WORLD MARKETS INC
CIBC WORLD MARKETS INC *p 41*
250 6 Ave Sw, CALGARY, AB, T2P 3H7
(403) 767-3587   *SIC* 6211
CIBC WORLD MARKETS INC *p 41*
855 2 St Sw Suite 900, CALGARY, AB, T2P 4J7
(403) 260-0500   *SIC* 6211
CIBC WORLD MARKETS INC *p 41*
607 8 Ave Sw Suite 600, CALGARY, AB, T2P 0A7
(403) 508-3200   *SIC* 6211
CIBC WORLD MARKETS INC *p 79*
10180 101 St Nw Suite 1800, EDMONTON, AB, T5J 3S4

(780) 429-8900   *SIC* 6211
CIBC WORLD MARKETS INC *p 288*
1688 152 St Unit 408, SURREY, BC, V4A 4N2
(604) 535-3700   *SIC* 6211
CIBC WORLD MARKETS INC *p 310*
1285 Pender St W Suite 400, VANCOUVER, BC, V6E 4B1
(604) 685-3434   *SIC* 6211
CIBC WORLD MARKETS INC *p 318*
2052 West 41st Avenue Suite 401, VANCOUVER, BC, V6M 1Y8
(604) 267-7110   *SIC* 6722
CIBC WORLD MARKETS INC *p 323*
1055 Dunsmuir Unit 2434, VANCOUVER, BC, V7X 1K8
(604) 661-2300   *SIC* 6211
CIBC WORLD MARKETS INC *p 330*
730 View St Suite 900, VICTORIA, BC, V8W 3Y7
(250) 388-5131   *SIC* 6211
CIBC WORLD MARKETS INC *p 374*
1 Lombard Pl Suite 1000, WINNIPEG, MB, R3B 3N9
(204) 942-0311   *SIC* 6211
CIBC WORLD MARKETS INC *p 416*
44 Chipman Hill Suite 500, SAINT JOHN, NB, E2L 2A9
(506) 634-1220   *SIC* 6211
CIBC WORLD MARKETS INC *p 435*
215 Water St Suite 77, ST. JOHN'S, NL, A1C 6C9
(709) 576-2700   *SIC* 6211
CIBC WORLD MARKETS INC *p 457*
1969 Upper Water St Suite 1801, HALIFAX, NS, B3J 3R7
(902) 425-6900   *SIC* 6211
CIBC WORLD MARKETS INC *p 496*
126 Wellington St W Suite 100, BARRIE, ON, L4N 1K9
(705) 728-6215   *SIC* 6211
CIBC WORLD MARKETS INC *p 539*
390 Brant St Suite 500, BURLINGTON, ON, L7R 4J4
(905) 634-2200   *SIC* 6211
CIBC WORLD MARKETS INC *p 554*
72 King St W Suite 302, COBOURG, ON, K9A 2M3
(905) 372-5330   *SIC* 6211
CIBC WORLD MARKETS INC *p 610*
21 King St W Suite 600, HAMILTON, ON, L8P 4W7
(905) 526-4700   *SIC* 6211
CIBC WORLD MARKETS INC *p 623*
555 Legget Dr Suite 1030, KANATA, ON, K2K 2X3
(613) 783-6848   *SIC* 6211
CIBC WORLD MARKETS INC *p 630*
366 King St E Suite 500, KINGSTON, ON, K7K 6Y3
(613) 531-5522   *SIC* 6282
CIBC WORLD MARKETS INC *p 655*
255 Queens Ave Suite 2200, LONDON, ON, N6A 5R8
(519) 660-3704   *SIC* 6211
CIBC WORLD MARKETS INC *p 697*
1 City Centre Dr Suite 1100, MISSISSAUGA, ON, L5B 1M2
(905) 272-2200   *SIC* 6211
CIBC WORLD MARKETS INC *p 750*
4110 Yonge St Suite 600, NORTH YORK, ON, M2P 2B7
(416) 229-5900   *SIC* 6211
CIBC WORLD MARKETS INC *p 767*
277 Lakeshore Rd E Suite 905, OAKVILLE, ON, L6J 6J3
(905) 842-6770   *SIC* 6211
CIBC WORLD MARKETS INC *p 790*
50 O'connor St Suite 800, OTTAWA, ON, K1P 6L2
(613) 237-5775   *SIC* 6211
CIBC WORLD MARKETS INC *p 873*
123 Commerce Valley Dr E Suite 100, THORNHILL, ON, L3T 7W8

BUSINESSES ALPHABETICALLY

(905) 762-2300 SIC 6211
CIBC WORLD MARKETS INC
100 Simcoe St Suite 200, TORONTO, ON, M5H 3G2
(416) 594-7950 SIC 6211
CIBC WORLD MARKETS INC p 913
200 King St W Suite 800, TORONTO, ON, M5H 3T4
(416) 594-8999 SIC 6211
CIBC WORLD MARKETS INC p 917
181 Bay St Suite 600, TORONTO, ON, M5J 2T3
(416) 369-8100 SIC 6211
CIBC WORLD MARKETS INC p 917
161 Bay St Suite 700, TORONTO, ON, M5J 2S1
(416) 594-7000 SIC 6211
CIBC WORLD MARKETS INC p 917
161 Bay St Suite 400, TORONTO, ON, M5J 2S8
(416) 594-7312 SIC 2759
CIBC WORLD MARKETS INC p 917
22 Front St W Suite 700, TORONTO, ON, M5J 2W5
(416) 956-3766 SIC 6211
CIBC WORLD MARKETS INC p 923
199 Bay St, TORONTO, ON, M5L 1A2
(416) 304-2680 SIC 6211
CIBC WORLD MARKETS INC p 941
25 King St, TORONTO, ON, M9N 1K8
(416) 594-7897 SIC 6211
CIBC WORLD MARKETS INC p 950
255 King St N Suite 400, WATERLOO, ON, N2J 4V2
(519) 888-6688 SIC 6211
CIBC WORLD MARKETS INC p 973
7050 Weston Rd Suite 600, WOODBRIDGE, ON, L4L 8G7
(905) 856-9336 SIC 6211
CIBC WORLD MARKETS INC p 1019
2540 Boul Daniel-Johnson Bureau 800, Cote Saint-Luc, QC, H7T 2S3
(450) 688-1004 SIC 6211
CIBC WORLD MARKETS INC p 1105
600 Boul De Maisonneuve O Bureau 3050, Montreal, QC, H3A 3J2
(514) 847-6300 SIC 6211
CIBC WORLD MARKETS INC p 1110
1 Place Ville-Marie Bureau 4125, Montreal, QC, H3B 3P9
(514) 392-7600 SIC 6211
CIBC WORLD MARKETS INC p 1160
2954 Boul Laurier Bureau 650, Quebec, QC, G1V 4T2
(418) 652-8011 SIC 6531
CIBC WORLD MARKETS INC p 1203
9900 Boul Cavendish Bureau 100, SAINT-LAURENT, QC, H4M 2V2
(514) 856-2286 SIC 6211
CIBC WORLD MARKETS INC p 1284
1801 Hamilton St Unit 420, REGINA, SK, S4P 4B4
(306) 359-1577 SIC 6211
CIBC WORLD MARKETS INC p 1294
119 4th Ave S Suite 500, Saskatoon, SK, S7K 5X2
(306) 975-3800 SIC 6211
CIBER OF CANADA INC p 694
4 Robert Speck Pky Unit 200, MISSISSAUGA, ON, L4Z 1S1
SIC 7371
CIBPA p 1215
See ASSOCIATION DES GENS D'AFFAIRES & PROFESSIONNELS ITALO-CANADIENS INC, L'
CICAME ENERGIE INC p 1193
5400 Rue J.-A.-Bombardier, SAINT-HUBERT, QC, J3Z 1G8
(450) 679-7778 SIC 3643
CIE D'ENSEIGNES MONTREAL NEON p 1128
See ENSEIGNES MONTREAL NEON INC
CIE D'ENSIGNES MONTREAL NEON p 1128

See 3093-6975 QUEBEC INC
CIE D'HABILLEMENT SE CE LTEE, LA p 1211
6445 Ch De La Cote-De-Liesse, SAINT-LAURENT, QC, H4T 1S9
(514) 341-4440 SIC 5137
CIE MATERIAUX DE CONSTRUCTION BP CANADA, LA p 1045
351 Rue Alice, JOLIETTE, QC, J6E 8P2
(450) 682-4428 SIC 2429
CIE MATERIAUX DE CONSTRUCTION BP CANADA, LA p 1059
2850 Av Dollard, LASALLE, QC, H8N 2V2
(514) 364-0161 SIC 5199
CIE MATERIAUX DE CONSTRUCTION BP CANADA, LA p 1060
9500 Rue Saint-Patrick, LASALLE, QC, H8R 1R8
(514) 364-0161 SIC 2429
CIE MATERIAUX DE CONSTRUCTION BP CANADA, LA p 1060
9510 Rue Saint-Patrick, LASALLE, QC, H8R 1R9
(514) 364-0161 SIC 2493
CIE MCCORMICK CANADA CO., LA p 649
600 Clarke Rd, LONDON, ON, N5V 3K5
(519) 432-7311 SIC 2099
CIE MCCORMICK CANADA CO., LA p 649
600 Clarke Rd, LONDON, ON, N5V 3K5
(519) 432-1166 SIC 4225
CIENA CANADA, INC p 801
385 Terry Fox Dr, OTTAWA, ON, K2K 0L1
(613) 670-2000 SIC 3571
CIGNA LIFE INSURANCE COMPANY OF CANADA p 918
25 York St Suite 1400, TORONTO, ON, M5J 2V5
(416) 368-2911 SIC 6321
CIHI p 897
See CANADIAN INSTITUTE FOR HEALTH INFORMATION
CIK TELECOM INC p 271
6490 Buswell St, RICHMOND, BC, V6Y 2E9
(604) 628-3877 SIC 4899
CIKI FM 98 7 p 1172
See ASTRAL BROADCASTING GROUP INC
CIM p 992
See CONSUMER IMPACT MARKETING LTD
CIMA + p 1214
See CIMA CANADA INC
CIMA CANADA INC p 1214
3400 Boul Du Souvenir Suite 600, SAINT-LAURENT, QC, H7V 3Z2
(514) 337-2462 SIC 8741
CIMA PLUS ENGINEERING SOCIETY p 1174
See CIMA+ S.E.N.C.
CIMA+ S.E.N.C. p 1034
420 Boul Maloney E Bureau 201, GATINEAU, QC, J8P 7N8
(819) 663-9294 SIC 8711
CIMA+ S.E.N.C. p 1069
2147 Rue De La Province, LONGUEUIL, QC, J4G 1Y6
(514) 337-2462 SIC 8711
CIMA+ S.E.N.C. p 1114
6740 Rue Notre-Dame O Bureau 900, Montreal, QC, H3C 3X6
(514) 337-2462 SIC 8711
CIMA+ S.E.N.C. p 1167
1145 Boul Lebourgneuf Bureau 300, Quebec, QC, G2K 2K8
(418) 623-3373 SIC 8711
CIMA+ S.E.N.C. p 1174
37 Rue Delage, Riviere-du-Loup, QC, G5R 3P2
(418) 862-8217 SIC 8711
CIMA+ S.E.N.C. p 1239
3385 Rue King O, SHERBROOKE, QC, J1L 1P8
(819) 565-3385 SIC 8711
CIMARRON PROJECTS LTD p 30

6025 11 St Se Suite 300, CALGARY, AB, T2H 2Z2
(403) 252-3436 SIC 8711
CIMAX LA BELLECHASSOISE p 990
See EXCAVATIONS PAYETTE LTEE, LES
CIMCO REFRIGERATION p 107
See TOROMONT INDUSTRIES LTD
CIMCO REFRIGERATION p 208
See TOROMONT INDUSTRIES LTD
CIMCO REFRIGERATION p 384
See TOROMONT INDUSTRIES LTD
CIMCO REFRIGERATION p 448
See TOROMONT INDUSTRIES LTD
CIMCO REFRIGERATION p 665
See TOROMONT INDUSTRIES LTD
CIMCO REFRIGERATION p 905
See TOROMONT INDUSTRIES LTD
CIMCO REFRIGERATION p 1165
See TOROMONT INDUSTRIES LTD
CIMCO REFRIGERATION, DIVISION OF TOROMONT p 991
See TOROMONT INDUSTRIES LTD
CIMCORP AUTOMATION LTD p 598
635 South Service Rd, GRIMSBY, ON, L3M 4E8
(905) 643-9700 SIC 3569
CIME-FM 103.9 & 101.3 p 1201
See CORUS ENTERTAINMENT INC
CIMENT PERREAULT p 1222
See BETON ADAM INC
CIMENT QUEBEC INC p 1018
300 Rue Saulnier, Cote Saint-Luc, QC, H7M 3T3
(450) 629-0100 SIC 3273
CIMENT QUEBEC INC p 1053
1250 Ch Saint-Jose, LA PRAIRIE, QC, J5R 6A9
(450) 444-7942 SIC 3273
CIMENT QUEBEC INC p 1084
10705 Boul Henri-Bourassa E, Montreal, QC, H1C 1G7
(514) 332-1901 SIC 3273
CIMENT QUEBEC INC p 1146
3725 Rue Saint-Henri, Quebec, QC, G1E 2T4
(418) 667-2060 SIC 3273
CIMENT QUEBEC INC p 1181
145 Boul Du Centenaire, SAINT-BASILE, QC, G0A 3G0
(418) 329-2100 SIC 3241
CIMENT RO-NO LTEE p 1260
1375 Boul Jutras E, VICTORIAVILLE, QC, G6S 0M3
(819) 357-8224 SIC 3273
CIMENT ST-LAURENT p 1045
See CRH CANADA GROUP INC
CIMENTS LAVALLEE LTEE p 1129
4300 Boul Saint-Elzear O, Montreal, QC, H7P 4J4
(450) 622-5448 SIC 1611
CIMG THE EAGLE 94.1 FM p 1306
See GOLDEN WEST BROADCASTING LTD
CINCIN RISTORANTE p 313
See TOTO ENTERPRISES LTD
CINDERCRETE PRODUCTS LIMITED p 1282
1773 Reynolds St, REGINA, SK, S4N 7L8
(306) 789-8080 SIC 5211
CINDERCRETE PRODUCTS LIMITED p 1301
605 Avenue P S, SASKATOON, SK, S7M 2W7
(306) 653-3933 SIC 3271
CINDRICH ELEMENTARY SCHOOL p 285
See SCHOOL DISTRICT NO 36 (SURREY)
CINEFLIX MEDIA INC p 928
110 Spadina Ave Suite 400, TORONTO, ON, M5V 2K4
(416) 504-7317 SIC 7929
CINEMA BANQUE SCOTIA MONTREAL p 1110
See CINEPLEX ODEON CORPORATION
CINEMA CINEPLEX BROSSARD & VIP p 1007

CINEPLEX CINEMAS SOUTH EDMONTON 3173

See CINEPLEX ODEON CORPORATION
CINEMA CINEPLEX LAVAL p 1020
See CINEPLEX ODEON CORPORATION
CINEMA CINEPLEX ODEON DELSON p 1022
See CINEPLEX ODEON CORPORATION
CINEMA CINEPLEX PLACE LA SALLE p 1060
See CINEPLEX ODEON CORPORATION
CINEMA CITY INC p 391
2190 Mcgillivray Blvd, WINNIPEG, MB, R3Y 1S6
(204) 269-9978 SIC 7832
CINEMA CITY MCGILLIVRAY p 391
See CINEMA CITY INC
CINEMA ST-EUSTAGE p 1186
See 4417194 CANADA INC
CINEMA STE THERESE p 1230
See CINEMAS GUZZO INC
CINEMARK THEATRES CANADA, INC p 303
88 Pender St W Suite 3000, VANCOUVER, BC, V6B 6N9
(604) 806-0797 SIC 7832
CINEMARK TINSELTOWN THEATRES p 303
See CINEMARK THEATRES CANADA, INC
CINEMAS GUZZO INC p 1230
300 Rue Sicard Bureau 77, SAINTE-THERESE, QC, J7E 3X5
(450) 979-4444 SIC 7832
CINEMAS GUZZO INC p 1244
1055 Ch Du Coteau, TERREBONNE, QC, J6W 5Y8
(450) 961-2945 SIC 7832
CINEPLEX CINEMA CROWFOOT CROSSING p 61
See CINEPLEX ODEON CORPORATION
CINEPLEX CINEMAS BARRHAVEN p 729
See CINEPLEX ODEON CORPORATION
CINEPLEX CINEMAS CENTRE p 1292
See CINEPLEX ODEON CORPORATION
CINEPLEX CINEMAS CLARINGTON PLACE p 507
See CINEPLEX ODEON CORPORATION
CINEPLEX CINEMAS DEVONSHIRE MALL p 965
See CINEPLEX ODEON CORPORATION
CINEPLEX CINEMAS EMPRESS WALK p 748
See CINEPLEX ODEON CORPORATION
CINEPLEX CINEMAS FIRST MARKHAM PLACE p 670
See CINEPLEX ODEON CORPORATION
CINEPLEX CINEMAS GARDINERS ROAD p 633
See CINEPLEX ODEON CORPORATION
CINEPLEX CINEMAS GRANDE PRAIRIE p 125
See CINEPLEX ODEON CORPORATION
CINEPLEX CINEMAS LANGLEY p 229
See CINEPLEX ODEON CORPORATION
CINEPLEX CINEMAS MILTON p 681
See CINEPLEX ODEON CORPORATION
CINEPLEX CINEMAS MISSISSAUGA p 697
See CINEPLEX ODEON CORPORATION
CINEPLEX CINEMAS MORNINGSIDE p 834
See CINEPLEX ODEON CORPORATION
CINEPLEX CINEMAS OAKVILLE & VIP p 769
See CINEPLEX ODEON CORPORATION
CINEPLEX CINEMAS ORION GATE p 519
See CINEPLEX ODEON CORPORATION
CINEPLEX CINEMAS OSHAWA p 782
See CINEPLEX ODEON CORPORATION
CINEPLEX CINEMAS PARK & TILFORD p 246
See CINEPLEX ODEON CORPORATION
CINEPLEX CINEMAS SCARBOROUGH p 840
See CINEPLEX ODEON CORPORATION
CINEPLEX CINEMAS SOUTH EDMONTON p 112

▲ Public Company   ■ Public Company Family Member   HQ Headquarters   BR Branch   SL Single Location

CINEPLEX CINEMAS SOUTH KEYS

See CINEPLEX ODEON CORPORATION
CINEPLEX CINEMAS SOUTH KEYS p 795
See CINEPLEX ODEON CORPORATION
CINEPLEX CINEMAS STRAWBERRY HILL
p 285
See CINEPLEX ODEON CORPORATION
CINEPLEX CINEMAS VAUGHAN p 974
See CINEPLEX ODEON CORPORATION
CINEPLEX CINEMAS VICTORIA p 331
See CINEPLEX ODEON CORPORATION
CINEPLEX CINEMAS WESTHILLS p 62
See CINEPLEX ODEON CORPORATION
CINEPLEX CINEMAS WESTMOUNT & VIP
p 663
See CINEPLEX ODEON CORPORATION
CINEPLEX DIGITAL MEDIA INC p 30
6940 Fisher Rd Se Unit 200, CALGARY, AB, T2H 0W3
(403) 264-4420 SIC 7311
CINEPLEX ENTERTAINMENT LIMITED PARTNERSHIP p 112
1725 99 St Nw, EDMONTON, AB, T6N 1M5
(587) 585-3760 SIC 7999
CINEPLEX MEDIA CENTRAL SALES OFFICE p 936
See CINEPLEX ODEON CORPORATION
CINEPLEX ODEON CORPORATION p 30
6455 Macleod Trl Sw, CALGARY, AB, T2H 0K4
(403) 212-8994 SIC 7832
CINEPLEX ODEON CORPORATION p 42
200 Barclay Parade Sw Unit 90, CALGARY, AB, T2P 4R5
(403) 263-3167 SIC 7832
CINEPLEX ODEON CORPORATION p 61
91 Crowfoot Terr Nw, CALGARY, AB, T3G 4J8
(403) 547-3316 SIC 7822
CINEPLEX ODEON CORPORATION p 62
165 Stewart Green Sw, CALGARY, AB, T3H 3C8
(403) 246-5291 SIC 7832
CINEPLEX ODEON CORPORATION p 94
8882 170 St Nw Suite 3030, EDMONTON, AB, T5T 4M2
(780) 444-2400 SIC 7832
CINEPLEX ODEON CORPORATION p 112
1525 99 St Nw, EDMONTON, AB, T6N 1K5
(780) 436-8585 SIC 7832
CINEPLEX ODEON CORPORATION p 125
10330 109 St, GRANDE PRAIRIE, AB, T8V 7X3
(780) 513-5534 SIC 7832
CINEPLEX ODEON CORPORATION p 157
357 Liberty Ave, RED DEER COUNTY, AB, T4E 0A5
(403) 348-5074 SIC 7832
CINEPLEX ODEON CORPORATION p 160
2020 Sherwood Dr Suite 3146, SHERWOOD PARK, AB, T8A 3H9
(780) 416-0152 SIC 7832
CINEPLEX ODEON CORPORATION p 190
4700 Kingsway Suite M4, BURNABY, BC, V5H 4M1
(604) 435-7474 SIC 7832
CINEPLEX ODEON CORPORATION p 201
170 Schoolhouse St, COQUITLAM, BC, V3K 6V6
(604) 523-2911 SIC 7832
CINEPLEX ODEON CORPORATION p 225
1876 Cooper Rd Suite 160, KELOWNA, BC, V1Y 9N6
(250) 860-1611 SIC 7832
CINEPLEX ODEON CORPORATION p 229
20090 91a Ave, LANGLEY, BC, V1M 3Y9
(604) 513-8747 SIC 7832
CINEPLEX ODEON CORPORATION p 238
32555 London Ave Suite 1407, MISSION, BC, V2V 6M7
(604) 820-2733 SIC 7832
CINEPLEX ODEON CORPORATION p 246
333 Brooksbank Ave Unit 200, NORTH VANCOUVER, BC, V7J 3S8
(604) 904-2359 SIC 7832
CINEPLEX ODEON CORPORATION p 248
200 Esplanade W, NORTH VANCOUVER, BC, V7M 1A4
(604) 983-2762 SIC 7832
CINEPLEX ODEON CORPORATION p 259
1600 15th Ave Suite 172, PRINCE GEORGE, BC, V2L 3X3
(250) 612-3993 SIC 7832
CINEPLEX ODEON CORPORATION p 263
525 2nd Ave W Suite 683, PRINCE RUPERT, BC, V8J 1G9
(250) 624-6770 SIC 7832
CINEPLEX ODEON CORPORATION p 268
14211 Entertainment Blvd, RICHMOND, BC, V6W 1K4
(604) 277-5993 SIC 7832
CINEPLEX ODEON CORPORATION p 271
6551 No. 3 Rd Suite 1702, RICHMOND, BC, V6Y 2B6
SIC 7832
CINEPLEX ODEON CORPORATION p 280
15051 101 Ave, SURREY, BC, V3R 7Z1
(604) 581-1716 SIC 7832
CINEPLEX ODEON CORPORATION p 285
12161 72 Ave, SURREY, BC, V3W 2M1
(604) 501-9420 SIC 7832
CINEPLEX ODEON CORPORATION p 321
900 Burrard St, VANCOUVER, BC, V6Z 3G5
(604) 630-1407 SIC 7832
CINEPLEX ODEON CORPORATION p 327
3980 Shelbourne St, VICTORIA, BC, V8N 6J1
(250) 721-1171 SIC 7832
CINEPLEX ODEON CORPORATION p 331
805 Yates St, VICTORIA, BC, V8W 1M1
(250) 383-0513 SIC 7832
CINEPLEX ODEON CORPORATION p 335
3130 Tillicum Rd, VICTORIA, BC, V9A 0B9
(250) 381-9300 SIC 7832
CINEPLEX ODEON CORPORATION p 368
1225 St Mary's Rd Suite 160, WINNIPEG, MB, R2M 5E5
(204) 256-3901 SIC 7832
CINEPLEX ODEON CORPORATION p 381
817 St James St, WINNIPEG, MB, R3G 3L9
(204) 774-1001 SIC 7832
CINEPLEX ODEON CORPORATION p 497
72 Commerce Park Dr, BARRIE, ON, L4N 8W8
(705) 728-1171 SIC 7832
CINEPLEX ODEON CORPORATION p 503
160 Bell Blvd, BELLEVILLE, ON, K8P 5L2
(613) 969-8469 SIC 7832
CINEPLEX ODEON CORPORATION p 507
111 Clarington Blvd, BOWMANVILLE, ON, L1C 4Z3
(905) 697-0611 SIC 7832
CINEPLEX ODEON CORPORATION p 519
20 Biscayne Cres, BRAMPTON, ON, L6W 4S1
(905) 455-1590 SIC 7832
CINEPLEX ODEON CORPORATION p 525
300 King George Rd Suite 1, BRANTFORD, ON, N3R 5L7
(519) 759-7011 SIC 7832
CINEPLEX ODEON CORPORATION p 530
2399 Parkedale Ave, BROCKVILLE, ON, K6V 3G9
(613) 498-2217 SIC 7832
CINEPLEX ODEON CORPORATION p 538
1250 Brant St, BURLINGTON, ON, L7P 1X8
(905) 319-8677 SIC 7832
CINEPLEX ODEON CORPORATION p 556
6 Mountain Rd, COLLINGWOOD, ON, L9Y 4S8
(705) 443-4271 SIC 7832
CINEPLEX ODEON CORPORATION p 564
1325 Second St E, CORNWALL, ON, K6H 7C4
(613) 933-7124 SIC 7832
CINEPLEX ODEON CORPORATION p 594
2385 City Park Dr, GLOUCESTER, ON, K1J 1G1
(613) 749-5861 SIC 7832
CINEPLEX ODEON CORPORATION p 633
626 Gardiners Rd, KINGSTON, ON, K7M 3X9
(613) 634-0152 SIC 7832
CINEPLEX ODEON CORPORATION p 663
755 Wonderland Rd S, LONDON, ON, N6K 1M6
(519) 474-2152 SIC 7832
CINEPLEX ODEON CORPORATION p 670
3275 Highway 7, MARKHAM, ON, L3R 3P9
SIC 7832
CINEPLEX ODEON CORPORATION p 681
1175 Maple Ave, MILTON, ON, L9T 0A5
(905) 864-1666 SIC 7832
CINEPLEX ODEON CORPORATION p 697
309 Rathburn Rd W, MISSISSAUGA, ON, L5B 4C1
(905) 275-4969 SIC 7832
CINEPLEX ODEON CORPORATION p 729
131 Riocan Ave, NEPEAN, ON, K2J 5G3
(613) 825-2463 SIC 7832
CINEPLEX ODEON CORPORATION p 733
18151 Yonge St, NEWMARKET, ON, L3Y 4V8
(905) 953-2792 SIC 7832
CINEPLEX ODEON CORPORATION p 740
300 Lakeshore Dr, NORTH BAY, ON, P1A 3V2
(705) 476-6410 SIC 7832
CINEPLEX ODEON CORPORATION p 744
1800 Sheppard Ave E, NORTH YORK, ON, M2J 5A7
(416) 644-7746 SIC 7832
CINEPLEX ODEON CORPORATION p 748
5095 Yonge St, NORTH YORK, ON, M2N 6Z4
(416) 847-0087 SIC 7832
CINEPLEX ODEON CORPORATION p 769
3531 Wyecroft Rd, OAKVILLE, ON, L6L 0B7
(905) 827-7173 SIC 7832
CINEPLEX ODEON CORPORATION p 773
85 Fifth Ave, ORANGEVILLE, ON, L9W 5B7
(519) 941-4970 SIC 7832
CINEPLEX ODEON CORPORATION p 774
865 West Ridge Blvd, ORILLIA, ON, L3V 8B3
(705) 325-3661 SIC 7832
CINEPLEX ODEON CORPORATION p 782
1351 Grandview St N, OSHAWA, ON, L1K 0G1
(905) 432-3486 SIC 7832
CINEPLEX ODEON CORPORATION p 795
2214 Bank St, OTTAWA, ON, K1V 1J6
(613) 736-1115 SIC 7832
CINEPLEX ODEON CORPORATION p 808
320 Water St, PETERBOROUGH, ON, K9H 7N9
(705) 749-2000 SIC 7832
CINEPLEX ODEON CORPORATION p 822
8725 Yonge St, RICHMOND HILL, ON, L4C 6Z1
(905) 709-0025 SIC 7832
CINEPLEX ODEON CORPORATION p 826
1450 London Rd, SARNIA, ON, N7S 1P7
(519) 541-0959 SIC 7832
CINEPLEX ODEON CORPORATION p 834
785 Milner Ave, SCARBOROUGH, ON, M1B 3C3
(416) 281-1444 SIC 7832
CINEPLEX ODEON CORPORATION p 840
300 Borough Dr Unit 765, SCARBOROUGH, ON, M1P 4P5
(416) 290-5217 SIC 7832
CINEPLEX ODEON CORPORATION p 862
795 Paramount Dr, STONEY CREEK, ON, L8J 0B4
(905) 560-0239 SIC 7832
CINEPLEX ODEON CORPORATION p 897
2300 Yonge St Suite 2307, TORONTO, ON, M4P 1E4
(416) 544-1236 SIC 7832
CINEPLEX ODEON CORPORATION p 898
2190 Yonge St, TORONTO, ON, M4S 2B8
(416) 646-2913 SIC 7832
CINEPLEX ODEON CORPORATION p 906
20 Carlton St, TORONTO, ON, M5B 2H5
(416) 494-9371 SIC 7832
CINEPLEX ODEON CORPORATION p 924
159 Cumberland St, TORONTO, ON, M5R 1A2
(416) 699-5971 SIC 7832
CINEPLEX ODEON CORPORATION p 928
259 Richmond St W, TORONTO, ON, M5V 3M6
(416) 368-5600 SIC 7832
CINEPLEX ODEON CORPORATION p 936
102 Atlantic Ave Suite 100, TORONTO, ON, M6K 1X9
(416) 695-7206 SIC 7832
CINEPLEX ODEON CORPORATION p 951
550 King St N, WATERLOO, ON, N2L 5W6
(519) 883-8843 SIC 7832
CINEPLEX ODEON CORPORATION p 965
3100 Howard Ave, WINDSOR, ON, N8X 3Y8
(519) 967-0197 SIC 7832
CINEPLEX ODEON CORPORATION p 974
3555 Highway 7, WOODBRIDGE, ON, L4L 9H4
(905) 851-1001 SIC 7832
CINEPLEX ODEON CORPORATION p 1007
9350 Boul Leduc, BROSSARD, QC, J4Y 0B3
(450) 678-5542 SIC 7832
CINEPLEX ODEON CORPORATION p 1020
2800 Av Du Cosmodome, Cote Saint-Luc, QC, H7T 2X1
(450) 978-0212 SIC 7832
CINEPLEX ODEON CORPORATION p 1022
47 Boul Georges-Gagne S, DELSON, QC, J5B 2E5
SIC 7832
CINEPLEX ODEON CORPORATION p 1060
7816 Boul Champlain Bureau 62, LASALLE, QC, H8P 1B3
SIC 7832
CINEPLEX ODEON CORPORATION p 1110
977 Rue Sainte-Catherine O, Montreal, QC, H3B 4W3
(514) 842-0549 SIC 7832
CINEPLEX ODEON CORPORATION p 1292
3510 8th St E, SASKATOON, SK, S7H 0W6
(306) 955-1938 SIC 7832
CINEPLEX ODEON CORPORATION p 1295
347 2nd Ave S, SASKATOON, SK, S7K 1L2
(306) 664-5060 SIC 7832
CING FM p 612
See CORUS RADIO COMPANY
CINNABAR VALLEY ELEMENTARY SCHOOL p 243
See SCHOOL DISTRICT NO. 68 (NANAIMO-LADYSMITH)
CINNAMON JANG WILLOUGHBY & COMPANY p 190
See CJW CONSULTANTS INC
CINRAM CANADA OPERATIONS ULC p 843
400 Nugget Ave, SCARBOROUGH, ON, M1S 4A4
(416) 332-9000 SIC 3652
CINRO RESOURCES INC p 932
100 King St W, TORONTO, ON, M5X 2A1
SIC 3341
CINTAS CANADA LIMITED p 27
1235 23 Ave Se, CALGARY, AB, T2G 5S5
(403) 313-3889 SIC 7218
CINTAS CANADA LIMITED p 91
17811 116 Ave Nw, EDMONTON, AB, T5S 2J2
(780) 409-0610 SIC 7218
CINTAS CANADA LIMITED p 223
2325 Norris Rd S, KELOWNA, BC, V1X 8G7
(250) 491-9400 SIC 7213
CINTAS CANADA LIMITED p 234
5293 272 St, LANGLEY, BC, V4W 1P1
(604) 857-2281 SIC 7218
CINTAS CANADA LIMITED p 600

412 Laird Rd, GUELPH, ON, N1G 3X7
(519) 836-1772   SIC 7213
CINTAS CANADA LIMITED   p 651
30 Charterhouse Cres, LONDON, ON, N5W 5V5
(519) 453-5010   SIC 7218
CINTAS CANADA LIMITED   p 718
6300 Kennedy Rd Unit 3, MISSISSAUGA, ON, L5T 2X5
(905) 670-4409   SIC 7218
CINTAS CANADA LIMITED   p 725
126 Vanluven Rd, NAPANEE, ON, K7R 3L2
SIC 7218
CINTAS CANADA LIMITED   p 733
255 Harry Walker Pky S Suite 1, NEWMARKET, ON, L3Y 8Z5
(905) 853-4409   SIC 7213
CINTAS CANADA LIMITED   p 891
149 Eddystone Ave, TORONTO, ON, M3N 1H5
(416) 743-5070   SIC 7218
CINTAS CANADA LIMITED   p 928
543 Richmond St W Suite 107, TORONTO, ON, M5V 1Y6
(800) 268-1474   SIC 7218
CINTAS CANADA LIMITED   p 928
543 Richmond St W Suite 107, TORONTO, ON, M5V 1Y6
(416) 593-4676   SIC 7218
CINTAS CANADA LIMITED   p 939
3370 Dundas St W Suite 882, TORONTO, ON, M6S 2S1
(416) 763-4400   SIC 7218
CINTAS CANADA LIMITED   p 965
1550 Elsmere Ave, WINDSOR, ON, N8X 4H3
(519) 254-3213   SIC 5699
CINTAS CANADA LIMITED   p 1002
1470 Rue Nobel, BOUCHERVILLE, QC, J4B 5H3
(450) 449-4747   SIC 7218
CINTAS-THE UNIFORM PEOPLE   p 223
See CINTAS CANADA LIMITED
CIOT FABBRICA   p 1096
See CIOT MONTREAL INC
CIOT MONTREAL INC   p 1096
9151 Boul Saint-Laurent, Montreal, QC, H2N 1N2
(514) 317-6430   SIC 5032
CIP   p 258
See CENTRAL INTERIOR PIPING & MAINTENANCE LTD
CIPA LUMBER CO. LTD   p 207
797 Carlisle Rd, DELTA, BC, V3M 5P4
(604) 523-2250   SIC 2436
CIQB-AM   p 494
See CORUS ENTERTAINMENT INC
CIQX   p 24
See NEWCAP INC
CIRCA ENTERPRISES INC   p 558
206 Great Gulf Dr, CONCORD, ON, L4K 5W1
(905) 669-5511   SIC 3499
CIRCA METALS DIV.   p 558
See CIRCA ENTERPRISES INC
CIRCLE CORTINA INDUSTRIES CANADA LTD   p 858
195 Edward St, ST THOMAS, ON, N5P 1Z4
(519) 631-2900   SIC 3669
CIRCLE D TRANSPORT   p 170
See BUILDERS ENERGY SERVICES LTD
CIRCLE DRIVE SPECIAL CARE HOME INC p 1305
3055 Preston Ave, SASKATOON, SK, S7T 1C3
(306) 955-4800   SIC 8051
CIRCLE HOLDINGS INC   p 393
2 Rue Jagoe, ATHOLVILLE, NB, E3N 5C3
(506) 753-1881   SIC 5812
CIRCLE HOLDINGS INC   p 395
75 Roseberry St Suite 550, CAMPBELLTON, NB, E3N 2G6
(506) 789-9148   SIC 5812
CIRCLE HOLDINGS INC   p 396

414 William St, DALHOUSIE, NB, E8C 2X2
(506) 684-5569   SIC 5812
CIRCLE K   p 411
See IRVING OIL LIMITED
CIRCUIT FOIL AMERICA   p 1042
See CFA, SOCIETE EN COMMANDITE
CIRCUITS CMR   p 1141
See CIRCUITS CMR LTEE
CIRCUITS CMR LTEE   p 1141
850 Av Selkirk, POINTE-CLAIRE, QC, H9R 3S3
(514) 426-5525   SIC 3672
CIRCUL-AIRE INC   p 1206
3999 Boul De La Cote-Vertu, SAINT-LAURENT, QC, H4R 1R2
(514) 337-3331   SIC 3564
CIRCUS WORLD DISPLAYS LIMITED p 738
4080 Montrose Rd, NIAGARA FALLS, ON, L2H 1J9
(905) 353-0732   SIC 3651
CIRCUS WORLD DISPLAYS LIMITED p 738
4080 Montrose Rd, NIAGARA FALLS, ON, L2H 1J9
(905) 353-0732   SIC 3699
CIRION BIOPHARMA RECHERCHE INC p 1128
3150 Rue Delaunay, Montreal, QC, H7L 5E1
(450) 688-6445   SIC 8731
CIRQUE DU SOLEIL INC   p 1090
8400 2e Av, Montreal, QC, H1Z 4M6
(514) 722-2324   SIC 7999
CIRX   p 260
See VISTA RADIO LTD
CISCO SYSTEMS   p 323
See CISCO SYSTEMS CANADA CO
CISCO SYSTEMS CANADA CO   p 323
595 Burard St, VANCOUVER, BC, V7X 1J1
(604) 647-2300   SIC 5065
CISCO SYSTEMS CANADA CO   p 792
340 Albert St Suite 1710, OTTAWA, ON, K1R 7Y6
(613) 788-7200   SIC 7373
CISCO SYSTEMS CANADA CO   p 918
88 Queens Quay W Suite 2700, TORONTO, ON, M5J 0B8
(416) 306-7000   SIC 5065
CISCO SYSTEMS CANADA CO   p 1105
1800 Av Mcgill College Bureau 700, Montreal, QC, H3A 3J6
(514) 847-6800   SIC 5999
CISOLIFT DISTRIBUTION INC   p 1190
192 Rue Sylvestre Rr 2, SAINT-GERMAIN-DE-GRANTHAM, QC, J0C 1K0
(819) 395-3838   SIC 5084
CISSS - CENTRE INTEGRE DE SANTE ET DE SERVICES SOCIAUX DE CHAUDIERE-APPALACHES   p 1083
See CENTRES JEUNESSE CHAUDIERE-APPALACHES, LES
CISSS DE LANAUDIERE - LE BOUCLIER p 1045
See CENTRE INTEGRE DE SANTE ET DE SERVICES SOCIAUX DE LANAUDIERE
CISSS DE LANAUDIERE - LE BOUCLIER p 1201
See CENTRE INTEGRE DE SANTE ET DE SERVICES SOCIAUX DE LANAUDIERE
CISTEL TECHNOLOGY INC   p 726
30 Concourse Gate Suite 200, NEPEAN, ON, K2E 7V7
(613) 723-8344   SIC 7379
CIT ENERGY AND INFRASTRUCTURE, CANADA   p 917
See CIT FINANCIAL LTD
CIT FINANCIAL LTD   p 41
700 4 Ave Sw Suite 1070, CALGARY, AB, T2P 3J4
(403) 265-5700   SIC 6153
CIT FINANCIAL LTD   p 917
207 Queens Quay W Suite 700, TORONTO, ON, M5J 1A7
(416) 507-2400   SIC 6153
CITADEL COMMERCE CORP   p 192

8610 Glenlyon Pky Unit 130, BURNABY, BC, V5J 0B6
(604) 299-6924   SIC 7372
CITADEL MIDDLE SCHOOL   p 256
See SCHOOL DISTRICT NO. 43 (COQUITLAM)
CITADEL WEST GENERAL PARTNER LTD p 42
505 3 St Sw Suite 200, CALGARY, AB, T2P 3E6
(403) 213-9716   SIC 6531
CITADELLE COOPERATIVE DE PRODUCTEURS DE SIROP D'ERABLE   p 1052
786 8e Rue E, LA GUADELOUPE, QC, G0M 1G0
SIC 2099
CITADELLE COOPERATIVE DE PRODUCTEURS DE SIROP D'ERABLE   p 1102
84 Rue Saint-Paul E, Montreal, QC, H2Y 1G6
(514) 765-3456   SIC 2099
CITADELLE COOPERATIVE DE PRODUCTEURS DE SIROP D'ERABLE   p 1138
2100 Av Saint-Laurent, PLESSISVILLE, QC, G6L 2R3
(819) 362-3241   SIC 2099
CITATION   p 997
See BUROPRO CITATION INC
CITCO (CANADA) INC   p 457
5151 George St Suite 700, HALIFAX, NS, B3J 1M5
(902) 442-4242   SIC 8741
CITE DE DORVAL   p 1028
1401 Ch Du Bord-Du-Lac Lakeshore, DORVAL, QC, H9S 2E5
(514) 633-4170   SIC 8231
CITE DES ARTS DU CIRQUE   p 1090
2345 Rue Jarry E, Montreal, QC, H1Z 4P3
(514) 376-8648   SIC 8641
CITE DES JEUNES   p 741
See CONSEIL SCOLAIRE CATHOLIQUE DU DISTRICT FRANCO-NORD
CITE DES JEUNES A.-M. SORMANY D'EDMUNDSTON   p 397
See DISTRICT SCOLAIRE 3
CITE-JARDIN   p 1035
See 9095-1302 QUEBEC INC
CITIBANK CANADA   p 908
1 Toronto St Suite 1200, TORONTO, ON, M5C 2V6
(416) 369-6399   SIC 6153
CITIBANK VISA   p 908
See CITIBANK CANADA
CITICAPITAL   p 918
See CITICORP VENDOR FINANCE, LTD
CITICAPITAL LIMITED   p 918
123 Front St W Suite 1500, TORONTO, ON, M5J 2M3
(800) 991-4046   SIC 6159
CITICORP VENDOR FINANCE, LTD   p 918
123 Front St W Suite 1500, TORONTO, ON, M5J 2M3
(800) 991-4046   SIC 6159
CITIGROUP GLOBAL MARKETS CANADA INC   p 687
2920 Matheson Blvd E, MISSISSAUGA, ON, L4W 5R6
(905) 624-9889   SIC 6722
CITIGROUP GLOBAL MARKETS CANADA INC   p 918
161 Bay St Suite 4600, TORONTO, ON, M5J 2S1
(416) 866-2300   SIC 6211
CITIGUARD SECURITY SERVICES INC p 840
1560 Brimley Rd Suite 201, SCARBOROUGH, ON, M1P 3G9
(416) 431-6888   SIC 7381
CITIWELL INTERNATIONAL INC   p 755
401 Magnetic Dr Unit 9, NORTH YORK, ON, M3J 3H9

(905) 760-9686   SIC 5092
CITIZEN RELATIONS   p 1149
See CITOYEN OPTIMUM S.E.C.
CITIZEN WATCH COMPANY OF CANADA LTD   p 670
380 Bentley St Unit 2, MARKHAM, ON, L3R 3L2
(905) 415-1100   SIC 3873
CITIZENS BANK OF CANADA   p 303
401 Hastings St W Suite 401, VANCOUVER, BC, V6B 1L5
(604) 708-7800   SIC 6021
CITIZENS BANK OF CANADA   p 307
815 Hastings St W Suite 401, VANCOUVER, BC, V6C 1B4
(604) 682-7171   SIC 6021
CITOXLAB AMERIQUE DU NORD INC p 1133
445 Boul Armand-Frappier, Montreal-Ouest, QC, H7V 4B3
(450) 973-2240   SIC 8731
CITOYEN OPTIMUM S.E.C.   p 1149
300 Rue Saint-Paul Bureau 300, Quebec, QC, G1K 7R1
(418) 647-2727   SIC 4899
CITRON HYGIENE LP   p 651
15 Charterhouse Cresent, LONDON, ON, N5W 5V3
(519) 471-6512   SIC 7342
CITY ADULT LEARNING CENTRE   p 895
See TORONTO DISTRICT SCHOOL BOARD
CITY BREAD CO. LTD, THE   p 371
238 Dufferin Ave, WINNIPEG, MB, R2W 2X6
(204) 586-8409   SIC 2051
CITY CAB (BRANTFORD-DARLING STREET) LIMITED   p 528
40 Dalhousie St, BRANTFORD, ON, N3T 2H8
(519) 759-7800   SIC 4121
CITY CAB INC   p 980
168 Prince St, CHARLOTTETOWN, PE, C1A 4R6
(902) 892-6567   SIC 4121
CITY CENTRAL WATER PURIFICATION PLANT, UTILITIES KINGSTON   p 631
See CORPORATION OF THE CITY OF KINGSTON, THE
CITY CENTRE CAMPUS   p 306
See VANCOUVER COMMUNITY COLLEGE
CITY CENTRE CARE SOCIETY   p 301
306 Cordova St E Suite 408, VANCOUVER, BC, V6A 1L5
(604) 684-2545   SIC 8059
CITY CENTRE LIBRARY   p 199
See COQUITLAM PUBLIC LIBRARY
CITY CENTRE P O   p 228
See CANADA POST CORPORATION
CITY GRILL RESTAURANT   p 906
See IMAGO RESTAURANTS INC
CITY HOTELS LIMITED   p 429
76 Atlantic St, MARYSTOWN, NL, A0E 2M0
(709) 279-1600   SIC 7011
CITY HOTELS LIMITED   p 432
106 Airport Rd, ST. JOHN'S, NL, A1A 4Y3
(709) 753-3500   SIC 7011
CITY HOTELS LIMITED   p 433
102 Kenmount Rd Suite 102, ST. JOHN'S, NL, A1B 3R2
(709) 722-9330   SIC 7011
CITY MASONRY CONTRACTOR LTD p 1295
3042 Faithfull Ave, SASKATOON, SK, S7K 0B1
(306) 934-3599   SIC 1741
CITY OF ABBOTSFORD   p 176
33800 King Rd Suite 100, ABBOTSFORD, BC, V2S 8H8
(604) 743-5000   SIC 7999
CITY OF ABBOTSFORD   p 178
3106 Clearbrook Rd, ABBOTSFORD, BC, V2T 4N6
(604) 855-0500   SIC 7999

CITY OF ABBOTSFORD *p 178*
32270 George Ferguson Way, ABBOTSFORD, BC, V2T 2L1
(604) 853-3566 *SIC 7389*
CITY OF BROCKVILLE FIRE DEPT *p 530*
See CORPORATION OF THE CITY OF BROCKVILLE
CITY OF BROOKS *p 8*
111 4 Ave W, BROOKS, AB, T1R 1B7
(403) 362-3622 *SIC 7999*
CITY OF BURLINGTON ROAD & PARK MAINTENANCE *p 537*
See CORPORATION OF THE CITY OF BURLINGTON
CITY OF BURNABY *p 185*
3676 Kensington Ave, BURNABY, BC, V5B 4Z6
(604) 291-1261 *SIC 7999*
CITY OF BURNABY *p 185*
3702 Kensington Ave, BURNABY, BC, V5B 4Z6
(604) 299-9374 *SIC 7999*
CITY OF BURNABY *p 186*
240 Willingdon Ave, BURNABY, BC, V5C 5E9
(604) 298-7946 *SIC 7999*
CITY OF BURNABY *p 189*
6450 Deer Lake Ave, BURNABY, BC, V5G 2J3
(604) 291-6864 *SIC 8322*
CITY OF BURNABY *p 189*
6501 Deer Lake Ave, BURNABY, BC, V5G 3T6
(604) 297-4565 *SIC 8412*
CITY OF BURNABY *p 190*
6533 Nelson Ave, BURNABY, BC, V5H 0C2
(604) 439-5510 *SIC 8322*
CITY OF CALGARY, THE *p 27*
2201 Portland St Se, CALGARY, AB, T2G 4M7
(403) 268-1169 *SIC 1623*
CITY OF CALGARY, THE *p 27*
315 10 Ave Se Suite 101, CALGARY, AB, T2G 0W2
(403) 268-5153 *SIC 8399*
CITY OF CALGARY, THE *p 38*
523 27 Ave Nw, CALGARY, AB, T2M 2H9
(403) 221-3682 *SIC 8299*
CITY OF CALGARY, THE *p 63*
3910 54 Ave Ne, CALGARY, AB, T3J 0C7
(403) 537-1613 *SIC 4111*
CITY OF CAMROSE, THE *p 66*
4907 49 St, CAMROSE, AB, T4V 1N3
SIC 4119
CITY OF CAMROSE, THE *p 66*
5105 66 St, CAMROSE, AB, T4V 1X3
(780) 672-2691 *SIC 7992*
CITY OF CHILLIWACK *p 197*
5725 Tyson Rd, CHILLIWACK, BC, V2R 3R6
(604) 793-2904 *SIC 7999*
CITY OF EDMONTON *p 76*
12304 107 St Nw, EDMONTON, AB, T5G 2S7
(780) 496-4270 *SIC 7349*
CITY OF EDMONTON *p 79*
12130 River Valley Rd, EDMONTON, AB, T5J 2G7
(780) 496-4710 *SIC 7992*
CITY OF EDMONTON *p 79*
3 Sir Winston Churchill Sq Nw Suite 5, EDMONTON, AB, T5J 2C3
(780) 718-8941 *SIC 4953*
CITY OF EDMONTON *p 86*
14323 115 Ave Nw, EDMONTON, AB, T5M 3B8
(780) 496-7900 *SIC 1623*
CITY OF EDMONTON *p 89*
9200 163 St Nw, EDMONTON, AB, T5R 0A7
(780) 496-1411 *SIC 8322*
CITY OF EDMONTON *p 91*
11004 190 St Nw, EDMONTON, AB, T5S 0G9
(780) 496-6770 *SIC 7363*
CITY OF EDMONTON *p 103*

9100 Walterdale Hill Nw Suite 102, EDMONTON, AB, T6E 2V3
(780) 496-7330 *SIC 7389*
CITY OF GRANDE PRAIRIE, THE *p 125*
9535 Prairie Rd, GRANDE PRAIRIE, AB, T8V 6G5
(780) 538-0469 *SIC 7999*
CITY OF GRANDE PRAIRIE, THE *p 125*
9839 103 Ave Unit 101, GRANDE PRAIRIE, AB, T8V 6M7
(780) 532-3580 *SIC 8231*
CITY OF GRANDE PRAIRIE, THE *p 125*
10017 99 Ave, GRANDE PRAIRIE, AB, T8V 0R7
(780) 539-4009 *SIC 7997*
CITY OF GRANDE PRAIRIE, THE *p 125*
See CITY OF GRANDE PRAIRIE, THE
CITY OF GRANDE PRAIRIE, THE *p 128*
6 Knowledge Way, GRANDE PRAIRIE, AB, T8W 2V9
(780) 513-5252 *SIC 7999*
CITY OF GREATER SUDBURY, THE *p 867*
960 Notre Dame Ave Suite D, SUDBURY, ON, P3A 2T4
(705) 566-4270 *SIC 8059*
CITY OF GREATER SUDBURY, THE *p 870*
1700 Kingsway Rd, SUDBURY, ON, P3E 3L7
(705) 675-3333 *SIC 4111*
CITY OF HAMILTON LEGAL DEPARTMENT *p 610*
See CITY OF HAMILTON, THE
CITY OF HAMILTON, THE *p 487*
29 Orchard Dr, ANCASTER, ON, L9G 1Z6
(905) 648-4404 *SIC 8322*
CITY OF HAMILTON, THE *p 570*
41 South St W Suite 207, DUNDAS, ON, L9H 4C4
SIC 8051
CITY OF HAMILTON, THE *p 607*
1715 Main St E, HAMILTON, ON, L8H 1E3
(905) 546-4775 *SIC 7999*
CITY OF HAMILTON, THE *p 608*
192 Wentworth St N, HAMILTON, ON, L8L 5V7
(905) 546-3122 *SIC 7999*
CITY OF HAMILTON, THE *p 610*
21 King St W 12th Fl, HAMILTON, ON, L8P 4W7
(905) 546-4520 *SIC 8111*
CITY OF HAMILTON, THE *p 612*
1150 Main St W, HAMILTON, ON, L8S 1C2
(905) 546-4946 *SIC 7999*
CITY OF HAMILTON, THE *p 612*
600 York Blvd, HAMILTON, ON, L8R 3H1
(905) 546-2872 *SIC 8412*
CITY OF HAMILTON, THE *p 613*
701 Upper Sherman Ave, HAMILTON, ON, L8V 3M7
(905) 546-2800 *SIC 8051*
CITY OF HAMILTON, THE *p 613*
87 Brentwood Dr, HAMILTON, ON, L8T 3W4
(905) 546-4880 *SIC 7999*
CITY OF HAMILTON, THE *p 616*
35 Lynbrook Dr, HAMILTON, ON, L9C 2K6
(905) 546-4932 *SIC 7999*
CITY OF HAMILTON, THE *p 724*
3027 Homestead Dr, MOUNT HOPE, ON, L0R 1W0
(905) 529-1212 *SIC 4111*
CITY OF HAMILTON, THE *p 949*
27 Hwy 5, WATERDOWN, ON, L0R 2H0
(905) 690-3966 *SIC 8322*
CITY OF KAWARTHA LAKES FIRE RESCUE SERVICE *p 647*
See CORPORATION OF THE CITY OF KAWARTHA LAKES, THE
CITY OF KITCHENER COUNTRY CLUB INC *p 644*
500 Doon Valley Dr, KITCHENER, ON, N2P 1B4
(519) 741-2939 *SIC 7992*
CITY OF MEDICINE HAT FIRE AND MAN-

AGEMENT SERVICES *p 144*
See MEDICINE HAT, CITY OF
CITY OF NANAIMO *p 239*
741 Third St, NANAIMO, BC, V9R 7B2
(250) 755-7574 *SIC 7999*
CITY OF NANAIMO *p 239*
238 Franklyn St, NANAIMO, BC, V9R 2X4
(250) 755-4409 *SIC 7389*
CITY OF NANAIMO *p 239*
455 Wallace St, NANAIMO, BC, V9R 5J6
(250) 755-4428 *SIC 4941*
CITY OF OTTAWA *p 593*
1595 Telesat Crt Suite 800, GLOUCESTER, ON, K1B 5R3
SIC 8231
CITY OF OTTAWA *p 594*
2040 Ogilvie Rd, GLOUCESTER, ON, K1J 7N8
(613) 748-4222 *SIC 7999*
CITY OF OTTAWA *p 595*
3380 D'aoust Ave, GLOUCESTER, ON, K1T 1R5
(613) 521-4092 *SIC 7999*
CITY OF OTTAWA *p 595*
4310 Shoreline Dr, GLOUCESTER, ON, K1V 1N4
(613) 822-7887 *SIC 8322*
CITY OF OTTAWA *p 667*
5669 Manotick Main St, MANOTICK, ON, K4M 1K1
(613) 692-3301 *SIC 7389*
CITY OF OTTAWA *p 729*
401 Corkstown Rd, NEPEAN, ON, K2H 8T1
SIC 7999
CITY OF OTTAWA *p 729*
100 Malvern Dr, NEPEAN, ON, K2J 2G5
(613) 580-2788 *SIC 7997*
CITY OF OTTAWA *p 729*
35 Stafford Rd Unit 11, NEPEAN, ON, K2H 8V8
(613) 596-5783 *SIC 7911*
CITY OF OTTAWA *p 777*
500 Charlemagne Blvd, ORLEANS, ON, K4A 1S2
(613) 580-2860 *SIC 7389*
CITY OF OTTAWA *p 784*
1490 Youville Dr, OTTAWA, ON, K1C 2X8
(613) 824-0819 *SIC 7999*
CITY OF OTTAWA *p 784*
1500 St. Laurent Blvd, OTTAWA, ON, K1G 0Z8
(613) 741-6440 *SIC 4111*
CITY OF OTTAWA *p 788*
250 Somerset St E, OTTAWA, ON, K1N 6V6
(613) 564-1062 *SIC 8322*
CITY OF OTTAWA *p 794*
100 Brewer Way, OTTAWA, ON, K1S 5R2
(613) 247-4938 *SIC 7999*
CITY OF OTTAWA *p 794*
1015 Bank St, OTTAWA, ON, K1S 3W7
(613) 580-2429 *SIC 7299*
CITY OF OTTAWA *p 795*
1265 Walkley Rd, OTTAWA, ON, K1V 6P9
(613) 247-4811 *SIC 7999*
CITY OF OTTAWA *p 799*
55 Lodge Rd Suite 1, OTTAWA, ON, K2C 3H1
(613) 825-3763 *SIC 8361*
CITY OF OTTAWA *p 801*
320 Jack Purcell Lane, OTTAWA, ON, K2P 2J5
(613) 564-1050 *SIC 7999*
CITY OF PETERBOROUGH HOLDINGS INC *p 809*
1 Hospital Dr, PETERBOROUGH, ON, K9J 7C6
(705) 740-8326 *SIC 8062*
CITY OF PETERBOROUGH TRANSIT *p 808*
See CORPORATION OF THE CITY OF PETERBOROUGH, THE
CITY OF PRINCE GEORGE *p 260*
1770 Monroe St, PRINCE GEORGE, BC, V2M 7A4

(250) 561-7542 *SIC 7999*
CITY OF RED DEER, THE *p 153*
4914 48 Ave, RED DEER, AB, T4N 3T3
(403) 342-8392 *SIC 4813*
CITY OF RED DEER, THE *p 153*
4501 47a Ave, RED DEER, AB, T4N 6Z6
SIC 7999
CITY OF RED DEER, THE *p 153*
Gd, RED DEER, AB, T4N 3T4
(403) 342-8750 *SIC 4953*
CITY OF RED DEER, THE *p 155*
7721 40 Ave, RED DEER, AB, T4P 0K2
(403) 342-8274 *SIC 4911*
CITY OF REGINA, THE *p 1287*
333 Winnipeg St, REGINA, SK, S4R 8P2
(306) 777-7726 *SIC 4111*
CITY OF REGINA, THE *p 1287*
333 Winnipeg St, REGINA, SK, S4R 8P2
(306) 777-7780 *SIC 4131*
CITY OF REGINA, THE *p 1289*
2420 Elphinstone St, REGINA, SK, S4T 7S7
(306) 777-7529 *SIC 8641*
CITY OF SALMON ARM *p 276*
2600 10 Ave Ne, SALMON ARM, BC, V1E 2S4
(250) 832-4044 *SIC 7999*
CITY OF SALMON ARM *p 276*
141 Ross St Ne, SALMON ARM, BC, V1E 4N2
(250) 803-4060 *SIC 7389*
CITY OF SALMON ARM FIRE DEPARTMENT, THE *p 276*
See CITY OF SALMON ARM
CITY OF ST. JOHN'S *p 435*
50 New Gower St, ST. JOHN'S, NL, A1C 1J3
(709) 758-0997 *SIC 7941*
CITY OF ST. JOHN'S *p 435*
See CITY OF ST. JOHN'S
CITY OF ST. JOHN'S *p 436*
40 Mundy Pond Rd, ST. JOHN'S, NL, A1E 1V1
(709) 576-8499 *SIC 7999*
CITY OF SURREY, THE *p 281*
6651 148 St Fl 3, SURREY, BC, V3S 3C7
(604) 591-4152 *SIC 8711*
CITY OF SURREY, THE *p 281*
6228 184 St, SURREY, BC, V3S 8E6
SIC 8322
CITY OF SURREY, THE *p 285*
13750 88 Ave, SURREY, BC, V3W 3L1
(604) 501-5566 *SIC 8412*
CITY OF WATERLOO SERVICE CENTER *p 951*
See CORPORATION OF THE CITY OF WATERLOO, THE
CITY OF WINNIPEG, THE *p 366*
909 Concordia Ave, WINNIPEG, MB, R2K 2M6
(204) 986-6980 *SIC 7999*
CITY OF WINNIPEG, THE *p 370*
2230 Main St, WINNIPEG, MB, R2V 4T8
(204) 986-4684 *SIC 1629*
CITY OF WINNIPEG, THE *p 371*
1520 Main St, WINNIPEG, MB, R2W 3W4
(204) 986-5832 *SIC 7538*
CITY OF WINNIPEG, THE *p 374*
510 Main St Suite 102, WINNIPEG, MB, R3B 3M1
(204) 986-2455 *SIC 4941*
CITY OF WINNIPEG, THE *p 374*
65 Ellen St, WINNIPEG, MB, R3A 0Z8
(204) 986-6308 *SIC 4119*
CITY OF WINNIPEG, THE *p 374*
395 Main St Suite 7, WINNIPEG, MB, R3B 3N8
(204) 986-8023 *SIC 8611*
CITY OF WINNIPEG, THE *p 377*
251 Donald St, WINNIPEG, MB, R3C 3P5
(204) 986-6450 *SIC 8231*
CITY OF WINNIPEG, THE *p 379*
1199 Pacific Ave Suite 109, WINNIPEG, MB, R3E 3S8
(204) 986-3623 *SIC 4953*

▲ Public Company   ■ Public Company Family Member   **HQ** Headquarters   **BR** Branch   **SL** Single Location

BUSINESSES ALPHABETICALLY

CITY OF WINNIPEG, THE p 379
195 Tecumseh St, WINNIPEG, MB, R3E 3S3
(204) 986-3010   SIC 7538

CITY OF WINNIPEG, THE p 379
215 Tecumseh St, WINNIPEG, MB, R3E 3S4
SIC 7699

CITY OF WINNIPEG, THE p 379
1155 Pacific Ave Suite 102, WINNIPEG, MB, R3E 3P1
(204) 986-5263   SIC 7389

CITY OF WINNIPEG, THE p 379
1057 Logan Ave, WINNIPEG, MB, R3E 3N8
(204) 986-2155   SIC 8699

CITY OF WINNIPEG, THE p 382
3001 Notre Dame Ave, WINNIPEG, MB, R3H 1B8
(204) 986-4299   SIC 6553

CITY OF WINNIPEG, THE p 384
2055 Ness Ave, WINNIPEG, MB, R3J 0Z2
(204) 986-3394   SIC 8322

CITY OF WINNIPEG, THE p 389
1539 Waverley St, WINNIPEG, MB, R3T 4V7
(204) 986-2224   SIC 1611

CITY OF WINNIPEG, THE p 389
685 Dalhousie Dr, WINNIPEG, MB, R3T 3Y2
(204) 986-6880   SIC 7999

CITY OF WINNIPEG, THE p 389
1120 Waverley St, WINNIPEG, MB, R3T 0P4
(204) 986-5311   SIC 4953

CITY OF WINNIPEG, THE p 391
1901 Brady Rd, WINNIPEG, MB, R3V 0B5
(204) 986-4779   SIC 4953

CITY PACKERS LTD p 138
915 43 St S, LETHBRIDGE, AB, T1J 4W2
SIC 2011

CITY SQUARE MALL SAFEWAY p 301
See SOBEYS WEST INC

CITY TAXI p 528
See CITY CAB (BRANTFORD-DARLING STREET) LIMITED

CITY TRANSFER INC p 265
14271 River Rd, RICHMOND, BC, V6V 1L3
SIC 4212

CITY WIDE CONSTRUCTION p 891
See CITY WIDE GROUP INC, THE

CITY WIDE GROUP INC, THE p 891
25 Hollinger Rd Unit 3, TORONTO, ON, M4B 3N4
(416) 881-6379   SIC 1799

CITYTV p 378
See ROGERS MEDIA INC

CITYTV p 931
See ROGERS MEDIA INC

CITYTV VANCOUVER p 299
See ROGERS MEDIA INC

CITYWEST p 263
See CORPORATION OF THE CITY OF PRINCE RUPERT

CIVELLO SALON & SPA p 901
See COLLEGA INTERNATIONAL INC

CIVELLO SALON-SPA p 767
See COLLEGA INTERNATIONAL INC

CIVEO CROWN CAMP SERVICES LTD p 119
Gd Lcd Main, FORT MCMURRAY, AB, T9H 3E2
SIC 5812

CIVEO MODULAR STRUCTURES LTD p 147
1507 8 St, NISKU, AB, T9E 7S7
(780) 955-7366   SIC 3448

CIVEO PREMIUM CAMP SERVICES LTD p 91
17220 Stony Plain Rd Nw Suite 101, EDMONTON, AB, T5S 1K6
(780) 733-4900   SIC 1522

CIVEO PREMIUM CAMP SERVICES LTD p 119
10020 Franklin Ave Suite 207, FORT MCMURRAY, AB, T9H 2K6

CIVEO PREMIUM CAMP SERVICES LTD p 165
220 Diamond Ave, SPRUCE GROVE, AB, T7X 3B5
(780) 962-8169   SIC 7519

CIVIC DEPARTMENTS UTILITY SERVICES WASTEWATER TREATMENT & LIFTS p 1298
See SASKATOON, CITY OF

CJ 1280 p 1268
See GOLDEN WEST BROADCASTING LTD

CJAY 92 p 21
See BELL MEDIA INC

CJBQ RADIO p 502
See QUINTE BROADCASTING COMPANY LIMITED

CJCH 920-C 100 FM p 460
See BELL MEDIA INC

CJET p 850
See ROGERS MEDIA INC

CJFW RADIO STATION p 278
See ASTRAL MEDIA RADIO INC

CJJR RADIO CKBD p 315
See JIM PATTISON BROADCAST GROUP LIMITED PARTNERSHIP

CJMCQ p 1249
See CENTRE JEUNESSE DE LA MAURICIE ET DU CENTRE-DU-QUEBEC, LE

CJMF FM 93.3 p 1158
See COGECO RADIO-TELEVISION INC

CJOB-AM p 381
See CORUS ENTERTAINMENT INC

CJSS-FM p 565
See CORUS ENTERTAINMENT INC

CJTV p 628
See NORCOM TELECOMMUNICATIONS LIMITED

CJW CONSULTANTS INC p 190
4720 Kingsway Suite 900, BURNABY, BC, V5H 4N2
(604) 435-4317   SIC 8721

CJYQ-CKIX p 434
See NEWCAP INC

CK LOGISTICS p 1210
See TRANSPORT TFI 2, S.E.C.

CKAT-AM p 743
See ROGERS MEDIA INC

CKBL & CHSU BULLET 1150 p 224
See BELL MEDIA INC

CKBL - FM p 1294
See 629112 SASKATCHEWAN LTD

CKBW-FM p 444
See ACADIA BROADCASTING LIMITED

CKCE FM p 41
See BELL MEDIA INC

CKDX RADIO p 579
See 1093641 ONTARIO LIMITED

CKF INC p 464
48 Prince St, HANTSPORT, NS, B0P 1P0
(902) 684-3231   SIC 3086

CKGB p 884
See ROGERS MEDIA INC

CKIZ-107.5 FM p 326
See ROGERS MEDIA INC

CKKW AND CFCA p 950
See BELL MEDIA INC

CKLC & CFLY FM p 631
See BELL MEDIA INC

CKMW p 361
See GOLDEN WEST BROADCASTING LTD

CKMX CJAY p 21
See ASTRAL MEDIA RADIO INC

CKNX AM FM RADIO p 971
See BLACKBURN RADIO INC

CKNY-FM p 324
See CORUS ENTERTAINMENT INC

CKOR AM p 252
See ASTRAL MEDIA RADIO INC

CKPG p 260
See JIM PATTISON BROADCAST GROUP LIMITED PARTNERSHIP

CKR GLOBAL p 888

See XPERA RISK MITIGATION & INVESTIGATION LP

CKRS CJAB FM, DIV DE p 1013
See ASTRAL MEDIA RADIO INC

CKRU-FM p 809
See CORUS ENTERTAINMENT INC

CKRY-FM p 43
See CORUS ENTERTAINMENT INC

CKST AM p 321
See BELL MEDIA INC

CKTO BIG DOG p 477
See ASTRAL MEDIA RADIO ATLANTIC INC

CKVR-TV CHANNEL 3 p 496
See BELL MEDIA INC

CKWL RADIO p 341
See VISTA RADIO LTD

CKWS-TV p 630
See CORUS ENTERTAINMENT INC

CKX, DIV OF p 346
See BELL MEDIA INC

CLAC p 280
See CHRISTIAN LABOUR ASSOCIATION OF CANADA

CLAIMS MANAGEMENT SERVICES p 686
See SEDGWICK CMS CANADA INC

CLAIMSECURE INC p 869
40 Elm St Suite 225, SUDBURY, ON, P3C 0A2
(705) 673-2541   SIC 6324

CLAIMSPRO p 101
See SCM INSURANCE SERVICES INC

CLAIMSPRO p 187
See SCM INSURANCE SERVICES INC

CLAIMSPRO p 245
See SCM INSURANCE SERVICES INC

CLAIMSPRO p 611
See SCM INSURANCE SERVICES INC

CLAIMSPRO p 800
See SCM INSURANCE SERVICES INC

CLAIMSPRO p 966
See SCM INSURANCE SERVICES INC

CLAIMSPRO p 1035
See SCM INSURANCE SERVICES INC

CLAIMSPRO LP p 670
600 Alden Rd Suite 600, MARKHAM, ON, L3R 0E7
(519) 944-3552   SIC 6411

CLAIR DE LUNE p 1211
See 9297-6232 QUEBEC INC

CLAIR FOYER INC p 988
841 3e Rue O Bureau 100, AMOS, QC, J9T 2T4
(819) 732-3710   SIC 8322

CLAIR FOYER INC p 1177
26 Rue Monseigneur-Rheaume E Bureau 300, ROUYN-NORANDA, QC, J9X 3J5
(819) 762-0964   SIC 8059

CLAIR FOYER INC p 1253
1220 7e Rue, VAL-D'OR, QC, J9P 5S7
(819) 825-4821   SIC 8361

CLAIR INDUSTRIAL DEVELOPMENT CORPORATION LTD p 395
14 Av 2 Ieme Industriel, CLAIR, NB, E7A 2B1
(506) 992-2152   SIC 2429

CLAIRE'S DELIVERY SERVICE LIMITED p 816
33 Stonebridge Dr, PORT COLBORNE, ON, L3K 5V5
(905) 835-2222   SIC 4212

CLAIREBEC INC p 1141
600 Boul Saint-Jean, POINTE-CLAIRE, QC, H9R 3J9
(514) 695-2071   SIC 5813

CLAIREVILLE JUNIOR SCHOOL p 583
See TORONTO DISTRICT SCHOOL BOARD

CLAIREVILLE PUBLIC SCHOOL p 509
See PEEL DISTRICT SCHOOL BOARD

CLAIRMONT COMMUNITY SCHOOL p 68
See PEACE WAPITI SCHOOL DIVISION NO.76

CLARA INDUSTRIAL SERVICES LIMITED p 176
34613 Vye Rd, ABBOTSFORD, BC, V2S 8J7
(604) 859-8608   SIC 1721

CLARA INDUSTRIAL SERVICES LIMITED p 289
9800 190 St Suite 3, SURREY, BC, V4N 3M9
SIC 1721

CLARA INDUSTRIAL SERVICES LIMITED p 880
1130 Commerce St, THUNDER BAY, ON, P7E 6E9
(807) 475-4608   SIC 1721

CLAREMONT PUBLIC SCHOOL p 553
See DURHAM DISTRICT SCHOOL BOARD

CLAREMONT SECONDARY SCHOOL p 333
See SCHOOL DISTRICT 63 (SAANICH)

CLARENCE FULTON SECONDARY SCHOOL p 325
See SCHOOL DISTRICT NO 22 (VERNON)

CLARENCE SANSOM JUNIOR HIGH-SCHOOL p 9
See CALGARY BOARD OF EDUCATION

CLARENDON FOUNDATION (CHESHIRE HOMES) INC p 904
25 Henry Lane Terr Suite 442, TORONTO, ON, M5A 4B6
SIC 8699

CLARENVILLE p 424
See COLLEGE OF THE NORTH ATLANTIC

CLARENVILLE AREA CONSUMERS CO-OPERATIVE SOCIETY LTD p 424
238 Memorial Dr, CLARENVILLE, NL, A5A 1N9
(709) 466-2622   SIC 5411

CLARENVILLE RETIREMENT CENTRE INC p 424
13 Legion Rd, CLARENVILLE, NL, A5A 1J7
(709) 466-6459   SIC 8322

CLARIANT (CANADA) INC p 207
1081 Cliveden Ave, DELTA, BC, V3M 5V1
(604) 517-0561   SIC 2865

CLARIANT (CANADA) INC p 941
2 Lone Oak Crt, TORONTO, ON, M9C 5R9
(416) 847-7000   SIC 5169

CLARICA p 62
See SUN LIFE ASSURANCE COMPANY OF CANADA

CLARICA p 128
See SUN LIFE ASSURANCE COMPANY OF CANADA

CLARICA p 192
See SUN LIFE ASSURANCE COMPANY OF CANADA

CLARICA p 804
See SUN LIFE ASSURANCE COMPANY OF CANADA

CLARICA p 1250
See SUN LIFE ASSURANCE COMPANY OF CANADA

CLARICA LIFE FINANCIAL p 273
See SUN LIFE ASSURANCE COMPANY OF CANADA

CLARICA LIFE FINANCIAL p 359
See SUN LIFE ASSURANCE COMPANY OF CANADA

CLARICA LIFE FINANCIAL p 658
See SUN LIFE FINANCIAL TRUST INC

CLARICA LIFE FINANCIAL p 865
See SUN LIFE ASSURANCE COMPANY OF CANADA

CLARICA MEEL HOLDINGS LIMITED p 409
1133 St George Blvd Suite 400, MONCTON, NB, E1E 4E1
(506) 857-3663   SIC 6311

CLARICA TRUSTCO INC p 79
10303 Jasper Ave Nw Suite 2928, EDMONTON, AB, T5J 3N6
(780) 424-8171   SIC 6411

CLARINGTON CENTRAL SECONDARY SCHOOL p 507
See KAWARTHA PINE RIDGE DISTRICT

▲ Public Company   ■ Public Company Family Member   HQ Headquarters   BR Branch   SL Single Location

SCHOOL BOARD
CLARION CANADA INC p 764
2239 Winston Park Dr, OAKVILLE, ON, L6H 5R1
(905) 829-4600 SIC 5064
CLARION HOTEL & SUITES p 381
See INNVEST PROPERTIES CORP
CLARION HOTEL & SUITES CENTRE-VILLE p 1117
See CONCUPISCO INC
CLARION HOTEL QUEBEC p 1162
See 9187-7571 QUEBEC INC
CLARION RESORT p 741
See BLACK SAXON III INC
CLARK & PATTISON (ALBERTA) LTD p 335
929 Ellery St Suite 6, VICTORIA, BC, V9A 4R9
(250) 386-5232 SIC 3441
CLARK BOULEVARD PUBLIC SCHOOL p 516
See PEEL DISTRICT SCHOOL BOARD
CLARK BUILDERS p 30
See CB PARTNERS CORPORATION
CLARK BUILDERS p 438
See CB PARTNERS CORPORATION
CLARK BUILDERS p 1299
See CB PARTNERS CORPORATION
CLARK REEFER LINES LTD p 334
4254 Commerce Cir Unit 103, VICTORIA, BC, V8Z 4M2
(250) 708-2004 SIC 4212
CLARK, J & SON LIMITED p 421
50 Leonard Dr, SUSSEX, NB, E4E 2R4
(506) 433-1160 SIC 5511
CLARKDALE PUBLIC SCHOOL p 539
See HALTON DISTRICT SCHOOL BOARD
CLARKE INC p 1174
199 Rue Hayward, Riviere-du-Loup, QC, G5R 6A7
(418) 862-9545 SIC 6719
CLARKE PHILLIPS SUPPLY COMPANY LIMITED p 564
7 Temperance St, COPPER CLIFF, ON, P0M 1N0
SIC 5136
CLARKE ROLLER & RUBBER LIMITED p 716
7075 Tomken Rd, MISSISSAUGA, ON, L5S 1R7
SIC 2821
CLARKE TRANSPORT p 97
See CLARKE TRANSPORT INC
CLARKE TRANSPORT p 183
See CLARKE TRANSPORT INC
CLARKE TRANSPORT p 463
See CLARKE TRANSPORT INC
CLARKE TRANSPORT p 558
See CLARKE TRANSPORT INC
CLARKE TRANSPORT INC p 97
12555 62 St Nw, EDMONTON, AB, T5W 4W9
(780) 471-6336 SIC 4213
CLARKE TRANSPORT INC p 183
8246 Willard St, BURNABY, BC, V3N 4S2
(604) 526-4499 SIC 4213
CLARKE TRANSPORT INC p 463
68 Chain Lake Dr, HALIFAX, NS, B3S 1A2
(902) 450-5177 SIC 4213
CLARKE TRANSPORT INC p 513
201 Westcreek Blvd Suite 200, BRAMPTON, ON, L6T 5S6
(905) 291-3000 SIC 4731
CLARKE TRANSPORT INC p 558
751 Bowes Rd Suite 2, CONCORD, ON, L4K 5C9
(416) 665-5585 SIC 4213
CLARKE, A. J. AND ASSOCIATES LTD p 610
25 Main St W Unit 300, HAMILTON, ON, L8P 1H1
(905) 528-8761 SIC 8713
CLARKE, K B RESTORATION p 479
See 2356723 NOVA SCOTIA LIMITED

CLARKSON DIV p 702
See PPG CANADA INC
CLARKSON PUBLIC SCHOOL p 702
See PEEL DISTRICT SCHOOL BOARD
CLARKSON SECONDARY SCHOOL p 702
See PEEL DISTRICT SCHOOL BOARD
CLASSIC BINGO III p 960
See 1109131 ONTARIO INC
CLASSIC BINGO V p 967
See COMMUNITY GAMING & ENTERTAINMENT GROUP LP
CLASSIC CARE PHARMACY CORPORATION p 533
1320 Heine Crt, BURLINGTON, ON, L7L 6L9
(905) 631-9027 SIC 5999
CLASSIC DENTAL LABORATORIES LTD p 558
40 Pippin Rd Unit 11, CONCORD, ON, L4K 4M6
(416) 410-1330 SIC 8072
CLASSIC FARE CATERING DIV OF p 752
See ARAMARK CANADA LTD.
CLASSIC FREIGHT SYSTEMS (2011) LIMITED p 467
34 Lower Truro Rd, LOWER TRURO, NS, B6L 1L9
(902) 895-1858 SIC 4213
CLASSIC LIFECARE LTD p 318
1200 73rd Ave W Suite 1500, VANCOUVER, BC, V6P 6G5
(604) 263-3621 SIC 8059
CLASSIC MOVING & STORAGE LTD p 63
3950 52 Ave N, CALGARY, AB, T3J 3X4
(403) 291-0250 SIC 4214
CLASSICO GOURMET p 752
See KRAFT HEINZ CANADA ULC
CLAUDE CROTEAU ET FILLES INC p 1247
500 Rue Barkoff, Trois-Rivieres, QC, G8T 9P5
(819) 379-4566 SIC 5651
CLAUDE D TAYLOR ELEMENTARY SCHOOL p 413
See SCHOOL DISTRICT 2
CLAUDE GARTON ELEMENTARY SCHOOL p 877
See LAKEHEAD DISTRICT SCHOOL BOARD
CLAUDE RESOURCES INC p 1271
1112 Finlayson St, LA RONGE, SK, S0J 1L0
(306) 635-2015 SIC 1041
CLAUDE RESOURCES INC p 1271
Gd, LA RONGE, SK, S0J 1L0
(306) 635-2015 SIC 1041
CLAUDE WATSON SCHOOL FOR THE ARTS p 750
See TORONTO DISTRICT SCHOOL BOARD
CLAUDETTE CROTEAU INC p 1062
70 Boul Des Laurentides, Laval, QC, H7G 2T3
(450) 669-5415 SIC 5651
CLAVET COMPOSITE SCHOOL p 1266
See PRAIRIE SPIRIT SCHOOL DIVISION NO. 206
CLAYBAR CONTRACTING INC p 834
91 Melford Dr, SCARBOROUGH, ON, M1B 2G6
(416) 298-1144 SIC 1799
CLAYBURN MIDDLE SCHOOL p 177
See SCHOOL DISTRICT NO 34 (ABBOTSFORD)
CLAYBURN REXALL DRUGSTORE p 177
See REXALL PHARMACY GROUP LTD
CLAYBURN SITE p 178
See VAN BELLE NURSERY INC
CLAYCO CONSTRUCTION (2001) LIMITED p 420
5 Pattison St, SCOUDOUC, NB, E4P 8Y7
(506) 532-8813 SIC 1622
CLAYMORE ADVANTAGED SHORT DURATION HIGH INCOME ETF CSD p 913
See CLAYMORE CANADIAN FINANCIAL MONTHLY INCOME ETF
CLAYMORE CANADIAN FINANCIAL MONTHLY INCOME ETF p 913
200 University Ave Suite 13th, TORONTO, ON, M5H 3C6
SIC 6722
CLAYTON MIDDLE SCHOOL p 3
See ROCKY VIEW SCHOOL DIVISION NO. 41, THE
CLAYTON PARK JUNIOR HIGH SCHOOL p 462
See HALIFAX REGIONAL SCHOOL BOARD
CLDH MEADOWVALE INC p 707
6750 Mississauga Rd, MISSISSAUGA, ON, L5N 2L3
(905) 826-0940 SIC 7011
CLEAN HARBORS CANADA, INC p 128
9805 42nd Ave, GRANDE PRAIRIE, AB, T8W 1A8
(780) 532-0011 SIC 1389
CLEAN HARBORS CANADA, INC p 147
1102 6 St, NISKU, AB, T9E 7N7
(780) 955-8788 SIC 7353
CLEAN HARBORS CANADA, INC p 453
640 Mcelmon Rd, DEBERT, NS, B0M 1G0
(902) 662-3336 SIC 4953
CLEAN HARBORS CANADA, INC p 651
2258 River Rd, LONDON, ON, N5W 6C2
SIC 4953
CLEAN HARBORS CANADA, INC p 702
551 Avonhead Rd, MISSISSAUGA, ON, L5J 4B1
(905) 822-3951 SIC 4953
CLEAN HARBORS CANADA, INC p 826
1166 Michener Rd, SARNIA, ON, N7S 4B1
(519) 339-9855 SIC 2819
CLEAN HARBORS CANADA, INC p 876
1829 Allanport Rd, THOROLD, ON, L2V 3Y9
(905) 227-7872 SIC 4953
CLEAN HARBORS CANADA, INC p 1078
1294 Boul Sainte-Marguerite, MERCIER, QC, J6R 2L1
(450) 691-9610 SIC 4953
CLEAN HARBORS CANADA, INC p 1225
6785 132 Rte, SAINTE-CATHERINE, QC, J5C 1B6
(450) 632-6640 SIC 4212
CLEAN HARBORS CANADA, INC p 1247
400 Rue Galipeau, THURSO, QC, J0X 3B0
SIC 4212
CLEAN HARBORS ENERGY AND INDUSTRIAL SERVICES CORP. p 7
6215 52 Ave, BONNYVILLE, AB, T9N 2L7
(780) 812-3035 SIC 1389
CLEAN HARBORS ENERGY AND INDUSTRIAL SERVICES CORP. p 119
26 Airport Rd, FORT MCMURRAY, AB, T9H 5B4
(780) 743-0222 SIC 7349
CLEAN HARBORS ENERGY AND INDUSTRIAL SERVICES CORP. p 129
Gd, GRASSLAND, AB, T0A 1V0
SIC 7349
CLEAN HARBORS ENERGY AND INDUSTRIAL SERVICES CORP. p 130
10493 92 St Ss 1, HIGH LEVEL, AB, T0H 1Z0
(780) 926-3248 SIC 7349
CLEAN HARBORS ENERGY AND INDUSTRIAL SERVICES CORP. p 135
3902 77 Ave, LEDUC, AB, T9E 0B6
(780) 980-1868 SIC 7349
CLEAN HARBORS ENERGY AND INDUSTRIAL SERVICES CORP. p 150
Gd Stn Main, PEACE RIVER, AB, T8S 1V8

(780) 624-1440 SIC 7699
CLEAN HARBORS ENERGY AND INDUSTRIAL SERVICES CORP. p 151
3605 57 Ave, PROVOST, AB, T0B 3S0
(780) 753-6149 SIC 7349
CLEAN HARBORS ENERGY AND INDUSTRIAL SERVICES CORP. p 155
7750 Edgar Industrial Dr, RED DEER, AB, T4P 3R2
(403) 342-1102 SIC 1389
CLEAN HARBORS ENERGY AND INDUSTRIAL SERVICES CORP. p 159
235133 Ryan Rd, ROCKY VIEW COUNTY, AB, T1X 0K1
(403) 236-9891 SIC 7349
CLEAN HARBORS ENERGY AND INDUSTRIAL SERVICES CORP. p 258
405 Mcaloney Rd Suite 1, PRINCE GEORGE, BC, V2K 4L2
(250) 563-5882 SIC 7349
CLEAN HARBORS ENERGY AND INDUSTRIAL SERVICES CORP. p 1282
525 E Dewdney Ave, REGINA, SK, S4N 4E9
(306) 546-3322 SIC 7349
CLEAN HARBORS ENVIRONMENTAL SERVICES QUEBEC p 1225
See CLEAN HARBORS CANADA, INC
CLEAN HARBORS INDUSTRIAL SERVICES CANADA, INC p 1
26220 Township Rd 531a, ACHESON, AB, T7X 5A4
(780) 962-3442 SIC 1389
CLEAN HARBORS INDUSTRIAL SERVICES CANADA, INC p 68
Gd, CLAIRMONT, AB, T0H 0W0
(780) 567-2992 SIC 6712
CLEAN HARBORS INDUSTRIAL SERVICES CANADA, INC p 125
Gd, GRANDE PRAIRIE, AB, T8V 6L4
SIC 7353
CLEAN HARBORS INDUSTRIAL SERVICES CANADA, INC p 157
102-113 Clearskye Way, RED DEER COUNTY, AB, T4E 0A1
(403) 346-8265 SIC 3533
CLEAN HARBORS INDUSTRIAL SERVICES CANADA, INC p 214
6715 85th Ave, FORT ST. JOHN, BC, V1J 4J3
(250) 785-8500 SIC 1382
CLEAN HARBORS LODGING SERVICES LTD p 86
14907 111 Ave Nw, EDMONTON, AB, T5M 2P6
(780) 450-6526 SIC 5599
CLEAN HARBORS SURFACE RENTALS PARTNERSHIP p 135
3902 77 Ave, LEDUC, AB, T9E 0B6
(780) 980-1868 SIC 1389
CLEAN-BRITE SERVICES OF REGINA LTD p 1287
1201 Osler St, REGINA, SK, S4R 1W4
(306) 352-9953 SIC 7349
CLEANMAX INC p 31
5925 12 St Se Suite 1, CALGARY, AB, T2H 2M3
(403) 229-2406 SIC 7349
CLEAR CHANNEL OUTDOOR COMPANY CANADA p 910
20 Dundas St W Suite 1001, TORONTO, ON, M5G 2C2
(416) 408-0800 SIC 7312
CLEAR WATER ACADEMY FOUNDATION p 61

2521 Dieppe Ave Sw, CALGARY, AB, T3E 7J9
(403) 217-8448   SIC 8211
CLEARBROOK ELEMENTARY SCHOOL   p 179
See SCHOOL DISTRICT NO 34 (ABBOTSFORD)
CLEARBROOK GRAIN & MILLING COMPANY LIMITED   p 178
33833 Entreprise St, ABBOTSFORD, BC, V2T 4X3
(604) 853-5901   SIC 2048
CLEARBROOK LIBRARY   p 179
See FRASER VALLEY REGIONAL LIBRARY DISTRICT
CLEARBROOK PLAZA   p 179
See IMAGE PLUS
CLEARDALE COLONY   p 68
See HUTTERIAN BRETHREN CHURCH OF CLEARDALE
CLEARDALE ELEMENTARY SCHOOL   p 658
See THAMES VALLEY DISTRICT SCHOOL BOARD
CLEARESULT CANADA INC   p 932
100 King St W Suite 5800, TORONTO, ON, M5X 2A1
(416) 504-3400   SIC 8711
CLEARMEADOW PUBLIC SCHOOL   p 732
See YORK REGION DISTRICT SCHOOL BOARD
CLEARPOINT ELEMENTARY SCHOOL   p 1143
See LESTER B. PEARSON SCHOOL BOARD
CLEARSTREAM ENERGY SERVICES LIMITED PARTNERSHIP   p 69
141 2 Ave E, COCHRANE, AB, T4C 2B9
(403) 932-9566   SIC 1389
CLEARSTREAM ENERGY SERVICES LIMITED PARTNERSHIP   p 117
22 53304 Range Rd 170 Mizera Subd, EDSON, AB, T7E 1T6
(780) 723-4237   SIC 1389
CLEARTECH INDUSTRIES INC   p 96
12720 Inland Way Nw, EDMONTON, AB, T5V 1K2
(780) 237-7450   SIC 2819
CLEARTECH INDUSTRIES INC   p 1295
1500 Quebec Ave, SASKATOON, SK, S7K 1V7
(306) 664-2522   SIC 2819
CLEARTECH INDUSTRIES LIMITED PARTNERSHIP   p 91
11750 180 St Nw, EDMONTON, AB, T5S 1N7
SIC 5169
CLEARVIEW COLONY SCHOOL   p 5
See GRASSLANDS REGIONAL DIVISION 6
CLEARVIEW ELEMENTARY JR SECONDARY SCHOOL   p 215
See SCHOOL DISTRICT NO. 60 (PEACE RIVER NORTH)
CLEARVIEW SCHOOL DIVISION #71   p 67
5301 51 Ave, CASTOR, AB, T0C 0X0
(403) 882-4475   SIC 8211
CLEARVIEW SCHOOL DIVISION #71   p 70
4801 Norfolk Ave, CORONATION, AB, T0C 1C0
(403) 578-3661   SIC 8211
CLEARVIEW SCHOOL DIVISION #71   p 70
Gd, CORONATION, AB, T0C 1C0
(403) 578-4475   SIC 8211
CLEARVIEW SCHOOL DIVISION #71   p 168
4808 54 St, STETTLER, AB, T0C 2L2
(403) 742-2235   SIC 8211
CLEARVIEW SCHOOL DIVISION #71   p 168
4814 54 St, STETTLER, AB, T0C 2L2

SIC 8211
CLEARVIEW SCHOOL DIVISION #71   p 168
5411 50 Ave, STETTLER, AB, T0C 2L2
(403) 742-3466   SIC 8211
CLEARWATER DEEP SEA TRAWLERS   p 467
See CLEARWATER FINE FOODS INCORPORATED
CLEARWATER ENERGY SERVICES LP   p 119
355 Mackenzie Blvd, FORT MCMURRAY, AB, T9H 5E2
(780) 743-2171   SIC 1541
CLEARWATER FINE FOODS INCORPORATED   p 442
441 Cape Auget Rd, ARICHAT, NS, B0E 1A0
(902) 226-3510   SIC 4222
CLEARWATER FINE FOODS INCORPORATED   p 466
68 Water St, LOCKEPORT, NS, B0T 1L0
(902) 656-2413   SIC 2092
CLEARWATER FINE FOODS INCORPORATED   p 467
240 Montague St, LUNENBURG, NS, B0J 2C0
(902) 634-8049   SIC 2092
CLEARWATER FINE FOODS INCORPORATED   p 473
84 Water St, SHELBURNE, NS, B0T 1W0
SIC 5146
CLEARWATER FLEET OPERATIONS   p 467
See CLEARWATER SEAFOODS LIMITED PARTNERSHIP
CLEARWATER SEAFOOD   p 427
See CLEARWATER SEAFOODS LIMITED PARTNERSHIP
CLEARWATER SEAFOODS LIMITED PARTNERSHIP   p 427
1 Plant Rd, GRAND BANK, NL, A0E 1W0
(709) 832-1550   SIC 5146
CLEARWATER SEAFOODS LIMITED PARTNERSHIP   p 467
240 Montague St, LUNENBURG, NS, B0J 2C0
(902) 634-8049   SIC 8741
CLEARWATER SECONDARY SCHOOL   p 199
See SCHOOL DISTRICT 73 (KAMLOOPS/THOMPSON)
CLEAVER-BROOKS OF CANADA LIMITED   p 864
161 Lorne Ave W, STRATFORD, ON, N5A 6S4
(519) 271-9220   SIC 3443
CLEAVER-BROOKS OF CANADA LIMITED   p 1214
8515 Rue Lafrenaie, SAINT-LEONARD, QC, H1P 2B3
(514) 326-2571   SIC 3433
CLEF DE SOL INC, LA   p 1166
840 Rue Bouvier, Quebec, QC, G2J 1A3
(418) 627-0840   SIC 5999
CLEMENS MILL PUBLIC SCHOOL   p 546
See WATERLOO REGION DISTRICT SCHOOL BOARD
CLEMRO WESTERN (1996) LTD   p 16
5019 90 Ave Se Suite Frnt, CALGARY, AB, T2C 2S9
(403) 279-3877   SIC 3532
CLEO   p 955
See COMARK INC
CLERCS DU SAINT-VIATEUR DU CANADA   p 1045
132 Rue Saint-Charles-Borromee S, JOLIETTE, QC, J6E 4T3
(450) 756-4568   SIC 8661
CLERMONT   p 1011
See 141517 CANADA LTEE

CLEVE'S SOURCE FOR SPORTS   p 400
See CLEVE'S SPORTING GOODS LIMITED
CLEVE'S SOURCE FOR SPORTS   p 410
See CLEVE'S SPORTING GOODS LIMITED
CLEVE'S SPORTING GOODS LIMITED   p 400
1055 Prospect St, FREDERICTON, NB, E3B 3B9
SIC 5941
CLEVE'S SPORTING GOODS LIMITED   p 410
125 Trinity Dr, MONCTON, NB, E1G 2J7
(506) 855-2040   SIC 5941
CLEVE'S SPORTING GOODS LIMITED   p 463
204 Chain Lake Dr, HALIFAX, NS, B3S 1C5
(902) 450-5353   SIC 5941
CLEVE'S SPORTING GOODS LIMITED   p 480
76 Starrs Rd, YARMOUTH, NS, B5A 2T5
(902) 742-8135   SIC 5941
CLEVELAND RANGE LTD   p 558
8251 Keele St, CONCORD, ON, L4K 1Z1
(905) 660-4747   SIC 3589
CLIFF DRIVE ELEMENTARY SCHOOL   p 211
See DELTA SCHOOL DISTRICT NO.37
CLIFFORD BOWEY PUBLIC SCHOOL   p 796
See OTTAWA-CARLETON DISTRICT SCHOOL BOARD
CLIFFORD MASONRY LIMITED   p 840
1190 Birchmount Rd, SCARBOROUGH, ON, M1P 2B8
(416) 691-2341   SIC 1741
CLIFFWOOD PUBLIC SCHOOL   p 888
See TORONTO DISTRICT SCHOOL BOARD
CLIFTON ASSOCIATES LTD   p 22
2222 30 Ave Ne, CALGARY, AB, T2E 7K9
(403) 263-2556   SIC 8742
CLIFTON ASSOCIATES LTD   p 1277
501 104th St, NORTH BATTLEFORD, SK, S9A 1M5
(306) 445-1621   SIC 8711
CLIFTON ASSOCIATES LTD   p 1295
1925 1st Ave N Suite 4, SASKATOON, SK, S7K 6W1
(306) 975-0401   SIC 8711
CLIFTON ENTERPRISES INC   p 290
4620 Lakelse Ave, TERRACE, BC, V8G 1R1
(250) 635-6300   SIC 7011
CLIFTON PUBLIC SCHOOL   p 696
See PEEL DISTRICT SCHOOL BOARD
CLIFTON SCHOOL   p 380
See WINNIPEG SCHOOL DIVISION
CLIMATE CONTROL   p 665
See TOROMONT INDUSTRIES LTD
CLINIC PHARMACY   p 780
See MEDICAL PHARMACIES GROUP LIMITED
CLINIC RESOURCE OFFICE   p 911
See LEGAL AID ONTARIO
CLINICAL DIVISION   p 690
See PRACS INSTITUTE CANADA B.C. LTD.
CLINIQUE DE MEDECINE INDUSTRIELLE & PREVENTIVE DU QUEBEC INC   p 1117
2155 Rue Guy Bureau 880, Montreal, QC, H3H 2R9
(514) 931-0801   SIC 8093
CLINIQUE DE PHYSIOTHERAPIE   p 996
See AMERISPA INC
CLINIQUE DE PREVENTION EN SEXUALITE   p 1234
See CENTRE HOSPITALIER DU CENTRE LA MAURICIE
CLINIQUE DENTAIRE MICHEL A. LAVOIE & ASSOCIE   p 1229
5585 Boul Dagenais O, SAINTE-ROSE, QC, H7R 1L9
(450) 627-1119   SIC 8021

CLINIQUE DU PIED EQUILIBRE   p 1130
See LABORATOIRE VICTHOM INC
CLINIQUE EXTERNE EN SANTE MENTAL   p 1232
See CENTRE DE SANTE ET DE SERVICES SOCIAUX DU SUROIT
CLINIQUE EXTERNE LASALLE 8560   p 1059
See HOPITAL DOUGLAS
CLINIQUE OVO INC   p 1125
8000 Boul Decarie Bureau 100, Montreal, QC, H4P 2S4
(514) 798-2000   SIC 8093
CLINIQUES PROCREA   p 1167
See GROUPE OPMEDIC INC
CLINTAR GROUNDSKEEPING SERVICES   p 780
See NORVAN LIMITED
CLINTAR LANDSCAPE MANAGEMENT   p 524
See SDH INC
CLINTON ELEMENTARY PUBLIC SCHOOL   p 554
See AVON MAITLAND DISTRICT SCHOOL BOARD
CLINTON ELEMENTARY SCHOOL   p 192
See BURNABY SCHOOL BOARD DISTRICT 41
CLINTON PUBLIC HOSPITAL, THE   p 554
See HURON PERTH HEALTHCARE ALLIANCE
CLINTON STREET JUNIOR SCHOOL   p 935
See TORONTO DISTRICT SCHOOL BOARD
CLIVE SCHOOL   p 68
See WOLF CREEK SCHOOL DIVISION NO.72
CLIVENCO INC   p 1153
1185 Rue Philippe-Paradis Bureau 200, Quebec, QC, G1N 4E2
(418) 682-6373   SIC 1711
CLOC   p 779
See COMMUNITY LIVING OSHAWA/CLARINGTON
CLOROX COMPANY OF CANADA, LTD, THE   p 519
150 Biscayne Cres, BRAMPTON, ON, L6W 4V3
(905) 595-8200   SIC 5169
CLOROX COMPANY OF CANADA, LTD, THE   p 773
101 John St, ORANGEVILLE, ON, L9W 2R1
(519) 941-0720   SIC 2673
CLOSING THE GAP HEALTH CARE GROUP   p 647
See RESPIRON CARE-PLUS INC
CLOSING THE GAP HEALTHCARE GROUP   p 620
See REHAB EXPRESS INC
CLOSURE METAL PRODUCTS, DIV OF   p 509
See MAGNA CLOSURES INC
CLOTHESLINE   p 414
See CANADIAN DIABETES ASSOCIATION
CLOTHESLINE   p 763
See CANADIAN DIABETES ASSOCIATION
CLOUD RIVER ACADEMY   p 431
See WESTERN SCHOOL DISTRICT
CLOUD-RIDER DESIGNS LTD   p 1287
1260 8th Ave, REGINA, SK, S4R 1C9
(306) 761-2119   SIC 3429
CLOUDWERX DATA SOLUTIONS INC   p 12
1440 28 St Ne Suite 2, CALGARY, AB, T2A 7W6
SIC 4813
CLOUGH ENERCORE LIMITED   p 16
115 Quarry Park Rd Se Suite 140, CALGARY, AB, T2C 5G9
(403) 523-2000   SIC 8711
CLOVER BAR JUNIOR HIGH SCHOOL   p 161
See ELK ISLAND PUBLIC SCHOOLS REGIONAL DIVISION NO. 14
CLOVER LEAF SEAFOODS   p 1017

See CONNORS BROS. CLOVER LEAF SEAFOODS COMPANY
CLOVERDALE BRANCH p 282
See ROYAL BANK OF CANADA
CLOVERDALE ELEMENTARY SCHOOL p 332
See BOARD OF EDUCATION OF SCHOOL DISTRICT NO. 61 (GREATER VICTORIA)
CLOVERDALE LEARNING CENTER p 282
See SCHOOL DISTRICT NO 36 (SURREY)
CLOVERDALE PAINT INC p 86
15846 111 Ave Nw, EDMONTON, AB, T5M 2R8
(780) 451-3830   SIC 2851
CLOVERDALE PAINT INC p 96
16411 118 Ave Nw, EDMONTON, AB, T5V 1H2
(780) 453-5700   SIC 2851
CLOVERDALE TRADITIONAL SCHOOL p 282
See SCHOOL DISTRICT NO 36 (SURREY)
CLOVERDALE YOUTH CENTER p 281
See CITY OF SURREY, THE
CLOW CANADA p 419
See CANADA PIPE COMPANY ULC
CLS CATERING p 712
See CLS CATERING SERVICES LTD
CLS CATERING SERVICES LTD p 273
3560 Jericho Rd, RICHMOND, BC, V7B 1C2
(604) 273-4438   SIC 5812
CLS CATERING SERVICES LTD p 712
2950 Convair Dr, MISSISSAUGA, ON, L5P 1A2
(905) 676-3218   SIC 5812
CLS LEXI-TECH p 396
See CLS-LEXI TECH LTD.
CLS-LEXI TECH LTD. p 396
10 Rue Dawson, DIEPPE, NB, E1A 6C8
(506) 859-5200   SIC 7389
CLS-LEXI TECH LTD. p 789
126 York St Suite 500, OTTAWA, ON, K1N 5T5
(613) 234-5312   SIC 7389
CLS-LEXI TECH LTD. p 1006
7900e Boul Taschereau Bureau 204, BROSSARD, QC, J4X 1C2
(450) 923-5650   SIC 7389
CLS-LEXI TECH LTD. p 1160
2700 Boul Laurier Bureau 6340, Quebec, QC, G1V 4K5
(418) 650-7800   SIC 7389
CLSC p 1075
See CENTRE DE SANTE ET DE SERVICES SOCIAUX DE LA VALLEE-DE-LA-GATINEAU
CLSC p 1261
See CENTRE DE SANTE ET DE SERVICE SOCIAUX DU HAUT SAINT-FRANCOIS, LE
CLSC - CENTRE DE SANTE DES SEPT RIVIERES p 1144
103 Rue Des Rochelois, PORT-CARTIER, QC, G5B 1K5
(418) 766-2572   SIC 8322
CLSC -CHSLD DE ROSEMONT p 1089
3311 Boul Saint-Joseph E, Montreal, QC, H1X 1W3
(514) 524-3541   SIC 8399
CLSC BASSE-VILLE LIMOILOU VANIER p 1149
See CENTRE DE SANTE ET DE SERVICES SOCIAUX DE LA VIEILLE-CAPITALE
CLSC CHSLD DU RUISSEAU PAPINEAU p 1131
See CENTRE DE SANTE ET DE SERVICES SOCIAUX DE LAVAL
CLSC DE DORVAL-LACHINE p 1056
See CENTRE DE SANTE ET DE SERVICES SOCIAUX DE DORVAL-LACHINE-LASALLE
CLSC DE L'ISLE-AUX-GRUES p 1051
See CENTRE DE SANTE ET SERVICES SOCIAUX DE MONTMAGNY - L'ISLET
CLSC DE LA HAUTE YAMASKA p 1261

See CENTRE DE SANTE ET DE SERVICES SCOIAUX DE LA HAUTE-YAMASKA
CLSC DE MALARTIC p 1075
See CENTRE DE SANTE ET DE SERVICES SOCIAUX DE LA VALLEE-DE-L'OR
CLSC DE SAINT-CESAIRE p 1183
See CENTRE DE SANTE ET DE SERVICES SOCIAUX HAUT-RICHELIEU-ROUVILLE
CLSC DE SAINT-FABIEN-DE-PANET p 1187
See CENTRE DE SANTE ET SERVICES SOCIAUX DE MONTMAGNY - L'ISLET
CLSC DE SAINT-JEAN PORT-JOLI p 1196
See CENTRE DE SANTE ET SERVICES SOCIAUX DE MONTMAGNY - L'ISLET
CLSC DE SAINT-LAZARE-DE-BELLECHASSE p 1214
See CENTRE INTEGRE DE SANTE ET DE SERVICES SOCIAUX DE CHAUDIERE-APPALACHES
CLSC DE SAINT-OMER p 1218
See CENTRE DE SANTE ET DE SERVICES SOCIAUX DE BAIE DES CHALEURS
CLSC DE SENNETERRE p 1233
See CENTRE DE SANTE ET DE SERVICES SOCIAUX DE LA VALLEE-DE-L'OR
CLSC DE VAL-D'OR p 1253
See CENTRE DE SANTE ET DE SERVICES SOCIAUX DE LA VALLEE-DE-L'OR
CLSC DES FAUBOURG p 1094
1705 Rue De La Visitation, Montreal, QC, H2L 3C3
(514) 527-2361   SIC 8399
CLSC DES PATRIOTES p 997
See CSSS RICHELIEU-YAMASKA CH DE LA MRC D'ACTON
CLSC ET CHSLD DE LA POMMERAIE p 1021
133 Rue Larouche, COWANSVILLE, QC, J2K 1T2
(450) 266-4342   SIC 8059
CLSC INLAND p 1079
See CREE BOARD OF HEALTH & SOCIAL SERVICES OF JAMES BAY
CLSC LA SOURCE p 1147
See CENTRE DE SANTE ET DE SERVICES SOCIAUX DE QUEBEC-NORD
CLSC LES ESKERS p 988
See CENTRE DE SANTE ET DE SERVICE SOCIAUX LES ESKERS DE L'ABITIBI
CLSC MER ET MONTAGNES p 1033
See CENTRE DE SANTE ET DE SERVICES SOCIAUX DE LA COTE-DE-GASPE
CLSC ORLEANS p 996
See CENTRE DE SANTE ET DE SERVICES SOCIAUX DE QUEBEC-NORD
CLSC SAINT-HUBERT p 1191
See CENTRE DE SANTE ET DE SERVICES SOCIAUX CHAMPLAIN
CLSC SAINT-HUBERT p 1192
See CENTRE DE SANTE ET DE SERVICES SOCIAUX CHAMPLAIN
CLSC SAMUEL-DE-CHAMPLAIN p 1008
See CENTRE DE SANTE ET DE SERVICES SOCIAUX CHAMPLAIN
CLSC SEPT-RIVIERES p 1144
See CLSC - CENTRE DE SANTE DES SEPT RIVIERES
CLSC-CHSLD DU RUISSEAU-PAPINEAU p 1133
See CENTRE DE SANTE ET DE SERVICES SOCIAUX DE LAVAL
CLSC-CHSLD STE-ROSE-DE-LAVAL p 1128
280 Boul Du Roi-Du-Nord, Montreal, QC, H7L 4L2
(450) 622-5110   SIC 8051
CLSC-CHSLD THERESE DE BLAINVILLE p 1176
365 Ch De La Grande-Cote, Rosemere, QC, J7A 1K4
(450) 621-3760   SIC 8361
CLSC-CHSLD THERESE DE BLAINVILLE p

1230
55 Rue Saint-Joseph, SAINTE-THERESE, QC, J7E 4Y5
(450) 430-4400   SIC 8051
CLT INTERNATIONAL p 834
See CLT LOGISTICS, INC
CLT INTERNATIONAL p 838
See CLT LOGISTICS, INC
CLT LOGISTICS, INC p 834
5900 Finch Ave E Unit 1, SCARBOROUGH, ON, M1B 5P8
(416) 686-4199   SIC 4225
CLT LOGISTICS, INC p 838
1020 Birchmount Rd Door 48, SCARBOROUGH, ON, M1K 1S1
(416) 686-1140   SIC 5122
CLTB p 876
See COMMUNITY LIVING THUNDER BAY
CLUB AT NORTH HALTON, THE p 592
See NORTH HALTON GOLF AND COUNTRY CLUB LIMITED
CLUB COFFEE L.P. p 584
55 Carrier Dr Suite 1, ETOBICOKE, ON, M9W 5V9
(416) 675-1300   SIC 5149
CLUB DE BADMINTON & SQUASH ATWATER INC, LE p 1110
1230 Rue Mansfield, Montreal, QC, H3B 2Y3
(514) 390-1230   SIC 7991
CLUB DE BADMINTON & SQUASH ATWATER INC, LE p 1117
3505 Av Atwater, Montreal, QC, H3H 1Y2
(514) 935-2431   SIC 7991
CLUB DE BASKETBALL DU CENTRE-SUD p 1094
See ASSOCIATION SPORTIVE ET COMMUNAUTAIRE DU CENTRE-SUD INC
CLUB DE GOLF ACTON VALE INC p 987
1000 Rte 116, ACTON VALE, QC, J0H 1A0
(450) 549-5885   SIC 7992
CLUB DE GOLF BEATTIE LA SARRE INC p 1054
18 Ch Du Golf, LA SARRE, QC, J9Z 2X5
(819) 333-9944   SIC 7997
CLUB DE GOLF CHATEAUGUAY p 1064
See CLUB DE GOLF DE BELLE VUE (1984) INC
CLUB DE GOLF DE BELLE VUE (1984) INC p 1064
880 Boul De Lery, Lery, QC, J6N 1B7
(450) 692-6793   SIC 7997
CLUB DE GOLF DE CHICOUTIMI INC p 1014
2743 Boul Talbot, CHICOUTIMI, QC, G7H 5B1
(418) 549-6608   SIC 7997
CLUB DE GOLF DE COWANSVILLE INC p 1021
225 Ch Du Golf, COWANSVILLE, QC, J2K 3G6
(450) 263-3131   SIC 5812
CLUB DE GOLF DE LA VALLEE DU RICHELIEU INC, LE p 1226
100 Ch Du Golf, SAINTE-JULIE, QC, J3E 1Y1
(450) 649-1511   SIC 7997
CLUB DE GOLF DE ROSEMERE p 1176
282 Boul Labelle, Rosemere, QC, J7A 2H6
(450) 437-7555   SIC 7997
CLUB DE GOLF DE STONEHAM INC p 1243
56 1re Av, STONEHAM-ET-TEWKESBURY, QC, G3C 0K7
(418) 848-2414   SIC 7997
CLUB DE GOLF DU MANOIR RICHELIEU p 1053
See FAIRMONT HOTELS & RESORTS INC
CLUB DE GOLF FARNHAM INC p 1032
55 Ch Du Golf, FARNHAM, QC, J2N 2P9
(450) 293-3171   SIC 7992

CLUB DE GOLF FONTAINEBLEAU p 998
See CLUBLINK CORPORATION ULC
CLUB DE GOLF FOX CREEK GOLF CLUB INC p 396
200 Rue Du Golf, DIEPPE, NB, E1A 8J6
(506) 859-4653   SIC 7992
CLUB DE GOLF GLENDALE p 1078
See CENTRE DU GOLF U.F.O. INC
CLUB DE GOLF GRAND MERE p 1042
See ENTREPRISES ROBERT ROUSSEAU INC, LES
CLUB DE GOLF HAUTES PLAINES p 1038
See CLUBLINK CORPORATION ULC
CLUB DE GOLF HEMMINGFORD p 1044
See CLUB SPORTIF & CHAMPETRE DE HEMMINGFORD
CLUB DE GOLF ISLESMERE p 1140
See CLUBLINK CORPORATION ULC
CLUB DE GOLF KNOWLTON p 1049
See KNOWLTON GOLF CLUB
CLUB DE GOLF L'ESTEREL p 1080
See 7790643 CANADA INC
CLUB DE GOLF LE BLAINVILLIER INC p 998
200 Rue Du Blainvillier, BLAINVILLE, QC, J7C 4X6
(450) 433-1444   SIC 7997
CLUB DE GOLF LE ROYAL CHAUDIERE INC p 1226
151 Rue Des Trois-Manoirs Bureau 12, Sainte-Helene-De-Breakeyville, QC, G0S 1E2
(418) 832-8111   SIC 7997
CLUB DE GOLF LEVIS INC p 1064
6100 Boul Guillaume-Couture, Levis, QC, G6V 8Z7
(418) 837-3618   SIC 7997
CLUB DE GOLF LONGCHAMP INC p 1236
3455 Rue Du Fer-Droit, SHERBROOKE, QC, J1H 0A8
(819) 563-9393   SIC 7997
CLUB DE GOLF MONT-ORFORD p 1136
See MONT-ORFORD INC
CLUB DE GOLF MONTCALM INC p 1217
1800 Ch Nadeau, SAINT-LIGUORI, QC, J0K 2X0
(450) 834-6981   SIC 7997
CLUB DE GOLF MUNICIPAL DALLAIRE INC p 1177
720 Av Dallaire, ROUYN-NORANDA, QC, J9X 4V9
(819) 797-9444   SIC 7992
CLUB DE GOLF ROYAL OTTAWA, LE p 1039
1405 Ch D'aylmer, GATINEAU, QC, J9H 7L2
(819) 777-3866   SIC 7997
CLUB DE GOLF SOREL-TRACY LES DUNES INC p 1241
12000 Ch Saint-Roch, SOREL-TRACY, QC, J3R 5E8
(450) 742-4444   SIC 5812
CLUB DE GOLF ST-FRANCOIS LTEE p 1128
3000 Boul Des Mille-Iles, Montreal, QC, H7J 1G1
(450) 666-4958   SIC 7997
CLUB DE GOLF SUMMERLEA INC p 1256
1000 Rte De Lotbiniere, VAUDREUIL-DORION, QC, J7V 0H5
(450) 455-0921   SIC 7997
CLUB DE GOLF VAL DES LACS p 1230
See CLUBLINK CORPORATION ULC
CLUB DE GOLF VENISE ENR p 1074
See PLACEMENTS PAUL BROUILLARD INC
CLUB DE GOLF VIEUX LENNOXVILLE p 1240
See UNIVERSITE BISHOP'S
CLUB DE MONOCYCLE DE L'ECOLE DE CIRQUE DE QUEBEC (CMECQ) p 1151
See ECOLE DE CIRQUE DE QUEBEC
CLUB DE TENNIS AVANTAGE INC p 1167
1080 Rue Bouvier, Quebec, QC, G2K 1L9
(418) 627-3343   SIC 7997
CLUB DE VOITURES ANCIENNES DE LA

MAURICIE INC p 1248
930 Rue Des Saules, Trois-Rivieres, QC, G8Y 2K5
(819) 374-9638 SIC 8699

CLUB ENTREPOT PROVIGO p 1072
See PROVIGO DISTRIBUTION INC

CLUB ENTREPOT PROVIGO p 1134
See PROVIGO DISTRIBUTION INC

CLUB INTRAWEST p 304
See INTRAWEST RESORT OWNERSHIP CORPORATION

CLUB ITALIA LODGE NO 5 p 738
See CLUB ITALIA,NIAGARA, ORDER SONS OF ITALY OF CANADA

CLUB ITALIA,NIAGARA, ORDER SONS OF ITALY OF CANADA p 738
2525 Montrose Rd, NIAGARA FALLS, ON, L2H 0T9
(905) 374-7388 SIC 7299

CLUB LAVAL-SUR-LE-LAC, LE p 1130
150 Rue Les Peupliers, Montreal, QC, H7R 1G4
(450) 627-2643 SIC 7992

CLUB MAA INC p 1105
2070 Rue Peel, Montreal, QC, H3A 1W6
(514) 845-2233 SIC 7997

CLUB MED VENTES CANADA INC p 1262
3500 Boul De Maisonneuve O Bureau 1500, WESTMOUNT, QC, H3Z 3C1
(514) 937-1428 SIC 4725

CLUB MONACO p 31
See CLUB MONACO CORP

CLUB MONACO p 322
See CLUB MONACO CORP

CLUB MONACO p 744
See CLUB MONACO CORP

CLUB MONACO p 928
See CLUB MONACO CORP

CLUB MONACO p 1105
See CLUB MONACO CORP

CLUB MONACO CORP p 31
6455 Macleod Trail Sw Unit 119, CALGARY, AB, T2H 0K3
(403) 262-6507 SIC 5621

CLUB MONACO CORP p 314
2912 Granville St, VANCOUVER, BC, V6H 3J7
SIC 5712

CLUB MONACO CORP p 322
701 Georgia St W, VANCOUVER, BC, V7S 1S2
(604) 687-5550 SIC 5621

CLUB MONACO CORP p 381
1485 Portage Ave Suite 257, WINNIPEG, MB, R3G 0W4
(204) 788-4391 SIC 5632

CLUB MONACO CORP p 461
7001 Mumford Rd Suite 183, HALIFAX, NS, B3L 2H8
(902) 453-3520 SIC 5651

CLUB MONACO CORP p 580
25 The West Mall Suite D38, ETOBICOKE, ON, M9C 1B8
SIC 5621

CLUB MONACO CORP p 744
1800 Sheppard Ave E Suite 138, NORTH YORK, ON, M2J 5A7
(416) 499-1266 SIC 5621

CLUB MONACO CORP p 787
1200 St. Laurent Blvd Suite 314, OTTAWA, ON, K1K 3B8
(613) 741-0886 SIC 5621

CLUB MONACO CORP p 789
50 Rideau St Suite 347, OTTAWA, ON, K1N 9J7
(613) 230-0245 SIC 5651

CLUB MONACO CORP p 840
300 Borough Dr Suite 302, SCARBOROUGH, ON, M1P 4P5
SIC 5621

CLUB MONACO CORP p 897
2610 Yonge St, TORONTO, ON, M4P 2J4
(416) 487-0841 SIC 5611

CLUB MONACO CORP p 925

157 Bloor St W, TORONTO, ON, M5S 1P7
(416) 591-8837 SIC 5621

CLUB MONACO CORP p 928
403 Queen St W, TORONTO, ON, M5V 2A5
(416) 979-5633 SIC 5651

CLUB MONACO CORP p 965
3100 Howard Ave, WINDSOR, ON, N8X 3Y8
SIC 5137

CLUB MONACO CORP p 1105
1455 Rue Peel Bureau 226, Montreal, QC, H3A 1T5
SIC 5621

CLUB MONACO SCARBOROUGH p 840
See CLUB MONACO CORP

CLUB ONE p 435
See SUNDANCE LTD

CLUB PISCINE p 1251
See PISCINES LAUNIER INC

CLUB PISCINE SAINT-HUBERT p 1191
See 9064-2166 QUEBEC INC

CLUB SAGUENAY D'ARVIDA INC p 1046
2680 Boul Du Saguenay, Jonquiere, QC, G7S 0L3
(418) 548-4235 SIC 7997

CLUB SOCIAL DES EMPLOYES-ES DU CENTRE DE SANTE ET DE SERVICES SOCIAUX DE CHARLEVOIX, LE p 995
See CLUB SOCIAL DES EMPLOYES-ES DU CENTRE DE SANTE ET DE SERVICES SOCIAUX DE CHARLEVOIX, LE

CLUB SOCIAL DES EMPLOYES-ES DU CENTRE DE SANTE ET DE SERVICES SOCIAUX DE CHARLEVOIX, LE p 995
10 Rue Boivin, BAIE-SAINT-PAUL, QC, G3Z 1S8
(418) 435-5150 SIC 8361

CLUB SOCIAL DES EMPLOYES-ES DU CENTRE DE SANTE ET DE SERVICES SOCIAUX DE CHARLEVOIX, LE p 995
284 Rang De Saint-Placide S, BAIE-SAINT-PAUL, QC, G3Z 3A9
(418) 435-5093 SIC 8399

CLUB SOCIAL DES EMPLOYES-ES DU CENTRE DE SANTE ET DE SERVICES SOCIAUX DE CHARLEVOIX, LE p 1052
303 Rue Saint-Etienne, LA MALBAIE, QC, G5A 1T1
(418) 665-1700 SIC 8062

CLUB SOCIAL DES EMPLOYES-ES DU CENTRE DE SANTE ET DE SERVICES SOCIAUX DE CHARLEVOIX, LE p 1052
See CLUB SOCIAL DES EMPLOYES-ES DU CENTRE DE SANTE ET DE SERVICES SOCIAUX DE CHARLEVOIX, LE

CLUB SPORTIF & CHAMPETRE DE HEMMINGFORD p 1044
313 219 Rte S Bureau 2, HEMMINGFORD, QC, J0L 1H0
(514) 866-6004 SIC 7997

CLUB STOCK p 940
See CANOPTEC INC

CLUB TREMBLANT INC p 1082
121 Rue Cuttle, MONT-TREMBLANT, QC, J8E 1B9
(819) 425-2731 SIC 7011

CLUB VACANCES TOUTES SAISONS p 996
See GROUPE LARO ALTA INC

CLUB VALUE CLEANERS INC p 703
3185 Unity Dr Unit 3, MISSISSAUGA, ON, L5L 4L5
(905) 607-9111 SIC 7215

CLUBLINK CORPORATION ULC p 482
13448 Dublin Line Suite 1, ACTON, ON, L7J 2L7
(519) 853-0904 SIC 7992

CLUBLINK CORPORATION ULC p 506
15608 Regional Road 50, BOLTON, ON, L7E 3E5
(905) 880-1400 SIC 7992

CLUBLINK CORPORATION ULC p 571
109 Royal Troon Lane, DUNROBIN, ON, K0A 1T0
(613) 832-3804 SIC 7992

CLUBLINK CORPORATION ULC p 591
11742 Tenth Line Suite 4, GEORGETOWN, ON, L7G 4S7
(905) 877-8468 SIC 7992

CLUBLINK CORPORATION ULC p 596
12657 Woodbine Ave S, GORMLEY, ON, L0H 1G0
(905) 888-1219 SIC 7992

CLUBLINK CORPORATION ULC p 620
146 Grandview Dr N, HUNTSVILLE, ON, P1H 1B4
(705) 788-9550 SIC 7997

CLUBLINK CORPORATION ULC p 620
939 60 Hwy, HUNTSVILLE, ON, P1H 1B2
(705) 789-4417 SIC 7992

CLUBLINK CORPORATION ULC p 621
8165 10 Sideroad Suite 11, INNISFIL, ON, L9S 4T3
(705) 431-7000 SIC 7992

CLUBLINK CORPORATION ULC p 629
15675 Dufferin St, KING CITY, ON, L7B 1K5
(800) 661-1818 SIC 7992

CLUBLINK CORPORATION ULC p 629
14700 Bathurst St, KING CITY, ON, L7B 1K5
(905) 713-6875 SIC 7992

CLUBLINK CORPORATION ULC p 629
15675 Dufferin St, KING CITY, ON, L7B 1K5
(905) 841-3730 SIC 7992

CLUBLINK CORPORATION ULC p 665
4838 Colonel Talbot Rd, LONDON, ON, N6P 1H7
(519) 652-5033 SIC 7992

CLUBLINK CORPORATION ULC p 681
9807 Regional Road 25, MILTON, ON, L9T 2X7
(905) 876-3666 SIC 7992

CLUBLINK CORPORATION ULC p 725
4999 Boundary Rd, NAVAN, ON, K4B 1P5
(613) 822-1454 SIC 7992

CLUBLINK CORPORATION ULC p 824
13300 Leslie St, RICHMOND HILL, ON, L4E 1A2
(905) 888-9612 SIC 7992

CLUBLINK CORPORATION ULC p 860
Gd, STITTSVILLE, ON, K2K 1X5
(613) 592-9417 SIC 7992

CLUBLINK CORPORATION ULC p 863
128081 Warden Ave, STOUFFVILLE, ON, L4A 7X5
(905) 888-1955 SIC 7992

CLUBLINK CORPORATION ULC p 863
14001 Warden Ave, STOUFFVILLE, ON, L4A 3T4
(905) 888-1100 SIC 7992

CLUBLINK CORPORATION ULC p 998
1 Boul De Fontainebleau, BLAINVILLE, QC, J7B 1L4
(450) 434-7569 SIC 7992

CLUBLINK CORPORATION ULC p 1038
75 Av De La Citadelle, GATINEAU, QC, J8Z 3L1
(819) 772-9219 SIC 7992

CLUBLINK CORPORATION ULC p 1140
1199 Ch Du Bord-De-L'eau, POINTE-CLAIRE, QC, H7Y 1A9
(450) 689-4130 SIC 7992

CLUBLINK CORPORATION ULC p 1230
300 Rue Des Cedres, SAINTE-SOPHIE, QC, J5J 2T6
(450) 476-9001 SIC 7992

CLYDE UNION CANADA LIMITED p 16
3525 62 Ave Se, CALGARY, AB, T2C 1P5
(403) 236-8725 SIC 5084

CLYDE UNION CANADA LIMITED p 533
4151 North Service Rd Unit 1, BURLINGTON, ON, L7L 4X6
(905) 315-3800 SIC 3561

CMA CGM (CANADA) INC p 1114
740 Rue Notre-Dame O Bureau 1330, Montreal, QC, H3C 3X6
(514) 908-7001 SIC 4412

CMAC- THYSSEN MINING GROUP p 1253
See GROUPE MINIER CMAC-THYSSEN

CMAX LASALLE p 1060
See UAP INC

CMBC p 186
See COAST MOUNTAIN BUS COMPANY LTD

CMBC p 244
See COAST MOUNTAIN BUS COMPANY LTD

CMBC p 272
See COAST MOUNTAIN BUS COMPANY LTD

CMC ELECTRONIQUE INC p 801
415 Legget Dr, OTTAWA, ON, K2K 2B2
(613) 592-6500 SIC 8711

CMC ELECTRONIQUE INC p 1203
600 Boul Dr.-Frederik-Philips, SAINT-LAURENT, QC, H4M 2S9
(514) 748-3148 SIC 8711

CMC PAPER CONVERERS p 755
See CANADA FIBERS LTD

CMG p 37
See COMPUTER MODELLING GROUP LTD

CMH HELI-SKIING & HIKING p 4
See CANADIAN MOUNTAIN HOLIDAYS LIMITED PARTNERSHIP

CMHA p 490
See CANADIAN MENTAL HEALTH ASSOCIATION, YORK REGION BRANCH

CMHA p 496
See CANADIAN MENTAL HEALTH ASSOCIATION, SIMCOE COUNTY BRANCH

CMHA p 566
See CANADIAN MENTAL HEALTH ASSOCIATION-CHAMPLAIN EST

CMHA p 778
See CANADIAN MENTAL HEALTH ASSOCIATION TORONTO BRANCH, THE

CMHA p 836
See CANADIAN MENTAL HEALTH ASSOCIATION TORONTO BRANCH, THE

CMHA p 854
See CANADIAN MENTAL HEALTH ASSOCIATION, NIAGARA BRANCH

CMHA GUELPH p 601
See CANADIAN MENTAL HEALTH ASSOCIATION GRAND RIVER BRANCH

CMHA RESSOURCE CENTRE p 521
See CANADIAN MENTAL HEALTH ASSOCIATION/PEEL BRANCH

CML HEALTHCARE INC p 624
150 Katimavik Rd Suite 102, KANATA, ON, K2L 2N2
(613) 592-0711 SIC 8071

CML HEALTHCARE INC p 640
751 King St W Suite 104, KITCHENER, ON, N2G 1E5
(519) 576-2460 SIC 8071

CML HEALTHCARE INC p 924
1235 Bay St Suite 201, TORONTO, ON, M5R 3K4
(416) 963-9988 SIC 8071

CML HEALTHCARE INC p 965
700 Tecumseh Rd E Ste 1, WINDSOR, ON, N8X 4T2
(519) 258-4515 SIC 8071

CML INTERNATIONAL INC p 38
414 16 Ave Nw Suite 414, CALGARY, AB, T2M 0J1
(403) 203-8772 SIC 2396

CMN CALGARY INC p 41
335 8 Ave Sw Suite 1000, CALGARY, AB, T2P 1C9
(403) 266-5544 SIC 6531

CMP AUTOMOTIVE LIMITED PARTNERSHIP p 63
2307 Country Hills Blvd Ne, CALGARY, AB,

T3J 0R4
(403) 207-1006   SIC 7538
CN   p 265
See COMPAGNIE DES CHEMINS DE FER NATIONAUX DU CANADA
CN   p 345
See COMPAGNIE DES CHEMINS DE FER NATIONAUX DU CANADA
CN   p 461
See COMPAGNIE DES CHEMINS DE FER NATIONAUX DU CANADA
CN ATLANTIC ZONE   p 409
See COMPAGNIE DES CHEMINS DE FER NATIONAUX DU CANADA
CN CARGO FLO MONTREAL   p 1211
See COMPAGNIE DES CHEMINS DE FER NATIONAUX DU CANADA
CN EQUIPMENT   p 361
See COMPAGNIE DES CHEMINS DE FER NATIONAUX DU CANADA
CN INTERMODAL   p 1211
See COMPAGNIE DES CHEMINS DE FER NATIONAUX DU CANADA
CN INTERMODAL SERVICES   p 289
See COMPAGNIE DES CHEMINS DE FER NATIONAUX DU CANADA
CN INTERMODAL TERMINAL, DIV OF   p 96
See COMPAGNIE DES CHEMINS DE FER NATIONAUX DU CANADA
CN METAL DISTRIBUTION   p 557
See CN WORLDWIDE DISTRIBUTION SERVICES (CANADA) INC
CN METAL DISTRIBUTION   p 558
See COMPAGNIE DES CHEMINS DE FER NATIONAUX DU CANADA
CN NORTH AMERICA   p 558
See COMPAGNIE DES CHEMINS DE FER NATIONAUX DU CANADA
CN OIL & GAS SERVICE CENTRE   p 161
See COMPAGNIE DES CHEMINS DE FER NATIONAUX DU CANADA
CN RAIL   p 115
See COMPAGNIE DES CHEMINS DE FER NATIONAUX DU CANADA
CN RAIL   p 249
See COMPAGNIE DES CHEMINS DE FER NATIONAUX DU CANADA
CN RAIL   p 558
See COMPAGNIE DES CHEMINS DE FER NATIONAUX DU CANADA
CN RAIL   p 780
See COMPAGNIE DES CHEMINS DE FER NATIONAUX DU CANADA
CN RAIL   p 949
See COMPAGNIE DES CHEMINS DE FER NATIONAUX DU CANADA
CN RAILS   p 904
See COMPAGNIE DES CHEMINS DE FER NATIONAUX DU CANADA
CN RAILWAY   p 261
See COMPAGNIE DES CHEMINS DE FER NATIONAUX DU CANADA
CN RAILWAY   p 365
See COMPAGNIE DES CHEMINS DE FER NATIONAUX DU CANADA
CN SUPPLY CHAIN SOLUTIONS CANADA, DIV OF   p 699
See COMPAGNIE DES CHEMINS DE FER NATIONAUX DU CANADA
CN TOWER   p 918
See CANADA LANDS COMPANY CLC LIMITED
CN TOWER   p 928
See CANADA LANDS COMPANY CLC LIMITED
CN WORLDWIDE   p 1110
See CN WORLDWIDE AMERIQUE DU NORD (CANADA) INC
CN WORLDWIDE AMERIQUE DU NORD (CANADA) INC   p 557
1 Administration Rd, CONCORD, ON, L4K 1B9
(905) 669-3384   SIC 4424
CN WORLDWIDE AMERIQUE DU NORD (CANADA) INC   p 881
1825 Broadway Ave, THUNDER BAY, ON, P7K 1M8
(807) 475-6775   SIC 4011
CN WORLDWIDE AMERIQUE DU NORD (CANADA) INC   p 1110
935 Rue De La Gauchetiere O, Montreal, QC, H3B 2M9
(514) 399-5430   SIC 4011
CN WORLDWIDE DISTRIBUTION SERVICES (CANADA) INC   p 557
619 Creditstone Rd Suite 19, CONCORD, ON, L4K 4N2
(905) 669-3076   SIC 4212
CN WORLDWIDE DISTRIBUTION SERVICES (CANADA) INC   p 739
303 Townline Rd Suite 200, NIAGARA ON THE LAKE, ON, L0S 1J0
(905) 684-5098   SIC 4225
CN WORLDWIDE DISTRIBUTION SERVICES (CANADA) INC   p 1211
8050 Boul Cavendish, SAINT-LAURENT, QC, H4T 1T1
(514) 734-2334   SIC 4225
CN WORLDWIDE NORTH AMERICA (CANADA)   p 557
See CN WORLDWIDE AMERIQUE DU NORD (CANADA) INC
CNA   p 436
See COLLEGE OF THE NORTH ATLANTIC
CNA CANADA   p 921
66 Wellington St W Suite 3700, TORONTO, ON, M5K 1J5
(416) 542-7300   SIC 6411
CNA CANADA   p 922
See CONTINENTAL CASUALTY COMPANY
CNA CANADA   p 1105
1800 Av Mcgill College Bureau 520, Montreal, QC, H3A 3J6
(514) 398-9572   SIC 6411
CNC   p 261
See COLLEGE OF NEW CALEDONIA, THE
CNEA   p 936
See CANADIAN NATIONAL EXHIBITION ASSOCIATION
CNESST   p 1149
See COMMISSION DES NORMES, DE L'EQUITE, DE LA SANTE ET DE LA SECURITE DU TRAVAIL, LA
CNH CANADA, LTD   p 1284
See CNH INDUSTRIAL CANADA, LTD
CNH INDUSTRIAL CANADA, LTD   p 1284
Gd, REGINA, SK, S4P 3T6
(306) 721-4250   SIC 3523
CNIB   p 22
See CANADIAN NATIONAL INSTITUTE FOR THE BLIND, THE
CNIB   p 296
See CANADIAN NATIONAL INSTITUTE FOR THE BLIND, THE
CNIB   p 786
See CANADIAN NATIONAL INSTITUTE FOR THE BLIND, THE
CNIB   p 893
See CANADIAN NATIONAL INSTITUTE FOR THE BLIND, THE
CNIM CANADA INC   p 1114
1499 Rue William, Montreal, QC, H3C 1R4
(514) 932-1220   SIC 3534
CNLX CANADA INC   p 75
10229 127 Ave Nw, EDMONTON, AB, T5E 0B9
(888) 888-5909   SIC 7359
CNOOC CANADA ENERGY LTD.   p 41
801 7 Ave Sw, CALGARY, AB, T2P 3P7
(403) 699-4000   SIC 1382
CNS   p 225
See CANADIAN NORTHERN SHIELD INSURANCE COMPANY
CNS   p 303
See CANADIAN NORTHERN SHIELD INSURANCE COMPANY
CNSP CHARLAND   p 1238
See 9074-0747 QUEBEC INC.
CO OPERATORS, THE   p 433
See CO-OPERATORS FINANCIAL SERVICES LIMITED
CO-OP   p 1293
See SOBEYS WEST INC
CO-OP ATLANTIC   p 406
See ATLANTIC RETAIL CO-OPERATIVES FEDERATION
CO-OP ATLANTIC   p 411
See ATLANTIC RETAIL CO-OPERATIVES FEDERATION
CO-OP ATLANTIC   p 412
See ATLANTIC RETAIL CO-OPERATIVES FEDERATION
CO-OP ATLANTIC   p 413
See ATLANTIC RETAIL CO-OPERATIVES FEDERATION
CO-OP ATLANTIC   p 426
See ATLANTIC RETAIL CO-OPERATIVES FEDERATION
CO-OP ATLANTIC   p 470
See ATLANTIC RETAIL CO-OPERATIVES FEDERATION
CO-OP ATLANTIC   p 474
See ATLANTIC RETAIL CO-OPERATIVES FEDERATION
CO-OP ATLANTIC   p 477
See ATLANTIC RETAIL CO-OPERATIVES FEDERATION
CO-OP ATLANTIC   p 1051
See ATLANTIC RETAIL CO-OPERATIVES FEDERATION
CO-OP DES DEUX RIVES   p 1135
1455 Av Du Rocher Bureau 102, NORMANDIN, QC, G8M 3X5
(418) 274-2910   SIC 5211
CO-OP FEED   p 345
See FEDERATED CO-OPERATIVES LIMITED
CO-OP FEEDS   p 1276
See FEDERATED CO-OPERATIVES LIMITED
CO-OP GAS BAR   p 355
See RED RIVER COOPERATIVE LTD
CO-OP GAS BAR   p 357
See STE ANNE CO-OPERATIVE OIL LTD
CO-OP GAS STATIONS   p 1291
See SHERWOOD CO-OPERATIVE ASSOCIATION LIMITED
CO-OP GREYSTONE GAS BAR NO 3   p 1293
See SASKATOON CO-OPERATIVE ASSOCIATION LIMITED, THE
CO-OP SASKATOON STONEBRID   p 1305
106 Stonebridge Blvd, SASKATOON, SK, S7T 0J1
(306) 933-0306   SIC 5411
CO-OPERATIVE   p 1295
See FEDERATED CO-OPERATIVES LIMITED
CO-OPERATIVE REGIONALE DE NIPISSING-SUDBURY LIMITED   p 740
22 Notre Dame St W, NOELVILLE, ON, P0M 2N0
(705) 898-2226   SIC 5411
CO-OPERATORS FINANCIAL SERVICES LIMITED   p 433
19 Crosbie Pl Suite 1, ST. JOHN'S, NL, A1B 3Y8
(709) 758-1178   SIC 6331
CO-OPERATORS GENERAL INSURANCE COMPANY   p 406
10 Record St, MONCTON, NB, E1C 0B2
(506) 853-1336   SIC 6311
CO-OPERATORS GENERAL INSURANCE COMPANY   p 450
202 Brownlow Ave Suite 302, DARTMOUTH, NS, B3B 1T5
(902) 468-2789   SIC 6411
CO-OPERATORS GENERAL INSURANCE COMPANY   p 545
1720 Bishop St Suite 200, CAMBRIDGE, ON, N1T 1T2
(519) 623-8405   SIC 6411
CO-OPERATORS GENERAL INSURANCE COMPANY   p 601
130 Macdonell St, GUELPH, ON, N1H 2Z6
(519) 824-4400   SIC 6411
CO-OPERATORS GENERAL INSURANCE COMPANY   p 614
1575 Upper Ottawa St Unit B4, HAMILTON, ON, L8W 3E2
(905) 560-9067   SIC 6411
CO-OPERATORS GENERAL INSURANCE COMPANY   p 635
1020 Bayridge Dr, KINGSTON, ON, K7P 2S2
(613) 384-4700   SIC 6411
CO-OPERATORS GENERAL INSURANCE COMPANY   p 699
1270 Central Pky W Suite 600, MISSISSAUGA, ON, L5C 4P4
SIC 6411
CO-OPERATORS GROUP LIMITED, THE   p 86
14310 111 Ave Nw Suite 500, EDMONTON, AB, T5M 3Z7
(780) 448-7000   SIC 6411
CO-OPERATORS GROUP LIMITED, THE   p 497
14 Cedar Pointe Dr Suite 1502, BARRIE, ON, L4N 5R7
(705) 739-7700   SIC 6411
CO-OPERATORS GROUP LIMITED, THE   p 657
291 King St, LONDON, ON, N6B 1R8
SIC 6331
CO-OPERATORS GROUP LIMITED, THE   p 670
7300 Warden Ave Suite 110, MARKHAM, ON, L3R 9Z6
(905) 470-7300   SIC 6411
CO-OPERATORS GROUP LIMITED, THE   p 728
1547 Merivale Rd Suite 40, NEPEAN, ON, K2G 4V3
(613) 727-3663   SIC 6331
CO-OPERATORS GROUP LIMITED, THE   p 867
363 Falconbridge Rd Suite 1, SUDBURY, ON, P3A 5K5
(705) 566-1300   SIC 6411
CO-OPERATORS GROUP LIMITED, THE   p 1284
1920 College Ave, REGINA, SK, S4P 1C4
(306) 347-6200   SIC 6411
CO-OPERATORS GROUP LIMITED, THE   p 1305
407 Ludlow St Suite 101, SASKATOON, SK, S7S 1P3
(306) 934-7317   SIC 6331
CO-OPERATORS, THE   p 545
See CO-OPERATORS GENERAL INSURANCE COMPANY
CO-OPERATORS, THE   p 635
See CO-OPERATORS GENERAL INSURANCE COMPANY
CO-OPERATORS, THE   p 657
See CO-OPERATORS GROUP LIMITED, THE
CO-OPERATORS, THE   p 670
See CO-OPERATORS GROUP LIMITED, THE
CO-OPERATORS, THE   p 867
See CO-OPERATORS GROUP LIMITED, THE
CO-PAK PACKAGING CORP   p 584
1231 Martin Grove Rd, ETOBICOKE, ON, M9W 4X2
(905) 799-0092   SIC 7389
COACH CANADA   p 503
See TRENTWAY-WAGAR INC
COACH CANADA   p 631
See TRENTWAY-WAGAR INC

COACH CANADA p 686
See TRENTWAY-WAGAR INC
COACH CANADA p 809
See CENTURY AIRLINE SERVICES INC
COACH CANADA p 811
See TRENTWAY-WAGAR INC
COACHING FINANCIER TREK p 1119
See LONDON LIFE INSURANCE COMPANY
COAL MOUNTAIN OPERATIONS p 279
See TECK COAL LIMITED
COALHURST ELEMENTARY SCHOOL p 69
See PALLISER REGIONAL DIVISION NO 26
COALISION INC p 1102
700 Rue Saint-Antoine E Bureau 110, Montreal, QC, H2Y 1A6
(514) 798-3534   SIC 2339
COAST BASTION INN p 239
See COAST HOTELS LIMITED
COAST BLACKCOMB SUITES AT WHISTLER p 339
See COAST HOTELS LIMITED
COAST CANADA p 1182
See SYSTEMES DE DISTRIBUTION COAST (CANADA) INC, LES
COAST CANMORE HOTEL & CONFERENCE CENTRE p 67
See H2 CANMORE LODGING LP
COAST CAPITAL SAVINGS CREDIT UNION p 208
8445 120 St, DELTA, BC, V4C 6R2
(604) 517-7100   SIC 6062
COAST CAPITAL SAVINGS CREDIT UNION p 281
17730 56 Ave, SURREY, BC, V3S 1C7
(604) 517-7017   SIC 6062
COAST CAPITAL SAVINGS CREDIT UNION p 329
415 Gorge Rd E Suite 102, VICTORIA, BC, V8T 2W1
(250) 483-7000   SIC 6411
COAST CAPITAL SAVINGS CREDIT UNION p 335
3170 Tillicum Rd Unit 169, VICTORIA, BC, V9A 7C9
(250) 483-7000   SIC 6062
COAST CAPITAL SAVINGS CREDIT UNION p 340
15241 Thrift Ave, WHITE ROCK, BC, V4B 2K9
(604) 517-7020   SIC 6062
COAST CAPRI HOTEL, THE p 225
See COAST HOTELS LIMITED
COAST DISCOVERY INN & MARINA p 194
See COAST HOTELS LIMITED
COAST EDMONTON PLAZA HOTEL p 79
See COAST HOTELS LIMITED
COAST HARBOURSIDE HOTEL & MARINA, THE p 330
See COAST HOTELS LIMITED
COAST HOTELS AND RESORTS p 259
See COAST HOTELS LIMITED
COAST HOTELS LIMITED p 13
1316 33 St Ne, CALGARY, AB, T2A 6B6
(403) 248-8888   SIC 7011
COAST HOTELS LIMITED p 79
10155 105 St Nw, EDMONTON, AB, T5J 1E2
(780) 425-2083   SIC 7011
COAST HOTELS LIMITED p 133
Gd, JASPER, AB, T0E 1E0
(780) 852-4900   SIC 7011
COAST HOTELS LIMITED p 194
975 Shoppers Row, CAMPBELL RIVER, BC, V9W 2C4
(250) 287-9225   SIC 7011
COAST HOTELS LIMITED p 225
1171 Harvey Ave, KELOWNA, BC, V1Y 6E8
(250) 860-6060   SIC 7011
COAST HOTELS LIMITED p 239
11 Bastion St, NANAIMO, BC, V9R 6E4

(250) 753-6601   SIC 7011
COAST HOTELS LIMITED p 259
770 Brunswick St, PRINCE GEORGE, BC, V2L 2C2
(250) 563-0121   SIC 7011
COAST HOTELS LIMITED p 313
1763 Comox St, VANCOUVER, BC, V6G 1P6
(604) 688-7711   SIC 7011
COAST HOTELS LIMITED p 330
146 Kingston St, VICTORIA, BC, V8V 1V4
(250) 360-1211   SIC 7011
COAST HOTELS LIMITED p 330
146 Kingston St, VICTORIA, BC, V8V 1V4
(250) 480-1999   SIC 5812
COAST HOTELS LIMITED p 339
4899 Painted Cliff Rd, WHISTLER, BC, V0N 1B4
(604) 905-3400   SIC 7011
COAST INN OF THE WEST p 290
See CLIFTON ENTERPRISES INC
COAST MASONRY SUPPLIES p 304
See MATERIAUX DE CONSTRUCTION OLDCASTLE CANADA INC, LES
COAST MERIDIAN ELEMENTARY SCHOOL p 290
See SCHOOL DISTRICT NO 36 (SURREY)
COAST MOUNTAIN p 906
See FGL SPORTS LTD
COAST MOUNTAIN BUS COMPANY LTD p 186
3855 Kitchener St Suite 420, BURNABY, BC, V5C 3L8
(604) 205-6111   SIC 4111
COAST MOUNTAIN BUS COMPANY LTD p 244
287 Nelson's Crt Suite 700, NEW WESTMINSTER, BC, V3L 0E7
(778) 375-6400   SIC 4111
COAST MOUNTAIN BUS COMPANY LTD p 248
536 3rd St E, NORTH VANCOUVER, BC, V7L 1G5
SIC 4111
COAST MOUNTAIN BUS COMPANY LTD p 272
11133 Coppersmith Way, RICHMOND, BC, V7A 5E8
(604) 277-7787   SIC 4142
COAST MOUNTAIN SPORTS p 232
See FGL SPORTS LTD
COAST MOUNTAIN SPORTS p 338
See FGL SPORTS LTD
COAST MOUNTAINS BOARD OF EDUCATION SCHOOL DISTRICT NO. 82 p 217
3990 John Field Rd, HAZELTON, BC, V0J 1Y0
(250) 842-5313   SIC 8211
COAST MOUNTAINS BOARD OF EDUCATION SCHOOL DISTRICT NO. 82 p 217
2725 62 Hwy Rr 1, HAZELTON, BC, V0J 1Y0
(250) 842-5214   SIC 8211
COAST MOUNTAINS BOARD OF EDUCATION SCHOOL DISTRICT NO. 82 p 228
61 Nightingale St, KITIMAT, BC, V8C 1M9
(250) 632-2912   SIC 8211
COAST MOUNTAINS BOARD OF EDUCATION SCHOOL DISTRICT NO. 82 p 228
803 Columbia Ave E, KITIMAT, BC, V8C 1V7
(250) 632-6194   SIC 8211
COAST MOUNTAINS BOARD OF EDUCATION SCHOOL DISTRICT NO. 82 p 291
2906 Clark St, THORNHILL, BC, V8G 3S1
SIC 8211
COAST MOUNTAINS BOARD OF EDUCATION SCHOOL DISTRICT NO. 82 p 291
3120 16 Hwy E, THORNHILL, BC, V8G 4N8
(250) 638-4423   SIC 8211

COAST MOUNTAINS BOARD OF EDUCATION SCHOOL DISTRICT NO. 82 p 291
3605 Munroe St, TERRACE, BC, V8G 3C4
(250) 635-6531   SIC 8211
COAST PLAZA AT STANLEY PARK p 313
See COAST HOTELS LIMITED
COAST PLAZA HOTEL p 13
See COAST HOTELS LIMITED
COAST PYRAMID LAKE RESORT p 133
See COAST HOTELS LIMITED
COAST REALTY (CAMPBELL RIVER) p 194
See COAST REALTY GROUP LTD
COAST REALTY GROUP LTD p 194
1211 Cypress St, CAMPBELL RIVER, BC, V9W 2Z3
(250) 830-8088   SIC 6531
COAST REALTY GROUP LTD p 258
4766 Joyce Ave, Powell River, BC, V8A 3B6
(604) 414-7441   SIC 6531
COAST TIRE & AUTO SERVICE LTD p 409
258 Baig Blvd, MONCTON, NB, E1E 1C8
SIC 3011
COAST TIRE & AUTO SERVICE LTD p 415
130 Somerset St Suite 150, SAINT JOHN, NB, E2K 2X4
(506) 674-9620   SIC 5531
COAST TSAWWASSEN INN p 211
1665 56 St, DELTA, BC, V4L 2B2
(604) 943-8221   SIC 7011
COAST VANCOUVER AIRPORT HOTEL p 319
See VANCOUVER AIRPORT HOTEL LIMITED
COAST WHOLESALE APPLIANCES INC p 31
6128 Centre St Se, CALGARY, AB, T2H 0C4
(403) 243-8780   SIC 5064
COASTAL BUS LINES FARWEST BUS LINE p 263
See FIRSTCANADA ULC
COASTAL COMMUNITY CREDIT UNION p 196
9781 Willow St, CHEMAINUS, BC, V0R 1K0
(250) 246-4704   SIC 6062
COASTAL COMMUNITY CREDIT UNION p 239
50 Tenth St Suite 111, NANAIMO, BC, V9R 6L1
SIC 6062
COASTAL COMMUNITY CREDIT UNION p 239
59 Wharf St Suite 111, NANAIMO, BC, V9R 2X3
(888) 741-1010   SIC 6062
COASTAL COMMUNITY CREDIT UNION p 239
59 Wharf St Unit 220, NANAIMO, BC, V9R 2X3
(250) 716-2331   SIC 6062
COASTAL COMMUNITY CREDIT UNION p 251
1400 Alberni Hwy, PARKSVILLE, BC, V9P 2N6
(250) 248-3275   SIC 6062
COASTAL COMMUNITY INSURANCE SERVICES 2007 LTD p 239
59 Wharf St Suite 220, NANAIMO, BC, V9R 2X3
SIC 6311
COASTAL CONSTRUCTION p 275
2003 Hovey Rd, SAANICHTON, BC, V8M 1V8
SIC 1521
COASTAL DOOR & FRAME INC p 450
40 Raddall Ave, DARTMOUTH, NS, B3B 1T2
(902) 468-2333   SIC 5039
COASTAL ENERGY p 42
520 5 Ave Sw Suite 1400, CALGARY, AB, T2P 3R7
(403) 266-1930   SIC 1311
COASTAL FINANCIAL CREDIT UNION LIMITED p 468
9 Abbotsharbour Rd, MIDDLE WEST PUBNICO, NS, B0W 2M0
(902) 762-2372   SIC 8742
COASTAL FORD SALES LIMITED p 297
3333 Main St, VANCOUVER, BC, V5V 3M8
(604) 873-2363   SIC 5511
COASTAL INN CONCORDE p 449
See FRIENDSHIP INNS LIMITED
COASTAL LABRADOR MARINE SERVICES p 427
See 10663 NEWFOUNDLAND LTD
COASTAL PACIFIC XPRESS INC p 16
4055 78 Ave Se, CALGARY, AB, T2C 2J6
(403) 509-0144   SIC 5142
COASTLAND WOOD INDUSTRIES LTD p 207
755 Belgrave Way, DELTA, BC, V3M 5R8
(604) 516-0355   SIC 2431
COASTLAND WOOD INDUSTRIES, DIV. OF p 207
See COASTLAND WOOD INDUSTRIES LTD
COATINGS 85 LTD p 718
7007 Davand Dr, MISSISSAUGA, ON, L5T 1L5
(905) 564-1717   SIC 3479
COATS BELL p 489
See COATS CANADA INC
COATS BELL p 972
See COATS CANADA INC
COATS CANADA INC p 489
451 Smith St, ARTHUR, ON, N0G 1A0
SIC 2284
COATS CANADA INC p 972
10 Roybridge Gate Suite 200, WOODBRIDGE, ON, L4H 3M8
(905) 850-9200   SIC 5092
COBBETT & COTTON LAW CORPORATION p 186
410 Carleton Ave Suite 300, BURNABY, BC, V5C 6P6
(604) 299-6251   SIC 8111
COBBLE BEACH p 627
See GEORGIAN VILLAS INC
COBBLE BEACH GOLF LINKS p 627
See GEORGIAN VILLAS INC
COBBLE HILL ELEMENTARY SCHOOL p 199
See SCHOOL DISTRICT NO. 79 (COWICHAN VALLEY)
COBDEN DISTRICT ELEMENTARY SCHOOL p 554
See RENFREW COUNTY DISTRICT SCHOOL BOARD
COBEQUID CONSOLIDATED ELEMENTARY SCHOOL p 471
See CHIGNECTO CENTRAL REGIONAL SCHOOL BOARD
COBEQUID EDUCATIONAL CENTRE p 477
See CHIGNECTO CENTRAL REGIONAL SCHOOL BOARD
COBEQUID PASS p 458
See HIGHWAY 104 WESTERN ALIGNMENT CORPORATION
COBER EVOLVING SOLUTIONS p 497
See COBER PRINTING LIMITED
COBER PRINTING LIMITED p 497
84 Saunders Rd, BARRIE, ON, L4N 9A8
(705) 722-4437   SIC 2752
COBHAM SURVEILLANCE p 450
See COBHAM TRACKING & LOCATING LTD
COBHAM TRACKING & LOCATING LTD p 450
120 Eileen Stubbs Ave Suite 200, DARTMOUTH, NS, B3B 1Y1
(902) 468-3007   SIC 4899
COBHAM TRACKING & LOCATING LTD p 479
90 Sanford Dr, WINDSOR, NS, B0N 2T0

(902) 798-8999 SIC 3663
COBIQUIT COMMUNITY HEALTH CENTER p 467
See NOVA SCOTIA, PROVINCE OF
COBOURG DISTRICT COLLEGIATE INSTITUTE EAST p 554
See KAWARTHA PINE RIDGE DISTRICT SCHOOL BOARD
COBOURG WEST DISTRICT HIGH SCHOOL p 554
See KAWARTHA PINE RIDGE DISTRICT SCHOOL BOARD
COBRA ELECTRIC LTD p 289
9688 190 St, SURREY, BC, V4N 3M9
(604) 594-1633 SIC 1731
COBRA INTERNATIONAL SYSTEMES DE FIXATIONS CIE LTEE p 990
8051 Boul Metropolitain E, ANJOU, QC, H1J 1J8
(514) 354-2240 SIC 6712
COBS BREAD p 185
See BD CANADA LTD
COBS BREAD p 301
See BD CANADA LTD
COCA-COLA BOTTLING p 466
See COCA-COLA LTD
COCA-COLA BOTTLING p 904
See COCA-COLA REFRESHMENTS CANADA COMPANY
COCA-COLA CENTRE p 128
See CITY OF GRANDE PRAIRIE, THE
COCA-COLA LTD p 466
20 Lakeside Park Dr, LAKESIDE, NS, B3T 1L8
(902) 876-8661 SIC 5149
COCA-COLA LTD p 743
3389 Steeles Ave E Suite 500, NORTH YORK, ON, M2H 3S8
SIC 5149
COCA-COLA LTD p 1250
8500 Boul Industriel, Trois-Rivieres, QC, G9A 5E1
(819) 694-4000 SIC 2086
COCA-COLA REFRESHMENTS CANADA COMPANY p 22
3851 23 St Ne, CALGARY, AB, T2E 6T2
(403) 291-3111 SIC 2086
COCA-COLA REFRESHMENTS CANADA COMPANY p 113
9621 27 Ave Nw, EDMONTON, AB, T6N 1E7
(780) 450-2653 SIC 2024
COCA-COLA REFRESHMENTS CANADA COMPANY p 136
2920 9 Ave N, LETHBRIDGE, AB, T1H 5E4
(403) 328-8891 SIC 5149
COCA-COLA REFRESHMENTS CANADA COMPANY p 201
2450 United Blvd Suite D, COQUITLAM, BC, V3K 6G2
SIC 5149
COCA-COLA REFRESHMENTS CANADA COMPANY p 218
1484 Iron Mask Rd, KAMLOOPS, BC, V1S 1C7
(250) 374-7389 SIC 5149
COCA-COLA REFRESHMENTS CANADA COMPANY p 223
406 Old Vernon Rd Suite 100, KELOWNA, BC, V1X 4R2
(250) 491-3414 SIC 2086
COCA-COLA REFRESHMENTS CANADA COMPANY p 241
4148 Mostar Rd, NANAIMO, BC, V9T 6C9
(250) 756-2788 SIC 5149
COCA-COLA REFRESHMENTS CANADA COMPANY p 259
405 2nd Ave, PRINCE GEORGE, BC, V2L 2Z6
(250) 562-1289 SIC 5149
COCA-COLA REFRESHMENTS CANADA COMPANY p 268
7200 Nelson Rd, RICHMOND, BC, V6W 1G4

(416) 424-6000 SIC 4225
COCA-COLA REFRESHMENTS CANADA COMPANY p 334
765 Vanalman Ave Suite 105, VICTORIA, BC, V8Z 3B8
(250) 727-2222 SIC 5149
COCA-COLA REFRESHMENTS CANADA COMPANY p 345
1228 Victoria Ave E, BRANDON, MB, R7A 2A8
(204) 728-1525 SIC 5149
COCA-COLA REFRESHMENTS CANADA COMPANY p 365
164 Terracon Pl, WINNIPEG, MB, R2J 4G7
SIC 7699
COCA-COLA REFRESHMENTS CANADA COMPANY p 372
1331 Inkster Blvd, WINNIPEG, MB, R2X 1P6
(204) 633-2590 SIC 2086
COCA-COLA REFRESHMENTS CANADA COMPANY p 393
2200 Vanier Blvd, BATHURST, NB, E2A 7B7
(506) 546-8764 SIC 5149
COCA-COLA REFRESHMENTS CANADA COMPANY p 401
64 Alison Blvd, FREDERICTON, NB, E3C 1N2
(506) 458-0881 SIC 4225
COCA-COLA REFRESHMENTS CANADA COMPANY p 405
570 Old King George Hwy, MIRAMICHI, NB, E1V 1K1
(506) 622-3101 SIC 2086
COCA-COLA REFRESHMENTS CANADA COMPANY p 409
66 Arsenault Crt, MONCTON, NB, E1E 3X8
(506) 855-6525 SIC 4225
COCA-COLA REFRESHMENTS CANADA COMPANY p 429
51 Sagona Ave Unit 3, MOUNT PEARL, NL, A1N 4P9
(709) 576-1670 SIC 5149
COCA-COLA REFRESHMENTS CANADA COMPANY p 454
418 Portsway Ave, EDWARDSVILLE, NS, B2A 4T8
(902) 567-2726 SIC 5149
COCA-COLA REFRESHMENTS CANADA COMPANY p 460
Gd, HALIFAX, NS, B3K 5L8
(902) 876-8661 SIC 5149
COCA-COLA REFRESHMENTS CANADA COMPANY p 466
20 Lakeside Park Dr, LAKESIDE, NS, B3T 1L8
(902) 876-8661 SIC 2086
COCA-COLA REFRESHMENTS CANADA COMPANY p 474
101 Macgregor Ave, STELLARTON, NS, B0K 0A2
(902) 752-8505 SIC 5149
COCA-COLA REFRESHMENTS CANADA COMPANY p 513
15 Westcreek Blvd Suite 1, BRAMPTON, ON, L6T 5T4
(905) 874-7200 SIC 2086
COCA-COLA REFRESHMENTS CANADA COMPANY p 552
71 Park Ave E, CHATHAM, ON, N7M 3V5
(519) 352-2632 SIC 2086
COCA-COLA REFRESHMENTS CANADA COMPANY p 607
1575 Barton St E, HAMILTON, ON, L8H 7K6
(905) 548-3206 SIC 2086
COCA-COLA REFRESHMENTS CANADA COMPANY p 665
950 Green Valley Rd, LONDON, ON, N6N 1E3
(519) 686-2100 SIC 2086
COCA-COLA REFRESHMENTS CANADA COMPANY p 762
24 Fenmar Dr, NORTH YORK, ON, M9L 1L8
(416) 749-0440 SIC 2086

COCA-COLA REFRESHMENTS CANADA COMPANY p 803
1795 23rd St E, OWEN SOUND, ON, N4K 5P5
(519) 376-3593 SIC 4925
COCA-COLA REFRESHMENTS CANADA COMPANY p 869
970 Lorne St, SUDBURY, ON, P3C 4R9
(705) 675-2404 SIC 5149
COCA-COLA REFRESHMENTS CANADA COMPANY p 880
615 Beaverhall Pl, THUNDER BAY, ON, P7E 3N1
(807) 577-6406 SIC 5149
COCA-COLA REFRESHMENTS CANADA COMPANY p 904
335 King St E, TORONTO, ON, M5A 1L1
(416) 424-6000 SIC 2086
COCA-COLA REFRESHMENTS CANADA COMPANY p 982
2 Aviation Ave, CHARLOTTETOWN, PE, C1E 2M1
SIC 5149
COCA-COLA REFRESHMENTS CANADA COMPANY p 1037
885 Boul De La Carriere Bureau 1, GATINEAU, QC, J8Y 6S6
(819) 770-8877 SIC 5149
COCA-COLA REFRESHMENTS CANADA COMPANY p 1042
940 Rue Andre-Line, GRANBY, QC, J2J 1E2
(450) 375-2429 SIC 5149
COCA-COLA REFRESHMENTS CANADA COMPANY p 1057
1515 46e Av, LACHINE, QC, H8T 2N8
(514) 636-4791 SIC 2086
COCA-COLA REFRESHMENTS CANADA COMPANY p 1151
990 Av Godin, Quebec, QC, G1M 2X9
(418) 686-4884 SIC 5149
COCA-COLA REFRESHMENTS CANADA COMPANY p 1250
8500 Boul Industriel, Trois-Rivieres, QC, G9A 5E1
(819) 694-4000 SIC 2086
COCA-COLA REFRESHMENTS CANADA COMPANY p 1282
355 Henderson Dr, REGINA, SK, S4N 6B9
(800) 218-2653 SIC 5149
COCA-COLA REFRESHMENTS CANADA COMPANY p 1295
315 Circle Dr E, SASKATOON, SK, S7K 0T7
(306) 244-1577 SIC 5141
COCCIMIGLIO RETAIL SALES p 1288
See CANADIAN TIRE CORPORATION, LIMITED
COCHON DINGUE, LE p 1150
See GROUPE RESTOS PLAISIRS INC, LE
COCHON DINGUE, LE p 1157
See GROUPE RESTOS PLAISIRS INC, LE
COCHON DINGUE, LE p 1159
See GROUPE RESTOS PLAISIRS INC, LE
COCHRANE COMMUNITY HEALTH CENTRE p 69
See ALBERTA HEALTH SERVICES
COCHRANE HIGH SCHOOL p 69
See ROCKY VIEW SCHOOL DIVISION NO. 41, THE
COCHRANE HIGH SCHOOL p 555
See DISTRICT SCHOOL BOARD ONTARIO NORTH EAST
COCHRANE HIGH SCHOOL p 1281
See BOARD OF EDUCATION REGINA SCHOOL DIVISION NO. 4 OF SASKATCHEWAN
COCHRANE IGA p 69
See SOBEYS CAPITAL INCORPORATED
COCHRANE PUBLIC SCHOOL p 555
See DISTRICT SCHOOL BOARD ONTARIO NORTH EAST
COCHRANE TEMISKAMING RESOURCE CENTRE p 883
600 Toke St, TIMMINS, ON, P4N 6W1

(705) 267-8181 SIC 8052
COCHRANE TEMISKAMING RESOURCE CENTRE p 885
141 Philip St, TIMMINS, ON, P4R 1J5
(705) 268-7333 SIC 8361
COCHRANE'S PHARMASAVE p 480
See COCHRANE, D. ROSS PHARMACY LIMITED
COCHRANE, D. ROSS PHARMACY LIMITED p 480
442 Main St, WOLFVILLE, NS, B4P 1E2
(902) 542-3624 SIC 5912
COCO DEVELOPMENTS LTD p 961
6725 South Service Rd E, WINDSOR, ON, N8N 2M1
(519) 948-7133 SIC 1521
COCO PAVING INC p 501
6520 Hwy 62, BELLEVILLE, ON, K8N 5A5
(613) 962-3461 SIC 1611
COCO PAVING INC p 507
3075 Maple Grove Rd, BOWMANVILLE, ON, L1C 3K4
(905) 697-0400 SIC 1611
COCO PAVING INC p 652
1865 Clarke Rd, LONDON, ON, N5X 3Z6
(519) 451-2750 SIC 1611
COCO PAVING INC p 809
2317 Television Rd, PETERBOROUGH, ON, K9J 6X8
(705) 742-4448 SIC 1611
COCO PAVING INC p 872
485 Little Baseline Rd Suite 1, TECUMSEH, ON, N8N 2L9
(519) 727-3838 SIC 1611
COCOCO CHOCOLATIERS INC p 22
2320 2 Ave Se, CALGARY, AB, T2E 6J9
(403) 265-5777 SIC 2066
CODET p 1016
See 9099-9012 QUEBEC INC
CODET INC p 1074
143 Rue Pomerleau, MAGOG, QC, J1X 5P7
(819) 847-4045 SIC 5136
CODET INC p 1171
525 10e Av, RICHMOND, QC, J0B 2H0
(819) 826-3763 SIC 2326
CODEVALUE CANADA INC. p 875
173 Charles St, THORNHILL, ON, L4J 3A2
(647) 834-1888 SIC 7371
CODIAC TRANSIT p 409
See MONCTON, CITY OF
CODRINGTON PUBLIC SCHOOL p 495
See SIMCOE COUNTY DISTRICT SCHOOL BOARD, THE
COEN CANADA p 1186
See BRULEURS COEN CANADA INC, LES
COFFEE CONNECTION LTD, THE p 13
401 33 St Ne Unit 3, CALGARY, AB, T2A 7R3
(403) 269-5977 SIC 7389
COFFEE FACTORY, THE p 105
See JAVA JIVE MERCHANTS LTD
COFFEE TIME p 840
See CHAIRMAN'S BRAND CORPORATION
COFOMO INC p 1110
1000 Rue De La Gauchetiere O Bureau 1500, Montreal, QC, H3B 4X5
(514) 866-0039 SIC 7379
COGECO CABLE HOLDINGS INC p 1172
See COGECO COMMUNICATIONS HOLDINGS INC
COGECO COMMUNICATIONS HOLDINGS INC p 1172
384 Av De La Cathedrale, RIMOUSKI, QC, G5L 5L1
(418) 724-5737 SIC 4841
COGECO COMMUNICATIONS INC p 608
695 Lawrence Rd, HAMILTON, ON, L8K 6P1
(905) 548-8002 SIC 4841
COGECO COMMUNICATIONS INC p 826
1421 Confederation St, SARNIA, ON, N7S 5N9
(519) 336-0443 SIC 4841

▲ Public Company ■ Public Company Family Member HQ Headquarters BR Branch SL Single Location

BUSINESSES ALPHABETICALLY

COGECO COMMUNICATIONS INC p 965
2525 Dougall Ave, WINDSOR, ON, N8X 5A7
(519) 972-6677   SIC 4833
COGECO COMMUNICATIONS INC p 1231
13 Rue Saint-Urbain, SALABERRY-DE-VALLEYFIELD, QC, J6S 4M6
(450) 377-1373   SIC 4841
COGECO PEER 1 (CANADA) INC p 1093
2600 Rue Ontario E Bureau 225, Montreal, QC, H2K 4K4
(514) 524-2224   SIC 1731
COGECO PEER 1 MC p 1093
See COGECO PEER 1 (CANADA) INC
COGECO RADIO-TELEVISION INC p 1158
1305 Ch Sainte-Foy Bureau 402, Quebec, QC, G1S 4Y5
(418) 687-9330   SIC 4833
COGECO RADIO-TELEVISION INC p 1239
3720 Boul Industriel, SHERBROOKE, QC, J1L 1N6
(819) 822-0937   SIC 4833
COGECO TV p 965
See COGECO COMMUNICATIONS INC
COGEMA p 1077
See COMPAGNIE DE GESTION DE MATANE INC
COGENT POWER INC p 537
845 Laurentian Dr, BURLINGTON, ON, L7N 3W7
(905) 637-3033   SIC 4911
COGHLAN FUNDAMENTAL ELEMENTARY SCHOOL p 180
See BOARD OF EDUCATION OF SCHOOL DISTRICT NO. 35 (LANGLEY)
COGIRES INC p 1157
1220 Place George-V O, Quebec, QC, G1R 5B8
(418) 522-3848   SIC 7011
COGNITIVE SCIENCE PROGRAM p 756
See YORK UNIVERSITY
COH p 1000
See REEL COH INC
COHEN HIGHLEY p 656
See LAWYERS RESOURCE CENTRE LIMITED PARTNERSHIP
COHEN, STANLEY BARRISTER & SOLICITOR p 680
See HACKER GIGNAC RICE
COHERENT CANADA INC p 702
1222 April Dr, MISSISSAUGA, ON, L5J 3J7
(905) 823-5808   SIC 3699
COILED TUBING DISTRICT, DIV OF p 154
See BAKER HUGHES CANADA COMPANY
COILPLUS p 621
See COILPLUS CANADA INC
COILPLUS CANADA INC p 621
18 Underwood Rd, INGERSOLL, ON, N5C 3V6
(519) 485-6393   SIC 5051
COINAMATIC CANADA INC p 265
12753 Vulcan Way Unit 185, RICHMOND, BC, V6V 3C8
(604) 270-8441   SIC 7215
COINAMATIC CANADA INC p 372
1496 Church Ave, WINNIPEG, MB, R2X 1G4
(204) 633-8974   SIC 7215
COINAMATIC CANADA INC p 1129
4479 Nord Laval (A-440) O, Montreal, QC, H7P 4W6
(450) 688-4808   SIC 7359
COINAMATIC LAUNDRY p 1129
See COINAMATIC CANADA INC
COIT SERVICES p 189
See GENTLE CARE DRAPERY & CARPET CLEANERS LTD
COITEUX HYUNDAI p 1092
See AUTO COITEUX MONTREAL LTEE
COJALY INC p 1256
601 Av Saint-Charles, VAUDREUIL-DORION, QC, J7V 8G4
(450) 455-0409   SIC 5812
COLABOR LIMITED PARTNERSHIP p 650

580 Industrial Rd, LONDON, ON, N5V 1V1
(800) 265-9267   SIC 5141
COLABOR LIMITED PARTNERSHIP p 650
580 Industrial Rd, LONDON, ON, N5V 1V1
(519) 453-3410   SIC 5141
COLABOR LIMITED PARTNERSHIP p 718
6270 Kenway Dr, MISSISSAUGA, ON, L5T 2N3
(905) 795-2400   SIC 5142
COLABOR LIMITED PARTNERSHIP p 784
100 Legacy Rd, OTTAWA, ON, K1G 5T8
(613) 737-7000   SIC 5141
COLABOR LIMITED PARTNERSHIP p 947
10 Ronrose Dr, VAUGHAN, ON, L4K 4R3
(800) 265-9267   SIC 5141
COLBORNE PUBLIC SCHOOL p 555
See KAWARTHA PINE RIDGE DISTRICT SCHOOL BOARD
COLBORNE PUBLIC SCHOOL p 866
See THAMES VALLEY DISTRICT SCHOOL BOARD
COLCHESTER ELEMENTARY SCHOOL p 162
See ELK ISLAND PUBLIC SCHOOLS REGIONAL DIVISION NO. 14
COLCHESTER NORTH PUBLIC SCHOOL p 574
See GREATER ESSEX COUNTY DISTRICT SCHOOL BOARD
COLCHESTER RESIDENTIAL SERVICES SOCIETY p 477
35 Commercial St Suite 201, TRURO, NS, B2N 3H9
(902) 893-4273   SIC 8322
COLD LAKE COMMUNITY HEALTH SERVICE p 69
See ALBERTA HEALTH SERVICES
COLD LAKE ELEMENTARY SCHOOL p 70
See NORTHERN LIGHTS SCHOOL DIVISION NO. 69
COLD LAKE FOODS p 70
See SOBEYS CAPITAL INCORPORATED
COLD LAKE FORD p 69
See DUCHARME MOTORS LTD
COLD LAKE PIPELINE LP p 7
See INTER PIPELINE LTD
COLD LAKE SCHOOL p 355
See FRONTIER SCHOOL DIVISION
COLD NORTH SEAFOODS LIMITED p 428
2 Water St, LA SCIE, NL, A0K 3M0
SIC 2092
COLD SPRING GRANITE (CANADA) LTD p 350
50 Bruchanski Rd, LAC DU BONNET, MB, R0E 1A0
(204) 345-2765   SIC 1411
COLD SPRINGS FARM p 636
See THAMES VALLEY PROCESSORS LTD
COLD STORAGE p 691
See S.D.R. DISTRIBUTION SERVICES
COLDBROOK & DISTRICT SCHOOL p 446
See ANNAPOLIS VALLEY REGIONAL SCHOOL BOARD
COLDSTEAM ELEMENTARY SCHOOL p 199
See SCHOOL DISTRICT NO 22 (VERNON)
COLDWATER PUBLIC SCHOOL p 555
See SIMCOE COUNTY DISTRICT SCHOOL BOARD, THE
COLDWELL BANKER p 162
See PANDA REALTY INC
COLDWELL BANKER p 958
See R M R REAL ESTATE LIMITED
COLDWELL BANKER p 982
See PARKER REALTY LTD
COLDWELL BANKER HORIZON REALTY p 225
See COLDWELL BANKER HORIZON REALTY LTD
COLDWELL BANKER HORIZON REALTY LTD p 225
1470 Harvey Ave Suite 14, KELOWNA, BC, V1Y 9K8

(250) 860-7500   SIC 6531
COLDWELL BANKER NEUMANN REAL ESTATE p 600
824 Gordon St Unit 2, GUELPH, ON, N1G 1Y7
(519) 821-3600   SIC 6531
COLDWELL BANKER PREMIER REALTY p 318
See STERN REALTY (1994) LTD
COLDWELL BANKER RMR REAL ESTATE p 817
See R M R REAL ESTATE LIMITED
COLDWELL BANKER SARAZEN REALTY p 625
See SARAZEN REALTY LTD
COLDWELL BANKER SARAZEN REALTY BROKERAGE p 799
See SARAZEN REALTY LTD
COLDWELL BANKER WESTBURN p 187
See N R S WESTBURN REALTY LTD
COLE DONAT ROBICHAUD p 395
See DISTRICT SCOLAIRE 11
COLE FREIGHT p 273
See COLE INTERNATIONAL INC
COLE GROUP p 348
See COLE INTERNATIONAL INC
COLE HARBOUR DISTRICT HIGH SCHOOL p 447
See HALIFAX REGIONAL SCHOOL BOARD
COLE INTERNATIONAL INC p 70
107 1 Ave S, COUTTS, AB, T0K 0N0
(403) 344-3855   SIC 4731
COLE INTERNATIONAL INC p 104
8657 51 Ave Nw Suite 310, EDMONTON, AB, T6E 6A8
(780) 437-1936   SIC 4731
COLE INTERNATIONAL INC p 273
3820 Cessna Dr Suite 220, RICHMOND, BC, V7B 0A2
(604) 273-5161   SIC 4731
COLE INTERNATIONAL INC p 287
17637 1 Ave Suite 201, SURREY, BC, V3Z 9S1
(604) 538-1512   SIC 4731
COLE INTERNATIONAL INC p 348
389 Goschen St Suite 5, EMERSON, MB, R0A 0L0
(204) 373-2549   SIC 4731
COLE INTERNATIONAL INC p 374
177 Lombard Ave Suite 400, WINNIPEG, MB, R3B 0W5
(204) 944-9200   SIC 4731
COLE INTERNATIONAL INC p 684
5955 Airport Rd Suite 223, MISSISSAUGA, ON, L4V 1R9
(905) 672-6255   SIC 4731
COLE INTERNATIONAL INC p 1026
670 Av Orly Bureau 201, DORVAL, QC, H9P 1E9
(514) 631-2653   SIC 4731
COLE INTERNATIONAL INC p 1278
528 1st St, NORTH PORTAL, SK, S0C 1W0
(306) 927-5100   SIC 4731
COLE PRIMAIRE LA SOURCE p 421
See DISTRICT SCOLAIRE FRANCOPHONE NORD-EST
COLEBROOK ELEMENTARY SCHOOL p 287
See SCHOOL DISTRICT NO 36 (SURREY)
COLEDALE PUBLIC SCHOOL p 675
See YORK REGION DISTRICT SCHOOL BOARD
COLEMAN, DOUG TRUCKING LTD p 860
330 South Service Rd, STONEY CREEK, ON, L8E 2R4
(905) 664-9477   SIC 4212
COLES STORE p 841
See INDIGO BOOKS & MUSIC INC
COLES THE BOOK PEOPLE p 45
See INDIGO BOOKS & MUSIC INC
COLESON COVE p 418
See NEW BRUNSWICK POWER CORPORATION

COLGATE-PALMOLIVE CANADA INC p 684
6400 Northwest Dr, MISSISSAUGA, ON, L4V 1K1
SIC 2844
COLGATE-PALMOLIVE CANADA INC p 753
895 Don Mills Rd, NORTH YORK, ON, M3C 1W3
(416) 421-6000   SIC 2844
COLISEE DESJARDINS, LE p 1259
See VICTORIAVILLE, VILLE DE
COLISEUM SAFEWAY p 74
See SOBEYS WEST INC
COLISPRO INC p 683
7535 Bath Rd, MISSISSAUGA, ON, L4T 4C1
SIC 7389
COLLECTES CODERR p 987
See PAPIERS SOLIDERR INC, LES
COLLECTION DEVELOPMENT AND E-RESOURCE MANAGEMENT p 632
See QUEEN'S UNIVERSITY AT KINGSTON
COLLECTION DIVISION p 546
See COLLECTRITE ONTARIO (SW86) INC
COLLECTIONS DE STYLE R.D. INTERNATIONALES LTEE, LES p 1125
5275 Rue Ferrier Bureau 200, Montreal, QC, H4P 1L7
(514) 342-1222   SIC 5137
COLLECTIONS SPECIALES ET ARCHIVES PRIVEES p 1095
See GOUVERNEMENT DE LA PROVINCE DE QUEBEC
COLLECTRITE ONTARIO (SW86) INC p 546
181 Groh Ave, CAMBRIDGE, ON, N3C 1Y8
(519) 654-7350   SIC 7322
COLLEGA INTERNATIONAL INC p 767
145 Lakeshore Rd E, OAKVILLE, ON, L6J 1H3
(905) 842-4222   SIC 7991
COLLEGA INTERNATIONAL INC p 901
887 Yonge St, TORONTO, ON, M4W 2H2
(416) 924-9244   SIC 7231
COLLEGE AVE PUBLIC SCHOOL p 601
See UPPER GRAND DISTRICT SCHOOL BOARD, THE
COLLEGE AVENUE SECONDARY SCHOOL p 978
See THAMES VALLEY DISTRICT SCHOOL BOARD
COLLEGE BELIVEAU p 365
See LOUIS RIEL SCHOOL DIVISION
COLLEGE BOREAL D'ARTS APPLIQUES ET DE TECHNOLOGIE p 883
395 Theriault Blvd, TIMMINS, ON, P4N 0A8
(705) 267-5850   SIC 8221
COLLEGE CATHOLIC SAMUEL-GENEST p 787
See CONSEIL DES ECOLES CATHOLIQUES DE LANGUE FRANCAISE DU CENTRE-EST
COLLEGE CDI p 1018
See VANCOUVER CAREER COLLEGE (BURNABY) INC
COLLEGE CDI p 1108
See VANCOUVER CAREER COLLEGE (BURNABY) INC
COLLEGE CHAMPAGNEUR, LE p 1169
3713 Rue Queen Bureau 40, RAWDON, QC, J0K 1S0
(450) 834-5401   SIC 8211
COLLEGE CHARLES-LEMOYNE DE LONGUEUIL INC p 1071
See COLLEGE CHARLES-LEMOYNE DE LONGUEUIL INC
COLLEGE CHARLES-LEMOYNE DE LONGUEUIL INC p 1071
1430 Rue Patenaude, LONGUEUIL, QC, J4K 5H4
(450) 463-1592   SIC 8211
COLLEGE CHARLES-LEMOYNE DE LONGUEUIL INC p 1073
See COLLEGE CHARLES-LEMOYNE DE

▲ Public Company   ■ Public Company Family Member   HQ Headquarters   BR Branch   SL Single Location

LONGUEUIL INC
COLLEGE CHARLES-LEMOYNE DE LONGUEUIL INC p 1073
905 Ch Tiffin, LONGUEUIL, QC, J4P 3G6
(450) 670-1157   SIC 8221
COLLEGE CONSTITUANT DE L'ASSOMPTION p 1051
See FONDATION DU CEGEP REGIONAL DE LANAUDIERE
COLLEGE D'ALFRED DE L'UNIVERSITE DE GUELPH p 485
See UNIVERSITY OF GUELPH
COLLEGE D'ENSEIGNEMENT GENERAL & PROFESSIONEL DE L'ABITIBI-TEMISCAMINGUE p 988
341 Rue Principale N, AMOS, QC, J9T 2L8
(819) 732-5218   SIC 8221
COLLEGE D'ENSEIGNEMENT GENERAL & PROFESSIONEL DE LA POCATIERE p 1053
140 4e Av, La Pocatiere, QC, G0R 1Z0
(418) 856-1525   SIC 8221
COLLEGE D'ENSEIGNEMENT GENERAL & PROFESSIONEL DE LA POCATIERE p 1083
115 Boul Tache E, MONTMAGNY, QC, G5V 1B9
(418) 248-7164   SIC 8221
COLLEGE D'ENSEIGNEMENT GENERAL & PROFESSIONEL DE LA POCATIERE p 1083
See COLLEGE D'ENSEIGNEMENT GENERAL & PROFESSIONEL DE LA POCATIERE
COLLEGE D'ENSEIGNEMENT GENERAL & PROFESSIONEL STE-FOY p 1160
2410 Ch Sainte-Foy, Quebec, QC, G1V 1T3
(418) 659-6600   SIC 8221
COLLEGE D'ENSEIGNEMENT GENERAL & PROFESSIONNEL DE CHICOUTIMI p 1191
1 Rue De L'aeroport, Saint-Honore-de-Chicoutimi, QC, G0V 1L0
(418) 673-3421   SIC 8221
COLLEGE D'ENSEIGNEMENT GENERAL ET PROFESSIONEL LIONEL-GROULX p 1230
See COLLEGE LIONEL-GROULX
COLLEGE D'ENSEIGNEMENT GENERAL ET PROFESSIONNEL DE JONQUIERE p 1047
2505 Rue Saint-Hubert, Jonquiere, QC, G7X 7W2
(418) 547-2191   SIC 8221
COLLEGE D'ENSEIGNEMENT GENERAL ET PROFESSIONNEL DE VICTORIAVILLE p 1258
See COLLEGE D'ENSEIGNEMENT GENERAL ET PROFESSIONNEL DE VICTORIAVILLE
COLLEGE D'ENSEIGNEMENT GENERAL ET PROFESSIONNEL DE VICTORIAVILLE p 1258
765 Rue Notre-Dame E, VICTORIAVILLE, QC, G6P 4B2
(819) 758-6401   SIC 8211
COLLEGE D'ENSEIGNEMENT GENERAL ET PROFESSIONNEL JOHN ABBOTT p 1224
21275 Rue Lakeshore, SAINTE-ANNE-DE-BELLEVUE, QC, H9X 3L9
(514) 457-6610   SIC 8221
COLLEGE D'ENSEIGNEMENT GENERAL ET PROFESSIONNEL LIMOILOU p 1148
1300 8e Av Bureau 1400, Quebec, QC, G1J 5L5
(418) 647-6600   SIC 8221
COLLEGE D'ENSEIGNEMENT GENERALE & PROFESSIONNEL DE LA GASPESIE & DES ILES p 1051
15 Ch De La Piscine, L'Etang-du-Nord, QC, G4T 3X4
(418) 986-5187   SIC 8221

COLLEGE DE BOIS-DE-BOULOGNE p 1124
10555 Av Du Bois-De-Boulogne, Montreal, QC, H4N 1L4
(514) 332-3000   SIC 8221
COLLEGE DUROCHER SAINT-LAMBERT p 1202
375 Rue Riverside, SAINT-LAMBERT, QC, J4P 1B1
(450) 671-5585   SIC 8211
COLLEGE EDUCACENTRE COLLEGE p 300
896 8th Ave W, VANCOUVER, BC, V5Z 1E2
(604) 708-5100   SIC 8331
COLLEGE ELLIS CAMPUS DE TROIS-RIVIERES p 1248
See ECOLE COMMERCIALE DU CAP INC
COLLEGE ENSEIGNANT GENERAL ET PROFESSIONNEL MONTMORENCY p 1129
475 Boul De L'avenir, Montreal, QC, H7N 5H9
(450) 975-6100   SIC 8221
COLLEGE FRANCAIS (1965) INC p 1071
1340 Boul Nobert, LONGUEUIL, QC, J4K 2P4
(450) 679-0770   SIC 8222
COLLEGE FRANCAIS (1965) INC p 1071
1391 Rue Beauregard, LONGUEUIL, QC, J4K 2M3
(450) 670-7391   SIC 8211
COLLEGE FRANCAIS (1965) INC p 1098
185 Av Fairmount O, Montreal, QC, H2T 2M6
(514) 495-2581   SIC 8211
COLLEGE FRANCAIS ANNEXE RIVE SUD PRIMAIRE p 1071
See COLLEGE FRANCAIS (1965) INC
COLLEGE HEIGHTS ELEMENTARY SCHOOL p 261
See BOARD OF EDUCATION OF SCHOOL DISTRICT NO. 57 (PRINCE GEORGE), THE
COLLEGE HEIGHTS S.S. p 599
See UPPER GRAND DISTRICT SCHOOL BOARD, THE
COLLEGE HEIGHTS SECONDARY SCHOOL p 261
See BOARD OF EDUCATION OF SCHOOL DISTRICT NO. 57 (PRINCE GEORGE), THE
COLLEGE HERZING p 1117
See INSTITUT HERZING DE MONTREAL INC
COLLEGE HILL PUBLIC SCHOOL p 781
See DURHAM DISTRICT SCHOOL BOARD
COLLEGE INFO-TECHNIQUE p 1026
See FORMATION INFO-TECHNIQUE S.B. INC
COLLEGE INFORMATIQUE DES ADMINISTRATIONS DE VERDUN LA SALLE p 1258
See COMMISSION SCOLAIRE MARGUERITE-BOURGEOYS
COLLEGE JEANNE-SAUVE p 368
See LOUIS RIEL SCHOOL DIVISION
COLLEGE LAFLECHE p 1249
1687 Boul Du Carmel, Trois-Rivieres, QC, G8Z 3R8
(819) 378-1123   SIC 8221
COLLEGE LIONEL-GROULX p 1230
100 Rue Duquet, SAINTE-THERESE, QC, J7E 3G6
(450) 430-3120   SIC 8221
COLLEGE LORETTE COLLEGIATE p 351
See SEINE RIVER SCHOOL DIVISION
COLLEGE LOUIS RIEL p 364
See DIVISION SCOLAIRE FRANCO-MANITOBAINE
COLLEGE NOTRE-DAME p 869
See CONSEIL SCOLAIRE DE DISTRICT CATHOLIQUE DU NOUVEL-ONTARIO, LE
COLLEGE NOTRE-DAME DE RIVIERE-DU-LOUP p 1174
56 Rue Saint-Henri, Riviere-du-Loup, QC,
G5R 2A1
(418) 862-8257   SIC 8211
COLLEGE NOTRE-DAME DU SACRE-COEUR p 1121
3791 Ch Queen-Mary, Montreal, QC, H3V 1A8
(514) 739-3371   SIC 8211
COLLEGE NOTRE-DAME-DE-L'ASSOMPTION p 1135
225 Rue Saint-Jean-Baptiste, NICOLET, QC, J3T 0A2
(819) 293-4500   SIC 8211
COLLEGE O'SULLIVAN DE MONTREAL INC p 1115
1191 Rue De La Montagne, Montreal, QC, H3G 1Z2
(514) 866-4622   SIC 8244
COLLEGE O'SULLIVAN DE QUEBEC INC p 1157
See COLLEGE O'SULLIVAN DE QUEBEC INC
COLLEGE O'SULLIVAN DE QUEBEC INC p 1157
600 Rue Saint-Jean, Quebec, QC, G1R 1P8
(418) 529-3355   SIC 8249
COLLEGE OF CONTINUING EDUCATION p 456
See DALHOUSIE UNIVERSITY
COLLEGE OF DENTISTRY p 1303
See UNIVERSITY OF SASKATCHEWAN
COLLEGE OF EDUCATION p 1304
See UNIVERSITY OF SASKATCHEWAN
COLLEGE OF ENGINEERING p 1304
See UNIVERSITY OF SASKATCHEWAN
COLLEGE OF EXTENDED LEARNING p 401
See UNIVERSITY OF NEW BRUNSWICK
COLLEGE OF KINESIOLOGY p 1304
See UNIVERSITY OF SASKATCHEWAN
COLLEGE OF LAW p 1304
See UNIVERSITY OF SASKATCHEWAN
COLLEGE OF NEW CALEDONIA, THE p 193
545 Hwy 16, BURNS LAKE, BC, V0J 1E0
(250) 692-1700   SIC 8221
COLLEGE OF NEW CALEDONIA, THE p 261
3330 22nd Ave, PRINCE GEORGE, BC, V2N 1P8
(250) 562-2131   SIC 8221
COLLEGE OF NEW CALEDONIA, THE p 264
100 Campus Way, QUESNEL, BC, V2J 7K1
(250) 991-7500   SIC 8222
COLLEGE OF NEW CALEDONIA, THE p 324
3231 Hospital Rd, VANDERHOOF, BC, V0J 3A2
(250) 567-3200   SIC 8221
COLLEGE OF NURSING p 1303
See UNIVERSITY OF SASKATCHEWAN
COLLEGE OF PHARMACISTS OF BRITISH COLUMBIA p 315
1765 8th Ave W Suite 200, VANCOUVER, BC, V6J 5C6
(604) 733-2440   SIC 8621
COLLEGE OF PHARMACY & NUTRITION p 1304
See UNIVERSITY OF SASKATCHEWAN
COLLEGE OF THE NORTH ATLANTIC p 423
1 Terra Nova Rd, BAIE VERTE, NL, A0K 1B0
(709) 532-8066   SIC 8221
COLLEGE OF THE NORTH ATLANTIC p 423
105 Main St, BURIN BAY ARM, NL, A0E 1G0
(709) 891-5600   SIC 8221
COLLEGE OF THE NORTH ATLANTIC p 423
301 Confederation Dr, BONAVISTA, NL, A0C 1B0

(709) 468-2610   SIC 8221
COLLEGE OF THE NORTH ATLANTIC p 424
1670 Conception Bay Hwy, CONCEPTION BAY SOUTH, NL, A1X 6N1
(709) 744-2047   SIC 8221
COLLEGE OF THE NORTH ATLANTIC p 424
59 Grandbay Rd, CHANNEL-PORT-AUX-BASQUES, NL, A0M 1C0
(709) 695-3582   SIC 8222
COLLEGE OF THE NORTH ATLANTIC p 424
Gd Lcd Main, CLARENVILLE, NL, A5A 4R1
(709) 466-2250   SIC 8221
COLLEGE OF THE NORTH ATLANTIC p 427
219 Hamilton Rd, HAPPY VALLEY-GOOSE BAY, NL, A0P 1E0
(709) 896-6300   SIC 8221
COLLEGE OF THE NORTH ATLANTIC p 428
1 Av Campbell, LABRADOR CITY, NL, A2V 2Y1
(709) 944-7210   SIC 8221
COLLEGE OF THE NORTH ATLANTIC p 431
93 E St Suite 83, ST. ANTHONY, NL, A0K 4S0
(709) 454-3559   SIC 8222
COLLEGE OF THE NORTH ATLANTIC p 433
1 Prince Philip Dr, ST. JOHN'S, NL, A1B 3R3
(709) 758-7200   SIC 8221
COLLEGE OF THE NORTH ATLANTIC p 436
432 Massachusetts Dr, STEPHENVILLE, NL, A2N 3C1
(709) 643-7868   SIC 8222
COLLEGE OF THE ROCKIES p 216
1305 9th St N Nr 2, GOLDEN, BC, V0A 1H2
(250) 344-5901   SIC 8221
COLLEGE PARK RETIREMENT RESIDENCE p 1284
See ALL SENIORS CARE LIVING CENTRES LTD
COLLEGE PIERRE ELLIOTT TRUDEAU p 363
See RIVER EAST TRANSCONA SCHOOL DIVISION
COLLEGE PREUNIVERSITAIRE NOUVELLES FRONTIERES p 1037
250 Rue Gamelin, GATINEAU, QC, J8Y 1W9
(819) 561-8922   SIC 8211
COLLEGE PRINTERS p 270
See POSTMEDIA NETWORK INC
COLLEGE RABBINIQUE DE MONTREAL OIR HACHAIM D'TASH p 1110
1250 Boul Rene-Levesque O, Montreal, QC, H3B 4W8
(450) 430-6380   SIC 8221
COLLEGE RABBINIQUE DU CANADA p 1121
6405 Av De Westbury, Montreal, QC, H3W 2X5
(514) 735-2201   SIC 8211
COLLEGE RACHEL p 1099
310 Rue Rachel E, Montreal, QC, H2W 0A1
(514) 287-1944   SIC 8211
COLLEGE REGINA ASSUMPTA (1995) p 1092
1750 Rue Sauriol E, Montreal, QC, H2C 1X4
(514) 382-9998   SIC 8211
COLLEGE REGIONAL NOTRE-DAME p 352
See DIVISION SCOLAIRE FRANCO-MANITOBAINE
COLLEGE SCOLAIRE CATHOLIQUE FRANCO OUEST p 801
See CONSEIL DES ECOLES CATHOLIQUES DE LANGUE FRANCAISE DU CENTRE-EST
COLLEGE ST NORBERT COLLEGIATE p

391
See SEINE RIVER SCHOOL DIVISION
COLLEGE STANISLAS INCORPORE p 1158
1605 Ch Sainte-Foy, Quebec, QC, G1S 2P1
(418) 527-9998   SIC 8211
COLLEGE STANISLAS-SILLERY p 1158
See COLLEGE STANISLAS INCORPORE
COLLEGE STREET ELEMENTARY SCHOOL p 850
See DISTRICT SCHOOL BOARD OF NIAGARA
COLLEGE STREET SCHOOL p 944
See HASTINGS AND PRINCE EDWARD DISTRICT SCHOOL BOARD
COLLEGE TRINITE p 1182
1475 Rang Des Vingt, SAINT-BRUNO, QC, J3V 4P6
(450) 653-2409   SIC 8211
COLLEGE VIEW SUPPORTIVE HOUSING SERVICES p 906
See LOFT COMMUNITY SERVICES
COLLEGIATE AT THE UNIVERSITY OF WINNIPEG, THE p 376
See UNIVERSITY OF WINNIPEG, THE
COLLEGIATE AVENUE ELEMENTARY SCHOOL p 862
See HAMILTON-WENTWORTH DISTRICT SCHOOL BOARD, THE
COLLEGIATE HEIGHTS RETIREMENT HOME p 832
See CHARTWELL SENIORS HOUSING REAL ESTATE INVESTMENT TRUST
COLLICUTT SCHOOL p 371
See SEVEN OAKS SCHOOL DIVISION
COLLIERS INTERNATIONAL p 331
See COLLIERS MACAULAY NICOLLS INC
COLLIERS INTERNATIONAL p 744
See COLLIERS MACAULAY NICOLLS INC
COLLIERS INTERNATIONAL p 792
See COLLIERS MACAULAY NICOLLS INC
COLLIERS MACAULAY NICOLLS INC p 225
546 Leon Ave Unit 304, KELOWNA, BC, V1Y 6J6
(250) 763-2300   SIC 6531
COLLIERS MACAULAY NICOLLS INC p 331
1175 Douglas St Suite 1110, VICTORIA, BC, V8W 2E1
(250) 388-6454   SIC 6531
COLLIERS MACAULAY NICOLLS INC p 744
245 Yorkland Blvd Suite 200, NORTH YORK, ON, M2J 4W9
(416) 492-2000   SIC 6531
COLLIERS MACAULAY NICOLLS INC p 792
340 Albert St Suite 930, OTTAWA, ON, K1R 7Y6
(613) 567-8050   SIC 6531
COLLIERS MCCLOCKLIN REAL ESTATE CORP p 1295
728 Spadina Cres E Suite 101, SASKATOON, SK, S7K 3H2
(306) 653-4410   SIC 6531
COLLIERS PROJECT LEADERS INC p 300
555 12th Ave W Suite 550, VANCOUVER, BC, V5Z 3X7
(604) 714-0988   SIC 8741
COLLIERS PROJECT LEADERS INC p 537
3027 Harvester Rd Suite 101, BURLINGTON, ON, L7N 3G7
(905) 639-2425   SIC 8741
COLLIERS PROJECT LEADERS INC p 786
1900 City Park Dr Suite 402, OTTAWA, ON, K1J 1A3
(613) 216-4345   SIC 8741
COLLIERS PROJECT LEADERS INC p 799
2720 Iris St, OTTAWA, ON, K2C 1E6
(613) 820-6610   SIC 8741
COLLINGWOOD COLLEGIATE INSTITUTE p 556
See SIMCOE COUNTY DISTRICT SCHOOL BOARD, THE
COLLINGWOOD ELEMENTARY SCHOOL p 37
See CALGARY BOARD OF EDUCATION

COLLINGWOOD NEIGHBOURHOOD SCHOOL p 296
See BOARD OF EDUCATION OF SCHOOL DISTRICT NO. 39 (VANCOUVER), THE
COLLINGWOOD SAFEWAY p 296
See SOBEYS WEST INC
COLLINGWOOD SCHOOL SOCIETY p 338
2605 Wentworth Ave, WEST VANCOUVER, BC, V7S 3H4
(604) 925-8375   SIC 8211
COLLINGWOOD SCHOOL WENTWORTH. p 338
See COLLINGWOOD SCHOOL SOCIETY
COLLINS BARROW KAWARTHAS LLP p 809
272 Charlotte St, PETERBOROUGH, ON, K9J 2V4
(705) 742-3418   SIC 8721
COLLINS BARROW MONTREAL p 1110
625 Boul Rene-Levesque O Bureau 1100, Montreal, QC, H3B 1R2
(514) 866-8553   SIC 8721
COLLINS BARROW OTTAWA LLP p 729
301 Moodie Dr Suite 400, NEPEAN, ON, K2H 9C4
(613) 820-8010   SIC 8721
COLLINS BARROW REGION OF WATERLOO p 951
554 Weber St N, WATERLOO, ON, N2L 5C6
(519) 725-7700   SIC 8721
COLLINS BARROW, SUDBURY - NIPISSING LLP p 867
1174 St. Jerome St, SUDBURY, ON, P3A 2V9
(705) 560-5592   SIC 8721
COLLINS BARROWS p 951
See COLLINS BARROW REGION OF WATERLOO
COLLINS MANUFACTURING CO. LTD p 229
9835 199a St Suite 5, LANGLEY, BC, V1M 2X7
(604) 888-2812   SIC 3713
COLLINS, P F CUSTOMS BROKER LIMITED p 432
275 E White Hills Rd, ST. JOHN'S, NL, A1A 5X7
(709) 726-2121   SIC 4225
COLMAR INVESTMENTS INC p 398
480 Riverside Dr, FREDERICTON, NB, E3A 8C2
(506) 460-5500   SIC 7011
COLOGIX CANADA INC p 1110
1250 Boul Rene-Levesque O Bureau 3932, Montreal, QC, H3B 4W8
(514) 908-0083   SIC 4899
COLOGIX MONTREAL p 1110
See COLOGIX CANADA INC
COLOMER CANADA, LTD p 718
1055 Courtneypark Dr E Suite A, MISSISSAUGA, ON, L5T 1M7
(905) 565-7047   SIC 5131
COLON, GEORGE MEMORIAL HOME INC p 353
Gd, OXFORD HOUSE, MB, R0B 1C0
(204) 538-2560   SIC 8361
COLONEL BY RETIREMENT RESIDENCE, THE p 794
See REVERA INC
COLONEL BY SECONDARY SCHOOL p 594
See OTTAWA-CARLETON DISTRICT SCHOOL BOARD
COLONEL CAMERON ELEMENTARY SCHOOL p 567
See LAMBTON KENT DISTRICT SCHOOL BOARD
COLONEL GRAY SENIOR HIGH SCHOOL p 980
See EASTERN SCHOOL DISTRICT
COLONEL IRVINE JUNIOR HIGH SCHOOL p 36

See CALGARY BOARD OF EDUCATION
COLONEL J.E. FAREWELL PUBLIC SCHOOL p 959
See DURHAM DISTRICT SCHOOL BOARD
COLONEL JOHN BUTLER PUBLIC SCHOOL p 739
See DISTRICT SCHOOL BOARD OF NIAGARA
COLONEL MACLEOD SCHOOL p 22
See CALGARY BOARD OF EDUCATION
COLONEL WALKER COMMUNITY SCHOOL p 27
See CALGARY BOARD OF EDUCATION
COLONIAL p 963
See COLONIAL TOOL GROUP INC
COLONIAL TOOL GROUP INC p 963
1691 Walker Rd, WINDSOR, ON, N8W 3P1
(519) 253-2461   SIC 3541
COLONIAL, THE p 957
See CHARTWELL SENIORS HOUSING REAL ESTATE INVESTMENT TRUST
COLONSAY SCHOOL p 1266
See PRAIRIE SPIRIT SCHOOL DIVISION NO. 206
COLOR PAK, DIV OF p 840
See ATLANTIC PACKAGING PRODUCTS LTD
COLORAMA DYEING & FINISHING INC p 618
1400 Aberdeen St, HAWKESBURY, ON, K6A 1K7
(613) 632-0774   SIC 2261
COLQUITZ MIDDLE SCHOOL p 333
See BOARD OF EDUCATION OF SCHOOL DISTRICT NO. 61 (GREATER VICTORIA)
COLTECH OPTRONICS INC p 23
7879 8 St Ne Suite 103, CALGARY, AB, T2E 8A2
(403) 516-2221   SIC 3089
COLUMBIA BUILDING MAINTENANCE CO LTD p 755
65 Martin Ross Ave Unit 1, NORTH YORK, ON, M3J 2L6
(416) 663-5020   SIC 7349
COLUMBIA CONTAINERS LTD p 293
2319 Commissioner St, VANCOUVER, BC, V5L 1A4
(604) 254-9461   SIC 5084
COLUMBIA COUNTER TOPS, DIV OF p 178
See COLUMBIA KITCHEN CABINETS LTD
COLUMBIA FOREST LONG TERM SERVICES p 954
See REVERA INC
COLUMBIA FUELS p 329
See PARKLAND INDUSTRIES LIMITED PARTNERSHIP
COLUMBIA INDUSTRIES LTD p 278
681 Douglas Fir Rd, SPARWOOD, BC, V0B 2G0
SIC 7699
COLUMBIA KITCHEN CABINETS LTD p 178
2210 Mason St, ABBOTSFORD, BC, V2T 6C5
(604) 850-0371   SIC 2541
COLUMBIA MASONRY LTD p 740
14320 Highway 27, NOBLETON, ON, L0G 1N0
(905) 859-7315   SIC 1741
COLUMBIA OILFIELD SUPPLY p 113
See PRECISION DRILLING CORPORATION
COLUMBIA SPORTSWEAR CANADA LIMITED p 969
1650 Huron Church Rd, WINDSOR, ON, N9C 2L1
SIC 5699
COLUMBIA SPORTSWEAR OUTLET STORE p 969
See COLUMBIA SPORTSWEAR CANADA LIMITED
COLUMBIA TREEHOUSE INC p 618

1015 Lakeshore Rd E Rr 2, HAWKESTONE, ON, L0L 1T0
(705) 722-3220   SIC 1541
COLUMBIA VALVE & FITTING LTD p 192
8678 Greenall Ave Suite 117, BURNABY, BC, V5J 3M6
(604) 629-9355   SIC 5085
COLUMNEETZA SECONDARY SCHOOL p 341
See SCHOOL DISTRICT NO 27 (CARIBOO-CHILCOTIN)
COLVILLE MANOR p 984
See PROVINCE OF PEI
COLWOOD FIRE DEPARTMENT p 337
See COLWOOD, CITY OF
COLWOOD, CITY OF p 337
3215 Metchosin Rd, VICTORIA, BC, V9C 2A4
(250) 478-8321   SIC 7389
COM DEV LTD p 543
155 Sheldon Dr, CAMBRIDGE, ON, N1R 7H6
(519) 622-2300   SIC 3669
COM DEV LTD p 623
303 Terry Fox Dr Suite 100, KANATA, ON, K2K 3J1
(613) 591-7777   SIC 3669
COM DEV SPACE p 543
See COM DEV LTD
COMACT SAINT-GEORGES p 1189
See EQUIPEMENTS COMACT INC
COMARK DISTRIBUTION CENTRE p 1018
See COMARK INC
COMARK INC p 372
1670 Inkster Blvd, WINNIPEG, MB, R2X 2W8
(204) 633-5500   SIC 5621
COMARK INC p 707
6789 Millcreek Dr, MISSISSAUGA, ON, L5N 5M4
(905) 567-7375   SIC 5621
COMARK INC p 955
800 Niagara St, WELLAND, ON, L3C 5Z4
(905) 788-9271   SIC 5137
COMARK INC p 1018
930 Boul Saint-Martin O, Cote Saint-Luc, QC, H7S 2K9
(450) 967-9467   SIC 5621
COMARK SERVICES INC p 707
6789 Millcreek Dr, MISSISSAUGA, ON, L5N 5M4
(905) 567-7375   SIC 5621
COMAX COOPERATIVE AGRICOLE p 1193
See COMAX, COOPERATIVE AGRICOLE
COMAX, COOPERATIVE AGRICOLE p 1193
15100 Ch De La Cooperative, SAINT-HYACINTHE, QC, J2R 1S2
(450) 799-4505   SIC 2048
COMAX, COOPERATIVE AGRICOLE p 1195
16755 Av Saint-Louis, SAINT-HYACINTHE, QC, J2T 3G4
(450) 773-2569   SIC 5251
COMBATBALL p 386
See VBALLS TARGET SYSTEMS INC
COMCARE (CANADA) LIMITED p 23
2323 32 Ave Ne Suite 212, CALGARY, AB, T2E 6Z3
(403) 228-3877   SIC 7363
COMCARE (CANADA) LIMITED p 88
10458 Mayfield Rd Nw Suite 200, EDMONTON, AB, T5P 4P4
(780) 496-9430   SIC 7361
COMCARE (CANADA) LIMITED p 406
30 Gordon St Suite 105, MONCTON, NB, E1C 1L8
(506) 853-9112   SIC 7363
COMCARE (CANADA) LIMITED p 415
580 Main St Suite B120, SAINT JOHN, NB, E2K 1J5
(506) 634-1505   SIC 7363
COMCARE (CANADA) LIMITED p 461
7071 Bayers Rd Suite 1151, HALIFAX, NS, B3L 2C2
(902) 453-0838   SIC 8051

▲ Public Company   ■ Public Company Family Member   HQ Headquarters   BR Branch   SL Single Location

COMCARE (CANADA) LIMITED p 501
470 Dundas St E Unit 7b, BELLEVILLE, ON,
K8N 1G1
(613) 968-3477   SIC 8049
COMCARE (CANADA) LIMITED p 525
425 Park Rd N Suite 104, BRANTFORD,
ON, N3R 7G5
(519) 756-4606   SIC 7363
COMCARE (CANADA) LIMITED p 552
48 Centre St, CHATHAM, ON, N7M 4W2
SIC 8051
COMCARE (CANADA) LIMITED p 569
58 Goodall St, DRYDEN, ON, P8N 1V8
(807) 223-5337   SIC 8049
COMCARE (CANADA) LIMITED p 601
255 Woodlawn Rd W Unit 108, GUELPH,
ON, N1H 8J1
(519) 341-9367   SIC 7363
COMCARE (CANADA) LIMITED p 658
339 Wellington Rd Suite 200, LONDON, ON,
N6C 5Z9
(800) 663-5775   SIC 8049
COMCARE (CANADA) LIMITED p 744
255 Consumers Rd Suite 120, NORTH
YORK, ON, M2J 1R4
(416) 929-3364   SIC 7361
COMCARE (CANADA) LIMITED p 832
370 Lake St, SAULT STE. MARIE, ON, P6B
3L1
(705) 759-0110   SIC 8051
COMCARE (CANADA) LIMITED p 848
8 Queensway E Suite 4, SIMCOE, ON, N3Y
4M3
(519) 426-5122   SIC 8059
COMCARE (CANADA) LIMITED p 850
52 Abbott St N Unit 3, SMITHS FALLS, ON,
K7A 1W3
SIC 7363
COMCARE (CANADA) LIMITED p 876
3550 Schmon Pky Suite 4, THOROLD, ON,
L2V 4Y6
(905) 685-6501   SIC 8049
COMCARE (CANADA) LIMITED p 878
91 Cumberland St S Suite 200, THUNDER
BAY, ON, P7B 6A7
(807) 346-0633   SIC 8051
COMCARE (CANADA) LIMITED p 965
880 North Service Rd E Suite 301, WINDSOR, ON, N8X 3J5
(519) 966-5200   SIC 8059
COMCARE HEALTH SERVICE p 876
See COMCARE (CANADA) LIMITED
COMCARE HEALTH SERVICES p 23
See COMCARE (CANADA) LIMITED
COMCARE HEALTH SERVICES p 88
See COMCARE (CANADA) LIMITED
COMCARE HEALTH SERVICES p 406
See COMCARE (CANADA) LIMITED
COMCARE HEALTH SERVICES p 415
See COMCARE (CANADA) LIMITED
COMCARE HEALTH SERVICES p 461
See COMCARE (CANADA) LIMITED
COMCARE HEALTH SERVICES p 501
See COMCARE (CANADA) LIMITED
COMCARE HEALTH SERVICES p 552
See COMCARE (CANADA) LIMITED
COMCARE HEALTH SERVICES p 569
See COMCARE (CANADA) LIMITED
COMCARE HEALTH SERVICES p 601
See COMCARE (CANADA) LIMITED
COMCARE HEALTH SERVICES p 658
See COMCARE (CANADA) LIMITED
COMCARE HEALTH SERVICES p 832
See COMCARE (CANADA) LIMITED
COMCARE HEALTH SERVICES p 848
See COMCARE (CANADA) LIMITED
COMCARE HEALTH SERVICES p 850
See COMCARE (CANADA) LIMITED
COMCARE HEALTH SERVICES p 965
See COMCARE (CANADA) LIMITED
COMCO PIPE & SUPPLY p 115
See RUSSEL METALS INC
COMCO PIPE & SUPPLY COMPANY p 603
See RUSSEL METALS INC

COMCO PIPE & SUPPLY COMPANY, DIV OF p 101
See RUSSEL METALS INC
COMCO PIPE & SUPPLY COMPANY, DIV OF p 115
See RUSSEL METALS INC
COMET ENTERTAINMENT INC p 891
1880 O'connor Dr Suite 204, TORONTO,
ON, M4A 1W9
(416) 421-4229   SIC 7812
COMETAL S. L. INC p 1047
2361 Rue De La Metallurgie, Jonquiere, QC,
G7X 9V8
(418) 547-3322   SIC 5075
COMFORT INN p 118
See INNVEST PROPERTIES CORP
COMFORT INN p 198
See INNVEST PROPERTIES CORP
COMFORT INN p 346
See INNVEST PROPERTIES CORP
COMFORT INN p 383
See INNVEST PROPERTIES CORP
COMFORT INN p 393
See INNVEST PROPERTIES CORP
COMFORT INN p 398
See INNVEST PROPERTIES CORP
COMFORT INN p 400
See INNVEST PROPERTIES CORP
COMFORT INN p 449
See INNVEST PROPERTIES CORP
COMFORT INN p 469
See INNVEST PROPERTIES CORP
COMFORT INN p 476
See INNVEST PROPERTIES CORP
COMFORT INN p 477
See INNVEST PROPERTIES CORP
COMFORT INN p 503
See INNVEST PROPERTIES CORP
COMFORT INN p 602
See INNVEST PROPERTIES CORP
COMFORT INN p 620
See INNVEST PROPERTIES CORP
COMFORT INN p 630
See INNVEST PROPERTIES CORP
COMFORT INN p 733
See INNVEST PROPERTIES CORP
COMFORT INN p 774
See INNVEST PROPERTIES CORP
COMFORT INN p 813
See INNVEST PROPERTIES CORP
COMFORT INN p 832
See INNVEST PROPERTIES CORP
COMFORT INN p 855
See WESTMONT HOSPITALITY MANAGEMENT LIMITED
COMFORT INN p 880
See INNVEST PROPERTIES CORP
COMFORT INN p 970
See INNVEST PROPERTIES CORP
COMFORT INN p 994
See INNVEST PROPERTIES CORP
COMFORT INN p 1004
See INNVEST PROPERTIES CORP
COMFORT INN p 1030
See INNVEST PROPERTIES CORP
COMFORT INN p 1050
See INNVEST PROPERTIES CORP
COMFORT INN p 1166
See INNVEST PROPERTIES CORP
COMFORT INN p 1173
See INNVEST PROPERTIES CORP
COMFORT INN p 1174
See INNVEST PROPERTIES CORP
COMFORT INN p 1233
See INNVEST PROPERTIES CORP
COMFORT INN p 1250
See WW HOTELS CORP
COMFORT INN p 1254
See INNVEST PROPERTIES CORP
COMFORT INN p 1280
See INNVEST PROPERTIES CORP
COMFORT INN p 1300
See INNVEST PROPERTIES CORP
COMFORT INN & SUITES p 329

COMFORT INN & SUITES p 336
See BALMORAL INVESTMENTS LTD
COMFORT INN & SUITES AMBASSADOR BRIDGE p 970
See INNVEST PROPERTIES CORP
COMFORT INN AEROPORT p 1026
See INNVEST PROPERTIES CORP
COMFORT INN BROSSARD p 1007
See INNVEST PROPERTIES CORP
COMFORT INN EAST p 868
See INNVEST PROPERTIES CORP
COMFORT INN LEVIS p 1065
See INNVEST PROPERTIES CORP
COMFORT INN MIDTOWN p 633
See INNVEST PROPERTIES CORP
COMFORT INN MONTREAL AEROPORT p 1142
See INNVEST PROPERTIES CORP
COMFORT INN NIAGARA FALLS p 736
See ATLIFIC INC
COMFORT INN OSHAWA p 781
See INNVEST PROPERTIES CORP
COMFORT INN TORONTO NORTH p 758
See INNVEST PROPERTIES CORP
COMFORT INN WEST p 92
See INNVEST PROPERTIES CORP
COMFORT INN, THE p 805
See WESTMONT HOSPITALITY MANAGEMENT LIMITED
COMINAR REIT p 451
See FIDUCIAIRES DU FONDS DE PLACEMENT IMMOBILIER COMINAR, LES
COMISSION DE LA SANTE ET DE LA SECURITE p 1038
See GOUVERNEMENT DE LA PROVINCE DE QUEBEC
COMISSION SCOLAIRE DE LANGUE FRANCAISE, LA p 982
5 Acadian Dr, CHARLOTTETOWN, PE, C1C 1M2
(902) 566-1715   SIC 8211
COMMANDER TRANSPORT p 583
See 1060412 ONTARIO LIMITED
COMMANDER WAREHOUSE EQUIPMENT LTD p 281
5225 192 St, SURREY, BC, V3S 8E5
(604) 574-5797   SIC 5084
COMMERCANT DES PEAUX SHEFFREN LTEE p 1255
3697 Ch De La Baronnie, VARENNES, QC, J3X 1P7
(514) 248-1106   SIC 5159
COMMERCE CORNELL LTEE p 108
111 St 51st Ave Unit 5, EDMONTON, AB, T6H 4M6
(780) 437-9406   SIC 5137
COMMERCIAL ALCOHOLS p 885
See GREENFIELD GLOBAL, INC
COMMERCIAL AVIATION SERVICES (CAS), DIV OF p 265
See AEROINFO SYSTEMS INC
COMMERCIAL BEARING SERVICE (1966) LTD. p 104
4203 95 St Nw Suite 1966, EDMONTON, AB, T6E 5R6
(780) 432-1611   SIC 5085
COMMERCIAL BUILDING SERVICE LTD p 1282
819 Arcola Ave, REGINA, SK, S4N 0S9
(306) 757-5332   SIC 7349
COMMERCIAL CARPET CENTRE p 443
See 98599 CANADA LTD
COMMERCIAL EQUIPMENT CORP p 16
11199 48 St Se, CALGARY, AB, T2C 5H4
(403) 253-6421   SIC 5082
COMMERCIAL EQUIPMENT CORP p 104
9111 41 Ave Nw, EDMONTON, AB, T6E 6M5
(780) 486-5151   SIC 7389
COMMERCIAL EQUIPMENT CORP p 289
9475 192 St, SURREY, BC, V4N 3R7
(604) 888-0513   SIC 5084

COMMERCIAL EQUIPMENT CORP p 1282
105 N Mcdonald St, REGINA, SK, S4N 5W2
(306) 721-9575   SIC 5082
COMMERCIAL GOVERNMENT AND INDUSTRIAL SOLUTIONS SECTOR DIV p 945
See MOTOROLA SOLUTIONS CANADA INC
COMMERCIAL LINES & CLAIMS p 703
See ROYAL & SUN ALLIANCE INSURANCE COMPANY OF CANADA
COMMERCIAL LOGISTICS INC p 268
16133 Blundell Rd, RICHMOND, BC, V6W 0A3
(604) 276-1300   SIC 4731
COMMERCIAL MARKET p 48
See ROYAL BANK OF CANADA
COMMERCIAL SOLUTIONS p 1305
See MOTION INDUSTRIES (CANADA), INC
COMMERCIAL SPRING AND TOOL COMPANY LIMITED p 687
971 Matheson Blvd E, MISSISSAUGA, ON, L4W 2R7
(905) 625-3771   SIC 3089
COMMERCIAL TRUCK EQUIPMENT p 16
See COMMERCIAL EQUIPMENT CORP
COMMERCIAL TRUCK EQUIPMENT p 104
See COMMERCIAL EQUIPMENT CORP
COMMERCIAL VEHICLE p 229
See KAL TIRE LTD
COMMISSION D'EVALUATION DE L'ENSEIGNEMENT COLLEGIALE p 1157
See GOUVERNEMENT DE LA PROVINCE DE QUEBEC
COMMISSION DE LA CONSTRUCTION DU QUEBEC p 1095
1201 Boul Cremazie E, Montreal, QC, H2M 0A6
(514) 593-3121   SIC 8611
COMMISSION DE LA CONSTRUCTION DU QUEBEC p 1120
3530 Rue Jean-Talon O, Montreal, QC, H3R 2G3
(514) 341-7740   SIC 8611
COMMISSION DE LA SANTE ET DE LA SECURITE DU TRAVAIL p 1233
See COMMISSION DE LA SANTE ET DE LA SECURITE DU TRAVAIL
COMMISSION DE LA SANTE ET DE LA SECURITE DU TRAVAIL p 1233
700 Boul Laure Bureau 236, Sept-Iles, QC, G4R 1Y1
(418) 964-3900   SIC 6331
COMMISSION DES NORMES, DE LEQUITE, DE LA SANTE ET DE LA SECURITE DU TRAVAIL, LA p 1149
524 Rue Bourdages Bureau 370, Quebec, QC, G1K 7E2
(877) 639-0744   SIC 6331
COMMISSION DES SERVICES ELECTRIQUES DE LA VILLE DE MONTREAL p 1092
4305 Rue Hogan, Montreal, QC, H2H 2N2
(514) 868-3111   SIC 1799
COMMISSION QUEBECOISE DES LIBERATIONS CONDITIONNELLES p 1102
See GOUVERNEMENT DE LA PROVINCE DE QUEBEC
COMMISSION QUEBECOISE DES LIBERATIONS CONDITIONNELLES p 1149
See GOUVERNEMENT DE LA PROVINCE DE QUEBEC
COMMISSION SCOLAIRE ABITIBI p 1054
24 5e Av E, LA SARRE, QC, J9Z 1K8
(819) 333-5591   SIC 8211
COMMISSION SCOLAIRE ABITIBI p 1054
500 Rue Principale, LA SARRE, QC, J9Z 2A2

(819) 333-2387   SIC 8249
COMMISSION SCOLAIRE ABITIBI   p 1054
500 Rue Principale, LA SARRE, QC, J9Z 2A2
(819) 333-5411   SIC 8211
COMMISSION SCOLAIRE ABITIBI   p 1054
54 111 Rte E, LA SARRE, QC, J9Z 1S1
(819) 333-5548   SIC 8211
COMMISSION SCOLAIRE ABITIBI   p 1073
16 8e Av O, MACAMIC, QC, J0Z 2S0
(819) 782-4455   SIC 8211
COMMISSION SCOLAIRE ABITIBI   p 1135
36 Rue Principale, Normetal, QC, J0Z 3A0
(819) 788-2505   SIC 8211
COMMISSION SCOLAIRE ABITIBI   p 1137
141 Rue Principale, PALMAROLLE, QC, J0Z 3C0
(819) 787-2326   SIC 8211
COMMISSION SCOLAIRE ABITIBI   p 1144
800 Rue Drouin, POULARIES, QC, J0Z 3E0
(819) 782-5150   SIC 8211
COMMISSION SCOLAIRE ABITIBI   p 1243
190 Av Privat, TASCHEREAU, QC, J0Z 3N0
(819) 796-3321   SIC 8211
COMMISSION SCOLAIRE AU COEUR DES VALLEES   p 1033
402 Rue Belanger, GATINEAU, QC, J8L 2M2
(819) 281-0233   SIC 8211
COMMISSION SCOLAIRE AU COEUR DES VALLEES   p 1033
661 Rue Allaire, GATINEAU, QC, J8L 2B8
(819) 281-5333   SIC 8211
COMMISSION SCOLAIRE AU COEUR DES VALLEES   p 1034
1115 Rue De Neuville Bureau 1, GATINEAU, QC, J8M 2C7
(819) 281-6225   SIC 8211
COMMISSION SCOLAIRE AU COEUR DES VALLEES   p 1034
584 Rue Maclaren E, GATINEAU, QC, J8L 2W1
(819) 986-8514   SIC 8249
COMMISSION SCOLAIRE AU COEUR DES VALLEES   p 1034
50 Rue Des Servantes, GATINEAU, QC, J8M 1C2
(819) 281-2054   SIC 8211
COMMISSION SCOLAIRE AU COEUR DES VALLEES   p 1034
420 Rue Du Progres, GATINEAU, QC, J8M 1T3
(819) 986-8296   SIC 8211
COMMISSION SCOLAIRE AU COEUR DES VALLEES   p 1034
32 Ch De Montreal E, GATINEAU, QC, J8M 1E9
(819) 986-5100   SIC 8211
COMMISSION SCOLAIRE AU COEUR DES VALLEES   p 1034
146 Rue Maclaren E Bureau B, GATINEAU, QC, J8L 1K1
(819) 986-8676   SIC 8211
COMMISSION SCOLAIRE AU COEUR DES VALLEES   p 1034
175 Rue Des Samares, GATINEAU, QC, J8M 2B7
(819) 281-4846   SIC 8211
COMMISSION SCOLAIRE AU COEUR DES VALLEES   p 1083
240 Rue Bonsecours, MONTEBELLO, QC, J0V 1L0
(819) 427-1015   SIC 8211
COMMISSION SCOLAIRE AU COEUR DES VALLEES   p 1135
68 Rue Des Saules, NOTRE-DAME-DE-LA-SALETTE, QC, J0X 2L0
(819) 866-2645   SIC 8211
COMMISSION SCOLAIRE AU COEUR DES VALLEES   p 1179
7 Villeneuve, Saint-Andre-Avellin, QC, J0V 1W0
(819) 427-1013   SIC 8211
COMMISSION SCOLAIRE AU COEUR DES VALLEES   p 1247

183 Rue Galipeau, THURSO, QC, J0X 3B0
(819) 427-1017   SIC 8211
COMMISSION SCOLAIRE AU COEUR DES VALLEES   p 1247
373 Rue Victoria, THURSO, QC, J0X 3B0
(819) 427-1018   SIC 8211
COMMISSION SCOLAIRE CENTRAL QUEBEC   p 1012
159 5e Av, CHIBOUGAMAU, QC, G8P 2E6
(418) 748-2038   SIC 8211
COMMISSION SCOLAIRE CENTRAL QUEBEC   p 1021
18 Rue Ladas, COURCELETTE, QC, G0A 1R1
(418) 844-1457   SIC 8211
COMMISSION SCOLAIRE CENTRAL QUEBEC   p 1046
1770 Rue Joule, Jonquiere, QC, G7S 3B1
(418) 548-3181   SIC 8211
COMMISSION SCOLAIRE CENTRAL QUEBEC   p 1046
1782 Rue Neilson, Jonquiere, QC, G7S 3A2
(418) 548-8296   SIC 8211
COMMISSION SCOLAIRE CENTRAL QUEBEC   p 1054
531 Rue Du Saint-Maurice, LA TUQUE, QC, G9X 3E9
(819) 523-2515   SIC 8211
COMMISSION SCOLAIRE CENTRAL QUEBEC   p 1155
2280 Rue Laverdiere, Quebec, QC, G1P 2T3
(418) 688-8229   SIC 8211
COMMISSION SCOLAIRE CENTRAL QUEBEC   p 1157
75 Rue De Maisonneuve, Quebec, QC, G1R 2C4
(418) 525-8421   SIC 8211
COMMISSION SCOLAIRE CENTRAL QUEBEC   p 1158
940 Av Ernest-Gagnon, Quebec, QC, G1S 3R2
(418) 681-7705   SIC 8211
COMMISSION SCOLAIRE CENTRAL QUEBEC   p 1158
945 Av Belvedere, Quebec, QC, G1S 3G2
SIC 8211
COMMISSION SCOLAIRE CENTRAL QUEBEC   p 1159
2046 Ch Saint-Louis, Quebec, QC, G1T 1P4
(418) 681-7705   SIC 8211
COMMISSION SCOLAIRE CENTRAL QUEBEC   p 1160
995 Av Wolfe, Quebec, QC, G1V 3J9
(418) 652-2106   SIC 8211
COMMISSION SCOLAIRE CENTRAL QUEBEC   p 1162
3005 Rue William-Stuart, Quebec, QC, G1W 1V4
(418) 654-0537   SIC 8211
COMMISSION SCOLAIRE CENTRAL QUEBEC   p 1162
1240 Rue Julien-Green, Quebec, QC, G1W 3M1
(418) 651-4396   SIC 8211
COMMISSION SCOLAIRE CENTRAL QUEBEC   p 1250
1241 Rue Nicolas-Perrot, Trois-Rivieres, QC, G9A 1C2
(418) 376-7676   SIC 8211

COMMISSION SCOLAIRE CENTRAL QUEBEC   p 1250
1875 Rue Nicolas-Perrot, Trois-Rivieres, QC, G9A 1C5
(819) 375-2332   SIC 8211
COMMISSION SCOLAIRE DE BELLECHASSE   p 1220
See COMMISSION SCOLAIRE DE LA COTE-DU-SUD, LA
COMMISSION SCOLAIRE DE CHARLEVOIX, LA   p 995
200 Rue Saint-Aubin Unite 102, BAIE-SAINT-PAUL, QC, G3Z 2R2
(418) 435-6802   SIC 8211
COMMISSION SCOLAIRE DE CHARLEVOIX, LA   p 995
7 Rue Forget, BAIE-SAINT-PAUL, QC, G3Z 1T4
(418) 435-2828   SIC 8211
COMMISSION SCOLAIRE DE CHARLEVOIX, LA   p 995
27 Rue Ambroise-Fafard, BAIE-SAINT-PAUL, QC, G3Z 2J2
(418) 435-2546   SIC 8211
COMMISSION SCOLAIRE DE CHARLEVOIX, LA   p 1016
19 Rue Saint-Philippe, CLERMONT, QC, G4A 1K3
(418) 439-3862   SIC 8351
COMMISSION SCOLAIRE DE CHARLEVOIX, LA   p 1045
1955 Ch Des Coudriers, ISLE-AUX-COUDRES, QC, G0A 1X0
(418) 760-5003   SIC 8211
COMMISSION SCOLAIRE DE CHARLEVOIX, LA   p 1052
309 Rue Saint-Etienne, LA MALBAIE, QC, G5A 1T1
(418) 665-6494   SIC 8211
COMMISSION SCOLAIRE DE CHARLEVOIX, LA   p 1052
250 Rue Saint-Etienne, LA MALBAIE, QC, G5A 1T2
(418) 665-3796   SIC 8211
COMMISSION SCOLAIRE DE CHARLEVOIX, LA   p 1052
88 Rue Des Cimes, LA MALBAIE, QC, G5A 1T3
(418) 665-4487   SIC 8211
COMMISSION SCOLAIRE DE CHARLEVOIX, LA   p 1052
88 Rue Des Cimes, LA MALBAIE, QC, G5A 1T3
(418) 665-3791   SIC 8211
COMMISSION SCOLAIRE DE CHARLEVOIX, LA   p 1196
136 Rue Principale, Saint-Irenee, QC, G0T 1V0
(418) 620-5004   SIC 8211
COMMISSION SCOLAIRE DE KAMOURASKA RIVIERE-DU-LOUP   p 1053
1005 6e Av, La Pocatiere, QC, G0R 1Z0
(418) 856-2823   SIC 8211
COMMISSION SCOLAIRE DE KAMOURASKA RIVIERE-DU-LOUP   p 1174
30 Rue Delage, Riviere-du-Loup, QC, G5R 3N8
(418) 862-8277   SIC 8211
COMMISSION SCOLAIRE DE KAMOURASKA RIVIERE-DU-LOUP   p 1174
55 Rue Du Rocher, Riviere-du-Loup, QC, G5R 1J8
(418) 862-0562   SIC 8211
COMMISSION SCOLAIRE DE KAMOURASKA RIVIERE-DU-LOUP   p 1174
8a Rue Pouliot, Riviere-du-Loup, QC, G5R 3R8
(418) 862-6901   SIC 8211
COMMISSION SCOLAIRE DE KAMOURASKA RIVIERE-DU-LOUP   p 1174
320 Rue Saint-Pierre, Riviere-du-Loup, QC, G5R 3V3

(418) 862-8203   SIC 8211
COMMISSION SCOLAIRE DE KAMOURASKA RIVIERE-DU-LOUP   p 1174
15 Rue Vezina Bureau 2, Riviere-du-Loup, QC, G5R 2H2
(418) 868-2395   SIC 8211
COMMISSION SCOLAIRE DE KAMOURASKA RIVIERE-DU-LOUP   p 1174
20 Rue De Gaspe, Riviere-du-Loup, QC, G5R 1A9
(418) 862-0336   SIC 8211
COMMISSION SCOLAIRE DE KAMOURASKA RIVIERE-DU-LOUP   p 1179
18 Rue Du Couvent Unite 370, SAINT-ANTONIN, QC, G0L 2J0
(418) 867-1616   SIC 8211
COMMISSION SCOLAIRE DE KAMOURASKA RIVIERE-DU-LOUP   p 1219
325 Av Chapleau, SAINT-PASCAL, QC, G0L 3Y0
(418) 856-7050   SIC 8211
COMMISSION SCOLAIRE DE KAMOURASKA RIVIERE-DU-LOUP   p 1219
525 Av De L'Eglise, SAINT-PASCAL, QC, G0L 3Y0
(418) 856-7030   SIC 8211
COMMISSION SCOLAIRE DE L'ENERGIE   p 1011
351 Rue De L'Eglise, CHARETTE, QC, G0X 1E0
(819) 221-2820   SIC 8211
COMMISSION SCOLAIRE DE L'ENERGIE   p 1042
1321 5e Av, Grand-Mere, QC, G9T 2N6
(819) 536-7836   SIC 8211
COMMISSION SCOLAIRE DE L'ENERGIE   p 1042
3351 33e Rue, Grand-Mere, QC, G9T 3N9
(819) 536-0706   SIC 8211
COMMISSION SCOLAIRE DE L'ENERGIE   p 1054
600 Rue Desbiens, LA TUQUE, QC, G9X 2K1
(819) 523-4505   SIC 8211
COMMISSION SCOLAIRE DE L'ENERGIE   p 1054
380 Rue Jacques-Buteux, LA TUQUE, QC, G9X 2C6
(819) 523-9519   SIC 8211
COMMISSION SCOLAIRE DE L'ENERGIE   p 1054
461 Rue Saint-Francois, LA TUQUE, QC, G9X 1T8
(819) 676-3006   SIC 8331
COMMISSION SCOLAIRE DE L'ENERGIE   p 1178
511 Rue Principale, SAINT-ADELPHE-DE-CHAMPLAIN, QC, G0X 2G0
(418) 365-4755   SIC 8351
COMMISSION SCOLAIRE DE L'ENERGIE   p 1179
21 Rue Des Colleges, SAINT-ALEXIS-DES-MONTS, QC, J0K 1V0
(819) 265-2173   SIC 8211
COMMISSION SCOLAIRE DE L'ENERGIE   p 1185
2261 Av Principale, SAINT-ELIE-DE-CAXTON, QC, G0X 2N0
(819) 221-2087   SIC 8211
COMMISSION SCOLAIRE DE L'ENERGIE   p 1190
1500 Ch Principal, Saint-Gerard-des-Laurentides, QC, G9R 1E4
(819) 539-6964   SIC 8211
COMMISSION SCOLAIRE DE L'ENERGIE   p 1221
1216 Rue Principale, SAINT-ROCH-DE-MEKINAC, QC, G0X 2E0
(418) 365-4789   SIC 8211
COMMISSION SCOLAIRE DE L'ENERGIE   p 1222
405 Boul Saint-Joseph Rr 1, SAINT-TITE, QC, G0X 3H0
(418) 365-5191   SIC 8211

COMMISSION SCOLAIRE DE L'ENERGIE p 1234
5285 Av Albert Tessier, SHAWINIGAN, QC, G9N 6T9
(819) 539-2285 SIC 8211

COMMISSION SCOLAIRE DE L'ENERGIE p 1234
5105 Av Albert-Tessier Bureau 840, SHAWINIGAN, QC, G9N 7A3
(819) 539-2265 SIC 8211

COMMISSION SCOLAIRE DE L'ENERGIE p 1234
2265 Av Lafleche, SHAWINIGAN, QC, G9N 6H3
(819) 539-4004 SIC 8211

COMMISSION SCOLAIRE DE L'ENERGIE p 1234
153 8e Rue De La Pointe, SHAWINIGAN, QC, G9N 1B5
(819) 537-4690 SIC 8211

COMMISSION SCOLAIRE DE L'ENERGIE p 1234
1452 Rue Chateauguay, SHAWINIGAN, QC, G9N 5C4
(819) 539-5963 SIC 8211

COMMISSION SCOLAIRE DE L'ENERGIE p 1234
1133 Rue Notre-Dame, SHAWINIGAN, QC, G9N 3S3
(819) 539-2203 SIC 8211

COMMISSION SCOLAIRE DE L'ENERGIE p 1234
2015 Rue Saint-Jacques, SHAWINIGAN, QC, G9N 4A9
(819) 539-9595 SIC 8211

COMMISSION SCOLAIRE DE L'ENERGIE p 1235
1200 Rue De Val-Mauricie, SHAWINIGAN, QC, G9P 2L9
(819) 536-5675 SIC 8211

COMMISSION SCOLAIRE DE L'ENERGIE p 1235
1350 120e Rue, SHAWINIGAN-SUD, QC, G9P 3K9
(819) 537-8937 SIC 8211

COMMISSION SCOLAIRE DE L'ENERGIE p 1235
975 111e Rue, SHAWINIGAN-SUD, QC, G9P 2T5
(819) 536-4068 SIC 8211

COMMISSION SCOLAIRE DE L'ENERGIE p 1242
801 Rue Saint-Joseph, St-Barnabe-Nord, QC, G0X 2K0
(819) 221-2820 SIC 8211

COMMISSION SCOLAIRE DE L'ESTUAIRE p 993
105 Av Le Gardeur, BAIE-COMEAU, QC, G4Z 1E8
(418) 296-6523 SIC 8211

COMMISSION SCOLAIRE DE L'ESTUAIRE p 994
920 Boul Rene-Belanger, BAIE-COMEAU, QC, G5C 2N9
(418) 589-5191 SIC 8211

COMMISSION SCOLAIRE DE L'ESTUAIRE p 994
711 Boul Jolliet, BAIE-COMEAU, QC, G5C 1P3
(418) 589-0861 SIC 8211

COMMISSION SCOLAIRE DE L'ESTUAIRE p 994
600 Rue Jalbert, BAIE-COMEAU, QC, G5C 1Z9
(418) 589-0867 SIC 8211

COMMISSION SCOLAIRE DE L'ESTUAIRE p 994
680 Rue Marguerite, BAIE-COMEAU, QC, G5C 1H3
(418) 589-3279 SIC 8211

COMMISSION SCOLAIRE DE L'ESTUAIRE p 994
2398 Rue Napoleon, BAIE-COMEAU, QC, G5C 1A5

(418) 295-3763 SIC 8351

COMMISSION SCOLAIRE DE L'ESTUAIRE p 1033
16 5e Av Bureau 190, FORESTVILLE, QC, G0T 1E0
(418) 587-4491 SIC 8211

COMMISSION SCOLAIRE DE L'ESTUAIRE p 1033
34 Rue 11 Rr 1, FORESTVILLE, QC, G0T 1E0
(418) 587-4735 SIC 8211

COMMISSION SCOLAIRE DE L'ESTUAIRE p 1043
433b Rue De La Mer, GRANDES-BERGERONNES, QC, G0T 1G0
(418) 232-6687 SIC 8211

COMMISSION SCOLAIRE DE L'ESTUAIRE p 1064
297 138 Rte, LES ESCOUMINS, QC, G0T 1K0
(418) 233-2815 SIC 8211

COMMISSION SCOLAIRE DE L'ESTUAIRE p 1143
380 Rue Granier, POINTE-LEBEL, QC, G0H 1N0
(418) 589-2325 SIC 8211

COMMISSION SCOLAIRE DE L'ESTUAIRE p 1178
80 Rue De L'Eglise, Sacre-Coeur-Saguenay, QC, G0T 1Y0
(418) 236-4442 SIC 8211

COMMISSION SCOLAIRE DE L'OR-ET-DES-BOIS p 1075
701 Rue Des Erables, MALARTIC, QC, J0Y 1Z0
(819) 757-4381 SIC 8211

COMMISSION SCOLAIRE DE L'OR-ET-DES-BOIS p 1075
99 Ch Du Camping-Regional, MALARTIC, QC, J0Y 1Z0
(819) 757-3695 SIC 8211

COMMISSION SCOLAIRE DE L'OR-ET-DES-BOIS p 1075
855 Av Dargis-Menard, MALARTIC, QC, J0Y 1Z0
(819) 757-4355 SIC 8211

COMMISSION SCOLAIRE DE L'OR-ET-DES-BOIS p 1233
361 4e Rue O, SENNETERRE, QC, J0Y 2M0
(819) 737-2321 SIC 8211

COMMISSION SCOLAIRE DE L'OR-ET-DES-BOIS p 1233
40 Rte 386, SENNETERRE, QC, J0Y 2M0
(819) 737-2386 SIC 8211

COMMISSION SCOLAIRE DE L'OR-ET-DES-BOIS p 1253
185 Rue Parent, VAL-D'OR, QC, J9P 6E1
(819) 824-6821 SIC 8211

COMMISSION SCOLAIRE DE L'OR-ET-DES-BOIS p 1253
451 3e Av, VAL-D'OR, QC, J9P 1S3
(819) 824-6841 SIC 8211

COMMISSION SCOLAIRE DE L'OR-ET-DES-BOIS p 1253
500 6e Av, VAL-D'OR, QC, J9P 1B3
(819) 825-3090 SIC 8211

COMMISSION SCOLAIRE DE L'OR-ET-DES-BOIS p 1253
94 Rue Allard, VAL-D'OR, QC, J9P 2Y1
(819) 825-5484 SIC 8211

COMMISSION SCOLAIRE DE L'OR-ET-DES-BOIS p 1253
970 Rue Levis, VAL-D'OR, QC, J9P 4C1

(819) 825-4356 SIC 8211

COMMISSION SCOLAIRE DE L'OR-ET-DES-BOIS p 1253
971 5e Rue, VAL-D'OR, QC, J9P 3Y8
(819) 824-2739 SIC 8211

COMMISSION SCOLAIRE DE L'OR-ET-DES-BOIS p 1253
1241 8e Rue, VAL-D'OR, QC, J9P 3P1
(819) 874-3565 SIC 8211

COMMISSION SCOLAIRE DE L'OR-ET-DES-BOIS p 1253
125 Rue Self, VAL-D'OR, QC, J9P 3N2
(819) 825-4670 SIC 8211

COMMISSION SCOLAIRE DE L'OR-ET-DES-BOIS p 1253
125 Rue Self, VAL-D'OR, QC, J9P 3N2
(819) 825-6366 SIC 8211

COMMISSION SCOLAIRE DE LA BAIE JAMES p 1012
596 4e Rue, CHIBOUGAMAU, QC, G8P 1S3
(418) 748-7621 SIC 8211

COMMISSION SCOLAIRE DE LA BAIE JAMES p 1012
585 Rue Wilson, CHIBOUGAMAU, QC, G8P 1K2
(418) 748-2307 SIC 8211

COMMISSION SCOLAIRE DE LA BAIE JAMES p 1012
291 Rue Wilson, CHIBOUGAMAU, QC, G8P 1J4
(418) 748-2089 SIC 8211

COMMISSION SCOLAIRE DE LA BAIE JAMES p 1063
140 Rue Principale N, Lebel-sur-Quevillon, QC, J0Y 1X0
(819) 755-4136 SIC 8211

COMMISSION SCOLAIRE DE LA BAIE JAMES p 1063
221 Place Quevillon, Lebel-sur-Quevillon, QC, J0Y 1X0
(819) 755-4833 SIC 8211

COMMISSION SCOLAIRE DE LA BAIE JAMES p 1077
100 Rue Rupert, MATAGAMI, QC, J0Y 2A0
(819) 739-2055 SIC 8211

COMMISSION SCOLAIRE DE LA BAIE JAMES p 1077
100 Rue Rupert, MATAGAMI, QC, J0Y 2A0
(819) 739-2303 SIC 8211

COMMISSION SCOLAIRE DE LA BAIE JAMES p 1077
5 Rue Petite Allee, MATAGAMI, QC, J0Y 2A0
SIC 8211

COMMISSION SCOLAIRE DE LA BEAUCE-ETCHEMIN p 996
228 Av Lambert, BEAUCEVILLE, QC, G5X 3N9
(418) 228-5541 SIC 8211

COMMISSION SCOLAIRE DE LA BEAUCE-ETCHEMIN p 996
99 125e Rue, BEAUCEVILLE, QC, G5X 2R2
(418) 774-9857 SIC 8211

COMMISSION SCOLAIRE DE LA BEAUCE-ETCHEMIN p 1016
323 Rue De L'union, COATICOOK, QC, J1A 1Z5
(819) 849-4844 SIC 2511

COMMISSION SCOLAIRE DE LA BEAUCE-ETCHEMIN p 1052
427 11e Rue O, LA GUADELOUPE, QC, G0M 1G0
(418) 228-5541 SIC 8211

COMMISSION SCOLAIRE DE LA BEAUCE-ETCHEMIN p 1055
1468 Rte 277, LAC-ETCHEMIN, QC, G0R 1S0
(418) 625-5631 SIC 8211

COMMISSION SCOLAIRE DE LA BEAUCE-ETCHEMIN p 1181
1492 Rue Du Couvent, SAINT-BERNARD, QC, G0S 2G0
(418) 475-6668 SIC 8211

COMMISSION SCOLAIRE DE LA BEAUCE-ETCHEMIN p 1181
56 Rue De La Fabrique, Saint-Benoit-Labre, QC, G0M 1P0
(418) 226-2677 SIC 8211

COMMISSION SCOLAIRE DE LA BEAUCE-ETCHEMIN p 1184
404 Rue Principale, SAINT-CYPRIEN-DES-ETCHEMINS, QC, G0R 1B0
(418) 228-5541 SIC 8211

COMMISSION SCOLAIRE DE LA BEAUCE-ETCHEMIN p 1185
668 Av Principale Ss 9, Saint-Elzear, QC, G0S 2J2
(418) 387-6273 SIC 8211

COMMISSION SCOLAIRE DE LA BEAUCE-ETCHEMIN p 1188
119 3e Av S, Saint-Gedeon-de-Beauce, QC, G0M 1T0
(418) 582-3955 SIC 8211

COMMISSION SCOLAIRE DE LA BEAUCE-ETCHEMIN p 1189
11780 10e Av, SAINT-GEORGES, QC, G5Y 6Z6
(418) 228-5541 SIC 8211

COMMISSION SCOLAIRE DE LA BEAUCE-ETCHEMIN p 1189
11700 25e Av, SAINT-GEORGES, QC, G5Y 8B8
(418) 228-1993 SIC 8211

COMMISSION SCOLAIRE DE LA BEAUCE-ETCHEMIN p 1189
11655 Boul Lacroix, SAINT-GEORGES, QC, G5Y 1L4
(418) 226-2673 SIC 8211

COMMISSION SCOLAIRE DE LA BEAUCE-ETCHEMIN p 1189
11600 Boul Lacroix, SAINT-GEORGES, QC, G5Y 1L2
(418) 228-2194 SIC 8211

COMMISSION SCOLAIRE DE LA BEAUCE-ETCHEMIN p 1189
15400 10e Av, SAINT-GEORGES, QC, G5Y 7G1
(418) 228-5514 SIC 8211

COMMISSION SCOLAIRE DE LA BEAUCE-ETCHEMIN p 1189
3300 10e Av, SAINT-GEORGES, QC, G5Y 4G2
(418) 228-7552 SIC 8211

COMMISSION SCOLAIRE DE LA BEAUCE-ETCHEMIN p 1189
2121 119e Rue, SAINT-GEORGES, QC, G5Y 5S1
(418) 228-8964 SIC 8211

COMMISSION SCOLAIRE DE LA BEAUCE-ETCHEMIN p 1189
1605 Boul Dionne, SAINT-GEORGES, QC, G5Y 3W4
(418) 226-2689 SIC 8211

COMMISSION SCOLAIRE DE LA BEAUCE-ETCHEMIN p 1189
1600 1re Av, SAINT-GEORGES, QC, G5Y

3N3
SIC 8211
COMMISSION SCOLAIRE DE LA BEAUCE-ETCHEMIN *p*
1189
1545 8e Av, SAINT-GEORGES, QC, G5Y 4B4
(418) 228-5469 *SIC* 8211
COMMISSION SCOLAIRE DE LA BEAUCE-ETCHEMIN *p*
1191
434 Rue Champagne, Saint-Honore-de-Shenley, QC, G0M 1V0
SIC 8211
COMMISSION SCOLAIRE DE LA BEAUCE-ETCHEMIN *p*
1196
161 Rue Sainte-Genevieve, SAINT-ISIDORE, QC, G0S 2S0
SIC 8211
COMMISSION SCOLAIRE DE LA BEAUCE-ETCHEMIN *p*
1202
695 Av Robert-Cliche, SAINT-JOSEPH-DE-BEAUCE, QC, G0S 2V0
(418) 397-6841 *SIC* 8211
COMMISSION SCOLAIRE DE LA BEAUCE-ETCHEMIN *p*
1202
721 Av Du Palais, SAINT-JOSEPH-DE-BEAUCE, QC, G0S 2V0
(418) 397-6894 *SIC* 8211
COMMISSION SCOLAIRE DE LA BEAUCE-ETCHEMIN *p*
1217
30a Ch De La Polyvalente Bureau 3033, SAINT-MARTIN, QC, G0M 1B0
(418) 228-5541 *SIC* 8211
COMMISSION SCOLAIRE DE LA BEAUCE-ETCHEMIN *p*
1218
105 Rue De L'hotel De Ville, SAINT-ODILON, QC, G0S 3A0
(418) 464-4511 *SIC* 8211
COMMISSION SCOLAIRE DE LA BEAUCE-ETCHEMIN *p*
1220
2105 25e Av, SAINT-PROSPER-DE-DORCHESTER, QC, G0M 1Y0
(418) 594-8231 *SIC* 8211
COMMISSION SCOLAIRE DE LA BEAUCE-ETCHEMIN *p*
1222
124 Rue Des Ecoliers, SAINT-VICTOR, QC, G0M 2B0
(418) 588-3948 *SIC* 8211
COMMISSION SCOLAIRE DE LA BEAUCE-ETCHEMIN *p*
1227
35 Boul Vachon S, SAINTE-MARIE, QC, G6E 4G8
(418) 387-5837 *SIC* 8211
COMMISSION SCOLAIRE DE LA BEAUCE-ETCHEMIN *p*
1227
919 Rte Saint-Martin, SAINTE-MARIE, QC, G6E 1E6
(418) 387-6636 *SIC* 8211
COMMISSION SCOLAIRE DE LA BEAUCE-ETCHEMIN *p*
1227
925 Rte Saint-Martin, SAINTE-MARIE, QC, G6E 1E6
(418) 386-5541 *SIC* 8211
COMMISSION SCOLAIRE DE LA BEAUCE-ETCHEMIN *p*
1227
717 Rue Etienne-Raymond, SAINTE-MARIE, QC, G6E 3R1
(418) 386-5541 *SIC* 8211
COMMISSION SCOLAIRE DE LA BEAUCE-ETCHEMIN *p*
1227
62 Rue Saint-Antoine, SAINTE-MARIE, QC, G6E 4B8
(418) 387-6616 *SIC* 8211
COMMISSION SCOLAIRE DE LA BEAUCE-ETCHEMIN *p*
1231
320 Rue Des Erables, SAINTS-ANGES, QC, G0S 3E0
(418) 253-6234 *SIC* 8211
COMMISSION SCOLAIRE DE LA BEAUCE-ETCHEMIN *p*
1233
1030 Rte Du President-Kennedy, SCOTT, QC, G0S 3G0
(418) 386-5541 *SIC* 8211
COMMISSION SCOLAIRE DE LA BEAUCE-ETCHEMIN *p*
1247
302 Rue Saint-Cyrille, TRING-JONCTION, QC, G0N 1X0
(418) 386-5541 *SIC* 8211
COMMISSION SCOLAIRE DE LA BEAUCE-ETCHEMIN *p*
1255
217 Rue Principale, Vallee-Jonction, QC, G0S 3J0
(418) 253-6018 *SIC* 8211
COMMISSION SCOLAIRE DE LA CAPITALE, LA *p*
1148
2050 Rue De La Trinite, Quebec, QC, G1J 2M4
(418) 686-4040 *SIC* 8211
COMMISSION SCOLAIRE DE LA CAPITALE, LA *p*
1148
2352 8e Av, Quebec, QC, G1J 3P2
(418) 686-4040 *SIC* 8211
COMMISSION SCOLAIRE DE LA CAPITALE, LA *p*
1148
2490 Av Champfleury, Quebec, QC, G1J 4N9
(418) 686-4040 *SIC* 8211
COMMISSION SCOLAIRE DE LA CAPITALE, LA *p*
1148
See COMMISSION SCOLAIRE DE LA CAPITALE, LA
COMMISSION SCOLAIRE DE LA CAPITALE, LA *p*
1148
2050 8e Av, Quebec, QC, G1J 3P1
(418) 686-4040 *SIC* 8331
COMMISSION SCOLAIRE DE LA CAPITALE, LA *p*
1148
1640 8e Av, Quebec, QC, G1J 3N5
(418) 686-4040 *SIC* 8211
COMMISSION SCOLAIRE DE LA CAPITALE, LA *p*
1149
5 Rue Robert-Rumilly, Quebec, QC, G1K 2K5
(418) 686-4040 *SIC* 8249
COMMISSION SCOLAIRE DE LA CAPITALE, LA *p*
1149
325 Av Des Oblats, Quebec, QC, G1K 1R9
(418) 686-4040 *SIC* 8211
COMMISSION SCOLAIRE DE LA CAPITALE, LA *p*
1149
240 Rue De Jumonville, Quebec, QC, G1K 1G4
(418) 686-4040 *SIC* 8211
COMMISSION SCOLAIRE DE LA CAPITALE, LA *p*
1149
50 Rue Du Cardinal-Maurice-Roy, Quebec, QC, G1K 8S9
(418) 686-4040 *SIC* 8211
COMMISSION SCOLAIRE DE LA CAPITALE, LA *p*
1149
7 Rue Robert-Rumilly, Quebec, QC, G1K 2K5
(418) 686-4040 *SIC* 8331
COMMISSION SCOLAIRE DE LA CAPITALE, LA *p*
1149
125 Rue Des Commissaires O Bureau 210, Quebec, QC, G1K 1M7
(418) 686-4040 *SIC* 5049
COMMISSION SCOLAIRE DE LA CAPITALE, LA *p*
1149
See COMMISSION SCOLAIRE DE LA CAPITALE, LA
COMMISSION SCOLAIRE DE LA CAPITALE, LA *p*
1151
1625 Boul Benoit-Xv, Quebec, QC, G1L 2Z3
(418) 686-4040 *SIC* 8211
COMMISSION SCOLAIRE DE LA CAPITALE, LA *p*
1151
136 Rue Beaucage, Quebec, QC, G1M 1G6
(418) 686-4040 *SIC* 8211
COMMISSION SCOLAIRE DE LA CAPITALE, LA *p*
1151
1201 Rue De La Pointe-Aux-Lievres, Quebec, QC, G1L 4M1
(418) 686-4040 *SIC* 8211
COMMISSION SCOLAIRE DE LA CAPITALE, LA *p*
1151
See COMMISSION SCOLAIRE DE LA CAPITALE, LA
COMMISSION SCOLAIRE DE LA CAPITALE, LA *p*
1151
1355 2e Av, Quebec, QC, G1L 0A6
(418) 686-4040 *SIC* 8211
COMMISSION SCOLAIRE DE LA CAPITALE, LA *p*
1151
215 Rue Des Peupliers O, Quebec, QC, G1L 1H8
(418) 686-4040 *SIC* 8211
COMMISSION SCOLAIRE DE LA CAPITALE, LA *p*
1151
301 Rue Des Peupliers E, Quebec, QC, G1L 1S6
(418) 686-4040 *SIC* 8211
COMMISSION SCOLAIRE DE LA CAPITALE, LA *p*
1151
700 Boul Wilfrid-Hamel, Quebec, QC, G1M 2P9
(418) 686-4040 *SIC* 8211
COMMISSION SCOLAIRE DE LA CAPITALE, LA *p*
1152
1925 Rue Monseigneur-Plessis, Quebec, QC, G1M 1A4
(418) 686-4040 *SIC* 8331
COMMISSION SCOLAIRE DE LA CAPITALE, LA *p*
1152
383 Rue Chabot, Quebec, QC, G1M 1L4
(418) 686-4040 *SIC* 8211
COMMISSION SCOLAIRE DE LA CAPITALE, LA *p*
1152
1630 Rue Des Balsamines, Quebec, QC, G1M 2K9
(418) 686-4040 *SIC* 8211
COMMISSION SCOLAIRE DE LA CAPITALE, LA *p*
1153
1060 Rue Borne, Quebec, QC, G1N 1L9
(418) 686-4040 *SIC* 8331
COMMISSION SCOLAIRE DE LA CAPITALE, LA *p*
1153
286 Rue Marie-De-L'incarnation, Quebec, QC, G1N 3G4
(418) 686-4040 *SIC* 8211
COMMISSION SCOLAIRE DE LA CAPITALE, LA *p*
1153
See COMMISSION SCOLAIRE DE LA CAPITALE, LA
COMMISSION SCOLAIRE DE LA CAPITALE, LA *p*
1155
5385 Av Banville, Quebec, QC, G1P 1H7
(418) 686-4040 *SIC* 8211
COMMISSION SCOLAIRE DE LA CAPITALE, LA *p*
1155
4400 Rue Jacques-Crepeault, Quebec, QC, G1P 1X5
(418) 686-4040 *SIC* 8211
COMMISSION SCOLAIRE DE LA CAPITALE, LA *p*
1155
4120 Rue De Musset, Quebec, QC, G1P 1P1
SIC 8211
COMMISSION SCOLAIRE DE LA CAPITALE, LA *p*
1155
3690 Rue Antonin-Marquis, Quebec, QC, G1P 3B9
(418) 686-4040 *SIC* 8211
COMMISSION SCOLAIRE DE LA CAPITALE, LA *p*
1155
3400 Boul Neuvialle, Quebec, QC, G1P 3A8
(418) 686-4040 *SIC* 8211
COMMISSION SCOLAIRE DE LA CAPITALE, LA *p*
1157
140 Ch Sainte-Foy, Quebec, QC, G1R 1T2
(418) 686-4040 *SIC* 8211
COMMISSION SCOLAIRE DE LA CAPITALE, LA *p*
1157
370 Rue Saint-Jean, Quebec, QC, G1R 1P2
(418) 686-4040 *SIC* 8211
COMMISSION SCOLAIRE DE LA CAPITALE, LA *p*
1158
1430 Ch Sainte-Foy, Quebec, QC, G1S 2N8
(418) 686-4040 *SIC* 8211
COMMISSION SCOLAIRE DE LA CAPITALE, LA *p*
1158
555 Ch Sainte-Foy, Quebec, QC, G1S 2J9
(418) 686-4040 *SIC* 8211
COMMISSION SCOLAIRE DE LA CAPITALE, LA *p*
1163
158 Boul Des Etudiants, Quebec, QC, G2A 1N8
(418) 686-4040 *SIC* 8211
COMMISSION SCOLAIRE DE LA CAPITALE, LA *p*
1163
3075 Rue Du Golf, Quebec, QC, G2A 1G1
(418) 686-4040 *SIC* 8211
COMMISSION SCOLAIRE DE LA CAPITALE, LA *p*
1164
12155 Boul Saint-Claude, Quebec, QC, G2B 1H4
(418) 686-4040 *SIC* 8211
COMMISSION SCOLAIRE DE LA CAPITALE, LA *p*
1164
2120 Rue Du Cure-Lacroix, Quebec, QC, G2B 1S1
(418) 686-4040 *SIC* 8211
COMMISSION SCOLAIRE DE LA CAPITALE, LA *p*
1164
262 Rue Racine, Quebec, QC, G2B 1E6
SIC 8211
**COMMISSION SCOLAIRE DE LA CAPI-

COMMISSION SCOLAIRE DE LA CAPITALE, LA *p*
1164
3400 Av Chauveau, Quebec, QC, G2C 1A1
(418) 686-4040   SIC 8331

COMMISSION SCOLAIRE DE LA CAPITALE, LA *p*
1164
3600 Av Chauveau, Quebec, QC, G2C 1A1
(418) 686-4040   SIC 8211

COMMISSION SCOLAIRE DE LA CAPITALE, LA *p*
1164
4140 Boul Gastonguay, Quebec, QC, G2B 1M7
(418) 686-4040   SIC 8211

COMMISSION SCOLAIRE DE LA CAPITALE, LA *p*
1164
4285 Rue Rene-Chaloult, Quebec, QC, G2B 4R7
(418) 686-4040   SIC 8211

COMMISSION SCOLAIRE DE LA CAPITALE, LA *p*
1167
1440 Boul Bastien, Quebec, QC, G2K 1G6
(418) 686-4040   SIC 8211

COMMISSION SCOLAIRE DE LA CAPITALE, LA *p*
1167
1680 Boul La Morille, Quebec, QC, G2K 2L2
(418) 686-4040   SIC 8211

COMMISSION SCOLAIRE DE LA CAPITALE, LA *p*
1168
1587 Rue Guillaume-Bresse, Quebec, QC, G3E 1G9
(418) 686-4040   SIC 8211

COMMISSION SCOLAIRE DE LA CAPITALE, LA *p*
1168
6300 Rue De Montrachet, Quebec, QC, G3E 2A6
(418) 686-4040   SIC 8211

COMMISSION SCOLAIRE DE LA CAPITALE, LA *p*
1169
1644 Av Lapierre, Quebec, QC, G3E 1C1
(418) 686-4040   SIC 8211

COMMISSION SCOLAIRE DE LA CAPITALE, LA *p*
1169
1485 Rue De L'innovation, Quebec, QC, G3K 2P9
(418) 847-8267   SIC 8211

COMMISSION SCOLAIRE DE LA CAPITALE, LA *p*
1169
1389 Rue Des Camarades, Quebec, QC, G3K 2N5
(418) 686-4040   SIC 8211

COMMISSION SCOLAIRE DE LA CAPITALE, LA *p*
1169
1070 Boul Pie-Xi N, Quebec, QC, G3K 2S6
(418) 686-4040   SIC 8211

COMMISSION SCOLAIRE DE LA CAPITALE, LA *p*
1169
1065 Av De La Montagne E, Quebec, QC, G3K 1T4
(418) 686-4040   SIC 8211

COMMISSION SCOLAIRE DE LA CAPITALE, LA *p*
1169
1735 Boul Pie-Xi N, Quebec, QC, G3J 1L6
(418) 686-4040   SIC 8211

COMMISSION SCOLAIRE DE LA CAPITALE, LA *p*
1242
10 Rue Des Etudiants, STE-CATHERINE-DE-LA-J-CARTIE, QC, G3N 0P4
(418) 686-4040   SIC 8211

COMMISSION SCOLAIRE DE LA COTE-DU-SUD, LA *p*
993
100 Rue Du College, ARMAGH, QC, G0R 1A0
(418) 466-2191   SIC 8211

COMMISSION SCOLAIRE DE LA COTE-DU-SUD, LA *p*
996
116 Ch Du Domaine, BEAUMONT, QC, G0R 1C0
(418) 838-8516   SIC 8211

COMMISSION SCOLAIRE DE LA COTE-DU-SUD, LA *p*
1051
See COMMISSION SCOLAIRE DE LA COTE-DU-SUD, LA

COMMISSION SCOLAIRE DE LA COTE-DU-SUD, LA *p*
1051
166 Ch Des Pionniers O, L'ISLET, QC, G0R 2B0
(418) 247-3957   SIC 8211

COMMISSION SCOLAIRE DE LA COTE-DU-SUD, LA *p*
1051
25 Ch Des Pionniers O, L'ISLET, QC, G0R 2B0
(418) 247-3147   SIC 8211

COMMISSION SCOLAIRE DE LA COTE-DU-SUD, LA *p*
1083
95 Rue De L'anse, MONTMAGNY, QC, G5V 1G9
(418) 248-0646   SIC 8211

COMMISSION SCOLAIRE DE LA COTE-DU-SUD, LA *p*
1083
388 Boul Tache E, MONTMAGNY, QC, G5V 1E2
(418) 248-8198   SIC 8211

COMMISSION SCOLAIRE DE LA COTE-DU-SUD, LA *p*
1083
141 Boul Tache E, MONTMAGNY, QC, G5V 1B9
(418) 248-2370   SIC 8211

COMMISSION SCOLAIRE DE LA COTE-DU-SUD, LA *p*
1083
111 7e Rue, MONTMAGNY, QC, G5V 3H2
(418) 248-1666   SIC 8211

COMMISSION SCOLAIRE DE LA COTE-DU-SUD, LA *p*
1083
See COMMISSION SCOLAIRE DE LA COTE-DU-SUD, LA

COMMISSION SCOLAIRE DE LA COTE-DU-SUD, LA *p*
1179
45 Rue Provencher, SAINT-ANSELME, QC, G0R 2N0
(418) 885-4276   SIC 8211

COMMISSION SCOLAIRE DE LA COTE-DU-SUD, LA *p*
1179
825 Rte Begin, SAINT-ANSELME, QC, G0R 2N0
(418) 885-4431   SIC 8211

COMMISSION SCOLAIRE DE LA COTE-DU-SUD, LA *p*
1183
2829 Av Royale, SAINT-CHARLES-DE-BELLECHASSE, QC, G0R 2T0
(418) 887-3317   SIC 8211

COMMISSION SCOLAIRE DE LA COTE-DU-SUD, LA *p*
1184
75 Rte Saint-Gerard, SAINT-DAMIEN-DE-BUCKLAND, QC, G0R 2Y0
(418) 789-2871   SIC 8211

COMMISSION SCOLAIRE DE LA COTE-DU-SUD, LA *p*
1185
70 Rte Saint-Gerard, SAINT-DAMIEN-DE-BUCKLAND, QC, G0R 2Y0
(418) 789-2437   SIC 8211

COMMISSION SCOLAIRE DE LA COTE-DU-SUD, LA *p*
1190
177 Rue Principale, SAINT-GERVAIS, QC, G0R 3C0
(418) 887-3465   SIC 8211

COMMISSION SCOLAIRE DE LA COTE-DU-SUD, LA *p*
1190
189 Rue Principale, SAINT-GERVAIS, QC, G0R 3C0
(418) 887-1308   SIC 8211

COMMISSION SCOLAIRE DE LA COTE-DU-SUD, LA *p*
1219
420 283 Rte S, SAINT-PAUL-DE-MONTMINY, QC, G0R 3Y0
(418) 469-2117   SIC 8211

COMMISSION SCOLAIRE DE LA COTE-DU-SUD, LA *p*
1219
399 13e Rue, SAINT-PAUL-DE-MONTMINY, QC, G0R 3Y0
(418) 469-2098   SIC 8211

COMMISSION SCOLAIRE DE LA COTE-DU-SUD, LA *p*
1219
See COMMISSION SCOLAIRE DE LA COTE-DU-SUD, LA

COMMISSION SCOLAIRE DE LA COTE-DU-SUD, LA *p*
1219
240 Rue Saint-Pierre, SAINT-PAMPHILE, QC, G0R 3X0
(418) 356-3314   SIC 8211

COMMISSION SCOLAIRE DE LA COTE-DU-SUD, LA *p*
1219
58 Rue Du College, SAINT-PAMPHILE, QC, G0R 3X0
(418) 356-3161   SIC 8211

COMMISSION SCOLAIRE DE LA COTE-DU-SUD, LA *p*
1220
88 Rue Du Foyer, Saint-Raphael, QC, G0R 4C0
(418) 243-2999   SIC 8211

COMMISSION SCOLAIRE DE LA COTE-DU-SUD, LA *p*
1225
60 Rue De La Fabrique, SAINTE-CLAIRE, QC, G0R 2V0
(418) 883-3750   SIC 8211

COMMISSION SCOLAIRE DE LA COTE-DU-SUD, LA *p*
1225
See COMMISSION SCOLAIRE DE LA COTE-DU-SUD, LA

COMMISSION SCOLAIRE DE LA COTE-DU-SUD, LA *p*
1226
714 Rue Principale, Sainte-Felicite-de-L'Islet, QC, G0R 4P0
(418) 359-3043   SIC 8211

COMMISSION SCOLAIRE DE LA COTE-DU-SUD, LA *p*
1228
5 Rue Du Couvent, Sainte-Perpetue-de-L'Islet, QC, G0R 3Z0
(418) 359-2969   SIC 8211

COMMISSION SCOLAIRE DE LA JONQUIERE *p*
997
108 Rue Tremblay, Begin, QC, G0V 1B0
(418) 672-4704   SIC 8211

COMMISSION SCOLAIRE DE LA JONQUIERE *p*
1046
2215 Boul Mellon Bureau 101, Jonquiere, QC, G7S 3G4
(418) 548-3113   SIC 8211

COMMISSION SCOLAIRE DE LA JONQUIERE *p*
1046
2215 Boul Mellon Bureau 101, Jonquiere, QC, G7S 3G4
(418) 548-4689   SIC 8211

COMMISSION SCOLAIRE DE LA JONQUIERE *p*
1046
2330 Rue Levesque, Jonquiere, QC, G7S 3T3
(418) 548-8238   SIC 8211

COMMISSION SCOLAIRE DE LA JONQUIERE *p*
1046
2075 Rue Hudson, Jonquiere, QC, G7S 3R4
(418) 548-7158   SIC 8211

COMMISSION SCOLAIRE DE LA JONQUIERE *p*
1046
3450 Boul Du Royaume, Jonquiere, QC, G7S 5T2
(418) 547-5781   SIC 8211

COMMISSION SCOLAIRE DE LA JONQUIERE *p*
1046
1796 Rue Neilson, Jonquiere, QC, G7S 3A2
(418) 548-8205   SIC 8211

COMMISSION SCOLAIRE DE LA JONQUIERE *p*
1046
2195 Boul Mellon, Jonquiere, QC, G7S 3G4
(418) 548-7185   SIC 7349

COMMISSION SCOLAIRE DE LA JONQUIERE *p*
1046
2875 Boul Du Saguenay, Jonquiere, QC, G7S 2H2
(418) 548-7373   SIC 8741

COMMISSION SCOLAIRE DE LA JONQUIERE *p*
1047
1769 Rue Saint-Francois-Xavier, Jonquiere, QC, G7X 4N8
(418) 542-4549   SIC 8211

COMMISSION SCOLAIRE DE LA JONQUIERE *p*
1047
1930 Rue De Frontenac, Jonquiere, QC, G7X 4W3
(418) 542-4555   SIC 8211

COMMISSION SCOLAIRE DE LA JONQUIERE *p*
1047
1954 Rue Des Etudiants, Jonquiere, QC, G7X 4B1
(418) 542-3571   SIC 8211

COMMISSION SCOLAIRE DE LA JONQUIERE *p*
1047
2390 Rue Pelletier, Jonquiere, QC, G7X 6B9
(418) 547-2681   SIC 8211

COMMISSION SCOLAIRE DE LA JONQUIERE *p*
1047
3795 Rue Saint-Laurent, Jonquiere, QC, G7X 2P5
(418) 547-4708   SIC 8211

COMMISSION SCOLAIRE DE LA JONQUIERE *p*
1047
3829 Rue Saint-Germain, Jonquiere, QC, G7X 2W1
(418) 542-8760   SIC 8211

COMMISSION SCOLAIRE DE LA JONQUIERE *p*
1047
3842 Boul Harvey, Jonquiere, QC, G7X 2Z4
(418) 547-4702   SIC 8211

COMMISSION SCOLAIRE DE LA JONQUIERE *p*
1047
3950 Rue De La Bretagne, Jonquiere, QC, G7X 3W3
(418) 547-2619   SIC 8211

COMMISSION SCOLAIRE DE LA JON-

QUIERE *p*
1048
2176 Rue Saint-Edmond, Jonquiere, QC, G8A 1Y9
(418) 547-2631 *SIC* 8211
COMMISSION SCOLAIRE DE LA JONQUIERE *p*
1048
4080 Boul Harvey, Jonquiere, QC, G8A 1K3
(418) 547-2611 *SIC* 8211
COMMISSION SCOLAIRE DE LA JONQUIERE *p*
1179
44 Rue Du Couvent, SAINT-AMBROISE, QC, G7P 2J2
(418) 672-4726 *SIC* 8211
COMMISSION SCOLAIRE DE LA JONQUIERE *p*
1179
95 Rue Blackburn, SAINT-AMBROISE, QC, G7P 2K4
(418) 672-4726 *SIC* 8211
COMMISSION SCOLAIRE DE LA JONQUIERE *p*
1183
370 Rue Principale, SAINT-CHARLES-DE-BOURGET, QC, G0V 1G0
(418) 672-2233 *SIC* 8211
COMMISSION SCOLAIRE DE LA JONQUIERE *p*
1241
4411 Rue Du Bois-Joli, SHIPSHAW, QC, G7P 1M4
(418) 547-2656 *SIC* 8211
COMMISSION SCOLAIRE DE LA MOYENNE-COTE-NORD *p* 1044
See GOUVERNEMENT DE LA PROVINCE DE QUEBEC
COMMISSION SCOLAIRE DE LA MOYENNE-COTE-NORD, LA *p* 1134
14 Allee Des Pere Udiste, NATASHQUAN, QC, G0G 2E0
(418) 726-3378 *SIC* 8211
COMMISSION SCOLAIRE DE LA POINTE-DE-L'ILE *p*
990
7455 Rue Jarry, ANJOU, QC, H1J 1G8
(514) 353-8570 *SIC* 8211
COMMISSION SCOLAIRE DE LA POINTE-DE-L'ILE *p*
990
9200 Rue De L'innovation, ANJOU, QC, H1J 2X9
(514) 353-0801 *SIC* 8211
COMMISSION SCOLAIRE DE LA POINTE-DE-L'ILE *p*
992
5800 Av Saint-Donat, ANJOU, QC, H1K 3P4
(514) 352-4550 *SIC* 8211
COMMISSION SCOLAIRE DE LA POINTE-DE-L'ILE *p*
992
5515 Av De L'arena, ANJOU, QC, H1K 4C9
(514) 354-0120 *SIC* 8211
COMMISSION SCOLAIRE DE LA POINTE-DE-L'ILE *p*
992
6440 Boul Des Galeries D'anjou, ANJOU, QC, H1M 1W2
(514) 353-3130 *SIC* 8211
COMMISSION SCOLAIRE DE LA POINTE-DE-L'ILE *p*
992
7725 Av Des Ormeaux, ANJOU, QC, H1K 2Y2
SIC 8211
COMMISSION SCOLAIRE DE LA POINTE-DE-L'ILE *p*
992
7741 Av Du Ronceray, ANJOU, QC, H1K 3W7
(514) 352-7645 *SIC* 8211
COMMISSION SCOLAIRE DE LA POINTE-DE-L'ILE *p*
992
7741 Av Du Ronceray, ANJOU, QC, H1K 3W7
(514) 353-3355 *SIC* 8249
COMMISSION SCOLAIRE DE LA POINTE-DE-L'ILE *p*
992
7755 Av Des Ormeaux, ANJOU, QC, H1K 2Y2
(514) 352-4136 *SIC* 8211
COMMISSION SCOLAIRE DE LA POINTE-DE-L'ILE *p*
1063
1100 Rue Du Tricentenaire, LAVALTRIE, QC, J5T 2S5
(514) 642-0245 *SIC* 8211
COMMISSION SCOLAIRE DE LA POINTE-DE-L'ILE *p*
1084
1750 Boul Du Tricentenaire, Montreal, QC, H1B 3B1
(514) 642-9910 *SIC* 8211
COMMISSION SCOLAIRE DE LA POINTE-DE-L'ILE *p*
1084
12165 Boul Saint-Jean-Baptiste, Montreal, QC, H1C 1S4
(514) 881-4690 *SIC* 8211
COMMISSION SCOLAIRE DE LA POINTE-DE-L'ILE *p*
1084
1200 Boul Du Tricentenaire, Montreal, QC, H1B 3A8
(514) 642-0240 *SIC* 8211
COMMISSION SCOLAIRE DE LA POINTE-DE-L'ILE *p*
1085
12160 27e Av, Montreal, QC, H1E 1Z5
(514) 881-7190 *SIC* 8211
COMMISSION SCOLAIRE DE LA POINTE-DE-L'ILE *p*
1085
12230 Av Fernand-Gauthier, Montreal, QC, H1E 5N4
(514) 881-7180 *SIC* 8211
COMMISSION SCOLAIRE DE LA POINTE-DE-L'ILE *p*
1085
9030 Boul Gouin E, Montreal, QC, H1E 1C6
(514) 881-7135 *SIC* 8211
COMMISSION SCOLAIRE DE LA POINTE-DE-L'ILE *p*
1085
12600 Av Paul-Dufault, Montreal, QC, H1E 2B6
(514) 881-7140 *SIC* 8211
COMMISSION SCOLAIRE DE LA POINTE-DE-L'ILE *p*
1085
8205 Rue Fonteneau, Montreal, QC, H1K 4E1
(514) 353-9970 *SIC* 8211
COMMISSION SCOLAIRE DE LA POINTE-DE-L'ILE *p*
1086
5200 Rue Bossuet, Montreal, QC, H1M 2M4
(514) 596-4245 *SIC* 8211
COMMISSION SCOLAIRE DE LA POINTE-DE-L'ILE *p*
1120
6055 Av De Darlington, Montreal, QC, H3S 2H9
(514) 736-8130 *SIC* 8211
COMMISSION SCOLAIRE DE LA POINTE-DE-L'ILE *p*
1132
6051 Boul Maurice-Duplessis, MONTREAL-NORD, QC, H1G 1Y6
(514) 328-3200 *SIC* 8211
COMMISSION SCOLAIRE DE LA POINTE-DE-L'ILE *p*
1132
4975 Rue D'amos, MONTREAL-NORD, QC, H1G 2X2
(514) 326-0660 *SIC* 8211
COMMISSION SCOLAIRE DE LA POINTE-DE-L'ILE *p*
1132
5009 Rue Des Ardennes, MONTREAL-NORD, QC, H1G 2H7
(514) 328-3588 *SIC* 8211
COMMISSION SCOLAIRE DE LA POINTE-DE-L'ILE *p*
1132
12600 Av Fortin, MONTREAL-NORD, QC, H1G 4A1
(514) 328-3555 *SIC* 8211
COMMISSION SCOLAIRE DE LA POINTE-DE-L'ILE *p*
1132
11960 Boul Sainte-Colette, MONTREAL-NORD, QC, H1G 4V1
(514) 328-3575 *SIC* 8211
COMMISSION SCOLAIRE DE LA POINTE-DE-L'ILE *p*
1132
11813 Boul Sainte-Gertrude, MONTREAL-NORD, QC, H1G 5P8
(514) 328-3566 *SIC* 8211
COMMISSION SCOLAIRE DE LA POINTE-DE-L'ILE *p*
1132
11480 Boul Rolland, MONTREAL-NORD, QC, H1G 3T9
(514) 328-3570 *SIC* 8211
COMMISSION SCOLAIRE DE LA POINTE-DE-L'ILE *p*
1132
11235 Av Salk, MONTREAL-NORD, QC, H1G 4Y3
(514) 328-3560 *SIC* 8211
COMMISSION SCOLAIRE DE LA POINTE-DE-L'ILE *p*
1133
4660 Rue De Charleroi, MONTREAL-NORD, QC, H1H 1T7
(514) 328-3580 *SIC* 8211
COMMISSION SCOLAIRE DE LA POINTE-DE-L'ILE *p*
1133
11070 Av De Rome, MONTREAL-NORD, QC, H1H 4P6
(514) 328-3083 *SIC* 8211
COMMISSION SCOLAIRE DE LA POINTE-DE-L'ILE *p*
1133
10152 Av De Rome, MONTREAL-NORD, QC, H1H 4N6
(514) 328-3590 *SIC* 8211
COMMISSION SCOLAIRE DE LA POINTE-DE-L'ILE *p*
1133
11411 Av Pelletier, MONTREAL-NORD, QC, H1H 3S3
(514) 328-3250 *SIC* 8211
COMMISSION SCOLAIRE DE LA POINTE-DE-L'ILE *p*
1139
16360 Rue Bureau, POINTE-AUX-TREMBLES, QC, H1A 1Z5
(514) 642-7337 *SIC* 8211
COMMISSION SCOLAIRE DE LA POINTE-DE-L'ILE *p*
1139
15700 Rue Notre-Dame E, POINTE-AUX-TREMBLES, QC, H1A 1X4
(514) 642-6461 *SIC* 8211
COMMISSION SCOLAIRE DE LA POINTE-DE-L'ILE *p*
1139
15150 Rue Sherbrooke E, POINTE-AUX-TREMBLES, QC, H1A 3P9
(514) 642-0341 *SIC* 8211
COMMISSION SCOLAIRE DE LA POINTE-DE-L'ILE *p*
1139
555 19e Av, POINTE-AUX-TREMBLES, QC, H1B 3E3
(514) 395-9101 *SIC* 8211
COMMISSION SCOLAIRE DE LA POINTE-DE-L'ILE *p*
1139
1470 16e Av, POINTE-AUX-TREMBLES, QC, H1B 3N6
(514) 645-8531 *SIC* 8211
COMMISSION SCOLAIRE DE LA POINTE-DE-L'ILE *p*
1139
1855 59e Av, POINTE-AUX-TREMBLES, QC, H1A 2P2
(514) 642-9343 *SIC* 8211
COMMISSION SCOLAIRE DE LA POINTE-DE-L'ILE *p*
1139
14425 Rue Notre-Dame E, POINTE-AUX-TREMBLES, QC, H1A 1V6
(514) 642-3950 *SIC* 8211
COMMISSION SCOLAIRE DE LA POINTE-DE-L'ILE *p*
1139
11625 Rue De La Gauchetiere, POINTE-AUX-TREMBLES, QC, H1B 2H8
(514) 645-5515 *SIC* 8211
COMMISSION SCOLAIRE DE LA POINTE-DE-L'ILE *p*
1139
950 Rue Pierre-Lacroix, POINTE-AUX-TREMBLES, QC, H1B 3C8
(514) 645-9134 *SIC* 8211
COMMISSION SCOLAIRE DE LA POINTE-DE-L'ILE *p*
1139
1880 48e Av, POINTE-AUX-TREMBLES, QC, H1A 2Y6
(514) 642-0881 *SIC* 8211
COMMISSION SCOLAIRE DE LA POINTE-DE-L'ILE *p*
1214
5950 Rue Honore-Mercier, SAINT-LEONARD, QC, H1P 3E4
(514) 321-8475 *SIC* 8211
COMMISSION SCOLAIRE DE LA POINTE-DE-L'ILE *p*
1214
5950 Rue Honore-Mercier, SAINT-LEONARD, QC, H1P 3E4
(514) 323-9527 *SIC* 7299
COMMISSION SCOLAIRE DE LA POINTE-DE-L'ILE *p*
1214
8157 Rue Collerette, SAINT-LEONARD, QC, H1P 2V6
(514) 327-8092 *SIC* 8211
COMMISSION SCOLAIRE DE LA POINTE-DE-L'ILE *p*
1214
8155 Rue Collerette, SAINT-LEONARD, QC, H1P 2V6
(514) 323-1340 *SIC* 8211
COMMISSION SCOLAIRE DE LA POINTE-DE-L'ILE *p*
1214
See COMMISSION SCOLAIRE DE LA POINTE-DE-L'ILE
COMMISSION SCOLAIRE DE LA POINTE-DE-L'ILE *p*
1215
5455 Rue Dujarie, SAINT-LEONARD, QC, H1R 1K4
(514) 321-7570 *SIC* 8211
COMMISSION SCOLAIRE DE LA POINTE-DE-L'ILE *p*
1215
5400 Boul Couture, SAINT-LEONARD, QC, H1R 1C7
(514) 321-9234 *SIC* 8211
COMMISSION SCOLAIRE DE LA POINTE-DE-L'ILE *p*
1216
6105 Rue La Dauversiere, SAINT-LEONARD, QC, H1S 1R6
(514) 255-4166 *SIC* 8211

COMMISSION SCOLAIRE DE LA POINTE-DE-L'ILE *p*
1258
454 Rue Caisse, VERDUN, QC, H4G 2C8
(514) 765-7565   *SIC* 8211

COMMISSION SCOLAIRE DE LA REGION-DE-SHERBROOKE *p*
1076
51 Ch Jordan Hill, MARTINVILLE, QC, J0B 2A0
(819) 822-5581   *SIC* 8211

COMMISSION SCOLAIRE DE LA REGION-DE-SHERBROOKE *p*
1235
639 Rue Du 24-Juin, SHERBROOKE, QC, J1E 1H1
(819) 822-5420   *SIC* 8211

COMMISSION SCOLAIRE DE LA REGION-DE-SHERBROOKE *p*
1236
233 8e Av N, SHERBROOKE, QC, J1E 2S6
(819) 822-5694   *SIC* 8211

COMMISSION SCOLAIRE DE LA REGION-DE-SHERBROOKE *p*
1236
330 15e Av S, SHERBROOKE, QC, J1G 2X5
(819) 822-5696   *SIC* 8211

COMMISSION SCOLAIRE DE LA REGION-DE-SHERBROOKE *p*
1236
565 Rue Triest, SHERBROOKE, QC, J1E 2M7
(819) 822-5668   *SIC* 8211

COMMISSION SCOLAIRE DE LA REGION-DE-SHERBROOKE *p*
1236
825 Rue Bowen S, SHERBROOKE, QC, J1G 2G2
(819) 822-5444   *SIC* 8211

COMMISSION SCOLAIRE DE LA REGION-DE-SHERBROOKE *p*
1236
1970 Rue Galt E, SHERBROOKE, QC, J1G 3J1
(819) 822-5684   *SIC* 8211

COMMISSION SCOLAIRE DE LA REGION-DE-SHERBROOKE *p*
1236
1020 Rue De Kingston, SHERBROOKE, QC, J1H 3S1
(819) 822-5676   *SIC* 8211

COMMISSION SCOLAIRE DE LA REGION-DE-SHERBROOKE *p*
1236
910 Rue Larocque, SHERBROOKE, QC, J1H 4R6
(819) 822-5688   *SIC* 8211

COMMISSION SCOLAIRE DE LA REGION-DE-SHERBROOKE *p*
1236
976 Rue De Caen, SHERBROOKE, QC, J1G 2A4
(819) 822-5662   *SIC* 8211

COMMISSION SCOLAIRE DE LA REGION-DE-SHERBROOKE *p*
1236
955 Rue De Cambridge, SHERBROOKE, QC, J1H 1E2
(819) 822-5400   *SIC* 8211

COMMISSION SCOLAIRE DE LA REGION-DE-SHERBROOKE *p*
1237
135 Rue King O, SHERBROOKE, QC, J1H 1P4
(819) 822-5520   *SIC* 8211

COMMISSION SCOLAIRE DE LA REGION-DE-SHERBROOKE *p*
1237
137 Rue Gillespie, SHERBROOKE, QC, J1H 4W9
(819) 822-5690   *SIC* 8211

COMMISSION SCOLAIRE DE LA REGION-DE-SHERBROOKE *p*
1237
1625 Rue Du Rosaire, SHERBROOKE, QC, J1H 2T6
(819) 822-5666   *SIC* 8211

COMMISSION SCOLAIRE DE LA REGION-DE-SHERBROOKE *p*
1237
405 Rue Sara, SHERBROOKE, QC, J1H 5S6
(819) 822-5455   *SIC* 8211

COMMISSION SCOLAIRE DE LA REGION-DE-SHERBROOKE *p*
1237
164 Rue Wellington N, SHERBROOKE, QC, J1H 5C5
(819) 822-5484   *SIC* 8211

COMMISSION SCOLAIRE DE LA REGION-DE-SHERBROOKE *p*
1237
830 Rue Buck, SHERBROOKE, QC, J1J 3L5
(819) 822-5664   *SIC* 8211

COMMISSION SCOLAIRE DE LA REGION-DE-SHERBROOKE *p*
1238
2425 Rue Galt O, SHERBROOKE, QC, J1K 1L1
(819) 822-5670   *SIC* 8211

COMMISSION SCOLAIRE DE LA REGION-DE-SHERBROOKE *p*
1238
1500 Rue Pinard, SHERBROOKE, QC, J1J 3E1
(819) 823-3233   *SIC* 8211

COMMISSION SCOLAIRE DE LA REGION-DE-SHERBROOKE *p*
1238
2965 Boul De L'universite, SHERBROOKE, QC, J1K 2X6
(819) 822-5388   *SIC* 8211

COMMISSION SCOLAIRE DE LA REGION-DE-SHERBROOKE *p*
1238
851 Rue De L'ontario, SHERBROOKE, QC, J1J 3R9
(819) 822-5674   *SIC* 8211

COMMISSION SCOLAIRE DE LA REGION-DE-SHERBROOKE *p*
1238
43 Rue De Carillon, SHERBROOKE, QC, J1J 2K9
(819) 822-5682   *SIC* 8211

COMMISSION SCOLAIRE DE LA REGION-DE-SHERBROOKE *p*
1238
2965 Boul De L'universite, SHERBROOKE, QC, J1K 2X6
(819) 822-5508   *SIC* 8249

COMMISSION SCOLAIRE DE LA REGION-DE-SHERBROOKE *p*
1240
1500 Boul Du Mi-Vallon, SHERBROOKE, QC, J1N 3Y5
(819) 822-5686   *SIC* 8211

COMMISSION SCOLAIRE DE LA REGION-DE-SHERBROOKE *p*
1240
4076 Boul De L'universite, SHERBROOKE, QC, J1N 2Y1
(819) 822-5577   *SIC* 8211

COMMISSION SCOLAIRE DE LA REGION-DE-SHERBROOKE *p*
1240
4565 Rue De Chambois, SHERBROOKE, QC, J1N 2B7
(819) 822-5642   *SIC* 8211

COMMISSION SCOLAIRE DE LA REGION-DE-SHERBROOKE *p*
1240
7409 Boul Bourque, SHERBROOKE, QC, J1N 3K7
(819) 822-5514   *SIC* 8211

COMMISSION SCOLAIRE DE LA REGION-DE-SHERBROOKE *p*
1241
7282 Ch De Saint-Elie, SHERBROOKE, QC, J1R 0K5
(819) 822-5680   *SIC* 8211

COMMISSION SCOLAIRE DE LA REGION-DE-SHERBROOKE *p*
1243
222 8e Rang E, STOKE, QC, J0B 3G0
(819) 822-5519   *SIC* 8211

COMMISSION SCOLAIRE DE LA RIVERAINE *p* 997
18000 Rue Beliveau, Becancour, QC, G9H 1H4
(819) 233-2390   *SIC* 8211

COMMISSION SCOLAIRE DE LA RIVERAINE *p* 997
1875 Boul Becancour, Becancour, QC, G9H 3V4
(819) 298-2182   *SIC* 8211

COMMISSION SCOLAIRE DE LA RIVERAINE *p* 1135
1150 Boul Louis-Frechette, NICOLET, QC, J3T 1V5
(819) 293-2185   *SIC* 8211

COMMISSION SCOLAIRE DE LA RIVERAINE *p* 1135
375 Rue De Monseigneur-Brunault, NICOLET, QC, J3T 1Y6
(819) 293-5821   *SIC* 8211

COMMISSION SCOLAIRE DE LA RIVERAINE *p* 1135
497 Rue De Monseigneur-Brunault, NICOLET, QC, J3T 1Y6
(819) 293-5821   *SIC* 8211

COMMISSION SCOLAIRE DE LA RIVERAINE *p* 1188
20 Rue Du Centre-Communautaire, Saint-Francois-du-Lac, QC, J0G 1M0
(450) 568-2147   *SIC* 8211

COMMISSION SCOLAIRE DE LA RIVERAINE *p* 1217
401 Rue Germain, Saint-Leonard-D'Aston, QC, J0C 1M0
(819) 399-2122   *SIC* 8211

COMMISSION SCOLAIRE DE LA RIVERAINE *p* 1217
174 Rue Des Ecoles, Saint-Leonard-D'Aston, QC, J0C 1M0
(819) 399-2668   *SIC* 8211

COMMISSION SCOLAIRE DE LA RIVERAINE *p* 1220
165 218 Rte, SAINT-PIERRE-LES-BECQUETS, QC, G0X 2Z0
(819) 263-2323   *SIC* 8211

COMMISSION SCOLAIRE DE LA RIVERAINE *p* 1222
260 Rte De L'Ecole, Saint-Sylvere, QC, G0Z 1H0
(819) 285-2992   *SIC* 8211

COMMISSION SCOLAIRE DE LA RIVIERE-DU-NORD *p*
1058
218 Rue Wilson, LACHUTE, QC, J8H 3J3
(450) 562-8521   *SIC* 8211

COMMISSION SCOLAIRE DE LA RIVIERE-DU-NORD *p*
1058
452 Av D'argenteuil Bureau 103, LACHUTE, QC, J8H 1W9
(450) 562-8841   *SIC* 8211

COMMISSION SCOLAIRE DE LA RIVIERE-DU-NORD *p*
1058
462 Av D'argenteuil, LACHUTE, QC, J8H 1W9
(450) 566-7587   *SIC* 8211

COMMISSION SCOLAIRE DE LA RIVIERE-DU-NORD *p*
1058
190 Rue Mary, LACHUTE, QC, J8H 2C4
(450) 566-0088   *SIC* 8211

COMMISSION SCOLAIRE DE LA RIVIERE-DU-NORD *p*
1078
17000 Rue Aubin, MIRABEL, QC, J7J 1B1
(450) 435-0167   *SIC* 8299

COMMISSION SCOLAIRE DE LA RIVIERE-DU-NORD *p*
1078
13815 Rue Therrien, MIRABEL, QC, J7J 1J4
(450) 569-2239   *SIC* 8211

COMMISSION SCOLAIRE DE LA RIVIERE-DU-NORD *p*
1078
9984 Boul De Saint-Canut, MIRABEL, QC, J7N 1K1
(450) 438-0424   *SIC* 8211

COMMISSION SCOLAIRE DE LA RIVIERE-DU-NORD *p*
1078
See COMMISSION SCOLAIRE DE LA RIVIERE-DU-NORD

COMMISSION SCOLAIRE DE LA RIVIERE-DU-NORD *p*
1144
1135 Rue Du Clos-Toumalin Rr 4, Prevost, QC, J0R 1T0
(450) 431-3327   *SIC* 8211

COMMISSION SCOLAIRE DE LA RIVIERE-DU-NORD *p*
1183
321 Montee De L'Eglise, SAINT-COLOMBAN, QC, J5K 2H8
(450) 438-8836   *SIC* 8211

COMMISSION SCOLAIRE DE LA RIVIERE-DU-NORD *p*
1183
549 Ch De La Riviere-Du-Nord, SAINT-COLOMBAN, QC, J5K 2E5
(450) 569-3307   *SIC* 8211

COMMISSION SCOLAIRE DE LA RIVIERE-DU-NORD *p*
1184
360 Cote Saint-Nicholas, SAINT-COLOMBAN, QC, J5K 1M6
(450) 431-1288   *SIC* 8211

COMMISSION SCOLAIRE DE LA RIVIERE-DU-NORD *p*
1199
917 Montee Saint-Nicolas, Saint-Jerome, QC, J5L 2P4
(450) 565-0006   *SIC* 8211

COMMISSION SCOLAIRE DE LA RIVIERE-DU-NORD *p*
1199
See COMMISSION SCOLAIRE DE LA RIVIERE-DU-NORD

COMMISSION SCOLAIRE DE LA RIVIERE-DU-NORD *p*
1199
997 Rue Des Lacs, Saint-Jerome, QC, J5L 1T3
(450) 438-9525   *SIC* 8211

COMMISSION SCOLAIRE DE LA RIVIERE-DU-NORD *p*
1199
909 Montee Saint-Nicolas, Saint-Jerome, QC, J5L 2P4
(450) 431-2114   *SIC* 8211

COMMISSION SCOLAIRE DE LA RIVIERE-DU-NORD *p*
1199
1475 Rue Normand, Saint-Jerome, QC, J5L 2B6
(450) 431-4377   *SIC* 8211

COMMISSION SCOLAIRE DE LA RIVIERE-DU-NORD *p*
1200
1000 112e Av, Saint-Jerome, QC, J7Y 5C2
(450) 436-7414   *SIC* 8211

COMMISSION SCOLAIRE DE LA RIVIERE-DU-NORD *p*
1200
See COMMISSION SCOLAIRE DE LA RIVIERE-DU-NORD

COMMISSION SCOLAIRE DE LA RIVIERE-DU-NORD *p*
1200

175 Rue Duvernay, Saint-Jerome, QC, J7Y 2Z6
(450) 432-4506   SIC 8211
COMMISSION SCOLAIRE DE LA RIVIERE-DU-NORD   p 1200
85 Rue Lauzon, Saint-Jerome, QC, J7Y 1V8
(450) 438-5603   SIC 8211
COMMISSION SCOLAIRE DE LA RIVIERE-DU-NORD   p 1200
70 Boul Des Hauteurs, Saint-Jerome, QC, J7Y 1R4
(450) 438-1259   SIC 8211
COMMISSION SCOLAIRE DE LA RIVIERE-DU-NORD   p 1200
31 Rue Paul, Saint-Jerome, QC, J7Y 1Z5
(450) 432-9582   SIC 8211
COMMISSION SCOLAIRE DE LA RIVIERE-DU-NORD   p 1200
175 Rue Duvernay, Saint-Jerome, QC, J7Y 2Z6
(450) 438-1220   SIC 8211
COMMISSION SCOLAIRE DE LA RIVIERE-DU-NORD   p 1201
1030 Rue Saint-Georges, Saint-Jerome, QC, J7Z 5E8
(450) 436-1757   SIC 8211
COMMISSION SCOLAIRE DE LA RIVIERE-DU-NORD   p 1201
1155 Av Du Parc, Saint-Jerome, QC, J7Z 6X6
(450) 438-1296   SIC 8211
COMMISSION SCOLAIRE DE LA RIVIERE-DU-NORD   p 1201
471 Rue Melancon, Saint-Jerome, QC, J7Z 4K3
(450) 436-5850   SIC 8211
COMMISSION SCOLAIRE DE LA RIVIERE-DU-NORD   p 1201
535 Rue Filion, Saint-Jerome, QC, J7Z 1J6
(450) 436-4330   SIC 8211
COMMISSION SCOLAIRE DE LA RIVIERE-DU-NORD   p 1201
562 Rue Du Palais, Saint-Jerome, QC, J7Z 1Y6
(450) 438-5008   SIC 8211
COMMISSION SCOLAIRE DE LA RIVIERE-DU-NORD   p 1201
See COMMISSION SCOLAIRE DE LA RIVIERE-DU-NORD
COMMISSION SCOLAIRE DE LA RIVIERE-DU-NORD   p 1201
616 Rue Saint-Georges, Saint-Jerome, QC, J7Z 5B9
(450) 438-3981   SIC 8211
COMMISSION SCOLAIRE DE LA RIVIERE-DU-NORD   p 1201
600 36e Av, Saint-Jerome, QC, J7Z 5W2
(450) 436-1858   SIC 8211
COMMISSION SCOLAIRE DE LA RIVIERE-DU-NORD   p 1201
995 Rue Labelle Bureau 1, Saint-Jerome, QC, J7Z 5N7
(450) 438-3131   SIC 8211
COMMISSION SCOLAIRE DE LA RIVIERE-DU-NORD   p 1201
995 Rue Labelle, Saint-Jerome, QC, J7Z 5N7
(450) 438-3131   SIC 8351
COMMISSION SCOLAIRE DE LA RIVIERE-DU-NORD   p 1201
700 9e Rue, Saint-Jerome, QC, J7Z 2Z5
(450) 438-8828   SIC 8211
COMMISSION SCOLAIRE DE LA RIVIERE-DU-NORD   p 1230
100 Rue De Val-Des-Chenes, SAINTE-SOPHIE, QC, J5J 2M5
(450) 431-0640   SIC 8211
COMMISSION SCOLAIRE DE LA SEIGNEURIE-DES-MILLE-ILES   p 998
See COMMISSION SCOLAIRE DE LA SEIGNEURIE-DES-MILLE-ILES
COMMISSION SCOLAIRE DE LA SEIGNEURIE-DES-MILLE-ILES   p 998
40 84e Av E, BLAINVILLE, QC, J7C 3R5
(450) 433-5360   SIC 8211
COMMISSION SCOLAIRE DE LA SEIGNEURIE-DES-MILLE-ILES   p 998
60 Rue Des Grives, BLAINVILLE, QC, J7C 5J9
(450) 433-5385   SIC 8211
COMMISSION SCOLAIRE DE LA SEIGNEURIE-DES-MILLE-ILES   p 998
425 Boul Du Cure-Labelle, BLAINVILLE, QC, J7C 2H4
(450) 433-5350   SIC 8211
COMMISSION SCOLAIRE DE LA SEIGNEURIE-DES-MILLE-ILES   p 998
370 Boul D'annecy, BLAINVILLE, QC, J7B 1J7
(450) 433-5375   SIC 8211
COMMISSION SCOLAIRE DE LA SEIGNEURIE-DES-MILLE-ILES   p 998
1430 Rue Maurice-Cullen, BLAINVILLE, QC, J7C 5Y1
(450) 433-5470   SIC 8211
COMMISSION SCOLAIRE DE LA SEIGNEURIE-DES-MILLE-ILES   p 998
1030 Rue Gilles-Vigneault, BLAINVILLE, QC, J7C 5N4
(450) 433-5415   SIC 8211
COMMISSION SCOLAIRE DE LA SEIGNEURIE-DES-MILLE-ILES   p 999
930 Rue De La Mairie, BLAINVILLE, QC, J7C 3B4
(450) 433-5365   SIC 8211
COMMISSION SCOLAIRE DE LA SEIGNEURIE-DES-MILLE-ILES   p 999
1027 Boul Du Cure-Labelle, BLAINVILLE, QC, J7C 2M2
(450) 433-5540   SIC 8211
COMMISSION SCOLAIRE DE LA SEIGNEURIE-DES-MILLE-ILES   p 999
60 35e Av, BOIS-DES-FILION, QC, J6Z 2E8
(450) 621-7760   SIC 8351
COMMISSION SCOLAIRE DE LA SEIGNEURIE-DES-MILLE-ILES   p 999
1275 Boul Celoron, BLAINVILLE, QC, J7C 5A8
(450) 430-2251   SIC 8211
COMMISSION SCOLAIRE DE LA SEIGNEURIE-DES-MILLE-ILES   p 999
See COMMISSION SCOLAIRE DE LA SEIGNEURIE-DES-MILLE-ILES
COMMISSION SCOLAIRE DE LA SEIGNEURIE-DES-MILLE-ILES   p 1000
1025 Rue Castelneau, BOISBRIAND, QC, J7G 1V7
(450) 433-5520   SIC 8211
COMMISSION SCOLAIRE DE LA SEIGNEURIE-DES-MILLE-ILES   p 1000
1650 Av Alexandre-Le-Grand, BOISBRIAND, QC, J7G 3K1
(450) 433-5514   SIC 8211
COMMISSION SCOLAIRE DE LA SEIGNEURIE-DES-MILLE-ILES   p 1000
2700 Rue Jean-Charles-Bonenfant, BOISBRIAND, QC, J7H 1P1
(450) 433-5455   SIC 8211
COMMISSION SCOLAIRE DE LA SEIGNEURIE-DES-MILLE-ILES   p 1000
See COMMISSION SCOLAIRE DE LA SEIGNEURIE-DES-MILLE-ILES
COMMISSION SCOLAIRE DE LA SEIGNEURIE-DES-MILLE-ILES   p 1000
100 33e Av, BOIS-DES-FILION, QC, J6Z 2C4
(450) 621-1750   SIC 8211
COMMISSION SCOLAIRE DE LA SEIGNEURIE-DES-MILLE-ILES   p 1000
3599 Rue Charlotte-Boisjoli, BOISBRIAND, QC, J7H 1L5
(450) 433-5475   SIC 8211
COMMISSION SCOLAIRE DE LA SEIGNEURIE-DES-MILLE-ILES   p 1000
500 Rue Marie-C.-Daveluy, BOISBRIAND, QC, J7G 3G7
(450) 433-5380   SIC 8211
COMMISSION SCOLAIRE DE LA SEIGNEURIE-DES-MILLE-ILES   p 1023
1400 Ch De L'avenir, DEUX-MONTAGNES, QC, J7R 6A6
(450) 472-2670   SIC 8211
COMMISSION SCOLAIRE DE LA SEIGNEURIE-DES-MILLE-ILES   p 1023
1415 Ch De L'avenir, DEUX-MONTAGNES, QC, J7R 7B4
(450) 623-3079   SIC 8299
COMMISSION SCOLAIRE DE LA SEIGNEURIE-DES-MILLE-ILES   p 1023
203 14e Av, DEUX-MONTAGNES, QC, J7R 3W1
(450) 491-5756   SIC 8211
COMMISSION SCOLAIRE DE LA SEIGNEURIE-DES-MILLE-ILES   p 1023
500 Ch Des Anciens, DEUX-MONTAGNES, QC, J7R 6A7
(450) 472-3070   SIC 8211
COMMISSION SCOLAIRE DE LA SEIGNEURIE-DES-MILLE-ILES   p 1023
See COMMISSION SCOLAIRE DE LA SEIGNEURIE-DES-MILLE-ILES
COMMISSION SCOLAIRE DE LA SEIGNEURIE-DES-MILLE-ILES   p 1023
600 28e Av, DEUX-MONTAGNES, QC, J7R 6L2
(450) 491-5454   SIC 8211
COMMISSION SCOLAIRE DE LA SEIGNEURIE-DES-MILLE-ILES   p 1073
59 Boul De Vignory, LORRAINE, QC, J6Z 3L5
(450) 621-2500   SIC 8211
COMMISSION SCOLAIRE DE LA SEIGNEURIE-DES-MILLE-ILES   p 1073
See COMMISSION SCOLAIRE DE LA SEIGNEURIE-DES-MILLE-ILES
COMMISSION SCOLAIRE DE LA SEIGNEURIE-DES-MILLE-ILES   p 1078
9030 Rue Dumouchel, MIRABEL, QC, J7N 2N8
(450) 434-8612   SIC 8211
COMMISSION SCOLAIRE DE LA SEIGNEURIE-DES-MILLE-ILES   p 1078
9850 Rue De Belle-Riviere, MIRABEL, QC, J7N 2X8
(450) 434-8150   SIC 8699
COMMISSION SCOLAIRE DE LA SEIGNEURIE-DES-MILLE-ILES   p 1078
See COMMISSION SCOLAIRE DE LA SEIGNEURIE-DES-MILLE-ILES
COMMISSION SCOLAIRE DE LA SEIGNEURIE-DES-MILLE-ILES   p 1078
14700 Rue Jean-Simon, MIRABEL, QC, J7N 2J6
(450) 434-8143   SIC 8211
COMMISSION SCOLAIRE DE LA SEIGNEURIE-DES-MILLE-ILES   p 1078
15074 Rue De Saint-Augustin, MIRABEL, QC, J7N 2B2
(450) 434-8656   SIC 8211
COMMISSION SCOLAIRE DE LA SEIGNEURIE-DES-MILLE-ILES   p 1136
See COMMISSION SCOLAIRE DE LA SEIGNEURIE-DES-MILLE-ILES
COMMISSION SCOLAIRE DE LA SEIGNEURIE-DES-MILLE-ILES   p 1136
25 Rue Des Pins, OKA, QC, J0N 1E0
(450) 491-8400   SIC 8211
COMMISSION SCOLAIRE DE LA SEIGNEURIE-DES-MILLE-ILES   p 1140
See COMMISSION SCOLAIRE DE LA SEIGNEURIE-DES-MILLE-ILES
COMMISSION SCOLAIRE DE LA SEIGNEURIE-DES-MILLE-ILES   p 1140
784 Boul De La Chapelle, POINTE-CALUMET, QC, J0N 1G1
(450) 473-2823   SIC 8211
COMMISSION SCOLAIRE DE LA SEIGNEURIE-DES-MILLE-ILES   p 1140
1020 Rue Simonne, POINTE-CALUMET, QC, J0N 1G5
(450) 623-9494   SIC 8211
COMMISSION SCOLAIRE DE LA SEIGNEURIE-DES-MILLE-ILES   p 1176
364 Rue De L'academie, Rosemere, QC, J7A 1Z1
(450) 621-2003   SIC 8211
COMMISSION SCOLAIRE DE LA SEIGNEURIE-DES-MILLE-ILES   p 1176
334 Rue De L'academie, Rosemere, QC, J7A 3R9
(450) 621-2400   SIC 8211
COMMISSION SCOLAIRE DE LA SEIGNEURIE-DES-MILLE-ILES   p 1176
See COMMISSION SCOLAIRE DE LA SEIGNEURIE-DES-MILLE-ILES
COMMISSION SCOLAIRE DE LA SEIGNEURIE-DES-MILLE-ILES   p 1186
990 Rue Des Erables, SAINT-EUSTACHE, QC, J7R 6M5
(450) 491-5065   SIC 8211
COMMISSION SCOLAIRE DE LA SEIGNEURIE-DES-MILLE-ILES   p 1186
799 Montee Lauzon, SAINT-EUSTACHE, QC, J7R 0J1
(450) 473-5614   SIC 8211
COMMISSION SCOLAIRE DE LA SEIGNEURIE-DES-MILLE-ILES   p 1186
99 Rue Grignon, SAINT-EUSTACHE, QC, J7P 4S4
(450) 472-6060   SIC 8211
COMMISSION SCOLAIRE DE LA SEIGNEURIE-DES-MILLE-ILES   p 1186
425 Rue Hamel, SAINT-EUSTACHE, QC, J7P 4M2
(450) 472-1440   SIC 8211
COMMISSION SCOLAIRE DE LA SEIGNEURIE-DES-MILLE-ILES   p 1186
250 Rue Therrien, SAINT-EUSTACHE, QC, J7P 4V4
(450) 472-5240   SIC 8211
COMMISSION SCOLAIRE DE LA SEIGNEURIE-DES-MILLE-ILES   p 1186
130 Boul Louis-Joseph-Rodrigue, SAINT-EUSTACHE, QC, J7R 5Y5
(450) 472-7801   SIC 8211
COMMISSION SCOLAIRE DE LA SEIGNEURIE-DES-MILLE-ILES   p 1186
128 25e Av, SAINT-EUSTACHE, QC, J7P 2V2
(450) 473-9219   SIC 8211
COMMISSION SCOLAIRE DE LA SEIGNEURIE-DES-MILLE-ILES   p 1186
See COMMISSION SCOLAIRE DE LA SEIGNEURIE-DES-MILLE-ILES
COMMISSION SCOLAIRE DE LA SEIGNEURIE-DES-MILLE-ILES   p 1187
430 Boul Arthur-Sauve Bureau 3050, SAINT-EUSTACHE, QC, J7R 6V7
(450) 974-7000   SIC 8211
COMMISSION SCOLAIRE DE LA SEIGNEURIE-DES-MILLE-ILES   p 1187
151 Rue Saint-Louis, SAINT-EUSTACHE, QC, J7R 1X9
(450) 473-2933   SIC 8211
COMMISSION SCOLAIRE DE LA SEIGNEURIE-DES-MILLE-ILES   p 1187
See COMMISSION SCOLAIRE DE LA SEIGNEURIE-DES-MILLE-ILES
COMMISSION SCOLAIRE DE LA SEIGNEURIE-DES-MILLE-ILES   p 1187

16 Rue Perry, SAINT-EUSTACHE, QC, J7R 2H3
(450) 473-7422   SIC 8211

COMMISSION SCOLAIRE DE LA SEIGNEURIE-DES-MILLE-ILES   p 1202
See COMMISSION SCOLAIRE DE LA SEIGNEURIE-DES-MILLE-ILES

COMMISSION SCOLAIRE DE LA SEIGNEURIE-DES-MILLE-ILES   p 1202
70 Montee Du Village Rr 81, SAINT-JOSEPH-DU-LAC, QC, J0N 1M0
(450) 473-5116   SIC 8211

COMMISSION SCOLAIRE DE LA SEIGNEURIE-DES-MILLE-ILES   p 1224
140 Rue Des Saisons, SAINTE-ANNE-DES-PLAINES, QC, J0N 1H0
(450) 434-8570   SIC 8211

COMMISSION SCOLAIRE DE LA SEIGNEURIE-DES-MILLE-ILES   p 1224
1 Rue Chaumont, SAINTE-ANNE-DES-PLAINES, QC, J0N 1H0
(450) 434-8458   SIC 8211

COMMISSION SCOLAIRE DE LA SEIGNEURIE-DES-MILLE-ILES   p 1224
540 Rue Des Colibris, SAINTE-ANNE-DES-PLAINES, QC, J0N 1H0
(450) 434-8408   SIC 8211

COMMISSION SCOLAIRE DE LA SEIGNEURIE-DES-MILLE-ILES   p 1224
See COMMISSION SCOLAIRE DE LA SEIGNEURIE-DES-MILLE-ILES

COMMISSION SCOLAIRE DE LA SEIGNEURIE-DES-MILLE-ILES   p 1228
2919 Boul Des Promenades, SAINTE-MARTHE-SUR-LE-LAC, QC, J0N 1P0
(450) 623-4666   SIC 8211

COMMISSION SCOLAIRE DE LA SEIGNEURIE-DES-MILLE-ILES   p 1228
3099 Ch D'oka, SAINTE-MARTHE-SUR-LE-LAC, QC, J0N 1P0
(450) 473-2043   SIC 8211

COMMISSION SCOLAIRE DE LA SEIGNEURIE-DES-MILLE-ILES   p 1228
320 Rue De La Seve, SAINTE-MARTHE-SUR-LE-LAC, QC, J0N 1P0
(450) 472-8060   SIC 8211

COMMISSION SCOLAIRE DE LA SEIGNEURIE-DES-MILLE-ILES   p 1228
See COMMISSION SCOLAIRE DE LA SEIGNEURIE-DES-MILLE-ILES

COMMISSION SCOLAIRE DE LA SEIGNEURIE-DES-MILLE-ILES   p 1230
75 Rue Duquet, SAINTE-THERESE, QC, J7E 5R8
(450) 433-5480   SIC 8221

COMMISSION SCOLAIRE DE LA SEIGNEURIE-DES-MILLE-ILES   p 1230
401 Boul Du Domaine, SAINTE-THERESE, QC, J7E 4S4
(450) 433-5400   SIC 8211

COMMISSION SCOLAIRE DE LA SEIGNEURIE-DES-MILLE-ILES   p 1230
70 Rue Saint-Stanislas, SAINTE-THERESE, QC, J7E 3M7
(450) 433-5500   SIC 8211

COMMISSION SCOLAIRE DE LA SEIGNEURIE-DES-MILLE-ILES   p 1230
101 Rue Blanchard, SAINTE-THERESE, QC, J7E 4N4
(450) 433-4612   SIC 8211

COMMISSION SCOLAIRE DE LA SEIGNEURIE-DES-MILLE-ILES   p 1230
125 Rue Beauchamp, SAINTE-THERESE, QC, J7E 5A4
(450) 433-5432   SIC 8211

COMMISSION SCOLAIRE DE LA SEIGNEURIE-DES-MILLE-ILES   p 1230
301 Boul Du Domaine, SAINTE-THERESE, QC, J7E 4S4
(450) 433-5435   SIC 8211

COMMISSION SCOLAIRE DE LA SEIGNEURIE-DES-MILLE-ILES   p 1230
See COMMISSION SCOLAIRE DE LA SEIGNEURIE-DES-MILLE-ILES

COMMISSION SCOLAIRE DE LA SEIGNEURIE-DES-MILLE-ILES   p 1231
10 Rue Belisle, SAINTE-THERESE, QC, J7E 3P6
(450) 433-5525   SIC 8211

COMMISSION SCOLAIRE DE LA SEIGNEURIE-DES-MILLE-ILES   p 1231
800 Rue De Seve, SAINTE-THERESE, QC, J7E 2M6
(450) 433-5355   SIC 8211

COMMISSION SCOLAIRE DE LA SEIGNEURIE-DES-MILLE-ILES   p 1231
8 Rue Tasse, SAINTE-THERESE, QC, J7E 1V3
(450) 433-5445   SIC 8211

COMMISSION SCOLAIRE DE LA SEIGNEURIE-DES-MILLE-ILES   p 1231
201 Rue Saint-Pierre, SAINTE-THERESE, QC, J7E 2S3
(450) 433-5545   SIC 8211

COMMISSION SCOLAIRE DE LA SEIGNEURIE-DES-MILLE-ILES   p 1231
See COMMISSION SCOLAIRE DE LA SEIGNEURIE-DES-MILLE-ILES

COMMISSION SCOLAIRE DE LA SEIGNEURIE-DES-MILLE-ILES   p 1245
452 Rue De Neuilly, TERREBONNE, QC, J6Y 1R2
(450) 621-5642   SIC 8211

COMMISSION SCOLAIRE DE LA SEIGNEURIE-DES-MILLE-ILES   p 1245
See COMMISSION SCOLAIRE DE LA SEIGNEURIE-DES-MILLE-ILES

COMMISSION SCOLAIRE DE LA SEIGNEURIE-DES-MILLE-ILES   p 1245
3415 Place Camus, TERREBONNE, QC, J6Y 0C8
(450) 979-9736   SIC 8211

COMMISSION SCOLAIRE DE LA VALLEE-DES-TISSERANDS, LA   p 996
250 Rue Gagnon, BEAUHARNOIS, QC, J6N 2W8
(450) 225-2260   SIC 8211

COMMISSION SCOLAIRE DE LA VALLEE-DES-TISSERANDS, LA   p 996
260 Rue Gagnon, BEAUHARNOIS, QC, J6N 2W8
(450) 225-1084   SIC 8211

COMMISSION SCOLAIRE DE LA VALLEE-DES-TISSERANDS, LA   p 1136
8 Rue Bridge, ORMSTOWN, QC, J0S 1K0
(450) 377-6063   SIC 8211

COMMISSION SCOLAIRE DE LA VALLEE-DES-TISSERANDS, LA   p 1179
4110 Rue De L'Eglise, Saint-Antoine-Abbe, QC, J0S 1N0
(450) 377-6062   SIC 8211

COMMISSION SCOLAIRE DE LA VALLEE-DES-TISSERANDS, LA   p 1222
115 Rue Centrale, SAINT-STANISLAS-DE-KOSTKA, QC, J0S 1W0
(450) 377-8887   SIC 8211

COMMISSION SCOLAIRE DE LA VALLEE-DES-TISSERANDS, LA   p 1228
5 Rue Ronaldo-Belanger, SAINTE-MARTINE, QC, J0S 1V0
(450) 225-4972   SIC 8211

COMMISSION SCOLAIRE DE LA VALLEE-DES-TISSERANDS, LA   p 1231
285 Rue Alphonse-Desjardins, SALABERRY-DE-VALLEYFIELD, QC, J6S 2P2
(450) 373-1270   SIC 8211

COMMISSION SCOLAIRE DE LA VALLEE-DES-TISSERANDS, LA   p 1231
115 Rue Saint-Charles, SALABERRY-DE-VALLEYFIELD, QC, J6S 4A2
(450) 371-2006   SIC 8211

COMMISSION SCOLAIRE DE LA VALLEE-DES-TISSERANDS, LA   p 1232
10 Rue Kent, SALABERRY-DE-VALLEYFIELD, QC, J6S 4T3
(450) 373-1256   SIC 8211

COMMISSION SCOLAIRE DE LA VALLEE-DES-TISSERANDS, LA   p 1232
269 Rue Grande-Ile, SALABERRY-DE-VALLEYFIELD, QC, J6S 3N3
(450) 373-2616   SIC 8211

COMMISSION SCOLAIRE DE LA VALLEE-DES-TISSERANDS, LA   p 1232
316 Rue Saint-Jean-Baptiste, SALABERRY-DE-VALLEYFIELD, QC, J6T 2A9
(450) 373-6661   SIC 8211

COMMISSION SCOLAIRE DE LA VALLEE-DES-TISSERANDS, LA   p 1232
415 Rue Dufferin, SALABERRY-DE-VALLEYFIELD, QC, J6S 2A9
(450) 373-0673   SIC 8211

COMMISSION SCOLAIRE DE LA VALLEE-DES-TISSERANDS, LA   p 1232
70 Rue Louis Vi-Major, SALABERRY-DE-VALLEYFIELD, QC, J6T 3G2
(450) 371-2004   SIC 8211

COMMISSION SCOLAIRE DE LA VALLEE-DES-TISSERANDS, LA   p 1232
445 Rue Jacques-Cartier, SALABERRY-DE-VALLEYFIELD, QC, J6T 6L9
(450) 371-2009   SIC 8211

COMMISSION SCOLAIRE DE LA VALLEE-DES-TISSERANDS, LA   p 1232
537 Rue Montpetit, SALABERRY-DE-VALLEYFIELD, QC, J6S 4A7
(450) 373-2420   SIC 8211

COMMISSION SCOLAIRE DE LAVAL   p 1017
525 Av De La Sorbonne, Cote Saint-Luc, QC, H7G 3R9
(450) 662-7000   SIC 8211

COMMISSION SCOLAIRE DE LAVAL   p 1017
1775 Rue Rochefort, Cote Saint-Luc, QC, H7G 2P8
(450) 662-7000   SIC 8211

COMMISSION SCOLAIRE DE LAVAL   p 1018
1565 Boul Saint-Martin O, Cote Saint-Luc, QC, H7S 1N1
(450) 972-1800   SIC 8211

COMMISSION SCOLAIRE DE LAVAL   p 1018
1755 Av Dumouchel, Cote Saint-Luc, QC, H7S 1J7
(450) 662-7000   SIC 8211

COMMISSION SCOLAIRE DE LAVAL   p 1018
310 Boul Cartier O, Cote Saint-Luc, QC, H7N 2J2
(450) 975-4060   SIC 8211

COMMISSION SCOLAIRE DE LAVAL   p 1018
955 Boul Saint-Martin O Bureau 144, Cote Saint-Luc, QC, H7S 1M5
(450) 662-7000   SIC 8211

COMMISSION SCOLAIRE DE LAVAL   p 1018
6145 27e Av, Cote Saint-Luc, QC, H7R 3K7
(450) 662-7000   SIC 8211

COMMISSION SCOLAIRE DE LAVAL   p 1021
3680 Boul Levesque O, Cote Saint-Luc, QC, H7V 1E8
(450) 662-7000   SIC 8211

COMMISSION SCOLAIRE DE LAVAL   p 1062
955 Boul Saint-Martin O Bureau 144, Laval, QC, H7S 1M5
(450) 662-7000   SIC 8211

COMMISSION SCOLAIRE DE LAVAL   p 1062
133 Boul Cartier O, Laval, QC, H7N 2H7
(450) 662-7000   SIC 8211

COMMISSION SCOLAIRE DE LAVAL   p 1062
150 Av Legrand, Laval, QC, H7N 3T3
(450) 662-7000   SIC 8211

COMMISSION SCOLAIRE DE LAVAL   p 1062
155 Rue Deslauriers, Laval, QC, H7L 2S2
(450) 662-7000   SIC 8211

COMMISSION SCOLAIRE DE LAVAL   p 1062
6060 Rue Des Cardinaux, Laval, QC, H7L 6B7
(450) 662-7000   SIC 8211

COMMISSION SCOLAIRE DE LAVAL   p 1062
2475 Rue Honore-Mercier, Laval, QC, H7L 2S9
(450) 662-7000   SIC 8211

COMMISSION SCOLAIRE DE LAVAL   p 1063
4095 Boul Levesque E Bureau 57, LAVAL-OUEST, QC, H7E 2R3
(450) 662-7000   SIC 8211

COMMISSION SCOLAIRE DE LAVAL   p 1063
1295 Ch Du Bord-De-L'eau, Laval, QC, H7Y 1B9
(450) 662-7000   SIC 8211

COMMISSION SCOLAIRE DE LAVAL   p 1063
3690 Ch Du Souvenir, Laval, QC, H7V 1X8
(450) 662-7000   SIC 8211

COMMISSION SCOLAIRE DE LAVAL   p 1063
3995 Boul Levesque E Bureau 1, LAVAL-OUEST, QC, H7E 2R3
(450) 662-7000   SIC 8211

COMMISSION SCOLAIRE DE LAVAL   p 1127
240 Rue Des Sapins, Montreal, QC, H7A 2W7
(450) 662-7000   SIC 8211

COMMISSION SCOLAIRE DE LAVAL   p 1127
8585 Rue De L'Eglise, Montreal, QC, H7A 1L1
(450) 662-7000   SIC 8211

COMMISSION SCOLAIRE DE LAVAL   p 1127
50 Rue Pare, Montreal, QC, H7B 1B3
(450) 662-7000   SIC 8211

COMMISSION SCOLAIRE DE LAVAL   p 1127
3145 Av Du Saguenay, Montreal, QC, H7E 1H6
(450) 662-7000   SIC 8211

COMMISSION SCOLAIRE DE LAVAL   p 1127
1740 Montee Masson, Montreal, QC, H7E 4P2
(450) 662-7000   SIC 8331

COMMISSION SCOLAIRE DE LAVAL   p 1128
211 Boul Sainte-Rose, Montreal, QC, H7L 1L7
(450) 662-7000   SIC 8211

COMMISSION SCOLAIRE DE LAVAL   p 1128
3001 Rue D'arnay, Montreal, QC, H7K 3P9
(450) 662-7000   SIC 8211

COMMISSION SCOLAIRE DE LAVAL   p 1128
234 Boul Sainte-Rose, Montreal, QC, H7L 1L6
(450) 662-7000   SIC 8211

COMMISSION SCOLAIRE DE LAVAL   p

1128
5409 Rue De Prince-Rupert, Montreal, QC, H7K 2L7
(450) 662-7000   SIC 8211
COMMISSION SCOLAIRE DE LAVAL   p
1128
4600 Rue Cyrille-Delage, Montreal, QC, H7K 2S4
(450) 662-7000   SIC 8211
COMMISSION SCOLAIRE DE LAVAL   p
1128
216 Boul Marc-Aurele-Fortin, Montreal, QC, H7L 1Z5
(450) 662-7000   SIC 8211
COMMISSION SCOLAIRE DE LAVAL   p
1128
2255 Boul Prudentiel, Montreal, QC, H7K 2C1
(450) 662-7000   SIC 8211
COMMISSION SCOLAIRE DE LAVAL   p
1129
3785 Boul Sainte-Rose, Montreal, QC, H7P 1C6
(450) 662-7000   SIC 8211
COMMISSION SCOLAIRE DE LAVAL   p
1129
3516 Rue Edgar, Montreal, QC, H7P 2E5
(450) 662-7000   SIC 8211
COMMISSION SCOLAIRE DE LAVAL   p
1129
1701 Rue De Lucerne, Montreal, QC, H7M 2E9
(450) 662-7000   SIC 8211
COMMISSION SCOLAIRE DE LAVAL   p
1130
3150 Boul Dagenais, Montreal, QC, H7P 1V1
(450) 662-7000   SIC 8211
COMMISSION SCOLAIRE DE LAVAL   p
1130
3225 Rue Christiane, Montreal, QC, H7P 1K2
(450) 662-7000   SIC 8211
COMMISSION SCOLAIRE DE LAVAL   p
1130
4185 Rue Seguin, Montreal, QC, H7R 2V2
(450) 662-7000   SIC 8211
COMMISSION SCOLAIRE DE LAVAL   p
1130
700 Rue Fleury, Montreal, QC, H7P 3B8
(450) 662-7000   SIC 8211
COMMISSION SCOLAIRE DE LAVAL   p
1131
1640 Rue Gratton, Montreal, QC, H7W 2X8
(450) 662-7000   SIC 8211
COMMISSION SCOLAIRE DE LAVAL   p
1131
280 92e Av, Montreal, QC, H7W 3N3
(450) 662-7000   SIC 8211
COMMISSION SCOLAIRE DE LAVAL   p
1131
530 Rue Huberdeau, Montreal, QC, H7X 1P7
(450) 662-7000   SIC 8211
COMMISSION SCOLAIRE DE LAVAL   p
1133
740 75e Av, Montreal-Ouest, QC, H7V 2Y6
(450) 662-7000   SIC 8211
COMMISSION SCOLAIRE DE LAVAL   p
1133
125 Boul Des Prairies, Montreal-Ouest, QC, H7N 2T6
(450) 662-7000   SIC 8211
COMMISSION SCOLAIRE DE LAVAL   p
1133
155 Boul Sainte-Rose E, Montreal-Ouest, QC, H7H 1P2
(450) 662-7000   SIC 8331
COMMISSION SCOLAIRE DE LAVAL   p
1133
40 Av Dussault, Montreal-Ouest, QC, H7N 3K1
(450) 662-7000   SIC 8211
COMMISSION SCOLAIRE DE LAVAL   p
1213
5 Rue Du Ruisseau, SAINT-LAURENT, QC, H7L 1C1
(450) 662-7000   SIC 7389
COMMISSION SCOLAIRE DE LAVAL   p
1228
707 Av Marc-Aurele-Fortin, SAINTE-ROSE, QC, H7L 5M6
(450) 662-7000   SIC 8211
COMMISSION SCOLAIRE DE LAVAL   p
1229
956 Montee Gravel, SAINTE-ROSE, QC, H7X 2B8
(450) 662-7000   SIC 8211
COMMISSION SCOLAIRE DE LAVAL   p
1229
805 Rue Lauzon, SAINTE-ROSE, QC, H7X 2N4
(450) 662-7000   SIC 8211
COMMISSION SCOLAIRE DE MONTREAL
p 1085
5005 Rue Mousseau, Montreal, QC, H1K 2V8
(514) 596-5040   SIC 8211
COMMISSION SCOLAIRE DE MONTREAL
p 1086
See COMMISSION SCOLAIRE DE MONTREAL
COMMISSION SCOLAIRE DE MONTREAL
p 1086
2800 Boul Lapointe, Montreal, QC, H1L 5M1
(514) 596-5035   SIC 8211
COMMISSION SCOLAIRE DE MONTREAL
p 1086
2600 Av Fletcher, Montreal, QC, H1L 4C5
(514) 596-5115   SIC 8211
COMMISSION SCOLAIRE DE MONTREAL
p 1086
2150 Rue Liebert, Montreal, QC, H1L 5R1
(514) 596-5032   SIC 8211
COMMISSION SCOLAIRE DE MONTREAL
p 1086
5300 Rue Chauveau, Montreal, QC, H1N 3V7
(514) 596-2376   SIC 8249
COMMISSION SCOLAIRE DE MONTREAL
p 1086
5555 Rue Sherbrooke E, Montreal, QC, H1N 1A2
(514) 596-5100   SIC 8211
COMMISSION SCOLAIRE DE MONTREAL
p 1086
5850 Av De Carignan, Montreal, QC, H1M 2V4
(514) 596-4134   SIC 8211
COMMISSION SCOLAIRE DE MONTREAL
p 1086
6200 Av Pierre-De Coubertin, Montreal, QC, H1N 1S4
(514) 596-4140   SIC 8211
COMMISSION SCOLAIRE DE MONTREAL
p 1086
6300 Av Albani, Montreal, QC, H1M 2R8
(514) 596-4871   SIC 8211
COMMISSION SCOLAIRE DE MONTREAL
p 1086
6400 Av Pierre-De Coubertin, Montreal, QC, H1N 1S4
(514) 596-5136   SIC 8211
COMMISSION SCOLAIRE DE MONTREAL
p 1086
8100 Rue De Marseille, Montreal, QC, H1L 1P3
(514) 596-5044   SIC 8211
COMMISSION SCOLAIRE DE MONTREAL
p 1086
8147 Rue Sherbrooke E, Montreal, QC, H1L 1A7
(514) 356-4450   SIC 8211
COMMISSION SCOLAIRE DE MONTREAL
p 1086
8500 Rue Sainte-Claire, Montreal, QC, H1L 1X7
(514) 596-4944   SIC 8211
COMMISSION SCOLAIRE DE MONTREAL
p 1086
3155 Rue Desautels, Montreal, QC, H1N 3B8
(514) 596-5037   SIC 8211
COMMISSION SCOLAIRE DE MONTREAL
p 1086
3125 Av Fletcher, Montreal, QC, H1L 4E2
(514) 596-4920   SIC 8211
COMMISSION SCOLAIRE DE MONTREAL
p 1087
6405 30e Av, Montreal, QC, H1T 3G3
(514) 596-4892   SIC 8211
COMMISSION SCOLAIRE DE MONTREAL
p 1087
6455 27e Av, Montreal, QC, H1T 3J8
(514) 596-5055   SIC 8211
COMMISSION SCOLAIRE DE MONTREAL
p 1087
5955 41e Av, Montreal, QC, H1T 2T7
(514) 596-5133   SIC 8211
COMMISSION SCOLAIRE DE MONTREAL
p 1088
6600 Rue Lemay, Montreal, QC, H1T 2L7
(514) 596-4868   SIC 8211
COMMISSION SCOLAIRE DE MONTREAL
p 1088
4770 Rue La-Fontaine, Montreal, QC, H1V 1R3
(514) 596-5080   SIC 8211
COMMISSION SCOLAIRE DE MONTREAL
p 1088
4131 Rue Adam, Montreal, QC, H1V 1S8
(514) 596-4929   SIC 8211
COMMISSION SCOLAIRE DE MONTREAL
p 1088
4100 Rue Hochelaga, Montreal, QC, H1V 1B6
(514) 596-4250   SIC 8211
COMMISSION SCOLAIRE DE MONTREAL
p 1088
2455 Av Letourneux, Montreal, QC, H1V 2N9
(514) 596-4949   SIC 8211
COMMISSION SCOLAIRE DE MONTREAL
p 1088
1860 Av Morgan, Montreal, QC, H1V 2R2
(514) 596-4844   SIC 8211
COMMISSION SCOLAIRE DE MONTREAL
p 1088
1680 Av Morgan, Montreal, QC, H1V 2P9
(514) 596-5442   SIC 8211
COMMISSION SCOLAIRE DE MONTREAL
p 1088
See COMMISSION SCOLAIRE DE MONTREAL
COMMISSION SCOLAIRE DE MONTREAL
p 1089
3450 Rue Davidson, Montreal, QC, H1W 2Z5
(514) 596-5050   SIC 8211
COMMISSION SCOLAIRE DE MONTREAL
p 1089
3580 Rue Dandurand, Montreal, QC, H1X 1N6
(514) 596-4966   SIC 8211
COMMISSION SCOLAIRE DE MONTREAL
p 1089
3603 Rue Adam, Montreal, QC, H1W 1Z1
(514) 596-5070   SIC 8211
COMMISSION SCOLAIRE DE MONTREAL
p 1089
3700 Rue Rachel E, Montreal, QC, H1X 1Y6
(514) 596-4330   SIC 4151
COMMISSION SCOLAIRE DE MONTREAL
p 1089
2430 Rue Darling, Montreal, QC, H1W 2X1
(514) 596-5046   SIC 8211
COMMISSION SCOLAIRE DE MONTREAL
p 1089
6255 13e Av, Montreal, QC, H1X 2Y6
(514) 596-7712   SIC 8211
COMMISSION SCOLAIRE DE MONTREAL
p 1089
6855 16e Av, Montreal, QC, H1X 2T5
(514) 596-4166   SIC 8211
COMMISSION SCOLAIRE DE MONTREAL
p 1089
See COMMISSION SCOLAIRE DE MONTREAL
COMMISSION SCOLAIRE DE MONTREAL
p 1089
3320 Rue Hochelaga, Montreal, QC, H1W 1H1
(514) 596-4650   SIC 8211
COMMISSION SCOLAIRE DE MONTREAL
p 1089
3700 Rue Sherbrooke E, Montreal, QC, H1X 1Z8
(514) 596-4848   SIC 8211
COMMISSION SCOLAIRE DE MONTREAL
p 1090
2870 Rue Dandurand, Montreal, QC, H1Y 1T5
(514) 596-5122   SIC 8211
COMMISSION SCOLAIRE DE MONTREAL
p 1090
3000 Rue Beaubien E, Montreal, QC, H1Y 1H2
(514) 596-4567   SIC 8211
COMMISSION SCOLAIRE DE MONTREAL
p 1090
3120 Av Laurier E, Montreal, QC, H1Y 1Z6
(514) 596-5007   SIC 8211
COMMISSION SCOLAIRE DE MONTREAL
p 1090
5015 9e Av, Montreal, QC, H1Y 2J3
(514) 596-5588   SIC 8211
COMMISSION SCOLAIRE DE MONTREAL
p 1090
5937 9e Avenue, Montreal, QC, H1Y 2K4
(514) 596-4861   SIC 8211
COMMISSION SCOLAIRE DE MONTREAL
p 1090
6365 1re Av, Montreal, QC, H1Y 3A9
(514) 596-5022   SIC 8211
COMMISSION SCOLAIRE DE MONTREAL
p 1090
8699 Boul Saint-Michel, Montreal, QC, H1Z 3G1
(514) 596-4455   SIC 8211
COMMISSION SCOLAIRE DE MONTREAL
p 1090
See COMMISSION SCOLAIRE DE MONTREAL
COMMISSION SCOLAIRE DE MONTREAL
p 1091
7450 Rue Francois-Perrault, Montreal, QC, H2A 1L9
(514) 596-4620   SIC 8211
COMMISSION SCOLAIRE DE MONTREAL
p 1091
7230 8e Av, Montreal, QC, H2A 3C7
(514) 596-5120   SIC 8211
COMMISSION SCOLAIRE DE MONTREAL
p 1091
2901 Rue De Louvain E, Montreal, QC, H1Z 1J7
(514) 596-5353   SIC 8211
COMMISSION SCOLAIRE DE MONTREAL
p 1091
10600 Av Larose, Montreal, QC, H2B 2Z3
(514) 596-5435   SIC 8211
COMMISSION SCOLAIRE DE MONTREAL
p 1091
10591 Rue Seguin, Montreal, QC, H2B 2B8
(514) 596-5295   SIC 8211
COMMISSION SCOLAIRE DE MONTREAL
p 1091
10055 Rue J.-J.-Gagnier, Montreal, QC, H2B 2Z7
(514) 596-5570   SIC 8211
COMMISSION SCOLAIRE DE MONTREAL
p 1091
7900 8e Av, Montreal, QC, H1Z 2V9
(514) 596-5020   SIC 8211
COMMISSION SCOLAIRE DE MONTREAL
p 1091

9275 25e Av, Montreal, QC, H1Z 4E2
(514) 596-5181   SIC 8211
COMMISSION SCOLAIRE DE MONTREAL
p 1091
8901 Boul Saint-Michel, Montreal, QC, H1Z 3G3
(514) 596-5550   SIC 8211
COMMISSION SCOLAIRE DE MONTREAL
p 1091
8801 25e Av, Montreal, QC, H1Z 4B4
(514) 596-5494   SIC 8211
COMMISSION SCOLAIRE DE MONTREAL
p 1091
8800 12e Av, Montreal, QC, H1Z 3J3
(514) 596-5330   SIC 8211
COMMISSION SCOLAIRE DE MONTREAL
p 1091
7575 19e Av, Montreal, QC, H2A 2M2
(514) 596-4924   SIC 8211
COMMISSION SCOLAIRE DE MONTREAL
p 1091
See COMMISSION SCOLAIRE DE MONTREAL
COMMISSION SCOLAIRE DE MONTREAL
p 1092
750 Boul Gouin E, Montreal, QC, H2C 1A6
(514) 596-5538   SIC 8211
COMMISSION SCOLAIRE DE MONTREAL
p 1092
1370 Rue De Castelnau E, Montreal, QC, H2E 1R9
(514) 596-5523   SIC 8211
COMMISSION SCOLAIRE DE MONTREAL
p 1092
1350 Boul Cremazie E, Montreal, QC, H2E 1A1
(514) 596-4300   SIC 8211
COMMISSION SCOLAIRE DE MONTREAL
p 1092
1239 Boul Gouin E, Montreal, QC, H2C 1B3
(514) 596-5535   SIC 8211
COMMISSION SCOLAIRE DE MONTREAL
p 1092
10495 Av Georges-Baril, Montreal, QC, H2C 2N1
(514) 596-5505   SIC 8211
COMMISSION SCOLAIRE DE MONTREAL
p 1092
10122 Boul Olympia, Montreal, QC, H2C 2V9
(514) 596-5320   SIC 8211
COMMISSION SCOLAIRE DE MONTREAL
p 1092
10050 Av Durham, Montreal, QC, H2C 2G4
(514) 596-5200   SIC 8211
COMMISSION SCOLAIRE DE MONTREAL
p 1092
7400 Rue Sagard, Montreal, QC, H2E 2S9
(514) 596-4858   SIC 8211
COMMISSION SCOLAIRE DE MONTREAL
p 1092
6028 Rue Marquette, Montreal, QC, H2G 2Y2
(514) 596-7919   SIC 8249
COMMISSION SCOLAIRE DE MONTREAL
p 1092
6017 Rue Cartier, Montreal, QC, H2G 2V4
(514) 596-4969   SIC 8211
COMMISSION SCOLAIRE DE MONTREAL
p 1092
8200 Rue Rousselot, Montreal, QC, H2E 1Z6
(514) 596-4350   SIC 8211
COMMISSION SCOLAIRE DE MONTREAL
p 1092
See COMMISSION SCOLAIRE DE MONTREAL
COMMISSION SCOLAIRE DE MONTREAL
p 1093
2430 Tsse Mercure, Montreal, QC, H2H 1P2
(514) 596-5880   SIC 8211
COMMISSION SCOLAIRE DE MONTREAL
p 1093
4240 Rue De Bordeaux, Montreal, QC, H2H 1Z5
(514) 596-5815   SIC 8211
COMMISSION SCOLAIRE DE MONTREAL
p 1093
4245 Rue Berri, Montreal, QC, H2J 2P9
(514) 596-5737   SIC 8211
COMMISSION SCOLAIRE DE MONTREAL
p 1093
4300 Rue De Lanaudiere, Montreal, QC, H2J 3N9
(514) 596-5835   SIC 8211
COMMISSION SCOLAIRE DE MONTREAL
p 1093
505 Av Laurier E, Montreal, QC, H2J 1E9
(514) 596-5770   SIC 8211
COMMISSION SCOLAIRE DE MONTREAL
p 1093
5205 Rue Parthenais, Montreal, QC, H2H 2H4
(514) 596-4590   SIC 8211
COMMISSION SCOLAIRE DE MONTREAL
p 1093
5455 Rue Saint-Denis, Montreal, QC, H2J 4B7
(514) 596-5855   SIC 8211
COMMISSION SCOLAIRE DE MONTREAL
p 1093
See COMMISSION SCOLAIRE DE MONTREAL
COMMISSION SCOLAIRE DE MONTREAL
p 1093
1310 Boul Saint-Joseph E, Montreal, QC, H2J 1M2
(514) 596-5845   SIC 8211
COMMISSION SCOLAIRE DE MONTREAL
p 1093
1808 Av Papineau, Montreal, QC, H2K 4J1
(514) 596-5808   SIC 8211
COMMISSION SCOLAIRE DE MONTREAL
p 1093
2110 Boul Saint-Joseph E, Montreal, QC, H2H 1E7
(514) 596-5700   SIC 8211
COMMISSION SCOLAIRE DE MONTREAL
p 1093
2175 Rue Rachel E, Montreal, QC, H2H 1R3
(514) 596-5871   SIC 8211
COMMISSION SCOLAIRE DE MONTREAL
p 1094
2070 Rue Plessis, Montreal, QC, H2L 2Y3
(514) 596-5810   SIC 8211
COMMISSION SCOLAIRE DE MONTREAL
p 1094
3655 Rue Saint-Hubert, Montreal, QC, H2L 3Z9
(514) 596-4288   SIC 8211
COMMISSION SCOLAIRE DE MONTREAL
p 1094
3450 Av De Lorimier, Montreal, QC, H2K 3X6
(514) 596-7299   SIC 8211
COMMISSION SCOLAIRE DE MONTREAL
p 1094
2743 Rue De Rouen, Montreal, QC, H2K 1N2
(514) 596-5820   SIC 8211
COMMISSION SCOLAIRE DE MONTREAL
p 1094
See COMMISSION SCOLAIRE DE MONTREAL
COMMISSION SCOLAIRE DE MONTREAL
p 1094
2000 Rue Parthenais, Montreal, QC, H2K 3S9
(514) 596-5711   SIC 8211
COMMISSION SCOLAIRE DE MONTREAL
p 1094
3700 Av Calixa-Lavallee, Montreal, QC, H2L 3A8
(514) 596-5950   SIC 8211
COMMISSION SCOLAIRE DE MONTREAL
p 1094
2217 Av Papineau, Montreal, QC, H2K 4J5
(514) 596-4433   SIC 8211
COMMISSION SCOLAIRE DE MONTREAL
p 1094
2237 Rue Fullum, Montreal, QC, H2K 3P1
(514) 596-5830   SIC 8211
COMMISSION SCOLAIRE DE MONTREAL
p 1095
9355 Av De Galinee, Montreal, QC, H2M 2A7
(514) 596-5454   SIC 8211
COMMISSION SCOLAIRE DE MONTREAL
p 1095
9335 Rue Saint-Hubert, Montreal, QC, H2M 1Y7
(514) 858-3999   SIC 8211
COMMISSION SCOLAIRE DE MONTREAL
p 1095
See COMMISSION SCOLAIRE DE MONTREAL
COMMISSION SCOLAIRE DE MONTREAL
p 1095
525 Rue De Louvain E, Montreal, QC, H2M 1A1
(514) 596-5194   SIC 8211
COMMISSION SCOLAIRE DE MONTREAL
p 1097
See COMMISSION SCOLAIRE DE MONTREAL
COMMISSION SCOLAIRE DE MONTREAL
p 1097
7230 Av De Gaspe, Montreal, QC, H2R 1Z6
(514) 596-5530   SIC 8211
COMMISSION SCOLAIRE DE MONTREAL
p 1097
8550 Rue Clark, Montreal, QC, H2P 2N7
(514) 596-4318   SIC 8211
COMMISSION SCOLAIRE DE MONTREAL
p 1097
8525 Rue Berri, Montreal, QC, H2P 2G5
(514) 596-5450   SIC 8211
COMMISSION SCOLAIRE DE MONTREAL
p 1097
85 Rue Jarry O, Montreal, QC, H2P 1S6
(514) 596-4381   SIC 8211
COMMISSION SCOLAIRE DE MONTREAL
p 1097
8305 Rue Saint-Andre, Montreal, QC, H2P 1Y7
(514) 596-4246   SIC 8211
COMMISSION SCOLAIRE DE MONTREAL
p 1097
8200 Boul Saint-Laurent, Montreal, QC, H2P 2L8
(514) 596-5400   SIC 8211
COMMISSION SCOLAIRE DE MONTREAL
p 1097
8050 Av De Gaspe, Montreal, QC, H2R 2A7
(514) 596-5275   SIC 8211
COMMISSION SCOLAIRE DE MONTREAL
p 1097
1205 Rue Jarry E, Montreal, QC, H2P 1W9
(514) 596-4160   SIC 8211
COMMISSION SCOLAIRE DE MONTREAL
p 1098
See COMMISSION SCOLAIRE DE MONTREAL
COMMISSION SCOLAIRE DE MONTREAL
p 1098
6521 Rue Saint-Denis, Montreal, QC, H2S 2S1
(514) 596-5288   SIC 8211
COMMISSION SCOLAIRE DE MONTREAL
p 1098
5840 Rue Saint-Urbain, Montreal, QC, H2T 2X5
(514) 596-5890   SIC 8211
COMMISSION SCOLAIRE DE MONTREAL
p 1098
6555 Rue De Normanville, Montreal, QC, H2S 2B8
(514) 596-4940   SIC 8211
COMMISSION SCOLAIRE DE MONTREAL
p 1098
6841 Av Henri-Julien, Montreal, QC, H2S 2V3
(514) 596-5480   SIC 8211
COMMISSION SCOLAIRE DE MONTREAL
p 1098
5959 Av Christophe-Colomb, Montreal, QC, H2S 2G3
(514) 596-5165   SIC 8211
COMMISSION SCOLAIRE DE MONTREAL
p 1098
35 Rue Saint-Zotique E, Montreal, QC, H2S 1K5
(514) 596-5485   SIC 8211
COMMISSION SCOLAIRE DE MONTREAL
p 1098
6972 Av Christophe-Colomb, Montreal, QC, H2S 2H5
(514) 596-5011   SIC 8211
COMMISSION SCOLAIRE DE MONTREAL
p 1098
5927 Rue Boyer, Montreal, QC, H2S 2H8
(514) 596-4266   SIC 8211
COMMISSION SCOLAIRE DE MONTREAL
p 1099
6080 Av De L'esplanade, Montreal, QC, H2T 3A3
(514) 596-4800   SIC 8211
COMMISSION SCOLAIRE DE MONTREAL
p 1099
See COMMISSION SCOLAIRE DE MONTREAL
COMMISSION SCOLAIRE DE MONTREAL
p 1099
4285 Rue Drolet, Montreal, QC, H2W 2L7
(514) 596-5800   SIC 8211
COMMISSION SCOLAIRE DE MONTREAL
p 1099
4265 Av Laval, Montreal, QC, H2W 2J6
(514) 350-8860   SIC 8211
COMMISSION SCOLAIRE DE MONTREAL
p 1099
311 Av Des Pins E, Montreal, QC, H2W 1P5
(514) 350-8840   SIC 8211
COMMISSION SCOLAIRE DE MONTREAL
p 1117
1822 Boul De Maisonneuve O, Montreal, QC, H3H 1J8
(514) 350-8049   SIC 8221
COMMISSION SCOLAIRE DE MONTREAL
p 1117
See COMMISSION SCOLAIRE DE MONTREAL
COMMISSION SCOLAIRE DE MONTREAL
p 1117
555 Rue Des Seigneurs, Montreal, QC, H3J 1Y1
(514) 596-5730   SIC 8211
COMMISSION SCOLAIRE DE MONTREAL
p 1118
100 Rue Sauve E, Montreal, QC, H3L 1H1
(514) 596-5460   SIC 8211
COMMISSION SCOLAIRE DE MONTREAL
p 1118
10615 Boul Saint-Laurent, Montreal, QC, H3L 2P5
(514) 596-5167   SIC 8211
COMMISSION SCOLAIRE DE MONTREAL
p 1118
2001 Rue Mullins, Montreal, QC, H3K 1N9
(514) 596-5684   SIC 8211
COMMISSION SCOLAIRE DE MONTREAL
p 1118
2120 Rue Favard, Montreal, QC, H3K 1Z7
(514) 596-5788   SIC 8211
COMMISSION SCOLAIRE DE MONTREAL
p 1118
215 Rue Prieur O, Montreal, QC, H3L 1R7
(514) 596-5366   SIC 8211
COMMISSION SCOLAIRE DE MONTREAL
p 1118
See COMMISSION SCOLAIRE DE MONTREAL
COMMISSION SCOLAIRE DE MONTREAL
p 1119
11600 Boul De L'acadie, Montreal, QC, H3M 2T2

(514) 596-5285   SIC 8211
COMMISSION SCOLAIRE DE MONTREAL
p 1119
11845 Boul De L'acadie Bureau 281, Montreal, QC, H3M 2T4
(514) 596-5280   SIC 8211
COMMISSION SCOLAIRE DE MONTREAL
p 1119
See COMMISSION SCOLAIRE DE MONTREAL
COMMISSION SCOLAIRE DE MONTREAL
p 1119
12050 Av Du Bois-De-Boulogne, Montreal, QC, H3M 2X9
(514) 596-5540   SIC 8211
COMMISSION SCOLAIRE DE MONTREAL
p 1119
8000 Av De L'Epee, Montreal, QC, H3N 2E9
(514) 596-5175   SIC 8351
COMMISSION SCOLAIRE DE MONTREAL
p 1119
415 Rue Saint-Roch, Montreal, QC, H3N 1K2
(514) 596-4572   SIC 8211
COMMISSION SCOLAIRE DE MONTREAL
p 1119
7700 Av D'outremont, Montreal, QC, H3N 2L9
(514) 596-3410   SIC 8211
COMMISSION SCOLAIRE DE MONTREAL
p 1119
7941 Av Wiseman, Montreal, QC, H3N 2P2
(514) 596-4533   SIC 8211
COMMISSION SCOLAIRE DE MONTREAL
p 1119
11400 Av De Poutrincourt, Montreal, QC, H3M 1Z7
(514) 596-5298   SIC 8211
COMMISSION SCOLAIRE DE MONTREAL
p 1120
6320 Ch De La Cote-Des-Neiges, Montreal, QC, H3S 2A4
(514) 736-8100   SIC 8211
COMMISSION SCOLAIRE DE MONTREAL
p 1120
See COMMISSION SCOLAIRE DE MONTREAL
COMMISSION SCOLAIRE DE MONTREAL
p 1120
3131 Rue Goyer, Montreal, QC, H3S 1H7
(514) 736-3505   SIC 8211
COMMISSION SCOLAIRE DE MONTREAL
p 1120
3850 Av Dupuis, Montreal, QC, H3T 1E6
(514) 736-8140   SIC 8211
COMMISSION SCOLAIRE DE MONTREAL
p 1121
5325 Av Macdonald, Montreal, QC, H3X 2W6
(514) 596-5688   SIC 8211
COMMISSION SCOLAIRE DE MONTREAL
p 1121
5000 Av Iona, Montreal, QC, H3W 2A2
(514) 736-3535   SIC 8211
COMMISSION SCOLAIRE DE MONTREAL
p 1121
4860 Rue Vezina, Montreal, QC, H3W 1C1
(514) 736-1537   SIC 8211
COMMISSION SCOLAIRE DE MONTREAL
p 1121
6300 Ch De La Cote-Saint-Luc, Montreal, QC, H3X 2H4
(514) 596-5920   SIC 8211
COMMISSION SCOLAIRE DE MONTREAL
p 1121
See COMMISSION SCOLAIRE DE MONTREAL
COMMISSION SCOLAIRE DE MONTREAL
p 1121
5530 Av Dupuis, Montreal, QC, H3X 1N8
(514) 596-5287   SIC 7011
COMMISSION SCOLAIRE DE MONTREAL
p 1121
4890 Av Carlton, Montreal, QC, H3W 1G6

(514) 736-8192   SIC 8211
COMMISSION SCOLAIRE DE MONTREAL
p 1122
See COMMISSION SCOLAIRE DE MONTREAL
COMMISSION SCOLAIRE DE MONTREAL
p 1122
5619 Ch De La Cote-Saint-Antoine, Montreal, QC, H4A 1R5
(514) 596-5682   SIC 8211
COMMISSION SCOLAIRE DE MONTREAL
p 1122
2055 Av D'oxford, Montreal, QC, H4A 2X6
(514) 596-5227   SIC 8211
COMMISSION SCOLAIRE DE MONTREAL
p 1122
5435 Av Notre-Dame-De-Grace, Montreal, QC, H4A 1L2
(514) 596-5676   SIC 8211
COMMISSION SCOLAIRE DE MONTREAL
p 1123
770 Rue Du Couvent, Montreal, QC, H4C 2R6
(514) 596-5666   SIC 8211
COMMISSION SCOLAIRE DE MONTREAL
p 1123
6970 Rue Dumas, Montreal, QC, H4E 3A3
(514) 732-1460   SIC 8211
COMMISSION SCOLAIRE DE MONTREAL
p 1123
717 Rue Saint-Ferdinand, Montreal, QC, H4C 2T3
(514) 596-5960   SIC 8211
COMMISSION SCOLAIRE DE MONTREAL
p 1123
6025 Rue Beaulieu, Montreal, QC, H4E 3E7
(514) 766-1239   SIC 8211
COMMISSION SCOLAIRE DE MONTREAL
p 1123
4976 Rue Notre-Dame O, Montreal, QC, H4C 1S8
(514) 596-4544   SIC 8211
COMMISSION SCOLAIRE DE MONTREAL
p 1123
4115 Rue Saint-Jacques, Montreal, QC, H4C 1J3
(514) 596-5970   SIC 8211
COMMISSION SCOLAIRE DE MONTREAL
p 1123
1935 Boul Desmarchais, Montreal, QC, H4E 2B9
(514) 732-1400   SIC 8211
COMMISSION SCOLAIRE DE MONTREAL
p 1123
See COMMISSION SCOLAIRE DE MONTREAL
COMMISSION SCOLAIRE DE MONTREAL
p 1124
See COMMISSION SCOLAIRE DE MONTREAL
COMMISSION SCOLAIRE DE MONTREAL
p 1124
12055 Rue Depatie, Montreal, QC, H4J 1W9
(514) 596-5565   SIC 8211
COMMISSION SCOLAIRE DE MONTREAL
p 1124
12330 Rue Lavigne, Montreal, QC, H4J 1Y4
(514) 596-5586   SIC 8211
COMMISSION SCOLAIRE DE MONTREAL
p 1124
11715 Rue Filion, Montreal, QC, H4J 1T2
(514) 596-7330   SIC 8211
COMMISSION SCOLAIRE DE MONTREAL
p 1126
5350 Av Rosedale, Montreal, QC, H4V 2H9
(514) 596-5745   SIC 8211
COMMISSION SCOLAIRE DE MONTREAL
p 1126
7065 Av Somerled, Montreal, QC, H4V 1V8
(514) 596-5691   SIC 8211
COMMISSION SCOLAIRE DE MONTREAL
p 1203
2085 Rue De Londres, SAINT-LAURENT, QC, H4L 3A5

(514) 855-4227   SIC 8211
COMMISSION SCOLAIRE DE MONTREAL
p 1218
9200 8 Av, SAINT-MICHEL, QC, J0L 2J0
(514) 596-5340   SIC 8211
COMMISSION SCOLAIRE DE MONTREAL
p 1262
See COMMISSION SCOLAIRE DE MONTREAL
COMMISSION SCOLAIRE DE MONTREAL
p 1262
360 Av Clarke, WESTMOUNT, QC, H3Z 2E6
(514) 596-5720   SIC 8211
COMMISSION SCOLAIRE DE MONTREAL
p 1262
11 Ch De La Cote-Saint-Antoine, WESTMOUNT, QC, H3Y 2H7
(514) 596-7240   SIC 8211
COMMISSION SCOLAIRE DE MONTS-ET-MAREES   p
1010
145 Rue Saint-Luc, CAUSAPSCAL, QC, G0J 1J0
(418) 756-3481   SIC 8211
COMMISSION SCOLAIRE DE MONTS-ET-MAREES   p
1077
611 Av Saint-Redempteur, MATANE, QC, G4W 1K7
(418) 562-6148   SIC 8211
COMMISSION SCOLAIRE DE MONTS-ET-MAREES   p
1077
530 Av Saint-Jerome, MATANE, QC, G4W 3B5
(418) 566-2500   SIC 8211
COMMISSION SCOLAIRE DE MONTS-ET-MAREES   p
1077
152 Av Saint-Redempteur, MATANE, QC, G4W 1K2
(418) 562-0827   SIC 8211
COMMISSION SCOLAIRE DE MONTS-ET-MAREES   p
1077
455 Av Saint-Redempteur, MATANE, QC, G4W 1K7
(418) 562-5429   SIC 8211
COMMISSION SCOLAIRE DE MONTS-ET-MAREES   p
1226
207 Boul Perron, Sainte-Felicite, QC, G0J 2K0
(418) 733-4276   SIC 8211
COMMISSION SCOLAIRE DE MONTS-ET-MAREES   p
1233
8 Rue Keable, SAYABEC, QC, G0J 3K0
(418) 536-5431   SIC 8211
COMMISSION SCOLAIRE DE PORTNEUF p
1025
See COMMISSION SCOLAIRE DE PORTNEUF
COMMISSION SCOLAIRE DE PORTNEUF p
1025
451 Av Jacques-Cartier, DONNACONA, QC, G3M 2C1
(418) 285-2666   SIC 8211
COMMISSION SCOLAIRE DE PORTNEUF p
1025
320 Rue De L'Eglise, DONNACONA, QC, G3M 2A1
(418) 285-2612   SIC 8211
COMMISSION SCOLAIRE DE PORTNEUF p
1025
310 Rue De L'Eglise, DONNACONA, QC, G3M 1Z8
(418) 285-2600   SIC 8211
COMMISSION SCOLAIRE DE PORTNEUF p
1025
250 Av Cote, DONNACONA, QC, G3M 2V7
(418) 285-5026   SIC 8211
COMMISSION SCOLAIRE DE PORTNEUF p
1134

See COMMISSION SCOLAIRE DE PORTNEUF
COMMISSION SCOLAIRE DE PORTNEUF p
1134
619 Rue Des Erables, NEUVILLE, QC, G0A 2R0
(418) 876-2102   SIC 8211
COMMISSION SCOLAIRE DE PORTNEUF p
1143
See COMMISSION SCOLAIRE DE PORTNEUF
COMMISSION SCOLAIRE DE PORTNEUF p
1143
20 Rue De La Fabrique, PONT-ROUGE, QC, G3H 3J6
(418) 873-2151   SIC 8211
COMMISSION SCOLAIRE DE PORTNEUF p
1143
37 Rue Du College, PONT-ROUGE, QC, G3H 3A2
(418) 873-2193   SIC 8211
COMMISSION SCOLAIRE DE PORTNEUF p
1181
10 Pace De L'Eglise, SAINT-BASILE, QC, G0A 3G0
SIC 8211
COMMISSION SCOLAIRE DE PORTNEUF p
1181
See COMMISSION SCOLAIRE DE PORTNEUF
COMMISSION SCOLAIRE DE PORTNEUF p
1220
400 Boul Cloutier, SAINT-RAYMOND, QC, G3L 3M8
(418) 337-6721   SIC 8211
COMMISSION SCOLAIRE DE PORTNEUF p
1220
150 Av De L'hotel-De-Ville, SAINT-RAYMOND, QC, G3L 3V9
(418) 337-7657   SIC 8211
COMMISSION SCOLAIRE DE PORTNEUF p
1220
See COMMISSION SCOLAIRE DE PORTNEUF
COMMISSION SCOLAIRE DE ROUYN-NORANDA   p
1177
See COMMISSION SCOLAIRE DE ROUYN-NORANDA
COMMISSION SCOLAIRE DE ROUYN-NORANDA   p
1177
15 10th Rue, ROUYN-NORANDA, QC, J9X 5C9
(819) 762-8161   SIC 8621
COMMISSION SCOLAIRE DE ROUYN-NORANDA   p
1177
9725 Boul Rideau, ROUYN-NORANDA, QC, J0Z 2X0
SIC 8211
COMMISSION SCOLAIRE DE ROUYN-NORANDA   p
1177
275 Av Forbes, ROUYN-NORANDA, QC, J9X 5C9
(819) 762-8161   SIC 8211
COMMISSION SCOLAIRE DE ROUYN-NORANDA   p
1177
30 Av De L'Eglise, ROUYN-NORANDA, QC, J9X 5C9
(819) 762-8161   SIC 8211
COMMISSION SCOLAIRE DE ROUYN-NORANDA   p
1177
200 19e Rue, ROUYN-NORANDA, QC, J9X 2N3
(819) 762-8161   SIC 8211
COMMISSION SCOLAIRE DE SAINT-HYACINTHE, LA   p
987
1277 Rue Belair, ACTON VALE, QC, J0H 1A0

▲ Public Company   ■ Public Company Family Member   **HQ** Headquarters   **BR** Branch   **SL** Single Location

(450) 546-2785 *SIC* 8211
COMMISSION SCOLAIRE DE SAINT-HYACINTHE, LA *p*
987
1450 3e Av, ACTON VALE, QC, J0H 1A0
(450) 546-5575 *SIC* 8211
COMMISSION SCOLAIRE DE SAINT-HYACINTHE, LA *p*
1184
18 Rue Saint-Joseph, SAINT-DAMASE, QC, J0H 1J0
(450) 773-8355 *SIC* 8211
COMMISSION SCOLAIRE DE SAINT-HYACINTHE, LA *p*
1185
1236 Rue Principale, SAINT-DOMINIQUE, QC, J0H 1L0
(450) 773-7223 *SIC* 8211
COMMISSION SCOLAIRE DE SAINT-HYACINTHE, LA *p*
1193
6525 Av Pinard, SAINT-HYACINTHE, QC, J2R 1B8
(450) 773-7843 *SIC* 8211
COMMISSION SCOLAIRE DE SAINT-HYACINTHE, LA *p*
1194
350 Av Sainte-Marie, SAINT-HYACINTHE, QC, J2S 4R3
(450) 773-7162 *SIC* 8211
COMMISSION SCOLAIRE DE SAINT-HYACINTHE, LA *p*
1194
2700 Av T.-D.-Bouchard, SAINT-HYACINTHE, QC, J2S 7G2
(450) 773-8408 *SIC* 8211
COMMISSION SCOLAIRE DE SAINT-HYACINTHE, LA *p*
1194
See COMMISSION SCOLAIRE DE SAINT-HYACINTHE, LA
COMMISSION SCOLAIRE DE SAINT-HYACINTHE, LA *p*
1194
2475 Boul Laframboise, SAINT-HYACINTHE, QC, J2S 4Y1
(450) 773-8401 *SIC* 8211
COMMISSION SCOLAIRE DE SAINT-HYACINTHE, LA *p*
1194
700 Rue Millet, SAINT-HYACINTHE, QC, J2S 1J5
(450) 773-4505 *SIC* 8211
COMMISSION SCOLAIRE DE SAINT-HYACINTHE, LA *p*
1194
700 Boul Casavant E, SAINT-HYACINTHE, QC, J2S 7T2
(450) 773-8401 *SIC* 8211
COMMISSION SCOLAIRE DE SAINT-HYACINTHE, LA *p*
1194
5355 Rue Joncaire, SAINT-HYACINTHE, QC, J2S 3X1
(450) 773-3835 *SIC* 8211
COMMISSION SCOLAIRE DE SAINT-HYACINTHE, LA *p*
1194
2400 Rue Bourassa, SAINT-HYACINTHE, QC, J2S 1R8
(450) 773-1230 *SIC* 8211
COMMISSION SCOLAIRE DE SAINT-HYACINTHE, LA *p*
1194
2350 Rue Lafontaine, SAINT-HYACINTHE, QC, J2S 2N1
(450) 771-2930 *SIC* 8211
COMMISSION SCOLAIRE DE SAINT-HYACINTHE, LA *p*
1194
2255 Boul Laframboise, SAINT-HYACINTHE, QC, J2S 4X7
(450) 773-8408 *SIC* 8211
COMMISSION SCOLAIRE DE SAINT-HYACINTHE, LA *p*
1194
1455 Boul Casavant E, SAINT-HYACINTHE, QC, J2S 8S8
(450) 773-8401 *SIC* 8211
COMMISSION SCOLAIRE DE SAINT-HYACINTHE, LA *p*
1195
2525 Rue Crevier, SAINT-HYACINTHE, QC, J2T 1T1
(450) 774-6638 *SIC* 8211
COMMISSION SCOLAIRE DE SAINT-HYACINTHE, LA *p*
1195
1900 Rue Bernard, SAINT-HYACINTHE, QC, J2T 1G4
(450) 774-8015 *SIC* 8211
COMMISSION SCOLAIRE DE SAINT-HYACINTHE, LA *p*
1195
650 Rue Desranleau E, SAINT-HYACINTHE, QC, J2T 2L6
(450) 773-2823 *SIC* 8211
COMMISSION SCOLAIRE DE SAINT-HYACINTHE, LA *p*
1195
855 Rue Saint-Pierre O, SAINT-HYACINTHE, QC, J2T 1N7
(450) 774-5700 *SIC* 8211
COMMISSION SCOLAIRE DE SAINT-HYACINTHE, LA *p*
1202
1441 Rue Saint-Pierre, SAINT-JUDE, QC, J0H 1P0
(450) 792-3413 *SIC* 8211
COMMISSION SCOLAIRE DE SAINT-HYACINTHE, LA *p*
1226
401 4e Av, Sainte-Helene-de-Bagot, QC, J0H 1M0
(450) 773-1237 *SIC* 8211
COMMISSION SCOLAIRE DE SAINT-HYACINTHE, LA *p*
1227
150 Rue Du Cinquantenaire, SAINTE-MADELEINE, QC, J0H 1S0
(450) 773-6881 *SIC* 8211
COMMISSION SCOLAIRE DE SOREL-TRACY *p*
1077
270 Rue Bonsecours, MASSUEVILLE, QC, J0G 1K0
(450) 788-2208 *SIC* 8211
COMMISSION SCOLAIRE DE SOREL-TRACY *p*
1202
1055 Rue Saint-Pierre, SAINT-JOSEPH-DE-SOREL, QC, J3R 1B3
(450) 743-6417 *SIC* 8211
COMMISSION SCOLAIRE DE SOREL-TRACY *p*
1224
581 Ch Du Chenal-Du-Moine, SAINTE-ANNE-DE-SOREL, QC, J3P 1V8
(450) 746-4575 *SIC* 8211
COMMISSION SCOLAIRE DE SOREL-TRACY *p*
1231
345 Montee Sainte-Victoire, SAINTE-VICTOIRE-DE-SOREL, QC, J0G 1T0
(450) 746-3511 *SIC* 8211
COMMISSION SCOLAIRE DE SOREL-TRACY *p*
1241
172 Rue Guevremont, SOREL-TRACY, QC, J3P 3K6
(450) 743-6370 *SIC* 8211
COMMISSION SCOLAIRE DE SOREL-TRACY *p*
1241
265 Rue De Ramezay, SOREL-TRACY, QC, J3P 4A5
(450) 742-5901 *SIC* 8211
COMMISSION SCOLAIRE DE SOREL-TRACY *p*
1241
50 Rue Brebeuf, SOREL-TRACY, QC, J3P 2X5
(450) 746-1591 *SIC* 8211
COMMISSION SCOLAIRE DE SOREL-TRACY *p*
1242
2425 Boul Cournoyer, SOREL-TRACY, QC, J3R 2N3
(450) 743-6334 *SIC* 8211
COMMISSION SCOLAIRE DE SOREL-TRACY *p*
1242
5105 Boul Des Etudiants, SOREL-TRACY, QC, J3R 4K7
(450) 743-1284 *SIC* 8221
COMMISSION SCOLAIRE DE SOREL-TRACY *p*
1242
2800 Boul Des Erables, SOREL-TRACY, QC, J3R 2W4
(450) 746-3510 *SIC* 8211
COMMISSION SCOLAIRE DE SOREL-TRACY *p*
1242
2555 Rue Cardin, SOREL-TRACY, QC, J3R 2S5
(450) 746-3515 *SIC* 8211
COMMISSION SCOLAIRE DE SOREL-TRACY *p*
1263
11 Rue Du Pont, YAMASKA, QC, J0G 1X0
(450) 746-3513 *SIC* 8211
COMMISSION SCOLAIRE DES AFFLUENTS *p*
1051
2600 Boul De L'ange-Gardien N, L'ASSOMPTION, QC, J5W 4R5
(450) 492-3565 *SIC* 8211
COMMISSION SCOLAIRE DES AFFLUENTS *p*
1051
1600 Boul De L'ange-Gardien N, L'ASSOMPTION, QC, J5W 5H1
(450) 492-3588 *SIC* 8211
COMMISSION SCOLAIRE DES AFFLUENTS *p*
1051
119 Rue Amireault, L'Epiphanie, QC, J5X 2T2
(450) 492-3595 *SIC* 8211
COMMISSION SCOLAIRE DES AFFLUENTS *p*
1051
761 Rue Du Pont, L'ASSOMPTION, QC, J5W 3E6
(450) 492-3508 *SIC* 8211
COMMISSION SCOLAIRE DES AFFLUENTS *p*
1051
81 Rue Des Sulpiciens, L'Epiphanie, QC, J5X 2Y2
(450) 492-3592 *SIC* 8211
COMMISSION SCOLAIRE DES AFFLUENTS *p*
1076
815 Rue Bombardier Bureau 16, MASCOUCHE, QC, J7K 3E6
(450) 492-3738 *SIC* 8211
COMMISSION SCOLAIRE DES AFFLUENTS *p*
1076
3000 Av Bourque, MASCOUCHE, QC, J7K 2A3
(450) 492-3639 *SIC* 8211
COMMISSION SCOLAIRE DES AFFLUENTS *p*
1076
2121 Rue De L'alize, MASCOUCHE, QC, J7L 4C9
(450) 492-9400 *SIC* 8211
COMMISSION SCOLAIRE DES AFFLUENTS *p*
1076
825 Rue Bombardier Bureau 7, MASCOUCHE, QC, J7K 3G7
(450) 492-3737 *SIC* 8211
COMMISSION SCOLAIRE DES AFFLUENTS *p*
1076
99 Av Napoleon, MASCOUCHE, QC, J7L 3B3
(450) 492-3628 *SIC* 8211
COMMISSION SCOLAIRE DES AFFLUENTS *p*
1170
120 Boul Laurentien, REPENTIGNY, QC, J5Y 2R7
(450) 492-3569 *SIC* 8211
COMMISSION SCOLAIRE DES AFFLUENTS *p*
1170
175 Rue Philippe-Goulet, REPENTIGNY, QC, J5Y 3M9
(450) 492-3580 *SIC* 8211
COMMISSION SCOLAIRE DES AFFLUENTS *p*
1170
250 Boul Louis-Philippe-Picard, REPENTIGNY, QC, J5Y 3W9
(450) 492-3578 *SIC* 8211
COMMISSION SCOLAIRE DES AFFLUENTS *p*
1170
777 Boul Iberville, REPENTIGNY, QC, J5Y 1A2
(450) 492-3777 *SIC* 8211
COMMISSION SCOLAIRE DES AFFLUENTS *p*
1170
777 Boul Iberville, REPENTIGNY, QC, J5Y 1A2
(450) 492-3799 *SIC* 8331
COMMISSION SCOLAIRE DES AFFLUENTS *p*
1170
835 Rue Frechette, REPENTIGNY, QC, J5Y 1B1
(450) 492-3519 *SIC* 8211
COMMISSION SCOLAIRE DES AFFLUENTS *p*
1170
945 Rue Noiseux, REPENTIGNY, QC, J5Y 1Z3
(450) 492-3562 *SIC* 8211
COMMISSION SCOLAIRE DES AFFLUENTS *p*
1171
80 Rue Jean-Baptiste-Meilleur, REPENTIGNY, QC, J6A 6C5
(450) 492-9400 *SIC* 8211
COMMISSION SCOLAIRE DES AFFLUENTS *p*
1171
830 Boul Basile-Routhier, REPENTIGNY, QC, J6A 7W9
(450) 492-3576 *SIC* 8211
COMMISSION SCOLAIRE DES AFFLUENTS *p*
1171
129 Rue Notre-Dame, REPENTIGNY, QC, J6A 2P1
(450) 492-3529 *SIC* 8211
COMMISSION SCOLAIRE DES AFFLUENTS *p*
1171
185 Rue Du Cure-Longpre, REPENTIGNY, QC, J6A 1V5
(450) 492-3533 *SIC* 8211
COMMISSION SCOLAIRE DES AFFLUENTS *p*
1171
595 Boul De L'assomption, REPENTIGNY, QC, J6A 6Z5
(450) 492-3567 *SIC* 8211
COMMISSION SCOLAIRE DES AFFLUENTS *p*

1243
192 Rue De L'Eglise, TERREBONNE, QC, J6V 1B4
(450) 492-3736   SIC 8211
COMMISSION SCOLAIRE DES AFFLUENTS p
1244
400 Montee Dumais, TERREBONNE, QC, J6W 5W9
(450) 492-3613   SIC 8211
COMMISSION SCOLAIRE DES AFFLUENTS p
1244
508 Montee Masson, TERREBONNE, QC, J6W 2Z3
(450) 492-3605   SIC 8211
COMMISSION SCOLAIRE DES AFFLUENTS p
1245
2225 Boul Des Seigneurs, TERREBONNE, QC, J6X 4A8
(450) 492-3740   SIC 8211
COMMISSION SCOLAIRE DES AFFLUENTS p
1245
4200 Rue Robert, TERREBONNE, QC, J6X 2N9
(450) 492-3636   SIC 8211
COMMISSION SCOLAIRE DES AFFLUENTS p
1245
1659 Boul Des Seigneurs, TERREBONNE, QC, J6X 3E3
(450) 492-3622   SIC 8211
COMMISSION SCOLAIRE DES AFFLUENTS p
1245
5800 Rue Rodrigue, TERREBONNE, QC, J7M 1Y6
(450) 492-3617   SIC 8211
COMMISSION SCOLAIRE DES AFFLUENTS p
1245
10521 Rue Villeneuve, TERREBONNE, QC, J7M 0K8
(450) 492-3609   SIC 8211
COMMISSION SCOLAIRE DES AFFLUENTS p
1245
1658 Boul Des Seigneurs, TERREBONNE, QC, J6X 4T1
(450) 492-3746   SIC 8211
COMMISSION SCOLAIRE DES AFFLUENTS p
1246
1651 Rue Guillemette, TERREBONNE, QC, J7M 1Z7
(450) 492-3748   SIC 8211
COMMISSION SCOLAIRE DES AFFLUENTS p
1246
7101 Rue Rodrigue, TERREBONNE, QC, J7M 1Y7
(450) 492-3742   SIC 8211
COMMISSION SCOLAIRE DES AFFLUENTS p
1246
4960 Rue Rodrigue, TERREBONNE, QC, J7M 1Y9
(450) 492-3747   SIC 8211
COMMISSION SCOLAIRE DES APPALACHES p
1023
290 Rue Montcalm, Disraeli, QC, G0N 1E0
(418) 449-2591   SIC 8211
COMMISSION SCOLAIRE DES APPALACHES p
1032
372 Av Du College, EAST BROUGHTON, QC, G0N 1G0
(418) 427-2606   SIC 8211
COMMISSION SCOLAIRE DES APPALACHES p
1188
620 Rue Notre-Dame, SAINT-FERDINAND, QC, G0N 1N0
(418) 428-3731   SIC 8211
COMMISSION SCOLAIRE DES APPALACHES p
1196
435 Rue Principale, SAINT-JACQUES-DE-LEEDS, QC, G0N 1J0
(418) 424-3777   SIC 8211
COMMISSION SCOLAIRE DES APPALACHES p
1225
307 Rue Du Couvent, SAINTE-CLOTILDE-DE-BEAUCE, QC, G0N 1C0
(418) 427-2018   SIC 8211
COMMISSION SCOLAIRE DES APPALACHES p
1246
285 Rue Houle, THETFORD MINES, QC, G6G 5W2
(418) 338-8422   SIC 8211
COMMISSION SCOLAIRE DES APPALACHES p
1246
993 8e Av, THETFORD MINES, QC, G6G 2E3
(418) 335-9826   SIC 8211
COMMISSION SCOLAIRE DES APPALACHES p
1246
561 Rue Saint-Patrick, THETFORD MINES, QC, G6G 5W1
(418) 338-7831   SIC 8211
COMMISSION SCOLAIRE DES APPALACHES p
1246
507 Rue Saint-Patrick, THETFORD MINES, QC, G6G 4B1
(418) 338-0640   SIC 8211
COMMISSION SCOLAIRE DES APPALACHES p
1246
578 Rue Monfette E, THETFORD MINES, QC, G6G 7G9
(418) 335-2921   SIC 8331
COMMISSION SCOLAIRE DES APPALACHES p
1246
275 Rue Simoneau, THETFORD MINES, QC, G6G 1S8
(418) 335-2110   SIC 8211
COMMISSION SCOLAIRE DES APPALACHES p
1247
499 Rue Saint-Desire, THETFORD MINES, QC, G6H 1L7
(418) 423-4291   SIC 8211
COMMISSION SCOLAIRE DES APPALACHES p
1247
539 Rue Saint-Louis, THETFORD MINES, QC, G6H 1J3
(418) 423-2728   SIC 8211
COMMISSION SCOLAIRE DES BOIS-FRANCS p
1022
111 7e Av, DAVELUYVILLE, QC, G0Z 1C0
(819) 367-2980   SIC 8211
COMMISSION SCOLAIRE DES BOIS-FRANCS p
1022
414 Rue Principale, DAVELUYVILLE, QC, G0Z 1C0
(819) 367-2241   SIC 8211
COMMISSION SCOLAIRE DES BOIS-FRANCS p
1048
2 Rue Lajeunesse, KINGSEY FALLS, QC, J0A 1B0
(819) 363-2213   SIC 8211
COMMISSION SCOLAIRE DES BOIS-FRANCS p
1073
3345 Rue King, LYSTER, QC, G0S 1V0
(819) 389-5437   SIC 8351
COMMISSION SCOLAIRE DES BOIS-FRANCS p
1138
1850 Av Rousseau, PLESSISVILLE, QC, G6L 2V3
(819) 362-3191   SIC 8211
COMMISSION SCOLAIRE DES BOIS-FRANCS p
1138
2050 Boul Des Sucreries, PLESSISVILLE, QC, G6L 1W6
(819) 362-2374   SIC 8211
COMMISSION SCOLAIRE DES BOIS-FRANCS p
1138
1650 Av Vallee, PLESSISVILLE, QC, G6L 2W5
(819) 362-7348   SIC 8748
COMMISSION SCOLAIRE DES BOIS-FRANCS p
1138
1159 Rue Saint-Jean, PLESSISVILLE, QC, G6L 1E1
(819) 362-3226   SIC 8211
COMMISSION SCOLAIRE DES BOIS-FRANCS p
1144
75 Rue Monseigneur-Poirier, PRINCEVILLE, QC, G6L 4S7
(819) 364-2155   SIC 8211
COMMISSION SCOLAIRE DES BOIS-FRANCS p
1144
48 Rue Saint-Charles, PRINCEVILLE, QC, G6L 4W4
(819) 364-2143   SIC 8211
COMMISSION SCOLAIRE DES BOIS-FRANCS p
1144
See COMMISSION SCOLAIRE DES BOIS-FRANCS
COMMISSION SCOLAIRE DES BOIS-FRANCS p
1221
11 Rue Saint-Pierre, SAINT-ROSAIRE, QC, G0Z 1K0
(819) 758-1600   SIC 8211
COMMISSION SCOLAIRE DES BOIS-FRANCS p
1222
1641 161 Rte, Saint-Valere, QC, G0P 1M0
(819) 353-2223   SIC 8211
COMMISSION SCOLAIRE DES BOIS-FRANCS p
1230
441 Rue De L'Ecole, SAINTE-SOPHIE-D'HALIFAX, QC, G0P 1L0
(418) 362-3277   SIC 8211
COMMISSION SCOLAIRE DES BOIS-FRANCS p
1258
82 Rue Du Cure-Suzor, VICTORIAVILLE, QC, G6P 6M8
(819) 357-2451   SIC 8211
COMMISSION SCOLAIRE DES BOIS-FRANCS p
1258
38 Rue Laurier O, VICTORIAVILLE, QC, G6P 6P3
(819) 357-2116   SIC 8211
COMMISSION SCOLAIRE DES BOIS-FRANCS p
1259
6 Rue Pare, VICTORIAVILLE, QC, G6P 2X6
(819) 752-5945   SIC 8211
COMMISSION SCOLAIRE DES BOIS-FRANCS p
1259
65 Rue De Versailles, VICTORIAVILLE, QC, G6P 1A4
(819) 752-2976   SIC 8211
COMMISSION SCOLAIRE DES BOIS-FRANCS p
1259
155 Rue Olivier, VICTORIAVILLE, QC, G6P 5G8
(819) 752-6171   SIC 8211
COMMISSION SCOLAIRE DES BOIS-FRANCS p
1259
595 Rue Notre-Dame E, VICTORIAVILLE, QC, G6P 4B2
(819) 751-2020   SIC 8331
COMMISSION SCOLAIRE DES BOIS-FRANCS p
1259
57 Rue Monfette, VICTORIAVILLE, QC, G6P 1J8
(819) 752-9756   SIC 8211
COMMISSION SCOLAIRE DES BOIS-FRANCS p
1259
5 Rue Habel, VICTORIAVILLE, QC, G6P 4M2
(819) 752-6346   SIC 8211
COMMISSION SCOLAIRE DES BOIS-FRANCS p
1259
20 Rue De L'ermitage, VICTORIAVILLE, QC, G6P 1J5
(819) 752-4591   SIC 8211
COMMISSION SCOLAIRE DES BOIS-FRANCS p
1259
30 Rue Sainte-Victoire, VICTORIAVILLE, QC, G6P 2M9
(819) 752-2285   SIC 8211
COMMISSION SCOLAIRE DES BOIS-FRANCS p
1259
40 Boul Des Bois-Francs N, VICTORIAVILLE, QC, G6P 1E5
(819) 758-6453   SIC 8211
COMMISSION SCOLAIRE DES BOIS-FRANCS p
1259
20 Rue Des Plaines, VICTORIAVILLE, QC, G6P 2C7
(819) 752-6455   SIC 8211
COMMISSION SCOLAIRE DES BOIS-FRANCS p
1260
128 Rue Saint-Louis, WARWICK, QC, J0A 1M0
(819) 358-2040   SIC 8211
COMMISSION SCOLAIRE DES BOIS-FRANCS p
1260
378 Rue Principale, VILLEROY, QC, G0S 3K0
(819) 385-4605   SIC 8211
COMMISSION SCOLAIRE DES BOIS-FRANCS p
1261
128 Rue Saint-Louis Gd, WARWICK, QC, J0A 1M0
(819) 358-2260   SIC 8211
COMMISSION SCOLAIRE DES CHENES p
1001
500 Rue Saint-Bruno, BON-CONSEIL, QC, J0C 1A0
(819) 850-1622   SIC 8211
COMMISSION SCOLAIRE DES CHENES p
1028
154 18e Av, DRUMMONDVILLE, QC, J2B 3T3
(819) 474-0710   SIC 8211
COMMISSION SCOLAIRE DES CHENES p
1028
1355 Rue Duvernay, DRUMMONDVILLE, QC, J2B 2R8
(819) 474-0704   SIC 8211
COMMISSION SCOLAIRE DES CHENES p
1028
1140 Rue Saint-Edgar, DRUMMONDVILLE, QC, J2B 2V9
(819) 474-0727   SIC 8211

COMMISSION SCOLAIRE DES CHENES *p*
1028
180 Rue Saint-Albert, DRUMMONDVILLE, QC, J2B 2A9
(819) 474-0714   *SIC* 8211

COMMISSION SCOLAIRE DES CHENES *p*
1028
100 13e Av, DRUMMONDVILLE, QC, J2B 2Z9
(819) 474-0711   *SIC* 8211

COMMISSION SCOLAIRE DES CHENES *p*
1028
457 Rue Des Ecoles Bureau 846, DRUMMONDVILLE, QC, J2B 1J3
(819) 478-6700   *SIC* 8211

COMMISSION SCOLAIRE DES CHENES *p*
1028
2065 139 Rte, DRUMMONDVILLE, QC, J2A 2G2
(819) 474-0716   *SIC* 8211

COMMISSION SCOLAIRE DES CHENES *p*
1029
1180 Rue Saint-Thomas, DRUMMONDVILLE, QC, J2B 3A9
(819) 474-0720   *SIC* 8211

COMMISSION SCOLAIRE DES CHENES *p*
1029
457 Rue Des Ecoles Bureau 846, DRUMMONDVILLE, QC, J2B 1J3
(819) 474-0756   *SIC* 8211

COMMISSION SCOLAIRE DES CHENES *p*
1030
269 Rue Ringuet, DRUMMONDVILLE, QC, J2C 2R1
(819) 474-0715   *SIC* 8211

COMMISSION SCOLAIRE DES CHENES *p*
1030
265 Rue Saint-Felix, DRUMMONDVILLE, QC, J2C 5M1
(819) 478-6600   *SIC* 8211

COMMISSION SCOLAIRE DES CHENES *p*
1030
227 Rue Bruno, DRUMMONDVILLE, QC, J2C 4M6
(819) 474-8341   *SIC* 8211

COMMISSION SCOLAIRE DES CHENES *p*
1030
175 Rue Pelletier, DRUMMONDVILLE, QC, J2C 2W1
(819) 474-0750   *SIC* 8211

COMMISSION SCOLAIRE DES CHENES *p*
1030
155 Rue Saint-Felix, DRUMMONDVILLE, QC, J2C 1N1
(819) 474-0706   *SIC* 8211

COMMISSION SCOLAIRE DES CHENES *p*
1030
125 Rue Ringuet, DRUMMONDVILLE, QC, J2C 2P7
(819) 474-0751   *SIC* 8331

COMMISSION SCOLAIRE DES CHENES *p*
1030
650 Rue Victorin, DRUMMONDVILLE, QC, J2C 1B8
(819) 474-0702   *SIC* 8211

COMMISSION SCOLAIRE DES CHENES *p*
1030
850 Rue Florette-Lavigne, DRUMMONDVILLE, QC, J2C 4X1
(819) 474-0701   *SIC* 8211

COMMISSION SCOLAIRE DES CHENES *p*
1030
690 Rue Saint-Pierre, DRUMMONDVILLE, QC, J2C 3W5
(819) 474-0719   *SIC* 8211

COMMISSION SCOLAIRE DES CHENES *p*
1184
4565 Rue Principale, SAINT-CYRILLE-DE-WENDOVER, QC, J1Z 1E4
(819) 397-4229   *SIC* 8211

COMMISSION SCOLAIRE DES CHENES *p*
1188
6085 Rue Principale, Saint-Felix-de-Kingsey, QC, J0B 2T0

(819) 850-1608   *SIC* 8211

COMMISSION SCOLAIRE DES CHENES *p*
1190
126 Rue Saint-Jean-Baptiste, SAINT-GUILLAUME, QC, J0C 1L0
(819) 850-1609   *SIC* 8211

COMMISSION SCOLAIRE DES CHENES *p*
1190
303 Rue Saint-Pierre, SAINT-GERMAIN-DE-GRANTHAM, QC, J0C 1K0
(819) 850-1624   *SIC* 8351

COMMISSION SCOLAIRE DES CHENES *p*
1217
5330 7e Rang, SAINT-LUCIEN, QC, J0C 1N0
(819) 850-1612   *SIC* 8351

COMMISSION SCOLAIRE DES CHENES *p*
1217
770 Ch Du Sanctuaire, SAINT-MAJORIQUE, QC, J2B 8A8
(819) 474-0707   *SIC* 8211

COMMISSION SCOLAIRE DES CHICCHOCS *p*
1009
1 Rue Des Ecoliers, CAP-CHAT, QC, G0J 1E0
(418) 786-5668   *SIC* 8211

COMMISSION SCOLAIRE DES CHICCHOCS *p*
1033
615 Boul Du Griffon, Gaspe, QC, G4X 6A5
(418) 892-5311   *SIC* 8211

COMMISSION SCOLAIRE DES CHICCHOCS *p*
1033
85 Boul De Gaspe Bureau Rc, Gaspe, QC, G4X 2T8
(418) 368-6117   *SIC* 8211

COMMISSION SCOLAIRE DES CHICCHOCS *p*
1033
151 Rue Jacques-Cartier, Gaspe, QC, G4X 2P7
(418) 368-2237   *SIC* 8211

COMMISSION SCOLAIRE DES CHICCHOCS *p*
1033
110 Boul Renard E, Gaspe, QC, G4X 5H8
(418) 269-3301   *SIC* 8211

COMMISSION SCOLAIRE DES CHICCHOCS *p*
1080
2 2e Av E, MONT-LOUIS, QC, G0E 1T0
(418) 797-2254   *SIC* 8211

COMMISSION SCOLAIRE DES CHICCHOCS *p*
1134
530 Av William-May, MURDOCHVILLE, QC, G0E 1W0
(418) 784-2487   *SIC* 8211

COMMISSION SCOLAIRE DES CHICCHOCS *p*
1224
398 1re Av O Bureau 685, SAINTE-ANNE-DES-MONTS, QC, G4V 1G9
(418) 763-2733   *SIC* 8211

COMMISSION SCOLAIRE DES CHICCHOCS *p*
1224
27 Rte Du Parc, SAINTE-ANNE-DES-MONTS, QC, G4V 2B9
(418) 763-5323   *SIC* 8211

COMMISSION SCOLAIRE DES DECOUVREURS *p*
1050
1801 Rue Notre-Dame, L'ANCIENNE-LORETTE, QC, G2E 3C6
(418) 872-9836   *SIC* 8211

COMMISSION SCOLAIRE DES DECOUVREURS *p*
1050
1591 Rue Notre-Dame, L'ANCIENNE-LORETTE, QC, G2E 3B4
(418) 871-6412   *SIC* 8211

COMMISSION SCOLAIRE DES DECOUVREURS *p*
1050
1350 Rue Saint-Charles, L'ANCIENNE-LORETTE, QC, G2E 1V4
(418) 871-6409   *SIC* 8211

COMMISSION SCOLAIRE DES DECOUVREURS *p*
1158
1255 Av Du Chanoine-Morel, Quebec, QC, G1S 4B1
(418) 684-0064   *SIC* 8211

COMMISSION SCOLAIRE DES DECOUVREURS *p*
1160
920 Rue Noel-Carter, Quebec, QC, G1V 5B6
(418) 652-2184   *SIC* 8331

COMMISSION SCOLAIRE DES DECOUVREURS *p*
1160
920 Rue Noel-Carter, Quebec, QC, G1V 5B6
(418) 652-2184   *SIC* 8211

COMMISSION SCOLAIRE DES DECOUVREURS *p*
1160
1088 Rte De L'Eglise, Quebec, QC, G1V 3V9
(418) 652-2104   *SIC* 8211

COMMISSION SCOLAIRE DES DECOUVREURS *p*
1160
1094 Rte De L'Eglise, Quebec, QC, G1V 3V9
(418) 652-2158   *SIC* 8211

COMMISSION SCOLAIRE DES DECOUVREURS *p*
1160
2590 Rue Biencourt, Quebec, QC, G1V 1H3
(418) 652-2107   *SIC* 8211

COMMISSION SCOLAIRE DES DECOUVREURS *p*
1160
3000 Boul Hochelaga, Quebec, QC, G1V 3Y4
(418) 652-2159   *SIC* 8211

COMMISSION SCOLAIRE DES DECOUVREURS *p*
1160
945 Av Wolfe Bureau 100, Quebec, QC, G1V 4E2
(418) 652-2121   *SIC* 8211

COMMISSION SCOLAIRE DES DECOUVREURS *p*
1162
1550 Rte De L'Eglise, Quebec, QC, G1W 3P5
(418) 652-2150   *SIC* 8211

COMMISSION SCOLAIRE DES DECOUVREURS *p*
1162
2475 Rue Triquet, Quebec, QC, G1W 1E3
(418) 652-2105   *SIC* 8211

COMMISSION SCOLAIRE DES DECOUVREURS *p*
1162
965 Rue Valentin, Quebec, QC, G1W 4P8
(418) 652-2144   *SIC* 8211

COMMISSION SCOLAIRE DES DECOUVREURS *p*
1163
830 Rue De Saurel, Quebec, QC, G1X 3P6
(418) 652-2152   *SIC* 8211

COMMISSION SCOLAIRE DES DECOUVREURS *p*
1163
4675 Rue De La Promenade-Des-Soeurs, Quebec, QC, G1Y 2W2
(418) 652-2178   *SIC* 8211

COMMISSION SCOLAIRE DES DECOUVREURS *p*
1163
3645 Ch Sainte-Foy, Quebec, QC, G1X 1T1
(418) 652-2173   *SIC* 8211

COMMISSION SCOLAIRE DES DECOUVREURS *p*
1163
1505 Rue Des Grandes-Marees, Quebec, QC, G1Y 2T3
(418) 652-2196   *SIC* 8211

COMMISSION SCOLAIRE DES DECOUVREURS *p*
1163
3643 Av Des Compagnons, Quebec, QC, G1X 3Z6
(418) 652-2170   *SIC* 8211

COMMISSION SCOLAIRE DES DECOUVREURS *p*
1163
1473 Rue Provancher, Quebec, QC, G1Y 1S2
(418) 652-2176   *SIC* 8211

COMMISSION SCOLAIRE DES DECOUVREURS *p*
1165
1400 Rue Falardeau, Quebec, QC, G2E 2Z6
(418) 871-6415   *SIC* 8211

COMMISSION SCOLAIRE DES DECOUVREURS *p*
1166
215 Rue Saint-Yves, Quebec, QC, G2G 1J8
(418) 871-6417   *SIC* 8211

COMMISSION SCOLAIRE DES DECOUVREURS *p*
1166
1465 Rue Felix-Antoine-Savard, Quebec, QC, G2G 1Z2
(418) 871-6418   *SIC* 8211

COMMISSION SCOLAIRE DES DECOUVREURS *p*
1180
130 Rue Jean-Juneau, SAINT-AUGUSTIN-DE-DESMAURES, QC, G3A 2P2
(418) 878-4551   *SIC* 8211

COMMISSION SCOLAIRE DES DECOUVREURS *p*
1180
4832 Rue Des Landes, SAINT-AUGUSTIN-DE-DESMAURES, QC, G3A 2C2
(418) 877-8003   *SIC* 8211

COMMISSION SCOLAIRE DES DECOUVREURS *p*
1180
99 Rue Du College, SAINT-AUGUSTIN-DE-DESMAURES, QC, G3A 1H1
(418) 878-2155   *SIC* 8211

COMMISSION SCOLAIRE DES DECOUVREURS *p*
1180
315 138 Rte, SAINT-AUGUSTIN-DE-DESMAURES, QC, G3A 1G7
(418) 878-2950   *SIC* 8211

COMMISSION SCOLAIRE DES DRAVEURS *p* 1034
183 Rue Broadway O Bureau 103, GATINEAU, QC, J8P 3T6
(819) 643-4640   *SIC* 8211

COMMISSION SCOLAIRE DES DRAVEURS *p* 1034
180 Rue Magnus O, GATINEAU, QC, J8P 2R2
(819) 663-9226   *SIC* 8211

COMMISSION SCOLAIRE DES DRAVEURS *p* 1034
179 Boul Saint-Rene O, GATINEAU, QC, J8P 2V5
(819) 643-5242   *SIC* 8211

COMMISSION SCOLAIRE DES DRAVEURS *p* 1034
143 Rue Des Sables, GATINEAU, QC, J8P 7G6
(819) 643-1882   *SIC* 8211

COMMISSION SCOLAIRE DES DRAVEURS *p* 1034
257 Rue Luck, GATINEAU, QC, J8P 3S4
(819) 663-5326   *SIC* 8211

COMMISSION SCOLAIRE DES DRAVEURS *p* 1034
306 Rue Jacques-Buteux Bureau 102,

GATINEAU, QC, J8P 6A2
(819) 643-3422 SIC 8211
COMMISSION SCOLAIRE DES DRAVEURS p 1034
360 Boul La Verendrye E, GATINEAU, QC, J8P 6K7
(819) 663-9241 SIC 8211
COMMISSION SCOLAIRE DES DRAVEURS p 1034
361 Boul Maloney O, GATINEAU, QC, J8P 7E9
(819) 643-2000 SIC 8211
COMMISSION SCOLAIRE DES DRAVEURS p 1034
500 Rue Joseph-Demontigny, GATINEAU, QC, J8P 7C4
(819) 663-6000 SIC 8211
COMMISSION SCOLAIRE DES DRAVEURS p 1034
23 Rue Forget, GATINEAU, QC, J8P 2H7
(819) 663-3360 SIC 8211
COMMISSION SCOLAIRE DES DRAVEURS p 1034
563 Rue Clement Bureau 103, GATINEAU, QC, J8P 3Y9
(819) 663-5983 SIC 8211
COMMISSION SCOLAIRE DES DRAVEURS p 1035
1165 Boul Saint-Rene E, GATINEAU, QC, J8R 1N1
(819) 669-1207 SIC 8211
COMMISSION SCOLAIRE DES DRAVEURS p 1035
9 Rue Sainte-Yvonne Bureau 253, GATINEAU, QC, J8T 1X6
(819) 568-0233 SIC 8211
COMMISSION SCOLAIRE DES DRAVEURS p 1035
44 Rue De Juan-Les-Pins Bureau 102, GATINEAU, QC, J8T 6H2
(819) 568-3777 SIC 8211
COMMISSION SCOLAIRE DES DRAVEURS p 1035
445 Rue Nobert, GATINEAU, QC, J8R 3P2
(819) 663-1973 SIC 8211
COMMISSION SCOLAIRE DES DRAVEURS p 1035
59 Rue De Provence, GATINEAU, QC, J8T 4V2
(819) 568-4331 SIC 8211
COMMISSION SCOLAIRE DES DRAVEURS p 1035
184 Rue Nelligan, GATINEAU, QC, J8T 6J9
(819) 568-2101 SIC 8211
COMMISSION SCOLAIRE DES DRAVEURS p 1035
85 Rue Du Barry Bureau 141, GATINEAU, QC, J8T 3N5
(819) 243-2151 SIC 8211
COMMISSION SCOLAIRE DES DRAVEURS p 1035
605 Rue Davidson E, GATINEAU, QC, J8R 2V9
(819) 663-5558 SIC 8211
COMMISSION SCOLAIRE DES DRAVEURS p 1036
88 Rue De Cannes, GATINEAU, QC, J8V 2M4
(819) 246-1992 SIC 8211
COMMISSION SCOLAIRE DES DRAVEURS p 1036
500 Rue De Cannes Bureau 542, GATINEAU, QC, J8V 1J6
(819) 561-2320 SIC 8211
COMMISSION SCOLAIRE DES DRAVEURS p 1036
50 Ch De La Savane, GATINEAU, QC, J8T 3N2
(819) 568-9012 SIC 8211
COMMISSION SCOLAIRE DES DRAVEURS p 1036
22 Rue De L'acadie, GATINEAU, QC, J8T 6G8
(819) 568-7861 SIC 8211

COMMISSION SCOLAIRE DES DRAVEURS p 1036
25 Rue Saint-Arthur, GATINEAU, QC, J8T 3C2
(819) 568-0844 SIC 8211
COMMISSION SCOLAIRE DES DRAVEURS p 1036
299 Rue Ernest-Gaboury, GATINEAU, QC, J8V 2P8
(819) 568-5764 SIC 8211
COMMISSION SCOLAIRE DES DRAVEURS p 1036
1 Rue Saint-Alexandre, GATINEAU, QC, J8V 1A8
(819) 561-3313 SIC 8211
COMMISSION SCOLAIRE DES DRAVEURS p 1254
20 Ch De L'Ecole Bureau 215, VAL-DES-MONTS, QC, J8N 7E7
(819) 503-8022 SIC 8211
COMMISSION SCOLAIRE DES GRANDES-SEIGNEURIES p 1008
4 Av De Champagne, CANDIAC, QC, J5R 4W3
(514) 380-8899 SIC 8211
COMMISSION SCOLAIRE DES GRANDES-SEIGNEURIES p 1011
315 Rue Rideau, Chateauguay, QC, J6J 1S1
(514) 380-8899 SIC 8211
COMMISSION SCOLAIRE DES GRANDES-SEIGNEURIES p 1012
225 Boul Brisebois, Chateauguay, QC, J6K 3X4
(514) 380-8899 SIC 8211
COMMISSION SCOLAIRE DES GRANDES-SEIGNEURIES p 1022
35 Rue Boardman, DELSON, QC, J5B 2C3
(514) 380-8899 SIC 8211
COMMISSION SCOLAIRE DES GRANDES-SEIGNEURIES p 1053
1100 Boul Taschereau, LA PRAIRIE, QC, J5R 1W8
(514) 380-8899 SIC 8211
COMMISSION SCOLAIRE DES GRANDES-SEIGNEURIES p 1053
500 Boul Taschereau, LA PRAIRIE, QC, J5R 1V1
(514) 380-8899 SIC 8211
COMMISSION SCOLAIRE DES GRANDES-SEIGNEURIES p 1053
399 Rue Conrad-Pelletier, LA PRAIRIE, QC, J5R 4V1
(514) 380-8899 SIC 8249
COMMISSION SCOLAIRE DES GRANDES-SEIGNEURIES p 1053
50 Boul Taschereau Bureau 310, LA PRAIRIE, QC, J5R 4V3
(514) 380-8899 SIC 8211
COMMISSION SCOLAIRE DES HAUTES-RIVIERES p 989
273 Rue Saint-Joseph, ANGE-GARDIEN, QC, J0E 1E0
(450) 293-8106 SIC 8211
COMMISSION SCOLAIRE DES HAUTES-RIVIERES p 1016
1132 Rue Front S, CLARENCEVILLE, QC, J0J 1B0
(450) 515-8047 SIC 8211
COMMISSION SCOLAIRE DES HAUTES-RIVIERES p 1016
See COMMISSION SCOLAIRE DES HAUTES-RIVIERES
COMMISSION SCOLAIRE DES HAUTES-RIVIERES p 1076
677 Rue Desjardins, MARIEVILLE, QC, J3M 1R1
(450) 460-4491 SIC 8211
COMMISSION SCOLAIRE DES HAUTES-RIVIERES p 1076
1800 Rue Edmond-Guillet, MARIEVILLE, QC, J3M 1G5
(450) 460-7461 SIC 8211
COMMISSION SCOLAIRE DES HAUTES-RIVIERES p 1082
See COMMISSION SCOLAIRE DES HAUTES-RIVIERES
COMMISSION SCOLAIRE DES HAUTES-RIVIERES p 1082
230 Rue Bessette, Mont-Saint-Gregoire, QC, J0J 1K0
(450) 347-2612 SIC 8211
COMMISSION SCOLAIRE DES HAUTES-RIVIERES p 1171
205 8e Av, RICHELIEU, QC, J3L 3N5
(450) 658-8284 SIC 8211
COMMISSION SCOLAIRE DES HAUTES-RIVIERES p 1171
120 7e Av, RICHELIEU, QC, J3L 3N2
(450) 658-7221 SIC 8211
COMMISSION SCOLAIRE DES HAUTES-RIVIERES p 1176
915 Rue Principale Rr 4, ROUGEMONT, QC, J0L 1M0
(450) 469-3918 SIC 8211
COMMISSION SCOLAIRE DES HAUTES-RIVIERES p 1178
1202 Rang Du Bord-De-L'eau, SABREVOIS, QC, J0J 2G0
(450) 347-1097 SIC 8211
COMMISSION SCOLAIRE DES HAUTES-RIVIERES p 1178
501 Rue Saint-Denis, SAINT-ALEXANDRE-D'IBERVILLE, QC, J0J 1S0
(450) 347-1376 SIC 8211
COMMISSION SCOLAIRE DES HAUTES-RIVIERES p 1178
See COMMISSION SCOLAIRE DES HAUTES-RIVIERES
COMMISSION SCOLAIRE DES HAUTES-RIVIERES p 1181
745 Rue Principale, SAINT-BLAISE-SUR-RICHELIEU, QC, J0J 1W0
(450) 291-5500 SIC 8211
COMMISSION SCOLAIRE DES HAUTES-RIVIERES p 1183
1881 Av Saint-Paul, Saint-Cesaire, QC, J0L 1T0
(450) 469-3187 SIC 8211
COMMISSION SCOLAIRE DES HAUTES-RIVIERES p 1197
See COMMISSION SCOLAIRE DES HAUTES-RIVIERES
COMMISSION SCOLAIRE DES HAUTES-RIVIERES p 1197
535 Ch Des Vieux-Moulins, SAINT-JEAN-SUR-RICHELIEU, QC, J2Y 1A2
(450) 347-1223 SIC 8211
COMMISSION SCOLAIRE DES HAUTES-RIVIERES p 1197
995 Rue Camaraire, SAINT-JEAN-SUR-RICHELIEU, QC, J3A 1X2
(450) 359-6521 SIC 8211

COMMISSION SCOLAIRE DES HAUTES-RIVIERES p 1197
976 Rue Honore-Mercier, SAINT-JEAN-SUR-RICHELIEU, QC, J2X 5A5
(450) 347-1327 SIC 8211
COMMISSION SCOLAIRE DES HAUTES-RIVIERES p 1197
975 Rue Samuel-De-Champlain, SAINT-JEAN-SUR-RICHELIEU, QC, J2X 3X4
(450) 347-4358 SIC 8211
COMMISSION SCOLAIRE DES HAUTES-RIVIERES p 1197
940 Boul De Normandie, SAINT-JEAN-SUR-RICHELIEU, QC, J3A 1A7
(450) 348-6134 SIC 8211
COMMISSION SCOLAIRE DES HAUTES-RIVIERES p 1197
635 Rue Yvon, SAINT-JEAN-SUR-RICHELIEU, QC, J2X 4H4
(450) 347-1443 SIC 8211
COMMISSION SCOLAIRE DES HAUTES-RIVIERES p 1197
511 Rue Pierre-Caisse, SAINT-JEAN-SUR-RICHELIEU, QC, J3A 1N5
(450) 348-0958 SIC 8211
COMMISSION SCOLAIRE DES HAUTES-RIVIERES p 1197
375 15e Av, SAINT-JEAN-SUR-RICHELIEU, QC, J2X 4W6
(450) 346-9808 SIC 8211
COMMISSION SCOLAIRE DES HAUTES-RIVIERES p 1197
365 Av Landry, SAINT-JEAN-SUR-RICHELIEU, QC, J2X 2P6
(450) 347-1376 SIC 8211
COMMISSION SCOLAIRE DES HAUTES-RIVIERES p 1197
295 6e Av, SAINT-JEAN-SUR-RICHELIEU, QC, J2X 1R1
(450) 347-1687 SIC 8211
COMMISSION SCOLAIRE DES HAUTES-RIVIERES p 1197
185 Rue Saint-Gerard, SAINT-JEAN-SUR-RICHELIEU, QC, J2W 2L8
(450) 348-7341 SIC 8211
COMMISSION SCOLAIRE DES HAUTES-RIVIERES p 1198
See COMMISSION SCOLAIRE DES HAUTES-RIVIERES
COMMISSION SCOLAIRE DES HAUTES-RIVIERES p 1198
90 Rue Mackenzie-King, SAINT-JEAN-SUR-RICHELIEU, QC, J3B 5N9
(450) 346-3652 SIC 8211
COMMISSION SCOLAIRE DES HAUTES-RIVIERES p 1198
800 Rue Plaza, SAINT-JEAN-SUR-RICHELIEU, QC, J3B 7Z4
(450) 347-4220 SIC 8211
COMMISSION SCOLAIRE DES HAUTES-RIVIERES p 1198
700 Rue Dorchester, SAINT-JEAN-SUR-RICHELIEU, QC, J3B 5A8
(450) 348-5095 SIC 8211
COMMISSION SCOLAIRE DES HAUTES-RIVIERES p 1198
300 Rue Georges-Phaneuf, SAINT-JEAN-SUR-RICHELIEU, QC, J3B 8E4
(450) 348-2303 SIC 8211
COMMISSION SCOLAIRE DES HAUTES-

COMMISSION SCOLAIRE DES HAUTES-RIVIERES *p*
1198
154 Rue Saint-Charles, SAINT-JEAN-SUR-RICHELIEU, QC, J3B 2C6
(450) 347-5113 *SIC* 8211

COMMISSION SCOLAIRE DES HAUTES-RIVIERES *p*
1198
151 Rue Notre-Dame, SAINT-JEAN-SUR-RICHELIEU, QC, J3B 6M9
(450) 348-4747 *SIC* 8211

COMMISSION SCOLAIRE DES HAUTES-RIVIERES *p*
1198
100 Rue Laurier, SAINT-JEAN-SUR-RICHELIEU, QC, J3B 2Y5
(450) 347-3797 *SIC* 8211

COMMISSION SCOLAIRE DES HAUTES-RIVIERES *p*
1198
105 Rue Jacques-Cartier S, SAINT-JEAN-SUR-RICHELIEU, QC, J3B 6S2
(450) 347-5515 *SIC* 8211

COMMISSION SCOLAIRE DES HAUTES-RIVIERES *p*
1198
135 Boul Du Seminaire N, SAINT-JEAN-SUR-RICHELIEU, QC, J3B 5K2
(450) 347-8344 *SIC* 8211

COMMISSION SCOLAIRE DES HAUTES-RIVIERES *p*
1219
23 Rue Sainte-Anne, SAINT-PAUL-D'ABBOTSFORD, QC, J0E 1A0
(450) 379-5674 *SIC* 8211

COMMISSION SCOLAIRE DES HAUTS-CANTONS *p*
1016
211 Rue Saint-Jean-Baptiste, COATICOOK, QC, J1A 2J4
(819) 849-2749 *SIC* 8211

COMMISSION SCOLAIRE DES HAUTS-CANTONS *p*
1016
125 Ch Morgan, COATICOOK, QC, J1A 1V6
(819) 849-9588 *SIC* 8221

COMMISSION SCOLAIRE DES HAUTS-CANTONS *p*
1016
102 Rue Cutting, COATICOOK, QC, J1A 2G4
(819) 849-7075 *SIC* 8211

COMMISSION SCOLAIRE DES HAUTS-CANTONS *p*
1016
367 Rue Saint-Paul E, COATICOOK, QC, J1A 1G1
(819) 849-7084 *SIC* 8211

COMMISSION SCOLAIRE DES HAUTS-CANTONS *p*
1016
249 Rue Saint-Jean-Baptiste, COATICOOK, QC, J1A 2J4
(819) 849-7051 *SIC* 8211

COMMISSION SCOLAIRE DES HAUTS-CANTONS *p*
1016
311 Rue Saint-Paul E, COATICOOK, QC, J1A 1G1
(819) 849-4825 *SIC* 8211

COMMISSION SCOLAIRE DES HAUTS-CANTONS *p*
1017
6835 Rte Louis-S.-Saint-Laurent, COMPTON, QC, J0B 1L0
(819) 849-7803 *SIC* 8211

COMMISSION SCOLAIRE DES HAUTS-CANTONS *p*
1017
150 Rue Bibeau, COOKSHIRE-EATON, QC, J0B 1M0
(819) 875-5556 *SIC* 8211

COMMISSION SCOLAIRE DES HAUTS-CANTONS *p*
1031
96 Rue Saint-Jacques, EAST ANGUS, QC, J0B 1R0
(819) 832-2484 *SIC* 8211

COMMISSION SCOLAIRE DES HAUTS-CANTONS *p*
1031
162 Rue Saint-Jean E, EAST ANGUS, QC, J0B 1R0
(819) 832-2477 *SIC* 8211

COMMISSION SCOLAIRE DES HAUTS-CANTONS *p*
1055
See COMMISSION SCOLAIRE DES HAUTS-CANTONS

COMMISSION SCOLAIRE DES HAUTS-CANTONS *p*
1055
4730 Rue Dollard, Lac-Megantic, QC, G6B 1G6
(819) 583-2351 *SIC* 8741

COMMISSION SCOLAIRE DES HAUTS-CANTONS *p*
1055
4747 Rue Champlain, Lac-Megantic, QC, G6B 1X5
(819) 583-1144 *SIC* 8211

COMMISSION SCOLAIRE DES HAUTS-CANTONS *p*
1055
6381 Rue Notre-Dame, Lac-Megantic, QC, G6B 2M9
(819) 583-1086 *SIC* 8211

COMMISSION SCOLAIRE DES HAUTS-CANTONS *p*
1055
3409 Rue Laval, Lac-Megantic, QC, G6B 1A5
(819) 583-3023 *SIC* 8211

COMMISSION SCOLAIRE DES HAUTS-CANTONS *p*
1076
194 Rue De L'eglise, MARTINVILLE, QC, J0B 2A0
(819) 849-4470 *SIC* 8211

COMMISSION SCOLAIRE DES ILES *p* 1033
730 Ch Des Caps, FATIMA, QC, G4T 2T3
(418) 986-2686 *SIC* 8211

COMMISSION SCOLAIRE DES ILES *p* 1044
51 Ch Central, HAVRE-AUX-MAISONS, QC, G4T 5H1
(418) 986-5511 *SIC* 8211

COMMISSION SCOLAIRE DES ILES *p* 1051
1332 Ch De La Verniere, L'Etang-du-Nord, QC, G4T 3G3
(418) 986-5511 *SIC* 8211

COMMISSION SCOLAIRE DES LAURENTIDES *p*
1044
200 Rue Principale, HUBERDEAU, QC, J0T 1G0
(819) 429-4101 *SIC* 8211

COMMISSION SCOLAIRE DES LAURENTIDES *p*
1054
155 Rue Du College, LABELLE, QC, J0T 1H0
(819) 429-4103 *SIC* 8211

COMMISSION SCOLAIRE DES LAURENTIDES *p*
1054
See COMMISSION SCOLAIRE DES LAURENTIDES

COMMISSION SCOLAIRE DES LAURENTIDES *p*
1082
700 Boul Du Docteur-Gervais, MONT-TREMBLANT, QC, J8E 2T3
(819) 425-2710 *SIC* 8211

COMMISSION SCOLAIRE DES LAURENTIDES *p*
1082
700 Boul Du Docteur-Gervais, MONT-TREMBLANT, QC, J8E 2T3
(819) 425-3743 *SIC* 8211

COMMISSION SCOLAIRE DES LAURENTIDES *p*
1082
439 Rue Labelle, MONT-TREMBLANT, QC, J8E 3H2
(819) 425-3565 *SIC* 8211

COMMISSION SCOLAIRE DES LAURENTIDES *p*
1082
509 Rue Labelle, MONT-TREMBLANT, QC, J8E 3H2
(819) 425-3420 *SIC* 8211

COMMISSION SCOLAIRE DES LAURENTIDES *p*
1185
429 Rue Du College, SAINT-DONAT-DE-MONTCALM, QC, J0T 2C0
(819) 324-8674 *SIC* 8211

COMMISSION SCOLAIRE DES LAURENTIDES *p*
1220
259 Rue Amherst, Saint-Remi-D'Amherst, QC, J0T 2L0
(819) 429-4102 *SIC* 8211

COMMISSION SCOLAIRE DES LAURENTIDES *p*
1221
35 Av Filion, SAINT-SAUVEUR, QC, J0R 1R0
(450) 227-2660 *SIC* 8211

COMMISSION SCOLAIRE DES LAURENTIDES *p*
1221
167 Rue Principale, SAINT-SAUVEUR, QC, J0R 1R6
(450) 227-2686 *SIC* 8211

COMMISSION SCOLAIRE DES LAURENTIDES *p*
1223
36 Rue Brissette, SAINTE-AGATHE-DES-MONTS, QC, J8C 1T4
(819) 326-8911 *SIC* 8211

COMMISSION SCOLAIRE DES LAURENTIDES *p*
1223
258 Boul De Sainte-Adele, Sainte-Adele, QC, J8B 1A8
(450) 240-6220 *SIC* 8211

COMMISSION SCOLAIRE DES LAURENTIDES *p*
1223
2 Rue Saint-Joseph, SAINTE-AGATHE-DES-MONTS, QC, J8C 1M4
(819) 326-6663 *SIC* 8211

COMMISSION SCOLAIRE DES LAURENTIDES *p*
1223
1400 Rue Saint-Jean, Sainte-Adele, QC, J8B 1E6
(450) 240-6224 *SIC* 8211

COMMISSION SCOLAIRE DES LAURENTIDES *p*
1223
13 Rue Saint-Antoine, SAINTE-AGATHE-DES-MONTS, QC, J8C 2C3
(819) 324-8670 *SIC* 8211

COMMISSION SCOLAIRE DES LAURENTIDES *p*
1223
101 Rue Legare, SAINTE-AGATHE-DES-MONTS, QC, J8C 2T6
(819) 326-3522 *SIC* 8211

COMMISSION SCOLAIRE DES LAURENTIDES *p*
1223
150 Rue Lesage, Sainte-Adele, QC, J8B 2R4
(450) 240-6227 *SIC* 8299

COMMISSION SCOLAIRE DES LAURENTIDES *p*
1223
99 Rue Sainte-Agathe, SAINTE-AGATHE-DES-MONTS, QC, J8C 2J9
(819) 326-3414 *SIC* 8211

COMMISSION SCOLAIRE DES LAURENTIDES *p*
1223
37 Rue Larocque E, SAINTE-AGATHE-DES-MONTS, QC, J8C 1H8
(819) 326-2812 *SIC* 8211

COMMISSION SCOLAIRE DES LAURENTIDES *p*
1223
491 Ch Pierre-Peladeau, Sainte-Adele, QC, J8B 1Z3
(450) 240-6223 *SIC* 8211

COMMISSION SCOLAIRE DES LAURENTIDES *p*
1223
510 Rue Groulx, SAINTE-AGATHE-DES-MONTS, QC, J8C 1N6
(819) 326-2634 *SIC* 8211

COMMISSION SCOLAIRE DES LAURENTIDES *p*
1254
1350 Rue De L'academie, VAL-DAVID, QC, J0T 2N0
(819) 324-8671 *SIC* 8211

COMMISSION SCOLAIRE DES LAURENTIDES *p*
1254
2580 Rue De L'Eglise, VAL-DAVID, QC, J0T 2N0
(819) 324-8670 *SIC* 8211

COMMISSION SCOLAIRE DES MONTS-ET-MAREES *p*
989
123 Rue Desbiens Bureau 102, AMQUI, QC, G5J 3P9
(418) 629-5404 *SIC* 8211

COMMISSION SCOLAIRE DES MONTS-ET-MAREES *p*
989
23 Rue Desbiens, AMQUI, QC, G5J 3P9
(418) 629-2248 *SIC* 8211

COMMISSION SCOLAIRE DES MONTS-ET-MAREES *p*
989
95 Av Du Parc, AMQUI, QC, G5J 2L8
(418) 629-2201 *SIC* 8211

COMMISSION SCOLAIRE DES MONTS-ET-MAREES *p*
1010
1 Place De L'Eglise, CAUSAPSCAL, QC, G0J 1J0
(418) 756-3817 *SIC* 8211

COMMISSION SCOLAIRE DES MONTS-ET-MAREES *p*
1010
165 Rue Saint-Luc, CAUSAPSCAL, QC, G0J 1J0
(418) 756-6115 *SIC* 8211

COMMISSION SCOLAIRE DES MONTS-ET-MAREES *p*
1054
81 Rue Du Rosaire, LAC-AU-SAUMON, QC, G0J 1M0
(418) 778-3363 *SIC* 8211

COMMISSION SCOLAIRE DES MONTS-ET-MAREES *p*
1077
455 Av Saint-Redempteur, MATANE, QC, G4W 1K7
(418) 562-5429 *SIC* 8211

COMMISSION SCOLAIRE DES MONTS-ET-MAREES *p*
1077
505 Av Saint-Jerome, MATANE, QC, G4W 3B8
(418) 562-2645 *SIC* 8211

COMMISSION SCOLAIRE DES MONTS-ET-MAREES *p*
1224
170 Boul Sainte-Anne O, SAINTE-ANNE-DES-MONTS, QC, G4V 1R8
(418) 763-3191 *SIC* 8211

COMMISSION SCOLAIRE DES MONTS-ET-

MAREES p
1233
  3 Rue De L'Eglise, SAYABEC, QC, G0J 3K0
  (418) 536-5481 SIC 8211
COMMISSION SCOLAIRE DES NAVIGATEURS p
1061
  139 Rue De La Station, LAURIER-STATION, QC, G0S 1N0
  (418) 888-0504 SIC 8211
COMMISSION SCOLAIRE DES NAVIGATEURS p
1064
  2435 Rte Des Rivieres, Levis, QC, G6K 1E9
  (418) 834-2481 SIC 8211
COMMISSION SCOLAIRE DES NAVIGATEURS p
1064
  30 Rue Vincent-Chagnon, Levis, QC, G6V 4V6
  (418) 838-8400 SIC 8221
COMMISSION SCOLAIRE DES NAVIGATEURS p
1064
  30 Rue Champagnat, Levis, QC, G6V 2A5
  (418) 838-8500 SIC 8211
COMMISSION SCOLAIRE DES NAVIGATEURS p
1064
  295 Rue Saint-Joseph, Levis, QC, G6V 1G3
  (418) 838-8562 SIC 8211
COMMISSION SCOLAIRE DES NAVIGATEURS p
1064
  688 Rue Saint-Joseph, Levis, QC, G6V 1J4
  (418) 838-8560 SIC 8211
COMMISSION SCOLAIRE DES NAVIGATEURS p
1064
  6045 Rue Saint-Georges, Levis, QC, G6V 4K6
  (418) 838-8548 SIC 8211
COMMISSION SCOLAIRE DES NAVIGATEURS p
1064
  23 Rue Pie-X, Levis, QC, G6V 4W5
  (418) 838-8566 SIC 8211
COMMISSION SCOLAIRE DES NAVIGATEURS p
1064
  1000 Rue Du Bourgeois, Levis, QC, G6K 1P1
  (418) 831-0086 SIC 8211
COMMISSION SCOLAIRE DES NAVIGATEURS p
1064
  70 Rue Philippe-Boucher, Levis, QC, G6V 1M5
  (418) 838-8550 SIC 8211
COMMISSION SCOLAIRE DES NAVIGATEURS p
1064
  807 Ch Pintendre, Levis, QC, G6C 1C6
  (418) 838-8557 SIC 8211
COMMISSION SCOLAIRE DES NAVIGATEURS p
1065
  55 Rue Des Commandeurs, Levis, QC, G6V 6P5
  (418) 838-8402 SIC 8211
COMMISSION SCOLAIRE DES NAVIGATEURS p
1065
  15 Rue Letourneau, Levis, QC, G6V 3J8
  (418) 838-8565 SIC 8211
COMMISSION SCOLAIRE DES NAVIGATEURS p
1066
  3700 Rue De La Fabrique, Levis, QC, G6W 1J5
  (418) 838-8555 SIC 8211
COMMISSION SCOLAIRE DES NAVIGATEURS p
1066
  1020 Ch Du Sault, Levis, QC, G6W 5M6
  (418) 839-9468 SIC 8211
COMMISSION SCOLAIRE DES NAVIGATEURS p
1066
  2111 Ch Du Sault, Levis, QC, G6W 2K7
  (418) 839-8851 SIC 8211
COMMISSION SCOLAIRE DES NAVIGATEURS p
1066
  2233 Rue Dollard, Levis, QC, G6W 2H8
  (418) 839-8839 SIC 8211
COMMISSION SCOLAIRE DES NAVIGATEURS p
1066
  2775 Rue De L'etchemin, Levis, QC, G6W 7X5
  (418) 838-8542 SIC 8249
COMMISSION SCOLAIRE DES NAVIGATEURS p
1066
  350 Rue De L'Eglise, Levis, QC, G6W 1T8
  (418) 838-8553 SIC 8211
COMMISSION SCOLAIRE DES NAVIGATEURS p
1067
  3724 Av Des Eglises, Levis, QC, G6X 1X4
  (418) 839-0500 SIC 8211
COMMISSION SCOLAIRE DES NAVIGATEURS p
1067
  6200 Av Des Belles-Amours, Levis, QC, G6X 1R2
  (418) 834-2469 SIC 8211
COMMISSION SCOLAIRE DES NAVIGATEURS p
1068
  885 Rue Des Melezes, Levis, QC, G7A 4B1
  (418) 834-2474 SIC 8211
COMMISSION SCOLAIRE DES NAVIGATEURS p
1068
  851 Rue Des Herons, Levis, QC, G6Z 3L3
  (418) 839-7877 SIC 8211
COMMISSION SCOLAIRE DES NAVIGATEURS p
1068
  520 Rue De La Sorbonne, Levis, QC, G7A 1Y5
  (418) 834-2482 SIC 8211
COMMISSION SCOLAIRE DES NAVIGATEURS p
1068
  50 Rue Arlette-Fortin, Levis, QC, G6Z 3B9
  (418) 839-0098 SIC 8211
COMMISSION SCOLAIRE DES NAVIGATEURS p
1068
  1438 Rue Des Pionniers, Levis, QC, G7A 4L6
  (418) 834-2479 SIC 8211
COMMISSION SCOLAIRE DES NAVIGATEURS p
1068
  200 Rue Arlette-Fortin, Levis, QC, G6Z 3B9
  (418) 834-2320 SIC 8211
COMMISSION SCOLAIRE DES NAVIGATEURS p
1068
  1110 Rue Des Pres, Levis, QC, G6Z 1W4
  (418) 839-3131 SIC 8211
COMMISSION SCOLAIRE DES NAVIGATEURS p
1068
  1002 Rue Des Ecoliers, Levis, QC, G6Z 0C4
  (418) 839-4188 SIC 8231
COMMISSION SCOLAIRE DES NAVIGATEURS p
1178
  1149 Av Olivier, SAINT-AGAPIT, QC, G0S 1Z0
  (418) 888-4211 SIC 8211
COMMISSION SCOLAIRE DES NAVIGATEURS p
1178
  1134 Rue Du Centenaire, SAINT-AGAPIT, QC, G0S 1Z0
  (418) 888-3961 SIC 8211
COMMISSION SCOLAIRE DES NAVIGATEURS p
1179
  35 Rue Roger, SAINT-APOLLINAIRE, QC, G0S 2E0
  (418) 888-0507 SIC 8211
COMMISSION SCOLAIRE DES NAVIGATEURS p
1185
  105 Rue De L'Ecole, Saint-Edouard-de-Lotbiniere, QC, G0S 1Y0
  (418) 796-2433 SIC 8211
COMMISSION SCOLAIRE DES NAVIGATEURS p
1191
  117 Rue Belleau, Saint-Henri-de-Levis, QC, G0R 3E0
  (418) 834-2468 SIC 8211
COMMISSION SCOLAIRE DES NAVIGATEURS p
1191
  121 Rue Belleau, Saint-Henri-de-Levis, QC, G0R 3E0
  (418) 834-2465 SIC 8211
COMMISSION SCOLAIRE DES NAVIGATEURS p
1196
  786 Ch Vanier, SAINT-JEAN-CHRYSOSTOME, QC, G6Z 1Z6
  SIC 7389
COMMISSION SCOLAIRE DES NAVIGATEURS p
1203
  1285 Rue Des Erables, SAINT-LAMBERT-DE-LAUZON, QC, G0S 2W0
  (418) 834-2478 SIC 8211
COMMISSION SCOLAIRE DES NAVIGATEURS p
1218
  368 Rte Du Pont, SAINT-NICOLAS, QC, G7A 2V3
  (418) 834-2461 SIC 8211
COMMISSION SCOLAIRE DES NAVIGATEURS p
1221
  1172 Boul De La Rive-Sud, SAINT-ROMUALD, QC, G6W 5M6
  (418) 839-6482 SIC 8211
COMMISSION SCOLAIRE DES NAVIGATEURS p
1221
  1155 Boul De La Rive-Sud, SAINT-ROMUALD, QC, G6W 5M6
  (418) 839-0508 SIC 8211
COMMISSION SCOLAIRE DES NAVIGATEURS p
1225
  105 Rue Laflamme, SAINTE-CROIX, QC, G0S 2H0
  (418) 796-0502 SIC 8211
COMMISSION SCOLAIRE DES NAVIGATEURS p
1225
  6380 Rue Garneau, SAINTE-CROIX, QC, G0S 2H0
  (418) 796-0503 SIC 8211
COMMISSION SCOLAIRE DES NAVIGATEURS p
1226
  11 Rue Saint-Maurice, Sainte-Helene-De-Breakeyville, QC, G0S 1E1
  (418) 834-2472 SIC 8211
COMMISSION SCOLAIRE DES PATRIOTES p 997
  300 Rue Hertel, BELOEIL, QC, J3G 3N3
  (450) 467-6681 SIC 8211
COMMISSION SCOLAIRE DES PATRIOTES p 997
  201 Rue Du Buisson, BELOEIL, QC, J3G 5V5
  (450) 467-5032 SIC 8211
COMMISSION SCOLAIRE DES PATRIOTES p 997
  225 Rue Hubert, BELOEIL, QC, J3G 2S8
  (450) 467-9309 SIC 8211
COMMISSION SCOLAIRE DES PATRIOTES p 997
  See COMMISSION SCOLAIRE DES PATRIOTES
COMMISSION SCOLAIRE DES PATRIOTES p 997
  725 Rue De Levis, BELOEIL, QC, J3G 2M1
  (450) 467-0262 SIC 8211
COMMISSION SCOLAIRE DES PATRIOTES p 1002
  See COMMISSION SCOLAIRE DES PATRIOTES
COMMISSION SCOLAIRE DES PATRIOTES p 1002
  544 Rue Saint-Sacrement, BOUCHERVILLE, QC, J4B 3K9
  (450) 655-4521 SIC 8211
COMMISSION SCOLAIRE DES PATRIOTES p 1002
  850 Rue Etienne-Brule, BOUCHERVILLE, QC, J4B 6T2
  (450) 655-7892 SIC 8211
COMMISSION SCOLAIRE DES PATRIOTES p 1002
  900 Boul Du Fort-Saint-Louis, BOUCHERVILLE, QC, J4B 1T6
  (450) 655-9901 SIC 8211
COMMISSION SCOLAIRE DES PATRIOTES p 1003
  666 Rue Le Laboureur, BOUCHERVILLE, QC, J4B 3R7
  (450) 655-8930 SIC 8211
COMMISSION SCOLAIRE DES PATRIOTES p 1003
  650 Rue Antoine-Girouard, BOUCHERVILLE, QC, J4B 3E5
  (450) 655-5991 SIC 8211
COMMISSION SCOLAIRE DES PATRIOTES p 1003
  225 Rue Joseph-Martel, BOUCHERVILLE, QC, J4B 1L1
  (450) 655-8088 SIC 8211
COMMISSION SCOLAIRE DES PATRIOTES p 1003
  See COMMISSION SCOLAIRE DES PATRIOTES
COMMISSION SCOLAIRE DES PATRIOTES p 1010
  See COMMISSION SCOLAIRE DES PATRIOTES
COMMISSION SCOLAIRE DES PATRIOTES p 1010
  1111 Rue Denault, CHAMBLY, QC, J3L 2L7
  (450) 461-5907 SIC 8211
COMMISSION SCOLAIRE DES PATRIOTES p 1010
  535 Boul Brassard, CHAMBLY, QC, J3L 6H3
  (450) 461-5908 SIC 8211
COMMISSION SCOLAIRE DES PATRIOTES p 1010
  5 Rue Des Voltigeurs, CHAMBLY, QC, J3L 3H3
  (450) 461-5902 SIC 8211
COMMISSION SCOLAIRE DES PATRIOTES p 1010
  1501 Av De Salaberry, CHAMBLY, QC, J3L 4V8
  (450) 461-5909 SIC 8211
COMMISSION SCOLAIRE DES PATRIOTES p 1010
  1371 Rue Hertel, CHAMBLY, QC, J3L 2M5
  (450) 461-5905 SIC 8211
COMMISSION SCOLAIRE DES PATRIOTES p 1010
  1415 Av Bourgogne, CHAMBLY, QC, J3L 1Y4
  (450) 461-5901 SIC 8211
COMMISSION SCOLAIRE DES PATRIOTES p 1017

351 Rue Chabot, CONTRECOEUR, QC, J0L 1C0
(450) 645-2342 *SIC* 8211
COMMISSION SCOLAIRE DES PATRIOTES
p 1077
265 3e Av, MCMASTERVILLE, QC, J3G 1R7
(450) 467-3467 *SIC* 8211
COMMISSION SCOLAIRE DES PATRIOTES
p 1077
See COMMISSION SCOLAIRE DES PATRIOTES
COMMISSION SCOLAIRE DES PATRIOTES
p 1077
720 Rue Morin, MCMASTERVILLE, QC, J3G 1H1
(450) 467-6205 *SIC* 8211
COMMISSION SCOLAIRE DES PATRIOTES
p 1082
120 Rue Sainte-Anne, MONT-SAINT-HILAIRE, QC, J3H 3A4
(450) 467-6773 *SIC* 8211
COMMISSION SCOLAIRE DES PATRIOTES
p 1082
50 Rue Michel, MONT-SAINT-HILAIRE, QC, J3H 3R3
(450) 467-0971 *SIC* 8211
COMMISSION SCOLAIRE DES PATRIOTES
p 1082
525 Rue Jolliet, MONT-SAINT-HILAIRE, QC, J3H 3N2
(450) 467-0261 *SIC* 8211
COMMISSION SCOLAIRE DES PATRIOTES
p 1136
See COMMISSION SCOLAIRE DES PATRIOTES
COMMISSION SCOLAIRE DES PATRIOTES
p 1136
306 Rue Du Prince-Albert, OTTERBURN PARK, QC, J3H 1L6
(450) 467-7511 *SIC* 8211
COMMISSION SCOLAIRE DES PATRIOTES
p 1179
440 Rue De L'Eglise S, SAINT-AMABLE, QC, J0L 1N0
(450) 645-2348 *SIC* 8211
COMMISSION SCOLAIRE DES PATRIOTES
p 1181
105 Av De Montpellier, SAINT-BASILE-LE-GRAND, QC, J3N 1C6
(450) 441-6719 *SIC* 8211
COMMISSION SCOLAIRE DES PATRIOTES
p 1181
1 Rue De La Chanterelle, SAINT-BASILE-LE-GRAND, QC, J3N 1L1
(450) 461-1425 *SIC* 8211
COMMISSION SCOLAIRE DES PATRIOTES
p 1181
10 Rue Prefontaine, SAINT-BASILE-LE-GRAND, QC, J3N 1L6
(450) 653-4142 *SIC* 8211
COMMISSION SCOLAIRE DES PATRIOTES
p 1182
See COMMISSION SCOLAIRE DES PATRIOTES
COMMISSION SCOLAIRE DES PATRIOTES
p 1182
1139 Rue Cadieux, SAINT-BRUNO, QC, J3V 2Z5
(450) 653-2453 *SIC* 8211
COMMISSION SCOLAIRE DES PATRIOTES
p 1182
1725 Rue Montarville, SAINT-BRUNO, QC, J3V 3V2
(450) 653-2411 *SIC* 8211
COMMISSION SCOLAIRE DES PATRIOTES
p 1182
1435 Rue Chateauguay, SAINT-BRUNO, QC, J3V 3A9
(450) 653-7610 *SIC* 8211
COMMISSION SCOLAIRE DES PATRIOTES
p 1182
221 Boul Clairevue E, SAINT-BRUNO, QC, J3V 5J3
(450) 653-1541 *SIC* 8211

COMMISSION SCOLAIRE DES PATRIOTES
p 1196
3065 Rue Bedard, SAINT-JEAN-BAPTISTE, QC, J0L 2B0
(450) 467-5870 *SIC* 8351
COMMISSION SCOLAIRE DES PATRIOTES
p 1196
See COMMISSION SCOLAIRE DES PATRIOTES
COMMISSION SCOLAIRE DES PATRIOTES
p 1217
103 Rue De La Fabrique, SAINT-MARC-SUR-RICHELIEU, QC, J0L 2E0
(450) 467-1921 *SIC* 8211
COMMISSION SCOLAIRE DES PATRIOTES
p 1226
2020 Rue Borduas, SAINTE-JULIE, QC, J3E 2G2
(450) 645-2361 *SIC* 8211
COMMISSION SCOLAIRE DES PATRIOTES
p 1226
450 Rue Charles-De Gaulle, SAINTE-JULIE, QC, J3E 2V6
(450) 645-2346 *SIC* 8211
COMMISSION SCOLAIRE DES PATRIOTES
p 1226
See COMMISSION SCOLAIRE DES PATRIOTES
COMMISSION SCOLAIRE DES PATRIOTES
p 1226
2121 Rue Darwin, SAINTE-JULIE, QC, J3E 0C9
(450) 645-2370 *SIC* 8331
COMMISSION SCOLAIRE DES PATRIOTES
p 1255
123 Ch Du Petit-Bois, VARENNES, QC, J3X 1P7
(450) 645-2363 *SIC* 8211
COMMISSION SCOLAIRE DES PATRIOTES
p 1255
2250 Rte Marie-Victorin, VARENNES, QC, J3X 1R4
(450) 645-2354 *SIC* 8211
COMMISSION SCOLAIRE DES PATRIOTES
p 1255
239 Rue Du Fief, VARENNES, QC, J3X 1Z2
(450) 645-2350 *SIC* 8211
COMMISSION SCOLAIRE DES PATRIOTES
p 1255
230 Rue Suzor-Cote, VARENNES, QC, J3X 1L6
(450) 645-2351 *SIC* 8211
COMMISSION SCOLAIRE DES PHARES *p* 1079
1414 Rue Des Erables, MONT-JOLI, QC, G5H 4A8
(418) 775-7577 *SIC* 8211
COMMISSION SCOLAIRE DES PHARES *p* 1079
70 Av Beaupre, MONT-JOLI, QC, G5H 1C7
(418) 775-5265 *SIC* 8211
COMMISSION SCOLAIRE DES PHARES *p* 1079
45 Av De La Grotte, MONT-JOLI, QC, G5H 1W4
(418) 775-3383 *SIC* 8211
COMMISSION SCOLAIRE DES PHARES *p* 1079
1632 Rue Lindsay, MONT-JOLI, QC, G5H 3A6
(418) 775-4466 *SIC* 8211
COMMISSION SCOLAIRE DES PHARES *p* 1137
217 Rue Beaulieu, PADOUE, QC, G0J 1X0
(418) 775-5829 *SIC* 8211
COMMISSION SCOLAIRE DES PHARES *p* 1172
See COMMISSION SCOLAIRE DES PHARES
COMMISSION SCOLAIRE DES PHARES *p* 1172
105 Rue Saint-Jean-Baptiste O, RIMOUSKI, QC, G5L 4J2
(418) 724-3384 *SIC* 8211

COMMISSION SCOLAIRE DES PHARES *p* 1172
136 Rue De La Grotte, RIMOUSKI, QC, G0L 1B0
(418) 736-4965 *SIC* 8211
COMMISSION SCOLAIRE DES PHARES *p* 1172
845 Rue Saint-Arsene, RIMOUSKI, QC, G5L 3X4
(418) 724-3566 *SIC* 8211
COMMISSION SCOLAIRE DES PHARES *p* 1172
514 Rue Tessier, RIMOUSKI, QC, G5L 4L9
(418) 724-3564 *SIC* 8211
COMMISSION SCOLAIRE DES PHARES *p* 1172
435 Av Rouleau, RIMOUSKI, QC, G5L 5W6
(418) 723-5927 *SIC* 8211
COMMISSION SCOLAIRE DES PHARES *p* 1172
424 Av Ross, RIMOUSKI, QC, G5L 6J2
(418) 722-4922 *SIC* 8211
COMMISSION SCOLAIRE DES PHARES *p* 1172
250 Boul Arthur-Buies O, RIMOUSKI, QC, G5L 7A7
(418) 724-3439 *SIC* 8211
COMMISSION SCOLAIRE DES PHARES *p* 1172
245 2e Rue O, RIMOUSKI, QC, G5L 4Y1
(418) 724-3381 *SIC* 8211
COMMISSION SCOLAIRE DES PHARES *p* 1172
130 Rue Cote Bureau T, RIMOUSKI, QC, G5L 2Y2
(418) 724-3555 *SIC* 8211
COMMISSION SCOLAIRE DES PHARES *p* 1172
149 Rue Du Rocher-Blanc, RIMOUSKI, QC, G5L 7A1
(418) 724-3567 *SIC* 8211
COMMISSION SCOLAIRE DES PHARES *p* 1173
355 Av De La Jeunesse, RIMOUSKI, QC, G5M 1J2
(418) 724-3563 *SIC* 8211
COMMISSION SCOLAIRE DES PHARES *p* 1174
658 Rte Des Pionniers, RIMOUSKI, QC, G5N 5P1
(418) 735-2115 *SIC* 8211
COMMISSION SCOLAIRE DES PHARES *p* 1179
20 Rue Banville Bureau 400, SAINT-ANACLET, QC, G0K 1H0
(418) 724-3560 *SIC* 8211
COMMISSION SCOLAIRE DES PHARES *p* 1188
105 Rue Plourde, SAINT-GABRIEL-DE-RIMOUSKI, QC, G0K 1M0
(418) 798-4951 *SIC* 8211
COMMISSION SCOLAIRE DES PHARES *p* 1218
37 Rue De La Montagne, SAINT-NARCISSE-DE-RIMOUSKI, QC, G0K 1S0
(418) 735-2149 *SIC* 8211
COMMISSION SCOLAIRE DES PHARES *p* 1227
53 Rue Saint-Pierre E, SAINTE-LUCE, QC, G0K 1P0
(418) 739-4214 *SIC* 8211
COMMISSION SCOLAIRE DES PHARES *p* 1242
203 Rue De L'Eglise, ST-OCTAVE, QC, G0J 3B0
(418) 775-3531 *SIC* 8211
COMMISSION SCOLAIRE DES PREMIERES-SEIGNEURIES *p* 996
See COMMISSION SCOLAIRE DES PREMIERES-SEIGNEURIES
COMMISSION SCOLAIRE DES PREMIERES-SEIGNEURIES *p* 996
10975 Boul Sainte-Anne, Beaupre, QC, G0A 1E0

(418) 821-8053 *SIC* 8211
COMMISSION SCOLAIRE DES PREMIERES-SEIGNEURIES *p* 996
2 Rue De Fatima E, Beaupre, QC, G0A 1E0
(418) 821-8078 *SIC* 8211
COMMISSION SCOLAIRE DES PREMIERES-SEIGNEURIES *p* 1001
See COMMISSION SCOLAIRE DES PREMIERES-SEIGNEURIES
COMMISSION SCOLAIRE DES PREMIERES-SEIGNEURIES *p* 1001
51 Rue Tardif, BOISCHATEL, QC, G0A 1H0
(418) 821-8060 *SIC* 8211
COMMISSION SCOLAIRE DES PREMIERES-SEIGNEURIES *p* 1001
25 Cote De L'Eglise, BOISCHATEL, QC, G0A 1H0
(418) 821-8060 *SIC* 8211
COMMISSION SCOLAIRE DES PREMIERES-SEIGNEURIES *p* 1011
See COMMISSION SCOLAIRE DES PREMIERES-SEIGNEURIES
COMMISSION SCOLAIRE DES PREMIERES-SEIGNEURIES *p* 1011
273 Rue Du Couvent, Chateau-Richer, QC, G0A 1N0
(418) 821-8077 *SIC* 8211
COMMISSION SCOLAIRE DES PREMIERES-SEIGNEURIES *p* 1050
20 Rue Du Couvent E, L'ANGE GARDIEN, QC, G0A 2K0
(418) 821-8062 *SIC* 8211
COMMISSION SCOLAIRE DES PREMIERES-SEIGNEURIES *p* 1055
See COMMISSION SCOLAIRE DES PREMIERES-SEIGNEURIES
COMMISSION SCOLAIRE DES PREMIERES-SEIGNEURIES *p* 1055
570 Ch Du Tour-Du-Lac, LAC-BEAUPORT, QC, G3B 0W1
(418) 634-5542 *SIC* 8211
COMMISSION SCOLAIRE DES PREMIERES-SEIGNEURIES *p* 1145
143 Rue Des Feux-Follets, Quebec, QC, G1B 1K8
(418) 666-6212 *SIC* 8211
COMMISSION SCOLAIRE DES PREMIERES-SEIGNEURIES *p* 1145
155 Rue Bessette, Quebec, QC, G1C 7A7
(418) 666-4562 *SIC* 8211
COMMISSION SCOLAIRE DES PREMIERES-SEIGNEURIES *p* 1145
See COMMISSION SCOLAIRE DES PREMIERES-SEIGNEURIES
COMMISSION SCOLAIRE DES PREMIERES-SEIGNEURIES *p* 1145
2265 Av Larue, Quebec, QC, G1C 1J9
(418) 821-4220 *SIC* 8211
COMMISSION SCOLAIRE DES PREMIERES-SEIGNEURIES *p* 1145
2267 Av Royale, Quebec, QC, G1C 1P5
(418) 821-0220 *SIC* 8211
COMMISSION SCOLAIRE DES PREMIERES-SEIGNEURIES *p* 1145
250 Rue Cambert, Quebec, QC, G1B 3R8
(418) 666-6091 *SIC* 8211
COMMISSION SCOLAIRE DES PREMIERES-SEIGNEURIES *p* 1145
2970 Av Gaspard, Quebec, QC, G1C 3V7
(418) 626-4559 *SIC* 8211
COMMISSION SCOLAIRE DES PREMIERES-SEIGNEURIES *p* 1145
453 Rue Seigneuriale, Quebec, QC, G1C 3R2
(418) 666-4495 *SIC* 8211
COMMISSION SCOLAIRE DES PREMIERES-SEIGNEURIES *p* 1145
139 Rue Bertrand, Quebec, QC, G1B 1H8
(418) 666-4595 *SIC* 8211
COMMISSION SCOLAIRE DES PREMIERES-SEIGNEURIES *p* 1145
500 Rue Anick, Quebec, QC, G1C 4X5
(418) 666-4455 *SIC* 8211
COMMISSION SCOLAIRE DES

BUSINESSES ALPHABETICALLY

COMMISSION SCOLAIRE DES PREMIERES-SEIGNEURIES *p* 1145
2233 Av Royale, Quebec, QC, G1C 1P3
(418) 821-8988 *SIC* 8211

COMMISSION SCOLAIRE DES PREMIERES-SEIGNEURIES *p* 1146
643 Av Du Cenacle, Quebec, QC, G1E 1B3
(418) 666-4666 *SIC* 8211

COMMISSION SCOLAIRE DES PREMIERES-SEIGNEURIES *p* 1146
645 Av Du Cenacle, Quebec, QC, G1E 1B3
(418) 666-4400 *SIC* 8211

COMMISSION SCOLAIRE DES PREMIERES-SEIGNEURIES *p* 1146
See *COMMISSION SCOLAIRE DES PREMIERES-SEIGNEURIES*

COMMISSION SCOLAIRE DES PREMIERES-SEIGNEURIES *p* 1146
15 Rue Saint-Edmond, Quebec, QC, G1E 5C8
(418) 666-4480 *SIC* 8211

COMMISSION SCOLAIRE DES PREMIERES-SEIGNEURIES *p* 1146
2740 Av Saint-David, Quebec, QC, G1E 4K7
(418) 666-4500 *SIC* 8211

COMMISSION SCOLAIRE DES PREMIERES-SEIGNEURIES *p* 1146
3255 Boul Monseigneur-Gauthier, Quebec, QC, G1E 2W3
(418) 666-4485 *SIC* 8211

COMMISSION SCOLAIRE DES PREMIERES-SEIGNEURIES *p* 1146
3510 Rue Cambronne, Quebec, QC, G1E 7H2
(418) 666-6240 *SIC* 8211

COMMISSION SCOLAIRE DES PREMIERES-SEIGNEURIES *p* 1146
41 Rue Tanguay, Quebec, QC, G1E 6A3
(418) 821-4883 *SIC* 8211

COMMISSION SCOLAIRE DES PREMIERES-SEIGNEURIES *p* 1146
769 Av De L'Education, Quebec, QC, G1E 1J2
(418) 666-4490 *SIC* 8211

COMMISSION SCOLAIRE DES PREMIERES-SEIGNEURIES *p* 1146
945 Boul Des Chutes, Quebec, QC, G1E 2C8
(418) 666-4580 *SIC* 8211

COMMISSION SCOLAIRE DES PREMIERES-SEIGNEURIES *p* 1147
7240 Rue Des Loutres, Quebec, QC, G1G 1B1
(418) 624-3753 *SIC* 8211

COMMISSION SCOLAIRE DES PREMIERES-SEIGNEURIES *p* 1147
742 Boul Louis-Xiv, Quebec, QC, G1H 4M7
(418) 622-7882 *SIC* 8211

COMMISSION SCOLAIRE DES PREMIERES-SEIGNEURIES *p* 1147
8805 Av De Laval, Quebec, QC, G1G 4X6
(418) 622-7891 *SIC* 8211

COMMISSION SCOLAIRE DES PREMIERES-SEIGNEURIES *p* 1147
800 Rue De La Sorbonne, Quebec, QC, G1H 1H1
(418) 622-7821 *SIC* 8331

COMMISSION SCOLAIRE DES PREMIERES-SEIGNEURIES *p* 1147
7220 Av Trudelle, Quebec, QC, G1H 5S3
(418) 622-7886 *SIC* 8211

COMMISSION SCOLAIRE DES PREMIERES-SEIGNEURIES *p* 1147
615 Av Helene-Paradis, Quebec, QC, G1G 5G1
(418) 622-7887 *SIC* 8211

COMMISSION SCOLAIRE DES PREMIERES-SEIGNEURIES *p* 1147
5125 2e Av O, Quebec, QC, G1H 6L2
(418) 622-7893 *SIC* 8211

COMMISSION SCOLAIRE DES PREMIERES-SEIGNEURIES *p* 1147
480 67e Rue E, Quebec, QC, G1H 1V5
(418) 622-7825 *SIC* 8211

COMMISSION SCOLAIRE DES PREMIERES-SEIGNEURIES *p* 1147
1550 Rue Du Perigord, Quebec, QC, G1G 5T8
(418) 624-3755 *SIC* 8211

COMMISSION SCOLAIRE DES PREMIERES-SEIGNEURIES *p* 1147
120 47e Rue E, Quebec, QC, G1H 2M2
(418) 622-7883 *SIC* 8211

COMMISSION SCOLAIRE DES PREMIERES-SEIGNEURIES *p* 1147
1075 60e Rue E, Quebec, QC, G1H 2E3
(418) 622-7890 *SIC* 8211

COMMISSION SCOLAIRE DES PREMIERES-SEIGNEURIES *p* 1147
See *COMMISSION SCOLAIRE DES PREMIERES-SEIGNEURIES*

COMMISSION SCOLAIRE DES PREMIERES-SEIGNEURIES *p* 1147
7550 10e Av E, Quebec, QC, G1H 4C4
(418) 622-7892 *SIC* 8211

COMMISSION SCOLAIRE DES PREMIERES-SEIGNEURIES *p* 1168
See *COMMISSION SCOLAIRE DES PREMIERES-SEIGNEURIES*

COMMISSION SCOLAIRE DES PREMIERES-SEIGNEURIES *p* 1168
825 Av Du Bourg-Royal, Quebec, QC, G2L 1W8
(418) 622-7895 *SIC* 8211

COMMISSION SCOLAIRE DES PREMIERES-SEIGNEURIES *p* 1168
99 Rue Moise-Verret, Quebec, QC, G2N 1E8
(418) 634-5537 *SIC* 8211

COMMISSION SCOLAIRE DES PREMIERES-SEIGNEURIES *p* 1168
651 Rue Jacques-Bedard, Quebec, QC, G2N 1C5
(418) 634-5538 *SIC* 8211

COMMISSION SCOLAIRE DES PREMIERES-SEIGNEURIES *p* 1168
700 Rue De L'argon, Quebec, QC, G2N 2G5
(418) 634-5580 *SIC* 8299

COMMISSION SCOLAIRE DES PREMIERES-SEIGNEURIES *p* 1168
1495 Rue Du Vice-Roi, Quebec, QC, G2L 2E5
(418) 624-3754 *SIC* 8211

COMMISSION SCOLAIRE DES PREMIERES-SEIGNEURIES *p* 1168
20 Rue De L'escalade, Quebec, QC, G2N 2A8
(418) 634-5533 *SIC* 8211

COMMISSION SCOLAIRE DES PREMIERES-SEIGNEURIES *p* 1168
365 Rue Du Bienheureux-Jean-Xxiii, Quebec, QC, G2N 1V4
(418) 634-5535 *SIC* 8211

COMMISSION SCOLAIRE DES PREMIERES-SEIGNEURIES *p* 1188
See *COMMISSION SCOLAIRE DES PREMIERES-SEIGNEURIES*

COMMISSION SCOLAIRE DES PREMIERES-SEIGNEURIES *p* 1188
3455 Av Royale Bureau 1, Saint-Ferreol-les-Neiges, QC, G0A 3R0
(418) 821-8055 *SIC* 8211

COMMISSION SCOLAIRE DES PREMIERES-SEIGNEURIES *p* 1219
See *COMMISSION SCOLAIRE DES PREMIERES-SEIGNEURIES*

COMMISSION SCOLAIRE DES PREMIERES-SEIGNEURIES *p* 1219
1300 Ch Royal, Saint-Pierre-Ile-D'Orleans, QC, G0A 4E0
(418) 821-8066 *SIC* 8211

COMMISSION SCOLAIRE DES PREMIERES-SEIGNEURIES *p* 1225
See *COMMISSION SCOLAIRE DES PREMIERES-SEIGNEURIES*

COMMISSION SCOLAIRE DES PREMIERES-SEIGNEURIES *p* 1225
3 Rue Du Couvent, SAINTE-BRIGITTE-DE-LAVAL, QC, G0A 3K0
(418) 821-8044 *SIC* 8211

COMMISSION SCOLAIRE DES PREMIERES-SEIGNEURIES *p* 1242
37 Ch Du Trait-Carre, ST-JOACHIM-DE-MONTMORENCY, QC, G0A 3X0
(418) 821-8086 *SIC* 8211

COMMISSION SCOLAIRE DES PREMIERES-SEIGNEURIES *p* 1242
See *COMMISSION SCOLAIRE DES PREMIERES-SEIGNEURIES*

COMMISSION SCOLAIRE DES PREMIERES-SEIGNEURIES *p* 1243
114 1re Av, STONEHAM-ET-TEWKESBURY, QC, G3C 0L5
(418) 634-5546 *SIC* 8211

COMMISSION SCOLAIRE DES RIVES-DU-SAGUENAY *p* 1013
41 Rue Saint-Benoit, CHICOUTIMI, QC, G7G 2R4
(418) 543-2213 *SIC* 8211

COMMISSION SCOLAIRE DES RIVES-DU-SAGUENAY *p* 1013
350 Rue Saint-Gerard, CHICOUTIMI, QC, G7G 1J2
(418) 541-4343 *SIC* 8211

COMMISSION SCOLAIRE DES RIVES-DU-SAGUENAY *p* 1013
245 Rue Des Epervieres, CHICOUTIMI, QC, G7G 4Y8
(418) 549-3480 *SIC* 8211

COMMISSION SCOLAIRE DES RIVES-DU-SAGUENAY *p* 1013
136 Rue Des Saules, CHICOUTIMI, QC, G7G 4C3
(418) 543-3680 *SIC* 8211

COMMISSION SCOLAIRE DES RIVES-DU-SAGUENAY *p* 1014
847 Rue Georges-Vanier, CHICOUTIMI, QC, G7H 4M1
(418) 615-0083 *SIC* 8211

COMMISSION SCOLAIRE DES RIVES-DU-SAGUENAY *p* 1014
847 Rue Georges-Vanier, CHICOUTIMI, QC, G7H 4M1
(418) 698-5170 *SIC* 8211

COMMISSION SCOLAIRE DES RIVES-DU-SAGUENAY *p* 1014
97 Rue Arthur-Hamel, CHICOUTIMI, QC, G7H 3M9
(418) 698-5148 *SIC* 8211

COMMISSION SCOLAIRE DES RIVES-DU-SAGUENAY *p* 1014
980 Rue Georges-Vanier, CHICOUTIMI, QC, G7H 4M3
(418) 698-5199 *SIC* 8211

COMMISSION SCOLAIRE DES RIVES-DU-SAGUENAY *p* 1014
624 Rue La Fontaine, CHICOUTIMI, QC, G7H 4V4
(418) 698-5012 *SIC* 8211

COMMISSION SCOLAIRE DES RIVES-DU-SAGUENAY *p* 1014
985 Rue Begin, CHICOUTIMI, QC, G7H 4P1
(418) 698-5185 *SIC* 8211

COMMISSION SCOLAIRE DES RIVES-DU-SAGUENAY *p* 1014
36 Rue Jacques-Cartier E, CHICOUTIMI, QC, G7H 1W2
(418) 698-5000 *SIC* 8211

COMMISSION SCOLAIRE DES RIVES-DU-SAGUENAY *p* 1014
128 Rue Louis-Francoeur, CHICOUTIMI, QC, G7H 3A8
(418) 698-5142 *SIC* 8211

COMMISSION SCOLAIRE DES RIVES-DU-SAGUENAY *p* 1014
475 Rue La Fontaine Bureau 13, CHICOUTIMI, QC, G7H 4V2
(418) 541-7799 *SIC* 7376

COMMISSION SCOLAIRE DES RIVES-DU-SAGUENAY *p* 1015
216 Rue Des Oblats O, CHICOUTIMI, QC, G7J 2B1
(418) 698-5160 *SIC* 8211

COMMISSION SCOLAIRE DES RIVES-DU-SAGUENAY *p* 1015
906 Rue Comeau, CHICOUTIMI, QC, G7J 3J3
(418) 698-5126 *SIC* 8211

COMMISSION SCOLAIRE DES RIVES-DU-SAGUENAY *p* 1015
465 Ch De La Reserve, CHICOUTIMI, QC, G7J 3N7
(418) 698-5120 *SIC* 8211

COMMISSION SCOLAIRE DES RIVES-DU-SAGUENAY *p* 1050
37 Rue Saint-Jean-Baptiste, L'ANSE-SAINT-JEAN, QC, G0V 1J0
(418) 615-0090 *SIC* 8211

COMMISSION SCOLAIRE DES RIVES-DU-SAGUENAY *p* 1052
1802 Av John-Kane, LA BAIE, QC, G7B 1K2
(418) 544-2843 *SIC* 8211

COMMISSION SCOLAIRE DES RIVES-DU-SAGUENAY *p* 1052
2511 Rue Monseigneur-Dufour, LA BAIE, QC, G7B 1E2
(418) 544-2324 *SIC* 8211

COMMISSION SCOLAIRE DES RIVES-DU-SAGUENAY *p* 1052
3111 Rue Monseigneur-Dufour, LA BAIE, QC, G7B 4H5
(418) 698-5000 *SIC* 8211

COMMISSION SCOLAIRE DES RIVES-DU-SAGUENAY *p* 1052
1351 6e Av, LA BAIE, QC, G7B 1R5
(418) 544-0327 *SIC* 8211

COMMISSION SCOLAIRE DES RIVES-DU-SAGUENAY *p* 1052
3300 Rue Prince-Albert, LA BAIE, QC, G7B 3R6
(418) 544-6822 *SIC* 8211

COMMISSION SCOLAIRE DES RIVES-DU-SAGUENAY *p* 1052
737 Rue Victoria, LA BAIE, QC, G7B 3M8
(418) 544-3223 *SIC* 8211

COMMISSION SCOLAIRE DES RIVES-DU-SAGUENAY *p* 1061
860 Rue Gauthier, Laterriere, QC, G7N 1G8
SIC 8211

COMMISSION SCOLAIRE DES RIVES-DU-SAGUENAY *p* 1175
404 Rue Principale, Riviere-Eternite, QC, G0V 1P0
(418) 615-0064 *SIC* 8211

COMMISSION SCOLAIRE DES RIVES-DU-SAGUENAY *p* 1191
200 Rue Paul-Aime-Hudon, Saint-Honore-de-Chicoutimi, QC, G0V 1L0
(418) 615-0065 *SIC* 8211

COMMISSION SCOLAIRE DES RIVES-DU-SAGUENAY *p* 1191

200 Rue Paul-Aime-Hudon, Saint-Honore-de-Chicoutimi, QC, G0V 1L0
(418) 615-0072 SIC 8211
COMMISSION SCOLAIRE DES SAMARES
p 1045
485 Rue Laval, JOLIETTE, QC, J6E 5H1
(450) 758-3716 SIC 8211
COMMISSION SCOLAIRE DES SAMARES
p 1045
918 Rue Ladouceur, JOLIETTE, QC, J6E 3W7
(450) 758-3630 SIC 8211
COMMISSION SCOLAIRE DES SAMARES
p 1045
940 Rue De Lanaudiere, JOLIETTE, QC, J6E 3N6
(450) 758-3721 SIC 8211
COMMISSION SCOLAIRE DES SAMARES
p 1045
981 Rue Notre-Dame, JOLIETTE, QC, J6E 3K1
(450) 758-3723 SIC 8211
COMMISSION SCOLAIRE DES SAMARES
p 1045
810 Rue De Lanaudiere, JOLIETTE, QC, J6E 3N3
(450) 758-3556 SIC 8211
COMMISSION SCOLAIRE DES SAMARES
p 1045
305 Rue Calixa-Lavallee, JOLIETTE, QC, J6E 4K3
(450) 758-3718 SIC 8211
COMMISSION SCOLAIRE DES SAMARES
p 1063
1020 Rue Du Tricentenaire, LAVALTRIE, QC, J5T 2S4
(450) 758-3592 SIC 8211
COMMISSION SCOLAIRE DES SAMARES
p 1073
3961 Rue Principale, LOURDES-DE-JOLIETTE, QC, J0K 1K0
(450) 758-3576 SIC 8211
COMMISSION SCOLAIRE DES SAMARES
p 1169
3144 18e Av Bureau 760, RAWDON, QC, J0K 1S0
(450) 758-3749 SIC 8211
COMMISSION SCOLAIRE DES SAMARES
p 1169
3790 Ch Du Lac-Morgan, RAWDON, QC, J0K 1S0
(450) 758-3701 SIC 8211
COMMISSION SCOLAIRE DES SAMARES
p 1170
3763 Rue Albert, RAWDON, QC, J0K 1S0
(450) 758-3704 SIC 8211
COMMISSION SCOLAIRE DES SAMARES
p 1179
961 Rue Des Commissaires, SAINT-AMBROISE-DE-KILDARE, QC, J0K 1C0
(450) 758-3726 SIC 8211
COMMISSION SCOLAIRE DES SAMARES
p 1185
39 Rue Des Ecoles Bureau 51, SAINT-ESPRIT, QC, J0K 2L0
(450) 758-3737 SIC 8211
COMMISSION SCOLAIRE DES SAMARES
p 1188
1919 6e Rang, SAINT-GABRIEL-DE-BRANDON, QC, J0K 2N0
(450) 758-3640 SIC 8211
COMMISSION SCOLAIRE DES SAMARES
p 1188
59 Rue Champagne, SAINT-GABRIEL-DE-BRANDON, QC, J0K 2N0
(450) 758-3691 SIC 8211
COMMISSION SCOLAIRE DES SAMARES
p 1188
35 Rue Dequoy, SAINT-GABRIEL-DE-BRANDON, QC, J0K 2N0
(450) 758-3740 SIC 8211
COMMISSION SCOLAIRE DES SAMARES
p 1188
70 Rue Sainte-Marguerite, Saint-Felix-de-Valois, QC, J0K 2M0
(450) 758-3562 SIC 8211
COMMISSION SCOLAIRE DES SAMARES
p 1196
239 Rue Du College, SAINT-JEAN-DE-MATHA, QC, J0K 2S0
(450) 758-3688 SIC 8211
COMMISSION SCOLAIRE DES SAMARES
p 1217
263 14e Av, SAINT-LIN-LAURENTIDES, QC, J5M 2X6
(450) 439-3138 SIC 8211
COMMISSION SCOLAIRE DES SAMARES
p 1217
250 Ch Saint-Stanislas, SAINT-LIN-LAURENTIDES, QC, J5M 2H2
(450) 439-6051 SIC 8211
COMMISSION SCOLAIRE DES SAMARES
p 1217
265 16e Av, SAINT-LIN-LAURENTIDES, QC, J5M 2X8
(450) 439-7135 SIC 8211
COMMISSION SCOLAIRE DES SAMARES
p 1218
380 Rue Brassard, SAINT-MICHEL-DES-SAINTS, QC, J0K 3B0
(450) 758-3697 SIC 8211
COMMISSION SCOLAIRE DES SAMARES
p 1218
290 Rue Brassard, SAINT-MICHEL-DES-SAINTS, QC, J0K 3B0
(450) 758-3643 SIC 8211
COMMISSION SCOLAIRE DES SAMARES
p 1219
33 Boul Brassard, SAINT-PAUL, QC, J0K 3E0
(450) 758-3728 SIC 8211
COMMISSION SCOLAIRE DES SAMARES
p 1220
20 Rue Vezina, SAINT-ROCH-DE-L'ACHIGAN, QC, J0K 3H0
(450) 588-7851 SIC 8211
COMMISSION SCOLAIRE DES SAMARES
p 1221
60 Montee Remi-Henri, SAINT-ROCH-DE-L'ACHIGAN, QC, J0K 3H0
(450) 588-7410 SIC 8211
COMMISSION SCOLAIRE DES SOMMETS
p 993
180 Rue Genest, ASBESTOS, QC, J1T 1A9
(819) 879-6303 SIC 8211
COMMISSION SCOLAIRE DES SOMMETS
p 993
340 Boul Morin, ASBESTOS, QC, J1T 3C2
(819) 879-0769 SIC 8211
COMMISSION SCOLAIRE DES SOMMETS
p 993
430 5e Av, ASBESTOS, QC, J1T 1X2
(819) 879-5413 SIC 8211
COMMISSION SCOLAIRE DES SOMMETS
p 993
410 1re Av, ASBESTOS, QC, J1T 1Z2
(819) 879-6926 SIC 8211
COMMISSION SCOLAIRE DES SOMMETS
p 1022
30 Rue Du College, DANVILLE, QC, J0A 1A0
(819) 839-2930 SIC 8211
COMMISSION SCOLAIRE DES SOMMETS
p 1032
500 Rue Principale, EASTMAN, QC, J0E 1P0
(450) 297-2190 SIC 8211
COMMISSION SCOLAIRE DES SOMMETS
p 1074
277 Rue Saint-Patrice O, MAGOG, QC, J1X 1W4
(819) 843-6116 SIC 8211
COMMISSION SCOLAIRE DES SOMMETS
p 1074
265 Rue Saint-Patrice O, MAGOG, QC, J1X 1W4
(819) 843-3004 SIC 8211
COMMISSION SCOLAIRE DES SOMMETS
p 1074
176 Rue Saint-Alphonse S, MAGOG, QC, J1X 3T6
(819) 843-4016 SIC 8211
COMMISSION SCOLAIRE DES SOMMETS
p 1074
1255 Boul Des Etudiants, MAGOG, QC, J1X 3Y6
(819) 843-1343 SIC 8249
COMMISSION SCOLAIRE DES SOMMETS
p 1074
63 Rue Pie-Xii, MAGOG, QC, J1X 6A5
(819) 843-4641 SIC 8211
COMMISSION SCOLAIRE DES SOMMETS
p 1074
495 Rue Gerin, MAGOG, QC, J1X 4B1
(819) 843-5666 SIC 8211
COMMISSION SCOLAIRE DES SOMMETS
p 1074
295 Rue Saint-David, MAGOG, QC, J1X 2Z8
(819) 843-9566 SIC 8211
COMMISSION SCOLAIRE DES SOMMETS
p 1074
360 Rue Saint-Patrice O, MAGOG, QC, J1X 1W6
(819) 843-4347 SIC 8211
COMMISSION SCOLAIRE DES SOMMETS
p 1074
449 Rue Percy, MAGOG, QC, J1X 1B5
(819) 847-1610 SIC 8211
COMMISSION SCOLAIRE DES SOMMETS
p 1075
330 Rue Principale, MANSONVILLE, QC, J0E 1X0
(450) 292-5717 SIC 8211
COMMISSION SCOLAIRE DES SOMMETS
p 1242
7 Rue Park Rr 1, STANSTEAD, QC, J0B 3E0
(819) 876-7534 SIC 8211
COMMISSION SCOLAIRE DES SOMMETS
p 1242
177 Rue De L'Eglise, St-Francois-Xavier-de-Brompton, QC, J0B 2V0
(819) 845-3976 SIC 8211
COMMISSION SCOLAIRE DES SOMMETS
p 1254
1100 Rue Champetre, VALCOURT, QC, J0E 2L0
(450) 532-2488 SIC 8211
COMMISSION SCOLAIRE DES SOMMETS
p 1263
101 Rue Ambroise-Dearden, WINDSOR, QC, J1S 1H2
(819) 845-3694 SIC 8211
COMMISSION SCOLAIRE DES SOMMETS
p 1263
100 Rue Boisjoli, WINDSOR, QC, J1S 2X8
(819) 845-5402 SIC 8249
COMMISSION SCOLAIRE DES SOMMETS
p 1263
250 Rue Saint-Georges, WINDSOR, QC, J1S 1K4
(819) 845-2728 SIC 8211
COMMISSION SCOLAIRE DES TROIS-LACS p
1021
1 Rue Du Parc, COTEAU-DU-LAC, QC, J0P 1B0
(450) 267-3458 SIC 8211
COMMISSION SCOLAIRE DES TROIS-LACS p
1051
300 Boul Grand, L'Ile-Perrot, QC, J7V 4X2
(514) 453-4011 SIC 8211
COMMISSION SCOLAIRE DES TROIS-LACS p
1051
2254 Boul Perrot, L'Ile-Perrot, QC, J7V 8P4
(514) 453-2576 SIC 8211
COMMISSION SCOLAIRE DES TROIS-LACS p
1051
476 Boul Grand, L'Ile-Perrot, QC, J7V 4X5
(514) 453-5441 SIC 8211
COMMISSION SCOLAIRE DES TROIS-LACS p
1138
70 Av Lussier, PINCOURT, QC, J7W 5B2
(514) 453-8581 SIC 8211
COMMISSION SCOLAIRE DES TROIS-LACS p
1214
1550 Rue Des Cedres, SAINT-LAZARE, QC, J7T 2P9
(514) 477-7002 SIC 8211
COMMISSION SCOLAIRE DES TROIS-LACS p
1222
425 34e Av, SAINT-ZOTIQUE, QC, J0P 1Z0
(450) 267-3290 SIC 8211
COMMISSION SCOLAIRE DU CHEMIN-DU-ROY p
751
1 Ness Dr, NORTH YORK, ON, M3A 2W1
(416) 393-5312 SIC 8211
COMMISSION SCOLAIRE DU CHEMIN-DU-ROY p
1010
963 Rue Notre-Dame, CHAMPLAIN, QC, G0X 1C0
(819) 840-4317 SIC 8211
COMMISSION SCOLAIRE DU CHEMIN-DU-ROY p
1073
60 Av Saint-Jacques, LOUISEVILLE, QC, J5V 1C2
(819) 840-4325 SIC 8211
COMMISSION SCOLAIRE DU CHEMIN-DU-ROY p
1073
50 Av Saint-Jacques, LOUISEVILLE, QC, J5V 1C2
(819) 840-4327 SIC 8211
COMMISSION SCOLAIRE DU CHEMIN-DU-ROY p
1185
165 Rue Saint-Joseph Rr 2, Saint-Etienne-des-Gres, QC, G0X 2P0
(819) 840-4322 SIC 8211
COMMISSION SCOLAIRE DU CHEMIN-DU-ROY p
1218
1380 Rue Notre-Dame, SAINT-MAURICE, QC, G0X 2X0
SIC 8211
COMMISSION SCOLAIRE DU CHEMIN-DU-ROY p
1247
245 Rue Loranger, Trois-Rivieres, QC, G8T 3V2
(819) 376-3656 SIC 8211
COMMISSION SCOLAIRE DU CHEMIN-DU-ROY p
1247
500 Rue Des Erables, Trois-Rivieres, QC, G8T 9S4
(819) 373-1422 SIC 8211
COMMISSION SCOLAIRE DU CHEMIN-DU-ROY p
1247
775 Rue Berlinguet, Trois-Rivieres, QC, G8T 2H1
(819) 691-2501 SIC 8211
COMMISSION SCOLAIRE DU CHEMIN-DU-ROY p
1247
881 Rue Louis-De-France, Trois-Rivieres, QC, G8T 1A5
(819) 374-5523 SIC 8211
COMMISSION SCOLAIRE DU CHEMIN-DU-ROY p
1248
3750 Rue Jean-Bourdon, Trois-Rivieres, QC, G8Y 2A5
(819) 379-8714 SIC 8211
COMMISSION SCOLAIRE DU CHEMIN-DU-ROY p
1248

3685 Rue De La Rochelle, Trois-Rivieres, QC, G8Y 5N7
(819) 374-6951 SIC 8211
COMMISSION SCOLAIRE DU CHEMIN-DU-ROY *p*
1248
1405 11e Rue, Trois-Rivieres, QC, G8Y 2Z6
(819) 376-3038 SIC 8211
COMMISSION SCOLAIRE DU CHEMIN-DU-ROY *p*
1248
100 Rue Saint-Irenee, Trois-Rivieres, QC, G8T 7C4
(819) 376-3443 SIC 8211
COMMISSION SCOLAIRE DU CHEMIN-DU-ROY *p*
1248
3750 Rue Jean-Bourdon, Trois-Rivieres, QC, G8Y 2A5
(819) 691-3366 SIC 8211
COMMISSION SCOLAIRE DU CHEMIN-DU-ROY *p*
1248
7625 Rue Lamy, Trois-Rivieres, QC, G8Y 4A8
(819) 373-5155 SIC 8211
COMMISSION SCOLAIRE DU CHEMIN-DU-ROY *p*
1248
730 Rue Guilbert, Trois-Rivieres, QC, G8T 5T6
(819) 378-6562 SIC 8211
COMMISSION SCOLAIRE DU CHEMIN-DU-ROY *p*
1248
5405 Rue De Courcelette, Trois-Rivieres, QC, G8Y 3V2
(819) 375-8809 SIC 8211
COMMISSION SCOLAIRE DU CHEMIN-DU-ROY *p*
1248
501 Rue Des Erables, Trois-Rivieres, QC, G8T 5J2
(819) 375-8931 SIC 8211
COMMISSION SCOLAIRE DU CHEMIN-DU-ROY *p*
1248
4675 Cote Rosemont, Trois-Rivieres, QC, G8Y 6R7
(819) 374-1835 SIC 8211
COMMISSION SCOLAIRE DU CHEMIN-DU-ROY *p*
1248
445 Boul Sainte-Madeleine, Trois-Rivieres, QC, G8T 3N5
(819) 376-3120 SIC 8211
COMMISSION SCOLAIRE DU CHEMIN-DU-ROY *p*
1249
1725 Boul Du Carmel, Trois-Rivieres, QC, G8Z 3R8
(819) 379-5822 SIC 8211
COMMISSION SCOLAIRE DU CHEMIN-DU-ROY *p*
1249
720 Boul Des Recollets, Trois-Rivieres, QC, G8Z 3W1
(819) 375-0388 SIC 8211
COMMISSION SCOLAIRE DU CHEMIN-DU-ROY *p*
1249
3005 Rue Arthur-Guimont, Trois-Rivieres, QC, G8Z 2K2
(819) 378-8780 SIC 8211
COMMISSION SCOLAIRE DU CHEMIN-DU-ROY *p*
1250
636 Rue Sainte-Catherine, Trois-Rivieres, QC, G9A 3L5
(819) 375-1955 SIC 8211
COMMISSION SCOLAIRE DU CHEMIN-DU-ROY *p*
1250
481 Rue Bureau, Trois-Rivieres, QC, G9A 2M9
(819) 376-3749 SIC 8211
COMMISSION SCOLAIRE DU CHEMIN-DU-ROY *p*
1250
1875 Rue Nicolas-Perrot, Trois-Rivieres, QC, G9A 1C5
(819) 375-2332 SIC 8211
COMMISSION SCOLAIRE DU CHEMIN-DU-ROY *p*
1250
1060 Rue Saint-Francois-Xavier, Trois-Rivieres, QC, G9A 1R8
(819) 379-8714 SIC 8211
COMMISSION SCOLAIRE DU CHEMIN-DU-ROY *p*
1250
946 Rue Saint-Paul Bureau 213, Trois-Rivieres, QC, G9A 1J3
(819) 378-8414 SIC 8211
COMMISSION SCOLAIRE DU CHEMIN-DU-ROY *p*
1252
7660 Rue Notre-Dame O, Trois-Rivieres, QC, G9B 1L9
(819) 377-4438 SIC 8211
COMMISSION SCOLAIRE DU CHEMIN-DU-ROY *p*
1252
101 Rue Elisabeth-Guay, Trois-Rivieres, QC, G9B 7Z4
(819) 377-1312 SIC 8211
COMMISSION SCOLAIRE DU CHEMIN-DU-ROY *p*
1252
10830 Ch Sainte-Marguerite, Trois-Rivieres, QC, G9B 6N7
(819) 377-1516 SIC 8211
COMMISSION SCOLAIRE DU CHEMIN-DU-ROY *p*
1252
365 Rue Chavigny, Trois-Rivieres, QC, G9B 1A7
(819) 377-4391 SIC 8211
COMMISSION SCOLAIRE DU FER *p* 1033
130 Le Carrefour, FERMONT, QC, G0G 1J0
(418) 287-5496 SIC 8211
COMMISSION SCOLAIRE DU FER *p* 1144
12 Av Boisvert, PORT-CARTIER, QC, G5B 1W7
(418) 766-8565 SIC 8211
COMMISSION SCOLAIRE DU FER *p* 1144
27 Rue Audubon, PORT-CARTIER, QC, G5B 1M2
(418) 766-2237 SIC 8211
COMMISSION SCOLAIRE DU FER *p* 1144
18 Boul Des Iles, PORT-CARTIER, QC, G5B 2N4
(418) 766-5335 SIC 8211
COMMISSION SCOLAIRE DU FER *p* 1233
40 Rue Comeau, Sept-Iles, QC, G4R 4N3
(418) 964-2760 SIC 8211
COMMISSION SCOLAIRE DU FER *p* 1233
110 Rue Comeau, Sept-Iles, QC, G4R 1J4
(418) 964-2811 SIC 8211
COMMISSION SCOLAIRE DU FER *p* 1233
18 Rue Maisonneuve, Sept-Iles, QC, G4R 1C7
(418) 962-6198 SIC 8211
COMMISSION SCOLAIRE DU FER *p* 1233
10 Rue Johnny-Montigny, Sept-Iles, QC, G4R 1W3
(418) 962-6156 SIC 8211
COMMISSION SCOLAIRE DU FER *p* 1233
See COMMISSION SCOLAIRE DU FER
COMMISSION SCOLAIRE DU FER *p* 1233
532 Av Gamache, Sept-Iles, QC, G4R 2J2
(418) 962-7781 SIC 8211
COMMISSION SCOLAIRE DU FER *p* 1233
9 Rue De La Verendrye, Sept-Iles, QC, G4R 5E3
(418) 964-2881 SIC 8221
COMMISSION SCOLAIRE DU FER *p* 1234
95 Rue Des Chanterelles, Sept-Iles, QC, G4S 2B9
(418) 960-5551 SIC 8211
COMMISSION SCOLAIRE DU FLEUVE ET DES LACS *p* 1022
666 6e Rue O Bureau 6, Degelis, QC, G5T 1Y4
(418) 853-3438 SIC 8211
COMMISSION SCOLAIRE DU FLEUVE ET DES LACS *p* 1022
385 Av Principale, Degelis, QC, G5T 1L3
(418) 854-3421 SIC 8211
COMMISSION SCOLAIRE DU FLEUVE ET DES LACS *p* 1022
383 Av Principale, Degelis, QC, G5T 1L3
(418) 853-3921 SIC 8211
COMMISSION SCOLAIRE DU FLEUVE ET DES LACS *p* 1139
685 Rang Notre-Dame-Des-Champs, PO-HENEGAMOOK, QC, G0L 1J0
(418) 863-7711 SIC 8211
COMMISSION SCOLAIRE DU FLEUVE ET DES LACS *p* 1174
31 Rue Des Pins E, Riviere-Bleue, QC, G0L 2B0
(418) 893-2514 SIC 8211
COMMISSION SCOLAIRE DU FLEUVE ET DES LACS *p* 1196
3 Rue Sainte-Marie, SAINT-JEAN-DE-DIEU, QC, G0L 3M0
(418) 963-3226 SIC 8211
COMMISSION SCOLAIRE DU FLEUVE ET DES LACS *p* 1243
120 Boul Phil-Latulippe, TEMISCOUATA-SUR-LE-LAC, QC, G0L 1E0
(418) 854-3640 SIC 8211
COMMISSION SCOLAIRE DU FLEUVE ET DES LACS *p* 1247
84 Rue Raymond, TROIS-PISTOLES, QC, G0L 4K0
SIC 8211
COMMISSION SCOLAIRE DU FLEUVE ET DES LACS *p* 1247
9 Rue Notre-Dame E, TROIS-PISTOLES, QC, G0L 4K0
(418) 851-3341 SIC 8211
COMMISSION SCOLAIRE DU FLEUVE ET DES LACS *p* 1247
455 Rue Jenkin, TROIS-PISTOLES, QC, G0L 4K0
SIC 8211
COMMISSION SCOLAIRE DU FLEUVE ET DES LACS *p* 1247
286 Rue Langlais, TROIS-PISTOLES, QC, G0L 4K0
(418) 851-2346 SIC 8211
COMMISSION SCOLAIRE DU LAC-ST-JEAN *p*
987
850 Av Begin, ALMA, QC, G8B 2X6
(418) 669-6063 SIC 8211
COMMISSION SCOLAIRE DU LAC-ST-JEAN *p*
987
775 Boul Saint-Luc, ALMA, QC, G8B 2K8
(418) 669-6044 SIC 8211
COMMISSION SCOLAIRE DU LAC-ST-JEAN *p*
987
685 Rue Gauthier O, ALMA, QC, G8B 2H9
(418) 669-6012 SIC 8211
COMMISSION SCOLAIRE DU LAC-ST-JEAN *p*
988
1550 Boul Auger O, ALMA, QC, G8C 1H8
(418) 669-6042 SIC 8211
COMMISSION SCOLAIRE DU LAC-ST-JEAN *p*
988
441 Rue Joseph-W.-Fleury, ALMA, QC, G8E 2L1
(418) 669-6069 SIC 8211
COMMISSION SCOLAIRE DU LAC-ST-JEAN *p*
1044
250 Rue Turgeon, Hebertville, QC, G8N 1S1
(418) 669-6064 SIC 8211
COMMISSION SCOLAIRE DU LAC-ST-JEAN *p*
1044
236 Rue Hebert, Hebertville, QC, G8N 1P4
(418) 669-6032 SIC 8211
COMMISSION SCOLAIRE DU LAC-TEMISCAMINGUE *p*
997
255 3e Av, BELLETERRE, QC, J0Z 1L0
SIC 8211
COMMISSION SCOLAIRE DU LAC-TEMISCAMINGUE *p*
1061
5 Rue Du Carrefour N Rr 4, LATULIPE, QC, J0Z 2N0
(819) 747-4521 SIC 8211
COMMISSION SCOLAIRE DU LAC-TEMISCAMINGUE *p*
1073
45 Rue Notre-Dame E, LORRAINVILLE, QC, J0Z 2R0
(819) 625-2444 SIC 8211
COMMISSION SCOLAIRE DU LAC-TEMISCAMINGUE *p*
1135
15 Rue Desjardins, NOTRE-DAME-DU-NORD, QC, J0Z 3B0
(819) 723-2408 SIC 8211
COMMISSION SCOLAIRE DU LAC-TEMISCAMINGUE *p*
1182
23 Rue Principale N, SAINT-BRUNO-DE-GUIGUES, QC, J0Z 2G0
(819) 728-2910 SIC 8211
COMMISSION SCOLAIRE DU LAC-TEMISCAMINGUE *p*
1243
40 Rue Boucher, Temiscaming, QC, J0Z 3R0
(819) 627-3337 SIC 8211
COMMISSION SCOLAIRE DU LAC-TEMISCAMINGUE *p*
1260
4 Rue Montfort, VILLE-MARIE, QC, J9V 1W2
(819) 629-2802 SIC 8211
COMMISSION SCOLAIRE DU LAC-TEMISCAMINGUE *p*
1260
2 Rue Maisonneuve, VILLE-MARIE, QC, J9V 1V4
(819) 629-2472 SIC 8211
COMMISSION SCOLAIRE DU LAC-TEMISCAMINGUE *p*
1260
9 Rue Notre-Dame-De-Lourdes, VILLE-MARIE, QC, J9V 1X7
(819) 629-2144 SIC 8211
COMMISSION SCOLAIRE DU LITTORAL *p* 1048
Gd, Kegaska, QC, G0G 1S0
(418) 726-3283 SIC 8211
COMMISSION SCOLAIRE DU LITTORAL *p* 1073
20 Rue Mgr Scheffer, LOURDES-DE-BLANC-SABLON, QC, G0G 1W0
(418) 461-2030 SIC 8211
COMMISSION SCOLAIRE DU PAYS-DES-BLEUETS *p*
987
327 Rue De L'Eglise, ALBANEL, QC, G8M 3E9
(418) 276-7605 SIC 8211
COMMISSION SCOLAIRE DU PAYS-DES-BLEUETS *p*
1023
1950 Boul Sacre-C Ur, DOLBEAU-MISTASSINI, QC, G8L 2R3
(418) 276-2012 SIC 8211
COMMISSION SCOLAIRE DU PAYS-DES-BLEUETS *p*
1023

242 3e Av, DOLBEAU-MISTASSINI, QC, G8L 2V4
(418) 276-5101 *SIC* 8211
COMMISSION SCOLAIRE DU PAYS-DES-BLEUETS *p* 1023
300 Av Jean-Dolbeau, DOLBEAU-MISTASSINI, QC, G8L 2T7
(418) 276-0984 *SIC* 8211
COMMISSION SCOLAIRE DU PAYS-DES-BLEUETS *p* 1023
400 2e Av, DOLBEAU-MISTASSINI, QC, G8L 3C6
(418) 276-8654 *SIC* 8211
COMMISSION SCOLAIRE DU PAYS-DES-BLEUETS *p* 1023
68 Rue Savard, DOLBEAU-MISTASSINI, QC, G8L 4L3
(418) 276-2763 *SIC* 8211
COMMISSION SCOLAIRE DU PAYS-DES-BLEUETS *p* 1135
1017 Rue Du Centre-Sportif, NORMANDIN, QC, G8M 4L7
(418) 276-5883 *SIC* 8211
COMMISSION SCOLAIRE DU PAYS-DES-BLEUETS *p* 1175
828 Boul Saint-Joseph, ROBERVAL, QC, G8H 2L5
(418) 275-2332 *SIC* 8211
COMMISSION SCOLAIRE DU PAYS-DES-BLEUETS *p* 1175
171 Boul De La Jeunesse, ROBERVAL, QC, G8H 2N9
(418) 275-3110 *SIC* 8211
COMMISSION SCOLAIRE DU PAYS-DES-BLEUETS *p* 1175
181 Boul De La Jeunesse, ROBERVAL, QC, G8H 2N9
(418) 275-5546 *SIC* 8211
COMMISSION SCOLAIRE DU PAYS-DES-BLEUETS *p* 1175
654 Boul Saint-Joseph, ROBERVAL, QC, G8H 2L2
(418) 275-5130 *SIC* 8211
COMMISSION SCOLAIRE DU VAL-DES-CERFS *p* 997
12 Rue Marziali, BEDFORD, QC, J0J 1A0
(450) 248-3385 *SIC* 8211
COMMISSION SCOLAIRE DU VAL-DES-CERFS *p* 997
6 Rue De L'Eglise, BEDFORD, QC, J0J 1A0
(450) 248-3364 *SIC* 8211
COMMISSION SCOLAIRE DU VAL-DES-CERFS *p* 1005
35 Ch De Gaspe, BROMONT, QC, J2L 2N7
(450) 534-3310 *SIC* 8211
COMMISSION SCOLAIRE DU VAL-DES-CERFS *p* 1021
201 Boul Davignon, COWANSVILLE, QC, J2K 1N7
(450) 263-5923 *SIC* 8211
COMMISSION SCOLAIRE DU VAL-DES-CERFS *p* 1021
201 Boul Saint-Joseph, COWANSVILLE, QC, J2K 1R9
(450) 263-5841 *SIC* 8211
COMMISSION SCOLAIRE DU VAL-DES-CERFS *p* 1021
222 Rue Mercier, COWANSVILLE, QC, J2K 3R9
(450) 263-6660 *SIC* 8211

COMMISSION SCOLAIRE DU VAL-DES-CERFS *p* 1031
3858 Rue Principale, DUNHAM, QC, J0E 1M0
(450) 295-2722 *SIC* 8211
COMMISSION SCOLAIRE DU VAL-DES-CERFS *p* 1032
250 Rue Aikman, FARNHAM, QC, J2N 1T2
(450) 293-6929 *SIC* 8211
COMMISSION SCOLAIRE DU VAL-DES-CERFS *p* 1032
260 Rue Saint-Romuald, FARNHAM, QC, J2N 2P2
(450) 293-4280 *SIC* 8211
COMMISSION SCOLAIRE DU VAL-DES-CERFS *p* 1032
255 Rue Saint-Andre S, FARNHAM, QC, J2N 2B8
(450) 293-3181 *SIC* 8211
COMMISSION SCOLAIRE DU VAL-DES-CERFS *p* 1040
100 Rue Dufferin, GRANBY, QC, J2G 4W9
(450) 378-9330 *SIC* 8211
COMMISSION SCOLAIRE DU VAL-DES-CERFS *p* 1040
74 Rue Glen, GRANBY, QC, J2G 4K4
(450) 372-5655 *SIC* 8211
COMMISSION SCOLAIRE DU VAL-DES-CERFS *p* 1040
52 Boul Leclerc E, GRANBY, QC, J2G 1S6
(450) 372-7290 *SIC* 8211
COMMISSION SCOLAIRE DU VAL-DES-CERFS *p* 1040
254 Rue Laurier, GRANBY, QC, J2G 5K8
(450) 372-7767 *SIC* 8351
COMMISSION SCOLAIRE DU VAL-DES-CERFS *p* 1040
309 Rue Principale, GRANBY, QC, J2G 2W3
(450) 375-4701 *SIC* 8211
COMMISSION SCOLAIRE DU VAL-DES-CERFS *p* 1040
250 Rue Desjardins N, GRANBY, QC, J2G 6J1
(450) 378-4260 *SIC* 8211
COMMISSION SCOLAIRE DU VAL-DES-CERFS *p* 1041
831 Rue Saint-Hubert, GRANBY, QC, J2H 2K7
(450) 777-3804 *SIC* 8211
COMMISSION SCOLAIRE DU VAL-DES-CERFS *p* 1041
90 Rue Laval S, GRANBY, QC, J2G 7G7
(450) 375-1113 *SIC* 8211
COMMISSION SCOLAIRE DU VAL-DES-CERFS *p* 1041
700 Rue Denison O, GRANBY, QC, J2G 4G3
(450) 378-8544 *SIC* 8249
COMMISSION SCOLAIRE DU VAL-DES-CERFS *p* 1041
673 Rue Cabana, GRANBY, QC, J2G 1R3
(450) 378-5343 *SIC* 8211
COMMISSION SCOLAIRE DU VAL-DES-CERFS *p* 1041
460 Rue Notre-Dame, GRANBY, QC, J2G 3L8
(450) 375-1155 *SIC* 8211
COMMISSION SCOLAIRE DU VAL-DES-CERFS *p* 1041

1111 Rue Simonds S, GRANBY, QC, J2G 9H7
(450) 378-9981 *SIC* 8211
COMMISSION SCOLAIRE DU VAL-DES-CERFS *p* 1041
150 Rue Lansdowne, GRANBY, QC, J2G 4P4
(450) 372-5454 *SIC* 8211
COMMISSION SCOLAIRE DU VAL-DES-CERFS *p* 1041
415 Rue Calixa-Lavallee, GRANBY, QC, J2G 1C4
(450) 378-8419 *SIC* 8211
COMMISSION SCOLAIRE DU VAL-DES-CERFS *p* 1042
549 Rue Fournier, GRANBY, QC, J2J 2K5
(450) 777-7536 *SIC* 8211
COMMISSION SCOLAIRE DU VAL-DES-CERFS *p* 1178
676 Rue Du Lac, ROXTON POND, QC, J0E 1Z0
(450) 372-2723 *SIC* 8211
COMMISSION SCOLAIRE DU VAL-DES-CERFS *p* 1243
19 Rue Highland, SUTTON, QC, J0E 2K0
(450) 538-5843 *SIC* 8211
COMMISSION SCOLAIRE DU VAL-DES-CERFS *p* 1261
14 Rue Lewis O, WATERLOO, QC, J0E 2N0
(450) 539-0522 *SIC* 8211
COMMISSION SCOLAIRE DU VAL-DES-CERFS *p* 1261
185 Rue Lewis O, WATERLOO, QC, J0E 2N0
(450) 539-0910 *SIC* 8211
COMMISSION SCOLAIRE EASTERN TOWNSHIPS *p* 993
952 Rue Sanborn, AYER'S CLIFF, QC, J0B 1C0
(819) 838-4983 *SIC* 8211
COMMISSION SCOLAIRE EASTERN TOWNSHIPS *p* 1021
224 Rue Mercier, COWANSVILLE, QC, J2K 5C3
(450) 263-3772 *SIC* 8211
COMMISSION SCOLAIRE EASTERN TOWNSHIPS *p* 1021
317 Rue Du Sud, COWANSVILLE, QC, J2K 2X6
(450) 263-1612 *SIC* 8211
COMMISSION SCOLAIRE EASTERN TOWNSHIPS *p* 1032
425 Rue Saint-Joseph, FARNHAM, QC, J2N 1P4
(450) 293-6087 *SIC* 8211
COMMISSION SCOLAIRE EASTERN TOWNSHIPS *p* 1040
50 Rue Lorne, GRANBY, QC, J2G 4W2
(450) 372-6058 *SIC* 8211
COMMISSION SCOLAIRE EASTERN TOWNSHIPS *p* 1049
81 Rue Victoria Bureau 180, KNOWLTON, QC, J0E 1V0
(450) 243-6187 *SIC* 8211
COMMISSION SCOLAIRE EASTERN TOWNSHIPS *p* 1074
101 Rue Du Moulin Bureau 205, MAGOG, QC, J1X 4A1
(819) 868-3100 *SIC* 8331
COMMISSION SCOLAIRE EASTERN TOWNSHIPS *p* 1074
120 Rue Bellevue, MAGOG, QC, J1X 3H2
(819) 843-4847 *SIC* 8211
COMMISSION SCOLAIRE EASTERN TOWNSHIPS *p* 1171
375 Rue Armstrong, RICHMOND, QC, J0B 2H0

(819) 826-3702 *SIC* 8211
COMMISSION SCOLAIRE EASTERN TOWNSHIPS *p* 1171
355 Rue Du College S, RICHMOND, QC, J0B 2H0
(819) 826-3737 *SIC* 8211
COMMISSION SCOLAIRE EASTERN TOWNSHIPS *p* 1237
242 Rue De L'ontario, SHERBROOKE, QC, J1J 3R1
(819) 562-3515 *SIC* 8211
COMMISSION SCOLAIRE EASTERN TOWNSHIPS *p* 1238
2365 Rue Galt O, SHERBROOKE, QC, J1K 1L1
(819) 566-0250 *SIC* 8211
COMMISSION SCOLAIRE EASTERN TOWNSHIPS *p* 1240
1 Rue Academy, SHERBROOKE, QC, J1M 2A6
(819) 569-5103 *SIC* 8211
COMMISSION SCOLAIRE EASTERN TOWNSHIPS *p* 1240
1700 Rue College Bureau 5, SHERBROOKE, QC, J1M 0C8
(819) 563-5627 *SIC* 8211
COMMISSION SCOLAIRE EASTERN TOWNSHIPS *p* 1242
441 Rue Dufferin, STANSTEAD, QC, J0B 3E2
(819) 876-2469 *SIC* 8211
COMMISSION SCOLAIRE ENGLISH-MONTREAL 992
7951 Av De Dalkeith, ANJOU, QC, H1K 3X6
(514) 352-6730 *SIC* 8211
COMMISSION SCOLAIRE ENGLISH-MONTREAL *p* 1017
5785 Av Parkhaven, Cote Saint-Luc, QC, H4W 1X8
(514) 484-4161 *SIC* 8211
COMMISSION SCOLAIRE ENGLISH-MONTREAL *p* 1017
5785 Av Parkhaven, Cote Saint-Luc, QC, H4W 1X8
(514) 488-8203 *SIC* 8211
COMMISSION SCOLAIRE ENGLISH-MONTREAL *p* 1017
5554 Av Robinson, Cote Saint-Luc, QC, H4V 2P8
(514) 481-7425 *SIC* 8211
COMMISSION SCOLAIRE ENGLISH-MONTREAL *p* 1080
235 Av Dunrae, MONT-ROYAL, QC, H3P 1T5
(514) 735-1916 *SIC* 8211
COMMISSION SCOLAIRE ENGLISH-MONTREAL *p* 1081
109 Av Carlyle, MONT-ROYAL, QC, H3R 1S8
(514) 738-1256 *SIC* 8211
COMMISSION SCOLAIRE ENGLISH-MONTREAL *p* 1084
9360 5e Rue, Montreal, QC, H1E 1K1
(514) 648-1218 *SIC* 8211
COMMISSION SCOLAIRE ENGLISH-MONTREAL *p* 1084
12165 Boul Saint-Jean-Baptiste, Montreal, QC, H1C 1S4
(514) 881-4351 *SIC* 8211
COMMISSION SCOLAIRE ENGLISH-MONTREAL *p* 1084
10350 Boul Perras, Montreal, QC, H1C 2H1
(514) 494-3202 *SIC* 8211
COMMISSION SCOLAIRE ENGLISH-MONTREAL *p*

COMMISSION SCOLAIRE MARGUERITE-BOURGEOYS 3211

1085
5555 Rue De Boucherville, Montreal, QC, H1K 4B6
(514) 596-2028 SIC 8211
COMMISSION SCOLAIRE ENGLISH-MONTREAL p
1086
6800 Av Pierre-De Coubertin, Montreal, QC, H1N 1T2
(514) 259-8883 SIC 8211
COMMISSION SCOLAIRE ENGLISH-MONTREAL p
1088
6650 39e Av, Montreal, QC, H1T 2W8
(514) 374-2828 SIC 8211
COMMISSION SCOLAIRE ENGLISH-MONTREAL p
1089
3737 Rue Beaubien E, Montreal, QC, H1X 1H2
(514) 376-4720 SIC 8211
COMMISSION SCOLAIRE ENGLISH-MONTREAL p
1091
8961 6e Av, Montreal, QC, H1Z 2T7
(514) 381-0355 SIC 8211
COMMISSION SCOLAIRE ENGLISH-MONTREAL p
1092
6855 Rue Cartier, Montreal, QC, H2G 2W1
(514) 374-7337 SIC 8211
COMMISSION SCOLAIRE ENGLISH-MONTREAL p
1095
8735 Av Henri-Julien, Montreal, QC, H2M 1M5
(514) 381-0811 SIC 8211
COMMISSION SCOLAIRE ENGLISH-MONTREAL p
1098
4563 Rue Saint-Urbain, Montreal, QC, H2T 2V9
(514) 845-8031 SIC 8211
COMMISSION SCOLAIRE ENGLISH-MONTREAL p
1105
3449 Rue University, Montreal, QC, H3A 2A8
(514) 350-8899 SIC 8299
COMMISSION SCOLAIRE ENGLISH-MONTREAL p
1119
8380 Av Wiseman, Montreal, QC, H3N 2P6
(514) 279-9026 SIC 8211
COMMISSION SCOLAIRE ENGLISH-MONTREAL p
1121
4810 Av Van Horne, Montreal, QC, H3W 1J3
(514) 733-7790 SIC 8211
COMMISSION SCOLAIRE ENGLISH-MONTREAL p
1121
5100 Ch De La Cote-Saint-Luc, Montreal, QC, H3W 2G9
(514) 488-8144 SIC 8211
COMMISSION SCOLAIRE ENGLISH-MONTREAL p
1122
2330 Av West Hill, Montreal, QC, H4B 2S4
(514) 486-5092 SIC 8211
COMMISSION SCOLAIRE ENGLISH-MONTREAL p
1122
5870 Rue De Terrebonne, Montreal, QC, H4A 1B5
(514) 484-2881 SIC 8299
COMMISSION SCOLAIRE ENGLISH-MONTREAL p
1122
1000 Av Old Orchard, Montreal, QC, H4A 3A4
(514) 484-0485 SIC 8244
COMMISSION SCOLAIRE ENGLISH-MONTREAL p
1123
5440 Rue Notre-Dame O, Montreal, QC, H4C 1T9
(514) 846-8814 SIC 8211
COMMISSION SCOLAIRE ENGLISH-MONTREAL p
1123
1741 Rue De Biencourt, Montreal, QC, H4E 1T4
(514) 769-5282 SIC 8211
COMMISSION SCOLAIRE ENGLISH-MONTREAL p
1132
6111 Boul Maurice-Duplessis, MONTREAL-NORD, QC, H1G 1Y6
(514) 321-1100 SIC 8211
COMMISSION SCOLAIRE ENGLISH-MONTREAL p
1132
11575 Av P.-M.-Favier, MONTREAL-NORD, QC, H1G 6E5
(514) 328-4442 SIC 8211
COMMISSION SCOLAIRE ENGLISH-MONTREAL p
1133
500 Av Hudson, Montreal-Ouest, QC, H4X 1X1
(514) 486-0981 SIC 8211
COMMISSION SCOLAIRE ENGLISH-MONTREAL p
1133
189 Av Easton, Montreal-Ouest, QC, H4X 1L4
(514) 489-8454 SIC 8211
COMMISSION SCOLAIRE ENGLISH-MONTREAL p
1133
314 Rue Northview, Montreal-Ouest, QC, H4X 1E2
(514) 484-1006 SIC 8211
COMMISSION SCOLAIRE ENGLISH-MONTREAL p
1133
10921 Av Gariepy, MONTREAL-NORD, QC, H1H 4C6
(514) 483-7575 SIC 8211
COMMISSION SCOLAIRE ENGLISH-MONTREAL p
1136
1475 Av Lajoie, OUTREMONT, QC, H2V 1P9
(514) 270-4866 SIC 8211
COMMISSION SCOLAIRE ENGLISH-MONTREAL p
1203
1505 Rue Muir, SAINT-LAURENT, QC, H4L 4T1
(514) 744-2614 SIC 8211
COMMISSION SCOLAIRE ENGLISH-MONTREAL p
1203
1475 Rue Deguire, SAINT-LAURENT, QC, H4L 1M4
(514) 744-6423 SIC 8211
COMMISSION SCOLAIRE ENGLISH-MONTREAL p
1204
700 Rue Brunet, SAINT-LAURENT, QC, H4M 1Y2
(514) 744-1401 SIC 8211
COMMISSION SCOLAIRE ENGLISH-MONTREAL p
1204
2405 Place Lafortune O, SAINT-LAURENT, QC, H4M 1A7
(514) 337-3856 SIC 8211
COMMISSION SCOLAIRE ENGLISH-MONTREAL p
1204
2355 Rue Decelles, SAINT-LAURENT, QC, H4M 1C2
(514) 331-8019 SIC 8211
COMMISSION SCOLAIRE ENGLISH-MONTREAL p
1204
950 Rue Fraser, SAINT-LAURENT, QC, H4M 1Z6
(514) 334-9555 SIC 8211
COMMISSION SCOLAIRE ENGLISH-MONTREAL p
1206
2505 Boul De La Cote-Vertu, SAINT-LAURENT, QC, H4R 1P3
(514) 331-8781 SIC 8211
COMMISSION SCOLAIRE ENGLISH-MONTREAL p
1215
4700 Boul Lavoisier, SAINT-LEONARD, QC, H1R 1H9
(514) 323-6586 SIC 8211
COMMISSION SCOLAIRE ENGLISH-MONTREAL p
1215
8455 Rue Du Pre-Laurin, SAINT-LEONARD, QC, H1R 3P3
(514) 328-7171 SIC 8211
COMMISSION SCOLAIRE ENGLISH-MONTREAL p
1216
5025 Rue Jean-Talon E, SAINT-LEONARD, QC, H1S 3G6
(514) 374-4278 SIC 8211
COMMISSION SCOLAIRE ENGLISH-MONTREAL p
1216
4555 Rue Buies, SAINT-LEONARD, QC, H1S 1J2
(514) 723-2229 SIC 8211
COMMISSION SCOLAIRE ENGLISH-MONTREAL p
1216
6090 Rue De Lachenaie, SAINT-LEONARD, QC, H1S 1P1
(514) 254-5941 SIC 8211
COMMISSION SCOLAIRE ENGLISH-MONTREAL p
1216
7355 Boul Viau, SAINT-LEONARD, QC, H1S 3C2
(514) 374-6000 SIC 8211
COMMISSION SCOLAIRE ENGLISH-MONTREAL p
1262
15 Place Park, WESTMOUNT, QC, H3Z 2K4
(514) 935-7338 SIC 8211
COMMISSION SCOLAIRE ENGLISH-MONTREAL p
1262
4350 Rue Sainte-Catherine O, WESTMOUNT, QC, H3Z 1R1
(514) 933-2701 SIC 8211
COMMISSION SCOLAIRE ENGLISH-MONTREAL p
1262
4699 Av Westmount, WESTMOUNT, QC, H3Y 1X5
(514) 481-5581 SIC 8211
COMMISSION SCOLAIRE HARRICANA p
988
562 1re Rue E, AMOS, QC, J9T 2H4
(819) 732-2675 SIC 8211
COMMISSION SCOLAIRE HARRICANA p
988
662 1re Rue E, AMOS, QC, J9T 2H6
(819) 732-8983 SIC 8211
COMMISSION SCOLAIRE HARRICANA p
988
712 1re Rue E, AMOS, QC, J9T 2H8
(819) 732-5582 SIC 8211
COMMISSION SCOLAIRE HARRICANA p
988
751 4e Av E, AMOS, QC, J9T 3Z4
(819) 732-1717 SIC 8211
COMMISSION SCOLAIRE HARRICANA p
988
800 1re Rue E, AMOS, QC, J9T 2H8
(819) 732-3221 SIC 8211
COMMISSION SCOLAIRE HARRICANA p
988
850 1re Rue E, AMOS, QC, J9T 2H8
(819) 732-3221 SIC 8211
COMMISSION SCOLAIRE HARRICANA p
988
850 1re Rue E, AMOS, QC, J9T 2H8
(819) 732-3223 SIC 8211
COMMISSION SCOLAIRE HARRICANA p
995
570 Rue Principale N, BARRAUTE, QC, J0Y 1A0
SIC 8211
COMMISSION SCOLAIRE KATIVIK p 987
Gd, AKULIVIK, QC, J0M 1V0
(819) 496-2021 SIC 8211
COMMISSION SCOLAIRE KATIVIK p 1045
Pr, INUKJUAK, QC, J0M 1M0
(819) 254-8686 SIC 8211
COMMISSION SCOLAIRE KATIVIK p 1045
Pr, INUKJUAK, QC, J0M 1M0
(819) 254-8211 SIC 8211
COMMISSION SCOLAIRE KATIVIK p 1045
Gd, IVUJIVIK, QC, J0M 1H0
(819) 922-9917 SIC 8211
COMMISSION SCOLAIRE KATIVIK p 1048
Gd, KANGIQSUJUAQ, QC, J0M 1K0
(819) 338-3332 SIC 8211
COMMISSION SCOLAIRE KATIVIK p 1048
Gd, KANGIRSUK, QC, J0M 1A0
(819) 935-4318 SIC 8211
COMMISSION SCOLAIRE KATIVIK p 1048
Gd, KANGIQSUALUJJUAQ, QC, J0M 1N0
(819) 337-5250 SIC 8211
COMMISSION SCOLAIRE KATIVIK p 1049
828 Rue Kaivvivik, KUUJJUAQ, QC, J0M 1C0
(819) 964-2912 SIC 8211
COMMISSION SCOLAIRE KATIVIK p 1050
Pr, KUUJJUARAPIK, QC, J0M 1G0
(819) 929-3409 SIC 8211
COMMISSION SCOLAIRE KATIVIK p 1144
Gd, PUVIRNITUQ, QC, J0M 1P0
(819) 988-2960 SIC 8211
COMMISSION SCOLAIRE KATIVIK p 1145
Gd, PUVIRNITUQ, QC, J0M 1P0
(819) 988-2960 SIC 8211
COMMISSION SCOLAIRE KATIVIK p 1145
Pr, QUAQTAQ, QC, J0M 1J0
(819) 492-9955 SIC 8211
COMMISSION SCOLAIRE KATIVIK p 1232
Gd, SALLUIT, QC, J0M 1S0
(819) 255-8931 SIC 8211
COMMISSION SCOLAIRE KATIVIK p 1252
C.P. 98, UMIUJAQ, QC, J0M 1Y0
(819) 331-7061 SIC 8211
COMMISSION SCOLAIRE MARGUERITE-BOURGEOYS p
995
16 Av Neveu, BEACONSFIELD, QC, H9W 5B4
(514) 855-4206 SIC 8351
COMMISSION SCOLAIRE MARGUERITE-BOURGEOYS p
1028
355 Boul Fenelon, DORVAL, QC, H9S 5T8
(514) 855-4229 SIC 8211
COMMISSION SCOLAIRE MARGUERITE-BOURGEOYS p
1048
3501 Boul Saint-Charles, KIRKLAND, QC, H9H 4S3
(514) 333-8886 SIC 8211
COMMISSION SCOLAIRE MARGUERITE-BOURGEOYS p
1049
101 Rue Charlevoix, KIRKLAND, QC, H9J 3E2
(514) 855-4235 SIC 8211
COMMISSION SCOLAIRE MARGUERITE-BOURGEOYS p
1051
3243 Boul Chevremont, L'Ile-Bizard, QC, H9C 2L8
(514) 855-4242 SIC 8351

COMMISSION SCOLAIRE MARGUERITE-BOURGEOYS *p*
1055
29 Av Ouellette, LACHINE, QC, H8R 1L4
(514) 595-2057   *SIC* 8211

COMMISSION SCOLAIRE MARGUERITE-BOURGEOYS *p*
1056
1225 Rue Saint-Louis, LACHINE, QC, H8S 2K6
(514) 855-4200   *SIC* 8211

COMMISSION SCOLAIRE MARGUERITE-BOURGEOYS *p*
1056
1825 Rue Provost, LACHINE, QC, H8S 1P5
(514) 855-4233   *SIC* 8211

COMMISSION SCOLAIRE MARGUERITE-BOURGEOYS *p*
1056
704 5e Av, LACHINE, QC, H8S 2W4
(514) 855-4234   *SIC* 8211

COMMISSION SCOLAIRE MARGUERITE-BOURGEOYS *p*
1056
750 Rue Esther-Blondin, LACHINE, QC, H8S 4C4
(514) 855-4185   *SIC* 8211

COMMISSION SCOLAIRE MARGUERITE-BOURGEOYS *p*
1056
1625 Rue Saint-Antoine, LACHINE, QC, H8S 1T8
(514) 855-4197   *SIC* 8211

COMMISSION SCOLAIRE MARGUERITE-BOURGEOYS *p*
1057
50 34e Av, LACHINE, QC, H8T 1Z2
(514) 748-4662   *SIC* 8211

COMMISSION SCOLAIRE MARGUERITE-BOURGEOYS *p*
1059
1100 Rue Ducas, LASALLE, QC, H8N 3E6
(514) 364-5300   *SIC* 8211

COMMISSION SCOLAIRE MARGUERITE-BOURGEOYS *p*
1059
1515 Rue Rancourt, LASALLE, QC, H8N 1R7
(514) 595-2049   *SIC* 8211

COMMISSION SCOLAIRE MARGUERITE-BOURGEOYS *p*
1059
2311 Rue Menard, LASALLE, QC, H8N 1J4
(514) 595-2056   *SIC* 8211

COMMISSION SCOLAIRE MARGUERITE-BOURGEOYS *p*
1060
9199 Rue Centrale, LASALLE, QC, H8R 2J9
(514) 595-2044   *SIC* 8211

COMMISSION SCOLAIRE MARGUERITE-BOURGEOYS *p*
1060
8825 Rue Centrale, LASALLE, QC, H8P 1P3
(514) 595-2047   *SIC* 8322

COMMISSION SCOLAIRE MARGUERITE-BOURGEOYS *p*
1060
8585 Rue George, LASALLE, QC, H8P 1G5
(514) 595-2052   *SIC* 8211

COMMISSION SCOLAIRE MARGUERITE-BOURGEOYS *p*
1060
7676 Rue Centrale, LASALLE, QC, H8P 1L5
(514) 365-9337   *SIC* 8211

COMMISSION SCOLAIRE MARGUERITE-BOURGEOYS *p*
1060
7520 Rue Edouard, LASALLE, QC, H8P 1S2
(514) 595-2055   *SIC* 8211

COMMISSION SCOLAIRE MARGUERITE-BOURGEOYS *p*
1060
695 35e Av, LASALLE, QC, H8P 2Y9
(514) 366-0028   *SIC* 8211

COMMISSION SCOLAIRE MARGUERITE-BOURGEOYS *p*
1060
441 Rue Trudeau, LASALLE, QC, H8R 3C3
(514) 595-2054   *SIC* 8211

COMMISSION SCOLAIRE MARGUERITE-BOURGEOYS *p*
1060
360 80e Av, LASALLE, QC, H8R 2T3
(514) 595-2067   *SIC* 8211

COMMISSION SCOLAIRE MARGUERITE-BOURGEOYS *p*
1061
9569 Rue Jean-Milot, LASALLE, QC, H8R 1X8
(514) 595-2041   *SIC* 8211

COMMISSION SCOLAIRE MARGUERITE-BOURGEOYS *p*
1061
100 Av Du Tresor-Cache, LASALLE, QC, H8R 3K3
(514) 595-2046   *SIC* 8211

COMMISSION SCOLAIRE MARGUERITE-BOURGEOYS *p*
1080
1345 Ch Regent, MONT-ROYAL, QC, H3P 2K8
(514) 739-5070   *SIC* 8211

COMMISSION SCOLAIRE MARGUERITE-BOURGEOYS *p*
1080
1101 Ch Rockland, MONT-ROYAL, QC, H3P 2X8
(514) 739-6311   *SIC* 8211

COMMISSION SCOLAIRE MARGUERITE-BOURGEOYS *p*
1081
50 Av Montgomery, MONT-ROYAL, QC, H3R 2B3
(514) 731-2761   *SIC* 8211

COMMISSION SCOLAIRE MARGUERITE-BOURGEOYS *p*
1081
555 Av Mitchell, MONT-ROYAL, QC, H3R 1L5
(514) 735-0400   *SIC* 8211

COMMISSION SCOLAIRE MARGUERITE-BOURGEOYS *p*
1136
1276 Av Lajoie, OUTREMONT, QC, H2V 1P3
(514) 272-5723   *SIC* 8211

COMMISSION SCOLAIRE MARGUERITE-BOURGEOYS *p*
1136
46 Av Vincent-D'indy, OUTREMONT, QC, H2V 2S9
(514) 735-6691   *SIC* 8211

COMMISSION SCOLAIRE MARGUERITE-BOURGEOYS *p*
1136
475 Av Bloomfield, OUTREMONT, QC, H2V 3R9
(514) 276-3746   *SIC* 8211

COMMISSION SCOLAIRE MARGUERITE-BOURGEOYS *p*
1137
14385 Boul De Pierrefonds, PIERREFONDS, QC, H9H 1Z2
(514) 855-4243   *SIC* 8211

COMMISSION SCOLAIRE MARGUERITE-BOURGEOYS *p*
1137
4770 Boul Lalande, PIERREFONDS, QC, H8Y 1V2
(514) 855-4239   *SIC* 8211

COMMISSION SCOLAIRE MARGUERITE-BOURGEOYS *p*
1137
5005 Rue Valois, PIERREFONDS, QC, H8Z 2G8
(514) 855-4211   *SIC* 8211

COMMISSION SCOLAIRE MARGUERITE-BOURGEOYS *p*
1141
311 Av Inglewood, POINTE-CLAIRE, QC, H9R 2Z8
(514) 855-4225   *SIC* 8211

COMMISSION SCOLAIRE MARGUERITE-BOURGEOYS *p*
1141
93 Av Douglas-Shand, POINTE-CLAIRE, QC, H9R 2A7
(514) 855-4245   *SIC* 8211

COMMISSION SCOLAIRE MARGUERITE-BOURGEOYS *p*
1143
3 Av Sainte-Anne, POINTE-CLAIRE, QC, H9S 4P6
(514) 855-4236   *SIC* 8211

COMMISSION SCOLAIRE MARGUERITE-BOURGEOYS *p*
1203
1615 Rue Tasse, SAINT-LAURENT, QC, H4L 1R1
(514) 747-3065   *SIC* 8211

COMMISSION SCOLAIRE MARGUERITE-BOURGEOYS *p*
1203
2681 Rue Baker, SAINT-LAURENT, QC, H4K 1K7
(514) 331-5823   *SIC* 8211

COMMISSION SCOLAIRE MARGUERITE-BOURGEOYS *p*
1203
3600 Rue Beausejour, SAINT-LAURENT, QC, H4K 1W7
(514) 334-7350   *SIC* 8211

COMMISSION SCOLAIRE MARGUERITE-BOURGEOYS *p*
1203
1085 Rue Tasse, SAINT-LAURENT, QC, H4L 1P7
(514) 744-1422   *SIC* 8211

COMMISSION SCOLAIRE MARGUERITE-BOURGEOYS *p*
1203
465 Rue Cardinal, SAINT-LAURENT, QC, H4L 3C5
(514) 744-2101   *SIC* 8211

COMMISSION SCOLAIRE MARGUERITE-BOURGEOYS *p*
1204
2000 Rue Decelles, SAINT-LAURENT, QC, H4M 1B3
(514) 744-0763   *SIC* 8211

COMMISSION SCOLAIRE MARGUERITE-BOURGEOYS *p*
1204
235 Rue Bleignier, SAINT-LAURENT, QC, H4N 1B1
(514) 332-0742   *SIC* 8211

COMMISSION SCOLAIRE MARGUERITE-BOURGEOYS *p*
1206
2395 Boul Thimens, SAINT-LAURENT, QC, H4R 1T4
(514) 332-3190   *SIC* 8211

COMMISSION SCOLAIRE MARGUERITE-BOURGEOYS *p*
1233
300 Rue Sainte-Anne, SENNEVILLE, QC, H9X 3P7
(514) 855-4241   *SIC* 8211

COMMISSION SCOLAIRE MARGUERITE-BOURGEOYS *p*
1249
1305 Rue De La Terriere, Trois-Rivieres, QC, G8Z 3J7
(819) 378-4839   *SIC* 8211

COMMISSION SCOLAIRE MARGUERITE-BOURGEOYS *p*
1257
655 Rue Willibrord, VERDUN, QC, H4G 2T8
(514) 765-7585   *SIC* 8351

COMMISSION SCOLAIRE MARGUERITE-BOURGEOYS *p*
1257
1100 5e Av, VERDUN, QC, H4G 2Z6
(514) 765-7500   *SIC* 8211

COMMISSION SCOLAIRE MARGUERITE-BOURGEOYS *p*
1257
3000 Boul Gaetan-Laberge, VERDUN, QC, H4G 3C1
(514) 765-7666   *SIC* 8211

COMMISSION SCOLAIRE MARGUERITE-BOURGEOYS *p*
1257
320 Rue De L'Eglise, VERDUN, QC, H4G 2M4
(514) 765-7575   *SIC* 8211

COMMISSION SCOLAIRE MARGUERITE-BOURGEOYS *p*
1257
504 5e Av, VERDUN, QC, H4G 2Z1
(514) 765-7595   *SIC* 8211

COMMISSION SCOLAIRE MARGUERITE-BOURGEOYS *p*
1257
55 Rue Rheaume, VERDUN, QC, H4G 3C1
(514) 765-7683   *SIC* 8211

COMMISSION SCOLAIRE MARGUERITE-BOURGEOYS *p*
1258
1201 Rue Argyle, VERDUN, QC, H4H 1V4
(514) 765-7686   *SIC* 8211

COMMISSION SCOLAIRE MARGUERITE-BOURGEOYS *p*
1258
1240 Rue Moffat, VERDUN, QC, H4H 1Y9
(514) 761-8022   *SIC* 8211

COMMISSION SCOLAIRE MARGUERITE-BOURGEOYS *p*
1258
755 Rue Brault, VERDUN, QC, H4H 2B3
(514) 765-7611   *SIC* 8211

COMMISSION SCOLAIRE MARIE-VICTORIN *p*
1006
7600 Rue Tunisie, BROSSARD, QC, J4W 2J4
(450) 672-7950   *SIC* 8211

COMMISSION SCOLAIRE MARIE-VICTORIN *p*
1006
8350 Boul Pelletier, BROSSARD, QC, J4X 1M8
(450) 465-6290   *SIC* 8211

COMMISSION SCOLAIRE MARIE-VICTORIN *p*
1007
3010 Boul Napoleon, BROSSARD, QC, J4Y 2A3
(450) 676-9285   *SIC* 8211

COMMISSION SCOLAIRE MARIE-VICTORIN *p*
1007
3055 Boul De Rome, BROSSARD, QC, J4Y 1S9
(450) 443-0010   *SIC* 8211

COMMISSION SCOLAIRE MARIE-VICTORIN *p*
1007
7465 Rue Malherbe, BROSSARD, QC, J4Y 1E6
(450) 676-5946   *SIC* 8211

COMMISSION SCOLAIRE MARIE-VICTORIN *p*
1008
3400 Rue Boisclair, BROSSARD, QC, J4Z 2C2
(450) 678-0490   *SIC* 8211

COMMISSION SCOLAIRE MARIE-VICTORIN *p*
1043
274 Rue Hubert, GREENFIELD PARK, QC, J4V 1S1
(450) 443-0017   *SIC* 8211

COMMISSION SCOLAIRE MARIE-VICTORIN *p*
1043

346 Rue Hubert, GREENFIELD PARK, QC, J4V 1S2
(450) 671-6339 SIC 8211
COMMISSION SCOLAIRE MARIE-VICTORIN p
1043
482 Rue De Springfield, GREENFIELD PARK, QC, J4V 1Y1
(450) 671-7209 SIC 8211
COMMISSION SCOLAIRE MARIE-VICTORIN p
1043
1005 Rue Du Centenaire, GREENFIELD PARK, QC, J4V 1B7
(450) 678-7858 SIC 8211
COMMISSION SCOLAIRE MARIE-VICTORIN p
1064
160 Rue Rene-Philippe, LEMOYNE, QC, J4R 2K1
(450) 671-7293 SIC 8211
COMMISSION SCOLAIRE MARIE-VICTORIN p
1069
2190 Rue Limoges, LONGUEUIL, QC, J4G 1E3
(450) 674-1388 SIC 8211
COMMISSION SCOLAIRE MARIE-VICTORIN p
1070
450 Rue De Normandie, LONGUEUIL, QC, J4H 3P4
(450) 679-4650 SIC 8211
COMMISSION SCOLAIRE MARIE-VICTORIN p
1070
560 Rue Le Moyne O, LONGUEUIL, QC, J4H 1X3
(450) 670-3130 SIC 8211
COMMISSION SCOLAIRE MARIE-VICTORIN p
1070
805 Rue Gardenville, LONGUEUIL, QC, J4J 3B3
(450) 670-0211 SIC 8211
COMMISSION SCOLAIRE MARIE-VICTORIN p
1070
897 Rue Maple, LONGUEUIL, QC, J4J 4N3
(450) 674-3285 SIC 8211
COMMISSION SCOLAIRE MARIE-VICTORIN p
1070
444 Rue De Gentilly E, LONGUEUIL, QC, J4H 3X7
(450) 651-6800 SIC 8211
COMMISSION SCOLAIRE MARIE-VICTORIN p
1070
1711 Rue Bourassa, LONGUEUIL, QC, J4J 3A5
(450) 616-8035 SIC 8211
COMMISSION SCOLAIRE MARIE-VICTORIN p
1070
2115 Rue Gamache, LONGUEUIL, QC, J4J 4A3
(450) 468-3604 SIC 8211
COMMISSION SCOLAIRE MARIE-VICTORIN p
1070
1360 Rue Laurier, LONGUEUIL, QC, J4J 4H2
(450) 674-3210 SIC 8211
COMMISSION SCOLAIRE MARIE-VICTORIN p
1071
1450 Rue De Wagram, LONGUEUIL, QC, J4K 1G1
(450) 651-7768 SIC 8211
COMMISSION SCOLAIRE MARIE-VICTORIN p
1071
653 Rue Prefontaine, LONGUEUIL, QC, J4K 3V8
(450) 670-7581 SIC 8211
COMMISSION SCOLAIRE MARIE-VICTORIN p
1071
700 Rue Duvernay, LONGUEUIL, QC, J4K 4L1
(450) 679-3990 SIC 8211
COMMISSION SCOLAIRE MARIE-VICTORIN p
1071
1100 Rue Beauregard, LONGUEUIL, QC, J4K 2L1
(450) 674-7784 SIC 8211
COMMISSION SCOLAIRE MARIE-VICTORIN p
1071
1275 Rue Papineau, LONGUEUIL, QC, J4K 3K9
(450) 674-1753 SIC 8211
COMMISSION SCOLAIRE MARIE-VICTORIN p
1071
1240 Boul Nobert, LONGUEUIL, QC, J4K 2P4
(450) 670-2951 SIC 8211
COMMISSION SCOLAIRE MARIE-VICTORIN p
1072
2515 Rue De Boulogne, LONGUEUIL, QC, J4L 4A3
(450) 674-9145 SIC 8211
COMMISSION SCOLAIRE MARIE-VICTORIN p
1072
2375 Rue Lavallee, LONGUEUIL, QC, J4L 1R5
(450) 468-3402 SIC 8211
COMMISSION SCOLAIRE MARIE-VICTORIN p
1072
1995 Rue Bedard, LONGUEUIL, QC, J4N 1B4
(450) 468-1226 SIC 8211
COMMISSION SCOLAIRE MARIE-VICTORIN p
1072
1280 Rue Beauharnois, LONGUEUIL, QC, J4M 1C2
(450) 468-1267 SIC 8211
COMMISSION SCOLAIRE MARIE-VICTORIN p
1072
1250 Ch Du Tremblay, LONGUEUIL, QC, J4N 1A2
(450) 468-0833 SIC 8211
COMMISSION SCOLAIRE MARIE-VICTORIN p
1072
3455 Rue Soissons, LONGUEUIL, QC, J4L 3M5
(450) 463-1406 SIC 8211
COMMISSION SCOLAIRE MARIE-VICTORIN p
1072
3000 Rue Dumont, LONGUEUIL, QC, J4L 3S9
(450) 674-7062 SIC 8211
COMMISSION SCOLAIRE MARIE-VICTORIN p
1072
2725 Rue Plessis, LONGUEUIL, QC, J4L 1S3
(450) 651-6104 SIC 8211
COMMISSION SCOLAIRE MARIE-VICTORIN p
1192
5905 Av Laurent-Benoit, SAINT-HUBERT, QC, J3Y 6H1
(450) 656-2010 SIC 8211
COMMISSION SCOLAIRE MARIE-VICTORIN p
1192
5295 Ch De Chambly, SAINT-HUBERT, QC, J3Y 3N5
(450) 678-0792 SIC 8211
COMMISSION SCOLAIRE MARIE-VICTORIN p
1192
5095 Rue Aurele, SAINT-HUBERT, QC, J3Y 2E6
(450) 678-0145 SIC 8211
COMMISSION SCOLAIRE MARIE-VICTORIN p
1192
4850 Boul Westley, SAINT-HUBERT, QC, J3Y 2T4
(450) 656-5521 SIC 8211
COMMISSION SCOLAIRE MARIE-VICTORIN p
1192
7450 Boul Cousineau, SAINT-HUBERT, QC, J3Y 3L4
(450) 678-2080 SIC 8211
COMMISSION SCOLAIRE MARIE-VICTORIN p
1192
8370 Av Gervais, SAINT-HUBERT, QC, J3Y 7Y9
(450) 678-0670 SIC 8211
COMMISSION SCOLAIRE MARIE-VICTORIN p
1192
6905 Boul Maricourt, SAINT-HUBERT, QC, J3Y 1T2
(450) 676-3101 SIC 8211
COMMISSION SCOLAIRE MARIE-VICTORIN p
1192
3675 Rue Coderre, SAINT-HUBERT, QC, J3Y 4P4
(450) 678-0201 SIC 8211
COMMISSION SCOLAIRE MARIE-VICTORIN p
1193
1600 Rue De Monaco, SAINT-HUBERT, QC, J3Z 1B7
(450) 462-3844 SIC 8211
COMMISSION SCOLAIRE MARIE-VICTORIN p
1193
1700 Rue De Gaulle, SAINT-HUBERT, QC, J4T 1M8
(450) 678-2404 SIC 8211
COMMISSION SCOLAIRE MARIE-VICTORIN p
1193
1940 Boul Marie, SAINT-HUBERT, QC, J4T 2A9
(450) 671-5903 SIC 8211
COMMISSION SCOLAIRE MARIE-VICTORIN p
1193
3855 Grande Allee, SAINT-HUBERT, QC, J4T 2V8
(450) 678-2781 SIC 8211
COMMISSION SCOLAIRE MARIE-VICTORIN p
1193
3225 Rue Windsor, SAINT-HUBERT, QC, J4T 2X3
(450) 678-1575 SIC 8211
COMMISSION SCOLAIRE MARIE-VICTORIN p
1193
3875 Grande Allee, SAINT-HUBERT, QC, J4T 2V8
(450) 676-0261 SIC 8211
COMMISSION SCOLAIRE MARIE-VICTORIN p
1202
126 Rue Logan, SAINT-LAMBERT, QC, J4P 1H2
(450) 671-8151 SIC 8211
COMMISSION SCOLAIRE MARIE-VICTORIN p
1202
830 Av Notre-Dame, SAINT-LAMBERT, QC, J4R 1R8
(450) 671-0178 SIC 8211
COMMISSION SCOLAIRE MARIE-VICTORIN p
1203
139 Av D'alsace, SAINT-LAMBERT, QC, J4S 1M8
(450) 671-2662 SIC 8211
COMMISSION SCOLAIRE NEW FRONTIER p 1011
210 Rue Mcleod, Chateauguay, QC, J6J 2H4
(450) 691-3230 SIC 8211
COMMISSION SCOLAIRE NEW FRONTIER p 1011
300 Rue Mcleod, Chateauguay, QC, J6J 2H6
(450) 691-4550 SIC 8211
COMMISSION SCOLAIRE NEW FRONTIER p 1011
70 Boul Maple, Chateauguay, QC, J6J 3P8
(450) 691-2540 SIC 8211
COMMISSION SCOLAIRE NEW FRONTIER p 1011
85 Rue Jeffries, Chateauguay, QC, J6J 4A4
(450) 692-8251 SIC 8211
COMMISSION SCOLAIRE NEW FRONTIER p 1012
280 Av Brahms, Chateauguay, QC, J6K 5G1
(450) 691-9099 SIC 8211
COMMISSION SCOLAIRE NEW FRONTIER p 1012
42 Rue Saint-Hubert, Chateauguay, QC, J6K 3K8
(450) 691-2600 SIC 8211
COMMISSION SCOLAIRE NEW FRONTIER p 1044
24 Rue York, HUNTINGDON, QC, J0S 1H0
(450) 264-9276 SIC 8211
COMMISSION SCOLAIRE NEW FRONTIER p 1136
1597 138a Rte, ORMSTOWN, QC, J0S 1K0
(450) 829-2381 SIC 8211
COMMISSION SCOLAIRE NEW FRONTIER p 1136
54 Rue Roy, ORMSTOWN, QC, J0S 1K0
(450) 829-2396 SIC 8211
COMMISSION SCOLAIRE NEW FRONTIER p 1136
7 Rue Georges, ORMSTOWN, QC, J0S 1K0
(450) 829-2641 SIC 8211
COMMISSION SCOLAIRE PIERRE-NEVEU, LA p 1033
148 12e Rue, FERME-NEUVE, QC, J0W 1C0
(819) 587-3321 SIC 8211
COMMISSION SCOLAIRE PIERRE-NEVEU, LA p 1055
576 Boul Saint-Francois, Lac-des-Ecorces, QC, J0W 1H0
(819) 585-2976 SIC 8211
COMMISSION SCOLAIRE PIERRE-NEVEU, LA p 1079
631 Rue Hebert, MONT-LAURIER, QC, J9L 2X4
(819) 623-1657 SIC 8211
COMMISSION SCOLAIRE PIERRE-NEVEU, LA p 1080
1420 Boul Des Ruisseaux, MONT-LAURIER, QC, J9L 0H6
(819) 623-3137 SIC 8211
COMMISSION SCOLAIRE PIERRE-NEVEU, LA p 1080
318 Rue Du Pont, MONT-LAURIER, QC, J9L 2R2
(819) 623-3899 SIC 8211
COMMISSION SCOLAIRE PIERRE-NEVEU, LA p 1080
525 Rue De La Madone, MONT-LAURIER, QC, J9L 1S4
(819) 623-4310 SIC 8211
COMMISSION SCOLAIRE PIERRE-NEVEU, LA p 1080
545 Rue Du Pont, MONT-LAURIER, QC, J9L

2S2
(819) 623-1266 SIC 8211
COMMISSION SCOLAIRE PIERRE-NEVEU, LA p 1080
654 Rue Leonard, MONT-LAURIER, QC, J9L 2Z8
(819) 623-2417 SIC 8211
COMMISSION SCOLAIRE PIERRE-NEVEU, LA p 1224
13 Rue Notre-Dame, SAINTE-ANNE-DU-LAC, QC, J0W 1V0
(819) 586-2411 SIC 8211
COMMISSION SCOLAIRE RENE-LEVESQUE p 1002
111 Av De Grand-Pre, BONAVENTURE, QC, G0C 1E0
(418) 534-2990 SIC 8211
COMMISSION SCOLAIRE RENE-LEVESQUE 1002
143 Av De Louisbourg Bureau 4, BONAVENTURE, QC, G0C 1E0
(418) 534-2211 SIC 8211
COMMISSION SCOLAIRE RENE-LEVESQUE p 1010
15 Rue Comeau, CARLETON, QC, G0C 1J0
(418) 364-7510 SIC 8331
COMMISSION SCOLAIRE RENE-LEVESQUE p 1010
155 Rue Monseigneur-Ross O, CHANDLER, QC, G0C 1K0
(418) 689-2233 SIC 8211
COMMISSION SCOLAIRE RENE-LEVESQUE p 1011
155 Rue Monseigneur-Ross O, CHANDLER, QC, G0C 1K0
(418) 689-2233 SIC 8211
COMMISSION SCOLAIRE RENE-LEVESQUE p 1043
113 Rue Du Carrefour, Grande-Riviere, QC, G0C 1V0
(418) 385-2133 SIC 8211
COMMISSION SCOLAIRE RENE-LEVESQUE p 1134
121 Av Terry-Fox Gd, NEW RICHMOND, QC, G0C 2B0
(418) 392-4350 SIC 8211
COMMISSION SCOLAIRE RENE-LEVESQUE p 1137
158 9e Rue, Paspebiac, QC, G0C 2K0
(418) 752-3395 SIC 8211
COMMISSION SCOLAIRE WESTERN QUEBEC p 1012
74 Ch D'old Chelsea, CHELSEA, QC, J9B 1K9
(819) 827-0245 SIC 8211
COMMISSION SCOLAIRE WESTERN QUEBEC p 1033
615 Rue Georges, GATINEAU, QC, J8L 2E1
(819) 986-3191 SIC 8211
COMMISSION SCOLAIRE WESTERN QUEBEC 1037
185 Rue Archambault, GATINEAU, QC, J8Y 5E3
(819) 595-1226 SIC 8211
COMMISSION SCOLAIRE WESTERN QUEBEC 1038
80 Rue Daniel-Johnson, GATINEAU, QC, J8Z 1S3
(819) 776-3158 SIC 8211
COMMISSION SCOLAIRE WESTERN QUEBEC 1039

100 Av Frank-Robinson, GATINEAU, QC, J9H 4A6
(819) 684-1770 SIC 8211
COMMISSION SCOLAIRE WESTERN QUEBEC 1039
116 Av Frank-Robinson, GATINEAU, QC, J9H 4A6
(819) 684-6801 SIC 8211
COMMISSION SCOLAIRE WESTERN QUEBEC 1039
701 Boul Du Plateau, GATINEAU, QC, J9J 3G2
(819) 684-7472 SIC 8211
COMMISSION SCOLAIRE WESTERN QUEBEC 1040
15 Rue Katimavik Bureau 1, GATINEAU, QC, J9J 0E9
(819) 684-2336 SIC 8211
COMMISSION SCOLAIRE WESTERN QUEBEC 1177
10 Av Quebec, ROUYN-NORANDA, QC, J9X 1G2
(819) 762-2706 SIC 8211
COMMISSION SCOLAIRE WESTERN QUEBEC 1235
455 Rue Maple St, SHAWVILLE, QC, J0X 2Y0
(819) 647-2244 SIC 8211
COMMISSION SCOLAIRE WESTERN QUEBEC 1235
89 Rue Centre, SHAWVILLE, QC, J0X 2Y0
(819) 647-3800 SIC 8211
COMMISSION SCOLAIRE WESTERN QUEBEC 1235
89 Rue Maple, SHAWVILLE, QC, J0X 2Y0
(819) 647-5605 SIC 8211
COMMISSION SCOLAIRE WESTERN QUEBEC 1243
38 Rue Boucher, Temiscaming, QC, J0Z 3R0
SIC 8211
COMMISSION SCOLAIRE WESTERN QUEBEC 1253
980 7e Rue, VAL-D'OR, QC, J9P 3P8
(819) 825-3211 SIC 8211
COMMISSION SCOLAIRE WESTERN QUEBEC 1260
878 Ch Riverside, WAKEFIELD, QC, J0X 3G0
(819) 459-2373 SIC 8211
COMMISSION TOURISTIQUE DU PORT-JOLI INC, LA 1196
547 Av De Gaspe E, SAINT-JEAN-PORT-JOLI, QC, G0R 3G0
(418) 598-3061 SIC 5812
COMMISSIONAIRES GREAT LAKES p 651
1730 Dundas St, LONDON, ON, N5W 3E2
(519) 433-6763 SIC 7381
COMMISSIONER FOR COMPLAINTS FOR TELECOMMUNICATIONS SERVICES INC p 790
Gd, OTTAWA, ON, K1P 1B1
(888) 221-1687 SIC 4899
COMMISSIONNAIRE QUEBEC p 1155
See CORPS CANADIEN DES COMMISSIONNAIRES DIVISION DE QUEBEC
COMMISSO BROS. & RACCO ITALIAN BAKERY INC p 937
8 Kincort St, TORONTO, ON, M6M 3E1
(416) 651-7671 SIC 2051
COMMISSO'S FRESH FOODS p 738
See 1788741 ONTARIO INC
COMMONWEALTH p 918

10 Bay St Suite 1300, TORONTO, ON, M5J 2R8
(416) 594-6774 SIC 7311
COMMONWEALTH HOSPITALITY LTD 456
1980 Robie St, HALIFAX, NS, B3H 3G5
(902) 423-1161 SIC 7011
COMMONWEALTH HOSPITALITY LTD 537
3063 South Service Rd, BURLINGTON, ON, L7N 3E9
(905) 639-4443 SIC 7011
COMMONWEALTH HOSPITALITY LTD 830
208 St Mary's River Dr, SAULT STE. MARIE, ON, P6A 5V4
(705) 945-6950 SIC 7011
COMMONWEALTH HOSPITALITY LTD 1104
99 Av Viger O, Montreal, QC, H2Z 1E9
(514) 878-9888 SIC 7011
COMMONWEALTH LEGAL INC p 918
145 Wellington St W Suite 901, TORONTO, ON, M5J 1H8
(416) 703-3755 SIC 8111
COMMONWEALTH PUBLIC SCHOOL p 532
See UPPER CANADA DISTRICT SCHOOL BOARD, THE
COMMUNAUTE HELLENIQUE DE MONTREAL p 1032
931 Rue Emerson, FABREVILLE, QC, H7W 3Y5
(450) 681-5142 SIC 8211
COMMUNAUTE HELLENIQUE DE MONTREAL p 1178
11 11e Rue, ROXBORO, QC, H8Y 1K6
(514) 685-1833 SIC 8211
COMMUNAUTES DE RETRAITES MASSAWIPPI, LES p 1135
77 Rue Main, NORTH HATLEY, QC, J0B 2C0
(819) 842-2164 SIC 8059
COMMUNICATION DEMO INC p 1102
407 Rue Mcgill Bureau 311, Montreal, QC, H2Y 2G3
(514) 985-2523 SIC 7389
COMMUNICATION DEMO INC p 1155
925 Av Newton Bureau 220, Quebec, QC, G1P 4M2
(418) 877-0704 SIC 7389
COMMUNICATIONA ID EST p 1103
See OGILVY MONTREAL INC
COMMUNICATIONS & POWER INDUSTRIES CANADA INC 591
Lower Level 45 River Dr, GEORGETOWN, ON, L7G 2J4
(905) 877-0161 SIC 3663
COMMUNICATIONS VOIR INC p 1149
470 Rue De La Couronne, Quebec, QC, G1K 6G2
(418) 522-7777 SIC 2721
COMMUNICATIONS, PACIFIC DIVISION p 303
See CANADA POST CORPORATION
COMMUNITY & NEIGHBOURHOOD SERVICES p 27
See CITY OF CALGARY, THE
COMMUNITY ADDICTION & MENTAL HEALTH SERVICES OF HALDIMAN & NORFOLK p 943
101 Nanticoke Creek Pky, TOWNSEND, ON, N0A 1S0
(519) 587-4658 SIC 8093
COMMUNITY ADVANTAGE REHABILITATION INC p 959
965 Dundas St W Suite 201a, WHITBY, ON, L1P 1G8

(905) 666-2540 SIC 8361
COMMUNITY AND HEALTH DEPARTMENT p 734
See REGIONAL MUNICIPALITY OF YORK, THE
COMMUNITY CARE p 647
See CORPORATION OF THE CITY OF KAWARTHA LAKES, THE
COMMUNITY CARE ACCESS CENTRE p 620
See MUSKOKA ALGONQUIN HEALTHCARE
COMMUNITY CARE ACCESS CENTRE FOR KENORA & RAINY RIVER DISTRICT p 627
Rr 1 Stn Main, KENORA, ON, P9N 3W7
SIC 8082
COMMUNITY CARE ACCESS CENTRE OF LONDON AND MIDDLESEX p 661
356 Oxford St W, LONDON, ON, N6H 1T3
(519) 473-2222 SIC 8059
COMMUNITY CARE HEALTH CARE SERVICES p 226
See INTERIOR HEALTH AUTHORITY
COMMUNITY CARE LETHBRIDGE p 138
See ALBERTA HEALTH SERVICES
COMMUNITY CARE SERVICES p 243
See INTERIOR HEALTH AUTHORITY
COMMUNITY CARE SERVICES p 694
See COMMUNITY HOMEMAKERS LTD
COMMUNITY CENTRE p 761
See CORPORATION OF THE CITY OF TORONTO
COMMUNITY CONNECTIONS (REVELSTOKE) SOCIETY p 264
314 2nd St E, REVELSTOKE, BC, V0E 2S0
(250) 837-2062 SIC 8322
COMMUNITY EDUCATION ARTHUR PEAKE CENTER p 236
See SCHOOL DISTRICT NO 42 (MAPLE RIDGE-PITT MEADOWS)
COMMUNITY EDUCATION CENTER - WEST p 875
See YORK REGION DISTRICT SCHOOL BOARD
COMMUNITY EDUCATION CENTRE - NORTH p 735
See YORK REGION DISTRICT SCHOOL BOARD
COMMUNITY EDUCATIONAL CENTRE - CENTRAL p 823
See YORK REGION DISTRICT SCHOOL BOARD
COMMUNITY GAMING & ENTERTAINMENT GROUP LP p 965
2515 Dougall Ave, WINDSOR, ON, N8X 1T3
(519) 948-7500 SIC 7999
COMMUNITY GAMING & ENTERTAINMENT GROUP LP p 967
655 Crawford Ave, WINDSOR, ON, N9A 5C7
(519) 256-0001 SIC 7999
COMMUNITY GERIATRIC PSYCHIATRY p 77
See ALBERTA HEALTH SERVICES
COMMUNITY HEALTH p 1278
See PRAIRIE NORTH HEALTH REGION
COMMUNITY HEALTH CENTER p 395
See REGIONAL HEALTH AUTHORITY A
COMMUNITY HEALTH SERVICES p 347
See PARKLAND REGIONAL HEALTH AUTHORITY INC
COMMUNITY HEALTH SERVICES p 830
See CANADIAN RED CROSS SOCIETY, THE
COMMUNITY HEALTH SERVICES ASSOCIATION (REGINA) LTD p 1287
1106 Winnipeg St Suite A, REGINA, SK, S4R 1J6

(306) 543-7880   SIC 8093
COMMUNITY HOMEMAKERS LTD   p 694
160 Traders Blvd E Suite 103, MISSISSAUGA, ON, L4Z 3K7
(905) 275-0544   SIC 8082
COMMUNITY HOSPITAL   p 984
See COMMUNITY HOSPITAL O'LEARY
COMMUNITY HOSPITAL O'LEARY   p 984
14 Mckinnon Dr, O'LEARY, PE, C0B 1V0
(902) 859-8700   SIC 8062
COMMUNITY LIFECARE INC   p 658
81 Grand Ave, London, ON, N6C 1M2
(519) 432-1162   SIC 6513
COMMUNITY LIFECARE INC   p 729
1 Eaton St Suite 517, NEPEAN, ON, K2H 9P1
(613) 596-6969   SIC 8361
COMMUNITY LIVING AJAX–PICKERING & WHITBY   p 482
36 Emperor St, AJAX, ON, L1S 1M7
(905) 427-3300   SIC 8361
COMMUNITY LIVING ALGOMA   p 830
1020 Queen St E, SAULT STE. MARIE, ON, P6A 2C6
(705) 942-1960   SIC 8641
COMMUNITY LIVING ALGOMA   p 830
59 Lewis Rd Suite 3, SAULT STE. MARIE, ON, P6A 4G3
(705) 759-6810   SIC 8322
COMMUNITY LIVING ALGOMA   p 832
105 White Oak Dr E, SAULT STE. MARIE, ON, P6B 4J7
(705) 946-0931   SIC 8322
COMMUNITY LIVING BC DUNCAN   p 212
See GOVERNMENT OF THE PROVINCE OF BRITISH COLUMBIA
COMMUNITY LIVING BRANT   p 527
440 Elgin St, BRANTFORD, ON, N3S 7P7
(519) 753-6303   SIC 8322
COMMUNITY LIVING CAMBRIDGE   p 543
160 Hespeler Rd, CAMBRIDGE, ON, N1R 6V7
(519) 623-7490   SIC 8322
COMMUNITY LIVING CAMBRIDGE   p 543
466 Franklin Blvd, CAMBRIDGE, ON, N1R 8G6
(519) 621-0680   SIC 8331
COMMUNITY LIVING CAMBRIDGE   p 543
160 Hespeler Rd, CAMBRIDGE, ON, N1R 6V7
(519) 623-7490   SIC 8011
COMMUNITY LIVING CAMBRIDGE   p 547
1124 Valentine Dr, CAMBRIDGE, ON, N3H 2N8
(519) 650-5091   SIC 8361
COMMUNITY LIVING CHATHAM-KENT   p 551
1099 Park Ave W, CHATHAM, ON, N7L 0A1
(519) 352-5418   SIC 5947
COMMUNITY LIVING DRYDEN   p 569
288 Arthur St Suite 4, DRYDEN, ON, P8N 1K8
SIC 8322
COMMUNITY LIVING ELGIN   p 858
5 Frisch St, ST THOMAS, ON, N5P 3N3
(519) 631-1721   SIC 7389
COMMUNITY LIVING ELGIN   p 858
400 Talbot St, ST THOMAS, ON, N5P 1B8
(519) 631-9222   SIC 8361
COMMUNITY LIVING ESSEX COUNTY   p 486
260 Bathurst St, AMHERSTBURG, ON, N9V 1Y9
(519) 736-5077   SIC 8699
COMMUNITY LIVING ESSEX COUNTY   p 961
13158 Tecumseh Rd E, WINDSOR, ON, N8N 3T6
(519) 979-0057   SIC 8322
COMMUNITY LIVING GEORGINA   p 871
See CORPORATION OF THE TOWN OF GEORGINA, THE
COMMUNITY LIVING GREATER SUDBURY   p 870

303 York St Unit 241, SUDBURY, ON, P3E 2A5
(705) 897-2298   SIC 8361
COMMUNITY LIVING GUELPH WELLINGTON   p 588
280 St Patrick St W, FERGUS, ON, N1M 1L7
(519) 787-1539   SIC 8399
COMMUNITY LIVING GUELPH WELLINGTON   p 601
8 Royal Rd, GUELPH, ON, N1H 1G3
(519) 824-7147   SIC 8322
COMMUNITY LIVING GUELPH WELLINGTON   p 724
135 Fergus St S, MOUNT FOREST, ON, N0G 2L2
(519) 323-4050   SIC 8322
COMMUNITY LIVING HALIBURTON   p 605
See COMMUNITY LIVING ONTARIO
COMMUNITY LIVING KINGSTON   p 633
See KINGSTON & DISTRICT ASSOCIATION FOR COMMUNITY LIVING
COMMUNITY LIVING LONDON INC   p 654
180 Adelaide St S Suite 4, LONDON, ON, N5Z 3L1
(519) 432-1149   SIC 8322
COMMUNITY LIVING LONDON INC   p 654
931 Leathorne St Unit C, LONDON, ON, N5Z 3M7
SIC 7361
COMMUNITY LIVING LONDON INC   p 660
99 Essex St, LONDON, ON, N6G 1B4
(519) 434-0422   SIC 8361
COMMUNITY LIVING NORTH BAY   p 740
624 Banner Ave, NORTH BAY, ON, P1A 1X8
(705) 472-4844   SIC 8361
COMMUNITY LIVING NORTH BAY   p 740
741 Wallace Rd, NORTH BAY, ON, P1A 0E6
(705) 476-3280   SIC 8322
COMMUNITY LIVING NORTH BAY   p 740
168 Birchs Rd, NORTH BAY, ON, P1A 3Z8
(705) 476-5401   SIC 8361
COMMUNITY LIVING NORTH BAY   p 741
105 Larocque Rd, NORTH BAY, ON, P1B 8G3
SIC 8361
COMMUNITY LIVING NORTH HALTON   p 591
12 Todd Rd, GEORGETOWN, ON, L7G 4R7
(905) 702-8415   SIC 7389
COMMUNITY LIVING NORTH HALTON   p 681
500 Valleyview Cres, MILTON, ON, L9T 3L2
(905) 693-0528   SIC 8322
COMMUNITY LIVING NORTH PERTH   p 648
820 Main St E, LISTOWEL, ON, N4W 3L3
(519) 291-1350   SIC 8322
COMMUNITY LIVING ONTARIO   p 605
713 Mountain St, HALIBURTON, ON, K0M 1S0
(705) 457-1452   SIC 8699
COMMUNITY LIVING ONTARIO   p 753
29 Gervais Dr Suite 208, NORTH YORK, ON, M3C 1Y9
(416) 446-1620   SIC 8322
COMMUNITY LIVING ONTARIO   p 832
253 Bruce St, SAULT STE. MARIE, ON, P6B 1P3
(705) 945-1030   SIC 8399
COMMUNITY LIVING OSHAWA/CLARINGTON   p 779
39 Wellington Ave E, OSHAWA, ON, L1H 3Y1
(905) 576-3011   SIC 8361
COMMUNITY LIVING PORT COLBORNE-WAINFLEET   p 816
100 Mcrae Ave, Port Colborne, ON, L3K 2A8
(905) 835-8941   SIC 8361
COMMUNITY LIVING SOCIETY   p 283
13811 103 Ave, SURREY, BC, V3T 5B5

(604) 589-7393   SIC 8322
COMMUNITY LIVING STRATFORD AND AREA   p 864
400 Huron St, STRATFORD, ON, N5A 5T5
(519) 271-9751   SIC 8322
COMMUNITY LIVING THUNDER BAY   p 876
246 Market St, THUNDER BAY, ON, P7A 8A5
(807) 767-7322   SIC 8059
COMMUNITY LIVING TORONTO   p 577
288 Judson St Unit 17, ETOBICOKE, ON, M8Z 5T6
(416) 252-1171   SIC 7389
COMMUNITY LIVING TORONTO   p 580
295 The West Mall Suite 204, ETOBICOKE, ON, M9C 4Z4
(416) 236-7621   SIC 8322
COMMUNITY LIVING TORONTO   p 755
1122 Finch Ave W Unit 18, NORTH YORK, ON, M3J 3J5
(416) 225-7166   SIC 8322
COMMUNITY LIVING TORONTO   p 834
70 Forest Creek Ptway, SCARBOROUGH, ON, M1B 5K8
(416) 724-8757   SIC 8322
COMMUNITY LIVING TORONTO   p 835
4617 Kingston Rd, SCARBOROUGH, ON, M1E 2P5
(416) 283-1640   SIC 8322
COMMUNITY LIVING TORONTO   p 924
20 Spadina Rd Suite 257, TORONTO, ON, M5R 2S7
(416) 968-0650   SIC 8742
COMMUNITY LIVING WEST NIPISSING   p 866
75 Railway St, Sturgeon Falls, ON, P2B 3A1
(705) 753-1665   SIC 8399
COMMUNITY LIVING WEST NIPISSING   p 866
120 Nipissing St, STURGEON FALLS, ON, P2B 1J6
(705) 753-3143   SIC 8059
COMMUNITY LIVING WINDSOR   p 963
2840 Temple Dr, WINDSOR, ON, N8W 5J5
(519) 944-2464   SIC 8322
COMMUNITY LIVING WINGHAM & DISTRICT   p 971
153 John St W, WINGHAM, ON, N0G 2W0
(519) 357-3562   SIC 8322
COMMUNITY LIVING-SOUTH MUSKOKA   p 508
15 Depot Dr, BRACEBRIDGE, ON, P1L 0A1
(705) 645-5494   SIC 8322
COMMUNITY MAPLE CHILD CARE SERVICES   p 667
9350 Keele St Suite 1, MAPLE, ON, L6A 1P4
(905) 832-5752   SIC 8351
COMMUNITY MENTAL HEALTH AND ADDICTION SERVICES   p 985
See PROVINCE OF PEI
COMMUNITY NATURAL FOODS LTD   p 31
202 61 Ave Sw, CALGARY, AB, T2H 0B4
(403) 541-0606   SIC 5411
COMMUNITY NATURAL FOODS LTD   p 60
1304 10 Ave Sw, CALGARY, AB, T3C 0J2
(403) 229-0164   SIC 5499
COMMUNITY OUTREACH SERVICES   p 895
See TORONTO EAST GENERAL HOSPITAL
COMMUNITY REHAB   p 609
See SAINT ELIZABETH REHAB
COMMUNITY REHAB   p 857
See SAINT ELIZABETH REHAB
COMMUNITY SAVINGS CREDIT UNION   p 283
13450 102 Ave Suite 1600, SURREY, BC, V3T 5X3
(604) 654-2000   SIC 6062
COMMUNITY SERVICES   p 76
See CITY OF EDMONTON
COMMUNITY SERVICES   p 366

See CITY OF WINNIPEG, THE
COMMUNITY SERVICES   p 442
See NOVA SCOTIA, PROVINCE OF
COMMUNITY SERVICES   p 602
See GUELPH, CITY OF
COMMUNITY SERVICES   p 647
See CORPORATION OF THE CITY OF KAWARTHA LAKES, THE
COMNETIX INC   p 764
2872 Bristol Cir Suite 100, OAKVILLE, ON, L6H 6G4
(905) 829-9988   SIC 7371
COMO LAKE MIDDLE SCHOOL   p 201
See SCHOOL DISTRICT NO. 43 (COQUITLAM)
COMOR SPORTS CENTRE LTD   p 315
1980 Burrard St, VANCOUVER, BC, V6J 3H2
(604) 736-7547   SIC 5941
COMOR-GO PLAY OUTSIDE   p 315
See COMOR SPORTS CENTRE LTD
COMOX VALLEY DISTRIBUTION LTD   p 239
140 Tenth St, NANAIMO, BC, V9R 6Z5
(250) 754-7773   SIC 4213
COMOX VALLEY RECORD   p 204
See BLACK PRESS GROUP LTD
COMOX VALLEY REGIONAL DISTRICT   p 194
225 Dogwood St S, CAMPBELL RIVER, BC, V9W 8C8
(250) 287-9234   SIC 7999
COMPACT MOULD LIMITED   p 974
120 Haist Ave, WOODBRIDGE, ON, L4L 5V4
(905) 851-7724   SIC 3544
COMPAGNIE AMERICAINE DE FER & METAUX INC, LA   p 1065
251 Ch Des Iles, Levis, QC, G6V 7M5
(418) 838-1008   SIC 3341
COMPAGNIE AMERICAINE DE FER & METAUX INC, LA   p 1148
999 Boul Montmorency, Quebec, QC, G1J 3W1
(418) 649-1000   SIC 3341
COMPAGNIE AMPLEXOR CANADA INC   p 1102
152 Rue Notre-Dame E Bureau 400, Montreal, QC, H2Y 3P6
(514) 871-1409   SIC 7389
COMPAGNIE ARCHER-DANIELS-MIDLAND DU CANADA   p 1008
See ADM AGRI-INDUSTRIES COMPANY
COMPAGNIE CAMPBELL DU CANADA   p 992
See CAMPBELL COMPANY OF CANADA
COMPAGNIE CANADIAN TECHNICAL TAPE LTEE   p 566
1400 Rosemount Ave, CORNWALL, ON, K6J 3E6
(613) 932-3105   SIC 2672
COMPAGNIE CANADIAN TECHNICAL TAPE LTEE   p 1204
455 Boul De La Cote-Vertu, SAINT-LAURENT, QC, H4N 1E8
(514) 334-1510   SIC 2672
COMPAGNIE CHIMIQUE HUNTSMAN DU CANADA, INC   p 1075
24 Rue Bellevue, MANSONVILLE, QC, J0E 1X0
(450) 292-4154   SIC 2821
COMPAGNIE COMMONWEALTH PLYWOOD LTEE, LA   p 584
25 Dansk Crt, ETOBICOKE, ON, M9W 5N6
(416) 675-3266   SIC 5031
COMPAGNIE COMMONWEALTH PLYWOOD LTEE, LA   p 805
794 River Rd, PEMBROKE, ON, K8A 6X7
(613) 735-6801   SIC 2435
COMPAGNIE COMMONWEALTH PLYWOOD LTEE, LA   p 1003

100 Rue De Vaudreuil, BOUCHERVILLE, QC, J4B 5G4
(514) 527-4581   SIC 5031
COMPAGNIE COMMONWEALTH PLYWOOD LTEE, LA p
1022
118 Ch Des Voyageurs, DENHOLM, QC, J8N 9C1
(819) 457-2815   SIC 2421
COMPAGNIE COMMONWEALTH PLYWOOD LTEE, LA p
1055
419 Ch Sainte-Marie, LAC-AUX-SABLES, QC, G0X 1M0
(819) 722-4006   SIC 2435
COMPAGNIE COMMONWEALTH PLYWOOD LTEE, LA p
1073
325 105 Rte, LOW, QC, J0X 2C0
(819) 422-3572   SIC 2421
COMPAGNIE COMMONWEALTH PLYWOOD LTEE, LA p
1080
3757 Ch De La Lievre N, MONT-LAURIER, QC, J9L 3G4
(819) 623-3900   SIC 7389
COMPAGNIE COMMONWEALTH PLYWOOD LTEE, LA p
1144
540 Rue Saint-Henri, PRINCEVILLE, QC, G6L 5C1
(819) 364-5514   SIC 2421
COMPAGNIE COMMONWEALTH PLYWOOD LTEE, LA p
1164
5300 Rue Armand-Viau, Quebec, QC, G2C 1Y7
(418) 872-2879   SIC 5031
COMPAGNIE COMMONWEALTH PLYWOOD LTEE, LA p
1209
3500 Boul Pitfield, SAINT-LAURENT, QC, H4S 1W1
(514) 745-0260   SIC 5039
COMPAGNIE COMMONWEALTH PLYWOOD LTEE, LA p
1234
1155 Av De La Fonderie, SHAWINIGAN, QC, G9N 1W9
(819) 537-6621   SIC 2435
COMPAGNIE D'APPAREILS ELECTRIQUES PEERLESS LTEE p
1061
9145 Rue Boivin, LASALLE, QC, H8R 2E5
(514) 595-1671   SIC 1731
COMPAGNIE D'ASSURANCE BELAIR INC, LA p 799
1111 Prince Of Wales Dr Suite 200, OTTAWA, ON, K2C 3T2
(613) 744-3279   SIC 6411
COMPAGNIE D'ASSURANCE BELAIR INC, LA p 910
700 University Ave Suite 1100, TORONTO, ON, M5G 0A2
(416) 250-6363   SIC 6331
COMPAGNIE D'ASSURANCE BELAIR INC, LA p 992
7101 Rue Jean-Talon E Bureau 300, ANJOU, QC, H1M 3T6
(514) 270-1700   SIC 6331
COMPAGNIE D'ASSURANCE BELAIR INC, LA p 1167
5400 Boul Des Galeries Bureau 500, Quebec, QC, G2K 2B4
(418) 877-1199   SIC 6331
COMPAGNIE D'ASSURANCE MISSISQUOI, LA p 1111
See ECONOMICAL MUTUAL INSURANCE COMPANY
COMPAGNIE D'ASSURANCE SONNET p
310
1055 Georgia St W Suite 1900, VANCOUVER, BC, V6E 0B6
SIC 6311

COMPAGNIE D'ASSURANCE SONNET p
882
38 Brock St E, TILLSONBURG, ON, N4G 1Z5
(519) 688-3344   SIC 6411
COMPAGNIE D'ASSURANCE SONNET p
1110
5 Place Ville-Marie Bureau 1400, Montreal, QC, H3B 0A8
(514) 875-5790   SIC 6331
COMPAGNIE D'ASSURANCE STANDARD LIFE DU CANADA p 1108
See SCDA (2015) INC
COMPAGNIE D'ASSURANCE WAWANESA p 1081
See WAWANESA MUTUAL INSURANCE COMPANY, THE
COMPAGNIE D'ECHANTILLONS NATIONAL LIMITEE p
1085
11500 Boul Armand-Bombardier, Montreal, QC, H1E 2W9
(514) 648-4000   SIC 2782
COMPAGNIE D'EMBOUTEILLAGE COCA-COLA p
1042
See COCA-COLA REFRESHMENTS CANADA COMPANY
COMPAGNIE D'EMBOUTEILLAGE COCA-COLA p
1250
See COCA-COLA REFRESHMENTS CANADA COMPANY
COMPAGNIE DE CHEMIN DE FER ARNAUD p
1233
1505 Pointe Noire, Sept-Iles, QC, G4R 4L4
(418) 964-3101   SIC 4011
COMPAGNIE DE CONSTRUCTION ET DE DEVELOPPEMENT CRIE LTEE, LA p 1016
3 Rue Aahppisaach, CHISASIBI, QC, J0M 1E0
(819) 855-1700   SIC 1611
COMPAGNIE DE CONSTRUCTION ET DE DEVELOPPEMENT CRIE LTEE, LA p 1127
3983 Boul Lite, Montreal, QC, H7E 1A3
(450) 661-1102   SIC 1522
COMPAGNIE DE GESTION DE MATANE INC p 1077
1410 Rue De Matane-Sur-Mer, MATANE, QC, G4W 3M6
(418) 562-5028   SIC 4482
COMPAGNIE DE GESTION MD p 1161
See MD MANAGEMENT LIMITED
COMPAGNIE DE TELEPHONE BELL DU CANADA OU BELL CANADA, LA p 23
58 Aero Dr Ne Suite 101, CALGARY, AB, T2E 8Z9
SIC 5088
COMPAGNIE DE TELEPHONE BELL DU CANADA OU BELL CANADA, LA p 79
10104 103 Ave Nw Suite 2800, EDMONTON, AB, T5J 0H8
(780) 409-6800   SIC 4899
COMPAGNIE DE TELEPHONE BELL DU CANADA OU BELL CANADA, LA p 294
2980 Virtual Way, VANCOUVER, BC, V5M 4X3
(604) 678-3101   SIC 5963
COMPAGNIE DE TELEPHONE BELL DU CANADA OU BELL CANADA, LA p 497
114 John St, BARRIE, ON, L4N 2K9
(705) 722-2214   SIC 4899
COMPAGNIE DE TELEPHONE BELL DU CANADA OU BELL CANADA, LA p 497
40 Beacon Rd Suite 1, BARRIE, ON, L4N 9J8
(705) 733-4187   SIC 4225
COMPAGNIE DE TELEPHONE BELL DU CANADA OU BELL CANADA, LA p 543
355 Hespeler Rd, CAMBRIDGE, ON, N1R 6B3
(519) 740-8220   SIC 4899
COMPAGNIE DE TELEPHONE BELL DU

CANADA OU BELL CANADA, LA p 556
1 Mountain Rd, COLLINGWOOD, ON, L9Y 4C4
(705) 722-2412   SIC 4812
COMPAGNIE DE TELEPHONE BELL DU CANADA OU BELL CANADA, LA p 570
20 Hunter St, DUNDAS, ON, L9H 1E6
(905) 577-6247   SIC 8748
COMPAGNIE DE TELEPHONE BELL DU CANADA OU BELL CANADA, LA p 577
55 North Queen St, ETOBICOKE, ON, M8Z 2C7
SIC 4899
COMPAGNIE DE TELEPHONE BELL DU CANADA OU BELL CANADA, LA p 707
7111 Syntex Dr, MISSISSAUGA, ON, L5N 8C3
(905) 614-8067   SIC 4899
COMPAGNIE DE TELEPHONE BELL DU CANADA OU BELL CANADA, LA p 755
1101 Alness St Suite 1, NORTH YORK, ON, M3J 2J1
(416) 650-6439   SIC 4813
COMPAGNIE DE TELEPHONE BELL DU CANADA OU BELL CANADA, LA p 779
15 Victoria St Suite 2, OSHAWA, ON, L1H 8W9
(905) 433-3369   SIC 4813
COMPAGNIE DE TELEPHONE BELL DU CANADA OU BELL CANADA, LA p 786
1501 Bank St, OTTAWA, ON, K1H 7Z1
SIC 4899
COMPAGNIE DE TELEPHONE BELL DU CANADA OU BELL CANADA, LA p 789
393 Rideau St, OTTAWA, ON, K1N 1H1
(613) 244-6100   SIC 4813
COMPAGNIE DE TELEPHONE BELL DU CANADA OU BELL CANADA, LA p 790
270 Albert St, OTTAWA, ON, K1P 6N7
SIC 4899
COMPAGNIE DE TELEPHONE BELL DU CANADA OU BELL CANADA, LA p 820
9133 Leslie St, RICHMOND HILL, ON, L4B 4N1
(905) 762-9137   SIC 7379
COMPAGNIE DE TELEPHONE BELL DU CANADA OU BELL CANADA, LA p 880
229 Vickers St S, THUNDER BAY, ON, P7E 7J9
(807) 625-1981   SIC 4813
COMPAGNIE DE TELEPHONE BELL DU CANADA OU BELL CANADA, LA p 880
605 Beaverhall Pl, THUNDER BAY, ON, P7E 3N1
SIC 4813
COMPAGNIE DE TELEPHONE BELL DU CANADA OU BELL CANADA, LA p 913
76 Adelaide St W, TORONTO, ON, M5H 1P6
SIC 4899
COMPAGNIE DE TELEPHONE BELL DU CANADA OU BELL CANADA, LA p 928
21 Canniff St, TORONTO, ON, M5V 3G1
SIC 4813
COMPAGNIE DE TELEPHONE BELL DU CANADA OU BELL CANADA, LA p 971
935 Laurier Dr, WINDSOR, ON, N9J 1M9
(519) 978-0569   SIC 4899
COMPAGNIE DE TELEPHONE BELL DU CANADA OU BELL CANADA, LA p 1014
483 Rue Begin, CHICOUTIMI, QC, G7H 4N3
(418) 696-5445   SIC 4813
COMPAGNIE DE TELEPHONE BELL DU CANADA OU BELL CANADA, LA p 1110
1000 Rue De La Gauchetiere O Bureau 4100, Montreal, QC, H3B 4W5
(514) 870-8777   SIC 8111
COMPAGNIE DE TELEPHONE BELL DU CANADA OU BELL CANADA, LA p 1160
2715 Boul Du Versant-Nord, Quebec, QC, G1V 1A3
(418) 691-1080   SIC 4899
COMPAGNIE DE TELEPHONE BELL DU CANADA OU BELL CANADA, LA p 1257
1 Carref Alexander-Graham-Bell, VERDUN,

QC, H3E 3B3
SIC 4899
COMPAGNIE DE TRANSPORT MASKOUTAINE INC p
1195
1005 Rue Bernard, SAINT-HYACINTHE, QC, J2T 1E2
(450) 774-4411   SIC 4142
COMPAGNIE DE VILLEGIATURE ET DE DEVELOPEMENT GRAND LODGE INC, LA p 1082
2396 Rue Labelle, MONT-TREMBLANT, QC, J8E 1T8
(819) 425-2734   SIC 7011
COMPAGNIE DES CHEMINS DE FER NATIONAUX DU CANADA p
6
See COMPAGNIE DES CHEMINS DE FER NATIONAUX DU CANADA
COMPAGNIE DES CHEMINS DE FER NATIONAUX DU CANADA p
6
27001 597 Hwy, BLACKFALDS, AB, T0M 0J0
(403) 350-1830   SIC 4011
COMPAGNIE DES CHEMINS DE FER NATIONAUX DU CANADA p
16
5310 27 St Se, CALGARY, AB, T2C 1M7
SIC 4789
COMPAGNIE DES CHEMINS DE FER NATIONAUX DU CANADA p
72
See COMPAGNIE DES CHEMINS DE FER NATIONAUX DU CANADA
COMPAGNIE DES CHEMINS DE FER NATIONAUX DU CANADA p
72
Railroad Ave, DRUMHELLER, AB, T0J 0Y0
(403) 823-7162   SIC 4011
COMPAGNIE DES CHEMINS DE FER NATIONAUX DU CANADA p
75
11709 127 Ave Nw, EDMONTON, AB, T5E 0C9
(780) 472-3133   SIC 4011
COMPAGNIE DES CHEMINS DE FER NATIONAUX DU CANADA p
75
11703 127 Ave Nw, EDMONTON, AB, T5E 0C9
(780) 472-3486   SIC 4011
COMPAGNIE DES CHEMINS DE FER NATIONAUX DU CANADA p
75
10229 127 Ave Nw, EDMONTON, AB, T5E 0B9
(780) 472-3452   SIC 4011
COMPAGNIE DES CHEMINS DE FER NATIONAUX DU CANADA p
84
12646 124 St Nw, EDMONTON, AB, T5L 0N9
(780) 472-3078   SIC 4111
COMPAGNIE DES CHEMINS DE FER NATIONAUX DU CANADA p
84
12103 127 Ave Nw, EDMONTON, AB, T5L 4X7
(780) 472-3261   SIC 4011
COMPAGNIE DES CHEMINS DE FER NATIONAUX DU CANADA p
96
12311 184 St Nw, EDMONTON, AB, T5V 1T3
(780) 472-3863   SIC 4111
COMPAGNIE DES CHEMINS DE FER NATIONAUX DU CANADA p
115
12310 17 St Ne, EDMONTON, AB, T6S 1A7
(780) 472-6869   SIC 4011
COMPAGNIE DES CHEMINS DE FER NATIONAUX DU CANADA p
131

▲ Public Company   ■ Public Company Family Member   HQ Headquarters   BR Branch   SL Single Location

260 Carmichael Ln, HINTON, AB, T7V 1T4
(780) 865-4999 SIC 4011

COMPAGNIE DES CHEMINS DE FER NATIONAUX DU CANADA p
131
See COMPAGNIE DES CHEMINS DE FER NATIONAUX DU CANADA

COMPAGNIE DES CHEMINS DE FER NATIONAUX DU CANADA p
133
9804 99th Ave, LAC LA BICHE, AB, T0A 2C0
SIC 4731

COMPAGNIE DES CHEMINS DE FER NATIONAUX DU CANADA p
153
4647 61 St, RED DEER, AB, T4N 2R2
(403) 443-2350 SIC 4011

COMPAGNIE DES CHEMINS DE FER NATIONAUX DU CANADA p
161
53307 Range Road 232, SHERWOOD PARK, AB, T8A 4V2
SIC 4111

COMPAGNIE DES CHEMINS DE FER NATIONAUX DU CANADA p
173
1001 1 Ave Suite A, WAINWRIGHT, AB, T9W 1S5
(780) 842-4111 SIC 4011

COMPAGNIE DES CHEMINS DE FER NATIONAUX DU CANADA p
182
7876 Hwy 5, BLUE RIVER, BC, V0E 1J0
(250) 828-6376 SIC 4011

COMPAGNIE DES CHEMINS DE FER NATIONAUX DU CANADA p
217
945 5th Ave, HOPE, BC, V0X 1L0
(604) 869-5304 SIC 4011

COMPAGNIE DES CHEMINS DE FER NATIONAUX DU CANADA p
221
309 Cn Rd, KAMLOOPS, BC, V2H 1K3
(250) 828-6331 SIC 4111

COMPAGNIE DES CHEMINS DE FER NATIONAUX DU CANADA p
246
1155 Cotton Dr, NORTH VANCOUVER, BC, V7J 1B9
(604) 665-5452 SIC 4011

COMPAGNIE DES CHEMINS DE FER NATIONAUX DU CANADA p
249
1777 1st St W, NORTH VANCOUVER, BC, V7P 3T5
(604) 984-5524 SIC 4789

COMPAGNIE DES CHEMINS DE FER NATIONAUX DU CANADA p
261
1108 Industrial Way, PRINCE GEORGE, BC, V2N 5S1
(250) 561-4190 SIC 4111

COMPAGNIE DES CHEMINS DE FER NATIONAUX DU CANADA p
265
2491 No. 8 Rd, RICHMOND, BC, V6V 1S2
(604) 665-5425 SIC 4011

COMPAGNIE DES CHEMINS DE FER NATIONAUX DU CANADA p
280
13477 116 Ave, SURREY, BC, V3R 6W4
(604) 589-6552 SIC 4111

COMPAGNIE DES CHEMINS DE FER NATIONAUX DU CANADA p
289
17569 104 Ave, SURREY, BC, V4N 3M4
SIC 4011

COMPAGNIE DES CHEMINS DE FER NATIONAUX DU CANADA p
292
870 Beven Cres, VALEMOUNT, BC, V0E 2Z0
(250) 566-4759 SIC 4011

COMPAGNIE DES CHEMINS DE FER NATIONAUX DU CANADA p
345
211 Van Horne Ave, BRANDON, MB, R7A 7L3
(204) 727-1140 SIC 4011

COMPAGNIE DES CHEMINS DE FER NATIONAUX DU CANADA p
361
150 Pandora Ave W, WINNIPEG, MB, R2C 4H5
(204) 235-2626 SIC 4789

COMPAGNIE DES CHEMINS DE FER NATIONAUX DU CANADA p
361
738 Pandora Ave E, WINNIPEG, MB, R2C 3A6
(204) 235-2650 SIC 3531

COMPAGNIE DES CHEMINS DE FER NATIONAUX DU CANADA p
365
821 Lagimodiere Blvd Suite 5, WINNIPEG, MB, R2J 0T8
(204) 231-7550 SIC 4011

COMPAGNIE DES CHEMINS DE FER NATIONAUX DU CANADA p
377
234 Donald St Suite 601, WINNIPEG, MB, R3C 1M8
(204) 934-7312 SIC 4011

COMPAGNIE DES CHEMINS DE FER NATIONAUX DU CANADA p
397
194 Rue St-Francois, EDMUNDSTON, NB, E3V 1E9
(506) 735-1201 SIC 4011

COMPAGNIE DES CHEMINS DE FER NATIONAUX DU CANADA p
409
255 Hump Yard Rd, MONCTON, NB, E1E 4S3
(506) 853-2866 SIC 4231

COMPAGNIE DES CHEMINS DE FER NATIONAUX DU CANADA p
448
12 Alderney Dr, DARTMOUTH, NS, B2Y 2N3
(902) 428-5475 SIC 4011

COMPAGNIE DES CHEMINS DE FER NATIONAUX DU CANADA p
448
See COMPAGNIE DES CHEMINS DE FER NATIONAUX DU CANADA

COMPAGNIE DES CHEMINS DE FER NATIONAUX DU CANADA p
461
6800 Chisholm Ave, HALIFAX, NS, B3L 2R9
(902) 428-5306 SIC 4011

COMPAGNIE DES CHEMINS DE FER NATIONAUX DU CANADA p
477
100 Esplanade St, TRURO, NS, B2N 2K3
(902) 893-4689 SIC 4011

COMPAGNIE DES CHEMINS DE FER NATIONAUX DU CANADA p
501
257 Airport Pky, BELLEVILLE, ON, K8N 4Z6
(613) 969-2247 SIC 4011

COMPAGNIE DES CHEMINS DE FER NATIONAUX DU CANADA p
513
76 Intermodal Dr, BRAMPTON, ON, L6T 5N6
(905) 789-4300 SIC 4119

COMPAGNIE DES CHEMINS DE FER NATIONAUX DU CANADA p
530
135 Perth St, BROCKVILLE, ON, K6V 5Y6
(613) 498-3018 SIC 4011

COMPAGNIE DES CHEMINS DE FER NATIONAUX DU CANADA p
549
10 Front St, CAPREOL, ON, P0M 1H0
(705) 858-4085 SIC 4011

COMPAGNIE DES CHEMINS DE FER NATIONAUX DU CANADA p
552
360 Queen St, CHATHAM, ON, N7M 2H6
(519) 792-1926 SIC 4011

COMPAGNIE DES CHEMINS DE FER NATIONAUX DU CANADA p
558
Gd, CONCORD, ON, L4K 1B9
(905) 669-3302 SIC 4011

COMPAGNIE DES CHEMINS DE FER NATIONAUX DU CANADA p
558
75 Diesel Dr, CONCORD, ON, L4K 1B9
(905) 669-3159 SIC 4789

COMPAGNIE DES CHEMINS DE FER NATIONAUX DU CANADA p
558
73 Diesel Dr Unit 1b, CONCORD, ON, L4K 1B9
SIC 4011

COMPAGNIE DES CHEMINS DE FER NATIONAUX DU CANADA p
558
619 Creditstone Rd, CONCORD, ON, L4K 4N2
(905) 669-3076 SIC 4212

COMPAGNIE DES CHEMINS DE FER NATIONAUX DU CANADA p
558
Gd, CONCORD, ON, L4K 1B9
(905) 669-3009 SIC 4789

COMPAGNIE DES CHEMINS DE FER NATIONAUX DU CANADA p
564
109a Balmoral St, CORNWALL, ON, K6H 7E7
(613) 932-6533 SIC 4011

COMPAGNIE DES CHEMINS DE FER NATIONAUX DU CANADA p
577
123 Judson St, ETOBICOKE, ON, M8Z 1A4
(416) 253-6395 SIC 4011

COMPAGNIE DES CHEMINS DE FER NATIONAUX DU CANADA p
619
58 Younge St, HORNEPAYNE, ON, P0M 1Z0
(807) 868-2902 SIC 4011

COMPAGNIE DES CHEMINS DE FER NATIONAUX DU CANADA p
652
363 Egerton St, LONDON, ON, N5W 6B1
SIC 7699

COMPAGNIE DES CHEMINS DE FER NATIONAUX DU CANADA p
699
1270 Central Pky W Suite 400, MISSISSAUGA, ON, L5C 4P4
(905) 789-4512 SIC 4731

COMPAGNIE DES CHEMINS DE FER NATIONAUX DU CANADA p
741
915 Mcintyre St W, NORTH BAY, ON, P1B 3A5
(705) 472-4500 SIC 4011

COMPAGNIE DES CHEMINS DE FER NATIONAUX DU CANADA p
767
553 Chartwell Rd, OAKVILLE, ON, L6J 4A8
(905) 844-5047 SIC 4789

COMPAGNIE DES CHEMINS DE FER NATIONAUX DU CANADA p
780
767 Thornton Rd S, OSHAWA, ON, L1J 8M6
(905) 436-4218 SIC 4011

COMPAGNIE DES CHEMINS DE FER NATIONAUX DU CANADA p
817
10 Canby Rd, PORT ROBINSON, ON, L0S 1K0
SIC 4011

COMPAGNIE DES CHEMINS DE FER NATIONAUX DU CANADA p
828
699 Mcgregor Rd, SARNIA, ON, N7T 7H8
(519) 339-1216 SIC 4011

COMPAGNIE DES CHEMINS DE FER NATIONAUX DU CANADA p
828
699 Macgregor Rd, SARNIA, ON, N7T 7H8
(519) 339-1253 SIC 4011

COMPAGNIE DES CHEMINS DE FER NATIONAUX DU CANADA p
881
1825 Broadway Ave, THUNDER BAY, ON, P7K 1M8
SIC 4011

COMPAGNIE DES CHEMINS DE FER NATIONAUX DU CANADA p
904
277 Front St W, TORONTO, ON, M5A 1E1
(888) 888-5909 SIC 4111

COMPAGNIE DES CHEMINS DE FER NATIONAUX DU CANADA p
928
277 Front St W, TORONTO, ON, M5V 2X4
SIC 8741

COMPAGNIE DES CHEMINS DE FER NATIONAUX DU CANADA p
947
1 Administration Rd, VAUGHAN, ON, L4K 1B9
(905) 669-3128 SIC 4011

COMPAGNIE DES CHEMINS DE FER NATIONAUX DU CANADA p
949
303 Quettron St, WASHAGO, ON, L0K 2B0
(705) 689-8199 SIC 4789

COMPAGNIE DES CHEMINS DE FER NATIONAUX DU CANADA p
965
2597 Dougall Ave, WINDSOR, ON, N8X 1T5
(519) 250-3205 SIC 4011

COMPAGNIE DES CHEMINS DE FER NATIONAUX DU CANADA p
1064
53 Rue Daoust, Les Coteaux, QC, J7X 1J7
(450) 267-2459 SIC 4011

COMPAGNIE DES CHEMINS DE FER NATIONAUX DU CANADA p
1067
2600 Av De La Rotonde, Levis, QC, G6X 2M1
SIC 4011

COMPAGNIE DES CHEMINS DE FER NATIONAUX DU CANADA p
1071
See COMPAGNIE DES CHEMINS DE FER NATIONAUX DU CANADA

COMPAGNIE DES CHEMINS DE FER NATIONAUX DU CANADA p
1071
1510 Boul Jacques-Cartier O, LONGUEUIL, QC, J4K 5K8
(450) 923-4893 SIC 4011

COMPAGNIE DES CHEMINS DE FER NATIONAUX DU CANADA p
1085
11455 26e Av, Montreal, QC, H1E 3K3
(514) 881-2053 SIC 4111

COMPAGNIE DES CHEMINS DE FER NATIONAUX DU CANADA p
1110
935 Rue De La Gauchetiere O, Montreal, QC, H3B 2M9
(514) 399-5430 SIC 4011

COMPAGNIE DES CHEMINS DE FER NATIONAUX DU CANADA p
1110
See COMPAGNIE DES CHEMINS DE FER NATIONAUX DU CANADA

COMPAGNIE DES CHEMINS DE FER NATIONAUX DU CANADA p
1110
5 Place Ville-Marie Bureau 1100, Montreal, QC, H3B 2G2
(514) 399-4811 SIC 4011

▲ Public Company   ■ Public Company Family Member   HQ Headquarters   BR Branch   SL Single Location

COMPAGNIE DES CHEMINS DE FER NATIONAUX DU CANADA *p*
1134
180 Ch St Edgar, NEW RICHMOND, QC, G0C 2B0
(418) 392-5746   SIC 4011

COMPAGNIE DES CHEMINS DE FER NATIONAUX DU CANADA *p*
1211
4500 Rue Hickmore, SAINT-LAURENT, QC, H4T 1K2
(514) 734-2288   SIC 4013

COMPAGNIE DES CHEMINS DE FER NATIONAUX DU CANADA *p*
1211
8050 Boul Cavendish, SAINT-LAURENT, QC, H4T 1T1
(514) 734-2121   SIC 5169

COMPAGNIE DES CHEMINS DE FER NATIONAUX DU CANADA *p*
1233
171 4e Rue O, SENNETERRE, QC, J0Y 2M0
(819) 737-8121   SIC 4111

COMPAGNIE DES CHEMINS DE FER NATIONAUX DU CANADA *p*
1274
Gd, MELVILLE, SK, S0A 2P0
(306) 728-1751   SIC 4111

COMPAGNIE DES CHEMINS DE FER NATIONAUX DU CANADA *p*
1277
75 Railway Ave E, NORTH BATTLEFORD, SK, S9A 2P9
(306) 446-5730   SIC 4011

COMPAGNIE DIVERSIFIEE DE L'EST LTEE *p* 1141
131 Boul Hymus, POINTE-CLAIRE, QC, H9R 1E7
(514) 694-5353   SIC 3497

COMPAGNIE DU BOIS FRANC DZD INC, LA *p* 1200
450 Boul Roland-Godard, Saint-Jerome, QC, J7Y 4G8
(450) 431-1643   SIC 5031

COMPAGNIE MANUFACTURIERE JACK SPRATT INC *p* 1118
9880 Av De L'esplanade, Montreal, QC, H3L 2X5
(514) 382-1490   SIC 2339

COMPAGNIE MANUFACTURIERE JACK SPRATT INC *p* 1236
550 10e Av S, SHERBROOKE, QC, J1G 2R9
SIC 2339

COMPAGNIE MELOCHE INC, LA *p* 1021
105 338 Rte, COTEAU-DU-LAC, QC, J0P 1B0
(450) 267-3333   SIC 1429

COMPAGNIE MEXX CANADA *p* 1205
905 Rue Hodge, SAINT-LAURENT, QC, H4N 2B3
(514) 383-5555   SIC 5137

COMPAGNIE MINIERE IOC INC *p* 428
Gd, LABRADOR CITY, NL, A2V 2L8
(709) 944-8400   SIC 1011

COMPAGNIE MINIERE IOC INC *p* 1233
1 Rue Retty, Sept-Iles, QC, G4R 3C7
(418) 968-7400   SIC 1011

COMPAGNIE MOTOPARTS INC *p* 1138
1124 Rue Saint-Calixte, PLESSISVILLE, QC, G6L 1N8
(819) 362-7373   SIC 5085

COMPAGNIE TRUST ROYAL, LA *p* 610
100 King St W Suite 900, HAMILTON, ON, L8P 1A2
SIC 6021

COMPAGNIE TRUST ROYAL, LA *p* 1110
1 Place Ville-Marie Bureau 600, Montreal, QC, H3B 1Z5
SIC 6021

COMPAGNIE U.S. SAMPLE *p* 1085
See COMPAGNIE D'ECHANTILLONS NATIONAL LIMITEE

COMPANIE TRUST CIBC MELLON *p* 1105
See CIBC MELLON TRUST COMPANY

COMPANION HOTEL MOTEL *p* 618
See 865072 ONTARIO LIMITED

COMPASS GROUP CANADA LTD *p* 722
1 Prologis Blvd Suite 400, MISSISSAUGA, ON, L5W 0G2
(905) 795-5100   SIC 5812

COMPASS MINERAL *p* 595
See COMPASS MINERALS CANADA CORP

COMPASS MINERALS CANADA CORP *p* 441
327 Smith Rd, AMHERST, NS, B4H 3Y4
(902) 667-3388   SIC 5169

COMPASS MINERALS CANADA CORP *p* 595
Gd, GODERICH, ON, N7A 3Y4
(519) 524-8351   SIC 1481

COMPASS MINERALS CANADA CORP *p* 595
245 Regent St, GODERICH, ON, N7A 3Y5
(519) 524-8338   SIC 2899

COMPASS MINERALS CANADA CORP *p* 707
6700 Century Ave Suite 202, Mississauga, ON, L5N 6A4
(905) 567-0231   SIC 1479

COMPASS MINERALS CANADA CORP *p* 1307
Hwy 14th E, UNITY, SK, S0K 4L0
(306) 228-2641   SIC 1479

COMPASS POINT INN *p* 283
See OAKWAY HOLDINGS LTD

COMPASS RESIDENTIAL YOUTH PROGRAM *p* 356
See ADDICTIONS FOUNDATION OF MANITOBA, THE

COMPASSION HOME CARE INC *p* 423
Gd, BAY ROBERTS, NL, A0A 1G0
(709) 786-8677   SIC 8322

COMPASSION HOME HEALTH SERVICES *p* 423
See COMPASSION HOME CARE INC

COMPLETE AVIATION SERVICES LTD *p* 809
Ss 5 Stn Delivery Centre, PETERBOROUGH, ON, K9J 6X6
(705) 745-8626   SIC 5172

COMPLETE CARE INC *p* 370
1801 Main St, WINNIPEG, MB, R2V 2A2
(204) 949-5090   SIC 8051

COMPLETE COMMUNICATION SYSTEMS INC *p* 862
905 Queenston Rd, STONEY CREEK, ON, L8G 1B6
(905) 664-1158   SIC 5999

COMPLETE SPRING & TRAILER SERVICE *p* 496
See B & I TRUCK PARTS INC

COMPLEX SUPPLY INC *p* 735
Po Box 300 Stn Main, NIAGARA FALLS, ON, L2E 6T3
(905) 374-6928   SIC 7999

COMPLEXE AQUATIQUE DE SAINT LEONARD, LE *p* 1216
See SODEM INC

COMPLEXE AUTO 440 DE LAVAL INC *p* 1020
3670 Sud Laval A-440 O, Cote Saint-Luc, QC, H7T 2H6
(450) 682-3670   SIC 5511

COMPLEXE ENVIRO CONNEXIONS LTEE *p* 1243
3779 Ch Des Quarante-Arpents, TERREBONNE, QC, J6V 9T6
(450) 474-2423   SIC 4212

COMPLEXE HERITAGE *p* 1038
See CENTRES JEUNESSE DE L'OUTAOUAIS, LES

COMPLEXE MULTI BROSSARD *p* 1007
See CRDITED MONTEREGIE EST

COMPLEXE OASIS ST-JEAN *p* 1197

COMPLEXE SPORT ABSOLU *p* 1198
See GROUPE DOMISA INC

COMPLEXE VIGNETTE *p* 1012
See COMMISSION SCOLAIRE DE LA BAIE JAMES

COMPOSANTS J V CANADA, DIV OF *p* 1231
See FORMES UNITED INC

COMPOSITE DIV OF *p* 753
See RR DONELLEY CANADA FINANCIAL COMPANY

COMPOSITE PANEL TECHNOLOGY *p* 882
See EBERHARD HARDWARE MANUFACTURING LIMITED

COMPOSITES B.H.S. INC *p* 1239
2880 Boul Industriel, SHERBROOKE, QC, J1L 1V8
(819) 846-0810   SIC 2821

COMPRESSCO CANADA INC *p* 17
5050 76 Ave Se, CALGARY, AB, T2C 2X2
(403) 279-5866   SIC 5084

COMPRESSOR COMPONET A DIV OF *p* 126
See DOVER CORPORATION (CANADA) LIMITED

COMPRESSOR PRODUCTS INTERNATIONAL CANADA INC *p* 104
6308 Davies Rd Nw, EDMONTON, AB, T6E 4M9
(780) 468-5145   SIC 7699

COMPRO COMMUNICATIONS INC *p* 1163
1097 Boul De La Chaudiere, Quebec, QC, G1Y 3T4
(418) 652-1490   SIC 4899

COMPTEC S. G. INC *p* 1245
1115 Rue Armand-Bombardier, TERREBONNE, QC, J6Y 1S9
(450) 965-8166   SIC 7389

COMPTES A PAYER *p* 1101
See UNIVERSITE DU QUEBEC

COMPUCOM CANADA CO. *p* 687
1830 Matheson Blvd Unit 1, MISSISSAUGA, ON, L4W 0B3
(289) 261-3000   SIC 5045

COMPUCOM SYSTEMS *p* 687
See COMPUCOM CANADA CO.

COMPUGEN INC *p* 10
3510 29 St Ne Suite 115, CALGARY, AB, T1Y 7E5
(403) 571-4400   SIC 5045

COMPUGEN INC *p* 116
2627 Ellwood Dr Sw Suite 102, EDMONTON, AB, T6X 0P7
(780) 448-2525   SIC 5045

COMPUGEN INC *p* 265
13151 Vanier Pl Suite 130, RICHMOND, BC, V6V 2J1
(604) 801-5500   SIC 5045

COMPUGEN INC *p* 551
50 Keil Dr N, CHATHAM, ON, N7L 3V9
(519) 436-4600   SIC 7373

COMPUGEN INC *p* 623
84 Hines Rd Suite 310, KANATA, ON, K2K 3G3
(613) 591-2200   SIC 7376

COMPUGEN INC *p* 824
100 Via Renzo Dr, RICHMOND HILL, ON, L4S 0B8
(905) 707-2000   SIC 7373

COMPUGEN INC *p* 1158
925 Grande Allee O Bureau 360, Quebec, QC, G1S 1C1
(418) 527-0084   SIC 7371

COMPUGEN SYSTEMS LTD *p* 116
2627 Ellwood Dr Sw Suite 102, EDMONTON, AB, T6X 0P7
(780) 448-2525   SIC 7372

COMPUSMART *p* 727
See MAGASINS HART INC

COMPUSULT *p* 429
See COMPUSULT LIMITED

COMPUSULT LIMITED *p* 429
40 Bannister St, MOUNT PEARL, NL, A1N 1W1
(709) 745-7914   SIC 7371

COMPUTER BOULEVARD INC *p* 1295
1738 Quebec Ave Unit 27, SASKATOON, SK, S7K 1V9
(306) 242-1088   SIC 5045

COMPUTER BOULEVARD SK *p* 1295
See COMPUTER BOULEVARD INC

COMPUTER MODELLING GROUP LTD *p* 37
3710 33 St Nw, CALGARY, AB, T2L 2M1
(403) 531-1300   SIC 7371

COMPUTER RESEARCH INSTITUTE OF MONTREAL *p* 1119
See CENTRE DE RECHERCHE INFORMATIQUE DE MONTREAL INC

COMPUTER SCIENCES CANADA INC *p* 623
555 Legget Dr, KANATA, ON, K2K 2X3
(613) 591-1810   SIC 7373

COMPUTER SCIENCES CANADA INC *p* 1116
1360 Boul Rene-Levesque O Bureau 300, Montreal, QC, H3G 2W7
SIC 7379

COMPUTER SYSTEMS CENTRE CORP *p* 927
275 College St, TORONTO, ON, M5T 1S2
(416) 927-8000   SIC 5045

COMPUTERSHARE *p* 1105
See COMPUTERSHARE TRUST COMPANY OF CANADA

COMPUTERSHARE TRUST COMPANY OF CANADA *p* 820
88a East Beaver Creek Rd Unit 3, RICHMOND HILL, ON, L4B 4A8
(905) 771-4390   SIC 6289

COMPUTERSHARE TRUST COMPANY OF CANADA *p* 918
100 University Ave Suite 800, TORONTO, ON, M5J 2Y1
(416) 263-9200   SIC 6733

COMPUTERSHARE TRUST COMPANY OF CANADA *p* 1105
1500 Boul Robert-Bourassa Bureau 700, Montreal, QC, H3A 3S8
(514) 982-7888   SIC 6733

COMPUTRONIX (CANADA) LTD *p* 87
10216 124 St Nw Suite 200, Edmonton, AB, T5N 4A3
(780) 454-3700   SIC 7371

COMSTOCK AN ENCOR *p* 369
See COMSTOCK CANADA LTD

COMSTOCK CANADA LTD *p* 79
10180 101 St Nw Suite 1860, EDMONTON, AB, T5J 3S4
SIC 1731

COMSTOCK CANADA LTD *p* 369
2116 Logan Ave, WINNIPEG, MB, R2R 0J2
(204) 633-3830   SIC 1711

COMSTOCK CANADA LTD *p* 567
Gd, COURTRIGHT, ON, N0N 1H0
SIC 1711

COMSTOCK CANADA LTD *p* 607
400 Parkdale Ave N Unit 2a, HAMILTON, ON, L8H 5Y2
SIC 1711

COMSTOCK CANADA LTD *p* 654
1200 Trafalgar St, LONDON, ON, N5Z 1H5
SIC 1711

COMSTOCK CANADA LTD *p* 946
2736 Belisle Dr, VAL CARON, ON, P3N 1N4
SIC 1711

COMTECH MANUFACTURING *p* 602
See LINAMAR CORPORATION

COMTOWER SERVICES INC *p* 192
7590 Lowland Dr, BURNABY, BC, V5J 5A4
(604) 436-5755   SIC 1623

CON-PRO INDUSTRIES CANADA LTD *p* 733
17075 Leslie St Suite 27, NEWMARKET, ON, L3Y 8E1
(905) 830-5661   SIC 1541

CON-TACT MASONRY LTD *p* 772

2504 Binder Cres Suite 1, OLDCASTLE, ON, N0R 1L0
(519) 737-1852 SIC 1741
CON-WAY FREIGHT-CANADA INC p 360
85 St Paul Blvd, WEST ST PAUL, MB, R2P 2W5
(204) 336-9487 SIC 4213
CON-WAY FREIGHT-CANADA INC p 842
99 Howden Rd, SCARBOROUGH, ON, M1R 3C7
(416) 285-5399 SIC 4213
CON-WAY FREIGHT-CANADA INC p 969
698 Sprucewood Ave, WINDSOR, ON, N9C 0B2
(519) 967-9243 SIC 4213
CON-WAY FREIGHT-CANADA INC p 1140
151 Av Reverchon, Pointe-Claire, QC, H9P 1K1
  SIC 4213
CONAGRA FOODS CANADA INC p 569
759 Wellington St, DRESDEN, ON, N0P 1M0
(519) 683-4422 SIC 2032
CONAGRA FOODS CANADA INC p 688
5055 Satellite Dr Unit 1-2, MISSISSAUGA, ON, L4W 5K7
(416) 679-4200 SIC 2032
CONALJAN INC p 1094
4045 Rue Parthenais, Montreal, QC, H2K 3T8
(514) 522-2121 SIC 6719
CONBORA FORMING INC p 558
109 Edilcan Dr, CONCORD, ON, L4K 3S6
(905) 738-7979 SIC 1771
CONCENTRA BANK p 1284
2055 Albert St, REGINA, SK, S4P 2T8
(306) 566-7440 SIC 6159
CONCENTRIX TECHNOLOGIES SERVICES (CANADA) LIMITED p 412
720 Coverdale Rd, RIVERVIEW, NB, E1B 3L8
(506) 860-5900 SIC 4899
CONCENTRIX TECHNOLOGIES SERVICES (CANADA) LIMITED p 457
1949 Upper Water St Suite 101, HALIFAX, NS, B3J 3N3
(902) 428-9999 SIC 4899
CONCENTRIX TECHNOLOGIES SERVICES (CANADA) LIMITED p 684
6655 Airport Rd, MISSISSAUGA, ON, L4V 1V8
(416) 380-3800 SIC 8721
CONCENTRIX TECHNOLOGIES SERVICES (CANADA) LIMITED p 814
915 Sandy Beach Rd, PICKERING, ON, L1W 1Z5
(905) 837-6000 SIC 4899
CONCEPT 47 GALERIES LAVAL p 1130
See CONCEPT MODE 47 INC
CONCEPT ECO-PLEIN AIR LE BALUCHON INC p 1219
3550 Ch Des Trembles Rr 3, SAINT-PAULIN, QC, J0K 3G0
(819) 268-2695 SIC 5812
CONCEPT ET CREATION MORDICUS INC p 1005
21 Rue Des Mouettes, BROMONT, QC, J2L 1Y6
(450) 263-4891 SIC 7922
CONCEPT FOODS LTD p 1292
2806 8th St E, SASKATOON, SK, S7H 0V9
(306) 373-6655 SIC 5812
CONCEPT GOURMET DU VILLAGE INC p 1134
539 Ch Du Village, MORIN-HEIGHTS, QC, J0R 1H0
(450) 226-2314 SIC 2032
CONCEPT GRILLS LTD p 1295
123 2nd Ave S Unit 10, SASKATOON, SK, S7K 7E6
(306) 244-9899 SIC 5812
CONCEPT MODE 47 INC p 1130
1605 Boul Le Corbusier, Montreal, QC, H7S 1Z3

(450) 681-3317 SIC 5651
CONCEPT MODE CHATEAUGUAY INC p 1012
80 Boul D'anjou Bureau 450, Chateauguay, QC, J6K 1C3
(450) 699-0444 SIC 5651
CONCEPT MODE LAVAL INC p 1140
2330 Chomedey (A-13) 0 Bureau 13, POINTE-CLAIRE, QC, H7X 4G8
(450) 689-4442 SIC 5311
CONCEPT MODE STE-FOY INC p 1162
999 Av De Bourgogne Bureau A1, Quebec, QC, G1W 4S6
(418) 653-3214 SIC 5621
CONCEPT PLASTICS LIMITED p 528
27 Catharine Ave, BRANTFORD, ON, N3T 1X5
(905) 670-2124 SIC 3089
CONCEPT PLASTICS LIMITED p 528
27 Catharine Ave, BRANTFORD, ON, N3T 1X5
(519) 759-1900 SIC 3089
CONCEPT S.G.A. INC p 1245
3160 Boul Des Entreprises, TERREBONNE, QC, J6X 4J8
(450) 477-0526 SIC 2431
CONCEPTION R. P. INC p 1155
405 Av Galilee, Quebec, QC, G1P 4M6
(418) 871-6016 SIC 3553
CONCEPTS ZONE INC, LES p 1157
999 Av Cartier, Quebec, QC, G1R 2S2
(418) 522-7373 SIC 3999
CONCEPTS ZONE INC, LES p 1262
5014 Rue Sherbrooke O, WESTMOUNT, QC, H3Z 1H4
(514) 489-8901 SIC 3999
CONCERTO LA FENETRE TOUT PVC p 1198
See ENTREPRISES DOCO INC
CONCESSIONS QUEBEC p 1109
See 138440 CANADA INC
CONCIERGERIE SPEICO INC p 1059
7651 Rue Cordner, LASALLE, QC, H8N 2X2
(514) 364-0777 SIC 7349
CONCORD CONFECTIONS p 562
See TOOTSIE ROLL OF CANADA ULC
CONCORD FOOD CENTRE INC p 824
13144 Yonge St, RICHMOND HILL, ON, L4E 1A4
(905) 773-5212 SIC 5411
CONCORD MACHINE TOOL, DIV OF p 961
See CONCORDE PRECISION MACHINING INC
CONCORD METAL MANUFACTURING INC p 558
14 Citron Crt, CONCORD, ON, L4K 2P5
(905) 738-2127 SIC 3441
CONCORD PREMIUM MEATS LTD p 1187
160 Rue Williams, SAINT-EUSTACHE, QC, J7R 0A4
(450) 623-7676 SIC 5147
CONCORD PUBLIC SCHOOL p 962
See GREATER ESSEX COUNTY DISTRICT SCHOOL BOARD
CONCORD RAILINGS p 558
See CANADIAN RAILINGS LIMITED
CONCORD STEEL CENTRE LIMITED p 974
147 Ashbridge Cir, WOODBRIDGE, ON, L4L 3R5
(905) 856-1717 SIC 5051
CONCORD TRANSPORTATION INC p 207
1659 Foster's Way, DELTA, BC, V3M 6S7
(604) 524-8811 SIC 4213
CONCORD TRANSPORTATION INC p 382
1725 St James St Unit 13, WINNIPEG, MB, R3H 1H3
(204) 633-1663 SIC 4213
CONCORD VAUGHAN LTD PARTNERSHIP p 947
150 Interchange Way, VAUGHAN, ON, L4K 5P7
(905) 660-9938 SIC 7011
CONCORD WELL SERVICING p 1
See TERVITA CORPORATION

CONCORDE ASSISTED LIVING p 252
See DIVERSICARE CANADA MANAGEMENT SERVICES CO., INC
CONCORDE FOOD SERVICES (1996) LTD p 1290
2525 E Quance St, REGINA, SK, S4V 2X8
(306) 791-3020 SIC 5812
CONCORDE FOOD SERVICES (1996) LTD p 1292
3110 8th St E Unit 11, SASKATOON, SK, S7H 0W2
(306) 668-3050 SIC 5812
CONCORDE FOOD SERVICES (1996) LTD p 1295
202 Primrose Dr Suite 8, SASKATOON, SK, S7K 6Y6
(306) 668-3000 SIC 6519
CONCORDE GROUP CORP p 1292
1171 8th St E, SASKATOON, SK, S7H 0S3
(306) 668-3000 SIC 6519
CONCORDE MACHINE TOOL p 961
See CONCORDE PRECISION MACHINING INC
CONCORDE PRECISION MACHINING INC p 961
469 Silver Creek Industrial Dr, WINDSOR, ON, N8N 4W2
(519) 727-3287 SIC 3544
CONCORDE PRECISION MACHINING INC p 961
481 Silver Creek Industrial Dr, WINDSOR, ON, N8N 4W2
(519) 727-5100 SIC 3599
CONCORDE, LE p 1156
See 8815003 CANADA INC
CONCORDIA HOSPITAL p 366
1095 Concordia Ave, WINNIPEG, MB, R2K 3S8
(204) 667-1560 SIC 8062
CONCORDIA UNIVERSITY COLLEGE OF ALBERTA p 74
7128 Ada Blvd Nw, EDMONTON, AB, T5B 4E4
(780) 479-8481 SIC 8221
CONCORDIA UNIVERSITY OF EDMONTON p 74
See CONCORDIA UNIVERSITY COLLEGE OF ALBERTA
CONCORDIA VILLAGE p 366
See CONCORDIA WELLNESS PROJECTS
CONCORDIA WELLNESS PROJECTS p 366
1125 Molson St Suite 100, WINNIPEG, MB, R2K 0A7
(204) 667-6479 SIC 8399
CONCRETE INC p 91
11240 199 St Nw, EDMONTON, AB, T5S 2C6
(780) 930-4232 SIC 3272
CONCUPISCO INC p 1117
2100 Boul De Maisonneuve O, Montreal, QC, H3H 1K6
  SIC 7011
CONDOR ELEMENTARY SCHOOL p 70
See WILD ROSE SCHOOL DIVISION NO. 66
CONDOR SECURITY p 754
4610 Dufferin St Unit 1b, NORTH YORK, ON, M3H 5S4
(416) 410-4035 SIC 7381
CONECO p 289
See SMS EQUIPMENT INC
CONECO EQUIPMENT p 15
See SMS EQUIPMENT INC
CONECO EQUIPMENT p 87
See SMS EQUIPMENT INC
CONECO EQUIPMENT p 121
See SMS EQUIPMENT INC
CONECO EQUIPMENT p 127
See SMS EQUIPMENT INC
CONECO EQUIPMENT p 256
See SMS EQUIPMENT INC
CONECO EQUIPMENT p 341
See SMS EQUIPMENT INC

CONECO EQUIPMENT p 1015
See SMS EQUIPMENT INC
CONECO EQUIPMENT, DIV OF p 121
See SMS EQUIPMENT INC
CONERGY INC. p 91
17815 111 Ave Nw, EDMONTON, AB, T5S 2X3
(780) 489-3700 SIC 8711
CONESTOGA COLD STORAGE (QUEBEC) LIMITED p 14
4767 27 St Se, CALGARY, AB, T2B 3M5
(403) 207-6766 SIC 4222
CONESTOGA COLD STORAGE (QUEBEC) LIMITED p 707
2660 Meadowpine Blvd, MISSISSAUGA, ON, L5N 7E6
(905) 567-1144 SIC 4222
CONESTOGA COLLEGE COMMUNICATIONS CORPORATION p 598
460 Speedvale Ave E, GUELPH, ON, N1E 1P1
(519) 824-9390 SIC 8222
CONESTOGA COLLEGE COMMUNICATIONS CORPORATION p 640
299 Doon Valley Dr, KITCHENER, ON, N2G 4M4
(519) 748-5220 SIC 8222
CONESTOGA COLLEGE COMMUNICATIONS CORPORATION p 640
Gd, KITCHENER, ON, N2G 4M4
(519) 885-0300 SIC 8221
CONESTOGA LODGE p 642
See DEEM MANAGEMENT SERVICES LIMITED
CONESTOGA LODGE PARTNERSHIP p 642
55 Hugo Cres Suite 322, KITCHENER, ON, N2M 5J1
(519) 576-2140 SIC 8361
CONESTOGA LODGE RETIREMENT HOME p 642
See CONESTOGA LODGE PARTNERSHIP
CONESTOGA MEAT PACKERS LTD p 529
313 Menno St, BRESLAU, ON, N0B 1M0
(519) 648-2506 SIC 5147
CONESTOGA MEATS p 529
See CONESTOGA MEAT PACKERS LTD
CONESTOGA PUBLIC SCHOOL p 523
See PEEL DISTRICT SCHOOL BOARD
CONESTOGO AGRI SYSTEMS INC p 486
7506 Wellington Road 11, ALMA, ON, N0B 1A0
(519) 638-3022 SIC 5083
CONESTOGO ELECTRIC INC p 644
1490 Battler Rd, KITCHENER, ON, N2R 1J6
(519) 748-6740 SIC 1731
CONESTOGO PUBLIC SCHOOL p 563
See WATERLOO REGION DISTRICT SCHOOL BOARD
CONEX BUSINESS SYSTEMS INC p 91
18030 107 Ave Nw, EDMONTON, AB, T5S 1P4
(780) 484-6116 SIC 5044
CONEX BUSINESS SYSTEMS INC p 670
191 Mcnabb St, MARKHAM, ON, L3R 8H2
(905) 470-5400 SIC 5044
CONEX BUSINESS SYSTEMS INC p 845
50 Tiffield Rd, SCARBOROUGH, ON, M1V 5B7
(416) 321-8392 SIC 5044
CONEX BUSINESS SYSTEMS INC p 1118
1467 Rue Wellington, Montreal, QC, H3K 1V6
(514) 527-2381 SIC 5999
CONEXUS CREDIT UNION 2006 p 1264
400 Centre St, ASSINIBOIA, SK, S0H 0B0
(306) 642-3343 SIC 6062
CONEXUS CREDIT UNION 2006 p 1275
80 High St W, MOOSE JAW, SK, S6H 1S3
(306) 691-4800 SIC 6062
CONEXUS CREDIT UNION 2006 p 1279
2800 2nd Ave W, PRINCE ALBERT, SK, S6V

5Z4
(306) 953-6100   SIC 6062
CONEXUS CREDIT UNION 2006   p 1284
1960 Albert St Suite 205, REGINA, SK, S4P 2T1
(306) 244-3702   SIC 6162
CONEXUS CREDIT UNION 2006   p 1287
265 N Albert St, REGINA, SK, S4R 3C2
(306) 780-1845   SIC 6062
CONEXUS CREDIT UNION 2006   p 1291
1040 N Pasqua St, REGINA, SK, S4X 4V3
(306) 780-1892   SIC 6062
CONEXUS CREDIT UNION 2006   p 1310
109 Main St, YOUNG, SK, S0K 4Y0
(306) 259-2122   SIC 6062
CONEXUS CROSSING BRANCH   p 1291
See CONEXUS CREDIT UNION 2006
CONFECTION 2001 INC   p 1032
1525 Rue Saint-Paul, FARNHAM, QC, J2N 2L3
(450) 293-6426   SIC 7389
CONFECTION LAPIERRE   p 1217
See EQUIPEMENTS LAPIERRE INC, LES
CONFECTIONS DONNA LTEE   p 1097
7445 Rue Du Mile End, Montreal, QC, H2R 2Z7
(514) 271-1122   SIC 2341
CONFECTIONS RAYJO INC   p 1135
200 34e Rue Bureau 1, NOTRE-DAME-DES-PINS, QC, G0M 1K0
(418) 774-9897   SIC 2329
CONFEDERATION CENTRAL ELEMENTARY SCHOOL   p 829
See LAMBTON KENT DISTRICT SCHOOL BOARD
CONFEDERATION COLLEGE OF APPLIED ARTS AND TECHNOLOGY, THE   p 627
900 Golf Cours Rd, KENORA, ON, P9N 3X7
(807) 468-3121   SIC 8222
CONFEDERATION DES SYNDICATS NATIONAUX (C.S.N.)   p 1014
73 Rue Arthur-Hamel, CHICOUTIMI, QC, G7H 3M9
(418) 549-7702   SIC 8631
CONFEDERATION DES SYNDICATS NATIONAUX (C.S.N.)   p 1094
1601 Av De Lorimier, Montreal, QC, H2K 4M5
(514) 529-4993   SIC 8631
CONFEDERATION DES SYNDICATS NATIONAUX (C.S.N.)   p 1172
124 Rue Sainte-Marie, RIMOUSKI, QC, G5L 4E3
(418) 723-7811   SIC 8631
CONFEDERATION DES SYNDICATS NATIONAUX (C.S.N.)   p 1172
See CONFEDERATION DES SYNDICATS NATIONAUX (C.S.N.)
CONFEDERATION FREEZERS   p 512
See STERLING PACKERS LIMITED
CONFEDERATION FREEZERS   p 517
See STERLING PACKERS LIMITED
CONFEDERATION FREEZERS   p 529
See STERLING PACKERS LIMITED
CONFEDERATION LIQUOR STORES   p 1300
See SASKATCHEWAN LIQUOR AND GAMING AUTHORITY, THE
CONFEDERATION PARK COMMUNITY SCHOOL   p 1299
See BOARD OF EDUCATION OF SASKATOON SCHOOL DIVISION NO. 13 OF SASKATCHEWAN, THE
CONFEDERATION PLACE HOTEL   p 631
See 1206953 ONTARIO INC
CONFEDERATION SAFEWAY   p 1301
See SOBEYS WEST INC
CONFEDERATION SECONDARY SCHOOL   p 946

See RAINBOW DISTRICT SCHOOL BOARD
CONFERENCE OFFICE   p 425
See MEMORIAL UNIVERSITY OF NEWFOUNDLAND
CONFIDENCE MANAGEMENT LTD   p 391
475 Dovercourt Dr, WINNIPEG, MB, R3Y 1G4
(204) 487-2500   SIC 8741
CONFISERIES REGAL INC   p 13
112 28 St Se Suite 103, CALGARY, AB, T2A 6J9
(403) 250-3701   SIC 5145
CONFISERIES REGAL INC   p 694
175 Britannia Rd E Unit 2, MISSISSAUGA, ON, L4Z 4B8
(905) 507-6868   SIC 5145
CONFISERIES REGAL INC   p 1206
4620 Boul Thimens, SAINT-LAURENT, QC, H4R 2B2
(514) 333-8540   SIC 5145
CONFORT EXPERT INC   p 990
9771 Boul Metropolitain E, ANJOU, QC, H1J 0A4
(514) 640-7711   SIC 1711
CONGDON CONSTRUCTION (1986) LTD   p 330
425 Quebec St Suite 124, VICTORIA, BC, V8V 1W7
(250) 388-5463   SIC 7011
CONGEBEC INC   p 584
225 Rexdale Blvd, ETOBICOKE, ON, M9W 1P7
(416) 743-7038   SIC 4222
CONGEBEC INC   p 1085
7801 Boul Henri-Bourassa E, Montreal, QC, H1E 1N9
(514) 648-1712   SIC 4222
CONGEBEC LOGISTIQUE INC   p 389
1555 Chevrier Blvd Unit A, WINNIPEG, MB, R3T 1Y7
(204) 475-5570   SIC 4222
CONGLOM INC   p 1206
4600 Boul Poirier, SAINT-LAURENT, QC, H4R 2C5
(514) 333-6666   SIC 5122
CONGREGATION BETH TIKVAH AHAVAT SHALOM NUSACH HOARI   p 1024
136 Boul Westpark, DOLLARD-DES-ORMEAUX, QC, H9A 2K2
(514) 683-5610   SIC 8661
CONGREGATION DE NOTRE DAME   p 1028
See SOEURS DE LA CONGREGATION DE NOTRE-DAME, LES
CONIFEX INC   p 214
300 Takla Rd, FORT ST. JAMES, BC, V0J 1P0
(250) 996-8241   SIC 2421
CONKRISDA HOLDINGS LIMITED   p 659
1150 Wellington Rd, LONDON, ON, N6E 1M3
(519) 681-0600   SIC 7011
CONMAR JANITORIAL CO. LTD   p 161
50 Ridgeview Crt, SHERWOOD PARK, AB, T8A 6B4
(780) 441-5459   SIC 7349
CONNAIGRE PENINSULA HEALTH CENTRE   p 428
See CENTRAL REGIONAL HEALTH AUTHORITY
CONNAUGHT COMMUNITY SCHOOL   p 51
See CALGARY BOARD OF EDUCATION
CONNAUGHT PUBLIC SCHOOL   p 556
See SIMCOE COUNTY DISTRICT SCHOOL BOARD, THE
CONNAUGHT PUBLIC SCHOOL   p 797
See OTTAWA-CARLETON DISTRICT SCHOOL BOARD
CONNAUGHT PUBLIC SCHOOL   p 854
See DISTRICT SCHOOL BOARD OF NIAGARA
CONNAUGHT STREET SCHOOL   p 399
See ANGLOPHONE WEST SCHOOL DIS-

TRICT (ASD-W)
CONNECT FIRST CREDIT UNION LTD   p 10
2640 52 St Ne Suite 116, CALGARY, AB, T1Y 3R6
(403) 736-4680   SIC 6062
CONNECT FIRST CREDIT UNION LTD   p 62
5735 Signal Hill Ctr Sw, CALGARY, AB, T3H 3P8
(403) 736-4560   SIC 6062
CONNECT LOGISTICS SERVICES INC   p 91
17115 118 Ave Nw, EDMONTON, AB, T5S 2V3
(780) 458-4508   SIC 4226
CONNECTED LAB   p 928
See CONNECTED LAB INC
CONNECTED LAB INC   p 928
370 King St W Suite 300, TORONTO, ON, M5V 1J9
(647) 478-7493   SIC 7371
CONNECTING CARE (2000) INC   p 125
10402 111 St Suite 411, GRANDE PRAIRIE, AB, T8V 8G4
(780) 539-5538   SIC 8322
CONNECTIONS CORPORATION   p 688
2680 Matheson Blvd E Suite 102, MISSISSAUGA, ON, L4W 0A5
(416) 858-7833   SIC 8748
CONNEX ONTARIO INC   p 820
44 East Beaver Creek Rd Unit 16, RICHMOND HILL, ON, L4B 1G8
(905) 944-6500   SIC 4899
CONNEX ONTARIO INC   p 1062
4616 Rue Louis-B.-Mayer, Laval, QC, H7P 6E4
(450) 680-2255   SIC 4899
CONNEX SEE SERVICE INC   p 533
See CONNEX TELECOMMUNICATIONS INC
CONNEX SEE SERVICE INC   p 1130
See CONNEX TELECOMMUNICATIONS INC
CONNEX SOCIETE DE TELECOMMUNICATIONS   p 1062
See CONNEX ONTARIO INC
CONNEX TELECOMMUNICATIONS INC   p 533
940 Gateway, BURLINGTON, ON, L7L 5K7
(905) 632-6894   SIC 5065
CONNEX TELECOMMUNICATIONS INC   p 1130
4616 Rue Louis-B Mayer, Montreal, QC, H7P 6E4
(450) 680-2255   SIC 4899
CONNEXIM, SOCIETE EN COMMANDITE   p 1105
505 Boul De Maisonneuve O, Montreal, QC, H3A 3C2
SIC 4899
CONNEXION IMPACT   p 1088
See IMPACT DE MONTREAL F.C.
CONNOR BROS., DIV OF   p 394
See CONNORS BROS. CLOVER LEAF SEAFOODS COMPANY
CONNOR, CLARK & LUNN FINANCIAL GROUP .   p 913
181 University Ave Suite 300, TORONTO, ON, M5H 3M7
(416) 862-2020   SIC 8732
CONNOR, CLARK & LUNN INVESTMENT MANAGEMENT LTD   p 310
1111 Georgia St W Suite 2200, VANCOUVER, BC, V6E 4M3
(604) 685-2020   SIC 6282
CONNOR, CLARK & LUNN INVESTMENT MANAGEMENT LTD   p 913
181 University Ave Suite 300, TORONTO, ON, M5H 3M7
(416) 862-2020   SIC 6282
CONNORS BROS. CLOVER LEAF SEAFOODS COMPANY   p 394
180 Brunswick St, BLACKS HARBOUR, NB, E5H 1G6
(506) 456-1610   SIC 5146

CONNORS BROS. CLOVER LEAF SEAFOODS COMPANY   p 1017
1600 Boul Rue Martin E, Cote Saint-Luc, QC, H7G 4R8
(450) 667-2574   SIC 5146
CONNORS TRANSFER LIMITED   p 474
39 Connors Ln, STELLARTON, NS, B0K 0A2
(902) 752-1142   SIC 4213
CONOCOPHILLIPS CANADA   p 42
See CONOCOPHILLIPS WESTERN CANADA PARTNERSHIP
CONOCOPHILLIPS CANADA   p 146
See CONOCOPHILLIPS WESTERN CANADA PARTNERSHIP
CONOCOPHILLIPS CANADA   p 171
See CONOCOPHILLIPS WESTERN CANADA PARTNERSHIP
CONOCOPHILLIPS CANADA RESOURCES   p 42
See CONOCOPHILLIPS WESTERN CANADA PARTNERSHIP
CONOCOPHILLIPS CANADA RESOURCES   p 126
See CONOCOPHILLIPS WESTERN CANADA PARTNERSHIP
CONOCOPHILLIPS CANADA RESOURCES   p 172
See CONOCOPHILLIPS WESTERN CANADA PARTNERSHIP
CONOCOPHILLIPS CANADA RESOURCES CORP   p 155
6759 65 Ave Unit 4, RED DEER, AB, T4P 1X5
SIC 1311
CONOCOPHILLIPS CANADA RESOURCES CORP   p 601
Gd Stn Main, GUELPH, ON, N1H 6J5
(519) 822-7780   SIC 1311
CONOCOPHILLIPS WESTERN CANADA PARTNERSHIP   p 42
401 9 Ave Sw Suite 1600, CALGARY, AB, T2P 3C5
(403) 233-4000   SIC 1382
CONOCOPHILLIPS WESTERN CANADA PARTNERSHIP   p 42
401 9th Ave Sw, CALGARY, AB, T2P 2H7
(403) 260-8000   SIC 1311
CONOCOPHILLIPS WESTERN CANADA PARTNERSHIP   p 72
Gd Stn Main, DRAYTON VALLEY, AB, T7A 1T1
SIC 1311
CONOCOPHILLIPS WESTERN CANADA PARTNERSHIP   p 73
Gd, ECKVILLE, AB, T0M 0X0
(403) 746-8100   SIC 1382
CONOCOPHILLIPS WESTERN CANADA PARTNERSHIP   p 126
9701 116 St, GRANDE PRAIRIE, AB, T8V 6H6
(780) 539-3007   SIC 1381
CONOCOPHILLIPS WESTERN CANADA PARTNERSHIP   p 146
Gd, MORRIN, AB, T0J 2B0
(403) 772-3778   SIC 1381
CONOCOPHILLIPS WESTERN CANADA PARTNERSHIP   p 171
Gd, TROCHU, AB, T0M 2C0
(403) 442-4244   SIC 1311
CONOCOPHILLIPS WESTERN CANADA PARTNERSHIP   p 172
Gd, VULCAN, AB, T0L 2B0
(403) 897-3030   SIC 1311
CONQUEST VEHICLES INC   p 576
3300 Bloor St W Suite 3100, ETOBICOKE, ON, M8X 2X3
(905) 882-0606   SIC 3711
CONRAD PAINTING LIMITED   p 619
6117 Eighth Line Rr 2, HILLSBURGH, ON, N0B 1Z0
(519) 855-4807   SIC 1721
CONRAD'S TRANSPORT LIMITED   p 448
4 Connor St, DARTMOUTH, NS, B2Y 1V6

(902) 434-5040 *SIC* 4212
CONRAD, PAUL R HVAC LIMITED *p* 416
70 Crown St Unit 220, SAINT JOHN, NB, E2L 2X6
(506) 633-2300 *SIC* 1711
CONREX STEEL LTD *p* 584
46 Taber Rd, ETOBICOKE, ON, M9W 3A8
(416) 747-0511 *SIC* 5085
CONREX STEEL LTD *p* 584
50 Taber Rd, ETOBICOKE, ON, M9W 3A8
(416) 747-4665 *SIC* 3312
CONROS CORPORATION *p* 638
1 Chandaria Pl, KITCHENER, ON, N2C 2S3
 SIC 2499
CONROS CORPORATION *p* 758
125 Bermondsey Rd, NORTH YORK, ON, M4A 1X3
(416) 285-9222 *SIC* 2499
CONSBEC INC *p* 405
10 Dove Lane, MONCTON, NB, E1A 7E1
(506) 857-9466 *SIC* 1442
CONSEIL DE LA PREMIERE NATION ABITIBIWINNI *p* 988
70 Rue Migwan, AMOS, QC, J9T 3A3
(819) 732-6591 *SIC* 8211
CONSEIL DE LA PREMIERE NATION ABITIBIWINNI *p* 988
See CONSEIL DE LA PREMIERE NATION ABITIBIWINNI
CONSEIL DE VIE ETUDIANTE DE L'ECOLE NATIONALE AEROTECHNIQUE COLLEGE EDOUARD-MONTPETIT INC *p* 1070
260 Rue De Gentilly E, LONGUEUIL, QC, J4H 4A4
 SIC 7999
CONSEIL DES ATIKAMEKW DE MANAWAN *p* 1075
120 Rue Amiskw, MANOUANE, QC, J0K 1M0
(819) 971-1379 *SIC* 8211
CONSEIL DES ATIKAMEKW DE MANAWAN *p* 1075
150 Rue Wapoc, MANOUANE, QC, J0K 1M0
(819) 971-8839 *SIC* 8211
CONSEIL DES ATIKAMEKW DE WEMOTACI *p* 1261
See CONSEIL DES ATIKAMEKW DE WEMOTACI
CONSEIL DES ATIKAMEKW DE WEMOTACI *p* 1261
36 Rue Kenosi, WEMOTACI, QC, G0X 3R0
(819) 666-2323 *SIC* 8322
CONSEIL DES ECOLES CATHOLIQUES DE LANGUE FRANCAISE DU CENTRE-EST *p* 530
1515 Kensington Pky, BROCKVILLE, ON, K6V 6H9
(613) 345-5914 *SIC* 8211
CONSEIL DES ECOLES CATHOLIQUES DE LANGUE FRANCAISE DU CENTRE-EST *p* 593
1487 Ridgebrook Dr, GLOUCESTER, ON, K1B 4K6
(613) 741-2354 *SIC* 8211
CONSEIL DES ECOLES CATHOLIQUES DE LANGUE FRANCAISE DU CENTRE-EST *p* 594
614 Eastvale Dr, GLOUCESTER, ON, K1J 6Z6
(613) 749-2349 *SIC* 8211
CONSEIL DES ECOLES CATHOLIQUES DE LANGUE FRANCAISE DU CENTRE-EST *p* 594
4000 Labelle St, GLOUCESTER, ON, K1J 1A1
(613) 744-2555 *SIC* 8211
CONSEIL DES ECOLES CATHOLIQUES DE LANGUE FRANCAISE DU CENTRE-EST *p* 595
3781 Sixth St, GLOUCESTER, ON, K1T 1K5
(613) 521-0875 *SIC* 8211
CONSEIL DES ECOLES CATHOLIQUES DE LANGUE FRANCAISE DU CENTRE-EST *p* 595
4170 Spratt Rd, GLOUCESTER, ON, K1V 0Z5
(613) 820-3814 *SIC* 8211
CONSEIL DES ECOLES CATHOLIQUES DE LANGUE FRANCAISE DU CENTRE-EST *p* 624
186 Barrow Cres, KANATA, ON, K2L 2C7
(613) 592-2191 *SIC* 8211
CONSEIL DES ECOLES CATHOLIQUES DE LANGUE FRANCAISE DU CENTRE-EST *p* 625
100 Stonehaven Dr, KANATA, ON, K2M 2H4
(613) 271-1554 *SIC* 8211
CONSEIL DES ECOLES CATHOLIQUES DE LANGUE FRANCAISE DU CENTRE-EST *p* 633
711 Dalton Ave, KINGSTON, ON, K7M 8N6
(613) 546-5270 *SIC* 8211
CONSEIL DES ECOLES CATHOLIQUES DE LANGUE FRANCAISE DU CENTRE-EST *p* 726
14 Four Seasons Dr, NEPEAN, ON, K2E 7P8
 SIC 8211
CONSEIL DES ECOLES CATHOLIQUES DE LANGUE FRANCAISE DU CENTRE-EST *p* 729
601 Longfields Dr, NEPEAN, ON, K2J 4X1
(613) 521-1560 *SIC* 8211
CONSEIL DES ECOLES CATHOLIQUES DE LANGUE FRANCAISE DU CENTRE-EST *p* 776
6220 Beausejour Dr, ORLEANS, ON, K1C 8E4
(613) 744-5713 *SIC* 8211
CONSEIL DES ECOLES CATHOLIQUES DE LANGUE FRANCAISE DU CENTRE-EST *p* 776
6664 Carriere St, ORLEANS, ON, K1C 1J4
 SIC 8211
CONSEIL DES ECOLES CATHOLIQUES DE LANGUE FRANCAISE DU CENTRE-EST *p* 777
1830 Portobello Blvd, ORLEANS, ON, K4A 3T6
(613) 744-0486 *SIC* 8211
CONSEIL DES ECOLES CATHOLIQUES DE LANGUE FRANCAISE DU CENTRE-EST *p* 784
2198 Arch St, OTTAWA, ON, K1G 2H7
(613) 733-9729 *SIC* 8211
CONSEIL DES ECOLES CATHOLIQUES DE LANGUE FRANCAISE DU CENTRE-EST *p* 784
623 Smyth Rd, OTTAWA, ON, K1G 1N7
(613) 521-4999 *SIC* 8211
CONSEIL DES ECOLES CATHOLIQUES DE LANGUE FRANCAISE DU CENTRE-EST *p* 787
181 Donald St, OTTAWA, ON, K1K 1N1
(613) 741-2304 *SIC* 8211
CONSEIL DES ECOLES CATHOLIQUES DE LANGUE FRANCAISE DU CENTRE-EST *p* 787
641 Sladen Ave, OTTAWA, ON, K1K 2S8
(613) 745-3310 *SIC* 8211
CONSEIL DES ECOLES CATHOLIQUES DE LANGUE FRANCAISE DU CENTRE-EST *p* 787
704 Carson's Rd, OTTAWA, ON, K1K 2H3
(613) 744-8344 *SIC* 8211
CONSEIL DES ECOLES CATHOLIQUES DE LANGUE FRANCAISE DU CENTRE-EST *p* 788
349 Olmstead St, OTTAWA, ON, K1L 1B1
(613) 741-8515 *SIC* 8211
CONSEIL DES ECOLES CATHOLIQUES DE LANGUE FRANCAISE DU CENTRE-EST *p* 795
1345 Notting Hill Ave, OTTAWA, ON, K1V 6T3
(613) 737-4404 *SIC* 8211
CONSEIL DES ECOLES CATHOLIQUES DE LANGUE FRANCAISE DU CENTRE-EST *p* 795
2540 Kaladar Ave, OTTAWA, ON, K1V 8C5
(613) 731-3713 *SIC* 8211
CONSEIL DES ECOLES CATHOLIQUES DE LANGUE FRANCAISE DU CENTRE-EST *p* 795
880 Thorndale Dr, OTTAWA, ON, K1V 6Y3
(613) 731-6007 *SIC* 8211
CONSEIL DES ECOLES CATHOLIQUES DE LANGUE FRANCAISE DU CENTRE-EST *p* 797
35 Melrose Ave, OTTAWA, ON, K1Y 1T8
(613) 729-1463 *SIC* 8211
CONSEIL DES ECOLES CATHOLIQUES DE LANGUE FRANCAISE DU CENTRE-EST *p* 799
1303 Fellows Rd, OTTAWA, ON, K2C 2V8
(613) 820-2121 *SIC* 7999
CONSEIL DES ECOLES CATHOLIQUES DE LANGUE FRANCAISE DU CENTRE-EST *p* 801
2675 Draper Ave, OTTAWA, ON, K2H 7A1
(613) 820-2920 *SIC* 8211
CONSEIL DES ECOLES CATHOLIQUES DE LANGUE FRANCAISE DU CENTRE-EST *p* 805
1257 Pembroke St W, PEMBROKE, ON, K8A 8T1
(613) 735-3948 *SIC* 8211
CONSEIL DES ECOLES CATHOLIQUES DE LANGUE FRANCAISE DU CENTRE-EST *p* 805
464 Isabella St, PEMBROKE, ON, K8A 5T9
(613) 732-8302 *SIC* 8211
CONSEIL DES ECOLES CATHOLIQUES DE LANGUE FRANCAISE DU CENTRE-EST *p* 946
235 Mcarthur Ave, VANIER, ON, K1L 6P3
(613) 749-5307 *SIC* 8211
CONSEIL DES ECOLES FRANSASKOISES *p* 1264
Gd, BELLEGARDE, SK, S0C 0J0
(306) 452-6135 *SIC* 8211
CONSEIL DES ECOLES FRANSASKOISES *p* 1269
306 1 Ave E, GRAVELBOURG, SK, S0H 1X0
(306) 648-3105 *SIC* 8211
CONSEIL DES ECOLES FRANSASKOISES *p* 1269
306 1 St Ave E, GRAVELBOURG, SK, S0H 1X0
 SIC 8211
CONSEIL DES ECOLES FRANSASKOISES *p* 1275
340 Ominica St W, MOOSE JAW, SK, S6H 1X5
(306) 691-0068 *SIC* 8211
CONSEIL DES ECOLES FRANSASKOISES *p* 1279
449 10th St E, PRINCE ALBERT, SK, S6V 0Z5
(306) 763-0230 *SIC* 8211
CONSEIL DES ECOLES FRANSASKOISES *p* 1288
1601 Cowan Cres, REGINA, SK, S4S 4C4
(306) 584-7558 *SIC* 8211
CONSEIL DES ECOLES FRANSASKOISES *p* 1292
1407 Albert Ave, SASKATOON, SK, S7H 5R8
(306) 653-8498 *SIC* 8211
CONSEIL DES ECOLES FRANSASKOISES *p* 1293
2320 Louise Ave Suite 200, SASKATOON, SK, S7J 3M7
(306) 653-8490 *SIC* 8211
CONSEIL DES ECOLES FRANSASKOISES *p* 1306
Gd, ST ISIDORE DE BELLEVUE, SK, S0K 3Y0
(306) 423-5354 *SIC* 8211
CONSEIL DES ECOLES FRANSASKOISES *p* 1308
316 Main St, VONDA, SK, S0K 4N0
(306) 258-2181 *SIC* 8211
CONSEIL DES ECOLES PUBLIQUES DE L'EST DE L'ONTARIO *p* 485
33 Lochiel St E, ALEXANDRIA, ON, K0C 1A0
(613) 525-1843 *SIC* 8211
CONSEIL DES ECOLES PUBLIQUES DE L'EST DE L'ONTARIO *p* 550
731 Rue Des Pommiers, CASSELMAN, ON, K0A 1M0
(613) 764-0550 *SIC* 8211
CONSEIL DES ECOLES PUBLIQUES DE L'EST DE L'ONTARIO *p* 565
1111 Montreal Rd, CORNWALL, ON, K6H 1E1
(613) 933-3318 *SIC* 8211
CONSEIL DES ECOLES PUBLIQUES DE L'EST DE L'ONTARIO *p* 565
1650 Second St E, CORNWALL, ON, K6H 2C3
(613) 932-4183 *SIC* 8211
CONSEIL DES ECOLES PUBLIQUES DE L'EST DE L'ONTARIO *p* 595
3395 D'aoust Ave, GLOUCESTER, ON, K1T 4A8
(613) 733-8301 *SIC* 8211
CONSEIL DES ECOLES PUBLIQUES DE L'EST DE L'ONTARIO *p* 618
433 Cartier Blvd, HAWKESBURY, ON, K6A 1V9
(613) 632-8718 *SIC* 8211
CONSEIL DES ECOLES PUBLIQUES DE L'EST DE L'ONTARIO *p* 618
894 Cecile Blvd, HAWKESBURY, ON, K6A 3R5
(613) 632-6059 *SIC* 8211
CONSEIL DES ECOLES PUBLIQUES DE L'EST DE L'ONTARIO *p* 729
11 Claridge Dr, NEPEAN, ON, K2J 5A3
(613) 247-1853 *SIC* 8211
CONSEIL DES ECOLES PUBLIQUES DE L'EST DE L'ONTARIO *p* 776
1770 Grey Nuns Dr, ORLEANS, ON, K1C 1C3
(613) 834-2097 *SIC* 8211
CONSEIL DES ECOLES PUBLIQUES DE L'EST DE L'ONTARIO *p* 776
6025 Longleaf Dr, ORLEANS, ON, K1W 1J2
(613) 834-8411 *SIC* 8211
CONSEIL DES ECOLES PUBLIQUES DE L'EST DE L'ONTARIO *p* 784
2445 St. Laurent Blvd Suite 613, OTTAWA, ON, K1G 6C3
(613) 731-7212 *SIC* 8211
CONSEIL DES ECOLES PUBLIQUES DE L'EST DE L'ONTARIO *p* 784
860 Colson Ave, OTTAWA, ON, K1G 1R7
(613) 523-4975 *SIC* 8211
CONSEIL DES ECOLES PUBLIQUES DE L'EST DE L'ONTARIO *p* 789
119 Osgoode St, OTTAWA, ON, K1N 6S3
(613) 232-0020 *SIC* 8211
CONSEIL DES ECOLES PUBLIQUES DE L'EST DE L'ONTARIO *p* 799
2093 Bel-Air Dr, OTTAWA, ON, K2C 0X2
(613) 225-1113 *SIC* 8211
CONSEIL DES ECOLES PUBLIQUES DE L'EST DE L'ONTARIO *p* 802
500 Millennium Blvd, OTTAWA, ON, K4A 4X3
(613) 833-0018 *SIC* 8211
CONSEIL DES ECOLES PUBLIQUES DE L'EST DE L'ONTARIO *p* 805
412 Pembroke St W, PEMBROKE, ON, K8A 5N6
(613) 732-1525 *SIC* 8211
CONSEIL DES ECOLES PUBLIQUES DE L'EST DE L'ONTARIO *p* 825

927 St Jean St, ROCKLAND, ON, K4K 1P4
(613) 446-1248   *SIC* 8211
CONSEIL DES ECOLES PUBLIQUES DE L'EST DE L'ONTARIO *p* 943
11 Fullerton Ave, TRENTON, ON, K8V 1E4
(613) 392-6961   *SIC* 8211
CONSEIL DES ECOLES PUBLIQUES DE L'EST DE L'ONTARIO *p* 944
30 Fullerton Ave, TRENTON, ON, K8V 1E4
(613) 392-6961   *SIC* 8211
CONSEIL DES ECOLES PUBLIQUES DE L'EST DE L'ONTARIO *p* 947
5814 Rte 34, VANKLEEK HILL, ON, K0B 1R0
(613) 678-8786   *SIC* 8211
CONSEIL SCOLAIRE ACADIEN PROVINCIAL *p* 442
2359 Rte 206, ARICHAT, NS, B0E 1A0
(902) 226-5200   *SIC* 8211
CONSEIL SCOLAIRE ACADIEN PROVINCIAL *p* 446
15118 Cabot Trail, CHETICAMP, NS, B0E 1H0
(902) 224-5300   *SIC* 8211
CONSEIL SCOLAIRE ACADIEN PROVINCIAL *p* 446
450 Patrice Rd Rr 1, CHURCH POINT, NS, B0W 1M0
(902) 769-5430   *SIC* 8211
CONSEIL SCOLAIRE ACADIEN PROVINCIAL *p* 447
211 Avenue Du Portage, DARTMOUTH, NS, B2X 3T4
(902) 433-7045   *SIC* 8211
CONSEIL SCOLAIRE ACADIEN PROVINCIAL *p* 447
201 Avenue Du Portage, DARTMOUTH, NS, B2X 3T4
(902) 433-7000   *SIC* 8211
CONSEIL SCOLAIRE ACADIEN PROVINCIAL *p* 456
Gd, GREENWOOD, NS, B0P 1N0
(902) 765-7100   *SIC* 8211
CONSEIL SCOLAIRE ACADIEN PROVINCIAL *p* 462
54 Larry Uteck Blvd, HALIFAX, NS, B3M 4R9
(902) 457-6810   *SIC* 8211
CONSEIL SCOLAIRE ACADIEN PROVINCIAL *p* 468
80 Placide Comeau Rd, METEGHAN RIVER, NS, B0W 2L0
(902) 769-5400   *SIC* 8211
CONSEIL SCOLAIRE ACADIEN PROVINCIAL *p* 468
9248 Route 1, METEGHAN RIVER, NS, B0W 2L0
(902) 769-5458   *SIC* 8211
CONSEIL SCOLAIRE ACADIEN PROVINCIAL *p* 471
3435 Rte 206, PETIT DE GRAT, NS, B0E 2L0
(902) 226-5232   *SIC* 8211
CONSEIL SCOLAIRE ACADIEN PROVINCIAL *p* 478
84 Belleville Rd Rr 3, TUSKET, NS, B0W 3M0
(902) 648-5920   *SIC* 8211
CONSEIL SCOLAIRE ACADIEN PROVINCIAL *p* 478
4258 Rte 308 Ns, TUSKET, NS, B0W 3M0
(902) 648-5900   *SIC* 8211
CONSEIL SCOLAIRE ACADIEN PROVINCIAL *p* 479
44 Ditcher Rd, WEDGEPORT, NS, B0W 3P0
(902) 663-5000   *SIC* 8211
CONSEIL SCOLAIRE ACADIEN PROVINCIAL *p* 479
811 Rte 335, WEST PUBNICO, NS, B0W 3S0
(902) 762-4400   *SIC* 8211
CONSEIL SCOLAIRE CATHOLIQUE DE DISTRICT DES GRANDES RIVIERES, LE *p* 555
399 Eight St, COCHRANE, ON, P0L 1C0
(705) 272-3080   *SIC* 8211
CONSEIL SCOLAIRE CATHOLIQUE DE DISTRICT DES GRANDES RIVIERES, LE *p* 605
304 Rorke Ave, HAILEYBURY, ON, P0J 1K0
(705) 672-3661   *SIC* 8211
CONSEIL SCOLAIRE CATHOLIQUE DE DISTRICT DES GRANDES RIVIERES, LE *p* 619
1007 Edward St, HEARST, ON, P0L 1N0
(705) 362-4804   *SIC* 8211
CONSEIL SCOLAIRE CATHOLIQUE DE DISTRICT DES GRANDES RIVIERES, LE *p* 619
48 9th St, HEARST, ON, P0L 1N0
(705) 362-7121   *SIC* 8211
CONSEIL SCOLAIRE CATHOLIQUE DE DISTRICT DES GRANDES RIVIERES, LE *p* 619
619 Allen St, HEARST, ON, P0L 1N0
(705) 362-4754   *SIC* 8211
CONSEIL SCOLAIRE CATHOLIQUE DE DISTRICT DES GRANDES RIVIERES, LE *p* 622
Gd, IROQUOIS FALLS, ON, P0K 1E0
(705) 232-4019   *SIC* 8211
CONSEIL SCOLAIRE CATHOLIQUE DE DISTRICT DES GRANDES RIVIERES, LE *p* 622
44 Prom Anson, IROQUOIS FALLS, ON, P0K 1E0
(705) 258-3223   *SIC* 8211
CONSEIL SCOLAIRE CATHOLIQUE DE DISTRICT DES GRANDES RIVIERES, LE *p* 622
923 Edward St, JOGUES, ON, P0L 1R0
(705) 362-4283   *SIC* 8211
CONSEIL SCOLAIRE CATHOLIQUE DE DISTRICT DES GRANDES RIVIERES, LE *p* 626
75 Queen St, KAPUSKASING, ON, P5N 1H5
(705) 335-6091   *SIC* 8211
CONSEIL SCOLAIRE CATHOLIQUE DE DISTRICT DES GRANDES RIVIERES, LE *p* 626
8 Brunelle Rd S, KAPUSKASING, ON, P5N 2T2
(705) 335-4013   *SIC* 8211
CONSEIL SCOLAIRE CATHOLIQUE DE DISTRICT DES GRANDES RIVIERES, LE *p* 626
39 Murdock St, KAPUSKASING, ON, P5N 1H9
(705) 335-6197   *SIC* 8211
CONSEIL SCOLAIRE CATHOLIQUE DE DISTRICT DES GRANDES RIVIERES, LE *p* 626
10 Cite Des Jeunes Blvd Suite 1, KAPUSKASING, ON, P5N 2K2
(705) 335-6057   *SIC* 8211
CONSEIL SCOLAIRE CATHOLIQUE DE DISTRICT DES GRANDES RIVIERES, LE *p* 636
31 Churchill Dr, KIRKLAND LAKE, ON, P2N 1T8
(705) 567-5151   *SIC* 8211
CONSEIL SCOLAIRE CATHOLIQUE DE DISTRICT DES GRANDES RIVIERES, LE *p* 636
54 Duncan Ave S, KIRKLAND LAKE, ON, P2N 1Y1
(705) 567-9266   *SIC* 8211
CONSEIL SCOLAIRE CATHOLIQUE DE DISTRICT DES GRANDES RIVIERES, LE *p* 731
100 Lakeshore Dr, NEW LISKEARD, ON, P0J 1P0
(705) 647-6355   *SIC* 8211
CONSEIL SCOLAIRE CATHOLIQUE DE DISTRICT DES GRANDES RIVIERES, LE *p* 731
340 Rue Hessle, NEW LISKEARD, ON, P0J 1P0
(705) 647-7376   *SIC* 8211
CONSEIL SCOLAIRE CATHOLIQUE DE DISTRICT DES GRANDES RIVIERES, LE *p* 731
998075 Hwy 11, NEW LISKEARD, ON, P0J 1P0
(705) 647-6614   *SIC* 8211
CONSEIL SCOLAIRE CATHOLIQUE DE DISTRICT DES GRANDES RIVIERES, LE *p* 815
225 Dixon St, Porcupine, ON, P0N 1C0
(705) 235-2411   *SIC* 8211
CONSEIL SCOLAIRE CATHOLIQUE DE DISTRICT DES GRANDES RIVIERES, LE *p* 850
120 Ross St, SMOOTH ROCK FALLS, ON, P0L 2B0
(705) 338-2787   *SIC* 8211
CONSEIL SCOLAIRE CATHOLIQUE DE DISTRICT DES GRANDES RIVIERES, LE *p* 883
855 Park Ave, TIMMINS, ON, P4N 8G2
(705) 264-7188   *SIC* 8211
CONSEIL SCOLAIRE CATHOLIQUE DE DISTRICT DES GRANDES RIVIERES, LE *p* 883
560 Dieppe St, TIMMINS, ON, P4N 7N4
(705) 264-7004   *SIC* 8211
CONSEIL SCOLAIRE CATHOLIQUE DE DISTRICT DES GRANDES RIVIERES, LE *p* 883
59 Sterling Ave E, TIMMINS, ON, P4N 1R7
(705) 264-2615   *SIC* 8211
CONSEIL SCOLAIRE CATHOLIQUE DE DISTRICT DES GRANDES RIVIERES, LE *p* 883
377 Maple St N, TIMMINS, ON, P4N 6C4
(705) 264-3534   *SIC* 8211
CONSEIL SCOLAIRE CATHOLIQUE DE DISTRICT DES GRANDES RIVIERES, LE *p* 883
120 Kent Ave, TIMMINS, ON, P4N 7S4
SIC 8211
CONSEIL SCOLAIRE CATHOLIQUE DE DISTRICT DES GRANDES RIVIERES, LE *p* 884
400 Lonergan Blvd, TIMMINS, ON, P4P 1C7
(705) 268-5611   *SIC* 8211
CONSEIL SCOLAIRE CATHOLIQUE DE DISTRICT DES GRANDES RIVIERES, LE *p* 885
1070 Power Ave, TIMMINS, ON, P4R 1B4
(705) 264-4533   *SIC* 8211
CONSEIL SCOLAIRE CATHOLIQUE DU DISTRICT FRANCO-NORD *p* 489
1392 Village Rd, ASTORVILLE, ON, P0H 1B0
(705) 752-1200   *SIC* 8211
CONSEIL SCOLAIRE CATHOLIQUE DU DISTRICT FRANCO-NORD *p* 679
298 Brydges St, MATTAWA, ON, P0H 1V0
(705) 744-2441   *SIC* 8211
CONSEIL SCOLAIRE CATHOLIQUE DU DISTRICT FRANCO-NORD *p* 679
370 Pine St, MATTAWA, ON, P0H 1V0
(705) 472-5398   *SIC* 8211
CONSEIL SCOLAIRE CATHOLIQUE DU DISTRICT FRANCO-NORD *p* 741
124 King St E, NORTH BAY, ON, P1B 1P2
(705) 474-6740   *SIC* 8211
CONSEIL SCOLAIRE CATHOLIQUE DU DISTRICT FRANCO-NORD *p* 741
235 Albert Ave, NORTH BAY, ON, P1B 7J6
SIC 8211
CONSEIL SCOLAIRE CATHOLIQUE DU DISTRICT FRANCO-NORD *p* 741
555 Algonquin Ave, NORTH BAY, ON, P1B 4W8
(705) 472-8240   *SIC* 8211
CONSEIL SCOLAIRE CATHOLIQUE DU DISTRICT FRANCO-NORD *p* 741
681b Chippewa St W, NORTH BAY, ON, P1B 6G8
(705) 472-4963   *SIC* 8211
CONSEIL SCOLAIRE CATHOLIQUE DU DISTRICT FRANCO-NORD *p* 747
110 Drewry Ave, NORTH YORK, ON, M2M 1C8
(416) 397-6564   *SIC* 8211
CONSEIL SCOLAIRE CATHOLIQUE DU DISTRICT FRANCO-NORD *p* 866
136 Third St Suite 120, STURGEON FALLS, ON, P2B 3C6
(705) 753-1100   *SIC* 8211
CONSEIL SCOLAIRE CATHOLIQUE DU DISTRICT FRANCO-NORD *p* 866
150 Levesque St, STURGEON FALLS, ON, P2B 1M1
(705) 753-0750   *SIC* 8211
CONSEIL SCOLAIRE CATHOLIQUE DU DISTRICT FRANCO-NORD *p* 866
90 Main St, STURGEON FALLS, ON, P2B 2Z7
(705) 753-1510   *SIC* 8211
CONSEIL SCOLAIRE CATHOLIQUE DU DISTRICT FRANCO-NORD *p* 866
99 Michaud St, STURGEON FALLS, ON, P2B 1B9
SIC 8211
CONSEIL SCOLAIRE CATHOLIQUE DU DISTRICT FRANCO-NORD *p* 947
73 Principal St, VERNER, ON, P0H 2M0
(705) 594-2385   *SIC* 8211
CONSEIL SCOLAIRE CATHOLIQUE ET FRANCOPHONE DU SUD DE L'ALBERTA *p* 61
4700 Richard Rd Sw, CALGARY, AB, T3E 6L1
(403) 240-2007   *SIC* 8211
CONSEIL SCOLAIRE CENTRE-NORD *p* 75
10715 131a Ave Nw, EDMONTON, AB, T5E 0X4
(780) 478-9389   *SIC* 8211
CONSEIL SCOLAIRE CENTRE-NORD *p* 99
8505 68a St Nw, EDMONTON, AB, T6B 0J9
(780) 466-1800   *SIC* 8211
CONSEIL SCOLAIRE CENTRE-NORD *p* 102
8828 95 St Nw, EDMONTON, AB, T6C 4H9
(780) 465-6457   *SIC* 8211
CONSEIL SCOLAIRE CENTRE-NORD *p* 102
8627 91 St Nw Suite 3, EDMONTON, AB, T6C 3N1
(780) 487-3200   *SIC* 8211
CONSEIL SCOLAIRE CENTRE-NORD *p* 122
312 Abasand Dr, FORT MCMURRAY, AB, T9J 1B2
(780) 791-0200   *SIC* 8211
CONSEIL SCOLAIRE CENTRE-NORD *p* 136
5111 46 St, LEGAL, AB, T0G 1L0
(780) 961-3557   *SIC* 8211
CONSEIL SCOLAIRE CENTRE-NORD *p* 166
46 Heritage Dr, ST. ALBERT, AB, T8N 7J5
(780) 459-9568   *SIC* 8211
CONSEIL SCOLAIRE DE DISTRICT CATHOLIQUE CENTRE-SUD *p* 482
71 Ritchie Ave, AJAX, ON, L1S 6S5
(905) 428-1460   *SIC* 8211
CONSEIL SCOLAIRE DE DISTRICT CATHOLIQUE CENTRE-SUD *p* 490
700 Bloomington Rd, AURORA, ON, L4G 0E1
(905) 727-4631   *SIC* 8211
CONSEIL SCOLAIRE DE DISTRICT

CONSEIL SCOLAIRE DE DISTRICT CATHOLIQUE CENTRE-SUD
90 Walton Dr, AURORA, ON, L4G 3K4
(905) 727-0131 SIC 8211

CONSEIL SCOLAIRE DE DISTRICT CATHOLIQUE CENTRE-SUD p 494
273 Cundles Rd E, BARRIE, ON, L4M 6L1
(705) 726-5525 SIC 8211

CONSEIL SCOLAIRE DE DISTRICT CATHOLIQUE CENTRE-SUD p 497
249 Anne St N, BARRIE, ON, L4N 0B5
(705) 737-5260 SIC 8211

CONSEIL SCOLAIRE DE DISTRICT CATHOLIQUE CENTRE-SUD p 511
25 Laurelcrest St, BRAMPTON, ON, L6S 4C4
(905) 453-8561 SIC 8211

CONSEIL SCOLAIRE DE DISTRICT CATHOLIQUE CENTRE-SUD p 541
901 Francis Rd, BURLINGTON, ON, L7T 3Y3
(905) 639-6100 SIC 8211

CONSEIL SCOLAIRE DE DISTRICT CATHOLIQUE CENTRE-SUD p 547
450 Maple Grove Rd, CAMBRIDGE, ON, N3H 4R7
(519) 650-9444 SIC 8211

CONSEIL SCOLAIRE DE DISTRICT CATHOLIQUE CENTRE-SUD p 547
640 Trico Dr, CAMBRIDGE, ON, N3H 5P2
(519) 650-3219 SIC 8211

CONSEIL SCOLAIRE DE DISTRICT CATHOLIQUE CENTRE-SUD p 576
755 Royal York Rd, ETOBICOKE, ON, M8Y 2T3
(416) 393-5418 SIC 8211

CONSEIL SCOLAIRE DE DISTRICT CATHOLIQUE CENTRE-SUD p 591
34 Miller Dr, GEORGETOWN, ON, L7G 5P7
(905) 873-0510 SIC 8211

CONSEIL SCOLAIRE DE DISTRICT CATHOLIQUE CENTRE-SUD p 600
221 Scottsdale Dr, GUELPH, ON, N1G 3A1
(519) 821-7542 SIC 8211

CONSEIL SCOLAIRE DE DISTRICT CATHOLIQUE CENTRE-SUD p 609
400 Cumberland Ave, HAMILTON, ON, L8M 2A2
(905) 545-3393 SIC 8211

CONSEIL SCOLAIRE DE DISTRICT CATHOLIQUE CENTRE-SUD p 613
50 Lisgar Crt, HAMILTON, ON, L8T 4Y4
(905) 389-4055 SIC 8211

CONSEIL SCOLAIRE DE DISTRICT CATHOLIQUE CENTRE-SUD p 616
135 Bendamere Ave, HAMILTON, ON, L9C 1N4
(905) 387-6448 SIC 8211

CONSEIL SCOLAIRE DE DISTRICT CATHOLIQUE CENTRE-SUD p 639
345 The Country Way, KITCHENER, ON, N2E 2S3
(519) 742-2261 SIC 8211

CONSEIL SCOLAIRE DE DISTRICT CATHOLIQUE CENTRE-SUD p 667
79 Avro Rd, MAPLE, ON, L6A 1Y3
(905) 832-3153 SIC 8211

CONSEIL SCOLAIRE DE DISTRICT CATHOLIQUE CENTRE-SUD p 670
111 John Button Blvd, MARKHAM, ON, L3R 9C1
(905) 470-0815 SIC 8211

CONSEIL SCOLAIRE DE DISTRICT CATHOLIQUE CENTRE-SUD p 680
12705 Britannia Rd, MILTON, ON, L9E 0V4
(905) 864-3025 SIC 8211

CONSEIL SCOLAIRE DE DISTRICT CATHOLIQUE CENTRE-SUD p 694
385 Meadows Blvd, MISSISSAUGA, ON, L4Z 1G5
(905) 270-0785 SIC 8211

CONSEIL SCOLAIRE DE DISTRICT CATHOLIQUE CENTRE-SUD p 703
1910 Broad Hollow Gate, MISSISSAUGA, ON, L5L 3T4
(905) 820-7460 SIC 8211

CONSEIL SCOLAIRE DE DISTRICT CATHOLIQUE CENTRE-SUD p 707
1780 Meadowvale Blvd, MISSISSAUGA, ON, L5N 7K8
(905) 814-0318 SIC 8211

CONSEIL SCOLAIRE DE DISTRICT CATHOLIQUE CENTRE-SUD p 707
1830 Meadowvale Blvd, MISSISSAUGA, ON, L5N 7L2
(905) 814-9122 SIC 8211

CONSEIL SCOLAIRE DE DISTRICT CATHOLIQUE CENTRE-SUD p 735
4572 Portage Rd, NIAGARA FALLS, ON, L2E 6A8
(905) 356-2522 SIC 8211

CONSEIL SCOLAIRE DE DISTRICT CATHOLIQUE CENTRE-SUD p 736
7374 Wilson Cres, NIAGARA FALLS, ON, L2G 4S1
(905) 357-2311 SIC 8211

CONSEIL SCOLAIRE DE DISTRICT CATHOLIQUE CENTRE-SUD p 768
336 Maurice Dr, OAKVILLE, ON, L6K 2X3
(905) 845-4472 SIC 8211

CONSEIL SCOLAIRE DE DISTRICT CATHOLIQUE CENTRE-SUD p 780
362 Hillside Ave, OSHAWA, ON, L1J 6L7
(905) 728-0491 SIC 8211

CONSEIL SCOLAIRE DE DISTRICT CATHOLIQUE CENTRE-SUD p 806
54 Dufferin St, PENETANGUISHENE, ON, L9M 1H4
(705) 549-3677 SIC 8211

CONSEIL SCOLAIRE DE DISTRICT CATHOLIQUE CENTRE-SUD p 854
153 Church St, ST CATHARINES, ON, L2R 3E2
(905) 682-6732 SIC 8211

CONSEIL SCOLAIRE DE DISTRICT CATHOLIQUE CENTRE-SUD p 856
12 Burleigh Hill Dr, ST CATHARINES, ON, L2T 2V5
(905) 227-4002 SIC 8211

CONSEIL SCOLAIRE DE DISTRICT CATHOLIQUE CENTRE-SUD p 895
250 Gainsborough Rd, TORONTO, ON, M4L 3C6
(416) 393-5314 SIC 8211

CONSEIL SCOLAIRE DE DISTRICT CATHOLIQUE CENTRE-SUD p 950
280 Glenridge Dr, WATERLOO, ON, N2J 3W4
(519) 880-9859 SIC 8211

CONSEIL SCOLAIRE DE DISTRICT CATHOLIQUE CENTRE-SUD p 955
310 Fitch St, WELLAND, ON, L3C 4W5
(905) 734-8133 SIC 8211

CONSEIL SCOLAIRE DE DISTRICT CATHOLIQUE CENTRE-SUD p 955
670 Tanguay Ave, WELLAND, ON, L3B 4G2
(905) 732-1361 SIC 8211

CONSEIL SCOLAIRE DE DISTRICT CATHOLIQUE CENTRE-SUD p 955
620 River Rd, WELLAND, ON, L3B 5N4
(905) 714-7882 SIC 8211

CONSEIL SCOLAIRE DE DISTRICT CATHOLIQUE CENTRE-SUD p 955
58 Empress Ave, WELLAND, ON, L3B 1K9
(905) 735-0837 SIC 8211

CONSEIL SCOLAIRE DE DISTRICT CATHOLIQUE CENTRE-SUD p 957
1001 Hutchison Ave, WHITBY, ON, L1N 2A3
(905) 665-5393 SIC 8211

CONSEIL SCOLAIRE DE DISTRICT CATHOLIQUE CENTRE-SUD p 959
4101 Baldwin St S, WHITBY, ON, L1R 2W6
(905) 655-5635 SIC 8211

CONSEIL SCOLAIRE DE DISTRICT CATHOLIQUE DE L'EST ONTARIEN p 485
100 Mcnabb St, ALEXANDRIA, ON, K0C 1A0
(613) 525-3315 SIC 8211

CONSEIL SCOLAIRE DE DISTRICT CATHOLIQUE DE L'EST ONTARIEN p 485
38 St Paul St, ALFRED, ON, K0B 1A0
(613) 679-4373 SIC 8211

CONSEIL SCOLAIRE DE DISTRICT CATHOLIQUE DE L'EST ONTARIEN p 485
115 Sandfield Ave, ALEXANDRIA, ON, K0C 1A0
(613) 525-1281 SIC 8211

CONSEIL SCOLAIRE DE DISTRICT CATHOLIQUE DE L'EST ONTARIEN p 550
133 Laurier St Rr 4, CASSELMAN, ON, K0A 1M0
(613) 764-2960 SIC 8211

CONSEIL SCOLAIRE DE DISTRICT CATHOLIQUE DE L'EST ONTARIEN p 550
215 Rue Laurier, CASSELMAN, ON, K0A 1M0
(613) 764-2855 SIC 8211

CONSEIL SCOLAIRE DE DISTRICT CATHOLIQUE DE L'EST ONTARIEN p 553
1647 Landry St, CLARENCE CREEK, ON, K0A 1N0
(613) 488-3030 SIC 8211

CONSEIL SCOLAIRE DE DISTRICT CATHOLIQUE DE L'EST ONTARIEN p 564
1500 Holy Cross Blvd, CORNWALL, ON, K6H 2X1
(613) 938-9337 SIC 8211

CONSEIL SCOLAIRE DE DISTRICT CATHOLIQUE DE L'EST ONTARIEN p 564
510 Mcconnell Ave, CORNWALL, ON, K6H 4M1
(613) 933-0172 SIC 8211

CONSEIL SCOLAIRE DE DISTRICT CATHOLIQUE DE L'EST ONTARIEN p 566
420 Fifteenth St W, CORNWALL, ON, K6J 3K5
(613) 936-8457 SIC 8211

CONSEIL SCOLAIRE DE DISTRICT CATHOLIQUE DE L'EST ONTARIEN p 573
1045 Rue Notre-Dame, EMBRUN, ON, K0A 1W0
(613) 443-2850 SIC 8211

CONSEIL SCOLAIRE DE DISTRICT CATHOLIQUE DE L'EST ONTARIEN p 573
1215 Rue St-Augustin, EMBRUN, ON, K0A 1W0
(613) 443-4881 SIC 8211

CONSEIL SCOLAIRE DE DISTRICT CATHOLIQUE DE L'EST ONTARIEN p 573
1276 Rue St Jacques, EMBRUN, ON, K0A 1W0
(613) 443-2186 SIC 8211

CONSEIL SCOLAIRE DE DISTRICT CATHOLIQUE DE L'EST ONTARIEN p 597
4152 Rte 3, GREEN VALLEY, ON, K0C 1L0
(613) 525-3660 SIC 8211

CONSEIL SCOLAIRE DE DISTRICT CATHOLIQUE DE L'EST ONTARIEN p 617
3155 Gendron St, HAMMOND, ON, K0A 2A0
(613) 487-2404 SIC 8211

CONSEIL SCOLAIRE DE DISTRICT CATHOLIQUE DE L'EST ONTARIEN p 618
82 Bon Pasteur St, HAWKESBURY, ON, K6A 2K5
(613) 632-7035 SIC 8211

CONSEIL SCOLAIRE DE DISTRICT CATHOLIQUE DE L'EST ONTARIEN p 618
572 Kitchener St Suite 8e, HAWKESBURY, ON, K6A 2P3
(613) 632-7055 SIC 8211

CONSEIL SCOLAIRE DE DISTRICT CATHOLIQUE DE L'EST ONTARIEN p 618
500 Main St E, HAWKESBURY, ON, K6A 1A9
(613) 632-2734 SIC 8211

CONSEIL SCOLAIRE DE DISTRICT CATHOLIQUE DE L'EST ONTARIEN p 618
429 Abbott St, HAWKESBURY, ON, K6A 2E2
(613) 632-4100 SIC 8211

CONSEIL SCOLAIRE DE DISTRICT CATHOLIQUE DE L'EST ONTARIEN p 645
35 Longueuil St, L'ORIGNAL, ON, K0B 1K0
(613) 675-4878 SIC 8211

CONSEIL SCOLAIRE DE DISTRICT CATHOLIQUE DE L'EST ONTARIEN p 645
875 Rte 17, L'ORIGNAL, ON, K0B 1K0
(613) 675-4691 SIC 8211

CONSEIL SCOLAIRE DE DISTRICT CATHOLIQUE DE L'EST ONTARIEN p 647
139 Mabel Rd, LIMOGES, ON, K0A 2M0
(613) 443-6317 SIC 8211

CONSEIL SCOLAIRE DE DISTRICT CATHOLIQUE DE L'EST ONTARIEN p 647
205 Limoges Rd, LIMOGES, ON, K0A 2M0
(613) 443-1976 SIC 8211

CONSEIL SCOLAIRE DE DISTRICT CATHOLIQUE DE L'EST ONTARIEN p 666
17337 Dow St, LONG SAULT, ON, K0C 1P0
(613) 932-9493 SIC 8211

CONSEIL SCOLAIRE DE DISTRICT CATHOLIQUE DE L'EST ONTARIEN p 723
17095 Mclean Rd, MOOSE CREEK, ON, K0C 1W0
(613) 538-2401 SIC 8211

CONSEIL SCOLAIRE DE DISTRICT CATHOLIQUE DE L'EST ONTARIEN p 743
4831 2nd Line Rd, NORTH LANCASTER, ON, K0C 1Z0
(613) 347-2728 SIC 8211

CONSEIL SCOLAIRE DE DISTRICT CATHOLIQUE DE L'EST ONTARIEN p 815
6150 County Rd 17 Rr 1, PLANTAGENET, ON, K0B 1L0
(613) 673-5124 SIC 8211

CONSEIL SCOLAIRE DE DISTRICT CATHOLIQUE DE L'EST ONTARIEN p 825
1535 Du Parc Ave, ROCKLAND, ON, K4K 1C3
(613) 446-5169 SIC 8211

CONSEIL SCOLAIRE DE DISTRICT CATHOLIQUE DE L'EST ONTARIEN p 825
879 Saint-Joseph St, ROCKLAND, ON, K4K 1C2
(613) 446-5128 SIC 8211

CONSEIL SCOLAIRE DE DISTRICT CATHOLIQUE DE L'EST ONTARIEN p 826
1008 Russell Rd N, RUSSELL, ON, K4R 1G7
(613) 445-2947 SIC 8211

CONSEIL SCOLAIRE DE DISTRICT CATHOLIQUE DE L'EST ONTARIEN p 851
116 Principale St, ST ALBERT, ON, K0A 3C0
(613) 987-2157 SIC 8211

CONSEIL SCOLAIRE DE DISTRICT CATHOLIQUE DE L'EST ONTARIEN p 857
20 Rue De L'Ecole, ST ISIDORE, ON, K0C 2B0
(613) 524-2945 SIC 8211

CONSEIL SCOLAIRE DE DISTRICT CATHOLIQUE DE L'EST ONTARIEN p 857
5050 Fatima St Bureau 130, ST EUGENE, ON, K0B 1P0
(613) 674-2145 SIC 8211

CONSEIL SCOLAIRE DE DISTRICT CATHOLIQUE DES AURORES BOREALES p 620
119 Lily Pad Rd Suite 1109, IGNACE, ON, P0T 1T0
(807) 934-6460 SIC 8211

CONSEIL SCOLAIRE DE DISTRICT CATHOLIQUE DES AURORES BOREALES p 876
220 Elgin St, THUNDER BAY, ON, P7A 0A4
(807) 344-1169 SIC 8211

CONSEIL SCOLAIRE DE DISTRICT CATHOLIQUE DU NOUVEL-ONTARIO, LE p 493
25 Marier St, AZILDA, ON, P0M 1B0
(705) 983-4254 SIC 8211

CONSEIL SCOLAIRE DE DISTRICT CATHOLIQUE DU NOUVEL-ONTARIO, LE p 505
44 Lawton St, BLIND RIVER, ON, P0R 1B0
(705) 356-2246 SIC 8211

CONSEIL SCOLAIRE DE DISTRICT CATHOLIQUE DU NOUVEL-ONTARIO, LE
117 Ch Colonization, BLIND RIVER, ON, P0R 1B0
(705) 356-1688   SIC 8211

CONSEIL SCOLAIRE DE DISTRICT CATHOLIQUE DU NOUVEL-ONTARIO, LE   p 550
9 Rue Broomhead, CHAPLEAU, ON, P0M 1K0
(705) 864-1211   SIC 8211

CONSEIL SCOLAIRE DE DISTRICT CATHOLIQUE DU NOUVEL-ONTARIO, LE   p 553
61 Brookside Rd, CHELMSFORD, ON, P0M 1L0
(705) 855-9046   SIC 8211

CONSEIL SCOLAIRE DE DISTRICT CATHOLIQUE DU NOUVEL-ONTARIO, LE   p 563
2 Edward Ave, CONISTON, ON, P0M 1M0
(705) 694-4402   SIC 8211

CONSEIL SCOLAIRE DE DISTRICT CATHOLIQUE DU NOUVEL-ONTARIO, LE   p 569
79 Houle Ave, DOWLING, ON, P0M 1R0
(705) 855-4333   SIC 8211

CONSEIL SCOLAIRE DE DISTRICT CATHOLIQUE DU NOUVEL-ONTARIO, LE   p 574
333 Mead Blvd, ESPANOLA, ON, P5E 1C4
(705) 869-3530   SIC 8211

CONSEIL SCOLAIRE DE DISTRICT CATHOLIQUE DU NOUVEL-ONTARIO, LE   p 591
648 O'neil Dr W, GARSON, ON, P3L 1T6
(705) 693-2424   SIC 8211

CONSEIL SCOLAIRE DE DISTRICT CATHOLIQUE DU NOUVEL-ONTARIO, LE   p 740
28 Saint-Antoine St, NOELVILLE, ON, P0M 2N0
(705) 898-2205   SIC 8211

CONSEIL SCOLAIRE DE DISTRICT CATHOLIQUE DU NOUVEL-ONTARIO, LE   p 832
600 North St, SAULT STE. MARIE, ON, P6B 2B9
(705) 945-5520   SIC 8211

CONSEIL SCOLAIRE DE DISTRICT CATHOLIQUE DU NOUVEL-ONTARIO, LE   p 867
691 Lasalle Blvd, SUDBURY, ON, P3A 1X3
(705) 566-8300   SIC 8211

CONSEIL SCOLAIRE DE DISTRICT CATHOLIQUE DU NOUVEL-ONTARIO, LE   p 867
2096 Montfort St, SUDBURY, ON, P3A 2K8
(705) 566-2616   SIC 8211

CONSEIL SCOLAIRE DE DISTRICT CATHOLIQUE DU NOUVEL-ONTARIO, LE   p 869
100 Levis St, SUDBURY, ON, P3C 2H1
(705) 674-7484   SIC 8211

CONSEIL SCOLAIRE DE DISTRICT CATHOLIQUE DU NOUVEL-ONTARIO, LE   p 869
201 Jogues St, SUDBURY, ON, P3C 5L7
(705) 673-5626   SIC 8211

CONSEIL SCOLAIRE DE DISTRICT CATHOLIQUE DU NOUVEL-ONTARIO, LE   p 869
261 Notre Dame Ave, SUDBURY, ON, P3C 5K4
(705) 566-5511   SIC 8211

CONSEIL SCOLAIRE DE DISTRICT CATHOLIQUE DU NOUVEL-ONTARIO, LE   p 870
347 Hyland Dr, SUDBURY, ON, P3E 0G6
(705) 675-1201   SIC 8211

CONSEIL SCOLAIRE DE DISTRICT CATHOLIQUE DU NOUVEL-ONTARIO, LE   p 946
2965 Hope St, VAL CARON, ON, P3N 1R8
(705) 897-3741   SIC 8211

CONSEIL SCOLAIRE DE DISTRICT CATHOLIQUE DU NOUVEL-ONTARIO, LE   p 946
1650 Valleyview Rd, VAL CARON, ON, P3N 1K7
(705) 897-2503   SIC 8211

CONSEIL SCOLAIRE DE DISTRICT DES ECOLES CATHOLIQUES DU SUD-OUEST p 487
365 Fryer St, AMHERSTBURG, ON, N9V 0C3
(519) 736-6427   SIC 8211

CONSEIL SCOLAIRE DE DISTRICT DES ECOLES CATHOLIQUES DU SUD-OUEST p 501
326 Rourke Line Rr 3, BELLE RIVER, ON, N0R 1A0
(519) 727-6044   SIC 8211

CONSEIL SCOLAIRE DE DISTRICT DES ECOLES CATHOLIQUES DU SUD-OUEST p 551
90 Dale Dr, CHATHAM, ON, N7L 0B2
(519) 354-1225   SIC 8211

CONSEIL SCOLAIRE DE DISTRICT DES ECOLES CATHOLIQUES DU SUD-OUEST p 597
7195 St Philippes Line, GRANDE POINTE, ON, N0P 1S0
(519) 352-9579   SIC 8211

CONSEIL SCOLAIRE DE DISTRICT DES ECOLES CATHOLIQUES DU SUD-OUEST p 646
33 Sherman St, LEAMINGTON, ON, N8H 5H6
(519) 326-6125   SIC 8211

CONSEIL SCOLAIRE DE DISTRICT DES ECOLES CATHOLIQUES DU SUD-OUEST p 662
400 Base Line Rd W, LONDON, ON, N6J 1W1
(519) 471-6680   SIC 8211

CONSEIL SCOLAIRE DE DISTRICT DES ECOLES CATHOLIQUES DU SUD-OUEST p 664
270 Chelton Rd, LONDON, ON, N6M 0B9
(519) 963-1219   SIC 8211

CONSEIL SCOLAIRE DE DISTRICT DES ECOLES CATHOLIQUES DU SUD-OUEST p 804
C.P. 70, PAIN COURT, ON, N0P 1Z0
(519) 352-1614   SIC 8211

CONSEIL SCOLAIRE DE DISTRICT DES ECOLES CATHOLIQUES DU SUD-OUEST p 804
24162 Winter Line Rd, PAIN COURT, ON, N0P 1Z0
(519) 354-2913   SIC 8211

CONSEIL SCOLAIRE DE DISTRICT DES ECOLES CATHOLIQUES DU SUD-OUEST p 804
14 Notre Dame St, PAIN COURT, ON, N0P 1Z0
(519) 948-9227   SIC 8211

CONSEIL SCOLAIRE DE DISTRICT DES ECOLES CATHOLIQUES DU SUD-OUEST p 826
901 The Rapids Pky, SARNIA, ON, N7S 6K2
(519) 542-1055   SIC 8211

CONSEIL SCOLAIRE DE DISTRICT DES ECOLES CATHOLIQUES DU SUD-OUEST p 829
931 Champlain Rd, SARNIA, ON, N7V 2E9
(519) 542-5423   SIC 8211

CONSEIL SCOLAIRE DE DISTRICT DES ECOLES CATHOLIQUES DU SUD-OUEST p 857
2716 Rd 42, ST JOACHIM, ON, N0R 1S0
(519) 728-2010   SIC 8211

CONSEIL SCOLAIRE DE DISTRICT DES ECOLES CATHOLIQUES DU SUD-OUEST p 882
11 St Clair St, TILBURY, ON, N0P 2L0
(519) 682-3243   SIC 8211

CONSEIL SCOLAIRE DE DISTRICT DES ECOLES CATHOLIQUES DU SUD-OUEST p 961
13025 St. Thomas St, WINDSOR, ON, N8N 3P3
(519) 735-5766   SIC 8211

CONSEIL SCOLAIRE DE DISTRICT DES ECOLES CATHOLIQUES DU SUD-OUEST p 962
5305 Tecumseh Rd E, WINDSOR, ON, N8T 1C5
(519) 945-2628   SIC 8211

CONSEIL SCOLAIRE DE DISTRICT DES ECOLES CATHOLIQUES DU SUD-OUEST p 962
6200 Edgar St, WINDSOR, ON, N8S 2A6
(519) 948-9481   SIC 8211

CONSEIL SCOLAIRE DE DISTRICT DES ECOLES CATHOLIQUES DU SUD-OUEST p 969
1880 Totten St, WINDSOR, ON, N9B 1X3
(519) 945-0924   SIC 8211

CONSEIL SCOLAIRE DE DISTRICT DES ECOLES CATHOLIQUES DU SUD-OUEST p 970
3225 California Ave, WINDSOR, ON, N9E 3K5
(519) 966-6670   SIC 8211

CONSEIL SCOLAIRE DE DISTRICT DES ECOLES CATHOLIQUES DU SUD-OUEST p 970
600 E C Row Ave W, WINDSOR, ON, N9E 1A5
(519) 972-0071   SIC 8211

CONSEIL SCOLAIRE DE DISTRICT DES ECOLES CATHOLIQUES DU SUD-OUEST p 971
8200 Matchette Rd, WINDSOR, ON, N9J 3P1
(519) 734-1380   SIC 8211

CONSEIL SCOLAIRE DE DISTRICT DES ECOLES CATHOLIQUES DU SUD-OUEST p 977
345 Huron St, WOODSTOCK, ON, N4S 7A5
(519) 539-2911   SIC 8211

CONSEIL SCOLAIRE DE DISTRICT DES ECOLES CATHOLIQUES DU SUD-OUEST p 1253
See CONSEIL SCOLAIRE DE DISTRICT DES ECOLES CATHOLIQUES DU SUD-OUEST

CONSEIL SCOLAIRE DE DISTRICT DES ECOLES CATHOLIQUES DU SUD-OUEST p 1253
370 Rue De L'Eglise, VAL-D'OR, QC, J9P 0B8
(819) 874-3355   SIC 8211

CONSEIL SCOLAIRE DE DISTRICT DU GRAND NORD DE L'ON   p 553
See CONSEIL SCOLAIRE DE DISTRICT DU GRAND NORD DE L'ONTARIO

CONSEIL SCOLAIRE DE DISTRICT DU GRAND NORD DE L'ON   p 572
See CONSEIL SCOLAIRE DE DISTRICT DU GRAND NORD DE L'ONTARIO

CONSEIL SCOLAIRE DE DISTRICT DU GRAND NORD DE L'ON   p 617
See CONSEIL SCOLAIRE DE DISTRICT DU GRAND NORD DE L'ONTARIO

CONSEIL SCOLAIRE DE DISTRICT DU GRAND NORD DE L'ON   p 867
See CONSEIL SCOLAIRE DE DISTRICT DU GRAND NORD DE L'ONTARIO

CONSEIL SCOLAIRE DE DISTRICT DU GRAND NORD DE L'ON   p 868
See CONSEIL SCOLAIRE DE DISTRICT DU GRAND NORD DE L'ONTARIO

CONSEIL SCOLAIRE DE DISTRICT DU GRAND NORD DE L'ON   p 870
See CONSEIL SCOLAIRE DE DISTRICT DU GRAND NORD DE L'ONTARIO

CONSEIL SCOLAIRE DE DISTRICT DU GRAND NORD DE L'ON   p 954
See CONSEIL SCOLAIRE DE DISTRICT DU GRAND NORD DE L'ONTARIO

CONSEIL SCOLAIRE DE DISTRICT DU GRAND NORD DE L'ONTARIO   p 553
370 Cote Ave, CHELMSFORD, ON, P0M 1L0
(705) 855-8733   SIC 8211

CONSEIL SCOLAIRE DE DISTRICT DU GRAND NORD DE L'ONTARIO   p 572
11 Edinburgh Rd, ELLIOT LAKE, ON, P5A 2M3
(705) 848-2259   SIC 8211

CONSEIL SCOLAIRE DE DISTRICT DU GRAND NORD DE L'ONTARIO   p 617
4800 Notre Dame Ave, HANMER, ON, P3P 1X5
(705) 969-4402   SIC 8211

CONSEIL SCOLAIRE DE DISTRICT DU GRAND NORD DE L'ONTARIO   p 617
4752 Notre Dame Ave, HANMER, ON, P3P 1X5
(705) 969-3246   SIC 8211

CONSEIL SCOLAIRE DE DISTRICT DU GRAND NORD DE L'ONTARIO   p 867
37 Lasalle Blvd, SUDBURY, ON, P3A 1W1
(705) 566-7660   SIC 8211

CONSEIL SCOLAIRE DE DISTRICT DU GRAND NORD DE L'ONTARIO   p 867
2190 Lasalle Blvd, SUDBURY, ON, P3A 2A8
(705) 566-1071   SIC 8211

CONSEIL SCOLAIRE DE DISTRICT DU GRAND NORD DE L'ONTARIO   p 868
300 Van Horne St, SUDBURY, ON, P3B 1H9
(705) 675-1613   SIC 8211

CONSEIL SCOLAIRE DE DISTRICT DU GRAND NORD DE L'ONTARIO   p 870
190 Larch St, SUDBURY, ON, P3E 1C5
(705) 671-1533   SIC 8211

CONSEIL SCOLAIRE DE DISTRICT DU GRAND NORD DE L'ONTARIO   p 954
52 Winston Rd, WAWA, ON, P0S 1K0
(705) 856-0123   SIC 8211

CONSEIL SCOLAIRE DISTRICT NO 5 p 393
975 St. Anne St, BATHURST, NB, E2A 6X1
(506) 547-2765   SIC 8211

CONSEIL SCOLAIRE DISTRICT NO 5 p 393
915 St. Anne St, BATHURST, NB, E2A 6X1
(506) 547-2785   SIC 8211

CONSEIL SCOLAIRE DISTRICT NO 5 p 393
4572 Route 134, ALLARDVILLE, NB, E8L 1E4
(506) 725-2407   SIC 8211

CONSEIL SCOLAIRE DISTRICT NO 5 p 393
248 Rue Notre Dame, ATHOLVILLE, NB, E3N 3Z9
(506) 789-2265   SIC 8211

CONSEIL SCOLAIRE DISTRICT NO 5 p 393
1821 Des Pionniers Ave, BALMORAL, NB, E8E 1C2
SIC 8211

CONSEIL SCOLAIRE DISTRICT NO 5 p 393
1255 Rough Waters Dr, BATHURST, NB, E2A 1Z2
(506) 547-2780   SIC 8211

CONSEIL SCOLAIRE DISTRICT NO 5 p 393
1300 St. Joseph Ave, BATHURST, NB, E2A 3R5
(506) 547-2775   SIC 8211

CONSEIL SCOLAIRE DISTRICT NO 5 p 394
795 Rue Ecole, BERESFORD, NB, E8K 1V4
(506) 542-2602   SIC 8211

CONSEIL SCOLAIRE DISTRICT NO 5 p 395
61 Dover St, CAMPBELLTON, NB, E3N 1P7
(506) 789-2260   SIC 8211

CONSEIL SCOLAIRE DISTRICT NO 5 p 395
45a Rue Du Village, CAMPBELLTON, NB, E3N 3G4
(506) 789-2250   SIC 8211

CONSEIL SCOLAIRE DISTRICT NO 5 p 396
499 Prom Jeux Du Canada, DALHOUSIE, NB, E8C 1V6
(506) 684-7610   SIC 8211

CONSEIL SCOLAIRE DISTRICT NO 5 p 411
636 Rue Principale, PETIT-ROCHER, NB,

E8J 1T7
(506) 542-2607 SIC 8211
CONSEIL SCOLAIRE DISTRICT NO 5 p 411
63 Rue Laplante E, PETIT-ROCHER, NB, E8J 1H4
(506) 542-2609 SIC 8211
CONSEIL SCOLAIRE DISTRICT NO 5 p 422
3 Rue Ecole, VAL-D'AMOUR, NB, E3N 5E2
(506) 789-2257 SIC 8211
CONSEIL SCOLAIRE DU SUD DE L'ALBERTA p 35
360 94 Ave Se, CALGARY, AB, T2J 0E8
(403) 255-6724 SIC 8211
CONSEIL SCOLAIRE FRANCOPHONE DE LA COLOMBIE BRITANNIQUE p 216
2590 Portree Way, GARIBALDI HIGHLANDS, BC, V0N 1T0
(604) 898-3688 SIC 8211
CONSEIL SCOLAIRE FRANCOPHONE DE LA COLOMBIE BRITANNIQUE p 223
675 Lequime Rd, KELOWNA, BC, V1W 1A3
(250) 764-2771 SIC 8211
CONSEIL SCOLAIRE FRANCOPHONE DE LA COLOMBIE BRITANNIQUE p 238
7674 Stave Lake St, MISSION, BC, V2V 4G4
(604) 820-5710 SIC 8211
CONSEIL SCOLAIRE FRANCOPHONE DE LA COLOMBIE BRITANNIQUE p 240
1951 Estevan Rd, NANAIMO, BC, V9S 3Y9
(250) 714-0761 SIC 8211
CONSEIL SCOLAIRE FRANCOPHONE DE LA COLOMBIE BRITANNIQUE p 249
380 Kings Rd W, NORTH VANCOUVER, BC, V7N 2L9
(778) 340-1034 SIC 8211
CONSEIL SCOLAIRE FRANCOPHONE DE LA COLOMBIE BRITANNIQUE p 254
3550 Wellington St, PORT COQUITLAM, BC, V3B 3Y5
(604) 552-7915 SIC 8211
CONSEIL SCOLAIRE FRANCOPHONE DE LA COLOMBIE BRITANNIQUE p 279
13611 Kelly Ave, SUMMERLAND, BC, V0H 1Z0
(604) 214-2600 SIC 8211
CONSEIL SCOLAIRE FRANCOPHONE DE LA COLOMBIE BRITANNIQUE p 296
7051 Killarney St, VANCOUVER, BC, V5S 2Y5
(604) 437-4849 SIC 8211
CONSEIL SCOLAIRE VIAMONDE p 497
70 Madelaine Dr, BARRIE, ON, L4N 9T2
(705) 730-6625 SIC 8211
CONSEIL SCOLAIRE VIAMONDE p 518
375 Centre St N, BRAMPTON, ON, L6V 4N4
(905) 455-7038 SIC 8211
CONSEIL SCOLAIRE VIAMONDE p 522
7585 Financial Dr, BRAMPTON, ON, L6Y 5P4
(905) 450-1106 SIC 8211
CONSEIL SCOLAIRE VIAMONDE p 540
1226 Lockhart Rd, BURLINGTON, ON, L7S 1H1
(905) 637-3852 SIC 8211
CONSEIL SCOLAIRE VIAMONDE p 613
105 High St, HAMILTON, ON, L8T 3Z4
(905) 318-3816 SIC 8211
CONSEIL SCOLAIRE VIAMONDE p 613
See CONSEIL SCOLAIRE VIAMONDE
CONSEIL SCOLAIRE VIAMONDE p 652
1260 Dundas St, LONDON, ON, N5W 5P2
(519) 659-8174 SIC 8299
CONSEIL SCOLAIRE VIAMONDE p 653
920 Huron St, LONDON, ON, N5Y 4K4
(519) 673-4552 SIC 8211
CONSEIL SCOLAIRE VIAMONDE p 661
40 Hunt Club Dr, LONDON, ON, N6H 3Y3
(519) 471-5677 SIC 8211
CONSEIL SCOLAIRE VIAMONDE p 769
1257 Sedgewick Cres, OAKVILLE, ON, L6L 1X5
(905) 465-0512 SIC 8211
CONSEIL SCOLAIRE VIAMONDE p 773
60 Century Dr, ORANGEVILLE, ON, L9W 3K4
(519) 940-5145 SIC 8211
CONSEIL SCOLAIRE VIAMONDE p 806
22 John St, PENETANGUISHENE, ON, L9M 1N8
(705) 549-3202 SIC 8211
CONSEIL SCOLAIRE VIAMONDE p 824
13200 Yonge St, RICHMOND HILL, ON, L4E 2T2
(905) 773-7616 SIC 8211
CONSEIL SCOLAIRE VIAMONDE p 853
35 Prince Charles Dr, ST CATHARINES, ON, L2N 3Y8
(905) 937-4608 SIC 8211
CONSEIL SCOLAIRE VIAMONDE p 894
80 Queensdale Ave, TORONTO, ON, M4J 1Y3
(416) 465-5757 SIC 8211
CONSEIL SCOLAIRE VIAMONDE p 904
14 Pembroke St, TORONTO, ON, M5A 2N7
(416) 393-1360 SIC 8211
CONSEIL SCOLAIRE VIAMONDE p 906
See CONSEIL SCOLAIRE VIAMONDE
CONSEIL SCOLAIRE VIAMONDE p 906
100 Carlton St, TORONTO, ON, M5B 1M3
(416) 393-0175 SIC 8211
CONSEIL SCOLAIRE VIAMONDE p 936
65 Grace St, TORONTO, ON, M6J 2S4
(416) 397-2097 SIC 8211
CONSEIL SCOLAIRE VIAMONDE p 942
50 Celestine Dr, TORONTO, ON, M9R 3N3
(416) 397-2075 SIC 8211
CONSEIL SCOLAIRE VIAMONDE p 950
158 Bridgeport Rd E, WATERLOO, ON, N2J 2K4
(519) 746-7224 SIC 8211
CONSEIL SCOLAIRE VIAMONDE p 955
101 Afton Ave, WELLAND, ON, L3B 1W1
(905) 732-3113 SIC 8211
CONSEIL SCOLAIRE VIAMONDE p 966
1799 Ottawa St, WINDSOR, ON, N8Y 1R4
(519) 259-4860 SIC 8211
CONSEILLERS EN GESTION ET INFORMATIQUE CGI INC p 43
444 7 Ave Sw Suite 200, CALGARY, AB, T2P 0X8
(403) 218-8300 SIC 7371
CONSEILLERS EN GESTION ET INFORMATIQUE CGI INC p 79
10303 Jasper Ave Nw Suite 800, EDMONTON, AB, T5J 3N6
(780) 409-2200 SIC 7379
CONSEILLERS EN GESTION ET INFORMATIQUE CGI INC p 189
4601 Canada Way Suite 201, BURNABY, BC, V5G 4X7
(604) 420-0108 SIC 7379
CONSEILLERS EN GESTION ET INFORMATIQUE CGI INC p 401
30 Knowledge Park Dr Suite 300, FREDERICTON, NB, E3C 2R2
(506) 458-5020 SIC 7371
CONSEILLERS EN GESTION ET INFORMATIQUE CGI INC p 457
1809 Barrington St, HALIFAX, NS, B3J 3K8
(902) 423-2862 SIC 7379
CONSEILLERS EN GESTION ET INFORMATIQUE CGI INC p 594
1410 Blair Pl, GLOUCESTER, ON, K1J 9B9
(613) 740-5900 SIC 7379
CONSEILLERS EN GESTION ET INFORMATIQUE CGI INC p 906
250 Yonge St Suite 2000, TORONTO, ON, M5B 2L7
(416) 363-7827 SIC 8741
CONSEILLERS EN GESTION ET INFORMATIQUE CGI INC p 1014
930 Rue Jacques-Cartier E 3rd Floor, CHICOUTIMI, QC, G7H 7K9
(418) 696-6789 SIC 7379
CONSEILLERS EN GESTION ET INFORMATIQUE CGI INC p 1095
9555 Av Christophe-Colomb, Montreal, QC, H2M 2E3
(514) 374-7777 SIC 4899
CONSEILLERS EN GESTION ET INFORMATIQUE CGI INC p 1149
410 Boul Charest E Bureau 700, Quebec, QC, G1K 8G3
(418) 623-0101 SIC 7379
CONSEILS DE PLACEMENTS PRIVES GESTION DE PATRIMOINE TD p 1114
See TD WATERHOUSE CANADA INC
CONSERVATION DE LA NATURE p 1099
See NATURE CONSERVANCY OF CANADA, THE
CONSERVATOIRE DE MUSIQUE DE QUEBEC p 1157
See GOUVERNEMENT DE LA PROVINCE DE QUEBEC
CONSOLIDATED DRILLING AND BLASTING INC p 870
2502 Elm St, SUDBURY, ON, P3E 4R6
(705) 682-9900 SIC 1629
CONSOLIDATED FASTFRATE INC p 17
11440 54 St Se, CALGARY, AB, T2C 4Y6
(403) 264-1687 SIC 4731
CONSOLIDATED FASTFRATE INC p 79
7725 101 St, EDMONTON, AB, T5J 2M1
(780) 439-0061 SIC 4731
CONSOLIDATED FASTFRATE INC p 372
477 Keewatin St, WINNIPEG, MB, R2X 2S1
(204) 633-8730 SIC 4731
CONSOLIDATED FASTFRATE INC p 1057
4415 Rue Fairway, LACHINE, QC, H8T 1B5
(514) 639-7747 SIC 4731
CONSOLIDATED GYPSUM SUPPLY LTD p 57
4140 120 Ave Se, CALGARY, AB, T2Z 4H4
(403) 243-2633 SIC 5039
CONSOLIDATED INDUSTRIAL PRODUCTS INC p 870
2502 Elm St, SUDBURY, ON, P3E 4R6
(705) 682-3387 SIC 5085
CONSOLIDATED REAL ESTATE SERVICES INC p 51
602 12 Ave Sw Unit 500, CALGARY, AB, T2R 1J3
SIC 6531
CONSOLIDATED RESTAURANTS LIMITED p 447
620 Portland St, DARTMOUTH, NS, B2W 2M3
SIC 5812
CONSORT SCHOOL p 70
See PRAIRIE LAND REGIONAL DIVISION 25
CONSORTIUM DESSAU/CEGERTEC p 1173
See STANTEC CONSULTING LTD
CONSORTIUM POMERLEAU VERREAULT ACCIONA p 1131
See VERREAULT INC
CONSTABLE EDWARD FINNEY SCHOOL p 369
See SEVEN OAKS SCHOOL DIVISION
CONSTABLE NEIL BRUCE MIDDLE SCHOOL p 337
See BOARD OF EDUCATION OF SCHOOL DISTRICT NO. 23 (CENTRAL OKANAGAN), THE
CONSTANT AIR-FLO p 1176
See MATERIEL INDUSTRIEL LTEE, LE
CONSTELLATION FINANCING SYSTEMS CORP p 768
690 Dorval Dr Suite 405, OAKVILLE, ON, L6K 3W7
(289) 291-4999 SIC 7371
CONSTRUCTION p 274
See EMIL ANDERSON MAINTENANCE CO. LTD
CONSTRUCTION & EXPERTISE PG INC p 996
500 Rue Robert-Mckenzie, BEAUHARNOIS, QC, J6N 0N9
(450) 429-5000 SIC 8711
CONSTRUCTION B M L, DIV.DE SINTRA p 1068
See SINTRA INC
CONSTRUCTION BERTHIN CLOUTIER 2002 INC p 1190
230 106e Ave (St-Georges-De-Champlain, SAINT-GEORGES, QC, G9T 3J4
(819) 533-3750 SIC 1542
CONSTRUCTION BML p 1175
See SINTRA INC
CONSTRUCTION BROCCOLINI INC p 1048
16766 Rte Trans-Canada Bureau 500, KIRKLAND, QC, H9H 4M7
(514) 737-0076 SIC 1542
CONSTRUCTION CLAUDE CARON & FILS INC p 1190
319 Ch Des Erables, Saint-Gerard-des-Laurentides, QC, G9R 1G9
(819) 539-6902 SIC 1541
CONSTRUCTION CONTINENTAL p 1234
See CONSTRUCTION DJL INC
CONSTRUCTION COUTURE & TANGUAY p 1068
See 9124-4905 QUEBEC INC
CONSTRUCTION DI PAOLO INC p 1124
255 Rue Benjamin-Hudon, Montreal, QC, H4N 1J3
(450) 661-4745 SIC 1522
CONSTRUCTION DJL INC p 1005
2 Ch Des Carrieres, BROMONT, QC, J2L 1S3
(450) 534-2224 SIC 1611
CONSTRUCTION DJL INC p 1010
1463 Ch De Chambly, CARIGNAN, QC, J3L 0J6
(450) 658-7527 SIC 1611
CONSTRUCTION DJL INC p 1037
20 Rue Emile-Bond, GATINEAU, QC, J8Y 3M7
(819) 770-2300 SIC 1611
CONSTRUCTION DJL INC p 1123
6200 Rue Saint-Patrick, Montreal, QC, H4E 1B3
(514) 766-8256 SIC 1611
CONSTRUCTION DJL INC p 1134
136 Boul Perron O, NEW RICHMOND, QC, G0C 2B0
(418) 392-5055 SIC 1611
CONSTRUCTION DJL INC p 1182
580 Rang Des Vingt-Cinq E, SAINT-BRUNO, QC, J3V 0G6
(450) 653-2423 SIC 1422
CONSTRUCTION DJL INC p 1234
3200 Boul Hubert-Biermans, SHAWINIGAN, QC, G9N 0A4
(819) 539-2271 SIC 1611
CONSTRUCTION ET PAVAGE BOISVERT INC p 1185
180 Boul De La Gabelle, SAINT-ETIENNE-DES-GRES, QC, G0X 2P0
(819) 374-7277 SIC 1794
CONSTRUCTION G. BAZINET INC p 1193
6450 Boul Laframboise, SAINT-HYACINTHE, QC, J2R 1B3
(450) 796-5825 SIC 1542
CONSTRUCTION J GRAVEL p 1214
See 9136-6419 QUEBEC INC
CONSTRUCTION J.R. GAUTHIER INC p 1172
216 Ch De L'anse, RIGAUD, QC, J0P 1P0
(514) 866-4788 SIC 7353
CONSTRUCTION JULIEN DALPE INC p 1227
350 Ch Des Pres, Sainte-Marie-Salome,

QC, J0K 2Z0
(450) 754-2059 SIC 1542
CONSTRUCTION KEI p 1207
See SERVICES KAMTECH INC
CONSTRUCTION KIEWIT CIE p 1000
4333 Boul De La Grande-Allee, BOIS-BRIAND, QC, J7H 1M7
(450) 435-5756 SIC 8711
CONSTRUCTION LARIVIERE LTEE p 1040
640 Rue Auguste-Mondoux, GATINEAU, QC, J9J 3K3
(819) 770-2280 SIC 1794
CONSTRUCTION M.B. p 1010
See MACONNERIE PRO-CONSEIL INC
CONSTRUCTION N.R.C. INC p 1205
160 Rue Deslauriers, SAINT-LAURENT, QC, H4N 1V8
(514) 331-7944 SIC 1731
CONSTRUCTION P3L p 1076
See 9137-1666 QUEBEC INC
CONSTRUCTION PAVETON INC. p 1145
2671 Boul Louis-Xiv, QUEBEC, QC, G1C 1C7
(418) 520-7054 SIC 1521
CONSTRUCTION SAVITE INC p 1127
1200 Place Verner, Montreal, QC, H7E 4P2
(450) 661-3977 SIC 1741
CONSTRUCTION ST LEONAR p 1245
1091 Rue Armand-Bombardier, TERREBONNE, QC, J6Y 1S9
(514) 918-1636 SIC 1521
CONSTRUCTION STEEVE GAGNON INC p 1099
6250 Hutchison St Suite 301, Montreal, QC, H2V 4C5
SIC 1542
CONSTRUCTION VP INC p 1187
1450 Rte 117, Saint-Faustin-Lac-Carre, QC, J0T 1J2
(819) 688-3636 SIC 1521
CONSTRUCTIONS BEAUCE-ATLAS INC, LES p 1227
600 1re Av Du Parc-Industriel, SAINTE-MARIE, QC, G6E 1B5
(418) 387-4872 SIC 5051
CONSTRUCTIONS BINET INC, LES p 1181
227 Rte 271, Saint-Benoit-Labre, QC, G0M 1P0
(418) 228-1578 SIC 1542
CONSTRUCTIONS EDGUY INC, LES p 1227
500 1re Av Du Parc-Industriel, SAINTE-MARIE, QC, G6E 1B5
(418) 387-6270 SIC 1794
CONSTRUCTIONS EXCEL S.M. INC, LES p 1227
1083 Boul Vachon N Bureau 300, SAINTE-MARIE, QC, G6E 1M8
(418) 386-1442 SIC 1541
CONSTRUCTIONS HAMEL & VANEAU INC, LES p 1145
325 Rue Fichet, Quebec, QC, G1C 6Y1
(418) 580-9155 SIC 1623
CONSTRUCTIONS L. J. P. INC, LES p 1206
2035 Rue Lucien-Thimens, SAINT-LAURENT, QC, H4R 1K8
SIC 1771
CONSTRUCTIONS LALONDE & CHARETTE LES p 1254
See 3013774 CANADA INC
CONSTRUCTIONS PEPIN ET FORTIN INC, LES p 1253
1925 3e Av, VAL-D'OR, QC, J9P 7B8
(819) 824-6300 SIC 1521
CONSTRUCTIONS PEPIN ET FORTIN INC, LES p 1259
371 Av Pie-X, VICTORIAVILLE, QC, G6R 0L6
(819) 357-9274 SIC 1542
CONSTRUCTIONS QUORUM INC p 1123
5200 Rue Saint-Patrick Bureau 200, Montreal, QC, H4E 4N9
(514) 822-2882 SIC 1522
CONSULTANTS AECOM INC p 1018

1 Place Laval Bureau 200, Cote Saint-Luc, QC, H7N 1A1
(450) 967-1260 SIC 8711
CONSULTANTS AECOM INC p 1037
228 Boul Saint-Joseph Bureau 303, GATINEAU, QC, J8Y 3X4
(819) 777-1630 SIC 8711
CONSULTANTS AECOM INC p 1155
4700 Boul Wilfrid-Hamel, Quebec, QC, G1P 2J9
(418) 871-2452 SIC 8711
CONSULTANTS CANARAIL INC p 1110
1100 Boul Rene-Levesque O etage 10e, Montreal, QC, H3B 4N4
(514) 985-0930 SIC 8711
CONSULTANTS LBCD INC, LES p 1256
1000 Av Saint-Charles Bureau 1008, VAUDREUIL-DORION, QC, J7V 8P5
(450) 455-6119 SIC 8711
CONSULTANTS MESAR INC p 1252
4500 Rue Charles-Malhiot, Trois-Rivieres, QC, G9B 0V4
(819) 537-5771 SIC 8711
CONSUMER CONTACT RESEARCH p 1100
See GREENWICH ASSOCIATES ULC
CONSUMER DIVISION p 147
See RECOCHEM INC.
CONSUMER DIVISION p 256
See RECOCHEM INC.
CONSUMER DIVISION p 682
See RECOCHEM INC.
CONSUMER IMPACT MARKETING LTD p 992
7171 Rue Jean-Talon E Bureau 401, ANJOU, QC, H1M 3N2
SIC 8743
CONSUMER PERCEPTIONS INC p 956
40 Croxall Blvd, WHITBY, ON, L1M 2E4
(905) 655-6874 SIC 7299
CONSUMER PRODUCTS p 559
See DORFIN INC
CONSUMERS' CO-OPERATIVE REFINERIES LIMITED p 1284
650 E 9th Ave N, REGINA, SK, S4P 3A1
(306) 721-5353 SIC 2911
CONTENT MANAGEMENT CORPORATION p 873
50 Minthorn Blvd Suite 800, THORNHILL, ON, L3T 7X8
(905) 889-6555 SIC 7376
CONTINENTAL ALLOYS & SERVICES INC p 17
7520 114 Ave Se, CALGARY, AB, T2C 4T3
(403) 216-5150 SIC 5084
CONTINENTAL BUILDING PRODUCTS CANADA INC p 1010
8802 Boul Industriel, CHAMBLY, QC, J3L 4X3
(450) 447-3206 SIC 1499
CONTINENTAL CARTAGE INC p 1
26215 Township Road 531a Uni 412, ACHESON, AB, T7X 5A4
(780) 452-9414 SIC 4213
CONTINENTAL CASUALTY COMPANY p 922
66 Wellington St W Suite 3700, TORONTO, ON, M5K 1E9
(416) 542-7300 SIC 6331
CONTINENTAL DIV DE p 1234
See CONSTRUCTION DJL INC
CONTINENTAL GOLD INC p 928
155 Wellington St W Suite 2920, TORONTO, ON, M5V 3H1
(416) 583-5610 SIC 1041
CONTINENTAL INN p 89
See WESTVIEW INN LTD
CONTINENTAL MAINTENANCE CORP p 937
1565 Keele St, TORONTO, ON, M6N 3G1
(416) 604-3435 SIC 7349
CONTINENTAL NEWSPAPERS (CANADA) LTD p 252
186 Nanaimo Ave W Suite 101, PENTIC-

TON, BC, V2A 1N4
(250) 493-6737 SIC 2711
CONTINENTAL NEWSPAPERS (CANADA) LTD p 878
75 Cumberland St S, THUNDER BAY, ON, P7B 1A3
(807) 343-6200 SIC 2711
CONTINENTAL SEAFOODS p 473
See CLEARWATER FINE FOODS INCORPORATED
CONTINENTAL TIRE CANADA, INC p 659
1020 Adelaide St S, LONDON, ON, N6E 1R6
(866) 256-3877 SIC 3714
CONTINENTAL TRAVEL BUREAU LTD p 377
222 Osborne St N, WINNIPEG, MB, R3C 1V4
(204) 989-8575 SIC 4724
CONTINU-GRAPH INC p 1205
409 Boul Lebeau, SAINT-LAURENT, QC, H4N 1S2
(514) 331-0741 SIC 2752
CONTINUING & COMMUNITY EDUCATION p 806
See RENFREW COUNTY DISTRICT SCHOOL BOARD
CONTINUING AND DISTANCE EDUCATION p 1303
See UNIVERSITY OF SASKATCHEWAN
CONTINUING AND ALTERNATIVE EDUCATION p 779
See DURHAM CATHOLIC DISTRICT SCHOOL BOARD
CONTINUING EDUCATION, DIVISION OF p 379
See UNIVERSITY OF WINNIPEG, THE
CONTINUING STUDIES p 226
See OKANAGAN COLLEGE
CONTITECH CANADA, INC p 507
45 Raynes Ave, BOWMANVILLE, ON, L1C 1J3
(905) 623-2606 SIC 5085
CONTITECH CANADA, INC p 694
237 Brunel Rd, MISSISSAUGA, ON, L4Z 1X3
(905) 366-2010 SIC 3069
CONTITECH CANADA, INC p 803
3225 3rd Ave E, OWEN SOUND, ON, N4K 5N3
SIC 3714
CONTITECH CANADA, INC p 1179
127 Rang Parent, SAINT-ALPHONSE-DE-GRANBY, QC, J0E 2A0
(450) 375-5050 SIC 3069
CONTRACT EXPRESS LIMITED p 601
34 Mclean Rd, GUELPH, ON, N1H 6H9
(519) 767-2772 SIC 4213
CONTRACT PHARMACEUTICALS LIMITED CANADA p 708
2145 Meadowpine Blvd 1st Fl, MISSISSAUGA, ON, L5N 6R8
(905) 821-7600 SIC 2834
CONTRANS FLATBED GROUP p 702
See CONTRANS FLATBED GROUP GP INC
CONTRANS FLATBED GROUP GP INC p 702
2278 Lakeshore Rd W, MISSISSAUGA, ON, L5J 1K2
(905) 855-3906 SIC 4482
CONTRANS GROUP INC p 681
100 Market Dr, MILTON, ON, L9T 3H5
(905) 693-8088 SIC 4449
CONTRANS GROUP INC p 807
42 Lanark Rd, PERTH, ON, K7H 3K5
(613) 267-2007 SIC 4482
CONTRANS HOLDING II LP p 978
1179 Ridgeway Rd, WOODSTOCK, ON, N4V 1E3
(519) 421-4600 SIC 6712
CONTRLE TECHNIQUE APPLIQUE p 1057
See SERVICES D'ESSAIS INTERTEK AN

LTEE
CONTROL MICROSYSTEMS INC p 623
415 Legget Dr Suite 101, KANATA, ON, K2K 3R1
(613) 591-1943 SIC 3823
CONTROL TECHNOLOGY INC p 6
4305 South St, BLACKFALDS, AB, T0C 0B0
(403) 885-2677 SIC 1389
CONTROLE TOTAL LOGISTIQUE INC p 519
297 Rutherford Rd S, BRAMPTON, ON, L6W 3J8
(905) 595-2364 SIC 4731
CONTROLE TOTAL LOGISTIQUE INC p 1256
200 Av Loyola-Schmidt, VAUDREUIL-DORION, QC, J7V 8P2
(514) 426-8521 SIC 4212
CONTROLES A.C. INC, LES p 1066
2185 5e Rue, Levis, QC, G6W 5M6
(418) 834-2777 SIC 1711
CONTROLES LAURENTIDE LTEE p 1049
18000 Rte Trans-Canada, KIRKLAND, QC, H9J 4A1
(514) 697-9230 SIC 5085
CONTROLES PROVAN ASSOCIES INC, LES p 1209
2315 Rue Halpern, SAINT-LAURENT, QC, H4S 1S3
(514) 376-8000 SIC 5084
CONTROLS & EQUIPMENT LTD p 400
245 Hilton Rd Unit 21, FREDERICTON, NB, E3B 7B5
(506) 457-0707 SIC 7629
CONVALESCENT HOME OF WINNIPEG, THE p 386
276 Hugo St N, WINNIPEG, MB, R3M 2N6
(204) 453-4663 SIC 8051
CONVATEC CANADA LTEE p 1026
1425 Rte Transcanadienne Bureau 250, DORVAL, QC, H9P 2W9
(514) 822-5985 SIC 5047
CONVENT GLEN CATHOLIC SCHOOL p 784
See OTTAWA CATHOLIC DISTRICT SCHOOL BOARD
CONVENT GLEN ELEMENTARY SCHOOL p 784
See OTTAWA-CARLETON DISTRICT SCHOOL BOARD
CONVENTION CENTRE CORPORATION, THE p 377
375 York Ave Suite 243, WINNIPEG, MB, R3C 3J3
(204) 956-1720 SIC 7389
CONVERGINT TECHNOLOGIES LTD p 104
10017 56 Ave Nw, EDMONTON, AB, T6E 5L7
(780) 452-9800 SIC 8748
CONVERGINT TECHNOLOGIES LTD p 287
2677 192 St Unit 101, SURREY, BC, V3Z 3X1
(604) 536-8979 SIC 8711
CONVERTISSEUR DE PAPIERS ARTEAU INC p 1085
11420 Boul Armand-Bombardier, Montreal, QC, H1E 2W9
(514) 494-2222 SIC 2679
CONWAY FREIGHT CANADA p 969
See CON-WAY FREIGHT-CANADA INC
CONXCORP LTD p 718
6350 Netherhart Rd Unit 2, MISSISSAUGA, ON, L5T 1K3
(866) 815-2669 SIC 3648
COOK (CANADA) INC p 863
165 Mostar St, STOUFFVILLE, ON, L4A 0Y2
(905) 640-7110 SIC 5047
COOKE & DENISON LIMITED p 601
242 Speedvale Ave W, GUELPH, ON, N1H 1C4
(519) 824-3710 SIC 3599
COOKIES GRILL p 197
44335 Yale Rd Suite 3a, CHILLIWACK, BC, V2R 4H2

COOKSTOWN AUTO CENTRE LTD p 564
5046 5th, COOKSTOWN, ON, L0L 1L0
(416) 364-0743 SIC 5093
COOKSTOWN CENTRAL PUBLIC SCHOOL
p 564
See SIMCOE COUNTY DISTRICT SCHOOL BOARD, THE
COOKSVILLE CARE CENTRE p 697
See EXTENDICARE INC
COOKSVILLE CREEK PUBLIC SCHOOL p 715
See PEEL DISTRICT SCHOOL BOARD
COOKSVILLE STEEL LIMITED p 638
80 Webster Rd, KITCHENER, ON, N2C 2E6
(519) 893-7646 SIC 3441
COOL p 1180
See ENTREPOTS E.F.C. INC, LES
COOLER SOLUTIONS INC p 936
1179 King St W Suite 101, TORONTO, ON, M6K 3C5
(416) 531-2665 SIC 7336
COOLEY, DEAN GM p 347
See COOLEY, DEAN MOTORS LTD
COOLEY, DEAN MOTORS LTD p 347
1600 Main St S, DAUPHIN, MB, R7N 3B3
(204) 638-4026 SIC 7538
COONEY TRANSPORT LTD p 527
76 Sinclair Blvd, BRANTFORD, ON, N3S 7Y1
(519) 756-5253 SIC 4213
COONEY TRANSPORT LTD p 755
1133 Finch Ave W, NORTH YORK, ON, M3J 2E8
(416) 630-7042 SIC 4213
COOP AGRICOLE LA SEIGNEURIE p 1178
See SOCIETE COOPERATIVE AGRICOLE LA SEIGNEURIE
COOP ALLIANCE, LA p 1185
470 271 Rte S Rr 1, Saint-Ephrem-de-Beauce, QC, G0M 1R0
(418) 484-2890 SIC 2048
COOP CHAMBORD p 1010
See COOPERATIVE D'APPROVISIONNEMENT DE CHAMBORD
COOP COMAX BMR ST-HYACINTHE, LA p 1195
See COMAX, COOPERATIVE AGRICOLE
COOP DE TRAVAIL BRASSERIE ARTISANALE LE TROU DU DIABLE p 1234
412 Willow Ave, SHAWINIGAN, QC, G9N 1X2
(819) 537-9151 SIC 8641
COOP DU CEGEP DE LIMOILOU p 1160
See COOPERATIVE DE L'UNIVERSITE LAVAL
COOP FEDEREE, LA p 1003
1580 Rue Eiffel, BOUCHERVILLE, QC, J4B 5Y1
(450) 449-6344 SIC 5191
COOP FEDEREE, LA p 1007
4050 Boul Matte, BROSSARD, QC, J4Y 2Z2
(450) 444-1211 SIC 5172
COOP FEDEREE, LA p 1045
845 Rue Papineau, JOLIETTE, QC, J6E 2L6
(450) 759-2536 SIC 5191
COOP FEDEREE, LA p 1053
2190 Boul De Comporte, LA MALBAIE, QC, G5A 1N2
(418) 439-3991 SIC 5251
COOP FEDEREE, LA p 1069
2405 Rue De La Province, LONGUEUIL, QC, J4G 1G3
(450) 670-2231 SIC 8699
COOP FEDEREE, LA p 1069
604 Rue Jean-Neveu, LONGUEUIL, QC, J4G 1P1
(450) 674-5271 SIC 8731
COOP FEDEREE, LA p 1184
249 Rue Principale, SAINT-DAMASE, QC, J0H 1J0
(450) 797-2691 SIC 5191
COOP FEDEREE, LA p 1193

3250 Boul Laurier E, SAINT-HYACINTHE, QC, J2R 2B6
(450) 773-6661 SIC 5144
COOP FEDEREE, LA p 1196
3380 Rue Principale Bureau 430, SAINT-JEAN-BAPTISTE, QC, J0L 2B0
(450) 467-2875 SIC 2015
COOP FEDEREE, LA p 1202
235 Rte De Michaudville, SAINT-JUDE, QC, J0H 1P0
(450) 792-2437 SIC 7389
COOP FEDEREE, LA p 1249
4225 Rue Saint-Joseph Bureau 379, Trois-Rivieres, QC, G8Z 4G3
(819) 379-8551 SIC 5072
COOP PURDEL, LA p 1172
2751 132 Rte E, RIMOUSKI, QC, G0L 1B0
(418) 736-4398 SIC 2048
COOP UNIFORCE, LA p 1241
291 Rue Saint-Patrice, SHERRINGTON, QC, J0L 2N0
(450) 454-3986 SIC 5261
COOP VAL-NORD, LA p 1054
357 2e Rue E, LA SARRE, QC, J9Z 2H6
(819) 333-2307 SIC 5251
COOPER EQUIPMENT RENTAL p 718
See COOPER RENTALS CANADA INC/LOCATIONS COOPER CANADA INC
COOPER MARKET LTD p 217
559 Old Hope Princeton Way, HOPE, BC, V0X 1L4
(604) 869-3663 SIC 5411
COOPER MARKET LTD p 218
1800 Tranquille Rd Unit 38, KAMLOOPS, BC, V2B 3L9
(250) 376-5757 SIC 5411
COOPER MARKET LTD p 218
3435 Westsyde Rd Suite 18, KAMLOOPS, BC, V2B 7H1
(250) 579-5414 SIC 5411
COOPER MARKET LTD p 219
2101 Trans Canada Hwy E Unit 9, KAMLOOPS, BC, V2C 4A6
(250) 374-4343 SIC 5411
COOPER MARKET LTD p 223
301 Highway 33 W Unit 10, KELOWNA, BC, V1X 1X8
(250) 765-5690 SIC 5411
COOPER MARKET LTD p 223
3155 Lakeshore Rd Unit 45, KELOWNA, BC, V1W 3S9
(250) 860-0608 SIC 5411
COOPER MARKET LTD p 228
9522 Main St Unit 10, LAKE COUNTRY, BC, V4V 2L9
(250) 766-9009 SIC 5411
COOPER MARKET LTD p 237
1700 Garcia St Unit 1700, MERRITT, BC, V1K 1B8
(250) 378-5564 SIC 5411
COOPER MARKET LTD p 264
555 Victoria St, REVELSTOKE, BC, V0E 2S0
(250) 837-4372 SIC 5411
COOPER MARKET LTD p 325
2707 43 Ave, VERNON, BC, V1T 3L2
SIC 5411
COOPER MARKET LTD p 337
2484 Main St Unit 32, WEST KELOWNA, BC, V4T 2G2
(250) 768-2272 SIC 5411
COOPER PLACE p 301
See CITY CENTRE CARE SOCIETY
COOPER RENTALS CANADA INC/LOCATIONS COOPER CANADA INC p 718
6335 Edwards Blvd, MISSISSAUGA, ON, L5T 2W7
(289) 247-2770 SIC 7353
COOPER'S FOODS p 217
See COOPER MARKET LTD
COOPER'S FOODS p 218
See COOPER MARKET LTD
COOPER'S FOODS p 223

See COOPER MARKET LTD
COOPER'S FOODS p 264
See COOPER MARKET LTD
COOPER'S FOODS p 337
See COOPER MARKET LTD
COOPER-STANDARD AUTOMOTIVE CANADA LIMITED p 591
346 Guelph St, GEORGETOWN, ON, L7G 4B5
(905) 873-6921 SIC 2891
COOPER-STANDARD AUTOMOTIVE CANADA LIMITED p 592
268 Appin Rd Rr 4, GLENCOE, ON, N0L 1M0
(519) 287-2450 SIC 3714
COOPER-STANDARD AUTOMOTIVE CANADA LIMITED p 864
703 Douro St, STRATFORD, ON, N5A 3T1
(519) 271-3360 SIC 2891
COOPER-STANDARD AUTOMOTIVE CANADA LIMITED p 864
341 Erie St, STRATFORD, ON, N5A 2N3
(519) 271-3360 SIC 3069
COOPER-STANDARD AUTOMOTIVE CANADA LIMITED p 1239
3995 Boul Industriel, SHERBROOKE, QC, J1L 2S7
(819) 562-4440 SIC 3465
COOPER-STANDARD AUTOMOTIVE CANADA LIMITED p 1239
4045 Rue Brodeur, SHERBROOKE, QC, J1L 1K4
(819) 562-4440 SIC 3465
COOPER-STANDARD AUTOMOTIVE CANADA LIMITED p 1239
3870 Boul Industriel, SHERBROOKE, QC, J1L 2V1
(819) 562-4440 SIC 3465
COOPER-STANDARD AUTOMOTIVE CANADA LIMITED p 1241
4870 Rue Robert Boyd, SHERBROOKE, QC, J1R 0W8
(819) 347-5593 SIC 3465
COOPERATIVE AGRICOLE D'EMBRUN LIMITED, LA p 573
Gd, EMBRUN, ON, K0A 1W0
(613) 443-2892 SIC 5411
COOPERATIVE AGRICOLE DU PRE-VERT p 993
See COOPERATIVE AGRICOLE DU PRE-VERT
COOPERATIVE AGRICOLE DU PRE-VERT p 993
444 Rue Binette, ASBESTOS, QC, J1T 3Z1
(819) 879-4950 SIC 5251
COOPERATIVE D'APPROVISIONNEMENT DE CHAMBORD p 1010
1945 169 Rte, CHAMBORD, QC, G0W 1G0
(418) 342-6495 SIC 5411
COOPERATIVE DE L'ECOLE DES HAUTES ETUDES COMMERCIALES p 1120
See COOPERATIVE DE L'ECOLE DES HAUTES ETUDES COMMERCIALES
COOPERATIVE DE L'ECOLE DES HAUTES ETUDES COMMERCIALES p 1120
5255 Av Decelles Bureau 2340, Montreal, QC, H3T 2B1
(514) 340-6396 SIC 8249
COOPERATIVE DE L'UNIVERSITE LAVAL p 1160
2305 Rue De L'universite Bureau 1100, Quebec, QC, G1V 0B4
(418) 656-2600 SIC 6712
COOPERATIVE DE SERVICES RIVE-SUD p 1065
37 Rte Du President-Kennedy, Levis, QC, G6V 6C3
(418) 838-4019 SIC 8322
COOPERATIVE DE SOLIDARITE DE SERVICE A DOMICILE BEAUCE-SARTIGA p 1189
2385 Boul Dionne Bureau 200, SAINT-GEORGES, QC, G5Y 3X6
(418) 225-9144 SIC 8059

COOPERATIVE DE SOLIDARITE DEFI-AUTONOMIE D'ANTOINE-LABELLE p 1080
677 Rue De La Madone, MONT-LAURIER, QC, J9L 1T2
(819) 623-6681 SIC 8322
COOPERATIVE DE SOLIDARITE DU MONT LAC-VERT p 1044
173 Ch Du Vallon, Hebertville, QC, G8N 1M5
(418) 344-4000 SIC 7011
COOPERATIVE DE ST LOUIS, LIMITEE, LA p 419
10547 Rue Principale Unite 1, SAINT-LOUIS-DE-KENT, NB, E4X 1E8
(506) 876-2431 SIC 5311
COOPERATIVE DES AMBULANCIERS DE LA MAURICIE p 1250
7325 Boul Jean-Xxiii, Trois-Rivieres, QC, G9A 5C9
(819) 376-1414 SIC 4119
COOPERATIVE DES CONSOMMATEURS DE LORETTEVILLE p 1155
2300 Boul Pere-Lelievre, Quebec, QC, G1P 2X5
(418) 682-4197 SIC 5411
COOPERATIVE DES TECHNICIENS AMBULANCIERS DU QUEBEC METROPOLITAIN p 1166
6000 Rue Des Tournelles, Quebec, QC, G2J 1E4
(418) 624-2766 SIC 4119
COOPERATIVE DES TRAVAILLEURS ET TRAVAILLEUSES PREMIER DEFI LAVAL p 1213
1111 Boul Des Laurentides, SAINT-LAURENT, QC, H7N 5B5
(450) 668-7085 SIC 5812
COOPERATIVE DES TRAVAILLEUSES ET TRAVAILLEURS EN RESTAURATION LA DEMOCRATE p 1089
2901 Rue Sherbrooke E, Montreal, QC, H1W 1B2
SIC 5812
COOPERATIVE FUNERAIRE DE CHICOUTIMI p 1014
520 Boul Du Saguenay E, CHICOUTIMI, QC, G7H 1L2
(418) 543-5200 SIC 7261
COOPERATIVE FUNERAIRE DE L'OUTAOUAIS p 1038
See GOUVERNEMENT DE LA PROVINCE DE QUEBEC
COOPERATIVE TRAVAILLEURS TRAVAILLEUSES CAFE-CAMPUS p 1100
57 Rue Prince-Arthur E, Montreal, QC, H2X 1B4
(514) 844-1010 SIC 5813
COPAP INC p 1141
755 Boul Saint-Jean Bureau 305, POINTE-CLAIRE, QC, H9R 5M9
(514) 693-9150 SIC 5084
COPCAN CONTRACTING LTD p 243
1920 Balsam Rd, NANAIMO, BC, V9X 1T5
(250) 754-7260 SIC 1794
COPE, ROCKY MOUNTAIN HOUSE SOCIETY FOR PERSONS WITH DISABILITIES p 159
4940 50 Ave, ROCKY MOUNTAIN HOUSE, AB, T4T 1N6
(403) 845-4080 SIC 8399
COPELAND PUBLIC SCHOOL p 522
See PEEL DISTRICT SCHOOL BOARD
COPELAND, BILL SPORTS CENTRE p 185
See CITY OF BURNABY
COPIES DE LA CAPITALE INC, LES p 1149
235 Boul Charest E, Quebec, QC, G1K 3G8
(418) 648-1911 SIC 2752
COPP BUILDING MATERIALS LIMITED p 655
45 York St, LONDON, ON, N6A 1A4
(519) 679-9000 SIC 5039
COPP'S BUILDALL p 655
See COPP BUILDING MATERIALS LIM-

COPPARD GLEN PUBLIC SCHOOL — continued
See YORK REGION DISTRICT SCHOOL BOARD

COPPER AND BRASS SALES p 290
See THYSSENKRUPP MATERIALS CA, LTD

COPPER BLUES p 505
156 Jozo Weider Blvd Unit 3, BLUE MOUNTAINS, ON, L9Y 3Z2
(705) 446-2643   SIC 5813

COPPER CLIFF PUBLIC SCHOOL p 564
See RAINBOW DISTRICT SCHOOL BOARD

COPPERFIN CREDIT UNION LIMITED p 627
346 Second St S Suite 2, KENORA, ON, P9N 1G5
(807) 467-4400   SIC 6062

COPPERLINE EXCAVATING LTD p 165
375 Saskatchewan Ave, SPRUCE GROVE, AB, T7X 3A1
(780) 968-3805   SIC 1796

COPPINWOOD GOLF CLUB p 596
See WSC CORPORATION

COPPOLA'S RISTORANTE p 854
203 Carlton St, ST CATHARINES, ON, L2R 1S1
(905) 688-6694   SIC 5812

COPY CENTRE, DIV OF p 917
See CIBC WORLD MARKETS INC

COQ D'ANJOU INC, AU p 992
6531 Av Baldwin, ANJOU, QC, H1K 3C4
(514) 351-7160   SIC 5812

COQ PONT VIAU INC, AU p 1133
30 Rue Du Pont-Viau, Montreal-Ouest, QC, H7N 2X9
(450) 667-9550   SIC 5812

COQ RAPIDE p 1199
See ROTISSERIES R. J. P. INC

COQ ROTI PIZZA DELIGHT p 1013
See 2852-7414 QUEBEC INC

COQUIHALLA / GILLIS HOUSE p 237
3451 Voght St, MERRITT, BC, V1K 1C6
(250) 378-3271   SIC 8322

COQUIHALLA ELEMENTARY SCHOOL p 217
See SCHOOL DISTRICT 78

COQUILLAGE NORDIQUE INC p 1033
10 Rte Maritime, FORESTVILLE, QC, G0T 1E0
SIC 2092

COQUITLAM ALLIANCE CHURCH p 200
See CHRISTIAN AND MISSIONARY ALLIANCE IN CANADA, THE

COQUITLAM CENTRE, THE p 200
See MORGUARD INVESTMENTS LIMITED

COQUITLAM COLLEGE INC p 201
516 Brookmere Ave, COQUITLAM, BC, V3J 1W9
(604) 939-6633   SIC 8221

COQUITLAM CONTINUING EDUCATION p 202
See SCHOOL DISTRICT NO. 43 (COQUITLAM)

COQUITLAM INN AND CONVENTION CENTRE LTD p 202
319 North Rd, COQUITLAM, BC, V3K 3V8
(604) 931-9011   SIC 7011

COQUITLAM PUBLIC LIBRARY p 199
3001 Burlington Dr, COQUITLAM, BC, V3B 6X1
(604) 927-3560   SIC 8231

COQUITLAM PUBLIC LIBRARY p 201
575 Poirier St, COQUITLAM, BC, V3J 6A9
(604) 937-4141   SIC 8231

COQUITLAM, CITY OF p 202
1120 Brunette Ave, COQUITLAM, BC, V3K 1G2
(604) 664-1636   SIC 8299

COR-BON ENTERPRISES LTD p 1276
1707 Main St N, MOOSE JAW, SK, S6J 1L6
(306) 692-9891   SIC 5812

CORADIX TECHNOLOGY CONSULTING LTD p 790
151 Slater St Suite 1010, OTTAWA, ON, K1P 5H3
(613) 234-0800   SIC 7379

CORAM CONSTRUCTION p 102
See 511670 ALBERTA LTD

CORAM CONSTRUCTION p 1286
See 511670 ALBERTA LTD

CORBETT'S SKIS & SNOWBOARDS INC p 768
144 Speers Rd, OAKVILLE, ON, L6K 2E7
(905) 845-1566   SIC 5941

CORBY SPIRIT AND WINE LIMITED p 928
225 King St W Suite 1100, TORONTO, ON, M5V 3M2
(416) 479-2400   SIC 2085

CORCAN CONSTRUCTION p 633
455 Bath Rd, KINGSTON, ON, K7M 7C9
SIC 1541

CORD p 610
See CHINMAYA MISSION (HALTON REGION)

CORDEE PLEIN AIR INC, LA p 1020
2777 Boul Saint-Martin O, Cote Saint-Luc, QC, H7T 2Y7
(514) 524-1326   SIC 5941

CORDELLA JUNIOR SCHOOL p 938
See TORONTO DISTRICT SCHOOL BOARD

CORDOVA BAY ELEMENTARY SCHOOL p 333
See SCHOOL DISTRICT 63 (SAANICH)

CORDOVA BAY GOLF COURSE LTD p 333
5333 Cordova Bay Rd, VICTORIA, BC, V8Y 2L3
(250) 658-4445   SIC 7992

CORDY OILFIELD SERVICES, DIV OF p 131
See MESKEN CONTRACTING LIMITED

CORE GEOLOGY BUILDING p 21
See AGAT LABORATORIES LTD

CORE LABORATORIES CANADA LTD p 23
2810 12 St Ne, CALGARY, AB, T2E 7P7
(403) 250-4000   SIC 8734

CORE LABORATORIES CANADA LTD p 27
125 9 Ave Se Suite 2100, CALGARY, AB, T2G 0P6
(403) 269-2055   SIC 8734

CORE LABORATORIES CANADA LTD p 100
4777 93 Ave Nw, EDMONTON, AB, T6B 2T6
(780) 468-2850   SIC 8731

CORE LABORATORIES CANADA LTD p 100
5708 54 St Nw, EDMONTON, AB, T6B 3G1
(780) 988-5105   SIC 1389

CORE LABORATORIES CANADA LTD p 157
39139 Highway 2a Unit 5409, RED DEER COUNTY, AB, T4S 2B3
(403) 340-1017   SIC 1389

CORE MANUFACTURING INC p 584
275 Carrier Dr, ETOBICOKE, ON, M9W 5Y8
(416) 675-1177   SIC 3519

COREL COMPUTER p 797
See COREL CORPORATION

COREL CORPORATION p 797
1600 Carling Ave Suite 100, OTTAWA, ON, K1Z 8R7
(613) 728-8200   SIC 7371

COREY CRAIG LTD p 396
477 Rue Paul, DIEPPE, NB, E1A 4X5
(506) 862-7637   SIC 5812

COREY CRAIG LTD p 406
10 Plaza Blvd, MONCTON, NB, E1C 0G4
(506) 389-7366   SIC 5812

COREY CRAIG LTD p 406
1166 Mountain Rd, MONCTON, NB, E1C 2T5
(506) 862-7631   SIC 5812

COREY CRAIG LTD p 407
7 St George St, MONCTON, NB, E1C 1S8
(506) 862-7638   SIC 5812

COREY CRAIG LTD p 409
1840 Main St, MONCTON, NB, E1E 4S7
(506) 862-7658   SIC 5812

COREY CRAIG LTD p 409
750 St George Blvd, MONCTON, NB, E1E 2C6
(506) 862-7636   SIC 5812

COREY CRAIG LTD p 410
1810 Mountain Rd, MONCTON, NB, E1G 1A9
(506) 862-7651   SIC 5461

COREY CRAIG LTD p 412
4 Park Dr, RICHIBUCTO, NB, E4W 4G5
(506) 524-9087   SIC 5812

COREY CRAIG LTD p 412
748 Coverdale Rd Suite 2111, RIVERVIEW, NB, E1B 3L2
SIC 5461

COREY CRAIG LTD p 413
217 Main St, SACKVILLE, NB, E4L 4B9
(506) 536-1076   SIC 5461

COREY CRAIG LTD p 419
2980 Fredericton Rd Suite 112, SALISBURY, NB, E4J 2G1
(506) 372-4522   SIC 5812

COREY CRAIG LTD p 420
534 Main St, SHEDIAC, NB, E4P 2H1
(506) 533-3990   SIC 5812

CORIX CONTROL SOLUTIONS LIMITED PARTNERSHIP p 104
8803 58 Ave Nw, EDMONTON, AB, T6E 5X1
(780) 465-2939   SIC 1389

CORIX INFRASTRUCTURE INC p 17
8515 48 St Se Suite 1a, CALGARY, AB, T2C 2P8
(403) 203-4100   SIC 5083

CORIX INFRASTRUCTURE INC p 176
3175 Turner St, ABBOTSFORD, BC, V2S 7T9
(604) 850-0441   SIC 5074

CORIX INFRASTRUCTURE INC p 232
20239 Logan Ave Unit 100, LANGLEY, BC, V3A 4L5
(604) 539-9399   SIC 5085

CORIX INFRASTRUCTURE INC p 265
1128 Burdette St, RICHMOND, BC, V6V 2Z3
(604) 273-4987   SIC 1623

CORIX WATER PRODUCTS p 17
See CORIX INFRASTRUCTURE INC

CORIX WATER PRODUCTS p 176
See CORIX INFRASTRUCTURE INC

CORIX WATER PRODUCTS p 232
See CORIX INFRASTRUCTURE INC

CORIX WATER SYSTEMS INC p 232
20239 Logan Ave Unit 100, LANGLEY, BC, V3A 4L5
(604) 539-9399   SIC 3589

CORMACK TRAIL SCHOOL BOARD p 424
2 Hardy Arterial, CHANNEL-PORT-AUX-BASQUES, NL, A0M 1C0
(709) 695-3186   SIC 8211

CORMACK TRAIL SCHOOL BOARD p 437
76a West St, STEPHENVILLE, NL, A2N 1E4
(709) 643-9525   SIC 8211

CORMACK TRAIL SCHOOL BOARD p 437
Gd Lcd Main, STEPHENVILLE, NL, A2N 2Y6
(709) 643-9525   SIC 8211

CORMAN PARK p 1274
See RANCH EHRLO SOCIETY

CORMODE & DICKSON CONSTRUCTION (1983) LTD p 86
11450 160 St Nw Unit 200, EDMONTON, AB, T5M 3Y7
(780) 701-9300   SIC 1541

CORMORANT LAKE SCHOOL p 347
See FRONTIER SCHOOL DIVISION

CORNEAU & CANTIN CHICOUTIMI INC p 1168
2000 Boul Talbot, Quebec, QC, G2N 0C4
(418) 698-9556   SIC 5411

CORNEAU & CANTIN LTEE p 1047
3650 Rue Du Roi-Georges, Jonquiere, QC, G7X 1V1
(418) 542-9556   SIC 5411

CORNELL HOLDINGS LTD p 329
3020 Blanshard St, VICTORIA, BC, V8T 5C7
(250) 382-4400   SIC 7011

CORNELL VILLAGE PUBLIC SCHOOL p 677
See YORK REGION DISTRICT SCHOOL BOARD

CORNER BROOK INTER-FAITH HOME p 425
See WESTERN REGIONAL INTEGRATED HEALTH AUTHORITY, THE

CORNER BROOK PULP AND PAPER LIMITED p 425
1 Mills Rd, CORNER BROOK, NL, A2H 6B9
(709) 637-3104   SIC 2621

CORNER BROOK PULP AND PAPER LIMITED p 426
2 Trans Canada Hwy, DEER LAKE, NL, A8A 2E4
SIC 4911

CORNER BROOK REGIONAL HIGH SCHOOL p 425
See WESTERN SCHOOL DISTRICT

CORNER BROOK STATION MAIN p 425
See CANADA POST CORPORATION

CORNERSTONE COMMUNITY ASSOCIATION DURHAM INC p 779
133 Simcoe St S, OSHAWA, ON, L1H 4G8
(905) 433-0254   SIC 8059

CORNERSTONE COURIER INC p 639
219 Shoemaker St, KITCHENER, ON, N2E 3B3
(519) 741-0446   SIC 7389

CORNERSTONE INSURANCE BROKERS LTD p 974
8001 Weston Rd Suite 300, WOODBRIDGE, ON, L4L 9C8
(905) 856-1981   SIC 6411

CORNWALL COLLEGIATE & VOCATIONAL SCHOOL p 565
See UPPER CANADA DISTRICT SCHOOL BOARD, THE

CORNWALL COMMUNITY HOSPITAL p 565
132 Second St E Unit 104, CORNWALL, ON, K6H 1Y4
(613) 932-9940   SIC 8093

CORNWALL SAVE EASY p 983
See LOBLAWS SUPERMARKETS LIMITED

CORNWALL SQUARE p 565
See TRIOVEST REALTY ADVISORS INC

CORNWALL TRANSIT p 566
See CORPORATION OF THE CITY OF CORNWALL

CORONA COMPANY p 939
See CORONA JEWELLERY COMPANY LTD

CORONA JEWELLERY COMPANY LTD p 939
16 Ripley Ave, TORONTO, ON, M6S 3P1
(416) 762-2222   SIC 3911

CORONACH HEALTH CENTRE p 1266
See SUN COUNTRY REGIONAL HEALTH AUTHORITY

CORONATION DENTAL SPECIALTY GROUP p 543
350 Conestoga Blvd Unit B17, CAMBRIDGE, ON, N1R 7L7
(519) 623-3810   SIC 8021

CORONATION ELEMENTARY SCHOOL p 962
See GREATER ESSEX COUNTY DISTRICT SCHOOL BOARD

CORONATION OUTREACH SCHOOL p 70
See CLEARVIEW SCHOOL DIVISION #71

CORONATION PARK COMMUNITY SCHOOL p 1286
See BOARD OF EDUCATION REGINA SCHOOL DIVISION NO. 4 OF SASKATCHEWAN

CORONATION PUBLIC SCHOOL p 548
See WATERLOO REGION DISTRICT

SCHOOL BOARD
CORONATION PUBLIC SCHOOL p 778
See DURHAM DISTRICT SCHOOL BOARD
CORONATION SCHOOL p 1121
See COMMISSION SCOLAIRE ENGLISH-MONTREAL
COROPLAST DIV p 1042
See GREAT PACIFIC ENTERPRISES INC
CORPORATE CLASSICS CATERERS p 249
See TEJAZZ MANAGEMENT SERVICES INC
CORPORATE CLEANING SERVICES LTD p 236
20285 Stewart Cres Suite 402, MAPLE RIDGE, BC, V2X 8G1
(604) 465-4699 SIC 7217
CORPORATE LENDING GROUP p 914
See GENERAL ELECTRIC CAPITAL EQUIPMENT FINANCE INC
CORPORATE MANAGEMENT p 134
See GOVERNMENT OF THE PROVINCE OF ALBERTA
CORPORATE RESOURCES DEPARTMENT p 641
See REGIONAL MUNICIPALITY OF WATERLOO, THE
CORPORATE TRAVEL MANAGEMENT SOLUTIONS p 754
See PAYLESS TRAVEL INC
CORPORATE VENTURES INC p 119
10131 Franklin Ave, FORT MCMURRAY, AB, T9H 2K8
(780) 762-0227 SIC 7011
CORPORATIF RENAUD INC p 1193
3475 Boul Taschereau, SAINT-HUBERT, QC, J4T 2G1
(450) 462-9991 SIC 5521
CORPORATION ABBVIE p 1209
8401 Rte Transcanadienne, SAINT-LAURENT, QC, H4S 1Z1
(514) 906-9700 SIC 2834
CORPORATION ADFAST p 1209
2670 Rue Paulus, SAINT-LAURENT, QC, H4S 1G1
(514) 337-7307 SIC 6712
CORPORATION ALLFLEX INC p 1194
4135 Av Berard, SAINT-HYACINTHE, QC, J2S 8Z8
(450) 261-8008 SIC 3523
CORPORATION AMBULANCIERE DE BEAUCE INC p 996
485 Boul Renault, BEAUCEVILLE, QC, G5X 3P5
(418) 774-5199 SIC 4119
CORPORATION AMERICAINE DE VENTRE DE LEVURE, LA p 1089
See AMERICAN YEAST SALES CORPORATION
CORPORATION ARCHIEPISCOPALE CATHOLIQUE ROMAINE DE MONTREAL p 1127
750 Boul Saint-Sylvain, Montreal, QC, H7E 2X3
(450) 661-1532 SIC 8661
CORPORATION ASICS CANADA p 1237
101 Rue Des Abenaquis Bureau 201, SHERBROOKE, QC, J1H 1H1
(819) 566-8866 SIC 5139
CORPORATION CTL p 764
See CTL CORP
CORPORATION D'ETIQUETTE MULTI-COLOR CANADA p 1057
1925 32e Av, LACHINE, QC, H8T 3J1
(514) 341-4850 SIC 2752
CORPORATION D'EXPLOITATION CANDEREL LTEE p 1105
2000 Rue Peel Bureau 900, Montreal, QC, H3A 2W5
(514) 842-8636 SIC 6531
CORPORATION DE CEGEP ANDRE-LAURENDEAU p 1059
1111 Rue Lapierre Bureau 300, LASALLE, QC, H8N 2J4
(514) 364-3320 SIC 8221
CORPORATION DE L' EXTERNAT ST-JEAN-BERCHMANS p 1159
2303 Ch Saint-Louis, Quebec, QC, G1T 1R5
(418) 687-5871 SIC 8211
CORPORATION DE L'ECOLE DES HAUTES ETUDES COMMERCIALES DE MONTREAL, LA p 1120
3000 Ch De La Cote-Sainte-Catherine, Montreal, QC, H3T 2A7
(514) 340-6000 SIC 8221
CORPORATION DE SOINS DE LA SANTE HOSPIRA p 1204
1111 Boul Dr.-Frederik-Philips Bureau 600, SAINT-LAURENT, QC, H4M 2X6
(514) 905-2600 SIC 5047
CORPORATION DE VALVES TRUELINE, LA p 1224
20675 Boul Industriel, SAINTE-ANNE-DE-BELLEVUE, QC, H9X 4B2
(514) 457-5777 SIC 5085
CORPORATION DES HOTELS INTER-CONTINENTAL (MONTREAL), LA p 1102
360 Rue Saint-Antoine O, Montreal, QC, H2Y 3X4
(514) 987-9900 SIC 7011
CORPORATION DES PILOTES DU BAS SAINT-LAURENT INC p 1149
240 Rue Dalhousie, Quebec, QC, G1K 8M8
(418) 692-0444 SIC 4499
CORPORATION DU CENTRE DE READAPTATION LUCIE-BRUNEAU, LA p 1093
2222 Av Laurier E, Montreal, QC, H2H 1C4
(514) 527-4527 SIC 8361
CORPORATION DU CENTRE DU SABLON INC p 1131
755 Ch Du Sablon, Montreal, QC, H7W 4H5
(450) 688-8961 SIC 8322
CORPORATION DU COLLEGE JEAN-DE-BREBEUF, LA p 1120
3200 Ch De La Cote-Sainte-Catherine, Montreal, QC, H3T 1C1
(514) 342-9342 SIC 8222
CORPORATION DU COLLEGE MATHIEU, LA p 1269
308 1st Ave E, GRAVELBOURG, SK, S0H 1X0
(306) 648-3491 SIC 8211
CORPORATION DU THEATRE L'ETOILE p 1007
6000 Boul De Rome Bureau 240, BROSSARD, QC, J4Y 0B6
(450) 676-1030 SIC 6512
CORPORATION FERROVIAIRE PROGRESS CANADA p 1056
125h Boul Saint-Joseph, LACHINE, QC, H8S 2K9
(514) 639-1785 SIC 4111
CORPORATION GATX RAIL CANADA p 155
See GATX RAIL CANADA CORPORATION
CORPORATION GATX RAIL CANADA p 567
See GATX RAIL CANADA CORPORATION
CORPORATION GATX RAIL CANADA 1085
See GATX RAIL CANADA CORPORATION
CORPORATION GATX RAIL CANADA 1275
See GATX RAIL CANADA CORPORATION
CORPORATION IMAGE ENTERTAINMENT INC p 1102
417 Saint-Pierre St Suite 600, Montreal, QC, H2Y 2M4
(514) 844-1244 SIC 7812
CORPORATION KATIMAVIK-OPCAN p 407
35 Highfield St, MONCTON, NB, E1C 5N1
SIC 8399
CORPORATION L'ESPOIR DU DEFICIENT p 1061
55 Av Dupras Bureau 511, LASALLE, QC, H8R 4A8
(514) 367-3757 SIC 8322
CORPORATION LEEDS GRENVILLE & LANARK DISTRICT HEALTH UNIT, THE p 850
52 Abbott St N Suite 2, SMITHS FALLS, ON, K7A 1W3
(613) 283-2740 SIC 8621
CORPORATION OF DELTA, THE p 209
11415 84 Ave, DELTA, BC, V4C 2L9
(604) 595-8400 SIC 7999
CORPORATION OF DELTA, THE p 209
7815 112 St, DELTA, BC, V4C 4V9
(604) 952-3075 SIC 7999
CORPORATION OF DELTA, THE p 211
5575 9 Ave, DELTA, BC, V4M 1W1
(604) 952-3005 SIC 7999
CORPORATION OF HALDIMAND COUNTY, THE p 571
657 Lock St W Suite A, DUNNVILLE, ON, N1A 1V9
(905) 774-7547 SIC 8361
CORPORATION OF LOYALIST TOWNSHIP, THE p 772
263 Main St, ODESSA, ON, K0H 2H0
(613) 386-7351 SIC 4941
CORPORATION OF LOYALIST TOWNSHIP, THE p 859
955 Stella 40 Foot Rd, STELLA, ON, K0H 2S0
(613) 389-3393 SIC 4482
CORPORATION OF NORFOLK COUNTY p 848
182 South Dr, SIMCOE, ON, N3Y 1G5
(519) 426-8866 SIC 7999
CORPORATION OF NORFOLK COUNTY p 848
44 Rob Blake Way, SIMCOE, ON, N3Y 0E3
(519) 426-0902 SIC 8051
CORPORATION OF NORFOLK COUNTY p 848
8 Schellburg Ave, SIMCOE, ON, N3Y 2J4
(519) 426-4377 SIC 7389
CORPORATION OF NORFOLK COUNTY p 949
1180 3rd Concession Rd, WALSINGHAM, ON, N0E 1X0
(519) 586-7011 SIC 4953
CORPORATION OF QUEENSWAY CATHEDRAL p 577
1536 The Queensway, ETOBICOKE, ON, M8Z 1T5
(416) 255-0141 SIC 8661
CORPORATION OF ST. JOHN'S-KILMARNOCK SCHOOL p 529
2201 Shantz Station Rd, BRESLAU, ON, N0B 1M0
(519) 648-2183 SIC 8211
CORPORATION OF THE CITY OF BARRIE, THE p 494
249 Bradford St, BARRIE, ON, L4M 4T5
(705) 739-4221 SIC 8711
CORPORATION OF THE CITY OF BARRIE, THE p 497
190 Bayview Dr, BARRIE, ON, L4N 4Y8
(705) 728-5141 SIC 7999
CORPORATION OF THE CITY OF BELLEVILLE, THE p 503
195 College St W, BELLEVILLE, ON, K8P 2H1
(613) 966-3657 SIC 4941
CORPORATION OF THE CITY OF BELLEVILLE, THE p 503
400 Coleman St, BELLEVILLE, ON, K8P 3J4
(613) 967-3200 SIC 4131
CORPORATION OF THE CITY OF BRAMPTON, THE p 511
1100 Central Park Dr, BRAMPTON, ON, L6S 2C9
(905) 791-2240 SIC 8322
CORPORATION OF THE CITY OF BRAMPTON, THE p 511
1295 Williams Pky, BRAMPTON, ON, L6S 3J8
(905) 791-8211 SIC 7999
CORPORATION OF THE CITY OF BRAMPTON, THE p 511
1660 North Park Dr, BRAMPTON, ON, L6S 4B4
(905) 791-7751 SIC 8322
CORPORATION OF THE CITY OF BRAMPTON, THE p 511
150 Howden Blvd, BRAMPTON, ON, L6S 2G1
(905) 793-4645 SIC 8322
CORPORATION OF THE CITY OF BRAMPTON, THE p 513
44 Eastbourne Dr, BRAMPTON, ON, L6T 3M2
(905) 792-2224 SIC 7999
CORPORATION OF THE CITY OF BRAMPTON, THE p 518
340 Vodden St E, BRAMPTON, ON, L6V 2N2
(905) 874-2814 SIC 7999
CORPORATION OF THE CITY OF BRAMPTON, THE p 518
86 Main St N, BRAMPTON, ON, L6V 1N7
(905) 874-2844 SIC 7922
CORPORATION OF THE CITY OF BRAMPTON, THE p 519
29 Hartford Trail Unit A, BRAMPTON, ON, L6W 4K2
(905) 874-2995 SIC 7992
CORPORATION OF THE CITY OF BRAMPTON, THE p 519
8 Rutherford Rd S, BRAMPTON, ON, L6W 3J1
(905) 874-2700 SIC 7389
CORPORATION OF THE CITY OF BRAMPTON, THE p 521
125 Mclaughlin Rd N, BRAMPTON, ON, L6X 1Y9
(905) 874-2820 SIC 8322
CORPORATION OF THE CITY OF BRAMPTON, THE p 522
69 Elliott St, BRAMPTON, ON, L6Y 1W2
(905) 874-2874 SIC 7941
CORPORATION OF THE CITY OF BRAMPTON, THE p 523
292 Conestoga Dr, BRAMPTON, ON, L6Z 3M1
(905) 840-1023 SIC 8211
CORPORATION OF THE CITY OF BRAMPTON, THE p 523
30 Loafer's Lake Lane, BRAMPTON, ON, L6Z 1X9
(905) 846-2370 SIC 7999
CORPORATION OF THE CITY OF BRANTFORD, THE p 525
320 Balmoral Dr, BRANTFORD, ON, N3R 7S2
(519) 756-6345 SIC 7992
CORPORATION OF THE CITY OF BRANTFORD, THE p 527
491 Grey St, BRANTFORD, ON, N3S 7L7
(519) 752-0890 SIC 8322
CORPORATION OF THE CITY OF BRANT-

FORD, THE p
528
110 Aviation Ave, BRANTFORD, ON, N3T 5L7
(519) 753-2521   SIC 4581

CORPORATION OF THE CITY OF BRANTFORD, THE p
528
88 Dalhousie St, BRANTFORD, ON, N3T 2J2
(519) 752-9910   SIC 7922

CORPORATION OF THE CITY OF BROCKVILLE p 530
61 Perth St, BROCKVILLE, ON, K6V 5C6
(613) 498-1363   SIC 7389

CORPORATION OF THE CITY OF BURLINGTON p 533
4235 New St, BURLINGTON, ON, L7L 1T3
(905) 637-0632   SIC 7999

CORPORATION OF THE CITY OF BURLINGTON p 537
3330 Harvester Rd, BURLINGTON, ON, L7N 3M8
(905) 333-6166   SIC 7349

CORPORATION OF THE CITY OF BURLINGTON p 537
3332 Harvester Rd, BURLINGTON, ON, L7N 3M8
(905) 335-7600   SIC 4131

CORPORATION OF THE CITY OF BURLINGTON p 538
2425 Upper Middle Rd, BURLINGTON, ON, L7P 3N9
(905) 335-7000   SIC 7999

CORPORATION OF THE CITY OF CAMBRIDGE, THE p
543
1625 Bishop St N, CAMBRIDGE, ON, N1R 7J4
(519) 621-6001   SIC 7389

CORPORATION OF THE CITY OF CAMBRIDGE, THE p
543
212 South St, CAMBRIDGE, ON, N1R 2P4
(519) 623-0270   SIC 7999

CORPORATION OF THE CITY OF CORNWALL p
565
100 Water St E, CORNWALL, ON, K6H 6G4
(613) 933-3586   SIC 7999

CORPORATION OF THE CITY OF CORNWALL p
565
1225 Ontario St, CORNWALL, ON, K6H 4E1
(613) 930-2787   SIC 7699

CORPORATION OF THE CITY OF CORNWALL p
566
863 Second St W, CORNWALL, ON, K6J 1H5
(613) 930-2636   SIC 4141

CORPORATION OF THE CITY OF COURTENAY, THE p
204
489 Old Island Hwy, COURTENAY, BC, V9N 3P5
(250) 338-5371   SIC 7999

CORPORATION OF THE CITY OF DAWSON CREEK p 206
1310 106 Ave, DAWSON CREEK, BC, V1G 2P1
(250) 782-2229   SIC 7999

CORPORATION OF THE CITY OF DRYDEN, THE p 569
65 Princess St, DRYDEN, ON, P8N 1C8
(807) 223-1100   SIC 4813

CORPORATION OF THE CITY OF ELLIOT LAKE, THE p 572
303 Mississauga Ave, ELLIOT LAKE, ON, P5A 1E8
SIC 7999

CORPORATION OF THE CITY OF FERNIE p
213
692 3rd Ave, FERNIE, BC, V0B 1M0

(250) 423-4226   SIC 7389

CORPORATION OF THE CITY OF FREDERICTON p
398
470 Saint Marys St, FREDERICTON, NB, E3A 8H5
(506) 460-2210   SIC 4111

CORPORATION OF THE CITY OF FREDERICTON p
400
520 York St, FREDERICTON, NB, E3B 3R2
(506) 460-2510   SIC 1389

CORPORATION OF THE CITY OF KAWARTHA LAKES, THE p 647
180 Kent St W, LINDSAY, ON, K9V 2Y6
(705) 324-9411   SIC 7389

CORPORATION OF THE CITY OF KAWARTHA LAKES, THE p 647
220 Angeline St S, LINDSAY, ON, K9V 0J8
(705) 324-3558   SIC 8361

CORPORATION OF THE CITY OF KAWARTHA LAKES, THE p 647
322 Kent St W Suite 202, LINDSAY, ON, K9V 4T7
(705) 324-9870   SIC 8399

CORPORATION OF THE CITY OF KAWARTHA LAKES, THE p 647
34 Cambridge St S, LINDSAY, ON, K9V 3B8
(705) 324-7323   SIC 8322

CORPORATION OF THE CITY OF KAWARTHA LAKES, THE p 647
9 Cambridge St N, LINDSAY, ON, K9V 4C4
(705) 324-5731   SIC 7389

CORPORATION OF THE CITY OF KINGSTON, THE p 630
175 Rideau St Suite 416, KINGSTON, ON, K7K 3H6
(613) 530-2818   SIC 8361

CORPORATION OF THE CITY OF KINGSTON, THE p 631
302 King St W, KINGSTON, ON, K7L 2X1
(613) 542-1763   SIC 4941

CORPORATION OF THE CITY OF KINGSTON, THE p 633
1114 Len Birchall Way, KINGSTON, ON, K7M 9A1
(613) 389-6404   SIC 4581

CORPORATION OF THE CITY OF KINGSTON, THE p 633
53 Yonge St Suite 14, KINGSTON, ON, K7M 6G4
SIC 4493

CORPORATION OF THE CITY OF KINGSTON, THE p 633
751 Dalton Ave, KINGSTON, ON, K7M 8N6
(613) 542-2512   SIC 4111

CORPORATION OF THE CITY OF KITCHENER p
637
600 Heritage Dr, KITCHENER, ON, N2B 3T9
(519) 741-2670   SIC 7999

CORPORATION OF THE CITY OF KITCHENER p
640
200 King St W, KITCHENER, ON, N2G 4V6
(519) 741-2345   SIC 1611

CORPORATION OF THE CITY OF KITCHENER p
641
243 Weber St E, KITCHENER, ON, N2H 1E9
(519) 741-2880   SIC 6531

CORPORATION OF THE CITY OF KITCHENER p
641
350 Margaret Ave, KITCHENER, ON, N2H 4J8
(519) 741-2502   SIC 8322

CORPORATION OF THE CITY OF LONDON p
652
2115 River Rd, LONDON, ON, N5W 6C4
(519) 661-1951   SIC 7992

CORPORATION OF THE CITY OF LONDON p
653
656 Elizabeth St, LONDON, ON, N5Y 6L3
(519) 661-2523   SIC 8322

CORPORATION OF THE CITY OF LONDON p
659
585 Bradley Ave, LONDON, ON, N6E 3Z8
SIC 7999

CORPORATION OF THE CITY OF LONDON p
659
710 Southdale Rd E, LONDON, ON, N6E 1R8
(519) 661-0400   SIC 8361

CORPORATION OF THE CITY OF LONDON p
661
1045 Wonderland Rd N, LONDON, ON, N6G 2Y9
(519) 661-4455   SIC 7999

CORPORATION OF THE CITY OF LONDON p
661
850 Sunninghill Ave, LONDON, ON, N6H 3L9
(519) 661-4440   SIC 7997

CORPORATION OF THE CITY OF LONDON p
663
1958 Storybook Lane, LONDON, ON, N6K 4Y6
(519) 661-5770   SIC 7996

CORPORATION OF THE CITY OF MARKHAM, THE p 668
9350 Markham Rd, MARKHAM, ON, L3P 3J3
(905) 294-4576   SIC 8412

CORPORATION OF THE CITY OF MARKHAM, THE p 668
6031 Highway 7 E, MARKHAM, ON, L3P 3A7
(905) 513-7977   SIC 8231

CORPORATION OF THE CITY OF MARKHAM, THE p 676
2401 Denison St, MARKHAM, ON, L3S 1G3
(905) 474-1007   SIC 8322

CORPORATION OF THE CITY OF NEW WESTMINSTER p 244
1 Sixth Ave E, NEW WESTMINSTER, BC, V3L 4G6
(604) 519-1000   SIC 7389

CORPORATION OF THE CITY OF NEW WESTMINSTER p 244
65 Sixth Ave E, NEW WESTMINSTER, BC, V3L 4G6
(604) 526-4281   SIC 7999

CORPORATION OF THE CITY OF NEW WESTMINSTER p 244
905 First St, NEW WESTMINSTER, BC, V3L 2J1
(604) 527-4528   SIC 4931

CORPORATION OF THE CITY OF NEW WESTMINSTER p 245
600 Eighth St, NEW WESTMINSTER, BC, V3M 3S2
(604) 777-5111   SIC 7999

CORPORATION OF THE CITY OF NORTH BAY, THE p 741
100 Chippewa St W, NORTH BAY, ON, P1B 6G2
(705) 474-3770   SIC 7941

CORPORATION OF THE CITY OF NORTH BAY, THE p 741
119 Princess St W, NORTH BAY, ON, P1B 6C2
(705) 474-5662   SIC 7389

CORPORATION OF THE CITY OF OSHAWA p 778
150 Beatrice St E, OSHAWA, ON, L1G 7T6
(905) 432-1984   SIC 8322

CORPORATION OF THE CITY OF OSHAWA p 780
199 Adelaide Ave W, OSHAWA, ON, L1J 7B1
(905) 433-1239   SIC 7389

CORPORATION OF THE CITY OF PETERBOROUGH, THE p
808
190 Simcoe St, PETERBOROUGH, ON,

K9H 2H7
(705) 745-0525   SIC 4111

CORPORATION OF THE CITY OF PETERBOROUGH, THE p
808
470 Water St, PETERBOROUGH, ON, K9H 3M3
(705) 295-6694   SIC 8412

CORPORATION OF THE CITY OF PETERBOROUGH, THE p
809
151 Lansdowne St W, PETERBOROUGH, ON, K9J 1Y4
(705) 743-3561   SIC 8322

CORPORATION OF THE CITY OF PETERBOROUGH, THE p
809
911 Monaghan Rd, PETERBOROUGH, ON, K9J 5K5
(705) 876-8121   SIC 7389

CORPORATION OF THE CITY OF PICKERING, THE p
812
2570 Tillings Rd, PICKERING, ON, L1V 2P8
(905) 683-7575   SIC 8743

CORPORATION OF THE CITY OF PRINCE RUPERT p 263
221 Wantage Rd, PRINCE RUPERT, BC, V8J 4R1
(250) 624-6795   SIC 7549

CORPORATION OF THE CITY OF PRINCE RUPERT p 263
248 3rd Ave W, PRINCE RUPERT, BC, V8J 1L1
(250) 627-0941   SIC 4899

CORPORATION OF THE CITY OF SARNIA p 826
1169 Michener Rd, SARNIA, ON, N7S 4W3
(519) 336-3271   SIC 4111

CORPORATION OF THE CITY OF SAULT STE MARIE, THE p 830
269 Queen St E, SAULT STE. MARIE, ON, P6A 1Y9
(705) 759-5251   SIC 7389

CORPORATION OF THE CITY OF SAULT STE MARIE, THE p 830
50 East St, SAULT STE. MARIE, ON, P6A 3C3
(705) 759-5230   SIC 8231

CORPORATION OF THE CITY OF ST. THOMAS, THE p 858
350 Burwell Rd, ST THOMAS, ON, N5P 0A3
(519) 631-1030   SIC 8051

CORPORATION OF THE CITY OF STRATFORD p
864
103 Bruce St, STRATFORD, ON, N5A 4A2
(519) 273-1803   SIC 8351

CORPORATION OF THE CITY OF STRATFORD p
864
187 Erie St, STRATFORD, ON, N5A 2M6
(519) 271-4700   SIC 4911

CORPORATION OF THE CITY OF THUNDER BAY, THE p
877
523 Algoma St N, THUNDER BAY, ON, P7A 5C2
(807) 684-2926   SIC 8361

CORPORATION OF THE CITY OF THUNDER BAY, THE p
878
1046 Lithium Dr, THUNDER BAY, ON, P7B 6G3
(807) 623-4400   SIC 4899

CORPORATION OF THE CITY OF THUNDER BAY, THE p
880
130 Churchill Dr W, THUNDER BAY, ON, P7C 1V5
(807) 577-2538   SIC 7999

CORPORATION OF THE CITY OF TORONTO p 575
95 Mimico Ave Suite 100b, ETOBICOKE,

ON, M8V 1R4
(416) 394-8711   SIC 7999
CORPORATION OF THE CITY OF TORONTO p 580
400 The West Mall, ETOBICOKE, ON, M9C 5S1
(416) 394-3600   SIC 8059
CORPORATION OF THE CITY OF TORONTO p 744
2975 Don Mills Rd, NORTH YORK, ON, M2J 3B7
(416) 395-7855   SIC 7999
CORPORATION OF THE CITY OF TORONTO p 747
2545 Bayview Ave, NORTH YORK, ON, M2L 1B4
(416) 338-9122   SIC 7389
CORPORATION OF THE CITY OF TORONTO p 747
45 Goulding Ave, NORTH YORK, ON, M2M 1K8
(416) 395-7826   SIC 7999
CORPORATION OF THE CITY OF TORONTO p 748
89 Church Ave, NORTH YORK, ON, M2N 6C9
(416) 395-0262   SIC 7999
CORPORATION OF THE CITY OF TORONTO p 751
225 Duncan Mill Rd Suite 201, NORTH YORK, ON, M3B 3K9
(416) 338-8255   SIC 8351
CORPORATION OF THE CITY OF TORONTO p 753
29 St Dennis Dr, NORTH YORK, ON, M3C 3J3
(416) 395-7974   SIC 7999
CORPORATION OF THE CITY OF TORONTO p 754
4330 Dufferin St Suite 28, NORTH YORK, ON, M3H 5R9
(416) 392-2000   SIC 4119
CORPORATION OF THE CITY OF TORONTO p 755
23 Grandravine Dr, NORTH YORK, ON, M3J 1B3
(416) 395-6171   SIC 8322
CORPORATION OF THE CITY OF TORONTO p 758
188 Bermondsey Rd, NORTH YORK, ON, M4A 1Y1
(416) 392-3131   SIC 4212
CORPORATION OF THE CITY OF TORONTO p 758
1386 Victoria Park Ave, NORTH YORK, ON, M4A 2L8
(416) 395-7957   SIC 8322
CORPORATION OF THE CITY OF TORONTO p 758
4401 Jane St, NORTH YORK, ON, M3N 2K3
(416) 395-7944   SIC 8322
CORPORATION OF THE CITY OF TORONTO p 761
35 Glen Long Ave, NORTH YORK, ON, M6B 2M1
(416) 395-7961   SIC 7999
CORPORATION OF THE CITY OF TORONTO p 761
10 Falstaff Ave, NORTH YORK, ON, M6L 2C7
(416) 392-5688   SIC 8351
CORPORATION OF THE CITY OF TORONTO p 761
50 Falstaff Ave, NORTH YORK, ON, M6L 2C7
(416) 395-7924   SIC 7999
CORPORATION OF THE CITY OF TORONTO p 834
30 Sewells Rd, SCARBOROUGH, ON, M1B 3G5
(416) 396-8969   SIC 7999
CORPORATION OF THE CITY OF TORONTO p 834
1530 Markham Rd, SCARBOROUGH, ON, M1B 3G4
(416) 338-7680   SIC 8322
CORPORATION OF THE CITY OF TORONTO p 835
730 Military Trail, SCARBOROUGH, ON, M1E 4P7
(416) 284-9251   SIC 7997
CORPORATION OF THE CITY OF TORONTO p 835
5450 Lawrence Ave E, SCARBOROUGH, ON, M1C 3B2
(416) 396-4034   SIC 8322
CORPORATION OF THE CITY OF TORONTO p 837
1967 Ellesmere Rd, SCARBOROUGH, ON, M1H 2W5
(416) 396-4057   SIC 8322
CORPORATION OF THE CITY OF TORONTO p 840
2920 Lawrence Ave E, SCARBOROUGH, ON, M1P 2T8
(416) 397-7000   SIC 8361
CORPORATION OF THE CITY OF TORONTO p 845
2000 Mcnicoll Ave, SCARBOROUGH, ON, M1V 5E9
(416) 396-4510   SIC 8322
CORPORATION OF THE CITY OF TORONTO p 886
20 Gordonridge Pl, TORONTO, ON, M1K 4H5
(416) 392-5698   SIC 8351
CORPORATION OF THE CITY OF TORONTO p 886
225 Confederation Dr, TORONTO, ON, M1G 1B2
(416) 396-4026   SIC 8699
CORPORATION OF THE CITY OF TORONTO p 888
3350 Victoria Park Ave, TORONTO, ON, M2H 3K5
(416) 392-3023   SIC 4212
CORPORATION OF THE CITY OF TORONTO p 891
2 Hobson Ave, TORONTO, ON, M4A 1Y2
(416) 392-8940   SIC 2741
CORPORATION OF THE CITY OF TORONTO p 891
2 Hobson Ave, TORONTO, ON, M4A 1Y2
(416) 392-8940   SIC 7336
CORPORATION OF THE CITY OF TORONTO p 892
1313 Woodbine Ave, TORONTO, ON, M4C 4E9
(416) 338-9224   SIC 7389
CORPORATION OF THE CITY OF TORONTO p 894
1081 1/2 Pape Ave, TORONTO, ON, M4K 3W6
(416) 396-2880   SIC 8322
CORPORATION OF THE CITY OF TORONTO p 895
953 Gerrard St E, TORONTO, ON, M4M 1Z4
(416) 392-0750   SIC 7999
CORPORATION OF THE CITY OF TORONTO p 895
9 Leslie St, TORONTO, ON, M4M 3M9
(416) 392-5153   SIC 4953
CORPORATION OF THE CITY OF TORONTO p 895
400 Commissioners St, TORONTO, ON, M4M 3K2
(416) 392-5890   SIC 4953
CORPORATION OF THE CITY OF TORONTO p 895
843 Eastern Ave, TORONTO, ON, M4L 1A2
(416) 392-7791   SIC 7699
CORPORATION OF THE CITY OF TORONTO p 900
235 Cottingham St, TORONTO, ON, M4V 1C7
(416) 397-0187   SIC 4941
CORPORATION OF THE CITY OF TORONTO p 901
789 Yonge St, TORONTO, ON, M4W 2G8
(416) 393-7131   SIC 8231
CORPORATION OF THE CITY OF TORONTO p 903
439 Sherbourne St Suite 301, TORONTO, ON, M4X 1K6
(416) 392-5252   SIC 8059
CORPORATION OF THE CITY OF TORONTO p 903
495 Sherbourne St, TORONTO, ON, M4X 1K7
(416) 392-0227   SIC 7999
CORPORATION OF THE CITY OF TORONTO p 904
291 Sherbourne St, TORONTO, ON, M5A 2R9
(416) 392-5662   SIC 8322
CORPORATION OF THE CITY OF TORONTO p 913
260 Adelaide St W, TORONTO, ON, M5H 1X6
(416) 338-9356   SIC 7389
CORPORATION OF THE CITY OF TORONTO p 924
240 Howland Ave, TORONTO, ON, M5R 3B6
(416) 338-9344   SIC 7389
CORPORATION OF THE CITY OF TORONTO p 927
674 Dundas St W, TORONTO, ON, M5T 1H9
(416) 392-5500   SIC 8322
CORPORATION OF THE CITY OF TORONTO p 928
38 Bathurst St, TORONTO, ON, M5V 3W3
(416) 338-8800   SIC 8361
CORPORATION OF THE CITY OF TORONTO p 928
100 Garrison Rd, TORONTO, ON, M5V 3K9
(416) 392-6907   SIC 7999
CORPORATION OF THE CITY OF TORONTO p 934
422 Gilbert Ave, TORONTO, ON, M6E 4X3
(416) 781-9898   SIC 8322
CORPORATION OF THE CITY OF TORONTO p 934
485 Montrose Ave, TORONTO, ON, M6G 3H2
(416) 392-0745   SIC 8322
CORPORATION OF THE CITY OF TORONTO p 935
1260 Dufferin St, TORONTO, ON, M6H 4C3
(416) 392-0039   SIC 8322
CORPORATION OF THE CITY OF TORONTO p 938
181 Glenlake Ave, TORONTO, ON, M6P 4B6
(416) 392-0695   SIC 8322
CORPORATION OF THE CITY OF TORONTO p 940
90 Thirty First St, TORONTO, ON, M8W 3E9
(416) 394-8707   SIC 7999
CORPORATION OF THE CITY OF TORONTO p 942
10 Rampart Rd, TORONTO, ON, M9V 4L9
(416) 394-8670   SIC 8322
CORPORATION OF THE CITY OF VAUGHAN, THE p 667
10190 Keele St, MAPLE, ON, L6A 1R2
(905) 832-2377   SIC 8322
CORPORATION OF THE CITY OF VAUGHAN, THE p 974
350 Ansley Grove Rd, WOODBRIDGE, ON, L4L 3W4
(905) 832-8620   SIC 8322
CORPORATION OF THE CITY OF VAUGHAN, THE p 974
9201 Islington Ave, WOODBRIDGE, ON, L4L 1A6
(905) 832-8564   SIC 8322
CORPORATION OF THE CITY OF VICTORIA, THE p 329
2275 Quadra St, VICTORIA, BC, V8T 4C4
(250) 361-0732   SIC 7999
CORPORATION OF THE CITY OF VICTORIA, THE p 331
720 Douglas St, VICTORIA, BC, V8W 3M7
(250) 361-1000   SIC 6512
CORPORATION OF THE CITY OF WATERLOO, THE p 644
10 Huron Rd, KITCHENER, ON, N2P 2R7
(519) 748-1914   SIC 8412
CORPORATION OF THE CITY OF WATERLOO, THE p 951
101 Father David Bauer Dr, WATERLOO, ON, N2L 0B4
(519) 886-1177   SIC 7299
CORPORATION OF THE CITY OF WATERLOO, THE p 951
265 Lexington Crt, WATERLOO, ON, N2K 1W9
(519) 886-2310   SIC 7389
CORPORATION OF THE CITY OF WINDSOR p 961
3205 Forest Glade Dr, WINDSOR, ON, N8R 1W7
(519) 735-7121   SIC 7999
CORPORATION OF THE CITY OF WINDSOR p 962
1150 Edward Ave, WINDSOR, ON, N8S 3A1
SIC 8322
CORPORATION OF THE CITY OF WINDSOR p 962
2545 Pillette Rd, WINDSOR, ON, N8T 1P9
SIC 8711
CORPORATION OF THE CITY OF WINDSOR p 963
3540 North Service Rd E, WINDSOR, ON, N8W 5X2
(519) 974-2277   SIC 4959
CORPORATION OF THE CITY OF WINDSOR p 966
1168 Drouillard Rd, WINDSOR, ON, N8Y 2R1
(519) 253-7028   SIC 8322
CORPORATION OF THE CITY OF WINDSOR p 967
2555 Pulford Rd, WINDSOR, ON, N9A 6J3
(519) 966-6040   SIC 7999
CORPORATION OF THE CITY OF WINDSOR p 968
815 Goyeau St, WINDSOR, ON, N9A 1H7
(519) 253-6573   SIC 7389
CORPORATION OF THE CITY OF WINDSOR p 971
1881 Cabana Rd W, WINDSOR, ON, N9G 1C7
(519) 253-6060   SIC 8361
CORPORATION OF THE CITY OF WINDSOR p 971
2520 Cabana Rd W, WINDSOR, ON, N9G 1E5
(519) 966-6065   SIC 8322
CORPORATION OF THE CITY OF WINDSOR p 971
455 Kennedy Dr W, WINDSOR, ON, N9G 1S8
(519) 969-5112   SIC 7997
CORPORATION OF THE CITY OF WINDSOR PUBLIC LIBRARY BOARD, THE p 967
850 Ouellette Ave, WINDSOR, ON, N9A 4M9
(519) 255-6770   SIC 8231

▲ Public Company   ■ Public Company Family Member   **HQ** Headquarters   **BR** Branch   **SL** Single Location

CORPORATION OF THE COUNTY OF BRUCE, THE p 948
30 Park St, WALKERTON, ON, N0G 2V0
(519) 881-0431 SIC 8399

CORPORATION OF THE COUNTY OF BRUCE, THE p 960
671 Frank St, WIARTON, ON, N0H 2T0
(519) 534-1113 SIC 8051

CORPORATION OF THE COUNTY OF DUFFERIN, THE p 773
30 Centre St, ORANGEVILLE, ON, L9W 2X1
(519) 941-6991 SIC 8322

CORPORATION OF THE COUNTY OF DUFFERIN, THE p 773
325 Blind Line, ORANGEVILLE, ON, L9W 5J8
(519) 941-9608 SIC 4119

CORPORATION OF THE COUNTY OF DUFFERIN, THE p 848
151 Centre St, SHELBURNE, ON, L9V 3R7
(519) 925-2140 SIC 8322

CORPORATION OF THE COUNTY OF ELGIN p 492
475 Talbot St E, AYLMER, ON, N5H 3A5
(519) 773-9205 SIC 8361

CORPORATION OF THE COUNTY OF ELGIN p 571
29491 Pioneer Line, DUTTON, ON, N0L 1J0
(519) 762-2417 SIC 8051

CORPORATION OF THE COUNTY OF ELGIN p 858
39232 Fingal Line, ST THOMAS, ON, N5P 3S5
(519) 631-0620 SIC 8361

CORPORATION OF THE COUNTY OF ESSEX, THE p 646
175 Talbot St E, LEAMINGTON, ON, N8H 1L9
(519) 326-5731 SIC 8361

CORPORATION OF THE COUNTY OF GREY p 571
575 Saddler St, DURHAM, ON, N0G 1R0
(519) 369-6035 SIC 8051

CORPORATION OF THE COUNTY OF LAMBTON p 589
39 Morris St, FOREST, ON, N0N 1J0
(519) 786-2151 SIC 8059

CORPORATION OF THE COUNTY OF LAMBTON p 812
3958 Petrolia Line Rr 4, PETROLIA, ON, N0N 1R0
(519) 882-3797 SIC 4119

CORPORATION OF THE COUNTY OF LAMBTON p 828
See CORPORATION OF THE COUNTY OF LAMBTON

CORPORATION OF THE COUNTY OF LAMBTON p 828
150 Christina St N Suite 1b, SARNIA, ON, N7T 8H3
(519) 332-0998 SIC 8399

CORPORATION OF THE COUNTY OF LAMBTON p 828
749 Devine St, SARNIA, ON, N7T 1X3
SIC 8361

CORPORATION OF THE COUNTY OF MIDDLESEX p 866
599 Albert St, STRATHROY, ON, N7G 1X1
(519) 245-2520 SIC 8361

CORPORATION OF THE COUNTY OF NORTHUMBERLAND p 554
983 Burnham St Suite 1321, COBOURG, ON, K9A 5J6
(905) 372-8759 SIC 8361

CORPORATION OF THE COUNTY OF NORTHUMBERLAND p 596
280 Edwardson Rd, GRAFTON, ON, K0K 2G0
(905) 349-3900 SIC 4953

CORPORATION OF THE COUNTY OF PRINCE EDWARD, THE p 815
30 Spencer St, PICTON, ON, K0K 2T0
(613) 476-2337 SIC 4941

CORPORATION OF THE COUNTY OF RENFREW p 819
450 O'brien Rd Suite 105, RENFREW, ON, K7V 3Z2
(613) 432-3679 SIC 6531

CORPORATION OF THE COUNTY OF RENFREW p 819
470 Albert St, RENFREW, ON, K7V 4L5
(613) 432-4873 SIC 8361

CORPORATION OF THE COUNTY OF SIMCOE p 774
12 Grace Ave, ORILLIA, ON, L3V 2K2
(705) 325-1504 SIC 8361

CORPORATION OF THE COUNTY OF SIMCOE p 777
610 Old Barrie Rd, ORO STATION, ON, L0L 2E0
(705) 735-6901 SIC 4953

CORPORATION OF THE COUNTY OF WELLINGTON p 602
Gd Stn Main, GUELPH, ON, N1H 6J5
(519) 821-2090 SIC 1611

CORPORATION OF THE DISTRICT OF INVERMERE, THE p 218
626 4th St, INVERMERE, BC, V0A 1K0
(250) 342-3200 SIC 7389

CORPORATION OF THE DISTRICT OF OAK BAY, THE p 328
1771 Elgin Rd, VICTORIA, BC, V8R 5L7
(250) 598-4501 SIC 7699

CORPORATION OF THE DISTRICT OF SAANICH, THE p 332
780 Vernon Ave, VICTORIA, BC, V8X 2W6
(250) 475-5500 SIC 7389

CORPORATION OF THE DISTRICT OF WEST VANCOUVER, THE p 249
221 Lloyd Ave, NORTH VANCOUVER, BC, V7P 3M2
(604) 985-7777 SIC 4111

CORPORATION OF THE MUNICIPALITY OF CHATHAM-KENT, THE p 552
120 Queen St, CHATHAM, ON, N7M 2G6
(519) 354-2940 SIC 8231

CORPORATION OF THE MUNICIPALITY OF CHATHAM-KENT, THE p 569
1212 North St Rr 5, DRESDEN, ON, N0P 1M0
(519) 683-2572 SIC 7941

CORPORATION OF THE MUNICIPALITY OF CLARINGTON p 507
2440 King St, BOWMANVILLE, ON, L1C 1K5
(905) 623-5728 SIC 7389

CORPORATION OF THE MUNICIPALITY OF LEAMINGTON, THE p 646
90 Robson Rd, LEAMINGTON, ON, N8H 5P3
(519) 326-0834 SIC 4493

CORPORATION OF THE NATION MUNICIPALITY p 857
20 Arena St, ST ISIDORE, ON, K0C 2B0
(613) 524-2522 SIC 7999

CORPORATION OF THE REGIONAL MUNICIPALITY OF DURHAM, THE p 777
3480 Taunton Rd, ORONO, ON, L0B 1M0
(905) 983-5116 SIC 4959

CORPORATION OF THE REGIONAL MUNICIPALITY OF DURHAM, THE p 778
600 Oshawa Blvd N Suite 208, OSHAWA, ON, L1G 5T9
(905) 579-3313 SIC 8741

CORPORATION OF THE REGIONAL MUNICIPALITY OF DURHAM, THE p 780
505 Wentworth St W, OSHAWA, ON, L1J 6G5
(905) 436-6747 SIC 8399

CORPORATION OF THE REGIONAL MUNICIPALITY OF DURHAM, THE p 957
105 Consumers Dr, WHITBY, ON, L1N 6A3
(905) 668-7721 SIC 4941

CORPORATION OF THE REGIONAL MUNICIPALITY OF DURHAM, THE p 957
632 Dundas St W, WHITBY, ON, L1N 5S3
(905) 668-5851 SIC 8361

CORPORATION OF THE REGIONAL MUNICIPALITY OF DURHAM, THE p 959
825 Conlin Rd, WHITBY, ON, L1R 3K3
(905) 655-3344 SIC 1611

CORPORATION OF THE TOWN OF AJAX, THE p 482
435 Monarch Ave, AJAX, ON, L1S 2G7
(905) 683-3050 SIC 7389

CORPORATION OF THE TOWN OF AJAX, THE p 484
95 Magill Dr, AJAX, ON, L1T 4M5
(905) 428-7711 SIC 8322

CORPORATION OF THE TOWN OF AURORA, THE p 490
135 Industrial Pky N, AURORA, ON, L4G 4C4
(905) 841-7529 SIC 7999

CORPORATION OF THE TOWN OF CARLETON PLACE p 549
75 Neelin St, CARLETON PLACE, ON, K7C 2J6
(613) 257-1690 SIC 8322

CORPORATION OF THE TOWN OF COCHRANE p 69
201 5 Ave W, COCHRANE, AB, T4C 1X3
(403) 851-2299 SIC 7999

CORPORATION OF THE TOWN OF ERIN, THE p 574
14 Boland Dr Ss 1 Suite 662, ERIN, ON, N0B 1T0
(519) 833-2114 SIC 8322

CORPORATION OF THE TOWN OF GEORGINA, THE p 628
26557 Civic Center, KESWICK, ON, L4P 3G1
(705) 437-2210 SIC 7999

CORPORATION OF THE TOWN OF GEORGINA, THE p 871
26943 48 Hwy Rr 2, SUTTON WEST, ON, L0E 1R0
(905) 722-8947 SIC 8361

CORPORATION OF THE TOWN OF GRIMSBY p 493
162 Livingston Blvd, BADEN, ON, N3A 4K9
(905) 945-1288 SIC 8322

CORPORATION OF THE TOWN OF HALTON HILLS p 591
221 Guelph St, GEORGETOWN, ON, L7G 4A8
(905) 877-8488 SIC 7999

CORPORATION OF THE TOWN OF HALTON HILLS p 591
9 Church St, GEORGETOWN, ON, L7G 2A3
(905) 873-2681 SIC 8231

CORPORATION OF THE TOWN OF HUNTSVILLE, THE p 620
20 Park Dr, HUNTSVILLE, ON, P1H 1P5
(705) 789-2927 SIC 7999

CORPORATION OF THE TOWN OF INGERSOLL p 621
121 Thames St N, INGERSOLL, ON, N5C 3C9
(519) 485-4386 SIC 8322

CORPORATION OF THE TOWN OF KINGSVILLE p 635
1720 Division Rd N, KINGSVILLE, ON, N9Y 3S2
(519) 733-2314 SIC 7382

CORPORATION OF THE TOWN OF KINGSVILLE p 635
1741 Jasperson Lane, KINGSVILLE, ON, N9Y 3J4
(519) 733-2123 SIC 7999

CORPORATION OF THE TOWN OF LADYSMITH p 228
Gd Stn Main, LADYSMITH, BC, V9G 1B9
(250) 245-6436 SIC 7389

CORPORATION OF THE TOWN OF LINCOLN p 500
5020 Serena Dr, BEAMSVILLE, ON, L0R 1B0
(905) 563-2799 SIC 8322

CORPORATION OF THE TOWN OF LINCOLN p 948
4080 John Charles Blvd, VINELAND, ON, L0R 2C0
(905) 562-5711 SIC 8231

CORPORATION OF THE TOWN OF OAKVILLE, THE p 769
363 Warminster Dr, OAKVILLE, ON, L6L 4N1
(905) 338-4191 SIC 7999

CORPORATION OF THE TOWN OF RENFREW, THE p 819
152 Plaunt St S, RENFREW, ON, K7V 1M8
(613) 432-4962 SIC 7389

CORPORATION OF THE TOWN OF RICHMOND HILL, THE p 822
11099 Bathurst St, RICHMOND HILL, ON, L4C 0N2
(905) 508-7012 SIC 7999

CORPORATION OF THE TOWN OF RICHMOND HILL, THE p 822
5 Hopkins St, RICHMOND HILL, ON, L4C 0C1
(905) 508-9283 SIC 7999

CORPORATION OF THE TOWN OF WHITBY, THE p 957
500 Victoria St W, WHITBY, ON, L1N 9G4
(905) 668-7765 SIC 7999

CORPORATION OF THE TOWN OF WHITCHURCH STOUFFVILLE p 863
30 Burkholder St, STOUFFVILLE, ON, L4A 4K1
(905) 642-7529 SIC 7999

CORPORATION OF THE TOWNSHIP OF KING, THE p 629
1970 King Rd, KING CITY, ON, L7B 1K9
(905) 833-5101 SIC 8231

CORPORATION OF THE TOWNSHIP OF ST. CLAIR, THE p 530
1561 First St Ss 1, BRIGDEN, ON, N0N 1B0
(519) 864-1290 SIC 7389

CORPORATION OF THE TOWNSHIP OF UXBRIDGE, THE p 945
1 Parkside Dr, UXBRIDGE, ON, L9P 1K7
(905) 852-7831 SIC 7999

CORPORATION REBOX p 1212
See REBOX CORP

CORPORATION REGIONALE DE DEVELOPPEMENT DE LA RECUPERATION ET DU RECYCLAGE REGION 02 p 987
1000 Boul Saint-Jude, ALMA, QC, G8B 3L1
(418) 668-8502 SIC 5932

CORPORATION SERVICES MONERIS p 684
3190 Orlando Dr, MISSISSAUGA, ON, L4V

BUSINESSES ALPHABETICALLY

COSTCO 3233

1R5
(905) 672-1048 SIC 7378
CORPORATION TRIBOSPEC, LA p 1061
220 Av Lafleur, LASALLE, QC, H8R 4C9
(514) 595-7579 SIC 6712
CORPORATION TRUCK EQUIPMENT p 289
See COMMERCIAL EQUIPMENT CORP
CORPORATION UTEX p 1081
4360 Ch De La Cote-De-Liesse Bureau 200, MONT-ROYAL, QC, H4N 2P7
(514) 737-4300 SIC 5136
CORPORTATION GESTION DE LA VOIE MARITIME DU ST LAURENT p 1203
See ST. LAWRENCE SEAWAY MANAGEMENT CORPORATION, THE
CORPS CANADIEN DES COMMISSIONNAIRES (DIVISION DU QUEBEC) p 1099
201 Av Laurier E Bureau 400, Montreal, QC, H2T 3E6
(514) 273-8578 SIC 7381
CORPS CANADIEN DES COMMISSIONNAIRES DIVISION DE QUEBEC p 1155
3405 Boul Wilfrid-Hamel Bureau 330, Quebec, QC, G1P 2J3
(418) 681-0609 SIC 7381
CORPUS CHRISTI CATHOLIC SECONDARY SCHOOL p 533
See HALTON CATHOLIC DISTRICT SCHOOL BOARD
CORPUS CHRISTI ELEMENTARY SCHOOL p 615
See HAMILTON-WENTWORTH CATHOLIC SCHOOL BOARD
CORPUS CHRISTI SCHOOL p 36
See CALGARY ROMAN CATHOLIC SEPARATE SCHOOL DISTRICT #1
CORPUS CHRISTI SCHOOL p 794
See OTTAWA CATHOLIC DISTRICT SCHOOL BOARD
CORPUS CHRISTI SCHOOL p 879
See THUNDER BAY CATHOLIC DISTRICT SCHOOL BOARD
CORPUS CHRISTI SENIOR ELEMENTARY SCHOOL p 697
See DUFFERIN-PEEL CATHOLIC DISTRICT SCHOOL BOARD
CORRADO CARPENTER CONTRACTOR LIMITED p 558
445 Edgeley Blvd Suite 20, CONCORD, ON, L4K 4G1
(905) 660-4411 SIC 1751
CORREIA ENTERPRISES LTD p 367
375 Nairn Ave, WINNIPEG, MB, R2L 0W8
(204) 668-4420 SIC 7349
CORRON INVESTMENTS INC p 584
25 Carrier Dr, ETOBICOKE, ON, M9W 6J1
(416) 674-1207 SIC 5812
CORRPRO CANADA, INC p 23
807 Manning Rd Ne Suite 200, CALGARY, AB, T2E 7M8
(403) 235-6400 SIC 1389
CORRPRO CANADA, INC p 214
8607 101 St, FORT ST. JOHN, BC, V1J 5K4
(250) 787-9100 SIC 8711
CORRPRO CANADA, INC p 1268
318 Superior Ave, ESTEVAN, SK, S4A 2A4
SIC 1389
CORRUPAL INC p 1008
225 Av Liberte, CANDIAC, QC, J5R 3X8
(450) 638-4222 SIC 2657
CORSAIR PUBLIC SCHOOL p 696
See PEEL DISTRICT SCHOOL BOARD
CORSTEEL HYDRAULICS p 557
See 679137 ONTARIO LIMITED
CORTINA SYSTEMS CORP p 623
535 Legget Dr Suite 120, KANATA, ON, K2K 3B8
(613) 595-4001 SIC 8732
CORUS AUDIO & ADVERTISING SERVICES LTD p 43

630 3 Ave Sw Suite 501, CALGARY, AB, T2P 4L4
(403) 716-6500 SIC 4832
CORUS ENTERTAINMENT p 43
See CORUS AUDIO & ADVERTISING SERVICES LTD
CORUS ENTERTAINMENT INC p 43
630 3 Ave Sw Suite 105, CALGARY, AB, T2P 4L4
(403) 716-6500 SIC 7311
CORUS ENTERTAINMENT INC p 43
630 3 Ave Sw Suite 501, CALGARY, AB, T2P 4L4
(403) 716-6500 SIC 4832
CORUS ENTERTAINMENT INC p 104
5204 84 St Nw, EDMONTON, AB, T6E 5N8
(780) 440-6300 SIC 7299
CORUS ENTERTAINMENT INC p 324
700 Georgia St W Suite 2000, VANCOUVER, BC, V7Y 1K8
(604) 280-1011 SIC 7922
CORUS ENTERTAINMENT INC p 324
700 Georgia St W Suite 2000, VANCOUVER, BC, V7Y 1K8
(604) 331-2711 SIC 7922
CORUS ENTERTAINMENT INC p 324
700 Georgia St W Suite 2000, VANCOUVER, BC, V7Y 1K8
(604) 684-7221 SIC 7922
CORUS ENTERTAINMENT INC p 381
1440 Jack Blick Ave Unit 200, WINNIPEG, MB, R3G 0L4
(204) 786-2471 SIC 7922
CORUS ENTERTAINMENT INC p 494
1125 Bayfield St N, BARRIE, ON, L4M 4S5
(705) 737-3511 SIC 7922
CORUS ENTERTAINMENT INC p 494
1125 Bayfield St N, BARRIE, ON, L4M 4Y6
(705) 726-9500 SIC 7922
CORUS ENTERTAINMENT INC p 543
1315 Bishop St N Suite 100, CAMBRIDGE, ON, N1R 6Z2
SIC 7299
CORUS ENTERTAINMENT INC p 565
709 Cotton Mill St, CORNWALL, ON, K6H 7K7
(613) 932-5180 SIC 7922
CORUS ENTERTAINMENT INC p 612
875 Main St W Suite 900, HAMILTON, ON, L8S 4R1
(905) 521-9900 SIC 7922
CORUS ENTERTAINMENT INC p 630
170 Queen St, KINGSTON, ON, K7K 1B2
(613) 544-2340 SIC 7922
CORUS ENTERTAINMENT INC p 655
380 Wellington St Suite 222, LONDON, ON, N6A 5B5
(519) 931-6000 SIC 7922
CORUS ENTERTAINMENT INC p 809
159 King St, PETERBOROUGH, ON, K9J 2R8
(705) 748-6101 SIC 7922
CORUS ENTERTAINMENT INC p 809
743 Monaghan Rd, PETERBOROUGH, ON, K9J 5K2
(705) 742-0451 SIC 7922
CORUS ENTERTAINMENT INC p 904
25 Dockside Dr, TORONTO, ON, M5A 0B5
(416) 642-3770 SIC 7922
CORUS ENTERTAINMENT INC p 904
25 Dockside Dr Suite 25, TORONTO, ON, M5A 0B5
(416) 221-0107 SIC 7922
CORUS ENTERTAINMENT INC p 936
32 Atlantic Ave, TORONTO, ON, M6K 1X8
(416) 479-6214 SIC 7922
CORUS ENTERTAINMENT INC p 1126
800 Rue De La Gauchetiere O Bureau 1100, Montreal, QC, H5A 1M1
(514) 767-9250 SIC 7922
CORUS ENTERTAINMENT INC p 1201
120 Rue De La Gare, Saint-Jerome, QC, J7Z 2C2
(450) 431-2463 SIC 4832

CORUS ENTERTAINMENT INC p 1239
4020 Boul De Portland, SHERBROOKE, QC, J1L 2V6
(819) 563-6363 SIC 4832
CORUS MEDIA HOLDINGS INC p 23
222 23 St Ne, CALGARY, AB, T2E 7N2
(403) 235-7777 SIC 4833
CORUS MEDIA HOLDINGS INC p 108
5325 Allard Way Nw, EDMONTON, AB, T6H 5B8
(780) 436-1250 SIC 7822
CORUS MEDIA HOLDINGS INC p 136
1401 28 St N, LETHBRIDGE, AB, T1H 6H9
(403) 327-1521 SIC 4833
CORUS MEDIA HOLDINGS INC p 156
2840 Bremner Ave, RED DEER, AB, T4R 1M9
SIC 4833
CORUS MEDIA HOLDINGS INC p 184
7850 Enterprise St, BURNABY, BC, V5A 1V7
(604) 420-2288 SIC 4833
CORUS MEDIA HOLDINGS INC p 416
1 Germain St Suite A500, SAINT JOHN, NB, E2L 4V1
SIC 4833
CORUS MEDIA HOLDINGS INC p 450
14 Akerley Blvd, DARTMOUTH, NS, B3B 1J3
(902) 481-7400 SIC 4833
CORUS MEDIA HOLDINGS INC p 753
81 Barber Greene Rd, NORTH YORK, ON, M3C 2A2
(416) 446-5311 SIC 4833
CORUS MEDIA HOLDINGS INC p 790
150 Wellington St Suite 501, OTTAWA, ON, K1P 5A4
(613) 232-6078 SIC 4833
CORUS MEDIA HOLDINGS INC p 895
1651 Queen St E, TORONTO, ON, M4L 1G5
(416) 699-1327 SIC 7832
CORUS MEDIA HOLDINGS INC p 901
121 Bloor St E Suite 1500, TORONTO, ON, M4W 3M5
(416) 967-1174 SIC 4833
CORUS MEDIA HOLDINGS INC p 1094
1600 Boul De Maisonneuve E Bureau 900, Montreal, QC, H2L 4P2
(514) 521-4323 SIC 4833
CORUS MEDIA HOLDINGS INC p 1299
218 Robin Cres, SASKATOON, SK, S7L 7C3
(306) 665-6969 SIC 4833
CORUS PREMIUM CORPORATION p 911
1 Dundas St W Suite 1600, TORONTO, ON, M5G 1Z3
(416) 221-0107 SIC 4832
CORUS QUAY p 904
See KIDS CAN PRESS LTD
CORUS RADIO COMPANY p 612
875 Main St W Suite 900, HAMILTON, ON, L8S 4R1
(905) 521-9900 SIC 4832
CORVETTE JUNIOR PUBLIC SCHOOL p 838
See TORONTO DISTRICT SCHOOL BOARD
CORVEX MANUFACTURING p 604
See LINAMAR CORPORATION
CORY COGENERATION STATION p 1294
See ATCO POWER CANADA LTD
COSCO p 323
See COSCO SHIPPING LINES (CANADA) INC
COSCO SHIPPING LINES (CANADA) INC p 323
1055 Dunsmuir St Suite 2288, VANCOUVER, BC, V7X 1K8
(604) 689-8989 SIC 4491
COSMA INTERNATIONAL CANADA, DIV OF p 515
See MAGNA INTERNATIONAL INC
COSMETIQUES LANCASTER p 1026
See COTY CANADA INC
COSMETIQUES LISE WATIER p 1057

See GROUPE MARCELLE INC
COSMIC ADVENTURES INC p 594
1373 Ogilvie Rd, GLOUCESTER, ON, K1J 7P5
(613) 742-8989 SIC 7996
COSMO GOLF CANADA p 1295
See COSMOPOLITAN INDUSTRIES GOLF CANADA LTD
COSMODOME p 1019
See CAMP SPATIAL CANADA
COSMOPOLITAN INDUSTRIES GOLF CANADA LTD p 1295
1302b Alberta Ave, SASKATOON, SK, S7K 1R5
(306) 477-4653 SIC 5091
COSMOPOLITAN SUITES & SPA p 909
8 Colborne St, TORONTO, ON, M5E 1E1
(416) 350-2000 SIC 7011
COSMOS CAFE INC p 1157
575 Grande Allee E, Quebec, QC, G1R 2K4
(418) 640-0606 SIC 5812
COSMOS I BOTTLE DEPOT p 155
7428 49 Ave Suite 1, RED DEER, AB, T4P 1M2
(403) 342-2034 SIC 7389
COSSETTE p 1149
See COSSETTE COMMUNICATION INC
COSSETTE COMMUNICATION INC p 1149
300 Rue Saint-Paul Bureau 300, Quebec, QC, G1K 7R1
(418) 647-2727 SIC 4899
COSSETTE DIGITAL INC p 1149
300 Rue Saint-Paul Bureau 300, Quebec, QC, G1K 7R1
(418) 647-2727 SIC 4899
COSTCO p 10
See COSTCO WHOLESALE CANADA LTD
COSTCO p 31
See COSTCO WHOLESALE CANADA LTD
COSTCO p 96
See COSTCO WHOLESALE CANADA LTD
COSTCO p 126
See COSTCO WHOLESALE CANADA LTD
COSTCO p 139
See COSTCO WHOLESALE CANADA LTD
COSTCO p 145
See COSTCO WHOLESALE CANADA LTD
COSTCO p 157
See COSTCO WHOLESALE CANADA LTD
COSTCO p 218
See COSTCO WHOLESALE CANADA LTD
COSTCO p 223
See COSTCO WHOLESALE CANADA LTD
COSTCO p 254
See COSTCO WHOLESALE CANADA LTD
COSTCO p 285
See COSTCO WHOLESALE CANADA LTD
COSTCO p 303
See COSTCO WHOLESALE CANADA LTD
COSTCO p 362
See COSTCO WHOLESALE CANADA LTD
COSTCO p 391
See COSTCO WHOLESALE CANADA LTD
COSTCO p 484
See COSTCO WHOLESALE CANADA LTD
COSTCO p 497
See COSTCO WHOLESALE CANADA LTD
COSTCO p 519
See COSTCO WHOLESALE CANADA LTD
COSTCO p 577
See COSTCO WHOLESALE CANADA LTD
COSTCO p 593
See COSTCO WHOLESALE CANADA LTD
COSTCO p 635
See COSTCO WHOLESALE CANADA LTD
COSTCO p 644
See COSTCO WHOLESALE CANADA LTD
COSTCO p 659
See COSTCO WHOLESALE CANADA LTD
COSTCO p 662
See COSTCO WHOLESALE CANADA LTD
COSTCO p 676
See COSTCO WHOLESALE CANADA LTD
COSTCO p 704

▲ Public Company   ■ Public Company Family Member   HQ Headquarters   BR Branch   SL Single Location

COSTCO

COSTCO p 809
See COSTCO WHOLESALE CANADA LTD
COSTCO p 824
See COSTCO WHOLESALE CANADA LTD
COSTCO p 853
See COSTCO WHOLESALE CANADA LTD
COSTCO p 868
See COSTCO WHOLESALE CANADA LTD
COSTCO p 963
See COSTCO WHOLESALE CANADA LTD
COSTCO p 974
See COSTCO WHOLESALE CANADA LTD
COSTCO p 1001
See COSTCO WHOLESALE CANADA LTD
COSTCO p 1009
See COSTCO WHOLESALE CANADA LTD
COSTCO p 1124
See COSTCO WHOLESALE CANADA LTD
COSTCO p 1141
See COSTCO WHOLESALE CANADA LTD
COSTCO p 1163
See COSTCO WHOLESALE CANADA LTD
COSTCO p 1166
See COSTCO WHOLESALE CANADA LTD
COSTCO p 1192
See COSTCO WHOLESALE CANADA LTD
COSTCO p 1239
See COSTCO WHOLESALE CANADA LTD
COSTCO p 1250
See COSTCO WHOLESALE CANADA LTD
COSTCO p 1305
See COSTCO WHOLESALE CANADA LTD
COSTCO BROSSARD p 1006
See COSTCO WHOLESALE CANADA LTD
COSTCO MONTREAL p 1118
COSTCO STORE#1076 p 160
See COSTCO WHOLESALE CANADA LTD
COSTCO WHOLESALE p 230
See COSTCO WHOLESALE CANADA LTD
COSTCO WHOLESALE p 1003
See COSTCO WHOLESALE CANADA LTD
COSTCO WHOLESALE p 1036
See COSTCO WHOLESALE CANADA LTD
COSTCO WHOLESALE CANADA p 1290
See COSTCO WHOLESALE CANADA LTD
COSTCO WHOLESALE CANADA LTD p 2
1003 Hamilton Blvd Ne, AIRDRIE, AB, T4A 0G2
(403) 945-4250   SIC 4731
COSTCO WHOLESALE CANADA LTD p 10
2853 32 St Ne, CALGARY, AB, T1Y 6T7
(403) 299-1600   SIC 5099
COSTCO WHOLESALE CANADA LTD p 31
99 Heritage Gate Se, CALGARY, AB, T2H 3A7
(403) 313-7647   SIC 5099
COSTCO WHOLESALE CANADA LTD p 65
11588 Sarcee Trail Nw Suite 543, CALGARY, AB, T3R 0A1
(403) 516-3700   SIC 5099
COSTCO WHOLESALE CANADA LTD p 96
12450 149 St Nw Suite 154, EDMONTON, AB, T5V 1G9
(780) 453-8470   SIC 5099
COSTCO WHOLESALE CANADA LTD p 113
2616 91 St Nw, EDMONTON, AB, T6N 1N2
(780) 577-1201   SIC 5099
COSTCO WHOLESALE CANADA LTD p 126
9901 116 St, GRANDE PRAIRIE, AB, T8V 6H6
(780) 538-2911   SIC 5099
COSTCO WHOLESALE CANADA LTD p 139
3200 Mayor Magrath Dr S, LETHBRIDGE, AB, T1K 6Y6
(403) 320-8917   SIC 5099
COSTCO WHOLESALE CANADA LTD p 145
2350 Box Springs Blvd Nw Box Suite 593, MEDICINE HAT, AB, T1C 0C8

(403) 581-5700   SIC 5099
COSTCO WHOLESALE CANADA LTD p 157
37400 Highway 2 Unit 162, RED DEER COUNTY, AB, T4E 1B9
(403) 340-3736   SIC 5099
COSTCO WHOLESALE CANADA LTD p 160
293020 Crossiron Common Suite 300, ROCKY VIEW COUNTY, AB, T4A 0J6
(403) 516-5050   SIC 5099
COSTCO WHOLESALE CANADA LTD p 162
2201 Broadmoor Blvd, SHERWOOD PARK, AB, T8H 0A1
(780) 410-2521   SIC 5099
COSTCO WHOLESALE CANADA LTD p 176
1127 Sumas Way, ABBOTSFORD, BC, V2S 8H2
(604) 850-3458   SIC 5099
COSTCO WHOLESALE CANADA LTD p 184
3550 Brighton Ave Suite 51, BURNABY, BC, V5A 4W3
(604) 420-2668   SIC 5099
COSTCO WHOLESALE CANADA LTD p 218
1675 Versatile Dr, KAMLOOPS, BC, V1S 1W7
(250) 374-5336   SIC 5099
COSTCO WHOLESALE CANADA LTD p 223
2479 Highway 97 N, KELOWNA, BC, V1X 4J2
(250) 868-9515   SIC 5099
COSTCO WHOLESALE CANADA LTD p 230
20499 64 Ave, LANGLEY, BC, V2Y 1N5
(604) 539-8900   SIC 5099
COSTCO WHOLESALE CANADA LTD p 242
6700 Island Hwy N Suite 155, NANAIMO, BC, V9V 1K8
(250) 390-3231   SIC 5099
COSTCO WHOLESALE CANADA LTD p 254
2370 Ottawa St Suite 255, PORT COQUITLAM, BC, V3B 7Z1
(604) 552-2228   SIC 5099
COSTCO WHOLESALE CANADA LTD p 261
2555 Range Rd Suite 158, PRINCE GEORGE, BC, V2N 4G8
(250) 561-1176   SIC 5099
COSTCO WHOLESALE CANADA LTD p 269
9151 Bridgeport Rd Suite 54, RICHMOND, BC, V6X 3L9
(604) 270-3647   SIC 5099
COSTCO WHOLESALE CANADA LTD p 285
7423 King George Blvd Suite 55, SURREY, BC, V3W 5A8
(604) 635-3340   SIC 5099
COSTCO WHOLESALE CANADA LTD p 303
605 Expo Blvd, VANCOUVER, BC, V6B 1V4
(604) 622-5050   SIC 5099
COSTCO WHOLESALE CANADA LTD p 336
799 Mccallum Rd, VICTORIA, BC, V9B 6A2
(250) 391-1151   SIC 5099
COSTCO WHOLESALE CANADA LTD p 362
1499 Regent Ave W, WINNIPEG, MB, R2C 4M4
(204) 654-4214   SIC 5099
COSTCO WHOLESALE CANADA LTD p 383
1315 St James St Suite 57, WINNIPEG, MB, R3H 0K9
(204) 788-4754   SIC 5099
COSTCO WHOLESALE CANADA LTD p 391
2365 Mcgillivray Blvd Suite 1, WINNIPEG, MB, R3Y 0A1
(204) 487-5100   SIC 5399
COSTCO WHOLESALE CANADA LTD p 410
25 Trinity Dr Suite 217, MONCTON, NB, E1G 2J7
(506) 858-7959   SIC 5399
COSTCO WHOLESALE CANADA LTD p 414
300 Retail Dr, SAINT JOHN, NB, E2J 2R2
(506) 635-5300   SIC 5099
COSTCO WHOLESALE CANADA LTD p 432
28 Stavanger Dr, ST. JOHN'S, NL, A1A 5E8
(709) 738-8610   SIC 5141
COSTCO WHOLESALE CANADA LTD p 450
137 Countryview Dr, DARTMOUTH, NS, B3B 0E7
(902) 481-7635   SIC 5099
COSTCO WHOLESALE CANADA LTD p 463
230 Chain Lake Dr, HALIFAX, NS, B3S 1C5
(902) 450-1078   SIC 5099
COSTCO WHOLESALE CANADA LTD p 484
150 Kingston Rd E, AJAX, ON, L1Z 1E5
(905) 619-6677   SIC 5099
COSTCO WHOLESALE CANADA LTD p 488
100 Legend Crt Suite 1105, ANCASTER, ON, L9K 1J3
(905) 304-0344   SIC 5099
COSTCO WHOLESALE CANADA LTD p 497
41 Mapleview Dr E, BARRIE, ON, L4N 9A9
(705) 728-2350   SIC 5099
COSTCO WHOLESALE CANADA LTD p 519
100 Biscayne Cres, BRAMPTON, ON, L6W 4S1
(905) 450-2092   SIC 5099
COSTCO WHOLESALE CANADA LTD p 538
1225 Brant St, BURLINGTON, ON, L7P 1X7
(905) 336-6714   SIC 5099
COSTCO WHOLESALE CANADA LTD p 572
18182 Yonge St, EAST GWILLIMBURY, ON, L9N 0J3
(905) 954-4733   SIC 5311
COSTCO WHOLESALE CANADA LTD p 577
50 Queen Elizabeth Blvd Suite 524, ETOBICOKE, ON, M8Z 1M1
(416) 251-2832   SIC 5399
COSTCO WHOLESALE CANADA LTD p 593
1900 Cyrville Rd, GLOUCESTER, ON, K1B 1A5
(613) 748-9966   SIC 5199
COSTCO WHOLESALE CANADA LTD p 626
770 Silver Seven Rd Suite Unit, KANATA, ON, K2V 0A1
(613) 270-5550   SIC 5099
COSTCO WHOLESALE CANADA LTD p 635
1015 Centennial Dr, KINGSTON, ON, K7P 3B7
(613) 549-2527   SIC 5141
COSTCO WHOLESALE CANADA LTD p 644
4438 King St E Suite 512, KITCHENER, ON, N2P 2G4
(519) 650-3662   SIC 5399
COSTCO WHOLESALE CANADA LTD p 659
4313 Wellington Rd S, LONDON, ON, N6E 2Z8
(519) 680-1027   SIC 5141
COSTCO WHOLESALE CANADA LTD p 662
693 Wonderland Rd N Suite 530, LONDON, ON, N6H 4L1
(519) 474-5300   SIC 5099
COSTCO WHOLESALE CANADA LTD p 676
65 Kirkham Dr Suite 545, MARKHAM, ON, L3S 0A9
(905) 201-3500   SIC 5099
COSTCO WHOLESALE CANADA LTD p 678
1 Yorktech Dr Suite 151, MARKHAM, ON, L6G 1A6
(905) 477-5718   SIC 5099
COSTCO WHOLESALE CANADA LTD p 704
3180 Laird Rd, MISSISSAUGA, ON, L5L 6A5
(905) 828-3340   SIC 5099
COSTCO WHOLESALE CANADA LTD p 713
5900 Rodeo Dr Suite 526, MISSISSAUGA, ON, L5R 3S9
(905) 568-4828   SIC 5099
COSTCO WHOLESALE CANADA LTD p 726
415 West Hunt Club Rd, NEPEAN, ON, K2E 1C5
(613) 221-2010   SIC 5099
COSTCO WHOLESALE CANADA LTD p 728
1849 Merivale Rd Suite 540, NEPEAN, ON, K2G 1E3
(613) 727-4786   SIC 5141
COSTCO WHOLESALE CANADA LTD p 757
100 Billy Bishop Way Suite 535, NORTH YORK, ON, M3K 2C8
(416) 635-8175   SIC 5399
COSTCO WHOLESALE CANADA LTD p 809
485 The Parkway, PETERBOROUGH, ON, K9J 0B3
(705) 750-2600   SIC 5199
COSTCO WHOLESALE CANADA LTD p 824
35 John Birchall Rd Suite 592, RICHMOND HILL, ON, L4S 0B2
(905) 780-2100   SIC 5099
COSTCO WHOLESALE CANADA LTD p 842
1411 Warden Ave Suite 537, SCARBOROUGH, ON, M1R 2S3
(416) 288-0033   SIC 5099
COSTCO WHOLESALE CANADA LTD p 853
3 North Service Rd, ST CATHARINES, ON, L2N 7R1
(905) 646-2008   SIC 5141
COSTCO WHOLESALE CANADA LTD p 868
1465 Kingsway, SUDBURY, ON, P3B 0A5
(705) 524-8255   SIC 5141
COSTCO WHOLESALE CANADA LTD p 963
4411 Walker Rd Suite 534, WINDSOR, ON, N8W 3T6
(519) 972-1899   SIC 5399
COSTCO WHOLESALE CANADA LTD p 974
71 Colossus Dr Suite 547, WOODBRIDGE, ON, L4L 9J8
(905) 264-8337   SIC 5199
COSTCO WHOLESALE CANADA LTD p 990
7373 Rue Bombardier, ANJOU, QC, H1J 2V2
(514) 493-4814   SIC 5099
COSTCO WHOLESALE CANADA LTD p 1001
3600 Av Des Grandes Tourelles, BOISBRIAND, QC, J7H 0A1
(450) 420-4500   SIC 5099
COSTCO BWHOLESALE CANADA LTD p

BUSINESSES ALPHABETICALLY

1003
635 Ch De Touraine, BOUCHERVILLE, QC, J4B 5E4
(450) 645-2631   SIC 5099
COSTCO WHOLESALE CANADA LTD   p
1006
9430 Boul Taschereau, BROSSARD, QC, J4X 2W2
(450) 444-4466   SIC 5141
COSTCO WHOLESALE CANADA LTD   p
1009
60 Rue Strasbourg, CANDIAC, QC, J5R 0B4
(450) 444-3453   SIC 5099
COSTCO WHOLESALE CANADA LTD   p
1014
2500 Boul Talbot, CHICOUTIMI, QC, G7H 5B1
(418) 696-1112   SIC 5199
COSTCO WHOLESALE CANADA LTD   p
1036
1100 Boul Maloney O Bureau 542, GATINEAU, QC, J8T 6G3
(819) 246-4005   SIC 5099
COSTCO WHOLESALE CANADA LTD   p
1118
300 Rue Bridge, Montreal, QC, H3K 2C3
(514) 938-5170   SIC 5399
COSTCO WHOLESALE CANADA LTD   p
1124
1015 Rue Du Marche-Central, MONTREAL, QC, H4N 3J8
(514) 381-1251   SIC 5399
COSTCO WHOLESALE CANADA LTD   p
1130
2999 Nord Laval A-440 O, Montreal, QC, H7P 5P4
(450) 686-7420   SIC 5099
COSTCO WHOLESALE CANADA LTD   p
1141
5701 Aut Transcanadienne, POINTE-CLAIRE, QC, H9R 1B7
(514) 426-5052   SIC 5099
COSTCO WHOLESALE CANADA LTD   p
1163
3233 Av Watt, Quebec, QC, G1X 4W2
(418) 656-0666   SIC 5099
COSTCO WHOLESALE CANADA LTD   p
1166
440 Rue Bouvier, Quebec, QC, G2J 1E3
(418) 627-5100   SIC 5099
COSTCO WHOLESALE CANADA LTD   p
1192
5025 Boul Cousineau, SAINT-HUBERT, QC, J3Y 3K7
(450) 443-3618   SIC 5099
COSTCO WHOLESALE CANADA LTD   p
1200
1001 Boul Jean-Baptiste-Rolland O, Saint-Jerome, QC, J7Y 4Y7
(450) 476-9000   SIC 5099
COSTCO WHOLESALE CANADA LTD   p
1239
3400 Rue King O, SHERBROOKE, QC, J1L 1C9
(819) 822-2121   SIC 5199
COSTCO WHOLESALE CANADA LTD   p
1250
3000 Boul Des Recollets, Trois-Rivieres, QC, G9A 6J2
(819) 693-5758   SIC 5399
COSTCO WHOLESALE CANADA LTD   p
1290
665 University Park Dr Suite 520, REGINA, SK, S4V 2V8
(306) 789-8838   SIC 5099
COSTCO WHOLESALE CANADA LTD   p
1305
115 Marquis Dr W, SASKATOON, SK, S7R 1C7
(306) 933-4262   SIC 5099
COSTCO WHOLESALE STORE # 519 p 463
See COSTCO WHOLESALE CANADA LTD
COSTI IMMIGRANT SERVICES   p 822
9325 Yonge St Suite 31a, RICHMOND HILL,
ON, L4C 0A8
(289) 842-3124   SIC 8322
COSTI IMMIGRANT SERVICES   p 925
100 Lippincott St, TORONTO, ON, M5S 2P1
(416) 922-6688   SIC 8322
COSTI RECEPTION CENTRE   p 925
See COSTI IMMIGRANT SERVICES
COSYN TECHNOLOGY   p 102
See WORLEYPARSONS CANADA SERVICES LTD
COTE-RECO INC   p 1022
100 12e Av, DESCHAILLONS-SUR-SAINT-LAURENT, QC, G0S 1G0
(819) 292-2323   SIC 5139
COTT BEVERAGE, DIV OF   p 1141
See COTT CORPORATION
COTT BEVERAGES   p 17
See COTT CORPORATION
COTT BEVERAGES CANADA   p 281
See COTT CORPORATION
COTT CORPORATION   p 17
4810 76 Ave Se, CALGARY, AB, T2C 2V2
(403) 279-6677   SIC 2086
COTT CORPORATION   p 281
15050 54a Ave, SURREY, BC, V3S 5X7
(604) 574-1970   SIC 2086
COTT CORPORATION   p 420
4 Addison Ave, SCOUDOUC, NB, E4P 3N4
SIC 2086
COTT CORPORATION   p 1141
333 Av Avro, POINTE-CLAIRE, QC, H9R 5W3
(514) 428-1000   SIC 2086
COTTAGES OF PORT STANTON   p 847
See BAYVIEW WILDWOOD RESORT LIMITED
COTTINGHAM JUNIOR PUBLIC SCHOOL p 900
See TORONTO DISTRICT SCHOOL BOARD
COTTONWOODS CARE CENTRE   p 226
See INTERIOR HEALTH AUTHORITY
COTY CANADA INC   p 1026
1255 Rte Transcanadienne Bureau 200, DORVAL, QC, H9P 2V4
(514) 421-5050   SIC 5122
COU HOLDING ASSOCIATION INC   p 599
170 Research Lane, GUELPH, ON, N1G 5E2
(519) 823-1940   SIC 8621
COUCHE TARD 507   p 1179
See IRVING OIL LIMITED
COUCHE-TARD   p 1057
See COUCHE-TARD INC
COUCHE-TARD   p 1145
See COUCHE-TARD INC
COUCHE-TARD INC   p 1009
87b Boul Marie-Victorin, CANDIAC, QC, J5R 1C3
(450) 444-0110   SIC 5411
COUCHE-TARD INC   p 1011
125 Boul Maple, Chateauguay, QC, J6J 5C3
(450) 691-1162   SIC 5411
COUCHE-TARD INC   p 1024
4500 Boul Saint-Jean, DOLLARD-DES-ORMEAUX, QC, H9H 2A6
(514) 624-8264   SIC 5411
COUCHE-TARD INC   p 1036
730 Boul Du Mont-Royal, GATINEAU, QC, J8V 2S3
(819) 243-7686   SIC 5411
COUCHE-TARD INC   p 1042
825 Rue Maisonneuve, GRANBY, QC, J2J 1S5
(450) 777-8025   SIC 5411
COUCHE-TARD INC   p 1047
3754 Boul Du Royaume, Jonquiere, QC, G7X 1Y3
(418) 547-9292   SIC 5411
COUCHE-TARD INC   p 1051
711 Rue Saint-Etienne, L'ASSOMPTION, QC, J5W 1Y9
(450) 589-7536   SIC 5411
COUCHE-TARD INC   p 1057
685 32e Av, LACHINE, QC, H8T 3G6
(514) 634-1708   SIC 5411
COUCHE-TARD INC   p 1076
6 Av Napoleon, MASCOUCHE, QC, J7L 3A8
(450) 477-6441   SIC 5411
COUCHE-TARD INC   p 1088
4500 Rue Beaubien E, Montreal, QC, H1T 3Y1
(514) 729-5696   SIC 5411
COUCHE-TARD INC   p 1090
3000 Rue Masson, Montreal, QC, H1Y 1X6
(514) 374-2158   SIC 5411
COUCHE-TARD INC   p 1095
1420 Rue Legendre E Bureau 5, Montreal, QC, H2M 1H5
(514) 388-3096   SIC 5411
COUCHE-TARD INC   p 1104
159 Rue Saint-Antoine O Bureau 161, Montreal, QC, H2Z 2A7
(514) 866-0675   SIC 5411
COUCHE-TARD INC   p 1116
1287 Boul De Maisonneuve O, Montreal, QC, H3G 1M3
(514) 843-4458   SIC 5411
COUCHE-TARD INC   p 1119
500 Rue Fleury E, Montreal, QC, H3L 1G5
(514) 389-0357   SIC 5411
COUCHE-TARD INC   p 1120
5405 Ch De La Cote-Des-Neiges, Montreal, QC, H3T 1Y7
(514) 739-8444   SIC 5411
COUCHE-TARD INC   p 1127
8050 Av Marcel-Villeneuve, Montreal, QC, H7A 4C5
(450) 665-4367   SIC 5411
COUCHE-TARD INC   p 1128
258 Boul Sainte-Rose, Montreal, QC, H7L 1M2
(450) 625-3260   SIC 5411
COUCHE-TARD INC   p 1132
6331 Boul Henri-Bourassa E, MONTREAL-NORD, QC, H1G 2V4
(514) 321-7680   SIC 5411
COUCHE-TARD INC   p 1145
1375 Boul Des Chutes, Quebec, QC, G1C 1W3
(418) 661-8609   SIC 5411
COUCHE-TARD INC   p 1145
2438 Boul Louis-Xiv, Quebec, QC, G1C 1B3
(418) 663-3537   SIC 5411
COUCHE-TARD INC   p 1146
3190 Rue Alexandra, Quebec, QC, G1E 6W2
(418) 663-3024   SIC 5411
COUCHE-TARD INC   p 1151
3240 1re Av, Quebec, QC, G1L 3P9
(418) 623-3152   SIC 5411
COUCHE-TARD INC   p 1164
11498 Boul Valcartier, Quebec, QC, G2A 2M6
(418) 845-1362   SIC 5411
COUCHE-TARD INC   p 1166
825 Boul Lebourgneuf Bureau 304, Quebec, QC, G2J 0B9
(418) 624-8255   SIC 5411
COUCHE-TARD INC   p 1192
3990 Ch De Chambly, SAINT-HUBERT, QC, J3Y 3M3
(450) 656-5721   SIC 5411
COUCHE-TARD INC   p 1192
4960 Montee Saint-Hubert, SAINT-HUBERT, QC, J3Y 1V1
(450) 678-7037   SIC 5411
COUCHE-TARD INC   p 1198
290 Ch Du Grand-Bernier N Bureau 491, SAINT-JEAN-SUR-RICHELIEU, QC, J3B 4R4
(450) 358-2233   SIC 5411
COUCHE-TARD INC   p 1200
10 Boul De La Salette, Saint-Jerome, QC, J7Y 5C8
(450) 438-4285   SIC 5411
COUCHE-TARD INC   p 1200
2260 Rue Schulz, Saint-Jerome, QC, J7Y 5B3
(450) 431-8721   SIC 5411
COUCHE-TARD INC   p 1206
1275 Boul Alexis-Nihon, SAINT-LAURENT, QC, H4R 2K1
(514) 337-5980   SIC 5411
COUCHE-TARD INC   p 1206
2555 Rue Des Nations, SAINT-LAURENT, QC, H4R 3C8
(514) 336-2626   SIC 5411
COUCHE-TARD INC   p 1223
955 Boul De Sainte-Adele, Sainte-Adele, QC, J8B 2N4
(450) 229-4746   SIC 5411
COUCHE-TARD INC   p 1236
1780 Rue King E, SHERBROOKE, QC, J1G 5G6
(819) 564-0011   SIC 5411
COUCHE-TARD INC   p 1238
2525 Rue King O, SHERBROOKE, QC, J1J 2G9
(819) 564-7767   SIC 5411
COUCHE-TARD INC   p 1240
4980 Boul Bourque, SHERBROOKE, QC, J1N 2A7
(819) 564-8475   SIC 5411
COUCHE-TARD INC   p 1248
365 Rue Saint-Maurice, Trois-Rivieres, QC, G8T 4V1
(819) 379-2999   SIC 5411
COUCHE-TARD INC   p 1249
3575 Rue Papineau, Trois-Rivieres, QC, G8Z 1P8
(819) 374-4737   SIC 5411
COUCHE-TARD INC   p 1250
555 Cote Richelieu, Trois-Rivieres, QC, G9A 5V4
(819) 373-9782   SIC 5411
COUCHE-TARD INC   p 1258
4460 Rue De Verdun, VERDUN, QC, H4G 1M2
(514) 761-1617   SIC 5411
COUCHICHING HEIGHTS PUBLIC SCHOOL   p 775
See SIMCOE COUNTY DISTRICT SCHOOL BOARD, THE
COUGAR CREEK ELEMENTARY SCHOOL
p 286
See SCHOOL DISTRICT NO 36 (SURREY)
COUGHLIN & ASSOCIATES LTD   p 377
175 Hargrave St Suite 100, WINNIPEG, MB, R3C 3R8
(204) 942-4438   SIC 6411
COULEUR FM   p 1254
See RNC MEDIA INC
COULOMBE ARMOIRES DE CUISINE INC p 1077
20 Rue Deschenes, MATANE, QC, G4W 0K2
(418) 562-0009   SIC 2431
COULSON AIRCRANE LTD   p 253
4890 Cherry Creek Rd, PORT ALBERNI, BC, V9Y 8E9
(250) 723-8118   SIC 4522
COULSON AIRCRANE LTD   p 253
7500 Airport Rd, PORT ALBERNI, BC, V9Y 8Y9
(250) 723-8100   SIC 4522
COULTER WATER METER SERVICE p 621
See ERTH (HOLDINGS) INC
COUNSEL SELECT SMALL CAP   p 688
2680 Skymark Ave, MISSISSAUGA, ON, L4W 5L6
(905) 625-9885   SIC 6722
COUNTERFORCE   p 687
See CSG SECURITY CORPORATION
COUNTERFORCE CORPORATION   p 409
1077 St George Blvd, MONCTON, NB, E1E 4C9
(506) 862-5500   SIC 7382
COUNTERFORCE CORPORATION   p 688
2740 Matheson Blvd E Unit 2a, MISSISSAUGA, ON, L4W 4X3
(905) 282-6200   SIC 7382
COUNTRY 95.5 FM   p 220
See PATTISON, JIM BROADCAST GROUP

▲ Public Company   ■ Public Company Family Member   HQ Headquarters   BR Branch   SL Single Location

LTD
COUNTRY BOY FAMILY RESTAURANT INC
p 638
5 Manitou Dr Suite 107, KITCHENER, ON, N2C 2J6
(519) 893-2120   SIC 5812
COUNTRY CLUB DE MONTREAL   p 1203
5 Rue Riverside, SAINT-LAMBERT, QC, J4S 1B7
(450) 671-6181   SIC 7997
COUNTRY FAVOURITES BX93   p 658
See BELL MEDIA INC
COUNTRY GARDEN LTD   p 274
52892 Bunker Rd, ROSEDALE, BC, V0X 1X1
SIC 5812
COUNTRY GOOD MEATS & DELICATESSEN LTD   p 880
310 Mountdale Ave, THUNDER BAY, ON, P7E 6G8
SIC 5421
COUNTRY GROCER   p 334
See OAK LANE ENTERPRISES LTD
COUNTRY GROCER   p 335
See CANADA POST CORPORATION
COUNTRY GROCER   p 335
See OAK LANE ENTERPRISES LTD
COUNTRY HILLS GOLF CLUB   p 64
1334 Country Hills Blvd Nw, CALGARY, AB, T3K 5A9
(403) 226-7777   SIC 7997
COUNTRY HILLS PUBLIC SCHOOL   p 640
See WATERLOO REGION DISTRICT SCHOOL BOARD
COUNTRY MEADOWS GOLF COURSE LTD   p 268
8482 No. 6 Rd, RICHMOND, BC, V6W 1E2
(604) 241-4653   SIC 7992
COUNTRY OF LAMONT FOUNDATION   p 134
5216 53 St, LAMONT, AB, T0B 2R0
(780) 895-2211   SIC 8062
COUNTRY RIBBON INC   p 429
1273 Topsail Rd, MOUNT PEARL, NL, A1N 5G3
(709) 368-3193   SIC 2048
COUNTRY STYLE DONUTS   p 685
See ENTREPRISES MTY TIKI MING INC, LES
COUNTRY UNIFIED   p 809
See BELL MEDIA INC
COUNTY CENTRAL HIGH SCHOOL   p 173
See PALLISER REGIONAL DIVISION NO 26
COUNTY OF OXFORD   p 977
377 Mill St, WOODSTOCK, ON, N4S 7V6
(519) 536-9389   SIC 4119
COUNTY STETTLER HOUSING AUTHORITY, THE   p 168
611 50th Ave, STETTLER, AB, T0C 2L1
(403) 742-9220   SIC 6513
COUPAL & FILS INC   p 1083
349 117 Rte, MONT-TREMBLANT, QC, J8E 2X4
(819) 425-8771   SIC 5211
COUPLES RESORT INC   p 960
Gd, WHITNEY, ON, K0J 2M0
(613) 637-1179   SIC 7011
COURT GALVANIZING LIMITED   p 545
225 Thompson Dr, CAMBRIDGE, ON, N1T 2B9
(519) 624-5544   SIC 3479
COURTAGE BGL LTEE   p 1137
39 Rte 133, PHILIPSBURG, QC, J0J 1N0
(450) 248-7768   SIC 4731
COURTAGE ESCOMPTE BANQUE LAURENTIENNE   p 1108
See VALEURS MOBILIERES BANQUE LAURENTIENNE INC
COURTENAY ELEMENTARY SCHOOL   p 204

See SCHOOL DISTRICT NO. 71 (COMOX VALLEY)
COURTENAY LODGE LTD   p 204
1590 Cliffe Ave, COURTENAY, BC, V9N 2K4
(250) 338-7741   SIC 7011
COURTENAY RECREATION CENTRE   p 204
See CORPORATION OF THE CITY OF COURTENAY, THE
COURTESY CHRYSLER DODGE JEEP   p 31
125 Glendeer Cir Se, CALGARY, AB, T2H 2S8
(403) 255-9100   SIC 5511
COURTESY FREIGHT SYSTEMS LTD   p 372
75 Milner St, WINNIPEG, MB, R2X 2P7
(204) 927-1555   SIC 4231
COURTESY FREIGHT SYSTEMS LTD   p 880
340 Simpson St, THUNDER BAY, ON, P7C 3H7
(807) 623-3278   SIC 4231
COURTEX   p 1127
See GEORGE COUREY INC
COURTICE DONUTS LTD   p 567
1403 Highway 2, COURTICE, ON, L1E 2J6
(905) 728-0026   SIC 5461
COURTICE NORTH PUBLIC SCHOOL   p 567
See KAWARTHA PINE RIDGE DISTRICT SCHOOL BOARD
COURTIER DOUANES INTERNATIONAL SKYWAY LTEE   p 1057
9230 Ch De La Cote-De-Liesse, LACHINE, QC, H8T 1A1
(514) 636-0250   SIC 4731
COURTIERS EN ALIMENTATION   p 1163
See GROUPE DE COURTAGE OMNI LTEE
COURTIERS EN ALIMENTATION VAN-RAY   p 1229
See VAN DE WATER-RAYMOND LTD
COURTIERS EN TRANSPORT G.M.R. INC, LES   p 1066
2111 4e Rue Bureau 100, Levis, QC, G6W 5M6
(418) 839-5768   SIC 4731
COURTIERS INTER-QUEBEC INC, LES   p 1145
900 Boul Raymond, Quebec, QC, G1B 3G3
SIC 6531
COURTIERS INTER-QUEBEC INC, LES   p 1160
2960 Boul Laurier Bureau 50, Quebec, QC, G1V 4S1
(418) 653-0488   SIC 6531
COURTIERS INTER-QUEBEC INC, LES   p 1164
9105 Boul De L'ormiere, Quebec, QC, G2B 3K2
(418) 843-1151   SIC 6531
COURTLAND AVE PUBLIC SCHOOL   p 641
See WATERLOO REGION DISTRICT SCHOOL BOARD
COURTLAND PUBLIC SCHOOL   p 567
See GRAND ERIE DISTRICT SCHOOL BOARD
COURTNEY WHOLESALE CONFECTIONERY LIMITED   p 650
600 Third St, LONDON, ON, N5V 2C2
(519) 451-7440   SIC 5145
COURTYARD BY MARRIOTT   p 80
See EDMONTON CY LIMITED PARTNERSHIP
COURTYARD BY MARRIOTT - TORONTO-AIRPORT   p 584
See ATLIFIC INC
COURTYARD BY MARRIOTT EDMONTON WEST   p 93
See PLATINUM INVESTMENTS LTD
COURTYARD BY MARRIOTT TORONTO-BRAMPTON, THE   p 519
See EASTON'S GROUP OF HOTELS INC
COURTYARD MARRIOTT HOTEL   p 947
See CONCORD VAUGHAN LTD PARTNERSHIP

COURTYARD MARRIOTT MONTREAL   p 1104
See 9027-7757 QUEBEC INC
COURTYARD MARRIOTT QUEBEC   p 1158
See SOCIETE EN COMMANDITE HOTEL PLACE D'YOUVILLE
COUSINS CURRIE DIVISION OF SILGAN PLASTICS CANADA   p 975
See SILGAN PLASTICS CANADA INC
COUSINS, GREG CONSTRUCTION LTD   p 1266
805 Preston Ave, CARNDUFF, SK, S0C 0S0
(306) 482-5107   SIC 1389
COUTTS, WILLIAM E. COMPANY, LIMITED   p 35
755 Lake Bonavista Dr Se Unit 173, CALGARY, AB, T2J 0N3
(403) 278-7862   SIC 5947
COUTTS, WILLIAM E. COMPANY, LIMITED   p 54
1600 90 Ave Sw Unit A126, CALGARY, AB, T2V 5A8
SIC 5947
COUTTS, WILLIAM E. COMPANY, LIMITED   p 490
100 Vandorf Sideroad, AURORA, ON, L4G 3G9
SIC 5947
COUTTS, WILLIAM E. COMPANY, LIMITED   p 539
777 Guelph Line Suite E6, BURLINGTON, ON, L7R 3N2
(905) 637-6647   SIC 5947
COUTTS, WILLIAM E. COMPANY, LIMITED   p 558
1 Bass Pro Mills Dr Unit 300, CONCORD, ON, L4K 5W4
SIC 2771
COUTTS, WILLIAM E. COMPANY, LIMITED   p 647
15 Mary St W, LINDSAY, ON, K9V 2N5
(705) 324-6105   SIC 3952
COUTTS, WILLIAM E. COMPANY, LIMITED   p 735
7190 Morrison St Suite 3, NIAGARA FALLS, ON, L2E 7K5
(905) 356-5582   SIC 5947
COUTTS, WILLIAM E. COMPANY, LIMITED   p 744
501 Consumers Rd, NORTH YORK, ON, M2J 5E2
(416) 492-1300   SIC 2771
COUTTS, WILLIAM E. COMPANY, LIMITED   p 1141
6801 Rte Transcanadienne, POINTE-CLAIRE, QC, H9R 5J2
(514) 695-5325   SIC 5947
COUTURE C G H INC   p 1184
12 Rue Belanger, SAINT-DAMASE-DES-AULNAIES, QC, G0R 2X0
(418) 598-3208   SIC 2339
COUTURE VOIE EXPRESS   p 1181
See 9048-9493 QUEBEC INC
COUVENT MONT SAINT JOSEPH   p 788
See SISTERS OF CHARITY OF OTTAWA, THE
COUVOIR JOLIBEC (1994) INC   p 1188
90 Ch De Joliette, Saint-Felix-de-Valois, QC, J0K 2M0
(450) 889-5561   SIC 5159
COUVRE PLANCHERS MAURICE PELLETIER   p 1066
See COUVRE-PLANCHERS PELLETIER INC
COUVRE-PLANCHERS PELLETIER INC   p 1066
4600 Boul Guillaume-Couture, Levis, QC, G6W 5N6
(418) 837-3681   SIC 5713
COUVRE-PLANCHERS PELLETIER INC   p 1166
5000 Av Des Replats, Quebec, QC, G2J 1N2
(418) 624-1290   SIC 5713

COUVREUR LOUIS BLAIS INC   p 1234
4800 Boul Royal, SHAWINIGAN, QC, G9N 4R6
(819) 539-8133   SIC 1761
COUVREUR VERDUN INC   p 1140
12168 Rue April, POINTE-AUX-TREMBLES, QC, H1B 5N5
(514) 640-8787   SIC 1761
COVE CLIFF ELEMENTARY SCHOOL   p 246
See SCHOOL DISTRICT NO. 44 (NORTH VANCOUVER)
COVENANT HEALTH ST MARY'S TROCHU   p 171
451 Dechaueney Ave, TROCHU, AB, T0M 2C0
(403) 442-3955   SIC 8051
COVENANT HOUSE TORONTO   p 906
20 Gerrard St E, Toronto, ON, M5B 2P3
(416) 598-4898   SIC 8322
COVER-ALL COMPUTER SERVICES CORP   p 670
1 Valleywood Dr Unit 10, MARKHAM, ON, L3R 5L9
(905) 477-8494   SIC 7372
COVERDELL CANADA CORPORATION   p 1105
1801 Av Mcgill College Bureau 800, Montreal, QC, H3A 2N4
(514) 847-7800   SIC 7389
COVEY BASICS   p 400
See COVEY OFFICE GROUP INC
COVEY BASICS   p 401
See COVEY OFFICE GROUP INC
COVEY OFFICE GROUP INC   p 400
896 Prospect St, FREDERICTON, NB, E3B 2T8
(506) 458-8333   SIC 5712
COVEY OFFICE GROUP INC   p 401
250 Alison Blvd, FREDERICTON, NB, E3C 0A9
(506) 458-8333   SIC 5112
COVILAC COOPERATIVE AGRICOLE   p 995
40 Rue De L'+Glise, BAIE-DU-FEBVRE, QC, J0G 1A0
(450) 783-6188   SIC 7389
COWAN GRAPHICS INC   p 100
4864 93 Avenue Nw, EDMONTON, AB, T6B 2P8
(780) 577-5700   SIC 2759
COWAN IMAGING GROUP   p 100
See COWAN GRAPHICS INC
COWAN INSURANCE GROUP LTD   p 609
105 Main St E Suite 602, HAMILTON, ON, L8N 1G6
(905) 523-8507   SIC 6411
COWBOYS COUNTRY SALOON LTD   p 91
10102 180 St Nw, EDMONTON, AB, T5S 1N4
(780) 444-3224   SIC 5813
COWICHAN DISTRICT HOSPITAL   p 212
See VANCOUVER ISLAND HEALTH AUTHORITY
COWICHAN NEWS LEADER PICTORIAL   p 211
See BLACK PRESS GROUP LTD
COWICHAN TRIBES   p 212
5588 River Rd, DUNCAN, BC, V9L 6V9
(250) 746-5966   SIC 8351
COWICHAN TRIBES   p 212
5766 Allenby Rd, DUNCAN, BC, V9L 5J1
(250) 746-1002   SIC 8399
COWICHAN VALLEY REGIONAL DISTRICT   p 212
2687 James St, DUNCAN, BC, V9L 2X5
(250) 748-7529   SIC 8322
COWICHAN VALLEY REGIONAL DISTRICT   p 237
1035 Shawnigan-Mill Bay Rd, MILL BAY, BC, V0R 2P2
(250) 743-9211   SIC 7999
COWS INC   p 982
397 Capital Dr, CHARLOTTETOWN, PE, C1E 2E2
(902) 566-5558   SIC 5651

COWTOWN p 1283
See MASTERFEEDS INC
COX & PALMER p 400
371 Queen St Suite 400, FREDERICTON, NB, E3B 1B1
(506) 444-9284 SIC 8111
COX & PALMER p 407
644 Main St Suite 502, MONCTON, NB, E1C 1E2
(506) 856-9800 SIC 8111
COX & PALMER p 415
1 Brunswick Pl Suite 1500, SAINT JOHN, NB, E2K 1B5
(506) 632-8900 SIC 8111
COX & PALMER p 416
1 Germain St Suite 1500, SAINT JOHN, NB, E2L 4V1
(506) 633-2718 SIC 8111
COX & PALMER p 416
1 Germain St Unit 1500, SAINT JOHN, NB, E2L 4V1
(506) 632-8900 SIC 8111
COX & PALMER p 980
97 Queen St Suite 600, CHARLOTTETOWN, PE, C1A 4A9
(902) 628-1033 SIC 8111
COX ELECTRONICS & COMMUNICATIONS p 418
See COX RADIO & TV LTD
COX MECHANICAL LTD p 166
65 Corriveau Ave, ST. ALBERT, AB, T8N 5A3
(780) 459-2530 SIC 1711
COX RADIO & TV LTD p 418
843 Fairville Blvd, SAINT JOHN, NB, E2M 5T9
(506) 635-8207 SIC 5731
COX, G W CONSTRUCTION LTD p 136
1210 31 St N, LETHBRIDGE, AB, T1H 5J8
(403) 328-1346 SIC 1794
COXHEATH ELEMENTARY SCHOOL p 446
See CAPE BRETON-VICTORIA REGIONAL SCHOOL BOARD
COYOTE CREEK ELEMENTARY SCHOOL p 282
See SCHOOL DISTRICT NO 36 (SURREY)
CP DISTRIBUTORS LTD p 16
3900 106 Ave Se Suite 29, CALGARY, AB, T2C 5B6
(403) 253-2006 SIC 5031
CP DISTRIBUTORS LTD p 99
4715 Eleniak Rd Nw, EDMONTON, AB, T6B 2N1
(780) 468-6754 SIC 5039
CP DISTRIBUTORS LTD p 281
15050 54a Ave Suite 5, SURREY, BC, V3S 5X7
(604) 599-0900 SIC 5039
CP DISTRIBUTORS LTD p 1294
3719 Kochar Av, SASKATOON, SK, S7K 0B8
(306) 242-3315 SIC 5199
CP DISTRIBUTORS LTD. p 16
See CP DISTRIBUTORS LTD
CP DISTRIBUTORS LTD. p 99
See CP DISTRIBUTORS LTD
CP DISTRIBUTORS LTD. p 281
See CP DISTRIBUTORS LTD
CP DISTRIBUTORS LTD. p 1294
See CP DISTRIBUTORS LTD
CP ENERGY MARKETING INC p 41
505 2 St Sw Suite 84, CALGARY, AB, T2P 1N8
(403) 717-4600 SIC 8711
CP INTERMODAL SERVICES p 577
See CANADIAN PACIFIC RAILWAY COMPANY
CP INTERMODAL SERVICES p 645
See CANADIAN PACIFIC RAILWAY COMPANY
CPAB p 913
See CANADIAN PUBLIC ACCOUNTABILITY BOARD
CPABC p 303

See CHARTERED PROFESSIONAL ACCOUNTANTS OF BRITISH COLUMBIA
CPAC p 790
See CABLE PUBLIC AFFAIRS CHANNEL INC
CPAS SYSTEMS INC p 753
250 Ferrand Dr 7th Floor, NORTH YORK, ON, M3C 3G8
(416) 422-0563 SIC 7371
CPE DU CARREFOUR p 1093
See CENTRE DE LA PETITE ENFANCE DU CARREFOUR INC
CPE LES MOUSSES DU MONT INSTALLATION ALIZE p 1182
See CENTRE DE LA PETITE ENFANCE LES MOUSSES DU MONT INC
CPI SERVICE p 104
See COMPRESSOR PRODUCTS INTERNATIONAL CANADA INC
CPL p 708
See CONTRACT PHARMACEUTICALS LIMITED CANADA
CPP INVESTMENT BOARD PRIVATE HOLDINGS (2) INC. p 907
One Queen St E Suite 2500, TORONTO, ON, M5C 2W5
(416) 868-4075 SIC 6371
CPPIB ZAMBEZI HOLDINGS INC p 907
1 Queen St E Suite 2600, TORONTO, ON, M5C 2W5
(416) 868-4075 SIC 4731
CPR p 16
See CANADIAN PACIFIC RAILWAY COMPANY
CPR p 27
See CANADIAN PACIFIC RAILWAY COMPANY
CPR p 69
See CANADIAN PACIFIC RAILWAY COMPANY
CPR p 103
See CANADIAN PACIFIC RAILWAY COMPANY
CPR p 155
See CANADIAN PACIFIC RAILWAY COMPANY
CPR p 176
See CANADIAN PACIFIC RAILWAY COMPANY
CPR p 219
See CANADIAN PACIFIC RAILWAY COMPANY
CPR p 253
See CANADIAN PACIFIC RAILWAY COMPANY
CPR p 255
See CANADIAN PACIFIC RAILWAY COMPANY
CPR p 264
See CANADIAN PACIFIC RAILWAY COMPANY
CPR p 374
See CANADIAN PACIFIC RAILWAY COMPANY
CPR p 379
See CANADIAN PACIFIC RAILWAY COMPANY
CPR p 391
See CANADIAN PACIFIC RAILWAY COMPANY
CPR p 542
See CANADIAN PACIFIC RAILWAY COMPANY
CPR p 610
See CANADIAN PACIFIC RAILWAY COMPANY
CPR p 666
See CANADIAN PACIFIC RAILWAY COMPANY
CPR p 668
See CANADIAN PACIFIC RAILWAY COMPANY
CPR p 699

See CANADIAN PACIFIC RAILWAY COMPANY
CPR p 741
See CANADIAN PACIFIC RAILWAY COMPANY
CPR p 847
See CANADIAN PACIFIC RAILWAY COMPANY
CPR p 879
See CANADIAN PACIFIC RAILWAY COMPANY
CPR p 880
See CANADIAN PACIFIC RAILWAY COMPANY
CPR p 918
See CANADIAN PACIFIC RAILWAY COMPANY
CPR p 954
See CANADIAN PACIFIC RAILWAY COMPANY
CPR p 1017
See CANADIAN PACIFIC RAILWAY COMPANY
CPR p 1110
See CANADIAN PACIFIC RAILWAY COMPANY
CPR p 1114
See CANADIAN PACIFIC RAILWAY COMPANY
CPR p 1265
See CANADIAN PACIFIC RAILWAY COMPANY
CPR p 1275
See CANADIAN PACIFIC RAILWAY COMPANY
CPR p 1287
See CANADIAN PACIFIC RAILWAY COMPANY
CPR p 1302
See CANADIAN PACIFIC RAILWAY COMPANY
CPS WOOD PRODUCTS p 554
See CANADA PALLET CORP
CPU SERVICE D'ORDINATEUR INC p 1090
4803 Rue Molson, Montreal, QC, H1Y 0A2
(514) 955-8280 SIC 7378
CPU SERVICE D'ORDINATEUR INC p 1153
2323 Boul Du Versant-Nord Bureau 100, Quebec, QC, G1N 4P4
(418) 681-1234 SIC 7378
CRAFT LINE COUNTERTOPS p 365
See KITCHEN CRAFT OF CANADA
CRAFTER'S PRIDE INC p 974
288 Velmar Dr, WOODBRIDGE, ON, L4L 8K3
(416) 727-5790 SIC 2396
CRAIG EVAN CORPORATION, THE p 650
2480 Huron St Unit 3, LONDON, ON, N5V 0B1
(519) 455-6760 SIC 4899
CRAIG PACKAGING LIMITED p 622
5911 Carmen Rd S, IROQUOIS, ON, K0E 1K0
(613) 652-4856 SIC 2653
CRAIGLEE NURSING HOME LIMITED p 839
102 Craiglee Dr, SCARBOROUGH, ON, M1N 2M7
(416) 264-2260 SIC 8051
CRAIK & DISTRICT HEALTH CENTRE p 1266
See FIVE HILLS REGIONAL HEALTH AUTHORITY
CRAILIN LOGISTICS SERVICES INC p 621
14722 Heart Lake Rd, INGLEWOOD, ON, L7C 2J7
(905) 838-3215 SIC 4731
CRAIN & SCHOOLEY INSURANCE BROKERS LTD p 807
81 Gore St E, PERTH, ON, K7H 1J1
(613) 267-1194 SIC 6411
CRAINS' CONSTRUCTION LIMITED p 666
1800 Mayberly 2 Elphin Rd, MABERLY, ON,

K0H 2B0
(613) 268-2308 SIC 1794
CRAKMEDIA NETWORK p 1148
See 4355768 CANADA INC
CRANBERRY PORTAGE ELEMENTARY SCHOOL p 347
See FRONTIER SCHOOL DIVISION
CRANBROOK ACCOUNTING p 204
See BDO CANADA LLP
CRANE CANADA CO. p 31
324 58 Ave Se, CALGARY, AB, T2H 0P1
(403) 252-7811 SIC 5085
CRANE CANADA CO. p 450
58 Wright Ave, DARTMOUTH, NS, B3B 1H3
(902) 468-1650 SIC 4619
CRANE CANADA CO. p 593
1630 Star Top Rd, GLOUCESTER, ON, K1B 3W6
(613) 745-9135 SIC 5085
CRANE CANADA CO. p 607
1755 Burlington St E, HAMILTON, ON, L8H 3L5
(905) 547-1951 SIC 5085
CRANE CANADA CO. p 1059
7800 Rue Elmslie, LASALLE, QC, H8N 3E5
(514) 766-8541 SIC 5074
CRANE CANADA CO. p 1282
335 E 6th Ave, REGINA, SK, S4N 6A6
(306) 525-1326 SIC 5085
CRANE CARRIER (CANADA) LIMITED p 17
7034 30 St Se, CALGARY, AB, T2C 1N9
(403) 720-2910 SIC 5013
CRANE CARRIER (CANADA) LIMITED p 91
11523 186 St Nw, EDMONTON, AB, T5S 2W6
(780) 443-2493 SIC 5013
CRANE CARRIER (CANADA) LIMITED p 162
63 Strathmoor Dr, SHERWOOD PARK, AB, T8H 0C1
(780) 416-4444 SIC 5013
CRANE CARRIER (CANADA) LIMITED p 450
656 Windmill Rd, DARTMOUTH, NS, B3B 1B8
(902) 468-6220 SIC 5531
CRANE DISTRIBUTION p 1059
See CRANE CANADA CO.
CRANE PLUMBING CANADA CORP p 864
15 Crane Ave, STRATFORD, ON, N5A 6S4
(519) 271-6150 SIC 3431
CRANE PLUMBING CANADA CORP p 944
420 Sidney St, TRENTON, ON, K8V 2V2
SIC 3431
CRANE SUPPLY p 450
See CRANE CANADA CO.
CRANE SUPPLY p 593
See CRANE CANADA CO.
CRANE SUPPLY p 607
See CRANE CANADA CO.
CRANE SUPPLY p 1282
See CRANE CANADA CO.
CRANE SUPPLY, DIV OF p 31
See CRANE CANADA CO.
CRANE, JOHN CANADA INC p 100
7123 Roper Rd Nw, EDMONTON, AB, T6B 3K3
(780) 466-1338 SIC 3953
CRANE, JOHN CANADA INC p 860
423 Green Rd N, STONEY CREEK, ON, L8E 3A1
(905) 662-6191 SIC 3061
CRANE, JOHN CANADA INC p 861
423 Green Rd, STONEY CREEK, ON, L8E 3A1
(905) 662-6191 SIC 3499
CRANE, JOHN CANADA INC p 1206
2519 Rue Cohen, SAINT-LAURENT, QC, H4R 2N5
(514) 335-6335 SIC 5084
CRANFIELD GENERAL CONTRACTING p 891
See EVAGELOU ENTERPRISES INC
CRAWFORD & COMPANY (CANADA) INC p

CRAWFORD & COMPANY (CANADA) INC
23
3115 12 St Ne Suite 300, CALGARY, AB, T2E 7J2
(403) 266-3933 SIC 6411
CRAWFORD & COMPANY (CANADA) INC p 79
10709 Jasper Ave Nw Suite 600, EDMONTON, AB, T5J 3N3
(780) 486-8000 SIC 6411
CRAWFORD & COMPANY (CANADA) INC p 294
2985 Virtual Way Suite 280, VANCOUVER, BC, V5M 4X7
(604) 739-3816 SIC 6411
CRAWFORD & COMPANY (CANADA) INC p 610
38 James St S, HAMILTON, ON, L8P 4W6
(905) 529-9600 SIC 6411
CRAWFORD & COMPANY (CANADA) INC p 642
539 Riverbend Dr, KITCHENER, ON, N2K 3S3
(519) 578-5540 SIC 6411
CRAWFORD & COMPANY (CANADA) INC p 790
151 Slater St Suite 900, OTTAWA, ON, K1P 5H3
(613) 564-7182 SIC 8111
CRAWFORD & COMPANY (CANADA) INC p 799
955 Green Valley Cres Suite 285, OTTAWA, ON, K2C 3V4
(613) 233-5661 SIC 6411
CRAWFORD & COMPANY (CANADA) INC p 854
55 King St Suite 300, ST CATHARINES, ON, L2R 3H5
(905) 688-6391 SIC 6411
CRAWFORD & COMPANY (CANADA) INC p 918
123 Front St W Suite 300, TORONTO, ON, M5J 2M2
(416) 867-1188 SIC 6411
CRAWFORD & COMPANY (CANADA) INC p 950
180 King St S Ste 610, WATERLOO, ON, N2J 1P8
(519) 578-4053 SIC 6411
CRAWFORD & COMPANY (CANADA) INC p 992
7171 Rue Jean-Talon E Bureau 500, ANJOU, QC, H1M 3N2
(514) 748-7300 SIC 6411
CRAWFORD ADJUSTERS p 642
See CRAWFORD & COMPANY (CANADA) INC
CRAWFORD ADJUSTERS CANADA p 23
See CRAWFORD & COMPANY (CANADA) INC
CRAWFORD ADJUSTERS CANADA p 799
See CRAWFORD & COMPANY (CANADA) INC
CRAWFORD ADJUSTERS CANADA p 918
See CRAWFORD & COMPANY (CANADA) INC
CRAWFORD AND COMPANY p 854
See CRAWFORD & COMPANY (CANADA) INC
CRAWFORD BAY ELEMENTARY-SECONDARY SCHOOL p 205
See SCHOOL DISTRICT NO. 8 (KOOTENAY LAKE)
CRAWFORD CANADA ISRN p 294
See CRAWFORD & COMPANY (CANADA) INC
CRAWFORD CLASS ACTION SERVICES p 950
See CRAWFORD & COMPANY (CANADA) INC
CRAWFORD EXPERTISES CANADA p 992
See CRAWFORD & COMPANY (CANADA) INC
CRAWFORD METAL CORPORATION p 650

3101 Gore Rd, LONDON, ON, N5V 5C8
(519) 659-2080 SIC 5051
CRAWFORD METAL CORPORATION p 748
132 Sheppard Ave W Suite 200, NORTH YORK, ON, M2N 1M5
(416) 224-1515 SIC 5051
CRAWFORD METAL CORPORATION p 944
300 West St, TRENTON, ON, K8V 2N3
(613) 394-1994 SIC 5051
CRAWFORD METAL CORPORATION p 1069
2290 Rue De La Metropole, LONGUEUIL, QC, J4G 1E6
(450) 646-6000 SIC 5051
CRAWFORD PACKAGING INC p 513
115 Walker Dr Unit A, BRAMPTON, ON, L6T 5P5
(905) 670-7904 SIC 5084
CRAWFORD PROVINCIAL p 513
See CRAWFORD PACKAGING INC
CRAWFORD SMITH & SWALLOW CHARTERED ACCOUNTANTS LLP p 609
75 Young St, HAMILTON, ON, L8N 1V4
(905) 528-4600 SIC 8111
CRAWFORD SMITH & SWALLOW CHARTERED ACCOUNTANTS LLP p 735
4741 Queen St, NIAGARA FALLS, ON, L2E 2M2
(905) 356-4200 SIC 8721
CRAWFORD SMITH & SWALLOW CHARTERED ACCOUNTANTS LLP p 854
43 Church St Suite 400, ST CATHARINES, ON, L2R 7E1
(905) 937-2100 SIC 8721
CRAYOLA CANADA p 647
See COUTTS, WILLIAM E. COMPANY, LIMITED
CRC CANADIAN RETIREMENT CORPORATION p 222
4390 Gallaghers Dr E, KELOWNA, BC, V1W 3Z8
(250) 860-9013 SIC 1521
CRDI p 1128
See CENTRE DE READAPTATION DEFICIENCE INTELECTUELLE NORMAND-LARAMEE, LE
CRDI CHAUDIERE-APPALACHES p 1083
See CENTRE DE READAPTATION EN DEFICIENCE INTELLECTUELLE ET TED
CRDI CLAIR FOYER p 1253
See CLAIR FOYER INC
CRDI DE QUEBEC p 1147
See GOUVERNEMENT DE LA PROVINCE DE QUEBEC
CRDI MONTEREGIE EST p 1021
159 Rue Des Textiles, COWANSVILLE, QC, J2K 3P8
(450) 263-8383 SIC 8322
CRDI NORMAND-LARAMEE p 1018
304 Boul Cartier O, Cote Saint-Luc, QC, H7N 2J2
(450) 972-2099 SIC 8011
CRDI TED NCQ IU p 997
1582 Boul De Port-Royal Bureau 221, Becancour, QC, G9H 1X6
(819) 233-2111 SIC 8361
CRDI TED NCQ IU p 1029
440 Rue Saint-Georges, DRUMMONDVILLE, QC, J2C 4H4
(819) 477-5687 SIC 8361
CRDI TED NCQ IU p 1234
See CRDI TED NCQ IU
CRDI TED NCQ IU p 1234
750 Prom Du Saint-Maurice, SHAWINIGAN, QC, G9N 1L6
(819) 536-7159 SIC 7389
CRDI TED NCQ IU p 1249
3255 Rue Foucher, Trois-Rivieres, QC, G8Z 1M6
(819) 379-6868 SIC 8361

CRDI TED NCQ IU p 1249
920 Place Boland, Trois-Rivieres, QC, G8Z 4H2
SIC 8399
CRDI-TED ESTRIE p 1263
56 Rue Saint-Georges Bureau 206, WINDSOR, QC, J1S 1J5
(819) 845-7200 SIC 8322
CRDITED DE CHAUDIERE-APPALACHES p 1064
See CENTRE DE READAPTATION EN DEFICIENCE INTELLECTUELLE ET TED
CRDITED ESTRIE p 1237
See CENTRE NOTRE DAME DE L'ENFANT SHERBROOKE INC
CRDITED MONTEREGIE EST p 997
255 Rue Choquette, BELOEIL, QC, J3G 4V6
(450) 446-7477 SIC 8361
CRDITED MONTEREGIE EST p 1005
278 Av Des Erables, BRIGHAM, QC, J2K 4C9
(450) 263-3545 SIC 8361
CRDITED MONTEREGIE EST p 1007
3530 Rue Isabelle, BROSSARD, QC, J4Y 2R3
(450) 444-5588 SIC 8322
CRDITED MONTEREGIE EST p 1040
290 Rue Saint-Hubert, GRANBY, QC, J2G 5N3
(450) 375-0437 SIC 8361
CRDITED MONTEREGIE EST p 1040
See CRDITED MONTEREGIE EST
CRDITED MONTEREGIE EST p 1071
1219 Rue Maisonneuve, LONGUEUIL, QC, J4K 2S7
(450) 670-3965 SIC 8322
CRDITED MONTEREGIE EST p 1071
1255 Rue Beauregard Bureau 2201, LONGUEUIL, QC, J4K 2M3
(450) 679-6511 SIC 8361
CRDITED MONTEREGIE EST p 1191
See CRDITED MONTEREGIE EST
CRDITED MONTEREGIE EST p 1191
5980 Ch De Chambly, SAINT-HUBERT, QC, J3Y 6W9
(450) 445-2431 SIC 8361
CRE TRANSPORT p 1245
See 9138-7472 QUEBEC INC
CREA p 994
See COMMISSION SCOLAIRE DE L'ESTUAIRE
CREAFORM INC p 1065
5825 Rue Saint-Georges, Levis, QC, G6V 4L2
(418) 833-4446 SIC 7373
CREAFORME p 1065
See CREAFORM INC
CREATECH GROUP, THE p 1257
See 6362222 CANADA INC
CREATION STRATEGIQUE ABSOLUE INC p 1167
6655 Boul Pierre-Bertrand Bureau 245, Quebec, QC, G2K 1M1
(418) 688-8008 SIC 7311
CREATION TECHNOLOGIES LP p 192
8997 Fraserton Crt Suite 102, BURNABY, BC, V5J 5H8
(604) 430-4336 SIC 3679
CREATION TECHNOLOGIES LP p 678
110 Clegg Rd, MARKHAM, ON, L6G 1E1
(905) 754-0055 SIC 3679
CREATION TECHNOLOGIES LP p 708
6820 Creditview Rd, MISSISSAUGA, ON, L5N 0A9
(905) 814-6323 SIC 3679
CREATIONS JRP (1994) INC p 1183
24 Rue Du Pont, Saint-Clement, QC, G0L 2N0
(418) 963-2364 SIC 2842
CREATIONS VIE BOIS INC p 1219
1820 Rue Guimond, SAINT-PAULIN, QC, J0K 3G0
(819) 268-2206 SIC 2511
CREATIVE ARTS CENTRE p 729

See CITY OF OTTAWA
CREATIVE CENTRE FOR LEARNING & DEVELOPMENT LIMITED p 956
6727 South Chippawa Rd, WELLANDPORT, ON, L0R 2J0
(905) 386-6203 SIC 8299
CREATIVE DOOR SERVICES LTD p 10
3740 27 St Ne Suite 8, CALGARY, AB, T1Y 5E2
(888) 621-3667 SIC 1751
CREATIVE DOOR SERVICES LTD p 207
1678 Foster's Way Unit 3, DELTA, BC, V3M 6S6
(604) 524-8444 SIC 1751
CREATIVE DOOR SERVICES LTD p 362
64 Hoka St, WINNIPEG, MB, R2C 3N2
(204) 224-1224 SIC 5031
CREATIVE DOOR SERVICES LTD p 1282
629 Park St, REGINA, SK, S4N 5N1
(306) 721-8515 SIC 1751
CREATIVE VISTAS ACQUISITION CORP p 957
2100 Forbes St, WHITBY, ON, L1N 9T3
(905) 666-8676 SIC 1731
CREDENTIAL SECURITIES INC p 276
124 Mcphillips Ave, SALT SPRING ISLAND, BC, V8K 2T5
(250) 537-8868 SIC 6211
CREDENTIAL SECURITIES INC p 310
1111 Georgia St W Suite 800, VANCOUVER, BC, V6E 4T6
(604) 714-3900 SIC 6211
CREDENTIAL SECURITY p 309
See VANCOUVER CITY SAVINGS CREDIT UNION
CREDIT BUREAU OF STRATFORD (1970) LTD p 864
61 Lorne Ave E Suite 96, STRATFORD, ON, N5A 6S4
(519) 271-6211 SIC 7323
CREDIT MEADOWS ELEMENTARY SCHOOL p 773
See UPPER GRAND DISTRICT SCHOOL BOARD, THE
CREDIT RISK MANAGEMENT CANADA p 864
See CREDIT BUREAU OF STRATFORD (1970) LTD
CREDIT SUISSE SECURITIES (CANADA) INC p 932
1 First Canadian Pl Suite 2900, TORONTO, ON, M5X 1C9
(416) 352-4500 SIC 6211
CREDIT UNION CENTRAL NOVA SCOTIA p 460
See CREDIT UNION CENTRAL OF CANADA
CREDIT UNION CENTRAL OF CANADA p 181
2941 272 St, ALDERGROVE, BC, V4W 3R3
(604) 856-7724 SIC 6062
CREDIT UNION CENTRAL OF CANADA p 460
6074 Lady Hammond Rd, HALIFAX, NS, B3K 2R7
(902) 453-0680 SIC 6062
CREDIT VALLEY PUBLIC SCHOOL p 706
See PEEL DISTRICT SCHOOL BOARD
CREE BOARD OF HEALTH & SOCIAL SERVICES OF JAMES BAY p 1079
302 Queen St, MISTISSINI, QC, G0W 1C0
(418) 923-3376 SIC 8093
CREE SCHOOL BOARD p 1016
11 Maamuu, CHISASIBI, QC, J0M 1E0
(819) 855-2833 SIC 8211
CREE SCHOOL BOARD p 1032
142 Shabow, EASTMAIN, QC, J0M 1W0
(819) 977-0244 SIC 8211
CREE SCHOOL BOARD p 1050
Pr, KUUJJUARAPIK, QC, J0M 1G0
(819) 929-3257 SIC 8211
CREE SCHOOL BOARD p 1079

203 Main St, MISTISSINI, QC, G0W 1C0
(418) 923-2764   *SIC* 8211
CREE SCHOOL BOARD   p 1134
9 Rue Lake Shore, Nemiscau, QC, J0Y 3B0
(819) 673-2536   *SIC* 8211
CREE SCHOOL BOARD   p 1136
220 Opemiska Meskino, Ouje-Bougoumou, QC, G0W 3C0
(418) 745-2542   *SIC* 8211
CREE SCHOOL BOARD   p 1261
1 Rue Elder David Neeposh, WASWANIPI, QC, J0Y 3C0
(819) 753-4040   *SIC* 8249
CREE SCHOOL BOARD   p 1261
Pr, WEMINDJI, QC, J0M 1L0
(819) 978-0263   *SIC* 8211
CREE SCHOOL BOARD   p 1261
Cp 300, WASKAGANISH, QC, J0M 1R0
(819) 895-8819   *SIC* 8211
CREE SCHOOL BOARD   p 1261
6 Rue Birch, WASWANIPI, QC, J0Y 3C0
(819) 753-2583   *SIC* 8211
CREEBURN LAKE LODGE LIMITED PARTNERSHIP   p 119
Gd, FORT MCMURRAY, AB, T9H 3E2
(780) 788-2310   *SIC* 7011
CREEKBANK TRANSPORT, DIV OF   p 691
See TRIANGLE FREIGHT SERVICES LTD
CREEKSIDE DIVISION   p 341
See TOLKO INDUSTRIES LTD
CREEKSIDE ELEMENTARY SCHOOL p 285
See SCHOOL DISTRICT NO 36 (SURREY)
CREEMORE SPRINGS BREWERY LIMITED   p 568
139 Mill St Suite 369, CREEMORE, ON, L0M 1G0
(705) 466-2240   *SIC* 2082
CREEWAY GAS LLP   p 1302
335 Packham Ave Suite 112, SASKATOON, SK, S7N 4S1
(306) 955-8835   *SIC* 5541
CREIGHTON COMMUNITY SCHOOL p 1266
See CREIGHTON SCHOOL DIVISION 111
CREIGHTON ROCK DRILL LIMITED   p 716
2222 Drew Rd, MISSISSAUGA, ON, L5S 1B1
(905) 673-8200   *SIC* 5082
CREIGHTON SCHOOL DIVISION 111   p 1266
Gd, CREIGHTON, SK, S0P 0A0
(306) 688-5825   *SIC* 8211
CREIT   p 42
See CANADIAN REAL ESTATE INVESTMENT TRUST
CREIT MANAGEMENT L.P.   p 41
140 4 Ave Sw Suite 210, CALGARY, AB, T2P 3N3
(403) 235-3443   *SIC* 6531
CRELOGIX ACCEPTANCE CORPORATION   p 186
4445 Lougheed Hwy Suite 900, BURNABY, BC, V5C 0E4
(604) 293-1131   *SIC* 6153
CREMONA SCHOOL   p 70
See CHINOOKS EDGE SCHOOL DIVISION NO. 73
CRESCENT HEIGHTS HIGH SCHOOL p 38
See CALGARY BOARD OF EDUCATION
CRESCENT HEIGHTS HIGH SCHOOL p 144
See MEDICINE HAT SCHOOL DISTRICT NO. 76
CRESCENT MULTI FOODS   p 366
See NORTH WEST COMPANY LP, THE
CRESCENT PARK ANNEX   p 288
See SCHOOL DISTRICT NO 36 (SURREY)
CRESCENT PARK ELEMENTARY SCHOOL p 206
See SCHOOL DISTRICT #59 PEACE RIVER SOUTH
CRESCENT POINT ENERGY CORP p 1306
330 Central Ave N Suite 220, SWIFT CURRENT, SK, S9H 0L4
(306) 294-7002   *SIC* 1311

CRESCENT TOWN ELEMENTARY SCHOOL   p 892
See TORONTO DISTRICT SCHOOL BOARD
CRESCENT VALLEY SCHOOL   p 131
See GRANDE YELLOWHEAD PUBLIC SCHOOL DIVISION 77
CRESMOUNT FUNERAL HOME   p 615
See SERVICE CORPORATION INTERNATIONAL (CANADA) LIMITED
CRESSWELL INDUSTRIES INC   p 1041
See INDUSTRIES CRESSWELL INC
CREST HOTEL LTD   p 263
222 1st Ave W, PRINCE RUPERT, BC, V8J 1A8
(250) 624-6771   *SIC* 7011
CREST MOLD TECHNOLOGY INC   p 772
2055 Blackacre Dr Rr 1, OLDCASTLE, ON, N0R 1L0
(519) 737-1546   *SIC* 3089
CREST SUPPORT SERVICES   p 666
See CREST SUPPORT SERVICES (MEADOWCREST) INC
CREST SUPPORT SERVICES (MEADOWCREST) INC   p 666
13570 Elginfield Rd Rr 1, LUCAN, ON, N0M 2J0
(519) 227-6766   *SIC* 8322
CRESTON EDUCATION CENTRE   p 206
See SCHOOL DISTRICT NO. 8 (KOOTENAY LAKE)
CRESTON VALLEY HOSPITAL   p 206
See INTERIOR HEALTH CRESTON VALLEY HOSPITAL
CRESTVIEW ELEMENTARY SCHOOL p 746
See TORONTO DISTRICT SCHOOL BOARD
CRESTVIEW PUBLIC SCHOOL   p 637
See WATERLOO REGION DISTRICT SCHOOL BOARD
CRESTWOOD ENGINEERING COMPANY LTD   p 230
6252 205 St, LANGLEY, BC, V2Y 1N7
(604) 532-8024   *SIC* 7539
CRESTWOOD PREPARATORY COLLEGE INC   p 890
217 Brookbanks Dr, TORONTO, ON, M3A 2T7
(416) 444-6230   *SIC* 8211
CRESTWOOD SCHOOL   p 143
See MEDICINE HAT SCHOOL DISTRICT NO. 76
CRETE TRANSPORT 79 LTD, LA   p 133
9706 99th St, LA CRETE, AB, T0H 2H0
(780) 928-3989   *SIC* 4213
CRH CANADA GROUP INC   p 500
4240 Bartlett Rd, BEAMSVILLE, ON, L0R 1B1
(905) 563-5412   *SIC* 3273
CRH CANADA GROUP INC   p 529
2671 Simcoe St, BRECHIN, ON, L0K 1B0
(705) 484-0073   *SIC* 1422
CRH CANADA GROUP INC   p 546
7108 Concession 2, CAMBRIDGE, ON, N3C 2V4
(519) 763-7337   *SIC* 1442
CRH CANADA GROUP INC   p 557
2300 Steeles Ave W Suite 300, CONCORD, ON, L4K 5X6
(905) 761-7000   *SIC* 1771
CRH CANADA GROUP INC   p 584
1184 Martin Grove Rd, ETOBICOKE, ON, M9W 5M9
(416) 744-2206   *SIC* 5999
CRH CANADA GROUP INC   p 617
886 Nebo Rd, HANNON, ON, L0R 1P0
(905) 679-3994   *SIC* 5032
CRH CANADA GROUP INC   p 641
5 Johnston St, KITCHENER, ON, N2H 6N4
(519) 749-6120   *SIC* 5999
CRH CANADA GROUP INC   p 670
7655 Woodbine Ave, MARKHAM, ON, L3R 2N4

(905) 475-6631   *SIC* 3273
CRH CANADA GROUP INC   p 681
9410 Dublin Line, MILTON, ON, L9T 2X7
(905) 878-6051   *SIC* 1481
CRH CANADA GROUP INC   p 699
3649 Erindale Station Rd, MISSISSAUGA, ON, L5C 2S9
(905) 275-2093   *SIC* 3272
CRH CANADA GROUP INC   p 702
2391 Lakeshore Rd W, MISSISSAUGA, ON, L5J 1K1
(905) 822-1653   *SIC* 3241
CRH CANADA GROUP INC   p 768
690 Dorval Dr Suite 200, OAKVILLE, ON, L6K 3W7
(905) 842-2741   *SIC* 8711
CRH CANADA GROUP INC   p 769
731 Third Line, OAKVILLE, ON, L6L 4B2
(905) 827-5750   *SIC* 7699
CRH CANADA GROUP INC   p 777
3565 Durham Rd Suite 20, ORONO, ON, L0B 1M0
(905) 983-9289   *SIC* 3532
CRH CANADA GROUP INC   p 843
1940 Mccowan Rd, SCARBOROUGH, ON, M1S 4K1
(416) 293-4147   *SIC* 3241
CRH CANADA GROUP INC   p 895
650 Commissioners St, TORONTO, ON, M4M 1A7
(416) 465-3300   *SIC* 3531
CRH CANADA GROUP INC   p 1045
966 Ch Des Prairies, JOLIETTE, QC, J6E 0L4
(450) 756-1076   *SIC* 3241
CRH CANADA GROUP INC   p 1068
435 Rue Jean-Neveu, LONGUEUIL, QC, J4G 2P9
(450) 651-1117   *SIC* 3273
CRH CANADA GROUP INC   p 1068
435 Rue Jean-Neveu, LONGUEUIL, QC, J4G 2P9
(450) 651-1117   *SIC* 3241
CRH CANADA GROUP INC   p 1167
205 Boul Louis-Xiv Bureau 102, Quebec, QC, G2K 1W6
(418) 628-0440   *SIC* 3531
CRH CANADA GROUP INC   p 1213
26 Rue Saulnier, SAINT-LAURENT, QC, H7M 1S8
(450) 629-3533   *SIC* 1611
CRH CANADA GROUP INC   p 1231
189 Rue Des Betonnieres, SALABERRY-DE-VALLEYFIELD, QC, J6S 0A5
(450) 373-3322   *SIC* 5032
CRH CANADA GROUP INC   p 1240
5607 Rue Mills, SHERBROOKE, QC, J1N 3B6
(819) 564-3989   *SIC* 3273
CRI CANADA   p 186
See CRI CREDIT GROUP SERVICES INC
CRI CREDIT GROUP SERVICES INC p 186
4185 Still Creek Dr Unit 350a, BURNABY, BC, V5C 6G9
(604) 438-7785   *SIC* 6411
CRIBTEC INC   p 1149
975 Boul Champlain, Quebec, QC, G1K 4J9
(418) 622-5992   *SIC* 1731
CRICHTON PARK ELEMENTARY SCHOOL p 449
See HALIFAX REGIONAL SCHOOL BOARD
CRIDGE CENTRE FOR THE FAMILY, THE p 329
1307 Hillside Ave Suite 414, VICTORIA, BC, V8T 0A2
(250) 384-8058   *SIC* 8322
CRIDGE CENTRE FOR THE FAMILY, THE p 334
1251 Santa Rosa Ave, VICTORIA, BC, V8Z 2V5
(250) 479-5299   *SIC* 8322
CRIEFF HILLS COMMUNITY RETREAT & CONFERENCE CENTRE   p 818

See PRESBYTERIAN CHURCH IN CANADA, THE
CRIFA-CS DES HAUTS-CANTONS   p 1016
See COMMISSION SCOLAIRE DES HAUTS-CANTONS
CRIME STOPPERS   p 826
See THUNDER BAY DISTRICT CRIME STOPPERS INC
CRIMINAL LAW OFFICE   p 378
See LEGAL AID SERVICES SOCIETY OF MANITOBA
CRIMSON TIDE FISHERIES   p 426
See BARRY GROUP INC
CRISIS CENTRE NORTH BAY   p 741
214 Second Ave W, NORTH BAY, ON, P1B 3K9
  SIC 8399
CRISIS CENTRE NORTH BAY   p 741
45 Pinewood Park Dr, NORTH BAY, ON, P1B 8Z4
(705) 474-6488   *SIC* 8361
CRITERION CATALYSTS & TECHNOLOGIES CANADA, INC   p 145
2159 Brier Park Pl Nw, MEDICINE HAT, AB, T1C 1S7
(403) 527-4400   *SIC* 2819
CRITERION GLOBAL DIVIDEND FUND   p 918
95 Wellington St W Suite 1400, TORONTO, ON, M5J 2N7
(416) 642-5998   *SIC* 6722
CRITICAL CONTROL ENERGY SERVICES CORP   p 79
10130 103 St Nw Suite 1500, EDMONTON, AB, T5J 3N9
(780) 423-3100   *SIC* 7371
CRITICAL CONTROL ENERGY SERVICES CORP   p 83
10045 111 St Nw, EDMONTON, AB, T5K 2M5
(780) 423-3100   *SIC* 8742
CRITICAL CONTROL ENERGY SERVICES CORP   p 670
2820 14th Ave Suite 100, MARKHAM, ON, L3R 0S9
(905) 940-0190   *SIC* 7371
CRITICAL MASS INC   p 928
425 Adelaide St W, TORONTO, ON, M5V 3C1
(416) 673-5275   *SIC* 7374
CRITICAL PATH COURIERS   p 688
See CRITICAL PATH COURIERS LTD
CRITICAL PATH COURIERS LTD   p 688
1257 Kamato Rd, MISSISSAUGA, ON, L4W 2M2
(905) 212-8333   *SIC* 7389
CRITICALCONTROL SOLUTIONS INC p 27
410 10 Ave Se Suite 800, CALGARY, AB, T2G 0R1
(403) 705-7500   *SIC* 7371
CRITICALL ONTARIO   p 615
See HAMILTON HEALTH SCIENCES CORPORATION
CROCS CANADA INC   p 820
1455 16th Ave Unit 7, RICHMOND HILL, ON, L4B 4W5
(905) 747-3366   *SIC* 3021
CROCUS PLAINS REGIONAL SECONDARY SCHOOL   p 344
See BRANDON SCHOOL DIVISION, THE
CROFT ELEMENTARY SCHOOL   p 405
See DISTRICT EDUCATION COUNCIL-SCHOOL DISTRICT 16
CROFTON HOUSE SCHOOL   p 318
3200 41st Ave W, VANCOUVER, BC, V6N 3E1
(604) 263-3255   *SIC* 8211
CROFTON MANOR   p 318
See REVERA INC
CROFTON MILL   p 206
See CATALYST PAPER CORPORATION
CROISIERES AML INC   p 1149

▲ Public Company   ■ Public Company Family Member   **HQ** Headquarters   **BR** Branch   **SL** Single Location

124 Rue Saint-Pierre, Quebec, QC, G1K 4A7
(866) 856-6668   SIC 4424
CROISIERES DU PORT DE MONTREAL p 1149
See CROISIERES AML INC
CROISSANTERIE BLANVILLE p 999
See PETITE BRETONNE INC, LA
CROIX BLEUE MEDAVIE p 1107
See MEDAVIE INC
CROLANCIA ELEMENTARY SECONDARY SCHOOL p 815
See KEEWATIN PATRICIA DISTRICT SCHOOL BOARD
CROMBIE DEVELOPMENTS LIMITED p 400
1150 Prospect St Suite 535, FREDERICTON, NB, E3B 3C1
SIC 6512
CROMBIE DEVELOPMENTS LIMITED p 433
48 Kenmount Rd, ST. JOHN'S, NL, A1B 1W3
(709) 753-7144   SIC 6512
CROMBIE DEVELOPMENTS LIMITED p 457
2000 Barrington St Suite 1210, HALIFAX, NS, B3J 3K1
(902) 429-3660   SIC 6512
CROMBIE DEVELOPMENTS LIMITED p 474
115 King St, STELLARTON, NS, B0K 0A2
(902) 755-4440   SIC 6512
CROMPTON CO p 835
See CHEMTURA CANADA CO./CIE
CROMPTON CO./CIE p 835
See CHEMTURA CANADA CO./CIE
CRONKHITE SUPPLY p 29
See WOLSELEY CANADA INC
CRONKHITE SUPPLY, DIV OF p 97
See WOLSELEY CANADA INC
CRONKITE SUPPLIES, DIV OF p 34
See WOLSELEY CANADA INC
CRONKITE, DIV OF p 538
See WOLSELEY CANADA INC
CROOKS, J R HEALTH CARE SERVICES INC p 878
285 Memorial Ave, THUNDER BAY, ON, P7B 6H4
(807) 345-6564   SIC 5999
CROP PRODUCTION SERVICES p 1279
See VITERRA INC
CROQUE-MOI p 1001
See PLAISIRS GASTRONOMIQUES INC
CROSBY AUDI INC p 637
2350 Shirley Dr, KITCHENER, ON, N2B 3X4
(519) 514-0100   SIC 5511
CROSBY CANADA INC p 519
145 Heart Lake Rd, BRAMPTON, ON, L6W 3K3
(905) 451-9261   SIC 3462
CROSBY HEIGHTS PUBLIC SCHOOL p 823
See YORK REGION DISTRICT SCHOOL BOARD
CROSS & NORMAN (1986) LTD p 232
20027 Fraser Hwy, LANGLEY, BC, V3A 4E4
(604) 534-7927   SIC 5511
CROSS BORDERS CONSULTING LTD p 1278
Po Box 509, PILOT BUTTE, SK, S0G 3Z0
(306) 781-4484   SIC 1381
CROSS BORDERS DRILLING p 1278
See CROSS BORDERS CONSULTING LTD
CROSS CANADA p 184
See KEYSTONE AUTOMOTIVE INDUSTRIES ON INC
CROSS CANADA AUTO BODY (WEST) p 105
See KEYSTONE AUTOMOTIVE INDUSTRIES ON INC
CROSS ISLAND INC p 850
4972 Spring Creek Rd, SMITHVILLE, ON, L0R 2A0
(905) 957-3326   SIC 6712
CROSS LAKE EDUCATION AUTHORITY p 347
Gd, CROSS LAKE, MB, R0B 0J0
(204) 676-3030   SIC 8211
CROSS, DR G B MEMORIAL HOSPITAL p 424
67 Manitoba Dr, CLARENVILLE, NL, A5A 1K3
(709) 466-3411   SIC 8062
CROSS-TORONTO COMMUNITY DEVELOPMENT CORPORATION p 936
761 Queen St W Suite 207, TORONTO, ON, M6J 1G1
(416) 504-4262   SIC 7349
CROSSEY ENGINEERING LTD p 744
2255 Sheppard Ave E Suite E 331, NORTH YORK, ON, M2J 4Y1
(416) 497-3111   SIC 8711
CROSSFIELD ELEMENTARY SCHOOL p 71
See ROCKY VIEW SCHOOL DIVISION NO. 41, THE
CROSSING PARK SCHOOL p 63
See CALGARY BOARD OF EDUCATION
CROSSLAND PUBLIC SCHOOL p 732
See YORK REGION DISTRICT SCHOOL BOARD
CROSSMARK CANADA INC p 708
2233 Argentia Rd Suite 1112, MISSISSAUGA, ON, L5N 2X7
(905) 363-1000   SIC 8743
CROSSROAD TREATMENT CENTRE SOCIETY p 223
123 Franklyn Rd, KELOWNA, BC, V1X 6A9
(250) 860-4001   SIC 8322
CROSSROADS C & I DISTRIBUTORS INC p 828
See 518162 ALBERTA INC
CROSSROADS CREDIT UNION p 1265
See CROSSROADS FINANCIAL LIMITED
CROSSROADS FAMILY SERVICES INC p 116
1207 91 St Sw Unit 201, EDMONTON, AB, T6X 1E9
(780) 430-7715   SIC 8361
CROSSROADS FINANCIAL LIMITED p 1265
113 2nd Ave E, CANORA, SK, S0A 0L0
(306) 563-5641   SIC 6062
CROSSROADS FOODS ONTARIO INC p 489
2 Staye Court Dr, ARNPRIOR, ON, K7S 0E7
(613) 623-1000   SIC 5812
CROSSROADS FOODS ONTARIO INC p 489
201 Madawaska Blvd, ARNPRIOR, ON, K7S 1S6
(613) 622-7525   SIC 5812
CROSSROADS HEALTH REGION p 174
See ALBERTA HEALTH SERVICES
CROSSROADS PUBLIC SCHOOL p 948
See DISTRICT SCHOOL BOARD OF NIAGARA
CROSSROADS SCHOOL p 569
See RAINY RIVER DISTRICT SCHOOL BOARD
CROSSROADS TELEVISION SYSTEM p 539
1295 North Service Rd, BURLINGTON, ON, L7R 4X5
(905) 331-7333   SIC 4833
CROSSTOWN CAR WASH p 923
See 1162006 ONTARIO LTD
CROSSTOWN OLDSMOBILE CHEVROLET LTD p 867
280 Falconbridge Rd, SUDBURY, ON, P3A 5K3
(705) 566-4804   SIC 5511
CROTEAU, J. A. (1989) INC p 1216
4265 Rue Jean-Talon E Bureau 2, SAINT-LEONARD, QC, H1S 1J9
(514) 374-4230   SIC 5651
CROTHALL SERVICES CANADA INC p 448
300 Pleasant St Suite 10, DARTMOUTH, NS, B2Y 3S3
(902) 464-3115   SIC 7219
CROUSTILLES YUM YUM, DIV DE p 1260
See ALIMENTS KRISPY KERNELS INC
CROUSTILLES YUM YUM, DIV OF p 1154
See ALIMENTS KRISPY KERNELS INC
CROWE FOUNDRY LIMITED p 546
95 Sheffield St, CAMBRIDGE, ON, N3C 1C4
(905) 658-9376   SIC 3321
CROWE INDUSTRIES LTD p 609
116 Burris St, HAMILTON, ON, L8M 2J5
SIC 5033
CROWFOOT LIQUOR STORE p 61
See 586307 ALBERTA LTD
CROWFOOT SCHOOL p 164
See SIKSIKA BOARD OF EDUCATION
CROWFOOT YMCA p 61
See CALGARY YOUNG MEN'S CHRISTIAN ASSOCIATION
CROWLAND CENTRAL ELEMENTARY SCHOOL p 955
See DISTRICT SCHOOL BOARD OF NIAGARA
CROWN CORRUGATED COMPANY p 272
13911 Garden City Rd, RICHMOND, BC, V7A 2S5
(604) 277-7111   SIC 2653
CROWN FOOD SERVICE EQUIPMENT LTD p 758
320 Oakdale Rd, NORTH YORK, ON, M3N 1W5
(416) 377-1500   SIC 3589
CROWN INVESTMENTS CORPORATION OF SASKATCHEWAN p 1302
15 Innovation Blvd Suite 114, SASKATOON, SK, S7N 2X8
(306) 933-6259   SIC 6719
CROWN JEWEL INVESTMENTS LTD p 134
5846 Highway 2a, LACOMBE, AB, T4L 2G5
(403) 782-9988   SIC 5812
CROWN MANSION p 263
See SILVERADO LAND CORP
CROWN METAL PACKAGING CANADA LP p 17
4455 75 Ave Se, CALGARY, AB, T2C 2K8
(403) 236-0241   SIC 3411
CROWN METAL PACKAGING CANADA LP p 558
7250 Keele St, CONCORD, ON, L4K 1Z8
SIC 3411
CROWN METAL PACKAGING CANADA LP p 890
51 Signet Dr, TORONTO, ON, M3H 2W0
(416) 747-5513   SIC 4225
CROWN METAL PACKAGING CANADA LP p 941
21 Fenmar Dr, TORONTO, ON, M9L 2Y9
(416) 741-6002   SIC 3411
CROWN METAL PACKAGING CANADA LP p 941
21 Fenmar Dr, TORONTO, ON, M9L 2Y9
(416) 741-6003   SIC 3411
CROWN METAL PACKAGING CANADA LP p 1209
5789 Rue Cypihot, SAINT-LAURENT, QC, H4S 1R3
(514) 956-8900   SIC 3411
CROWN MOVING p 875
800 Steeles Ave W Unit D-10181, THORNHILL, ON, L4J 7L2
(416) 831-0489   SIC 4731
CROWN PLASTICS EXTUSSION CO p 972
See ROYAL GROUP, INC
CROWN RELOCATIONS p 533
See CROWN WORLDWIDE LTD
CROWN RIDGE HEALTH CARE SERVICES INC p 503
37 Wilkie St, BELLEVILLE, ON, K8P 4E4
(613) 966-1323   SIC 8051
CROWN RIDGE HEALTH CARE SERVICES INC p 725
328 Dundas St W Suite 222, NAPANEE, ON, K7R 4B5
(613) 354-8188   SIC 6513
CROWN WORLDWIDE LTD p 533
1375 Artisans Crt, BURLINGTON, ON, L7L 5Y2
(905) 827-4899   SIC 4783
CROWNE PLAZA CHATEAU LACOMBE p 79
See CHATEAU LACOMBE HOTEL LTD
CROWNE PLAZA MONCTON DOWNTOWN p 406
See AQUILINI INVESTMENT GROUP INC
CROWNE PLAZA MONCTON DOWNTOWN HOTEL p 407
1005 Main St, MONCTON, NB, E1C 1G9
(506) 854-6340   SIC 7011
CROWSNEST CONSOLIDATED HIGH SCHOOL p 70
See LIVINGSTONE RANGE SCHOOL DIVISION NO 68
CROWSNEST PASS HEALTH CENTRE p 6
See ALBERTA HEALTH SERVICES
CROWTHER MEMORIAL JUNIOR HIGH SCHOOL p 169
See GOLDEN HILLS SCHOOL DIVISION #75
CRP p 1155
See CONCEPTION R. P. INC
CRP PRODUCTS p 864
See C. R. PLASTIC PRODUCTS INC
CRPS TRANSPORTATION p 66
See CANADIAN ROCKIES REGIONAL DIVISION NO 12
CRS p 257
See CARIBOU ROAD SERVICES LTD
CRSS p 477
See COLCHESTER RESIDENTIAL SERVICES SOCIETY
CRUDESSENCE INC p 1099
5445 Av De Gaspe Bureau 906, Montreal, QC, H2T 3B2
(514) 271-0333   SIC 8299
CRUICKSHANK CONSTRUCTION GLENGARRY AGGREGATES & CONCRETE, DIV OF p 597
See CRUICKSHANK CONSTRUCTION LIMITED
CRUICKSHANK CONSTRUCTION LIMITED p 501
53 Grills Rd, BELLEVILLE, ON, K8N 4Z5
SIC 1622
CRUICKSHANK CONSTRUCTION LIMITED p 597
4139 Hwy 34, GREEN VALLEY, ON, K0C 1L0
(613) 525-4000   SIC 5999
CRUICKSHANK CONSTRUCTION LIMITED p 597
4139 Hwy 34, GREEN VALLEY, ON, K0C 1L0
(613) 525-1750   SIC 1611
CRUICKSHANK CONSTRUCTION LIMITED p 735
1400 Newtonville Rd, NEWTONVILLE, ON, L0A 1J0
(905) 786-2004   SIC 1611
CRUICKSHANK-GLENGARRY DIVISION p 597
See CRUICKSHANK CONSTRUCTION LIMITED
CRUISESHIPCENTERS p 166
See CRUISESHIPCENTERS INTERNATIONAL INC
CRUISESHIPCENTERS INTERNATIONAL INC p 166
340 St Albert Rd Unit 140, ST. ALBERT, AB, T8N 7C8
(780) 460-5727   SIC 4724
CRUISESHIPCENTERS INTERNATIONAL INC p 248
110 Esplanade W, NORTH VANCOUVER, BC, V7M 1A4
(604) 985-7447   SIC 4724
CRUISESHIPCENTERS INTERNATIONAL INC p 310
1055 Hastings St W Suite 400, VANCOUVER, BC, V6E 2E9
(604) 685-1221   SIC 6794
CRUISESHIPCENTERS INTERNATIONAL INC p 652

1735 Richmond St Unit 113, LONDON, ON, N5X 3Y2
(519) 850-7766   SIC 4725
CRUPI GROUP, THE   p 845
See D. CRUPI & SONS LIMITED
CRUSADER LEASING, DIV OF   p 720
See RYDER MATERIAL HANDLING ULC
CRUSH INC   p 928
439 Wellington St W Suite 300, TORONTO, ON, M5V 1E7
(416) 345-1936   SIC 7311
CRUST CRAFT INC   p 84
13211 146 St Nw, EDMONTON, AB, T5L 4S8
(780) 466-1333   SIC 5461
CRYOPAK INDUSTRIES   p 990
See CRYOPAK INDUSTRIES (2007) ULC
CRYOPAK INDUSTRIES (2007) ULC   p 207
1053 Derwent Way, DELTA, BC, V3M 5R4
(604) 515-7977   SIC 3822
CRYOPAK INDUSTRIES (2007) ULC   p 990
11000 Boul Parkway, ANJOU, QC, H1J 1R6
(514) 324-4720   SIC 2097
CRYOVAC   p 704
See SEALED AIR (CANADA) CO./CIE
CRYSTAL BAY CENTRE FOR SPECIAL EDUCATION   p 729
See OTTAWA-CARLETON DISTRICT SCHOOL BOARD
CRYSTAL BEACH PUBLIC SCHOOL   p 568
See DISTRICT SCHOOL BOARD OF NIAGARA
CRYSTAL CENTRE   p 125
See CITY OF GRANDE PRAIRIE, THE
CRYSTAL DISTRIBUTION   p 759
See CRYSTAL TILE & MARBLE LTD
CRYSTAL FOUNTAINS HOLDINGS INC   p 558
60 Snow Blvd Suite 3, CONCORD, ON, L4K 4B3
(905) 660-6674   SIC 3499
CRYSTAL PARK SCHOOL   p 126
See GRANDE PRAIRIE PUBLIC SCHOOL DISTRICT #2357
CRYSTAL POOL & FITNESS CENTER   p 329
See CORPORATION OF THE CITY OF VICTORIA, THE
CRYSTAL TILE & MARBLE LTD   p 759
27 Dufflaw Rd, NORTH YORK, ON, M6A 2W2
(416) 782-4380   SIC 5032
CRYSTAL VIEW ELEMENTARY SCHOOL   p 336
See SCHOOL DISTRICT NO 62 (SOOKE)
CRYVAC   p 1029
See SEALED AIR (CANADA) CO./CIE
CS & P   p 897
See CS & P ARCHITECTS INC
CS & P ARCHITECTS INC   p 897
2345 Yonge St Suite 200, TORONTO, ON, M4P 2E5
(416) 482-5002   SIC 8712
CS TUTATTAVIK DE L'UNGAVA   p 1049
See GOUVERNEMENT DE LA PROVINCE DE QUEBEC
CSA INTERNATIONAL   p 265
See CANADIAN STANDARDS ASSOCIATION
CSAV AGENCY LTD   p 310
1166 Alberni St Suite 503, VANCOUVER, BC, V6E 3Z3
(604) 646-0120   SIC 4731
CSAV AGENCY NORTH AMERICA   p 310
See CSAV AGENCY LTD
CSB HOLDINGS LTD   p 73
12907 57 St Nw, EDMONTON, AB, T5A 0E7
(780) 437-6188   SIC 6719
CSC   p 84
See CAMPBELL SCIENTIFIC (CANADA) CORPORATION
CSC   p 623
See COMPUTER SCIENCES CANADA INC
CSC LA FONTAINE   p 411

See DISTRICT SCOLAIRE FRANCOPHONE NORD-EST
CSCL DU HAUT ST FRANCOIS   p 1261
See CENTRE DE SANTE ET DE SERVICE SOCIAUX DU HAUT-SAINT-FRANCOIS, LE
CSDCEO   p 645
See CONSEIL SCOLAIRE DE DISTRICT CATHOLIQUE DE L'EST ONTARIEN
CSDI, LE   p 1249
See CRDI TED NCQ IU
CSEM   p 1092
See COMMISSION DES SERVICES ELECTRIQUES DE LA VILLE DE MONTREAL
CSF INTERNATIONAL   p 1170
See EQUIPEMENTS DE SUPERMARCHES CONCEPT INTERNATIONAL INC
CSG SECURITY CORPORATION   p 12
1470 28 St Ne Suite 7, CALGARY, AB, T2A 7W6
(403) 233-9191   SIC 6211
CSG SECURITY CORPORATION   p 90
10118 175 St Nw, EDMONTON, AB, T5S 1L1
(780) 423-3281   SIC 3699
CSG SECURITY CORPORATION   p 186
3997 Henning Dr Suite 101, BURNABY, BC, V5C 6N5
(604) 681-7364   SIC 3699
CSG SECURITY CORPORATION   p 624
8 Hearst Way, KANATA, ON, K2L 2P4
(613) 254-7422   SIC 5099
CSG SECURITY CORPORATION   p 659
582 Newbold St, LONDON, ON, N6E 2W9
(519) 668-6800   SIC 1731
CSG SECURITY CORPORATION   p 687
2740 Matheson Blvd E Unit 1, MISSISSAUGA, ON, L4W 4X3
(905) 629-2600   SIC 5065
CSG SECURITY CORPORATION   p 687
5201 Explorer Dr, MISSISSAUGA, ON, L4W 4H1
(905) 629-1446   SIC 3699
CSG SECURITY CORPORATION   p 687
2740 Matheson Blvd E Unit 2a, MISSISSAUGA, ON, L4W 4X3
SIC 1731
CSG SECURITY CORPORATION   p 1099
6680 Av Du Parc, Montreal, QC, H2V 4H9
(514) 272-7700   SIC 1731
CSG SECURITY CORPORATION   p 1162
2800 Rue Einstein Bureau 20, Quebec, QC, G1X 4N8
(418) 681-6045   SIC 5063
CSH CARRINGTON PLACE INC   p 325
4751 23 St, VERNON, BC, V1T 9J4
(250) 545-5704   SIC 8361
CSH CASTEL ROYAL INC   p 1017
5740 Boul Cavendish Bureau 2006, Cote Saint-Luc, QC, H4W 2T8
(514) 487-5664   SIC 8361
CSH CENTENNIAL INC   p 778
259 Hillcroft St Suite 214, OSHAWA, ON, L1G 8E4
(905) 436-1901   SIC 8361
CSH CHATEAU CORNWALL INC   p 564
41 Amelia St Suite 109, CORNWALL, ON, K6H 7E5
(613) 937-4700   SIC 8361
CSH CHATEAU GARDENS AYLMER INC   p 492
465 Talbot St W, AYLMER, ON, N5H 1K8
(519) 773-3423   SIC 8361
CSH CHATEAU GARDENS ELMIRA INC   p 572
11 Herbert St, ELMIRA, ON, N3B 2B8
(519) 669-2921   SIC 8361
CSH CHATEAU GARDENS LANCASTER INC   p 645
105 Military Rd N Hwy Suite 34, LANCASTER, ON, K0C 1N0
(613) 347-3016   SIC 8361
CSH CHATEAU GARDENS PARKHILL INC   p 804
250 Tain St Rr 3, PARKHILL, ON, N0M 2K0

(519) 294-6342   SIC 8361
CSH ELIZABETH TOWERS INC   p 433
100 Elizabeth Ave, ST. JOHN'S, NL, A1B 1S1
SIC 8361
CSH EMPRESS KANATA INC   p 624
170 Mcgibbon Dr, KANATA, ON, K2L 4H5
(613) 271-0034   SIC 8361
CSH FOUR TEDDINGTON PARK INC   p 896
4 Teddington Park Ave, TORONTO, ON, M4N 2C3
(416) 481-2986   SIC 6513
CSH GEORGIAN RESIDENCE INC   p 883
455 Cedar St N, TIMMINS, ON, P4N 8K4
(705) 267-7935   SIC 8361
CSH HAMPTON HOUSE INC   p 196
45555 Hodgins Ave Unit 223, CHILLIWACK, BC, V2P 1P3
(604) 703-1982   SIC 8361
CSH HERITAGE GLEN INC   p 707
6515 Glen Erin Dr, MISSISSAUGA, ON, L5N 8P9
(905) 567-6015   SIC 8361
CSH JACKSON CREEK INC   p 808
481 Reid St, PETERBOROUGH, ON, K9H 7R9
(705) 742-0411   SIC 8361
CSH LYNNWOOD INC   p 196
9168 Corbould St Suite 224, CHILLIWACK, BC, V2P 8A1
(604) 792-0689   SIC 8361
CSH MANOIR KIRKLAND INC   p 1048
2 Rue Canvin, KIRKLAND, QC, H9H 4B5
(514) 695-1253   SIC 8361
CSH MAYFIELD RETIREMENT HOME INC   p 818
248 Park St W, PRESCOTT, ON, K0E 1T0
(613) 925-3784   SIC 8361
CSH MEADOWBROOK INC   p 649
18 Jacobson Dr Suite 1, LIVELY, ON, P3Y 1P7
(705) 692-1832   SIC 8052
CSH NEW EDINBURGH SQUARE INC   p 788
420 Mackay St Suite 904, OTTAWA, ON, K1M 2C4
(613) 744-0901   SIC 8361
CSH OAK PARK LASALLE INC   p 971
3955 Thirteenth St Suite 722, WINDSOR, ON, N9H 2S7
(519) 968-2000   SIC 8361
CSH PARKWAY INC   p 812
1645 Pickering Pky, PICKERING, ON, L1V 7E9
(905) 426-6603   SIC 6513
CSH PETERBOROUGH MANOR INC   p 808
1039 Water St, PETERBOROUGH, ON, K9H 3P5
(705) 748-5343   SIC 8361
CSH PINE GROVE LODGE INC   p 973
8403 Islington Ave, WOODBRIDGE, ON, L4L 1X3
(905) 850-3605   SIC 8361
CSH RIDEAU PLACE INC   p 788
550 Wilbrod St, OTTAWA, ON, K1N 9M3
(613) 234-6003   SIC 8361
CSH ROUGE VALLEY INC   p 668
5958 16th Ave, MARKHAM, ON, L3P 8N1
(905) 472-6811   SIC 8361
CSH SOUTHWIND RETIREMENT RESIDENCE INC   p 870
1645 Paris St Suite 205, SUDBURY, ON, P3E 0A5
(705) 521-1443   SIC 8361
CSH STE-MARTHE INC   p 1195
675 Rue Saint-Pierre O Bureau 238, SAINT-HYACINTHE, QC, J2T 1N7
(450) 773-1279   SIC 8361
CSH VILLA VAL DES ARBRES INC   p 1127
3245 Boul Saint-Martin E Bureau 3241, MONTREAL, QC, H7E 4T6
(450) 661-0911   SIC 8361
CSH VINCENT D'INDY INC   p 1137
60 Av Willowdale, OUTREMONT, QC, H3T

2A3
(514) 739-1707   SIC 8361
CSH WESTMOUNT INC   p 867
599 William Ave Suite 77, SUDBURY, ON, P3A 5W3
(705) 566-6221   SIC 8361
CSI   p 310
See CREDENTIAL SECURITIES INC
CSI   p 928
See CSI GLOBAL EDUCATION INC
CSI CANADA SAFETY   p 57
See CANADIAN SAFETY INSPECTIONS INC
CSI CONSULTING INC   p 913
150 York St Suite 1612, TORONTO, ON, M5H 3S5
(416) 364-6376   SIC 7371
CSI GLOBAL EDUCATION INC   p 928
200 Wellington St W Suite 1200, TORONTO, ON, M5V 3G2
(416) 364-9130   SIC 8299
CSI LOGISTICS   p 621
See CRAILIN LOGISTICS SERVICES INC
CSL BEHRING CANADA, INC   p 790
55 Metcalfe St Suite 1460, OTTAWA, ON, K1P 6L5
(613) 232-3111   SIC 5961
CSLT   p 1260
See COMMISSION SCOLAIRE DU LAC-TEMISCAMINGUE
CSP INTERNET LTD   p 333
4252 Commerce Cir, VICTORIA, BC, V8Z 4M2
SIC 4899
CSQ   p 1149
See CENTRALE DES SYNDICATS DU QUEBEC (CSQ), LA
CSRE VALLEYFIELD   p 1232
See FONDATION DU CENTRE JEUNESSE DE LA MONTEREGIE
CSSS   p 1197
See CENTRE DE SANTE ET DE SERVICES SOCIAUX HAUT-RICHELIEU-ROUVILLE
CSSS AM-N   p 1092
See CENTRE DE SANTE ET DE SERVICES SOCIAUX D'AHUNTSIC ET MONTREAL-NORD
CSSS ANTOINE-LABELLE   p 1079
See CENTRE HOSPITALIER ET CENTRE DE READAPTATION ANTOINE-LABELLE
CSSS ANTOINE-LABELLE CENTRE DE SERVICE RIVIERE ROUGE   p 1175
See CENTRE HOSPITALIER ET CENTRE DE READAPTATION ANTOINE-LABELLE
CSSS CHAMPLAIN   p 1192
See CENTRE DE SANTE ET DE SERVICES SOCIAUX CHAMPLAIN
CSSS DE BEDFORD   p 997
See CENTRE DE SANTE ET DE SERVICES SOCIAUX LA POMMERAIE
CSSS DE CHICOUTIMI   p 1013
305 Rue Saint-Vallier, CHICOUTIMI, QC, G7H 5H6
(418) 541-1000   SIC 8062
CSSS DE CHICOUTIMI   p 1015
See REGIE REGIONALE DE LA SANTE ET DES SERVICES SOCIAUX SAGUENAY LAC-SAINT-JEAN
CSSS DE LA POINTE-DE-L'ILE   p 1086
See CENTRE DE SANTE ET DE SERVICES SOCIAUX DE LA POINTE-DE-L'ILE
CSSS DOMAINE-DU-ROY   p 1187
See CENTRE DE SANTE ET DE SERVICES SOCIAUX DOMAINE-DU-ROY
CSSS DU GRAND LITTORAL   p 1190
70 Rue Saint-Etienne, SAINT-GERVAIS, QC, G0R 3C0
(418) 887-3387   SIC 8051
CSSS DU GRAND LITTORAL   p 1225
80 Boul Begin, SAINTE-CLAIRE, QC, G0R 2V0
(418) 883-3357   SIC 8361
CSSS DU HAUT SAINT FRANCOIS   p 1235

See CENTRE DE SANTE ET DE SERVICE SOCIAUX DU HAUT SAINT-FRANCOIS, LE
CSSS DU VAL SAINT-FRANCOIS p 1171
980 Rue Mcgauran, RICHMOND, QC, J0B 2H0
(819) 826-3711   *SIC* 8322
CSSS JARDIN ROUSSILLON p 1053
See CENTRE INTEGRE DE SANTE ET DE SERVICES SOCIAUX DE LA MONTEREGIE-OUEST
CSSS MARIA CHAPDELAINE p 1023
See CENTRE DE SANTE SERVICES SOCIAUX MARIA CHAPDELAINE
CSSS PAPINEAU p 1034
See LES PROFESSIONNELLES EN SOINS DE SANTE UNIS DE PAPINEAU
CSSS RESIDENCE DOCTEUR JOSEPH GARCEAU p 1234
See CENTRE HOSPITALIER DU CENTRE LA MAURICIE
CSSS RICHELIEU-YAMASKA CH DE LA MRC D'ACTON p 997
300 Boul Serge-Pepin, BELOEIL, QC, J3G 0B8
(450) 536-2572   *SIC* 8322
CSSS RICHELIEU-YAMASKA CH DE LA MRC D'ACTON p 1194
1955 Av Pratte, SAINT-HYACINTHE, QC, J2S 7W5
(450) 771-4536   *SIC* 7021
CSSSC p 1013
See CENTRE DE SANTE ET DE SERVICES SOCIAUX DE CHICOUTIMI
CSSSG p 1038
See GOUVERNEMENT DE LA PROVINCE DE QUEBEC
CSST LAURENTIDES p 1200
See GOUVERNEMENT DE LA PROVINCE DE QUEBEC
CT FINANCIAL ASSURANCE COMPANY p 921
55 King St W, TORONTO, ON, M5K 1A2
SIC 6411
CTC LOGISTICS (CANADA) INC p 265
14351 Burrows Rd Suite 130, RICHMOND, BC, V6V 1K9
(604) 278-6366   *SIC* 4731
CTC TRAINCANADA INC p 910
595 Bay St Unit 302, TORONTO, ON, M5G 2C2
(416) 214-1090   *SIC* 8243
CTFS p 955
See CANADIAN TIRE SERVICES LIMITED
CTL CORP p 764
1660 North Service Rd E Suite 102, OAKVILLE, ON, L6H 7G3
(905) 815-9510   *SIC* 6159
CTL-WDW LTD p 820
9130 Leslie St Ste 204, RICHMOND HILL, ON, L4B 0B9
(416) 781-3635   *SIC* 7322
CTM QUEBEC p 1167
See CENTRE DE TELEPHONE MOBILE (QUEBEC) INC
CTR REFRIGERATION AND FOOD STORE EQUIPMENT LTD p 14
4840 52 St Se, CALGARY, AB, T2B 3R2
(403) 444-2877   *SIC* 1711
CTRL INFORMATIQUE LTEE p 1154
3650 Boul Wilfrid-Hamel, Quebec, QC, G1P 2J2
(418) 650-2875   *SIC* 7371
CTS TELEVISON p 539
See CROSSROADS TELEVISION SYSTEM
CTU ELITE p 321
See ELITE INSURANCE COMPANY
CTV p 1093
See BELL MEDIA INC
CTV ATLANTIC p 460
See BELL MEDIA INC
CTV NORTHERN ONTARIO p 883
See BELL MEDIA INC
CTV OTTAWA p 788

See BELL MEDIA INC
CTV SASKATOON p 1294
See BELL MEDIA INC
CTV SPECIALTY TELEVISION INC p 640
864 King St W, KITCHENER, ON, N2G 1E8
(519) 578-1313   *SIC* 4833
CTV SPECIALTY TELEVISION INC p 790
100 Queen St Suite 1400, OTTAWA, ON, K1P 1J9
(613) 236-7343   *SIC* 4832
CTV SPECIALTY TELEVISION INC p 869
699 Frood Rd, SUDBURY, ON, P3C 5A3
(705) 674-8301   *SIC* 4833
CTV SPECIALTY TELEVISION INC/TELEVISION SPECIALISEE CTV INC p 640
See CTV SPECIALTY TELEVISION INC
CTV SPECIALTY TELEVISION INC/TELEVISION SPECIALISEE CTV INC p 790
See CTV SPECIALTY TELEVISION INC
CTV SPECIALTY TELEVISION INC/TELEVISION SPECIALISEE CTV INC p 869
See CTV SPECIALTY TELEVISION INC
CTV TELEVISION p 62
See BELL MEDIA INC
CTV VANCOUVER ISLAND p 330
See BELL MEDIA INC
CTV WINNIPEG p 377
See BELL MEDIA INC
CUBIC FIELD SERVICES CANADA LIMITED p 69
Gd, COLD LAKE, AB, T9M 1P1
(780) 594-3970   *SIC* 5065
CUBIC FIELD SERVICES CANADA LIMITED p 71
Gd, DENWOOD, AB, T0B 1B0
(780) 842-4180   *SIC* 4899
CUCINA DEL RE CABINETRY, DIV OF p 224
See NORELCO CABINETS LTD
CUDDY FARMS p 654
See CUDDY INTERNATIONAL CORPORATION
CUDDY INTERNATIONAL CORPORATION p 654
1226 Trafalgar St, LONDON, ON, N5Z 1H5
(800) 265-1061   *SIC* 2015
CUDWORTH SCHOOL p 1266
See HORIZON SCHOOL DIVISION NO 205
CUETS p 1284
See CENTRAL CARD SERVICES INC
CUETS FINANCIAL LTD p 1284
2055 Albert St, REGINA, SK, S4P 2T8
(306) 566-1269   *SIC* 7389
CUIRS BENTLEY INC p 1212
6125 Ch De La Cote-De-Liesse, SAINT-LAURENT, QC, H4T 1C8
(514) 341-9333   *SIC* 5948
CUIRS SKOTTS INTERNATIONAL INC p 1096
555 Rue Chabanel O Bureau 600, Montreal, QC, H2N 2H8
(514) 381-4112   *SIC* 2386
CUISINE CENTRALE p 1123
See ATELIER LA FLECHE DE FER INC
CUISINES DE L'AIR CULIN-AIR INC, LES p 1026
9553 Ch Cote-De-Liesse, DORVAL, QC, H9P 1A3
(514) 441-4277   *SIC* 5812
CUISINES DE L'AIR CULIN-AIR INC, LES p 1166
604 6e Rue De L'aeroport, Quebec, QC, G2G 2S9
(418) 871-4038   *SIC* 5812
CUISINES MRS INC p 1259
11 Rue De La Nicolet, VICTORIAVILLE, QC, G6P 7H2
(819) 758-1594   *SIC* 2752
CUISINES NUTRI-DELI INC, LES p 1201

535 Rue Filion, Saint-Jerome, QC, J7Z 1J6
(450) 438-5278   *SIC* 5812
CUISISTOCK INC p 1051
901 Rang Du Bas-De-L'assomption S, L'ASSOMPTION, QC, J5W 2A3
(450) 589-2121   *SIC* 2434
CULASSES DU FUTUR L. R. INC, LES p 1076
1390 Av De La Gare, MASCOUCHE, QC, J7K 2Z2
(514) 966-3450   *SIC* 3714
CULB DE GOLF LE DIAMANT p 1078
See 4392230 CANADA INC
CULEASE FINANCIAL SVC DIV OF p 1284
See CONCENTRA BANK
CULINARY CAPERS CATERING INC p 316
1545 3rd Ave W, VANCOUVER, BC, V6J 1J8
(604) 875-0123   *SIC* 5812
CULLEN DIESEL POWER LTD p 204
601 Industrial Road 3, CRANBROOK, BC, V1C 4E1
(250) 426-8271   *SIC* 7699
CULLEN DIESEL POWER LTD p 220
9925 Dallas Dr, KAMLOOPS, BC, V2C 6T4
(250) 573-4450   *SIC* 7538
CULLIGAN p 107
See WATERGROUP COMPANIES INC
CULLIGAN p 517
See WATERGROUP COMPANIES INC
CULLIGAN p 665
See WATERGROUP COMPANIES INC
CULLIGAN p 810
See GOOD WATER COMPANY LTD, THE
CULLIGAN p 1283
See WATERGROUP COMPANIES INC
CULLIGAN p 1310
See WATERGROUP COMPANIES INC
CULLIGAN WATER p 658
See CAISSEN WATER TECHNOLOGIES INC
CULLIGAN WATER p 664
See CAISSEN WATER TECHNOLOGIES INC
CULTURAL DEVELOPMENT p 144
See MEDICINE HAT, CITY OF
CULTURE ET BIBLIOTHEQUES, DIV p 1098
See VILLE DE MONTREAL
CULTURELINK SETTLEMENT SERVICES OF METROPOLITAN TORONTO p 938
2340 Dundas St W Suite 301, TORONTO, ON, M6P 4A9
(416) 588-6288   *SIC* 8322
CULTURES UNITED LIMITED p 23
1420 40 Ave Ne Suite 16, CALGARY, AB, T2E 6L1
(403) 543-4999   *SIC* 5651
CULTUS LAKE COMMUNITY SCHOOL p 206
See SCHOOL DISTRICT NO 33 CHILLIWACK
CUMBERLAND CAMPUS p 473
See NOVA SCOTIA COMMUNITY COLLEGE
CUMBERLAND COLLEGE p 1274
400 Burns Ave E, MELFORT, SK, S0E 1A0
(306) 752-2786   *SIC* 8221
CUMBERLAND COMMUNITY SCHOOL p 206
See SCHOOL DISTRICT NO. 71 (COMOX VALLEY)
CUMBERLAND ELEMENTARY SCHOOL p 206
See SCHOOL DISTRICT NO. 71 (COMOX VALLEY)
CUMBERLAND HEALTH AUTHORITY p 441
34 Prince Arthur St, AMHERST, NS, B4H 1V6
(902) 661-1090   *SIC* 8062
CUMBERLAND HEALTH AUTHORITY p 471
50 Jeanks Ave, PARRSBORO, NS, B0M 1S0
(902) 254-2540   *SIC* 8062
CUMBERLAND HEALTH CENTRE p 206
See VANCOUVER ISLAND HEALTH AUTHORITY

CUMBERLAND JUNIOR SECONDARY SCHOOL p 206
See SCHOOL DISTRICT NO. 71 (COMOX VALLEY)
CUMBERLAND NORTH ACADEMY p 441
See CHIGNECTO CENTRAL REGIONAL SCHOOL BOARD
CUMBERLAND PSYCHIATRIC & MENTAL HEALTH DEPARTMENT p 441
See MUNICIPALITY OF THE COUNTY OF CUMBERLAND, THE
CUMBERLAND REGIONAL HEALTH CARE CENTRE p 441
See CUMBERLAND HEALTH AUTHORITY
CUMBERLAND SAFEWAY p 1293
See SOBEYS WEST INC
CUMBERLAND SENIOR CARE CORPORATION p 472
262 Church St, PUGWASH, NS, B0K 1L0
(902) 243-2504   *SIC* 8361
CUMBERLAND, ERNEST ELEMENTARY SCHOOL p 486
See SIMCOE COUNTY DISTRICT SCHOOL BOARD, THE
CUMBERLAND, K. W. LTD p 652
825 Central Ave, LONDON, ON, N5W 3R1
(519) 679-8845   *SIC* 5331
CUMIS LIFE INSURANCE COMPANY p 539
151 North Service Rd, BURLINGTON, ON, L7R 4C2
(905) 632-1221   *SIC* 6311
CUMMER VALLEY MIDDLE SCHOOL p 748
See TORONTO DISTRICT SCHOOL BOARD
CUMMINS EASTERN MARINE INC p 450
50 Simmonds Dr, DARTMOUTH, NS, B3B 1R3
(902) 468-7938   *SIC* 5088
CUMMINS EST DU CANADA SEC p 401
321 Doak Rd, FREDERICTON, NB, E3C 2E7
(506) 451-1929   *SIC* 5084
CUMMINS EST DU CANADA SEC p 401
See CUMMINS EST DU CANADA SEC
CUMMINS EST DU CANADA SEC p 450
See CUMMINS EST DU CANADA SEC
CUMMINS EST DU CANADA SEC p 450
50 Simmonds Dr, DARTMOUTH, NS, B3B 1R3
(902) 468-7938   *SIC* 5063
CUMMINS EST DU CANADA SEC p 718
See CUMMINS EST DU CANADA SEC
CUMMINS EST DU CANADA SEC p 718
7175 Pacific Cir, MISSISSAUGA, ON, L5T 2A8
(905) 795-0050   *SIC* 5084
CUMMINS EST DU CANADA SEC p 784
3189 Swansea Cres, OTTAWA, ON, K1G 3W5
(613) 736-1146   *SIC* 5084
CUMMINS EST DU CANADA SEC p 784
See CUMMINS EST DU CANADA SEC
CUMMINS WESTERN CANADA LIMITED PARTNERSHIP p 14
4887 35 St Se, CALGARY, AB, T2B 3H6
(403) 569-1122   *SIC* 5084
CUMMINS WESTERN CANADA LIMITED PARTNERSHIP p 91
11751 181 St Nw, EDMONTON, AB, T5S 2K5
(780) 455-2151   *SIC* 5084
CUMMINS WESTERN CANADA LIMITED PARTNERSHIP p 122
300 Taiganova Cres, FORT MCMURRAY, AB, T9K 0T4
(780) 791-6836   *SIC* 7538
CUMMINS WESTERN CANADA LIMITED PARTNERSHIP p 369
489 Oak Point Hwy, WINNIPEG, MB, R2R 1V2
(204) 632-5470   *SIC* 7629
CUMMINS WESTERN CANADA LIMITED PARTNERSHIP p 1282

BUSINESSES ALPHABETICALLY

110 Kress St, REGINA, SK, S4N 5Y3
(306) 721-9710   SIC 5084
CUMMINS WESTERN CANADA LIMITED PARTNERSHIP p 1295
3001 Faithfull Ave, SASKATOON, SK, S7K 8B3
(306) 933-4022   SIC 5084
CUNARD JUNIOR HIGH SCHOOL p 463
See HALIFAX REGIONAL SCHOOL BOARD
CUNDARI p 928
See CUNDARI GROUP LTD
CUNDARI GROUP LTD p 928
26 Duncan St, TORONTO, ON, M5V 2B9
(416) 510-1771   SIC 7311
CUNDLES HEIGHTS PUBLIC SCHOOL p 495
See SIMCOE COUNTY DISTRICT SCHOOL BOARD, THE
CUNNINGHAM LINDSEY CANADA LIMITED p 610
25 Main St W Suite 1810, HAMILTON, ON, L8P 1H1
(905) 528-1481   SIC 6411
CUNNINGHAM LINDSEY CANADA LIMITED p 610
67 Frid St Unit 5, HAMILTON, ON, L8P 4M3
(905) 524-1523   SIC 6411
CUNNINGHAM LINDSEY CANADA LIMITED p 908
2 Toronto St, TORONTO, ON, M5C 2B6
(416) 869-3232   SIC 6411
CUNNINGHAM LINDSEY CANADA LIMITED p 918
70 University Ave Suite 1000, TORONTO, ON, M5J 2M4
(416) 596-8020   SIC 6411
CUNNINGHAM LINDSEY CANADA LIMITED p 1117
1250 Rue Guy Bureau 1000, Montreal, QC, H3H 2T4
(514) 938-5400   SIC 6411
CUNNINGHAM TRANSPORT (1986) LTD p 104
9340 62 Ave Nw, EDMONTON, AB, T6E 0C9
(780) 435-3070   SIC 4151
CUNNINGHAM, SWAN, CARTY, LITTLE & BONHAM LLP p 631
27 Princess St Suite 300, KINGSTON, ON, K7L 1A3
(613) 544-0211   SIC 8111
CUPAR AND DISTRICT NURSING HOME INC p 1267
213 Mills St, CUPAR, SK, S0G 0Y0
(306) 723-4666   SIC 8051
CUPAR SCHOOL p 1267
See PRAIRIE VALLEY SCHOOL DIVISION NO 208
CUPE BRITISH COLUMBIA REGIONAL OFFICE p 189
See CANADIAN UNION OF PUBLIC EMPLOYEES
CUPE LOCAL 2153 p 377
See CANADIAN UNION OF PUBLIC EMPLOYEES
CUPE LOCAL 3350 p 1262
See CANADIAN UNION OF PUBLIC EMPLOYEES
CUPE LOCAL 3500 p 219
See CANADIAN UNION OF PUBLIC EMPLOYEES
CUPE LOCAL 4000 p 794
See CANADIAN UNION OF PUBLIC EMPLOYEES
CUPE LOCAL 4400 p 923
See CANADIAN UNION OF PUBLIC EMPLOYEES
CUPE MANITOBA REGIONAL OFFICE p 377
See CANADIAN UNION OF PUBLIC EMPLOYEES
CUPE QUEBEC REGIONAL OFFICE p 1095
See CANADIAN UNION OF PUBLIC EMPLOYEES
CUPE SASKATCHEWAN REGIONAL OFFICE p 1291
See CANADIAN UNION OF PUBLIC EMPLOYEES
CUPPLES CANADA p 420
See ENCLOS CORP
CUPW p 138
See CANADIAN UNION OF POSTAL WORKERS
CUPW p 194
See CANADIAN UNION OF POSTAL WORKERS
CUPW p 263
See CANADIAN UNION OF POSTAL WORKERS
CUPW p 494
See CANADIAN UNION OF POSTAL WORKERS
CUPW p 880
See CANADIAN UNION OF POSTAL WORKERS
CURLCO INDUSTRIES INC p 570
85 Little John Rd Suite 1585, DUNDAS, ON, L9H 4H1
(905) 628-4287   SIC 7231
CURRICULUM AND INSTRUCTIONAL SERVICES CENTRE p 286
See SCHOOL DISTRICT NO 36 (SURREY)
CURRY, R. BYRNS PUBLIC SCHOOL p 796
See OTTAWA-CARLETON DISTRICT SCHOOL BOARD
CURTICE SECONDARY SCHOOL p 567
See KAWARTHA PINE RIDGE DISTRICT SCHOOL BOARD
CURTIN, AUSTIN SALES LTD p 8
404 Cassils Rd W Suite 212, BROOKS, AB, T1R 0W3
(403) 362-4222   SIC 5531
CURTIN, AUSTIN SALES LTD p 69
6703 51 St Suite 450, COLD LAKE, AB, T9M 1Z9
(780) 594-3501   SIC 5531
CURTIS - J K PRINTING LIMITED p 963
1555 Kildare Rd, WINDSOR, ON, N8W 2W2
(519) 977-9990   SIC 2752
CURTIS CONSTRUCTION LTD p 1277
777 Gird W, NAICAM, SK, S0K 2Z0
(306) 874-2299   SIC 4953
CURTIS INTERNATIONAL LTD p 584
315 Attwell Dr, ETOBICOKE, ON, M9W 5C1
(416) 674-2123   SIC 5065
CURTISS-WRIGHT FLOW CONTROL COMPANY CANADA p 17
7712 56 St Se, CALGARY, AB, T2C 4S9
SIC 3494
CUSA p 794
See CARLETON UNIVERSITY STUDENTS' ASSOCIATION
CUSCO FABRICATORS LLC p 822
305 Enford Rd, RICHMOND HILL, ON, L4C 3E9
(905) 883-1214   SIC 3569
CUSHMAN & WAKEFEILD LAPAGE p 324
See CUSHMAN & WAKEFIELD LTD
CUSHMAN & WAKEFIELD p 43
See CUSHMAN & WAKEFIELD LTD
CUSHMAN & WAKEFIELD p 79
See CW EDMONTON INC
CUSHMAN & WAKEFIELD EDMONTON p 79
See CUSHMAN & WAKEFIELD LTD
CUSHMAN & WAKEFIELD LTD p 43
111 5 Ave Sw Suite 1730, CALGARY, AB, T2P 3Y6
(403) 261-1111   SIC 6531
CUSHMAN & WAKEFIELD LTD p 79
10088 102 Ave Suite 2700, EDMONTON, AB, T5J 2Z1
(780) 420-1177   SIC 6719
CUSHMAN & WAKEFIELD LTD p 324
700 Georgia St W, VANCOUVER, BC, V7Y 1K8
(604) 683-3111   SIC 6531
CUSHMAN & WAKEFIELD LTD p 713
5770 Hurontario St Suite 200, MISSISSAUGA, ON, L5R 3G5
(905) 568-9500   SIC 6531
CUSHMAN & WAKEFIELD LTD p 791
99 Bank St Suite 700, OTTAWA, ON, K1P 6B9
(613) 236-7777   SIC 6531
CUSHMAN & WAKEFIELD LTD p 909
33 Yonge St Suite 1000, TORONTO, ON, M5E 1S9
(416) 862-0611   SIC 6531
CUSHMAN & WAKEFIELD LTD p 1212
6505 Rte Transcanadienne Bureau 600, SAINT-LAURENT, QC, H4T 1S3
(514) 747-2100   SIC 6531
CUSHMAN AND WAKEFIELD LEPAGE p 713
See CUSHMAN & WAKEFIELD LTD
CUSIMER (1991) INC p 1080
52 1e Av O, MONT-LOUIS, QC, G0E 1T0
(418) 797-2728   SIC 5146
CUSTODIAL HEALTH & SAFETY p 276
See NORTH OKANAGAN SHUSWAP SCHOOL DISTRICT 8
CUSTOM CONCRETE NORTHERN p 775
See SARJEANT COMPANY LIMITED, THE
CUSTOM CONCRETE NORTHERN p 884
See SARJEANT COMPANY LIMITED, THE
CUSTOM CONCRETE NORTHERN, DIV OF p 498
See SARJEANT COMPANY LIMITED, THE
CUSTOM COUNTERTOPS p 1300
See FLOFORMS INDUSTRIES LTD
CUSTOM COURIER CO. LTD p 1299
501 Pakwa Pl Suite 2, SASKATOON, SK, S7L 6A3
(306) 653-8500   SIC 7389
CUSTOM CUISINE CATERING LIMITED p 662
1260 Gainsborough Rd, LONDON, ON, N6H 5K8
(519) 963-1426   SIC 5812
CUSTOM DIAMOND INTERNATIONAL INC p 1213
895 Av Munck, SAINT-LAURENT, QC, H7S 1A9
(450) 668-0330   SIC 3469
CUSTOM HELICOPTERS LTD p 356
401 Helicopter Dr, ST ANDREWS, MB, R1A 3P7
(204) 338-7953   SIC 4522
CUSTOM HOUSE ULC p 334
3680 Uptown Blvd Suite 300, VICTORIA, BC, V8Z 0B9
(888) 987-7612   SIC 6099
CUSTOM HOUSE ULC p 913
330 Bay St Suite 300, TORONTO, ON, M5H 2S8
(905) 882-6004   SIC 6099
CUSTOM HOUSE ULC p 913
330 Bay St Suite 405, TORONTO, ON, M5H 2S8
(905) 949-6000   SIC 6099
CUSTOM LEATHER CANADA LIMITED p 637
460 Bingemans Centre Dr, KITCHENER, ON, N2B 3X9
(519) 741-2070   SIC 2387
CUSTOM MAIDS INCORPORATED p 897
55 Eglinton Ave E Suite 706, TORONTO, ON, M4P 1G8
(416) 488-5254   SIC 7349
CUSTOM PROTECT EAR INC p 285
7789 134 St Unit 681, SURREY, BC, V3W 9E9
(604) 599-1311   SIC 3842
CUSTOM TRUCK PARTS/CTP DISTRIBUTORS p 125
See ALL-EQUIPMENT LTD
CUSTOM TRUCK SALES INC p 1282
520 Park St, REGINA, SK, S4N 0T6
(306) 569-9021   SIC 5012
CUSTOM TRUCK SALES INC p 1282
520 Park St, REGINA, SK, S4N 0T6
(306) 569-9021   SIC 5511
CUSTOM TRUCK SALES INC p 1299
2410 Northridge Dr, SASKATOON, SK, S7L 7L6
(306) 931-1911   SIC 5511
CUSTOMER SERVICE CENTRE p 545
See ELECTRICAL SAFETY AUTHORITY
CUT KNIFE ELEMENTARY SCHOOL p 1267
See LIVING SKY SCHOOL DIVISION NO. 202
CUT KNIFE HIGH SCHOOL p 1267
See LIVING SKY SCHOOL DIVISION NO. 202
CUT TECHNOLOGIES p 1066
460 3e Av Bureau 100, Levis, QC, G6W 5M6
(418) 834-7772   SIC 5084
CUTTEN FIELDS p 602
See GUELPH CUTTEN CLUB
CUTTING EDGE MASONRY LTD p 126
11307 100 St, GRANDE PRAIRIE, AB, T8V 2N4
(780) 538-3686   SIC 1741
CVTECH INC p 1246
3037 Boul Frontenac E, THETFORD MINES, QC, G6G 6P6
(418) 335-7220   SIC 3566
CVTECH-AAB p 1246
See CVTECH INC
CW EDMONTON INC p 79
10088 102 Ave Nw Unit 2700, EDMONTON, AB, T5J 2Z1
(780) 420-1177   SIC 6531
CWA ENGINEERS INC p 294
2925 Virtual Way Suite 380, VANCOUVER, BC, V5M 4X5
(604) 526-2275   SIC 8711
CWA MECANIQUE DE PROCEDE p 1191
See ALLEN ENTREPRENEUR GENERAL INC
CWB GROUP - INDUSTRY SERVICES p 681
8260 Parkhill Dr, MILTON, ON, L9T 5V7
(905) 542-1312   SIC 8621
CWB MAXIUM FINANCIAL INC p 820
30 Vogell Rd Suite 1, RICHMOND HILL, ON, L4B 3K6
(905) 780-6150   SIC 6159
CWC p 41
See CWC ENERGY SERVICES CORP
CWC ENERGY SERVICES CORP p 41
205 5 Ave Sw Suite 610, CALGARY, AB, T2P 2V7
(403) 264-2177   SIC 1382
CWC ENERGY SERVICES CORP p 141
3606 50 Ave, LLOYDMINSTER, AB, T9V 0V7
(780) 875-4259   SIC 1389
CWI CLIMATEWORX INTERNATIONAL INC p 513
18 Chelsea Lane, BRAMPTON, ON, L6T 3Y4
(905) 405-0800   SIC 5075
CWL p 71
See CHRISTOPHER'S WELDING LTD
CWS INDUSTRIES (MFG) CORP p 114
7622 18 St Nw, EDMONTON, AB, T6P 1Y6
(780) 469-9185   SIC 3545
CWS INDUSTRIES (MFG) CORP. p 114
See CWS INDUSTRIES (MFG) CORP
CWS LOGISTICS LTD p 389
1500 Clarence Ave Suite C, WINNIPEG, MB, R3T 1T6
(204) 453-2261   SIC 4225
CWS LOGISTICS LTD p 389
1664 Seel Ave, WINNIPEG, MB, R3T 4X5
(204) 474-2278   SIC 4225

▲ Public Company   ■ Public Company Family Member   **HQ** Headquarters   **BR** Branch   **SL** Single Location

CWS LOGISTICS LTD p 1304
115 Marquis Crt, SASKATOON, SK, S7P 0C4
(306) 384-9696 SIC 4225
CWS VENTURES INC p 289
19490 92 Ave, SURREY, BC, V4N 4G7
(604) 888-9008 SIC 3531
CYGNUS SIGN MANAGEMENT INC p 303
1228 Hamilton St Unit 302, VANCOUVER, BC, V6B 6L2
(604) 261-3330 SIC 8712
CYM HOSPITALITY INC p 903
475 Yonge St, TORONTO, ON, M4Y 1X7
(416) 924-0611 SIC 7011
CYPRESS BOWL ULC p 338
3755 Cypress Bowl Rd, WEST VANCOUVER, BC, V7S 3E7
(604) 926-5612 SIC 7011
CYPRESS HEALTH REGION p 1267
555 Redcoat Trail, EASTEND, SK, S0N 0T0
(306) 295-3534 SIC 8011
CYPRESS HEALTH REGION p 1273
241 1st St, MANKOTA, SK, S0H 2W0
(306) 478-2200 SIC 8011
CYPRESS HEALTH REGION p 1306
2004 Saskatchewan Dr, SWIFT CURRENT, SK, S9H 5M8
(306) 778-9400 SIC 8062
CYPRESS HEALTH REGION p 1306
440 Central Ave S, SWIFT CURRENT, SK, S9H 3G6
  SIC 8361
CYPRESS INVESTMENT p 1307
See SMITTY'S CANADA LIMITED
CYPRESS PARK PRIMARY SCHOOL p 339
See THE BOARD OF SCHOOL TRUSTEES OF SCHOOL DISTRICT NO. 45 (WEST VANCOUVER)
CYPRESS REGIONAL HOSPITAL p 1306
See CYPRESS HEALTH REGION
CYPRESS SECURITY (2013) INC p 285
7028 120 St Suite 203, SURREY, BC, V3W 3M8
(778) 564-4088 SIC 7381
CYRIL VARNEY PUBLIC SCHOOL p 868
See RAINBOW DISTRICT SCHOOL BOARD
CYRS LTEE p 1129
1789 Boul Des Laurentides, Montreal, QC, H7M 2P7
(450) 669-5644 SIC 5621
CYRUS EATON ELEMENTARY SCHOOL p 472
See CHIGNECTO CENTRAL REGIONAL SCHOOL BOARD

D

D & H CANADA ULC p 522
7975 Heritage Rd Suite 20, BRAMPTON, ON, L6Y 5X5
(905) 796-0030 SIC 5065
D & H GROUP CHARTERED ACCOUNTANTS p 314
1333 Broadway W, VANCOUVER, BC, V6H 4C1
(604) 731-5881 SIC 8721
D & V ELECTRONICS LTD p 972
130 Zenway Blvd, WOODBRIDGE, ON, L4H 2Y7
(905) 264-7646 SIC 3694
D & W FORWARDERS INC p 618
1490 Spence Ave, HAWKESBURY, ON, K6A 3T4
(613) 632-2797 SIC 4213
D & W FORWARDERS INC p 678
29 Industry Lane, MARMORA, ON, K0K 2M0
(613) 472-5717 SIC 4213
D A ELECTRIC LTD p 136
220 31 St N, LETHBRIDGE, AB, T1H 3Z3
(403) 328-4849 SIC 1731
D A GORDON p 948
See LAMBTON KENT DISTRICT SCHOOL BOARD
D AND L INVESTMENT p 833
See SEARS CANADA INC
D B D AUTO INC p 1129
1215 Boul Des Laurentides, Montreal, QC, H7M 2Y1
(450) 668-6393 SIC 5511
D B P ALBERTA INC p 58
5005 Dalhousie Dr Nw Suite 703, CALGARY, AB, T3A 5R8
(403) 288-1700 SIC 5812
D M EAGLE ELEMENTARY SCHOOL p 872
See GREATER ESSEX COUNTY DISTRICT SCHOOL BOARD
D M R CONSULTING p 323
See FUJITSU CONSEIL (CANADA) INC
D S I DRIVE SYSTEMS p 57
See DRIVE PRODUCTS INC
D S M p 773
See DUFFERIN SHEET METAL LTD
D W POPPY SECONDARY SCHOOL p 231
See SCHOOL DISTRICT NO. 35 (LANGLEY)
D&D CABLE VISION p 50
See VIDEON CABLESYSTEMS INC
D&M CANADA INC p 671
505 Apple Creek Blvd Unit 5, MARKHAM, ON, L3R 5B1
(905) 475-4085 SIC 5064
D'ARCY MCGEE CATHOLIC SCHOOL p 934
See TORONTO CATHOLIC DISTRICT SCHOOL BOARD
D'AVERSA, NINO BAKERY LIMITED p 755
1 Toro Rd, NORTH YORK, ON, M3J 2A4
(416) 638-3271 SIC 5461
D+H p 671
See DH CORPORATION
D+H LIMITED PARTNERSHIP p 918
120 Bremner Blvd 30th Fl, TORONTO, ON, M5J 0A8
(416) 696-7700 SIC 6211
D-J COMPOSITES INC p 426
1 C. L. Dobbin Dr, GANDER, NL, A1V 2V3
(709) 256-6111 SIC 5088
D. A. MORRISON MIDDLE SCHOOL p 892
See TORONTO DISTRICT SCHOOL BOARD
D. CRUPI & SONS LIMITED p 845
85 Passmore Ave, SCARBOROUGH, ON, M1V 4S9
(416) 291-1986 SIC 1611
D. DESUISSEAUX G. LALIBERTE p 1032
See PHARMACIE ANGUS INC
D. L. PAGANI LIMITED p 600
716 Gordon St, GUELPH, ON, N1G 1Y6
(519) 836-1240 SIC 7011
D. P. MURPHY (NB) INC p 415
400 Main St, SAINT JOHN, NB, E2K 4N5
(506) 642-2622 SIC 6512
D. ROYKENNEDY PUBLIC SCHOOL p 798
See OTTAWA-CARLETON DISTRICT SCHOOL BOARD
D.A.R.E. (DRUG ABUSE RESISTANCE EDUCATION) ONTARIO p 501
See GOVERNMENT OF ONTARIO
D.E.C.S.A. p 74
See DISTINCTIVE EMPLOYMENT COUNSELLING SERVICES
D.F. BARNES SERVICES LIMITED p 436
22 Sudbury St, ST. JOHN'S, NL, A1E 2V1
(709) 579-5041 SIC 3312
D.G.B. FRUITERIE p 1094
See HECTOR LARIVEE INC
D.G.S. DEVELOPMENT INC p 848
Gd Lcd Main, SIMCOE, ON, N3Y 4K7
(519) 426-3308 SIC 7992
D.H. RAPELJE LODGE p 955
See REGIONAL MUNICIPALITY OF NIAGARA, THE
D.J. INDUSTRIAL SALES AND MANUFACTURING INC p 558
25 North Rivermede Rd Unit 1-3, CONCORD, ON, L4K 5V4
(416) 798-7575 SIC 5084
D.L. SANITATION ENR p 1258
See 3100-2918 QUEBEC INC
D.L.G.L. BUREAU D'AFFAIRES p 999
See D.L.G.L.TECHNOLOGIES CORPORATION
D.L.G.L. IMMOBILIERE LTEE p 999
850 Boul Michele-Bohec, BLAINVILLE, QC, J7C 5E2
(450) 979-4646 SIC 7371
D.L.G.L.TECHNOLOGIES CORPORATION p 999
850 Boul Michele Bohec, BLAINVILLE, QC, J7C 5E2
(450) 979-4646 SIC 7376
D.M.S. MECHANICAL LTD p 188
7449 Conway Ave Unit 104, BURNABY, BC, V5E 2P7
(604) 291-8919 SIC 1711
D.M.S. PLUMBING HEATING AND AIR CONDITIONING p 188
See D.M.S. MECHANICAL LTD
D.S. MACKENZIE SCHOOL p 110
See EDMONTON SCHOOL DISTRICT NO. 7
D.S.R.F. DOWN SYNDROME RESEARCH FOUNDATION p 185
1409 Sperling Ave, BURNABY, BC, V5B 4J8
(604) 444-3773 SIC 8322
D.V.S. DRYWALL CONTRACTORS LTD p 23
3920 Edmonton Trail Ne, CALGARY, AB, T2E 3P6
(403) 276-8600 SIC 1742
DA VINCI BANQUET HALL p 974
5732 Highway 7 Suite 33, WOODBRIDGE, ON, L4L 3A2
(905) 851-2768 SIC 7299
DAA GROUP LIMITED p 449
180 Wyse Rd, DARTMOUTH, NS, B3A 1M6
(902) 466-4400 SIC 5812
DAAM GALVANIZING - EDMONTON p 100
See DAAM GALVANIZING CO. LTD
DAAM GALVANIZING CO. LTD p 100
9390 48 St Nw, EDMONTON, AB, T6B 2R3
(780) 468-6868 SIC 3479
DAC INTERNATIONAL INC p 550
3140 Carp Rd, CARP, ON, K0A 1L0
(613) 839-0888 SIC 2452
DACO ANIMAL NUTRITION SAA p 865
See MASTERFEEDS INC
DAEMAR INC p 769
861 Cranberry Crt, OAKVILLE, ON, L6L 6J7
(905) 847-6500 SIC 5085
DAERWOOD ELEMENTARY SCHOOL p 355
See LORD SELKIRK SCHOOL DIVISION, THE
DAFINA HOLDINGS LIMITED p 938
128 Sterling Rd, Toronto, ON, M6R 2B7
(416) 364-8128 SIC 2399
DAGIOVANNI RESTAURANT OUEST p 1094
See 3104346 CANADA INC
DAGMAR RESORT LIMITED p 489
1220 Lakeridge Rd Rr 1, ASHBURN, ON, L0B 1A0
(905) 649-2002 SIC 7011
DAHL BROTHERS (CANADA) LIMITED p 702
2600 South Sheridan Way, MISSISSAUGA, ON, L5J 2M4
(905) 822-2330 SIC 3494
DAHNAY LOGISTICS CANADA LTD p 693
2501 Stanfield Rd Fl 2, MISSISSAUGA, ON, L4Y 1R6
(289) 803-1982 SIC 4731
DAILY SEAFOOD INC p 894
135 Blake St, TORONTO, ON, M4J 3E2
(416) 461-9449 SIC 5146
DAIMLER TRUCKS CANADA LTD p 708
6733 Mississauga Rd Suite 110, MISSISSAUGA, ON, L5N 6J5
(905) 812-6500 SIC 3537
DAIRY BAR p 605
See HEWITT'S DAIRY LIMITED
DAIRY BOY SALES LTD p 196
9055 Young Rd, CHILLIWACK, BC, V2P 4R3
(604) 792-8531 SIC 5812
DAIRY QUEEN p 11
See SINIL RESTAURANTS LTD
DAIRY QUEEN p 123
See FORT SASKATCHEWAN FAST-FOOD ENTERPRISES LTD
DAIRY QUEEN p 196
See DAIRY BOY SALES LTD
DAIRY QUEEN p 224
See WILPAT INDUSTRIES LTD
DAIRY QUEEN p 227
See WILPAT INDUSTRIES LTD
DAIRY QUEEN p 260
See ALLEN, LARRY HOLDINGS (1997) LTD
DAIRY QUEEN p 337
See WILPAT INDUSTRIES LTD
DAIRY QUEEN p 399
See K. K. FOODS LTD
DAIRY QUEEN p 413
See MITTON'S FOOD SERVICE INC
DAIRY QUEEN p 433
See LYNDA AND ALBERT ENTERPRISES INC
DAIRY QUEEN p 519
See DAIRY QUEEN CANADA INC
DAIRY QUEEN BRAZIER p 397
See MITTON'S FOOD SERVICE INC
DAIRY QUEEN BRAZIER p 414
See BLT FOODS LTD
DAIRY QUEEN BRAZIER STORE p 981
See MITTON, V CO LTD
DAIRY QUEEN CANADA INC p 56
215 Shawville Blvd Se, CALGARY, AB, T2Y 3H9
  SIC 8742
DAIRY QUEEN CANADA INC p 519
133 Queen St E, BRAMPTON, ON, L6W 2A9
(905) 453-5591 SIC 5812
DAIRY QUEEN CANADA INC p 729
36 Robertson Rd, NEPEAN, ON, K2H 5Y8
(613) 596-6447 SIC 8742
DAIRY QUEEN CANADA INC p 794
1272 Bank St, OTTAWA, ON, K1S 3Y4
(613) 738-7146 SIC 8742
DAIRY QUEEN PICKERING p 812
See CHERRY TREE ENTERPRISES INC
DAIRYLAND AGRO SUPPLY LTD p 1305
4030 Thatcher Ave, SASKATOON, SK, S7R 1A2
(306) 242-5850 SIC 5083
DAIRYLAND FLUID p 204
See SAPUTO INC
DAIRYWORLD FOODS p 21
See AGRIFOODS INTERNATIONAL CO-OPERATIVE LTD
DAISHOWA-MARUBENI INTERNATIONAL LTD p 150
Gd, PEACE RIVER, AB, T8S 1V7
(780) 624-7000 SIC 2611
DAIWA PRECISION INDUSTRIAL LTD p 671
361 Alden Rd, MARKHAM, ON, L3R 3L4
(905) 940-2889 SIC 5045
DAKOTA COLLEGIATE INSTITUTE p 368
See LOUIS RIEL SCHOOL DIVISION
DAKOTA DUNES CASINO p 1297
See SASKATCHEWAN INDIAN GAMING AUTHORITY INC
DAKOTA HOLDINGS LIMITED p 444
640 Granville St E, BRIDGETOWN, NS, B0S 1C0
(902) 665-4555 SIC 5812
DAKOTA HOLDINGS LIMITED p 468
241 Main St, MIDDLETON, NS, B0S 1P0
(902) 825-2145 SIC 5812
DAL-TILE OF CANADA ULC p 558
40 Graniteridge Rd Suite 1, CONCORD, ON, L4K 5M8
(905) 738-2099 SIC 5032
DALBRAE ACADEMY p 467
See STRAIT REGIONAL SCHOOL BOARD

DALBRAE ACADEMY *p 468*
See STRAIT REGIONAL SCHOOL BOARD
DALE & DALE PIZZA INC *p 363*
686 Springfield Rd Unit 7, WINNIPEG, MB, R2G 4G3
(204) 987-5554   SIC 5812
DALE & DALE PIZZA INC *p 372*
1353 Mcphillips St Unit B, WINNIPEG, MB, R2X 3A6
(204) 987-5552   SIC 5812
DALE & DALE PIZZA INC *p 385*
3059 Portage Ave Unit C, WINNIPEG, MB, R3K 0W4
(204) 987-5555   SIC 5812
DALE MATHESON CARR-HILTON LABONTE LLP *p 310*
1140 Pender St W Suite 1500, VANCOUVER, BC, V6E 4G1
(604) 687-4747   SIC 8721
DALEWOOD MIDDLE SCHOOL *p 612*
See HAMILTON-WENTWORTH DISTRICT SCHOOL BOARD, THE
DALEWOOD PUBLIC SCHOOL *p 853*
See DISTRICT SCHOOL BOARD OF NIAGARA
DALHOUSIE ELEMENTARY SCHOOL *p 58*
See CALGARY BOARD OF EDUCATION
DALHOUSIE ELEMENTARY SCHOOL *p 389*
See PEMBINA TRAILS SCHOOL DIVISION, THE
DALHOUSIE HEALTH SERVICES *p 456*
See DALHOUSIE UNIVERSITY
DALHOUSIE LEGAL AID SERVICE *p 460*
See DALHOUSIE UNIVERSITY
DALHOUSIE SAFEWAY *p 58*
See SOBEYS WEST INC
DALHOUSIE UNIVERSITY *p 456*
6135 University Ave Rm 3030, HALIFAX, NS, B3H 4P9
(902) 494-1440   SIC 8221
DALHOUSIE UNIVERSITY *p 456*
6135 University Ave, HALIFAX, NS, B3H 4P9
(902) 494-2011   SIC 8221
DALHOUSIE UNIVERSITY *p 456*
6061 University Ave, HALIFAX, NS, B3H 4H9
(902) 494-2640   SIC 8221
DALHOUSIE UNIVERSITY *p 456*
5909 Veterans Memorial Lane Suite 3088, HALIFAX, NS, B3H 2E2
(902) 473-4252   SIC 8221
DALHOUSIE UNIVERSITY *p 456*
5909 Veterans Memorial Lane, HALIFAX, NS, B3H 2E2
(902) 473-4747   SIC 8221
DALHOUSIE UNIVERSITY *p 456*
5850 College St Unit 13b, HALIFAX, NS, B3H 1X5
(902) 494-6850   SIC 8221
DALHOUSIE UNIVERSITY *p 456*
5850 College St 2nd Fl Rm 2c01, HALIFAX, NS, B3H 1X5
(902) 494-7052   SIC 8221
DALHOUSIE UNIVERSITY *p 456*
1459 Lemarchant St Suite 2201, HALIFAX, NS, B3H 3P8
(902) 494-2526   SIC 8221
DALHOUSIE UNIVERSITY *p 456*
1276 South Park St Rm 225, HALIFAX, NS, B3H 2Y9
(902) 473-7736   SIC 8221
DALHOUSIE UNIVERSITY *p 456*
6136 University Ave Suite 314, HALIFAX, NS, B3H 4J2
(902) 494-2460   SIC 5942
DALHOUSIE UNIVERSITY *p 456*
6300 Coburg Rd Rm 100, HALIFAX, NS, B3H 2A3
(902) 494-2211   SIC 8221
DALHOUSIE UNIVERSITY *p 456*
6230 Coburg Rd, HALIFAX, NS, B3H 4J5
(902) 494-2171   SIC 8221
DALHOUSIE UNIVERSITY *p 457*

5269 Morris St Rm C360, HALIFAX, NS, B3J 1B4
(902) 494-3989   SIC 8221
DALHOUSIE UNIVERSITY *p 458*
1360 Barrington St, HALIFAX, NS, B3J 1Y9
(902) 494-3953   SIC 8221
DALHOUSIE UNIVERSITY *p 458*
5248 Morris St, HALIFAX, NS, B3J 1B4
(902) 494-8431   SIC 8221
DALHOUSIE UNIVERSITY *p 458*
5410 Spring Garden Rd, HALIFAX, NS, B3J 1G1
(902) 494-3971   SIC 8221
DALHOUSIE UNIVERSITY *p 460*
2209 Gottingen St, HALIFAX, NS, B3K 3B5
(902) 423-8105   SIC 8111
DALHOUSIE UNIVERSITY *p 460*
5850 University Ave, HALIFAX, NS, B3K 6R8
(902) 470-8019   SIC 8069
DALHOUSIE UNIVERSITY *p 477*
62 Cumming Dr, TRURO, NS, B2N 5E3
(902) 893-6600   SIC 8221
DALHOUSIE UNIVERSITY BOOKSTORE *p 456*
See DALHOUSIE UNIVERSITY
DALHOUSIE UNIVERSITY CLINICAL VISION SCIENCE *p 460*
See DALHOUSIE UNIVERSITY
DALKEITH SCHOOL *p 992*
See COMMISSION SCOLAIRE ENGLISH-MONTREAL
DALKIA CANADA INC *p 941*
130 King St Suite 1800, TORONTO, ON, M9N 1L5
(416) 860-6232   SIC 8741
DALLAIRE FOREST KIROUAC, COMPTABLES PROFESSIONNELS AGRES, S.E.N.C.R.L. *p 1160*
1175 Av Lavigerie Bureau 580, Quebec, QC, G1V 4P1
(418) 650-2266   SIC 8721
DALLAS ELEMENTARY SCHOOL *p 221*
See SCHOOL DISTRICT 73 (KAMLOOPS/THOMPSON)
DALLINGTON PUBLIC SCHOOL *p 746*
See TORONTO DISTRICT SCHOOL BOARD
DALLOV HOLDINGS LIMITED *p 540*
441 Maple Ave, BURLINGTON, ON, L7S 1L8
(905) 639-2264   SIC 8051
DALMAC OILFIELD SERVICES INC *p 104*
4934 89 St Nw, EDMONTON, AB, T6E 5K1
(780) 988-8510   SIC 1389
DALMENY HIGH SCHOOL *p 1267*
See PRAIRIE SPIRIT SCHOOL DIVISION NO. 206
DALTON TIMMIS INSURANCE GROUP INC *p 536*
4125 Upper Middle Rd Suite 1, BURLINGTON, ON, L7M 4X5
(905) 633-9019   SIC 6411
DALTONS CONFERENCE CENTRE *p 109*
See SODEXO CANADA LTD
DALVAY BY THE SEA HOTEL *p 986*
See STANHOPE BEACH INN LTD
DALY GROVE SCHOOL *p 112*
See EDMONTON SCHOOL DISTRICT NO. 7
DAMAD HOLDINGS INC *p 463*
315 Herring Cove Rd, HALIFAX, NS, B3R 1V5
(902) 477-1210   SIC 5912
DAMCO DISTRIBUTION CANADA INC *p 210*
8400 River Rd, DELTA, BC, V4G 1B5
(604) 940-1357   SIC 4731
DAMS FORD LINCOLN SALES LTD *p 280*
14530 104 Ave, Surrey, BC, V3R 1L9
(604) 588-9921   SIC 5511
DAMSAR INC *p 1092*
8115 Av Papineau, Montreal, QC, H2E 2H7

(514) 374-0177   SIC 5499
DAN KNOTT SCHOOL *p 111*
See EDMONTON SCHOOL DISTRICT NO. 7
DANA CANADA CORPORATION *p 497*
120 Welham Rd, BARRIE, ON, L4N 8Y4
(705) 737-2300   SIC 3714
DANA CANADA CORPORATION *p 500*
5095 South Service Rd, BEAMSVILLE, ON, L0R 1B0
SIC 5013
DANA CANADA CORPORATION *p 543*
401 Franklin Blvd, CAMBRIDGE, ON, N1R 8G8
(519) 621-1303   SIC 3714
DANA CANADA CORPORATION *p 552*
1010 Richmond St, CHATHAM, ON, N7M 5J5
(519) 351-1221   SIC 2298
DANA CANADA CORPORATION *p 724*
205 Industrial Dr, MOUNT FOREST, ON, N0G 2L1
(519) 323-9494   SIC 3443
DANA CANADA CORPORATION *p 768*
656 Kerr St, OAKVILLE, ON, L6K 3E4
(905) 849-1200   SIC 3714
DANA CANADA CORPORATION *p 769*
1400 Advance Rd, OAKVILLE, ON, L6L 6L6
(905) 825-8856   SIC 3443
DANA CANADA CORPORATION *p 876*
90 Hayes Rd, THOROLD, ON, L2V 0C3
SIC 3714
DANACA TRANSPORT *p 680*
See DANACA TRANSPORT MONTREAL LTEE
DANACA TRANSPORT MONTREAL LTEE *p 680*
7251 Trafalgar Rd, MILTON, ON, L9E 0Z9
(905) 878-8316   SIC 4225
DANACA TRANSPORT MONTREAL LTEE *p 1069*
2555 Rue Jean-Desy, LONGUEUIL, QC, J4G 1G6
(450) 463-0020   SIC 4212
DANBIE SYSTEMS GROUP INC *p 310*
1188 Georgia St W Unit 1050, VANCOUVER, BC, V6E 4A2
(604) 685-4209   SIC 5045
DANBY, KEN PUBLIC SCHOOL *p 599*
See UPPER CANADA DISTRICT SCHOOL BOARD, THE
DANFORTH GARDENS ELEMENTARY SCHOOL *p 886*
See TORONTO DISTRICT SCHOOL BOARD
DANFOSS INC *p 708*
6711 Mississauga Rd Suite 306, MISSISSAUGA, ON, L5N 2W3
(905) 285-2050   SIC 5075
DANIA HOME SOCIETY *p 189*
4279 Norland Ave, BURNABY, BC, V5G 3Z6
(604) 299-1370   SIC 8361
DANIEL DESRUISSEAUX, GERARD LABIBERTE, NATHALIE CHOUINARD, PHARMACIENS S.E.N.C. *p 1031*
150 Rue Angus S Bureau 1, EAST ANGUS, QC, J0B 1R0
(819) 832-4343   SIC 5912
DANIEL ET DANIEL CATERING INC *p 904*
248 Carlton St, TORONTO, ON, M5A 2L1
(416) 968-9275   SIC 5812
DANIEL MCINTYRE COLLEGIATE INSTITUTE *p 380*
See WINNIPEG SCHOOL DIVISION
DANIEL WOODWARD ELEMENTARY *p 272*
See BOARD OF EDUCATION SCHOOL DISTRICT #38 (RICHMOND)
DANIELS CORPORATION, THE *p 708*
2885 Argentia Rd Unit 1, MISSISSAUGA, ON, L5N 8G6
(905) 502-5300   SIC 6553
DANIELS SERVICE CENTRE LTD *p 825*

21180 Victoria Rd, RIDGETOWN, ON, N0P 2C0
(519) 674-5493   SIC 7538
DANONE CANADA *p 1003*
See DANONE INC
DANONE INC *p 688*
1310 Aimco Blvd, MISSISSAUGA, ON, L4W 1B2
SIC 5143
DANONE INC *p 1003*
100 Rue De Lauzon, BOUCHERVILLE, QC, J4B 1E6
(450) 655-7331   SIC 2026
DANS LA RUE *p 1094*
See BON DIEU DANS LA RUE, ORGANISATION POUR JEUNES ADULTES INC, LE
DANS UN JARDIN CANADA INC *p 1003*
240 Boul Industriel, BOUCHERVILLE, QC, J4B 2X4
(450) 449-2121   SIC 5999
DANSON DECOR INC *p 1209*
3425 Rue Douglas-B.-Floreani, SAINT-LAURENT, QC, H4S 1Y6
(514) 335-2435   SIC 5199
DANTE ALIGHIERI ACADEMY SCHOOL *p 761*
See TORONTO CATHOLIC DISTRICT SCHOOL BOARD
DANTE CLUB INC *p 826*
1330 London Rd, SARNIA, ON, N7S 1P7
(519) 542-8578   SIC 7299
DANTI SCHOOL *p 1216*
See COMMISSION SCOLAIRE ENGLISH-MONTREAL
DAPASOFT INC *p 888*
111 Gordon Baker Suite 600, TORONTO, ON, M2H 3R1
(416) 847-4080   SIC 7371
DAPHNE FLOWER IMPORTS *p 717*
See 421229 ONTARIO LIMITED
DAQUIN SALES *p 800*
See 119155 CANADA LIMITED
DARBY SPORTSWEAR CO. LTD *p 804*
100 Dundas St E, PARIS, ON, N3L 3H6
(519) 442-4423   SIC 2329
DARCEL AVENUE SENIOR PUBLIC SCHOOL *p 684*
See PEEL DISTRICT SCHOOL BOARD
DARCOL INTERNATIONAL INC *p 377*
1916 Brookside Blvd, WINNIPEG, MB, R3C 2E6
(204) 989-5050   SIC 4213
DARCY MCGEE'S IRISH PUB *p 792*
See PRIME RESTAURANTS INC
DARE FOODS LIMITED *p 274*
6751 Elmbridge Way, RICHMOND, BC, V7C 4N1
(604) 233-1117   SIC 2051
DARE FOODS LIMITED *p 681*
725 Steeles Ave E, MILTON, ON, L9T 5H1
(905) 875-1223   SIC 2064
DARE FOODS LIMITED *p 761*
143 Tycos Dr, NORTH YORK, ON, M6B 1W6
(416) 787-0253   SIC 2064
DARE FOODS LIMITED *p 1202*
845 Av Saint-Charles, SAINT-LAMBERT, QC, J4P 2A2
(450) 671-6121   SIC 2051
DARE FOODS LIMITED *p 1228*
15 Rang Dubuc, SAINTE-MARTINE, QC, J0S 1V0
(450) 427-8410   SIC 2051
DARLING INSURANCE AND REALTY LIMITED *p 809*
193 Aylmer St N, PETERBOROUGH, ON, K9J 3K2
(705) 742-4245   SIC 6411
DARLING INTERNATIONAL CANADA INC *p 365*
607 Dawson Rd N, WINNIPEG, MB, R2J 0T2
(204) 233-7347   SIC 4953
DARLING INTERNATIONAL CANADA INC *p*

▲ Public Company   ■ Public Company Family Member   **HQ** Headquarters   **BR** Branch   **SL** Single Location

477
169 Lower Truro Rd, TRURO, NS, B2N 5C1
(902) 895-2801 SIC 4953
DARLING INTERNATIONAL CANADA INC p 570
880 5 Hwy W, DUNDAS, ON, L9H 5E2
(905) 628-2258 SIC 4953
DARLING INTERNATIONAL CANADA INC p 600
150 Research Lane Suite 307, GUELPH, ON, N1G 4T2
(519) 780-3342 SIC 4953
DARLING INTERNATIONAL CANADA INC p 619
884679 Oxforf Rd Suite 8, HICKSON, ON, N0J 1L0
(519) 462-2917 SIC 4953
DARLING INTERNATIONAL CANADA INC p 723
8406 Wellington County Rr, MOOREFIELD, ON, N0G 2K0
(519) 638-3081 SIC 4953
DARLING INTERNATIONAL CANADA INC p 1225
605 1re Av, SAINTE-CATHERINE, QC, J5C 1C5
(450) 632-3250 SIC 4953
DARMAN RECYCLING CO INC p 232
20408 102b Ave, LANGLEY, BC, V3A 4R5
(604) 882-8597 SIC 4953
DARREN MASON & ASSOCIATES LTD p 933
89 Tycos Dr Unit 101, TORONTO, ON, M6B 1W3
(416) 969-9875 SIC 5621
DART CANADA INC p 834
2121 Markham Rd, SCARBOROUGH, ON, M1B 2W3
(416) 293-2877 SIC 2656
DARTMOUTH CROSSING p 452
See STARBUCKS COFFEE CANADA, INC
DARTMOUTH DELIVERY CENTER p 450
See CANADA POST CORPORATION
DARTMOUTH HIGH SCHOOL p 449
See HALIFAX REGIONAL SCHOOL BOARD
DARTMOUTH REGIONAL SCHOOL p 447
See HALIFAX REGIONAL SCHOOL BOARD
DARWIN SCHOOL p 368
See LOUIS RIEL SCHOOL DIVISION
DAS p 43
See DOW AGROSCIENCES CANADA INC
DAS p 1302
See DOW AGROSCIENCES CANADA INC
DASSAULT SYSTEMES CANADA SOFTWARE INC p 310
1066 Hastings St W Suite 1100, VANCOUVER, BC, V6E 3X1
(604) 684-6550 SIC 7371
DASSYLOI INC p 1232
575 Rue Gaetan, SALABERRY-DE-VALLEYFIELD, QC, J6S 0A7
(450) 377-5204 SIC 1623
DATA & AUDIO-VISUAL ENTERPRISES HOLDINGS INC p 918
161 Bay St Suite 2300, TORONTO, ON, M5J 2S1
(416) 361-1959 SIC 6712
DATA COMMUNICATIONS MANAGEMENT CORP p 23
707 Barlow Trail Se Suite F, CALGARY, AB, T2E 8C2
SIC 5112
DATA COMMUNICATIONS MANAGEMENT CORP p 60
1311 9 Ave Sw Suite 300, CALGARY, AB, T3C 0H9
(403) 272-7440 SIC 2759
DATA COMMUNICATIONS MANAGEMENT CORP p 63
5410 44 St Ne, CALGARY, AB, T3J 3Z3
(403) 259-0054 SIC 2761

DATA COMMUNICATIONS MANAGEMENT CORP p 116
9503 12 Ave Sw, EDMONTON, AB, T6X 0C3
(780) 462-9700 SIC 5112
DATA COMMUNICATIONS MANAGEMENT CORP p 266
23220 Fraserwood Way, RICHMOND, BC, V6V 3C7
(604) 525-2055 SIC 5112
DATA COMMUNICATIONS MANAGEMENT CORP p 530
1201 California Ave, BROCKVILLE, ON, K6V 5V8
SIC 2761
DATA COMMUNICATIONS MANAGEMENT CORP p 594
1400 Blair Pl Suite 202, GLOUCESTER, ON, K1J 9B8
(613) 748-0420 SIC 5112
DATA COMMUNICATIONS MANAGEMENT CORP p 718
80 Ambassador Dr, MISSISSAUGA, ON, L5T 2Y9
(905) 696-8884 SIC 2759
DATA COMMUNICATIONS MANAGEMENT CORP p 952
465 Phillip St Suite 202, WATERLOO, ON, N2L 6C7
(519) 885-2440 SIC 5112
DATA COMMUNICATIONS MANAGEMENT CORP p 1003
1570 Rue Ampere Bureau 3000, BOUCHERVILLE, QC, J4B 7L4
SIC 2752
DATA COMMUNICATIONS MANAGEMENT CORP p 1007
9005 Boul Du Quartier Bureau C, BROSSARD, QC, J4Y 0A8
SIC 2759
DATA COMMUNICATIONS MANAGEMENT CORP p 1030
1750 Rue Jean-Berchmans-Michaud, DRUMMONDVILLE, QC, J2C 7S2
(819) 472-1111 SIC 2761
DATA COMMUNICATIONS MANAGEMENT CORP p 1042
855 Boul Industriel, GRANBY, QC, J2J 1A6
(450) 378-4601 SIC 2761
DATA COMMUNICATIONS MANAGEMENT CORP p 1257
4 Place Du Commerce Bureau 200, VERDUN, QC, H3E 1J4
(514) 858-6777 SIC 2761
DATA COMMUNICATIONS MANAGEMENT CORP p 1282
455 Maxwell Cres, REGINA, SK, S4N 5X9
(306) 721-5400 SIC 2759
DATA DIRECT GROUP INC p 716
2001 Drew Rd Unit 1, MISSISSAUGA, ON, L5S 1S4
(905) 564-0150 SIC 7331
DATA GROUP OF COMPANIES p 63
See DATA COMMUNICATIONS MANAGEMENT CORP
DATA GROUP OF COMPANIES p 116
See DATA COMMUNICATIONS MANAGEMENT CORP
DATA GROUP OF COMPANIES p 530
See DATA COMMUNICATIONS MANAGEMENT CORP
DATA GROUP OF COMPANIES p 594
See DATA COMMUNICATIONS MANAGEMENT CORP
DATA GROUP OF COMPANIES p 1030
See DATA COMMUNICATIONS MANAGEMENT CORP
DATA GROUP OF COMPANIES p 1042
See DATA COMMUNICATIONS MANAGEMENT CORP
DATA GROUP OF COMPANY p 1282
See DATA COMMUNICATIONS MANAGEMENT CORP
DATA IMAGENET p 1007
See DATA COMMUNICATIONS MANAGE-

MENT CORP
DATA PARCEL EXPRESS INCORPORATED p 718
6500 Van Deemter Crt, MISSISSAUGA, ON, L5T 1S1
(905) 564-5555 SIC 4731
DATA WEST SOLUTIONS p 768
See OPEN SOLUTIONS CANADA INC
DATALOG TECHNOLOGY INC p 17
10707 50 St Se, CALGARY, AB, T2C 3E5
(403) 243-2024 SIC 1389
DATAWAVE SYSTEMS INC p 266
13575 Commerce Pky Suite 110, RICHMOND, BC, V6V 2L1
(604) 295-1800 SIC 4813
DATAWAVE SYSTEMS INC p 708
4-6745 Century Ave, MISSISSAUGA, ON, L5N 8C9
(905) 567-5040 SIC 4813
DATAWIRE COMMUNICATION NETWORKS INC p 584
10 Carlson Crt Suite 300, ETOBICOKE, ON, M9W 6L2
(416) 213-2001 SIC 4899
DAUBOIS INC p 543
1501 Whistle Bare Rd, CAMBRIDGE, ON, N1R 5S3
(416) 787-4917 SIC 5032
DAUPHIN CO-OP p 347
See DAUPHIN CONSUMERS COOPERATIVE LTD
DAUPHIN CONSUMERS COOPERATIVE LTD p 347
18 3rd Ave Ne, DAUPHIN, MB, R7N 0Y6
(204) 638-6003 SIC 5411
DAUPHIN REGIONAL COMPREHENSIVE SECONDARY SCHOOL p 347
See MOUNTAIN VIEW SCHOOL DIVISION
DAUPHIN REGIONAL HEALTH CENTRE p 347
625 3rd St Sw, DAUPHIN, MB, R7N 1R7
(204) 638-3010 SIC 8062
DAVCO SOLUTIONS INC p 126
Gd Lcd Main, GRANDE PRAIRIE, AB, T8V 2Z7
(780) 532-1850 SIC 3599
DAVE BARR COMMUNITY CENTRE p 125
See CITY OF GRANDE PRAIRIE, THE
DAVE KANDAL ELEMENTARY SCHOOL p 179
See SCHOOL DISTRICT NO 34 (ABBOTSFORD)
DAVE'S COMMERCIAL CLEANING p 470
See SHANNON, BRENDA CONTRACTS LIMITED
DAVENPORT PUBLIC SCHOOL p 492
See THAMES VALLEY DISTRICT SCHOOL BOARD
DAVENPORT/PERTH NEIGHBOURHOOD CENTER p 937
1900 Davenport Rd, TORONTO, ON, M6N 1B7
(416) 656-8025 SIC 8322
DAVEY TREE EXPERT CO. OF CANADA, LIMITED p 239
13 Victoria Cres Suite 20, NANAIMO, BC, V9R 5B9
(250) 755-1288 SIC 5261
DAVEY TREE EXPERT CO. OF CANADA, LIMITED p 667
330 Rodinea Rd Suite 2, MAPLE, ON, L6A 4P5
(905) 303-7269 SIC 1422
DAVEY TREE SERVICES p 239
See DAVEY TREE EXPERT CO. OF CANADA, LIMITED
DAVID & MARY THOMSON COLLEGIATE INSTITUTE p 841
See TORONTO DISTRICT SCHOOL BOARD
DAVID APLIN & ASSOCIATES INC p 43
700 2 St Sw Suite 3850, CALGARY, AB, T2P 2W2
(403) 261-9000 SIC 7361

DAVID APLIN GROUP p 43
See DAVID APLIN & ASSOCIATES INC
DAVID BRANKEN ELEMENTARY SCHOOL p 285
See SCHOOL DISTRICT NO 36 (SURREY)
DAVID CAMERON ELEMENTARY SCHOOL p 336
See SCHOOL DISTRICT NO 62 (SOOKE)
DAVID DUNCAN HOUSE, THE p 751
See 458984 ONTARIO LIMITED
DAVID H CHURCH PUBLIC SCHOOL p 775
See SIMCOE COUNTY DISTRICT SCHOOL BOARD, THE
DAVID HOY ELEMENTARY SCHOOL p 213
See BOARD OF EDUCATION OF SCHOOL DISTRICT NO. 91 (NECHAKO LAKE), THE
DAVID LEADER MIDDLE SCHOOL p 722
See PEEL DISTRICT SCHOOL BOARD
DAVID LEWIS ELEMENTARY SCHOOL p 846
See TORONTO DISTRICT SCHOOL BOARD
DAVID LIVINGSTONE COMMUNITY SCHOOL p 372
See WINNIPEG SCHOOL DIVISION
DAVID LIVINGSTONE ELEMENTARY SCHOOL p 297
See BOARD OF EDUCATION OF SCHOOL DISTRICT NO. 39 (VANCOUVER), THE
DAVID LLOYD GEORGE ELEMENTARY SCHOOL p 318
See BOARD OF EDUCATION OF SCHOOL DISTRICT NO. 39 (VANCOUVER), THE
DAVID LLOYD JONES HOME p 226
See INTERIOR HEALTH AUTHORITY
DAVID MAXWELL ELEMENTARY SCHOOL p 967
See GREATER ESSEX COUNTY DISTRICT SCHOOL BOARD
DAVID OPPENHEIMER ELEMENTARY SCHOOL p 295
See BOARD OF EDUCATION OF SCHOOL DISTRICT NO. 39 (VANCOUVER), THE
DAVID STODDART SECONDARY SCHOOL p 199
See SCHOOL DISTRICT #74 (GOLD TRAIL)
DAVID SUZUKI PUBLIC SCHOOL p 677
See YORK REGION DISTRICT SCHOOL BOARD
DAVID THOMPSON ELEMENTARY SCHOOL p 219
See SCHOOL DISTRICT 73 (KAMLOOPS/THOMPSON)
DAVID THOMPSON HEALTH REGION p 54
See ALBERTA HEALTH SERVICES
DAVID THOMPSON SECONDARY SCHOOL p 218
See BOARD OF EDUCATION OF SCHOOL DISTRICT NO. 06 (ROCKY MOUNTAIN), THE
DAVID THOMPSON SECONDARY SCHOOL p 295
See BOARD OF EDUCATION OF SCHOOL DISTRICT NO. 39 (VANCOUVER), THE
DAVID'S BRIDAL CANADA INC p 232
20070 Langley Bypass Suite 10, LANGLEY, BC, V3A 9J7
(604) 533-7240 SIC 5621
DAVID'S STEAK HOUSE p 140
See 516447 ALBERTA LTD
DAVIDSON & COMPANY CHARTERED ACCOUNTANTS LLP p 324
609 Grandville St Suite 1200, VANCOUVER, BC, V7Y 1G6
(604) 687-0947 SIC 8721
DAVIDSON ENMAN LUMBER LIMITED p 17
9515 44 St Se, CALGARY, AB, T2C 2P7
(403) 279-5525 SIC 2439
DAVIDSON HEALTH CENTRE p 1267
See HEARTLAND REGIONAL HEALTH AUTHORITY
DAVIDSON ROAD ELEMENTARY SCHOOL

p 341
See BOARD OF EDUCATION OF SCHOOL DISTRICT NO. 23 (CENTRAL OKANAGAN), THE
DAVIDSON SCHOOL *p* 1267
See SUN WEST SCHOOL DIVISION NO 207 SASKATCHEWAN
DAVIDSTEA *p* 225
See DAVIDSTEA INC
DAVIDSTEA *p* 280
See DAVIDSTEA INC
DAVIDSTEA *p* 992
See DAVIDSTEA INC
DAVIDSTEA *p* 1006
See DAVIDSTEA INC
DAVIDSTEA *p* 1020
See DAVIDSTEA INC
DAVIDSTEA *p* 1239
See DAVIDSTEA INC
DAVIDSTEA *p* 1248
See DAVIDSTEA INC
DAVIDSTEA INC *p* 225
2271 Harvey Ave, KELOWNA, BC, V1Y 6H2
(250) 862-1331   SIC 5499
DAVIDSTEA INC *p* 280
2695 Guildford Town Ctr, SURREY, BC, V3R 7C1
(604) 580-2300   SIC 5499
DAVIDSTEA INC *p* 992
7999 Boul Des Galeries D'anjou, ANJOU, QC, H1M 1W9
(514) 353-0571   SIC 5499
DAVIDSTEA INC *p* 1006
2151 Boul Lapiniere, BROSSARD, QC, J4W 2T5
(450) 671-4848   SIC 5499
DAVIDSTEA INC *p* 1020
3035 Boul Le Carrefour, Cote Saint-Luc, QC, H7T 1C8
(450) 681-0776   SIC 5499
DAVIDSTEA INC *p* 1239
3050 Boul De Portland Bureau 14a, SHERBROOKE, QC, J1L 1K1
(819) 346-4208   SIC 5499
DAVIDSTEA INC *p* 1248
4225 Boul Des Forges, Trois-Rivieres, QC, G8Y 1W2
(819) 693-9333   SIC 5499
DAVIE JONES ELEMENTARY SCHOOL *p* 253
See SCHOOL DISTRICT NO 42 (MAPLE RIDGE-PITT MEADOWS)
DAVIE STREET MANAGEMENT SERVICES LTD *p* 303
322 Davie St, VANCOUVER, BC, V6B 5Z6
(604) 642-6787   SIC 7011
DAVIES *p* 1105
See DAVIES WARD PHILLIPS & VINEBERG LLP
DAVIES AUTO ELECTRIC LIMITED *p* 692
2571 Wharton Glen Ave, MISSISSAUGA, ON, L4X 2A8
(905) 279-6300   SIC 5511
DAVIES WARD PHILLIPS & VINEBERG LLP *p* 1105
1501 Av Mcgill College Bureau 2600, Montreal, QC, H3A 3N9
(514) 841-6400   SIC 8111
DAVIN SCHOOL *p* 1289
See BOARD OF EDUCATION REGINA SCHOOL DIVISION NO. 4 OF SASKATCHEWAN
DAVINCI CENTRE *p* 880
See ITALIAN SOCIETY PRINCIPE DI PIEMONTE
DAVIS & WILLMOT INC *p* 892
2060 Queen St E Suite 51504, TORONTO, ON, M4E 1C9
   SIC 5094
DAVIS CAMPUS *p* 523
See SHERIDAN COLLEGE INSTITUTE OF TECHNOLOGY AND ADVANCED LEARNING
DAVIS CENTRE, THE *p* 506

See VERA M DAVIS COMMUNITY CARE CENTRE
DAVIS FUEL COMPANY LIMITED *p* 532
22 King St, BURFORD, ON, N0E 1A0
(519) 449-2417   SIC 5172
DAVIS FUEL COMPANY LIMITED *p* 664
7340 Colonel Talbot Rd, LONDON, ON, N6L 1H8
(519) 652-2310   SIC 5541
DAVIS HENDERSON INTERCHEQUES *p* 918
See D+H LIMITED PARTNERSHIP
DAVIS HENDERSON INTERCHEQUES *p* 1069
See DH CORPORATION
DAVIS LLP *p* 43
250 2 St Sw Suite 1000, CALGARY, AB, T2P 0C1
(403) 296-4470   SIC 8111
DAVIS LLP *p* 79
10060 Jasper Ave Nw Suite 1201, EDMONTON, AB, T5J 4E5
(780) 426-5330   SIC 8111
DAVIS LLP *p* 932
100 King St W Suite 367, TORONTO, ON, M5X 2A1
(416) 365-3414   SIC 8111
DAVIS LLP *p* 1105
1501 Av Mcgill College Bureau 1400, Montreal, QC, H3A 3M8
(514) 392-1991   SIC 8111
DAVIS MANAGEMENT LTD *p* 932
100 King St W Unit 60, TORONTO, ON, M5X 2A1
(416) 365-3500   SIC 8111
DAVIS WIRE INDUSTRIES LTD *p* 207
960 Derwent Way, DELTA, BC, V3M 5R1
(604) 525-3622   SIC 3496
DAVIS, WILLIAM G SCHOOL *p* 962
See GREATER ESSEX COUNTY DISTRICT SCHOOL BOARD
DAWN FOOD PRODUCTS (CANADA), LTD *p* 514
275 Steelwell Rd, BRAMPTON, ON, L6T 0C8
(289) 505-4640   SIC 5149
DAWN OPERATION CENTER *p* 569
See UNION GAS LIMITED
DAWNAL QUICK SERVE LTD *p* 218
1465 Trans Canada Hwy W, KAMLOOPS, BC, V1S 1A1
(250) 374-1922   SIC 5812
DAWNAL QUICK SERVE LTD *p* 218
661 Fortune Dr, KAMLOOPS, BC, V2B 2K7
(250) 376-0222   SIC 5812
DAWNAL QUICK SERVE LTD *p* 220
301 Victoria St, KAMLOOPS, BC, V2C 2A3
(250) 314-6493   SIC 5812
DAWNAL QUICK SERVE LTD *p* 220
500 Notre Dame Dr Unit 800, KAMLOOPS, BC, V2C 6T6
(250) 314-3686   SIC 5812
DAWNAL QUICK SERVE LTD *p* 237
3360 Airport Rd, MERRITT, BC, V1K 1M5
(250) 378-2170   SIC 5812
DAWNMARK HOLDINGS INC *p* 102
9562 82 Ave Nw Suite 201, EDMONTON, AB, T6C 0Z8
(780) 437-9866   SIC 8322
DAWNVIEW PUBLIC SCHOOL *p* 617
See BLUEWATER DISTRICT SCHOOL BOARD
DAWSON CO-OPERATIVE UNION *p* 207
10020 Parkhill Dr, DAWSON CREEK, BC, V1T 3P8
(250) 782-3371   SIC 5211
DAWSON COURT HOME FOR THE AGED *p* 877
See CORPORATION OF THE CITY OF THUNDER BAY, THE
DAWSON CREEK DAILY *p* 206
See GLACIER MEDIA INC
DAWSON CREEK MAIL PROCESSING PLANT *p* 206

See CANADA POST CORPORATION
DAWSON CREEK SAFEWAY *p* 207
See SOBEYS WEST INC
DAWSON TRAIL SCHOOL *p* 351
See SEINE RIVER SCHOOL DIVISION
DAWSON WALLACE CONSTRUCTION LTD *p* 23
2015 32 Ave Ne Suite 28, CALGARY, AB, T2E 6Z3
(403) 735-5988   SIC 1542
DAY & NIGHT CARRIERS LTD *p* 688
1270 Aerowood Dr, MISSISSAUGA, ON, L4W 1B7
   SIC 4213
DAY & ROSS DEDICATED LOGISTICS *p* 345
See DAY & ROSS INC
DAY & ROSS INC *p* 273
3511 Jericho Rd, RICHMOND, BC, V7B 1M3
(604) 231-1450   SIC 4213
DAY & ROSS INC *p* 280
11470 131 St, SURREY, BC, V3R 4S7
(604) 495-8638   SIC 4213
DAY & ROSS INC *p* 345
6355 Richmond Ave E, BRANDON, MB, R7A 7M5
(204) 725-0291   SIC 4213
DAY & ROSS INC *p* 369
225 Haggart Ave, WINNIPEG, MB, R2R 2V8
(204) 697-6069   SIC 4213
DAY & ROSS INC *p* 369
255 Haggart Ave, WINNIPEG, MB, R2R 2V8
(204) 697-6066   SIC 4213
DAY & ROSS INC *p* 393
11930 Hall Crt Suite 2, BATHURST, NB, E2A 4W7
(506) 546-7400   SIC 4213
DAY & ROSS INC *p* 398
8734 Main St Unit 3, FLORENCEVILLE-BRISTOL, NB, E7L 3G6
(506) 392-2887   SIC 4731
DAY & ROSS INC *p* 400
65 Mackenzie Rd, FREDERICTON, NB, E3B 6B6
   SIC 4213
DAY & ROSS INC *p* 403
398 Main St, HARTLAND, NB, E7P 1C6
(506) 375-4401   SIC 4213
DAY & ROSS INC *p* 410
623 Mapleton Rd, MONCTON, NB, E1G 2K5
(506) 856-6537   SIC 4213
DAY & ROSS INC *p* 418
141 Alloy Dr Unit 084, SAINT JOHN, NB, E2M 7S9
(506) 635-1212   SIC 4731
DAY & ROSS INC *p* 425
Gd Lcd Main, CORNER BROOK, NL, A2H 6C2
(709) 635-4228   SIC 4213
DAY & ROSS INC *p* 425
Gd Lcd Main, CORNER BROOK, NL, A2H 6C2
(709) 639-7523   SIC 4213
DAY & ROSS INC *p* 427
52 Hardy Ave, GRAND FALLS-WINDSOR, NL, A2A 2J3
(709) 489-4104   SIC 4213
DAY & ROSS INC *p* 427
Gd, GRAND FALLS-WINDSOR, NL, A2A 2J3
(709) 489-8860   SIC 4213
DAY & ROSS INC *p* 429
79 Glencoe Dr, MOUNT PEARL, NL, A1N 4S6
(709) 747-4104   SIC 4213
DAY & ROSS INC *p* 523
170 Van Kirk Dr, BRAMPTON, ON, L7A 1K9
(905) 846-6300   SIC 4213
DAY & ROSS INC *p* 667
3795 Webster Cres, MAIDSTONE, ON, N0R 1K0
(519) 737-6331   SIC 4213
DAY & ROSS INC *p* 980
Gd Stn Central, CHARLOTTETOWN, PE,

C1A 7K1
(902) 894-5354   SIC 7389
DAY & ROSS INC *p* 1030
1855 Rue Power, DRUMMONDVILLE, QC, J2C 5X4
(819) 471-5198   SIC 4213
DAY & ROSS TRADE NETWORKS *p* 398
See DAY & ROSS INC
DAY & ROSS TRANSPORTATION GROUP *p* 403
See DAY & ROSS INC
DAY, WILLIAM CONSTRUCTION LIMITED *p* 885
125 Kamiskotia Rd, TIMMINS, ON, P4R 0B3
(705) 268-7250   SIC 4212
DAYS INN *p* 295
See 541907 ONTARIO LIMITED
DAYS INN *p* 736
See LUNDY'S REGENCY ARMS CORP
DAYS INN *p* 884
See SENATOR HOTELS LIMITED
DAYS INN CALGARY AIRPORT *p* 10
See DIMENSION 3 HOSPITALITY CORPORATION
DAYS INN KINGSTON HOTEL & CONVENTION CENTRE *p* 630
See BEST VALUE MOTEL INC
DAYS INN METRO-CENTRE *p* 1116
See 9828-3573 QUEBEC INC
DAYS INN SUITES WEST EDMONTON *p* 91
10010 179a St Nw, EDMONTON, AB, T5S 2T1
(780) 444-4440   SIC 7011
DAYSLAND HEALTH CENTRE *p* 71
See ALBERTA HEALTH SERVICES
DAYSLAND SCHOOL *p* 71
See BATTLE RIVER REGIONAL DIVISION 31
DAYSTROM ELEMENTARY SCHOOL *p* 763
See TORONTO DISTRICT SCHOOL BOARD
DAYTON & KNIGHT LTD *p* 249
889 Harbourside Dr Suite 210, NORTH VANCOUVER, BC, V7P 3S1
(604) 990-4800   SIC 8748
DAYTON SUPERIOR CANADA LTD *p* 718
6650 Pacific Circle, MISSISSAUGA, ON, L5T 1V6
(416) 798-2000   SIC 3444
DAYTONA FREIGHT SYSTEMS INC *p* 506
124 Commercial Rd, BOLTON, ON, L7E 1K4
(416) 744-2020   SIC 4213
DBA ENGINEERING LTD *p* 974
401 Hanlan Rd, WOODBRIDGE, ON, L4L 3T1
(905) 851-0090   SIC 8711
DBC COMMUNICATIONS INC *p* 1194
3275 Boul Choquette Bureau 5, SAINT-HYACINTHE, QC, J2S 7Z8
(450) 771-2332   SIC 7319
DBC MARINE SAFETY SYSTEMS LTD *p* 207
1689 Cliveden Ave, DELTA, BC, V3M 6V5
(604) 278-3221   SIC 3732
DBC SMARTSOFTWARE INC *p* 640
121 Charles St W Unit C224, KITCHENER, ON, N2G 1H6
(519) 893-4200   SIC 7371
DBG *p* 718
See DBG CANADA LIMITED
DBG CANADA LIMITED *p* 688
1566 Shawson Dr, MISSISSAUGA, ON, L4W 1N7
(905) 670-1555   SIC 3499
DBG CANADA LIMITED *p* 718
110 Ambassador Dr, MISSISSAUGA, ON, L5T 2X8
(905) 362-2311   SIC 3499
DBG CANADA LIMITED *p* 978
980 Juliana Dr, WOODSTOCK, ON, N4V 1B9
   SIC 3469
DBI *p* 1066

▲ Public Company   ■ Public Company Family Member   HQ Headquarters   BR Branch   SL Single Location

See DISTRIBUTION BRUNET INC
DBN DRYWALL & ACOUSTICS LIMITED p 855
200 Louth St, ST CATHARINES, ON, L2S 2R6
(905) 684-3271   SIC 1742
DC ENERGY SERVICES INC p 126
Gd Lcd Main, GRANDE PRAIRIE, AB, T8V 2Z7
SIC 7353
DC ENERGY SERVICES LP p 43
706 7 Ave Sw Suite 400, CALGARY, AB, T2P 0Z1
SIC 1381
DCB BUSINESS SYSTEMS GROUP INC p 635
1050 Gardiners Rd Suite 4, KINGSTON, ON, K7P 1R7
(905) 433-0611   SIC 5044
DCC p 889
See DOMINION COLOUR CORPORATION
DCL INTERNATIONAL INC p 558
140 Cidermill Ave Suite D, CONCORD, ON, L4K 4T5
(905) 660-6451   SIC 3714
DCM INTEGRATED SOLUTIONS INC p 1081
8315 Ch Devonshire, MONT-ROYAL, QC, H4P 2L1
(514) 603-8105   SIC 1629
DCT CHAMBERS TRUCKING LTD p 278
4631 Farstad Way Rr 1, SKOOKUMCHUCK, BC, V0B 2E0
(250) 422-3535   SIC 4212
DDB CANADA p 81
See OMNICOM CANADA CORP
DDB CANADA p 322
See OMNICOM CANADA CORP
DDI SERVICE p 649
See DEANGELO BROTHERS CORPORATION
DDS CANADA p 900
See DONOVAN DATA SYSTEMS CANADA LTD
DE BALL INC p 1042
835 Boul Industriel, GRANBY, QC, J2J 1A5
(514) 934-3454   SIC 2221
DE BEERS CANADA INC p 884
119 Pine St S Suite 310, TIMMINS, ON, P4N 2K3
(705) 268-0988   SIC 1499
DE BIASI & ASSOCIATES p 688
See DBG CANADA LIMITED
DE BOER'S FURNITURE LIMITED p 558
275 Drumlin Cir, CONCORD, ON, L4K 3E4
SIC 5712
DE LA FONTAINE p 1239
See DELAFONTAINE INC
DE LA FONTAINE & ASSOCIES INC p 1007
7503 Boul Taschereau Bureau B, BROSSARD, QC, J4Y 1A2
(450) 676-8335   SIC 5072
DE LA PENINSULE ACADIENNE ECOLE MARGUERITE BOURGEOYS p 395
See DISTRICT SCOLAIRE FRANCOPHONE NORD-EST
DE LUXE PAPER PRODUCTS p 845
See DE LUXE PRODUITS DE PAPIER INC
DE LUXE PRODUITS DE PAPIER INC p 845
35 Dynamic Dr, SCARBOROUGH, ON, M1V 2W2
(416) 754-4633   SIC 2621
DE SOUSA PRAJA ENTERPRISES INC p 688
5165 Dixie Rd Suite 1, MISSISSAUGA, ON, L4W 4G1
(905) 238-0798   SIC 5812
DEAD SEA SECRETS p 557
See 6268595 CANADA INC
DEALER SERVICES GROUP p 1002
See ADP CANADA CO
DEALER TIRE p 514
See DEALER TIRE CANADA ULC
DEALER TIRE CANADA ULC p 514

30 Driver Rd Suite 1, BRAMPTON, ON, L6T 5V2
(905) 458-1752   SIC 5014
DEALERTRACK CANADA INC p 688
2700 Matheson Blvd E Suite 702, MISSISSAUGA, ON, L4W 4V9
(905) 281-6200   SIC 7372
DEAN'S OFFICE p 406
See UNIVERSITE DE MONCTON
DEAN'S UNDERGRADUATE OFFICE p 301
See UNIVERSITY OF BRITISH COLUMBIA, THE
DEANE HOUSE AT FORT CALGARY, THE p 27
806 9 Ave Se, CALGARY, AB, T2G 0S2
(403) 269-7747   SIC 5812
DEANGELO BROTHERS CORPORATION p 649
400 Regional Rd 55, LIVELY, ON, P3Y 0B1
(705) 885-1246   SIC 4173
DEANS KNIGHT INCOME CORPORATION p 307
999 Hastings St W Suite 1500, VANCOUVER, BC, V6C 2W2
(604) 669-0212   SIC 6211
DEARIE CONTRACTING p 783
See LENNOX CANADA INC
DEARNESS HOME FOR THE AGED p 659
See CORPORATION OF THE CITY OF LONDON
DEBERT ELEMENTARY SCHOOL p 453
See CHIGNECTO CENTRAL REGIONAL SCHOOL BOARD
DEBMAR HOLDINGS LIMITED p 838
10 Lebovic Ave, SCARBOROUGH, ON, M1L 4V9
SIC 5812
DEBRA'S HOTELS INC p 58
5353 Crowchild Trail Nw, CALGARY, AB, T3A 1W9
SIC 7011
DECHANT CONSTRUCTION LTD p 130
11004 97 St Ss 1, HIGH LEVEL, AB, T0H 1Z0
(780) 926-4411   SIC 1611
DECIMA INC p 801
160 Elgin St Suite 1800, OTTAWA, ON, K2P 2P7
(613) 230-2200   SIC 8732
DECIMA INC p 897
2345 Yonge St Suite 704, TORONTO, ON, M4P 2E5
(416) 962-9109   SIC 8732
DECISION ACADEMIC INC p 623
411 Legget Dr Suite 501, KANATA, ON, K2K 3C9
(613) 254-9669   SIC 7371
DECISIONONE CORPORATION p 820
44 East Beaver Creek Rd Unit 19, RICHMOND HILL, ON, L4B 1G8
(905) 882-1555   SIC 7378
DECISIONONE CORPORATION p 1206
2505 Rue Cohen, SAINT-LAURENT, QC, H4R 2N5
(514) 338-1927   SIC 7378
DECISIONONE CORPORATION p 1209
5766 Rue Cypihot, SAINT-LAURENT, QC, H4S 1Y5
(514) 338-1798   SIC 7379
DECKER LAKE ELEMENTARY SCHOOL p 193
See BOARD OF EDUCATION OF SCHOOL DISTRICT NO. 91 (NECHAKO LAKE), THE
DECO ADHESIVE PRODUCTS (1985) LIMITED p 584
28 Greensboro Dr, ETOBICOKE, ON, M9W 1E1
(416) 247-7878   SIC 7336
DECO AUTOMOTIVE, DIV OF p 586
See MAGNA INTERNATIONAL INC
DECO DECOUVERTE p 990
See HUDSON'S BAY COMPANY
DECO DECOUVERTE p 1001

See HUDSON'S BAY COMPANY
DECO DECOUVERTE p 1124
See HUDSON'S BAY COMPANY
DECO DECOUVERTE p 1142
See HUDSON'S BAY COMPANY
DECO DECOUVERTE p 1168
See HUDSON'S BAY COMPANY
DECO DECOUVERTE p 1182
See HUDSON'S BAY COMPANY
DECO DECOUVERTE p 1230
See HUDSON'S BAY COMPANY
DECO JARDIN p 1191
See BAILLARGEON, YVES ET FILS CONTRACTEUR GENERAL INC
DECO SIGNALISATION INC p 990
9225 Rue Du Parcours, ANJOU, QC, H1J 3A8
(514) 494-1004   SIC 3993
DECOLIN INC p 1096
9150 Av Du Parc, Montreal, QC, H2N 1Z2
(514) 384-2910   SIC 5023
DECOMA EXTERIOR TRIM, DIV OF p 560
See MAGNA INTERNATIONAL INC
DECOR PRECAST, DIV OF p 861
See MATERIAUX DE CONSTRUCTION OLDCASTLE CANADA INC, LES
DECORATIVE FOUNTAIN CO, DIV OF p 558
See CRYSTAL FOUNTAINS HOLDINGS INC
DECOTREND HOME FASHIONS LTD p 671
665 Hood Rd, MARKHAM, ON, L3R 4E1
(905) 754-1798   SIC 2591
DECOUSTICS p 972
See CERTAINTEED CANADA, INC
DECTRON INC p 1206
3999 Boul De La Cote-Vertu, SAINT-LAURENT, QC, H4R 1R2
(514) 337-3331   SIC 3585
DECTRON INTERNATIONALE INC p 1206
4001 Boul De La Cote-Vertu, SAINT-LAURENT, QC, H4R 1R5
(514) 333-4050   SIC 3585
DEDMAN, DAVID PONTIAC BUICK GMC LTD p 1309
115 Palliser Way, YORKTON, SK, S3N 4C6
(306) 783-8080   SIC 5511
DEELEY HARLEY-DAVIDSON CANADA p 266
See DEELEY, FRED IMPORTS LTD.
DEELEY, FRED IMPORTS LTD. p 266
13500 Verdun Pl, RICHMOND, BC, V6V 1V2
(604) 273-5421   SIC 5012
DEELEY, TREV MOTORCYCLES (1991) LTD p 294
1875 Boundary Rd, VANCOUVER, BC, V5M 3Y7
(604) 291-1875   SIC 5571
DEEM MANAGEMENT SERVICES LIMITED p 642
55 Hugo Cres, KITCHENER, ON, N2M 5J1
(519) 576-2140   SIC 8051
DEEM MANAGEMENT SERVICES LIMITED p 818
990 Edward St, PRESCOTT, ON, K0E 1T0
(613) 925-2834   SIC 8051
DEEP COVE ELEMENTARY SCHOOL p 246
See SCHOOL DISTRICT 63 (SAANICH)
DEEP FOUNDATIONS CONTRACTORS INC p 596
145 Ram Forest Rd, GORMLEY, ON, L0H 1G0
(905) 750-5900   SIC 1794
DEEPAK INTERNATIONAL LTD p 932
1 First Canadian Pl Unit 6000, TORONTO, ON, M5X 1B5
SIC 3915
DEEPER LIFE BIBLE CHURCH p 758
750 Oakdale Rd Suite 46, NORTH YORK, ON, M3N 2Z4
(416) 740-7023   SIC 8661
DEER LAKE POWER p 426
See CORNER BROOK PULP AND PAPER LIMITED
DEER LAKE POWER COMPANY DIV OF p 425

See CORNER BROOK PULP AND PAPER LIMITED
DEER LODGE HOTELS LTD p 1299
106 Circle Dr W, SASKATOON, SK, S7L 4L6
(306) 242-8881   SIC 7011
DEER PARK JUNIOR & SENIOR SCHOOL p 900
See TORONTO DISTRICT SCHOOL BOARD
DEER PARK PUBLIC SCHOOL p 629
See YORK REGION DISTRICT SCHOOL BOARD
DEER RUN ELEMENTARY SCHOOL p 35
See CALGARY BOARD OF EDUCATION
DEER VALLEY DENTAL CARE p 36
See ROBERTSON, DR. DAVID D PROFESSIONAL CORPORATION
DEER VALLEY DEVELOPMENT INC p 1267
10 Deer Valley Rd, DEER VALLEY, SK, S2V 1B6
SIC 7992
DEERFOOT MEADOWS STARBUCKS p 33
See STARBUCKS COFFEE CANADA, INC
DEERLINE SALES LTD. p 5
See MMD SALES LTD
DEERVIEW LODGE p 1308
See SUN COUNTRY REGIONAL HEALTH AUTHORITY
DEERWOOD SCHOOL p 359
See SCHOOL DISTRICT OF MYSTERY LAKE
DEFEHR FURNITURE (2009) LTD p 362
See DEFEHR FURNITURE (2009) LTD
DEFEHR FURNITURE (2009) LTD p 362
770 Pandora Ave E, WINNIPEG, MB, R2C 3N1
(204) 988-5630   SIC 2679
DEFENCE CONSTRUCTION (1951) LIMITED p 71
188 Buffalo Rd, DENWOOD, AB, T0B 1B0
(780) 842-1363   SIC 8741
DEFENCE CONSTRUCTION (1951) LIMITED p 234
Gd, LAZO, BC, V0R 2K0
(250) 339-2721   SIC 1541
DEFENCE CONSTRUCTION (1951) LIMITED p 411
Building B-71, OROMOCTO, NB, E2V 4J5
(506) 357-6291   SIC 8741
DEFENCE CONSTRUCTION (1951) LIMITED p 792
350 Albert St Suite 1900, OTTAWA, ON, K1R 1A4
(613) 998-9548   SIC 8741
DEFENCE CONSTRUCTION CANADA p 71
See DEFENCE CONSTRUCTION (1951) LIMITED
DEFENCE CONSTRUCTION CANADA p 234
See DEFENCE CONSTRUCTION (1951) LIMITED
DEFENCE CONSTRUCTION CANADA p 411
See DEFENCE CONSTRUCTION (1951) LIMITED
DEFENCE CONSTRUCTION CANADA p 792
See DEFENCE CONSTRUCTION (1951) LIMITED
DEFORD CONTRACTING INC p 88
16720 109 Ave Nw Unit 16720, EDMONTON, AB, T5P 4Y8
(780) 453-5841   SIC 1771
DEGOLYER AND MACNAUGHTON CANADA INC p 43
311 6 Ave Sw Suite 1430, CALGARY, AB, T2P 3H2
(403) 266-8680   SIC 8711
DEH GAH ELEMENTARY & SECONDARY

SCHOOL *p* 438
See DEHCHO DIVISIONAL EDUCATION COUNCIL
DEHCHO DIVISIONAL EDUCATION COUNCIL *p* 438
Gd, FORT PROVIDENCE, NT, X0E 0L0
(867) 699-3131   *SIC* 8211
DEJUMP INC *p* 1011
255 Boul D'anjou Bureau 207, Chateauguay, QC, J6J 2R4
SIC 7389
DEL EQUIPMENT *p* 1026
See DIESEL EQUIPMENT LIMITED
DEL EQUIPMENT LIMITED *p* 17
3939 54 Ave Se Suite 12, CALGARY, AB, T2C 2L2
(403) 236-9735   *SIC* 3713
DEL EQUIPMENT LIMITED *p* 893
139 Laird Dr, TORONTO, ON, M4G 3V6
(416) 421-5851   *SIC* 3713
DEL MANAGEMENT SOLUTIONS INC *p* 754
4810 Dufferin St Suite E, NORTH YORK, ON, M3H 5S8
(416) 661-3070   *SIC* 8741
DEL MONTE CANADA INC *p* 569
Gd, DRESDEN, ON, N0P 1M0
(519) 683-4422   *SIC* 2032
DEL PHARMACEUTICS (CANADA) INC *p* 497
316 Bayview Dr, BARRIE, ON, L4N 8X9
SIC 2834
DEL-BROOK CONTRACTING LTD. *p* 577
55 Magnificent Rd, ETOBICOKE, ON, M8Z 4T4
SIC 1623
DELAFONTAINE INC *p* 1239
4115 Rue Brodeur, SHERBROOKE, QC, J1L 1K4
(819) 348-1219   *SIC* 3442
DELANEY BUS LINES LTD *p* 492
16935 County Rd 43, AVONMORE, ON, K0C 1C0
(613) 346-2511   *SIC* 4151
DELANEY HOLDINGS INC *p* 361
200 Pacific St, WINKLER, MB, R6W 0K2
(204) 325-7376   *SIC* 3321
DELANY'S ON DENMAN ST *p* 314
See SONOMA MANAGEMENT LTD
DELAWANA INN & RESORT *p* 619
See 1212360 ONTARIO LIMITED
DELCAN *p* 245
See PARSONS INC
DELCAN *p* 594
See PARSONS INC
DELCAN *p* 660
See PARSONS INC
DELCAN INTERNATIONAL CORPORATION *p* 671
625 Cochrane Dr Suite 500, MARKHAM, ON, L3R 9R9
(905) 943-0500   *SIC* 8711
DELCOM ENGINEERING *p* 985
See WSP CANADA INC
DELCOM SOLUTIONS D AFFAIRES *p* 1205
See RICOH CANADA INC
DELFT BLUE *p* 545
See GROBER INC
DELFT BLUE, DIV OF *p* 545
See GROBER INC
DELHI DISTRICT SECONDARY SCHOOL *p* 568
See GRAND ERIE DISTRICT SCHOOL BOARD
DELHI INDUSTRIES INC *p* 528
83 Shaver Rd, BRANTFORD, ON, N3T 5M1
SIC 3564
DELHI INDUSTRIES INC *p* 530
2157 Parkedale Ave, BROCKVILLE, ON, K6V 0B4
(613) 342-5424   *SIC* 3564
DELHI LONG TERM CARE CENTER *p* 568
See DELHI NURSING HOME LIMITED
DELHI NURSING HOME LIMITED *p* 568
750 Gibralter St, DELHI, ON, N4B 3B3
(519) 582-3400   *SIC* 8051
DELHI PUBLIC SCHOOL *p* 568
See GRAND ERIE DISTRICT SCHOOL BOARD
DELHOUSIE UNIVERSITY *p* 478
See NOVA SCOTIA, PROVINCE OF
DELI CHENOY'S *p* 1035
See 3193560 CANADA INC
DELIA SCHOOL *p* 71
See PRAIRIE LAND REGIONAL DIVISION 25
DELIOTTE LLP *p* 435
See DELOITTE & TOUCHE INC
DELISLE CLUB *p* 899
1521 Yonge St Suite 303, TORONTO, ON, M4T 1Z2
(416) 922-9624   *SIC* 7991
DELISLE COMPOSITE HIGH SCHOOL *p* 1267
See PRAIRIE SPIRIT SCHOOL DIVISION NO. 206
DELISLE ELEMENTARY SCHOOL *p* 1267
See PRAIRIE SPIRIT SCHOOL DIVISION NO. 206
DELL PHARMACY *p* 607
See REXALL PHARMACY GROUP LTD
DELL SOFTWARE CANADA INC *p* 459
See QUEST SOFTWARE CANADA INC
DELL SOFTWARE CANADA INC *p* 624
See QUEST SOFTWARE CANADA INC
DELL WILL CUSTOMS BROKERS INC *p* 772
3455 N Talbot Rd, OLDCASTLE, ON, N0R 1L0
(519) 736-6480   *SIC* 4731
DELMAGE, J A PRODUCTIONS LTD *p* 904
512 King St E Suite 310, TORONTO, ON, M5A 1M1
SIC 7812
DELMANOR ELGIN MILLS *p* 822
80 Elgin Mills Rd E, RICHMOND HILL, ON, L4C 0L3
(905) 770-7963   *SIC* 8361
DELMAS *p* 1114
See CMA CGM (CANADA) INC
DELMORO FUNERAL HOME *p* 757
See SERVICE CORPORATION INTERNATIONAL (CANADA) LIMITED
DELOITTE *p* 259
See DELOITTE LLP
DELOITTE *p* 671
See DELOITTE LLP
DELOITTE *p* 913
See DELOITTE MANAGEMENT SERVICES LP
DELOITTE *p* 1158
See DELOITTE & TOUCHE INC
DELOITTE *p* 1284
See DELOITTE & TOUCHE MANAGEMENT CONSULTANTS
DELOITTE & TOUCHE INC *p* 435
10 Factory Lane, ST. JOHN'S, NL, A1C 6H5
(709) 576-8480   *SIC* 8721
DELOITTE & TOUCHE INC *p* 655
255 Queens Ave Suite 700, LONDON, ON, N6A 5R8
(519) 679-1880   *SIC* 8111
DELOITTE & TOUCHE INC *p* 1008
4605 Boul Lapiniere Bureau 200, BROSSARD, QC, J4Z 3T5
(450) 618-4270   *SIC* 8721
DELOITTE & TOUCHE INC *p* 1020
2540 Boul Daniel-Johnson Bureau 210, Cote Saint-Luc, QC, H7T 2S3
(450) 978-3500   *SIC* 8721
DELOITTE & TOUCHE INC *p* 1041
190 Rue Deragon, GRANBY, QC, J2G 5H9
(450) 372-3347   *SIC* 8721
DELOITTE & TOUCHE INC *p* 1054
226 2e Rue E, LA SARRE, QC, J9Z 2G9
(819) 333-2392   *SIC* 8721
DELOITTE & TOUCHE INC *p* 1158
925 Grande Allee O Bureau 400, Quebec, QC, G1S 4Z4
(418) 624-3333   *SIC* 8721
DELOITTE & TOUCHE INC *p* 1251
1500 Rue Royale Bureau 250, Trois-Rivieres, QC, G9A 6E6
(819) 691-1212   *SIC* 8721
DELOITTE & TOUCHE MANAGEMENT CONSULTANTS *p* 458
1969 Upper Water St Suite 1500, HALIFAX, NS, B3J 3R7
(902) 422-8541   *SIC* 8741
DELOITTE & TOUCHE MANAGEMENT CONSULTANTS *p* 753
1 Concorde Gate Suite 200, NORTH YORK, ON, M3C 3N6
(416) 775-4700   *SIC* 8111
DELOITTE & TOUCHE MANAGEMENT CONSULTANTS *p* 791
See DELOITTE LLP
DELOITTE & TOUCHE MANAGEMENT CONSULTANTS *p* 918
181 Bay St Suite 1400, TORONTO, ON, M5J 2V1
(416) 601-6150   *SIC* 8741
DELOITTE & TOUCHE MANAGEMENT CONSULTANTS *p* 1172
287 Rue Pierre-Saindon Unite 402, RIMOUSKI, QC, G5L 9A7
(418) 724-4136   *SIC* 8721
DELOITTE & TOUCHE MANAGEMENT CONSULTANTS *p* 1284
2103 11th Ave Suite 900, REGINA, SK, S4P 3Z8
(306) 525-1600   *SIC* 8721
DELOITTE LLP *p* 43
850 2 St Sw Suite 700, CALGARY, AB, T2P 0R8
(403) 267-1700   *SIC* 8721
DELOITTE LLP *p* 79
10180 101 St Nw Suite 2000, EDMONTON, AB, T5J 4E4
(780) 421-3611   *SIC* 8721
DELOITTE LLP *p* 230
8621 201 St Suite 600, LANGLEY, BC, V2Y 0G9
(604) 534-7477   *SIC* 8721
DELOITTE LLP *p* 259
299 Victoria St Suite 500, PRINCE GEORGE, BC, V2L 5B8
(250) 564-1111   *SIC* 8721
DELOITTE LLP *p* 323
1055 Dunsmuir St Suite 2800, VANCOUVER, BC, V7X 1P4
(604) 669-4466   *SIC* 8721
DELOITTE LLP *p* 331
737 Yates St Suite 300, VICTORIA, BC, V8W 1L6
(250) 978-4403   *SIC* 8721
DELOITTE LLP *p* 417
44 Chipman Hill Suite 700, SAINT JOHN, NB, E2L 2A9
(506) 632-1080   *SIC* 8721
DELOITTE LLP *p* 458
1969 Upper Water St Suite 1500, HALIFAX, NS, B3J 3R7
(902) 422-8541   *SIC* 8721
DELOITTE LLP *p* 538
1005 Skyview Dr Suite 202, BURLINGTON, ON, L7P 5B1
(905) 315-6770   *SIC* 8721
DELOITTE LLP *p* 602
98 Macdonell St Suite 400, GUELPH, ON, N1H 8K9
(519) 824-5244   *SIC* 8721
DELOITTE LLP *p* 618
300 Mcgill St, HAWKESBURY, ON, K6A 1P8
(613) 632-4178   *SIC* 8721
DELOITTE LLP *p* 644
4210 King St E, KITCHENER, ON, N2P 2G5
(519) 650-7600   *SIC* 8721
DELOITTE LLP *p* 671
15 Allstate Pky Suite 400, MARKHAM, ON, L3R 5B4
SIC 8742
DELOITTE LLP *p* 748
5140 Yonge St Suite 1700, NORTH YORK, ON, M2N 6L7
(416) 601-6150   *SIC* 8721
DELOITTE LLP *p* 791
100 Queen St Suite 800, OTTAWA, ON, K1P 5T8
(613) 751-5449   *SIC* 8741
DELOITTE LLP *p* 791
100 Queen St Suite 1600, OTTAWA, ON, K1P 1J9
(613) 236-2442   *SIC* 8721
DELOITTE LLP *p* 855
3rd Fl, ST CATHARINES, ON, L2S 3W2
(905) 323-6000   *SIC* 8721
DELOITTE LLP *p* 913
22 Adelaide St W Suite 200, TORONTO, ON, M5H 0A9
(416) 601-6150   *SIC* 8721
DELOITTE LLP *p* 1014
901 Boul Talbot Bureau 400, CHICOUTIMI, QC, G7H 0A1
(418) 549-6650   *SIC* 6733
DELOITTE LLP *p* 1194
2200 Av Pratte Bureau 100, SAINT-HYACINTHE, QC, J2S 4B6
(450) 774-4000   *SIC* 8721
DELOITTE LLP *p* 1238
1802 Rue King O Bureau 300, SHERBROOKE, QC, J1J 0A2
(819) 823-1616   *SIC* 8111
DELOITTE LLP *p* 1279
77 15th St E Suite 5, PRINCE ALBERT, SK, S6V 1E9
(306) 763-7411   *SIC* 8721
DELOITTE LLP *p* 1295
122 1st Ave S Suite 400, SASKATOON, SK, S7K 7E5
(306) 343-4400   *SIC* 8721
DELOITTE MANAGEMENT SERVICES *p* 323
See DELOITTE LLP
DELOITTE MANAGEMENT SERVICES *p* 913
See DELOITTE LLP
DELOITTE MANAGEMENT SERVICES LP *p* 913
121 King St W Suite 300, TORONTO, ON, M5H 3T9
(416) 775-2364   *SIC* 8721
DELOM SERVICES INC *p* 1084
13065 Rue Jean-Grou, Montreal, QC, H1A 3N6
(514) 642-8220   *SIC* 7694
DELOM SOLUTIONS *p* 1084
See DELOM SERVICES INC
DELORAINE HEALTH CENTRE *p* 347
See PRAIRIE MOUNTAIN HEALTH
DELORES D ECHUM COMPOSITE SCHOOL *p* 723
See MOOSE CREE EDUCATION AUTHORITY
DELTA BEAUSEJOUR *p* 407
See INNVEST REAL ESTATE INVESTMENT TRUST
DELTA BINGO AND GAMING NIAGARA FALLS *p* 736
See ONTARIO LOTTERY AND GAMING CORPORATION
DELTA BOW VALLEY HOTEL *p* 27
See DELTA HOTELS LIMITED
DELTA BROOKE ELEMENTARY *p* 209
See DELTA SCHOOL DISTRICT NO.37
DELTA CALGARY AIRPORT HOTEL *p* 23
See DELTA HOTELS LIMITED
DELTA CEDAR PRODUCTS LTD *p* 209
10008 River Rd, DELTA, BC, V4C 2R3
(604) 583-9100   *SIC* 5211
DELTA EDMONTON CENTRE SUITE HOTEL *p* 79
See DELTA HOTELS LIMITED

DELTA EDMONTON SOUTH HOTEL AND CONFERENCE CENTER p 108
See DELTA HOTELS LIMITED
DELTA ENERGY LTD p 170
16 Industrial Dr, SYLVAN LAKE, AB, T4S 1P4
SIC 1611
DELTA FACILITIES MAINTENANCE INC. p 23
2000 Airport Rd Ne, CALGARY, AB, T2E 6W5
(403) 250-7790 SIC 4581
DELTA FAUCET CANADA p 695
See MASCO CANADA LIMITED
DELTA FAUCET CANADA p 858
See MASCO CANADA LIMITED
DELTA FOODS INTERNATIONAL INC p 320
5630 Montgomery Pl, VANCOUVER, BC, V6T 2C7
(778) 370-0576 SIC 5146
DELTA GRANDVIEW RESORT p 620
See CLUBLINK CORPORATION ULC
DELTA GRANDVIEW RESORT (MUSKOKA) p 620
See DELTA HOTELS LIMITED
DELTA GUELPH HOTEL & CONFERENCE CENTRE p 600
See DELTA HOTELS LIMITED
DELTA HALIFAX p 458
See DELTA HOTELS LIMITED
DELTA HOSPITAL p 211
See GOVERNMENT OF THE PROVINCE OF BRITISH COLUMBIA
DELTA HOTELS LIMITED p 23
2001 Airport Rd Ne, CALGARY, AB, T2E 6Z8
(403) 291-2600 SIC 8741
DELTA HOTELS LIMITED p 27
209 4 Ave Se, CALGARY, AB, T2G 0C6
(403) 266-1980 SIC 8741
DELTA HOTELS LIMITED p 79
10222 102 St Nw, EDMONTON, AB, T5J 4C5
(780) 429-3900 SIC 8741
DELTA HOTELS LIMITED p 108
10320 45 Ave Nw, EDMONTON, AB, T6H 5K3
(780) 436-9770 SIC 7011
DELTA HOTELS LIMITED p 108
4404 Gateway Blvd Nw, EDMONTON, AB, T6H 5C2
(780) 434-6415 SIC 7011
DELTA HOTELS LIMITED p 273
3500 Cessna Dr, RICHMOND, BC, V7B 1C7
(604) 278-1241 SIC 8741
DELTA HOTELS LIMITED p 304
550 Hastings St W, VANCOUVER, BC, V6B 1L6
(604) 689-8188 SIC 7011
DELTA HOTELS LIMITED p 335
45 Songhees Rd, VICTORIA, BC, V9A 6T3
(250) 360-2999 SIC 7011
DELTA HOTELS LIMITED p 377
350 St Mary Ave, WINNIPEG, MB, R3C 3J2
(204) 944-7259 SIC 8741
DELTA HOTELS LIMITED p 377
350 St Mary Ave, WINNIPEG, MB, R3C 3J2
(204) 944-7278 SIC 7011
DELTA HOTELS LIMITED p 400
1133 Regent St, FREDERICTON, NB, E3B 3Z2
SIC 8741
DELTA HOTELS LIMITED p 417
39 King St, SAINT JOHN, NB, E2L 4W3
(506) 648-1981 SIC 8741
DELTA HOTELS LIMITED p 458
1990 Barrington St, HALIFAX, NS, B3J 1P2
(902) 425-6700 SIC 8741
DELTA HOTELS LIMITED p 475
300 Esplanade St, SYDNEY, NS, B1P 1A7
(902) 562-7500 SIC 8741
DELTA HOTELS LIMITED p 533
975 Syscon Rd, BURLINGTON, ON, L7L 5S3

(905) 631-8300 SIC 8741
DELTA HOTELS LIMITED p 600
50 Stone Rd W, GUELPH, ON, N1G 0A9
(519) 780-3700 SIC 7011
DELTA HOTELS LIMITED p 620
939 60 Hwy, HUNTSVILLE, ON, P1H 1B2
(705) 789-4417 SIC 8741
DELTA HOTELS LIMITED p 640
105 King St E, KITCHENER, ON, N2G 2K8
(519) 569-4588 SIC 8741
DELTA HOTELS LIMITED p 657
325 Dundas St, LONDON, ON, N6B 1T9
(519) 679-6111 SIC 8741
DELTA HOTELS LIMITED p 688
5444 Dixie Rd Suite 47, MISSISSAUGA, ON, L4W 2L2
(905) 624-1144 SIC 8741
DELTA HOTELS LIMITED p 708
6750 Mississauga Rd, MISSISSAUGA, ON, L5N 2L3
(905) 821-1981 SIC 8741
DELTA HOTELS LIMITED p 793
361 Queen St, OTTAWA, ON, K1R 7S9
SIC 8741
DELTA HOTELS LIMITED p 844
2035 Kennedy Rd, SCARBOROUGH, ON, M1T 3G2
(416) 299-1500 SIC 8741
DELTA HOTELS LIMITED p 922
77 King St W Suite 2300, TORONTO, ON, M5K 2A1
(416) 874-2000 SIC 8741
DELTA HOTELS LIMITED p 980
18 Queen St, CHARLOTTETOWN, PE, C1A 4A1
(902) 566-2222 SIC 8741
DELTA HOTELS LIMITED p 1239
2685 Rue King O, SHERBROOKE, QC, J1L 1C1
(819) 822-1989 SIC 8741
DELTA HOTELS LIMITED p 1251
1620 Rue Notre-Dame Centre, Trois-Rivieres, QC, G9A 6E5
(819) 376-1991 SIC 8741
DELTA HOTELS LIMITED p 1284
1919 Saskatchewan Dr Suite 100, REGINA, SK, S4P 4H2
(306) 525-5255 SIC 8741
DELTA MEADOWVALE RESORT & CONFERENCE CENTER p 709
See HMC AP CANADA COMPANY
DELTA MEADOWVALE RESORT & CONFERENCE CENTRE p 707
See CLDH MEADOWVALE INC
DELTA MECHANICAL, DIV OF p 821
See PLAN GROUP INC
DELTA OILFIELD p 170
See DELTA ENERGY LTD
DELTA OTTAWA HOTEL AND SUITES p 793
See DELTA HOTELS LIMITED
DELTA PANEL, DIV OF p 207
See CIPA LUMBER CO. LTD
DELTA PARKS AND RECREATION p 211
See CORPORATION OF DELTA, THE
DELTA POST OFFICE p 211
See CANADA POST CORPORATION
DELTA POWER EQUIPMENT p 589
6974 Forest Rd, FOREST, ON, N0N 1J0
(519) 786-5335 SIC 5999
DELTA PRINCE EDWARD HOTEL p 980
See DELTA HOTELS LIMITED
DELTA PRINTING LIMITED p 726
47 Antares Dr, NEPEAN, ON, K2E 7W6
(613) 736-7777 SIC 2759
DELTA SAGUENAY HOTEL ET CENTRE DES CONGRES p 1047
See SOCIETE EN COMMANDITE LE SAGUENAY
DELTA SCHOOL DISTRICT NO.37 p 209
11531 80 Ave, DELTA, BC, V4C 1X5
(604) 596-9554 SIC 8211
DELTA SCHOOL DISTRICT NO.37 p 209

11584 Lyon Rd, DELTA, BC, V4E 2K4
(604) 591-6166 SIC 8211
DELTA SCHOOL DISTRICT NO.37 p 209
11655 86 Ave, DELTA, BC, V4C 2X5
(604) 596-1701 SIC 8211
DELTA SCHOOL DISTRICT NO.37 p 209
11777 Pinewood Dr, DELTA, BC, V4E 3E9
(604) 597-8353 SIC 8211
DELTA SCHOOL DISTRICT NO.37 p 209
7658 112 St, DELTA, BC, V4C 4V8
(604) 594-0491 SIC 8211
DELTA SCHOOL DISTRICT NO.37 p 209
7670 118 St, DELTA, BC, V4C 6G8
(604) 594-3484 SIC 8211
DELTA SCHOOL DISTRICT NO.37 p 209
8718 Delwood Dr, DELTA, BC, V4C 3Z9
(604) 583-6668 SIC 8211
DELTA SCHOOL DISTRICT NO.37 p 209
11447 82 Ave, DELTA, BC, V4C 5J6
(604) 596-7471 SIC 8211
DELTA SCHOOL DISTRICT NO.37 p 209
11451 90 Ave, DELTA, BC, V4C 3H3
(604) 594-7588 SIC 8211
DELTA SCHOOL DISTRICT NO.37 p 209
9115 116 St, DELTA, BC, V4C 5W8
(604) 594-6100 SIC 8211
DELTA SCHOOL DISTRICT NO.37 p 209
9111 116 St, DELTA, BC, V4C 5W8
(604) 594-5491 SIC 8211
DELTA SCHOOL DISTRICT NO.37 p 209
8884 Russell Dr, DELTA, BC, V4C 4P8
(604) 581-6185 SIC 8211
DELTA SCHOOL DISTRICT NO.37 p 209
11364 72 Ave, DELTA, BC, V4E 1Y5
(604) 596-1508 SIC 8211
DELTA SCHOOL DISTRICT NO.37 p 209
11339 83 Ave, DELTA, BC, V4C 7B9
(604) 596-7481 SIC 8211
DELTA SCHOOL DISTRICT NO.37 p 209
11315 75 Ave, DELTA, BC, V4C 1H4
(604) 594-5437 SIC 8211
DELTA SCHOOL DISTRICT NO.37 p 209
11285 Bond Blvd, DELTA, BC, V4E 1N3
(604) 594-8491 SIC 8211
DELTA SCHOOL DISTRICT NO.37 p 209
10855 80 Ave, DELTA, BC, V4C 1W4
(604) 594-2474 SIC 8211
DELTA SCHOOL DISTRICT NO.37 p 209
10840 82 Ave, DELTA, BC, V4C 2B3
(604) 594-3474 SIC 8211
DELTA SCHOOL DISTRICT NO.37 p 211
402 English Bluff Rd, DELTA, BC, V4M 2N2
(604) 943-0201 SIC 8211
DELTA SCHOOL DISTRICT NO.37 p 211
4381 46a St, DELTA, BC, V4K 2M2
(604) 946-0321 SIC 8211
DELTA SCHOOL DISTRICT NO.37 p 211
5016 44 Ave, DELTA, BC, V4K 1C1
(604) 946-4158 SIC 8211
DELTA SCHOOL DISTRICT NO.37 p 211
5025 12 Ave, DELTA, BC, V4M 2A7
(604) 943-2244 SIC 8211
DELTA SCHOOL DISTRICT NO.37 p 211
5160 Central Ave, DELTA, BC, V4K 2H2
(604) 946-7601 SIC 8211
DELTA SCHOOL DISTRICT NO.37 p 211
735 Gilchrist Dr, DELTA, BC, V4M 3L4
(604) 943-1105 SIC 8211
DELTA SCHOOL DISTRICT NO.37 p 211
4615 51 St, DELTA, BC, V4K 2V8
(604) 946-4194 SIC 8211
DELTA SCHOOL DISTRICT NO.37 p 211
4625 62 St, DELTA, BC, V4K 3L8
(604) 946-0218 SIC 8211
DELTA SCHOOL DISTRICT NO.37 p 211
4750 57 St, DELTA, BC, V4K 3C9
(604) 946-3150 SIC 8211
DELTA SCHOOL DISTRICT NO.37 p 211
750 53 St, DELTA, BC, V4M 3B7
(604) 943-7407 SIC 8211
DELTA SECONDARY SCHOOL p 211
See DELTA SCHOOL DISTRICT NO.37
DELTA SECONDARY SCHOOL p 608
See HAMILTON-WENTWORTH DISTRICT

SCHOOL BOARD, THE
DELTA SHERBROOKE p 1239
2685 Rue King O, SHERBROOKE, QC, J1L 1C1
(819) 822-1989 SIC 7011
DELTA SUN PEAKS RESORT p 217
See 19959 YUKON INC
DELTA SUNSHINE TAXI (1972) LTD p 285
12837 76 Ave Unit 203, SURREY, BC, V3W 2V3
(604) 594-5444 SIC 4121
DELTA TORONTO AIRPORT WEST p 688
See DELTA HOTELS LIMITED
DELTA TORONTO EAST p 844
See DELTA HOTELS LIMITED
DELTA TOUR AND TRAVEL SERVICES (CANADA) INC p 269
5611 Cooney Rd Suite 160, RICHMOND, BC, V6X 3J6
(604) 233-0081 SIC 4724
DELTA TOUR VANCOUVER p 269
See DELTA TOUR AND TRAVEL SERVICES (CANADA) INC
DELTA TOWN & COUNTRY INN p 211
See 323416 B.C. LTD
DELTA TROIS-RIVIERES p 1250
See 2343-7393 QUEBEC INC
DELTA VANCOUVER AIRPORT HOTEL p 273
See DELTA HOTELS LIMITED
DELTA VANCOUVER SUITE HOTEL p 304
See DELTA HOTELS LIMITED
DELTA VIEW HABILITATION CENTRE LTD p 211
9341 Burns Dr, DELTA, BC, V4K 3N3
(604) 501-6700 SIC 7389
DELTA VIEW LIFE ENRICHMENT CENTRES LTD p 211
9341 Burns Dr, DELTA, BC, V4K 3N3
(604) 501-6700 SIC 8052
DELTA WINNIPEG p 377
See DELTA HOTELS LIMITED
DELTA WIRE AND MFG p 617
See AMERI-CAN INVESTMENTS INC
DELTASSIST FAMILY & COMMUNITY p 209
See DELTASSIST FAMILY & COMMUNITY SERVICES SOCIETY
DELTASSIST FAMILY & COMMUNITY SERVICES SOCIETY p 209
9097 120 St, DELTA, BC, V4C 6R7
(604) 594-3455 SIC 8322
DELTAVALVE CANADA, DIV OF p 17
See CURTISS-WRIGHT FLOW CONTROL COMPANY CANADA
DELTON ELEMENTARY SCHOOL p 74
See EDMONTON SCHOOL DISTRICT NO. 7
DELUXE FRENCH FRIES p 407
See DELUXE FRENCH FRIES LTD
DELUXE FRENCH FRIES p 416
See MAC'S FOODS LTD
DELUXE FRENCH FRIES LTD p 396
450 Rue Paul, DIEPPE, NB, E1A 5T5
(506) 388-1920 SIC 5812
DELUXE FRENCH FRIES LTD p 407
857 Mountain Rd, MONCTON, NB, E1C 2R9
(506) 858-8310 SIC 5812
DELVIEW ADULT LEARNING CENTRE p 209
See DELTA SCHOOL DISTRICT NO.37
DELVIEW SECONDARY SCHOOL p 209
See DELTA SCHOOL DISTRICT NO.37
DELWOOD ELEMENTARY SCHOOL p 75
See EDMONTON SCHOOL DISTRICT NO. 7
DEMATIC LIMITED p 953
609 Kumpf Dr Unit 201, WATERLOO, ON, N2V 1K8
(226) 772-7300 SIC 7371
DEMENAGEMENT LA CAPITALE p 1099
See 8003149 CANADA INC
DEMENAGEMENT SERGE LAPALME ENR

BUSINESSES ALPHABETICALLY

p 1040
See 2746-2993 QUEBEC INC
DEMENAGEMENTS RAPIDE INC, LES p 1168
1630 Boul Talbot, Quebec, QC, G2N 0C5
(418) 849-0653   SIC 4212
DEMENAGEMENTS RAPIDE TRANSPORT
p 1168
See DEMENAGEMENTS RAPIDE INC, LES
DEMERS, LISE & JEAN PHARMACIEN ET ASSOCIES ENR p 1158
905 Boul Rene-Levesque O, Quebec, QC, G1S 1T7
(418) 683-3631   SIC 5912
DEMIX BETON p 1068
See CRH CANADA GROUP INC
DEMIX BETON p 1167
See CRH CANADA GROUP INC
DEMIX BETON p 1231
See CRH CANADA GROUP INC
DEMIX CONSTRUCTION p 1068
See CRH CANADA GROUP INC
DEMIX CONSTRUCTION p 1213
See CRH CANADA GROUP INC
DEMOLITION ST-PIERRE p 1238
See EXCAVATION RENE ST-PIERRE INC
DEMOTEC p 1015
See CEGERCO INC
DEMPSTER BREAD p 936
See CANADA BREAD COMPANY, LIMITED
DEMPSTER BREAD, DIV OF p 230
See CANADA BREAD COMPANY, LIMITED
DEMPSTER BREAD, DIV OF p 579
See CANADA BREAD COMPANY, LIMITED
DEMPSTER BREAD, DIV OF p 614
See CANADA BREAD COMPANY, LIMITED
DEMPSTER'S BREAD, DIV. OF p 718
See CANADA BREAD COMPANY, LIMITED
DEMRELL p 512
See MCDONALD'S RESTAURANTS OF CANADA LIMITED
DEMYSH GROUP INC p 702
2568 Royal Windsor Dr, MISSISSAUGA, ON, L5J 1K7
SIC 3612
DEMYSH METAL p 702
See DEMYSH GROUP INC
DEN AT NICKLAUS NORTH p 340
See GOLFBC HOLDINGS INC
DENCAN RESTAURANT INC p 37
5015 4 St Ne, CALGARY, AB, T2K 6K2
(403) 295-2504   SIC 5812
DENCAN RESTAURANTS INC p 23
1804 19 St Ne Suite 11, CALGARY, AB, T2E 4Y3
(403) 250-7177   SIC 5812
DENCAN RESTAURANTS INC p 31
7215 Macleod Trail Sw, CALGARY, AB, T2H 0L8
(403) 253-4818   SIC 5812
DENCAN RESTAURANTS INC p 91
17635 Stony Plain Rd Nw, EDMONTON, AB, T5S 1E3
(780) 450-3663   SIC 5812
DENCAN RESTAURANTS INC p 91
17635 Stony Plain Rd Nw Unit 6647, EDMONTON, AB, T5S 1E3
(780) 487-3663   SIC 5812
DENCAN RESTAURANTS INC p 110
3604 Gateway Blvd Nw, EDMONTON, AB, T6J 7A9
(780) 438-3663   SIC 5812
DENCAN RESTAURANTS INC p 156
2940 50 Ave Ste 81, RED DEER, AB, T4R 1M4
(403) 348-5040   SIC 5812
DENCAN RESTAURANTS INC p 161
975 Broadmoor Blvd Unit 44, SHERWOOD PARK, AB, T8A 5W9
(780) 467-7893   SIC 5812
DENCAN RESTAURANTS INC p 190
5605 Kingsway, BURNABY, BC, V5H 2G4
(604) 434-9016   SIC 5812
DENCAN RESTAURANTS INC p 202

500 Austin Ave, COQUITLAM, BC, V3K 3M7
(604) 939-6545   SIC 5812
DENCAN RESTAURANTS INC p 205
405 Cranbrook St N, CRANBROOK, BC, V1C 3R5
(250) 426-8866   SIC 5812
DENCAN RESTAURANTS INC p 218
898 Tranquille Rd Suite 77, KAMLOOPS, BC, V2B 3J4
(250) 554-4480   SIC 5812
DENCAN RESTAURANTS INC p 220
570 Columbia St Unit 6852, KAMLOOPS, BC, V2C 2V1
(250) 374-6369   SIC 5812
DENCAN RESTAURANTS INC p 225
2130 Harvey Ave, KELOWNA, BC, V1Y 6G8
(250) 860-1133   SIC 5812
DENCAN RESTAURANTS INC p 229
8855 202 St Unit 7034, LANGLEY, BC, V1M 2N9
(604) 888-6073   SIC 5812
DENCAN RESTAURANTS INC p 249
2050 Marine Dr, NORTH VANCOUVER, BC, V7P 1V7
(604) 980-8210   SIC 5812
DENCAN RESTAURANTS INC p 252
939 Burnaby Ave, PENTICTON, BC, V2A 1G7
(250) 490-9390   SIC 5812
DENCAN RESTAURANTS INC p 260
1650 Central St E, PRINCE GEORGE, BC, V2M 3C2
(250) 562-6723   SIC 5812
DENCAN RESTAURANTS INC p 264
1891 Fraser Dr, REVELSTOKE, BC, V0E 2S0
(250) 837-2034   SIC 5812
DENCAN RESTAURANTS INC p 291
4828 16 Hwy W, TERRACE, BC, V8G 1L6
(250) 635-2295   SIC 5812
DENCAN RESTAURANTS INC p 310
1098 Davie St, VANCOUVER, BC, V6E 1M3
(604) 689-0509   SIC 5812
DENCAN RESTAURANTS INC p 316
1755 Broadway W Suite 310, VANCOUVER, BC, V6J 4S5
(604) 730-6620   SIC 5812
DENCAN RESTAURANTS INC p 318
622 Marine Dr Sw, VANCOUVER, BC, V6P 5Y1
(604) 325-3712   SIC 5812
DENCAN RESTAURANTS INC p 321
845 Burrard St, VANCOUVER, BC, V6Z 2K6
(604) 682-5511   SIC 5812
DENCAN RESTAURANTS INC p 325
4201 32 St Suite 6501, VERNON, BC, V1T 5P3
(250) 542-0079   SIC 5812
DENCAN RESTAURANTS INC p 334
3100 Douglas St Unit 7767, VICTORIA, BC, V8Z 3K2
(250) 382-3844   SIC 5812
DENCAN RESTAURANTS INC p 341
664 Oliver St, WILLIAMS LAKE, BC, V2G 1M6
(250) 398-5343   SIC 5812
DENCAN RESTAURANTS INC p 725
628 County Rd 1, NAPANEE, ON, K7R 3L2
(613) 354-3556   SIC 5812
DENCAN RESTAURANTS INC p 1282
1800 E Victoria Ave Suite A, REGINA, SK, S4N 7K3
(306) 949-2447   SIC 5812
DENCAN RESTAURANTS INC p 1300
310 Circle Dr W, SASKATOON, SK, S7L 0Y5
(306) 653-7700   SIC 5812
DENDRES CORP p 500
4748 Ontario St, BEAMSVILLE, ON, L0R 1B4
(905) 563-3331   SIC 5812
DENDRES CORP p 598
34 Livingston Ave, GRIMSBY, ON, L3M 1L1
(905) 945-5491   SIC 5812
DENDRES CORP p 851

500 Welland Ave, ST CATHARINES, ON, L2M 5V5
(905) 688-5461   SIC 5812
DENDRES CORP p 851
525 Welland Ave, ST CATHARINES, ON, L2M 6P3
(905) 688-5461   SIC 5812
DENDRES CORP p 853
95 Hartzel Rd, ST CATHARINES, ON, L2P 1N2
SIC 5812
DENDRES CORP p 856
210 Glendale Ave, ST CATHARINES, ON, L2T 3Y6
(905) 688-8877   SIC 5812
DENESOLINE ENVIRONMENT LIMITED PARTNERSHIP p 119
9816 Hardin St Unit 333, FORT MCMURRAY, AB, T9H 4K3
(780) 791-7788   SIC 7349
DENHAM INN & SUITES p 135
See PEACE HILLS INVESTMENTS LTD
DENILLE INDUSTRIES LTD p 84
14440 Yellowhead Trail Nw, EDMONTON, AB, T5L 3C5
(780) 413-0900   SIC 7519
DENIS CROTEAU INC p 1037
9 Boul Montclair Bureau 19, GATINEAU, QC, J8Y 2E2
(819) 770-6886   SIC 5651
DENIS MORRIS CATHOLIC HIGH SCHOOL p 856
See NIAGARA CATHOLIC DISTRICT SCHOOL BOARD
DENIS OFFICE SUPPLIES p 783
See FOURNITURES DE BUREAU DENIS INC
DENIS OFFICE SUPPLIES p 1063
See FOURNITURES DE BUREAU DENIS INC
DENIS OFFICE SUPPLIES p 1153
See FOURNITURES DE BUREAU DENIS INC
DENIS OFFICE SUPPLIES & FURNITURE p 407
See FOURNITURES DE BUREAU DENIS INC
DENISON MINES INC p 307
885 Georgia St W Suite 2000, VANCOUVER, BC, V6C 3E8
(604) 689-7842   SIC 1081
DENISON MINES INC p 572
8 Kilborn Way, ELLIOT LAKE, ON, P5A 2T1
(705) 848-9191   SIC 8748
DENLOW PUBLIC SCHOOL p 752
See TORONTO DISTRICT SCHOOL BOARD
DENNE PUBLIC SCHOOL p 735
See YORK REGION DISTRICT SCHOOL BOARD
DENNINGER p 609
See R DENNINGER LIMITED
DENNINGER'S p 616
See R DENNINGER LIMITED
DENNINGER'S FOODS OF THE WORLD p 540
See R DENNINGER LIMITED
DENNINGER'S FOODS OF THE WORLD p 609
See DENNINGER, R LIMITED
DENNINGER, R LIMITED p 609
284 King St E, HAMILTON, ON, L8N 1B7
(905) 528-8468   SIC 2013
DENNIS AVENUE COMMUNITY SCHOOL p 938
See TORONTO DISTRICT SCHOOL BOARD
DENNIS CONSULTANTS p 868
See R. V. ANDERSON ASSOCIATES LIMITED
DENNIS R. TIMBRELL RESOURCE CENTRE p 753
See CORPORATION OF THE CITY OF

TORONTO
DENNISON AUTO LTD p 186
4780 Hastings St, BURNABY, BC, V5C 2K7
(604) 294-2111   SIC 5511
DENNY BUS LINES LTD p 482
5414 4th Line & County Rd 124, ACTON, ON, L7J 2L8
(519) 833-9117   SIC 4151
DENNY'S FAMILY RESTAURANT p 512
See TIMBER 188 INC
DENNY'S RESTAURANT p 23
See DENCAN RESTAURANTS INC
DENNY'S RESTAURANT p 31
See DENCAN RESTAURANTS INC
DENNY'S RESTAURANT p 37
See DENCAN RESTAURANT INC
DENNY'S RESTAURANT p 91
See DENCAN RESTAURANTS INC
DENNY'S RESTAURANT p 110
See DENCAN RESTAURANTS INC
DENNY'S RESTAURANT p 156
See DENCAN RESTAURANTS INC
DENNY'S RESTAURANT p 161
See DENCAN RESTAURANTS INC
DENNY'S RESTAURANT p 190
See DENCAN RESTAURANTS INC
DENNY'S RESTAURANT p 202
See DENCAN RESTAURANTS INC
DENNY'S RESTAURANT p 205
See DENCAN RESTAURANTS INC
DENNY'S RESTAURANT p 218
See DENCAN RESTAURANTS INC
DENNY'S RESTAURANT p 220
See DENCAN RESTAURANTS INC
DENNY'S RESTAURANT p 225
See DENCAN RESTAURANTS INC
DENNY'S RESTAURANT p 229
See DENCAN RESTAURANTS INC
DENNY'S RESTAURANT p 249
See DENCAN RESTAURANTS INC
DENNY'S RESTAURANT p 252
See DENCAN RESTAURANTS INC
DENNY'S RESTAURANT p 260
See DENCAN RESTAURANTS INC
DENNY'S RESTAURANT p 264
See DENCAN RESTAURANTS INC
DENNY'S RESTAURANT p 291
See DENCAN RESTAURANTS INC
DENNY'S RESTAURANT p 310
See DENCAN RESTAURANTS INC
DENNY'S RESTAURANT p 316
See DENCAN RESTAURANTS INC
DENNY'S RESTAURANT p 318
See DENCAN RESTAURANTS INC
DENNY'S RESTAURANT p 325
See DENCAN RESTAURANTS INC
DENNY'S RESTAURANT p 334
See DENCAN RESTAURANTS INC
DENNY'S RESTAURANT p 341
See DENCAN RESTAURANTS INC
DENNY'S RESTAURANT p 630
See 976668 ONTARIO LTD
DENNY'S RESTAURANT p 632
See 1339877 ONTARIO LTD
DENNY'S RESTAURANT p 725
See DENCAN RESTAURANTS INC
DENNY'S RESTAURANT p 957
See 1413249 ONTARIO INC
DENNY'S RESTAURANT p 1282
See DENCAN RESTAURANTS INC
DENNY'S RESTAURANT p 1300
See DENCAN RESTAURANTS INC
DENNYS RESTAURANT p 79
10803 104 Ave Nw, EDMONTON, AB, T5J 4Z5
(780) 425-8408   SIC 5812
DENON CANADA p 671
See D&M CANADA INC
DENTONS CANADA LLP p 43
850 2 St Sw Suite 1500, CALGARY, AB, T2P 0R8
(403) 268-7000   SIC 8111
DENTONS CANADA LLP p 79
10180 101 St Nw Suite 2900, EDMONTON,

AB, T5J 3V5
(780) 423-7100   SIC 8111
DENTONS CANADA LLP   p 307
250 Howe St Suite 2000, VANCOUVER, BC, V6C 3R8
(604) 687-4460   SIC 8111
DENTONS CANADA LLP   p 791
99 Bank St Suite 1420, OTTAWA, ON, K1P 1H4
(613) 783-9600   SIC 8111
DENTONS CANADA LLP   p 922
77 King St W Suite 400, TORONTO, ON, M5K 2A1
(416) 863-4511   SIC 8111
DENTONS CANADA LLP   p 1111
1 Place Ville-Marie Bureau 3900, Montreal, QC, H3B 4M7
(514) 878-8800   SIC 8111
DENTRIX DENTALCARE   p 39
See DENTRIX INC
DENTRIX INC   p 39
1632 14 Ave Nw Suite 221, CALGARY, AB, T2N 1M7
(403) 289-9908   SIC 8741
DENTRIX INC   p 58
3625 Shaganappi Trail Nw Suite 218, CALGARY, AB, T3A 0E2
(403) 288-5500   SIC 8021
DENTSUBOS INC   p 929
276 King St W Suite 100, TORONTO, ON, M5V 1J2
(416) 929-9700   SIC 7311
DENTSUBOS INC   p 934
559 College St Suite 401, TORONTO, ON, M6G 1A9
(416) 343-0010   SIC 7311
DENTSUBOS INC   p 934
See DENTSUBOS INC
DENTSUBOS INC   p 1123
See DENTSUBOS INC
DENTSUBOS INC   p 1123
3970 Rue Saint-Ambroise, Montreal, QC, H4C 2C7
(514) 848-0010   SIC 7311
DENTUROLOGISTE LAPOINTE THIBAULT ET WENDLANDT-DESJARDINS   p 1086
See CENTRES DENTAIRES LAPOINTE INC
DEPANNEUR DU COIN   p 1068
See ENERGIE VALERO INC
DEPANNEUR DU COIN   p 1214
See ENERGIE VALERO INC
DEPANNEURS MAC'S, LES   p 885
See MAC'S CONVENIENCE STORES INC
DEPARTEMENT DE FINANCE   p 1016
See COMMISSION SCOLAIRE DES HAUTS-CANTONS
DEPARTEMENT DES COMMUNICATIONS p 1211
See CANADA POST CORPORATION
DEPARTMENT EPIDEMIOLOGY & COMMUNITY MEDICINE   p 786
See UNIVERSITY OF OTTAWA
DEPARTMENT OF MECHANICAL ENGINEERING   p 320
See UNIVERSITY OF BRITISH COLUMBIA, THE
DEPARTMENT OF ADDICTION SERVICES p 471
See NOVA SCOTIA, PROVINCE OF
DEPARTMENT OF ADVANCEMENT AND DEVELOPMENT SERVICES   p 391
See UNIVERSITY OF MANITOBA
DEPARTMENT OF ANATOMY   p 456
See DALHOUSIE UNIVERSITY
DEPARTMENT OF ASTRONOMY & ASTROPHYSICS   p 925
See GOVERNING COUNCIL OF THE UNIVERSITY OF TORONTO
DEPARTMENT OF CELL & SYSTEMS BIOLOGY   p 925
See GOVERNING COUNCIL OF THE UNIVERSITY OF TORONTO
DEPARTMENT OF CHEMICAL AND BIOLOGICAL ENGINEERING   p 321
See UNIVERSITY OF BRITISH COLUMBIA, THE
DEPARTMENT OF CHEMICAL AND MATERIALS ENGINEERING   p 108
See THE GOVERNORS OF THE UNIVERSITY OF ALBERTA
DEPARTMENT OF CHEMICAL ENGINEERING & APPLIED CHEMISTRY   p 925
See GOVERNING COUNCIL OF THE UNIVERSITY OF TORONTO
DEPARTMENT OF CIVIL ENGINEERING   p 925
See GOVERNING COUNCIL OF THE UNIVERSITY OF TORONTO
DEPARTMENT OF CO   p 464
See RESIDENTIAL CARE
DEPARTMENT OF COMMUNITY SERVICES CHILD WELFARE   p 475
25 Cossitt Heights Dr, SYDNEY, NS, B1P 7B4
(902) 563-0561   SIC 8699
DEPARTMENT OF COMMUNITY SERVICES SENIORS AND LABOUR   p 985
See PROVINCE OF PEI
DEPARTMENT OF COMPUTER SCIENCE p 925
See GOVERNING COUNCIL OF THE UNIVERSITY OF TORONTO
DEPARTMENT OF COMPUTING & NETWORKING SERVICES   p 926
See GOVERNING COUNCIL OF THE UNIVERSITY OF TORONTO
DEPARTMENT OF CURRICULUM STUDIES p 1303
See UNIVERSITY OF SASKATCHEWAN
DEPARTMENT OF EARTH SCIENCES p 434
See MEMORIAL UNIVERSITY OF NEWFOUNDLAND
DEPARTMENT OF ECONOMICS   p 926
See GOVERNING COUNCIL OF THE UNIVERSITY OF TORONTO
DEPARTMENT OF ELECTRICAL & COMPUTER ENGINEERING   p 328
See UNIVERSITY OF VICTORIA
DEPARTMENT OF ELECTRICAL COMPUTER & ENGINEERING   p 925
See GOVERNING COUNCIL OF THE UNIVERSITY OF TORONTO
DEPARTMENT OF ELECTRICAL ENGINEERS   p 926
See GOVERNING COUNCIL OF THE UNIVERSITY OF TORONTO
DEPARTMENT OF ENGLISH   p 401
See UNIVERSITY OF NEW BRUNSWICK
DEPARTMENT OF FAMILY MEDICINE p 456
See DALHOUSIE UNIVERSITY
DEPARTMENT OF FINANCIAL SERVICES p 926
See GOVERNING COUNCIL OF THE UNIVERSITY OF TORONTO
DEPARTMENT OF GEOLOGY   p 926
See GOVERNING COUNCIL OF THE UNIVERSITY OF TORONTO
DEPARTMENT OF HEALTH   p 428
See NUNATSIAVUT GOVERNMENT, THE
DEPARTMENT OF HISTORY   p 456
See DALHOUSIE UNIVERSITY
DEPARTMENT OF HISTORY & ART   p 904
See GOVERNING COUNCIL OF THE UNIVERSITY OF TORONTO
DEPARTMENT OF HISTORY, THE   p 320
See UNIVERSITY OF BRITISH COLUMBIA, THE
DEPARTMENT OF INFRASTRUCTURE   p 109
See GOVERNMENT OF THE PROVINCE OF ALBERTA
DEPARTMENT OF LANGUAGE AND LITERACY EDUCATION   p 320
See UNIVERSITY OF BRITISH COLUMBIA, THE
DEPARTMENT OF LARGE ANIMAL CLINICAL SCIENCES   p 1304
See UNIVERSITY OF SASKATCHEWAN
DEPARTMENT OF MECHANICAL & MATERIALS ENGINEERING   p 632
See QUEEN'S UNIVERSITY AT KINGSTON
DEPARTMENT OF MECHANICAL ENGINEERING   p 457
See DALHOUSIE UNIVERSITY
DEPARTMENT OF MEDICAL BIOPHYSICS p 911
See GOVERNING COUNCIL OF THE UNIVERSITY OF TORONTO
DEPARTMENT OF NATURAL RESOURCES REGION 3   p 403
See PROVINCE OF NEW BRUNSWICK
DEPARTMENT OF OPHTHALMOLOGY & VISION SCIENCES   p 927
See GOVERNING COUNCIL OF THE UNIVERSITY OF TORONTO
DEPARTMENT OF PARKS AND RECREATION   p 144
See MEDICINE HAT, CITY OF
DEPARTMENT OF POLITICAL SCIENCE FACILITY OF ARTS   p 756
See YORK UNIVERSITY
DEPARTMENT OF PROCESS ENGINEERING AND APPLIED SCIENCE   p 458
See DALHOUSIE UNIVERSITY
DEPARTMENT OF PSYCHIATRY   p 912
See UNIVERSITY HEALTH NETWORK
DEPARTMENT OF PSYCHIATRY, INTERNATIONAL PSYCHIATRY SECTION   p 456
See DALHOUSIE UNIVERSITY
DEPARTMENT OF PUBLIC WORKS   p 455
See CAPE BRETON REGIONAL MUNICIPALITY
DEPARTMENT OF SCIENCE   p 108
See THE GOVERNORS OF THE UNIVERSITY OF ALBERTA
DEPARTMENT OF SMALL ANIMAL CLINICAL SCIENCES   p 1303
See UNIVERSITY OF SASKATCHEWAN
DEPARTMENT OF SOCIAL SERVICES   p 780
See CORPORATION OF THE REGIONAL MUNICIPALITY OF DURHAM, THE
DEPARTMENT OF SOIL SCIENCE   p 1303
See UNIVERSITY OF SASKATCHEWAN
DEPARTMENT OF STATISTICS   p 926
See GOVERNING COUNCIL OF THE UNIVERSITY OF TORONTO
DEPARTMENT OF VETERINARY BIOMEDICAL SCIENCES   p 1303
See UNIVERSITY OF SASKATCHEWAN
DEPARTMENT OF VETERINARY MICROBIOLOGY   p 1303
See UNIVERSITY OF SASKATCHEWAN
DEPARTURE BAY ELEMENTARY SCHOOL p 242
See SCHOOL DISTRICT NO. 68 (NANAIMO-LADYSMITH)
DEPENDABLE ANODIZING LIMITED   p 671
268 Don Park Rd Suite 1, MARKHAM, ON, L3R 1C3
(905) 475-1229   SIC 3471
DEPOT DE FACTEUR DE L'ANCIENNE LORETTE   p 1050
See CANADA POST CORPORATION
DEPOT DENTAIRE   p 1119
See PATTERSON DENTAIRE CANADA INC
DEPOT K   p 1086
See CANADA POST CORPORATION
DEPT OF ACADEMIC FAMILY MEDICINE   p 1302
See UNIVERSITY OF SASKATCHEWAN
DEPT OF ANATOMY AND CELL BIOLOGY p 1304
See UNIVERSITY OF SASKATCHEWAN
DEPT OF ANESTHESIA   p 1303
See UNIVERSITY OF SASKATCHEWAN
DEPT OF ANIMAL & POULTRY SCIENCE p 1303
See UNIVERSITY OF SASKATCHEWAN
DEPT OF CHEMICAL AND BIOLOGICAL ENGINEERING   p 1304
See UNIVERSITY OF SASKATCHEWAN
DEPT OF CHEMISTRY   p 1303
See UNIVERSITY OF SASKATCHEWAN
DEPT OF CIVIL, GEOLOGICAL AND ENVIRONMENTAL ENGINEERING   p 1304
See UNIVERSITY OF SASKATCHEWAN
DEPT OF COMPUTER SCIENCE   p 1304
See UNIVERSITY OF SASKATCHEWAN
DEPT OF ELECTRICAL AND COMPUTER ENGINEERING   p 1303
See UNIVERSITY OF SASKATCHEWAN
DEPT OF EMERGENCY MEDICINE   p 1304
See UNIVERSITY OF SASKATCHEWAN
DEPT OF GEOLOGICAL SCIENCES p 1303
See UNIVERSITY OF SASKATCHEWAN
DEPT OF HOUSING & FOOD SERVICES   p 108
See THE GOVERNORS OF THE UNIVERSITY OF ALBERTA
DEPT OF MECHANICAL ENGINEERING   p 1304
See UNIVERSITY OF SASKATCHEWAN
DEPT OF MEDICAL IMAGING   p 1303
See UNIVERSITY OF SASKATCHEWAN
DEPT OF MEDICINE   p 1303
See UNIVERSITY OF SASKATCHEWAN
DEPT OF OBSTETRICS, GYNECOLOGY AND REPRODUCTIVE SCIENCES   p 1304
See UNIVERSITY OF SASKATCHEWAN
DEPT OF PATHOLOGY AND LABORATORY MEDICINE   p 1304
See UNIVERSITY OF SASKATCHEWAN
DEPT OF PHYSICS & ASTRONOMY   p 321
See UNIVERSITY OF BRITISH COLUMBIA, THE
DEPT OF PSYCHIATRY   p 1304
See UNIVERSITY OF SASKATCHEWAN
DEPT OF PSYCHOLOGY   p 1304
See UNIVERSITY OF SASKATCHEWAN
DEPT OF SURGERY   p 1304
See UNIVERSITY OF SASKATCHEWAN
DEPT OF VETERINARY PATHOLOGY   p 1304
See UNIVERSITY OF SASKATCHEWAN
DERANWAY ENTERPRISES LTD   p 8
Gd Stn Main, BROOKS, AB, T1R 1E4
(403) 362-5120   SIC 1389
DERBECKER'S HERITAGE HOUSE LIMITED   p 857
54 Eby St, ST JACOBS, ON, N0B 2N0
(519) 664-2921   SIC 8051
DERMA SCIENCES CANADA INC   p 843
104 Shorting Rd, SCARBOROUGH, ON, M1S 3S4
(416) 299-4003   SIC 2834
DERRICK CONCRETE CUTTING & CONSTRUCTION LTD   p 104
5815 99 St Nw, EDMONTON, AB, T6E 3N8
(780) 436-7934   SIC 1799

DERRYDOWN PUBLIC SCHOOL p 756
See TORONTO DISTRICT SCHOOL BOARD
DERY TELECOM INC p 1052
1013 Rue Bagot, LA BAIE, QC, G7B 2N6
(418) 544-3358   SIC 4841
DES LAURENTIDES FORD INC p 1201
380 Boul Des Laurentides, Saint-Jerome, QC, J7Z 4M1
(514) 332-2264   SIC 5511
DES SOLUTIONS D'AFFAIRES p 1149
See CANON CANADA INC
DESA GLASS p 27
See DESA HOLDINGS LTD
DESA HOLDINGS LTD p 27
3195 9 St Se, CALGARY, AB, T2G 3C1
(403) 230-5011   SIC 2431
DESALABERRY DISTRICT HEALTH CENTRE p 357
See SOUTHERN HEALTH-SANTE SUD
DESCAIR INC p 1091
8335 Boul Saint-Michel, Montreal, QC, H1Z 3E6
(514) 744-6751   SIC 5078
DESCAIR INC p 1091
8335 Boul Saint-Michel, Montreal, QC, H1Z 3E6
(514) 744-6751   SIC 5075
DESCHAMPS CHEVROLET PONTIAC BUICK CADILLAC GMC LTEE p 1226
333 Boul Armand-Frappier, SAINTE-JULIE, QC, J3E 0C7
(450) 649-9333   SIC 5511
DESCHAMPS IMPRESSION INC p 990
9660 Boul Du Golf, ANJOU, QC, H1J 2Y7
(514) 353-2442   SIC 2759
DESCHENES & FILS LTEE p 1091
3901 Rue Jarry E Bureau 100, Montreal, QC, H1Z 2G1
(514) 374-3110   SIC 5074
DESCHENES & FILS LTEE p 1167
1105 Rue Des Rocailles, Quebec, QC, G2K 2K6
(418) 627-4711   SIC 5074
DESCIMCO INC p 1145
415 Rue Adanac, Quebec, QC, G1C 6B9
(418) 664-1077   SIC 7389
DESCO PLUMBING AND HEATING SUPPLY INC p 584
65 Worcester Rd Suite 416, ETOBICOKE, ON, M9W 5N7
(416) 213-1580   SIC 5074
DESERRES p 1101
See OMER DESERRES INC
DESERRES p 1168
See OMER DESERRES INC
DESERRES OMER p 1095
See OMER DESERRES INC
DESERRES, OMER MARCHE CENTRAL p 1125
See OMER DESERRES INC
DESHARNAIS PNEUS & MECANIQUE p 1154
See SERVICES DE PNEUS DESHARNAIS INC
DESHARNAIS PNEUS & MICANIQUE p 1153
See GARAGE DESHARNAIS & FILS LTEE
DESHAYE CATHOLIC SCHOOL p 1288
See BOARD OF EDUCATION OF THE REGINA ROMAN CATHOLIC SEPARATE SCHOOL DIVISION NO. 81
DESIGN & CONSTRUCTION GIFFELS QUEBEC INC p 1262
4333 Rue Sainte-Catherine O Bureau 250, WESTMOUNT, QC, H3Z 1P9
(514) 931-1001   SIC 1541
DESIGN GROUP STAFFING p 79
See DESIGN GROUP STAFFING INC
DESIGN GROUP STAFFING INC p 43
800 5 Ave Sw Suite 1500, CALGARY, AB, T2P 3T6

(403) 233-2788   SIC 7361
DESIGN GROUP STAFFING INC p 79
10012 Jasper Ave Nw, EDMONTON, AB, T5J 1R2
(780) 448-5850   SIC 7361
DESIGN GROUP, THE p 43
See DESIGN GROUP STAFFING INC
DESIGN ROOFING & SHEET METAL LTD p 255
1385 Kingsway Ave, PORT COQUITLAM, BC, V3C 1S2
(604) 944-2977   SIC 1761
DESIGN SOURCE INTERNATIONAL p 558
See DSI UPHOLSTERY INC
DESJARDINS p 1126
See FIDUCIE DESJARDINS INC
DESJARDINS & MALLETTE PHARMACIENS, S.E.N.C. p 1079
13960 Rue Saint-Simon Bureau 1, MIRABEL, QC, J7N 1P4
(450) 565-0529   SIC 5912
DESJARDINS ASSURANCES p 1065
See DESJARDINS ASSURANCES GENERALES INC
DESJARDINS ASSURANCES GENERALES INC p 1065
6300 Boul De La Rive-Sud, Levis, QC, G6V 6P9
(418) 835-4850   SIC 6331
DESJARDINS CHEVROLET INC p 1012
190 Boul Saint-Jean-Baptiste, Chateauguay, QC, J6K 3B6
(514) 990-9899   SIC 5511
DESJARDINS ENTREPRISES-ESTRIE - BUREAU DU VAL ST-FRANCOIS & ASBESTOS p 1263
See CAISSE DESJARDINS DU NORD DE SHERBROOKE
DESJARDINS ENTREPRISESBAS-SAINT-LAURENT p 1172
See CAISSE DESJARDINS DE RIMOUSKI
DESJARDINS ENTREPRISESVALLEE DU RICHELIEU-YAMASKA p 1171
See CAISSE POPULAIRE DESJARDINS DE RICHELIEU-SAINT-MATHIAS
DESJARDINS FINANCIAL SECURITIES, LIFE INSURANCE COMPANY p 1126
See DESJARDINS SECURITE FINANCIERE, COMPAGNIE D'ASSURANCE VIE
DESJARDINS FINANCIAL SECURITY p 31
See DESJARDINS SECURITE FINANCIERE, COMPAGNIE D'ASSURANCE VIE
DESJARDINS FINANCIAL SECURITY p 900
See DESJARDINS SECURITE FINANCIERE, COMPAGNIE D'ASSURANCE VIE
DESJARDINS FINANCIAL SECURITY INDEPENDENT NETWORK p 332
3939 Quadra St Suite 101, VICTORIA, BC, V8X 1J5
(250) 708-3376   SIC 8741
DESJARDINS FINANCIAL SERVICES p 189
See DESJARDINS SECURITE FINANCIERE, COMPAGNIE D'ASSURANCE VIE
DESJARDINS GROUPE D'ASSURANCES GENERALES INC p 688
5070 Dixie Rd, MISSISSAUGA, ON, L4W 1C9
(905) 366-4430   SIC 6411
DESJARDINS GROUPE D'ASSURANCES GENERALES INC p 1126
1 Complexe Desjardins Bureau 1, Montreal, QC, H5B 1B1
(514) 350-8300   SIC 6411
DESJARDINS HOLDING FINANCIER INC p 1126

1 Rue Complexe Desjardins S 40e etage, Montreal, QC, H5B 1J1
(418) 838-7870   SIC 6411
DESJARDINS SECURITE FINANCIERE, COMPAGNIE D'ASSURANCE VIE p 31
5920 1a St Sw Suite 203, CALGARY, AB, T2H 0G3
(403) 265-9770   SIC 6311
DESJARDINS SECURITE FINANCIERE, COMPAGNIE D'ASSURANCE VIE p 189
4400 Dominion St Suite 500, BURNABY, BC, V5G 4G3
(604) 685-9099   SIC 6311
DESJARDINS SECURITE FINANCIERE, COMPAGNIE D'ASSURANCE VIE p 519
350a Rutherford Rd S Unit 7, BRAMPTON, ON, L6W 3P6
SIC 6411
DESJARDINS SECURITE FINANCIERE, COMPAGNIE D'ASSURANCE VIE p 610
120 King St W Suite 210, HAMILTON, ON, L8P 4V2
(905) 570-1200   SIC 6311
DESJARDINS SECURITE FINANCIERE, COMPAGNIE D'ASSURANCE VIE p 900
95 St Clair Ave W Suite 100, TORONTO, ON, M4V 1N7
(416) 926-2700   SIC 6311
DESJARDINS SECURITE FINANCIERE, COMPAGNIE D'ASSURANCE VIE p 913
145 King St W Suite 2750, TORONTO, ON, M5H 1J8
SIC 6311
DESJARDINS SECURITE FINANCIERE, COMPAGNIE D'ASSURANCE VIE p 1006
7305 Boul Marie-Victorin, BROSSARD, QC, J4W 1A6
(450) 672-1758   SIC 6411
DESJARDINS SECURITE FINANCIERE, COMPAGNIE D'ASSURANCE VIE p 1008
6400 Av Auteuil Bureau 300, BROSSARD, QC, J4Z 3P5
(450) 462-9231   SIC 6311
DESJARDINS SECURITE FINANCIERE, COMPAGNIE D'ASSURANCE VIE p 1030
235 Rue Heriot Bureau 435, DRUMMONDVILLE, QC, J2C 6X5
(819) 477-5300   SIC 6411
DESJARDINS SECURITE FINANCIERE, COMPAGNIE D'ASSURANCE VIE p 1033
110 Rue De La Reine, Gaspe, QC, G4X 1T3
(418) 368-2625   SIC 6311
DESJARDINS SECURITE FINANCIERE, COMPAGNIE D'ASSURANCE VIE p 1041
66 Rue Court Bureau 210, GRANBY, QC, J2G 4Y5
(450) 378-0088   SIC 6311
DESJARDINS SECURITE FINANCIERE, COMPAGNIE D'ASSURANCE VIE p 1065
150 Rue Des Commandeurs, Levis, QC, G6V 6P8
(418) 838-7800   SIC 6311
DESJARDINS SECURITE FINANCIERE, COMPAGNIE D'ASSURANCE VIE p 1065
5790 Boul Etienne-Dallaire Bureau 3950, Levis, QC, G6V 8V6
(418) 838-3940   SIC 6311
DESJARDINS SECURITE FINANCIERE, COMPAGNIE D'ASSURANCE VIE p 1065
95 Rue Des Commandeurs, Levis, QC, G6V 6P6
(418) 838-7800   SIC 6311
DESJARDINS SECURITE FINANCIERE, COMPAGNIE D'ASSURANCE VIE p 1100
150 Rue Sainte-Catherine O, Montreal, QC, H2X 3Y2
(514) 350-8700   SIC 6311
DESJARDINS SECURITE FINANCIERE, COMPAGNIE D'ASSURANCE VIE p 1126
1 Complexe Desjardins, Montreal, QC, H5B 1E2
(514) 285-3000   SIC 6311
DESJARDINS SECURITE FINANCIERE, COMPAGNIE D'ASSURANCE VIE p 1126

1 Complex Desjardins, Montreal, QC, H5B 1E2
(514) 285-7700   SIC 6311
DESJARDINS SECURITE FINANCIERE, COMPAGNIE D'ASSURANCE VIE p 1126
2 Complexe Desjardins Tour E, Montreal, QC, H5B 1E2
(514) 350-8700   SIC 6311
DESJARDINS SECURITE FINANCIERE, COMPAGNIE D'ASSURANCE VIE p 1129
500 Boul Saint-Martin O Bureau 220, Montreal, QC, H7M 3Y2
(450) 629-0342   SIC 6311
DESJARDINS SECURITE FINANCIERE, COMPAGNIE D'ASSURANCE VIE p 1238
1650 Rue King O Bureau 100, SHERBROOKE, QC, J1J 2C3
(819) 821-2131   SIC 6411
DESJARDINS SECURITIES p 1007
See VALEURS MOBILIERES DESJARDINS INC
DESJARDINS SECURITIES p 1127
See VALEURS MOBILIERES DESJARDINS INC
DESJARDINS TRUST p 1126
See FIDUCIE DESJARDINS INC
DESLAURIER CUSTOM CABINETS INC p 799
1050 Baxter Rd Unit 7cd, OTTAWA, ON, K2C 3P1
(613) 596-5155   SIC 5712
DESMEULES HUYNDAI p 1129
See D B D AUTO INC
DESPERADO LEGEND INC. p 1044
280 Rang Des Chutes, HAM-NORD, QC, G0P 1A0
(819) 352-9074   SIC 2621
DESROCHES, GROUPE PETROLIER p 1166
See 9225-4002 QUEBEC INC
DESROSIERS DISTRIBUTEURS p 593
See BOONE PLUMBING AND HEATING SUPPLY INC
DESSAU INC p 799
2625 Queensview Dr Suite 105, OTTAWA, ON, K2B 8K2
(613) 226-9667   SIC 8711
DESSAU INC p 1069
883 Rue Beriault, LONGUEUIL, QC, J4G 1X7
SIC 1761
DESSAU INC p 1111
1060 Boul Robert-Bourassa Unite 600, Montreal, QC, H3B 4V3
(514) 281-1033   SIC 8711
DESSAU INC p 1167
1260 Boul Lebourgneuf Bureau 250, Quebec, QC, G2K 2G2
(418) 626-1688   SIC 8711
DESSAU INC p 1251
1455 Rue Champlain, Trois-Rivieres, QC, G9A 5X4
(819) 378-6159   SIC 8742
DESSAU INC p 1253
1032 3e Av, VAL-D'OR, QC, J9P 1T6
(819) 825-1353   SIC 8711
DESSERCOM INC p 997
37 Rue Campbell, BEDFORD, QC, J0J 1A0
(450) 248-4342   SIC 4119
DESSERCOM INC p 1194
592 Av Sainte-Marie, SAINT-HYACINTHE, QC, J2S 4R5
(450) 773-5223   SIC 4119
DESSINS CADMAX INC p 1001
4965 Rue Ambroise-Lafortune Bureau 200, BOISBRIAND, QC, J7H 0A4
(450) 621-5557   SIC 1791
DESTINATION AUTO VENTURE INC p 186
4278 Lougheed Hwy, BURNABY, BC, V5C 3Y5
(604) 291-8122   SIC 5511
DESTINATION CHRYSLER JEEP DODGE NORTHSHORE p 186
See DESTINATION AUTO VENTURE INC

▲ Public Company   ■ Public Company Family Member   HQ Headquarters   BR Branch   SL Single Location

DESTINATION MAZDA p 385
See 75040 MANITOBA LTD
DETOUR GOLD CORPORATION p 923
199 Bay St Suite 4100, TORONTO, ON, M5L 1E2
(416) 304-0800   SIC 1081
DETOX ENVIRONMENTAL LTD p 507
322 Bennett Rd, BOWMANVILLE, ON, L1C 3Z2
(905) 623-1367   SIC 4953
DETROIT & CANADA TUNNEL p 968
555 Goyeau St, WINDSOR, ON, N9A 1H1
(519) 258-7424   SIC 4111
DETROIT DIESEL ALLISON p 204
See CULLEN DIESEL POWER LTD
DEVANEY, PATRICK V. INVESTMENTS LTD p 79
10235 101 St Nw Suite 195, EDMONTON, AB, T5J 3G1
(780) 426-7827   SIC 5813
DEVELOPMENT OFFICE p 327
See UNIVERSITY OF VICTORIA
DEVELOPMENTAL DISABILITIES ASSOCIATION OF VANCOUVER-RICHMOND p 298
276 Marine Dr Sw, VANCOUVER, BC, V5X 2R5
(604) 879-8457   SIC 7389
DEVELOPMENTAL SERVICES OF LEEDS AND GRENVILLE p 530
See BROCKVILLE AREA CENTRE FOR DEVELOPMENTALLY HANDICAPPED PERSONS INC
DEVELOPPEMENT OLYMBEC INC p 1205
333 Boul Decarie Bureau 500, SAINT-LAURENT, QC, H4N 3M9
(514) 344-3334   SIC 6512
DEVELOPPEMENT OLYMBEC INC p 1251
125 Rue Des Forges Bureau 200, Trois-Rivieres, QC, G9A 2G7
(819) 374-7526   SIC 6512
DEVELOPPEMENT OWL'S HEAD INC p 1075
40 Ch Mont Owl's Head, MANSONVILLE, QC, J0E 1X0
(450) 292-3342   SIC 7011
DEVELUS SYSTEMS INC p 330
1112 Fort St Suite 600, VICTORIA, BC, V8V 3K8
(250) 388-0880   SIC 7371
DEVENCORE LTEE p 43
736 6 Ave Sw Suite 2020, CALGARY, AB, T2P 3T7
(403) 265-9966   SIC 3531
DEVENCORE REAL ESTATE SERVICES LTD./DEVENCORE SERVICES IMMOBILIERS LTEE p 802
150 Metcalfe St Suite 1401, OTTAWA, ON, K2P 1P1
(613) 235-1330   SIC 6531
DEVERY D. INVESTMENTS INC p 291
4603 Keith Ave, TERRACE, BC, V8G 1K2
(250) 635-8128   SIC 5812
DEVINS DRIVE PUBLIC SCHOOL p 492
See YORK REGION DISTRICT SCHOOL BOARD
DEVOIR INC, LE p 1105
2050 Rue De Bleury, Montreal, QC, H3A 2J5
(514) 985-3333   SIC 2711
DEVON p 130
See DEVON CANADA CORPORATION
DEVON CANADA p 214
See DEVON CANADA CORPORATION
DEVON CANADA CORPORATION p 43
400 3 Ave Sw Suite 2000, CALGARY, AB, T2P 4H2
(403) 232-7100   SIC 1311
DEVON CANADA CORPORATION p 70
Gd, COLEMAN, AB, T0K 0M0
SIC 1311
DEVON CANADA CORPORATION p 118
10924 92nd Ave, FAIRVIEW, AB, T0H 1L0
SIC 1382

DEVON CANADA CORPORATION p 126
9601 116 St Unit 101, GRANDE PRAIRIE, AB, T8V 5W3
SIC 1382
DEVON CANADA CORPORATION p 130
4340 Pleasantview Dr, HIGH PRAIRIE, AB, T0G 1E0
SIC 1389
DEVON CANADA CORPORATION p 132
20 Gas Plant Suite 8, HYTHE, AB, T0H 2C0
SIC 1389
DEVON CANADA CORPORATION p 141
5208 62 St, LLOYDMINSTER, AB, T9V 2E4
(780) 875-9837   SIC 1311
DEVON CANADA CORPORATION p 159
Gd Stn Main, ROCKY MOUNTAIN HOUSE, AB, T4T 1T1
(403) 845-2831   SIC 1382
DEVON CANADA CORPORATION p 168
Gd, STETTLER, AB, T0C 2L0
(403) 574-2125   SIC 1311
DEVON CANADA CORPORATION p 170
Gd, SWAN HILLS, AB, T0G 2C0
(780) 333-7800   SIC 5172
DEVON CANADA CORPORATION p 214
10514 87 Ave, FORT ST. JOHN, BC, V1J 5K7
SIC 1382
DEVON CHEVROLET LTD p 71
7 Saskatchewan Ave W, DEVON, AB, T9G 1B2
(780) 987-2433   SIC 5511
DEVON GARDENS ELEMENTARY SCHOOL p 209
See DELTA SCHOOL DISTRICT NO.37
DEVON GOLF & C. C. p 71
See DEVON GOLF & CONFERENCE CENTRE
DEVON GOLF & CONFERENCE CENTRE p 71
1130 River Valley, DEVON, AB, T9G 1Z3
(780) 987-3477   SIC 7997
DEVON MIDDLE SCHOOL p 398
See ANGLOPHONE WEST SCHOOL DISTRICT (ASD-W)
DEVON TRANSPORT LTD p 259
955 1st Ave, PRINCE GEORGE, BC, V2L 2Y4
(250) 564-7072   SIC 7514
DEVONSLEIGH PLACE RESTAURANT, THE p 846
See KAY CEE KAY RESTAURANTS LIMITED
DEVRY GREENHOUSES (1989) LTD p 196
10074 Reeves Rd, CHILLIWACK, BC, V2P 6H4
(604) 794-3874   SIC 5261
DEVRY GREENHOUSES LTD p 196
See DEVRY GREENHOUSES (1989) LTD
DEVTEK AEROSPACE INC. p 643
1665 Highland Rd W, KITCHENER, ON, N2N 3K5
(519) 576-8910   SIC 3728
DEVTEK AEROSPACE INC. p 1128
3675 Boul Industriel, Montreal, QC, H7L 4S3
(450) 629-3454   SIC 3599
DEW ENGINEERING AND DEVELOPMENT ULC p 404
99 General Manson Way, MIRAMICHI, NB, E1N 6K6
(506) 778-8000   SIC 3795
DEW ENGINEERING AND DEVELOPMENT ULC p 784
3429 Hawthorne Rd, OTTAWA, ON, K1G 4G2
(613) 736-5100   SIC 3795
DEWDNEY ELEMENTARY SCHOOL p 211
See SCHOOL DISTRICT #75 (MISSION)
DEWITT CARTER PUBLIC SCHOOL p 816
See DISTRICT SCHOOL BOARD OF NIAGARA
DEWSON STREET JUNIOR SCHOOL p 935
See TORONTO DISTRICT SCHOOL BOARD

DEX p 1205
See DEX BROS. CIE DE VETEMENTS LTEE
DEX BROS. CIE DE VETEMENTS LTEE p 1205
390 Rue Deslauriers, SAINT-LAURENT, QC, H4N 1V8
(514) 383-2474   SIC 5137
DEXTER CONSTRUCTION COMPANY LIMITED p 477
44 Meadow Dr, TRURO, NS, B2N 5V4
(902) 895-6952   SIC 1611
DEZINECORP INC p 716
215 Statesman Dr, MISSISSAUGA, ON, L5S 1X4
(905) 670-8741   SIC 5199
DFH REAL ESTATE LTD p 336
650 Goldstream Ave, VICTORIA, BC, V9B 2W8
(250) 474-6003   SIC 6531
DFI p 114
See DFI CORPORATION
DFI CORPORATION p 114
2404 51 Ave Nw, EDMONTON, AB, T6P 0E4
(780) 466-5237   SIC 3312
DGF p 718
See DHL GLOBAL FORWARDING (CANADA) INC
DGS ASTRO PAVING p 214
See INTEROUTE CONSTRUCTION LTD
DH CORPORATION p 100
5712 59 St Nw, EDMONTON, AB, T6B 3L4
(780) 468-2646   SIC 6211
DH CORPORATION p 671
81 Whitehall Dr, MARKHAM, ON, L3R 9T1
(905) 944-1231   SIC 6211
DH CORPORATION p 1069
830 Rue Delage, LONGUEUIL, QC, J4G 2V4
(450) 463-6372   SIC 6211
DHILLON FOOD SERVICES LTD p 259
820 Victoria St, PRINCE GEORGE, BC, V2L 5P1
(250) 563-2331   SIC 5812
DHL DANZAS AIR & OCEAN p 718
See DHL GLOBAL FORWARDING (CANADA) INC
DHL EXPRESS (CANADA) LTD p 23
3000 15 St Ne, CALGARY, AB, T2E 8V6
(403) 531-5900   SIC 7389
DHL EXPRESS (CANADA) LTD p 91
10918 184 St Nw, EDMONTON, AB, T5S 2N9
(780) 415-4011   SIC 7389
DHL EXPRESS (CANADA) LTD p 155
6660 Taylor Dr Suite 108, RED DEER, AB, T4P 1Y3
SIC 7389
DHL EXPRESS (CANADA) LTD p 186
5499 Regent St, BURNABY, BC, V5C 4H4
SIC 4215
DHL EXPRESS (CANADA) LTD p 273
101-5000 Miller Rd, RICHMOND, BC, V7B 1K6
SIC 4731
DHL EXPRESS (CANADA) LTD p 379
130 Midland St Unit 2, WINNIPEG, MB, R3E 3R3
SIC 7389
DHL EXPRESS (CANADA) LTD p 514
18 Parkshore Dr, BRAMPTON, ON, L6T 0G7
(905) 861-3400   SIC 4212
DHL EXPRESS (CANADA) LTD p 880
645 Norah Cres, Thunder Bay, ON, P7C 5H9
SIC 7389
DHL GLOBAL FORWARDING (CANADA) INC p 265
13091 Vanier Pl Suite 230, RICHMOND, BC, V6V 2J1
(604) 207-8100   SIC 4731
DHL GLOBAL FORWARDING (CANADA) INC p 716
1825 Alstep Dr, MISSISSAUGA, ON, L5S

1Y5
SIC 4731
DHL GLOBAL FORWARDING (CANADA) INC p 718
6200 Edwards Blvd Suite 100, MISSISSAUGA, ON, L5T 2V7
(289) 562-6500   SIC 4731
DHL GLOBAL FORWARDING (CANADA) INC p 718
6575 Davand Dr, Mississauga, ON, L5T 2M3
SIC 4731
DHL GLOBAL FORWARDING (CANADA) INC p 815
1555 Venetian Blvd Suite 12, POINT EDWARD, ON, N7T 0A9
(519) 336-4194   SIC 4731
DHL GLOBAL FORWARDING (CANADA) INC p 1212
555 Montee De Liesse, SAINT-LAURENT, QC, H4T 1P5
(514) 344-3447   SIC 4731
DHL SUPPLY CHAIN p 541
See EXEL CANADA LTD
DI CANADA INC p 530
40 Sharpe Rd, BRIGHTON, ON, K0K 1H0
(613) 475-3313   SIC 3569
DI-TECH INC p 1122
2125 Rue Lily-Simon, Montreal, QC, H4B 3A1
SIC 2269
DIAGEO CANADA INC p 349
19107 Seagram Rd 112 N, GIMLI, MB, R0C 1B1
(204) 642-5123   SIC 2085
DIAGEO CANADA INC p 487
110 St. Arnaud St, AMHERSTBURG, ON, N9V 2N8
(519) 736-2161   SIC 2085
DIAGEO CANADA INC p 704
2623 Dunwin Dr, MISSISSAUGA, ON, L5L 3N9
(416) 626-2000   SIC 2085
DIAGEO CANADA INC p 941
401 The West Mall Suite 800, TORONTO, ON, M9C 5P8
(416) 626-2000   SIC 2085
DIAGEO CANADA INC p 1232
1 Rue Salaberry, SALABERRY-DE-VALLEYFIELD, QC, J6T 2G9
(450) 373-3230   SIC 5182
DIAGNOSTICARE p 965
See CML HEALTHCARE INC
DIAL ONE WOLFEDALE ELECTRIC p 665
See WOLFEDALE ELECTRIC LTD
DIALOG p 80
10237 104 St Nw Suite 100, EDMONTON, AB, T5J 1B1
(780) 429-1580   SIC 8712
DIALOG p 901
2 Bloor St E Suite 1000, TORONTO, ON, M4W 1A8
(416) 966-0220   SIC 7361
DIALOG DESIGN p 901
See DIALOG
DIAMANT BOART TRUCO LTD p 1209
9430 Rte Transcanadienne, SAINT-LAURENT, QC, H4S 1R7
(514) 335-2900   SIC 5084
DIAMANTS ASHTON (CANADA) p 249
See DIAMANTS STORNOWAY (CANADA) INC, LES
DIAMANTS STORNOWAY (CANADA) INC, LES p 249
980 1st St W Suite 116, NORTH VANCOUVER, BC, V7P 3N4
(604) 983-7750   SIC 1481
DIAMOND & DIAMOND CERTIFIED MG p 754
See TROJAN CONSOLIDATED INVESTMENTS LIMITED
DIAMOND /LACEY TAXI p 879
See 1333482 ONTARIO LIMITED
DIAMOND AIRCRAFT INDUSTRIES INC p 650

1560 Crumlin, LONDON, ON, N5V 1S2
(519) 457-4000 SIC 3721
DIAMOND BACK GOLF CLUB p 824
See CLUBLINK CORPORATION ULC
DIAMOND DELIVERY SERVICES p 286
See R. DIAMOND GROUP OF COMPANIES LTD, THE
DIAMOND ESTATES WINES & SPIRITS LTD p 739
1067 Niagara Stone Rd, NIAGARA ON THE LAKE, ON, L0S 1J0
(905) 641-1042 SIC 2084
DIAMOND INTERNATIONAL TRUCKS LTD p 91
17020 118 Ave Nw, EDMONTON, AB, T5S 1S4
(780) 732-4468 SIC 5511
DIAMOND LODGE CO LTD p 1265
402 2nd Ave W, BIGGAR, SK, S0K 0M0
SIC 8361
DIAMOND MUNICIPAL SOLUTIONS p 91
See DIAMOND SOFTWARE INC
DIAMOND NORTH MANAGEMENT LTD p 1277
100 First Ave W, NIPAWIN, SK, S0E 1E0
(306) 862-4651 SIC 6062
DIAMOND PARKING LTD p 314
817 Denman St, VANCOUVER, BC, V6G 2L7
(604) 681-8797 SIC 7521
DIAMOND PARKING SERVICES p 314
See DIAMOND PARKING LTD
DIAMOND SECURITY p 663
377 Grand View Ave, LONDON, ON, N6K 2T1
(519) 471-8095 SIC 7381
DIAMOND SOFTWARE INC p 91
172 Street Nw, EDMONTON, AB, T5S 0C9
(780) 944-1677 SIC 7379
DIAMOND TAXI p 1097
See ASSOCIATION DE TAXI DIAMOND DE MONTREAL LTEE, L'
DIAMOND VALE ELEMENTARY SCHOOL p 237
See SCHOOL DISTRICT NO 58 (NICOLA-SIMILKAMEEN)
DIAMOND WILLOW MIDDLE SCHOOL p 151
See WOLF CREEK SCHOOL DIVISION NO.72
DIAMOND'S TRANSFER LTD p 985
Gd, WINSLOE, PE, C1E 1Z2
(902) 368-1400 SIC 4213
DIAMOND-KOTE p 338
See WGI MANUFACTURING INC
DIAMONDGEAR p 1
See DIAMONDGEAR INDUSTRIAL MANUFACTURING LTD
DIAMONDGEAR INDUSTRIAL MANUFACTURING LTD p 1
26229 Twp Rd 531a Suite 206, ACHESON, AB, T7X 5A4
(780) 451-3912 SIC 5063
DIAVIK DIAMOND MINES (2012) INC p 439
5201 50 Ave Suite 300, YELLOWKNIFE, NT, X1A 3S9
(867) 669-6500 SIC 1499
DIBCO UNDERGROUND LIMITED p 506
135 Commercial Rd, BOLTON, ON, L7E 1R6
(905) 857-0458 SIC 1623
DIBRINA SURE FINANCIAL GROUP INC p 869
62 Frood Rd Suite 302, SUDBURY, ON, P3C 4Z3
(705) 688-9011 SIC 6282
DICK'S JANITORIAL SERVICE LTD p 35
Gd, CALGARY, AB, T2J 2T9
(403) 256-3070 SIC 7349
DICK, JAMES CONSTRUCTION LIMITED p 506
14442 Regional Road 50, BOLTON, ON, L7E 3E2
(905) 857-3122 SIC 4212

DICK, JAMES CONSTRUCTION LIMITED p 506
14442 Regional Rd 50, BOLTON, ON, L7E 3E2
(905) 857-3500 SIC 5032
DICK, JAMES CONSTRUCTION LIMITED p 541
13975 Humber Station Rd, CALEDON, ON, L7E 5T4
(905) 857-8709 SIC 3273
DICKIE MOORE RENTAL p 1209
See EQUIPEMENT MOORE LTEE
DICKINSFIELD JUNIOR HIGH p 75
See EDMONTON SCHOOL DISTRICT NO. 7
DICKNER INC p 1172
559 Rue De Lausanne, RIMOUSKI, QC, G5L 4A7
(418) 723-7936 SIC 5084
DICKS AND COMPANY LIMITED p 436
385 Empire Ave, ST. JOHN'S, NL, A1E 1W6
(709) 579-5111 SIC 5712
DICKSON PUBLIC SCHOOL p 545
See WATERLOO REGION DISTRICT SCHOOL BOARD
DICKSON VAN LINES p 652
See TIPPET-RICHARDSON LIMITED
DICOM TRANSPORTATION GROUP CANADA INC p 519
See DICOM TRANSPORTATION GROUP CANADA, INC
DICOM TRANSPORTATION GROUP CANADA INC p 1026
See DICOM TRANSPORTATION GROUP CANADA, INC
DICOM TRANSPORTATION GROUP CANADA INC p 1239
See DICOM TRANSPORTATION GROUP CANADA, INC
DICOM TRANSPORTATION GROUP CANADA, INC p 519
300 Biscayne Cres, BRAMPTON, ON, L6W 4S7
(905) 457-7757 SIC 4212
DICOM TRANSPORTATION GROUP CANADA, INC p 1026
10755 Ch Cote-De-Liesse, DORVAL, QC, H9P 1A7
(514) 631-1242 SIC 4212
DICOM TRANSPORTATION GROUP CANADA, INC p 1239
4155 Boul Industriel, SHERBROOKE, QC, J1L 2S7
(819) 566-8636 SIC 7389
DIDSBURY DISTRICT HEALTH SERVICES p 71
See ALBERTA HEALTH SERVICES
DIDSBURY DISTRICT HEALTH SERVICES p 71
1210 20 Ave, DIDSBURY, AB, T0M 0W0
(403) 335-9393 SIC 8062
DIDSBURY HIGH SCHOOL p 71
See CHINOOKS EDGE SCHOOL DIVISION NO. 73
DIE-MAX TOOL AND DIE LTD p 482
729 Finley Ave, AJAX, ON, L1S 3T1
(905) 619-9380 SIC 3469
DIEBOLD COMPANY OF CANADA LIMITED, THE p 708
6630 Campobello Rd, MISSISSAUGA, ON, L5N 2L8
(905) 817-7600 SIC 1731
DIEBOLD COMPANY OF CANADA LIMITED, THE p 1206
2445 Rue Cohen, SAINT-LAURENT, QC, H4R 2N5
(514) 332-8865 SIC 1731
DIECO EMPORTE-PIECES INC p 1130
2577 Boul Le Corbusier, Montreal, QC, H7S 2E8
(450) 682-3129 SIC 3544
DIEFENBAKER ELEMENTARY SCHOOL p 894
See TORONTO DISTRICT SCHOOL BOARD
DIEFFENBACHER NORTH AMERICA INC p 961
9495 Twin Oaks Dr, WINDSOR, ON, N8N 5B8
(519) 979-6937 SIC 3542
DIEPPE HOME HARDWARE BUILDING CENTRE p 396
See ELMWOOD HARDWARE LTD
DIEPPE SCHOOL p 388
See PEMBINA TRAILS SCHOOL DIVISION, THE
DIESEL ELECTRIC SERVICES p 867
See 510172 ONTARIO LTD
DIESEL EQUIPMENT LIMITED p 1026
1655 Boul Hymus, DORVAL, QC, H9P 1J5
(514) 684-1760 SIC 3713
DIESELTECH p 755
See FIRWIN CORP
DIETETISTES DU CANADA, LES p 668
See DIETITIANS OF CANADA
DIETITIANS OF CANADA p 668
14 Meyer Cir, MARKHAM, ON, L3P 4C2
(905) 471-7314 SIC 8621
DIFCO p 1105
See DIFCO, TISSUS DE PERFORMANCE INC
DIFCO, TISSUS DE PERFORMANCE INC p 1074
160 Rue Principale E, MAGOG, QC, J1X 4X5
(819) 868-0267 SIC 2299
DIFCO, TISSUS DE PERFORMANCE INC p 1105
1411 Rue Peel Bureau 505, Montreal, QC, H3A 1S5
(819) 434-2159 SIC 2299
DIFX p 448
See DIGITAL IMAGE F/X INCORPORATED
DIGBY ELEMENTARY SCHOOL p 453
See TRI-COUNTY REGIONAL SCHOOL BOARD
DIGBY GENERAL HOSPITAL p 453
See NOVA SCOTIA HEALTH AUTHORITY
DIGBY REGIONAL HIGH SCHOOL p 453
See TRI-COUNTY REGIONAL SCHOOL BOARD
DIGI CANADA INCORPORATED p 558
87 Moyal Crt, CONCORD, ON, L4K 4R8
(905) 879-0833 SIC 5046
DIGIFACTS SYNDICATE p 190
4720 Kingsway Suite 900, BURNABY, BC, V5H 4N2
(604) 435-4317 SIC 8721
DIGITAL ATTRACTIONS INC p 735
6650 Niagara River, NIAGARA FALLS, ON, L2E 6T2
(905) 371-2003 SIC 7221
DIGITAL GENERATION ULC p 895
635 Queen St E, TORONTO, ON, M4M 1G4
(647) 436-0563 SIC 7812
DIGITAL IMAGE F/X INCORPORATED p 448
1 Research Dr, DARTMOUTH, NS, B2Y 4M9
(902) 461-4883 SIC 7371
DIGITAL SOLUTION p 1005
See SOLUTION DIGITALE INC
DIGITAL WYZDOM INC p 918
161 Bay St 27 Fl, TORONTO, ON, M5J 2S1
(416) 304-3934 SIC 7375
DIGITEX CANADA INC p 104
9943 109 St, EDMONTON, AB, T6E 5P3
(780) 442-2770 SIC 5044
DIGNITAS INTERNATIONAL p 904
550 Queen St E Suite 335, TORONTO, ON, M5A 1V2
(416) 260-3100 SIC 8099
DIGNITY TRANSPORTATION INC p 671
50 Mcintosh Dr Suite 110, MARKHAM, ON, L3R 9T3
(905) 470-2399 SIC 4111
DILFO MECHANICAL LIMITED p 593
1481 Cyrville Rd, GLOUCESTER, ON, K1B 3L7
(613) 741-7731 SIC 1711
DILICO ANISHINABEK FAMILY CARE p 666
121 Forestry Rd Suite 2, LONGLAC, ON, P0T 2A0
(807) 876-2267 SIC 8322
DILICO ANISHINABEK FAMILY CARE p 739
112 4th St, NIPIGON, ON, P0T 2J0
(807) 887-2514 SIC 8322
DILLON CONSULTING LIMITED p 28
334 11 Ave Se Suite 200, CALGARY, AB, T2G 0Y2
(403) 215-8880 SIC 8748
DILLON CONSULTING LIMITED p 273
3820 Cessna Dr Suite 510, RICHMOND, BC, V7B 0A2
(604) 278-7847 SIC 8742
DILLON CONSULTING LIMITED p 389
1558 Willson Pl, WINNIPEG, MB, R3T 0Y4
(204) 453-2301 SIC 8711
DILLON CONSULTING LIMITED p 400
1149 Smythe St Suite 200, FREDERICTON, NB, E3B 3H4
(506) 444-8820 SIC 8711
DILLON CONSULTING LIMITED p 417
274 Sydney St Suite 200, SAINT JOHN, NB, E2L 0A8
(506) 633-5000 SIC 7363
DILLON CONSULTING LIMITED p 463
137 Chain Lake Dr Suite 100, HALIFAX, NS, B3S 1B3
(902) 450-4000 SIC 8711
DILLON CONSULTING LIMITED p 547
5 Cherry Blossom Rd Unit 1, CAMBRIDGE, ON, N3H 4R7
SIC 8711
DILLON CONSULTING LIMITED p 594
5335 Canotek Rd Suite 200, GLOUCESTER, ON, K1J 9L4
(613) 745-2213 SIC 8711
DILLON CONSULTING LIMITED p 641
51 Breithaupt St Suite 1, KITCHENER, ON, N2H 5G5
(519) 571-9833 SIC 8711
DILLON CONSULTING LIMITED p 655
130 Dufferin Ave Suite 1400, LONDON, ON, N6A 5R2
(519) 438-6192 SIC 8711
DILLON CONSULTING LIMITED p 744
235 Yorkland Blvd Suite 800, NORTH YORK, ON, M2J 4Y8
(416) 229-4646 SIC 8711
DILLON CONSULTING LIMITED p 771
1155 North Service Rd W Unit 14, OAKVILLE, ON, L6M 3E3
SIC 8711
DILLON CONSULTING LIMITED p 963
3200 Deziel Dr Suite 608, WINDSOR, ON, N8W 5K8
(519) 948-5000 SIC 8711
DILLON CONSULTING MANAGEMENT p 655
See DILLON CONSULTING LIMITED
DILMONT INC p 1228
1485 Boul Saint-Elzear O Bureau 301, SAINTE-ROSE, QC, H7L 3N6
(514) 272-5741 SIC 2842
DIMAR CANADA LTD p 558
45 Tandem Rd, CONCORD, ON, L4K 3G1
(905) 738-7919 SIC 3423
DIMENSION 3 HOSPITALITY CORPORATION p 10
2799 Sunridge Way Ne, CALGARY, AB, T1Y 7K7
(403) 250-3297 SIC 7011
DIMENSION DOORS p 1001
See DIMENSIONS PORTES ET FENETRES INC
DIMENSION HUMAINE p 1135
See SOGETEL INC
DIMENSIONS PORTES ET FENETRES INC p 1001
4065 Rue Alfred-Laliberte, BOISBRIAND,

QC, J7H 1P7
(450) 430-4486   SIC 5031
DIMERCO EXPRESS (CANADA) CORPORATION   p 688
5100 Orbitor Dr Suite 201, MISSISSAUGA, ON, L4W 4Z4
(905) 282-8118   SIC 4731
DINAMAC HOLDINGS LTD   p 229
Gd, LANGLEY, BC, V1M 2M3
(604) 513-0388   SIC 1721
DINE APPLE   p 969
See APPLESHORE RESTAURANTS INC
DINGWALL FORD SALES LTD   p 569
246 Grand Trunk Ave, DRYDEN, ON, P8N 2X2
(807) 223-2235   SIC 5511
DINIRO HOTHOUSE   p 567
See 1560804 ONTARIO INC
DINOSAUR PROVINCIAL PARK   p 149
See GOVERNMENT OF THE PROVINCE OF ALBERTA
DINSDALE PERSONAL CARE HOME p 345
See GOVERNING COUNCIL OF THE SALVATION ARMY IN CANADA, THE
DIOCESE DE CHICOUTIMI   p 1014
602 Rue Racine E, CHICOUTIMI, QC, G7H 1V1
(418) 543-0783   SIC 8661
DION HOLDINGS LTD   p 368
1131 St Mary's Rd, WINNIPEG, MB, R2M 3T9
(204) 257-1521   SIC 5812
DION MOTO INC   p 1220
840 Cote Joyeuse, Saint-Raymond, QC, G3L 4B3
(418) 337-2776   SIC 5571
DION, DURRELL & ASSOCIATES INC p 906
250 Yonge St Suite 2, TORONTO, ON, M5B 2L7
(416) 408-2626   SIC 8999
DIPLOMAT RESTAURANT, THE   p 400
See KIL INVESTMENTS LTD
DIRECT DISTRIBUTION CENTRES   p 207
See DIRECT LIMITED PARTNERSHIP
DIRECT DISTRIBUTION CENTRES   p 764
See DIRECT LIMITED PARTNERSHIP
DIRECT ENERGY   p 578
See MARTIN AIR HEATING & AIR CONDITIONING SERVICES LIMITED
DIRECT ENERGY   p 976
See UNITED THERMO GROUP LTD
DIRECT ENERGY ESSENTIAL HOME SERVICE   p 974
See DIRECT ENERGY MARKETING LIMITED
DIRECT ENERGY HOME ESSENTIALS, DIV OF   p 744
See DIRECT ENERGY MARKETING LIMITED
DIRECT ENERGY MARKETING LIMITED   p 43
111 5 Ave Sw Suite 1000, CALGARY, AB, T2P 3Y6
(403) 266-6393   SIC 1311
DIRECT ENERGY MARKETING LIMITED   p 69
262130 Range Rd 54, COCHRANE, AB, T4C 1A6
(403) 932-2241   SIC 1389
DIRECT ENERGY MARKETING LIMITED   p 88
16909 110 Ave Nw, EDMONTON, AB, T5P 1G8
(780) 483-3056   SIC 1711
DIRECT ENERGY MARKETING LIMITED   p 159
Gd Stn Main, ROCKY MOUNTAIN HOUSE, AB, T4T 1T1
(403) 844-5000   SIC 1311
DIRECT ENERGY MARKETING LIMITED   p 450
121 Ilsley Ave, DARTMOUTH, NS, B3B 1S4

(902) 466-6655   SIC 1711
DIRECT ENERGY MARKETING LIMITED   p 524
180 Bovaird Dr W, BRAMPTON, ON, L7A 0H3
(905) 451-1444   SIC 4924
DIRECT ENERGY MARKETING LIMITED   p 744
2225 Sheppard Ave E Suite 100, NORTH YORK, ON, M2J 5C2
(905) 944-9944   SIC 4911
DIRECT ENERGY MARKETING LIMITED   p 762
30 High Meadow Pl, NORTH YORK, ON, M9L 2Z5
(416) 780-2800   SIC 1731
DIRECT ENERGY MARKETING LIMITED   p 889
2225 Sheppard Ave E, TORONTO, ON, M2J 5C2
(416) 758-8700   SIC 1711
DIRECT ENERGY MARKETING LIMITED   p 974
301 Chrislea Rd, WOODBRIDGE, ON, L4L 8N4
(905) 264-3030   SIC 1311
DIRECT ENERGY MARKETING LIMITED   p 1091
4001 Boul Robert, Montreal, QC, H1Z 4H6
(514) 333-0112   SIC 1711
DIRECT FLEET MANAGEMENT   p 374
See DIRECT LIMITED PARTNERSHIP
DIRECT INTEGRATED TRANSPORTATION p 96
See DIRECT LIMITED PARTNERSHIP
DIRECT LIMITED PARTNERSHIP   p 17
5555 69 Ave Se Suite 121, CALGARY, AB, T2C 4Y7
(403) 296-0291   SIC 4212
DIRECT LIMITED PARTNERSHIP   p 96
12915 151 St Nw, EDMONTON, AB, T5V 1A7
(780) 452-7773   SIC 4212
DIRECT LIMITED PARTNERSHIP   p 207
1005 Derwent Way, DELTA, BC, V3M 5R4
(778) 846-4466   SIC 4225
DIRECT LIMITED PARTNERSHIP   p 374
100 Higgins Ave, WINNIPEG, MB, R3B 0B2
(204) 947-0889   SIC 4212
DIRECT LIMITED PARTNERSHIP   p 374
47 Gomez St, WINNIPEG, MB, R3B 0G4
(204) 632-8448   SIC 4214
DIRECT LIMITED PARTNERSHIP   p 387
25 Rothwell Rd, WINNIPEG, MB, R3P 2M5
(204) 453-8019   SIC 4225
DIRECT LIMITED PARTNERSHIP   p 764
2340 Winston Park Dr Suite 2, OAKVILLE, ON, L6H 7T7
SIC 4225
DIRECT LIMITED PARTNERSHIP   p 1295
3030 Cleveland Ave, SASKATOON, SK, S7K 8B5
(306) 956-1760   SIC 4212
DIRECT MOVING SYSTEMS   p 374
See DIRECT LIMITED PARTNERSHIP
DIRECT MULTI-PAK MAILING LTD   p 671
20 Torbay Rd, MARKHAM, ON, L3R 1G6
(905) 415-1940   SIC 7331
DIRECT TRANSPORT   p 17
See DIRECT LIMITED PARTNERSHIP
DIRECT TRANSPORT   p 1295
See DIRECT LIMITED PARTNERSHIP
DIRECT WEST CORPORATION   p 1282
355 Longman Cres, REGINA, SK, S4N 6G3
(306) 777-0333   SIC 7319
DIRECTCASH PAYMENTS INC   p 685
3269 American Dr Suite 1, MISSISSAUGA, ON, L4V 1V4
(905) 678-7373   SIC 6099
DIRECTEUR DE POURSUITES CRIMINELLES ET PENALES   p 1102
See GOUVERNEMENT DE LA PROVINCE DE QUEBEC

DIRECTION DE LA MAINTENANCE DES AERONEFS DU SERVICE AERIEN   p 1148
See GOUVERNEMENT DE LA PROVINCE DE QUEBEC
DIRECTION DES LABORATOIRES D'EXPERTISES ET D'ANALYSES ALIMENTAIRES   p 1155
See GOUVERNEMENT DE LA PROVINCE DE QUEBEC
DIRECTION DES REGISTRES ET DE LA CERTIFICATION DU MINISTERE DE LA JUSTICE   p 1102
See GOUVERNEMENT DE LA PROVINCE DE QUEBEC
DIRECTION GENERALE DES TECHNOLOGIES DE L'INFORMATIONS ET DES COMMUNICATIONS   p 1153
See GOUVERNEMENT DE LA PROVINCE DE QUEBEC
DIRECTION IMMOBILIERE CENTRE-VILLE DE QUEBEC   p 1158
See SOCIETE QUEBECOISE DES INFRASTRUCTURES
DIRECTION IMMOBILIERE VILLE DE MONTREAL   p 1103
See SOCIETE QUEBECOISE DES INFRASTRUCTURES
DIRECTOR'S CHOICE   p 416
See NIGHT SHIFT ANSWERING SERVICE LTD, THE
DIRTY JERSEY SPORTS GRILL   p 962
6675 Tecumseh Rd E, WINDSOR, ON, N8T 1E7
(519) 944-9990   SIC 5812
DISABILITIES SERVICE DIVISION   p 51
See GOVERNMENT OF THE PROVINCE OF ALBERTA
DISABLED & AGED REGIONAL TRANSIT SYSTEM   p 724
See CITY OF HAMILTON, THE
DISCOUNT CAR & TRUCK RENTAL   p 452
See MONDART HOLDINGS LIMITED
DISCOUNT CAR & TRUCK RENTALS p 811
See NEW HORIZONS CAR & TRUCK RENTALS LTD
DISCOVER ENERGY CORP   p 266
13511 Crestwood Pl Unit 4 & 5, RICHMOND, BC, V6V 2E9
(778) 776-3288   SIC 5013
DISCOVERING CHOICES SCHOOL   p 27
See CALGARY BOARD OF EDUCATION
DISCOVERY AIR DEFENCE SERVICES INC p 1024
79b Boul Brunswick, DOLLARD-DES-ORMEAUX, QC, H9B 2J5
(514) 694-5565   SIC 8299
DISCOVERY AIR DEFENCE SERVICES INC p 1026
1675 Rte Transcanadienne Bureau 201, DORVAL, QC, H9P 1J1
(514) 694-5565   SIC 8299
DISCOVERY AIR INC   p 439
126 Crystal Ave, YELLOWKNIFE, NT, X1A 2P3
(867) 873-5350   SIC 4522
DISCOVERY ELEMENTARY SCHOOL p 277
See SCHOOL DISTRICT NO. 79 (COWICHAN VALLEY)
DISCOVERY PUBLIC SCHOOL   p 668
See YORK REGION DISTRICT SCHOOL BOARD
DISMED   p 558
See CARDINAL HEALTH CANADA INC
DISMORE HEALTH CARE CENTER   p 1267
See HEARTLAND REGIONAL HEALTH AUTHORITY
DISNAT   p 1114
See VALEURS MOBILIERES DESJARDINS INC
DISPLAY FIXTURES   p 191
See LOBLAWS INC

DISPLAY FIXTURES   p 371
See LOBLAWS INC
DISPLAY TRANSPORTATION   p 621
See L.N TRANSPORT INC
DISTICOR DIRECT RETAILER SERVICES INC   p 482
695 Westney Rd S Unit 14, AJAX, ON, L1S 6M9
(905) 619-6565   SIC 5192
DISTINCTION, LA   p 1045
See 9064-4048 QUEBEC INC
DISTINCTIVE EMPLOYMENT COUNSELLING SERVICES   p 74
11515 71 St Nw, EDMONTON, AB, T5B 1W1
(780) 474-2500   SIC 8331
DISTINCTIVE HOMES   p 664
See 1376302 ONTARIO INC
DISTRESS CENTRE CALGARY   p 43
1010 8 Ave Sw Suite 300, CALGARY, AB, T2P 1J2
(403) 266-1601   SIC 8322
DISTRI-CARR LTEE   p 1153
214 Av Saint-Sacrement Bureau 130, Quebec, QC, G1N 3X6
SIC 6712
DISTRIBUTEL COMMUNICATIONS LIMITED   p 802
177 Nepean St Unit 300, OTTAWA, ON, K2P 0B4
(613) 237-7055   SIC 4899
DISTRIBUTEUR H. MIRON   p 1124
See DISTRIBUTION MFG INC
DISTRIBUTION & SUPPLY DIVISION   p 514
See INDIGO BOOKS & MUSIC INC
DISTRIBUTION ACADIA   p 1004
See MANUGYPSE INC
DISTRIBUTION ALIMENTAIRE R T LTEE   p 1172
2188 132 Rte E Rr 1, RIMOUSKI, QC, G0L 1B0
SIC 5142
DISTRIBUTION BATH FITTER INC   p 1187
225 Rue Roy, SAINT-EUSTACHE, QC, J7R 5R5
(450) 472-0024   SIC 5211
DISTRIBUTION BONISOIR   p 1132
See SOBEYS CAPITAL INCORPORATED
DISTRIBUTION BRUNET INC   p 1066
777 Rue Perreault Bureau 100, Levis, QC, G6W 7Z9
(418) 830-1208   SIC 4941
DISTRIBUTION CENTER   p 708
See FOREVER 21
DISTRIBUTION CENTRE VICTORIA p 334
See GOVERNMENT OF THE PROVINCE OF BRITISH COLUMBIA
DISTRIBUTION D.M.C.   p 1128
See GROUPE LD INC
DISTRIBUTION DENIS JALBERT INC   p 1048
16710 Rte Transcanadienne, KIRKLAND, QC, H9H 4M7
(514) 695-6662   SIC 5511
DISTRIBUTION DIRECTE   p 1211
See 9248-5523 QUEBEC INC
DISTRIBUTION DU PHARE   p 990
See KARLO CORPORATION SUPPLY & SERVICES
DISTRIBUTION FROMAGERIE BOIVIN   p 1052
See 2737-2895 QUEBEC INC
DISTRIBUTION G.V.A. (CANADA) INC   p 1129
1950 Boul Des Laurentides, Montreal, QC, H7M 2Y5
(450) 629-6660   SIC 5194
DISTRIBUTION IRIS   p 1244
See LABORATOIRES LALCO INC
DISTRIBUTION MADICO INC   p 1064
707 Rte Du President-Kennedy, Levis, QC, G6C 1E1

(418) 835-0825 SIC 3429
DISTRIBUTION MFG INC p 1124
387 Rue Deslauriers, Montreal, QC, H4N 1W2
(514) 344-5558 SIC 5143
DISTRIBUTION MGF p 1177
See 9130-8452 QUEBEC INC
DISTRIBUTION NOW p 43
See DNOW CANADA ULC
DISTRIBUTION OF HOLTON RECYCLING p 379
See HALTON RECYCLING LTD
DISTRIBUTION PNEUS GLOBAL p 1129
See PNEUS EXPRESS INC, LES
DISTRIBUTION SGA p 1245
See CONCEPT S.G.A. INC
DISTRIBUTION T.M.T. p 994
See CAMIONNAGE C.P. INC
DISTRIBUTIONS 2020 p 1156
See QUINCAILLERIE RICHELIEU LTEE
DISTRIBUTIONS ALIMENTAIRES LE MARQUIS INC p 1003
1630 Rue Eiffel Bureau 1, BOUCHERVILLE, QC, J4B 7W1
(450) 645-1999 SIC 7389
DISTRIBUTIONS ICE INC, LES p 1068
1006 Rue Renault, Levis, QC, G6Z 2Y8
(418) 839-0928 SIC 7349
DISTRIBUTIONS NORCAP INTERNATIONAL INC, LES p 1146
54 Rue Deschamps, Quebec, QC, G1E 3E5
(418) 661-5747 SIC 6221
DISTRIBUTIONS NORYVE INC p 988
76 1re Av O Bureau 108, AMOS, QC, J9T 1T8
(819) 732-3306 SIC 5912
DISTRIBUTIONS PAUL-EMILE DUBE LTEE p 1172
385 Rue Des Chevaliers, RIMOUSKI, QC, G5L 1X3
(418) 724-2400 SIC 5147
DISTRICT 4 p 437
See CORMACK TRAIL SCHOOL BOARD
DISTRICT ADMINISTRATION CENTRE p 240
See SCHOOL DISTRICT NO. 68 (NANAIMO-LADYSMITH)
DISTRICT EDUCATION COUNCIL-SCHOOL DISTRICT 16 p 394
12 Maclaggan Dr, BLACKVILLE, NB, E9B 1Y4
(506) 843-2900 SIC 8211
DISTRICT EDUCATION COUNCIL-SCHOOL DISTRICT 16 p 396
4711 Route 108, DERBY, NB, E1V 5C3
(506) 627-4090 SIC 8211
DISTRICT EDUCATION COUNCIL-SCHOOL DISTRICT 16 p 404
124 Henderson St, MIRAMICHI, NB, E1N 2S2
(506) 778-6077 SIC 8211
DISTRICT EDUCATION COUNCIL-SCHOOL DISTRICT 16 p 404
128 Henderson St, MIRAMICHI, NB, E1N 2S2
(506) 778-6078 SIC 8211
DISTRICT EDUCATION COUNCIL-SCHOOL DISTRICT 16 p 404
26 St. Patrick's Dr, MIRAMICHI, NB, E1N 5T9
(506) 627-4074 SIC 8211
DISTRICT EDUCATION COUNCIL-SCHOOL DISTRICT 16 p 404
77 Chatham Ave, MIRAMICHI, NB, E1N 1G7
(506) 778-6081 SIC 8211
DISTRICT EDUCATION COUNCIL-SCHOOL DISTRICT 16 p 404
78 Henderson St, MIRAMICHI, NB, E1N 2R7
(506) 778-6076 SIC 8211
DISTRICT EDUCATION COUNCIL-SCHOOL DISTRICT 16 p 405

15 Gretna Green Dr, MIRAMICHI, NB, E1V 5V6
(506) 778-6099 SIC 8211
DISTRICT EDUCATION COUNCIL-SCHOOL DISTRICT 16 p 405
31 Elizabeth St, MIRAMICHI, NB, E1V 1V8
(506) 627-4086 SIC 8211
DISTRICT EDUCATION COUNCIL-SCHOOL DISTRICT 16 p 405
305 Campbell St, MIRAMICHI, NB, E1V 1R4
(506) 627-4087 SIC 8211
DISTRICT EDUCATION COUNCIL-SCHOOL DISTRICT 16 p 405
301 Campbell St, MIRAMICHI, NB, E1V 1R4
(506) 627-4088 SIC 8211
DISTRICT EDUCATION COUNCIL-SCHOOL DISTRICT 16 p 412
149 Rue Acadie, RICHIBUCTO, NB, E4W 3V5
(506) 523-7970 SIC 8211
DISTRICT EDUCATION COUNCIL-SCHOOL DISTRICT 16 p 412
19 School St, REXTON, NB, E4W 2E4
(506) 523-7152 SIC 8211
DISTRICT EDUCATION COUNCIL-SCHOOL DISTRICT 16 p 412
197 Main St, REXTON, NB, E4W 2A9
(506) 523-7160 SIC 8211
DISTRICT EDUCATION COUNCIL-SCHOOL DISTRICT 16 p 421
36 Northwest Rd, SUNNY CORNER, NB, E9E 1J4
(506) 836-7010 SIC 8211
DISTRICT EDUCATION COUNCIL-SCHOOL DISTRICT 16 p 421
40 Northwest Rd, SUNNY CORNER, NB, E9E 1J4
(506) 836-7000 SIC 8211
DISTRICT HEALTH AUTHORITY # 2 p 480
See SOUTH WEST NOVA DISTRICT HEALTH AUTHORITY
DISTRICT MUNICIPALITY OF MUSKOKA, THE p 508
98 Pine St Suite 610, BRACEBRIDGE, ON, P1L 1N5
(705) 645-4488 SIC 8051
DISTRICT OF KENORA HOME FOR THE AGED p 627
1220 Valley Dr, KENORA, ON, P9N 2W7
(807) 468-3165 SIC 8361
DISTRICT OF KENORA HOME FOR THE AGED p 818
51 Hwy 105, RED LAKE, ON, P0V 2M0
(807) 727-2323 SIC 8361
DISTRICT OF KITIMAT p 217
2510 62 Hwy, HAZELTON, BC, V0J 1Y1
(250) 842-5655 SIC 4119
DISTRICT OF KITIMAT p 228
1101 Kingfisher Ave S Suite 1304, KITIMAT, BC, V8C 2N4
(250) 632-8940 SIC 4119
DISTRICT OF MACKENZIE p 235
400 Skeena Dr, MACKENZIE, BC, V0J 2C0
(250) 997-5283 SIC 7999
DISTRICT OF TIMISKAMING SOCIAL SERVICES ADMINISTRATION BOARD p 636
29 Duncan Ave N, KIRKLAND LAKE, ON, P2N 1X5
(705) 567-9366 SIC 8611
DISTRICT OF WEST KELOWNA p 339
3651 Old Okanagan Hwy, WESTBANK, BC, V4T 1P6
(250) 769-1640 SIC 7389
DISTRICT OF WEST KELOWNA FIRE DEPARTMENT p 339
See DISTRICT OF WEST KELOWNA
DISTRICT RESOURCE CENTRE p 206
See SCHOOL DISTRICT #59 PEACE RIVER SOUTH
DISTRICT RESOURCE CENTRE p 211
See DELTA SCHOOL DISTRICT NO.37
DISTRICT SCHOOL BOARD OF NIAGARA

p 500
4300 William St, BEAMSVILLE, ON, L0R 1B7
(905) 563-8209 SIC 8211
DISTRICT SCHOOL BOARD OF NIAGARA p 500
4317 Central Ave, BEAMSVILLE, ON, L0R 1B0
(905) 563-8267 SIC 8211
DISTRICT SCHOOL BOARD OF NIAGARA p 500
4944 John St, BEAMSVILLE, ON, L0R 1B6
(905) 563-7431 SIC 8211
DISTRICT SCHOOL BOARD OF NIAGARA p 541
1794 Regional Rd 6, CAISTOR CENTRE, ON, L0R 1E0
(905) 957-7473 SIC 8211
DISTRICT SCHOOL BOARD OF NIAGARA p 568
145 Derby Rd, CRYSTAL BEACH, ON, L0S 1B0
(905) 894-3900 SIC 8211
DISTRICT SCHOOL BOARD OF NIAGARA p 589
1110 Garrison Rd, FORT ERIE, ON, L2A 1N9
(905) 871-4830 SIC 8211
DISTRICT SCHOOL BOARD OF NIAGARA p 589
1337 Haist St, FONTHILL, ON, L0S 1E0
(905) 892-2605 SIC 8211
DISTRICT SCHOOL BOARD OF NIAGARA p 589
1353 Pelham St, FONTHILL, ON, L0S 1E0
(905) 892-3821 SIC 8211
DISTRICT SCHOOL BOARD OF NIAGARA p 589
350 Hwy 20 W, FONTHILL, ON, L0S 1E0
(905) 892-2635 SIC 8211
DISTRICT SCHOOL BOARD OF NIAGARA p 589
474 Central Ave, FORT ERIE, ON, L2A 3T7 SIC 8211
DISTRICT SCHOOL BOARD OF NIAGARA p 589
7 Tait Ave, FORT ERIE, ON, L2A 3P1
(905) 871-4610 SIC 8211
DISTRICT SCHOOL BOARD OF NIAGARA p 598
10 Livingston Ave, GRIMSBY, ON, L3M 1K7
(905) 945-5459 SIC 8211
DISTRICT SCHOOL BOARD OF NIAGARA p 598
33 Olive St, GRIMSBY, ON, L3M 2B9
(905) 945-5427 SIC 8211
DISTRICT SCHOOL BOARD OF NIAGARA p 598
5 Boulton Ave, GRIMSBY, ON, L3M 1H6
(905) 945-5416 SIC 8211
DISTRICT SCHOOL BOARD OF NIAGARA p 622
2831 Victoria Ave, JORDAN STATION, ON, L0R 1S0
SIC 8211
DISTRICT SCHOOL BOARD OF NIAGARA p 735
5315 Valley Way, NIAGARA FALLS, ON, L2E 1X4
(905) 356-6611 SIC 8211
DISTRICT SCHOOL BOARD OF NIAGARA p 735
4760 Simcoe St, NIAGARA FALLS, ON, L2E 1V6
(905) 358-9121 SIC 8211
DISTRICT SCHOOL BOARD OF NIAGARA p 735
4635 Pettit Ave, NIAGARA FALLS, ON, L2E 6L4
(905) 356-2801 SIC 8211
DISTRICT SCHOOL BOARD OF NIAGARA p 735
6727 Heximer Ave, NIAGARA FALLS, ON, L2G 4T1

(905) 356-0932 SIC 8211
DISTRICT SCHOOL BOARD OF NIAGARA p 736
6624 Culp St, NIAGARA FALLS, ON, L2G 2C4
(905) 354-2333 SIC 8211
DISTRICT SCHOOL BOARD OF NIAGARA p 736
7112 Dorchester Rd, NIAGARA FALLS, ON, L2G 5V6
(905) 358-5011 SIC 8211
DISTRICT SCHOOL BOARD OF NIAGARA p 736
5775 Drummond Rd, NIAGARA FALLS, ON, L2G 4L2
(905) 354-7409 SIC 8211
DISTRICT SCHOOL BOARD OF NIAGARA p 738
3112 Dorchester Rd, NIAGARA FALLS, ON, L2J 2Z7
(905) 356-0521 SIC 8211
DISTRICT SCHOOL BOARD OF NIAGARA p 738
3155 St Andrew Ave, NIAGARA FALLS, ON, L2J 2R7
(905) 358-5142 SIC 8211
DISTRICT SCHOOL BOARD OF NIAGARA p 738
3691 Dorchester Rd, NIAGARA FALLS, ON, L2J 3A6
(905) 354-3916 SIC 8211
DISTRICT SCHOOL BOARD OF NIAGARA p 738
5504 Montrose Rd, NIAGARA FALLS, ON, L2H 1K7
(905) 358-8111 SIC 8211
DISTRICT SCHOOL BOARD OF NIAGARA p 738
5960 Pitton Rd, NIAGARA FALLS, ON, L2H 1T5
(905) 356-2401 SIC 8211
DISTRICT SCHOOL BOARD OF NIAGARA p 738
6855 Kalar Rd, NIAGARA FALLS, ON, L2H 2T3
(905) 356-0488 SIC 8211
DISTRICT SCHOOL BOARD OF NIAGARA p 738
8406 Forestview Blvd, NIAGARA FALLS, ON, L2H 0B9
(905) 354-6261 SIC 8211
DISTRICT SCHOOL BOARD OF NIAGARA p 739
1875 Niagara Stone Rd, NIAGARA ON THE LAKE, ON, L0S 1J0
(905) 468-7793 SIC 8211
DISTRICT SCHOOL BOARD OF NIAGARA p 739
565 East West Line Rd, NIAGARA ON THE LAKE, ON, L0S 1J0
SIC 8211
DISTRICT SCHOOL BOARD OF NIAGARA p 739
565 East West Line Rd, NIAGARA ON THE LAKE, ON, L0S 1J0
(905) 468-5651 SIC 8211
DISTRICT SCHOOL BOARD OF NIAGARA p 816
435 Fares St, PORT COLBORNE, ON, L3K 1X4
(905) 834-7440 SIC 8211
DISTRICT SCHOOL BOARD OF NIAGARA p 816
320 Fielden Ave, PORT COLBORNE, ON, L3K 4T7
(905) 834-4753 SIC 8211
DISTRICT SCHOOL BOARD OF NIAGARA p 816
255 Omer Ave, PORT COLBORNE, ON, L3K 3Z1
(905) 834-9732 SIC 8211
DISTRICT SCHOOL BOARD OF NIAGARA p 816
214 Steele St, PORT COLBORNE, ON, L3K

DISTRICT SCHOOL BOARD OF NIAGARA
4X7
(905) 834-4333   SIC 8211

DISTRICT SCHOOL BOARD OF NIAGARA
p 816
211 Elgin St, PORT COLBORNE, ON, L3K 3K4
(905) 835-1186   SIC 8211

DISTRICT SCHOOL BOARD OF NIAGARA
p 825
143 Ridge Rd N, RIDGEWAY, ON, L0S 1N0
(905) 894-3751   SIC 8211

DISTRICT SCHOOL BOARD OF NIAGARA
p 825
3770 Hazel St, RIDGEWAY, ON, L0S 1N0
(905) 894-0313   SIC 8211

DISTRICT SCHOOL BOARD OF NIAGARA
p 825
576 Ridge Rd N, RIDGEWAY, ON, L0S 1N0
(905) 894-3461   SIC 8211

DISTRICT SCHOOL BOARD OF NIAGARA
p 850
132 College St, SMITHVILLE, ON, L0R 2A0
(905) 957-7024   SIC 8211

DISTRICT SCHOOL BOARD OF NIAGARA
p 850
260 Canborough St, SMITHVILLE, ON, L0R 2A0
(905) 957-3359   SIC 8211

DISTRICT SCHOOL BOARD OF NIAGARA
p 851
95 Facer St, ST CATHARINES, ON, L2M 5J6
(905) 937-2225   SIC 8211

DISTRICT SCHOOL BOARD OF NIAGARA
p 851
5459 Regional Rd 20, ST ANNS, ON, L0R 1Y0
(905) 386-6223   SIC 8211

DISTRICT SCHOOL BOARD OF NIAGARA
p 851
505 Bunting Rd, ST CATHARINES, ON, L2M 3A9
(905) 934-3331   SIC 8211

DISTRICT SCHOOL BOARD OF NIAGARA
p 851
349 Niagara St, ST CATHARINES, ON, L2M 4V9
(905) 934-8501   SIC 8211

DISTRICT SCHOOL BOARD OF NIAGARA
p 852
280 Vine St, ST CATHARINES, ON, L2M 4T3
(905) 934-9922   SIC 8211

DISTRICT SCHOOL BOARD OF NIAGARA
p 852
273 Parnell Rd, ST CATHARINES, ON, L2M 1W4
(905) 934-3322   SIC 8211

DISTRICT SCHOOL BOARD OF NIAGARA
p 852
16 Berkley Dr, ST CATHARINES, ON, L2M 6B8
(905) 934-7344   SIC 8211

DISTRICT SCHOOL BOARD OF NIAGARA
p 852
600 Vine St, ST CATHARINES, ON, L2M 3V1
(905) 934-2525   SIC 8211

DISTRICT SCHOOL BOARD OF NIAGARA
p 852
1 Carlton Park Dr, ST CATHARINES, ON, L2M 4M9
(905) 934-5243   SIC 8211

DISTRICT SCHOOL BOARD OF NIAGARA
p 853
535 Lake St, ST CATHARINES, ON, L2N 4H7
(905) 646-3737   SIC 8211

DISTRICT SCHOOL BOARD OF NIAGARA
p 853
507 Geneva St, ST CATHARINES, ON, L2N 2H7
(905) 934-3348   SIC 8211

DISTRICT SCHOOL BOARD OF NIAGARA
p 853
35 Ferndale Ave, ST CATHARINES, ON, L2P 1V8
(905) 684-1101   SIC 8211

DISTRICT SCHOOL BOARD OF NIAGARA
p 853
348 Scott St, ST CATHARINES, ON, L2N 1J5
(905) 937-5110   SIC 8211

DISTRICT SCHOOL BOARD OF NIAGARA
p 853
15 Glenview Ave, ST CATHARINES, ON, L2N 2Z7
(905) 227-6641   SIC 8211

DISTRICT SCHOOL BOARD OF NIAGARA
p 853
114 Linwell Rd, ST CATHARINES, ON, L2N 6N8
(905) 937-0510   SIC 8211

DISTRICT SCHOOL BOARD OF NIAGARA
p 853
535 Lake St Unit 1, ST CATHARINES, ON, L2N 4H7
(905) 641-1550   SIC 8211

DISTRICT SCHOOL BOARD OF NIAGARA
p 853
91 Bunting Rd, ST CATHARINES, ON, L2P 3G8
(905) 684-9461   SIC 8211

DISTRICT SCHOOL BOARD OF NIAGARA
p 853
61 Duncan Dr, ST CATHARINES, ON, L2N 3P3
(905) 934-3325   SIC 8211

DISTRICT SCHOOL BOARD OF NIAGARA
p 854
106 First St Louth, ST CATHARINES, ON, L2R 6P9
(905) 984-5517   SIC 8211

DISTRICT SCHOOL BOARD OF NIAGARA
p 854
101 South Dr, ST CATHARINES, ON, L2R 4V7
(905) 685-9586   SIC 8211

DISTRICT SCHOOL BOARD OF NIAGARA
p 854
140 Haig St, ST CATHARINES, ON, L2R 6L3
SIC 8211

DISTRICT SCHOOL BOARD OF NIAGARA
p 854
1511 Seventh St, ST CATHARINES, ON, L2R 6P9
(905) 685-1331   SIC 8211

DISTRICT SCHOOL BOARD OF NIAGARA
p 854
84 Henry St, ST CATHARINES, ON, L2R 5V4
(905) 685-5489   SIC 8211

DISTRICT SCHOOL BOARD OF NIAGARA
p 854
185 Carlton St, ST CATHARINES, ON, L2R 1S1
SIC 8211

DISTRICT SCHOOL BOARD OF NIAGARA
p 854
28 Prince St, ST CATHARINES, ON, L2R 3X7
(905) 682-6609   SIC 8211

DISTRICT SCHOOL BOARD OF NIAGARA
p 854
34 Catherine St, ST CATHARINES, ON, L2R 5E7
(905) 687-7301   SIC 8211

DISTRICT SCHOOL BOARD OF NIAGARA
p 854
17 Welland Ave, ST CATHARINES, ON, L2R 2M1
SIC 8211

DISTRICT SCHOOL BOARD OF NIAGARA
p 855
130 Rykert St, ST CATHARINES, ON, L2S 2B4
(905) 682-9284   SIC 8211

DISTRICT SCHOOL BOARD OF NIAGARA
p 855
1 Monck St, ST CATHARINES, ON, L2S 1L5
(905) 684-6545   SIC 8211

DISTRICT SCHOOL BOARD OF NIAGARA
p 855
34 Westland St, ST CATHARINES, ON, L2S 4C1
(905) 684-7429   SIC 8211

DISTRICT SCHOOL BOARD OF NIAGARA
p 856
1 Caroline St Suite A, ST CATHARINES, ON, L2T 3E9
(905) 684-9259   SIC 8211

DISTRICT SCHOOL BOARD OF NIAGARA
p 856
1 Marsdale Dr, ST CATHARINES, ON, L2T 3R7
(905) 684-6589   SIC 8211

DISTRICT SCHOOL BOARD OF NIAGARA
p 856
101 Glen Morris Dr, ST CATHARINES, ON, L2T 2N1
(905) 684-6349   SIC 8211

DISTRICT SCHOOL BOARD OF NIAGARA
p 856
15 Burleigh Hill Dr, ST CATHARINES, ON, L2T 2V6
(905) 227-6641   SIC 8211

DISTRICT SCHOOL BOARD OF NIAGARA
p 857
1344 York St, ST DAVIDS, ON, L0S 1P0
(905) 262-4533   SIC 8211

DISTRICT SCHOOL BOARD OF NIAGARA
p 859
3521 Main St E, STEVENSVILLE, ON, L0S 1S0
(905) 382-3122   SIC 8211

DISTRICT SCHOOL BOARD OF NIAGARA
p 876
153 Richmond St, THOROLD, ON, L2V 3H3
(905) 227-2971   SIC 8211

DISTRICT SCHOOL BOARD OF NIAGARA
p 876
40 Pine St S, THOROLD, ON, L2V 3L4
(905) 227-1321   SIC 8211

DISTRICT SCHOOL BOARD OF NIAGARA
p 876
550 Allanburg Rd, THOROLD, ON, L2V 1A8
(905) 227-2851   SIC 8211

DISTRICT SCHOOL BOARD OF NIAGARA
p 876
50 Ormond St N, THOROLD, ON, L2V 1Z1
(905) 227-1188   SIC 8211

DISTRICT SCHOOL BOARD OF NIAGARA
p 876
73 Ann St, THOROLD, ON, L2V 2J8
(905) 227-3827   SIC 8211

DISTRICT SCHOOL BOARD OF NIAGARA
p 948
4057 Victoria Ave, VINELAND, ON, L0R 2C0
(905) 562-5211   SIC 8211

DISTRICT SCHOOL BOARD OF NIAGARA
p 948
1359 Stone Rd, VIRGIL, ON, L0S 1J0
(905) 468-7793   SIC 8211

DISTRICT SCHOOL BOARD OF NIAGARA
p 955
170 Wellington St, WELLAND, ON, L3B 1B3
(905) 734-7458   SIC 8211

DISTRICT SCHOOL BOARD OF NIAGARA
p 955
738 Lyons Creek Rd, WELLAND, ON, L3B 5N4
(905) 735-0310   SIC 8211

DISTRICT SCHOOL BOARD OF NIAGARA
p 955
315 Southworth St S, WELLAND, ON, L3B 1Z8
(905) 734-3208   SIC 8211

DISTRICT SCHOOL BOARD OF NIAGARA
p 955
333 Quaker Rd, WELLAND, ON, L3C 3G7
(905) 732-5412   SIC 8211

DISTRICT SCHOOL BOARD OF NIAGARA
p 955
358 Niagara St, WELLAND, ON, L3C 1K9
(905) 734-4273   SIC 8211

DISTRICT SCHOOL BOARD OF NIAGARA
p 955
468 Thorold Rd, WELLAND, ON, L3C 3W6
(905) 734-3730   SIC 8211

DISTRICT SCHOOL BOARD OF NIAGARA
p 955
164 Fitch St, WELLAND, ON, L3C 4V5
(905) 732-3683   SIC 8211

DISTRICT SCHOOL BOARD OF NIAGARA
p 955
111 First St, WELLAND, ON, L3B 4S1
(905) 732-4110   SIC 8211

DISTRICT SCHOOL BOARD OF NIAGARA
p 955
240 Thorold Rd, WELLAND, ON, L3C 3W2
(905) 735-0700   SIC 8211

DISTRICT SCHOOL BOARD ONTARIO NORTH EAST   p 550
Rr 1, CHARLTON, ON, P0J 1B0
SIC 8211

DISTRICT SCHOOL BOARD ONTARIO NORTH EAST   p 555
453b Chalmers Ave, COCHRANE, ON, P0L 1C0
(705) 272-4372   SIC 8211

DISTRICT SCHOOL BOARD ONTARIO NORTH EAST   p 555
Gd, COCHRANE, ON, P0L 1C0
(705) 272-4372   SIC 8211

DISTRICT SCHOOL BOARD ONTARIO NORTH EAST   p 555
453 Chalmers Ave, COCHRANE, ON, N0H 2T0
(705) 272-3246   SIC 8211

DISTRICT SCHOOL BOARD ONTARIO NORTH EAST   p 574
70 8th Ave, ENGLEHART, ON, P0J 1H0
(705) 544-2345   SIC 8211

DISTRICT SCHOOL BOARD ONTARIO NORTH EAST   p 596
51 Harris St, GOGAMA, ON, P0M 1W0
(705) 894-2775   SIC 8211

DISTRICT SCHOOL BOARD ONTARIO NORTH EAST   p 619
30 10th St, HEARST, ON, P0L 1N0
(705) 362-4283   SIC 8211

DISTRICT SCHOOL BOARD ONTARIO NORTH EAST   p 622
44 Anson Dr, IROQUOIS FALLS, ON, P0K 1E0
(705) 258-3921   SIC 8211

DISTRICT SCHOOL BOARD ONTARIO NORTH EAST   p 622
900 Centennial St, IROQUOIS FALLS, ON, P0K 1G0
(705) 232-6651   SIC 8211

DISTRICT SCHOOL BOARD ONTARIO NORTH EAST   p 626
61 Devonshire St, KAPUSKASING, ON, P5N 1C5
(705) 335-6164   SIC 8211

DISTRICT SCHOOL BOARD ONTARIO NORTH EAST   p 636
21 Station Rd S, KIRKLAND LAKE, ON, P2N 3H2
(705) 567-4030   SIC 8211

DISTRICT SCHOOL BOARD ONTARIO NORTH EAST   p 636
35 Porteous Ave, KIRKLAND LAKE, ON, P2N 2P1
SIC 8211

DISTRICT SCHOOL BOARD ONTARIO NORTH EAST   p 636
Gd, KIRKLAND LAKE, ON, P2N 3P4
(705) 567-4981   SIC 8211

DISTRICT SCHOOL BOARD ONTARIO NORTH EAST   p 636
84 Tweedsmuir Rd, KIRKLAND LAKE, ON, P2N 1J5
(705) 567-5288   SIC 8211

DISTRICT SCHOOL BOARD ONTARIO NORTH EAST p 679
422 4th Ave, MATHESON, ON, P0K 1N0
(705) 273-2324   SIC 8211

DISTRICT SCHOOL BOARD ONTARIO NORTH EAST p 731
Gd, NEW LISKEARD, ON, P0J 1P0
(705) 647-7394   SIC 8211

DISTRICT SCHOOL BOARD ONTARIO NORTH EAST p 731
141 Dymond St, NEW LISKEARD, ON, P0J 1P0
(705) 647-7341   SIC 8211

DISTRICT SCHOOL BOARD ONTARIO NORTH EAST p 731
90 Niven St, NEW LISKEARD, ON, P0J 1P0
(705) 647-7336   SIC 8211

DISTRICT SCHOOL BOARD ONTARIO NORTH EAST p 815
712 Earl St E, PORCUPINE, ON, P0N 1C0
(705) 235-8050   SIC 8211

DISTRICT SCHOOL BOARD ONTARIO NORTH EAST p 847
64 Croatia Ave, SCHUMACHER, ON, P0N 1G0
(705) 360-1780   SIC 8211

DISTRICT SCHOOL BOARD ONTARIO NORTH EAST p 847
153 Croatia Ave, SCHUMACHER, ON, P0N 1G0
(705) 360-1151   SIC 8211

DISTRICT SCHOOL BOARD ONTARIO NORTH EAST p 851
117 Golden Ave, SOUTH PORCUPINE, ON, P0N 1H0
(705) 360-8054   SIC 8211

DISTRICT SCHOOL BOARD ONTARIO NORTH EAST p 851
155 Legion Dr, SOUTH PORCUPINE, ON, P0N 1H0
(705) 360-8056   SIC 8211

DISTRICT SCHOOL BOARD ONTARIO NORTH EAST p 851
50 3rd St, SMOOTH ROCK FALLS, ON, P0L 2B0
(705) 338-2755   SIC 8211

DISTRICT SCHOOL BOARD ONTARIO NORTH EAST p 884
383 Birch St N, TIMMINS, ON, P4N 6E8
(705) 267-1186   SIC 8211

DISTRICT SCHOOL BOARD ONTARIO NORTH EAST p 884
451 Theriault Blvd, TIMMINS, ON, P4N 8B2
(705) 360-1411   SIC 8211

DISTRICT SCHOOL BOARD ONTARIO NORTH EAST p 884
300 Pearl Ave, TIMMINS, ON, P4N 7X5
(705) 264-9438   SIC 8211

DISTRICT SCHOOL BOARD ONTARIO NORTH EAST p 884
200 Victoria Ave, TIMMINS, ON, P4N 8G9
(705) 268-5555   SIC 8211

DISTRICT SCOLAIRE 11 p 393
5362 Route 117, BAIE-SAINTE-ANNE, NB, E9A 1C9
(506) 228-2010   SIC 8211

DISTRICT SCOLAIRE 11 p 395
37 Av Richard, BOUCTOUCHE, NB, E4S 3T5
(506) 743-7200   SIC 8211

DISTRICT SCOLAIRE 11 p 395
2632 Ch Acadie, Cap-Pele, NB, E4N 1E3
(506) 577-2000   SIC 8211

DISTRICT SCOLAIRE 11 p 396
29 Ch Cocagne Cross, COCAGNE, NB, E4R 2J1
(506) 576-5006   SIC 8211

DISTRICT SCOLAIRE 11 p 405
300 Beaverbrook Rd, MIRAMICHI, NB, E1V 1A1
(506) 627-4135   SIC 8211

DISTRICT SCOLAIRE 11 p 411
3860 Route 115, NOTRE-DAME, NB, E4V 2J2
(506) 576-5001   SIC 8211

DISTRICT SCOLAIRE 11 p 412
45 Rue Morgan, RICHIBUCTO, NB, E4W 4E8
(506) 523-7660   SIC 8211

DISTRICT SCOLAIRE 11 p 413
65 Rue De L'ecole, ROGERSVILLE, NB, E4Y 1V4
(506) 775-2010   SIC 8211

DISTRICT SCOLAIRE 11 p 419
7 Clement Ave, SAINT-ANTOINE, NB, E4V 1E2
(506) 525-4000   SIC 8211

DISTRICT SCOLAIRE 11 p 419
1545 Route 525, SAINTE-MARIE-DE-KENT, NB, E4S 2H2
(506) 955-6000   SIC 8211

DISTRICT SCOLAIRE 11 p 419
49 Rue Du College Suite 1, SAINT-LOUIS-DE-KENT, NB, E4X 1C2
(506) 876-3400   SIC 8211

DISTRICT SCOLAIRE 11 p 420
435 Main St, SHEDIAC, NB, E4P 2C1
(506) 856-3333   SIC 8211

DISTRICT SCOLAIRE 3 p 396
323 Long Blvd, CLAIR, NB, E7A 2C5
(506) 992-6006   SIC 8211

DISTRICT SCOLAIRE 3 p 397
300 Martin St, EDMUNDSTON, NB, E3V 2N5
(506) 735-2008   SIC 8211

DISTRICT SCOLAIRE 3 p 397
1360 Ch Tobique, DRUMMOND, NB, E3Y 2N8
(506) 473-7760   SIC 8211

DISTRICT SCOLAIRE 3 p 397
54 21 Ieme Ave, EDMUNDSTON, NB, E3V 2B9
(506) 737-4620   SIC 8211

DISTRICT SCOLAIRE 3 p 397
99 Rue Martin, EDMUNDSTON, NB, E3V 2M7
(506) 735-2073   SIC 8211

DISTRICT SCOLAIRE 3 p 398
298 Rue Martin Suite 3, EDMUNDSTON, NB, E3V 5E5
(506) 737-4567   SIC 8211

DISTRICT SCOLAIRE 3 p 402
689 Boul Everard H Daigle, GRAND-SAULT/GRAND FALLS, NB, E3Z 3C5
(506) 473-7385   SIC 8211

DISTRICT SCOLAIRE 3 p 402
215 Rue Guimont, GRAND-SAULT/GRAND FALLS, NB, E3Y 1C7
(506) 473-7372   SIC 8211

DISTRICT SCOLAIRE 3 p 403
16 Rue Fraser, KEDGWICK, NB, E8B 1E6
(506) 284-3441   SIC 8211

DISTRICT SCOLAIRE 3 p 413
4 Rue De L'ecole, RIVIERE-VERTE, NB, E7C 2R5
(506) 263-3500   SIC 8211

DISTRICT SCOLAIRE 3 p 419
477 Ch De L'eglise, Saint-Andre, NB, E3Y 2Y2
(506) 473-7762   SIC 8211

DISTRICT SCOLAIRE 3 p 419
39 Rue Saint-Joseph, SAINTE-ANNE-DE-MADAWASKA, NB, E7E 1K8
(506) 445-6202   SIC 8211

DISTRICT SCOLAIRE 3 p 419
247 Rue Principale, SAINT-BASILE, NB, E7C 1H7
(506) 263-3407   SIC 8211

DISTRICT SCOLAIRE 3 p 419
12 Rue Martin, SAINT-BASILE, NB, E7C 1E4
SIC 8211

DISTRICT SCOLAIRE 3 p 419
10 Rue Ecole, SAINT-JACQUES, NB, E7B 1E7
(506) 735-2067   SIC 8211

DISTRICT SCOLAIRE 3 p 419
40 Rue De L'ecole, SAINT-LEONARD, NB, E7E 1Y6
(506) 423-3003   SIC 8211

DISTRICT SCOLAIRE 3 p 421
562 Ch Toussaint, ST-JOSEPH-DE-MADAWASKA, NB, E7B 2T8
(506) 735-2956   SIC 8211

DISTRICT SCOLAIRE FRANCOPHONE NORD-EST p 394
795 Rue Ecole, BERESFORD, NB, E8K 1V4
(506) 542-2602   SIC 8211

DISTRICT SCOLAIRE FRANCOPHONE NORD-EST p 395
238 Rue Marguerite Bourgeoys, CARAQUET, NB, E1W 1A4
(506) 727-7040   SIC 8211

DISTRICT SCOLAIRE FRANCOPHONE NORD-EST p 395
30 Rue Cormier, CARAQUET, NB, E1W 1A5
(506) 727-7039   SIC 8211

DISTRICT SCOLAIRE FRANCOPHONE NORD-EST p 395
Gd, CARAQUET, NB, E1W 1B7
(506) 727-7044   SIC 8211

DISTRICT SCOLAIRE FRANCOPHONE NORD-EST p 404
3 Ch Drisdelle Settlement, LAGACEVILLE, NB, E9G 2N3
(506) 776-3866   SIC 8211

DISTRICT SCOLAIRE FRANCOPHONE NORD-EST p 404
65 Rue De L'ecole, LAMEQUE, NB, E8T 1B7
(506) 344-3064   SIC 8211

DISTRICT SCOLAIRE FRANCOPHONE NORD-EST p 411
700 Rue Principale, NEGUAC, NB, E9G 1N4
(506) 776-3808   SIC 8299

DISTRICT SCOLAIRE FRANCOPHONE NORD-EST p 412
5067 Route 160, PONT-LANDRY, NB, E1X 2V5
(506) 394-3600   SIC 8211

DISTRICT SCOLAIRE FRANCOPHONE NORD-EST p 419
70 Rue De L'eglise, SAINTE-MARIE-SAINT-RAPHAEL, NB, E8T 1N8
(506) 344-3022   SIC 8211

DISTRICT SCOLAIRE FRANCOPHONE NORD-EST p 420
135 Rue De L'Ecole, SHIPPAGAN, NB, E8S 1V5
(506) 336-3002   SIC 8211

DISTRICT SCOLAIRE FRANCOPHONE NORD-EST p 421
6830 Route 11, TRACADIE, NB, E1X 4P4
(506) 394-3560   SIC 8211

DISTRICT SCOLAIRE FRANCOPHONE NORD-EST p 421
520 Rue De L'eglise, TRACADIE-SHEILA, NB, E1X 1B1
(506) 394-3494   SIC 8211

DISTRICT SCOLAIRE FRANCOPHONE NORD-EST p 421
585 Church St, TRACADIE-SHEILA, NB, E1X 1G5
(506) 394-3500   SIC 8211

DISTRICT SCOLAIRE FRANCOPHONE NORD-EST p 421
Gd, TRACADIE-SHEILA, NB, E1X 1G4
(506) 394-3555   SIC 8211

DISTRICT SCOLAIRE FRANCOPHONE NORD-EST p 421
585 Rue De L'eglise, TRACADIE-SHEILA, NB, E1X 1B1
(506) 394-3508   SIC 8211

DITECH PAINT CO. LTD p 396
561 Boul Ferdinand, DIEPPE, NB, E1A 7G1
(506) 384-8197   SIC 7699

DITECH TESTING p 396
See DITECH PAINT CO. LTD

DITIDAHT COMMUNITY SCHOOL p 253
See DITIDAHT FIRST NATION

DITIDAHT FIRST NATION p 253
Gd, PORT ALBERNI, BC, V9Y 7M3
(250) 745-3223   SIC 8211

DIV DE BOW PLASTIQUES p 1040
See BOW GROUPE DE PLOMBERIE INC

DIV DE ITW CANADA; ARBORITE p 1061
See ITW CANADA INVESTMENTS LIMITED PARTNERSHIP

DIV HOWMET LAVAL CASTING p 1128
See ALCOA CANADA CIE

DIV OF DOREL INDUSTRIES INC; DOREL DISTRIBUTION CANADA p 1205
See DOREL INDUSTRIES INC

DIV. FORDEM INTERNATIONAL p 1010
See FORAGES CABO INC

DIVAL DEVELOPMENTS LTD p 614
90 Trinity Church Rd, HAMILTON, ON, L8W 3S2
(905) 387-8214   SIC 1794

DIVERSEY CANADA, INC p 114
2020 84 Ave Nw, EDMONTON, AB, T6P 1K2
SIC 2842

DIVERSEY CANADA, INC p 665
1151 Green Valley Rd, LONDON, ON, N6N 1E4
(519) 668-6211   SIC 2842

DIVERSEY CANADA, INC p 1009
110 Boul Montcalm N, CANDIAC, QC, J5R 3L9
(450) 444-8000   SIC 2869

DIVERSICARE CANADA MANAGEMENT SERVICES CO., INC p 54
1111 Glenmore Trail Sw, CALGARY, AB, T2V 4C9
(403) 253-7576   SIC 6513

DIVERSICARE CANADA MANAGEMENT SERVICES CO., INC p 225
867 K.L.O. Rd, KELOWNA, BC, V1Y 9G5
(250) 861-6636   SIC 8361

DIVERSICARE CANADA MANAGEMENT SERVICES CO., INC p 252
3235 Skaha Lake Rd, PENTICTON, BC, V2A 6G5
(250) 490-8800   SIC 8051

DIVERSICARE CANADA MANAGEMENT SERVICES CO., INC p 519
133 Kennedy Rd S, BRAMPTON, ON, L6W 3G3
(905) 459-2324   SIC 8051

DIVERSICARE CANADA MANAGEMENT SERVICES CO., INC p 528
612 Mount Pleasant Rd, BRANTFORD, ON, N3T 5L5
(519) 484-2431   SIC 8051

DIVERSICARE CANADA MANAGEMENT SERVICES CO., INC p 528
612 Mount Pleasant Rd, BRANTFORD, ON, N3T 5L5
(519) 484-2500   SIC 8051

DIVERSICARE CANADA MANAGEMENT SERVICES CO., INC p 551
97 Mcfarlane Ave Suite 202, CHATHAM, ON, N7L 4V6
(519) 354-7111   SIC 8361

DIVERSICARE CANADA MANAGEMENT SERVICES CO., INC p 567
1460 Highway 2, COURTICE, ON, L1E 3C4
(905) 579-0800   SIC 6513

DIVERSICARE CANADA MANAGEMENT SERVICES CO., INC p 569
650 Park St Rr 5, DRESDEN, ON, N0P 1M0
(519) 683-4474   SIC 8361

DIVERSICARE CANADA MANAGEMENT SERVICES CO., INC p 621
263 Wonham St S, INGERSOLL, ON, N5C 3P6
(519) 485-3920   SIC 8051

DIVERSICARE CANADA MANAGEMENT SERVICES CO., INC p 646
119 Robson Rd, LEAMINGTON, ON, N8H 3V4
(905) 821-1161   SIC 8361

DIVERSICARE CANADA MANAGEMENT SERVICES CO., INC p 662
312 Oxford St W, LONDON, ON, N6H 4N7
(519) 432-1855   SIC 8051

DIVERSICARE CANADA MANAGEMENT

SERVICES CO., INC p 736
5781 Dunn St, NIAGARA FALLS, ON, L2G 2N9
(905) 354-2733 SIC 6513

DIVERSICARE CANADA MANAGEMENT SERVICES CO., INC p 859
45 Metcalfe St, ST THOMAS, ON, N5R 5Y1
(519) 631-9393 SIC 6513

DIVERSICARE CANADA MANAGEMENT SERVICES CO., INC p 863
40 Freel Lane Suite 412, STOUFFVILLE, ON, L4A 0P5
(905) 642-2902 SIC 6513

DIVERSICARE CANADA MANAGEMENT SERVICES CO., INC p 882
16 Fort St, TILBURY, ON, N0P 2L0
(519) 682-0243 SIC 8059

DIVERSICARE CANADA MANAGEMENT SERVICES CO., INC p 882
36 Lawson St Rr 3, TILBURY, ON, N0P 2L0
(519) 682-3366 SIC 8361

DIVERSICARE CANADA MANAGEMENT SERVICES CO., INC p 889
5935 Bathurst St, TORONTO, ON, M2R 1Y8
(416) 223-4050 SIC 8051

DIVERSICARE CANADA MANAGEMENT SERVICES CO., INC p 924
111 Avenue Rd Suite 322, TORONTO, ON, M5R 3J8
(416) 928-0111 SIC 8361

DIVERSIFIED BRANDS DIV OF p 874
See SHERWIN-WILLIAMS CANADA INC

DIVERSIFIED PAYROLL SOLUTIONS p 47
See PEO CANADA LTD

DIVERSIFIED TRANSPORTATION LTD p 28
205 9 Ave Se Suite 101, CALGARY, AB, T2G 0R3
(403) 531-0350 SIC 4111

DIVERSIFIED TRANSPORTATION LTD p 80
10014 104 St Nw Unit 20, EDMONTON, AB, T5J 0Z1
(780) 425-0820 SIC 4142

DIVERSIFIED TRANSPORTATION LTD p 104
8351 Mcintyre Rd Nw, EDMONTON, AB, T6E 5J7
(780) 468-6771 SIC 4142

DIVERSIFIED TRANSPORTATION LTD p 119
8030 Golosky Ave, FORT MCMURRAY, AB, T9H 1V5
(780) 790-3960 SIC 4111

DIVERSIFIED TRANSPORTATION LTD p 120
120 Maclennan Cres, FORT MCMURRAY, AB, T9H 4E8
(780) 743-2244 SIC 4142

DIVERSIFIED TRANSPORTATION LTD p 258
391 North Nechako Rd, PRINCE GEORGE, BC, V2K 4K8
(250) 563-5431 SIC 4142

DIVERSIFIED TRANSPORTATION LTD p 681
420 Morobel Dr, MILTON, ON, L9T 4N6
(905) 564-1856 SIC 4111

DIVERSIFIED ULBRICH - TORONTO p 758
See ULBRICH OF CANADA INC

DIVERSITECH p 1057
See DIVERSITECH EQUIPMENT AND SALES 1984 LTD

DIVERSITECH EQUIPMENT AND SALES 1984 LTD p 1057
2500 Rue Alphonse-Gariepy, LACHINE, QC, H8T 3M2
(514) 631-7300 SIC 3564

DIVERSITY TECHNOLOGIES CORPORATION p 43
800 6 Ave Sw Suite 360, CALGARY, AB, T2P 3G3
(403) 265-4401 SIC 2899

DIVERTISSEMENT DIRECT INC p 1011
60 Rue Saint-Paul, CHARLEMAGNE, QC, J5Z 1G3
(450) 654-5064 SIC 7299

DIVESTCO INC p 23
1223 31 Ave Ne, CALGARY, AB, T2E 7W1
(403) 237-9170 SIC 7371

DIVESTCO INC p 31
1209 59 Ave Se Unit 150, CALGARY, AB, T2H 2P6
(403) 255-5900 SIC 7379

DIVINE HARDWOOD FLOORING LTD p 43
235075 Ryan Rd Se, CALGARY, AB, T2P 2G6
SIC 4225

DIVINE MERCY CATHOLIC SCHOOL p 668
See YORK CATHOLIC DISTRICT SCHOOL BOARD

DIVINE MERCY SCHOOL p 705
See DUFFERIN-PEEL CATHOLIC DISTRICT SCHOOL BOARD

DIVISION AVENUE SAFEWAY p 144
See SOBEYS WEST INC

DIVISION DES PIECES POUR VEHICULE LOURD ET FABRICATION p 1211
See UAP INC

DIVISION ECOLOBRISS p 1248
See GROUPE SOUCY INC

DIVISION INFORMATIQUE p 1018
See METRO RICHELIEU INC

DIVISION MASKA p 1225
See BALDOR ELECTRIC CANADA INC

DIVISION MONDIALE DE RECHERCHE ET DEVELOPPEMENT DE PFIZER p 1049
See PFIZER CANADA INC

DIVISION OF ATCO GAS p 166
See ATCO GAS AND PIPELINES LTD

DIVISION OF CONTINUING STUDIES p 328
See UNIVERSITY OF VICTORIA

DIVISION OF ENDOCRINOLOGY p 301
See UNIVERSITY OF BRITISH COLUMBIA, THE

DIVISION OF HOUSING AND ANCILLARY SERVICES p 657
See UNIVERSITY OF WESTERN ONTARIO, THE

DIVISION OF ORTHOPAEDIC SURGERY p 1304
See UNIVERSITY OF SASKATCHEWAN

DIVISION SCOLAIRE FRANCO-MANITOBAINE p 350
29 Normandeau Bay, LA BROQUERIE, MB, R0A 0W0
(204) 424-5287 SIC 8211

DIVISION SCOLAIRE FRANCO-MANITOBAINE p 350
310 Lamoureux Rd Ss 1, ILE DES CHENES, MB, R0A 0T1
(204) 878-2147 SIC 8211

DIVISION SCOLAIRE FRANCO-MANITOBAINE p 351
1263 Dawson Rd, LORETTE, MB, R0A 0Y0
(204) 878-9399 SIC 8211

DIVISION SCOLAIRE FRANCO-MANITOBAINE p 351
361 Senez St, LORETTE, MB, R0A 0Y0
(204) 878-3621 SIC 8211

DIVISION SCOLAIRE FRANCO-MANITOBAINE p 352
45 Notre Dame Ave, NOTRE DAME DE LOURDES, MB, R0G 1M0
(204) 248-2167 SIC 8211

DIVISION SCOLAIRE FRANCO-MANITOBAINE p 352
70 Notre-Dame Ave, NOTRE DAME DE LOURDES, MB, R0G 1M0
(204) 248-2147 SIC 8211

DIVISION SCOLAIRE FRANCO-MANITOBAINE p 356
113 2nd Ave, ST JEAN BAPTISTE, MB, R0G 2B0
(204) 758-3501 SIC 8211

DIVISION SCOLAIRE FRANCO-MANITOBAINE p 356
377 Rue Sabourin, ST PIERRE JOLYS, MB, R0A 1V0
(204) 433-7706 SIC 8211

DIVISION SCOLAIRE FRANCO-MANITOBAINE p 356
Gd, ST LAZARE, MB, R0M 1Y0
(204) 683-2251 SIC 8211

DIVISION SCOLAIRE FRANCO-MANITOBAINE p 356
81, ST LAURENT, MB, R0C 2S0
(204) 646-2392 SIC 8211

DIVISION SCOLAIRE FRANCO-MANITOBAINE p 357
90 Arena Rd, STE ANNE, MB, R5H 1G6
(204) 422-5505 SIC 8211

DIVISION SCOLAIRE FRANCO-MANITOBAINE p 364
585 Rue St Jean Baptiste, WINNIPEG, MB, R2H 2Y2
(204) 237-8927 SIC 8221

DIVISION SCOLAIRE FRANCO-MANITOBAINE p 364
209 Kenny St, WINNIPEG, MB, R2H 2E5
(204) 233-4327 SIC 8211

DIVISION SCOLAIRE FRANCO-MANITOBAINE p 364
744 Langevin St, WINNIPEG, MB, R2H 2W7
(204) 233-8735 SIC 8211

DIVISION SCOLAIRE FRANCO-MANITOBAINE p 365
1101 Autumnwood Dr, WINNIPEG, MB, R2J 1C8
(204) 256-4384 SIC 8211

DIVISION SCOLAIRE FRANCO-MANITOBAINE p 368
425 John Forsyth Rd, WINNIPEG, MB, R2N 4J3
(204) 255-2081 SIC 8211

DIVISION SCOLAIRE FRANCO-MANITOBAINE p 373
81 Quail Ridge Rd, WINNIPEG, MB, R2Y 2A9
(204) 885-8000 SIC 8211

DIVISION SCOLAIRE FRANCO-MANITOBAINE p 391
45 De La Digue Ave, WINNIPEG, MB, R3V 1M7
(204) 261-0380 SIC 8211

DIXIE MITSUBISHI p 686
See 1170880 ONTARIO LIMITED

DIXIE MITSUBISHI p 686
See 1712790 ONTARIO LTD

DIXIE PUBLIC SCHOOL p 693
See PEEL DISTRICT SCHOOL BOARD

DIXON COMMERCIAL INVESTIGATORS (1982) INC p 854
91 Geneva St, ST CATHARINES, ON, L2R 4M9
(905) 688-0447 SIC 7322

DIXON GROUP CANADA LIMITED p 622
2315 Bowman St, INNISFIL, ON, L9S 3V6
(705) 436-1125 SIC 3443

DIXON GROVE JUNIOR MIDDLE SCHOOL p 942
See TORONTO DISTRICT SCHOOL BOARD

DIXON HALL p 904
349 George St, TORONTO, ON, M5A 2N2
(416) 960-9240 SIC 8399

DIXON HEATING & SHEET METAL LTD p 281
17741 65a Ave Unit 101, SURREY, BC, V3S 1Z8
(604) 576-0585 SIC 1711

DIXON HOME HARDWARE BUILDING CENTRE p 588
See HOME HARDWARE STORES LIMITED

DIXON'S CORNER PUBLIC SCHOOL p 622
See UPPER CANADA DISTRICT SCHOOL BOARD, THE

DJB p 855
See DURWARD JONES BARKWELL & COMPANY LLP

DK TRANSPORT p 1024
See 9213-9674 QUEBEC INC

DKL ELECTRIC ENTERPRISES LTD p 860
155 Iber Rd, STITTSVILLE, ON, K2S 1E7
(613) 836-4311 SIC 1731

DLB ELECTRIC INC p 852
113 Cushman Rd Unit 15, ST CATHARINES, ON, L2M 6S9
(905) 682-4447 SIC 4931

DLF PICKSEED CANADA INC p 377
1884 Brookside Blvd, WINNIPEG, MB, R3C 2E6
(204) 633-0088 SIC 5191

DLS, DIV OF p 626
See SPIRENT COMMUNICATIONS OF OTTAWA LTD

DMC MINING SERVICES p 946
See FNX MINING COMPANY INC

DMC MINING SERVICES, DIV OF p 947
See KGHM INTERNATIONAL LTD

DMG EVENTS (CANADA) INC p 51
1333 8 St Sw Suite 302, CALGARY, AB, T2R 1M6
(403) 209-3555 SIC 7389

DMG EVENTS (CANADA) INC p 51
302 1333 8 St, CALGARY, AB, T2R 1M6
(403) 209-3555 SIC 7389

DMI CANADA INC p 859
2677 Winger Rd, STEVENSVILLE, ON, L0S 1S0
(905) 382-5793 SIC 3523

DMR p 1106
See FUJITSU CONSEIL (CANADA) INC

DMR p 1160
See FUJITSU CONSEIL (CANADA) INC

DMS PROPERTY MANAGEMENT p 754
See DEL MANAGEMENT SOLUTIONS INC

DMS PROPERTY MANAGEMENT LTD p 619
925 Alexandra St, HEARST, ON, P0L 1N0
(705) 372-2822 SIC 8399

DMX MUSIC p 31
See DMX MUSIC CANADA INC

DMX MUSIC CANADA INC p 31
7260 12 St Se Suite 120, CALGARY, AB, T2H 2S5
(403) 640-8525 SIC 7389

DNA DATA NETWORKING AND ASSEMBLIES LTD p 192
8057 North Fraser Way, BURNABY, BC, V5J 5M8
(604) 439-1099 SIC 3678

DNA LANDMARKS INC p 1198
84 Rue Richelieu, SAINT-JEAN-SUR-RICHELIEU, QC, J3B 6X3
(450) 358-2621 SIC 8731

DND HMCS HURON p 331
Gd Stn Csc, VICTORIA, BC, V8W 2L9
(250) 363-5482 SIC 4499

DNN GALVANIZING LIMITED PARTNERSHIP p 969
300 Sprucewood Ave, WINDSOR, ON, N9C 0B7
SIC 3479

DNOW CANADA ULC p 43
635 8 Ave Sw Unit 1800, CALGARY, AB, T2P 3M3

BUSINESSES ALPHABETICALLY

(403) 531-5600 SIC 5084
DNOW CANADA ULC p 114
2603 76 Ave Nw, EDMONTON, AB, T6P 1P6
(780) 944-1000 SIC 5085
DNOW CANADA ULC p 1268
314 Kensington Ave, ESTEVAN, SK, S4A 2A2
(306) 634-4731 SIC 5084
DNR PRESSURE WELDING LTD p 168
Gd, STETTLER, AB, T0C 2L0
(403) 742-2859 SIC 1799
DNS INDUSTRIES LIMITED p 558
77 Courtland Ave Unit 3, CONCORD, ON, L4K 3S9
(905) 761-9568 SIC 2541
DO PROCESS SOFTWARE LTD p 898
2200 Yonge St Suite 1300, TORONTO, ON, M4S 2C6
(416) 322-6111 SIC 7372
DO2 TECHNOLOGIES INC p 43
255 5 Ave Sw Suite 1000, CALGARY, AB, T2P 3G6
(403) 205-2550 SIC 7372
DOAK SHIRREFF LLP p 225
537 Leon Ave Suite 200, KELOWNA, BC, V1Y 2A9
(250) 763-4345 SIC 8111
DOAKTOWN CONSOLIDATED HIGH SCHOOL p 397
See ANGLOPHONE WEST SCHOOL DISTRICT (ASD-W)
DOBBELSTEYN SERVICE AND MAINTENANCE LTD p 398
891 Riverside Dr, FREDERICTON, NB, E3A 8P9
(506) 458-9357 SIC 1731
DOCAP, DIV OF p 685
See DRIVE PRODUCTS INC
DOCDOR INDUSTRIES INC p 593
5649 Power Rd, GLOUCESTER, ON, K1G 3N4
(613) 749-3667 SIC 5211
DOCK PRODUCTS CANADA INC p 650
639 Sovereign Rd Unit 3 & 4, LONDON, ON, N5V 4K8
(519) 457-7155 SIC 1799
DOCK PRODUCTS CANADA INC p 696
600 Orwell St Unit 6, MISSISSAUGA, ON, L5A 3R9
(905) 276-0565 SIC 4491
DOCKSIDE BREWING COMPANY LTD p 314
1253 Johnston St, VANCOUVER, BC, V6H 3R9
(604) 685-7070 SIC 5812
DOCKTOR FREIGHT SOLUTIONS CORP p 51
333 11 Ave Sw Suite 750, CALGARY, AB, T2R 1L9
(403) 266-4131 SIC 4731
DOCTOR'S HOUSE DINING CORP, THE p 645
21 Nashville Rd, KLEINBURG, ON, L0J 1C0
(905) 893-1615 SIC 5812
DOCTOR'S OFFICE, THE p 875
See MCI MEDICAL CLINICS INC
DOCTORS OFFICE, THE p 704
See MCI MEDICAL CLINICS INC
DOCUCOM LIMITED PARTNERSHIP p 558
121 Romina Dr, CONCORD, ON, L4K 4Z9
SIC 5044
DOCUMENT COMPANY, THE p 391
See XEROX CANADA LTD
DOCUMENT COMPANY, THE p 453
See XEROX CANADA LTD
DOCUMENT DIRECTION p 750
See RICOH CANADA INC
DODSWORTH & BROWN FUNERAL HOME p 939
See TRILLIUM FUNERAL SERVICE CORPORATION
DODSWORTH & BROWN FUNERAL HOME ROBINSON CHAPEL p 608

See ARBOR MEMORIAL SERVICES INC
DOEPKER INDUSTRIES LTD p 276
5301 40 Ave Se, SALMON ARM, BC, V1E 1X1
SIC 3715
DOEPKER INDUSTRIES LTD p 1275
1955 Caribou St, MOOSE JAW, SK, S6H 4P2
(306) 693-2525 SIC 3715
DOGRIB DIVISIONAL BOARD p 438
Gd, BEHCHOKO, NT, X0E 0Y0
(867) 371-4511 SIC 8211
DOGRIB DIVISIONAL BOARD p 438
Gd, BEHCHOKO, NT, X0E 0Y0
(867) 392-6078 SIC 8211
DOGWOOD ELEMENTARY SCHOOL p 290
See SCHOOL DISTRICT NO 36 (SURREY)
DOGWOOD LODGE INTERMEDIATE CARE p 318
See DOGWOOD LODGE SOCIETY
DOGWOOD LODGE SOCIETY p 318
500 57th Ave W, VANCOUVER, BC, V6P 6E8
(604) 324-6882 SIC 8051
DOKA CANADA LTD./LTEE p 506
12673 Coleraine Dr, BOLTON, ON, L7E 3B5
(905) 951-0225 SIC 5039
DOLEMO DEVELOPMENT CORPORATION p 120
9713 Hardin St, FORT MCMURRAY, AB, T9H 1L2
(780) 743-3301 SIC 7011
DOLEMO DEVELOPMENT CORPORATION p 126
12102 100 St, GRANDE PRAIRIE, AB, T8V 5P1
(780) 539-5561 SIC 7011
DOLEMO DEVELOPMENT CORPORATION p 214
9223 100 St, FORT ST. JOHN, BC, V1J 3X3
(250) 263-6880 SIC 7011
DOLFO TRANSPORT LTD p 278
585 Michel Creek Rd, SPARWOOD, BC, V0B 2G1
(250) 425-6494 SIC 4212
DOLLAR THRIFTY p 23
See DOLLAR THRIFTY AUTOMOTIVE GROUP CANADA INC
DOLLAR THRIFTY AUTOMOTIVE GROUP CANADA INC p 23
2000 Airport Rd Ne, CALGARY, AB, T2E 6W5
(403) 291-4129 SIC 4119
DOLLAR THRIFTY AUTOMOTIVE GROUP CANADA INC p 23
7904 22 St Ne, CALGARY, AB, T2E 7H6
(403) 221-1962 SIC 7515
DOLLAR THRIFTY AUTOMOTIVE GROUP CANADA INC p 273
3826 Mcdonald Rd, RICHMOND, BC, V7B 1L8
(604) 606-1695 SIC 7513
DOLLAR THRIFTY AUTOMOTIVE GROUP CANADA INC p 697
3660 Hurontario St, MISSISSAUGA, ON, L5B 3C4
(905) 612-1881 SIC 7515
DOLLAR THRIFTY AUTOMOTIVE GROUP CANADA INC p 1026
2005 55e Av, DORVAL, QC, H9P 2Y6
SIC 7514
DOLLARAMA p 13
See DOLLARAMA S.E.C.
DOLLARAMA p 361
See DOLLARAMA S.E.C.
DOLLARAMA p 385
See DOLLARAMA S.E.C.
DOLLARAMA p 477
See DOLLARAMA S.E.C.
DOLLARAMA p 490
See DOLLARAMA S.E.C.
DOLLARAMA p 509
See DOLLARAMA S.E.C.
DOLLARAMA p 522

See DOLLARAMA S.E.C.
DOLLARAMA p 559
See DOLLARAMA S.E.C.
DOLLARAMA p 566
See DOLLARAMA S.E.C.
DOLLARAMA p 584
See DOLLARAMA S.E.C.
DOLLARAMA p 591
See DOLLARAMA S.E.C.
DOLLARAMA p 614
See DOLLARAMA S.E.C.
DOLLARAMA p 658
See DOLLARAMA S.E.C.
DOLLARAMA p 696
See DOLLARAMA S.E.C.
DOLLARAMA p 702
See DOLLARAMA S.E.C.
DOLLARAMA p 721
See DOLLARAMA S.E.C.
DOLLARAMA p 730
See DOLLARAMA S.E.C.
DOLLARAMA p 743
See RESEAU TEL-SYNERGIE INC
DOLLARAMA p 759
See DOLLARAMA S.E.C.
DOLLARAMA p 771
See DOLLARAMA S.E.C.
DOLLARAMA p 774
See DOLLARAMA S.E.C.
DOLLARAMA p 795
See DOLLARAMA S.E.C.
DOLLARAMA p 835
See DOLLARAMA S.E.C.
DOLLARAMA p 851
See DOLLARAMA S.E.C.
DOLLARAMA p 858
See DOLLARAMA S.E.C.
DOLLARAMA p 892
See DOLLARAMA S.E.C.
DOLLARAMA p 893
See DOLLARAMA S.E.C.
DOLLARAMA p 935
See DOLLARAMA S.E.C.
DOLLARAMA p 992
See DOLLARAMA S.E.C.
DOLLARAMA p 1023
See DOLLARAMA S.E.C.
DOLLARAMA p 1026
See DOLLARAMA S.E.C.
DOLLARAMA p 1028
See DOLLARAMA S.E.C.
DOLLARAMA p 1045
See DOLLARAMA S.E.C.
DOLLARAMA p 1047
See DOLLARAMA S.E.C.
DOLLARAMA p 1080
See DOLLARAMA S.E.C.
DOLLARAMA p 1081
See DOLLARAMA S.E.C.
DOLLARAMA p 1093
See DOLLARAMA S.E.C.
DOLLARAMA p 1117
See DOLLARAMA S.E.C.
DOLLARAMA p 1127
See DOLLARAMA S.E.C.
DOLLARAMA p 1145
See DOLLARAMA S.E.C.
DOLLARAMA p 1152
See DOLLARAMA S.E.C.
DOLLARAMA p 1167
See DOLLARAMA S.E.C.
DOLLARAMA p 1174
See DOLLARAMA S.E.C.
DOLLARAMA p 1177
See DOLLARAMA S.E.C.
DOLLARAMA p 1192
See DOLLARAMA S.E.C.
DOLLARAMA p 1200
See DOLLARAMA S.E.C.
DOLLARAMA p 1206
See DOLLARAMA S.E.C.
DOLLARAMA p 1227
See DOLLARAMA S.E.C.
DOLLARAMA p 1246

See DOLLARAMA S.E.C.
DOLLARAMA p 1251
See DOLLARAMA S.E.C.
DOLLARAMA p 1305
See DOLLARAMA S.E.C.
DOLLARAMA # 103 p 1006
See DOLLARAMA S.E.C.
DOLLARAMA 27 p 1160
See DOLLARAMA S.E.C.
DOLLARAMA 92 p 987
See DOLLARAMA S.E.C.
DOLLARAMA LP p 565
See DOLLARAMA S.E.C.
DOLLARAMA S.E.C. p 13
3800 Memorial Dr Ne Suite 1153, CALGARY, AB, T2A 2K2
(403) 537-0338 SIC 5399
DOLLARAMA S.E.C. p 57
4307 130 Ave Se Suite 94, CALGARY, AB, T2Z 3V8
(403) 726-1295 SIC 5331
DOLLARAMA S.E.C. p 98
4278 137 Ave Nw Unit 1a, EDMONTON, AB, T5Y 2W7
(780) 456-1810 SIC 5331
DOLLARAMA S.E.C. p 135
5309 Discovery Way Unit 1, LEDUC, AB, T9E 8N4
(780) 986-9666 SIC 5331
DOLLARAMA S.E.C. p 165
187 Highway 16a Unit 104, SPRUCE GROVE, AB, T7X 4P9
(780) 960-8455 SIC 5331
DOLLARAMA S.E.C. p 169
100 Ranch Market Suite 105e, STRATHMORE, AB, T1P 0A8
(403) 934-6351 SIC 5331
DOLLARAMA S.E.C. p 361
955 Main St Unit 1, WINKLER, MB, R6W 0L7
(204) 331-4723 SIC 5311
DOLLARAMA S.E.C. p 385
3421 Portage Ave Suite 15, WINNIPEG, MB, R3K 2C9
(204) 832-5440 SIC 5399
DOLLARAMA S.E.C. p 389
1910 Pembina Hwy Suite 2, WINNIPEG, MB, R3T 4S5
(204) 275-6468 SIC 5331
DOLLARAMA S.E.C. p 401
5 Trinity Ave, FREDERICTON, NB, E3C 0B7
(506) 472-9744 SIC 5311
DOLLARAMA S.E.C. p 407
80 Mapleton Rd, MONCTON, NB, E1C 7W8
(506) 859-9211 SIC 5399
DOLLARAMA S.E.C. p 423
99 Powell Dr, CARBONEAR, NL, A1Y 1A5
(709) 596-8625 SIC 5331
DOLLARAMA S.E.C. p 425
1 Mount Bernard Ave, CORNER BROOK, NL, A2H 6Y5
(709) 634-0364 SIC 5311
DOLLARAMA S.E.C. p 436
430 Topsail Rd Suite 200, ST. JOHN'S, NL, A1E 4N1
(709) 747-4300 SIC 5331
DOLLARAMA S.E.C. p 441
133 Church St, ANTIGONISH, NS, B2G 2E3
(902) 863-5237 SIC 5331
DOLLARAMA S.E.C. p 476
7 Keltic Dr, SYDNEY, NS, B1S 1P4
(902) 539-0473 SIC 5331
DOLLARAMA S.E.C. p 477
245 Robie St, TRURO, NS, B2N 5N6
(902) 893-7789 SIC 5399
DOLLARAMA S.E.C. p 490
15260 Yonge St, AURORA, ON, L4G 1N4
(905) 751-0517 SIC 5999
DOLLARAMA S.E.C. p 509
537 Holland Street W, BRADFORD, ON, L3Z 0C1
(905) 778-0312 SIC 5331
DOLLARAMA S.E.C. p 522
499 Main St S Unit 204, BRAMPTON, ON,

3262 DOLLARAMA S.E.C.   BUSINESSES ALPHABETICALLY

L6Y 1N7
(905) 866-6948   SIC 5331
DOLLARAMA S.E.C.   p 525
410 Fairview Dr, BRANTFORD, ON, N3R 7V7
(519) 758-8826   SIC 5399
DOLLARAMA S.E.C.   p 559
3255 Rutherford Rd Unit 37, CONCORD, ON, L4K 5Y5
(905) 738-1393   SIC 5331
DOLLARAMA S.E.C.   p 565
1380 Second St E Unit 20, CORNWALL, ON, K6H 2B8
(613) 933-4028   SIC 5399
DOLLARAMA S.E.C.   p 566
1400 Vincent Massey Dr, CORNWALL, ON, K6J 5N4
(613) 930-2464   SIC 5331
DOLLARAMA S.E.C.   p 584
2257 Islington Ave, ETOBICOKE, ON, M9W 3W6
(416) 640-1564   SIC 5331
DOLLARAMA S.E.C.   p 591
235 Guelph St Unit 2, GEORGETOWN, ON, L7G 4A8
(905) 873-0379   SIC 5999
DOLLARAMA S.E.C.   p 614
998 Upper Wentworth, HAMILTON, ON, L9A 4V8
(905) 388-9265   SIC 5331
DOLLARAMA S.E.C.   p 633
690 Gardiners Rd Unit 7, KINGSTON, ON, K7M 3X9
(613) 384-5680   SIC 5311
DOLLARAMA S.E.C.   p 641
385 Frederick St, KITCHENER, ON, N2H 2P2
(519) 579-1104   SIC 5399
DOLLARAMA S.E.C.   p 658
395 Wellington Rd Unit 8, LONDON, ON, N6C 5Z6
(519) 668-7837   SIC 5999
DOLLARAMA S.E.C.   p 696
93 Dundas St E Unit 2, MISSISSAUGA, ON, L5A 1W7
(905) 281-9895   SIC 5399
DOLLARAMA S.E.C.   p 702
1865 Lakeshore Rd W Suite 3, MISSISSAUGA, ON, L5J 4P1
(905) 855-9469   SIC 5311
DOLLARAMA S.E.C.   p 721
885 Plymouth Dr Unit 1, MISSISSAUGA, ON, L5V 0B5
(905) 363-1028   SIC 5411
DOLLARAMA S.E.C.   p 730
3777 Strandherd Dr, NEPEAN, ON, K2J 4B1
(613) 823-2519   SIC 5399
DOLLARAMA S.E.C.   p 759
20 Orfus Rd, NORTH YORK, ON, M6A 1L6
(416) 782-1273   SIC 5331
DOLLARAMA S.E.C.   p 771
290 North Service Rd W, OAKVILLE, ON, L6M 2S2
(905) 337-8104   SIC 5399
DOLLARAMA S.E.C.   p 774
187 Memorial Ave Suite 289, ORILLIA, ON, L3V 5X7
(705) 327-2659   SIC 5999
DOLLARAMA S.E.C.   p 795
1670 Heron Rd Unit 150, OTTAWA, ON, K1V 0C2
(613) 247-1692   SIC 5399
DOLLARAMA S.E.C.   p 822
606 Major Mackenzie Dr E, RICHMOND HILL, ON, L4C 1J9
(905) 883-3859   SIC 5331
DOLLARAMA S.E.C.   p 835
2900 Ellesmere Rd, SCARBOROUGH, ON, M1E 4B8
(416) 283-3091   SIC 5399
DOLLARAMA S.E.C.   p 851
4858 Hwy 101 E Suite 104, SOUTH PORCUPINE, ON, P0N 1K0
(705) 235-0831   SIC 5311

DOLLARAMA S.E.C.   p 858
1010 Talbot St, ST THOMAS, ON, N5P 4N2
(519) 633-3457   SIC 5311
DOLLARAMA S.E.C.   p 866
70 Carroll St E, STRATHROY, ON, N7G 4G2
(519) 245-7439   SIC 5331
DOLLARAMA S.E.C.   p 892
3003 Danforth Ave Suite 230, TORONTO, ON, M4C 1M9
(416) 691-7607   SIC 5999
DOLLARAMA S.E.C.   p 893
45 Overlea Blvd Suite 2, TORONTO, ON, M4H 1C3
(416) 425-2830   SIC 5311
DOLLARAMA S.E.C.   p 935
900 Dufferin St Suite 9000, TORONTO, ON, M6H 4A9
(416) 538-2558   SIC 5399
DOLLARAMA S.E.C.   p 965
3214 Dougall Ave Unit B, WINDSOR, ON, N8X 1S6
(519) 972-4661   SIC 5311
DOLLARAMA S.E.C.   p 974
7600 Weston Rd Unit 27, WOODBRIDGE, ON, L4L 8B7
(780) 723-4754   SIC 5399
DOLLARAMA S.E.C.   p 987
705 Av Du Pont N, ALMA, QC, G8B 6T5
(418) 480-3149   SIC 5331
DOLLARAMA S.E.C.   p 992
7500 Boul Des Galeries D'anjou Bureau 16, ANJOU, QC, H1M 3M4
(514) 353-2823   SIC 5999
DOLLARAMA S.E.C.   p 993
300 Boul La Salle Bureau 23, BAIE-COMEAU, QC, G4Z 2K2
(418) 294-4426   SIC 5399
DOLLARAMA S.E.C.   p 1006
7250 Boul Taschereau Bureau 30, BROSSARD, QC, J4W 1M9
(450) 672-1840   SIC 5331
DOLLARAMA S.E.C.   p 1014
392 Rue Des Sagueneens, CHICOUTIMI, QC, G7H 5S5
(418) 543-4092   SIC 5331
DOLLARAMA S.E.C.   p 1023
1271 Boul Wallberg, DOLBEAU-MISTASSINI, QC, G8L 1H3
(418) 276-9400   SIC 5331
DOLLARAMA S.E.C.   p 1026
11250 Ch Cote-De-Liesse, DORVAL, QC, H9P 1A9
(514) 631-9319   SIC 5999
DOLLARAMA S.E.C.   p 1028
352 Av Dorval, DORVAL, QC, H9S 3H8
(514) 556-3032   SIC 5331
DOLLARAMA S.E.C.   p 1045
44 Place Bourget S, JOLIETTE, QC, J6E 5E7
(450) 759-9588   SIC 5411
DOLLARAMA S.E.C.   p 1047
3880 Boul Harvey, Jonquiere, QC, G7X 8R6
(418) 547-8617   SIC 5331
DOLLARAMA S.E.C.   p 1049
2989 Boul Saint-Charles, KIRKLAND, QC, H9H 3B5
(514) 428-5895   SIC 5331
DOLLARAMA S.E.C.   p 1080
939 Boul Albiny-Paquette, MONT-LAURIER, QC, J9L 3J1
(819) 623-7001   SIC 5399
DOLLARAMA S.E.C.   p 1081
5805 Av Royalmount, MONT-ROYAL, QC, H4P 0A1
(514) 737-1006   SIC 5331
DOLLARAMA S.E.C.   p 1093
1665 Av Du Mont-Royal E, Montreal, QC, H2J 1Z6
(514) 598-7519   SIC 5331
DOLLARAMA S.E.C.   p 1117
1616 Rue Sainte-Catherine O Unite 300, Montreal, QC, H3H 1L7
(514) 904-2814   SIC 5331
DOLLARAMA S.E.C.   p 1124

1033 Rue Du Marche-Central, Montreal, QC, H4N 1J8
(514) 387-3910   SIC 5399
DOLLARAMA S.E.C.   p 1127
5845 Boul Robert-Bourassa, Montreal, QC, H7E 0A4
(450) 661-4038   SIC 5999
DOLLARAMA S.E.C.   p 1132
5610 Boul Henri-Bourassa E, MONTREAL-NORD, QC, H1G 2T2
(514) 323-7511   SIC 5331
DOLLARAMA S.E.C.   p 1145
749 Rue Clemenceau, Quebec, QC, G1C 7T9
(418) 661-6722   SIC 5331
DOLLARAMA S.E.C.   p 1145
3333 Rue Du Carrefour, Quebec, QC, G1C 5R9
(418) 667-8690   SIC 5331
DOLLARAMA S.E.C.   p 1152
245 Rue Soumande Bureau 1, Quebec, QC, G1M 3H6
(418) 263-0170   SIC 5331
DOLLARAMA S.E.C.   p 1160
2700 Boul Laurier Bureau 167, Quebec, QC, G1V 2L8
(418) 659-5976   SIC 5331
DOLLARAMA S.E.C.   p 1167
5401 Boul Des Galeries Bureau 1, Quebec, QC, G2K 1N4
SIC 5399
DOLLARAMA S.E.C.   p 1174
298 Boul Armand-Theriault, Riviere-du-Loup, QC, G5R 4C2
(418) 868-0207   SIC 5331
DOLLARAMA S.E.C.   p 1177
4 15e Rue Bureau 4, ROUYN-NORANDA, QC, J9X 2J8
(819) 762-6473   SIC 5331
DOLLARAMA S.E.C.   p 1192
5950 Boul Cousineau, SAINT-HUBERT, QC, J3Y 7R9
(450) 443-7307   SIC 5399
DOLLARAMA S.E.C.   p 1200
1950 Du Cure-Labelle Blvd, Saint-Jerome, QC, J7Y 1S1
(450) 432-5624   SIC 5331
DOLLARAMA S.E.C.   p 1206
2065 Boul Marcel-Laurin, SAINT-LAURENT, QC, H4R 1K4
(514) 332-7400   SIC 5411
DOLLARAMA S.E.C.   p 1206
3131 Boul De La Cote-Vertu, SAINT-LAURENT, QC, H4R 1Y8
(514) 333-0264   SIC 5399
DOLLARAMA S.E.C.   p 1227
1116 Boul Vachon N Bureau 47, SAINTE-MARIE, QC, G6E 1N7
(418) 387-8121   SIC 5399
DOLLARAMA S.E.C.   p 1246
224 Boul Frontenac O, THETFORD MINES, QC, G6G 6N7
(418) 335-9107   SIC 5399
DOLLARAMA S.E.C.   p 1251
4445 Boul Gene-H.-Kruger, Trois-Rivieres, QC, G9A 4N3
(819) 840-8754   SIC 5331
DOLLARAMA S.E.C.   p 1305
513 Nelson Rd, SASKATOON, SK, S7S 1P4
(306) 651-1265   SIC 5331
DOLLARD DES ORMEAUX SCHOOL   p 1021
See COMMISSION SCOLAIRE CENTRAL QUEBEC
DOLO INVESTIGATIONS LTD   p 280
10090 152 St Suite 408, SURREY, BC, V3R 8X8
(604) 951-1600   SIC 7389
DOLPHIN DELIVERY LTD   p 184
4201 Lozells Ave, BURNABY, BC, V5A 2Z4
(604) 421-1115   SIC 4212
DOLPHIN DELIVERY LTD   p 285
12091 88 Ave, SURREY, BC, V3W 3J5
(604) 502-7256   SIC 4212

DOLPHIN DISTRIBUTION LTD   p 184
4201 Lozells Ave, BURNABY, BC, V5A 2Z4
(604) 421-7059   SIC 4212
DOLPHIN SENIOR PUBLIC SCHOOL   p 706
See PEEL DISTRICT SCHOOL BOARD
DOLPHIN TRANSPORT   p 184
See DOLPHIN DELIVERY LTD
DOLPHIN TRANSPORT   p 285
See DOLPHIN DELIVERY LTD
DOLSON, JOHN CENTRE   p 543
See CORPORATION OF THE CITY OF CAMBRIDGE, THE
DOM LIPA NURSING HOME   p 581
See SLOVENIAN LINDEN FOUNDATION
DOMAINE DE L'ILE RONDE   p 1222
See 9217-5637 QUEBEC INC
DOMAINE L'HYPOTHEQUE   p 992
See FEDERATION DES CAISSES DESJARDINS DU QUEBEC
DOMCLEAN LIMITED   p 525
29 Craig St, BRANTFORD, ON, N3R 7H8
(519) 753-8421   SIC 7349
DOME PRODUCTIONS INC   p 929
1 Blue Jays Way Suite 3400, TORONTO, ON, M5V 1J3
(416) 341-2001   SIC 8741
DOMINION   p 424
See LOBLAW COMPANIES LIMITED
DOMINION   p 432
See LOBLAWS INC
DOMINION   p 522
See LOBLAW COMPANIES LIMITED
DOMINION   p 582
See METRO ONTARIO INC
DOMINION   p 747
See METRO ONTARIO INC
DOMINION   p 892
See METRO ONTARIO INC
DOMINION   p 897
See METRO ONTARIO INC
DOMINION 925   p 437
See LOBLAW FINANCIAL HOLDINGS INC
DOMINION CITRUS LIMITED   p 509
215 Dissette St, BRADFORD, ON, L3Z 3G9
(905) 775-3388   SIC 2051
DOMINION COLOUR CORPORATION p 482
445 Finley Ave, AJAX, ON, L1S 2E2
(905) 683-0231   SIC 2816
DOMINION COLOUR CORPORATION p 575
199 New Toronto St, ETOBICOKE, ON, M8V 3X4
(416) 253-4260   SIC 2816
DOMINION COLOUR CORPORATION p 889
515 Consumers Rd Suite 700, TORONTO, ON, M2J 4Z2
(416) 791-4200   SIC 2816
DOMINION COMMAND   p 625
See ROYAL CANADIAN LEGION, THE
DOMINION COMPANY   p 25
See STUART OLSON DOMINION CONSTRUCTION LTD
DOMINION COMPANY INC, THE   p 294
2985 Virtual Way Suite 130, VANCOUVER, BC, V5M 4X7
SIC 1542
DOMINION CORNER BROOK   p 425
See LOBLAWS INC
DOMINION DIAMOND EKATI CORPORATION   p 439
4920 52 St Suite 1102, YELLOWKNIFE, NT, X1A 3T1
(867) 669-9292   SIC 1499
DOMINION DRUG STORES LIMITED   p 329
1644 Hillside Ave Suite 83, VICTORIA, BC, V8T 2C5
(250) 595-5111   SIC 5912
DOMINION EQUIPMENT & CHEMICAL, DIV OF   p 525
See DOMCLEAN LIMITED
DOMINION FARMS PRODUCE   p 509
See DOMINION CITRUS LIMITED
DOMINION JANITORIAL SERVICES LTD   p 938

▲ Public Company   ■ Public Company Family Member   HQ Headquarters   BR Branch   SL Single Location

23 Humberside Ave, TORONTO, ON, M6P 1J6
(416) 766-1082 SIC 7349
DOMINION OF CANADA GENERAL INSURANCE COMPANY, THE p 43
777 8 Ave Sw Suite 1700, CALGARY, AB, T2P 3R5
(403) 231-6600 SIC 6411
DOMINION OF CANADA GENERAL INSURANCE COMPANY, THE p 310
1055 Georgia St W Suite 2400, VANCOUVER, BC, V6E 0B6
(604) 684-8127 SIC 6411
DOMINION OF CANADA GENERAL INSURANCE COMPANY, THE p 657
285 King St Suite 501, LONDON, ON, N6B 3M6
(519) 433-7201 SIC 6411
DOMINION OF CANADA GENERAL INSURANCE COMPANY, THE p 771
1275 North Service Rd W Suite 103, OAKVILLE, ON, L6M 3G4
(905) 825-6400 SIC 6411
DOMINION OF CANADA GENERAL INSURANCE COMPANY, THE p 791
155 Queen St Suite 300, OTTAWA, ON, K1P 6L1
(613) 233-1363 SIC 6411
DOMINION OF CANADA GENERAL INSURANCE COMPANY, THE p 837
300 Consilium Pl Suite 300, SCARBOROUGH, ON, M1H 3G2
(289) 333-2000 SIC 6411
DOMINION OF CANADA GENERAL INSURANCE COMPANY, THE p 914
165 University Ave Suite 101, TORONTO, ON, M5H 3B9
(416) 362-7231 SIC 6331
DOMINION OF CANADA GENERAL INSURANCE COMPANY, THE p 914
165 Unversity Ave, TORONTO, ON, M5H 3R3
(416) 362-7231 SIC 6411
DOMINION PIPE & PILING p 210
See VARSTEEL LTD
DOMINION SAVER CENTER p 934
See METRO ONTARIO INC
DOMINION SECURITIES p 270
See RBC DOMINION SECURITIES INC
DOMINION STORES p 710
See METRO ONTARIO INC
DOMINION STORES #906 p 423
See LOBLAW COMPANIES LIMITED
DOMINION WAREHOUSING & DISTRIBUTION SERVICES LTD p 208
See NFI DOMINION CANADA, ULC
DOMINION WAREHOUSING & DISTRIBUTION SERVICES LTD p 586
See NFI DOMINION CANADA, ULC
DOMINION, THE p 657
See DOMINION OF CANADA GENERAL INSURANCE COMPANY, THE
DOMINO'S PIZZA p 339
See GOLD RUSH PIZZA INC
DOMINO'S PIZZA p 363
See DALE & DALE PIZZA INC
DOMINO'S PIZZA p 372
See DALE & DALE PIZZA INC
DOMINO'S PIZZA p 385
See DALE & DALE PIZZA INC
DOMINO'S PIZZA p 545
See DOMINO'S PIZZA NS CO
DOMINO'S PIZZA p 1291
See DOMSASK HOLDING LTD

DOMINO'S PIZZA NS CO p 545
490 Pinebush Rd Unit 2, CAMBRIDGE, ON, N1T 0A5
(519) 620-6606 SIC 5149
DOMO GASOLINE CORPORATION LTD p 377
270 Fort St, WINNIPEG, MB, R3C 1E5
(204) 943-5920 SIC 5541
DOMREMY MAURICIE/CENTRE-DU-QUEBEC p 1252
11931 Rue Notre-Dame O, Trois-Rivieres, QC, G9B 6W9
(819) 377-2441 SIC 8069
DOMSASK HOLDING LTD p 1291
5875 Rochdale Blvd, REGINA, SK, S4X 2P9
(306) 545-4545 SIC 5812
DON BOSCO CATHOLIC SCHOOL p 942
See TORONTO CATHOLIC DISTRICT SCHOOL BOARD
DON BOSCO SCHOOL p 35
See CALGARY ROMAN CATHOLIC SEPARATE SCHOOL DISTRICT #1
DON CHERRY'S p 805
See DON CHERRY'S SPORTS GRILL INC
DON CHERRY'S SPORTS GRILL INC p 805
72 James St, PARRY SOUND, ON, P2A 1T5
(705) 746-1270 SIC 5812
DON CHRISTIAN ELEMENTARY SCHOOL p 282
See SCHOOL DISTRICT NO 36 (SURREY)
DON MICHAEL HOLDINGS INC p 190
4700 Kingsway Suite 1119, BURNABY, BC, V5H 4M1
(604) 435-5554 SIC 5651
DON MICHAEL HOLDINGS INC p 310
1001 Robson St, VANCOUVER, BC, V6E 1A9
(604) 683-4305 SIC 5651
DON MICHAEL HOLDINGS INC p 580
25 The West Mall Suite 25, ETOBICOKE, ON, M9C 1B8
(416) 622-8494 SIC 5651
DON MICHAEL HOLDINGS INC p 759
3401 Dufferin St Suite 117, NORTH YORK, ON, M6A 2T9
(416) 783-3371 SIC 5651
DON MICHAEL HOLDINGS INC p 761
75 Tycos Dr, NORTH YORK, ON, M6B 1W3
(416) 781-7540 SIC 5651
DON MICHAEL HOLDINGS INC p 897
2670 Yonge St, TORONTO, ON, M4P 2J5
(416) 482-6773 SIC 5651
DON MICHAEL HOLDINGS INC p 906
220 Yonge St, TORONTO, ON, M5B 2H1
(416) 593-9640 SIC 5651
DON MICHAEL HOLDINGS INC p 925
80 Bloor St W, TORONTO, ON, M5S 2V1
(416) 323-3289 SIC 5651
DON MICHAEL HOLDINGS INC p 965
3100 Howard Ave, WINDSOR, ON, N8X 3Y8
(519) 966-3994 SIC 5651
DON MILLS MIDDLE SCHOOL p 890
See TORONTO DISTRICT SCHOOL BOARD
DON MILLS SURGICAL UNIT LIMITED p 753
20 Wynford Dr Suite 208, NORTH YORK, ON, M3C 1J4
(416) 441-2111 SIC 8069
DON ROSS MIDDLE SCHOOL p 182
See SCHOOL DISTRICT NO. 48 (HOWE SOUND)
DON VALLEY HOTEL p 752
See ALLIED DON VALLEY HOTEL INC
DON VALLEY JUNIOR HIGH SCHOOL p 746
See TORONTO DISTRICT SCHOOL BOARD
DON VALLEY NORTH & MARKVILLE TOYOTA p 874
See WEINS CANADA INC
DONAGH REGIONAL SCHOOL p 980

See EASTERN SCHOOL DISTRICT
DONALD A WILSON SECONDARY SCHOOL p 959
See DURHAM DISTRICT SCHOOL BOARD
DONALD CHOI CANADA LIMITED p 953
147 Bathurst Drive, WATERLOO, ON, N2V 1Z4
(519) 886-5010 SIC 5072
DONALD COUSENS PUBLIC SCHOOL p 678
See YORK REGION DISTRICT SCHOOL BOARD
DONALD GORDON CENTRE p 632
See QUEEN'S UNIVERSITY AT KINGSTON
DONALD YOUNG ELEMENTARY SCHOOL p 574
See RAINY RIVER DISTRICT SCHOOL BOARD
DONALDA CLUB p 751
12 Bushbury Dr, NORTH YORK, ON, M3A 2Z7
(416) 447-5575 SIC 7997
DONALDSON CANADA INC p 489
34 Mill St, ATHENS, ON, K0E 1B0
SIC 3569
DONATO ACADEMY OF HAIRSTYLING AND AESTHETICS p 697
100 City Centre Dr, MISSISSAUGA, ON, L5B 2C9
(416) 252-8999 SIC 7231
DONCAR CONSTRUCTION INC p 1127
4085 Rang Saint-Elzear E, Montreal, QC, H7E 4P2
SIC 1623
DONCASTER ELEMENTARY SCHOOL p 327
See BOARD OF EDUCATION OF SCHOOL DISTRICT NO. 61 (GREATER VICTORIA)
DONCREST PUBLIC SCHOOL p 822
See YORK REGION DISTRICT SCHOOL BOARD
DONEX ENTERPRISES (BARRIE) INC p 497
109 Mapleview Dr W, BARRIE, ON, L4N 9H7
(705) 735-3371 SIC 5812
DONEX ENTERPRISES (BARRIE) INC p 497
13 Susan Pl, BARRIE, ON, L4N 5P3
(705) 739-1375 SIC 5812
DONG-PHUONG ORIENTAL MARKET LTD p 13
4527 8 Ave Se Suite 237, CALGARY, AB, T2A 0A7
(403) 569-0778 SIC 5411
DONG-PHUONG ORIENTAL MARKET LTD p 77
10725 97 St Nw, EDMONTON, AB, T5H 2L9
(780) 424-8011 SIC 5411
DONG-PHUONG ORIENTAL MARKET LTD p 379
1051 Winnipeg Ave, WINNIPEG, MB, R3E 0S2
(204) 272-8011 SIC 5411
DONKIN GOWRIE COMPLEX p 453
See CAPE BRETON-VICTORIA REGIONAL SCHOOL BOARD
DONNA CONA INC p 726
106 Colonnade Rd Suite 100, NEPEAN, ON, K2E 7L6
(613) 234-5407 SIC 8742
DONNACONA CHRYSLER FIAT p 1024
See 9229-3786 QUEBEC INC
DONNAN SCHOOL p 102
See EDMONTON SCHOOL DISTRICT NO. 7
DONNELLY PONTIAC BUICK GMC LTD p 795
2496 Bank St, OTTAWA, ON, K1V 8S2
(613) 737-5000 SIC 5511
DONNELLY'S OTTAWA FORD SALES p 796
See OTTAWA MOTOR SALES (1987) LIMITED
DONOVAN DATA SYSTEMS CANADA LTD p 900

2 St Clair Ave W Suite 1500, TORONTO, ON, M4V 1L5
(416) 929-3372 SIC 7374
DONUT TIME p 557
See 838116 ONTARIO INC
DONVIEW MIDDLE SCHOOL p 751
See TORONTO DISTRICT SCHOOL BOARD
DONWAY FORD SALES LIMITED p 838
1975 Eglinton Ave E, SCARBOROUGH, ON, M1L 2N1
(416) 751-2200 SIC 5511
DONWAY LEASING p 838
See DONWAY FORD SALES LIMITED
DONWAY PLACE p 754
See REVERA INC
DONWOOD ELEMENTARY SCHOOL p 363
See RIVER EAST TRANSCONA SCHOOL DIVISION
DONWOOD PARK JUNIOR PUBLIC SCHOOL p 887
See TORONTO DISTRICT SCHOOL BOARD
DOON PUBLIC SCHOOL p 644
See WATERLOO REGION DISTRICT SCHOOL BOARD
DOON VALLEY GOLF CLUB p 644
See CITY OF KITCHENER COUNTRY CLUB INC
DOOR DOCTOR p 593
See DOCDOR INDUSTRIES INC
DOORNEKAMP, H. R. CONSTRUCTION LTD p 772
588 Scotland Rd, ODESSA, ON, K0H 2H0
(613) 386-3033 SIC 1542
DOORTECH, DIV OF p 450
See COASTAL DOOR & FRAME INC
DOPKO FOOD SERVICES LTD p 174
5517 37a Ave, WETASKIWIN, AB, T9A 3A5
(780) 986-5322 SIC 5812
DORA CONSTRUCTION LIMITED p 450
60 Dorey Ave Suite 101, DARTMOUTH, NS, B3B 0B1
(902) 468-2941 SIC 1542
DORA CONSTRUCTION LIMITED p 468
See DORA CONSTRUCTION LIMITED
DORA CONSTRUCTION LIMITED p 468
201 Churchill Dr Suite 203, MEMBERTOU, NS, B1S 0H1
(902) 562-3400 SIC 1522
DORCHESTER RETIREMENT RESIDENCE, THE p 227
See REVERA INC
DOREL HOME PRODUCTS p 1132
See DOREL INDUSTRIES INC
DOREL INDUSTRIES INC p 565
3305 Loyalist St, CORNWALL, ON, K6H 6W6
(613) 937-0711 SIC 2511
DOREL INDUSTRIES INC p 1132
12345 Boul Albert-Hudon Bureau 100, MONTREAL-NORD, QC, H1G 3L1
(514) 323-1247 SIC 2511
DOREL INDUSTRIES INC p 1205
873 Rue Hodge, SAINT-LAURENT, QC, H4N 2B1
(514) 332-3737 SIC 5099
DORFIN INC p 559
66 Drumlin Cir Suite 5, CONCORD, ON, L4K 3E9
(905) 761-5522 SIC 5113
DORMEZ-VOUS SLEEP CENTERS p 1143
See SLEEP COUNTRY CANADA INC
DORMICK PARK ELEMENTARY SCHOOL p 179
See SCHOOL DISTRICT NO 34 (ABBOTSFORD)
DOROTHEA WALKER ELEMENTARY SCHOOL p 222
See BOARD OF EDUCATION OF SCHOOL DISTRICT NO. 23 (CENTRAL OKANAGAN), THE
DOROTHY DALGLIESH SCHOOL p 150
See PALLISER REGIONAL DIVISION NO

DOROTHY LYNAS ELEMENTARY SCHOOL p 246
See SCHOOL DISTRICT NO. 44 (NORTH VANCOUVER)

DOROTHY PEACOCK ELEMENTARY SCHOOL p 229
See BOARD OF EDUCATION OF SCHOOL DISTRICT NO. 35 (LANGLEY)

DORSET COLLEGIATE p 431
See NOVA CENTRAL SCHOOL DISTRICT

DORSET FISHERIES LIMITED p 430
1 Wharf Rd, NORMANS COVE, NL, A0B 2T0
SIC 2092

DORSET PARK ELEMENTARY SCHOOL p 841
See TORONTO DISTRICT SCHOOL BOARD

DORTEC INDUSTRIES, DIV OF p 732
See MAGNA CLOSURES INC

DORVAL ELEMENTARY SCHOOL p 1028
See LESTER B. PEARSON SCHOOL BOARD

DOTS p 77
See 595028 ALBERTA LTD

DOTY, RONALD T. LIMITED p 508
Hwy 118 W, BRACEBRIDGE, ON, P1L 1V4
(705) 645-5261   SIC 5311

DOUBLE B INVESTMENTS INC p 61
140 Crowfoot Cres Nw, CALGARY, AB, T3G 2W1
(403) 239-3333   SIC 5812

DOUBLE R BUILDING PRODUCTS LTD p 3
1 Maple Leaf Rd, ALDERSYDE, AB, T0L 0A0
(403) 652-4011   SIC 5039

DOUBLE R DRILLING p 128
See CLEAN HARBORS CANADA, INC

DOUBLETEX p 1119
9785 Rue Jeanne-Mance, Montreal, QC, H3L 3B6
(514) 382-1770   SIC 2211

DOUGALL AVENUE PUBLIC SCHOOL p 968
See GREATER ESSEX COUNTY DISTRICT SCHOOL BOARD

DOUGLAS ACADEMY p 428
See WESTERN SCHOOL DISTRICT

DOUGLAS BARWICK INC p 531
150 California Ave, BROCKVILLE, ON, K6V 5W1
(613) 342-8471   SIC 3498

DOUGLAS ELEMENTARY SCHOOL p 348
See ROLLING RIVER SCHOOL DIVISION 39

DOUGLAS HARKNESS COMMUNITY SCHOOL p 9
See CALGARY BOARD OF EDUCATION

DOUGLAS HOMES p 297
See DOUGLAS MANUFACTURED HOMES LTD

DOUGLAS LAKE CATTLE COMPANY p 221
519 Mt Paul Way, KAMLOOPS, BC, V2H 1A9
(250) 828-6788   SIC 5999

DOUGLAS LAKE CATTLE COMPANY p 221
706 Carrier St, KAMLOOPS, BC, V2H 1G2
(250) 851-2044   SIC 5083

DOUGLAS LAKE EQUIPMENT p 221
See DOUGLAS LAKE CATTLE COMPANY

DOUGLAS LIGHTING CONTROLS INC p 186
4455 Juneau St, BURNABY, BC, V5C 4C4
(604) 873-4800   SIC 3625

DOUGLAS MANUFACTURED HOMES LTD p 297
141 7th Ave E, VANCOUVER, BC, V5T 1M5
(604) 872-2213   SIC 2452

DOUGLAS PARK COMMUNITY SCHOOL p 233
See SCHOOL DISTRICT NO. 35 (LANGLEY)

DOUGLAS PARK SCHOOL p 1282

See BOARD OF EDUCATION REGINA SCHOOL DIVISION NO. 4 OF SASKATCHEWAN

DOUGLAS ROAD ELEMENTARY SCHOOL p 189
See BURNABY SCHOOL BOARD DISTRICT 41

DOUGLASDALE SCHOOL p 57
See CALGARY BOARD OF EDUCATION

DOUGORD LIMITED p 539
920 Brant St Suite 8, BURLINGTON, ON, L7R 4J1
(905) 637-1411   SIC 7349

DOVE DENTAL CENTRE p 651
See 625147 ONTARIO LTD

DOVER BAY SECONDARY SCHOOL p 242
See SCHOOL DISTRICT NO. 68 (NANAIMO-LADYSMITH)

DOVER CLIFFS p 816
See REVERA LONG TERM CARE INC

DOVER CORPORATION (CANADA) LIMITED p 104
9530 60 Ave Nw, EDMONTON, AB, T6E 0C1
(780) 434-8566   SIC 7699

DOVER CORPORATION (CANADA) LIMITED p 126
11405 86 Ave, GRANDE PRAIRIE, AB, T8V 6Z6
SIC 3599

DOVER CORPORATION (CANADA) LIMITED p 703
2458 Dundas St W Unit A, MISSISSAUGA, ON, L5K 1R8
(905) 822-1776   SIC 5921

DOVER CORPORATION (CANADA) LIMITED p 1153
1990 Rue Cyrille-Duquet Bureau 146, Quebec, QC, G1N 4K8
(418) 682-1214   SIC 7699

DOVER CUP DIVISION p 516
See PARRISH & HEIMBECKER, LIMITED

DOVER DAIRY BAR p 816
See F. W. KNECHTEL FOODS LTD

DOVERCO INC p 762
5783 Steeles Ave W, NORTH YORK, ON, M9L 2W3
SIC 5113

DOVERCOURT BAPTIST FOUNDATION p 935
1140 Bloor St W, TORONTO, ON, M6H 4E6
(416) 536-6111   SIC 8361

DOVERCOURT ELEMENTARY SCHOOL p 84
See EDMONTON SCHOOL DISTRICT NO. 7

DOVERCOURT PUBLIC SCHOOL p 935
See TORONTO DISTRICT SCHOOL BOARD

DOVERWOOD PUBLIC SCHOOL p 816
See GRAND ERIE DISTRICT SCHOOL BOARD

DOW p 123
See DOW AGROSCIENCES CANADA INC

DOW AGROSCIENCES CANADA INC p 43
450 1 St Sw Suite 2100, CALGARY, AB, T2P 5H1
(403) 735-8800   SIC 2879

DOW AGROSCIENCES CANADA INC p 123
127 Sturgeon Cres, FORT SASKATCHEWAN, AB, T8L 2N9
(780) 998-4833   SIC 2879

DOW AGROSCIENCES CANADA INC p 1302
421 Downey Rd Suite 101, SASKATOON, SK, S7N 4L8
(306) 657-3351   SIC 2879

DOW CENTENNIAL CENTRE p 123
8700 84 St, FORT SASKATCHEWAN, AB, T8L 4P5
(780) 992-6266   SIC 7999

DOW CHEMICAL CANADA ULC p 123
Gd, FORT SASKATCHEWAN, AB, T8L 2P4
(780) 998-8000   SIC 2899

DOW CHEMICAL CANADA ULC p 153
Gd, RED DEER, AB, T4N 6N1
(403) 885-7000   SIC 2899

DOW CHEMICAL CANADA ULC p 763
122 Arrow Rd, NORTH YORK, ON, M9M 2M1
SIC 3081

DOW CHEMICAL CANADA ULC p 828
1425 St Videl S, SARNIA, ON, N7T 8K6
SIC 2899

DOW JONES CANADA, INC p 914
145 King St W Suite 730, TORONTO, ON, M5H 1J8
(416) 306-2100   SIC 7383

DOWLAND CONTRACTING LTD p 438
29 Industrial Rd, INUVIK, NT, X0E 0T0
(867) 369-5263   SIC 1522

DOWLER KARN PROPANE p 828
See DOWLER-KARN LIMITED

DOWLER-KARN LIMITED p 828
1494 Plank Rd, SARNIA, ON, N7T 7H3
(519) 332-3481   SIC 5984

DOWLING VALU-MART p 569
See 982598 ONTARIO LIMITED

DOWN EAST HOSPITALITY INCORPORATED p 447
577 Main St, DARTMOUTH, NS, B2W 4K1
(902) 434-8282   SIC 5461

DOWN EAST HOSPITALITY INCORPORATED p 448
335 Prince Albert Rd Suite 1, DARTMOUTH, NS, B2Y 1N7
(902) 434-7500   SIC 5812

DOWN SYNDROME RESEARCH FOUNDATION p 185
See D.S.R.F. DOWN SYNDROME RESEARCH FOUNDATION

DOWN-TOWN DUVETS & LINENS LTD p 929
530 Adelaide St W, TORONTO, ON, M5V 1T5
(416) 703-3777   SIC 2221

DOWNHILL SKIER p 713
See CANADIAN MARKETING TEST CASE 204 LIMITED

DOWNHOLE TOOLS p 105
See NATIONAL-OILWELL CANADA LTD

DOWNHOLE TOOLS, DIV p 105
See NATIONAL-OILWELL CANADA LTD

DOWNIE CENTRAL PUBLIC SCHOOL p 859
See AVON MAITLAND DISTRICT SCHOOL BOARD

DOWNIE LAKE COLONY p 1273
See HUTTERIAN BRETHERN CHURCH OF DOWNIE LAKE INC

DOWNIE, THOMPSON MEDICINE PROFESSIONAL CORPORATION p 528
221 Brant Ave Suite 1, BRANTFORD, ON, N3T 3J2
(519) 753-8666   SIC 8011

DOWNSVIEW CHRYSLER PLYMOUTH (1964) LTD p 755
199 Rimrock Rd, North York, ON, M3J 3C6
(416) 635-1660   SIC 5511

DOWNSVIEW PUBLIC SCHOOL p 757
See TORONTO DISTRICT SCHOOL BOARD

DOWNSVIEW SECONDARY SCHOOL p 757
See TORONTO DISTRICT SCHOOL BOARD

DOWNTOWN ACURA p 905
See TRANSASIAN FINE CARS LTD

DOWNTOWN COMMUNITY HEALTH CLINIC p 302
See VANCOUVER COASTAL HEALTH AUTHORITY

DOWNTOWN FINE CARS INC p 904
68 Parliament St, TORONTO, ON, M5A 0B2
(416) 363-2818   SIC 5511

DOWNTOWN MAZDA p 904
See 3981240 CANADA INC

DOWNTOWN MISSION (WINDSOR) p 968
See UNITED CHURCH OF CANADA, THE

DOWNTOWN PORCHE p 904
See DOWNTOWN FINE CARS INC

DOWNTOWN SERVICES & DROP IN p 790
See YOUTH SERVICES BUREAU OF OTTAWA

DOWNTOWN WATCH p 377
426 Portage Ave Suite 101, WINNIPEG, MB, R3C 0C9
(204) 958-4620   SIC 8611

DOWNTOWN WINNIPEG BIZ p 377
See DOWNTOWN WATCH

DOYLE TRANSPORTATION p 601
See 1411337 ONTARIO INC

DOYON, G. T. V. (SHERBROOKE) INC p 1239
525 Rue Northrop-Frye, SHERBROOKE, QC, J1L 2Y3
(819) 565-3177   SIC 5731

DP ENVIRONMENTAL SERVICE INC p 523
39 Shadywood Rd, BRAMPTON, ON, L6Z 4M1
(905) 840-4480   SIC 4959

DP TODD SECONDARY SCHOOL p 260
See BOARD OF EDUCATION OF SCHOOL DISTRICT NO. 57 (PRINCE GEORGE), THE

DPB BAKING COMPANY p 23
See DUTCH PASTRY BOUTIQUE (CALGARY) LTD

DR A E PERRY SCHOOL p 1288
See BOARD OF EDUCATION REGINA SCHOOL DIVISION NO. 4 OF SASKATCHEWAN

DR A R LORD ELEMENTARY SCHOOL p 292
See BOARD OF EDUCATION OF SCHOOL DISTRICT NO. 39 (VANCOUVER), THE

DR ANNIE B JAMIESON ELEMENTARY SCHOOL p 299
See BOARD OF EDUCATION OF SCHOOL DISTRICT NO. 39 (VANCOUVER), THE

DR BERNARD BROSSEAU SCHOOL p 7
See LAKELAND ROMAN CATHOLIC SEPARATE SCHOOL DISTRICT NO. 150

DR CHARLES BEST PUBLIC SCHOOL p 536
See HALTON DISTRICT SCHOOL BOARD

DR CHARLES BEST SECONDARY SCHOOL p 201
See SCHOOL DISTRICT NO. 43 (COQUITLAM)

DR D A PERLEY ELEMENTARY SCHOOL p 216
See SCHOOL DISTRICT 51 BOUNDARY

DR D. W. PENNER SCHOOL p 368
See LOUIS RIEL SCHOOL DIVISION

DR ELLIOTT COMMUNITY SCHOOL p 140
See GOLDEN HILLS SCHOOL DIVISION #75

DR EMILY STOWE PUBLIC SCHOOL p 567
See KAWARTHA PINE RIDGE DISTRICT SCHOOL BOARD

DR ER HELMCKEN MEMORIAL HOSPITAL p 198
See INTERIOR HEALTH AUTHORITY

DR F D SINCLAIR ELEMENTARY SCHOOL p 287
See SCHOOL DISTRICT NO 36 (SURREY)

DR F J MCDONALD CATHOLIC SCHOOL p 799
See OTTAWA CATHOLIC DISTRICT SCHOOL BOARD

DR F. J. DONEVAN COLLEGIATE INSTITUTE p 779
See DURHAM DISTRICT SCHOOL BOARD

DR F.W.L. HAMILTON SCHOOL p 348
See RIVER EAST TRANSCONA SCHOOL

DIVISION
DR GEORGE FERGUSON PUBLIC ELEMENTARY p 1282
See BOARD OF EDUCATION REGINA SCHOOL DIVISION NO. 4 OF SASKATCHEWAN
DR GEORGE HALL PUBLIC SCHOOL p 648
See TRILLIUM LAKELANDS DISTRICT SCHOOL BOARD
DR GEORGE JOHNSON MIDDLE SCHOOL p 349
See EVERGREEN SCHOOL DIVISION
DR GEORGE M WEIR ELEMENTARY SCHOOL p 296
See BOARD OF EDUCATION OF SCHOOL DISTRICT NO. 39 (VANCOUVER), THE
DR GERALD B PROBE ELEMENTARY SCHOOL p 140
See LETHBRIDGE SCHOOL DISTRICT NO. 51
DR GORDON HIGGINS JUNIOR HIGH SCHOOL p 9
See CALGARY BOARD OF EDUCATION
DR H D TAYLOR ELEMENTARY SCHOOL p 969
See GREATER ESSEX COUNTY DISTRICT SCHOOL BOARD
DR H N MACCORKINDALE ELEMENTARY SCHOOL p 296
See BOARD OF EDUCATION OF SCHOOL DISTRICT NO. 39 (VANCOUVER), THE
DR HAMMAN SCHOOL p 170
See BOARD OF TRUSTEES OF HORIZON SCHOOL DIVISION NO 67
DR J E DAVEY JUNIOR PUBLIC SCHOOL p 612
See HAMILTON-WENTWORTH DISTRICT SCHOOL BOARD, THE
DR J K MULLOY ELEMENTARY SCHOOL p 36
See CALGARY BOARD OF EDUCATION
DR JOHN C WICKWIRE ACADEMY p 466
See SOUTH SHORE REGIONAL SCHOOL BOARD
DR JOHN G. SEATON SENIOR PUBLIC SCHOOL p 848
See HAMILTON-WENTWORTH DISTRICT SCHOOL BOARD, THE
DR JOHN GILLIS MEMORIAL LODGE p 980
See SELKIRK ENTERPRISES LTD
DR JOHN HUGH GILLIS REGIONAL HIGH SCHOOL p 442
See STRAIT REGIONAL SCHOOL BOARD
DR K A CLARK ELEMENTARY SCHOOL p 120
See FORT MCMURRAY PUBLIC SCHOOL DISTRICT #2833
DR KEARNEY JUNIOR SECONDARY SCHOOL p 215
See SCHOOL DISTRICT NO. 60 (PEACE RIVER NORTH)
DR KNOX MIDDLE SCHOOL p 222
See BOARD OF EDUCATION OF SCHOOL DISTRICT NO. 23 (CENTRAL OKANAGAN), THE
DR L M HANNA ELEMENTARY SCHOOL p 1286
See BOARD OF EDUCATION REGINA SCHOOL DIVISION NO. 4 OF SASKATCHEWAN
DR M S HAWKINS SENIOR PUBLIC SCHOOL p 817
See KAWARTHA PINE RIDGE DISTRICT SCHOOL BOARD
DR MARTIN LEBOLDUS HIGH SCHOOL p 1288
See BOARD OF EDUCATION OF THE REGINA ROMAN CATHOLIC SEPARATE SCHOOL DIVISION NO. 81
DR ROBERT THORNTON PUBLIC SCHOOL p 957
See DURHAM DISTRICT SCHOOL BOARD

DR ROBERTA BONDAR ELEMENTARY p 179
See SCHOOL DISTRICT NO 34 (ABBOTSFORD)
DR ROBERTA BONDAR PUBLIC SCHOOL p 484
See DURHAM DISTRICT SCHOOL BOARD
DR ROSS TILLEY PUBLIC SCHOOL p 507
See KAWARTHA PINE RIDGE DISTRICT SCHOOL BOARD
DR S E MCDOWELL ELEMENTARY SCHOOL p 1235
See COMMISSION SCOLAIRE WESTERN QUEBEC
DR S.E. MCDOWELL ELEMENTARY SCHOOL p 1235
See COMMISSION SCOLAIRE WESTERN QUEBEC
DR SWIFT MIDDLE SCHOOL p 133
See NORTHERN LIGHTS SCHOOL DIVISION NO. 69
DR T L SULLIVAN JUNIOR HIGH SCHOOL p 455
See CAPE BRETON-VICTORIA REGIONAL SCHOOL BOARD
DR TAX SOFTWARE p 1081
See THOMSON REUTERS DT IMPOT ET COMPTABILITE INC
DR THOMAS A SWIFT ELEMENTARY SCHOOL p 177
See SCHOOL DISTRICT NO 34 (ABBOTSFORD)
DR W.A. MACLEOD ELEMENTARY SCHOOL p 473
See CHIGNECTO CENTRAL REGIONAL SCHOOL BOARD
DR. A. T. LEATHERBARROW PRIMARY SCHOOL p 403
See ANGLOPHONE SOUTH SCHOOL DISTRICT (ASD-S)
DR. BATTERY p 267
See RICHMOND INTERNATIONAL TECHNOLOGY CORP
DR. G.J. MACGUILLIVRAY PUBLIC SCHOOL p 567
See KAWARTHA PINE RIDGE DISTRICT SCHOOL BOARD
DR. GLADYS MCKELVIE EGBERT COMMUNITY SCHOOL p 12
See CALGARY BOARD OF EDUCATION
DR. JOHN G. EGNATOFF SCHOOL p 1302
See BOARD OF EDUCATION OF SASKATOON SCHOOL DIVISION NO. 13 OF SASKATCHEWAN, THE
DR. JOHN M. DENISON SECONDARY SCHOOL p 735
See YORK REGION DISTRICT SCHOOL BOARD
DR. LOSIER MIDDLE SCHOOL p 404
See DISTRICT EDUCATION COUNCIL-SCHOOL DISTRICT 16
DR. OAKLEY SCHOOL p 53
See CALGARY BOARD OF EDUCATION
DR. R. E. MCKECHNIE ELEMENTARY p 318
See BOARD OF EDUCATION OF SCHOOL DISTRICT NO. 39 (VANCOUVER), THE
DR. ROBERTA BONDAR PUBLIC SCHOOL p 668
See YORK REGION DISTRICT SCHOOL BOARD
DR. S J PHILLIPS PUBLIC SCHOOL p 778
See DURHAM DISTRICT SCHOOL BOARD
DR. THOMAS MCCULLOCH JUNIOR HIGH SCHOOL p 471
See CHIGNECTO CENTRAL REGIONAL SCHOOL BOARD
DRAEGER SAFETY CANADA LIMITED 688
2425 Skymark Ave Unit 1, MISSISSAUGA, ON, L4W 4Y6
(905) 212-6600   SIC 5049
DRAFFIN'S PHARMASAVE NO. 369 & 356 p 138

See DRAFFIN, R. PHARMACY (1970) LTD
DRAFFIN, R. PHARMACY (1970) LTD p 138
200 4 Ave S, LETHBRIDGE, AB, T1J 4C9
(403) 327-3364   SIC 5912
DRAGON SANDBLASTING & PAINTING (2001) LTD p 161
53323 Range Road 232, SHERWOOD PARK, AB, T8A 4V2
(780) 472-6969   SIC 1721
DRAGONWAVE INC p 623
411 Legget Dr Suite 600, KANATA, ON, K2K 3C9
(613) 599-9991   SIC 7371
DRAIN-ALL LTD p 783
1611 Liverpool Crt, OTTAWA, ON, K1B 4L1
(613) 739-1070   SIC 4953
DRAIN-ALL LTD p 784
2705 Stevenage Dr, OTTAWA, ON, K1G 3N2
(800) 265-3868   SIC 4953
DRAINAGE DESIGN & CONSTRUCTION p 86
See CITY OF EDMONTON
DRAINAMAR p 1140
See VEOLIA ES CANADA SERVICES INDUSTRIELS INC
DRAKE INTERNATIONAL INC p 43
101 6 Ave Sw Suite 420, CALGARY, AB, T2P 3P4
(403) 266-8971   SIC 7361
DRAKE TOWING LTD p 293
1553 Powell St, VANCOUVER, BC, V5L 5C3
(604) 251-3344   SIC 7549
DRAWBRIDGE INN p 827
See 1210632 ONTARIO INC
DRAYTON CHRISTIAN SCHOOL p 72
See WILD ROSE SCHOOL DIVISION NO. 66
DRAYTON HEIGHTS PUBLIC SCHOOL p 569
See UPPER GRAND DISTRICT SCHOOL BOARD, THE
DREAM ASSET MANAGEMENT CORPORATION p 1288
1230 Blackfoot Dr Suite 105, REGINA, SK, S4S 7G4
(306) 347-8100   SIC 6553
DREAM ASSET MANAGEMENT CORPORATION p 1292
2100 8th St E Suite 112, SASKATOON, SK, S7H 0V1
(306) 374-6100   SIC 6552
DREAM OFFICE LP p 908
30 Adelaide St E Suite 301, TORONTO, ON, M5C 3H1
(416) 365-3535   SIC 6531
DREAM OFFICE MANAGEMENT CORP p 908
30 Adelaide St E Suite 301, TORONTO, ON, M5C 3H1
(416) 365-3535   SIC 6531
DREAM UNLIMITED CORP p 1290
4561 Parliament Ave Suite 300, REGINA, SK, S4W 0G3
(306) 347-8100   SIC 1521
DREAM UNLIMITED CORP. p 1290
See DREAM UNLIMITED CORP
DRECHSEL BUSINESS INTERIORS p 758
See DRECHSEL INCORPORATED
DRECHSEL INCORPORATED p 758
400 Oakdale Rd, NORTH YORK, ON, M3N 1W5
(416) 740-7120   SIC 7359
DRECO ENERGY SERVICES ULC p 100
7657 50 St Nw Suite 201, EDMONTON, AB, T6B 2W9
(780) 944-3850   SIC 1389
DRECO ENERGY SERVICES ULC p 104
3620 93 St Nw, EDMONTON, AB, T6E 5N3
(780) 722-2339   SIC 3533
DRECO ENERGY SERVICES ULC p 147
1505 4 St, NISKU, AB, T9E 7M9
(780) 955-8929   SIC 3533

DRECO ENERGY SERVICES ULC p 147
506 17 Ave, NISKU, AB, T9E 7T1
(780) 955-5451   SIC 3533
DRESDEN AREA CENTRAL SCHOOL p 569
See LAMBTON KENT DISTRICT SCHOOL BOARD
DRESDEN ARENA, LAMBTON KENT MEMORIAL AGRICULTURAL CENTRE p 569
See CORPORATION OF THE MUNICIPALITY OF CHATHAM-KENT, THE
DRESDEN ASSEMBLY, DIV OF p 569
See MARTINREA INTERNATIONAL INC
DRESDEN INDUSTRIAL p 825
See KSR INTERNATIONAL INC
DRESDEN INDUSTRIAL, DIV OF p 826
See KSR INTERNATIONAL CO
DRESSER WAYNE p 530
See DI CANADA INC
DRESSER-RAND CANADA, ULC p 104
9330 45 Ave Nw, EDMONTON, AB, T6E 6S1
(780) 436-0604   SIC 5085
DREWRY SECONDARY SCHOOL p 748
See TORONTO DISTRICT SCHOOL BOARD
DRIFTWOOD PUBLIC SCHOOL p 891
See TORONTO DISTRICT SCHOOL BOARD
DRILLTEL SYSTEMS p 22
See C L CONSULTANTS LIMITED
DRINKWATER ELEMENTARY SCHOOL p 212
See SCHOOL DISTRICT NO. 79 (COWICHAN VALLEY)
DRIVE PRODUCTS INC p 1
26230 Township Road 531a Unit 111, ACHESON, AB, T7X 5A4
(780) 960-6826   SIC 5084
DRIVE PRODUCTS INC p 1
Bldg 531a, ACHESON, AB, T7X 5A4
SIC 5013
DRIVE PRODUCTS INC p 57
3939 54 Ave Se, CALGARY, AB, T2Z 4V3
(403) 720-8033   SIC 5084
DRIVE PRODUCTS INC p 685
6601 Goreway Dr Unit B, MISSISSAUGA, ON, L4V 1V6
(905) 673-0000   SIC 5013
DRIVERS SERVICES OFFICE p 269
See INSURANCE CORPORATION OF BRITISH COLUMBIA
DRIVING FORCE p 135
See DRIVING FORCE INC, THE
DRIVING FORCE INC, THE p 23
2332 23 St Ne, CALGARY, AB, T2E 8N3
(403) 296-0777   SIC 7514
DRIVING FORCE INC, THE p 88
16003 Stony Plain Rd Nw, EDMONTON, AB, T5P 4A1
(780) 444-6611   SIC 7515
DRIVING FORCE INC, THE p 135
8336 Sparrow Crescent, LEDUC, AB, T9E 8B7
(780) 980-2672   SIC 7514
DRIVING FORCE INC, THE p 229
9522 200 St, LANGLEY, BC, V1M 3A6
(604) 881-9559   SIC 7514
DRUG BASICS p 583
See METRO ONTARIO PHARMACIES LIMITED
DRUG STORE PHARMACIE p 122
See LOBLAWS INC
DRUGSTORE PHARMACY p 336
See LOBLAWS INC
DRUGSTORE PHARMACY p 1285
See LOBLAWS INC
DRUGSTORE PHARMACY p 1287
See LOBLAWS INC
DRUGSTORE PHARMACY, THE p 1289
See LOBLAWS INC
DRUMHELLER AND DISTRICT SENIORS FOUNDATION p 72
696 6 Ave E, DRUMHELLER, AB, T0J 0Y5

(403) 823-3290 SIC 8322
DRUMHELLER COMPOSITE HIGH SCHOOL *p 72*
See GOLDEN HILLS SCHOOL DIVISION #75
DRUMLIN HEIGHTS CONSOLIDATED SCHOOL *p 455*
See TRI-COUNTY REGIONAL SCHOOL BOARD
DRUMMOND INFORMATIQUE LTEE *p 1237*
740 Rue Galt O Bureau 300, SHERBROOKE, QC, J1H 1Z3
(819) 569-3016 SIC 7371
DRUMONDVILLE NISSAN *p 1029*
See 9045-4604 QUEBEC INC
DRURY'S TRANSFER LTD *p 419*
11 Expansion Ave, SAINT JOHN, NB, E2R 1A6
(506) 634-1380 SIC 4212
DRURY'S TRANSFER REG'D *p 421*
160 Stewart Ave, SUSSEX, NB, E4E 2G2
SIC 4212
DRYCO BUILDING SUPPLIES INC *p 100*
7350 68 Ave Nw, EDMONTON, AB, T6B 0A1
(780) 434-9481 SIC 5211
DRYDEN AIR SERVICES *p 382*
See 765865 ONTARIO INC
DRYDEN BOARD OF EDUCATION *p 570*
79 Casimir Ave, DRYDEN, ON, P8N 2H4
(807) 223-2316 SIC 8211
DRYDEN COMMUNITY LIVING *p 569*
See COMMUNITY LIVING DRYDEN
DRYDEN HIGH SCHOOL *p 570*
See DRYDEN BOARD OF EDUCATION
DRYDEN IGA *p 570*
See SOBEYS CAPITAL INCORPORATED
DRYDEN MUNICIPAL TELEPHONE SYSTEM *p 569*
See CORPORATION OF THE CITY OF DRYDEN, THE
DRYDEN STN MAIN *p 569*
See CANADA POST CORPORATION
DRYTEC TRANS-CANADA *p 1245*
See 9083-7436 QUEBEC INC
DSC *p 760*
See TYCO SAFETY PRODUCTS CANADA LTD
DSCP *p 116*
See DUNCAN SABINE COLLYER PARTNERS LLP
DSI INDUSTRIES INC *p 558*
115 Cidermill Ave, CONCORD, ON, L4K 4G5
(905) 669-1357 SIC 2521
DSI UPHOLSTERY INC *p 558*
115 Cidermill Ave, CONCORD, ON, L4K 4G5
(905) 669-1357 SIC 2521
DSK *p 1121*
See LEVY PILOTTE S.E.N.C.R.L.
DSL INTERNATIONAL LTD *p 84*
14520 128 Ave Nw, EDMONTON, AB, T5L 3H6
(780) 452-7580 SIC 6712
DSL LTD *p 84*
14520 128 Ave Nw, EDMONTON, AB, T5L 3H6
(780) 452-7580 SIC 5078
DSM NUTRITIONAL PRODUCTS CANADA INC *p 469*
39 England Dr, MULGRAVE, NS, B0E 2G0
(902) 747-3500 SIC 2077
DSM NUTRITIONAL PRODUCTS CANADA INC *p 493*
395 Waydom Dr Suite 2, AYR, ON, N0B 1E0
(519) 622-2200 SIC 5122
DSME TRENTON LTD *p 477*
34 Powerplant Rd, TRENTON, NS, B0K 1X0
(902) 753-7777 SIC 3441
DSPFACTORY LTD *p 953*
611 Kumpf Dr Unit 200, WATERLOO, ON, N2V 1K8
(519) 884-9696 SIC 3651

DSR HOLDINGS LTD *p 213*
7 Water St, ELKFORD, BC, V0B 1H0
SIC 4111
DST CONSULTING ENGINEERS INC *p 784*
2150 Thurston Dr Unit 203, OTTAWA, ON, K1G 5T9
(613) 748-1415 SIC 8748
DST OUTPUT CANADA INC *p 623*
See BROADRIDGE CUSTOMER COMMUNICATIONS CANADA, ULC
DSTN *p 477*
See DSME TRENTON LTD
DSV AIR & SEA INC *p 514*
70 Driver Rd Unit 4, BRAMPTON, ON, L6T 5V2
(905) 494-5519 SIC 4731
DSV SOLUTIONS INC *p 519*
250 First Gulf Blvd, BRAMPTON, ON, L6W 4T5
(905) 763-3365 SIC 4225
DSV SOLUTIONS INC *p 671*
20 Ferrier St Unit 1, MARKHAM, ON, L3R 2Z5
(905) 479-1327 SIC 3672
DSV SOLUTIONS INC *p 671*
65 Ferrier St Suite 1, MARKHAM, ON, L3R 3K6
SIC 4225
DT TIRE DISTRIBUTION *p 947*
See GROUPE TOUCHETTE INC
DTSSAB *p 636*
See DISTRICT OF TIMISKAMING SOCIAL SERVICES ADMINISTRATION BOARD
DTZ BARNICKE LIMITED *p 918*
161 Bay St Suite 4040, TORONTO, ON, M5J 2S1
(416) 863-1215 SIC 6531
DUBE MANAGEMENT LTD *p 1306*
1121 6th Ave Ne, SWIFT CURRENT, SK, S9H 4S1
(306) 778-4840 SIC 5812
DUBLIN HEIGHTS ELEMENTARY & MIDDLE SCHOOL *p 754*
See TORONTO DISTRICT SCHOOL BOARD
DUBLINS IRISH PUB LTD *p 1301*
3322 Fairlight Dr, SASKATOON, SK, S7M 3Y4
(306) 382-5467 SIC 5813
DUBO DEPOT *p 1086*
See DUBO ELECTRIQUE LTEE
DUBO ELECTRIQUE LTEE *p 1086*
5780 Rue Ontario E, Montreal, QC, H1N 0A2
(514) 255-7711 SIC 5063
DUC D'ANVILLE ELEMENTARY SCHOOL *p 462*
See HALIFAX REGIONAL SCHOOL BOARD
DUCARTOR HOLDINGS LTD *p 914*
130 Adelaide St W Suite 701, TORONTO, ON, M5H 2K4
(416) 593-5555 SIC 8741
DUCHARME & FRERE INC *p 1183*
1221 Rue De Vimy, Saint-Cesaire, QC, J0L 1T0
(450) 469-3137 SIC 5211
DUCHARME MOTORS LTD *p 69*
3817 50 St, COLD LAKE, AB, T9M 1K6
(780) 594-1000 SIC 5511
DUCHESNE AUTO LIMITEE *p 987*
520 Boul De Quen, ALMA, QC, G8B 5P8
(418) 669-9000 SIC 5511
DUCHESNE CHEVROLET OLDSMOBILE *p 987*
See DUCHESNE AUTO LIMITEE
DUCHESS SCHOOL *p 73*
See GRASSLANDS REGIONAL DIVISION 6
DUCK BAY SCHOOL *p 348*
See FRONTIER SCHOOL DIVISION
DUCK POND OPERATIONS *p 429*
See TECK RESOURCES LIMITED
DUCKS UNLIMITED CANADA *p 91*

10720 178 St Nw Suite 200, EDMONTON, AB, T5S 1J3
(780) 489-2203 SIC 8748
DUCKS UNLIMITED CANADA *p 261*
7813 Renison Pl, PRINCE GEORGE, BC, V2N 3J2
(250) 964-3825 SIC 8999
DUCKS UNLIMITED CANADA *p 358*
1 Mallard Bay, STONEWALL, MB, R0C 2Z0
(204) 467-3265 SIC 8999
DUCKS UNLIMITED CANADA *p 497*
740 Huronia Rd Suite 1, BARRIE, ON, L4N 6C6
(705) 721-4444 SIC 8641
DUCKS UNLIMITED CANADA *p 1166*
710 Rue Bouvier Bureau 260, Quebec, QC, G2J 1C2
(418) 623-1650 SIC 8999
DUCKS UNLIMITED CANADA *p 1287*
1030 Winnipeg St, REGINA, SK, S4R 8P8
(306) 569-0424 SIC 8999
DUCLOS SCHOOL *p 7*
See NORTHERN LIGHTS SCHOOL DIVISION NO. 69
DUECK AUTO GROUP TIRE STORE *p 298*
See DUECK CHEVROLET BUICK CADILLAC GMC LIMITED
DUECK CHEVROLET BUICK CADILLAC GMC LIMITED *p 268*
12100 Featherstone Way, RICHMOND, BC, V6W 1K9
(604) 273-1311 SIC 5511
DUECK CHEVROLET BUICK CADILLAC GMC LIMITED *p 298*
400 Marine Dr Se, VANCOUVER, BC, V5X 4X2
(604) 324-7222 SIC 5012
DUECK GM *p 268*
See DUECK CHEVROLET BUICK CADILLAC GMC LIMITED
DUFFERIN AGGREGATES *p 529*
See CRH CANADA GROUP INC
DUFFERIN AGGREGATES *p 546*
See CRH CANADA GROUP INC
DUFFERIN AGGREGATES *p 777*
See CRH CANADA GROUP INC
DUFFERIN AGGREGATES, DIV. OF *p 681*
See CRH CANADA GROUP INC
DUFFERIN COMMUNICATIONS INC *p 579*
5312 Dundas St W, ETOBICOKE, ON, M9B 1B3
(416) 213-1035 SIC 4832
DUFFERIN COMMUNITY SERVICES *p 773*
See CORPORATION OF THE COUNTY OF DUFFERIN, THE
DUFFERIN CONCRETE *p 617*
See CRH CANADA GROUP INC
DUFFERIN CONCRETE PRODUCTS *p 895*
See CRH CANADA GROUP INC
DUFFERIN CONSTRUCTION *p 500*
See CRH CANADA GROUP INC
DUFFERIN CONSTRUCTION COMPANY MAINTENANCE SHOP *p 769*
See CRH CANADA GROUP INC
DUFFERIN CONSTRUCTION COMPANY, DIV OF *p 768*
See CRH CANADA GROUP INC
DUFFERIN COUNTY AMBULANCE SERVICE *p 773*
See CORPORATION OF THE COUNTY OF DUFFERIN, THE
DUFFERIN CUSTOM CONCRETE *p 670*
See CRH CANADA GROUP INC
DUFFERIN CUSTOM-CONCRETE GROUP *p 557*
See CRH CANADA GROUP INC
DUFFERIN OAKS HOME FOR SENIOR CITIZENS *p 848*
See CORPORATION OF THE COUNTY OF DUFFERIN, THE
DUFFERIN SCHOOL *p 374*
See WINNIPEG SCHOOL DIVISION

DUFFERIN SHEET METAL LTD *p 773*
14 Robb Blvd, ORANGEVILLE, ON, L9W 3L2
(519) 941-8177 SIC 4225
DUFFERIN-CUSTOM CONCRETE GROUP *p 584*
See CRH CANADA GROUP INC
DUFFERIN-PEEL CATHOLIC DISTRICT SCHOOL BOARD *p 506*
61 Allan Dr, BOLTON, ON, L7E 1P7
(905) 857-1300 SIC 8211
DUFFERIN-PEEL CATHOLIC DISTRICT SCHOOL BOARD *p 506*
120 Harvest Moon Dr, BOLTON, ON, L7E 2W1
(905) 857-7582 SIC 8211
DUFFERIN-PEEL CATHOLIC DISTRICT SCHOOL BOARD *p 509*
55 Lexington Rd, BRAMPTON, ON, L6P 2B1
(905) 794-5031 SIC 8211
DUFFERIN-PEEL CATHOLIC DISTRICT SCHOOL BOARD *p 510*
300 Great Lakes Dr, BRAMPTON, ON, L6R 2W7
(905) 799-2558 SIC 8211
DUFFERIN-PEEL CATHOLIC DISTRICT SCHOOL BOARD *p 510*
35 Black Oak Dr, BRAMPTON, ON, L6R 1B9
(905) 458-7080 SIC 8211
DUFFERIN-PEEL CATHOLIC DISTRICT SCHOOL BOARD *p 510*
28 Red River Dr, BRAMPTON, ON, L6R 2H9
(905) 791-1039 SIC 8211
DUFFERIN-PEEL CATHOLIC DISTRICT SCHOOL BOARD *p 510*
25 Mountainberry Rd, BRAMPTON, ON, L6R 1J3
(905) 840-3121 SIC 8211
DUFFERIN-PEEL CATHOLIC DISTRICT SCHOOL BOARD *p 511*
25 Corporation Dr, BRAMPTON, ON, L6S 6A2
(905) 791-1195 SIC 8211
DUFFERIN-PEEL CATHOLIC DISTRICT SCHOOL BOARD *p 511*
140 Howden Blvd, BRAMPTON, ON, L6S 2G1
(905) 793-4861 SIC 8211
DUFFERIN-PEEL CATHOLIC DISTRICT SCHOOL BOARD *p 511*
550 North Park Dr, BRAMPTON, ON, L6S 4J8
(905) 454-3979 SIC 8211
DUFFERIN-PEEL CATHOLIC DISTRICT SCHOOL BOARD *p 511*
63 Glenforest Rd, BRAMPTON, ON, L6S 1L8
(905) 791-8529 SIC 8211
DUFFERIN-PEEL CATHOLIC DISTRICT SCHOOL BOARD *p 511*
950 North Park Dr, BRAMPTON, ON, L6S 3L5
(905) 792-2282 SIC 8211
DUFFERIN-PEEL CATHOLIC DISTRICT SCHOOL BOARD *p 511*
1025 North Park Dr, BRAMPTON, ON, L6S 4E1
(905) 792-0890 SIC 8211
DUFFERIN-PEEL CATHOLIC DISTRICT SCHOOL BOARD *p 514*
Rr 9 Wildfield, BRAMPTON, ON, L6T 3Z8
(905) 794-0411 SIC 8211
DUFFERIN-PEEL CATHOLIC DISTRICT SCHOOL BOARD *p 514*
150 Central Park Dr, BRAMPTON, ON, L6T 1B4
(905) 458-5976 SIC 8211
DUFFERIN-PEEL CATHOLIC DISTRICT SCHOOL BOARD *p 514*
28 Finchgate Blvd, BRAMPTON, ON, L6T 3H9
(905) 792-2251 SIC 8211
DUFFERIN-PEEL CATHOLIC DISTRICT SCHOOL BOARD *p 518*

DUFFERIN-PEEL CATHOLIC DISTRICT SCHOOL BOARD

62 Seaborn Rd, BRAMPTON, ON, L6V 2C1
(905) 453-5020 SIC 8211
DUFFERIN-PEEL CATHOLIC DISTRICT SCHOOL BOARD p 518
10 Brickyard Way, BRAMPTON, ON, L6V 4L5
(905) 459-0575 SIC 8211
DUFFERIN-PEEL CATHOLIC DISTRICT SCHOOL BOARD p 518
124 Vodden St E, BRAMPTON, ON, L6V 1M5
(905) 459-7621 SIC 8211
DUFFERIN-PEEL CATHOLIC DISTRICT SCHOOL BOARD p 518
435 Rutherford Rd N, BRAMPTON, ON, L6V 3V9
(905) 453-4472 SIC 8211
DUFFERIN-PEEL CATHOLIC DISTRICT SCHOOL BOARD p 519
111 Bartley Bull Pky, BRAMPTON, ON, L6W 2J8
(905) 459-0646 SIC 8211
DUFFERIN-PEEL CATHOLIC DISTRICT SCHOOL BOARD p 519
66 Main St S, BRAMPTON, ON, L6W 2C6
(905) 451-1020 SIC 8211
DUFFERIN-PEEL CATHOLIC DISTRICT SCHOOL BOARD p 521
8 Parkway Ave, BRAMPTON, ON, L6X 2G4
(905) 451-8501 SIC 8211
DUFFERIN-PEEL CATHOLIC DISTRICT SCHOOL BOARD p 521
39 Sunset Blvd, BRAMPTON, ON, L6X 1X1
(905) 459-4737 SIC 8211
DUFFERIN-PEEL CATHOLIC DISTRICT SCHOOL BOARD p 521
15 Fincham Ave, BRAMPTON, ON, L6X 3V2
(905) 452-7010 SIC 8211
DUFFERIN-PEEL CATHOLIC DISTRICT SCHOOL BOARD p 521
121 Royal Orchard Dr, BRAMPTON, ON, L6X 4K9
(905) 454-1477 SIC 8211
DUFFERIN-PEEL CATHOLIC DISTRICT SCHOOL BOARD p 521
11 Dwellers Rd, BRAMPTON, ON, L6X 5C1
(905) 454-5213 SIC 8211
DUFFERIN-PEEL CATHOLIC DISTRICT SCHOOL BOARD p 522
56 Oaklea Blvd, BRAMPTON, ON, L6Y 4W7
(905) 455-1001 SIC 8211
DUFFERIN-PEEL CATHOLIC DISTRICT SCHOOL BOARD p 522
325 Mcmurchy Ave S, BRAMPTON, ON, L6Y 1Z4
(905) 457-4677 SIC 8211
DUFFERIN-PEEL CATHOLIC DISTRICT SCHOOL BOARD p 522
27 Drinkwater Rd, BRAMPTON, ON, L6Y 4T6
(905) 450-9993 SIC 8211
DUFFERIN-PEEL CATHOLIC DISTRICT SCHOOL BOARD p 522
60 Sterritt Dr, BRAMPTON, ON, L6Y 5B6
(905) 454-6346 SIC 8211
DUFFERIN-PEEL CATHOLIC DISTRICT SCHOOL BOARD p 522
81 Torrance Woods, BRAMPTON, ON, L6Y 2X4
(905) 454-0316 SIC 8211
DUFFERIN-PEEL CATHOLIC DISTRICT SCHOOL BOARD p 523
103 Richvale Dr S, BRAMPTON, ON, L6Z 4G6
(905) 450-0571 SIC 8211
DUFFERIN-PEEL CATHOLIC DISTRICT SCHOOL BOARD p 523
17 Colonel Bertram Rd, BRAMPTON, ON, L6Z 4N8
(905) 840-3921 SIC 8211
DUFFERIN-PEEL CATHOLIC DISTRICT SCHOOL BOARD p 523
2 Notre Dame Ave, BRAMPTON, ON, L6Z 4L5

(905) 840-2802 SIC 8211
DUFFERIN-PEEL CATHOLIC DISTRICT SCHOOL BOARD p 523
24 Kerwood Pl, BRAMPTON, ON, L6Z 1Y1
(905) 846-0802 SIC 8211
DUFFERIN-PEEL CATHOLIC DISTRICT SCHOOL BOARD p 523
30 Summer Valley Dr, BRAMPTON, ON, L6Z 4V6
(905) 595-0911 SIC 8211
DUFFERIN-PEEL CATHOLIC DISTRICT SCHOOL BOARD p 524
34 Buick Blvd, BRAMPTON, ON, L7A 3B9
(905) 840-3042 SIC 8211
DUFFERIN-PEEL CATHOLIC DISTRICT SCHOOL BOARD p 524
430 Van Kirk Dr, BRAMPTON, ON, L7A 0J2
(905) 846-0078 SIC 8211
DUFFERIN-PEEL CATHOLIC DISTRICT SCHOOL BOARD p 524
62 Heatherdale Dr, BRAMPTON, ON, L7A 2H4
(905) 595-0909 SIC 8211
DUFFERIN-PEEL CATHOLIC DISTRICT SCHOOL BOARD p 541
16066 Innis Lake Rd, CALEDON EAST, ON, L7C 2Z2
(905) 584-2245 SIC 8211
DUFFERIN-PEEL CATHOLIC DISTRICT SCHOOL BOARD p 542
6500 Old Church Rd, CALEDON EAST, ON, L7C 0H3
(905) 584-1670 SIC 8211
DUFFERIN-PEEL CATHOLIC DISTRICT SCHOOL BOARD p 683
3470 Clara Dr, MISSISSAUGA, ON, L4T 2C7
(905) 677-1038 SIC 8211
DUFFERIN-PEEL CATHOLIC DISTRICT SCHOOL BOARD p 683
3615 Morning Star Dr, MISSISSAUGA, ON, L4T 1Y4
(905) 677-5660 SIC 8211
DUFFERIN-PEEL CATHOLIC DISTRICT SCHOOL BOARD p 683
7640 Anaka Dr, MISSISSAUGA, ON, L4T 3H7
(905) 676-1287 SIC 8211
DUFFERIN-PEEL CATHOLIC DISTRICT SCHOOL BOARD p 688
4235 Golden Orchard Dr, MISSISSAUGA, ON, L4W 3G1
(905) 624-4529 SIC 8211
DUFFERIN-PEEL CATHOLIC DISTRICT SCHOOL BOARD p 688
635 Willowbank Trail, MISSISSAUGA, ON, L4W 3L6
(905) 279-1554 SIC 8211
DUFFERIN-PEEL CATHOLIC DISTRICT SCHOOL BOARD p 692
3341 Havenwood Dr, MISSISSAUGA, ON, L4X 2M2
(905) 625-0584 SIC 8211
DUFFERIN-PEEL CATHOLIC DISTRICT SCHOOL BOARD p 692
3540 Havenwood Dr, MISSISSAUGA, ON, L4X 2M9
(905) 625-0823 SIC 8211
DUFFERIN-PEEL CATHOLIC DISTRICT SCHOOL BOARD p 693
3270 Tomken Rd, MISSISSAUGA, ON, L4Y 2Y7
(905) 279-6472 SIC 8211
DUFFERIN-PEEL CATHOLIC DISTRICT SCHOOL BOARD p 694
175 Nahani Way, MISSISSAUGA, ON, L4Z 3J6
(905) 568-3720 SIC 8211
DUFFERIN-PEEL CATHOLIC DISTRICT SCHOOL BOARD p 694
4233 Central Pky E, MISSISSAUGA, ON, L4Z 1M7
(905) 275-0509 SIC 8211
DUFFERIN-PEEL CATHOLIC DISTRICT

SCHOOL BOARD p 694
4765 Huron Heights Dr, MISSISSAUGA, ON, L4Z 4G9
(905) 361-1327 SIC 8211
DUFFERIN-PEEL CATHOLIC DISTRICT SCHOOL BOARD p 696
1185 Mississauga Valley Blvd, MISSISSAUGA, ON, L5A 3R7
(905) 275-0094 SIC 8211
DUFFERIN-PEEL CATHOLIC DISTRICT SCHOOL BOARD p 696
2214 Cliff Rd, MISSISSAUGA, ON, L5A 2N9
(905) 277-0990 SIC 8211
DUFFERIN-PEEL CATHOLIC DISTRICT SCHOOL BOARD p 697
225 Central Pky W, MISSISSAUGA, ON, L5B 3J5
(905) 896-3665 SIC 8211
DUFFERIN-PEEL CATHOLIC DISTRICT SCHOOL BOARD p 697
2350 Hurontario St, MISSISSAUGA, ON, L5B 1N1
(905) 277-2448 SIC 8211
DUFFERIN-PEEL CATHOLIC DISTRICT SCHOOL BOARD p 697
330 Central Pky W, MISSISSAUGA, ON, L5B 3K6
(905) 277-0326 SIC 8211
DUFFERIN-PEEL CATHOLIC DISTRICT SCHOOL BOARD p 697
345 Fairview Rd W, MISSISSAUGA, ON, L5B 3W5
(905) 306-8420 SIC 8211
DUFFERIN-PEEL CATHOLIC DISTRICT SCHOOL BOARD p 697
4155 Elora Dr, MISSISSAUGA, ON, L5B 3N4
(905) 897-7037 SIC 8211
DUFFERIN-PEEL CATHOLIC DISTRICT SCHOOL BOARD p 697
450 Hillcrest Ave, MISSISSAUGA, ON, L5B 4J3
(905) 279-3722 SIC 8211
DUFFERIN-PEEL CATHOLIC DISTRICT SCHOOL BOARD p 697
486 Paisley Blvd W, MISSISSAUGA, ON, L5B 2M4
(905) 270-3140 SIC 8211
DUFFERIN-PEEL CATHOLIC DISTRICT SCHOOL BOARD p 699
2470 Rosemary Dr, MISSISSAUGA, ON, L5C 1X2
(905) 279-3171 SIC 8211
DUFFERIN-PEEL CATHOLIC DISTRICT SCHOOL BOARD p 699
4200 Beacon Lane, MISSISSAUGA, ON, L5C 3V9
(905) 848-4200 SIC 8211
DUFFERIN-PEEL CATHOLIC DISTRICT SCHOOL BOARD p 699
790 Paisley Blvd W, MISSISSAUGA, ON, L5C 3P5
(905) 273-3836 SIC 8211
DUFFERIN-PEEL CATHOLIC DISTRICT SCHOOL BOARD p 699
1300 Mcbride Ave, MISSISSAUGA, ON, L5C 1M8
(905) 277-4512 SIC 8211
DUFFERIN-PEEL CATHOLIC DISTRICT SCHOOL BOARD p 701
2241 Mississauga Rd, MISSISSAUGA, ON, L5H 2K8
(905) 891-1890 SIC 8211
DUFFERIN-PEEL CATHOLIC DISTRICT SCHOOL BOARD p 701
515 Hartsdale Ave, MISSISSAUGA, ON, L5G 2G7
(905) 270-4151 SIC 8211
DUFFERIN-PEEL CATHOLIC DISTRICT SCHOOL BOARD p 701
1280 Cobalt St, MISSISSAUGA, ON, L5H 4L8
(905) 274-2760 SIC 8211
DUFFERIN-PEEL CATHOLIC DISTRICT

SCHOOL BOARD p 702
2170 South Sheridan Way, MISSISSAUGA, ON, L5J 2M4
(905) 823-0136 SIC 8211
DUFFERIN-PEEL CATHOLIC DISTRICT SCHOOL BOARD p 702
1195 Clarkson Rd N, MISSISSAUGA, ON, L5J 2W1
(905) 822-0721 SIC 8211
DUFFERIN-PEEL CATHOLIC DISTRICT SCHOOL BOARD p 704
4105 Colonial Dr, MISSISSAUGA, ON, L5L 4E8
(905) 828-6348 SIC 8211
DUFFERIN-PEEL CATHOLIC DISTRICT SCHOOL BOARD p 704
3675 Sawmill Valley Dr, MISSISSAUGA, ON, L5L 2Z5
(905) 820-9477 SIC 8211
DUFFERIN-PEEL CATHOLIC DISTRICT SCHOOL BOARD p 704
2266 Council Ring Rd, MISSISSAUGA, ON, L5L 1C1
(905) 820-5115 SIC 8211
DUFFERIN-PEEL CATHOLIC DISTRICT SCHOOL BOARD p 704
4140 Glen Erin Dr, MISSISSAUGA, ON, L5L 2Z3
(905) 820-2227 SIC 8211
DUFFERIN-PEEL CATHOLIC DISTRICT SCHOOL BOARD p 705
3345 Escada Dr, MISSISSAUGA, ON, L5M 7V5
(905) 542-9203 SIC 8211
DUFFERIN-PEEL CATHOLIC DISTRICT SCHOOL BOARD p 705
2840 Duncairn Dr, MISSISSAUGA, ON, L5M 5C6
(905) 812-5445 SIC 8211
DUFFERIN-PEEL CATHOLIC DISTRICT SCHOOL BOARD p 705
2800 Erin Centre Blvd, MISSISSAUGA, ON, L5M 6R5
(905) 820-3900 SIC 8211
DUFFERIN-PEEL CATHOLIC DISTRICT SCHOOL BOARD p 705
3420 Mcdowell Dr, MISSISSAUGA, ON, L5M 6R7
(905) 821-2607 SIC 8211
DUFFERIN-PEEL CATHOLIC DISTRICT SCHOOL BOARD p 705
3801 Thomas St, MISSISSAUGA, ON, L5M 7G2
(905) 285-0050 SIC 8211
DUFFERIN-PEEL CATHOLIC DISTRICT SCHOOL BOARD p 705
4590 The Gallops, MISSISSAUGA, ON, L5M 3A9
(905) 828-4076 SIC 8211
DUFFERIN-PEEL CATHOLIC DISTRICT SCHOOL BOARD p 705
5820 Glen Erin Dr, MISSISSAUGA, ON, L5M 5J9
(905) 814-9216 SIC 8211
DUFFERIN-PEEL CATHOLIC DISTRICT SCHOOL BOARD p 705
1525 Cuthbert Ave, MISSISSAUGA, ON, L5M 3R6
(905) 567-5050 SIC 8211
DUFFERIN-PEEL CATHOLIC DISTRICT SCHOOL BOARD p 705
2495 Credit Valley Rd, MISSISSAUGA, ON, L5M 4G8
(905) 412-1000 SIC 8211
DUFFERIN-PEEL CATHOLIC DISTRICT SCHOOL BOARD p 705
249 Church St, MISSISSAUGA, ON, L5M 1N1
(905) 826-4422 SIC 8211
DUFFERIN-PEEL CATHOLIC DISTRICT SCHOOL BOARD p 708
7270 Copenhagen Rd, MISSISSAUGA, ON, L5N 2C3
(905) 826-5572 SIC 8211
DUFFERIN-PEEL CATHOLIC DISTRICT

DUFFERIN-PEEL CATHOLIC DISTRICT SCHOOL BOARD p 708
6675 Montevideo Rd, MISSISSAUGA, ON, L5N 4E8
(905) 858-3462 SIC 8211

DUFFERIN-PEEL CATHOLIC DISTRICT SCHOOL BOARD p 708
6930 Forest Park Dr, MISSISSAUGA, ON, L5N 6X7
(905) 785-0066 SIC 8211

DUFFERIN-PEEL CATHOLIC DISTRICT SCHOOL BOARD p 708
7185 Rosehurst Dr, MISSISSAUGA, ON, L5N 7G6
(905) 785-9298 SIC 8211

DUFFERIN-PEEL CATHOLIC DISTRICT SCHOOL BOARD p 708
6234 Osprey Blvd, MISSISSAUGA, ON, L5N 5V5
(905) 824-5777 SIC 8211

DUFFERIN-PEEL CATHOLIC DISTRICT SCHOOL BOARD p 708
6133 Glen Erin Dr, MISSISSAUGA, ON, L5N 2T7
(905) 821-2277 SIC 8211

DUFFERIN-PEEL CATHOLIC DISTRICT SCHOOL BOARD p 708
3180 Aquitaine Ave, MISSISSAUGA, ON, L5N 3S5
(905) 824-3058 SIC 8211

DUFFERIN-PEEL CATHOLIC DISTRICT SCHOOL BOARD p 708
1455 Samuelson Cir, MISSISSAUGA, ON, L5N 7Z2
(905) 696-8860 SIC 8211

DUFFERIN-PEEL CATHOLIC DISTRICT SCHOOL BOARD p 713
815 Ceremonial Dr, MISSISSAUGA, ON, L5R 3S2
(905) 568-7660 SIC 8211

DUFFERIN-PEEL CATHOLIC DISTRICT SCHOOL BOARD p 713
5070 Fairwind Dr, MISSISSAUGA, ON, L5R 2N4
(905) 568-0056 SIC 8211

DUFFERIN-PEEL CATHOLIC DISTRICT SCHOOL BOARD p 721
1060 White Clover Way, MISSISSAUGA, ON, L5V 1G7
(905) 501-0906 SIC 8211

DUFFERIN-PEEL CATHOLIC DISTRICT SCHOOL BOARD p 721
1075 Swinbourne Dr, MISSISSAUGA, ON, L5V 1B9
(905) 814-5237 SIC 8211

DUFFERIN-PEEL CATHOLIC DISTRICT SCHOOL BOARD p 721
5180 Fallingbrook Dr, MISSISSAUGA, ON, L5V 2C6
(905) 858-1171 SIC 8211

DUFFERIN-PEEL CATHOLIC DISTRICT SCHOOL BOARD p 721
5555 Creditview Rd, MISSISSAUGA, ON, L5V 2B9
(905) 812-1376 SIC 8211

DUFFERIN-PEEL CATHOLIC DISTRICT SCHOOL BOARD p 721
5735 Whitehorn Ave, MISSISSAUGA, ON, L5V 2A9
(905) 286-1010 SIC 8211

DUFFERIN-PEEL CATHOLIC DISTRICT SCHOOL BOARD p 722
6770 Historic Trail, MISSISSAUGA, ON, L5W 1J3
(905) 795-2706 SIC 8211

DUFFERIN-PEEL CATHOLIC DISTRICT SCHOOL BOARD p 722
680 Novo Star Dr, MISSISSAUGA, ON, L5W 1C7
(905) 696-6980 SIC 8211

DUFFERIN-PEEL CATHOLIC DISTRICT SCHOOL BOARD p 773
345 Blind Line, ORANGEVILLE, ON, L9W 4X1
(519) 942-5980 SIC 8211

DUFFERIN-PEEL CATHOLIC DISTRICT SCHOOL BOARD p 773
46 Dawson Rd, ORANGEVILLE, ON, L9W 2W3
(519) 941-2741 SIC 8211

DUFFERIN-PEEL CATHOLIC DISTRICT SCHOOL BOARD p 773
50 Meadow Dr, ORANGEVILLE, ON, L9W 4C8
(519) 942-0262 SIC 8211

DUFFIN'S BAY PUBLIC SCHOOL p 482
See DURHAM DISTRICT SCHOOL BOARD

DUFFY'S TAXI (1996) LTD p 379
1100 Notre Dame Ave, WINNIPEG, MB, R3E 0N8
(204) 925-0101 SIC 4121

DUFOUR, R ENTERPRISES LTD p 206
1505 97 Ave, DAWSON CREEK, BC, V1G 1N6
(250) 782-7084 SIC 4213

DUFRESNE DISTRIBUTION CENTRE p 366
See TDG FURNITURE INC

DUFRESNE FURNITURE & APPLIANCE p 384
See TDG FURNITURE INC

DUFRESNE, L. & FILS LTEE p 1254
2500 Rue De L'Eglise, VAL-DAVID, QC, J0T 2N0
(819) 322-2030 SIC 5411

DUGGAN ELEMENTARY SCHOOL p 110
See EDMONTON SCHOOL DISTRICT NO. 7

DUHAMEL AND DEWAR INC p 960
4805 Regional Road 55 Rr 1, WHITEFISH, ON, P0M 3E0
(705) 866-2821 SIC 3732

DUKE EDINBURGH PUBLIC SCHOOL p 779
See DURHAM DISTRICT SCHOOL BOARD

DUKE MARINE TECHNICAL SERVICES CANADA INC p 537
3425 Harvester Rd Suite 213, BURLINGTON, ON, L7N 3N1
(905) 631-6089 SIC 7361

DUKE OF CONNAUGHT JUNIOR & SENIOR PUBLIC SCHOOL p 895
See TORONTO DISTRICT SCHOOL BOARD

DUKE OF MARLBOROUGH ELEMENTARY p 347
See FRONTIER SCHOOL DIVISION

DUKE OF YORK p 924
See IMAGO RESTAURANTS INC

DUKE POINT SAWMILL p 240
See WESTERN FOREST PRODUCTS INC

DUKE'S REFRESHER p 907
See SIR CORP

DUMAIS, G. AUTOMOBILES LTEE p 1054
1608 Boul Ducharme, LA TUQUE, QC, G9X 4R9
(819) 523-4541 SIC 5511

DUMAS CANADA INC p 1184
195 Rue Du Parc-Industriel Rr 1, Saint-Come-Liniere, QC, G0M 1J0
(418) 685-3633 SIC 5031

DUMAS CONTRACTING LTD p 918
200 Bay St Suite 2301, TORONTO, ON, M5J 2J1
(416) 594-2525 SIC 1081

DUMAS MINING p 918
See DUMAS CONTRACTING LTD

DUMOULIN ELECTRONIQUE p 1239
See DOYON, G. T. V. (SHERBROOKE) INC

DUMVILLE RESTAURANTS LTD p 418
777 Fairville Blvd, SAINT JOHN, NB, E2M 5T8
(506) 635-8335 SIC 5812

DUNACH ELEMENTARY SCHOOL p 180
See SCHOOL DISTRICT NO 34 (ABBOTSFORD)

DUNBAR, WILLIAM PUBLIC SCHOOL p 812
See DURHAM DISTRICT SCHOOL BOARD

DUNBARTON HIGH SCHOOL p 813
See DURHAM DISTRICT SCHOOL BOARD

DUNCAN CRAIG LLP p 174
4725 56 St Suite 103, WETASKIWIN, AB, T9A 3M2
(780) 352-1662 SIC 8111

DUNCAN CRAN ELEMENTARY SCHOOL p 215
See SCHOOL DISTRICT NO. 60 (PEACE RIVER NORTH)

DUNCAN DISTRICT OFFICE p 211
See BRITISH COLUMBIA HYDRO AND POWER AUTHORITY

DUNCAN J SCHOULAR PUBLIC SCHOOL p 850
See UPPER CANADA DISTRICT SCHOOL BOARD, THE

DUNCAN PAVING p 212
See O.K. INDUSTRIES LTD

DUNCAN SABINE COLLYER PARTNERS LLP p 116
Gd, EDMONTON, AB, T6X 0P6
(780) 414-0364 SIC 8721

DUNCAN WHITE SPOT p 211
See 458890 B.C. LTD

DUNCAN'S LIMITED p 1311
106 Copper Rd, Whitehorse, YT, Y1A 2Z6
(867) 668-3805 SIC 1761

DUNCOR ENTERPRISES INC p 497
101 Big Bay Point Rd, BARRIE, ON, L4N 8M5
(705) 730-1999 SIC 1611

DUNDALK & PROTON COMMUNITY SCHOOL p 570
See BLUEWATER DISTRICT SCHOOL BOARD

DUNDAS CENTRAL PUBLIC SCHOOL p 570
See HAMILTON-WENTWORTH CATHOLIC SCHOOL BOARD

DUNDAS JAFINE INC p 514
15 Bramalea Rd Unit 102, BRAMPTON, ON, L6T 2W4
(905) 458-4733 SIC 3433

DUNDAS JUNIOR PUBLIC SCHOOL p 896
See TORONTO DISTRICT SCHOOL BOARD

DUNDAS MANOR LTD p 960
533 Clarence St Suite 970, WINCHESTER, ON, K0C 2K0
(613) 774-2293 SIC 8051

DUNDAS VALLEY GOLF AND CURLING CLUB LIMITED p 501
10 Woodley Crt, BELLEVILLE, ON, K8N 5W5
(905) 628-6731 SIC 7997

DUNDEE 360 REAL ESTATE CORPORATION p 1116
1430 Rue Sherbrooke O, Montreal, QC, H3G 1K4
(514) 987-6452 SIC 8742

DUNDEE ARMS INN p 980
See CANMARC REIT

DUNDEE CAPITAL MARKETS INC p 908
1 Adelaide St E Suite 2100, TORONTO, ON, M5C 2V9
(416) 350-3388 SIC 6282

DUNDEE COUNTRY CLUB LIMITED p 731
1801 Queen St N, NEW DUNDEE, ON, N0B 2E0
(519) 696-3257 SIC 7992

DUNDEE SECURITIES CORPORATION p 323
1055 Dunsmuir Suite 3424, VANCOUVER, BC, V7X 1K8
(604) 647-2888 SIC 6211

DUNDEE SECURITIES CORPORATION p 873
105 Commerce Valley Dr W Suite 408, THORNHILL, ON, L3T 7W3
(905) 763-2339 SIC 6211

DUNDEE SECURITIES CORPORATION p 1057
10340 Ch De La Cote-De-Liesse Unite 150, LACHINE, QC, H8T 1A3
(514) 227-2700 SIC 6211

DUNDEE SECURITIES CORPORATION p 1111
1000 Rue De La Gauchetiere O Bureau 1100, Montreal, QC, H3B 4W5
(514) 396-0333 SIC 6211

DUNDEE SECURITY p 324
See HOLLISWEALTH INC

DUNDEE SECURITY p 844
See HOLLISWEALTH INC

DUNDEE WEALTH MANAGEMENT p 873
See DUNDEE SECURITIES CORPORATION

DUNDEEWEALTH p 1111
See DUNDEE SECURITIES CORPORATION

DUNDONALD SCHOOL p 1299
See BOARD OF EDUCATION OF SASKATOON SCHOOL DIVISION NO. 13 OF SASKATCHEWAN, THE

DUNDURN ELEMENTARY SCHOOL p 1267
See PRAIRIE SPIRIT SCHOOL DIVISION NO. 206

DUNDURN NATIONAL HISTORIC SITE p 612
See CITY OF HAMILTON, THE

DUNDURN PLACE CARE CENTRE p 612
See EXTENDICARE INC

DUNHILL MANAGEMENT GROUP LTD, THE p 377
240 Graham Ave Suite 724, WINNIPEG, MB, R3C 0J7
(204) 942-0500 SIC 8111

DUNKLEY LUMBER LTD p 217
17000 Dunkley Rd Rr 1, HIXON, BC, V0K 1S1
(250) 998-4421 SIC 2421

DUNLACE PUBLIC SCHOOL p 889
See TORONTO DISTRICT SCHOOL BOARD

DUNLINE RUBBER PRODUCTS COMPANY p 662
1579 Hyde Park Rd Suite 8, LONDON, ON, N6H 5L4
(519) 473-1116 SIC 3069

DUNLINE RUBBER PRODUCTS INTERNATIONAL, DIV OF p 662
See DUNLINE RUBBER PRODUCTS COMPANY

DUNLOP PUBLIC SCHOOL p 796
See OTTAWA CATHOLIC DISTRICT SCHOOL BOARD

DUNN ENTERPRISES p 527
See COMMUNITY LIVING BRANT

DUNN PAVING LIMITED p 872
485 Little Baseline Rd, TECUMSEH, ON, N8N 2L9
(519) 727-3838 SIC 1611

DUNN-RITE FOOD PRODUCTS LTD p 389
15 Trottier Bay, WINNIPEG, MB, R3T 3R3
(204) 452-8300 SIC 5144

DUNNING-FOUBERT ELEMENTARY SCHOOL p 776
See OTTAWA-CARLETON DISTRICT SCHOOL BOARD

DUNNVILLE CENTRAL PUBLIC SCHOOL p 571
See GRAND ERIE DISTRICT SCHOOL BOARD

DUNNVILLE SECONDARY SCHOOL p 571
See GRAND ERIE DISTRICT SCHOOL BOARD

DUNNVILLE STATION MAIN PO p 571
See CANADA POST CORPORATION

DUNRAE GARDENS SCHOOL p 1080
See COMMISSION SCOLAIRE ENGLISH-MONTREAL

DUNRANKIN DRIVE PUBLIC SCHOOL p 684
See PEEL DISTRICT SCHOOL BOARD

DUNSFORD DISTRICT ELEMENTARY

SCHOOL p 571
See TRILLIUM LAKELANDS DISTRICT SCHOOL BOARD
DUNSFORD GENERAL STORE p 571
See CANADA POST CORPORATION
DUNSMUIR MIDDLE SCHOOL p 337
See SCHOOL DISTRICT NO 62 (SOOKE)
DUNTON RAINVILLE SENC p 1021
3333 Boul Du Souvenir Bureau 200, Cote Saint-Luc, QC, H7V 1X1
(450) 686-8683   SIC 8111
DUNWICH DUTTON PUBLIC SCHOOL p 571
See THAMES VALLEY DISTRICT SCHOOL BOARD
DUPAR CONTROLS INC p 545
1751 Bishop St, CAMBRIDGE, ON, N1T 1N5
(519) 624-2510   SIC 3625
DUPONT REALTY INC p 1141
6000 Aut Transcanadienne, POINTE-CLAIRE, QC, H9R 1B9
(514) 697-8840   SIC 6512
DUPONT WAREHOUSE p 19
See PIONEER HI-BRED LIMITED
DUPONT, B. AUTO INC p 1055
1404 277 Rte, LAC-ETCHEMIN, QC, G0R 1S0
(418) 625-6701   SIC 5511
DUPRE, CHEVROLET-CADILLAC p 1226
See DESCHAMPS CHEVROLET PONTIAC BUICK CADILLAC GMC LTEE
DUPROPRIO.COM p 1067
See 9059-2114 QUEBEC INC
DUQUETTE, JOE HIGH SCHOOL p 1303
See ST. PAUL'S ROMAN CATHOLIC SEPARATE SCHOOL DIVISION NO 20
DURA KIT p 1228
See ARTICLES MENAGERS DURA INC
DURA PRODUCTS INC p 1306
506 Fenton's Cres, SWIFT CURRENT, SK, S9H 4G6
(306) 773-0627   SIC 3561
DURA-LIGNES p 997
See LIGNCO SIGMA INC
DURABOX p 1056
See EMBALLAGES SXP INC
DURACOAT POWDER MANUFACTURING DIV p 598
See SHERWIN-WILLIAMS CANADA INC
DURADIE TECHNOLOGIES INC p 814
1940 Clements Rd, PICKERING, ON, L1W 4A1
(905) 426-9990   SIC 3544
DURADRIVE SYSTEMS INTERNATIONAL INC p 974
250 Rowntree Dairy Rd, WOODBRIDGE, ON, L4L 9J7
(866) 774-9272   SIC 3496
DURAL, DIV OF p 1027
See MULTIBOND INC
DURAMILL, DIVISION OF p 560
See KAR INDUSTRIEL INC
DURAPAINT INDUSTRIES LIMITED p 846
247 Finchdene Sq Suite 1, SCARBOROUGH, ON, M1X 1B9
(416) 754-3664   SIC 3471
DURAY p 1144
See TRICOTS DUVAL & RAYMOND LTEE, LES
DURDAN, KATE S PUBLIC SCHOOL p 738
See DISTRICT SCHOOL BOARD OF NIAGARA
DURHAM CATHOLIC DISTRICT SCHOOL BOARD p 482
80 Mandrake St, AJAX, ON, L1S 5H4
(905) 427-6667   SIC 8211
DURHAM CATHOLIC DISTRICT SCHOOL BOARD p 482
72 Church St S, AJAX, ON, L1S 6B3
(905) 683-3320   SIC 8211
DURHAM CATHOLIC DISTRICT SCHOOL BOARD p 482
41 Bayly St E, AJAX, ON, L1S 1P2

(905) 683-0571   SIC 8211
DURHAM CATHOLIC DISTRICT SCHOOL BOARD p 482
10 Clover Ridge Dr W, AJAX, ON, L1S 3E5
(905) 427-3327   SIC 8211
DURHAM CATHOLIC DISTRICT SCHOOL BOARD p 482
1 Greenhalf Dr, AJAX, ON, L1S 7N6
(905) 683-0921   SIC 8211
DURHAM CATHOLIC DISTRICT SCHOOL BOARD p 484
40 Telford St, AJAX, ON, L1T 4Z4
(905) 686-4376   SIC 8211
DURHAM CATHOLIC DISTRICT SCHOOL BOARD p 484
300 Williamson Dr E, AJAX, ON, L1Z 0H6
(905) 428-6868   SIC 8211
DURHAM CATHOLIC DISTRICT SCHOOL BOARD p 484
15 Miles Dr, AJAX, ON, L1Z 1C7
(905) 427-6105   SIC 8211
DURHAM CATHOLIC DISTRICT SCHOOL BOARD p 484
15 Fishlock St, AJAX, ON, L1Z 1H1
(905) 426-7065   SIC 8211
DURHAM CATHOLIC DISTRICT SCHOOL BOARD p 484
1375 Harwood Ave N, AJAX, ON, L1T 4G8
(905) 686-4300   SIC 8211
DURHAM CATHOLIC DISTRICT SCHOOL BOARD p 484
68 Coles Ave, AJAX, ON, L1T 3H5
(905) 428-9304   SIC 8211
DURHAM CATHOLIC DISTRICT SCHOOL BOARD p 778
1037 Simcoe St N, OSHAWA, ON, L1G 4W3
(905) 725-6751   SIC 8211
DURHAM CATHOLIC DISTRICT SCHOOL BOARD p 778
120 Glovers Rd, OSHAWA, ON, L1G 3X9
(905) 723-2421   SIC 8211
DURHAM CATHOLIC DISTRICT SCHOOL BOARD p 779
357 Simcoe St S, OSHAWA, ON, L1H 4J2
(905) 723-5259   SIC 8211
DURHAM CATHOLIC DISTRICT SCHOOL BOARD p 779
316 Conant St, OSHAWA, ON, L1H 3S6
(905) 432-8470   SIC 8211
DURHAM CATHOLIC DISTRICT SCHOOL BOARD p 779
195 Athabasca St, OSHAWA, ON, L1H 7J2
(905) 723-1991   SIC 8211
DURHAM CATHOLIC DISTRICT SCHOOL BOARD p 779
421 Olive Ave, OSHAWA, ON, L1H 2R2
(905) 728-5521   SIC 8211
DURHAM CATHOLIC DISTRICT SCHOOL BOARD p 779
692 King St E, OSHAWA, ON, L1H 1G5
(905) 438-0570   SIC 8211
DURHAM CATHOLIC DISTRICT SCHOOL BOARD p 780
1324 Oxford St, OSHAWA, ON, L1J 3W6
(905) 723-4241   SIC 8211
DURHAM CATHOLIC DISTRICT SCHOOL BOARD p 780
400 Pacific Ave, OSHAWA, ON, L1J 1V9
(905) 723-1921   SIC 8211
DURHAM CATHOLIC DISTRICT SCHOOL BOARD p 780
431 Annapolis Ave, OSHAWA, ON, L1J 2Y5
(905) 725-7672   SIC 8211
DURHAM CATHOLIC DISTRICT SCHOOL BOARD p 780
700 Stevenson Rd N, OSHAWA, ON, L1J 5P5
(905) 723-5255   SIC 8211
DURHAM CATHOLIC DISTRICT SCHOOL BOARD p 781
50 Vancouver Crt, OSHAWA, ON, L1J 5X2
(905) 728-5333   SIC 8211
DURHAM CATHOLIC DISTRICT SCHOOL BOARD p 782

1600 Clearbrook Dr, OSHAWA, ON, L1K 2P6
(905) 743-6223   SIC 8211
DURHAM CATHOLIC DISTRICT SCHOOL BOARD p 812
1166 Finch Ave, PICKERING, ON, L1V 1J6
(905) 839-1844   SIC 8211
DURHAM CATHOLIC DISTRICT SCHOOL BOARD p 812
1765 Meadowview Ave, PICKERING, ON, L1V 3G7
SIC 8211
DURHAM CATHOLIC DISTRICT SCHOOL BOARD p 812
275 Twyn Rivers Dr, PICKERING, ON, L1V 1E3
(905) 509-6691   SIC 8211
DURHAM CATHOLIC DISTRICT SCHOOL BOARD p 812
490 Strouds Lane, PICKERING, ON, L1V 6W7
(905) 831-9724   SIC 8211
DURHAM CATHOLIC DISTRICT SCHOOL BOARD p 814
2090 Duberry Dr, PICKERING, ON, L1X 1Y5
SIC 8211
DURHAM CATHOLIC DISTRICT SCHOOL BOARD p 814
795 Eyer Dr, PICKERING, ON, L1W 2K2
SIC 8211
DURHAM CATHOLIC DISTRICT SCHOOL BOARD p 814
2360 Southcott Rd, PICKERING, ON, L1X 2S9
(905) 427-6225   SIC 8211
DURHAM CATHOLIC DISTRICT SCHOOL BOARD p 814
747 Liverpool Rd, PICKERING, ON, L1W 1R8
(905) 839-5409   SIC 8211
DURHAM CATHOLIC DISTRICT SCHOOL BOARD p 817
1650 Reach St, PORT PERRY, ON, L9L 1T1
(905) 985-7829   SIC 8211
DURHAM CATHOLIC DISTRICT SCHOOL BOARD p 945
25 Quaker Village Dr, UXBRIDGE, ON, L9P 1A1
(905) 852-6242   SIC 8211
DURHAM CATHOLIC DISTRICT SCHOOL BOARD p 956
100 Blackfriar Ave, WHITBY, ON, L1M 0E8
(905) 620-0600   SIC 8211
DURHAM CATHOLIC DISTRICT SCHOOL BOARD p 956
200 Carnwith Dr W, WHITBY, ON, L1M 2J8
(905) 655-1875   SIC 8211
DURHAM CATHOLIC DISTRICT SCHOOL BOARD p 956
120 Watford St, WHITBY, ON, L1M 1H2
(905) 655-3852   SIC 8211
DURHAM CATHOLIC DISTRICT SCHOOL BOARD p 957
200 Garrard Rd, WHITBY, ON, L1N 3K6
(905) 728-7011   SIC 8211
DURHAM CATHOLIC DISTRICT SCHOOL BOARD p 957
1103 Giffard St, WHITBY, ON, L1N 2S3
(905) 668-4011   SIC 8211
DURHAM CATHOLIC DISTRICT SCHOOL BOARD p 959
1020 Dryden Blvd, WHITBY, ON, L1R 2A2
(905) 666-2010   SIC 8211
DURHAM CATHOLIC DISTRICT SCHOOL BOARD p 959
1000 Dryden Blvd, WHITBY, ON, L1R 2A2
(905) 668-3772   SIC 8211
DURHAM CATHOLIC DISTRICT SCHOOL BOARD p 959
3001 Country Lane, WHITBY, ON, L1P 1M1
(905) 666-7753   SIC 8211
DURHAM CATHOLIC DISTRICT SCHOOL BOARD p 959
60 Willowbrook Dr, WHITBY, ON, L1R 2A8

(905) 430-8597   SIC 8211
DURHAM CATHOLIC DISTRICT SCHOOL BOARD p 959
55 Twin Streams Rd, WHITBY, ON, L1P 1N9
(905) 665-5828   SIC 8211
DURHAM CHILDREN'S AID SOCIETY p 779
1320 Airport Blvd, OSHAWA, ON, L1H 7K4
(905) 433-1551   SIC 8322
DURHAM COLLEGE OF APPLIED ARTS AND TECHNOLOGY p 957
1610 Champlain Ave Suite 155, WHITBY, ON, L1N 6A7
(905) 721-3311   SIC 8222
DURHAM CUSTOM MILLWORK INC p 777
19 Tamblyn Rd, ORONO, ON, L0B 1M0
(905) 683-8444   SIC 2599
DURHAM DIST COMMUNITY SCHOOL p 571
See BLUEWATER DISTRICT SCHOOL BOARD
DURHAM DISTRICT SCHOOL BOARD p 482
70 Lincoln St, AJAX, ON, L1S 6C9
(905) 683-4941   SIC 8211
DURHAM DISTRICT SCHOOL BOARD p 482
66 Pittmann Cres, AJAX, ON, L1S 3G3
(905) 683-6023   SIC 8211
DURHAM DISTRICT SCHOOL BOARD p 482
4 Parkes Dr, AJAX, ON, L1S 4X1
(905) 686-3014   SIC 8211
DURHAM DISTRICT SCHOOL BOARD p 482
24 Ontario St, AJAX, ON, L1S 1T6
(905) 683-3581   SIC 8211
DURHAM DISTRICT SCHOOL BOARD p 483
28 Lambard Cres, AJAX, ON, L1S 1M5
(905) 683-5230   SIC 8211
DURHAM DISTRICT SCHOOL BOARD p 483
105 Bayly St E, AJAX, ON, L1S 1P2
(905) 683-1610   SIC 8211
DURHAM DISTRICT SCHOOL BOARD p 483
95 Ritchie Ave, AJAX, ON, L1S 6S2
(905) 686-5437   SIC 8211
DURHAM DISTRICT SCHOOL BOARD p 484
55 Coles Ave, AJAX, ON, L1T 3H5
(905) 428-2775   SIC 8211
DURHAM DISTRICT SCHOOL BOARD p 484
50 Seggar Ave, AJAX, ON, L1T 4Y4
(905) 683-0536   SIC 8211
DURHAM DISTRICT SCHOOL BOARD p 484
45 Brennan Rd, AJAX, ON, L1T 1X5
(905) 427-7819   SIC 8211
DURHAM DISTRICT SCHOOL BOARD p 484
30 Kerrison Dr W, AJAX, ON, L1Z 1K1
(905) 686-2135   SIC 8211
DURHAM DISTRICT SCHOOL BOARD p 484
25 Sullivan Dr, AJAX, ON, L1T 3L3
(905) 665-5500   SIC 8211
DURHAM DISTRICT SCHOOL BOARD p 484
25 Harkins Dr, AJAX, ON, L1T 3T6
(905) 683-7368   SIC 8211
DURHAM DISTRICT SCHOOL BOARD p 484
21 Coughlen St, AJAX, ON, L1T 2M9
(905) 427-4658   SIC 8211
DURHAM DISTRICT SCHOOL BOARD p 484
95 Church St N, AJAX, ON, L1T 2W4
(905) 619-0357   SIC 8211
DURHAM DISTRICT SCHOOL BOARD p 501
Gd, BEAVERTON, ON, L0K 1A0
(705) 426-5858   SIC 8211

DURHAM DISTRICT SCHOOL BOARD p
504
10 Alexander St, BLACKSTOCK, ON, L0B 1B0
(905) 986-4227   SIC 8211

DURHAM DISTRICT SCHOOL BOARD p
548
Gd, CANNINGTON, ON, L0E 1E0
(705) 432-2461   SIC 8211

DURHAM DISTRICT SCHOOL BOARD p
548
85 Albert St, CANNINGTON, ON, L0E 1E0
(705) 432-2601   SIC 8211

DURHAM DISTRICT SCHOOL BOARD p
553
1675 Central St, CLAREMONT, ON, L1Y 1A8
(905) 649-2000   SIC 8211

DURHAM DISTRICT SCHOOL BOARD p
596
4340 Front St, GOODWOOD, ON, L0C 1A0
(905) 640-3092   SIC 8211

DURHAM DISTRICT SCHOOL BOARD p
597
3530 Westney Rd, GREENWOOD, ON, L0H 1H0
(905) 683-6208   SIC 8211

DURHAM DISTRICT SCHOOL BOARD p
778
495 Central Park Blvd N, OSHAWA, ON, L1G 6A2
(905) 728-4532   SIC 8211

DURHAM DISTRICT SCHOOL BOARD p
778
441 Adelaide Ave E, OSHAWA, ON, L1G 2A4
(905) 725-2032   SIC 8211

DURHAM DISTRICT SCHOOL BOARD p
778
301 Simcoe St N, OSHAWA, ON, L1G 4T2
(905) 728-7531   SIC 8211

DURHAM DISTRICT SCHOOL BOARD p
778
265 Harmony Rd N, OSHAWA, ON, L1G 6L4
(905) 723-8157   SIC 8211

DURHAM DISTRICT SCHOOL BOARD p
778
211 Harmony Rd N, OSHAWA, ON, L1G 6L4
(905) 728-0681   SIC 8211

DURHAM DISTRICT SCHOOL BOARD p
778
1205 Simcoe St N, OSHAWA, ON, L1G 4X1
(905) 723-7042   SIC 8211

DURHAM DISTRICT SCHOOL BOARD p
778
1130 Mohawk St, OSHAWA, ON, L1G 4G7
(905) 723-9223   SIC 8211

DURHAM DISTRICT SCHOOL BOARD p
778
625 Simcoe St N, OSHAWA, ON, L1G 4V5
(905) 725-4232   SIC 8211

DURHAM DISTRICT SCHOOL BOARD p
778
110 Mary St N, OSHAWA, ON, L1G 7S2
(905) 433-8910   SIC 8211

DURHAM DISTRICT SCHOOL BOARD p
779
1356 Simcoe St S, OSHAWA, ON, L1H 4M4
(905) 725-7042   SIC 8211

DURHAM DISTRICT SCHOOL BOARD p
779
1935 Ritson Rd N, OSHAWA, ON, L1H 7K5
(905) 728-2851   SIC 8211

DURHAM DISTRICT SCHOOL BOARD p
779
240 Simcoe St S, OSHAWA, ON, L1H 4H4
(905) 725-1622   SIC 8211

DURHAM DISTRICT SCHOOL BOARD p
779
250 Harmony Rd S, OSHAWA, ON, L1H 6T9
(905) 728-7315   SIC 8211

DURHAM DISTRICT SCHOOL BOARD p
779
285 Grandview St, OSHAWA, ON, L1H 7C6
(905) 723-8233   SIC 8211

DURHAM DISTRICT SCHOOL BOARD p
779
285 Grandview St S, OSHAWA, ON, L1H 7C6
(905) 728-5791   SIC 8211

DURHAM DISTRICT SCHOOL BOARD p
779
460 Wilson Rd S, OSHAWA, ON, L1H 6C9
SIC 8211

DURHAM DISTRICT SCHOOL BOARD p
779
570 Shakespeare Ave, OSHAWA, ON, L1H 3H6
(905) 436-5039   SIC 8211

DURHAM DISTRICT SCHOOL BOARD p
779
610 Taylor Ave, OSHAWA, ON, L1H 2E7
SIC 8211

DURHAM DISTRICT SCHOOL BOARD p
779
7 Waterloo St, OSHAWA, ON, L1H 8V9
(905) 723-3621   SIC 8211

DURHAM DISTRICT SCHOOL BOARD p
781
506 Woodcrest Ave, OSHAWA, ON, L1J 2T8
(905) 725-1031   SIC 8211

DURHAM DISTRICT SCHOOL BOARD p
781
530 Laval St, OSHAWA, ON, L1J 6R2
(905) 723-2876   SIC 8211

DURHAM DISTRICT SCHOOL BOARD p
781
570 Stevenson Rd N, OSHAWA, ON, L1J 5P1
(905) 728-9407   SIC 8211

DURHAM DISTRICT SCHOOL BOARD p
781
630 Stevenson Rd N, OSHAWA, ON, L1J 5P1
(905) 728-0521   SIC 8211

DURHAM DISTRICT SCHOOL BOARD p
781
929 Glen St, OSHAWA, ON, L1J 3T9
(905) 723-8821   SIC 8211

DURHAM DISTRICT SCHOOL BOARD p
781
100 Waverly St S, OSHAWA, ON, L1J 5V1
(905) 728-4461   SIC 8211

DURHAM DISTRICT SCHOOL BOARD p
781
1196 Cedar St, OSHAWA, ON, L1J 3S2
(905) 725-0344   SIC 8211

DURHAM DISTRICT SCHOOL BOARD p
781
155 Gibb St, OSHAWA, ON, L1J 1Y4
(905) 723-4678   SIC 8211

DURHAM DISTRICT SCHOOL BOARD p
781
323 Chaleur Ave, OSHAWA, ON, L1J 1G5
(905) 576-8820   SIC 8211

DURHAM DISTRICT SCHOOL BOARD p
782
1111 Beatrice St E, OSHAWA, ON, L1K 2S7
(905) 725-7353   SIC 8211

DURHAM DISTRICT SCHOOL BOARD p
782
1555 Coldstream Dr, OSHAWA, ON, L1K 3B5
(905) 728-5448   SIC 8211

DURHAM DISTRICT SCHOOL BOARD p
782
1110 Attersley Dr, OSHAWA, ON, L1K 1X8
(905) 576-8901   SIC 8211

DURHAM DISTRICT SCHOOL BOARD p
782
633 Ormond Dr, OSHAWA, ON, L1K 2W6
(905) 728-9283   SIC 8211

DURHAM DISTRICT SCHOOL BOARD p
782
590 Galahad Dr, OSHAWA, ON, L1K 1M2
(905) 433-8933   SIC 8211

DURHAM DISTRICT SCHOOL BOARD p
812
1030 Glenanna Rd, PICKERING, ON, L1V 5E5
(905) 420-5745   SIC 8211

DURHAM DISTRICT SCHOOL BOARD p
812
1500 Rougemount Dr, PICKERING, ON, L1V 1N1
(905) 509-2277   SIC 8211

DURHAM DISTRICT SCHOOL BOARD p
812
1868 Parkside Dr, PICKERING, ON, L1V 3R2
(905) 831-1868   SIC 8211

DURHAM DISTRICT SCHOOL BOARD p
812
605 Strouds Lane, PICKERING, ON, L1V 5M5
(905) 839-5289   SIC 8211

DURHAM DISTRICT SCHOOL BOARD p
812
1934 Glengrove Rd, PICKERING, ON, L1V 1X2
(905) 839-1771   SIC 8211

DURHAM DISTRICT SCHOOL BOARD p
812
1911 Dixie Rd, PICKERING, ON, L1V 1V4
(905) 839-1931   SIC 8211

DURHAM DISTRICT SCHOOL BOARD p
813
1779 Westcreek Dr, PICKERING, ON, L1V 6M9
(905) 509-5437   SIC 8211

DURHAM DISTRICT SCHOOL BOARD p
813
655 Sheppard Ave, PICKERING, ON, L1V 1G2
(905) 839-1125   SIC 8211

DURHAM DISTRICT SCHOOL BOARD p
813
405 Woodsmere Cres, PICKERING, ON, L1V 7A3
(905) 839-9900   SIC 8211

DURHAM DISTRICT SCHOOL BOARD p
814
2155 Liverpool Rd, PICKERING, ON, L1X 1V4
(905) 420-1885   SIC 8211

DURHAM DISTRICT SCHOOL BOARD p
814
591 Rosebank Rd, PICKERING, ON, L1W 2N6
(905) 509-2274   SIC 8211

DURHAM DISTRICT SCHOOL BOARD p
814
754 Oklahoma Dr, PICKERING, ON, L1W 2H5
(905) 839-1451   SIC 8211

DURHAM DISTRICT SCHOOL BOARD p
814
777 Balaton Ave, PICKERING, ON, L1W 1W7
(905) 839-1159   SIC 8211

DURHAM DISTRICT SCHOOL BOARD p
814
920 Oklahoma Dr, PICKERING, ON, L1W 2H7
(905) 839-1131   SIC 8211

DURHAM DISTRICT SCHOOL BOARD p
814
1615 Pepperwood Gate, PICKERING, ON, L1X 2K5
(905) 428-6337   SIC 8211

DURHAM DISTRICT SCHOOL BOARD p
814
1400 Garvolin Ave, PICKERING, ON, L1W 1J6
(905) 839-1146   SIC 8211

DURHAM DISTRICT SCHOOL BOARD p
815
2010 Bushmill St, PICKERING, ON, L1X 2M2
(905) 420-4103   SIC 8211

DURHAM DISTRICT SCHOOL BOARD p
817

DURHAM DISTRICT SCHOOL BOARD p
817
13700 Old Simcoe Rd, PORT PERRY, ON, L9L 1A1
(905) 985-2877   SIC 8211

DURHAM DISTRICT SCHOOL BOARD p
817
160 Rosa St, PORT PERRY, ON, L9L 1L7
(905) 985-7337   SIC 8211

DURHAM DISTRICT SCHOOL BOARD p
817
16200 Old Simcoe Rd, PORT PERRY, ON, L9L 1P3
(905) 985-4491   SIC 8211

DURHAM DISTRICT SCHOOL BOARD p
817
494 Queen St, PORT PERRY, ON, L9L 1K2
(905) 985-4468   SIC 8211

DURHAM DISTRICT SCHOOL BOARD p
826
421 Regional Rd 11, SANDFORD, ON, L0C 1E0
(905) 852-9751   SIC 8211

DURHAM DISTRICT SCHOOL BOARD p
871
41 Albert St, SUNDERLAND, ON, L0C 1H0
(705) 357-3975   SIC 8211

DURHAM DISTRICT SCHOOL BOARD p
946
144 Planks Lane, UXBRIDGE, ON, L9P 1K6
(905) 852-7631   SIC 8211

DURHAM DISTRICT SCHOOL BOARD p
946
64 Victoria Dr, UXBRIDGE, ON, L9P 1H2
(905) 852-9101   SIC 8211

DURHAM DISTRICT SCHOOL BOARD p
956
25 Selkirk Dr, WHITBY, ON, L1M 2L5
(905) 655-8959   SIC 8211

DURHAM DISTRICT SCHOOL BOARD p
957
70 Watford St, WHITBY, ON, L1M 1E8
(905) 655-7328   SIC 8211

DURHAM DISTRICT SCHOOL BOARD p
957
80 Crawforth St, WHITBY, ON, L1N 9L6
(905) 665-8229   SIC 8211

DURHAM DISTRICT SCHOOL BOARD p
957
80 Ribblesdale Dr, WHITBY, ON, L1N 8M1
(905) 430-2488   SIC 8211

DURHAM DISTRICT SCHOOL BOARD p
957
600 Henry St, WHITBY, ON, L1N 5C7
(905) 666-5500   SIC 8211

DURHAM DISTRICT SCHOOL BOARD p
957
400 Anderson St, WHITBY, ON, L1N 3V6
(905) 668-5809   SIC 8211

DURHAM DISTRICT SCHOOL BOARD p
957
300 King St, WHITBY, ON, L1N 4Z4
SIC 8211

DURHAM DISTRICT SCHOOL BOARD p
957
300 Garden St, WHITBY, ON, L1N 3W4
(905) 668-2225   SIC 8211

DURHAM DISTRICT SCHOOL BOARD p
957
270 Michael Blvd, WHITBY, ON, L1N 6B1
(905) 668-3354   SIC 8211

DURHAM DISTRICT SCHOOL BOARD p
957
20 Vipond Rd, WHITBY, ON, L1M 1B3
(905) 655-3731   SIC 8211

DURHAM DISTRICT SCHOOL BOARD p
957
101 Hazelwood Dr, WHITBY, ON, L1N 3L4
(905) 723-9912   SIC 8211

DURHAM DISTRICT SCHOOL BOARD p
959
40 Rolling Acres Dr, WHITBY, ON, L1R 2A1
(905) 434-7400   SIC 8211

DURHAM DISTRICT SCHOOL BOARD p
959
3121 Country Lane, WHITBY, ON, L1P 1N3

(905) 665-2001 SIC 8211
DURHAM DISTRICT SCHOOL BOARD p 959
810 Mcquay Blvd, WHITBY, ON, L1P 1J1
(905) 666-3901 SIC 8211
DURHAM DISTRICT SCHOOL BOARD p 959
681 Rossland Rd W, WHITBY, ON, L1P 1Y1
(905) 665-5057 SIC 8211
DURHAM DISTRICT SCHOOL BOARD p 959
55 Bakerville St, WHITBY, ON, L1R 2S6
(905) 723-2944 SIC 8211
DURHAM DISTRICT SCHOOL BOARD p 959
29 Fallingbrook St, WHITBY, ON, L1R 1M7
(905) 668-8779 SIC 8211
DURHAM DISTRICT SCHOOL BOARD p 959
20 Kirkland Pl, WHITBY, ON, L1P 1W7
(905) 668-6613 SIC 8211
DURHAM DISTRICT SCHOOL BOARD p 959
20 Forest Heights St, WHITBY, ON, L1R 1T5
(905) 430-8755 SIC 8211
DURHAM DISTRICT SCHOOL BOARD p 959
155 Fallingbrook St, WHITBY, ON, L1R 2G2
(905) 668-5211 SIC 8211
DURHAM DISTRICT SCHOOL BOARD p 959
144 Whitburn St, WHITBY, ON, L1R 2N1
(905) 668-3249 SIC 8211
DURHAM DISTRICT SCHOOL BOARD p 959
400 Taunton Rd E, WHITBY, ON, L1R 2K6
(905) 666-5500 SIC 8211
DURHAM MUSIC CENTRE p 484
See DURHAM SCHOOL OF MUSIC LTD
DURHAM RADIO INC p 781
1200 Airport Blvd Suite 200, OSHAWA, ON, L1J 8P5
(905) 571-0949 SIC 4832
DURHAM SCHOOL OF MUSIC LTD p 484
100 Old Kingston Rd, AJAX, ON, L1T 2Z9
(905) 428-6266 SIC 8299
DURHAMWAY BUS LINES, DIV OF p 778
See 473980 ONTARIO LTD
DURIEU ELEMENTARY SCHOOL p 238
See SCHOOL DISTRICT #75 (MISSION)
DURISOL, DIV OF p 612
See ARMTEC LP
DURISOL, DIV OF p 723
See ARMTEC LP
DURWARD JONES BARKWELL & COMPANY LLP p 598
4 Christie St, GRIMSBY, ON, L3M 4H4
(905) 945-5439 SIC 8721
DURWARD JONES BARKWELL & COMPANY LLP p 854
69 Ontario St, ST CATHARINES, ON, L2R 5J5
(905) 684-9221 SIC 8721
DURWARD JONES BARKWELL & COMPANY LLP p 855
20 Corporate Park Dr Suite 300, ST CATHARINES, ON, L2S 3W2
(905) 684-9221 SIC 8721
DURWARD JONES BARKWELL & COMPANY LLP p 955
171 Division St, WELLAND, ON, L3B 4A1
(905) 735-2140 SIC 8721
DUSO'S ENTERPRISES LTD p 255
1625 Kebet Way Suite 200, PORT COQUITLAM, BC, V3C 5W9
(604) 464-8101 SIC 2098
DUSO'S FINE FOODS p 255
See DUSO'S ENTERPRISES LTD
DUSTBANE PRODUCTS LIMITED p 784
25 Pickering Pl, OTTAWA, ON, K1G 5P4

(613) 745-6861 SIC 2842
DUTCH PASTRY BOUTIQUE (CALGARY) LTD p 23
7440 10 St Ne, CALGARY, AB, T2E 8W1
(403) 777-1221 SIC 2051
DUTCH SETTLEMENT SCHOOL p 453
See HALIFAX REGIONAL SCHOOL BOARD
DUVAL TOYOTA p 1002
See 9124-5704 QUEBEC INC
DUVET COMFORT INC p 843
130 Commander Blvd, SCARBOROUGH, ON, M1S 3H7
(416) 754-1455 SIC 2329
DUZ CHO CONSTRUCTION LP p 196
4821 Access Rd S, CHETWYND, BC, V0C 1J0
(250) 788-3120 SIC 4619
DVDO p 1092
See 143962 CANADA INC
DVN OILFIELD SERVICES LTD p 168
4604 40 St, STETTLER, AB, T0C 2L0
(403) 740-2517 SIC 1623
DWIGHT ROSS ELEMENTARY SCHOOL p 455
See ANNAPOLIS VALLEY REGIONAL SCHOOL BOARD
DWP SOLUTIONS INC p 786
2012 Norway Cres, OTTAWA, ON, K1H 5N7
(613) 738-9574 SIC 8741
DYACO CANADA INC p 736
5955 Don Murie St, NIAGARA FALLS, ON, L2G 0A9
(905) 353-8955 SIC 5091
DYADEM INTERNATIONAL LTD p 743
155 Gordon Baker Rd Suite 401, NORTH YORK, ON, M2H 3N5
(416) 649-9200 SIC 5045
DYANAMEX COURIER p 1295
See DYNAMEX CANADA LIMITED
DYAND MECHANICAL SYSTEMS INC p 104
4146 99 St Nw, EDMONTON, AB, T6E 3N5
(780) 430-0194 SIC 1711
DYCK'S DRUGS (1994) LTD p 225
1460 St. Paul St, KELOWNA, BC, V1Y 2E6
(250) 762-3333 SIC 5912
DYCK'S MEDICINE CENTER p 225
See DYCK'S DRUGS (1994) LTD
DYER ROAD LEASING LTD p 565
850 Education Rd, CORNWALL, ON, K6H 6B8
(613) 932-1326 SIC 4213
DYLAN RYAN TELESERVICES p 310
1177 Hastings St W Suite 411, VANCOUVER, BC, V6E 2K3
SIC 7389
DYMON STORAGE CORPORATION p 794
920 Bank St Suite 711, OTTAWA, ON, K1S 1M8
(613) 230-9900 SIC 6513
DYN AIR p 1056
See CARLSTAR GROUP ULC, THE
DYNA-MIG p 864
See F&P MFG., INC
DYNA-PRO ENVIRONMENTAL p 382
See 2653193 MANITOBA LTD
DYNACARE p 970
See DYNACARE-GAMMA LABORATORY PARTNERSHIP
DYNACARE-GAMMA LABORATORY PARTNERSHIP p 784
750 Peter Morand Cres, OTTAWA, ON, K1G 6S4
(613) 729-0200 SIC 8071
DYNACARE-GAMMA LABORATORY PARTNERSHIP p 809
26 Hospital Dr Suite 5, PETERBOROUGH, ON, K9J 7C3
(705) 876-7313 SIC 8071
DYNACARE-GAMMA LABORATORY PARTNERSHIP p 817

462 Paxton St, PORT PERRY, ON, L9L 1L9
(905) 985-8048 SIC 8071
DYNACARE-GAMMA LABORATORY PARTNERSHIP p 970
3176 Dougall Ave Suite 22, WINDSOR, ON, N9E 1S6
(519) 252-3457 SIC 8071
DYNACARE-GAMMA LABORATORY PARTNERSHIP p 1295
39 23rd St E Unit 5, SASKATOON, SK, S7K 0H6
(306) 655-4028 SIC 8071
DYNACO MACHINERIE p 1053
See GROUPE COOPERATIF DYNACO
DYNACO MACHINERIE p 1174
See GROUPE COOPERATIF DYNACO
DYNAINDUSTRIAL INC p 1285
277 Sherwood Rd, REGINA, SK, S4P 3A2
(306) 359-7088 SIC 3599
DYNAINDUSTRIAL INC p 1295
3326 Faithfull Ave, SASKATOON, SK, S7K 8H1
(306) 931-8725 SIC 3532
DYNALIFEDX p 153
5002 55 St Suite 101, RED DEER, AB, T4N 7A4
(403) 347-3588 SIC 8071
DYNAMEX p 334
See DYNAMEX CANADA LIMITED
DYNAMEX p 372
See DYNAMEX CANADA LIMITED
DYNAMEX p 1282
See DYNAMEX CANADA LIMITED
DYNAMEX CANADA LIMITED p 64
10725 25 St Ne Suite 116, CALGARY, AB, T3N 0A4
(403) 235-8989 SIC 7389
DYNAMEX CANADA LIMITED p 100
7003 56 Ave Nw, EDMONTON, AB, T6B 3L2
(780) 463-2422 SIC 7389
DYNAMEX CANADA LIMITED p 186
2808 Ingleton Ave, BURNABY, BC, V5C 6G7
(604) 432-7700 SIC 7389
DYNAMEX CANADA LIMITED p 334
450 Banga Pl Suite B, VICTORIA, BC, V8Z 6X5
(250) 383-4121 SIC 7389
DYNAMEX CANADA LIMITED p 372
300 Keewatin St, WINNIPEG, MB, R2X 2R9
(204) 832-7171 SIC 7389
DYNAMEX CANADA LIMITED p 650
2515 Blair Blvd Suite B, LONDON, ON, N5V 3Z9
(519) 659-8224 SIC 7389
DYNAMEX CANADA LIMITED p 726
60 Colonnade Rd Unit K, NEPEAN, ON, K2E 7J6
(613) 226-4463 SIC 7389
DYNAMEX CANADA LIMITED p 867
1785 Frobisher St Unit 3, SUDBURY, ON, P3A 6C8
(705) 524-0400 SIC 7389
DYNAMEX CANADA LIMITED p 1209
6600 Ch Saint-Francois Bureau 100, SAINT-LAURENT, QC, H4S 1B7
SIC 4212
DYNAMEX CANADA LIMITED p 1282
110 N Leonard St, REGINA, SK, S4N 5V7
(306) 721-2345 SIC 7389
DYNAMEX CANADA LIMITED p 1295
3275 Miners Ave, SASKATOON, SK, S7K 7Z1
(306) 975-1010 SIC 7389
DYNAMIC AIR SHELTERS LTD p 427
2a Hickman St, GRAND BANK, NL, A0E 1W0
(709) 832-1211 SIC 3448
DYNAMIC AMUSEMENTS p 174
See 508173 ALBERTA LTD
DYNAMIC ENTERTAINMENT PRODUCTION, DIV OF p 369

See CANAD CORPORATION OF MANITOBA LTD
DYNAMIC FACILITY SERVICES LTD p 269
4651 Shell Rd Suite 140, RICHMOND, BC, V6X 3M3
(604) 273-1619 SIC 7349
DYNAMIC FUNDS MATERIALS ORDER DESK p 929
See GOODMAN & COMPANY, INVESTMENT COUNSEL LTD
DYNAMIC HEAVY HAUL LTD p 1306
301514 W 3, SWIFT CURRENT, SK, S9H 3W8
(306) 773-8611 SIC 1382
DYNAMIC INSTALLATIONS INC p 255
1225 Kingsway Ave Unit 3112, PORT COQUITLAM, BC, V3C 1S2
(604) 464-7695 SIC 3462
DYNAMIC PAINT PRODUCTS INC p 708
7040 Financial Dr, MISSISSAUGA, ON, L5N 7H5
(905) 812-9319 SIC 5198
DYNAMIC RESCUE SYSTEMS INC p 202
63a Clipper St, COQUITLAM, BC, V3K 6X2
(604) 522-0228 SIC 8999
DYNAMIC TEAM SPORTS CANADA CO p 840
1870 Birchmount Rd, SCARBOROUGH, ON, M1P 2J7
(416) 496-8600 SIC 2329
DYNAMIC TIRE CORP p 692
3161 Wharton Way, MISSISSAUGA, ON, L4X 2B7
(905) 625-1600 SIC 5014
DYNAMITE STORES INC. p 1081
5592 Rue Ferrier Bureau 262, MONT-ROYAL, QC, H4P 1M2
(514) 733-3962 SIC 5621
DYNAPPLE MANAGEMENT CORP p 494
326 Bayfield St, BARRIE, ON, L4M 3B9
(705) 739-8597 SIC 5812
DYNASTREAM INNOVATIONS INC p 69
100 Grande Blvd W Suite 201, COCHRANE, AB, T4C 0S4
(403) 932-9292 SIC 8731
DYNASTY FURNITURE MANUFACTURING p 718
See DYNASTY FURNITURE MANUFACTURING LTD
DYNASTY FURNITURE MANUFACTURING LTD p 718
6830 Columbus Rd, MISSISSAUGA, ON, L5T 2G1
(905) 670-0110 SIC 2426
DYNATEST p 1189
See LVM INC
DYNE-A-PAK INC p 1228
3375 Av Francis-Hughes, SAINTE-ROSE, QC, H7L 5A5
(450) 667-3626 SIC 3089
DYNEXA CORPORATION p 901
2 Bloor St W Suite 903, TORONTO, ON, M4W 3E2
(416) 646-4746 SIC 8243
DYNO NOBEL p 1230
See DYNO NOBEL CANADA INC
DYNO NOBEL CANADA INC p 1001
3665 Boul De La Grande-Allee, BOISBRIAND, QC, J7H 1H5
(450) 437-1441 SIC 2892
DYNO NOBEL CANADA INC p 1136
2730 Montee Du Rocher, ORMSTOWN, QC, J0S 1K0
(450) 825-2236 SIC 2892
DYNO NOBEL CANADA INC p 1147
8255 Boul Henri-Bourassa Bureau 210, Quebec, QC, G1G 4C8
(418) 628-4555 SIC 2892
DYNO NOBEL CANADA INC p 1230
2697 Boul Sainte-Sophie, SAINTE-SOPHIE, QC, J5J 2V3
(450) 438-8681 SIC 5169
DYNO NOBEL CANADA INC p 1266
115 Roche St, CREIGHTON, SK, S0P 0A0

▲ Public Company   ■ Public Company Family Member   HQ Headquarters   BR Branch   SL Single Location

(306) 688-5209   SIC 2892

E

E & M INTERIORS INC   p 104
3651 99 St Nw, EDMONTON, AB, T6E 6K5
(780) 437-1957   SIC 1752

E & N RAILWAY COMPANY (1998) LTD   p 239
7 Port Way, NANAIMO, BC, V9R 5L3
(250) 754-9222   SIC 4011

E C S RECOVERY SYSTEMS INC   p 929
555 Richmond St W, TORONTO, ON, M5V 3B1
(416) 628-5653   SIC 6141

E CARE CONTACT CENTERS LTD   p 280
15225 104 Ave Suite 400, SURREY, BC, V3R 6Y8
(604) 587-6200   SIC 7389

E CARE CONTACT CENTERS LTD   p 375
433 Main St Suite 300, WINNIPEG, MB, R3B 1B3
(204) 940-3544   SIC 7389

E CONSTRUCTION LTD   p 164
224 Balsam Rd Ne, SLAVE LAKE, AB, T0G 2A0
(780) 849-2265   SIC 1611

E E OLIVER ELEMENTARY SCHOOL   p 118
See PEACE RIVER SCHOOL DIVISION 10

E G AUTOMOBILES INC   p 1065
5035 Rue Louis-H.-La Fontaine, Levis, QC, G6V 8X4
(418) 833-2135   SIC 5511

E G WAHLSTROM SCHOOL   p 164
See HIGH PRAIRIE SCHOOL DIVISION NO 48

E H S   p 469
See EMC EMERGENCY MEDICAL CARE INCORPORATED

E I MCCULLEY PUBLIC SCHOOL   p 852
See DISTRICT SCHOOL BOARD OF NIAGARA

E J C   p 535
See SANDVIK CANADA, INC

E J JAMES PUBLIC SCHOOL   p 767
See HALTON DISTRICT SCHOOL BOARD

E J SAND PUBLIC SCHOOL   p 874
See YORK REGION DISTRICT SCHOOL BOARD

E L CROSSLEY SECONDARY SCHOOL   p 589
See DISTRICT SCHOOL BOARD OF NIAGARA

E S G TORBRAM LTD   p 511
2400 Queen St E, BRAMPTON, ON, L6S 5X9
(905) 458-9470   SIC 5812

E S LAIRD MIDDLE SCHOOL   p 1273
See LLOYDMINSTER SCHOOL DIVISION NO 99

E T CARMICHAEL ELEMENTARY SCHOOL   p 742
See NEAR NORTH DISTRICT SCHOOL BOARD

E W PRATT HIGH SCHOOL   p 130
See HIGH PRAIRIE SCHOOL DIVISION NO 48

E W FOSTER PUBLIC SCHOOL   p 681
See HALTON DISTRICT SCHOOL BOARD

E+COLE POLYVALENTE ARVIDA   p 1046
See COMMISSION SCOLAIRE DE LA JONQUIERE

E-CAN OILFIELD SERVICES LP   p 117
5113 46 St, ELK POINT, AB, T0A 1A0
(780) 724-4018   SIC 1389

E-CAN OILFIELD SERVICES LP   p 173
Gd, WABASCA, AB, T0G 2K0
(780) 891-3771   SIC 1389

E-CYCLE SOLUTIONS INC   p 716
1700 Drew Rd, MISSISSAUGA, ON, L5S 1J6
(905) 671-2900   SIC 4953

E-CYCLE SOLUTIONS INC   p 1232
35 Rue Robineault, SALABERRY-DE-VALLEYFIELD, QC, J6S 5J9

(888) 945-2611   SIC 4953

E-ONE MOLI ENERGY (CANADA) LIMITED   p 236
20000 Stewart Cres, MAPLE RIDGE, BC, V2X 9E7
(604) 466-6654   SIC 3691

E-PRINT IT   p 783
See ST. JOSEPH CORPORATION

E-REWARDS   p 896
See RESEARCH NOW INC

E-Z-RECT MANUFACTURING LTD   p 246
94 Riverside Dr, NORTH VANCOUVER, BC, V7H 2M6
(604) 929-1214   SIC 2542

E. & E. MCLAUGHLIN LTD   p 882
500 Hwy 3, TILLSONBURG, ON, N4G 4G8
(519) 842-3363   SIC 1541

E. & J. GALLO WINERY CANADA, LTD   p 708
6711 Mississauga Rd Suite 202, MISSISSAUGA, ON, L5N 2W3
(905) 819-9600   SIC 4731

E. A. BUTLER SCHOOL   p 431
See WESTERN SCHOOL DISTRICT

E. B. CHANDLER JUNIOR HIGH SCHOOL p 441
See CHIGNECTO CENTRAL REGIONAL SCHOOL BOARD

E. B. HORSMAN & SON   p 285
13055 80 Ave Suite 1, SURREY, BC, V3W 3B1
(604) 596-7111   SIC 5063

E. E. C. INDUSTRIES LIMITED   p 249
1237 Welch St, NORTH VANCOUVER, BC, V7P 1B3
(604) 986-5633   SIC 3993

E. MADILL OFFICE COMPANY (2001) LTD p 228
1300 Rocky Creek Rd, LADYSMITH, BC, V9G 1K4
(250) 245-3455   SIC 5943

E. W. NORMAN PUBLIC SCHOOL   p 740
See NEAR NORTH DISTRICT SCHOOL BOARD

E.B.M LASER   p 1180
See 9099-7768 QUEBEC INC

E.C.L. INVESTMENTS LIMITED   p 474
115 King St, STELLARTON, NS, B0K 0A2
(902) 755-4440   SIC 6712

E.C.S. ELECTRICAL CABLE SUPPLY LTD p 100
7136 56 Ave Nw, EDMONTON, AB, T6B 1E4
(780) 665-1158   SIC 5063

E.C.S. ELECTRICAL CABLE SUPPLY LTD p 268
6900 Graybar Rd Unit 3135, RICHMOND, BC, V6W 0A5
(604) 207-1500   SIC 5063

E.D. FEEHAN HIGH SCHOOL   p 1301
See ST. PAUL'S ROMAN CATHOLIC SEPARATE SCHOOL DIVISION NO 20

E.D. SMITH & SONS, LP   p 847
151 Main St S, SEAFORTH, ON, N0K 1W0
SIC 2035

E.D.M. LASALLE INC   p 1059
7427 Boul Newman Bureau 36, LASALLE, QC, H8N 1X3
(514) 365-6633   SIC 5311

E.H. WALTER SCHOOL   p 149
See BUFFALO TRAIL PUBLIC SCHOOLS REGIONAL DIVISION NO. 28

E.O.S. PIPELINE & FACILITIES INC   p 43
736 6 Ave Sw Suite 1205, CALGARY, AB, T2P 3T7
(403) 232-8446   SIC 1623

E.R. ST. DENIS INC   p 971
6185 Morton Industrial Pky, WINDSOR, ON, N9J 3W2
(519) 734-7222   SIC 3542

E.S. FOX LIMITED   p 606
35 Goderich Rd Unit 1-3, HAMILTON, ON, L8E 4P2
(905) 547-7225   SIC 1731

E.S. FOX LIMITED   p 738

4935 Kent Ave, NIAGARA FALLS, ON, L2H 1J5
SIC 1711

E.S. FOX LIMITED   p 817
1201 Egerter Rd, PORT ROBINSON, ON, L0S 1K0
(905) 384-2761   SIC 3441

E.S. FOX LIMITED   p 870
1349 Kelly Lake Rd Suite 1, SUDBURY, ON, P3E 5P5
(705) 522-3357   SIC 1541

E.T.M. INDUSTRIES INC   p 819
266 Hall Ave E Suite 610, RENFREW, ON, K7V 2S5
(613) 432-6136   SIC 7539

E.T.M. INDUSTRIES INC   p 819
310 Hall Ave E, RENFREW, ON, K7V 2S5
(613) 432-6136   SIC 3599

E.V. FYFE & ASSOCIATES LTD   p 17
5250 36 St Se, CALGARY, AB, T2C 1P1
(403) 236-3822   SIC 4226

E3 (EDUCATE, ENABLE, EMPOWER) COMMUNITY SERVICES INC   p 556
100 Pretty River Pky N, COLLINGWOOD, ON, L9Y 4X2
(705) 445-6351   SIC 8351

E3 COMMUNITY SERVICES   p 556
See E3 (EDUCATE, ENABLE, EMPOWER) COMMUNITY SERVICES INC

EA SPORTS   p 189
See ELECTRONIC ARTS (CANADA) INC

EA SPORTS   p 1111
See ELECTRONIC ARTS (CANADA) INC

EAB NORTH AMERICA INC   p 901
2 Bloor St W Suite 2120, TORONTO, ON, M4W 3E2
(905) 570-5200   SIC 3441

EACOM TIMBER CORPORATION   p 724
See EACOM TIMBER CORPORATION

EACOM TIMBER CORPORATION   p 724
100 Old Nairn Rd, NAIRN CENTRE, ON, P0M 2L0
(705) 869-4020   SIC 2421

EACOM TIMBER CORPORATION   p 833
1195 Peoples Rd, SAULT STE. MARIE, ON, P6C 3W7
(705) 254-7597   SIC 2499

EACOM TIMBER CORPORATION   p 884
823 Birch St, TIMMINS, ON, P4N 7E3
(705) 267-1000   SIC 5031

EACOM TIMBER CORPORATION   p 884
See EACOM TIMBER CORPORATION

EACOM TIMBER CORPORATION   p 1077
See EACOM TIMBER CORPORATION

EACOM TIMBER CORPORATION   p 1077
2000 Boul Industriel, MATAGAMI, QC, J0Y 2A0
(819) 739-2552   SIC 2421

EACOM TIMBER CORPORATION   p 1227
See EACOM TIMBER CORPORATION

EACOM TIMBER CORPORATION   p 1227
1492 Boul Vachon S, SAINTE-MARIE, QC, G6E 2S5
(418) 387-5670   SIC 2421

EAGLE BUTTE HIGH SCHOOL   p 73
See PRAIRIE ROSE SCHOOL DIVISION NO 8

EAGLE CANADA, INC   p 23
7015 8 St Ne, CALGARY, AB, T2E 8A2
(403) 781-1192   SIC 1382

EAGLE CREEK GOLF CLUB   p 571
See CLUBLINK CORPORATION ULC

EAGLE HEIGHTS PUBLIC SCHOOL   p 662
See THAMES VALLEY DISTRICT SCHOOL BOARD

EAGLE NORTH HOLDINGS INC   p 547
2400 Eagle St N, CAMBRIDGE, ON, N3H 4R7
(519) 653-7030   SIC 5511

EAGLE PARK HEALTH CARE FACILITY   p 263
See VANCOUVER ISLAND HEALTH AUTHORITY

EAGLE PLAINS PUBLIC SCHOOL   p 510
See PEEL DISTRICT SCHOOL BOARD

EAGLE PROFESSIONAL RESOURCES INC   p 909
67 Yonge St Suite 200, TORONTO, ON, M5E 1J8
(416) 861-1492   SIC 7361

EAGLE QUEST COYOTE CREEK   p 281
See EAGLE QUEST GOLF CENTERS INC

EAGLE QUEST GOLF CENTERS INC   p 281
7778 152 St, SURREY, BC, V3S 3M4
(604) 597-4653   SIC 7997

EAGLE RESTAURANT MANAGEMENT INC   p 840
400 Progress Ave, SCARBOROUGH, ON, M1P 5J1
(416) 290-0029   SIC 5812

EAGLE RIDGE ELEMENTARY SCHOOL   p 200
See SCHOOL DISTRICT NO. 43 (COQUITLAM)

EAGLE RIDGE GOLF CLUB   p 591
See CLUBLINK CORPORATION ULC

EAGLE RIDGE MANOR   p 256
See VANCOUVER ISLAND HEALTH AUTHORITY

EAGLE RIDGE MECHANICAL CONTRACTING LTD   p 255
1515 Broadway St Suite 116, PORT COQUITLAM, BC, V3C 6M2
(604) 941-1071   SIC 1711

EAGLE RIVER INDUSTRIES INC   p 235
4872a Lybarger Rd, MALAKWA, BC, V0E 2J0
SIC 2421

EAGLE RIVER SECONDARY SCHOOL   p 277
See NORTH OKANAGAN SHUSWAP SCHOOL DISTRICT 83

EAGLE TERRACE   p 734
See REVERA LONG TERM CARE INC

EAGLE VIEW COMPREHENSIVE HIGH SCHOOL   p 1278
See ONION LAKE BOARD OF EDUCATION

EAGLE VIEW ELEMENTARY SCHOOL   p 256
See SCHOOL DISTRICT NO 85 (VANCOUVER ISLAND NORTH)

EAGLE VIEW ELEMENTARY SCHOOL   p 336
See BOARD OF EDUCATION OF SCHOOL DISTRICT NO. 61 (GREATER VICTORIA)

EAGLE'S NEST COFFEE AND BAKED GOODS INC   p 493
234 Hastings St N, BANCROFT, ON, K0L 1C0
(613) 332-0299   SIC 5812

EAGLE, THE   p 131
See GOLDEN WEST BROADCASTING LTD

EAGLEBURGMANN CANADA INC   p 681
8699 Escarpment Way Suite 9, MILTON, ON, L9T 0J5
(905) 693-8782   SIC 5085

EAGLEPICHER ENERGY PRODUCTS ULC   p 286
13136 82a Ave, SURREY, BC, V3W 9Y6
(604) 543-4350   SIC 2819

EAGLEPICHER MEDICAL POWER   p 286
See EAGLEPICHER ENERGY PRODUCTS ULC

EAGLEWEST TOWER CRANES, DIV OF   p 178
See EAGLEWEST TRUCK AND CRANE INC

EAGLEWEST TRUCK AND CRANE INC   p 178
2170 Carpenter St, ABBOTSFORD, BC, V2T 6B4
(877) 577-4474   SIC 5084

EALING PUBLIC SCHOOL   p 654
See THAMES VALLEY DISTRICT SCHOOL BOARD

EAMERS CORNERS PUBLIC SCHOOL   p

567
See UPPER CANADA DISTRICT SCHOOL BOARD, THE

EARL EUXTON ELEMENTARY SCHOOL p 115
See EDMONTON SCHOOL DISTRICT NO. 7

EARL GREY ELEMENTARY SCHOOL p 53
See CALGARY BOARD OF EDUCATION

EARL GREY ELEMENTARY SCHOOL p 894
See TORONTO DISTRICT SCHOOL BOARD

EARL GREY SCHOOL p 387
See WINNIPEG SCHOOL DIVISION

EARL HAIG PUBLIC SCHOOL p 892
See TORONTO DISTRICT SCHOOL BOARD

EARL HAIG SECONDARY SCHOOL p 889
See TORONTO DISTRICT SCHOOL BOARD

EARL KITCHENER JUNIOR SCHOOL p 611
See HAMILTON-WENTWORTH DISTRICT SCHOOL BOARD, THE

EARL MARRIOTT SECONDARY SCHOOL p 288
See SCHOOL DISTRICT NO 36 (SURREY)

EARL OF MARCH SECONDARY SCHOOL p 624
See OTTAWA-CARLETON DISTRICT SCHOOL BOARD

EARL OXFORD SCHOOL p 344
See BRANDON SCHOOL DIVISION, THE

EARL WILLOW PARK p 35
See EARL'S RESTAURANTS LTD

EARL'1 p 220
See EARL'S RESTAURANTS LTD

EARL'S p 38
See EARL'S RESTAURANTS LTD

EARL'S p 88
See EARL'S RESTAURANTS LTD

EARL'S p 107
See EARL'S RESTAURANTS LTD

EARL'S p 190
See EARL'S RESTAURANTS LTD

EARL'S p 249
See EARL'S RESTAURANTS LTD

EARL'S p 300
See EARL'S RESTAURANTS LTD

EARL'S p 316
See EARL'S RESTAURANTS LTD

EARL'S p 377
See EARL'S RESTAURANTS LTD

EARL'S p 1295
See EARL'S RESTAURANTS LTD

EARL'S BRIDGE PARK p 186
See EARL'S RESTAURANTS LTD

EARL'S MEDICINE HAT LTD p 249
949 3rd St W, NORTH VANCOUVER, BC, V7P 3P7
(604) 984-4606   SIC 6712

EARL'S ON TOP p 310
See EARL'S RESTAURANTS LTD

EARL'S ON TOP RESTAURANT LTD p 225
211 Bernard Ave, KELOWNA, BC, V1Y 6N2
(250) 763-2777   SIC 5812

EARL'S PLACE p 260
See EARL'S RESTAURANTS LTD

EARL'S PORT COQUITLAM p 255
See EARL'S RESTAURANTS LTD

EARL'S RESTAURANT p 126
See EARLS MARKET SQUARE LTD

EARL'S RESTAURANT (CLAREVIEW) LTD p 73
13330 50 St Nw, EDMONTON, AB, T5A 4Z8
(780) 473-9008   SIC 5812

EARL'S RESTAURANT (LETHBRIDGE) LTD p 138
203 13 St S, LETHBRIDGE, AB, T1J 4M2
(403) 320-7677   SIC 5812

EARL'S RESTAURANT (NANAIMO) LTD p 241
2980 Island Hwy N Unit 100, NANAIMO, BC, V9T 5V4
SIC 5812

EARL'S RESTAURANT (WHITE ROCK) LTD p 288
1767 152 St Suite 7, SURREY, BC, V4A 4N3
SIC 5812

EARL'S RESTAURANT VERNON LTD p 325
3101 Highway 6, VERNON, BC, V1T 9H6
(250) 542-3370   SIC 5812

EARL'S RESTAURANTS p 331
See EARL'S RESTAURANTS LTD

EARL'S RESTAURANTS p 1288
See EARL'S RESTAURANTS LTD

EARL'S RESTAURANTS p 35
10640 Macleod Trail Se, CALGARY, AB, T2J 0P8
(403) 278-7860   SIC 5812

EARL'S RESTAURANTS p 38
1110 16 Ave Nw, CALGARY, AB, T2M 0K8
(403) 289-2566   SIC 5812

EARL'S RESTAURANTS p 52
2401 4 St Sw, CALGARY, AB, T2S 1X5
(403) 228-4141   SIC 5812

EARL'S RESTAURANTS p 58
5005 Dalhousie Dr Nw Suite 605, CALGARY, AB, T3A 5R8
(403) 247-1143   SIC 5812

EARL'S RESTAURANTS p 83
11830 Jasper Ave Nw, EDMONTON, AB, T5K 0N7
(780) 488-6582   SIC 5812

EARL'S RESTAURANTS p 88
9961 170 St Nw, EDMONTON, AB, T5P 4S2
(780) 481-2229   SIC 5812

EARL'S RESTAURANTS p 107
8629 112 St Nw, EDMONTON, AB, T6G 1K8
(780) 408-3914   SIC 5812

EARL'S RESTAURANTS p 133
600 Patricia St 2nd Fl, JASPER, AB, T0E 1E0
(780) 852-2393   SIC 5812

EARL'S RESTAURANTS p 144
3215 Dunmore Rd Se Suite G, MEDICINE HAT, AB, T1B 2H2
(403) 528-3275   SIC 5812

EARL'S RESTAURANTS p 176
32900 South Fraser Way Suite 1, ABBOTSFORD, BC, V2S 5A1
SIC 5812

EARL'S RESTAURANTS p 186
3850 Lougheed Hwy, BURNABY, BC, V5C 6N4
(604) 291-1019   SIC 5812

EARL'S RESTAURANTS p 190
4361 Kingsway, BURNABY, BC, V5H 1Z9
(604) 432-7329   SIC 5812

EARL'S RESTAURANTS p 197
45583 Luckakuck Way, CHILLIWACK, BC, V2R 1A3
(604) 858-3360   SIC 5812

EARL'S RESTAURANTS p 220
1210 Summit Dr Suite 800, KAMLOOPS, BC, V2C 6M1
(250) 372-3275   SIC 5812

EARL'S RESTAURANTS p 249
949 3rd St W Suite 108b, NORTH VANCOUVER, BC, V7P 3P7
(604) 984-4606   SIC 5812

EARL'S RESTAURANTS p 255
2850 Shaughnessy St Suite 5100, PORT COQUITLAM, BC, V3C 6K5
(604) 941-1733   SIC 5812

EARL'S RESTAURANTS p 260
1440 Central St E, PRINCE GEORGE, BC, V2M 3C1
(250) 562-1527   SIC 5812

EARL'S RESTAURANTS p 271
5300 3 Rd Nw Suite 304, RICHMOND, BC, V6Y 1X9
(604) 303-9702   SIC 5812

EARL'S RESTAURANTS p 286
7236 120 St, SURREY, BC, V3W 3M9
SIC 5812

EARL'S RESTAURANTS p 300
901 Broadway W, VANCOUVER, BC, V5Z 1K3

(604) 734-0098   SIC 5812

EARL'S RESTAURANTS LTD p 310
1185 Robson St, VANCOUVER, BC, V6E 1B5
(604) 669-0020   SIC 5812

EARL'S RESTAURANTS LTD p 316
1601 Broadway W, VANCOUVER, BC, V6J 1W9
(604) 736-5663   SIC 5812

EARL'S RESTAURANTS LTD p 331
1703 Blanshard St, VICTORIA, BC, V8W 2J8
SIC 5812

EARL'S RESTAURANTS LTD p 338
303 Marine Dr, WEST VANCOUVER, BC, V7P 3J8
(604) 984-4341   SIC 5812

EARL'S RESTAURANTS LTD p 377
191 Main St, WINNIPEG, MB, R3C 1A7
(204) 989-0103   SIC 5812

EARL'S RESTAURANTS LTD p 389
2005 Pembina Hwy, WINNIPEG, MB, R3T 5W7
SIC 5812

EARL'S RESTAURANTS LTD p 1288
2606 28th Ave, REGINA, SK, S4S 6P3
(306) 584-7733   SIC 5812

EARL'S RESTAURANTS LTD p 1295
610 2nd Ave N, SASKATOON, SK, S7K 2C8
(306) 664-4060   SIC 5812

EARL'S STRAWBERRY HILL p 286
See EARL'S RESTAURANTS LTD

EARL'S TIN PALACE p 338
See EARL'S RESTAURANTS LTD

EARL'S TIN PALACE RESTAURANT p 83
See EARL'S RESTAURANTS LTD

EARLE M. JORGENSEN (CANADA), DIV OF p 720
See RELIANCE METALS CANADA LIMITED

EARLS MARKET SQUARE LTD p 126
9825 100 St, GRANDE PRAIRIE, AB, T8V 6X3
(780) 538-3275   SIC 5812

EARLS PLACE p 156
See EARLS RESTAURANT (RED DEER) LTD

EARLS RESTAURANT (BANFF) LTD p 4
229 Banff Ave, BANFF, AB, T1L 1B9
(403) 762-4414   SIC 5812

EARLS RESTAURANT (LANGLEY) LTD p 230
6339 200 St Suite 600, LANGLEY, BC, V2Y 1A2
(604) 534-8750   SIC 5812

EARLS RESTAURANT (RED DEER) LTD p 156
2111 50 Ave, RED DEER, AB, T4R 1Z4
(403) 342-4055   SIC 5812

EARLS RESTAURANT GUILDFORD LTD p 280
10160 152 St, SURREY, BC, V3R 9W3
(604) 584-0840   SIC 5812

EARLS RESTAURANT LANGLEY p 230
See EARLS RESTAURANT (LANGLEY) LTD

EARLY INTERVENTION SERVICES p 640
See KIDS LINK/ NDSA

EARLY WORDS MUSKOKA PARRY SOUND HEALTH UNIT SERVIN p 597
See SIMCOE MUSKOKA DISTRICT HEALTH UNIT

EARNSCLIFFE SENIOR PUBLIC SCHOOL p 516
See PEEL DISTRICT SCHOOL BOARD

EARTH & ENVIRONMENTAL p 648
See AMEC FOSTER WHEELER AMERICAS LIMITED

EARTH & ENVIRONMENTAL DIVISION p 432
See AMEC FOSTER WHEELER AMERICAS LIMITED

EARTH AND ENVIRONMENTAL p 1281
See AMEC FOSTER WHEELER AMERICAS LIMITED

EARTH AND ENVIRONMENTAL SCIENCES p 952
See UNIVERSITY OF WATERLOO

EARTHWISE CONTRACTING LTD p 91
20104 107 Ave Nw, EDMONTON, AB, T5S 1W9
(780) 413-4235   SIC 1611

EASSONS TRANSPORT LIMITED p 465
1505 Harrington Rd, KENTVILLE, NS, B4N 3V7
(902) 679-1098   SIC 4213

EAST ANTIGONISH EDUCATION CENTRE & ACADEMY p 469
See STRAIT REGIONAL SCHOOL BOARD

EAST AREA PARKS p 231
See GREATER VANCOUVER REGIONAL DISTRICT

EAST CENTRAL ALBERTA CATHOLIC SEPERATE SCHOOLS REGIONAL DIVISION NO 16 p 153
4403 52 Ave, RED DEER, AB, T4N 6S4
(780) 753-6838   SIC 8211

EAST CENTRAL ALBERTA CATHOLIC SEPERATE SCHOOLS REGIONAL DIVISION NO 16 p 172
4820 46 St, VERMILION, AB, T9X 1G2
(780) 853-5251   SIC 8211

EAST CENTRAL ALBERTA CATHOLIC SEPERATE SCHOOLS REGIONAL DIVISION NO 16 p 173
1321 4 Ave, WAINWRIGHT, AB, T9W 2R7
(780) 842-3808   SIC 8211

EAST CENTRAL DISTRICT HEALTH BOARD p 1309
Po Box 5027 Stn Main, YORKTON, SK, S3N 3Z4
(306) 786-0113   SIC 8062

EAST CENTRAL FRANCOPHONE EDUCATION REGION NO. 3 p 165
4609 40 St, ST PAUL, AB, T0A 3A2
(780) 645-1949   SIC 8211

EAST CENTRAL HEALTH AND PUBLIC HEATH HOMECARE AND REHABILITATION p 172
4701 52 St Suite 11, VERMILION, AB, T9X 1J9
(780) 853-5270   SIC 8621

EAST CHILLIWACK ELEMENTARY SCHOOL p 197
See SCHOOL DISTRICT NO 33 CHILLIWACK

EAST COAST FORENSIC PYSCHIATRIC HOSPITAL p 452
See NOVA SCOTIA HEALTH AUTHORITY

EAST COAST INTERNATIONAL TRUCKS INC p 410
100 Urquhart Ave, MONCTON, NB, E1H 2R5
(506) 857-2857   SIC 5012

EAST COAST INTERNATIONAL TRUCKS INC p 450
1 Morris Dr, DARTMOUTH, NS, B3B 1K7
(902) 468-7160   SIC 5012

EAST CUMBERLAND LODGE p 472
See CUMBERLAND SENIOR CARE CORPORATION

EAST ELEMENTARY SCHOOL p 135
See BLACK GOLD REGIONAL DIVISION #18

EAST ELGIN SECONDARY SCHOOL p 492
See THAMES VALLEY DISTRICT SCHOOL BOARD

EAST FERRIS BUS LINES LTD p 489
49 Belecque Rd, ASTORVILLE, ON, P0H 1B0
(705) 752-1326   SIC 4151

EAST GARAFRAXA CENTRAL PUBLIC SCHOOL p 777
See UPPER GRAND DISTRICT SCHOOL

▲ Public Company   ■ Public Company Family Member   HQ Headquarters   BR Branch   SL Single Location

BOARD, THE
EAST HANTS RESOURCE CENTRE p 454
See EAST HANTS, MUNICIPALITY OF
EAST HANTS, MUNICIPALITY OF p 454
230-15 Commerce Crt, ELMSDALE, NS, B2S 3K5
(902) 883-2299   SIC 7291
EAST HILL ELEMENTARY SCHOOL p 1084
See COMMISSION SCOLAIRE ENGLISH-MONTREAL
EAST ISLE SHIPYARD p 983
See IRVING SHIPBUILDING INC
EAST KOOTENAY REGIONAL HOSPITAL p 205
See INTERIOR HEALTH AUTHORITY
EAST LAMBTON ELEMENTARY SCHOOL p 954
See LAMBTON KENT DISTRICT SCHOOL BOARD
EAST MERSEA PUBLIC SCHOOL p 956
See GREATER ESSEX COUNTY DISTRICT SCHOOL BOARD
EAST MOUNT PARK SCHOOL p 613
See HAMILTON-WENTWORTH DISTRICT SCHOOL BOARD, THE
EAST NORTHUMBERLAND SECONDARY SCHOOL p 530
See KAWARTHA PINE RIDGE DISTRICT SCHOOL BOARD
EAST ORO ELEMENTARY SCHOOL p 618
See SIMCOE COUNTY DISTRICT SCHOOL BOARD, THE
EAST OUTREACH SCHOOL p 70
See CLEARVIEW SCHOOL DIVISION #71
EAST PENN CANADA p 485
See POWER BATTERY SALES LTD
EAST PENN POWER BATTERY p 65
See POWER BATTERY SALES LTD
EAST PICTEAU MIDDLE SCHOOL p 476
See CHIGNECTO CENTRAL REGIONAL SCHOOL BOARD
EAST RICHMOND EDUCATION CENTRE p 473
See STRAIT REGIONAL SCHOOL BOARD
EAST SIDE ALTERNATIVE SCHOOL p 295
See BOARD OF EDUCATION OF SCHOOL DISTRICT NO. 39 (VANCOUVER), THE
EAST SIDE MARIO'S p 507
See 1214391 ONTARIO INC
EAST SIDE MARIO'S p 511
See 2065858 ONTARIO LIMITED
EAST SIDE MARIO'S p 543
See M J L GOODEATS CORP
EAST SIDE MARIO'S p 600
See PRIME RESTAURANTS
EAST SIDE MARIO'S p 606
See PRIME RESTAURANTS INC
EAST SIDE MARIO'S p 615
See PRIME RESTAURANTS INC
EAST SIDE MARIO'S p 624
See 1172413 ONTARIO INC
EAST SIDE MARIO'S p 630
See 995475 ONTARIO LTD
EAST SIDE MARIO'S p 649
See 1498882 ONTARIO INC
EAST SIDE MARIO'S p 658
See 570230 ONTARIO INC
EAST SIDE MARIO'S p 664
3079 Wonderland Rd S, LONDON, ON, N6L 1R4
(519) 649-6566   SIC 5812
EAST SIDE MARIO'S p 715
See PRIME RESTAURANTS INC
EAST SIDE MARIO'S p 727
See 1514444 ONTARIO INC
EAST SIDE MARIO'S p 729
See PRIME RESTAURANTS INC
EAST SIDE MARIO'S p 740
285 Lakeshore Dr, NORTH BAY, ON, P1A 2B9
(705) 497-9555   SIC 5812
EAST SIDE MARIO'S p 764
See 1298051 ONTARIO INC
EAST SIDE MARIO'S p 774

315 Memorial Ave, ORILLIA, ON, L3V 5Y1
(705) 329-2800   SIC 5812
EAST SIDE MARIO'S p 813
1355 Kingston Rd Suite 101, PICKERING, ON, L1V 1B8
(905) 839-5811   SIC 5812
EAST SIDE MARIO'S p 839
See PRIME RESTAURANTS INC
EAST SIDE MARIO'S p 916
See 164074 CANADA INC
EAST SIDE MARIO'S p 950
450 King St N Suite Side, WATERLOO, ON, N2J 2Z6
(226) 647-2587   SIC 5812
EAST SIDE MARIO'S p 959
See 1608296 ONTARIO LIMITED
EAST SIDE MARIO'S #640 p 782
See T.T.O.C.S. LIMITED
EAST SIDE MARIO'S - SHAWNESSY p 56
16061 Macleod Trail Se Unit 500, CALGARY, AB, T2Y 3S5
(403) 262-4326   SIC 5812
EAST SIDE MARIO'S 631 p 787
See 914068 ONTARIO INC
EAST SIDE MARIO'S GLOUCESTER p 593
See 1310281 ONTARIO INC
EAST SIDE MARIO'S INC p 643
446 Highland Rd W, KITCHENER, ON, N2M 3C7
   SIC 5812
EAST SIDE MARIOS p 163
See PRIME RESTAURANTS INC
EAST SIDE MARIOS p 483
See PRIME RESTAURANTS INC
EAST SIDE MARIOS p 510
130 Great Lakes Dr Suite 125, BRAMPTON, ON, L6R 2K7
(905) 790-0040   SIC 5812
EAST SIDE MARIOS p 776
See 841065 ONTARIO INC
EAST SIDE MARIOS p 854
332 Ontario St, ST CATHARINES, ON, L2R 5L8
   SIC 5812
EAST SIDE MARIOS p 884
See 957358 ONTARIO INC
EAST SIDE MARIOS p 962
See 1287788 ONTARIO LTD
EAST VIEW SCHOOL p 830
See ALGOMA DISTRICT SCHOOL BOARD
EAST WILLIAMS MEMORIAL PUBLIC ELEMENTARY SCHOOL p 482
See THAMES VALLEY DISTRICT SCHOOL BOARD
EAST WILTSHIRE INTERMEDIATE SCHOOL p 983
See EASTERN SCHOOL DISTRICT
EAST YORK COLLEGIATE INSTITUTE p 892
See TORONTO DISTRICT SCHOOL BOARD
EAST YORK FIRE FIGHTERS ASSOCIATION p 892
See CORPORATION OF THE CITY OF TORONTO
EAST-YORK & EAST-TORONTO FAMILY RESOURCES ORGANIZATION p 896
947 Queen St E, TORONTO, ON, M4M 1J9
(416) 686-3390   SIC 8322
EASTALTA CO-OP LTD p 173
1027 3 Ave, WAINWRIGHT, AB, T9W 1T6
(780) 842-3678   SIC 5399
EASTBOURNE DRIVE PUBLIC SCHOOL p 516
See PEEL DISTRICT SCHOOL BOARD
EASTBROOK ELEMENTARY SCHOOL p 8
See GRASSLANDS REGIONAL DIVISION 6
EASTDALE CI p 896
See TORONTO DISTRICT SCHOOL BOARD
EASTDALE COLLEGIATE & VOCATIONAL

INSTITUTE p 778
See DURHAM DISTRICT SCHOOL BOARD
EASTDALE PUBLIC SCHOOL p 861
See HAMILTON-WENTWORTH DISTRICT SCHOOL BOARD, THE
EASTDALE PUBLIC SCHOOL p 978
See THAMES VALLEY DISTRICT SCHOOL BOARD
EASTDALE SECONDARY SCHOOL p 955
See DISTRICT SCHOOL BOARD OF NIAGARA
EASTEND WOLF WILLOW HEALTH CENTER p 1267
See CYPRESS HEALTH REGION
EASTER SEALS CANADA p 898
40 Holly St Suite 401, TORONTO, ON, M4S 3C3
(416) 932-8382   SIC 8699
EASTERN COMMUNITY CENTRE p 894
See CORPORATION OF THE CITY OF TORONTO
EASTERN FLOAT GLASS, DIV OF p 860
See SAAND INC
EASTERN HEALTH p 429
See EASTERN REGIONAL INTEGRATED HEALTH AUTHORITY
EASTERN MEMORIAL HOSPITAL p 445
See GUYSBOROUGH ANTIGONISH STRAIT HEALTH AUTHORITY
EASTERN ONTARIO EDUCATION AND TRAINING CENTER p 618
See UPPER CANADA DISTRICT SCHOOL BOARD, THE
EASTERN ONTARIO HEALTH UNIT p 485
60 Anik St Suite 2, ALEXANDRIA, ON, K0C 1A0
(613) 525-1112   SIC 8621
EASTERN ONTARIO HEALTH UNIT p 618
134 Main St E Suite 301, HAWKESBURY, ON, K6A 1A3
(613) 632-4355   SIC 8621
EASTERN ONTARIO REGIONAL LEADERSHIP CENTRE (OTTAWA) p 946
See CANADIAN DIABETES ASSOCIATION
EASTERN ONTARIO WATER TECHNOLOGY LTD p 726
78 Auriga Dr Suite 1, NEPEAN, ON, K2E 7X7
(613) 225-9175   SIC 5999
EASTERN PAPER PRODUCTS LTD p 464
45 Roderick Ave, HEATHERTON, NS, B0H 1R0
(902) 386-2467   SIC 2621
EASTERN PASSAGE EDUCATION CENTRE p 454
See HALIFAX REGIONAL SCHOOL BOARD
EASTERN REGIONAL INTEGRATED HEALTH AUTHORITY p 423
2743 Campbell St, BONAVISTA, NL, A0C 1B0
(709) 468-7881   SIC 8051
EASTERN REGIONAL INTEGRATED HEALTH AUTHORITY p 423
85 Main St Suite 51, BURIN, NL, A0E 1E0
(709) 891-1040   SIC 8062
EASTERN REGIONAL INTEGRATED HEALTH AUTHORITY p 423
Gd, BELL ISLAND, NL, A0A 4H0
(709) 488-2821   SIC 8069
EASTERN REGIONAL INTEGRATED HEALTH AUTHORITY p 424
Gd, CLARKES BEACH, NL, A0A 1W0
   SIC 8062
EASTERN REGIONAL INTEGRATED HEALTH AUTHORITY p 427
1 Seniors Pl, GRAND BANK, NL, A0E 1W0
(709) 832-1660   SIC 8051
EASTERN REGIONAL INTEGRATED HEALTH AUTHORITY p 429

760 Topsail Rd, MOUNT PEARL, NL, A1N 3J5
(709) 752-4534   SIC 8062
EASTERN REGIONAL INTEGRATED HEALTH AUTHORITY p 430
1 Corrigan Pl, PLACENTIA, NL, A0B 2Y0
(709) 227-2061   SIC 8051
EASTERN REGIONAL INTEGRATED HEALTH AUTHORITY p 431
Gd, ST LAWRENCE, NL, A0E 2V0
(709) 873-2330   SIC 8011
EASTERN REGIONAL INTEGRATED HEALTH AUTHORITY p 435
154 Lemarchant Rd, ST. JOHN'S, NL, A1C 5B8
(709) 777-6300   SIC 8062
EASTERN REGIONAL INTEGRATED HEALTH AUTHORITY p 437
5 Whitbourne Ave, WHITBOURNE, NL, A0B 3K0
(709) 759-2300   SIC 8093
EASTERN SCHOOL DISTRICT p 980
49 Confederation St, CHARLOTTETOWN, PE, C1A 5V5
(902) 368-6945   SIC 8211
EASTERN SCHOOL DISTRICT p 980
335 Queen St, CHARLOTTETOWN, PE, C1A 4C5
(902) 368-6985   SIC 8211
EASTERN SCHOOL DISTRICT p 980
30 Dunkirk St, CHARLOTTETOWN, PE, C1A 3Z8
(902) 368-6400   SIC 8211
EASTERN SCHOOL DISTRICT p 980
27 Viceroy Ave, CHARLOTTETOWN, PE, C1A 2E4
(902) 368-6065   SIC 8211
EASTERN SCHOOL DISTRICT p 980
175 Spring Park Rd, CHARLOTTETOWN, PE, C1A 3Y8
(902) 368-6860   SIC 8211
EASTERN SCHOOL DISTRICT p 980
1614 Georgetown Rd, CARDIGAN, PE, C0A 1G0
(902) 583-8575   SIC 8211
EASTERN SCHOOL DISTRICT p 980
50 Pope Ave, CHARLOTTETOWN, PE, C1A 7P5
(902) 368-6085   SIC 8211
EASTERN SCHOOL DISTRICT p 980
Gd, BELLE RIVER, PE, C0A 1B0
(902) 659-7200   SIC 8211
EASTERN SCHOOL DISTRICT p 980
928 Bethel Rd, CHARLOTTETOWN, PE, C1A 7J8
(902) 569-7720   SIC 8211
EASTERN SCHOOL DISTRICT p 980
64 Maple Ave, CHARLOTTETOWN, PE, C1A 6E7
(902) 368-6780   SIC 8211
EASTERN SCHOOL DISTRICT p 980
60 Upper Prince St, CHARLOTTETOWN, PE, C1A 4S3
(902) 368-6950   SIC 8211
EASTERN SCHOOL DISTRICT p 982
80 Commonwealth Ave, CHARLOTTETOWN, PE, C1E 2E9
(902) 368-6790   SIC 8211
EASTERN SCHOOL DISTRICT p 982
69 Macwilliams Rd, CHARLOTTETOWN, PE, C1C 1L4
(902) 368-4150   SIC 8211
EASTERN SCHOOL DISTRICT p 982
100 Raider Rd, CHARLOTTETOWN, PE, C1E 1K6
(902) 368-6905   SIC 8211
EASTERN SCHOOL DISTRICT p 983
221 Kennedy St, MONTAGUE, PE, C0A 1R0
(902) 838-0860   SIC 8211
EASTERN SCHOOL DISTRICT p 983
2294 Peters Rd-Rte 324, MONTAGUE, PE, C0A 1R0
(902) 962-7400   SIC 8211
EASTERN SCHOOL DISTRICT p 983

274 Valleyfield Rd, MONTAGUE, PE, C0A 1R0
(902) 838-0835   SIC 8211
EASTERN SCHOOL DISTRICT   p 983
47 Kent St, GEORGETOWN, PE, C0A 1L0
(902) 652-8970   SIC 8211
EASTERN SCHOOL DISTRICT   p 983
622 Princes Dr, MONTAGUE, PE, C0A 1R0
(902) 838-0820   SIC 8211
EASTERN SCHOOL DISTRICT   p 983
79 Hilltop Dr, CORNWALL, PE, C0A 1H0
(902) 368-4270   SIC 8211
EASTERN SCHOOL DISTRICT   p 983
20280 Trans Canada Hwy - Rte 1, CRAPAUD, PE, C0A 1J0
(902) 658-7850   SIC 8211
EASTERN SCHOOL DISTRICT   p 983
19821 Rte 2, HUNTER RIVER, PE, C0A 1N0
(902) 964-7950   SIC 8211
EASTERN SCHOOL DISTRICT   p 983
100 Kingston Rd, CORNWALL, PE, C0A 1H8
(902) 368-4130   SIC 8211
EASTERN SCHOOL DISTRICT   p 983
80 Meadowbank Rd, CORNWALL, PE, C0A 1H0
(902) 368-6855   SIC 8211
EASTERN SCHOOL DISTRICT   p 984
15 Longworth St, SOURIS, PE, C0A 2B0
(902) 687-7130   SIC 8211
EASTERN SCHOOL DISTRICT   p 984
185 Hilltop Ave, NORTH RUSTICO, PE, C0A 1N0
(902) 963-7810   SIC 8211
EASTERN SCHOOL DISTRICT   p 984
34 Glen Stewart Dr, STRATFORD, PE, C1A 8B5
(902) 569-0550   SIC 8211
EASTERN SCHOOL DISTRICT   p 984
Gd, MORELL, PE, C0A 1S0
(902) 961-7340   SIC 8211
EASTERN SCHOOL DISTRICT   p 984
Gd, ST-PETERS BAY, PE, C0A 2A0
SIC 8211
EASTERN SHORE DISTRICT HIGH SCHOOL   p 469
See HALIFAX REGIONAL SCHOOL BOARD
EASTERN SHORES SCHOOL BOARD   p 1002
143 Av De Louisbourg, BONAVENTURE, QC, G0C 1E0
(418) 534-3446   SIC 8211
EASTERN SHORES SCHOOL BOARD   p 1011
155 Rue Monseigneur-Ross O, CHANDLER, QC, G0C 1K0
(418) 689-2233   SIC 8211
EASTERN SHORES SCHOOL BOARD   p 1134
177 Boul Gerard-D.-Levesque, NEW CARLISLE, QC, G0C 1Z0
(418) 752-3316   SIC 8211
EASTERN SHORES SCHOOL BOARD   p 1134
163 Boul Perron O, NEW RICHMOND, QC, G0C 2B0
(418) 392-4441   SIC 8211
EASTERN TOWNSHIPS SHOOL BOARD   p 1074
See COMMISSION SCOLAIRE EASTERN TOWNSHIPS
EASTERN VISA CENTRE   p 1115
See ROYAL BANK OF CANADA
EASTFIELD RESOURCES LTD   p 307
325 Howe St Suite 110, VANCOUVER, BC, V6C 1Z7
(604) 681-7913   SIC 1081
EASTGATE FORD SALES & SERVICE (1982) COMPANY INC   p 607
1831 Barton St E, HAMILTON, ON, L8H 2Y7
(905) 578-2000   SIC 5511
EASTGATE SQUARE   p 606

See TRIOVEST REALTY ADVISORS INC
EASTGATE TRUCK CENTER   p 607
See EASTGATE FORD SALES & SERVICE (1982) COMPANY INC
EASTGLEN HIGH SCHOOL   p 74
See EDMONTON SCHOOL DISTRICT NO. 7
EASTHEART ELEMENTARY   p 340
See SCHOOL DISTRICT NO 36 (SURREY)
EASTHOLME HOME FOR THE AGED   p 818
62 Big Bend Ave, POWASSAN, ON, P0H 1Z0
(705) 724-2005   SIC 8361
EASTLAKE RECREATION WELLNESS CENTER   p 2
See AIRDRIE, CITY OF
EASTLAND INDUSTRIES LIMITED   p 404
77 Industrial Park Rd, MINTO, NB, E4B 3A6
(506) 327-3321   SIC 2541
EASTON & YORK ENTERPRISES INC   p 809
1074 Lansdowne St W, PETERBOROUGH, ON, K9J 1Z9
(705) 748-6801   SIC 7011
EASTON'S 28 RESTAURANTS LTD   p 817
Hwy 28 & 401, PORT HOPE, ON, L1A 3V6
(905) 885-1400   SIC 5812
EASTON'S 28 SERVICE CENTRE LTD   p 671
3100 Steeles Ave E Suite 401, MARKHAM, ON, L3R 8T3
(905) 940-9409   SIC 5541
EASTON'S GROUP OF HOTELS INC   p 519
90 Biscayne Cres, BRAMPTON, ON, L6W 4S1
(905) 455-9000   SIC 7011
EASTON'S GROUP OF HOTELS INC   p 685
3299 Caroga Dr, MISSISSAUGA, ON, L4V 1A3
(905) 673-9800   SIC 7011
EASTON'S GROUP OF HOTELS INC   p 867
1710 The Kingsway, SUDBURY, ON, P3A 0A3
(705) 525-7700   SIC 7011
EASTON'S TORONTO AIRPORT HOTEL (COROGA) LP   p 671
3100 Steeles Ave E, MARKHAM, ON, L3R 8T3
(905) 940-9409   SIC 7011
EASTSIDE MARIO'S   p 463
See ESM BAYERS INC
EASTSIDE MARIO'S   p 805
See 1213874 ONTARIO INC
EASTSIDE MARIO'S RESTAURANT   p 541
See PRIME RESTAURANTS INC
EASTSIDE MARIOS   p 491
See NEWMARCO FOOD LIMITED
EASTVIEW ELEMENTARY SCHOOL   p 247
See SCHOOL DISTRICT NO. 44 (NORTH VANCOUVER)
EASTVIEW JUNIOR ELEMENTARY SCHOOL   p 836
See TORONTO DISTRICT SCHOOL BOARD
EASTVIEW MIDDLE SCHOOL   p 152
See BOARD OF TRUSTEES OF THE RED DEER PUBLIC SCHOOL DISTRICT NO. 104, THE
EASTVIEW PUBLIC SCHOOL   p 770
See HALTON DISTRICT SCHOOL BOARD
EASTVIEW SECONDARY SCHOOL   p 495
See SIMCOE COUNTY DISTRICT SCHOOL BOARD, THE
EASTWAY   p 805
See 1555314 ONTARIO INC
EASTWAY CHRYSLER DODGE JEEP LTD   p 837
2851 Eglinton Ave E, SCARBOROUGH, ON, M1J 2E2
(416) 264-2501   SIC 5511
EASTWAY SALES & LEASING INC   p 961
9375 Tecumseh Rd E, WINDSOR, ON, N8R 1A1
(519) 979-1900   SIC 5511
EASTWAY TOYOTA & LEXUS OF WINDSOR   p 961

See EASTWAY SALES & LEASING INC
EASTWAY TOYOTA LEXUS OF WINDSOR   p 962
See TOYOTA CANADA INC
EASTWOOD COLLEGIATE INSTITUTE   p 642
See WATERLOO REGION DISTRICT SCHOOL BOARD
EASTWOOD ELEMENTARY SCHOOL   p 961
See GREATER ESSEX COUNTY DISTRICT SCHOOL BOARD
EASTWOOD SCHOOL   p 359
See SCHOOL DISTRICT OF MYSTERY LAKE
EASY PLASTIC CONTAINERS CORPORATION   p 559
101 Jardin Dr Unit 10, CONCORD, ON, L4K 1X6
(905) 669-4466   SIC 3089
EASYFINANCIAL SERVICES INC   p 697
33 City Centre Dr Suite 510, MISSISSAUGA, ON, L5B 2N5
(905) 272-2788   SIC 6141
EATON CENTRE METROTOWN   p 191
See IVANHOE CAMBRIDGE INC
EATON ELECTRICAL, CANADIAN OPERATIONS DIV OF   p 533
See EATON INDUSTRIES (CANADA) COMPANY
EATON INDUSTRIES (CANADA) COMPANY   p 533
5050 Mainway, BURLINGTON, ON, L7L 5Z1
(905) 333-6442   SIC 5065
EATON SCHOOL   p 1267
See SUN WEST SCHOOL DIVISION NO 207 SASKATCHEWAN
EATONVILLE JUNIOR SCHOOL   p 941
See TORONTO DISTRICT SCHOOL BOARD
EAU CLAIRE MARKET CINEMAS   p 42
See CINEPLEX ODEON CORPORATION
EAU CLAIRE RETIREMENT RESIDENCE   p 48
See REVERA INC
EAUX VIVES WATER INC   p 908
25 Adelaide St E Suite 1000, TORONTO, ON, M5C 3A1
(416) 504-2222   SIC 3221
EAUX VIVES WATER INC   p 1217
11 Ch Des Sabli res Bureau 6, SAINT-MATHIEU-D'HARRICANA, QC, J0Y 1M0
(819) 727-9000   SIC 5149
EB GAMES   p 514
See ELECTRONICS BOUTIQUE CANADA INC
EBB AND FLOW FIRST NATION EDUCATION AUTHORITY   p 348
Gd, EBB AND FLOW, MB, R0L 0R0
(204) 448-2012   SIC 8211
EBB AND FLOW SCHOOL   p 348
See EBB AND FLOW FIRST NATION EDUCATION AUTHORITY
EBC INC   p 1007
3900 Rue Isabelle, BROSSARD, QC, J4Y 2R3
(450) 444-9333   SIC 1541
EBCO INDUSTRIES LTD   p 210
8510 River Rd, DELTA, BC, V4G 1B5
(604) 946-4900   SIC 3728
EBCO METAL FINISHING LIMITED PARTNERSHIP   p 266
15200 Knox Way, RICHMOND, BC, V6V 3A6
(604) 244-1500   SIC 3479
EBENISTERIE A. BEAUCAGE INC   p 1051
188 Ch Des Commissaires, L'ASSOMPTION, QC, J5W 2T7
(450) 589-6412   SIC 2434
EBENISTERIE VISITATION INC   p 1183
1066 Rue De La Visitation, Saint-Charles-Borromee, QC, J6E 7Y8

(450) 752-1895   SIC 2434
EBERHARD HARDWARE MANUFACTURING LIMITED   p 882
1523 Bell Mill Sideroad, TILLSONBURG, ON, N4G 0C9
(519) 688-3443   SIC 3429
EBI ENERGIE INC   p 998
61 Rue De Montcalm, BERTHIERVILLE, QC, J0K 1A0
(450) 836-8111   SIC 1794
EBSCO CANADA LTD   p 677
110 Copper Creek Dr Suite 305, MARKHAM, ON, L6B 0P9
(416) 297-8282   SIC 7389
EBUS ACADEMY   p 324
See BOARD OF EDUCATION OF SCHOOL DISTRICT NO. 91 (NECHAKO LAKE), THE
EC RESTAURANTS (CANADA) CORP   p 31
6001 1a St Sw Suite 200, CALGARY, AB, T2H 0G5
(403) 263-4323   SIC 5812
ECCO HEATING PRODUCTS LTD   p 17
11150 38 St Se Suite 11, CALGARY, AB, T2C 2Z6
(403) 259-4344   SIC 5074
ECCO HEATING PRODUCTS LTD   p 17
11150 38 St Se Suite 23, CALGARY, AB, T2C 2Z6
(403) 720-0895   SIC 5075
ECCO HEATING PRODUCTS LTD   p 91
11415 184 St Nw, EDMONTON, AB, T5S 0H1
(780) 479-6055   SIC 3433
ECCO HEATING PRODUCTS LTD   p 184
7959 Enterprise St, BURNABY, BC, V5A 1V5
(604) 420-4323   SIC 5075
ECCO HEATING PRODUCTS LTD   p 232
19700 Landmark Way, LANGLEY, BC, V3A 7Z5
(604) 530-2748   SIC 3444
ECCO HEATING PRODUCTS LTD   p 232
19860 Fraser Hwy, LANGLEY, BC, V3A 4C9
(604) 530-4151   SIC 3567
ECCO HEATING PRODUCTS LTD   p 1304
311 70th St E, SASKATOON, SK, S7P 0E1
(306) 242-5525   SIC 5075
ECCO MANUFACTURING   p 17
See ECCO HEATING PRODUCTS LTD
ECCO MANUFACTURING   p 232
See ECCO HEATING PRODUCTS LTD
ECCO SUPPLY   p 17
See ECCO HEATING PRODUCTS LTD
ECCO SUPPLY   p 91
See ECCO HEATING PRODUCTS LTD
ECCO SUPPLY   p 184
See ECCO HEATING PRODUCTS LTD
ECCO SUPPLY   p 232
See ECCO HEATING PRODUCTS LTD
ECCO SUPPLY   p 1304
See ECCO HEATING PRODUCTS LTD
ECHAFAUDS PLUS (LAVAL) INC   p 1228
2897 Av Francis-Hughes, SAINTE-ROSE, QC, H7L 4G8
(450) 663-1926   SIC 7359
ECHANTILLON DOMINION LTEE   p 990
8301 Rue J.-Rene-Ouimet, ANJOU, QC, H1J 2H7
(514) 374-9010   SIC 2782
ECHANTILLONNAGE A S C INC   p 1099
5425 Av Casgrain Bureau 403, Montreal, QC, H2T 1X6
(514) 277-7515   SIC 2782
ECHO ABITIBIEN ET LE CITOYEN DE LA VALLEE DE L'OR, L'   p 1254
See TRANSCONTINENTAL INC
ECHO BAY ELKS LODGE NO. 535 OF THE BENEVOLENT & PROTECTIVE ORDER OF ELKS OF CANADA, INC   p 572
96 Church St, ECHO BAY, ON, P0S 1C0
(705) 248-2989   SIC 8641
ECHO-DES-RAPIDES PUBLIC SCHOOL   p 830

See HURON-SUPERIOR CATHOLIC DISTRICT SCHOOL BOARD
ECHOLE OLDS ELEMENTARY SCHOOL p 149
See CHINOOKS EDGE SCHOOL DIVISION NO. 73
ECI TECHNOLOGY GROUP INC p 845
115 Select Ave Suite 1, SCARBOROUGH, ON, M1V 4A5
(416) 754-7539 SIC 3679
ECKEL INDUSTRIES OF CANADA LIMITED p 723
35 Allison Ave, MORRISBURG, ON, K0C 1X0
(613) 543-2967 SIC 3625
ECKVILLE CO-OPERATIVE ASSOCIATION LIMITED, THE p 73
4924 50 Ave, ECKVILLE, AB, T0M 0X0
(403) 746-2102 SIC 5411
ECKVILLE ELEMENTARY SCHOOL p 73
See WOLF CREEK SCHOOL DIVISION NO.72
ECKVILLE JUNIOR SENIOR HIGH SCHOOL p 134
See WOLF CREEK SCHOOL DIVISION NO.72
ECL GROUP OF COMPANIES LTD p 114
2303 51 Ave Nw, EDMONTON, AB, T6P 0B5
SIC 4212
ECL GROUP OF COMPANIES LTD p 497
400 Huronia Rd Unit 3, BARRIE, ON, L4N 8Y9
SIC 4213
ECL PROPERTIES LIMITED p 474
115 King St, STELLARTON, NS, B0K 0A2
(902) 755-4440 SIC 6712
ECL TRANSPORTATION p 497
See ECL GROUP OF COMPANIES LTD
ECL TRANSPORTATION FREIGHT DIVISION p 114
See ECL GROUP OF COMPANIES LTD
ECLAIRAGE LUMENPULSE INC p 1118
1751 Rue Richardson Bureau 1505, Montreal, QC, H3K 1G6
(514) 937-3003 SIC 3646
ECLAIRAGE LUMENPULSE INC p 1145
515 Rue Adanac, Quebec, QC, G1C 6B9
(418) 664-0900 SIC 3646
ECLIPSE p 435
See ECLIPSE STORES INC
ECLIPSE AUTOMATION INC p 545
130 Thompson Dr, CAMBRIDGE, ON, N1T 2E5
(519) 624-8287 SIC 3599
ECLIPSE SCIENTIFIC p 952
See ECLIPSE SCIENTIFIC PRODUCTS INC
ECLIPSE SCIENTIFIC PRODUCTS INC p 952
440 Phillip St Suite 100, WATERLOO, ON, N2L 5R9
(800) 490-1072 SIC 3569
ECLIPSE STORES INC p 435
354 Water St Suite 401, ST. JOHN'S, NL, A1C 1C4
(709) 722-0311 SIC 5621
ECMM SOLUTION CANADA INC p 584
123 Claireville Dr, ETOBICOKE, ON, M9W 6K9
SIC 5045
ECO BEAIRSTO ELEMENTARY SCHOOL p 326
See SCHOOL DISTRICT NO 22 (VERNON)
ECO ORO MINERALS CORP p 310
1055 Hastings St W Suite 300, VANCOUVER, BC, V6E 2E9
(604) 682-8212 SIC 1041
ECO OUTDOOR SPORTS LTD p 321
792 Granville St, VANCOUVER, BC, V6Z 1E4
(604) 677-4770 SIC 5941
ECO SECONDAIRE NOTREDAME p 157
See RED DEER CATHOLIC REGIONAL DIVISION NO. 39
ECO-CENTRE DE LA SEIGNEURIE p 999
See VILLE DE BLAINVILLE
ECO-NATURE p 1032
345 Boul Sainte-Rose, FABREVILLE, QC, H7L 1M7
(450) 622-1020 SIC 7999
ECOHOME FINANCIAL INC p 933
700 Lawrence Ave W Suite 325, TORONTO, ON, M6A 3B4
(905) 695-8557 SIC 8742
ECOLAB p 688
See ECOLAB CO.
ECOLAB CO. p 688
4905 Timberlea Blvd, MISSISSAUGA, ON, L4W 3W4
(905) 238-0171 SIC 2842
ECOLAB CO. p 688
5105 Tomken Rd, MISSISSAUGA, ON, L4W 2X5
(905) 238-0171 SIC 2841
ECOLAB CO. p 688
5105 Tomken Rd Suite 1, MISSISSAUGA, ON, L4W 2X5
(905) 238-0171 SIC 2842
ECOLAIT LTEE p 1246
1591 Ch Sainte-Claire, TERREBONNE, QC, J7M 1M2
(450) 478-2055 SIC 2011
ECOLE L MENTAIRE CATHOLIQUE SAINT-AMBROISE p 857
See CONSEIL SCOLAIRE DE DISTRICT DES ECOLES CATHOLIQUES DU SUD-OUEST
ECOLE ELEMENTAIRE LA MOSA QUE p 894
See CONSEIL SCOLAIRE VIAMONDE
ECOLE IGUARSIVIK p 1144
See COMMISSION SCOLAIRE KATIVIK
ECOLE PRIMAIRE DE L'ESCABELLE p 1164
See COMMISSION SCOLAIRE DE LA CAPITALE, LA
ECOLE ST-ISIDORE p 1306
See CONSEIL DES ECOLES FRANSASKOISES
ECOLE A L'OREE DES BOIS p 1169
See COMMISSION SCOLAIRE DE LA CAPITALE, LA
ECOLE A L'OREE DES BOIS p 1184
See COMMISSION SCOLAIRE DE LA RIVIERE-DU-NORD
ECOLE ABANA p 1135
See COMMISSION SCOLAIRE ABITIBI
ECOLE ABBEY-LANDRY p 404
See SCHOOL BOARD DISTRICT 01
ECOLE ADELARD DESROSIERS p 1132
See COMMISSION SCOLAIRE DE LA POINTE-DE-L'ILE
ECOLE ADRIEN GAMACHE p 1072
See COMMISSION SCOLAIRE MARIE-VICTORIN
ECOLE AGNES DAVIDSON SCHOOL p 140
See LETHBRIDGE SCHOOL DISTRICT NO. 51
ECOLE AIRDRIE MIDDLE SCHOOL p 3
See ROCKY VIEW SCHOOL DIVISION NO. 41, THE
ECOLE AKIVA, L' p 1262
450 Av Kensington, WESTMOUNT, QC, H3Y 3A2
(514) 939-2430 SIC 8211
ECOLE ALBERNI ELEMENTARY SCHOOL p 254
See SCHOOL DISTRICT #70 (ALBERNI) SCHOOL BOARD
ECOLE ALBERT-SCHWEITZER p 1182
See COMMISSION SCOLAIRE DES PATRIOTES
ECOLE ALEX MANOOGIAN-D'ARMEN QUEBEC DE L'U.G.A.B. p 1205
See ECOLE ARMEN–QUEBEC DE L'UNION GENERALE ARMENIENNE DE BIENFAISANCE
ECOLE ALFRED DESROCHERS p 1241
See COMMISSION SCOLAIRE DE LA REGION-DE-SHERBROOKE
ECOLE ALICE PARIZEAU p 1124
See COMMISSION SCOLAIRE DE MONTREAL
ECOLE ALLION SCHOOL p 1060
See LESTER B. PEARSON SCHOOL BOARD
ECOLE ALTERNATIVE DES CHEMINOTS p 1022
See COMMISSION SCOLAIRE DES GRANDES-SEIGNEURIES
ECOLE ALTERNATIVE PHONIX p 1018
See SIR WILFRID LAURIER SCHOOL BOARD
ECOLE ALVIN BUCKWOLD SCHOOL p 1293
See BOARD OF EDUCATION OF SASKATOON SCHOOL DIVISION NO. 13 OF SASKATCHEWAN, THE
ECOLE AMI JOIE ET DES GRES p 1185
See COMMISSION SCOLAIRE DU CHEMIN-DU-ROY
ECOLE AMIRAULT p 397
See SCHOOL BOARD DISTRICT 01
ECOLE ANDRE GAGNON p 1014
See COMMISSION SCOLAIRE DES RIVES-DU-SAGUENAY
ECOLE ANDRE-PIOLAT p 249
See COMMISSION SCOLAIRE FRANCOPHONE DE LA COLOMBIE BRITANNIQUE
ECOLE ANICET-MORIN p 885
See CONSEIL SCOLAIRE CATHOLIQUE DE DISTRICT DES GRANDES RIVIERES, LE
ECOLE ANNE HEBERT p 1158
See COMMISSION SCOLAIRE DE LA CAPITALE, LA
ECOLE ANNE HEBERT ELEMENTARY SCHOOL p 296
See CONSEIL SCOLAIRE FRANCOPHONE DE LA COLOMBIE BRITANNIQUE
ECOLE ANTOINE GIROUARD p 1003
See COMMISSION SCOLAIRE DES PATRIOTES
ECOLE ANTOINE ROY p 1033
See COMMISSION SCOLAIRE DES CHIC-CHOCS
ECOLE APOLLO XI p 395
See CONSEIL SCOLAIRE DISTRICT NO 5
ECOLE ARC EN CIEL p 987
See COMMISSION SCOLAIRE DU LAC-ST-JEAN
ECOLE ARC-EN-CIEL p 411
See SCHOOL BOARD DISTRICT 01
ECOLE ARC-EN-CIEL p 777
See CONSEIL DES ECOLES CATHOLIQUES DE LANGUE FRANCAISE DU CENTRE-EST
ECOLE ARC-EN-CIEL DE SAINT-ODILON p 1218
See COMMISSION SCOLAIRE DE LA BEAUCE-ETCHEMIN
ECOLE ARMEN–QUEBEC DE L'UNION GENERALE ARMENIENNE DE BIENFAISANCE p 1205
755 Rue Manoogian, SAINT-LAURENT, QC, H4N 1Z5
(514) 744-5636 SIC 8211
ECOLE ARSANIQ p 1048
See COMMISSION SCOLAIRE KATIVIK
ECOLE ASIMAUTAQ p 1050
See COMMISSION SCOLAIRE KATIVIK
ECOLE ASSINIBOINE SCHOOL p 385
See ST. JAMES-ASSINIBOIA SCHOOL DIVISION
ECOLE ASSOMPTION p 1195
See COMMISSION SCOLAIRE DE SAINT-HYACINTHE, LA
ECOLE AU-FIL-DE-L'EAU p 1082
See COMMISSION SCOLAIRE DES PATRIOTES
ECOLE AUCLAIR p 1214
See COMMISSION SCOLAIRE DES TROIS-LACS
ECOLE AUX 4 VENTS p 1076
See COMMISSION SCOLAIRE DES AFFLUENTS
ECOLE AUX QUATRE VENTS p 396
See CONSEIL SCOLAIRE DISTRICT NO 5
ECOLE AUX QUATRE VENTS p 1034
See COMMISSION SCOLAIRE AU COEUR DES VALLEES
ECOLE AUX QUATRE VENTS p 1055
See COMMISSION SCOLAIRE PIERRE-NEVEU, LA
ECOLE AUX QUATRE VENTS p 1197
See COMMISSION SCOLAIRE DES HAUTES-RIVIERES
ECOLE AUX QUATRE-VENT p 1078
See COMMISSION SCOLAIRE DE LA RIVIERE-DU-NORD
ECOLE AUX QUATRE-VENTS I p 1146
See COMMISSION SCOLAIRE DES PREMIERES-SEIGNEURIES
ECOLE AUX QUATRE-VENTS-ST_JUDE p 1202
See COMMISSION SCOLAIRE DE SAINT-HYACINTHE, LA
ECOLE AUX QUATRES VENTS p 1002
See COMMISSION SCOLAIRE RENE-LEVESQUE
ECOLE BAIE SAINT FRANCOIS p 1232
See COMMISSION SCOLAIRE DE LA VALLEE-DES-TISSERANDS, LA
ECOLE BALLENAS SECONDARY SCHOOL p 251
See SCHOOL DISTRICT NO 69 (QUALICUM)
ECOLE BANNATYNE SCHOOL p 385
See ST. JAMES-ASSINIBOIA SCHOOL DIVISION
ECOLE BARABE DROUIN p 1196
See COMMISSION SCOLAIRE DE LA BEAUCE-ETCHEMIN
ECOLE BARIL p 1089
See COMMISSION SCOLAIRE DE MONTREAL
ECOLE BEAU MEADOW SCHOOL p 5
See BLACK GOLD REGIONAL DIVISION #18
ECOLE BEAU SOLEIL p 1269
See CONSEIL DES ECOLES FRANSASKOISES
ECOLE BEAU-PORT p 442
See CONSEIL SCOLAIRE ACADIEN PROVINCIAL
ECOLE BEAUBIEN p 1083
See COMMISSION SCOLAIRE DE LA COTE-DU-SUD, LA
ECOLE BEAULIEU p 1240
See COMMISSION SCOLAIRE DE LA REGION-DE-SHERBROOKE
ECOLE BEAUSEJOUR p 408
See SCHOOL BOARD DISTRICT 01
ECOLE BEAUSEJOUR p 997
See COMMISSION SCOLAIRE DE LA RIVERAINE
ECOLE BEDFORD p 1120
See COMMISSION SCOLAIRE DE MONTREAL
ECOLE BEL ESSOR p 1072
See COMMISSION SCOLAIRE MARIE-VICTORIN
ECOLE BELLE RIVE p 1034
See COMMISSION SCOLAIRE DES DRAVEURS
ECOLE BELLE-VUE p 993
See COMMISSION SCOLAIRE DE LA COTE-DU-SUD, LA
ECOLE BELLEAU GAGNON p 1191
See COMMISSION SCOLAIRE DES NAVIGATEURS
ECOLE BELLEFEUILLE p 1243
See COMMISSION SCOLAIRE ABITIBI

BUSINESSES ALPHABETICALLY

ECOLE BELLEFEUILLE PAVILLON DE POULARIES p 1144
See COMMISSION SCOLAIRE ABITIBI
ECOLE BELLEVILLE p 478
See CONSEIL SCOLAIRE ACADIEN PROVINCIAL
ECOLE BELLEVUE SCHOOL p 5
See BLACK GOLD REGIONAL DIVISION #18
ECOLE BELMONT SCHOOL p 371
See SEVEN OAKS SCHOOL DIVISION
ECOLE BERNARD GRANDMAITRE p 595
See CONSEIL DES ECOLES CATHOLIQUES DE LANGUE FRANCAISE DU CENTRE-EST
ECOLE BERNECHE p 1196
See COMMISSION SCOLAIRE DES SAMARES
ECOLE BIENVILLE p 1091
See COMMISSION SCOLAIRE DE MONTREAL
ECOLE BILINGUE NOTRE DAME SION p 1203
1775 Rue Decarie, SAINT-LAURENT, QC, H4L 3N5
(514) 747-3895   SIC 8211
ECOLE BLANCHE-BOURGEOIS p 396
See DISTRICT SCOLAIRE 11
ECOLE BOIJOLI SAINT NARCISSE p 1218
See COMMISSION SCOLAIRE DES PHARES
ECOLE BOIS DU NORD p 994
See COMMISSION SCOLAIRE DE L'ESTUAIRE
ECOLE BOIS JOLI SACRE COEUR p 1194
See COMMISSION SCOLAIRE DE SAINT-HYACINTHE, LA
ECOLE BOIS-FRANC AQUARELLE p 1203
See COMMISSION SCOLAIRE DE MONTREAL
ECOLE BOIS-JOLI p 447
See CONSEIL SCOLAIRE ACADIEN PROVINCIAL
ECOLE BOIS-JOLI p 1234
See COMMISSION SCOLAIRE DU FER
ECOLE BOIS-JOLI p 1241
See COMMISSION SCOLAIRE DE LA JONQUIERE
ECOLE BOISVERT p 993
See COMMISSION SCOLAIRE DE L'ESTUAIRE
ECOLE BON PASTEUR p 1043
See COMMISSION SCOLAIRE RENE-LEVESQUE
ECOLE BON PASTEUR p 1073
See COMMISSION SCOLAIRE DES BOIS-FRANCS
ECOLE BON PASTEUR STE JEANNE D'ARC p 1023
See COMMISSION SCOLAIRE DU PAYS-DES-BLEUETS
ECOLE BONAVENTURE IMMERSION p 355
See LORD SELKIRK SCHOOL DIVISION, THE
ECOLE BOREALE p 1063
See COMMISSION SCOLAIRE DE LA BAIE JAMES
ECOLE BRASSARD-ST-PATRICE p 1074
See COMMISSION SCOLAIRE DES SOMMETS
ECOLE BROXTON PARK SCHOOL p 165
See PARKLAND SCHOOL DIVISION NO. 70
ECOLE BRUYERE p 1030
See COMMISSION SCOLAIRE DES CHENES
ECOLE BUISSONNIERE, CENTRE DE FORMATION ARTISTIQUE INC p 1136
215 Av De L'Epee, OUTREMONT, QC, H2V 3T3
(514) 272-4739   SIC 8211
ECOLE BURTON ETTINGER ELEMENTARY p 463

See HALIFAX REGIONAL SCHOOL BOARD
ECOLE C E POULIOT p 1033
See COMMISSION SCOLAIRE DES CHICCHOCS
ECOLE CAMILLE J. LAROUGE SCHOOL p 153
See RED DEER CATHOLIC REGIONAL DIVISION NO. 39
ECOLE CAMILLE-VAUTOUR p 419
See DISTRICT SCOLAIRE 11
ECOLE CANADIENNE-FRANCAISE PAVILLON ELEMENTAIRE & INTERMEDIAIRE p 1292
See CONSEIL DES ECOLES FRANSASKOISES
ECOLE CANADIENNE-FRANCAISE PAVILLON SECONDAIRE p 1293
See CONSEIL DES ECOLES FRANSASKOISES
ECOLE CARDINAL LEGER p 639
See CONSEIL SCOLAIRE DE DISTRICT CATHOLIQUE CENTRE-SUD
ECOLE CARDINAL LEGER p 1204
See COMMISSION SCOLAIRE MARGUERITE-BOURGEOYS
ECOLE CARILLON p 1070
See COMMISSION SCOLAIRE MARIE-VICTORIN
ECOLE CARLE p 1034
See COMMISSION SCOLAIRE DES DRAVEURS
ECOLE CARREFOUR DE L'ACADIE p 397
See SCHOOL BOARD DISTRICT 01
ECOLE CASCATELLE p 1048
See COMMISSION SCOLAIRE DES BOIS-FRANCS
ECOLE CATHEDRALE p 631
See ALGONQUIN & LAKESHORE CATHOLIC DISTRICT SCHOOL BOARD
ECOLE CATHOLIQUE ANDRE CARY p 626
See CONSEIL SCOLAIRE CATHOLIQUE DE DISTRICT DES GRANDES RIVIERES, LE
ECOLE CATHOLIQUE DON-BOSCO p 884
See CONSEIL SCOLAIRE CATHOLIQUE DE DISTRICT DES GRANDES RIVIERES, LE
ECOLE CATHOLIQUE SAINT-MARIE GREENVALLEY p 597
See CONSEIL SCOLAIRE DE DISTRICT CATHOLIQUE DE L'EST ONTARIEN
ECOLE CATHOLIQUE SAINTE LUCIE p 666
See CONSEIL SCOLAIRE DE DISTRICT CATHOLIQUE DE L'EST ONTARIEN
ECOLE CATHOLIQUE ST ANNE p 619
See CONSEIL SCOLAIRE CATHOLIQUE DE DISTRICT DES GRANDES RIVIERES, LE
ECOLE CATHOLIQUE ST DOMINIQUE p 883
See CONSEIL SCOLAIRE CATHOLIQUE DE DISTRICT DES GRANDES RIVIERES, LE
ECOLE CATHOLIQUE STE CROIX p 605
See CONSEIL SCOLAIRE CATHOLIQUE DE DISTRICT DES GRANDES RIVIERES, LE
ECOLE CEDARCREST p 1203
See COMMISSION SCOLAIRE ENGLISH-MONTREAL
ECOLE CENTRAL MIDDLE SCHOOL p 152
See BOARD OF TRUSTEES OF THE RED DEER PUBLIC SCHOOL DISTRICT NO. 104, THE
ECOLE CENTRALE p 363
See RIVER EAST TRANSCONA SCHOOL DIVISION
ECOLE CENTRALE p 1044
See COMMISSION SCOLAIRE DES ILES
ECOLE CENTRALE p 1260
See COMMISSION SCOLAIRE DES BOIS-FRANCS

ECOLE CENTRALE ST-ANTOINE-ABBE p 1179
See COMMISSION SCOLAIRE DE LA VALLEE-DES-TISSERANDS, LA
ECOLE CHAMBLY DE BOURGOGNE p 1010
See COMMISSION SCOLAIRE DES PATRIOTES
ECOLE CHAMPLAIN p 955
See CONSEIL SCOLAIRE VIAMONDE
ECOLE CHAMPS & MAREES-CHAMPLAIN p 1010
See COMMISSION SCOLAIRE DU CHEMIN-DU-ROY
ECOLE CHANOINE DELISLE p 1233
See COMMISSION SCOLAIRE DE L'OR-ET-DES-BOIS
ECOLE CHANTE-AU-VENT p 1223
See COMMISSION SCOLAIRE DES LAURENTIDES
ECOLE CHARLES BRUNEAU p 1007
See COMMISSION SCOLAIRE MARIE-VICTORIN
ECOLE CHARLES BRUNEAU p 1098
See COMMISSION SCOLAIRE DE MONTREAL
ECOLE CHARLESWOOD SCHOOL p 388
See PEMBINA TRAILS SCHOOL DIVISION, THE
ECOLE CHEBUCTO HEIGHTS ELEMENTARY SCHOOL p 463
See HALIFAX REGIONAL SCHOOL BOARD
ECOLE CHENIER p 992
See COMMISSION SCOLAIRE DE LA POINTE-DE-L'ILE
ECOLE CHRIST ROI p 1077
See COMMISSION SCOLAIRE DE SOREL-TRACY
ECOLE CHRIST-ROI p 1072
See COMMISSION SCOLAIRE MARIE-VICTORIN
ECOLE CHRISTINE LESPERNACE p 368
See DIVISION SCOLAIRE FRANCO-MANITOBAINE
ECOLE CHRISTINE MORRISON ELEMENTARY p 238
See SCHOOL DISTRICT #75 (MISSION)
ECOLE CHRISTMAS PARK p 995
See LESTER B. PEARSON SCHOOL BOARD
ECOLE CIT -JEUNESSE p 944
See CONSEIL DES ECOLES PUBLIQUES DE L'EST L'ONTARIO
ECOLE CITADELLE p 136
See CONSEIL SCOLAIRE CENTRE-NORD
ECOLE CITE DE L'AMITIE p 393
See CONSEIL SCOLAIRE DISTRICT NO 5
ECOLE CITE ETUDIANTE p 1175
See COMMISSION SCOLAIRE DU PAYS-DES-BLEUETS
ECOLE CLEMENT CORMIER p 395
See DISTRICT SCOLAIRE 11
ECOLE COEUR IMMACULE ST VALERE p 1222
See COMMISSION SCOLAIRE DES BOIS-FRANCS
ECOLE COEUR SOLEIL p 1129
See COMMISSION SCOLAIRE DE LAVAL
ECOLE COEUR VAILLANT CAMPANILE p 1163
See COMMISSION SCOLAIRE DES DECOUVREURS
ECOLE COLLEGE PARK SCHOOL p 1292
See BOARD OF EDUCATION OF SASKATOON SCHOOL DIVISION NO. 13 OF SASKATCHEWAN, THE
ECOLE COLLEGE REGIONAL GABRIELLE ROY p 350
See DIVISION SCOLAIRE FRANCO-MANITOBAINE
ECOLE COLONIALE ESTATES SCHOOL p 5

See BLACK GOLD REGIONAL DIVISION #18
ECOLE COMMERCIALE DU CAP INC p 1248
90 Rue Dorval, Trois-Rivieres, QC, G8T 5X7
(819) 691-2600   SIC 8244
ECOLE COMMUNAUTAIRE AURELE-LEMOINE p 356
See DIVISION SCOLAIRE FRANCO-MANITOBAINE
ECOLE COMMUNAUTAIRE BELZ p 1136
1495 Av Ducharme, OUTREMONT, QC, H2V 1E8
(514) 271-0611   SIC 8211
ECOLE COMMUNAUTAIRE L'ESCALE DES JEUNES p 395
See DISTRICT SCOLAIRE FRANCOPHONE NORD-EST
ECOLE COMMUNAUTAIRE REAL BERARD p 356
See DIVISION SCOLAIRE FRANCO-MANITOBAINE
ECOLE CONNAUGHT SCHOOL p 143
See MEDICINE HAT SCHOOL DISTRICT NO. 76
ECOLE CORPUS CHRISTI p 780
See CONSEIL SCOLAIRE DE DISTRICT CATHOLIQUE CENTRE-SUD
ECOLE CRANE p 390
See PEMBINA TRAILS SCHOOL DIVISION, THE
ECOLE CRESCENTVIEW SCHOOL p 354
See PORTAGE LA PRAIRIE SCHOOL DIVISION
ECOLE CURE BRASSARD p 1135
See COMMISSION SCOLAIRE DE LA RIVERAINE
ECOLE CURE CHAMBERLAND p 1249
See COMMISSION SCOLAIRE DU CHEMIN-DU-ROY
ECOLE CYRILLE BRASSARD p 1184
See COMMISSION SCOLAIRE DES CHENES
ECOLE D'IBERVILLE p 1192
See COMMISSION SCOLAIRE MARIE-VICTORIN
ECOLE D'YOUVILLE p 1202
See COMMISSION SCOLAIRE DE LA BEAUCE-ETCHEMIN
ECOLE DAGENAIS p 1137
See COMMISSION SCOLAIRE ABITIBI
ECOLE DE BELLEGARDE p 1264
See CONSEIL DES ECOLES FRANSASKOISES
ECOLE DE CARILLON p 1238
See COMMISSION SCOLAIRE DE LA REGION-DE-SHERBROOKE
ECOLE DE CHATEAU D'EAU p 1163
See COMMISSION SCOLAIRE DE LA CAPITALE, LA
ECOLE DE CIRQUE DE QUEBEC p 1151
750 2e Av, Quebec, QC, G1L 3B7
(418) 525-0101   SIC 7999
ECOLE DE CONDUITE TECNIC p 1152
See EXCELLENT GESTION INC
ECOLE DE COURVILLOISE p 1145
See COMMISSION SCOLAIRE DES PREMIERES-SEIGNEURIES
ECOLE DE FORESTIERS p 988
See COMMISSION SCOLAIRE HARRICANA
ECOLE DE FORMATION PROFESIONELLE CHATEAUGUAY p 1012
See COMMISSION SCOLAIRE DES GRANDES-SEIGNEURIES
ECOLE DE FORMATION PROFESSIONNELLE STELLA MARIS ANNEXE p 1089
See COMMISSION SCOLAIRE DE MONTREAL
ECOLE DE GRANDE DIGUE p 403

See SCHOOL BOARD DISTRICT 01
ECOLE DE HOCKEY DE LA CAPITALE INC
p 1151
21 Rue Jacques-Cartier App 2, Quebec, QC, G1L 3R6
SIC 7941
ECOLE DE L 'ESCALADE p 1035
See *COMMISSION SCOLAIRE DES DRAVEURS*
ECOLE DE L' ENVOL p 1054
See *COMMISSION SCOLAIRE ABITIBI*
ECOLE DE L' EPERVIERE p 1178
See *COMMISSION SCOLAIRE DES NAVIGATEURS*
ECOLE DE L'ACCUEIL p 1168
See *COMMISSION SCOLAIRE DE LA CAPITALE, LA*
ECOLE DE L'AIZE & MOUSSERONS p 1196
See *COMMISSION SCOLAIRE DES NAVIGATEURS*
ECOLE DE L'ALIZE & MOUSSERONS p 1068
See *COMMISSION SCOLAIRE DES NAVIGATEURS*
ECOLE DE L'ANSE p 1224
See *COMMISSION SCOLAIRE DES CHICCHOCS*
ECOLE DE L'ANSE AU SABLE p 223
See *CONSEIL SCOLAIRE FRANCOPHONE DE LA COLOMBIE BRITANNIQUE*
ECOLE DE L'AQUARELLE p 1082
See *COMMISSION SCOLAIRE DES PATRIOTES*
ECOLE DE L'AUBERIVIERE p 1066
See *COMMISSION SCOLAIRE DES NAVIGATEURS*
ECOLE DE L'ENVOL p 1147
See *COMMISSION SCOLAIRE DES PREMIERES-SEIGNEURIES*
ECOLE DE L'ENVOL PAVILLON VICTOR CORMIER p 1054
See *COMMISSION SCOLAIRE ABITIBI*
ECOLE DE L'ENVOLEE p 1036
See *COMMISSION SCOLAIRE DES DRAVEURS*
ECOLE DE L'ENVOLEE p 1179
See *COMMISSION SCOLAIRE DES PATRIOTES*
ECOLE DE L'ENVOLEE p 1199
See *COMMISSION SCOLAIRE DE LA RIVIERE-DU-NORD*
ECOLE DE L'ESCALADE PAVILLON 2E CYCLE p 1168
See *COMMISSION SCOLAIRE DES PREMIERES-SEIGNEURIES*
ECOLE DE L'ESCALE ET DU PLATEAU p 1147
See *COMMISSION SCOLAIRE DES PREMIERES-SEIGNEURIES*
ECOLE DE L'ETINCELLE p 1183
See *COMMISSION SCOLAIRE DE LA COTE-DU-SUD, LA*
ECOLE DE L'ETINCELLE p 1245
See *COMMISSION SCOLAIRE DES AFFLUENTS*
ECOLE DE L'HORIZON SOLEIL p 1201
See *COMMISSION SCOLAIRE DE LA RIVIERE-DU-NORD*
ECOLE DE L'ODYSSEE p 1034
See *COMMISSION SCOLAIRE DES DRAVEURS*
ECOLE DE L'ODYSSEE p 1068
See *COMMISSION SCOLAIRE DES NAVIGATEURS*
ECOLE DE LA CARRIERE p 1080
See *COMMISSION SCOLAIRE PIERRE-NEVEU, LA*
ECOLE DE LA CHANTERELLE p 1169
See *COMMISSION SCOLAIRE DE LA CAPITALE, LA*
ECOLE DE LA CHANTERELLE p 1181
See *COMMISSION SCOLAIRE DES PATRIOTES*

ECOLE DE LA CHANTIGNOLE p 1005
See *COMMISSION SCOLAIRE DU VAL-DES-CERFS*
ECOLE DE LA CHAUMIERE p 1164
See *COMMISSION SCOLAIRE DE LA CAPITALE, LA*
ECOLE DE LA CLE DES CHAMPUBLIC SCHOOL p 1031
See *COMMISSION SCOLAIRE DU VAL-DES-CERFS*
ECOLE DE LA CROISSE p 1221
See *COMMISSION SCOLAIRE DES BOIS-FRANCS*
ECOLE DE LA DURANTAYE p 1200
See *COMMISSION SCOLAIRE DE LA RIVIERE-DU-NORD*
ECOLE DE LA FERME NEUVE p 1033
See *COMMISSION SCOLAIRE PIERRE-NEVEU, LA*
ECOLE DE LA GRANDE ERMINE p 1151
See *COMMISSION SCOLAIRE DE LA CAPITALE, LA*
ECOLE DE LA HAUTE-VILLE p 1041
See *COMMISSION SCOLAIRE DU VAL-DES-CERFS*
ECOLE DE LA JEUNE-RELEVE p 1234
See *COMMISSION SCOLAIRE DE L'ENERGIE*
ECOLE DE LA MADONE p 1079
See *COMMISSION SCOLAIRE PIERRE-NEVEU, LA*
ECOLE DE LA MAGDELEINE p 1053
See *COMMISSION SCOLAIRE DES GRANDES-SEIGNEURIES*
ECOLE DE LA MAISONNEE p 1240
See *COMMISSION SCOLAIRE DE LA REGION-DE-SHERBROOKE*
ECOLE DE LA MOISSON-D'OR p 1040
See *COMMISSION SCOLAIRE DU VAL-DES-CERFS*
ECOLE DE LA MONTAGNE p 1135
See *COMMISSION SCOLAIRE AU COEUR DES VALLEES*
ECOLE DE LA MONTEE p 1034
See *COMMISSION SCOLAIRE DES DRAVEURS*
ECOLE DE LA MOSAIQUE p 1018
See *COMMISSION SCOLAIRE DE LAVAL*
ECOLE DE LA MOSAIQUE p 1181
See *COMMISSION SCOLAIRE DES PATRIOTES*
ECOLE DE LA MOSAIQUE p 1192
See *COMMISSION SCOLAIRE MARIE-VICTORIN*
ECOLE DE LA NACELLE p 1068
See *COMMISSION SCOLAIRE DES NAVIGATEURS*
ECOLE DE LA NOUVELLE CADIE p 1190
See *COMMISSION SCOLAIRE DE LA COTE-DU-SUD, LA*
ECOLE DE LA PASSERELLE p 1196
See *COMMISSION SCOLAIRE DES APPALACHES*
ECOLE DE LA PRIMEROSE p 1145
See *COMMISSION SCOLAIRE DES PREMIERES-SEIGNEURIES*
ECOLE DE LA PULPERIE p 1015
See *COMMISSION SCOLAIRE DES RIVES-DU-SAGUENAY*
ECOLE DE LA RELANCE p 1146
See *COMMISSION SCOLAIRE DES PREMIERES-SEIGNEURIES*
ECOLE DE LA RIVEREINE ET SAINT-ZOTIQUE p 1222
See *COMMISSION SCOLAIRE DES TROIS-LACS*
ECOLE DE LA ROCADE p 1185
See *COMMISSION SCOLAIRE DE SAINT-HYACINTHE, LA*
ECOLE DE LA ROSE DES VENTS p 1068
See *COMMISSION SCOLAIRE DES NAVIGATEURS*
ECOLE DE LA ROSE DES VENTS p 1173

See *COMMISSION SCOLAIRE DES PHARES*
ECOLE DE LA ROSE DES VENTS PAVILLON SAINT PIERRE p 1045
See *COMMISSION SCOLAIRE DE CHARLEVOIX, LA*
ECOLE DE LA SOURCE p 35
See *CONSEIL SCOLAIRE DU SUD DE L'ALBERTA*
ECOLE DE LA SOURCE p 1061
See *COMMISSION SCOLAIRE DES NAVIGATEURS*
ECOLE DE LA SOURCE p 1235
See *COMMISSION SCOLAIRE DE L'ENERGIE*
ECOLE DE LA SOURCE p 1255
See *COMMISSION SCOLAIRE DES PATRIOTES*
ECOLE DE LA TOURELLE p 993
See *COMMISSION SCOLAIRE DES SOMMETS*
ECOLE DE LA TRAVERSEE EDIFICE STE MARIA GORETTI p 1034
See *COMMISSION SCOLAIRE DES DRAVEURS*
ECOLE DE LA VALLEE p 1221
See *COMMISSION SCOLAIRE DES LAURENTIDES*
ECOLE DE LA VALLEE DE MEKINAC p 1221
See *COMMISSION SCOLAIRE DE L'ENERGIE*
ECOLE DE LA VOLIERE p 1183
See *COMMISSION SCOLAIRE DE LA RIVIERE-DU-NORD*
ECOLE DE LANGUE FRANCAISE DE TROIS PISTOLES p 1247
See *UNIVERSITY OF WESTERN ONTARIO, THE*
ECOLE DE LANGUES DE L'ESTRIE INC p 1117
1819 Boul Rene-Levesque O Bureau 200, Montreal, QC, H3H 2P5
SIC 8299
ECOLE DE LANGUES DE L'ESTRIE INC p 1158
1535 Ch Sainte-Foy Bureau 305, Quebec, QC, G1S 2P1
SIC 8299
ECOLE DE LERY-MONSEIGNEUR-DE-LAVAL p 996
See *COMMISSION SCOLAIRE DE LA BEAUCE-ETCHEMIN*
ECOLE DE MARICOURT p 1192
See *COMMISSION SCOLAIRE MARIE-VICTORIN*
ECOLE DE MONTARVILLE p 1182
See *COMMISSION SCOLAIRE DES PATRIOTES*
ECOLE DE MUSIQUE JACQUES HETU p 1247
See *COMMISSION SCOLAIRE DU CHEMIN-DU-ROY*
ECOLE DE MUSIQUE VINCENT-D'INDY p 1136
628 Ch De La Cote-Sainte-Catherine, OUTREMONT, QC, H2V 2C5
(514) 735-5261 SIC 8299
ECOLE DE NORMANDIE p 1070
See *COMMISSION SCOLAIRE MARIE-VICTORIN*
ECOLE DE POINTE DU LAC PAVILLON NOTRE DAME p 1252
See *COMMISSION SCOLAIRE DU CHEMIN-DU-ROY*
ECOLE DE POINTE-DU-LAC p 1252
See *COMMISSION SCOLAIRE DU CHEMIN-DU-ROY*
ECOLE DE RICHELIEU p 1171
See *COMMISSION SCOLAIRE DES HAUTES-RIVIERES*
ECOLE DE SAINT FLORE p 1042

See *COMMISSION SCOLAIRE DE L'ENERGIE*
ECOLE DE SAINTE FELICITE p 1226
See *COMMISSION SCOLAIRE DE LA COTE-DU-SUD, LA*
ECOLE DE SAINTE-EDWIDGE & LIGUGE p 1076
See *COMMISSION SCOLAIRE DES HAUTS-CANTONS*
ECOLE DE SUTTON p 1243
See *COMMISSION SCOLAIRE DU VAL-DES-CERFS*
ECOLE DE TANIATA p 1068
See *COMMISSION SCOLAIRE DES NAVIGATEURS*
ECOLE DE WEDGEPORT p 479
See *CONSEIL SCOLAIRE ACADIEN PROVINCIAL*
ECOLE DEER MEADOW SCHOOL p 149
See *CHINOOKS EDGE SCHOOL DIVISION NO. 73*
ECOLE DEMERS p 1062
See *COMMISSION SCOLAIRE DE LAVAL*
ECOLE DENISE PELLETIER p 1085
See *COMMISSION SCOLAIRE DE LA POINTE-DE-L'ILE*
ECOLE DERSANT NORD p 393
See *CONSEIL SCOLAIRE DISTRICT NO 5*
ECOLE DES 2 RIVIERES p 1217
See *COMMISSION SCOLAIRE DES CHENES*
ECOLE DES ALIZEES p 1079
See *COMMISSION SCOLAIRE DES PHARES*
ECOLE DES BATISSEURS p 401
See *SCHOOL BOARD DISTRICT 01*
ECOLE DES BEAUX SEJOURS p 1172
See *COMMISSION SCOLAIRE DES PHARES*
ECOLE DES BOIS-ET-MAREES p 1227
See *COMMISSION SCOLAIRE DES PHARES*
ECOLE DES BOISOS p 1179
See *COMMISSION SCOLAIRE DE L'ENERGIE*
ECOLE DES BOURLINGUEURS p 1053
See *COMMISSION SCOLAIRE DES GRANDES-SEIGNEURIES*
ECOLE DES CEDRES p 1129
See *COMMISSION SCOLAIRE DE LAVAL*
ECOLE DES DEUX-RIVES p 238
See *CONSEIL SCOLAIRE FRANCOPHONE DE LA COLOMBIE BRITANNIQUE*
ECOLE DES DEUX-SOLEILS p 1074
See *COMMISSION SCOLAIRE DES SOMMETS*
ECOLE DES GRANDS VENTS PAVILLON SACRE COEUR p 1188
See *COMMISSION SCOLAIRE DES SAMARES*
ECOLE DES HAUTBOIS p 1183
See *COMMISSION SCOLAIRE DE LA RIVIERE-DU-NORD*
ECOLE DES HAUTS BOIS p 1076
See *COMMISSION SCOLAIRE DES AFFLUENTS*
ECOLE DES HAUTS PLACES p 1050
See *COMMISSION SCOLAIRE DES DECOUVREURS*
ECOLE DES HAUTS-PLATEAUX PAVILLON MARIE-ELISABETH p 1188
See *COMMISSION SCOLAIRE DES PHARES*
ECOLE DES MERISIERS p 1174
See *COMMISSION SCOLAIRE DES PHARES*
ECOLE DES METIERS DES FAUBOURGS-DE-MONTREAL, ANNEXE 1 p 1122
See *COMMISSION SCOLAIRE DE MONTREAL*
ECOLE DES METIERS DU SUD OUEST DE MONTREAL p 1123
See *COMMISSION SCOLAIRE DE MON-*

TREAL
ECOLE DES MILLE-FLEURES p 1193
See COMMISSION SCOLAIRE MARIE-VICTORIN
ECOLE DES MOISSONS p 1170
See COMMISSION SCOLAIRE DES AFFLUENTS
ECOLE DES MOUSSAILLONS p 1064
See COMMISSION SCOLAIRE DES NAVIGATEURS
ECOLE DES PERSEIDES p 1140
See COMMISSION SCOLAIRE DE LA SEIGNEURIE-DES-MILLE-ILES
ECOLE DES PETITS CASTORS p 1189
See COMMISSION SCOLAIRE DE LA BEAUCE-ETCHEMIN
ECOLE DES PETITS CHEMINOTS p 1067
See COMMISSION SCOLAIRE DES NAVIGATEURS
ECOLE DES PETITS EXPLORATEURS p 1070
See COMMISSION SCOLAIRE MARIE-VICTORIN
ECOLE DES PINS p 593
See CONSEIL DES ECOLES CATHOLIQUES DE LANGUE FRANCAISE DU CENTRE-EST
ECOLE DES PIONIERS PAVILLON MARGUERITE BOURGEOIS p 1180
See COMMISSION SCOLAIRE DES DECOUVREURS
ECOLE DES PIONNIERS p 254
See CONSEIL SCOLAIRE FRANCOPHONE DE LA COLOMBIE BRITANNIQUE
ECOLE DES PIONNIERS - PAVILLON DE LA SALLE p 1180
See COMMISSION SCOLAIRE DES DECOUVREURS
ECOLE DES PROSPECTEURS p 1134
See COMMISSION SCOLAIRE DES CHIC-CHOCS
ECOLE DES QUATRE VENTS p 1193
See COMMISSION SCOLAIRE MARIE-VICTORIN
ECOLE DES QUATRE-VENTS p 1179
See COMMISSION SCOLAIRE DES NAVIGATEURS
ECOLE DES RAPIDES DE LACHINE p 1060
See COMMISSION SCOLAIRE MARGUERITE-BOURGEOYS
ECOLE DES RAYONS DE SOLEIL p 1184
See COMMISSION SCOLAIRE DE LA COTE-DU-SUD, LA
ECOLE DES RIVIERES ST ANNE DU LAC p 1224
See COMMISSION SCOLAIRE PIERRE-NEVEU, LA
ECOLE DES SAINTS ANGES p 1202
See COMMISSION SCOLAIRE MARIE-VICTORIN
ECOLE DES SOURCES p 1179
See COMMISSION SCOLAIRE DES PHARES
ECOLE DES TROIS PORTAGES p 1039
See FONDATION DE LA COMMISSION SCOLAIRE DES PORTAGES-DE-L'OUTAOUAIS
ECOLE DES TROIS TEMPS p 1217
See COMMISSION SCOLAIRE DES PATRIOTES
ECOLE DES URSULINES LORETTEVILLE p 1164
See L'ECOLE DES URSULINES DE QUEBEC
ECOLE DESJARDINS p 1066
See COMMISSION SCOLAIRE DES NAVIGATEURS
ECOLE DICKINSFIELD SCHOOL p 122
See FORT MCMURRAY PUBLIC SCHOOL DISTRICT #2833
ECOLE DIONNE p 1189
See COMMISSION SCOLAIRE DE LA BEAUCE-ETCHEMIN

ECOLE DOLLARD p 1248
See COMMISSION SCOLAIRE DU CHEMIN-DU-ROY
ECOLE DOMAINE DES COPAINS p 393
See CONSEIL SCOLAIRE DISTRICT NO 5
ECOLE DOMINIQUE SAVIO p 1185
See COMMISSION SCOLAIRE DES SAMARES
ECOLE DOMINIQUE-SAVIO p 1043
See COMMISSION SCOLAIRE DE L'ESTUAIRE
ECOLE DOUVILLE p 1194
See COMMISSION SCOLAIRE DE SAINT-HYACINTHE, LA
ECOLE DU BAC p 1203
See COMMISSION SCOLAIRE DES NAVIGATEURS
ECOLE DU BALUCHON p 1075
See COMMISSION SCOLAIRE DES SOMMETS
ECOLE DU BEAU SEJOUR p 1169
See COMMISSION SCOLAIRE DE LA CAPITALE, LA
ECOLE DU BOCAGE ET DU BOIS JOLI p 1001
See COMMISSION SCOLAIRE DES PREMIERES-SEIGNEURIES
ECOLE DU BOIS JOLI p 1035
See COMMISSION SCOLAIRE DES DRAVEURS
ECOLE DU BOIS JOLI p 1248
See COMMISSION SCOLAIRE DU CHEMIN-DU-ROY
ECOLE DU BOISE p 1245
See COMMISSION SCOLAIRE DES AFFLUENTS
ECOLE DU BUISSON p 1155
See COMMISSION SCOLAIRE DE LA CAPITALE, LA
ECOLE DU CAP-SOLEIL ET DES LOUTRES p 1147
See COMMISSION SCOLAIRE DES PREMIERES-SEIGNEURIES
ECOLE DU CARREFOUR p 447
See CONSEIL SCOLAIRE ACADIEN PROVINCIAL
ECOLE DU CARREFOUR p 1061
See COMMISSION SCOLAIRE DU LAC-TEMISCAMINGUE
ECOLE DU CHATELET p 1168
See COMMISSION SCOLAIRE DES PREMIERES-SEIGNEURIES
ECOLE DU CHENE p 1185
See COMMISSION SCOLAIRE DES NAVIGATEURS
ECOLE DU DOMAINE p 1152
See COMMISSION SCOLAIRE DE LA CAPITALE, LA
ECOLE DU GRAND FLEUVE p 1066
See COMMISSION SCOLAIRE DES NAVIGATEURS
ECOLE DU GRAND HERON p 1060
See COMMISSION SCOLAIRE MARGUERITE-BOURGEOYS
ECOLE DU GRAND VOILIER DES HIRONDELLES p 1068
See COMMISSION SCOLAIRE DES NAVIGATEURS
ECOLE DU HARFANG DES NEIGES p 1243
See COMMISSION SCOLAIRE DES PREMIERES-SEIGNEURIES
ECOLE DU HAVRE SAINT ROSAIRE PAVILLON MONT SAINT LOUIS p 1172
See COMMISSION SCOLAIRE DES PHARES
ECOLE DU JARDIN BIENVILLE p 1192
See COMMISSION SCOLAIRE MARIE-VICTORIN
ECOLE DU JOLI BOIS p 1230
See COMMISSION SCOLAIRE DE LA RIVIERE-DU-NORD
ECOLE DU MOULIN p 1249

See COMMISSION SCOLAIRE MARGUERITE-BOURGEOYS
ECOLE DU NOUVEAU MONDE p 1035
See COMMISSION SCOLAIRE DES DRAVEURS
ECOLE DU NOUVEAU MONDE p 1036
See COMMISSION SCOLAIRE DES DRAVEURS
ECOLE DU PARC p 1213
See COMMISSION SCOLAIRE DE LAVAL
ECOLE DU PARCHEMIN p 1031
See COMMISSION SCOLAIRE DES HAUTS-CANTONS
ECOLE DU PARCHEMIN COTE COUVENT p 1031
See COMMISSION SCOLAIRE DES HAUTS-CANTONS
ECOLE DU PETIT CHAPITEAU p 1121
See COMMISSION SCOLAIRE DE MONTREAL
ECOLE DU PLEIN SOLEIL p 1246
See COMMISSION SCOLAIRE DES APPALACHES
ECOLE DU PREMIER ENVOL p 997
See COMMISSION SCOLAIRE DU VAL-DES-CERFS
ECOLE DU ROCHER ET D'AUTEUIL p 1172
See COMMISSION SCOLAIRE DES PHARES
ECOLE DU ROUTIER FUTUR-CAM p 1028
See PERSONNEL UNIQUE CANADA INC
ECOLE DU ROYAL ROUSSILLON PAVILLON TREMBLAY p 1073
See COMMISSION SCOLAIRE ABITIBI
ECOLE DU RUCHER p 1147
See COMMISSION SCOLAIRE DES PREMIERES-SEIGNEURIES
ECOLE DU RUISSEAU p 1034
See COMMISSION SCOLAIRE AU COEUR DES VALLEES
ECOLE DU RUISSEAU p 1064
See COMMISSION SCOLAIRE DES NAVIGATEURS
ECOLE DU SACRE-COEUR p 955
See CONSEIL SCOLAIRE DE DISTRICT CATHOLIQUE CENTRE-SUD
ECOLE DU SACRE-COEUR p 1034
See COMMISSION SCOLAIRE AU COEUR DES VALLEES
ECOLE DU SAINT-NOM-DE-MARIE p 1225
See COMMISSION SCOLAIRE DES APPALACHES
ECOLE DU SOMMET p 165
See EAST CENTRAL FRANCOPHONE EDUCATION REGION NO. 3
ECOLE DU SOUS BOIS p 1145
See COMMISSION SCOLAIRE DES PREMIERES-SEIGNEURIES
ECOLE DU TOURET p 1240
See COMMISSION SCOLAIRE DE LA REGION-DE-SHERBROOKE
ECOLE DU TOURNESOL p 1064
See COMMISSION SCOLAIRE DES NAVIGATEURS
ECOLE DU TOURNESOL p 1246
See COMMISSION SCOLAIRE DES APPALACHES
ECOLE DU TOURNESOL p 1263
See COMMISSION SCOLAIRE DES SOMMETS
ECOLE DU VAL JOLI p 1169
See COMMISSION SCOLAIRE DE LA CAPITALE, LA
ECOLE DU VALLON p 1036
See COMMISSION SCOLAIRE DES DRAVEURS
ECOLE DU VIGNOBLE p 1168
See COMMISSION SCOLAIRE DE LA CAPITALE, LA
ECOLE DUBOIS p 1201
See COMMISSION SCOLAIRE DE LA RIVIERE-DU-NORD
ECOLE DUCHARME p 1275

See CONSEIL DES ECOLES FRANSASKOISES
ECOLE DUGALD SCHOOL p 348
See SUNRISE SCHOOL DIVISION
ECOLE DUNLUCE SCHOOL p 98
See EDMONTON SCHOOL DISTRICT NO. 7
ECOLE DUSHCESS PARK SECONDAIRE p 259
See BOARD OF EDUCATION OF SCHOOL DISTRICT NO. 57 (PRINCE GEORGE), THE
ECOLE DUVERNAY p 1028
See COMMISSION SCOLAIRE DES CHENES
ECOLE ECHO JEUNESSE p 866
See CONSEIL SCOLAIRE CATHOLIQUE DU DISTRICT FRANCO-NORD
ECOLE EDOUARD LAURIN p 1203
See COMMISSION SCOLAIRE MARGUERITE-BOURGEOYS
ECOLE EDWARDS ELEMENTARY p 3
See ROCKY VIEW SCHOOL DIVISION NO. 41, THE
ECOLE ELAN p 1094
See COMMISSION SCOLAIRE DE MONTREAL
ECOLE ELEMANTAIRES CATHOLIQUE DE CASELMAN p 550
See CONSEIL SCOLAIRE DE DISTRICT CATHOLIQUE DE L'EST ONTARIEN
ECOLE ELEMENTAIRE CARREFOUR DES JEUNES p 518
See CONSEIL SCOLAIRE VIAMONDE
ECOLE ELEMENTAIRE CATHOLIQUE CURE-LABROSSE p 857
See CONSEIL SCOLAIRE DE DISTRICT CATHOLIQUE DE L'EST ONTARIEN
ECOLE ELEMENTAIRE CATHOLIQUE DE L'ANGE-GARDIEN p 743
See CONSEIL SCOLAIRE DE DISTRICT CATHOLIQUE DE L'EST ONTARIEN
ECOLE ELEMENTAIRE CATHOLIQUE ELDA-ROULEAU p 485
See CONSEIL SCOLAIRE DE DISTRICT CATHOLIQUE DE L'EST ONTARIEN
ECOLE ELEMENTAIRE CATHOLIQUE FRERE ANDRE p 662
See LONDON DISTRICT CATHOLIC SCHOOL BOARD
ECOLE ELEMENTAIRE CATHOLIQUE FRERE-ANDRE p 494
See CONSEIL SCOLAIRE DE DISTRICT CATHOLIQUE CENTRE-SUD
ECOLE ELEMENTAIRE CATHOLIQUE GEORGES-ETIENNE-CARTIER p 895
See CONSEIL SCOLAIRE DE DISTRICT CATHOLIQUE CENTRE-SUD
ECOLE ELEMENTAIRE CATHOLIQUE IMMACULEE-CONCEPTION p 854
See CONSEIL SCOLAIRE DE DISTRICT CATHOLIQUE CENTRE-SUD
ECOLE ELEMENTAIRE CATHOLIQUE LA SOUCE p 723
See CONSEIL SCOLAIRE DE DISTRICT CATHOLIQUE DE L'EST ONTARIEN
ECOLE ELEMENTAIRE CATHOLIQUE LE-PETIT-PRINCE p 667
See CONSEIL SCOLAIRE DE DISTRICT CATHOLIQUE CENTRE-SUD
ECOLE ELEMENTAIRE CATHOLIQUE MARIE-TANGUAY p 564
See CONSEIL SCOLAIRE DE DISTRICT CATHOLIQUE DE L'EST ONTARIEN
ECOLE ELEMENTAIRE CATHOLIQUE MONSEIGNEUR AUGUSTIN p 971
See CONSEIL SCOLAIRE DE DISTRICT DES ECOLES CATHOLIQUES DU SUD-OUEST
ECOLE ELEMENTAIRE CATHOLIQUE NOTRE-DAME p 566
See CONSEIL SCOLAIRE DE DISTRICT CATHOLIQUE DE L'EST ONTARIEN
ECOLE ELEMENTAIRE CATHOLIQUE

NOUVELLE-ALLIANCE p 497
See CONSEIL SCOLAIRE DE DISTRICT CATHOLIQUE CENTRE-SUD
ECOLE ELEMENTAIRE CATHOLIQUE RENAISSANCE p 490
See CONSEIL SCOLAIRE DE DISTRICT CATHOLIQUE CENTRE-SUD
ECOLE ELEMENTAIRE CATHOLIQUE SAINT PHIELEPPE p 541
See CONSEIL SCOLAIRE DE DISTRICT CATHOLIQUE CENTRE-SUD
ECOLE ELEMENTAIRE CATHOLIQUE SAINT-ALBERT p 851
See CONSEIL SCOLAIRE DE DISTRICT CATHOLIQUE DE L'EST ONTARIEN
ECOLE ELEMENTAIRE CATHOLIQUE SAINT-ISIDORE p 857
See CONSEIL SCOLAIRE DE DISTRICT CATHOLIQUE DE L'EST ONTARIEN
ECOLE ELEMENTAIRE CATHOLIQUE SAINT-JEAN-BAPTISTE p 703
See CONSEIL SCOLAIRE DE DISTRICT CATHOLIQUE CENTRE-SUD
ECOLE ELEMENTAIRE CATHOLIQUE SAINT-JEAN-DE-BREBEUF p 664
See CONSEIL SCOLAIRE DE DISTRICT DES ECOLES CATHOLIQUES DU SUD-OUEST
ECOLE ELEMENTAIRE CATHOLIQUE SAINT-JOSEPH p 826
See CONSEIL SCOLAIRE DE DISTRICT CATHOLIQUE DE L'EST ONTARIEN
ECOLE ELEMENTAIRE CATHOLIQUE SAINT-JOSEPH p 866
See CONSEIL SCOLAIRE CATHOLIQUE DU DISTRICT FRANCO-NORD
ECOLE ELEMENTAIRE CATHOLIQUE SAINT-JOSEPH D'ORLEAN p 776
See CONSEIL DES ECOLES CATHOLIQUES DE LANGUE FRANCAISE DU CENTRE-EST
ECOLE ELEMENTAIRE CATHOLIQUE SAINT-PHILIPPE p 597
See CONSEIL SCOLAIRE DE DISTRICT DES ECOLES CATHOLIQUES DU SUD-OUEST
ECOLE ELEMENTAIRE CATHOLIQUE SAINT-VIATEUR/ANNEXE p 647
See CONSEIL SCOLAIRE DE DISTRICT CATHOLIQUE DE L'EST ONTARIEN
ECOLE ELEMENTAIRE CATHOLIQUE SAINT-VICTOR p 485
See CONSEIL SCOLAIRE DE DISTRICT CATHOLIQUE DE L'EST ONTARIEN
ECOLE ELEMENTAIRE CATHOLIQUE SAINTE-BERNADETTE p 595
See CONSEIL DES ECOLES CATHOLIQUES DE LANGUE FRANCAISE DU CENTRE-EST
ECOLE ELEMENTAIRE CATHOLIQUE SAINTE-FELICITE p 553
See CONSEIL SCOLAIRE DE DISTRICT CATHOLIQUE DE L'EST ONTARIEN
ECOLE ELEMENTAIRE CATHOLIQUE SAINTE-JEANNE-D'ARC p 511
See CONSEIL SCOLAIRE DE DISTRICT CATHOLIQUE CENTRE-SUD
ECOLE ELEMENTAIRE CATHOLIQUE SAINTE-MARGUERITE-BOURGEOYS p 856
See CONSEIL SCOLAIRE DE DISTRICT CATHOLIQUE CENTRE-SUD
ECOLE ELEMENTAIRE CATHOLIQUE SAINTE-MARIE p 551
See CONSEIL SCOLAIRE DE DISTRICT DES ECOLES CATHOLIQUES DU SUD-OUEST
ECOLE ELEMENTAIRE CATHOLIQUE SAINTE-MARIE p 768
See CONSEIL SCOLAIRE DE DISTRICT CATHOLIQUE CENTRE-SUD
ECOLE ELEMENTAIRE DES QUATRE-RIVIERES p 773

See CONSEIL SCOLAIRE VIAMONDE
ECOLE ELEMENTAIRE L'ENVOLEE p 966
See CONSEIL SCOLAIRE VIAMONDE
ECOLE ELEMENTAIRE L'ACADEMIE DE LA SEIGNEURIE p 550
See CONSEIL DES ECOLES PUBLIQUES DE L'EST DE L'ONTARIO
ECOLE ELEMENTAIRE L'ETINCELLE p 419
See DISTRICT SCOLAIRE FRANCOPHONE NORD-EST
ECOLE ELEMENTAIRE L'HERITAGE p 853
See CONSEIL SCOLAIRE VIAMONDE
ECOLE ELEMENTAIRE MONSEIGNEUR-DE-LAVAL p 616
See CONSEIL SCOLAIRE DE DISTRICT CATHOLIQUE CENTRE-SUD
ECOLE ELEMENTAIRE NOTRE-DAME-DE-LOURDES p 352
See DIVISION SCOLAIRE FRANCO-MANITOBAINE
ECOLE ELEMENTAIRE PERCY PEGLER SCHOOL p 148
See FOOTHILLS SCHOOL DIVISION NO. 38
ECOLE ELEMENTAIRE PIERRE-ELLIOTT-TRUDEAU p 936
See CONSEIL SCOLAIRE VIAMONDE
ECOLE ELEMENTAIRE PUBLIQUE L'ODYSSEE p 776
See CONSEIL DES ECOLES PUBLIQUES DE L'EST DE L'ONTARIO
ECOLE ELEMENTAIRE PUBLIQUE LE PRELUDE p 776
See CONSEIL DES ECOLES PUBLIQUES DE L'EST DE L'ONTARIO
ECOLE ELEMENTAIRE PUBLIQUE MARIE CURIE p 784
See CONSEIL DES ECOLES PUBLIQUES DE L'EST DE L'ONTARIO
ECOLE ELEMENTAIRE PUBLIQUE MICHAELLE-JEAN p 729
See CONSEIL DES ECOLES PUBLIQUES DE L'EST DE L'ONTARIO
ECOLE ELEMENTAIRE PUBLIQUE ROSE DES VENTS p 565
See CONSEIL DES ECOLES PUBLIQUES DE L'EST DE L'ONTARIO
ECOLE ELEMENTAIRE SAINT MATHIEU p 617
See CONSEIL SCOLAIRE DE DISTRICT CATHOLIQUE DE L'EST ONTARIEN
ECOLE ELEMENTAIRE SAINTE-MARGUERITE-BOURGEOIS p 618
See CONSEIL SCOLAIRE DE DISTRICT CATHOLIQUE DE L'EST ONTARIEN
ECOLE ELEMENTARY MAILLET p 419
See DISTRICT SCOLAIRE 3
ECOLE ELISABETH MONETTE p 1232
See COMMISSION SCOLAIRE DE LA VALLEE-DES-TISSERANDS, LA
ECOLE ELISABETH-BRUYERE p 625
See CONSEIL DES ECOLES CATHOLIQUES DE LANGUE FRANCAISE DU CENTRE-EST
ECOLE ELIZABETH BALLANTYNE p 1133
See COMMISSION SCOLAIRE ENGLISH-MONTREAL
ECOLE ELMWOOD SCHOOL p 343
See BORDER LAND SCHOOL DIVISION
ECOLE EMILE NELLIGAN p 1049
See COMMISSION SCOLAIRE MARGUERITE-BOURGEOYS
ECOLE ENFANT SOLEIL p 1203
See COMMISSION SCOLAIRE MARGUERITE-BOURGEOYS
ECOLE ENTRAMIS p 1171
See COMMISSION SCOLAIRE DES AFFLUENTS
ECOLE ET FORMATION ECOLE DE LA RUCHIE p 1064

See COMMISSION SCOLAIRE DES NAVIGATEURS
ECOLE EVANGELINE p 985
See PROVINCE OF PEI
ECOLE FATHER JAN p 166
See GREATER ST. ALBERT CATHOLIC REGIONAL DIVISION NO. 29
ECOLE FELIX ANTOINE SAVARD p 1052
See COMMISSION SCOLAIRE DE CHARLEVOIX, LA
ECOLE FELIX GABRIEL MARCHAND p 1198
See COMMISSION SCOLAIRE DES HAUTES-RIVIERES
ECOLE FELIX LECLERC p 1084
See COMMISSION SCOLAIRE DE LA POINTE-DE-L'ILE
ECOLE FELIX LECLERC p 1120
See COMMISSION SCOLAIRE DE LA POINTE-DE-L'ILE
ECOLE FELIX LECLERC p 1141
See COMMISSION SCOLAIRE MARGUERITE-BOURGEOYS
ECOLE FELIX RICARD p 867
See CONSEIL SCOLAIRE DE DISTRICT CATHOLIQUE DU NOUVEL-ONTARIO, LE
ECOLE FELIX-LECLERC p 942
See CONSEIL SCOLAIRE VIAMONDE
ECOLE FERNAND GAUTHIER p 1085
See COMMISSION SCOLAIRE DE LA POINTE-DE-L'ILE
ECOLE FERNAND-SEGUIN p 1160
See COMMISSION SCOLAIRE DES DECOUVREURS
ECOLE FLEUR-DES-NEIGES p 1223
See COMMISSION SCOLAIRE DES LAURENTIDES
ECOLE FOREST GROVE SCHOOL p 1302
See BOARD OF EDUCATION OF SASKATOON SCHOOL DIVISION NO. 13 OF SASKATCHEWAN, THE
ECOLE FORESTIERE DE LA TUQUE p 1054
See COMMISSION SCOLAIRE DE L'ENERGIE
ECOLE FOX RUN SCHOOL p 170
See CHINOOKS EDGE SCHOOL DIVISION NO. 73
ECOLE FRANCO-SUPERIEUR p 876
See CONSEIL SCOLAIRE DE DISTRICT CATHOLIQUE DES AURORES BOREALES
ECOLE FRANCOIS BUOTE p 982
See COMISSION SCOLAIRE DE LANGUE FRANCAISE, LA
ECOLE FRANCOIS DE LAVAL p 1119
See COMMISSION SCOLAIRE DE MONTREAL
ECOLE FRANCOIS LA BERNARDE p 1139
See COMMISSION SCOLAIRE DE LA POINTE-DE-L'ILE
ECOLE FRANCOIS PERROT p 1051
See COMMISSION SCOLAIRE DES TROIS-LACS
ECOLE FRANCOIS-THIBAULT p 1002
See COMMISSION SCOLAIRE RENE-LEVESQUE
ECOLE FRANK ROSS ELEMENTARY p 206
See SCHOOL DISTRICT #59 PEACE RIVER SOUTH
ECOLE FRERE-ANDRE p 662
See CONSEIL SCOLAIRE DE DISTRICT DES ECOLES CATHOLIQUES DU SUD-OUEST
ECOLE GABRIEL LE COURTOIS p 1224
See COMMISSION SCOLAIRE DES MONTS-ET-MAREES
ECOLE GABRIELLE ROY p 595
See CONSEIL DES ECOLES PUBLIQUES DE L'EST DE L'ONTARIO
ECOLE GABRIELLE ROY p 1214
See COMMISSION SCOLAIRE DE LA POINTE-DE-L'ILE
ECOLE GABRIELLE-ROY p 904
See CONSEIL SCOLAIRE VIAMONDE

ECOLE GADBOIS p 1097
See COMMISSION SCOLAIRE DE MONTREAL
ECOLE GAETAN BOUCHER p 1192
See COMMISSION SCOLAIRE MARIE-VICTORIN
ECOLE GAGNON p 1191
See COMMISSION SCOLAIRE DES NAVIGATEURS
ECOLE GALINEE p 1077
See COMMISSION SCOLAIRE DE LA BAIE JAMES
ECOLE GAMACHE p 1233
See COMMISSION SCOLAIRE DU FER
ECOLE GARNEAU p 1093
See COMMISSION SCOLAIRE DE MONTREAL
ECOLE GENDREAU p 1016
See COMMISSION SCOLAIRE DES HAUTS-CANTONS
ECOLE GENTILLY BOISE DES LUTINS p 1072
See COMMISSION SCOLAIRE MARIE-VICTORIN
ECOLE GEORGE ETIENNE CARTIER p 1072
See COMMISSION SCOLAIRE MARIE-VICTORIN
ECOLE GEORGE V SCHOOL p 367
See WINNIPEG SCHOOL DIVISION
ECOLE GEORGES ETIENNE-CARTIER p 795
See CONSEIL DES ECOLES CATHOLIQUES DE LANGUE FRANCAISE DU CENTRE-EST
ECOLE GEORGES P VANIER p 962
See CONSEIL SCOLAIRE DE DISTRICT DES ECOLES CATHOLIQUES DU SUD-OUEST
ECOLE GEORGES-P.-VANIER p 1008
See COMMISSION SCOLAIRE MARIE-VICTORIN
ECOLE GERARD RAYMOND p 1247
See COMMISSION SCOLAIRE DU FLEUVE ET DES LACS
ECOLE GILBERT THEBERGE p 1243
See COMMISSION SCOLAIRE DU LAC-TEMISCAMINGUE
ECOLE GLENAYRE ELEMENTARY SCHOOL p 257
See SCHOOL DISTRICT NO. 43 (COQUITLAM)
ECOLE GLENBROOK MIDDLE SCHOOL p 244
See BOARD OF SCHOOL TRUSTEES OF SCHOOL DISTRICT #40 (NEW WESTMINSTER), THE
ECOLE GOLDEN GATE MIDDLE SCHOOL p 385
See ST. JAMES-ASSINIBOIA SCHOOL DIVISION
ECOLE GOLDEN VALLEY SCHOOL p 1253
See COMMISSION SCOLAIRE WESTERN QUEBEC
ECOLE GOOD SHEPHERD SCHOOL p 148
See CHRIST THE REDEEMER CATHOLIC SEPARATE REGIONAL DIVISION NO. 3
ECOLE GRANADA p 1177
See COMMISSION SCOLAIRE DE ROUYN-NORANDA
ECOLE GRANDE RIVIERE p 419
See DISTRICT SCOLAIRE 3
ECOLE GRANDS-SAULES-ECRIVAINS p 1155
See COMMISSION SCOLAIRE DE LA CAPITALE, LA
ECOLE GRON MORGAN PUBLIC SCHOOL p 878
See LAKEHEAD DISTRICT SCHOOL BOARD
ECOLE GUILLAUME COUTURE p 1064
See COMMISSION SCOLAIRE DES NAVIGATEURS
ECOLE GUILLAUME MATHIEU p 1147

See COMMISSION SCOLAIRE DES PREMIERES-SEIGNEURIES

ECOLE GUILLAUME VIGNAL p 1007
See COMMISSION SCOLAIRE MARIE-VICTORIN

ECOLE GUY DRUMMOND p 1136
See COMMISSION SCOLAIRE ENGLISH-MONTREAL

ECOLE GUYOT p 365
See LOUIS RIEL SCHOOL DIVISION

ECOLE H J CODY SCHOOL p 170
See CHINOOKS EDGE SCHOOL DIVISION NO. 73

ECOLE HAMEL p 1197
See COMMISSION SCOLAIRE DES HAUTES-RIVIERES

ECOLE HARFANG DES NEIGES p 997
See COMMISSION SCOLAIRE DE LA RIVERAINE

ECOLE HAROLD NAPPER p 1008
See RIVERSIDE SCHOOL BOARD

ECOLE HARRISON MIDDLE SCHOOL p 344
See BRANDON SCHOOL DIVISION, THE

ECOLE HELENE BOULLE p 1238
See COMMISSION SCOLAIRE DE LA REGION-DE-SHERBROOKE

ECOLE HENRI BEAULIEU p 1204
See COMMISSION SCOLAIRE MARGUERITE-BOURGEOYS

ECOLE HENRI-FOREST p 1061
See COMMISSION SCOLAIRE MARGUERITE-BOURGEOYS

ECOLE HOLY CROSS p 1280
See PRINCE ALBERT ROMAN CATHOLIC SEPARATE SCHOOL DIVISION NO. 6

ECOLE HOLY REDEEMER SCHOOL p 12
See CALGARY ROMAN CATHOLIC SEPARATE SCHOOL DISTRICT #1

ECOLE HOTELIERE DE LA CAPITALE p 1149
See COMMISSION SCOLAIRE DE LA CAPITALE, LA

ECOLE HOTELIERE DES LAURENTIDES p 1223
See COMMISSION SCOLAIRE DES LAURENTIDES

ECOLE HOWARD S BELINGS p 1011
See COMMISSION SCOLAIRE NEW FRONTIER

ECOLE HOWDEN p 365
See LOUIS RIEL SCHOOL DIVISION

ECOLE HUBERT PERRON p 1071
See COMMISSION SCOLAIRE MARIE-VICTORIN

ECOLE IMMACULEE CONCEPTION p 1047
See COMMISSION SCOLAIRE DE LA JONQUIERE

ECOLE IMMACULEE CONCEPTION p 1234
See COMMISSION SCOLAIRE DE L'ENERGIE

ECOLE IMMACULEE-CONCEPTION p 620
See CONSEIL SCOLAIRE DE DISTRICT CATHOLIQUE DES AURORES BOREALES

ECOLE INNINSFAIL MIDDLE SCHOOL p 132
See CHINOOKS EDGE SCHOOL DIVISION NO. 73

ECOLE INSTITUIONELLE SACRE COEUR SAINT VIATEUR p 988
See COMMISSION SCOLAIRE HARRICANA

ECOLE INSTITUTIONEL SAINT JOSEPH p 1190
See COMMISSION SCOLAIRE DE L'ENERGIE

ECOLE INSTITUTIONNELLE SACRE COEUR ST VIATEUR p 988
See COMMISSION SCOLAIRE HARRICANA

ECOLE INTEGREE D'YAMASKA p 1263
See COMMISSION SCOLAIRE DE SOREL-TRACY

ECOLE INTEGREE DE SAINT-PIERRE p 1045
See COMMISSION SCOLAIRE DES SAMARES

ECOLE INTEGREE DES FORGES p 1248
See COMMISSION SCOLAIRE DU CHEMIN-DU-ROY

ECOLE INTERMEDIAIRE CATHOLIQUE-PAVILLON ROCKLAND p 825
See CONSEIL SCOLAIRE DE DISTRICT CATHOLIQUE DE L'EST ONTARIEN

ECOLE INTERNATIONALE DE SAINT-SACREMENT p 1158
See COMMISSION SCOLAIRE DE LA CAPITALE, LA

ECOLE INTERNATIONALE DU PHARE p 1237
See COMMISSION SCOLAIRE DE LA REGION-DE-SHERBROOKE

ECOLE INTERNATIONALE DU VILLAGE p 1039
See FONDATION DE LA COMMISSION SCOLAIRE DES PORTAGES-DE-L'OUTAOUAIS

ECOLE INTERNATIONALE SAINT EMOND p 1043
See COMMISSION SCOLAIRE MARIE-VICTORIN

ECOLE ISUMMASAQVIK p 1145
See COMMISSION SCOLAIRE KATIVIK

ECOLE J. H. SISSONS SCHOOL p 439
See YELLOWKNIFE DISTRICT NO. 1 EDUCATION AUTHORITY

ECOLE J.P.LABARRE p 1255
See COMMISSION SCOLAIRE DES PATRIOTES

ECOLE JACQUES OUELLETTE p 1071
See COMMISSION SCOLAIRE MARIE-VICTORIN

ECOLE JACQUES ROUSSEAU p 990
See COMMISSION SCOLAIRE DE LA POINTE-DE-L'ILE

ECOLE JACQUES-CARTIER p 883
See CONSEIL SCOLAIRE CATHOLIQUE DE DISTRICT DES GRANDES RIVIERES, LE

ECOLE JACQUES-CARTIER p 1233
See COMMISSION SCOLAIRE DU FER

ECOLE JACQUES-DE-CHAMBLY p 1010
See COMMISSION SCOLAIRE DES PATRIOTES

ECOLE JARDIN DES SAINTS ANGES p 1056
See COMMISSION SCOLAIRE MARGUERITE-BOURGEOYS

ECOLE JE LAPOINTE SCHOOL p 5
See BLACK GOLD REGIONAL DIVISION #18

ECOLE JEAN XXIII p 989
See COMMISSION SCOLAIRE DES HAUTES-RIVIERES

ECOLE JEAN BAPTISTE MEILLEUR p 1170
See COMMISSION SCOLAIRE DES AFFLUENTS

ECOLE JEAN GAUTHIER p 988
See COMMISSION SCOLAIRE DU LAC-ST-JEAN

ECOLE JEAN LEMAN p 1008
See COMMISSION SCOLAIRE DES GRANDES-SEIGNEURIES

ECOLE JEAN NICOLET p 1132
See COMMISSION SCOLAIRE DE LA POINTE-DE-L'ILE

ECOLE JEAN RIVARD p 1138
See COMMISSION SCOLAIRE DES BOIS-FRANCS

ECOLE JEAN XXIII p 1155
See COMMISSION SCOLAIRE DE LA CAPITALE, LA

ECOLE JEAN XXIII p 1171
See COMMISSION SCOLAIRE DES AFFLUENTS

ECOLE JEAN XXIIII p 1073
See COMMISSION SCOLAIRE DU CHEMIN-DU-ROY

ECOLE JONATHAN WILSON p 1051
See COMMISSION SCOLAIRE MARGUERITE-BOURGEOYS

ECOLE JOSEPH AMEDEE BELANGER p 1198
See COMMISSION SCOLAIRE DES HAUTES-RIVIERES

ECOLE JOSEPH DUGAS p 446
See CONSEIL SCOLAIRE ACADIEN PROVINCIAL

ECOLE JOSEPH FRANCOIS PERRAULT p 1157
See COMMISSION SCOLAIRE DE LA CAPITALE, LA

ECOLE JOSEPH POITEVIN p 1041
See COMMISSION SCOLAIRE DU VAL-DES-CERFS

ECOLE JOSEPH-HERMAS-LECLERC p 1041
See COMMISSION SCOLAIRE DU VAL-DES-CERFS

ECOLE JOUVENCE p 1166
See COMMISSION SCOLAIRE DES DECOUVREURS

ECOLE JULES EMOND p 1169
See COMMISSION SCOLAIRE DE LA CAPITALE, LA

ECOLE JULIE-RIEL p 368
See LOUIS RIEL SCHOOL DIVISION

ECOLE L HARMONIE p 950
See CONSEIL SCOLAIRE VIAMONDE

ECOLE L' OISEAU BLEU p 1035
See COMMISSION SCOLAIRE DES DRAVEURS

ECOLE L'ACCUEIL (057) p 1233
See COMMISSION SCOLAIRE DE LA BEAUCE-ETCHEMIN

ECOLE L'AQUARELLE p 1028
See COMMISSION SCOLAIRE DES CHENES

ECOLE L'AQUARELLE ST BERNARD p 1181
See COMMISSION SCOLAIRE DE LA BEAUCE-ETCHEMIN

ECOLE L'ARC EN CIEL p 1044
See COMMISSION SCOLAIRE DES LAURENTIDES

ECOLE L'AUBIER p 1217
See COMMISSION SCOLAIRE DES SAMARES

ECOLE L'ECHO-DES-MONTAGNES-LAVOIE - PAVILLON D'AUTEUIL p 1172
See COMMISSION SCOLAIRE DES PHARES

ECOLE L'ENFANT JESUS p 1255
See COMMISSION SCOLAIRE DE LA BEAUCE-ETCHEMIN

ECOLE L'ENVOLLE p 420
See DISTRICT SCOLAIRE FRANCOPHONE NORD-EST

ECOLE L'EQUIPAGE p 1254
See COMMISSION SCOLAIRE DES DRAVEURS

ECOLE L'ETINCELLE TROIS SAISONS p 1165
See COMMISSION SCOLAIRE DES DECOUVREURS

ECOLE L'ETOILE DE L'EST p 776
See CONSEIL DES ECOLES CATHOLIQUES DE LANGUE FRANCAISE DU CENTRE-EST

ECOLE L'ITALIEN p 1247
See COMMISSION SCOLAIRE DU FLEUVE ET DES LACS

ECOLE L'ODYSEE DOMINIQUE RACINE p 1014
See COMMISSION SCOLAIRE DES RIVES-DU-SAGUENAY

ECOLE L'ODYSSEE p 406
See SCHOOL BOARD DISTRICT 01

ECOLE LA FARANDOLE p 1077
See COMMISSION SCOLAIRE DES PATRIOTES

ECOLE LA FOURMILIERE p 1147
See COMMISSION SCOLAIRE DES PREMIERES-SEIGNEURIES

ECOLE LA FOURMILIERE p 1200
See COMMISSION SCOLAIRE DE LA RIVIERE-DU-NORD

ECOLE LA MAREE p 1143
See COMMISSION SCOLAIRE DE L'ESTUAIRE

ECOLE LA MARELLE p 996
See COMMISSION SCOLAIRE DE LA COTE-DU-SUD, LA

ECOLE LA MARTINIERE p 1068
See COMMISSION SCOLAIRE DES NAVIGATEURS

ECOLE LA MENNAIS p 1098
See COMMISSION SCOLAIRE DE MONTREAL

ECOLE LA MENNAIS p 1225
See COMMISSION SCOLAIRE DES NAVIGATEURS

ECOLE LA MISSION p 166
See CONSEIL SCOLAIRE CENTRE-NORD

ECOLE LA PASSERELLE p 1084
See COMMISSION SCOLAIRE DE LA POINTE-DE-L'ILE

ECOLE LA SABLONNIERE p 1034
See COMMISSION SCOLAIRE DES DRAVEURS

ECOLE LA SOURCE p 497
See CONSEIL SCOLAIRE VIAMONDE

ECOLE LA SOURCE p 1036
See COMMISSION SCOLAIRE DES DRAVEURS

ECOLE LA SOURCE p 1191
See COMMISSION SCOLAIRE DES RIVES-DU-SAGUENAY

ECOLE LA TRAVERSEE EDIFICE LAVIGNE p 1034
See COMMISSION SCOLAIRE DES DRAVEURS

ECOLE LA VERENDRYE SCHOOL p 386
See WINNIPEG SCHOOL DIVISION

ECOLE LA VILLA DES AMIS p 421
See DISTRICT SCOLAIRE FRANCOPHONE NORD-EST

ECOLE LA VIRENDRYE p 594
See CONSEIL DES ECOLES CATHOLIQUES DE LANGUE FRANCAISE DU CENTRE-EST

ECOLE LABERGE p 1011
See COMMISSION SCOLAIRE DES GRANDES-SEIGNEURIES

ECOLE LAC-AU-SAUMON p 1054
See COMMISSION SCOLAIRE DES MONTS-ET-MAREES

ECOLE LACERTE SCHOOL p 365
See DIVISION SCOLAIRE FRANCO-MANITOBAINE

ECOLE LACOMBE UPPER ELEMENTARY SCHOOL p 134
See WOLF CREEK SCHOOL DIVISION NO.72

ECOLE LACROISEE p 1174
See COMMISSION SCOLAIRE DE KAMOURASKA RIVIERE-DU-LOUP

ECOLE LACROIX p 1189
See COMMISSION SCOLAIRE DE LA BEAUCE-ETCHEMIN

ECOLE LAFLECHE p 1042
See COMMISSION SCOLAIRE DE L'ENERGIE

ECOLE LAFONTAINE p 1194
See COMMISSION SCOLAIRE DE SAINT-HYACINTHE, LA

ECOLE LAGIMODIERE p 351
See DIVISION SCOLAIRE FRANCO-MANITOBAINE

ECOLE LAJEUNESSE p 1064
See COMMISSION SCOLAIRE MARIE-VICTORIN

ECOLE LAJOIE p 1136
See COMMISSION SCOLAIRE

MARGUERITE-BOURGEOYS
ECOLE LAKEVIEW SCHOOL p 1293
See BOARD OF EDUCATION OF SASKATOON SCHOOL DIVISION NO. 13 OF SASKATCHEWAN, THE
ECOLE LAMBERT CLOSSE p 1098
See COMMISSION SCOLAIRE DE MONTREAL
ECOLE LAMOUREUX p 795
See CONSEIL DES ECOLES CATHOLIQUES DE LANGUE FRANCAISE DU CENTRE-EST
ECOLE LANGEVIN, L p 1172
See COMMISSION SCOLAIRE DES PHARES
ECOLE LANGLOIS p 1232
See COMMISSION SCOLAIRE DE LA VALLEE-DES-TISSERANDS, LA
ECOLE LANOUETTE p 1179
See COMMISSION SCOLAIRE DE KAMOURASKA RIVIERE-DU-LOUP
ECOLE LAPLUME p 1242
See COMMISSION SCOLAIRE DE SOREL-TRACY
ECOLE LAURE GAUDREAULT p 1016
See COMMISSION SCOLAIRE DE CHARLEVOIX, LA
ECOLE LAURENDEAU DUNTON p 1059
See COMMISSION SCOLAIRE MARGUERITE-BOURGEOYS
ECOLE LAURENT-BENOIT p 1192
See COMMISSION SCOLAIRE MARIE-VICTORIN
ECOLE LAURIER-CARRIERE p 726
See CONSEIL DES ECOLES CATHOLIQUES DE LANGUE FRANCAISE DU CENTRE-EST
ECOLE LE BOIS VIVANT p 1134
See COMMISSION SCOLAIRE RENE-LEVESQUE
ECOLE LE CARIGNAN p 1132
See COMMISSION SCOLAIRE DE LA POINTE-DE-L'ILE
ECOLE LE CASTELET p 1245
See COMMISSION SCOLAIRE DES AFFLUENTS
ECOLE LE DELTA p 1077
See COMMISSION SCOLAIRE DE LA BAIE JAMES
ECOLE LE PETIT PRINCE p 1035
See COMMISSION SCOLAIRE DES DRAVEURS
ECOLE LE PETITE TIRNCE p 788
See CONSEIL DES ECOLES CATHOLIQUES DE LANGUE FRANCAISE DU CENTRE-EST
ECOLE LE PLATEAU p 1094
See COMMISSION SCOLAIRE DE MONTREAL
ECOLE LE RUCHER p 1222
See COMMISSION SCOLAIRE DE LA RIVERAINE
ECOLE LE TANDEM p 1259
See COMMISSION SCOLAIRE DES BOIS-FRANCS
ECOLE LE TOURNESOL p 997
See COMMISSION SCOLAIRE DES PATRIOTES
ECOLE LE TREMPLIN p 421
See DISTRICT SCOLAIRE FRANCOPHONE NORD-EST
ECOLE LE TREMPLIN p 1222
See COMMISSION SCOLAIRE DE LA BEAUCE-ETCHEMIN
ECOLE LE TRILLIUM p 946
See CHIGNECTO CENTRAL REGIONAL SCHOOL BOARD
ECOLE LEON-GUILBAULT p 1062
See COMMISSION SCOLAIRE DE LAVAL
ECOLE LES ALIZES PAVILLONS NOTRE DAME DE LOURDES p 1079
See COMMISSION SCOLAIRE DES PHARES
ECOLE LES BOCAGES p 1180
See COMMISSION SCOLAIRE DES DECOUVREURS
ECOLE LES ENFANTS DU MONDE p 1126
See COMMISSION SCOLAIRE DE MONTREAL
ECOLE LES PRIMEVERES p 1166
See COMMISSION SCOLAIRE DES DECOUVREURS
ECOLE LES TERRASSES p 1248
See COMMISSION SCOLAIRE DU CHEMIN-DU-ROY
ECOLE LEVIS SAUVE p 1257
See COMMISSION SCOLAIRE MARGUERITE-BOURGEOYS
ECOLE LIONEL GROULX p 1072
See COMMISSION SCOLAIRE MARIE-VICTORIN
ECOLE LOUIS COLLIN p 1092
See COMMISSION SCOLAIRE DE MONTREAL
ECOLE LOUIS-SAINT-LAURENT p 1017
See COMMISSION SCOLAIRE DES HAUTS-CANTONS
ECOLE LUDGER DUVERNAY p 1123
See COMMISSION SCOLAIRE DE MONTREAL
ECOLE L'ARC-EN-CIEL p 1242
See COMMISSION SCOLAIRE DES SOMMETS
ECOLE MADELEINE BERGERON p 1160
See COMMISSION SCOLAIRE DES DECOUVREURS
ECOLE MADELEINE D'HOUETE p 38
See CALGARY ROMAN CATHOLIC SEPARATE SCHOOL DISTRICT #1
ECOLE MADELEINE-DE-ROYBON p 630
See LIMESTONE DISTRICT SCHOOL BOARD
ECOLE MAIMONIDE p 1017
5615 Av Parkhaven, Cote Saint-Luc, QC, H4W 1X3
(514) 488-9224   SIC 8211
ECOLE MAISONNEUVE p 1088
See COMMISSION SCOLAIRE DE MONTREAL
ECOLE MAISONNEUVE p 1233
See COMMISSION SCOLAIRE DU FER
ECOLE MANIKOUTAI p 1233
See COMMISSION SCOLAIRE DU FER
ECOLE MARC AURELE FORTIN p 1085
See COMMISSION SCOLAIRE DE LA POINTE-DE-L'ILE
ECOLE MARC LAFLAMME p 1132
See COMMISSION SCOLAIRE DE LA POINTE-DE-L'ILE
ECOLE MARC-LAFLAMME / LE PRELUDE p 1139
See COMMISSION SCOLAIRE DE LA POINTE-DE-L'ILE
ECOLE MARCEL RAYMOND p 1073
See COMMISSION SCOLAIRE DU LAC-TEMISCAMINGUE
ECOLE MARCELLE-MALLET p 1065
51 Rue Deziel, Levis, QC, G6V 3T7
(418) 833-7691   SIC 8211
ECOLE MARGARET-UNDERHILL p 363
See RIVER EAST TRANSCONA SCHOOL DIVISION
ECOLE MARGUERITE BELLEY p 1048
See COMMISSION SCOLAIRE DE LA JONQUIERE
ECOLE MARGUERITE BOURGEOYS p 1094
See COMMISSION SCOLAIRE DE MONTREAL
ECOLE MARGUERITE BOURGEOYS p 1143
See COMMISSION SCOLAIRE MARGUERITE-BOURGEOYS
ECOLE MARGUERITE D'YOUVILLE p 1052
See COMMISSION SCOLAIRE DE CHARLEVOIX, LA
ECOLE MARGUERITE D'YOUVILLE p 1163
See COMMISSION SCOLAIRE DES DECOUVREURS
ECOLE MARIA GORETTI p 1241
See COMMISSION SCOLAIRE DE SOREL-TRACY
ECOLE MARIA GORETTI p 1247
See COMMISSION SCOLAIRE AU COEUR DES VALLEES
ECOLE MARIE AGATHE p 1147
See COMMISSION SCOLAIRE DES PREMIERES-SEIGNEURIES
ECOLE MARIE ASSOMPTION p 1182
See COMMISSION SCOLAIRE DU LAC-TEMISCAMINGUE
ECOLE MARIE DEROME p 1197
See COMMISSION SCOLAIRE DES HAUTES-RIVIERES
ECOLE MARIE GUYART p 1077
See COMMISSION SCOLAIRE DE MONTS-ET-MAREES
ECOLE MARIE IMACULE p 1064
See COMMISSION SCOLAIRE DE L'ESTUAIRE
ECOLE MARIE MEDIATRICE p 1175
See COMMISSION SCOLAIRE DES RIVES-DU-SAGUENAY
ECOLE MARIE POBURAN p 166
See GREATER ST. ALBERT CATHOLIC REGIONAL DIVISION NO. 29
ECOLE MARIE REINE DES COEURS p 1086
See COMMISSION SCOLAIRE DE LA POINTE-DE-L'ILE
ECOLE MARIE RIVIER p 1197
See COMMISSION SCOLAIRE DES HAUTES-RIVIERES
ECOLE MARIE RIVIER p 1218
See COMMISSION SCOLAIRE DE MONTREAL
ECOLE MARIE ROSE p 1221
See COMMISSION SCOLAIRE DES LAURENTIDES
ECOLE MARIE VICTORIN PAVILLON LE JARDIN p 1069
See COMMISSION SCOLAIRE MARIE-VICTORIN
ECOLE MARIE-ANNE-GABOURY p 368
See LOUIS RIEL SCHOOL DIVISION
ECOLE MARIE-CHARLOTTE p 1045
See COMMISSION SCOLAIRE DES SAMARES
ECOLE MARIE-GAETANE p 403
See DISTRICT SCOLAIRE 3
ECOLE MARIE-IMMACULEE p 1230
See COMMISSION SCOLAIRE DES BOIS-FRANCS
ECOLE MARIE-RIVIER p 633
See CONSEIL DES ECOLES CATHOLIQUES DE LANGUE FRANCAISE DU CENTRE-EST
ECOLE MARIE-ROLLET p 1087
See COMMISSION SCOLAIRE DE MONTREAL
ECOLE MARIUS-BARBEAU p 795
See CONSEIL DES ECOLES CATHOLIQUES DE LANGUE FRANCAISE DU CENTRE-EST
ECOLE MARLBOROUGH ELEMENTARY SCHOOL p 190
See BURNABY SCHOOL BOARD DISTRICT 41
ECOLE MARTEL p 1202
See COMMISSION SCOLAIRE DE SOREL-TRACY
ECOLE MARTIN BELANGER p 1055
See COMMISSION SCOLAIRE MARGUERITE-BOURGEOYS
ECOLE MARY GARDNER p 1012
See COMMISSION SCOLAIRE NEW FRONTIER
ECOLE MASCARET p 405
See SCHOOL BOARD DISTRICT 01
ECOLE MASSE p 1036
See COMMISSION SCOLAIRE DES DRAVEURS
ECOLE MASSICOTTE p 1259
See COMMISSION SCOLAIRE DES BOIS-FRANCS
ECOLE MASSON p 1022
See COMMISSION SCOLAIRE DES SOMMETS
ECOLE MATHIEU MARTIN p 397
See SCHOOL BOARD DISTRICT 01
ECOLE MAURICE JODOIN p 1195
See COMMISSION SCOLAIRE DE SAINT-HYACINTHE, LA
ECOLE MAURICE L DUPLESSIS p 1193
See COMMISSION SCOLAIRE MARIE-VICTORIN
ECOLE MAURICE-LAVALLEE p 102
See CONSEIL SCOLAIRE CENTRE-NORD
ECOLE MEDERIC GRAVEL p 1052
See COMMISSION SCOLAIRE DES RIVES-DU-SAGUENAY
ECOLE MERE D'YOUVILLE p 1144
See COMMISSION SCOLAIRE DU FER
ECOLE MERE MARIE ROSE p 1017
See COMMISSION SCOLAIRE DES PATRIOTES
ECOLE MGR BELANGER p 994
See COMMISSION SCOLAIRE DE L'ESTUAIRE
ECOLE MGR CHARBONNEAU p 1033
See COMMISSION SCOLAIRE AU COEUR DES VALLEES
ECOLE MGR DESRANLEAU p 997
See COMMISSION SCOLAIRE DU VAL-DES-CERFS
ECOLE MGR EUCLIDE THEBERGE p 1076
See COMMISSION SCOLAIRE DES HAUTES-RIVIERES
ECOLE MGR FRANCOIS BOURGEOIS p 420
See SCHOOL BOARD DISTRICT 01
ECOLE MGR J. PAPINEAU p 1045
See COMMISSION SCOLAIRE DES SAMARES
ECOLE MGR MONGEAU p 1051
See COMMISSION SCOLAIRE DES AFFLUENTS
ECOLE MGR SCHEFFER p 1073
See COMMISSION SCOLAIRE DU LITTORAL
ECOLE MGR-FORTIER p 1189
See COMMISSION SCOLAIRE DE LA BEAUCE-ETCHEMIN
ECOLE MICHELINE BRODEUR p 1219
See COMMISSION SCOLAIRE DES HAUTES-RIVIERES
ECOLE MISS EDGAR ET MISS CRAMP p 1262
525 Av Mount Pleasant, WESTMOUNT, QC, H3Y 3H6
(514) 935-6357   SIC 8211
ECOLE MONSEIGNEUR BLAISE MORAND p 1277
See LIGHT OF CHRIST RCSSD
ECOLE MONSEIGNEUR BOUCHER p 1219
See COMMISSION SCOLAIRE DE KAMOURASKA RIVIERE-DU-LOUP
ECOLE MONSEIGNEUR DE LAVAL p 1288
See CONSEIL DES ECOLES FRANSASKOISES
ECOLE MONSEIGNEUR DOUVILLE p 1032
See COMMISSION SCOLAIRE DU VAL-DES-CERFS
ECOLE MONSEIGNEUR FEUILTAULT p 1227
See COMMISSION SCOLAIRE DE LA BEAUCE-ETCHEMIN
ECOLE MONSEIGNEUR FORGET p 1193
See COMMISSION SCOLAIRE MARIE-VICTORIN
ECOLE MONSEIGNEUR GRENIER p 1259
See COMMISSION SCOLAIRE DES BOIS-FRANCS
ECOLE MONSEIGNEUR PARENT p 1193
See COMMISSION SCOLAIRE MARIE-VICTORIN

ECOLE MONSENIOR JEAN NOELE p 970
See CONSEIL SCOLAIRE DE DISTRICT DES ECOLES CATHOLIQUES DU SUD-OUEST
ECOLE MONTCALM p 1091
See COMMISSION SCOLAIRE DE MONTREAL
ECOLE MONTFORT p 787
See CONSEIL DES ECOLES CATHOLIQUES DE LANGUE FRANCAISE DU CENTRE-EST
ECOLE MONTMARTRE p 1139
See COMMISSION SCOLAIRE DE LA POINTE-DE-L'ILE
ECOLE MONTPETIT p 1232
See COMMISSION SCOLAIRE DE LA VALLEE-DES-TISSERANDS, LA
ECOLE MORAND NANTEL BEAU SEJOUR p 1203
See COMMISSION SCOLAIRE MARGUERITE-BOURGEOYS
ECOLE MORAND NANTEL BEAUSEJOUR p 1203
See COMMISSION SCOLAIRE MARGUERITE-BOURGEOYS
ECOLE MORDEN MIDDLE SCHOOL p 351
See WESTERN SCHOOL DIVISION
ECOLE MORIN HEIGHTS SCHOOL p 1134
See SIR WILFRID LAURIER SCHOOL BOARD
ECOLE MOUNT CARMEL p 419
See DISTRICT SCOLAIRE 11
ECOLE MOUNTAIN VIEW SCHOOL p 131
See GRANDE YELLOWHEAD PUBLIC SCHOOL DIVISION 77
ECOLE MOUNTAINVIEW SCHOOL p 1136
See RIVERSIDE SCHOOL BOARD
ECOLE MOUNTVIEW SCHOOL p 152
See BOARD OF TRUSTEES OF THE RED DEER PUBLIC SCHOOL DISTRICT NO. 104, THE
ECOLE MURIELLE DUMONT p 1137
See COMMISSION SCOLAIRE MARGUERITE-BOURGEOYS
ECOLE NAPOLEON BOURASSA p 1197
See COMMISSION SCOLAIRE DES HAUTES-RIVIERES
ECOLE NATIONALE D'ADMINISTRATION PUBLIQUE p 1099
See UNIVERSITE DU QUEBEC
ECOLE NDA p 446
See CONSEIL SCOLAIRE ACADIEN PROVINCIAL
ECOLE NEW ERA p 344
See BRANDON SCHOOL DIVISION, THE
ECOLE NOEL-RITCHOT p 391
See DIVISION SCOLAIRE FRANCO-MANITOBAINE
ECOLE NOPRE GANE DE LA MERCI p 563
See CONSEIL SCOLAIRE DE DISTRICT CATHOLIQUE DU NOUVEL-ONTARIO, LE
ECOLE NORANDA p 1177
See COMMISSION SCOLAIRE WESTERN QUEBEC
ECOLE NORJOLI p 1079
See COMMISSION SCOLAIRE DES PHARES
ECOLE NOTRE DAME p 411
See DISTRICT SCOLAIRE 11
ECOLE NOTRE DAME p 1061
See COMMISSION SCOLAIRE DES RIVES-DU-SAGUENAY
ECOLE NOTRE DAME p 1064
See COMMISSION SCOLAIRE DES NAVIGATEURS
ECOLE NOTRE DAME p 1139
See COMMISSION SCOLAIRE DE LA POINTE-DE-L'ILE
ECOLE NOTRE DAME p 1220
See COMMISSION SCOLAIRE DES SAMARES
ECOLE NOTRE DAME DE FATIMA p 1055
See COMMISSION SCOLAIRE DES HAUTS-CANTONS
ECOLE NOTRE DAME DE FATIMA p 1076
See COMMISSION SCOLAIRE DES HAUTES-RIVIERES
ECOLE NOTRE DAME DE FATIMA p 1253
See COMMISSION SCOLAIRE DE L'OR-ET-DES-BOIS
ECOLE NOTRE DAME DE GRACE p 1174
See COMMISSION SCOLAIRE DU FLEUVE ET DES LACS
ECOLE NOTRE DAME DE L'ASSOMPTION p 1046
See COMMISSION SCOLAIRE DE LA JONQUIERE
ECOLE NOTRE DAME DE L'ASSOMPTION p 1177
See COMMISSION SCOLAIRE DE ROUYN-NORANDA
ECOLE NOTRE DAME DE L'ASSOMPTION p 1222
See COMMISSION SCOLAIRE DE LA VALLEE-DES-TISSERANDS, LA
ECOLE NOTRE DAME DE LA GARDE p 1258
See COMMISSION SCOLAIRE MARGUERITE-BOURGEOYS
ECOLE NOTRE DAME DE LA JEUNESSE p 482
See CONSEIL SCOLAIRE DE DISTRICT CATHOLIQUE CENTRE-SUD
ECOLE NOTRE DAME DE LA JOIE p 1242
See COMMISSION SCOLAIRE DE L'ENERGIE
ECOLE NOTRE DAME DE LA PAIX p 1179
See COMMISSION SCOLAIRE DES SAMARES
ECOLE NOTRE DAME DE LA TRINITE p 1189
See COMMISSION SCOLAIRE DE LA BEAUCE-ETCHEMIN
ECOLE NOTRE DAME DE LORETTE p 1138
See COMMISSION SCOLAIRE DES TROIS-LACS
ECOLE NOTRE DAME DE LORETTE p 1196
See COMMISSION SCOLAIRE DE CHARLEVOIX, LA
ECOLE NOTRE DAME DES BOIS FRANCS p 1258
See COMMISSION SCOLAIRE DES BOIS-FRANCS
ECOLE NOTRE DAME DES CHAMPS p 1243
See COMMISSION SCOLAIRE DE LA REGION-DE-SHERBROOKE
ECOLE NOTRE DAME DES NEIGES p 1011
See COMMISSION SCOLAIRE DE L'ENERGIE
ECOLE NOTRE DAME DES NEIGES p 1164
See COMMISSION SCOLAIRE DE LA CAPITALE, LA
ECOLE NOTRE DAME DES RAPIDES p 1060
See COMMISSION SCOLAIRE MARGUERITE-BOURGEOYS
ECOLE NOTRE DAME DES SEPT DOULEURS p 1257
See COMMISSION SCOLAIRE MARGUERITE-BOURGEOYS
ECOLE NOTRE DAME DU BON CONSEIL p 1001
See COMMISSION SCOLAIRE DES CHENES
ECOLE NOTRE DAME DU CANADA p 1152
See COMMISSION SCOLAIRE DE LA CAPITALE, LA
ECOLE NOTRE DAME DU ROSAIRE p 596
See DISTRICT SCHOOL BOARD ONTARIO NORTH EAST
ECOLE NOTRE DAME DU ROSAIRE p 1012
See COMMISSION SCOLAIRE DE LA BAIE JAMES
ECOLE NOTRE DAME DU ROSAIRE p 1136
See COMMISSION SCOLAIRE DE LA VALLEE-DES-TISSERANDS, LA
ECOLE NOTRE DAME DU ROSAIRE p 1181
See COMMISSION SCOLAIRE DE LA BEAUCE-ETCHEMIN
ECOLE NOTRE DAME DU ROSAIRE p 1237
See COMMISSION SCOLAIRE DE LA REGION-DE-SHERBROOKE
ECOLE NOTRE DAME DU SACRE COEUR p 1178
See COMMISSION SCOLAIRE DE L'ESTUAIRE
ECOLE NOTRE DAME DU SACRE COEUR p 1219
See COMMISSION SCOLAIRE DES SAMARES
ECOLE NOTRE DAME DU SOURIRE p 1046
See COMMISSION SCOLAIRE DE LA JONQUIERE
ECOLE NOTRE DAME SENIOR HIGH SCHOOL p 7
See LAKELAND ROMAN CATHOLIC SEPARATE SCHOOL DISTRICT NO. 150
ECOLE NOTRE DAME ST FELIX p 1188
See COMMISSION SCOLAIRE DES SAMARES
ECOLE NOTRE-DAME p 397
See DISTRICT SCOLAIRE 3
ECOLE NOTRE-DAME p 1188
See COMMISSION SCOLAIRE DES APPALACHES
ECOLE NOTRE-DAME DE LAC ETCHEMIN p 1055
See COMMISSION SCOLAIRE DE LA BEAUCE-ETCHEMIN
ECOLE NOTRE-DAME DE ST-ELZEAR p 1185
See COMMISSION SCOLAIRE DE LA BEAUCE-ETCHEMIN
ECOLE NOTRE-DAME D'ETCHEMIN p 1066
See COMMISSION SCOLAIRE DES NAVIGATEURS
ECOLE NOTRE-DAME-DE-LA-GARDE p 1051
See COMMISSION SCOLAIRE DES TROIS-LACS
ECOLE NOTRE-DAME-DE-LA-PAIX p 1076
See COMMISSION SCOLAIRE DE LA REGION-DE-SHERBROOKE
ECOLE NOTRE-DAME-DE-LA-SAGESSE p 1223
See COMMISSION SCOLAIRE DES LAURENTIDES
ECOLE NOTRE-DAME-DE-LIESSE p 1240
See COMMISSION SCOLAIRE DE LA REGION-DE-SHERBROOKE
ECOLE NOTRE-DAME-DE-LOURDES p 1257
See COMMISSION SCOLAIRE MARGUERITE-BOURGEOYS
ECOLE NOTRE-DAME-DES-ANGES p 1023
See COMMISSION SCOLAIRE DU PAYS-DES-BLEUETS
ECOLE NOTRE-DAME-DES-ANGES p 1134
See COMMISSION SCOLAIRE DE LA MOYENNE-COTE-NORD, LA
ECOLE NOTRE-DAME-DU-FOYER p 1087
See COMMISSION SCOLAIRE DE MONTREAL
ECOLE NUVVITI p 1045
See COMMISSION SCOLAIRE KATIVIK
ECOLE O'KELLY SCHOOL p 355
See BRANDON SCHOOL DIVISION, THE
ECOLE OCEANE p 240
See CONSEIL SCOLAIRE FRANCOPHONE DE LA COLOMBIE BRITANNIQUE
ECOLE OPTIONNELLE YVES PREVOST p 1146
See COMMISSION SCOLAIRE DES PREMIERES-SEIGNEURIES
ECOLE ORIOLE PARK SCHOOL p 152
See BOARD OF TRUSTEES OF THE RED DEER PUBLIC SCHOOL DISTRICT NO. 104, THE
ECOLE OUR LADY OF PERPETUAL HELP SCHOOL p 161
See ELK ISLAND CATHOLIC SEPARATE REGIONAL DIVISION NO. 41
ECOLE PARC ORLEANS p 1147
See COMMISSION SCOLAIRE DES PREMIERES-SEIGNEURIES
ECOLE PARREFOUR BAUSOLEIL p 405
See DISTRICT SCOLAIRE 11
ECOLE PAUL BRUCHESI p 1093
See COMMISSION SCOLAIRE DE MONTREAL
ECOLE PAUL CHAGNON p 1192
See COMMISSION SCOLAIRE MARIE-VICTORIN
ECOLE PAUL DE MARICOURT p 1071
See COMMISSION SCOLAIRE MARIE-VICTORIN
ECOLE PAUL VI p 618
See CONSEIL SCOLAIRE DE DISTRICT CATHOLIQUE DE L'EST ONTARIEN
ECOLE PAUL-HUBERT p 1172
See COMMISSION SCOLAIRE DES PHARES
ECOLE PAVILLON SAINTE-MARIE p 1254
See COMMISSION SCOLAIRE DES LAURENTIDES
ECOLE PERCE NEIGE p 1137
See COMMISSION SCOLAIRE MARGUERITE-BOURGEOYS
ECOLE PERE EDGAR T LEBLANC p 402
See SCHOOL BOARD DISTRICT 01
ECOLE PERE-LACOMBE p 75
See CONSEIL SCOLAIRE CENTRE-NORD
ECOLE PETITE ABEILLE p 1184
See COMMISSION SCOLAIRE DE LA BEAUCE-ETCHEMIN
ECOLE PHILIPPE LABARRE p 1086
See COMMISSION SCOLAIRE DE MONTREAL
ECOLE PHILIPPE-MORIN p 1056
See COMMISSION SCOLAIRE MARGUERITE-BOURGEOYS
ECOLE PHOENIX MIDDLE SCHOOL p 194
See BOARD OF EDUCATION SCHOOL DISTRICT 72 (CAMPBELL RIVER), THE
ECOLE PIE X p 1259
See COMMISSION SCOLAIRE DES BOIS-FRANCS
ECOLE PIE XII p 1215
See COMMISSION SCOLAIRE DE LA POINTE-DE-L'ILE
ECOLE PIE-X-DE L'ASSOMPTION p 1236
See COMMISSION SCOLAIRE DE LA REGION-DE-SHERBROOKE
ECOLE PIERRE D'IBERVILLE p 1070
See COMMISSION SCOLAIRE MARIE-VICTORIN
ECOLE PIERRE DE COUBERTIN p 1133
See COMMISSION SCOLAIRE DE LA POINTE-DE-L'ILE
ECOLE PIERRE ELLIOTT TRUDEAU p 729
See CONSEIL DES ECOLES CATHOLIQUES DE LANGUE FRANCAISE DU CENTRE-EST
ECOLE PIERRE LAPORTE p 1043
See COMMISSION SCOLAIRE MARIE-VICTORIN
ECOLE PIERRE REMY p 1060
See COMMISSION SCOLAIRE MARGUERITE-BOURGEOYS
ECOLE PIMAIRE MGR DURAND p 1016
See COMMISSION SCOLAIRE DES HAUTS-CANTONS
ECOLE PINE GROVE SCHOOL p 117
See GRANDE YELLOWHEAD PUBLIC SCHOOL DIVISION 77
ECOLE PINE GROVE SCHOOL p 770
See HALTON DISTRICT SCHOOL BOARD
ECOLE PIONNIERS, L GAUDREAULT p 1180
See COMMISSION SCOLAIRE DES DECOUVREURS
ECOLE PLACE DES JEUNES p 393
See CONSEIL SCOLAIRE DISTRICT NO 5
ECOLE PLAMONDON SCHOOL p 151
See NORTHERN LIGHTS SCHOOL DIVI-

SION NO. 69
ECOLE PLEIN SOLEIL p 1226
See COMMISSION SCOLAIRE DE SAINT-HYACINTHE, LA
ECOLE POINTE CLAIRE p 1141
See COMMISSION SCOLAIRE MARGUERITE-BOURGEOYS
ECOLE POINTE LEVIS p 1065
See COMMISSION SCOLAIRE DES NAVIGATEURS
ECOLE POINTE-DES-CHENES p 357
See DIVISION SCOLAIRE FRANCO-MANITOBAINE
ECOLE POLYMECANIQUE DE LAVAL p 1063
See COMMISSION SCOLAIRE DE LAVAL
ECOLE POLYVALENTE DE PASPEDIAC p 1137
See COMMISSION SCOLAIRE RENE-LEVESQUE
ECOLE POLYVALENTE p 421
See DISTRICT SCOLAIRE FRANCOPHONE NORD-EST
ECOLE POLYVALENTE ARMAND ST-ONGE p 989
See COMMISSION SCOLAIRE DES MONTS-ET-MAREES
ECOLE POLYVALENTE BENOIT VACHON p 1227
See COMMISSION SCOLAIRE DE LA BEAUCE-ETCHEMIN
ECOLE POLYVALENTE CURE MERCURE p 1082
See COMMISSION SCOLAIRE DES LAURENTIDES
ECOLE POLYVALENTE DE ST GEORGES p 1189
See COMMISSION SCOLAIRE DE LA BEAUCE-ETCHEMIN
ECOLE POLYVALENTE DES ABENAQUIS p 1220
See COMMISSION SCOLAIRE DE LA BEAUCE-ETCHEMIN
ECOLE POLYVALENTE DES RIVIERES p 1033
See COMMISSION SCOLAIRE DE L'ESTUAIRE
ECOLE POLYVALENTE HORIZON BLANC p 1033
See COMMISSION SCOLAIRE DU FER
ECOLE POLYVALENTE JONQUIERE p 1046
See COMMISSION SCOLAIRE DE LA JONQUIERE
ECOLE POLYVALENTE LA SAMARE p 1138
See COMMISSION SCOLAIRE DES BOIS-FRANCS
ECOLE POLYVALENTE LAVIGNE p 1058
See COMMISSION SCOLAIRE DE LA RIVIERE-DU-NORD
ECOLE POLYVALENTE MARIE RIVIER p 1030
See COMMISSION SCOLAIRE DES CHENES
ECOLE POLYVALENTE MGR SEVIGNY p 1010
See COMMISSION SCOLAIRE RENE-LEVESQUE
ECOLE POLYVALENTE MGR SEVIGNY p 1011
See COMMISSION SCOLAIRE RENE-LEVESQUE
ECOLE POLYVALENTE MGR SEVIGNY p 1011
See EASTERN SHORES SCHOOL BOARD
ECOLE POLYVALENTE ST JEROME p 1201
See COMMISSION SCOLAIRE DE LA RIVIERE-DU-NORD
ECOLE POLYVANTE LE CARREFOUR p 1253
See COMMISSION SCOLAIRE DE L'OR-ET-DES-BOIS

ECOLE POWER VIEW SCHOOL p 354
See SUNRISE SCHOOL DIVISION
ECOLE PRECIEUX-SANG p 364
See DIVISION SCOLAIRE FRANCO-MANITOBAINE
ECOLE PREVILLE p 1203
See COMMISSION SCOLAIRE MARIE-VICTORIN
ECOLE PRIMADEL p 1178
See COMMISSION SCOLAIRE DE L'ENERGIE
ECOLE PRIMAIRE SECONDAIRE DES GRANDES MAREES p 1163
See COMMISSION SCOLAIRE DES DECOUVREURS
ECOLE PRIMAIRE AHUNTSIC p 1118
See COMMISSION SCOLAIRE DE MONTREAL
ECOLE PRIMAIRE ALFRED-PELLAN p 1018
See COMMISSION SCOLAIRE DE LAVAL
ECOLE PRIMAIRE ARC EN CIEL p 1217
See COMMISSION SCOLAIRE DES SAMARES
ECOLE PRIMAIRE CENTENNIAL PARK p 1011
See COMMISSION SCOLAIRE NEW FRONTIER
ECOLE PRIMAIRE CHARLES-BRUNEAU p 1128
See COMMISSION SCOLAIRE DE LAVAL
ECOLE PRIMAIRE COEUR-IMMACULE p 1236
See COMMISSION SCOLAIRE DE LA REGION-DE-SHERBROOKE
ECOLE PRIMAIRE CRESTVIEW p 1063
See SIR WILFRID LAURIER SCHOOL BOARD
ECOLE PRIMAIRE DE BUCKINGHAM p 1033
See COMMISSION SCOLAIRE WESTERN QUEBEC
ECOLE PRIMAIRE DE DEGELIS p 1022
See COMMISSION SCOLAIRE DU FLEUVE ET DES LACS
ECOLE PRIMAIRE DE L' AUBIER p 1246
See COMMISSION SCOLAIRE DES AFFLUENTS
ECOLE PRIMAIRE DE L'ESCALADE p 1168
See COMMISSION SCOLAIRE DES PREMIERES-SEIGNEURIES
ECOLE PRIMAIRE DE LA CHANTERELLE p 1254
See COMMISSION SCOLAIRE DES SOMMETS
ECOLE PRIMAIRE DE LA COLLINE p 1219
See COMMISSION SCOLAIRE DE LA COTE-DU-SUD, LA
ECOLE PRIMAIRE DE LA FABLIERE p 1245
See COMMISSION SCOLAIRE DES AFFLUENTS
ECOLE PRIMAIRE DE LA PAIX p 1171
See COMMISSION SCOLAIRE DES AFFLUENTS
ECOLE PRIMAIRE DE SAINT GEDEON p 1188
See COMMISSION SCOLAIRE DE LA BEAUCE-ETCHEMIN
ECOLE PRIMAIRE DE SAINTS ANGES p 1231
See COMMISSION SCOLAIRE DE LA BEAUCE-ETCHEMIN
ECOLE PRIMAIRE DE SALABERRY p 1010
See COMMISSION SCOLAIRE DES PATRIOTES
ECOLE PRIMAIRE DE SHERBROOKE p 1237
See COMMISSION SCOLAIRE EASTERN TOWNSHIPS
ECOLE PRIMAIRE DES CARDINAUX p 1062
See COMMISSION SCOLAIRE DE LAVAL
ECOLE PRIMAIRE DES ROSERAIES p 992

See COMMISSION SCOLAIRE DE LA POINTE-DE-L'ILE
ECOLE PRIMAIRE DESRANLEAU p 1236
See COMMISSION SCOLAIRE DE LA REGION-DE-SHERBROOKE
ECOLE PRIMAIRE DOMINIQUE SAVIO p 1148
See COMMISSION SCOLAIRE DE LA CAPITALE, LA
ECOLE PRIMAIRE DU CARROUSEL p 1255
See COMMISSION SCOLAIRE DES PATRIOTES
ECOLE PRIMAIRE DU CHAMP-FLEURI p 1144
See COMMISSION SCOLAIRE DE LA RIVIERE-DU-NORD
ECOLE PRIMAIRE DU GEAI BLEU p 1246
See COMMISSION SCOLAIRE DES AFFLUENTS
ECOLE PRIMAIRE DU MOULIN p 1170
See COMMISSION SCOLAIRE DES AFFLUENTS
ECOLE PRIMAIRE DU TOURNESOL p 1072
See COMMISSION SCOLAIRE MARIE-VICTORIN
ECOLE PRIMAIRE ET SECONDAIRE FRECHETTE p 1050
See COMMISSION SCOLAIRE DES RIVES-DU-SAGUENAY
ECOLE PRIMAIRE FLEUR-SOLEIL p 1127
See COMMISSION SCOLAIRE DE LAVAL
ECOLE PRIMAIRE GABRIELLE ROY p 1214
See COMMISSION SCOLAIRE DE LA POINTE-DE-L'ILE
ECOLE PRIMAIRE GAREAU p 1051
See COMMISSION SCOLAIRE DES AFFLUENTS
ECOLE PRIMAIRE GENTILLY p 1028
See COMMISSION SCOLAIRE MARGUERITE-BOURGEOYS
ECOLE PRIMAIRE HEBERT p 1127
See COMMISSION SCOLAIRE DE LAVAL
ECOLE PRIMAIRE HEROES MEMORIAL p 1021
See COMMISSION SCOLAIRE EASTERN TOWNSHIPS
ECOLE PRIMAIRE J.-JEAN-JOUBERT p 1017
See COMMISSION SCOLAIRE DE LAVAL
ECOLE PRIMAIRE JACQUES BUTEUX p 1054
See COMMISSION SCOLAIRE DE L'ENERGIE
ECOLE PRIMAIRE JEAN DE LA FONTAINE p 1243
See COMMISSION SCOLAIRE DES AFFLUENTS
ECOLE PRIMAIRE JEAN-FORTIN p 1191
See COMMISSION SCOLAIRE DES RIVES-DU-SAGUENAY
ECOLE PRIMAIRE L'AQUARELLE p 1228
See COMMISSION SCOLAIRE DE LAVAL
ECOLE PRIMAIRE L'ARBRISSEAU p 1163
See COMMISSION SCOLAIRE DES DECOUVREURS
ECOLE PRIMAIRE L'EVEIL (092) p 1227
See COMMISSION SCOLAIRE DE LA BEAUCE-ETCHEMIN
ECOLE PRIMAIRE L'OREE-DES-BOIS p 1130
See COMMISSION SCOLAIRE DE LAVAL
ECOLE PRIMAIRE LA CARRIERE p 1013
See COMMISSION SCOLAIRE DES RIVES-DU-SAGUENAY
ECOLE PRIMAIRE LA SOURCE p 1128
See COMMISSION SCOLAIRE DE LAVAL
ECOLE PRIMAIRE LA TOURTERELLE p 1170
See COMMISSION SCOLAIRE DES AFFLUENTS
ECOLE PRIMAIRE LAMBERT CLOSSE p 1216
See COMMISSION SCOLAIRE DE LA POINTE-DE-L'ILE

ECOLE PRIMAIRE LAROCQUE p 1236
See COMMISSION SCOLAIRE DE LA REGION-DE-SHERBROOKE
ECOLE PRIMAIRE LAURENTIDE p 1203
See COMMISSION SCOLAIRE MARGUERITE-BOURGEOYS
ECOLE PRIMAIRE LE PETIT-PRINCE p 1130
See COMMISSION SCOLAIRE DE LAVAL
ECOLE PRIMAIRE LE ROSEAU p 1013
See COMMISSION SCOLAIRE DES RIVES-DU-SAGUENAY
ECOLE PRIMAIRE LE TANDEM - PAVILLON 1 p 1131
See COMMISSION SCOLAIRE DE LAVAL
ECOLE PRIMAIRE LES PRES VERTS SAINT BERNARD p 1167
See COMMISSION SCOLAIRE DE LA CAPITALE, LA
ECOLE PRIMAIRE LES SITTELLES p 1189
See COMMISSION SCOLAIRE DE LA BEAUCE-ETCHEMIN
ECOLE PRIMAIRE LES TROIS-SOLEILS p 1063
See COMMISSION SCOLAIRE DE LAVAL
ECOLE PRIMAIRE LOUIS FRECHETTE p 1170
See COMMISSION SCOLAIRE DES AFFLUENTS
ECOLE PRIMAIRE MARC-AURELE-FORTIN p 1130
See COMMISSION SCOLAIRE DE LAVAL
ECOLE PRIMAIRE MARCEL VAILLANCOURT p 1062
See COMMISSION SCOLAIRE DE LAVAL
ECOLE PRIMAIRE MARIBEL p 1227
See COMMISSION SCOLAIRE DE LA BEAUCE-ETCHEMIN
ECOLE PRIMAIRE MARIE REINE p 1236
See COMMISSION SCOLAIRE DE LA REGION-DE-SHERBROOKE
ECOLE PRIMAIRE MONSEIGNEUR-LAVAL p 1063
See COMMISSION SCOLAIRE DE LAVAL
ECOLE PRIMAIRE NOTRE DAME DE L'ASSOMPTION p 1022
See COMMISSION SCOLAIRE DES BOIS-FRANCS
ECOLE PRIMAIRE NOTRE-DAME-DE-LA-PAIX p 1258
See COMMISSION SCOLAIRE DE LA POINTE-DE-L'ILE
ECOLE PRIMAIRE NOTRE-DAME-DU-SOURIRE p 1127
See COMMISSION SCOLAIRE DE LAVAL
ECOLE PRIMAIRE PAUL-COMTOIS p 1129
See COMMISSION SCOLAIRE DE LAVAL
ECOLE PRIMAIRE PETIT PRINCE p 1050
See COMMISSION SCOLAIRE DES PREMIERES-SEIGNEURIES
ECOLE PRIMAIRE PIERRE-LAPORTE p 1229
See COMMISSION SCOLAIRE DE LAVAL
ECOLE PRIMAIRE PINEWOOD p 1076
See SIR WILFRID LAURIER SCHOOL BOARD
ECOLE PRIMAIRE RIVERSIDE p 1046
See COMMISSION SCOLAIRE CENTRAL QUEBEC
ECOLE PRIMAIRE SACRE-COEUR p 1237
See COMMISSION SCOLAIRE DE LA REGION-DE-SHERBROOKE
ECOLE PRIMAIRE SAINT MAJORIQUE p 1217
See COMMISSION SCOLAIRE DES CHENES
ECOLE PRIMAIRE SAINT-PAUL p 1131
See COMMISSION SCOLAIRE DE LAVAL
ECOLE PRIMAIRE SAINTE CLAIRE p 1086

See COMMISSION SCOLAIRE DE MONTREAL
ECOLE PRIMAIRE SAINTE MARIE p 1028
See COMMISSION SCOLAIRE DES CHENES
ECOLE PRIMAIRE SAINTE-DOROTHEE p 1229
See COMMISSION SCOLAIRE DE LAVAL
ECOLE PRIMAIRE SAINTE-MARGUERITE p 1133
See COMMISSION SCOLAIRE DE LAVAL
ECOLE PRIMAIRE SAINTE-PAULE p 1201
See COMMISSION SCOLAIRE DE LA RIVIERE-DU-NORD
ECOLE PRIMAIRE SIMON P OTTAWA DE MANAOUANE p 1075
See CONSEIL DES ATIKAMEKW DE MANAWAN
ECOLE PRIMAIRE SIMON-VANIER p 1018
See COMMISSION SCOLAIRE DE LAVAL
ECOLE PRIMAIRE SOCRATES III p 1178
See COMMUNAUTE HELLENIQUE DE MONTREAL
ECOLE PRIMAIRE SOLEIL LEVANT p 1237
See COMMISSION SCOLAIRE DE LA REGION-DE-SHERBROOKE
ECOLE PRIMAIRE SOUVENIR p 1131
See SIR WILFRID LAURIER SCHOOL BOARD
ECOLE PRIMAIRE ST GERMAIN D'OUTREMONT p 1136
See COMMISSION SCOLAIRE MARGUERITE-BOURGEOYS
ECOLE PRIMAIRE ST JEAN BAPTISTE p 1218
See COMMISSION SCOLAIRE DES SAMARES
ECOLE PRIMAIRE ST JEAN L'EVANGELISTE p 1080
See COMMISSION SCOLAIRE PIERRE-NEVEU, LA
ECOLE PRIMAIRE ST-ESPRIT p 1238
See COMMISSION SCOLAIRE DE LA REGION-DE-SHERBROOKE
ECOLE PRIMAIRE ST-JULIEN p 1017
See COMMISSION SCOLAIRE DE LAVAL
ECOLE PRIMAIRE ST-REMI p 995
See COMMISSION SCOLAIRE MARGUERITE-BOURGEOYS
ECOLE PRIMAIRE STE-ANNE p 1238
See COMMISSION SCOLAIRE DE LA REGION-DE-SHERBROOKE
ECOLE PRIMAIRE STE-BEATRICE p 1128
See COMMISSION SCOLAIRE DE LAVAL
ECOLE PRIMAIRE STE-FAMILLE p 1236
See COMMISSION SCOLAIRE DE LA REGION-DE-SHERBROOKE
ECOLE PRIMAIRE SYLVESTRE p 1236
See COMMISSION SCOLAIRE DE LA REGION-DE-SHERBROOKE
ECOLE PRIMAIRE VAL D'OR PAPILLON D'OR p 1253
See COMMISSION SCOLAIRE DE L'OR-ET-DES-BOIS
ECOLE PRIMAIRE VAL-DES-ARBRES p 1127
See COMMISSION SCOLAIRE DE LAVAL
ECOLE PRIMAIRE VILLEMAIRE p 1128
See COMMISSION SCOLAIRE DE LAVAL
ECOLE PRIMAIRES FELIX-LECLERC p 1071
See COMMISSION SCOLAIRE MARIE-VICTORIN
ECOLE PRIMAIRES SAINT ROSAIRE p 1033
See COMMISSION SCOLAIRE DES CHIC-CHOCS
ECOLE PRIMAIRES SAINTE VICTOIRE p 1231
See COMMISSION SCOLAIRE DE SOREL-TRACY
ECOLE PRIMAIRES ST DOROTHY p 1091
See COMMISSION SCOLAIRE ENGLISH-MONTREAL

ECOLE PROFESSIONNELLE DE METIERS p 1198
See COMMISSION SCOLAIRE DES HAUTES-RIVIERES
ECOLE PROVENCHER p 364
See LOUIS RIEL SCHOOL DIVISION
ECOLE PROVENCHER p 1179
See COMMISSION SCOLAIRE DE LA COTE-DU-SUD, LA
ECOLE PROVIDENCE p 1179
See COMMISSION SCOLAIRE AU COEUR DES VALLEES
ECOLE PROVIDENCE p 1308
See CONSEIL DES ECOLES FRANSASKOISES
ECOLE PUBLIQUE CHARLOTTE-LEMIEUX p 799
See CONSEIL DES ECOLES PUBLIQUES DE L'EST DE L'ONTARIO
ECOLE PUBLIQUE ELEMENTAIRE CARREFOUR JEUNESSE p 825
See CONSEIL DES ECOLES PUBLIQUES DE L'EST DE L'ONTARIO
ECOLE PUBLIQUE LIONEL GAUTHIER p 884
See NEAR NORTH DISTRICT SCHOOL BOARD
ECOLE PUBLIQUE NOUVEL HORIZON p 618
See CONSEIL DES ECOLES PUBLIQUES DE L'EST DE L'ONTARIO
ECOLE PUBNICO-OUEST p 479
See CONSEIL SCOLAIRE ACADIEN PROVINCIAL
ECOLE RABEAU p 1202
See COMMISSION SCOLAIRE MARIE-VICTORIN
ECOLE RAYMOND p 1018
See COMMISSION SCOLAIRE DE LAVAL
ECOLE REGENT PARK p 362
See RIVER EAST TRANSCONA SCHOOL DIVISION
ECOLE REGIONALE DE BAIE STE ANNE p 393
See DISTRICT SCOLAIRE 11
ECOLE REGIONALE DE ST BASILE p 419
See DISTRICT SCOLAIRE 3
ECOLE REGIONALE DES QUATRES-SAISONS p 1151
See COMMISSION SCOLAIRE DE LA CAPITALE, LA
ECOLE REGIONALE SAINTE JOHN BAPTISTE p 356
See DIVISION SCOLAIRE FRANCO-MANITOBAINE
ECOLE REINE-MARIE 1 & 2 p 1188
See COMMISSION SCOLAIRE DES SAMARES
ECOLE RENE CHOUINARD LAGACEVILLE p 404
See DISTRICT SCOLAIRE FRANCOPHONE NORD-EST
ECOLE RENE GUENETTE p 1133
See COMMISSION SCOLAIRE DE LA POINTE-DE-L'ILE
ECOLE RENE LAMOUREUX p 694
See CONSEIL SCOLAIRE DE DISTRICT CATHOLIQUE CENTRE-SUD
ECOLE RENE PELLETIER p 1139
See COMMISSION SCOLAIRE DE LA POINTE-DE-L'ILE
ECOLE RENE SAINT PIERRE p 1194
See COMMISSION SCOLAIRE DE SAINT-HYACINTHE, LA
ECOLE RICHELIEU p 1248
See COMMISSION SCOLAIRE DU CHEMIN-DU-ROY
ECOLE RIVER HEIGHTS SCHOOL p 1294
See BOARD OF EDUCATION OF SASKATOON SCHOOL DIVISION NO. 13 OF SASKATCHEWAN, THE

ECOLE RIVERBEND COMMUNITY SCHOOL p 371
See SEVEN OAKS SCHOOL DIVISION
ECOLE RIVERDALE p 280
See SCHOOL DISTRICT NO 36 (SURREY)
ECOLE RIVIERA p 1035
See COMMISSION SCOLAIRE DES DRAVEURS
ECOLE RIVIERE DES QUINZE p 1135
See COMMISSION SCOLAIRE DU LAC-TEMISCAMINGUE
ECOLE ROBERT H. SMITH SCHOOL p 387
See WINNIPEG SCHOOL DIVISION
ECOLE ROCKINGHAM ELEMENTARY SCHOOL p 462
See HALIFAX REGIONAL SCHOOL BOARD
ECOLE ROCKY ELEMENTARY SCHOOL p 159
See WILD ROSE SCHOOL DIVISION NO. 66
ECOLE ROGER-SAINT-DENIS p 624
See CONSEIL DES ECOLES CATHOLIQUES DE LANGUE FRANCAISE DU CENTRE-EST
ECOLE ROMEO FORBES p 1195
See COMMISSION SCOLAIRE DE SAINT-HYACINTHE, LA
ECOLE ROMERO DALLAIRE p 373
See DIVISION SCOLAIRE FRANCO-MANITOBAINE
ECOLE ROSE-DES-VENTS p 456
See CONSEIL SCOLAIRE ACADIEN PROVINCIAL
ECOLE ROSS SCHOOL p 1275
See PRAIRIE SOUTH SCHOOL DIVISION NO 210
ECOLE ROXTON POND p 1178
See COMMISSION SCOLAIRE DU VAL-DES-CERFS
ECOLE ROY p 1052
See COMMISSION SCOLAIRE DE LA BEAUCE-ETCHEMIN
ECOLE ROY p 1174
See COMMISSION SCOLAIRE DE KAMOURASKA RIVIERE-DU-LOUP
ECOLE RUDOLPH HENNIG SCHOOL p 123
See ELK ISLAND PUBLIC SCHOOLS REGIONAL DIVISION NO. 14
ECOLE SACRE COEUR p 731
See CONSEIL SCOLAIRE CATHOLIQUE DE DISTRICT DES GRANDES RIVIERES, LE
ECOLE SACRE COEUR p 883
See CONSEIL SCOLAIRE CATHOLIQUE DE DISTRICT DES GRANDES RIVIERES, LE
ECOLE SACRE COEUR p 1047
See COMMISSION SCOLAIRE DE LA JONQUIERE
ECOLE SACRE COEUR p 1053
See COMMISSION SCOLAIRE DE KAMOURASKA RIVIERE-DU-LOUP
ECOLE SACRE COEUR p 1055
See COMMISSION SCOLAIRE DES HAUTS-CANTONS
ECOLE SACRE COEUR p 1149
See COMMISSION SCOLAIRE DE LA CAPITALE, LA
ECOLE SACRE COEUR p 1185
See COMMISSION SCOLAIRE DES LAURENTIDES
ECOLE SACRE COEUR p 1197
See COMMISSION SCOLAIRE DES HAUTES-RIVIERES
ECOLE SACRE COEUR p 1231
See COMMISSION SCOLAIRE DE LA VALLEE-DES-TISSERANDS, LA
ECOLE SACRE COEUR p 1247
See COMMISSION SCOLAIRE DU CHEMIN-DU-ROY
ECOLE SACRE- COEUR p 1016
See COMMISSION SCOLAIRE DES HAUTS-CANTONS

ECOLE SAINT ANDRE p 987
See COMMISSION SCOLAIRE DE SAINT-HYACINTHE, LA
ECOLE SAINT ANTOINE p 740
See CONSEIL SCOLAIRE DE DISTRICT CATHOLIQUE DU NOUVEL-ONTARIO, LE
ECOLE SAINT BERNARD p 1040
See COMMISSION SCOLAIRE DU VAL-DES-CERFS
ECOLE SAINT CLEMENT PAVILLON O p 1081
See COMMISSION SCOLAIRE MARGUERITE-BOURGEOYS
ECOLE SAINT DENIS GARNEAU, L p 1242
See COMMISSION SCOLAIRE DE LA CAPITALE, LA
ECOLE SAINT EUGENE p 1041
See COMMISSION SCOLAIRE DU VAL-DES-CERFS
ECOLE SAINT EUGENE p 1080
See COMMISSION SCOLAIRE PIERRE-NEVEU, LA
ECOLE SAINT EUGENE p 1232
See COMMISSION SCOLAIRE DE LA VALLEE-DES-TISSERANDS, LA
ECOLE SAINT FRANCOIS XAVIER p 1248
See COMMISSION SCOLAIRE DU CHEMIN-DU-ROY
ECOLE SAINT GABRIEL LALEMANT p 1241
See COMMISSION SCOLAIRE DE SOREL-TRACY
ECOLE SAINT ISIDORE p 1014
See COMMISSION SCOLAIRE DES RIVES-DU-SAGUENAY
ECOLE SAINT JEAN p 997
See COMMISSION SCOLAIRE DE LA JONQUIERE
ECOLE SAINT JEAN p 1040
See COMMISSION SCOLAIRE DU VAL-DES-CERFS
ECOLE SAINT JEAN BAPTISTE p 487
See CONSEIL SCOLAIRE DE DISTRICT DES ECOLES CATHOLIQUES DU SUD-OUEST
ECOLE SAINT JEAN BOSCO p 1074
See COMMISSION SCOLAIRE DES SOMMETS
ECOLE SAINT JOSEPH p 992
See COMMISSION SCOLAIRE DE LA POINTE-DE-L'ILE
ECOLE SAINT JOSEPH p 1064
See COMMISSION SCOLAIRE DES NAVIGATEURS
ECOLE SAINT JOSEPH p 1201
See COMMISSION SCOLAIRE DE LA RIVIERE-DU-NORD
ECOLE SAINT JOSEPH D'HEBERTVILLE p 1044
See COMMISSION SCOLAIRE DU LAC-ST-JEAN
ECOLE SAINT JOSEPH SCHOOL p 440
See YELLOWKNIFE PUBLIC DENOMINATIONAL DISTRICT EDUCATION AUTHORITY
ECOLE SAINT JOSPHE ALBAN p 1033
See COMMISSION SCOLAIRE DES CHICCHOCS
ECOLE SAINT LOUIS p 806
See CONSEIL SCOLAIRE DE DISTRICT CATHOLIQUE CENTRE-SUD
ECOLE SAINT LOUIS p 1051
See COMMISSION SCOLAIRE DES AFFLUENTS
ECOLE SAINT LOUIS p 1170
See COMMISSION SCOLAIRE DES SAMARES
ECOLE SAINT LUC p 1040
See COMMISSION SCOLAIRE DU VAL-DES-CERFS
ECOLE SAINT LUC p 1047
See COMMISSION SCOLAIRE DE LA JONQUIERE
ECOLE SAINT MARCEL p 1139

See COMMISSION SCOLAIRE DE LA POINTE-DE-L'ILE

ECOLE SAINT MAXIME p 1080
See COMMISSION SCOLAIRE DES CHICCHOCS

ECOLE SAINT MICHEL p 646
See CONSEIL SCOLAIRE DE DISTRICT DES ECOLES CATHOLIQUES DU SUD-OUEST

ECOLE SAINT MICHEL SECTEUR AUTISME p 1158
See COMMISSION SCOLAIRE DES DECOUVREURS

ECOLE SAINT NECIPHORE p 1028
See COMMISSION SCOLAIRE DES CHENES

ECOLE SAINT PHILIPPE p 1263
See COMMISSION SCOLAIRE DES SOMMETS

ECOLE SAINT PIE X p 1074
See COMMISSION SCOLAIRE DES SOMMETS

ECOLE SAINT PIERRE p 1022
See COMMISSION SCOLAIRE DU FLEUVE ET DES LACS

ECOLE SAINT VINCENT p 1160
See COMMISSION SCOLAIRE CENTRAL QUEBEC

ECOLE SAINT-ANDRE p 1041
See COMMISSION SCOLAIRE DU VAL-DES-CERFS

ECOLE SAINT-ANTOINE p 735
See CONSEIL SCOLAIRE DE DISTRICT CATHOLIQUE CENTRE-SUD

ECOLE SAINT-CHARLES p 1183
See COMMISSION SCOLAIRE DE LA JONQUIERE

ECOLE SAINT-CHARLES-GARNIER p 1195
See COMMISSION SCOLAIRE DE SAINT-HYACINTHE, LA

ECOLE SAINT-EDMOND p 969
See CONSEIL SCOLAIRE DE DISTRICT DES ECOLES CATHOLIQUES DU SUD-OUEST

ECOLE SAINT-ETIENNE p 1098
See COMMISSION SCOLAIRE DE MONTREAL

ECOLE SAINT-FELIX DE KINGSEY p 1188
See COMMISSION SCOLAIRE DES CHENES

ECOLE SAINT-FRANCOIS p 1131
See COMMISSION SCOLAIRE DE LAVAL

ECOLE SAINT-FRANCOIS DASSISE p 1250
See COMMISSION SCOLAIRE DU CHEMIN-DU-ROY

ECOLE SAINT-FRANCOIS-D'ASSISE p 797
See CONSEIL DES ECOLES CATHOLIQUES DE LANGUE FRANCAISE DU CENTRE-EST

ECOLE SAINT-GUILLAUME p 1190
See COMMISSION SCOLAIRE DES CHENES

ECOLE SAINT-ISAAC-JOGUES p 1095
See COMMISSION SCOLAIRE DE MONTREAL

ECOLE SAINT-JEAN p 490
See CONSEIL SCOLAIRE DE DISTRICT CATHOLIQUE CENTRE-SUD

ECOLE SAINT-JEAN-BAPTISTE p 805
See CONSEIL DES ECOLES CATHOLIQUES DE LANGUE FRANCAISE DU CENTRE-EST

ECOLE SAINT-JEAN-VIANNEY p 1087
See COMMISSION SCOLAIRE DE MONTREAL

ECOLE SAINT-JOACHIM p 350
See DIVISION SCOLAIRE FRANCO-MANITOBAINE

ECOLE SAINT-LEON-DE-WESTMOUNT p 1262
See COMMISSION SCOLAIRE DE MONTREAL

ECOLE SAINT-LOUIS-DE-GONZAGUE, ANNEXE p 1093
See COMMISSION SCOLAIRE DE MONTREAL

ECOLE SAINT-MARC p 1053
See COMMISSION SCOLAIRE DES GRANDES-SEIGNEURIES

ECOLE SAINT-MARC p 1090
See COMMISSION SCOLAIRE DE MONTREAL

ECOLE SAINT-MEDARD p 1260
See COMMISSION SCOLAIRE DES BOIS-FRANCS

ECOLE SAINT-MEDARD p 1261
See COMMISSION SCOLAIRE DES BOIS-FRANCS

ECOLE SAINT-MICHEL p 1176
See COMMISSION SCOLAIRE DES HAUTES-RIVIERES

ECOLE SAINT-NOEL-CHABANEL PAVILLON DES BATISSEURS p 1091
See COMMISSION SCOLAIRE DE MONTREAL

ECOLE SAINT-PASCAL-BAYLON p 1120
See COMMISSION SCOLAIRE DE MONTREAL

ECOLE SAINT-PIERRE p 1030
See COMMISSION SCOLAIRE DES CHENES

ECOLE SAINT-PIERRE p 1051
See COMMISSION SCOLAIRE DES ILES

ECOLE SAINT-ROSAIRE p 1010
See COMMISSION SCOLAIRE DES MONTS-ET-MAREES

ECOLE SAINT-SACREMENT p 1194
See COMMISSION SCOLAIRE DE SAINT-HYACINTHE, LA

ECOLE SAINTE ANNE p 1169
See COMMISSION SCOLAIRE DES SAMARES

ECOLE SAINTE ANNE, L' p 1090
See SOEURS DE SAINTE-ANNE DU QUEBEC, LES

ECOLE SAINTE CATHERINE LABOURE p 1060
See COMMISSION SCOLAIRE MARGUERITE-BOURGEOYS

ECOLE SAINTE FELICITE p 1226
See COMMISSION SCOLAIRE DE MONTS-ET-MAREES

ECOLE SAINTE HELENE p 1226
See COMMISSION SCOLAIRE DES NAVIGATEURS

ECOLE SAINTE JEANNE D' ARC p 99
See CONSEIL SCOLAIRE CENTRE-NORD

ECOLE SAINTE LUCE p 1023
See COMMISSION SCOLAIRE DES APPALACHES

ECOLE SAINTE LUCIE p 987
See COMMISSION SCOLAIRE DU PAYS-DES-BLEUETS

ECOLE SAINTE LUCIE p 1253
See COMMISSION SCOLAIRE DE L'OR-ET-DES-BOIS

ECOLE SAINTE MADELEINE p 751
See COMMISSION SCOLAIRE DU CHEMIN-DU-ROY

ECOLE SAINTE MARGUERITE BOURGEOYS p 628
See KENORA CATHOLIC DISTRICT SCHOOL BOARD

ECOLE SAINTE MARIE p 1041
See COMMISSION SCOLAIRE DU VAL-DES-CERFS

ECOLE SAINTE MARIE p 1196
See COMMISSION SCOLAIRE DU FLEUVE ET DES LACS

ECOLE SAINTE MONIQUE p 1155
See COMMISSION SCOLAIRE DE LA CAPITALE, LA

ECOLE SAINTE THERESE p 988
See COMMISSION SCOLAIRE HARRICANA

ECOLE SAINTE THERESE p 1045
See COMMISSION SCOLAIRE DES SAMARES

ECOLE SAINTE THERESE p 1191
See COMMISSION SCOLAIRE DE LA BEAUCE-ETCHEMIN

ECOLE SAINTE URSULE p 989
See COMMISSION SCOLAIRE DES MONTS-ET-MAREES

ECOLE SAINTE-AGNES p 1232
See COMMISSION SCOLAIRE DE LA VALLEE-DES-TISSERANDS, LA

ECOLE SAINTE-ANNE p 419
See DISTRICT SCOLAIRE 3

ECOLE SAINTE-ANNE p 1022
See COMMISSION SCOLAIRE DES BOIS-FRANCS

ECOLE SAINTE-ANNE-LES-ILES p 1224
See COMMISSION SCOLAIRE DE SOREL-TRACY

ECOLE SAINTE-BERNADETTE-SOUBIROUS p 1089
See COMMISSION SCOLAIRE DE MONTREAL

ECOLE SAINTE-CATHERINE p 804
See CONSEIL SCOLAIRE DE DISTRICT DES ECOLES CATHOLIQUES DU SUD-OUEST

ECOLE SAINTE-CLAIRE p 1013
See COMMISSION SCOLAIRE DES RIVES-DU-SAGUENAY

ECOLE SAINTE-FAMILLE p 1247
See COMMISSION SCOLAIRE DE LA BEAUCE-ETCHEMIN

ECOLE SAINTE-FAMILLE p 1259
See COMMISSION SCOLAIRE DES BOIS-FRANCS

ECOLE SAINTE-GENEVIEVE p 1060
See COMMISSION SCOLAIRE MARGUERITE-BOURGEOYS

ECOLE SAINTE-MARGUERITE BOURGEOYS p 977
See CONSEIL SCOLAIRE DE DISTRICT DES ECOLES CATHOLIQUES DU SUD-OUEST

ECOLE SAINTE-MARIE p 1065
See COMMISSION SCOLAIRE DES NAVIGATEURS

ECOLE SAINTE-MARIE p 1233
See COMMISSION SCOLAIRE DES MONTS-ET-MAREES

ECOLE SAINTE-THERESE p 1230
See COMMISSION SCOLAIRE DE LA SEIGNEURIE-DES-MILLE-ILES

ECOLE SAMUEL DE CHAMPLAIN p 1006
See COMMISSION SCOLAIRE MARIE-VICTORIN

ECOLE SECONDAIRE p 505
See CONSEIL SCOLAIRE DE DISTRICT CATHOLIQUE DU NOUVEL-ONTARIO, LE

ECOLE SECONDAIRE ALPHONSE-DESJARDINS p 1021
See COMMISSION SCOLAIRE DE LAVAL

ECOLE SECONDAIRE ANDRE LAURENDEAU p 1192
See COMMISSION SCOLAIRE MARIE-VICTORIN

ECOLE SECONDAIRE ANJOU p 1085
See COMMISSION SCOLAIRE DE LA POINTE-DE-L'ILE

ECOLE SECONDAIRE ANTOINE BROSSARD p 1007
See COMMISSION SCOLAIRE MARIE-VICTORIN

ECOLE SECONDAIRE AUGUSTIN NORBET MORIN p 1223
See COMMISSION SCOLAIRE DES LAURENTIDES

ECOLE SECONDAIRE BEAULIEU p 1198
See COMMISSION SCOLAIRE DES HAUTES-RIVIERES

ECOLE SECONDAIRE BEAUMONT HIGH SCHOOL p 5
See BLACK GOLD REGIONAL DIVISION #18

ECOLE SECONDAIRE BEAURIVAGE p 1178
See COMMISSION SCOLAIRE DES NAVIGATEURS

ECOLE SECONDAIRE BERMON p 1188
See COMMISSION SCOLAIRE DES SAMARES

ECOLE SECONDAIRE BERNARD GARIEPY p 1242
See COMMISSION SCOLAIRE DE SOREL-TRACY

ECOLE SECONDAIRE BON PASTEUR p 1051
See COMMISSION SCOLAIRE DE LA COTE-DU-SUD, LA

ECOLE SECONDAIRE BON PASTEUR p 1179
See COMMISSION SCOLAIRE DE LA JONQUIERE

ECOLE SECONDAIRE CALIXA LAVALEE p 1133
See COMMISSION SCOLAIRE DE LA POINTE-DE-L'ILE

ECOLE SECONDAIRE CARDINAL ROY p 1149
See COMMISSION SCOLAIRE DE LA CAPITALE, LA

ECOLE SECONDAIRE CASAVANT p 1194
See COMMISSION SCOLAIRE DE SAINT-HYACINTHE, LA

ECOLE SECONDAIRE CATHOLIQUE CHAMPLAIN p 553
See CONSEIL SCOLAIRE DE DISTRICT CATHOLIQUE DU NOUVEL-ONTARIO, LE

ECOLE SECONDAIRE CATHOLIQUE EMBRUN p 573
See CONSEIL SCOLAIRE DE DISTRICT CATHOLIQUE DE L'EST ONTARIEN

ECOLE SECONDAIRE CATHOLIQUE JEAN VANIER p 955
See CONSEIL SCOLAIRE DE DISTRICT CATHOLIQUE CENTRE-SUD

ECOLE SECONDAIRE CATHOLIQUE L'HORIZON p 946
See CONSEIL SCOLAIRE DE DISTRICT CATHOLIQUE DU NOUVEL-ONTARIO, LE

ECOLE SECONDAIRE CATHOLIQUE LA CITADELLE p 564
See CONSEIL SCOLAIRE DE DISTRICT CATHOLIQUE DE L'EST ONTARIEN

ECOLE SECONDAIRE CATHOLIQUE PAVILLON PLANTAGENET p 815
See CONSEIL SCOLAIRE DE DISTRICT CATHOLIQUE DE L'EST ONTARIEN

ECOLE SECONDAIRE CATHOLIQUE TRILLIUM p 550
See CONSEIL SCOLAIRE DE DISTRICT CATHOLIQUE DU NOUVEL-ONTARIO, LE

ECOLE SECONDAIRE CAVELIER DE LASALLE p 1060
See COMMISSION SCOLAIRE MARGUERITE-BOURGEOYS

ECOLE SECONDAIRE CHAMPAGNAT p 1054
See COMMISSION SCOLAIRE DE L'ENERGIE

ECOLE SECONDAIRE CHAMPAGNAT p 1064
See COMMISSION SCOLAIRE DES NAVIGATEURS

ECOLE SECONDAIRE CHANOINE BEAUDET p 1219
See COMMISSION SCOLAIRE DE KAMOURASKA RIVIERE-DU-LOUP

ECOLE SECONDAIRE CHARLES GRAVEL p 1013

See COMMISSION SCOLAIRE DES RIVES-DU-SAGUENAY
ECOLE SECONDAIRE CHAVIGNY p 1252
See COMMISSION SCOLAIRE DU CHEMIN-DU-ROY
ECOLE SECONDAIRE CITE DES JEUNES p 626
See CONSEIL SCOLAIRE CATHOLIQUE DE DISTRICT DES GRANDES RIVIERES, LE
ECOLE SECONDAIRE COCHRANE HIGH SCHOOL p 555
See DISTRICT SCHOOL BOARD ONTARIO NORTH EAST
ECOLE SECONDAIRE CONFEDERATION p 955
See CONSEIL SCOLAIRE DE DISTRICT CATHOLIQUE CENTRE-SUD
ECOLE SECONDAIRE CURE HEBERT p 1044
See COMMISSION SCOLAIRE DU LAC-ST-JEAN
ECOLE SECONDAIRE CURE-ANTOINE-LABELLE p 1128
See COMMISSION SCOLAIRE DE LAVAL
ECOLE SECONDAIRE DE CABANO p 1243
See COMMISSION SCOLAIRE DU FLEUVE ET DES LACS
ECOLE SECONDAIRE DE BROMPTONVILLE p 1235
125 Rue Du Frere-Theode, SHERBROOKE, QC, J1C 0S3
(819) 846-2738   SIC 8211
ECOLE SECONDAIRE DE CLARE p 468
See CONSEIL SCOLAIRE ACADIEN PROVINCIAL
ECOLE SECONDAIRE DE DEGELIS p 1022
See COMMISSION SCOLAIRE DU FLEUVE ET DES LACS
ECOLE SECONDAIRE DE L'AMITIE p 1051
See COMMISSION SCOLAIRE DES AFFLUENTS
ECOLE SECONDAIRE DE L'AUBIER p 1066
See COMMISSION SCOLAIRE DES NAVIGATEURS
ECOLE SECONDAIRE DE L'ENVOL p 1218
See COMMISSION SCOLAIRE DES NAVIGATEURS
ECOLE SECONDAIRE DE L'ESCALE p 993
See COMMISSION SCOLAIRE DES SOMMETS
ECOLE SECONDAIRE DE LA MONTEE p 1236
See COMMISSION SCOLAIRE DE LA REGION-DE-SHERBROOKE
ECOLE SECONDAIRE DE LA SEIGNEURIE p 1146
See COMMISSION SCOLAIRE DES PREMIERES-SEIGNEURIES
ECOLE SECONDAIRE DE LA TUQUE p 1054
See COMMISSION SCOLAIRE CENTRAL QUEBEC
ECOLE SECONDAIRE DE NEUFCHATEL p 1164
See COMMISSION SCOLAIRE DE LA CAPITALE, LA
ECOLE SECONDAIRE DE PAREN EN BAS p 478
See CONSEIL SCOLAIRE ACADIEN PROVINCIAL
ECOLE SECONDAIRE DE SAINT ANSELME p 1179
See COMMISSION SCOLAIRE DE LA COTE-DU-SUD, LA
ECOLE SECONDAIRE DE SAINT-DAMIEN p 1185
See COMMISSION SCOLAIRE DE LA COTE-DU-SUD, LA
ECOLE SECONDAIRE DE ST PAUL p 1219
See COMMISSION SCOLAIRE DE LA COTE-DU-SUD, LA

ECOLE SECONDAIRE DE TRAMPLAIN p 1075
See COMMISSION SCOLAIRE DE L'OR-ET-DES-BOIS
ECOLE SECONDAIRE DES CHUTES p 1169
See COMMISSION SCOLAIRE DES SAMARES
ECOLE SECONDAIRE DES CHUTES p 1234
See COMMISSION SCOLAIRE DE L'ENERGIE
ECOLE SECONDAIRE DES GRANDES-MAREES p 1052
See COMMISSION SCOLAIRE DES RIVES-DU-SAGUENAY
ECOLE SECONDAIRE DES HAUTS SOMMETS p 1200
See COMMISSION SCOLAIRE DE LA RIVIERE-DU-NORD
ECOLE SECONDAIRE DES MONTAGNES p 1218
See COMMISSION SCOLAIRE DES SAMARES
ECOLE SECONDAIRE DES PIONNIERS p 1249
See COMMISSION SCOLAIRE DU CHEMIN-DU-ROY
ECOLE SECONDAIRE DES RIVES p 1244
See COMMISSION SCOLAIRE DES AFFLUENTS
ECOLE SECONDAIRE DR ALEXIS BOUTHILLIER p 1198
See COMMISSION SCOLAIRE DES HAUTES-RIVIERES
ECOLE SECONDAIRE DU GRAND COTEAU p 1226
See COMMISSION SCOLAIRE DES PATRIOTES
ECOLE SECONDAIRE DU MONT SAINTE ANNE p 996
See COMMISSION SCOLAIRE DES PREMIERES-SEIGNEURIES
ECOLE SECONDAIRE DU PLATEAU p 1052
See COMMISSION SCOLAIRE DE CHARLEVOIX, LA
ECOLE SECONDAIRE DU SACRE-COEUR p 869
See CONSEIL SCOLAIRE DE DISTRICT CATHOLIQUE DU NOUVEL-ONTARIO, LE
ECOLE SECONDAIRE DU TRANSCONTINENTAL p 1139
See COMMISSION SCOLAIRE DU FLEUVE ET DES LACS
ECOLE SECONDAIRE DU TRIOLET p 1238
See COMMISSION SCOLAIRE DE LA REGION-DE-SHERBROOKE
ECOLE SECONDAIRE DUVAL INC p 1119
260 Boul Henri-Bourassa E, Montreal, QC, H3L 1B8
(514) 382-6070   SIC 8211
ECOLE SECONDAIRE E J LAJEUNESSE p 970
See CONSEIL SCOLAIRE DE DISTRICT DES ECOLES CATHOLIQUES DU SUD-OUEST
ECOLE SECONDAIRE ESPACE JEUNESSE p 1045
See COMMISSION SCOLAIRE DES SAMARES
ECOLE SECONDAIRE F A C E p 1105
See COMMISSION SCOLAIRE ENGLISH-MONTREAL
ECOLE SECONDAIRE FELIX LECLERC p 1170
See COMMISSION SCOLAIRE DES AFFLUENTS
ECOLE SECONDAIRE FERNAND LEFEBVRE p 1241
See COMMISSION SCOLAIRE DE SOREL-TRACY

ECOLE SECONDAIRE FRANCO CITE p 866
See CONSEIL SCOLAIRE CATHOLIQUE DU DISTRICT FRANCO-NORD
ECOLE SECONDAIRE FRANCO-CIT p 784
See CONSEIL DES ECOLES CATHOLIQUES DE LANGUE FRANCAISE DU CENTRE-EST
ECOLE SECONDAIRE GABRIEL-DUMONT p 653
See CONSEIL SCOLAIRE VIAMONDE
ECOLE SECONDAIRE GEORGES VANIER p 850
See CONSEIL SCOLAIRE CATHOLIQUE DE DISTRICT DES GRANDES RIVIERES, LE
ECOLE SECONDAIRE HELENE CHAMPLAIN p 1070
See COMMISSION SCOLAIRE MARIE-VICTORIN
ECOLE SECONDAIRE HENRI BOURASSA p 1132
See COMMISSION SCOLAIRE DE LA POINTE-DE-L'ILE
ECOLE SECONDAIRE HONORE MERCIER p 1123
See COMMISSION SCOLAIRE DE MONTREAL
ECOLE SECONDAIRE JACQUES ROUSSEAU p 1070
See COMMISSION SCOLAIRE MARIE-VICTORIN
ECOLE SECONDAIRE JEAN DE BREBEUF p 1148
See COMMISSION SCOLAIRE DE LA CAPITALE, LA
ECOLE SECONDAIRE JEAN JACQUES BERTRAND p 1032
See COMMISSION SCOLAIRE DU VAL-DES-CERFS
ECOLE SECONDAIRE JEAN NICOLET p 1135
See COMMISSION SCOLAIRE DE LA RIVERAINE
ECOLE SECONDAIRE JEAN RAIMBAULT p 1030
See COMMISSION SCOLAIRE DES CHENES
ECOLE SECONDAIRE JEAN-PIAGET p 1130
See COMMISSION SCOLAIRE DE LAVAL
ECOLE SECONDAIRE JEUNES SANS FRONTI RES p 522
See CONSEIL SCOLAIRE VIAMONDE
ECOLE SECONDAIRE JEUNESSE NORD p 555
See CONSEIL SCOLAIRE CATHOLIQUE DE DISTRICT DES GRANDES RIVIERES, LE
ECOLE SECONDAIRE JOSEPH FECTEAU p 1246
See COMMISSION SCOLAIRE DES APPALACHES
ECOLE SECONDAIRE KENOGAMI p 1047
See COMMISSION SCOLAIRE DE LA JONQUIERE
ECOLE SECONDAIRE L'ALLIANCE p 622
See CONSEIL SCOLAIRE CATHOLIQUE DE DISTRICT DES GRANDES RIVIERES, LE
ECOLE SECONDAIRE L'ARC-EN-CIEL p 1247
See COMMISSION SCOLAIRE DU FLEUVE ET DES LACS
ECOLE SECONDAIRE L'ENVOLEE p 1042
See COMMISSION SCOLAIRE DU VAL-DES-CERFS
ECOLE SECONDAIRE L'IMPACT p 1076
See COMMISSION SCOLAIRE DES AFFLUENTS
ECOLE SECONDAIRE L'ODYSSEE p 1169
See COMMISSION SCOLAIRE DE LA CAPITALE, LA

ECOLE SECONDAIRE L'ODYSSEE-DES-JEUNES p 1128
See COMMISSION SCOLAIRE DE LAVAL
ECOLE SECONDAIRE LA CALYPSO p 988
See COMMISSION SCOLAIRE HARRICANA
ECOLE SECONDAIRE LA CAMARADIERE p 1155
See COMMISSION SCOLAIRE DE LA CAPITALE, LA
ECOLE SECONDAIRE LA CONCORDE p 1233
See COMMISSION SCOLAIRE DE L'OR-ET-DES-BOIS
ECOLE SECONDAIRE LA DECOUVERTE p 1217
See COMMISSION SCOLAIRE DE LA RIVERAINE
ECOLE SECONDAIRE LA FRONTALIERE p 1016
See COMMISSION SCOLAIRE DES HAUTS-CANTONS
ECOLE SECONDAIRE LA TAIGA p 1063
See COMMISSION SCOLAIRE DE LA BAIE JAMES
ECOLE SECONDAIRE LE CARON p 806
See CONSEIL SCOLAIRE VIAMONDE
ECOLE SECONDAIRE LE CARREFOUR p 1255
See COMMISSION SCOLAIRE DES PATRIOTES
ECOLE SECONDAIRE LE COTEAU p 1076
See COMMISSION SCOLAIRE DES AFFLUENTS
ECOLE SECONDAIRE LE PRELUDE AU TRAVAIL p 1132
See COMMISSION SCOLAIRE DE LA POINTE-DE-L'ILE
ECOLE SECONDAIRE LE RELAIS p 485
See CONSEIL SCOLAIRE DE DISTRICT CATHOLIQUE DE L'EST ONTARIEN
ECOLE SECONDAIRE LE TRANSIT p 1253
See COMMISSION SCOLAIRE DE L'OR-ET-DES-BOIS
ECOLE SECONDAIRE LE TREMPLIN p 1010
See COMMISSION SCOLAIRE DES PATRIOTES
ECOLE SECONDAIRE LES COMPAGNONS DE QUARTIER p 1163
See COMMISSION SCOLAIRE DES DECOUVREURS
ECOLE SECONDAIRE LES ETCHEMINS p 1067
See COMMISSION SCOLAIRE DES NAVIGATEURS
ECOLE SECONDAIRE LES SEIGNEURIES p 1220
See COMMISSION SCOLAIRE DE LA RIVERAINE
ECOLE SECONDAIRE MACDONALD-CARTIER, L' p 1192
See RIVERSIDE SCHOOL BOARD
ECOLE SECONDAIRE MARC-GARNEAU p 943
See CONSEIL DES ECOLES PUBLIQUES DE L'EST DE L'ONTARIO
ECOLE SECONDAIRE MASSEY VANIER p 1021
See COMMISSION SCOLAIRE DU VAL-DES-CERFS
ECOLE SECONDAIRE MONSEIGNEUR-RICHARD p 1257
See COMMISSION SCOLAIRE MARGUERITE-BOURGEOYS
ECOLE SECONDAIRE MONT SAINT-SACREMENT INC p 1188
200 Boul Saint-Sacrement Rr 791, SAINT-GABRIEL-DE-VALCARTIER, QC, G0A 4S0
(418) 844-3771   SIC 8211

ECOLE SECONDAIRE MONT-DE-LA SALLE p 1133
See COMMISSION SCOLAIRE DE LAVAL
ECOLE SECONDAIRE MONT-ROYAL p 1081
See COMMISSION SCOLAIRE MARGUERITE-BOURGEOYS
ECOLE SECONDAIRE MOUNTAINVIEW p 1144
See SIR WILFRID LAURIER SCHOOL BOARD
ECOLE SECONDAIRE NATAGAN p 995
See COMMISSION SCOLAIRE HARRICANA
ECOLE SECONDAIRE NEPISIGUIT p 393
See CONSEIL SCOLAIRE DISTRICT NO 5
ECOLE SECONDAIRE NOTRE DAME DE ROC AMADOUR p 1151
See COMMISSION SCOLAIRE DE LA CAPITALE, LA
ECOLE SECONDAIRE OTAPI p 1075
See CONSEIL DES ATIKAMEKW DE MANAWAN
ECOLE SECONDAIRE PANTHILE LE MAY p 1225
See COMMISSION SCOLAIRE DES NAVIGATEURS
ECOLE SECONDAIRE PARTICIPATIVE L'AGORA p 1043
See COMMISSION SCOLAIRE MARIE-VICTORIN
ECOLE SECONDAIRE PAUL GERIN LAJOIE OUTREMONT p 1136
See COMMISSION SCOLAIRE MARGUERITE-BOURGEOYS
ECOLE SECONDAIRE PAUL GERMAIN OSTIGUY p 1183
See COMMISSION SCOLAIRE DES HAUTES-RIVIERES
ECOLE SECONDAIRE PAUL LE JEUNE p 1222
See COMMISSION SCOLAIRE DE L'ENERGIE
ECOLE SECONDAIRE PAVILLON LATOUR p 1128
See COMMISSION SCOLAIRE DE LAVAL
ECOLE SECONDAIRE PERE-RENE-DE-GALINEE p 547
See CONSEIL SCOLAIRE DE DISTRICT CATHOLIQUE CENTRE-SUD
ECOLE SECONDAIRE PIERRE BROSSEAU p 1006
See COMMISSION SCOLAIRE MARIE-VICTORIN
ECOLE SECONDAIRE PIERRE LAPORTE p 1080
See COMMISSION SCOLAIRE MARGUERITE-BOURGEOYS
ECOLE SECONDAIRE POLYVALENTE L'ANCIENNE LORETTE p 1050
See COMMISSION SCOLAIRE DES DECOUVREURS
ECOLE SECONDAIRE PUBLIQUE DE VANKLEEK HILL p 947
See CONSEIL DES ECOLES PUBLIQUES DE L'EST DE L'ONTARIO
ECOLE SECONDAIRE PUBLIQUE GISELE-LALONDE p 802
See CONSEIL DES ECOLES PUBLIQUES DE L'EST DE L'ONTARIO
ECOLE SECONDAIRE PUBLIQUE LE SOMMET p 618
See CONSEIL DES ECOLES PUBLIQUES DE L'EST DE L'ONTARIO
ECOLE SECONDAIRE PUBLIQUE S'HEIRATAGE p 565
See CONSEIL DES ECOLES PUBLIQUES DE L'EST DE L'ONTARIO

ECOLE SECONDAIRE REGIONAL DE HAWKESBURY p 618
See CONSEIL SCOLAIRE DE DISTRICT CATHOLIQUE DE L'EST ONTARIEN
ECOLE SECONDAIRE RIVIERE DU LOUP p 1174
See COMMISSION SCOLAIRE DE KAMOURASKA RIVIERE-DU-LOUP
ECOLE SECONDAIRE ROGER COMTOIS p 1163
See COMMISSION SCOLAIRE DE LA CAPITALE, LA
ECOLE SECONDAIRE SAINT GEORGES p 1233
See COMMISSION SCOLAIRE MARGUERITE-BOURGEOYS
ECOLE SECONDAIRE SAINT LAURENT p 1206
See COMMISSION SCOLAIRE MARGUERITE-BOURGEOYS
ECOLE SECONDAIRE SAINT-JEAN-BAPTISTE p 1071
See COMMISSION SCOLAIRE MARIE-VICTORIN
ECOLE SECONDAIRE SAINTE FAMILLE AUX TROIS CHEMINS p 1247
See COMMISSION SCOLAIRE AU COEUR DES VALLEES
ECOLE SECONDAIRE SAINTE MARIE p 1144
See COMMISSION SCOLAIRE DES BOIS-FRANCS
ECOLE SECONDAIRE SAINTE-MARGUERITE D'YOUVILLE p 166
See GREATER ST. ALBERT CATHOLIC REGIONAL DIVISION NO. 29
ECOLE SECONDAIRE ST-FREDERIC p 1029
See COMMISSION SCOLAIRE DES CHENES
ECOLE SECONDAIRE VAL MAURICIE p 1235
See COMMISSION SCOLAIRE DE L'ENERGIE
ECOLE SECONDAIRE VEILLEUX p 1202
See COMMISSION SCOLAIRE DE LA BEAUCE-ETCHEMIN
ECOLE SECONDAIRE WILFRID LEGER p 1261
See COMMISSION SCOLAIRE DU VAL-DES-CERFS
ECOLE SECONDAIRES REGROUPEMENT SUD COLLEGE SAINT LOUIS p 1057
See COMMISSION SCOLAIRE MARGUERITE-BOURGEOYS
ECOLE SECONDARIE COLLEGE MATHIEU p 1269
See CONSEIL DES ECOLES FRANSASKOISES
ECOLE SECTEUR CENTRE LIONEL GROULX p 1223
See COMMISSION SCOLAIRE DES LAURENTIDES
ECOLE SECTEUR NORD CAMPUS PRIMAIRE MONT TREMBLANT PAVILLON TROIS SAISONS p 1082
See COMMISSION SCOLAIRE DES LAURENTIDES
ECOLE SEPAREE LA RESURRECTION p 866
See CONSEIL SCOLAIRE CATHOLIQUE DU DISTRICT FRANCO-NORD
ECOLE SEVEN OAKS MIDDLE SCHOOL p 371
See SEVEN OAKS SCHOOL DIVISION
ECOLE SIFTON SCHOOL p 66
See BATTLE RIVER REGIONAL DIVISION 31
ECOLE SIR RODOLPHE FORGET p 995
See COMMISSION SCOLAIRE DE CHARLEVOIX, LA
ECOLE SOCRATES DE LAVAL p 1032

See COMMUNAUTE HELLENIQUE DE MONTREAL
ECOLE SOCRATES-DEMOSTHENE p 1018
See COMMISSION SCOLAIRE DE LAVAL
ECOLE SOEUR ST-ALEXANDRE p 404
See DISTRICT SCOLAIRE FRANCOPHONE NORD-EST
ECOLE ST ETIENNE p 569
See CONSEIL SCOLAIRE DE DISTRICT CATHOLIQUE DU NOUVEL-ONTARIO, LE
ECOLE ST ADOLPHE SCHOOL p 356
See SEINE RIVER SCHOOL DIVISION
ECOLE ST ANDRE APOTRE p 1118
See COMMISSION SCOLAIRE DE MONTREAL
ECOLE ST AUGUSTIN p 591
See CONSEIL SCOLAIRE DE DISTRICT CATHOLIQUE DU NOUVEL-ONTARIO, LE
ECOLE ST BERNARD p 1167
See COMMISSION SCOLAIRE DE LA CAPITALE, LA
ECOLE ST BERNARDIN p 1261
See COMMISSION SCOLAIRE DU VAL-DES-CERFS
ECOLE ST CAMILLE p 1017
See COMMISSION SCOLAIRE DES HAUTS-CANTONS
ECOLE ST CHARLES p 1030
See COMMISSION SCOLAIRE DES CHENES
ECOLE ST CHARLES p 1137
See LESTER B. PEARSON SCHOOL BOARD
ECOLE ST CHARLES GARNIER p 1234
See COMMISSION SCOLAIRE DE L'ENERGIE
ECOLE ST CLAUDE p 1164
See COMMISSION SCOLAIRE DE LA CAPITALE, LA
ECOLE ST CLEMENT p 1088
See COMMISSION SCOLAIRE DE MONTREAL
ECOLE ST COEUR DE MARIE p 1015
See COMMISSION SCOLAIRE DES RIVES-DU-SAGUENAY
ECOLE ST DAMASE p 1184
See COMMISSION SCOLAIRE DE SAINT-HYACINTHE, LA
ECOLE ST DAVID p 1259
See COMMISSION SCOLAIRE DES BOIS-FRANCS
ECOLE ST DOMINIQUE p 867
See CONSEIL SCOLAIRE DE DISTRICT CATHOLIQUE DU NOUVEL-ONTARIO, LE
ECOLE ST EDMUND p 995
See LESTER B. PEARSON SCHOOL BOARD
ECOLE ST FRANCOIS D'ASSISE p 955
See CONSEIL SCOLAIRE DE DISTRICT CATHOLIQUE CENTRE-SUD
ECOLE ST FRANCOIS XAVIER p 1174
See COMMISSION SCOLAIRE DE KAMOURASKA RIVIERE-DU-LOUP
ECOLE ST GABRIEL p 1231
See COMMISSION SCOLAIRE DE LA SEIGNEURIE-DES-MILLE-ILES
ECOLE ST GABRIEL p 1260
See COMMISSION SCOLAIRE DU LAC-TEMISCAMINGUE
ECOLE ST GEORGES p 1235
See COMMISSION SCOLAIRE DE L'ENERGIE
ECOLE ST IGNACE p 1021
See COMMISSION SCOLAIRE DES TROIS-LACS
ECOLE ST JACQUES p 419
See DISTRICT SCOLAIRE 3
ECOLE ST JACQUES p 1032
See COMMISSION SCOLAIRE DU VAL-DES-CERFS
ECOLE ST JACQUES p 1234
See COMMISSION SCOLAIRE DE L'ENERGIE
ECOLE ST JEAN p 1172

See COMMISSION SCOLAIRE DES PHARES
ECOLE ST JEAN BAPTISTE p 1048
See COMMISSION SCOLAIRE DE LA JONQUIERE
ECOLE ST JEAN BAPTISTE p 1157
See COMMISSION SCOLAIRE DE LA CAPITALE, LA
ECOLE ST JEAN BAPTISTE p 1254
See COMMISSION SCOLAIRE DES LAURENTIDES
ECOLE ST JEAN BOSCO p 1242
See COMMISSION SCOLAIRE DE SOREL-TRACY
ECOLE ST JEAN DE MATHA p 1123
See COMMISSION SCOLAIRE DE MONTREAL
ECOLE ST JEROME p 1199
See COMMISSION SCOLAIRE DE LA RIVIERE-DU-NORD
ECOLE ST JOSEPH p 421
See DISTRICT SCOLAIRE 3
ECOLE ST JOSEPH p 1040
See COMMISSION SCOLAIRE DU VAL-DES-CERFS
ECOLE ST JOSEPH p 1044
See COMMISSION SCOLAIRE NEW FRONTIER
ECOLE ST JOSEPH p 1193
See COMMISSION SCOLAIRE MARIE-VICTORIN
ECOLE ST JOSEPH p 1219
See COMMISSION SCOLAIRE DE LA COTE-DU-SUD, LA
ECOLE ST JOSEPH p 1223
See COMMISSION SCOLAIRE DES LAURENTIDES
ECOLE ST JOSEPH p 1234
See COMMISSION SCOLAIRE DE L'ENERGIE
ECOLE ST JOSEPH p 1253
See COMMISSION SCOLAIRE DE L'OR-ET-DES-BOIS
ECOLE ST JUDE p 1071
See COMMISSION SCOLAIRE MARIE-VICTORIN
ECOLE ST JULIEN p 1058
See COMMISSION SCOLAIRE DE LA RIVIERE-DU-NORD
ECOLE ST LAURENT p 1033
See COMMISSION SCOLAIRE AU COEUR DES VALLEES
ECOLE ST LEON p 1021
See COMMISSION SCOLAIRE DU VAL-DES-CERFS
ECOLE ST LOUIS DE FRANCE p 1162
See COMMISSION SCOLAIRE DES DECOUVREURS
ECOLE ST MARGARET p 1275
See HOLY TRINITY ROMAN CATHOLIC SEPARATE SCHOOL DIVISION #22
ECOLE ST MARY SCHOOL p 138
See HOLY SPIRIT ROMAN CATHOLIC SEPARATE REGIONAL DIVISION NO 4
ECOLE ST MATHIEU p 1091
See COMMISSION SCOLAIRE DE MONTREAL
ECOLE ST MICHEL p 1083
See COMMISSION SCOLAIRE AU COEUR DES VALLEES
ECOLE ST NOEL p 1246
See COMMISSION SCOLAIRE DES APPALACHES
ECOLE ST PAUL p 1250
See COMMISSION SCOLAIRE DU CHEMIN-DU-ROY
ECOLE ST PAUL DE LA CROIX p 1092
See COMMISSION SCOLAIRE DE MONTREAL
ECOLE ST PHILIPPE MON D'AMI p 1250
See COMMISSION SCOLAIRE DU CHEMIN-DU-ROY
ECOLE ST REMI p 1133
See COMMISSION SCOLAIRE DE LA

BUSINESSES ALPHABETICALLY

ECOLES DES CEPAGES 3289

ECOLE ST RENE GOUPIL — POINTE-DE-L'ILE p 600
See CONSEIL SCOLAIRE DE DISTRICT CATHOLIQUE CENTRE-SUD

ECOLE ST ROMAIN p 1072
See COMMISSION SCOLAIRE MARIE-VICTORIN

ECOLE ST SAUVEUR p 1253
See COMMISSION SCOLAIRE DE L'OR-ET-DES-BOIS

ECOLE ST SIMON p 1029
See COMMISSION SCOLAIRE DES CHENES

ECOLE ST THERESE p 1023
See COMMISSION SCOLAIRE DU PAYS-DES-BLEUETS

ECOLE ST THOMAS D'AQUIN p 489
See CONSEIL SCOLAIRE CATHOLIQUE DU DISTRICT FRANCO-NORD

ECOLE ST THOMAS D'AQUIN p 829
See CONSEIL SCOLAIRE DE DISTRICT DES ECOLES CATHOLIQUES DU SUD-OUEST

ECOLE ST TRINITE p 825
See CONSEIL SCOLAIRE DE DISTRICT CATHOLIQUE DE L'EST ONTARIEN

ECOLE ST VINCENT p 741
See CONSEIL SCOLAIRE CATHOLIQUE DU DISTRICT FRANCO-NORD

ECOLE ST-ALEXANDRE p 1144
See COMMISSION SCOLAIRE DU FER

ECOLE ST-ALEXANDRE p 1178
See COMMISSION SCOLAIRE DES HAUTES-RIVIERES

ECOLE ST-AMBROISE p 1098
See COMMISSION SCOLAIRE DE MONTREAL

ECOLE ST-BLAISE p 1181
See COMMISSION SCOLAIRE DES HAUTES-RIVIERES

ECOLE ST-CHARLES p 883
See CONSEIL SCOLAIRE CATHOLIQUE DE DISTRICT DES GRANDES RIVIERES, LE

ECOLE ST-COEUR-DE-MARIE p 994
See COMMISSION SCOLAIRE DE L'ESTUAIRE

ECOLE ST-DENIS p 870
See CONSEIL SCOLAIRE DE DISTRICT CATHOLIQUE DU NOUVEL-ONTARIO, LE

ECOLE ST-EUPHEMIE p 550
See CONSEIL SCOLAIRE DE DISTRICT CATHOLIQUE DE L'EST ONTARIEN

ECOLE ST-FRANCOIS p 1160
See CENTRE PSYCHO-PEDAGOGIQUE DE QUEBEC INC

ECOLE ST-FRANTOIS-XAVIER p 1053
See COMMISSION SCOLAIRE DES GRANDES-SEIGNEURIES

ECOLE ST-GABRIEL p 1246
See COMMISSION SCOLAIRE DES APPALACHES

ECOLE ST-GABRIEL LALLEMAND p 1259
See COMMISSION SCOLAIRE DES BOIS-FRANCS

ECOLE ST-GEORGES DE MONTREAL INC, L' p 1262
3685 The Boulevard, WESTMOUNT, QC, H3Y 1S9
(514) 486-5214   SIC 8211

ECOLE ST-GERARD p 1137
See COMMISSION SCOLAIRE MARGUERITE-BOURGEOYS

ECOLE ST-GUILLAUME p 1051
See COMMISSION SCOLAIRE DES AFFLUENTS

ECOLE ST-JEAN p 573
See CONSEIL SCOLAIRE DE DISTRICT CATHOLIQUE DE L'EST ONTARIEN

ECOLE ST-JEAN-BAPTISTE p 645
See CONSEIL SCOLAIRE DE DISTRICT CATHOLIQUE DE L'EST ONTARIEN

ECOLE ST-JEAN-DE-BREBEUF p 1034
See COMMISSION SCOLAIRE AU COEUR DES VALLEES

ECOLE ST-JEAN-DE-LA-CROIX p 1098
See COMMISSION SCOLAIRE DE MONTREAL

ECOLE ST-JOACHIM p 1245
See COMMISSION SCOLAIRE DES AFFLUENTS

ECOLE ST-JOSEPH p 505
See CONSEIL SCOLAIRE DE DISTRICT CATHOLIQUE DU NOUVEL-ONTARIO, LE

ECOLE ST-JOSEPH p 1052
See COMMISSION SCOLAIRE DES RIVES-DU-SAGUENAY

ECOLE ST-JOSEPH SPENARD p 1227
See COMMISSION SCOLAIRE DE SAINT-HYACINTHE, LA

ECOLE ST-JUSTIN p 1085
See COMMISSION SCOLAIRE DE MONTREAL

ECOLE ST-LOUIS p 1247
See COMMISSION SCOLAIRE DES APPALACHES

ECOLE ST-MICHEL p 1034
See COMMISSION SCOLAIRE AU COEUR DES VALLEES

ECOLE ST-NORBERT p 1009
See COMMISSION SCOLAIRE DES CHIC-CHOCS

ECOLE ST-PIE-X p 1249
See COMMISSION SCOLAIRE DU CHEMIN-DU-ROY

ECOLE ST-THERESE p 1248
See COMMISSION SCOLAIRE DU CHEMIN-DU-ROY

ECOLE ST-THOMAS-D'AQUIN p 1193
See COMMISSION SCOLAIRE DE SAINT-HYACINTHE, LA

ECOLE ST-VIATEUR ANNEXE p 647
See CONSEIL SCOLAIRE DE DISTRICT CATHOLIQUE DE L'EST ONTARIEN

ECOLE ST. ANDREW SCHOOL p 1282
See BOARD OF EDUCATION OF THE REGINA ROMAN CATHOLIC SEPARATE SCHOOL DIVISION NO. 81

ECOLE ST. MATTHEW SCHOOL p 30
See CALGARY ROMAN CATHOLIC SEPARATE SCHOOL DISTRICT #1

ECOLE STE ANNE p 401
See SCHOOL BOARD DISTRICT 01

ECOLE STE ANNE p 741
See CONSEIL SCOLAIRE CATHOLIQUE DU DISTRICT FRANCO-NORD

ECOLE STE ANNE IMMERSION p 357
See SEINE RIVER SCHOOL DIVISION

ECOLE STE BERNADETTE p 1073
See COMMISSION SCOLAIRE DES SAMARES

ECOLE STE BERNADETTE p 1248
See COMMISSION SCOLAIRE DU CHEMIN-DU-ROY

ECOLE STE CATHERINE DE SIENNE p 1126
See COMMISSION SCOLAIRE DE MONTREAL

ECOLE STE CECILE p 1047
See COMMISSION SCOLAIRE DE LA JONQUIERE

ECOLE STE FAMILLE p 1040
See COMMISSION SCOLAIRE DU VAL-DES-CERFS

ECOLE STE GERTRUDE p 1132
See COMMISSION SCOLAIRE DE LA POINTE-DE-L'ILE

ECOLE STE LOUISE DE MARILLAC p 1086
See COMMISSION SCOLAIRE DE MONTREAL

ECOLE STE LUCIE p 1046
See COMMISSION SCOLAIRE DE LA JONQUIERE

ECOLE STE MADELEINE p 1248
See COMMISSION SCOLAIRE DU CHEMIN-DU-ROY

ECOLE STE MARGUERITE BOURGEOIS p 1139

ECOLE STE MARIE — See COMMISSION SCOLAIRE DE LA POINTE-DE-L'ILE p 493
See CONSEIL SCOLAIRE DE DISTRICT CATHOLIQUE DU NOUVEL-ONTARIO, LE

ECOLE STE MARIE p 1135
See COMMISSION SCOLAIRE DU PAYS-DES-BLEUETS

ECOLE STE PERPETUE p 1228
See COMMISSION SCOLAIRE DE LA COTE-DU-SUD, LA

ECOLE STE THERESE p 962
See CONSEIL SCOLAIRE DE DISTRICT DES ECOLES CATHOLIQUES DU SUD-OUEST

ECOLE STE THERESE p 1021
See COMMISSION SCOLAIRE DU VAL-DES-CERFS

ECOLE STE THERESE p 1052
See COMMISSION SCOLAIRE DES RIVES-DU-SAGUENAY

ECOLE STE THERESE DE L'ENFANT JESUS p 1201
See COMMISSION SCOLAIRE DE LA RIVIERE-DU-NORD

ECOLE STE-ANNE p 679
See CONSEIL SCOLAIRE CATHOLIQUE DU DISTRICT FRANCO-NORD

ECOLE STE-CECILE p 1097
See COMMISSION SCOLAIRE DE MONTREAL

ECOLE STE-CLAIRE p 1070
See COMMISSION SCOLAIRE MARIE-VICTORIN

ECOLE STE-GERMAINE COUSIN p 1139
See COMMISSION SCOLAIRE DE LA POINTE-DE-L'ILE

ECOLE STE-JEANNE-D'ARC p 1089
See COMMISSION SCOLAIRE DE MONTREAL

ECOLE STE-MARGUERITE BOURGEOIS p 1259
See COMMISSION SCOLAIRE DES BOIS-FRANCS

ECOLE STE-MARGUERITE BOURGEOYS p 61
See CONSEIL SCOLAIRE CATHOLIQUE ET FRANCOPHONE DU SUD DE L'ALBERTA

ECOLE STE-MARIA-GORETTI p 1139
See COMMISSION SCOLAIRE DE LA POINTE-DE-L'ILE

ECOLE STE-MARTINE p 1228
See COMMISSION SCOLAIRE DE LA VALLEE-DES-TISSERANDS, LA

ECOLE STE-ODILE p 1124
See COMMISSION SCOLAIRE DE MONTREAL

ECOLE STEFFIE WOIMA ELEMENTARY SCHOOL p 170
See CHINOOKS EDGE SCHOOL DIVISION NO. 73

ECOLE STELLA-MARIS p 1033
See COMMISSION SCOLAIRE DES ILES

ECOLE STONEWALL CENTENNIAL SCHOOL p 358
See INTERLAKE SCHOOL DIVISION

ECOLE SWAN RIVER SOUTH SCHOOL p 358
See SWAN VALLEY SCHOOL DIVISION

ECOLE TACHE p 364
See DIVISION SCOLAIRE FRANCO-MANITOBAINE

ECOLE TERRE DES JEUNES p 485
See CONSEIL DES ECOLES PUBLIQUES DE L'EST DE L'ONTARIO

ECOLE TERRE DES JEUNES p 1059
See COMMISSION SCOLAIRE MARGUERITE-BOURGEOYS

ECOLE THOMAS TREMBLAY p 995
See COMMISSION SCOLAIRE DE CHARLEVOIX, LA

ECOLE TOURNESOL p 1217
See COMMISSION SCOLAIRE DE LA RIVERAINE

ECOLE TRES SAINT SACREMENT p 1056
See COMMISSION SCOLAIRE MARGUERITE-BOURGEOYS

ECOLE TRUDEL p 994
See COMMISSION SCOLAIRE DE L'ESTUAIRE

ECOLE TUXEDO PARK SCHOOL p 387
See PEMBINA TRAILS SCHOOL DIVISION, THE

ECOLE VAL DE GRACE p 1032
See COMMISSION SCOLAIRE DES SOMMETS

ECOLE VAL MARIE INC p 1248
88 Ch Du Passage, Trois-Rivieres, QC, G8T 2M3
(819) 379-8040   SIC 8211

ECOLE VALOIS p 1279
See CONSEIL DES ECOLES FRANSASKOISES

ECOLE VAN BELLEGHEM SCHOOL p 365
See LOUIS RIEL SCHOOL DIVISION

ECOLE VANGUARD QUEBEC LIMITEE p 1062
83 Boul Des Prairies, Laval, QC, H7N 2T3
SIC 8211

ECOLE VANGUARD QUEBEC LIMITEE p 1262
175 Av Metcalfe, WESTMOUNT, QC, H3Z 2H5
SIC 8211

ECOLE VANGUARD SECONDAIRE p 1062
See ECOLE VANGUARD QUEBEC LIMITEE

ECOLE VARENNES SCHOOL p 368
See LOUIS RIEL SCHOOL DIVISION

ECOLE VATICAN II p 1012
See COMMISSION SCOLAIRE DE LA BAIE JAMES

ECOLE VICKERS SCHOOL p 1280
See SASKATCHEWAN RIVER SCHOOL DIVISION #119

ECOLE VICTOR COTE p 1077
See COMMISSION SCOLAIRE DES MONTS-ET-MAREES

ECOLE VICTOR LAVIGNE p 1215
See COMMISSION SCOLAIRE DE LA POINTE-DE-L'ILE

ECOLE VICTORIA SCHOOL p 1302
See BOARD OF EDUCATION OF SASKATOON SCHOOL DIVISION NO. 13 OF SASKATCHEWAN, THE

ECOLE VILLA DE LA JEUNESSE p 1185
See COMMISSION SCOLAIRE DE L'ENERGIE

ECOLE VINCENT LEMIRE p 1188
See COMMISSION SCOLAIRE DE LA RIVERAINE

ECOLE VIRGINIE ROY p 1051
See COMMISSION SCOLAIRE DES TROIS-LACS

ECOLE VISION JEUNESSE p 946
See CONSEIL DES ECOLES CATHOLIQUES DE LANGUE FRANCAISE DU CENTRE-EST

ECOLE WASKAGANISH p 1261
See CREE SCHOOL BOARD

ECOLE WEST PARK SCHOOL p 343
See BORDER LAND SCHOOL DIVISION

ECOLE WESTVIEW p 263
See PRINCE RUPERT SCHOOL DISTRICT 52

ECOLE WILFRID BASTIEN p 1214
See COMMISSION SCOLAIRE DE LA POINTE-DE-L'ILE

ECOLE WILLOW POINT ELEMENTARY p 194
See BOARD OF EDUCATION SCHOOL DISTRICT 72 (CAMPBELL RIVER), THE

ECOLE ZENON SOUCY, L p 1077
See COMMISSION SCOLAIRE DE MONTS-ET-MAREES

ECOLES DES CEPAGES p 1035
See COMMISSION SCOLAIRE DES

▲ Public Company   ■ Public Company Family Member   HQ Headquarters   BR Branch   SL Single Location

ECOLES ET CENTRES EDUCATIF SAINT AUBIN

DRAVEURS
ECOLES ET CENTRES EDUCATIF SAINT AUBIN *p 995*
See *COMMISSION SCOLAIRE DE CHARLEVOIX, LA*
ECOLES PRIMAIRE DE LA PASSERELLE *p 993*
See *COMMISSION SCOLAIRE DES SOMMETS*
ECOLES PRIMAIRES - MRC DE MEMPHREMAGOG - SAINTE-MARGUERITE *p 1074*
See *COMMISSION SCOLAIRE DES SOMMETS*
ECOLES PRIMAIRES - SAINT-BASILE-LE-GRAND - JACQUES ROCHELEAU *p 1181*
See *COMMISSION SCOLAIRE DES PATRIOTES*
ECOLES PRIMAIRES COLLEGE ST AMBROISE *p 1179*
See *COMMISSION SCOLAIRE DE LA JONQUIERE*
ECOLES PRIMAIRES DE L' OREE DES BOIS *p 1246*
See *COMMISSION SCOLAIRE DES AFFLUENTS*
ECOLES PRIMAIRES DE LA SOURCE *p 1063*
See *COMMISSION SCOLAIRE DES SAMARES*
ECOLES PRIMAIRES DE LA SOURCE *p 1218*
See *COMMISSION SCOLAIRE DU CHEMIN-DU-ROY*
ECOLES PRIMAIRES FILTEAU *p 1163*
See *COMMISSION SCOLAIRE DES DECOUVREURS*
ECOLES PRIMAIRES HOLY CROSS *p 1204*
See *COMMISSION SCOLAIRE ENGLISH-MONTREAL*
ECOLES PRIMAIRES L'OASIS *p 1058*
See *GOUVERNEMENT DE LA PROVINCE DE QUEBEC*
ECOLES PRIMAIRES LES CHEMINOTS PAVILLON DU SOMMET *p 1137*
See *COMMISSION SCOLAIRE DES PHARES*
ECOLES PRIMAIRES LOUIS DE FRANCE *p 1247*
See *COMMISSION SCOLAIRE DU CHEMIN-DU-ROY*
ECOLES PRIMAIRES MALARTIC RENAUD *p 1075*
See *COMMISSION SCOLAIRE DE L'OR-ET-DES-BOIS*
ECOLES PRIMAIRES NOTRE DAME *p 1244*
See *COMMISSION SCOLAIRE DES AFFLUENTS*
ECOLES PRIMAIRES NOTRE DAME *p 1138*
See *COMMISSION SCOLAIRE DES BOIS-FRANCS*
ECOLES PRIMAIRES NOTRE DAME DU ROSAIRE *p 1252*
See *COMMISSION SCOLAIRE DU CHEMIN-DU-ROY*
ECOLES PRIMAIRES PAUL VI *p 1032*
See *COMMISSION SCOLAIRE DES APPALACHES*
ECOLES PRIMAIRES PIERRE ELLIOTT TRUDEAU *p 999*
See *SIR WILFRID LAURIER SCHOOL BOARD*
ECOLES PRIMAIRES SACRE COEUR *p 1200*
See *COMMISSION SCOLAIRE DE LA RIVIERE-DU-NORD*
ECOLES PRIMAIRES SAINT JOSEPH *p 1028*
See *COMMISSION SCOLAIRE DES CHENES*
ECOLES PRIMAIRES SAINT LOUIS DE FRANCE ET SAINT YVES ECOLE SAINT YVES *p 1162*
See *COMMISSION SCOLAIRE DES DECOUVREURS*
ECOLES PRIMAIRES SAINT PIE X *p 1030*
See *COMMISSION SCOLAIRE DES CHENES*
ECOLES PRIMAIRES SECTEUR MEMPHREMAGOG JARDIN DES FRONTIERES *p 1242*
See *COMMISSION SCOLAIRE DES SOMMETS*
ECOLES SECONDAIRES - MONT-SAINT-HILAIRE - OZIAS-LEDUC *p 1082*
See *COMMISSION SCOLAIRE DES PATRIOTES*
ECOLES SECONDAIRES ACHIGAN *p 1221*
See *COMMISSION SCOLAIRE DES SAMARES*
ECOLES SECONDAIRES DES TROIS SAISONS *p 1245*
See *COMMISSION SCOLAIRE DES AFFLUENTS*
ECOLES SECONDAIRES JEAN GROU *p 1085*
See *COMMISSION SCOLAIRE DE LA POINTE-DE-L'ILE*
ECOLES SECONDAIRES PATRIOTES DE BEAUHARNOIS *p 996*
See *COMMISSION SCOLAIRE DE LA VALLEE-DES-TISSERANDS, LA*
ECOLES SECTEUR NORD - LE CARREFOUR *p 1220*
See *COMMISSION SCOLAIRE DES LAURENTIDES*
ECOLES SPECIALISEES LE TOURNESOL PRIMAIRE ET SECONDAIRE *p 1139*
See *COMMISSION SCOLAIRE DE LA POINTE-DE-L'ILE*
ECOLIGHTING SOLUTIONS *p 1119*
See *ENTRETIEN P.E.A.C.E. PLUS INC*
ECON-O-PAC LIMITED *p 840*
490 Midwest Rd, SCARBOROUGH, ON, M1P 3A9
(416) 750-7200   *SIC 7389*
ECONO-FAB *p 998*
See *INDUSTRIES BONNEVILLE LTEE, LES*
ECONO-RACK GROUP (2015) INC, THE *p 527*
132 Adams Blvd, BRANTFORD, ON, N3S 7V2
(519) 753-2227   *SIC 2542*
ECONO-RACK GROUP (2015) INC, THE *p 1192*
5455 Rue Ramsay, SAINT-HUBERT, QC, J3Y 2S3
(514) 871-3811   *SIC 5046*
ECONOLITE CANADA INC *p 676*
110 Travail Rd, MARKHAM, ON, L3S 3J1
(905) 294-9920   *SIC 3625*
ECONOMAX *p 1006*
See *GROUPE BMTC INC*
ECONOMAX *p 1129*
See *GROUPE BMTC INC*
ECONOMAX *p 1187*
See *GROUPE BMTC INC*
ECONOMIC DEVELOPMENT, CULTURE & TOURISM DEPARTMENT *p 903*
See *CORPORATION OF THE CITY OF TORONTO*
ECONOMICAL INSURANCE *p 497*
See *ECONOMICAL MUTUAL INSURANCE COMPANY*
ECONOMICAL INSURANCE *p 610*
See *ECONOMICAL MUTUAL INSURANCE COMPANY*
ECONOMICAL INSURANCE *p 850*
See *ECONOMICAL MUTUAL INSURANCE COMPANY*
ECONOMICAL INSURANCE GROUP *p 43*
See *ECONOMICAL MUTUAL INSURANCE COMPANY*
ECONOMICAL INSURANCE GROUP *p 747*
See *ECONOMICAL MUTUAL INSURANCE COMPANY*
ECONOMICAL INSURANCE GROUP *p 794*
See *ECONOMICAL MUTUAL INSURANCE COMPANY*
ECONOMICAL INSURANCE GROUP, THE *p 80*
See *ECONOMICAL MUTUAL INSURANCE COMPANY*
ECONOMICAL MUTUAL INSURANCE COMPANY *p 43*
801 6 Ave Sw Suite 2700, CALGARY, AB, T2P 3W2
(403) 265-8590   *SIC 6331*
ECONOMICAL MUTUAL INSURANCE COMPANY *p 80*
10250 101 St Nw Suite 1600, EDMONTON, AB, T5J 3P4
(780) 426-5925   *SIC 6331*
ECONOMICAL MUTUAL INSURANCE COMPANY *p 310*
1055 Georgia St W Suite 1900, VANCOUVER, BC, V6E 0B6
(604) 684-1194   *SIC 6331*
ECONOMICAL MUTUAL INSURANCE COMPANY *p 409*
1600 Main St Suite 200, MONCTON, NB, E1E 1G5
(506) 857-2211   *SIC 6331*
ECONOMICAL MUTUAL INSURANCE COMPANY *p 450*
238a Brownlow Ave Suite 310, DARTMOUTH, NS, B3B 2B4
(902) 835-6214   *SIC 6331*
ECONOMICAL MUTUAL INSURANCE COMPANY *p 497*
204 Pine Dr, BARRIE, ON, L4N 4H5
(705) 722-3975   *SIC 6331*
ECONOMICAL MUTUAL INSURANCE COMPANY *p 610*
120 King St W Suite 750, HAMILTON, ON, L8P 4V2
SIC 6331
ECONOMICAL MUTUAL INSURANCE COMPANY *p 642*
590 Riverbend Dr, KITCHENER, ON, N2K 3S2
(519) 570-8335   *SIC 6331*
ECONOMICAL MUTUAL INSURANCE COMPANY *p 655*
148 Fullarton St Suite 1200, LONDON, ON, N6A 5P3
(519) 673-5990   *SIC 6331*
ECONOMICAL MUTUAL INSURANCE COMPANY *p 697*
77 City Centre Dr Suite 400, MISSISSAUGA, ON, L5B 1M5
(905) 896-4916   *SIC 6331*
ECONOMICAL MUTUAL INSURANCE COMPANY *p 747*
5700 Yonge St Suite 1600, NORTH YORK, ON, M2M 4K2
(416) 590-9040   *SIC 6331*
ECONOMICAL MUTUAL INSURANCE COMPANY *p 794*
343 Preston St Suite 500, OTTAWA, ON, K1S 1N4
(613) 567-7060   *SIC 6331*
ECONOMICAL MUTUAL INSURANCE COMPANY *p 850*
100 Elmsley St N, SMITHS FALLS, ON, K7A 2H2
SIC 6331
ECONOMICAL MUTUAL INSURANCE COMPANY *p 977*
959 Dundas St Suite 200, WOODSTOCK, ON, N4S 1H2
(519) 539-9883   *SIC 6331*
ECONOMICAL MUTUAL INSURANCE COMPANY *p 1111*
5 Place Ville-Marie Unite 1400, Montreal, QC, H3B 2G2
(514) 875-5790   *SIC 6331*
ECONOMICAL MUTUAL INSURANCE COMPANY *p 1160*
1175 Av Lavigerie Bureau 30, Quebec, QC, G1V 4P1
SIC 6331
ECONOMICAL MUTUAL INSURANCE GROUP *p 409*
See *ECONOMICAL MUTUAL INSURANCE COMPANY*
ECONOMY CARRIERS LIMITED *p 17*
7100 44 St Se, CALGARY, AB, T2C 2V7
(403) 720-5000   *SIC 4213*
ECONOMY CARRIERS LIMITED *p 114*
10502 17 St Nw, EDMONTON, AB, T6P 1P4
SIC 4213
ECONOMY CARRIERS LIMITED *p 114*
1810 66 Ave Nw, EDMONTON, AB, T6P 1M4
SIC 4213
ECOPLANS LIMITED *p 640*
72 Victoria St S Suite 100, KITCHENER, ON, N2G 4Y9
SIC 8748
ECOPLANS LIMITED *p 703*
2655 North Sheridan Way Suite 280, MISSISSAUGA, ON, L5K 2P8
(905) 823-4988   *SIC 8748*
ECOPURE *p 1128*
See *AVMOR LTEE*
ECOTEX SERVICE CORPORATION *p 178*
2448 Townline Rd, ABBOTSFORD, BC, V2T 6L6
(604) 850-3111   *SIC 7211*
ECP L.P. *p 229*
19680 94a Ave, LANGLEY, BC, V1M 3B7
(604) 513-1266   *SIC 2671*
ECR INTERNATIONAL LTD *p 948*
6800 Base Line, WALLACEBURG, ON, N8A 2K6
(519) 627-0791   *SIC 3585*
ECS COFFEE INC *p 533*
1370 Artisans Crt, BURLINGTON, ON, L7L 5Y2
(905) 631-1524   *SIC 5499*
ECYCLE SOLUTIONS *p 1232*
See *E-CYCLE SOLUTIONS INC*
EDC *p 782*
See *EXPORT DEVELOPMENT CANADA*
EDC *p 914*
See *EXPORT DEVELOPMENT CANADA*
EDC *p 1126*
See *EXPORT DEVELOPMENT CANADA*
EDCO DU CANADA *p 1141*
See *COMPAGNIE DIVERSIFIEE DE L'EST LTEE*
EDDIE BAUER *p 396*
See *EDDIE BAUER OF CANADA INC*
EDDIE BAUER OF CANADA INC *p 31*
6455 Macleod Trail Sw Suite 1229, CALGARY, AB, T2H 0K8
(403) 262-6454   *SIC 5651*
EDDIE BAUER OF CANADA INC *p 35*
100 Anderson Rd Se Suite 306, CALGARY, AB, T2J 3V1
(403) 278-6440   *SIC 5699*
EDDIE BAUER OF CANADA INC *p 94*
8882 170 St Nw Suite 2393, EDMONTON, AB, T5T 4M2
(780) 444-1440   *SIC 5699*
EDDIE BAUER OF CANADA INC *p 241*
6631 Island Hwy N Suite 80, NANAIMO, BC, V9T 4T7
(250) 390-9388   *SIC 5699*
EDDIE BAUER OF CANADA INC *p 300*
650 41st Ave W Suite 279, VANCOUVER, BC, V5Z 2M9
SIC 5699
EDDIE BAUER OF CANADA INC *p 334*
3147 Douglas St Suite 638, VICTORIA, BC, V8Z 6E3
(250) 383-1322   *SIC 5699*
EDDIE BAUER OF CANADA INC *p 339*
4295 Blackcomb Way Suite 116, WHISTLER, BC, V0N 1B4

SIC 5611
EDDIE BAUER OF CANADA INC p 396
477 Rue Paul, DIEPPE, NB, E1A 4X5
(506) 854-8444 SIC 5699
EDDIE BAUER OF CANADA INC p 789
50 Rideau St Unit 308, OTTAWA, ON, K1N 9J7
(613) 567-3010 SIC 5651
EDDIE BAUER OF CANADA INC p 974
201 Aviva Park Dr, WOODBRIDGE, ON, L4L 9C1
(800) 426-8020 SIC 5699
EDDIE BAUER OUTDOOR OUTFITTER p 339
See EDDIE BAUER OF CANADA INC
EDDIE BAUER SPORTSWEAR p 974
See EDDIE BAUER OF CANADA INC
EDELMAN PUBLIC RELATIONS WORLDWIDE CANADA INC p 1099
4446 Boul Saint-Laurent Bureau 501, Montreal, QC, H2W 1Z5
(514) 844-6665 SIC 8743
EDELWEISS TAVERN p 644
See 742994 ONTARIO INC
EDEN BROOK MEMORIAL GARDENS p 65
See MEMORIAL GARDENS CANADA LIMITED
EDEN HIGH SCHOOL p 853
See DISTRICT SCHOOL BOARD OF NIAGARA
EDEN HOUSE CARE FACILITY INC p 602
5016 Wellington Road 29, GUELPH, ON, N1H 6H8
(519) 856-4622 SIC 8051
EDEN TRATTORIA 11 p 575
58 Marine Parade Dr Suite Ph10, ETOBICOKE, ON, M8V 4G1
(416) 255-5588 SIC 5812
EDENBROOK HILL PUBLIC SCHOOL p 524
See PEEL DISTRICT SCHOOL BOARD
EDENROSE PUBLIC SCHOOL p 722
See PEEL DISTRICT SCHOOL BOARD
EDENVALE RESTORATION SPECIALISTS p 286
See EDENVALE RESTORATION SPECIALISTS LTD
EDENVALE RESTORATION SPECIALISTS LTD p 196
8465 Harvard Pl Suite 5, CHILLIWACK, BC, V2P 7Z5
(604) 795-4884 SIC 1542
EDENVALE RESTORATION SPECIALISTS LTD p 286
13260 78 Ave Unit 24, SURREY, BC, V3W 0H6
(604) 590-1440 SIC 1521
EDENWOOD MIDDLE SCHOOL p 710
See PEEL DISTRICT SCHOOL BOARD
EDGE IMAGING TORONTO INC p 533
940 Gateway, BURLINGTON, ON, L7L 5K7
(905) 631-5588 SIC 7221
EDGE SCHOOL FOR ATHLETES SOCIETY, THE p 65
33055 Township Road 250, CALGARY, AB, T3Z 1L4
(403) 247-9707 SIC 8299
EDGEHILL COUNTRY SCHOOL p 571
See WALDORF SCHOOL ASSOCIATION OF ONTARIO INC
EDGEMONT SCHOOL p 58
See CALGARY BOARD OF EDUCATION
EDGEPOINT CANADIAN PORTFOLIO p 925
150 Bloor St W Suite 200, TORONTO, ON, M5S 2X9
(416) 963-9353 SIC 6722
EDGERTON PUBLIC SCHOOL p 73
See BUFFALO TRAIL PUBLIC SCHOOLS REGIONAL DIVISION NO. 28
EDGESTONE CAPITAL EQUITY PARTNERS INC p 932
130 King St W Suite 600, TORONTO, ON, M5X 2A2
(416) 860-3740 SIC 6722
EDGESTONE CAPITAL PARTNERS, INC p 914
141 Adelaide St W Suite 1002, TORONTO, ON, M5H 3L5
(416) 860-3740 SIC 6719
EDGEWATER GARDENS LONG-TERM CARE CENTRE p 571
428 Broad St W, DUNNVILLE, ON, N1A 1T3
(905) 774-2503 SIC 8051
EDGEWATER PARK SCHOOL p 880
See LAKEHEAD DISTRICT SCHOOL BOARD
EDGEWOOD CARE CENTRE p 946
See 1070481 ONTARIO INC
EDGEWOOD ELEMENTARY SCHOOL p 258
See BOARD OF EDUCATION OF SCHOOL DISTRICT NO. 57 (PRINCE GEORGE), THE
EDGEWOOD PUBLIC SCHOOL p 887
See TORONTO DISTRICT SCHOOL BOARD
EDGEWORTH PROPERTIES INC p 80
10088 102 Ave Nw Suite 1905, EDMONTON, AB, T5J 2Z1
SIC 6552
EDGEWORTH PROPERTIES INC p 533
5500 North Service Rd Suite 106, BURLINGTON, ON, L7L 6W6
SIC 6552
EDI CUSTOMS BROKERS INC p 754
2 Tippet Rd, NORTH YORK, ON, M3H 2V2
(416) 630-3000 SIC 4731
EDIFICE CLEMENT p 1061
See COMMISSION SCOLAIRE MARGUERITE-BOURGEOYS
EDIFICE NOTRE-DAME-DU-ROSAIRE p 1047
See COMMISSION SCOLAIRE DE LA JONQUIERE
EDINBURGH RETIREMENT RESIDENCE p 788
See REVERA INC
EDINBURGH SCHOOL p 1133
See COMMISSION SCOLAIRE ENGLISH-MONTREAL
EDITH CAVELL p 408
See SCHOOL DISTRICT 2
EDITH CAVELL ELEMENTARY SCHOOL p 299
See BOARD OF EDUCATION OF SCHOOL DISTRICT NO. 39 (VANCOUVER), THE
EDITH CAVELL ELEMENTARY SCHOOL p 855
See DISTRICT SCHOOL BOARD OF NIAGARA
EDITH MC DERMOTT ELEMENTARY p 253
See SCHOOL DISTRICT NO 42 (MAPLE RIDGE-PITT MEADOWS)
EDITH ROGERS SCHOOL p 111
See EDMONTON SCHOOL DISTRICT NO. 7
EDITION LE TELEPHONE ROUGE INC p 1155
2555 Av Watt Bureau 6, Quebec, QC, G1P 3T2
(418) 658-8122 SIC 7331
EDITION YVON BLAIS CARSWELL p 1115
See THOMSON REUTERS CANADA LIMITED
EDITIONS BLAINVILLE DE MONTAGNE, LES p 1186
See CENTRE DES MOTS CROISES INC
EDITIONS BLAINVILLE-DEUX-MONTAGNES INC, LES p 1231
50b Rue Turgeon Bureau 248, SAINTE-THERESE, QC, J7E 3H4
(450) 435-6537 SIC 2711
EDITIONS JOBBOOM INC, LES p 1126
800 Rue Du Square-Victoria Bureau 5, Montreal, QC, H4Z 1A1
SIC 2731
EDITIONS YVON BLAIS INC, LES p 1021
137 Rue John, COWANSVILLE, QC, J2K 1W9
SIC 2731
EDIWISE p 704
See PF RESOLU CANADA INC
EDJAR FOOD GROUP INC p 671
7650 Birchmount Rd, MARKHAM, ON, L3R 6B9
(905) 474-0710 SIC 6712
EDLEUN, INC p 161
20 Main Blvd, SHERWOOD PARK, AB, T8A 3W8
(780) 417-3444 SIC 8351
EDMISON HEIGHTS PUBLIC SCHOOL p 808
See KAWARTHA PINE RIDGE DISTRICT SCHOOL BOARD
EDMONDS COMMUNITY SCHOOL p 183
See BURNABY SCHOOL BOARD DISTRICT 41
EDMONDS CONSTRUCTION SERVICES p 460
See EDMONDS LANDSCAPE & CONSTRUCTION SERVICES LIMITED
EDMONDS LANDSCAPE & CONSTRUCTION SERVICES LIMITED p 460
2675 Clifton St, HALIFAX, NS, B3K 4V4
(902) 453-5500 SIC 4959
EDMONTON & AREA CHILD AND FAMILY SERVICES REGION 6 p 123
See GOVERNMENT OF THE PROVINCE OF ALBERTA
EDMONTON ACCOUNTING p 103
See BDO CANADA LLP
EDMONTON CATHOLIC SCHOOLS p 83
See EDMONTON CATHOLIC SEPARATE SCHOOL DISTRICT NO.7
EDMONTON CATHOLIC SEPARATE SCHOOL DISTRICT NO.7 p 73
3711 135 Ave Nw, EDMONTON, AB, T5A 2V6
(780) 478-7751 SIC 8211
EDMONTON CATHOLIC SEPARATE SCHOOL DISTRICT NO.7 p 73
4214 127 Ave Nw, EDMONTON, AB, T5A 3K6
(780) 475-0158 SIC 8211
EDMONTON CATHOLIC SEPARATE SCHOOL DISTRICT NO.7 p 73
5804 144 Ave Nw, EDMONTON, AB, T5A 1K5
(780) 475-5604 SIC 8211
EDMONTON CATHOLIC SEPARATE SCHOOL DISTRICT NO.7 p 74
12415 85 St Nw, EDMONTON, AB, T5B 3H3
(780) 474-5208 SIC 8211
EDMONTON CATHOLIC SEPARATE SCHOOL DISTRICT NO.7 p 74
11624 81 St Nw, EDMONTON, AB, T5B 2S2
(780) 477-2513 SIC 8211
EDMONTON CATHOLIC SEPARATE SCHOOL DISTRICT NO.7 p 74
6614 129 Ave Nw, EDMONTON, AB, T5C 1V7
(780) 476-7634 SIC 8211
EDMONTON CATHOLIC SEPARATE SCHOOL DISTRICT NO.7 p 74
7512 144 Ave Nw, EDMONTON, AB, T5C 2R7
(780) 476-0606 SIC 8211
EDMONTON CATHOLIC SEPARATE SCHOOL DISTRICT NO.7 p 74
7510 132 Ave Nw, EDMONTON, AB, T5C 2A9
(780) 476-4613 SIC 8211
EDMONTON CATHOLIC SEPARATE SCHOOL DISTRICT NO.7 p 75
11712 130 Ave Nw, EDMONTON, AB, T5E 0V2
(780) 453-1596 SIC 8211
EDMONTON CATHOLIC SEPARATE SCHOOL DISTRICT NO.7 p 75
8735 132 Ave Nw, EDMONTON, AB, T5E 0X7
(780) 473-6575 SIC 8211
EDMONTON CATHOLIC SEPARATE SCHOOL DISTRICT NO.7 p 75
8808 144 Ave Nw, EDMONTON, AB, T5E 3G7
(780) 475-6262 SIC 8211
EDMONTON CATHOLIC SEPARATE SCHOOL DISTRICT NO.7 p 75
8830 132 Ave Nw, EDMONTON, AB, T5E 0X8
(780) 476-7695 SIC 8211
EDMONTON CATHOLIC SEPARATE SCHOOL DISTRICT NO.7 p 76
10210 115 Ave Nw, EDMONTON, AB, T5G 0L8
(780) 477-3584 SIC 8211
EDMONTON CATHOLIC SEPARATE SCHOOL DISTRICT NO.7 p 77
10830 109 St Nw, EDMONTON, AB, T5H 3C1
(780) 426-2010 SIC 8211
EDMONTON CATHOLIC SEPARATE SCHOOL DISTRICT NO.7 p 77
9624 108 Ave Nw, EDMONTON, AB, T5H 1A4
(780) 944-2000 SIC 8211
EDMONTON CATHOLIC SEPARATE SCHOOL DISTRICT NO.7 p 77
9008 105a Ave Nw, EDMONTON, AB, T5H 4P9
(780) 471-3631 SIC 8211
EDMONTON CATHOLIC SEPARATE SCHOOL DISTRICT NO.7 p 83
9807 106 St Nw Suite 7, EDMONTON, AB, T5K 1C2
(780) 441-6000 SIC 8211
EDMONTON CATHOLIC SEPARATE SCHOOL DISTRICT NO.7 p 84
12214 128 St Nw, EDMONTON, AB, T5L 1C5
(780) 453-3941 SIC 8211
EDMONTON CATHOLIC SEPARATE SCHOOL DISTRICT NO.7 p 84
13525 132 Ave Nw, EDMONTON, AB, T5L 3R6
(780) 454-9202 SIC 8211
EDMONTON CATHOLIC SEPARATE SCHOOL DISTRICT NO.7 p 84
13430 132a St Nw, EDMONTON, AB, T5L 1S3
(780) 455-9743 SIC 8211
EDMONTON CATHOLIC SEPARATE SCHOOL DISTRICT NO.7 p 86
11625 135 St Nw, EDMONTON, AB, T5M 1L1
(780) 455-1684 SIC 8211
EDMONTON CATHOLIC SEPARATE SCHOOL DISTRICT NO.7 p 87
10530 138 St Nw, EDMONTON, AB, T5N 2J6
(780) 452-4474 SIC 8211
EDMONTON CATHOLIC SEPARATE SCHOOL DISTRICT NO.7 p 88
14410 96 Ave Nw, EDMONTON, AB, T5N 0C7
(780) 452-1510 SIC 8211
EDMONTON CATHOLIC SEPARATE SCHOOL DISTRICT NO.7 p 88
14219 109 Ave Nw, EDMONTON, AB, T5N 1H5
(780) 451-1470 SIC 8211
EDMONTON CATHOLIC SEPARATE SCHOOL DISTRICT NO.7 p 88
15120 104 Ave Nw, EDMONTON, AB, T5P 0R5
(780) 489-1981 SIC 8211
EDMONTON CATHOLIC SEPARATE SCHOOL DISTRICT NO.7 p 88
15911 110 Ave Nw, EDMONTON, AB, T5P 1G2
(780) 489-1222 SIC 8211
EDMONTON CATHOLIC SEPARATE

EDMONTON CATHOLIC SEPARATE SCHOOL DISTRICT NO.7

SCHOOL DISTRICT NO.7 p 89
9250 163 St Nw, EDMONTON, AB, T5R 0A7
(780) 489-2571 SIC 8211

EDMONTON CATHOLIC SEPARATE SCHOOL DISTRICT NO.7 p 89
8815 145 St Nw, EDMONTON, AB, T5R 0T7
(780) 483-2695 SIC 8211

EDMONTON CATHOLIC SEPARATE SCHOOL DISTRICT NO.7 p 89
8125 167 St Nw, EDMONTON, AB, T5R 2T7
(780) 489-5490 SIC 8211

EDMONTON CATHOLIC SEPARATE SCHOOL DISTRICT NO.7 p 89
7925 158 St Nw, EDMONTON, AB, T5R 2B9
(780) 489-7630 SIC 8211

EDMONTON CATHOLIC SEPARATE SCHOOL DISTRICT NO.7 p 89
9325 165 St Nw, EDMONTON, AB, T5R 2S5
(780) 484-4319 SIC 8211

EDMONTON CATHOLIC SEPARATE SCHOOL DISTRICT NO.7 p 94
17655 64 Ave Nw, EDMONTON, AB, T5T 4A6
(780) 481-0389 SIC 8211

EDMONTON CATHOLIC SEPARATE SCHOOL DISTRICT NO.7 p 94
17760 69 Ave Nw, EDMONTON, AB, T5T 6X3
(780) 428-2705 SIC 8211

EDMONTON CATHOLIC SEPARATE SCHOOL DISTRICT NO.7 p 94
18015 93 Ave Nw, EDMONTON, AB, T5T 1X5
(780) 487-2733 SIC 8211

EDMONTON CATHOLIC SEPARATE SCHOOL DISTRICT NO.7 p 94
7240 180 St Nw, EDMONTON, AB, T5T 3B1
(780) 487-4594 SIC 8211

EDMONTON CATHOLIC SEPARATE SCHOOL DISTRICT NO.7 p 94
8405 175 St Nw, EDMONTON, AB, T5T 0G9
(780) 487-2264 SIC 8211

EDMONTON CATHOLIC SEPARATE SCHOOL DISTRICT NO.7 p 97
11833 64 St Nw, EDMONTON, AB, T5W 4J2
(780) 471-2360 SIC 8211

EDMONTON CATHOLIC SEPARATE SCHOOL DISTRICT NO.7 p 97
11917 40 St Nw, EDMONTON, AB, T5W 2L1
(780) 474-4167 SIC 8211

EDMONTON CATHOLIC SEPARATE SCHOOL DISTRICT NO.7 p 97
3643 115 Ave Nw, EDMONTON, AB, T5W 0V1
(780) 474-3713 SIC 8211

EDMONTON CATHOLIC SEPARATE SCHOOL DISTRICT NO.7 p 97
3310 107 Ave Nw, EDMONTON, AB, T5W 0C7
(780) 479-5847 SIC 8211

EDMONTON CATHOLIC SEPARATE SCHOOL DISTRICT NO.7 p 97
5412 121 Ave Nw, EDMONTON, AB, T5W 1N9
(780) 477-3372 SIC 8211

EDMONTON CATHOLIC SEPARATE SCHOOL DISTRICT NO.7 p 98
10423 172 Ave Nw, EDMONTON, AB, T5X 4X4
(780) 456-5222 SIC 8211

EDMONTON CATHOLIC SEPARATE SCHOOL DISTRICT NO.7 p 98
11750 162 Ave Nw, EDMONTON, AB, T5X 4L9
(780) 456-0053 SIC 8211

EDMONTON CATHOLIC SEPARATE SCHOOL DISTRICT NO.7 p 98
14330 117 St Nw, EDMONTON, AB, T5X 1S6
(780) 456-7375 SIC 8211

EDMONTON CATHOLIC SEPARATE SCHOOL DISTRICT NO.7 p 98
16215 109 St Nw, EDMONTON, AB, T5X 2R2
(780) 456-7837 SIC 8211

EDMONTON CATHOLIC SEPARATE SCHOOL DISTRICT NO.7 p 98
17330 91 St Nw, EDMONTON, AB, T5Z 3A1
(780) 472-2937 SIC 8211

EDMONTON CATHOLIC SEPARATE SCHOOL DISTRICT NO.7 p 98
3004 139 Ave Nw, EDMONTON, AB, T5Y 1R9
(780) 476-7257 SIC 8211

EDMONTON CATHOLIC SEPARATE SCHOOL DISTRICT NO.7 p 98
3802 139 Ave Nw, EDMONTON, AB, T5Y 3G4
(780) 944-2002 SIC 8211

EDMONTON CATHOLIC SEPARATE SCHOOL DISTRICT NO.7 p 98
7411 161a Ave Nw Suite 7411, EDMONTON, AB, T5Z 3V4
(780) 471-3140 SIC 8211

EDMONTON CATHOLIC SEPARATE SCHOOL DISTRICT NO.7 p 99
5540 106 Ave Nw Suite 202, EDMONTON, AB, T6A 1G3
(780) 466-0220 SIC 8211

EDMONTON CATHOLIC SEPARATE SCHOOL DISTRICT NO.7 p 100
5825 93a Ave Nw, EDMONTON, AB, T6B 0X1
(780) 466-1281 SIC 8211

EDMONTON CATHOLIC SEPARATE SCHOOL DISTRICT NO.7 p 100
6110 95 Ave Nw, EDMONTON, AB, T6B 1A5
(780) 466-3161 SIC 8211

EDMONTON CATHOLIC SEPARATE SCHOOL DISTRICT NO.7 p 102
7814 83 St Nw Suite 106, EDMONTON, AB, T6C 2Y8
(780) 466-1247 SIC 8211

EDMONTON CATHOLIC SEPARATE SCHOOL DISTRICT NO.7 p 104
10425 84 Ave Nw, EDMONTON, AB, T6E 2H3
(780) 433-8100 SIC 8211

EDMONTON CATHOLIC SEPARATE SCHOOL DISTRICT NO.7 p 104
7055 99 St Nw, EDMONTON, AB, T6E 3R4
(780) 433-4251 SIC 8211

EDMONTON CATHOLIC SEPARATE SCHOOL DISTRICT NO.7 p 108
14710 53 Ave Nw, EDMONTON, AB, T6H 4C6
(780) 436-7888 SIC 8211

EDMONTON CATHOLIC SEPARATE SCHOOL DISTRICT NO.7 p 110
11230 43 Ave Nw, EDMONTON, AB, T6J 0X8
(780) 435-3964 SIC 8211

EDMONTON CATHOLIC SEPARATE SCHOOL DISTRICT NO.7 p 110
11350 25 Ave Nw, EDMONTON, AB, T6J 5B1
(780) 437-6022 SIC 8211

EDMONTON CATHOLIC SEPARATE SCHOOL DISTRICT NO.7 p 110
11810 40 Ave Nw, EDMONTON, AB, T6J 0R9
(780) 434-0294 SIC 8211

EDMONTON CATHOLIC SEPARATE SCHOOL DISTRICT NO.7 p 110
3808 106 St Nw, EDMONTON, AB, T6J 1A5
(780) 435-4949 SIC 8211

EDMONTON CATHOLIC SEPARATE SCHOOL DISTRICT NO.7 p 110
3855 114 St Nw, EDMONTON, AB, T6J 1M3
(780) 434-0295 SIC 8211

EDMONTON CATHOLIC SEPARATE SCHOOL DISTRICT NO.7 p 111
2850 Mill Woods Rd Nw, EDMONTON, AB, T6K 4A1
(780) 463-2957 SIC 8211

EDMONTON CATHOLIC SEPARATE SCHOOL DISTRICT NO.7 p 111
7007 28 Ave Nw, EDMONTON, AB, T6K 4A5
(780) 462-5777 SIC 8211

EDMONTON CATHOLIC SEPARATE SCHOOL DISTRICT NO.7 p 111
7712 36 Ave Nw, EDMONTON, AB, T6K 1H7
(780) 462-7022 SIC 8211

EDMONTON CATHOLIC SEPARATE SCHOOL DISTRICT NO.7 p 111
7620 Mill Woods Road South Nw, EDMONTON, AB, T6K 2P7
(780) 462-3806 SIC 8211

EDMONTON CATHOLIC SEPARATE SCHOOL DISTRICT NO.7 p 112
1710 Mill Woods Road East Nw, EDMONTON, AB, T6L 5C5
(780) 463-8858 SIC 8211

EDMONTON CATHOLIC SEPARATE SCHOOL DISTRICT NO.7 p 112
18111 57 Ave Nw, EDMONTON, AB, T6M 1W1
(780) 444-4299 SIC 8211

EDMONTON CATHOLIC SEPARATE SCHOOL DISTRICT NO.7 p 112
3330 37 St Nw, EDMONTON, AB, T6L 5X1
(780) 461-2551 SIC 8211

EDMONTON CATHOLIC SEPARATE SCHOOL DISTRICT NO.7 p 112
3807 41 Ave Nw, EDMONTON, AB, T6L 6M3
(780) 440-3322 SIC 8211

EDMONTON CATHOLIC SEPARATE SCHOOL DISTRICT NO.7 p 112
5675 38 Ave Nw, EDMONTON, AB, T6L 2Z1
(780) 462-6448 SIC 8211

EDMONTON CATHOLIC SEPARATE SCHOOL DISTRICT NO.7 p 112
5704 Mill Woods Road South Nw, EDMONTON, AB, T6L 3K9
(780) 463-5976 SIC 8211

EDMONTON CATHOLIC SEPARATE SCHOOL DISTRICT NO.7 p 115
490 Rhatigan Road East Nw, EDMONTON, AB, T6R 2E2
(780) 988-6577 SIC 8211

EDMONTON CATHOLIC SEPARATE SCHOOL DISTRICT NO.7 p 115
750 Leger Way Nw, EDMONTON, AB, T6R 3H4
(780) 471-4218 SIC 8211

EDMONTON CATHOLIC SEPARATE SCHOOL DISTRICT NO.7 p 116
3630 23 St Nw, EDMONTON, AB, T6T 1W7
(780) 471-1962 SIC 8211

EDMONTON CRACKER CAT, THE p 83
See NORTHERN LEAGUE IN EDMONTON, THE

EDMONTON CY LIMITED PARTNERSHIP p 80
1 Thornton Crt Nw, EDMONTON, AB, T5J 2E7
(780) 423-9999 SIC 7011

EDMONTON ECONOMIC DEVELOPMENT CORPORATION p 80
9797 Jasper Ave Nw, EDMONTON, AB, T5J 1N9
(780) 421-9797 SIC 7389

EDMONTON ECONOMIC DEVELOPMENT CORPORATION p 80
9990 Jasper Ave Nw 3rd Fl, EDMONTON, AB, T5J 1P7
(780) 424-9191 SIC 7389

EDMONTON ENGINEERING SERVICES p 91
See CITY OF EDMONTON

EDMONTON GEAR CENTRE LTD p 31
7170 Blackfoot Trail Se, CALGARY, AB, T2H 2M1
(403) 252-3880 SIC 7537

EDMONTON GEAR CENTRE LTD p 86
14605 116 Ave Nw, EDMONTON, AB, T5M 3E8
(780) 451-4040 SIC 5013

EDMONTON GEAR CENTRE LTD p 96
15729 118 Ave Nw, EDMONTON, AB, T5V 1B7
(780) 452-2344 SIC 5084

EDMONTON INTERNATIONAL AIRPORT p 129
See ENTERPRISE RENT-A-CAR CANADA COMPANY

EDMONTON ISLAMIC SCHOOL p 116
See EDMONTON ISLAMIC SCHOOL SOCIETY

EDMONTON ISLAMIC SCHOOL SOCIETY p 116
14525 127 St Nw, EDMONTON, AB, T6V 0B3
(780) 472-7309 SIC 8211

EDMONTON JOHN HOWARD SOCIETY p 76
11908 101 St Nw, EDMONTON, AB, T5G 2B9
(780) 471-4525 SIC 8361

EDMONTON JOURNAL, THE p 81
See POSTMEDIA NETWORK INC

EDMONTON KENWORTH LTD p 114
2210 91 Ave Nw, EDMONTON, AB, T6P 1K9
(780) 464-1212 SIC 7513

EDMONTON KENWORTH LTD p 141
6101 63 Ave, LLOYDMINSTER, AB, T9V 3T6
(780) 871-0950 SIC 5511

EDMONTON MENNONITE CENTRE FOR NEWCOMERS p 74
8914 118 Ave Nw, EDMONTON, AB, T5B 0T6
(780) 421-7400 SIC 8331

EDMONTON MENTAL HEALTH CLINIC p 82
See ALBERTA HEALTH SERVICES

EDMONTON NORTHLANDS p 74
7410 Borden Park Rd Nw, EDMONTON, AB, T5B 0H8
(780) 471-7378 SIC 7999

EDMONTON NORTHLANDS p 74
7424 118 Ave Nw, EDMONTON, AB, T5B 4M9
(780) 471-7210 SIC 7922

EDMONTON NORTHLANDS p 74
7410 Borden Park Rd, EDMONTON, AB, T5B 4W8
(780) 471-7278 SIC 7922

EDMONTON PUBLIC LIBRARY p 80
7 Sir Winston Churchill Sq Nw Suite 5, EDMONTON, AB, T5J 2V4
(780) 496-7050 SIC 8231

EDMONTON PUBLIC LIBRARY p 80
7 Sir Winston Churchill Sq Nw, EDMONTON, AB, T5J 2V4
(780) 496-7000 SIC 8231

EDMONTON PUBLIC SCHOOL p 77
See EDMONTON SCHOOL DISTRICT NO. 7

EDMONTON PUBLIC SCHOOL METRO CONTINUING EDUCATION p 102
See EDMONTON SCHOOL DISTRICT NO. 7

EDMONTON RADIO GROUP p 105
See NEWCAP INC

EDMONTON REAL ESTATE BOARD CO-OPERATIVE LISTING BUREAU LIMITED p 86
14220 112 Ave Nw, EDMONTON, AB, T5M 2T8
(780) 451-6666 SIC 8611

EDMONTON REFINERY p 82
See SUNCOR ENERGY INC

EDMONTON REGIONAL OFFICE p 93
See SHOPPERS DRUG MART INC

EDMONTON RESEARCH CENTRE p 113
See SYNCRUDE CANADA LTD

EDMONTON ROCKERS ATHLETIC, THE p 104
6840 88 St Nw, EDMONTON, AB, T6E 5H6
(780) 461-7625 SIC 7991

EDMONTON SCHOOL DISTRICT NO. 7 p 73
3310 132a Ave Nw, EDMONTON, AB, T5A 3T1
(780) 476-9590 SIC 8211

EDMONTON SCHOOL DISTRICT NO. 7 p 73
4305 134 Ave Nw, EDMONTON, AB, T5A

BUSINESSES ALPHABETICALLY

EDMONTON SCHOOL DISTRICT NO. 7

3R5
(780) 476-7953 *SIC* 8211
EDMONTON SCHOOL DISTRICT NO. 7 *p* 73
4455 128 Ave Nw, EDMONTON, AB, T5A 3M9
(780) 478-1139 *SIC* 8211
EDMONTON SCHOOL DISTRICT NO. 7 *p* 73
14807 59 St Nw, EDMONTON, AB, T5A 1Y3
(780) 478-2927 *SIC* 8211
EDMONTON SCHOOL DISTRICT NO. 7 *p* 73
14607 59 St Nw, EDMONTON, AB, T5A 1Y3
(780) 478-5319 *SIC* 8211
EDMONTON SCHOOL DISTRICT NO. 7 *p* 73
13915 61 St Nw, EDMONTON, AB, T5A 1P3
(780) 476-6336 *SIC* 8211
EDMONTON SCHOOL DISTRICT NO. 7 *p* 74
11648 85 St Nw, EDMONTON, AB, T5B 3E5
(780) 474-5942 *SIC* 8211
EDMONTON SCHOOL DISTRICT NO. 7 *p* 74
12126 89 St Nw, EDMONTON, AB, T5B 3W4
(780) 477-8742 *SIC* 8211
EDMONTON SCHOOL DISTRICT NO. 7 *p* 74
11430 68 St Nw, EDMONTON, AB, T5B 1P1
(780) 479-1991 *SIC* 8211
EDMONTON SCHOOL DISTRICT NO. 7 *p* 75
7720 130 Ave Nw, EDMONTON, AB, T5C 1Y2
(780) 476-2344 *SIC* 8211
EDMONTON SCHOOL DISTRICT NO. 7 *p* 75
9303 150 Ave Nw, EDMONTON, AB, T5E 2N7
(780) 476-3331 *SIC* 8211
EDMONTON SCHOOL DISTRICT NO. 7 *p* 75
10610 129 Ave Nw, EDMONTON, AB, T5E 4V6
(780) 475-8737 *SIC* 8211
EDMONTON SCHOOL DISTRICT NO. 7 *p* 75
13110 91 St Nw, EDMONTON, AB, T5E 3P6
(780) 475-1737 *SIC* 8211
EDMONTON SCHOOL DISTRICT NO. 7 *p* 75
13515 107 St Nw, EDMONTON, AB, T5E 4W3
(780) 475-3565 *SIC* 8211
EDMONTON SCHOOL DISTRICT NO. 7 *p* 75
14320 88a St Nw, EDMONTON, AB, T5E 6B6
(780) 476-4646 *SIC* 8211
EDMONTON SCHOOL DISTRICT NO. 7 *p* 75
14840 72 St Nw, EDMONTON, AB, T5C 3E5
(780) 478-1351 *SIC* 8211
EDMONTON SCHOOL DISTRICT NO. 7 *p* 75
15004 76 St Nw, EDMONTON, AB, T5C 1C2
(780) 476-0775 *SIC* 8211
EDMONTON SCHOOL DISTRICT NO. 7 *p* 75
304 Griesbach School Rd Nw, EDMONTON, AB, T5E 6R8
(780) 456-9482 *SIC* 8211
EDMONTON SCHOOL DISTRICT NO. 7 *p* 75
6804 144 Ave Nw, EDMONTON, AB, T5C 3C7
(780) 408-9800 *SIC* 8211
EDMONTON SCHOOL DISTRICT NO. 7 *p* 75
7055 132 Ave Nw, EDMONTON, AB, T5C 2A7
(780) 475-3646 *SIC* 8211
EDMONTON SCHOOL DISTRICT NO. 7 *p* 75
7104 144 Ave Nw, EDMONTON, AB, T5C 2R4
(780) 473-4560 *SIC* 8211
EDMONTON SCHOOL DISTRICT NO. 7 *p* 75
7315 Delwood Rd Nw, EDMONTON, AB, T5C 3A9
(780) 476-3969 *SIC* 8211
EDMONTON SCHOOL DISTRICT NO. 7 *p* 75
7525 144 Ave Nw, EDMONTON, AB, T5C 2R8
(780) 476-5675 *SIC* 8211
EDMONTON SCHOOL DISTRICT NO. 7 *p* 76
9211 135 Ave Nw, EDMONTON, AB, T5E 1N7
(780) 476-5373 *SIC* 8211
EDMONTON SCHOOL DISTRICT NO. 7 *p* 76
12950 118 St Nw, EDMONTON, AB, T5E 5L2
(780) 454-4313 *SIC* 8211
EDMONTON SCHOOL DISTRICT NO. 7 *p* 76
11424 102 St Nw Suite 4, EDMONTON, AB, T5G 2E7
(780) 479-0155 *SIC* 8211
EDMONTON SCHOOL DISTRICT NO. 7 *p* 76
101 Airport Rd Nw, EDMONTON, AB, T5G 3K2
(780) 424-1270 *SIC* 8211
EDMONTON SCHOOL DISTRICT NO. 7 *p* 77
10210 108 Ave Nw Suite 123, EDMONTON, AB, T5H 1A8
(780) 426-3010 *SIC* 8211
EDMONTON SCHOOL DISTRICT NO. 7 *p* 77
10515 100 St Nw, EDMONTON, AB, T5H 2R4
(780) 917-5150 *SIC* 8211
EDMONTON SCHOOL DISTRICT NO. 7 *p* 77
10931 120 St Nw, EDMONTON, AB, T5H 3P9
(780) 422-1937 *SIC* 8211
EDMONTON SCHOOL DISTRICT NO. 7 *p* 77
10930 107 St Nw, EDMONTON, AB, T5H 2Z4
(780) 426-0205 *SIC* 8211
EDMONTON SCHOOL DISTRICT NO. 7 *p* 80
10310 102 Ave Nw Suite 200, EDMONTON, AB, T5J 5A2
(780) 425-6753 *SIC* 8211
EDMONTON SCHOOL DISTRICT NO. 7 *p* 83
9807 106 St Nw, EDMONTON, AB, T5K 1C2
(780) 441-6000 *SIC* 8211
EDMONTON SCHOOL DISTRICT NO. 7 *p* 83
10227 118 St Nw, EDMONTON, AB, T5K 2V4
(780) 488-1221 *SIC* 8211
EDMONTON SCHOOL DISTRICT NO. 7 *p* 84
12940 129 St Nw, EDMONTON, AB, T5L 1J3
(780) 455-5823 *SIC* 8211
EDMONTON SCHOOL DISTRICT NO. 7 *p* 84
12415 125 St Nw, EDMONTON, AB, T5L 0T2
(780) 452-9381 *SIC* 8211
EDMONTON SCHOOL DISTRICT NO. 7 *p* 84
12325 127 St Nw, EDMONTON, AB, T5L 0Z9
(780) 455-5533 *SIC* 8211
EDMONTON SCHOOL DISTRICT NO. 7 *p* 84
13535 134 St Nw, EDMONTON, AB, T5L 1W3
(780) 455-2728 *SIC* 8211
EDMONTON SCHOOL DISTRICT NO. 7 *p* 84
13910 122 Ave Nw, EDMONTON, AB, T5L 2W3
(780) 455-6171 *SIC* 8211
EDMONTON SCHOOL DISTRICT NO. 7 *p* 88
9825 158 St Nw, EDMONTON, AB, T5P 2X4
(780) 483-6476 *SIC* 8211
EDMONTON SCHOOL DISTRICT NO. 7 *p* 88
9550 152 St Nw, EDMONTON, AB, T5P 0B9
(780) 489-2600 *SIC* 8211
EDMONTON SCHOOL DISTRICT NO. 7 *p* 88
9520 165 St Nw, EDMONTON, AB, T5P 3S4
(780) 484-3456 *SIC* 8211
EDMONTON SCHOOL DISTRICT NO. 7 *p* 88
16018 104 Ave Nw, EDMONTON, AB, T5P 0S3
(780) 489-5300 *SIC* 8211
EDMONTON SCHOOL DISTRICT NO. 7 *p* 88
15425 106 Ave Nw, EDMONTON, AB, T5P 0W3
(780) 484-6631 *SIC* 8211
EDMONTON SCHOOL DISTRICT NO. 7 *p* 88
13712 104 Ave Nw, EDMONTON, AB, T5N 0W4
(780) 452-4343 *SIC* 8211
EDMONTON SCHOOL DISTRICT NO. 7 *p* 88
11031 154 St Nw, EDMONTON, AB, T5P 2K2
(780) 489-1131 *SIC* 8211
EDMONTON SCHOOL DISTRICT NO. 7 *p* 88
10950 159 St Nw, EDMONTON, AB, T5P 3C1
(780) 489-5100 *SIC* 8211
EDMONTON SCHOOL DISTRICT NO. 7 *p* 88
10330 163 St Nw, EDMONTON, AB, T5P 3N5
(780) 489-4600 *SIC* 8211
EDMONTON SCHOOL DISTRICT NO. 7 *p* 89
7608 154 St Nw, EDMONTON, AB, T5R 1R7
(780) 481-6866 *SIC* 8211
EDMONTON SCHOOL DISTRICT NO. 7 *p* 89
16604 91 Ave Nw Suite 7, EDMONTON, AB, T5R 5A4
(780) 484-3263 *SIC* 8211
EDMONTON SCHOOL DISTRICT NO. 7 *p* 89
8715 153 St Nw, EDMONTON, AB, T5R 1P1
(780) 484-3381 *SIC* 8211
EDMONTON SCHOOL DISTRICT NO. 7 *p* 89
9150 160 St Nw, EDMONTON, AB, T5R 2J2
(780) 489-5200 *SIC* 8211
EDMONTON SCHOOL DISTRICT NO. 7 *p* 89
8210 142 St Nw, EDMONTON, AB, T5R 0L9
(780) 483-5352 *SIC* 8211
EDMONTON SCHOOL DISTRICT NO. 7 *p* 89
14313 92 Ave Nw, EDMONTON, AB, T5R 5B3
(780) 483-3415 *SIC* 8211
EDMONTON SCHOOL DISTRICT NO. 7 *p* 89
15451 84 Ave Nw, EDMONTON, AB, T5R 3Y1
(780) 489-4500 *SIC* 8211
EDMONTON SCHOOL DISTRICT NO. 7 *p* 89
16216 78 Ave Nw, EDMONTON, AB, T5R 3E6
(780) 487-0550 *SIC* 8211
EDMONTON SCHOOL DISTRICT NO. 7 *p* 89
16325 83 Ave Nw, EDMONTON, AB, T5R 3V8
(780) 489-6749 *SIC* 8211
EDMONTON SCHOOL DISTRICT NO. 7 *p* 89
16400 80 Ave Nw, EDMONTON, AB, T5R 3M6
(780) 489-2516 *SIC* 8211
EDMONTON SCHOOL DISTRICT NO. 7 *p* 94
9527 Winterburn Rd Nw, EDMONTON, AB, T5T 5X9
(780) 447-3566 *SIC* 8211
EDMONTON SCHOOL DISTRICT NO. 7 *p* 94
9011 182 St Nw, EDMONTON, AB, T5T 2Y9
(780) 481-3314 *SIC* 8211
EDMONTON SCHOOL DISTRICT NO. 7 *p* 94
8525 182 St Nw, EDMONTON, AB, T5T 1X1
(780) 487-5182 *SIC* 8211
EDMONTON SCHOOL DISTRICT NO. 7 *p* 94
8215 175 St Nw, EDMONTON, AB, T5T 0G9
(780) 487-2061 *SIC* 8211
EDMONTON SCHOOL DISTRICT NO. 7 *p* 94
18710 72 Ave Nw, EDMONTON, AB, T5T 5E9
(780) 487-1777 *SIC* 8211
EDMONTON SCHOOL DISTRICT NO. 7 *p* 94
17335 76 Ave Nw, EDMONTON, AB, T5T 2B1
(780) 487-0727 *SIC* 8211
EDMONTON SCHOOL DISTRICT NO. 7 *p* 97
3643 115 Ave Nw, EDMONTON, AB, T5W 0V1
(780) 474-3713 *SIC* 8211
EDMONTON SCHOOL DISTRICT NO. 7 *p* 97
12045 34 St Nw, EDMONTON, AB, T5W 1Z5
(780) 477-7310 *SIC* 8211
EDMONTON SCHOOL DISTRICT NO. 7 *p* 97
11931 62 St Nw, EDMONTON, AB, T5W 4C7
(780) 471-2358 *SIC* 8211
EDMONTON SCHOOL DISTRICT NO. 7 *p* 97
11005 34 St Nw, EDMONTON, AB, T5W 1Y7
(780) 471-6100 *SIC* 8211
EDMONTON SCHOOL DISTRICT NO. 7 *p* 97
11509 62 St Nw, EDMONTON, AB, T5W 4C2
(780) 479-4206 *SIC* 8211
EDMONTON SCHOOL DISTRICT NO. 7 *p* 97
4610 121 Ave Nw, EDMONTON, AB, T5W 1M8
(780) 479-4038 *SIC* 8211
EDMONTON SCHOOL DISTRICT NO. 7 *p* 98
10603 172 Ave Nw, EDMONTON, AB, T5X 4X4
(780) 456-6727 *SIC* 8211
EDMONTON SCHOOL DISTRICT NO. 7 *p* 98
610 Kirkness Rd Nw, EDMONTON, AB, T5Y 2K4
(780) 473-5924 *SIC* 8211
EDMONTON SCHOOL DISTRICT NO. 7 *p* 98
3150 139 Ave Nw, EDMONTON, AB, T5Y 2P7
(780) 475-1760 *SIC* 8211
EDMONTON SCHOOL DISTRICT NO. 7 *p* 98
17303 95 Ave Nw, EDMONTON, AB, T5Z 2Z1
(780) 456-6980 *SIC* 8211
EDMONTON SCHOOL DISTRICT NO. 7 *p* 98
16315 109 St Nw, EDMONTON, AB, T5X 2R2
(780) 476-1480 *SIC* 8211
EDMONTON SCHOOL DISTRICT NO. 7 *p* 98
16230 103 St Nw, EDMONTON, AB, T5X 3A9
(780) 456-4488 *SIC* 8211
EDMONTON SCHOOL DISTRICT NO. 7 *p* 98
11735 162 Ave Nw, EDMONTON, AB, T5X 4M6
(780) 456-9080 *SIC* 8211
EDMONTON SCHOOL DISTRICT NO. 7 *p* 98
14112 23 St Nw, EDMONTON, AB, T5Y 2B9
(780) 478-7706 *SIC* 8211
EDMONTON SCHOOL DISTRICT NO. 7 *p* 98
14820 118 St Nw, EDMONTON, AB, T5X 1T4
(780) 456-7020 *SIC* 8211
EDMONTON SCHOOL DISTRICT NO. 7 *p* 98
14904 21 St Nw, EDMONTON, AB, T5Y 2L6
(780) 472-0131 *SIC* 8211
EDMONTON SCHOOL DISTRICT NO. 7 *p* 99
10534 62 St Nw, EDMONTON, AB, T6A 2M3
(780) 469-0426 *SIC* 8211
EDMONTON SCHOOL DISTRICT NO. 7 *p* 99
10524 46 St Nw, EDMONTON, AB, T6A 1Y3
(780) 466-4116 *SIC* 8211
EDMONTON SCHOOL DISTRICT NO. 7 *p* 99
10310 56 St Nw, EDMONTON, AB, T6A 2J2
(780) 461-0051 *SIC* 8211
EDMONTON SCHOOL DISTRICT NO. 7 *p* 99
6859 100 Ave Nw, EDMONTON, AB, T6A 0G3
(780) 450-2367 *SIC* 8211
EDMONTON SCHOOL DISTRICT NO. 7 *p* 99
8440 105 Ave Nw, EDMONTON, AB, T6A 1B6
(780) 469-0442 *SIC* 8211
EDMONTON SCHOOL DISTRICT NO. 7 *p* 99
10720 54 St Nw, EDMONTON, AB, T6A 2H9
(780) 461-5890 *SIC* 8211
EDMONTON SCHOOL DISTRICT NO. 7 *p* 100
6825 89 Ave Nw, EDMONTON, AB, T6B 0N3
(780) 469-6682 *SIC* 8211
EDMONTON SCHOOL DISTRICT NO. 7 *p* 100
7005 89 Ave Nw, EDMONTON, AB, T6B 0N3
(780) 466-2104 *SIC* 8211
EDMONTON SCHOOL DISTRICT NO. 7 *p* 100
9435 73 St Nw, EDMONTON, AB, T6B 2A9
(780) 466-7331 *SIC* 8211
EDMONTON SCHOOL DISTRICT NO. 7 *p* 102
7803 87 St Nw, EDMONTON, AB, T6C 3G6
(780) 466-8573 *SIC* 8211
EDMONTON SCHOOL DISTRICT NO. 7 *p* 102
8205 90 Ave Nw, EDMONTON, AB, T6C 1N8
(780) 465-5461 *SIC* 8211
EDMONTON SCHOOL DISTRICT NO. 7 *p* 102
8205 90 Ave Nw, EDMONTON, AB, T6C 1N8

▲ Public Company   ■ Public Company Family Member   **HQ** Headquarters   **BR** Branch   **SL** Single Location

(780) 428-1111   SIC 8211
EDMONTON SCHOOL DISTRICT NO. 7   p 102
7920 94 Ave Nw, EDMONTON, AB, T6C 1W4
(780) 466-2292   SIC 8211
EDMONTON SCHOOL DISTRICT NO. 7   p 102
7835 76 Ave Nw, EDMONTON, AB, T6C 2N1
(780) 466-2976   SIC 8211
EDMONTON SCHOOL DISTRICT NO. 7   p 104
8530 101 St Nw, EDMONTON, AB, T6E 3Z5
(780) 439-2491   SIC 8211
EDMONTON SCHOOL DISTRICT NO. 7   p 104
8525 101 St Nw, EDMONTON, AB, T6E 3Z4
(780) 439-1368   SIC 8211
EDMONTON SCHOOL DISTRICT NO. 7   p 104
6715 97 St Nw, EDMONTON, AB, T6E 3J9
(780) 433-7583   SIC 8211
EDMONTON SCHOOL DISTRICT NO. 7   p 104
6310 Wagner Rd Nw, EDMONTON, AB, T6E 4N5
(780) 469-1315   SIC 8211
EDMONTON SCHOOL DISTRICT NO. 7   p 104
10523 84 Ave Nw, EDMONTON, AB, T6E 2H5
(780) 433-0627   SIC 8211
EDMONTON SCHOOL DISTRICT NO. 7   p 104
9735 80 Ave Nw, EDMONTON, AB, T6E 1S8
(780) 433-5746   SIC 8211
EDMONTON SCHOOL DISTRICT NO. 7   p 104
10450 72 Ave Nw, EDMONTON, AB, T6E 0Z6
(780) 439-3957   SIC 8211
EDMONTON SCHOOL DISTRICT NO. 7   p 107
10925 87 Ave Nw, EDMONTON, AB, T6G 0X4
(780) 433-1390   SIC 8211
EDMONTON SCHOOL DISTRICT NO. 7   p 107
11330 76 Ave Nw, EDMONTON, AB, T6G 0K1
(780) 435-4163   SIC 8211
EDMONTON SCHOOL DISTRICT NO. 7   p 108
10541 60a Ave Nw, EDMONTON, AB, T6H 1K4
(780) 434-6766   SIC 8211
EDMONTON SCHOOL DISTRICT NO. 7   p 108
6415 106 St Nw, EDMONTON, AB, T6H 2V5
(780) 434-6756   SIC 8211
EDMONTON SCHOOL DISTRICT NO. 7   p 109
12323 51 Ave Nw, EDMONTON, AB, T6H 0M6
(780) 434-3160   SIC 8211
EDMONTON SCHOOL DISTRICT NO. 7   p 109
6240 113 St Nw, EDMONTON, AB, T6H 3L2
(780) 439-3323   SIC 8211
EDMONTON SCHOOL DISTRICT NO. 7   p 109
4716 115 St Nw, EDMONTON, AB, T6H 3N8
(780) 434-1362   SIC 8211
EDMONTON SCHOOL DISTRICT NO. 7   p 109
5425 114 St Nw, EDMONTON, AB, T6H 3M1
(780) 434-8402   SIC 8211
EDMONTON SCHOOL DISTRICT NO. 7   p 109
5504 143 St Nw, EDMONTON, AB, T6H 4E5
(780) 434-0464   SIC 8211
EDMONTON SCHOOL DISTRICT NO. 7   p 109
6225 127 St Nw, EDMONTON, AB, T6H 3W8
(780) 434-1502   SIC 8211
EDMONTON SCHOOL DISTRICT NO. 7   p 109
6240 113 St Nw, EDMONTON, AB, T6H 3L2
(780) 436-0465   SIC 8211
EDMONTON SCHOOL DISTRICT NO. 7   p 109
11330 54 Ave Nw, EDMONTON, AB, T6H 0V7
(780) 434-3588   SIC 8211
EDMONTON SCHOOL DISTRICT NO. 7   p 109
10725 51 Ave Nw, EDMONTON, AB, T6H 0L3
(780) 435-7140   SIC 8211
EDMONTON SCHOOL DISTRICT NO. 7   p 109
14820 53 Ave Nw, EDMONTON, AB, T6H 4C6
(780) 434-7914   SIC 8211
EDMONTON SCHOOL DISTRICT NO. 7   p 110
4020 106 St Nw, EDMONTON, AB, T6J 1A6
(780) 438-9103   SIC 8211
EDMONTON SCHOOL DISTRICT NO. 7   p 110
4025 117 St Nw, EDMONTON, AB, T6J 1T4
(780) 436-9839   SIC 8211
EDMONTON SCHOOL DISTRICT NO. 7   p 110
4350 111 St Nw, EDMONTON, AB, T6J 1E8
(780) 413-2700   SIC 8211
EDMONTON SCHOOL DISTRICT NO. 7   p 110
10616 36a Ave Nw, EDMONTON, AB, T6J 0C9
(780) 434-0319   SIC 8211
EDMONTON SCHOOL DISTRICT NO. 7   p 110
10717 32a Ave Nw, EDMONTON, AB, T6J 4A6
(780) 437-1080   SIC 8211
EDMONTON SCHOOL DISTRICT NO. 7   p 110
1120 113 St Nw, EDMONTON, AB, T6J 7J4
(780) 439-9314   SIC 8211
EDMONTON SCHOOL DISTRICT NO. 7   p 110
11351 31 Ave Nw, EDMONTON, AB, T6J 4T6
(780) 437-0366   SIC 8211
EDMONTON SCHOOL DISTRICT NO. 7   p 110
11915 40 Ave Nw, EDMONTON, AB, T6J 0S1
(780) 438-4200   SIC 8211
EDMONTON SCHOOL DISTRICT NO. 7   p 110
1910 105 St Nw, EDMONTON, AB, T6J 5J8
(780) 438-3874   SIC 8211
EDMONTON SCHOOL DISTRICT NO. 7   p 110
32 Fairway Dr Nw, EDMONTON, AB, T6J 2C1
(780) 413-2211   SIC 8211
EDMONTON SCHOOL DISTRICT NO. 7   p 110
3735 114 St Nw, EDMONTON, AB, T6J 2G6
(780) 434-8581   SIC 8211
EDMONTON SCHOOL DISTRICT NO. 7   p 110
2707 Mill Woods Rd Nw, EDMONTON, AB, T6K 4A6
(780) 462-3322   SIC 8211
EDMONTON SCHOOL DISTRICT NO. 7   p 111
2340 Millbourne Road West Nw, EDMONTON, AB, T6K 1Y9
(780) 462-3270   SIC 8211
EDMONTON SCHOOL DISTRICT NO. 7   p 111
1850 Lakewood Road South Nw, EDMONTON, AB, T6K 3Y5
(780) 463-7627   SIC 8211
EDMONTON SCHOOL DISTRICT NO. 7   p 111
1434 80 St Nw, EDMONTON, AB, T6K 2C6
(780) 462-7954   SIC 8211
EDMONTON SCHOOL DISTRICT NO. 7   p 111
1395 Knottwood Road East Nw, EDMONTON, AB, T6K 2P5
(780) 462-5112   SIC 8211
EDMONTON SCHOOL DISTRICT NO. 7   p 111
933 Knottwood Road South Nw, EDMONTON, AB, T6K 3Y9
(780) 463-8474   SIC 8211
EDMONTON SCHOOL DISTRICT NO. 7   p 111
440 Millbourne Road East Nw, EDMONTON, AB, T6K 1Y8
(780) 462-3230   SIC 8211
EDMONTON SCHOOL DISTRICT NO. 7   p 111
8210 36 Ave Nw, EDMONTON, AB, T6K 0C7
(780) 462-7121   SIC 8211
EDMONTON SCHOOL DISTRICT NO. 7   p 111
8308 Mill Woods Rd Nw, EDMONTON, AB, T6K 1Y7
(780) 462-3310   SIC 8211
EDMONTON SCHOOL DISTRICT NO. 7   p 111
8515 17 Ave Nw Ste N, EDMONTON, AB, T6K 2C7
(780) 462-5125   SIC 8211
EDMONTON SCHOOL DISTRICT NO. 7   p 111
8704 Mill Woods Rd Nw, EDMONTON, AB, T6K 3J3
(780) 462-2627   SIC 8211
EDMONTON SCHOOL DISTRICT NO. 7   p 111
1200 Lakewood Road North Nw, EDMONTON, AB, T6K 4A3
(780) 462-5031   SIC 8211
EDMONTON SCHOOL DISTRICT NO. 7   p 112
2911 48 St Nw, EDMONTON, AB, T6L 5T7
(780) 462-5261   SIC 8211
EDMONTON SCHOOL DISTRICT NO. 7   p 112
189 Hemingway Rd Nw, EDMONTON, AB, T6M 2Z7
(780) 444-1922   SIC 8211
EDMONTON SCHOOL DISTRICT NO. 7   p 112
1888 37 St Nw, EDMONTON, AB, T6L 2R2
(780) 450-1532   SIC 8211
EDMONTON SCHOOL DISTRICT NO. 7   p 112
1751 48 St Nw, EDMONTON, AB, T6L 3J6
(780) 463-8680   SIC 8211
EDMONTON SCHOOL DISTRICT NO. 7   p 112
1750 Mill Woods Road East Nw, EDMONTON, AB, T6L 5C5
(780) 462-5496   SIC 8211
EDMONTON SCHOOL DISTRICT NO. 7   p 112
17420 57 Ave Nw, EDMONTON, AB, T6M 1K4
(780) 481-5590   SIC 8211
EDMONTON SCHOOL DISTRICT NO. 7   p 112
3020 37 St Nw, EDMONTON, AB, T6L 5X1
(780) 450-6536   SIC 8211
EDMONTON SCHOOL DISTRICT NO. 7   p 112
5904 38 Ave Nw, EDMONTON, AB, T6L 3P5
(780) 462-0660   SIC 8211
EDMONTON SCHOOL DISTRICT NO. 7   p 112
5730 11a Ave Nw, EDMONTON, AB, T6L 3A9
(780) 463-1854   SIC 8211
EDMONTON SCHOOL DISTRICT NO. 7   p 112
5703 19a Ave Nw, EDMONTON, AB, T6L 4J8
(780) 463-8409   SIC 8211
EDMONTON SCHOOL DISTRICT NO. 7   p 112
5545 184 St Nw, EDMONTON, AB, T6M 2L9
(780) 444-4946   SIC 8211
EDMONTON SCHOOL DISTRICT NO. 7   p 112
5303 190 St Nw, EDMONTON, AB, T6M 2L2
(780) 489-7277   SIC 8211
EDMONTON SCHOOL DISTRICT NO. 7   p 112
4304 41 Ave Nw, EDMONTON, AB, T6L 5Y6
(780) 462-4622   SIC 8211
EDMONTON SCHOOL DISTRICT NO. 7   p 112
3615 Mill Woods Road East Nw, EDMONTON, AB, T6L 5X2
(780) 461-0616   SIC 8211
EDMONTON SCHOOL DISTRICT NO. 7   p 112
3119 48 St Nw, EDMONTON, AB, T6L 6P5
(780) 469-0470   SIC 8211
EDMONTON SCHOOL DISTRICT NO. 7   p 115
250 Rhatigan Road East Nw, EDMONTON, AB, T6R 2H7
(780) 435-1577   SIC 8211
EDMONTON SCHOOL DISTRICT NO. 7   p 116
2845 43a Ave Nw, EDMONTON, AB, T6T 1J9
(780) 440-4088   SIC 8211
EDMONTON SCHOOL DISTRICT NO. 7   p 116
521 66 St Sw, EDMONTON, AB, T6X 1A3
(780) 988-5556   SIC 8211
EDMONTON SOCIETY FOR CHRISTIAN EDUCATION   p 88
14304 109 Ave Nw, EDMONTON, AB, T5N 1H6
(780) 476-6281   SIC 8211
EDMONTON SPACE & SCIENCE FOUNDATION   p 86
11211 142 St Nw, EDMONTON, AB, T5M 4A1
(780) 452-9100   SIC 8412
EDMONTON STEEL PLATE LTD   p 104
5545 89 St Nw, EDMONTON, AB, T6E 5W9
(780) 468-6722   SIC 5051
EDMONTON TRAILER MANUFACTURING LTD   p 96
16908 128a Ave Nw, EDMONTON, AB, T5V 1K7
(403) 744-5120   SIC 3531
EDMONTON TRANSFER LTD   p 17
5402 44 St Se, CALGARY, AB, T2C 4M8
(403) 279-8646   SIC 4731
EDMONTON VIA RAIL STATION   p 86
See VIA RAIL CANADA INC
EDMONTON YMCA   p 98
See YOUNG MEN'S CHRISTIAN ASSOCIATION OF EDMONTON
EDON MANAGEMENT SHAWN AND ASSOCIATES   p 154
See SHAWN & ASSOCIATES MANAGEMENT LTD
EDSON I G A   p 117
See LINFORD FOODS LTD
EDT GCV CIVIL S.E.P.   p 1050
1095 Rue Valets, L'ANCIENNE-LORETTE, QC, G2E 4M7
(418) 872-0600   SIC 8742
EDU KIDS (DIV OF)   p 238
See BLACK BOND BOOKS LTD
EDUCATION ADULT CENTRE HULL   p 1037
See COMMISSION SCOLAIRE WESTERN QUEBEC

BUSINESSES ALPHABETICALLY

EDUCATION AUX ADULTES ET FORMATION PROFESSIONNELLE p 1011
See COMMISSION SCOLAIRE NEW FRONTIER
EDUCATION CENTRE, THE p 590
See RAINY RIVER DISTRICT SCHOOL BOARD
EDUCATION DES ADULTES CENTRE L'ENVOL p 1175
See COMMISSION SCOLAIRE DU PAYS-DES-BLEUETS
EDUCATION DES ADULTES CENTRE LA CITE p 1034
See COMMISSION SCOLAIRE AU COEUR DES VALLEES
EDUCATION DES ADULTES ET FORMATION PROFESSIONNELLE DE CHARLEVOIX p 1052
See COMMISSION SCOLAIRE DE CHARLEVOIX, LA
EDUCATION LEARNING UNIVERSE p 161
See EDLEUN, INC
EDUCATION PLUS p 131
See FOOTHILLS SCHOOL DIVISION NO. 38
EDUCATIONAL SERVICES p 634
See LIMESTONE DISTRICT SCHOOL BOARD
EDUCATRICES & EDUATEURS p 384
See MANITOBA TEACHERS' SOCIETY, THE
EDWARD CHAPMAN LADIES SHOPS p 314
See EDWARD CHAPMAN LADIES' SHOP LIMITED
EDWARD CHAPMAN LADIES' SHOP LIMITED p 314
2596 Granville St, VANCOUVER, BC, V6H 3G8
(604) 732-1958   SIC 5621
EDWARD D. JONES & CO. CANADA HOLDING CO., INC p 697
90 Burnhamthorpe Rd W Suite 902, MISSISSAUGA, ON, L5B 3C3
(905) 306-8600   SIC 6211
EDWARD JOHNSON PUBLIC SCHOOL p 599
See UPPER GRAND DISTRICT SCHOOL BOARD, THE
EDWARD JONES p 697
See EDWARD D. JONES & CO. CANADA HOLDING CO., INC
EDWARD MILL COMMUNITY SCHOOL p 278
See SCHOOL DISTRICT NO 62 (SOOKE)
EDWARD MURPHY SCHOOL p 1086
See COMMISSION SCOLAIRE ENGLISH-MONTREAL
EDWARD SCHREYER SCHOOL p 343
See SUNRISE SCHOOL DIVISION
EDWARD T. CROWLE PUBLIC SCHOOL p 669
See YORK REGION DISTRICT SCHOOL BOARD
EDWARD'S SPRINKLER p 501
See TROY LIFE & FIRE SAFETY LTD
EDWARDS GROUP p 148
See AG GROWTH INTERNATIONAL INC
EDWARDS LIFESCIENCES (CANADA) INC p 699
1290 Central Pky W Suite 300, MISSISSAUGA, ON, L5C 4R3
(905) 273-7138   SIC 5047
EDWARDS MAZDA p 805
See 506555 ONTARIO LIMITED
EDWARDS PART OF GE SECURITY CANADA p 184
See UTC FIRE & SECURITY CANADA
EDWARDS PART OF GE SECURITY CANADA p 952
See UTC FIRE & SECURITY CANADA
EDWARDS SPRINKLER p 453

See TROY LIFE & FIRE SAFETY LTD
EEC ANGE-GABRIEL p 707
See CONSEIL SCOLAIRE DE DISTRICT CATHOLIQUE CENTRE-SUD
EEC JEAN-PAUL II p 957
See CONSEIL SCOLAIRE DE DISTRICT CATHOLIQUE CENTRE-SUD
EEC SAINT-NICOLAS p 680
See CONSEIL SCOLAIRE DE DISTRICT CATHOLIQUE CENTRE-SUD
EEC SAINT-NOEL-CHABANEL p 547
See CONSEIL SCOLAIRE DE DISTRICT CATHOLIQUE CENTRE-SUD
EECOL ELECTRIC ULC p 55
63 Sunpark Dr Se, CALGARY, AB, T2X 3V4
(403) 253-1952   SIC 5063
EEL GROUND COMMUNITY DEVELOPMENT CENTER p 398
See EEL GROUND FIRST NATION INC
EEL GROUND FIRST NATION INC p 398
40 Micmac Rd, EEL GROUND, NB, E1V 4B1
(506) 627-4604   SIC 8322
EENCHOKAY BIRCHSTICK SCHOOL p 815
See PIKANGIKUM FIRST NATION
EFCO p 2
See EFCO CANADA CO
EFCO p 591
See EFCO CANADA CO
EFCO CANADA CO p 2
527 East Lake Blvd Ne, AIRDRIE, AB, T4A 2G3
(403) 948-5426   SIC 5051
EFCO CANADA CO p 591
30 Todd Rd, GEORGETOWN, ON, L7G 4R7
(905) 877-6957   SIC 3444
EFFICIENCY NB p 417
See ENERGY EFFICIENCY AND CONSERVATION AGENCY OF NEW BRUNSWICK
EFFIGIS GEO SOLUTIONS INC p 1090
4101 Rue Molson Bureau 400, Montreal, QC, H1Y 3L1
(514) 495-6500   SIC 7371
EFFORT TRUST COMPANY, THE p 609
242 Main St E Suite 240, HAMILTON, ON, L8N 1H5
(905) 528-8956   SIC 6021
EFW RADIOLOGY p 10
2151 32 St Ne Suite 80, CALGARY, AB, T1Y 7G3
(403) 209-3209   SIC 8071
EGANVILLE PUBLIC SCHOOL p 572
See RENFREW COUNTY DISTRICT SCHOOL BOARD
EGLINTON JUNIOR PUBLIC SCHOOL p 898
See TORONTO DISTRICT SCHOOL BOARD
EGLISE DE SCIENTOLOGIE DE QUEBEC p 1149
See CHURCH OF SCIENTOLOGY OF TORONTO
EGLISE NOUVELLE VIE DE LONGUEUIL INC p 1070
200 Rue Du Parc-Industriel, LONGUEUIL, QC, J4H 3V6
(450) 646-2150   SIC 8661
EGON ZEHNDER INTERNATIONAL INC p 918
181 Bay St Suite 3920, TORONTO, ON, M5J 2T3
(416) 364-0222   SIC 8741
EH MANAGEMENT LIMITED p 908
1 Queen St E Suite 1800, TORONTO, ON, M5C 2Y5
(416) 863-1230   SIC 8111
EHATARE RETIREMENT & NURSING HOME p 835
40 Old Kingston Rd, SCARBOROUGH, ON, M1E 3J5
(416) 284-0828   SIC 8051
EHV POWER ULC p 596
21 Cardico Dr, GORMLEY, ON, L0H 1G0
(905) 888-7266   SIC 8711

EIGHTH AVENUE ELEMENTARY SCHOOL p 254
See SCHOOL DISTRICT #70 (ALBERNI) SCHOOL BOARD
EII LIMITED p 400
115 Whiting Rd, FREDERICTON, NB, E3B 5Y5
(506) 459-3004   SIC 5084
EII LIMITED p 537
3250 Harvester Rd #3, BURLINGTON, ON, L7N 3T1
(905) 635-3113   SIC 5084
EILEEN DAILLY LEISURE POOL AND FITNESS CENTRE p 186
See CITY OF BURNABY
EILEEN ROOFING INC p 941
1825 Wilson Ave, TORONTO, ON, M9M 1A2
(416) 762-1819   SIC 1761
EINSTEIN NISSAN INC p 1163
5250 Rue John-Molson, Quebec, QC, G1X 3X4
(418) 650-5353   SIC 5511
EISENER'S TRANSPORT LIMITED p 443
61 Bluewater Rd, BEDFORD, NS, B4B 1G8
SIC 4212
EITZ CHAIM SCHOOL p 761
See JEWISH FAMILY AND CHILD SERVICE OF GREATER TORONTO
EK YUM-YMCA OF WINNIPEG p 367
See YOUNG MEN'S AND YOUNG WOMEN'S CHRISTIAN ASSOCIATION OF WINNIPEG INCORPORATED, THE
EKA CHIMIE p 1232
See AKZO NOBEL PATE ET PERFORMANCE CANADA INC
EKATI p 439
See DOMINION DIAMOND EKATI CORPORATION
EKCOE CENTRAL PUBLIC SCHOOL p 593
See THAMES VALLEY DISTRICT SCHOOL BOARD
EKOTA SCHOOL p 111
See EDMONTON SCHOOL DISTRICT NO. 7
EKS HOLDINGS LTD p 1295
2411 Wentz Ave, SASKATOON, SK, S7K 3V6
(306) 934-1911   SIC 4213
EL-CON CONSTRUCTION INC p 769
2231 Wyecroft Rd, OAKVILLE, ON, L6L 5L7
(905) 825-4461   SIC 1794
ELAHO LOGGING LTD p 279
Gd, SQUAMISH, BC, V8B 0J2
(604) 892-9891   SIC 2411
ELAHO LOGGING LTD p 304
555 Hastings St W Suite 2400, VANCOUVER, BC, V6B 4N6
(604) 892-9891   SIC 2411
ELAN DATA MAKERS p 329
See HORTON TRADING LTD
ELANCO p 600
See ELI LILLY CANADA INC
ELBOW VALLEY ELEMENTARY SCHOOL p 65
See ROCKY VIEW SCHOOL DIVISION NO. 41, THE
ELBOYA ELEMENTARY JUNIOR HIGH SCHOOL p 52
See CALGARY BOARD OF EDUCATION
ELD p 307
See ELDORADO GOLD CORPORATION
ELDER'S MILLS PUBLIC SCHOOL p 973
See YORK REGION DISTRICT SCHOOL BOARD
ELDERCARE HOME HEALTH INC p 897
234 Eglinton Ave E Unit 207, TORONTO, ON, M4P 1K5
(416) 482-8292   SIC 8322
ELDORADO GOLD CORPORATION p 307
550 Burrard St Suite 1188, VANCOUVER, BC, V6C 2B5
(604) 687-4018   SIC 1041
ELDORADO KINGSWAY HOTEL LTD p 296

2330 Kingsway, VANCOUVER, BC, V5R 5G9
SIC 7011
ELDORADO MOTOR HOTEL p 296
See ELDORADO KINGSWAY HOTEL LTD
ELDORADO PLYWOOD SPECIALTIES INC p 642
40 Dumart Pl, KITCHENER, ON, N2K 3C7
(519) 742-7011   SIC 5031
ELEANOR HALL SCHOOL p 68
See PEMBINA HILLS REGIONAL DIVISION 7
ELEANOR W GRAHAM MIDDLE SCHOOL p 412
See DISTRICT EDUCATION COUNCIL-SCHOOL DISTRICT 16
ELECTONICS GROUP p 952
See HAMMOND MANUFACTURING COMPANY LIMITED
ELECTRIC FLOOR HEATING DIVISION p 708
See DANFOSS INC
ELECTRIC FOODS INC p 13
3663 12 Ave Ne, CALGARY, AB, T2A 7T1
(403) 248-7640   SIC 5812
ELECTRIC MAIL COMPANY INC, THE p 186
3999 Henning Dr Suite 300, BURNABY, BC, V5C 6P9
SIC 4899
ELECTRIC MOTOR SERVICE LIMITED p 104
8835 60 Ave Nw, EDMONTON, AB, T6E 6L9
(780) 496-9300   SIC 7694
ELECTRIC POWER EQUIPMENT LIMITED p 96
15304 118 Ave Nw, EDMONTON, AB, T5V 1C2
(780) 455-4194   SIC 3625
ELECTRICAL AND DESIGN OFFICE p 244
See CORPORATION OF THE CITY OF NEW WESTMINSTER
ELECTRICAL SAFETY AUTHORITY p 545
400 Sheldon Dr Unit 1, CAMBRIDGE, ON, N1T 2H9
(519) 622-2506   SIC 7389
ELECTRICAL SAFETY AUTHORITY p 625
1 Terence Matthews Cres Suite 130, KANATA, ON, K2M 2G3
(613) 271-1489   SIC 7389
ELECTRICITE KINGSTON p 1060
See 9270-5425 QUEBEC INC
ELECTRIUM p 1227
See HYDRO-QUEBEC
ELECTRO MECANIK PLAYFORD p 1152
See FRANKLIN EMPIRE INC
ELECTRO MEKANIC p 1152
See FRANKLIN EMPIRE INC
ELECTRO SAGUENAY LTEE p 1062
1555 Boul De L'avenir Bureau 306, Laval, QC, H7S 2N5
SIC 4899
ELECTRO SONIC INC p 192
5489 Byrne Rd Suite 173, BURNABY, BC, V5J 3J1
(604) 273-2911   SIC 5065
ELECTRO SONIC INC p 671
55 Renfrew Dr Suite 100, MARKHAM, ON, L3R 8H3
(905) 946-0100   SIC 5065
ELECTROGROUPE PIONEER CANADA INC p 1032
33 Rue Racine, FARNHAM, QC, J2N 3A3
(450) 293-8998   SIC 3612
ELECTROLUX CANADA CORP p 1026
1789 Av Cardinal, DORVAL, QC, H9P 1Y5
(514) 636-4600   SIC 5722
ELECTROLUX CANADA CORP p 1051
802 Boul De L'ange-Gardien, L'ASSOMPTION, QC, J5W 1T6
(450) 589-5701   SIC 3634
ELECTROLUX HOME PRODUCTS p 1051
See ELECTROLUX CANADA CORP
ELECTRON CANADA p 762
See DIRECT ENERGY MARKETING LIM-

▲ Public Company   ■ Public Company Family Member   HQ Headquarters   BR Branch   SL Single Location

ELECTRONIC ARTS (CANADA) INC p 189
4330 Sanderson Way, BURNABY, BC, V5G 4X1
(604) 456-3600   SIC 7371

ELECTRONIC ARTS (CANADA) INC p 1111
3 Place Ville-Marie Bureau 12350, Montreal, QC, H3B 0E7
(514) 448-8800   SIC 7371

ELECTRONIC CONTROLS, DIV OF p 389
See PARKER HANNIFIN CANADA

ELECTRONIC WARFARE ASSOCIATES-CANADA LTD p 787
1223 Michael St Suite 200, OTTAWA, ON, K1J 7T2
(613) 230-6067   SIC 8734

ELECTRONICS BOUTIQUE CANADA INC p 514
8995 Airport Rd Suite 512, BRAMPTON, ON, L6T 5T2
(905) 790-9262   SIC 5734

ELECTRONICS GROUP, DIV OF p 953
See HAMMOND MANUFACTURING COMPANY LIMITED

ELECTRONICS WORKBENCH CORPORATION p 929
111 Peter St Suite 801, TORONTO, ON, M5V 2H1
(416) 977-5550   SIC 7629

ELECTROTEMP TECHNOLOGIES INC p 694
406 Watline Ave, MISSISSAUGA, ON, L4Z 1X2
(905) 361-1544   SIC 5999

ELECTROZAD SUPPLY COMPANY LIMITED p 650
500 Industrial Rd, LONDON, ON, N5V 1T7
(519) 452-3444   SIC 5063

ELEMENT FLEET MANAGEMENT INC p 23
6815 8 St Ne Unit 240, CALGARY, AB, T2E 7H7
(403) 262-8980   SIC 7515

ELEMENT FLEET MANAGEMENT INC p 694
4 Robert Speck Pky Unit 900, MISSISSAUGA, ON, L4Z 1S1
(905) 366-8900   SIC 7515

ELEMENTAL DATA COLLECTION INC p 791
170 Laurier Ave W Suite 400, OTTAWA, ON, K1P 5V5
(613) 667-9352   SIC 8732

ELEMENTARY ALTER-ED PROGRAM p 615
See HAMILTON-WENTWORTH CATHOLIC SCHOOL BOARD

ELEMENTARY SCHOOL CATHOLIC NOTRE-DAME p 609
See CONSEIL SCOLAIRE DE DISTRICT CATHOLIQUE CENTRE-SUD

ELEMENTARY SCHOOL CATHOLIC NOTRE-DAME-DE-LA-JEUNES p 736
See CONSEIL SCOLAIRE DE DISTRICT CATHOLIQUE CENTRE-SUD

ELEMENTARY SCHOOLS ALBERT p 1289
See BOARD OF EDUCATION REGINA SCHOOL DIVISION NO. 4 OF SASKATCHEWAN

ELEMENTARY SCHOOLS PIERRE ELLIOT TRUDEAU p 1256
See LESTER B. PEARSON SCHOOL BOARD

ELEMENTARY SCHOOLS ST RAPHAEL p 1095
See COMMISSION SCOLAIRE ENGLISH-MONTREAL

ELEMENTARY TEACHERS FEDERATION OF ONTARIO p 903
136 Isabella St, TORONTO, ON, M4Y 0B5
(416) 926-0295   SIC 8631

ELEMENTS CASINO p 282
See ORANGEVILLE RACEWAY LIMITED

ELEMENTS CHAUFFANTS TEMPORA p 1059
See LES ELEMENTS CHAUFFANTS TEMPORA INC

ELEMENTS ON THE FALLS RESTAURANT p 736
See NIAGARA PARKS COMMISSION, THE

ELEONORE PROJECT MINES p 1177
See GOLDCORP INC

ELEVATEURS DE TROIS-RIVIERES LTEE, LES p 1251
2615 Rue Notre-Dame Centre, Trois-Rivieres, QC, G9A 4Y7
(819) 374-0660   SIC 4221

ELFA INSURANCE SERVICES INC p 671
3950 14th Ave Unit 105, MARKHAM, ON, L3R 0A9
(905) 470-1038   SIC 6411

ELFIQ INC p 1111
1155 Boul Robert-Bourassa Suite 712, Montreal, QC, H3B 3A7
(514) 667-0611   SIC 3669

ELFIQ NETWORKS p 1111
See ELFIQ INC

ELGIE BUS LINES LIMITED p 573
77 Union St, EMBRO, ON, N0J 1J0
(519) 475-6000   SIC 4131

ELGIE BUS LINES LIMITED p 872
5137 Cobblehill Rd, THAMESFORD, ON, N0M 2M0
(519) 461-1227   SIC 4151

ELGIE BUS LINES LIMITED p 977
813 Alice St, WOODSTOCK, ON, N4S 2J2
(519) 539-0306   SIC 4151

ELGIN A.C.L. p 858
See COMMUNITY LIVING ELGIN

ELGIN AVENUE ELEMENTARY SCHOOL p 849
See GRAND ERIE DISTRICT SCHOOL BOARD

ELGIN BARROW ARENA COMPLEX p 823
See RICHMOND HILL ARENA ASSOCIATION

ELGIN COURT PUBLIC SCHOOL p 859
See THAMES VALLEY DISTRICT SCHOOL BOARD

ELGIN MANOR HOME FOR SENIORS p 858
See CORPORATION OF THE COUNTY OF ELGIN

ELGIN MANOR HOME FOR SR CITIZENS p 858
39262 Fingal Line, ST THOMAS, ON, N5P 3S5
(519) 631-0620   SIC 8361

ELGIN MILLS CEMETERY, VISITATION, CHAPEL AND RECEPTION CENTER p 824
See MOUNT PLEASANT GROUP OF CEMETERIES

ELGIN OUTREACH ATTENDANT SERVICES p 859
See CHESHIRE HOMES OF LONDON INC

ELGIN PARK SECONDARY SCHOOL p 288
See SCHOOL DISTRICT NO 36 (SURREY)

ELGIN STREET HOLDINGS INC p 802
361 Elgin St Unit 1, OTTAWA, ON, K2P 1M7
(613) 238-2949   SIC 5812

ELGIN STREET PUBLIC SCHOOL p 544
See WATERLOO REGION DISTRICT SCHOOL BOARD

ELGIN STREET PUBLIC SCHOOL p 802
See OTTAWA-CARLETON DISTRICT SCHOOL BOARD

ELGIN WEST COMMUNITY CENTRE & POOL p 822
See CORPORATION OF THE TOWN OF RICHMOND HILL, THE

ELGINBURG PUBLIC SCHOOL p 572
See LIMESTONE DISTRICT SCHOOL BOARD

ELGINWOOD LONG TERM CARE p 824
See REVERA LONG TERM CARE INC

ELI LILLY CANADA INC p 600
150 Research Lane Suite 120, GUELPH, ON, N1G 4T2
(519) 821-0277   SIC 8732

ELI LILLY CANADA INC p 840
3650 Danforth Ave Suite 1907, SCARBOROUGH, ON, M1N 2E8
(416) 694-3221   SIC 2834

ELIA MIDDLE SCHOOL p 756
See TORONTO DISTRICT SCHOOL BOARD

ELIOT RIVER ELEMENTARY SCHOOL p 983
See EASTERN SCHOOL DISTRICT

ELITE COMMUNICATIONS INC p 383
585 Century St, WINNIPEG, MB, R3H 0W1
(204) 989-2995   SIC 4899

ELITE GROUP INC p 1111
1175 Place Du Frere-Andre, Montreal, QC, H3B 3X9
(514) 383-4720   SIC 5064

ELITE INSURANCE COMPANY p 321
1125 Howe St Suite 1100, VANCOUVER, BC, V6Z 2Y6
(604) 669-2626   SIC 6411

ELITE REALTY T. W. INC p 688
5090 Explorer Dr Unit 100, MISSISSAUGA, ON, L4W 4T9
(905) 629-1515   SIC 6531

ELITE SPORTSWEAR & AWARDS LTD p 84
14703 118 Ave Nw, EDMONTON, AB, T5L 2M7
(780) 454-9775   SIC 5999

ELIZABETH ARDEN (CANADA) LIMITED p 671
505 Apple Creek Blvd Unit 2, MARKHAM, ON, L3R 5B1
(905) 948-9990   SIC 5122

ELIZABETH B PHIN PUBLIC SCHOOL p 812
See DURHAM DISTRICT SCHOOL BOARD

ELIZABETH BAGSHAW SCHOOL p 608
See HAMILTON-WENTWORTH DISTRICT SCHOOL BOARD, THE

ELIZABETH BARRETT SCHOOL p 69
See ROCKY VIEW SCHOOL DIVISION NO. 41, THE

ELIZABETH BRUYERE HEALTH CENTRE p 789
See SOEURS DE LA CHARITE D'OTTAWA, LES

ELIZABETH MACKENZIE ELEMENTARY SCHOOL p 438
See DOGRIB DIVISIONAL BOARD

ELIZABETH PARK SCHOOL p 595
See OTTAWA-CARLETON DISTRICT SCHOOL BOARD

ELIZABETH RUMMEL SCHOOL p 66
See CANADIAN ROCKIES REGIONAL DIVISION NO 12

ELIZABETH SCHOOL p 1271
See SUN WEST SCHOOL DIVISION NO 207 SASKATCHEWAN

ELIZABETH SIMCOE JUNIOR PUBLIC SCHOOL p 836
See TORONTO DISTRICT SCHOOL BOARD

ELIZABETH SUTHERLAND SCHOOL p 463
See HALIFAX REGIONAL SCHOOL BOARD

ELIZABETH ZIEGLER PUBLIC SCHOOL p 951
See WATERLOO REGION DISTRICT SCHOOL BOARD

ELIZABETHAN CATERING SERVICES LTD p 165
55 Alberta Ave, SPRUCE GROVE, AB, T7X 4B9
(780) 962-3663   SIC 5812

ELIZABETHS BAKERY LTD p 61
79 Crowfoot Way Nw, CALGARY, AB, T3G 2R2
(403) 239-2583   SIC 5812

ELK ISLAND CATHOLIC SEPARATE REGIONAL DIVISION NO. 41 p 3
53117 Range Road 222 Suite 222, ARDROSSAN, AB, T8E 2M8
(780) 922-4522   SIC 8211

ELK ISLAND CATHOLIC SEPARATE REGIONAL DIVISION NO. 41 p 66
4816 53 Ave, CAMROSE, AB, T4V 0Y2
(780) 672-2177   SIC 8211

ELK ISLAND CATHOLIC SEPARATE REGIONAL DIVISION NO. 41 p 123
9526 89 St, FORT SASKATCHEWAN, AB, T8L 2X7
(780) 998-7777   SIC 8211

ELK ISLAND CATHOLIC SEPARATE REGIONAL DIVISION NO. 41 p 123
9622 Sherridon Dr, FORT SASKATCHEWAN, AB, T8L 1W7
(780) 998-3716   SIC 8211

ELK ISLAND CATHOLIC SEPARATE REGIONAL DIVISION NO. 41 p 123
9975 93 Ave, FORT SASKATCHEWAN, AB, T8L 1N5
(780) 992-0889   SIC 8211

ELK ISLAND CATHOLIC SEPARATE REGIONAL DIVISION NO. 41 p 161
109 Georgian Way, SHERWOOD PARK, AB, T8A 3K9
(780) 467-3633   SIC 8211

ELK ISLAND CATHOLIC SEPARATE REGIONAL DIVISION NO. 41 p 161
15 Main Blvd, SHERWOOD PARK, AB, T8A 3N3
(780) 467-7972   SIC 8211

ELK ISLAND CATHOLIC SEPARATE REGIONAL DIVISION NO. 41 p 161
2021 Brentwood Blvd, SHERWOOD PARK, AB, T8A 0X2
(780) 464-4001   SIC 8211

ELK ISLAND CATHOLIC SEPARATE REGIONAL DIVISION NO. 41 p 161
2021 Brentwood Blvd, SHERWOOD PARK, AB, T8A 0X2
(780) 467-2121   SIC 8211

ELK ISLAND CATHOLIC SEPARATE REGIONAL DIVISION NO. 41 p 161
273 Fir St, SHERWOOD PARK, AB, T8A 2G7
(780) 467-5631   SIC 8211

ELK ISLAND CATHOLIC SEPARATE REGIONAL DIVISION NO. 41 p 161
8 Sandpiper Dr, SHERWOOD PARK, AB, T8A 0B6
(780) 467-7135   SIC 8211

ELK ISLAND CATHOLIC SEPARATE REGIONAL DIVISION NO. 41 p 163
151 Crimson Dr, SHERWOOD PARK, AB, T8H 2R2
(780) 416-9526   SIC 8211

ELK ISLAND CATHOLIC SEPARATE REGIONAL DIVISION NO. 41 p 172
4314 54a Ave, VEGREVILLE, AB, T9C 1C8
(780) 632-2266   SIC 8211

ELK ISLAND CATHOLIC SEPARATE REGIONAL DIVISION NO. 41 p 172
4434 53 St, VEGREVILLE, AB, T9C 1A1
(780) 632-3934   SIC 8211

ELK ISLAND LODGE INC p 368
54 Golden Willow Cres, WINNIPEG, MB, R2M 4E2
(204) 253-0878   SIC 7011

ELK ISLAND PUBLIC SCHOOLS REGIONAL DIVISION NO. 14 p

3
4922 50 Ave, ANDREW, AB, T0B 0C0
(780) 365-3501   SIC 8211
ELK ISLAND PUBLIC SCHOOLS REGIONAL DIVISION NO. 14   p
3
53129 Range Road 222, ARDROSSAN, AB, T8E 2M8
(780) 922-2228   SIC 8211
ELK ISLAND PUBLIC SCHOOLS REGIONAL DIVISION NO. 14   p
3
53131 Range Road 222, ARDROSSAN, AB, T8E 2M8
(780) 922-2066   SIC 8211
ELK ISLAND PUBLIC SCHOOLS REGIONAL DIVISION NO. 14   p
123
9512 92 St, FORT SASKATCHEWAN, AB, T8L 1L7
(780) 998-2216   SIC 8211
ELK ISLAND PUBLIC SCHOOLS REGIONAL DIVISION NO. 14   p
123
10002 97 Ave, FORT SASKATCHEWAN, AB, T8L 1R2
(780) 998-3751   SIC 8211
ELK ISLAND PUBLIC SCHOOLS REGIONAL DIVISION NO. 14   p
123
9529 89 St, FORT SASKATCHEWAN, AB, T8L 1J2
(780) 998-1441   SIC 8211
ELK ISLAND PUBLIC SCHOOLS REGIONAL DIVISION NO. 14   p
123
9807 108 St, FORT SASKATCHEWAN, AB, T8L 2J2
(780) 992-0101   SIC 8211
ELK ISLAND PUBLIC SCHOOLS REGIONAL DIVISION NO. 14   p
123
9607 Sherridon Dr, FORT SASKATCHEWAN, AB, T8L 1W5
(780) 998-3741   SIC 8211
ELK ISLAND PUBLIC SCHOOLS REGIONAL DIVISION NO. 14   p
123
9625 82 St, FORT SASKATCHEWAN, AB, T8L 3T6
(780) 992-1272   SIC 8211
ELK ISLAND PUBLIC SCHOOLS REGIONAL DIVISION NO. 14   p
123
9802 101 St, FORT SASKATCHEWAN, AB, T8L 1V4
(780) 998-7771   SIC 8211
ELK ISLAND PUBLIC SCHOOLS REGIONAL DIVISION NO. 14   p
134
4723 50 Ave, LAMONT, AB, T0B 2R0
(780) 895-2269   SIC 8211
ELK ISLAND PUBLIC SCHOOLS REGIONAL DIVISION NO. 14   p
146
5201 Sawchuk St, MUNDARE, AB, T0B 3H0
(780) 764-3962   SIC 8211
ELK ISLAND PUBLIC SCHOOLS REGIONAL DIVISION NO. 14   p
161
1127 Parker Dr, SHERWOOD PARK, AB, T8A 4E5
(780) 464-3330   SIC 8211
ELK ISLAND PUBLIC SCHOOLS REGIONAL DIVISION NO. 14   p
161
133 Pine St, SHERWOOD PARK, AB, T8A 1H2
(780) 467-2246   SIC 8211
ELK ISLAND PUBLIC SCHOOLS REGIONAL DIVISION NO. 14   p
161
20 Festival Way, SHERWOOD PARK, AB, T8A 4Y1

(780) 467-8816   SIC 8211
ELK ISLAND PUBLIC SCHOOLS REGIONAL DIVISION NO. 14   p
161
207 Granada Blvd, SHERWOOD PARK, AB, T8A 3R5
(780) 464-1711   SIC 8211
ELK ISLAND PUBLIC SCHOOLS REGIONAL DIVISION NO. 14   p
161
241 Fir St, SHERWOOD PARK, AB, T8A 2G6
(780) 467-5930   SIC 8211
ELK ISLAND PUBLIC SCHOOLS REGIONAL DIVISION NO. 14   p
161
271 Conifer St, SHERWOOD PARK, AB, T8A 1M4
(780) 467-5143   SIC 8211
ELK ISLAND PUBLIC SCHOOLS REGIONAL DIVISION NO. 14   p
161
28 Heron Rd, SHERWOOD PARK, AB, T8A 0H2
(780) 467-5591   SIC 8211
ELK ISLAND PUBLIC SCHOOLS REGIONAL DIVISION NO. 14   p
161
300 Colwill Blvd, SHERWOOD PARK, AB, T8A 5R7
(780) 467-3800   SIC 8211
ELK ISLAND PUBLIC SCHOOLS REGIONAL DIVISION NO. 14   p
161
50 Main Blvd, SHERWOOD PARK, AB, T8A 0R2
(780) 467-2295   SIC 8211
ELK ISLAND PUBLIC SCHOOLS REGIONAL DIVISION NO. 14   p
161
73 Main Blvd, SHERWOOD PARK, AB, T8A 0R1
(780) 467-5556   SIC 8211
ELK ISLAND PUBLIC SCHOOLS REGIONAL DIVISION NO. 14   p
161
1020 Sherwood Dr Suite 130, SHERWOOD PARK, AB, T8A 2G4
(780) 464-1899   SIC 8211
ELK ISLAND PUBLIC SCHOOLS REGIONAL DIVISION NO. 14   p
161
106 Georgian Way, SHERWOOD PARK, AB, T8A 2V9
(780) 467-5519   SIC 8211
ELK ISLAND PUBLIC SCHOOLS REGIONAL DIVISION NO. 14   p
161
1078 Strathcona Dr, SHERWOOD PARK, AB, T8A 0Z9
(780) 467-7751   SIC 8211
ELK ISLAND PUBLIC SCHOOLS REGIONAL DIVISION NO. 14   p
162
23358 Township Road 520 Suite 520, SHERWOOD PARK, AB, T8B 1G5
(780) 467-5940   SIC 8211
ELK ISLAND PUBLIC SCHOOLS REGIONAL DIVISION NO. 14   p
162
52029 Range Road 224, SHERWOOD PARK, AB, T8C 1B5
(780) 922-3058   SIC 8211
ELK ISLAND PUBLIC SCHOOLS REGIONAL DIVISION NO. 14   p
162
683 Wye Rd, SHERWOOD PARK, AB, T8B 1N2
(780) 464-3477   SIC 8211
ELK ISLAND PUBLIC SCHOOLS REGIONAL DIVISION NO. 14   p
163
101 Crimson Dr, SHERWOOD PARK, AB, T8H 2P1

(780) 416-9018   SIC 8211
ELK ISLAND PUBLIC SCHOOLS REGIONAL DIVISION NO. 14   p
172
4908 50 Ave, VEGREVILLE, AB, T9C 1V5
(780) 632-7998   SIC 8211
ELK ISLAND PUBLIC SCHOOLS REGIONAL DIVISION NO. 14   p
172
5037 48 Ave, VEGREVILLE, AB, T9C 1L8
(780) 632-3113   SIC 8211
ELK ISLAND PUBLIC SCHOOLS REGIONAL DIVISION NO. 14   p
172
6426 55 Ave, VEGREVILLE, AB, T9C 1S5
(780) 632-3341   SIC 8211
ELK POINT ELEMENTARY SCHOOL   p 117
See ST. PAUL EDUCATION REGIONAL DIVISION NO 1
ELK VALLEY HOSPITAL   p 213
See INTERIOR HEALTH AUTHORITY
ELK WOOD SPECIALTIES LTD   p 235
23347 Mckay Ave, MAPLE RIDGE, BC, V2W 1B9
(604) 467-0911   SIC 2421
ELKFORD INDUSTRIES LTD   p 278
200 Industrial Rd 1 Rr 1, SPARWOOD, BC, V0B 2G1
(250) 425-2519   SIC 7389
ELKFORD SECONDARY SCHOOL   p 213
See SCHOOL DISTRICT NO 5 (SOUTHEAST KOOTENAY)
ELKHORN PUBLIC SCHOOL   p 747
See TORONTO DISTRICT SCHOOL BOARD
ELKHORN RANCH & RESORT LTD   p 353
3 Mooswa Dr E, ONANOLE, MB, R0J 1N0
(204) 848-2802   SIC 7011
ELKHORN RESORT SPA & CONFERENCE CENTRE   p 353
See ELKHORN RANCH & RESORT LTD
ELKHORN SCHOOL   p 348
See FORT LA BOSSE SCHOOL DIVISION
ELKVIEW OPERATIONS   p 279
See TECK COAL LIMITED
ELLARD-WILLSON ENGINEERING LIMITED   p
671
260 Town Centre Blvd Suite 202, MARKHAM, ON, L3R 8H8
(905) 940-3100   SIC 8711
ELLEN FAIRCLOUGH PUBLIC SCHOOL   p
676
See YORK REGION DISTRICT SCHOOL BOARD
ELLENDALE ELEMENTARY SCHOOL p 280
See SCHOOL DISTRICT NO 36 (SURREY)
ELLENGALE PUBLIC SCHOOL   p 700
See PEEL DISTRICT SCHOOL BOARD
ELLENVALE JUNIOR HIGH SCHOOL p 447
See HALIFAX REGIONAL SCHOOL BOARD
ELLERSLIE CAMPUS NORTH   p 116
See EDMONTON SCHOOL DISTRICT NO. 7
ELLERSLIE ELEMENTARY SCHOOL p 983
See PUBLIC SCHOOLS BRANCH
ELLESMERE-STATTON PUBLIC SCHOOL p
841
See TORONTO DISTRICT SCHOOL BOARD
ELLIOT LAKE MUNICIPAL POOL   p 572
See CORPORATION OF THE CITY OF ELLIOT LAKE, THE
ELLIOT LAKE SECONDARY SCHOOL   p 572
See ALGOMA DISTRICT SCHOOL BOARD
ELLIOTT & PAGE LIMITED   p 901
200 Bloor St E Suite 1, TORONTO, ON, M4W 1E5
(416) 581-8300   SIC 6722
ELLIOTT COACH LINES (FERGUS) LTD   p
588
680 Glen Garry Cres, FERGUS, ON, N1M

2W8
(519) 787-5225   SIC 4151
ELLIOTT TURBOMACHINERY CANADA INC   p 540
955 Maple Ave, BURLINGTON, ON, L7S 2J4
(905) 333-4101   SIC 7699
ELLIOTT, FRED COACH LINES LIMITED   p 604
760 Victoria Rd S, Guelph, ON, N1L 1C6
(519) 822-5225   SIC 4151
ELLIS, THOMAS G. CENTRE   p 287
See SCHOOL DISTRICT NO 36 (SURREY)
ELLISDON CONSTRUCTION LTD   p 650
2045 Oxford St E, LONDON, ON, N5V 2Z7
(519) 455-6770   SIC 1541
ELLISDON CONSTRUCTION SERVICES INC   p 31
7330 Fisher St Se Suite 300, CALGARY, AB, T2H 2H8
(403) 259-6627   SIC 1541
ELLISDON INC   p 799
2680 Queensview Dr, OTTAWA, ON, K2B 8J9
(613) 565-2680   SIC 8741
ELLISON ELEMENTARY SCHOOL   p 223
See BOARD OF EDUCATION OF SCHOOL DISTRICT NO. 23 (CENTRAL OKANAGAN), THE
ELLISON ELEMENTARY SCHOOL   p 325
See SCHOOL DISTRICT NO 22 (VERNON)
ELLWOOD MEMORIAL PUBLIC SCHOOL p 506
See PEEL DISTRICT SCHOOL BOARD
ELM CREEK SCHOOL   p 348
See PRAIRIE ROSE SCHOOL DIVISION NO 8
ELM DALE PUBLIC SCHOOL   p 797
See OTTAWA-CARLETON DISTRICT SCHOOL BOARD
ELM HURST INN   p 621
415 Harris St, INGERSOLL, ON, N5C 3J8
(519) 485-5321   SIC 7011
ELM RIVER COLONY FARMS LTD   p 352
Gd, NEWTON SIDING, MB, R0H 0X0
(204) 267-2084   SIC 7389
ELM ST SCHOOL   p 985
See PUBLIC SCHOOLS BRANCH
ELM STREET RESTAURANTS INC   p 251
494 Island Hwy W, PARKSVILLE, BC, V9P 1H2
(250) 248-0094   SIC 5812
ELM STREET SCHOOL   p 144
See MEDICINE HAT SCHOOL DISTRICT NO. 76
ELMA TOWNSHIP PUBLIC SCHOOL   p 490
See AVON MAITLAND DISTRICT SCHOOL BOARD
ELMBANK COMMUNITY CENTRE   p 942
See CORPORATION OF THE CITY OF TORONTO
ELMBANK JMA   p 942
See TORONTO DISTRICT SCHOOL BOARD
ELMCREST PUBLIC SCHOOL   p 702
See PEEL DISTRICT SCHOOL BOARD
ELMHIRST'S RESORT   p 627
See ELMHIRST'S RESORT (KEENE) LIMITED
ELMHIRST'S RESORT (KEENE) LIMITED p
627
1045 Settlers Line Rr 1, KEENE, ON, K0L 2G0
(705) 295-4591   SIC 7011
ELMHURST GOLF & COUNTRY CLUB   p 362
Garven Rd, WINNIPEG, MB, R2C 2Z2
(204) 224-2244   SIC 7997
ELMIRA BUS LINES, A DIV OF   p 604
See ELLIOTT, FRED COACH LINES LIMITED
ELMIRA COUNTRY FAIR, THE   p 573
See WOOLWICH AGRICULTURAL SOCIETY

ELMIRA DISTRICT SECONDARY SCHOOL p 573
See WATERLOO REGION DISTRICT SCHOOL BOARD

ELMIRA GOLF CLUB LIMITED p 572
40 Eldale Rd, ELMIRA, ON, N3B 2Z5
(519) 669-1651   SIC 7997

ELMLEA JUNIOR SCHOOL p 587
See TORONTO DISTRICT SCHOOL BOARD

ELMSDALE DISTRICT ELEMENTARY SCHOOL p 454
See CHIGNECTO CENTRAL REGIONAL SCHOOL BOARD

ELMSLEY LOMBARDY PASTORAL CHARGE p 807
1502 Rideau Ferry Rd, PERTH, ON, K7H 3C7
(613) 267-3855   SIC 8661

ELMSMERE RESIDENCE p 595
See REVERA INC

ELMVALE DISTRICT HIGH SCHOOL p 573
See SIMCOE COUNTY DISTRICT SCHOOL BOARD, THE

ELMWOOD AVENUE DAY CARE CENTRE p 658
See LONDON BRIDGE CHILD CARE SERVICES INC

ELMWOOD ELEMENTARY SCHOOL p 89
See EDMONTON SCHOOL DISTRICT NO. 7

ELMWOOD GOLF CLUB INC p 1306
2015 Hillcrest Dr, SWIFT CURRENT, SK, S9H 3V8
(306) 773-9500   SIC 7992

ELMWOOD GROUP LIMITED, THE p 852
570 Welland Ave, ST CATHARINES, ON, L2M 5V6
(905) 688-5205   SIC 3429

ELMWOOD HARDWARE LTD p 396
205 Av Acadie, DIEPPE, NB, E1A 1G6
(506) 382-8100   SIC 5211

ELMWOOD HIGH SCHOOL p 367
See WINNIPEG SCHOOL DIVISION

ELMWOOD KITCHEN p 852
See ELMWOOD GROUP LIMITED, THE

ELMWOOD PLACE p 663
See REVERA LONG TERM CARE INC

ELOG LTD p 104
3907 98 St Nw Suite 109, EDMONTON, AB, T6E 6M3
(780) 414-0199   SIC 7371

ELOQUA CORPORATION p 929
553 Richmond St W Suite 214, TORONTO, ON, M5V 1Y6
(416) 864-0440   SIC 7372

ELORA MILL INN p 573
See ELORA MILL LIMITED, THE

ELORA MILL LIMITED, THE p 573
77 Mill St W, ELORA, ON, N0B 1S0
SIC 7011

ELORA PUBLIC SCHOOL p 573
See UPPER GRAND DISTRICT SCHOOL BOARD, THE

ELRINGKLINGER CANADA, INC p 646
15 Seneca Rd, LEAMINGTON, ON, N8H 5P2
(519) 325-0052   SIC 3053

ELROSE PHARMACY p 1267
See HEARTLAND REGIONAL HEALTH AUTHORITY

ELSEVIER CANADA p 936
See REED ELSEVIER CANADA LTD

ELSIE MILE ANNEX ELEMENTARY SCHOOL p 277
See SCHOOL DISTRICT NO. 79 (COWICHAN VALLEY)

ELSIE MIRONUCK PUBLIC ELEMENTARY SCHOOL p 1287
See BOARD OF EDUCATION REGINA SCHOOL DIVISION NO. 4 OF SASKATCHEWAN

ELSIE ROY SCHOOL p 321
See BOARD OF EDUCATION OF SCHOOL DISTRICT NO. 39 (VANCOUVER), THE

ELSON, ELMER ELEMENTARY SCHOOL p 142
See NORTHERN GATEWAY REGIONAL DIVISION #10

ELSTER METERING p 537
See ELSTER SOLUTIONS CANADA, INC

ELSTER SOLUTIONS CANADA, INC p 537
1100 Walker's Line Suite 302, BURLINGTON, ON, L7N 2G3
(905) 634-4895   SIC 5084

ELTE CARPETS LIMITED p 933
100 Miranda Ave Suite 6, TORONTO, ON, M6B 3W7
(416) 785-7885   SIC 4225

ELTE WAREHOUSE p 933
See ELTE CARPETS LIMITED

ELTON COLLEGIATE p 349
See ROLLING RIVER SCHOOL DIVISION 39

ELTON MANUFACTURING p 682
See ONTARIO DOOR SALES LTD

ELVES ADULT PROGRAM p 88
See ELVES SPECIAL NEEDS SOCIETY

ELVES SPECIAL NEEDS SOCIETY p 88
10419 159 St Nw, EDMONTON, AB, T5P 3A6
(780) 481-5335   SIC 8322

ELVINS OIL LTD p 940
3000 Lake Shore Blvd W Suite 11, TORONTO, ON, M8V 4B9
(416) 949-2115   SIC 1381

ELWICK COMMUNITY SCHOOL p 369
See SEVEN OAKS SCHOOL DIVISION

ELWOOD ELEMENTARY SCHOOL p 426
See WESTERN SCHOOL DISTRICT

ELWOOD REGIONAL HIGH SCHOOL p 426
See WESTERN SCHOOL DISTRICT

ELY FUNDAMENTAL ELEMENTARY p 233
See SCHOOL DISTRICT NO. 35 (LANGLEY)

ELYOD INVESTMENTS LIMITED p 828
775 Exmouth St, SARNIA, ON, N7T 5P7
(519) 332-6741   SIC 5461

ELYOD INVESTMENTS LIMITED p 828
137 Indian Rd S, SARNIA, ON, N7T 3W3
(519) 344-0262   SIC 5812

EM PLASTIC & ELECTRIC PRODUCTS LIMITED p 514
14 Brewster Rd, BRAMPTON, ON, L6T 5B7
SIC 5162

EMA PROPERTIES (MANITOBA) LTD p 381
650 St James St, WINNIPEG, MB, R3G 3J5
(204) 772-4002   SIC 5812

EMBALLAGES AUDACE INC p 1091
2301 Rue Fleury E, Montreal, QC, H2B 1K8
SIC 2672

EMBALLAGES B & C LTEE, LES p 514
See EMBALLAGES B. & C. LTEE, LES

EMBALLAGES B. & C. LTEE, LES p 514
125 East Dr, BRAMPTON, ON, L6T 1B5
(905) 791-5249   SIC 2673

EMBALLAGES C&C p 1087
See 9631984 CANADA INC

EMBALLAGES CARROUSEL INC, LES p 1003
1401 Rue Ampere, BOUCHERVILLE, QC, J4B 6C5
(450) 655-2025   SIC 5113

EMBALLAGES CARROUSEL INC, LES p 1028
2540 Rte 139, DRUMMONDVILLE, QC, J2A 2P9
(819) 478-4967   SIC 5113

EMBALLAGES J.C. LTEE, LES p 1028
2540 139 Rte, DRUMMONDVILLE, QC, J2A 2P9
(819) 478-4967   SIC 5113

EMBALLAGES MASKA INC p 1193
7450 Av Pion, SAINT-HYACINTHE, QC, J2R 1R9
(450) 796-2040   SIC 5113

EMBALLAGES MITCHEL-LINCOLN LTEE p 1030
925 Rue Rocheleau, DRUMMONDVILLE, QC, J2C 6L8
(819) 477-9700   SIC 2653

EMBALLAGES PORTOLA, LES p 1087
See PORTOLA PACKAGING CANADA LTD.

EMBALLAGES RICHARD, LES p 1057
See RICHARDS PACKAGING INC

EMBALLAGES SALERNO CANADA INC p 1011
2275 Boul Ford, Chateauguay, QC, J6J 4Z2
(450) 692-8642   SIC 2673

EMBALLAGES STARFLEX INC p 1140
12325 Rue April, POINTE-AUX-TREMBLES, QC, H1B 5L8
(514) 640-0674   SIC 7336

EMBALLAGES STUART INC p 1081
5454 Ch De La Cote-De-Liesse, MONT-ROYAL, QC, H4P 1A5
(514) 344-5000   SIC 2657

EMBALLAGES SXP INC p 1056
845 Rue Du Pacifique, LACHINE, QC, H8S 2R1
(514) 364-3269   SIC 2631

EMBANET ULC p 743
105 Gordon Baker Rd Suite 300, NORTH YORK, ON, M2H 3P8
(416) 494-6622   SIC 8748

EMBANETCOMPASS p 743
See EMBANET ULC

EMBARC BLUE MOUNTAIN p 505
See INTRAWEST RESORT CLUB GROUP

EMBARC TREMBLANT p 1083
See INTRAWEST RESORT CLUB GROUP

EMBARC WHISTLER p 340
See INTRAWEST RESORT CLUB GROUP

EMBASSY OF MEXICO p 1105
See EMBASSY OF MEXICO

EMBASSY OF MEXICO p 1105
2055 Rue Peel Bureau 100, Montreal, QC, H3A 1V4
(514) 288-2502   SIC 5963

EMBASSY WEST HOTEL p 797
1400 Carling Ave Suite 517, OTTAWA, ON, K1Z 7L8
(613) 729-4321   SIC 7011

EMBASSY WEST HOTEL CONFERENCE CENTRE p 797
See EMBASSY WEST HOTEL

EMBERS SERVICES LIMITED p 655
80 Dufferin Ave, LONDON, ON, N6A 1K4
(519) 672-4510   SIC 6512

EMBLA SYSTEMS LTD p 623
1 Hines Rd Suite 202, KANATA, ON, K2K 3C7
(905) 829-5300   SIC 5047

EMBLA SYSTEMS NATUS MEDICAL p 623
See EMBLA SYSTEMS LTD

EMBOUTEILLAGE COCA COLA p 1151
See COCA-COLA REFRESHMENTS CANADA COMPANY

EMBRUN ACCOUNTING p 573
See BDO CANADA LLP

EMC p 44
See EXXONMOBIL CANADA LTD

EMC p 454
See EMC EMERGENCY MEDICAL CARE INCORPORATED

EMC p 460
See EMC EMERGENCY MEDICAL CARE INCORPORATED

EMC BADDECK p 442
See EMC EMERGENCY MEDICAL CARE INCORPORATED

EMC BARRINGTON p 442
See EMC EMERGENCY MEDICAL CARE INCORPORATED

EMC BRIDGEWATER p 444
See EMC EMERGENCY MEDICAL CARE INCORPORATED

EMC CHESTER p 445
See EMC EMERGENCY MEDICAL CARE INCORPORATED

EMC COBEQUID p 466
See EMC EMERGENCY MEDICAL CARE INCORPORATED

EMC CORPORATION OF CANADA p 43
500 4 Ave Sw Suite 1410, CALGARY, AB, T2P 2V6
(403) 263-9400   SIC 3577

EMC EMERGENCY MEDICAL CARE INCORPORATED p 442
27 Big Baddeck Rd, BADDECK, NS, B0E 1B0
(902) 295-3102   SIC 4119

EMC EMERGENCY MEDICAL CARE INCORPORATED p 442
3874 Highway 3, BARRINGTON PASSAGE, NS, B0W 1G0
(902) 637-3345   SIC 4119

EMC EMERGENCY MEDICAL CARE INCORPORATED p 444
109 North St, BRIDGEWATER, NS, B4V 2V7
(902) 527-2554   SIC 4119

EMC EMERGENCY MEDICAL CARE INCORPORATED p 445
149 Central St, CHESTER, NS, B0J 1J0
(902) 275-2452   SIC 4119

EMC EMERGENCY MEDICAL CARE INCORPORATED p 450
795 Av Wilkinson, DARTMOUTH, NS, B3B 0H4
(902) 468-9314   SIC 4119

EMC EMERGENCY MEDICAL CARE INCORPORATED p 454
3064 Highway 2, FALL RIVER, NS, B2T 1J5
(902) 832-8346   SIC 4119

EMC EMERGENCY MEDICAL CARE INCORPORATED p 460
5830 Duffus St, HALIFAX, NS, B3K 5L6
(902) 484-0003   SIC 4119

EMC EMERGENCY MEDICAL CARE INCORPORATED p 465
181 Cornwallis St, KENTVILLE, NS, B4N 2E7
(902) 678-6993   SIC 4119

EMC EMERGENCY MEDICAL CARE INCORPORATED p 465
90 Aberdeen St, KENTVILLE, NS, B4N 2N3
(902) 678-3686   SIC 4119

EMC EMERGENCY MEDICAL CARE INCORPORATED p 466
308 Cobequid Rd, LOWER SACKVILLE, NS, B4C 4C5
(902) 864-7648   SIC 4119

EMC EMERGENCY MEDICAL CARE INCORPORATED p 469
372 Stewart St, NEW GLASGOW, NS, B2H 5W9
(902) 755-2355   SIC 4119

EMC EMERGENCY MEDICAL CARE INCORPORATED p 469
32610 Cabot Trail, NEILS HARBOUR, NS, B0C 1N0
(902) 336-2315   SIC 4119

EMC EMERGENCY MEDICAL CARE INCORPORATED p 471
190 Haliburton Rd, PICTOU, NS, B0K 1H0
(902) 485-2569   SIC 4119

EMC KENTVILLE p 465
See EMC EMERGENCY MEDICAL CARE INCORPORATED

EMC KENTVILLE FLEET p 465
See EMC EMERGENCY MEDICAL CARE INCORPORATED

BUSINESSES ALPHABETICALLY

EMC NEILS HARBOUR *p 469*
See EMC EMERGENCY MEDICAL CARE INCORPORATED
EMC PICTOU *p 471*
See EMC EMERGENCY MEDICAL CARE INCORPORATED
EMC WILKINSON FLEET *p 450*
See EMC EMERGENCY MEDICAL CARE INCORPORATED
EMCN *p 74*
See EDMONTON MENNONITE CENTRE FOR NEWCOMERS
EMCO *p 533*
See CCTF CORPORATION
EMCO *p 763*
See EMCO CORPORATION
EMCO CORPORATION *p 17*
7110 44 St Se, CALGARY, AB, T2C 4Z3
(403) 252-6621   *SIC 5074*
EMCO CORPORATION *p 84*
14635 121a Ave Nw, EDMONTON, AB, T5L 2T2
(780) 454-9551   *SIC 5074*
EMCO CORPORATION *p 91*
10930 184 St Nw Suite 745, EDMONTON, AB, T5S 2P8
(780) 452-3626   *SIC 5074*
EMCO CORPORATION *p 96*
15740 118 Ave Nw, EDMONTON, AB, T5V 1C4
(780) 447-4800   *SIC 5074*
EMCO CORPORATION *p 100*
4103 84 Ave Nw, EDMONTON, AB, T6B 2Z3
(780) 463-7473   *SIC 5084*
EMCO CORPORATION *p 114*
3011 101 Ave Nw, EDMONTON, AB, T6P 1X7
(780) 440-7333   *SIC 5074*
EMCO CORPORATION *p 128*
11905 99 Ave, GRANDE PRAIRIE, AB, T8W 0C7
(780) 532-3363   *SIC 5074*
EMCO CORPORATION *p 153*
4605 61 St, RED DEER, AB, T4N 6Z2
(403) 346-7300   *SIC 5074*
EMCO CORPORATION *p 189*
3140 Gilmore Divers, BURNABY, BC, V5G 3B4
(604) 713-2200   *SIC 5074*
EMCO CORPORATION *p 189*
3139 Sumner Ave, BURNABY, BC, V5G 3E3
(604) 412-2830   *SIC 5074*
EMCO CORPORATION *p 255*
1585 Kebet Way, PORT COQUITLAM, BC, V3C 6L5
(604) 464-6975   *SIC 5074*
EMCO CORPORATION *p 379*
1336 Sargent Ave, WINNIPEG, MB, R3E 0G4
(204) 925-8711   *SIC 5074*
EMCO CORPORATION *p 383*
2030 Notre Dame Ave, WINNIPEG, MB, R3H 0J8
(204) 925-8444   *SIC 5074*
EMCO CORPORATION *p 383*
669 Century St, WINNIPEG, MB, R3H 0L9
(204) 925-9630   *SIC 5064*
EMCO CORPORATION *p 409*
1180 St George Blvd Suite 22, MONCTON, NB, E1E 4K7
(506) 853-1440   *SIC 5074*
EMCO CORPORATION *p 429*
18 Bruce St, MOUNT PEARL, NL, A1N 4T4
(709) 747-0382   *SIC 5074*
EMCO CORPORATION *p 451*
111 Wright Ave, DARTMOUTH, NS, B3B 1K6
SIC 5074
EMCO CORPORATION *p 460*
6355 Lady Hammond Rd, HALIFAX, NS, B3K 2S2
(902) 453-4410   *SIC 5074*
EMCO CORPORATION *p 654*
944 Leathorne St, LONDON, ON, N5Z 3M5

(519) 686-7340   *SIC 5074*
EMCO CORPORATION *p 735*
4300 Stanley Ave, NIAGARA FALLS, ON, L2E 4Z4
SIC 5074
EMCO CORPORATION *p 763*
65 Huxley Rd, NORTH YORK, ON, M9M 1H5
(416) 742-6220   *SIC 5074*
EMCO CORPORATION *p 787*
535 Coventry Rd, OTTAWA, ON, K1K 2C5
SIC 5074
EMCO CORPORATION *p 878*
933 Tungsten St, THUNDER BAY, ON, P7B 5Z3
(807) 345-6543   *SIC 5074*
EMCO CORPORATION *p 1125*
4790 Rue Jean-Talon O, Montreal, QC, H4P 1W9
(514) 735-5747   *SIC 5074*
EMCO CORPORATION *p 1130*
3700 Des Laurentides (A-15) O, Montreal, QC, H7P 6A9
(450) 978-0314   *SIC 5074*
EMCO CORPORATION *p 1153*
380 Rue Morse, Quebec, QC, G1N 4L4
(418) 681-4671   *SIC 5074*
EMCO CORPORATION *p 1249*
2400 Rue De La Sidbec S, Trois-Rivieres, QC, G8Z 4H1
(819) 375-4743   *SIC 5074*
EMCO CORPORATION *p 1282*
615 Vennels St, REGINA, SK, S4N 6B1
(306) 525-2311   *SIC 5074*
EMCO CORPORATION *p 1295*
3009 Millar Ave, SASKATOON, SK, S7K 6G5
(306) 652-7474   *SIC 5074*
EMCO CORPORATION *p 1295*
803 58th St E, SASKATOON, SK, S7K 6X5
(306) 652-5545   *SIC 5085*
EMCO MASONRY LIMITED *p 668*
172 Bullock Dr Unit 26, MARKHAM, ON, L3P 7M9
(905) 294-7927   *SIC 1741*
EMCO SUPPLY *p 429*
See EMCO CORPORATION
EMCO SUPPLY *p 787*
See EMCO CORPORATION
EMCO SUPPLY *p 1295*
See EMCO CORPORATION
EMCO WATERWORKS *p 96*
See EMCO CORPORATION
EMCON EMANATION CONTROL LTD *p 623*
360 Terry Fox Dr Suite 100, KANATA, ON, K2K 2P5
(613) 270-9009   *SIC 3699*
EMCON SERVICES INC *p 216*
5555 Hwy 22, GENELLE, BC, V0G 1G0
(250) 693-5609   *SIC 1611*
EMCOR *p 607*
See COMSTOCK CANADA LTD
EMERA UTILITY SERVICES INCORPORATED *p 415*
895 Ashburn Rd, SAINT JOHN, NB, E2K 5J9
SIC 1731
EMERA UTILITY SERVICES INCORPORATED *p 466*
31 Dominion Cres, LAKESIDE, NS, B3T 1M3
(902) 832-7999   *SIC 1629*
EMERA UTILITY SERVICES INCORPORATED *p 466*
31 Dominion Cres, LAKESIDE, NS, B3T 1M3
(902) 832-7999   *SIC 1731*
EMERADO CENTENNIAL SCHOOL *p 361*
See GARDEN VALLEY SCHOOL DIVISION
EMERALD HILLS GOLF & COUNTRY CLUB *p 863*

See CLUBLINK CORPORATION ULC
EMERALD HILLS GOLF AND COUNTRY CLUB *p 629*
See CLUBLINK CORPORATION ULC
EMERALD LAKE LODGE *p 213*
See CANADIAN ROCKY MOUNTAIN RESORTS LTD
EMERALD TRUCKING ENTERPRISES (2005) LTD *p 130*
36-74 17-5 Nw, HIGH PRAIRIE, AB, T0G 1E0
(780) 523-3909   *SIC 4231*
EMERAUD CANADA LIMITED *p 580*
145 The West Mall, ETOBICOKE, ON, M9C 1C2
(416) 767-4200   *SIC 5122*
EMERGENCY AND HEALTH SERVICES COMMISSION *p 212*
3088 Gibbins Rd, DUNCAN, BC, V9L 1E8
(250) 709-3040   *SIC 8093*
EMERGENCY AND HEALTH SERVICES COMMISSION *p 229*
9440 202 St, LANGLEY, BC, V1M 4A6
(604) 215-8103   *SIC 8099*
EMERGENCY AND HEALTH SERVICES COMMISSION *p 252*
1475 Fairview Rd Suite 90, PENTICTON, BC, V2A 7W5
(250) 493-2108   *SIC 4119*
EMERGENCY HEALTH SERVICES BRANCH *p 747*
See GOVERNMENT OF ONTARIO
EMERGENCY MEDICAL SERVICES *p 77*
See ALBERTA HEALTH SERVICES
EMERGENCY MEDICAL SERVICES *p 812*
See CORPORATION OF THE COUNTY OF LAMBTON
EMERGENT BIOSOLUTIONS CADANA INC *p 391*
See EMERGENT BIOSOLUTIONS CANADA INC
EMERGENT BIOSOLUTIONS CANADA INC *p 389*
155 Innovation Dr, WINNIPEG, MB, R3T 5Y3
(204) 275-4200   *SIC 5122*
EMERGENT BIOSOLUTIONS CANADA INC *p 391*
26 Henlow Bay, WINNIPEG, MB, R3Y 1G4
(204) 275-4200   *SIC 8731*
EMERGIS INC *p 688*
5090 Explorer Dr Suite 1000, MISSISSAUGA, ON, L4W 4X6
(905) 602-7350   *SIC 7372*
EMERGIS INC *p 1082*
505 Boul Sir-Wilfrid-Laurier, MONT-SAINT-HILAIRE, QC, J3H 4X7
(800) 363-9398   *SIC 7371*
EMERGIS INC *p 1300*
2305 Hanselman Pl, SASKATOON, SK, S7L 6A9
SIC 7372
EMERSON CLIMATE TECHNOLOGIES *p 528*
See EMERSON ELECTRIC CANADA LIMITED
EMERSON ELECTRIC CANADA LIMITED *p 17*
110 Quarry Park Blvd Se Suite 200, CALGARY, AB, T2C 3G3
(403) 258-6200   *SIC 5063*
EMERSON ELECTRIC CANADA LIMITED *p 17*
110 Quarry Park Blvd Se Suite 200, CALGARY, AB, T2C 3G3
(403) 258-6200   *SIC 8711*
EMERSON ELECTRIC CANADA LIMITED *p 104*
4112 91a St Nw, EDMONTON, AB, T6E 5V2
(780) 450-3600   *SIC 3533*
EMERSON ELECTRIC CANADA LIMITED *p 104*
4112 91a St Nw, EDMONTON, AB, T6E 5V2
(780) 450-3600   *SIC 7699*

EMERSON ELECTRIC CANADA LIMITED *p 528*
17 Airport Rd, BRANTFORD, ON, N3T 5M8
(519) 758-2700   *SIC 3492*
EMERSON ELECTRIC CANADA LIMITED *p 528*
145 Sherwood Dr, BRANTFORD, ON, N3T 1N8
(519) 756-6157   *SIC 3585*
EMERSON ELECTRIC CANADA LIMITED *p 528*
17 Airport Rd, BRANTFORD, ON, N3T 5L7
(519) 758-8450   *SIC 3625*
EMERSON ELECTRIC CANADA LIMITED *p 704*
3580 Laird Rd Unit 1, MISSISSAUGA, ON, L5L 5Z7
(905) 569-8282   *SIC 5045*
EMERSON ELECTRIC CANADA LIMITED *p 820*
66 Leek Crescent, RICHMOND HILL, ON, L4B 1H1
(905) 948-3401   *SIC 5063*
EMERSON ELEMENTARY SCHOOL *p 364*
See RIVER EAST TRANSCONA SCHOOL DIVISION
EMERSON HEALTH CENTRE *p 348*
See R H A CENTRAL MANITOBA INC.
EMERSON POWER TRANSMISSION, DIV OF *p 820*
See EMERSON ELECTRIC CANADA LIMITED
EMERSON PROCESS MANAGEMENT *p 17*
See EMERSON ELECTRIC CANADA LIMITED
EMERSON PROCESS MANAGEMENT *p 104*
See EMERSON ELECTRIC CANADA LIMITED
EMERSON PROCESS MANAGEMENT, DIV OF *p 17*
See EMERSON ELECTRIC CANADA LIMITED
EMERY OLEOCHEMICALS CANADA LTD *p 577*
425 Kipling Ave, ETOBICOKE, ON, M8Z 5C7
SIC 5169
EMERY, JENNIE ELEMENTARY SCHOOL *p 69*
See PALLISER REGIONAL DIVISION NO 26
EMF NUTRITION *p 366*
See RIDLEY MF INC
EMI GROUP CANADA INC *p 685*
3109 American Dr, MISSISSAUGA, ON, L4V 0A2
(905) 677-5050   *SIC 5099*
EMI MUSIC CANADA, DIV OF *p 685*
See EMI GROUP CANADA INC
EMIL ANDERSON CONSTRUCTION CO LTD *p 205*
See EMIL ANDERSON CONSTRUCTION CO. LTD
EMIL ANDERSON CONSTRUCTION CO. LTD *p 205*
1425 Industrial Road 2, CRANBROOK, BC, V1C 5X5
(250) 426-7716   *SIC 1611*
EMIL ANDERSON MAINTENANCE CO. LTD *p 217*
1313 6th Ave, HOPE, BC, V0X 1L4
(604) 869-7171   *SIC 1611*
EMIL ANDERSON MAINTENANCE CO. LTD *p 274*
51160 Sache St, ROSEDALE, BC, V0X 1X0
(604) 794-7414   *SIC 1611*
EMILY CARR ELEMENTARY SCHOOL *p 314*
See BOARD OF EDUCATION OF SCHOOL DISTRICT NO. 39 (VANCOUVER), THE
EMILY CARR MIDDLE SCHOOL *p 593*
See OTTAWA-CARLETON DISTRICT SCHOOL BOARD

▲ Public Company   ■ Public Company Family Member   HQ Headquarters   BR Branch   SL Single Location

EMILY CARR PS *p 835*
See TORONTO DISTRICT SCHOOL BOARD
EMILY CARR PUBLIC SCHOOL *p 661*
See THAMES VALLEY DISTRICT SCHOOL BOARD
EMILY CARR PUBLIC SCHOOL *p 771*
See HALTON DISTRICT SCHOOL BOARD
EMILY CARR SECONDARY SCHOOL *p 973*
See YORK REGION DISTRICT SCHOOL BOARD
EMILY FOLLENBEE CENTRE SCHOOL *p 53*
See CALGARY BOARD OF EDUCATION
EMILY PROVINCIAL PARK *p 772*
See GOVERNMENT OF ONTARIO
EMJ DATA SYSTEMS DIV OF *p 603*
See SYNNEX CANADA LIMITED
EMMA KING SCHOOL *p 499*
See SIMCOE COUNTY DISTRICT SCHOOL BOARD, THE
EMMA'S BACKPORCH *p 539*
See 975445 ONTARIO INC
EMMANUEL HOME *p 73*
See CHRISTIAN SENIOR CITIZENS HOME SOCIETY OF NORTHERN ALBERTA, THE
EMMANUEL UNITED CHURCH *p 772*
See UNITED CHURCH OF CANADA, THE
EMO HEALTH CENTRE *p 574*
See RIVERSIDE HEALTH CARE FACILITIES INC
EMPIRE (THE CONTINENTAL) LIMITED PARTNERSHIP *p 559*
125 Villarboit Cres, CONCORD, ON, L4K 4K2
(905) 307-8102 *SIC* 1521
EMPIRE 6 CINEMAS *p 443*
See EMPIRE THEATRES LIMITED
EMPIRE COMMUNITY SCHOOL *p 1276*
See PRAIRIE SOUTH SCHOOL DIVISION NO 210
EMPIRE FINANCAL GROUP *p 744*
See EMPIRE LIFE INSURANCE COMPANY, THE
EMPIRE GRILL, THE *p 788*
See 1248741 ONTARIO LTD
EMPIRE IRON WORKS LTD *p 91*
21104 107 Ave Nw, EDMONTON, AB, T5S 1X2
(780) 892-3773 *SIC* 3441
EMPIRE IRON WORKS LTD *p 168*
4102 44 Ave, STETTLER, AB, T0C 2L0
(403) 742-6121 *SIC* 3713
EMPIRE IRON WORKS LTD *p 210*
7501 Vantage Way, DELTA, BC, V4G 1C9
(604) 946-5515 *SIC* 3441
EMPIRE IRON WORKS LTD *p 371*
717 Jarvis Ave Suite 1, WINNIPEG, MB, R2W 3B4
(204) 589-9300 *SIC* 3441
EMPIRE LIFE *p 899*
See EMPIRE LIFE INSURANCE COMPANY, THE
EMPIRE LIFE INSURANCE COMPANY, THE *p 533*
5500 North Service Rd Suite 402, BURLINGTON, ON, L7L 6W6
(905) 336-1209 *SIC* 6311
EMPIRE LIFE INSURANCE COMPANY, THE *p 744*
2550 Victoria Park Ave Suite 800, NORTH YORK, ON, M2J 5A9
(416) 494-6834 *SIC* 6311
EMPIRE LIFE INSURANCE COMPANY, THE *p 899*
2 St Clair Ave E 5th Flr, TORONTO, ON, M4T 2T5
(416) 494-4431 *SIC* 6311
EMPIRE LIFE INSURANCE COMPANY, THE *p 1105*
600 Boul De Maisonneuve O Bureau 1600, Montreal, QC, H3A 3J2
(514) 842-0003 *SIC* 6311
EMPIRE LIVING CENTRE INC *p 741*

425 Fraser St Suite 505, NORTH BAY, ON, P1B 3X1
(705) 474-9555 *SIC* 6513
EMPIRE PUBLIC SCHOOL *p 953*
See WATERLOO REGION DISTRICT SCHOOL BOARD
EMPIRE SPORTS *p 1007*
See 9218-7384 QUEBEC INC
EMPIRE SPORTS INC *p 1003*
1155c Place Nobel, BOUCHERVILLE, QC, J4B 7L3
(450) 645-9998 *SIC* 5941
EMPIRE SPORTS QUEBEC *p 1000*
See 9218-7384 QUEBEC INC
EMPIRE SPORTS QUEBEC *p 1002*
See 9218-7384 QUEBEC INC
EMPIRE STUDIO 7 *p 444*
See EMPIRE THEATRES LIMITED
EMPIRE TERRACE SUITES *p 741*
See EMPIRE LIVING CENTRE INC
EMPIRE THEATERS WHITBY *p 957*
See EMPIRE THEATRES LIMITED
EMPIRE THEATRES *p 469*
See EMPIRE THEATRES LIMITED
EMPIRE THEATRES LIMITED *p 64*
388 Country Hills Blvd Ne Unit 300, CALGARY, AB, T3K 5J6
(403) 226-8685 *SIC* 7832
EMPIRE THEATRES LIMITED *p 98*
4211 139 Ave Nw, EDMONTON, AB, T5Y 2W8
(780) 473-8383 *SIC* 7832
EMPIRE THEATRES LIMITED *p 321*
855 Granville St, VANCOUVER, BC, V6Z 1K7
SIC 7832
EMPIRE THEATRES LIMITED *p 327*
3980 Shelbourne St Suite 100, VICTORIA, BC, V8N 6J1
(250) 721-5684 *SIC* 7832
EMPIRE THEATRES LIMITED *p 331*
805 Yates St, VICTORIA, BC, V8W 1M1
(250) 384-6811 *SIC* 7832
EMPIRE THEATRES LIMITED *p 345*
1570 18th St Unit 100, BRANDON, MB, R7A 5C5
(204) 571-0900 *SIC* 7832
EMPIRE THEATRES LIMITED *p 396*
499 Rue Paul, DIEPPE, NB, E1A 6S5
(506) 853-8397 *SIC* 7832
EMPIRE THEATRES LIMITED *p 401*
1381 Regent St, FREDERICTON, NB, E3C 1A2
(506) 458-9704 *SIC* 7832
EMPIRE THEATRES LIMITED *p 405*
2480 King George Hwy, MIRAMICHI, NB, E1V 6W4
(506) 778-3441 *SIC* 7832
EMPIRE THEATRES LIMITED *p 410*
125 Trinity Dr, MONCTON, NB, E1G 2J7
(506) 857-8903 *SIC* 7832
EMPIRE THEATRES LIMITED *p 414*
175 Mcallister Dr, SAINT JOHN, NB, E2J 2S6
(506) 632-4200 *SIC* 7832
EMPIRE THEATRES LIMITED *p 433*
48 Kenmount Rd, ST. JOHN'S, NL, A1B 1W3
(709) 722-5775 *SIC* 7832
EMPIRE THEATRES LIMITED *p 443*
961 Bedford Hwy, BEDFORD, NS, B4A 1A9
(902) 835-9500 *SIC* 7832
EMPIRE THEATRES LIMITED *p 444*
349 Lahave St, BRIDGEWATER, NS, B4V 2T6
(902) 527-4021 *SIC* 7832
EMPIRE THEATRES LIMITED *p 469*
610 East River Rd Suite 205, NEW GLASGOW, NS, B2H 3S2
(902) 755-7620 *SIC* 7832
EMPIRE THEATRES LIMITED *p 469*
610 East River Rd Suite 205, NEW GLASGOW, NS, B2H 3S2
SIC 7832
EMPIRE THEATRES LIMITED *p 470*

8944 Commercial St, NEW MINAS, NS, B4N 3C9
(902) 681-3456 *SIC* 7832
EMPIRE THEATRES LIMITED *p 502*
321 Front St, BELLEVILLE, ON, K8N 2Z9
(613) 969-0099 *SIC* 7832
EMPIRE THEATRES LIMITED *p 631*
223 Princess St Suite 213, KINGSTON, ON, K7L 1B3
SIC 7832
EMPIRE THEATRES LIMITED *p 659*
983 Wellington Rd, LONDON, ON, N6E 3A9
(519) 673-4125 *SIC* 7832
EMPIRE THEATRES LIMITED *p 697*
100 City Centre Dr, MISSISSAUGA, ON, L5B 2C9
SIC 7832
EMPIRE THEATRES LIMITED *p 731*
35 Armstrong St N, NEW LISKEARD, ON, P0J 1P0
(705) 647-5363 *SIC* 7832
EMPIRE THEATRES LIMITED *p 776*
250 Centrum Blvd, ORLEANS, ON, K1E 3J1
SIC 7832
EMPIRE THEATRES LIMITED *p 791*
111 Albert St, OTTAWA, ON, K1P 1A5
SIC 7832
EMPIRE THEATRES LIMITED *p 856*
221 Glendale Ave, ST CATHARINES, ON, L2T 2K9
(905) 682-8843 *SIC* 7832
EMPIRE THEATRES LIMITED *p 957*
75 Consumers Dr, WHITBY, ON, L1N 9S2
(905) 665-7210 *SIC* 7832
EMPIRE THEATRES LIMITED *p 982*
670 University Ave, CHARLOTTETOWN, PE, C1E 1H6
(902) 368-1922 *SIC* 7832
EMPIRE THEATRES LIMITED *p 984*
130 Ryan St, SUMMERSIDE, PE, C1N 6G2
(902) 888-3831 *SIC* 7832
EMPIRE UNIVERSITY 4 CINEMAS *p 327*
See EMPIRE THEATRES LIMITED
EMPIRE VIE *p 1105*
See EMPIRE LIFE INSURANCE COMPANY, THE
EMPLOYMENT AND IMMIGRATION *p 83*
See GOVERNMENT OF THE PROVINCE OF ALBERTA
EMPLOYMENT SERVICES UNIT *p 259*
See PRINCE GEORGE NATIVE FRIENDSHIP CENTRE SOCIETY
EMPLOYMENT SOLUTION, THE *p 899*
See T.E.S. CONTRACT SERVICES INC
EMPOWERED NETWORKS INC *p 623*
1 Hines Rd Suite 200, KANATA, ON, K2K 3C7
(613) 271-7970 *SIC* 4899
EMPRESS GARDENS *p 808*
See AON INC
EMPRESS PAINTING LTD *p 335*
863 Viewfield Rd, VICTORIA, BC, V9A 4V2
(250) 383-5224 *SIC* 1721
EMS *p 125*
See ALBERTA HEALTH SERVICES
EMS *p 1094*
See PUBLICATIONS GROUPE R.R. INTERNATIONAL INC, LES
EMTERRA ENVIRONMENTAL *p 281*
See HALTON RECYCLING LTD
EMTERRA ENVIRONMENTAL *p 654*
See HALTON RECYCLING LTD
EMTERRA TIRE RECYCLING *p 513*
See CANADIAN ECO RUBBER LTD
EMULSIONS & BITUMES S.T.E.B. *p 1125*
See SINTRA INC
ENBALA POWER NETWORKS INC *p 249*
930 1st St W Suite 211, NORTH VANCOUVER, BC, V7P 3N4
(604) 998-8900 *SIC* 4911
ENBRIDGE COMMERCIAL SERVICES INC *p 745*
500 Consumers Rd, NORTH YORK, ON, M2J 1P8

(416) 492-5000 *SIC* 8741
ENBRIDGE ENERGY DISTRIBUTION INC *p 745*
500 Consumers Rd, NORTH YORK, ON, M2J 1P8
(416) 492-5000 *SIC* 4924
ENBRIDGE ENERGY DISTRIBUTION INC *p 1038*
71a Rue Jean-Proulx, GATINEAU, QC, J8Z 1W2
(819) 771-8321 *SIC* 4924
ENBRIDGE GAS DISTRIBUTION INC *p 585*
40 Kelfield St, ETOBICOKE, ON, M9W 5A2
(416) 249-0001 *SIC* 4924
ENBRIDGE GAS DISTRIBUTION INC *p 677*
101 Honda Blvd, MARKHAM, ON, L6C 0M6
(905) 887-4005 *SIC* 4924
ENBRIDGE GAS DISTRIBUTION INC *p 723*
3595 Tecumseh Rd, MOORETOWN, ON, N0N 1M0
(519) 862-1473 *SIC* 4924
ENBRIDGE GAS DISTRIBUTION INC *p 787*
400 Coventry Rd, OTTAWA, ON, K1K 2C7
(613) 741-5800 *SIC* 4924
ENBRIDGE GAS DISTRIBUTION INC *p 886*
Scarborough, TORONTO, ON, M1K 5E3
(416) 492-5000 *SIC* 4612
ENBRIDGE GAS NEW BRUNSWICK LIMITED PARTNERSHIP *p 400*
440 Wilsey Rd Suite 101, FREDERICTON, NB, E3B 7G5
(506) 444-7773 *SIC* 4922
ENBRIDGE INC *p 822*
93 Edward Ave, RICHMOND HILL, ON, L4C 5E5
SIC 4612
ENBRIDGE INCOME FUND *p 43*
425 1 St Sw Suite 3000, CALGARY, AB, T2P 3L8
(403) 767-3642 *SIC* 4922
ENBRIDGE INTERNATIONAL INC *p 43*
425 1 St Sw Suite 3000, CALGARY, AB, T2P 3L8
SIC 8742
ENBRIDGE PIPELINES (ATHABASCA) INC *p 120*
341 Mackenzie Blvd Unit 8, FORT MCMURRAY, AB, T9H 4C5
(780) 788-2051 *SIC* 4619
ENBRIDGE PIPELINES INC *p 80*
10201 Jasper Ave Nw, EDMONTON, AB, T5J 3N7
SIC 4612
ENBRIDGE PIPELINES INC *p 130*
Gd, HARDISTY, AB, T0B 1V0
(780) 888-3520 *SIC* 4612
ENBRIDGE PIPELINES INC *p 291*
4707 Kerby Ave, TERRACE, BC, V8G 2W2
(250) 638-0223 *SIC* 4612
ENBRIDGE PIPELINES INC *p 347*
Gd, CROMER, MB, R0M 0J0
(204) 556-2254 *SIC* 4612
ENBRIDGE PIPELINES INC *p 347*
Gd, CROMER, MB, R0M 0J0
(204) 556-2258 *SIC* 4612
ENBRIDGE PIPELINES INC *p 680*
1430 6th Concession Rd, MILLGROVE, ON, L0R 1V0
(905) 659-7236 *SIC* 4924
ENBRIDGE PIPELINES INC *p 826*
1086 Modeland Rd Suite 1, SARNIA, ON, N7S 6L2
(519) 339-0500 *SIC* 4612
ENBRIDGE PIPELINES INC *p 828*
1010 Plank Rd, SARNIA, ON, N7T 7H3
(519) 332-4700 *SIC* 4612
ENBRIDGE PIPELINES INC *p 1268*
402 Kensington Ave, ESTEVAN, SK, S4A 2K9
(306) 634-2681 *SIC* 4612
ENBRIDGE PIPELINES INC *p 1271*
1 Pipeline Rd, KERROBERT, SK, S0L 1R0
(306) 834-2666 *SIC* 4612

ENBRIDGE PIPELINES INC *p 1282*
439 9th Ave N, REGINA, SK, S4N 7L5
SIC 4612

ENBRIDGE PIPELINES INC *p 1285*
119 9th Ave N, REGINA, SK, S4P 3B2
(306) 791-8181 *SIC 4612*

ENCAISSEMENT DE CHEQUE MONTREAL LTEE *p 1097*
7166 Rue Saint-Hubert, Montreal, QC, H2R 2N1
SIC 6099

ENCANA CORPORATION *p 8*
2249 College Dr E, BROOKS, AB, T1R 1G5
(403) 793-4400 *SIC 1311*

ENCANA CORPORATION *p 118*
Gd, FOREMOST, AB, T0K 0X0
(403) 868-2403 *SIC 1382*

ENCANA CORPORATION *p 151*
4205 Highway 2a, PONOKA, AB, T4J 1V9
(403) 783-4929 *SIC 1382*

ENCANA CORPORATION *p 151*
Gd Stn Main, PONOKA, AB, T4J 1R9
SIC 1382

ENCANA CORPORATION *p 160*
Gd, SEXSMITH, AB, T0H 3C0
(780) 568-4444 *SIC 1311*

ENCANA CORPORATION *p 169*
601 Westmount Rd, STRATHMORE, AB, T1P 1W8
(403) 934-6108 *SIC 1382*

ENCANA CORPORATION *p 458*
1701 Hollis St Unit 700, HALIFAX, NS, B3J 3M8
(902) 422-4500 *SIC 1382*

ENCANA OIL & GAS *p 160*
See ENCANA CORPORATION

ENCANA RESOURCES *p 118*
See ENCANA CORPORATION

ENCANA RESOURCES *p 151*
See ENCANA CORPORATION

ENCHANTRESS *p 843*
See ENCHANTRESS HOSIERY CORPORATION OF CANADA LTD

ENCHANTRESS HOSIERY CORPORATION OF CANADA LTD *p 843*
70 Weybright Crt Unit 1, SCARBOROUGH, ON, M1S 4E4
(416) 292-3330 *SIC 5137*

ENCHERES AUTOMOBILES ST-PIERRE (ESP LTEE) LES *p 1056*
1600 Rue Norman, LACHINE, QC, H8S 1A9
(514) 489-3131 *SIC 5012*

ENCLOS CORP *p 420*
31 Addison Ave, SCOUDOUC, NB, E4P 3N3
SIC 3449

ENCON GROUP INC *p 696*
55 Standish Crt Unit 600, MISSISSAUGA, ON, L5A 4R1
(905) 755-2030 *SIC 6411*

ENCORE COILS *p 29*
See SAMUEL, SON & CO., LIMITED

ENCORE FIELD MARKETING SOLUTIONS INC *p 764*
2421 Bristol Cir Suite 101, OAKVILLE, ON, L6H 5S9
(289) 999-5128 *SIC 8743*

ENCORE MARKET ENGAGEMENT *p 764*
See ENCORE FIELD MARKETING SOLUTIONS INC

ENCRES INTERNATIONALE INX CORP *p 1244*
1247 Rue Nationale, TERREBONNE, QC, J6W 6H8
(450) 477-9145 *SIC 2899*

ENDERBY COMMUNITY HEALTH CENTRE *p 213*
See INTERIOR HEALTH AUTHORITY

ENDOCEUTICS PHARMA (MSH) INC *p 1082*
597 Boul Sir-Wilfrid-Laurier, MONT-SAINT-HILAIRE, QC, J3H 6C4
(450) 467-5138 *SIC 2834*

ENDOCEUTICS PHARMACEUTIQUE MSH *p 1082*

See ENDOCEUTICS PHARMA (MSH) INC
ENDODONTIC SPECIALISTS *p 924*
See CML HEALTHCARE INC

ENDRESS + HAUSER CANADA LTD *p 533*
1075 Sutton Dr, BURLINGTON, ON, L7L 5Z8
(905) 681-9292 *SIC 5084*

ENDRESS + HAUSER CANADA LTD *p 1212*
6800 Ch De La Cote-De-Liesse Bureau 100, SAINT-LAURENT, QC, H4T 2A7
(514) 733-0254 *SIC 5084*

ENDRIES INTERNATIONAL CANADA *p 1154*
See WOLSELEY INDUSTRIAL CANADA INC

ENDRIES INTERNATIONAL CANADA INC *p 545*
255 Pinebush Rd Unit A, CAMBRIDGE, ON, N1T 1B9
(519) 740-3523 *SIC 5085*

ENDURAPAK INC *p 372*
55 Plymouth St, WINNIPEG, MB, R2X 2V5
(204) 947-1383 *SIC 2673*

ENDURAPAK INC *p 868*
360 Mountain St, SUDBURY, ON, P3B 2T7
(705) 673-7777 *SIC 2673*

ENDURIDE CANADA USA INC *p 1153*
1880 Rue Provinciale, Quebec, QC, G1N 4A2
(418) 266-7777 *SIC 3535*

ENERCON SERVICES NOVA SCOTIA INC *p 451*
202 Brownlow Ave Unit D100, DARTMOUTH, NS, B3B 1T5
(902) 406-4610 *SIC 3523*

ENERFLEX *p 1226*
See GAS DRIVE GLOBAL LP

ENERFLEX DIV. *p 882*
See WOODBRIDGE FOAM CORPORATION

ENERFLEX LTD *p 28*
1331 Macleod Trail Se Suite 904, CALGARY, AB, T2G 0K3
(403) 387-6377 *SIC 3563*

ENERFLEX LTD. *p 100*
4703 92 Ave Nw, EDMONTON, AB, T6B 2J4
(780) 465-5371 *SIC 7699*

ENERFLEX LTD. *p 104*
8235 Wagner Rd Nw, EDMONTON, AB, T6E 4N6
SIC 3563

ENERFLEX LTD. *p 117*
4439 2 Ave, EDSON, AB, T7E 1C1
(780) 723-2173 *SIC 3563*

ENERFLEX LTD. *p 135*
3905 Allard Ave, LEDUC, AB, T9E 0R8
(780) 980-8855 *SIC 3563*

ENERFLEX LTD. *p 145*
1269 Brier Park Dr Nw, MEDICINE HAT, AB, T1C 1T1
SIC 5084

ENERFLEX LTD. *p 159*
4915 44 St, ROCKY MOUNTAIN HOUSE, AB, T4T 1A7
(403) 845-4666 *SIC 3563*

ENERFLEX SERVICE *p 28*
See ENERFLEX LTD

ENERGETIC FOODS INCORPORATED *p 458*
1680 Lower Water St, HALIFAX, NS, B3J 1S4
SIC 5812

ENERGETIC SERVICES INC *p 126*
13701 99 St, GRANDE PRAIRIE, AB, T8V 7N9
(780) 532-9195 *SIC 1389*

ENERGEX TUBE *p 954*
See ATLAS TUBE CANADA ULC

ENERGI FENESTRATION SOLUTIONS, LTD *p 972*
30 Royal Group Cres, WOODBRIDGE, ON, L4H 1X9
(905) 851-6637 *SIC 3442*

ENERGIE *p 854*

See ASTRAL MEDIA RADIO INC
ENERGIE *p 1116*
See ASTRAL MEDIA RADIO INC

ENERGIE 14.1 *p 1037*
See ASTRAL MEDIA RADIO INC

ENERGIE 94.3 FM *p 1094*
See BELL MEDIA INC

ENERGIE 98.9 *p 1156*
See ASTRAL MEDIA AFFICHAGE, S.E.C.

ENERGIE CIMO 106 *p 1237*
See ASTRAL MEDIA RADIO INC

ENERGIE ELECTRIQUE, DIV OF *p 1047*
See RIO TINTO ALCAN INC

ENERGIE RENOUVELABLE BROOKFIELD INC *p 832*
243 Industrial Park Cres, SAULT STE. MARIE, ON, P6B 5P3
(705) 256-7575 *SIC 4911*

ENERGIE VALERO INC *p 428*
208 Humphrey Rd, LABRADOR CITY, NL, A2V 2K2
(709) 944-5144 *SIC 5172*

ENERGIE VALERO INC *p 433*
39 Pippy Pl, ST. JOHN'S, NL, A1B 3X2
(709) 754-1880 *SIC 5172*

ENERGIE VALERO INC *p 454*
1356 Pleasant St, EASTERN PASSAGE, NS, B3G 1M4
(902) 468-7979 *SIC 5085*

ENERGIE VALERO INC *p 502*
406 Maitland Dr Rr 5, BELLEVILLE, ON, K8N 4Z5
(613) 962-4504 *SIC 5172*

ENERGIE VALERO INC *p 667*
31 Church St, MAITLAND, ON, K0E 1P0
(613) 348-3265 *SIC 5983*

ENERGIE VALERO INC *p 726*
2 Gurdwara Rd Suite 400, NEPEAN, ON, K2E 1A2
(613) 727-5500 *SIC 8741*

ENERGIE VALERO INC *p 1065*
165 Ch Des iles, Levis, QC, G6V 7M5
(418) 837-3641 *SIC 2911*

ENERGIE VALERO INC *p 1068*
1505 Rte Des Rivieres, Levis, QC, G7A 2N9
(418) 831-0464 *SIC 5541*

ENERGIE VALERO INC *p 1106*
2200 Av Mcgill College Unite 400, Montreal, QC, H3A 3P8
(514) 493-5201 *SIC 5983*

ENERGIE VALERO INC *p 1106*
1801 Av Mcgill College Bureau 1300, Montreal, QC, H3A 2N4
(514) 982-8200 *SIC 5172*

ENERGIE VALERO INC *p 1130*
4575 Nord Laval (A-440) O, Montreal, QC, H7P 4W6
(450) 973-9916 *SIC 5541*

ENERGIE VALERO INC *p 1214*
2662 Cote Saint-Charles, SAINT-LAZARE, QC, J7T 2H9
(450) 458-7666 *SIC 5411*

ENERGIZER CANADA INC *p 708*
6733 Mississauga Rd Suite 800, MISSISSAUGA, ON, L5N 6J5
(905) 286-6175 *SIC 3691*

ENERGIZER CANADA INC *p 948*
165 Kincardine Hwy, WALKERTON, ON, N0G 2V0
(519) 881-3310 *SIC 3691*

ENERGIZER CANADA INC *p 1057*
9970 Ch De La Cote-De-Liesse Bureau 100, LACHINE, QC, H8T 1A1
SIC 5063

ENERGIZER HOLDINGS *p 1057*
See ENERGIZER CANADA INC

ENERGIZING CHEMISTRY *p 828*
See ARLANXEO CANADA INC

ENERGY & CEP *p 123*
See ENERGY & CHEMICAL WORKERS UNION LOCAL 530

ENERGY & CHEMICAL WORKERS UNION LOCAL 530 *p 123*
10208 99 Ave, FORT SASKATCHEWAN,

AB, T8L 1Y1
(780) 998-2074 *SIC 8631*

ENERGY BILLING CENTRE *p 813*
See VERIDIAN CORPORATION

ENERGY EFFICIENCY AND CONSERVATION AGENCY OF NEW BRUNSWICK *p 417*
35 Charlotte St Suite 101, SAINT JOHN, NB, E2L 2H3
(506) 643-7826 *SIC 8748*

ENERGY SAVINGS INCOME FUND *p 719*
See JUST ENERGY GROUP INC

ENERKEM INC *p 1237*
375 Rue De Courcelette Bureau 900, SHERBROOKE, QC, J1H 3X4
(819) 347-1111 *SIC 8731*

ENERKEM INC *p 1261*
551 Av De La Tuilerie, WESTBURY, QC, J0B 1R0
(819) 832-4411 *SIC 2869*

ENERPLUS CORPORATION *p 143*
906 16 St Sw, MEDICINE HAT, AB, T1A 8A4
(403) 504-1560 *SIC 1311*

ENERPLUS GLOBAL ENERGY MANAGEMENT CO *p 43*
333 7 Ave Sw Suite 3000, CALGARY, AB, T2P 2Z1
(403) 298-2200 *SIC 8741*

ENERPOWER UTILITIES INC *p 559*
585 Applewood Cres, CONCORD, ON, L4K 5V7
(905) 761-9415 *SIC 1623*

ENERSUL LIMITED PARTNERSHIP *p 150*
Gd, PINCHER CREEK, AB, T0K 1W0
(403) 627-2675 *SIC 1389*

ENERSYS CANADA INC *p 506*
61 Parr Blvd Unit 3, BOLTON, ON, L7E 4E3
(905) 951-2228 *SIC 5063*

ENERTRAK INC *p 1229*
2875 Rue Jules-Brillant, SAINTE-ROSE, QC, H7P 6B2
(450) 973-2000 *SIC 5075*

ENESCO CANADA CORPORATION *p 718*
989 Derry Rd E Suite 303, MISSISSAUGA, ON, L5T 2J8
(905) 673-9200 *SIC 5023*

ENFIELD DISTRICT ELEMENTARY SCHOOL *p 454*
See CHIGNECTO CENTRAL REGIONAL SCHOOL BOARD

ENFORM CANADA *p 147*
1020 20 Ave, NISKU, AB, T9E 7Z6
(780) 955-7770 *SIC 8299*

ENGAGE PEOPLE INC *p 671*
1380 Rodick Rd Suite 300, MARKHAM, ON, L3R 4G5
(416) 775-9180 *SIC 7379*

ENGEL'S BAKERIES LTD *p 23*
4709 14 St Ne Unit 6, CALGARY, AB, T2E 6S4
(403) 250-9560 *SIC 2051*

ENGIE SERVICES INC *p 1025*
See ENGIE SERVICES INC

ENGIE SERVICES INC *p 1025*
975 Boul Romeo-Vachon N Bureau 317, DORVAL, QC, H4Y 1H2
(514) 631-7020 *SIC 6531*

ENGIE SERVICES INC *p 1160*
2700 Boul Laurier Unite 3320, Quebec, QC, G1V 2L8
(418) 681-2322 *SIC 7349*

ENGINEERED COATED PRODUCTS *p 229*
See ECP L.P.

ENGINEERED COATED PRODUCTS *p 477*
See INTERTAPE POLYMER INC

ENGINEERED FOAM PRODUCTS CANADA, DIV *p 756*
See VPC GROUP INC

ENGINEERED FOAM PRODUCTS CANADA, DIV OF *p 563*
See VPC GROUP INC

ENGINEERED PRODUCTS DIVISION *p 865*
See PRECISE CASTINGS INC

ENGINEERING AND PUBLIC WORKS

ENGINEERING AND PUBLIC WORKS p 475
See CAPE BRETON REGIONAL MUNICIPALITY
ENGINEERING DEPARTMENT p 239
See CITY OF NANAIMO
ENGINEERING DEVELOPMENT AND ENGINEERING SERVICES p 220
See KAMLOOPS, THE CORPORATION OF THE CITY OF
ENGINEERING SEISMOLOGY GROUP CANADA INC p 630
20 Hyperion Crt, KINGSTON, ON, K7K 7K2
(613) 548-8287 SIC 1382
ENGINNERING OPERATIONS p 281
See CITY OF SURREY, THE
ENGLEHART PUBLIC SCHOOL p 574
See DISTRICT SCHOOL BOARD ONTARIO NORTH EAST
ENGLEWOOD LOGGING, DIV OF p 342
See CANADIAN FOREST PRODUCTS LTD
ENGLEWOOD PACKING COMPANY LTD p 257
Gd, PORT MCNEILL, BC, V0N 2R0
SIC 2091
ENGLEWOOD SCHOOL p 983
See EASTERN SCHOOL DISTRICT
ENGLISH BAY BATTER (TORONTO) INC p 718
6925 Invader Cres, MISSISSAUGA, ON, L5T 2B7
(905) 670-1110 SIC 2052
ENGLISH BLUFF ELEMENTARY SCHOOL p 211
See DELTA SCHOOL DISTRICT NO.37
ENGLISH CATHOLIC CENTRAL SCHOOL p 731
See NORTHEASTERN CATHOLIC DISTRICT SCHOOL BOARD
ENGLISH LANGUAGE CENTRE p 332
See UNIVERSITY OF VICTORIA
ENGLISH LANGUAGE INSTITUTE p 321
See UNIVERSITY OF BRITISH COLUMBIA, THE
ENGLOBE CORP p 1003
85 Rue J.-A.-Bombardier Bureau 100, BOUCHERVILLE, QC, J4B 8P1
(450) 641-1740 SIC 8742
ENGLOBE CORP p 1015
1309 Boul Saint-Paul, CHICOUTIMI, QC, G7J 3Y2
(418) 698-6827 SIC 8742
ENGLOBE CORP p 1030
1430 Boul Lemire, DRUMMONDVILLE, QC, J2C 5A4
(819) 475-6688 SIC 8711
ENGLOBE CORP p 1172
331 Rue Rivard, RIMOUSKI, QC, G5L 7J6
(418) 723-1144 SIC 8742
ENGLOBE CORP p 1221
See ENGLOBE CORP
ENGLOBE CORP p 1221
318 Ch De La Grande-Ligne, SAINT-ROSAIRE, QC, G6T 0G1
(418) 653-4422 SIC 8748
ENGLOBE CORP p 1244
1140 Rue Levis, TERREBONNE, QC, J6W 5S6
(450) 961-3535 SIC 8748
ENGLOBE CORP p 1244
See ENGLOBE CORP
ENGRAIS LAPRAIRIE p 1222
See HOUDE, WILLIAM LTEE
ENGRENAX HYDRAULIX (2005) INC p 1041
476 Rue Edouard, GRANBY, QC, J2G 3Z3
(450) 777-4555 SIC 3561
ENHANCED DRILL SYSTEMS p 158
See ENHANCED PETROLEUM SERVICES PARTNERSHIP
ENHANCED PETROLEUM SERVICES PARTNERSHIP p 158
39139 Highway 2a Suite 5398, RED DEER COUNTY, AB, T4S 2B3
(403) 314-1564 SIC 1381

ENLEVEMENT DE DECHETS BERGERON INC p 1229
4365 Boul Saint-Elzear O, SAINTE-ROSE, QC, H7P 4J3
(450) 687-3838 SIC 4212
ENLIGNA CANADA INC p 468
9156 Hwy 224, MIDDLE MUSQUODOBOIT, NS, B0N 1X0
(902) 568-2429 SIC 2421
ENMAX CENTRE p 140
See LETHBRIDGE, CITY OF
ENMAX POWER SERVICES CORP p 23
239 Mayland Pl Ne, CALGARY, AB, T2E 7Z8
(403) 514-3000 SIC 4911
ENNISKILLEN PUBLIC SCHOOL p 617
See KAWARTHA PINE RIDGE DISTRICT SCHOOL BOARD
ENNS BROTHERS LTD p 352
187 Pth 16 W, NEEPAWA, MB, R0J 1H0
(204) 476-3413 SIC 5083
ENNS BROTHERS LTD p 353
65154 Rd 41 W, PORTAGE LA PRAIRIE, MB, R1N 3J9
(204) 857-3451 SIC 5083
ENNS BROTHERS LTD p 357
340 Pth 12 N, STEINBACH, MB, R5G 1T6
(204) 326-1305 SIC 5261
ENNS BROTHERS PORTAGE p 353
See ENNS BROTHERS LTD
ENRACK-SYSTEMS DIV OF p 527
See ECONO-RACK GROUP (2015) INC, THE
ENSEIGNES MONTREAL NEON INC p 1128
1780 Place Martenot, Montreal, QC, H7L 5B5
(514) 955-3333 SIC 3993
ENSEIGNES PATTISON SIGN GROUP p 398
See PATTISON, JIM INDUSTRIES LTD
ENSEMBLE AMATIE p 1122
4011 Av Grey, Montreal, QC, H4A 3N9
(514) 482-0964 SIC 7929
ENSEMBLEIQ p 898
See STAGNITO PARTNERS CANADA INC
ENSIGN DEPARTURE DIRECTIONAL SERVICES, DIV OF p 135
See ENSIGN DRILLING PARTNERSHIP
ENSIGN DRILLING INC p 43
400 5 Ave Sw Suite 1000, CALGARY, AB, T2P 0L6
(403) 262-1361 SIC 1381
ENSIGN DRILLING PARTNERSHIP p 135
8009 39 St Suite 106, LEDUC, AB, T9E 0B3
(780) 980-3900 SIC 1381
ENSIGN ROCKWELL SERVICING p 3
See ROCKWELL SERVICING INC
ENSIGN ROCKWELL SERVICING p 8
See ROCKWELL SERVICING INC
ENSIGN ROCKWELL SERVICING p 127
See ROCKWELL SERVICING INC
ENSIGN ROCKWELL SERVICING p 148
See ROCKWELL SERVICING INC
ENSIGN ROCKWELL SERVICING p 158
See ROCKWELL SERVICING INC
ENSIGN ROCKWELL SERVICING p 1268
See ROCKWELL SERVICING INC
ENSUITE, THE p 189
See EMCO CORPORATION
ENTEGRUS SERVICS INC p 552
320 Queen St, CHATHAM, ON, N7M 2H6
(519) 352-6300 SIC 8742
ENTERA ENVIRONMENTAL p 1281
See HALTON RECYCLING LTD
ENTERPHASE CHILD AND FAMILY SERVICES INC p 779
250 Harmony Rd S, OSHAWA, ON, L1H 6T9
(905) 725-6387 SIC 8299
ENTERPRISE 1000 INC p 614
990 Upper Wentworth St Suite 11, HAMILTON, ON, L9A 5E9
(905) 389-4611 SIC 5812
ENTERPRISE 1000 INC p 614

999 Upper Wentworth St, HAMILTON, ON, L9A 4X5
(905) 383-1337 SIC 5812
ENTERPRISE AND ADVANCED EDUCATION p 80
See GOVERNMENT OF THE PROVINCE OF ALBERTA
ENTERPRISE ENERGY SERVICES INC p 164
900 8 St Nw Ss 1, SLAVE LAKE, AB, T0G 2A1
(780) 849-3865 SIC 4619
ENTERPRISE OFFSHORE CREWING LIMITED p 451
11 Morris Dr Suite 206, DARTMOUTH, NS, B3B 1M2
(902) 468-3116 SIC 3731
ENTERPRISE PACIFIC BREWER p 244
See BREWERS' DISTRIBUTOR LTD
ENTERPRISE RENT A CAR p 281
See ENTERPRISE RENT-A-CAR CANADA COMPANY
ENTERPRISE RENT-A-CAR p 135
See ENTERPRISE RENT-A-CAR CANADA COMPANY
ENTERPRISE RENT-A-CAR p 178
See ENTERPRISE RENT-A-CAR CANADA COMPANY
ENTERPRISE RENT-A-CAR p 640
See ENTERPRISE RENT-A-CAR CANADA COMPANY
ENTERPRISE RENT-A-CAR p 659
See ENTERPRISE RENT-A-CAR CANADA COMPANY
ENTERPRISE RENT-A-CAR CANADA COMPANY p 23
2000 Airport Rd Ne, CALGARY, AB, T2E 6W5
(403) 233-8021 SIC 7514
ENTERPRISE RENT-A-CAR CANADA COMPANY p 23
2335 78 Ave Ne, CALGARY, AB, T2E 7L2
(403) 250-1395 SIC 7514
ENTERPRISE RENT-A-CAR CANADA COMPANY p 28
114 5 Ave Se, CALGARY, AB, T2G 0E2
(403) 264-0424 SIC 7514
ENTERPRISE RENT-A-CAR CANADA COMPANY p 129
1000 Airport Rd Suite 1, GRANDE PRAIRIE, AB, T9E 0V3
(780) 980-2338 SIC 7514
ENTERPRISE RENT-A-CAR CANADA COMPANY p 135
3912 84 Ave Suite 309, LEDUC, AB, T9E 8M6
(780) 986-4705 SIC 7514
ENTERPRISE RENT-A-CAR CANADA COMPANY p 178
103-30125 Automall Dr, ABBOTSFORD, BC, V2T 6Y9
(604) 855-5282 SIC 7514
ENTERPRISE RENT-A-CAR CANADA COMPANY p 266
13460 Smallwood Pl Suite 110, RICHMOND, BC, V6V 1W8
(604) 278-8865 SIC 7514
ENTERPRISE RENT-A-CAR CANADA COMPANY p 273
3866 Mcdonald Rd, RICHMOND, BC, V7B 1L8
(604) 273-7341 SIC 7514
ENTERPRISE RENT-A-CAR CANADA COMPANY p 281
19335 Langley Bypass Suite 7, SURREY, BC, V3S 6K1
(604) 532-8969 SIC 7514
ENTERPRISE RENT-A-CAR CANADA COMPANY p 383
2000 Wellington Ave Suite 100, WINNIPEG, MB, R3H 1C1
(204) 925-3529 SIC 7514

ENTERPRISE RENT-A-CAR CANADA COMPANY p 389
1380 Waverley St, WINNIPEG, MB, R3T 0P5
(204) 478-5699 SIC 7514
ENTERPRISE RENT-A-CAR CANADA COMPANY p 454
81 Bell Blvd, ENFIELD, NS, B2T 1K3
(902) 873-3502 SIC 7514
ENTERPRISE RENT-A-CAR CANADA COMPANY p 640
505 King St E, KITCHENER, ON, N2G 2L7
(519) 772-0888 SIC 7514
ENTERPRISE RENT-A-CAR CANADA COMPANY p 659
845 Bradley Ave Unit 1, LONDON, ON, N6E 3Z6
(519) 451-3900 SIC 7514
ENTERPRISE RENT-A-CAR CANADA COMPANY p 671
200-7390 Woodbine Ave, MARKHAM, ON, L3R 1A5
(905) 477-1688 SIC 7514
ENTERPRISE RENT-A-CAR CANADA COMPANY p 699
777 Dundas St W Unit B1, MISSISSAUGA, ON, L5C 4P6
(905) 281-0869 SIC 7514
ENTERPRISE RENT-A-CAR CANADA COMPANY p 1025
600 Rue Arthur-Fecteau, DORVAL, QC, H4Y 1K5
(514) 422-1100 SIC 7514
ENTERPRISE RENT-A-CAR CANADA COMPANY p 1082
5830 Ch De La Cote-De-Liesse Bureau 200, MONT-ROYAL, QC, H4T 1B1
(514) 735-3722 SIC 7514
ENTERPRISE RENT-A-CAR CANADA COMPANY p 1111
1200 Rue Stanley, Montreal, QC, H3B 2S8
(514) 878-2771 SIC 7514
ENTERPRISE RENT-A-CAR CANADA COMPANY p 1173
370 Montee Industrielle-Et-Commerciale, RIMOUSKI, QC, G5M 1X1
(418) 723-9191 SIC 7514
ENTERPRISE UNIVERSAL INC p 52
2210 2 St Sw Unit B250, CALGARY, AB, T2S 3C3
(403) 228-4431 SIC 6519
ENTERTAINMENT ONE GP LIMITED p 31
5023 4 St E, CALGARY, AB, T2H 2A5
(403) 258-3880 SIC 5099
ENTERTAINMENT ONE GP LIMITED p 466
22 Glendale Ave Unit 8, LOWER SACKVILLE, NS, B4C 3M1
(902) 864-3773 SIC 5099
ENTERTAINMENT ONE GP LIMITED p 514
70 Driver Rd Unit 1, BRAMPTON, ON, L6T 5V2
(905) 624-7337 SIC 5099
ENTIRE IMAGING SOLUTIONS INC p 585
31 Constellation Crt, ETOBICOKE, ON, M9W 1K4
(905) 673-2000 SIC 7334
ENTIRE MECHANICAL CONTRACTORS LTD p 981
228 Mason Rd, CHARLOTTETOWN, PE, C1A 7N9
(902) 569-1650 SIC 1711
ENTOUR AUTOMOBILES INC p 1184
270 132 Rte, SAINT-CONSTANT, QC, J5A 2C9
(450) 632-7155 SIC 5511
ENTRE-TIENS DE LA HAUTE-GASPESIE CORPORATION D'AIDE A DOMICILE p 1224
378 Boul Sainte-Anne O, SAINTE-ANNE-DES-MONTS, QC, G4V 1S8
(418) 763-7163 SIC 7349
ENTREC CORPORATION p 7
6708 50 Ave, BONNYVILLE, AB, T9N 0B7
(780) 808-9123 SIC 4213
ENTREC CORPORATION p 7

▲ Public Company   ■ Public Company Family Member   HQ Headquarters   BR Branch   SL Single Location

4902 66 St, BONNYVILLE, AB, T9N 2R5
(780) 826-4565   SIC 4213
ENTREC CORPORATION   p 159
235132 84 St Se, ROCKY VIEW COUNTY, AB, T1X 0K1
(403) 777-1644   SIC 4213
ENTREPOSAGE MASKA   p 1044
See GROUPE GOYETTE INC
ENTREPOSEURS DE FIBRES R & F LTEE p 1085
7975 Av Marco-Polo, Montreal, QC, H1E 1N8
(514) 648-8171   SIC 3081
ENTREPOT   p 1205
See LIBRAIRIE RENAUD-BRAY INC
ENTREPOT PUBLIC   p 1202
See CANADIAN MINI-WAREHOUSE PROPERTIES COMPANY
ENTREPOT SEARS   p 1207
See SEARS CANADA INC
ENTREPOT ST-CHARLES   p 1183
See UNICOOP, COOPERATIVE AGRICOLE
ENTREPOTS E.F.C. INC, LES   p 1180
50 Rue Des Grands-Lacs, SAINT-AUGUSTIN-DE-DESMAURES, QC, G3A 2E6
(418) 878-5660   SIC 1541
ENTREPOTS P C G INC, LES   p 1009
85 Boul Montcalm N, CANDIAC, QC, J5R 3L6
(450) 444-0702   SIC 4225
ENTREPOTS PRESTO, LES   p 1048
See PROVIGO DISTRIBUTION INC
ENTREPRENEUR MINIER CMAC - THYSSEN INC   p 1253
185 Rue Des Distributeurs Bureau 16, VAL-D'OR, QC, J9P 6Y1
(819) 874-8303   SIC 1241
ENTREPRENEUR MINIER PROMEC INC   p 1253
1400 4e Av, VAL-D'OR, QC, J9P 5Z9
(819) 824-2074   SIC 7699
ENTREPRISE ALLSTREAM   p 670
See ALLSTREAM BUSINESS INC
ENTREPRISE CAMFIL FARR POWER SYSTEMS N A   p 1128
See CAMFIL CANADA INC
ENTREPRISE DE COMMUNICATIONS TANK INC   p 1114
55 Rue Prince, Montreal, QC, H3C 2M7
(514) 373-3333   SIC 7311
ENTREPRISE DE CONSTRUCTION GASTON MORIN LTEE   p 1023
310 Rue De Quen, DOLBEAU-MISTASSINI, QC, G8L 5N1
(418) 276-4166   SIC 6512
ENTREPRISE DE PAVAGE DION   p 1000
See PAVAGE DION INC
ENTREPRISE G N P INC   p 1260
750 Boul Pierre-Roux E, VICTORIAVILLE, QC, G6T 1S6
(819) 752-7140   SIC 8711
ENTREPRISE JPMA GLOBAL   p 1085
See JPMA GLOBAL INC
ENTREPRISE ROBERT THIBERT INC   p 1058
16 Rue Richelieu, LACOLLE, QC, J0J 1J0
(450) 246-2460   SIC 5013
ENTREPRISE TELLUS, DE   p 1082
See EMERGIS INC
ENTREPRISES AGRICOLES & FORESTIERES DE LA PENINSULE INC   p 1033
54 Rue Eden, Gaspe, QC, G4X 1Z2
(418) 368-5646   SIC 2411
ENTREPRISES AMILIA INC, LES   p 1118
1751 Rue Richardson Bureau 3.105, Montreal, QC, H3K 1G6
(514) 343-0004   SIC 7272
ENTREPRISES ATLAS   p 1073
See COMPAGNIE COMMONWEALTH PLYWOOD LTEE, LA

ENTREPRISES C LEMAY INC, LES   p 1147
1349 D'oleron Car, Quebec, QC, G1G 4W1
(418) 626-2427   SIC 5541
ENTREPRISES CANDEREL INC   p 1106
2000 Rue Peel Bureau 900, Montreal, QC, H3A 2W5
(514) 842-8636   SIC 6712
ENTREPRISES CARA DU QUEBEC, LES   p 1025
See CARA OPERATIONS LIMITED
ENTREPRISES CD VARIN INC, LES   p 1003
181 Boul De Mortagne, BOUCHERVILLE, QC, J4B 1A9
(450) 641-9536   SIC 5541
ENTREPRISES COMMERCIALES PAUL A MEUNIER INC, LES   p 1021
101 Rue Albert Bureau 106, COWANSVILLE, QC, J2K 2W4
(450) 263-2666   SIC 5912
ENTREPRISES D'ELECTRICITE J.M.N. INC   p 1077
19 Rue Durette, MATANE, QC, G4W 0J5
(418) 562-4009   SIC 1731
ENTREPRISES D'ELECTRICITE OMEGA INC, LES   p 1128
3751 Boul Lite, Montreal, QC, H7E 4X8
(514) 328-1893   SIC 1731
ENTREPRISES D'HOTELLERIE DUQUETTE INC, LES   p 1080
111 Boul Albiny-Paquette, MONT-LAURIER, QC, J9L 1J2
(819) 623-3555   SIC 7011
ENTREPRISES D'INSERTION GODEFROY-LAVIOLETTE, LES   p 999
16 Rue Rolland-Briere, BLAINVILLE, QC, J7C 5N2
(450) 437-1146   SIC 8331
ENTREPRISES DE NETTOYAGE M.P. INC   p 1248
1621 Rue De Lery, Trois-Rivieres, QC, G8Y 7B3
SIC 7349
ENTREPRISES DE NETTOYAGE MARCEL LABBE INC   p 1153
340 Rue Jackson, Quebec, QC, G1N 4C5
(418) 523-9411   SIC 7349
ENTREPRISES DE NETTOYAGE QUEBEC METRO INC, LES   p 1153
375 Av Marconi, Quebec, QC, G1N 4A5
(418) 681-2231   SIC 8322
ENTREPRISES DE REFRIGERATION L.S. INC, LES   p 1062
1610 Rue Guillet, Laval, QC, H7L 5B2
(450) 682-8105   SIC 1711
ENTREPRISES DE STONEHAM INC, LES   p 1243
600 Ch Du Hibou, STONEHAM-ET-TEWKESBURY, QC, G3C 1T3
(418) 848-2415   SIC 7011
ENTREPRISES DERO INC   p 1133
9960 Av Plaza, MONTREAL-NORD, QC, H1H 4L6
(514) 327-1108   SIC 3089
ENTREPRISES DOCO INC   p 1198
285 Ch Du Grand-Bernier N, SAINT-JEAN-SUR-RICHELIEU, QC, J3B 4R3
(514) 861-1765   SIC 2431
ENTREPRISES DOMINION BLUELINE INC, LES   p 1131
8681 Place Marien, MONTREAL-EST, QC, H1B 5W6
(514) 323-8982   SIC 5112
ENTREPRISES FORESTIERES G.U.S. INC   p 1169
464 Ch Du Moulin Rr 1, RAPIDES-DES-JOACHIMS, QC, J0X 3M0
(819) 587-3626   SIC 2411
ENTREPRISES FREMAKI INC, LES   p 1032
120 105 Rte, EGAN, QC, J9E 3A9
(819) 449-1590   SIC 5211
ENTREPRISES GILLES BENNY INC, LES   p 1188

1010 Ch De Joliette, Saint-Felix-de-Valois, QC, J0K 2M0
(450) 889-7272   SIC 5812
ENTREPRISES H. PEPIN (1991) INC, LES   p 1229
379 Boul Cure-Labelle, SAINTE-ROSE, QC, H7L 3A3
(450) 625-0773   SIC 7011
ENTREPRISES H.M. METAL INC, LES   p 1230
583 Rang Saint-Ovide, Sainte-Sophie-de-Levrard, QC, G0X 3C0
(819) 288-5287   SIC 7692
ENTREPRISES HAMELIN, DIVISION DE   p 1004
See GROUPE HAMELIN INC
ENTREPRISES INTERCO INC, LES   p 1186
456 Rang Brodeur, Saint-Eugene-de-Grantham, QC, J0C 1J0
(819) 396-0003   SIC 2448
ENTREPRISES J'OSE LTEE   p 1157
165 Ch Sainte-Foy, Quebec, QC, G1R 1T1
(418) 648-9750   SIC 7231
ENTREPRISES J'OSE LTEE   p 1160
826 Rte Du Vallon Bureau 25, Quebec, QC, G1V 4T1
(418) 656-6558   SIC 7231
ENTREPRISES JAEVARI INC, LES   p 1094
850 Rue Sainte-Catherine E, Montreal, QC, H2L 2E2
(514) 847-0881   SIC 5812
ENTREPRISES JMC (1973) LTEE, LES   p 1009
101 Ch Saint-Francois-Xavier, CANDIAC, QC, J5R 4V4
(450) 632-4723   SIC 5812
ENTREPRISES JMC (1973) LTEE, LES   p 1184
500 Voie De La Desserte, SAINT-CONSTANT, QC, J5A 2S5
(450) 635-4100   SIC 5812
ENTREPRISES LEVISIENNES INC, LES   p 1185
215 Rue Principale, Saint-Etienne-de-Lauzon, QC, G6J 0B9
(418) 831-4111   SIC 1611
ENTREPRISES LISE LAVOIE INC, LES   p 1076
1407 Av De La Gare, MASCOUCHE, QC, J7K 3G6
(450) 474-0404   SIC 5039
ENTREPRISES MACBAIE INC, LES   p 1013
717 Rue Sainte-Genevieve, CHICOUTIMI, QC, G7G 4Z4
(418) 696-5017   SIC 5812
ENTREPRISES MACBAIE INC, LES   p 1014
1401 Boul Talbot Bureau 1, CHICOUTIMI, QC, G7H 5N6
(418) 545-3593   SIC 5812
ENTREPRISES MACBAIE INC, LES   p 1014
1451 Boul Talbot, CHICOUTIMI, QC, G7H 5N8
(418) 693-4753   SIC 5812
ENTREPRISES MACBAIE INC, LES   p 1052
1082 Rue Aime-Gravel, LA BAIE, QC, G7B 2M5
(418) 545-3593   SIC 5812
ENTREPRISES MARCHAND LTEE, LES   p 1125
4865 Rue Jean-Talon O Bureau 101, Montreal, QC, H4P 1W7
(514) 343-3335   SIC 2431
ENTREPRISES MARVAIS INC, LES   p 1255
321 Boul De La Marine, VARENNES, QC, J3X 1Z4
(450) 929-0186   SIC 5812
ENTREPRISES MICHEL MARCHAND INC, LES   p 1060
8100 Boul Champlain, LASALLE, QC, H8P 1B3
(514) 364-4313   SIC 5812
ENTREPRISES MICROTEC INC, LES   p 990
8125 Boul Du Golf, ANJOU, QC, H1J 0B2
(514) 388-8177   SIC 5063

ENTREPRISES MICROTEC INC, LES   p 1180
4780 Rue Saint-Felix, SAINT-AUGUSTIN-DE-DESMAURES, QC, G3A 2J9
(418) 864-7924   SIC 5063
ENTREPRISES MTY TIKI MING INC, LES   p 685
6585 Airport Rd Unit B, MISSISSAUGA, ON, L4V 1E5
(905) 678-7525   SIC 5812
ENTREPRISES NAPEC   p 1246
See NAPEC INC
ENTREPRISES NORD CONSTRUCTION (1962) INC, LES   p 1072
2604 Ch Du Lac, LONGUEUIL, QC, J4N 1B8
(450) 670-2330   SIC 1611
ENTREPRISES NOVA INC, LES   p 1170
3330 Ch De Kildare, RAWDON, QC, J0K 1S0
(450) 834-2555   SIC 5211
ENTREPRISES P BONHOMME   p 1034
See MATERIAUX BONHOMME INC
ENTREPRISES P. BONHOMME LTEE, LES   p 1034
700 Rue Dollard, GATINEAU, QC, J8L 3H3
(819) 986-7155   SIC 5039
ENTREPRISES P. BONHOMME LTEE, LES   p 1040
455 Ch Mcconnell, GATINEAU, QC, J9J 3M3
(819) 684-9859   SIC 5211
ENTREPRISES PATES ET CROUTES L.B. INC, LES   p 1003
14 Rue De Montgolfier, BOUCHERVILLE, QC, J4B 7Y4
(450) 655-7790   SIC 2045
ENTREPRISES PIERRE PICARD INC, LES   p 1159
1350 Av Maguire Bureau 103, Quebec, QC, G1T 1Z3
(418) 683-4492   SIC 7349
ENTREPRISES QUEBECOISES D'EXCAVATION L.E.Q.E.L. (1993) LTEE, LES   p 1164
4055 Rue Jean-Marchand, Quebec, QC, G2C 2J2
(418) 847-1111   SIC 1731
ENTREPRISES RABAUD, LES   p 1189
See GOUVERNEMENT DE LA PROVINCE DE QUEBEC
ENTREPRISES RAILQUIP INC, LES   p 994
325 Av Lee, Baie-D'Urfe, QC, H9X 3S3
(514) 457-4760   SIC 6712
ENTREPRISES RECOCHEM, LES   p 1213
See RECOCHEM INC
ENTREPRISES ROBERT ROUSSEAU INC, LES   p 1042
1 Ch Du Golf, Grand-Mere, QC, G9T 5K8
(819) 538-3560   SIC 7992
ENTREPRISES ROLLAND INC, LES   p 1068
3805 Av Saint-Augustin, Levis, QC, G6Z 8J4
(418) 832-6115   SIC 1455
ENTREPRISES ROLLAND INC, LES   p 1200
980 Rue De L'industrie, Saint-Jerome, QC, J7Y 4B8
(450) 569-0040   SIC 5111
ENTREPRISES ROLLAND INC, LES   p 1201
455 Rue Rolland, SAINT-JEROME, QC, J7Z 5S2
(450) 436-4140   SIC 2621
ENTREPRISES S.M.T.R. INC   p 1176
500 112 Rte, ROUGEMONT, QC, J0L 1M0
(450) 469-3153   SIC 7538
ENTREPRISES SYLVIE DROLET INC   p 1234
1555 Rue Trudel Bureau 131, SHAWINIGAN, QC, G9N 8K8
(819) 537-3888   SIC 5014
ENTREPRISES TAG   p 924
See 6926614 CANADA INC
ENTREPRISES TAG, LES   p 713
See 6929818 CANADA INC
ENTREPRISES TOURISTIQUES RIVENVEL LTEE, LES   p 1077
109 Rue Saint-Jean, MATANE, QC, G4W

2G8
(418) 562-0578 SIC 5812
ENTREPRISES VANA INC p 1095
1703 Rue Sainte-Catherine E, MONTREAL, QC, H2L 2J5
(514) 523-2139 SIC 5812
ENTREPRISES VANA INC p 1097
7275 Saint-Laurent, Montreal, QC, H2R 1W5
(514) 664-4545 SIC 5812
ENTRETIEN ET NETTOYAGE GENERALE D'IMMEUBLES LBG LTEE p 1209
9442 Rte Transcanadienne, SAINT-LAURENT, QC, H4S 1R7
(514) 333-8123 SIC 7349
ENTRETIEN MECANIQUE BT p 998
See BERLINES TRANSIT INC
ENTRETIEN MENAGER LYNA p 1226
See 188669 CANADA INC
ENTRETIEN P.E.A.C.E. PLUS INC p 1119
950 Av Ogilvy Bureau 200, Montreal, QC, H3N 1P4
(514) 273-9764 SIC 7349
ENTRETIEN PARAMEX INC p 1252
3535 Boul L.-P.-Normand, Trois-Rivieres, QC, G9B 0G8
(819) 377-5533 SIC 7699
ENTRO COMMUNICATIONS INC p 918
33 Harbour Sq Suite 202, TORONTO, ON, M5J 2G2
(416) 368-6988 SIC 3993
ENTRUST DATACARD LIMITED p 623
1000 Innovation Dr, KANATA, ON, K2K 3E7
(613) 270-3400 SIC 7371
ENVELOPPE MONTREAL p 1205
See SUPREMEX INC
ENVER CREEK SECONDARY SCHOOL p 282
See SCHOOL DISTRICT NO 36 (SURREY)
ENVIRO CLEAN (NFLD.) LIMITED p 430
155 Mcnamara Dr, PARADISE, NL, A1L 0A7
(709) 781-3264 SIC 7349
ENVIRO CONNEXIONS p 1001
See WASTE CONNECTIONS OF CANADA INC
ENVIRO INDUSTRIES INC p 990
7887 Rue Grenache Bureau 106, ANJOU, QC, H1J 1C4
(514) 352-0003 SIC 7349
ENVIRO-TEST LABORATORIES p 953
See ALS CANADA LTD
ENVIRO-TEST LABORATORIES, DIV OF p 125
See ALS CANADA LTD
ENVIRO-VAC p 289
See PARAGON REMEDIATION GROUP LTD
ENVIROCLEAN BUILDING MAINTENANCE LTD p 91
17233 109 Ave Nw Suite 101, EDMONTON, AB, T5S 1H7
(780) 489-0500 SIC 7349
ENVIROMENTAL SOLUTIONS p 610
See CUNNINGHAM LINDSEY CANADA LIMITED
ENVIRONCLEAN LIMITED p 451
51 Raddall Ave Unit 15, Dartmouth, NS, B3B 1T6
(902) 860-2425 SIC 7349
ENVIRONMENT AND CLIMATE CHANGE CANADA p 1307
101 Center St, VAL MARIE, SK, S0N 2T0
(306) 298-2257 SIC 7996
ENVIRONMENT AND CLIMATE CHANGE CANADA p 1308
Gd, WAKAW, SK, S0K 4P0
(306) 423-6227 SIC 7999
ENVIRONMENT RESOURCES MANAGEMENT ASSOCIATION p 427
Gd, GRAND FALLS-WINDSOR, NL, A2A 2P7
(709) 489-7350 SIC 8748
ENVIRONMENTAL HEALTH UNIT p 236

See FRASER HEALTH AUTHORITY
ENVIRONMENTAL RESEARCH ASSOCIATES p 277
See LGL LIMITED
ENVIRONMENTAL SERVICES p 153
See CITY OF RED DEER, THE
ENVIRONMENTAL SERVICES DIVISION OF PUBLIC WORKS DEPARTMENT p 963
See CORPORATION OF THE CITY OF WINDSOR
ENVIRONMENTAL TECHNOLOGY-RESEARCH LAB 630
See CADUCEON ENTERPRISES INC
ENVIRONNEMENT (MINIST RE DE L') p 1155
2700 Rue Einstein, Quebec, QC, G1P 3W8
(418) 643-8225 SIC 8748
ENVIRONNEMENT ROUTIER NRJ INC p 1192
4865 Boul Sir-Wilfrid-Laurier, SAINT-HUBERT, QC, J3Y 3X5
(450) 656-0000 SIC 1521
ENVIRONNEMENT USINE POTABLE 1021
See VILLE DE LAVAL
ENVIROSORT INC p 158
4229 Hewlett Dr, RED DEER COUNTY, AB, T4S 2B3
(403) 342-7823 SIC 4953
ENVIROTEST CANADA p 183
See ENVIROTEST SYSTEMS (B.C.) LTD
ENVIROTEST SYSTEMS (B.C.) LTD p 183
6741 Cariboo Rd Suite 207, BURNABY, BC, V3N 4A3
(604) 436-2640 SIC 7389
ENVIROTEST SYSTEMS (B.C.) LTD p 202
1316 United Blvd, COQUITLAM, BC, V3K 6Y2
SIC 8734
ENVIROTEST SYSTEMS (B.C.) LTD p 298
520 E Kent Ave South, VANCOUVER, BC, V5X 4V6
SIC 7389
ENVOL EDUCATION DES ADULTES, L p 1174
See COMMISSION SCOLAIRE DE KAMOURASKA RIVIERE-DU-LOUP
ENWAVE ENERGY CORPORATION p 914
333 Bay St Suite 710, TORONTO, ON, M5H 2R2
(416) 392-6838 SIC 4961
ENWIN UTILITIES LTD p 968
787 Ouellette Ave Suite 517, WINDSOR, ON, N9A 4J4
(519) 255-2727 SIC 4911
ENZO'S NOFRILLS p 822
See LOBLAWS SUPERMARKETS LIMITED
EOG RESOURCES CANADA INC p 43
700 9 Ave Sw Suite 1300, CALGARY, AB, T2P 3V4
(403) 297-9100 SIC 1311
EOG RESOURCES CANADA INC p 72
180 Riverside Dr E, DRUMHELLER, AB, T0J 0Y4
SIC 1311
EOG RESOURCES CANADA INC p 360
105 4th St, WASKADA, MB, R0M 2E0
SIC 1311
EOS CANADA INC p 834
325 Milner Ave Suite 1111, SCARBOROUGH, ON, M1B 5N1
(647) 436-2605 SIC 7322
EOS NCN p 834
See EOS CANADA INC
EPARGNE PLACEMENTS QUEBEC BANQUE NATIONAL p 1156
See BANQUE NATIONALE DU CANADA
EPCOR DISTRIBUTION & TRANSMISSION INC p 77
10423 101 St Nw Suite 2000, EDMONTON, AB, T5H 0E8
(780) 412-3414 SIC 4911

EPCOR DISTRIBUTION & TRANSMISSION INC p 619
Gd, HEARST, ON, P0L 1N0
(705) 463-2513 SIC 4911
EPCOR POWER (WILLIAMS LAKE) LTD p 80
10065 Jasper Ave Nw, EDMONTON, AB, T5J 3B1
(780) 412-3191 SIC 4911
EPCOR UTILITIES INC p 43
2 St Sw, CALGARY, AB, T2P 1N8
SIC 4911
EPCOR WATER SERVICES INC p 99
10977 50 St Nw, EDMONTON, AB, T6A 2E9
(780) 969-8496 SIC 1629
EPIC FOOD SERVICES INC p 236
22987 Dewdney Trunk Rd, MAPLE RIDGE, BC, V2X 3K8
(604) 466-0671 SIC 5461
EPIC INFORMATION SOLUTIONS INC p 377
167 Sherbrook St, WINNIPEG, MB, R3C 2B7
(204) 453-2300 SIC 5045
EPIC PRODUCTION TECHNOLOGIES (CANADA SALES) INC p 192
3771 Marine Way, BURNABY, BC, V5J 5A7
SIC 7812
EPICERIE QUEBEC p 1155
See METRO RICHELIEU INC
EPIDERMA QUEBEC INC p 1160
2590 Boul Laurier Bureau 330, Quebec, QC, G1V 4M6
(418) 266-2027 SIC 7231
EPIPHANY OF OUR LORD CATHOLIC ACADEMY p 846
See TORONTO CATHOLIC DISTRICT SCHOOL BOARD
EPM MECANIC p 1128
See 2982897 CANADA INC
EPPENDORF CANADA LTD p 708
2810 Argentia Rd Unit 2, MISSISSAUGA, ON, L5N 8L2
(905) 826-5525 SIC 5049
EPSILON TARGETING, DIV OF p 842
See ICOM INFORMATION & COMMUNICATIONS L.P.
EQUAL ENERGY CORP p 44
500 4 Ave Sw Suite 2700, CALGARY, AB, T2P 2V6
(403) 263-0262 SIC 1382
EQUIFAX CANADA CO. p 747
5700 Yonge St Suite 1700, NORTH YORK, ON, M2M 4K2
(800) 278-0278 SIC 7323
EQUINOX HOLISTIC ALTERNATIVE SCHOOL p 895
See TORONTO DISTRICT SCHOOL BOARD
EQUINOX INDUSTRIES LTD p 362
401 Chrislind St, Winnipeg, MB, R2C 5G4
(204) 633-7564 SIC 3299
EQUIPE D'INVENTAIRE F.M. p 1245
See COMPTEC S. G. INC
EQUIPE PCJ INC p 1071
822 Rue Saint-Laurent O, LONGUEUIL, QC, J4K 1C3
(450) 651-1154 SIC 5812
EQUIPEMENT D'INCENDIE PRIORITE INC p 1212
7528 Ch De La Cote-De-Liesse, SAINT-LAURENT, QC, H4T 1E7
(514) 636-2431 SIC 5099
EQUIPEMENT DE SECURITE DU QUEBEC p 1152
See LINDE CANADA LIMITED
EQUIPEMENT FEDERAL p 1181
See SMS EQUIPMENT INC
EQUIPEMENT FEDERAL QUEBEC p 1027
See SMS EQUIPMENT INC
EQUIPEMENT MOORE LTEE p 1209
4955 Ch Saint-Francois, SAINT-LAURENT, QC, H4S 1P3
(514) 333-1212 SIC 5084

EQUIPEMENT NATIONAL ENERGIE p 991
See NATIONAL ENERGY EQUIPMENT INC
EQUIPEMENT QUADCO INC p 1175
625 Rte De L'aeroport, ROBERVAL, QC, G8H 2M9
(418) 251-3998 SIC 3531
EQUIPEMENT WAJAX p 692
See INTEGRATED DISTRIBUTION SYSTEMS LIMITED PARTNERSHIP
EQUIPEMENT WAJAX p 1020
See INTEGRATED DISTRIBUTION SYSTEMS LIMITED PARTNERSHIP
EQUIPEMENTS ADRIEN PHANEUF INC, LES p 1252
292 Rue Principale, UPTON, QC, J0H 2E0
(450) 549-5811 SIC 5083
EQUIPEMENTS COMACT INC p 1189
4000 40e Rue, SAINT-GEORGES, QC, G5Y 8G4
(418) 228-8911 SIC 3553
EQUIPEMENTS CONTRO VALVE INC, LES p 537
3375 North Service Rd Unit B4 6, BURLINGTON, ON, L7N 3G2
(905) 319-5545 SIC 5084
EQUIPEMENTS DE SECURITE ET PREMIERS SOINS GLOBAL p 999
See SPI SANTE SECURITE INC
EQUIPEMENTS DE SUPERMARCHES CONCEPT INTERNATIONAL INC p 1170
429 Rue Des Industries, REPENTIGNY, QC, J5Z 4Y8
(450) 582-3017 SIC 5078
EQUIPEMENTS HARDY INC, LES p 1144
100 Rue Saint-Arthur, PORTNEUF, QC, G0A 2Y0
(418) 286-6621 SIC 3523
EQUIPEMENTS INDUSTRIELS JOLIETTE INC p 1045
1295 Rue De Lanaudiere, JOLIETTE, QC, J6E 3N9
(450) 756-0564 SIC 5072
EQUIPEMENTS LAPIERRE INC, LES p 1217
183 Rue Boisvert, SAINT-LUDGER, QC, G0M 1W0
(819) 548-5395 SIC 5651
EQUIPEMENTS PIERRE CHAMPIGNY LTEE p 987
280 Rue Bonin Rr 4, ACTON VALE, QC, J0H 1A0
(450) 546-0999 SIC 5599
EQUIPEMENTS RECREATIFS JAMBETTE INC p 1067
700 Rue Des Calfats, Levis, QC, G6Y 9E6
(418) 837-8246 SIC 3949
EQUIPEMENTS SIGMA INC p 1079
930 Boul Jacques-Cartier, MONT-JOLI, QC, G5H 3K6
(418) 775-2941 SIC 7699
EQUIPEMENTS SIGMA INC p 1180
180 Rue De Rotterdam, SAINT-AUGUSTIN-DE-DESMAURES, QC, G3A 1T3
(418) 870-2885 SIC 5084
EQUIPEMENTS SIGMA INC p 1189
3220 127e Rue, SAINT-GEORGES, QC, G5Y 6M5
(418) 228-8953 SIC 5084
EQUIPEMENTS SIGMA INC p 1249
2000 Rue De La Sidbec S, Trois-Rivieres, QC, G8Z 4H1
(819) 379-9333 SIC 5084
EQUIPEMENTS SPORTIFS PRO HOCKEY LIFE INC, LES p 113
1412 99 St Nw, EDMONTON, AB, T6N 0A8
(780) 409-8395 SIC 5941
EQUIPEMENTS SPORTIFS PRO HOCKEY LIFE INC, LES p 1192
1701 Boul Des Promenades, SAINT-HUBERT, QC, J3Y 5K2
(450) 656-1701 SIC 5941
EQUIPEMENTS TENCO p 1242
See TENCO INC

EQUIPEMENTS VEILLEUX INC, LES p 1016
544 Rue Main E, COATICOOK, QC, J1A 1N9
(819) 849-0300 SIC 5083
EQUIPMENT COMACT (CHICOUTIMI) INC p 1009
850 Rte De Tadoussac, CANTON TREMBLAY, QC, G7H 5A8
(418) 628-0791 SIC 3553
EQUIPMENT LAURENTIEN p 1055
See SERVICES FORESTIERS DE MONT-LAURIER LTEE
EQUIPMENT SALES & SERVICE LIMITED p 649
15 Mumford Rd, LIVELY, ON, P3Y 1K9
(705) 692-7278 SIC 5082
EQUIPMENTS JOHNSTON p 1207
See G.N. JOHNSTON EQUIPMENT CO. LTD
EQUITABLE BANK p 51
1333 8 St Sw Suite 600, CALGARY, AB, T2R 1M6
(403) 440-1200 SIC 6021
EQUITRAC INC p 1219
345 Rang 2 E, SAINT-PASCAL, QC, G0L 3Y0
(418) 492-3068 SIC 5999
ERA BANNER NEWSPAPER, THE p 491
See METROLAND MEDIA GROUP LTD
ERB TRANSPORT LIMITED p 493
See ERB TRANSPORT LIMITED
ERB TRANSPORT LIMITED p 493
1473 Gingerich Rd, BADEN, ON, N3A 3J7
(519) 634-8080 SIC 4212
ERB TRANSPORT LIMITED p 497
See ERB TRANSPORT LIMITED
ERB TRANSPORT LIMITED p 497
75 Ellis Dr, BARRIE, ON, L4N 8Z3
(888) 875-0558 SIC 4212
ERB TRANSPORT LIMITED p 688
1889 Britannia Rd E, MISSISSAUGA, ON, L4W 1S6
(905) 670-8490 SIC 4213
ERB TRANSPORT LIMITED p 688
See ERB TRANSPORT LIMITED
ERB TRANSPORT LIMITED p 726
182 Colonnade Rd, NEPEAN, ON, K2E 7J5
(613) 226-1358 SIC 4213
ERB TRANSPORT LIMITED p 726
See ERB TRANSPORT LIMITED
ERB TRANSPORT LIMITED p 731
290 Hamilton Rd, NEW HAMBURG, ON, N3A 1A2
(519) 662-2710 SIC 4212
ERB TRANSPORT LIMITED p 740
See ERB TRANSPORT LIMITED
ERB TRANSPORT LIMITED p 740
4 Commerce Cres, NORTH BAY, ON, P1A 0B4
(705) 476-7077 SIC 4212
ERB TRANSPORT LIMITED p 878
580 Eighth Ave, THUNDER BAY, ON, P7B 6B2
(807) 344-2323 SIC 4213
ERB TRANSPORT LIMITED p 878
See ERB TRANSPORT LIMITED
ERB TRANSPORT LIMITED p 944
4 Riverside Dr, TRENTON, ON, K8V 5P8
SIC 4212
ERB TRANSPORT LIMITED p 944
See ERB TRANSPORT LIMITED
ERCO WORLDWIDE p 128
See SUPERIOR PLUS LP
ERCO WORLDWIDE p 940
See SUPERIOR PLUS LP
ERCO WORLDWIDE p 1298
See SUPERIOR PLUS LP
ERGOTECH p 845
See TEKNION LIMITED
ERIC CORMACK CENTRE p 83
See GOVERNMENT OF THE PROVINCE OF ALBERTA
ERIC GRAVES MEMORIAL JUNIOR HIGH SCHOOL p 447
See HALIFAX REGIONAL SCHOOL BOARD
ERIC HAMBER SECONDARY SCHOOL p 299
See BOARD OF EDUCATION OF SCHOOL DISTRICT NO. 39 (VANCOUVER), THE
ERIC J DUNN MIDDLE SCHOOL p 254
See SCHOOL DISTRICT #70 (ALBERNI) SCHOOL BOARD
ERIC LANGTON ELEMENTARY p 236
See SCHOOL DISTRICT NO 42 (MAPLE RIDGE-PITT MEADOWS)
ERIC'S NOFRILLS p 68
See LOBLAWS INC
ERICKSON COLLEGIATE p 348
See ROLLING RIVER SCHOOL DIVISION 39
ERICKSON ELEMENTARY SCHOOL p 213
See SCHOOL DISTRICT NO. 8 (KOOTENAY LAKE)
ERICKSON ELEMENTARY SCHOOL p 348
See ROLLING RIVER SCHOOL DIVISION 39
ERICKSON MANUFACTURING p 872
See ERICKSON, B. MANUFACTURING LTD
ERICKSON, B. MANUFACTURING LTD p 872
11297 Merritt Line Rr 6, THAMESVILLE, ON, N0P 2K0
(519) 352-2259 SIC 2241
ERICSSON CANADA INC p 688
5255 Satellite Dr, MISSISSAUGA, ON, L4W 5E3
SIC 4899
ERICSSON CANADA INC p 1081
8400 Boul Decarie, MONT-ROYAL, QC, H4P 2N2
(514) 345-7900 SIC 5065
ERIE BEACH HOTEL LIMITED p 816
19 Walker St, PORT DOVER, ON, N0A 1N0
(519) 583-1391 SIC 7011
ERIE MEAT PRODUCTS LIMITED p 648
1400 Mitchell Rd S, LISTOWEL, ON, N4W 3G7
(519) 291-6593 SIC 2011
ERIE MEAT PRODUCTS LIMITED p 692
3240 Wharton Way, MISSISSAUGA, ON, L4X 2C1
(905) 624-3811 SIC 2011
ERIE SHORE COMMUNITY TRANSIT p 646
215 Talbot St E, LEAMINGTON, ON, N8H 3X5
(519) 326-9030 SIC 4119
ERIE SHORES TRUCKING p 826
See 1046201 ONTARIO LIMITED
ERIE THAMES POWERLINES CORPORATION p 621
143 Bell St Suite 157, INGERSOLL, ON, N5C 2N9
(519) 485-1820 SIC 1623
ERIEGLEN MANNOR p 646
See DIVERSICARE CANADA MANAGEMENT SERVICES CO., INC
ERIEVIEW ACRES INC p 635
1930 Seacliff Dr, KINGSVILLE, ON, N9Y 2N1
(519) 326-3013 SIC 5159
ERIKS INDUSTRIAL SERVICES LP p 116
9748 12 Ave Sw, EDMONTON, AB, T6X 0J5
(780) 437-1260 SIC 5085
ERIKSDALE SCHOOL p 348
See LAKESHORE SCHOOL DIVISION
ERIN CENTRE MIDDLE SCHOOL p 706
See PEEL DISTRICT SCHOOL BOARD
ERIN COMMUNITY CENTRE p 574
See CORPORATION OF THE TOWN OF ERIN, THE
ERIN DISTRICT HIGH SCHOOL p 574
See UPPER GRAND DISTRICT SCHOOL BOARD, THE
ERIN MILLS LODGE p 703
See SIFTON PROPERTIES LIMITED
ERIN MILLS MIDDLE SCHOOL p 704
See PEEL DISTRICT SCHOOL BOARD
ERIN MILLS MITSUBISHI p 703
See 2177761 ONTARIO INC
ERIN MILLS TOWN CENTRE p 705
See CADILLAC FAIRVIEW CORPORATION LIMITED, THE
ERIN PUBLIC SCHOOL p 574
See UPPER GRAND DISTRICT SCHOOL BOARD, THE
ERINDALE SECONDARY SCHOOL p 703
See PEEL DISTRICT SCHOOL BOARD
ERINOAK KIDS CENTRE FOR TREATMENT p 703
2655 North Sheridan Way Suite N, MISSISSAUGA, ON, L5K 2P8
(905) 491-4439 SIC 8699
ERLE RIVERS HIGH SCHOOL p 145
See BOARD OF TRUSTEES OF HORIZON SCHOOL DIVISION NO 67
ERMINESKIN JUNIOR AND SENIOR HIGH SCHOOL p 132
See MIYO WAHKOHTOWIN COMMUNITY EDUCATION AUTHORITY
ERNEST C DRUDY SCHOOL FOR THE DEAF, THE p 681
See GOVERNMENT OF ONTARIO
ERNEST ELEMENTARY SCHOOL p 889
See TORONTO DISTRICT SCHOOL BOARD
ERNEST MORROW JUNIOR SCHOOL p 12
See CALGARY BOARD OF EDUCATION
ERNEST STEVENSON ELEMENTARY p 290
See SCHOOL DISTRICT NO 36 (SURREY)
ERNESTOWN SECONDARY SCHOOL p 772
See LIMESTONE DISTRICT SCHOOL BOARD
ERNEX p 189
See MONERIS SOLUTIONS CORPORATION
ERNIE O 'S RESTAURANT & PUB (EDSON) INC p 117
4404 5 Ave, EDSON, AB, T7E 1B7
(780) 723-3500 SIC 5812
ERNIE O 'S RESTAURANT & PUB (EDSON) INC p 124
1042 Highway Ave, FOX CREEK, AB, T0H 1P0
(780) 622-3600 SIC 5812
ERNIE O'S RESTAURANT AND PUB p 124
See ERNIE O 'S RESTAURANT & PUB (EDSON) INC
ERNIE'S SPORTS (S3) INC p 128
9815 116 St, GRANDE PRAIRIE, AB, T8W 0C7
(780) 814-5372 SIC 5941
ERNST & YOUNG p 417
See ERNST & YOUNG LLP
ERNST & YOUNG INC p 80
10020 100 St Nw Suite 2200, EDMONTON, AB, T5J 0N3
(780) 423-5811 SIC 8721
ERNST & YOUNG INC p 377
360 Main St Suite 2700, WINNIPEG, MB, R3C 4G9
(204) 947-6519 SIC 8721
ERNST & YOUNG INC p 458
Rbc Waterside Ctr 1871 Hollis Suite 500, HALIFAX, NS, B3J 0C3
(902) 420-1080 SIC 8721
ERNST & YOUNG INC p 655
255 Queens Ave Suite 1800, LONDON, ON, N6A 5R8
(519) 672-6100 SIC 8721
ERNST & YOUNG INC p 1111
800 Boul Rene-Levesque O Bureau 1900, Montreal, QC, H3B 1X9
(514) 875-6060 SIC 8721
ERNST & YOUNG LLP p 44
440 2 Ave Sw Suite 1000, CALGARY, AB, T2P 5E9
(403) 290-4100 SIC 8721
ERNST & YOUNG LLP p 324
700 Georgia St W Suite 2200, VANCOUVER, BC, V7Y 1K8
(604) 891-8200 SIC 8721
ERNST & YOUNG LLP p 417
12 Smythe St Suite 565, SAINT JOHN, NB, E2L 5G5
(506) 634-7000 SIC 8721
ERNST & YOUNG LLP p 435
139 Water St, ST. JOHN'S, NL, A1C 1B2
(709) 726-2840 SIC 8721
ERNST & YOUNG LLP p 458
1959 Upper Water St Suite 1301, HALIFAX, NS, B3J 3N2
(902) 420-1080 SIC 8721
ERNST & YOUNG LLP p 642
515 Riverbend Dr, KITCHENER, ON, N2K 3S3
(519) 744-1171 SIC 8721
ERNST & YOUNG LLP p 791
99 Bank St Suite 1600, OTTAWA, ON, K1P 6B9
(613) 232-1511 SIC 8721
ERNST & YOUNG LLP p 873
175 Commerce Valley Dr W Suite 600, THORNHILL, ON, L3T 7P6
(905) 731-1500 SIC 8721
ERNST & YOUNG LLP p 922
222 Bay St, TORONTO, ON, M5K 1J7
(416) 943-2040 SIC 8721
ERNST & YOUNG LLP p 922
222 Bay St 21 Fl, TORONTO, ON, M5K 1J7
(416) 864-1234 SIC 8721
ERNST & YOUNG LLP p 1111
1 Place Ville-Marie Bureau 2400, Montreal, QC, H3B 3M9
(514) 875-6060 SIC 8721
ERNST & YOUNG LLP p 1111
800 Boul Rene-Levesque O Bureau 1900, Montreal, QC, H3B 1X9
(514) 875-6060 SIC 8721
ERNST & YOUNG LLP p 1160
2875 Boul Laurier Unite 410, Quebec, QC, G1V 0C7
(418) 524-5151 SIC 8721
ERRINGTON ELEMENTARY SCHOOL p 213
See SCHOOL DISTRICT NO 69 (QUALICUM)
ERRINGTON, J. T. ELEMENTARY SCHOOL p 272
See BOARD OF EDUCATION SCHOOL DISTRICT #38 (RICHMOND)
ERRINRUNG RETIREMENT & NURSING HOME p 873
See PROVINCIAL LONGTERM CARE INC
ERROL ROAD PUBLIC SCHOOL p 827
See LAMBTON KENT DISTRICT SCHOOL BOARD
ERS SECURITY p 55
See EVER READY SOLUTIONS LTD
ERSKINE GREEN LIMITED p 751
1 Valleybrook Dr Suite 201, NORTH YORK, ON, M3B 2S7
(416) 487-3883 SIC 6519
ERTH (HOLDINGS) INC p 621
180 Whiting St, INGERSOLL, ON, N5C 3B5
(519) 485-6038 SIC 7629
ERWIN HYMER GROUP NORTH AMERICA, INC p 637
100 Shirley Ave, KITCHENER, ON, N2B 2E1
(519) 745-1169 SIC 3716
ESAB GROUP CANADA INC p 718
6010 Tomken Rd, MISSISSAUGA, ON, L5T 1X9
(905) 670-0220 SIC 5084
ESAB GROUP CANADA INC p 1003
25 Rue De Lauzon Bureau B, BOUCHERVILLE, QC, J4B 1E7
(450) 655-4318 SIC 5084
ESAB WELDING & CUTTING PRODUCTS p 718
See ESAB GROUP CANADA INC
ESAB WELDING & CUTTING PRODUCTS p 1003
See ESAB GROUP CANADA INC

ESAM CONSTRUCTION LIMITED p 662
720 Proudfoot Lane, LONDON, ON, N6H 5G5
(519) 472-9310   SIC 7933

ESCAPADES EXPRESS p 1074
See ESCAPADES MEMPHREMAGOG INC

ESCAPADES MEMPHREMAGOG INC p 1074
2400 Rue Principale O, MAGOG, QC, J1X 0J1
(819) 843-7000   SIC 7999

ESCAPE PROOF INC p 767
1496 Durham St, OAKVILLE, ON, L6J 2P3
(905) 815-2452   SIC 7549

ESCAPE PROOF QUALITY INSPECTION SERVICES p 767
See ESCAPE PROOF INC

ESCARPMENT VIEW PUBLIC SCHOOL p 681
See HALTON DISTRICT SCHOOL BOARD

ESCO p 357
See BUCYRUS BLADES OF CANADA LIMITED

ESCO LIMITED p 255
1855 Kingsway Ave, PORT COQUITLAM, BC, V3C 1T1
(604) 942-7261   SIC 3325

ESCO LIMITED p 817
185 Hope St S, PORT HOPE, ON, L1A 4C2
(905) 885-6301   SIC 3325

ESCOMPTE COIFFE p 1160
See ENTREPRISES J'OSE LTEE

ESCOMPTE-COIFFE p 1157
See ENTREPRISES J'OSE LTEE

ESCOMPTES LECOMPTE, LES p 1251
See MAGASINS LECOMPTE INC

ESG SOLUTIONS p 630
See ENGINEERING SEISMOLOGY GROUP CANADA INC

ESI CANADA p 714
5770 Hurontario St, MISSISSAUGA, ON, L5R 3G5
(905) 712-8615   SIC 6411

ESI CANADA p 1105
625 Av Du President-Kennedy Bureau 1600, Montreal, QC, H3A 1K2
(514) 844-4420   SIC 5941

ESIGNLIVE p 1125
See TECHNOLOGIE SILANIS INC

ESIT CANADA ENTERPRISE SERVICES CO p 17
See ESIT CANADA ENTERPRISE SERVICES CO

ESIT CANADA ENTERPRISE SERVICES CO p 17
2416 52 Ave Se Unit 1, CALGARY, AB, T2C 4X7
SIC 3571

ESIT CANADA ENTERPRISE SERVICES CO p 43
See ESIT CANADA ENTERPRISE SERVICES CO

ESIT CANADA ENTERPRISE SERVICES CO p 43
150 6 Ave Sw Suite 3600, CALGARY, AB, T2P 3Y7
SIC 5045

ESIT CANADA ENTERPRISE SERVICES CO p 43
240 4 Ave Sw Suite 500, CALGARY, AB, T2P 4H4
(403) 508-4500   SIC 7379

ESIT CANADA ENTERPRISE SERVICES CO p 329
710 Redbrick St Suite 200, VICTORIA, BC, V8T 5J3
(250) 405-2500   SIC 7371

ESIT CANADA ENTERPRISE SERVICES CO p 329
See ESIT CANADA ENTERPRISE SERVICES CO

ESIT CANADA ENTERPRISE SERVICES CO p 372
See ESIT CANADA ENTERPRISE SERVICES CO

ESIT CANADA ENTERPRISE SERVICES CO p 372
1455 Mountain Ave, WINNIPEG, MB, R2X 2Y9
SIC 7379

ESIT CANADA ENTERPRISE SERVICES CO p 373
99 Corbett Dr, WINNIPEG, MB, R2Y 1V4
(204) 837-5507   SIC 5734

ESIT CANADA ENTERPRISE SERVICES CO p 373
See ESIT CANADA ENTERPRISE SERVICES CO

ESIT CANADA ENTERPRISE SERVICES CO p 377
200 Graham Ave Suite 810, WINNIPEG, MB, R3C 4L5
(204) 942-4725   SIC 5734

ESIT CANADA ENTERPRISE SERVICES CO p 377
See ESIT CANADA ENTERPRISE SERVICES CO

ESIT CANADA ENTERPRISE SERVICES CO p 458
1969 Upper Water St, HALIFAX, NS, B3J 3R7
SIC 5734

ESIT CANADA ENTERPRISE SERVICES CO p 458
1718 Argyle St Suite 420, HALIFAX, NS, B3J 3N6
SIC 5734

ESIT CANADA ENTERPRISE SERVICES CO p 458
See ESIT CANADA ENTERPRISE SERVICES CO

ESIT CANADA ENTERPRISE SERVICES CO p 475
370 Welton St, SYDNEY, NS, B1P 5S4
(902) 563-4600   SIC 7371

ESIT CANADA ENTERPRISE SERVICES CO p 475
See ESIT CANADA ENTERPRISE SERVICES CO

ESIT CANADA ENTERPRISE SERVICES CO p 659
1100 Dearness Dr Unit 15, LONDON, ON, N6E 1N9
(888) 447-4636   SIC 5734

ESIT CANADA ENTERPRISE SERVICES CO p 659
See ESIT CANADA ENTERPRISE SERVICES CO

ESIT CANADA ENTERPRISE SERVICES CO p 678
See ESIT CANADA ENTERPRISE SERVICES CO

ESIT CANADA ENTERPRISE SERVICES CO p 678
105 Clegg Rd, MARKHAM, ON, L6G 1B9
(905) 305-7100   SIC 7376

ESIT CANADA ENTERPRISE SERVICES CO p 791
See ESIT CANADA ENTERPRISE SERVICES CO

ESIT CANADA ENTERPRISE SERVICES CO p 791
50 O'connor St Suite 500, OTTAWA, ON, K1P 6L2
(613) 266-9442   SIC 7376

ESIT CANADA ENTERPRISE SERVICES CO p 801
See ESIT CANADA ENTERPRISE SERVICES CO

ESIT CANADA ENTERPRISE SERVICES CO p 801
100 Herzberg Rd, OTTAWA, ON, K2K 3B7
(613) 592-5111   SIC 5045

ESIT CANADA ENTERPRISE SERVICES CO p 806
See ESIT CANADA ENTERPRISE SERVICES CO

ESIT CANADA ENTERPRISE SERVICES CO p 806
235 Pembroke St E, PEMBROKE, ON, K8A 3J8
SIC 5734

ESIT CANADA ENTERPRISE SERVICES CO p 854
See ESIT CANADA ENTERPRISE SERVICES CO

ESIT CANADA ENTERPRISE SERVICES CO p 854
570 Glendale Ave, ST CATHARINES, ON, L2R 7B3
(905) 641-4241   SIC 8741

ESIT CANADA ENTERPRISE SERVICES CO p 911
See ESIT CANADA ENTERPRISE SERVICES CO

ESIT CANADA ENTERPRISE SERVICES CO p 911
700 University Ave Suite 27, TORONTO, ON, M5G 1Z5
(416) 592-2140   SIC 7379

ESIT CANADA ENTERPRISE SERVICES CO p 1049
17500 Rte Transcanadienne, KIRKLAND, QC, H9J 2X8
SIC 5084

ESIT CANADA ENTERPRISE SERVICES CO p 1049
See ESIT CANADA ENTERPRISE SERVICES CO

ESKA p 1217
See EAUX VIVES WATER INC

ESKA WATER p 908
See EAUX VIVES WATER INC

ESKASONI ELEMENTARY & MIDDLE SCHOOL p 454
See ESKASONI SCHOOL BOARD

ESKASONI SCHOOL BOARD p 454
4675 Shore Rd, ESKASONI, NS, B1W 1B8
(902) 379-2825   SIC 8211

ESKER LAKE PUBLIC SCHOOL p 523
See PEEL DISTRICT SCHOOL BOARD

ESKIMO EXPRESS INC p 1165
5055 Rue Rideau Bureau 500, Quebec, QC, G2E 5H5
(418) 681-1212   SIC 4213

ESKIMO EXPRESS INC p 1214
8655 Rue Pascal-Gagnon, SAINT-LEONARD, QC, H1P 1Y5
(514) 322-1212   SIC 4213

ESL ENGLISH AS A 2ND LANGUAGE p 652
See THAMES VALLEY DISTRICT SCHOOL BOARD

ESM BAYERS INC p 463
186 Chain Lake Dr, HALIFAX, NS, B3S 1C5
(902) 450-1311   SIC 5812

ESMOND MANUFACTURING p 887
See TEKNION FURNITURE SYSTEMS CO. LIMITED

ESOLUTIONSGROUP LIMITED p 954
651 Colby Dr, WATERLOO, ON, N2V 1C2
(519) 884-3352   SIC 7374

ESP p 1056
See ENCHERES AUTOMOBILES ST-PIERRE (ESP LTEE) LES

ESPANOLA HIGH SCHOOL p 574
See RAINBOW DISTRICT SCHOOL BOARD

ESPANOLA HOME HARDWARE p 574
See MCKECHNIE, ANDY BUILDING MATERIALS LTD

ESPIAL GROUP INC p 802
200 Elgin St Suite 900, OTTAWA, ON, K2P 1L5
(613) 230-4770   SIC 7371

ESPOIR DU DEFICIENT, L p 1061
See CORPORATION L'ESPOIR DU DEFICIENT

ESPUMA p 1186
See LOUKIL, SAID

ESQUIMALT ENTERPRISES LTD p 335
1153 Esquimalt Rd Suite 3, VICTORIA, BC, V9A 3N7
(250) 708-3900   SIC 5411

ESQUIMALT HIGH SCHOOL p 335
See BOARD OF EDUCATION OF SCHOOL DISTRICT NO. 61 (GREATER VICTORIA)

ESQUIMALT MFRC p 335
See CFB ESQUIMALT MILITARY FAMILY RESOURCE CENTRE

ESQUIMALT'S COUNTRY GROCER p 335
See ESQUIMALT ENTERPRISES LTD

ESQUIRE RESTAURANT p 443
See BEDFORD INVESTMENTS LTD

ESRI CANADA LIMITED p 311
1130 Pender St W Suite 610, VANCOUVER, BC, V6E 4A4
(604) 683-9151   SIC 7371

ESRI CANADA LIMITED p 311
See ESRI CANADA LIMITED

ESRI CANADA LIMITED p 797
1600 Carling Ave Suite 430, OTTAWA, ON, K1Z 1G3
(613) 234-2103   SIC 8243

ESRI CANADA LIMITED p 797
See ESRI CANADA LIMITED

ESSAG CANADA INC p 514
30 Peel Centre Dr, BRAMPTON, ON, L6T 4G3
SIC 7011

ESSENCES & FRAGRANCES BELL p 1007
See BELL FLAVORS & FRAGRANCES (CANADA) CO

ESSENDANT CANADA, INC p 718
6400 Ordan Dr, MISSISSAUGA, ON, L5T 2H6
(905) 670-1223   SIC 5099

ESSENTIAL COIL AND STIMULATION SERVICES LTD p 155
7755 Edgar Industrial Dr, RED DEER, AB, T4P 3R2
(403) 347-6717   SIC 1389

ESSENTIAL ENERGY SERVICES LTD p 147
1203 - 4 St, NISKU, AB, T9E 7L3
(780) 955-5961   SIC 1389

ESSENTIAL ENERGY SERVICES LTD p 155
77 Queensgate Cres, RED DEER, AB, T4P 0R2
(403) 314-3090   SIC 1389

ESSENTIAL WELL SERVICE p 147
See ESSENTIAL ENERGY SERVICES LTD

ESSENTIAL WELL SERVICE p 155
See ESSENTIAL ENERGY SERVICES LTD

ESSEX ACT TEAM p 968
See ST. JOSEPH'S HEALTH CARE, LONDON

ESSEX ALUMINUM PLANT p 962
See FORD MOTOR COMPANY OF CANADA, LIMITED

ESSEX COUNTY ASSOCIATION FOR COMMUNITY LIVING p 961
See COMMUNITY LIVING ESSEX COUNTY

ESSEX GROUP CANADA INC p 848
20 Gilbertson Dr Suite 20, SIMCOE, ON, N3Y 4L5
(519) 428-3900   SIC 3351

ESSEX TERMINAL RAILWAY COMPANY, THE p 967
1601 Lincoln Rd, WINDSOR, ON, N8Y 2J3
(519) 973-8222   SIC 4013

ESSEX WELD SOLUTIONS LTD p 872
1720 North Talbot Rd, TECUMSEH, ON, N9A 6J3
(519) 776-9153   SIC 3499

ESSILOR p 23
See ESSILOR GROUPE CANADA INC

ESSILOR p 577
See ESSILOR GROUPE CANADA INC

ESSILOR GROUPE CANADA INC p 23
3625 12 St Ne, CALGARY, AB, T2E 6P4
(403) 250-1539   SIC 5995

ESSILOR GROUPE CANADA INC p 188
7541 Conway Ave Suite 5, BURNABY, BC, V5E 2P7
(604) 437-5300   SIC 3851

BUSINESSES ALPHABETICALLY

ESSILOR GROUPE CANADA INC p 577
347 Evans Ave, ETOBICOKE, ON, M8Z 1K2
(416) 252-5458 SIC 5049

ESSILOR GROUPE CANADA INC p 1165
525 Rue Michel-Fragasso Bureau 101, Quebec, QC, G2E 5K6
(418) 871-5193 SIC 3827

ESSILOR NETWORK IN CANADA INC p 188
7541 Conway Ave Suite 5, BURNABY, BC, V5E 2P7
(604) 437-5333 SIC 5049

ESSO HOME COMFORT p 446
See PHILIP BURGESS LTD

ESSO PETROLEUM p 184
See IMPERIAL OIL LIMITED

ESSO YMCA LEARNING AND CAREER CENTRE p 829
See YMCAS ACROSS SOUTHWESTERN ONTARIO

ESSROC-ITALCEMENTI GROUP p 806
See LEHIGH HANSON MATERIALS LIMITED

ESTATES OF SUNNYBROOK, THE p 896
2075 Bayview Ave, TORONTO, ON, M4N 3M5
(416) 487-3841 SIC 7299

ESTEE LAUDER COSMETICS LTD p 94
8882 170 St Nw Suite 2339, EDMONTON, AB, T5T 4M2
(780) 930-2166 SIC 5999

ESTEE LAUDER COSMETICS LTD p 671
100 Alden Rd, MARKHAM, ON, L3R 4C1
(905) 470-7877 SIC 2844

ESTEE LAUDER COSMETICS LTD p 755
550 Petrolia Rd, NORTH YORK, ON, M3J 2W3
(905) 944-7600 SIC 5122

ESTEE LAUDER COSMETICS LTD p 789
73 Rideau St, OTTAWA, ON, K1N 5W8
(613) 241-7511 SIC 5999

ESTEE LAUDER COSMETICS LTD p 843
161 Commander Blvd, SCARBOROUGH, ON, M1S 3K9
(416) 292-1111 SIC 5122

ESTEVAN MERCURY NEWSPAPER p 1268
See BOUNDARY PUBLISHERS LTD

ESTEVAN SUPPLY p 1268
See DNOW CANADA ULC

ESTHER'S INN LTD p 260
1151 Commercial Cres, PRINCE GEORGE, BC, V2M 6W6
(250) 564-3311 SIC 7011

ESTON MANUFACTURING p 602
See LINAMAR CORPORATION

ESTRIE, DIV DE p 1009
See SINTRA INC

ESW CANADA INC p 559
335 Connie Cres, CONCORD, ON, L4K 5R2
(905) 695-4141 SIC 3714

ETABLISSEMENT RESIDENCE DESJARDIN, L p 1221
See RESIDENCES DESJARDINS (ST-SAUVEUR) INC, LES

ETALONNAGE TECHNIQUE p 1026
See MCCANN EQUIPMENT LTD

ETB FINANCIAL p 150
See ALBERTA TREASURY BRANCHES

ETG COMMODITIES INC p 718
6220 Shawson Dr, MISSISSAUGA, ON, L5T 1J8
(416) 900-4148 SIC 6799

ETHAN ALLEN p 266
See ETHAN ALLEN (CANADA) INC

ETHAN ALLEN (CANADA) INC p 266
2633 Sweden Way Unit 170, RICHMOND, BC, V6V 2Z6
(604) 821-1191 SIC 5712

ETHAN ALLEN (CANADA) INC p 703
2161 Dundas St W, MISSISSAUGA, ON, L5K 2E2
(905) 828-2264 SIC 5712

ETHAN ALLEN HOME INTERIORS p 703

See ETHAN ALLEN (CANADA) INC
ETHANOL GREENFIELD QUEBEC INC p 1255
3300 Rte Marie-Victorin, VARENNES, QC, J3X 1P7
(450) 652-1800 SIC 2869

ETHEL M JOHNSON SCHOOL p 54
See CALGARY BOARD OF EDUCATION

ETHEL MILLIKEN PUBLIC ELEMENTARY SCHOOL p 1288
See BOARD OF EDUCATION REGINA SCHOOL DIVISION NO. 4 OF SASKATCHEWAN

ETHELBERT SCHOOL p 348
See MOUNTAIN VIEW SCHOOL DIVISION

ETHYL CANADA INC p 567
220 St Clair Pky, CORUNNA, ON, N0N 1G0
SIC 2819

ETIENNE BRULE JR PUBLIC SCHOOL p 577
See TORONTO DISTRICT SCHOOL BOARD

ETIQUETTE & RUBAN ADHESIF COMMERCE INC p 990
9700 Boul Parkway, ANJOU, QC, H1J 1P2
(514) 353-6111 SIC 2672

ETIQUETTES IMS INC p 1209
9000 Boul Henri-Bourassa O, SAINT-LAURENT, QC, H4S 1L5
(514) 336-3213 SIC 2679

ETL LOGISTICS, DIV OF p 465
See EASSONS TRANSPORT LIMITED

ETOBICOKE COLLEGIATE INSTITUTE p 579
See TORONTO DISTRICT SCHOOL BOARD

ETOBICOKE GENERAL HOSPITAL p 583
See WILLIAM OSLER HEALTH SYSTEM

ETOBICOKE GUARDIAN p 586
See METROLAND MEDIA GROUP LTD

ETOBICOKE HOSPITAL VOLUNTEER ASSOCIATION GIFT SHOP p 582
101 Humber College Blvd, ETOBICOKE, ON, M9V 1R8
(416) 747-3400 SIC 5947

ETOBICOKE SCHOOL OF THE ARTS p 577
See TORONTO DISTRICT SCHOOL BOARD

ETOBICOKE STATION B POST OFFICE p 584
See CANADA POST CORPORATION

ETOILE, L' p 1007
See CORPORATION DU THEATRE L'ETOILE

ETOILES.TV p 1103
See PRODUCTIONS LA PRESSE TELE LTEE, LES

ETSM TECHNICAL SERVICES LTD p 602
407 Silvercreek Pky N, GUELPH, ON, N1H 8G8
(519) 827-1500 SIC 3599

EUGENE COSTE SCHOOL p 54
See CALGARY BOARD OF EDUCATION

EUGENE REIMER MIDDLE SCHOOL p 179
See SCHOOL DISTRICT NO 34 (ABBOTSFORD)

EURASIA GOLD FIELDS INC p 318
3540 41st Ave W Suite 204, VANCOUVER, BC, V6N 3E6
SIC 1081

EUROCAN PULP & PAPER, DIV OF p 264
See WEST FRASER MILLS LTD

EUROLINE WINDOWS INC p 334
3352 Tennyson Ave, VICTORIA, BC, V8Z 3P6
(250) 383-8465 SIC 5031

EUROPEAN & CO. INC p 759
1 Yorkdale Rd Unit 402, NORTH YORK, ON, M6A 3A1
(416) 785-8801 SIC 5944

EUROPEAN JEWELLERY p 759
See EUROPEAN & CO. INC

EUROTEX NORTH AMERICA INC p 527
122 Middleton St, BRANTFORD, ON, N3S 7V7
(519) 753-5656 SIC 2759

EUROVIA QC CONSTRUCTION p 1003
See EUROVIA QUEBEC CONSTRUCTION INC

EUROVIA QUEBEC CONSTRUCTION INC p 1003
1550 Rue Ampere Bureau 200, BOUCHERVILLE, QC, J4B 7L4
(450) 641-8000 SIC 1611

EUROVIA QUEBEC CONSTRUCTION INC p 1123
6200 Rue Saint-Patrick, Montreal, QC, H4E 1B3
(514) 766-8256 SIC 1611

EV LOGISTICS p 234
5111 272 St, LANGLEY, BC, V4W 3Z2
(604) 857-6750 SIC 4225

EV LOGISTICS PERISHABLES p 234
See EV LOGISTICS

EVA L. DENNIS PUBLIC SCHOOL p 629
See YORK REGION DISTRICT SCHOOL BOARD

EVA'S INITIATIVES FOR HOMELESS YOUTH p 751
360 Lesmill Rd, NORTH YORK, ON, M3B 2T5
(416) 441-4060 SIC 8361

EVA'S PLACE p 751
See EVA'S INITIATIVES FOR HOMELESS YOUTH

EVAGELOU ENTERPRISES INC p 891
39 Cranfield Rd, TORONTO, ON, M4B 3H6
(416) 285-4774 SIC 7299

EVAN HARDY COLLEGIATE p 1292
See BOARD OF EDUCATION OF SASKATOON SCHOOL DIVISION NO. 13 OF SASKATCHEWAN, THE

EVANDTEC INC p 929
355 Adelaide St W Suite 500, TORONTO, ON, M5V 1S2
SIC 3443

EVANGELICAL FREE CHURCH OF CANADA MISSION p 230
7600 Glover Rd, LANGLEY, BC, V2Y 1Y1
(604) 513-2183 SIC 8661

EVANGELICAL HOUSING SOCIETY OF ALBERTA p 143
2801 13 Ave Se, Medicine Hat, AB, T1A 3R1
(403) 526-6951 SIC 6514

EVANGELICAL INTERNATIONAL CRUSADE (CANADA) INC p 572
1 Union St, ELMIRA, ON, N3B 3J9
(519) 669-8844 SIC 8699

EVANGELINE MIDDLE SCHOOL p 470
See ANNAPOLIS VALLEY REGIONAL SCHOOL BOARD

EVANS ELEMENTARY SCHOOL p 198
See SCHOOL DISTRICT NO 33 CHILLIWACK

EVANSBURG DISTRICT HEALTH CENTRE p 118
See ALBERTA HEALTH SERVICES

EVANSDALE ELEMENTARY SCHOOL p 75
See EDMONTON SCHOOL DISTRICT NO. 7

EVASC MEDICAL SYSTEMS p 314
See EVYSIO MEDICAL DEVICES ULC

EVAULT CANADA INC p 764
2315 Bristol Cir Unit 200, OAKVILLE, ON, L6H 6P8
(905) 287-2600 SIC 7371

EVELINE CHARLES SALON p 35
See EVELINE VERAART HAIR LIMITED

EVELINE VERAART HAIR LIMITED p 35
100 Anderson Rd Se Suite 273a, CALGARY, AB, T2J 3V1
(403) 571-5666 SIC 7231

EVELYN DICKSON ELEMENTARY SCHOOL p 324

See BOARD OF EDUCATION OF SCHOOL DISTRICT NO. 91 (NECHAKO LAKE), THE
EVELYN HARRISON PUBLIC SCHOOL p 651
See THAMES VALLEY DISTRICT SCHOOL BOARD

EVENT MEDICAL STAFF INC p 614
38a Bigwin Rd Unit 5, HAMILTON, ON, L8W 3R4
SIC 8399

EVENT PLANNING HEADQUARTERS p 104
6010 99 St Nw, EDMONTON, AB, T6E 3P2
(780) 435-2211 SIC 7299

EVENT SCAPE INC p 575
4 Bestobell Rd, ETOBICOKE, ON, M8W 4H3
(416) 231-8855 SIC 7389

EVENTIDE HOME p 735
See GOVERNING COUNCIL OF THE SALVATION ARMY IN CANADA, THE

EVENTMOBI p 900
See 5TOUCH SOLUTIONS INC

EVER GREEN ECOLOGICAL SERVICES INC p 91
20204 113 Ave Nw, EDMONTON, AB, T5S 0G3
(780) 239-9419 SIC 4953

EVER READY SOLUTIONS LTD p 55
316 Cedarbrae Cres Sw, CALGARY, AB, T2W 1Y4
(403) 451-9435 SIC 7381

EVEREADY HOLDINGS GP LTD p 96
15817 121a Ave Nw, EDMONTON, AB, T5V 1B1
(780) 451-6075 SIC 1389

EVEREST ELEMENTARY SCHOOL p 1155
See COMMISSION SCOLAIRE CENTRAL QUEBEC

EVEREST ENTERPRISES INTERNATIONAL p 13
See COFFEE CONNECTION LTD, THE

EVERGREEN CATHOLIC SEPARATE REGIONAL DIVISION 2 p 131
174 Maligne Dr, HINTON, AB, T7V 1J4
(780) 865-2820 SIC 8211

EVERGREEN CATHOLIC SEPARATE REGIONAL DIVISION 2 p 165
195 Weston Dr, SPRUCE GROVE, AB, T7X 1V1
(780) 962-8788 SIC 8211

EVERGREEN CATHOLIC SEPARATE REGIONAL DIVISION 2 p 165
381 Grove Dr Suite 110, SPRUCE GROVE, AB, T7X 2Y9
(780) 962-1585 SIC 8211

EVERGREEN CATHOLIC SEPARATE REGIONAL DIVISION 2 p 165
395 Grove Dr, SPRUCE GROVE, AB, T7X 2Y7
(780) 962-8787 SIC 8211

EVERGREEN CATHOLIC SEPARATE REGIONAL DIVISION 2 p 173
9916 97 St, WESTLOCK, AB, T7P 2G2
(780) 349-3644 SIC 8211

EVERGREEN CENTRE FOR STREET YOUTH p 907
See YONGE STREET MISSION, THE

EVERGREEN COMMUNITY HEALTH CENTRE p 296
See VANCOUVER COASTAL HEALTH AUTHORITY

EVERGREEN ELEMENTARY SCHOOL p 1214
See LESTER B. PEARSON SCHOOL BOARD

EVERGREEN ENERGY p 597
See ONTARIO POWER GENERATION INC

▲ Public Company   ■ Public Company Family Member   HQ Headquarters   BR Branch   SL Single Location

EVERGREEN HEALTH CENTER p 1272
See PRINCE ALBERT PARKLAND REGIONAL HEALTH AUTHORITY

EVERGREEN HEIGHTS EDUCATION CENTER p 574
See NEAR NORTH DISTRICT SCHOOL BOARD

EVERGREEN MEMORIAL GARDENS p 98
See MEMORIAL GARDENS CANADA LIMITED

EVERGREEN PARK SCHOOL p 410
See SCHOOL DISTRICT 2

EVERGREEN PUBLIC SCHOOL p 627
See KEEWATIN PATRICIA DISTRICT SCHOOL BOARD

EVERGREEN SCHOOL DIVISION p 343
251 David St, ARBORG, MB, R0C 0A0
(204) 376-5054   SIC 8211

EVERGREEN SCHOOL DIVISION p 349
52 7th Ave, GIMLI, MB, R0C 1B1
(204) 642-8546   SIC 8211

EVERGREEN SCHOOL DIVISION p 349
55 3rd Ave, GIMLI, MB, R0C 1B1
(204) 642-8581   SIC 8211

EVERGREEN SCHOOL DIVISION p 354
Gd, RIVERTON, MB, R0C 2R0
(204) 378-5145   SIC 8211

EVERGREEN SCHOOL DIVISION p 354
Thompson Dr, RIVERTON, MB, R0C 2R0
(204) 378-5135   SIC 8211

EVERGREEN SCHOOL DIVISION p 392
185 Churchill Dr, WINNIPEG BEACH, MB, R0C 3G0
(204) 389-2176   SIC 8211

EVERLINK PAYMENT SERVICES INC p 676
125 Commerce Valley Dr W Suite 100, MARKHAM, ON, L3T 7W4
(905) 946-5898   SIC 6099

EVERTRUST DEVELOPMENT GROUP CANADA INC p 671
3100 Steeles Ave E Suite 302, MARKHAM, ON, L3R 8T3
(647) 501-2345   SIC 1542

EVERTZ MICROSYSTEMS LTD p 533
5292 John Lucas Dr, BURLINGTON, ON, L7L 5Z9
(905) 335-3700   SIC 3663

EVERYDAY STYLE LTD p 962
7675 Tranby Ave, WINDSOR, ON, N8S 2B7
(519) 258-7905   SIC 5963

EVERYTHING PRODUCE LTD p 693
2501 Stanfield Rd Unit 4, MISSISSAUGA, ON, L4Y 1R6
(905) 615-9400   SIC 5148

EVIMBEC LTEE p 1066
1175 Boul Guillaume-Couture Bureau 200, Levis, QC, G6W 5M6
(418) 834-7000   SIC 8742

EVINRUDE CENTRE, THE p 809
See CORPORATION OF THE CITY OF PETERBOROUGH, THE

EVO CANADA p 1105
See EVO MERCHANT SERVICES CORP. CANADA

EVO MERCHANT SERVICES CORP. CANADA p 1105
505 Boul De Maisonneuve O Bureau 150, Montreal, QC, H3A 3C2
SIC 5046

EVOLVE SYSTEMS p 755
See GLOBAL CONTRACT INC

EVONIK CANADA INC p 124
22010 Secondary Hwy 643 E, GIBBONS, AB, T0A 1N4
(780) 992-3300   SIC 2869

EVONIK CANADA INC p 667
1380 County Road 2, MAITLAND, ON, K0E 1P0
(613) 348-7711   SIC 2819

EVONIK INDUSTRIES p 667
1380 County Road 2, MAITLAND, ON, K0E 1P0
(613) 348-7171   SIC 5169

EVONIK INDUSTRIES p 854
321 Welland Ave, ST CATHARINES, ON, L2R 2R2
(905) 688-6470   SIC 2899

EVONIK OIL ADDITIVES CANADA IN p 723
12695 County Road 28, MORRISBURG, ON, K0C 1X0
(613) 543-2983   SIC 5169

EVOQUA WATER TECHNOLOGIES LTD p 716
2045 Drew Rd, MISSISSAUGA, ON, L5S 1S4
(905) 890-2803   SIC 3589

EVRAZ INC. NA CANADA p 17
7201 Ogden Dale Rd Se, CALGARY, AB, T2C 2A4
(403) 279-3351   SIC 3312

EVRAZ INC. NA CANADA p 1285
100 Armour Rd, REGINA, SK, S4P 3C7
(306) 924-7700   SIC 3312

EVRAZ NORTH AMERICA p 17
See EVRAZ INC. NA CANADA

EVRAZ REGINA STEEL p 1285
See EVRAZ INC. NA CANADA

EVRIPOS JANITORIAL SERVICES LTD p 793
136 Flora St Suite 1, OTTAWA, ON, K1R 5R5
(613) 232-9069   SIC 7349

EVYSIO MEDICAL DEVICES ULC p 314
1099 8th Ave W Unit 107, VANCOUVER, BC, V6H 1C3
(604) 742-0600   SIC 8733

EWA-CANADA p 787
See ELECTRONIC WARFARE ASSOCIATES-CANADA LTD

EWING INTERNATIONAL INC p 957
1445 Hopkins St, WHITBY, ON, L1N 2C2
(416) 291-1675   SIC 3463

EWS LEAMINGTON p 646
See 1544982 ONTARIO INC

EX-CEL ACOUSTICS LTD p 261
4162 Cowart Rd, PRINCE GEORGE, BC, V2N 6H9
(250) 563-4181   SIC 1742

EXACTA TOOL 2010 ULC p 524
120 Van Kirk Dr, BRAMPTON, ON, L7A 1B1
(905) 840-2240   SIC 5084

EXALTA TRANSPORT CORP p 17
5545 52 Ave Se, CALGARY, AB, T2C 4M1
(403) 531-2550   SIC 4213

EXALTA TRANSPORT CORP p 104
4174 95 St Nw, EDMONTON, AB, T6E 6H5
(780) 490-1112   SIC 4213

EXALTA TRANSPORT CORP p 144
1849 30 St Sw, MEDICINE HAT, AB, T1B 3N6
(403) 526-5961   SIC 4213

EXCAVATION LOISELLE INC p 1035
1679 Rue Jean-Louis-Malette, GATINEAU, QC, J8R 0C1
SIC 1794

EXCAVATION MICHEL PARADIS INC p 1187
780 Boul Hamel, Saint-Felicien, QC, G8K 1X9
(418) 679-4533   SIC 1794

EXCAVATION RENE ST-PIERRE INC p 1238
3055 Boul Queen-Victoria, SHERBROOKE, QC, J1J 4N8
(819) 565-1494   SIC 1795

EXCAVATIONS PAYETTE LTEE, LES p 990
7900 Rue Bombardier, ANJOU, QC, H1J 1A4
(514) 322-4800   SIC 1794

EXCEL p 11
See WALMART CANADA LOGISTICS ULC

EXCEL AUTOMOBILES MONTREAL LTEE p 1081
5470 Rue Pare, MONT-ROYAL, QC, H4P 2M1
(514) 342-6363   SIC 5521

EXCEL COACH LINES LTD p 627
1350 Highway 17 E, KENORA, ON, P9N 1M2
SIC 4151

EXCEL HONDA p 1081
See EXCEL AUTOMOBILES MONTREAL LTEE

EXCEL LIGHTING & MANUFACTURING LTD p 559
388 Romina Dr, CONCORD, ON, L4K 5X9
(416) 747-1388   SIC 5063

EXCEL PERSONNEL INC p 220
418 St Paul St Suite 200, KAMLOOPS, BC, V2C 2J6
(250) 374-3853   SIC 7361

EXCEL RESOURCES SOCIETY p 84
11831 123 St Nw, EDMONTON, AB, T5L 0G7
(780) 424-4366   SIC 8322

EXCEL TRANSPORTATION ALBERTA INC p 258
333 Ongman Rd, PRINCE GEORGE, BC, V2K 4K9
(250) 563-7356   SIC 4212

EXCELDOR COOPERATIVE p 1003
1205 Rue Ampere Bureau 201, BOUCHERVILLE, QC, J4B 7M6
SIC 5499

EXCELDOR COOPERATIVE p 1179
1000 Rte Begin, SAINT-ANSELME, QC, G0R 2N0
(418) 885-4451   SIC 2015

EXCELDOR COOPERATIVE p 1184
125 Rue Sainte-Anne Gd, SAINT-DAMASE, QC, J0H 1J0
(450) 797-3331   SIC 2011

EXCELLENT GESTION INC p 1152
550 Boul Pere-Lelievre Bureau 100, Quebec, QC, G1M 3R2
(418) 529-3868   SIC 8299

EXCELLERIS TECHNOLOGIES INC p 189
3500 Gilmore Way Suite 200, BURNABY, BC, V5G 4W7
(604) 566-8420   SIC 7376

EXCELSYSTEMS DEVELOPPEMENT DE LOGICIELS p 1114
See FRESCHE SOLUTIONS INC

EXCHANGE SOLUTIONS INC p 908
36 Toronto St Suite 1200, TORONTO, ON, M5C 2C5
(416) 646-7000   SIC 8741

EXCHANGE TECHNOLOGY SERVICES p 383
See R1 GP INC

EXCO ENGINEERING p 733
See EXCO TECHNOLOGIES LIMITED

EXCO EXTRUSION DIES p 671
See EXCO TECHNOLOGIES LIMITED

EXCO INDUSTRIES p 176
See NORBORD INDUSTRIES INC

EXCO TECHNOLOGIES LIMITED p 451
35 Akerley Blvd, DARTMOUTH, NS, B3B 1J7
(902) 468-6663   SIC 3089

EXCO TECHNOLOGIES LIMITED p 671
130 Spy Crt Unit 1, MARKHAM, ON, L3R 5H6
(905) 477-1208   SIC 3544

EXCO TECHNOLOGIES LIMITED p 733
1314 Ringwell Dr, NEWMARKET, ON, L3Y 9C6
(905) 853-8568   SIC 3544

EXCO TECHNOLOGIES LIMITED p 946
2 Parratt Rd, UXBRIDGE, ON, L9P 1R1
(905) 852-0121   SIC 3545

EXECAIRE p 716
See I.M.P. GROUP LIMITED

EXECAIRE p 1026
See I.M.P. GROUP LIMITED

EXECUTIVE AIRPORT PLAZA p 269
See EXECUTIVE HOTELS GENERAL PARTNERSHIP

EXECUTIVE BUSINESS PROGRAMM (DIV OF) p 655
See IVEY MANAGEMENT SERVICES

EXECUTIVE EDUCATION p 320
See UNIVERSITY OF BRITISH COLUMBIA, THE

EXECUTIVE HOTELS & RESORT p 322
See EXECUTIVE HOTELS GENERAL PARTNERSHIP

EXECUTIVE HOTELS & RESORTS p 202
See EXECUTIVE HOTELS GENERAL PARTNERSHIP

EXECUTIVE HOTELS GENERAL PARTNERSHIP p 202
405 North Rd, COQUITLAM, BC, V3K 3V9
(604) 936-9399   SIC 7011

EXECUTIVE HOTELS GENERAL PARTNERSHIP p 269
7311 Westminster Hwy, RICHMOND, BC, V6X 1A3
(604) 278-5555   SIC 7011

EXECUTIVE HOTELS GENERAL PARTNERSHIP p 322
1379 Howe St, VANCOUVER, BC, V6Z 1R7
(604) 688-7678   SIC 7011

EXECUTIVE HOUSE LTD p 331
777 Douglas St, VICTORIA, BC, V8W 2B5
(250) 388-5111   SIC 7011

EXECUTIVE INN HOTELS p 187
See SAYANI INVESTMENTS LTD

EXECUTIVE MAT SERVICE LTD p 13
115 28 St Se Suite 6, CALGARY, AB, T2A 5K4
(403) 720-5905   SIC 7218

EXECUTIVE PLAZA p 202
See SAYANI INVESTMENTS LTD

EXECUTIVE ROYAL INN LEDUC p 136
See REMAI KORPACH VENTURES INC

EXECUTIVE WOODWORK LTD p 559
330 Spinnaker Way, CONCORD, ON, L4K 4W1
(905) 669-6429   SIC 7389

EXECUTIVE WOODWORK LTD p 873
110 Confederation Way, THORNHILL, ON, L3T 5R5
(905) 660-5995   SIC 7389

EXEL CANADA LTD p 524
100 Sandalwood Pky W, BRAMPTON, ON, L7A 1A8
(905) 970-7200   SIC 4225

EXEL CANADA LTD p 527
225 Henry St Suite 4, BRANTFORD, ON, N3S 7R4
(519) 754-0155   SIC 4225

EXEL CANADA LTD p 541
12333 Airport Rd, CALEDON, ON, L7C 2X3
(905) 951-6838   SIC 4225

EXEL CANADA LTD p 714
90 Matheson Blvd W Suite 111, MISSISSAUGA, ON, L5R 3R3
(905) 366-7700   SIC 4225

EXETER ELEMENTARY SCHOOL p 588
See AVON MAITLAND DISTRICT SCHOOL BOARD

EXETER RESOURCE CORPORATION p 307
999 Hastings St W Suite 1660, VANCOUVER, BC, V6C 2W2
(604) 688-9592   SIC 1041

EXFO 2 PRODUCTION p 1152
See EXFO INC

EXFO INC p 1152
436 Rue Nolin, Quebec, QC, G1M 1E7
(418) 683-0211   SIC 3827

EXHIBITION CINEMAS p 414
See EMPIRE THEATRES LIMITED

EXIDE TECHNOLOGIES p 1069
See EXIDE TECHNOLOGIES CANADA CORPORATION

EXIDE TECHNOLOGIES CANADA CORPORATION p 708
6950 Creditview Rd Suite 3, MISSISSAUGA, ON, L5N 0A6
(905) 817-1773   SIC 5063

EXIDE TECHNOLOGIES CANADA CORPORATION p
1069
2109 Boul Fernand-Lafontaine, LONGUEUIL, QC, J4G 2J4
(450) 655-1616   SIC 5013
EXKOR MANUFACTURING p 961
See LINAMAR CORPORATION
EXO-FRUITS p 1121
See 2739-9708 QUEBEC INC
EXO-S INC p 1171
425 10e Av, RICHMOND, QC, J0B 2H0
(819) 826-5911   SIC 3089
EXOL AUBURY ELEMETARY SCHOOL p 185
See BURNABY SCHOOL BOARD DISTRICT 41
EXOTIK TOURS p 691
See TRAVELBRANDS INC
EXOVA p 543
See EXOVA CANADA INC
EXOVA ACCUTEST p 726
See EXOVA CANADA INC
EXOVA CANADA INC p 23
4605 12 St Ne, CALGARY, AB, T2E 4R3
SIC 8731
EXOVA CANADA INC p 281
19575 55a Ave Suite 104, SURREY, BC, V3S 8P8
(604) 514-3322   SIC 6141
EXOVA CANADA INC p 543
15 High Ridge Crt, CAMBRIDGE, ON, N1R 7L3
(519) 621-8191   SIC 8734
EXOVA CANADA INC p 637
9 Shirley Ave, KITCHENER, ON, N2B 2E6
(519) 744-6301   SIC 3398
EXOVA CANADA INC p 703
2395 Speakman Dr Suite 583, MISSISSAUGA, ON, L5K 1B3
(905) 822-4111   SIC 8734
EXOVA CANADA INC p 726
146 Colonnade Rd Unit 8, NEPEAN, ON, K2E 7Y1
(613) 727-5692   SIC 8731
EXOVA CANADA INC p 1141
121 Boul Hymus, POINTE-CLAIRE, QC, H9R 1E6
(514) 697-3273   SIC 8734
EXP GLOBAL p 104
See EXP SERVICES INC
EXP GLOBAL p 1105
See EXP SERVICES INC
EXP SERVICES INC p 31
7220 Fisher St Se Unit 375, CALGARY, AB, T2H 2H8
(403) 509-3030   SIC 8711
EXP SERVICES INC p 104
8616 51 Ave Nw Unit 101, EDMONTON, AB, T6E 6E6
(780) 435-3662   SIC 8711
EXP SERVICES INC p 189
3001 Wayburne Dr Suite 275, BURNABY, BC, V5G 4W3
(604) 874-1245   SIC 8711
EXP SERVICES INC p 400
1133 Regent St Suite 300, FREDERICTON, NB, E3B 3Z2
(506) 452-9000   SIC 8711
EXP SERVICES INC p 433
60 Pippy Pl Suite 200, ST. JOHN'S, NL, A1B 4H7
(709) 579-2027   SIC 8711
EXP SERVICES INC p 497
561 Bryne Dr, BARRIE, ON, L4N 9Y3
(705) 734-6222   SIC 8711
EXP SERVICES INC p 514
1595 Clark Blvd, BRAMPTON, ON, L6T 4V1
(905) 793-9800   SIC 8711
EXP SERVICES INC p 547
405 Maple Grove Rd Unit 6, CAMBRIDGE, ON, N3E 1B6
(519) 650-4918   SIC 8711
EXP SERVICES INC p 726
154 Colonnade Rd, NEPEAN, ON, K2E 7J5
(613) 225-9940   SIC 8711
EXP SERVICES INC p 862
See EXP SERVICES INC
EXP SERVICES INC p 862
428 Millen Rd Suite 1, STONEY CREEK, ON, L8E 3N9
(905) 664-3300   SIC 8711
EXP SERVICES INC p 870
885 Regent St Suite 3-6a, SUDBURY, ON, P3E 5M4
(705) 674-9681   SIC 8711
EXP SERVICES INC p 873
220 Commerce Valley Dr W Suite 500, THORNHILL, ON, L3T 0A8
(905) 695-3217   SIC 8711
EXP SERVICES INC p 884
690 River Park Rd Suite 401, TIMMINS, ON, P4P 1B4
(705) 268-4351   SIC 8711
EXP SERVICES INC p 1038
170 Rue Deveault Bureau 100, GATINEAU, QC, J8Z 1S6
(819) 777-0332   SIC 8711
EXP SERVICES INC p 1105
1001 Boul De Maisonneuve O Bureau 800b, Montreal, QC, H3A 3C8
(514) 788-6158   SIC 8711
EXP SERVICES INC p 1238
2605 Rue Bonin, SHERBROOKE, QC, J1K 1C5
(819) 821-4373   SIC 8711
EXP SERVICES INC p 1238
See EXP SERVICES INC
EXP SERVICES INC p 1238
150 Rue De Vimy, SHERBROOKE, QC, J1J 3M7
(819) 562-3871   SIC 8711
EXP SERVICES INC p 1260
50 Rte De La Grande-Ligne, VICTORIAVILLE, QC, G6T 0E6
(819) 758-8265   SIC 8711
EXPAND ENERGY CORPORATION p 44
404 6 Ave Sw Unit 645, CALGARY, AB, T2P 0R9
SIC 1382
EXPEDIA CANADA CORP p 1102
63 Rue De Bresoles Bureau 100, Montreal, QC, H2Y 1V7
(514) 286-8180   SIC 3823
EXPEDIA CRUISESHIP CENTRES p 652
See CRUISESHIPCENTERS INTERNATIONAL INC
EXPEDIA CRUSIE SHIP CENTRE p 248
See CRUISESHIPCENTERS INTERNATIONAL INC
EXPEDIBUS p 1029
330 Rue Heriot, DRUMMONDVILLE, QC, J2B 1A8
(819) 477-2111   SIC 4213
EXPEDITIONS EN RIVIERE DU NOUVEAU MONDE LTEE, LES p 1043
100 Rue De La Riviere Rouge, GRENVILLE-SUR-LA-ROUGE, QC, J0V 1B0
(819) 242-7238   SIC 4725
EXPEDITORS CANADA INC p 23
2340 Pegasus Way Ne Suite 123, CALGARY, AB, T2E 8M5
(403) 265-9390   SIC 4731
EXPEDITORS CANADA INC p 268
21320 Gordon Way Suite 200, RICHMOND, BC, V6W 1J8
(604) 244-8543   SIC 4731
EXPEDITORS CANADA INC p 714
55 Standish Crt Suite 1100, MISSISSAUGA, ON, L5R 4A1
(905) 290-6000   SIC 4731
EXPEDITORS CANADA INC p 965
2485 Ouellette Ave Suite 100, WINDSOR, ON, N8X 1L5
(519) 967-0975   SIC 4731
EXPEDITORS CANADA INC p 1212
6700 Ch De La Cote-De-Liesse Bureau 501, SAINT-LAURENT, QC, H4T 2B5
(514) 340-1614   SIC 4731
EXPERT EN SINISTRE S C M p 1161
See SCM INSURANCE SERVICES INC
EXPERTECH p 1086
See EXPERTECH BATISSEUR DE RESEAUX INC
EXPERTECH p 1086
See EXPERTECH NETWORK INSTALLATION INC
EXPERTECH BATISSEUR DE RESEAUX INC p 1086
2555 Boul De L'assomption, Montreal, QC, H1N 2G8
(866) 616-8459   SIC 1731
EXPERTECH NETWORK p 729
See EXPERTECH NETWORK INSTALLATION INC
EXPERTECH NETWORK INSTALLATION INC p 585
240 Attwell Dr, ETOBICOKE, ON, M9W 5B2
SIC 1623
EXPERTECH NETWORK INSTALLATION INC p 638
998 Wilson Ave, KITCHENER, ON, N2C 1J3
SIC 4899
EXPERTECH NETWORK INSTALLATION INC p 664
220 Exeter Rd, LONDON, ON, N6L 1A3
SIC 4899
EXPERTECH NETWORK INSTALLATION INC p 729
340 Moodie Dr, NEPEAN, ON, K2H 8G3
SIC 4813
EXPERTECH NETWORK INSTALLATION INC p 1086
2555 Boul De L'assomption, Montreal, QC, H1N 2G8
(514) 255-6665   SIC 1731
EXPERTECH NETWORK INSTALLATION INC p 1141
133 Boul Hymus, POINTE-CLAIRE, QC, H9R 1E7
(514) 697-0230   SIC 4899
EXPERTS DE LA COSMETIQUE VEGETALE, LES p 1069
See YVES ROCHER AMERIQUE DU NORD INC
EXPLOITS VALLEY HIGH SCHOOL p 427
See NOVA CENTRAL SCHOOL DISTRICT
EXPLORATION PRODUCTION INC p 843
9 Channel Nine Crt, SCARBOROUGH, ON, M1S 4B5
(416) 332-5700   SIC 7812
EXPLORER HOTEL, THE p 439
See NUNASTAR PROPERTIES INC
EXPLOSIVES LIMITED p 31
5511 6 St Se, CALGARY, AB, T2H 1L6
(403) 255-7776   SIC 5169
EXPORT DEVELOPMENT CANADA p 782
150 Slater St, OTTAWA, ON, K1A 1K3
(613) 598-2500   SIC 6111
EXPORT DEVELOPMENT CANADA p 914
150 York St Suite 810, TORONTO, ON, M5H 3S5
(416) 640-7600   SIC 6111
EXPORT DEVELOPMENT CANADA p 1126
800 Rue Du Square-Victoria Bureau 4520, Montreal, QC, H4Z 1A1
(514) 215-7200   SIC 6111
EXPORT PACKERS COMPANY LIMITED p 511
3 Edvac Dr, BRAMPTON, ON, L6S 5X8
(905) 595-0777   SIC 5142
EXPORT PACKERS COMPANY LIMITED p 514
107 Walker Dr, BRAMPTON, ON, L6T 5K5
(905) 792-9700   SIC 5142
EXPRESS COMPUTER SERVICE CENTER INC p 290
3033 King George Blvd Suite 28, SURREY, BC, V4P 1A8
SIC 7378
EXPRESS COMPUTERS p 290
See EXPRESS COMPUTER SERVICE CENTER INC
EXPRESS S.R.S. p 1252
See TRANSPORT BELLEMARE INTERNATIONAL INC
EXSHAW SCHOOL p 118
See CANADIAN ROCKIES REGIONAL DIVISION NO 12
EXSPACE p 1005
See SYSTEMES NORBEC INC
EXTEND COMMUNICATIONS INC p 528
49 Charlotte St, BRANTFORD, ON, N3T 2W4
(416) 534-0477   SIC 7389
EXTEND COMMUNICATIONS INC p 543
51 Water St N, CAMBRIDGE, ON, N1R 3B3
(519) 621-6730   SIC 7389
EXTENDICARE (CANADA) INC p 4
4517 53 St, ATHABASCA, AB, T9S 1K4
(780) 675-2291   SIC 8051
EXTENDICARE (CANADA) INC p 7
4602 47 Ave, BONNYVILLE, AB, T9N 2E8
(780) 826-3341   SIC 8051
EXTENDICARE (CANADA) INC p 39
1512 8 Ave Nw, CALGARY, AB, T2N 1C1
(403) 289-0236   SIC 8051
EXTENDICARE (CANADA) INC p 102
8008 95 Ave Nw, EDMONTON, AB, T6C 2T1
(780) 469-1307   SIC 8051
EXTENDICARE (CANADA) INC p 118
654 29th St, FORT MACLEOD, AB, T0L 0Z0
(403) 553-3955   SIC 8051
EXTENDICARE (CANADA) INC p 135
4309 50 St, LEDUC, AB, T9E 6K6
(780) 986-2245   SIC 8051
EXTENDICARE (CANADA) INC p 387
2060 Corydon Ave, WINNIPEG, MB, R3P 0N3
(204) 889-2650   SIC 8051
EXTENDICARE (CANADA) INC p 493
5 Fairway Blvd Unit 10, BANCROFT, ON, K0L 1C0
(613) 332-0590   SIC 8051
EXTENDICARE (CANADA) INC p 566
812 Pitt St Suite 16, CORNWALL, ON, K6J 5R1
(613) 932-4661   SIC 8051
EXTENDICARE (CANADA) INC p 576
56 Aberfoyle Cres, ETOBICOKE, ON, M8X 2W4
(416) 236-1061   SIC 8051
EXTENDICARE (CANADA) INC p 605
167 Park St, HALIBURTON, ON, K0M 1S0
(705) 457-1722   SIC 8051
EXTENDICARE (CANADA) INC p 614
883 Upper Wentworth St Suite 301, HAMILTON, ON, L9A 4Y6
(905) 318-8522   SIC 8051
EXTENDICARE (CANADA) INC p 616
90 Chedmac Dr Suite 2317, HAMILTON, ON, L9C 7W1
(905) 318-4472   SIC 8051
EXTENDICARE (CANADA) INC p 620
367 Muskoka Rd 3 N Unit 6, HUNTSVILLE, ON, P1H 1H6
(705) 788-9899   SIC 8051
EXTENDICARE (CANADA) INC p 633
309 Queen Mary Rd, KINGSTON, ON, K7M 6P4
(613) 549-5010   SIC 8051
EXTENDICARE (CANADA) INC p 635
786 Blackburn Mews, KINGSTON, ON, K7P 2N7
(613) 549-0112   SIC 8051
EXTENDICARE (CANADA) INC p 647
108 Angeline St S Suite 1, LINDSAY, ON, K9V 3L5
(705) 328-2280   SIC 8051
EXTENDICARE (CANADA) INC p 671
3000 Steeles Ave E Suite 700, MARKHAM, ON, L3R 9W2
(905) 470-1400   SIC 8051
EXTENDICARE (CANADA) INC p 733
320 Harry Walker Pky N Suite 11, NEW-

MARKET, ON, L3Y 7B4
SIC 8051

EXTENDICARE (CANADA) INC p 739
509 Glendale Ave Suite 200, NIAGARA ON THE LAKE, ON, L0S 1J0
(905) 682-6555 SIC 8051

EXTENDICARE (CANADA) INC p 741
222 Mcintyre St W Suite 202, NORTH BAY, ON, P1B 2Y8
(705) 495-4391 SIC 8051

EXTENDICARE (CANADA) INC p 746
550 Cummer Ave, NORTH YORK, ON, M2K 2M2
(416) 226-1331 SIC 8051

EXTENDICARE (CANADA) INC p 763
124 Lloyd St Rr 1, NORTHBROOK, ON, K0H 2G0
(613) 336-9120 SIC 8051

EXTENDICARE (CANADA) INC p 768
700 Dorval Sr Suite 111, OAKVILLE, ON, L6K 3V3
(905) 847-1025 SIC 8051

EXTENDICARE (CANADA) INC p 781
1143 Wentworth St W Ste 201, OSHAWA, ON, L1J 8P7
(905) 433-7600 SIC 8741

EXTENDICARE (CANADA) INC p 795
1145 Hunt Club Rd Suite 400, OTTAWA, ON, K1V 0Y3
(613) 728-7080 SIC 8051

EXTENDICARE (CANADA) INC p 806
595 Pembroke St E, PEMBROKE, ON, K8A 3L7
(613) 735-4165 SIC 8059

EXTENDICARE (CANADA) INC p 809
80 Alexander Ave, PETERBOROUGH, ON, K9J 6B4
(705) 743-7552 SIC 8051

EXTENDICARE (CANADA) INC p 836
3830 Lawrence Ave E Suite 103, SCARBOROUGH, ON, M1G 1R6
(416) 439-1243 SIC 8051

EXTENDICARE (CANADA) INC p 836
60 Guildwood Pky Suite 327, SCARBOROUGH, ON, M1E 1N9
(416) 266-7711 SIC 8051

EXTENDICARE (CANADA) INC p 847
15 Hollinger Lane, SCHUMACHER, ON, P0N 1G0
(705) 360-1913 SIC 8059

EXTENDICARE (CANADA) INC p 864
55 Lorne Ave E Suite 4, STRATFORD, ON, N5A 6S4
SIC 8051

EXTENDICARE (CANADA) INC p 866
323 Caradoc St S, STRATHROY, ON, N7G 2P3
SIC 8051

EXTENDICARE (CANADA) INC p 911
480 University Ave Suite 708, TORONTO, ON, M5G 1V2
(416) 977-5008 SIC 8051

EXTENDICARE (CANADA) INC p 1293
2225 Preston Ave, SASKATOON, SK, S7J 2E7
(306) 374-2242 SIC 8051

EXTENDICARE ATHABASCA p 4
See EXTENDICARE (CANADA) INC

EXTENDICARE BAYVIEW p 746
See EXTENDICARE INC

EXTENDICARE BONNYVILLE p 7
See EXTENDICARE (CANADA) INC

EXTENDICARE BRAMPTON p 522
See EXTENDICARE INC

EXTENDICARE CEDARS VILLA p 60
See EXTENDICARE INC

EXTENDICARE COBOURG p 554
See EXTENDICARE INC

EXTENDICARE ELMVIEW p 1288
See EXTENDICARE INC

EXTENDICARE FAIRMONT p 139
See EXTENDICARE INC

EXTENDICARE FALCONBRIDGE p 867
See EXTENDICARE INC

EXTENDICARE FORT MACLEOD p 118
See EXTENDICARE (CANADA) INC

EXTENDICARE GUILDWOOD p 836
See EXTENDICARE INC

EXTENDICARE GUILDWOOD p 836
See EXTENDICARE (CANADA) INC

EXTENDICARE HALIBURTON p 605
See EXTENDICARE (CANADA) INC

EXTENDICARE HALTON HILLS p 591
See EXTENDICARE INC

EXTENDICARE HAMILTON p 616
See EXTENDICARE (CANADA) INC

EXTENDICARE HILLCREST p 39
See EXTENDICARE (CANADA) INC

EXTENDICARE HOLYROOD p 102
See EXTENDICARE (CANADA) INC

EXTENDICARE INC p 60
3330 8 Ave Sw, CALGARY, AB, T3C 0E7
(403) 249-8915 SIC 8051

EXTENDICARE INC p 139
115 Fairmont Blvd S, LETHBRIDGE, AB, T1K 5V2
(403) 320-0120 SIC 8051

EXTENDICARE INC p 142
4706 54 St, MAYERTHORPE, AB, T0E 1N0
(780) 786-2211 SIC 8051

EXTENDICARE INC p 155
12 Michener Blvd Suite 3609, RED DEER, AB, T4P 0M1
(403) 348-0340 SIC 8051

EXTENDICARE INC p 165
4614 47 Ave, ST PAUL, AB, T0A 3A3
(780) 645-3375 SIC 8051

EXTENDICARE INC p 172
715 2nd Ave S, VULCAN, AB, T0L 2B0
(403) 485-2022 SIC 8051

EXTENDICARE INC p 172
5020 57th Ave, VIKING, AB, T0B 4N0
(780) 336-4790 SIC 8051

EXTENDICARE INC p 384
2395 Ness Ave, WINNIPEG, MB, R3J 1A5
(204) 888-3005 SIC 8051

EXTENDICARE INC p 507
264 King St E Suite 306, BOWMANVILLE, ON, L1C 1P9
(905) 623-2553 SIC 8051

EXTENDICARE INC p 507
26 Elgin St, BOWMANVILLE, ON, L1C 3C8
(905) 623-5731 SIC 8051

EXTENDICARE INC p 508
98 Pine St Suite 610, BRACEBRIDGE, ON, P1L 1N5
(705) 645-4488 SIC 8051

EXTENDICARE INC p 522
7891 Mclaughlin Rd, BRAMPTON, ON, L6Y 5H8
(905) 459-4904 SIC 8051

EXTENDICARE INC p 554
130 New Densmore Rd, COBOURG, ON, K9A 5W2
(905) 372-0377 SIC 8051

EXTENDICARE INC p 579
420 The East Mall, ETOBICOKE, ON, M9B 3Z9
(416) 621-8000 SIC 8051

EXTENDICARE INC p 580
140 Sherway Dr, ETOBICOKE, ON, M9C 1A4
(416) 259-2573 SIC 8051

EXTENDICARE INC p 591
9 Lindsay Crt, GEORGETOWN, ON, L7G 6G9
(905) 702-8760 SIC 8051

EXTENDICARE INC p 594
1715 Montreal Rd, GLOUCESTER, ON, K1J 6N4
(613) 741-5122 SIC 8051

EXTENDICARE INC p 605
143 Bruce St, HAILEYBURY, ON, P0J 1K0
(705) 672-2151 SIC 8051

EXTENDICARE INC p 605
85 Main St Rr 6, HAGERSVILLE, ON, N0A 1H0
(905) 768-1641 SIC 8051

EXTENDICARE INC p 611
570 King St W, HAMILTON, ON, L8P 1C2
(905) 524-1283 SIC 8051

EXTENDICARE INC p 612
39 Mary St, HAMILTON, ON, L8R 3L8
(905) 523-6427 SIC 8051

EXTENDICARE INC p 626
45 Ontario St, KAPUSKASING, ON, P5N 2Y5
(705) 335-8337 SIC 8051

EXTENDICARE INC p 633
309 Queen Mary Rd, KINGSTON, ON, K7M 6P4
(613) 549-5010 SIC 8051

EXTENDICARE INC p 645
19 Fraser St, LAKEFIELD, ON, K0L 2H0
(705) 652-7112 SIC 8051

EXTENDICARE INC p 647
125 Colborne St E, LINDSAY, ON, K9V 6J2
(705) 878-5392 SIC 8051

EXTENDICARE INC p 655
860 Waterloo St, LONDON, ON, N6A 3W6
(519) 433-6658 SIC 8051

EXTENDICARE INC p 697
55 Queensway W, MISSISSAUGA, ON, L5B 1B5
(905) 270-0170 SIC 8051

EXTENDICARE INC p 722
855 John Watt Blvd, MISSISSAUGA, ON, L5W 1W4
(905) 696-0719 SIC 8051

EXTENDICARE INC p 746
550 Cummer Ave, NORTH YORK, ON, M2K 2M2
(416) 226-1331 SIC 8051

EXTENDICARE INC p 767
291 Reynolds St Suite 128, OAKVILLE, ON, L6J 3L5
(905) 849-7766 SIC 8051

EXTENDICARE INC p 799
1865 Baseline Rd, OTTAWA, ON, K2C 3K6
(613) 225-5650 SIC 8051

EXTENDICARE INC p 800
114 Starwood Rd, OTTAWA, ON, K2G 3N5
(613) 224-3960 SIC 8051

EXTENDICARE INC p 800
2179 Elmira Dr, OTTAWA, ON, K2C 3S1
(613) 829-3501 SIC 8051

EXTENDICARE INC p 817
360 Croft St Suite 1124, PORT HOPE, ON, L1A 4K8
(905) 885-1266 SIC 8051

EXTENDICARE INC p 818
4551 East St, PORT STANLEY, ON, N5L 1J6
(519) 782-3339 SIC 8051

EXTENDICARE INC p 832
39 Van Daele St, SAULT STE. MARIE, ON, P6B 4V3
(705) 949-7934 SIC 8051

EXTENDICARE INC p 834
551 Conlins Rd, SCARBOROUGH, ON, M1B 5S1
(416) 282-6768 SIC 8051

EXTENDICARE INC p 836
60 Guildwood Pky Suite 327, SCARBOROUGH, ON, M1E 1N9
(416) 266-7711 SIC 8051

EXTENDICARE INC p 846
1020 Mcnicoll Ave Suite 547, SCARBOROUGH, ON, M1W 2J6
(416) 499-2020 SIC 8051

EXTENDICARE INC p 855
283 Pelham Rd, ST CATHARINES, ON, L2S 1X7
(905) 688-3311 SIC 8051

EXTENDICARE INC p 861
199 Glover Rd, STONEY CREEK, ON, L8E 5J2
(905) 643-1795 SIC 8051

EXTENDICARE INC p 867
281 Falconbridge Rd, SUDBURY, ON, P3A 5K4
(705) 566-7980 SIC 8051

EXTENDICARE INC p 870
333 York St, SUDBURY, ON, P3E 5J3
(705) 674-4221 SIC 8051

EXTENDICARE INC p 872
2475 St. Alphonse St Suite 1238, TECUMSEH, ON, N8N 2X2
(519) 739-2998 SIC 8051

EXTENDICARE INC p 891
2045 Finch Ave W, TORONTO, ON, M3N 1M9
(416) 745-0811 SIC 8051

EXTENDICARE INC p 936
150 Dunn Ave, TORONTO, ON, M6K 2R6
(705) 645-4488 SIC 8051

EXTENDICARE INC p 971
1255 North Talbot Rd, WINDSOR, ON, N9G 3A4
(519) 945-7249 SIC 8051

EXTENDICARE INC p 1275
1151 Coteau St W, MOOSE JAW, SK, S6H 5G5
(306) 693-5191 SIC 8051

EXTENDICARE INC p 1288
260 Sunset Dr, REGINA, SK, S4S 2S3
(306) 586-3355 SIC 8051

EXTENDICARE INC p 1288
4125 Rae St, REGINA, SK, S4S 3A5
(306) 586-1787 SIC 8051

EXTENDICARE INC p 1288
4540 Rae St, REGINA, SK, S4S 3B4
(306) 586-0220 SIC 8051

EXTENDICARE KAPUSKASING p 626
See EXTENDICARE INC

EXTENDICARE KAWARTHA LAKES p 647
See EXTENDICARE INC

EXTENDICARE KINGSTON p 633
See EXTENDICARE (CANADA) INC

EXTENDICARE KINGSTON p 633
See EXTENDICARE INC

EXTENDICARE LAKEFIELD p 645
See EXTENDICARE INC

EXTENDICARE LAURIER MANOR p 594
See EXTENDICARE INC

EXTENDICARE LEDUC p 135
See EXTENDICARE (CANADA) INC

EXTENDICARE LONDON p 655
See EXTENDICARE INC

EXTENDICARE MAYERTHORPE p 142
See EXTENDICARE INC

EXTENDICARE MEDEX p 799
See EXTENDICARE INC

EXTENDICARE MICHENER HILL p 155
See EXTENDICARE INC

EXTENDICARE MISSISSAUGA p 722
See EXTENDICARE INC

EXTENDICARE MOOSE JAW p 1275
See EXTENDICARE INC

EXTENDICARE OAKVIEW PLACE p 384
See EXTENDICARE INC

EXTENDICARE PARKSIDE p 1288
See EXTENDICARE INC

EXTENDICARE PETERBOROUGH p 809
See EXTENDICARE (CANADA) INC

EXTENDICARE PORT HOPE p 817
See EXTENDICARE INC

EXTENDICARE PORT STANLEY p 818
See EXTENDICARE INC

EXTENDICARE PRESTON p 1293
See EXTENDICARE (CANADA) INC

EXTENDICARE ROUGE VALLEY p 834
See EXTENDICARE INC

EXTENDICARE SCARBOROUGH p 836
See EXTENDICARE (CANADA) INC

EXTENDICARE SOUTHWOOD LAKES p 971
See EXTENDICARE INC

EXTENDICARE ST. CATHERINES p 855
See EXTENDICARE INC

EXTENDICARE ST. PAUL p 165
See EXTENDICARE INC

EXTENDICARE STARWOOD p 800
See EXTENDICARE INC

EXTENDICARE SUNSET p 1288
See EXTENDICARE INC

EXTENDICARE TECUMSEH p 872

BUSINESSES ALPHABETICALLY

FABRICLAND 3311

See EXTENDICARE INC
EXTENDICARE TIMMINS p 847
See EXTENDICARE (CANADA) INC
EXTENDICARE TORONTO p 911
See EXTENDICARE (CANADA) INC
EXTENDICARE TRI TOWN p 605
See EXTENDICARE INC
EXTENDICARE TUXEDO VILLA p 387
See EXTENDICARE (CANADA) INC
EXTENDICARE VAN DAELE p 832
See EXTENDICARE INC
EXTENDICARE VIKING p 172
See EXTENDICARE INC
EXTENDICARE VULCAN p 172
See EXTENDICARE INC
EXTENDICARE WEST END VILLA p 800
See EXTENDICARE INC
EXTENDICARE YORK p 870
See EXTENDICARE INC
EXTERION p 491
See MAGNA EXTERIORS INC
EXTERNAT SAINT-JEAN-EUDES p 1168
650 Av Du Bourg-Royal, Quebec, QC, G2L 1M8
(418) 627-1550   SIC 8211
EXTRA FOOD p 181
See LOBLAWS INC
EXTRA FOODS p 5
See LOBLAWS INC
EXTRA FOODS p 6
See LOBLAWS INC
EXTRA FOODS p 66
See LOBLAWS INC
EXTRA FOODS p 67
See LOBLAWS INC
EXTRA FOODS p 69
See LOBLAWS INC
EXTRA FOODS p 72
See LOBLAWS INC
EXTRA FOODS p 72
See LOBLAW COMPANIES LIMITED
EXTRA FOODS p 131
See LOBLAWS INC
EXTRA FOODS p 132
See LOBLAWS INC
EXTRA FOODS p 132
See LOBLAW COMPANIES LIMITED
EXTRA FOODS p 133
See LOBLAWS INC
EXTRA FOODS p 146
See LOBLAWS INC
EXTRA FOODS p 159
See LOBLAW COMPANIES LIMITED
EXTRA FOODS p 166
See LOBLAWS INC
EXTRA FOODS p 168
See LOBLAWS INC
EXTRA FOODS p 172
See LOBLAWS INC
EXTRA FOODS p 173
See LOBLAWS INC
EXTRA FOODS p 177
See LOBLAWS INC
EXTRA FOODS p 206
See LOBLAWS INC
EXTRA FOODS p 226
See LOBLAWS INC
EXTRA FOODS p 254
See LOBLAWS INC
EXTRA FOODS p 264
See LOBLAWS INC
EXTRA FOODS p 282
See LOBLAWS INC
EXTRA FOODS p 325
See LOBLAWS INC
EXTRA FOODS p 339
See LOBLAWS INC
EXTRA FOODS p 347
See LOBLAWS INC
EXTRA FOODS p 357
See LOBLAWS INC
EXTRA FOODS p 359
See LOBLAWS INC
EXTRA FOODS p 362

See LOBLAW COMPANIES LIMITED
EXTRA FOODS p 371
See LOBLAWS INC
EXTRA FOODS p 439
See LOBLAWS INC
EXTRA FOODS p 628
See LOBLAWS INC
EXTRA FOODS p 668
See LOBLAWS INC
EXTRA FOODS p 1270
See LOBLAWS INC
EXTRA FOODS p 1271
See LOBLAWS INC
EXTRA FOODS p 1274
See LOBLAWS INC
EXTRA FOODS p 1285
See LOBLAWS INC
EXTRA FOODS p 1292
See LOBLAWS INC
EXTRA FOODS p 1296
See LOBLAWS INC
EXTRA FOODS p 1302
See LOBLAWS INC
EXTRA FOODS p 1305
See LOBLAWS INC
EXTRA FOODS # 8579 p 199
See LOBLAWS INC
EXTRA FOODS #9010 p 119
See LOBLAWS INC
EXTRA FOODS 9009 p 2
See LOBLAWS INC
EXTRA FOODS 9032 p 134
See LOBLAWS INC
EXTRA FOODS 9035 p 1277
See LOBLAWS INC
EXTRA FOODS 9040, DIV. OF p 1274
See LOBLAWS INC
EXTRA FOODS 9063 p 375
See LOBLAWS INC
EXTRA FOODS 9068 p 1301
See LOBLAWS INC
EXTRA FOODS NO. 9061 p 1296
See LOBLAWS INC
EXTRA MULTI-RESSOURCES p 1068
See 162069 CANADA INC
EXTREME FITNESS p 899
See DELISLE CLUB
EXTREME FITNESS GROUP INC p 559
90 Interchange Way, CONCORD, ON, L4K 5C3
(905) 850-4402   SIC 7991
EXTREME FITNESS GROUP INC p 837
3495 Lawrence Ave E, SCARBOROUGH, ON, M1H 1B3
(416) 646-2925   SIC 7991
EXTREME FITNESS GROUP INC p 873
8281 Yonge St, THORNHILL, ON, L3T 2C7
(905) 709-1248   SIC 7991
EXTREME FITNESS GROUP INC p 899
1521 Yonge St, TORONTO, ON, M4T 1Z2
(416) 922-9624   SIC 7991
EXTREME REACH CANADA p 895
See DIGITAL GENERATION ULC
EXXON MOBIL p 213
See IMPERIAL OIL LIMITED
EXXONMOBIL BUSINESS SUPPORT CENTRE CANADA ULC p 410
95 Boundary Dr, MONCTON, NB, E1G 5C6
(800) 567-3776   SIC 8742
EXXONMOBIL CANADA ENERGY p 44
237 4 Ave Sw, CALGARY, AB, T2P 4K3
(403) 260-7910   SIC 1382
EXXONMOBIL CANADA LTD p 17
505 Quarry Park Blvd Se, CALGARY, AB, T2C 5N1
(780) 956-8500   SIC 1311
EXXONMOBIL CANADA LTD p 44
237 4 Ave Sw, CALGARY, AB, T2P 4K3
(403) 232-5300   SIC 1311
EXXONMOBIL CANADA LTD p 67
Gd, CARSTAIRS, AB, T0M 0N0
(403) 337-3688   SIC 1311
EXXONMOBIL CANADA LTD p 455

500 Sable Rd, GOLDBORO, NS, B0H 1L0
(902) 387-3020   SIC 1311
EXXONMOBILE p 17
See EXXONMOBIL CANADA LTD
EY p 791
See ERNST & YOUNG LLP
EY p 922
See ERNST & YOUNG LLP

F

F & J CHEETHAM (WINDSOR) LIMITED p 963
3410 Walker Rd, WINDSOR, ON, N8W 3S3
(519) 967-9090   SIC 5812
F & J CHEETHAM (WINDSOR) LIMITED p 967
2220 Wyandotte St E, WINDSOR, ON, N8Y 1E7
(519) 258-4797   SIC 5812
F B C p 1282
See FARM BUSINESS CONSULTANTS INC
F E OSBORNE JUNIOR HIGH SCHOOL p 58
See CALGARY BOARD OF EDUCATION
F G MILLER HIGH SCHOOL p 118
See ST. PAUL EDUCATION REGIONAL DIVISION NO 1
F I CANADA p 430
See F I OILFIELD SERVICES CANADA ULC
F I OILFIELD SERVICES CANADA ULC p 114
2880 64 Ave Nw, EDMONTON, AB, T6P 1W6
(780) 463-3333   SIC 1389
F I OILFIELD SERVICES CANADA ULC p 126
8909 154 Ave, GRANDE PRAIRIE, AB, T8V 2B7
(780) 539-9313   SIC 1389
F I OILFIELD SERVICES CANADA ULC p 430
63 Bremigen's Blvd, PARADISE, NL, A1L 4A2
(709) 745-3330   SIC 1389
F J BRENNAN CATHOLIC HIGH SCHOOL p 967
See WINDSOR-ESSEX CATHOLIC DISTRICT SCHOOL BOARD, THE
F J MCELLIGOTT p 679
See CONSEIL SCOLAIRE CATHOLIQUE DU DISTRICT FRANCO-NORD
F M C p 922
See DENTONS CANADA LLP
F W HOWEY ELEMENTARY SCHOOL p 244
See BOARD OF SCHOOL TRUSTEES OF SCHOOL DISTRICT #40 (NEW WESTMINSTER), THE
F&P MFG., INC p 864
275 Wright Blvd, STRATFORD, ON, N5A 7Y1
SIC 3714
F&P MFG., INC p 943
1 Nolan Rd, TOTTENHAM, ON, L0G 1W0
(905) 936-3435   SIC 3714
F. D. L. COMPAGNIE LTEE p 1106
455 Rue Sherbrooke O, Montreal, QC, H3A 1B7
(514) 284-3634   SIC 6513
F. DAUDELIN & FILS p 1175
See 9168-1924 QUEBEC INC
F. G. M. HOLDINGS LTD p 278
3251 16 Hwy E Rr 6, SMITHERS, BC, V0J 2N6
(250) 847-8827   SIC 7011
F. H. MACDONALD ELEMENTARY SCHOOL p 476
See CHIGNECTO CENTRAL REGIONAL SCHOOL BOARD
F. W. JOHNSON COLLEGIATE p 1281
See BOARD OF EDUCATION REGINA SCHOOL DIVISION NO. 4 OF SASKATCHEWAN
F. W. KNECHTEL FOODS LTD p 816

214 Main St, PORT DOVER, ON, N0A 1N0
(519) 583-1048   SIC 5812
F.B.B.L. p 1097
See FAUTEUX, BRUNO, BUSSIERE, LEE-WARDEN, CPA, S.E.N.C.R.L.
F.G. LEARY ELEMENTARY SCHOOL p 197
See SCHOOL DISTRICT NO 33 CHILLIWACK
F.H. CLERGUE PUBLIC SCHOOL p 831
See ALGOMA DISTRICT SCHOOL BOARD
F.M.C. INVESTMENT SERVICES LIMITED p 688
5255 Orbitor Dr, MISSISSAUGA, ON, L4W 5M6
(905) 629-8000   SIC 6712
F.T.C. ENTERPRISES LIMITED p 981
101 Belvedere Ave, CHARLOTTETOWN, PE, C1A 7N8
(902) 368-5548   SIC 8731
F3 DISTRIBUTION p 1193
See MOMENTUM DISTRIBUTION INC
FABCO PLASTIQUES INC p 667
2175 Teston Rd Po Box 2175 Stn Main, MAPLE, ON, L6A 1T3
(905) 832-0600   SIC 5162
FABE CUSTOM DOWNSTREAM SYSTEMS INC p 1131
1930 52e Av, Montreal, QC, H8T 2Y3
(514) 633-5933   SIC 7699
FABKO FOOD LTD p 74
8715 126 Ave Nw, EDMONTON, AB, T5B 1G8
(780) 471-1758   SIC 5421
FABRENE p 741
See FABRENE, INC
FABRENE, INC p 741
240 Dupont Rd, NORTH BAY, ON, P1B 8Z4
(705) 476-7057   SIC 2221
FABRIC CARE CLEANERS LTD p 91
17520 108 Ave Nw, EDMONTON, AB, T5S 1E8
(780) 483-7500   SIC 7219
FABRICANT DE POELES INTERNATIONAL INC p 1180
250 Rue De Copenhague Bureau 1, SAINT-AUGUSTIN-DE-DESMAURES, QC, G3A 2H3
(418) 878-3040   SIC 3433
FABRICATION p 117
See CLEARSTREAM ENERGY SERVICES LIMITED PARTNERSHIP
FABRICATION BEAUCE-ATLAS INC p 1227
600 1re Av Du Parc-Industriel, SAINTE-MARIE, QC, G6E 1B5
(418) 387-4872   SIC 1542
FABRICATION KLETON INC p 1233
22555 Aut Transcanadienne, SENNEVILLE, QC, H9X 3L7
(514) 457-6865   SIC 3499
FABRICATION METELEC LTEE p 1198
300 Rue Carreau, SAINT-JEAN-SUR-RICHELIEU, QC, J3B 2G4
(450) 346-6363   SIC 1761
FABRICATION ULTRA p 1058
See VPC GROUP INC
FABRICLAND p 13
See FABRICLAND PACIFIC/MIDWEST LIMITED
FABRICLAND p 31
See FABRICLAND PACIFIC/MIDWEST LIMITED
FABRICLAND p 55
See FABRICLAND PACIFIC/MIDWEST LIMITED
FABRICLAND p 75
See FABRICLAND PACIFIC/MIDWEST LIMITED
FABRICLAND p 156
See FABRICLAND PACIFIC/MIDWEST LIMITED
FABRICLAND p 220
See FABRICLAND PACIFIC/MIDWEST LIMITED
FABRICLAND p 223
See FABRICLAND PACIFIC/MIDWEST LIM-

▲ Public Company   ■ Public Company Family Member   HQ Headquarters   BR Branch   SL Single Location

FABRICLAND p 335
See FABRICLAND PACIFIC/MIDWEST LIMITED
FABRICLAND p 362
See FABRICLAND PACIFIC/MIDWEST LIMITED
FABRICLAND p 838
See FABRICLAND DISTRIBUTORS INC
FABRICLAND p 878
See FABRICLAND DISTRIBUTORS INC
FABRICLAND DISTRIBUTORS (WESTERN) CORP p 13
495 36 St Ne Suite 104, CALGARY, AB, T2A 6K3
(403) 248-8380   SIC 5949
FABRICLAND DISTRIBUTORS INC p 537
3515 Fairview St, BURLINGTON, ON, L7N 2R4
(905) 639-2516   SIC 5949
FABRICLAND DISTRIBUTORS INC p 663
476 Wonderland Rd S, LONDON, ON, N6K 3T1
(519) 641-6951   SIC 5949
FABRICLAND DISTRIBUTORS INC p 732
16655 Yonge St Unit 29, NEWMARKET, ON, L3X 1V6
(905) 898-3908   SIC 5949
FABRICLAND DISTRIBUTORS INC p 838
1980 Eglinton Ave E, SCARBOROUGH, ON, M1L 2M6
(416) 752-8119   SIC 5949
FABRICLAND DISTRIBUTORS INC p 878
1186 Memorial Ave, THUNDER BAY, ON, P7B 5K5
(807) 622-4111   SIC 5949
FABRICLAND DISTRIBUTORS INC p 962
7683 Tecumseh Rd E, WINDSOR, ON, N8T 3H1
(519) 974-1090   SIC 5949
FABRICLAND PACIFIC/MIDWEST LIMITED p 13
495 36 St Ne Suite 104, CALGARY, AB, T2A 6K3
(403) 248-8380   SIC 5949
FABRICLAND PACIFIC/MIDWEST LIMITED p 31
7130 Fisher Rd Se Suite 1, CALGARY, AB, T2H 0W3
(403) 212-0097   SIC 5949
FABRICLAND PACIFIC/MIDWEST LIMITED p 55
10233 Elbow Dr Sw Suite 110, CALGARY, AB, T2W 1E8
(403) 271-8244   SIC 5949
FABRICLAND PACIFIC/MIDWEST LIMITED p 75
1 Londonderry Mall Nw Unit 202, EDMONTON, AB, T5C 3C8
(780) 478-0435   SIC 5949
FABRICLAND PACIFIC/MIDWEST LIMITED p 156
2119 50 Ave Unit 2, RED DEER, AB, T4R 1Z4
(403) 343-1277   SIC 5949
FABRICLAND PACIFIC/MIDWEST LIMITED p 220
2121 Trans Canada Hwy E, KAMLOOPS, BC, V2C 4A6
(250) 374-3360   SIC 5949
FABRICLAND PACIFIC/MIDWEST LIMITED p 223
2455 Highway 97 N, KELOWNA, BC, V1X 4J2
SIC 5949
FABRICLAND PACIFIC/MIDWEST LIMITED p 335
3170 Tillicum Rd Suite 31, VICTORIA, BC, V9A 7C5
(250) 475-7501   SIC 5949
FABRICLAND PACIFIC/MIDWEST LIMITED p 362
1532 Regent Ave W Suite 7, WINNIPEG, MB, R2C 3B4

(204) 661-6426   SIC 5949
FABRICVILLE MARITIMES INC p 746
1210 Sheppard Ave E Suite 304, NORTH YORK, ON, M2K 1E3
(416) 658-2200   SIC 5949
FABRIDOR INC p 1239
4445 Rue Robitaille, SHERBROOKE, QC, J1L 2Y9
(819) 565-3663   SIC 2434
FABRIQUE ST-JOSEPH DE GRANBY p 1041
270 Rue Deragon, GRANBY, QC, J2G 5J5
(450) 372-0811   SIC 8661
FABRIS-MILANO GROUP LTD, THE p 381
1035 Erin St, WINNIPEG, MB, R3G 2X1
(204) 783-7179   SIC 1752
FACILITE INFORMATIQUE p 1160
See FACILITE INFORMATIQUE CANADA INC
FACILITE INFORMATIQUE CANADA INC p 1160
1100-2875 Boul Laurier, Quebec, QC, G1V 5B1
(418) 780-3950   SIC 7379
FACILITIES & TRANPORTATION, DIV OF p 1307
See NORTHWEST SCHOOL DIVISION 203
FACILITIES MANAGEMENT p 1303
See UNIVERSITY OF SASKATCHEWAN
FACILITIES SERVICES p 938
See TORONTO DISTRICT SCHOOL BOARD
FACILITY SERVICES DEPARTMENT p 654
See THAMES VALLEY DISTRICT SCHOOL BOARD
FACTOR FORMS WEST LTD p 104
8411 Mcintyre Rd Nw, EDMONTON, AB, T6E 6G3
(780) 468-1111   SIC 5112
FACTOR INWENTASH FACULTY OF SOCIAL WORK p 926
See GOVERNING COUNCIL OF THE UNIVERSITY OF TORONTO
FACTORY DIRECT p 965
See 1313256 ONTARIO INC
FACULTE L'EDUCATION PERMANENTE p 1120
See UNIVERSITE DE MONTREAL, L'
FACULTY CLUB p 1304
See UNIVERSITY OF SASKATCHEWAN
FACULTY CLUB OF THE UNIVERSITY OF ALBERTA EDMONTON, THE p 107
11435 Saskatchewan Dr Nw, EDMONTON, AB, T6G 2G9
(780) 492-4231   SIC 5812
FACULTY OF AGRICULTURE p 477
See DALHOUSIE UNIVERSITY
FACULTY OF ART p 790
See UNIVERSITY OF OTTAWA
FACULTY OF ARTS AND SOCIAL SCIENCES p 456
See DALHOUSIE UNIVERSITY
FACULTY OF COMPUTER SCIENCE p 401
See UNIVERSITY OF NEW BRUNSWICK
FACULTY OF DENTISTRY p 320
See UNIVERSITY OF BRITISH COLUMBIA, THE
FACULTY OF DENTISTRY p 911
See GOVERNING COUNCIL OF THE UNIVERSITY OF TORONTO
FACULTY OF DENTISTRY, THE p 320
See UNIVERSITY OF BRITISH COLUMBIA, THE
FACULTY OF EDUCATION p 108
See THE GOVERNORS OF THE UNIVERSITY OF ALBERTA
FACULTY OF EDUCATION p 661
See UNIVERSITY OF WESTERN ONTARIO, THE
FACULTY OF EDUCATION p 925
See GOVERNING COUNCIL OF THE UNIVERSITY OF TORONTO

FACULTY OF ENGINEERING p 458
See DALHOUSIE UNIVERSITY
FACULTY OF ENGINEERING DIV SITE p 790
See UNIVERSITY OF OTTAWA
FACULTY OF FORESTRY p 925
See GOVERNING COUNCIL OF THE UNIVERSITY OF TORONTO
FACULTY OF INFORMATION AND MEDIA STUDIES p 657
See UNIVERSITY OF WESTERN ONTARIO, THE
FACULTY OF LAW p 108
See THE GOVERNORS OF THE UNIVERSITY OF ALBERTA
FACULTY OF LAW p 940
See GOVERNING COUNCIL OF THE UNIVERSITY OF TORONTO
FACULTY OF MEDICINE p 39
See GOVERNORS OF THE UNIVERSITY OF CALGARY, THE
FACULTY OF MEDICINE p 321
See UNIVERSITY OF BRITISH COLUMBIA, THE
FACULTY OF MEDICINE p 456
See DALHOUSIE UNIVERSITY
FACULTY OF MEDICINE p 786
See UNIVERSITY OF OTTAWA
FACULTY OF MEDICINE p 925
See GOVERNING COUNCIL OF THE UNIVERSITY OF TORONTO
FACULTY OF MEDICINE CONTINUING EDUCATION p 911
See GOVERNING COUNCIL OF THE UNIVERSITY OF TORONTO
FACULTY OF PHARMACEUTICAL SCIENCES, THE p 321
See UNIVERSITY OF BRITISH COLUMBIA, THE
FACULTY OF PHYSICAL EDUCATION AND HEALTH p 925
See GOVERNING COUNCIL OF THE UNIVERSITY OF TORONTO
FACULTY OF SOCIAL SCIENCES p 790
See UNIVERSITY OF OTTAWA
FAEMA p 934
See 1100833 ONTARIO LIMITED
FAG AEROSPACE INC p 714
6255 Cantay Rd, MISSISSAUGA, ON, L5R 3Z4
(905) 829-2750   SIC 3714
FAG AEROSPACE INC p 864
151 Wright Blvd, STRATFORD, ON, N4Z 1H3
(519) 271-3230   SIC 3369
FAGA GROUP INC p 873
137 Langstaff Rd E, THORNHILL, ON, L3T 3M6
(905) 881-2552   SIC 1794
FAIELLA FINANCIAL GROUP, THE p 869
See MANUFACTURERS LIFE INSURANCE COMPANY, THE
FAIM PRET, LE p 1170
See 9113-9303 QUEBEC INC
FAIR HAVEN MEMORIAL GARDENS p 408
See ARBOR MEMORIAL SERVICES INC
FAIRBANK MEMORIAL COMMUNITY SCHOOL p 934
See TORONTO DISTRICT SCHOOL BOARD
FAIRBANK PUBLIC SCHOOL p 934
See TORONTO DISTRICT SCHOOL BOARD
FAIRFAX FINANCIAL HOLDINGS LIMITED p 918
95 Wellington Street West Suite 800, TORONTO, ON, M5J 2N7
(416) 367-4941   SIC 6411
FAIRFIELD INN & SUITES BY MARRIOTT p 503
See INNVEST PROPERTIES CORP
FAIRFIELD INN & SUITES BY MARRIOTT

TORONTO AIRPORT p 685
See EASTON'S GROUP OF HOTELS INC
FAIRFIELD INN & SUITESSM BY MARRIOTT KELOWNA p 224
See P R HOTELS LTD
FAIRGLEN JUNIOR PUBLIC SCHOOL p 846
See TORONTO DISTRICT SCHOOL BOARD
FAIRHAVEN p 808
881 Dutton Rd, PETERBOROUGH, ON, K9H 7S4
(705) 743-4265   SIC 8051
FAIRLEIGH DICKINSON UNIVERSITY OF BRITISH COLUMBIA FOUNDATION p 304
842 Cambie St, VANCOUVER, BC, V6B 2P6
(604) 682-8112   SIC 8221
FAIRMONT BANFF SPRINGS, THE p 4
See FAIRMONT HOTELS & RESORTS INC
FAIRMONT CHATEAU LAKE LOUISE, THE p 134
See FAIRMONT HOTELS & RESORTS INC
FAIRMONT CHATEAU LAURIER p 789
See FAIRMONT HOTELS & RESORTS INC
FAIRMONT CHATEAU WHISTLER p 339
See CANADIAN PACIFIC RAILWAY COMPANY
FAIRMONT CHATEAU WHISTLER, THE p 340
4612 Blackcomb Way, WHISTLER, BC, V0N 1B4
(604) 938-2092   SIC 7992
FAIRMONT ELECTROPLATING (1990) LTD p 109
5625 103a St Nw, EDMONTON, AB, T6H 2J6
(780) 434-1495   SIC 3471
FAIRMONT EMPRESS, THE p 331
See FAIRMONT HOTELS & RESORTS INC
FAIRMONT HOTEL LE REINE ELIZABETH p 1111
See FAIRMONT HOTELS & RESORTS INC
FAIRMONT HOTEL MACDONALD, THE p 80
See FAIRMONT HOTELS & RESORTS INC
FAIRMONT HOTEL VANCOUVER, THE p 307
See FAIRMONT HOTELS & RESORTS INC
FAIRMONT HOTELS & RESORTS INC p 4
405 Spray Ave, Banff, AB, T1L 1J4
(403) 762-6860   SIC 7011
FAIRMONT HOTELS & RESORTS INC p 44
133 9 Ave Sw, CALGARY, AB, T2P 2M3
(403) 262-1234   SIC 7011
FAIRMONT HOTELS & RESORTS INC p 44
133 9 Ave Sw, CALGARY, AB, T2P 2M3
(403) 262-3473   SIC 7011
FAIRMONT HOTELS & RESORTS INC p 44
255 Barclay Parade Sw, CALGARY, AB, T2P 5C2
(403) 266-7200   SIC 7011
FAIRMONT HOTELS & RESORTS INC p 67
101 Glacier Dr, CANMORE, AB, T1W 1K8
(403) 678-5911   SIC 7211
FAIRMONT HOTELS & RESORTS INC p 67
102 Boulder Cres Suite 7, CANMORE, AB, T1W 1L2
(403) 678-6866   SIC 5947
FAIRMONT HOTELS & RESORTS INC p 80
10065 100 St Nw, EDMONTON, AB, T5J 0N6
(780) 424-5181   SIC 7011
FAIRMONT HOTELS & RESORTS INC p 133
1 Lodge Rd, JASPER, AB, T0E 1E0
(780) 852-3301   SIC 7011
FAIRMONT HOTELS & RESORTS INC p 134
111 Lake Louise Dr, Lake Louise, AB, T0L 1E0
(403) 522-1818   SIC 7011
FAIRMONT HOTELS & RESORTS INC p 273
3111 Grant Mcconachie Way, RICHMOND, BC, V7B 0A6
(604) 207-5200   SIC 7011
FAIRMONT HOTELS & RESORTS INC p 307

900 Canada Pl, VANCOUVER, BC, V6C 3L5
(604) 691-1991   SIC 7011
FAIRMONT HOTELS & RESORTS INC p 307
900 Georgia St W, VANCOUVER, BC, V6C 2W6
(604) 684-3131   SIC 7011
FAIRMONT HOTELS & RESORTS INC p 331
721 Government St, VICTORIA, BC, V8W 1W5
(250) 384-8111   SIC 7011
FAIRMONT HOTELS & RESORTS INC p 340
4599 Chateau Blvd, WHISTLER, BC, V0N 1B4
(604) 938-8000   SIC 7011
FAIRMONT HOTELS & RESORTS INC p 375
2 Lombard Pl, WINNIPEG, MB, R3B 0Y3
(204) 985-6213   SIC 7011
FAIRMONT HOTELS & RESORTS INC p 409
2081 Main St, MONCTON, NB, E1E 1J2
(506) 877-3025   SIC 7389
FAIRMONT HOTELS & RESORTS INC p 420
184 Adolphus St, ST ANDREWS, NB, E5B 1T7
(506) 529-7195   SIC 7231
FAIRMONT HOTELS & RESORTS INC p 420
184 Adolphus St, ST ANDREWS, NB, E5B 1T7
(506) 529-8823   SIC 7011
FAIRMONT HOTELS & RESORTS INC p 789
1 Rideau St, OTTAWA, ON, K1N 8S7
(613) 241-1414   SIC 7011
FAIRMONT HOTELS & RESORTS INC   p 1053
181 Rue Richelieu Bureau 200, LA MALBAIE, QC, G5A 1X7
(418) 665-3703   SIC 7011
FAIRMONT HOTELS & RESORTS INC   p 1053
595 Cote Bellevue, LA MALBAIE, QC, G5A 3B2
(418) 665-2526   SIC 7992
FAIRMONT HOTELS & RESORTS INC   p 1083
1000 Ch Kenauk Bureau D, MONTEBELLO, QC, J0V 1L0
(819) 423-5573   SIC 7011
FAIRMONT HOTELS & RESORTS INC   p 1083
392 Rue Notre-Dame, MONTEBELLO, QC, J0V 1L0
(819) 423-6341   SIC 7011
FAIRMONT HOTELS & RESORTS INC   p 1111
900 Boul Rene-Levesque O, Montreal, QC, H3B 4A5
(514) 861-3511   SIC 7011
FAIRMONT HOTELS INC   p 307
900 Canada Pl, VANCOUVER, BC, V6C 3L5
(604) 691-1832   SIC 7011
FAIRMONT HOTELS INC   p 420
465 Brandy Cove Rd, ST ANDREWS, NB, E5B 2L6
(506) 529-7142   SIC 7992
FAIRMONT HOTELS INC   p 1111
900 Boul Rene-Levesque O, Montreal, QC, H3B 4A5
(514) 861-3511   SIC 7011
FAIRMONT JASPER PARK LODGE   p 133
See FAIRMONT HOTELS & RESORTS INC
FAIRMONT JASPER PARK LODGE, THE   p 133
See CANADIAN PACIFIC RAILWAY COMPANY
FAIRMONT KENAUK AT LE CHATEAU MONTEBELLO   p 1083
See FAIRMONT HOTELS & RESORTS INC
FAIRMONT LE CHATEAU MONTEBELLO   p 1083
See FAIRMONT HOTELS & RESORTS INC
FAIRMONT LE MANOIR RICHELIEU   p 1053
See FAIRMONT HOTELS & RESORTS INC
FAIRMONT NEWFOUNDLAND, THE   p 435
See HOTEL NEWFOUNDLAND (1982)
FAIRMONT PALLISER, THE   p 44

See FAIRMONT HOTELS & RESORTS INC
FAIRMONT PUBLIC SCHOOL   p 652
See THAMES VALLEY DISTRICT SCHOOL BOARD
FAIRMONT SHIPPING (CANADA) LIMITED p 311
1112 Pender St W Suite 300, VANCOUVER, BC, V6E 2S1
(604) 685-3318   SIC 4731
FAIRMONT STORE   p 67
See FAIRMONT HOTELS & RESORTS INC
FAIRMONT THE QUEEN ELIZABETH p 1111
See FAIRMONT HOTELS INC
FAIRMONT VANCOUVER AIRPORT HOTEL p 273
See FAIRMONT HOTELS & RESORTS INC
FAIRMONT WATERFRONT   p 307
See FAIRMONT HOTELS INC
FAIRMONT WINNIPEG   p 375
See FAIRMONT HOTELS & RESORTS INC
FAIRMOUNT HOME FOR THE AGED p 592
2069 Battersea Rd, GLENBURNIE, ON, K0H 1S0
(613) 548-9400   SIC 8361
FAIRMOUNT JR. PUBLIC SCHOOL   p 887
See TORONTO DISTRICT SCHOOL BOARD
FAIRMONT MANOIR RICHELIEU   p 1053
See SOCIETE EN COMMANDITE MANOIR RICHELIEU
FAIRPORT BEACH PUBLIC SCHOOL p 814
See DURHAM DISTRICT SCHOOL BOARD
FAIRVERN NURSING HOME   p 620
See HUNTSVILLE DISTRICT NURSING HOME INC
FAIRVIEW AVENUE PUBLIC SCHOOL   p 571
See GRAND ERIE DISTRICT SCHOOL BOARD
FAIRVIEW COMMUNITY SCHOOL   p 240
See SCHOOL DISTRICT NO. 68 (NANAIMO-LADYSMITH)
FAIRVIEW ELEMENTARY   p 236
See SCHOOL DISTRICT NO 42 (MAPLE RIDGE-PITT MEADOWS)
FAIRVIEW ELEMENTARY SCHOOL   p 152
See BOARD OF TRUSTEES OF THE RED DEER PUBLIC SCHOOL DISTRICT NO. 104, THE
FAIRVIEW ELEMENTARY SCHOOL   p 525
See GOVERNMENT OF ONTARIO
FAIRVIEW HEALTH COMPLEX   p 118
See ALBERTA HEALTH SERVICES
FAIRVIEW HEIGHTS ANNEX   p 463
See HALIFAX REGIONAL SCHOOL BOARD
FAIRVIEW HEIGHTS ELEMENTARY SCHOOL   p 463
See HALIFAX REGIONAL SCHOOL BOARD
FAIRVIEW HIGH SCHOOL   p 118
See PEACE RIVER SCHOOL DIVISION 10
FAIRVIEW JUNIOR HIGH SCHOOL   p 30
See CALGARY BOARD OF EDUCATION
FAIRVIEW JUNIOR HIGH SCHOOL   p 463
See HALIFAX REGIONAL SCHOOL BOARD
FAIRVIEW LODGE HOME FOR AGED p 957
See CORPORATION OF THE REGIONAL MUNICIPALITY OF DURHAM, THE
FAIRVIEW MOUNTAIN GOLF CLUB   p 251
13105 334 Ave, OLIVER, BC, V0H 1T0
(250) 498-3777   SIC 7997
FAIRVIEW PARK   p 638
See CADILLAC FAIRVIEW CORPORATION LIMITED, THE
FAIRVIEW PUBLIC SCHOOL   p 698
See PEEL DISTRICT SCHOOL BOARD
FAIRWAY COACHLINES INC   p 365
339 Archibald St, WINNIPEG, MB, R2J 0W6
(204) 989-7007   SIC 4131
FAIRWAY COLONY FARMS LTD   p 347
Po Box 330, DOUGLAS, MB, R0K 0R0

(204) 763-8707   SIC 5261
FAIRWAY HOLDINGS (1994) LTD   p 254
3737 10th Ave, PORT ALBERNI, BC, V9Y 4W5
(250) 724-1442   SIC 5411
FAIRWAY MARKET GROCERY   p 242
See MIDISLAND HOLDINGS LTD
FAIRWEATHER BINGO   p 205
See TERRIM PROPERTIES LTD
FAIRWEATHER LTD   p 190
4700 Kingsway Suite 2187, BURNABY, BC, V5H 4M1
(604) 227-1044   SIC 5621
FAIRWEATHER LTD   p 514
25 Peel Centre Dr, BRAMPTON, ON, L6T 3R5
(905) 793-4697   SIC 5621
FAIRWEATHER LTD   p 659
1105 Wellington Rd, LONDON, ON, N6E 1V4
(519) 686-7421   SIC 5621
FAIRWEATHER LTD   p 789
50 Rideau St Unit 216, OTTAWA, ON, K1N 9J7
   SIC 5621
FAIRWEATHER LTD   p 932
100 King St W, TORONTO, ON, M5X 2A1
   SIC 5621
FAIRWOOD PUBLIC SCHOOL   p 628
See YORK REGION DISTRICT SCHOOL BOARD
FAITH ACADEMY INC   p 371
437 Matheson Ave, WINNIPEG, MB, R2W 0E1
(204) 582-3400   SIC 8211
FALBO ALUMINUM SYSTEMS LTD   p 763
66 Rivalda Rd, NORTH YORK, ON, M9M 2M3
(416) 740-9304   SIC 3442
FALCON EQUIPMENT LTD   p 289
18412 96 Ave, SURREY, BC, V4N 3P8
(604) 888-5066   SIC 5084
FALCONRIDGE ELEMENTARY SCHOOL p 63
See CALGARY BOARD OF EDUCATION
FALGARWOOD PUBLIC SCHOOL   p 765
See HALTON DISTRICT SCHOOL BOARD
FALKLAND ELEMENTARY SCHOOL   p 213
See NORTH OKANAGAN SHUSWAP SCHOOL DISTRICT 83
FALLING BROOK PUBLIC SCHOOL   p 959
See DURHAM DISTRICT SCHOOL BOARD
FALLINGBROOK MIDDLE SCHOOL   p 722
See PEEL DISTRICT SCHOOL BOARD
FALLINGDALE PUBLIC SCHOOL   p 516
See PEEL DISTRICT SCHOOL BOARD
FALMOUTH ELEMENTARY SCHOOL   p 455
See ANNAPOLIS VALLEY REGIONAL SCHOOL BOARD
FALSE CREEK ELEMENTARY SCHOOL   p 314
See BOARD OF EDUCATION OF SCHOOL DISTRICT NO. 39 (VANCOUVER), THE
FALSTAFF CHILD CARE CENTRE   p 761
See CORPORATION OF THE CITY OF TORONTO
FALSTAFF COMMUNITY CENTRE   p 761
See CORPORATION OF THE CITY OF TORONTO
FALUN ELEMENTARY SCHOOL   p 118
See WETASKIWIN REGIONAL PUBLIC SCHOOLS
FAMEE FURLANE TORONTO   p 974
7065 Islington Ave, WOODBRIDGE, ON, L4L 1V9
(905) 851-1166   SIC 8641
FAMILIES FOR CHILDREN INC   p 892
111 Rosehealth Ave, TORONTO, ON, M4C 3P6
(416) 686-1688   SIC 8361
FAMILIES MATTER   p 13
See FAMILIES MATTER SOCIETY OF CALGARY
FAMILIES MATTER SOCIETY OF CAL-

GARY   p 13
1440 52 St Ne Suite 158, CALGARY, AB, T2A 4T8
(403) 205-5178   SIC 8322
FAMILIPRIX INC   p 1182
1556 Rue Montarville, SAINT-BRUNO, QC, J3V 3T7
(450) 653-1331   SIC 5912
FAMILIPRIX INC   p 1187
380 Boul Arthur-Sauve Bureau 1781, SAINT-EUSTACHE, QC, J7R 2J4
(450) 983-3121   SIC 5912
FAMILLY & CHILDREN'S SERVICES   p 819
See CHILDREN'S AID SOCIETY OF TORONTO
FAMILY & CHILDREN SERVICES OF THE WATERLOO REGION   p 543
See GOVERNMENT OF ONTARIO
FAMILY & COMMUNITY MEDICINE   p 912
See ONTARIO INSTITUTE FOR STUDIES IN EDUCATION OF THE UNIVERSITY OF TORONTO
FAMILY AND CHILDREN SERVICES OF FRONTENAC AND CLINICS ADDINGTON p 633
1479 John Counter Blvd, KINGSTON, ON, K7M 7J3
(613) 545-3227   SIC 8399
FAMILY AND CHILDREN'S SERVICES   p 805
See CHILDREN'S AID SOCIETY OF TORONTO
FAMILY AND CHILDREN'S SERVICES OF THE REGIONAL MUNICIPALITY OF WATERLOO   p 543
See CHILDREN'S AID SOCIETY OF THE REGIONAL MUNICIPALITY OF WATERLOO, THE
FAMILY AND CHILDREN'S SERVICES OF THE REGIONAL MUNICIPALITY OF WATERLOO   p 638
See CHILDREN'S AID SOCIETY OF THE REGIONAL MUNICIPALITY OF WATERLOO, THE
FAMILY SERVICE CHANNEL TORONTO   p 838
See FAMILY SERVICE TORONTO
FAMILY SERVICE TORONTO   p 838
747 Warden Ave, SCARBOROUGH, ON, M1L 4A8
(416) 755-5565   SIC 8322
FAMILY SERVICES EMPLOYEE ASSISTANCE PROGRAMS-KINGSTON   p 630
See K3C COMMUNITY COUNSELLING CENTRES
FAMILY SERVICES OF GREATER VANCOUVER   p 295
1638 Broadway E Suite 201, VANCOUVER, BC, V5N 1W1
(604) 731-4951   SIC 8322
FAMILY SERVICES OF GREATER VANCOUVER   p 297
4675 Walden St, VANCOUVER, BC, V5V 3S8
(604) 877-1234   SIC 8322
FAMILY SERVICES OF GREATER VANCOUVER   p 321
5726 Minoru Blvd Suite 201, VANCOUVER, BC, V6X 2A9
(604) 874-2938   SIC 8399
FAMILY SERVICES OF PEEL LTD   p 697
151 City Centre Dr Suite 501, MISSISSAUGA, ON, L5B 1M7
(905) 270-2250   SIC 8322
FAMILY SERVICES OF THE NORTH SHORE   p 248
255 1st St W Suite 101, NORTH VANCOU-

VER, BC, V7M 3G8
(604) 988-5281 SIC 8322
FAMILY SHELTER p 842
See WOODGREEN RED DOOR FAMILY SHELTER INC
FAMILY SHELTER p 896
See WOODGREEN RED DOOR FAMILY SHELTER
FAMILY THERAPY CENTRE p 218
See INTERIOR COMMUNITY SERVICES
FAMILY VISION CARE LTD p 83
11208 104 Ave Nw, EDMONTON, AB, T5K 2X4
(780) 421-0816 SIC 5995
FAMILY YOUNG MEN'S CHRISTIAN ASSOCIATION OF PRINCE GEORGE p 259
2020 Massey Dr, PRINCE GEORGE, BC, V2L 4V7
(250) 563-2483 SIC 7991
FAMILY, YOUTH & CHILD SERVICES OF MUSKOKA p 508
49 Pine St, BRACEBRIDGE, ON, P1L 1K8
(705) 645-4426 SIC 8322
FAMILY, YOUTH & CHILD SERVICES OF MUSKOKA p 620
81 Main St W, HUNTSVILLE, ON, P1H 1X1
(705) 789-8866 SIC 8322
FAMME & CO. PROFESSIONAL CORPORATION p 864
125 Ontario St, STRATFORD, ON, N5A 3H1
(519) 271-7581 SIC 8721
FAMOUS COFFEE SHOP, THE p 736
6380 Fallsview Blvd Unit R 1, NIAGARA FALLS, ON, L2G 7Y6
(905) 354-7715 SIC 5812
FAMOUS PLAYERS p 924
See CINEPLEX ODEON CORPORATION
FAMOUS PLAYERS 6 p 259
See CINEPLEX ODEON CORPORATION
FAMOUS PLAYERS CANADA SQUARE p 898
See CINEPLEX ODEON CORPORATION
FAMOUS PLAYERS ORCHARD PLAZA 5 p 225
See CINEPLEX ODEON CORPORATION
FAMOUS PLAYERS PRINCE RUPERT p 263
See CINEPLEX ODEON CORPORATION
FAMZ RESTAURANT (1985) LIMITEDPARTNERSHIP p 828
321 Christina St N, SARNIA, ON, N7T 5V6
(519) 344-1911 SIC 5812
FAN SPORTS CAFE, THE p 939
See SMARDANKA RESTAURANTS LIMITED
FANNING EDUCATION CENTRE p 445
See STRAIT REGIONAL SCHOOL BOARD
FANOTECH ENVIRO INC p 620
220 Old North Rd, HUNTSVILLE, ON, P1H 2J4
(705) 645-5434 SIC 3713
FANSHAWE COLLEGE OF APPLIED ARTS AND TECHNOLOGY, T p 859
120 Bill Martyn Pky, ST THOMAS, ON, N5R 6A7
(519) 633-2030 SIC 8221
FANSHAWE COLLEGE OF APPLIED ARTS AND TECHNOLOGY, T p 882
90 Tillson Ave, TILLSONBURG, ON, N4G 3A1
(519) 842-9000 SIC 8222
FANSHAWE COLLEGE OF APPLIED ARTS AND TECHNOLOGY, T p 978
369 Finkle St, WOODSTOCK, ON, N4V 1A3
(519) 421-0144 SIC 8222
FANSHAWE COLLEGE OF TILLSONBURG p 882
See FANSHAWE COLLEGE OF APPLIED ARTS AND TECHNOLOGY, T
FANTASTIC CLEANING p 1286
See SIERRA VENTURES CORP
FANTASY FRUIT MARKET (1987) LTD. p 768
427 Speers Rd Unit 1, OAKVILLE, ON, L6K 3S8
SIC 5431
FANUC CANADA, LTD p 708
6774 Financial Dr, MISSISSAUGA, ON, L5N 7J6
(905) 812-2300 SIC 5084
FARADAY SCHOOL p 372
See WINNIPEG SCHOOL DIVISION
FARLEY MOWAT PUBLIC SCHOOL p 728
See OTTAWA-CARLETON DISTRICT SCHOOL BOARD
FARM BOY 2012 INC p 565
814 Sydney St, CORNWALL, ON, K6H 3J8
(613) 938-8566 SIC 5431
FARM BOY 2012 INC p 624
457 Hazeldean Rd Suite 28, KANATA, ON, K2L 1V1
(613) 836-8085 SIC 5411
FARM BOY 2012 INC p 787
585 Montreal Rd, OTTAWA, ON, K1K 4K4
(613) 744-3463 SIC 5431
FARM BOY FRESH MARKET p 624
See FARM BOY 2012 INC
FARM BOY FRESH MARKETS p 565
See FARM BOY 2012 INC
FARM BOY FRESH MARKETS p 787
See FARM BOY 2012 INC
FARM BUSINESS COMMUNICATION p 377
See GLACIER MEDIA INC
FARM BUSINESS CONSULTANTS INC p 13
3015 5 Ave Ne Suite 150, CALGARY, AB, T2A 6T8
(403) 735-6105 SIC 7291
FARM BUSINESS CONSULTANTS INC p 225
1690 Water St Suite 200, KELOWNA, BC, V1Y 8T8
SIC 7291
FARM BUSINESS CONSULTANTS INC p 650
2109 Oxford St E, LONDON, ON, N5V 2Z9
(519) 453-5040 SIC 7291
FARM BUSINESS CONSULTANTS INC p 1282
635 Henderson Dr, REGINA, SK, S4N 6A8
(306) 721-6688 SIC 7291
FARM CREDIT p 176
See FARM CREDIT CANADA
FARM CREDIT CANADA p 96
12040 149 St Nw, EDMONTON, AB, T5V 1P2
(780) 495-4488 SIC 6159
FARM CREDIT CANADA p 176
1520 Mccallum Rd Suite 200, ABBOTSFORD, BC, V2S 8A3
(604) 870-2417 SIC 6159
FARM CREDIT CANADA p 409
1133 St George Blvd Suite 200, MONCTON, NB, E1E 4E1
(506) 851-6595 SIC 6159
FARM CREDIT CANADA p 623
309 Legget Dr Suite 102, KANATA, ON, K2K 3A3
(613) 271-7640 SIC 6159
FARM CREDIT CANADA p 1065
1655 Boul Alphonse-Desjardins Bureau 180, Levis, QC, G6V 0B7
(418) 837-5184 SIC 6159
FARM CREDIT CANADA p 1194
3271 Boul Laframboise Bureau 200, SAINT-HYACINTHE, QC, J2S 4Z6
(450) 771-7080 SIC 6159
FARM CREDIT CANADA p 1285
1800 Hamilton St, REGINA, SK, S4P 4L3
(306) 780-8100 SIC 6159
FARM CREDIT CANADA p 1295
810 Circle Dr E Suite 109, SASKATOON, SK, S7K 3T8
(306) 975-4248 SIC 6159
FARM FED, DIV OF p 179
See K & R POULTRY LTD
FARM GARDEN CENTRE p 1308
See CERVUS AG EQUIPMENT LTD
FARM WORLD EQUIPMENT LTD p 1270
Hwy 5 E, HUMBOLDT, SK, S0K 2A1
(306) 682-9920 SIC 5084
FARM WORLD HUMBOLDT p 1270
See FARM WORLD EQUIPMENT LTD
FARMBOY MARKETS LIMITED p 809
754 Lansdowne St W, PETERBOROUGH, ON, K9J 1Z3
(705) 745-2811 SIC 5411
FARMERS CO-OPERATIVE DAIRY LIMITED p 429
12 Bruce St, MOUNT PEARL, NL, A1N 4T4
(709) 364-7531 SIC 2026
FARMERS CO-OPERATIVE DAIRY LIMITED p 460
Gd, HALIFAX, NS, B3K 5Y6
SIC 5143
FARMERS CO-OPERATIVE DAIRY LIMITED p 472
1024 Salmon River Rd, SALMON RIVER, NS, B6L 4E1
(902) 895-7906 SIC 5143
FARMERS DAIRY p 460
See FARMERS CO-OPERATIVE DAIRY LIMITED
FARNHAM ELEMENTARY SCHOOL p 1032
See COMMISSION SCOLAIRE EASTERN TOWNSHIPS
FARO TECHNOLOGIES CANADA INC p 1262
4999 Rue Sainte-Catherine O Bureau 308, WESTMOUNT, QC, H3Z 1T3
(514) 369-4055 SIC 7371
FAROEX COMPOSITE TECHNOLOGIES p 349
See FAROEX LTD
FAROEX LTD p 349
123 Anson St, GIMLI, MB, R0C 1B1
(204) 642-6400 SIC 3299
FARR CANADA, DIV OF p 155
See MCCOY CORPORATION
FARRIS, VAUGHAN, WILLS & MURPHY LLP p 225
1631 Dickson Ave Suite 1800, KELOWNA, BC, V1Y 0B5
(250) 861-5332 SIC 8111
FARRIS, VAUGHAN, WILLS & MURPHY LLP p 324
700 Georgia St W Suite 25, VANCOUVER, BC, V7Y 1K8
(604) 661-1702 SIC 8111
FARROW GROUP INC p 969
2001 Huron Church Rd, WINDSOR, ON, N9C 2L6
(519) 252-4415 SIC 6712
FARWEST FUELS p 291
See FIRSTCANADA ULC
FAS BENEFIT ADMINISTRATORS LTD p 80
10154 - 108 St Nw, EDMONTON, AB, T5J 1L3
(780) 452-5161 SIC 6726
FASHION DISRIBUTORS, THE p 512
See 115161 CANADA INC
FASHION DISTRIBUTORS, THE p 686
See 115161 CANADA INC
FASKEN MARTINEAU p 791
See FASKEN MARTINEAU DUMOULIN LLP
FASKEN MARTINEAU DUMOULIN LLP p 44
350 7 Ave Sw Suite 3400, CALGARY, AB, T2P 3N9
(403) 261-5350 SIC 8111
FASKEN MARTINEAU DUMOULIN LLP p 307
550 Burrard St Suite 2900, VANCOUVER, BC, V6C 0A3
(604) 631-3131 SIC 8111
FASKEN MARTINEAU DUMOULIN LLP p 791
55 Metcalfe St Suite 1300, OTTAWA, ON, K1P 6L5
(613) 236-3882 SIC 8111
FASKEN MARTINEAU DUMOULIN LLP p 1126
800 Rue Du Square-Victoria Bureau 3700, Montreal, QC, H4Z 1A1
(514) 397-7400 SIC 8111
FASKEN MARTINEAU DUMOULIN LLP p 1157
140 Grande Allee E Bureau 800, Quebec, QC, G1R 5M8
(418) 640-2000 SIC 8111
FAST AS FLIGHT p 690
See REIMER EXPRESS LINES LTD
FAST AS FLITE p 19
See REIMER EXPRESS LINES LTD
FAST AS FLITE p 187
See REIMER EXPRESS LINES LTD
FAST AS FLITE p 977
See REIMER EXPRESS LINES LTD
FAST FOODS (P.E.I.) LTD p 985
62 Water St, SUMMERSIDE, PE, C1N 1A5
(902) 436-5717 SIC 5812
FASTENAL CANADA LTEE p 638
900 Wabanaki Dr, KITCHENER, ON, N2C 0B7
(519) 748-6566 SIC 5085
FASTENAL CANADA LTEE p 779
350 Wentworth St E Suite 1, OSHAWA, ON, L1H 7R7
(905) 443-0428 SIC 5085
FASTENERS & FITTINGS INC p 17
7803 35 St Se, CALGARY, AB, T2C 1V3
(403) 279-2265 SIC 5072
FASTFRATE p 17
See CONSOLIDATED FASTFRATE INC
FASTFRATE p 1057
See CONSOLIDATED FASTFRATE INC
FASTLANE TECHNOLOGIES p 905
See QUEST SOFTWARE CANADA INC
FASTRAX TRANSPORTATION p 425
See DAY & ROSS INC
FASTRAX TRANSPORTATION p 1030
See DAY & ROSS INC
FAT FRANK'S BIGGER BETTER BITE p 77
See MERRICK'S FINE FOODS INC
FATHER BEAUREGARD SCHOOL p 122
See FORT MCMURRAY CATHOLIC BOARD OF EDUCATION
FATHER BRESSANI CATHOLIC HIGH SCHOOL p 976
See YORK CATHOLIC DISTRICT SCHOOL BOARD
FATHER CLAIR TIPPING SCHOOL p 510
See DUFFERIN-PEEL CATHOLIC DISTRICT SCHOOL BOARD
FATHER DANIEL ZANON ELEMENTARY SCHOOL p 697
See DUFFERIN-PEEL CATHOLIC DISTRICT SCHOOL BOARD
FATHER DOUCET ELEMENTARY SCHOOL p 56
See CALGARY ROMAN CATHOLIC SEPARATE SCHOOL DISTRICT #1
FATHER F X O'REILLY SCHOOL p 943
See SIMCOE MUSKOKA CATHOLIC DISTRICT SCHOOL BOARD
FATHER FRANCIS MCSPIRITT CATHOLIC ELEMENTARY SCHOOL p 509
See DUFFERIN-PEEL CATHOLIC DISTRICT SCHOOL BOARD
FATHER GORMAN COMMUNITY SCHOOL p 1273
See LLOYDMINSTER ROMAN CATHOLIC SCHOOL BOARD
FATHER JA TURCOTTE SCHOOL p 120
See FORT MCMURRAY CATHOLIC BOARD OF EDUCATION
FATHER JAMES WHELIHAN SCHOOL p 55
See CALGARY ROMAN CATHOLIC SEPARATE SCHOOL DISTRICT #1
FATHER JOHN KELLY CATHOLIC ELEMENTARY SCHOOL p 668
See YORK CATHOLIC DISTRICT SCHOOL BOARD
FATHER LEO J AUSTIN p 959

BUSINESSES ALPHABETICALLY

See DURHAM CATHOLIC DISTRICT SCHOOL BOARD
FATHER LEONARD VAN TIGHEM SCHOOL p 140
See HOLY SPIRIT ROMAN CATHOLIC SEPARATE REGIONAL DIVISION NO 4
FATHER MERCREDI HIGH SCHOOL p 120
See FORT MCMURRAY CATHOLIC BOARD OF EDUCATION
FATHER MICHAEL GOETZ SECONDARY SCHOOL p 697
See DUFFERIN-PEEL CATHOLIC DISTRICT SCHOOL BOARD
FATHER MICHAEL TROY CATHOLIC JUNIOR HIGH SCHOOL p 116
See EDMONTON CATHOLIC SEPARATE SCHOOL DISTRICT NO.7
FATHER PORTE MEMORIAL DENE SCHOOL p 1265
Gd, BLACK LAKE, SK, S0J 0H0
(306) 284-2166 *SIC* 8211
FATHER SCOLLEN ELEMENTARY JUNIOR HIGH SCHOOL p 10
See CALGARY ROMAN CATHOLIC SEPARATE SCHOOL DISTRICT #1
FATHER SERRA ELEMENTARY SCHOOL p 942
See TORONTO CATHOLIC DISTRICT SCHOOL BOARD
FATHER VACHON ELEMENTARY SCHOOL p 1301
See ST. PAUL'S ROMAN CATHOLIC SEPARATE SCHOOL DIVISION NO 20
FAUCHER INDUSTRIES p 1190
See INDUSTRIES RAD INC
FAUCHER INDUSTRIES p 1215
See INDUSTRIES RAD INC
FAUTEUX, BRUNO, BUSSIERE, LEEWARDEN, CPA, S.E.N.C.R.L. p 1097
1100 Boul Cremazie E Bureau 805, Montreal, QC, H2P 2X2
(514) 729-3221 *SIC* 8721
FAVA INVESTMENTS INC p 559
25 Interchange Way, CONCORD, ON, L4K 5W3
(905) 660-4111 *SIC* 5063
FAVREAU, GENDRON ASSURANCE ET SERVICES FINANCIERS INC p 996
505 Rue Des E?rables, BEAUHARNOIS, QC, J6N 1T3
(450) 429-3755 *SIC* 6311
FBC p 13
See FARM BUSINESS CONSULTANTS INC
FBC p 225
See FARM BUSINESS CONSULTANTS INC
FBC p 650
See FARM BUSINESS CONSULTANTS INC
FBI ENERGY p 998
See EBI ENERGIE INC
FBM CANADA GSD, INC p 14
5155 48 Ave Se, CALGARY, AB, T2B 3S8
(403) 255-8157 *SIC* 5039
FCB MONTREAL p 1118
See INTERPUBLIC GROUP OF COMPANIES CANADA, INC, THE
FCC p 409
See FARM CREDIT CANADA
FCC p 623
See FARM CREDIT CANADA
FCC p 1285
See FARM CREDIT CANADA
FCC p 1295
See FARM CREDIT CANADA
FCI AUTOMOTIVE p 670
See BURNDY CANADA INC
FCL p 1282
See FEDERATED CO-OPERATIVES LIMITED
FCL CO-OP WAREHOUSE SASKATOON p 1295
See FEDERATED CO-OPERATIVES LIMITED

FCL ENTERPRISES CO-OPERATIVE p 1295
401 22nd St E, SASKATOON, SK, S7K 0H2
(306) 244-3311 *SIC* 5411
FCM RECYCLING INC p 1063
91 Ch Boisjoly, LAVALTRIE, QC, J5T 3L7
(450) 586-5185 *SIC* 4953
FD ALPHA CANADA ACQUISITION INC p 1019
2277 Des Laurentides (A-15) E, Cote Saint-Luc, QC, H7S 1Z6
(450) 680-5000 *SIC* 2679
FDM SOFTWARE LTD p 249
949 3rd St W Suite 113, NORTH VANCOUVER, BC, V7P 3P7
(604) 986-9941 *SIC* 7372
FEATHERSTON DRIVE PUBLIC SCHOOL p 786
See OTTAWA-CARLETON DISTRICT SCHOOL BOARD
FEDERAL ATLANTIC LAKES LINE (FALL LINE) p 1111
See FEDNAV INTERNATIONAL LTEE
FEDERAL AUCTION SERVICE p 512
See 3283313 CANADA INC
FEDERAL EQUIPMENT p 1254
See SMS EQUIPMENT INC
FEDERAL EXPRESS CANADA CORPORATION p 23
24 Aero Dr Ne, CALGARY, AB, T2E 8Z9
(800) 463-3339 *SIC* 7389
FEDERAL EXPRESS CANADA CORPORATION p 186
4270 Dawson St, BURNABY, BC, V5C 4B1
(800) 463-3339 *SIC* 7389
FEDERAL EXPRESS CANADA CORPORATION p 273
3151 Aylmer Rd, RICHMOND, BC, V7B 1L5
(800) 463-3339 *SIC* 7389
FEDERAL EXPRESS CANADA CORPORATION p 322
941 Hornby St, VANCOUVER, BC, V6Z 1V3
(800) 463-3339 *SIC* 7389
FEDERAL EXPRESS CANADA CORPORATION p 383
1950 Sargent Ave, WINNIPEG, MB, R3H 1C8
(800) 463-3339 *SIC* 7389
FEDERAL EXPRESS CANADA CORPORATION p 396
1785 Rue Champlain, DIEPPE, NB, E1A 7P5
(800) 463-3339 *SIC* 7389
FEDERAL EXPRESS CANADA CORPORATION p 688
5985 Explorer Dr Suite 313, MISSISSAUGA, ON, L4W 5K6
(800) 463-3339 *SIC* 4212
FEDERAL EXPRESS CANADA CORPORATION p 692
1450 Caterpillar Rd, MISSISSAUGA, ON, L4X 2Y1
(800) 463-3339 *SIC* 7389
FEDERAL EXPRESS CANADA CORPORATION p 716
6895 Bramalea Rd Suite 1, MISSISSAUGA, ON, L5S 1Z7
(800) 463-3339 *SIC* 4215
FEDERAL EXPRESS CANADA CORPORATION p 852
495 Eastchester Ave E Unit 1, ST CATHARINES, ON, L2M 6S2
(800) 463-3339 *SIC* 4212
FEDERAL EXPRESS CANADA CORPORA-

TION p 880
305 Hector Dougall Way, THUNDER BAY, ON, P7E 6M5
(800) 463-3339 *SIC* 7389
FEDERAL EXPRESS CANADA CORPORATION p 1131
8481 Place Marien, MONTREAL-EST, QC, H1B 5W6
(800) 463-3339 *SIC* 7389
FEDERAL EXPRESS CANADA CORPORATION p 1165
5205 Rue Rideau, Quebec, QC, G2E 5H5
(800) 463-3339 *SIC* 7389
FEDERAL EXPRESS CANADA CORPORATION p 1193
5005 Rue J.-A.-Bombardier Bureau A, SAINT-HUBERT, QC, J3Z 1G4
(800) 463-3339 *SIC* 7389
FEDERAL EXPRESS CANADA CORPORATION p 1212
4041 Rue Sere, SAINT-LAURENT, QC, H4T 2A3
(800) 463-3339 *SIC* 7389
FEDERAL EXPRESS CANADA CORPORATION p 1290
2520 Airport Rd Suite 1, REGINA, SK, S4W 1A3
(800) 463-3339 *SIC* 7389
FEDERAL EXPRESS CANADA LTD p 23
See FEDERAL EXPRESS CANADA CORPORATION
FEDERAL EXPRESS CANADA LTD p 186
See FEDERAL EXPRESS CANADA CORPORATION
FEDERAL EXPRESS CANADA LTD p 273
See FEDERAL EXPRESS CANADA CORPORATION
FEDERAL EXPRESS CANADA LTD p 322
See FEDERAL EXPRESS CANADA CORPORATION
FEDERAL EXPRESS CANADA LTD p 383
See FEDERAL EXPRESS CANADA CORPORATION
FEDERAL EXPRESS CANADA LTD p 396
See FEDERAL EXPRESS CANADA CORPORATION
FEDERAL EXPRESS CANADA LTD p 692
See FEDERAL EXPRESS CANADA CORPORATION
FEDERAL EXPRESS CANADA LTD p 716
See FEDERAL EXPRESS CANADA CORPORATION
FEDERAL EXPRESS CANADA LTD p 852
See FEDERAL EXPRESS CANADA CORPORATION
FEDERAL EXPRESS CANADA LTD p 880
See FEDERAL EXPRESS CANADA CORPORATION
FEDERAL EXPRESS CANADA LTD p 1131
See FEDERAL EXPRESS CANADA CORPORATION
FEDERAL EXPRESS CANADA LTD p 1165
See FEDERAL EXPRESS CANADA CORPORATION
FEDERAL EXPRESS CANADA LTD p 1193
See FEDERAL EXPRESS CANADA CORPORATION
FEDERAL EXPRESS CANADA LTD p 1212
See FEDERAL EXPRESS CANADA CORPORATION
FEDERAL EXPRESS CANADA LTD p 1290
See FEDERAL EXPRESS CANADA CORPORATION
FEDERAL FORCE PROTECTION SERVICE p 899
See FEDSEC CORPORATION
FEDERAL LEASING CORPORATION LTD p 1111

1010 Rue Sainte-Catherine O Bureau 1200, Montreal, QC, H3B 3S3
(514) 282-1155 *SIC* 6512
FEDERAL PUBLIC SCHOOL p 636
See DISTRICT SCHOOL BOARD ONTARIO NORTH EAST
FEDERAL WHITE CEMENT LTD p 977
Gd Lcd Main, WOODSTOCK, ON, N4S 7W4
(519) 485-5410 *SIC* 3241
FEDERAL-MOGUL CANADA LIMITED p 708
6860 Century Ave, MISSISSAUGA, ON, L5N 2W5
(905) 761-5400 *SIC* 3714
FEDERAL-MOGUL WINDSOR, DIV OF p 708
See FEDERAL-MOGUL CANADA LIMITED
FEDERATED BUILDING SERVICES LIMITED p 458
1505 Barrington St Suite 1310, HALIFAX, NS, B3J 3K5
SIC 7349
FEDERATED CO-OPERATIVES LIMITED p 13
2626 10 Ave Ne, CALGARY, AB, T2A 2M3
(403) 531-6665 *SIC* 5141
FEDERATED CO-OPERATIVES LIMITED p 14
3333 52 St Se, CALGARY, AB, T2B 1N3
(403) 531-6684 *SIC* 5141
FEDERATED CO-OPERATIVES LIMITED p 84
12852 141 St Nw, EDMONTON, AB, T5L 4N8
SIC 5141
FEDERATED CO-OPERATIVES LIMITED p 96
13232 170 St Nw, EDMONTON, AB, T5V 1M7
(780) 447-5700 *SIC* 5141
FEDERATED CO-OPERATIVES LIMITED p 130
10300 103 Ave, HIGH LEVEL, AB, T0H 1Z0
(780) 926-2231 *SIC* 5141
FEDERATED CO-OPERATIVES LIMITED p 130
4920 53 Ave, HIGH PRAIRIE, AB, T0G 1E0
(780) 523-3430 *SIC* 5411
FEDERATED CO-OPERATIVES LIMITED p 133
601 Patricia St, JASPER, AB, T0E 1E0
(780) 852-3200 *SIC* 5411
FEDERATED CO-OPERATIVES LIMITED p 220
945 Laval Cres, KAMLOOPS, BC, V2C 5P4
(250) 372-2043 *SIC* 5411
FEDERATED CO-OPERATIVES LIMITED p 276
8160 Trans Can Hwy Ne, SALMON ARM, BC, V1E 2S6
(250) 833-1200 *SIC* 2436
FEDERATED CO-OPERATIVES LIMITED p 345
320 6th St N, BRANDON, MB, R7A 7N7
(204) 727-0571 *SIC* 2048
FEDERATED CO-OPERATIVES LIMITED p 349
55 Centre St, GIMLI, MB, R0C 1B1
(204) 642-7447 *SIC* 5411
FEDERATED CO-OPERATIVES LIMITED p 355
335 Main St, SELKIRK, MB, R1A 1T2
(204) 482-8147 *SIC* 5411
FEDERATED CO-OPERATIVES LIMITED p 358
420 Main St Suite 4, STONEWALL, MB, R0C 2Z0
(204) 467-8469 *SIC* 5411
FEDERATED CO-OPERATIVES LIMITED p 383
1615 King Edward St, WINNIPEG, MB, R3H 0R7
(204) 633-8950 *SIC* 5141

▲ Public Company   ■ Public Company Family Member   HQ Headquarters   BR Branch   SL Single Location

FEDERATED CO-OPERATIVES LIMITED p 391
3477 Pembina Hwy, WINNIPEG, MB, R3V 1A4
(204) 275-2391 SIC 5411

FEDERATED CO-OPERATIVES LIMITED p 1264
409 Centre St, ASSINIBOIA, SK, S0H 0B0
(306) 642-3347 SIC 5411

FEDERATED CO-OPERATIVES LIMITED p 1276
806 Park Ave, MOOSOMIN, SK, S0G 3N0
(306) 435-3331 SIC 5191

FEDERATED CO-OPERATIVES LIMITED p 1279
108 Ash St, PORCUPINE PLAIN, SK, S0E 1H0
(306) 278-2022 SIC 5251

FEDERATED CO-OPERATIVES LIMITED p 1282
2260 Emmett Hall Rd, REGINA, SK, S4N 3M3
(306) 782-9000 SIC 5984

FEDERATED CO-OPERATIVES LIMITED p 1282
2107 E Turvey Rd, REGINA, SK, S4N 3W1
(306) 721-7070 SIC 5141

FEDERATED CO-OPERATIVES LIMITED p 1295
401 22nd St E, SASKATOON, SK, S7K 0H2
(306) 244-3311 SIC 4225

FEDERATED CO-OPERATIVES LIMITED p 1295
604 45th St E, SASKATOON, SK, S7K 3T3
(306) 244-1650 SIC 4225

FEDERATED CO-OPERATIVES LIMITED p 1295
607 46th St E, SASKATOON, SK, S7K 0X1
(306) 244-1690 SIC 5141

FEDERATED CUSTOMS BROKERS LIMITED p 688
2580 Matheson Blvd E, MISSISSAUGA, ON, L4W 4J1
(905) 206-1166 SIC 4731

FEDERATED FREIGHT SERVICES, DIV OF p 688
See FEDERATED CUSTOMS BROKERS LIMITED

FEDERATED INSURANCE COMPANY OF CANADA p 23
2443 Pegasus Rd Ne, CALGARY, AB, T2E 8C3
(403) 254-8500 SIC 6331

FEDERATED INSURANCE COMPANY OF CANADA p 377
255 Commerce Drive, WINNIPEG, MB, R3C 3C9
(204) 786-6431 SIC 6331

FEDERATED INSURANCE COMPANY OF CANADA p 662
735 Wonderland Rd N Suite 200, LONDON, ON, N6H 4L1
(519) 473-5610 SIC 6411

FEDERATED INSURANCE COMPANY OF CANADA p 714
5770 Hurontario St Suite 710, MISSISSAUGA, ON, L5R 3G5
(905) 507-2777 SIC 6331

FEDERATED INSURANCE COMPANY OF CANADA p 1020
3100 Boul Le Carrefour Bureau 660, Cote Saint-Luc, QC, H7T 2K7
(450) 687-8650 SIC 6331

FEDERATION CJA p 1121
5151 Ch De La Cote-Sainte-Catherine, Montreal, QC, H3W 1M6
(514) 735-3541 SIC 8322

FEDERATION DE L'UPA DE LA MONTEREGIE p 1194
3800 Boul Casavant O, SAINT-HYACINTHE, QC, J2S 8E3
(450) 774-9154 SIC 8699

FEDERATION DES CAISSES DESJARDINS DU QUEBEC p 992
7755 Boul Louis-H.-Lafontaine Bureau 30711, ANJOU, QC, H1K 4M6
(514) 376-4420 SIC 6162

FEDERATION DES CAISSES DESJARDINS DU QUEBEC p 993
7450 Boul Des Galeries D'anjou Unite 300, ANJOU, QC, H1M 3M3
(514) 253-7227 SIC 8742

FEDERATION DES CAISSES DESJARDINS DU QUEBEC p 996
555 Rue Ellice, BEAUHARNOIS, QC, J6N 1X8
(450) 225-0335 SIC 6062

FEDERATION DES CAISSES DESJARDINS DU QUEBEC p 997
1780 Av Des Hirondelles, Becancour, QC, G9H 4L7
(819) 298-2844 SIC 6062

FEDERATION DES CAISSES DESJARDINS DU QUEBEC p 1006
1850 Rue Panama Bureau 300, BROSSARD, QC, J4W 3C6
(450) 465-8555 SIC 6062

FEDERATION DES CAISSES DESJARDINS DU QUEBEC p 1012
235 Ch De La Haute-Riviere, Chateauguay, QC, J6K 5B1
(450) 692-1000 SIC 6062

FEDERATION DES CAISSES DESJARDINS DU QUEBEC p 1034
420 Boul Maloney E Bureau 107, GATINEAU, QC, J8P 7N8
(819) 669-3508 SIC 6062

FEDERATION DES CAISSES DESJARDINS DU QUEBEC p 1059
2140 Av Dollard, LASALLE, QC, H8N 1S6
SIC 6211

FEDERATION DES CAISSES DESJARDINS DU QUEBEC p 1065
95 Rue Des Commandeurs, Levis, QC, G6V 6P6
(418) 835-8444 SIC 6062

FEDERATION DES CAISSES DESJARDINS DU QUEBEC p 1086
3155 Boul De L'assomption, Montreal, QC, H1N 3S8
(514) 253-7300 SIC 4899

FEDERATION DES CAISSES DESJARDINS DU QUEBEC p 1095
1611 Boul Cremazie E Bureau 300, Montreal, QC, H2M 2P2
(514) 356-5000 SIC 8721

FEDERATION DES CAISSES DESJARDINS DU QUEBEC p 1095
See FEDERATION DES CAISSES DESJARDINS DU QUEBEC

FEDERATION DES CAISSES DESJARDINS DU QUEBEC p 1104
425 Av Viger O Bureau 900, Montreal, QC, H2Z 1W5
(514) 397-4789 SIC 6062

FEDERATION DES CAISSES DESJARDINS DU QUEBEC p 1111
1241 Rue Peel, Montreal, QC, H3B 5L4
(514) 875-4266 SIC 6062

FEDERATION DES CAISSES DESJARDINS DU QUEBEC p 1111
See FEDERATION DES CAISSES DESJARDINS DU QUEBEC

FEDERATION DES CAISSES DESJARDINS DU QUEBEC p 1126
1 Complex Desjardins, Montreal, QC, H5B 1B2
(514) 281-7000 SIC 6062

FEDERATION DES CAISSES DESJARDINS DU QUEBEC p 1145
See FEDERATION DES CAISSES DESJARDINS DU QUEBEC

FEDERATION DES CAISSES DESJARDINS DU QUEBEC p 1145
3333 Rue Du Carrefour Bureau 280, Quebec, QC, G1C 5R9

(418) 660-2229 SIC 6159

FEDERATION DES CAISSES DESJARDINS DU QUEBEC p 1160
2640 Boul Laurier Bureau 1400, Quebec, QC, G1V 5C2
(418) 650-6350 SIC 6211

FEDERATION DES CAISSES DESJARDINS DU QUEBEC p 1160
See FEDERATION DES CAISSES DESJARDINS DU QUEBEC

FEDERATION DES CAISSES DESJARDINS DU QUEBEC p 1194
See FEDERATION DES CAISSES DESJARDINS DU QUEBEC

FEDERATION DES CAISSES DESJARDINS DU QUEBEC p 1194
2175 Rue Girouard O, SAINT-HYACINTHE, QC, J2S 3A9
(450) 773-1842 SIC 8742

FEDERATION DES CAISSES DESJARDINS DU QUEBEC p 1198
145 Boul Saint-Joseph, SAINT-JEAN-SUR-RICHELIEU, QC, J3B 1W5
(450) 359-0038 SIC 8741

FEDERATION DES CAISSES DESJARDINS DU QUEBEC p 1206
3500 Boul De La Cote-Vertu Bureau 165, SAINT-LAURENT, QC, H4R 2X7
(514) 748-2999 SIC 6062

FEDERATION DES CAISSES DESJARDINS DU QUEBEC p 1219
627 Ch Royal, Saint-Pierre-Ile-D'Orleans, QC, G0A 4E0
(418) 828-1501 SIC 6062

FEDERATION DES CAISSES DESJARDINS DU QUEBEC p 1219
See FEDERATION DES CAISSES DESJARDINS DU QUEBEC

FEDERATION DES CAISSES DESJARDINS DU QUEBEC p 1220
2880 25e Av, SAINT-PROSPER-DE-DORCHESTER, QC, G0M 1Y0
(418) 594-8227 SIC 6062

FEDERATION DES CAISSES DESJARDINS DU QUEBEC p 1225
6276 Rue Principale, SAINTE-CROIX, QC, G0S 2H0
(418) 926-3240 SIC 6062

FEDERATION DES CAISSES POPULAIRE ACADIENNES INC, LA p 396
821 Rue Principale, CLAIR, NB, E7A 2H7
(506) 992-2158 SIC 6062

FEDERATION DES CAISSES POPULAIRE ACADIENNES INC, LA p 404
71 Rue Principale, LAMEQUE, NB, E8T 1N2
(506) 344-1500 SIC 6062

FEDERATION DES CAISSES POPULAIRE ACADIENNES INC, LA p 404
587 Rue Centrale, MEMRAMCOOK, NB, E4K 3R5
(506) 758-9329 SIC 6062

FEDERATION DES COOPERATIVES DU NOUVEAU-QUEBEC, LA p 1045
Gd, INUKJUAK, QC, J0M 1M0
(819) 254-8969 SIC 5999

FEDERATION DES COOPERATIVES DU NOUVEAU-QUEBEC, LA p 1045
See FEDERATION DES COOPERATIVES DU NOUVEAU-QUEBEC, LA

FEDERATION DES SERVICES COMMUNAUTAIRES p 1121
See FEDERATION CJA

FEDERATION DES TRAVAILLEURS ET TRAVAILLEUSES DU QUEBEC (FTQ) p 1095
565 Boul Cremazie E Unite 12100, Montreal, QC, H2M 2W3
(514) 383-8000 SIC 8631

FEDERATION DES TRAVAILLEURS ET TRAVAILLEUSES DU QUEBEC (FTQ) p 1095
See FEDERATION DES TRAVAILLEURS ET TRAVAILLEUSES DU QUEBEC (FTQ)

FEDERATION INSURANCE COMPANY OF CANADA p 310
See COMPAGNIE D'ASSURANCE SONNET

FEDERATION INTERPROFESSIONNELLE DE LA SANTE DU QUEBEC-FIQ p 1106
2050 Rue De Bleury, Montreal, QC, H3A 2J5
(514) 987-1141 SIC 8631

FEDERATION INTERPROFESSIONNELLE DE LA SANTE DU QUEBEC-FIQ p 1167
1260 Rue Du Blizzard, Quebec, QC, G2K 0J1
(418) 626-2226 SIC 8082

FEDERATION MISSISQUOI p 1160
See ECONOMICAL MUTUAL INSURANCE COMPANY

FEDEX p 688
See FEDERAL EXPRESS CANADA CORPORATION

FEDEX FREIGHT p 1026
See FEDEX FREIGHT CANADA, CORP

FEDEX FREIGHT CANADA, CORP p 757
1011 Wilson Ave, NORTH YORK, ON, M3K 1G1
(800) 463-3339 SIC 4212

FEDEX FREIGHT CANADA, CORP p 1026
10765 Ch Cote-De-Liesse Bureau 232, DORVAL, QC, H9P 2R9
(800) 463-3339 SIC 4212

FEDEX GROUND p 730
See FEDEX GROUND PACKAGE SYSTEMS LTD

FEDEX GROUND PACKAGE SYSTEMS LTD p 730
985 Moodie Dr Suite 3, NEPEAN, ON, K2R 1H4
(800) 463-3339 SIC 4215

FEDEX OFFICE CANADA LIMITED p 307
779 Pender St W, VANCOUVER, BC, V6C 1H2
(604) 685-3338 SIC 7334

FEDEX OFFICE CANADA LIMITED p 316
1900 Broadway W, VANCOUVER, BC, V6J 1Z2
(604) 734-2679 SIC 7334

FEDEX OFFICE CANADA LIMITED p 694
4553 Hurontario St Suite 1, MISSISSAUGA, ON, L4Z 3L9
(905) 507-0730 SIC 7334

FEDEX OFFICE CANADA LIMITED p 708
6974 Financial Dr Suite 1, MISSISSAUGA, ON, L5N 8J4
(905) 813-8366 SIC 7334

FEDEX OFFICE CANADA LIMITED p 911
505 University Ave, TORONTO, ON, M5G 2P2
(416) 979-8447 SIC 2752

FEDEX OFFICE CANADA LIMITED p 925
459 Bloor St W, TORONTO, ON, M5S 1X9
(416) 928-0110 SIC 7334

FEDEX OFFICE CANADA LIMITED p 952
170 University Ave W, WATERLOO, ON, N2L 3E9
(519) 746-3363 SIC 7334

FEDEX OFFICE PRINT & SHIP CENTRE p 307
See FEDEX OFFICE CANADA LIMITED

FEDEX OFFICE PRINT & SHIP CENTRE p 316
See FEDEX OFFICE CANADA LIMITED

FEDEX OFFICE PRINT & SHIP CENTRE p 694
See FEDEX OFFICE CANADA LIMITED

FEDEX OFFICE PRINT & SHIP CENTRE p 708
See FEDEX OFFICE CANADA LIMITED

FEDEX OFFICE PRINT & SHIP CENTRE p 911
See FEDEX OFFICE CANADA LIMITED

FEDEX OFFICE PRINT & SHIP CENTRE p 925
See FEDEX OFFICE CANADA LIMITED

FEDEX OFFICE PRINT & SHIP CENTRE p 952

See FEDEX OFFICE CANADA LIMITED
FEDEX SUPPLY CHAIN DISTRIBUTION SYSTEM OF CANADA, INC p 17
6336 114 Ave Se, CALGARY, AB, T2C 4T9
(800) 463-3339   SIC 4731
FEDEX SUPPLY CHAIN DISTRIBUTION SYSTEM OF CANADA, INC p 511
9150 Airport Rd Unit C, BRAMPTON, ON, L6S 6G1
(800) 463-3339   SIC 4731
FEDEX SUPPLY CHAIN DISTRIBUTION SYSTEM OF CANADA, INC p 585
160 Carrier Dr Suite 129, ETOBICOKE, ON, M9W 0A9
(800) 463-3339   SIC 4225
FEDEX SUPPLY CHAIN DISTRIBUTION SYSTEM OF CANADA, INC p 1021
50 Boul Dupont, COTEAU-DU-LAC, QC, J0P 1B0
(800) 463-3339   SIC 4731
FEDEX TRADE NETWORKS p 718
See FEDEX TRADE NETWORKS TRANSPORT & BROKERAGE (CANADA), INC
FEDEX TRADE NETWORKS p 969
See FEDEX TRADE NETWORKS TRANSPORT & BROKERAGE (CANADA), INC
FEDEX TRADE NETWORKS p 1204
See FEDEX TRADE NETWORKS TRANSPORT & BROKERAGE (CANADA), INC
FEDEX TRADE NETWORKS TRANSPORT & BROKERAGE (CANADA), INC p 718
7075 Ordan Dr, MISSISSAUGA, ON, L5T 1K6
(905) 677-7371   SIC 4731
FEDEX TRADE NETWORKS TRANSPORT & BROKERAGE (CANADA), INC p 718
7075 Ordan Dr, MISSISSAUGA, ON, L5T 1K6
(800) 463-3339   SIC 4231
FEDEX TRADE NETWORKS TRANSPORT & BROKERAGE (CANADA), INC p 969
3950 Malden Rd, WINDSOR, ON, N9C 2G4
(800) 463-3339   SIC 4731
FEDEX TRADE NETWORKS TRANSPORT & BROKERAGE (CANADA), INC p 1204
9800 Cavendish Blvd 3rd Fl, SAINT-LAURENT, QC, H4M 2V9
(800) 463-3339   SIC 4731
FEDNAV INTERNATIONAL LTEE p 1111
1000 Rue De La Gauchetiere O Bureau 3500, Montreal, QC, H3B 4W5
(514) 878-6500   SIC 4412
FEDNAV LIMITEE p 1111
1000 Rue De La Gauchetiere O Bureau 3500, Montreal, QC, H3B 4W5
(514) 878-6500   SIC 4412
FEDSEC CORPORATION p 899
60 St Clair Ave E Suite 1000, TORONTO, ON, M4T 1N5
(416) 323-9911   SIC 7381
FEED RITE p 140
See RIDLEY INC
FEED RITE p 1270
See RIDLEY INC
FEED RITE, DIVISION OF p 366
See RIDLEY INC
FEKETE ASSOCIATES INC p 44
540 5 Ave Sw Suite 2000, CALGARY, AB, T2P 0M2
(403) 213-4200   SIC 8711
FELCO p 1187
See EXCAVATION MICHEL PARADIS INC
FELDMAN S.L. & ASSOCIATES LTD p 314
1505 2nd Ave W Suite 200, VANCOUVER, BC, V6H 3Y4
(604) 734-5945   SIC 7922
FELIX MARCHAND ELEMENTARY p 466
See STRAIT REGIONAL SCHOOL BOARD
FELLOWES CANADA LTD p 888
1261 Tapscott Rd, TORONTO, ON, M1X 1S9
(905) 475-6320   SIC 5113
FELLOWES HIGH SCHOOL p 806
See RENFREW COUNTY DISTRICT SCHOOL BOARD
FELXIA CORPORATION p 229
19680 94a Ave, LANGLEY, BC, V1M 3B7
(604) 513-1266   SIC 2621
FEMO CONSTRUCTION LTD p 192
8555 Greenall Ave Suite 1, BURNABY, BC, V5J 3M8
(604) 254-3999   SIC 1771
FEMPRO p 1030
See FEMPRO CONSUMER PRODUCTS ULC
FEMPRO CONSUMER PRODUCTS ULC p 1030
1330 Rue Jean-Berchmans-Michaud, DRUMMONDVILLE, QC, J2C 2Z5
(819) 475-8900   SIC 2676
FENCO SHAWINIGAN ENGINEERING LIMITED p 458
5657 Spring Garden Rd Suite 200, HALIFAX, NS, B3J 3R4
(902) 492-4544   SIC 8711
FENELON COURT LONG TERM CARE CENTRE p 588
44 Wychwood Cres, FENELON FALLS, ON, K0M 1N0
(705) 887-2100   SIC 8051
FENELON FALLS SECONDARY SCHOOL p 588
See TRILLIUM LAKELANDS DISTRICT SCHOOL BOARD
FENELON TOWNSHIP PUBLIC SCHOOL p 548
See TRILLIUM LAKELANDS DISTRICT SCHOOL BOARD
FENESTRATION PRO-TECH p 1245
See ATIS PORTES ET FENETRES CORP.
FENETRES MQ INC p 1223
50 Rue Brissette, SAINTE-AGATHE-DES-MONTS, QC, J8C 2Z8
(819) 326-0302   SIC 3089
FENSIDE PUBLIC SCHOOL p 890
See TORONTO DISTRICT SCHOOL BOARD
FER & METAUX AMERICAINS S.E.C. p 418
Pier 10 West Side, SAINT JOHN, NB, E2M 5S8
(506) 672-4000   SIC 4953
FER & METAUX AMERICAINS S.E.C. p 607
75 Steel City Crt, HAMILTON, ON, L8H 3Y2
(905) 547-5533   SIC 4953
FERCAN DEVELOPMENTS INC p 612
77 James St N, HAMILTON, ON, L8R 2K3
(905) 522-7808   SIC 6553
FERCO FERRURES DE BATIMENTS INC p 1229
2000 Rue Berlier, SAINTE-ROSE, QC, H7L 4S4
(450) 973-1437   SIC 5072
FERGUS PLACE p 637
See REVERA INC
FERGUSON CHEMICAL INNOVATION, DIV OF p 516
See R.M. FERGUSON & COMPANY INC
FERGUSON MOVING & STORAGE p 246
See FERGUSON MOVING (1990) LTD
FERGUSON MOVING (1990) LTD p 246
1584 Columbia St, NORTH VANCOUVER, BC, V7J 1A4
(604) 922-2212   SIC 4212
FERIC DIVISIONS p 320
See FPINNOVATIONS
FERICAR INC p 1010
112 Rte 155, CHAMBORD, QC, G0W 1G0
(418) 342-6221   SIC 3715
FERLAC INC p 1012
935 3e Rue, CHIBOUGAMAU, QC, G8P 1R4
(418) 748-7664   SIC 5251
FERLAC INC p 1023
388 8e Av, DOLBEAU-MISTASSINI, QC, G8L 3E5
(418) 276-3918   SIC 5211
FERLAC INC p 1175
255 Boul Marcotte, ROBERVAL, QC, G8H 1Z3
(418) 275-2356   SIC 5251
FERMAR CRUSHING & RECYCLING LTD p 585
1921 Albion Rd, ETOBICOKE, ON, M9W 5S8
(416) 675-3550   SIC 5032
FERME AMBROISE-FAFARD INC p 995
50 Rue De La Ferme, BAIE-SAINT-PAUL, QC, G3Z 0G2
(418) 240-2055   SIC 7011
FERME CHABOT p 1202
See COOP FEDEREE, LA
FERME JOS LACASSE p 1226
See UNICOOP, COOPERATIVE AGRICOLE
FERME LE COMPTOIR RICHELIEU INC p 1241
350 Rue Du College, SOREL-TRACY, QC, J3P 6T7
(450) 742-9444   SIC 5261
FERN AVENUE PUBLIC SCHOOL p 939
See TORONTO DISTRICT SCHOOL BOARD
FERN HILL SCHOOL p 538
See FERN HILL SCHOOL MISSISSAUGA INC
FERN HILL SCHOOL MISSISSAUGA INC p 538
801 North Service Rd, BURLINGTON, ON, L7P 5B6
(905) 634-8652   SIC 8211
FERN HILL SCHOOL MISSISSAUGA INC p 764
3300 Ninth Line, OAKVILLE, ON, L6H 7A8
(905) 257-0022   SIC 8211
FERN RESORT LTD p 774
4432 Fern Resort Rd, ORILLIA, ON, L3V 6H5
(705) 325-2256   SIC 7011
FERNBROOK DEVELOPMENTS LTD p 559
2220 Highway 7 Unit 5, CONCORD, ON, L4K 1W7
(416) 667-0447   SIC 7389
FERNBROOK HOMES (LAKE OF DREAMS) LIMITED p 559
2220 Highway 7 Unit 5, CONCORD, ON, L4K 1W7
(416) 667-0447   SIC 1522
FERNDALE PUBLIC SCHOOL p 853
See DISTRICT SCHOOL BOARD OF NIAGARA
FERNDALE WOODS ELEMENTARY SCHOOL p 499
See SIMCOE COUNTY DISTRICT SCHOOL BOARD, THE
FERNFOREST PUBLIC SCHOOL p 510
See PEEL DISTRICT SCHOOL BOARD
FERNIE CONTRACTORS LTD p 278
200 Industrial Rd 1 Rr 1 Unit 1, SPARWOOD, BC, V0B 2G1
(250) 425-2519   SIC 1629
FERNIE FIRE RESCUE p 213
See CORPORATION OF THE CITY OF FERNIE
FERNIE SECONDARY SCHOOL p 213
See SCHOOL DISTRICT NO 5 (SOUTHEAST KOOTENAY)
FERO WASTE & RECYCLING INC p 412
Gd, RICHIBUCTO, NB, E4W 5P2
(506) 523-8135   SIC 4953
FERRARA CANDY CO. LTD p 514
10 Colony Crt, BRAMPTON, ON, L6T 4E4
(905) 799-1235   SIC 2064
FERRARA CANDY CO. LTD p 688
915 Matheson Blvd E, MISSISSAUGA, ON, L4W 2R7
SIC 2064
FERRARO FOODS p 275
See ANNABLE FOODS LTD
FERRELL BUILDERS SUPPLY LIMITED p 589
2560 Hwy 20, FONTHILL, ON, L0S 1E6
(905) 892-2694   SIC 5211
FERRERO CANADA LIMITED p 529
1 Ferrero Blvd, BRANTFORD, ON, N3V 1G3
(519) 756-6205   SIC 2064
FERRING INC p 745
200 Yorkland Blvd Suite 500, NORTH YORK, ON, M2J 5C1
(416) 490-0121   SIC 5122
FERRING PHARMACEUTICALS p 745
See FERRING INC
FERRIS ELEMENTARY SCHOOL p 271
See BOARD OF EDUCATION SCHOOL DISTRICT #38 (RICHMOND)
FERRIS ELEMENTARY SCHOOL p 525
See BRANT HALDIMAND NORFOLK CATHOLIC DISTRICT SCHOOL BOARD
FERRIS GLEN PUBLIC SCHOOL p 564
See NEAR NORTH DISTRICT SCHOOL BOARD
FERRYBANK COLONY p 151
See HUTTERIAN BRETHREN CHURCH OF FERRYBANK
FERSTEN WORLDWIDE INC p 1206
4600 Boul Poirier, SAINT-LAURENT, QC, H4R 2C5
(514) 739-1644   SIC 2353
FERUS INC p 44
401 9 Ave Sw Suite 916, CALGARY, AB, T2P 3C5
(403) 517-8777   SIC 4925
FESSENDEN SCHOOL p 487
See HAMILTON-WENTWORTH DISTRICT SCHOOL BOARD, THE
FESTIVAL DU CINEMA DE MONTREAL p 1100
See FESTIVAL DU NOUVEAU CINEMA DE MONTREAL
FESTIVAL DU NOUVEAU CINEMA DE MONTREAL p 1100
3536 Boul Saint-Laurent, Montreal, QC, H2X 2V1
(514) 282-0004   SIC 7832
FESTIVAL HYDRO p 864
See CORPORATION OF THE CITY OF STRATFORD
FESTIVAL INTERNATIONAL DE JAZZ DE MONTREAL INC, LE p 1106
400 Boul De Maisonneuve O Bureau 800, Montreal, QC, H3A 1L4
(514) 871-1881   SIC 7999
FESTIVAL MONDIAL DE FOLKLORE (DRUMMOND) p 1029
226 Rue Saint-Marcel, DRUMMONDVILLE, QC, J2B 2E4
(819) 472-1184   SIC 7999
FESTO INC p 688
5300 Explorer Dr, MISSISSAUGA, ON, L4W 5G4
(905) 624-9000   SIC 5085
FETHERSTONHAUGH & CO. p 301
650 Georgia St E Suite 2200, VANCOUVER, BC, V6A 2A1
SIC 8111
FETHERSTONHAUGH & CO. p 911
438 University Ave Suite 1500, TORONTO, ON, M5G 2K8
(416) 598-4209   SIC 8111
FETHERSTONHAUGH & CO. p 1111
1000 Rue De La Gauchetiere O Bureau 3300, Montreal, QC, H3B 5J1
(514) 954-1500   SIC 8111
FETHERSTONHAUGH SMART & BIGGAR p 1111
See FETHERSTONHAUGH & CO.
FETHERSTONHAYGH SMART & BIGGAR p 313
See SMART & BIGGAR
FFCA HIGH SCHOOL p 59
See FFCA CHARTER SCHOOL SOCIETY
FFCA CHARTER SCHOOL SOCIETY p 31
8710 Ancourt Rd Se, CALGARY, AB, T2H 1V2
(403) 259-3175   SIC 8211
FFCA CHARTER SCHOOL SOCIETY p 59
2116 Mackay Rd Nw, CALGARY, AB, T3B 1C7

(403) 243-3316   SIC 8211
FG DELI GROUP LTD   p 234
27101 56 Ave, LANGLEY, BC, V4W 3Y4
(604) 607-7426   SIC 2011
FGF BRANDS INC   p 762
1295 Ormont Dr, NORTH YORK, ON, M9L 2W6
(416) 742-7434   SIC 5149
FGI   p 17
See FORT GARRY INDUSTRIES LTD
FGI   p 96
See FORT GARRY INDUSTRIES LTD
FGI   p 155
See FORT GARRY INDUSTRIES LTD
FGI   p 716
See FORT GARRY INDUSTRIES LTD
FGI   p 880
See FORT GARRY INDUSTRIES LTD
FGI   p 1296
See FORT GARRY INDUSTRIES LTD
FGL SPORTS LTD   p 4
122 Banff Ave, BANFF, AB, T1L 1C1
(403) 760-8249   SIC 5941
FGL SPORTS LTD   p 10
2525 36 St Ne Unit 250a, CALGARY, AB, T1Y 5T4
(403) 285-2435   SIC 5941
FGL SPORTS LTD   p 23
901 64 Ave Ne Unit G1, CALGARY, AB, T2E 7P4
(403) 274-6040   SIC 5941
FGL SPORTS LTD   p 31
6455 Macleod Trail Sw Unit L6, CALGARY, AB, T2H 0K3
(403) 255-2161   SIC 5941
FGL SPORTS LTD   p 35
100 Anderson Rd Se Unit 76, CALGARY, AB, T2J 3V1
(403) 225-1411   SIC 5941
FGL SPORTS LTD   p 57
4307 130 Ave Se Unit 96, CALGARY, AB, T2Z 3V8
(403) 257-8129   SIC 5941
FGL SPORTS LTD   p 60
1200 37 St Sw Unit 54, CALGARY, AB, T3C 1S2
(403) 249-4303   SIC 5941
FGL SPORTS LTD   p 61
48 Crawford Cres, CALGARY, AB, T3G 4J8
(403) 241-4803   SIC 5941
FGL SPORTS LTD   p 76
140 Kingsway Garden Mall Nw, EDMONTON, AB, T5G 3A6
(780) 474-4082   SIC 5661
FGL SPORTS LTD   p 76
9499 137 Ave Nw Suite 1086, EDMONTON, AB, T5E 5R8
(780) 478-5457   SIC 5661
FGL SPORTS LTD   p 94
8882 170 St Nw Suite 2680, EDMONTON, AB, T5T 4J2
(780) 484-7135   SIC 5661
FGL SPORTS LTD   p 95
8882 170 St Nw Suite 2551, EDMONTON, AB, T5T 4M2
(780) 487-5607   SIC 5941
FGL SPORTS LTD   p 110
3803 Calgary Trail Nw Unit 190, EDMONTON, AB, T6J 5M8
(780) 435-8488   SIC 5941
FGL SPORTS LTD   p 120
19 Riedel St Unit 102, FORT MCMURRAY, AB, T9H 5P8
(780) 747-7010   SIC 5941
FGL SPORTS LTD   p 138
501 1 Ave S Unit Bo1, LETHBRIDGE, AB, T1J 4L9
(403) 329-3318   SIC 5941
FGL SPORTS LTD   p 141
7501 44 St Unit 102, LLOYDMINSTER, AB, T9V 0X9
(780) 872-5246   SIC 5941
FGL SPORTS LTD   p 144
3214 Dunmore Rd Se Unit 100, MEDICINE HAT, AB, T1B 2X2
(403) 526-5614   SIC 5941
FGL SPORTS LTD   p 153
4747 67 St Unit 150, RED DEER, AB, T4N 6H3
(403) 346-1244   SIC 5941
FGL SPORTS LTD   p 161
2020 Sherwood Dr Unit 15, SHERWOOD PARK, AB, T8A 3H9
(780) 467-4712   SIC 5941
FGL SPORTS LTD   p 166
375 St Albert Trail Suite 103, ST. ALBERT, AB, T8N 3K8
(780) 460-0220   SIC 5941
FGL SPORTS LTD   p 182
9855 Austin Rd Unit 102, BURNABY, BC, V3J 1N4
(604) 415-5150   SIC 5941
FGL SPORTS LTD   p 190
6200 Mckay Ave Suite 128, BURNABY, BC, V5H 4L7
(604) 433-1115   SIC 5941
FGL SPORTS LTD   p 190
4700 Kingsway Suite 1150, BURNABY, BC, V5H 4M1
(604) 436-1001   SIC 5699
FGL SPORTS LTD   p 192
5771 Marine Way Unit 600, BURNABY, BC, V5J 0A6
(778) 329-9381   SIC 5941
FGL SPORTS LTD   p 199
2929 Barnet Hwy Unit 1400, COQUITLAM, BC, V3B 5R5
(604) 464-5122   SIC 5941
FGL SPORTS LTD   p 199
2929 Barnet Hwy Unit 1048, COQUITLAM, BC, V3B 5R5
(604) 945-9511   SIC 5941
FGL SPORTS LTD   p 218
1320 Trans Canada Hwy W Unit Y0500, KAMLOOPS, BC, V1S 1J2
(250) 314-1602   SIC 5941
FGL SPORTS LTD   p 225
2271 Harvey Ave Unit 1410, KELOWNA, BC, V1Y 6H2
(250) 860-7669   SIC 5941
FGL SPORTS LTD   p 232
20150 Langley Bypass Unit 60, LANGLEY, BC, V3A 9J8
(604) 530-1404   SIC 5941
FGL SPORTS LTD   p 241
6631 Island Hwy N Unit 126, NANAIMO, BC, V9T 4T7
(250) 390-1581   SIC 5941
FGL SPORTS LTD   p 252
2701 Skaha Lake Rd Unit 101, PENTICTON, BC, V2A 9B8
(250) 276-8370   SIC 5941
FGL SPORTS LTD   p 253
19800 Lougheed Hwy Unit 405, PITT MEADOWS, BC, V3Y 2W1
(604) 460-6612   SIC 5941
FGL SPORTS LTD   p 259
1600 15th Ave Suite 195, PRINCE GEORGE, BC, V2L 3X3
(250) 563-9914   SIC 5941
FGL SPORTS LTD   p 260
795 Central St W, PRINCE GEORGE, BC, V2M 3C6
(250) 563-8889   SIC 5941
FGL SPORTS LTD   p 261
3115 Massey Dr Suite 152, PRINCE GEORGE, BC, V2N 2S9
(250) 561-3002   SIC 5941
FGL SPORTS LTD   p 280
1214 Guildford Town Ctr, SURREY, BC, V3R 7B7
(604) 585-7293   SIC 5699
FGL SPORTS LTD   p 280
1214 Guildford Town Ctr, SURREY, BC, V3R 7B7
(604) 585-7293   SIC 5941
FGL SPORTS LTD   p 286
12101 72 Ave Unit 120, SURREY, BC, V3W 2M1
(604) 572-7008   SIC 5941
FGL SPORTS LTD   p 299
18 Broadway W, VANCOUVER, BC, V5Y 1P2
(604) 874-6530   SIC 5941
FGL SPORTS LTD   p 316
1625 Chestnut St, VANCOUVER, BC, V6J 4M6
(604) 731-6181   SIC 5941
FGL SPORTS LTD   p 324
777 Dunsmuir St, VANCOUVER, BC, V7Y 1A1
(604) 687-7668   SIC 5941
FGL SPORTS LTD   p 325
4900 27 St Unit 0340, VERNON, BC, V1T 7G7
(250) 260-2860   SIC 5941
FGL SPORTS LTD   p 331
1150 Douglas St Unit 311a, VICTORIA, BC, V8W 3M9
(250) 388-5103   SIC 5941
FGL SPORTS LTD   p 332
805 Cloverdale Ave Suite 104, VICTORIA, BC, V8X 2S9
(250) 475-6851   SIC 5941
FGL SPORTS LTD   p 338
1000 Park Royal S, WEST VANCOUVER, BC, V7T 1A1
(604) 922-3336   SIC 5941
FGL SPORTS LTD   p 362
1570 Regent Ave W, WINNIPEG, MB, R2C 3B4
(204) 669-0808   SIC 5699
FGL SPORTS LTD   p 370
1375 Mcphillips St Unit 1, WINNIPEG, MB, R2V 3V1
(204) 334-2190   SIC 5941
FGL SPORTS LTD   p 389
1910 Pembina Hwy Unit 3, WINNIPEG, MB, R3T 4S5
(204) 275-2775   SIC 5941
FGL SPORTS LTD   p 401
1381 Regent St Unit Y200a, FREDERICTON, NB, E3C 1A2
(506) 474-0625   SIC 5941
FGL SPORTS LTD   p 414
519 Westmorland Rd, SAINT JOHN, NB, E2J 3W9
(506) 696-6228   SIC 5941
FGL SPORTS LTD   p 425
54 Maple Valley Rd Unit M-02a, CORNER BROOK, NL, A2H 3C5
(709) 634-4700   SIC 5941
FGL SPORTS LTD   p 432
75 Aberdeen Dr, ST. JOHN'S, NL, A1A 5N6
(709) 739-7708   SIC 5941
FGL SPORTS LTD   p 433
48 Kenmount Rd, ST. JOHN'S, NL, A1B 1W3
(709) 739-0155   SIC 5699
FGL SPORTS LTD   p 436
430 Topsail Rd Unit 102, ST. JOHN'S, NL, A1E 4N1
(709) 364-7068   SIC 5941
FGL SPORTS LTD   p 436
430 Topsail Rd Unit 3, ST. JOHN'S, NL, A1E 4N1
(709) 364-7068   SIC 5941
FGL SPORTS LTD   p 463
215 Chain Lake Dr Unit F, HALIFAX, NS, B3S 1C9
(902) 450-1014   SIC 5941
FGL SPORTS LTD   p 470
9107 Commercial St, NEW MINAS, NS, B4N 3E7
(902) 681-1485   SIC 5941
FGL SPORTS LTD   p 475
800 Grand Lake Rd Unit E57, SYDNEY, NS, B1P 6S9
(902) 539-8597   SIC 5941
FGL SPORTS LTD   p 477
245 Robie St Unit 109, TRURO, NS, B2N 5N6
(902) 895-3383   SIC 5941
FGL SPORTS LTD   p 484
135 Harwood Ave N Unit 1, AJAX, ON, L1Z 1E8
(905) 683-3807   SIC 5941
FGL SPORTS LTD   p 488
14 Martindale Cres Unit 2, ANCASTER, ON, L9K 1J9
(905) 304-9234   SIC 5941
FGL SPORTS LTD   p 494
353 Bayfield St, BARRIE, ON, L4M 3C3
(705) 725-0434   SIC 5941
FGL SPORTS LTD   p 503
390 North Front St Suite 200, BELLEVILLE, ON, K8P 3E1
(613) 962-3113   SIC 5941
FGL SPORTS LTD   p 506
12730 50 Hwy Unit 1, BOLTON, ON, L7E 4G1
(905) 857-2090   SIC 5941
FGL SPORTS LTD   p 510
30 Great Lakes Dr Unit 112, BRAMPTON, ON, L6R 2K7
(905) 792-1830   SIC 5941
FGL SPORTS LTD   p 514
25 Peel Centre Dr, BRAMPTON, ON, L6T 3R5
(905) 789-8965   SIC 5941
FGL SPORTS LTD   p 519
295 Queen St E, BRAMPTON, ON, L6W 3R1
(905) 454-7880   SIC 5941
FGL SPORTS LTD   p 519
547 Steeles Ave E Unit 1b, BRAMPTON, ON, L6W 4S2
(905) 456-7161   SIC 5941
FGL SPORTS LTD   p 525
84 Lynden Rd, BRANTFORD, ON, N3R 6B8
(519) 750-0101   SIC 5941
FGL SPORTS LTD   p 533
2445 Appleby Line Unit A03, BURLINGTON, ON, L7L 0B6
(905) 331-2560   SIC 5941
FGL SPORTS LTD   p 539
777 Guelph Line, BURLINGTON, ON, L7R 3N2
(905) 637-6868   SIC 5941
FGL SPORTS LTD   p 543
600 Hespeler Rd Unit 83, CAMBRIDGE, ON, N1R 8H2
(519) 620-4499   SIC 5941
FGL SPORTS LTD   p 551
653 Grand Ave W, CHATHAM, ON, N7L 1C5
(519) 354-0123   SIC 5941
FGL SPORTS LTD   p 554
1111 Elgin St W Unit M7, COBOURG, ON, K9A 5H7
(905) 372-4199   SIC 5941
FGL SPORTS LTD   p 559
2160 Highway 7 Suite 6, CONCORD, ON, L4K 1W6
(905) 669-2030   SIC 5941
FGL SPORTS LTD   p 577
1255 The Queensway, ETOBICOKE, ON, M8Z 1S1
(416) 255-2391   SIC 5941
FGL SPORTS LTD   p 596
397 Bayfield Rd Suite 31/32, GODERICH, ON, N7A 4E9
(519) 524-8300   SIC 5661
FGL SPORTS LTD   p 614
970 Upper Wentworth St Suite 2, HAMILTON, ON, L9A 4V8
(905) 388-1566   SIC 5941
FGL SPORTS LTD   p 614
999 Upper Wentworth St, HAMILTON, ON, L9A 4X5
(905) 383-5012   SIC 5941
FGL SPORTS LTD   p 625
785 Kanata Ave Unit Q1, KANATA, ON, K2T 1H9
(613) 271-1513   SIC 5941
FGL SPORTS LTD   p 633
945 Gardiners Rd Suite Y006, KINGSTON, ON, K7M 7H4

(613) 634-0798   SIC 5941
FGL SPORTS LTD   p 638
655 Fairway Rd S, KITCHENER, ON, N2C 1X4
(519) 896-2310   SIC 5941
FGL SPORTS LTD   p 650
1925 Dundas St Unit 14, LONDON, ON, N5V 1P7
(519) 457-4848   SIC 5941
FGL SPORTS LTD   p 653
1735 Richmond St Unit 3, LONDON, ON, N5X 3Y2
(519) 645-0350   SIC 5941
FGL SPORTS LTD   p 658
332 Wellington Rd Suite 5, LONDON, ON, N6C 4P6
(519) 858-3181   SIC 5941
FGL SPORTS LTD   p 661
1250 Fanshawe Park Rd W Unit 101, LONDON, ON, N6G 5B1
(519) 641-8153   SIC 5941
FGL SPORTS LTD   p 664
3165 Wonderland Road S, LONDON, ON, N6L 1R4
(519) 668-1776   SIC 5941
FGL SPORTS LTD   p 671
5000 Highway 7 E Unit 20a, MARKHAM, ON, L3R 4M9
(905) 940-6400   SIC 5941
FGL SPORTS LTD   p 681
55 Ontario St S Unit D18, MILTON, ON, L9T 2M3
(905) 693-8546   SIC 5941
FGL SPORTS LTD   p 705
2921 Eglinton Ave W, MISSISSAUGA, ON, L5M 6J3
(905) 820-4605   SIC 5941
FGL SPORTS LTD   p 705
5100 Erin Mills Pky Unit Y003, MISSISSAUGA, ON, L5M 4Z5
(905) 828-8341   SIC 5941
FGL SPORTS LTD   p 721
785 Britannia Rd W Unit 1, MISSISSAUGA, ON, L5V 2Y1
(905) 542-9595   SIC 5941
FGL SPORTS LTD   p 728
1642 Merivale Rd Unit 0580, NEPEAN, ON, K2G 4A1
(613) 225-6674   SIC 5941
FGL SPORTS LTD   p 733
404-1111 Davis Dr, NEWMARKET, ON, L3Y 9E5
(905) 853-7965   SIC 5941
FGL SPORTS LTD   p 738
7555 Montrose Rd Suite A30, NIAGARA FALLS, ON, L2H 2E9
(905) 354-6239   SIC 5941
FGL SPORTS LTD   p 740
300 Lakeshore Dr Unit 101, NORTH BAY, ON, P1A 3V2
(705) 840-5007   SIC 5941
FGL SPORTS LTD   p 745
1800 Sheppard Ave E Unit 2074, NORTH YORK, ON, M2J 5A7
(416) 502-2931   SIC 5941
FGL SPORTS LTD   p 764
2460 Winston Churchill Blvd Unit 2, OAKVILLE, ON, L6H 6J5
(905) 829-4721   SIC 5941
FGL SPORTS LTD   p 764
261 Oak Walk Dr Unit 1, OAKVILLE, ON, L6H 6M3
(905) 257-7538   SIC 5941
FGL SPORTS LTD   p 769
3465 Wyecroft Rd Unit B, OAKVILLE, ON, L6L 0B6
(905) 847-9445   SIC 5941
FGL SPORTS LTD   p 771
270 North Service Rd W Unit C08, OAKVILLE, ON, L6M 2R8
(905) 338-7224   SIC 5941
FGL SPORTS LTD   p 774
3275 Monarch Dr Unit 1, ORILLIA, ON, L3V 7Z4

(705) 326-4411   SIC 5941
FGL SPORTS LTD   p 776
110 Place D'orleans Dr Unit 2400, ORLEANS, ON, K1C 2L9
(613) 824-9933   SIC 5941
FGL SPORTS LTD   p 778
285 Taunton Rd E, OSHAWA, ON, L1G 3V2
(905) 434-3998   SIC 5941
FGL SPORTS LTD   p 803
1350 16th St E, OWEN SOUND, ON, N4K 6N7
(519) 371-5114   SIC 5941
FGL SPORTS LTD   p 806
1100 Pembroke St E Unit 503, PEMBROKE, ON, K8A 6Y7
(613) 735-3016   SIC 5941
FGL SPORTS LTD   p 809
645 Lansdowne St W Unit L019a, PETERBOROUGH, ON, K9J 7Y5
(705) 742-8951   SIC 5941
FGL SPORTS LTD   p 809
81 George St N, PETERBOROUGH, ON, K9J 3G3
(705) 740-9770   SIC 5941
FGL SPORTS LTD   p 813
1355 Kingston Rd Suite 120, PICKERING, ON, L1V 1B8
(905) 420-1208   SIC 5699
FGL SPORTS LTD   p 813
1355 Kingston Rd Unit 120, PICKERING, ON, L1V 1B8
(905) 420-1208   SIC 5941
FGL SPORTS LTD   p 813
699 Kingston Rd, PICKERING, ON, L1V 3N7
(905) 831-6360   SIC 5941
FGL SPORTS LTD   p 826
595 Murphy Rd, SARNIA, ON, N7S 6K1
(519) 344-8140   SIC 5941
FGL SPORTS LTD   p 840
300 Borough Dr Suite 2, SCARBOROUGH, ON, M1P 4P5
(416) 296-0413   SIC 5941
FGL SPORTS LTD   p 856
221 Glendale Ave Unit 119, ST CATHARINES, ON, L2T 2K9
(905) 687-4808   SIC 5941
FGL SPORTS LTD   p 863
1010 Hoover Park Dr Unit 3, STOUFFVILLE, ON, L4A 0K2
(905) 640-3919   SIC 5941
FGL SPORTS LTD   p 864
1067 Ontario St Unit S2, STRATFORD, ON, N5A 6W6
(519) 273-4838   SIC 5941
FGL SPORTS LTD   p 867
1349 Lasalle Blvd, SUDBURY, ON, P3A 1Z2
(705) 525-8181   SIC 5941
FGL SPORTS LTD   p 875
1 Promenade Cir Unit 117 8, THORNHILL, ON, L4J 4P8
(905) 707-0557   SIC 5941
FGL SPORTS LTD   p 885
1500 Riverside Dr, TIMMINS, ON, P4R 1A1
(705) 268-5972   SIC 5661
FGL SPORTS LTD   p 887
1455 Mccowan Rd, TORONTO, ON, M1S 5K7
(416) 335-7227   SIC 5941
FGL SPORTS LTD   p 889
4783 Yonge St, TORONTO, ON, M2N 5M5
(416) 225-0929   SIC 5941
FGL SPORTS LTD   p 893
B3 147 Laird Dr Unit 300, TORONTO, ON, M4G 4K1
(416) 421-6093   SIC 5941
FGL SPORTS LTD   p 904
167 Queen St E Unit B1, TORONTO, ON, M5A 1S2
(416) 621-6796   SIC 5941
FGL SPORTS LTD   p 906
220 Yonge St, TORONTO, ON, M5B 2H1
(416) 598-1626   SIC 5941
FGL SPORTS LTD   p 906

260 Yonge St Suite 18, TORONTO, ON, M5B 2L9
(416) 598-2456   SIC 5661
FGL SPORTS LTD   p 942
500 Rexdale Blvd Unit A22a, TORONTO, ON, M9W 6K5
(416) 746-5073   SIC 5941
FGL SPORTS LTD   p 950
24 Forwell Creek Rd, WATERLOO, ON, N2J 3Z3
(519) 886-1433   SIC 5941
FGL SPORTS LTD   p 952
550 King St N, WATERLOO, ON, N2L 5W6
(519) 886-6336   SIC 5941
FGL SPORTS LTD   p 955
800 Niagara St Suite 1, WELLAND, ON, L3C 5Z4
(905) 732-9715   SIC 5941
FGL SPORTS LTD   p 957
1650 Victoria St E Suite 1, WHITBY, ON, L1N 9L4
(905) 571-4500   SIC 5941
FGL SPORTS LTD   p 960
320 Taunton Rd E, WHITBY, ON, L1R 0H4
(905) 655-9195   SIC 5941
FGL SPORTS LTD   p 961
13580 Tecumseh Rd E, WINDSOR, ON, N8N 3N7
(519) 979-4855   SIC 5941
FGL SPORTS LTD   p 964
3051 Legacy Park Dr, WINDSOR, ON, N8W 5S6
(519) 969-2526   SIC 5941
FGL SPORTS LTD   p 965
3100 Howard Ave, WINDSOR, ON, N8X 3Y8
(519) 972-8379   SIC 5941
FGL SPORTS LTD   p 974
7850 Weston Rd, WOODBRIDGE, ON, L4L 9N8
(905) 264-2848   SIC 5941
FGL SPORTS LTD   p 982
670 University Ave Unit 1, CHARLOTTETOWN, PE, C1E 1H6
(902) 628-6088   SIC 5941
FGL SPORTS LTD   p 1130
4855 Rue Louis-B.-Mayer, Montreal, QC, H7P 6C8
(450) 687-5200   SIC 5941
FGL SPORTS LTD   p 1275
1235 Main St N Unit 13, MOOSE JAW, SK, S6H 6M4
(306) 694-7777   SIC 5941
FGL SPORTS LTD   p 1279
1403 Central Ave Unit 500, PRINCE ALBERT, SK, S6V 7J4
(306) 922-5791   SIC 5941
FGL SPORTS LTD   p 1282
2223 E Victoria Ave, REGINA, SK, S4N 6E4
(306) 565-8585   SIC 5661
FGL SPORTS LTD   p 1288
2635 Gordon Rd, REGINA, SK, S4S 6H7
(306) 522-2200   SIC 5941
FGL SPORTS LTD   p 1292
3310 8th St E Suite 740, SASKATOON, SK, S7H 5M3
(306) 651-3960   SIC 5941
FGL SPORTS LTD   p 1295
201 Midtown Plaza Unit T215c, SASKATOON, SK, S7K 1J9
(306) 955-7733   SIC 5941
FGL SPORTS LTD   p 1300
301 Confederation Drive Unit 120, SASKATOON, SK, S7L 5C3
(306) 931-8833   SIC 5941
FGX CANADA CORP   p 929
555 Richmond St W Suite 1005, TORONTO, ON, M5V 3B1
(905) 504-5533   SIC 3851
FIAT PRODUCTS, A DIV OF   p 864
See CRANE PLUMBING CANADA CORP
FIBER COATERS   p 692
See WILSON, J. A. DISPLAY LTD
FIBER CONNECTIONS INC   p 984
30 Aerospace Blvd, SLEMON PARK, PE,

C0B 2A0
(902) 436-1727   SIC 2298
FIBRE ANS FIBERGLASS   p 1214
See 3378918 CANADA INC
FIBRES BREAKEY   p 1068
See ENTREPRISES ROLLAND INC, LES
FIBRES J. C. INC, LES   p 1118
1305 Rue De Montmorency, Montreal, QC, H3K 2G3
SIC 5093
FIBRES JASZTEX INC   p 1215
5375 Boul Des Grandes-Prairies, SAINT-LEONARD, QC, H1R 1B1
(514) 321-5452   SIC 2297
FIBROBEC   p 998
See LES INDUSTRIES FIBROBEC INC
FIBRWRAP INSTALLATIONS LIMITED   p 288
15531 24 Ave Unit 31, SURREY, BC, V4A 2J4
(604) 535-9512   SIC 2891
FIDELITAS HOLDING COMPANY LIMITED p 802
30 Cartier St, OTTAWA, ON, K2P 2E7
(613) 238-8040   SIC 7011
FIDELITY CANADA ULC   p 911
483 Bay St Suite 300, TORONTO, ON, M5G 2N7
(416) 307-5200   SIC 6722
FIDELITY INVESTMENTS   p 911
See FIDELITY CANADA ULC
FIDELITY INVESTMENTS CANADA ULC   p 906
250 Yonge St Suite 700, TORONTO, ON, M5B 2L7
(416) 307-5478   SIC 6722
FIDELITY INVESTMENTS CANADA ULC   p 911
483 Bay St Suite 200, TORONTO, ON, M5G 2N7
(416) 307-5200   SIC 6722
FIDELITY INVESTMENTS CANADA ULC   p 1111
1000 Rue De La Gauchetiere O Bureau 1400, Montreal, QC, H3B 4W5
(514) 866-7360   SIC 6726
FIDELITY INVESTMENTS CANADA ULC   p 1131
100 Rue De La Gauchetiere O Bureau 1400, Montreal, QC, M5G 2N7
(514) 866-7360   SIC 6722
FIDELITY NATIONAL FINANCIAL CANADA p 718
See FNF CANADA COMPANY
FIDO   p 1126
See FIDO SOLUTIONS INC
FIDO SOLUTIONS INC   p 1126
800 Rue De La Gauchetiere O Bureau 4000, Montreal, QC, H5A 1K3
(514) 937-2121   SIC 4899
FIDUCIAIRES DU FONDS DE PLACEMENT IMMOBILIER COMIN   p 44
See FIDUCIAIRES DU FONDS DE PLACEMENT IMMOBILIER COMINAR, LES
FIDUCIAIRES DU FONDS DE PLACEMENT IMMOBILIER COMIN   p 791
See FIDUCIAIRES DU FONDS DE PLACEMENT IMMOBILIER COMINAR, LES
FIDUCIAIRES DU FONDS DE PLACEMENT IMMOBILIER COMINAR, LES   p 44
700 2 St Sw Suite 400, CALGARY, AB, T2P 2W1
(403) 296-2916   SIC 6719
FIDUCIAIRES DU FONDS DE PLACEMENT IMMOBILIER COMINAR, LES   p 451
32 Akerley Blvd Suite 103, DARTMOUTH, NS, B3B 1N1
(902) 469-8151   SIC 6799
FIDUCIAIRES DU FONDS DE PLACEMENT IMMOBILIER COMINAR, LES   p 791
222 Queen St Suite 300, OTTAWA, ON, K1P 5V9
(613) 569-8151   SIC 6719
FIDUCIE DESJARDINS INC   p 1126

FIDUCIE DESJARDINS INC

1 Complexe Desjardins Tour S, Montreal, QC, H5B 1E4
(514) 286-9441   SIC 6733
FIDUCIE DESJARDINS INC   p 1126
2 Complexe Desjardinstour E, Montreal, QC, H5B 1C1
(514) 499-8440   SIC 6733
FIDUCIE FAMILLE VACHON INC   p 1187
516 Rue Du Parc, SAINT-EUSTACHE, QC, J7R 5B2
(450) 472-9120   SIC 6712
FIDUCIE TECHNOLOGIES DE FIBRES AIKAWA   p 1240
72 Rue Queen, SHERBROOKE, QC, J1M 2C3
(819) 562-4754   SIC 5111
FIELD AVIATION COMPANY INC   p 10
4300 26 St Ne Unit 125, CALGARY, AB, T1Y 7H7
(403) 516-8200   SIC 1799
FIELD ENGINEERING   p 962
See CORPORATION OF THE CITY OF WINDSOR
FIELD EVALUATION SERVICES   p 625
See ELECTRICAL SAFETY AUTHORITY
FIELD LLP   p 44
444 7 Ave Sw Suite 400, CALGARY, AB, T2P 0X8
(403) 260-8500   SIC 8111
FIELDCREST ELEMENTARY   p 509
See SIMCOE COUNTY DISTRICT SCHOOL BOARD, THE
FIELDING CHEMICAL TECHNOLOGIES INC   p 699
3549 Mavis Rd, MISSISSAUGA, ON, L5C 1T7
(905) 279-5122   SIC 8731
FIELDS DOLLAR DEPOT   p 69
See HUDSON'S BAY COMPANY
FIELDS STORE   p 253
See HUDSON'S BAY COMPANY
FIELDS STORES   p 129
See HUDSON'S BAY COMPANY
FIELDS STORES   p 171
See HUDSON'S BAY COMPANY
FIELDS STORES   p 218
See HUDSON'S BAY COMPANY
FIELDS STORES   p 244
See HUDSON'S BAY COMPANY
FIELDS STORES   p 264
See HUDSON'S BAY COMPANY
FIELDS STORES   p 295
See HUDSON'S BAY COMPANY
FIELDS STORES   p 438
See HUDSON'S BAY COMPANY
FIELDS STORES   p 1274
See HUDSON'S BAY COMPANY
FIELDTURF TARKETT DIV OF   p 1032
See TARKETT INC
FIERA CAPITAL CORPORATION   p 44
607 8 Ave Sw Suite 300, CALGARY, AB, T2P 0A7
(403) 699-9000   SIC 6282
FIERA CAPITAL PRIVATE WEALTH   p 44
See FIERA CAPITAL CORPORATION
FIFE HOUSE FOUNDATION INC   p 903
490 Sherbourne St 2nd Fl, TORONTO, ON, M4X 1K9
(416) 205-9888   SIC 8051
FIFE N'DEKEL   p 102
See 483696 ALBERTA LTD
FIFTH WHEEL CORNWALL   p 564
See 1036274 ONTARIO INC
FIFTH WHEEL CORPORATION   p 598
398 North Service Rd, GRIMSBY, ON, L3M 4E8
SIC 5541
FIKE   p 533
See FIKE CANADA, INC
FIKE CANADA, INC   p 533
4400 Mainway, BURLINGTON, ON, L7L 5Y5
(905) 681-3100   SIC 3494
FILAMAT COMPOSITES INC   p 700
880 Rangeview Rd, Mississauga, ON, L5E 1G9
(905) 891-3993   SIC 3299
FILE CO   p 890
See TEKNION LIMITED
FILLES DE LA CHARITE DU SACRE-COEUR DE JESUS, LES   p 1236
60 Rue Jean-Maurice, SHERBROOKE, QC, J1G 1V5
SIC 8661
FILLION, LOUIS ELECTRONIQUE INC   p 1086
5690 Rue Sherbrooke E, Montreal, QC, H1N 1A1
(514) 254-6041   SIC 5731
FILMS MORRISON   p 1098
See 2744-4215 QUEBEC INC
FILTERFAB COMPANY   p 1251
2305 Rue Jules-Vachon Bureau 2, Trois-Rivieres, QC, G9A 5E1
(819) 691-4104   SIC 3569
FILTEX INC   p 1243
5 Rue Pine, SUTTON, QC, J0E 2K0
(450) 538-2331   SIC 2299
FILTRAR TECH INC   p 1015
1251 Rue Des Societaires, CHICOUTIMI, QC, G7J 0K6
(418) 549-2727   SIC 7389
FILTRATION GROUP CANADA CORPORATION   p 718
6190 Kestrel Rd, MISSISSAUGA, ON, L5T 1Z1
(905) 795-9559   SIC 3569
FIME INC   p 1104
1080 Cote Du Beaver Hall Bureau 1400, Montreal, QC, H2Z 1S8
(514) 935-1331   SIC 7379
FINANCE ELKAY (QUEBEC) INC   p 1116
1240 Rue Drummond, Montreal, QC, H3G 1V7
(514) 866-6492   SIC 7011
FINANCEMENT AGRICOLE CANADA   p 1194
See FARM CREDIT CANADA
FINANCIAL AID & AWARD SERVICE   p 790
See UNIVERSITY OF OTTAWA
FINANCIAL HORIZONS   p 1091
See INDUSTRIELLE ALLIANCE, ASSURANCE ET SERVICES FINANCIERS INC
FINANCIAL MANAGEMENT (BC) INC   p 330
1009 Cook St, VICTORIA, BC, V8V 3Z6
SIC 8741
FINANCIAL PLAN AND OFFICE   p 865
See HURON-PERTH CHILDREN'S AID SOCIETY
FINANCIAL SOLUTION, DIV OF   p 954
See NCR CANADA CORP
FINANCIERE LIBERTE 55   p 1020
See LONDON LIFE INSURANCE COMPANY
FINANCIERE ACCORD INC   p 1262
3500 Boul De Maisonneuve O Bureau 500, WESTMOUNT, QC, H3Z 3C1
(514) 932-8223   SIC 6153
FINANCIERE AGRICOLE DU QUEBEC   p 1066
See GOUVERNEMENT DE LA PROVINCE DE QUEBEC
FINANCIERE AGRICOLE DU QUEBEC, LA   p 1165
See GOUVERNEMENT DE LA PROVINCE DE QUEBEC
FINANCIERE AGRICOLE DU QUEBEC, LA   p 1173
See GOUVERNEMENT DE LA PROVINCE DE QUEBEC
FINANCIERE BANQUE NATIONALE   p 1062
See FINANCIERE BANQUE NATIONALE INC
FINANCIERE BANQUE NATIONALE   p 1171
See FINANCIERE BANQUE NATIONALE INC
FINANCIERE BANQUE NATIONALE   p 1195
See FINANCIERE BANQUE NATIONALE INC
FINANCIERE BANQUE NATIONALE   p 1238
See FINANCIERE BANQUE NATIONALE INC
FINANCIERE BANQUE NATIONALE   p 1260
See FINANCIERE BANQUE NATIONALE INC
FINANCIERE BANQUE NATIONALE INC   p 44
450 1 St Sw Suite 2800, CALGARY, AB, T2P 5H1
(403) 531-8400   SIC 6211
FINANCIERE BANQUE NATIONALE INC   p 80
10180 101 St Nw Unit 3500, EDMONTON, AB, T5J 3S4
(780) 412-6600   SIC 6211
FINANCIERE BANQUE NATIONALE INC   p 287
2121 160 St, SURREY, BC, V3Z 9N6
(604) 541-4925   SIC 6211
FINANCIERE BANQUE NATIONALE INC   p 307
666 Burrard St Suite 3300, VANCOUVER, BC, V6C 2X8
(604) 623-6777   SIC 6211
FINANCIERE BANQUE NATIONALE INC   p 331
737 Yates St Suite 700, VICTORIA, BC, V8W 1L6
(250) 953-8400   SIC 6211
FINANCIERE BANQUE NATIONALE INC   p 375
200 Waterfront Dr Suite 400, WINNIPEG, MB, R3B 3P1
(204) 925-2250   SIC 6021
FINANCIERE BANQUE NATIONALE INC   p 655
380 Wellington St Suite 802, LONDON, ON, N6A 5B5
(519) 646-5711   SIC 6282
FINANCIERE BANQUE NATIONALE INC   p 767
105 Robinson St, OAKVILLE, ON, L6J 1G1
(905) 842-1925   SIC 6211
FINANCIERE BANQUE NATIONALE INC   p 941
130 King St Suite 3200, TORONTO, ON, M9N 1L5
(416) 869-3707   SIC 6211
FINANCIERE BANQUE NATIONALE INC   p 1014
1180 Boul Talbot Bureau 201, CHICOUTIMI, QC, G7H 4B6
(418) 549-8888   SIC 6211
FINANCIERE BANQUE NATIONALE INC   p 1062
2500 Boul Daniel-Johnson Bureau 610, Laval, QC, H7T 2P6
(450) 686-5700   SIC 6211
FINANCIERE BANQUE NATIONALE INC   p 1111
1 Place Ville-Marie Bureau 1805, Montreal, QC, H3B 4A9
(514) 879-5200   SIC 6021
FINANCIERE BANQUE NATIONALE INC   p 1111
1155 Rue Metcalfe Bureau 1438, Montreal, QC, H3B 4S9
(514) 843-3088   SIC 6062
FINANCIERE BANQUE NATIONALE INC   p 1141
1 Av Holiday Bureau 145, POINTE-CLAIRE, QC, H9R 5N3
(514) 426-2522   SIC 6211
FINANCIERE BANQUE NATIONALE INC   p 1157
500 Rue Grande Allee E Bureau 400, Quebec, QC, G1R 2J7
(418) 649-2525   SIC 6211
FINANCIERE BANQUE NATIONALE INC   p 1160
2600 Boul Laurier Bureau 700, Quebec, QC, G1V 4W2
(418) 654-2323   SIC 6021
FINANCIERE BANQUE NATIONALE INC   p 1171
534 Rue Notre-Dame Bureau 201, REPENTIGNY, QC, J6A 2T8
(450) 582-7001   SIC 6211
FINANCIERE BANQUE NATIONALE INC   p 1195
1355 Rue Johnson O Bureau 4100, SAINT-HYACINTHE, QC, J2S 8W7
(450) 774-5354   SIC 6211
FINANCIERE BANQUE NATIONALE INC   p 1238
1802 Rue King O Bureau 200, SHERBROOKE, QC, J1J 0A2
(819) 566-7212   SIC 6211
FINANCIERE BANQUE NATIONALE INC   p 1251
7200 Rue Marion, Trois-Rivieres, QC, G9A 0A5
(819) 379-0000   SIC 6282
FINANCIERE BANQUE NATIONALE INC   p 1260
650 Boul Jutras E Bureau 150, VICTORIAVILLE, QC, G6S 1E1
(819) 758-3191   SIC 6211
FINANCIERE LIBERTE 55   p 993
See LONDON LIFE INSURANCE COMPANY
FINANCIERE LIBERTE 55   p 1014
See LONDON LIFE INSURANCE COMPANY
FINANCIERE LIBERTE 55   p 1071
See LONDON LIFE INSURANCE COMPANY
FINANCIERE LIBERTE 55   p 1107
See LONDON LIFE INSURANCE COMPANY
FINANCIERE MANUVIE   p 1107
See MANUFACTURERS LIFE INSURANCE COMPANY, THE
FINANCIERE MICADCO INC   p 1149
600 Boul Charest E Bureau 3036, Quebec, QC, G1K 3J4
(418) 529-6121   SIC 6712
FINANCIERE MICADCO INC   p 1164
9550 Boul De L'ormiere, Quebec, QC, G2B 3Z6
(418) 842-9221   SIC 5912
FINANCIERE SUN LIFE   p 1015
See SUN LIFE ASSURANCE COMPANY OF CANADA
FINANCIERE SUN LIFE   p 1067
See SUN LIFE ASSURANCE COMPANY OF CANADA
FINANCIERE SUN LIFE   p 1202
See SUN LIFE FINANCIAL INVESTMENT SERVICES (CANADA) INC
FINANCIERE SUNLIFE, LA   p 1063
See SUN LIFE ASSURANCE COMPANY OF CANADA
FINCH CHRYSLER DODGE JEEP RAM LTD   p 662
590 Wharncliffe Rd S, LONDON, ON, N6J 2N4
(519) 686-1988   SIC 5511
FIND-A-CAR AUTO SALES & BROKERING INC   p 819
6104 Perth St, RICHMOND, ON, K0A 2Z0
SIC 5521
FINDLAY FOODS (KINGSTON) LTD   p 633
675 Progress Ave, KINGSTON, ON, K7M 0C7
(613) 384-5331   SIC 5141
FINES HERBES AROMATIQUES FRAICHES   p 1217
See FINES HERBES DE CHEZ NOUS INC, LES
FINES HERBES DE CHEZ NOUS INC, LES   p 1217
116 Ch Trudeau, SAINT-MATHIEU-DE-BELOEIL, QC, J3G 0E3
(450) 464-2920   SIC 5431

FINISHED WOODFLOOR LTD p 941
8 Oak St, TORONTO, ON, M9N 1R8
(416) 241-8631   SIC 2426
FINISHING, DIV OF p 673
See NORDSON CANADA, LIMITED
FINITION U.V. CRYSTAL INC p 1222
115 153 Rte, SAINT-TITE, QC, G0X 3H0
(418) 365-7752   SIC 2491
FINKL STEEL - SOREL p 1202
See FORGES DE SOREL CIE, LES
FINMAC LUMBER LIMITED p 350
Gd, LA SALLE, MB, R0G 1B0
(204) 261-4646   SIC 2421
FINNIE HAULING & STORAGE, DIV OF p 64
See AVEDA TRANSPORTATION AND ENERGY SERVICES INC
FINNING p 289
See FINNING INTERNATIONAL INC
FINNING (CANADA) p 120
See FINNING INTERNATIONAL INC
FINNING (CANADA) p 217
See FINNING INTERNATIONAL INC
FINNING (CANADA), A DIV p 150
See FINNING INTERNATIONAL INC
FINNING (CANADA), A DIV p 220
See FINNING INTERNATIONAL INC
FINNING (CANADA), A DIV p 262
See FINNING INTERNATIONAL INC
FINNING (CANADA), DIV OF p 91
See FINNING INTERNATIONAL INC
FINNING (CANADA), DIV OF p 144
See FINNING INTERNATIONAL INC
FINNING (CANADA), DIV. OF p 279
See FINNING INTERNATIONAL INC
FINNING CANADA p 68
See FINNING INTERNATIONAL INC
FINNING CANADA p 88
See FINNING INTERNATIONAL INC
FINNING CANADA p 91
See FINNING INTERNATIONAL INC
FINNING CANADA p 155
See FINNING INTERNATIONAL INC
FINNING CANADA p 205
See FINNING INTERNATIONAL INC
FINNING CANADA p 214
See FINNING INTERNATIONAL INC
FINNING CANADA p 289
See FINNING INTERNATIONAL INC
FINNING CANADA, A DIV p 213
See FINNING INTERNATIONAL INC
FINNING CANADA, DIV OF p 220
See FINNING INTERNATIONAL INC
FINNING INTERNATIONAL INC p 23
6735 11 St Ne, CALGARY, AB, T2E 7H9
(403) 275-3340   SIC 7538
FINNING INTERNATIONAL INC p 23
6700 9 St Ne, CALGARY, AB, T2E 8K6
(403) 516-2800   SIC 7538
FINNING INTERNATIONAL INC p 68
7601 99 St Ss 55, CLAIRMONT, AB, T0H 0W0
(780) 831-2600   SIC 5082
FINNING INTERNATIONAL INC p 86
16511 116 Ave Nw, EDMONTON, AB, T5M 3V1
(780) 377-3321   SIC 4213
FINNING INTERNATIONAL INC p 88
16830 107 Ave Nw, Edmonton, AB, T5P 4C3
(780) 930-4800   SIC 5082
FINNING INTERNATIONAL INC p 88
16940 107 Ave Nw, EDMONTON, AB, T5P 4C3
(780) 483-3499   SIC 7538
FINNING INTERNATIONAL INC p 91
10235 180 St Nw, EDMONTON, AB, T5S 1C1
(780) 577-8988   SIC 5084
FINNING INTERNATIONAL INC p 91
10910 170 St Nw, EDMONTON, AB, T5S 1H6
(780) 483-1122   SIC 7359
FINNING INTERNATIONAL INC p 91
18131 118 Ave Nw, EDMONTON, AB, T5S 1M8

(780) 930-4949   SIC 5082
FINNING INTERNATIONAL INC p 120
118 Macdonald Cres, FORT MCMURRAY, AB, T9H 4B2
(780) 743-2218   SIC 5082
FINNING INTERNATIONAL INC p 136
4204 5 Ave N, LETHBRIDGE, AB, T1H 5S4
(403) 328-3366   SIC 5082
FINNING INTERNATIONAL INC p 144
1791 30 St Sw, MEDICINE HAT, AB, T1B 3N5
(403) 525-4100   SIC 5084
FINNING INTERNATIONAL INC p 150
8710 87th Ave, PEACE RIVER, AB, T8S 1S2
(780) 624-1550   SIC 5082
FINNING INTERNATIONAL INC p 155
6740 67 Ave, RED DEER, AB, T4P 1A9
(403) 347-1106   SIC 5082
FINNING INTERNATIONAL INC p 205
815 Cranbrook St N, CRANBROOK, BC, V1C 3S2
(250) 489-6631   SIC 5082
FINNING INTERNATIONAL INC p 213
295 Alaska Hwy, FORT NELSON, BC, V0C 1R0
(250) 774-8000   SIC 5082
FINNING INTERNATIONAL INC p 214
10755 Finning Frontage Rd, FORT ST. JOHN, BC, V1J 4H6
(250) 787-7761   SIC 5082
FINNING INTERNATIONAL INC p 217
Hwy 16 W, HOUSTON, BC, V0J 1Z0
(250) 845-2213   SIC 5082
FINNING INTERNATIONAL INC p 220
1764 Kelly Douglas Rd, KAMLOOPS, BC, V2C 5S4
(250) 372-9552   SIC 5082
FINNING INTERNATIONAL INC p 220
1967 Trans Canada Hwy E Suite 25, KAMLOOPS, BC, V2C 4A4
(250) 852-7500   SIC 5082
FINNING INTERNATIONAL INC p 243
1922 Schoolhouse Rd, Nanaimo, BC, V9X 1T4
(250) 753-2441   SIC 5082
FINNING INTERNATIONAL INC p 262
1100 Pacific St, PRINCE GEORGE, BC, V2N 5S3
(250) 563-0331   SIC 5082
FINNING INTERNATIONAL INC p 266
15100 River Rd Suite 120, RICHMOND, BC, V6V 3B2
(604) 231-3900   SIC 1796
FINNING INTERNATIONAL INC p 279
749 Douglas Fir Rd, SPARWOOD, BC, V0B 2G0
(250) 425-6282   SIC 5084
FINNING INTERNATIONAL INC p 289
19100 94 Ave, SURREY, BC, V4N 5C3
(604) 881-2600   SIC 5082
FINNING INTERNATIONAL INC p 289
19498 92 Ave, SURREY, BC, V4N 4G7
(604) 888-3406   SIC 7538
FINNING INTERNATIONAL INC p 307
666 Burrard St Suite 1000, VANCOUVER, BC, V6C 2X8
(604) 691-6444   SIC 5084
FINNING INTERNATIONAL INC p 325
1714 Kalamalka Lake Rd, VERNON, BC, V1T 6V2
(250) 545-2321   SIC 5082
FINNING INTERNATIONAL INC p 341
450 Mackenzie Ave S, WILLIAMS LAKE, BC, V2G 1C9
(250) 392-3381   SIC 5082
FINNING INTERNATIONAL INC p 438
Airport Rd, INUVIK, NT, X0E 0T0
(867) 777-2551   SIC 5082
FINNING INTERNATIONAL INC p 1264
391 Yellowhead Alley, BATTLEFORD, SK, S0M 0E0
(306) 445-6151   SIC 5082
FINNING INTERNATIONAL INC p 1268
Gd Lcd Main, ESTEVAN, SK, S4A 2A1

(306) 634-3311   SIC 7699
FINNING INTERNATIONAL INC p 1301
3502 11th St W, SASKATOON, SK, S7M 1K7
(306) 382-3550   SIC 5082
FINNING POWER SYSTEMS p 23
See FINNING INTERNATIONAL INC
FINNING POWER SYSTEMS p 88
See FINNING INTERNATIONAL INC
FINNING POWER SYSTEMS p 266
See FINNING INTERNATIONAL INC
FINNISH CANADIAN REST HOME ASSOCIATION p 189
3460 Kalyk Ave, BURNABY, BC, V5G 3B2
(604) 434-2666   SIC 8361
FINNISH CANADIAN REST HOME ASSOCIATION p 295
2288 Harrison Dr, VANCOUVER, BC, V5P 2P6
(604) 325-8241   SIC 8361
FINNISH HOME p 295
See FINNISH CANADIAN REST HOME ASSOCIATION
FINNISH MANOR, DIV OF p 189
See FINNISH CANADIAN REST HOME ASSOCIATION
FIONN MACCOOL'S p 484
36 Kingston Rd E, AJAX, ON, L1Z 1G1
(905) 619-9048   SIC 5813
FIRAN TECHNOLOGY GROUP CORPORATION p 887
10 Commander Blvd, TORONTO, ON, M1S 3T2
(416) 438-6076   SIC 3613
FIRCROFT (CANADA) LIMITED p 44
205 5 Ave Sw Suite 3300, CALGARY, AB, T2P 2V7
(403) 265-6960   SIC 1311
FIRE CODE PLUS p 256
See LEVITT-SAFETY LIMITED
FIRE DEPARTMENT p 348
See FLIN FLON, CITY OF
FIRE DEPARTMENT p 400
See CORPORATION OF THE CITY OF FREDERICTON
FIRE DEPARTMENT p 1311
See WHITEHORSE, CITY OF
FIRE PARAMEDIC SERVICE p 374
See CITY OF WINNIPEG, THE
FIRE SAFETY DIVISION p 25
See SIEMENS CANADA LIMITED
FIRE STOP ENTERPRISES LTD p 476
2034 Balmoral Rd Rr 4, TATAMAGOUCHE, NS, B0K 1V0
(902) 657-2290   SIC 5087
FIREHALL 122 p 747
See CORPORATION OF THE CITY OF TORONTO
FIREHALL NO 344 p 924
See CORPORATION OF THE CITY OF TORONTO
FIREMASTER OILFIELD SERVICES INC p 44
441 5 Ave Sw Suite 570, CALGARY, AB, T2P 2V1
(403) 266-1811   SIC 1389
FIREMASTER OILFIELD SERVICES INC p 126
12138 101 Ave, GRANDE PRAIRIE, AB, T8V 8A9
(780) 539-4400   SIC 1389
FIRESTONE TEXTILES p 977
See BRIDGESTONE CANADA INC
FIREWORKS MEDIA INC p 904
111 George St, Toronto, ON, M5A 2N4
(416) 360-4321   SIC 7812
FIRGROVE PUBLIC SCHOOL p 758
See TORONTO DISTRICT SCHOOL BOARD
FIRST AIR p 625
See BRADLEY AIR SERVICES LIMITED

FIRST AIR p 795
See BRADLEY AIR SERVICES LIMITED
FIRST ALLIANCE CHURCH p 57
See CHRISTIAN AND MISSIONARY ALLIANCE IN CANADA, THE
FIRST AVENUE PUBLIC SCHOOL p 630
See LIMESTONE DISTRICT SCHOOL BOARD
FIRST AVENUE PUBLIC SCHOOL p 794
See OTTAWA-CARLETON DISTRICT SCHOOL BOARD
FIRST BASE SOLUTIONS INC p 671
140 Renfrew Dr Suite 100, MARKHAM, ON, L3R 6B3
(905) 477-3600   SIC 5999
FIRST CALGARY FINANCIAL p 10
See CONNECT FIRST CREDIT UNION LTD
FIRST CALGARY FINANCIAL p 62
See CONNECT FIRST CREDIT UNION LTD
FIRST CANADIAN HEALTH MANAGEMENT CORPORATION p 896
3080 Yonge St Suite 3002, TORONTO, ON, M4N 3N1
SIC 7389
FIRST CANADIAN MEDICAL CENTRE p 932
See MCI MEDICAL CLINICS INC
FIRST CANADIAN PERSONAL ALARM & EMERGENCY HOME RESPONSE SYSTEM p 741
1033 Hammond St Suite 97, NORTH BAY, ON, P1B 2H7
(705) 495-2792   SIC 5999
FIRST CANADIAN TITLE COMPANY LIMITED p 767
2235 Sheridan Garden Dr Suite 745, OAKVILLE, ON, L6J 7Y5
(905) 287-1000   SIC 6361
FIRST CHOICE CABINET p 1051
See EBENISTERIE A. BEAUCAGE INC
FIRST CHOICE HAIRCUTTERS LTD p 708
6400 Millcreek Dr, MISSISSAUGA, ON, L5N 3E7
(905) 858-8100   SIC 6794
FIRST CHOICE VISION CENTRE LTD p 437
5 Maine Dr, STEPHENVILLE, NL, A2N 2Y2
(709) 643-3496   SIC 8042
FIRST DERIVATIVES CANADA INC p 701
1599 Hurontario St Suite 302, MISSISSAUGA, ON, L5G 4S1
(905) 278-9444   SIC 7371
FIRST EFFORT INVESTMENTS LIMITED p 659
1105 Wellington Rd Unit 119, LONDON, ON, N6E 1V4
(519) 686-4368   SIC 5651
FIRST IMPRESSIONS GENERAL CONTRACTING p 482
See 2046223 ONTARIO INC
FIRST MEDICAL PHARMACY p 964
See MEDICAL PHARMACIES GROUP LIMITED
FIRST NATIONAL FINANCIAL CORPORATION p 44
800 5 Ave Sw Suite 600, CALGARY, AB, T2P 3T6
(403) 509-0900   SIC 6162
FIRST NATIONAL FINANCIAL CORPORATION p 304
1090 Homer St Suite 200, VANCOUVER, BC, V6B 2W9
(604) 681-5300   SIC 6162
FIRST NATIONAL FINANCIAL CORPORATION p 1106
2000 Rue Peel Bureau 200, Montreal, QC, H3A 2W5
(514) 499-7918   SIC 6798
FIRST NATIONS OF NORTHERN MANITOBA CHILD & FAMILY SERVICES AU-

THORITY p
364
383 Provencher Blvd Suite 200, WINNIPEG, MB, R2H 0G9
(204) 942-1842   SIC 8322

FIRST PIPE   p 994
See INDUSTRIES REHAU INC

FIRST RESPONSE   p 741
See FIRST CANADIAN PERSONAL ALARM & EMERGENCY HOME RESPONSE SYSTEM

FIRST STREET HOLDINGS LTD   p 277
2531 Beacon Ave Suite 12, SIDNEY, BC, V8L 1Y1
(250) 656-0727   SIC 5411

FIRST STRIKE SECURITY & INVESTIGATION LTD   p 474
2145 Kings Rd, SYDNEY, NS, B1L 1C2
(902) 539-9991   SIC 7381

FIRST STUDENT   p 170
See FIRSTCANADA ULC

FIRST STUDENT   p 284
See FIRSTCANADA ULC

FIRST STUDENT   p 487
See FIRSTCANADA ULC

FIRST STUDENT   p 605
See FIRSTCANADA ULC

FIRST STUDENT   p 606
See FIRSTCANADA ULC

FIRST STUDENT   p 633
See FIRSTCANADA ULC

FIRST STUDENT CANADA   p 4
See FIRSTCANADA ULC

FIRST STUDENT CANADA   p 202
See FIRSTCANADA ULC

FIRST STUDENT CANADA   p 552
See FIRSTCANADA ULC

FIRST STUDENT CANADA   p 566
See FIRSTCANADA ULC

FIRST STUDENT CANADA   p 570
See FIRSTCANADA ULC

FIRST STUDENT CANADA   p 730
See FIRSTCANADA ULC

FIRST STUDENT CANADA   p 774
See FIRSTCANADA ULC

FIRST STUDENT CANADA   p 803
See FIRSTCANADA ULC

FIRST STUDENT CANADA   p 804
See FIRSTCANADA ULC

FIRST STUDENT CANADA   p 826
See FIRSTCANADA ULC

FIRST STUDENT CANADA   p 865
See FIRSTCANADA ULC

FIRST STUDENT CANADA   p 1059
See AUTOBUS TRANSCO (1988) INC

FIRST STUDENT CANADA   p 1282
See FIRSTCANADA ULC

FIRST STUDENT CANADA   p 1295
See FIRSTCANADA ULC

FIRST UNITED CHURCH   p 952
16 William St W, WATERLOO, ON, N2L 1J3
(519) 745-8487   SIC 8661

FIRST URANIUM CORPORATION   p 922
77 King St W Suite 400, TORONTO, ON, M5K 0A1
(416) 306-3072   SIC 1094

FIRSTCANADA   p 596
See FIRSTCANADA ULC

FIRSTCANADA ULC   p 4
Po Box 327 Stn Main, ATHABASCA, AB, T9S 2A3
(780) 675-4220   SIC 4151

FIRSTCANADA ULC   p 126
11456 97 Ave, GRANDE PRAIRIE, AB, T8V 5Z5
(780) 532-3545   SIC 4151

FIRSTCANADA ULC   p 150
921 Davidson Ave, PINCHER CREEK, AB, T0K 1W0
(403) 627-3060   SIC 4151

FIRSTCANADA ULC   p 150
10401 75 St, PEACE RIVER, AB, T8S 1R2
(780) 624-3538   SIC 4151

FIRSTCANADA ULC   p 170
6304b 52 St, TABER, AB, T1G 1J7
(403) 223-5670   SIC 4151

FIRSTCANADA ULC   p 174
3531 37 Ave, WHITECOURT, AB, T7S 0C3
(780) 778-2850   SIC 4151

FIRSTCANADA ULC   p 194
509 13th Ave, CAMPBELL RIVER, BC, V9W 4G7
(250) 287-7151   SIC 4141

FIRSTCANADA ULC   p 202
1640 Booth Ave, COQUITLAM, BC, V3K 1B9
(604) 255-3555   SIC 4151

FIRSTCANADA ULC   p 263
225 2nd Ave W, PRINCE RUPERT, BC, V8J 1G4
(250) 624-3343   SIC 4142

FIRSTCANADA ULC   p 284
12079 103a Ave, SURREY, BC, V3V 3G7
(604) 583-7060   SIC 4151

FIRSTCANADA ULC   p 291
4904 16 Hwy W, TERRACE, BC, V8G 1L8
(250) 635-6617   SIC 4111

FIRSTCANADA ULC   p 325
4210 24 Ave, VERNON, BC, V1T 1M2
(250) 545-7286   SIC 4131

FIRSTCANADA ULC   p 439
107 Kam Lake Rd, YELLOWKNIFE, NT, X1A 2P8
(867) 873-4693   SIC 4151

FIRSTCANADA ULC   p 441
7 Industrial Park Dr, AMHERST, NS, B4H 4H7
SIC 4151

FIRSTCANADA ULC   p 487
1185 Smith Rd, ANCASTER, ON, L9G 3L1
(905) 648-1386   SIC 4151

FIRSTCANADA ULC   p 507
80 Mearns Crt, BOWMANVILLE, ON, L1C 4A2
(905) 623-3811   SIC 4151

FIRSTCANADA ULC   p 508
23 Gray Rd, BRACEBRIDGE, ON, P1L 1P8
SIC 4151

FIRSTCANADA ULC   p 536
5401 Dundas St, BURLINGTON, ON, L7M 0Y8
(905) 335-7010   SIC 4151

FIRSTCANADA ULC   p 552
100 Currie St, CHATHAM, ON, N7M 6L9
(519) 352-1920   SIC 4151

FIRSTCANADA ULC   p 566
120 Tollgate Rd W Suite 204, CORNWALL, ON, K6J 5M3
(613) 938-8000   SIC 4151

FIRSTCANADA ULC   p 570
159061 Hwy 10, DUNDALK, ON, N0C 1B0
(519) 923-2513   SIC 4151

FIRSTCANADA ULC   p 596
257 Cambridge St, GODERICH, ON, N7A 2Y7
(519) 524-5316   SIC 4151

FIRSTCANADA ULC   p 605
19 Wallings Rd, HALIBURTON, ON, K0M 1S0
(705) 457-2567   SIC 4151

FIRSTCANADA ULC   p 606
50 Covington St, HAMILTON, ON, L8E 2Y5
(905) 522-3232   SIC 4151

FIRSTCANADA ULC   p 633
769 Burnett St, KINGSTON, ON, K7M 5W2
(613) 389-8690   SIC 4151

FIRSTCANADA ULC   p 644
40 Mcbrine Dr, KITCHENER, ON, N2R 1E7
(519) 748-4777   SIC 4151

FIRSTCANADA ULC   p 659
135 Towerline Pl, LONDON, ON, N6E 2T3
(519) 685-6340   SIC 4151

FIRSTCANADA ULC   p 699
3599 Wolfedale Rd, MISSISSAUGA, ON, L5C 1V8
(905) 270-0561   SIC 4151

FIRSTCANADA ULC   p 730
1027 Moodie Dr, NEPEAN, ON, K2R 1H4
SIC 4151

FIRSTCANADA ULC   p 739
349 Airport Rd, NIAGARA ON THE LAKE, ON, L0S 1J0
(905) 688-9600   SIC 4151

FIRSTCANADA ULC   p 751
103 Railside Rd, NORTH YORK, ON, M3A 1B2
(416) 444-7030   SIC 4151

FIRSTCANADA ULC   p 774
445 Laclie St, ORILLIA, ON, L3V 4P7
(705) 326-7376   SIC 4151

FIRSTCANADA ULC   p 803
2180 20th St E, OWEN SOUND, ON, N4K 5P7
(519) 376-5712   SIC 4151

FIRSTCANADA ULC   p 804
829 Rest Acres Rd, PARIS, ON, N3L 3E3
(519) 442-2258   SIC 4142

FIRSTCANADA ULC   p 815
3 Macsteven Dr, PICTON, ON, K0K 2T0
(613) 476-7466   SIC 4151

FIRSTCANADA ULC   p 826
1430 Lougar Ave, SARNIA, ON, N7S 5N4
(519) 336-0077   SIC 4142

FIRSTCANADA ULC   p 832
70 Industrial Court A, SAULT STE. MARIE, ON, P6B 5W6
(705) 759-2192   SIC 4151

FIRSTCANADA ULC   p 865
4321 Line 34, STRATFORD, ON, N5A 6S7
SIC 4151

FIRSTCANADA ULC   p 873
120 Doncaster Ave, THORNHILL, ON, L3T 1L3
(905) 764-6662   SIC 4151

FIRSTCANADA ULC   p 948
304 Arnold St, WALLACEBURG, ON, N8A 3P5
(519) 352-1040   SIC 4142

FIRSTCANADA ULC   p 955
1049 Niagara St, WELLAND, ON, L3C 1M5
(905) 735-5944   SIC 4151

FIRSTCANADA ULC   p 1282
140 E 4th Ave, REGINA, SK, S4N 4Z4
(306) 721-4499   SIC 4131

FIRSTCANADA ULC   p 1295
110 Faithfull Cres, SASKATOON, SK, S7K 8H8
(306) 343-2125   SIC 4151

FIRSTGROUP AMERICA   p 60
See GREYHOUND CANADA TRANSPORTATION ULC

FIRSTONSITE   p 611
See FORMER RESTORATION L.P.

FIRSTONSITE RESTORATION   p 129
See FORMER RESTORATION L.P.

FIRSTONSITE RESTORATION   p 718
See FORMER RESTORATION L.P.

FIRSTONTARIO CREDIT UNION LIMITED   p 607
1299 Barton St E, HAMILTON, ON, L8H 2V4
(800) 616-8878   SIC 6062

FIRSTONTARIO CREDIT UNION LIMITED   p 613
486 Upper Sherman Ave, HAMILTON, ON, L8V 3L8
(905) 389-5533   SIC 6062

FIRSTONTARIO CREDIT UNION LIMITED   p 854
148 Niagara St, ST CATHARINES, ON, L2R 4L4
(905) 685-5555   SIC 6062

FIRSTONTARIO CREDIT UNION LIMITED   p 855
275 4th Ave Suite D006, ST CATHARINES, ON, L2S 0C2
(905) 685-5555   SIC 6062

FIRWIN CORP   p 755
1685 Flint Rd, NORTH YORK, ON, M3J 2W8
(416) 907-4093   SIC 3086

FISH CREEK LIBRARY   p 35
See CALGARY PUBLIC LIBRARY

FISH CREEK SCHOOL   p 55
See CALGARY BOARD OF EDUCATION

FISH HOUSE IN STANLEY PARK, THE   p 313
See 0319637 B.C. LTD

FISH MARKET RESTAURANT, THE   p 788
See 1202937 ONTARIO INC.

FISHER & LUDLOW, DIV OF   p 174
See HARRIS STEEL ULC

FISHER & LUDLOW, DIV OF   p 534
See HARRIS STEEL ULC

FISHER BRANCH COLLEGIETE   p 348
See LAKESHORE SCHOOL DIVISION

FISHER BRANCH EARLY YEARS SCHOOL   p 348
See LAKESHORE SCHOOL DIVISION

FISHER PARK SUMMIT SCHOOL   p 797
See OTTAWA-CARLETON DISTRICT SCHOOL BOARD

FISHER RIVER CREE NATION   p 350
Gd, KOOSTATAK, MB, R0C 1S0
(204) 645-2689   SIC 8099

FISHER RIVER NADAP FIRST NATIONS HEALTH CENTRE   p 350
See FISHER RIVER CREE NATION

FISHER ROSEMONT SERVICE   p 104
See EMERSON ELECTRIC CANADA LIMITED

FISHER SCIENTIFIC COMPANY   p 91
10720 178 St Nw, EDMONTON, AB, T5S 1J3
(780) 486-8323   SIC 5049

FISHER SCIENTIFIC COMPANY   p 671
145 Renfrew Dr Suite 119, MARKHAM, ON, L3R 9R6
(905) 479-8700   SIC 5049

FISHER SCIENTIFIC COMPANY   p 726
112 Colonnade Rd, NEPEAN, ON, K2E 7L6
(613) 226-8874   SIC 5049

FISHER SCIENTIFIC COMPANY   p 957
111 Scotia Crt, WHITBY, ON, L1N 6J6
(905) 725-7341   SIC 5049

FISHER, DEBBIE & LOCHHEAD, DAN   p 325
5603 27 St, VERNON, BC, V1T 8Z5
(250) 549-4161   SIC 6531

FISHERIES AND MARINE INSTITUTE   p 435
See MEMORIAL UNIVERSITY OF NEWFOUNDLAND

FISHERMAN'S TERRACE SEAFOOD RESTAURANT   p 269
See LEGENDARY CANADIAN ENTERPRISES LTD

FISHERVILLE JUNIOR HIGH SCHOOL   p 751
See TORONTO DISTRICT SCHOOL BOARD

FISKARS BRAND   p 671
See FISKARS CANADA, INC

FISKARS CANADA, INC   p 671
675 Cochrane Dr, MARKHAM, ON, L3R 0B8
(905) 940-8460   SIC 5099

FISO TECHNOLOGIES INC   p 1165
500 Av Saint-Jean-Baptiste Bureau 195, Quebec, QC, G2E 5R9
(418) 688-8065   SIC 3827

FITCH STREET PUBLIC SCHOOL   p 955
See DISTRICT SCHOOL BOARD OF NIAGARA

FITCITY FOR WOMEN   p 187
See FITCITY SPORTS CORPORATION

FITCITY SPORTS CORPORATION   p 187
4664 Lougheed Hwy Suite 150, BURNABY, BC, V5C 5T5
SIC 7991

FITNESS INSTITUTE LIMITED, THE   p 696
2021 Cliff Rd Suite 309, MISSISSAUGA, ON, L5A 3N7
(905) 275-0182   SIC 7991

FITNESS INSTITUTE LIMITED, THE   p 745
2235 Sheppard Ave E Suite 901, NORTH YORK, ON, M2J 5B5
(416) 492-7611   SIC 7991

FITNESS INSTITUTE LIMITED, THE   p 922
79 Wellington St. W 36th Fl, TORONTO, ON,

M5K 1J5
(416) 865-0900   SIC 7991
FITNESS INSTITUTE, THE p 745
See FITNESS INSTITUTE LIMITED, THE
FITNESS ONE SPORTS CLUB FOR WOMEN INC p 759
700 Lawrence Ave W Suite 235, NORTH YORK, ON, M6A 3B4
SIC 7999
FITNESS WORLD p 191
See H. & C. MANAGEMENT CONSULTANTS LTD
FITNESS WORLD p 230
See H. & C. MANAGEMENT CONSULTANTS LTD
FITNESS WORLD p 274
See H. & C. MANAGEMENT CONSULTANTS LTD
FITNESS WORLD p 283
See H. & C. MANAGEMENT CONSULTANTS LTD
FITNESS WORLD p 284
See SUN FITNESS PRODUCTIONS INC
FITNESS WORLD p 300
See H. & C. MANAGEMENT CONSULTANTS LTD
FITNESS WORLD GYM p 283
See H. & C. MANAGEMENT CONSULTANTS LTD
FITZGERALD ACADEMY p 426
See NOVA CENTRAL SCHOOL DISTRICT
FITZPATRICK ELECTRICAL CONTRACTOR INC 946
41 Maple St, UXBRIDGE, ON, L9P 1C8
(905) 686-1661   SIC 1731
FITZROY CENTENNIAL SCHOOL p 629
See OTTAWA-CARLETON DISTRICT SCHOOL BOARD
FIVE BROTHERS HOSPITALITY PARTNERSHIP p 853
2 North Service Rd, ST CATHARINES, ON, L2N 4G9
(905) 934-8000   SIC 7011
FIVE COUNTIES CHILDREN'S CENTRE p 647
9 Russell St E, LINDSAY, ON, K9V 1Z7
(705) 324-1922   SIC 8699
FIVE FISHERMEN LIMITED, THE p 458
1740 Argyle St, HALIFAX, NS, B3J 2B6
(902) 454-9344   SIC 5812
FIVE FISHERMEN RESTAURANT p 458
See FIVE FISHERMEN LIMITED, THE
FIVE HILLS HEALTH REGION p 1276
See FIVE HILLS REGIONAL HEALTH AUTHORITY
FIVE HILLS REGIONAL HEALTH AUTHORITY p 1264
501 6th Ave E, ASSINIBOIA, SK, S0H 0B0
(306) 642-3351   SIC 8062
FIVE HILLS REGIONAL HEALTH AUTHORITY p 1266
601 Canada St, CENTRAL BUTTE, SK, S0H 0T0
(306) 796-2190   SIC 8051
FIVE HILLS REGIONAL HEALTH AUTHORITY p 1266
620 Mary St, CRAIK, SK, S0G 0V0
(306) 734-2288   SIC 8051
FIVE HILLS REGIONAL HEALTH AUTHORITY p 1272
315 Main St, LAFLECHE, SK, S0H 2K0
(306) 472-5230   SIC 8051
FIVE HILLS REGIONAL HEALTH AUTHORITY p 1275
1000 Albert St, MOOSE JAW, SK, S6H 2Y2
(306) 693-4616   SIC 8051
FIVE HILLS REGIONAL HEALTH AUTHORITY p 1276
55 Diefenbaker Dr, MOOSE JAW, SK, S6J 0C2
(306) 694-0200   SIC 8062
FIVE HILLS REGIONAL HEALTH AUTHORITY p 1291
1006 Hwy 2, ROCKGLEN, SK, S0H 3R0
(306) 476-2030   SIC 8361
FIVE MILES SCHOOL p 881
See LAKEHEAD DISTRICT SCHOOL BOARD
FIVE MOBILE INC p 914
218 Adelaide St W Suite 400, TORONTO, ON, M5H 1W7
(416) 479-0334   SIC 7371
FIVE STAR HOUSEKEEPING SERVICES INC p 718
6731 Columbus Rd Unit 3, MISSISSAUGA, ON, L5T 2M4
(905) 696-9449   SIC 7349
FJORD PACIFIC MARINE INDUSTRIES LTD. p 269
2400 Simpson Rd, RICHMOND, BC, V6X 2P9
(604) 270-3393   SIC 2091
FJORDS PROCESSING CANADA INC p 31
6835 Railway St Se, CALGARY, AB, T2H 2V6
(403) 640-4230   SIC 3823
FJORDS PROCESSING CANADA INC p 898
1920 Yonge St Suite 301, TORONTO, ON, M4S 3E2
(416) 343-9223   SIC 8711
FLAG AUTOMOTIVE SALES & LEASE LTD p 280
15250 104 Ave, SURREY, BC, V3R 6N8
(604) 581-8281   SIC 5511
FLAG MITSUBISHI p 280
See FLAG AUTOMOTIVE SALES & LEASE LTD
FLAMBORO DOWNS HOLDINGS LIMITED p 570
967 5 Hwy W, DUNDAS, ON, L9H 5E2
(905) 627-3561   SIC 7948
FLAMBORO DOWNS RACEWAY p 570
See FLAMBORO DOWNS HOLDINGS LIMITED
FLAMINGO p 155
See OLYMEL S.E.C.
FLAMINGO p 991
See OLYMEL S.E.C.
FLAMINGO p 1144
See OLYMEL S.E.C.
FLAMINGO p 1185
See OLYMEL S.E.C.
FLAMINGO p 1199
See OLYMEL S.E.C.
FLAMINGO p 1255
See OLYMEL S.E.C.
FLAMINGO INN p 130
See 725961 ALBERTA LIMITED
FLANAGAN FOODSERVICE INC p 649
69 Magill St, LIVELY, ON, P3Y 1K6
(705) 692-5850   SIC 5141
FLANAGAN FOODSERVICE INC p 803
16 East Ave Suite 2125, OWEN SOUND, ON, N4K 5P5
(519) 376-8407   SIC 5141
FLASH COURIER SERVICES INC p 301
1213 Frances St, VANCOUVER, BC, V6A 1Z4
(604) 689-0826   SIC 7389
FLASH REPRODUCTIONS LIMITED p 585
51 Galaxy Blvd Suite 1, ETOBICOKE, ON, M9W 5P1
(416) 742-1244   SIC 2752
FLATWORKS INDUSTRIES WEST LTD p 91
22230 115 Ave Nw, EDMONTON, AB, T5S 2N7
SIC 5032
FLAVORCHEM INTERNATIONAL INC p 845
145 Dynamic Dr Suite 100, SCARBOROUGH, ON, M1V 5L8
(416) 321-2124   SIC 2869
FLAVOUR ART NORTH AMERICA INC p 622
2913 Leyenhorst Court, JORDAN STATION, ON, L0R 1S0
(905) 397-4182   SIC 2087
FLEET BRAKE PARTS & SERVICE LTD 155
4841 78 St, RED DEER, AB, T4P 1N5
(403) 343-8771   SIC 7538
FLEET CANADA INC p 589
1011 Gilmore Rd, FORT ERIE, ON, L2A 5M4
(905) 871-2100   SIC 3728
FLEET SERVICES p 895
See CORPORATION OF THE CITY OF TORONTO
FLEET WOOD ELEMENTARY p 282
See SCHOOL DISTRICT NO 36 (SURREY)
FLEETWAY BOWLING CENTRE p 662
See ESAM CONSTRUCTION LIMITED
FLEETWAY INC p 418
45 Gifford Rd, SAINT JOHN, NB, E2M 5K7
(506) 635-7733   SIC 7363
FLEETWAY INC p 791
141 Laurier Ave W Suite 800, OTTAWA, ON, K1P 5J3
(613) 236-6048   SIC 8711
FLEETWOOD METAL INDUSTRIES INC p 802
71 Dover St, OTTERVILLE, ON, N0J 1R0
(519) 879-6577   SIC 3469
FLEETWOOD METAL INDUSTRIES INC p 882
21 Clearview Dr, TILLSONBURG, ON, N4G 4H5
(519) 737-1919   SIC 3469
FLEETWOOD METAL INDUSTRIES INC p 882
22 Industrial Park Rd, TILBURY, ON, N0P 2L0
(519) 682-2220   SIC 3469
FLEETWOOD PARK SECONDARY SCHOOL p 282
See SCHOOL DISTRICT NO 36 (SURREY)
FLEETWOOD VILLA p 289
See REVERA INC
FLEETWOOD-BAWDEN ELEMENTARY SCHOOL p 138
See LETHBRIDGE SCHOOL DISTRICT NO. 51
FLEISHMAN HILLARD CANADA CORP p 791
1200-45 O'connor S, OTTAWA, ON, K1P 1A4
(613) 238-2090   SIC 8741
FLEISHMANN'S YEAST p 26
See AB MAURI (CANADA) LIMITEE
FLEMING COLLEGE HALIBURTON SCHOOL OF THE ARTS p 605
See SIR SANDFORD FLEMING COLLEGE OF APPLIED ARTS AND TECHNOLOGY
FLEMING PUBLIC SCHOOL p 835
See TORONTO DISTRICT SCHOOL BOARD
FLEMINGTON PUBLIC SCHOOL p 760
See TORONTO DISTRICT SCHOOL BOARD
FLETCHER'S FINE FOODS DIV OF p 298
See SOFINA FOODS INC
FLETCHER'S MEADOW SECONDARY SCHOOL p 524
See PEEL DISTRICT SCHOOL BOARD
FLETCHERS CREEK SENIOR PUBLIC SCHOOL p 522
See PEEL DISTRICT SCHOOL BOARD
FLEX-MOR INDUSTRIES LTD p 541
7072 Mayfield Rd, CALEDON, ON, L7C 0Z9
(905) 266-3010   SIC 4213
FLEX-N-GATE BRADFORD p 509
See VENTRA GROUP CO
FLEX-N-GATE CANADA COMPANY p 809
775 Technology Dr, PETERBOROUGH, ON, K9J 6Z8
(705) 742-3534   SIC 3714
FLEX-N-GATE SEEBURN p 501
See VENTRA GROUP CO
FLEXIFORCE CANADA INC p 178
See FLEXIFORCE CANADA INC
FLEXIFORCE CANADA INC p 178
2285 Queen St Suite 105, ABBOTSFORD, BC, V2T 6J3
(604) 854-8788   SIC 5211
FLEXITY SOLUTIONS INC p 820
45 Vogell Rd, RICHMOND HILL, ON, L4B 3P6
(905) 787-3500   SIC 7379
FLEXPIPE SYSTEMS INC p 17
3501 54 Ave Se, CALGARY, AB, T2C 0A9
(403) 503-0548   SIC 3498
FLEXTILE LTD p 1212
555 Rue Locke, SAINT-LAURENT, QC, H4T 1X7
(514) 345-8666   SIC 3253
FLEXTOR INC p 1003
61 Ch Du Tremblay, BOUCHERVILLE, QC, J4B 7L6
(450) 449-9882   SIC 3822
FLEXTRACK INC p 898
2200 Yonge St Suite 801, TORONTO, ON, M4S 2C6
(416) 545-5288   SIC 8741
FLEXTRONICS AUTOMOTIVE INC p 671
450 Hood Rd, MARKHAM, ON, L3R 9Z3
(800) 668-5649   SIC 7389
FLEXTRONICS AUTOMOTIVE INC p 845
85 Select Ave, SCARBOROUGH, ON, M1V 4A9
SIC 3679
FLIGHT CENTRE p 600
See FLIGHT SHOPS INC, THE
FLIGHT CENTRE CANADA p 311
See FLIGHT CENTRE TRAVEL GROUP (CANADA) INC
FLIGHT CENTRE TRAVEL GROUP (CANADA) INC p 311
1133 Melville St Suite 600s, VANCOUVER, BC, V6E 4E5
(604) 682-5202   SIC 4724
FLIGHT SERVICES p 831
See NAV CANADA
FLIGHT SHOPS INC, THE p 58
3625 Shaganappi Trail Nw, CALGARY, AB, T3A 0E2
(403) 247-7295   SIC 4724
FLIGHT SHOPS INC, THE p 600
435 Stone Rd W Suite A6a, GUELPH, ON, N1G 2X6
(519) 763-2262   SIC 4724
FLIGHT SHOPS INC, THE p 909
41 Colborne St, TORONTO, ON, M5E 1E3
(877) 967-5302   SIC 4724
FLIGHTEXEC p 650
See CRAIG EVAN CORPORATION, THE
FLIGHTEXEC, DIV OF p 672
See GRAND AVIATION LTD
FLIGHTSAFETY CANADA LTD p 890
95 Garratt Blvd, TORONTO, ON, M3K 2A5
(416) 638-9313   SIC 8299
FLIGHTSAFETY CANADA LTD p 1026
9555 Av Ryan, DORVAL, QC, H9P 1A2
(514) 631-2084   SIC 8299
FLIGHTSAFETY INTERNATIONAL p 1026
See FLIGHTSAFETY CANADA LTD
FLIGHTSAFETY INTERNATIONAL CANADA p 890
See FLIGHTSAFETY CANADA LTD
FLIN FLON GENERAL HOSPITAL p 348
See NORTHERN REGIONAL HEALTH AUTHORITY
FLIN FLON, CITY OF p 348
96 Hapnot St, FLIN FLON, MB, R8A 1L6
(204) 681-7535   SIC 7389
FLINT ENERGY SERVICES LTD. p 7
6015 50 Ave, BONNYVILLE, AB, T9N 2L3
(780) 826-1988   SIC 1389
FLINT ENERGY SERVICES LTD. p 69

FLINT ENERGY SERVICES LTD.
Hwy 55 W, COLD LAKE, AB, T9M 1P7
(780) 639-6034   SIC 1799
FLINT ENERGY SERVICES LTD.   p 71
6 Well Head St, DEVON, AB, T9G 1Z7
SIC 1623
FLINT ENERGY SERVICES LTD.   p 114
3052 84 Ave Nw, EDMONTON, AB, T6P 1K3
(780) 449-4567   SIC 3084
FLINT ENERGY SERVICES LTD.   p 117
Gd Stn Main, EDSON, AB, T7E 1T1
SIC 1623
FLINT ENERGY SERVICES LTD.   p 118
10211 98 St, FAIRVIEW, AB, T0H 1L0
SIC 1389
FLINT ENERGY SERVICES LTD.   p 120
150 Macdonald Cres, FORT MCMURRAY, AB, T9H 4B2
(780) 588-2425   SIC 1389
FLINT ENERGY SERVICES LTD.   p 141
4206 59 Ave Suite 5701, LLOYDMINSTER, AB, T9V 2V4
(780) 875-1885   SIC 7389
FLINT ENERGY SERVICES LTD.   p 158
1901 Highway Ave Se, REDCLIFF, AB, T0J 2P0
SIC 8742
FLINT ENERGY SERVICES LTD.   p 163
2899 Broadmoor Blvd Suite 100, SHERWOOD PARK, AB, T8H 1B5
(780) 416-3400   SIC 3498
FLINT FABRICATION AND MODULARIZATION   p 163
See FLINT ENERGY SERVICES LTD.
FLINT FABRICATION AND MODULARIZATION LTD   p 163
180 Strathmoor Dr, SHERWOOD PARK, AB, T8H 2B7
(780) 416-3501   SIC 3443
FLINT FIELD SERVICES   p 8
See FLINT INFRASTRUCTURE SERVICES LTD
FLINT FIELD SERVICES   p 117
See FLINT ENERGY SERVICES LTD.
FLINT FIELD SERVICES LTD   p 15
See AECOM PRODUCTION SERVICES LTD
FLINT FIELD SERVICES LTD   p 39
See AECOM PRODUCTION SERVICES LTD
FLINT FIELD SERVICES LTD   p 68
See AECOM PRODUCTION SERVICES LTD
FLINT FIELD SERVICES LTD   p 71
See AECOM PRODUCTION SERVICES LTD
FLINT FIELD SERVICES LTD   p 151
See AECOM PRODUCTION SERVICES LTD
FLINT FIELD SERVICES LTD   p 154
See AECOM PRODUCTION SERVICES LTD
FLINT FIELD SERVICES LTD   p 158
See AECOM PRODUCTION SERVICES LTD
FLINT FIELD SERVICES LTD   p 159
44a St Suite 4908, ROCKY MOUNTAIN HOUSE, AB, T4T 1B6
(403) 845-3832   SIC 8742
FLINT FIELD SERVICES LTD   p 214
See AECOM PRODUCTION SERVICES LTD
FLINT FLUID HAUL SERVICES LTD   p 8
10 Industrial Rd, BROOKS, AB, T1R 1B5
(403) 793-8384   SIC 4212
FLINT GLOBAL POLY   p 114
See FLINT ENERGY SERVICES LTD.
FLINT GROUP CANADA LIMITED   p 1212
890 Montee De Liesse, SAINT-LAURENT, QC, H4T 1N8
(514) 731-9405   SIC 2893
FLINT INFRASTRUCTURE SERVICES LTD   p 8

1 Tree Rd, BROOKS, AB, T1R 1C6
SIC 1623
FLINT INFRASTRUCTURE SERVICES LTD   p 31
1209 59 Ave Se Suite 205, CALGARY, AB, T2H 2P6
(403) 218-7113   SIC 1623
FLO-DRAULIC CONTROLS LTD   p 591
45 Sinclair Ave, GEORGETOWN, ON, L7G 4X4
(905) 702-9456   SIC 5084
FLO-FORM COUNTER TOPS   p 74
See FLOFORM INDUSTRIES LTD
FLOATA SEAFOOD RESTAURANT (CHINATOWN) LTD   p 301
180 Keefer St Suite 400, VANCOUVER, BC, V6A 4E9
(604) 602-0368   SIC 5812
FLOCOR   p 861
See FLOCOR INC
FLOCOR INC   p 210
7168 Progress Way, DELTA, BC, V4G 1J2
(604) 940-1449   SIC 5085
FLOCOR INC   p 383
777 Century St, WINNIPEG, MB, R3H 0M2
(204) 774-3461   SIC 5085
FLOCOR INC   p 861
470 Seaman St, STONEY CREEK, ON, L8E 2V9
(905) 664-9230   SIC 3498
FLOCOR INC   p 861
470 Seaman St, STONEY CREEK, ON, L8E 2V9
(905) 664-9230   SIC 5074
FLOCOR, LES SPECIALISTES DE LA TUYAUTERIE   p 861
See FLOCOR INC
FLOFORM INDUSTRIES LTD   p 74
7630 Yellowhead Trail Nw, EDMONTON, AB, T5B 1G3
(780) 474-7999   SIC 2541
FLOFORM INDUSTRIES LTD   p 1300
2209 Speers Ave, SASKATOON, SK, S7L 5X6
(306) 665-7733   SIC 2541
FLORADALE PUBLIC SCHOOL   p 573
See WATERLOO REGION DISTRICT SCHOOL BOARD
FLORADALE PUBLIC SCHOOL   p 698
See PEEL DISTRICT SCHOOL BOARD
FLORENCE MACDOUGALL COMMUNITY SCHOOL   p 130
See FORT VERMILION SCHOOL DIVISON 52
FLORENCE MEARES PUBLIC SCHOOL   p 536
See HALTON DISTRICT SCHOOL BOARD
FLORENCE NIGHTINGALE ELEMENTARY SCHOOL   p 296
See BOARD OF EDUCATION OF SCHOOL DISTRICT NO. 39 (VANCOUVER), THE
FLORENCEVILLE ELEMENTARY SCHOOL   p 398
See SCHOOL DISTRICT 14
FLORISTS SUPPLY LTD   p 86
14620 112 Ave Nw, EDMONTON, AB, T5M 2T9
(780) 424-4576   SIC 5992
FLORISTS SUPPLY LTD   p 383
35 Airport Rd, WINNIPEG, MB, R3H 0V5
(204) 632-1210   SIC 5193
FLOW 93-5   p 900
See NEWCAP INC
FLOW 93.5 FM   p 906
See MILESTONE RADIO INC
FLOWER CART, THE   p 470
9412 Commercial St, NEW MINAS, NS, B4N 3E9
(902) 681-6766   SIC 8331
FLOWER FACTORY, THE   p 382
See 7169311 MANITOBA LTD
FLOWERBUYER.COM   p 768
See ACCESS FLOWER TRADING INC

FLOWERS CANADA INC   p 794
99 Fifth Ave Suite 305, OTTAWA, ON, K1S 5K4
(800) 447-5147   SIC 8611
FLOWSERVE CANADA CORP   p 114
9044 18 St Nw Suite 1, EDMONTON, AB, T6P 1K6
(780) 449-4850   SIC 3714
FLOWSERVE CANADA CORP   p 135
4405 70 Ave, LEDUC, AB, T9E 7E6
(780) 986-7100   SIC 3561
FLOWSERVE CANADA CORP   p 602
225 Speedvale Ave W, GUELPH, ON, N1H 1C5
(519) 824-4600   SIC 3561
FLOWSERVE CANADA CORP   p 638
529 Manitou Dr, KITCHENER, ON, N2C 1S2
(519) 895-1161   SIC 3494
FLOWSERVE CANADA CORP   p 974
120 Vinyl Crt, WOODBRIDGE, ON, L4L 4A3
(905) 856-1140   SIC 5251
FLOWSERVE PUMP, DIV OF   p 602
See FLOWSERVE CANADA CORP
FLS TRANSPORTATION SERVICES LIMITED   p 1256
454 Rue Aime-Vincent, VAUDREUIL-DORION, QC, J7V 5V5
(450) 424-9262   SIC 4731
FLUID CONNECTOR GROUP   p 1027
See PARKER HANNIFIN CANADA
FLUID CONNECTOR GROUP (DIV OF)   p 25
See PARKER HANNIFIN CANADA
FLUID CONNECTORS DIV.   p 501
See PARKER HANNIFIN CANADA
FLUID HANDLING SYSTEMS DIV   p 592
See COOPER-STANDARD AUTOMOTIVE CANADA LIMITED
FLUID SEAL   p 266
See JOINTS ETANCHES R.B. INC, LES
FLUKE ELECTRONICS CANADA LP   p 694
400 Britannia Rd E Unit 1, MISSISSAUGA, ON, L4Z 1X9
(905) 890-7601   SIC 5084
FLUOR CANADA LTD   p 55
55 Sunpark Plaza Se, CALGARY, AB, T2X 3R4
(403) 537-4000   SIC 8711
FLUOR CANADA LTD   p 120
9816 Hardin St Suite 300, FORT MCMURRAY, AB, T9H 4K3
(780) 790-6002   SIC 8711
FLUOR CANADA LTD   p 311
1075 Georgia St W Suite 700, VANCOUVER, BC, V6E 4M7
(604) 488-2000   SIC 8711
FLUOR CONSTRUCTORS CANADA LTD   p 55
60 Sunpark Plaza Se, CALGARY, AB, T2X 3Y2
(403) 537-4600   SIC 1541
FLUOR DANIEL   p 311
See FLUOR CANADA LTD
FLUXWERX   p 207
See FLUXWERX ILLUMINATION INC
FLUXWERX ILLUMINATION INC   p 207
1364 Cliveden Ave, DELTA, BC, V3M 6K2
(604) 549-9379   SIC 3648
FLY GLOBESPAN   p 300
See GLOBESPAN TRAVEL LTD
FLYER FORCE   p 113
See POSTMEDIA NETWORK INC
FLYER FORCE, THE   p 25
See POSTMEDIA NETWORK INC
FLYER FORCE, THE   p 783
See POSTMEDIA NETWORK INC
FLYER SERVICES (1989) LIMITED   p 465
21 Chipman Dr, KENTVILLE, NS, B4N 3V7
(902) 678-9217   SIC 7319
FLYHT AEROSPACE SOLUTIONS LTD   p 23
1144 29 Ave Ne Suite 300e, CALGARY, AB, T2E 7P1
(403) 250-9956   SIC 3812
FLYING BEAVER BAR AND GRILL   p 273

See YALETOWN BREWING COMPANY & RESTAURANT CORP
FLYING J   p 57
See FLYING J CANADA INC
FLYING J CANADA INC   p 57
1511 40th St Se, CALGARY, AB, T2Z 4V6
(403) 720-5908   SIC 5541
FLYING J CANADA INC   p 163
50 Pembina Rd Suite 10, SHERWOOD PARK, AB, T8H 2G9
(780) 416-2035   SIC 4725
FLYING J CANADA INC   p 665
3700 Highbury Ave S, LONDON, ON, N6N 1P3
(519) 686-9154   SIC 5541
FLYING J CANADA INC   p 688
1400 Britannia Rd E, MISSISSAUGA, ON, L4W 1C8
(905) 564-6216   SIC 5541
FLYING J CANADA INC   p 725
628 County Rd 41, NAPANEE, ON, K7R 3L1
(613) 354-7044   SIC 5541
FLYING J CANADA INC   p 1072
2801 Boul Jacques-Cartier E, LONGUEUIL, QC, J4N 1L8
SIC 5541
FLYING J CANADA INC   p 1184
1 Rang Saint Andre, Saint-Cyprien-de-Napierville, QC, J0J 1L0
(450) 245-3539   SIC 5541
FLYING J CANADA INC   p 1256
2900 Boul De La Gare, VAUDREUIL-DORION, QC, J7V 9J5
SIC 5541
FLYING J TRAVEL PLAZA   p 163
See FLYING J CANADA INC
FLYING J TRAVEL PLAZA   p 665
See FLYING J CANADA INC
FLYING J TRAVEL PLAZA   p 725
See FLYING J CANADA INC
FLYING J TRAVEL PLAZA   p 1256
See FLYING J CANADA INC
FLYING M TRUCK STOP   p 532
See DAVIS FUEL COMPANY LIMITED
FLYING M TRUCK STOP   p 664
See DAVIS FUEL COMPANY LIMITED
FLYING WEDGE PIZZA CO. LTD   p 288
15355 24 Ave Suite 810, SURREY, BC, V4A 2H9
SIC 5812
FLYNN CANADA LTD   p 1
26229 Township Rd 531a Suite 213, ACHESON, AB, T7X 5A4
(780) 948-4200   SIC 1761
FLYNN CANADA LTD   p 1
26229 Township Road 531a Suite 213, ACHESON, AB, T7X 5A4
(780) 948-4200   SIC 7389
FLYNN CANADA LTD   p 159
285221 Kleysen Way, ROCKY VIEW COUNTY, AB, T1X 0K1
(403) 720-8155   SIC 1761
FLYNN CANADA LTD   p 178
2234 Carpenter St, ABBOTSFORD, BC, V2T 6B4
SIC 1761
FLYNN CANADA LTD   p 275
6836 Kirkpatrick Cres Unit 1, SAANICHTON, BC, V8M 1Z9
(250) 652-0599   SIC 1761
FLYNN CANADA LTD   p 396
691 Rue Babin, DIEPPE, NB, E1A 5M7
(506) 855-3340   SIC 1761
FLYNN CANADA LTD   p 448
25 Neptune Cres, DARTMOUTH, NS, B2Y 4P9
(902) 468-8313   SIC 1761
FLYNN CANADA LTD   p 549
21 Regional Rd 84, CAPREOL, ON, P0M 1H0
(705) 858-8000   SIC 1761
FLYNN CANADA LTD   p 593
5661 Power Rd, GLOUCESTER, ON, K1G 3N4

SIC 1761
FLYNN CANADA LTD p 650
550 Sovereign Rd, LONDON, ON, N5V 4K5
(519) 681-0200   SIC 1761
FLYNN CANADA LTD p 783
2780 Sheffield Rd, OTTAWA, ON, K1B 3V9
(613) 696-0086   SIC 1761
FLYNN CANADA LTD p 861
890 Arvin Ave, STONEY CREEK, ON, L8E 5Y8
(905) 643-9515   SIC 1761
FLYNN CANADA LTD p 972
141 Royal Group Cres, WOODBRIDGE, ON, L4H 1X9
(905) 671-3971   SIC 1761
FLYNN CANADA LTD p 1282
202 Solomon Dr, REGINA, SK, S4N 5A8
(306) 789-1411   SIC 1761
FLYNN CANADA LTD p 1295
134 Faithfull Cres, SASKATOON, SK, S7K 8H8
(306) 242-5909   SIC 1761
FLYNN RIVARD AVOCATS p 1150
See GROUPE JURISER ENR
FM RESTO DESIGN INC p 1106
1446 Rue Peel, Montreal, QC, H3A 1S8
(514) 848-0988   SIC 5812
FMC TECHNOLOGIES CANADA LTD p 6
253 Township Rd 394 Suite 27312, BLACKFALDS, AB, T0M 0J0
(780) 926-2108   SIC 1389
FMC TECHNOLOGIES CANADA LTD p 8
380 Well St, BROOKS, AB, T1R 1C2
(403) 363-0028   SIC 1381
FMC TECHNOLOGIES CANADA LTD p 51
333 11 Ave Sw Suite 1000, CALGARY, AB, T2R 1L9
(403) 262-4000   SIC 1389
FMC TECHNOLOGIES CANADA LTD p 128
15402 91 St, GRANDE PRAIRIE, AB, T8X 0B2
(780) 513-2811   SIC 1389
FMC TECHNOLOGIES CANADA LTD p 174
3720 33 St, WHITECOURT, AB, T7S 0A2
(780) 778-8445   SIC 1389
FMC TECHNOLOGIES COMPANY p 100
6703 68 Ave Nw, EDMONTON, AB, T6B 3E3
(780) 468-9231   SIC 5084
FMR MECHANICAL ELECTRICAL INC p 120
330 Mackenzie Blvd, FORT MCMURRAY, AB, T9H 4C4
(780) 791-9283   SIC 7623
FNF CANADA COMPANY p 708
2700 Argentia Rd, MISSISSAUGA, ON, L5N 5V4
(905) 813-7174   SIC 6361
FNF CANADA COMPANY p 718
55 Superior Blvd, MISSISSAUGA, ON, L5T 2X9
(289) 562-0088   SIC 6162
FNF CANADA COMPANY p 718
55 Superior Blvd, MISSISSAUGA, ON, L5T 2X9
(289) 562-0088   SIC 6361
FNP ENGINEERING p 39
1240 Kensington Rd Nw Suite 403, CALGARY, AB, T2N 3P7
(403) 270-8833   SIC 8711
FNX MINING COMPANY INC p 946
2650 White St, VAL CARON, ON, P3N 0A7
(705) 897-8461   SIC 1081
FOAM LAKE CO-OPERATIVE ASSOCIATION LIMITED p 1269
329 Main St, FOAM LAKE, SK, S0A 1A0
(306) 272-3301   SIC 5411
FOAM LAKE COMPOSITE HIGH SCHOOL p 1269
See HORIZON SCHOOL DIVISION NO 205
FOAM LAKE HEALTH CENTRE p 1269
See SUNRISE REGIONAL HEALTH AUTHORITY
FOCAL TECHNOLOGIES CORPORATION p 451
77 Frazee Ave, DARTMOUTH, NS, B3B 1Z4
(902) 468-2263   SIC 3621
FOCENCO LIMITED p 437
383 Connecticut Dr, STEPHENVILLE, NL, A2N 2Y6
(709) 637-6600   SIC 5411
FOCUS BUSINESS SOLUTIONS p 31
See DIVESTCO INC
FOCUS INTEC p 334
See WSP CANADA INC
FOCUS INTEC, DIV OF p 128
See WSP CANADA INC
FOCUS ON THE FAMILY (CANADA) ASSOCIATION p 230
19946 80a Ave, LANGLEY, BC, V2Y 0J8
(604) 455-7900   SIC 8322
FOCUS SURVEYS p 215
See WSP CANADA INC
FOCUS SURVEYS p 1283
See WSP CANADA INC
FOG CITY BREWING COMPANY LIMITED p 433
48 Kenmount Rd Suite 200, ST. JOHN'S, NL, A1B 1W3
(709) 726-4848   SIC 5812
FOG CITY BREWING PUB & RESTAURANT p 433
See FOG CITY BREWING COMPANY LIMITED
FOGO ISLAND CENTRAL ACADEMY p 426
See NOVA CENTRAL SCHOOL DISTRICT
FOGO ISLAND HOSPITAL p 426
See CENTRAL REGIONAL HEALTH AUTHORITY
FOIRE DU LIVRE p 1087
See LIBRAIRIE RENAUD-BRAY INC
FOKUS 3 p 385
See TEN TEN SINCLAIR HOUSING INC
FOKUS HOUSING p 379
See TEN TEN SINCLAIR HOUSING INC
FOLIA INDUSTRIES p 1044
See SYSTEME HUNTINGDON INC
FOLKSTONE PUBLIC SCHOOL p 516
See PEEL DISTRICT SCHOOL BOARD
FOND BENEFICE PERSONNES INCARCEREES CENTRE DETENTION DE QUEBEC p 1147
500 Rue De La Faune, Quebec, QC, G1G 0G9
(418) 622-7100   SIC 7211
FONDATION DE L'ECOLE LES MELEZES p 1045
393 Rue De Lanaudiere, JOLIETTE, QC, J6E 3L9
(450) 752-4433   SIC 8211
FONDATION DE L'HOPITAL GENERAL DU LAKESHORE p 1141
160 Av Stillview Bureau 5209, POINTE-CLAIRE, QC, H9R 2Y2
(514) 630-2081   SIC 8399
FONDATION DE L'INSTITUT DE RECHERCHES CLINIQUE DE MONTREAL p 1099
110 Av Des Pins O, Montreal, QC, H2W 1R7
(514) 987-5500   SIC 8731
FONDATION DE LA COMMISSION SCOLAIRE DES PORTAGES-D p 1012
See FONDATION DE LA COMMISSION SCOLAIRE DES PORTAGES-DE-L'OUTAOUAIS
FONDATION DE LA COMMISSION SCOLAIRE DES PORTAGES-D p 1037
See FONDATION DE LA COMMISSION SCOLAIRE DES PORTAGES-DE-L'OUTAOUAIS
FONDATION DE LA COMMISSION SCOLAIRE DES PORTAGES-D p 1038
See FONDATION DE LA COMMISSION SCOLAIRE DES PORTAGES-DE-L'OUTAOUAIS
FONDATION DE LA COMMISSION SCOLAIRE DES PORTAGES-D p 1039
See FONDATION DE LA COMMISSION SCOLAIRE DES PORTAGES-DE-L'OUTAOUAIS
FONDATION DE LA COMMISSION SCOLAIRE DES PORTAGES-D p 1054
See FONDATION DE LA COMMISSION SCOLAIRE DES PORTAGES-DE-L'OUTAOUAIS
FONDATION DE LA COMMISSION SCOLAIRE DES PORTAGES-D p 1225
See FONDATION DE LA COMMISSION SCOLAIRE DES PORTAGES-DE-L'OUTAOUAIS
FONDATION DE LA COMMISSION SCOLAIRE DES PORTAGES-DE-L'OUTAOUAIS p 1012
135 Ch Scott, CHELSEA, QC, J9B 1R6
(819) 827-4581   SIC 8211
FONDATION DE LA COMMISSION SCOLAIRE DES PORTAGES-DE-L'OUTAOUAIS p 1037
255 Rue Saint-Redempteur, GATINEAU, QC, J8X 2T4
(819) 771-6126   SIC 8211
FONDATION DE LA COMMISSION SCOLAIRE DES PORTAGES-DE-L'OUTAOUAIS p 1037
249 Boul De La Cite-Des-Jeunes, GATINEAU, QC, J8Y 6L2
(819) 771-0863   SIC 8211
FONDATION DE LA COMMISSION SCOLAIRE DE-PORTAGES-DE-L'OUTAOUAIS p 1037
170 Rue Papineau, GATINEAU, QC, J8X 1V9
(819) 777-2818   SIC 8211
FONDATION DE LA COMMISSION SCOLAIRE DES PORTAGES-DE-L'OUTAOUAIS p 1037
15 Rue Doucet, GATINEAU, QC, J8Y 5N4
(819) 771-8531   SIC 8211
FONDATION DE LA COMMISSION SCOLAIRE DES PORTAGES-DE-L'OUTAOUAIS p 1037
30 Boul Saint-Raymond, GATINEAU, QC, J8Y 1R6
SIC 8299
FONDATION DE LA COMMISSION SCOLAIRE DES PORTAGES-DE-L'OUTAOUAIS p 1037
71 Rue Saint-Jean-Bosco, GATINEAU, QC, J8Y 3G5
(819) 777-8662   SIC 8211
FONDATION DE LA COMMISSION SCOLAIRE DES PORTAGES-DE-L'OUTAOUAIS p 1037
4 Rue Camille-Gay, GATINEAU, QC, J8Y 2K5
(819) 777-6889   SIC 8231
FONDATION DE LA COMMISSION SCOLAIRE DES PORTAGES-DE-L'OUTAOUAIS p 1037
39 Rue Saint-Florent, GATINEAU, QC, J8X 2Z8
(819) 771-8478   SIC 8211
FONDATION DE LA COMMISSION SCOLAIRE DES PORTAGES-DE-L'OUTAOUAIS p 1037
35 Rue Davies, GATINEAU, QC, J8Y 4S8
(819) 771-2503   SIC 8211
FONDATION DE LA COMMISSION SCOLAIRE DES PORTAGES-DE-L'OUTAOUAIS p 1038
389 Boul De La Cite-Des-Jeunes Bureau 3, GATINEAU, QC, J8Z 1W6
(819) 771-7131   SIC 8211
FONDATION DE LA COMMISSION SCOLAIRE DES PORTAGES-DE-L'OUTAOUAIS p 1038
45 Rue Boucher, GATINEAU, QC, J8Y 6G2
(819) 777-5921   SIC 8211
FONDATION DE LA COMMISSION SCOLAIRE DES PORTAGES-DE-L'OUTAOUAIS p 1038
40 Rue Du Dome, GATINEAU, QC, J8Z 3J4
(819) 595-5125   SIC 8211
FONDATION DE LA COMMISSION SCOLAIRE DES PORTAGES-DE-L'OUTAOUAIS p 1039
450 Rue Leguerrier, GATINEAU, QC, J9H 7J1
(819) 684-0409   SIC 8211
FONDATION DE LA COMMISSION SCOLAIRE DES PORTAGES-DE-L'OUTAOUAIS p 1039
45 Ch Eardley, GATINEAU, QC, J9H 4J9
(819) 685-2611   SIC 8211
FONDATION DE LA COMMISSION SCOLAIRE DES PORTAGES-DE-L'OUTAOUAIS p 1039
360 Ch De Lucerne, GATINEAU, QC, J9A 1A7
(819) 777-9353   SIC 8211
FONDATION DE LA COMMISSION SCOLAIRE DES PORTAGES-DE-L'OUTAOUAIS p 1039
145 Rue De L'atmosphere, GATINEAU, QC, J9A 3G3
(819) 772-2694   SIC 8211
FONDATION DE LA COMMISSION SCOLAIRE DES PORTAGES-DE-L'OUTAOUAIS p 1039
550 Boul Wilfrid-Lavigne, GATINEAU, QC, J9H 6L5
(819) 684-0222   SIC 8211
FONDATION DE LA COMMISSION SCOLAIRE DES PORTAGES-DE-L'OUTAOUAIS p 1039
113 Ch Vanier, GATINEAU, QC, J9H 1Z2
(819) 685-2635   SIC 8211
FONDATION DE LA COMMISSION SCOLAIRE DES PORTAGES-DE-L'OUTAOUAIS p 1039
100 Rue Broad, GATINEAU, QC, J9H 6A9
(819) 682-2557   SIC 8211
FONDATION DE LA COMMISSION SCOLAIRE DES PORTAGES-DE-L'OUTAOUAIS p 1039
120 Rue Broad, GATINEAU, QC, J9H 6W3
(819) 682-2742   SIC 8211
FONDATION DE LA COMMISSION SCOLAIRE DES PORTAGES-DE-L'OUTAOUAIS p 1054
1 Ch Lionel Beausoleil, LAC DES LOUPS, QC, J0X 3K0
(819) 456-3694   SIC 8211
FONDATION DE LA COMMISSION SCOLAIRE DES PORTAGES-DE-L'OUTAOUAIS p 1225
3 Rte Principale E, Sainte-Cecile-de-Masham, QC, J0X 2W0
(819) 503-8809   SIC 8211
FONDATION DE LA COMMISSION SCOLAIRE DES PORTAGES-DE-L'OUTAOUAIS p 1225
3 Rte Principale E, Sainte-Cecile-de-Masham, QC, J0X 2W0
SIC 8211
FONDATION DE LA COMMISSION SCOLAIRE DES PORTAGES-DE-L'OUTAOUAIS p 1225
32 Ch Passe-Partout, Sainte-Cecile-de-Masham, QC, J0X 2W0
(819) 503-8810   SIC 8211
FONDATION DES SERVICES DE READAPTATION L'INTEGRALE p 1091
8274 Boul Pie-Ix, Montreal, QC, H1Z 3T6
(514) 723-1583   SIC 8361
FONDATION DES SERVICES DE READAPTATION L'INTEGRALE p

1119
75 Rue De Port-Royal E Bureau 110, Montreal, QC, H3L 3T1
(514) 387-1234 SIC 8361
FONDATION DES SOURDS DU QUEBEC (F.S.Q.) INC, LA p 1145
400 Des Rocheuses, Quebec, QC, G1C 4N2
(418) 660-6800 SIC 7219
FONDATION DU CEGEP REGIONAL DE LANAUDIERE p 1051
180 Rue Dorval, L'ASSOMPTION, QC, J5W 6C1
(450) 470-0922 SIC 8221
FONDATION DU CEGEP REGIONAL DE LANAUDIERE p 1245
2505 Boul Des Entreprises, TERREBONNE, QC, J6X 5S5
(450) 470-0933 SIC 8221
FONDATION DU CENTRE DE JEUNESSE DU BAS-SAINT-LAURENT p 1077
568 Av Du Phare E, MATANE, QC, G4W 1B1
(418) 562-0566 SIC 8322
FONDATION DU CENTRE DE JEUNESSE DU BAS-SAINT-LAURENT p 1172
103 Rue De L'Eveche O, RIMOUSKI, QC, G5L 4H4
(418) 723-1250 SIC 8322
FONDATION DU CENTRE DE JEUNESSE DU BAS-SAINT-LAURENT p 1172
287 Rue Pierre-Saindon, RIMOUSKI, QC, G5L 9A7
(418) 722-1897 SIC 8641
FONDATION DU CENTRE DE READAPTATION INTERVALE p 1029
570 Rue Heriot, DRUMMONDVILLE, QC, J2B 1C1
(819) 477-9010 SIC 8361
FONDATION DU CENTRE DE SANTE DE LA MRC D'ASBESTOS, LE p 993
475 3e Av, ASBESTOS, QC, J1T 1X6
(819) 879-7151 SIC 8399
FONDATION DU CENTRE DE SANTE ET DE SERVICES SOCIAUX D'AHUNTSIC ET MONTREAL-NORD p 1132
6500 Boul Henri-Bourassa E, MONTREAL-NORD, QC, H1G 5W9
(514) 384-2000 SIC 8099
FONDATION DU CENTRE DE SANTE ET DE SERVICES SOCIAUX DE LA MITIS p 1174
48 Rue De Chauffailles, Riviere-du-Loup, QC, G5R 4E1
(418) 867-5215 SIC 8093
FONDATION DU CENTRE DE SANTE ET DE SERVICES SOCIAUX DE TROIS-RIVIERES p 1251
731 Rue Sainte-Julie, Trois-Rivieres, QC, G9A 1Y1
(819) 370-2100 SIC 8322
FONDATION DU CENTRE JEUNESSE DE LA MONTEREGIE p 1198
145 Boul Saint-Joseph Bureau 200, SAINT-JEAN-SUR-RICHELIEU, QC, J3B 1W5
(450) 359-7525 SIC 8322
FONDATION DU CENTRE JEUNESSE DE LA MONTEREGIE p 1232
30 Rue Saint-Thomas Bureau 300, SALABERRY-DE-VALLEYFIELD, QC, J6T 4J2
(450) 377-0540 SIC 8322
FONDATION DU CENTRE JEUNESSE DE LA MONTEREGIE p 1241
61 Rue Morgan, SOREL-TRACY, QC, J3P 3B6
(450) 743-1201 SIC 8322
FONDATION DU CENTRE JEUNESSE DE LA MONTEREGIE p 1256
2555 Rue Dutrisac Bureau 24, VAUDREUIL-DORION, QC, J7V 7E6
(450) 510-2230 SIC 8322
FONDATION LE PILIER p 1124
23 Av Du Ruisseau, Montreal, QC, H4K 2C8

(450) 624-9922 SIC 8361
FONDATION PAUL GERIN-LAJOIE POUR LA COOPERATION INTERNATIONALE, LA p 1102
465 Rue Saint-Jean Bureau 900, Montreal, QC, H2Y 2R6
(514) 288-3888 SIC 8399
FONDATION PERSONNAIDE p 1074
See PERSONNAIDE INC
FONDATION SOURCE BLEU p 1003
1130 Rue De Montbrun, BOUCHERVILLE, QC, J4B 8W6
(450) 641-3165 SIC 8699
FONDERIE FONDALCO INC p 1138
2485 Av Vallee, PLESSISVILLE, QC, G6L 3S6
(819) 362-3443 SIC 3365
FONDERIE LAPERLE, DIV DE p 1218
See CANADA PIPE COMPANY ULC
FONDERIE LAROCHE LTEE p 1143
19 Rue De Chantal, PONT-ROUGE, QC, G3H 3M4
(418) 873-2516 SIC 3321
FONDS D'ASSURANCE-RESPONSABILITE PROFESSIONNELLE DE L'ORDRE DES DENTISTES DU QUEBEC p 1107
See ORDRE DES DENTISTES DU QUEBEC
FONDS DE SOLIDARITE DES TRAVAILLEURS DU QUEBEC (F.T.Q.) p 1095
See FONDS DE SOLIDARITE DES TRAVAILLEURS DU QUEBEC (F.T.Q.)
FONDS DE SOLIDARITE DES TRAVAILLEURS DU QUEBEC (F.T.Q.) p 1095
8717 Rue Berri, Montreal, QC, H2M 2T9
(514) 383-3663 SIC 6722
FONDS DES RESSOURCES INFORMATIONNELLES DU SECTEUR DE LA SANTE ET DES SERVICES SOCIAUX p 1152
555 Boul Wilfrid-Hamel, Quebec, QC, G1M 3X7
(418) 527-5211 SIC 7376
FONTHILL BUILDING SUPPLIES p 589
See FERRELL BUILDERS SUPPLY LIMITED
FOOD BASIC p 534
See METRO ONTARIO INC
FOOD BASIC p 599
See METRO ONTARIO INC
FOOD BASIC p 730
See METRO ONTARIO INC
FOOD BASIC p 829
See METRO ONTARIO INC
FOOD BASIC p 836
See METRO ONTARIO INC
FOOD BASICS p 483
See METRO ONTARIO INC
FOOD BASICS p 502
See METRO ONTARIO INC
FOOD BASICS p 518
See METRO ONTARIO INC
FOOD BASICS p 520
See METRO ONTARIO INC
FOOD BASICS p 524
See 1690651 ONTARIO INC
FOOD BASICS p 525
See METRO ONTARIO INC
FOOD BASICS p 531
See METRO ONTARIO INC
FOOD BASICS p 539
See METRO ONTARIO INC
FOOD BASICS p 543
See METRO ONTARIO INC
FOOD BASICS p 546
See METRO ONTARIO INC
FOOD BASICS p 566
See METRO ONTARIO INC
FOOD BASICS p 571
See METRO ONTARIO INC
FOOD BASICS p 592

See METRO ONTARIO INC
FOOD BASICS p 596
See METRO ONTARIO INC
FOOD BASICS p 602
See METRO ONTARIO INC
FOOD BASICS p 606
See METRO ONTARIO INC
FOOD BASICS p 613
See METRO ONTARIO INC
FOOD BASICS p 614
See METRO ONTARIO INC
FOOD BASICS p 616
See METRO ONTARIO INC
FOOD BASICS p 627
See METRO ONTARIO INC
FOOD BASICS p 628
See METRO ONTARIO INC
FOOD BASICS p 630
See METRO ONTARIO INC
FOOD BASICS p 634
See METRO ONTARIO INC
FOOD BASICS p 638
See METRO ONTARIO INC
FOOD BASICS p 643
See METRO ONTARIO INC
FOOD BASICS p 648
See METRO ONTARIO INC
FOOD BASICS p 653
See METRO ONTARIO INC
FOOD BASICS p 662
See METRO ONTARIO INC
FOOD BASICS p 678
See METRO ONTARIO INC
FOOD BASICS p 682
See METRO ONTARIO INC
FOOD BASICS p 689
See METRO ONTARIO INC
FOOD BASICS p 696
See METRO ONTARIO INC
FOOD BASICS p 704
See METRO ONTARIO INC
FOOD BASICS p 731
See METRO ONTARIO INC
FOOD BASICS p 745
See METRO ONTARIO INC
FOOD BASICS p 751
See METRO ONTARIO INC
FOOD BASICS p 765
See METRO ONTARIO INC
FOOD BASICS p 768
See METRO ONTARIO INC
FOOD BASICS p 774
See METRO ONTARIO INC
FOOD BASICS p 803
See METRO ONTARIO INC
FOOD BASICS p 806
See METRO ONTARIO INC
FOOD BASICS p 825
See METRO ONTARIO INC
FOOD BASICS p 831
See METRO ONTARIO INC
FOOD BASICS p 836
See METRO ONTARIO INC
FOOD BASICS p 849
See METRO ONTARIO INC
FOOD BASICS p 850
See METRO ONTARIO INC
FOOD BASICS p 869
See METRO ONTARIO INC
FOOD BASICS p 874
See METRO ONTARIO INC
FOOD BASICS p 875
See METRO ONTARIO INC
FOOD BASICS p 884
See METRO ONTARIO INC
FOOD BASICS p 893
See METRO ONTARIO INC
FOOD BASICS p 895
See METRO ONTARIO INC
FOOD BASICS p 956
See METRO ONTARIO INC
FOOD BASICS p 958
See METRO ONTARIO INC
FOOD BASICS p 963

See METRO ONTARIO INC
FOOD BASICS p 968
See METRO ONTARIO INC
FOOD BASICS p 977
See METRO ONTARIO INC
FOOD EQUIPMENT PARTS & SERVICE p 894
See R.G. HENDERSON & SON LIMITED
FOOD LAND p 391
See FEDERATED CO-OPERATIVES LIMITED
FOOD ROLL SALES (NIAGARA) LTD p 736
8464 Earl Thomas Ave, NIAGARA FALLS, ON, L2G 0B6
(905) 358-5747 SIC 2038
FOOD SERVICES p 353
See PROVIDENCE UNIVERSITY COLLEGE AND THEOLOGICAL SEMINARY
FOOD WAREHOUSE p 14
See FEDERATED CO-OPERATIVES LIMITED
FOODLAND p 473
See SOBEYS CAPITAL INCORPORATED
FOODLAND p 567
420 Lyndoch St, CORUNNA, ON, N0N 1G0
(519) 862-5213 SIC 5411
FOODLAND p 666
See SOBEYS CAPITAL INCORPORATED
FOODLAND p 826
See SOBEYS CAPITAL INCORPORATED
FOODLAND p 850
See SOBEYS CAPITAL INCORPORATED
FOODLAND 9334 p 478
See SOBEYS CAPITAL INCORPORATED
FOOT LOCKER p 31
See FOOT LOCKER CANADA CO.
FOOT LOCKER p 95
See FOOT LOCKER CANADA CO.
FOOT LOCKER p 311
See FOOT LOCKER CANADA CO.
FOOT LOCKER p 906
See FOOT LOCKER CANADA CO.
FOOT LOCKER p 933
See FOOT LOCKER CANADA CO.
FOOT LOCKER p 1292
See FOOT LOCKER CANADA CO.
FOOT LOCKER CANADA CO p 95
8882 170 St Nw Unit W L-111, EDMONTON, AB, T5T 4M2
(780) 444-1398 SIC 5661
FOOT LOCKER CANADA CO p 381
1485 Portage Ave Suite 307, WINNIPEG, MB, R3G 0W4
(204) 943-4639 SIC 5699
FOOT LOCKER CANADA CO p 449
2nd Fl, DARTMOUTH, NS, B3A 4K7
(902) 461-1652 SIC 5661
FOOT LOCKER CANADA CO p 461
7001 Mumford Rd Suite 1800, HALIFAX, NS, B3L 2H8
(902) 454-0649 SIC 5651
FOOT LOCKER CANADA CO p 540
900 Maple Ave, BURLINGTON, ON, L7S 2J8
(905) 333-4221 SIC 5661
FOOT LOCKER CANADA CO p 559
1 Bass Pro Mills Dr, CONCORD, ON, L4K 5W4
(905) 738-0564 SIC 5661
FOOT LOCKER CANADA CO p 762
230 Barmac Dr, NORTH YORK, ON, M9L 2Z3
(416) 748-4210 SIC 5661
FOOT LOCKER CANADA CO. p 31
6455 Macleod Trail Sw Suite 22, CALGARY, AB, T2H 0K3
(403) 255-3641 SIC 5661
FOOT LOCKER CANADA CO. p 95
See FOOT LOCKER CANADA CO
FOOT LOCKER CANADA CO. p 95
8882 170 St Nw Suite 2297, EDMONTON, AB, T5T 4M2
(780) 484-3161 SIC 5661
FOOT LOCKER CANADA CO. p 95

8882 170 St, EDMONTON, AB, T5T 4M2
(780) 444-1534   SIC 5699
FOOT LOCKER CANADA CO.   p 311
1124 Robson St, VANCOUVER, BC, V6E 1B2
(604) 608-1804   SIC 5661
FOOT LOCKER CANADA CO.   p 381
See FOOT LOCKER CANADA CO
FOOT LOCKER CANADA CO.   p 449
See FOOT LOCKER CANADA CO
FOOT LOCKER CANADA CO.   p 461
See FOOT LOCKER CANADA CO
FOOT LOCKER CANADA CO.   p 514
25 Peel Centre Dr, BRAMPTON, ON, L6T 3R5
(905) 790-1366   SIC 5699
FOOT LOCKER CANADA CO.   p 540
See FOOT LOCKER CANADA CO
FOOT LOCKER CANADA CO.   p 559
See FOOT LOCKER CANADA CO
FOOT LOCKER CANADA CO.   p 789
50 Rideau St Suite 108, OTTAWA, ON, K1N 9J7
(613) 563-2884   SIC 5651
FOOT LOCKER CANADA CO.   p 840
300 Borough Dr Suite 2, SCARBOROUGH, ON, M1P 4P5
(416) 296-2137   SIC 5661
FOOT LOCKER CANADA CO.   p 906
218 Yonge St Unit 2022, TORONTO, ON, M5B 2H6
(416) 598-1860   SIC 5661
FOOT LOCKER CANADA CO.   p 906
247 Yonge St, TORONTO, ON, M5B 1N8
(416) 368-4569   SIC 5661
FOOT LOCKER CANADA CO.   p 933
3401 Dufferin St Unit 193, TORONTO, ON, M6A 2T9
(416) 785-5260   SIC 5661
FOOT LOCKER CANADA CO.   p 935
900 Dufferin St Unit 10, TORONTO, ON, M6H 4A9
(416) 534-0076   SIC 5651
FOOT LOCKER CANADA CO.   p 1020
3035 Boul Le Carrefour, Cote Saint-Luc, QC, H7T 1C8
(450) 682-3733   SIC 5661
FOOT LOCKER CANADA CO.   p 1292
201 1st St E Suite 301, SASKATOON, SK, S7H 1R8
(306) 244-1848   SIC 5661
FOOTHILLS COMPOSITE HIGH SCHOOL AND ALBERTA HIGH SCHOOL OF FINE ARTS   p 148
See FOOTHILLS SCHOOL DIVISION NO. 38
FOOTHILLS COUNTRY HOSPICE SOCIETY p 148
Gd, OKOTOKS, AB, T1S 1A3
(403) 995-4673   SIC 8069
FOOTHILLS ELEMENTARY SCHOOL p 260
See BOARD OF EDUCATION OF SCHOOL DISTRICT NO. 57 (PRINCE GEORGE), THE
FOOTHILLS FOREST PRODUCTS INC   p 264
1751 Quesnel-Hixon Rd, QUESNEL, BC, V2J 5Z5
(250) 991-0254   SIC 2426
FOOTHILLS HOSPITAL   p 38
See ALBERTA HEALTH SERVICES
FOOTHILLS MEDICAL CENTRE   p 38
See ALBERTA HEALTH SERVICES
FOOTHILLS PIPE LINES LTD   p 44
450 1 St Sw, CALGARY, AB, T2P 5H1
(403) 920-2000   SIC 4922
FOOTHILLS READY MIX INC   p 159
285135 Duff Dr, ROCKY VIEW COUNTY, AB, T1X 0K1
(403) 723-2225   SIC 3273
FOOTHILLS SCHOOL DIVISION NO. 38   p 131
1204 10 St, HIGH RIVER, AB, T1V 2B9
SIC 8211
FOOTHILLS SCHOOL DIVISION NO. 38   p 131
1208 9 Ave Se, HIGH RIVER, AB, T1V 1L2
(403) 652-2020   SIC 8211
FOOTHILLS SCHOOL DIVISION NO. 38   p 131
12th Ave S, HIGH RIVER, AB, T1V 1S1
(403) 652-5500   SIC 8211
FOOTHILLS SCHOOL DIVISION NO. 38   p 131
409 Macleod Trail Sw, HIGH RIVER, AB, T1V 1B5
(403) 652-2376   SIC 8211
FOOTHILLS SCHOOL DIVISION NO. 38   p 142
101 Morrison Rd, LONGVIEW, AB, T0L 1H0
(403) 601-1753   SIC 8211
FOOTHILLS SCHOOL DIVISION NO. 38   p 148
1 Pacific Dr, OKOTOKS, AB, T1S 2A9
(403) 938-4426   SIC 8211
FOOTHILLS SCHOOL DIVISION NO. 38   p 148
229 Woodhaven Dr, OKOTOKS, AB, T1S 2A7
(403) 938-6116   SIC 8211
FOOTHILLS SCHOOL DIVISION NO. 38   p 148
33 Hunter's Gate, OKOTOKS, AB, T1S 2A4
(403) 938-6666   SIC 8211
FOOTHILLS SCHOOL DIVISION NO. 38   p 148
69 Okotoks Dr, OKOTOKS, AB, T1S 2B1
(403) 938-3865   SIC 8211
FOOTHILLS SCHOOL DIVISION NO. 38   p 171
114 Royal Ave Nw, TURNER VALLEY, AB, T0L 2A0
(403) 938-7359   SIC 8211
FOOTLOCKER   p 840
See FOOT LOCKER CANADA CO.
FOOTLOCKER   p 935
See FOOT LOCKER CANADA CO.
FOR-NET INC   p 1151
1875 Av De La Normandie, Quebec, QC, G1L 3Y8
(418) 529-6103   SIC 7349
FORACO CANADA LTD   p 740
1839 Seymour St, NORTH BAY, ON, P1A 0C7
(705) 495-6363   SIC 1799
FORAGE SPEKTRA INC   p 1253
2756 Ch Sullivan, VAL-D'OR, QC, J9P 0B9
(819) 824-4435   SIC 1799
FORAGES CABO INC   p 1010
3000 Boul Industriel, CHAMBLY, QC, J3L 4X3
(450) 572-1400   SIC 1781
FORAGES M. ROUILLIER INC   p 988
824 Av Des Forestiers Bureau 57, AMOS, QC, J9T 4L4
(819) 727-9269   SIC 1799
FORBES BROS. LTD   p 1
53016 Hwy 60 Suite 605, ACHESON, AB, T7X 5A7
(780) 960-1950   SIC 1623
FORBES BROS. LTD   p 383
1780 Wellington Ave Unit 301, WINNIPEG, MB, R3H 1B3
(204) 888-6174   SIC 1623
FORBO FLOORING SYSTEMS   p 582
111 Westmore Dr, ETOBICOKE, ON, M9V 3Y6
(416) 745-4200   SIC 5023
FORCE INSPECTION SERVICES INC p 135
7500a 43 St, LEDUC, AB, T9E 7E8
(780) 955-2370   SIC 7389
FORCE PILE AND FOUNDATIONS INC p 6
27312 - 213 Twp 394, BLACKFALDS, AB, T0M 0J0
(403) 341-0030   SIC 1629
FORCETEK INC   p 1069
430 Boul Guimond, LONGUEUIL, QC, J4G 1P8
(450) 463-3344   SIC 6712
FORD (WINDSOR) ENGINE PLANT   p 968
See FORD MOTOR COMPANY OF CANADA, LIMITED
FORD CREDIT CANADA LIMITED   p 80
Gd Stn Main, EDMONTON, AB, T5J 2G8
(877) 636-7346   SIC 6141
FORD CREDIT CANADA LIMITED   p 91
10335 172 St Nw Suite 300, EDMONTON, AB, T5S 1K9
SIC 8742
FORD CREDIT CANADA LIMITED   p 384
1612 Ness Ave Suite 300, WINNIPEG, MB, R3J 0H7
(204) 786-5865   SIC 6141
FORD CREDIT CANADA LIMITED   p 659
1069 Wellington Rd Suite 208, LONDON, ON, N6E 2H6
SIC 6141
FORD CREDIT CANADA LIMITED   p 767
The Canadian Rd, OAKVILLE, ON, L6J 5C7
(905) 845-2511   SIC 6141
FORD MOTOR COMPANY OF CANADA, LIMITED   p 91
11604 181 St Nw, EDMONTON, AB, T5S 1M6
(780) 454-9621   SIC 5013
FORD MOTOR COMPANY OF CANADA, LIMITED   p 443
1595 Bedford Hwy Suite 306, BEDFORD, NS, B4A 3Y4
SIC 5012
FORD MOTOR COMPANY OF CANADA, LIMITED   p 514
8 Indell Lane, BRAMPTON, ON, L6T 3Y3
(905) 792-9400   SIC 5013
FORD MOTOR COMPANY OF CANADA, LIMITED   p 514
8000 Dixie Rd, BRAMPTON, ON, L6T 2J7
(905) 459-2210   SIC 5013
FORD MOTOR COMPANY OF CANADA, LIMITED   p 858
1188 Ford Sunset Rd, ST THOMAS, ON, N5P 3W1
(519) 637-5332   SIC 3711
FORD MOTOR COMPANY OF CANADA, LIMITED   p 858
Gd, ST THOMAS, ON, N5P 3W1
SIC 3711
FORD MOTOR COMPANY OF CANADA, LIMITED   p 962
6500 Cantelon Dr, WINDSOR, ON, N8T 0A6
(519) 251-4401   SIC 3711
FORD MOTOR COMPANY OF CANADA, LIMITED   p 968
1 Quality Way, WINDSOR, ON, N9A 6X3
(519) 944-8658   SIC 3714
FORD MOTOR COMPANY OF CANADA, LIMITED   p 968
1000 Henry Ford, WINDSOR, ON, N9A 7E8
(519) 257-2020   SIC 3519
FORD MOTOR COMPANY OF CANADA, LIMITED   p 968
2900 Trenton St, WINDSOR, ON, N9A 7B2
(519) 257-2000   SIC 3322
FORD MOTOR COMPANY OF CANADA, LIMITED   p 968
3223 Lauzon Pky, WINDSOR, ON, N9A 6X3
(519) 944-8784   SIC 5521
FORD MOTOR COMPANY OF CANADA, LIMITED   p 969
4600 G N Booth Dr, WINDSOR, ON, N9C 4G8
(519) 250-2500   SIC 3089
FORD MOTOR COMPANY OF CANADA, LIMITED   p 1212
6505 Rte Transcanadienne Bureau 200, SAINT-LAURENT, QC, H4T 1S3
(514) 744-1800   SIC 5012
FORD PARTS DISTRIBUTION CENTER   p 91
See FORD MOTOR COMPANY OF CANADA, LIMITED
FORDING RIVER OPERATIONS   p 213
See TECK COAL LIMITED
FOREMOST GRANDE PRAIRIE   p 132
See PEACE LAND FABRICATING AND SUPPLY LTD
FOREMOST SCHOOL   p 143
See PRAIRIE ROSE SCHOOL DIVISION NO 8
FORENSIC ASSESSMENT & COMMUNITY SERVICES   p 78
See ALBERTA HEALTH SERVICES
FORENSIC INVESTIGATIONS CANADA INC   p 31
7015 Macleod Trail Sw Suite 800, CALGARY, AB, T2H 2K6
(403) 228-1170   SIC 7389
FORENSIC PSYCHIATRIC SERVICES COMMISSION   p 200
70 Colony Farm Rd, Coquitlam, BC, V3C 5X9
(604) 524-7700   SIC 8063
FORESBEC FORESFLOOR   p 1030
See FORESBEC INC
FORESBEC INC   p 1030
1750 Rue Haggerty, DRUMMONDVILLE, QC, J2C 5P8
(819) 477-8787   SIC 2426
FORESBEC INC   p 1186
484 Rang Brodeur, Saint-Eugene-de-Grantham, QC, J0C 1J0
(819) 477-8787   SIC 5031
FORESFLOOR   p 1186
See FORESBEC INC
FORESIGHT CONSTRUCTORS LTD p 240
1610d Northfield Rd, NANAIMO, BC, V9S 3A7
SIC 1542
FOREST AVENUE PUBLIC SCHOOL p 701
See PEEL DISTRICT SCHOOL BOARD
FOREST CITY CASTINGS INC   p 858
10 Highbury Ave, ST THOMAS, ON, N5P 4C7
(519) 633-2999   SIC 3365
FOREST CITY FIRE PROTECTION LTD   p 961
13455 Sylvestre Dr, WINDSOR, ON, N8N 2L9
(519) 944-4774   SIC 1711
FOREST CITY GRAPHICS LIMITED   p 665
982 Hubrey Rd, LONDON, ON, N6N 1B5
(519) 668-2191   SIC 2771
FOREST DALE HOME INC   p 412
5836 King St, RIVERSIDE-ALBERT, NB, E4H 4B9
(506) 882-3015   SIC 8361
FOREST GLADE ARENA   p 961
See CORPORATION OF THE CITY OF WINDSOR
FOREST GLEN PUBLIC SCHOOL   p 692
See PEEL DISTRICT SCHOOL BOARD
FOREST GLEN PUBLIC SCHOOL   p 731
See WATERLOO REGION DISTRICT SCHOOL BOARD
FOREST GLEN SCHOOL   p 406
See SCHOOL DISTRICT 2
FOREST GREEN SCHOOL   p 169
See PARKLAND SCHOOL DIVISION NO. 70
FOREST GROVE CARE CENTRE LTD p 13
4726 8 Ave Se, CALGARY, AB, T2A 0A8
(403) 272-9831   SIC 8051
FOREST GROVE ELEMENTARY SCHOOL p 183
See BURNABY SCHOOL BOARD DISTRICT 41
FOREST HEIGHTS COLLEGIATE INSTITUTE   p 643
See WATERLOO REGION DISTRICT SCHOOL BOARD
FOREST HEIGHTS COMMUNITY SCHOOL p 446
See SOUTH SHORE REGIONAL SCHOOL BOARD
FOREST HEIGHTS LONG TERM CARE CENTER   p 643

FOREST HILL
See REVERA LONG TERM CARE INC
FOREST HILL p 624
See OMNI HEALTH CARE LTD
FOREST HILL COLLEGIATE INSTITUTE p 923
See TORONTO DISTRICT SCHOOL BOARD
FOREST HILL GROUP INC p 929
116 Spadina Ave Ste 407, TORONTO, ON, M5V 2K6
(416) 785-0010   SIC 7381
FOREST HILL JUNIOR & SENIOR PUBLIC SCHOOL p 923
See TORONTO DISTRICT SCHOOL BOARD
FOREST HILL PLACE p 923
See REVERA INC
FOREST HILL PUBLIC SCHOOL p 679
See SIMCOE COUNTY DISTRICT SCHOOL BOARD, THE
FOREST HILL REAL ESTATE INC p 748
500 Sheppard Ave E Suite 201, NORTH YORK, ON, M2N 6H7
(416) 226-1987   SIC 6531
FOREST HILL SCHOOL p 643
See WATERLOO REGION DISTRICT SCHOOL BOARD
FOREST HILLS ELEMENTARY SCHOOL p 415
See SCHOOL DISTRICT 8
FOREST LAWN CALGARY CO-OP, DIV p 12
See CALGARY CO-OPERATIVE ASSOCIATION LIMITED
FOREST LAWN HIGH SCHOOL p 12
See CALGARY BOARD OF EDUCATION
FOREST LAWN MEMORIAL PROPERTY MANAGEMENT p 649
See ARBOR MEMORIAL SERVICES INC
FOREST MANOR ELEMENTARY SCHOOL p 746
See TORONTO DISTRICT SCHOOL BOARD
FOREST PARK ELEMENTARY SCHOOL p 241
See SCHOOL DISTRICT NO. 68 (NANAIMO-LADYSMITH)
FOREST PARK PUBLIC SCHOOL p 859
See THAMES VALLEY DISTRICT SCHOOL BOARD
FOREST PARK PUBLIC SCHOOL p 878
See LAKEHEAD DISTRICT SCHOOL BOARD
FOREST PARK SCHOOL p 371
See SEVEN OAKS SCHOOL DIVISION
FOREST RIDGE ACADEMY p 442
See TRI-COUNTY REGIONAL SCHOOL BOARD
FOREST RUN PUBLIC SCHOOL p 947
See YORK REGION DISTRICT SCHOOL BOARD
FOREST TRAIL PUBLIC ELEMENTARY SCHOOL p 771
See HALTON DISTRICT SCHOOL BOARD
FOREST VALLEY ELEMENTARY SCHOOL p 776
See OTTAWA-CARLETON DISTRICT SCHOOL BOARD
FOREST VIEW PUBLIC SCHOOL p 779
See DURHAM DISTRICT SCHOOL BOARD
FORESTBURG SCHOOL p 118
See BATTLE RIVER REGIONAL DIVISION 31
FORESTVIEW PUBLIC SCHOOL p 738
See DISTRICT SCHOOL BOARD OF NIAGARA
FOREVER 21 p 708
2450 Hogan Dr, MISSISSAUGA, ON, L5N 0G4
(905) 567-6486   SIC 5651
FOREVER IN DOUGH INC p 113
9804 22 Ave Nw, EDMONTON, AB, T6N 1L1
(780) 463-9086   SIC 5812
FOREVER XXI ULC p 95
8882 170 St Nw Unit 1205, EDMONTON, AB, T5T 4J2
(780) 930-2014   SIC 5651
FOREVER XXI ULC p 540
900 Maple Ave, BURLINGTON, ON, L7S 2J8
(905) 681-6111   SIC 5621
FOREVER XXI ULC p 733
17600 Yonge St, NEWMARKET, ON, L3Y 4Z1
(905) 954-1359   SIC 5632
FOREVER XXI ULC p 745
1800 Sheppard Ave E, NORTH YORK, ON, M2J 5A7
(416) 494-6363   SIC 5651
FORGES DE SOREL CIE, LES p 1202
100 Rue Mccarthy, SAINT-JOSEPH-DE-SOREL, QC, J3R 3M8
(450) 746-4030   SIC 3312
FORINTEK, DIV OF p 320
See FPINNOVATIONS
FORMAGGIO, PANE E. OPERATIONS LTD p 293
1529 Pender St E, VANCOUVER, BC, V5L 1V9
(604) 215-8836   SIC 5141
FORMATION GENERALE DES ADULTES p 1250
See COMMISSION SCOLAIRE DU CHEMIN-DU-ROY
FORMATION INFO-TECHNIQUE S.B. INC p 1026
1805 Rte Transcanadienne, DORVAL, QC, H9P 1J1
SIC 8249
FORMATION PROFESSIONNELLE p 1060
See LESTER B. PEARSON SCHOOL BOARD
FORMATION PROFESSIONNELLE p 1177
See COMMISSION SCOLAIRE DE ROUYN-NORANDA
FORMATION PROFESSIONNELLE ECOLE D'AGRICULTURE p 1135
See COMMISSION SCOLAIRE DE LA RIVERAINE
FORMATION PROFESSIONNELLE MONT JOLI MITIS p 1079
See COMMISSION SCOLAIRE DES PHARES
FORMATOP MANUFACTURING CO. LTD p 731
270 Hamilton Rd, NEW HAMBURG, ON, N3A 2K2
(519) 662-2800   SIC 2541
FORMATRAD p 1003
See FORMATRAD INC
FORMATRAD INC p 1003
131 Rue Monseigneur-Tache, BOUCHERVILLE, QC, J4B 2K4
(514) 328-6819   SIC 8742
FORMER RESTORATION L.P. p 129
15001 89 St, GRANDE PRAIRIE, AB, T8X 0J2
(780) 539-1900   SIC 1799
FORMER RESTORATION L.P. p 372
925 Keewatin St, WINNIPEG, MB, R2X 2X4
(204) 783-9086   SIC 1521
FORMER RESTORATION L.P. p 611
180 Chatham St, HAMILTON, ON, L8P 2B6
(905) 545-4703   SIC 1799
FORMER RESTORATION L.P. p 718
60 Admiral Blvd, MISSISSAUGA, ON, L5T 2W1
(905) 696-2900   SIC 1771
FORMER RESTORATION L.P. p 884
340 Pine St N, TIMMINS, ON, P4N 6L3
(705) 264-5985   SIC 1771
FORMER RESTORATION L.P. p 981
249 Brackley Point Rd, CHARLOTTETOWN, PE, C1A 6Z2
(902) 566-4331   SIC 1799
FORMER RESTORATION L.P. p 1026
290 Av Guthrie, DORVAL, QC, H9P 2V2
(514) 931-7789   SIC 1799
FORMER RESTORATION L.P. p 1295
103 English Cres, SASKATOON, SK, S7K 8G4
(306) 978-6600   SIC 1799
FORMES UNITED INC p 1231
101 Boul Du Cure-Labelle, SAINTE-THERESE, QC, J7E 2X6
(450) 435-1977   SIC 3089
FORMET INDUSTRIES p 858
See MAGNA INTERNATIONAL INC
FORMICA p 1198
See FORMICA CANADA INC
FORMICA CANADA INC p 1198
25 Rue Mercier, SAINT-JEAN-SUR-RICHELIEU, QC, J3B 6E9
(450) 347-7541   SIC 3089
FORMOSA SPRINGS BREWERY p 589
See BRICK BREWING CO. LIMITED
FORMOSA SPRINGS BREWERY p 637
See BRICK BREWING CO. LIMITED
FORMOST DATA PRODUCTS INC p 514
6 Kenview Blvd, BRAMPTON, ON, L6T 5E4
(905) 793-7295   SIC 2761
FORMOST MEDIA ONE p 514
See FORMOST DATA PRODUCTS INC
FORMULA POWELL L.P. p 6
4300 St Division 7 S, BLACKFALDS, AB, T0M 0J0
(403) 885-5151   SIC 4213
FORMULA POWELL L.P. p 117
Gd Stn Main, EDSON, AB, T7E 1T1
(780) 712-6110   SIC 4213
FORMULA POWELL L.P. p 213
308 Alaska Hwy, FORT NELSON, BC, V0C 1R0
(250) 774-6100   SIC 4213
FORMULE MAZDA p 1139
See 9003-4406 QUEBEC INC
FORMULES D'AFFAIRES SUPRATECH INC p 1042
960 Rue Andre-Line, GRANBY, QC, J2J 1E2
(450) 777-1041   SIC 2752
FORNIRAMA INC p 1085
9100 Boul Maurice-Duplessis, Montreal, QC, H1E 7C2
(514) 494-1400   SIC 2512
FORREST ELEMENTARY SCHOOL p 349
See ROLLING RIVER SCHOOL DIVISION 39
FORSYTH HOLDINGS INC p 685
6789 Airport Rd, MISSISSAUGA, ON, L4V 1E6
(905) 362-1400   SIC 2321
FORSYTH ROAD ELEM SCHOOL p 284
See SCHOOL DISTRICT NO 36 (SURREY)
FORSYTHE INTERNATIONAL, INC p 698
50 Burnhamthorpe Rd W Suite 708, MISSISSAUGA, ON, L5B 3C2
(905) 283-1800   SIC 5045
FORT ALBANY WING p 589
See JAMES BAY GENERAL HOSPITAL
FORT CHICAGO DISTRICT ENERGY LTD p 981
40 Riverside Dr, CHARLOTTETOWN, PE, C1A 9M2
(902) 629-3960   SIC 4911
FORT DEARBORN p 1019
See FD ALPHA CANADA ACQUISITION INC
FORT ENERGY CORP p 44
444 7 Ave Sw Suite 1000, CALGARY, AB, T2P 0X8
(403) 770-0333   SIC 1311
FORT ERIE D SECONDERY SCHOOL p 589
See DISTRICT SCHOOL BOARD OF NIAGARA
FORT ERIE NATIVE CULTURAL CENTRE INC p 589
796 Buffalo Rd, FORT ERIE, ON, L2A 5H2
(905) 871-6592   SIC 8322
FORT ERIE NATIVE FRIENDSHIP CENTRE p 589
See FORT ERIE NATIVE CULTURAL CENTRE INC
FORT ERIE PUBLIC SCHOOL p 589
See DISTRICT SCHOOL BOARD OF NIAGARA
FORT ERIE YMCA p 590
See YMCA OF GREATER TORONTO
FORT FRANCES STN MAIN p 590
See CANADA POST CORPORATION
FORT FRANCES, CORPORATION OF THE TOWN OF p 590
740 Scott St, FORT FRANCES, ON, P9A 1H8
(807) 274-3494   SIC 7941
FORT GARRY INDUSTRIES LTD p 17
5350 72 Ave Se, CALGARY, AB, T2C 4X5
(403) 236-9712   SIC 5012
FORT GARRY INDUSTRIES LTD p 96
16230 118 Ave Nw, EDMONTON, AB, T5V 1C6
(780) 447-4422   SIC 5013
FORT GARRY INDUSTRIES LTD p 155
170 Queens Dr, RED DEER, AB, T4P 0R5
(403) 343-1383   SIC 5531
FORT GARRY INDUSTRIES LTD p 716
731 Gana Crt, MISSISSAUGA, ON, L5S 1P2
(905) 564-5404   SIC 5013
FORT GARRY INDUSTRIES LTD p 880
915 Walsh St W, THUNDER BAY, ON, P7E 4X5
(807) 577-5724   SIC 5013
FORT GARRY INDUSTRIES LTD p 1296
3445 Miners Ave, SASKATOON, SK, S7K 7K9
(306) 242-3465   SIC 5013
FORT LA BOSSE SCHOOL DIVISION p 348
112 Tralee St, ELKHORN, MB, R0M 0N0
(204) 845-2118   SIC 8211
FORT LA BOSSE SCHOOL DIVISION p 348
171096 Road 69n, ELKHORN, MB, R0M 0N0
(204) 845-2662   SIC 8211
FORT LA BOSSE SCHOOL DIVISION p 354
516 1st St, RESTON, MB, R0M 1X0
(204) 877-3994   SIC 8211
FORT LA BOSSE SCHOOL DIVISION p 359
200 Queen St E, VIRDEN, MB, R0M 2C0
(204) 748-2294   SIC 8211
FORT LA BOSSE SCHOOL DIVISION p 360
251 Kent St, VIRDEN, MB, R0M 2C0
(204) 748-2205   SIC 8211
FORT LA BOSSE SCHOOL DIVISION p 360
445 Lyons St W, VIRDEN, MB, R0M 2C0
(204) 748-2575   SIC 8211
FORT LA BOSSE SCHOOL DIVISION p 360
447 Princess St W, VIRDEN, MB, R0M 2C0
(204) 748-1932   SIC 8211
FORT LA REINE SCHOOL p 354
See PORTAGE LA PRAIRIE SCHOOL DIVISION
FORT LANGLEY GOLF COURSE p 229
See MEADOW GARDENS GOLF COURSE (1979) LTD
FORT LANGLEY NATIONAL HISTORIC SITE p 229
See CANADIAN HERITAGE
FORT MACLEOD HEALTH CENTER p 118
See FORT MACLEOD HOSPITAL
FORT MACLEOD HOSPITAL p 118
744 26th St, FORT MACLEOD, AB, T0L 0Z0
(403) 553-4487   SIC 8062
FORT MCMURRAY CATHOLIC BOARD OF EDUCATION p 120
8553 Franklin Ave, FORT MCMURRAY, AB, T9H 2J5
(780) 799-5772   SIC 8211
FORT MCMURRAY CATHOLIC BOARD OF EDUCATION p 120
585 Signal Rd, FORT MCMURRAY, AB, T9H 4V3
(780) 799-7650   SIC 8211
FORT MCMURRAY CATHOLIC BOARD OF EDUCATION p 120
211 Beacon Hill Dr, FORT MCMURRAY, AB, T9H 2R1
(780) 799-5763   SIC 8211
FORT MCMURRAY CATHOLIC BOARD OF

BUSINESSES ALPHABETICALLY

EDUCATION p 120
429 Ross Haven Dr, FORT MCMURRAY, AB, T9H 3P3
(780) 799-5760   *SIC* 8211

FORT MCMURRAY CATHOLIC BOARD OF EDUCATION p 120
455 Silin Forest Rd, FORT MCMURRAY, AB, T9H 4V6
(780) 799-5725   *SIC* 8211

FORT MCMURRAY CATHOLIC BOARD OF EDUCATION p 122
255 Athabasca Ave Suite 167, FORT MCMURRAY, AB, T9J 1G7
(780) 790-9065   *SIC* 8211

FORT MCMURRAY CATHOLIC BOARD OF EDUCATION p 122
177 Dickins Dr, FORT MCMURRAY, AB, T9K 1M3
(780) 799-5720   *SIC* 8211

FORT MCMURRAY CATHOLIC BOARD OF EDUCATION p 122
101 Brett Dr, FORT MCMURRAY, AB, T9K 1V1
(780) 799-5752   *SIC* 8211

FORT MCMURRAY CHRISTIAN SCHOOL p 122
See FORT MCMURRAY PUBLIC SCHOOL DISTRICT #2833

FORT MCMURRAY COMPOSITE HIGH SCHOOL p 120
See FORT MCMURRAY PUBLIC SCHOOL DISTRICT #2833

FORT MCMURRAY PIZZA LTD p 120
10202 Macdonald Ave, FORT MCMURRAY, AB, T9H 1T4
(780) 743-5056   *SIC* 5812

FORT MCMURRAY POST OFFICE p 119
See CANADA POST CORPORATION

FORT MCMURRAY PUBLIC SCHOOL DISTRICT #2833 p 120
109 Greely Rd, FORT MCMURRAY, AB, T9H 4V4
(780) 791-7470   *SIC* 8211

FORT MCMURRAY PUBLIC SCHOOL DISTRICT #2833 p 120
210 Beacon Hill Dr, FORT MCMURRAY, AB, T9H 2R1
(780) 743-8722   *SIC* 8211

FORT MCMURRAY PUBLIC SCHOOL DISTRICT #2833 p 120
221 Tundra Dr, FORT MCMURRAY, AB, T9H 4Z7
(780) 791-1986   *SIC* 8211

FORT MCMURRAY PUBLIC SCHOOL DISTRICT #2833 p 120
407 Wolverine Dr, FORT MCMURRAY, AB, T9H 4S6
(780) 791-3121   *SIC* 8211

FORT MCMURRAY PUBLIC SCHOOL DISTRICT #2833 p 120
8453 Franklin Ave, FORT MCMURRAY, AB, T9H 2J2
(780) 743-2444   *SIC* 8211

FORT MCMURRAY PUBLIC SCHOOL DISTRICT #2833 p 120
96 Silin Forest Rd, FORT MCMURRAY, AB, T9H 3A1
(780) 743-8417   *SIC* 8211

FORT MCMURRAY PUBLIC SCHOOL DISTRICT #2833 p 120
9803 King St, FORT MCMURRAY, AB, T9H 1L3
SIC 8211

FORT MCMURRAY PUBLIC SCHOOL DISTRICT #2833 p 122
107 Brett Dr, FORT MCMURRAY, AB, T9K 1V1
(780) 743-5771   *SIC* 8211

FORT MCMURRAY PUBLIC SCHOOL DISTRICT #2833 p 122
190 Tamarack Way, FORT MCMURRAY, AB, T9K 1A1
(780) 743-1079   *SIC* 8211

FORT MCMURRAY PUBLIC SCHOOL DISTRICT #2833 p 122
201 Dickins Dr, FORT MCMURRAY, AB, T9K 1M9
(780) 791-6990   *SIC* 8211

FORT MOTORS LTD p 214
11104 Alaska Rd, FORT ST. JOHN, BC, V1J 5T5
SIC 5511

FORT NELSON SECONDARY SCHOOL p 213
See SCHOOL DISTRICT #81 (FORT NELSON)

FORT QU'APPELLE ELEMENTARY COMMUNITY SCHOOL p 1269
See PRAIRIE VALLEY SCHOOL DIVISION NO 208

FORT QU'APPELLE INDIAN HOSPITAL INC p 1269
450 8th St, FORT QU'APPELLE, SK, S0G 1S0
(306) 332-5611   *SIC* 8062

FORT RICHMOND SAFEWAY p 390
See SOBEYS WEST INC

FORT ROUGE SCHOOL p 386
See WINNIPEG SCHOOL DIVISION

FORT SASKATCHEWAN ELEMENTARY p 123
See ELK ISLAND PUBLIC SCHOOLS REGIONAL DIVISION NO. 14

FORT SASKATCHEWAN FAST-FOOD ENTERPRISES LTD p 123
9910 99 Ave, FORT SASKATCHEWAN, AB, T8L 4G8
(780) 998-0880   *SIC* 5812

FORT SASKATCHEWAN HEALTH CENTRE p 123
See ALBERTA HEALTH SERVICES

FORT SASKATCHEWAN HEALTH UNIT p 123
See ALBERTA HEALTH SERVICES

FORT SASKATCHEWAN HIGH SCHOOL p 123
See ELK ISLAND PUBLIC SCHOOLS REGIONAL DIVISION NO. 14

FORT SASKATCHEWAN JUNIOR SCHOOL p 123
See ELK ISLAND PUBLIC SCHOOLS REGIONAL DIVISION NO. 14

FORT ST JAMES SECONDARY SCHOOL p 214
See BOARD OF EDUCATION OF SCHOOL DISTRICT NO. 91 (NECHAKO LAKE), THE

FORT ST. JOHN POMEROY INN & SUITES p 215
See POMEROY LODGING LP

FORT VERMILION SCHOOL DIVISION 52 p 9
Gd, BUFFALO HEAD PRAIRIE, AB, T0H 4A0
(780) 928-2282   *SIC* 8211

FORT VERMILION SCHOOL DIVISION 52 p 124
4611 River Rd, FORT VERMILION, AB, T0H 1N0
(780) 927-3201   *SIC* 8211

FORT VERMILION SCHOOL DIVISION 52 p 130
10801 102 St Ss 1, HIGH LEVEL, AB, T0H 1Z0
(780) 841-7200   *SIC* 8211

FORT VERMILION SCHOOL DIVISION 52 p 130
9701 105 Ave Ss 1, HIGH LEVEL, AB, T0H 1Z0
(780) 926-3706   *SIC* 8211

FORT VERMILION SCHOOL DIVISON 52 p 130
10802 Rainbow Blvd, HIGH LEVEL, AB, T0H 1Z0
(780) 926-2331   *SIC* 8211

FORT VERMILION SCHOOL DIVISON 52 p 133
10202 94 Ave, LA CRETE, AB, T0H 2H0
(780) 928-3947   *SIC* 8211

FORT VERMILION SCHOOL DIVISON 52 p 133
10402 94 Ave, LA CRETE, AB, T0H 2H0
(780) 928-3100   *SIC* 8211

FORT VERMILION SCHOOL DIVISON 52 p 133
Gd, LA CRETE, AB, T0H 2H0
(780) 928-3913   *SIC* 8211

FORT VERMILION SCHOOL DIVISON 52 p 133
Gd, LA CRETE, AB, T0H 2H0
(780) 928-3632   *SIC* 8211

FORT VERMILION SCHOOL DIVISON 52 p 151
2 Neander Cres, RAINBOW LAKE, AB, T0H 2Y0
(780) 956-3851   *SIC* 8211

FORT WILLIAM COLLEGIATE INSTITUT p 881
See LAKEHEAD DISTRICT SCHOOL BOARD

FORT YORK HISTORIC SITE p 928
See CORPORATION OF THE CITY OF TORONTO

FORT YORK RESIDENCE p 928
See CORPORATION OF THE CITY OF TORONTO

FORTERRA BRICK, LTD p 539
See MERIDIAN BRICK CANADA LTD

FORTERRA BRICK, LTD p 540
See MERIDIAN BRICK CANADA LTD

FORTERRA PIPE & PRECAST, LTD p 543
2099 Roseville Rd Suite 2, CAMBRIDGE, ON, N1R 5S3
(519) 622-7574   *SIC* 3272

FORTES, JOE SEAFOOD & CHOP HOUSE LTD p 311
777 Thurlow St, VANCOUVER, BC, V6E 3V5
(604) 669-1940   *SIC* 5812

FORTESCUE BINDERY LIMITED p 840
285 Nantucket Blvd, SCARBOROUGH, ON, M1P 2P2
(416) 701-1673   *SIC* 2789

FORTH LANE PUBLIC SCHOOL p 961
See GREATER ESSEX COUNTY DISTRICT SCHOOL BOARD

FORTIER BEVERAGES LIMITED p 555
158 Second Ave, COCHRANE, ON, P0L 1C0
(705) 272-4305   *SIC* 5149

FORTIER TRANSFERT p 1131
See GUAY INC

FORTIN INVESTIGATION ET SECURITE DU QUEBEC INC p 1151
1875 Av De La Normandie, Quebec, QC, G1L 3Y8
(418) 529-9391   *SIC* 7381

FORTIN, JEAN & ASSOCIES SYNDICS INC p 1069
2360 Boul Marie-Victorin, LONGUEUIL, QC, J4G 1B5
(450) 442-3260   *SIC* 8111

FORTIN, JEAN & ASSOCIES SYNDICS INC p 1200
30 Rue De Martigny O Bureau 100, Saint-Jerome, QC, J7Y 2E9
(450) 432-0207   *SIC* 8111

FORTINET TECHNOLOGIES (CANADA) ULC p 187
4190 Still Creek Dr Unit 400, BURNABY, BC, V5C 6C6
(604) 430-1297   *SIC* 7379

FORTINO'S (MAJOR MACKENZIE) LTD p 667
2911 Major Mackenzie Dr, MAPLE, ON, L6A 3N9
(905) 417-0484   *SIC* 5411

FORTINO'S SUPERMARKET p 613
See FORTINOS (MALL 1994) LTD

FORTINOS p 582
See FORTINOS SUPERMARKET LTD

FORTINOS p 947
See LOBLAWS INC

FORTINOS (MALL 1994) LTD p 613
65 Mall Rd, HAMILTON, ON, L8V 5B8
(905) 387-7673   *SIC* 5411

FORTINOS SUPERMARKET LTD p 518
60 Quarry Edge Dr, BRAMPTON, ON, L6V 4K2
(905) 453-3600   *SIC* 5411

FORTINOS SUPERMARKET LTD p 541
1059 Plains Rd E, BURLINGTON, ON, L7T 4K1
(905) 634-1591   *SIC* 5411

FORTINOS SUPERMARKET LTD p 582
1530 Albion Rd, ETOBICOKE, ON, M9V 1B4
SIC 5411

FORTINOS SUPERMARKET LTD p 614
1275 Rymal Rd E Suite 2, HAMILTON, ON, L8W 3N1
(905) 318-4532   *SIC* 5141

FORTINOS SUPERMARKET LTD p 862
102 Highway 8, STONEY CREEK, ON, L8G 4H3
(905) 664-2886   *SIC* 5141

FORTINOS SUPERMARKET LTD p 974
3940 Highway 7, WOODBRIDGE, ON, L4L 9C3
(905) 851-5642   *SIC* 5411

FORTINOS UPPER MIDDLE p 539
See LOBLAW COMPANIES LIMITED

FORTIS INC p 383
1715 Wellington Ave, WINNIPEG, MB, R3H 0G1
(204) 775-9889   *SIC* 4911

FORTIS PROPERTIES CORPORATION p 458
1496 Hollis St, HALIFAX, NS, B3J 3Z1
(902) 423-4444   *SIC* 6512

FORTISALBERTA p 165
See FORTISALBERTA INC

FORTISALBERTA INC p 1
53030 Hwy 60 Suite 1, ACHESON, AB, T7X 5A4
(780) 960-7200   *SIC* 4911

FORTISALBERTA INC p 52
320 17 Ave Sw, CALGARY, AB, T2S 2V1
(403) 514-4000   *SIC* 4911

FORTISALBERTA INC p 131
Gd, HIGH RIVER, AB, T1V 1M2
(403) 652-4810   *SIC* 4911

FORTISALBERTA INC p 165
250 Diamond Ave, SPRUCE GROVE, AB, T7X 2Y8
(780) 962-7705   *SIC* 4911

FORTISBC p 291
See FORTISBC ENERGY INC

FORTISBC ENERGY INC p 187
3700 2nd Ave, BURNABY, BC, V5C 6S4
(604) 293-8506   *SIC* 4923

FORTISBC ENERGY INC p 240
2220 Dorman Rd, NANAIMO, BC, V9S 5W2
(250) 751-8300   *SIC* 4923

FORTISBC ENERGY INC p 252
444 Okanagan Ave E, PENTICTON, BC, V2A 3K3
(250) 490-2626   *SIC* 4923

FORTISBC ENERGY INC p 291
2945 Highway Dr, TRAIL, BC, V1R 2T2
(250) 368-4013   *SIC* 5541

FORTISBC ENERGY INC p 311
1111 Georgia St W Suite 1000, VANCOUVER, BC, V6E 4M3
(604) 443-6525   *SIC* 4923

▲ Public Company   ■ Public Company Family Member   **HQ** Headquarters   **BR** Branch   **SL** Single Location

FORTISBC INC p 225
1975 Springfield Rd Suite 100, KELOWNA, BC, V1Y 7V7
(604) 576-7000 SIC 4911

FORTISBC INC p 225
2076 Enterprise Way Suite 200, KELOWNA, BC, V1Y 6H7
(250) 469-8000 SIC 4911

FORTISBC INC p 278
3100 West Kootenay Rd, SOUTH SLOCAN, BC, V0G 2G1
(250) 359-0700 SIC 4911

FORTISBC PACIFIC HOLDINGS INC p 225
1975 Springfield Rd Suite 100, KELOWNA, BC, V1Y 7V7
(250) 469-8000 SIC 4911

FORTRAN TRAFFIC SYSTEMS LIMITED p 840
470 Midwest Rd, SCARBOROUGH, ON, M1P 4Y5
(416) 288-1320 SIC 3669

FORTRESS OF LOUISBOURG ASSOCIATION p 455
259 Park Service Rd, FORTRESS OF LOUISBOURG, NS, B1C 2L2
(902) 733-2280 SIC 5947

FORTY CREEK DISTILLERY LTD p 936
1 Pardee Ave Suite 102, TORONTO, ON, M6K 3H1
(905) 945-9225 SIC 2085

FORUM CANADIEN SUR L'APPRENTISSAGE p 786
See CANADIAN APPRENTICESHIP FORUM

FORUM DES COURTIERS INC, LE p 1071
1111 Rue Saint-Charles O, LONGUEUIL, QC, J4K 5G4
(450) 449-8713 SIC 4813

FORUM RESEARCH INC p 925
180 Bloor St W Suite 1401, TORONTO, ON, M5S 2V6
(416) 960-3153 SIC 8732

FORWARD 600 PRECISION TOOLS & MACHINERY p 690
See NUCLEUS DISTRIBUTION INC

FORZANI p 614
See FGL SPORTS LTD

FOSS TRANSPORT p 559
See FOSS, G.A. TRANSPORT LTD

FOSS, G.A. TRANSPORT LTD p 559
220 Doney Cres, CONCORD, ON, L4K 3A8
(905) 738-6272 SIC 4212

FOSS, ROY CHEVROLET LTD p 974
2 Auto Park Cir, Woodbridge, ON, L4L 8R1
(905) 850-1000 SIC 5511

FOSSIL HILL PUBLIC SCHOOL p 973
See YORK REGION DISTRICT SCHOOL BOARD

FOSTER PARK BROKERS INC p 91
17704 103 Ave Nw Suite 200, EDMONTON, AB, T5S 1J9
(780) 489-4961 SIC 6411

FOSTER'S FRESHMART p 532
See FOSTER'S RED & WHITE LTD

FOSTER'S RED & WHITE LTD p 532
4 Robinson Dr, BRUCE MINES, ON, P0R 1C0
(705) 785-3728 SIC 5411

FOSTERBROOKE LONG-TERM CARE FACILITY p 732
See REVERA LONG TERM CARE INC

FOUNDATION DES AMIS DE NOTRE-DAME DE SION p 1203
See ECOLE BILINGUE NOTRE DAME SION

FOUNDATION FOR THE FUTURE CHARTER CHARTER SCHOOL p 31
See FFCA CHARTER SCHOOL SOCIETY

FOUNDATION RESTAURANT p 789
18 York St Suite B, OTTAWA, ON, K1N 5S6
(613) 562-9331 SIC 5812

FOUNDATION WEREDALE p 1044
608 Ch Du Golf, HUDSON, QC, J0P 1H0
(450) 563-3145 SIC 7032

FOUNTAIN TIRE DRAYTON VALLEY p 72
See FOUNTAIN TIRE HOLDINGS LTD

FOUNTAIN TIRE HOLDINGS LTD p 72
55058 58 Ave, DRAYTON VALLEY, AB, T7A 1R7
(780) 542-4001 SIC 5531

FOUNTAIN TIRE LTD p 13
615 Moraine Rd Ne, CALGARY, AB, T2A 2P4
(403) 272-9763 SIC 5531

FOUNTAIN TIRE LTD p 28
819 46 Ave Se, CALGARY, AB, T2G 2A5
(403) 221-8473 SIC 5531

FOUNTAIN TIRE LTD p 37
4911 Northland Dr Nw, CALGARY, AB, T2L 2K3
(403) 286-3386 SIC 5531

FOUNTAIN TIRE LTD p 96
13520 156 St Nw, EDMONTON, AB, T5V 1L3
(780) 463-2404 SIC 5014

FOUNTAIN TIRE LTD p 116
1006 103a St Sw Suite 103, EDMONTON, AB, T6W 2P6
(780) 464-3700 SIC 5531

FOUNTAIN TIRE LTD p 166
220 Carnegie Dr Suite 208, ST. ALBERT, AB, T8N 5A7
(780) 418-3418 SIC 5531

FOUNTAIN TIRE LTD p 210
7993 Progress Way, DELTA, BC, V4G 1A3
(604) 940-6388 SIC 5531

FOUNTAIN TIRE LTD p 221
916 Yellowhead Hwy, KAMLOOPS, BC, V2H 1A2
(250) 851-7600 SIC 5531

FOUNTAIN TIRE LTD p 885
2090 Riverside Dr Suite 26, TIMMINS, ON, P4R 0A2
(705) 267-8473 SIC 5531

FOUNTAIN TIRE LTD p 1296
2922 Millar Ave, SASKATOON, SK, S7K 5X7
(306) 242-3233 SIC 5531

FOUNTAIN TIRE NORTHLAND p 37
See FOUNTAIN TIRE LTD

FOUNTAIN TIRE TRUCK & RETREAD CENTRE p 1296
See FOUNTAIN TIRE LTD

FOUNTAIN TIRE TRUCK CENTRE BRANCH F105 p 221
See FOUNTAIN TIRE LTD

FOUR C'S MILLWORK LTD p 120
330 Mackenzie Blvd, FORT MCMURRAY, AB, T9H 4C4
(780) 791-0955 SIC 5211

FOUR NORTH VENTURES LTD p 175
4111 Kepler St, WHITECOURT, AB, T7S 0A3
(780) 779-2710 SIC 5812

FOUR PLUS FOOD MARKET LTD p 97
3425 118 Ave Nw, EDMONTON, AB, T5W 0Z3
(780) 474-0931 SIC 5411

FOUR POINT SHERATON MISSISSAUGA p 717
See 1333375 ONTARIO LIMITED

FOUR POINTS BY SHARATON p 1212
See HOSPITALITE R.D. (AEROPORT) INC

FOUR POINTS BY SHERATON p 289
See GUILDFORD HOTEL LTD

FOUR POINTS BY SHERATON p 659
See CONKRISDA HOLDINGS LIMITED

FOUR POINTS BY SHERATON p 1147
See HOTEL & GOLF MARIGOT INC

FOUR POINTS BY SHERATON EDMONTON GATEWAY p 116
10010 12 Ave Sw, EDMONTON, AB, T6X 0P9
(780) 801-4000 SIC 7011

FOUR POINTS BY SHERATON HALIFAX p 458
See FORTIS PROPERTIES CORPORATION

FOUR POINTS BY SHERATON HOTEL & CONFERENCE CENTER p 1037
See KSD ENTERPRISES LTD

FOUR POINTS BY SHERATON KINGSTON, THE p 632
See MELO, J.S. INC

FOUR POINTS BY SHERATON MISSISSAUGA MEDOWVALE p 711
See SILVER HOTEL (AMBLER) INC

FOUR POINTS BY SHERATON ST CATHARINES NIAGARA SUITES p 876
See 1364084 ONTARIO INC

FOUR POINTS BY SHERATON VICTORIA GATEWAY p 337
See WESTERN GATEWAY HOTEL HOLDINGS LTD

FOUR POINTS HOTEL SHERATON WINNIPEG INTERNATIONAL AIRPORT p 383
1999 Wellington Ave, WINNIPEG, MB, R3H 1H5
(204) 775-5222 SIC 7011

FOUR POINTS HOTEL SUITES p 59
See INN AT THE PARK INC

FOUR POINTS SHERATON p 547
See PRESTON HOSPITALITY INC

FOUR POINTS SHERATON INTERNATIONAL p 378
See LAKEVIEW MANAGEMENT INC

FOUR POINTS SHERATON INTERNATIONAL p 383
See LAKEVIEW MANAGEMENT INC

FOUR SEASONS CENTRE PERFORMING ARTS p 913
See CANADIAN OPERA COMPANY

FOUR SEASONS RESIDENCES p 339
See FS WHISTLER HOLDINGS LIMITED

FOUR SEASONS SITE DEVELOPMENT LTD p 514
42 Wentworth Crt Unit 1, BRAMPTON, ON, L6T 5K6
(905) 670-7655 SIC 1611

FOUR SEASONS SUNROOMS p 783
See SIERRA SUNROOMS INC

FOUR STAR GRAVEL & CONCRETE p 17
See FOUR STAR GRAVEL CONTRACTORS LTD

FOUR STAR GRAVEL CONTRACTORS LTD p 17
9816 44 St Se, CALGARY, AB, T2C 2N4
(403) 236-1862 SIC 1794

FOUR WINDS CENTRE LIQUOR STORE p 130
See FOUR WINDS HOTELS MANAGEMENT CORP

FOUR WINDS HOTELS MANAGEMENT CORP p 130
10302 97 St, HIGH LEVEL, AB, T0H 1Z0
(780) 926-3736 SIC 5813

FOURMY SALLY & ASSOCIATES p 928
See CINTAS CANADA LIMITED

FOURNIER AGENCY p 260
See WESTERN FINANCIAL GROUP (NETWORK) INC

FOURNITURES DE BUREAU DENIS INC p 407
123 Lutz St, MONCTON, NB, E1C 5E8
(506) 853-8920 SIC 5112

FOURNITURES DE BUREAU DENIS INC p 783
2500 Lancaster Rd, OTTAWA, ON, K1B 4S5
(613) 739-8900 SIC 5712

FOURNITURES DE BUREAU DENIS INC p 1063
2725 Rue Michelin, LAVAL-OUEST, QC, H7L 5X6

FOURNITURES DE BUREAU DENIS INC p 1153
1415 Rue Frank-Carrel, Quebec, QC, G1N 4N7
(418) 682-3113 SIC 5943

FOURNITURES FUNERAIRE VICTORIAVILLE INC p 1260
333 Rue De La Jacques-Cartier, Victoriaville, QC, G6T 1Y1
(819) 752-3388 SIC 3995

FOURTH-RITE CONSTRUCTION (1994) LTD p 178
2609 Progressive Way Suite B, ABBOTSFORD, BC, V2T 6H8
(604) 850-7684 SIC 1522

FOX CREEK DEVELOPMENTS 2011 LTD p 124
313 1 Ave, FOX CREEK, AB, T0H 1P0
(780) 548-3338 SIC 7011

FOX CREEK HEALTH CARE CENTER p 124
See GOVERNMENT OF THE PROVINCE OF ALBERTA

FOX CREEK SCHOOL p 124
See NORTHERN GATEWAY REGIONAL DIVISION #10

FOX RUN CANADA CORP p 559
460 Applewood Cres Suite 2, CONCORD, ON, L4K 4Z3
(905) 669-4145 SIC 5023

FOX RUN CRAFTSMEN p 559
See FOX RUN CANADA CORP

FOX, TERRY ELEMENTARY SCHOOL p 495
See SIMCOE COUNTY DISTRICT SCHOOL BOARD, THE

FOX, TERRY PUBLIC SCHOOL p 888
See TORONTO DISTRICT SCHOOL BOARD

FOXBORO p 1024
See INVENSYS SYSTEMS CANADA INC

FOXBORO ELEMENTARY SCHOOL p 590
See HASTINGS AND PRINCE EDWARD DISTRICT SCHOOL BOARD

FOXBORO PUBLIC SCHOOL p 590
See HASTINGS AND PRINCE EDWARD DISTRICT SCHOOL BOARD

FOXRIDGE HOMES (MANITOBA) LTD p 365
30 Speers Rd, WINNIPEG, MB, R2J 1L9
(204) 488-7578 SIC 1522

FOYER ASSOMPTION p 413
See SOCIETE D'HABITATION INC (LA)

FOYER DE CHARLESBOURG INC p 1147
7150 Boul Cloutier, Quebec, QC, G1H 5V5
(418) 628-0456 SIC 8361

FOYER DE GROUPE p 1148
See GOUVERNEMENT DE LA PROVINCE DE QUEBEC

FOYER DE LYSTER p 1073
See CENTRE LOCAL DES SERVICES COMMUNAUTAIRES-CTRE D'HEBERG. DE SOINS DE LONGUE DUREE DE L'ER

FOYER DE RIMOUSKI INC p 1173
645 Boul Saint-Germain, RIMOUSKI, QC, G5L 3S2
(418) 724-4111 SIC 8361

FOYER DE SAINTE-THECLE p 1230
See CENTRE DE SANTE ET DE SERVICES SOCIAUX DE LA VALLEE-DE-LA-BATISCAN

FOYER DES BOIS FRANCS p 1138
1450 Av Trudelle, PLESSISVILLE, QC, G6L 3K4
SIC 8361

FOYER DES RETRAITES CHRETIENNE MASSAWIPPI p 1135
See COMMUNAUTES DE RETRAITES MASSAWIPPI, LES

FOYER FARNHAM p 1032
See CENTRE DE SANTE ET DE SERVICES SOCIAUX LA POMMERAIE

FOYER LA PERADE p 1224
See CENTRE DE SANTE ET DE SERVICES SOCIAUX DE LA VALLEE-DE-LA-

BATISCAN
FOYER MAILLARD *p* 203
See *SOCIETE FOYER MAILLARD*
FOYER MGR HALDE *p* 1137
See *CENTRE DE SANTE ET DE SERVICES SOCIAUX DES AURORES-BOREALES, LE*
FOYER NOTRE-DAME DE SAINT-LEONARD INC *p* 419
604 Rue Principale, SAINT-LEONARD, NB, E7E 2H5
SIC 8361
FOYER PERE FISET *p* 446
See *INVERNESS MUNICIPAL HOUSING CORPORATION*
FOYER RICHELIEU WELLAND *p* 955
655 Tanguay Ave, WELLAND, ON, L3B 6A1
(905) 734-1400 *SIC* 8361
FOYER RICHMOND *p* 1171
See *CSSS DU VAL SAINT-FRANCOIS*
FOYER ST GERVAIS *p* 1190
See *CSSS DU GRAND LITTORAL*
FOYER ST-FRANCOIS INC *p* 1014
912 Rue Jacques-Cartier E, CHICOUTIMI, QC, G7H 2A9
(418) 549-3727 *SIC* 8361
FOYER SUTTON *p* 1243
See *CENTRE DE SANTE ET DE SERVICES SOCIAUX DE LA POMMERAIE, LE*
FP CANADIAN NEWSPAPERS LIMITED PARTNERSHIP *p* 372
1355 Mountain Ave, WINNIPEG, MB, R2X 3B6
(204) 697-7000 *SIC* 2711
FP MAILING SOLUTIONS *p* 559
See *FRANCOTYP-POSTALIA CANADA INC*
FP WALSH SCHOOL *p* 119
See *LIVINGSTONE RANGE SCHOOL DIVISION NO 68*
FPI FIREPLACE PRODUCTS INTERNATIONAL LTD *p* 210
6988 Venture St, DELTA, BC, V4G 1H4
(604) 946-5155 *SIC* 3433
FPINFOMART *p* 752
See *POSTMEDIA NETWORK INC*
FPINNOVATIONS *p* 320
2601 East Mall, VANCOUVER, BC, V6T 1Z4
(604) 228-4804 *SIC* 8733
FPINNOVATIONS *p* 320
2665 East Mall, VANCOUVER, BC, V6T 1Z4
(604) 224-3221 *SIC* 8731
FPINNOVATIONS *p* 1141
570 Boul Saint-Jean, POINTE-CLAIRE, QC, H9R 3J9
(514) 630-4100 *SIC* 8733
FPINNOVATIONS *p* 1155
319 Rue Franquet, Quebec, QC, G1P 4R4
(418) 659-2647 *SIC* 8731
FR. JOHN REDMOND CATHOLIC SECONDARY SCHOOL *p* 575
See *TORONTO CATHOLIC DISTRICT SCHOOL BOARD*
FR. LEO GREEN SCHOOL *p* 74
See *EDMONTON CATHOLIC SEPARATE SCHOOL DISTRICT NO.7*
FR. MICHAEL MCGIVNEY CATHOLIC ACADEMY *p* 676
See *YORK CATHOLIC DISTRICT SCHOOL BOARD*
FRACTION ENERGY SERVICES LTD *p* 44
2900 255 5th Ave Sw, CALGARY, AB, T2P 3G6
(403) 385-4300 *SIC* 1389
FRAGOMEN (CANADA) CO *p* 918
55 York St Suite 1500, TORONTO, ON, M5J 1R7
(416) 504-3838 *SIC* 8111
FRAIS ROBINSON *p* 1027
See *ROBINSON, C.H. COMPANY (CANADA) LTD*

FRAIS ROBINSON *p* 1125
See *ROBINSON, C.H. COMPANY (CANADA) LTD*
FRAM CONSTRUCTION LIMITED *p* 701
141 Lakeshore Rd E, MISSISSAUGA, ON, L5G 1E8
(905) 278-0331 *SIC* 1531
FRAMEWORTH CUSTOM FRAMING INC *p* 759
1198 Caledonia Rd Unit B, NORTH YORK, ON, M6A 2W5
(416) 784-5292 *SIC* 7699
FRANCE COMPRESSOR PRODUCTS *p* 17
See *GARLOCK OF CANADA LTD*
FRANCE DELICES INC *p* 1088
5065 Rue Ontario E, Montreal, QC, H1V 3V2
(514) 259-2291 *SIC* 2051
FRANCES-KELSEY SECONDARY SCHOOL *p* 238
See *SCHOOL DISTRICT NO. 79 (COWICHAN VALLEY)*
FRANCIS FUELS LTD *p* 726
28 Concourse Gate Suite 105, Nepean, ON, K2E 7T7
(613) 723-4567 *SIC* 5983
FRANCIS LIBERMANN CATHOLIC SCHOOL *p* 843
See *TORONTO CATHOLIC DISTRICT SCHOOL BOARD*
FRANCOIS XAVIER DAIGLE *p* 393
See *CONSEIL SCOLAIRE DISTRICT NO 5*
FRANCOJEUNESSE PUBLIC SCHOOL *p* 789
See *CONSEIL DES ECOLES PUBLIQUES DE L'EST DE L'ONTARIO*
FRANCOTYP-POSTALIA CANADA INC *p* 559
82 Corstate Ave Suite 2000, CONCORD, ON, L4K 4X2
(905) 761-6554 *SIC* 5044
FRANK BEGLEY PUBLIC SCHOOL *p* 968
See *GREATER ESSEX COUNTY DISTRICT SCHOOL BOARD*
FRANK FLAMAN SALES LTD *p* 147
2310 Sparrow Dr, NISKU, AB, T9E 8A2
(780) 955-3400 *SIC* 5999
FRANK HOBBS ELEMENTARY SCHOOL *p* 327
See *BOARD OF EDUCATION OF SCHOOL DISTRICT NO. 61 (GREATER VICTORIA)*
FRANK HURT SECONDARY SCHOOL *p* 286
See *SCHOOL DISTRICT NO 36 (SURREY)*
FRANK J MITCHELL ELEMENTARY SCHOOL *p* 279
See *SCHOOL DISTRICT NO 5 (SOUTHEAST KOOTENAY)*
FRANK J NEY ELEMENTARY SCHOOL *p* 242
See *SCHOOL DISTRICT NO. 68 (NANAIMO-LADYSMITH)*
FRANK L. BOWSER *p* 413
See *SCHOOL DISTRICT 2*
FRANK MADDOCK HIGH SCHOOL *p* 72
See *WILD ROSE SCHOOL DIVISION NO. 66*
FRANK OKE SECONDARY SCHOOL *p* 938
See *TORONTO DISTRICT SCHOOL BOARD*
FRANK P KRZNARIC WHITNEY PUBLIC SCHOOL *p* 815
See *DISTRICT SCHOOL BOARD ONTARIO NORTH EAST*
FRANK RYAN SENIOR ELEMENTARY *p* 800
See *OTTAWA CATHOLIC DISTRICT SCHOOL BOARD*
FRANK'S FEATHER AND FIN LIMITED *p* 736
5470 Drummond Rd Unit 1, NIAGARA FALLS, ON, L2G 4K9
(905) 353-8550 *SIC* 5812
FRANK'S NO FRILLS *p* 835
See *1594414 ONTARIO LIMITED*

FRANKFORD FOODLAND *p* 590
30 Mill St, FRANKFORD, ON, K0K 2C0
(613) 398-7879 *SIC* 5411
FRANKFORD PUBLIC SCHOOL *p* 590
See *HASTINGS AND PRINCE EDWARD DISTRICT SCHOOL BOARD*
FRANKIE TOMATTOS *p* 669
See *1095141 ONTARIO LIMITED*
FRANKLIN EMPIRE INC *p* 547
28 Cherry Blossom Rd, CAMBRIDGE, ON, N3H 4R7
(519) 650-1182 *SIC* 5063
FRANKLIN EMPIRE INC *p* 942
350 Carlingview Dr, TORONTO, ON, M9W 5G6
(416) 248-0176 *SIC* 5085
FRANKLIN EMPIRE INC *p* 1152
215 Rue Fortin, Quebec, QC, G1M 3M2
(418) 683-1724 *SIC* 1531
FRANKLIN EMPIRE INC *p* 1152
215 Rue Fortin, Quebec, QC, G1M 3M2
(418) 683-1725 *SIC* 5063
FRANKLIN FOREST PRODUCTS LTD *p* 254
4536 Glenwood Dr, PORT ALBERNI, BC, V9Y 4P8
(250) 724-1166 *SIC* 2421
FRANKLIN HILL ELEMENTARY SCHOOL *p* 1170
See *SIR WILFRID LAURIER SCHOOL BOARD*
FRANKLIN JUNIOR ELEMENTARY *p* 613
See *HAMILTON-WENTWORTH DISTRICT SCHOOL BOARD, THE*
FRANKLIN PUBLIC SCHOOL *p* 637
See *WATERLOO REGION DISTRICT SCHOOL BOARD*
FRANKLIN STREET PUBLIC SCHOOL *p* 669
See *YORK REGION DISTRICT SCHOOL BOARD*
FRANKLIN TEMPLETON INVESTMENTS CORP *p* 44
350 7 Ave Sw Suite 3000, CALGARY, AB, T2P 3N9
(403) 266-4664 *SIC* 6282
FRANKLIN'S INN *p* 160
See *297943 ALBERTA LTD*
FRANKLIN, SIR JOHN HIGH SCHOOL *p* 439
See *Y. K. EDUCATION DISTRICT NO 1*
FRANTIC FILMS *p* 316
See *FRANTIC FILMS CORPORATION*
FRANTIC FILMS CORPORATION *p* 316
1928 Broadway W, VANCOUVER, BC, V6J 1Z2
(604) 733-7030 *SIC* 7812
FRANZ ENVIRONMENTAL *p* 303
See *ARCADIS CANADA INC*
FRASER ACADEMY *p* 317
See *FRASER ACADEMY ASSOCIATION*
FRASER ACADEMY ASSOCIATION *p* 317
2294 West 10th Ave, VANCOUVER, BC, V6K 2H8
(604) 736-5575 *SIC* 8211
FRASER CANYON HOSPITAL *p* 217
See *FRASER HEALTH AUTHORITY*
FRASER GLENBURNIE *p* 944
See *TRENTON COLD STORAGE INC*
FRASER HEALTH AUTHORITY *p* 176
2776 Bourquin Cres W Suite 207, ABBOTSFORD, BC, V2S 6A4
(604) 870-7900 *SIC* 8062
FRASER HEALTH AUTHORITY *p* 189
4946 Canada Way Suite 300, BURNABY, BC, V5G 4H7
(604) 918-7683 *SIC* 8062
FRASER HEALTH AUTHORITY *p* 189
3935 Kincaid St, BURNABY, BC, V5G 2X6
(604) 434-3992 *SIC* 8062
FRASER HEALTH AUTHORITY *p* 196
9090 Newman Rd, CHILLIWACK, BC, V2P 3Z8
(604) 792-7121 *SIC* 8322
FRASER HEALTH AUTHORITY *p* 196

45470 Menholm Rd, CHILLIWACK, BC, V2P 1M2
(604) 702-4860 *SIC* 8093
FRASER HEALTH AUTHORITY *p* 196
45470 Menholm Rd, CHILLIWACK, BC, V2P 1M2
(604) 702-4900 *SIC* 8011
FRASER HEALTH AUTHORITY *p* 200
2601 Lougheed Hwy Unit 6, Coquitlam, BC, V3C 4J2
(604) 777-7300 *SIC* 8742
FRASER HEALTH AUTHORITY *p* 209
11245 84 Ave Suite 101, DELTA, BC, V4C 2L9
(604) 507-5400 *SIC* 8062
FRASER HEALTH AUTHORITY *p* 217
1275 7th Ave, HOPE, BC, V0X 1L4
(604) 869-5656 *SIC* 8011
FRASER HEALTH AUTHORITY *p* 230
8521 198a St, LANGLEY, BC, V2Y 0A1
(604) 455-1300 *SIC* 8742
FRASER HEALTH AUTHORITY *p* 232
20300 Fraser Hwy Suite 305, LANGLEY, BC, V3A 4E6
(604) 514-7940 *SIC* 8093
FRASER HEALTH AUTHORITY *p* 236
22470 Dewdney Trunk Rd Suite 400, MAPLE RIDGE, BC, V2X 5Z6
(604) 476-7053 *SIC* 8062
FRASER HEALTH AUTHORITY *p* 236
11666 Laity St, MAPLE RIDGE, BC, V2X 5A3
(604) 463-4111 *SIC* 8062
FRASER HEALTH AUTHORITY *p* 236
22269 Callaghan Ave, MAPLE RIDGE, BC, V2X 2E2
(604) 467-3471 *SIC* 8093
FRASER HEALTH AUTHORITY *p* 238
33070 5th Ave Suite 101, MISSION, BC, V2V 1V5
(604) 814-5600 *SIC* 8062
FRASER HEALTH AUTHORITY *p* 283
10362 King George Blvd Suite 220, SURREY, BC, V3T 2W5
(604) 587-7900 *SIC* 8093
FRASER HEALTH AUTHORITY *p* 283
13401 108 Ave Suite 1500, SURREY, BC, V3T 5T3
(604) 953-4950 *SIC* 8059
FRASER HEALTH AUTHORITY *p* 283
13450 102 Ave Suite 400, SURREY, BC, V3T 0H1
(604) 587-4600 *SIC* 8062
FRASER HEALTH AUTHORITY *p* 340
15521 Russell Ave, WHITE ROCK, BC, V4B 2R4
(604) 538-4213 *SIC* 8062
FRASER HEIGHTS SECONDARY SCHOOL *p* 289
See *SCHOOL DISTRICT NO 36 (SURREY)*
FRASER INSTITUTE, THE *p* 316
1770 Burrard St, VANCOUVER, BC, V6J 3G7
(604) 688-0221 *SIC* 8733
FRASER LAKE ELEMENTARY SECONDARY *p* 215
See *BOARD OF EDUCATION OF SCHOOL DISTRICT NO. 91 (NECHAKO LAKE), THE*
FRASER LAKE SAWMILLS *p* 215
See *WEST FRASER MILLS LTD*
FRASER MARINE & INDUSTRIAL, DIV. OF *p* 816
See *ALGOMA CENTRAL CORPORATION*
FRASER SCHOOL *p* 98
See *EDMONTON SCHOOL DISTRICT NO. 7*
FRASER TOWER SUITES HOTEL *p* 439
See *MACLAB ENTERPRISES CORPORATION*
FRASER VALLEY CANCER CENTRE *p* 284
See *BRITISH COLUMBIA CANCER AGENCY BRANCH*
FRASER VALLEY CHRISTIAN HIGH

SCHOOL *p 280*
See FRASER VALLEY CHRISTIAN HIGH SCHOOL ASSOCIATION
FRASER VALLEY CHRISTIAN HIGH SCHOOL ASSOCIATION *p 280*
15353 92 Ave, SURREY, BC, V3R 1C3
(604) 581-1033   SIC 8211
FRASER VALLEY DISTANCE EDUCATION SCHOOL *p 197*
See SCHOOL DISTRICT NO 33 CHILLIWACK
FRASER VALLEY INDUSTRIES LTD *p 178*
30781 Simpson Rd Suite 201, ABBOTSFORD, BC, V2T 6X4
(604) 852-8125   SIC 2431
FRASER VALLEY REGIONAL DISTRICT *p 217*
1005 6th Ave, HOPE, BC, V0X 1L4
(604) 869-2304   SIC 7999
FRASER VALLEY REGIONAL LIBRARY *p 233*
See LANGLEY, CITY OF
FRASER VALLEY REGIONAL LIBRARY DISTRICT *p 179*
32320 George Ferguson Way, ABBOTSFORD, BC, V2T 6N4
(604) 859-7814   SIC 8231
FRASER VALLEY REGIONAL LIBRARY DISTRICT *p 197*
45860 First Ave, CHILLIWACK, BC, V2P 7K1
(604) 792-1941   SIC 8231
FRASER VALLEY TROUT HATCHERY *p 176*
See FRESHWATER FISHERIES SOCIETY OF BC
FRASER WOOD ELEMENTARY SCHOOL *p 289*
See SCHOOL DISTRICT NO 36 (SURREY)
FRASER, D.H. LTD *p 284*
9558 120 St Suite 167, SURREY, BC, V3V 4C1
SIC 5912
FRASERWAY RV *p 232*
See FRASERWAY RV LIMITED PARTNERSHIP
FRASERWAY RV LIMITED PARTNERSHIP *p 180*
2866 Mt Lehman Rd, ABBOTSFORD, BC, V4X 2N6
(604) 853-1566   SIC 5561
FRASERWAY RV LIMITED PARTNERSHIP *p 207*
747 Cliveden Pl, DELTA, BC, V3M 6C7
(604) 527-1102   SIC 3716
FRASERWAY RV LIMITED PARTNERSHIP *p 232*
20467 Langley Bypass, LANGLEY, BC, V3A 5E8
(604) 530-3030   SIC 5561
FRASERWAY RV LIMITED PARTNERSHIP *p 1311*
9039 Quartz Rd, WHITEHORSE, YT, Y1A 4Z5
(867) 668-3438   SIC 7519
FRASERWOOD INDUSTRIES LTD *p 279*
39500 Government Rd, SQUAMISH, BC, V8B 0G3
(604) 898-1385   SIC 2421
FRATELLI GOUP INC *p 797*
309 Richmond Rd, OTTAWA, ON, K1Z 6X3
(613) 722-6772   SIC 5812
FRATELLI RESTAURANTS *p 797*
See FRATELLI GOUP INC
FRECON CONSTRUCTION LIMITED *p 633*
77 Grant Timmins Dr, KINGSTON, ON, K7M 8N3
(613) 531-1800   SIC 1542
FRED C COOK PUBLIC SCHOOL *p 509*
See SIMCOE COUNTY DISTRICT SCHOOL BOARD, THE
FRED GUY MOVING & STORAGE LTD *p 503*
20 Hanna Crt, BELLEVILLE, ON, K8P 5J2

(613) 969-7478   SIC 4214
FRED H. MILLER JUNIOR PUBLIC SCHOOL *p 934*
See TORONTO DISTRICT SCHOOL BOARD
FREDERICK BANTING ALTERNATE PROGRAM *p 860*
See OTTAWA-CARLETON DISTRICT SCHOOL BOARD
FREDERICK CAMPBELL ELEMENTARY SCHOOL *p 507*
See SIMCOE COUNTY DISTRICT SCHOOL BOARD, THE
FREDERICTON HIGH SCHOOL *p 399*
See ANGLOPHONE WEST SCHOOL DISTRICT (ASD-W)
FREDERICTON INN *p 401*
See FREDERICTON MOTOR INN LTD
FREDERICTON MALL *p 400*
See CROMBIE DEVELOPMENTS LIMITED
FREDERICTON MOTOR INN LTD *p 401*
1315 Regent St, FREDERICTON, NB, E3C 1A1
(506) 455-1430   SIC 7011
FREDERICTON SOUTH NURSING HOME INC *p 400*
521 Woodstock Rd, FREDERICTON, NB, E3B 2J2
(506) 444-3400   SIC 8051
FREDERICTON TRANSIT *p 398*
See CORPORATION OF THE CITY OF FREDERICTON
FREE DAILY NEWS GROUP INC *p 903*
625 Church St Suite 400, TORONTO, ON, M4Y 2G1
(416) 486-4900   SIC 2711
FREED STORAGE LIMITED *p 965*
1526 Ottawa St, WINDSOR, ON, N8X 2G5
(519) 258-6532   SIC 5611
FREED'S OF WINDSOR *p 965*
See FREED STORAGE LIMITED
FREEDOM 55 *p 594*
See LONDON LIFE INSURANCE COMPANY
FREEDOM 55 DIV OF *p 502*
See LONDON LIFE INSURANCE COMPANY
FREEDOM 55 FINANCIAL *p 81*
See LONDON LIFE INSURANCE COMPANY
FREEDOM 55 FINANCIAL *p 240*
See LONDON LIFE INSURANCE COMPANY
FREEDOM 55 FINANCIAL *p 312*
See LONDON LIFE INSURANCE COMPANY
FREEDOM 55 FINANCIAL *p 417*
See LONDON LIFE INSURANCE COMPANY
FREEDOM 55 FINANCIAL *p 433*
See LONDON LIFE INSURANCE COMPANY
FREEDOM 55 FINANCIAL *p 458*
See LONDON LIFE INSURANCE COMPANY
FREEDOM 55 FINANCIAL *p 531*
See LONDON LIFE INSURANCE COMPANY
FREEDOM 55 FINANCIAL *p 546*
See LONDON LIFE INSURANCE COMPANY
FREEDOM 55 FINANCIAL *p 634*
See LONDON LIFE INSURANCE COMPANY
FREEDOM 55 FINANCIAL *p 672*
See LONDON LIFE INSURANCE COMPANY
FREEDOM 55 FINANCIAL *p 698*
See LONDON LIFE INSURANCE COMPANY
FREEDOM 55 FINANCIAL *p 749*
See LONDON LIFE INSURANCE COMPANY

FREEDOM 55 FINANCIAL *p 760*
See LONDON LIFE INSURANCE COMPANY
FREEDOM 55 FINANCIAL *p 813*
See LONDON LIFE INSURANCE COMPANY
FREEDOM 55 FINANCIAL *p 829*
See LONDON LIFE INSURANCE COMPANY
FREEDOM 55 FINANCIAL *p 831*
See LONDON LIFE INSURANCE COMPANY
FREEDOM 55 FINANCIAL *p 856*
See LONDON LIFE INSURANCE COMPANY
FREEDOM 55 FINANCIAL *p 869*
See LONDON LIFE INSURANCE COMPANY
FREEDOM 55 FINANCIAL *p 911*
See LONDON LIFE INSURANCE COMPANY
FREEDOM 55 FINANCIAL *p 966*
See LONDON LIFE INSURANCE COMPANY
FREEDOM 55 FINANCIAL *p 1285*
See LONDON LIFE INSURANCE COMPANY
FREEDOM 55 FINANCIAL A DIV OF *p 656*
See LONDON LIFE INSURANCE COMPANY
FREEDOM 55 FINANCIAL & QUADRUS INVESTMENTS *p 407*
See LONDON LIFE INSURANCE COMPANY
FREEDOM 55 FINANCIAL , DIV OF *p 387*
See LONDON LIFE INSURANCE COMPANY
FREEDOM 55 FINANCIAL A DIVISION OF LONDON LIFE INSURANCE COMPANY *p 1207*
See LONDON LIFE INSURANCE COMPANY
FREEDOM 55 FINANCIAL AND QUADRUS INVESTMENTS *p 331*
See LONDON LIFE INSURANCE COMPANY
FREEDOM 55 FINANCIAL DIVISION OF *p 476*
See LONDON LIFE INSURANCE COMPANY
FREEDOM 55 FINANCIAL GROUP *p 255*
See LONDON LIFE INSURANCE COMPANY
FREEDOM 55 FINANCIAL, DIV OF *p 283*
See LONDON LIFE INSURANCE COMPANY
FREEDOM 55 QUADRUS *p 191*
See LONDON LIFE INSURANCE COMPANY
FREEDOM OF INFORMATION AND PRIVACY OFFICE *p 940*
See GOVERNMENT OF ONTARIO
FREEHOLD RESOURCES LTD *p 44*
144 4 Ave Sw Suite 400, CALGARY, AB, T2P 3N4
(403) 221-0802   SIC 2911
FREEMAN *p 940*
See FREEMAN EXPOSITIONS, LTD
FREEMAN AUDIO VISUAL *p 299*
See 3627730 CANADA INC
FREEMAN AUDIO VISUAL *p 376*
See 3627730 CANADA INC
FREEMAN AUDIO VISUAL *p 686*
See 3627730 CANADA INC
FREEMAN AUDIO VISUAL *p 784*
See 3627730 CANADA INC
FREEMAN AUDIO VISUAL *p 927*
See 3627730 CANADA INC
FREEMAN AUDIO VISUAL *p 1056*
See 3627730 CANADA INC
FREEMAN AUDIO VISUAL *p 1152*
See 3627730 CANADA INC

FREEMAN ELECTRICAL *p 784*
See FREEMAN EXPOSITIONS, LTD
FREEMAN EXPOSITIONS, LTD *p 784*
940 Belfast Rd, OTTAWA, ON, K1G 4A2
(613) 748-7180   SIC 7359
FREEMAN EXPOSITIONS, LTD *p 940*
61 Browns Line, TORONTO, ON, M8W 3S2
(416) 252-3361   SIC 7389
FREEMAN FORMALWEAR LIMITED *p 758*
111 Bermondsey Rd, NORTH YORK, ON, M4A 2T7
(416) 288-1222   SIC 7299
FREEMAN-ALIMENTEL INC *p 1003*
1250 Rue Nobel Bureau 190, BOUCHERVILLE, QC, J4B 5H1
SIC 5141
FREEMARK APPAREL BRANDS GROUP INC *p 1081*
5640 Rue Pare, MONT-ROYAL, QC, H4P 2M1
(514) 341-7333   SIC 5136
FREEMARK APPAREL BRANDS RETAIL BE INC *p 1081*
5640 Rue Pare, MONT-ROYAL, QC, H4P 2M1
(514) 341-7333   SIC 5651
FREEWAY WASHER LIMITED *p 719*
1820 Meyerside Dr, MISSISSAUGA, ON, L5T 1B4
(905) 564-2288   SIC 3452
FREIGHTLINER *p 1252*
See CAMIONS FREIGHTLINER M.B. TROIS-RIVIERES LTEE
FREIGHTLINER MANITOBA LTD *p 346*
1731 Middleton Ave, BRANDON, MB, R7C 1A7
(204) 726-0000   SIC 5511
FREIGHTLINER OF BELLEVILLE *p 501*
See ALUMI-BUNK CORPORATION
FREIGHTLINER OF RED DEER INC *p 155*
8046 Edgar Industrial Cres, RED DEER, AB, T4P 3R3
(403) 309-8225   SIC 5511
FREIGHTLINER PRINCE GEORGE *p 262*
See INLAND DIESEL LTD
FREIGHTLINER WILLIAMS LAKE *p 341*
See INLAND DIESEL LTD
FREIGHTWORKS *p 410*
See MARITIME-ONTARIO FREIGHT LINES LIMITED
FRENCH CONNECTION (CANADA) LIMITED *p 559*
1 Bass Pro Mills Dr Unit 528, CONCORD, ON, L4K 5W4
SIC 5651
FRENCH CONNECTION (CANADA) LIMITED *p 759*
3401 Dufferin St Suite 132, NORTH YORK, ON, M6A 2T9
SIC 7389
FRENCH SHORE ACADEMY *p 431*
See WESTERN SCHOOL DISTRICT
FRENCHMAN'S BAY PUBLIC SCHOOL *p 814*
See DURHAM DISTRICT SCHOOL BOARD
FRERE ANTOINE CATHOLIC ELEMENTARY SCHOOL *p 111*
See EDMONTON CATHOLIC SEPARATE SCHOOL DISTRICT NO.7
FRERES DES ECOLES CHRETIENNES DU CANADA FRANCOPHONE, LES *p 1131*
300 Ch Du Bord-De-L'eau Bureau 159, Montreal, QC, H7X 1S9
(450) 689-4151   SIC 8361
FRESCADEL INTERNATIONAL INC *p 1124*
1370 Rue De Beauharnois O, MONTREAL, QC, H4N 1J5
(514) 382-3232   SIC 5148
FRESCHE SOLUTIONS INC *p 1114*
995 Rue Wellington Unit9 200, MONTREAL, QC, H3C 1V3

BUSINESSES ALPHABETICALLY

(514) 747-7007   SIC 6712
FRESCHO   p 544
See SOBEYS CAPITAL INCORPORATED
FRESENIUS KABI CANADA LTD   p 942
165 Galaxy Blvd Suite 100, TORONTO, ON, M9W 0C8
(905) 770-3711   SIC 5122
FRESENIUS MEDICAL CARE CANADA INC   p 820
45 Staples Ave Suite 110, RICHMOND HILL, ON, L4B 4W6
(905) 770-0855   SIC 5047
FRESENIUS MEDICAL CARE CANADA INC   p 1057
1660 32e Av, LACHINE, QC, H8T 3R1
(514) 633-0013   SIC 5047
FRESH AND WILD GOURMET FOOD MARKET   p 929
69 Spadina Ave, TORONTO, ON, M5V 3P8
(416) 979-8155   SIC 5411
FRESH CHOICE FOOD DISTRIBUTION & SERVICES   p 269
See CHOYS HOLDINGS INCORPORATED
FRESH HEMP FOODS LTD   p 369
69 Eagle Dr, WINNIPEG, MB, R2R 1V4
(204) 953-0233   SIC 2032
FRESH START CLEANING AND MAINTENANCE   p 936
See CROSS-TORONTO COMMUNITY DEVELOPMENT CORPORATION
FRESH START MILL WOODS SCHOOL   p 77
See EDMONTON CATHOLIC SEPARATE SCHOOL DISTRICT NO.7
FRESH START OUTREACH HIGH SCHOOL   p 104
See EDMONTON CATHOLIC SEPARATE SCHOOL DISTRICT NO.7
FRESHCO   p 398
See SOBEYS CAPITAL INCORPORATED
FRESHCO   p 403
See SOBEYS CAPITAL INCORPORATED
FRESHCO   p 421
See SOBEYS CAPITAL INCORPORATED
FRESHCO   p 423
See SOBEYS CAPITAL INCORPORATED
FRESHCO   p 424
See SOBEYS CAPITAL INCORPORATED
FRESHCO   p 426
See SOBEYS CAPITAL INCORPORATED
FRESHCO   p 428
See SOBEYS CAPITAL INCORPORATED
FRESHCO   p 437
See SOBEYS CAPITAL INCORPORATED
FRESHCO   p 468
See SOBEYS CAPITAL INCORPORATED
FRESHCO   p 476
See SOBEYS CAPITAL INCORPORATED
FRESHCO   p 480
See SOBEYS CAPITAL INCORPORATED
FRESHCO   p 486
See SOBEYS CAPITAL INCORPORATED
FRESHCO   p 494
See SOBEYS CAPITAL INCORPORATED
FRESHCO   p 495
See SOBEYS CAPITAL INCORPORATED
FRESHCO   p 510
See SOBEYS CAPITAL INCORPORATED
FRESHCO   p 523
See SOBEYS CAPITAL INCORPORATED
FRESHCO   p 549
See SOBEYS CAPITAL INCORPORATED
FRESHCO   p 556
See SOBEYS CAPITAL INCORPORATED
FRESHCO   p 574
See SOBEYS CAPITAL INCORPORATED
FRESHCO   p 606
See SOBEYS CAPITAL INCORPORATED
FRESHCO   p 614
See SOBEYS CAPITAL INCORPORATED
FRESHCO   p 620
See SOBEYS CAPITAL INCORPORATED

FRESHCO   p 639
See SOBEYS CAPITAL INCORPORATED
FRESHCO   p 658
See SOBEYS CAPITAL INCORPORATED
FRESHCO   p 684
See SOBEYS CAPITAL INCORPORATED
FRESHCO   p 700
See SOBEYS CAPITAL INCORPORATED
FRESHCO   p 729
See SOBEYS CAPITAL INCORPORATED
FRESHCO   p 743
See SOBEYS CAPITAL INCORPORATED
FRESHCO   p 776
See SOBEYS CAPITAL INCORPORATED
FRESHCO   p 778
See SOBEYS CAPITAL INCORPORATED
FRESHCO   p 780
See SOBEYS CAPITAL INCORPORATED
FRESHCO   p 788
See SOBEYS CAPITAL INCORPORATED
FRESHCO   p 811
See SOBEYS CAPITAL INCORPORATED
FRESHCO   p 813
See SOBEYS CAPITAL INCORPORATED
FRESHCO   p 824
See SOBEYS CAPITAL INCORPORATED
FRESHCO   p 827
See SOBEYS CAPITAL INCORPORATED
FRESHCO   p 837
See SOBEYS CAPITAL INCORPORATED
FRESHCO   p 843
See SOBEYS CAPITAL INCORPORATED
FRESHCO   p 932
See SOBEYS CAPITAL INCORPORATED
FRESHCO   p 935
See SOBEYS CAPITAL INCORPORATED
FRESHCO   p 939
See SOBEYS CAPITAL INCORPORATED
FRESHCO   p 942
See SOBEYS CAPITAL INCORPORATED
FRESHCO   p 959
See SOBEYS CAPITAL INCORPORATED
FRESHCO   p 968
See SOBEYS CAPITAL INCORPORATED
FRESHII INC   p 901
1055 Yonge St, TORONTO, ON, M4W 2L2
(647) 350-2001   SIC 5812
FRESHLINE FOODS   p 693
See EVERYTHING PRODUCE LTD
FRESHOUSE FOODS LTD   p 509
65 Reagen's Industrial Pky, BRADFORD, ON, L3Z 0Z9
(905) 775-8880   SIC 5149
FRESHPOINT NANAIMO   p 241
See FRESHPOINT VANCOUVER, LTD
FRESHPOINT VANCOUVER, LTD   p 241
4911 Wellington Rd, NANAIMO, BC, V9T 2H5
(250) 758-0191   SIC 5141
FRESHPOINT VANCOUVER, LTD   p 241
4911 Wellington Rd, NANAIMO, BC, V9T 2H5
(250) 758-0191   SIC 5148
FRESHPOINT VANCOUVER, LTD   p 302
1020 Malkin Ave, VANCOUVER, BC, V6A 3S9
(604) 253-1551   SIC 5148
FRESHPOINT VANCOUVER, LTD   p 947
1400 Creditstone Rd Unit A, VAUGHAN, ON, L4K 0E2
(416) 251-6112   SIC 5148
FRESHSTONE BRANDS INC   p 982
23 Fourth St, CHARLOTTETOWN, PE, C1E 2B4
(902) 629-1300   SIC 2099
FRESHWATER FISH MARKETING CORPORATION   p 362
1199 Plessis Rd, WINNIPEG, MB, R2C 3L4
(204) 983-6600   SIC 2092
FRESHWATER FISHERIES SOCIETY OF BC   p 176
34345 Vye Rd, ABBOTSFORD, BC, V2S 7P6

(604) 504-4709   SIC 8699
FRESHWATER SUZUKI   p 434
See SUZUKI CANADA INC.
FRESON BROS   p 126
See FRESON MARKET LTD
FRESON MARKET LTD   p 5
5020 49 St, BARRHEAD, AB, T7N 1G4
(780) 674-3784   SIC 5912
FRESON MARKET LTD   p 8
330 Fairview Ave W, BROOKS, AB, T1R 1K7
(403) 362-4109   SIC 5411
FRESON MARKET LTD   p 118
10905 101 Ave,, FAIRVIEW, AB, T0H 1L0
(780) 835-2716   SIC 5411
FRESON MARKET LTD   p 124
13 Commercial Crt, FOX CREEK, AB, T0H 1P0
(780) 622-3779   SIC 5411
FRESON MARKET LTD   p 126
11417 99 St, GRANDE PRAIRIE, AB, T8V 2H6
(780) 532-2920   SIC 5411
FRESON MARKET LTD   p 126
8038 100 St, GRANDE PRAIRIE, AB, T8V 6H7
(780) 539-0760   SIC 5411
FRESON MARKET LTD   p 129
602 2nd Ave W, HANNA, AB, T0J 1P0
(403) 854-3553   SIC 5411
FRESON MARKET LTD   p 130
5032 53rd Ave, HIGH PRAIRIE, AB, T0G 1E0
(780) 523-3253   SIC 5411
FRESON MARKET LTD   p 131
108 Athabasca Ave Unit 1, HINTON, AB, T7V 2A5
(780) 865-4801   SIC 5411
FRESON MARKET LTD   p 131
632 Carmichael Lane, HINTON, AB, T7V 1S8
(780) 865-3061   SIC 5411
FRESON MARKET LTD   p 150
7900 99 Ave, PEACE RIVER, AB, T8S 1Y7
(780) 624-7673   SIC 5411
FREUD CANADA, INC   p 719
7450 Pacific Cir, MISSISSAUGA, ON, L5T 2A3
(905) 670-1025   SIC 5084
FREYBE GOURMET CHEF LTD   p 234
5451 275 St, LANGLEY, BC, V4W 3X8
(604) 856-5221   SIC 2038
FRHAYPHORNE JUNIOR HIGH SCHOOL   p 161
See ELK ISLAND PUBLIC SCHOOLS REGIONAL DIVISION NO. 14
FRHI HOTELS & RESORTS (CANADA) INC   p 44
133 9 Ave Sw, CALGARY, AB, T2P 2M3
(403) 262-1234   SIC 7011
FRIENDCO PACKAGING & ASSEMBLY   p 858
See COMMUNITY LIVING ELGIN
FRIENDLY MANOR NURSING HOME   p 569
See MANORCARE PARTNERS II
FRIENDLY OCEAN PARK SAFEWAY   p 288
See SOBEYS WEST INC
FRIENDLY TELECOM INC   p 64
44 Berkshire Crt Nw, CALGARY, AB, T3K 1Z5
(403) 243-6688   SIC 4899
FRIENDS OF THE ALBERTA JUBILEE AUDITORIUM SOCIETY   p 39
1415 14 Ave Nw, CALGARY, AB, T2N 1M4
(403) 297-8001   SIC 8699
FRIENDSHIP DEVELOPMENTS LTD   p 330
330 Quebec St, VICTORIA, BC, V8V 1W3
(250) 381-3456   SIC 7011
FRIENDSHIP FOOD COMPANY LTD, THE   p 199
2991 Lougheed Hwy Suite 10, COQUITLAM, BC, V3B 6J6
(604) 464-8953   SIC 5812
FRIENDSHIP INNS LIMITED   p 449

379 Windmill Rd, DARTMOUTH, NS, B3A 1J6
(902) 465-7777   SIC 7011
FRIGO   p 1086
See FRIGOVIANDE INC
FRIGO NATIONAL   p 1165
See GORDON FOOD SERVICE CANADA LTD
FRIGOVIANDE INC   p 1086
6065 Rue Hochelaga, Montreal, QC, H1N 1X7
(514) 256-0400   SIC 5421
FRIMA STUDIO INC   p 1149
395 Rue Victor-Revillon, Quebec, QC, G1K 3M8
(418) 529-9697   SIC 7336
FRISBY TIRE CO. (1974) LIMITED   p 595
1780 Queensdale Ave, GLOUCESTER, ON, K1T 1J8
(613) 521-4080   SIC 5531
FRISSSS   p 1152
See FONDS DES RESSOURCES INFORMATIONNELLES DU SECTEUR DE LA SANTE ET DES SERVICES SOCIAUX
FRITO LAY   p 210
See PEPSICO CANADA ULC
FRITO LAY   p 1239
See PEPSICO CANADA ULC
FRITO LAY CANADA   p 14
See PEPSICO CANADA ULC
FRITO LAY CANADA   p 106
See PEPSICO CANADA ULC
FRITO LAY CANADA   p 284
See PEPSICO CANADA ULC
FRITO LAY CANADA   p 430
See PEPSICO CANADA ULC
FRITO LAY CANADA   p 465
See PEPSICO CANADA ULC
FRITO LAY CANADA   p 489
See PEPSICO CANADA ULC
FRITO LAY CANADA   p 504
See PEPSICO CANADA ULC
FRITO LAY CANADA   p 547
See PEPSICO CANADA ULC
FRITO LAY CANADA   p 565
See PEPSICO CANADA ULC
FRITO LAY CANADA   p 663
See PEPSICO CANADA ULC
FRITO LAY CANADA   p 665
See PEPSICO CANADA ULC
FRITO LAY CANADA   p 690
See PEPSICO CANADA ULC
FRITO LAY CANADA   p 810
See PEPSICO CANADA ULC
FRITO LAY CANADA   p 834
See PEPSICO CANADA ULC
FRITO LAY CANADA   p 944
See PEPSICO CANADA ULC
FRITO LAY CANADA   p 954
See PEPSICO CANADA ULC
FRITO LAY CANADA   p 1004
See PEPSICO CANADA ULC
FRITO LAY CANADA   p 1042
See PEPSICO CANADA ULC
FRITO LAY CANADA   p 1152
See PEPSICO CANADA ULC
FRITO LAY CANADA   p 1293
See PEPSICO CANADA ULC
FRITO LAY CANADA, DIV OF   p 543
See PEPSICO CANADA ULC
FRITO-LAY CANADA   p 520
See PEPSICO CANADA ULC
FRITO-LAY CANADA   p 1065
See PEPSICO CANADA ULC
FRITO-LAY CANADA   p 1127
See PEPSICO CANADA ULC
FRITO-LAY CANADA, DIV OF   p 800
See PEPSICO CANADA ULC
FROG HOLLOW NEIGHBOURHOOD HOUSE   p 293
See ASSOCIATION OF NEIGHBOURHOOD HOUSES OF BRITISH COLUMBIA
FROMAGE D'OKA   p 1136
See AGROPUR COOPERATIVE

▲ Public Company   ■ Public Company Family Member   HQ Headquarters   BR Branch   SL Single Location

FROMAGERIE DE GRANDBY p 1042
See AGROPUR COOPERATIVE
FROMAGERIE HAMEL p 1098
See FROMAGERIES PIMAR INC, LES
FROMAGERIES PIMAR INC, LES p 1098
220 Rue Jean-Talon E, Montreal, QC, H2R 1S7
(514) 272-1161   SIC 5451
FROMAGES RIVIERA, LES p 1241
See LAITERIE CHALIFOUX INC
FROMME ELEMENTARY SCHOOL p 247
See SCHOOL DISTRICT NO. 44 (NORTH VANCOUVER)
FRONTENAC EXPRESS INC p 1138
1397 Rue Savoie, PLESSISVILLE, QC, G6L 1J8
(819) 362-7333   SIC 4213
FRONTENAC PUBLIC SCHOOL p 534
See HALTON DISTRICT SCHOOL BOARD
FRONTENAC PUBLIC SCHOOL p 630
See LIMESTONE DISTRICT SCHOOL BOARD
FRONTENAC SCHOOL p 365
See LOUIS RIEL SCHOOL DIVISION
FRONTENAC YOUTH SERVICES p 779
1160 Simcoe St S, OSHAWA, ON, L1H 5L8
(905) 579-1551   SIC 8322
FRONTENAK SECONDARY SCHOOL p 634
See LIMESTONE DISTRICT SCHOOL BOARD
FRONTERA ENERGY CORPORATION p 914
333 Bay St Suite 1100, TORONTO, ON, M5H 2R2
(416) 362-7735   SIC 1381
FRONTIER COLLEGE p 899
35 Jackes Ave, TORONTO, ON, M4T 1E2
(416) 923-3591   SIC 8299
FRONTIER COLLEGIATE INSTITUTE p 347
See FRONTIER SCHOOL DIVISION
FRONTIER LEASE & RENTAL p 1296
See FRONTIER PETERBILT SALES LTD
FRONTIER MOTEL & RESTAURANT p 265
See TIL-VAN HOLDINGS LTD
FRONTIER PETERBILT SALES LTD p 1268
1 Frontier St Suite 1, ESTEVAN, SK, S4A 2K9
(306) 636-6320   SIC 5511
FRONTIER PETERBILT SALES LTD p 1273
5201 40 Ave, LLOYDMINSTER, SK, S9V 2B7
(306) 825-3553   SIC 5511
FRONTIER PETERBILT SALES LTD p 1282
1507 E Ross Ave, REGINA, SK, S4N 7E5
(306) 789-7383   SIC 5511
FRONTIER PETERBILT SALES LTD p 1296
303 50th St E, SASKATOON, SK, S7K 6C1
(306) 242-3411   SIC 5511
FRONTIER POWER PRODUCTS LTD p 17
10547 42 St Se, CALGARY, AB, T2C 5B9
(403) 720-3735   SIC 3519
FRONTIER POWER PRODUCTS LTD p 104
9204 37 Ave Nw, EDMONTON, AB, T6E 5L4
(780) 455-2260   SIC 3519
FRONTIER SCHOOL DIVISION p 343
Gd, BERENS RIVER, MB, R0B 0A0
(204) 382-2153   SIC 8211
FRONTIER SCHOOL DIVISION p 346
179 Park Trunk Hwy Suite 20, CAMPERVILLE, MB, R0L 0J0
(204) 524-2343   SIC 8211
FRONTIER SCHOOL DIVISION p 347
10 Hwy, CRANBERRY PORTAGE, MB, R0B 0H0
(204) 472-3431   SIC 8211
FRONTIER SCHOOL DIVISION p 347
Gd, CRANE RIVER, MB, R0L 0M0
(204) 732-2750   SIC 8211
FRONTIER SCHOOL DIVISION p 347
5 School Rd, CORMORANT, MB, R0B 0G0
(204) 357-2225   SIC 8211
FRONTIER SCHOOL DIVISION p 347
180 Laverandrye Ave, CHURCHILL, MB, R0B 0E0

(204) 675-2262   SIC 8211
FRONTIER SCHOOL DIVISION p 347
109 Second Av S, CRANBERRY PORTAGE, MB, R0B 0H0
(204) 472-3250   SIC 8211
FRONTIER SCHOOL DIVISION p 348
65 Government Rd, DUCK BAY, MB, R0L 0N0
(204) 524-2355   SIC 8211
FRONTIER SCHOOL DIVISION p 349
11 Grand Rapids Dr, GRAND RAPIDS, MB, R0C 1E0
(204) 639-2451   SIC 8211
FRONTIER SCHOOL DIVISION p 350
Gd, LEAF RAPIDS, MB, R0B 1W0
(204) 473-2403   SIC 8211
FRONTIER SCHOOL DIVISION p 350
Gd, LITTLE BULLHEAD, MB, R0C 1V0
(204) 276-2177   SIC 8211
FRONTIER SCHOOL DIVISION p 352
1 Rossville Rd, NORWAY HOUSE, MB, R0B 1B0
(204) 359-4100   SIC 8211
FRONTIER SCHOOL DIVISION p 355
63 Eldon Ave, SHERRIDON, MB, R0B 1L0
(204) 468-2021   SIC 8211
FRONTIER SCHOOL DIVISION p 356
2 Wasagam Rd, SOUTH INDIAN LAKE, MB, R0B 1N0
(204) 374-2056   SIC 8211
FRONTIER SCHOOL DIVISION p 356
201 Cherry Ave, SNOW LAKE, MB, R0B 1M0
(204) 358-2281   SIC 8211
FRONTIER SCHOOL DIVISION p 356
Gd, SKOWNAN, MB, R0L 1Y0
(204) 628-3315   SIC 8211
FRONTIER SCHOOL DIVISION p 360
269 Fleming Dr, WABOWDEN, MB, R0B 1S0
(204) 689-2620   SIC 8211
FRONTIER SCHOOL DIVISION p 360
Gd, WANIPIGOW, MB, R0E 2E0
(204) 363-7253   SIC 8211
FRONTIER SCHOOL DIVISION p 360
Gd, WATERHEN, MB, R0L 2C0
(204) 628-3443   SIC 8211
FRONTIER SCHOOL DIVISION p 365
30 Speers Rd, WINNIPEG, MB, R2J 1L9
(204) 775-9741   SIC 8211
FRONTIER TECHNOLOGIES p 449
See 3043177 NOVA SCOTIA LIMITED
FRONTIER WOLSELEY p 536
See WOLSELEY CANADA INC
FRONTIER, DIV OF p 692
See WOLSELEY CANADA INC
FRONTIERS p 88
See FRONTIERS CHRISTIAN MINISTRIES INC
FRONTIERS CHRISTIAN MINISTRIES INC p 88
10216 124 St Nw Unit 215, EDMONTON, AB, T5N 4A3
(780) 421-9090   SIC 8661
FRONTLINE CIVIL MANAGEMENT p 162
See A & B RAIL SERVICES LTD
FROST & SULLIVAN CANADA INC p 745
2001 Sheppard Ave E Suite 504, NORTH YORK, ON, M2J 4Z8
(416) 490-1511   SIC 8732
FROST MANOR p 647
See OMNI HEALTH CARE LTD
FROST ROAD ELEMENTARY SCHOOL p 289
See SCHOOL DISTRICT NO 36 (SURREY)
FRUIT OF THE LOOM CANADA, INC p 708
2550 Argentia Rd Suite 207, MISSISSAUGA, ON, L5N 5R1
(905) 607-5500   SIC 5611
FRUITS & PASSION p 1007
See FRUITS & PASSION BOUTIQUES INC
FRUITS & PASSION p 1009
See LE GROUPE F&P SRI
FRUITS & PASSION BOUTIQUES INC p 889

1800 Sheppard Ave E Suite 33, TORONTO, ON, M2J 5A7
(416) 491-4622   SIC 5122
FRUITS & PASSION BOUTIQUES INC p 1007
9180 Boul Leduc Bureau 280, BROSSARD, QC, J4Y 0N7
(450) 678-9620   SIC 5122
FRUITS & PASSION BOUTIQUES INC p 1009
310 Ch Principal, CAP-AUX-MEULES, QC, G4T 1C9
(418) 986-3133   SIC 5122
FRUITS & PASSION BOUTIQUES INC p 1263
59 Rue Saint-Georges, WINDSOR, QC, J1S 1J2
(819) 845-2723   SIC 5122
FRUITS ET PASSION - WINDSOR p 1263
See FRUITS & PASSION BOUTIQUES INC
FRUITVALE ELEMENTARY SCHOOL p 215
See SCHOOL DISTRICT # 20 (KOOTENAY-COLUMBIA)
FRULACT CANADA INC p 635
1295 Centennial Dr, KINGSTON, ON, K7P 0R6
(613) 507-7500   SIC 5143
FS WHISTLER HOLDINGS LIMITED p 339
4591 Blackcomb Way, WHISTLER, BC, V0N 1B4
(604) 935-3400   SIC 7011
FSEL p 458
See FENCO SHAWINIGAN ENGINEERING LIMITED
FSJ L.A.N.D. TRANSPORT LP p 214
8140 Alaska Rd, FORT ST. JOHN, BC, V1J 4H8
(250) 785-8935   SIC 1389
FT ST JOHN CENTRAL SCHOOL p 215
See SCHOOL DISTRICT NO. 60 (PEACE RIVER NORTH)
FTG AEROSPACE p 887
See FIRAN TECHNOLOGY GROUP CORPORATION
FTI CONSULTING CANADA INC p 922
79 Wellington St W Suite 2010, TORONTO, ON, M5K 1G8
(416) 649-8041   SIC 8748
FTM DISTRIBUTION INC p 1102
152 Rue Notre-Dame E Bureau 500, Montreal, QC, H2Y 3P6
(514) 954-1223   SIC 4731
FTQ CTC p 1167
See SYNDICAT QUEBECOIS DES EMPLOYEES & EMPLOYES DE SERVICE SECTION LOCAL 298 (FTQ)
FUCHS LUBRICANTS CANADA LTD p 229
19829 99a Ave Unit A, LANGLEY, BC, V1M 3G4
(604) 888-1552   SIC 2992
FUCHS LUBRICANTS CANADA LTD p 545
405 Dobbie Dr, CAMBRIDGE, ON, N1T 1S8
(519) 622-2040   SIC 5172
FUDDRUCKERS RESTAURANT p 1293
See SASKATOON BUTCHER & BAKER INC
FUDGER HOUSE p 903
See CORPORATION OF THE CITY OF TORONTO
FUGRO JACQUES GEOSURVEYS INC p 433
25 Pippy Pl, ST. JOHN'S, NL, A1B 3X2
(709) 726-4252   SIC 1382
FUGRO JACQUES GEOSURVEYS INC p 451
131 Ilsley Ave Unit B, DARTMOUTH, NS, B3B 1T1
(902) 468-1130   SIC 4499
FUJI SEMEC INC p 1003
230 Rue J.-A.-Bombardier Bureau 1, BOUCHERVILLE, QC, J4B 8V6
(450) 641-4811   SIC 7629
FUJIFILM CANADA INC p 210
6805 Dennett Pl Unit 200, DELTA, BC, V4G

1N4
SIC 5946
FUJIFILM CANADA INC p 714
600 Suffolk Crt, MISSISSAUGA, ON, L5R 4G4
(905) 890-6611   SIC 5043
FUJITEC CANADA, INC p 23
49 Aero Dr Ne Unit 8, CALGARY, AB, T2E 8Z9
(403) 730-5901   SIC 5084
FUJITEC CANADA, INC p 266
3511 Viking Way Unit 7, RICHMOND, BC, V6V 1W1
(604) 276-9904   SIC 7699
FUJITEC CANADA, INC p 820
15 East Wilmot St, RICHMOND HILL, ON, L4B 1A3
(905) 731-8681   SIC 5084
FUJITSU p 1167
2000 Boul Lebourgneuf Bureau 300, Quebec, QC, G2K 0B8
(418) 840-5100   SIC 7379
FUJITSU CANADA p 1288
10 Research Dr Suite 350, REGINA, SK, S4S 7J7
(306) 545-4344   SIC 7379
FUJITSU CANADA, INC p 914
155 University Ave Suite 1600, TORONTO, ON, M5H 3B7
(905) 286-9666   SIC 5045
FUJITSU CONSEIL p 791
See FUJITSU CONSEIL (CANADA) INC
FUJITSU CONSEIL (CANADA) INC p 44
606 4 St Sw Suite 1500, CALGARY, AB, T2P 1T1
SIC 7379
FUJITSU CONSEIL (CANADA) INC p 80
10020 101a Ave Nw Suite 1500, EDMONTON, AB, T5J 3G2
(780) 423-2070   SIC 7376
FUJITSU CONSEIL (CANADA) INC p 323
595 Burrard St Suite 423, VANCOUVER, BC, V7X 1M4
(604) 669-9077   SIC 7379
FUJITSU CONSEIL (CANADA) INC p 331
880 Douglas St Suite 300, VICTORIA, BC, V8W 2B7
(250) 479-2772   SIC 7379
FUJITSU CONSEIL (CANADA) INC p 458
1505 Barrington St Suite 1102, HALIFAX, NS, B3J 3K5
(902) 420-1119   SIC 7379
FUJITSU CONSEIL (CANADA) INC p 791
55 Metcalfe St Suite 530, OTTAWA, ON, K1P 6L5
(613) 238-2697   SIC 8741
FUJITSU CONSEIL (CANADA) INC p 929
200 Front St W Suite 2300, TORONTO, ON, M5V 3K2
(416) 363-8661   SIC 7379
FUJITSU CONSEIL (CANADA) INC p 1106
1000 Rue Sherbrooke O Bureau 1400, Montreal, QC, H3A 3G4
(514) 877-3301   SIC 7379
FUJITSU CONSEIL (CANADA) INC p 1160
2960 Boul Laurier Bureau 400, Quebec, QC, G1V 4S1
SIC 7379
FUJITSU CONSULTING p 44
See FUJITSU CONSEIL (CANADA) INC
FUJITSU CONSULTING p 80
See FUJITSU CONSEIL (CANADA) INC
FUJITSU CONSULTING p 458
See FUJITSU CONSEIL (CANADA) INC
FUJITSU CONSULTING p 929
See FUJITSU CONSEIL (CANADA) INC
FULFORD RESIDENCE p 1117
1221 Rue Guy Bureau 27, Montreal, QC, H3H 2K8
(514) 933-7975   SIC 8361
FULL MOON FOODS p 330
See MOXIE'S LTD
FULL MOON FOODS LTD p 332
3442 Saanich Rd Suite 34, VICTORIA, BC,

V8X 1W7
(250) 360-1660   SIC 5812
FULLER AUSTIN INC   p 91
11604 186 St Nw, EDMONTON, AB, T5S 0C4
(780) 452-1701   SIC 1799
FULLER LANDAU LLP   p 925
151 Bloor St W, TORONTO, ON, M5S 1S4
(416) 645-6500   SIC 8721
FULLER LANDAU SENCRL   p 1111
1010 Rue De La Gauchetiere O Bureau 200, Montreal, QC, H3B 2S1
(514) 875-2865   SIC 8721
FULMER DEVELOPMENT CORPORATION, THE   p 2
108 Edmonton Trail Ne, AIRDRIE, AB, T4B 1R9
(403) 912-3440   SIC 5812
FULTON PLACE SCHOOL   p 99
See EDMONTON SCHOOL DISTRICT NO. 7
FULTONVALE ELEMENTARY JUNIOR HIGH SCHOOL   p 162
See ELK ISLAND PUBLIC SCHOOLS REGIONAL DIVISION NO. 14
FUMOIRS GASPE CURED INC, LES   p 1009
65 Rue De La Station, CAP-D'ESPOIR, QC, G0C 1G0
(418) 782-5920   SIC 2091
FUNDY GYPSUM COMPANY, A DIV OF   p 479
See USG CANADIAN MINING LTD
FUNDY HEALTH CENTRE   p 394
See REGIONAL HEALTH AUTHORITY B
FUNDY HIGH SCHOOL   p 420
See SCHOOL DISTRICT NO 10
FUNDY HONDA   p 417
See FUNDY MOTORS (1995) LTD
FUNDY MOTORS (1995) LTD   p 417
160 Rothesay Ave, SAINT JOHN, NB, E2L 3V5
(506) 633-1333   SIC 5511
FUNTROPOLIS   p 1129
See 9016-8063 QUEBEC INC
FURRY CREEK GOLF & COUNTRY CLUB INC   p 235
150 Country Club Rd, LIONS BAY, BC, V0N 2E0
(604) 896-2216   SIC 7992
FUSION CINE   p 293
See FUSION CINE SALES & RENTALS INC
FUSION CINE SALES & RENTALS INC   p 293
1469 Venables St, VANCOUVER, BC, V5L 2G1
(604) 879-0003   SIC 5065
FUSION YOUTH CENTRE   p 621
See CORPORATION OF THE TOWN OF INGERSOLL
FUTUE SHOP   p 625
See BEST BUY CANADA LTD
FUTURE AG INC   p 153
37337 Burnt Lake Trail Unit 69, RED DEER, AB, T4N 5G1
(403) 343-6101   SIC 5083
FUTURE BAKERY LIMITED   p 577
106 North Queen St, ETOBICOKE, ON, M8Z 2E2
(416) 231-1491   SIC 2051
FUTURE DOORS LTD   p 411
4009 Route 115, NOTRE-DAME, NB, E4V 2G2
(506) 576-9769   SIC 1751
FUTURE SHOP   p 30
See BEST BUY CANADA LTD
FUTURE SHOP   p 56
See BEST BUY CANADA LTD
FUTURE SHOP   p 79
See BEST BUY CANADA LTD
FUTURE SHOP   p 110
See BEST BUY CANADA LTD
FUTURE SHOP   p 125
See BEST BUY CANADA LTD
FUTURE SHOP   p 144

See BEST BUY CANADA LTD
FUTURE SHOP   p 156
See BEST BUY CANADA LTD
FUTURE SHOP   p 190
See BEST BUY CANADA LTD
FUTURE SHOP   p 203
See BEST BUY CANADA LTD
FUTURE SHOP   p 232
See BEST BUY CANADA LTD
FUTURE SHOP   p 241
See BEST BUY CANADA LTD
FUTURE SHOP   p 261
See BEST BUY CANADA LTD
FUTURE SHOP   p 283
See BEST BUY CANADA LTD
FUTURE SHOP   p 321
See BEST BUY CANADA LTD
FUTURE SHOP   p 325
See BEST BUY CANADA LTD
FUTURE SHOP   p 338
See BEST BUY CANADA LTD
FUTURE SHOP   p 344
See BEST BUY CANADA LTD
FUTURE SHOP   p 361
See BEST BUY CANADA LTD
FUTURE SHOP   p 388
See BEST BUY CANADA LTD
FUTURE SHOP   p 399
See BEST BUY CANADA LTD
FUTURE SHOP   p 406
See BEST BUY CANADA LTD
FUTURE SHOP   p 414
See BEST BUY CANADA LTD
FUTURE SHOP   p 474
See BEST BUY CANADA LTD
FUTURE SHOP   p 494
See BEST BUY CANADA LTD
FUTURE SHOP   p 551
See BEST BUY CANADA LTD
FUTURE SHOP   p 594
See BEST BUY CANADA LTD
FUTURE SHOP   p 599
See BEST BUY CANADA LTD
FUTURE SHOP   p 633
See BEST BUY CANADA LTD
FUTURE SHOP   p 644
See BEST BUY CANADA LTD
FUTURE SHOP   p 652
See BEST BUY CANADA LTD
FUTURE SHOP   p 661
See BEST BUY CANADA LTD
FUTURE SHOP   p 703
See BEST BUY CANADA LTD
FUTURE SHOP   p 707
See BEST BUY CANADA LTD
FUTURE SHOP   p 732
See BEST BUY CANADA LTD
FUTURE SHOP   p 741
See BEST BUY CANADA LTD
FUTURE SHOP   p 748
See BEST BUY CANADA LTD
FUTURE SHOP   p 773
See BEST BUY CANADA LTD
FUTURE SHOP   p 774
See BEST BUY CANADA LTD
FUTURE SHOP   p 777
See BEST BUY CANADA LTD
FUTURE SHOP   p 778
See BEST BUY CANADA LTD
FUTURE SHOP   p 795
See BEST BUY CANADA LTD
FUTURE SHOP   p 826
See BEST BUY CANADA LTD
FUTURE SHOP   p 832
See BEST BUY CANADA LTD
FUTURE SHOP   p 877
See BEST BUY CANADA LTD
FUTURE SHOP   p 893
See BEST BUY CANADA LTD
FUTURE SHOP   p 897
See BEST BUY CANADA LTD
FUTURE SHOP   p 937
See BEST BUY CANADA LTD
FUTURE SHOP   p 945

See BEST BUY CANADA LTD
FUTURE SHOP   p 951
See BEST BUY CANADA LTD
FUTURE SHOP   p 992
See BEST BUY CANADA LTD
FUTURE SHOP   p 1013
See BEST BUY CANADA LTD
FUTURE SHOP   p 1042
See BEST BUY CANADA LTD
FUTURE SHOP   p 1109
See BEST BUY CANADA LTD
FUTURE SHOP   p 1117
See BEST BUY CANADA LTD
FUTURE SHOP   p 1145
See BEST BUY CANADA LTD
FUTURE SHOP   p 1167
See BEST BUY CANADA LTD
FUTURE SHOP   p 1200
See BEST BUY CANADA LTD
FUTURE SHOP   p 1243
See BEST BUY CANADA LTD
FUTURE SHOP   p 1279
See BEST BUY CANADA LTD
FUTURE SHOP   p 1281
See BEST BUY CANADA LTD
FUTURE SHOP   p 1302
See BEST BUY CANADA LTD
FUTURE SHOP #600   p 285
See BEST BUY CANADA LTD
FUTURE SHOP #664   p 1206
See BEST BUY CANADA LTD
FUTURE SHOP 660   p 982
See BEST BUY CANADA LTD
FUTURE SHOP 668   p 1250
See BEST BUY CANADA LTD
FUTUREWAY COMMUNICATIONS INC   p 677
280 Hillmount Rd Unit 9, MARKHAM, ON, L6C 3A1
(416) 987-4700   SIC 4899
FUTURITY LIMITED   p 430
1316 Topsail Rd, PARADISE, NL, A1L 1N9
(709) 782-8467   SIC 5812
FUTURPRENEUR CANADA   p 914
100 Adelaide St W, TORONTO, ON, M5H 1S3
(416) 408-2923   SIC 6732
FW   p 1206
See FERSTEN WORLDWIDE INC
FW GREEN HOME, THE   p 205
1700 4th St S, CRANBROOK, BC, V1C 6E1
(250) 426-8016   SIC 8059
FWS CONSTRUCTION LTD   p 387
275 Commerce Dr, WINNIPEG, MB, R3P 1B3
(204) 487-2500   SIC 1541
FX CONNECTORS LTD   p 331
1208 Wharf St Suite 106, VICTORIA, BC, V8W 3B9
(250) 380-7888   SIC 6099
FYBON INDUSTRIES LIMITED   p 933
202 Fairbank Ave, TORONTO, ON, M6B 4C5   SIC 2297
FYI DOCTORS   p 126
See FYI EYE CARE SERVICE AND PRODUCTS INC
FYI EYE CARE SERVICE AND PRODUCTS INC   p 126
1211 99 St, GRANDE PRAIRIE, AB, T8V 6X9
(780) 532-2969   SIC 8042

G

G NIVAR   p 29
See WSP CANADA INC
G NIVAR   p 366
See WSP CANADA INC
G & B BUILDING CENTRE   p 805
See G & B MCNABB LUMBER COMPANY LIMITED
G & B MCNABB LUMBER COMPANY LIMITED   p 805
22 Seguin St, PARRY SOUND, ON, P2A 1B1

(705) 746-5825   SIC 3429
G & G PIZZA INC   p 214
9824 100 St, FORT ST. JOHN, BC, V1J 3Y1
(250) 787-0455   SIC 5812
G & H MARKETING ENTERPRISE   p 337
See BUY-LOW FOODS LTD
G & K SERVICES   p 830
See G&K SERVICES CANADA INC
G & K SERVICES   p 1156
See SERVICES G&K (QUEBEC) INC, LES
G & M CHEVROLET-CADILLAC LTD   p 398
605 Rue Victoria, EDMUNDSTON, NB, E3V 3M8
(506) 735-3331   SIC 5511
G & P MILLWORK LTD   p 846
40 Pullman Crt, SCARBOROUGH, ON, M1X 1E4
(416) 298-4204   SIC 2431
G A MASONRY   p 529
See GEORGE AND ASMUSSEN LIMITED
G C HUSTON   p 851
See BLUEWATER DISTRICT SCHOOL BOARD
G F STRONG REHABILITATION CENTRE   p 301
See VANCOUVER COASTAL HEALTH AUTHORITY
G III LTD   p 762
150 Klondike Dr, NORTH YORK, ON, M9L 1X3
(416) 747-7769   SIC 3069
G K PROJECTS   p 57
See GREAT WESTERN INTERIORS
G L S LEASCO CANADA   p 666
7234 Littlewood Dr, LONDON, ON, N6P 1J7
(519) 652-2832   SIC 7513
G M F TRANSPORT LIMITED   p 519
110 Orenda Rd, BRAMPTON, ON, L6W 3W6
(905) 459-1693   SIC 4212
G P VANIER JUNIOR & SENIOR SCHOOL   p 71
See HIGH PRAIRIE SCHOOL DIVISION NO 48
G PRODUCTION INC   p 994
19400 Aut Transcanadienne, Baie-D'Urfe, QC, H9X 3S4
(514) 457-3366   SIC 2834
G R DAVIS SCHOOL   p 119
See LIVINGSTONE RANGE SCHOOL DIVISION NO 68
G THEBERGE SCHOOL   p 1243
See COMMISSION SCOLAIRE WESTERN QUEBEC
G W SKENE ELEMENTARY SCHOOL   p 12
See CALGARY BOARD OF EDUCATION
G W SMITH SCHOOL   p 152
See BOARD OF TRUSTEES OF THE RED DEER PUBLIC SCHOOL DISTRICT NO. 104, THE
G&F FINANCIAL GROUP   p 183
See GULF AND FRASER FISHERMEN'S CREDIT UNION
G&F FINANCIAL GROUP   p 269
See GULF AND FRASER FISHERMEN'S CREDIT UNION
G&K SERVICES CANADA INC   p 13
2925 10 Ave Ne Suite 7, CALGARY, AB, T2A 5L4
(403) 272-4256   SIC 7219
G&K SERVICES CANADA INC   p 497
116 Big Bay Point Rd, BARRIE, ON, L4N 9B4
(705) 728-5160   SIC 7299
G&K SERVICES CANADA INC   p 511
140 Sun Pac Blvd, BRAMPTON, ON, L6S 6E4
(905) 494-0322   SIC 7218
G&K SERVICES CANADA INC   p 545
205 Turnbull Crt, CAMBRIDGE, ON, N1T 1W1
(519) 623-7703   SIC 7216
G&K SERVICES CANADA INC   p 606
440 Lake Ave N Suite 2, HAMILTON, ON,

L8E 3C2
(905) 560-4737 SIC 7299

G&K SERVICES CANADA INC p 650
420 Industrial Rd, LONDON, ON, N5V 1T5
(519) 455-4850 SIC 7213

G&K SERVICES CANADA INC p 685
6299 Airport Rd Suite 101, MISSISSAUGA, ON, L4V 1N3
(905) 677-6161 SIC 7213

G&K SERVICES CANADA INC p 779
984 Farewell St Unit 1, OSHAWA, ON, L1H 6N6
(905) 433-9453 SIC 7213

G&K SERVICES CANADA INC p 783
201 Innes Park Way Unit 280, OTTAWA, ON, K1B 1E3
(613) 746-7160 SIC 2326

G&K SERVICES CANADA INC p 830
121 Queen St E, SAULT STE. MARIE, ON, P6A 1Y6
(705) 253-1131 SIC 7299

G&K SERVICES CANADA INC p 838
940 Warden Ave Suite 1, SCARBOROUGH, ON, M1L 4C9
(647) 933-2627 SIC 2326

G&K SERVICES CANADA INC p 961
9085 Twin Oaks Dr, WINDSOR, ON, N8N 5B8
(519) 979-5913 SIC 7213

G&K SERVICES CANADA INC p 1091
8400 19e Av, Montreal, QC, H1Z 4J3
(514) 723-7666 SIC 7213

G&K SERVICES CANADA INC p 1155
2665 Av Dalton Bureau 10, Quebec, QC, G1P 3S8
(418) 658-0044 SIC 7218

G-III APPAREL CANADA ULC p 266
13551 Commerce Pky Unit 100, RICHMOND, BC, V6V 2L1
(604) 231-0400 SIC 2389

G-TEL p 973
See 1010360 ONTARIO INC

G-TEL ENGINEERING p 850
See 1010360 ONTARIO INC

G-WLG LP p 611
1 Main St W, HAMILTON, ON, L8P 4Z5
(905) 540-8208 SIC 8111

G. & E. CONTRACTING LTD p 277
2061 Mills Rd W, SIDNEY, BC, V8L 5X2
(250) 656-3159 SIC 1794

G. D. P. INVESTMENTS LTD p 254
4277 Stamp Ave, PORT ALBERNI, BC, V9Y 7X8
(250) 724-7171 SIC 7011

G. H. MEDICAL INC p 519
8 Bram Crt, BRAMPTON, ON, L6W 3R6
(905) 455-6771 SIC 1799

G. J. BELL ENTERPISES LTD p 377
1940 Brookside Blvd, WINNIPEG, MB, R3C 2E6
(204) 987-8890 SIC 5012

G. R. SAUNDERS ELEMENTARY SCHOOL
p 473
See CHIGNECTO CENTRAL REGIONAL SCHOOL BOARD

G.A.L. MANUFACTURING CORPORATION
p 719
6500 Gottardo Crt, MISSISSAUGA, ON, L5T 2A2
(905) 624-6565 SIC 3699

G.C.M. CONSULTANTS INC p 1003
1310 Rue Nobel, BOUCHERVILLE, QC, J4B 5H3
(514) 351-8350 SIC 8711

G.C.M. CONSULTANTS INC p 1066
4000 Boul Guillaume-Couture Unite 200, Levis, QC, G6W 1H7
(418) 834-0014 SIC 8711

G.D.S. VALORIBOIS INC p 1022
1208 185 Rte S, Degelis, QC, G5T 1P8
SIC 2421

G.E.M. FISHERIES LTD p 419
1324 Route 335, SAINT-SIMON, NB, E8P 2B2

(506) 727-5217 SIC 2091

G.H. PRIMEAU MIDDLE SCHOOL p 146
See GREATER ST. ALBERT CATHOLIC REGIONAL DIVISION NO. 29

G.L.M. INDUSTRIES L.P. p 1264
14th S And 5th Ave, BATTLEFORD, SK, S0M 0E0
SIC 3272

G.L.R. INC p 1050
1095 Rue Valets, L'ANCIENNE-LORETTE, QC, G2E 4M7
(418) 872-3365 SIC 1623

G.M.R. FREIGHT BROKERS p 1066
See COURTIERS EN TRANSPORT G.M.R. INC, LES

G.N. JOHNSTON EQUIPMENT CO. LTD p 14
2880 45 Ave Se Unit 316, CALGARY, AB, T2B 3M1
(403) 258-1221 SIC 5084

G.N. JOHNSTON EQUIPMENT CO. LTD p 91
11204 184 St Nw, EDMONTON, AB, T5S 2S6
(780) 483-7051 SIC 5084

G.N. JOHNSTON EQUIPMENT CO. LTD p 207
581 Chester Rd Suite 105, DELTA, BC, V3M 6G7
(604) 524-0361 SIC 5084

G.N. JOHNSTON EQUIPMENT CO. LTD p 383
85 Keith Rd, WINNIPEG, MB, R3H 0H7
(204) 633-4364 SIC 5084

G.N. JOHNSTON EQUIPMENT CO. LTD p 451
15 Garland Ave Suite 3, DARTMOUTH, NS, B3B 0A6
(902) 468-1457 SIC 5084

G.N. JOHNSTON EQUIPMENT CO. LTD p 671
181 Whitehall Dr Suite 2, MARKHAM, ON, L3R 9T1
(416) 798-7195 SIC 3537

G.N. JOHNSTON EQUIPMENT CO. LTD p 688
5958 Ambler Dr, MISSISSAUGA, ON, L4W 2N3
(905) 625-9311 SIC 5084

G.N. JOHNSTON EQUIPMENT CO. LTD p 714
5990 Avebury Rd, MISSISSAUGA, ON, L5R 3R2
(905) 712-6000 SIC 5084

G.N. JOHNSTON EQUIPMENT CO. LTD p 783
2100 Bantree St Unit 10, OTTAWA, ON, K1B 5R4
(613) 745-0744 SIC 5084

G.N. JOHNSTON EQUIPMENT CO. LTD p 1163
3200 Av Watt Bureau 105, Quebec, QC, G1X 4P8
(418) 650-1620 SIC 5084

G.N. JOHNSTON EQUIPMENT CO. LTD p 1207
5000 Rue Levy, SAINT-LAURENT, QC, H4R 2P1
(514) 956-0020 SIC 5084

G.N. PLASTICS COMPANY LIMITED p 445
345 Old Trunk 3, CHESTER, NS, B0J 1J0
(902) 275-3571 SIC 3559

G.O. EQUIPEMENT / VENTES & SERVICE p 1038
See SERVICE DE PNEUS LAVOIE OUTAOUAIS INC

G.P.C.I. p 994
See G PRODUCTION INC

G.R.B. RESTAURANT INC p 484
268 Kingston Rd E, AJAX, ON, L1Z 1G1
(905) 426-9741 SIC 5812

G.R.R. HOLDINGS LTD p 384
2553 Portage Ave, WINNIPEG, MB, R3J 0P3

(204) 885-5275 SIC 5812

G.S. LAKIE MIDDLE SCHOOL p 140
See LETHBRIDGE SCHOOL DISTRICT NO. 51

G.T. ENTREPOSAGE p 1084
See G.T. SERVICE DE CONTENEURS INC

G.T. MACHINING & FABRICATING LTD p 725
7 Kellwood Cres, NAPANEE, ON, K7R 4A1
(613) 354-6621 SIC 3443

G.T. SERVICE DE CONTENEURS INC p 1084
10000 Boul Maurice-Duplessis, Montreal, QC, H1C 2A2
(514) 648-4848 SIC 7692

G.T. TABACCO p 785
See G.T. WHOLESALE LIMITED

G.T. WHOLESALE LIMITED p 531
240 Laurier Blvd, BROCKVILLE, ON, K6V 7J6
(613) 341-8699 SIC 4222

G.T. WHOLESALE LIMITED p 783
2001 Bantree St, OTTAWA, ON, K1B 4X3
(613) 747-6702 SIC 5099

G.T. WHOLESALE LIMITED p 785
2480 Walkley Rd, OTTAWA, ON, K1G 6A9
(613) 521-8222 SIC 5194

G.T.C.A. MET-ALL INC p 1209
1215 Montee De Liesse, SAINT-LAURENT, QC, H4S 1J7
(514) 334-2801 SIC 3444

G.W. ANGLIN MANUFACTURING INC p 872
220 Patillo Rd Suite 1, TECUMSEH, ON, N8N 2L9
(519) 727-4398 SIC 3499

G2MC INC p 1130
2323 Des Laurentides (A-15) E, Montreal, QC, H7S 1Z7
(450) 682-3022 SIC 5712

G3 CANADA LIMITED p 1149
300 Rue Dalhousie, Quebec, QC, G1K 8M8
(418) 692-3761 SIC 4221

G3 GALVANIZING LIMITED p 451
160 Joseph Zatzman Dr, DARTMOUTH, NS, B3B 1P1
(902) 468-1040 SIC 3479

G3 WORLDWIDE (CANADA) INC p 685
3198 Orlando Dr, MISSISSAUGA, ON, L4V 1R5
(905) 405-8900 SIC 7331

G4S CANADA p 941
See G4S SECURE SOLUTIONS (CANADA) LTD

G4S CASH SOLUTIONS (CANADA) LTD p 23
5040 Skyline Way Ne, CALGARY, AB, T2E 6V1
(403) 974-8350 SIC 7381

G4S CASH SOLUTIONS (CANADA) LTD p 100
9373 47 St Nw, EDMONTON, AB, T6B 2R7
(780) 465-9526 SIC 7381

G4S CASH SOLUTIONS (CANADA) LTD p 241
4300 Wellington Rd Suite 301, NANAIMO, BC, V9T 2H3
(250) 751-8563 SIC 7381

G4S CASH SOLUTIONS (CANADA) LTD p 259
2344 Queensway, PRINCE GEORGE, BC, V2L 1M7
(250) 562-8818 SIC 7381

G4S CASH SOLUTIONS (CANADA) LTD p 294
2743 Skeena St, VANCOUVER, BC, V5M 4T1
(604) 787-0277 SIC 7381

G4S CASH SOLUTIONS (CANADA) LTD p 294
2743 Skeena St Suite 200, VANCOUVER, BC, V5M 4T1
(604) 665-4651 SIC 7381

G4S CASH SOLUTIONS (CANADA) LTD p 335

744 Fairview Rd Suite 12, VICTORIA, BC, V9A 5T9
(250) 384-1549 SIC 7381

G4S CASH SOLUTIONS (CANADA) LTD p 381
994 Wall St, WINNIPEG, MB, R3G 2V3
(204) 774-6883 SIC 7381

G4S CASH SOLUTIONS (CANADA) LTD p 417
40 Saint Andrews St, SAINT JOHN, NB, E2L 1T3
(506) 632-8040 SIC 7381

G4S CASH SOLUTIONS (CANADA) LTD p 435
147 Duckworth St Unit 145, ST. JOHN'S, NL, A1C 1E9
(709) 753-2627 SIC 7381

G4S CASH SOLUTIONS (CANADA) LTD p 451
170 Joseph Zatzman Dr Suite 13, DARTMOUTH, NS, B3B 1L9
(902) 468-5602 SIC 7381

G4S CASH SOLUTIONS (CANADA) LTD p 593
1303 Michael St, GLOUCESTER, ON, K1B 3M9
SIC 4212

G4S CASH SOLUTIONS (CANADA) LTD p 641
108 Ahrens St W, KITCHENER, ON, N2H 4C3
SIC 7381

G4S CASH SOLUTIONS (CANADA) LTD p 753
150 Ferrand Dr Suite 600, NORTH YORK, ON, M3C 3E5
(416) 645-5555 SIC 7381

G4S CASH SOLUTIONS (CANADA) LTD p 803
2020 20th St E Suite 1, OWEN SOUND, ON, N4K 5N3
(519) 372-0299 SIC 7381

G4S CASH SOLUTIONS (CANADA) LTD p 809
785 The Queensway Suite D, PETERBOROUGH, ON, K9J 6W7
(705) 741-4137 SIC 7381

G4S CASH SOLUTIONS (CANADA) LTD p 895
1 Woodfield Rd, TORONTO, ON, M4L 2W1
(416) 406-4926 SIC 7381

G4S CASH SOLUTIONS (CANADA) LTD p 895
7 Woodfield Rd, Toronto, ON, M4L 2W1
SIC 7381

G4S CASH SOLUTIONS (CANADA) LTD p 1152
538 Rue Maurice-Bois, Quebec, QC, G1M 3G3
(418) 527-5636 SIC 7381

G4S CASH SOLUTIONS (CANADA) LTD p 1282
1810 Mackay St, REGINA, SK, S4N 6R4
(306) 522-2671 SIC 7381

G4S CASH SOLUTIONS (CANADA) LTD p 1300
2234a Hanselman Ave, SASKATOON, SK, S7L 6A4
(306) 653-1533 SIC 7381

G4S JUSTICE SERVICES (CANADA) INC p 281
6592 176 St Suite 103, SURREY, BC, V3S 4G5
SIC 3825

G4S QUEBEC p 1152
See G4S CASH SOLUTIONS (CANADA) LTD

G4S SECURE SOLUTIONS (CANADA) LTD p 31
8180 Macleod Trail Se Suite 10, CALGARY, AB, T2H 2B8
(403) 735-1141 SIC 7381

G4S SECURE SOLUTIONS (CANADA) LTD p 104

BUSINESSES ALPHABETICALLY

9618 42 Ave Nw Suite 110, EDMONTON, AB, T6E 5Y4
(780) 423-4444   SIC 7381
G4S SECURE SOLUTIONS (CANADA) LTD p 143
525 4 St Se, MEDICINE HAT, AB, T1A 0K7
(403) 526-2001   SIC 7381
G4S SECURE SOLUTIONS (CANADA) LTD p 383
530 Century St Suite 231, WINNIPEG, MB, R3H 0Y4
(204) 774-0005   SIC 7381
G4S SECURE SOLUTIONS (CANADA) LTD p 633
2437 Princess St Suite 204, KINGSTON, ON, K7M 3G1
(613) 389-1744   SIC 7381
G4S SECURE SOLUTIONS (CANADA) LTD p 640
1448 King St E, KITCHENER, ON, N2G 2N7
SIC 7381
G4S SECURE SOLUTIONS (CANADA) LTD p 655
383 Richmond St Suite 1014, LONDON, ON, N6A 3C4
SIC 7381
G4S SECURE SOLUTIONS (CANADA) LTD p 745
2 Lansing Sq Suite 204, NORTH YORK, ON, M2J 4P8
(416) 490-8329   SIC 7381
G4S SECURE SOLUTIONS (CANADA) LTD p 779
214 King St E, OSHAWA, ON, L1H 1C7
(905) 579-8020   SIC 7381
G4S SECURE SOLUTIONS (CANADA) LTD p 869
238 Elm St Suite 200, SUDBURY, ON, P3C 1V3
(705) 524-1519   SIC 7381
G4S SECURE SOLUTIONS (CANADA) LTD p 884
211 Craig St, TIMMINS, ON, P4N 4A2
(705) 268-7040   SIC 7381
G4S SECURE SOLUTIONS (CANADA) LTD p 941
703 Evans Ave Suite 103, TORONTO, ON, M9C 5E9
(416) 620-0762   SIC 7381
G4S SECURE SOLUTIONS (CANADA) LTD p 964
3372 Mannheim Way, WINDSOR, ON, N8W 5J9
(519) 255-1441   SIC 7381
G4S SECURICOR p 753
See G4S CASH SOLUTIONS (CANADA) LTD
GA WHEABLE ADULT, ALTERNATIVE & CONTINUING EDUCATION p 654
See THAMES VALLEY DISTRICT SCHOOL BOARD
GABAPHARM INC p 1090
2980 Rue Belanger, Montreal, QC, H1Y 1A9
(514) 725-9338   SIC 5912
GABLES LODGE p 441
See GEM HEALTH CARE GROUP LIMITED
GABOUR FOODS LTD p 518
320 Main St N Suite 14, BRAMPTON, ON, L6V 4A3
(905) 454-3977   SIC 5812
GABRIEL KIA p 1132
See GABRIEL MONTREAL-NORD, S.E.C.
GABRIEL MONTREAL-NORD, S.E.C. p 1132
6464 Boul Henri-Bourassa E, MONTREAL-NORD, QC, H1G 5W9
(514) 323-7777   SIC 5511
GABRIELE FLOOR & HOME p 646
55 Talbot St W, LEAMINGTON, ON, N8H 1M5
(519) 326-1859   SIC 5211
GABRIELLA'S KITCHEN INC p 204
910 Fitzgerald Ave Unit 301, COURTENAY, BC, V9N 2R5

(250) 334-3209   SIC 5149
GABRIOLA ELEMENTARY SCHOOL p 215
See SCHOOL DISTRICT NO. 68 (NANAIMO-LADYSMITH)
GAETZ BROOK JUNIOR HIGH SCHOOL p 464
See HALIFAX REGIONAL SCHOOL BOARD
GAGE METAL CLADDING LIMITED p 685
3109 American Dr, MISSISSAUGA, ON, L4V 0A2
(416) 742-0300   SIC 1761
GAGNE, ISABELLE, PATRY, LAFLAMME & ASSOCIES NOTAIRES INC p 1038
188 Rue Montcalm Bureau 300, GATINEAU, QC, J8Y 3B5
(819) 771-3231   SIC 7389
GAGNON HOLDINGS LTD p 402
9 Quai Des Robichaud Rd, GRAND-BARACHOIS, NB, E4P 8A4
(506) 532-2445   SIC 6712
GAHAN HOUSE PUB BREWERY & MERCANTILE p 981
See MURPHY INVESTMENTS LTD
GAINSBORO ELEMENTARY p 851
See DISTRICT SCHOOL BOARD OF NIAGARA
GAINSBOROUGH & AREA HEALTH CENTRE p 1269
See SUN COUNTRY REGIONAL HEALTH AUTHORITY
GAIRY QUEEN p 436
See IDQ CANADA INC
GALAHAD CARE CENTRE p 124
See ALBERTA HEALTH SERVICES
GALATA CHEMICALS (CANADA) INC p 509
10 Reagen's Industrial Pky, BRADFORD, ON, L3Z 2A4
(905) 775-5000   SIC 5169
GALAXY CINEMAS p 160
See CINEPLEX ODEON CORPORATION
GALAXY CINEMAS BARRIE p 497
See CINEPLEX ODEON CORPORATION
GALAXY CINEMAS BELLEVILLE p 503
See CINEPLEX ODEON CORPORATION
GALAXY CINEMAS BRANTFORD p 525
See CINEPLEX ODEON CORPORATION
GALAXY CINEMAS BROCKVILLE p 530
See CINEPLEX ODEON CORPORATION
GALAXY CINEMAS COLLINGWOOD p 556
See CINEPLEX ODEON CORPORATION
GALAXY CINEMAS CORNWALL p 564
See CINEPLEX ODEON CORPORATION
GALAXY CINEMAS NORTH BAY p 740
See CINEPLEX ODEON CORPORATION
GALAXY CINEMAS ORANGEVILLE p 773
See CINEPLEX ODEON CORPORATION
GALAXY CINEMAS ORILLIA p 774
See CINEPLEX ODEON CORPORATION
GALAXY CINEMAS PETERBOROUGH p 808
See CINEPLEX ODEON CORPORATION
GALAXY CINEMAS RED DEER p 157
See CINEPLEX ODEON CORPORATION
GALAXY CINEMAS SARNIA p 826
See CINEPLEX ODEON CORPORATION
GALAXY CINEMAS WATERLOO p 951
See CINEPLEX ODEON CORPORATION
GALAXY ENTERTAINMENT INC p 241
4750 Rutherford Rd Suite 213, NANAIMO, BC, V9T 4K6
(250) 729-8012   SIC 7832
GALAXY LIGHTING p 559
See EXCEL LIGHTING & MANUFACTURING LTD
GALAXY NANAIMO p 241
See GALAXY ENTERTAINMENT INC
GALDERMA CANADA INC p 873
105 Commerce Valley Dr W Suite 300, THORNHILL, ON, L3T 7W3
(905) 762-2500   SIC 5122
GALERIE D'ART STEWART HALL p 1143

See POINTE-CLAIRE, VILLE DE
GALERIE DU SOMMEIL p 1014
See GROUPE GAGNON FRERES INC
GALERIES DE GRANBY p 1041
See WESTCLIFF MANAGEMENT LTD
GALERIES ST HYACINTHE, LES p 1194
See BEAUWARD SHOPPING CENTRES LTD
GALILEO ADULT CENTRE p 1133
See COMMISSION SCOLAIRE ENGLISH-MONTREAL
GALLAGHER BASSETT CANADA INC p 750
4311 Yonge St Suite 404, NORTH YORK, ON, M2P 1N6
(416) 861-8212   SIC 6411
GALLAGHER CENTRE p 1310
See YORKTON, CITY OF
GALLANT AGGREGATES LIMITED p 454
100 Bedrock Lane, ELMSDALE, NS, B2S 2B1
(902) 883-3020   SIC 5032
GALLANT MONT-TRAMBLANT p 1082
See AUTOBUS GALLAND LTEE
GALLERIES TERREBONNE p 1244
See WESTCLIFF MANAGEMENT LTD
GALLOP LOGISTICS CORPORATION p 936
74 Fraser Ave Suite 100, TORONTO, ON, M6K 3E1
(416) 252-1002   SIC 4731
GALLOWAY HEALTH CENTRE p 1278
See SUN COUNTRY REGIONAL HEALTH AUTHORITY
GALLOWAY ROAD PUBLIC SCHOOL p 836
See TORONTO DISTRICT SCHOOL BOARD
GALT COLLEGIATE INST & VOCATIONAL p 544
See WATERLOO REGION DISTRICT SCHOOL BOARD
GALVAN METAL p 1131
See 3323501 CANADA INC
GALVANISATION QUEBEC INC p 1138
340 Rte 116 O, PLESSISVILLE, QC, G6L 2Y2
(819) 362-2095   SIC 3479
GALVANO p 1217
See IFASTGROUPE 2004 L.P.
GALVRAITH ELEMENTARY SCHOOL p 137
See LETHBRIDGE SCHOOL DISTRICT NO. 51
GAMBLES ONTARIO PRODUCE INC p 575
302 Dwight Ave, ETOBICOKE, ON, M8V 2W7
(877) 528-0444   SIC 5148
GAMBLES ONTARIO PRODUCE INC p 576
165 The Queensway Suite 240, ETOBICOKE, ON, M8Y 1H8
(416) 259-6391   SIC 5148
GAMBLING ADDICTION p 398
See VITALITE HEALTH NETWORK
GAMBRO INC p 820
2 East Beaver Creek Rd Suite 4, RICHMOND HILL, ON, L4B 2N3
SIC 5047
GAMBRO INC p 1214
9157 Rue Champ D'eau, SAINT-LEONARD, QC, H1P 3M3
(514) 327-1635   SIC 5047
GAMEHOST INC p 120
9825 Hardin St, FORT MCMURRAY, AB, T9H 4G9
(780) 790-9739   SIC 7999
GAMEHOST INC p 126
10810 107a Ave, GRANDE PRAIRIE, AB, T8V 7A9
(780) 538-3900   SIC 7011
GAMEHOST INC p 126
10910 107a Ave, GRANDE PRAIRIE, AB, T8V 7R2
(780) 539-4454   SIC 7999
GAMESTOP CORP p 1176
401 Boul Labelle, Rosemere, QC, J7A 3T2
SIC 5734

GANZ CANADA 3337

GAMEX INC p 1044
609 Rue Principale, Ile-aux-Noix, QC, J0J 1G0
(450) 246-3881   SIC 5531
GAMMA INDUSTRIES p 1050
See GAMMA MURS ET FENETRES INTERNATIONAL INC
GAMMA MURS ET FENETRES INTERNATIONAL INC p 1050
6130 Boul Sainte-Anne Rr 4, L'ANGE GARDIEN, QC, G0A 2K0
(418) 822-1448   SIC 5211
GAMMA-DYNACARE MEDICAL LAB p 809
See DYNACARE-GAMMA LABORATORY PARTNERSHIP
GAMMA-DYNACARE MEDICAL LABORATORIES p 817
See DYNACARE-GAMMA LABORATORY PARTNERSHIP
GAMME SIGNATURE PASSION p 1045
See 8561567 CANADA INC
GANANOQUE BOAT LINE LIMITED p 591
280 Main St, GANANOQUE, ON, K7G 2M2
(613) 382-2144   SIC 4489
GANANOQUE SECONDARY SCHOOL p 591
See UPPER CANADA DISTRICT SCHOOL BOARD, THE
GANDATSETIAGON PUBLIC SCHOOL p 812
See DURHAM DISTRICT SCHOOL BOARD
GANDER BUS PEOPLE p 426
See NOVA CENTRAL SCHOOL DISTRICT
GANDER COLLEGIATE p 426
See NOVA CENTRAL SCHOOL DISTRICT
GANDY INSTALLATIONS p 233
See LENNOX CANADA INC
GANONG BROS., LIMITED p 420
1 Chocolate Dr, ST STEPHEN, NB, E3L 2X5
(506) 465-5600   SIC 2064
GANONG CHOCOLATIER INC p 420
1 Chocolate Dr, ST STEPHEN, NB, E3L 2X5
(506) 465-5600   SIC 2064
GANOTEC INC p 1140
3777 Rue Dollard-Desjardins, POINTE-AUX-TREMBLES, QC, H1B 5W9
SIC 1629
GANOTEC INC p 1252
3535 Boul L.-P.-Normand, Trois-Rivieres, QC, G9B 0G8
(819) 377-5533   SIC 1629
GANOTEC MECANIQUE INC p 1176
378 Rang De La Montagne Rr 5, ROUGEMONT, QC, J0L 1M0
(819) 377-5533   SIC 8741
GANOTEC WEST ULC p 1
26230 Township Road 531a Unit 131, ACHESON, AB, T7X 5A4
(780) 960-7450   SIC 1541
GANT PARIS DU CANADA LTEE, LE p 1212
255 Montee De Liesse, SAINT-LAURENT, QC, H4T 1P5
(514) 345-0135   SIC 5136
GANTERIE AUCLAIR p 1212
See GANT PARIS DU CANADA LTEE, LE
GANTERIE BEST p 1016
See GANTERIE BEST LTEE
GANTERIE BEST LTEE p 1016
253 Rue Michaud, COATICOOK, QC, J1A 1A9
(819) 849-6381   SIC 2381
GANZ p 974
1 Pearce Rd, WOODBRIDGE, ON, L4L 3T2
(905) 851-6661   SIC 5199
GANZ CANADA p 755
100 Brisbane Rd, NORTH YORK, ON, M3J 2K2
(416) 663-7401   SIC 3999
GANZ CANADA p 974
200 Hanlan Rd Suite A, WOODBRIDGE, ON, L4L 3P6
(905) 850-8302   SIC 4225

▲ Public Company   ■ Public Company Family Member   HQ Headquarters   BR Branch   SL Single Location

GAP

GAP	
See GAP (CANADA) INC	
GAP	p 31
See GAP (CANADA) INC	
GAP	p 35
See GAP (CANADA) INC	
GAP	p 58
See GAP (CANADA) INC	
GAP	p 76
See GAP (CANADA) INC	
GAP	p 95
See GAP (CANADA) INC	
GAP	p 138
See GAP (CANADA) INC	
GAP	p 156
See GAP (CANADA) INC	
GAP	p 177
See GAP (CANADA) INC	
GAP	p 190
See GAP (CANADA) INC	
GAP	p 199
See GAP (CANADA) INC	
GAP	p 241
See GAP (CANADA) INC	
GAP	p 271
See GAP (CANADA) INC	
GAP	p 280
See GAP (CANADA) INC	
GAP	p 311
See GAP (CANADA) INC	
GAP	p 324
See GAP (CANADA) INC	
GAP	p 331
See GAP (CANADA) INC	
GAP	p 338
See GAP (CANADA) INC	
GAP	p 340
See GAP (CANADA) INC	
GAP	p 368
See GAP (CANADA) INC	
GAP	p 381
See GAP (CANADA) INC	
GAP	p 433
See GAP (CANADA) INC	
GAP	p 449
See GAP (CANADA) INC	
GAP	p 514
See GAP (CANADA) INC	
GAP	p 614
See GAP (CANADA) INC	
GAP	p 631
See GAP (CANADA) INC	
GAP	p 661
See GAP (CANADA) INC	
GAP	p 671
See GAP (CANADA) INC	
GAP	p 725
See GAP (CANADA) INC	
GAP	p 733
See GAP (CANADA) INC	
GAP	p 741
See GAP (CANADA) INC	
GAP	p 747
See GAP (CANADA) INC	
GAP	p 781
See GAP (CANADA) INC	
GAP	p 787
See GAP (CANADA) INC	
GAP	p 789
See GAP (CANADA) INC	
GAP	p 841
See GAP (CANADA) INC	
GAP	p 875
See GAP (CANADA) INC	
GAP	p 897
See GAP (CANADA) INC	
GAP	p 906
See GAP (CANADA) INC	
GAP	p 929
See GAP (CANADA) INC	
GAP	p 952
See GAP (CANADA) INC	
GAP	p 1020
See GAP (CANADA) INC	

GAP	p 1059
See GAP (CANADA) INC	
GAP	p 1080
See GAP (CANADA) INC	
GAP	p 1093
See GAP (CANADA) INC	
GAP	p 1111
See GAP (CANADA) INC	
GAP	p 1141
See GAP (CANADA) INC	

GAP (CANADA) INC p 4
317 Banff Ave Suite 9m, BANFF, AB, T1L 1B1
(403) 760-8630   SIC 5651

GAP (CANADA) INC p 31
6455 Macleod Trail Sw Suite 151, CALGARY, AB, T2H 0K3
(403) 640-1305   SIC 5651

GAP (CANADA) INC p 31
6455 Macleod Trail Sw Suite 210, CALGARY, AB, T2H 0K3
(403) 640-1303   SIC 5651

GAP (CANADA) INC p 35
100 Anderson Rd Se Suite 239, CALGARY, AB, T2J 3V1
(403) 278-7200   SIC 5651

GAP (CANADA) INC p 44
317 7 Ave Sw Unit 228, CALGARY, AB, T2P 2Y9
(403) 264-8886   SIC 5651

GAP (CANADA) INC p 58
3625 Shaganappi Trail Nw, CALGARY, AB, T3A 0E2
(403) 288-5188   SIC 5651

GAP (CANADA) INC p 76
243 Kingsway Garden Mall, EDMONTON, AB, T5G 3A6
(780) 474-1622   SIC 5651

GAP (CANADA) INC p 95
8882 170 St Nw Suite 1622, EDMONTON, AB, T5T 4M2
(780) 444-1616   SIC 5651

GAP (CANADA) INC p 95
8882 170 St Nw Suite 2568, EDMONTON, AB, T5T 4M2
(780) 486-1266   SIC 5651

GAP (CANADA) INC p 113
1414 Parsons Rd Nw, EDMONTON, AB, T6N 0B5
(780) 468-4848   SIC 5651

GAP (CANADA) INC p 138
501 1 Ave S, LETHBRIDGE, AB, T1J 4L9
(403) 320-6956   SIC 5651

GAP (CANADA) INC p 156
4900 Molly Bannister Dr Suite 165, RED DEER, AB, T4R 1N9
(403) 314-4050   SIC 5651

GAP (CANADA) INC p 177
32900 South Fraser Way Suite 201, ABBOTSFORD, BC, V2S 5A1
(604) 859-7700   SIC 5651

GAP (CANADA) INC p 190
4700 Kingsway Suite 2138, BURNABY, BC, V5H 4M1
(604) 431-6559   SIC 5651

GAP (CANADA) INC p 190
4800 Kingsway Suite 221, BURNABY, BC, V5H 4J2
(604) 438-7900   SIC 5651

GAP (CANADA) INC p 199
2929 Barnet Hwy Suite 2830, COQUITLAM, BC, V3B 5R5
(604) 472-0101   SIC 5651

GAP (CANADA) INC p 241
6631 Island Hwy N Suite 110, NANAIMO, BC, V9T 4T7
(250) 390-6886   SIC 5651

GAP (CANADA) INC p 271
6551 No. 3 Rd Suite 1924, RICHMOND, BC, V6Y 2B6
(604) 270-6747   SIC 5651

GAP (CANADA) INC p 271
6551 No. 3 Rd Suite 1928, RICHMOND, BC, V6Y 2B6
(604) 270-6412   SIC 5651

GAP (CANADA) INC p 271
6551 No. 3 Rd Suite 1640, RICHMOND, BC, V6Y 2B6
SIC 5651

GAP (CANADA) INC p 280
2232 Guildford Town Ctr, SURREY, BC, V3R 7B9
(604) 582-2522   SIC 5651

GAP (CANADA) INC p 300
650 41st Ave W Suite 109, VANCOUVER, BC, V5Z 2M9
(604) 267-3741   SIC 5651

GAP (CANADA) INC p 311
1098 Robson St, VANCOUVER, BC, V6E 1A7
(604) 331-8285   SIC 5651

GAP (CANADA) INC p 311
1125 Robson St Suite 9, VANCOUVER, BC, V6E 1B5
(604) 683-0906   SIC 5651

GAP (CANADA) INC p 324
701 Georgia St W, VANCOUVER, BC, V7Y 1K8
(604) 682-5503   SIC 5651

GAP (CANADA) INC p 324
701 Georgia St W, VANCOUVER, BC, V7Y 1K8
(604) 688-1630   SIC 5651

GAP (CANADA) INC p 331
1319 Government St, VICTORIA, BC, V8W 1Y9
(250) 920-9925   SIC 5651

GAP (CANADA) INC p 338
640 Park Royal N, WEST VANCOUVER, BC, V7T 1H9
(604) 925-3639   SIC 5651

GAP (CANADA) INC p 338
640 Park Royal N, WEST VANCOUVER, BC, V7T 1H9
(604) 913-2461   SIC 5651

GAP (CANADA) INC p 340
4308 Main St Suite 5, WHISTLER, BC, V0N 1B4
(604) 938-6364   SIC 5651

GAP (CANADA) INC p 368
1225 St Mary's Rd Suite 4, WINNIPEG, MB, R2M 5E5
(204) 254-0077   SIC 5651

GAP (CANADA) INC p 381
1485 Portage Ave Suite L115, WINNIPEG, MB, R3G 0W4
(204) 775-5330   SIC 5651

GAP (CANADA) INC p 381
1485 Portage Ave, WINNIPEG, MB, R3G 0W4
(204) 775-5216   SIC 5651

GAP (CANADA) INC p 396
477 Rue Paul, DIEPPE, NB, E1A 4X5
(506) 382-9005   SIC 5651

GAP (CANADA) INC p 433
48 Kenmount Rd, ST. JOHN'S, NL, A1B 1W3
(709) 753-3007   SIC 5651

GAP (CANADA) INC p 449
21 Micmac Blvd Suite 300, DARTMOUTH, NS, B3A 4K7
SIC 5651

GAP (CANADA) INC p 461
7001 Mumford Rd, HALIFAX, NS, B3L 2H8
(902) 454-8071   SIC 5651

GAP (CANADA) INC p 514
89 Walker Dr, BRAMPTON, ON, L6T 5K5
(905) 793-8888   SIC 5651

GAP (CANADA) INC p 521
9500 Mclaughlin Rd, BRAMPTON, ON, L6X 0B8
(905) 460-2060   SIC 5651

GAP (CANADA) INC p 540
900 Maple Ave Suite 9, BURLINGTON, ON, L7S 2J8
(905) 637-2658   SIC 5651

GAP (CANADA) INC p 559
1 Bass Pro Mills Dr, CONCORD, ON, L4K 5W4
(905) 761-7577   SIC 5651

GAP (CANADA) INC p 580
25 The West Mall Suite 1127, ETOBICOKE, ON, M9C 1B8
(416) 622-3797   SIC 5651

GAP (CANADA) INC p 614
999 Upper Wentworth St, HAMILTON, ON, L9A 4X5
(905) 574-3444   SIC 5651

GAP (CANADA) INC p 631
230 Princess St, KINGSTON, ON, K7L 1B2
(613) 545-4046   SIC 5651

GAP (CANADA) INC p 638
2960 Kingsway Dr, KITCHENER, ON, N2C 1X1
(519) 894-2120   SIC 5651

GAP (CANADA) INC p 659
1105 Wellington Rd Unit 87, LONDON, ON, N6E 1V4
(519) 685-1699   SIC 5651

GAP (CANADA) INC p 661
1680 Richmond St, LONDON, ON, N6G 3Y9
(519) 850-8820   SIC 5651

GAP (CANADA) INC p 661
1680 Richmond St, LONDON, ON, N6G 3Y9
(519) 673-1399   SIC 5651

GAP (CANADA) INC p 671
5000 Highway 7 E, MARKHAM, ON, L3R 4M9
(905) 513-6477   SIC 5651

GAP (CANADA) INC p 725
100 Bayshore Dr Unit D12, NEPEAN, ON, K2B 8C1
(613) 721-1129   SIC 5651

GAP (CANADA) INC p 725
100 Bayshore Dr, NEPEAN, ON, K2B 8C1
(613) 828-8131   SIC 5651

GAP (CANADA) INC p 733
17600 Yonge St, NEWMARKET, ON, L3Y 4Z1
(905) 836-1738   SIC 5651

GAP (CANADA) INC p 741
1500 Fisher St, NORTH BAY, ON, P1B 2H3
(705) 498-6589   SIC 5651

GAP (CANADA) INC p 746
2901 Bayview Ave Suite 41, NORTH YORK, ON, M2K 1E6
(416) 733-0021   SIC 5651

GAP (CANADA) INC p 747
2901 Bayview Ave Suite 41, NORTH YORK, ON, M2K 1E6
(416) 250-1958   SIC 5651

GAP (CANADA) INC p 747
2901 Bayview Ave, NORTH YORK, ON, M2K 1E6
(416) 250-1958   SIC 5651

GAP (CANADA) INC p 759
3401 Dufferin St Suite 12d, NORTH YORK, ON, M6A 2T9
(416) 782-0814   SIC 5651

GAP (CANADA) INC p 759
3401 Dufferin St Suite 12, NORTH YORK, ON, M6A 2T9
(416) 783-2995   SIC 5651

GAP (CANADA) INC p 781
419 King St W, OSHAWA, ON, L1J 2K5
(905) 438-0865   SIC 5651

GAP (CANADA) INC p 787
1200 St. Laurent Blvd, OTTAWA, ON, K1K 3B8
(613) 746-1070   SIC 5651

GAP (CANADA) INC p 789
50 Rideau St Suite 213, OTTAWA, ON, K1N 9J7
(613) 569-4100   SIC 5651

GAP (CANADA) INC p 838
1900 Eglinton Ave E, SCARBOROUGH, ON, M1L 2L9
(416) 285-8915   SIC 5651

GAP (CANADA) INC p 841
300 Borough Dr Suite 2, SCARBOROUGH, ON, M1P 4P5
(416) 296-0528   SIC 5651

GAP (CANADA) INC p 868

110 Donna St, SUDBURY, ON, P3B 4K6
(705) 524-5469   SIC 5651
GAP (CANADA) INC   p 875
1 Promenade Cir, THORNHILL, ON, L4J 4P8
(905) 886-9509   SIC 5651
GAP (CANADA) INC   p 878
339 Main St, THUNDER BAY, ON, P7B 5L6
(807) 344-6344   SIC 5651
GAP (CANADA) INC   p 878
1000 Fort William Rd, THUNDER BAY, ON, P7B 6B9
(807) 624-0500   SIC 5651
GAP (CANADA) INC   p 897
2635 Yonge St, TORONTO, ON, M4P 2J6
(416) 487-1583   SIC 5651
GAP (CANADA) INC   p 897
2574 Yonge St, TORONTO, ON, M4P 2J3
(416) 440-0187   SIC 5651
GAP (CANADA) INC   p 901
60 Bloor St W Suite 1501, TORONTO, ON, M4W 3B8
(416) 921-2225   SIC 5651
GAP (CANADA) INC   p 906
260 Yonge St, TORONTO, ON, M5B 2L9
(416) 599-8802   SIC 5651
GAP (CANADA) INC   p 906
220 Yonge St, TORONTO, ON, M5B 2H1
(416) 595-6336   SIC 5651
GAP (CANADA) INC   p 906
220 Yonge St, TORONTO, ON, M5B 2H1
(416) 591-0512   SIC 5651
GAP (CANADA) INC   p 925
80 Bloor St W, TORONTO, ON, M5S 2V1
   SIC 5651
GAP (CANADA) INC   p 925
80 Bloor St W, TORONTO, ON, M5S 2V1
(416) 515-0018   SIC 5651
GAP (CANADA) INC   p 929
375 Queen St W, TORONTO, ON, M5V 2A5
(416) 591-3517   SIC 5651
GAP (CANADA) INC   p 952
550 King St N, WATERLOO, ON, N2L 5W6
(519) 746-8874   SIC 5651
GAP (CANADA) INC   p 965
3100 Howard Ave, WINDSOR, ON, N8X 3Y8
   SIC 5651
GAP (CANADA) INC   p 1020
3035 Boul Le Carrefour, Cote Saint-Luc, QC, H7T 1C8
(450) 686-4027   SIC 5651
GAP (CANADA) INC   p 1059
7077 Boul Newman Bureau 111, LASALLE, QC, H8N 1X1
(514) 367-1114   SIC 5651
GAP (CANADA) INC   p 1080
2305 Ch Rockland Bureau 240, MONT-ROYAL, QC, H3P 3E9
(514) 737-2334   SIC 5651
GAP (CANADA) INC   p 1093
4210 Rue Saint-Denis, Montreal, QC, H2J 2K8
(514) 848-0058   SIC 5651
GAP (CANADA) INC   p 1111
705 Rue Sainte-Catherine O, Montreal, QC, H3B 4G5
(514) 281-5033   SIC 5651
GAP (CANADA) INC   p 1111
777 Rue Sainte-Catherine O, Montreal, QC, H3B 1C8
(514) 842-3509   SIC 5651
GAP (CANADA) INC   p 1141
6801 Aut Transcanadienne Bureau E7a, POINTE-CLAIRE, QC, H9R 5J2
(514) 426-8281   SIC 5651
GAP (CANADA) INC   p 1161
2452 Boul Laurier Bureau E04, Quebec, QC, G1V 2L1
   SIC 5651
GAP (CANADA) INC   p 1182
302 Boul Des Promenades, SAINT-BRUNO, QC, J3V 6A7
(450) 441-7977   SIC 5651
GAP (CANADA) INC   p 1296

21 Plaza Midtown, SASKATOON, SK, S7K 1J9
(306) 653-8484   SIC 5651
GAP (CANADA) INC   p 1296
21st St E, SASKATOON, SK, S7K 0B3
(306) 653-8488   SIC 5651
GAP OUTLET   p 113
See GAP (CANADA) INC
GAP OUTLET   p 559
See GAP (CANADA) INC
GAP OUTLET   p 838
See GAP (CANADA) INC
GAP OUTLET   p 878
See GAP (CANADA) INC
GAP, THE   p 1296
See GAP (CANADA) INC
GAPKIDS   p 271
See GAP (CANADA) INC
GAPKIDS   p 381
See GAP (CANADA) INC
GAPKIDS   p 540
See GAP (CANADA) INC
GAPKIDS   p 759
See GAP (CANADA) INC
GAPKIDS   p 897
See GAP (CANADA) INC
GAPKIDS   p 925
See GAP (CANADA) INC
GAPKIDS   p 1182
See GAP (CANADA) INC
GAPKIDS   p 1296
See GAP (CANADA) INC
GAR-DON ENTERPRISES LTD   p 275
2401 Mount Newton Cross Rd, SAANICHTON, BC, V8M 1T8
   SIC 5812
GARAGA INC   p 497
333 Bayview Dr, BARRIE, ON, L4N 8X9
(705) 733-1173   SIC 3442
GARAGA INC   p 1190
8500 25e Av, SAINT-GEORGES, QC, G6A 1K5
(418) 227-2828   SIC 3442
GARAGE DESHARNAIS & FILS LTEE   p 1153
710 Boul Charest O, Quebec, QC, G1N 2C1
(418) 628-0203   SIC 7538
GARAGE MUNICIPAL   p 989
See L'AEROPORT MAGNY AMOS
GARAGE REJEAN ROY INC   p 1259
465 Boul Des Bois-Francs N, VICTORIAVILLE, QC, G6P 1H1
(819) 758-8000   SIC 5511
GARAGE VILLEMAIRE & FILS INC   p 1045
980 Ch Des Prairies, JOLIETTE, QC, J6E 0L4
(450) 752-1000   SIC 5531
GARAGISTES INDEPENDANTS DE PORT-NEUF INC   p 1220
131 Av Saint-Jacques, SAINT-RAYMOND, QC, G3L 3Y4
(418) 337-2244   SIC 5013
GARANT MACHINERIE   p 1066
See SCIES MERCIER INC, LES
GARANTIE COMPAGNIE D'ASSURANCE DE L'AMERIQUE DU NORD, LA   p 748
See GUARANTEE COMPANY OF NORTH AMERICA, THE
GARANTIES PRIVILEGE PLUS INC   p 1165
540 Rue Michel-Fragasso, Quebec, QC, G2E 5N4
(418) 780-0111   SIC 6311
GARDA   p 693
See GARDA CANADA SECURITY CORPORATION
GARDA CANADA SECURITY CORPORATION   p 693
2345 Stanfield Rd Unit 400, MISSISSAUGA, ON, L4Y 3Y3
(416) 915-9500   SIC 7349
GARDA WORLD   p 809
See G4S CASH SOLUTIONS (CANADA)

LTD
GARDA WORLD CASH SERVICES   p 803
See G4S CASH SOLUTIONS (CANADA) LTD
GARDEN AVENUE PUBLIC SCHOOL   p 939
See TORONTO DISTRICT SCHOOL BOARD
GARDEN BASKET FOOD MARKETS INCORPORATED, THE   p 677
9271 Markham Rd, MARKHAM, ON, L6E 1A1
(905) 471-0777   SIC 5411
GARDEN BASKET, THE   p 677
See GARDEN BASKET FOOD MARKETS INCORPORATED, THE
GARDEN CITY WAREHOUSING & DISTRIBUTION LTD   p 239
839 Old Victoria Rd, NANAIMO, BC, V9R 5Z9
(250) 754-5447   SIC 5141
GARDEN CREEK SCHOOL   p 399
See ANGLOPHONE WEST SCHOOL DISTRICT (ASD-W)
GARDEN GROVE SCHOOL   p 370
See WINNIPEG SCHOOL DIVISION
GARDEN HILL FIRST NATION   p 350
Gd, ISLAND LAKE, MB, R0B 0T0
(204) 456-2391   SIC 8211
GARDEN HOME (1986) INCORPORATED   p 981
310 North River Rd, CHARLOTTETOWN, PE, C1A 3M4
(902) 892-4131   SIC 8051
GARDEN MOTORCAR   p 541
See BENZY HOGAN INVESTMENTS LTD
GARDEN OF THE GULF COURT AND MOTEL INCORPORATED   p 985
618 Water St E, SUMMERSIDE, PE, C1N 4H7
(902) 436-2295   SIC 7011
GARDEN ROAD CHURCH   p 9
See ALBERTA CONFERENCE OF THE SEVENTH-DAY ADVENTISTS CHURCH
GARDEN TERRACE   p 625
See OMNI HEALTH CARE LTD
GARDEN VALLEY COLLEGIATE   p 361
See GARDEN VALLEY SCHOOL DIVISION
GARDEN VALLEY SCHOOL DIVISION   p 353
155 Government Rd, PLUM COULEE, MB, R0G 1R0
(204) 325-9852   SIC 8211
GARDEN VALLEY SCHOOL DIVISION   p 355
224 Hespeler Ave E, SCHANZENFELD, MB, R6W 1K3
(204) 325-8592   SIC 8211
GARDEN VALLEY SCHOOL DIVISION   p 361
1100 Roblin Blvd, WINKLER, MB, R6W 1G2
(204) 325-6373   SIC 8211
GARDEN VALLEY SCHOOL DIVISION   p 361
296 Border St, WINKLER, MB, R6W 4B4
(204) 325-8674   SIC 8211
GARDEN VALLEY SCHOOL DIVISION   p 361
Garden Valley Collegiate, Winkler, MB, R6W 4C8
(204) 325-8008   SIC 8211
GARDEN VALLEY SCHOOL DIVISION   p 361
675 Prairie View Dr, WINKLER, MB, R6W 1M5
(204) 331-4533   SIC 8211
GARDENA CANADA LTD   p 514
100 Summerlea Rd, BRAMPTON, ON, L6T 4X3
(905) 792-9330   SIC 5083
GARDENS, THE   p 125
See CONNECTING CARE (2000) INC

GARDENVIEW SCHOOL   p 1204
See COMMISSION SCOLAIRE ENGLISH-MONTREAL
GARDER CASH LTD   p 1300
See G4S CASH SOLUTIONS (CANADA) LTD
GARDERIE SES AMIS   p 1002
See CENTRE DE LA PETITE ENFANCE SES AMIS
GARDERIE SES AMIS   p 1068
See CENTRE DE LA PETITE ENFANCE SES AMIS
GARDEWINE GROUP INC   p 17
10612 24 St Se, CALGARY, AB, T2C 4Z7
(403) 569-4011   SIC 4731
GARDEWINE GROUP INC   p 345
1108 Mctavish Ave E, BRANDON, MB, R7A 7B9
(204) 726-4441   SIC 4731
GARDEWINE GROUP INC   p 348
111 Thimberlane Gd Lcd Main Gd Lcd Main, FLIN FLON, MB, R8A 1M5
(204) 687-5132   SIC 4731
GARDEWINE GROUP INC   p 359
136 Hayes Rd, THOMPSON, MB, R8N 1M4
(204) 778-8311   SIC 4731
GARDEWINE GROUP INC   p 369
60 Eagle Dr, WINNIPEG, MB, R2R 1V5
(204) 633-5795   SIC 4731
GARDEWINE GROUP INC   p 379
1033 Notre Dame Ave, WINNIPEG, MB, R3E 0N4
(204) 987-8427   SIC 4731
GARDEWINE GROUP INC   p 582
15 Warrendale Crt, ETOBICOKE, ON, M9V 1P9
(416) 326-0647   SIC 4731
GARDEWINE GROUP INC   p 649
30 Duhamel Rd, LIVELY, ON, P3Y 1L4
(705) 692-3000   SIC 4731
GARDEWINE GROUP INC   p 741
8 Ferris Dr, NORTH BAY, ON, P1B 8Z4
(705) 476-0140   SIC 4731
GARDEWINE GROUP INC   p 884
1780 Hwy 655, TIMMINS, ON, P4N 7J5
(705) 264-5336   SIC 4731
GARDEWINE NORTH   p 345
See GARDEWINE GROUP INC
GARDEWINE NORTH   p 359
See GARDEWINE GROUP INC
GARDEWINE NORTH   p 369
See GARDEWINE GROUP INC
GARDINER PUBLIC SCHOOL   p 592
See HALTON DISTRICT SCHOOL BOARD
GARDWELL SECURITY AGENCY INC   p 758
168 Oakdale Rd Suite 6b, NORTH YORK, ON, M3N 2S5
(416) 746-6007   SIC 7381
GAREAU TOYOTA   p 1252
See 9031-6332 QUEBEC INC
GARIBALDI HIGHLANDS ELEMENTARY SCHOOL   p 216
See CONSEIL SCOLAIRE FRANCOPHONE DE LA COLOMBIE BRITANNIQUE
GARIBALDI HIGHLANDS ELEMENTARY SCHOOL   p 216
See SCHOOL DISTRICT NO. 48 (HOWE SOUND)
GARIBALDI SECONDARY SCHOOL   p 237
See SCHOOL DISTRICT NO 42 (MAPLE RIDGE-PITT MEADOWS)
GARLOCK CEALING TECHNOLGY   p 1239
See GARLOCK OF CANADA LTD
GARLOCK OF CANADA LTD   p 17
7715 46 St Se, CALGARY, AB, T2C 2Y5
(403) 253-4409   SIC 7699
GARLOCK OF CANADA LTD   p 1239
4100 Rue De La Garlock, SHERBROOKE, QC, J1L 1W5
(819) 563-8080   SIC 2299
GARNEAU ELEMENTARY SCHOOL   p 107
See EDMONTON SCHOOL DISTRICT NO. 7
GARNONS, J WILLIAMS LTD   p 234

7393 Lantzville Rd, LANTZVILLE, BC, V0R 2H0
(250) 390-5056   SIC 8059
GARRISON ROAD SCHOOL   p 589
See DISTRICT SCHOOL BOARD OF NIAGARA
GARRTECH INC   p 861
910 Arvin Ave, STONEY CREEK, ON, L8E 5Y8
(905) 643-6414   SIC 3544
GARSON GOLD CORP   p 307
470 Granville St Suite 322, VANCOUVER, BC, V6C 1V5
(604) 484-2161   SIC 1041
GARTH INDUSTRIES   p 584
See CONREX STEEL LTD
GARTH INDUSTRIES, DIV OF   p 584
See CONREX STEEL LTD
GARTHWOOD PARK PUBLIC SCHOOL   p 704
See PEEL DISTRICT SCHOOL BOARD
GARTNER CANADA CO. INC   p 747
5700 Yonge St Suite 1205, NORTH YORK, ON, M2M 4K2
(416) 222-7900   SIC 7379
GARY ALLAN HIGH SCHOOL   p 538
See HALTON DISTRICT SCHOOL BOARD
GARY'S NOFRILLS   p 658
See LOBLAWS SUPERMARKETS LIMITED
GAS DRIVE GLOBAL LP   p 63
10121 Barlow Trail Ne, CALGARY, AB, T3J 3C6
(403) 291-3438   SIC 7699
GAS DRIVE GLOBAL LP   p 126
8410 113 St, GRANDE PRAIRIE, AB, T8V 6T9
(780) 539-5974   SIC 7699
GAS DRIVE GLOBAL LP   p 155
8036 Edgar Industrial Green Suite 57, RED DEER, AB, T4P 3S2
(403) 341-3900   SIC 7699
GAS DRIVE GLOBAL LP   p 1226
2091 Rue Leonard-De Vinci Unite A, SAINTE-JULIE, QC, J3E 1Z2
(450) 649-3174   SIC 7699
GAS EQUIPMENT SUPPLIES   p 92
See NATIONAL ENERGY EQUIPMENT INC
GASOLINE ALLEY HARLEY-DAVIDSON   p 157
See AUTUMN ENTERPRISES INC
GASPARD LP   p 372
1266 Fife St, WINNIPEG, MB, R2X 2N6
(204) 949-5700   SIC 2389
GASPEREAU VALLEY ELEMENTARY SCHOOL   p 480
See ANNAPOLIS VALLEY REGIONAL SCHOOL BOARD
GASTON CELLARD INC   p 1139
1 Rue Cellard, Pointe-a-la-Garde, QC, G0C 2M0
(418) 788-5202   SIC 2421
GASTRONOME ANIMAL INC, LE   p 1225
300 Rang Des Ecossais, SAINTE-BRIGIDE-D'IBERVILLE, QC, J0J 1X0
(450) 469-0921   SIC 5191
GATCHELL SCHOOL   p 870
See RAINBOW DISTRICT SCHOOL BOARD
GATES CANADA INC   p 527
225 Henry St Suite 8, BRANTFORD, ON, N3S 7R4
(519) 759-4141   SIC 5085
GATES WINDSOR OPERATIONS, DIV OF   p 527
See GATES CANADA INC
GATESTONE PUBLIC ELEMENTARY SCHOOL   p 863
See HAMILTON-WENTWORTH CATHOLIC SCHOOL BOARD
GATEWAY CASINOS & ENTERTAINMENT INC   p 245
350 Gifford St Suite 1, NEW WESTMINSTER, BC, V3M 7A3
(604) 777-2946   SIC 7011

GATEWAY CASINOS & ENTERTAINMENT INC   p 325
4900 Anderson Way, VERNON, BC, V1T 9V2
(250) 545-5428   SIC 7011
GATEWAY CHRISTIAN SCHOOL   p 152
See BOARD OF TRUSTEES OF THE RED DEER PUBLIC SCHOOL DISTRICT NO. 104, THE
GATEWAY HAVEN   p 960
See CORPORATION OF THE COUNTY OF BRUCE, THE
GATEWAY HOME HOUSE   p 283
See FRASER HEALTH AUTHORITY
GATEWAY HOMES INC   p 451
1000 Windmill Rd Suite 17, Dartmouth, NS, B3B 1L7
(902) 454-0145   SIC 6514
GATEWAY LODGE INC   p 1265
212 Centre Ave E, CANORA, SK, S0A 0L0
(306) 563-5685   SIC 8051
GATEWAY MECHANICAL SERVICES INC   p 28
4001 16a St Se, CALGARY, AB, T2G 3T5
(403) 265-0010   SIC 1711
GATEWAY MECHANICAL SERVICES INC   p 84
14605 118 Ave Nw, EDMONTON, AB, T5L 2M7
(780) 426-6055   SIC 1711
GATEWAY PUBLIC SCHOOL   p 754
See TORONTO DISTRICT SCHOOL BOARD
GATEWAY RECREATION CENTRE   p 110
See 710712 ALBERTA INC
GATEWAY WEST LOGISTICS INC   p 65
9500 Venture Ave Se, CALGARY, AB, T3S 0A1
(403) 720-9770   SIC 4231
GATX RAIL CANADA CORPORATION   p 155
4310 77 St, RED DEER, AB, T4P 3P7
(403) 347-6700   SIC 4789
GATX RAIL CANADA CORPORATION   p 567
403 Lasalle Line Rr 2, CORUNNA, ON, N0N 1G0
(519) 344-1130   SIC 4789
GATX RAIL CANADA CORPORATION   p 1085
9300 Boul Maurice-Duplessis, Montreal, QC, H1E 1M7
(514) 648-3801   SIC 4741
GATX RAIL CANADA CORPORATION   p 1275
2200 Caribou St W, MOOSE JAW, SK, S6H 4P4
(306) 692-7070   SIC 4789
GAUDREAU ENVIRONNEMENT INC   p 1183
25 Rte 116, SAINT-CHRISTOPHE-D'ARTHABASK, QC, G6R 0S2
(819) 357-8666   SIC 4953
GAULTS APPAREL DIV OF   p 266
See JMAX GLOBAL DISTRIBUTORS INC
GAUTHIER, CHRIS J. HOLDINGS LTD   p 638
385 Fairway Rd S Suite 4a, KITCHENER, ON, N2C 2N9
(519) 894-6257   SIC 5311
GAY LEA FOODS   p 602
See GAY LEA FOODS CO-OPERATIVE LIMITED
GAY LEA FOODS CO-OPERATIVE LIMITED   p 602
21 Speedvale Ave W, GUELPH, ON, N1H 1J5
(519) 822-5530   SIC 2021
GAY LEA FOODS CO-OPERATIVE LIMITED   p 607
20 Morley St, HAMILTON, ON, L8H 3R7
(905) 544-6281   SIC 2021
GAY LEA FOODS CO-OPERATIVE LIMITED   p 872
21 Clinton St, TEESWATER, ON, N0G 2S0
(519) 392-6864   SIC 2023
GAZ METRO INC   p 990

11401 Av L.-J.-Forget, ANJOU, QC, H1J 2Z8
SIC 4924
GAZ METRO INC   p 999
1230 Boul Michele-Bohec, BLAINVILLE, QC, J7C 5S4
(514) 598-3339   SIC 4924
GAZ METRO INC   p 1008
4305 Boul Lapiniere, BROSSARD, QC, J4Z 3H8
(450) 443-7000   SIC 4924
GAZ METRO INC   p 1059
2200 Rue De Cannes-Brulees, LASALLE, QC, H8N 2Z2
(514) 367-2525   SIC 4924
GAZ METRO INC   p 1155
2388 Rue Einstein, Quebec, QC, G1P 4T1
(418) 577-5555   SIC 4923
GAZ METRO INC   p 1239
240 Rue Leger, SHERBROOKE, QC, J1L 1M1
(800) 361-4005   SIC 4924
GAZ METRO PLUS INC   p 1003
1250 Rue Nobel Bureau 250, BOUCHERVILLE, QC, J4B 5H1
(450) 641-6300   SIC 7699
GAZ METROPOLITAIN EN COMMANDITE   p 1155
See GAZ METRO INC
GAZ PROPANE RAINVILLE INC   p 1201
1460 Boul Saint-Antoine, Saint-Jerome, QC, J7Z 7M2
(450) 431-0627   SIC 5984
GBG   p 953
See GLOBAL BEVERAGE GROUP INC
GC TELESERVICES CANADA CORP   p 1300
2600 Koyl Ave, SASKATOON, SK, S7L 5X9
SIC 7322
GCA EDUCATIONAL SOCIETY   p 56
16520 24 St Sw, CALGARY, AB, T2Y 4W2
(403) 254-9050   SIC 8211
GCCL CONTRACTING LIMITED   p 524
12 Canam Cres, BRAMPTON, ON, L7A 1A9
(905) 454-1078   SIC 1611
GCI COMMUNICATIONS INC   p 901
160 Bloor St E Fl 8, TORONTO, ON, M4W 3P7
(416) 486-7200   SIC 8743
GCI GROUPE   p 898
See GREY ADVERTISING ULC
GCM CONSULTANTS   p 1003
See G.C.M. CONSULTANTS INC
GCM CONSULTANTS   p 1066
See G.C.M. CONSULTANTS INC
GCP CANADA INC   p 302
476 Industrial Ave, VANCOUVER, BC, V6A 2P3
(604) 669-4642   SIC 2819
GCP CANADA INC   p 1061
255 Av Lafleur, LASALLE, QC, H8R 3H4
(514) 366-3362   SIC 2819
GCP CANADA INC   p 1232
42 Rue Fabre, SALABERRY-DE-VALLEYFIELD, QC, J6S 4K7
(450) 373-4224   SIC 2819
GCR CENTRES DE PNEUS   p 1153
See BRIDGESTONE CANADA INC
GCR TIRE CENTRES   p 713
See BRIDGESTONE CANADA INC
GCT CANADA LIMITED PARTNERSHIP   p 302
1285 Franklin St, VANCOUVER, BC, V6A 1J9
(604) 267-5200   SIC 4491
GDI INTEGRATED FACILITY SERVICES   p 585
See GDI SERVICES (CANADA) LP
GDI INTEGRATED FACILITY SERVICES   p 785
See GDI SERVICES (CANADA) LP
GDI INTEGRATED FACILITY SVC   p 607
See GDI SERVICES (CANADA) LP
GDI SERVICES (CANADA) LP   p 44
400 3 Ave Sw, CALGARY, AB, T2P 4H2

(403) 232-8402   SIC 7349
GDI SERVICES (CANADA) LP   p 77
11041 105 Ave Nw Suite 201, EDMONTON, AB, T5H 3Y1
(780) 428-9508   SIC 7349
GDI SERVICES (CANADA) LP   p 400
475 Wilsey Rd, FREDERICTON, NB, E3B 7K1
(506) 453-1404   SIC 7349
GDI SERVICES (CANADA) LP   p 417
66 Waterloo St Suite 230, SAINT JOHN, NB, E2L 3P4
(506) 632-1882   SIC 7349
GDI SERVICES (CANADA) LP   p 451
202 Brownlow Ave, DARTMOUTH, NS, B3B 1T5
(902) 468-3103   SIC 7349
GDI SERVICES (CANADA) LP   p 458
2000 Barrington St Suite 1210, HALIFAX, NS, B3J 3K1
SIC 7349
GDI SERVICES (CANADA) LP   p 585
60 Worcester Rd, ETOBICOKE, ON, M9W 5X2
(416) 736-1144   SIC 7349
GDI SERVICES (CANADA) LP   p 607
39 Dunbar Ave, HAMILTON, ON, L8H 3E3
(905) 561-9990   SIC 7349
GDI SERVICES (CANADA) LP   p 641
100 Campbell Ave Suite 12, KITCHENER, ON, N2H 4X8
SIC 7349
GDI SERVICES (CANADA) LP   p 654
931 Leathorne St Unit E, LONDON, ON, N5Z 3M7
(519) 681-3330   SIC 7349
GDI SERVICES (CANADA) LP   p 785
800 Industrial Ave Suite 12, OTTAWA, ON, K1G 4B8
(613) 247-0065   SIC 7349
GDI SERVICES (CANADA) LP   p 941
130 King St, TORONTO, ON, M9N 1L5
(416) 364-0643   SIC 1799
GDI SERVICES (CANADA) LP   p 1287
1319 Hamilton St, REGINA, SK, S4R 2B6
SIC 7349
GDI SERVICES AUX IMMEUBLES INC   p 1111
705 Rue Sainte-Catherine O, Montreal, QC, H3B 4G5
(514) 288-9994   SIC 7349
GDI SERVICES TECHNIQUES S.E.C.   p 1061
695 90e Av, LASALLE, QC, H8R 3A4
(514) 368-1500   SIC 7349
GE   p 664
See GENERAL ELECTRIC CANADA COMPANY
GE   p 769
See GENERAL ELECTRIC CANADA COMPANY
GE   p 1128
See GENERAL ELECTRIC CANADA COMPANY
GE   p 1153
See GENERAL ELECTRIC CANADA COMPANY
GE AIRCRAFT ENGINES   p 1005
See GENERAL ELECTRIC CANADA COMPANY
GE CANADA   p 100
See GENERAL ELECTRIC CANADA COMPANY
GE CANADA   p 809
See GENERAL ELECTRIC CANADA COMPANY
GE CANADA   p 935
See GENERAL ELECTRIC CANADA COMPANY
GE CANADA   p 1141
See GENERAL ELECTRIC CANADA COMPANY
GE CANADA BELOEIL   p 997
See GENERAL ELECTRIC CANADA COM-

BUSINESSES ALPHABETICALLY

GENERAL ELECTRIC CANADA COMPANY 3341

PANY
GE CAPITAL p 44
See GENERAL ELECTRIC CAPITAL CANADA
GE ENERGY p 708
See GENERAL ELECTRIC CANADA COMPANY
GE ENERGY SERVICES p 536
See GENERAL ELECTRIC CANADA COMPANY
GE ENERGY SERVICES p 861
See GENERAL ELECTRIC CANADA COMPANY
GE FANUC AUTOMATION CANADA COMPANY p 80
10235 101 St Nw, EDMONTON, AB, T5J 3G1
(780) 420-2000   SIC 7372
GE HEALTHCARE p 184
See GENERAL ELECTRIC CANADA COMPANY
GE HEALTHCARE p 533
See GENERAL ELECTRIC CANADA COMPANY
GE HEALTHCARE p 797
See GENERAL ELECTRIC CANADA COMPANY
GE LIGHTING CANADA p 769
See GENERAL ELECTRIC CANADA COMPANY
GE MULTILIN p 184
8525 Baxter Pl Suite 100, BURNABY, BC, V5A 4V7
(604) 421-8700   SIC 5065
GE OIL & GAS ESP (CANADA), LTD p 135
3917 81 Ave, LEDUC, AB, T9E 8S6
(780) 986-9816   SIC 5084
GE POWER CENTER p 1122
See GENERAL ELECTRIC CANADA COMPANY
GE RAILCAR REPAIR SERVICES p 1285
See GENERAL ELECTRIC CANADA COMPANY
GE SILICONES OF CANADA p 814
See GENERAL ELECTRIC CANADA COMPANY
GE WATER & PROCESS TECHNOLOGIES CANADA p 602
18 Royal Rd, GUELPH, ON, N1H 1G3
   SIC 5169
GEAR CENTRE, THE p 31
See EDMONTON GEAR CENTRE LTD
GEAR CENTRE, THE p 86
See EDMONTON GEAR CENTRE LTD
GEAR-O-RAMA SUPPLY LTD p 206
9300 Golf Course Rd, DAWSON CREEK, BC, V1G 4E9
(250) 782-8126   SIC 5511
GECKO ALLIANCE GROUP INC p 1165
450 Av Saint-Jean-Baptiste Bureau 200, Quebec, QC, G2E 6H5
(418) 872-4411   SIC 3625
GEE TEE HOLDINGS INC p 353
Gd, OAKBANK, MB, R0E 1J0
(204) 444-3069   SIC 4212
GEEK SQUAD p 1059
See BEST BUY CANADA LTD
GEEK SQUAD p 1062
See BEST BUY CANADA LTD
GEEK SQUAD p 1141
See BEST BUY CANADA LTD
GEEK SQUAD p 1181
See BEST BUY CANADA LTD
GEEKS ON THE WAY INC p 243
1099 South Poplar St, NELSON, BC, V1L 2J3
(800) 875-5017   SIC 7378
GEERLINKS BUILDING CENTRE AND FURNITURE LIMITED p 859
295 Wellington St, ST THOMAS, ON, N5R 2S6
(519) 631-0095   SIC 5251
GEERLINKS HOME HARDWARE BUILD-

ING CENTRE AND FURNITURE STORE p 859
See GEERLINKS BUILDING CENTRE AND FURNITURE LIMITED
GEIGER, O. S. ELEMENTARY SCHOOL p 63
See CALGARY BOARD OF EDUCATION
GEM HEALTH CARE GROUP LIMITED p 441
260 Church St, AMHERST, NS, B4H 3C9
(902) 667-3501   SIC 8051
GEM HEALTH CARE GROUP LIMITED p 463
15 Shoreham Ln Suite 101, HALIFAX, NS, B3P 2R3
(902) 429-6227   SIC 6712
GEM HEALTH CARE GROUP LIMITED p 463
25 Alton Dr, HALIFAX, NS, B3N 1M1
(902) 477-1777   SIC 8051
GEM HEALTH CARE GROUP LIMITED p 477
426 Young St, TRURO, NS, B2N 7B1
(902) 895-8715   SIC 8059
GEM HEALTH CARE GROUP LIMITED p 819
470 Raglan St N, RENFREW, ON, K7V 1P5
(613) 432-5823   SIC 8051
GEM MANAGEMENT HOLDINGS p 463
See GEM HEALTH CARE GROUP LIMITED
GEMALTO CANADA INC p 533
5347 John Lucas Dr, BURLINGTON, ON, L7L 6A8
(905) 335-9681   SIC 7389
GEMCOM SOFTWARE INTERNATIONAL p 310
See DASSAULT SYSTEMES CANADA SOFTWARE INC
GEMINI CORPORATION p 123
11232 87 Ave, FORT SASKATCHEWAN, AB, T8L 2S4
(780) 998-5460   SIC 1799
GEMINI ENGINEERING LIMITED p 44
839 5 Ave Sw Suite 400, CALGARY, AB, T2P 3C8
(403) 255-2916   SIC 8711
GEMINI FIELD SOLUTIONS LTD p 151
4100 67 St, PONOKA, AB, T4J 1J8
(403) 783-3365   SIC 7692
GEMINI HELICOPTERS INC p 130
Gd, HIGH LEVEL, AB, T0H 1Z0
(780) 926-5558   SIC 4522
GEMINI PACKAGING LTD p 268
12071 Jacobson Way Unit 150, RICHMOND, BC, V6W 1L5
(604) 278-3455   SIC 2841
GEMINI SPORTSPLEX p 866
See STRATHROY-CARADOC, MUNICIPALITY OF
GEMSTAR SECURITY SERVICE LTD p 974
4000 Steeles Ave W Unit 29, WOODBRIDGE, ON, L4L 4V9
(905) 850-8517   SIC 7381
GEMTEC p 409
See GEMTEC LIMITED
GEMTEC LIMITED p 409
77 Rooney Cres, MONCTON, NB, E1E 4M4
(506) 858-7180   SIC 8711
GENCO DISTRIBUTION SYSTEM OF CANADA, INC p 511
See FEDEX SUPPLY CHAIN DISTRIBUTION SYSTEM OF CANADA, INC
GENCO DISTRIBUTION SYSTEM OF CANADA, INC p 585
See FEDEX SUPPLY CHAIN DISTRIBUTION SYSTEM OF CANADA, INC
GENDON POLYMER SERVICES INC p 506
38 Nixon Rd, BOLTON, ON, L7E 1W2
(905) 951-6118   SIC 8731
GENEOHM SCIENCES CANADA INC p 1155
2555 Boul Du Parc-Technologique, Quebec, QC, G1P 4S5
(418) 780-5800   SIC 2835

GENER8 MEDIA CORP p 297
138 7th Ave E, VANCOUVER, BC, V5T 1M6
(604) 669-8885   SIC 7819
GENERAL AMHERST HIGH SCHOOL p 487
See GREATER ESSEX COUNTY DISTRICT SCHOOL BOARD
GENERAL BREAKERS CANADA p 868
See TRACKS & WHEELS EQUIPMENT BROKERS INC
GENERAL BROCK ELEMENTARY SCHOOL p 297
See BOARD OF EDUCATION OF SCHOOL DISTRICT NO. 39 (VANCOUVER), THE
GENERAL BROCK ELEMENTARY SCHOOL p 969
See GREATER ESSEX COUNTY DISTRICT SCHOOL BOARD
GENERAL BROCK PS p 887
See TORONTO DISTRICT SCHOOL BOARD
GENERAL BYNG SCHOOL p 390
See PEMBINA TRAILS SCHOOL DIVISION, THE
GENERAL CABLE COMPANY p 514
156 Parkshore Dr, BRAMPTON, ON, L6T 5M1
(905) 791-6886   SIC 3315
GENERAL CREDIT SERVICES INC p 311
1190 Melville St Suite 600, VANCOUVER, BC, V6E 3W1
(604) 688-6097   SIC 7322
GENERAL CREDIT SERVICES INC p 671
20 Valleywood Dr Unit 101, MARKHAM, ON, L3R 6G1
   SIC 7322
GENERAL CREDIT SERVICES INC p 1097
1100 Boul Cremazie E Bureau 410, MONTREAL, QC, H2P 2X2
(877) 313-4274   SIC 7322
GENERAL CRERAR PUBLIC SCHOOL p 887
See TORONTO DISTRICT SCHOOL BOARD
GENERAL CURRIE ELEMENTARY SCHOOL p 271
See SCHOOL DISTRICT NO. 43 (COQUITLAM)
GENERAL DYNAMICS INFORMATION TECHNOLOGY CANADA, LI p 1091
See GENERAL DYNAMICS INFORMATION TECHNOLOGY CANADA, LIMITED
GENERAL DYNAMICS INFORMATION TECHNOLOGY CANADA, LIMITED p 1091
7701 17e Av, Montreal, QC, H2A 2S4
(514) 729-1811   SIC 7374
GENERAL DYNAMICS LAND SYSTEMS - CANADA CORPORATION p 23
1020 68 Ave Ne, CALGARY, AB, T2E 8P2
(403) 295-6700   SIC 7371
GENERAL DYNAMICS LAND SYSTEMS - CANADA CORPORATION p 446
31 Av Millbrook, COLE HARBOUR, NS, B2V 0A2
(902) 406-3701   SIC 7371
GENERAL DYNAMICS LAND SYSTEMS - CANADA CORPORATION p 650
1991 Oxford St E Bldg 15, LONDON, ON, N5V 2Z7
(519) 964-5900   SIC 3711
GENERAL DYNAMICS LAND SYSTEMS - CANADA CORPORATION p 650
2035 Oxford St E, LONDON, ON, N5V 2Z7
(519) 964-5900   SIC 3711
GENERAL DYNAMICS LAND SYSTEMS - CANADA CORPORATION p 801
1941 Robertson Rd, OTTAWA, ON, K2H 5B7
(613) 596-7222   SIC 3711
GENERAL DYNAMICS MISSION SYSTEMS-CANADA, DIV OF p 801
See GENERAL DYNAMICS LAND SYSTEMS - CANADA CORPORATION
GENERAL DYNAMICS PRODUITS DE DEFENSE ET SYSTEMES TACTIQUES- CANADA INC p

1170
5 Montee Des Arsenaux, REPENTIGNY, QC, J5Z 2P4
(450) 581-3080   SIC 3483
GENERAL ELECTRIC CANADA COMPANY p 100
4421 Roper Rd Nw, EDMONTON, AB, T6B 3S5
(780) 438-3280   SIC 3625
GENERAL ELECTRIC CANADA COMPANY p 100
9449 49 St Nw, EDMONTON, AB, T6B 2L8
(780) 440-7575   SIC 3625
GENERAL ELECTRIC CANADA COMPANY p 113
9403 17 Ave Nw, EDMONTON, AB, T6N 1J1
(780) 439-4000   SIC 3625
GENERAL ELECTRIC CANADA COMPANY p 184
8525 Baxter Pl Suite 100, BURNABY, BC, V5A 4V7
(604) 451-3200   SIC 5047
GENERAL ELECTRIC CANADA COMPANY p 533
5450 Harvester Rd, BURLINGTON, ON, L7L 5N5
(905) 333-1789   SIC 3625
GENERAL ELECTRIC CANADA COMPANY p 536
1150 Walker's Line, BURLINGTON, ON, L7M 1V2
(905) 335-6301   SIC 3625
GENERAL ELECTRIC CANADA COMPANY p 662
1510 Woodcock St Unit 1, LONDON, ON, N6H 5S1
   SIC 3625
GENERAL ELECTRIC CANADA COMPANY p 664
320 Neptune Cres Unit 1, LONDON, ON, N6M 1A1
(519) 451-1522   SIC 3625
GENERAL ELECTRIC CANADA COMPANY p 708
2300 Meadowvale Blvd Suite 100, MISSISSAUGA, ON, L5N 5P9
(905) 858-5100   SIC 3625
GENERAL ELECTRIC CANADA COMPANY p 708
2300 Meadowvale Blvd Suite 200, MISSISSAUGA, ON, L5N 5P9
(905) 858-5316   SIC 3625
GENERAL ELECTRIC CANADA COMPANY p 769
1290 S Service Rd W, OAKVILLE, ON, L6L 5T7
(905) 849-5048   SIC 3625
GENERAL ELECTRIC CANADA COMPANY p 769
1290 South Service Rd W, OAKVILLE, ON, L6L 5T7
   SIC 3625
GENERAL ELECTRIC CANADA COMPANY p 797
1053 Carling Ave, OTTAWA, ON, K1Y 4E9
(613) 761-5370   SIC 3625
GENERAL ELECTRIC CANADA COMPANY p 809
107 Park St N Suite 2, PETERBOROUGH, ON, K9J 7B5
(705) 748-8486   SIC 3625
GENERAL ELECTRIC CANADA COMPANY p 814
1920 Silicone Dr, PICKERING, ON, L1W 3V7
(905) 427-5656   SIC 3625
GENERAL ELECTRIC CANADA COMPANY p 861
180 Constellation Dr, STONEY CREEK, ON, L8E 6B2
(905) 335-6301   SIC 3625
GENERAL ELECTRIC CANADA COMPANY p 935
1025 Lansdowne Ave, TORONTO, ON, M6H

▲ Public Company   ■ Public Company Family Member   **HQ** Headquarters   **BR** Branch   **SL** Single Location

3Z6
(416) 583-4200 SIC 3625
GENERAL ELECTRIC CANADA COMPANY p 997
1691 Rue De L'industrie, BELOEIL, QC, J3G 0S5
(450) 464-9472 SIC 3625
GENERAL ELECTRIC CANADA COMPANY p 1005
2 Boul De L'aeroport, BROMONT, QC, J2L 1S6
(450) 534-0917 SIC 3625
GENERAL ELECTRIC CANADA COMPANY p 1122
7420 Rue Saint-Jacques, Montreal, QC, H4B 1W3
(514) 485-7400 SIC 3625
GENERAL ELECTRIC CANADA COMPANY p 1128
3060 Rue Peugeot, Montreal, QC, H7L 5C5
(450) 688-8690 SIC 3625
GENERAL ELECTRIC CANADA COMPANY p 1141
179 Boul Brunswick, POINTE-CLAIRE, QC, H9R 5N2
SIC 3625
GENERAL ELECTRIC CANADA COMPANY p 1153
1130 Boul Charest O, Quebec, QC, G1N 2E2
(418) 682-8500 SIC 3625
GENERAL ELECTRIC CANADA COMPANY p 1285
Gd, REGINA, SK, S4P 3L7
(306) 525-0122 SIC 3625
GENERAL ELECTRIC CAPITAL CANADA p 44
530 8 Ave Sw Suite 2120, CALGARY, AB, T2P 3S8
SIC 6153
GENERAL ELECTRIC CAPITAL CANADA p 708
2300 Meadowvale Blvd, MISSISSAUGA, ON, L5N 5P9
(905) 858-5100 SIC 6153
GENERAL ELECTRIC CAPITAL EQUIPMENT FINANCE INC p 914
11 King St W Suite 1500, TORONTO, ON, M5H 4C7
(416) 646-8370 SIC 6159
GENERAL FUSION INC p 183
3680 Bonneville Pl Suite 106, BURNABY, BC, V3N 4T5
(604) 420-0920 SIC 8731
GENERAL GEAR p 762
See TRIUMPH GEAR SYSTEMS-TORONTO ULC
GENERAL GORDON ELEMENTARY SCHOOL p 317
See BOARD OF EDUCATION OF SCHOOL DISTRICT NO. 39 (VANCOUVER), THE
GENERAL LAKE SCHOOL p 807
See RENFREW COUNTY DISTRICT SCHOOL BOARD
GENERAL MAGNAPLATE CANADA LTD p 483
72 Orchard Rd, AJAX, ON, L1S 6L1
SIC 3471
GENERAL MERCER JUNIOR PUBLIC SCHOOL p 938
See TORONTO DISTRICT SCHOOL BOARD
GENERAL MILLS CANADA CORPORATION p 161
246 Cree Rd, SHERWOOD PARK, AB, T8A 3X8
(780) 464-1544 SIC 2041
GENERAL MILLS CANADA CORPORATION p 389
1555 Chevrier Blvd Suite B, WINNIPEG, MB, R3T 1Y7

(204) 477-8338 SIC 2099
GENERAL MILLS CANADA CORPORATION p 680
111 Pillsbury Dr, MIDLAND, ON, L4R 4L4
SIC 2041
GENERAL MOTORS DEALER p 428
See LABRADOR MOTORS LIMITED
GENERAL MOTORS FINANCIAL OF CANADA, LTD. p 889
2001 Sheppard Ave E Suite 600, TORONTO, ON, M2J 4Z8
(416) 753-4000 SIC 6159
GENERAL MOTORS OF CANADA COMPANY p 779
1908 Colonel Sam Dr, OSHAWA, ON, L1H 8P7
(905) 644-5000 SIC 3711
GENERAL PAINT CORP p 31
7291 11 St Se, CALGARY, AB, T2H 2S1
(403) 531-3450 SIC 2851
GENERAL PAINT CORP p 302
950 Raymur Ave, VANCOUVER, BC, V6A 3L5
(604) 253-3131 SIC 2851
GENERAL PAINT CORP p 302
900 Parker, VANCOUVER, BC, V6A 3L5
(604) 253-3131 SIC 2851
GENERAL PAINT CORP p 514
11 Kenview Blvd Suite B, BRAMPTON, ON, L6T 5G5
SIC 5198
GENERAL PAINT CORP p 585
172 Belfield Rd, ETOBICOKE, ON, M9W 1H1
(416) 243-7578 SIC 5231
GENERAL PAINT CORP p 1234
5230 Boul Royal, SHAWINIGAN, QC, G9N 4R6
(819) 537-5925 SIC 2851
GENERAL PANET HIGH SCHOOL p 807
See RENFREW COUNTY DISTRICT SCHOOL BOARD
GENERAL PRINTING INK p 541
See SUN CHEMICAL LIMITED
GENERAL SCRAP PARTNERSHIP p 31
5857 12 St Se, CALGARY, AB, T2H 2X9
(403) 252-7787 SIC 5093
GENERAL SCRAP PARTNERSHIP p 362
135 Bismarck St, WINNIPEG, MB, R2C 4S1
(204) 222-4221 SIC 5093
GENERAL SCRAP PARTNERSHIP p 880
305 106th St, THUNDER BAY, ON, P7E 0A3
(807) 623-4559 SIC 5093
GENERAL SCRAP PARTNERSHIP p 1285
2881 Pasqua St N, REGINA, SK, S4P 3B1
(306) 775-3611 SIC 5093
GENERAL SMELTING COMPANY OF CANADA p 1056
See GLENCORE CANADA CORPORATION
GENERAL STEWART SCHOOL p 138
See LETHBRIDGE SCHOOL DISTRICT NO. 51
GENERAL VANIER INTERMEDIATE SCHOOL p 566
See UPPER CANADA DISTRICT SCHOOL BOARD, THE
GENERAL VANIER SCHOOL p 365
See LOUIS RIEL SCHOOL DIVISION
GENERAL VANIER SCHOOL p 1216
See COMMISSION SCOLAIRE ENGLISH-MONTREAL
GENERAL WOLFE ELEMENTARY SCHOOL p 297
See BOARD OF EDUCATION OF SCHOOL DISTRICT NO. 39 (VANCOUVER), THE
GENERATION 3 HOLDINGS INC p 738
6161 Thorold Stone Rd Unit 15, NIAGARA FALLS, ON, L2J 1A4
(905) 356-9823 SIC 5812
GENERATION 5 MATHEMATICAL TECHNOLOGIES INC p

745
515 Consumers Rd Suite 600, NORTH YORK, ON, M2J 4Z2
SIC 8732
GENERATRICE DRUMMOND p 1190
See INTEGRATED DISTRIBUTION SYSTEMS LIMITED PARTNERSHIP
GENERVATIONS INC p 548
44 Crawford Cres, Campbellville, ON, L0P 1B0
(905) 873-8700 SIC 5154
GENESEE & WYOMING CANADA INC p 1163
4800 Rue John-Molson, Quebec, QC, G1X 3X4
(514) 948-6983 SIC 4111
GENESENSE TECHNOLOGIES INC p 585
2 Meridian Rd, ETOBICOKE, ON, M9W 4Z7
(416) 798-1200 SIC 8733
GENESIS BUILDERS GROUP INC p 23
3115 12 St Ne Suite 200, CALGARY, AB, T2E 7J2
(403) 265-9237 SIC 1521
GENESIS GARDENS INC p 647
1003 Limoges Rd, LIMOGES, ON, K0A 2M0
(613) 443-5751 SIC 8051
GENESIS II CATHOLIC SCHOOL p 514
See DUFFERIN-PEEL CATHOLIC DISTRICT SCHOOL BOARD
GENESIS INTEGRATION INC p 84
14721 123 Ave Nw, EDMONTON, AB, T5L 2Y6
(780) 455-3000 SIC 1731
GENESIS MEDIA INC p 899
22 St Clair Ave E Suite 500, TORONTO, ON, M4T 2S3
(416) 967-7282 SIC 7319
GENESIS SECURITY INC p 316
1770 Burrard St Unit 310, VANCOUVER, BC, V6J 3G7
(604) 669-0822 SIC 5065
GENESYS LABORATORIES CANADA INC p 671
1380 Rodick Rd Suite 200, MARKHAM, ON, L3R 4G5
(905) 968-3300 SIC 7371
GENEVA CENTRE FOR AUTISM p 898
112 Merton St, TORONTO, ON, M4S 2Z8
(416) 322-7877 SIC 8049
GENEX COMMUNICATIONS INC p 1158
1134 Grande Allee O Bureau 300, Quebec, QC, G1S 1E5
(418) 266-6166 SIC 4832
GENEX SERVICES OF CANADA INC p 688
2800 Skymark Ave Suite 401, MISSISSAUGA, ON, L4W 5A6
SIC 6411
GENFOOT INC p 1017
4945 Rue Legendre, CONTRECOEUR, QC, J0L 1C0
(450) 587-2051 SIC 3143
GENFOOT INC p 1057
1940 55e Av, LACHINE, QC, H8T 3H3
(514) 341-3950 SIC 5661
GENFOR MACHINERY INC p 210
8320 River Rd, DELTA, BC, V4G 1B5
(604) 946-6911 SIC 3553
GENICAD INC p 1153
2260 Rue Leon-Harmel, Quebec, QC, G1N 4L2
(418) 682-3313 SIC 8711
GENICS INC p 1
53016 Hwy 60 (561 Acheson Rd), ACHESON, AB, T7X 5A7
(780) 962-1000 SIC 2491
GENIVAR p 26
See WSP CANADA INC
GENIVAR p 50
See WSP CANADA INC
GENIVAR p 122
See WSP CANADA INC
GENIVAR p 163
See WSP CANADA INC
GENIVAR p 330

See WSP CANADA INC
GENIVAR p 675
See WSP CANADA INC
GENIVAR p 734
See WSP CANADA INC
GENIVAR p 799
See WSP CANADA INC
GENIVAR p 804
See WSP CANADA INC
GENIVAR p 879
See WSP CANADA INC
GENIVAR p 900
See WSP CANADA INC
GENIVAR p 989
See WSP CANADA INC
GENIVAR p 1021
See WSP CANADA INC
GENIVAR p 1036
See WSP CANADA INC
GENIVAR p 1051
See WSP CANADA INC
GENIVAR p 1069
See WSP CANADA INC
GENIVAR p 1073
See WSP CANADA INC
GENIVAR p 1080
See WSP CANADA INC
GENIVAR p 1083
See WSP CANADA INC
GENIVAR p 1178
See WSP CANADA INC
GENIVAR p 1240
See WSP CANADA INC
GENIVAR CONSTRUCTION INC p 1166
5355 Boul Des Gradins, Quebec, QC, G2J 1C8
(418) 623-2306 SIC 8741
GENIVAR CONSTRUCTION LTD p 918
60 Harbour St, TORONTO, ON, M5J 1B7
(416) 977-9666 SIC 8741
GENOME SCIENCES CENTRE p 299
See BRITISH COLUMBIA CANCER AGENCY BRANCH
GENPAK p 810
See GREAT PACIFIC ENTERPRISES LIMITED PARTNERSHIP
GENPAK DIV p 1019
See GREAT PACIFIC ENTERPRISES INC
GENPAK DIV OF p 490
See GREAT PACIFIC ENTERPRISES LIMITED PARTNERSHIP
GENPAK, LP p 1019
1890 Boul Fortin, Cote Saint-Luc, QC, H7S 1N8
(450) 662-1030 SIC 2656
GENSOLUTIONS p 44
See GEMINI ENGINEERING LIMITED
GENSTAR CAPITAL, ULC p 533
1001 Corporate Dr, BURLINGTON, ON, L7L 5V5
(905) 319-5645 SIC 6719
GENTEC p 671
90 Royal Crest, MARKHAM, ON, L3R 9X6
(905) 513-7733 SIC 5099
GENTEC INTERNATIONAL p 671
See GENTEC
GENTLE CARE DRAPERY & CARPET CLEANERS LTD p 189
3755 Wayburne Dr, BURNABY, BC, V5G 3L1
(604) 296-4000 SIC 7217
GENTOX LABORATORIES INC p 671
1345 Denison St, MARKHAM, ON, L3R 5V2
(416) 798-4988 SIC 8734
GENWORTH FINANCIAL MORTGAGE INSURANCE COMPANY CANADA p 764
2060 Winston Park Dr Suite 300, OAKVILLE, ON, L6H 5R7
(905) 287-5300 SIC 6351
GENWORTH FINANCIAL MORTGAGE INSURANCE COMPANY CANADA p 1106
999 Boul De Maisonneuve O Bureau 1800,

Montreal, QC, H3A 3L4
(514) 215-3166   SIC 6351
GENWORTH MORTGAGE INSURANCE CANADA   p 764
See GENWORTH FINANCIAL MORTGAGE INSURANCE COMPANY CANADA
GEO. SHEARD FABRICS LTD   p 1016
84 Rue Merrill, COATICOOK, QC, J1A 1X4
(819) 849-6311   SIC 5949
GEODIS WILSON CANADA LTD   p 685
3061 Orlando Dr Suite 1, MISSISSAUGA, ON, L4V 1R4
(905) 677-5266   SIC 4731
GEOFF & KRISTA SIMS ENTERPRISES INC   p 942
23 Racine Rd, TORONTO, ON, M9W 2Z4
(416) 746-5547   SIC 3443
GEOGE LEE SCHOOL   p 1286
See BOARD OF EDUCATION REGINA SCHOOL DIVISION NO. 4 OF SASKATCHEWAN
GEOGRAPHY DEPARTMENT   p 925
See GOVERNING COUNCIL OF THE UNIVERSITY OF TORONTO
GEOLOGISTICS   p 717
See AGILITY LOGISTICS, CO.
GEORGE AND ASMUSSEN LIMITED   p 529
5093 Fountain St N, BRESLAU, ON, N0B 1M0
(519) 648-2285   SIC 1741
GEORGE ANDERSON PUBLIC SCHOOL   p 761
See TORONTO DISTRICT SCHOOL BOARD
GEORGE B. LITTLE PUBLIC SCHOOL   p 836
See TORONTO DISTRICT SCHOOL BOARD
GEORGE BISSETT ELEMENTARY SCHOOL   p 447
See HALIFAX REGIONAL SCHOOL BOARD
GEORGE BONNER MIDDLE SCHOOL   p 238
See SCHOOL DISTRICT NO. 79 (COWICHAN VALLEY)
GEORGE BROWN COLLEGE OF APPLIED ARTS AND TECHNOLOGY, THE   p 924
160 Kendal Ave Suite C420, TORONTO, ON, M5R 1M3
(416) 415-2000   SIC 8222
GEORGE COUREY INC   p 1127
6620 Rue Ernest-Cormier, Montreal, QC, H7C 2T5
(450) 661-6620   SIC 5023
GEORGE DAVIDSON SCHOOL   p 145
See MEDICINE HAT SCHOOL DISTRICT NO. 76
GEORGE DAWSON INN   p 206
See 356746 HOLDINGS INC
GEORGE ELLIOT SECONDARY SCHOOL   p 341
See BOARD OF EDUCATION OF SCHOOL DISTRICT NO. 23 (CENTRAL OKANAGAN), THE
GEORGE FITTON SCHOOL   p 344
See BRANDON SCHOOL DIVISION, THE
GEORGE GORDON EDUCATION CENTRE   p 1281
See HORIZON SCHOOL DIVISION NO 205
GEORGE GREENAWAY ELEMENTARY SCHOOL   p 282
See SCHOOL DISTRICT NO 36 (SURREY)
GEORGE HARVEY COLLEGIATE INSTITUTE   p 937
See TORONTO DISTRICT SCHOOL BOARD
GEORGE HILLIARD ELEMENTARY SCHOOL   p 219
See SCHOOL DISTRICT 73 (KAMLOOPS/THOMPSON)
GEORGE HULL CENTRE FOR CHILDREN & FAMILIES, THE   p 577

81 The East Mall 3rd Floor, ETOBICOKE, ON, M8Z 5W3
(416) 622-8833   SIC 8322
GEORGE JAY ELEMENTARY SCHOOL   p 328
See BOARD OF EDUCATION OF SCHOOL DISTRICT NO. 61 (GREATER VICTORIA)
GEORGE JEFFREY CHILDREN'S CENTRE   p 880
507 Lillie St N, THUNDER BAY, ON, P7C 4Y8
(807) 623-4381   SIC 8351
GEORGE KNOTT SCHOOL   p 360
See WASAGAMACK EDUCATION AUTHORITY
GEORGE M DAWFON SECONDARY SCHOOL   p 237
See BOARD OF EDUCATION OF SCHOOL DISTRICT NO. 50 (HAIDA GWAII), THE
GEORGE MCDOUGALL HIGH SCHOOL   p 3
See ROCKY VIEW SCHOOL DIVISION NO. 41, THE
GEORGE MCDOWELL SCHOOL   p 369
See LOUIS RIEL SCHOOL DIVISION
GEORGE PECK PUBLIC SCHOOL   p 887
See TORONTO DISTRICT SCHOOL BOARD
GEORGE PETRIC AUTOMOBILE   p 1034
See MONT-BLEU FORD INC
GEORGE PRINGLE ELEMENTARY SCHOOL   p 339
See BOARD OF EDUCATION OF SCHOOL DISTRICT NO. 23 (CENTRAL OKANAGAN), THE
GEORGE PRINGLE MEMORIAL CAMP   p 277
See UNITED CHURCH OF CANADA, THE
GEORGE R ALLAN PUBLIC SCHOOL   p 612
See HAMILTON-WENTWORTH DISTRICT SCHOOL BOARD, THE
GEORGE S HENRY ACADEMY   p 751
See TORONTO DISTRICT SCHOOL BOARD
GEORGE SAUNDERS MEMORIAL SCHOOL   p 392
See YORK FACTORY FIRST NATION
GEORGE SYME COMMUNITY SCHOOL   p 938
See TORONTO DISTRICT SCHOOL BOARD
GEORGE VANIER ELEMENTARY SCHL   p 287
See SCHOOL DISTRICT NO 36 (SURREY)
GEORGE VANIER PUBLIC SCHOOL   p 649
See RAINBOW DISTRICT SCHOOL BOARD
GEORGE WEBSTER SCHOOL   p 891
See TORONTO DISTRICT SCHOOL BOARD
GEORGES P VANIER JUNIOR HIGH   p 454
See HALIFAX REGIONAL SCHOOL BOARD
GEORGES P. VANIER SCHOOL   p 146
See GREATER ST. ALBERT CATHOLIC REGIONAL DIVISION NO. 29
GEORGES VANIER CATHOLIC SCHOOL   p 624
See OTTAWA CATHOLIC DISTRICT SCHOOL BOARD
GEORGES VANIER ELEMENTARY SCHOOL   p 514
See DUFFERIN-PEEL CATHOLIC DISTRICT SCHOOL BOARD
GEORGESON SHAREHOLDER COMMUNICATIONS CANADA INC   p 918
100 University Ave Unit 1100, TORONTO, ON, M5J 1V6
(416) 862-8088   SIC 7389
GEORGETOWN DISTRICT HIGH SCHOOL   p 592
See HALTON CATHOLIC DISTRICT SCHOOL BOARD

GEORGETOWN ELEMENTARY SCHOOL   p 983
See EASTERN SCHOOL DISTRICT
GEORGETOWN HOSPITAL FOUNDATION, THE   p 591
1 Princess Anne Dr, GEORGETOWN, ON, L7G 2B8
(905) 873-0111   SIC 8062
GEORGIA GULF COMPOUND - CONCORD   p 562
See ROYAL GROUP, INC
GEORGIA PARK ELEMENTARY SCHOOL   p 194
See BOARD OF EDUCATION SCHOOL DISTRICT 72 (CAMPBELL RIVER), THE
GEORGIA STRAIGHT   p 317
See VANCOUVER FREE PRESS PUBLISHING CORP
GEORGIA-PACIFIC CANADA LP   p 116
403 118a Ave Ne, EDMONTON, AB, T6S 1C6
(780) 472-6631   SIC 3299
GEORGIA-PACIFIC CANADA LP   p 284
12509 116 Ave, SURREY, BC, V3V 3S6
SIC 3275
GEORGIA-PACIFIC CANADA LP   p 542
350 Argyle St N, CALEDONIA, ON, N3W 1M2
SIC 3275
GEORGIA-PACIFIC CANADA LP   p 876
319 Allanburg Rd, THOROLD, ON, L2V 5C3
(905) 227-6651   SIC 2679
GEORGIAN BAY FAMILY HEALTH TEAM   p 556
See GOVERNMENT OF ONTARIO
GEORGIAN BAY FIRE & SAFETY LTD   p 665
1031 Hubrey Rd Unit 10, LONDON, ON, N6N 1B4
(519) 686-1301   SIC 5099
GEORGIAN BAY FIRE & SAFETY LTD   p 865
51 Griffith Rd Suite 3, STRATFORD, ON, N5A 6S4
(519) 725-2206   SIC 5099
GEORGIAN BAY SECONDARY SCHOOL   p 679
See BLUEWATER DISTRICT SCHOOL BOARD
GEORGIAN CHEVROLET BUICK GMC INC   p 497
72 Caplan Ave, BARRIE, ON, L4N 9J2
(705) 733-3447   SIC 7532
GEORGIAN COLLEGE   p 508
See GEORGIAN COLLEGE OF APPLIED ARTS AND TECHNOLOGY, THE
GEORGIAN COLLEGE OF APPLIED ARTS AND TECHNOLOGY, THE   p 508
111 Wellington St, BRACEBRIDGE, ON, P1L 1E2
(705) 646-7629   SIC 8221
GEORGIAN COLLEGE OF APPLIED ARTS AND TECHNOLOGY, THE   p 680
649 Prospect Blvd, MIDLAND, ON, L4R 4K6
(705) 526-3666   SIC 8221
GEORGIAN COLLEGE OF APPLIED ARTS AND TECHNOLOGY, THE   p 803
1450 8th St E Gd Lcd Main Gd Lcd Main, OWEN SOUND, ON, N4K 5N9
(519) 376-0840   SIC 8221
GEORGIAN COLLEGE ROBBERT HARTOG MIDLAND CAMPUS   p 680
See GEORGIAN COLLEGE OF APPLIED ARTS AND TECHNOLOGY, THE
GEORGIAN CONSTRUCTION COMPANY LIMITED, THE   p 694
160 Traders Blvd E Suite 200, MISSISSAUGA, ON, L4Z 3K7
SIC 6552
GEORGIAN COURT HOTEL INC   p 304
773 Beatty St, VANCOUVER, BC, V6B 2M4
(604) 682-5555   SIC 7011
GEORGIAN MANOR RESORT AND COUNTRY CLUB INC   p 556

10 Vacation Inn Dr, COLLINGWOOD, ON, L9Y 5G4
(705) 445-9422   SIC 7997
GEORGIAN TAYLOR WOODS INC   p 694
160 Traders Blvd E Suite 200, MISSISSAUGA, ON, L4Z 3K7
SIC 6553
GEORGIAN VILLAS INC   p 627
221 Mcleese Dr Suite 3, KEMBLE, ON, N0H 1S0
(888) 278-8112   SIC 7997
GEORGIAN VILLAS INC   p 627
319336 Grey Road 1, KEMBLE, ON, N0H 1S0
(519) 370-2173   SIC 7997
GEOSOFT INC   p 918
207 Queens Quay W Suite 810, TORONTO, ON, M5J 1A7
(416) 369-0111   SIC 7372
GEOTECH DRILLING SERVICES AFRICA LTD   p 258
5052 Hartway Dr, PRINCE GEORGE, BC, V2K 5B7
(250) 962-9041   SIC 1781
GERA-CARE INVESTMENTS INC   p 468
640 Main St, MAHONE BAY, NS, B0J 2E0
(902) 624-8341   SIC 8051
GERALDTON COMPOSITE HIGH SCHOOL   p 592
See SUPERIOR GREENSTONE DISTRICT SCHOOL BOARD
GERARD REDMOND COMMUNITY CATHOLIC SCHOOL   p 131
See EVERGREEN CATHOLIC SEPARATE REGIONAL DIVISION 2
GERDAU AMERISTEEL CORPORATION   p 958
1801 Hopkins St, WHITBY, ON, L1N 5T1
(905) 668-3535   SIC 3312
GERDAU AMERISTEEL METALS RECYCLING   p 958
See GERDAU AMERISTEEL CORPORATION
GERMAIN DOMINION   p 1150
See GROUPE GERMAIN INC
GERMAIN MECHANICAL & ELECTRICAL LIMITED   p 480
244 Water St, YARMOUTH, NS, B5A 1M1
(902) 742-2452   SIC 1731
GERRARD RESOURCE CENTRE   p 902
See RYERSON UNIVERSITY
GERRARD-OVALSTRAPPING   p 535
See SAMUEL, SON & CO., LIMITED
GERRIE ELECTRIC WHOLESALE LIMITED   p 533
4104 South Service Rd, BURLINGTON, ON, L7L 4X5
(905) 681-3660   SIC 5063
GERRIE SUPPLY CHAIN SERVICES   p 533
See GERRIE ELECTRIC WHOLESALE LIMITED
GERTRUDE COLPUS PUBLIC SCHOOL   p 779
See DURHAM DISTRICT SCHOOL BOARD
GESCA LTEE   p 789
47 Clarence St Suite 222, OTTAWA, ON, K1N 9K1
(613) 562-0111   SIC 2711
GESCA LTEE   p 1102
750 Boul Saint-Laurent, Montreal, QC, H2Y 2Z4
(514) 285-7000   SIC 2711
GESCLADO INC   p 1229
1400 Boul Dagenais O, SAINTE-ROSE, QC, H7L 5C7
(450) 622-1600   SIC 6712
GESCO INDUSTRIES INC   p 514
50 Kenview Blvd, BRAMPTON, ON, L6T 5S8
(905) 789-3755   SIC 5023
GESCO INDUSTRIES INC   p 1212
6660 Ch De La Cote-De-Liesse, SAINT-LAURENT, QC, H4T 1E3
(514) 341-6181   SIC 5713

GESKO CONSTRUCTION INC p 1130
563 Rue Lindbergh Bureau 200, Montreal, QC, H7P 2N8
SIC 1522

GESTAIR LTEE p 1192
6100 Rte De L'aeroport, SAINT-HUBERT, QC, J3Y 8Y9
(450) 656-1710 SIC 6712

GESTION 357 DE LA COMMUNE INC p 1102
357 Rue De La Commune O, Montreal, QC, H2Y 2E2
(514) 499-0357 SIC 7389

GESTION A.D.L. SENC p 1077
1665 Rue Nishk, MASHTEUIATSH, QC, G0W 2H0
(418) 275-6161 SIC 2131

GESTION ACCEO INC p 1114
75 Rue Queen Bureau 4700, Montreal, QC, H3C 2N6
(514) 288-7161 SIC 7379

GESTION AJJARO INC p 1227
900 Boul Vachon N, SAINTE-MARIE, QC, G6E 1M2
(418) 387-2877 SIC 5812

GESTION ALAIN LAFOREST INC p 987
50 Boul Saint-Luc, ALMA, QC, G8B 6K1
(418) 662-6618 SIC 5311

GESTION ALEM INC p 1076
161 Montee Masson, MASCOUCHE, QC, J7K 3B4
(450) 474-3315 SIC 5651

GESTION ANDRE LEROUX INC p 1072
1992 Rue Jean-Paul-Riopelle, LONGUEUIL, QC, J4N 1P6
(450) 448-6798 SIC 6712

GESTION ANOCINQ LTEE p 988
132 1re Av O, AMOS, QC, J9T 1V2
(819) 732-7712 SIC 7011

GESTION ARMELLE INC p 1227
1116 Boul Vachon N Bureau 36, SAINTE-MARIE, QC, G6E 1N7
(418) 387-3120 SIC 6712

GESTION BI-EAU PURE INC p 1182
900 Rue Sagard, SAINT-BRUNO, QC, J3V 6C2
(450) 441-8353 SIC 3581

GESTION C.F.L.M. LTEE, LA p 1234
1515 Rue Trudel, SHAWINIGAN, QC, G9N 8K8
(819) 537-6671 SIC 5812

GESTION C.T.M.A. INC p 1009
435 Ch Avila-Arseneau, CAP-AUX-MEULES, QC, G4T 1J3
(418) 986-6600 SIC 6712

GESTION CANADADIRECT INC p 1026
743 Av Renaud, DORVAL, QC, H9P 2N1
(514) 422-8557 SIC 8732

GESTION CANDEREL INC p 1106
2000 Rue Peel Bureau 900, Montreal, QC, H3A 2W5
(514) 842-8636 SIC 6553

GESTION CARBO LTEE p 1012
117 Boul Saint-Jean-Baptiste, Chateauguay, QC, J6K 3B1
(450) 691-4130 SIC 5511

GESTION CEBA INC p 1179
470 Rte 273, SAINT-APOLLINAIRE, QC, G0S 2E0
(418) 881-4444 SIC 5812

GESTION CENTRIA COMMERCE INC p 1020
3131 Boul Saint-Martin O, Cote Saint-Luc, QC, H7T 2Z5
(514) 874-0122 SIC 6712

GESTION CENTURION p 1218
See SEALY CANADA LTD

GESTION CHRISTIAN BASTIEN INC p 1234
78 Rue Lemaire, Sept-Iles, QC, G4S 1A3
(418) 968-4946 SIC 5812

GESTION CLAUDIN BERGER LTEE p 1218
121 Rang 1, SAINT-MODESTE, QC, G0L 3W0
(418) 862-4462 SIC 1499

GESTION CLUDE THIBAUDEAU p 1190
See TAPIS VENTURE INC

GESTION COLIMAT INC p 1117
1600 Rue Notre-Dame O Bureau 213, Montreal, QC, H3J 1M1
(514) 934-1515 SIC 7361

GESTION D' ACTIF BURGUNDY p 1105
See BURGUNDY ASSET MANAGEMENT LTD

GESTION D'ACTIFS CIBC INC p 918
161 Bay St Suite 2320, TORONTO, ON, M5J 2S1
(416) 364-5620 SIC 6726

GESTION D'ACTIFS MANUVIE ACCORD (2015) INC p 1106
1001 Boul De Maisonneuve O Bureau 700, Montreal, QC, H3A 3C8
(514) 499-6844 SIC 6282

GESTION DANIEL DUBE INC p 1065
6700 Rue Saint-Georges Bureau 105, Levis, QC, G6V 4H3
(418) 837-9363 SIC 5912

GESTION DELOITTE p 1020
See DELOITTE & TOUCHE INC

GESTION DELTA SIGMA INC p 1035
710 Montee Paiement Bureau 110, GATINEAU, QC, J8R 4A3
(819) 669-1734 SIC 5912

GESTION DENIS M. ROSSIGNOL INC p 1043
4909 Boul Taschereau Bureau 190, GREENFIELD PARK, QC, J4V 3K3
(450) 676-1818 SIC 5531

GESTION DUMONT p 1040
See 9101-5925 QUEBEC INC

GESTION G. COUTURE INC p 1190
9200 25e Av, SAINT-GEORGES, QC, G6A 1L6
(418) 228-4822 SIC 2431

GESTION GEORGES ABRAHAM INC p 1014
433 Rue Racine E, CHICOUTIMI, QC, G7H 1T5
(418) 543-2875 SIC 5812

GESTION GERALD PEPIN INC p 1187
420 Rue Du Parc, SAINT-EUSTACHE, QC, J7R 0H2
(450) 473-1889 SIC 1542

GESTION GRATIEN PAQUIN INC p 1042
1173 6e Av, Grand-Mere, QC, G9T 2J4
(819) 538-1707 SIC 4899

GESTION GUY GERVAIS INC p 1124
1370 Rue Chabanel O, Montreal, QC, H4N 1H4
(514) 384-5590 SIC 5032

GESTION H. LEVESQUE LTEE p 1006
2180 Rue Lapiniere, BROSSARD, QC, J4W 1M2
(450) 462-2116 SIC 5063

GESTION HOTEL QUINTESSENCE INC p 1083
3004 Ch De La Chapelle, MONT-TREMBLANT, QC, J8E 1E1
(819) 425-3400 SIC 7011

GESTION I-TECH SOLUTIONS INC p 1008
7005 Boul Taschereau Bureau 330, BROSSARD, QC, J4Z 1A7
(418) 628-2100 SIC 7378

GESTION IMMOBILIERE LUC MAURICE INC p 1060
800 Rue Gagne, LASALLE, QC, H8P 3W3
(514) 364-0004 SIC 8361

GESTION IMMOBILIERE LUC MAURICE INC p 1231
25 Rue Du Marche Bureau 435, SAINTE-THERESE, QC, J7E 5T2
(450) 433-6544 SIC 6513

GESTION J.L.T. UNIVERSELLE INC p 1030
915 Rue Hains, DRUMMONDVILLE, QC, J2C 3A1
(819) 472-2942 SIC 7011

GESTION JALMEC INC p 1149
320 Rue Abraham-Martin Bureau 105, Quebec, QC, G1K 8N2

(418) 525-3013 SIC 8741

GESTION JEAN & GUY HURTEAU INC p 1009
21 Rue Paul-Gauguin, CANDIAC, QC, J5R 3X8
(450) 638-2212 SIC 6712

GESTION L. FECTEAU LTEE p 1135
3150 Ch Royal, NOTRE-DAME-DES-PINS, QC, G0M 1K0
(418) 774-3324 SIC 6712

GESTION LABERGE INC p 1050
6245 Boul Wilfrid-Hamel, L'ANCIENNE-LORETTE, QC, G2E 5W2
(418) 667-1313 SIC 6712

GESTION LAVOIE PERRAULT INC p 1146
1100 Av Larue, Quebec, QC, G1C 6H4
(418) 667-5499 SIC 5912

GESTION LOUIS GIGUERE INC p 1201
305 Rue Des Laurentides, Saint-Jerome, QC, J7Z 4L8
(450) 436-3595 SIC 5812

GESTION LOUIS-ARTHUR BRANCHAUD INC p 1032
52 105 Rte, EGAN, QC, J9E 3A9
(819) 449-2610 SIC 5712

GESTION LOUMA INC p 1236
1325 12e Av N, SHERBROOKE, QC, J1E 3P6
(819) 566-4844 SIC 5812

GESTION LYRAS INC p 1223
8 Rue Sainte-Agathe, SAINTE-AGATHE-DES-MONTS, QC, J8C 2J4
(819) 326-3030 SIC 6351

GESTION M.E.W. INC p 1138
2255 Av Vallee, PLESSISVILLE, QC, G6L 3P8
(819) 362-6315 SIC 3599

GESTION MAHEL INC p 1186
130 Rue Dubois, SAINT-EUSTACHE, QC, J7P 4W9
(450) 974-0440 SIC 5812

GESTION MAISON ETHIER INC p 1198
126 Rue Jacques-Cartier N, SAINT-JEAN-SUR-RICHELIEU, QC, J3B 6S5
(450) 346-1090 SIC 5021

GESTION MARC ST-GERMAIN INC p 1158
1525 Rue Sheppard, Quebec, QC, G1S 1K1
(418) 681-6035 SIC 5812

GESTION MARIE JOSSE PEPIN p 1029
See OPTO-PLUS INC

GESTION MD p 1161
See MD MANAGEMENT LIMITED

GESTION MECNOV INC p 1065
864 Rue Archimede, Levis, QC, G6V 7M5
(418) 837-7475 SIC 3569

GESTION MENARD PLANTE INC p 1148
7685 1re Av, Quebec, QC, G1H 2Y1
(418) 627-0161 SIC 5812

GESTION MICHAEL KORS (CANADA) p 1116
See MICHAEL KORS (CANADA) HOLDINGS LTD

GESTION MICHEL BIRON INC p 1135
111 Rue Du 12-Novembre, NICOLET, QC, J3T 1S3
(819) 293-6125 SIC 6712

GESTION MICHEL JULIEN INC p 1003
115 Rue De Lauzon, BOUCHERVILLE, QC, J4B 1E7
(450) 641-3150 SIC 6712

GESTION MICHEL SEGUIN INC p 1229
500 Aut Chomedey, SAINTE-ROSE, QC, H7X 3S9
(450) 969-4141 SIC 5531

GESTION N. AUGER INC p 1065
44d Rte Du President-Kennedy, Levis, QC, G6V 6C5
(418) 833-3241 SIC 5812

GESTION N. AUGER INC p 1065
5480 Rue Saint-Georges, LEVIS, QC, G6V 4M6
(418) 833-3241 SIC 5812

GESTION N. AUGER INC p 1083
85 Boul Tache E, MONTMAGNY, QC, G5V 4J8

(418) 248-5911 SIC 5812

GESTION N. AUGER INC p 1157
649 Grande Allee E, Quebec, QC, G1R 2K4
(418) 524-2439 SIC 5812

GESTION P & F LALONDE INC p 1131
485 Av Marien, MONTREAL-EST, QC, H1B 4V8
(514) 645-9233 SIC 1541

GESTION PACE INVESTCO p 1142
See PACE INVESTCO LTD

GESTION PFMJ (BILLETERIE) INC p 1095
505 Boul Maisonneuve Bureau 301, Montreal, QC, H2L 1Y4
(514) 895-9821 SIC 4729

GESTION PIERRE BARRETTE INC p 1164
9430 Boul De L'ormiere, Quebec, QC, G2B 3K6
(418) 842-4143 SIC 5812

GESTION PROKARD INC p 1249
5901 Boul Jean-Xxiii, TROIS-RIVIERES, QC, G8Z 4N8
(819) 373-9799 SIC 5812

GESTION QUADRIVIUM LTEE p 1090
2506 Rue Beaubien E, Montreal, QC, H1Y 1G2
SIC 5411

GESTION R.H.B. INC p 1189
11750 1re Av, SAINT-GEORGES, QC, G5Y 2C8
(418) 228-3141 SIC 7011

GESTION R.M.L. RODRIGUE INC p 1066
1890 1re Rue, Levis, QC, G6W 5M6
(418) 839-0671 SIC 3564

GESTION R.Y. MENARD INC p 1235
2180 105e Av, SHAWINIGAN, QC, G9P 1V8
SIC 5812

GESTION R.Y. MENARD INC p 1249
2600 Boul Des Recollets Bureau 2205, Trois-Rivieres, QC, G8Z 3X7
(819) 376-3777 SIC 5812

GESTION REJEAN MASSON INC p 1248
165 Boul Sainte-Madeleine, Trois-Rivieres, QC, G8T 3L7
(819) 375-4824 SIC 5411

GESTION RESTO GRANBY INC p 1041
940 Rue Principale, GRANBY, QC, J2G 2Z4
(450) 378-4656 SIC 5812

GESTION RESTO ST-HYACINTHE INC p 1195
1315 Rue Johnson O, SAINT-HYACINTHE, QC, J2S 8S4
(450) 774-7770 SIC 5812

GESTION RICHARD DUGRE INC p 1203
935 Boul Decarie Bureau 212, SAINT-LAURENT, QC, H4L 3M3
(514) 744-8400 SIC 7363

GESTION ROCH GAUTHIER INC p 1220
68 Rue Sainte-Catherine, SAINT-POLYCARPE, QC, J0P 1X0
(450) 265-3256 SIC 6712

GESTION SETR INC p 1248
4125 Boul Des Forges Bureau 1, Trois-Rivieres, QC, G8Y 1W1
(819) 376-4343 SIC 5699

GESTION SFTP p 1137
4955 Rue Saint-Pierre, PIERREFONDS, QC, H9H 5M9
(514) 624-8838 SIC 5912

GESTION SOROMA (MONT ORFORD) INC p 1136
4380 Ch Du Parc, ORFORD, QC, J1X 7N9
(514) 527-9546 SIC 8742

GESTION SYREBEC p 1254
See BESSETTE ET BOUDREAU INC

GESTION SYREBEC INC p 1193
8350 Av Emilien-Letarte, SAINT-HYACINTHE, QC, J2R 0A3
(450) 796-2919 SIC 4213

GESTION TBL INC. p 1263
171 Rue Sainte-Anne Rr 1, YAMACHICHE, QC, G0X 3L0
SIC 4213

GESTION TRANS-ROUTE INC p 1153

2160 Rue Lavoisier, Quebec, QC, G1N 4B3
(418) 686-1133   SIC 7361
GESTION UNIVERSITAS INC   p 1162
3005 Av Maricourt Bureau 250, Quebec, QC, G1W 4T8
(418) 651-8975   SIC 6722
GESTION VALEAN CANADA   p 1229
See VALEANT CANADA LIMITEE
GESTION VALMIRA INC   p 1039
25 Rue De L'embellie, GATINEAU, QC, J9A 3K3
(819) 595-4989   SIC 5812
GESTION VINNY INC   p 1161
2950 Boul Laurier, Quebec, QC, G1V 2M4
(418) 659-4484   SIC 5812
GESTION WALTER VANIER   p 1131
300 Ch Du Bord-De-L'eau, Montreal, QC, H7X 1S9
(450) 689-4151   SIC 8361
GESTION YVES MAGNAN INC.   p 1118
2602 Rue Saint-Patrick, Montreal, QC, H3K 1B8
(514) 935-9647   SIC 5812
GESTIONS GUILTREE INC   p 1248
3950 Boul Des Forges Bureau 25, Trois-Rivieres, QC, G8Y 1V7
(819) 375-1730   SIC 5912
GESTIONS J.L. FRECHETTE INC   p 1006
1155 Boul De Rome Bureau 112, BROSSARD, QC, J4W 3J1
(450) 671-8686   SIC 5812
GESTIONS MILLER CARMICHAEL INC   p 1120
3822 Av De Courtrai, Montreal, QC, H3S 1C1
(514) 735-4361   SIC 6712
GESTOLEX, SOCIETE EN COMMANDITE   p 1021
3333 Boul Du Souvenir Bureau 200, Cote Saint-Luc, QC, H7V 1X1
(450) 686-8683   SIC 8111
GESTRUDO INC   p 1171
34 Rue Belmont Rr 5, RICHMOND, QC, J0B 2H0
(819) 826-5941   SIC 6712
GET A BETTER MORTGAGE   p 576
642 The Queensway, ETOBICOKE, ON, M8Y 1K5
(416) 252-9000   SIC 6162
GETINGE CANADA LIMITED   p 688
1575 South Gateway Rd Suite C, MISSISSAUGA, ON, L4W 5J1
(905) 629-8777   SIC 5047
GETSCO TECHNICAL SERVICES   p 100
See GENERAL ELECTRIC CANADA COMPANY
GETTING READY FOR INCLUSION TODAY (THE GRIT PROGRAM) SOCIETY OF EDMONTON   p 86
14930 114 Ave Nw, EDMONTON, AB, T5M 4G4
(780) 454-9910   SIC 8351
GEXEL TELECOM INTERNATIONAL INC   p 1102
507 Place D'armes Bureau 1503, Montreal, QC, H2Y 2W8
(514) 935-9300   SIC 8732
GF EVENTS LTD   p 299
169 Walter Hardwick Ave Unit 403, VANCOUVER, BC, V5Y 0B9
(604) 430-2090   SIC 7299
GFL ENVIRONMENTAL INC   p 100
4208 84 Ave Nw, EDMONTON, AB, T6B 3N5
(780) 485-5000   SIC 4953
GFL ENVIRONMENTAL INC   p 965
905 Tecumseh Rd W, WINDSOR, ON, N8X 2A9
(519) 948-8126   SIC 4953
GFL LIQUID WASTE DIVISION WEST - HEAD OFFICE   p 100
See GFL ENVIRONMENTAL INC
GFP LES HOTES DE MONTREAL INC   p 1098

6983 Rue De La Roche, Montreal, QC, H2S 2E6
(514) 274-6837   SIC 7381
GFR PHARMA LTD   p 202
65 North Bend St Unit 65, COQUITLAM, BC, V3K 6N9
(604) 460-8440   SIC 2833
GFS BRITISH COLOMBIA   p 272
See GORDON FOOD SERVICE CANADA LTD
GFS CALGARY   p 160
See GORDON FOOD SERVICE CANADA LTD
GFTC   p 600
See NSF-GFTC
GFX PARTNERS INC   p 906
229 Yonge St Suite 502, TORONTO, ON, M5B 1N9
(416) 217-3088   SIC 6099
GHA DESIGN   p 1113
See STUDIOS DESIGN GHA INC
GHD CONSULTANTS LTEE   p 726
179 Colonnade Rd Suite 400, NEPEAN, ON, K2E 7J4
(613) 723-8182   SIC 8711
GHD CONSULTANTS LTEE   p 1008
9955 Rue De Chateauneuf Unite 220, BROSSARD, QC, J4Z 3V5
(450) 678-3951   SIC 8621
GHD CONSULTANTS LTEE   p 1015
1600 Boul Saint-Paul Bureau 150, CHICOUTIMI, QC, G7J 4N1
(418) 698-4018   SIC 8621
GHD CONSULTANTS LTEE   p 1066
2181 4e Rue, Levis, QC, G6W 5M6
(418) 839-0041   SIC 8731
GHD CONSULTANTS LTEE   p 1165
445 Av Saint-Jean-Baptiste Bureau 390, Quebec, QC, G2E 5N7
(418) 658-0112   SIC 8621
GHD CONSULTANTS LTEE   p 1173
491 Rue Jean-Marie-Leblanc, RIMOUSKI, QC, G5M 1B8
(418) 724-7030   SIC 8621
GIANT STEP SCHOOL   p 1126
See INSTITUT CANADIEN POUR DEVELOPPEMENT NEURO-INTEGRATIF, L
GIANT STEPS TORONTO   p 875
See YORK REGION DISTRICT SCHOOL BOARD
GIANT TIGER   p 98
See NORTH WEST COMPANY LP, THE
GIANT TIGER   p 621
See TORA INGERSOLL LIMITED
GIANT TIGER   p 785
See GIANT TIGER STORES LIMITED
GIANT TIGER   p 855
See TORA ST CATHARINES (WELLAND) LIMITED
GIANT TIGER   p 865
See TORA STRATFORD LIMITED
GIANT TIGER # 405   p 1287
See NORTH WEST COMPANY LP, THE
GIANT TIGER STORE   p 488
See ANGUS TIGER LIMITED
GIANT TIGER STORES LIMITED   p 785
2480 Walkley Rd, OTTAWA, ON, K1G 6A9
(613) 521-8222   SIC 5311
GIANT TIGER WAREHOUSE   p 783
See G.T. WHOLESALE LIMITED
GIANTS HEAD ELEMENTARY   p 279
See SCHOOL DISTRICT NO 67 (OKANAGAN SKAHA)
GIB-SAN POOLS LIMITED   p 762
59 Milvan Dr, NORTH YORK, ON, M9L 1Y8
(416) 749-4361   SIC 1799
GIBBONS MAINTENANCE   p 1025
See 132405 CANADA INC
GIBBONS SCHOOL   p 124
See STURGEON SCHOOL DIVISION #24
GIBRALTAR MINES LTD   p 237
10251 Gibraltar Mine Rd, MCLEESE LAKE, BC, V0L 1P0
(250) 297-6211   SIC 1081

GIBRALTAR MINES LTD   p 311
1040 Georgia St W, VANCOUVER, BC, V6E 4H1
(778) 373-4533   SIC 1081
GIBRALTAR SOLUTIONS INC   p 708
6990 Creditview Rd Unit 4, MISSISSAUGA, ON, L5N 8R9
(905) 858-9072   SIC 7379
GIBSON ELEMENTARY   p 209
See DELTA SCHOOL DISTRICT NO.37
GIBSON ENERGY ULC   p 6
5503 63rd Ave, BLACKFOOT, AB, T0B 0L0
(780) 875-0070   SIC 5172
GIBSON ENERGY ULC   p 17
5205 76 Ave Se, CALGARY, AB, T2C 3C6
(403) 236-3933   SIC 5172
GIBSON ENERGY ULC   p 114
10534 17 St Nw, EDMONTON, AB, T6P 1P4
(780) 449-9350   SIC 5172
GIBSON ENERGY ULC   p 120
235 Macalpine Cres Suite 1a, FORT MCMURRAY, AB, T9H 4A5
(780) 715-1001   SIC 5172
GIBSON ENERGY ULC   p 126
9502 42 Ave, GRANDE PRAIRIE, AB, T8V 5N3
(780) 539-4427   SIC 5172
GIBSON ENERGY ULC   p 130
Rr 95 Hwy 13, HARDISTY, AB, T0B 1V0
(780) 888-8200   SIC 5172
GIBSON ENERGY ULC   p 141
5503 63 Ave, LLOYDMINSTER, AB, T9V 3T8
(780) 808-2400   SIC 5172
GIBSON ENERGY ULC   p 280
13733 116 Ave, SURREY, BC, V3R 0T2
(604) 589-8244   SIC 5172
GIBSON'S, TIM HOLDINGS PARRY SOUND LTD   p 805
1 Mall Dr, PARRY SOUND, ON, P2A 3A9
(705) 746-8467   SIC 5812
GIBSON, CHRIS RECREATION CENTRE   p 521
See CORPORATION OF THE CITY OF BRAMPTON, THE
GIBSON, R. W. CONSULTING SERVICES LTD   p 86
14715 116 Ave Nw, EDMONTON, AB, T5M 3E8
(780) 453-5105   SIC 3714
GIBSONS BUILDING SUPPLIES LTD   p 216
924 Highway 101, GIBSONS, BC, V0N 1V7
(604) 886-8141   SIC 5211
GIBSONS ELEMENTARY SCHOOL   p 216
See SCHOOL DISTRICT NO. 46 (SUNSHINE COAST)
GICLEURS ALERTE INC   p 1011
1250 Rue Des Cascades, Chateauguay, QC, J6J 4Z2
(450) 692-9098   SIC 1711
GID   p 1127
See GROUPE IMMOBILIER DESJARDINS INC
GIENOW CANADA INC   p 91
18703 111 Ave Nw Suite 11, EDMONTON, AB, T5S 2X4
(780) 451-2590   SIC 3442
GIENOW WINDOWS & DOORS INC   p 17
4315 61 Ave Se Unit 4, CALGARY, AB, T2C 1Z6
SIC 2431
GIENOW WINDOWS & DOORS INC   p 17
7140 40 St Se, CALGARY, AB, T2C 2B6
(403) 203-8200   SIC 2431
GIENOW WINDOWS & DOORS INC   p 117
9704 12 Ave Sw, EDMONTON, AB, T6X 0J5
(780) 450-8000   SIC 2431
GIENOW WINDOWS & DOORS INC   p 268
21300 Gordon Way Suite 178, RICHMOND, BC, V6W 1M2
(604) 233-0477   SIC 2431
GIFFELS CORPORATION   p 585
2 International Blvd, ETOBICOKE, ON, M9W 1A2

(416) 798-5500   SIC 8741
GIFFIN CONTRACTORS   p 759
133 Bridgeland Ave, NORTH YORK, ON, M6A 1Y7
(416) 781-6166   SIC 3499
GIGUERE PORTES ET FENETRES INC   p 1011
7068 Boul Sainte-Anne, Chateau-Richer, QC, G0A 1N0
(418) 824-4379   SIC 2431
GIL AND SONS LIMITED   p 948
304 Arnold St, WALLACEBURG, ON, N8A 3P5
(519) 627-5924   SIC 1731
GIL-BER INC   p 1170
3282 1e Av, RAWDON, QC, J0K 1S0
(450) 834-3559   SIC 4151
GILBERT PATERSON MIDDLE SCHOOL   p 140
See LETHBRIDGE SCHOOL DISTRICT NO. 51
GILBERT PLAINS ELEMENTARY SCHOOL   p 349
See MOUNTAIN VIEW SCHOOL DIVISION
GILBRO INC   p 1023
1230 Boul Wallberg, DOLBEAU-MISTASSINI, QC, G8L 1H2
(418) 276-0392   SIC 2411
GILCHRIST MANOR   p 10
See METROPOLITAN CALGARY FOUNDATION
GILEAD SCIENCES CANADA, INC   p 709
6711 Mississauga Rd Suite 600, MISSISSAUGA, ON, L5N 2W3
(905) 363-8008   SIC 2834
GILL ELEMENTARY SCHOOL   p 254
See SCHOOL DISTRICT #70 (ALBERNI) SCHOOL BOARD
GILL MEMORIAL ACADEMY   p 430
See NOVA CENTRAL SCHOOL DISTRICT
GILL TECHNOLOGIES GLOBAL COMMUNICATIONS INC   p 809
150 King St, PETERBOROUGH, ON, K9J 2R9
(877) 507-6988   SIC 4899
GILLESPIE PONTIAC BUICK CADILLAC LIMITED   p 955
Gd, WELLAND, ON, L3B 5N3
(905) 735-7151   SIC 7538
GILLESPIE-MUNRO INC   p 1115
740 Rue Notre-Dame O Bureau 1120, Montreal, QC, H3C 3X6
(514) 871-1033   SIC 4731
GILLEY RESTAURANTS LTD   p 232
19651 Fraser Hwy, LANGLEY, BC, V3A 4C6
(604) 534-1222   SIC 5812
GILLIS QUARRIES LIMITED   p 343
203 Gillis St, BEAUSEJOUR, MB, R0E 0C0
(204) 268-2934   SIC 1411
GILLIS SCHOOL   p 359
See SUNRISE SCHOOL DIVISION
GILLNETTER PUB CO (1989) LTD   p 255
1864 Argue St, PORT COQUITLAM, BC, V3C 5K4
(604) 941-5599   SIC 5813
GILMER'S BUILDING CENTRE LIMITED   p 817
177 Toronto Rd Suite 1, PORT HOPE, ON, L1A 3V5
(905) 885-4568   SIC 5251
GILMER'S HOME CENTRE   p 817
See GILMER'S BUILDING CENTRE LIMITED
GILMORE COMMUNITY ELEMENTARY SCHOOL   p 186
See BURNABY SCHOOL BOARD DISTRICT 41
GILMORE GLOBAL LOGISTICS SERVICES INC   p 800
1636 Woodward Dr, OTTAWA, ON, K2C 3R8
(613) 599-6065   SIC 2752
GILMORE INVESTMENTS   p 800
See GILMORE GLOBAL LOGISTICS SER-

VICES INC
GILMORE REPRODUCTIONS p 800
See GILMORE, R. E. INVESTMENTS CORP
GILMORE REPRODUCTIONS p 800
See OTTAWA GRAPHIC SYSTEMS
GILMORE, R. E. INVESTMENTS CORP p 800
1636 Woodward Dr, OTTAWA, ON, K2C 3R8
(613) 727-5610   SIC 2752
GILPIN ELEMENTARY SCHOOL p 189
See BURNABY SCHOOL BOARD DISTRICT 41
GILTEX p 1120
See 9074-8898 QUEBEC INC
GIMBEL EYE CENTRE p 58
See GIMBEL, DR. HOWARD V
GIMBEL, DR. HOWARD V p 58
4935 40 Ave Nw Suite 450, CALGARY, AB, T3A 2N1
(403) 286-3022   SIC 8011
GIMBLE EYE CENTER, THE p 58
See I CARE SERVICE LTD
GIMLI HIGH SCHOOL p 349
See EVERGREEN SCHOOL DIVISION
GINO A MARCUS COMMUNITY COMPLEX p 966
See CORPORATION OF THE CITY OF WINDSOR
GIORGIO p 1130
See GROUPE D'ALIMENTATION MTY INC
GIR DEL HYDRAULICS DIV OF p 96
See GUILLEVIN INTERNATIONAL CIE
GIRARDIN, A. INC p 1031
4000 Rue Girardin, DRUMMONDVILLE, QC, J2E 0A1
(819) 477-3222   SIC 4151
GIRL GUIDES OF CANADA ONTARIO COUNCIL p 900
See GIRL GUIDES OF CANADA/GUIDES DU CANADA
GIRL GUIDES OF CANADA/GUIDES DU CANADA p 338
1124 Inglewood Ave, WEST VANCOUVER, BC, V7T 1Y5
(604) 922-1124   SIC 8641
GIRL GUIDES OF CANADA/GUIDES DU CANADA p 900
14 Birch Ave, TORONTO, ON, M4V 1C8
(416) 920-6666   SIC 8641
GIROSI INC p 1088
4466 Rue Beaubien E, Montreal, QC, H1T 3Y8
(514) 728-3674   SIC 5912
GIROUXVILLE PLANT p 118
See PENN WEST PETROLEUM LTD
GIS p 704
See GREEN IMAGING SUPPLIES INC
GISBORNE FIRE PROTECTION p 147
See GISBORNE INDUSTRIAL CONSTRUCTION LTD
GISBORNE FIRE PROTECTION ALBERTA LTD p 147
1201 6 St, NISKU, AB, T9E 7P1
(780) 447-3830   SIC 1711
GISBORNE FIRE PROTECTION ALBERTA LTD p 188
7476 Hedley Ave, BURNABY, BC, V5E 2P9
(604) 520-7300   SIC 1711
GISBORNE INDUSTRIAL CONSTRUCTION LTD p 147
1201 6 St, NISKU, AB, T9E 7P1
(780) 955-0509   SIC 1541
GISBORNE INDUSTRIAL CONSTRUCTION LTD p 188
7476 Hedley Ave, BURNABY, BC, V5E 2P9
(604) 520-7300   SIC 1541
GISELLE'S PROFESSIONAL SKIN CARE LTD p 387
1700 Corydon Ave Unit 13, WINNIPEG, MB, R3N 0K1
SIC 7231
GISELLE'S PROFESSIONAL SKIN CARE LTD p 387
1851 Grant Ave, WINNIPEG, MB, R3N 1Z2
SIC 7231
GITXSAN SAFETY SERVICES INC p 217
1650 Omineca St, HAZELTON, BC, V0J 1Y0
(250) 842-6780   SIC 8748
GIVAUDAN CANADA CO p 688
2400 Matheson Blvd E, MISSISSAUGA, ON, L4W 5G9
(905) 282-9808   SIC 5149
GIVESCO INC p 1214
9495 Rue Pascal-Gagnon, SAINT-LEONARD, QC, H1P 1Z4
(514) 327-7175   SIC 5039
GIZELLA PASTRY ULC p 294
3436 Lougheed Hwy, VANCOUVER, BC, V5M 2A4
(604) 253-5220   SIC 2051
GJONAJ TRANSPORT LTD p 936
90 Tyndall Ave Suite 101, TORONTO, ON, M6K 2E6
(416) 530-1014   SIC 4212
GKW CONSTRUCTION INC p 360
54 St Paul Blvd, WEST ST PAUL, MB, R2P 2W5
(204) 633-7000   SIC 1741
GLACE BAY FOODLAND p 455
See SOBEYS CAPITAL INCORPORATED
GLACE BAY HEALTH CARE FACILITY p 455
300 South St, GLACE BAY, NS, B1A 1W5
(902) 849-5511   SIC 8062
GLACE BAY HOSPITAL p 455
See GLACE BAY HEALTH CARE FACILITY
GLACIER MEDIA INC p 206
901 100 Ave, DAWSON CREEK, BC, V1G 1W2
(250) 782-4888   SIC 2711
GLACIER MEDIA INC p 259
150 Brunswick St, PRINCE GEORGE, BC, V2L 2B3
(250) 562-6666   SIC 2711
GLACIER MEDIA INC p 329
2621 Douglas St, VICTORIA, BC, V8T 4M2
(250) 380-5211   SIC 2711
GLACIER MEDIA INC p 377
Gd, WINNIPEG, MB, R3C 3K7
(204) 944-5767   SIC 2711
GLAD PARK PUBLIC SCHOOL p 864
See YORK REGION DISTRICT SCHOOL BOARD
GLADES LODGE p 463
See GEM HEALTH CARE GROUP LIMITED
GLADSTONE ELEMENTARY SCHOOL p 349
See PINE CREEK SCHOOL DIVISION
GLADSTONE SCHOOL p 386
See WINNIPEG SCHOOL DIVISION
GLADYS MCDONALD p 1287
See BOARD OF EDUCATION REGINA SCHOOL DIVISION NO. 4 OF SASKATCHEWAN
GLADYS SPEERS PUBLIC SCHOOL p 770
See HALTON DISTRICT SCHOOL BOARD
GLAM MEDIA CANADA INC p 929
675 King St W Suite 303, TORONTO, ON, M5V 1M9
(416) 368-6800   SIC 7311
GLAMORGAN CARE CENTRE p 54
See TRAVOIS HOLDINGS LTD
GLAMORGAN ELEMENTARY SCHOOL p 60
See CALGARY BOARD OF EDUCATION
GLASHAN INTERMEDIATE SCHOOL p 802
See OTTAWA-CARLETON DISTRICT SCHOOL BOARD
GLASS GROUP p 444
See PPG CANADA INC
GLASSBOX TV INC p 898
130 Merton St, TORONTO, ON, M4S 1A4
SIC 7319
GLASSCELL ISOFAB INC p 585
1000 Martin Grove Rd Suite 1, ETOBICOKE, ON, M9W 4V8
(416) 241-8663   SIC 5033

GLASSCELL ISOFAB INC p 828
272 St Andrew St, SARNIA, ON, N7T 8G8
(519) 336-6444   SIC 5033
GLASSCELL ISOFAB INC p 1082
5760 Ch De La Cote-De-Liesse, MONT-ROYAL, QC, H4T 1B1
(514) 738-1916   SIC 5033
GLASSHOUSE SYSTEMS INC p 753
885 Don Mills Road, NORTH YORK, ON, M3C 1V9
(416) 229-2950   SIC 5045
GLASTECH GLAZING CONTRACTORS LTD p 255
1613 Kebet Way, PORT COQUITLAM, BC, V3C 5W9
(604) 941-9115   SIC 1793
GLASVAN TRAILERS INC p 958
1025 Hopkins St, WHITBY, ON, L1N 2C2
(905) 430-1262   SIC 7539
GLAXOSMITHKLINE BIOLOGICAL NORTH AMERICA p 1155
See ID BIOMEDICAL CORPORATION OF QUEBEC
GLAXOSMITHKLINE BIOLOGICAL NORTH AMERICA p 1214
See ID BIOMEDICAL CORPORATION OF QUEBEC
GLAXOSMITHKLINE BIOLOGICALS NORTH AMERICA p 1155
See ID BIOMEDICAL CORPORATION OF QUEBEC
GLAXOSMITHKLINE CONSUMER HEALTHCARE INC p 764
2030 Bristol Cir, OAKVILLE, ON, L6H 0H2
SIC 5122
GLAXOSMITHKLINE INC p 709
7333 Mississauga Rd, MISSISSAUGA, ON, L5N 6L4
(905) 819-3000   SIC 2834
GLAXOSMITHKLINE INC p 764
2030 Bristol Cir, OAKVILLE, ON, L6H 0H2
(416) 738-1041   SIC 2834
GLAXOSMITHKLINE INC p 1214
245 Boul Armand-Frappier, SAINT-LAURENT, QC, H7V 4A7
(450) 978-4599   SIC 2834
GLAZIER MEDICAL CENTER p 780
See LAKERIDGE HEALTH
GLAZIER MEDICAL CENTRE p 779
11 Gibb St, OSHAWA, ON, L1H 2J9
(905) 728-3668   SIC 8011
GLC ASSET MANAGEMENT GROUP LTD p 655
255 Dufferin Ave, LONDON, ON, N6A 4K1
(519) 432-7229   SIC 6211
GLC CONTROLS INC p 13
3300 14 Ave Ne Suite 2, CALGARY, AB, T2A 6J4
SIC 5063
GLEBE COLLEGIATE INSTITUTE p 794
See OTTAWA-CARLETON DISTRICT SCHOOL BOARD
GLEDHILL JUNIOR PUBLIC SCHOOL p 892
See TORONTO DISTRICT SCHOOL BOARD
GLEN ABBEY BRANCH p 771
See OAKVILLE PUBLIC LIBRARY BOARD, THE
GLEN AVON SCHOOL p 166
See ST. PAUL EDUCATION REGIONAL DIVISION NO 1
GLEN BRAE MIDDLE SCHOOL p 608
See HAMILTON-WENTWORTH DISTRICT SCHOOL BOARD, THE
GLEN BRAE SCHOOL p 608
See HAMILTON-WENTWORTH DISTRICT SCHOOL BOARD, THE
GLEN CAIRN PUBLIC SCHOOL p 625
See OTTAWA-CARLETON DISTRICT SCHOOL BOARD
GLEN CAIRN ELEMENTARY SCHOOL p 654
See THAMES VALLEY DISTRICT SCHOOL BOARD

GLEN CEDAR PUBLIC SCHOOL p 735
See YORK REGION DISTRICT SCHOOL BOARD
GLEN CORPORATION p 890
624 Magnetic Dr, TORONTO, ON, M3J 2C4
(416) 663-4664   SIC 7349
GLEN DHU PUBLIC SCHOOL p 959
See DURHAM DISTRICT SCHOOL BOARD
GLEN ECHO JUNIOR ELEMENTARY SCHOOL p 608
See HAMILTON-WENTWORTH DISTRICT SCHOOL BOARD, THE
GLEN ELM PUBLIC ELEMENTARY SCHOOL p 1281
See BOARD OF EDUCATION REGINA SCHOOL DIVISION NO. 4 OF SASKATCHEWAN
GLEN FALLS SCHOOL p 414
See SCHOOL DISTRICT 8
GLEN HAVEN MANOR CORPORATION p 469
739 East River Rd, NEW GLASGOW, NS, B2H 5E9
(902) 752-2588   SIC 8051
GLEN LAKE ELEMENTARY SCHOOL p 336
See SCHOOL DISTRICT NO 62 (SOOKE)
GLEN OAKS MEMORIAL p 765
See MEMORIAL GARDENS CANADA LIMITED
GLEN OGILVIE ELEMENTARY SCHOOL p 593
See OTTAWA-CARLETON DISTRICT SCHOOL BOARD
GLEN ORCHARD/HONEY HARBOUR PUBLIC SCHOOL p 816
See TRILLIUM LAKELANDS DISTRICT SCHOOL BOARD
GLEN RAVINE JR PUBLIC SCHOOL p 886
See TORONTO DISTRICT SCHOOL BOARD
GLEN RIDGE SCHOOL p 854
See DISTRICT SCHOOL BOARD OF NIAGARA
GLEN SCOTTISH PUB & RESTAURANT p 860
See MOR-WEN RESTAURANTS LTD
GLEN SHIELDS PUBLIC SCHOOL p 563
See YORK REGION DISTRICT SCHOOL BOARD
GLEN STEWART SCHOOL p 984
See EASTERN SCHOOL DISTRICT
GLEN STREET PUBLIC SCHOOL p 781
See DURHAM DISTRICT SCHOOL BOARD
GLEN TAY PUBLIC SCHOOL p 807
See UPPER CANADA DISTRICT SCHOOL BOARD, THE
GLEN TAY TRANSPORTATION p 807
See CONTRANS GROUP INC
GLEN TRANSPORT, DIV OF p 278
See DCT CHAMBERS TRUCKING LTD
GLEN WILLIAMS PUBLIC SCHOOL p 592
See HALTON DISTRICT SCHOOL BOARD
GLENBORO SCHOOL p 349
See PRAIRIE SPIRIT SCHOOL DIVISION
GLENBRIAR HOME HARDWARE p 950
See CHANTENAY HOLDINGS LIMITED
GLENBORO ELEMENTARY SCHOOL p 60
See CALGARY BOARD OF EDUCATION
GLENBROOK FIRE HALL p 244
See CORPORATION OF THE CITY OF NEW WESTMINSTER
GLENCAIRN GOLF CLUB p 681
See CLUBLINK CORPORATION ULC
GLENCAIRN PUBLIC SCHOOL p 640
See WATERLOO REGION DISTRICT SCHOOL BOARD
GLENCOE DISTRICT HIGH SCHOOL p 592
See THAMES VALLEY DISTRICT SCHOOL BOARD
GLENCOE GOLF & COUNTRY CLUB, THE p 52
636 29 Ave Sw, CALGARY, AB, T2S 0P1

(403) 242-4019   SIC 7997
GLENCORE CANADA CORPORATION   p 588
6 Edison Rd, FALCONBRIDGE, ON, P0M 1S0
(705) 699-3400   SIC 1021
GLENCORE CANADA CORPORATION   p 1056
1400 Rue Norman, LACHINE, QC, H8S 1A8
(514) 637-3591   SIC 1021
GLENCORE CANADA CORPORATION   p 1130
1950 Rue Maurice-Gauvin Bureau 300, Montreal, QC, H7S 1Z5
(450) 668-2112   SIC 1021
GLENDALE GOLF & COUNTRY CLUB LTD   p 96
12410 199 St Nw, EDMONTON, AB, T5V 1T8
(780) 447-3529   SIC 7997
GLENDALE HIGH SCHOOL   p 883
See THAMES VALLEY DISTRICT SCHOOL BOARD
GLENDALE METALS   p 853
See INTERNATIONAL MARINE SALVAGE INC
GLENDALE MIDDLE SCHOOL   p 154
See BOARD OF TRUSTEES OF THE RED DEER PUBLIC SCHOOL DISTRICT NO. 104, THE
GLENDALE PUBLIC SCHOOL   p 521
See PEEL DISTRICT SCHOOL BOARD
GLENDALE SECONDARY SCHOOL   p 608
See HAMILTON-WENTWORTH DISTRICT SCHOOL BOARD, THE
GLENDON SCHOOL   p 124
See NORTHERN LIGHTS SCHOOL DIVISION NO. 69
GLENEAGLE SECONDARY SCHOOL p 200
See SCHOOL DISTRICT NO. 43 (COQUITLAM)
GLENEAGLES ELEMENTARY   p 339
See SCHOOL DISTRICT NO. 45 (WEST VANCOUVER)
GLENELM SCHOOL   p 367
See WINNIPEG SCHOOL DIVISION
GLENFOREST SECONDARY SCHOOL   p 692
See PEEL DISTRICT SCHOOL BOARD
GLENGARRY BUS LINE INC   p 485
104 Viau St, ALEXANDRIA, ON, K0C 1A0
(613) 525-1443   SIC 4151
GLENGARRY DISTRICT HIGH SCHOOL   p 485
See UPPER CANADA DISTRICT SCHOOL BOARD, THE
GLENGARRY ELEMENTARY SCHOOL p 76
See EDMONTON SCHOOL DISTRICT NO. 7
GLENGARRY MOTEL & RESTAURANT LIMITED   p 477
150 Willow St, TRURO, NS, B2N 4Z6
(902) 893-4311   SIC 7011
GLENGROVE PUBLIC SCHOOL   p 812
See DURHAM DISTRICT SCHOOL BOARD
GLENHAVEN SENIOR PUBLIC SCHOOL   p 692
See PEEL DISTRICT SCHOOL BOARD
GLENLAWN COLLEGIATE INSTITUTE   p 368
See LOUIS RIEL SCHOOL DIVISION
GLENMERRY ELEMENTARY SCHOOL   p 292
See SCHOOL DISTRICT # 20 (KOOTENAY-COLUMBIA)
GLENMORE CHRISTIAN ACADEMY   p 56
See GCA EDUCATIONAL SOCIETY
GLENMORE ELEMENTARY   p 225
See BOARD OF EDUCATION OF SCHOOL DISTRICT NO. 23 (CENTRAL OKANAGAN), THE
GLENMORE PRINTING LTD   p 266
13751 Mayfield Pl Unit 150, RICHMOND, BC, V6V 2G9

(604) 273-6323   SIC 2759
GLENN ALLEN ELEMENTARY SCHOOL   p 161
See ELK ISLAND PUBLIC SCHOOLS REGIONAL DIVISION NO. 14
GLENN ELEMENTARY SCHOOL   p 200
See SCHOOL DISTRICT NO. 43 (COQUITLAM)
GLENN GOULD PUBLIC SCHOOL   p 973
See YORK REGION DISTRICT SCHOOL BOARD
GLENN'S FAMILY RESTAURANT   p 157
See GLENN'S RESTAURANT LTD
GLENN'S RESTAURANT LTD   p 157
125 Leva Ave Unit 5, RED DEER COUNTY, AB, T4E 1B2
(403) 346-5448   SIC 5812
GLENNROSE REHABLITATION HOSPITAL   p 76
See ALBERTA HEALTH SERVICES
GLENOAK FORD SALES   p 330
See VICTORIA FORD ALLIANCE LTD
GLENROSA ELEMENTARY SCHOOL p 337
See BOARD OF EDUCATION OF SCHOOL DISTRICT NO. 23 (CENTRAL OKANAGAN), THE
GLENROSA MIDDLE SCHOOL   p 337
See BOARD OF EDUCATION OF SCHOOL DISTRICT NO. 23 (CENTRAL OKANAGAN), THE
GLENTEL INC   p 92
10230 176 St Nw, EDMONTON, AB, T5S 1L2
(780) 732-3400   SIC 4813
GLENTEL INC   p 95
8882 170 St Nw Unit 2148, EDMONTON, AB, T5T 4J2
(780) 444-9283   SIC 4813
GLENTEL INC   p 177
32900 South Fraser Way Unit 3k, ABBOTSFORD, BC, V2S 5A1
(604) 852-9283   SIC 4813
GLENTEL INC   p 182
9855 Austin Rd Suite 218, BURNABY, BC, V3J 1N4
(604) 444-9283   SIC 4813
GLENTEL INC   p 197
44585 Luckakuck Way, CHILLIWACK, BC, V2R 3C7
(604) 824-7144   SIC 4813
GLENTEL INC   p 218
1320 Trans Canada Hwy W, KAMLOOPS, BC, V1S 1J2
(250) 372-1868   SIC 4899
GLENTEL INC   p 232
19705 Fraser Hwy Suite 114a, LANGLEY, BC, V3A 7E9
(604) 534-5666   SIC 4813
GLENTEL INC   p 262
3055 Massey Dr, PRINCE GEORGE, BC, V2N 2S9
(250) 561-2360   SIC 4813
GLENTEL INC   p 368
1225 St Mary's Rd, WINNIPEG, MB, R2M 5E5
(204) 772-9283   SIC 4812
GLENTEL INC   p 540
900 Maple Ave Ste 14a, BURLINGTON, ON, L7S 2J8
(905) 632-5665   SIC 4812
GLENTEL INC   p 638
2960 Kingsway Dr, KITCHENER, ON, N2C 1X1
(519) 896-9283   SIC 4813
GLENTEL INC   p 671
5000 Highway 7 E, MARKHAM, ON, L3R 4M9
(905) 475-9283   SIC 4813
GLENTEL INC   p 698
100 City Centre Dr Unit E5, MISSISSAUGA, ON, L5B 2C9
(905) 896-9283   SIC 4813
GLENVIEW PARK SECONDARY SCHOOL p 544

See WATERLOO REGION DISTRICT SCHOOL BOARD
GLENVIEW PUBLIC SCHOOL   p 541
See HALTON DISTRICT SCHOOL BOARD
GLENVILLE SCHOOL   p 69
See ROCKY VIEW SCHOOL DIVISION NO. 41, THE
GLENWAY COUNTRY CLUB LIMITED p 732
470 Crossland Gate, NEWMARKET, ON, L3X 1B8
(905) 235-5422   SIC 7997
GLENWOOD CARE CENTRE   p 180
See LEYEN HOLDINGS LTD
GLENWOOD ELEMENTARY   p 236
See SCHOOL DISTRICT NO 42 (MAPLE RIDGE-PITT MEADOWS)
GLENWOOD ELEMENTARY SCHOOL p 231
See BOARD OF EDUCATION OF SCHOOL DISTRICT NO. 35 (LANGLEY)
GLENWOOD ELEMENTARY SCHOOL p 970
See GREATER ESSEX COUNTY DISTRICT SCHOOL BOARD
GLENWOOD MEMORIAL GARDENS   p 162
See MEMORIAL GARDENS CANADA LIMITED
GLENWOOD SCHOOL   p 124
See WESTWIND SCHOOL DIVISION #74
GLENWOOD SCHOOL   p 368
See LOUIS RIEL SCHOOL DIVISION
GLENWOOD SPECIAL DAY SCHOOL p 612
See HAMILTON-WENTWORTH DISTRICT SCHOOL BOARD, THE
GLOAPSO INC   p 1024
154 Rue Spring Garden, DOLLARD-DES-ORMEAUX, QC, H9B 2C6
(514) 817-7047   SIC 5136
GLOBAL & MAIL, THE   p 790
See BELL MEDIA INC
GLOBAL AEROSPACE UNDERWRITING MANAGERS (CANADA) LIMITED   p 671
100 Renfrew Dr Suite 200, MARKHAM, ON, L3R 9R6
(905) 479-2244   SIC 6411
GLOBAL BEVERAGE GROUP INC   p 953
120 Randall Dr Suite E, WATERLOO, ON, N2V 1C6
SIC 7371
GLOBAL CHILD CARE SERVICES   p 594
1714 Montreal Rd, GLOUCESTER, ON, K1J 6N5
(613) 742-5500   SIC 8351
GLOBAL COMMERCE DEVELOPMENT INC   p 269
11611 Bridgeport Rd, RICHMOND, BC, V6X 1T5
(604) 278-8688   SIC 5149
GLOBAL CONTRACT INC   p 755
555 Petrolia Rd Suite 1, NORTH YORK, ON, M3J 2X8
(416) 739-5000   SIC 2522
GLOBAL CREDIT & COLLECTION INC   p 1106
2055 Rue Peel Bureau 100, Montreal, QC, H3A 1V4
(514) 284-5533   SIC 7322
GLOBAL CROSSING TELECOMMUNICATIONS-CANADA, LTD p 914
120 Adelaide St W Suite 2119, TORONTO, ON, M5H 1T1
(416) 216-2011   SIC 4899
GLOBAL DISTRIBUTION AND WAREHOUSING   p 511
See 575636 ONTARIO LIMITED
GLOBAL EGG CORPORATION   p 572
115 Bonnie Cres, ELMIRA, ON, N3B 3G2
(416) 231-2309   SIC 2015
GLOBAL EXPRESS   p 559
See GLOBAL UPHOLSTERY CO. INC
GLOBAL FLOW INC   p 17
5796 40 St Se, CALGARY, AB, T2C 2A1
(403) 528-4627   SIC 1389
GLOBAL FLOW INC   p 24

2315 30 Ave Ne Suite 2, CALGARY, AB, T2E 7C7
(403) 219-0488   SIC 1389
GLOBAL INDUSTRIAL CANADA   p 820
See AVENUE INDUSTRIAL SUPPLY COMPANY LIMITED
GLOBAL INDUSTRIAL SERVICES   p 551
See 1670002 ONTARIO LIMITED
GLOBAL IQ INC   p 80
10230 Jasper Ave Nw Suite 4570, EDMONTON, AB, T5J 4P6
(780) 420-0633   SIC 8731
GLOBAL KNOWLEDGE NETWORK (CANADA) INC   p 797
1600 Scott St Suite 300, OTTAWA, ON, K1Y 4N7
(613) 288-0451   SIC 8741
GLOBAL LE GROUPE   p 1115
See GLOBAL UPHOLSTERY CO. INC
GLOBAL LINK REALTY GROUP INC p 672
340 Ferrier St Suite 8, MARKHAM, ON, L3R 2Z5
(905) 475-0028   SIC 6531
GLOBAL MATRIX   p 672
See GLOBAL TRAVEL COMPUTER HOLDINGS LTD
GLOBAL PAYMENT SYSTEMS OF CANADA, LTD   p 743
3381 Steeles Ave E Suite 200, NORTH YORK, ON, M2H 3S7
(416) 644-5959   SIC 7389
GLOBAL PAYMENTS CANADA INC   p 311
1130 Pender St W Suite 620, VANCOUVER, BC, V6E 4A4
(604) 665-2999   SIC 7389
GLOBAL PAYMENTS CANADA INC   p 585
151 Carlingview Dr Unit 17, ETOBICOKE, ON, M9W 5S4
(416) 798-2627   SIC 7389
GLOBAL PHOENIX MANUFACTURING INC p 559
141 Snidercroft Rd Suite 4, CONCORD, ON, L4K 2J8
SIC 2521
GLOBAL SECURITIES CORPORATION   p 323
3 Bentall Ctr Suite 1100, VANCOUVER, BC, V7X 1C4
(604) 689-5400   SIC 6211
GLOBAL SERVICES   p 670
See AMEX CANADA INC
GLOBAL SKILLS INC   p 914
366 Bay St 10th Fl, TORONTO, ON, M5H 4B2
(416) 907-8400   SIC 7361
GLOBAL TELESALES OF CANADA INC p 810
1900 Fisher Dr, PETERBOROUGH, ON, K9J 6X6
(705) 872-3021   SIC 7389
GLOBAL TELEVISION   p 901
See CORUS MEDIA HOLDINGS INC
GLOBAL TEXTILES EXPORT AND IMPORT INC   p 424
657 Conception Bay Hwy, CONCEPTION BAY SOUTH, NL, A1X 3C5
(709) 834-9696   SIC 5093
GLOBAL TOOLS   p 497
See IDEAL SUPPLY COMPANY LIMITED
GLOBAL TOOLS   p 596
See IDEAL SUPPLY COMPANY LIMITED
GLOBAL TOTAL OFFICE   p 755
See GLOBAL UPHOLSTERY CO. INC
GLOBAL TRANSITION CONSULTING INC p 212
80 Station St Suite 301, DUNCAN, BC, V9L 1M4
(250) 748-9880   SIC 8742
GLOBAL TRAVEL COMPUTER HOLDINGS LTD   p 672
7550 Birchmount Rd, MARKHAM, ON, L3R 6C6
(905) 479-4949   SIC 7374
GLOBAL UNIFIED SOLUTION SERVICES

INC *p 709*
6535 Millcreek Dr Unit 58, MISSISSAUGA, ON, L5N 2M2
(905) 363-3600   *SIC 8748*

GLOBAL UPHOLSTERY CO. INC *p 559*
177 Snidercroft Rd Suite A, CONCORD, ON, L4K 2J8
(905) 660-5101   *SIC 5021*

GLOBAL UPHOLSTERY CO. INC *p 755*
1350 Flint Rd, NORTH YORK, ON, M3J 2J7
(416) 661-3660   *SIC 6719*

GLOBAL UPHOLSTERY CO. INC *p 755*
596 Supertest Rd, NORTH YORK, ON, M3J 2M5
(416) 661-3660   *SIC 2522*

GLOBAL UPHOLSTERY CO. INC *p 755*
565 Petrolia Rd, NORTH YORK, ON, M3J 2X8
(416) 739-5000   *SIC 2522*

GLOBAL UPHOLSTERY CO. INC *p 1115*
980 Rue Saint-Antoine O Bureau 200, Montreal, QC, H3C 1A8
(514) 866-4331   *SIC 5021*

GLOBAL VILLAGE ENGLISH CENTRE *p 306*
See WESTCOAST ENGLISH LANGUAGE CENTER LIMITED

GLOBAL VILLAGE VICTORIA *p 332*
See WESTCOAST ENGLISH LANGUAGE CENTER LIMITED

GLOBAL VINTNERS INC *p 855*
301 Louth St Unit B3, ST CATHARINES, ON, L2S 3V6
(905) 708-6680   *SIC 5921*

GLOBAL-VINS & SPIRITUEUX *p 1071*
See SOCIETE D'INVESTISSEMENT M-S, S.E.C.

GLOBALEX GESTION DE RISQUES INC *p 1106*
2001 Av Mcgill College Bureau 600, Montreal, QC, H3A 1G1
(514) 382-9625   *SIC 6411*

GLOBALSTAR CANADA SATELLITE CO. *p 714*
115 Matheson Blvd W Unit 100, MISSISSAUGA, ON, L5R 3L1
(905) 890-1377   *SIC 5731*

GLOBE AND MAIL *p 928*
See BELL MEDIA INC

GLOBE MOVING & STORAGE LTD *p 379*
1373 Spruce St, WINNIPEG, MB, R3E 2V8
(204) 925-7799   *SIC 4214*

GLOBE SPRING & CUSHION CO. LTD *p 559*
25 Doney Cres, CONCORD, ON, L4K 1P6
SIC 2511

GLOBESPAN TRAVEL LTD *p 300*
660 Leg In Boot Sq Unit C, VANCOUVER, BC, V5Z 4B3
(604) 879-6466   *SIC 4724*

GLOBETROTTER LOGISTICS INC *p 580*
35 Rakely Crt, ETOBICOKE, ON, M9C 5A5
(416) 742-2232   *SIC 4731*

GLOBO *p 1229*
See GROUPE ALDO INC, LE

GLOBO SHOES *p 947*
See GROUPE ALDO INC, LE

GLOBOCAM (MONTREAL) INC *p 1140*
155 Av Reverchon, POINTE-CLAIRE, QC, H9P 1K1
(514) 344-4000   *SIC 5511*

GLOOSCAP ELEMENTARY SCHOOL *p 445*
See ANNAPOLIS VALLEY REGIONAL SCHOOL BOARD

GLOPAK *p 28*
See HOOD PACKAGING CORPORATION

GLOPAK *p 1215*
See HOOD PACKAGING CORPORATION

GLORY GLOBAL SOLUTIONS (CANADA) INC *p 1131*
1111 Chomedey (A-13) E Unit9 200, Montreal, QC, H7W 5J8
(450) 686-8800   *SIC 5044*

GLORY SOLUTIONS GLOBALES CANADA
p 1131
See GLORY GLOBAL SOLUTIONS (CANADA) INC

GLOUCESTER BIBLIOTHEQUE PUBLIC *p 593*
See CITY OF OTTAWA

GLOUCESTER CONSTRUCTION LTD *p 421*
4260 Rue Principale, TRACADIE-SHEILA, NB, E1X 1B9
SIC 1542

GLOUCESTER HIGH SCHOOL *p 594*
See OTTAWA-CARLETON DISTRICT SCHOOL BOARD

GLOVER INTERNATIONAL TRUCKS LTD *p 2*
78 East Lake Cres Ne, AIRDRIE, AB, T4A 2H4
(403) 948-2011   *SIC 5531*

GLOVER INTERNATIONAL TRUCKS LTD *p 17*
5425 90 Ave Se, CALGARY, AB, T2C 4Z6
(403) 723-6666   *SIC 5511*

GLOVER INTERNATIONAL TRUCKS LTD *p 66*
3836 42 Ave, CAMROSE, AB, T4V 4B9
(780) 672-7396   *SIC 7538*

GLOVER INTERNATIONAL TRUCKS LTD *p 72*
585 Premier Rd, DRUMHELLER, AB, T0J 0Y1
(403) 823-6001   *SIC 7699*

GLOVER INTERNATIONAL TRUCKS LTD *p 155*
226 Queens Dr, RED DEER, AB, T4P 0V8
(403) 346-5525   *SIC 7538*

GLOVERTOWN ACADEMY *p 426*
See NOVA CENTRAL SCHOOL DISTRICT

GLR *p 1050*
See G.L.R. INC

GLR - THIRO S.E.N.C. *p 1050*
1095 Rue Valets, L'ANCIENNE-LORETTE, QC, G2E 4M7
(418) 872-7420   *SIC 1623*

GLUTEN FREE EXPO *p 299*
See GF EVENTS LTD

GLUTINO *p 1128*
See IMPORTATIONS DE-RO-MA (1983) LTEE

GLYNN A GREEN PUBLIC SCHOOL *p 589*
See DISTRICT SCHOOL BOARD OF NIAGARA

GLYNNWOOD *p 874*
See REVERA INC

GM FINANCIAL *p 889*
See GENERAL MOTORS FINANCIAL OF CANADA, LTD.

GM NAMEPLATE CANADA CORP *p 289*
9344 192 St, SURREY, BC, V4N 3R8
(604) 888-6333   *SIC 3993*

GM PRO *p 957*
See DURHAM COLLEGE OF APPLIED ARTS AND TECHNOLOGY

GMP *p 1003*
See GAZ METRO PLUS INC

GMP SECURITIES L.P. *p 914*
145 King St W Suite 300, TORONTO, ON, M5H 1J8
(416) 367-8600   *SIC 6211*

GN THERMOFORMING EQUIPMENT *p 445*
See G.N. PLASTICS COMPANY LIMITED

GNI MANAGEMENT GROUP INC *p 978*
935 Keyes Dr, WOODSTOCK, ON, N4V 1C3
(519) 537-5873   *SIC 1742*

GNUTTI LTD *p 620*
404 Canada Ave, HURON PARK, ON, N0M 1Y0
(519) 228-9494   *SIC 3714*

GO BEE INDUSTRIES INC *p 612*
300 York Blvd, HAMILTON, ON, L8R 3K6
SIC 7319

GO GIT *p 1029*
See 4211677 CANADA INC

GO NISSAN *p 117*
See MILLS NISSAN LTD

GO PACKAGING - BURLINGTON *p 535*
See SAMUEL, SON & CO., LIMITED

GO RESILIENT CANADA *p 537*
See EII LIMITED

GO TRANSIT *p 700*
See METROLINX

GO TRANSIT *p 896*
See METROLINX

GO TRANSIT *p 919*
See METROLINX

GOBER *p 1016*
See MEUBLES GOBER INC

GODDARD'S SONSHINE FAMILIES INC *p 568*
852 Apple Lane, CUMBERLAND, ON, K4C 1C1
(613) 833-0521   *SIC 8361*

GODERICH-EXETER RAILWAY COMPANY LIMITED *p 865*
101 Shakespeare St Suite 2, STRATFORD, ON, N5A 3W5
(519) 271-4441   *SIC 4011*

GODSON ELEMENTARY SCHOOL *p 177*
See SCHOOL DISTRICT NO 34 (ABBOTSFORD)

GOGUEN CHAMPLAIN INSURANCE *p 396*
See ARTHUR J. GALLAGHER CANADA LIMITED

GOJIT *p 1162*
See 4211677 CANADA INC

GOLD BAR ELEMENTARY SCHOOL *p 99*
See EDMONTON SCHOOL DISTRICT NO. 7

GOLD BUSINESS SOLUTIONS *p 383*
See KMCA ACQUISITION CORPORATION

GOLD EAGLE CASINO *p 1278*
See SASKATCHEWAN INDIAN GAMING AUTHORITY INC

GOLD RIVER SECONDARY SCHOOL *p 216*
See SCHOOL DISTRICT #84 (VANCOUVER ISLAND WEST)

GOLD RUSH PIZZA INC *p 339*
1826 Marine Dr, WEST VANCOUVER, BC, V7V 1J6
(604) 922-3013   *SIC 5812*

GOLD STANDARD DEVELOPMENT *p 947*
See 2298679 ONTARIO INC

GOLD STAR TRANSPORT (1975) LTD *p 126*
11002 89 Ave, GRANDE PRAIRIE, AB, T8V 4W4
(780) 532-0773   *SIC 4213*

GOLD STAR TRANSPORT (1975) LTD *p 150*
Gd Stn Main, PEACE RIVER, AB, T8S 1V8
(780) 624-4444   *SIC 4212*

GOLD STAR TRANSPORT (1975) LTD *p 175*
Gd, WHITECOURT, AB, T7S 1S1
SIC 4212

GOLD TRAIL LEARNING PROGRAM *p 181*
See SCHOOL DISTRICT #74 (GOLD TRAIL)

GOLDCORP CANADA LTD *p 851*
4315 Goldmine Rd, SOUTH PORCUPINE, ON, P0N 1H0
(705) 235-3221   *SIC 1041*

GOLDCORP INC *p 493*
17 Mine Rd Bag 2000, BALMERTOWN, ON, P0V 1C0
(807) 735-2077   *SIC 1041*

GOLDCORP INC *p 1177*
853 Boul Rideau, ROUYN-NORANDA, QC, J0Z 2X0
(819) 764-6400   *SIC 1041*

GOLDCREST PUBLIC SCHOOL *p 512*
See PEEL DISTRICT SCHOOL BOARD

GOLDEN ALTERNATE SCHOOL *p 216*
See BOARD OF EDUCATION OF SCHOOL DISTRICT NO. 06 (ROCKY MOUNTAIN), THE

GOLDEN ARCH FOOD SERVICES LTD *p 258*
6777 Hart Hwy, PRINCE GEORGE, BC, V2K 3A5
(250) 962-8281   *SIC 5812*

GOLDEN ARCH FOOD SERVICES LTD *p 259*
2001 Victoria St, PRINCE GEORGE, BC, V2L 2L8
(250) 563-2287   *SIC 5812*

GOLDEN ARCH FOOD SERVICES LTD *p 497*
80 Barrie View Dr, BARRIE, ON, L4N 8V4
(705) 735-1700   *SIC 5812*

GOLDEN AVENUE PUBLIC SCHOOL *p 851*
See DISTRICT SCHOOL BOARD ONTARIO NORTH EAST

GOLDEN BOY *p 184*
See GOLDEN BOY FOODS LTD

GOLDEN BOY FOODS LTD *p 184*
7725 Lougheed Hwy, BURNABY, BC, V5A 4V8
(604) 433-2200   *SIC 2068*

GOLDEN BOY FOODS LTD *p 184*
3151 Lake City Way, BURNABY, BC, V5A 3A3
(604) 421-4500   *SIC 4226*

GOLDEN DAWN NURSING HOME *p 648*
80 Main St, LIONS HEAD, ON, N0H 1W0
(519) 793-3433   *SIC 8051*

GOLDEN DOOR GERIATRIC CENTRE *p 389*
See PEMBINA CARE SERVICES LTD

GOLDEN EAGLE GOLF CLUB *p 253*
See GOLDEN EAGLE GOLF COURSES INC

GOLDEN EAGLE GOLF COURSES INC *p 253*
21770 Ladner Rd, PITT MEADOWS, BC, V3Y 1Z1
(604) 460-1871   *SIC 7992*

GOLDEN EARS ELEMENTARY *p 236*
See SCHOOL DISTRICT NO 42 (MAPLE RIDGE-PITT MEADOWS)

GOLDEN GATE MARGARINE *p 765*
See MARGARINE GOLDEN GATE-MICHCA INC

GOLDEN GLOBE CONSTRUCTION LTD *p 298*
8380 St. George St Unit 103b, VANCOUVER, BC, V5X 3S7
SIC 1521

GOLDEN GRIDDLE FAMILY RESTAURANT *p 538*
See THE GOLDEN GRIDDLE CORPORATION

GOLDEN GRIDDLE FAMILY RESTAURANT *p 737*
See THE GOLDEN GRIDDLE CORPORATION

GOLDEN HEIGHTS MANOR *p 423*
See EASTERN REGIONAL INTEGRATED HEALTH AUTHORITY

GOLDEN HILLS SCHOOL DIVISION #75 *p 72*
610 Walsh Ave, ACME, AB, T0M 0A0
(403) 546-3845   *SIC 8211*

GOLDEN HILLS SCHOOL DIVISION #75 *p 72*
1050 12 Ave Se Ss 7, DRUMHELLER, AB, T0J 0Y7
(403) 823-5244   *SIC 8211*

GOLDEN HILLS SCHOOL DIVISION #75 *p 72*
450 17 St E, DRUMHELLER, AB, T0J 0Y5
(403) 823-5171   *SIC 8211*

GOLDEN HILLS SCHOOL DIVISION #75 *p 140*
215 1 St Se, LINDEN, AB, T0M 1J0
(403) 546-3863   *SIC 8211*

GOLDEN HILLS SCHOOL DIVISION #75 *p 168*
121 9 Ave E, STANDARD, AB, T0J 3G0
(403) 644-3791   *SIC 8211*

GOLDEN HILLS SCHOOL DIVISION #75 *p 169*
95 Brentwood Dr W, STRATHMORE, AB, T1P 1E3
(403) 934-5013   *SIC 8211*

GOLDEN HILLS SCHOOL DIVISION #75 *p 169*

BUSINESSES ALPHABETICALLY

190 Brent Blvd, STRATHMORE, AB, T1P 1T4
(403) 901-1410 SIC 8211
GOLDEN HILLS SCHOOL DIVISION #75 p 169
220 Brent Blvd, STRATHMORE, AB, T1P 1K6
(403) 934-3318 SIC 8211
GOLDEN HILLS SCHOOL DIVISION #75 p 169
220 Wheatland Trail, STRATHMORE, AB, T1P 1B2
(403) 934-3041 SIC 8211
GOLDEN HILLS SCHOOL DIVISION #75 p 169
435a Hwy 1 Suite 1, STRATHMORE, AB, T1P 1J4
SIC 8211
GOLDEN HILLS SCHOOL DIVISION #75 p 169
435b Hwy 1, STRATHMORE, AB, T1P 1J4
(403) 901-9266 SIC 8211
GOLDEN HILLS SCHOOL DIVISION #75 p 169
100 Brent Blvd, STRATHMORE, AB, T1P 1V2
(403) 934-3135 SIC 8211
GOLDEN HILLS SCHOOL DIVISION #75 p 171
102 School Rd, TROCHU, AB, T0M 2C0
SIC 8211
GOLDEN HILLS SCHOOL DIVISION #75 p 171
211 School Rd, TROCHU, AB, T0M 2C0
(403) 442-3872 SIC 8211
GOLDEN HILLS SCHOOL DIVISION #75 p 171
400 6 Ave S, THREE HILLS, AB, T0M 2A0
(403) 443-5335 SIC 8211
GOLDEN LEARNING CENTRE p 493
See KEEWATIN PATRICIA DISTRICT SCHOOL BOARD
GOLDEN LIFE MANAGEMENT CORP p 213
55 Cokato Rd Suite 206, FERNIE, BC, V0B 1M4
(250) 423-4214 SIC 8059
GOLDEN MAPLE MEAT PRODUCTS LTD p 692
3180 Wharton Way, MISSISSAUGA, ON, L4X 2C1
(905) 624-3811 SIC 2015
GOLDEN MILL BAKERY p 614
See WESTON BAKERIES LIMITED
GOLDEN PLOUGH LODGE p 554
See CORPORATION OF THE COUNTY OF NORTHUMBERLAND
GOLDEN SECONDARY SCHOOL p 216
See BOARD OF EDUCATION OF SCHOOL DISTRICT NO. 06 (ROCKY MOUNTAIN), THE
GOLDEN SOBEYS p 216
See SOBEYS CAPITAL INCORPORATED
GOLDEN THEATRES LIMITED p 494
320 Bayfield St Suite 83, BARRIE, ON, L4M 3C1
(705) 726-3456 SIC 7832
GOLDEN TOWN APPLE PRODUCTS p 553
See A. LASSONDE INC
GOLDEN WEST BAKERY LTD p 207
1111 Derwent Way, DELTA, BC, V3M 5R4
(604) 525-2491 SIC 5461
GOLDEN WEST BAKING COMPANY p 207
See GOLDEN WEST BAKERY LTD
GOLDEN WEST BROADCASTING LTD p 131
11 5 Ave Se, HIGH RIVER, AB, T1V 1G2
(403) 995-9611 SIC 4832
GOLDEN WEST BROADCASTING LTD p 353
2390 Sissons Dr, PORTAGE LA PRAIRIE, MB, R1N 0G5
(204) 239-5111 SIC 4832
GOLDEN WEST BROADCASTING LTD p 357

32 Brandt St Suite 105, STEINBACH, MB, R5G 2J7
(204) 346-0000 SIC 4832
GOLDEN WEST BROADCASTING LTD p 361
277 1st St Suite A, WINKLER, MB, R6W 3P1
(204) 325-9506 SIC 4832
GOLDEN WEST BROADCASTING LTD p 1268
1236 5th St Suite 200, ESTEVAN, SK, S4A 0Z6
(306) 634-1280 SIC 4832
GOLDEN WEST BROADCASTING LTD p 1276
1704 Main St N, MOOSE JAW, SK, S6J 1L4
(306) 694-0800 SIC 4832
GOLDEN WEST BROADCASTING LTD p 1306
134 Central Ave N, SWIFT CURRENT, SK, S9H 0L1
(306) 773-4605 SIC 4832
GOLDEN WEST BROADCASTING LTD p 1306
134 Central Ave N, SWIFT CURRENT, SK, S9H 0L1
SIC 4832
GOLDEN WEST BROADCASTING LTD p 1308
305 Souris Ave, WEYBURN, SK, S4H 0C6
(306) 848-1190 SIC 7922
GOLDEN ZONE OFFICE p 216
See BOARD OF EDUCATION OF SCHOOL DISTRICT NO. 06 (ROCKY MOUNTAIN), THE
GOLDENCARE HOLDINGS LTD p 24
2335 Pegasus Rd Ne, CALGARY, AB, T2E 8C3
(403) 717-1999 SIC 7011
GOLDER ASSOCIATES LTD p 13
2535 3 Ave Se Suite 102, CALGARY, AB, T2A 7W5
(403) 299-5600 SIC 8748
GOLDER ASSOCIATES LTD p 88
16820 107 Ave Nw, EDMONTON, AB, T5P 4C3
(780) 483-3499 SIC 8711
GOLDER ASSOCIATES LTD p 177
2190 West Railway St Suite 300, ABBOTSFORD, BC, V2S 2E2
(604) 850-8786 SIC 8711
GOLDER ASSOCIATES LTD p 195
201 Columbia Ave, CASTLEGAR, BC, V1N 1A8
(250) 365-0344 SIC 8711
GOLDER ASSOCIATES LTD p 214
10628 Peck Lane, FORT ST. JOHN, BC, V1J 4M7
(250) 785-9281 SIC 8748
GOLDER ASSOCIATES LTD p 220
929 Mcgill Rd, KAMLOOPS, BC, V2C 6E9
(250) 828-6116 SIC 8711
GOLDER ASSOCIATES LTD p 225
1755 Springfield Rd Suite 220, KELOWNA, BC, V1Y 5V5
(250) 860-8424 SIC 8748
GOLDER ASSOCIATES LTD p 334
3795 Carey Rd Fl 2, VICTORIA, BC, V8Z 6T8
(250) 881-7372 SIC 8711
GOLDER ASSOCIATES LTD p 439
4905 48 St Suite 9, YELLOWKNIFE, NT, X1A 3S3
(867) 873-6319 SIC 8748
GOLDER ASSOCIATES LTD p 497
121 Commerce Park Dr Unit L, BARRIE, ON, L4N 8X1
(705) 722-4492 SIC 8711
GOLDER ASSOCIATES LTD p 545
210 Sheldon Dr Suite 201, CAMBRIDGE, ON, N1T 1A8
SIC 8711
GOLDER ASSOCIATES LTD p 664
309 Exeter Rd Unit 1, LONDON, ON, N6L 1C1

(519) 652-0099 SIC 8711
GOLDER ASSOCIATES LTD p 801
1931 Robertson Rd, OTTAWA, ON, K2H 5B7
(613) 592-9600 SIC 8711
GOLDER ASSOCIATES LTD p 869
33 Mackenzie St Suite 100, SUDBURY, ON, P3C 4Y1
(705) 524-6861 SIC 8711
GOLDER ASSOCIATES LTD p 958
2001 Thickson Rd S, WHITBY, ON, L1N 6J3
(905) 723-2727 SIC 8741
GOLDER ASSOCIATES LTD p 964
1825 Provincial Rd, WINDSOR, ON, N8W 5V7
(519) 250-3733 SIC 8711
GOLDER ASSOCIATES LTD p 1124
9200 Boul De L'acadie Bureau 10, Montreal, QC, H4N 2T2
(514) 383-0990 SIC 8748
GOLDER ASSOCIATES LTD p 1234
22b Rue Lemaire, Sept-Iles, QC, G4S 1S3
(418) 968-6111 SIC 8748
GOLDER ASSOCIATES LTD p 1292
1721 8th St E, SASKATOON, SK, S7H 0T4
(306) 665-7989 SIC 8711
GOLDER ASSOCIES p 1124
See GOLDER ASSOCIATES LTD
GOLDFARB SHULMAN PATEL & CO LLP p 559
400 Bradwick Dr Suite 100, CONCORD, ON, L4K 5V9
(416) 226-6800 SIC 8721
GOLDFINGER JEWELRY INC p 274
Gd, RICHMOND, BC, V7E 3E6
(604) 275-0061 SIC 8733
GOLDFLEET SUBARU p 742
See MAIN STREET AUTO IMPORTERS LTD
GOLDIE MOHR LTD p 801
3862 Moodie Dr, OTTAWA, ON, K2J 4A9
(613) 838-5042 SIC 1799
GOLDILOCKS BAKE SHOP (CANADA) INC p 316
1606 Broadway W, VANCOUVER, BC, V6J 1X6
(604) 736-2464 SIC 5461
GOLDMAN SACHS CANADA INC p 44
855 2 St Sw Suite 3835, CALGARY, AB, T2P 4J8
(403) 233-3445 SIC 6211
GOLDSTREAM PRESS p 333
See BLACK PRESS GROUP LTD
GOLDWING INVESTMENTS (SASKATOON) LIMITED p 225
1585 Springfield Rd, KELOWNA, BC, V1Y 5V5
(250) 860-9577 SIC 7999
GOLF DORVAL p 1026
2000 Av Reverchon, DORVAL, QC, H9P 2S7
(514) 631-4653 SIC 7992
GOLF DU GRAND PORTNEUF INC, LE p 1143
2 Rte 365, PONT-ROUGE, QC, G3H 3R4
(418) 329-2238 SIC 7992
GOLF ISLAND PEAT MOSS p 983
See ANNAPOLIS VALLEY PEAT MOSS COMPANY LIMITED
GOLF LA TEMPETE p 1226
See CLUB DE GOLF LE ROYAL CHAUDIERE INC
GOLF ROAD JUNIOR PUBLIC SCHOOL p 836
See TORONTO DISTRICT SCHOOL BOARD
GOLF TOWN p 56
See GOLF TOWN LIMITED
GOLF TOWN p 65
See GOLF TOWN LIMITED
GOLF TOWN p 85
See GOLF TOWN LIMITED
GOLF TOWN p 113
See GOLF TOWN LIMITED
GOLF TOWN p 199
See GOLF TOWN LIMITED

GOLF TOWN LIMITED 3349

GOLF TOWN p 232
See GOLF TOWN LIMITED
GOLF TOWN p 336
See GOLF TOWN LIMITED
GOLF TOWN p 381
See GOLF TOWN LIMITED
GOLF TOWN p 391
See GOLF TOWN LIMITED
GOLF TOWN p 451
See GOLF TOWN LIMITED
GOLF TOWN p 488
See GOLF TOWN LIMITED
GOLF TOWN p 490
See GOLF TOWN LIMITED
GOLF TOWN p 511
See GOLF TOWN LIMITED
GOLF TOWN p 577
See GOLF TOWN LIMITED
GOLF TOWN p 633
See GOLF TOWN LIMITED
GOLF TOWN p 672
See GOLF TOWN LIMITED
GOLF TOWN p 676
See GOLF TOWN LIMITED
GOLF TOWN p 704
See GOLF TOWN LIMITED
GOLF TOWN p 785
See GOLF TOWN LIMITED
GOLF TOWN p 841
See GOLF TOWN LIMITED
GOLF TOWN p 855
See GOLF TOWN LIMITED
GOLF TOWN p 872
See GOLF TOWN LIMITED
GOLF TOWN p 958
See GOLF TOWN LIMITED
GOLF TOWN p 974
See GOLF TOWN LIMITED
GOLF TOWN p 1001
See GOLF TOWN OPERATING LIMITED PARTNERSHIP
GOLF TOWN p 1009
See GOLF TOWN OPERATING LIMITED PARTNERSHIP
GOLF TOWN p 1018
See GOLF TOWN LIMITED
GOLF TOWN p 1036
See GOLF TOWN OPERATING LIMITED PARTNERSHIP
GOLF TOWN p 1062
See GOLF TOWN OPERATING LIMITED PARTNERSHIP
GOLF TOWN p 1124
See GOLF TOWN LIMITED
GOLF TOWN p 1141
See GOLF TOWN LIMITED
GOLF TOWN p 1192
See GOLF TOWN LIMITED
GOLF TOWN p 1214
See GOLF TOWN LIMITED
GOLF TOWN p 1305
See GOLF TOWN LIMITED
GOLF TOWN LIMITED p 56
47 Shawville Blvd Se, CALGARY, AB, T2Y 3P3
(403) 201-9301 SIC 5941
GOLF TOWN LIMITED p 65
11450 Sarcee Trail Nw, CALGARY, AB, T3R 0A1
(403) 275-4100 SIC 5941
GOLF TOWN LIMITED p 85
13635 St Albert Trail Nw, EDMONTON, AB, T5L 5E7
(780) 482-4653 SIC 5941
GOLF TOWN LIMITED p 113
1940 99 St Nw, EDMONTON, AB, T6N 1K9
(780) 988-6000 SIC 5941
GOLF TOWN LIMITED p 156
5111 22 St Unit 6, RED DEER, AB, T4R 2K1
(403) 341-9898 SIC 5941
GOLF TOWN LIMITED p 199
2929 Barnet Hwy Unit 2142, COQUITLAM, BC, V3B 5R5
(604) 944-7976 SIC 5941

▲ Public Company   ■ Public Company Family Member   HQ Headquarters   BR Branch   SL Single Location

GOLF TOWN LIMITED p 232
20150 Langley Bypass Unit 110, LANGLEY, BC, V3A 9J8
(604) 539-9320   SIC 5941

GOLF TOWN LIMITED p 336
2401a Millstream Rd Unit 141, VICTORIA, BC, V9B 3R5
(250) 391-4500   SIC 5941

GOLF TOWN LIMITED p 381
915 Empress St Unit 600, WINNIPEG, MB, R3G 3P8
(204) 775-5534   SIC 5941

GOLF TOWN LIMITED p 391
2355 Mcgillivray Blvd Unit 150, WINNIPEG, MB, R3Y 0A1
(204) 488-7480   SIC 5941

GOLF TOWN LIMITED p 451
80 Gale Terr, DARTMOUTH, NS, B3B 0B7
(902) 481-0479   SIC 5941

GOLF TOWN LIMITED p 488
1100 Golf Links Rd Unit 1, ANCASTER, ON, L9K 1J8
(905) 304-7405   SIC 5941

GOLF TOWN LIMITED p 490
52 First Commerce Dr Unit 1, AURORA, ON, L4G 0H5
(905) 841-0191   SIC 5941

GOLF TOWN LIMITED p 511
9145 Airport Rd Unit 1, BRAMPTON, ON, L6S 0B8
   SIC 5941

GOLF TOWN LIMITED p 577
1561 The Queensway, ETOBICOKE, ON, M8Z 1T8
(416) 503-8330   SIC 5941

GOLF TOWN LIMITED p 633
690 Gardiners Rd Unit B003, KINGSTON, ON, K7M 3X9
(613) 389-3735   SIC 5941

GOLF TOWN LIMITED p 672
3265 Highway 7 E Unit 1, MARKHAM, ON, L3R 3P9
(905) 479-6978   SIC 5941

GOLF TOWN LIMITED p 676
7655 Markham Rd Unit 1, MARKHAM, ON, L3S 3J9
   SIC 5941

GOLF TOWN LIMITED p 704
3050 Vega Blvd Unit 10, MISSISSAUGA, ON, L5L 5X8
(905) 569-2088   SIC 5941

GOLF TOWN LIMITED p 785
500 Terminal Ave Unit A20, OTTAWA, ON, K1G 0Z3
(613) 241-9859   SIC 5941

GOLF TOWN LIMITED p 841
23 William Kitchen Rd, SCARBOROUGH, ON, M1P 5B7
(416) 335-4888   SIC 5941

GOLF TOWN LIMITED p 855
275 Fourth Ave Unit 300, ST CATHARINES, ON, L2S 0C2
(905) 641-1599   SIC 5941

GOLF TOWN LIMITED p 872
1695 Manning Rd, TECUMSEH, ON, N8N 2L9
(519) 739-9707   SIC 5941

GOLF TOWN LIMITED p 958
1635 Victoria St E Unit A14, WHITBY, ON, L1N 9W4
(905) 579-7486   SIC 5941

GOLF TOWN LIMITED p 974
55 Colossus Dr Unit 122, WOODBRIDGE, ON, L4L 9J8
(905) 264-8809   SIC 5941

GOLF TOWN LIMITED p 1018
920 Boul Le Corbusier, Cote Saint-Luc, QC, H7N 0A8
(450) 687-0648   SIC 5941

GOLF TOWN LIMITED p 1124
1001 Rue Du Marche-Central, Montreal, QC, H4N 1J8
(514) 382-4666   SIC 5941

GOLF TOWN LIMITED p 1141
2315 Aut Transcanadienne Bureau A, POINTE-CLAIRE, QC, H9R 5Z5
(514) 693-0055   SIC 5941

GOLF TOWN LIMITED p 1192
1571 Boul Des Promenades, SAINT-HUBERT, QC, J3Y 5K2
(450) 926-0110   SIC 5941

GOLF TOWN LIMITED p 1214
6745 Boul Metropolitain E, SAINT-LEONARD, QC, H1P 1X8
(514) 329-2069   SIC 5941

GOLF TOWN LIMITED p 1305
3015 Clarence Ave S Unit 110, SASKATOON, SK, S7T 0B4
(306) 652-4571   SIC 5941

GOLF TOWN OPERATING LIMITED PARTNERSHIP p 1001
3410 Av Des Grandes Tourelles, BOISBRIAND, QC, J7H 0A2
(450) 420-5418   SIC 5941

GOLF TOWN OPERATING LIMITED PARTNERSHIP p 1009
30 Rue Strasbourg, CANDIAC, QC, J5R 0B4
(450) 659-6929   SIC 5941

GOLF TOWN OPERATING LIMITED PARTNERSHIP p 1036
91 Boul De La Gappe Bureau B4, GATINEAU, QC, J8T 0B5
(819) 246-6601   SIC 5941

GOLF TOWN OPERATING LIMITED PARTNERSHIP p 1062
920 Boul Le Corbusier, Laval, QC, H7N 0A8
(450) 687-0648   SIC 5941

GOLF'S STEAK HOUSE INC p 642
598 Lancaster St W, KITCHENER, ON, N2K 1M3
(519) 579-4050   SIC 5812

GOLFBC HOLDINGS INC p 340
8080 Nicklaus North Blvd, WHISTLER, BC, V0N 1B8
(604) 938-9898   SIC 5812

GOLLIN HARRIS p 905
See WEBER SHANDWICK WORLDWIDE (CANADA) INC

GOOD BUDDY RESTAURANT p 75
See 911640 ALBERTA LTD

GOOD HOPE SCHOOL p 354
See PORTAGE LA PRAIRIE SCHOOL DIVISION

GOOD HUMOR p 992
See UNILEVER CANADA INC

GOOD HUMOR BREYERS p 849
See UNILEVER CANADA INC

GOOD HURMOR-BREYERS CANADA p 208
See UNILEVER CANADA INC

GOOD LIFE FITNESS CLUB p 631
See GOODLIFE FITNESS CENTRES INC

GOOD LIFE FITNESS CLUB p 661
See GOODLIFE FITNESS CENTRES INC

GOOD LIFE FITNESS CLUB p 946
See GOODLIFE FITNESS CENTRES INC

GOOD LIFE FITNESS CLUBS p 918
See GOODLIFE FITNESS CENTRES INC

GOOD LIFE FITNESS CLUBS p 965
See GOODLIFE FITNESS CENTRES INC

GOOD SAMARITAN CARE CENTRE p 168
See GOOD SAMARITAN SOCIETY, THE (A LUTHERAN SOCIAL SERVICE ORGANIZATION)

GOOD SAMARITAN NURSING HOMES LTD p 486
481 Victoria St E, ALLISTON, ON, L9R 1J8
(705) 435-5722   SIC 8051

GOOD SAMARITAN SOCIETY, THE p 144
See GOOD SAMARITAN SOCIETY, THE (A LUTHERAN SOCIAL SERVICE ORGANIZATION)

GOOD SAMARITAN SOCIETY, THE (A LUTHERAN SOCIAL SERVICE ORGANIZATION) p 131
1290 Switzer Dr Suite 120, HINTON, AB, T7V 2E9
(780) 865-5926   SIC 8059

GOOD SAMARITAN SOCIETY, THE (A LUTHERAN SOCIAL SERVICE ORGANIZATION) p 144
550 Spruce Way Se, MEDICINE HAT, AB, T1B 4P1
(403) 528-5050   SIC 8699

GOOD SAMARITAN SOCIETY, THE (A LUTHERAN SOCIAL SERVICE ORGANIZATION) p 150
1240 Ken Thornton Blvd, PINCHER CREEK, AB, T0K 1W0
(403) 627-1900   SIC 8361

GOOD SAMARITAN SOCIETY, THE (A LUTHERAN SOCIAL SERVICE ORGANIZATION) p 159
5615 60 St, ROCKY MOUNTAIN HOUSE, AB, T4T 1W2
(403) 845-6033   SIC 8059

GOOD SAMARITAN SOCIETY, THE (A LUTHERAN SOCIAL SERVICE ORGANIZATION) p 168
5600 50 St, STONY PLAIN, AB, T7Z 1B1
(780) 963-2261   SIC 8051

GOOD SHEPHERD CATHOLIC ELEMENTARY SCHOOL p 567
See PETERBOROUGH VICTORIA NORTHUMBERLAND AND CLARINGTON CATHOLIC DISTRICT SCHOOL BOARD

GOOD SHEPHERD CATHOLIC SCHOOL p 817
See DURHAM CATHOLIC DISTRICT SCHOOL BOARD

GOOD SHEPHERD CATHOLIC SCHOOL, THE p 499
See SIMCOE MUSKOKA CATHOLIC DISTRICT SCHOOL BOARD

GOOD SHEPHERD NON-PROFIT HOMES INC p 612
131 Catharine St N Suite 9, HAMILTON, ON, L8R 1J5
(905) 525-7884   SIC 8361

GOOD SHEPHERD SCHOOL p 112
See EDMONTON CATHOLIC SEPARATE SCHOOL DISTRICT NO.7

GOOD SHEPHERD SCHOOL p 120
See FORT MCMURRAY CATHOLIC BOARD OF EDUCATION

GOOD SHEPHERD SCHOOL p 150
See HOLY FAMILY CATHOLIC REGIONAL DIVISION 37

GOOD SHEPHERD SCHOOL p 593
See OTTAWA CATHOLIC DISTRICT SCHOOL BOARD

GOOD SHEPHERD SCHOOL p 1008
See RIVERSIDE SCHOOL BOARD

GOOD SHEPPARD CATHOLIC SCHOOL p 510
See DUFFERIN-PEEL CATHOLIC DISTRICT SCHOOL BOARD

GOOD WATER COMPANY LTD, THE p 810
620 Cameron Pl, PETERBOROUGH, ON, K9J 5T8
(705) 745-6962   SIC 7389

GOODCO Z-TECH p 1130
See GROUPE CANAM INC

GOODFELLOW INC p 17
5375 50 St Se Unit 11, CALGARY, AB, T2C 3W1
(403) 252-9638   SIC 5031

GOODFELLOW INC p 409
660 Edinburgh Dr, MONCTON, NB, E1E 4C6
(506) 857-2134   SIC 5031

GOODFELLOW INC p 451
20 Vidito Dr, DARTMOUTH, NS, B3B 1P5
(902) 468-2256   SIC 5031

GOODFELLOW INC p 548
9184 Twiss Rd, CAMPBELLVILLE, ON, L0P 1B0
(905) 854-5800   SIC 5031

GOODFELLOW INC p 795
3091 Albion Rd N, OTTAWA, ON, K1V 9V9
(613) 244-3169   SIC 5031

GOODFELLOW INC p 1030
1750 Rue Haggerty, DRUMMONDVILLE, QC, J2C 5P8
(819) 477-6898   SIC 2426

GOODFELLOW INC p 1163
5100 Rue John-Molson, Quebec, QC, G1X 3X4
(418) 650-5100   SIC 5039

GOODFELLOW PUBLIC SCHOOL p 622
See SIMCOE COUNTY DISTRICT SCHOOL BOARD, THE

GOODFISH DRYCLEANING CORP p 124
Gd, GOODFISH LAKE, AB, T0A 1R0
(780) 636-2863   SIC 2326

GOODFISH LAKE SEWING & GARMENT, DIV OF p 124
See GOODFISH DRYCLEANING CORP

GOODLAW SERVICES LIMITED PARTNERSHIP p 906
250 Yonge St Suite 2400, TORONTO, ON, M5B 2L7
(416) 979-2211   SIC 8741

GOODLIFE FITNESS p 225
See GOODLIFE FITNESS CENTRES INC

GOODLIFE FITNESS p 539
See GOODLIFE FITNESS CENTRES INC

GOODLIFE FITNESS p 666
See GOODLIFE FITNESS CENTRES INC

GOODLIFE FITNESS p 698
See GOODLIFE FITNESS CENTRES INC

GOODLIFE FITNESS p 781
See GOODLIFE FITNESS CENTRES INC

GOODLIFE FITNESS CENTRES INC p 35
13226 Macleod Trail Se, CALGARY, AB, T2E 7E5
(403) 271-4348   SIC 7991

GOODLIFE FITNESS CENTRES INC p 110
3803 Calgary Trail Nw Unit 180, EDMONTON, AB, T6J 5M8
(780) 466-4124   SIC 7991

GOODLIFE FITNESS CENTRES INC p 161
2020 Sherwood Dr Unit 300, SHERWOOD PARK, AB, T8A 3H9
(780) 416-5464   SIC 7991

GOODLIFE FITNESS CENTRES INC p 225
1835 Gordon Dr Unit 119, KELOWNA, BC, V1Y 3H4
(250) 868-3788   SIC 7991

GOODLIFE FITNESS CENTRES INC p 325
5001 Anderson Way, VERNON, BC, V1T 9V1
(250) 545-7230   SIC 7999

GOODLIFE FITNESS CENTRES INC p 414
168 Rothesay Ave, SAINT JOHN, NB, E2J 2B5
(506) 693-2240   SIC 7991

GOODLIFE FITNESS CENTRES INC p 429
12 Merchant Dr, MOUNT PEARL, NL, A1N 5J5
(709) 368-8347   SIC 7991

GOODLIFE FITNESS CENTRES INC p 461
3601 Joseph Howe Dr, HALIFAX, NS, B3L 4H8
(902) 453-7724   SIC 7999

GOODLIFE FITNESS CENTRES INC p 462
41 Peakview Way, HALIFAX, NS, B3M 0G2
(902) 835-6696   SIC 7991

GOODLIFE FITNESS CENTRES INC p 497
42 Commerce Park Dr, BARRIE, ON, L4N 8W8
(705) 735-2226   SIC 7991

GOODLIFE FITNESS CENTRES INC p 531
1972 Parkedale Ave, BROCKVILLE, ON, K6V 5T2

(613) 345-4623   SIC 7999
GOODLIFE FITNESS CENTRES INC   p 539
777 Guelph Line, BURLINGTON, ON, L7R 3N2
(905) 634-9461   SIC 7991
GOODLIFE FITNESS CENTRES INC   p 552
100 King St W, CHATHAM, ON, N7M 6A9
(519) 352-6868   SIC 7991
GOODLIFE FITNESS CENTRES INC   p 600
435 Stone Rd W, GUELPH, ON, N1G 2X6
(519) 826-9228   SIC 7991
GOODLIFE FITNESS CENTRES INC   p 623
555 March Rd, KANATA, ON, K2K 2M5
(613) 599-2718   SIC 7991
GOODLIFE FITNESS CENTRES INC   p 624
484 Hazeldean Rd Unit 17, KANATA, ON, K2L 1V4
(613) 831-9849   SIC 7999
GOODLIFE FITNESS CENTRES INC   p 631
1100 Princess St, KINGSTON, ON, K7L 5G8
(613) 545-2499   SIC 7991
GOODLIFE FITNESS CENTRES INC   p 635
824 Norwest Rd, KINGSTON, ON, K7P 2N4
(613) 389-8383   SIC 7991
GOODLIFE FITNESS CENTRES INC   p 638
589 Fairway Rd S, KITCHENER, ON, N2C 1X4
(519) 576-7744   SIC 7999
GOODLIFE FITNESS CENTRES INC   p 650
1925 Dundas St, LONDON, ON, N5V 1P7
(519) 451-9026   SIC 7991
GOODLIFE FITNESS CENTRES INC   p 661
1225 Wonderland Rd N, LONDON, ON, N6G 2V9
(519) 641-6222   SIC 7991
GOODLIFE FITNESS CENTRES INC   p 666
925 Southdale Rd W Suite 2, LONDON, ON, N6P 0B3
(519) 652-2250   SIC 7991
GOODLIFE FITNESS CENTRES INC   p 681
855 Steeles Ave E, MILTON, ON, L9T 5H3
(905) 876-3488   SIC 7991
GOODLIFE FITNESS CENTRES INC   p 698
100 City Centre Dr Unit R9, MISSISSAUGA, ON, L5B 2C9
(905) 804-0707   SIC 7999
GOODLIFE FITNESS CENTRES INC   p 699
3045 Mavis Rd, MISSISSAUGA, ON, L5C 1T7
(905) 949-1400   SIC 7991
GOODLIFE FITNESS CENTRES INC   p 705
5010 Glen Erin Dr, MISSISSAUGA, ON, L5M 6J3
(905) 607-2610   SIC 7999
GOODLIFE FITNESS CENTRES INC   p 709
3050 Argentia Rd, MISSISSAUGA, ON, L5N 8E1
(905) 785-3213   SIC 7991
GOODLIFE FITNESS CENTRES INC   p 726
5 Roydon Pl, NEPEAN, ON, K2E 1A3
(613) 739-4070   SIC 7999
GOODLIFE FITNESS CENTRES INC   p 730
3201 Greenbank Rd, NEPEAN, ON, K2J 4H9
(613) 823-8081   SIC 7999
GOODLIFE FITNESS CENTRES INC   p 733
20 Davis Dr, NEWMARKET, ON, L3Y 2M7
(905) 953-9248   SIC 7991
GOODLIFE FITNESS CENTRES INC   p 747
5650 Yonge St, NORTH YORK, ON, M2M 4G3
(416) 222-9500   SIC 7991
GOODLIFE FITNESS CENTRES INC   p 748
50 Sheppard Ave E, NORTH YORK, ON, M2N 2Z7
(416) 221-3488   SIC 7991
GOODLIFE FITNESS CENTRES INC   p 753
825 Don Mills Rd Suite 300, NORTH YORK, ON, M3C 1V4
(416) 383-1816   SIC 7999
GOODLIFE FITNESS CENTRES INC   p 764
201 Oak Walk Dr, OAKVILLE, ON, L6H 6M3
SIC 7991
GOODLIFE FITNESS CENTRES INC   p 771
300 North Service Rd W, OAKVILLE, ON, L6M 2S1
(905) 337-7244   SIC 7999
GOODLIFE FITNESS CENTRES INC   p 773
50 Fourth Ave, ORANGEVILLE, ON, L9W 4P1
(519) 943-0600   SIC 7991
GOODLIFE FITNESS CENTRES INC   p 781
419 King St W, OSHAWA, ON, L1J 2K5
(905) 433-1665   SIC 7999
GOODLIFE FITNESS CENTRES INC   p 789
50 Rideau St Suite 118, OTTAWA, ON, K1N 9J7
(613) 567-0037   SIC 7991
GOODLIFE FITNESS CENTRES INC   p 799
2655 Queensview Dr, OTTAWA, ON, K2B 8K2
(613) 820-9531   SIC 7991
GOODLIFE FITNESS CENTRES INC   p 800
1980 Baseline Rd, OTTAWA, ON, K2C 0C6
(613) 226-2638   SIC 7999
GOODLIFE FITNESS CENTRES INC   p 810
200 Charlotte St, PETERBOROUGH, ON, K9J 2T8
(705) 876-1822   SIC 7991
GOODLIFE FITNESS CENTRES INC   p 822
9350 Yonge St, RICHMOND HILL, ON, L4C 5G2
(905) 884-5769   SIC 7991
GOODLIFE FITNESS CENTRES INC   p 841
1755 Brimley Rd, SCARBOROUGH, ON, M1P 0A3
(416) 296-1276   SIC 7991
GOODLIFE FITNESS CENTRES INC   p 887
1911 Kennedy Rd, TORONTO, ON, M1P 2L9
(416) 297-7279   SIC 7991
GOODLIFE FITNESS CENTRES INC   p 891
1448 Lawrence Ave E Unit 17, TORONTO, ON, M4A 2V6
(416) 615-1185   SIC 7991
GOODLIFE FITNESS CENTRES INC   p 895
280 Coxwell Ave, TORONTO, ON, M4L 3B6
(416) 466-8699   SIC 7991
GOODLIFE FITNESS CENTRES INC   p 899
12 St Clair Ave E, TORONTO, ON, M4T 1L7
(416) 927-8042   SIC 7991
GOODLIFE FITNESS CENTRES INC   p 901
8 Park Rd, TORONTO, ON, M4W 3S5
(416) 922-1262   SIC 7991
GOODLIFE FITNESS CENTRES INC   p 908
100 Yonge St Suite 2, TORONTO, ON, M5C 2W1
(416) 869-3900   SIC 7999
GOODLIFE FITNESS CENTRES INC   p 908
137 Yonge St, TORONTO, ON, M5C 1W6
(416) 599-0430   SIC 7999
GOODLIFE FITNESS CENTRES INC   p 918
7 Station St, TORONTO, ON, M5J 1C3
(416) 964-1821   SIC 7991
GOODLIFE FITNESS CENTRES INC   p 940
3300 Bloor St W, TORONTO, ON, M8X 2W8
(416) 231-3300   SIC 7999
GOODLIFE FITNESS CENTRES INC   p 946
100 Mcarthur Ave, VANIER, ON, K1L 8H5
(613) 842-8797   SIC 7991
GOODLIFE FITNESS CENTRES INC   p 950
See GOODLIFE FITNESS CENTRES INC
GOODLIFE FITNESS CENTRES INC   p 950
289 Marsland Dr, WATERLOO, ON, N2J 3Z2
(519) 662-6806   SIC 7991
GOODLIFE FITNESS CENTRES INC   p 952
140 Columbia St W, WATERLOO, ON, N2L 3K8
SIC 7991
GOODLIFE FITNESS CENTRES INC   p 965
3100 Howard Ave, WINDSOR, ON, N8X 3Y8
(519) 966-6005   SIC 7991
GOODLIFE FITNESS CENTRES INC   p 974
57 Northview Blvd, WOODBRIDGE, ON, L4L 8X9
(905) 265-1188   SIC 7999
GOODLIFE FITNESS CLUB   p 822
See GOODLIFE FITNESS CENTRES INC
GOODLIFE FITNESS CLUBS
See GOODLIFE FITNESS CENTRES INC
GOODLIFE FITNESS CLUBS   p 638
See GOODLIFE FITNESS CENTRES INC
GOODLIFE FITNESS CLUBS   p 699
See GOODLIFE FITNESS CENTRES INC
GOODLIFE FITNESS CLUBS   p 705
See GOODLIFE FITNESS CENTRES INC
GOODLIFE FITNESS CLUBS   p 726
See GOODLIFE FITNESS CENTRES INC
GOODLIFE FITNESS CLUBS   p 908
See GOODLIFE FITNESS CENTRES INC
GOODLIFE FITNESS WOMEN'S CLUB   p 709
See GOODLIFE FITNESS CENTRES INC
GOODMAN & COMPANY, INVESTMENT COUNSEL LTD   p 929
379 Adelaide St W, TORONTO, ON, M5V 1S5
SIC 6282
GOODMANS LLP   p 307
355 Burrard St Suite 1900, VANCOUVER, BC, V6C 2G8
(604) 682-7737   SIC 8111
GOODRICH AEROSPACE CANADA LTD   p 533
5415 North Service Rd, BURLINGTON, ON, L7L 5H7
(905) 319-3006   SIC 7699
GOODRICH AEROSPACE CANADA LTD   p 769
1400 South Service Rd W, OAKVILLE, ON, L6L 5Y7
(905) 827-7777   SIC 3728
GOODRICH LANDING GEAR   p 769
See GOODRICH AEROSPACE CANADA LTD
GOODRICH LANDING GEAR SERVICES   p 533
See GOODRICH AEROSPACE CANADA LTD
GOODSOIL HEALTH CENTRE   p 1269
See PRAIRIE NORTH REGIONAL HEALTH AUTHORITY
GOODWILL   p 374
See CANADIAN GOODWILL INDUSTRIES CORP
GOODWILL   p 551
See GOODWILL INDUSTRIES-ESSEX KENT LAMBTON INC
GOODWILL CAREER CENTRE, THE   p 657
See GOODWILL INDUSTRIES, ONTARIO GREAT LAKES
GOODWILL INDUSTRIES OF ALBERTA (REGISTERED SOCIETY)   p 852
525 Welland Ave, ST CATHARINES, ON, L2M 6P3
(905) 684-7741   SIC 3999
GOODWILL INDUSTRIES, ONTARIO GREAT LAKES   p 636
1348 Weber St E, KITCHENER, ON, N2A 1C4
(519) 894-0628   SIC 5932
GOODWILL INDUSTRIES, ONTARIO GREAT LAKES   p 657
379 Dundas St Unit 19, LONDON, ON, N6B 1V5
SIC 7363
GOODWILL INDUSTRIES, ONTARIO GREAT LAKES   p 657
390 King St, LONDON, ON, N6B 1S3
(519) 850-9675   SIC 8331
GOODWILL INDUSTRIES, ONTARIO GREAT LAKES   p 661
1225 Wonderland Rd N, LONDON, ON, N6G 2V9
(519) 472-1959   SIC 5932
GOODWILL INDUSTRIES, ONTARIO GREAT LAKES   p 665
990 Pond Mills Rd, LONDON, ON, N6N 1A2
(519) 685-5389   SIC 8699
GOODWILL INDUSTRIES-ESSEX KENT LAMBTON INC   p 551
255 Grand Ave W, CHATHAM, ON, N7L 1C3
(519) 351-9486   SIC 5932
GOODWILL OUTLET   p 665
See GOODWILL INDUSTRIES, ONTARIO GREAT LAKES
GOODWILL RETAIL STORE   p 636
See GOODWILL INDUSTRIES, ONTARIO GREAT LAKES
GOODWILL RETAIL STORE   p 661
See GOODWILL INDUSTRIES, ONTARIO GREAT LAKES
GOODWILL, THE AMITY GROUP   p 450
See AMITY GOODWILL INDUSTRIES
GOODWOOD PUBLIC SCHOOL   p 596
See DURHAM DISTRICT SCHOOL BOARD
GOODYEAR CANADA INC   p 145
1271 12 St Nw, MEDICINE HAT, AB, T1C 1W8
(403) 527-3353   SIC 3011
GOODYEAR CANADA INC   p 166
220 Carnegie Dr, ST. ALBERT, AB, T8N 5B1
SIC 5531
GOODYEAR CANADA INC   p 725
388 Goodyear Rd, NAPANEE, ON, K7R 3L2
(613) 354-7411   SIC 3011
GOODYEAR CANADA INC   p 741
100 Booth Rd, NORTH BAY, ON, P1B 0B3
(705) 476-9184   SIC 7534
GOODYEAR CANADA INC   p 997
1655 Rue Louis-Marchand, BELOEIL, QC, J3G 6S4
(450) 446-2662   SIC 7534
GOODYEAR CANADA INC   p 1232
2600 Boul Monseigneur-Langlois, SALABERRY-DE-VALLEYFIELD, QC, J6S 5G6
(450) 377-6800   SIC 3011
GOODYEAR NAPANEE TIRE MANUFACTURING FACILITY   p 725
See GOODYEAR CANADA INC
GOODYEAR OTR CENTER   p 741
See GOODYEAR CANADA INC
GOOSE CREEK INVESTMENTS LIMITED   p 881
2121 Highway 61, THUNDER BAY, ON, P7J 1G4
(807) 475-3544   SIC 5812
GOOSEBERRY'S RESTAURANT LTD   p 135
5230 50 Ave, LEDUC, AB, T9E 6V2
(780) 986-1600   SIC 5812
GORD EWIN CENTRE FOR EDUCATION   p 871
See RAINBOW DISTRICT SCHOOL BOARD
GORDON A BROWN MIDDLE SCHOOL   p 891
See TORONTO DISTRICT SCHOOL BOARD
GORDON BELL HIGH SCHOOL   p 382
See WINNIPEG SCHOOL DIVISION
GORDON DENNY COMMUNITY SCHOOL   p 1271
See NORTHERN LIGHTS SCHOOL DIVISION 113
GORDON ELEMENTARY SCHOOL   p 955
See DISTRICT SCHOOL BOARD OF NIAGARA
GORDON F. KELLS HIGH SCHOOL   p 1266
See SOUTH EAST CORNERSTONE SCHOOL DIVISION NO. 209
GORDON FOOD SERVICE CANADA LTD   p 160
290212 Township Road 261, ROCKY VIEW COUNTY, AB, T4A 0V6
(403) 235-8555   SIC 5141
GORDON FOOD SERVICE CANADA LTD   p 272
12411 Horseshoe Way, RICHMOND, BC, V7A 4X6
(604) 277-7740   SIC 5141
GORDON FOOD SERVICE CANADA LTD   p 387
310 Sterling Lyon Pky, WINNIPEG, MB, R3P 0Y2

▲ Public Company   ■ Public Company Family Member   HQ Headquarters   BR Branch   SL Single Location

(204) 224-0134   SIC 5141
GORDON FOOD SERVICE CANADA LTD p 785
1435 Sandford Fleming Ave Unit 120, OTTAWA, ON, K1G 3H3
(613) 842-9162   SIC 5141
GORDON FOOD SERVICE CANADA LTD p 1003
550 Rue Louis-Pasteur, BOUCHERVILLE, QC, J4B 7Z1
(450) 655-4400   SIC 5141
GORDON FOOD SERVICE CANADA LTD p 1165
800 Rue Armand-Viau, Quebec, QC, G2C 2E2
(418) 840-5600   SIC 5141
GORDON GRAYDON MEMORIAL SECONDARY SCHOOL p 701
See PEEL DISTRICT SCHOOL BOARD
GORDON GRAYDON SENIOR PUBLIC SCHOOL p 518
See PEEL DISTRICT SCHOOL BOARD
GORDON GREENWOOD ELEMENTARY p 230
See SCHOOL DISTRICT NO. 35 (LANGLEY)
GORDON HEAD ELEMENTARY SCHOOL p 327
See BOARD OF EDUCATION OF SCHOOL DISTRICT NO. 61 (GREATER VICTORIA)
GORDON HOTELS & MOTOR INNS LTD p 384
1975 Portage Ave, WINNIPEG, MB, R3J 0J9
(204) 888-4806   SIC 7011
GORDON MCGREGOR ELEMENTARY SCHOOL p 967
See GREATER ESSEX COUNTY DISTRICT SCHOOL BOARD
GORDON NEIGHBOURHOOD HOUSE p 313
See ASSOCIATION OF NEIGHBOURHOOD HOUSES OF BRITISH COLUMBIA
GORDON PRICE SCHOOL p 616
See HAMILTON-WENTWORTH DISTRICT SCHOOL BOARD, THE
GORDON R SNOW COMMUNITY CENTRE, THE p 454
See HALIFAX REGIONAL MUNICIPALITY
GORDON T. MONTGOMERY LIMITED p 666
701 Campbell St, LUCKNOW, ON, N0G 2H0
(519) 528-2813   SIC 4151
GORDON TERRACE ELEMENTARY SCHOOL p 205
See SCHOOL DISTRICT NO 5 (SOUTHEAST KOOTENAY)
GORDONDALE GAS PLANT p 164
See SPECTRA ENERGY MIDSTREAM CORPORATION
GORE HILL PUBLIC SCHOOL p 646
See GREATER ESSEX COUNTY DISTRICT SCHOOL BOARD
GORE MUTUAL INSURANCE COMPANY p 323
505 Burrard St Suite 1780, VANCOUVER, BC, V7X 1M6
(604) 682-0998   SIC 6311
GORE MUTUAL INSURANCE COMPANY p 323
505 Burrard St Unit 1780, VANCOUVER, BC, V7X 1M6
(604) 682-0998   SIC 6331
GORF CONTRACTING (1982) LTD p 816
6588 Hwy 101 E, PORCUPINE, ON, P0N 1C0
(705) 235-3278   SIC 1541
GORHAM AND WARE COMMUNITY SCHOOL p 596
See LAKEHEAD DISTRICT SCHOOL BOARD
GORMAN BROS. LUMBER LTD p 235
53 Dure Meadow Rd, LUMBY, BC, V0E 2G7
(250) 547-9296   SIC 2499
GORMAN-RUPP OF CANADA LIMITED p 858
70 Burwell Rd, ST THOMAS, ON, N5P 3R7
(519) 631-2870   SIC 3561
GOSFIELD NORTH PUBLIC SCHOOL p 567
See GREATER ESSEX COUNTY DISTRICT SCHOOL BOARD
GOSFORD PUBLIC SCHOOL p 891
See TORONTO DISTRICT SCHOOL BOARD
GOSSELIN EXPRESS LTEE p 1255
5699 Ch De L'aeroport, VALCOURT, QC, J0E 2L0
(450) 532-3285   SIC 4731
GOSTLIN, DAN ENTERPRISES INC p 591
705 King St E, GANANOQUE, ON, K7G 1H4
(613) 382-3900   SIC 5399
GOTHAM STEAKHOUSE & COCKTAIL BAR LIMITED PARTNERSHIP p 304
615 Seymour St, VANCOUVER, BC, V6B 3K3
(604) 605-8282   SIC 5813
GOTTARDO MASONRY & CONTRACTING LTD p 559
277 Pennsylvania Ave, CONCORD, ON, L4K 5R9
(905) 532-0735   SIC 1741
GOUDREAU GAGE DUBUC S.E.N.C.R.L p 1106
2000 Av Mcgill College Bureau 2200, Montreal, QC, H3A 3H3
(514) 397-7602   SIC 8111
GOULBOURN MIDDLE SCHOOL p 860
See OTTAWA-CARLETON DISTRICT SCHOOL BOARD
GOULBOURN RECREATION COMPLEX p 860
1500 Shea Rd, STITTSVILLE, ON, K2S 0B2
(613) 831-1169   SIC 7999
GOULDING COMMUNITY CENTRE p 747
See CORPORATION OF THE CITY OF TORONTO
GOULTER SCHOOL p 359
See FORT LA BOSSE SCHOOL DIVISION
GOURMET DU VILLAGE p 1134
See CONCEPT GOURMET DU VILLAGE INC
GOUVERNEMENT DE LA PROVINCE DE QUEBEC p 996
See GOUVERNEMENT DE LA PROVINCE DE QUEBEC
GOUVERNEMENT DE LA PROVINCE DE QUEBEC p 996
11000 Rue Des Montagnards Rr 1, Beaupre, QC, G0A 1E0
(418) 661-5666   SIC 8361
GOUVERNEMENT DE LA PROVINCE DE QUEBEC p 1000
See GOUVERNEMENT DE LA PROVINCE DE QUEBEC
GOUVERNEMENT DE LA PROVINCE DE QUEBEC p 1000
520 Av Adrien-Chartrand, BOISBRIAND, QC, J7G 2M2
(450) 435-7567   SIC 8351
GOUVERNEMENT DE LA PROVINCE DE QUEBEC p 1007
See GOUVERNEMENT DE LA PROVINCE DE QUEBEC
GOUVERNEMENT DE LA PROVINCE DE QUEBEC p 1007
3530 Rue Isabelle, BROSSARD, QC, J4Y 2R3
(450) 444-5588   SIC 8361
GOUVERNEMENT DE LA PROVINCE DE QUEBEC p 1012
See GOUVERNEMENT DE LA PROVINCE DE QUEBEC
GOUVERNEMENT DE LA PROVINCE DE QUEBEC p 1012
1240 Rte 113, CHIBOUGAMAU, QC, G8P 2K5
(418) 748-7608   SIC 1611
GOUVERNEMENT DE LA PROVINCE DE QUEBEC p 1012
278 Boul Saint-Jean-Baptiste Bureau 200, Chateauguay, QC, J6K 3C2
(450) 692-6741   SIC 8322
GOUVERNEMENT DE LA PROVINCE DE QUEBEC p 1018
See GOUVERNEMENT DE LA PROVINCE DE QUEBEC
GOUVERNEMENT DE LA PROVINCE DE QUEBEC p 1018
308 Boul Cartier O, Cote Saint-Luc, QC, H7N 2J2
(450) 975-4150   SIC 8322
GOUVERNEMENT DE LA PROVINCE DE QUEBEC p 1019
1760 Boul Le Corbusier, Cote Saint-Luc, QC, H7S 2K1
SIC 7389
GOUVERNEMENT DE LA PROVINCE DE QUEBEC p 1023
See GOUVERNEMENT DE LA PROVINCE DE QUEBEC
GOUVERNEMENT DE LA PROVINCE DE QUEBEC p 1023
333 Rue Antonin-Campeau Bureau 101, DEUX-MONTAGNES, QC, J7R 0A2
(450) 491-5656   SIC 8322
GOUVERNEMENT DE LA PROVINCE DE QUEBEC p 1023
201 Boul Des Peres, DOLBEAU-MISTASSINI, QC, G8L 5K6
(418) 276-4628   SIC 8399
GOUVERNEMENT DE LA PROVINCE DE QUEBEC p 1033
163 Ch De La Chute, FORT-COULONGE, QC, J0X 1V0
(819) 683-2626   SIC 8999
GOUVERNEMENT DE LA PROVINCE DE QUEBEC p 1036
1100 Boul Maloney O Bureau 1600, GATINEAU, QC, J8T 6G3
(819) 994-7739   SIC 7389
GOUVERNEMENT DE LA PROVINCE DE QUEBEC p 1037
170 Rue De L'hotel-De-Ville, GATINEAU, QC, J8X 4C2
SIC 8322
GOUVERNEMENT DE LA PROVINCE DE QUEBEC p 1037
See GOUVERNEMENT DE LA PROVINCE DE QUEBEC
GOUVERNEMENT DE LA PROVINCE DE QUEBEC p 1037
17 Rue Laurier Bureau 1460, GATINEAU, QC, J8X 4C1
(819) 776-8110   SIC 7338
GOUVERNEMENT DE LA PROVINCE DE QUEBEC p 1037
105 Boul Sacre-Coeur Bureau 1, GATINEAU, QC, J8X 1C5
(819) 771-6631   SIC 8322
GOUVERNEMENT DE LA PROVINCE DE QUEBEC p 1038
116 Boul Lionel-Emond, GATINEAU, QC, J8Y 1W7
SIC 8062
GOUVERNEMENT DE LA PROVINCE DE QUEBEC p 1038
95 Boul De La Cite-Des-Jeunes, GATINEAU, QC, J8Y 6X3
(819) 778-2425   SIC 7261
GOUVERNEMENT DE LA PROVINCE DE QUEBEC p 1038
768 Boul Saint-Joseph Unite 210, GATINEAU, QC, J8Y 4B8
(819) 772-3013   SIC 8111
GOUVERNEMENT DE LA PROVINCE DE QUEBEC p 1038
15 Rue Gamelin, GATINEAU, QC, J8Y 6N5
(819) 778-8600   SIC 6331
GOUVERNEMENT DE LA PROVINCE DE QUEBEC p 1038
135 Boul Saint-Raymond, GATINEAU, QC, J8Y 6X7
(819) 777-6261   SIC 8011
GOUVERNEMENT DE LA PROVINCE DE QUEBEC p 1039
200 Rue Robert-Wright, GATINEAU, QC, J9H 5L1
(819) 684-1022   SIC 8399
GOUVERNEMENT DE LA PROVINCE DE QUEBEC p 1039
200 Rue Robert-Wright, GATINEAU, QC, J9H 5L1
(819) 685-1313   SIC 8322
GOUVERNEMENT DE LA PROVINCE DE QUEBEC p 1039
See GOUVERNEMENT DE LA PROVINCE DE QUEBEC
GOUVERNEMENT DE LA PROVINCE DE QUEBEC p 1040
See GOUVERNEMENT DE LA PROVINCE DE QUEBEC
GOUVERNEMENT DE LA PROVINCE DE QUEBEC p 1040
100 Rue Laurier, GATINEAU, QC, K1A 0M8
(819) 776-7000   SIC 8412
GOUVERNEMENT DE LA PROVINCE DE QUEBEC p 1044
1235 Rue De La Digue, HAVRE-SAINT-PIERRE, QC, G0G 1P0
(418) 538-2662   SIC 8211
GOUVERNEMENT DE LA PROVINCE DE QUEBEC p 1045
1163 Boul Manseau, JOLIETTE, QC, J6E 3G9
(450) 759-5661   SIC 1611
GOUVERNEMENT DE LA PROVINCE DE QUEBEC p 1045
1075 Boul Firestone Bureau 1000, JOLIETTE, QC, J6E 6X6
(450) 755-2741   SIC 8011
GOUVERNEMENT DE LA PROVINCE DE QUEBEC p 1045
380 Boul Base-De-Roc, JOLIETTE, QC, J6E 9J6
(450) 755-2111   SIC 8399
GOUVERNEMENT DE LA PROVINCE DE QUEBEC p 1045
245 Rue Du Cure-Majeau, JOLIETTE, QC, J6E 8S8
(450) 759-1157   SIC 8399
GOUVERNEMENT DE LA PROVINCE DE QUEBEC p 1049
Gd, KUUJJUAQ, QC, J0M 1C0
(819) 964-2905   SIC 8011
GOUVERNEMENT DE LA PROVINCE DE QUEBEC p 1058
80 Rue Hammond, LACHUTE, QC, J8H 2V3
(450) 562-2223   SIC 8211
GOUVERNEMENT DE LA PROVINCE DE QUEBEC p 1058
See GOUVERNEMENT DE LA PROVINCE DE QUEBEC
GOUVERNEMENT DE LA PROVINCE DE QUEBEC p 1058
310 Rue Principale, LAMBTON, QC, G0M 1H0
(418) 486-7417   SIC 8322
GOUVERNEMENT DE LA PROVINCE DE QUEBEC p 1066
1400 Boul Guillaume-Couture Unite Rc, Levis, QC, G6W 8K7
(418) 838-5615   SIC 8748
GOUVERNEMENT DE LA PROVINCE DE QUEBEC p 1071
See GOUVERNEMENT DE LA PROVINCE DE QUEBEC
GOUVERNEMENT DE LA PROVINCE DE QUEBEC p 1071
1255 Rue Beauregard, LONGUEUIL, QC, J4K 2M3
(450) 928-6777   SIC 8399
GOUVERNEMENT DE LA PROVINCE DE QUEBEC p 1073
450 2e Rue, LOUISEVILLE, QC, J5V 1V3
(819) 228-2700   SIC 8361
GOUVERNEMENT DE LA PROVINCE DE QUEBEC p 1074

See GOUVERNEMENT DE LA PROVINCE DE QUEBEC

GOUVERNEMENT DE LA PROVINCE DE QUEBEC *p* 1074
50 Rue Saint-Patrice E, MAGOG, QC, J1X 3X3
(819) 843-2572 *SIC* 8062

GOUVERNEMENT DE LA PROVINCE DE QUEBEC *p* 1075
691 Rue Royale, MALARTIC, QC, J0Y 1Z0
SIC 8399

GOUVERNEMENT DE LA PROVINCE DE QUEBEC *p* 1075
150 Rue Principale N, MANIWAKI, QC, J9E 2B8
(819) 449-7659 *SIC* 8351

GOUVERNEMENT DE LA PROVINCE DE QUEBEC *p* 1077
14 Boul Perron E, Matapedia, QC, G0J 1V0
(418) 865-2221 *SIC* 8399

GOUVERNEMENT DE LA PROVINCE DE QUEBEC *p* 1077
257 Av Saint-Jerome, MATANE, QC, G4W 3A7
(418) 562-3700 *SIC* 7999

GOUVERNEMENT DE LA PROVINCE DE QUEBEC *p* 1080
142 Rue Godard, MONT-LAURIER, QC, J9L 3T7
(819) 623-5781 *SIC* 6519

GOUVERNEMENT DE LA PROVINCE DE QUEBEC *p* 1090
See GOUVERNEMENT DE LA PROVINCE DE QUEBEC

GOUVERNEMENT DE LA PROVINCE DE QUEBEC *p* 1090
3730 Rue De Bellechasse, Montreal, QC, H1X 3E5
(514) 374-8665 *SIC* 8361

GOUVERNEMENT DE LA PROVINCE DE QUEBEC *p* 1093
4255 Av Papineau, Montreal, QC, H2H 2P6
(514) 526-4981 *SIC* 7041

GOUVERNEMENT DE LA PROVINCE DE QUEBEC *p* 1094
1000 Rue Fullum, Montreal, QC, H2K 3L7
(514) 521-2424 *SIC* 4833

GOUVERNEMENT DE LA PROVINCE DE QUEBEC *p* 1095
475 Boul De Maisonneuve E, Montreal, QC, H2L 5C4
(514) 873-1100 *SIC* 8231

GOUVERNEMENT DE LA PROVINCE DE QUEBEC *p* 1096
950 Rue De Louvain E, Montreal, QC, H2M 2E8
(514) 385-1232 *SIC* 8093

GOUVERNEMENT DE LA PROVINCE DE QUEBEC *p* 1096
See GOUVERNEMENT DE LA PROVINCE DE QUEBEC

GOUVERNEMENT DE LA PROVINCE DE QUEBEC *p* 1099
See GOUVERNEMENT DE LA PROVINCE DE QUEBEC

GOUVERNEMENT DE LA PROVINCE DE QUEBEC *p* 1099
4750 Av Henri-Julien, Montreal, QC, H2T 3E4
(514) 873-4283 *SIC* 8299

GOUVERNEMENT DE LA PROVINCE DE QUEBEC *p* 1100
See GOUVERNEMENT DE LA PROVINCE DE QUEBEC

GOUVERNEMENT DE LA PROVINCE DE QUEBEC *p* 1100
3530 Rue Saint-Urbain, Montreal, QC, H2X 2N7
(514) 982-1232 *SIC* 8322

GOUVERNEMENT DE LA PROVINCE DE QUEBEC *p* 1100
3535 Rue Saint-Denis, Montreal, QC, H2X 3P1
(514) 282-5111 *SIC* 8249

GOUVERNEMENT DE LA PROVINCE DE QUEBEC *p* 1102
See GOUVERNEMENT DE LA PROVINCE DE QUEBEC

GOUVERNEMENT DE LA PROVINCE DE QUEBEC *p* 1102
1 Rue Notre-Dame E Bureau 1140, Montreal, QC, H2Y 1B6
(514) 873-2230 *SIC* 8322

GOUVERNEMENT DE LA PROVINCE DE QUEBEC *p* 1102
1 Rue Notre-Dame E Bureau 4.100, Montreal, QC, H2Y 1B6
(514) 393-2703 *SIC* 8111

GOUVERNEMENT DE LA PROVINCE DE QUEBEC *p* 1102
1 Rue Notre-Dame E Bureau 735, Montreal, QC, H2Y 1B6
(514) 864-4949 *SIC* 8111

GOUVERNEMENT DE LA PROVINCE DE QUEBEC *p* 1102
276 Rue Saint-Jacques, Montreal, QC, H2Y 1N3
(514) 725-5221 *SIC* 8331

GOUVERNEMENT DE LA PROVINCE DE QUEBEC *p* 1102
390 Rue Notre-Dame O Bureau 100, Montreal, QC, H2Y 1T9
(514) 873-2371 *SIC* 6794

GOUVERNEMENT DE LA PROVINCE DE QUEBEC *p* 1104
See GOUVERNEMENT DE LA PROVINCE DE QUEBEC

GOUVERNEMENT DE LA PROVINCE DE QUEBEC *p* 1104
1080 Cote Du Beaver Hall Bureau 1000, Montreal, QC, H2Z 1S8
(514) 873-2032 *SIC* 8322

GOUVERNEMENT DE LA PROVINCE DE QUEBEC *p* 1104
159 Rue Saint-Antoine O Bureau 900, Montreal, QC, H2Z 1H2
(514) 871-8122 *SIC* 7389

GOUVERNEMENT DE LA PROVINCE DE QUEBEC *p* 1106
See GOUVERNEMENT DE LA PROVINCE DE QUEBEC

GOUVERNEMENT DE LA PROVINCE DE QUEBEC *p* 1106
2050 Rue De Bleury Bureau 1.20, Montreal, QC, H3A 2J5
(514) 873-0001 *SIC* 8742

GOUVERNEMENT DE LA PROVINCE DE QUEBEC *p* 1119
35 Rue De Port-Royal E, Montreal, QC, H3L 3T1
(514) 873-1923 *SIC* 8748

GOUVERNEMENT DE LA PROVINCE DE QUEBEC *p* 1119
See GOUVERNEMENT DE LA PROVINCE DE QUEBEC

GOUVERNEMENT DE LA PROVINCE DE QUEBEC *p* 1122
See GOUVERNEMENT DE LA PROVINCE DE QUEBEC

GOUVERNEMENT DE LA PROVINCE DE QUEBEC *p* 1122
7005 Boul De Maisonneuve O Bureau 620, Montreal, QC, H4B 1T3
(514) 487-1770 *SIC* 7352

GOUVERNEMENT DE LA PROVINCE DE QUEBEC *p* 1126
800 Sq Victoria 22e etage, Montreal, QC, H4Z 1G3
(514) 395-0337 *SIC* 8741

GOUVERNEMENT DE LA PROVINCE DE QUEBEC *p* 1126
See GOUVERNEMENT DE LA PROVINCE DE QUEBEC

GOUVERNEMENT DE LA PROVINCE DE QUEBEC *p* 1136
2020 Ch D'oka, OKA, QC, J0N 1E0
(450) 479-8365 *SIC* 7996

GOUVERNEMENT DE LA PROVINCE DE QUEBEC *p* 1136
356 Rue Maguire, NOUVELLE, QC, G0C 2E0
(418) 794-2242 *SIC* 4213

GOUVERNEMENT DE LA PROVINCE DE QUEBEC *p* 1136
See GOUVERNEMENT DE LA PROVINCE DE QUEBEC

GOUVERNEMENT DE LA PROVINCE DE QUEBEC *p* 1145
1045 Rue Des Parlementaires, Quebec, QC, G1A 1A4
(418) 643-4408 *SIC* 8231

GOUVERNEMENT DE LA PROVINCE DE QUEBEC *p* 1146
3510 Rue Cambronne, Quebec, QC, G1E 7H2
(418) 661-3700 *SIC* 8399

GOUVERNEMENT DE LA PROVINCE DE QUEBEC *p* 1147
7843 Rue Des Santolines, Quebec, QC, G1G 0G3
(418) 683-2511 *SIC* 8361

GOUVERNEMENT DE LA PROVINCE DE QUEBEC *p* 1148
700 7e Rue, Quebec, QC, G1J 2S1
(418) 528-8350 *SIC* 4581

GOUVERNEMENT DE LA PROVINCE DE QUEBEC *p* 1148
260 49e Rue O, Quebec, QC, G1H 5E4
SIC 8361

GOUVERNEMENT DE LA PROVINCE DE QUEBEC *p* 1148
2525 Ch De La Canardiere, Quebec, QC, G1J 2G2
(418) 663-5008 *SIC* 8361

GOUVERNEMENT DE LA PROVINCE DE QUEBEC *p* 1148
See GOUVERNEMENT DE LA PROVINCE DE QUEBEC

GOUVERNEMENT DE LA PROVINCE DE QUEBEC *p* 1149
300 Boul Jean-Lesage Bureau 1.32a, Quebec, QC, G1K 8K6
(418) 646-8300 *SIC* 8322

GOUVERNEMENT DE LA PROVINCE DE QUEBEC *p* 1150
105 Rue Hermine, Quebec, QC, G1K 1Y5
(418) 529-2501 *SIC* 8051

GOUVERNEMENT DE LA PROVINCE DE QUEBEC *p* 1150
333 Boul Jean-Lesage, Quebec, QC, G1K 8Z2
(418) 528-4338 *SIC* 6411

GOUVERNEMENT DE LA PROVINCE DE QUEBEC *p* 1151
2305 Boul Benoit-Xv Bureau 16, Quebec, QC, G1L 3A4
(418) 524-9725 *SIC* 8322

GOUVERNEMENT DE LA PROVINCE DE QUEBEC *p* 1152
525 Boul Wilfrid-Hamel, Quebec, QC, G1M 2S8
(418) 529-9141 *SIC* 8011

GOUVERNEMENT DE LA PROVINCE DE QUEBEC *p* 1152
525 Boul Wilfrid-Hamel, Quebec, QC, G1M 2S8
(418) 649-3700 *SIC* 8093

GOUVERNEMENT DE LA PROVINCE DE QUEBEC *p* 1152
See GOUVERNEMENT DE LA PROVINCE DE QUEBEC

GOUVERNEMENT DE LA PROVINCE DE QUEBEC *p* 1153
1500e Rue Cyrille-Duquet, Quebec, QC, G1N 4T6
(418) 643-1500 *SIC* 4899

GOUVERNEMENT DE LA PROVINCE DE QUEBEC *p* 1155
2700 Rue Einstein Bureau C2105, Quebec, QC, G1P 3W8
(418) 643-1632 *SIC* 8731

GOUVERNEMENT DE LA PROVINCE DE QUEBEC *p* 1155
2700 Rue Einstein Bureau E-2-220, Quebec, QC, G1P 3W8
(418) 643-1301 *SIC* 8748

GOUVERNEMENT DE LA PROVINCE DE QUEBEC *p* 1157
525 Boul Rene-Levesque E Bureau 125, Quebec, QC, G1R 5Y4
(418) 643-2688 *SIC* 8111

GOUVERNEMENT DE LA PROVINCE DE QUEBEC *p* 1157
270 Rue Jacques-Parizeau, Quebec, QC, G1R 5G1
(418) 643-2190 *SIC* 8299

GOUVERNEMENT DE LA PROVINCE DE QUEBEC *p* 1157
200 Ch Sainte-Foy 3e etage Bureau 300, Quebec, QC, G1R 5T4
(418) 691-2401 *SIC* 2721

GOUVERNEMENT DE LA PROVINCE DE QUEBEC *p* 1157
150 Boul Rene-Levesque E, Quebec, QC, G1R 5B1
(418) 646-4646 *SIC* 8742

GOUVERNEMENT DE LA PROVINCE DE QUEBEC *p* 1157
1 Av Wolfe-Montcalm, Quebec, QC, G1R 5H3
(418) 643-2150 *SIC* 8412

GOUVERNEMENT DE LA PROVINCE DE QUEBEC *p* 1157
See GOUVERNEMENT DE LA PROVINCE DE QUEBEC

GOUVERNEMENT DE LA PROVINCE DE QUEBEC *p* 1157
800 Place D'youville Bureau 300, Quebec, QC, G1R 6E2
(418) 643-4326 *SIC* 8732

GOUVERNEMENT DE LA PROVINCE DE QUEBEC *p* 1157
800 Place D'youville, Quebec, QC, G1R 5S3
(418) 643-7150 *SIC* 7389

GOUVERNEMENT DE LA PROVINCE DE QUEBEC *p* 1157
700 Rue Jacques-Parizeau Unite 307, Quebec, QC, G1R 5E5
(418) 643-1515 *SIC* 8231

GOUVERNEMENT DE LA PROVINCE DE QUEBEC *p* 1157
800 Place D'youville Bureau 18 1, Quebec, QC, G1R 3P4
(418) 643-9938 *SIC* 8748

GOUVERNEMENT DE LA PROVINCE DE QUEBEC *p* 1157
800 Place D'youville Bureau 12e, Quebec, QC, G1R 5S3
(418) 643-7150 *SIC* 7389

GOUVERNEMENT DE LA PROVINCE DE QUEBEC *p* 1158
930 Ch Sainte-Foy Bureau 5, Quebec, QC, G1S 2L4
(418) 643-6618 *SIC* 8711

GOUVERNEMENT DE LA PROVINCE DE QUEBEC *p* 1159
880 Ch Sainte-Foy Bureau 1 20b, Quebec, QC, G1S 2L2
(418) 627-6278 *SIC* 8999

GOUVERNEMENT DE LA PROVINCE DE QUEBEC *p* 1161
2525 Boul Laurier, Quebec, QC, G1V 4Z6
(418) 646-6777 *SIC* 7389

GOUVERNEMENT DE LA PROVINCE DE QUEBEC *p* 1165
See GOUVERNEMENT DE LA PROVINCE DE QUEBEC

GOUVERNEMENT DE LA PROVINCE DE QUEBEC *p* 1165
5055 Boul Wilfrid-Hamel Bureau 100, Quebec, QC, G2E 2G6
(418) 838-5602 *SIC* 6331

GOUVERNEMENT DE LA PROVINCE DE QUEBEC *p* 1165
1400 Av Saint-Jean-Baptiste Bureau 180, Quebec, QC, G2E 5B7

(418) 528-2035 SIC 6331
GOUVERNEMENT DE LA PROVINCE DE QUEBEC p 1166
700 7e Rue De L'aeroport, Quebec, QC, G2G 2S8
(418) 528-8686 SIC 8711
GOUVERNEMENT DE LA PROVINCE DE QUEBEC p 1168
775 Rue Saint-Viateur, Quebec, QC, G2L 2Z3
(418) 623-9801 SIC 8049
GOUVERNEMENT DE LA PROVINCE DE QUEBEC p 1172
770 Rue Hayes Bureau 640, RICHMOND, QC, J0B 2H0
(819) 826-6565 SIC 4959
GOUVERNEMENT DE LA PROVINCE DE QUEBEC p 1173
337 Rue Moreault Bureau 2.10, RIMOUSKI, QC, G5L 1P4
(418) 727-3586 SIC 8742
GOUVERNEMENT DE LA PROVINCE DE QUEBEC p 1173
335 Rue Moreault, RIMOUSKI, QC, G5L 9C8
SIC 8748
GOUVERNEMENT DE LA PROVINCE DE QUEBEC p 1175
254 Boul Sauve, ROBERVAL, QC, G8H 1A7
(418) 275-1634 SIC 8322
GOUVERNEMENT DE LA PROVINCE DE QUEBEC p 1177
180 Boul Rideau Unite 1.04, ROUYN-NORANDA, QC, J9X 1N9
(819) 763-3333 SIC 8641
GOUVERNEMENT DE LA PROVINCE DE QUEBEC p 1177
80 Av Quebec, ROUYN-NORANDA, QC, J9X 6R1
(819) 763-3237 SIC 1611
GOUVERNEMENT DE LA PROVINCE DE QUEBEC p 1179
12 Rue Industrielle, SAINT-APOLLINAIRE, QC, G0S 2E0
(418) 881-3982 SIC 8361
GOUVERNEMENT DE LA PROVINCE DE QUEBEC p 1182
See GOUVERNEMENT DE LA PROVINCE DE QUEBEC
GOUVERNEMENT DE LA PROVINCE DE QUEBEC p 1182
330 Rang Des Vingt-Cinq E, SAINT-BRUNO, QC, J3V 4P6
(450) 653-7544 SIC 7011
GOUVERNEMENT DE LA PROVINCE DE QUEBEC p 1183
475 Rue Houde, Saint-Celestin, QC, J0C 1G0
(819) 229-3617 SIC 8361
GOUVERNEMENT DE LA PROVINCE DE QUEBEC p 1185
211 Rue Du Couvent, Saint-Epiphane, QC, G0L 2X0
(418) 868-2572 SIC 8399
GOUVERNEMENT DE LA PROVINCE DE QUEBEC p 1189
See GOUVERNEMENT DE LA PROVINCE DE QUEBEC
GOUVERNEMENT DE LA PROVINCE DE QUEBEC p 1189
3015 127e Rue, SAINT-GEORGES, QC, G5Y 5G4
(418) 227-0948 SIC 8322
GOUVERNEMENT DE LA PROVINCE DE QUEBEC p 1189
11500 1re Av Bureau 110, SAINT-GEORGES, QC, G5Y 2C3
(418) 226-3110 SIC 8748
GOUVERNEMENT DE LA PROVINCE DE QUEBEC p 1197
90 Ch Des Patriotes E, SAINT-JEAN-SUR-RICHELIEU, QC, J2X 5P9
(450) 347-2301 SIC 1611
GOUVERNEMENT DE LA PROVINCE DE

QUEBEC p 1200
330 Rue De Martigny O, Saint-Jerome, QC, J7Y 4C9
(450) 438-2225 SIC 8059
GOUVERNEMENT DE LA PROVINCE DE QUEBEC p 1200
25 Rue De Martigny O, Saint-Jerome, QC, J7Y 4Z1
(450) 431-4406 SIC 8111
GOUVERNEMENT DE LA PROVINCE DE QUEBEC p 1200
85 Rue De Martigny O, Saint-Jerome, QC, J7Y 3R8
(450) 431-4000 SIC 6331
GOUVERNEMENT DE LA PROVINCE DE QUEBEC p 1200
See GOUVERNEMENT DE LA PROVINCE DE QUEBEC
GOUVERNEMENT DE LA PROVINCE DE QUEBEC p 1201
430 Rue Labelle, Saint-Jerome, QC, J7Z 5L3
(450) 431-2221 SIC 8399
GOUVERNEMENT DE LA PROVINCE DE QUEBEC p 1201
See GOUVERNEMENT DE LA PROVINCE DE QUEBEC
GOUVERNEMENT DE LA PROVINCE DE QUEBEC p 1217
521 Rue Saint-Antoine, SAINT-LIN-LAURENTIDES, QC, J5M 3A3
(450) 439-2609 SIC 8361
GOUVERNEMENT DE LA PROVINCE DE QUEBEC p 1218
146 132 Rte E, SAINT-MICHEL-DE-BELLECHASSE, QC, G0R 3S0
(418) 884-2363 SIC 4213
GOUVERNEMENT DE LA PROVINCE DE QUEBEC p 1218
410 Rue Principale, SAINT-MODESTE, QC, G0L 3W0
(418) 862-5511 SIC 7389
GOUVERNEMENT DE LA PROVINCE DE QUEBEC p 1218
See GOUVERNEMENT DE LA PROVINCE DE QUEBEC
GOUVERNEMENT DE LA PROVINCE DE QUEBEC p 1220
110 Rue Du College, Saint-Remi, QC, J0L 2L0
(450) 454-4694 SIC 8322
GOUVERNEMENT DE LA PROVINCE DE QUEBEC p 1225
5436 Boul Levesque E, Sainte-Dorothee, QC, H7C 1N7
(450) 661-5440 SIC 8361
GOUVERNEMENT DE LA PROVINCE DE QUEBEC p 1231
6 Rue De L'Eglise Bureau 330, SAINTE-THERESE, QC, J7E 3L1
(450) 430-6900 SIC 8322
GOUVERNEMENT DE LA PROVINCE DE QUEBEC p 1232
180 Rue Salaberry, SALABERRY-DE-VALLEYFIELD, QC, J6T 2J2
(450) 370-4004 SIC 8111
GOUVERNEMENT DE LA PROVINCE DE QUEBEC p 1236
300 Rue King E Bureau 300, SHERBROOKE, QC, J1G 1B1
(819) 566-7861 SIC 8399
GOUVERNEMENT DE LA PROVINCE DE QUEBEC p 1237
200 Rue Belvedere N Bureau 202, SHERBROOKE, QC, J1H 4A9
(819) 820-3646 SIC 7389
GOUVERNEMENT DE LA PROVINCE DE QUEBEC p 1238
375 Rue Argyll, SHERBROOKE, QC, J1J 3H5
(819) 821-1170 SIC 8051
GOUVERNEMENT DE LA PROVINCE DE QUEBEC p 1239
2865 Boul De Portland, SHERBROOKE,

QC, J1L 2S1
(819) 820-3061 SIC 7549
GOUVERNEMENT DE LA PROVINCE DE QUEBEC p 1239
See GOUVERNEMENT DE LA PROVINCE DE QUEBEC
GOUVERNEMENT DE LA PROVINCE DE QUEBEC p 1247
164 Ch De La Pepiniere, TRECESSON, QC, J0Y 2S0
(819) 444-5447 SIC 7389
GOUVERNEMENT DE LA PROVINCE DE QUEBEC p 1252
3235 Boul Saint-Jean, Trois-Rivieres, QC, G9B 1X5
(819) 377-3114 SIC 8093
GOUVERNEMENT DE LA PROVINCE DE QUEBEC p 1260
21 Rue Notre-Dame-De-Lourdes Bureau 209, VILLE-MARIE, QC, J9V 1X8
(819) 629-2676 SIC 8322
GOUVERNEMENT DE LA PROVINCE DE QUEBEC p 1260
75a Rue Des Oblats N, VILLE-MARIE, QC, J9V 1J2
(819) 629-6407 SIC 8999
GOUVERNEMENT DE LA PROVINCE DE QUEBEC p 1260
See GOUVERNEMENT DE LA PROVINCE DE QUEBEC
GOUVERNEUR INC p 1095
1415 Rue Saint-Hubert, Montreal, QC, H2L 3Y9
(514) 842-4881 SIC 7011
GOUVERNEUR INC p 1173
155 Boul Rene-Lepage E Bureau 72, RIMOUSKI, QC, G5L 1P2
(418) 723-4422 SIC 7011
GOUVERNEUR INC p 1177
41 6e Rue, ROUYN-NORANDA, QC, J9X 1Y8
(819) 762-2341 SIC 7011
GOUVERNEUR INC p 1233
666 Boul Laure, Sept-Iles, QC, G4R 1X9
(418) 962-7071 SIC 7011
GOUVERNEURS SEPT ILES p 1233
See GOUVERNEUR INC
GOVERNING COUNCIL OF THE SALVATION ARMY IN CANADA, THE p 18
See GOVERNING COUNCIL OF THE SALVATION ARMY IN CANADA, THE
GOVERNING COUNCIL OF THE SALVATION ARMY IN CANADA, THE p 18
2355 52 Ave Se Suite 29, CALGARY, AB, T2C 4X7
(403) 287-9470 SIC 5932
GOVERNING COUNCIL OF THE SALVATION ARMY IN CANADA, THE p 28
See GOVERNING COUNCIL OF THE SALVATION ARMY IN CANADA, THE
GOVERNING COUNCIL OF THE SALVATION ARMY IN CANADA, THE p 28
631 7 Ave Se, CALGARY, AB, T2G 0J8
SIC 8322
GOVERNING COUNCIL OF THE SALVATION ARMY IN CANADA, THE p 77
See GOVERNING COUNCIL OF THE SALVATION ARMY IN CANADA, THE
GOVERNING COUNCIL OF THE SALVATION ARMY IN CANADA, THE p 77
9620 101a Ave Nw, EDMONTON, AB, T5H 0C7
(780) 424-9222 SIC 8322
GOVERNING COUNCIL OF THE SALVATION ARMY IN CANADA, THE p 77
9618 101a Ave Nw, EDMONTON, AB, T5H 0C7

(780) 423-2111 SIC 8399
GOVERNING COUNCIL OF THE SALVATION ARMY IN CANADA, THE p 77
9611 102 Ave Nw, EDMONTON, AB, T5H 0E5
(780) 429-4274 SIC 8322
GOVERNING COUNCIL OF THE SALVATION ARMY IN CANADA, THE p 98
12510 140 Ave Nw, EDMONTON, AB, T5X 6C4
(780) 454-5484 SIC 8361
GOVERNING COUNCIL OF THE SALVATION ARMY IN CANADA, THE p 126
See GOVERNING COUNCIL OF THE SALVATION ARMY IN CANADA, THE
GOVERNING COUNCIL OF THE SALVATION ARMY IN CANADA, THE p 126
9525 83 Ave, GRANDE PRAIRIE, AB, T8V 6V1
(780) 538-2848 SIC 8322
GOVERNING COUNCIL OF THE SALVATION ARMY IN CANADA, THE p 138
See GOVERNING COUNCIL OF THE SALVATION ARMY IN CANADA, THE
GOVERNING COUNCIL OF THE SALVATION ARMY IN CANADA, THE p 138
1249 3 Ave S, LETHBRIDGE, AB, T1J 0K1
(403) 328-2860 SIC 5932
GOVERNING COUNCIL OF THE SALVATION ARMY IN CANADA, THE p 144
See GOVERNING COUNCIL OF THE SALVATION ARMY IN CANADA, THE
GOVERNING COUNCIL OF THE SALVATION ARMY IN CANADA, THE p 144
164 Stratton Way Se, MEDICINE HAT, AB, T1B 3R3
(403) 527-2474 SIC 8661
GOVERNING COUNCIL OF THE SALVATION ARMY IN CANADA, THE p 187
3833 Henning Dr Suite 103, BURNABY, BC, V5C 6N5
(604) 299-3908 SIC 8741
GOVERNING COUNCIL OF THE SALVATION ARMY IN CANADA, THE p 187
See GOVERNING COUNCIL OF THE SALVATION ARMY IN CANADA, THE
GOVERNING COUNCIL OF THE SALVATION ARMY IN CANADA, THE p 197
46420 Brooks Ave, CHILLIWACK, BC, V2P 1C5
(604) 792-0311 SIC 8661
GOVERNING COUNCIL OF THE SALVATION ARMY IN CANADA, THE p 197
See GOVERNING COUNCIL OF THE SALVATION ARMY IN CANADA, THE
GOVERNING COUNCIL OF THE SALVATION ARMY IN CANADA, THE p 204
2966 Kilpatrick Ave Suite 12, COURTENAY, BC, V9N 8P1
(250) 338-8151 SIC 5932
GOVERNING COUNCIL OF THE SALVATION ARMY IN CANADA, THE p 204
See GOVERNING COUNCIL OF THE SALVATION ARMY IN CANADA, THE
GOVERNING COUNCIL OF THE SALVATION ARMY IN CANADA, THE p 218
See GOVERNING COUNCIL OF THE SALVATION ARMY IN CANADA, THE
GOVERNING COUNCIL OF THE SALVA-

TION ARMY IN CANADA, THE
218
344 Poplar St, KAMLOOPS, BC, V2B 4B8
(250) 554-1611   SIC 8661
GOVERNING COUNCIL OF THE SALVA-
TION ARMY IN CANADA, THE   p
225
See GOVERNING COUNCIL OF THE SAL-
VATION ARMY IN CANADA, THE
GOVERNING COUNCIL OF THE SALVA-
TION ARMY IN CANADA, THE
225
1447 Ellis St, KELOWNA, BC, V1Y 2A3
(250) 762-5182   SIC 5932
GOVERNING COUNCIL OF THE SALVA-
TION ARMY IN CANADA, THE
232
See GOVERNING COUNCIL OF THE SAL-
VATION ARMY IN CANADA, THE
GOVERNING COUNCIL OF THE SALVA-
TION ARMY IN CANADA, THE
232
19868 Langley Bypass, LANGLEY, BC, V3A
4Y1
SIC 8322
GOVERNING COUNCIL OF THE SALVA-
TION ARMY IN CANADA, THE
232
5787 Langley Bypass, LANGLEY, BC, V3A
0A9
(604) 514-7375   SIC 8322
GOVERNING COUNCIL OF THE SALVA-
TION ARMY IN CANADA, THE   p
239
See GOVERNING COUNCIL OF THE SAL-
VATION ARMY IN CANADA, THE
GOVERNING COUNCIL OF THE SALVA-
TION ARMY IN CANADA, THE
239
505 Eighth St, NANAIMO, BC, V9R 1B5
(250) 753-8834   SIC 8322
GOVERNING COUNCIL OF THE SALVA-
TION ARMY IN CANADA, THE   p
244
See GOVERNING COUNCIL OF THE SAL-
VATION ARMY IN CANADA, THE
GOVERNING COUNCIL OF THE SALVA-
TION ARMY IN CANADA, THE   p
244
409 Blair Ave, NEW WESTMINSTER, BC,
V3L 4A4
(604) 522-7033   SIC 8361
GOVERNING COUNCIL OF THE SALVA-
TION ARMY IN CANADA, THE
271
See GOVERNING COUNCIL OF THE SAL-
VATION ARMY IN CANADA, THE
GOVERNING COUNCIL OF THE SALVA-
TION ARMY IN CANADA, THE
271
6460 No. 4 Rd, RICHMOND, BC, V6Y 2S9
(604) 207-1212   SIC 8322
GOVERNING COUNCIL OF THE SALVA-
TION ARMY IN CANADA, THE   p
296
7252 Kerr St, VANCOUVER, BC, V5S 3V2
(604) 438-3367   SIC 8361
GOVERNING COUNCIL OF THE SALVA-
TION ARMY IN CANADA, THE   p
304
555 Homer St Suite 703, VANCOUVER, BC,
V6B 1K8
(604) 681-3405   SIC 8322
GOVERNING COUNCIL OF THE SALVA-
TION ARMY IN CANADA, THE   p
304
See GOVERNING COUNCIL OF THE SAL-
VATION ARMY IN CANADA, THE
GOVERNING COUNCIL OF THE SALVA-
TION ARMY IN CANADA, THE   p
318
975 57th Ave W, VANCOUVER, BC, V6P
1S4
SIC 8399

GOVERNING COUNCIL OF THE SALVA-
TION ARMY IN CANADA, THE   p
326
3303 32 Ave, VERNON, BC, V1T 2M7
(250) 549-4111   SIC 8399
GOVERNING COUNCIL OF THE SALVA-
TION ARMY IN CANADA, THE   p
326
See GOVERNING COUNCIL OF THE SAL-
VATION ARMY IN CANADA, THE
GOVERNING COUNCIL OF THE SALVA-
TION ARMY IN CANADA, THE
327
1551 Cedar Hill Cross Rd, VICTORIA, BC,
V8P 2P3
(250) 382-3714   SIC 8399
GOVERNING COUNCIL OF THE SALVA-
TION ARMY IN CANADA, THE
335
952 Arm St, VICTORIA, BC, V9A 4G7
(250) 385-3422   SIC 8051
GOVERNING COUNCIL OF THE SALVA-
TION ARMY IN CANADA, THE   p
335
See GOVERNING COUNCIL OF THE SAL-
VATION ARMY IN CANADA, THE
GOVERNING COUNCIL OF THE SALVA-
TION ARMY IN CANADA, THE   p
336
1746 Island Hwy, VICTORIA, BC, V9B 1H8
(250) 727-3853   SIC 8399
GOVERNING COUNCIL OF THE SALVA-
TION ARMY IN CANADA, THE   p
336
See GOVERNING COUNCIL OF THE SAL-
VATION ARMY IN CANADA, THE
GOVERNING COUNCIL OF THE SALVA-
TION ARMY IN CANADA, THE   p
345
510 6th St, BRANDON, MB, R7A 3N9
(204) 727-3636   SIC 8051
GOVERNING COUNCIL OF THE SALVA-
TION ARMY IN CANADA, THE
373
811 School Rd, WINNIPEG, MB, R2Y 0S8
(204) 888-3311   SIC 8322
GOVERNING COUNCIL OF THE SALVA-
TION ARMY IN CANADA, THE
373
See GOVERNING COUNCIL OF THE SAL-
VATION ARMY IN CANADA, THE
GOVERNING COUNCIL OF THE SALVA-
TION ARMY IN CANADA, THE   p
384
300 Booth Dr, WINNIPEG, MB, R3J 3M7
(204) 837-8311   SIC 8062
GOVERNING COUNCIL OF THE SALVA-
TION ARMY IN CANADA, THE   p
413
50 Suffolk St, RIVERVIEW, NB, E1B 4K6
SIC 8051
GOVERNING COUNCIL OF THE SALVA-
TION ARMY IN CANADA, THE   p
413
See GOVERNING COUNCIL OF THE SAL-
VATION ARMY IN CANADA, THE
GOVERNING COUNCIL OF THE SALVA-
TION ARMY IN CANADA, THE   p
417
36 St. James St, SAINT JOHN, NB, E2L 1V3
SIC 8361
GOVERNING COUNCIL OF THE SALVA-
TION ARMY IN CANADA, THE   p
417
See GOVERNING COUNCIL OF THE SAL-
VATION ARMY IN CANADA, THE
GOVERNING COUNCIL OF THE SALVA-
TION ARMY IN CANADA, THE   p
439
4925 45 St, YELLOWKNIFE, NT, X1A 1K6
(867) 920-4673   SIC 8661
GOVERNING COUNCIL OF THE SALVA-
TION ARMY IN CANADA, THE   p
439

See GOVERNING COUNCIL OF THE SAL-
VATION ARMY IN CANADA, THE
GOVERNING COUNCIL OF THE SALVA-
TION ARMY IN CANADA, THE   p
461
7071 Bayers Rd Suite 282, HALIFAX, NS,
B3L 2C2
(902) 455-1201   SIC 7032
GOVERNING COUNCIL OF THE SALVA-
TION ARMY IN CANADA, THE   p
461
See GOVERNING COUNCIL OF THE SAL-
VATION ARMY IN CANADA, THE
GOVERNING COUNCIL OF THE SALVA-
TION ARMY IN CANADA, THE   p
494
16 Bayfield St, BARRIE, ON, L4M 3A4
(705) 728-3737   SIC 8322
GOVERNING COUNCIL OF THE SALVA-
TION ARMY IN CANADA, THE   p
521
44 Nelson St W, BRAMPTON, ON, L6X 1C1
(905) 453-0988   SIC 8399
GOVERNING COUNCIL OF THE SALVA-
TION ARMY IN CANADA, THE   p
521
See GOVERNING COUNCIL OF THE SAL-
VATION ARMY IN CANADA, THE
GOVERNING COUNCIL OF THE SALVA-
TION ARMY IN CANADA, THE   p
521
535 Main St N, BRAMPTON, ON, L6X 3C9
(905) 451-4115   SIC 8322
GOVERNING COUNCIL OF THE SALVA-
TION ARMY IN CANADA, THE   p
604
1320 Gordon St, GUELPH, ON, N1L 1H3
(519) 836-9360   SIC 8661
GOVERNING COUNCIL OF THE SALVA-
TION ARMY IN CANADA, THE   p
609
533 Main St E, HAMILTON, ON, L8M 1H9
(905) 527-6212   SIC 8399
GOVERNING COUNCIL OF THE SALVA-
TION ARMY IN CANADA, THE   p
609
See GOVERNING COUNCIL OF THE SAL-
VATION ARMY IN CANADA, THE
GOVERNING COUNCIL OF THE SALVA-
TION ARMY IN CANADA, THE   p
611
138 Herkimer St, HAMILTON, ON, L8P 2H1
(905) 522-7336   SIC 8322
GOVERNING COUNCIL OF THE SALVA-
TION ARMY IN CANADA, THE   p
620
15000 Ilderton Rd, ILDERTON, ON, N0M
2A0
SIC 8361
GOVERNING COUNCIL OF THE SALVA-
TION ARMY IN CANADA, THE   p
620
See GOVERNING COUNCIL OF THE SAL-
VATION ARMY IN CANADA, THE
GOVERNING COUNCIL OF THE SALVA-
TION ARMY IN CANADA, THE   p
652
1340 Dundas St, LONDON, ON, N5W 3B6
(519) 455-4810   SIC 8351
GOVERNING COUNCIL OF THE SALVA-
TION ARMY IN CANADA, THE   p
657
281 Wellington St, LONDON, ON, N6B 2L4
(519) 661-0343   SIC 8699
GOVERNING COUNCIL OF THE SALVA-
TION ARMY IN CANADA, THE   p
657
371 King St, LONDON, ON, N6B 1S4
(519) 433-6106   SIC 8322
GOVERNING COUNCIL OF THE SALVA-
TION ARMY IN CANADA, THE   p
657
See GOVERNING COUNCIL OF THE SAL-
VATION ARMY IN CANADA, THE

GOVERNING COUNCIL OF THE SALVA-
TION ARMY IN CANADA, THE   p
662
See GOVERNING COUNCIL OF THE SAL-
VATION ARMY IN CANADA, THE
GOVERNING COUNCIL OF THE SALVA-
TION ARMY IN CANADA, THE   p
662
54 Riverview Ave, LONDON, ON, N6J 1A2
SIC 8322
GOVERNING COUNCIL OF THE SALVA-
TION ARMY IN CANADA, THE   p
735
5050 Jepson St, NIAGARA FALLS, ON, L2E
1K5
(905) 356-1221   SIC 8051
GOVERNING COUNCIL OF THE SALVA-
TION ARMY IN CANADA, THE
769
2360 South Service Rd W, OAKVILLE, ON,
L6L 5M9
(905) 825-9208   SIC 8322
GOVERNING COUNCIL OF THE SALVA-
TION ARMY IN CANADA, THE   p
769
See GOVERNING COUNCIL OF THE SAL-
VATION ARMY IN CANADA, THE
GOVERNING COUNCIL OF THE SALVA-
TION ARMY IN CANADA, THE   p
789
171 George St, OTTAWA, ON, K1N 5W5
(613) 241-1573   SIC 8399
GOVERNING COUNCIL OF THE SALVA-
TION ARMY IN CANADA, THE   p
797
See GOVERNING COUNCIL OF THE SAL-
VATION ARMY IN CANADA, THE
GOVERNING COUNCIL OF THE SALVA-
TION ARMY IN CANADA, THE
797
1156 Wellington St W Suite 613, OTTAWA,
ON, K1Y 2Z3
(613) 722-8025   SIC 8051
GOVERNING COUNCIL OF THE SALVA-
TION ARMY IN CANADA, THE
803
365 14th St W, OWEN SOUND, ON, N4K
3X9
(519) 376-5699   SIC 8351
GOVERNING COUNCIL OF THE SALVA-
TION ARMY IN CANADA, THE
803
See GOVERNING COUNCIL OF THE SAL-
VATION ARMY IN CANADA, THE
GOVERNING COUNCIL OF THE SALVA-
TION ARMY IN CANADA, THE
808
See GOVERNING COUNCIL OF THE SAL-
VATION ARMY IN CANADA, THE
GOVERNING COUNCIL OF THE SALVA-
TION ARMY IN CANADA, THE   p
808
219 Simcoe St, PETERBOROUGH, ON,
K9H 2H6
SIC 8661
GOVERNING COUNCIL OF THE SALVA-
TION ARMY IN CANADA, THE
842
See GOVERNING COUNCIL OF THE SAL-
VATION ARMY IN CANADA, THE
GOVERNING COUNCIL OF THE SALVA-
TION ARMY IN CANADA, THE   p
842
1645 Warden Ave, SCARBOROUGH, ON,
M1R 5B3
(416) 335-8618   SIC 8742
GOVERNING COUNCIL OF THE SALVA-
TION ARMY IN CANADA, THE
842
1645 Warden Ave Suite 105, SCARBOR-
OUGH, ON, M1R 5B3
(416) 321-2654   SIC 8322
GOVERNING COUNCIL OF THE SALVA-
TION ARMY IN CANADA, THE   p

▲ Public Company   ■ Public Company Family Member   HQ Headquarters   BR Branch   SL Single Location

854
184 Church St, ST CATHARINES, ON, L2R 3E7
(905) 684-7813   SIC 8322
GOVERNING COUNCIL OF THE SALVATION ARMY IN CANADA, THE   p
894
450 Pape Ave, TORONTO, ON, M4K 3P7
(416) 363-6880   SIC 8361
GOVERNING COUNCIL OF THE SALVATION ARMY IN CANADA, THE
894
See GOVERNING COUNCIL OF THE SALVATION ARMY IN CANADA, THE
GOVERNING COUNCIL OF THE SALVATION ARMY IN CANADA, THE   p
894
1132 Broadview Ave, TORONTO, ON, M4K 2S5
(416) 425-1052   SIC 8399
GOVERNING COUNCIL OF THE SALVATION ARMY IN CANADA, THE   p
938
2808 Dundas St W, TORONTO, ON, M6P 1Y5
(416) 762-9636   SIC 8322
GOVERNING COUNCIL OF THE SALVATION ARMY IN CANADA, THE
938
See GOVERNING COUNCIL OF THE SALVATION ARMY IN CANADA, THE
GOVERNING COUNCIL OF THE SALVATION ARMY IN CANADA, THE   p
945
253 Victoria St, TWEED, ON, K0K 3J0
(613) 478-3375   SIC 5812
GOVERNING COUNCIL OF THE SALVATION ARMY IN CANADA, THE   p
955
129 Hagar St, WELLAND, ON, L3B 5V9
(905) 735-0551   SIC 8399
GOVERNING COUNCIL OF THE SALVATION ARMY IN CANADA, THE
955
See GOVERNING COUNCIL OF THE SALVATION ARMY IN CANADA, THE
GOVERNING COUNCIL OF THE SALVATION ARMY IN CANADA, THE   p
962
3199 Lauzon Rd, WINDSOR, ON, N8T 2Z7
(519) 944-4922   SIC 8351
GOVERNING COUNCIL OF THE SALVATION ARMY IN CANADA, THE
968
See GOVERNING COUNCIL OF THE SALVATION ARMY IN CANADA, THE
GOVERNING COUNCIL OF THE SALVATION ARMY IN CANADA, THE   p
968
355 Church St, WINDSOR, ON, N9A 7G9
(519) 253-7473   SIC 8399
GOVERNING COUNCIL OF THE SALVATION ARMY IN CANADA, THE   p
1117
2000 Rue Notre-Dame O, Montreal, QC, H3J 1M8
(514) 934-5615   SIC 8322
GOVERNING COUNCIL OF THE SALVATION ARMY IN CANADA, THE   p
1117
880 Rue Guy, Montreal, QC, H3J 1T4
(514) 932-2214   SIC 8699
GOVERNING COUNCIL OF THE SALVATION ARMY IN CANADA, THE   p
1117
See GOVERNING COUNCIL OF THE SALVATION ARMY IN CANADA, THE
GOVERNING COUNCIL OF THE SALVATION ARMY IN CANADA, THE   p
1118
1655 Rue Richardson, Montreal, QC, H3K 3J7
(514) 288-2848   SIC 8399
GOVERNING COUNCIL OF THE SALVATION ARMY IN CANADA, THE   p
1118
See GOVERNING COUNCIL OF THE SALVATION ARMY IN CANADA, THE
GOVERNING COUNCIL OF THE SALVATION ARMY IN CANADA, THE   p
1122
4375 Av Montclair, Montreal, QC, H4B 2J5
(514) 481-0431   SIC 8661
GOVERNING COUNCIL OF THE SALVATION ARMY IN CANADA, THE   p
1148
See GOVERNING COUNCIL OF THE SALVATION ARMY IN CANADA, THE
GOVERNING COUNCIL OF THE SALVATION ARMY IN CANADA, THE   p
1148
1125 Ch De La Canardiere, Quebec, QC, G1J 2C3
(418) 641-0050   SIC 8322
GOVERNING COUNCIL OF THE SALVATION ARMY IN CANADA, THE   p
1275
See GOVERNING COUNCIL OF THE SALVATION ARMY IN CANADA, THE
GOVERNING COUNCIL OF THE SALVATION ARMY IN CANADA, THE   p
1275
175 1st Ave Ne, MOOSE JAW, SK, S6H 0Y9
(306) 692-2844   SIC 5932
GOVERNING COUNCIL OF THE SALVATION ARMY IN CANADA, THE   p
1285
2240 13th Ave, REGINA, SK, S4P 3M7
(306) 757-4600   SIC 8322
GOVERNING COUNCIL OF THE SALVATION ARMY IN CANADA, THE   p
1285
1845 Osler St, REGINA, SK, S4P 1W1
(306) 569-6088   SIC 8322
GOVERNING COUNCIL OF THE SALVATION ARMY IN CANADA, THE   p
1287
See GOVERNING COUNCIL OF THE SALVATION ARMY IN CANADA, THE
GOVERNING COUNCIL OF THE SALVATION ARMY IN CANADA, THE   p
1287
50 Angus Rd, REGINA, SK, S4R 8P6
(306) 543-0655   SIC 8361
GOVERNING COUNCIL OF THE SALVATION ARMY IN CANADA, THE   p
1296
802 Queen St, SASKATOON, SK, S7K 0N1
(306) 244-6758   SIC 8361
GOVERNING COUNCIL OF THE SALVATION ARMY IN CANADA, THE   p
1296
See GOVERNING COUNCIL OF THE SALVATION ARMY IN CANADA, THE
GOVERNING COUNCIL OF THE SALVATION ARMY IN CANADA, THE   p
1296
410 42nd A St E, SASKATOON, SK, S7K 0V3
(306) 956-4685   SIC 8322
GOVERNING COUNCIL OF THE SALVATION ARMY IN CANADA, THE   p
1301
339 Avenue C S, SASKATOON, SK, S7M 1N5
(306) 244-6280   SIC 8322
GOVERNING COUNCIL OF THE SALVATION ARMY IN CANADA, THE   p
1311
See GOVERNING COUNCIL OF THE SALVATION ARMY IN CANADA, THE
GOVERNING COUNCIL OF THE SALVATION ARMY IN CANADA, THE   p
1311
311 Black St, WHITEHORSE, YT, Y1A 2N1
(867) 668-2327   SIC 8322
GOVERNING COUNCIL OF THE UNIVERSITY OF TORONTO   p
754
4925 Dufferin St, NORTH YORK, ON, M3H 5T6
(416) 667-7700   SIC 8221
GOVERNING COUNCIL OF THE UNIVERSITY OF TORONTO   p
835
1265 Military Trail Suite 303, SCARBOROUGH, ON, M1C 1A4
(416) 287-7033   SIC 8221
GOVERNING COUNCIL OF THE UNIVERSITY OF TORONTO   p
903
10 St Mary St Suite 700, TORONTO, ON, M4Y 2W8
(416) 978-1000   SIC 8221
GOVERNING COUNCIL OF THE UNIVERSITY OF TORONTO   p
904
100 St. George St Suite 6036, TORONTO, ON, M5A 2M4
(416) 978-7892   SIC 8221
GOVERNING COUNCIL OF THE UNIVERSITY OF TORONTO   p
911
500 University Ave Suite 650, TORONTO, ON, M5G 1V7
SIC 8221
GOVERNING COUNCIL OF THE UNIVERSITY OF TORONTO   p
911
500 University Ave Suite 160, TORONTO, ON, M5G 1V7
(416) 978-0300   SIC 8221
GOVERNING COUNCIL OF THE UNIVERSITY OF TORONTO   p
911
101 College St Suite 320, TORONTO, ON, M5G 1L7
(416) 946-7342   SIC 8221
GOVERNING COUNCIL OF THE UNIVERSITY OF TORONTO   p
911
124 Edward St Suite 511, TORONTO, ON, M5G 1G6
(416) 979-4900   SIC 8221
GOVERNING COUNCIL OF THE UNIVERSITY OF TORONTO   p
911
190 Elizabeth St, TORONTO, ON, M5G 2C4
(416) 978-8383   SIC 8221
GOVERNING COUNCIL OF THE UNIVERSITY OF TORONTO   p
911
500 University Ave Suite 160, TORONTO, ON, M5G 1V7
(416) 946-8554   SIC 8221
GOVERNING COUNCIL OF THE UNIVERSITY OF TORONTO   p
911
610 University Ave, TORONTO, ON, M5G 2M9
(416) 946-4501   SIC 8221
GOVERNING COUNCIL OF THE UNIVERSITY OF TORONTO   p
925
27 King's College Cir, TORONTO, ON, M5S 1A1
(416) 978-2116   SIC 8221
GOVERNING COUNCIL OF THE UNIVERSITY OF TORONTO   p
925
See GOVERNING COUNCIL OF THE UNIVERSITY OF TORONTO
GOVERNING COUNCIL OF THE UNIVERSITY OF TORONTO   p
925
75 St. George St, TORONTO, ON, M5S 2E5
(416) 978-7269   SIC 8221
GOVERNING COUNCIL OF THE UNIVERSITY OF TORONTO   p
925
725 Spadina Ave, TORONTO, ON, M5S 2J4
(416) 946-4058   SIC 8221
GOVERNING COUNCIL OF THE UNIVERSITY OF TORONTO   p
925
55 Harbord St Suite 1048, TORONTO, ON, M5S 2W6
(416) 978-7375   SIC 8221
GOVERNING COUNCIL OF THE UNIVERSITY OF TORONTO   p
925
50 St. George St Suite 101, TORONTO, ON, M5S 3H4
(416) 946-7119   SIC 8221
GOVERNING COUNCIL OF THE UNIVERSITY OF TORONTO   p
925
4 Bancroft Ave Suite 103, TORONTO, ON, M5S 1C1
(416) 978-3306   SIC 8221
GOVERNING COUNCIL OF THE UNIVERSITY OF TORONTO   p
925
35 St. George St Suite 173, TORONTO, ON, M5S 1A4
(416) 978-0120   SIC 8221
GOVERNING COUNCIL OF THE UNIVERSITY OF TORONTO   p
925
33 Willcocks St Suite 1019, TORONTO, ON, M5S 3B3
(416) 978-6184   SIC 8221
GOVERNING COUNCIL OF THE UNIVERSITY OF TORONTO   p
925
315 Bloor St W, TORONTO, ON, M5S 0A7
(416) 978-7960   SIC 8742
GOVERNING COUNCIL OF THE UNIVERSITY OF TORONTO   p
925
27 King's College Cir, TORONTO, ON, M5S 1A1
(416) 978-5850   SIC 8221
GOVERNING COUNCIL OF THE UNIVERSITY OF TORONTO   p
925
252 Bloor Street W, TORONTO, ON, M5S 1V6
(416) 978-0005   SIC 8221
GOVERNING COUNCIL OF THE UNIVERSITY OF TORONTO   p
925
252 Bloor St W Suite 100, TORONTO, ON, M5S 1V6
(416) 978-6415   SIC 8221
GOVERNING COUNCIL OF THE UNIVERSITY OF TORONTO   p
925
25 Harbord St Suite 401, TORONTO, ON, M5S 3G5
(416) 946-3692   SIC 8221
GOVERNING COUNCIL OF THE UNIVERSITY OF TORONTO   p
925
215 Huron St, TORONTO, ON, M5S 1A2
(416) 978-2142   SIC 8221
GOVERNING COUNCIL OF THE UNIVERSITY OF TORONTO   p
925
21 Sussex Ave Suite 100, TORONTO, ON, M5S 1J6
(416) 978-2323   SIC 8221
GOVERNING COUNCIL OF THE UNIVERSITY OF TORONTO   p
925
200 College St Unit 217, TORONTO, ON, M5S 3E5
(416) 978-6204   SIC 8221
GOVERNING COUNCIL OF THE UNIVERSITY OF TORONTO   p
925
184 College St Rm 140, TORONTO, ON, M5S 3E4
(416) 978-3012   SIC 8221
GOVERNING COUNCIL OF THE UNIVERSITY OF TORONTO   p

925
184 College St, TORONTO, ON, M5S 3E4
(416) 978-3375   SIC 8221
GOVERNING COUNCIL OF THE UNIVERSITY OF TORONTO   *p*
925
164 College St Room 407, TORONTO, ON, M5S 3G9
(416) 978-7459   SIC 8221
GOVERNING COUNCIL OF THE UNIVERSITY OF TORONTO   *p*
925
158 St. George St, TORONTO, ON, M5S 2V8
(416) 978-2400   SIC 8221
GOVERNING COUNCIL OF THE UNIVERSITY OF TORONTO   *p*
925
105 St. George St Suite 340, TORONTO, ON, M5S 3E6
(416) 978-3423   SIC 8221
GOVERNING COUNCIL OF THE UNIVERSITY OF TORONTO   *p*
925
1 Devonshire Pl, TORONTO, ON, M5S 3K7
(416) 946-8926   SIC 8732
GOVERNING COUNCIL OF THE UNIVERSITY OF TORONTO   *p*
925
1 King's College Cir Suite 2109, TORONTO, ON, M5S 1A8
(416) 978-1000   SIC 8733
GOVERNING COUNCIL OF THE UNIVERSITY OF TORONTO   *p*
925
10 King's College Rd, TORONTO, ON, M5S 3E5
(416) 978-2820   SIC 8711
GOVERNING COUNCIL OF THE UNIVERSITY OF TORONTO   *p*
925
10 King's College Rd Rm 1024, TORONTO, ON, M5S 3H5
(416) 978-3112   SIC 8711
GOVERNING COUNCIL OF THE UNIVERSITY OF TORONTO   *p*
925
10 King's College Rd Suite 3302, TORONTO, ON, M5S 3G4
(416) 978-6025   SIC 8221
GOVERNING COUNCIL OF THE UNIVERSITY OF TORONTO   *p*
925
100 St. George St, TORONTO, ON, M5S 3G3
(416) 978-3450   SIC 8221
GOVERNING COUNCIL OF THE UNIVERSITY OF TORONTO   *p*
925
105 St. George St Suite 275, TORONTO, ON, M5S 3E6
(416) 978-4574   SIC 8221
GOVERNING COUNCIL OF THE UNIVERSITY OF TORONTO   *p*
926
40 St. George St Rm 4113, TORONTO, ON, M5S 2E4
(416) 978-1655   SIC 8221
GOVERNING COUNCIL OF THE UNIVERSITY OF TORONTO   *p*
926
4 Bancroft Ave Suite 120, TORONTO, ON, M5S 1C1
SIC 8221
GOVERNING COUNCIL OF THE UNIVERSITY OF TORONTO   *p*
926
60 Harbord St, TORONTO, ON, M5S 3L1
(416) 946-8882   SIC 8221
GOVERNING COUNCIL OF THE UNIVERSITY OF TORONTO   *p*
926
7 Hart House Cir, TORONTO, ON, M5S 3H3
(416) 978-8668   SIC 8221

GOVERNING COUNCIL OF THE UNIVERSITY OF TORONTO   *p*
926
1 Spadina Cres Suite 105, Toronto, ON, M5S 2J5
(416) 978-0469   SIC 8221
GOVERNING COUNCIL OF THE UNIVERSITY OF TORONTO   *p*
926
100 St. George St Suite 6018, TORONTO, ON, M5S 3G3
(416) 978-3452   SIC 8732
GOVERNING COUNCIL OF THE UNIVERSITY OF TORONTO   *p*
926
119 St. George St Suite 236, TORONTO, ON, M5S 1A9
(416) 946-7146   SIC 8221
GOVERNING COUNCIL OF THE UNIVERSITY OF TORONTO   *p*
926
27 King's College Cir Rm 106, TORONTO, ON, M5S 1A1
(416) 978-6576   SIC 8299
GOVERNING COUNCIL OF THE UNIVERSITY OF TORONTO   *p*
926
252 Bloor St W Suite 4106, TORONTO, ON, M5S 1V6
(416) 978-5104   SIC 8221
GOVERNING COUNCIL OF THE UNIVERSITY OF TORONTO   *p*
926
246 Bloor St W Rm 250, TORONTO, ON, M5S 1V4
(416) 978-6314   SIC 8221
GOVERNING COUNCIL OF THE UNIVERSITY OF TORONTO   *p*
926
22 Russell St Suite 1066, TORONTO, ON, M5S 3B1
(416) 978-3022   SIC 8221
GOVERNING COUNCIL OF THE UNIVERSITY OF TORONTO   *p*
926
215 Huron St Suite 525, TORONTO, ON, M5S 1A2
(416) 978-2148   SIC 8221
GOVERNING COUNCIL OF THE UNIVERSITY OF TORONTO   *p*
926
150 St. George St Suite 1, TORONTO, ON, M5S 3G7
(416) 978-4622   SIC 8221
GOVERNING COUNCIL OF THE UNIVERSITY OF TORONTO   *p*
926
144 College St Suite 805, TORONTO, ON, M5S 3M2
(416) 978-2889   SIC 8221
GOVERNING COUNCIL OF THE UNIVERSITY OF TORONTO   *p*
926
130 St. George St, TORONTO, ON, M5S 1A5
(416) 978-4357   SIC 8231
GOVERNING COUNCIL OF THE UNIVERSITY OF TORONTO   *p*
927
230 College St Suite 120, TORONTO, ON, M5T 1R2
(416) 978-5038   SIC 8712
GOVERNING COUNCIL OF THE UNIVERSITY OF TORONTO   *p*
927
399 Bathurst St, TORONTO, ON, M5T 2S8
(416) 978-4321   SIC 8221
GOVERNING COUNCIL OF THE UNIVERSITY OF TORONTO   *p*
927
155 College St Suite 130, TORONTO, ON, M5T 1P8
(416) 978-6058   SIC 8221
GOVERNING COUNCIL OF THE UNIVERSITY OF TORONTO   *p*

940
80 Queens Ave, TORONTO, ON, M8V 2N3
(416) 978-0414   SIC 8299
GOVERNING COUNCIL OF THE UNIVERSITY OF TORONTO   *p*
940
84 Queens Ave, TORONTO, ON, M8V 2N3
(416) 978-8789   SIC 8221
GOVERNING COUNCIL OF THE UNIVERSITY OF TORONTO, THE   *p*
926
See GOVERNING COUNCIL OF THE UNIVERSITY OF TORONTO
GOVERNMENT OF ONTARIO   *p* 501
29 Main St W, BEETON, ON, L0G 1A0
(905) 729-4004   SIC 8069
GOVERNMENT OF ONTARIO   *p* 525
34 Norman St, BRANTFORD, ON, N3R 2Y1
(519) 751-2891   SIC 8211
GOVERNMENT OF ONTARIO   *p* 543
168 Hespeler Rd, CAMBRIDGE, ON, N1R 6V7
(519) 576-0540   SIC 8322
GOVERNMENT OF ONTARIO   *p* 556
186 Erie St Suite 100, COLLINGWOOD, ON, L9Y 4T3
(705) 444-5885   SIC 8011
GOVERNMENT OF ONTARIO   *p* 582
101 Humber College Blvd, ETOBICOKE, ON, M9V 1R8
(416) 747-3400   SIC 8062
GOVERNMENT OF ONTARIO   *p* 585
45 Golfdown Dr, ETOBICOKE, ON, M9W 2H8
(416) 394-8722   SIC 7999
GOVERNMENT OF ONTARIO   *p* 598
500 Victoria Rd N, GUELPH, ON, N1E 6K2
(519) 766-9140   SIC 8211
GOVERNMENT OF ONTARIO   *p* 627
40 Minnesota St, KENORA, ON, P9N 3V4
(807) 467-3709   SIC 4119
GOVERNMENT OF ONTARIO   *p* 627
21 Wolsley St, KENORA, ON, P9N 3W7
(807) 467-3573   SIC 8742
GOVERNMENT OF ONTARIO   *p* 648
48 Hillside Dr Rr 1, LITTLE CURRENT, ON, P0P 1K0
(705) 368-2182   SIC 8099
GOVERNMENT OF ONTARIO   *p* 681
255 Ontario St S, MILTON, ON, L9T 2M5
(905) 878-2851   SIC 8211
GOVERNMENT OF ONTARIO   *p* 688
5090 Commerce Blvd Unit 100, MISSISSAUGA, ON, L4W 5M4
(416) 622-0748   SIC 7381
GOVERNMENT OF ONTARIO   *p* 742
50 College Dr, NORTH BAY, ON, P1B 0A4
(705) 474-7426   SIC 4119
GOVERNMENT OF ONTARIO   *p* 747
5700 Yonge St 6th Fl, NORTH YORK, ON, M2M 4K5
(416) 327-7900   SIC 4119
GOVERNMENT OF ONTARIO   *p* 758
2065 Finch Ave W, NORTH YORK, ON, M3N 2V7
(416) 314-9531   SIC 8322
GOVERNMENT OF ONTARIO   *p* 763
1860 Wilson Ave Suite 100, NORTH YORK, ON, M9M 3A7
(416) 392-6500   SIC 8399
GOVERNMENT OF ONTARIO   *p* 772
797 Emily Park Rd, OMEMEE, ON, K0L 2W0
(705) 799-5170   SIC 7033
GOVERNMENT OF ONTARIO   *p* 791
100 Metcalfe St, OTTAWA, ON, K1P 5M1
(613) 992-0787   SIC 7389
GOVERNMENT OF ONTARIO   *p* 802
161 Elgin St Rm 3211, OTTAWA, ON, K2P 2K1
(613) 239-1100   SIC 8322
GOVERNMENT OF ONTARIO   *p* 830
1520 Queen St E, SAULT STE. MARIE, ON,

P6A 2G4
(705) 949-2301   SIC 8221
GOVERNMENT OF ONTARIO   *p* 848
12 Gilbertson Dr, SIMCOE, ON, N3Y 4N5
(519) 426-6170   SIC 8399
GOVERNMENT OF ONTARIO   *p* 870
199 Larch St Suite 803, SUDBURY, ON, P3E 5P9
(705) 564-0060   SIC 1481
GOVERNMENT OF ONTARIO   *p* 877
34 Cumberland St N Suite 816, THUNDER BAY, ON, P7A 4L3
(807) 625-3972   SIC 8748
GOVERNMENT OF ONTARIO   *p* 901
2 Bloor St W Suite 2500, TORONTO, ON, M4W 3E2
(416) 212-1253   SIC 8399
GOVERNMENT OF ONTARIO   *p* 911
361 University Ave Suite 315, TORONTO, ON, M5G 1T3
(416) 327-5558   SIC 7338
GOVERNMENT OF ONTARIO   *p* 926
151 Bloor St W Suite 704, TORONTO, ON, M5S 1S4
(416) 327-0020   SIC 6331
GOVERNMENT OF ONTARIO   *p* 939
720 Bay St Suite 204, TORONTO, ON, M7A 2S9
(416) 326-4525   SIC 8111
GOVERNMENT OF ONTARIO   *p* 939
77 Wellesley St W 12th Fl, TORONTO, ON, M7A 1N3
SIC 8111
GOVERNMENT OF ONTARIO   *p* 939
56 Wellesley St W Suite 1200, TORONTO, ON, M7A 2B7
(416) 327-8613   SIC 8111
GOVERNMENT OF ONTARIO   *p* 939
33 Bloor St E Suite 100, TORONTO, ON, M7A 2S2
(416) 326-5855   SIC 8741
GOVERNMENT OF ONTARIO   *p* 940
900 Bay St Suite 200, TORONTO, ON, M7A 1L2
(416) 325-4598   SIC 7299
GOVERNMENT OF ONTARIO   *p* 940
5630-99 Wellesley St W, TORONTO, ON, M7A 1W1
(416) 327-0690   SIC 8399
GOVERNMENT OF ONTARIO   *p* 940
400 University Ave 14th Flr, TORONTO, ON, M7A 1T7
(416) 326-7600   SIC 8111
GOVERNMENT OF ONTARIO   *p* 948
150 Tecumseh Rd, WALLACEBURG, ON, N8A 4K9
(519) 627-3907   SIC 8399
GOVERNMENT OF ONTARIO   *p* 958
142 Byron St N, WHITBY, ON, L1N 4M9
(905) 430-0818   SIC 8351
GOVERNMENT OF ONTARIO   *p* 960
Gd, WHITNEY, ON, K0J 2M0
(613) 637-2780   SIC 7033
GOVERNMENT OF SASKATCHEWAN   *p* 1285
2260 11th Ave Suite 18a, REGINA, SK, S4P 2N7
(306) 775-6188   SIC 8742
GOVERNMENT OF SASKATCHEWAN   *p* 1285
1920 Rose St, REGINA, SK, S4P 0A9
(306) 787-6871   SIC 8741
GOVERNMENT OF THE NORTHWEST TERRITORIES   *p* 438
Gd, WHATI, NT, X0E 1P0
(867) 573-3131   SIC 8211
GOVERNMENT OF THE NORTHWEST TERRITORIES   *p* 439
1 Yellowknife Airport, YELLOWKNIFE, NT, X1A 3T2
(867) 873-4680   SIC 4581
GOVERNMENT OF THE NORTHWEST TERRITORIES   *p* 439
Gd, YELLOWKNIFE, NT, X1A 2L9

(867) 920-8024 SIC 8111
GOVERNMENT OF THE PROVINCE OF ALBERTA p
5
Gd, BEAVERLODGE, AB, T0H 0C0
(780) 354-2136 SIC 8062
GOVERNMENT OF THE PROVINCE OF ALBERTA p
10
2675 36 St Ne, CALGARY, AB, T1Y 6H6
SIC 8093
GOVERNMENT OF THE PROVINCE OF ALBERTA p
13
4807 Forego Ave Se, CALGARY, AB, T2A 2C4
(403) 777-8180 SIC 8211
GOVERNMENT OF THE PROVINCE OF ALBERTA p
28
411 1 St Se Suite 2100, CALGARY, AB, T2G 4Y5
(403) 297-6541 SIC 6733
GOVERNMENT OF THE PROVINCE OF ALBERTA p
35
10325 Bonaventure Dr Se, CALGARY, AB, T2J 5R8
(403) 297-5028 SIC 8249
GOVERNMENT OF THE PROVINCE OF ALBERTA p
39
535 37 St Nw, CALGARY, AB, T2N 3C1
(403) 297-7096 SIC 8322
GOVERNMENT OF THE PROVINCE OF ALBERTA p
39
301 14 St Nw Suite 406, CALGARY, AB, T2N 2A1
(403) 297-8435 SIC 8399
GOVERNMENT OF THE PROVINCE OF ALBERTA p
44
332 6 Ave Sw Suite 600, CALGARY, AB, T2P 0B2
(403) 297-8444 SIC 8111
GOVERNMENT OF THE PROVINCE OF ALBERTA p
44
620 7 Ave Sw Rm 802, CALGARY, AB, T2P 0Y8
(403) 297-6190 SIC 7349
GOVERNMENT OF THE PROVINCE OF ALBERTA p
51
999 8 St Sw Suite 500, CALGARY, AB, T2R 1J5
(403) 297-2700 SIC 4724
GOVERNMENT OF THE PROVINCE OF ALBERTA p
51
1520 4 St Sw Suite 600, CALGARY, AB, T2R 1H5
(403) 297-5011 SIC 8322
GOVERNMENT OF THE PROVINCE OF ALBERTA p
55
10233 Elbow Dr Sw, CALGARY, AB, T2W 1E8
(403) 297-2049 SIC 8322
GOVERNMENT OF THE PROVINCE OF ALBERTA p
59
4070 Bowness Rd Nw, CALGARY, AB, T3B 3R7
(403) 297-8123 SIC 8049
GOVERNMENT OF THE PROVINCE OF ALBERTA p
72
Gdd, DRUMHELLER, AB, T0J 0Y0
(403) 823-7707 SIC 8412
GOVERNMENT OF THE PROVINCE OF ALBERTA p
72
180 Riverside Dr E, DRUMHELLER, AB, T0J 0Y4
(403) 823-1616 SIC 8399
GOVERNMENT OF THE PROVINCE OF ALBERTA p
80
10405 Jasper Ave Nw Suite 600, EDMONTON, AB, T5J 3N4
(780) 422-0105 SIC 8399
GOVERNMENT OF THE PROVINCE OF ALBERTA p
80
10258 108 St Nw, EDMONTON, AB, T5J 4Z7
(780) 427-2817 SIC 8322
GOVERNMENT OF THE PROVINCE OF ALBERTA p
80
10011 109 St Nw Suite 109, EDMONTON, AB, T5J 3S8
(780) 427-1177 SIC 8322
GOVERNMENT OF THE PROVINCE OF ALBERTA p
80
10020 101a Ave Nw Suite 600, EDMONTON, AB, T5J 3G2
(780) 427-4498 SIC 8748
GOVERNMENT OF THE PROVINCE OF ALBERTA p
80
10155 102 St Nw Suite 1109, EDMONTON, AB, T5J 4L4
(780) 427-8392 SIC 8999
GOVERNMENT OF THE PROVINCE OF ALBERTA p
80
10365 97 St Nw Suite 901, EDMONTON, AB, T5J 3W7
(780) 422-1111 SIC 8111
GOVERNMENT OF THE PROVINCE OF ALBERTA p
83
9835 112 St Nw, EDMONTON, AB, T5K 2E7
(780) 427-2764 SIC 8361
GOVERNMENT OF THE PROVINCE OF ALBERTA p
83
9820 106 St Nw Suite 534, EDMONTON, AB, T5K 2J6
(780) 427-3076 SIC 6289
GOVERNMENT OF THE PROVINCE OF ALBERTA p
83
9820 106 St Nw, EDMONTON, AB, T5K 2J6
(780) 422-4106 SIC 7374
GOVERNMENT OF THE PROVINCE OF ALBERTA p
83
8th Floor, EDMONTON, AB, T5K 2J5
(780) 422-0017 SIC 8743
GOVERNMENT OF THE PROVINCE OF ALBERTA p
83
10808 99 Ave Nw, EDMONTON, AB, T5K 0G5
(780) 422-7345 SIC 8742
GOVERNMENT OF THE PROVINCE OF ALBERTA p
88
12323 Stony Plain Rd Nw Suite 500, EDMONTON, AB, T5N 4B4
(780) 427-9190 SIC 8322
GOVERNMENT OF THE PROVINCE OF ALBERTA p
88
10408 124 St 5th Fl, EDMONTON, AB, T5N 1R5
(780) 427-1511 SIC 8322
GOVERNMENT OF THE PROVINCE OF ALBERTA p
100
4999 98 Ave Nw, EDMONTON, AB, T6B 2X3
(780) 427-8901 SIC 8742
GOVERNMENT OF THE PROVINCE OF ALBERTA p
100
4999 98 Ave Nw Suite 402, EDMONTON, AB, T6B 2X3
(780) 422-1927 SIC 8713
GOVERNMENT OF THE PROVINCE OF ALBERTA p
109
7007 116 St Nw, EDMONTON, AB, T6H 5R8
SIC 8049
GOVERNMENT OF THE PROVINCE OF ALBERTA p
109
6950 113 St Nw, EDMONTON, AB, T6H 5V7
(780) 427-3900 SIC 7389
GOVERNMENT OF THE PROVINCE OF ALBERTA p
109
7000 113 St Nw Suite 3, EDMONTON, AB, T6H 5T6
(780) 427-4215 SIC 8399
GOVERNMENT OF THE PROVINCE OF ALBERTA p
117
3759 60 Ave E Hangar 3 Edmonton International Airport, EDMONTON, AB, T9E 0V4
(780) 427-7343 SIC 4111
GOVERNMENT OF THE PROVINCE OF ALBERTA p
119
744 26th St, FORT MACLEOD, AB, T0L 0Z0
(403) 553-5300 SIC 8062
GOVERNMENT OF THE PROVINCE OF ALBERTA p
120
9915 Franklin Ave, FORT MCMURRAY, AB, T9H 2K4
(780) 743-7416 SIC 8399
GOVERNMENT OF THE PROVINCE OF ALBERTA p
120
9915 Franklin Ave, FORT MCMURRAY, AB, T9H 2K4
(780) 743-7125 SIC 7389
GOVERNMENT OF THE PROVINCE OF ALBERTA p
123
2-9401 86 Ave, FORT SASKATCHEWAN, AB, T8L 0C6
(780) 992-6700 SIC 8322
GOVERNMENT OF THE PROVINCE OF ALBERTA p
124
600 Third St, FOX CREEK, AB, T0H 1P0
(780) 622-3545 SIC 8062
GOVERNMENT OF THE PROVINCE OF ALBERTA p
126
10726 106 Ave, GRANDE PRAIRIE, AB, T8V 4C4
(780) 539-2057 SIC 8221
GOVERNMENT OF THE PROVINCE OF ALBERTA p
126
10260 99 St, GRANDE PRAIRIE, AB, T8V 2H4
(780) 538-5340 SIC 8111
GOVERNMENT OF THE PROVINCE OF ALBERTA p
129
310 Railway Ave, GRANUM, AB, T0L 1A0
(403) 687-3912 SIC 8231
GOVERNMENT OF THE PROVINCE OF ALBERTA p
130
4620 53 Ave, HIGH PRAIRIE, AB, T0G 1E0
(780) 523-6450 SIC 8399
GOVERNMENT OF THE PROVINCE OF ALBERTA p
132
10307 100 St, HYTHE, AB, T0H 2C0
(780) 356-3818 SIC 8051
GOVERNMENT OF THE PROVINCE OF ALBERTA p
133
9540 94 Ave, LAC LA BICHE, AB, T0A 2C0
(780) 623-5266 SIC 8999
GOVERNMENT OF THE PROVINCE OF ALBERTA p
134
5718 56 Ave, LACOMBE, AB, T4L 1B1
(403) 782-8309 SIC 6331
GOVERNMENT OF THE PROVINCE OF ALBERTA p
136
3305 18 Ave N Suite 107, LETHBRIDGE, AB, T1H 5S1
(403) 381-5543 SIC 8322
GOVERNMENT OF THE PROVINCE OF ALBERTA p
136
528 Stafford Dr N, LETHBRIDGE, AB, T1H 2B2
(403) 381-5411 SIC 8322
GOVERNMENT OF THE PROVINCE OF ALBERTA p
149
Gd, PATRICIA, AB, T0J 2K0
(403) 378-4342 SIC 7996
GOVERNMENT OF THE PROVINCE OF ALBERTA p
149
4919 Lac Suite Anne, ONOWAY, AB, T0E 1V0
(780) 967-4440 SIC 8011
GOVERNMENT OF THE PROVINCE OF ALBERTA p
150
9621 96 Ave Room 112 Provincial Building, PEACE RIVER, AB, T8S 1T4
(780) 624-6193 SIC 8399
GOVERNMENT OF THE PROVINCE OF ALBERTA p
151
See GOVERNMENT OF THE PROVINCE OF ALBERTA
GOVERNMENT OF THE PROVINCE OF ALBERTA p
151
150 N 400 E, RAYMOND, AB, T0K 2S0
(403) 752-5411 SIC 8062
GOVERNMENT OF THE PROVINCE OF ALBERTA p
153
See GOVERNMENT OF THE PROVINCE OF ALBERTA
GOVERNMENT OF THE PROVINCE OF ALBERTA p
153
4920 51 St Suite 103, RED DEER, AB, T4N 6K8
(403) 340-5180 SIC 8322
GOVERNMENT OF THE PROVINCE OF ALBERTA p
153
4733 49 St, RED DEER, AB, T4N 1T6
(403) 340-5466 SIC 8093
GOVERNMENT OF THE PROVINCE OF ALBERTA p
159
4919 51 St, ROCKY MOUNTAIN HOUSE, AB, T4T 1A7
(403) 845-8290 SIC 8322
GOVERNMENT OF THE PROVINCE OF ALBERTA p
165
Gd Lcd Main, SPRUCE GROVE, AB, T7X 3A1
(780) 470-5440 SIC 8011
GOVERNMENT OF THE PROVINCE OF ALBERTA p
166
5025 49 Ave, ST PAUL, AB, T0A 3A4
(780) 645-6210 SIC 8741
GOVERNMENT OF THE PROVINCE OF ALBERTA p
168
Gd, STAND OFF, AB, T0L 1Y0

(403) 737-3966   SIC 8211
GOVERNMENT OF THE PROVINCE OF ALBERTA   p
169
100 Ranch Market Suite 109, STRATHMORE, AB, T1P 0A8
(403) 934-8816   SIC 8742
GOVERNMENT OF THE PROVINCE OF ALBERTA   p
172
4509 48 St, VEGREVILLE, AB, T9C 1K8
(780) 632-6403   SIC 7999
GOVERNMENT OF THE PROVINCE OF ALBERTA   p
175
304 3 St E, YOUNGSTOWN, AB, T0J 3P0
SIC 8361
GOVERNMENT OF THE PROVINCE OF BRITISH COLUMBIA   p 211
5800 Mountain View Blvd, DELTA, BC, V4K 3V6
(604) 946-1121   SIC 8062
GOVERNMENT OF THE PROVINCE OF BRITISH COLUMBIA   p 212
116 Queens Rd Suite 101, DUNCAN, BC, V9L 2W6
(250) 715-2830   SIC 8399
GOVERNMENT OF THE PROVINCE OF BRITISH COLUMBIA   p 212
161 Fourth St, DUNCAN, BC, V9L 5J8
(250) 715-2725   SIC 8399
GOVERNMENT OF THE PROVINCE OF BRITISH COLUMBIA   p 216
375 Nimpkish Plz, GOLD RIVER, BC, V0P 1G0
(250) 283-2919   SIC 5921
GOVERNMENT OF THE PROVINCE OF BRITISH COLUMBIA   p 226
1835 Dilworth Dr Suite 109, KELOWNA, BC, V1Y 9T1
(250) 861-7339   SIC 5921
GOVERNMENT OF THE PROVINCE OF BRITISH COLUMBIA   p 235
410 Centre Rd, LIONS BAY, BC, V0N 2E0
(604) 921-9203   SIC 4119
GOVERNMENT OF THE PROVINCE OF BRITISH COLUMBIA   p 237
Gd Stn Main, MERRITT, BC, V1K 1B7
(250) 378-9355   SIC 8322
GOVERNMENT OF THE PROVINCE OF BRITISH COLUMBIA   p 239
190 Wallace St Suite 301, NANAIMO, BC, V9R 5B1
(250) 741-5701   SIC 8399
GOVERNMENT OF THE PROVINCE OF BRITISH COLUMBIA   p 263
1301 Summit Ave, PRINCE RUPERT, BC, V8J 4K5
(250) 624-2233   SIC 4119
GOVERNMENT OF THE PROVINCE OF BRITISH COLUMBIA   p 274
6951 Westminster Hwy, RICHMOND, BC, V7C 1C6
(604) 273-2266   SIC 6331
GOVERNMENT OF THE PROVINCE OF BRITISH COLUMBIA   p 281
5833 176 St, SURREY, BC, V3S 4E3
(604) 576-8843   SIC 4119
GOVERNMENT OF THE PROVINCE OF BRITISH COLUMBIA   p 316
2940 Arbutus St, VANCOUVER, BC, V6J 3Y9
(604) 731-8745   SIC 4119
GOVERNMENT OF THE PROVINCE OF BRITISH COLUMBIA   p 322
1410 St. Georges Ave, VANCOUVER, BC, V7L 4P7
(604) 988-7422   SIC 4119
GOVERNMENT OF THE PROVINCE OF BRITISH COLUMBIA   p 326
3007 35 Ave, VERNON, BC, V1T 2S9
(250) 558-2775   SIC 8093
GOVERNMENT OF THE PROVINCE OF BRITISH COLUMBIA   p 330

547 Michigan St, VICTORIA, BC, V8V 1S5
(250) 388-7844   SIC 8621
GOVERNMENT OF THE PROVINCE OF BRITISH COLUMBIA   p 332
771 Vernon Ave, VICTORIA, BC, V8X 5A7
(250) 952-4111   SIC 8399
GOVERNMENT OF THE PROVINCE OF BRITISH COLUMBIA   p 334
4234 Glanford Ave, VICTORIA, BC, V8Z 4B8
(250) 356-8326   SIC 7389
GOVERNMENT OF THE PROVINCE OF BRITISH COLUMBIA   p 334
742 Vanalman Ave, VICTORIA, BC, V8Z 3B5
(250) 952-4460   SIC 5044
GOVERNOR SEMPLE SCHOOL   p 371
See SEVEN OAKS SCHOOL DIVISION
GOVERNOR SIMCOE SECONDARY SCHOOL   p 853
See DISTRICT SCHOOL BOARD OF NIAGARA
GOVERNORS OF THE UNIVERSITY OF ALBERTA, THE   p
66
4901 46 Ave, CAMROSE, AB, T4V 2R3
(780) 679-1100   SIC 8221
GOVERNORS OF THE UNIVERSITY OF ALBERTA, THE   p
107
8900 114 St Nw, EDMONTON, AB, T6G 2V2
(780) 492-4241   SIC 8742
GOVERNORS OF THE UNIVERSITY OF ALBERTA, THE   p
107
63 University Campus Nw Suite 751, EDMONTON, AB, T6G 2H1
(780) 492-4413   SIC 8221
GOVERNORS OF THE UNIVERSITY OF ALBERTA, THE   p
107
45 University Campus Nw Rm 410, EDMONTON, AB, T6G 2P5
(780) 492-2131   SIC 8731
GOVERNORS OF THE UNIVERSITY OF ALBERTA, THE   p
107
5 Humanities Ctr Unit 6, EDMONTON, AB, T6G 2E5
(780) 492-2787   SIC 8221
GOVERNORS OF THE UNIVERSITY OF ALBERTA, THE   p
107
51 University Campus Nw Suite 632, EDMONTON, AB, T6G 2G1
(780) 492-3396   SIC 8221
GOVERNORS OF THE UNIVERSITY OF ALBERTA, THE   p
107
144 University Campus Nw, EDMONTON, AB, T6G 2R3
(780) 492-4668   SIC 8741
GOVERNORS OF THE UNIVERSITY OF ALBERTA, THE   p
107
115 St 87 Ave, EDMONTON, AB, T6G 2H9
(780) 492-3570   SIC 7999
GOVERNORS OF THE UNIVERSITY OF ALBERTA, THE   p
107
11405 87 Ave Nw Suite 3 300, EDMONTON, AB, T6G 1C9
(780) 492-8211   SIC 8732
GOVERNORS OF THE UNIVERSITY OF ALBERTA, THE   p
107
11315 87 Ave Nw Suite 519, EDMONTON, AB, T6G 2T9
(780) 433-5624   SIC 8221
GOVERNORS OF THE UNIVERSITY OF ALBERTA, THE   p
107
11227 Saskatchewan Dr Unit E344, EDMONTON, AB, T6G 2G2
(780) 492-3254   SIC 8731
GOVERNORS OF THE UNIVERSITY OF ALBERTA, THE   p

108
52 University Campus Nw, EDMONTON, AB, T6G 2J8
(780) 492-3790   SIC 8231
GOVERNORS OF THE UNIVERSITY OF ALBERTA, THE   p
108
66 University Campus Nw, EDMONTON, AB, T6G 2J7
(780) 492-3101   SIC 5812
GOVERNORS OF THE UNIVERSITY OF ALBERTA, THE   p
108
125 University Campus Nw, EDMONTON, AB, T6G 2H6
(780) 492-7275   SIC 7521
GOVERNORS OF THE UNIVERSITY OF ALBERTA, THE   p
108
1 University Campus Nw, EDMONTON, AB, T6G 2E1
(780) 492-2175   SIC 8221
GOVERNORS OF THE UNIVERSITY OF ALBERTA, THE   p
108
132 University Campus Nw, EDMONTON, AB, T6G 2R7
(780) 407-6503   SIC 8221
GOVERNORS OF THE UNIVERSITY OF ALBERTA, THE   p
108
131 University Campus Nw, EDMONTON, AB, T6G 2H7
(780) 492-3575   SIC 8221
GOVERNORS OF THE UNIVERSITY OF ALBERTA, THE   p
109
6403 105 St Nw, EDMONTON, AB, T6H 2N8
SIC 8221
GOVERNORS OF THE UNIVERSITY OF CALGARY, THE   p 39
2500 University Dr Nw, CALGARY, AB, T2N 1N4
(403) 220-5611   SIC 8211
GOVERNORS OF THE UNIVERSITY OF CALGARY, THE   p 39
3330 Hospital Dr Nw Suite 3330, CALGARY, AB, T2N 4N1
SIC 8733
GOVERNORS OF THE UNIVERSITY OF CALGARY, THE   p 39
2500 University Dr Nw Suite 250, CALGARY, AB, T2N 1N4
(403) 220-5537   SIC 5942
GOVERNORS OF THE UNIVERSITY OF CALGARY, THE   p 39
2500 University Dr Nw, CALGARY, AB, T2N 1N4
(403) 220-7749   SIC 7997
GOWAY TRAVEL LIMITED   p 318
1200 73rd Ave W Suite 1050, VANCOUVER, BC, V6P 6G5
(604) 264-8088   SIC 4724
GOWLING LAFLEUR AND HENDERSON   p 641
See GOWLING WLG (CANADA) LLP
GOWLING WLG (CANADA) LLP   p 44
421 7 Ave Sw Unit 1600, CALGARY, AB, T2P 4K9
(403) 298-1000   SIC 8111
GOWLING WLG (CANADA) LLP   p 307
550 Burrard St Suite 2300, VANCOUVER, BC, V6C 2B5
(604) 683-6498   SIC 8111
GOWLING WLG (CANADA) LLP   p 611
1 Main St W, HAMILTON, ON, L8P 4Z5
(905) 540-8208   SIC 8111
GOWLING WLG (CANADA) LLP   p 641
50 Queen St N Suite 1020, KITCHENER, ON, N2H 6P4
(519) 575-7517   SIC 8111
GOWLING WLG (CANADA) LLP   p 641
50 Queen St N Unit 1020, KITCHENER, ON,

N2H 6P4
(519) 576-6910   SIC 8111
GOWLING WLG (CANADA) LLP   p 641
50 Queen St N Suite 1020, KITCHENER, ON, N2H 6P4
(519) 576-6910   SIC 8111
GOWLING WLG (CANADA) LLP   p 641
50 Queen St N Suite 1020, KITCHENER, ON, N2H 6P4
(519) 575-7506   SIC 8111
GOWLING WLG (CANADA) LLP   p 932
100 King St W Suite 1600, TORONTO, ON, M5X 1G5
(416) 862-7525   SIC 8111
GOWLING WLG (CANADA) LLP   p 1111
1 Place Ville-Marie Bureau 3700, Montreal, QC, H3B 3P4
(514) 878-9641   SIC 8111
GOWLING, W.E. PUBLIC SCHOOL   p 798
See OTTAWA-CARLETON DISTRICT SCHOOL BOARD
GOWLINGS   p 44
See GOWLING WLG (CANADA) LLP
GOWLINGS   p 307
See GOWLING WLG (CANADA) LLP
GOWLINGS   p 641
See GOWLING WLG (CANADA) LLP
GOWLINGS CANADA INC   p 1111
1 Place Ville-Marie Bureau 3700, Montreal, QC, H3B 3P4
(514) 878-9641   SIC 8111
GOYTERM DIV   p 1195
See GROUPE GOYETTE INC
GP CANADA CO   p 1111
1100 Av Des Canadiens-De-Montreal Bureau 253, Montreal, QC, H3B 2S2
(514) 392-9143   SIC 8741
GPCO INC   p 1255
1471 Boul Lionel-Boulet Bureau 26, VARENNES, QC, J3X 1P7
SIC 8748
GPEC INTERNATIONAL LTD   p 783
2880 Sheffield Rd Suite 3, OTTAWA, ON, K1B 1A4
(613) 747-1788   SIC 8711
GPL ASSURANCE INC   p 1020
3131 Boul Saint-Martin O Bureau 600, Cote Saint-Luc, QC, H7T 2Z5
(450) 978-5599   SIC 6411
GPL PROULX ASSURANCE   p 1020
See GPL ASSURANCE INC
GPS PRODUCTS INC   p 953
622 Frieburg Dr, WATERLOO, ON, N2T 2Y4
(519) 885-7235   SIC 5015
GRACE CANADA, INC   p 302
See GCP CANADA INC
GRACE CANADA, INC   p 1061
See GCP CANADA INC
GRACE CANADA, INC   p 1232
See GCP CANADA INC
GRACE CHURCH ON THE HILL   p 900
See ANGLICAN CHURCH OF CANADA
GRACE HAVEN   p 611
See GOVERNING COUNCIL OF THE SALVATION ARMY IN CANADA, THE
GRACE MANOR   p 98
See GOVERNING COUNCIL OF THE SALVATION ARMY IN CANADA, THE
GRACE MARTIN ELEMENTARY SCHOOL   p 111
See EDMONTON SCHOOL DISTRICT NO. 7
GRACE MONUMENTS   p 549
See 1252336 ONTARIO LTD
GRACEDALE PUBLIC SCHOOL   p 941
See TORONTO DISTRICT SCHOOL BOARD
GRACEFIELD PUBLIC SCHOOL   p 761
See TORONTO DISTRICT SCHOOL BOARD
GRACEWAY CANADA COMPANY   p 655
252 Pall Mall St Suite 302, LONDON, ON, N6A 5P6
(519) 432-7373   SIC 5122

GRACEWAY PHARMACEUTICALS *p* 655
See GRACEWAY CANADA COMPANY
GRACIOUS LIVING CORPORATION *p* 974
7200 Martin Grove Rd, WOODBRIDGE, ON, L4L 9J3
(905) 264-5660 *SIC* 3089
GRACOM MASONRY, DIV OF *p* 57
See GRAHAM CONSTRUCTION AND ENGINEERING INC
GRADUATE HOUSE *p* 926
See GOVERNING COUNCIL OF THE UNIVERSITY OF TORONTO
GRADY WINE MARKETING *p* 318
See ANDREW PELLER LIMITED
GRAFTON CONNOR GROUP INC *p* 458
1741 Grafton St, HALIFAX, NS, B3J 2C6
(902) 454-9344 *SIC* 5812
GRAFTON PUBLIC SCHOOL *p* 596
See KAWARTHA PINE RIDGE DISTRICT SCHOOL BOARD
GRAFTONS CONNOR PROPERTY INC *p* 458
1741 Grafton St, HALIFAX, NS, B3J 2C6
(902) 454-9344 *SIC* 5813
GRAHAM AUTOMOTIVE SALES INC *p* 729
2185 Robertson Rd, NEPEAN, ON, K2H 5Z2
(613) 596-1515 *SIC* 5511
GRAHAM AUTOMOTIVE SALES LTD *p* 729
155 Robertson Rd, NEPEAN, ON, K2H 5Z2
(613) 596-1515 *SIC* 5511
GRAHAM CONSTRUCTION AND ENGINEERING A JB *p* 719
See GRAHAM GROUP LTD
GRAHAM CONSTRUCTION AND ENGINEERING INC *p* 57
10840 27 St Se, CALGARY, AB, T2Z 3R6
(403) 570-5000 *SIC* 1542
GRAHAM CONSTRUCTION AND ENGINEERING INC *p* 57
10909 27 St Se, CALGARY, AB, T2Z 3V9
(403) 253-1314 *SIC* 1542
GRAHAM CONSTRUCTION AND ENGINEERING INC *p* 719
6108 Edwards Blvd, MISSISSAUGA, ON, L5T 2V7
(905) 694-4000 *SIC* 1542
GRAHAM CREIGHTON JUNIOR HIGH *p* 445
See HALIFAX REGIONAL SCHOOL BOARD
GRAHAM D BRUCE ELEMENTARY SCHOOL *p* 296
See BOARD OF EDUCATION OF SCHOOL DISTRICT NO. 39 (VANCOUVER), THE
GRAHAM GROUP LTD *p* 57
10909 27 St Se, CALGARY, AB, T2Z 3V9
(403) 570-5000 *SIC* 6719
GRAHAM GROUP LTD *p* 104
8404 Mcintyre Rd Nw, EDMONTON, AB, T6E 6V3
(780) 430-9600 *SIC* 1541
GRAHAM GROUP LTD *p* 223
184 Adams Rd Unit 101, KELOWNA, BC, V1X 7R2
(250) 765-6662 *SIC* 1542
GRAHAM GROUP LTD *p* 719
6108 Edwards Blvd, MISSISSAUGA, ON, L5T 2V7
(905) 694-4000 *SIC* 1521
GRAHAM GROUP LTD *p* 1296
875 57th St E, SASKATOON, SK, S7K 5Z2
(306) 934-6644 *SIC* 1541
GRAHAM INDUSTRIAL SERVICES A JV *p* 1296
See GRAHAM GROUP LTD
GRAHAM INDUSTRIAL SERVICES AT J V *p* 104
See GRAHAM GROUP LTD
GRAHAM PACKAGING CANADA LIMITED *p* 699

3174 Mavis Rd, MISSISSAUGA, ON, L5C 1T8
(905) 277-1486 *SIC* 3089
GRAHAM, TONY INFINITI NISSAN *p* 729
See GRAHAM AUTOMOTIVE SALES INC
GRAIN & OIL FEEDS SUPPLY CHAIN-NORTH AMERICA *p* 66
See CARGILL LIMITED
GRAIN DIVISION - OPERATIONS OFFICE *p* 600
See PARRISH & HEIMBECKER, LIMITED
GRAIN PROCESS ENTERPRISES LIMITED *p* 843
105 Commander Blvd, SCARBOROUGH, ON, M1S 3M7
(416) 291-3226 *SIC* 2041
GRAINFIELDS FAMILY RESTAURANT *p* 1292
See GRAINFIELDS PANCAKE & WAFFLE HOUSE INC
GRAINFIELDS PANCAKE & WAFFLE HOUSE INC *p* 1279
600 15th St E, PRINCE ALBERT, SK, S6V 8B1
(306) 922-7500 *SIC* 5812
GRAINFIELDS PANCAKE & WAFFLE HOUSE INC *p* 1292
2105 8th St E Suite 1, SASKATOON, SK, S7H 0T8
(306) 955-1989 *SIC* 5812
GRAINFIELDS PANCAKE & WAFFLE HOUSE INC *p* 1296
810 Circle Dr E Unit 100, SASKATOON, SK, S7K 3T8
(306) 933-1986 *SIC* 5812
GRAINGER, FREDRIC R. MEDICINE PROFESSIONAL CORPORATION *p* 518
36 Vodden St E Suite 200, BRAMPTON, ON, L6V 4H4
(905) 455-1455 *SIC* 8011
GRAMINIA COMMUNITY SCHOOL *p* 165
See PARKLAND SCHOOL DIVISION NO. 70
GRAN PACKAGING *p* 839
See ATLANTIC PACKAGING PRODUCTS LTD
GRANARD MANAGEMENT LIMITED PARTNERSHIP *p* 919
181 Bay St Suite 3300, TORONTO, ON, M5J 2T3
(416) 864-0829 *SIC* 8111
GRANARY RESTAURANT, THE *p* 1292
See CONCEPT FOODS LTD
GRAND & TOY *p* 1057
See GRAND & TOY LIMITED
GRAND & TOY LIMITED *p* 24
37 Aero Dr Ne, CALGARY, AB, T2E 8Z9
(403) 250-9700 *SIC* 5021
GRAND & TOY LIMITED *p* 86
11522 168 St Nw, EDMONTON, AB, T5M 3T9
(780) 930-6910 *SIC* 5112
GRAND & TOY LIMITED *p* 192
4560 Tillicum St, BURNABY, BC, V5J 5L4
(604) 324-5151 *SIC* 5943
GRAND & TOY LIMITED *p* 391
15 Scurfield Blvd, WINNIPEG, MB, R3Y 1V4
(204) 284-5100 *SIC* 5943
GRAND & TOY LIMITED *p* 396
146 Boul Dieppe, DIEPPE, NB, E1A 6P8
(506) 862-2400 *SIC* 5112
GRAND & TOY LIMITED *p* 451
15 Garland Ave Suite 1, DARTMOUTH, NS, B3B 0A6
(902) 450-1258 *SIC* 5112
GRAND & TOY LIMITED *p* 606
15 Keefer Crt, HAMILTON, ON, L8E 4V4
(905) 561-3413 *SIC* 5112
GRAND & TOY LIMITED *p* 659
1100 Dearness Dr Unit 18, LONDON, ON, N6E 1N9

(519) 685-2604 *SIC* 5943
GRAND & TOY LIMITED *p* 753
33 Green Belt Dr, NORTH YORK, ON, M3C 1M1
(416) 391-8100 *SIC* 5943
GRAND & TOY LIMITED *p* 785
900 Belfast Rd, OTTAWA, ON, K1G 0Z6
(613) 244-1212 *SIC* 5112
GRAND & TOY LIMITED *p* 953
588 Colby Dr Suite 1, WATERLOO, ON, N2V 1A2
(519) 888-9605 *SIC* 5712
GRAND & TOY LIMITED *p* 974
200 Aviva Park Dr, WOODBRIDGE, ON, L4L 9C7
(416) 401-6300 *SIC* 5112
GRAND & TOY LIMITED *p* 992
7751 Boul Louis-H.-Lafontaine, ANJOU, QC, H1K 4E4
(514) 353-2000 *SIC* 5021
GRAND & TOY LIMITED *p* 1057
2275 52e Av, LACHINE, QC, H8T 2Y8
(514) 636-7733 *SIC* 5943
GRAND AVIATION LTD *p* 672
330 Allstate Pky, MARKHAM, ON, L3R 5T3
(905) 477-4434 *SIC* 4512
GRAND BACCUS BANQUET AND CONFERENCE CENTRE *p* 888
See GRAND BACCUS LIMITED
GRAND BACCUS LIMITED *p* 888
2155 Mcnicoll Ave, TORONTO, ON, M1V 5P1
(416) 299-0077 *SIC* 7299
GRAND BAY PRIMARY *p* 402
See SCHOOL DISTRICT 8
GRAND BEND PUBLIC SCHOOL *p* 597
See LAMBTON KENT DISTRICT SCHOOL BOARD
GRAND CANADIAN RESORTS INC *p* 67
91 Three Sisters Dr, CANMORE, AB, T1W 3A1
(403) 678-0018 *SIC* 7011
GRAND CENTER HIGH SCHOOL *p* 70
See NORTHERN LIGHTS SCHOOL DIVISION NO. 69
GRAND CENTRE MIDDLE SCHOOL *p* 70
See NORTHERN LIGHTS SCHOOL DIVISION NO. 69
GRAND CONSTRUCTION LTD *p* 232
4539 210a St, LANGLEY, BC, V3A 8Z3
(604) 530-1931 *SIC* 1542
GRAND COVE ESTATES *p* 597
See RICE DEVELOPMENT COMPANY INC
GRAND ERIE DISTRICT SCHOOL BOARD *p* 524
238 Brantwood Park Rd, BRANTFORD, ON, N3P 1N9
(519) 759-7240 *SIC* 8211
GRAND ERIE DISTRICT SCHOOL BOARD *p* 524
141 Banbury Rd, BRANTFORD, ON, N3P 1E3
(519) 751-0142 *SIC* 8211
GRAND ERIE DISTRICT SCHOOL BOARD *p* 525
54 Ewing Dr, BRANTFORD, ON, N3R 5H8
(519) 752-9332 *SIC* 8211
GRAND ERIE DISTRICT SCHOOL BOARD *p* 525
43 Cambridge Dr, BRANTFORD, ON, N3R 5E3
(519) 753-7727 *SIC* 8211
GRAND ERIE DISTRICT SCHOOL BOARD *p* 525
41 Ellenson Dr, BRANTFORD, ON, N3R 3E7
(519) 759-4570 *SIC* 8211
GRAND ERIE DISTRICT SCHOOL BOARD *p* 525
40 Morton Ave, BRANTFORD, ON, N3R 2N5
(519) 752-9687 *SIC* 8211
GRAND ERIE DISTRICT SCHOOL BOARD *p* 525
112 Toll Gate Rd, BRANTFORD, ON, N3R

4Z6
SIC 8211
GRAND ERIE DISTRICT SCHOOL BOARD *p* 525
10 Blackfriar Lane, BRANTFORD, ON, N3R 6C5
(519) 759-8682 *SIC* 8211
GRAND ERIE DISTRICT SCHOOL BOARD *p* 525
60 Ashgrove Ave, BRANTFORD, ON, N3R 6E5
(519) 753-2910 *SIC* 8211
GRAND ERIE DISTRICT SCHOOL BOARD *p* 525
68 North Park St, BRANTFORD, ON, N3R 4J9
(519) 752-1422 *SIC* 8211
GRAND ERIE DISTRICT SCHOOL BOARD *p* 525
62 Queensway Dr, BRANTFORD, ON, N3R 4W8
(519) 752-2296 *SIC* 8211
GRAND ERIE DISTRICT SCHOOL BOARD *p* 527
105 Rawdon St, BRANTFORD, ON, N3S 6C7
(519) 752-1643 *SIC* 8211
GRAND ERIE DISTRICT SCHOOL BOARD *p* 527
265 Rawdon St, BRANTFORD, ON, N3S 6G7
(519) 752-7486 *SIC* 8211
GRAND ERIE DISTRICT SCHOOL BOARD *p* 527
349 Erie Ave, BRANTFORD, ON, N3S 2H7
(519) 756-6301 *SIC* 8211
GRAND ERIE DISTRICT SCHOOL BOARD *p* 527
365 Rawdon St, BRANTFORD, ON, N3S 6J3
(519) 770-1288 *SIC* 8211
GRAND ERIE DISTRICT SCHOOL BOARD *p* 527
627 Colborne St, BRANTFORD, ON, N3S 3M8
(519) 756-1320 *SIC* 8211
GRAND ERIE DISTRICT SCHOOL BOARD *p* 527
97 Tenth Ave, BRANTFORD, ON, N3S 1G5
(519) 752-7414 *SIC* 8211
GRAND ERIE DISTRICT SCHOOL BOARD *p* 528
10 Wade Ave, BRANTFORD, ON, N3T 1W7
SIC 8211
GRAND ERIE DISTRICT SCHOOL BOARD *p* 528
21 Preston Blvd, BRANTFORD, ON, N3T 5B1
(519) 753-0390 *SIC* 8211
GRAND ERIE DISTRICT SCHOOL BOARD *p* 528
21 Brant School Rd, BRANTFORD, ON, N3T 5L4
(519) 753-8885 *SIC* 8211
GRAND ERIE DISTRICT SCHOOL BOARD *p* 528
120 Brant Ave, BRANTFORD, ON, N3T 3H3
SIC 8222
GRAND ERIE DISTRICT SCHOOL BOARD *p* 529
52 Clench Ave, BRANTFORD, ON, N3T 1B6
(519) 756-4950 *SIC* 8211
GRAND ERIE DISTRICT SCHOOL BOARD *p* 532
35 Alexander St, BURFORD, ON, N0E 1A0
(519) 449-2457 *SIC* 8211
GRAND ERIE DISTRICT SCHOOL BOARD *p* 542
110 Shetland St, CALEDONIA, ON, N3W 2H1
(905) 765-4860 *SIC* 8211
GRAND ERIE DISTRICT SCHOOL BOARD *p* 542
37 Forfar St E, CALEDONIA, ON, N3W 1L6

(905) 765-5437   *SIC* 8211
GRAND ERIE DISTRICT SCHOOL BOARD
p 542
661 4th Line, CALEDONIA, ON, N3W 2B2
(905) 765-4700   *SIC* 8211
GRAND ERIE DISTRICT SCHOOL BOARD
p 542
91 Haddington St Suite 765, CALEDONIA, ON, N3W 2H2
(905) 765-4466   *SIC* 8211
GRAND ERIE DISTRICT SCHOOL BOARD
p 550
60 Munsee St S, CAYUGA, ON, N0A 1E0
(905) 772-5071   *SIC* 8211
GRAND ERIE DISTRICT SCHOOL BOARD
p 567
1012 Queen St, COURTLAND, ON, N0J 1E0
(519) 688-2110   *SIC* 8211
GRAND ERIE DISTRICT SCHOOL BOARD
p 568
227 Queen St, DELHI, ON, N4B 2K6
(519) 582-1890   *SIC* 8211
GRAND ERIE DISTRICT SCHOOL BOARD
p 568
393 James St, DELHI, ON, N4B 2B6
(519) 582-0410   *SIC* 8211
GRAND ERIE DISTRICT SCHOOL BOARD
p 571
223 Fairview Ave W, DUNNVILLE, ON, N1A 1M4
(905) 774-6144   *SIC* 8211
GRAND ERIE DISTRICT SCHOOL BOARD
p 571
121 Alder St W, DUNNVILLE, ON, N1A 1R2
(905) 774-6033   *SIC* 8211
GRAND ERIE DISTRICT SCHOOL BOARD
p 571
110 Helena St, DUNNVILLE, ON, N1A 2S5
(905) 774-7401   *SIC* 8211
GRAND ERIE DISTRICT SCHOOL BOARD
p 571
800 Cross St W, DUNNVILLE, ON, N1A 1N7
(905) 774-5460   *SIC* 8211
GRAND ERIE DISTRICT SCHOOL BOARD
p 605
70 Parkview Rd, HAGERSVILLE, ON, N0A 1H0
(905) 768-3318   *SIC* 8211
GRAND ERIE DISTRICT SCHOOL BOARD
p 605
40 Parkview Rd, HAGERSVILLE, ON, N0A 1H0
(905) 768-3012   *SIC* 8211
GRAND ERIE DISTRICT SCHOOL BOARD
p 622
14 Monson St, JARVIS, ON, N0A 1J0
(519) 587-2612   *SIC* 8211
GRAND ERIE DISTRICT SCHOOL BOARD
p 645
23 Albert St, LANGTON, ON, N0E 1G0
(519) 875-4448   *SIC* 8211
GRAND ERIE DISTRICT SCHOOL BOARD
p 645
2561 Hwy 59, LANGTON, ON, N0E 1G0
(519) 586-3522   *SIC* 8211
GRAND ERIE DISTRICT SCHOOL BOARD
p 804
107 Silver St, PARIS, ON, N3L 1V2
(519) 442-2311   *SIC* 8211
GRAND ERIE DISTRICT SCHOOL BOARD
p 804
7 Broadway St E, PARIS, ON, N3L 2R2
(519) 442-4163   *SIC* 8211
GRAND ERIE DISTRICT SCHOOL BOARD
p 816
109 Hamilton Plank Rd, PORT DOVER, ON, N0A 1N7
(519) 583-0830   *SIC* 8211
GRAND ERIE DISTRICT SCHOOL BOARD
p 817
48 College Ave, PORT ROWAN, ON, N0E 1M0
(519) 586-3541   *SIC* 8211
GRAND ERIE DISTRICT SCHOOL BOARD
p 849
80 Elgin Ave, SIMCOE, ON, N3Y 4A8
(519) 426-4628   *SIC* 8211
GRAND ERIE DISTRICT SCHOOL BOARD
p 849
933 St John's Rd W, SIMCOE, ON, N3Y 4K1
(519) 426-3716   *SIC* 8211
GRAND ERIE DISTRICT SCHOOL BOARD
p 849
660 Ireland Rd, SIMCOE, ON, N3Y 4K2
(519) 426-8400   *SIC* 8211
GRAND ERIE DISTRICT SCHOOL BOARD
p 849
18 Parker Dr, SIMCOE, ON, N3Y 1A1
(519) 426-0688   *SIC* 8211
GRAND ERIE DISTRICT SCHOOL BOARD
p 849
40 Wilson Ave, SIMCOE, ON, N3Y 2E5
(519) 426-4664   *SIC* 8211
GRAND ERIE DISTRICT SCHOOL BOARD
p 849
55 Donly Dr S, SIMCOE, ON, N3Y 5G7
(519) 429-2997   *SIC* 8211
GRAND ERIE DISTRICT SCHOOL BOARD
p 857
3 College, ST GEORGE BRANT, ON, N0E 1N0
(519) 448-1493   *SIC* 8211
GRAND ERIE DISTRICT SCHOOL BOARD
p 950
100 Church St E, WATERFORD, ON, N0E 1Y0
(519) 443-8942   *SIC* 8211
GRAND ERIE LEARNING ALTERNATIVE *p* 527
See GRAND ERIE DISTRICT SCHOOL BOARD
GRAND FALLS GENERAL HOSPITAL *p* 403
See VITALITE HEALTH NETWORK
GRAND FALLS-WINDSOR STN MAIN *p* 427
See CANADA POST CORPORATION
GRAND FOREST HOLDINGS INCORPORATED *p* 985
Gd, SUMMERSIDE, PE, C1N 4J9
(902) 836-5555   *SIC* 5142
GRAND HALE MARINE PRODUCTS COMPANY LIMITED *p* 266
11551 Twigg Pl, RICHMOND, BC, V6V 2Y2
(604) 325-9393   *SIC* 5146
GRAND HOTEL COMPANY LIMITED *p* 480
417 Main St, YARMOUTH, NS, B5A 1G3
(902) 742-2446   *SIC* 7011
GRAND HOTEL DE ST-GEORGES *p* 1189
See GESTION R.H.B. INC
GRAND LODGE DU MONT TREMBLANT, LE *p* 1082
See COMPAGNIE DE VILLEGIATURE ET DE DEVELOPEMENT GRAND LODGE INC, LA
GRAND MAGAZINE *p* 641
See METROLAND MEDIA GROUP LTD
GRAND MANAN COMMUNITY SCHOOL *p* 402
See SCHOOL DISTRICT NO 10
GRAND MANAN SAVE EASY *p* 402
See LOBLAWS SUPERMARKETS LIMITED
GRAND OKANAGAN RESORT *p* 226
See GRAND OKANAGAN RESORT LIMITED PARTNERSHIP
GRAND OKANAGAN RESORT LIMITED PARTNERSHIP *p* 226
1310 Water St, KELOWNA, BC, V1Y 9P3
(250) 868-5629   *SIC* 7991
GRAND OLYMPIA HOSPITALITY & CONVENTION CENTER INC, THE *p* 861
660 Barton St, STONEY CREEK, ON, L8E 5L6
(905) 643-4291   *SIC* 7299
GRAND RAPIDS SCHOOL *p* 349
See FRONTIER SCHOOL DIVISION
GRAND RIVER COLLEGIATE *p* 637
See WATERLOO REGION DISTRICT SCHOOL BOARD
GRAND RIVER CONSERVATION AUTHORITY *p* 550
Gd, CAYUGA, ON, N0A 1E0
(905) 768-3288   *SIC* 8641
GRAND RIVER CREDIT UNION *p* 545
See YOUR NEIGHBOURHOOD CREDIT UNION LIMITED
GRAND RIVER FOODS LTD *p* 547
685 Boxwood Dr, CAMBRIDGE, ON, N3E 1B4
(519) 653-3577   *SIC* 2015
GRAND RIVER HOSPITAL CORPORATION *p* 640
850 King St W, KITCHENER, ON, N2G 1E8
(519) 749-4217   *SIC* 8093
GRAND RIVER HOSPITAL CORPORATION *p* 640
835 King St W, KITCHENER, ON, N2G 1G3
(519) 742-3611   *SIC* 8062
GRAND RIVER TRANSIT *p* 639
See REGIONAL MUNICIPALITY OF WATERLOO, THE
GRAND TRUNK HIGH SCHOOL *p* 118
See GRANDE YELLOWHEAD PUBLIC SCHOOL DIVISION 77
GRAND VALLEY & DISTRICT PUBLIC SCHOOL *p* 597
See UPPER GRAND DISTRICT SCHOOL BOARD, THE
GRAND VALLEY REAL ESTATE *p* 543
See GRAND VALLEY REAL ESTATE LIMITED
GRAND VALLEY REAL ESTATE LIMITED *p* 543
471 Hespeler Rd Unit 4, CAMBRIDGE, ON, N1R 6J2
(519) 621-2000   *SIC* 6531
GRAND VALLEY REAL ESTATE LIMITED *p* 643
370 Highland Rd W Unit 15c, KITCHENER, ON, N2M 5J9
(519) 745-7000   *SIC* 6531
GRAND VIEW PUBLIC SCHOOL *p* 830
See ALGOMA DISTRICT SCHOOL BOARD
GRAND WEST ELECTRIC LTD *p* 18
2408 91 Ave Se, CALGARY, AB, T2C 5H2
(403) 291-2688   *SIC* 4931
GRAND WOOD PARK APARTMENTS AND RESIDENCE *p* 658
See COMMUNITY LIFECARE INC
GRAND'MAISON HEATING-AIR CONDITIONNING *p* 1202
See PAUL GRAND'MAISON INC
GRANDE CACHE COAL CORPORATION *p* 124
Gd, GRANDE CACHE, AB, T0E 0Y0
(780) 827-4646   *SIC* 1221
GRANDE CACHE COMMUNITY HIGH SCHOOL *p* 124
See GRANDE YELLOWHEAD PUBLIC SCHOOL DIVISION 77
GRANDE CHEESE COMPANY LIMITED *p* 759
22 Orfus Rd, NORTH YORK, ON, M6A 1L6
(416) 787-7670   *SIC* 5411
GRANDE CHEESE COMPANY LIMITED *p* 941
175 Milvan Dr, TORONTO, ON, M9L 1Z8
(416) 740-8847   *SIC* 2022
GRANDE PRAIRIE BRANCH *p* 128
See SERVUS CREDIT UNION LTD
GRANDE PRAIRIE CATHOLIC SCHOOL DISTRICT 28 *p* 118
10208 114 St, FAIRVIEW, AB, T0H 1L0
(780) 835-2245   *SIC* 8211
GRANDE PRAIRIE CATHOLIC SCHOOL DISTRICT 28 *p* 126
7810 Poplar Dr, GRANDE PRAIRIE, AB, T8V 4T8
(780) 539-7434   *SIC* 8211
GRANDE PRAIRIE CATHOLIC SCHOOL DISTRICT 28 *p* 126
9636 109 Ave, GRANDE PRAIRIE, AB, T8V 1R2
(780) 532-4698   *SIC* 8211
GRANDE PRAIRIE CATHOLIC SCHOOL DISTRICT 28 *p* 126
9724 88 Ave, GRANDE PRAIRIE, AB, T8V 0B7
(780) 532-5398   *SIC* 8211
GRANDE PRAIRIE CATHOLIC SCHOOL DISTRICT 28 *p* 128
10520 68 Ave, GRANDE PRAIRIE, AB, T8W 2P1
(780) 532-7779   *SIC* 8211
GRANDE PRAIRIE CATHOLIC SCHOOL DISTRICT 28 *p* 128
7906 Mission Heights Dr, GRANDE PRAIRIE, AB, T8W 1H3
(780) 539-4280   *SIC* 8211
GRANDE PRAIRIE CATHOLIC SCHOOL DISTRICT 28 *p* 129
11011 90 St, GRANDE PRAIRIE, AB, T8X 1J7
(780) 538-0077   *SIC* 8211
GRANDE PRAIRIE CATHOLIC SCHOOL DISTRICT 28 *p* 160
9001 103 St, SEXSMITH, AB, T0H 3C0
(780) 568-3631   *SIC* 8211
GRANDE PRAIRIE CHRISTIAN SCHOOL *p* 128
See GRANDE PRAIRIE PUBLIC SCHOOL DISTRICT #2357
GRANDE PRAIRIE COMPOSITE HIGH SCHOOL *p* 126
See GRANDE PRAIRIE PUBLIC SCHOOL DISTRICT #2357
GRANDE PRAIRIE POST OFFICE *p* 125
See CANADA POST CORPORATION
GRANDE PRAIRIE PUBLIC SCHOOL DISTRICT #2357 *p* 126
10213 99 St Suite 2357, GRANDE PRAIRIE, AB, T8V 2H3
(780) 532-4491   *SIC* 8211
GRANDE PRAIRIE PUBLIC SCHOOL DISTRICT #2357 *p* 126
11202 104 St Suite 2357, GRANDE PRAIRIE, AB, T8V 2Z1
(780) 532-7721   *SIC* 8211
GRANDE PRAIRIE PUBLIC SCHOOL DISTRICT #2357 *p* 126
7240 Poplar Dr, GRANDE PRAIRIE, AB, T8V 5A6
(780) 532-1365   *SIC* 8211
GRANDE PRAIRIE PUBLIC SCHOOL DISTRICT #2357 *p* 126
8908 100 St, GRANDE PRAIRIE, AB, T8V 2K4
(780) 830-3416   *SIC* 8211
GRANDE PRAIRIE PUBLIC SCHOOL DISTRICT #2357 *p* 126
9351 116 Ave, GRANDE PRAIRIE, AB, T8V 6L5
(780) 830-3384   *SIC* 8211
GRANDE PRAIRIE PUBLIC SCHOOL DISTRICT #2357 *p* 126
9410 106 Ave, GRANDE PRAIRIE, AB, T8V 1H8
(780) 532-0743   *SIC* 8211
GRANDE PRAIRIE PUBLIC SCHOOL DISTRICT #2357 *p* 126
9617 91a Ave, GRANDE PRAIRIE, AB, T8V 0G7
(780) 532-7429   *SIC* 8211
GRANDE PRAIRIE PUBLIC SCHOOL DISTRICT #2357 *p* 128

GRANDE PRAIRIE PUBLIC SCHOOL DISTRICT #2357

6431 98 St, GRANDE PRAIRIE, AB, T8W 2H3
(780) 532-8861   SIC 8211
GRANDE PRAIRIE PUBLIC SCHOOL DISTRICT #2357   p 128
8202 110 St, GRANDE PRAIRIE, AB, T8W 1M3
(780) 539-4566   SIC 8211
GRANDE PRAIRIE PUBLIC SCHOOL DISTRICT #2357   p 128
9720 63 Ave, GRANDE PRAIRIE, AB, T8W 1K3
(780) 538-3009   SIC 8211
GRANDE PRAIRIE PUBLIC SCHOOL DISTRICT #2357   p 129
8876 108 Ave, GRANDE PRAIRIE, AB, T8X 1N7
(780) 513-3391   SIC 8211
GRANDE PRAIRIE REGIONAL COLLEGE p 126
See GOVERNMENT OF THE PROVINCE OF ALBERTA
GRANDE ROCKIES RESORT   p 67
See SFJ HOSPITALITY INC
GRANDE SPIRIT FOUNDATION   p 164
5230 44 Ave, SPIRIT RIVER, AB, T0H 3G0
(780) 864-3766   SIC 8361
GRANDE YELLOWHEAD PUBLIC SCHOOL DIVISION 77   p 117
4619 12 Ave, EDSON, AB, T7E 1S7
(780) 723-3992   SIC 8211
GRANDE YELLOWHEAD PUBLIC SCHOOL DIVISION 77   p 117
4630 12 Ave, EDSON, AB, T7E 1S7
(780) 723-6035   SIC 8211
GRANDE YELLOWHEAD PUBLIC SCHOOL DIVISION 77   p 117
1205 Westhaven Dr Suite 1, EDSON, AB, T7E 1S6
(780) 723-3397   SIC 8211
GRANDE YELLOWHEAD PUBLIC SCHOOL DIVISION 77   p 118
4707 46 Ave, EVANSBURG, AB, T0E 0T0
(780) 727-3925   SIC 8211
GRANDE YELLOWHEAD PUBLIC SCHOOL DIVISION 77   p 124
10402 Hoppe Ave, GRANDE CACHE, AB, T0E 0Y0
(780) 827-3820   SIC 8211
GRANDE YELLOWHEAD PUBLIC SCHOOL DIVISION 77   p 124
11080 Swann Dr, GRANDE CACHE, AB, T0E 0Y0
(780) 827-4343   SIC 8211
GRANDE YELLOWHEAD PUBLIC SCHOOL DIVISION 77   p 124
10601 Shand Ave, GRANDE CACHE, AB, T0E 0Y0
(780) 827-3502   SIC 8211
GRANDE YELLOWHEAD PUBLIC SCHOOL DIVISION 77   p 131
158 Sunwapta Dr, HINTON, AB, T7V 1E9
(780) 865-3714   SIC 8211
GRANDE YELLOWHEAD PUBLIC SCHOOL DIVISION 77   p 131
213 Tamarack Ave, HINTON, AB, T7V 1T7
(780) 865-2569   SIC 8211
GRANDE YELLOWHEAD PUBLIC SCHOOL DIVISION 77   p 131
141 Macleod Ave, HINTON, AB, T7V 1T6
(780) 865-2628   SIC 8211
GRANDE YELLOWHEAD PUBLIC SCHOOL DIVISION 77   p 133
300 Elm Ave, JASPER, AB, T0E 1E0
(780) 852-4447   SIC 8211
GRANDE YELLOWHEAD PUBLIC SCHOOL DIVISION 77   p 148
4706 46 Ave, NITON JUNCTION, AB, T0E 1S0
(780) 795-3782   SIC 8211
GRANDERIE FARM & COUNTRY LTD p 571

1051 Broad St E, DUNNVILLE, ON, N1A 2Z1
(905) 774-6115   SIC 5191
GRANDFOLKS SECONDARY SCHOOL   p 216
See SCHOOL DISTRICT 51 BOUNDARY
GRANDI COMPANY LIMITED   p 588
870 Tower St S, FERGUS, ON, N1M 3N7
(519) 787-5125   SIC 5812
GRANDI COMPANY LIMITED   p 600
372 Stone Rd W, GUELPH, ON, N1G 4T8
(519) 763-8842   SIC 5812
GRANDI COMPANY LIMITED   p 602
243 Woodlawn Rd W, GUELPH, ON, N1H 8J1
(519) 826-0507   SIC 5812
GRANDI COMPANY LIMITED   p 602
65 Gordon St, GUELPH, ON, N1H 4H5
(519) 836-3070   SIC 5812
GRANDI COMPANY LIMITED   p 602
735 Woolwich St, GUELPH, ON, N1H 3Z2
SIC 5812
GRANDI COMPANY LIMITED   p 672
5000 Highway 7 E, MARKHAM, ON, L3R 4M9
(905) 415-1424   SIC 5812
GRANDMOTHER'S TOUCH   p 688
See GRANDMOTHER'S TOUCH INC
GRANDMOTHER'S TOUCH INC   p 688
5359 Timberlea Blvd Suite 20, MISSISSAUGA, ON, L4W 4N5
(905) 361-0485   SIC 7349
GRANDRAVINE COMMUNITY CENTRE   p 755
See CORPORATION OF THE CITY OF TORONTO
GRANDVIEW COMMUNITY CENTER ASSOCIATION   p 295
3350 Victoria Dr, VANCOUVER, BC, V5N 4M4
SIC 7999
GRANDVIEW ELEMENTARY SCHOOL   p 152
See BOARD OF TRUSTEES OF THE RED DEER PUBLIC SCHOOL DISTRICT NO. 104, THE
GRANDVIEW ELEMENTARY SCHOOL   p 295
See BOARD OF EDUCATION OF SCHOOL DISTRICT NO. 39 (VANCOUVER), THE
GRANDVIEW ELEMENTARY SCHOOL   p 525
See GRAND ERIE DISTRICT SCHOOL BOARD
GRANDVIEW FOODLAND   p 778
See 2020799 ONTARIO LIMITED
GRANDVIEW GULF CLUB   p 620
See CLUBLINK CORPORATION ULC
GRANDVIEW HEIGHTS SCHOOL   p 109
See EDMONTON SCHOOL DISTRICT NO. 7
GRANDVIEW LODGE   p 571
See CORPORATION OF HALDIMAND COUNTY, THE
GRANDVIEW PERSONAL CARE HOME   p 349
See PARKLAND REGIONAL HEALTH AUTHORITY INC
GRANDVIEW PERSONEL CARE HOME INC   p 349
308 Jackson St, GRANDVIEW, MB, R0L 0Y0
(204) 546-2769   SIC 8059
GRANDVIEW PUBLIC SCHOOL   p 504
See TRILLIUM LAKELANDS DISTRICT SCHOOL BOARD
GRANDVIEW PUBLIC SCHOOL   p 779
See DURHAM DISTRICT SCHOOL BOARD
GRANDVIEW RESIDENCE   p 870
See COMMUNITY LIVING GREATER SUDBURY
GRANDVIEW SCHOOL   p 349
See MOUNTAIN VIEW SCHOOL DIVISION
GRANDVIEW WOODLANDS   p 295

See VANCOUVER COASTAL HEALTH AUTHORITY
GRANFIELDS   p 1296
See GRAINFIELDS PANCAKE & WAFFLE HOUSE INC
GRANFORD   p 694
See CONTITECH CANADA, INC
GRANGE SAFEWAY   p 95
See SOBEYS WEST INC
GRANICOR INC   p 1180
300 Rue De Rotterdam Bureau 21, SAINT-AUGUSTIN-DE-DESMAURES, QC, G3A 1T4
(418) 878-3530   SIC 3281
GRANILAC INC   p 1150
70 Rue Saint-Paul, Quebec, QC, G1K 3V9
(418) 692-4419   SIC 5032
GRANITE DEPARTMENT STORES INC   p 424
956 Conception Bay Hwy Unit 2, CONCEPTION BAY SOUTH, NL, A1X 6Z6
(709) 834-3411   SIC 5311
GRANITE DEPARTMENT STORES INC   p 429
7 Commonwealth Ave, MOUNT PEARL, NL, A1N 1W3
(709) 368-8192   SIC 5311
GRANITE DEPARTMENT STORES INC   p 432
Fall River Plaza 272 Torbay Rd, ST. JOHN'S, NL, A1A 4E1
(709) 579-1401   SIC 5311
GRANITE ELECTRICAL LTD   p 881
430 Wardrope Ave, THUNDER BAY, ON, P7G 2C9
(807) 346-0996   SIC 1731
GRANITE GOLF CLUB   p 863
2699 Durham Rd 30, STOUFFVILLE, ON, L4A 7X4
(905) 642-4416   SIC 7997
GRANITE HEALTH SOLUTIONS LP   p 533
1122 International Blvd Suite 104, BURLINGTON, ON, L7L 6Z8
(800) 363-8900   SIC 6411
GRANITE SYSTEMS   p 881
See GRANITE ELECTRICAL LTD
GRANNY'S POULTRY COOPERATIVE (MANITOBA) LTD   p 344
4 Penner, BLUMENORT, MB, R0A 0C0
(204) 452-6315   SIC 2015
GRANOVITA CANADA LTD   p 859
166 North St, STIRLING, ON, K0K 3E0
(613) 395-9800   SIC 2023
GRANT ALTERNATIVE SCHOOL   p 799
See OTTAWA-CARLETON DISTRICT SCHOOL BOARD
GRANT HOME HARDWARE   p 636
See GRANT LUMBER BUILDING CENTRES LTD
GRANT LUMBER BUILDING CENTRES LTD   p 636
15 Kirkland St E, KIRKLAND LAKE, ON, P2N 1N9
(705) 567-3383   SIC 5251
GRANT MACEWAN ELEMENTARY SCHOOL   p 63
See CALGARY BOARD OF EDUCATION
GRANT MACEWAN UNIVERSITY   p 88
10045 156 St Nw Rm 402, EDMONTON, AB, T5P 2P7
(780) 497-4310   SIC 8299
GRANT MACEWAN UNIVERSITY   p 111
7319 29 Ave Nw Suite 311, EDMONTON, AB, T6K 2P1
(780) 497-4040   SIC 8222
GRANT PARK HIGH SCHOOL   p 386
See WINNIPEG SCHOOL DIVISION
GRANT PARK PLAZA SAFEWAY   p 386
See SOBEYS WEST INC
GRANT PRODUCTION TESTING SERVICES LTD   p 8
Aquaduct Po Box 440 Stn Main, BROOKS, AB, T1R 1B4
SIC 1389

GRANT PRODUCTION TESTING SERVICES LTD   p 155
6750 Golden West Ave, RED DEER, AB, T4P 1A8
(403) 314-0042   SIC 8748
GRANT ROAD ELEMENTARY SCHOOL   p 1288
See BOARD OF EDUCATION REGINA SCHOOL DIVISION NO. 4 OF SASKATCHEWAN
GRANT SINE PUBLIC SCHOOL   p 554
See KAWARTHA PINE RIDGE DISTRICT SCHOOL BOARD
GRANT THORNTON   p 331
See CAPSERVCO LIMITED PARTNERSHIP
GRANT THORNTON   p 406
See CAPSERVCO LIMITED PARTNERSHIP
GRANT THORNTON LLP   p 45
833 4 Ave Sw Suite 900, CALGARY, AB, T2P 3T5
(403) 260-2500   SIC 8721
GRANT THORNTON LLP   p 80
10060 Jasper Ave Nw Suite 1701, EDMONTON, AB, T5J 3R8
(780) 422-7114   SIC 8721
GRANT THORNTON LLP   p 226
1633 Ellis St Suite 200, KELOWNA, BC, V1Y 2A8
(250) 712-6800   SIC 8721
GRANT THORNTON LLP   p 230
8700 200 St Suite 320, LANGLEY, BC, V2Y 0G4
(604) 455-2600   SIC 8721
GRANT THORNTON LLP   p 304
333 Seymour St Suite 1600, VANCOUVER, BC, V6B 0A4
(604) 687-2711   SIC 8721
GRANT THORNTON LLP   p 331
888 Fort St, VICTORIA, BC, V8W 1H8
(250) 383-4191   SIC 8721
GRANT THORNTON LLP   p 387
94 Commerce Dr, WINNIPEG, MB, R3P 0Z5
(204) 944-0100   SIC 8721
GRANT THORNTON LLP   p 400
570 Queen St 4th Fl, FREDERICTON, NB, E3B 6Z6
(506) 458-8200   SIC 8721
GRANT THORNTON LLP   p 417
1 Germain St Suite 1100, SAINT JOHN, NB, E2L 4V1
(506) 634-2900   SIC 8721
GRANT THORNTON LLP   p 417
87 Canterbury St, SAINT JOHN, NB, E2L 2C7
(506) 382-2655   SIC 8721
GRANT THORNTON LLP   p 432
15 International Pl Suite 300, ST. JOHN'S, NL, A1A 0L4
(709) 778-8800   SIC 8721
GRANT THORNTON LLP   p 458
2000 Barrington St Suite 1100, HALIFAX, NS, B3J 3K1
(902) 421-1374   SIC 8721
GRANT THORNTON LLP   p 465
15 Webster St, KENTVILLE, NS, B4N 1H4
(902) 678-7307   SIC 8721
GRANT THORNTON LLP   p 475
500 George St Suite 200, SYDNEY, NS, B1P 1K6
(902) 562-5581   SIC 8721
GRANT THORNTON LLP   p 477
35 Commercial St Suite 400, TRURO, NS, B2N 3H9
(902) 893-1150   SIC 8721
GRANT THORNTON LLP   p 672
15 Allstate Pky Suite 200, MARKHAM, ON, L3R 5B4
(416) 607-2656   SIC 8721
GRANT THORNTON LLP   p 698
201 City Centre Dr Suite 501, MISSISSAUGA, ON, L5B 2T4

(416) 366-0100   SIC 8721
GRANT THORNTON LLP   p 981
98 Fitzroy St Suite 710, CHARLOTTETOWN, PE, C1A 1R7
(902) 892-6547   SIC 8721
GRANT THORNTON LLP   p 985
220 Water St, SUMMERSIDE, PE, C1N 1B3
(902) 436-9155   SIC 8721
GRANT, JOHN HAULAGE LIMITED   p 702
2111 Lakeshore Rd W, MISSISSAUGA, ON, L5J 1J9
(905) 849-7422   SIC 4212
GRANTIUM INC   p 791
279 Laurier Ave W Suite 200, OTTAWA, ON, K1P 5J9
SIC 7371
GRANUM PUBLIC LIBRARY   p 129
See GOVERNMENT OF THE PROVINCE OF ALBERTA
GRANVILLE ISLAND BREWING CO. LTD   p 314
1441 Cartwright St, VANCOUVER, BC, V6H 3R7
(604) 685-0504   SIC 2082
GRANVILLE WEST GROUP LTD   p 311
1075 Georgia St W Suite 1425, VANCOUVER, BC, V6E 3C9
(604) 687-5570   SIC 6282
GRAPEVIEW PUBLIC SCHOOL   p 854
See DISTRICT SCHOOL BOARD OF NIAGARA
GRAPHICALLY SPEAKING SERVICES INC   p 304
602 West Hastings St Unit 300, VANCOUVER, BC, V6B 1P2
(604) 682-5500   SIC 7374
GRASMERE SCHOOL   p 3
See NORTHERN GATEWAY REGIONAL DIVISION #10
GRASSLANDS HEALTH CENTRE   p 1291
See FIVE HILLS REGIONAL HEALTH AUTHORITY
GRASSLANDS NATIONAL PARK OF CANADA   p 1307
See ENVIRONMENT AND CLIMATE CHANGE CANADA
GRASSLANDS PUBLIC SCHOOLS   p 8
See GRASSLANDS REGIONAL DIVISION 6
GRASSLANDS REGIONAL DIVISION 6   p 5
240 6th Ave, BASSANO, AB, T0J 0B0
(403) 641-3577   SIC 8211
GRASSLANDS REGIONAL DIVISION 6   p 5
Gd, BASSANO, AB, T0J 0B0
SIC 8211
GRASSLANDS REGIONAL DIVISION 6   p 8
145 Upland Blvd, BROOKS, AB, T1R 0R1
(403) 362-2660   SIC 8211
GRASSLANDS REGIONAL DIVISION 6   p 8
124 4 Ave E, BROOKS, AB, T1R 0Z3
(403) 362-3524   SIC 8211
GRASSLANDS REGIONAL DIVISION 6   p 8
417 7 St E, BROOKS, AB, T1R 0B4
(403) 362-5464   SIC 8211
GRASSLANDS REGIONAL DIVISION 6   p 8
Gd Stn Main, BROOKS, AB, T1R 1E4
(403) 362-3378   SIC 8211
GRASSLANDS REGIONAL DIVISION 6   p 8
805 4 Ave W, BROOKS, AB, T1R 0Z2
(403) 362-7555   SIC 8211
GRASSLANDS REGIONAL DIVISION 6   p 8
745 2 Ave E Suite 1, BROOKS, AB, T1R 1L2
(403) 793-6700   SIC 8211
GRASSLANDS REGIONAL DIVISION 6   p 8
650 4 Ave E Suite 849, BROOKS, AB, T1R 0Z4
(403) 362-4814   SIC 8211
GRASSLANDS REGIONAL DIVISION 6 p 73
Gd, DUCHESS, AB, T0J 0Z0
(403) 378-4720   SIC 8211
GRASSLANDS REGIONAL DIVISION 6 p 73
315 Louise Ave, DUCHESS, AB, T0J 0Z0
(403) 378-4948   SIC 8211
GRASSWOOD PARK ESSO   p 1296

See GRASSWOOD PARK HOLDINGS LTD
GRASSWOOD PARK HOLDINGS LTD   p 1296
Hwy 11 S, SASKATOON, SK, S7K 4E3
(306) 373-1888   SIC 5812
GRASSY PLAINS ELEMENTARY JUNIOR SECONDARY SCHOOL   p 193
See BOARD OF EDUCATION OF SCHOOL DISTRICT NO. 91 (NECHAKO LAKE), THE
GRAVEL CHEVROLET GEO OLDSMOBILE LTEE   p 1006
5900 Boul Marie-Victorin, BROSSARD, QC, J4W 1A4
(450) 466-2233   SIC 5511
GRAVELBOURG ELEMENTARY SCHOOL p 1269
See PRAIRIE SOUTH SCHOOL DIVISION NO 210
GRAVENHURST HIGH SCHOOL   p 597
See TRILLIUM LAKELANDS DISTRICT SCHOOL BOARD
GRAVENHURST PUBLIC SCHOOL   p 597
See TRILLIUM LAKELANDS DISTRICT SCHOOL BOARD
GRAY ACADEMY OF JEWISH EDUCATION p 387
See SHORE ELEMENTARY SCHOOL
GRAY EGGS   p 648
See GRAY, L. H. & SON LIMITED
GRAY ELEMENTARY SCHOOL   p 209
See DELTA SCHOOL DISTRICT NO.37
GRAY LINE WEST   p 4
See GREAT CANADIAN RAILTOUR COMPANY LTD
GRAY RIDGE EGGS   p 866
See GRAY, L. H. & SON LIMITED
GRAY TOOLS CANADA INC   p 514
299 Orenda Rd, BRAMPTON, ON, L6T 1E8
(905) 457-3014   SIC 3423
GRAY, L. H. & SON LIMITED   p 648
955 Tremaine Ave S, LISTOWEL, ON, N4W 3G9
(519) 291-5150   SIC 5995
GRAY, L. H. & SON LIMITED   p 866
644 Wright St, STRATHROY, ON, N7G 3H8
(519) 245-0480   SIC 5144
GRAYBAR CANADA LIMITED   p 63
2765 48 Ave Ne Suite 105, CALGARY, AB, T3J 5M9
(403) 250-5554   SIC 5112
GRAYBAR CANADA LIMITED   p 417
300 Charlotte St, SAINT JOHN, NB, E2L 5A4
(506) 634-2094   SIC 5063
GRAYBAR CANADA LIMITED   p 433
47 Pippy Pl, ST. JOHN'S, NL, A1B 4H8
(709) 722-6161   SIC 5063
GRAYBAR CANADA LIMITED   p 451
260 Brownlow Ave, DARTMOUTH, NS, B3B 1V9
(902) 468-6665   SIC 5063
GRAYBAR CANADA LIMITED   p 461
3600 Joseph Howe Dr, HALIFAX, NS, B3L 4H7
(902) 457-8787   SIC 5063
GRAYBAR CANADA LIMITED   p 461
3600 Joseph Howe Dr, HALIFAX, NS, B3L 4H7
(902) 457-8730   SIC 5063
GRAYBAR CANADA LIMITED   p 638
130 Hayward Ave, KITCHENER, ON, N2C 2E4
(519) 576-5434   SIC 5063
GRAYBAR CANADA LIMITED   p 694
5895 Whittle Rd, MISSISSAUGA, ON, L4Z 2H4
(905) 507-0533   SIC 5063
GRAYBAR CANADA LIMITED   p 783
1730 Bantree St Unit 2, OTTAWA, ON, K1B 3W4
(613) 688-0124   SIC 5063
GRAYBAR CANADA LIMITED   p 964
2760 Deziel Dr, WINDSOR, ON, N8W 5H8
(519) 944-4414   SIC 5063

GRAYBAR ELECTRIC CANADA LIMITED p 451
260 Brownlow Ave, DARTMOUTH, NS, B3B 1V9
(902) 468-6665   SIC 5063
GRAYBAR ELECTRIC ONTARIO   p 638
See GRAYBAR CANADA LIMITED
GRAYBAR ELECTRIC ONTARIO   p 964
See GRAYBAR CANADA LIMITED
GRAYBAR HARRIS & ROOME   p 433
See GRAYBAR CANADA LIMITED
GRAYBAR ONTARIO   p 694
See GRAYBAR CANADA LIMITED
GRAYBAR WEST   p 63
See GRAYBAR CANADA LIMITED
GRAYCON I.T.   p 154
See RICOH CANADA INC
GRAYDON FOODS LTD   p 636
155 Government Rd W, KIRKLAND LAKE, ON, P2N 2E8
(705) 568-8595   SIC 5812
GRAYDON FOODS LTD   p 731
11b North Hwy, NEW LISKEARD, ON, P0J 1P0
(705) 647-8088   SIC 5812
GRAYMONT (NB) INC   p 403
4634 Route 880, HAVELOCK, NB, E4Z 5K8
(506) 534-2311   SIC 1422
GRAYMONT (PORTNEUF) INC   p 1217
595 Boul Bona-Dussault, Saint-Marc-des-Carrieres, QC, G0A 4B0
(418) 268-3501   SIC 1481
GRAYMONT (QC) INC   p 1003
25 Rue De Lauzon Bureau 206, BOUCHERVILLE, QC, J4B 1E7
(450) 449-2262   SIC 1422
GRAYMONT (QC) INC   p 1009
1015 Ch De La Carriere, CANTON BEDFORD, QC, J0J 1A0
(450) 248-3307   SIC 3274
GRAYMONT (QC) INC   p 1045
1300 Rue Notre-Dame, JOLIETTE, QC, J6E 3Z9
(450) 759-8195   SIC 1422
GRAYMONT (QC) INC   p 1075
303 Rue Principale O, MARBLETON, QC, J0B 2L0
(819) 887-6381   SIC 3281
GRAYMONT WESTERN CANADA INC p 118
Gd, EXSHAW, AB, T0L 2C0
(403) 673-3595   SIC 3274
GRAYMONT WESTERN CANADA INC p 194
Gd, CACHE CREEK, BC, V0K 1H0
(250) 457-6291   SIC 3274
GRAYMONT WESTERN CANADA INC p 348
Po Box 1, FAULKNER, MB, R0C 0Y0
(204) 449-2078   SIC 3274
GRC FOOD SERVICES LTD   p 57
4988 126 Ave Se Suite 35, CALGARY, AB, T2Z 0A9
(587) 353-0766   SIC 7032
GREAT CANADIAN CASINOS INC   p 202
2080 United Blvd Suite D, COQUITLAM, BC, V3K 6W3
(604) 523-6888   SIC 7999
GREAT CANADIAN CASINOS INC   p 239
620 Terminal Ave, NANAIMO, BC, V9R 5E2
(250) 753-3033   SIC 7999
GREAT CANADIAN CASINOS INC   p 269
8811 River Rd, RICHMOND, BC, V6X 3P8
(604) 247-8900   SIC 7999
GREAT CANADIAN CASINOS INC   p 590
1382 County Road 28, FRASERVILLE, ON, K0L 1V0
(705) 939-2400   SIC 7999
GREAT CANADIAN CASINOS INC   p 591
Hwy 380, GANANOQUE, ON, K7G 2V4
(705) 946-6450   SIC 7993
GREAT CANADIAN COACHES INC   p 638
353 Manitou Dr, KITCHENER, ON, N2C 1L5
(519) 896-8687   SIC 4142
GREAT CANADIAN DOLLAR STORE, THE p 448
See 3086011 NOVA SCOTIA LIMITED

GREAT CANADIAN FRAMING   p 105
See GREAT CANADIAN RENOVATION & CONSTRUCTION CORPORATION
GREAT CANADIAN GAMING CORPORATION   p 202
95 Schooner St, COQUITLAM, BC, V3K 7A8
(604) 303-1000   SIC 7999
GREAT CANADIAN RAIL TOUR COMPANY LTD   p 222
525 Cn Rd, KAMLOOPS, BC, V2H 1K3
(250) 314-3998   SIC 4725
GREAT CANADIAN RAIL TOUR COMPANY LTD   p 302
369 Terminal Ave Suite 101, VANCOUVER, BC, V6A 4C4
(604) 606-7200   SIC 4725
GREAT CANADIAN RAILTOUR COMPANY LTD   p 4
141 Eagle Cres, BANFF, AB, T1L 1B4
SIC 4142
GREAT CANADIAN RAILTOUR COMPANY LTD   p 194
509 13th Ave, CAMPBELL RIVER, BC, V9W 4G7
(250) 287-7151   SIC 4111
GREAT CANADIAN RAILTOUR COMPANY LTD   p 222
See GREAT CANADIAN RAIL TOUR COMPANY LTD
GREAT CANADIAN RENOVATION & CONSTRUCTION CORPORATION   p 105
9310 62 Ave Nw, EDMONTON, AB, T6E 0C9
(780) 449-6991   SIC 1521
GREAT CANADIAN SOX CO. INC, THE   p 891
25 Waterman Ave, TORONTO, ON, M4B 1Y6
(416) 288-0028   SIC 2252
GREAT GULF (MUSKOKA) LTD   p 597
1209 Muskoka Beach Rd, GRAVENHURST, ON, P1P 1R1
(705) 687-2233   SIC 7992
GREAT LAKES BASIN ENERGY L.P.   p 311
1055 Georgia St W Suite 1100, VANCOUVER, BC, V6E 3R5
(604) 488-8000   SIC 4924
GREAT LAKES INSTITUTE   p 969
See UNIVERSITY OF WINDSOR
GREAT LAKES PILOTAGE AUTHORITY   p 566
202 Pitt St 2nd Fl, CORNWALL, ON, K6J 3P7
(613) 933-2991   SIC 4499
GREAT LAKES PUBLIC SCHOOL   p 510
See PEEL DISTRICT SCHOOL BOARD
GREAT LAKES SCHOONER COMPANY LIMITED   p 919
249 Queens Quay W Suite 111, TORONTO, ON, M5J 2N5
(416) 260-6355   SIC 4489
GREAT LITTLE BOX COMPANY LTD, THE p 210
7533 Progress Way, DELTA, BC, V4G 1E7
SIC 5113
GREAT NORTHERN CASINO   p 126
See GAMEHOST INC
GREAT NORTHERN RETIREMENT HOME p 833
See SOONOR RETIREMENT CORPORATION
GREAT PACIFIC ADVENTURES INC   p 331
950 Wharf St, VICTORIA, BC, V8W 1T3
(250) 386-2277   SIC 4725
GREAT PACIFIC CAPITAL CORPORATION p 307
1067 Cordova St W Suite 1800, VANCOUVER, BC, V6C 1C7
(604) 688-6764   SIC 6712
GREAT PACIFIC ENTERPRISES INC   p 326
1110 Waddington Dr, VERNON, BC, V1T 8T3
(250) 503-3880   SIC 5192

▲ Public Company   ■ Public Company Family Member   HQ Headquarters   BR Branch   SL Single Location

GREAT PACIFIC ENTERPRISES INC p 331
818 Broughton St, VICTORIA, BC, V8W 1E4
(250) 388-3535   SIC 7313

GREAT PACIFIC ENTERPRISES INC p 537
3320 South Service Rd, BURLINGTON, ON, L7N 3M6
(905) 681-1113   SIC 5192

GREAT PACIFIC ENTERPRISES INC p 618
1036 Aberdeen St Suite 399, HAWKESBURY, ON, K6A 1K5
(613) 632-7096   SIC 3354

GREAT PACIFIC ENTERPRISES INC p 1019
1890 Boul Fortin, Cote Saint-Luc, QC, H7S 1N8
(450) 662-1030   SIC 3081

GREAT PACIFIC ENTERPRISES INC p 1042
700 Rue Vadnais, GRANBY, QC, J2J 1A7
(450) 378-3995   SIC 3081

GREAT PACIFIC ENTERPRISES LIMITED PARTNERSHIP p 490
325 Industrial Pky S, AURORA, ON, L4G 3V8
(905) 727-0121   SIC 3081

GREAT PACIFIC ENTERPRISES LIMITED PARTNERSHIP p 810
25 Aylmer St N, PETERBOROUGH, ON, K9J 3J2
(705) 743-4733   SIC 3081

GREAT PACIFIC INDUSTRIES INC p 1
26308 Township Road 525a Unit 24, ACHESON, AB, T7X 5A6
(780) 948-7400   SIC 4225

GREAT PACIFIC INDUSTRIES INC p 74
8124 112 Ave Nw, EDMONTON, AB, T5B 4W4
(780) 471-6244   SIC 5411

GREAT PACIFIC INDUSTRIES INC p 75
1 Londonderry Mall Nw, EDMONTON, AB, T5C 3C8
(780) 473-7820   SIC 5411

GREAT PACIFIC INDUSTRIES INC p 80
10180 109 St Nw, EDMONTON, AB, T5J 5B4
(780) 423-5678   SIC 5411

GREAT PACIFIC INDUSTRIES INC p 89
360 Mayfield Common Nw, EDMONTON, AB, T5P 4B3
(780) 484-1088   SIC 5411

GREAT PACIFIC INDUSTRIES INC p 98
9510 160 Ave Nw, EDMONTON, AB, T5Z 3S5
(780) 472-7400   SIC 5411

GREAT PACIFIC INDUSTRIES INC p 105
10368 78 Ave Nw, EDMONTON, AB, T6E 6T2
(780) 438-0385   SIC 5411

GREAT PACIFIC INDUSTRIES INC p 110
3361 Calgary Trail Nw, EDMONTON, AB, T6J 6V1
(780) 437-3322   SIC 5411

GREAT PACIFIC INDUSTRIES INC p 120
8406 Franklin Ave, FORT MCMURRAY, AB, T9H 2J3
(780) 791-4077   SIC 5411

GREAT PACIFIC INDUSTRIES INC p 126
10819 106 Ave, GRANDE PRAIRIE, AB, T8V 7X1
(780) 402-2522   SIC 5411

GREAT PACIFIC INDUSTRIES INC p 136
1112 2a Ave N, LETHBRIDGE, AB, T1H 0E3
(403) 380-6000   SIC 5411

GREAT PACIFIC INDUSTRIES INC p 153
6720 52 Ave, RED DEER, AB, T4N 4K9
(403) 343-7744   SIC 5411

GREAT PACIFIC INDUSTRIES INC p 156
3020 22 St Suite 300, RED DEER, AB, T4R 3J5
(403) 309-0520   SIC 5411

GREAT PACIFIC INDUSTRIES INC p 163
60 Broadway Blvd, SHERWOOD PARK, AB, T8H 2A2
(780) 449-7208   SIC 5411

GREAT PACIFIC INDUSTRIES INC p 166
740 St Albert Trail, ST. ALBERT, AB, T8N 7H5
(780) 419-2065   SIC 5411

GREAT PACIFIC INDUSTRIES INC p 176
157 Cariboo Hwy Suite 97, 100 MILE HOUSE, BC, V0K 2E0
(250) 395-2543   SIC 5411

GREAT PACIFIC INDUSTRIES INC p 177
2140 Sumas Way, ABBOTSFORD, BC, V2S 2C7
(604) 504-4453   SIC 5411

GREAT PACIFIC INDUSTRIES INC p 181
26310 Fraser Hwy Unit 100, ALDERGROVE, BC, V4W 2Z7
(604) 607-6550   SIC 5411

GREAT PACIFIC INDUSTRIES INC p 187
4399 Lougheed Hwy Suite 996, BURNABY, BC, V5C 3Y7
(604) 298-8412   SIC 5411

GREAT PACIFIC INDUSTRIES INC p 188
7155 Kingsway Unit 200, BURNABY, BC, V5E 2V1
(604) 540-1368   SIC 5411

GREAT PACIFIC INDUSTRIES INC p 191
6200 Mckay Ave Suite 120, BURNABY, BC, V5H 4L7
(604) 433-3760   SIC 5411

GREAT PACIFIC INDUSTRIES INC p 192
7501 Market Cross, BURNABY, BC, V5J 0A3
(604) 433-4816   SIC 5411

GREAT PACIFIC INDUSTRIES INC p 197
46020 Yale Rd, CHILLIWACK, BC, V2P 7V2
(604) 792-7520   SIC 5411

GREAT PACIFIC INDUSTRIES INC p 199
2991 Lougheed Hwy Suite 6, COQUITLAM, BC, V3B 6J6
(604) 552-1772   SIC 5411

GREAT PACIFIC INDUSTRIES INC p 204
2701 Cliffe Ave, COURTENAY, BC, V9N 2L8
SIC 5411

GREAT PACIFIC INDUSTRIES INC p 205
505 Victoria Ave N, CRANBROOK, BC, V1C 6S3
(250) 489-3461   SIC 5411

GREAT PACIFIC INDUSTRIES INC p 206
1000 Northwest Blvd Suite 3, CRESTON, BC, V0B 1G6
(250) 428-0030   SIC 5411

GREAT PACIFIC INDUSTRIES INC p 209
7015 120 St Suite 963, DELTA, BC, V4E 2A9
(604) 596-2944   SIC 5411

GREAT PACIFIC INDUSTRIES INC p 211
5186 Ladner Trunk Rd Suite 936, DELTA, BC, V4K 1W3
(604) 946-5251   SIC 5411

GREAT PACIFIC INDUSTRIES INC p 213
792 2nd Ave, FERNIE, BC, V0B 1M0
(250) 423-4607   SIC 5411

GREAT PACIFIC INDUSTRIES INC p 214
10345 100 St, FORT ST. JOHN, BC, V1J 3Z2
(250) 785-2985   SIC 5411

GREAT PACIFIC INDUSTRIES INC p 214
488 Stuart Dr, FORT ST. JAMES, BC, V0J 1P0
(250) 996-8333   SIC 5411

GREAT PACIFIC INDUSTRIES INC p 216
1020 10th Ave S, GOLDEN, BC, V0A 1H0
(250) 344-5315   SIC 5411

GREAT PACIFIC INDUSTRIES INC p 216
441 Central Ave, GRAND FORKS, BC, V0H 1H0
(250) 442-2778   SIC 5411

GREAT PACIFIC INDUSTRIES INC p 220
1210 Summit Dr Suite 100, KAMLOOPS, BC, V2C 6M1
(250) 374-6685   SIC 5411

GREAT PACIFIC INDUSTRIES INC p 226
1876 Cooper Rd Suite 101, KELOWNA, BC, V1Y 9N6
(250) 860-1444   SIC 5411

GREAT PACIFIC INDUSTRIES INC p 227
1545 Warren Ave, KIMBERLEY, BC, V1A 1R4
(250) 427-2313   SIC 5411

GREAT PACIFIC INDUSTRIES INC p 228
535 Mountainview Sq Suite 34, KITIMAT, BC, V8C 2N1
(250) 632-7262   SIC 5411

GREAT PACIFIC INDUSTRIES INC p 230
20255 64 Ave Suite 1, LANGLEY, BC, V2Y 1M9
(604) 532-5833   SIC 5411

GREAT PACIFIC INDUSTRIES INC p 232
20151 Fraser Hwy Suite 100, LANGLEY, BC, V3A 4E4
(604) 533-2911   SIC 5411

GREAT PACIFIC INDUSTRIES INC p 236
20395 Lougheed Hwy Suite 300, MAPLE RIDGE, BC, V2X 2P9
(604) 465-8606   SIC 5411

GREAT PACIFIC INDUSTRIES INC p 236
22703 Lougheed Hwy Suite 935, MAPLE RIDGE, BC, V2X 2V5
(604) 463-3329   SIC 5411

GREAT PACIFIC INDUSTRIES INC p 238
32555 London Ave Suite 400, MISSION, BC, V2V 6M7
(604) 826-9564   SIC 5411

GREAT PACIFIC INDUSTRIES INC p 239
510 Broadway St, NAKUSP, BC, V0G 1R0
(250) 265-3662   SIC 5411

GREAT PACIFIC INDUSTRIES INC p 240
1501 Estevan Rd Suite 949, NANAIMO, BC, V9S 3Y3
SIC 5411

GREAT PACIFIC INDUSTRIES INC p 241
4750 Rutherford Rd Suite 175, NANAIMO, BC, V9T 4K6
(250) 758-5741   SIC 5411

GREAT PACIFIC INDUSTRIES INC p 241
3200 Island Hwy N, NANAIMO, BC, V9T 1W1
(250) 751-1414   SIC 5411

GREAT PACIFIC INDUSTRIES INC p 243
1200 Lakeside Dr, NELSON, BC, V1L 5Z3
(250) 352-7617   SIC 5411

GREAT PACIFIC INDUSTRIES INC p 246
1199 Lynn Valley Rd Suite 1221, NORTH VANCOUVER, BC, V7J 3H2
(604) 980-4857   SIC 5411

GREAT PACIFIC INDUSTRIES INC p 246
333 Brooksbank Ave Suite 200, NORTH VANCOUVER, BC, V7J 3S8
(604) 983-3033   SIC 5411

GREAT PACIFIC INDUSTRIES INC p 251
826 Island Hwy W Suite 20, PARKSVILLE, BC, V9P 2B7
(250) 248-8944   SIC 5411

GREAT PACIFIC INDUSTRIES INC p 252
2111 Main St Suite 100, PENTICTON, BC, V2A 6W6
(250) 492-2011   SIC 5411

GREAT PACIFIC INDUSTRIES INC p 255
2385 Ottawa St, PORT COQUITLAM, BC, V3B 8A4
(604) 464-9984   SIC 5411

GREAT PACIFIC INDUSTRIES INC p 259
1600 15th Ave Suite 100, PRINCE GEORGE, BC, V2L 3X3
(250) 564-4525   SIC 5411

GREAT PACIFIC INDUSTRIES INC p 260
555 Central St W, PRINCE GEORGE, BC, V2M 3C6
(250) 563-8112   SIC 5411

GREAT PACIFIC INDUSTRIES INC p 263
247 Bridge St, PRINCETON, BC, V0X 1W0
(250) 295-6322   SIC 5411

GREAT PACIFIC INDUSTRIES INC p 264
155 Malcolm Dr Suite 7, QUESNEL, BC, V2J 3K2
(250) 992-8718   SIC 5411

GREAT PACIFIC INDUSTRIES INC p 266
23200 Gilley Rd Unit 100, RICHMOND, BC, V6V 2L6
(604) 522-8608   SIC 5411

GREAT PACIFIC INDUSTRIES INC p 269
8200 Ackroyd Rd, RICHMOND, BC, V6X 1B5
(604) 278-3229   SIC 5411

GREAT PACIFIC INDUSTRIES INC p 276
1151 10 Ave Sw Suite 100, SALMON ARM, BC, V1E 1T3
(250) 832-2278   SIC 5411

GREAT PACIFIC INDUSTRIES INC p 278
3302 16 Hwy E, SMITHERS, BC, V0J 2N0
(250) 847-3313   SIC 5141

GREAT PACIFIC INDUSTRIES INC p 279
113 Red Cedar Dr, SPARWOOD, BC, V0B 2G0
(250) 425-6489   SIC 5411

GREAT PACIFIC INDUSTRIES INC p 279
1301 Pemberton Ave, SQUAMISH, BC, V0N 3G0
(604) 892-5976   SIC 5411

GREAT PACIFIC INDUSTRIES INC p 280
9014 152 St Suite 2218, SURREY, BC, V3R 4E7
(604) 930-1133   SIC 5399

GREAT PACIFIC INDUSTRIES INC p 286
12130 Nordel Way Suite 939, SURREY, BC, V3W 1P6
(604) 501-9354   SIC 5411

GREAT PACIFIC INDUSTRIES INC p 288
1641 152 St, SURREY, BC, V4A 4N3
(604) 536-4522   SIC 5411

GREAT PACIFIC INDUSTRIES INC p 290
3033 152 St Suite 903, SURREY, BC, V4P 3K1
(604) 538-5467   SIC 5411

GREAT PACIFIC INDUSTRIES INC p 291
4741 Lakelse Ave Suite 280, TERRACE, BC, V8G 4R9
(250) 635-5950   SIC 5411

GREAT PACIFIC INDUSTRIES INC p 322
177 Davie St, VANCOUVER, BC, V6Z 2Y1
(604) 975-7544   SIC 5912

GREAT PACIFIC INDUSTRIES INC p 326
4900 27 St Unit 425, VERNON, BC, V1T 7G7
(250) 542-8825   SIC 5411

GREAT PACIFIC INDUSTRIES INC p 332
3510 Blanshard St Suite 977, VICTORIA, BC, V8X 1W3
(250) 475-3300   SIC 5411

GREAT PACIFIC INDUSTRIES INC p 335
172 Wilson St Unit 100, VICTORIA, BC, V9A 7N6
(250) 389-6115   SIC 5411

GREAT PACIFIC INDUSTRIES INC p 337
2475 Dobbin Rd Suite 1, WEST KELOWNA, BC, V4T 2E9
(250) 768-2323   SIC 5411

GREAT PACIFIC INDUSTRIES INC p 341
730 Oliver St, WILLIAMS LAKE, BC, V2G 1N1
(250) 392-7225   SIC 5411

GREAT SLAVE HELICOPTERS LTD p 439
106 Dickens St, YELLOWKNIFE, NT, X1A 2R3
(867) 873-2081   SIC 4522

GREAT STEAK HOUSE INC, THE p 259
582 George St, PRINCE GEORGE, BC, V2L 1R7
(250) 563-1768   SIC 5812

GREAT WAR MEMORIAL p 807
See PERTH AND SMITHS FALLS DISTRICT HOSPITAL

GREAT WEST KENWORTH LTD p 31
5909 6 St Se, CALGARY, AB, T2H 1L8
(403) 253-7555   SIC 5511

GREAT WEST LIFE p 797
See GREAT-WEST LIFE ASSURANCE COMPANY, THE

GREAT WEST LIFE REALITY ADVISORS p 909
See GREAT-WEST LIFE ASSURANCE COMPANY, THE

GREAT WEST MARKETING & PENSION DEPARTMENT p 1106
See GREAT-WEST LIFE ASSURANCE COMPANY, THE

BUSINESSES ALPHABETICALLY

GREAT WESTERN CONTAINERS p 99
See 1942675 ALBERTA LTD
GREAT WESTERN CONTAINERS p 114
See 1942675 ALBERTA LTD
GREAT WESTERN CONTAINERS p 140
See 1942675 ALBERTA LTD
GREAT WESTERN INTERIORS p 57
12221 44 St Se Unit 40, CALGARY, AB, T2Z 4H3
(403) 217-1057 SIC 1742
GREAT-WEST LIFE ASSURANCE COMPANY, THE p 45
300 5 Ave Sw Suite 1400, CALGARY, AB, T2P 3C4
(403) 515-5900 SIC 6411
GREAT-WEST LIFE ASSURANCE COMPANY, THE p 45
734 7 Ave Sw Suite 1101, CALGARY, AB, T2P 3P8
SIC 6411
GREAT-WEST LIFE ASSURANCE COMPANY, THE p 51
906 12 Ave Sw Suite 300, CALGARY, AB, T2R 1K7
(403) 262-2393 SIC 6311
GREAT-WEST LIFE ASSURANCE COMPANY, THE p 80
10110 104 St Nw Suite 202, EDMONTON, AB, T5J 4R5
(780) 917-7776 SIC 6321
GREAT-WEST LIFE ASSURANCE COMPANY, THE p 126
10134 97 Ave Suite 203, GRANDE PRAIRIE, AB, T8V 7X6
(780) 532-2818 SIC 6411
GREAT-WEST LIFE ASSURANCE COMPANY, THE p 283
13401 108 Ave Suite 1260, SURREY, BC, V3T 5T3
SIC 6311
GREAT-WEST LIFE ASSURANCE COMPANY, THE p 311
1075 Georgia St W Suite 900, VANCOUVER, BC, V6E 4N4
(604) 646-1200 SIC 6321
GREAT-WEST LIFE ASSURANCE COMPANY, THE p 311
1177 Hastings St W Suite 1500, VANCOUVER, BC, V6E 3Y9
(604) 331-2430 SIC 6311
GREAT-WEST LIFE ASSURANCE COMPANY, THE p 372
1658 Church Ave, WINNIPEG, MB, R2X 2W9
(204) 946-7760 SIC 4225
GREAT-WEST LIFE ASSURANCE COMPANY, THE p 377
60 Osborne St N, WINNIPEG, MB, R3C 1V3
(204) 926-5394 SIC 6311
GREAT-WEST LIFE ASSURANCE COMPANY, THE p 377
100 Osborne St N Suite 4c, WINNIPEG, MB, R3C 1V3
(204) 946-1190 SIC 6324
GREAT-WEST LIFE ASSURANCE COMPANY, THE p 458
1801 Hollis St Suite 1900, HALIFAX, NS, B3J 3N4
(902) 429-8374 SIC 6411
GREAT-WEST LIFE ASSURANCE COMPANY, THE p 611
1 King St W Suite 825, HAMILTON, ON, L8P 1A4
(905) 317-2650 SIC 6311
GREAT-WEST LIFE ASSURANCE COMPANY, THE p 633
1473 John Counter Blvd Suite 3, KINGSTON, ON, K7M 8Z6
(613) 545-5670 SIC 6311
GREAT-WEST LIFE ASSURANCE COMPANY, THE p 641
101 Frederick St Suite 900, KITCHENER, ON, N2H 6R2
SIC 6411
GREAT-WEST LIFE ASSURANCE COMPANY, THE p 655
140 Fullarton St Suite 1002, LONDON, ON, N6A 5P2
(519) 434-3268 SIC 6311
GREAT-WEST LIFE ASSURANCE COMPANY, THE p 745
2005 Sheppard Ave E Suite 600, NORTH YORK, ON, M2J 5B4
(416) 492-4300 SIC 6159
GREAT-WEST LIFE ASSURANCE COMPANY, THE p 779
2 Simcoe St S Suite 400, OSHAWA, ON, L1H 8C1
(905) 571-2676 SIC 6311
GREAT-WEST LIFE ASSURANCE COMPANY, THE p 797
11 Holland Ave Suite 300, OTTAWA, ON, K1Y 4W4
(613) 761-3940 SIC 6321
GREAT-WEST LIFE ASSURANCE COMPANY, THE p 797
11 Holland Ave Unit 410, OTTAWA, ON, K1Y 4S1
(613) 761-3950 SIC 6311
GREAT-WEST LIFE ASSURANCE COMPANY, THE p 830
421 Bay St Suite 606, SAULT STE. MARIE, ON, P6A 1X3
SIC 6311
GREAT-WEST LIFE ASSURANCE COMPANY, THE p 909
33 Yonge St Suite 105, TORONTO, ON, M5E 1G4
(416) 359-2929 SIC 6321
GREAT-WEST LIFE ASSURANCE COMPANY, THE p 911
330 University Ave Suite 400, TORONTO, ON, M5G 1R7
(416) 552-5050 SIC 6311
GREAT-WEST LIFE ASSURANCE COMPANY, THE p 914
200 King St W Suite 400, TORONTO, ON, M5H 3T4
SIC 6311
GREAT-WEST LIFE ASSURANCE COMPANY, THE p 927
190 Simcoe St, TORONTO, ON, M5T 3M3
(416) 597-1440 SIC 6311
GREAT-WEST LIFE ASSURANCE COMPANY, THE p 1062
2500 Boul Daniel-Johnson Bureau 1004, Laval, QC, H7T 2P6
(450) 978-6134 SIC 6311
GREAT-WEST LIFE ASSURANCE COMPANY, THE p 1106
1800 Av Mcgill College Bureau 2010, Montreal, QC, H3A 3J6
(514) 878-6182 SIC 6311
GREAT-WEST LIFE ASSURANCE COMPANY, THE p 1106
2001 Boul Robert-Bourassa Unite 1000, Montreal, QC, H3A 2A6
(514) 350-7975 SIC 6411
GREAT-WEST LIFE ASSURANCE COMPANY, THE p 1166
815 Boul Lebourgneuf Unite 310, Quebec, QC, G2J 0C1
(418) 650-4200 SIC 6411
GREAT-WEST LIFE ASSURANCE COMPANY, THE p 1285
2010 11th Ave Suite 600, REGINA, SK, S4P 0J3
(306) 761-7500 SIC 6311
GREAT4FILM.COM p 319
3591 11th Ave W, VANCOUVER, BC, V6R 2K3
(604) 727-2757 SIC 7822
GREATER EDMONTON FOUNDATION p 88
10938 142 St Nw, EDMONTON, AB, T5N 2P8
(780) 454-6350 SIC 8322
GREATER EDMONTON FOUNDATION p 89
8609 161 St Nw Suite 215, EDMONTON, AB, T5R 5X9
(780) 484-0581 SIC 8361
GREATER ESSEX COUNTY DISTRICT SCHOOL BOARD p 487
252 Hamilton Dr, AMHERSTBURG, ON, N9V 1E1
(519) 736-2189 SIC 8211
GREATER ESSEX COUNTY DISTRICT SCHOOL BOARD p 487
130 Sandwich St S, AMHERSTBURG, ON, N9V 1Z8
(519) 736-2149 SIC 8211
GREATER ESSEX COUNTY DISTRICT SCHOOL BOARD p 487
3170 Middle Side Rd N, AMHERSTBURG, ON, N9V 2Y9
(519) 736-2592 SIC 8211
GREATER ESSEX COUNTY DISTRICT SCHOOL BOARD p 487
5791 North Town Line, AMHERSTBURG, ON, N9V 2Y9
(519) 726-6138 SIC 8211
GREATER ESSEX COUNTY DISTRICT SCHOOL BOARD p 487
5620 County Road 20, AMHERSTBURG, ON, N9V 0C8
(519) 736-4529 SIC 8211
GREATER ESSEX COUNTY DISTRICT SCHOOL BOARD p 501
370 St Peter St, BELLE RIVER, ON, N0R 1A0
(519) 728-1310 SIC 8211
GREATER ESSEX COUNTY DISTRICT SCHOOL BOARD p 501
333 South St, BELLE RIVER, ON, N0R 1A0
(519) 728-1212 SIC 8211
GREATER ESSEX COUNTY DISTRICT SCHOOL BOARD p 557
6420 Taylor Ave, COMBER, ON, N0P 1J0
(519) 687-2022 SIC 8211
GREATER ESSEX COUNTY DISTRICT SCHOOL BOARD p 567
302 County Rd 27, COTTAM, ON, N0R 1B0
(519) 839-4811 SIC 8211
GREATER ESSEX COUNTY DISTRICT SCHOOL BOARD p 574
72 Brien Ave E, ESSEX, ON, N8M 2N8
(519) 776-5044 SIC 8211
GREATER ESSEX COUNTY DISTRICT SCHOOL BOARD p 574
376 Ic Roy Blvd, EMERYVILLE, ON, N0R 1C0
(519) 727-4207 SIC 8211
GREATER ESSEX COUNTY DISTRICT SCHOOL BOARD p 574
2651 County Rd 12, ESSEX, ON, N8M 2X6
(519) 776-8118 SIC 8211
GREATER ESSEX COUNTY DISTRICT SCHOOL BOARD p 574
125 Maidstone Ave W, ESSEX, ON, N8M 2W2
SIC 8211
GREATER ESSEX COUNTY DISTRICT SCHOOL BOARD p 574
962 Old Tecumseh Rd, EMERYVILLE, ON, N0R 1C0
SIC 8211
GREATER ESSEX COUNTY DISTRICT SCHOOL BOARD p 618
230 Center St E, HARROW, ON, N0R 1G0
(519) 738-4361 SIC 8211
GREATER ESSEX COUNTY DISTRICT SCHOOL BOARD p 618
45 Wellington St, HARROW, ON, N0R 1G0
(519) 738-2234 SIC 8211
GREATER ESSEX COUNTY DISTRICT SCHOOL BOARD p 618
400 Centre St E, HARROW, ON, N0R 1G0
(519) 738-4921 SIC 8211
GREATER ESSEX COUNTY DISTRICT SCHOOL BOARD p 635
36 Water St, KINGSVILLE, ON, N9Y 1J3
(519) 733-2338 SIC 8211
GREATER ESSEX COUNTY DISTRICT SCHOOL BOARD p 635
170 Main St E, KINGSVILLE, ON, N9Y 1A6
(519) 733-2347 SIC 8211
GREATER ESSEX COUNTY DISTRICT SCHOOL BOARD p 635
79 Road 3 E, KINGSVILLE, ON, N9Y 2E5
(519) 733-8875 SIC 8211
GREATER ESSEX COUNTY DISTRICT SCHOOL BOARD p 646
1135 Mersea Road 1, LEAMINGTON, ON, N8H 3V7
(519) 326-3431 SIC 8211
GREATER ESSEX COUNTY DISTRICT SCHOOL BOARD p 646
125 Talbot St W, LEAMINGTON, ON, N8H 1N2
(519) 326-6191 SIC 8211
GREATER ESSEX COUNTY DISTRICT SCHOOL BOARD p 646
622 Mersea Road 5, LEAMINGTON, ON, N8H 3V5
(519) 326-7154 SIC 8211
GREATER ESSEX COUNTY DISTRICT SCHOOL BOARD p 646
4 Maxon Ave, LEAMINGTON, ON, N8H 2E2
(519) 322-5532 SIC 8211
GREATER ESSEX COUNTY DISTRICT SCHOOL BOARD p 646
259 Sherk St, LEAMINGTON, ON, N8H 3K8
(519) 326-6603 SIC 8211
GREATER ESSEX COUNTY DISTRICT SCHOOL BOARD p 646
134 Mill St E, LEAMINGTON, ON, N8H 1S6
(519) 326-4241 SIC 8211
GREATER ESSEX COUNTY DISTRICT SCHOOL BOARD p 826
1664 Talbot Rd, RUTHVEN, ON, N0P 2G0
SIC 8211
GREATER ESSEX COUNTY DISTRICT SCHOOL BOARD p 872
14194 Tecumseh Rd E, TECUMSEH, ON, N8N 1M7
(519) 979-8186 SIC 8211
GREATER ESSEX COUNTY DISTRICT SCHOOL BOARD p 956
547 Mersea Road 21, WHEATLEY, ON, N0P 2P0
(519) 825-4596 SIC 8211
GREATER ESSEX COUNTY DISTRICT SCHOOL BOARD p 961
815 Brenda Cres, WINDSOR, ON, N8N 2G5
(519) 735-6260 SIC 8211
GREATER ESSEX COUNTY DISTRICT SCHOOL BOARD p 961

3555 Forest Glade Dr, WINDSOR, ON, N8R 1X8
(519) 735-6087   SIC 8211
GREATER ESSEX COUNTY DISTRICT SCHOOL BOARD   p 961
3070 Stillmeadow Rd, WINDSOR, ON, N8R 1N3
(519) 735-4445   SIC 8211
GREATER ESSEX COUNTY DISTRICT SCHOOL BOARD   p 961
12433 Dillon Dr, WINDSOR, ON, N8N 1C1
(519) 735-4051   SIC 8211
GREATER ESSEX COUNTY DISTRICT SCHOOL BOARD   p 961
9485 Esplanade Dr, WINDSOR, ON, N8R 1J5
(519) 735-3113   SIC 8211
GREATER ESSEX COUNTY DISTRICT SCHOOL BOARD   p 962
6320 Raymond Ave, WINDSOR, ON, N8S 1Z9
(519) 987-6020   SIC 8211
GREATER ESSEX COUNTY DISTRICT SCHOOL BOARD   p 962
6265 Roseville Garden Dr, WINDSOR, ON, N8T 3B9
(519) 944-3611   SIC 8211
GREATER ESSEX COUNTY DISTRICT SCHOOL BOARD   p 962
5400 Coronation Ave, WINDSOR, ON, N8T 1B1
(519) 945-2346   SIC 8211
GREATER ESSEX COUNTY DISTRICT SCHOOL BOARD   p 962
2855 Rivard Ave, WINDSOR, ON, N8T 2H9
(519) 945-1147   SIC 8211
GREATER ESSEX COUNTY DISTRICT SCHOOL BOARD   p 962
6700 Raymond Ave, Windsor, ON, N8S 2A1
SIC 8211
GREATER ESSEX COUNTY DISTRICT SCHOOL BOARD   p 962
8800 Menard St, WINDSOR, ON, N8S 1W4
(519) 948-0951   SIC 8211
GREATER ESSEX COUNTY DISTRICT SCHOOL BOARD   p 962
8465 Jerome St, WINDSOR, ON, N8S 1W8
(519) 948-4116   SIC 8211
GREATER ESSEX COUNTY DISTRICT SCHOOL BOARD   p 964
1255 Tecumseh Rd E, WINDSOR, ON, N8W 1B7
(519) 254-6411   SIC 8211
GREATER ESSEX COUNTY DISTRICT SCHOOL BOARD   p 964
1901 E C Row Ave E, WINDSOR, ON, N8W 1Y6
(519) 969-9080   SIC 8211
GREATER ESSEX COUNTY DISTRICT SCHOOL BOARD   p 964
1930 Rossini Blvd, WINDSOR, ON, N8W 4P5
(519) 944-4700   SIC 8211
GREATER ESSEX COUNTY DISTRICT SCHOOL BOARD   p 964
2229 Chilver Rd, WINDSOR, ON, N8W 2V4
(519) 254-2579   SIC 8211
GREATER ESSEX COUNTY DISTRICT SCHOOL BOARD   p 965
1376 Victoria Ave, WINDSOR, ON, N8X 1P1
(519) 252-5727   SIC 8211
GREATER ESSEX COUNTY DISTRICT SCHOOL BOARD   p 965
1410 Ouellette Ave, WINDSOR, ON, N8X 5B2
(519) 971-9698   SIC 7361
GREATER ESSEX COUNTY DISTRICT SCHOOL BOARD   p 965
245 Tecumseh Rd E, WINDSOR, ON, N8X 2R2
(519) 254-6475   SIC 8211
GREATER ESSEX COUNTY DISTRICT SCHOOL BOARD   p 967
1646 Alexis Rd, WINDSOR, ON, N8Y 4P4

(519) 944-6300   SIC 8211
GREATER ESSEX COUNTY DISTRICT SCHOOL BOARD   p 967
1648 Francois Rd, WINDSOR, ON, N8Y 4L9
(519) 945-1421   SIC 8211
GREATER ESSEX COUNTY DISTRICT SCHOOL BOARD   p 967
2100 Richmond St, WINDSOR, ON, N8Y 1L4
(519) 252-6514   SIC 8211
GREATER ESSEX COUNTY DISTRICT SCHOOL BOARD   p 967
4195 Milloy St, WINDSOR, ON, N8Y 2C2
(519) 945-5808   SIC 8211
GREATER ESSEX COUNTY DISTRICT SCHOOL BOARD   p 967
853 Chilver Rd, WINDSOR, ON, N8Y 2K5
(519) 256-4999   SIC 8211
GREATER ESSEX COUNTY DISTRICT SCHOOL BOARD   p 968
1093 Assumption St, WINDSOR, ON, N9A 3C5
(519) 254-3217   SIC 8211
GREATER ESSEX COUNTY DISTRICT SCHOOL BOARD   p 968
1950 Kelly Rd, WINDSOR, ON, N9A 6Z6
(519) 734-8393   SIC 8211
GREATER ESSEX COUNTY DISTRICT SCHOOL BOARD   p 968
949 Giles Blvd E, WINDSOR, ON, N9A 4G2
(519) 253-1119   SIC 8211
GREATER ESSEX COUNTY DISTRICT SCHOOL BOARD   p 968
811 Dougall Ave, WINDSOR, ON, N9A 4R2
(519) 254-4389   SIC 8211
GREATER ESSEX COUNTY DISTRICT SCHOOL BOARD   p 969
1275 Campbell Ave, WINDSOR, ON, N9B 3M7
(519) 252-7729   SIC 8211
GREATER ESSEX COUNTY DISTRICT SCHOOL BOARD   p 969
1375 California Ave, WINDSOR, ON, N9B 2Z8
(519) 254-6451   SIC 8211
GREATER ESSEX COUNTY DISTRICT SCHOOL BOARD   p 969
1556 Wyandotte St W, WINDSOR, ON, N9B 1H5
SIC 8211
GREATER ESSEX COUNTY DISTRICT SCHOOL BOARD   p 969
284 Cameron Ave, WINDSOR, ON, N9B 1Y6
(519) 253-5006   SIC 8211
GREATER ESSEX COUNTY DISTRICT SCHOOL BOARD   p 969
284 Cameron Ave, WINDSOR, ON, N9B 1Y6
SIC 8211
GREATER ESSEX COUNTY DISTRICT SCHOOL BOARD   p 969
3312 Sandwich St, WINDSOR, ON, N9C 1B1
(519) 254-2571   SIC 8211
GREATER ESSEX COUNTY DISTRICT SCHOOL BOARD   p 969
749 Felix Ave, WINDSOR, ON, N9C 3K9
SIC 8211
GREATER ESSEX COUNTY DISTRICT SCHOOL BOARD   p 969
3557 Melbourne Rd, WINDSOR, ON, N9C 1Y6
(519) 254-1420   SIC 8211
GREATER ESSEX COUNTY DISTRICT SCHOOL BOARD   p 970
1100 Northwood St, WINDSOR, ON, N9E 1A3
(519) 969-7610   SIC 8211
GREATER ESSEX COUNTY DISTRICT SCHOOL BOARD   p 970
1800 Liberty St, WINDSOR, ON, N9E 1J2
(519) 969-2530   SIC 8211
GREATER ESSEX COUNTY DISTRICT

SCHOOL BOARD   p 970
1601 Norfolk St, WINDSOR, ON, N9E 1H6
(519) 969-3990   SIC 8211
GREATER ESSEX COUNTY DISTRICT SCHOOL BOARD   p 970
700 Norfolk St, WINDSOR, ON, N9E 1H4
(519) 969-3530   SIC 8211
GREATER ESSEX COUNTY DISTRICT SCHOOL BOARD   p 971
1355 Cabana Rd W, WINDSOR, ON, N9G 1C3
(519) 969-3470   SIC 8211
GREATER ESSEX COUNTY DISTRICT SCHOOL BOARD   p 971
1600 Mayfair Ave, WINDSOR, ON, N9J 3T3
(519) 978-1823   SIC 8211
GREATER ESSEX COUNTY DISTRICT SCHOOL BOARD   p 971
2055 Wyoming Ave, WINDSOR, ON, N9H 1P6
(519) 969-1750   SIC 8211
GREATER ESSEX COUNTY DISTRICT SCHOOL BOARD   p 971
2520 Cabana Rd W, WINDSOR, ON, N9G 1E5
(519) 972-0971   SIC 8211
GREATER ESSEX COUNTY DISTRICT SCHOOL BOARD   p 971
4000 Ducharme St, WINDSOR, ON, N9G 0A1
(519) 969-9748   SIC 8211
GREATER ESSEX COUNTY DISTRICT SCHOOL BOARD   p 971
620 Cabana Rd E, WINDSOR, ON, N9G 1A4
(519) 969-3250   SIC 8211
GREATER ESSEX COUNTY DISTRICT SCHOOL BOARD   p 971
7050 Malden Rd, WINDSOR, ON, N9J 2T5
(519) 734-1237   SIC 8211
GREATER NANAIMO WATER DISTRICT   p 239
See CITY OF NANAIMO
GREATER ST. ALBERT CATHOLIC REGIONAL DIVISION NO. 29   p 136
5122 46th St, LEGAL, AB, T0G 1L0
(780) 961-3791   SIC 8211
GREATER ST. ALBERT CATHOLIC REGIONAL DIVISION NO. 29   146
9719 Morinville Dr, MORINVILLE, AB, T8R 1M1
(780) 939-4020   SIC 8211
GREATER ST. ALBERT CATHOLIC REGIONAL DIVISION NO. 29   p 146
10020 101 Ave, MORINVILLE, AB, T8R 1L5
SIC 8211
GREATER ST. ALBERT CATHOLIC REGIONAL DIVISION NO. 29   p 146
811 Grandin Dr, MORINVILLE, AB, T8R 1L7
(780) 939-3593   SIC 8211
GREATER ST. ALBERT CATHOLIC REGIONAL DIVISION NO. 29   p 146
9506 100 Ave, MORINVILLE, AB, T8R 1P6
(780) 939-6891   SIC 8211
GREATER ST. ALBERT CATHOLIC REGIONAL DIVISION NO. 29   166
196 Deer Ridge Dr, ST. ALBERT, AB, T8N 6T6
(780) 418-6330   SIC 8211
GREATER ST. ALBERT CATHOLIC REGIONAL DIVISION NO. 29   p 166
175 Larose Dr, ST. ALBERT, AB, T8N 2G7
(780) 458-6101   SIC 8211
GREATER ST. ALBERT CATHOLIC REGIONAL DIVISION NO. 29   166
33 Malmo Ave, ST. ALBERT, AB, T8N 1L5

(780) 459-7781   SIC 8211
GREATER ST. ALBERT CATHOLIC REGIONAL DIVISION NO. 29   p 166
39 Sunset Blvd, ST. ALBERT, AB, T8N 0N6
(780) 459-6616   SIC 8211
GREATER ST. ALBERT CATHOLIC REGIONAL DIVISION NO. 29   p 166
39 Sunset Blvd, ST. ALBERT, AB, T8N 0N6
(780) 459-7734   SIC 8211
GREATER ST. ALBERT CATHOLIC REGIONAL DIVISION NO. 29   p 166
50 Gainsborough Ave, ST. ALBERT, AB, T8N 0W5
(780) 459-4478   SIC 8211
GREATER ST. ALBERT CATHOLIC REGIONAL DIVISION NO. 29   p 166
51 Boudreau Rd, ST. ALBERT, AB, T8N 6B7
(780) 459-5702   SIC 8211
GREATER ST. ALBERT CATHOLIC REGIONAL DIVISION NO. 29   p 166
60 Woodlands Rd, ST. ALBERT, AB, T8N 3X3
(780) 459-1244   SIC 8211
GREATER ST. ALBERT CATHOLIC REGIONAL DIVISION NO. 29   p 166
65 Sir Winston Churchill Ave, ST. ALBERT, AB, T8N 0G5
(780) 459-2644   SIC 8211
GREATER ST. ALBERT CATHOLIC REGIONAL DIVISION NO. 29   p 166
20 Mont Clare Pl, ST. ALBERT, AB, T8N 1K9
(780) 458-1113   SIC 8211
GREATER ST. ALBERT CATHOLIC REGIONAL DIVISION NO. 29   p 166
100 Sir Winston Churchill Ave, ST. ALBERT, AB, T8N 5Y2
(780) 458-1112   SIC 8211
GREATER ST. ALBERT CATHOLIC REGIONAL DIVISION NO. 29   p 166
15 Mission Ave, ST. ALBERT, AB, T8N 1H6
(780) 458-3300   SIC 8211
GREATER SUDBURY TRANSIT   p 870
See CITY OF GREATER SUDBURY, THE
GREATER TRAIL COMMUNITY HEALTH COUNCIL   p 291
1200 Hospital Bench, TRAIL, BC, V1R 4M1
(250) 368-3311   SIC 8062
GREATER VANCOUVER DISTANCE EDUCATION SCHOOL   298
See KNOWLEDGE NETWORK CORPORATION
GREATER VANCOUVER REGIONAL DISTRICT   p 207
1299 Derwent Way, DELTA, BC, V3M 5V9
(604) 525-5681   SIC 4953
GREATER VANCOUVER REGIONAL DISTRICT   p 231
1558 200 St, LANGLEY, BC, V2Z 1W5
(604) 530-4983   SIC 7999
GREATER VANCOUVER REGIONAL DISTRICT, THE   p 191
4330 Kingsway, BURNABY, BC, V5H 4G7
(604) 451-6575   SIC 8741
GREATER VICTORIA PUBLIC LIBRARY BOARD   p 327
3950 Cedar Hill Rd, VICTORIA, BC, V8P 3Z9
(250) 477-7111   SIC 8231
GREATER VICTORIA VISITORS & CONVENTION BUREAU   331

31 Bastion Sq, VICTORIA, BC, V8W 1J1
(250) 414-6999   SIC 8611
GREATER WINNIPEG SOCIETY FOR CHRISTIAN EDUCATION I   p 363
245 Sutton Ave, WINNIPEG, MB, R2G 0T1
(204) 338-7981   SIC 8211
GREATVALLEY JUICES, DIV OF   p 472
See A. LASSONDE INC
GREAVES ADVENTIST ACADEMY   p 1122
See COMMISSION SCOLAIRE ENGLISH-MONTREAL
GREAVETTE CHEVROLET PONTIAC BUICK CADILLAC GMC LTD   p 508
375 Echostone Dr, BRACEBRIDGE, ON, P1L 1T6
(705) 645-2241   SIC 5511
GRECO MANAGEMENT INC   p 861
21 Teal Ave, STONEY CREEK, ON, L8E 2P1
(905) 560-0661   SIC 8721
GRECO PIZZA & DONAIR   p 407
See MONCTON GRECO RESTAURANTS (1983) LTD
GREEK COMMUNITY OF TORONTO   p 893
30 Thorncliffe Park Dr, TORONTO, ON, M4H 1H8
(416) 425-2485   SIC 8322
GREEK SPOT FAMILY RESTAURANT INC p 1302
900 Central Ave, SASKATOON, SK, S7N 2G8
(306) 249-0900   SIC 5812
GREELY CONSTRUCTION INC   p 850
2952 Thompson Rd, SMITHVILLE, ON, L0R 2A0
(905) 643-7687   SIC 1623
GREELY ELEMENTARY SCHOOL   p 597
See OTTAWA-CARLETON DISTRICT SCHOOL BOARD
GREELY ROAD SCHOOL   p 120
See FORT MCMURRAY PUBLIC SCHOOL DISTRICT #2833
GREEN ACRES ELEMENTARY SCHOOL   p 344
See BRANDON SCHOOL DIVISION, THE
GREEN ACRES FOUNDATION HOUSING FOR SENIORS   p 136
1431 16 Ave N Suite 47, LETHBRIDGE, AB, T1H 4B9
(403) 328-9422   SIC 8322
GREEN ACRES FOUNDATION HOUSING FOR SENIORS   p 136
See GREEN ACRES FOUNDATION HOUSING FOR SENIORS
GREEN ACRES PUBLIC SCHOOL   p 862
See HAMILTON-WENTWORTH DISTRICT SCHOOL BOARD, THE
GREEN ESSENTIAL SERVICES INC   p 914
250 University Ave Suite 200, TORONTO, ON, M5H 3E5
(866) 820-2284   SIC 5999
GREEN GLADE SENIOR PUBLIC SCHOOL p 702
See PEEL DISTRICT SCHOOL BOARD
GREEN IMAGING SUPPLIES INC   p 704
3330 Ridgeway Dr Unit 17, MISSISSAUGA, ON, L5L 5Z9
(905) 607-2525   SIC 5112
GREEN ISLE ENVIRONMENTAL INC   p 982
7 Superior Cres, CHARLOTTETOWN, PE, C1E 2A1
(902) 894-9363   SIC 4953
GREEN JEANS   p 1209
See GROUPE ALGO INC
GREEN LINE HOSE & FITTINGS (B.C.) LTD p 207
1477 Derwent Way, DELTA, BC, V3M 6N3
(604) 525-8100   SIC 5085
GREEN PRAIRIE INTERNATIONAL INC   p 70
34 Mccool Cres, CROSSFIELD, AB, T0M 0S0
(403) 946-5567   SIC 5191
GREEN SHIELD CANADA   p 914
155 University Ave, TORONTO, ON, M5H 3B7
(416) 867-1777   SIC 6324
GREEN TIMBERS ELEMENTARY   p 284
See SCHOOL DISTRICT NO 36 (SURREY)
GREEN TRACTORS INC   p 772
114 Heights Rd, OMEMEE, ON, K0L 2W0
(705) 799-2427   SIC 5999
GREEN TREE SCHOOL   p 72
See GOLDEN HILLS SCHOOL DIVISION #75
GREEN VALLEY HIGH SCHOOL   p 349
See HANOVER SCHOOL DIVISION
GREEN, E J & COMPANY LTD   p 437
287 Main St, WINTERTON, NL, A0B 3M0
(709) 583-2670   SIC 2092
GREEN, E. HOLDINGS LTD   p 386
160 Osborne St, WINNIPEG, MB, R3L 1Y6
(204) 452-9824   SIC 7011
GREENBANK MIDDLE SCHOOL   p 729
See OTTAWA-CARLETON DISTRICT SCHOOL BOARD
GREENBORO HOMES LTD   p 92
10714 176 St Nw, EDMONTON, AB, T5S 1G7
(780) 702-6192   SIC 1521
GREENBRIAR RECREATION CENTRE   p 511
See CORPORATION OF THE CITY OF BRAMPTON, THE
GREENBRIAR SENIOR PUBLIC SCHOOL p 512
See PEEL DISTRICT SCHOOL BOARD
GREENDALE ELEMENTARY SCHOOL   p 1137
See LESTER B. PEARSON SCHOOL BOARD
GREENDALE PUBLIC SCHOOL   p 738
See DISTRICT SCHOOL BOARD OF NIAGARA
GREENE GATE SCHOOL   p 277
See SCHOOL DISTRICT 63 (SAANICH)
GREENFIELD ELEMENTARY   p 985
See PUBLIC SCHOOLS BRANCH
GREENFIELD ELEMENTARY SCHOOL   p 110
See EDMONTON SCHOOL DISTRICT NO. 7
GREENFIELD ELEMENTARY SCHOOL   p 472
See CAPE BRETON-VICTORIA REGIONAL SCHOOL BOARD
GREENFIELD ENERGY CENTRE LP   p 567
Gd, COURTRIGHT, ON, N0N 1H0
(519) 867-5000   SIC 4911
GREENFIELD GLOBAL, INC   p 552
275 Bloomfield Rd, CHATHAM, ON, N7M 0N6
(519) 436-1130   SIC 2869
GREENFIELD GLOBAL, INC   p 818
141 Commerce Pl, PRESCOTT, ON, K0E 1T0
(613) 925-1385   SIC 2869
GREENFIELD GLOBAL, INC   p 885
5 Farrell Dr 4th Conc, TIVERTON, ON, N0G 2T0
(519) 368-7723   SIC 2869
GREENFIELD PARK PRIMARY INTERNATIONAL SCHOOL   p 1043
See RIVERSIDE SCHOOL BOARD
GREENGATE GARDEN CENTRES LTD p 56
14111 Macleod Trail Sw, CALGARY, AB, T2Y 1M6
(403) 256-1212   SIC 5992
GREENHILLS GOLF CLUB   p 665
See CLUBLINK CORPORATION ULC
GREENHILLS MINE JOINT VENTURE p 213
Gd, ELKFORD, BC, V0B 1H0
(250) 865-3097   SIC 1221
GREENHOLME JUNIOR MIDDLE SCHOOL p 942
See TORONTO DISTRICT SCHOOL BOARD
GREENLAND PUBLIC SCHOOL   p 754
See TORONTO DISTRICT SCHOOL BOARD
GREENLINE EQUIPMENT LTD   p 1276
Po Box 860, MOOSOMIN, SK, S0G 3N0
(306) 435-3301   SIC 5999
GREENPEACE CANADA   p 789
110 Clarence St Suite 5, OTTAWA, ON, K1N 5P6
(416) 597-8408   SIC 8699
GREENPEACE OTTAWA   p 789
See GREENPEACE CANADA
GREENPOINT SOFTWARE LTD   p 28
1509 Centre St Sw Suite 600, CALGARY, AB, T2G 2E6
(403) 205-4848   SIC 7372
GREENS AT RENTON, THE   p 848
See D.G.S. DEVELOPMENT INC
GREENSAVER   p 579
See URBAN ENVIRONMENT CENTRE (TORONTO), THE
GREENSBOROUGH PUBLIC SCHOOL   p 678
See YORK REGION DISTRICT SCHOOL BOARD
GREENSMART   p 51
See GREENSMART MANUFACTURING LTD
GREENSMART MANUFACTURING LTD   p 51
525 11 Ave Sw Suite 100, CALGARY, AB, T2R 0C9
    SIC 1521
GREENSTEEL INDUSTRIES LTD   p 362
770 Pandora Ave E, WINNIPEG, MB, R2C 3N1
(204) 774-4533   SIC 3442
GREENSVILLE PUBLIC SCHOOL   p 571
See HAMILTON-WENTWORTH DISTRICT SCHOOL BOARD, THE
GREENVALLEY EQUIPMENT INC   p 343
549 Industrial Dr, ALTONA, MB, R0G 0B0
(204) 324-6456   SIC 5083
GREENVIEW ELEMENTARY   p 22
See CALGARY BOARD OF EDUCATION
GREENVIEW ELEMENTARY SCHOOL   p 112
See EDMONTON SCHOOL DISTRICT NO. 7
GREENVIEW LODGE   p 752
See 429616 ONTARIO LIMITED
GREENWAY SCHOOL   p 382
See WINNIPEG SCHOOL DIVISION
GREENWICH ASSOCIATES ULC   p 747
1220 Sheppard Ave E Suite 201, NORTH YORK, ON, M2K 2S5
(416) 493-6111   SIC 8732
GREENWICH ASSOCIATES ULC   p 1100
67 Rue Sainte-Catherine O Bureau 790, Montreal, QC, H2X 1Z7
(514) 282-6482   SIC 8732
GREENWOOD COLLEGE SCHOOL   p 898
443 Mount Pleasant Rd, TORONTO, ON, M4S 2L8
(416) 482-9811   SIC 8211
GREENWOOD COURT, DIV OF   p 865
See TRI-COUNTY MENNONITE HOMES ASSOCIATION
GREENWOOD INN, THE   p 383
See FORTIS INC
GREENWOOD PUBLIC SCHOOL   p 830
See ALGOMA DISTRICT SCHOOL BOARD
GREENWOOD READY MIX LIMITED   p 773
Hwy 9, ORANGEVILLE, ON, L9W 2Y9
(519) 941-0710   SIC 1542
GREENWOOD SECONDARY SCHOOL   p 894
See TORONTO DISTRICT SCHOOL BOARD
GREER GALLOWAY GROUP INC, THE   p 502
1620 Wallbridge-Loyalist Rd Suite 5, BELLEVILLE, ON, K8N 4Z5
(613) 966-3068   SIC 8711
GREER, V K MEMORIAL PUBLIC SCHOOL p 945
See TRILLIUM LAKELANDS DISTRICT SCHOOL BOARD
GREG SAARI MERCHANDISING LTD   p 57
4155 126 Ave Se, CALGARY, AB, T2Z 0A1
(403) 257-4729   SIC 5251
GREGG DISTRIBUTORS LIMITED PARTNERSHIP   p 31
5755 11 St Se, CALGARY, AB, T2H 1M7
(403) 253-6463   SIC 5085
GREGG DISTRIBUTORS LIMITED PARTNERSHIP   p 155
5141 76a Street Close, RED DEER, AB, T4P 3M2
(403) 341-3100   SIC 3531
GREGG'S PLUMBING & HEATING LTD   p 1296
503 51st St E, SASKATOON, SK, S7K 6V4
(306) 373-4664   SIC 1711
GREGORY A HOGAN ELEMENTARY SCHOOL   p 827
See ST. CLAIR CATHOLIC DISTRICT SCHOOL BOARD
GREGORY DRIVE ELEMENTARY PUBLIC SCHOOL   p 551
See LAMBTON KENT DISTRICT SCHOOL BOARD
GREICHE & SCAFF   p 1210
See OPTIQUE DIRECTE INC
GRENFELL INTERMEDIATE SCHOOL   p 427
See NOVA CENTRAL SCHOOL DISTRICT
GRENFELL PIONEER HOME   p 1269
See REGINA QU'APPELLE REGIONAL HEALTH AUTHORITY
GRENOBLE PUBLIC SCHOOL   p 512
See PEEL DISTRICT SCHOOL BOARD
GRENOBLE PUBLIC SCHOOL   p 754
See TORONTO DISTRICT SCHOOL BOARD
GRENVILLE CASTINGS, DIV OF   p 807
See MAGNA STRUCTURAL SYSTEMS INC
GRETNA ELEMENTARY SCHOOL   p 349
See BORDER LAND SCHOOL DIVISION
GRETNA GREEN ELEMENTARY SCHOOL p 405
See DISTRICT EDUCATION COUNCIL-SCHOOL DISTRICT 16
GREY ACADEMY   p 387
See WINNIPEG BOARD OF JEWISH EDUCATION, THE
GREY ADVERTISING (VANCOUVER) ULC p 322
736 Granville St Suite 1220, VANCOUVER, BC, V6Z 1G3
(604) 687-1001   SIC 7311
GREY ADVERTISING ULC   p 898
40 Holly St Suite 600, TORONTO, ON, M4S 3C3
(416) 486-7200   SIC 8743
GREY ADVERTISING ULC   p 929
46 Spadina Ave Suite 500, TORONTO, ON, M5V 2H8
(416) 486-0700   SIC 7311
GREY BRUCE HEALTH SERVICES   p 648
22 Moore St Rr 3, LIONS HEAD, ON, N0H 1W0
(519) 793-3424   SIC 8062
GREY BRUCE HEALTH SERVICES   p 668
55 Isla St, MARKDALE, ON, N0C 1H0
(519) 986-3040   SIC 8062
GREY BRUCE HEALTH SERVICES   p 960
369 Mary St Suite 202, WIARTON, ON, N0H 2T0
(519) 534-1260   SIC 8062
GREY CANADA   p 929
See GREY ADVERTISING ULC
GREY EAGLE CASINO & BINGO   p 171
See SONCO GAMING LIMITED PARTNERSHIP
GREY OWL JR PS   p 885
See TORONTO DISTRICT SCHOOL

BOARD
GREY SISTERS OF THE IMMACULATE CONCEPTION p 806
700 Mackay St, PEMBROKE, ON, K8A 1G6
(613) 735-4111   SIC 8661
GREYHAWK GOLF CLUB p 725
See CLUBLINK CORPORATION ULC
GREYHOUND CANADA p 878
See GREYHOUND CANADA TRANSPORTATION ULC
GREYHOUND CANADA TRANSPORTATION ULC p 60
877 Greyhound Way Sw, CALGARY, AB, T3C 3V8
(403) 218-3000   SIC 4131
GREYHOUND CANADA TRANSPORTATION ULC p 129
616 2nd Ave W, HANNA, AB, T0J 1P0
(403) 854-4471   SIC 4111
GREYHOUND CANADA TRANSPORTATION ULC p 220
725 Notre Dame Dr, KAMLOOPS, BC, V2C 5N8
(250) 374-1226   SIC 4131
GREYHOUND CANADA TRANSPORTATION ULC p 302
295 Terminal Ave, VANCOUVER, BC, V6A 2L7
(604) 681-3526   SIC 7389
GREYHOUND CANADA TRANSPORTATION ULC p 302
1150 Station St Unit 200, VANCOUVER, BC, V6A 4C7
(604) 683-8133   SIC 4131
GREYHOUND CANADA TRANSPORTATION ULC p 302
1465 Thornton St, VANCOUVER, BC, V6A 3V9
(604) 681-1644   SIC 4173
GREYHOUND CANADA TRANSPORTATION ULC p 371
110 Sutherland Ave, WINNIPEG, MB, R2W 3C7
(204) 949-7348   SIC 4111
GREYHOUND CANADA TRANSPORTATION ULC p 375
487 Portage Ave, WINNIPEG, MB, R3B 2E3
(204) 783-8857   SIC 4131
GREYHOUND CANADA TRANSPORTATION ULC p 497
24 Maple Ave Unit 205, BARRIE, ON, L4N 7W4
SIC 4131
GREYHOUND CANADA TRANSPORTATION ULC p 655
101 York St, LONDON, ON, N6A 1A6
(519) 434-3250   SIC 4131
GREYHOUND CANADA TRANSPORTATION ULC p 793
265 Catherine St, OTTAWA, ON, K1R 7S5
(613) 234-5115   SIC 4731
GREYHOUND CANADA TRANSPORTATION ULC p 841
300 Borough Dr Suite 2, SCARBOROUGH, ON, M1P 4P5
(416) 296-9301   SIC 4131
GREYHOUND CANADA TRANSPORTATION ULC p 878
815 Fort William Rd, THUNDER BAY, ON, P7B 3A4
(807) 345-2194   SIC 4173

GREYHOUND CANADA TRANSPORTATION ULC p 896
685 Lake Shore Blvd E, TORONTO, ON, M4M 3J9
(416) 465-4049   SIC 7538
GREYHOUND CANADA TRANSPORTATION ULC p 904
154 Front St E, TORONTO, ON, M5A 1E5
(416) 594-1311   SIC 4131
GREYHOUND CANADA TRANSPORTATION ULC p 911
180 Dundas St W Suite 300, TORONTO, ON, M5G 1Z8
(416) 594-0343   SIC 4111
GREYHOUND COURIER EXPRESS p 302
See GREYHOUND CANADA TRANSPORTATION ULC
GREYHOUND COURIER EXPRESS p 904
See GREYHOUND CANADA TRANSPORTATION ULC
GREYHOUND COURIER EXPRESS DIV OF p 793
See GREYHOUND CANADA TRANSPORTATION ULC
GREYHOUND COURIER EXPRESS, DIV OF p 655
See GREYHOUND CANADA TRANSPORTATION ULC
GREYHOUND MAINTENANCE p 896
See GREYHOUND CANADA TRANSPORTATION ULC
GREYSTONE ENERGY SYSTEMS INC p 409
150 English Dr, MONCTON, NB, E1E 4G7
(506) 853-3057   SIC 3822
GREYSTONE HEIGHTS SCHOOL p 1292
See BOARD OF EDUCATION OF SASKATOON SCHOOL DIVISION NO. 13 OF SASKATCHEWAN, THE
GREYSTONE MANAGED INVESTMENTS INC p 1288
1230 Blackfoot Dr Unit 300, REGINA, SK, S4S 7G4
(306) 779-6400   SIC 6282
GRID DEVELOPMENTS LTD p 8
1217 2 St W, BROOKS, AB, T1R 1P7
(403) 362-6666   SIC 7011
GRID LINK CORP p 880
1499 Rosslyn Rd, THUNDER BAY, ON, P7E 6W1
(807) 683-0350   SIC 1731
GRIDUS TECHNOLOGY INC p 894
127 Torrens Rd, TORONTO, ON, M4J 2P6
(416) 716-0735   SIC 5085
GRIEF POINT ELEMENTARY SCHOOL p 257
See BOARD OF SCHOOL TRUSTEE OF SCHOOL DISTRICT NO. 47 (POWERLL RIVER)
GRIEG STAR SHIPPING (CANADA) LTD p 311
1111 Hastings St W Suite 900, VANCOUVER, BC, V6E 2J3
(604) 661-2020   SIC 4731
GRIER CABINETS & DOORS INC p 53
82 Ypres Green Sw, CALGARY, AB, T2T 6M1
SIC 5211
GRIF & GRAF INC p 1007
9205 Boul Taschereau, BROSSARD, QC, J4Y 3B8
(450) 659-6999   SIC 7699
GRIFFIN CANADA p 361
See AMSTED CANADA INC
GRIFFIN HOUSE GRAPHICS LIMITED p 758
35 Mobile Dr, NORTH YORK, ON, M4A 2P6
(416) 596-8800   SIC 2752
GRIFFIN JEWELLERY DESIGNS INC p 820
50 West Wilmot St Suite 201, RICHMOND HILL, ON, L4B 1M5

(905) 882-0004   SIC 5944
GRIFFIN PARK SCHOOL p 8
See GRASSLANDS REGIONAL DIVISION 6
GRIFFIN TRANSPORTATION SERVICES INC p 302
873 Hastings St E, VANCOUVER, BC, V6A 1R8
(604) 628-4474   SIC 4119
GRIFFITH-MCCONNELL RESIDENCE p 1017
See UNITED CHURCH OF CANADA, THE
GRIFFITHS, H. COMPANY LIMITED p 974
140 Regina Rd Suite 15, WOODBRIDGE, ON, L4L 8N1
(905) 850-7070   SIC 1711
GRIFFITHS-SCOTT MIDDLE SCHOOL p 146
See WETASKIWIN REGIONAL PUBLIC SCHOOLS
GRIFOLS CANADA LIMITED p 689
5060 Spectrum Way Suite 405, MISSISSAUGA, ON, L4W 5N5
(905) 614-5575   SIC 2836
GRILL VOO DOO LTEE, LE p 1157
575 Grande Allee E Suite 200, Quebec, QC, G1R 2K4
(418) 647-2000   SIC 5812
GRIMARD.CA INC p 1127
1855 Rue Bernard-Lefebvre Bureau 100, Montreal, QC, H7C 0A5
(450) 665-5553   SIC 3625
GRIMES WELL SERVICING LTD p 214
8011 93 St, FORT ST. JOHN, BC, V1J 6X1
(250) 787-9264   SIC 1381
GRIMM'S FINE FOODS p 74
See PREMIUM BRANDS OPERATING LIMITED PARTNERSHIP
GRIMM'S FINE FOODS p 270
See PREMIUM BRANDS OPERATING LIMITED PARTNERSHIP
GRIMSBY HIGH SECONDARY SCHOOL p 598
See DISTRICT SCHOOL BOARD OF NIAGARA
GRIMSHAW BERWYN & COMMUNITY HEALTH CENTRE p 129
See ALBERTA HEALTH SERVICES
GRIMSHAW JR & SR HIGH SCHOOL p 129
See PEACE RIVER SCHOOL DIVISION 10
GRIMSHAW TRUCKING LP p 86
11510 151 St Nw, EDMONTON, AB, T5M 3N6
(780) 414-2850   SIC 4212
GRIT INDUSTRIES INC p 141
10-50-1-4 Airport Rd Nw, LLOYDMINSTER, AB, T9V 3A5
(780) 875-5577   SIC 3433
GRIT PROGRAM, THE p 86
See GETTING READY FOR INCLUSION TODAY (THE GRIT PROGRAM) SOCIETY OF EDMONTON
GRIZZLY FITNESS ACCESSORIES p 637
See CUSTOM LEATHER CANADA LIMITED
GRIZZLY GRILL INC, THE p 631
395 Princess St, KINGSTON, ON, K7L 1B9
(613) 544-7566   SIC 5812
GRIZZLY GRILL, THE p 631
See GRIZZLY GRILL INC, THE
GRIZZLY OIL SANDS ULC p 45
605 5 Ave Sw Suite 2700, CALGARY, AB, T2P 3H5
(403) 930-6400   SIC 1311
GRIZZLY TRAIL MOTORS p 5
See WESTLOCK MOTORS LTD
GRIZZLY TRANSPORT LTD p 349
8 12 Suite 52, HADASHVILLE, MB, R0E 0X0
(204) 426-5266   SIC 4213
GRO-BARK (ONTARIO) LTD p 541
816 Mayfield Rd, CALEDON, ON, L7C 0Y6
(905) 846-1515   SIC 5261
GROBER INC p 545
162 Savage Dr, CAMBRIDGE, ON, N1T 1S4
(519) 622-2500   SIC 2048

GROBER INC p 545
425 Dobbie Dr, CAMBRIDGE, ON, N1T 1S9
(519) 740-8327   SIC 5147
GROBER INC p 545
425 Dobbie Dr, CAMBRIDGE, ON, N1T 1S9
(519) 740-8325   SIC 2011
GROENEVELD LUBRICATION SOLUTIONS INC p 681
8450 Lawson Rd Unit 5, MILTON, ON, L9T 0J8
(905) 875-1017   SIC 1796
GROLIER ENTERPRISES p 1019
See GROLIER LIMITEE
GROLIER LIMITEE p 1019
1700 Boul Laval Bureau 580, Cote Saint-Luc, QC, H7S 2J2
(450) 667-1510   SIC 2731
GROS MORNE ACADEMY p 431
See WESTERN SCHOOL DISTRICT
GROSEBROOK JUNIOR HIGH SCHOOL p 456
See HALIFAX REGIONAL SCHOOL BOARD
GROSSMAN, LARRY FOREST HILL MEMORIAL ARENA, THE p 923
340 Chaplin Cres, TORONTO, ON, M5N 2N3
(416) 488-1800   SIC 7999
GROSVENOR PARK IMPACT PRODUCTIONS INC p 247
555 Brooksbank Ave, NORTH VANCOUVER, BC, V7J 3S5
SIC 7812
GROSVENOR SCHOOL p 386
See WINNIPEG SCHOOL DIVISION
GROTE ELECTRONICS, DIV OF p 676
See GROTE INDUSTRIES CO.
GROTE ELECTRONICS, DIV OF p 953
See GROTE INDUSTRIES CO.
GROTE INDUSTRIES CO. p 676
230 Travail Rd, MARKHAM, ON, L3S 3J1
(905) 209-9744   SIC 5013
GROTE INDUSTRIES CO. p 953
95 Bathurst St, WATERLOO, ON, N2V 1N2
(519) 884-4991   SIC 2821
GROUARD NORTHLAND SCHOOL p 129
See NORTHLAND SCHOOL DIVISION 61
GROUND EFFECTS LTD p 958
920 Champlain Crt Suite 7, WHITBY, ON, L1N 6K9
SIC 3714
GROUND EFFECTS LTD p 958
300 Water St, WHITBY, ON, L1N 9B6
(519) 919-1751   SIC 3714
GROUND EFFECTS LTD p 964
2875 St Etienne Blvd, WINDSOR, ON, N8W 5B1
(519) 944-5730   SIC 2431
GROUND EFFECTS LTD p 964
2875 St Etienne, WINDSOR, ON, N8W 5B1
(519) 944-3800   SIC 4783
GROUND EFFECTS LTD p 964
2775 St Etienne Blvd, WINDSOR, ON, N8W 5B1
(519) 944-3800   SIC 3714
GROUND EFFECTS LTD p 964
3940 North Service Rd E, WINDSOR, ON, N8W 5X2
(519) 944-9065   SIC 5531
GROUP INVESTORS p 1014
See INVESTORS GROUP FINANCIAL SERVICES INC
GROUP 4 SECURICOR p 294
See G4S CASH SOLUTIONS (CANADA) LTD
GROUP 4 SECURICOR-CASH SERVICE p 895
See G4S CASH SOLUTIONS (CANADA) LTD
GROUP CARE p 85
See MCMAN YOUTH, FAMILY AND COMMUNITY SERVICES ASSOCIATION
GROUP FIVE INVESTORS LTD p 165

Gd Lcd Main, SPRUCE GROVE, AB, T7X 3A1
(780) 962-5000   SIC 7011
GROUP FOR SUCURICOR   p 294
See G4S CASH SOLUTIONS (CANADA) LTD
GROUP SALES AND SERVICES   p 45
See GREAT-WEST LIFE ASSURANCE COMPANY, THE
GROUP TELECOM   p 790
See COMPAGNIE DE TELEPHONE BELL DU CANADA OU BELL CANADA, LA
GROUPE ACCENT-FAIRCHILD INC   p 716
195 Statesman Dr, MISSISSAUGA, ON, L5S 1X4
(905) 670-0351   SIC 5023
GROUPE ADONIS INC   p 1020
2425 Boul Cure-Labelle, Cote Saint-Luc, QC, H7T 1R3
(450) 978-2333   SIC 5411
GROUPE ADONIS INC   p 1178
4601 Boul Des Sources, ROXBORO, QC, H8Y 3C5
(514) 685-5050   SIC 5411
GROUPE AGF ACCES INC   p 672
1 Valleywood Dr Unit 1, MARKHAM, ON, L3R 5L9
(905) 474-9340   SIC 5099
GROUPE AGRITEX INC, LE   p 1183
230 Rue Marquis, Saint-Celestin, QC, J0C 1G0
(819) 229-3686   SIC 5999
GROUPE AGRITEX INC, LES   p 1030
150 Rue Robert-Bernard, DRUMMONDVILLE, QC, J2C 8N1
(819) 474-0002   SIC 5999
GROUPE AGRITEX INC, LES   p 1172
1006 Rue Craig, RICHMOND, QC, J0B 2H0
(819) 826-3707   SIC 5999
GROUPE AGRITEX INC, LES   p 1190
305 Rte Marie-Victorin, SAINT-GERARD-MAJELLA, QC, J0G 1X1
(450) 789-2304   SIC 5083
GROUPE ALDO INC, LE   p 95
8882 170 St Nw Suite 1674, EDMONTON, AB, T5T 4M2
(780) 484-2839   SIC 5661
GROUPE ALDO INC, LE   p 191
4700 Kingsway Suite 2300, BURNABY, BC, V5H 4M1
(604) 430-6364   SIC 5661
GROUPE ALDO INC, LE   p 311
1025 Robson St Unit 128, VANCOUVER, BC, V6E 1A9
(604) 683-2443   SIC 5661
GROUPE ALDO INC, LE   p 322
972 Granville St, VANCOUVER, BC, V6Z 1L2
(604) 605-8939   SIC 5661
GROUPE ALDO INC, LE   p 759
3401 Dufferin St Suite 114, NORTH YORK, ON, M6A 2T9
(416) 783-9472   SIC 5661
GROUPE ALDO INC, LE   p 800
2685 Iris St, OTTAWA, ON, K2C 3S4
(613) 820-1682   SIC 5661
GROUPE ALDO INC, LE   p 906
220 Yonge St Suite 600, TORONTO, ON, M5B 2H1
(416) 979-2477   SIC 5661
GROUPE ALDO INC, LE   p 906
332 Yonge St, TORONTO, ON, M5B 1R8
(416) 596-1390   SIC 5661
GROUPE ALDO INC, LE   p 947
3900 Highway 7, VAUGHAN, ON, L4L 9C3
(905) 264-4562   SIC 5661
GROUPE ALDO INC, LE   p 1182
1195 Boul Des Promenades, SAINT-BRUNO, QC, J3V 6H1
(450) 441-0030   SIC 5661
GROUPE ALDO INC, LE   p 1207
3665 Boul Poirier, SAINT-LAURENT, QC, H4R 3J2
(514) 747-5892   SIC 5139

GROUPE ALDO INC, LE   p 1229
850 Chomedey (A-13) O, SAINTE-ROSE, QC, H7X 3S9
(450) 969-1296   SIC 5661
GROUPE ALGO INC   p 1096
225 Rue Chabanel O, Montreal, QC, H2N 2C9
(514) 384-3551   SIC 2335
GROUPE ALGO INC   p 1209
5555 Rue Cypihot, SAINT-LAURENT, QC, H4S 1R3
(514) 744-5559   SIC 2339
GROUPE ALIMENTAIRE NORDIQUE INC, LE   p 1228
2592 Rang Saint-Joseph, Sainte-Perpetue, QC, J0C 1R0
(819) 336-6444   SIC 5812
GROUPE ALITHYA   p 1113
See PRO2P SERVICES CONSEILS INC
GROUPE ALITHYA INC   p 1116
1350 Boul Rene-Levesque O Bureau 200, Montreal, QC, H3G 1T4
(514) 285-5552   SIC 7379
GROUPE ALLAIREGINCE INFRASTRUCTURES INC   p 1042
70 Rue De Gatineau, GRANBY, QC, J2J 0P1
(450) 378-1623   SIC 1794
GROUPE ALLOS INC   p 1028
444 Av Dorval Bureau 115, DORVAL, QC, H9S 3H7
(514) 636-6060   SIC 5812
GROUPE ARCHAMBAULT INC   p 993
7500 Boul Des Galeries D'anjou Bureau 50, ANJOU, QC, H1M 3M4
(514) 351-2230   SIC 5736
GROUPE ARCHAMBAULT INC   p 1003
584 Ch De Touraine Bureau 104, BOUCHERVILLE, QC, J4B 8S5
(450) 552-8080   SIC 5736
GROUPE ARCHAMBAULT INC   p 1006
2151 Boul Lapiniere Bureau G30, BROSSARD, QC, J4W 2T5
(450) 671-0801   SIC 5736
GROUPE ARCHAMBAULT INC   p 1014
1120 Boul Talbot, CHICOUTIMI, QC, G7H 7R2
(418) 698-1586   SIC 5736
GROUPE ARCHAMBAULT INC   p 1019
1545 Boul Le Corbusier, Cote Saint-Luc, QC, H7S 2K6
(450) 978-7275   SIC 5736
GROUPE ARCHAMBAULT INC   p 1086
5655 Av Pierre-De Coubertin, Montreal, QC, H1N 1R2
(514) 272-4049   SIC 5736
GROUPE ARCHAMBAULT INC   p 1095
500 Rue Sainte-Catherine E, Montreal, QC, H2L 2C6
(514) 849-6201   SIC 5735
GROUPE ARCHAMBAULT INC   p 1100
175 Rue Sainte-Catherine O, Montreal, QC, H2X 1Z8
(514) 281-0367   SIC 5736
GROUPE ARCHAMBAULT INC   p 1167
1580 Boul Lebourgneuf, Quebec, QC, G2K 2M4
(418) 380-8118   SIC 5736
GROUPE ARCHAMBAULT INC   p 1229
520 Chomedey (A-13) O, SAINTE-ROSE, QC, H7X 3S9
(450) 689-5063   SIC 8299
GROUPE ARSENAULT INC.   p 1251
2875 Rue Saint-Philippe, TROIS-RIVIERES, QC, G9A 0A8
(819) 379-5255   SIC 4959
GROUPE AST   p 1161
See GROUPE AST (1993) INC
GROUPE AST (1993) INC   p 1161
2700 Boul Laurier Unite 1210, Quebec, QC, G1V 2L8
(418) 650-4490   SIC 8748
GROUPE AXOR INC   p 1106
1555 Rue Peel Bureau 1100, Montreal, QC,

H3A 3L8
(514) 846-4000   SIC 1542
GROUPE BANQUE TD   p 1203
See TORONTO-DOMINION BANK, THE
GROUPE BARBE & ROBIDOUX.SAT INC   p 1083
991 Rue De Saint-Jovite Bureau 201, MONT-TREMBLANT, QC, J8E 3J8
(819) 425-2777   SIC 8713
GROUPE BEDARD   p 1139
See BEACON ROOFING SUPPLY CANADA COMPANY
GROUPE BEIGNEBEC   p 1236
See 9013-3489 QUEBEC INC
GROUPE BELL NORDIQ INC   p 993
7151 Rue Jean-Talon E Bureau 700, ANJOU, QC, H1M 3N8
(514) 493-5300   SIC 4899
GROUPE BELL NORDIQ INC   p 1253
555 Av Centrale Bureau 3, VAL-D'OR, QC, J9P 1P6
(819) 523-3989   SIC 4813
GROUPE BERGERON THIBAULT, LE   p 1251
See MARGARINE THIBAULT INC
GROUPE BGJLR INC, LE   p 1150
420 Boul Charest E Bureau 400, Quebec, QC, G1K 8M4
(418) 522-0060   SIC 8713
GROUPE BIKINI VILLAGE INC   p 1226
2101 Rue Nobel Bureau A, SAINTE-JULIE, QC, J3E 1Z8
(450) 449-1310   SIC 5651
GROUPE BIRKS INC   p 789
50 Rideau St Suite 333, OTTAWA, ON, K1N 9J7
(613) 236-3641   SIC 5944
GROUPE BIRKS INC   p 901
55 Bloor St W Unit 152, TORONTO, ON, M4W 1A5
(416) 922-2266   SIC 5944
GROUPE BMR INC   p 1003
1501 Rue Ampere Bureau 200, BOUCHERVILLE, QC, J4B 5Z5
(450) 655-2441   SIC 5039
GROUPE BMTC INC   p 1006
8220 Boul Taschereau, BROSSARD, QC, J4X 1C2
(450) 465-3339   SIC 5712
GROUPE BMTC INC   p 1006
9500 Boul Taschereau, BROSSARD, QC, J4X 2W2
(450) 619-6777   SIC 5712
GROUPE BMTC INC   p 1036
500 Boul De La Gappe, GATINEAU, QC, J8T 8A8
(819) 561-5007   SIC 5712
GROUPE BMTC INC   p 1042
50 Rue Simonds N, GRANBY, QC, J2J 2L1
(450) 372-5656   SIC 5712
GROUPE BMTC INC   p 1049
16975 Rte Transcanadienne, KIRKLAND, QC, H9H 5J1
(514) 697-9228   SIC 5021
GROUPE BMTC INC   p 1129
1770 Boul Des Laurentides, Montreal, QC, H7M 2Y4
(450) 667-3211   SIC 5712
GROUPE BMTC INC   p 1129
1770 Boul Des Laurentides, Montreal, QC, H7M 2Y4
(450) 667-8333   SIC 5712
GROUPE BMTC INC   p 1140
12605 Rue Sherbrooke E, POINTE-AUX-TREMBLES, QC, H1B 1C8
(514) 645-3332   SIC 5712
GROUPE BMTC INC   p 1171
145 Rue De La Fayette, REPENTIGNY, QC, J6A 8K3
(450) 470-0815   SIC 5712
GROUPE BMTC INC   p 1187
640 Boul Arthur-Sauve, SAINT-EUSTACHE, QC, J7R 5A8
(450) 473-6767   SIC 5712

GROUPE BMTC INC   p 1195
3300 Av Cusson, SAINT-HYACINTHE, QC, J2S 8N9
(450) 774-6116   SIC 5712
GROUPE BMTC INC   p 1200
21 Rue Gauthier, Saint-Jerome, QC, J7Y 0A3
(450) 431-9338   SIC 5712
GROUPE BMTC INC   p 1216
6700 Rue Jean-Talon E, SAINT-LEONARD, QC, H1S 1N1
(514) 254-9455   SIC 5712
GROUPE BMTC INC   p 1231
125 Boul Desjardins E, SAINTE-THERESE, QC, J7E 1C5
(450) 430-0555   SIC 5712
GROUPE BMTC INC   p 1239
3950 Boul Josaphat-Rancourt, SHERBROOKE, QC, J1L 3C6
(819) 562-4242   SIC 5712
GROUPE BOUTIN INC   p 1003
128 Ch Du Tremblay, BOUCHERVILLE, QC, J4B 6Z6
(450) 449-7373   SIC 4213
GROUPE BRT INC, LE   p 1091
8268 Boul Pie-Ix, Montreal, QC, H1Z 3T6
(514) 727-7113   SIC 7379
GROUPE C.D.J. INC   p 1180
4740 Rue Saint-Felix, SAINT-AUGUSTIN-DE-DESMAURES, QC, G3A 1B1
SIC 7349
GROUPE C.F.R. INC   p 1225
195 1e Rue O, SAINTE-CLAIRE, QC, G0R 2V0
(418) 883-2955   SIC 3541
GROUPE CAFE VIENNE 1998 INC, LE   p 1115
1422 Rue Notre-Dame O, Montreal, QC, H3C 1K9
(514) 935-5553   SIC 6794
GROUPE CAMBLI INC   p 1198
555 Rue Saint-Louis, SAINT-JEAN-SUR-RICHELIEU, QC, J3B 8X7
(450) 358-4920   SIC 7381
GROUPE CANALAC LABORATOIRES ABBOTT   p 1209
See LABORATOIRES ABBOTT LIMITEE
GROUPE CANAM INC   p 407
95 Foundry St Suite 417, MONCTON, NB, E1C 5H7
(506) 857-3164   SIC 5082
GROUPE CANAM INC   p 716
1739 Drew Rd, MISSISSAUGA, ON, L5S 1J5
(905) 671-3460   SIC 3441
GROUPE CANAM INC   p 1003
270 Ch Du Tremblay, Boucherville, QC, J4B 5X9
(450) 641-4000   SIC 3441
GROUPE CANAM INC   p 1003
270 Ch Du Tremblay, BOUCHERVILLE, QC, J4B 5X9
(450) 641-4000   SIC 3312
GROUPE CANAM INC   p 1003
200 Boul Industriel, BOUCHERVILLE, QC, J4B 2X4
(450) 641-8770   SIC 3441
GROUPE CANAM INC   p 1003
270 Ch Du Tremblay, BOUCHERVILLE, QC, J4B 5X9
(418) 251-3152   SIC 3531
GROUPE CANAM INC   p 1130
807 Rue Marshall Unite 100, Montreal, QC, H7S 1J9
(450) 786-1300   SIC 3568
GROUPE CANAM INC   p 1153
1445 Rue Du Grand-Tronc, Quebec, QC, G1N 4G1
(418) 683-2561   SIC 3443
GROUPE CANAM INC   p 1188
115 Boul Canam N, Saint-Gedeon-de-Beauce, QC, G0M 1T0
(418) 582-3331   SIC 3441

GROUPE CANTIN GEOFFRION SERVICES CONSEILS INC p 1123
4030 Rue Saint-Ambroise Bureau 110, MONTREAL, QC, H4C 2C7
(514) 935-2453 SIC 7381

GROUPE CANTREX NATIONWIDE INC p 694
405 Britannia Rd E Suite 206, MISSISSAUGA, ON, L4Z 3E6
SIC 5021

GROUPE CANTREX NATIONWIDE INC p 1204
9900 Boul Cavendish Bureau 400, SAINT-LAURENT, QC, H4M 2V2
(514) 335-0260 SIC 7389

GROUPE CEDRICO INC p 1054
50 Rang Didier, LAC-AU-SAUMON, QC, G0J 1M0
SIC 2491

GROUPE CEDRICO INC p 1144
39 Rue Saint-Jean-Baptiste Bureau 1, PRICE, QC, G0J 1Z0
(418) 775-7516 SIC 6712

GROUPE CHAMPLAIN INC p 998
1231 Rue Dr Olivier-M.-Gendron Pr, BERTHIERVILLE, QC, J0K 1A0
(450) 836-6241 SIC 8361

GROUPE CHAMPLAIN INC p 1085
7150 Rue Marie-Victorin, Montreal, QC, H1G 2J5
(514) 324-2044 SIC 8361

GROUPE CHAMPLAIN INC p 1168
791 Rue De Sherwood, Quebec, QC, G2N 1X7
(418) 849-1891 SIC 8361

GROUPE CHAMPLAIN INC p 1184
199 Rue Saint-Pierre, SAINT-CONSTANT, QC, J5A 2N8
(450) 632-4451 SIC 8361

GROUPE CHASSE INC p 1093
819 Rue Rachel E, Montreal, QC, H2J 2H7
(514) 527-3411 SIC 5511

GROUPE CIMENT QUEBEC INC p 1082
960 Ch Benoit, MONT-SAINT-HILAIRE, QC, J3H 0L9
(450) 467-2864 SIC 3531

GROUPE CIRQUE DU SOLEIL p 1090
See CIRQUE DU SOLEIL INC

GROUPE CLOUTIER CABINET EN SERVICES FINANCIERS p 1167
See GROUPE CLOUTIER INC

GROUPE CLOUTIER INC p 1167
1145 Boul Lebourgneuf Bureau 130, Quebec, QC, G2K 2K8
(418) 624-6690 SIC 6411

GROUPE COLABOR INC p 990
9595 Boul Metropolitain E, ANJOU, QC, H1J 3C1
(514) 744-6641 SIC 5147

GROUPE CONSEIL AON p 1109
See AON CONSULTING INC

GROUPE CONSEIL AON p 1159
See AON CONSULTING INC

GROUPE CONSEIL RES PUBLICA INC p 45
800 6 Ave Sw Suite 1600, CALGARY, AB, T2P 3G3
(403) 531-0331 SIC 8743

GROUPE CONSEIL RES PUBLICA INC p 323
505 Burrard St Suite 620, VANCOUVER, BC, V7X 1M4
(604) 684-6655 SIC 8743

GROUPE CONSEIL RES PUBLICA INC p 1106
2001 Av Mcgill College Bureau 800, Montreal, QC, H3A 1G1
(514) 843-7171 SIC 6712

GROUPE CONSEIL TDA INC p 993
26 Boul Comeau, BAIE-COMEAU, QC, G4Z 3A8
(418) 296-6711 SIC 8711

GROUPE COOPERATIF DYNACO p 1053
205 Av Industrielle Bureau 200, La Pocatiere, QC, G0R 1Z0
(418) 856-3807 SIC 5251

GROUPE COOPERATIF DYNACO p 1053
87 Rte 132 O, La Pocatiere, QC, G0R 1Z0
(418) 856-1765 SIC 5083

GROUPE COOPERATIF DYNACO p 1077
515 Av Du Phare E, MATANE, QC, G4W 1A5
(418) 562-1590 SIC 5211

GROUPE COOPERATIF DYNACO p 1083
111 Boul Tache O, MONTMAGNY, QC, G5V 3A6
(418) 248-0845 SIC 5211

GROUPE COOPERATIF DYNACO p 1173
234 Av Leonidas S, RIMOUSKI, QC, G5L 2T2
(418) 723-2201 SIC 5211

GROUPE COOPERATIF DYNACO p 1174
411 Rue Temiscouata, Riviere-du-Loup, QC, G5R 6B3
(418) 867-1062 SIC 5999

GROUPE COOPERATIF DYNACO p 1174
273 Boul De L'hotel-De-Ville, Riviere-du-Loup, QC, G5R 6H5
(418) 862-9316 SIC 5211

GROUPE COOPERATIF DYNACO p 1180
191 138 Rte, SAINT-AUGUSTIN-DE-DESMAURES, QC, G3A 0G2
(418) 878-2023 SIC 5039

GROUPE COOPERATIF DYNACO p 1219
230 Rue Rochette, SAINT-PASCAL, QC, G0L 3Y0
(418) 492-6343 SIC 5251

GROUPE COOPERATIF DYNACO p 1219
41 Rte 287 S, Saint-Philippe-de-Neri, QC, G0L 4A0
(418) 498-2366 SIC 8699

GROUPE COOPERATIF DYNACO p 1243
562 Rue Commerciale N, TEMISCOUATA-SUR-LE-LAC, QC, G0L 1E0
(418) 854-6705 SIC 5251

GROUPE CORPORATIF DES ACHATS DE FIBRES RECYCLEES p 1007
See CASCADES INC

GROUPE COTE REGIS INC p 1150
115 Rue Abraham-Martin Bureau 500, Quebec, QC, G1K 8N1
(418) 692-4617 SIC 8712

GROUPE CREATECH p 1156
See 6362222 CANADA INC

GROUPE CRETE DIVISION ST-FAUSTIN INC p 1249
6115 Rue Corbeil, Trois-Rivieres, QC, G8Z 4S6
(819) 840-2800 SIC 5031

GROUPE CYR & LYRAS p 1244
See TURQUOISE, CABINET EN ASSURANCE DE DOMMAGES ET SERVICES FINANCIERS INC, LA

GROUPE CYR INC p 1186
104 Rue Dubois, SAINT-EUSTACHE, QC, J7P 4W9
(450) 472-5332 SIC 6411

GROUPE D'ALIMENTATION MTY INC p 1130
2121 Boul Le Carrefour, Montreal, QC, H7S 2J7
(450) 688-6371 SIC 5812

GROUPE D'ANALYSE LTEE p 1111
1000 Rue De La Gauchetiere O Bureau 1200, Montreal, QC, H3B 4W5
(514) 394-4460 SIC 8748

GROUPE D'ECLAIRAGE LUXTEC INC p 1165
445 Av Saint-Jean-Baptiste Bureau 120, Quebec, QC, G2E 5N7
(418) 871-8039 SIC 5063

GROUPE DAGENAIS M.D.C. INC p 1005
117 Boul De Bromont, BROMONT, QC, J2L 2K7
SIC 5712

GROUPE DCM INC p 1003
95 Ch Du Tremblay Bureau 3, BOUCHERVILLE, QC, J4B 7K4
(450) 449-1698 SIC 3357

GROUPE DE COURTAGE OMNI LTEE p 1163
3200 Av Watt, Quebec, QC, G1X 4P8
(418) 871-2802 SIC 6221

GROUPE DE COURTAGE OMNI LTEE p 1239
4056 Rue Lesage, SHERBROOKE, QC, J1L 0B6
(819) 562-5505 SIC 5411

GROUPE DE LA COTE INC p 994
332 Rue De Puyjalon, BAIE-COMEAU, QC, G5C 1M5
(418) 589-8397 SIC 2326

GROUPE DE RADIOLOGIE RIVE-SUD INC p 1004
600 Boul Du Fort-Saint-Louis Bureau, BOUCHERVILLE, QC, J4B 1S7
(450) 655-2430 SIC 8011

GROUPE DE SECURITE GARDA INC, LE p 31
8989 Macleod Trail Sw Suite 118, CALGARY, AB, T2H 0M2
(403) 517-5899 SIC 7381

GROUPE DEJUMP p 1011
See DEJUMP INC

GROUPE DES MEDIAS TRANSCONTINENTAL DE LA NOUVELLE-ECOSSE INC p 477
6 Louise St, TRURO, NS, B2N 3K2
(902) 895-4404 SIC 2711

GROUPE DES MEDIAS TRANSCONTINENTAL DE LA NOUVELLE-ECOSSE INC p 1003
1485 Rue De Coulomb, BOUCHERVILLE, QC, J4B 7L8
(450) 641-9000 SIC 2721

GROUPE DES MEDIAS TRANSCONTINENTAL DE LA NOUVELLE-ECOSSE INC p 1111
1 Place Ville-Marie Bureau 3315, Montreal, QC, H3B 3N2
(514) 954-4000 SIC 2711

GROUPE DESCHENES INC p 1091
3901 Rue Jarry E Bureau 250, Montreal, QC, H1Z 2G1
(514) 253-3110 SIC 6712

GROUPE DICOM TRANSPORT CANADA p 1252
See 4211677 CANADA INC

GROUPE DIJON INC p 1128
2117 Rue Berlier, Montreal, QC, H7L 3M9
(450) 622-5522 SIC 8322

GROUPE DOMISA INC p 1198
15 Rue Jacques-Cartier N, SAINT-JEAN-SUR-RICHELIEU, QC, J3B 8R8
(450) 358-6604 SIC 7999

GROUPE DUTAILIER INC p 1219
299 Rue Chaput, SAINT-PIE, QC, J0H 1W0
(450) 772-2403 SIC 2512

GROUPE DYNACO BMR p 1180
See GROUPE COOPERATIF DYNACO

GROUPE EDGENDA INC p 1152
1751 Rue Du Marais Bureau 300, Quebec, QC, G1M 0A2
(418) 953-1323 SIC 8243

GROUPE EMBALLAGE SPECIALISE S.E.C. p 372
1310 Mountain Ave, WINNIPEG, MB, R2X 3A3
(204) 832-8001 SIC 5199

GROUPE EMBALLAGE SPECIALISE S.E.C. p 689
930 Britannia Rd E Suite A, MISSISSAUGA, ON, L4W 5M7
(905) 564-6640 SIC 2449

GROUPE EMBALLAGE SPECIALISE S.E.C. p 1005
930 Britannia Rd E Unit J, MISSISSAUGA, ON, L4W 5M7
(905) 795-8887 SIC 5113

GROUPE EMBALLAGE SPECIALISE S.E.C. p 860
140 Iber Rd, STITTSVILLE, ON, K2S 1E9
(613) 742-6766 SIC 3086

GROUPE EMBALLAGE SPECIALISE S.E.C. p 1069
610 Rue Beriault, LONGUEUIL, QC, J4G 1S8
(450) 651-8887 SIC 3086

GROUPE EMBALLAGE SPECIALISE S.E.C. p 1256
22401 Ch Dumberry, VAUDREUIL-DORION, QC, J7V 8P7
(450) 510-0450 SIC 2631

GROUPE EN FETE, LE p 1011
See DIVERTISSEMENT DIRECT INC

GROUPE ENCORE p 1206
See VOYAGES ENCORE TRAVEL INC

GROUPE ESTRIE-RICHELIEU, COMPAGNIE D'ASSURANCE, LE p 1220
414 Rte Marie-Victorin, SAINT-PIERRE-LES-BECQUETS, QC, G0X 2Z0
SIC 6411

GROUPE ETR p 1155
See EDITION LE TELEPHONE ROUGE INC

GROUPE F.G.B. 2000 INC, LE p 1128
1225 Rue Bergar, Montreal, QC, H7L 4Z7
(450) 967-0076 SIC 5141

GROUPE FACILITE INFORMATIQUE (GFI) INC p 1111
5 Place Ville-Marie Bureau 1045, Montreal, QC, H3B 2G2
(514) 284-5636 SIC 7371

GROUPE FERTEK INC p 1229
3000 Av Francis-Hughes, SAINTE-ROSE, QC, H7L 3J5
(450) 663-8700 SIC 6712

GROUPE FINANCIER BANQUE DE MONTREAL p 1223
See BANK OF MONTREAL

GROUPE FORTIN, LE p 1151
See FOR-NET INC

GROUPE GAGNON FRERES INC p 1014
1460 Boul Talbot, CHICOUTIMI, QC, G7H 4C2
(418) 690-3366 SIC 5712

GROUPE GASTON COTE p 1240
See 9098-0145 QUEBEC INC

GROUPE GAUDREAULT INC, LE p 1170
1500 Rue Raymond-Gaudreault, REPENTIGNY, QC, J5Y 4E3
(450) 585-1210 SIC 6712

GROUPE GERMAIN HOTELS p 1115
See GROUPE GERMAIN INC

GROUPE GERMAIN INC p 929
30 Mercer St, TORONTO, ON, M5V 1H3
(416) 345-9500 SIC 7011

GROUPE GERMAIN INC p 1106
2050 Rue Mansfield, Montreal, QC, H3A 1Y9
(514) 849-2050 SIC 7011

GROUPE GERMAIN INC p 1115
120 Rue Peel Bureau 5, Montreal, QC, H3C 0L8
(514) 954-4414 SIC 7011

GROUPE GERMAIN INC p 1150
126 Rue Saint-Pierre, Quebec, QC, G1K 4A8
(418) 692-2224 SIC 7011

GROUPE GERMAIN INC p 1159
1200 Rue Des Soeurs-Du-Bon-Pasteur Bureau 500, Quebec, QC, G1S 0B1
(418) 687-1123 SIC 7011

GROUPE GIROUX MACONNEX INC p 1016
2223 Boul Saint-Paul, CHICOUTIMI, QC, G7K 1E5
(418) 549-7345 SIC 5032

GROUPE GOYETTE INC p 1044
7 Rue Industrielle, Hebertville-Station, QC, G0W 1T0
SIC 4213

GROUPE GOYETTE INC p 1195
2825 Boul Casavant O, SAINT-HYACINTHE, QC, J2S 7Y4
(450) 773-9615 SIC 4213

GROUPE GTECHNA *p 1212*
See GROUPE TECHNA INC

GROUPE HAMELIN INC *p 1004*
150 Boul Industriel, BOUCHERVILLE, QC, J4B 2X3
(450) 655-4110   *SIC 2821*

GROUPE HELIE *p 997*
See AUTOCAR HELIE INC.

GROUPE HOTELIER GRAND CHATEAU INC *p 1019*
2225 Des Laurentides (A-15) E, Cote Saint-Luc, QC, H7S 1Z6
(450) 682-2225   *SIC 7011*

GROUPE HOTELIER GRAND CHATEAU INC *p 1020*
2440 Des Laurentides (A-15) O, Cote Saint-Luc, QC, H7T 1X5
(450) 687-2440   *SIC 7011*

GROUPE IBI/DAA INC *p 1157*
580 Grande Allee E Bureau 590, Quebec, QC, G1R 2K2
(418) 522-0300   *SIC 8748*

GROUPE IMMOBILIER DESJARDINS INC *p 1127*
1 Complexe Desjardins S 25e etage, Montreal, QC, H5B 1B3
(514) 281-7000   *SIC 6531*

GROUPE INVESTORS *p 1249*
See INVESTORS GROUP FINANCIAL SERVICES INC

GROUPE J.F. NADEAU INC, LE *p 1196*
3380 Rue Principale, SAINT-JEAN-BAPTISTE, QC, J0L 2B0
(450) 464-8452   *SIC 4111*

GROUPE J.S.V. INC, LE *p 999*
28 Boul De La Seigneurie E, BLAINVILLE, QC, J7C 3V5
(450) 435-0717   *SIC 5085*

GROUPE J.S.V. INC, LE *p 1085*
8015 Av Marco-Polo, Montreal, QC, H1E 5Y8
(514) 881-8260   *SIC 3452*

GROUPE JEAN COUTU *p 1028*
See 2310-3393 QUEBEC INC

GROUPE JEAN COUTU (PJC) INC, LE *p 410*
1789 Mountain Rd, MONCTON, NB, E1G 5C4
(506) 387-9001   *SIC 5912*

GROUPE JEAN COUTU (PJC) INC, LE *p 485*
Gd, ALEXANDRIA, ON, K0C 1A0
(613) 525-3333   *SIC 5912*

GROUPE JEAN COUTU (PJC) INC, LE *p 565*
5 Ninth St E, CORNWALL, ON, K6H 6R3
(613) 938-7339   *SIC 5912*

GROUPE JEAN COUTU (PJC) INC, LE *p 1014*
413 Rue Racine E, CHICOUTIMI, QC, G7H 1S8
(418) 543-7921   *SIC 5912*

GROUPE JEAN COUTU (PJC) INC, LE *p 1039*
181 Rue Principale, GATINEAU, QC, J9H 6A6
(819) 684-0006   *SIC 5912*

GROUPE JEAN COUTU (PJC) INC, LE *p 1043*
3216 Boul Taschereau, GREENFIELD PARK, QC, J4V 2H3
(450) 465-5225   *SIC 5122*

GROUPE JEAN COUTU (PJC) INC, LE *p 1067*
3535 Av Des Eglises, Levis, QC, G6X 1W8
(418) 832-4449   *SIC 5912*

GROUPE JEAN COUTU (PJC) INC, LE *p 1074*
448 Rue Saint-Patrice O, MAGOG, QC, J1X 1W9
(819) 843-3366   *SIC 5912*

GROUPE JEAN COUTU (PJC) INC, LE *p 1078*
13400 Boul Du Cure-Labelle Bureau 220, MIRABEL, QC, J7J 1G9
(450) 971-5145   *SIC 5912*

GROUPE JEAN COUTU (PJC) INC, LE *p 1080*
1365 Av Beaumont, MONT-ROYAL, QC, H3P 2H7
(514) 738-2401   *SIC 5912*

GROUPE JEAN COUTU (PJC) INC, LE *p 1090*
3245 Rue Masson, Montreal, QC, H1Y 1Y4
(514) 374-3611   *SIC 5912*

GROUPE JEAN COUTU (PJC) INC, LE *p 1119*
930 Rue Jean-Talon O, Montreal, QC, H3N 1S8
(514) 276-3155   *SIC 5912*

GROUPE JEAN COUTU (PJC) INC, LE *p 1229*
580 Boul Cure-Labelle Bureau 1, SAINTE-ROSE, QC, H7L 4V6
(450) 963-9507   *SIC 5912*

GROUPE JEAN COUTU (PJC) INC, LE *p 1231*
253 Boul Labelle, SAINTE-THERESE, QC, J7E 2X6
(450) 437-9151   *SIC 5912*

GROUPE JEAN COUTU (PJC) INC, LE *p 1238*
1470 Rue King O, SHERBROOKE, QC, J1J 2C2
(819) 564-3111   *SIC 5912*

GROUPE JEAN COUTU (PJC) INC, LE *p 1258*
4061 Rue Wellington, VERDUN, QC, H4G 1V6
(514) 761-4591   *SIC 5912*

GROUPE JMI *p 1211*
See VEOLIA EAU TECHNOLOGIES CANADA INC

GROUPE JURISER ENR *p 1150*
70 Rue Dalhousie Bureau 500, Quebec, QC, G1K 4B2
SIC 8741

GROUPE KTG *p 1079*
See 9144-8720 QUEBEC INC

GROUPE LALIBERTE SPORTS INC *p 1012*
298 Boul D'anjou, Chateauguay, QC, J6K 1C6
(450) 699-3939   *SIC 5941*

GROUPE LALIBERTE SPORTS INC *p 1059*
7077 Boul Newman Bureau 500, LASALLE, QC, H8N 1X1
(514) 419-4105   *SIC 5941*

GROUPE LALIBERTE SPORTS INC *p 1083*
348 Rue De Saint-Jovite, MONT-TREMBLANT, QC, J8E 2Z9
(819) 425-3421   *SIC 5941*

GROUPE LALIBERTE SPORTS INC *p 1100*
1610 Rue Saint-Denis, Montreal, QC, H2X 3K2
(514) 844-2228   *SIC 5941*

GROUPE LARO ALTA INC *p 996*
355 Rue Dupont Bureau 827, Beaupre, QC, G0A 1E0
(418) 827-8347   *SIC 7011*

GROUPE LAURIER CIM, LE *p 1026*
See INFOR (CANADA), LTD

GROUPE LAUZON *p 1092*
See 9278-3430 QUEBEC INC

GROUPE LAUZON *p 1118*
See 9278-3455 QUEBEC INC

GROUPE LD INC *p 1128*
1865 Boul Dagenais O, Montreal, QC, H7L 5A3
(450) 622-3220   *SIC 5084*

GROUPE LEBEL INC *p 1009*
Gd, CAP-CHAT, QC, G0J 1E0
(418) 786-5522   *SIC 2421*

GROUPE LEBEL INC *p 1242*
4 Rue Saint-Marc, SQUATEC, QC, G0L 4H0
(418) 855-2951   *SIC 2421*

GROUPE LEBEL INC *p 1243*
200 Rue De L'Eglise, TEMISCOUATA-SUR-LE-LAC, QC, G0L 1X0
(418) 899-6737   *SIC 2421*

GROUPE LEGERLITE INC, LE *p 1141*
5901 Aut Transcanadienne, POINTE-CLAIRE, QC, H9R 1B7
(514) 694-2493   *SIC 3086*

GROUPE LES MANOIRS DU QUEBEC INC *p 1221*
246 Ch Du Lac-Millette, SAINT-SAUVEUR, QC, J0R 1R3
(450) 227-1811   *SIC 7011*

GROUPE LES MANOIRS DU QUEBEC INC *p 1221*
246 Ch Du Lac-Millette, SAINT-SAUVEUR, QC, J0R 1R3
(800) 361-0505   *SIC 7011*

GROUPE LOYALTY *p 1107*
See LOYALTYONE, CO

GROUPE LUMENPULSE INC *p 1118*
1751 Rue Richardson Bureau 1505, Montreal, QC, H3K 1G6
(514) 937-3003   *SIC 3646*

GROUPE LYRAS INC *p 1000*
1400 Boul De La Grande-Allee Bureau, BOISBRIAND, QC, J7G 2Z8
SIC 6411

GROUPE MARCELLE INC *p 1057*
9200 Ch De La Cote-De-Liesse, LACHINE, QC, H8T 1A1
(514) 631-7710   *SIC 2844*

GROUPE MARINEAU LTEE *p 1054*
3250 Boul Ducharme, LA TUQUE, QC, G9X 4T3
(819) 523-4551   *SIC 7011*

GROUPE MARKETING INTERNATIONAL INC *p 1017*
37 Boul Des Laurentides, Cote Saint-Luc, QC, H7G 2S3
(450) 972-1540   *SIC 7389*

GROUPE MASKA INC *p 1030*
1348 Rue Hebert, DRUMMONDVILLE, QC, J2C 1Z8
(819) 478-2549   *SIC 5013*

GROUPE MASKA INC *p 1195*
550 Av Vaudreuil, SAINT-HYACINTHE, QC, J2S 4H2
(450) 372-1676   *SIC 5084*

GROUPE MASKA INC *p 1241*
370 Boul Fiset, SOREL-TRACY, QC, J3P 3R2
(450) 742-2703   *SIC 5013*

GROUPE MASKA PIECES AUTO *p 1030*
See GROUPE MASKA INC

GROUPE MASKATEL LP *p 1195*
970 Boul Casavant O, SAINT-HYACINTHE, QC, J2S 0H4
(450) 252-2000   *SIC 4899*

GROUPE MASTER INC, LE *p 1004*
1675 Boul De Montarville, BOUCHERVILLE, QC, J4B 7W4
(514) 527-2301   *SIC 5075*

GROUPE MEDICUS, LE *p 1093*
2740 Rue Angus, Montreal, QC, H2H 1P3
(514) 521-0855   *SIC 3842*

GROUPE MINIER CMAC *p 1253*
See ENTREPRENEUR MINIER CMAC - THYSSEN INC

GROUPE MINIER CMAC-THYSSEN INC *p 1253*
185 Rue Des Distributeurs, VAL-D'OR, QC, J9P 6Y1
(819) 874-8303   *SIC 1794*

GROUPE MONTECH INC *p 1214*
6250 Boul Des Grandes-Prairies, SAINT-LEONARD, QC, H1P 1A2
(514) 494-9744   *SIC 3993*

GROUPE MORNEAU *p 1214*
See ESKIMO EXPRESS INC

GROUPE N B G INC *p 1174*
99 Rue De La Frontiere O, Riviere-Bleue, QC, G0L 2B0
(418) 893-5575   *SIC 2421*

GROUPE NAMESH, S.E.C. *p 1064*
152 Rue Saint-Marcellin O, LES ES-COUMINS, QC, G0T 1K0

GROUPE NEPVEU INC, LE *p 1187*
75 Rue Daoust, SAINT-EUSTACHE, QC, J7R 5B7
(450) 472-5166   *SIC 4212*

GROUPE NORMANDIN INC *p 1166*
986 Rue Bouvier, Quebec, QC, G2J 1A3
(418) 627-1265   *SIC 5812*

GROUPE OPMEDIC INC *p 1080*
1361 Av Beaumont Bureau 301, MONT-ROYAL, QC, H3P 2W3
(514) 345-9877   *SIC 8093*

GROUPE OPMEDIC INC *p 1167*
5600 Boul Des Galeries Bureau 401, Quebec, QC, G2K 2H6
(418) 260-9555   *SIC 8011*

GROUPE ORLEANS EXPRESS INC *p 1115*
740 Rue Notre-Dame O Bureau 1000, Montreal, QC, H3C 3X6
(514) 395-4000   *SIC 4131*

GROUPE PAGES JAUNES CORP *p 10*
2891 Sunridge Way Ne Suite 100, CALGARY, AB, T1Y 7K7
(604) 268-4578   *SIC 2741*

GROUPE PAGES JAUNES CORP *p 10*
2891 Sunridge Way Ne Suite 230, CALGARY, AB, T1Y 7K7
SIC 4899

GROUPE PAGES JAUNES CORP *p 375*
201 Portage Ave Suite 1750, WINNIPEG, MB, R3B 3K6
(204) 941-8190   *SIC 4899*

GROUPE PAGES JAUNES CORP *p 793*
1 Raymond St Suite 300, OTTAWA, ON, K1R 1A2
(888) 909-0930   *SIC 4899*

GROUPE PAGES JAUNES CORP *p 834*
325 Milner Ave Suite 4, SCARBOROUGH, ON, M1B 5S8
(416) 412-5000   *SIC 2741*

GROUPE PAGES JAUNES CORP *p 1161*
2600 Boul Laurier Bureau 128, Quebec, QC, G1V 4Y4
(418) 656-1530   *SIC 4899*

GROUPE PAGES JAUNES CORP *p 1161*
2960 Boul Laurier Bureau 006, Quebec, QC, G1V 4S1
(418) 656-1530   *SIC 2741*

GROUPE PAGES JAUNES CORP *p 1257*
16 Place Du Commerce, VERDUN, QC, H3E 2A5
(514) 934-2000   *SIC 4899*

GROUPE PANDA DETAIL INC. *p 1069*
667 Rue Giffard, LONGUEUIL, QC, J4G 1Y3
(450) 646-6889   *SIC 5661*

GROUPE PERMACON *p 991*
See MATERIAUX DE CONSTRUCTION OLDCASTLE CANADA INC, LES

GROUPE PERMACON *p 1009*
See MATERIAUX DE CONSTRUCTION OLDCASTLE CANADA INC, LES

GROUPE PETROLIER OLCO ULC *p 1132*
2775 Av Georges-V, MONTREAL-EST, QC, H1L 6J7
(514) 645-6526   *SIC 5172*

GROUPE PETROLIER OLCO, LE *p 1132*
See GROUPE PETROLIER OLCO ULC

GROUPE PGS 2009 INC *p 1016*
1371 Rue De La Manic, CHICOUTIMI, QC, G7K 1G7
(418) 696-1212   *SIC 1711*

GROUPE PHOENICIA INC *p 764*
1303 North Service Rd E Unit 4, OAKVILLE, ON, L6H 1A7
(905) 829-2488   *SIC 5149*

GROUPE PICHE CONSTRUCTION INC *p 594*
5460 Canotek Rd Unit 98, GLOUCESTER, ON, K1J 9G9
(613) 742-4217   *SIC 1542*

GROUPE PICHE ONTARIO *p 594*
See GROUPE PICHE CONSTRUCTION INC

GROUPE PLAZA *p 995*

See PLAZACORP RETAIL PROPERTIES LTD
GROUPE POLY-M2 INC, LE p 1239
4005a Rue De La Garlock, SHERBROOKE, QC, J1L 1W9
(819) 562-2161   SIC 7349
GROUPE POLYALTO INC p 1212
4105 Rue Hickmore, SAINT-LAURENT, QC, H4T 1S5
(514) 738-6817   SIC 5162
GROUPE PPP p 1167
See GROUPE PPP LTEE, LE
GROUPE PPP LTEE, LE p 1167
1165 Boul Lebourgneuf Bureau 250, Quebec, QC, G2K 2C9
(418) 623-8155   SIC 6351
GROUPE PREMIERE MOISSON INC p 1256
189 Boul Harwood, VAUDREUIL-DORION, QC, J7V 1Y3
(450) 455-2827   SIC 2051
GROUPE PROMEC INC p 1177
1300 Rue Saguenay, ROUYN-NORANDA, QC, J9X 7C3
(819) 797-7500   SIC 1731
GROUPE PROMUTUEL FEDERATION DE SOCIETE MUTUELLES D'ASSURANCES GENERALES p 998
756 Rue Laurier, BELOEIL, QC, J3G 4J9
(450) 446-7777   SIC 6331
GROUPE PROMUTUEL FEDERATION DE SOCIETE MUTUELLES D'ASSURANCES GENERALES p 998
See GROUPE PROMUTUEL FEDERATION DE SOCIETE MUTUELLES D'ASSURANCES GENERALES
GROUPE PROMUTUEL FEDERATION DE SOCIETE MUTUELLES D'ASSURANCES GENERALES p 1030
1500 Boul Lemire, DRUMMONDVILLE, QC, J2C 5A4
(819) 477-8844   SIC 8742
GROUPE PROMUTUEL FEDERATION DE SOCIETE MUTUELLES D'ASSURANCES GENERALES p 1053
48 Boul Taschereau, LA PRAIRIE, QC, J5R 6C1
(450) 444-0988   SIC 6311
GROUPE PROMUTUEL FEDERATION DE SOCIETE MUTUELLES D'ASSURANCES GENERALES p 1177
See GROUPE PROMUTUEL FEDERATION DE SOCIETE MUTUELLES D'ASSURANCES GENERALES
GROUPE PROMUTUEL FEDERATION DE SOCIETE MUTUELLES D'ASSURANCES GENERALES p 1177
100 Av Du Lac, ROUYN-NORANDA, QC, J9X 4N4
(819) 762-8105   SIC 6411
GROUPE PROMUTUEL FEDERATION DE SOCIETE MUTUELLES D'ASSURANCES GENERALES p 1186
200 Rue Dubois, SAINT-EUSTACHE, QC, J7P 4W9
(450) 623-5774   SIC 6411
GROUPE PROMUTUEL FEDERATION DE SOCIETE MUTUELLES D'ASSURANCES GENERALES p 1235
34 Av Victoria, SHAWVILLE, QC, J0X 2Y0
(819) 647-2953   SIC 6411
GROUPE PROMUTUEL FEDERATION DE SOCIETE MUTUELLES D'ASSURANCES GENERALES p 1261
210 Rue Lewis O, WATERLOO, QC, J0E 2N0
(450) 539-0384   SIC 6411
GROUPE QUALINET INC p 990
8375 Rue Bombardier, ANJOU, QC, H1J 1A5
(514) 344-7337   SIC 7699
GROUPE QUALINET INC p 1146
434 Rue Des Monteregiennes, Quebec, QC, G1C 7H3
(418) 387-4000   SIC 7349

GROUPE QUALITAS p 994
See SNC-LAVALIN GEM QUEBEC INC
GROUPE QUALITAS p 1035
See SNC-LAVALIN GEM QUEBEC INC
GROUPE QUALITAS p 1048
See SNC-LAVALIN GEM QUEBEC INC
GROUPE QUALITAS p 1104
See SNC-LAVALIN GEM QUEBEC INC
GROUPE QUALITAS p 1205
See SNC-LAVALIN GEM QUEBEC INC
GROUPE QUALITAS p 1207
See SNC-LAVALIN GEM QUEBEC INC
GROUPE RANDSTAD p 1207
See RANDSTAD INTERIM INC
GROUPE RESTAURANTS IMVESCOR INC p 884
355 Algonquin Blvd E, TIMMINS, ON, P4N 1B5
(705) 264-3000   SIC 5812
GROUPE RESTAURANTS IMVESCOR INC p 1036
370 Boul Greber Unite 200, GATINEAU, QC, J8T 5R6
(819) 561-8000   SIC 5812
GROUPE RESTAURANTS IMVESCOR INC p 1049
2945 Boul Saint-Charles, KIRKLAND, QC, H9H 3B5
(514) 695-8720   SIC 5812
GROUPE RESTAURANTS IMVESCOR INC p 1075
100 Rue Principale S Bureau 24, MANIWAKI, QC, J9E 3L4
(819) 441-1234   SIC 5812
GROUPE RESTAURANTS IMVESCOR INC p 1086
7275 Rue Sherbrooke E Bureau 148, Montreal, QC, H1N 1E9
(514) 355-4955   SIC 5812
GROUPE RESTAURANTS IMVESCOR INC p 1100
150 Rue Sainte-Catherine O Bureau 5, Montreal, QC, H2X 3Y2
(514) 845-8128   SIC 5812
GROUPE RESTAURANTS IMVESCOR INC p 1119
10490 Rue Lajeunesse, Montreal, QC, H3L 2E5
(514) 385-0123   SIC 5812
GROUPE RESTAURANTS IMVESCOR INC p 1125
8250 Boul Decarie Bureau 310, Montreal, QC, H4P 2P5
(514) 341-5544   SIC 6794
GROUPE RESTAURANTS IMVESCOR INC p 1148
7900 Boul Henri-Bourassa, Quebec, QC, G1H 3G3
(418) 628-5887   SIC 5812
GROUPE RESTAURANTS IMVESCOR INC p 1173
117 Rue Saint-Germain O, RIMOUSKI, QC, G5L 4B6
(418) 723-3030   SIC 5812
GROUPE RESTAURANTS IMVESCOR INC p 1198
419 Rue Saint-Jacques, SAINT-JEAN-SUR-RICHELIEU, QC, J3B 2M1
(450) 347-8133   SIC 5812
GROUPE RESTAURANTS IMVESCOR INC p 1238
1705 Rue King O, SHERBROOKE, QC, J1J 2C8
(819) 564-1090   SIC 5812
GROUPE RESTOS PLAISIRS INC, LE p 1150
46 Boul Champlain, Quebec, QC, G1K 4H7
(418) 694-0303   SIC 5812
GROUPE RESTOS PLAISIRS INC, LE p 1150
84 Rue Dalhousie Bureau 140, Quebec, QC, G1K 8M5
(418) 692-4455   SIC 5812
GROUPE RESTOS PLAISIRS INC, LE p 1157

46 Boul Rene-Levesque O, Quebec, QC, G1R 2A4
(418) 523-2013   SIC 5812
GROUPE RESTOS PLAISIRS INC, LE p 1159
1326 Av Maguire, Quebec, QC, G1T 1Z3
(418) 684-2013   SIC 5812
GROUPE RESTOS PLAISIRS INC, LE p 1162
3121 Boul Hochelaga, Quebec, QC, G1W 2P9
(418) 658-4415   SIC 5812
GROUPE ROBERT INC p 716
300 Statesman Dr, MISSISSAUGA, ON, L5S 2A2
(905) 564-9999   SIC 4213
GROUPE ROBERT INC p 1004
20 Boul Marie-Victorin, BOUCHERVILLE, QC, J4B 1V5
(514) 521-1011   SIC 4213
GROUPE ROBERT INC p 1004
20 Boul Marie-Victorin, BOUCHERVILLE, QC, J4B 1V5
(514) 521-1011   SIC 4212
GROUPE ROBERT INC p 1004
65 Rue De Vaudreuil, BOUCHERVILLE, QC, J4B 1K7
(450) 641-1727   SIC 4225
GROUPE ROBERT INC p 1038
1040 Boul Saint-Joseph, GATINEAU, QC, J8Z 1T3
(819) 771-8311   SIC 4213
GROUPE ROBERT INC p 1061
1001 90e Av, LASALLE, QC, H8R 3A4
(514) 368-8772   SIC 4225
GROUPE ROBERT INC p 1252
1130 Ch Des Petites-Terres, Trois-Rivieres, QC, G9B 7G9
(819) 377-3003   SIC 4213
GROUPE ROBERT TRANSPORT p 1242
See TRANSPORT ROBERT (1973) LTEE
GROUPE ROY SANTE INC p 1100
3550 Rue Saint-Urbain, Montreal, QC, H2X 4C5
(514) 849-1357   SIC 8051
GROUPE ROYAL INC p 1244
1085 Rue Des Cheminots, TERREBONNE, QC, J6W 0A1
(450) 492-5080   SIC 5039
GROUPE S.M. INTERNATIONAL INC, LE p 1096
433 Rue Chabanel O Bureau 1200, Montreal, QC, H2N 2J8
(514) 982-6001   SIC 8711
GROUPE SANTE MEDISYS INC p 311
1111 Hastings St W Suite 1500, VANCOUVER, BC, V6E 2J3
SIC 8093
GROUPE SANTE MEDISYS INC p 578
365 Evans Ave Suite 100, ETOBICOKE, ON, M8Z 1K2
(416) 251-2611   SIC 6321
GROUPE SANTE MEDISYS INC p 940
3300 Bloor St. W Suite 2802, TORONTO, ON, M8X 2X2
(416) 926-2698   SIC 8093
GROUPE SANTE MEDISYS INC p 1111
1255 Rue University Bureau 900, Montreal, QC, H3B 3X4
SIC 8099
GROUPE SANTE PHYSIMED INC p 1212
6363 Rte Transcanadienne Bureau 121, SAINT-LAURENT, QC, H4T 1Z9
(514) 747-8888   SIC 8011
GROUPE SEB CANADA INC p 845
345 Passmore Ave, SCARBOROUGH, ON, M1V 3N8
(416) 297-4131   SIC 5064
GROUPE SINISTRE 24/7 INC p 1168
550 Rue De L'argon Bureau 300, QUEBEC, QC, G2N 2E1
SIC 1521
GROUPE SINOX INC p 1179

16 Rue Turgeon, SAINT-ANSELME, QC, G0R 2N0
(418) 885-8276   SIC 3556
GROUPE SOGIDES INC p 1095
955 Rue Amherst, Montreal, QC, H2L 3K4
(514) 523-1182   SIC 2731
GROUPE SOUCY INC p 1248
1060 Boul Thibeau, Trois-Rivieres, QC, G8T 7B2
(819) 376-3111   SIC 7381
GROUPE SPECTAL p 1042
See INDUSTRIES SPECTAL INC
GROUPE SPORTSCENE INC p 1001
2555 Rue D'annemasse, BOISBRIAND, QC, J7H 0A3
(450) 437-2011   SIC 5812
GROUPE SPORTSCENE INC p 1007
9300 Boul Leduc, BROSSARD, QC, J4Y 0B3
(450) 656-4011   SIC 5812
GROUPE SPORTSCENE INC p 1012
72 Boul Saint-Jean-Baptiste Bureau 120, Chateauguay, QC, J6K 4Y7
SIC 5812
GROUPE SPORTSCENE INC p 1030
400 Boul Saint-Joseph, DRUMMONDVILLE, QC, J2C 2A8
(819) 474-6373   SIC 5812
GROUPE SPORTSCENE INC p 1059
7077 Boul Newman Bureau 150, LASALLE, QC, H8N 1X1
(514) 363-1403   SIC 5812
GROUPE SPORTSCENE INC p 1065
5500 Boul Guillaume-Couture, Levis, QC, G6V 4Z2
(418) 835-6000   SIC 5812
GROUPE SPORTSCENE INC p 1102
114 Rue Saint-Paul E, Montreal, QC, H2Y 1G6
(514) 288-1115   SIC 5812
GROUPE SPORTSCENE INC p 1111
1212 Rue De La Gauchetiere O, Montreal, QC, H3B 2S2
(514) 925-2255   SIC 5812
GROUPE SPORTSCENE INC p 1116
1437 Boul Rene-Levesque O, Montreal, QC, H3G 1T7
SIC 5812
GROUPE SPORTSCENE INC p 1125
5485 Rue Des Jockeys, Montreal, QC, H4P 2T7
(514) 731-2020   SIC 5812
GROUPE SPORTSCENE INC p 1142
6321 Aut Transcanadienne Bureau 148, POINTE-CLAIRE, QC, H9R 5A5
(514) 694-4915   SIC 5812
GROUPE SPORTSCENE INC p 1147
8000 Boul Henri-Bourassa, Quebec, QC, G1G 4C7
SIC 5812
GROUPE SPORTSCENE INC p 1182
2250 Boul Sir-Wilfrid-Laurier, SAINT-BRUNO, QC, J3V 4P6
(450) 461-1115   SIC 5812
GROUPE SPORTSCENE INC p 1184
280 Voie De La Desserte, SAINT-CONSTANT, QC, J5A 2C9
(450) 635-0111   SIC 5812
GROUPE SPORTSCENE INC p 1231
100 Place Fabien-Drapeau, SAINTE-THERESE, QC, J7E 5W6
(450) 434-2243   SIC 5812
GROUPE SPORTSCENE INC p 1245
2247 Ch Gascon Bureau 403, TERREBONNE, QC, J6X 4H3
(450) 961-2243   SIC 5812
GROUPE SPORTSCENE INC p 1248
4210 Boul Des Forges, Trois-Rivieres, QC, G8Y 1W3
(819) 376-1537   SIC 5812
GROUPE STAVIBEL INC p 988
762 Av De L'industrie, AMOS, QC, J9T 4L9
(819) 732-8355   SIC 8711
GROUPE STAVIBEL INC p 1177

150 Rue Gamble O, ROUYN-NORANDA, QC, J9X 2R7
(819) 764-5181   SIC 8711
GROUPE STAVIBEL INC   p 1177
1375 Av Lariviere, ROUYN-NORANDA, QC, J9X 6M6
(819) 764-5181   SIC 8711
GROUPE STAVIBEL INC   p 1177
25 Rue Gamble E, ROUYN-NORANDA, QC, J9X 3B6
(819) 764-5181   SIC 8711
GROUPE STAVIBEL INC   p 1253
1271 7e Rue, VAL-D'OR, QC, J9P 3S1
(819) 825-2233   SIC 8711
GROUPE STERLING INTIMITE INC, LE   p 1096
9600 Rue Meilleur Bureau 930, Montreal, QC, H2N 2E3
(514) 385-0500   SIC 5137
GROUPE SUTTON ACTUEL INC   p 1070
115 Rue Saint-Charles O, LONGUEUIL, QC, J4H 1C7
(450) 651-1079   SIC 6531
GROUPE SUTTON SYNERGIE INC   p 1170
3618 Rue Queen, RAWDON, QC, J0K 1S0
(450) 834-8840   SIC 6531
GROUPE TECHNA INC   p 1212
8550 Ch De La Cote-De-Liesse Bureau 100, SAINT-LAURENT, QC, H4T 1H2
(514) 953-9898   SIC 7371
GROUPE TEKNIKA (MC)   p 1116
See LES SERVICES EXP INC
GROUPE TIF GROUP INC   p 947
112 Rue Clement Ss 4, VARS, ON, K0A 3H0
(613) 656-7978   SIC 7532
GROUPE TMC, LE   p 1107
See MEDIA BUYING SERVICES ULC
GROUPE TORA INC   p 1186
413 Boul Arthur-Sauve, SAINT-EUSTACHE, QC, J7P 2B2
(450) 491-6060   SIC 5812
GROUPE TOUCHETTE INC   p 947
370 Caldari Rd, VAUGHAN, ON, L4K 4J4
(905) 761-2023   SIC 5014
GROUPE TP-HOLIDAY   p 1087
See TP-HOLIDAY GROUP LIMITED
GROUPE TRADITION'L INC   p 1153
460 Av Marconi, Quebec, QC, G1N 4A8
(418) 687-3704   SIC 2051
GROUPE TRADITIONEL   p 1154
See WESTON BAKERIES LIMITED
GROUPE TYT INC   p 1029
675 Boul Lemire O, DRUMMONDVILLE, QC, J2B 8A9
(819) 474-4884   SIC 4213
GROUPE TYT INC   p 1069
454 Rue Jean-Neveu, LONGUEUIL, QC, J4G 1N8
(819) 474-4884   SIC 4213
GROUPE VEZINA & ASSOCIES LTEE, LE p 1201
446 Rue Saint-Georges, Saint-Jerome, QC, J7Z 5B1
(450) 436-2922   SIC 6411
GROUPE VISION NEW LOOK INC   p 1182
105 Boul Des Promenades, SAINT-BRUNO, QC, J3V 5K2
(450) 441-0812   SIC 5995
GROUPE VISION NEW LOOK INC   p 1209
4405 Ch Du Bois-Franc, SAINT-LAURENT, QC, H4S 1A8
(514) 904-5665   SIC 8731
GROUPE VOLVO CANADA INC   p 1068
850 Ch Olivier, Levis, QC, G7A 2N1
(418) 831-2046   SIC 7699
GROUPE VOLVO CANADA INC   p 1163
2955a Av Watt, Quebec, QC, G1X 3W1
(418) 654-0174   SIC 4225
GROUPE VOLVO CANADA INC   p 1187
1000 Boul Industriel Bureau 1160, SAINT-EUSTACHE, QC, J7R 5A5
(450) 472-6410   SIC 3711
GROUPE VOLVO CANADA INC   p 1188
155 Rte Marie-Victorin, Saint-Francois-du-Lac, QC, J0G 1M0
(450) 568-3335   SIC 3711
GROUPE VOLVO CANADA INC   p 1225
35 Boul Gagnon, SAINTE-CLAIRE, QC, G0R 2V0
(418) 883-3391   SIC 5012
GROUPE VOYAGES QUEBEC INC   p 1157
174 Grande Allee O, Quebec, QC, G1R 2G9
(418) 525-4585   SIC 4725
GROUPE WESTCO INC   p 419
9 Rue Westco, SAINT-FRANCOIS-DE-MADAWASKA, NB, E7A 1A5
(506) 992-3112   SIC 5499
GROUPE YELLOW INC   p 1036
680 Boul Maloney O, GATINEAU, QC, J8T 8K7
SIC 5661
GROUPE YELLOW INC   p 1099
5665 Boul Saint-Laurent, Montreal, QC, H2T 1S9
(514) 273-0424   SIC 5661
GROUPE YELLOW INC   p 1167
1040 Rue Bouvier, Quebec, QC, G2K 1L9
(418) 623-0975   SIC 5661
GROUPE YVES GAGNON MONT-TREMBLANT p 1083
See COUPAL & FILS INC
GROUPE-CODERR   p 987
See CORPORATION REGIONALE DE DEVELOPPEMENT DE LA RECUPERATION ET DU RECYCLAGE REGION 02
GROUPE-CONSEIL, SENC   p 1172
See BPR - GROUPE-CONSEIL, SENC
GROUPECHO CANADA INC   p 1018
1 Place Laval Bureau 400, Cote Saint-Luc, QC, H7N 1A1
(514) 335-3246   SIC 7323
GROUPECHO CANADA INC   p 1152
455 Rue Du Marais Bureau 235, Quebec, QC, G1M 3A2
(418) 681-1545   SIC 6111
GROUPECHO COLLECTION   p 1151
See 2772981 CANADA INC
GROUPECHO COLLECTION   p 1152
See GROUPECHO CANADA INC
GROUPEMENT DES ASSUREURS AUTOMOBILES p 1126
800 Place-Victoria Bureau 2410, Montreal, QC, H4Z 0A2
(514) 288-1537   SIC 6411
GROUPEMENT DES ASSUREURS AUTOMOBILES (GAA) p 1126
See INSURANCE BUREAU OF CANADA
GROUPEX INC   p 901
3 Rowanwood Ave, TORONTO, ON, M4W 1Y5
(416) 968-0000   SIC 8748
GROUPEX-SOLUTIONS   p 901
See GROUPEX INC
GROUPHEALTH BENEFIT SOLUTIONS   p 287
2626 Croydon Dr Suite 200, SURREY, BC, V3Z 0S8
(604) 542-4100   SIC 6411
GROUPHEALTH GLOBAL PARTNER   p 281
See GROUPHEALTH GLOBAL PARTNERS INC
GROUPHEALTH GLOBAL PARTNERS INC   p 281
2626 Croydon Dr Suite 200, SURREY, BC, V3S 0S8
(604) 542-4100   SIC 8741
GROUPHEALTH GLOBAL PARTNERS INC   p 497
556 Bryne Dr Suite 20, BARRIE, ON, L4N 9P6
(705) 797-5142   SIC 8741
GROVE MOTOR INN   p 165
See GROUP FIVE INVESTORS LTD
GROVE PONTIAC BUICK GMC LTD   p 165
Highway 16a W, SPRUCE GROVE, AB, T7X 3B2
SIC 5511
GROVE SCHOOL   p 779
See DURHAM DISTRICT SCHOOL BOARD
GROW CENTRE, THE   p 341
See SCHOOL DISTRICT NO 27 (CARIBOO-CHILCOTIN)
GROWERS SUPPLY COMPANY LIMITED   p 223
2605 Acland Rd, KELOWNA, BC, V1X 7J4
(250) 765-4500   SIC 5191
GROWING TYKES CHILD CARE   p 837
910 Markham Rd, SCARBOROUGH, ON, M1H 2Y2
(416) 438-4088   SIC 8351
GROWING TYKES LEARNING CENTRE   p 837
See GROWING TYKES CHILD CARE
GROWTH WORKS LTD   p 311
1055 Georgia St W Suite 2600, VANCOUVER, BC, V6E 3R5
(604) 895-7279   SIC 6211
GROWTHWORKS CAPITAL LTD   p 311
1055 Georgia St W Suite 2600, VANCOUVER, BC, V6E 0B6
(604) 633-1418   SIC 6799
GROWTHWORKS ENTERPRISES LTD   p 458
1801 Hollis St Suite 310, HALIFAX, NS, B3J 3N4
(902) 423-9367   SIC 6211
GRUES J.M. FRANCOEUR INC   p 1087
6155 Rue La Fontaine, Montreal, QC, H1N 2B8
(514) 747-5700   SIC 7389
GRUES MARTEL   p 1239
See GUAY INC
GRUPPO CAMPARI   p 936
See FORTY CREEK DISTILLERY LTD
GRUYICH SERVICES INC   p 589
1485 Garrison Rd, FORT ERIE, ON, L2A 1P8
(905) 871-8333   SIC 7011
GS1 CANADA   p 990
9200 Boul Du Golf, ANJOU, QC, H1J 3A1
(514) 355-8929   SIC 8611
GSH   p 439
See GREAT SLAVE HELICOPTERS LTD
GSI ENVIRONNEMENT INC   p 1155
4495 Boul Wilfrid-Hamel Bureau 100, Quebec, QC, G1P 2J7
(418) 872-4227   SIC 8748
GSI ENVIRONNEMENT INC   p 1255
1501 Boul Lionel-Boulet, VARENNES, QC, J3X 1P7
(418) 882-2736   SIC 2875
GSK   p 1214
See GLAXOSMITHKLINE INC
GSL GROUP   p 948
See GIL AND SONS LIMITED
GTA GOLF   p 194
500 Colwyn St Suite 58, CAMPBELL RIVER, BC, V9W 5J2
(250) 255-8897   SIC 7997
GTI CANADA INC   p 1102
465 Rue Mcgill Bureau 1000, Montreal, QC, H2Y 2H1
(514) 937-6122   SIC 7379
GTS HOLDINGS LIMITED   p 633
1217 Princess St, KINGSTON, ON, K7M 3E1
(613) 549-2211   SIC 7011
GTTE GROUPE TECHNOLOGIQUE ET TELECOM ET ELECTRIQUE p 1192
See PLAN GROUP INC
GUARANTEE CO OF NORTH AMERICA, (THE) p 593
36 Parkridge Cres, GLOUCESTER, ON, K1B 3E7
SIC 6411
GUARANTEE COMPANY OF NORTH AMERICA, THE p 748
4950 Yonge St Suite 1400, NORTH YORK, ON, M2N 6K1
(416) 223-9580   SIC 6411
GUARANTEE COMPANY OF NORTH AMERICA, THE p 748
4950 Yonge St Suite 1400, NORTH YORK, ON, M2N 6K1
(416) 223-9582   SIC 6411
GUARANTEE COMPANY OF NORTH AMERICA, THE p 977
954 Dundas St, WOODSTOCK, ON, N4S 7Z9
(519) 539-9868   SIC 6411
GUARANTEE COMPANY OF NORTH AMERICA, THE p 1112
See GUARANTEE COMPANY OF NORTH AMERICA, THE
GUARANTEE COMPANY OF NORTH AMERICA, THE p 1112
1010 Rue De La Gauchetiere O Bureau 1560, Montreal, QC, H3B 2R4
(514) 866-6351   SIC 6411
GUARDIAN A ASHAWCOR CO   p 6
See SHAWCOR LTD
GUARDIAN A SHAWCOR COMPANY   p 1268
See SHAWCOR LTD
GUARDIAN ANGELS CATHOLIC ELEMENTARY SCHOOL p 524
See DUFFERIN-PEEL CATHOLIC DISTRICT SCHOOL BOARD
GUARDIAN ANGELS CATHOLIC SCHOOL   p 860
See OTTAWA CATHOLIC DISTRICT SCHOOL BOARD
GUARDIAN ANGELS ELEMENTARY SCHOOL p 681
See HALTON CATHOLIC DISTRICT SCHOOL BOARD
GUARDIAN ANGELS SCHOOL   p 609
See HAMILTON-WENTWORTH CATHOLIC SCHOOL BOARD
GUARDIAN DRUGS   p 673
See MCKESSON CORPORATION
GUARDIAN INDUSTRIES CANADA CORP   p 882
10 Rouse St, TILLSONBURG, ON, N4G 5W8
SIC 3211
GUARDIAN INDUSTRIES CANADA CORP   p 942
355 Attwell Dr, TORONTO, ON, M9W 5C2
(416) 674-6945   SIC 3211
GUARDIAN INTERNATIONAL   p 500
4460 Ontario St Suite 3, BEAMSVILLE, ON, L0R 1B5
(905) 563-5080   SIC 7381
GUARDIAN OVERSEAS SHIPPING LTD   p 783
2222 Gladwin Cres, OTTAWA, ON, K1B 4S6
(613) 523-5855   SIC 4731
GUARDIAN, DIV OF   p 115
See SHAWCOR LTD
GUAY INC   p 990
10801 Rue Colbert, ANJOU, QC, H1J 2G5
(514) 354-7344   SIC 7353
GUAY INC   p 1046
2474 Rue Dubose, Jonquiere, QC, G7S 1B4
(418) 548-3192   SIC 7353
GUAY INC   p 1131
11225 Boul Metropolitain E, MONTREAL-EST, QC, H1B 1A3
(514) 259-1535   SIC 7353
GUAY INC   p 1167
1160 Rue Bouvier, Quebec, QC, G2K 1L9
(418) 628-8460   SIC 7353
GUAY INC   p 1217
2845 Rue De L'industrie Bureau B, SAINT-MATHIEU-DE-BELOEIL, QC, J3G 4S5
(450) 922-8344   SIC 7389
GUAY INC   p 1239
4300 Rue Hector-Brien, SHERBROOKE, QC, J1L 0E2
(819) 569-2041   SIC 7353
GUAY INC   p 1251

7100 Boul Jean-Xxiii, Trois-Rivieres, QC, G9A 5C9
(819) 377-4343   SIC 7353
GUAY SERVICE DE GRUE   p 1046
See GUAY INC
GUAY, DENIS   p 1016
93 Ch Menard, COATICOOK, QC, J1A 2S5
(819) 849-3788   SIC 2099
GUELPH COLLEGIATE & VOCATIONAL INSTITUTE   p 603
See UPPER GRAND DISTRICT SCHOOL BOARD, THE
GUELPH CUTTEN CLUB   p 602
Gd Stn Main, GUELPH, ON, N1H 6J5
(519) 824-2650   SIC 7997
GUELPH FIRE DEPARTMENT   p 602
See GUELPH, CITY OF
GUELPH HYDRO INC   p 600
395 Southgate Dr, GUELPH, ON, N1G 4Y1
(519) 822-3017   SIC 4911
GUELPH MANUFACTURING GROUP INC   p 602
39 Royal Rd, GUELPH, ON, N1H 1G2
(519) 822-5401   SIC 3465
GUELPH MERCURY, THE   p 602
See METROLAND MEDIA GROUP LTD
GUELPH PUBLIC LIBRARY   p 602
See GUELPH, CITY OF
GUELPH TOOL INC   p 602
See GUELPH MANUFACTURING GROUP INC
GUELPH, CITY OF   p 576
44 Montgomery Rd, ETOBICOKE, ON, M8X 1Z4
(416) 394-8731   SIC 7999
GUELPH, CITY OF   p 602
100 Norfolk St, GUELPH, ON, N1H 4J6
(519) 824-6220   SIC 8231
GUELPH, CITY OF   p 602
19 Northumberland St, GUELPH, ON, N1H 3A6
(519) 822-3550   SIC 8611
GUELPH, CITY OF   p 602
50 Wyndham St S, GUELPH, ON, N1H 4E1
(519) 824-6590   SIC 7389
GUENETTE, DIV OF   p 1214
See GIVESCO INC
GUESS? CANADA CORPORATION   p 1091
8275 19e Av, Montreal, QC, H1Z 4K2
(514) 593-4107   SIC 5136
GUESS? CANADA DETAIL   p 1091
See GUESS? CANADA CORPORATION
GUEST EDUCATION CENTER   p 322
See LULULEMON ATHLETICA CANADA INC
GUESTLOGIX INC   p 929
111 Peter St Suite 407, TORONTO, ON, M5V 2H1
(416) 642-0349   SIC 3577
GUIJEK INSTITUT QUEBECOIS POUR LA SANTE INTEGRALE   p 1093
5445 Av De Lorimier Bureau 401, Montreal, QC, H2H 2S5
(514) 527-2666   SIC 7999
GUILDFORD CAB (1993) LTD   p 286
8299 129 St Unit 101, SURREY, BC, V3W 0A6
(604) 585-8888   SIC 4121
GUILDFORD HOTEL LTD   p 289
10410 158 St, SURREY, BC, V4N 5C2
(604) 930-4700   SIC 7011
GUILDFORD LEARNING CENTRES   p 280
See SCHOOL DISTRICT NO 36 (SURREY)
GUILDFORD LIBRARY   p 281
See SURREY PUBLIC LIBRARY
GUILDFORD TOWN CENTRE LIMITED PARTNERSHIP   p 280
2695 Guildford Town Ctr, SURREY, BC, V3R 7C1
(604) 582-7101   SIC 6512
GUILDFORDS (2005) INC   p 407
151 Halifax St, MONCTON, NB, E1C 9R6
(506) 859-0818   SIC 8711

GUILDWOOD INN LIMITED, THE   p 815
1400 Venetian Blvd, POINT EDWARD, ON, N7T 7W6
(519) 337-7577   SIC 7011
GUILDWOOD JR PUBLIC SCHOOL   p 886
See TORONTO DISTRICT SCHOOL BOARD
GUILLEVIN INTERNATIONAL   p 28
See GUILLEVIN INTERNATIONAL CIE
GUILLEVIN INTERNATIONAL CIE   p 28
4220a Blackfoot Trail Se, CALGARY, AB, T2G 4E6
(403) 287-1680   SIC 3621
GUILLEVIN INTERNATIONAL CIE   p 92
11220 180 St Nw, EDMONTON, AB, T5S 2X5
(780) 453-1884   SIC 5063
GUILLEVIN INTERNATIONAL CIE   p 96
15304 131 Ave Nw, EDMONTON, AB, T5V 0A1
(780) 483-1060   SIC 5084
GUILLEVIN INTERNATIONAL CIE   p 185
5344 Lougheed Hwy, BURNABY, BC, V5B 2Z8
(604) 438-8661   SIC 5063
GUILLEVIN INTERNATIONAL CIE   p 393
1850 Vanier Blvd, BATHURST, NB, E2A 7B7
(506) 546-8220   SIC 5063
GUILLEVIN INTERNATIONAL CIE   p 433
87 O'leary Ave, ST. JOHN'S, NL, A1B 2C9
(709) 722-1420   SIC 5063
GUILLEVIN INTERNATIONAL CIE   p 559
8200 Jane St, CONCORD, ON, L4K 5A7
SIC 5063
GUILLEVIN INTERNATIONAL CIE   p 990
10301 Rue Renaude-Lapointe, ANJOU, QC, H1J 2T4
(514) 355-7582   SIC 5065
GUITABEC INC   p 994
19420 Av Clark-Graham, Baie-D'Urfe, QC, H9X 3R8
(514) 457-7977   SIC 3931
GUITABEC INC   p 1053
42 Rue Principale S Bureau 600, LA PATRIE, QC, J0B 1Y0
(819) 888-2255   SIC 3931
GUITARES GODIN   p 994
See GUITABEC INC
GULF AND FRASER FISHERMEN'S CREDIT UNION   p 183
7375 Kingsway, BURNABY, BC, V3N 3B5
(604) 419-8888   SIC 6062
GULF AND FRASER FISHERMEN'S CREDIT UNION   p 269
7971 Westminster Hwy, RICHMOND, BC, V6X 1A4
(604) 419-8888   SIC 6062
GULF ISLANDS SECONDARY SCHOOL   p 276
See SCHOOL DISTRICT NO. 64 (GULF ISLANDS)
GULF SHORE CONSOLIDATED SCHOOL   p 984
See EASTERN SCHOOL DISTRICT
GULFSTREAM PUBLIC SCHOOL   p 763
See TORONTO DISTRICT SCHOOL BOARD
GULL LAKE SCHOOL   p 1269
See CHINOOK SCHOOL DIVISION NO 211
GULLIVER'S GRILL   p 344
See 3008754 MANITOBA LTD
GUNGNIR RESOURCES INC   p 288
1688 152 St Suite 404, SURREY, BC, V4A 4N2
(604) 683-0484   SIC 1041
GUNN, JOHN W MIDDLE SCHOOL   p 362
See RIVER EAST TRANSCONA SCHOOL DIVISION
GUNNEBO CANADA INC   p 514
9 Van Der Graaf Crt, BRAMPTON, ON, L6T 5E5
(905) 595-4140   SIC 5065
GUNTHER'S BUILDING CENTER LTD   p 60
2100 10 Ave Sw, CALGARY, AB, T3C 0K5

(403) 245-3311   SIC 5031
GUS WETTER SCHOOL   p 67
See CLEARVIEW SCHOOL DIVISION #71
GUSPRO INC   p 552
566 Riverview Line Unit 101, CHATHAM, ON, N7M 0N2
(519) 352-4550   SIC 3567
GUTHRIE PUBLIC SCHOOL   p 777
See RENFREW COUNTY DISTRICT SCHOOL BOARD
GUTHRIE SCHOOL   p 134
See STURGEON SCHOOL DIVISION #24
GUY BROWN PUBLIC SCHOOL   p 950
See HAMILTON-WENTWORTH DISTRICT SCHOOL BOARD, THE
GUY CARPENTER & COMPANY LTD   p 919
120 Bremner Blvd Suite 800, TORONTO, ON, M5J 0A8
(416) 979-0123   SIC 6411
GUY THIBAULT CHEVROLET BUICK GMC CADILLAC LTEE   p 1083
500 Av Saint-David Bureau 224, MONTMAGNY, QC, G5V 4P9
(418) 248-7122   SIC 5511
GUY'S FRENCHYS   p 445
See LEBLANC, GUY ENTERPRISES LIMITED
GUYSBOROUGH ACADEMY   p 456
See STRAIT REGIONAL SCHOOL BOARD
GUYSBOROUGH ANTIGONISH STRAIT HEALTH AUTHORITY   p 441
25 Bay St, ANTIGONISH, NS, B2G 2G5
(902) 867-4500   SIC 8062
GUYSBOROUGH ANTIGONISH STRAIT HEALTH AUTHORITY   p 445
1746 Union St, CANSO, NS, B0H 1H0
(902) 366-2794   SIC 8062
GUYSBOROUGH ANTIGONISH STRAIT HEALTH AUTHORITY   p 446
138 Hospital Rd, CLEVELAND, NS, B0E 1J0
(902) 625-3100   SIC 8069
GUYSBOROUGH ANTIGONISH STRAIT HEALTH AUTHORITY   p 446
138 Hospital Rd, CLEVELAND, NS, B0E 1J0
(902) 625-3230   SIC 8062
GUYSBOROUGH ANTIGONISH STRAIT HEALTH AUTHORITY   p 456
10560 Hwy 16, GUYSBOROUGH, NS, B0H 1N0
(902) 533-3702   SIC 8062
GUYSBOROUGH ANTIGONISH STRAIT HEALTH AUTHORITY   p 469
Gd, NEILS HARBOUR, NS, B0C 1N0
(902) 336-2200   SIC 8062
GUYSBOROUGH ANTIGONISH STRAIT HEALTH AUTHORITY   p 473
91 Hospital Rd, SHERBROOKE, NS, B0J 3C0
(902) 522-2882   SIC 8062
GUYSBOROUGH MEMORIAL HOSPITAL   p 456
See GUYSBOROUGH ANTIGONISH STRAIT HEALTH AUTHORITY
GVIC COMMUNICATIONS INC   p 1296
2310 Millar Ave, SASKATOON, SK, S7K 2Y2
(306) 665-3500   SIC 2711
GVN STRUCTURES INC   p 158
1611 Broadway Ave E Suite 1, REDCLIFF, AB, T0J 2P0
(403) 548-3100   SIC 1541
GW GRAHAM SECONDARY SCHOOL   p 198
See SCHOOL DISTRICT NO 33 CHILLIWACK
GWIL CRANE SERVICE   p 187
See GWIL INDUSTRIES INC
GWIL INDUSTRIES INC   p 187
5337 Regent St, BURNABY, BC, V5C 4H4
(604) 291-9401   SIC 7353
GWL REALTY ADVISORS INC   p 44
530 8 Ave Sw Suite 1900, CALGARY, AB, T2P 3S8
(403) 777-0410   SIC 6282
GWL REALTY ADVISORS INC   p 266

13575 Commerce Pky Ave Suite 150, RICHMOND, BC, V6V 2L1
(604) 586-1400   SIC 6282
GWL REALTY ADVISORS INC   p 302
650 Georgia St E Suite 1600, VANCOUVER, BC, V6A 2A1
(604) 713-6450   SIC 6531
GWL REALTY ADVISORS INC   p 698
1 City Centre Dr Suite 300, MISSISSAUGA, ON, L5B 1M2
(905) 275-6600   SIC 6531
GWL REALTY ADVISORS INC   p 698
50 Burnhamthorpe Rd W Suite 502, MISSISSAUGA, ON, L5B 3C2
(905) 361-8197   SIC 6282
GWL REALTY ADVISORS INC   p 923
25 King St W, TORONTO, ON, M5L 2A1
(416) 364-2281   SIC 6282
GWL REALTY ADVISORS INC   p 1106
2001 Boul Robert-Bourassa, Montreal, QC, H3A 2A6
(514) 350-7940   SIC 6531
GWN PIZZA CORP   p 164
604 Main St S Ss 3, SLAVE LAKE, AB, T0G 2A3
(780) 849-9699   SIC 5812
GYP-TEC DRYWALL   p 143
1922 16 Ave Se, MEDICINE HAT, AB, T1A 3T3
(403) 527-3777   SIC 1742
GYRO-TRAC INC   p 1169
2033 Rue Des Perseides, Quebec, QC, G3E 2G3
SIC 6712

H

H & G POWDER PAINTING, DIV OF   p 651
See 411930 ONTARIO LIMITED
H & M   p 559
See H & M HENNES & MAURITZ INC
H & M   p 841
See HENNES & MAURITZ
H & M HENNES & MAURITZ INC   p 559
1 Bass Pro Mills Dr, CONCORD, ON, L4K 5W4
(905) 760-1769   SIC 5651
H & R BLOCK   p 88
See H & R BLOCK CANADA, INC
H & R BLOCK   p 118
See SENEY HOLDINGS LTD
H & R BLOCK CANADA, INC   p 45
700 2 St Sw Suite 2600, CALGARY, AB, T2P 2W2
(403) 254-8689   SIC 7291
H & R BLOCK CANADA, INC   p 88
10126 124 St Nw, EDMONTON, AB, T5N 1P6
(780) 448-2100   SIC 7291
H & R BLOCK CANADA, INC   p 138
1218 3 Ave S, LETHBRIDGE, AB, T1J 0J9
(403) 329-3632   SIC 7291
H & R BLOCK CANADA, INC   p 244
622 Sixth St Suite 36, NEW WESTMINSTER, BC, V3L 3C3
(604) 931-3481   SIC 7291
H & R BLOCK CANADA, INC   p 259
1262 3rd Ave, PRINCE GEORGE, BC, V2L 3E7
(250) 564-0344   SIC 7291
H & R BLOCK CANADA, INC   p 721
801 Matheson Blvd W Unit 7, MISSISSAUGA, ON, L5V 2N6
(905) 366-0226   SIC 7291
H & R BLOCK CANADA, INC   p 779
40 King St W, OSHAWA, ON, L1H 1A4
(905) 436-9882   SIC 7291
H & R BLOCK CANADA, INC   p 873
8199 Yonge St, THORNHILL, ON, L3T 2C6
(905) 707-7785   SIC 7291
H & R BLOCK CANADA, INC   p 1287
366 N Albert St, REGINA, SK, S4R 3C1
(306) 777-0492   SIC 7291
H & R TRANSPORT LIMITED   p 18
4830 54 Ave Se, CALGARY, AB, T2C 2Y8

(403) 720-8344 SIC 4213
H & W PRODUCE CORPORATION p 98
14083 Victoria Trail Nw, EDMONTON, AB, T5Y 2B6
(780) 478-8780 SIC 5431
H A KOSTASH SCHOOL p 164
See ASPEN VIEW PUBLIC SCHOOL DIVISION NO. 78
H A S MARKETING p 935
See H.A.S. NOVELTIES LIMITED
H B GESTION ASSURANCE COLLECTIVE p 1020
See H.B. GROUP INSURANCE MANAGEMENT LTD
H D CARTWRIGHT SCHOOL p 58
See CALGARY BOARD OF EDUCATION
H E BOURGAIN SCHOOL p 7
See NORTHERN LIGHTS SCHOOL DIVISION NO. 69
H E BOURGOIN SCHOOL p 7
See NORTHERN LIGHTS SCHOOL DIVISION NO. 69
H G BERNARD PUBLIC SCHOOL p 825
See YORK REGION DISTRICT SCHOOL BOARD
H G C p 950
See HGC MANAGEMENT INC
H H LANGFORD PUBLIC SCHOOL p 725
See LIMESTONE DISTRICT SCHOOL BOARD
H I S CANADA INC p 311
1090 Georgia St W Suite 488, VANCOUVER, BC, V6E 3V7
(604) 685-3524 SIC 4724
H J ALEXANDER COMMUNITY SCHOOL p 942
See TORONTO DISTRICT SCHOOL BOARD
H J CAMBIE SECONDARY SCHOOL p 265
See BOARD OF EDUCATION SCHOOL DISTRICT #38 (RICHMOND)
H J LASSALINE CATHOLIC SCHOOL p 962
See WINDSOR-ESSEX CATHOLIC DISTRICT SCHOOL BOARD, THE
H L STRONG ACADEMY p 428
See NOVA CENTRAL SCHOOL DISTRICT
H M C SERVICES INC p 216
521 Golden Donald Upper Rd, GOLDEN, BC, V0A 1H1
(250) 344-5009 SIC 1611
H M C SERVICES INC p 264
723 Hwy 23 S, REVELSTOKE, BC, V0E 2S0
(250) 837-3136 SIC 1611
H M ROBINS PUBLIC SCHOOL p 833
See ALGOMA DISTRICT SCHOOL BOARD
H R MACMILLAN SPACE CENTRE p 316
See H.R. MACMILLAN SPACE CENTRE SOCIETY
H T THRIFT ELEMENTARY SCHOOL p 288
See SCHOOL DISTRICT NO 36 (SURREY)
H W PICK UP JUNIOR HIGHSCHOOL p 72
See WILD ROSE SCHOOL DIVISION NO. 66
H&H NORWEST LIMITED p 69
307 1 St E Unit 1, COCHRANE, AB, T4C 1Z3
SIC 1542
H&M HENNES & MAURITZ INC p 911
1 Dundas St W Suite 1808, TORONTO, ON, M5G 1Z3
(416) 623-4300 SIC 5651
H&R BLOCK p 1241
See SEARS CANADA INC
H&R DEVELOPMENTS p 960
26 Puttingedge Dr, WHITBY, ON, L1R 0H7
SIC 1522
H&R PROPERTY MANAGEMENT LTD p 757
3625 Dufferin St Suite 409, NORTH YORK, ON, M3K 1Z2
(416) 635-0163 SIC 6531
H-E-E-L CANADA INC p 990
11025 Boul Louis-H.-Lafontaine, ANJOU, QC, H1J 3A3
(514) 353-4335 SIC 5122

H. & C. MANAGEMENT CONSULTANTS LTD p 191
5500 Kingsway, BURNABY, BC, V5H 2G2
(604) 435-3385 SIC 7991
H. & C. MANAGEMENT CONSULTANTS LTD p 230
19925 Willowbrook Dr Suite 200, LANGLEY, BC, V2Y 1A7
(604) 533-3113 SIC 7991
H. & C. MANAGEMENT CONSULTANTS LTD p 274
7011 Elmbridge Way, RICHMOND, BC, V7C 4V5
(604) 278-3831 SIC 7991
H. & C. MANAGEMENT CONSULTANTS LTD p 283
13777 103 Ave, SURREY, BC, V3T 5B5
(604) 581-4447 SIC 7991
H. & C. MANAGEMENT CONSULTANTS LTD p 283
13821 103 Ave, SURREY, BC, V3T 5B5
(604) 588-1517 SIC 7991
H. & C. MANAGEMENT CONSULTANTS LTD p 300
555 12th Ave W Suite 299, VANCOUVER, BC, V5Z 3X7
(604) 876-1009 SIC 7991
H. B. BEAL SECONDARY SCHOOL p 657
See THAMES VALLEY DISTRICT SCHOOL BOARD
H. D. STAFFORD p 233
See SCHOOL DISTRICT NO. 35 (LANGLEY)
H. E. BERIAULT CATHOLIC JUNIOR HIGH SCHOOL p 89
See EDMONTON CATHOLIC SEPARATE SCHOOL DISTRICT NO.7
H. G. R. MEWS COMMUNITY CENTRE p 436
See CITY OF ST. JOHN'S
H. HARDCASTLE SCHOOL p 1267
See NORTHWEST SCHOOL DIVISION 203
H. MATTEAU ET FILS (1987) INC p 1135
2145 Boul Louis-Frechette, NICOLET, QC, J3T 1M9
(819) 293-5586 SIC 5211
H. MATTEAU ET FILS (1987) INC p 1234
1650 Rue Trudel, SHAWINIGAN, QC, G9N 0A2
(819) 539-8328 SIC 5251
H. MATTEAU ET FILS (1987) INC p 1248
15 Rue Philippe-Francoeur, Trois-Rivieres, QC, G8T 9L7
(819) 374-4735 SIC 5211
H. PAULIN & CO., DIV OF p 1130
See HILLMAN GROUP CANADA ULC, THE
H.A.S. NOVELTIES LIMITED p 935
300 Geary Ave, TORONTO, ON, M6H 2C5
(416) 593-1101 SIC 3993
H.B. GROUP INSURANCE MANAGEMENT LTD p 31
8500 Macleod Trail Se Suite 220s, CALGARY, AB, T2H 2N1
(403) 265-7211 SIC 6411
H.B. GROUP INSURANCE MANAGEMENT LTD p 714
5600 Cancross Crt, MISSISSAUGA, ON, L5R 3E9
(905) 507-6156 SIC 6331
H.B. GROUP INSURANCE MANAGEMENT LTD p 714
5600 Cancross Crt Suite A, MISSISSAUGA, ON, L5R 3E9
(905) 507-6156 SIC 6411
H.B. GROUP INSURANCE MANAGEMENT LTD p 1020
3080 Boul Le Carrefour Bureau 700, Cote Saint-Luc, QC, H7T 2R5
(450) 681-4950 SIC 6411
H.C. AVERY MIDDLE SCHOOL p 370
See SEVEN OAKS SCHOOL DIVISION
H.C. STARCK CANADA INC p 828
933 Vidal St S, SARNIA, ON, N7T 8H8
(519) 346-4300 SIC 2819

H.C. VIDAL LTEE p 1123
5700 Rue Philippe-Turcot, Montreal, QC, H4C 1V6
(514) 937-6187 SIC 7699
H.D. STAFFORD SECONDARY SCHOOL p 232
See BOARD OF EDUCATION OF SCHOOL DISTRICT NO. 35 (LANGLEY)
H.E. BROWN SUPPLY p 742
See MUSKOKA AUTO PARTS LIMITED
H.J. O'CONNELL CONSTRUCTION LIMITED p 433
See BIRD GENERAL CONTRACTORS LTD
H.R. MACMILLAN SPACE CENTRE SOCIETY p 316
1100 Chestnut St, VANCOUVER, BC, V6J 3J9
(604) 738-7827 SIC 7999
H.R.D.A. ENTERPRISES LIMITED p 461
7071 Bayers Rd Suite 5009, HALIFAX, NS, B3L 2C2
(902) 454-2851 SIC 4953
H.S. PAUL SCHOOL p 368
See LOUIS RIEL SCHOOL DIVISION
H.S. PIKE HOLDINGS INC p 568
366 Burkes Rd Rr 1, DEEP RIVER, ON, K0J 1P0
(613) 584-3337 SIC 5531
H.W. BURGESS PUBLIC SCHOOL p 948
See LAMBTON KENT DISTRICT SCHOOL BOARD
H.Y. LOUIE CO. LIMITED p 222
1940 Kane Rd Suite 101, KELOWNA, BC, V1V 2J9
(250) 868-3009 SIC 5411
H.Y. LOUIE CO. LIMITED p 231
2410 200 St, LANGLEY, BC, V2Z 1X1
(604) 530-7013 SIC 5411
H.Y. LOUIE CO. LIMITED p 280
14865 108 Ave, SURREY, BC, V3R 1W2
(604) 584-2616 SIC 5411
H.Y. LOUIE CO. LIMITED p 297
2949 Main St Suite 10, VANCOUVER, BC, V5T 3G4
(604) 873-8377 SIC 5411
H.Y. LOUIE CO. LIMITED p 322
909 Burrard St Suite 110, VANCOUVER, BC, V6Z 2N2
(604) 605-0612 SIC 5411
H.Y. LOUIE CO. LIMITED p 340
4330 Northlands Blvd, WHISTLER, BC, V0N 1B4
(604) 938-2850 SIC 5411
H2 CANMORE LODGING LP p 67
511 Bow Valley Trail, CANMORE, AB, T1W 1N7
(403) 678-3625 SIC 7011
H2 MARKETING & COMMUNICATIONS p 908
36 Toronto St Suite 800, TORONTO, ON, M5C 2C5
(416) 862-2800 SIC 8732
H2O ADVENTURES + FITNESS CENTRE p 223
See YMCA-YWCA OF THE CENTRAL OKANAGAN
HA HALBERT JR SCHOOL p 839
See TORONTO DISTRICT SCHOOL BOARD
HAAKON INDUSTRIES p 635
See HAAKON INDUSTRIES (CANADA) LTD
HAAKON INDUSTRIES (CANADA) LTD p 635
770 Fortune Cres, KINGSTON, ON, K7P 2T3
(613) 634-6500 SIC 3564
HAAR, JOHN L. THEATRE p 88
See GRANT MACEWAN UNIVERSITY
HACHETTE DISTRIBUTION SERVICES (CANADA) INC p 929
370 King St W Suite 600, TORONTO, ON, M5V 1J9

(416) 863-6400 SIC 5947
HACKER GIGNAC RICE p 680
518 Yonge St, MIDLAND, ON, L4R 2C5
(705) 526-2231 SIC 8111
HAFFORD CENTRAL SCHOOL p 1269
See LIVING SKY SCHOOL DIVISION NO. 202
HAFFORD MEDICAL CLINIC p 1269
See PRINCE ALBERT PARKLAND REGIONAL HEALTH AUTHORITY
HAFFORD SPECIAL CARE CENTRE p 1269
See PRINCE ALBERT PARKLAND REGIONAL HEALTH AUTHORITY
HAGEMEYER CANADA INC p 100
4810 92 Ave Nw, EDMONTON, AB, T6B 2X4
(780) 468-3366 SIC 5085
HAGERSVILLE ELEMENTARY SCHOOL p 605
See GRAND ERIE DISTRICT SCHOOL BOARD
HAGERSVILLE SECONDARY SCHOOL p 605
See GRAND ERIE DISTRICT SCHOOL BOARD
HAGGAR CANADA CO. p 1212
7445 Ch De La Cote-De-Liesse Bureau 300, SAINT-LAURENT, QC, H4T 1G2
(514) 322-5337 SIC 5136
HAGUE ELEMENTARY SCHOOL p 1270
See PRAIRIE SPIRIT SCHOOL DIVISION NO. 206
HAGUE HIGH SCHOOL p 1269
See PRAIRIE SPIRIT SCHOOL DIVISION NO. 206
HAIG SCHOOL p 1308
See SOUTH EAST CORNERSTONE SCHOOL DIVISION NO. 209
HAIN-CELESTIAL CANADA, ULC p 585
180 Attwell Dr Suite 410, ETOBICOKE, ON, M9W 6A9
(416) 849-6210 SIC 2075
HAIRCRAFTERS p 570
See CURLCO INDUSTRIES INC
HAKIM OPTICAL FACTORY OUTLET p 886
See HAKIM OPTICAL LABORATORY LIMITED
HAKIM OPTICAL LABORATORY LIMITED p 886
3430 Lawrence Ave E, TORONTO, ON, M1H 1A9
(416) 439-5351 SIC 5995
HALDANE ELEMENTARY SCHOOL p 196
See SCHOOL DISTRICT 73 (KAMLOOPS/THOMPSON)
HALDIMAND FAMILY RESTAURANTS LIMITED p 542
282 Argyle St S, CALEDONIA, ON, N3W 1K7
(905) 765-9660 SIC 5812
HALEY INDUSTRIES p 605
See MAGELLAN AEROSPACE LIMITED
HALF, ROBERT CANADA INC p 45
888 3 St Sw Suite 4200, CALGARY, AB, T2P 5C5
(403) 410-6320 SIC 7361
HALF, ROBERT CANADA INC p 45
888 3 St Sw Suite 4200, CALGARY, AB, T2P 5C5
(403) 264-5301 SIC 7361
HALF, ROBERT CANADA INC p 45
888 3 St Sw Suite 4200, CALGARY, AB, T2P 5C5
(403) 263-7266 SIC 7361
HALF, ROBERT CANADA INC p 80
10180 101 St Nw Suite 1280, EDMONTON, AB, T5J 3S4
(780) 429-1750 SIC 7361
HALF, ROBERT CANADA INC p 80
10180 101 St Nw Suite 1280, EDMONTON, AB, T5J 3S4
(780) 423-1466 SIC 7361
HALF, ROBERT CANADA INC p 80
10180 101 St Nw Suite 1280, EDMONTON,

AB, T5J 3S4
(780) 409-8780 SIC 7361
HALF, ROBERT CANADA INC p 323
1055 Dunsmuir St Suite 724, VANCOUVER, BC, V7X 1L4
(604) 685-4253 SIC 7361
HALF, ROBERT CANADA INC p 323
1055 Dunmere St Suite 724, VANCOUVER, BC, V7X 1L4
(604) 688-7572 SIC 7361
HALF, ROBERT CANADA INC p 533
11011 International Blvd Suite 104, BURLINGTON, ON, L7L 6W1
(905) 319-9384 SIC 7361
HALF, ROBERT CANADA INC p 694
1 Robert Speck Pky Unit 940, MISSISSAUGA, ON, L4Z 3M3
(905) 273-4092 SIC 7361
HALF, ROBERT CANADA INC p 694
1 Robert Speck Pky Suite 940, MISSISSAUGA, ON, L4Z 3M3
(905) 306-8326 SIC 7361
HALF, ROBERT CANADA INC p 748
5140 Yonge St Suite 1500, NORTH YORK, ON, M2N 6L7
(416) 226-4570 SIC 7361
HALF, ROBERT CANADA INC p 793
360 Albert St Suite 520, OTTAWA, ON, K1R 7X7
(613) 236-4253 SIC 7361
HALF, ROBERT CANADA INC p 919
181 Bay St Suite 820, TORONTO, ON, M5J 2T3
(416) 203-7656 SIC 7361
HALF, ROBERT CANADA INC p 1112
1 Place Ville-Marie Bureau 2330, Montreal, QC, H3B 3M5
(514) 875-8585 SIC 7361
HALF, ROBERT FINANCE AND ACCOUNTING p 323
See HALF, ROBERT CANADA INC
HALFMOON BAY ELEMENTARY SCHOOL p 217
See SCHOOL DISTRICT NO. 46 (SUNSHINE COAST)
HALIBURTON BROADCASTING GROUP INC p 494
30674 Hwy 28 East, BANCROFT, ON, K0L 1C0
(613) 332-1423 SIC 4832
HALIBURTON BROADCASTING GROUP INC p 867
493 Barrydowne Rd, SUDBURY, ON, P3A 3T4
(705) 560-8323 SIC 4832
HALIBURTON HIGHLANDS HEALTH SERVICES CORPORATION p 605
7199 Gelert Rd, HALIBURTON, ON, K0M 1S0
(705) 457-1392 SIC 8062
HALIBURTON HIGHLANDS HEALTH SERVICES CORPORATION p 683
30 Prentice St Rr 3, MINDEN, ON, K0M 2K0
(705) 286-2500 SIC 8361
HALIBURTON HIGHLANDS SECONDARY SCHOOL p 605
See TRILLIUM LAKELANDS DISTRICT SCHOOL BOARD
HALIBURTON HOSPITAL p 605
See HALIBURTON HIGHLANDS HEALTH SERVICES CORPORATION
HALIBURTON KAWARTHA PINE RIDGE DISTRICT HEALTH UNIT p 647
108 Angeline St S, LINDSAY, ON, K9V 3L5
(705) 324-3569 SIC 7991
HALIDIMAND HILLS SPAS VILLAGE, THE p 596
See 926715 ONTARIO INC
HALIFAX C & D RECYCLING LTD p 455
16 Mills Dr, GOODWOOD, NS, B3T 1P3
(902) 876-8644 SIC 4953

HALIFAX CENTRAL JUNIOR HIGH p 456
See HALIFAX REGIONAL SCHOOL BOARD
HALIFAX CONSTRUCTION & DEBRIS p 455
See HALIFAX C & D RECYCLING LTD
HALIFAX DARTMOUTH ISLAMIC SCHOOL p 449
42 Leaman Dr, DARTMOUTH, NS, B3A 2K9
(902) 469-9490 SIC 8211
HALIFAX DEVELOPMENTS p 457
See CROMBIE DEVELOPMENTS LIMITED
HALIFAX GOLF & COUNTRY CLUB, LIMITED p 461
3250 Joseph Howe Dr, HALIFAX, NS, B3L 4G1
(902) 443-8260 SIC 7997
HALIFAX HERALD LIMITED, THE p 444
311 Bluewater Rd, BEDFORD, NS, B4B 1Z9
(902) 426-2811 SIC 2711
HALIFAX INFIRMARY p 456
See NOVA SCOTIA HEALTH AUTHORITY
HALIFAX INTERNATIONAL AIRPORT AUTHORITY p 454
See TRANSPORT CANADA
HALIFAX REGIONAL LIBRARY p 466
See HALIFAX REGIONAL MUNICIPALITY
HALIFAX REGIONAL MUNICIPALITY p 448
60 Alderney Dr, DARTMOUTH, NS, B2Y 4P8
(902) 490-5745 SIC 8231
HALIFAX REGIONAL MUNICIPALITY p 451
200 Ilsley Ave, DARTMOUTH, NS, B3B 1V1
(902) 490-6614 SIC 4111
HALIFAX REGIONAL MUNICIPALITY p 454
1359 Fall River Rd, FALL RIVER, NS, B2T 1E5
(902) 860-4570 SIC 7999
HALIFAX REGIONAL MUNICIPALITY p 466
636 Sackville Dr, LOWER SACKVILLE, NS, B4C 2S3
(902) 865-8653 SIC 8231
HALIFAX REGIONAL SCHOOL BOARD p 443
1326 Bedford Hwy, BEDFORD, NS, B4A 1C9
(902) 421-7779 SIC 8211
HALIFAX REGIONAL SCHOOL BOARD p 443
210 Eaglewood Dr, BEDFORD, NS, B4A 3E3
(902) 832-8983 SIC 8211
HALIFAX REGIONAL SCHOOL BOARD p 443
273 Basinview Dr, BEDFORD, NS, B4A 3X8
(902) 832-8450 SIC 8211
HALIFAX REGIONAL SCHOOL BOARD p 443
28 Kinsac Rd, BEAVER BANK, NS, B4G 1C5
(902) 864-6805 SIC 8211
HALIFAX REGIONAL SCHOOL BOARD p 443
38 Monarch Dr, BEAVER BANK, NS, B4E 3A5
(902) 864-7540 SIC 8211
HALIFAX REGIONAL SCHOOL BOARD p 443
426 Rocky Lake Dr, BEDFORD, NS, B4A 2T5
(902) 832-8952 SIC 8211
HALIFAX REGIONAL SCHOOL BOARD p 443
670 Rocky Lake Dr, BEDFORD, NS, B4A 2T6
(902) 832-8964 SIC 8211
HALIFAX REGIONAL SCHOOL BOARD p 443
862 Beaver Bank Rd, BEAVER BANK, NS, B4G 1A9
(902) 864-7500 SIC 8211
HALIFAX REGIONAL SCHOOL BOARD p 445

72 Cherry Brook Rd, CHERRY BROOK, NS, B2Z 1A8
(902) 464-5164 SIC 8211
HALIFAX REGIONAL SCHOOL BOARD p 446
236 Astral Dr, DARTMOUTH, NS, B2V 1B8
(902) 462-8500 SIC 8211
HALIFAX REGIONAL SCHOOL BOARD p 446
238 Astral Dr, DARTMOUTH, NS, B2V 1B8
(902) 462-8700 SIC 8211
HALIFAX REGIONAL SCHOOL BOARD p 446
280 Caldwell Rd, DARTMOUTH, NS, B2V 1A3
(902) 462-6010 SIC 8211
HALIFAX REGIONAL SCHOOL BOARD p 447
141 Circassion Dr, DARTMOUTH, NS, B2W 4N7
(902) 464-5205 SIC 8211
HALIFAX REGIONAL SCHOOL BOARD p 447
15 Christopher Ave, DARTMOUTH, NS, B2W 3G2
(902) 435-8318 SIC 8211
HALIFAX REGIONAL SCHOOL BOARD p 447
16 Evergreen Dr, DARTMOUTH, NS, B2W 4A7
(902) 464-5140 SIC 8211
HALIFAX REGIONAL SCHOOL BOARD p 447
170 Arklow Dr, DARTMOUTH, NS, B2W 4R6
(902) 464-5184 SIC 8211
HALIFAX REGIONAL SCHOOL BOARD p 447
2 Bell St, DARTMOUTH, NS, B2W 2P3
(902) 435-8417 SIC 8211
HALIFAX REGIONAL SCHOOL BOARD p 447
2 Chameau Cres, DARTMOUTH, NS, B2W 4X4
(902) 464-5220 SIC 8211
HALIFAX REGIONAL SCHOOL BOARD p 447
22 Glencoe Dr, DARTMOUTH, NS, B2X 1J1
(902) 435-8435 SIC 8211
HALIFAX REGIONAL SCHOOL BOARD p 447
24 Andover St, DARTMOUTH, NS, B2X 2L9
(902) 435-8357 SIC 8211
HALIFAX REGIONAL SCHOOL BOARD p 447
3 Windward Ave, DARTMOUTH, NS, B2W 2G9
(902) 435-8459 SIC 8211
HALIFAX REGIONAL SCHOOL BOARD p 447
300 Auburn Dr, DARTMOUTH, NS, B2W 6E9
(902) 462-6900 SIC 8211
HALIFAX REGIONAL SCHOOL BOARD p 447
31 Woodlawn Rd, DARTMOUTH, NS, B2W 2R7
(902) 435-8452 SIC 8211
HALIFAX REGIONAL SCHOOL BOARD p 447
38 Caledonia Rd, DARTMOUTH, NS, B2X 1K8
(902) 435-8413 SIC 8211
HALIFAX REGIONAL SCHOOL BOARD p 447
4 Bell St, DARTMOUTH, NS, B2W 2P3
(902) 435-8353 SIC 8211
HALIFAX REGIONAL SCHOOL BOARD p 447
45 Portland Hills Dr, DARTMOUTH, NS, B2W 6L5
(902) 433-7100 SIC 8211
HALIFAX REGIONAL SCHOOL BOARD p 447

5 Everette St, DARTMOUTH, NS, B2W 1G2
(902) 464-2090 SIC 8211
HALIFAX REGIONAL SCHOOL BOARD p 447
54 Gregory Dr, DARTMOUTH, NS, B2W 3M6
(902) 464-5192 SIC 8211
HALIFAX REGIONAL SCHOOL BOARD p 447
70 Dorothea Dr, DARTMOUTH, NS, B2W 4M3
(902) 435-8325 SIC 8211
HALIFAX REGIONAL SCHOOL BOARD p 447
88 Belle Vista Dr, DARTMOUTH, NS, B2W 2X7
(902) 435-8420 SIC 8211
HALIFAX REGIONAL SCHOOL BOARD p 448
10 Hawthorne St, DARTMOUTH, NS, B2Y 2Y3
(902) 464-2048 SIC 8211
HALIFAX REGIONAL SCHOOL BOARD p 448
2 Penhorn Dr, DARTMOUTH, NS, B2Y 3K1
(902) 464-2040 SIC 8211
HALIFAX REGIONAL SCHOOL BOARD p 448
36 Hastings Dr, DARTMOUTH, NS, B2Y 2C5
(902) 464-2081 SIC 8211
HALIFAX REGIONAL SCHOOL BOARD p 448
85 Prince Arthur Ave, DARTMOUTH, NS, B2Y 0B3
(902) 464-2435 SIC 8211
HALIFAX REGIONAL SCHOOL BOARD p 449
25 Alfred St, DARTMOUTH, NS, B3A 4E8
(902) 464-2051 SIC 8211
HALIFAX REGIONAL SCHOOL BOARD p 449
49 Lyngby Ave, DARTMOUTH, NS, B3A 3V1
(902) 464-2503 SIC 8211
HALIFAX REGIONAL SCHOOL BOARD p 449
62 Leaman Dr, DARTMOUTH, NS, B3A 2K9
(902) 464-2488 SIC 8211
HALIFAX REGIONAL SCHOOL BOARD p 449
7 Brule St, DARTMOUTH, NS, B3A 4G2
(902) 464-2408 SIC 8211
HALIFAX REGIONAL SCHOOL BOARD p 449
75 Iroquois Dr, DARTMOUTH, NS, B3A 4M5
(902) 464-2084 SIC 8211
HALIFAX REGIONAL SCHOOL BOARD p 449
85 Victoria Rd, DARTMOUTH, NS, B3A 1T9
(902) 464-3640 SIC 8211
HALIFAX REGIONAL SCHOOL BOARD p 449
95 Victoria Rd, DARTMOUTH, NS, B3A 1V2
(902) 464-2457 SIC 8211
HALIFAX REGIONAL SCHOOL BOARD p 451
33 Spectacle Lake Dr, DARTMOUTH, NS, B3B 1X7
(902) 464-2000 SIC 8211
HALIFAX REGIONAL SCHOOL BOARD p 453
990 Highway 277, DUTCH SETTLEMENT, NS, B2S 2J5
(902) 883-3000 SIC 8211
HALIFAX REGIONAL SCHOOL BOARD p 454
10 Lockview Rd, FALL RIVER, NS, B2T 1J1
(902) 860-4163 SIC 8211
HALIFAX REGIONAL SCHOOL BOARD p 454
1410 Fall River Rd, FALL RIVER, NS, B2T 1J1
(902) 860-4182 SIC 8211
HALIFAX REGIONAL SCHOOL BOARD p

454
148 Lockview Rd, FALL RIVER, NS, B2T 1J1
(902) 860-6000   SIC 8211
HALIFAX REGIONAL SCHOOL BOARD p
454
168 Redoubt Way, EASTERN PASSAGE, NS, B3G 1E4
(902) 465-8650   SIC 8211
HALIFAX REGIONAL SCHOOL BOARD p
454
1881 Caldwell Rd, EASTERN PASSAGE, NS, B3G 1J3
(902) 465-7600   SIC 8211
HALIFAX REGIONAL SCHOOL BOARD p
454
51 Oceanview School Rd, EASTERN PASSAGE, NS, B3G 1J3
(902) 465-8670   SIC 8211
HALIFAX REGIONAL SCHOOL BOARD p
454
93 Samuel Danial Dr, EASTERN PASSAGE, NS, B3G 1S8
(902) 462-8401   SIC 8211
HALIFAX REGIONAL SCHOOL BOARD p
455
181 Holland Rd, FLETCHERS LAKE, NS, B2T 1A1
(902) 860-4170   SIC 8211
HALIFAX REGIONAL SCHOOL BOARD p
456
1787 Preston St, HALIFAX, NS, B3H 3V7
(902) 421-6777   SIC 8211
HALIFAX REGIONAL SCHOOL BOARD p
456
1930 Cambridge St, HALIFAX, NS, B3H 4S5
(902) 421-6775   SIC 8211
HALIFAX REGIONAL SCHOOL BOARD p
456
5966 South St, HALIFAX, NS, B3H 1S6
(902) 421-6758   SIC 8211
HALIFAX REGIONAL SCHOOL BOARD p
456
5985 Inglis St, HALIFAX, NS, B3H 1K7
(902) 421-6767   SIC 8211
HALIFAX REGIONAL SCHOOL BOARD p
456
6141 Watt St, HALIFAX, NS, B3H 2B7
(902) 421-6769   SIC 8211
HALIFAX REGIONAL SCHOOL BOARD p
458
5614 Morris St, HALIFAX, NS, B3J 1C2
(902) 421-6749   SIC 8211
HALIFAX REGIONAL SCHOOL BOARD p
460
2557 Maynard St, HALIFAX, NS, B3K 3V6
(902) 421-6785   SIC 8211
HALIFAX REGIONAL SCHOOL BOARD p
460
3479 Robie St, HALIFAX, NS, B3K 4S4
(902) 493-5124   SIC 8211
HALIFAX REGIONAL SCHOOL BOARD p
460
3669 Highland Ave, HALIFAX, NS, B3K 4J9
(902) 493-5155   SIC 8211
HALIFAX REGIONAL SCHOOL BOARD p
460
5389 Russell St, HALIFAX, NS, B3K 1W8
(902) 493-5180   SIC 8211
HALIFAX REGIONAL SCHOOL BOARD p
461
6067 Quinpool Rd, HALIFAX, NS, B3L 1A2
(902) 424-0233   SIC 8211
HALIFAX REGIONAL SCHOOL BOARD p
461
6364 North St, HALIFAX, NS, B3L 1P6
(902) 421-6763   SIC 8211
HALIFAX REGIONAL SCHOOL BOARD p
462
12 Clayton Park Dr, HALIFAX, NS, B3M 1L3
(902) 457-8940   SIC 8211
HALIFAX REGIONAL SCHOOL BOARD p
462
31 Tremont Dr, HALIFAX, NS, B3M 1X8
(902) 457-8986   SIC 8211
HALIFAX REGIONAL SCHOOL BOARD p
462
3299 Connolly St, HALIFAX, NS, B3L 3P7
(902) 493-5143   SIC 8211
HALIFAX REGIONAL SCHOOL BOARD p
462
45 Plateau Cres, HALIFAX, NS, B3M 2V7
(902) 457-8930   SIC 8211
HALIFAX REGIONAL SCHOOL BOARD p
462
6981 Mumford Rd, HALIFAX, NS, B3L 2H7
(902) 493-5132   SIC 8211
HALIFAX REGIONAL SCHOOL BOARD p
463
52 Alex St, HALIFAX, NS, B3N 2W4
(902) 457-8922   SIC 8211
HALIFAX REGIONAL SCHOOL BOARD p
463
66 Rockingstone Rd, HALIFAX, NS, B3R 2C9
(902) 479-4427   SIC 8211
HALIFAX REGIONAL SCHOOL BOARD p
463
7 Lancaster Dr, HALIFAX, NS, B3S 1E7
(902) 479-4214   SIC 8211
HALIFAX REGIONAL SCHOOL BOARD p
463
92 Downs Ave, HALIFAX, NS, B3N 1Y6
(902) 479-4606   SIC 8211
HALIFAX REGIONAL SCHOOL BOARD p
463
1 Regan Dr, HALIFAX, NS, B3R 2J1
(902) 479-4452   SIC 8211
HALIFAX REGIONAL SCHOOL BOARD p
463
121 Williams Lake Rd, HALIFAX, NS, B3P 1T6
(902) 479-4418   SIC 8211
HALIFAX REGIONAL SCHOOL BOARD p
463
142 Rufus Ave, HALIFAX, NS, B3N 2M1
(902) 457-8953   SIC 8211
HALIFAX REGIONAL SCHOOL BOARD p
463
155 Rosedale Ave, HALIFAX, NS, B3N 2K2
(902) 457-8960   SIC 8211
HALIFAX REGIONAL SCHOOL BOARD p
463
159 Purcells Cove Rd, HALIFAX, NS, B3P 1B7
(902) 479-4437   SIC 8211
HALIFAX REGIONAL SCHOOL BOARD p
463
206 Langbrae Dr, HALIFAX, NS, B3S 1L5
(902) 457-7800   SIC 8211
HALIFAX REGIONAL SCHOOL BOARD p
463
210 Coronation Ave, HALIFAX, NS, B3N 2Y3
(902) 457-8953   SIC 8211
HALIFAX REGIONAL SCHOOL BOARD p
463
230 Cowie Hill Rd, HALIFAX, NS, B3P 2M3
(902) 479-4298   SIC 8211
HALIFAX REGIONAL SCHOOL BOARD p
463
283 Thomas Raddall Dr, HALIFAX, NS, B3S 1R1
(902) 457-8900   SIC 8211
HALIFAX REGIONAL SCHOOL BOARD p
463
364 Herring Cove Rd, HALIFAX, NS, B3R 1V8
(902) 479-4286   SIC 8211
HALIFAX REGIONAL SCHOOL BOARD p
463
38 Sylvia Ave, HALIFAX, NS, B3R 1J9
(902) 479-4612   SIC 8211
HALIFAX REGIONAL SCHOOL BOARD p
464
1150 Old Sambro Rd, HARRIETSFIELD, NS, B3V 1B1
(902) 479-4230   SIC 8211
HALIFAX REGIONAL SCHOOL BOARD p
464
2180 Hammonds Plains Rd, HAMMONDS PLAINS, NS, B4B 1M5
(902) 832-8412   SIC 8211
HALIFAX REGIONAL SCHOOL BOARD p
464
2199 Prospect Rd, HATCHET LAKE, NS, B3T 1R8
(902) 852-2441   SIC 8211
HALIFAX REGIONAL SCHOOL BOARD p
464
2239 Prospect Rd, HATCHET LAKE, NS, B3T 1R8
(902) 852-2062   SIC 8211
HALIFAX REGIONAL SCHOOL BOARD p
464
24 Ridgewood Dr, HEAD OF ST MARGARETS BAY, NS, B3Z 2H4
(902) 826-3300   SIC 8211
HALIFAX REGIONAL SCHOOL BOARD p
464
40 O'connell Dr, HEAD OF CHEZZETCOOK, NS, B0J 1N0
(902) 827-4112   SIC 8211
HALIFAX REGIONAL SCHOOL BOARD p
464
6856 Highway 207 Rr 2, HEAD OF CHEZZETCOOK, NS, B0J 1N0
(902) 827-4666   SIC 8211
HALIFAX REGIONAL SCHOOL BOARD p
465
91 St Pauls Ave, HERRING COVE, NS, B3V 1H6
(902) 479-4200   SIC 8211
HALIFAX REGIONAL SCHOOL BOARD p
466
15 Hillside Ave, LOWER SACKVILLE, NS, B4C 1W6
(902) 864-6873   SIC 8211
HALIFAX REGIONAL SCHOOL BOARD p
466
35 Mcgee Dr, LOWER SACKVILLE, NS, B4C 2J1
(902) 864-6864   SIC 8211
HALIFAX REGIONAL SCHOOL BOARD p
466
4 Thomas St, LAKE ECHO, NS, B3E 1M6
(902) 829-2388   SIC 8211
HALIFAX REGIONAL SCHOOL BOARD p
466
5 Smallwood Ave, LAKE LOON, NS, B2W 3R6
(902) 464-5177   SIC 8211
HALIFAX REGIONAL SCHOOL BOARD p
467
1 Kingfisher Way, LOWER SACKVILLE, NS, B4C 2Y9
(902) 864-6700   SIC 8211
HALIFAX REGIONAL SCHOOL BOARD p
467
100 Metropolitan Ave, LOWER SACKVILLE, NS, B4C 2Z8
(902) 864-6785   SIC 8211
HALIFAX REGIONAL SCHOOL BOARD p
467
116 Cavalier Dr, LOWER SACKVILLE, NS, B4C 3L9
(902) 864-7524   SIC 8211
HALIFAX REGIONAL SCHOOL BOARD p
467
241 Smokey Dr, LOWER SACKVILLE, NS, B4C 3G1
(902) 864-6838   SIC 8211
HALIFAX REGIONAL SCHOOL BOARD p
467
46 Prince St, LOWER SACKVILLE, NS, B4C 1L1
(902) 864-6846   SIC 8211
HALIFAX REGIONAL SCHOOL BOARD p
467
69 Sycamore Lane, LOWER SACKVILLE, NS, B4C 1E8
(902) 864-6730   SIC 8211
HALIFAX REGIONAL SCHOOL BOARD p
468
11980 Highway 224, MIDDLE MUSQUODOBOIT, NS, B0N 1X0
(902) 384-2320   SIC 8211
HALIFAX REGIONAL SCHOOL BOARD p
468
12046 Hwy 224, MIDDLE MUSQUODOBOIT, NS, B0N 1X0
(902) 384-2555   SIC 8211
HALIFAX REGIONAL SCHOOL BOARD p
468
1225 Old Sackville Rd, MIDDLE SACKVILLE, NS, B4E 3A6
(902) 869-4700   SIC 8211
HALIFAX REGIONAL SCHOOL BOARD p
468
190 Beaver Bank Cross Rd, MIDDLE SACKVILLE, NS, B4E 1K5
(902) 864-7510   SIC 8211
HALIFAX REGIONAL SCHOOL BOARD p
468
40 Hamilton Dr, MIDDLE SACKVILLE, NS, B4E 3A9
(902) 864-6815   SIC 8211
HALIFAX REGIONAL SCHOOL BOARD p
468
956 Sackville Dr, MIDDLE SACKVILLE, NS, B4E 1S4
(902) 869-3800   SIC 8211
HALIFAX REGIONAL SCHOOL BOARD p
469
35 West Petpeswick Rd, MUSQUODOBOIT HARBOUR, NS, B0J 2L0
(902) 889-4025   SIC 8211
HALIFAX REGIONAL SCHOOL BOARD p
472
5261 Highway 7, PORTERS LAKE, NS, B3E 1J7
(902) 827-2525   SIC 8211
HALIFAX REGIONAL SCHOOL BOARD p
473
479 Church Point Rd, SHEET HARBOUR, NS, B0J 3B0
(902) 885-2236   SIC 8211
HALIFAX REGIONAL SCHOOL BOARD p
473
3725 Old Sambro Rd, SAMBRO, NS, B3V 1G1
(902) 868-2717   SIC 8211
HALIFAX REGIONAL SCHOOL BOARD p
476
22 James St, TIMBERLEA, NS, B3T 1G9
(902) 876-3230   SIC 8211
HALIFAX REGIONAL SCHOOL BOARD p
478
8416 Hwy 224, UPPER MUSQUODOBOIT, NS, B0N 2M0
(902) 568-2285   SIC 8211
HALIFAX REGIONAL SCHOOL BOARD p
478
31 Scholars Rd, UPPER TANTALLON, NS, B3Z 0C3
(902) 826-3222   SIC 8211
HALIFAX REGIONAL SCHOOL BOARD p
478
3 French Village Station Rd Suite Upper, UPPER TANTALLON, NS, B3Z 1E4
(902) 826-1200   SIC 8211
HALIFAX REGIONAL SCHOOL BOARD p
479
3591 Prospect Rd, WHITES LAKE, NS, B3T 1Z3
(902) 852-2424   SIC 8211
HALIFAX REGIONAL SCHOOL BOARD p
479
336 Ross Rd, WESTPHAL, NS, B2Z 1H2
(902) 462-8340   SIC 8211
HALIFAX REGIONAL SCHOOL BOARD p
479
1279 Rocky Lake Dr, WAVERLEY, NS, B2R 1S1
(902) 860-4150   SIC 8211
HALIFAX REGIONAL WATER COMMISSION p

448
35 Neptune Cres, DARTMOUTH, NS, B2Y 4W4
(902) 490-4965   SIC 4941
HALIFAX REGIONAL WATER COMMISSION p 467
2 Park Ave, LOWER SACKVILLE, NS, B4C 4A3
(902) 869-4290   SIC 4941
HALIFAX SEED COMPANY INCORPORATED p 414
664 Rothesay Ave, SAINT JOHN, NB, E2H 2H4
(506) 632-9347   SIC 5191
HALIFAX SHIPYARD, DIV OF p 417
See IRVING SHIPBUILDING INC
HALIFAX SHIPYARD, DIV OF p 460
See IRVING SHIPBUILDING INC
HALIFAX SHOPPING CENTRE p 461
See 20 VIC MANAGEMENT INC
HALIFAX WATER p 448
See HALIFAX REGIONAL WATER COMMISSION
HALIFAX WATER p 467
See HALIFAX REGIONAL WATER COMMISSION
HALIFAX WEST HIGHSCHOOL p 463
See HALIFAX REGIONAL SCHOOL BOARD
HALIFAX-DARTMOUTH BRIDGE COMMISSION p 451
100 Princess Margaret Blvd, DARTMOUTH, NS, B3B 1A2
(902) 463-2459   SIC 4785
HALL CHEM MFG INC p 1004
1270 Rue Nobel, BOUCHERVILLE, QC, J4B 5H1
(450) 645-0296   SIC 2899
HALLCON CORPORATION p 889
5775 Yonge St Suite 1010, TORONTO, ON, M2M 4J1
(416) 964-9191   SIC 4741
HALLMARK CARDS p 35
See COUTTS, WILLIAM E. COMPANY, LIMITED
HALLMARK CARDS p 54
See COUTTS, WILLIAM E. COMPANY, LIMITED
HALLMARK CARDS p 490
See COUTTS, WILLIAM E. COMPANY, LIMITED
HALLMARK CARDS p 539
See COUTTS, WILLIAM E. COMPANY, LIMITED
HALLMARK CARDS p 1141
See COUTTS, WILLIAM E. COMPANY, LIMITED
HALLMARK CARDS & GIFTS p 558
See COUTTS, WILLIAM E. COMPANY, LIMITED
HALLMARK CARDS & GIFTS p 735
See COUTTS, WILLIAM E. COMPANY, LIMITED
HALLMARK INTEGRATED TUBULAR SERVICES p 147
See HALLMARK TUBULARS LTD
HALLMARK TECHNICAL SERVICES DIV OF p 45
See HALLMARK TUBULARS LTD
HALLMARK TUBULARS LTD p 45
308 4 Ave Sw Suite 400, CALGARY, AB, T2P 0H7
(403) 266-3807   SIC 5051
HALLMARK TUBULARS LTD p 147
1201 10 St, NISKU, AB, T9E 8L6
(780) 955-7955   SIC 5051
HALO PHARMACEUTICAL CANADA INC p 1078
17800 Rue Lapointe, MIRABEL, QC, J7J 0W8

(450) 433-7673   SIC 2834
HALO SECURITY INC p 895
1574 Queen St E Suite 1, TORONTO, ON, M4L 1G1
(416) 360-1902   SIC 7381
HALOGEN SOFTWARE INC p 623
40 Hines Rd, KANATA, ON, K2K 2M5
(613) 270-1011   SIC 7372
HALTON ADAPT p 681
See HALTON ALCOHOL DRUG AND GAMBLING ASSESSMENT PREVENTION AND TREATMENT SERVICES
HALTON ALARM RESPONSE & PROTECTION LTD p 769
760 Pacific Rd Unit 21, OAKVILLE, ON, L6L 6M5
(905) 827-6655   SIC 7382
HALTON ALCOHOL DRUG AND GAMBLING ASSESSMENT PREVENTION AND TREATMENT SERVICES p 539
777 Guelph Line Suite 214, BURLINGTON, ON, L7R 3N2
(905) 639-6537   SIC 8699
HALTON ALCOHOL DRUG AND GAMBLING ASSESSMENT PREVENTION AND TREATMENT SERVICES p 681
245 Commercial St Unit B1, MILTON, ON, L9T 2J3
(905) 639-6537   SIC 8699
HALTON CATHOLIC DISTRICT SCHOOL BOARD p 482
147 Mill St W, ACTON, ON, L7J 1G7
(519) 853-3730   SIC 8211
HALTON CATHOLIC DISTRICT SCHOOL BOARD p 482
69 Acton Blvd, ACTON, ON, L7J 2H4
(519) 853-3800   SIC 8211
HALTON CATHOLIC DISTRICT SCHOOL BOARD p 533
200 Kenwood Ave, BURLINGTON, ON, L7L 4L8
(905) 639-3975   SIC 8211
HALTON CATHOLIC DISTRICT SCHOOL BOARD p 533
2400 Sutton Dr, BURLINGTON, ON, L7L 7N2
(905) 335-7553   SIC 8211
HALTON CATHOLIC DISTRICT SCHOOL BOARD p 533
4056 New St, BURLINGTON, ON, L7L 1S9
(905) 637-3810   SIC 8211
HALTON CATHOLIC DISTRICT SCHOOL BOARD p 533
5150 Upper Middle Rd Suite Upper, BURLINGTON, ON, L7L 0E5
(905) 331-5591   SIC 8211
HALTON CATHOLIC DISTRICT SCHOOL BOARD p 534
5205 New St, BURLINGTON, ON, L7L 1V3
(905) 333-3374   SIC 8211
HALTON CATHOLIC DISTRICT SCHOOL BOARD p 536
2141 Deer Run Ave, BURLINGTON, ON, L7M 4C7
(905) 332-5253   SIC 8211
HALTON CATHOLIC DISTRICT SCHOOL BOARD p 536
2222 Country Club Dr, BURLINGTON, ON, L7M 4S5
(905) 331-4656   SIC 8211
HALTON CATHOLIC DISTRICT SCHOOL BOARD p 536
3201 Lansdown Dr, BURLINGTON, ON, L7M 1K1
(905) 336-5792   SIC 8211
HALTON CATHOLIC DISTRICT SCHOOL BOARD p 536
2333 Headon Forest Dr, BURLINGTON, ON, L7M 3X6
(905) 335-1544   SIC 8211
HALTON CATHOLIC DISTRICT SCHOOL BOARD p 537
530 Cumberland Ave, BURLINGTON, ON,

L7N 2X2
(905) 632-1424   SIC 8211
HALTON CATHOLIC DISTRICT SCHOOL BOARD p 537
3230 Woodward Ave, BURLINGTON, ON, L7N 3P1
(905) 634-1835   SIC 8211
HALTON CATHOLIC DISTRICT SCHOOL BOARD p 539
2227 Parkway Dr, BURLINGTON, ON, L7P 1S9
(905) 332-3333   SIC 8211
HALTON CATHOLIC DISTRICT SCHOOL BOARD p 539
2145 Upper Middle Rd, BURLINGTON, ON, L7P 4G1
(905) 336-3911   SIC 8211
HALTON CATHOLIC DISTRICT SCHOOL BOARD p 539
653 Brant St, BURLINGTON, ON, L7R 2H1
(905) 632-3541   SIC 8211
HALTON CATHOLIC DISTRICT SCHOOL BOARD p 540
1433 Baldwin St, BURLINGTON, ON, L7S 1K4
(905) 634-7768   SIC 8211
HALTON CATHOLIC DISTRICT SCHOOL BOARD p 592
161 Guelph St, GEORGETOWN, ON, L7G 4A1
(905) 702-8838   SIC 8211
HALTON CATHOLIC DISTRICT SCHOOL BOARD p 592
70 Guelph St, GEORGETOWN, ON, L7G 3Z5
(905) 877-6966   SIC 8211
HALTON CATHOLIC DISTRICT SCHOOL BOARD p 592
222 Maple Ave, GEORGETOWN, ON, L7G 1X2
(905) 877-4451   SIC 8211
HALTON CATHOLIC DISTRICT SCHOOL BOARD p 592
73 Miller Dr, GEORGETOWN, ON, L7G 5T2
(905) 877-1779   SIC 8211
HALTON CATHOLIC DISTRICT SCHOOL BOARD p 681
650 Bennett Blvd, MILTON, ON, L9T 6B1
(905) 876-2386   SIC 8211
HALTON CATHOLIC DISTRICT SCHOOL BOARD p 681
540 Commercial St, MILTON, ON, L9T 4Z3
(905) 876-4379   SIC 8211
HALTON CATHOLIC DISTRICT SCHOOL BOARD p 681
141 Martin St, MILTON, ON, L9T 2R3
(905) 876-1121   SIC 8211
HALTON CATHOLIC DISTRICT SCHOOL BOARD p 681
137 Dixon Dr, MILTON, ON, L9T 5P7
(905) 878-4626   SIC 8211
HALTON CATHOLIC DISTRICT SCHOOL BOARD p 681
1240 Tupper Dr, MILTON, ON, L9T 6T7
(905) 864-8272   SIC 8211
HALTON CATHOLIC DISTRICT SCHOOL BOARD p 681
1120 Main St E, MILTON, ON, L9T 6H7
(905) 875-0124   SIC 8211
HALTON CATHOLIC DISTRICT SCHOOL BOARD p 681
709 Bolingbroke Dr, MILTON, ON, L9T 6Z3
(905) 864-0720   SIC 8211
HALTON CATHOLIC DISTRICT SCHOOL BOARD p 765
1420 Grosvenor St, OAKVILLE, ON, L6H 2X8
(905) 845-6987   SIC 8211
HALTON CATHOLIC DISTRICT SCHOOL BOARD p 765
1359 Bayshire Dr, OAKVILLE, ON, L6H 6C7
(905) 849-7772   SIC 8211
HALTON CATHOLIC DISTRICT SCHOOL BOARD p 765

145 Millbank Dr, OAKVILLE, ON, L6H 6G3
(905) 257-7102   SIC 8211
HALTON CATHOLIC DISTRICT SCHOOL BOARD p 765
1480 Mansfield Dr, OAKVILLE, ON, L6H 1K4
(905) 844-3111   SIC 8211
HALTON CATHOLIC DISTRICT SCHOOL BOARD p 765
165 Sewell Dr, OAKVILLE, ON, L6H 1E3
(905) 844-6811   SIC 8211
HALTON CATHOLIC DISTRICT SCHOOL BOARD p 765
391 River Glen Blvd, OAKVILLE, ON, L6H 5X5
(905) 257-2791   SIC 8211
HALTON CATHOLIC DISTRICT SCHOOL BOARD p 767
1280 Braeside Dr, OAKVILLE, ON, L6J 2A4
(905) 849-0777   SIC 8211
HALTON CATHOLIC DISTRICT SCHOOL BOARD p 767
2750 Kingsway Dr, OAKVILLE, ON, L6J 7G5
(905) 829-1700   SIC 8211
HALTON CATHOLIC DISTRICT SCHOOL BOARD p 768
124 Dorval Dr, OAKVILLE, ON, L6K 2W1
(905) 842-9494   SIC 8211
HALTON CATHOLIC DISTRICT SCHOOL BOARD p 768
171 Speers Rd, OAKVILLE, ON, L6K 3W8
(905) 849-7555   SIC 8211
HALTON CATHOLIC DISTRICT SCHOOL BOARD p 768
255 Morden Rd, OAKVILLE, ON, L6K 2S2
(905) 339-0731   SIC 8211
HALTON CATHOLIC DISTRICT SCHOOL BOARD p 769
2405 Rebecca St, OAKVILLE, ON, L6L 2B1
(905) 827-4401   SIC 8211
HALTON CATHOLIC DISTRICT SCHOOL BOARD p 769
477 Warminster Dr, OAKVILLE, ON, L6L 4N4
(905) 827-4231   SIC 8211
HALTON CATHOLIC DISTRICT SCHOOL BOARD p 771
1190 Westview Terr, OAKVILLE, ON, L6M 3N2
(905) 825-6382   SIC 8211
HALTON CATHOLIC DISTRICT SCHOOL BOARD p 771
1050 Nottinghill Gate, OAKVILLE, ON, L6M 2G3
(905) 847-0088   SIC 8211
HALTON CATHOLIC DISTRICT SCHOOL BOARD p 771
1201 Heritage Way, OAKVILLE, ON, L6M 3A4
(905) 827-7235   SIC 8211
HALTON CATHOLIC DISTRICT SCHOOL BOARD p 771
2912 Westoak Trails Blvd, OAKVILLE, ON, L6M 4T7
(905) 847-3581   SIC 8211
HALTON DISTRICT SCHOOL BOARD p 482
41 School Lane, ACTON, ON, L7J 1B9
(519) 853-2540   SIC 8211
HALTON DISTRICT SCHOOL BOARD p 482
21 Cedar Rd, ACTON, ON, L7J 2V2
(519) 853-2920   SIC 8211
HALTON DISTRICT SCHOOL BOARD p 534
5121 Meadowhill Rd, BURLINGTON, ON, L7L 3K7
(905) 634-2311   SIC 8211
HALTON DISTRICT SCHOOL BOARD p 534
5140 Pinedale Ave, BURLINGTON, ON, L7L 3V4
(905) 632-1690   SIC 8211
HALTON DISTRICT SCHOOL BOARD p 534
4350 Longmoor Dr, BURLINGTON, ON, L7L 1X7
(905) 632-2492   SIC 8211
HALTON DISTRICT SCHOOL BOARD p 534

4181 New St, BURLINGTON, ON, L7L 1T3
(905) 637-3825 SIC 8211
HALTON DISTRICT SCHOOL BOARD p 534
5151 Dryden Ave, BURLINGTON, ON, L7L 7J3
(905) 331-7233 SIC 8211
HALTON DISTRICT SCHOOL BOARD p 534
5151 New St, BURLINGTON, ON, L7L 1V3
(905) 632-5151 SIC 8211
HALTON DISTRICT SCHOOL BOARD p 536
1350 Headon Rd, BURLINGTON, ON, L7M 1V8
(905) 336-7602 SIC 8211
HALTON DISTRICT SCHOOL BOARD p 536
1433 Headon Rd, BURLINGTON, ON, L7M 1V7
(905) 335-0961 SIC 8211
HALTON DISTRICT SCHOOL BOARD p 536
2102 Berwick Dr, BURLINGTON, ON, L7M 4W6
(905) 319-9936 SIC 8211
HALTON DISTRICT SCHOOL BOARD p 536
2120 Cleaver Ave, BURLINGTON, ON, L7M 4B6
(905) 332-3897 SIC 8211
HALTON DISTRICT SCHOOL BOARD p 536
3110 Parkgate Cres, BURLINGTON, ON, L7M 1C7
(905) 336-2474 SIC 8211
HALTON DISTRICT SCHOOL BOARD p 536
4313 Clubview Dr, BURLINGTON, ON, L7M 5A1
(905) 637-8297 SIC 8211
HALTON DISTRICT SCHOOL BOARD p 538
860 Harrington Crt, BURLINGTON, ON, L7N 3N4
(905) 333-3499 SIC 8211
HALTON DISTRICT SCHOOL BOARD p 538
3141 Woodward Ave, BURLINGTON, ON, L7N 2M3
(905) 639-8330 SIC 8211
HALTON DISTRICT SCHOOL BOARD p 538
3250 New St, BURLINGTON, ON, L7N 1M8
(905) 631-6120 SIC 8211
HALTON DISTRICT SCHOOL BOARD p 538
3365 Spruce Ave, BURLINGTON, ON, L7N 1J7
(905) 637-3881 SIC 8211
HALTON DISTRICT SCHOOL BOARD p 538
565 Woodview Rd, BURLINGTON, ON, L7N 2Z9
(905) 632-1766 SIC 8211
HALTON DISTRICT SCHOOL BOARD p 539
1522 Mountain Grove Ave, BURLINGTON, ON, L7P 2H5
(905) 332-6000 SIC 8211
HALTON DISTRICT SCHOOL BOARD p 539
2175 Cavendish Dr, BURLINGTON, ON, L7P 3J8
(905) 335-2542 SIC 8211
HALTON DISTRICT SCHOOL BOARD p 539
2399 Mountainside Dr, BURLINGTON, ON, L7P 1C6
(905) 335-5605 SIC 8211
HALTON DISTRICT SCHOOL BOARD p 539
2425 Upper Middle Rd, BURLINGTON, ON, L7P 3N9
(905) 335-5588 SIC 8211
HALTON DISTRICT SCHOOL BOARD p 539
2510 Cavendish Dr, BURLINGTON, ON, L7P 4K5
(905) 335-0679 SIC 8211
HALTON DISTRICT SCHOOL BOARD p 539
6611 Panton St, BURLINGTON, ON, L7P 0L8
(905) 335-6394 SIC 8211
HALTON DISTRICT SCHOOL BOARD p 540
2171 Prospect St, BURLINGTON, ON, L7R 1Z6
(905) 639-2010 SIC 8211
HALTON DISTRICT SCHOOL BOARD p 540
2243 Lakeshore Rd, BURLINGTON, ON, L7R 1B1
(905) 634-3244 SIC 8211

HALTON DISTRICT SCHOOL BOARD p 540
638 Brant St, BURLINGTON, ON, L7R 2H2
(905) 634-7739 SIC 8211
HALTON DISTRICT SCHOOL BOARD p 541
143 Townsend Ave, BURLINGTON, ON, L7T 1Z1
(905) 634-6789 SIC 8211
HALTON DISTRICT SCHOOL BOARD p 541
481 Plains Rd E, BURLINGTON, ON, L7T 2E2
(905) 634-2373 SIC 8211
HALTON DISTRICT SCHOOL BOARD p 541
660 Greenwood Dr, BURLINGTON, ON, L7T 3P3
(905) 637-3477 SIC 8211
HALTON DISTRICT SCHOOL BOARD p 541
50 Fairwood Pl W, BURLINGTON, ON, L7T 1E5
(905) 637-2383 SIC 8211
HALTON DISTRICT SCHOOL BOARD p 548
11325 Guelph Line, CAMPBELLVILLE, ON, L0P 1B0
(905) 854-2424 SIC 8211
HALTON DISTRICT SCHOOL BOARD p 592
13074 Fiveside Rd, GEORGETOWN, ON, L7G 4S5
(905) 877-4363 SIC 8211
HALTON DISTRICT SCHOOL BOARD p 592
14365 Danby Rd, GEORGETOWN, ON, L7G 6L8
(905) 877-3849 SIC 8211
HALTON DISTRICT SCHOOL BOARD p 592
6 Hyde Park Dr, GEORGETOWN, ON, L7G 2B6
(905) 877-9301 SIC 8211
HALTON DISTRICT SCHOOL BOARD p 592
233 Delrex Blvd, GEORGETOWN, ON, L7G 4G1
(905) 877-6976 SIC 8211
HALTON DISTRICT SCHOOL BOARD p 592
59 Rexway Dr, GEORGETOWN, ON, L7G 1P9
(905) 877-4421 SIC 8211
HALTON DISTRICT SCHOOL BOARD p 592
512 Main St, GEORGETOWN, ON, L7G 3S8
(905) 877-9112 SIC 8211
HALTON DISTRICT SCHOOL BOARD p 592
13068 15 Sideroad, GEORGETOWN, ON, L7G 4S5
(905) 873-1637 SIC 8211
HALTON DISTRICT SCHOOL BOARD p 592
170 Eaton St, GEORGETOWN, ON, L7G 5V6
(905) 877-0151 SIC 8211
HALTON DISTRICT SCHOOL BOARD p 681
1114 Woodward Ave, MILTON, ON, L9T 5P5
(905) 875-1876 SIC 8211
HALTON DISTRICT SCHOOL BOARD p 681
1199 Costigan Rd, MILTON, ON, L9T 6N8
(905) 864-1300 SIC 8211
HALTON DISTRICT SCHOOL BOARD p 681
840 Scott Blvd, MILTON, ON, L9T 2C9
(905) 878-3166 SIC 8211
HALTON DISTRICT SCHOOL BOARD p 681
649 Laurier Ave, MILTON, ON, L9T 4N4
(905) 878-1556 SIC 8211
HALTON DISTRICT SCHOOL BOARD p 681
351 Scott Blvd, MILTON, ON, L9T 0T1
(905) 878-6176 SIC 8211
HALTON DISTRICT SCHOOL BOARD p 681
351 Highside Dr, MILTON, ON, L9T 1W8
(905) 878-8119 SIC 8211
HALTON DISTRICT SCHOOL BOARD p 681
320 Coxe Blvd, MILTON, ON, L9T 4M5
(905) 878-1953 SIC 8211
HALTON DISTRICT SCHOOL BOARD p 681
215 Thomas St, MILTON, ON, L9T 2E5
(905) 878-2379 SIC 8211
HALTON DISTRICT SCHOOL BOARD p 681
184 Martin St, MILTON, ON, L9T 2R4
(905) 878-8191 SIC 8211
HALTON DISTRICT SCHOOL BOARD p 682
396 Williams Ave, MILTON, ON, L9T 2G4
(905) 878-2839 SIC 8211

HALTON DISTRICT SCHOOL BOARD p 682
180 Wilson Dr, MILTON, ON, L9T 3J9
(905) 878-8833 SIC 8211
HALTON DISTRICT SCHOOL BOARD p 765
1434 Oxford Ave, OAKVILLE, ON, L6H 1T4
(905) 844-9941 SIC 8211
HALTON DISTRICT SCHOOL BOARD p 765
1511 Sixth Line, OAKVILLE, ON, L6H 1X8
(905) 844-9461 SIC 8211
HALTON DISTRICT SCHOOL BOARD p 765
1555 Lancaster Dr, OAKVILLE, ON, L6H 3H4
(905) 845-3925 SIC 8211
HALTON DISTRICT SCHOOL BOARD p 765
2173 Munn's Ave, OAKVILLE, ON, L6H 3S9
(905) 842-7430 SIC 8211
HALTON DISTRICT SCHOOL BOARD p 765
1385 Gainsborough Dr, OAKVILLE, ON, L6H 2H7
(905) 845-7478 SIC 8211
HALTON DISTRICT SCHOOL BOARD p 765
1123 Glenashton Dr, OAKVILLE, ON, L6H 5M1
(905) 845-0012 SIC 8211
HALTON DISTRICT SCHOOL BOARD p 765
2220 Caldwell Dr, OAKVILLE, ON, L6H 6B5
(905) 845-1661 SIC 8211
HALTON DISTRICT SCHOOL BOARD p 765
475 Iroquois Shore Rd Suite 2199, OAKVILLE, ON, L6H 1M3
(905) 844-4110 SIC 8322
HALTON DISTRICT SCHOOL BOARD p 767
338 Cairncroft Rd, OAKVILLE, ON, L6J 4M6
(905) 845-2015 SIC 8211
HALTON DISTRICT SCHOOL BOARD p 767
288 Maple Grove Dr, OAKVILLE, ON, L6J 4V5
(905) 844-9322 SIC 8211
HALTON DISTRICT SCHOOL BOARD p 767
221 Allan St, OAKVILLE, ON, L6J 3P2
(905) 337-9232 SIC 8211
HALTON DISTRICT SCHOOL BOARD p 767
165 Charnwood Dr, OAKVILLE, ON, L6J 5H2
(905) 844-2963 SIC 8211
HALTON DISTRICT SCHOOL BOARD p 767
1079 Linbrook Rd, OAKVILLE, ON, L6J 2L2
SIC 8211
HALTON DISTRICT SCHOOL BOARD p 768
180 Morden Rd, OAKVILLE, ON, L6K 2S3
(905) 844-9612 SIC 8211
HALTON DISTRICT SCHOOL BOARD p 769
1474 Wallace Rd, OAKVILLE, ON, L6L 2Y2
SIC 8211
HALTON DISTRICT SCHOOL BOARD p 770
2150 Samway Rd, OAKVILLE, ON, L6L 2P6
(905) 827-4841 SIC 8211
HALTON DISTRICT SCHOOL BOARD p 770
2266 Hixon St, OAKVILLE, ON, L6L 1T4
(905) 827-1541 SIC 8211
HALTON DISTRICT SCHOOL BOARD p 770
529 Fourth Line, OAKVILLE, ON, L6L 5A8
(905) 844-6371 SIC 8211
HALTON DISTRICT SCHOOL BOARD p 770
1195 Bridge Rd, OAKVILLE, ON, L6L 2C3
(905) 827-2741 SIC 8211
HALTON DISTRICT SCHOOL BOARD p 771
1406 Pine Glen Rd, OAKVILLE, ON, L6M 4B9
(905) 469-0341 SIC 8211
HALTON DISTRICT SCHOOL BOARD p 771
1455 Glen Abbey Gate, OAKVILLE, ON, L6M 2G5
(905) 827-4101 SIC 8211
HALTON DISTRICT SCHOOL BOARD p 771
1551 Pilgrims Way, OAKVILLE, ON, L6M 2W7
(905) 825-9808 SIC 8211
HALTON DISTRICT SCHOOL BOARD p 771
1641 Heritage Way, OAKVILLE, ON, L6M 2Z4
(905) 847-5496 SIC 8211
HALTON DISTRICT SCHOOL BOARD p 771
2071 Fourth Line, OAKVILLE, ON, L6M 3K1

(905) 469-6119 SIC 8211
HALTON DISTRICT SCHOOL BOARD p 771
2145 Grand Oak Trail, OAKVILLE, ON, L6M 4S7
(905) 465-3881 SIC 8211
HALTON DISTRICT SCHOOL BOARD p 771
2255 Pine Glen Rd, OAKVILLE, ON, L6M 0G5
(905) 827-3928 SIC 8211
HALTON HILLS PUBLIC LIBRARIES p 591
See CORPORATION OF THE TOWN OF HALTON HILLS
HALTON HOMEMAKING SERVICES p 537
See CANADIAN RED CROSS SOCIETY, THE
HALTON MULTICULTURAL COUNCIL INC p 770
1092 Speers Rd, OAKVILLE, ON, L6L 2X4
(905) 842-2486 SIC 8322
HALTON RECYCLING LTD p 281
6362 148 St, SURREY, BC, V3S 3C4
SIC 4953
HALTON RECYCLING LTD p 379
1029 Henry Ave, WINNIPEG, MB, R3E 1V6
(204) 772-0770 SIC 2611
HALTON RECYCLING LTD p 654
15 Buchanan Crt, LONDON, ON, N5Z 4P9
(519) 690-2796 SIC 4953
HALTON RECYCLING LTD p 733
395 Harry Walker Pky S, NEWMARKET, ON, L3Y 8T3
SIC 4953
HALTON RECYCLING LTD p 1281
12214 Rotary Ave, REGINA, SK, S4M 0A1
(306) 775-9999 SIC 4953
HALTON WALDORF p 535
See WALDORF SCHOOL ASSOCIATION OF ONTARIO INC
HALTON'S CHILDREN'S AID SOCIETY p 533
See CHILDREN'S AID SOCIETY OF THE REGIONAL MUNICIPALITY OF HALTON
HAMBLIN, WATSA INVESTMENT COUNSEL LTD p 919
95 Wellington St W Suite 802, TORONTO, ON, M5J 2N7
(416) 366-9544 SIC 6282
HAMEL AUTO DIRECT p 1186
See GESTION MAHEL INC
HAMEL INC p 1066
436 Av Taniata, Levis, QC, G6W 5M6
(418) 839-4193 SIC 2038
HAMILL'S DAIRY QUEEN BRAZIER p 153
See HAMILL'S DRIVE INN LTD
HAMILL'S DRIVE INN LTD p 153
4202 50 Ave, RED DEER, AB, T4N 3Z3
(403) 346-3518 SIC 5812
HAMILTON & BOURASSA (1988) ENR p 993
See 2630-6241 QUEBEC INC
HAMILTON ASSOCIATION FOR CHRISTIAN EDUCATION INCORPORATED p 487
92 Glancaster Rd, ANCASTER, ON, L9G 3K9
(905) 648-6655 SIC 8211
HAMILTON BEACH BRANDS CANADA, INC p 672
7300 Warden Ave Suite 201, MARKHAM, ON, L3R 9Z6
(905) 513-6222 SIC 5064
HAMILTON BEACH BRANDS CANADA, INC p 815
10 Mcfarland Dr Suite 201, PICTON, ON, K0K 2T0
(613) 476-2191 SIC 3634
HAMILTON CONTINUING CARE p 610
See METCAP LIVING INC
HAMILTON DISTRICT CHRISTIAN HIGH SCHOOL p 487
See HAMILTON ASSOCIATION FOR CHRISTIAN EDUCATION INCORPORATED
HAMILTON EAST KIWANIS BOYS & GIRLS

CLUB INCORPORATED p 607
45 Ellis Ave, HAMILTON, ON, L8H 4L8
  SIC 7997
HAMILTON ELEMENTARY SCHOOL p 265
  See BOARD OF EDUCATION SCHOOL DISTRICT #38 (RICHMOND)
HAMILTON ELLWOOD BUS LINES p 645
  See HAMILTON, ELLWOOD ENTERPRISES LTD
HAMILTON ENERGY CENTRE p 614
1447 Upper Ottawa St Suite 11, HAMILTON, ON, L8W 3J6
(905) 385-2999   SIC 4961
HAMILTON HEALTH SCIENCES CORPORATION p 608
237 Barton St E Suite 120, HAMILTON, ON, L8L 2X2
(905) 527-4322   SIC 8093
HAMILTON HEALTH SCIENCES CORPORATION p 609
1200 Main St W Rm 2, HAMILTON, ON, L8N 3Z5
(905) 521-2100   SIC 8699
HAMILTON HEALTH SCIENCES CORPORATION p 612
1200 Main St W, HAMILTON, ON, L8S 4J9
(905) 521-2100   SIC 8062
HAMILTON HEALTH SCIENCES CORPORATION p 613
699 Concession St Suite 3, HAMILTON, ON, L8V 5C2
(905) 389-5688   SIC 8093
HAMILTON HEALTH SCIENCES CORPORATION p 613
711 Concession St Suite 201, HAMILTON, ON, L8V 1C3
(905) 521-2100   SIC 8062
HAMILTON HEALTH SCIENCES CORPORATION p 615
1725 Upper James St Suite 2, HAMILTON, ON, L9B 1K7
(289) 396-7000   SIC 8399
HAMILTON HEALTH SCIENCES CORPORATION p 861
430 Mcneilly Rd Suite 201, STONEY CREEK, ON, L8E 5E3
  SIC 8049
HAMILTON JEWISH HOME FOR THE AGED p 612
70 Macklin St N, HAMILTON, ON, L8S 3S1
(905) 528-5377   SIC 8361
HAMILTON MAIL PROCESSING PLANT p 860
  See CANADA POST CORPORATION
HAMILTON NIAGARA HALDIMAND BRANT COMMUNITY CARE ACCESS CENTRE p 540
440 Elizabeth St, BURLINGTON, ON, L7R 2M1
(905) 639-5228   SIC 8059
HAMILTON OFFICE p 611
  See GREAT-WEST LIFE ASSURANCE COMPANY, THE
HAMILTON PUBLIC LIBRARY p 570
  See HAMILTON PUBLIC LIBRARY BOARD, THE
HAMILTON PUBLIC LIBRARY BOARD, THE p 570
18 Ogilvie St, DUNDAS, ON, L9H 2S2
(905) 627-3507   SIC 8231
HAMILTON REGION CONSERVATION AUTHORITY p 543
1667 Regional Road 97, CAMBRIDGE, ON, N1R 5S7
(905) 525-2183   SIC 7033
HAMILTON REGION CONSERVATION AUTHORITY p 570
1000 5 Hwy W, DUNDAS, ON, L9H 5E2
(905) 628-3060   SIC 7999
HAMILTON REGION CONSERVATION AUTHORITY p 606
585 Van Wagners Beach Rd, HAMILTON, ON, L8E 3L8
(905) 561-2292   SIC 7996
HAMILTON RPO CSC p 607
  See CANADA POST CORPORATION
HAMILTON SCHOOL p 615
  See HAMILTON-WENTWORTH DISTRICT SCHOOL BOARD, THE
HAMILTON SPECTATOR p 610
  See TORSTAR CORPORATION
HAMILTON SPECTATOR, THE p 610
  See TORONTO STAR NEWSPAPERS LIMITED
HAMILTON WEB PRINTING p 861
  See METROLAND MEDIA GROUP LTD
HAMILTON YOUNG WOMEN'S CHRISTIAN ASSOCIATION, THE p 607
52 Ottawa St N, HAMILTON, ON, L8H 3Y7
(905) 522-9922   SIC 8641
HAMILTON, ELLWOOD ENTERPRISES LTD p 645
1325 Old Young's Point Rd, Lakefield, ON, K0L 2H0
(705) 652-6090   SIC 4151
HAMILTON, FRED A PUBLIC SCHOOL p 601
  See UPPER GRAND DISTRICT SCHOOL BOARD, THE
HAMILTON, T & SON ROOFING INC p 842
42 Crockford Blvd, SCARBOROUGH, ON, M1R 3C3
(416) 755-5522   SIC 1761
HAMILTON-WENTWORTH CATHOLIC SCHOOL BOARD p 487
100 Panabaker Dr, ANCASTER, ON, L9G 5E3
(905) 523-2331   SIC 8211
HAMILTON-WENTWORTH CATHOLIC SCHOOL BOARD p 487
103 Mcniven Rd, ANCASTER, ON, L9G 3T7
(905) 648-6142   SIC 8211
HAMILTON-WENTWORTH CATHOLIC SCHOOL BOARD p 487
24 Fiddler's Green Rd, ANCASTER, ON, L9G 1W1
  SIC 8211
HAMILTON-WENTWORTH CATHOLIC SCHOOL BOARD p 487
75 Concerto Crt, ANCASTER, ON, L9G 4V6
(905) 523-2341   SIC 8211
HAMILTON-WENTWORTH CATHOLIC SCHOOL BOARD p 488
93 Kitty Murray Lane, ANCASTER, ON, L9K 1S3
(905) 304-3255   SIC 8211
HAMILTON-WENTWORTH CATHOLIC SCHOOL BOARD p 504
200 Windwood Dr, BINBROOK, ON, L0R 1C0
(905) 523-2316   SIC 8211
HAMILTON-WENTWORTH CATHOLIC SCHOOL BOARD p 504
35 Pumpkin Pass, BINBROOK, ON, L0R 1C0
(905) 692-5435   SIC 8211
HAMILTON-WENTWORTH CATHOLIC SCHOOL BOARD p 570
73 Melville St, DUNDAS, ON, L9H 2A2
(905) 627-3521   SIC 8211
HAMILTON-WENTWORTH CATHOLIC SCHOOL BOARD p 570
25 Alma St, DUNDAS, ON, L9H 2C9
(905) 523-2338   SIC 8211
HAMILTON-WENTWORTH CATHOLIC SCHOOL BOARD p 571
270 Governors Rd, DUNDAS, ON, L9H 5E3
(905) 523-2336   SIC 8211
HAMILTON-WENTWORTH CATHOLIC SCHOOL BOARD p 606
33 Cromwell Cres, HAMILTON, ON, L8G 2E9
(905) 560-3533   SIC 8211
HAMILTON-WENTWORTH CATHOLIC SCHOOL BOARD p 607
190 Britannia Ave, HAMILTON, ON, L8H 1X5
(905) 549-3541   SIC 8211
HAMILTON-WENTWORTH CATHOLIC SCHOOL BOARD p 608
181 Belmont Ave, HAMILTON, ON, L8L 7M5
(905) 549-6767   SIC 8211
HAMILTON-WENTWORTH CATHOLIC SCHOOL BOARD p 608
24 Smith Ave, HAMILTON, ON, L8L 5P1
(905) 529-2848   SIC 8211
HAMILTON-WENTWORTH CATHOLIC SCHOOL BOARD p 608
120 Sherman Ave N, HAMILTON, ON, L8L 6M6
(905) 547-5444   SIC 8211
HAMILTON-WENTWORTH CATHOLIC SCHOOL BOARD p 608
120 Parkdale Ave S, HAMILTON, ON, L8K 3P3
(905) 545-9598   SIC 8211
HAMILTON-WENTWORTH CATHOLIC SCHOOL BOARD p 608
12 Ambrose Ave, HAMILTON, ON, L8K 6E2
(905) 561-1144   SIC 8211
HAMILTON-WENTWORTH CATHOLIC SCHOOL BOARD p 608
115 London St S, HAMILTON, ON, L8K 2G6
(905) 549-8203   SIC 8211
HAMILTON-WENTWORTH CATHOLIC SCHOOL BOARD p 608
115 Barnesdale Ave N, HAMILTON, ON, L8L 6S6
(905) 545-1832   SIC 8211
HAMILTON-WENTWORTH CATHOLIC SCHOOL BOARD p 608
30 Wentworth St N, HAMILTON, ON, L8L 8H5
(905) 522-3581   SIC 8211
HAMILTON-WENTWORTH CATHOLIC SCHOOL BOARD p 608
88 Macaulay St E, HAMILTON, ON, L8L 3X3
(905) 529-6625   SIC 8211
HAMILTON-WENTWORTH CATHOLIC SCHOOL BOARD p 608
77 Melrose Ave N, HAMILTON, ON, L8L 6X4
(905) 544-0522   SIC 8211
HAMILTON-WENTWORTH CATHOLIC SCHOOL BOARD p 608
345 Albright Rd, HAMILTON, ON, L8K 6N3
(905) 561-3966   SIC 8211
HAMILTON-WENTWORTH CATHOLIC SCHOOL BOARD p 609
705 Centre Rd, HAMILTON, ON, L8N 2Z7
(905) 523-2345   SIC 8211
HAMILTON-WENTWORTH CATHOLIC SCHOOL BOARD p 609
770 Main St E, HAMILTON, ON, L8M 1L1
(905) 544-9495   SIC 8211
HAMILTON-WENTWORTH CATHOLIC SCHOOL BOARD p 609
Gd, HAMILTON, ON, L8N 3R9
(905) 664-7628   SIC 8211
HAMILTON-WENTWORTH CATHOLIC SCHOOL BOARD p 610
150 5th St E, HAMILTON, ON, L8N 3R9
(905) 575-5202   SIC 8211
HAMILTON-WENTWORTH CATHOLIC SCHOOL BOARD p 610
166 Forest Ave, HAMILTON, ON, L8N 0A5
(905) 667-5880   SIC 8211
HAMILTON-WENTWORTH CATHOLIC SCHOOL BOARD p 611
270 Locke St S, HAMILTON, ON, L8P 4C1
(905) 529-1002   SIC 8211
HAMILTON-WENTWORTH CATHOLIC SCHOOL BOARD p 612
209 Macnab St N, HAMILTON, ON, L8R 2M5
(905) 528-8797   SIC 8211
HAMILTON-WENTWORTH CATHOLIC SCHOOL BOARD p 612
200 Whitney Ave, HAMILTON, ON, L8S 2G7
(905) 528-0214   SIC 8211
HAMILTON-WENTWORTH CATHOLIC SCHOOL BOARD p 612
125 Rifle Range Rd, HAMILTON, ON, L8S 3B7
(905) 527-6512   SIC 8211
HAMILTON-WENTWORTH CATHOLIC SCHOOL BOARD p 612
90 Mulberry St, HAMILTON, ON, L8R 2C8
  SIC 8211
HAMILTON-WENTWORTH CATHOLIC SCHOOL BOARD p 613
25 Brentwood Dr, HAMILTON, ON, L8T 3V9
(905) 383-8122   SIC 8211
HAMILTON-WENTWORTH CATHOLIC SCHOOL BOARD p 613
315 East 37th St, HAMILTON, ON, L8V 4B5
(905) 383-6844   SIC 8211
HAMILTON-WENTWORTH CATHOLIC SCHOOL BOARD p 613
5 Hamilton Ave, HAMILTON, ON, L8V 2S3
(905) 383-6811   SIC 8211
HAMILTON-WENTWORTH CATHOLIC SCHOOL BOARD p 613
420 Mohawk Rd E, HAMILTON, ON, L8V 2H7
(905) 383-9233   SIC 8211
HAMILTON-WENTWORTH CATHOLIC SCHOOL BOARD p 614
135 Hester St, HAMILTON, ON, L9A 2N9
(905) 383-2986   SIC 8211
HAMILTON-WENTWORTH CATHOLIC SCHOOL BOARD p 614
1 Rexford Dr, HAMILTON, ON, L8W 3E8
(905) 318-7933   SIC 8211
HAMILTON-WENTWORTH CATHOLIC SCHOOL BOARD p 614
150 East 5th St, HAMILTON, ON, L9A 2Z8
(905) 575-5202   SIC 8211
HAMILTON-WENTWORTH CATHOLIC SCHOOL BOARD p 614
200 Acadia Dr, HAMILTON, ON, L8W 1B8
(905) 388-7020   SIC 8211
HAMILTON-WENTWORTH CATHOLIC SCHOOL BOARD p 614
22 Queensbury Dr, HAMILTON, ON, L8W 1Z6
(905) 385-8212   SIC 8211
HAMILTON-WENTWORTH CATHOLIC SCHOOL BOARD p 614
49 Fennell Ave E, HAMILTON, ON, L9A 1R5
(905) 383-4911   SIC 8211
HAMILTON-WENTWORTH CATHOLIC SCHOOL BOARD p 615
1045 Upper Paradise Rd, HAMILTON, ON, L9B 2N4
(905) 388-3030   SIC 8211
HAMILTON-WENTWORTH CATHOLIC SCHOOL BOARD p 615
20 Bonaparte Way, HAMILTON, ON, L9B 2E3
(905) 387-4600   SIC 8211
HAMILTON-WENTWORTH CATHOLIC SCHOOL BOARD p 615
25 Alderson Dr, HAMILTON, ON, L9B 1G3
(905) 389-3940   SIC 8211
HAMILTON-WENTWORTH CATHOLIC SCHOOL BOARD p 615
50 Millwood Pl, HAMILTON, ON, L9A 2M8
(905) 383-5111   SIC 8211
HAMILTON-WENTWORTH CATHOLIC SCHOOL BOARD p 616
20 Gemini Dr, HAMILTON, ON, L9C 5V7
(905) 389-0782   SIC 8211
HAMILTON-WENTWORTH CATHOLIC SCHOOL BOARD p 616
171 San Remo Dr, HAMILTON, ON, L9C 6P8
(905) 385-7555   SIC 8211
HAMILTON-WENTWORTH CATHOLIC

SCHOOL BOARD p 616
295 Greencedar Dr, HAMILTON, ON, L9C 7M9
(905) 385-3734 *SIC* 8211

HAMILTON-WENTWORTH CATHOLIC SCHOOL BOARD p 616
675 Mohawk Rd W, HAMILTON, ON, L9C 1X7
(905) 383-7244 *SIC* 8211

HAMILTON-WENTWORTH CATHOLIC SCHOOL BOARD p 617
1824 Rymal Rd, HANNON, ON, L0R 1P0
(905) 573-2151 *SIC* 8211

HAMILTON-WENTWORTH CATHOLIC SCHOOL BOARD p 861
190 Glover Rd, STONEY CREEK, ON, L8E 5J2
(905) 523-2332 *SIC* 8211

HAMILTON-WENTWORTH CATHOLIC SCHOOL BOARD p 861
252 Dewitt Rd, STONEY CREEK, ON, L8E 2R1
(905) 664-3806 *SIC* 8211

HAMILTON-WENTWORTH CATHOLIC SCHOOL BOARD p 862
185 Glenashton Dr, STONEY CREEK, ON, L8G 4E7
(905) 664-8148 *SIC* 8211

HAMILTON-WENTWORTH CATHOLIC SCHOOL BOARD p 862
127 Gray Rd, STONEY CREEK, ON, L8G 3V3
(905) 523-2314 *SIC* 8211

HAMILTON-WENTWORTH CATHOLIC SCHOOL BOARD p 862
29 John Murray St, STONEY CREEK, ON, L8J 1C5
(905) 560-2700 *SIC* 8211

HAMILTON-WENTWORTH CATHOLIC SCHOOL BOARD p 863
127 Gatestone Dr, STONEY CREEK, ON, L8J 3Z5
(905) 573-7731 *SIC* 8211

HAMILTON-WENTWORTH CATHOLIC SCHOOL BOARD p 863
24 Amberwood St, STONEY CREEK, ON, L8J 2H9
(905) 578-2117 *SIC* 8211

HAMILTON-WENTWORTH CATHOLIC SCHOOL BOARD p 863
55 Regional Rd 20, STONEY CREEK, ON, L8J 2W9
(905) 523-2329 *SIC* 8211

HAMILTON-WENTWORTH CATHOLIC SCHOOL BOARD p 863
43 Whitedeer Rd, STONEY CREEK, ON, L8J 2V8
(905) 560-0032 *SIC* 8211

HAMILTON-WENTWORTH CATHOLIC SCHOOL BOARD p 949
170 Skinner Rd, WATERDOWN, ON, L8B 1C7
(905) 523-2328 *SIC* 8211

HAMILTON-WENTWORTH DISTRICT SCHOOL BOARD, THE p 487
168 Huron Ave, ANCASTER, ON, L9G 1V7
(905) 648-4115 *SIC* 8211

HAMILTON-WENTWORTH DISTRICT SCHOOL BOARD, THE p 487
292 Nakoma Rd, ANCASTER, ON, L9G 1T2
(905) 648-4439 *SIC* 8211

HAMILTON-WENTWORTH DISTRICT SCHOOL BOARD, THE p 487
374 Jerseyville Rd W, ANCASTER, ON, L9G 3K8
(905) 648-4468 *SIC* 8211

HAMILTON-WENTWORTH DISTRICT SCHOOL BOARD, THE p 487
99 Dunham Dr, ANCASTER, ON, L9G 1X7
(905) 648-4353 *SIC* 8211

HAMILTON-WENTWORTH DISTRICT SCHOOL BOARD, THE p 571
14 Kemp Dr, DUNDAS, ON, L9H 2M9
SIC 8211

HAMILTON-WENTWORTH DISTRICT SCHOOL BOARD, THE p 571
31 Parkside Ave, DUNDAS, ON, L9H 2S8
SIC 8211

HAMILTON-WENTWORTH DISTRICT SCHOOL BOARD, THE p 571
625 Harvest Rd, DUNDAS, ON, L9H 5K8
(905) 979-0538 *SIC* 8211

HAMILTON-WENTWORTH DISTRICT SCHOOL BOARD, THE p 571
310 Governors Rd, DUNDAS, ON, L9H 5P8
(905) 628-2203 *SIC* 8211

HAMILTON-WENTWORTH DISTRICT SCHOOL BOARD, THE p 571
441 Old Brock Rd, DUNDAS, ON, L9H 6A7
(905) 627-2238 *SIC* 8211

HAMILTON-WENTWORTH DISTRICT SCHOOL BOARD, THE p 591
280 Tenth Conc E, FREELTON, ON, L0R 1K0
(905) 659-3396 *SIC* 8211

HAMILTON-WENTWORTH DISTRICT SCHOOL BOARD, THE p 606
157 Lake Ave N, HAMILTON, ON, L8E 1L5
(905) 561-0402 *SIC* 8211

HAMILTON-WENTWORTH DISTRICT SCHOOL BOARD, THE p 607
1292 Cannon St E, HAMILTON, ON, L8H 1V6
(905) 547-0321 *SIC* 8211

HAMILTON-WENTWORTH DISTRICT SCHOOL BOARD, THE p 607
139 Parkdale Ave N, HAMILTON, ON, L8H 5X3
(905) 545-6216 *SIC* 8211

HAMILTON-WENTWORTH DISTRICT SCHOOL BOARD, THE p 607
20 Reid Ave N, HAMILTON, ON, L8H 6E1
SIC 8211

HAMILTON-WENTWORTH DISTRICT SCHOOL BOARD, THE p 607
40 Eastwood St, HAMILTON, ON, L8H 6R7
(905) 545-6558 *SIC* 8211

HAMILTON-WENTWORTH DISTRICT SCHOOL BOARD, THE p 607
460 Melvin Ave, HAMILTON, ON, L8H 2L7
(905) 549-3076 *SIC* 8211

HAMILTON-WENTWORTH DISTRICT SCHOOL BOARD, THE p 607
575 Woodward Ave, HAMILTON, ON, L8H 6P2
(905) 545-8819 *SIC* 8211

HAMILTON-WENTWORTH DISTRICT SCHOOL BOARD, THE p 607
801 Dunsmure Rd, HAMILTON, ON, L8H 1H9
(905) 547-1689 *SIC* 8211

HAMILTON-WENTWORTH DISTRICT SCHOOL BOARD, THE p 608
100 Wexford Ave S, HAMILTON, ON, L8K 2N8
(905) 544-7771 *SIC* 8211

HAMILTON-WENTWORTH DISTRICT SCHOOL BOARD, THE p 608
1284 Main St E, HAMILTON, ON, L8K 1B2
(905) 549-3031 *SIC* 8211

HAMILTON-WENTWORTH DISTRICT SCHOOL BOARD, THE p 608
77 Gage Ave N, HAMILTON, ON, L8L 6Z8
SIC 8211

HAMILTON-WENTWORTH DISTRICT SCHOOL BOARD, THE p 608
70 Albright Rd, HAMILTON, ON, L8K 5J3
(905) 573-7540 *SIC* 8211

HAMILTON-WENTWORTH DISTRICT SCHOOL BOARD, THE p 608
60 Balsam Ave N, HAMILTON, ON, L8L 6Y3
(905) 545-5315 *SIC* 8211

HAMILTON-WENTWORTH DISTRICT SCHOOL BOARD, THE p 608
50 Secord Dr, HAMILTON, ON, L8K 3W7
(905) 560-6732 *SIC* 8211

HAMILTON-WENTWORTH DISTRICT SCHOOL BOARD, THE p 608
50 Murray St W, HAMILTON, ON, L8L 1B3
(905) 560-6732 *SIC* 8211

HAMILTON-WENTWORTH DISTRICT SCHOOL BOARD, THE p 608
40 Lottridge St, HAMILTON, ON, L8L 6T9
(905) 544-3379 *SIC* 8211

HAMILTON-WENTWORTH DISTRICT SCHOOL BOARD, THE p 608
350 Albright Rd, HAMILTON, ON, L8K 5J4
(905) 561-9520 *SIC* 8211

HAMILTON-WENTWORTH DISTRICT SCHOOL BOARD, THE p 608
25 Erindale Ave, HAMILTON, ON, L8K 4R2
(905) 549-4233 *SIC* 8211

HAMILTON-WENTWORTH DISTRICT SCHOOL BOARD, THE p 608
160 Wentworth St N, HAMILTON, ON, L8L 5V7
(905) 522-9965 *SIC* 8211

HAMILTON-WENTWORTH DISTRICT SCHOOL BOARD, THE p 608
1525 Lucerne Ave, HAMILTON, ON, L8K 1R3
(905) 544-5670 *SIC* 8211

HAMILTON-WENTWORTH DISTRICT SCHOOL BOARD, THE p 608
149 Sanford Ave N, Hamilton, ON, L8L 5Z4
SIC 8211

HAMILTON-WENTWORTH DISTRICT SCHOOL BOARD, THE p 608
145 Rainbow Dr, HAMILTON, ON, L8K 4G1
(905) 560-7343 *SIC* 8211

HAMILTON-WENTWORTH DISTRICT SCHOOL BOARD, THE p 608
140 Glen Echo Dr, HAMILTON, ON, L8K 4J1
(905) 561-0719 *SIC* 8211

HAMILTON-WENTWORTH DISTRICT SCHOOL BOARD, THE p 609
1175 Main St E, HAMILTON, ON, L8M 1P3
(905) 549-3095 *SIC* 8211

HAMILTON-WENTWORTH DISTRICT SCHOOL BOARD, THE p 609
71 Maplewood Ave, HAMILTON, ON, L8M 1W7
(905) 549-1339 *SIC* 8211

HAMILTON-WENTWORTH DISTRICT SCHOOL BOARD, THE p 611
300 Dundurn St S, HAMILTON, ON, L8P 4L3
(905) 528-0223 *SIC* 8211

HAMILTON-WENTWORTH DISTRICT SCHOOL BOARD, THE p 611
100 Main St W, HAMILTON, ON, L8P 1H6
(905) 527-5092 *SIC* 8211

HAMILTON-WENTWORTH DISTRICT SCHOOL BOARD, THE p 611
222 Robinson St, HAMILTON, ON, L8P 1Z9
(905) 528-7975 *SIC* 8211

HAMILTON-WENTWORTH DISTRICT SCHOOL BOARD, THE p 611
75 Hunter St W, HAMILTON, ON, L8P 1P9
(905) 522-9690 *SIC* 8211

HAMILTON-WENTWORTH DISTRICT SCHOOL BOARD, THE p 612
99 Ferguson Ave N, HAMILTON, ON, L8R 1L6
(905) 667-2612 *SIC* 8211

HAMILTON-WENTWORTH DISTRICT SCHOOL BOARD, THE p 612
700 Main St W, HAMILTON, ON, L8S 1A5
(905) 522-1387 *SIC* 8211

HAMILTON-WENTWORTH DISTRICT SCHOOL BOARD, THE p 612
900 King St W, HAMILTON, ON, L8S 1K6
(905) 522-0601 *SIC* 8211

HAMILTON-WENTWORTH DISTRICT SCHOOL BOARD, THE p 612
150 Lower Horning Rd, HAMILTON, ON, L8S 4P2
(905) 525-2140 *SIC* 8211

HAMILTON-WENTWORTH DISTRICT SCHOOL BOARD, THE p 612
107 Hess St N, HAMILTON, ON, L8R 2T1
(905) 527-1439 *SIC* 8211

HAMILTON-WENTWORTH DISTRICT SCHOOL BOARD, THE p 612
1150 Main St W, HAMILTON, ON, L8S 1C2
(905) 528-8631 *SIC* 8211

HAMILTON-WENTWORTH DISTRICT SCHOOL BOARD, THE p 612
130 York Blvd, HAMILTON, ON, L8R 1Y5
(905) 528-8363 *SIC* 8211

HAMILTON-WENTWORTH DISTRICT SCHOOL BOARD, THE p 613
155 East 26th St, HAMILTON, ON, L8V 3C5
(905) 387-0172 *SIC* 8211

HAMILTON-WENTWORTH DISTRICT SCHOOL BOARD, THE p 613
155 Macassa Ave, HAMILTON, ON, L8V 2B5
(905) 318-1883 *SIC* 8299

HAMILTON-WENTWORTH DISTRICT SCHOOL BOARD, THE p 613
205 Berko Ave, HAMILTON, ON, L8V 2R3
(905) 385-3239 *SIC* 8211

HAMILTON-WENTWORTH DISTRICT SCHOOL BOARD, THE p 613
430 East 25th St, HAMILTON, ON, L8V 3B4
(905) 388-1058 *SIC* 8211

HAMILTON-WENTWORTH DISTRICT SCHOOL BOARD, THE p 613
45 Berko Ave, HAMILTON, ON, L8V 2R3
(905) 387-1087 *SIC* 8211

HAMILTON-WENTWORTH DISTRICT SCHOOL BOARD, THE p 613
500 Franklin Rd, HAMILTON, ON, L8V 2A4
(905) 388-4731 *SIC* 8211

HAMILTON-WENTWORTH DISTRICT SCHOOL BOARD, THE p 613
75 Palmer Rd, HAMILTON, ON, L8T 3G1
(905) 389-2234 *SIC* 8211

HAMILTON-WENTWORTH DISTRICT SCHOOL BOARD, THE p 613
80 Currie St, HAMILTON, ON, L8T 3M9
(905) 387-5655 *SIC* 8211

HAMILTON-WENTWORTH DISTRICT SCHOOL BOARD, THE p 613
1040 Queensdale Ave E, HAMILTON, ON, L8T 1J4
(905) 385-2341 *SIC* 8211

HAMILTON-WENTWORTH DISTRICT SCHOOL BOARD, THE p 613
110 Anson Ave, HAMILTON, ON, L8T 2X6
(905) 389-1309 *SIC* 8211

HAMILTON-WENTWORTH DISTRICT SCHOOL BOARD, THE p 614
50 Ravenbury Dr, HAMILTON, ON, L8W 2B5
(905) 574-4323 *SIC* 8211

HAMILTON-WENTWORTH DISTRICT SCHOOL BOARD, THE p 614
340 Queen Victoria Dr, HAMILTON, ON, L8W 1T9
(905) 385-5374 *SIC* 8211

HAMILTON-WENTWORTH DISTRICT SCHOOL BOARD, THE p 614
62 Templemead Dr, HAMILTON, ON, L8W 3Z7
(905) 383-8348 *SIC* 8211

HAMILTON-WENTWORTH DISTRICT SCHOOL BOARD, THE p 615
320 Brigade Dr, HAMILTON, ON, L9B 2E3
(905) 574-2662 *SIC* 8211

HAMILTON-WENTWORTH DISTRICT SCHOOL BOARD, THE p 615
4 Vickers Rd, HAMILTON, ON, L9A 1Y1
(905) 385-2336 *SIC* 8211

HAMILTON-WENTWORTH DISTRICT SCHOOL BOARD, THE p 615
465 East 16th St, HAMILTON, ON, L9A 4K6
(905) 318-1291 *SIC* 8211

HAMILTON-WENTWORTH DISTRICT SCHOOL BOARD, THE p 615
67 Queensdale Ave E, HAMILTON, ON, L9A 1K4
(905) 389-9311 *SIC* 8211

HAMILTON-WENTWORTH DISTRICT SCHOOL BOARD, THE p 615
20 Education Ct, HAMILTON, ON, L9A 0B9
(905) 527-5092 *SIC* 8211

HAMILTON-WENTWORTH DISTRICT

HAMILTON-WENTWORTH DISTRICT SCHOOL BOARD, THE *p 615*
165 Terrace Dr, HAMILTON, ON, L9A 2Z2
SIC 8211

HAMILTON-WENTWORTH DISTRICT SCHOOL BOARD, THE *p 615*
70 Bobolink Rd, HAMILTON, ON, L9A 2P5
(905) 385-5344   SIC 8211

HAMILTON-WENTWORTH DISTRICT SCHOOL BOARD, THE *p 615*
25 Hummingbird Lane, HAMILTON, ON, L9A 4B1
(905) 388-4447   SIC 8211

HAMILTON-WENTWORTH DISTRICT SCHOOL BOARD, THE *p 616*
11 Guildwood Dr, HAMILTON, ON, L9C 7K2
(905) 574-5321   SIC 8211

HAMILTON-WENTWORTH DISTRICT SCHOOL BOARD, THE *p 616*
9 Lynbrook Dr, HAMILTON, ON, L9C 2K6
(905) 383-2143   SIC 8211

HAMILTON-WENTWORTH DISTRICT SCHOOL BOARD, THE *p 616*
60 Rolston Dr, HAMILTON, ON, L9C 3X7
(905) 388-1502   SIC 8211

HAMILTON-WENTWORTH DISTRICT SCHOOL BOARD, THE *p 616*
60 Caledon Ave, HAMILTON, ON, L9C 3C8
(905) 388-2521   SIC 8211

HAMILTON-WENTWORTH DISTRICT SCHOOL BOARD, THE *p 616*
59 Karen Cres, HAMILTON, ON, L9C 5M5
(905) 979-4335   SIC 8211

HAMILTON-WENTWORTH DISTRICT SCHOOL BOARD, THE *p 616*
500 Bendamere Ave, HAMILTON, ON, L9C 1R3
(905) 388-5833   SIC 8211

HAMILTON-WENTWORTH DISTRICT SCHOOL BOARD, THE *p 616*
450 Sanatorium Rd, HAMILTON, ON, L9C 2B1
(905) 385-5369   SIC 8211

HAMILTON-WENTWORTH DISTRICT SCHOOL BOARD, THE *p 616*
39 Montcalm Dr, HAMILTON, ON, L9C 4B1
(905) 385-5395   SIC 8211

HAMILTON-WENTWORTH DISTRICT SCHOOL BOARD, THE *p 616*
30 Laurier Ave, HAMILTON, ON, L9C 3R9
(905) 387-5212   SIC 8211

HAMILTON-WENTWORTH DISTRICT SCHOOL BOARD, THE *p 616*
200 Cranbrook Dr, HAMILTON, ON, L9C 4S9
(905) 387-3350   SIC 8211

HAMILTON-WENTWORTH DISTRICT SCHOOL BOARD, THE *p 616*
145 Magnolia Dr, HAMILTON, ON, L9C 5P4
(905) 383-3337   SIC 8211

HAMILTON-WENTWORTH DISTRICT SCHOOL BOARD, THE *p 616*
200 Chester Ave, HAMILTON, ON, L9C 2X1
(905) 385-3267   SIC 8211

HAMILTON-WENTWORTH DISTRICT SCHOOL BOARD, THE *p 680*
375 Concession 5 W, MILLGROVE, ON, L0R 1V0
(905) 689-4544   SIC 8211

HAMILTON-WENTWORTH DISTRICT SCHOOL BOARD, THE *p 724*
9149 Airport Rd, MOUNT HOPE, ON, L0R 1W0
(905) 977-7004   SIC 8211

HAMILTON-WENTWORTH DISTRICT SCHOOL BOARD, THE *p 848*
1279 Seaton Rd, SHEFFIELD, ON, L0R 1Z0
(519) 647-3471   SIC 8211

HAMILTON-WENTWORTH DISTRICT SCHOOL BOARD, THE *p 861*
200 Dewitt Rd, STONEY CREEK, ON, L8E 4M5
(905) 573-3550   SIC 8211

HAMILTON-WENTWORTH DISTRICT SCHOOL BOARD, THE *p 861*
255 Winona Rd, STONEY CREEK, ON, L8E 5L3
(905) 979-5317   SIC 8211

HAMILTON-WENTWORTH DISTRICT SCHOOL BOARD, THE *p 861*
275 Lincoln Rd, STONEY CREEK, ON, L8E 1Z4
(905) 662-4363   SIC 8211

HAMILTON-WENTWORTH DISTRICT SCHOOL BOARD, THE *p 861*
299 Barton St, STONEY CREEK, ON, L8E 2K7
(905) 662-6939   SIC 8211

HAMILTON-WENTWORTH DISTRICT SCHOOL BOARD, THE *p 862*
49 Collegiate Ave, STONEY CREEK, ON, L8G 3L5
(905) 662-2990   SIC 8211

HAMILTON-WENTWORTH DISTRICT SCHOOL BOARD, THE *p 862*
20 Lake Ave S, STONEY CREEK, ON, L8G 1P3
(905) 662-8425   SIC 8211

HAMILTON-WENTWORTH DISTRICT SCHOOL BOARD, THE *p 862*
211 Memorial Ave, STONEY CREEK, ON, L8G 3B2
(905) 979-6595   SIC 8211

HAMILTON-WENTWORTH DISTRICT SCHOOL BOARD, THE *p 862*
45 Randall Ave, STONEY CREEK, ON, L8G 2K8
(905) 662-7021   SIC 8211

HAMILTON-WENTWORTH DISTRICT SCHOOL BOARD, THE *p 862*
910 Queenston Rd, STONEY CREEK, ON, L8G 1B5
(905) 573-3144   SIC 8211

HAMILTON-WENTWORTH DISTRICT SCHOOL BOARD, THE *p 863*
291 Winterberry Dr, STONEY CREEK, ON, L8J 2N5
(905) 573-9113   SIC 8211

HAMILTON-WENTWORTH DISTRICT SCHOOL BOARD, THE *p 863*
1105 Paramount Dr, STONEY CREEK, ON, L8J 1W2
(905) 573-3505   SIC 8211

HAMILTON-WENTWORTH DISTRICT SCHOOL BOARD, THE *p 863*
390 Mud St E, STONEY CREEK, ON, L8J 3C6
(905) 662-2297   SIC 8211

HAMILTON-WENTWORTH DISTRICT SCHOOL BOARD, THE *p 863*
108 Highland Rd W, STONEY CREEK, ON, L8J 2T2
(905) 573-3000   SIC 8211

HAMILTON-WENTWORTH DISTRICT SCHOOL BOARD, THE *p 944*
1346 Concession 4 W, TROY, ON, L0R 2B0
(905) 628-9444   SIC 8211

HAMILTON-WENTWORTH DISTRICT SCHOOL BOARD, THE *p 949*
211 Mill St N, WATERDOWN, ON, L0R 2H0
(905) 689-7905   SIC 8211

HAMILTON-WENTWORTH DISTRICT SCHOOL BOARD, THE *p 950*
215 Parkside Dr, WATERDOWN, ON, L8B 1B9
(905) 689-6692   SIC 8211

HAMILTON-WENTWORTH DISTRICT SCHOOL BOARD, THE *p 950*
55 Braeheid Ave, WATERDOWN, ON, L8B 0C5
(905) 689-8254   SIC 8211

HAMILTON-WENTWORTH DISTRICT SCHOOL BOARD, THE *p 950*
211 Parkside Dr, WATERDOWN, ON, L8B 1B9
(905) 690-6813   SIC 8211

HAMIOTA COLLEGIATE INSTITUTE *p 350*
See PARK WEST SCHOOL DIVISION

HAMITLON NIAGARA HALDIMAND BRANT LHIN *p 598*
See HEALTH INTEGRATION NETWORK OF HAMILTON NIAGARA HALDIMAND BRANT

HAMLET ELEMENTARY SCHOOL *p 864*
See AVON MAITLAND DISTRICT SCHOOL BOARD

HAMLETS AT PENTICTON *p 252*
See OSPREY CARE PENTICTON INC

HAMMARSKJOLD HIGH SCHOOL *p 878*
See LAKEHEAD DISTRICT SCHOOL BOARD

HAMMOND BAY ELEMENTARY SCHOOL *p 242*
See SCHOOL DISTRICT NO. 68 (NANAIMO-LADYSMITH)

HAMMOND BAY HOLDINGS LTD *p 241*
3164 Barons Rd, NANAIMO, BC, V9T 4B5
(250) 751-1777   SIC 2411

HAMMOND ELEMENTARY SCHOOL *p 236*
See SCHOOL DISTRICT NO 42 (MAPLE RIDGE-PITT MEADOWS)

HAMMOND MANUFACTURING COMPANY LIMITED *p 602*
7 Nicholas Beaver Rd, GUELPH, ON, N1H 6H9
(519) 763-1047   SIC 3469

HAMMOND MANUFACTURING COMPANY LIMITED *p 952*
485 Conestogo Rd, WATERLOO, ON, N2L 4C9
SIC 3469

HAMMOND MANUFACTURING COMPANY LIMITED *p 953*
52 Rankin St, WATERLOO, ON, N2V 1V9
SIC 3677

HAMMOND POWER SOLUTIONS INC *p 600*
595 Southgate Dr, GUELPH, ON, N1G 3W6
(519) 822-2441   SIC 3612

HAMMOND TRANSPORTATION LIMITED *p 618*
136 Line 9 S Oromedon, HAWKESTONE, ON, L0L 1T0
(705) 325-2774   SIC 4151

HAMMOND TRANSPORTATION LIMITED *p 805*
6 Mill Lake Rd, PARRY SOUND, ON, P2A 2X9
(705) 746-5430   SIC 4142

HAMMONDS PLAINS CONSOLIDATED SCHOOL *p 464*
See HALIFAX REGIONAL SCHOOL BOARD

HAMPSTEAD SCHOOL *p 366*
See RIVER EAST TRANSCONA SCHOOL DIVISION

HAMPTON COURT *p 315*
See SCIPIO HOLDINGS LTD

HAMPTON ELEMENTARY SCHOOL *p 403*
See SCHOOL DISTRICT 8

HAMPTON HOUSE FOODS, DIV OF *p 193*
See JAY DEE ESS INVESTMENTS LTD

HAMPTON INN & SUITES *p 422*
See 659725 NEW BRUNSWICK INC

HAMPTON INN & SUITES, EDMONTON WEST *p 93*
See PLATINUM INVESTMENTS LTD

HAMPTON INN AND HOMEWOOD SUITES HALIFAX DOWNTOWN, THE *p 459*
See SILVERBIRCH NO. 15 OPERATIONS LIMITED PARTNERSHIP

HAMPTON LUMBER MILLS - CANADA, LTD *p 193*
Gd, BURNS LAKE, BC, V0J 1E0
(250) 692-7177   SIC 6712

HAMPTON MIDDLE SCHOOL *p 403*
See ANGLOPHONE SOUTH SCHOOL DISTRICT (ASD-S)

HAMPTON PARK ELEMENTARY SCHOOL *p 200*
See SCHOOL DISTRICT NO. 43 (COQUITLAM)

HAMPTON TERRACE CARE CENTRE *p 541*
See UNGER NURSING HOMES LIMITED

HAMPTONS GOLF COURSE LTD *p 58*
69 Hamptons Dr Nw, CALGARY, AB, T3A 5H7
(403) 239-8088   SIC 7999

HAMPTONS INN & SUITES CALGARY UNIVERSITY NORTH WEST *p 38*
See KHATIJA INVESTMENTS LTD

HAMPTONS SCHOOL *p 58*
See CALGARY BOARD OF EDUCATION

HAN MINH MACHINE WORKS LTD *p 755*
1100 Lodestar Rd Unit 5, NORTH YORK, ON, M3J 2Z4
(416) 636-0660   SIC 3599

HANBALI, JEFF DRUGS LTD *p 611*
113 Herkimer St, HAMILTON, ON, L8P 2G8
(905) 527-2133   SIC 5912

HAND HILL COLONY SCHOOL *p 129*
See PRAIRIE LAND REGIONAL DIVISION 25

HANDLEMAN COMPANY OF CANADA LIMITED *p 820*
60 Leek Cres, RICHMOND HILL, ON, L4B 1H1
(905) 763-1999   SIC 5099

HANDLING SPECIALTY *p 598*
See HANDLING SPECIALTY MANUFACTURING LIMITED

HANDLING SPECIALTY MANUFACTURING LIMITED *p 598*
219 South Service Rd, GRIMSBY, ON, L3M 1Y6
(905) 945-9661   SIC 3599

HANDS IN THE MIDDLE PRODUCTIONS INC *p 1112*
1 Place Ville-Marie Bureau 3900, Montreal, QC, H3B 4M7
(514) 447-2141   SIC 7812

HANDS THEFAMILYHELPNETWORK.CA *p 508*
23 Ball's Dr, BRACEBRIDGE, ON, P1L 1T1
(705) 645-3155   SIC 8322

HANDS THEFAMILYHELPNETWORK.CA *p 742*
222 Main St E, NORTH BAY, ON, P1B 1B1
(705) 476-2293   SIC 8322

HANDSWORTH SECONDARY SCHOOL *p 250*
See SCHOOL DISTRICT NO. 44 (NORTH VANCOUVER)

HANDTMANN-PIEREDER MACHINERY LTD *p 954*
654 Colby Dr, WATERLOO, ON, N2V 1A2
(519) 888-7300   SIC 3556

HANES INDUSTRIES, DIV OF *p 1081*
See LEGGETT & PLATT CANADA CO.

HANKOOK ILBO & THE KOREA TIMES LIMITED *p 759*
287 Bridgeland Ave, NORTH YORK, ON, M6A 1Z6
(416) 787-1111   SIC 2711

HANKOOK ILBO KOREA DAILY TIMES *p 759*
See HANKOOK ILBO & THE KOREA TIMES LIMITED

HANLEY COMPOSITE SCHOOL *p 1270*
See PRAIRIE SPIRIT SCHOOL DIVISION NO. 206

HANLEY HOSPITALITY INC *p 957*
5939 Baldwin St S, WHITBY, ON, L1M 2J7
(905) 655-6693   SIC 5812

HANNA HEALTH CENTRE *p 129*
See ALBERTA HEALTH SERVICES

HANNA LODGE *p 129*
See ACADIA FOUNDATION

HANNA MEMORIAL PUBLIC SCHOOL *p 829*
See LAMBTON KENT DISTRICT SCHOOL BOARD

HANNA PRIMARY SCHOOL *p 129*
See PRAIRIE LAND REGIONAL DIVISION 25

HANNA, WEDAD MEDICINE PROFES-

▲ Public Company   ■ Public Company Family Member   **HQ** Headquarters   **BR** Branch   **SL** Single Location

SIONAL CORPORATION p 896
2075 Bayview Ave Unit E432, TORONTO, ON, M4N 3M5
(416) 480-6100   SIC 8011

HANNAFIN, E.J. ENTERPRISES LIMITED p 502
57 Cannifton Rd, BELLEVILLE, ON, K8N 4V1
(613) 966-7017   SIC 5541

HANNIGAN'S HONEY INC p 1305
Gd, SHELLBROOK, SK, S0J 2E0
(306) 747-7782   SIC 5149

HANON SYSTEMS CANADA INC p 502
360 University Ave Suite 2, BELLEVILLE, ON, K8N 5T6
(613) 969-1460   SIC 3714

HANOVER CARE CENTRE p 617
See HANOVER NURSING HOME LIMITED

HANOVER HEIGHTS COMMUNITY SCHOOL p 617
See BLUEWATER DISTRICT SCHOOL BOARD

HANOVER JUNCTION p 1265
See PARRISH & HEIMBECKER, LIMITED

HANOVER NURSING HOME LIMITED p 617
700 19th Ave, Hanover, ON, N4N 3S6
(519) 364-3700   SIC 8051

HANOVER PUBLIC SCHOOL p 512
See PEEL DISTRICT SCHOOL BOARD

HANOVER RACEWAY p 617
See HANOVER, BENTINCK & BRANT AGRICULTURAL SOCIETY

HANOVER SCHOOL DIVISION p 349
20 Southwood St, GRUNTHAL, MB, R0A 0R0
(204) 434-6165   SIC 8211

HANOVER SCHOOL DIVISION p 349
212 Oak Ave, GRUNTHAL, MB, R0A 0R0
(204) 434-6415   SIC 8211

HANOVER SCHOOL DIVISION p 350
101 Friesen Ave, KLEEFELD, MB, R0A 0V0
(204) 377-4751   SIC 8211

HANOVER SCHOOL DIVISION p 350
165 Main St, LANDMARK, MB, R0A 0X0
(204) 355-4020   SIC 8211

HANOVER SCHOOL DIVISION p 350
177 2nd St E, LANDMARK, MB, R0A 0X0
(204) 355-4663   SIC 8211

HANOVER SCHOOL DIVISION p 351
203 Third St, MITCHELL, MB, R5G 1H7
(204) 320-9488   SIC 8211

HANOVER SCHOOL DIVISION p 351
99 Stanway Bay, MITCHELL, MB, R5G 1J4
(204) 326-6622   SIC 8211

HANOVER SCHOOL DIVISION p 352
181 Main St, NIVERVILLE, MB, R0A 1E0
(204) 388-4861   SIC 8211

HANOVER SCHOOL DIVISION p 352
161 5th Ave, NIVERVILLE, MB, R0A 1E0
(204) 388-4731   SIC 8211

HANOVER SCHOOL DIVISION p 357
190 Mckenzie Ave, STEINBACH, MB, R5G 0P1
(204) 326-6426   SIC 8211

HANOVER SCHOOL DIVISION p 357
411 Henry St, STEINBACH, MB, R5G 0R1
(204) 326-6110   SIC 8211

HANOVER SCHOOL DIVISION p 357
5 Chrysler Gate, STEINBACH, MB, R5G 0E2
(204) 326-6471   SIC 8211

HANOVER SCHOOL DIVISION p 357
155 Barkman Ave, STEINBACH, MB, R5G 0P2
(204) 326-3518   SIC 8211

HANOVER, BENTINCK & BRANT AGRICULTURAL SOCIETY p 617
265 5th St, HANOVER, ON, N4N 3X3
(519) 364-2860   SIC 7948

HANRAHAN YOUTH SERVICES INC p 519
114 Main St S, BRAMPTON, ON, L6W 2C8
(905) 450-4685   SIC 8361

HANS HELGESEN ELEMENTARY SCHOOL p 337
See SCHOOL DISTRICT NO 62 (SOOKE)

HANSA LANGUAGE CENTRE OF TORONTO INC p 897
51 Eglinton Ave E Suite 200, TORONTO, ON, M4P 1G7
(416) 487-8643   SIC 8299

HANSA LANGUAGE CENTRE OF TORONTO INC p 899
2160 Yonge St, TORONTO, ON, M4S 2A8
(416) 485-1154   SIC 8299

HANSEL & GRETEL NURSERY SCHOOL, DIV. OF p 779
See BOYS' & GIRLS' CLUB OF DURHAM

HANSEN AUTOMOTIVE p 518
See 389259 ONTARIO LIMITED

HANSEN INDUSTRIES LTD p 269
2871 Olafsen Ave, RICHMOND, BC, V6X 2R4
(604) 278-2223   SIC 3469

HANSEN'S YOUR INDEPENDENT GROCER p 588
62 Thames Rd W Ss 3, EXETER, ON, N0M 1S3
(519) 235-6131   SIC 5411

HANSLER SMITH LIMITED p 531
1385 California Ave, BROCKVILLE, ON, K6V 5V5
(613) 342-4408   SIC 5085

HANSON RESTAURANT p 504
See RTM OPERATING COMPANY OF CANADA INC

HANSON RESTAURANTS (TB) INC p 552
1070 Richmond St, CHATHAM, ON, N7M 5J5
SIC 5812

HANSON RESTAURANTS INC p 62
160 Stewart Green Sw, CALGARY, AB, T3H 3C8
SIC 5812

HANSON RESTAURANTS INC p 774
385 Memorial Ave Suite 2039, ORILLIA, ON, L3V 0T7
(705) 326-2667   SIC 5812

HANSON RESTAURANTS INC p 810
1165 Lansdowne St W, PETERBOROUGH, ON, K9J 7M2
SIC 5812

HANSON TUYAUX ET PREFABRIQUES QUEBEC LTEE p 1076
1331 Av De La Gare, MASCOUCHE, QC, J7K 3G6
(450) 474-6189   SIC 3272

HANTS COMMUNITY HOSPITAL p 446
See NOVA SCOTIA HEALTH AUTHORITY

HANTS EAST RURAL HIGH SCHOOL p 468
See CHIGNECTO CENTRAL REGIONAL SCHOOL BOARD

HANTS NORTH RURAL HIGH SCHOOL p 465
See CHIGNECTO CENTRAL REGIONAL SCHOOL BOARD

HANTSPORT SCHOOL p 464
See ANNAPOLIS VALLEY REGIONAL SCHOOL BOARD

HANWEI ENERGY SERVICES CORP p 307
595 Howe St Suite 902, VANCOUVER, BC, V6C 2T5
(604) 685-2239   SIC 3084

HAPAG-LLOYD (CANADA) INC p 1121
3400 Boul De Maisonneuve O Bureau 1200, Montreal, QC, H3Z 3E7
(514) 934-5133   SIC 4731

HAPAMP LIMITED p 573
100 Yonge St N Unit B, ELMVALE, ON, L0L 1P0
(705) 322-1353   SIC 1623

HAPPY HOUR CARD'N PARTY SHOPS p 744
See COUTTS, WILLIAM E. COMPANY, LIMITED

HAPPY INN p 1278
See UNITED ENTERPRISES LTD

HAPPY VALLEY ELEMENTARY SCHOOL p 337
See SCHOOL DISTRICT NO 62 (SOOKE)

HAR-HAR HOLDINGS INC p 644
575 Trillium Dr, KITCHENER, ON, N2R 1J9
(519) 895-1932   SIC 6719

HARADROS FOOD SERVICES INC p 1292
1820 8th St E Suite 200, SASKATOON, SK, S7H 0T6
(306) 955-5555   SIC 5812

HARADROS FOOD SERVICES INC p 1301
2202 22nd St W, SASKATOON, SK, S7M 0V4
(306) 683-3333   SIC 5812

HARBERCRAFT p 170
See WESTWINN GROUP ENTERPRISES INC

HARBISONWALKER INTERNATIONAL CORP p 850
2689 Industrial Park Rd, SMITHVILLE, ON, L0R 2A0
(905) 957-3311   SIC 3297

HARBOR VIEW ELEMENTARY p 449
See HALIFAX REGIONAL SCHOOL BOARD

HARBORD COLLEGIATE INSTITUTE p 935
See TORONTO DISTRICT SCHOOL BOARD

HARBOUR AIR LTD p 263
Gd Stn Main, PRINCE RUPERT, BC, V8J 3P3
SIC 4512

HARBOUR AIR LTD p 273
4680 Cowley Cres, RICHMOND, BC, V7B 1C1
(604) 274-1277   SIC 4512

HARBOUR AIR LTD p 307
1055 Canada Pl Unit 1, VANCOUVER, BC, V6C 0C3
(604) 233-3501   SIC 4512

HARBOUR AIR SEAPLANES p 263
See HARBOUR AIR LTD

HARBOUR AIR SEAPLANES p 273
See HARBOUR AIR LTD

HARBOUR DANCE CENTRE p 322
927 Granville St, VANCOUVER, BC, V6Z 1L3
(604) 684-9542   SIC 7911

HARBOUR LIGHT CENTRE, THE p 894
See GOVERNING COUNCIL OF THE SALVATION ARMY IN CANADA, THE

HARBOUR SIXTY STEAK HOUSE p 920
See MUGGS, J J INC

HARBOUR STATION p 417
See SAINT JOHN, CITY OF

HARBOUR TOWERS HOTEL AND SUITES p 330
See HARBOUR TOWERS LIMITED PARTNERSHIP

HARBOUR TOWERS LIMITED PARTNERSHIP p 330
345 Quebec St, VICTORIA, BC, V8V 1W4
(250) 385-2405   SIC 7011

HARBOUR VIEW ELEMENTARY SCHOOL p 201
See SCHOOL DISTRICT NO. 43 (COQUITLAM)

HARBOUR VIEW HIGH SCHOOL p 416
See SCHOOL DISTRICT 8

HARD ROCK CAFE p 736
5685 Falls Ave, NIAGARA FALLS, ON, L2G 3K6
(905) 356-7625   SIC 5812

HARD ROCK CAFE p 789
See ROCK THE BYWARD MARKET CORPORATION

HARD ROCK CAFE CANADA p 906
See HRC CANADA INC

HARD ROCK CAFE MONTREAL p 1116
See HRC CANADA INC

HARD ROCK CASINO p 202
See GREAT CANADIAN CASINOS INC

HARDING MEDICAL p 460
See I.M.P. GROUP LIMITED

HARDISTY ELEMENTARY JUNIOR HIGH SCHOOL p 99
See EDMONTON SCHOOL DISTRICT NO. 7

HARDISTY HEALTH CENTRE p 130
See ALBERTA HEALTH SERVICES

HARDMAN GROUP LIMITED, THE p 417
1 Market Sq Suite 102, SAINT JOHN, NB, E2L 4Z6
(506) 658-3600   SIC 8742

HARDMAN GROUP LIMITED, THE p 458
1226 Hollis St, Halifax, NS, B3J 1T6
(902) 429-3743   SIC 6553

HARDWOODS SPECIALTY PRODUCTS LP p 234
27321 58 Cres, LANGLEY, BC, V4W 3W7
(604) 856-1111   SIC 5031

HARDY CONSTRUCTION p 1247
See 2645-3530 QUEBEC INC

HARDY TERRACE LONG-TERM CARE FACILITY p 528
See DIVERSICARE CANADA MANAGEMENT SERVICES CO., INC

HARDY TERRACE LTC p 528
See DIVERSICARE CANADA MANAGEMENT SERVICES CO., INC

HARDY VIEW LODGE p 216
See INTERIOR HEALTH AUTHORITY

HAREMAR PLASTIC MANUFACTURING LIMITED p 559
200 Great Gulf Dr, CONCORD, ON, L4K 5W1
(905) 761-7552   SIC 3081

HAREWOOD SCHOOL p 240
See SCHOOL DISTRICT NO. 68 (NANAIMO-LADYSMITH)

HARKEN TOWING CO. LTD p 255
1990 Argue St, PORT COQUITLAM, BC, V3C 5K4
(604) 942-8511   SIC 7549

HARKINS ELEMENTARY SCHOOL p 405
See DISTRICT EDUCATION COUNCIL-SCHOOL DISTRICT 16

HARKINS MIDDLE SCHOOL p 405
See DISTRICT EDUCATION COUNCIL-SCHOOL DISTRICT 16

HARMAC TRANSPORTATION INC p 990
8155 Rue Grenache, ANJOU, QC, H1J 1C4
(514) 354-7141   SIC 4212

HARMATTAN GAS PROCESSING LIMITED PARTNERSHIP p 71
Gd, DIDSBURY, AB, T0M 0W0
(403) 335-3321   SIC 1389

HARMONIE FOODS LIMITED p 432
551 Torbay Rd, ST. JOHN'S, NL, A1A 5G9
(709) 726-4050   SIC 5812

HARMONY GRAND BUFFET p 654
See 1069000 ONTARIO LTD

HARMONY HEIGHTS PUBLIC SCHOOL p 782
See DURHAM DISTRICT SCHOOL BOARD

HARMONY LOGISTICS CANADA INC p 64
1724 115 Ave Ne, CALGARY, AB, T3K 0P9
(403) 537-8996   SIC 4731

HARMONY SCHOOL p 1012
See COMMISSION SCOLAIRE NEW FRONTIER

HARMONY SYSTEMS p 932
See JIFFY TELECOMMUNICATIONS INC

HAROLD & GRACE BAKER CENTRE p 937
See REVERA INC

HAROLD BISHOP ELEMENTARY p 289
See SCHOOL DISTRICT NO 36 (SURREY)

HAROLD F. LOUGHIN ELEMENTARY PUBLIC SCHOOL p 518
See PEEL DISTRICT SCHOOL BOARD

HAROLD HATCHER ELEMENTARY SCHOOL p 363
See RIVER EAST TRANSCONA SCHOOL DIVISION

HAROLD LONGWORTH PUBLIC SCHOOL p 507
See KAWARTHA PINE RIDGE DISTRICT SCHOOL BOARD

HAROLD M BRATHWAITE SECONDARY SCHOOL p 510
See PEEL DISTRICT SCHOOL BOARD

HAROLD PANABAKER JUNIOR HIGH SCHOOL p 54
See CALGARY BOARD OF EDUCATION

HAROLD W. RILEY ELEMENTARY SCHOOL p 14
See CALGARY BOARD OF EDUCATION

HAROLD'S FOODLINER p 1280
See RAVEN ENTERPRISES INC.

HARP SECURITY p 769
See HALTON ALARM RESPONSE & PROTECTION LTD

HARPER GREY LLP p 304
650 Georgia St W Suite 3200, VANCOUVER, BC, V6B 4P7
(604) 687-0411 SIC 8111

HARPER TRUCK CENTRES INC p 779
720 Wilson Rd S, OSHAWA, ON, L1H 6E8
(905) 432-3838 SIC 5084

HARPER TRUCK CENTRES INC p 814
1555 Sandy Beach Rd, PICKERING, ON, L1W 3S2
SIC 5511

HARPERCOLLINS CANADA LIMITED p 901
2 Bloor St E 20th Fl, TORONTO, ON, M4W 1A8
(416) 975-9334 SIC 2731

HARPERCOLLINS CANADA LIMITED p 901
2 Bloor St E 20th Fl, TORONTO, ON, M4W 1A8
(416) 975-9334 SIC 5192

HARPO ENTERPRISES p 281
17960 56 Ave, SURREY, BC, V3S 1C7
(604) 575-1690 SIC 5812

HARRIETSFIELD ELEMENTARY SCHOOL p 464
See HALIFAX REGIONAL SCHOOL BOARD

HARRIETT TODD PUBLIC SCHOOL p 775
See SIMCOE COUNTY DISTRICT SCHOOL BOARD, THE

HARRING DOORS DIV. OF p 665
See MASONITE INTERNATIONAL CORPORATION

HARRIOT CURTIS COLLEGIATE p 431
See WESTERN SCHOOL DISTRICT

HARRIS & ROOME SUPPLY p 417
See GRAYBAR CANADA LIMITED

HARRIS & ROOME SUPPLY p 451
See GRAYBAR CANADA LIMITED

HARRIS & ROOME SUPPLY p 451
See GRAYBAR ELECTRIC CANADA LIMITED

HARRIS & ROOME SUPPLY p 461
See GRAYBAR CANADA LIMITED

HARRIS INSTITUTE FOR THE ARTS INCORPORATED, THE p 904
118 Sherbourne St, TORONTO, ON, M5A 2R2
(416) 367-0162 SIC 8249

HARRIS REBAR p 14
See HARRIS STEEL ULC

HARRIS REBAR p 123
See HARRIS STEEL ULC

HARRIS REBAR p 135
See HARRIS STEEL ULC

HARRIS REBAR p 210
See VSL CANADA LTD

HARRIS REBAR p 268
See HARRIS STEEL ULC

HARRIS REBAR p 451
See HARRIS STEEL ULC

HARRIS REBAR p 649
See HARRIS STEEL ULC

HARRIS STEEL GROUP INC p 529
84 Shaver Rd, BRANTFORD, ON, N3T 5M1
SIC 3315

HARRIS STEEL ULC p 14
3208 52 St Se, CALGARY, AB, T2B 1N2
(403) 272-8801 SIC 3441

HARRIS STEEL ULC p 123
11215 87 Ave, FORT SASKATCHEWAN, AB, T8L 2S3
(780) 992-0777 SIC 3499

HARRIS STEEL ULC p 135
6613 44 St, LEDUC, AB, T9E 7E5
(780) 986-7055 SIC 3441

HARRIS STEEL ULC p 174
4609 64 Ave, WETASKIWIN, AB, T9A 2S7
(780) 352-9171 SIC 3446

HARRIS STEEL ULC p 268
7440 Nelson Rd, RICHMOND, BC, V6W 1G4
(604) 244-0575 SIC 3449

HARRIS STEEL ULC p 451
150 Joseph Zatzman Dr, DARTMOUTH, NS, B3B 1P1
(902) 468-2526 SIC 5051

HARRIS STEEL ULC p 514
980 Intermodal Dr, BRAMPTON, ON, L6T 0B5
(905) 799-1220 SIC 3312

HARRIS STEEL ULC p 534
750 Appleby Line, BURLINGTON, ON, L7L 2Y2
(905) 632-2121 SIC 3446

HARRIS STEEL ULC p 534
5400 Harvester Rd, BURLINGTON, ON, L7L 5N5
(905) 681-6811 SIC 3312

HARRIS STEEL ULC p 649
152 Fielding Rd, LIVELY, ON, P3Y 1L5
(705) 682-1222 SIC 5051

HARRIS STEEL ULC p 828
5334 Brigden Rd, SARNIA, ON, N7T 7H3
(519) 383-8260 SIC 3316

HARRIS STEEL ULC p 1305
3810 Wanuskewin Rd, SASKATOON, SK, S7P 0B7
(306) 242-8455 SIC 3449

HARRIS, WALTER E PUBLIC SCHOOL p 778
See DURHAM DISTRICT SCHOOL BOARD

HARRIS/DECIMA p 897
2345 Yonge St Suite 405, TORONTO, ON, M4P 2E5
(416) 716-4903 SIC 8732

HARRISFIELD PUBLIC SCHOOL p 621
See THAMES VALLEY DISTRICT SCHOOL BOARD

HARRISON PUBLIC SCHOOL p 592
See HALTON DISTRICT SCHOOL BOARD

HARRISON PUBLIC SCHOOL p 747
See TORONTO DISTRICT SCHOOL BOARD

HARRISSON TRIMBLE p 408
See SCHOOL DISTRICT 2

HARRISTON SENIOR PUBLIC SCHOOL p 617
See UPPER GRAND DISTRICT SCHOOL BOARD, THE

HARROW DISTRICT HIGH SCHOOL p 618
See GREATER ESSEX COUNTY DISTRICT SCHOOL BOARD

HARROW JUNIOR PUBLIC SCHOOL p 618
See GREATER ESSEX COUNTY DISTRICT SCHOOL BOARD

HARROW SCHOOL p 386
See WINNIPEG SCHOOL DIVISION

HARROW SENIOR PUBLIC SCHOOL p 618
See GREATER ESSEX COUNTY DISTRICT SCHOOL BOARD

HARROWSMITH PUBLIC SCHOOL p 618
See LIMESTONE DISTRICT SCHOOL BOARD

HARRY AINLAY COMPOSITE HIGH SCHOOL p 110
See EDMONTON SCHOOL DISTRICT NO. 7

HARRY BALFOUR SCHOOL p 127
See PEACE WAPITI SCHOOL DIVISION NO.76

HARRY BOWES PUBLIC SCHOOL p 864
See YORK REGION DISTRICT SCHOOL BOARD

HARRY BRONFMAN Y COUNTRY CAMP p 1044
See YOUNG MEN'S & YOUNG WOMEN'S HEBREW ASSOCIATION OF MONTREAL

HARRY COLLINGE HIGHSCHOOL p 131
See GRANDE YELLOWHEAD PUBLIC SCHOOL DIVISION 77

HARRY GRAY ELEMENTARY SCHOOL p 171
See NORTHERN GATEWAY REGIONAL DIVISION #10

HARRY HOOGE ELEMENTARY p 236
See SCHOOL DISTRICT NO 42 (MAPLE RIDGE-PITT MEADOWS)

HARRY J CLARKE PUBLIC SCHOOL p 502
See HASTINGS AND PRINCE EDWARD DISTRICT SCHOOL BOARD

HARRY MILLER MIDDLE SCHOOL p 413
See ANGLOPHONE SOUTH SCHOOL DISTRICT (ASD-S)

HARRY R. HAMILTON ELEMENTARY SCHOOL p 468
See HALIFAX REGIONAL SCHOOL BOARD

HARRY ROSEN GENTLEMENS APPAREL p 580
See HARRY ROSEN INC

HARRY ROSEN INC p 45
317 7 Ave Sw, CALGARY, AB, T2P 2Y9
(403) 294-0992 SIC 5611

HARRY ROSEN INC p 580
25 The West Mall Suite 114, ETOBICOKE, ON, M9C 1B8
(416) 620-6967 SIC 5611

HARRY ROSEN INC p 714
5985 Rodeo Dr Unit 1, MISSISSAUGA, ON, L5R 3X8
(905) 890-3100 SIC 5611

HARRY ROSEN INC p 759
3401 Dufferin St Suite 37, NORTH YORK, ON, M6A 2T9
(416) 787-4231 SIC 5611

HARRY ROSEN INC p 789
50 Rideau St Suite 329, OTTAWA, ON, K1N 9J7
(416) 935-9200 SIC 5611

HARRY ROSEN INC p 906
218 Yonge St Suite 3015, TORONTO, ON, M5B 2H6
(416) 598-8885 SIC 5611

HARRY ROSEN INC p 926
82 Bloor St W, TORONTO, ON, M5S 1L9
(416) 972-0556 SIC 5611

HARRY ROSEN MENS WEAR p 45
See HARRY ROSEN INC

HARRY ROSEN MENS WEAR p 759
See HARRY ROSEN INC

HARRY ROSEN MENS WEAR p 926
See HARRY ROSEN INC

HARSCO CANADA CORPORATION p 100
7030 51 Ave Nw, EDMONTON, AB, T6B 2P4
(780) 468-3292 SIC 1799

HARSCO CANADA CORPORATION p 612
151 York Blvd, HAMILTON, ON, L8R 3M2
(905) 522-8123 SIC 3295

HART DEPARTMENT STORES p 1034
See MAGASINS HART INC

HART HIGHLANDS ELEMENTARY SCHOOL p 258
See BOARD OF EDUCATION OF SCHOOL DISTRICT NO. 57 (PRINCE GEORGE), THE

HART HOUSE THEATRE p 926
See GOVERNING COUNCIL OF THE UNIVERSITY OF TORONTO

HARTCO INC p 1287
1060 Winnipeg St, REGINA, SK, S4R 8P8
(306) 525-0537 SIC 5734

HARTLAND COMMUNITY SCHOOL p 403
See SCHOOL DISTRICT 14

HARTMAN PUBLIC SCHOOL p 492
See YORK REGION DISTRICT SCHOOL BOARD

HARTMANN DOMINION INC p 529
58 Frank St, BRANTFORD, ON, N3T 5E2
(519) 756-8500 SIC 3086

HARTMANN NORTH AMERICA p 529
See HARTMANN DOMINION INC

HARTWICK O'SHEA & CARTWRIGHT LIMITED p 685
3245 American Dr, MISSISSAUGA, ON, L4V 1B8
(905) 672-5100 SIC 4731

HARTWICK O'SHEA & CARTWRIGHT LIMITED p 685
3350 American Dr, MISSISSAUGA, ON, L4V 1B3
(905) 676-8796 SIC 4731

HARVARD BROADCASTING INC p 52
255 17 Ave Sw Unit 400, CALGARY, AB, T2S 2T8
(403) 670-0210 SIC 4832

HARVARD BROADCASTING INC p 120
9904 Franklin Ave, FORT MCMURRAY, AB, T9H 2K5
(780) 791-0103 SIC 4841

HARVARD BROADCASTING INC p 1296
105 21st St E Suite 200, SASKATOON, SK, S7K 0B3
(306) 653-9630 SIC 4832

HARVARD RESTAURANTS LTD p 396
473 Rue Paul, DIEPPE, NB, E1A 5R4
(506) 862-7656 SIC 5812

HARVARD RESTAURANTS LTD p 407
1100 Mountain Rd, MONCTON, NB, E1C 2T2
(506) 862-7647 SIC 5812

HARVARD RESTAURANTS LTD p 413
430 Coverdale Rd, RIVERVIEW, NB, E1B 3K1
(506) 862-7634 SIC 5461

HARVARD RESTAURANTS LTD p 451
106 Ilsley Ave Unit 6741, DARTMOUTH, NS, B3B 1L3
SIC 5812

HARVARD SQAURE SHOPPING CENTER BRANCH, THE p 616
See ROYAL BANK OF CANADA

HARVEST MEATS p 1309
See PREMIUM BRANDS OPERATING LIMITED PARTNERSHIP

HARVEST OPERATIONS CORP p 45
700 2nd St Sw Suite 1500, CALGARY, AB, T2P 2W1
(403) 265-1178 SIC 1311

HARVEST OPERATIONS CORP p 151
Gd, RAINBOW LAKE, AB, T0H 2Y0
(780) 956-3771 SIC 1311

HARVEY COMMUNITY HOSPITAL p 403
See REGIONAL HEALTH AUTHORITY B

HARVEY ELEMENTARY SCHOOL p 403
See ANGLOPHONE WEST SCHOOL DISTRICT (ASD-W)

HARVEY HIGH SCHOOL p 403
See ANGLOPHONE WEST SCHOOL DISTRICT (ASD-W)

HARVEY RESTUARANT p 538
See CARA OPERATIONS LIMITED

HARVEY'S p 484
See CARA OPERATIONS LIMITED

HARVEY'S p 525
See CARA OPERATIONS LIMITED

HARVEY'S p 527
See CARA OPERATIONS LIMITED

HARVEY'S p 530
See CARA OPERATIONS LIMITED

HARVEY'S p 543
See CARA OPERATIONS LIMITED

HARVEY'S p 549
See CARA OPERATIONS LIMITED

HARVEY'S p 588
See CARA OPERATIONS LIMITED

HARVEY'S p 597

See CARA OPERATIONS LIMITED
HARVEY'S p 614
See CARA OPERATIONS LIMITED
HARVEY'S p 653
See CARA OPERATIONS LIMITED
HARVEY'S p 805
See CARA OPERATIONS LIMITED
HARVEY'S p 817
See EASTON'S 28 RESTAURANTS LTD
HARVEY'S p 823
See CARA OPERATIONS LIMITED
HARVEY'S p 828
See FAMZ RESTAURANT (1985) LIMITED-PARTNERSHIP
HARVEY'S p 868
See CARA OPERATIONS LIMITED
HARVEY'S p 870
See CARA OPERATIONS LIMITED
HARVEY'S p 924
See CARA OPERATIONS LIMITED
HARVEY'S p 936
See CARA OPERATIONS LIMITED
HARVEY'S p 1018
See CARA OPERATIONS LIMITED
HARVEY'S p 1044
See CARA OPERATIONS LIMITED
HARVEY'S p 1072
See CARA OPERATIONS LIMITED
HARVEY'S p 1125
See RESTAURANT MACGEORGES INC
HARVEY'S p 1140
See CARA OPERATIONS LIMITED
HARVEY'S p 1176
See CARA OPERATIONS LIMITED
HARVEY'S p 1260
See CARA OPERATIONS LIMITED
HARVEY'S RESTAURANT p 460
See CARA OPERATIONS LIMITED
HARVEY'S RESTAURANT p 584
See CARA OPERATIONS LIMITED
HARVEY'S RESTAURANT p 637
See CARA OPERATIONS LIMITED
HARVEY'S RESTAURANT p 1035
See CARA OPERATIONS LIMITED
HARVEY'S RESTAURANT p 1197
See CARA OPERATIONS LIMITED
HARVEY'S RESTAURANT/SWISS CHALET p 478
See SUBACH LIMITED
HARVEY'S RESTAURANTS p 577
See CARA OPERATIONS LIMITED
HARVEY'S RESTAURANTS p 606
See CARA OPERATIONS LIMITED
HARVEY'S RESTAURANTS p 707
See CARA OPERATIONS LIMITED
HARVEY'S RESTAURANTS p 746
See CARA OPERATIONS LIMITED
HARVEY'S RESTAURANTS p 970
See CARA OPERATIONS LIMITED
HARVEY'S RESTAURANTS 2440 p 962
See CARA OPERATIONS LIMITED
HARVEY'S SERVING SWISS CHALET p 507
See CARA OPERATIONS LIMITED
HARVEY'S SERVING SWISS CHALET p 943
See CARA OPERATIONS LIMITED
HARVEY'S SWISS CHALET p 496
See CARA OPERATIONS LIMITED
HARVEY'S/SWISS CHALET p 508
See 876224 ONTARIO LIMITED
HARVEY'S/SWISS CHALET p 773
See JOPAMAR HOLDINGS INC
HARVEYS p 518
See GABOUR FOODS LTD
HARVEYS p 1191
See CARA OPERATIONS LIMITED
HARVEYS p 1237
See CARA OPERATIONS LIMITED
HARVEYS RESTAURANT p 643
See CARA OPERATIONS LIMITED
HARVEYS-SWISS CHALET p 955
See 954559 ONTARIO INC
HARWIN ELEMENTARY SCHOOL p 260

See BOARD OF EDUCATION OF SCHOOL DISTRICT NO. 57 (PRINCE GEORGE), THE
HARWOOD ELEMENTARY SCHOOL p 326
See SCHOOL DISTRICT NO 22 (VERNON)
HARWOOD JUNIOR MIDDLE SCHOOL 938
See TORONTO DISTRICT SCHOOL BOARD
HARWOODS p 1276
See TEMPLE GARDENS MINERAL SPA INC
HASBRO CANADA CORPORATION p 1069
2350 Rue De La Province, LONGUEUIL, QC, J4G 1G2
(450) 670-9820   SIC 5092
HASSIDIC COMMUNITY SCHOOL p 1136
See ECOLE COMMUNAUTAIRE BELZ
HASTECH MANUFACTURING p 604
See LINAMAR CORPORATION
HASTECH MFG. PLANT 2 p 604
See LINAMAR CORPORATION
HASTINGS AND PRINCE EDWARD DISTRICT SCHOOL BOARD p 486
264 County Rd 19 Suite 68, AMELIASBURG, ON, K0K 1A0
(613) 962-7533   SIC 8211
HASTINGS AND PRINCE EDWARD DISTRICT SCHOOL BOARD p 494
132 Newkirk Blvd, BANCROFT, ON, K0L 1C0
(613) 332-3000   SIC 8211
HASTINGS AND PRINCE EDWARD DISTRICT SCHOOL BOARD p 494
33 Baptist Lake Rd S, BANCROFT, ON, K0L 1C0
(613) 332-3721   SIC 8211
HASTINGS AND PRINCE EDWARD DISTRICT SCHOOL BOARD p 494
16 Monck St Suite 14, BANCROFT, ON, K0L 1C0
(613) 332-1220   SIC 8211
HASTINGS AND PRINCE EDWARD DISTRICT SCHOOL BOARD p 494
132 Newkirk Blvd, BANCROFT, ON, K0L 1C0
(613) 332-1833   SIC 8211
HASTINGS AND PRINCE EDWARD DISTRICT SCHOOL BOARD p 502
376 Avonlough Rd, BELLEVILLE, ON, K8N 4Z2
(613) 966-8186   SIC 8211
HASTINGS AND PRINCE EDWARD DISTRICT SCHOOL BOARD p 502
46 Pine St, BELLEVILLE, ON, K8N 2M2
(613) 968-4547   SIC 8211
HASTINGS AND PRINCE EDWARD DISTRICT SCHOOL BOARD p 502
135 Macdonald Ave, BELLEVILLE, ON, K8N 3Y4
(613) 968-9173   SIC 8211
HASTINGS AND PRINCE EDWARD DISTRICT SCHOOL BOARD p 502
156 Ann St, BELLEVILLE, ON, K8N 3L3
(613) 966-1170   SIC 8211
HASTINGS AND PRINCE EDWARD DISTRICT SCHOOL BOARD p 502
77 Rollins Dr, BELLEVILLE, ON, K8N 4J6
(613) 969-0140   SIC 8211
HASTINGS AND PRINCE EDWARD DISTRICT SCHOOL BOARD p 502
275 Farley Ave, BELLEVILLE, ON, K8N 4M2
(613) 962-2149   SIC 7389
HASTINGS AND PRINCE EDWARD DISTRICT SCHOOL BOARD p 502

Po Box 6500 Stn Csc, BELLEVILLE, ON, K8N 5M6
(613) 966-2922   SIC 8211
HASTINGS AND PRINCE EDWARD DISTRICT SCHOOL BOARD p 502
88 West St, BELLEVILLE, ON, K8N 4X7
(613) 962-1177   SIC 8211
HASTINGS AND PRINCE EDWARD DISTRICT SCHOOL BOARD p 503
73 Poplar St, BELLEVILLE, ON, K8P 4J3
(613) 962-1341   SIC 8211
HASTINGS AND PRINCE EDWARD DISTRICT SCHOOL BOARD p 503
45 College St W, BELLEVILLE, ON, K8P 2G3
(613) 962-9295   SIC 8211
HASTINGS AND PRINCE EDWARD DISTRICT SCHOOL BOARD p 503
37 Prince Of Wales Dr, BELLEVILLE, ON, K8P 2T6
(613) 968-8321   SIC 8211
HASTINGS AND PRINCE EDWARD DISTRICT SCHOOL BOARD p 503
224 Palmer Rd, BELLEVILLE, ON, K8P 4E1
(613) 962-2516   SIC 8211
HASTINGS AND PRINCE EDWARD DISTRICT SCHOOL BOARD p 503
22 Harder Dr, BELLEVILLE, ON, K8P 1H2
(613) 962-6400   SIC 8211
HASTINGS AND PRINCE EDWARD DISTRICT SCHOOL BOARD p 503
160 Palmer Rd, BELLEVILLE, ON, K8P 4E1
(613) 962-9233   SIC 8211
HASTINGS AND PRINCE EDWARD DISTRICT SCHOOL BOARD p 503
138 Leland Dr, BELLEVILLE, ON, K8P 1G7
SIC 8211
HASTINGS AND PRINCE EDWARD DISTRICT SCHOOL BOARD p 505
27 Corey St, BLOOMFIELD, ON, K0K 1G0
(613) 393-3262   SIC 8211
HASTINGS AND PRINCE EDWARD DISTRICT SCHOOL BOARD p 553
1764 County Rd 10, CHERRY VALLEY, ON, K0K 1P0
(613) 476-3974   SIC 8211
HASTINGS AND PRINCE EDWARD DISTRICT SCHOOL BOARD p 564
See HASTINGS AND PRINCE EDWARD DISTRICT SCHOOL BOARD
HASTINGS AND PRINCE EDWARD DISTRICT SCHOOL BOARD p 564
626 Harmony Rd, CORBYVILLE, ON, K0K 1V0
(613) 962-7867   SIC 8211
HASTINGS AND PRINCE EDWARD DISTRICT SCHOOL BOARD p 590
658 Ashley St, FOXBORO, ON, K0K 2B0
(613) 962-5151   SIC 8211
HASTINGS AND PRINCE EDWARD DISTRICT SCHOOL BOARD p 590
36 Adelaide St, FRANKFORD, ON, K0K 2C0
(613) 398-6425   SIC 8211
HASTINGS AND PRINCE EDWARD DISTRICT SCHOOL BOARD p 666
32 Baldwin St, MADOC, ON, K0K 2K0
(613) 473-2487   SIC 8211

HASTINGS AND PRINCE EDWARD DISTRICT SCHOOL BOARD p 678
17 William St, MARMORA, ON, K0K 2M0
(613) 472-2323   SIC 8211
HASTINGS AND PRINCE EDWARD DISTRICT SCHOOL BOARD p 678
See HASTINGS AND PRINCE EDWARD DISTRICT SCHOOL BOARD
HASTINGS AND PRINCE EDWARD DISTRICT SCHOOL BOARD p 815
35 Barker St, PICTON, ON, K0K 2T0
(613) 476-6475   SIC 8211
HASTINGS AND PRINCE EDWARD DISTRICT SCHOOL BOARD p 815
41 Barker St, PICTON, ON, K0K 2T0
(613) 476-2196   SIC 8211
HASTINGS AND PRINCE EDWARD DISTRICT SCHOOL BOARD p 848
650 Shannonville Rd Rr 1, SHANNONVILLE, ON, K0K 3A0
(613) 962-4447   SIC 8211
HASTINGS AND PRINCE EDWARD DISTRICT SCHOOL BOARD p 859
84 Church St, STIRLING, ON, K0K 3E0
SIC 8211
HASTINGS AND PRINCE EDWARD DISTRICT SCHOOL BOARD p 860
107 St James St, STIRLING, ON, K0K 3E0
(613) 395-3389   SIC 8211
HASTINGS AND PRINCE EDWARD DISTRICT SCHOOL BOARD p 944
138 Dufferin Ave, TRENTON, ON, K8V 5E1
(613) 392-5461   SIC 8211
HASTINGS AND PRINCE EDWARD DISTRICT SCHOOL BOARD p 944
15 Fourth Ave, TRENTON, ON, K8V 5N4
(613) 392-1227   SIC 8211
HASTINGS AND PRINCE EDWARD DISTRICT SCHOOL BOARD p 944
16 Sillers Ave, TRENTON, ON, K8V 1X6
SIC 8211
HASTINGS AND PRINCE EDWARD DISTRICT SCHOOL BOARD p 944
20 South St, TRENTON, ON, K8V 1P8
(613) 392-4524   SIC 8211
HASTINGS AND PRINCE EDWARD DISTRICT SCHOOL BOARD p 945
165 Pomeroy St, TWEED, ON, K0K 3J0
(613) 478-2714   SIC 8211
HASTINGS AND PRINCE EDWARD DISTRICT SCHOOL BOARD p 945
52 Mcclellan St, TWEED, ON, K0K 3J0
(613) 478-2714   SIC 8211
HASTINGS AND PRINCE EDWARD DISTRICT SCHOOL BOARD p 956
240 Wellington Main St, WELLINGTON, ON, K0K 3L0
(613) 399-3474   SIC 8211
HASTINGS CENTENNIAL MANOR p 494
1 Manor Lane, Bancroft, ON, K0L 1C0
(613) 332-2070   SIC 8361
HASTINGS EDUCATION CENTRE p 293
See BOARD OF EDUCATION OF SCHOOL DISTRICT NO. 39 (VANCOUVER), THE
HASTINGS ELEMENTARY SCHOOL p 292
See BOARD OF EDUCATION OF SCHOOL DISTRICT NO. 39 (VANCOUVER), THE
HASTINGS ENTERTAINMENT INC p 292
188 Renfrew St N, VANCOUVER, BC, V5K 3N8

▲ Public Company   ■ Public Company Family Member   **HQ** Headquarters   **BR** Branch   **SL** Single Location

(604) 254-1631   SIC 7948
HASTINGS RACECOURSE & CASINO   p 292
See HASTINGS ENTERTAINMENT INC
HASTINGS SCHOOL   p 368
See LOUIS RIEL SCHOOL DIVISION
HATCH   p 869
See HATCH LTD
HATCH CORPORATION   p 45
840 7 Ave Sw Suite 1250, CALGARY, AB, T2P 3G2
(403) 269-9555   SIC 8711
HATCH CORPORATION   p 245
2201 Marine Dr, NEW WESTMINSTER, BC, V3M 2H4
SIC 8711
HATCH CORPORATION   p 311
1066 Hastings St W Suite 1010, VANCOUVER, BC, V6E 3X2
(604) 629-1736   SIC 8711
HATCH CORPORATION   p 407
860 Main St Suite 700, MONCTON, NB, E1C 1G2
(506) 857-8708   SIC 6099
HATCH CORPORATION   p 476
106-200 Church Hill Dr, SYDNEY, NS, B1S 0H5
(902) 564-5583   SIC 8711
HATCH CORPORATION   p 534
5035 South Service Rd, BURLINGTON, ON, L7L 6M9
(519) 772-1201   SIC 8711
HATCH CORPORATION   p 672
15 Allstate Pky Suite 300, MARKHAM, ON, L3R 5B4
(905) 943-9600   SIC 8711
HATCH CORPORATION   p 814
1815 Ironstone Manor Suite 10, PICKERING, ON, L1W 3W9
(902) 564-5583   SIC 8711
HATCH CORPORATION   p 1112
5 Place Ville-Marie Bureau 1400, Montreal, QC, H3B 2G2
(514) 861-0583   SIC 8711
HATCH ENERGY   p 735
See HATCH LTD
HATCH ENGINEERING   p 1302
See HATCH LTD
HATCH LTD   p 311
1066 Hastings St W Suite 400, VANCOUVER, BC, V6E 3X1
(604) 683-9141   SIC 8711
HATCH LTD   p 378
500 Portage Ave Suite 600, WINNIPEG, MB, R3C 3Y8
(204) 786-8751   SIC 8711
HATCH LTD   p 608
500 Sherman Ave N, HAMILTON, ON, L8L 8J6
(905) 543-8555   SIC 1742
HATCH LTD   p 735
4342 Queen St Suite 500, NIAGARA FALLS, ON, L2E 7J7
(905) 374-5200   SIC 8711
HATCH LTD   p 869
128 Pine St Suite 103, SUDBURY, ON, P3C 1X3
(705) 688-0250   SIC 8711
HATCH LTD   p 1112
5 Place Ville-Marie Bureau 1400, Montreal, QC, H3B 2G2
(514) 861-0583   SIC 8711
HATCH LTD   p 1242
3220 Boul Saint-Louis, SOREL-TRACY, QC, J3R 5P8
(450) 743-2763   SIC 8711
HATCH LTD   p 1302
121 Research Dr Suite 201, SASKATOON, SK, S7N 1K2
(306) 657-7500   SIC 8711
HATHOR EXPLORATION LIMITED   p 307
925 Georgia St W Suite 1810, VANCOUVER, BC, V6C 3L2
SIC 1094

HATTS OFF   p 613
See HAMILTON-WENTWORTH DISTRICT SCHOOL BOARD, THE
HATZIC SECONDARY SCHOOL   p 238
See SCHOOL DISTRICT #75 (MISSION)
HATZIT ELEMENTARY SCHOOL   p 238
See SCHOOL DISTRICT #75 (MISSION)
HAUGEN'S CHICKEN BARBECUE   p 817
See HAUGENS BBQ. LTD
HAUGENS BBQ. LTD   p 817
13801 Hwy 7 & 12, PORT PERRY, ON, L9L 1B5
(905) 985-2402   SIC 5812
HAULTAIN MEMORIAL SCHOOL   p 35
See CALGARY BOARD OF EDUCATION
HAUN DROP FORGE   p 955
See PENSAFE INC
HAUSER COMPANY STORE   p 950
See HAUSER INDUSTRIES INC
HAUSER INDUSTRIES INC   p 950
330 Weber St N, WATERLOO, ON, N2J 3H6
(519) 747-3818   SIC 5712
HAUSER INDUSTRIES INC   p 950
330 Weber St N, Waterloo, ON, N2J 3H6
(519) 747-1138   SIC 2514
HAUTS BOISES DU CHATEAUGUAY, LES   p 1061
See KINGSTON BYERS INC
HAUTS-CLOCHERS PAVILLON SAINT-CHARLES   p 1050
See COMMISSION SCOLAIRE DES DECOUVREURS
HAVELOCK DELMONT PUBLIC SCHOOL   p 618
See KAWARTHA PINE RIDGE DISTRICT SCHOOL BOARD
HAVELOCK FOODLAND   p 618
See SOBEYS CAPITAL INCORPORATED
HAVELOCK SCHOOL   p 418
See SCHOOL DISTRICT 8
HAVEN HILL RETIREMENT CENTRE   p 252
See A.C.M.C.J. HOLDINGS LTD
HAVERGAL COLLEGE   p 898
460 Rosewell Ave, TORONTO, ON, M4R 2H5
(416) 483-3843   SIC 8211
HAWBOLDT INDUSTRIES   p 446
See HAWBOLDT INDUSTRIES (1989) LTD
HAWBOLDT INDUSTRIES (1989) LTD   p 446
220 Highway 14, CHESTER, NS, B0J 1J0
(902) 275-3591   SIC 3429
HAWCO KING RENOUF   p 432
See ALLNORTH CONSULTANTS LIMITED
HAWKESBURY POSTAL OUTLET   p 618
See CANADA POST CORPORATION
HAWKINS TRUCK MART LTD   p 410
565 Venture Dr, MONCTON, NB, E1H 2P4
(506) 854-7383   SIC 5511
HAWORTH, LTD   p 45
222 5 Ave Sw Suite 112, CALGARY, AB, T2P 0L1
(403) 203-6000   SIC 2542
HAWORTH, LTD   p 585
110 Carrier Dr, ETOBICOKE, ON, M9W 5R1
SIC 2542
HAWTHORN ELEMENTARY SCHOOL   p 448
See HALIFAX REGIONAL SCHOOL BOARD
HAWTHORN PARK   p 225
See DIVERSICARE CANADA MANAGEMENT SERVICES CO., INC
HAWTHORNE ELEMENTARY SCHOOL   p 211
See DELTA SCHOOL DISTRICT NO.37
HAWTHORN PARK INC   p 280
14476 104 Ave, SURREY, BC, V3R 1L9
(604) 587-1040   SIC 5812
HAWTHORNE PUBLC SCHOOL   p 700
See PEEL DISTRICT SCHOOL BOARD
HAWTHORNE PUBLIC SCHOOL   p 785
See OTTAWA-CARLETON DISTRICT SCHOOL BOARD
HAY LAKES SCHOOL   p 130

See BATTLE RIVER REGIONAL DIVISION 31
HAYES COMMUNICATIONS INC   p 1019
2075 Boul Fortin, Cote Saint-Luc, QC, H7S 1P4
(514) 382-1550   SIC 4899
HAYES SIGNALISATION   p 1019
See HAYES COMMUNICATIONS INC
HAYES, J.A. HOLDINGS LTD   p 213
1791 9th Ave, FERNIE, BC, V0B 1M5
(250) 423-4222   SIC 5531
HAYS PERSONNEL   p 751
See HAYS SPECIALIST RECRUITMENT (CANADA) INC
HAYS RECRUITMENT   p 908
See HAYS SPECIALIST RECRUITMENT (CANADA) INC
HAYS SPECIALIST RECRUITMENT (CANADA) INC   p 751
1500 Don Mills Rd Suite 402, NORTH YORK, ON, M3B 3K4
(416) 203-1925   SIC 7299
HAYS SPECIALIST RECRUITMENT (CANADA) INC   p 908
6 Adelaide St E Suite 600, TORONTO, ON, M5C 1H6
(416) 367-4297   SIC 7361
HAYWARD POOL PRODUCTS CANADA, INC   p 765
2880 Plymouth Dr, OAKVILLE, ON, L6H 5R4
(905) 829-2880   SIC 3949
HAYWOOD SECURITIES INC   p 45
808 1 St Sw Suite 301, CALGARY, AB, T2P 1M9
(403) 509-1900   SIC 6211
HAYWOOD SECURITIES INC   p 919
181 Bay St Unit 2910, TORONTO, ON, M5J 2T3
(416) 507-2300   SIC 6211
HAYWORTH EQUIPMENT SALES INC   p 1
26229 Twp Rd 531a, ACHESON, AB, T7X 5A4
(780) 962-9100   SIC 5511
HAZCO ENVIRONMENTAL SERVICES   p 156
See TERVITA CORPORATION
HAZCO ENVIRONMENTAL SERVICES   p 266
13511 Vulcan Way, RICHMOND, BC, V6V 1K4
(604) 214-7000   SIC 4959
HAZCO ENVIRONMENTAL SERVICES   p 384
See TERVITA CORPORATION
HAZEL MCCALLION SENIOR PUBLIC SCHOOL   p 706
See PEEL DISTRICT SCHOOL BOARD
HAZEL TREMBATH ELEMENTARY SCHOOL   p 256
See SCHOOL DISTRICT NO. 43 (COQUITLAM)
HAZELDEAN ELEMENTARY SCHOOL   p 104
See EDMONTON SCHOOL DISTRICT NO. 7
HAZELTON COMMUNITY HEALTH   p 217
See UNITED CHURCH HEALTH SERVICES SOCIETY, THE
HAZELTON PLACE   p 924
See DIVERSICARE CANADA MANAGEMENT SERVICES CO., INC
HAZELTON SECONDARY SCHOOLS   p 217
See COAST MOUNTAINS BOARD OF EDUCATION SCHOOL DISTRICT NO. 82
HAZEN WHITE ST. FRANCIS SCHOOL   p 416
See SCHOOL DISTRICT 8
HAZMASTERS ENVIRONMENTAL CONTROLS INC   p 184
3131 Underhill Ave, BURNABY, BC, V5A 3C8
(604) 420-0025   SIC 5084
HAZMASTERS INC   p 484

4-651 Harwood Ave N, AJAX, ON, L1Z 0K4
(905) 231-0011   SIC 5099
HBC   p 914
See HUDSON'S BAY COMPANY
HBC HOME OUTFITTERS   p 242
See HUDSON'S BAY COMPANY
HBC LOGISTICS   p 585
See HUDSON'S BAY COMPANY
HBI OFFICE PLUS INC   p 1287
1162 Osler St, REGINA, SK, S4R 5G9
(306) 757-5678   SIC 5112
HBMS   p 348
See HUDSON BAY MINING AND SMELTING CO., LIMITED
HBPO CANADA INC   p 964
2570 Central Ave, WINDSOR, ON, N8W 4J5
(519) 251-4300   SIC 3711
HCN LESSEY (PEMBROKE) LP   p 806
1111 Pembroke St W Suite 238, PEMBROKE, ON, K8A 8P6
(613) 635-7926   SIC 8361
HD SUPPLY CONSTRUCTION & INDUSTRIAL - BRAFASCO   p 974
See HDS CANADA, INC
HDR CORPORATION   p 797
1545 Carling Ave Suite 410, OTTAWA, ON, K1Z 8P9
(613) 234-7575   SIC 8712
HDR CORPORATION   p 820
100 York Blvd Suite 300, RICHMOND HILL, ON, L4B 1J8
(289) 695-4600   SIC 8711
HDR CORPORATION   p 914
255 Adelaide St W, TORONTO, ON, M5H 1X9
(647) 777-4900   SIC 8711
HDS CANADA, INC   p 974
100 Galcat Dr, WOODBRIDGE, ON, L4L 0B9
(905) 850-8085   SIC 5072
HEAD RESEARCH   p 1117
See RECHERCHE HEAD INC, LA
HEADWATERS HEALTH CARE CENTRE   p 848
301 First Ave E, SHELBURNE, ON, L9V 3W3
(519) 941-2410   SIC 8069
HEALEY TRANSPORTATION LIMITED   p 850
10 Gile St, SMITHS FALLS, ON, K7A 3C2
(613) 283-3518   SIC 4151
HEALTH ACCESS   p 995
See 9038-5477 QUEBEC INC
HEALTH CANADA   p 160
Gd, SADDLE LAKE, AB, T0A 3T0
(780) 726-3838   SIC 8011
HEALTH CANADA   p 402
377 Boul Broadway, GRAND-SAULT/GRAND FALLS, NB, E3Z 2K3
(506) 473-8710   SIC 8734
HEALTH CANADA   p 1012
623 3e Rue, CHIBOUGAMAU, QC, G8P 3A2
SIC 6321
HEALTH CANADA   p 1258
6875 Boul Lasalle, VERDUN, QC, H4H 1R3
(514) 761-6131   SIC 7991
HEALTH CARE CENTRE   p 119
See GOVERNMENT OF THE PROVINCE OF ALBERTA
HEALTH CONTACT CENTER   p 303
See VANCOUVER COASTAL HEALTH AUTHORITY
HEALTH DEPARTMENT, CITY OF   p 834
See CORPORATION OF THE CITY OF TORONTO
HEALTH INTEGRATION NETWORK OF HAMILTON NIAGARA HALDIMAND BRANT   p 598
264 Main St E, GRIMSBY, ON, L3M 1P8
(905) 945-4930   SIC 8621
HEALTH REGION 8   p 130
4620 53rd Ave, HIGH PRAIRIE, AB, T0G 1E0

SIC 8742
HEALTH SCIENCES CENTRE (DIV OF) p 374
See WINNIPEG REGIONAL HEALTH AUTHORITY, THE
HEALTH SCIENCES NORTH p 870
865 Regent St Suite 426, SUDBURY, ON, P3E 3Y9
(705) 523-7100   SIC 8062
HEALTH SERVICES p 165
See GOVERNMENT OF THE PROVINCE OF ALBERTA
HEALTHCARE INSURANCE RECIPROCAL OF CANADA p 363
1200 Rothesay St, WINNIPEG, MB, R2G 1T7
(204) 943-4125   SIC 6411
HEALTHCARE PROPERTIES HOLDINGS LTD p 39
1402 8 Ave Nw Suite 171, CALGARY, AB, T2N 1B9
SIC 8051
HEALTHLINK BC p 229
See EMERGENCY AND HEALTH SERVICES COMMISSION
HEALTHPRO PROCUREMENT SERVICES INC p 714
5770 Hurontario St Suite 902, MISSISSAUGA, ON, L5R 3G5
(905) 568-3478   SIC 7389
HEALTHWARE TECHNOLOGIES INC p 364
131 Provencher Blvd Suite 308, WINNIPEG, MB, R2H 0G2
(204) 272-6476   SIC 7371
HEARN INDUSTRIAL SERVICES INC p 770
2189 Speers Rd, OAKVILLE, ON, L6L 2X9
(226) 340-1147   SIC 4225
HEARNE, SAMUEL SENIOR PUBLIC SCHOOL p 887
See TORONTO DISTRICT SCHOOL BOARD
HEARST HIGH SCHOOL p 619
See DISTRICT SCHOOL BOARD ONTARIO NORTH EAST
HEARST HIGH SCHOOL p 622
See CONSEIL SCOLAIRE CATHOLIQUE DE DISTRICT DES GRANDES RIVIERES, LE
HEARST LIFELINE p 619
See DMS PROPERTY MANAGEMENT LTD
HEART & CROWN PUB, THE p 788
See 977619 ONTARIO INC
HEART AND STROKE FOUNDATION OF BC & YUKON p 314
1212 Broadway W Suite 200, VANCOUVER, BC, V6H 3V2
(604) 736-4404   SIC 7389
HEART LAKE SECONDARY SCHOOL p 523
See PEEL DISTRICT SCHOOL BOARD
HEART RIVER HOUSING p 130
4600 Pleasant View Dr, High Prairie, AB, T0G 1E0
(780) 523-5282   SIC 6514
HEARTLAND LIVESTOCK SERVICES p 359
See 324007 ALBERTA LTD
HEARTLAND LIVESTOCK SERVICES p 1272
See 324007 ALBERTA LTD
HEARTLAND LIVESTOCK SERVICES p 1279
See 324007 ALBERTA LTD
HEARTLAND LIVESTOCK SERVICES p 1309
See 324007 ALBERTA LTD
HEARTLAND REGIONAL HEALTH AUTHORITY p 1265
501 1st Ave W, BIGGAR, SK, S0K 0M0
(306) 948-3323   SIC 8062
HEARTLAND REGIONAL HEALTH AUTHORITY p 1267
203 Main St, ELROSE, SK, S0L 0Z0
SIC 8051

HEARTLAND REGIONAL HEALTH AUTHORITY p 1267
207 1st St E, DINSMORE, SK, S0L 0T0
(306) 846-2222   SIC 8059
HEARTLAND REGIONAL HEALTH AUTHORITY p 1267
900 Government Rd, DAVIDSON, SK, S0G 1A0
(306) 567-2801   SIC 8062
HEARTLAND REGIONAL HEALTH AUTHORITY p 1271
1003 1st St W Rr 2, KINDERSLEY, SK, S0L 1S2
SIC 8051
HEARTLAND REGIONAL HEALTH AUTHORITY p 1271
645 Columbia Ave, KERROBERT, SK, S0L 1R0
(306) 834-2463   SIC 8361
HEARTLAND REGIONAL HEALTH AUTHORITY p 1273
309 Railway Ave, LUCKY LAKE, SK, S0L 1Z0
(306) 858-2116   SIC 8322
HEARTLAND REGIONAL HEALTH AUTHORITY p 1291
409 Hwy 4 N, ROSETOWN, SK, S0L 2V0
(306) 882-4175   SIC 7363
HEARTLAND REGIONAL HEALTH AUTHORITY p 1309
304 7th St E, WILKIE, SK, S0K 4W0
(306) 843-2644   SIC 8062
HEARTLAND REGIONAL HEALTH AUTHORITY p 1309
Gd, WILKIE, SK, S0K 4W0
(306) 843-2531   SIC 8011
HEARTWORKS COMMUNICATIONS INC p 51
880 16 Ave Sw, CALGARY, AB, T2R 1J9
(403) 216-2747   SIC 7991
HEARX HEARING INC p 618
290 Mcgill St Suite A, HAWKESBURY, ON, K6A 1P8
(877) 268-1045   SIC 5999
HEAT CRAFT HEATING p 32
See LENNOX CANADA INC
HEATH & SHERWOOD (1964) LIMITED p 636
512 Government Rd W, KIRKLAND LAKE, ON, P2N 3J2
(705) 567-5313   SIC 3532
HEATH ELEMENTARY SCHOOL p 209
See DELTA SCHOOL DISTRICT NO.37
HEATH PARK ELEMENTARY SCHOOL p 881
See LAKEHEAD DISTRICT SCHOOL BOARD
HEATHER CURLING CLUB INCORPORATED p 420
24 Reed Ave Suite 1, ST ANDREWS, NB, E5B 1A1
(506) 529-1096   SIC 7997
HEATHER HEIGHTS JUNIOR PUBLIC SCHOOL p 886
See TORONTO DISTRICT SCHOOL BOARD
HEATHER PARK MIDDLE SCHOOL p 258
See BOARD OF EDUCATION OF SCHOOL DISTRICT NO. 57 (PRINCE GEORGE), THE
HEAVY EQUIPMENT REPAIR LTD p 164
404 Balsam Rd, SLAVE LAKE, AB, T0G 2A0
(780) 849-3768   SIC 7699
HEBDRAULIQUE INC p 1214
8410 Rue Champ D'eau, SAINT-LEONARD, QC, H1P 1Y3

(514) 327-5966   SIC 3492
HEBERGEMENT RENE LAVOIE p 1023
See CENTRE DE SANTE ET DE SERVICE SOCIAUX DE LA REGION DE THETFORD
HEBERT, FERLATTE, PAGE PHARMACIENS p 1162
See CANADA POST CORPORATION
HECK TRANSWORLD INC p 6
Gd, BLACKFALDS, AB, T0M 0J0
(403) 885-2402   SIC 1389
HECLA QUEBEC INC p 1253
1010 3e Rue, VAL-D'OR, QC, J9P 4B1
(819) 874-4511   SIC 1041
HECTOR LARIVEE INC p 1094
1755 Rue Bercy, Montreal, QC, H2K 2T9
(514) 521-8331   SIC 5148
HEDDLE MARINE SERVICE (NL) INC p 429
30 Dundee Ave, MOUNT PEARL, NL, A1N 4R7
(709) 747-9116   SIC 3731
HEDGEDALE MANUFACTURING PLANT p 513
See CARDINAL MEAT SPECIALISTS LIMITED
HEDGES MIDDLE SCHOOL p 373
See ST. JAMES-ASSINIBOIA SCHOOL DIVISION
HEEL CANADA p 990
See H-E-E-L CANADA INC
HEENAN BLAIKIE S.E.N.C.R.L. p 45
215 9 Ave Sw Suite 1900, CALGARY, AB, T2P 1K3
SIC 8111
HEENAN BLAIKIE S.E.N.C.R.L. p 45
425 1 St Sw Unit 1200, CALGARY, AB, T2P 3L8
SIC 8111
HEENAN BLAIKIE S.E.N.C.R.L. p 311
1055 Hastings St W Unit 2200, VANCOUVER, BC, V6E 2E9
(604) 891-1180   SIC 8111
HEENAN BLAIKIE S.E.N.C.R.L. p 791
55 Metcalfe St Suite 300, OTTAWA, ON, K1P 6L5
SIC 8111
HEENAN BLAIKIE S.E.N.C.R.L. p 914
333 Bay St Suite 2900, TORONTO, ON, M5H 2R2
SIC 8111
HEENAN BLAIKIE S.E.N.C.R.L. p 1237
455 Rue King O Bureau 210, SHERBROOKE, QC, J1H 6E9
(819) 346-5058   SIC 8111
HEENAN BLAIKIE, SENCRL p 1237
See HEENAN BLAIKIE S.E.N.C.R.L.
HEFFLEY CREEK, DIVISION OF p 222
See TOLKO INDUSTRIES LTD
HEIDELBERG CANADA GRAPHIC EQUIPMENT LIMITED p 719
6265 Kenway Dr, MISSISSAUGA, ON, L5T 2L3
(905) 362-4400   SIC 5084
HEIDELBERG CANADA GRAPHIC EQUIPMENT LIMITED p 1026
703 Av Meloche, DORVAL, QC, H9P 2S4
(514) 631-6270   SIC 2621
HEINSBURG COMMUNITY SCHOOL p 130
See ST. PAUL EDUCATION REGIONAL DIVISION NO 1
HELEN BETTY OSBORNE ININIW EDUCATION RESOURCE CENTRE p 352
See FRONTIER SCHOOL DIVISION
HELEN DETWILER SCHOOL p 615
See HAMILTON-WENTWORTH DISTRICT SCHOOL BOARD, THE
HELEN GORMAN ELEMENTARY SCHOOL p 337
See BOARD OF EDUCATION OF SCHOOL DISTRICT NO. 23 (CENTRAL OKANAGAN), THE

HELEN KALVAK SCHOOL p 438
See BEAUFORT-DELTA EDUCATION COUNCIL
HELEN TULK ELEMENTARY p 423
See NOVA CENTRAL SCHOOL DISTRICT
HELEN WILSON PUBLIC SCHOOL p 520
See PEEL DISTRICT SCHOOL BOARD
HELI-EXCEL INC p 1192
6500 Ch De La Savane, SAINT-HUBERT, QC, J3Y 8Y9
(418) 962-7126   SIC 4522
HELICAL PIER SYSTEMS LTD p 100
4635 Eleniak Rd Nw, EDMONTON, AB, T6B 2N1
(780) 440-3630   SIC 3312
HELICAL PIER SYSTEMS LTD p 134
195043 Hwy 29, LAMONT, AB, T0B 2R0
(780) 895-2130   SIC 3312
HELICAL PIER SYSTEMS LTD p 144
3378 15 Ave Sw, MEDICINE HAT, AB, T1B 3W5
(403) 580-3700   SIC 3312
HELICAL PIER SYSTEMS LTD p 214
6362 265 Rd, FORT ST. JOHN, BC, V1J 4H7
(250) 785-4491   SIC 3312
HELICOPTERES CANADIENS LIMITEE p 85
12021 121 St Nw Suite 40, EDMONTON, AB, T5L 4H7
(780) 429-6900   SIC 4522
HELICOPTERES CANADIENS LIMITEE p 427
30 Toronto Ave, HAPPY VALLEY-GOOSE BAY, NL, A0P 1C0
(709) 896-5259   SIC 7359
HELICOPTERES CANADIENS LIMITEE p 455
637 Barnes Dr, GOFFS, NS, B2T 1K3
(902) 873-3721   SIC 4522
HELIGEAR CANADA ACQUISITION CORPORATION p 961
204 East Pike Creek Rd, WINDSOR, ON, N8N 2L9
(519) 979-9400   SIC 3728
HELIX ADVANCED COMMUNICATIONS & INFRASTRUCTURE, INC p 24
4001b 19 St Ne Suite 14, CALGARY, AB, T2E 6X8
(403) 265-2355   SIC 5999
HELIX HEARING CARE p 618
See HEARX HEARING INC
HELIX UNIFORME LTEE p 1057
1600 46e Av, LACHINE, QC, H8T 3J9
(514) 828-0057   SIC 3644
HELLENIC HOME FOR THE AGE INC p 934
33 Winona Dr, TORONTO, ON, M6G 3Z7
(416) 654-7700   SIC 8361
HELLINGS ELEMENTARY SCHOOL p 209
See DELTA SCHOOL DISTRICT NO.37
HELLMANN WORLDWIDE LOGISTICS INC p 716
1375 Cardiff Blvd Unit 1, MISSISSAUGA, ON, L5S 1R1
(905) 564-6620   SIC 4731
HELMITIN INC p 578
99 Shorncliffe Rd, ETOBICOKE, ON, M8Z 5K7
(416) 239-3105   SIC 2891
HELPING LIMITED p 853
114 Dunkirk Road Unit 1, ST CATHARINES, ON, L2P 3H5
(905) 646-9890   SIC 7349
HEMA-QUEBEC p 1161
1070 Av Des Sciences-De-La-Vie, Quebec, QC, G1V 5C3
(418) 780-4362   SIC 8099
HEMA-QUEBEC p 1207
4045 Boul De La Cote-Vertu, SAINT-LAURENT, QC, H4R 2W7
(514) 832-5000   SIC 8099
HEMINGWAYS RESTAURANT p 924
See MCSHEEP INVESTMENTS INC
HEMLO PROPERTY p 919

161 Bay St, TORONTO, ON, M5J 2S1
(416) 861-9911   SIC 1041
HEMLOCK EXPRESS (VANCOUVER) LTD p 193
7050 Buller Ave, BURNABY, BC, V5J 4S4
(604) 439-2456   SIC 2752
HEMLOCK RESORT   p 180
See 0773278 B.C LTD
HEMMERA ENVIROCHEM INC   p 191
4730 Kingsway 18 Fl, BURNABY, BC, V5H 0C6
(604) 669-0424   SIC 8748
HENAULT & GOSSELIN INC   p 1174
409 Rue Temiscouata, Riviere-du-Loup, QC, G5R 6B3
(418) 862-9548   SIC 1794
HENDERSON AVENUE PUBLIC SCHOOL p 874
See YORK REGION DISTRICT SCHOOL BOARD
HENDERSON CENTRE   p 327
See RECREATION OAK BAY
HENDERSON ELEMENTARY SCHOOL   p 257
See BOARD OF SCHOOL TRUSTEE OF SCHOOL DISTRICT NO. 47 (POWERLL RIVER)
HENDERSON ELEMENTARY SCHOOL   p 347
See MOUNTAIN VIEW SCHOOL DIVISION
HENDERSON HOSPITAL   p 613
See HAMILTON HEALTH SCIENCES CORPORATION
HENDERSON RESEARCH CENTRE, THE p 613
See MCMASTER UNIVERSITY
HENDERSON'S PHARMACY LIMITED   p 876
15 Front St S, THOROLD, ON, L2V 1W8
(905) 227-2511   SIC 5912
HENDERSON'S PHARMASAVE   p 876
See HENDERSON'S PHARMACY LIMITED
HENDERSON, ARTHUR PUBLIC SCHOOL p 532
See ALGOMA DISTRICT SCHOOL BOARD
HENDERSON, JAMES R PUBLIC SCHOOL p 634
See LIMESTONE DISTRICT SCHOOL BOARD
HENDRICKSON CANADA ULC   p 865
532 Romeo St S, STRATFORD, ON, N5A 4V4
(519) 271-4840   SIC 3493
HENDRICKSON SPRING   p 865
See HENDRICKSON CANADA ULC
HENDRIX GENETICS LIMITED   p 573
Gd, ELORA, ON, N0B 1S0
(519) 846-5410   SIC 7389
HENDRIX HOTEL & RESTAURANT EQUIPMENT & SUPPLIES LTD   p 531
3011 Highway 29 Rr 4, BROCKVILLE, ON, K6V 5T4
(613) 342-0616   SIC 5046
HENDRIX RESTAURANT EQUIPMENT p 531
See HENDRIX HOTEL & RESTAURANT EQUIPMENT & SUPPLIES LTD
HENIN BLAKEY   p 919
Po Box 185 Stn Royal Bank, TORONTO, ON, M5J 2J4
SIC 8111
HENKEL ADHESIVES TECHNOLOGIES p 709
See HENKEL CANADA CORPORATION
HENKEL CANADA CORPORATION   p 585
165 Rexdale Blvd, ETOBICOKE, ON, M9W 1P7
(905) 814-6511   SIC 2819
HENKEL CANADA CORPORATION   p 709
2515 Meadowpine Blvd Unit 1, MISSISSAUGA, ON, L5N 6C3
(905) 814-5391   SIC 5169
HENKEL CONSUMER GOODS CANADA INC   p 709
2515 Meadowpine Blvd, MISSISSAUGA, ON, L5N 6C3
(905) 814-6511   SIC 5999
HENNES & MAURITZ   p 841
300 Borough Dr Unit 2, SCARBOROUGH, ON, M1P 4P5
(416) 290-6670   SIC 5621
HENNESSEY   p 109
See RAYMOND SALONS LTD
HENNESSEY RAYMOND SALON   p 338
See RAYMOND SALONS LTD
HENNESSEY SALON   p 35
See RAYMOND SALONS LTD
HENNESSEY SALON & SPA   p 33
See RAYMOND SALONS LTD
HENNESSEY SALON AND SPA   p 109
See RAYMOND SALONS LTD
HENNESSEY SALON AND SPA   p 300
See RAYMOND SALONS LTD
HENNESSEY SALONS   p 109
See RAYMOND SALONS LTD
HENNICK, NATHAN & CO. LTD   p 754
6 Tippett Rd, NORTH YORK, ON, M3H 2V2
(416) 636-4040   SIC 3911
HENNIGES AUTOMOTIVE   p 955
See HENNIGES AUTOMOTIVE SEALING SYSTEMS CANADA INC
HENNIGES AUTOMOTIVE SCHLEGEL CANADA INC   p 534
4445 Fairview St, BURLINGTON, ON, L7L 2A4
(289) 636-4461   SIC 3465
HENNIGES AUTOMOTIVE SCHLEGEL CANADA INC   p 767
2360 Cornwall Rd Unit 1, OAKVILLE, ON, L6J 7T9
(905) 338-3082   SIC 3069
HENNIGES AUTOMOTIVE SEALING SYSTEMS CANADA INC   p 955
100 Kennedy St, WELLAND, ON, L3B 0B4
SIC 3069
HENRI NOUWEN ELEMENTARY SCHOOL p 823
See YORK CATHOLIC DISTRICT SCHOOL BOARD
HENRI-BURGERON SCHOOL   p 364
See LOUIS RIEL SCHOOL DIVISION
HENRY BOSE ELEMENTARY SCHOOL   p 287
See SCHOOL DISTRICT NO 36 (SURREY)
HENRY BRAUN ELEMENTARY SCHOOL   p 1282
See BOARD OF EDUCATION REGINA SCHOOL DIVISION NO. 4 OF SASKATCHEWAN
HENRY COMPANY CANADA INC   p 836
15 Wallsend Dr, SCARBOROUGH, ON, M1E 3X6
(416) 724-2000   SIC 2851
HENRY HUDSON SENIOR PUBLIC SCHOOL   p 886
See TORONTO DISTRICT SCHOOL BOARD
HENRY JANZEN SCHOOL   p 1287
See BOARD OF EDUCATION REGINA SCHOOL DIVISION NO. 4 OF SASKATCHEWAN
HENRY KELSEY ELEMENTARY   p 1299
See BOARD OF EDUCATION OF SASKATOON SCHOOL DIVISION NO. 13 OF SASKATCHEWAN, THE
HENRY KELSEY SR PUBLIC SCHOOL p 887
See TORONTO DISTRICT SCHOOL BOARD
HENRY MUNRO MIDDLE SCHOOL   p 594
See OTTAWA-CARLETON DISTRICT SCHOOL BOARD
HENRY SCHEIN ARCONA   p 18
See HENRY SCHEIN CANADA, INC
HENRY SCHEIN CANADA, INC   p 10
4303 26 St Ne Suite 138, CALGARY, AB, T1Y 7K2
(403) 640-1422   SIC 5047
HENRY SCHEIN CANADA, INC   p 18
5664 69 Ave Se Suite 106, CALGARY, AB, T2C 5B1
(403) 279-9599   SIC 5047
HENRY SCHEIN CANADA, INC   p 208
1619 Foster's Way, DELTA, BC, V3M 6S7
(604) 527-8888   SIC 5047
HENRY SCHEIN CANADA, INC   p 444
2 Bluewater Rd Suite 110, BEDFORD, NS, B4B 1G7
(902) 835-1103   SIC 5047
HENRY SCHEIN CANADA, INC   p 559
221 Jacob Keffer Pky, CONCORD, ON, L4K 5T9
(905) 832-9101   SIC 5047
HENRY SCHEIN CANADA, INC   p 625
30 Edgewater St Suite 110, KANATA, ON, K2L 1V8
(613) 836-7552   SIC 5047
HENRY SCHEIN CANADA, INC   p 657
41 Adelaide St N Unit 57, LONDON, ON, N6B 3P4
(519) 432-4322   SIC 5047
HENRY SCHEIN CANADA, INC   p 739
345 Townline Rd Ss 4, NIAGARA ON THE LAKE, ON, L0S 1J0
(905) 646-1711   SIC 5047
HENRY SCHEIN CANADA, INC   p 1212
3403 Rue Griffith, SAINT-LAURENT, QC, H4T 1W5
(514) 337-3368   SIC 5047
HENRY STREET HIGH SCHOOL   p 957
See DURHAM DISTRICT SCHOOL BOARD
HENRY WISE WOOD HIGH SCHOOL   p 54
See CALGARY BOARD OF EDUCATION
HENRY'S ELECTRIC   p 4
See 567945 ALBERTA LTD
HENSALL DISTRICT CO-OP   p 649
See HENSALL DISTRICT CO-OPERATIVE, INCORPORATED
HENSALL DISTRICT CO-OPERATIVE, INCORPORATED   p 649
306 King St, LONDESBOROUGH, ON, N0M 2H0
(519) 523-9606   SIC 2048
HENSEATIC HOLDINGS   p 674
See PARK PROPERTY MANAGEMENT INC
HEPBURN SCHOOL   p 1270
See PRAIRIE SPIRIT SCHOOL DIVISION NO. 206
HEPWORTH CENTRAL SCHOOL   p 619
See BLUEWATER DISTRICT SCHOOL BOARD
HERALD ELEMENTARY SCHOOL   p 144
See MEDICINE HAT SCHOOL DISTRICT NO. 76
HERB CAMPBELL PUBLIC SCHOOL   p 621
See PEEL DISTRICT SCHOOL BOARD
HERB LODDE & SONS ROOFING LTD   p 852
17 Neilson Ave, ST CATHARINES, ON, L2M 5V9
(905) 935-7571   SIC 1761
HERBERS AUTO BODY REPAIR LTD   p 89
16929 107 Ave Nw, EDMONTON, AB, T5P 4H7
(780) 486-3136   SIC 7532
HERBERS AUTO BODY REPAIR LTD   p 105
6804 75 St Nw, EDMONTON, AB, T6E 5A9
(780) 468-3020   SIC 7532
HERBERS AUTO BODY REPAIR LTD   p 113
2721 Parsons Rd Nw, EDMONTON, AB, T6N 1B8
(780) 440-1055   SIC 7538
HERBERT CO-OPERATIVE ASSOCIATION LIMITED   p 1270
32 Shaw St, Herbert, SK, S0H 2A0
SIC 5171
HERBERT H CARNEGIE PUBLIC SCHOOL p 668
See YORK REGION DISTRICT SCHOOL BOARD
HERBERT SCHOOL   p 1270
See CHINOOK SCHOOL DIVISION NO 211
HERBERT SPENCER ELEMENTARY SCHOOL   p 244
See BOARD OF SCHOOL TRUSTEES OF SCHOOL DISTRICT #40 (NEW WESTMINSTER), THE
HERBIE'S DRUG WAREHOUSE   p 652
See PAYLESS CORP
HERCULES INTERNATIONAL   p 638
See HERCULES TIRE INTERNATIONAL INC
HERCULES SLR INC   p 433
7 Pippy Pl Suite 5, ST. JOHN'S, NL, A1B 3X2
(709) 722-4221   SIC 5088
HERCULES SLR INC   p 451
520 Windmill Rd Suite 499, DARTMOUTH, NS, B3B 1B3
(902) 468-0300   SIC 5051
HERCULES SLR INC   p 514
8026 Torbram Rd Unit 802a, BRAMPTON, ON, L6T 3T2
(905) 564-3387   SIC 3496
HERCULES SLR INC   p 534
737 Oval Crt, BURLINGTON, ON, L7L 6A9
(905) 790-3112   SIC 5051
HERCULES SLR INC   p 1142
3800 Aut Transcanadienne, POINTE-CLAIRE, QC, H9R 1B1
(514) 428-5511   SIC 3496
HERCULES TIRE INTERNATIONAL INC   p 638
155 Ardelt Ave, KITCHENER, ON, N2C 2E1
(519) 885-3100   SIC 5014
HERDMAN COLLEGIATE SCHOOL   p 425
See WESTERN INTERGRATED SCHOOL BOARD
HERITAGE CREDIT UNION LIMITED   p 448
155 Ochterloney St Suite 1, DARTMOUTH, NS, B2Y 1C9
(902) 463-4220   SIC 6062
HERITAGE ELEMENTARY SCHOOL   p 260
See BOARD OF EDUCATION OF SCHOOL DISTRICT NO. 57 (PRINCE GEORGE), THE
HERITAGE GLEN COMMUNITY FOR SENIORS   p 707
See CSH HERITAGE GLEN INC
HERITAGE GLEN PUBLIC SCHOOL   p 771
See HALTON DISTRICT SCHOOL BOARD
HERITAGE HILL MEDICENTRE   p 32
See MEDICENTRES CANADA INC
HERITAGE HOUSE NURSING HOME   p 857
See DERBECKER'S HERITAGE HOUSE LIMITED
HERITAGE INN   p 131
See HI-CAL HOLDINGS LTD
HERITAGE INN   p 243
See MARBOR HOLDINGS LTD
HERITAGE INN   p 1276
See SASCO DEVELOPMENTS LTD
HERITAGE INN HOTEL & CONVENTION CENTRE   p 205
See INN OF THE SOUTH HOTEL (1986) LTD
HERITAGE INN HOTEL AND CONVENTION CENTRE   p 8
See GRID DEVELOPMENTS LTD
HERITAGE LENDING GROUP LTD   p 54
6707 Elbow Dr Sw, CALGARY, AB, T2V 0E3
(403) 255-5750   SIC 6162
HERITAGE LODGE PERSONAL CARE   p 385
See REVERA INC
HERITAGE MOUNTAIN ELEMENTARY SCHOOL   p 257
See SCHOOL DISTRICT NO. 43 (COQUITLAM)
HERITAGE OFFICE FURNISHINGS LTD   p 318
1584 Rand Ave, VANCOUVER, BC, V6P 3G2

(604) 263-2739 SIC 4225
HERITAGE PARK PUBLIC SCHOOL p 885
See TORONTO DISTRICT SCHOOL BOARD
HERITAGE PARK SECONDARY SCHOOL p 238
See SCHOOL DISTRICT #75 (MISSION)
HERITAGE PLACE CARE FACILITY p 948
Gd, VIRGIL, ON, L0S 1T0
(905) 468-1111 SIC 8059
HERITAGE SALMON p 394
See TRUE NORTH SALMON CO. LTD
HERITAGE SCHOOL p 373
See ST. JAMES-ASSINIBOIA SCHOOL DIVISION
HERITAGE SOBEYS p 111
See SOBEYS CAPITAL INCORPORATED
HERITAGE STEEL SALES LTD p 229
9718 197b St, LANGLEY, BC, V1M 3G3
(604) 888-1414 SIC 3449
HERITAGE THEATRE p 518
See CORPORATION OF THE CITY OF BRAMPTON, THE
HERITAGE TRUCK LINES INC p 493
105 Guthrie St, AYR, ON, N0B 1E0
(519) 632-9052 SIC 4213
HERITAGE WOODS SECONDARY SCHOOL p 257
See SCHOOL DISTRICT NO. 43 (COQUITLAM)
HERJAVEC GROUP INC, THE p 801
555 Legget Dr Suite 530, OTTAWA, ON, K2K 2X3
(613) 271-2400 SIC 5045
HERMAN MILLER CANADA, INC p 311
1035 Pender St W Suite 100, VANCOUVER, BC, V6E 2M6
(604) 683-8300 SIC 5021
HERMAN MILLER CANADA, INC p 929
462 Wellington St W Suite 200, TORONTO, ON, M5V 1E3
(416) 366-3300 SIC 5021
HERMAN MILLER WORK PLACE RESOURCE p 311
See HERMAN MILLER CANADA, INC
HERMAN STREET PUBLIC SCHOOL p 807
See RENFREW COUNTY DISTRICT SCHOOL BOARD
HERMITAGE CLUB, THE p 1074
200 Rue De L'hermitage Bureau 31, MAGOG, QC, J1X 0M7
(819) 843-6579 SIC 7997
HERNEWOOD JUNIOR HIGH SCHOOL p 984
See PUBLIC SCHOOLS BRANCH
HERO INDUSTRIES, DIV OF p 208
See I.C.T.C. HOLDINGS CORPORATION
HERON TERRACE p 961
See SNR NURSING HOMES LTD
HEROUX-DEVTEK INC p 841
1480 Birchmount Rd, SCARBOROUGH, ON, M1P 2E3
(416) 757-2366 SIC 3443
HEROUX-DEVTEK INC p 1070
755 Rue Thurber, LONGUEUIL, QC, J4H 3N2
(450) 679-5450 SIC 3728
HERRING COVE JUNIOR HIGH SCHOOL p 463
See HALIFAX REGIONAL SCHOOL BOARD
HERSHEY CANADA INC p 55
14505 Bannister Rd Se Suite 101, CALGARY, AB, T2X 3J3
SIC 5145
HERSHEY CANADA INC p 448
375 Pleasant St, DARTMOUTH, NS, B2Y 4N4
SIC 2064
HERSHEY CANADA INC p 449
99 Wyse Rd, DARTMOUTH, NS, B3A 0C1
SIC 5441
HERSHEY CANADA INC p 850
1 Hershey Dr, SMITHS FALLS, ON, K7A 4T8
SIC 2066
HERSHEY CANADA INC p 1213
2976 Rue Joseph-A.-Bombardier, SAINT-LAURENT, QC, H7P 6E3
(514) 955-1580 SIC 2064
HERTZ EQUIPMENT RENTAL (8211) p 990
See HERTZ EQUIPMENT RENTAL CORPORATION
HERTZ EQUIPMENT RENTAL CORPORATION p 990
9300 Rue Edison, ANJOU, QC, H1J 1T1
(514) 354-8891 SIC 7359
HERTZ NORTHERN BUS (2006) LTD p 1302
330 103rd St E, SASKATOON, SK, S7N 1Z1
(306) 374-5161 SIC 4151
HERZING COLLEGE p 381
See HERZING INSTITUTES OF CANADA INC
HERZING COLLEGE p 787
See HERZING INSTITUTES OF CANADA INC
HERZING COLLEGE p 906
See HERZING INSTITUTES OF CANADA INC
HERZING COLLEGE p 1117
See INSTITUT HERZING DE MONTREAL INC
HERZING INSTITUTES OF CANADA INC p 381
723 Portage Ave, WINNIPEG, MB, R3G 0M8
(204) 775-8175 SIC 8249
HERZING INSTITUTES OF CANADA INC p 787
1200 St. Laurent Blvd Suite 408, OTTAWA, ON, K1K 3B8
(613) 742-8099 SIC 8221
HERZING INSTITUTES OF CANADA INC p 906
220 Yonge St Suite 202, Toronto, ON, M5B 2H1
(416) 599-6996 SIC 8244
HERZLIAH HIGH SCHOOL p 1204
See TALMUD TORAHS UNIS DE MONTREAL INC
HESPELER PUBLIC SCHOOL p 546
See WATERLOO REGION DISTRICT SCHOOL BOARD
HESS STREET ELEMENTARY SCHOOL p 612
See HAMILTON-WENTWORTH DISTRICT SCHOOL BOARD, THE
HESTER CREEK ESTATE WINERY LTD p 251
877 Rd 8, OLIVER, BC, V0H 1T1
(250) 498-4435 SIC 5921
HEVECO LTD p 421
4534 Route 11, TABUSINTAC, NB, E9H 1J4
(506) 779-9277 SIC 1499
HEWITT ASSOCIATES CORP p 45
202 6 Ave Sw Suite 1700, CALGARY, AB, T2P 2R9
SIC 8999
HEWITT ASSOCIATES CORP p 292
401 W Toronto Suite 1200, VANCOUVER, BC, D6B 5A1
(604) 683-7311 SIC 6282
HEWITT ASSOCIATES CORP p 748
2 Sheppard Ave E Suite 1500, NORTH YORK, ON, M2N 7A4
(416) 225-5001 SIC 8748
HEWITT EQUIPEMENT LIMITEE p 644
1045 Trillium Dr Unit 1, KITCHENER, ON, N2R 0A2
(519) 893-1622 SIC 4213
HEWITT EQUIPEMENT LIMITEE p 1016
1466 Rue Bersimis, CHICOUTIMI, QC, G7K 1H9
(418) 545-1560 SIC 5084
HEWITT EQUIPEMENT LIMITEE p 1038
61 Rue Jean-Proulx, GATINEAU, QC, J8Z 1W2
(819) 770-1601 SIC 6159
HEWITT EQUIPEMENT LIMITEE p 1142
4000 Aut Transcanadienne, POINTE-CLAIRE, QC, H9R 1B2
(514) 426-6700 SIC 5082
HEWITT EQUIPEMENT LIMITEE p 1180
100 Rue De Rotterdam, SAINT-AUGUSTIN-DE-DESMAURES, QC, G3A 1T2
(418) 878-3000 SIC 5082
HEWITT EQUIPEMENT LIMITEE p 1249
1850 Rue De La Sidbec S, Trois-Rivieres, QC, G8Z 4H1
(819) 371-1005 SIC 7699
HEWITT EQUIPEMENT LIMITEE p 1253
1200 3e Av E, VAL-D'OR, QC, J9P 0J6
(819) 825-5494 SIC 5082
HEWITT MANAGEMENT LTD p 311
1111 Georgia St W Suite 2010, VANCOUVER, BC, V6E 4M3
(604) 683-7311 SIC 8741
HEWITT MATERIAL HANDLING INC p 559
425 Millway Ave, CONCORD, ON, L4K 3V8
(905) 669-6590 SIC 5084
HEWITT MATERIAL HANDLING INC p 861
369 Glover Rd Unit 2, STONEY CREEK, ON, L8E 6C9
(905) 643-6072 SIC 7699
HEWITT MATERIAL HANDLING SYSTEMS p 559
See HEWITT MATERIAL HANDLING INC
HEWITT'S CREEK PUBLIC SCHOOL p 498
See RENFREW COUNTY DISTRICT SCHOOL BOARD
HEWITT'S DAIRY LIMITED p 605
128 King St E, HAGERSVILLE, ON, N0A 1H0
(905) 768-3524 SIC 5143
HEWITT'S DAIRY LIMITED p 605
4210 Highway 6 Rr 6, HAGERSVILLE, ON, N0A 1H0
(905) 768-5266 SIC 5812
HEWLETT-PACKARD FINANCIAL SERVICES CANADA COMPANY p 689
5150 Spectrum Way Suite 101, MISSISSAUGA, ON, L4W 5G1
(905) 206-3627 SIC 7377
HEWSON ELEMENTARY PUBLIC SCHOOL p 510
See PEEL DISTRICT SCHOOL BOARD
HEXCO STAINLESS p 1085
See GROUPE J.S.V. INC, LE
HEXIMER AVENUE PUPLIC SCHOOL p 736
See DISTRICT SCHOOL BOARD OF NIAGARA
HEXION CANADA INC p 96
12621 156 St Nw, EDMONTON, AB, T5V 1E1
(780) 447-1270 SIC 2821
HEYDON PARK SECONDARY SCHOOL p 927
See TORONTO DISTRICT SCHOOL BOARD
HEYES ELEMENTARY SCHOOL p 358
See SWAN VALLEY SCHOOL DIVISION
HGC MANAGEMENT INC p 810
390 Pido Rd, PETERBOROUGH, ON, K9J 6X7
(705) 876-1600 SIC 4953
HGC MANAGEMENT INC p 849
456 Queensway W, SIMCOE, ON, N3Y 2N3
(519) 426-1633 SIC 4953
HGC MANAGEMENT INC p 950
925 Erb St W, WATERLOO, ON, N2J 3Z4
SIC 4953
HGS CANADA INC p 451
250 Brownlow Ave Suite 11, DARTMOUTH, NS, B3B 1W9
(902) 481-9475 SIC 7389
HGS CANADA INC p 806
100 Crandall St Suite 100, PEMBROKE, ON, K8A 6X8
(613) 633-4600 SIC 7379
HGS CANADA INC p 982
82 Hillstrom Ave, CHARLOTTETOWN, PE, C1E 2C6
(902) 370-3200 SIC 7379
HGTV CANADA INC p 901
121 Bloor St E Suite 1500, TORONTO, ON, M4W 3M5
(416) 967-0022 SIC 4833
HHS VOLUNTEER ASSOCIATION p 609
See HAMILTON HEALTH SCIENCES CORPORATION
HI SIGNS THE FATH GROUP LTD p 105
9570 58 Ave Nw, EDMONTON, AB, T6E 0B6
(780) 468-6181 SIC 3993
HI-CAL HOLDINGS LTD p 131
1104 11 Ave Se, HIGH RIVER, AB, T1V 1P2
(403) 652-3834 SIC 7011
HI-KALIBRE EQUIPMENT LIMITED p 105
7705 Coronet Rd Nw, EDMONTON, AB, T6E 4N7
(780) 485-5813 SIC 3069
HI-PRO FEEDS LP p 126
12805 97b St, GRANDE PRAIRIE, AB, T8V 6K1
(780) 532-3151 SIC 5999
HI-PRO FEEDS LP p 148
Hwy 2a 306 Ave, OKOTOKS, AB, T1S 1A2
(403) 938-8350 SIC 5999
HI-PRO FEEDS LP p 149
5902 48 Ave, OLDS, AB, T4H 1V1
(403) 556-3395 SIC 5999
HI-VIS.COM p 1205
See RUBANS D'OURLET DE MONTREAL INC
HI-WAY 9 EXPRESS LTD p 18
5535 90 Ave Se, CALGARY, AB, T2C 4Z6
(403) 237-7300 SIC 4212
HI-WAY 9 EXPRESS LTD p 72
711 Elgin Close, DRUMHELLER, AB, T0J 0Y0
(403) 823-4242 SIC 4212
HI-WAY 9 EXPRESS LTD p 100
6031 66a Ave Nw, EDMONTON, AB, T6B 3R2
(780) 420-1062 SIC 4212
HI-WAY 9 EXPRESS LTD p 155
4120 78 St Cres Suite 4120, RED DEER, AB, T4P 3E3
(403) 342-4266 SIC 4212
HIAB QUEBEC p 994
See ATLAS POLAR COMPANY LIMITED
HIATUS HOUSE p 968
250 Louis Ave, WINDSOR, ON, N9A 1W2
(519) 252-7781 SIC 8399
HIAWATHA HORSE PARK & ENTERMAINENT CENTRE p 829
See 405730 ONTARIO LIMITED
HICAT CORPORATION INC p 1171
640 14e Av Bureau 102, RICHELIEU, QC, J3L 5R5
(450) 447-3652 SIC 3732
HICHAUD INC p 1155
2485 Boul Neuvialle, Quebec, QC, G1P 3A6
(418) 682-0782 SIC 3149
HICKMAN CHRYSLER DODGE & JEEP p 433
See HICKMAN MOTORS LIMITED
HICKMAN MOTORS LIMITED p 423
121 Columbus Dr, CARBONEAR, NL, A1Y 1A6
(709) 596-5005 SIC 5511
HICKMAN MOTORS LIMITED p 424
16 Shoal Harbour Dr, CLARENVILLE, NL, A5A 2C4
(709) 466-2661 SIC 5511
HICKMAN MOTORS LIMITED p 426
201 Airport Blvd, GANDER, NL, A1V 1L5
(709) 256-3906 SIC 5012
HICKMAN MOTORS LIMITED p 433
20 Peet St, ST. JOHN'S, NL, A1B 4S6
(709) 757-4364 SIC 5511
HICKMAN MOTORS LIMITED p 433
38 O'leary Ave, ST. JOHN'S, NL, A1B 2C7
(709) 754-4508 SIC 7532
HICKORY WOOD PUBLIC SCHOOL p 522

HICKS MORLEY
See PEEL DISTRICT SCHOOL BOARD
HICKS MORLEY p 802
See HICKS MORLEY HAMILTON STEWART STORIE LLP
HICKS MORLEY HAMILTON STEWART STORIE LLP p 802
150 Metcalfe St Suite 2000, OTTAWA, ON, K2P 1P1
(613) 234-0386   SIC 8111
HICKSON CENTRAL PUBLIC SCHOOL p 619
See THAMES VALLEY DISTRICT SCHOOL BOARD
HIDDEN BAY LEADERSHIP CAMP p 740
See YORK PROFESSIONAL CARE & EDUCATION INC
HIDDEN LAKE GOLF & COUNTRY CLUB p 539
See 609369 ONTARIO LIMITED
HIDDEN VALLEY SCHOOL p 58
See CALGARY BOARD OF EDUCATION
HIGA'S REXALL p 150
See PHARMX REXALL DRUG STORES (ALBERTA) LTD
HIGH ARCTIC ENERGY SERVICES LIMITED PARTNERSHIP p 45
700 2 St Sw Suite 500, CALGARY, AB, T2P 2W1
(403) 508-7836   SIC 1381
HIGH COUNTRY HEALTH CARE INC p 218
1800 Tranquille Rd Suite 18, KAMLOOPS, BC, V2B 3L9
(250) 376-7417   SIC 8322
HIGH CREST PLACE p 469
See HIGH-CREST ENTERPRISES LIMITED
HIGH HOOPS p 713
See CANADIAN MARKETING TEST CASE 200 LIMITED
HIGH KOSHER POULTRY p 895
See CHAI POULTRY INC
HIGH LAND HILLS p 596
See ARBOR MEMORIAL SERVICES INC
HIGH LEVEL LUMBER DIVISION p 130
See TOLKO INDUSTRIES LTD
HIGH LEVEL PUBLIC SCHOOL p 130
See FORT VERMILION SCHOOL DIVISON 52
HIGH LIFE HEATING, AIR CONDITIONING & SECURITY INC p 845
102 Passmore Ave, SCARBOROUGH, ON, M1V 4S9
(416) 298-2987   SIC 1711
HIGH LINE ELECTRICAL CONSTRUCTORS LTD p 114
7212 8 St Nw, EDMONTON, AB, T6P 1V1
(780) 452-8900   SIC 1731
HIGH LINER FOODS INCORPORATED p 559
8000 Jane St Suite 301, CONCORD, ON, L4K 5B8
(905) 761-3242   SIC 2092
HIGH LINER FOODS INCORPORATED p 1057
9960 Ch De La Cote-De-Liesse Bureau 200, LACHINE, QC, H8T 1A1
(514) 636-5114   SIC 2092
HIGH OUTPUT SPORTS CANADA INC p 316
1745 4th Ave W, VANCOUVER, BC, V6J 1M2
(604) 734-7547   SIC 5941
HIGH PARK ELEMENTARY SCHOOL p 88
See EDMONTON SCHOOL DISTRICT NO. 7
HIGH PARK PUBLIC SCHOOL p 827
See LAMBTON KENT DISTRICT SCHOOL BOARD
HIGH PARK SCHOOL p 881
See LAKEHEAD DISTRICT SCHOOL BOARD
HIGH PRAIRIE DIVISION p 130
See TOLKO INDUSTRIES LTD
HIGH PRAIRIE ELEMENTARY p 130
See HIGH PRAIRIE SCHOOL DIVISION NO 48
HIGH PRAIRIE SCHOOL DIVISION NO 48 p 71
5504 Centennial Ave, DONNELLY, AB, T0H 1G0
(780) 925-3959   SIC 8211
HIGH PRAIRIE SCHOOL DIVISION NO 48 p 118
134 Central Ave Ne, FALHER, AB, T0H 1M0
(780) 837-2114   SIC 8211
HIGH PRAIRIE SCHOOL DIVISION NO 48 p 130
5650 50th St, HIGH PRAIRIE, AB, T0G 1E0
(780) 523-3813   SIC 8211
HIGH PRAIRIE SCHOOL DIVISION NO 48 p 130
5006 56th Ave, HIGH PRAIRIE, AB, T0G 1E0
(780) 523-4418   SIC 8211
HIGH PRAIRIE SCHOOL DIVISION NO 48 p 130
5701 48th St, HIGH PRAIRIE, AB, T0G 1E0
(780) 523-4531   SIC 8211
HIGH PRAIRIE SCHOOL DIVISION NO 48 p 133
500 Kinuso Ave, KINUSO, AB, T0G 1K0
(780) 775-3694   SIC 8211
HIGH PRAIRIE SCHOOL DIVISION NO 48 p 164
106 7 St Se Ss 3, SLAVE LAKE, AB, T0G 2A3
(780) 849-3064   SIC 8211
HIGH PRAIRIE SCHOOL DIVISION NO 48 p 164
228 4 Ave Nw Ss 1, SLAVE LAKE, AB, T0G 2A1
(780) 849-3539   SIC 8211
HIGH PRAIRIE SCHOOL DIVISION NO 48 p 164
300 6 Ave Ne Ss 2, SLAVE LAKE, AB, T0G 2A2
(780) 849-4344   SIC 8211
HIGH PRAIRIE SUPER A FOODS p 130
See FEDERATED CO-OPERATIVES LIMITED
HIGH RIVER GENERAL HOSPITAL p 131
See ALBERTA HEALTH SERVICES
HIGH ROAD COMMUNICATIONS CORP p 791
45 O'connor St Suite 1200, OTTAWA, ON, K1P 1A4
(613) 236-0909   SIC 8743
HIGH ROAD COMMUNICATIONS CORP p 797
11 Holland Ave Suite 715, OTTAWA, ON, K1Y 4S1
(613) 236-0909   SIC 8743
HIGH ROAD COMMUNICATIONS CORP p 929
360 Adelaide St W Suite 400, TORONTO, ON, M5V 1R7
(416) 368-8348   SIC 8743
HIGH-CREST ENTERPRISES LIMITED p 442
44 Hillcrest St Suite 32, ANTIGONISH, NS, B2G 1Z3
(902) 863-3855   SIC 8059
HIGH-CREST ENTERPRISES LIMITED p 469
222 Provost St, NEW GLASGOW, NS, B2H 2R3
(902) 755-9559   SIC 8361
HIGH-CREST ENTERPRISES LIMITED p 473
11 Sproul St, SPRINGHILL, NS, B0M 1X0
(902) 597-2797   SIC 8361
HIGH-CREST ENTERPRISES LIMITED p 473
53 Court St, SHERBROOKE, NS, B0J 3C0
(902) 522-2147   SIC 8059
HIGH-CREST SPRINGHILL p 473
See HIGH-CREST ENTERPRISES LIMITED
HIGHBOURNE LIFECARE CENTRE p 579
See EXTENDICARE INC
HIGHBURY SCHOOL p 368
See LOUIS RIEL SCHOOL DIVISION
HIGHBUSH PUBLIC SCHOOL p 812
See DURHAM DISTRICT SCHOOL BOARD
HIGHCASTLE PUBLIC SCHOOL p 886
See TORONTO DISTRICT SCHOOL BOARD
HIGHFIELD JUNIOR SCHOOL p 942
See TORONTO DISTRICT SCHOOL BOARD
HIGHFIELD SQUARE p 474
See CROMBIE DEVELOPMENTS LIMITED
HIGHGATE PUBLIC SCHOOL p 676
See YORK REGION DISTRICT SCHOOL BOARD
HIGHGLEN MONTESSORI ELEMENTARY SCHOOL p 260
See BOARD OF EDUCATION OF SCHOOL DISTRICT NO. 57 (PRINCE GEORGE), THE
HIGHJUMP SOFTWARE CANADA INC p 954
60 Bathurst Dr Unit 9, WATERLOO, ON, N2V 2A9
(519) 746-3736   SIC 7371
HIGHLAND BUILDING SUPPLIES (2008) LTD p 442
1639 Brierly Brook Rd, ANTIGONISH, NS, B2G 2K9
(902) 863-6242   SIC 5211
HIGHLAND CONSOLIDATED MIDDLE SCHOOL p 479
See CHIGNECTO CENTRAL REGIONAL SCHOOL BOARD
HIGHLAND COUNTRY CLUB LTD p 658
1922 Highland Hts, LONDON, ON, N6C 2T4
(519) 681-8223   SIC 7997
HIGHLAND CREEK PUBLIC SCHOOL p 835
See TORONTO CATHOLIC DISTRICT SCHOOL BOARD
HIGHLAND CREST HOME p 442
See HIGH-CREST ENTERPRISES LIMITED
HIGHLAND ELEMENTARY p 286
See SCHOOL DISTRICT NO 36 (SURREY)
HIGHLAND EQUIPMENT INC p 578
136 The East Mall, ETOBICOKE, ON, M8Z 5V5
(416) 236-9610   SIC 3499
HIGHLAND FARMS INC p 887
850 Ellesmere Rd, TORONTO, ON, M1P 2W5
(416) 298-1999   SIC 5411
HIGHLAND FARMS SUPERMARKETS p 887
See HIGHLAND FARMS INC
HIGHLAND FEATHER MANUFACTURING INC p 843
171 Nugget Ave, SCARBOROUGH, ON, M1S 3B1
(416) 754-7443   SIC 5023
HIGHLAND FOUNDRY LTD p 289
9670 187 St, SURREY, BC, V4N 3N6
(604) 888-8444   SIC 3325
HIGHLAND FUNERAL HOME p 844
See ARBOR MEMORIAL SERVICES INC
HIGHLAND FUNERAL HOMES p 677
See ARBOR MEMORIAL SERVICES INC
HIGHLAND HEIGHTS JR PUBLIC SCHOOL p 844
See TORONTO DISTRICT SCHOOL BOARD
HIGHLAND HEIGHTS PUBLIC SCHOOL p 808
See KAWARTHA PINE RIDGE DISTRICT SCHOOL BOARD
HIGHLAND HELICOPTERS LTD p 273
4240 Agar Dr, RICHMOND, BC, V7B 1A3
(604) 273-6161   SIC 4522
HIGHLAND HOME BUILDING CENTRE p 442
See HIGHLAND BUILDING SUPPLIES (2008) LTD
HIGHLAND INN CORPORATION p 680
924 King St, MIDLAND, ON, L4R 0B8
(705) 526-9307   SIC 7011
HIGHLAND LODGE p 233
See NEUFELD INVESTMENTS LTD
HIGHLAND MEMORY GARDEN p 743
See MEMORIAL GARDENS CANADA LIMITED
HIGHLAND MOVING p 20
See STARLINE MOVING SYSTEMS LTD
HIGHLAND MOVING & STORAGE LTD p 18
7115 48 St Se Suite 18, CALGARY, AB, T2C 5A4
(403) 720-3222   SIC 4214
HIGHLAND MOVING & STORAGE LTD p 116
157 Ave Nw Suite 14490, EDMONTON, AB, T6V 0K8
(780) 453-6777   SIC 4214
HIGHLAND PARK ELEMENTARY p 253
See SCHOOL DISTRICT NO 42 (MAPLE RIDGE-PITT MEADOWS)
HIGHLAND PARK ELEMENTARY SCHOOL p 181
See NORTH OKANAGAN SHUSWAP SCHOOL DISTRICT 83
HIGHLAND PARK JUNIOR HIGH SCHOOL p 460
See HALIFAX REGIONAL SCHOOL BOARD
HIGHLAND PLACE p 643
See REVERA INC
HIGHLAND PUBLIC SCHOOL p 545
See WATERLOO REGION DISTRICT SCHOOL BOARD
HIGHLAND SECONDARY SCHOOL p 199
See SCHOOL DISTRICT NO. 71 (COMOX VALLEY)
HIGHLAND SECONDARY SCHOOL p 571
See HAMILTON-WENTWORTH DISTRICT SCHOOL BOARD, THE
HIGHLAND SHORES CHILDREN'S AID SOCIETY p 494
16 Billa St, BANCROFT, ON, K0L 1C0
(613) 332-2425   SIC 8322
HIGHLAND TRANSPORT p 184
See TRANSPORT TFI 3 L.P.
HIGHLANDS ELEMENTARY SCHOOL p 205
See SCHOOL DISTRICT NO 5 (SOUTH-EAST KOOTENAY)
HIGHLANDS ELEMENTARY SCHOOL p 250
See SCHOOL DISTRICT NO. 44 (NORTH VANCOUVER)
HIGHLANDS FUEL DELIVERY G.P. p 417
10 Sydney St, SAINT JOHN, NB, E2L 5E6
(506) 202-2000   SIC 4924
HIGHLANDS GOLF CLUB p 97
6603 Ada Blvd Nw, EDMONTON, AB, T5W 4N5
(780) 474-4211   SIC 7997
HIGHLANDS SCHOOL p 97
See EDMONTON SCHOOL DISTRICT NO. 7
HIGHLINER PLAZA HOTEL & CONFERENCE CENTER p 262
See AQUILINI INVESTMENT GROUP INC
HIGHROADS CANADA INC p 799
2650 Queensview Dr Suite 270, OTTAWA, ON, K2B 8H6
(613) 234-2426   SIC 7371
HIGHVIEW ELEMENTARY SCHOOL p 613
See HAMILTON-WENTWORTH DISTRICT SCHOOL BOARD, THE
HIGHVIEW PUBLIC SCHOOL p 492
See YORK REGION DISTRICT SCHOOL BOARD
HIGHVIEW PUBLIC SCHOOL p 806
See RENFREW COUNTY DISTRICT SCHOOL BOARD

HIGHVIEW PUBLIC SCHOOL p 891
See TORONTO DISTRICT SCHOOL BOARD
HIGHWAY 104 WESTERN ALIGNMENT CORPORATION p 458
1969 Upper Water St Suite 1905, HALIFAX, NS, B3J 3R7
(902) 422-6764 SIC 4785
HIGHWOOD ELEMENTARY SCHOOL p 36
See CALGARY BOARD OF EDUCATION
HIGHWOOD HIGH SCHOOL p 131
See FOOTHILLS SCHOOL DIVISION NO. 38
HIGNELL PRINTING p 382
See UNIGRAPHICS MANITOBA LTD
HILCREST COLONY SCHOOL p 1267
See PRAIRIE SPIRIT SCHOOL DIVISION NO. 206
HILL & KNOWLTON CANADA p 792
See WPP GROUP CANADA COMMUNICATIONS LIMITED
HILL AND KNOWLTON LTEE p 1157
580 Grande Allee E Bureau 240, Quebec, QC, G1R 2K2
(418) 523-3352 SIC 8743
HILL CREST COMMUNITY SCHOOL p 133
See FORT VERMILION SCHOOL DIVISON 52
HILL PARK SCHOOL p 615
See HAMILTON-WENTWORTH DISTRICT SCHOOL BOARD, THE
HILL PROGRAM INC p 611
366 Queen St S, HAMILTON, ON, L8P 3T9
(905) 521-1484 SIC 8093
HILL TOP MANOR LTD p 1268
1401 1st St Suite 401, ESTEVAN, SK, S4A 2W7
(306) 637-2600 SIC 8322
HILL'S PET NUTRITION CANADA INC p 709
6521 Mississauga Rd, MISSISSAUGA, ON, L5N 1A6
(800) 445-5777 SIC 5149
HILL+KNOWLTON STRATEGIES p 1157
See HILL AND KNOWLTON LTEE
HILL-BOLES AUTO ELECTRIC LTD p 955
26 Thorold Rd, WELLAND, ON, L3C 3T4
(905) 734-7454 SIC 5013
HILL-BOLES AUTOMOTIVE p 955
See HILL-BOLES AUTO ELECTRIC LTD
HILL-ROM CANADA LTD p 689
1705 Tech Ave Unit 3, MISSISSAUGA, ON, L4W 0A2
(905) 206-1355 SIC 5047
HILLCREST ACADEMY p 473
See TRI-COUNTY REGIONAL SCHOOL BOARD
HILLCREST ACADEMY p 1131
See SIR WILFRID LAURIER SCHOOL BOARD
HILLCREST COMMUNITY SCHOOL p 924
See TORONTO DISTRICT SCHOOL BOARD
HILLCREST ELEMENTARY p 276
See NORTH OKANAGAN SHUSWAP SCHOOL DISTRICT 83
HILLCREST ELEMENTARY SCHOOL p 327
See BOARD OF EDUCATION OF SCHOOL DISTRICT NO. 61 (GREATER VICTORIA)
HILLCREST ELEMENTARY SCHOOL p 546
See WATERLOO REGION DISTRICT SCHOOL BOARD
HILLCREST ELEMENTARY SCHOOL p 607
See HAMILTON-WENTWORTH DISTRICT SCHOOL BOARD, THE
HILLCREST ELEMENTARY SCHOOL p 803
See BLUEWATER DISTRICT SCHOOL BOARD
HILLCREST HIGH SCHOOL p 785
See OTTAWA-CARLETON DISTRICT SCHOOL BOARD
HILLCREST HIGH SCHOOL p 877
See LAKEHEAD DISTRICT SCHOOL BOARD
HILLCREST JUNIOR HIGH SCHOOL p 89
See EDMONTON SCHOOL DISTRICT NO. 7
HILLCREST MIDDLE SCHOOL p 201
See SCHOOL DISTRICT NO. 43 (COQUITLAM)
HILLCREST PUBLIC SCHOOL p 498
See SIMCOE COUNTY DISTRICT SCHOOL BOARD, THE
HILLCREST PUBLIC SCHOOL p 502
See HASTINGS AND PRINCE EDWARD DISTRICT SCHOOL BOARD
HILLCREST PUBLIC SCHOOL p 548
See KAWARTHA PINE RIDGE DISTRICT SCHOOL BOARD
HILLCREST PUBLIC SCHOOL p 653
See THAMES VALLEY DISTRICT SCHOOL BOARD
HILLCREST PUBLIC SCHOOL p 702
See PEEL DISTRICT SCHOOL BOARD
HILLCREST SCHOOL p 409
See SCHOOL DISTRICT 2
HILLCREST SCHOOL p 607
See HAMILTON-WENTWORTH DISTRICT SCHOOL BOARD, THE
HILLDALE PUBLIC SCHOOL p 512
See PEEL DISTRICT SCHOOL BOARD
HILLEBRAND WINERY p 739
See ANDREW PELLER LIMITED
HILLHURST COMMUNITY SCHOOL p 38
See CALGARY BOARD OF EDUCATION
HILLMAN GROUP CANADA ULC, THE p 92
11714 180 St Nw, EDMONTON, AB, T5S 1N7
(780) 450-1346 SIC 3452
HILLMAN GROUP CANADA ULC, THE p 838
376 Birchmount Rd, SCARBOROUGH, ON, M1K 1M6
(416) 694-3351 SIC 5085
HILLMAN GROUP CANADA ULC, THE p 1130
2591 Rue Debray, Montreal, QC, H7S 2J4
(450) 688-4292 SIC 5085
HILLMAN'S TRANSFER LIMITED p 475
1159 Upper Prince St, SYDNEY, NS, B1P 5P8
(902) 564-8113 SIC 4213
HILLMOND CENTRAL SCHOOL p 1273
See NORTHWEST SCHOOL DIVISION 203
HILLMOUNT ELEMENTARY SCHOOL p 888
See TORONTO DISTRICT SCHOOL BOARD
HILLS HEALTH & GUEST RANCH LTD, THE p 176
4871 Cariboo Hwy Suite 97, 108 MILE RANCH, BC, V0K 2Z0
(250) 791-5225 SIC 7011
HILLS HEALTH RANCH, THE p 176
See HILLS HEALTH & GUEST RANCH LTD, THE
HILLSBOROUGH HOSPITAL p 981
See PROVINCE OF PEI
HILLSBOROUGH RESOURCES LIMITED p 311
1090 Georgia St W Suite 950, VANCOUVER, BC, V6E 3V7
(604) 684-9288 SIC 1221
HILLSDALE CANADIAN PERFORMANCE EQUITY p 922
100 Wellington St W Suite 2100, TORONTO, ON, M5K 1J3
(416) 913-3900 SIC 6722
HILLSDALE ELEMENTARY SCHOOL p 619
See SIMCOE COUNTY DISTRICT SCHOOL BOARD, THE
HILLSDALE TERRACES p 778
See CORPORATION OF THE REGIONAL MUNICIPALITY OF DURHAM, THE
HILLSIDE CLUB p 208
See BOYS AND GIRLS CLUB COMMUNITY SERVICES OF DELTA/RICHMOND
HILLSIDE COMMUNITY CARE HEALTH SERVICES p 220
See INTERIOR HEALTH AUTHORITY
HILLSIDE COMMUNITY SCHOOL p 126
See GRANDE PRAIRIE PUBLIC SCHOOL DISTRICT #2357
HILLSIDE ELEMENTARY p 238
See SCHOOL DISTRICT #75 (MISSION)
HILLSIDE JUNIOR SENIOR HIGH SCHOOL p 171
See NORTHERN GATEWAY REGIONAL DIVISION #10
HILLSIDE MANOR p 546
See REVERA LONG TERM CARE INC
HILLSIDE MANOR p 865
See REVERA LONG TERM CARE INC
HILLSIDE PARK ELEMENTARY SCHOOL p 466
See HALIFAX REGIONAL SCHOOL BOARD
HILLSIDE PINES HOME FOR SPECIAL CARE SOCIETY p 444
77 Exhibition Dr, BRIDGEWATER, NS, B4V 3K6
(902) 543-1525 SIC 8051
HILLSIDE SENIOR PUBLIC SCHOOL p 702
See PEEL DISTRICT SCHOOL BOARD
HILLSVALE COLONY HUTTERIAN BRETHEREN LIMITED p 1267
Gd, CUT KNIFE, SK, S0M 0N0
(306) 398-2915 SIC 8661
HILLTOP GRILL & BEVERAGE CO p 401
See PROSPECT INVESTMENTS LTD
HILLTOP HIGH SCHOOL p 175
See NORTHERN GATEWAY REGIONAL DIVISION #10
HILLTOP MANOR NURSING HOME LIMITED p 679
1005 St Lawrence St, MERRICKVILLE, ON, K0G 1N0
(613) 269-4707 SIC 8051
HILLTOP MIDDLE SCHOOL p 582
See TORONTO DISTRICT SCHOOL BOARD
HILLVIEW ACADEMY p 430
See NOVA CENTRAL SCHOOL DISTRICT
HILLVIEW MANOR p 1268
See HILL TOP MANOR LTD
HILSON AVENUE PUBLIC SCHOOL p 798
See OTTAWA-CARLETON DISTRICT SCHOOL BOARD
HILTAP p 13
See HILTAP FITTINGS LTD
HILTAP FITTINGS LTD p 13
3140 14 Ave Ne Unit 1, CALGARY, AB, T2A 6J4
(403) 250-2986 SIC 3494
HILTON p 270
See VANCOUVER AIRPORT CENTRE LIMITED
HILTON p 417
See HILTON CANADA CO.
HILTON p 1157
See HILTON CANADA CO.
HILTON CANADA CO. p 417
1 Market Sq, SAINT JOHN, NB, E2L 4Z6
(506) 693-8484 SIC 7011
HILTON CANADA CO. p 685
5875 Airport Rd, MISSISSAUGA, ON, L4V 1N1
(905) 677-9900 SIC 7011
HILTON CANADA CO. p 1157
1100 Boul Rene-Levesque E Bureau 1797, Quebec, QC, G1R 5V2
(418) 647-2411 SIC 7011
HILTON GARDEN INN p 93
See PLATINUM INVESTMENTS LTD
HILTON GARDEN INN p 200
See MARQUEE HOTELS LTD
HILTON GARDEN INN p 739
See SMJR HOLDINGS LTD
HILTON GARDEN INN p 1212
See IHG HARILELA HOTELS LTD
HILTON GARDEN INN CALGARY AIRPORT p 24
See GOLDENCARE HOLDINGS LTD
HILTON GARDEN INN HALIFAX AIRPORT p 454
See SPRINGFIELD HOTELS (HALIFAX) INCORPORATED
HILTON GARDEN INN HOTEL AND CONFERENCE CENTRE p 557
See 1406284 ONTARIO INC
HILTON GARDEN INN TORONTO/MISSISSAUGA p 695
See ROYAL EQUATOR INC
HILTON GARDEN INN TORONTO/OAKVILLE p 767
See MARQUEE HOTELS OAKVILLE INC
HILTON MONTREAL BONAVENTURE p 1126
See SILVERBIRCH HOTELS AND RESORTS LIMITED PARTNERSHIP
HILTON MONTREAL LAVAL p 1019
See GROUPE HOTELIER GRAND CHATEAU INC
HILTON TORONTO AIRPORT HOTEL & SUITES p 685
See HILTON CANADA CO.
HILTON TORONTO, THE p 915
See NORTHSTAR HOSPITALITY LIMITED PARTNERSHIP
HILTON VANCOUVER METROTOWN p 191
6083 Mckay Ave, BURNABY, BC, V5H 2W7
(604) 438-1200 SIC 7011
HINCKS DELLCREST FARM SCHOOL p 554
See HINCKS-DELLCREST TREATMENT CENTRE, THE
HINCKS-DELLCREST TREATMENT CENTRE, THE p 554
P.O. Box 339, CLARKSBURG, ON, N0H 1J0
(519) 599-3020 SIC 8093
HINCKS-DELLCREST TREATMENT CENTRE, THE p 757
1645 Sheppard Ave W, NORTH YORK, ON, M3M 2X4
(416) 633-0515 SIC 8093
HINES CREEK COMPOSITE SCHOOL p 131
See PEACE RIVER SCHOOL DIVISION 10
HINO MOTORS CANADA, LTD p 709
6975 Creditview Rd Unit 2, MISSISSAUGA, ON, L5N 8E9
(905) 670-3352 SIC 5012
HINO MOTORS CANADA, LTD p 978
1000 Ridgeway Rd, WOODSTOCK, ON, N4V 1E2
(519) 421-0500 SIC 3711
HINSPERGERS POLY INDUSTRIES LTD p 477
80 Blakeney Dr, TRURO, NS, B2N 6X1
(902) 893-4458 SIC 2394
HINTON WOOD PRODUCTS p 132
See WEST FRASER MILLS LTD
HIP RESTAURANTS LTD p 765
1011 Upper Middle Rd E Suite C3, OAKVILLE, ON, L6H 5Z9
(647) 403-2494 SIC 5812
HIRAM WALKER & SONS LIMITED p 961
156 East Pike Creek Rd, WINDSOR, ON, N8N 2L9
(519) 735-9486 SIC 5182
HIRAM WALKER & SONS LIMITED p 967
2072 Riverside Dr E, WINDSOR, ON, N8Y 4S5
(519) 254-5171 SIC 2085
HIRE RITE PERSONNEL LTD p 803
366 9th St E, OWEN SOUND, ON, N4K 1P1
(519) 376-6662 SIC 7381
HIROC p 363
See HEALTHCARE INSURANCE RECIPROCAL OF CANADA
HIRSCHFIELD WILLIAMS TIMMINS LTD p 332
4400 Chatterton Way Suite 302, VICTORIA, BC, V8X 5J2

▲ Public Company ■ Public Company Family Member HQ Headquarters BR Branch SL Single Location

SIC 8711
HIS INTERNATIONAL TOURS BC INC p 307
636 Hornby St, VANCOUVER, BC, V6C 2G2
(604) 685-3524   *SIC 4724*
HISTORY DEPARTMENT p 391
See UNIVERSITY OF MANITOBA
HISTORY DEPARTMENT p 790
See UNIVERSITY OF OTTAWA
HITACHI CAPITAL CANADA CORP p 538
3390 South Service Rd Suite 301, BURLINGTON, ON, L7N 3J5
(866) 241-9021   *SIC 8741*
HITACHI DATA SYSTEMS INC p 914
11 King St W Suite 1400, TORONTO, ON, M5H 4C7
(416) 494-4114   *SIC 7372*
HITACHI DATA SYSTEMS INC p 1106
625 Av Du President-Kennedy Bureau 1700, Montreal, QC, H3A 1K2
(514) 982-0707   *SIC 7379*
HITACHI SOLUTIONS CANADA, LTD p 28
308 11 Ave Se Suite 110, CALGARY, AB, T2G 0Y2
(403) 265-4332   *SIC 7372*
HITCH COMPANY, THE p 184
See HITCHCO DISTRIBUTORS LTD
HITCHCO DISTRIBUTORS LTD p 184
7832 Enterprise St, BURNABY, BC, V5A 1V7
SIC 5013
HJORTH RD ELEMENTARY SCHOOL p 281
See SCHOOL DISTRICT NO 36 (SURREY)
HKH OPPORTUNITIES INC p 509
118 Holland St W, BRADFORD, ON, L3Z 2B4
(905) 775-0282   *SIC 5461*
HM SECURITE p 1098
See GFP LES HOTES DE MONTREAL INC
HMC AP CANADA COMPANY p 709
6750 Mississauga Rd, MISSISSAUGA, ON, L5N 2L3
(905) 542-4039   *SIC 7011*
HMI CONSTRUCTION INC p 1004
1451 Rue Graham-Bell, BOUCHERVILLE, QC, J4B 6A1
(450) 449-3999   *SIC 1711*
HMS HOST p 749
See SMSI TRAVEL CENTRES INC
HMZ METALS INC p 908
2 Toronto St Suite 500, TORONTO, ON, M5C 2B6
SIC 3339
HNHB CCAC p 540
See HAMILTON NIAGARA HALDIMAND BRANT COMMUNITY CARE ACCESS CENTRE
HOAM LTD p 977
525 Norwich Ave, WOODSTOCK, ON, N4S 9A2
(519) 421-7300   *SIC 5812*
HOBART FOOD EQUIPMENT GROUP p 92
See ITW CANADA INVESTMENTS LIMITED PARTNERSHIP
HOBART FOOD EQUIPMENT GROUP p 208
See ITW CANADA INVESTMENTS LIMITED PARTNERSHIP
HOBART FOOD EQUIPMENT GROUP (OWEN SOUND) DIV OF p 803
See ITW CANADA INC
HOBART FOOD EQUIPMENT GROUP CANADA, DIV OF p 888
See ITW CANADA INC
HOC GLOBAL SOLUTIONS p 685
See HARTWICK O'SHEA & CARTWRIGHT LIMITED
HOCAN INDUSTRIES LTD p 70
9 Laut Cres, CROSSFIELD, AB, T0M 0S0
(403) 946-4440   *SIC 3441*
HOCKENHULL LAND & CATTLE CO. LTD p 878
27 Cumberland St S, THUNDER BAY, ON, P7B 2T3
(807) 345-5833   *SIC 5812*
HOCKEY ARENA p 795

See CITY OF OTTAWA
HOCKEY CANADA p 789
801 King Edward Ave Suite N204, OTTAWA, ON, K1N 6N5
SIC 8699
HOCKEY EXPERTS p 23
See FGL SPORTS LTD
HOCKEY THETFORD INC p 1246
555 Rue Saint-Alphonse N, THETFORD MINES, QC, G6G 3X1
(418) 332-4343   *SIC 7941*
HOCO LIMITED p 736
4946 Clifton Hill, NIAGARA FALLS, ON, L2G 3N4
(905) 357-5911   *SIC 5812*
HODGSON SENIOR PUBLIC SCHOOL p 899
See TORONTO DISTRICT SCHOOL BOARD
HOERBIGER (CANADA) LTD p 214
9304 111 St, FORT ST. JOHN, BC, V1J 7J5
(250) 785-4602   *SIC 3599*
HOERBIGER FINESTAMPING INC p 952
145 Northfield Dr W, WATERLOO, ON, N2L 5J3
(519) 772-0951   *SIC 3469*
HOFFMANN-LA ROCHE LIMITED p 709
7070 Mississauga Rd, MISSISSAUGA, ON, L5N 5M8
(905) 542-5555   *SIC 2834*
HOFFMANN-LA ROCHE LIMITED p 1025
201 Boul Armand-Frappier, DORVAL, QC, H7V 4A2
(450) 686-7050   *SIC 5122*
HOFFMANS PATIENT TRANSFER LTD p 568
37700 Dashwood Rd, DASHWOOD, ON, N0M 1N0
(519) 237-3631   *SIC 4111*
HOFMAN SCHOOL p 137
See PALLISER REGIONAL DIVISION NO 26
HOFMANN, E. PLASTICS, INC p 773
51 Centennial Rd, ORANGEVILLE, ON, L9W 3R1
(519) 943-5050   *SIC 3089*
HOGAN CHEVROLET BUICK GMC LIMITED p 843
5000 Sheppard Ave E, Scarborough, ON, M1S 4L9
(416) 291-5054   *SIC 5511*
HOGG ROBINSON CANADA INC p 311
1090 Georgia St W Suite 310, VANCOUVER, BC, V6E 3V7
(604) 681-0300   *SIC 8741*
HOGG ROBINSON CANADA INC p 378
155 Carlton St Suite 1405, WINNIPEG, MB, R3C 3H8
(204) 989-0044   *SIC 4724*
HOGG ROBINSON CANADA INC p 458
1894 Barrington St Unit 700, HALIFAX, NS, B3J 2A8
(902) 425-1212   *SIC 4724*
HOGG ROBINSON CANADA INC p 929
370 King St W Suite 700, TORONTO, ON, M5V 1J9
(416) 593-8866   *SIC 8742*
HOGG ROBINSON CANADA INC p 1106
1550 Rue Metcalfe Bureau 700, Montreal, QC, H3A 1X6
(514) 286-6300   *SIC 4725*
HOITO RESTAURANT LTD p 878
314 Bay St, THUNDER BAY, ON, P7B 1S1
(807) 345-6323   *SIC 5812*
HOK ARCHITECTS CORPORATION p 911
400 University Ave Suite 2200, TORONTO, ON, M5G 1S5
(416) 203-9993   *SIC 8712*
HOKUM, BEN AND SONS p 629
See 561138 ONTARIO LIMITED
HOLBERG FOREST OPERATION p 217
See WESTERN FOREST PRODUCTS INC
HOLBROOK SCHOOL p 616

See HAMILTON-WENTWORTH DISTRICT SCHOOL BOARD, THE
HOLDEN SCHOOL p 132
See BATTLE RIVER REGIONAL DIVISION 31
HOLDER RESTAURANT BAR p 1101
See 9117-4383 QUEBEC INC
HOLDING BELL MOBILITE INC p 689
See HOLDING BELL MOBILITE INC
HOLDING BELL MOBILITE INC p 689
5099 Creekbank Rd, MISSISSAUGA, ON, L4W 5N2
(416) 674-2220   *SIC 5999*
HOLDING BELL MOBILITE INC p 694
See HOLDING BELL MOBILITE INC
HOLDING BELL MOBILITE INC p 694
262 Britannia Rd E, MISSISSAUGA, ON, L4Z 1S6
(905) 890-0000   *SIC 4899*
HOLE'S GREENHOUSES & GARDENS LTD p 167
101 Riel Dr, ST. ALBERT, AB, T8N 3X4
(780) 651-7355   *SIC 5992*
HOLIDAY INN p 300
See PENRITH INVESTMENTS LTD
HOLIDAY INN p 449
See WESTMONT HOSPITALITY MANAGEMENT LIMITED
HOLIDAY INN p 456
See COMMONWEALTH HOSPITALITY LTD
HOLIDAY INN p 537
See COMMONWEALTH HOSPITALITY LTD
HOLIDAY INN p 587
See WESTMONT HOSPITALITY MANAGEMENT LIMITED
HOLIDAY INN p 703
See NOR-SHAM HOTELS INC
HOLIDAY INN p 768
See ROYAL HOST INC
HOLIDAY INN p 853
See FIVE BROTHERS HOSPITALITY PARTNERSHIP
HOLIDAY INN & SUITES SELECT OTTAWA WEST (KANATA) p 626
See INN VEST HOTELS GP VIII LTD
HOLIDAY INN (NIAGARA FALLS) LIMITED p 736
5339 Murray St, NIAGARA FALLS, ON, L2G 2J3
(905) 356-1333   *SIC 7011*
HOLIDAY INN - MACLEOD TRAIL SOUTH p 28
4206 Macleod Trail Se, CALGARY, AB, T2G 2R7
(403) 287-2700   *SIC 7011*
HOLIDAY INN 67 STREET p 156
See S.J. SULEMAN INVESTMENTS LTD
HOLIDAY INN AIRPORT WEST p 384
See LADCO COMPANY LIMITED
HOLIDAY INN BY THE FALLS p 736
See HOLIDAY INN (NIAGARA FALLS) LIMITED
HOLIDAY INN CONVENTION CENTRE p 99
See 464161 ALBERTA LTD
HOLIDAY INN EXPRESS p 82
See ZAINUL & SHAZMA HOLDINGS (1997) LTD
HOLIDAY INN EXPRESS p 157
See ZAINUL & SHAZMA HOLDINGS (1997) LTD
HOLIDAY INN EXPRESS p 742
See INNVEST HOTELS LP
HOLIDAY INN EXPRESS p 758
See WW HOTELS CORP
HOLIDAY INN EXPRESS p 909
See WW HOTELS TORONTO
HOLIDAY INN EXPRESS & SUITE p 400
See MURPHY, D.P. INC
HOLIDAY INN EXPRESS & SUITES p 415
See D. P. MURPHY (NB) INC
HOLIDAY INN EXPRESS HOTEL p 36
See STANLEY PARK INVESTMENTS LTD
HOLIDAY INN EXPRESS HOTEL & SUITES p 982

See MURPHY, K.W. LTD
HOLIDAY INN EXPRESS METRO TOWN p 190
See 1075992 ALBERTA LTD
HOLIDAY INN EXPRESS-MONCTON p 462
See PACRIM DEVELOPMENTS INC
HOLIDAY INN FORT ERIE NIAGRA CONVENION CENTER p 589
See GRUYICH SERVICES INC
HOLIDAY INN GUELPH p 601
See WESTMONT HOSPITALITY MANAGEMENT LIMITED
HOLIDAY INN HARBOURVIEW p 449
See MANGA HOTELS (DARTMOUTH) INC
HOLIDAY INN HINTON p 132
See ZAINUL & SHAZMA HOLDINGS (1997) LTD
HOLIDAY INN HOTEL p 631
See INNVEST PROPERTIES CORP
HOLIDAY INN HOTEL & CONFERENCE CENTRE p 477
See 3032948 NOVA SCOTIA LIMITED
HOLIDAY INN HOTEL & SUITES p 1291
See 628656 SASKATCHEWAN LTD
HOLIDAY INN HOTEL & SUITES MARKHAM p 673
See MARKHAM WOODBINE HOSPITALITY LTD
HOLIDAY INN HOTELS & SUITES OTTAWA p 801
See 1175328 ONTARIO LIMITED
HOLIDAY INN LONGUEUIL p 1069
See ATLIFIC INC
HOLIDAY INN MONTREAL AEROPORT p 1126
See HOTELS COTE-DE-LIESSE INC
HOLIDAY INN MONTREAL LONGUEUIL p 1069
See 9003-7755 QUEBEC INC
HOLIDAY INN SAULT SAINTE MARIE WATERFRONT p 830
See COMMONWEALTH HOSPITALITY LTD
HOLIDAY INN SELECT MONTREAL CENTRE-VILLE p 1104
See COMMONWEALTH HOSPITALITY LTD
HOLIDAY INN STEPHENVILLE p 436
See ATLIFIC INC
HOLIDAY INN SUNSPREE p 340
See WHISTLER VILLAGE CENTRE HOTEL MANAGEMENT LTD
HOLIDAY INN THE PALACE p 110
See 742718 ALBERTA LTD
HOLIDAY INN TORONTO AIRPORT EAST p 585
600 Dixon Rd, ETOBICOKE, ON, M9W 1J1
(416) 240-7511   *SIC 7011*
HOLIDAY INN TORONTO BRAMPTON HOTEL & CONFERENCE CENTRE p 514
See ESSAG CANADA INC
HOLIDAY INN TORONTO WEST p 696
See WESTMONT HOSPITALITY MANAGEMENT LIMITED
HOLIDAY INN VANCOUVER DOWNTOWN HOTEL p 321
See 1110 HOWE HOLDINGS INCORPORATED
HOLIDAY INN WINNIPEG SOUTH p 388
See ATLIFIC INC
HOLIDAY PARK RESORT LTD p 227
415 Commonwealth Rd Unit 1, KELOWNA, BC, V4V 1P4
(250) 766-4255   *SIC 7011*
HOLIDAY PARK RV & CONDO RESORT LTD p 227
415 Commonwealth Rd Unit 1, KELOWNA, BC, V4V 1P4
(250) 766-4255   *SIC 7011*
HOLLAND COLLEGE p 981
140 Weymouth St, CHARLOTTETOWN, PE, C1A 4Z1

(902) 629-4260 SIC 8211
HOLLAND COLLEGE p 981
4 Sydney St, CHARLOTTETOWN, PE, C1A 1E9
(902) 894-6805 SIC 8221
HOLLAND COLLEGE p 984
40 Parkway Dr, SLEMON PARK, PE, C0B 2A0
SIC 8211
HOLLAND COLLEGE p 984
66 Argus Ave, SLEMON PARK, PE, C0B 2A0
(902) 888-6745 SIC 8221
HOLLAND COLLEGE AEROSPACE & INDUSTRIAL TECHNOLOGY CENTRE p 984
See HOLLAND COLLEGE
HOLLAND ELEMENTARY SCHOOL p 1158
See COMMISSION SCOLAIRE CENTRAL QUEBEC
HOLLAND IMPORTS INC p 187
3905 1st Ave, BURNABY, BC, V5C 3W3
(604) 294-1743 SIC 5251
HOLLAND IMPORTS INC p 187
3905 1st Ave Suite 200, BURNABY, BC, V5C 3W3
(604) 298-4484 SIC 5072
HOLLAND LANDING PUBLIC SCHOOL p 619
See YORK REGION DISTRICT SCHOOL BOARD
HOLLAND ROAD SCHOOL p 455
See HALIFAX REGIONAL SCHOOL BOARD
HOLLAND-CHARTSWORTH CENTRAL SCHOOL p 619
See BLUEWATER DISTRICT SCHOOL BOARD
HOLLANDER SLEEP PRODUCTS CANADA LIMITED p 933
724 Caledonia Rd, TORONTO, ON, M6B 3X7
(416) 780-0168 SIC 2515
HOLLIS WEALTH p 663
See HOLLISWEALTH ADVISORY SERVICES INC.
HOLLISTER LIMITED p 490
95 Mary St, AURORA, ON, L4G 1G3
(905) 727-4344 SIC 5047
HOLLISTON SCHOOL p 1292
See BOARD OF EDUCATION OF SASKATOON SCHOOL DIVISION NO. 13 OF SASKATCHEWAN, THE
HOLLISWEALTH p 1057
See DUNDEE SECURITIES CORPORATION
HOLLISWEALTH ADVISORY SERVICES INC. p 602
50 Yarmouth St, GUELPH, ON, N1H 4G3
(519) 836-5190 SIC 6282
HOLLISWEALTH ADVISORY SERVICES INC. p 663
785 Wonderland Rd S Suite 251, LONDON, ON, N6K 1M6
(519) 672-8101 SIC 6282
HOLLISWEALTH ADVISORY SERVICES INC. p 750
200 Finch Ave W Suite 390, NORTH YORK, ON, M2R 3W4
SIC 6282
HOLLISWEALTH ADVISORY SERVICES INC. p 908
1 Adelaide St E Suite 2700, TORONTO, ON, M5C 2V9
(416) 350-3250 SIC 6282
HOLLISWEALTH INC p 324
609 Granville St Suite 700, VANCOUVER, BC, V7Y 1G5
(604) 669-1143 SIC 6282
HOLLISWEALTH INC p 844
2075 Kennedy Rd Suite 500, SCARBOROUGH, ON, M1T 3V3
(416) 292-0869 SIC 8742
HOLLOWAY LODGING p 459

See RADISSON SUITE HOTEL HALIFAX
HOLLOWAY LODGING LIMITED PARTNERSHIP p 120
435 Gregoire Dr, FORT MCMURRAY, AB, T9H 4K7
SIC 7011
HOLLOWAY LODGING LIMITED PARTNERSHIP p 126
10745 117 Ave, GRANDE PRAIRIE, AB, T8V 7N6
(780) 402-2378 SIC 7011
HOLLOWAY SCHULZ p 917
See ADECCO EMPLOYMENT SERVICES LIMITED
HOLLY ELEMENTARY SCHOOL p 211
See DELTA SCHOOL DISTRICT NO.37
HOLLY ELEMENTARY SCHOOL p 281
See SCHOOL DISTRICT NO 36 (SURREY)
HOLLY REDEEMER CATHOLIC SCHOOL p 3
See ELK ISLAND CATHOLIC SEPARATE REGIONAL DIVISION NO. 41
HOLLYBURN ELEMENTARY SCHOOL p 338
See THE BOARD OF SCHOOL TRUSTEES OF SCHOOL DISTRICT NO. 45 (WEST VANCOUVER)
HOLLYBURN HOUSE p 339
See REVERA INC
HOLLYCREST MIDDLE SCHOOL p 581
See TORONTO DISTRICT SCHOOL BOARD
HOLMAN EXHIBITS LIMITED p 751
160 Lesmill Rd, NORTH YORK, ON, M3B 2T5
(416) 441-1877 SIC 3993
HOLMES & BRAKEL LIMITED p 814
830 Brock Rd, PICKERING, ON, L1W 1Z8
(416) 798-7255 SIC 7389
HOLMES PLASTIC BINDINGS LTD p 672
200 Ferrier St, MARKHAM, ON, L3R 2Z5
(905) 513-6211 SIC 2789
HOLMES THE FINISHING HOUSE p 672
See HOLMES PLASTIC BINDINGS LTD
HOLMESVILLE PUBLIC SCHOOL p 554
See AVON MAITLAND DISTRICT SCHOOL BOARD
HOLT COLONY p 132
See HUTTERIAN BRETHREN CHURCH OF HOLT
HOLT RENFREW p 45
See HOLT, RENFREW & CIE, LIMITEE
HOLT RENFREW p 80
See HOLT, RENFREW & CIE, LIMITEE
HOLT RENFREW p 307
See HOLT, RENFREW & CIE, LIMITEE
HOLT RENFREW p 791
See HOLT, RENFREW & CIE, LIMITEE
HOLT RENFREW p 901
See HOLT, RENFREW & CIE, LIMITEE
HOLT RENFREW p 942
See HOLT, RENFREW & CIE, LIMITEE
HOLT RENFREW p 1116
See HOLT, RENFREW & CIE, LIMITEE
HOLT RENFREW CANADA p 1161
See HOLT, RENFREW & CIE, LIMITEE
HOLT, RENFREW & CIE, LIMITEE p 45
8 Ave Sw Unit 510, CALGARY, AB, T2P 4H9
(403) 269-7341 SIC 5651
HOLT, RENFREW & CIE, LIMITEE p 80
10180 101 St Nw, EDMONTON, AB, T5J 3S4
(780) 425-5300 SIC 5611
HOLT, RENFREW & CIE, LIMITEE p 307
737 Dunsmuir St, VANCOUVER, BC, V6C 1N5
(604) 681-3121 SIC 5311
HOLT, RENFREW & CIE, LIMITEE p 307
737 Dunsmuir St, VANCOUVER, BC, V6C 1N5
(604) 681-3121 SIC 5621
HOLT, RENFREW & CIE, LIMITEE p 375

393 Portage Ave Suite 200, WINNIPEG, MB, R3B 3H6
(204) 942-7321 SIC 5311
HOLT, RENFREW & CIE, LIMITEE p 791
240 Sparks St, OTTAWA, ON, K1P 6C9
(905) 922-4658 SIC 5621
HOLT, RENFREW & CIE, LIMITEE p 875
370 Steeles Ave W, THORNHILL, ON, L4J 6X1
(905) 886-7444 SIC 5311
HOLT, RENFREW & CIE, LIMITEE p 901
50 Bloor St W Suite 200, TORONTO, ON, M4W 1A1
(416) 922-2333 SIC 5621
HOLT, RENFREW & CIE, LIMITEE p 901
60 Bloor St W Suite 1100, TORONTO, ON, M4W 3B8
(416) 922-2333 SIC 5621
HOLT, RENFREW & CIE, LIMITEE p 942
396 Humberline Dr, TORONTO, ON, M9W 6J7
(416) 675-9200 SIC 5632
HOLT, RENFREW & CIE, LIMITEE p 1116
1300 Rue Sherbrooke O, Montreal, QC, H3G 1H9
(514) 842-5111 SIC 5651
HOLT, RENFREW & CIE, LIMITEE p 1161
2452 Boul Laurier, Quebec, QC, G1V 2L1
(514) 842-5111 SIC 5611
HOLTZ SPA p 678
See 1321365 ONTARIO LIMITED
HOLY ANGELS CATHOLIC SHCOOL p 579
See TORONTO CATHOLIC DISTRICT SCHOOL BOARD
HOLY ANGELS CONVENT p 475
See SOEURS DE LA CONGREGATION DE NOTRE-DAME, LES
HOLY CROSS CATHOLIC ACADEMY p 976
See YORK CATHOLIC DISTRICT SCHOOL BOARD
HOLY CROSS CATHOLIC ELEMENTARY SCHOOL p 894
See TORONTO CATHOLIC DISTRICT SCHOOL BOARD
HOLY CROSS CATHOLIC SCHOOL p 129
See GRANDE PRAIRIE CATHOLIC SCHOOL DISTRICT 28
HOLY CROSS CATHOLIC SCHOOL p 622
See SIMCOE MUSKOKA CATHOLIC DISTRICT SCHOOL BOARD
HOLY CROSS CATHOLIC SCHOOL p 627
See CATHOLIC DISTRICT SCHOOL BOARD OF EASTERN ONTARIO
HOLY CROSS CATHOLIC SCHOOL p 779
See DURHAM CATHOLIC DISTRICT SCHOOL BOARD
HOLY CROSS CATHOLIC SECONDARY SCHOOL p 635
See ALGONQUIN & LAKESHORE CATHOLIC DISTRICT SCHOOL BOARD
HOLY CROSS CATHOLIC SECONDARY SCHOOL p 866
See LONDON DISTRICT CATHOLIC SCHOOL BOARD
HOLY CROSS ELEMENTARY JUNIOR HIGH SCHOOL p 14
See CALGARY ROMAN CATHOLIC SEPARATE SCHOOL DISTRICT #1
HOLY CROSS ELEMENTARY SCHOOL p 70
See LAKELAND ROMAN CATHOLIC SEPARATE SCHOOL DISTRICT NO. 150
HOLY CROSS ELEMENTARY SCHOOL p 185
See CATHOLIC INDEPENDENT SCHOOLS OF VANCOUVER ARCHDIOCESE, THE
HOLY CROSS ELEMENTARY SCHOOL p 527
See BRANT HALDIMAND NORFOLK CATHOLIC DISTRICT SCHOOL BOARD
HOLY CROSS ELEMENTARY SCHOOL p 683
See DUFFERIN-PEEL CATHOLIC DISTRICT SCHOOL BOARD
HOLY CROSS ELEMENTARY SCHOOL p 971

See WINDSOR-ESSEX CATHOLIC DISTRICT SCHOOL BOARD, THE
HOLY CROSS RC SCHOOL p 364
See LOUIS RIEL SCHOOL DIVISION
HOLY CROSS REGIONAL HIGH SCHOOL p 289
See CATHOLIC INDEPENDENT SCHOOLS OF VANCOUVER ARCHDIOCESE, THE
HOLY CROSS SCHOOL p 88
See EDMONTON CATHOLIC SEPARATE SCHOOL DISTRICT NO.7
HOLY CROSS SCHOOL p 592
See HALTON CATHOLIC DISTRICT SCHOOL BOARD
HOLY CROSS SCHOOL p 796
See OTTAWA CATHOLIC DISTRICT SCHOOL BOARD
HOLY CROSS SCHOOL COMPLEX p 426
See NOVA CENTRAL SCHOOL DISTRICT
HOLY CROSS SECONDARY SCHOOL p 852
See NIAGARA CATHOLIC DISTRICT SCHOOL BOARD
HOLY FAMILY ACADEMY p 8
See CHRIST THE REDEEMER CATHOLIC SEPARATE REGIONAL DIVISION NO. 3
HOLY FAMILY CATHOLIC REGIONAL DIVISION 37 p 129
5002 47 St, GRIMSHAW, AB, T0H 1W0
(780) 332-4550 SIC 8211
HOLY FAMILY CATHOLIC REGIONAL DIVISION 37 p 130
4718 53 Ave, HIGH PRAIRIE, AB, T0G 1E0
(780) 523-4595 SIC 8211
HOLY FAMILY CATHOLIC REGIONAL DIVISION 37 p 142
505 River St, MANNING, AB, T0H 2M0
(780) 836-3625 SIC 8211
HOLY FAMILY CATHOLIC REGIONAL DIVISION 37 p 150
9810 71 Ave, PEACE RIVER, AB, T8S 1R4
(780) 624-3432 SIC 8211
HOLY FAMILY CATHOLIC REGIONAL DIVISION 37 p 171
4301 51st Ave, VALLEYVIEW, AB, T0H 3N0
(780) 524-3562 SIC 8211
HOLY FAMILY CATHOLIC SCHOOL p 508
See PETERBOROUGH VICTORIA NORTHUMBERLAND AND CLARINGTON CATHOLIC DISTRICT SCHOOL BOARD
HOLY FAMILY CATHOLIC SCHOOL p 630
See ALGONQUIN & LAKESHORE CATHOLIC DISTRICT SCHOOL BOARD
HOLY FAMILY CATHOLIC SCHOOL p 833
See HURON-SUPERIOR CATHOLIC DISTRICT SCHOOL BOARD
HOLY FAMILY CATHOLIC SCHOOL p 936
See TORONTO CATHOLIC DISTRICT SCHOOL BOARD
HOLY FAMILY CATHOLIC SCHOOL p 949
See ST. CLAIR CATHOLIC DISTRICT SCHOOL BOARD
HOLY FAMILY ELEMENTARY p 1277
See LIGHT OF CHRIST RCSSD
HOLY FAMILY ELEMENTARY SCHOOL p 12
See CALGARY ROMAN CATHOLIC SEPARATE SCHOOL DISTRICT #1
HOLY FAMILY ELEMENTARY SCHOOL p 650
See LONDON DISTRICT CATHOLIC SCHOOL BOARD
HOLY FAMILY ELEMENTARY SCHOOL p 876
See YORK CATHOLIC DISTRICT SCHOOL BOARD
HOLY FAMILY ELEMENTARY SCHOOL p 881
See THUNDER BAY CATHOLIC DISTRICT

▲ Public Company   ■ Public Company Family Member   HQ Headquarters   BR Branch   SL Single Location

SCHOOL BOARD
HOLY FAMILY HOSPITAL p 296
See PROVIDENCE HEALTH CARE SOCIETY
HOLY FAMILY NURSING HOME p 371
See SISTER SERVANTS OF MARY IMMACULATE
HOLY FAMILY ROMAN CATHOLIC SEPARATE SCHOOL DIVISION 140 p 1268
1846 Gibbs Rd, ESTEVAN, SK, S4A 1Y2
(306) 634-4249 SIC 8211
HOLY FAMILY ROMAN CATHOLIC SEPARATE SCHOOL DIVISION 140 p 1268
615 Arthur Ave, ESTEVAN, SK, S4A 1S9
(306) 634-3541 SIC 8211
HOLY FAMILY SCHOOL p 112
See EDMONTON CATHOLIC SEPARATE SCHOOL DISTRICT NO.7
HOLY FAMILY SCHOOL p 129
See HOLY FAMILY CATHOLIC REGIONAL DIVISION 37
HOLY FAMILY SCHOOL p 157
See RED DEER CATHOLIC REGIONAL DIVISION NO. 39
HOLY FAMILY SCHOOL p 486
See SIMCOE MUSKOKA CATHOLIC DISTRICT SCHOOL BOARD
HOLY FAMILY SCHOOL p 506
See DUFFERIN-PEEL CATHOLIC DISTRICT SCHOOL BOARD
HOLY FAMILY SCHOOL p 765
See HALTON CATHOLIC DISTRICT SCHOOL BOARD
HOLY FAMILY SCHOOL p 796
See OTTAWA CATHOLIC DISTRICT SCHOOL BOARD
HOLY FAMILY SCHOOL p 804
See BRANT HALDIMAND NORFOLK CATHOLIC DISTRICT SCHOOL BOARD
HOLY FAMILY SEPARATE SCHOOL p 607
See HAMILTON-WENTWORTH CATHOLIC SCHOOL BOARD
HOLY FAMILY SEPARATE SCHOOL p 617
See BRUCE-GREY CATHOLIC DISTRICT SCHOOL BOARD
HOLY JUBILEE p 668
See YORK CATHOLIC DISTRICT SCHOOL BOARD
HOLY NAME CATHOLIC ELEMENTARY SCHOOL p 575
See WINDSOR-ESSEX CATHOLIC DISTRICT SCHOOL BOARD, THE
HOLY NAME CATHOLIC ELEMENTARY SCHOOL p 629
See YORK CATHOLIC DISTRICT SCHOOL BOARD
HOLY NAME CATHOLIC SCHOOL p 895
See TORONTO CATHOLIC DISTRICT SCHOOL BOARD
HOLY NAME CATHOLIC SCHOOL p 956
See NIAGARA CATHOLIC DISTRICT SCHOOL BOARD
HOLY NAME MARY COLLEGE SCHOOL p 701
See DUFFERIN-PEEL CATHOLIC DISTRICT SCHOOL BOARD
HOLY NAME MARY ELEMENTARY SCHOOL p 486
See CATHOLIC DISTRICT SCHOOL BOARD OF EASTERN ONTARIO
HOLY NAME OF JESUS SCHOOL p 608
See HAMILTON-WENTWORTH CATHOLIC SCHOOL BOARD
HOLY NAME OF MARY SCHOOL p 857
See HURON PERTH CATHOLIC DISTRICT SCHOOL BOARD
HOLY NAME SCHOOL p 60
See CALGARY ROMAN CATHOLIC SEPARATE SCHOOL DISTRICT #1
HOLY NAME SCHOOL p 806
See RENFREW COUNTY CATHOLIC DISTRICT SCHOOL BOARD

HOLY NAMES HIGH SCHOOL p 970
See WINDSOR-ESSEX CATHOLIC DISTRICT SCHOOL BOARD, THE
HOLY REDEEMER CATHOLIC SCHOOL p 625
See OTTAWA CATHOLIC DISTRICT SCHOOL BOARD
HOLY REDEEMER CATHOLIC SCHOOL p 814
See DURHAM CATHOLIC DISTRICT SCHOOL BOARD
HOLY ROSARY CATHLOIC SCHOOL p 658
See LONDON DISTRICT CATHOLIC SCHOOL BOARD
HOLY ROSARY CATHOLIC SCHOOL p 599
See WELLINGTON CATHOLIC DISTRICT SCHOOL BOARD
HOLY ROSARY CATHOLIC SCHOOL p 923
See TORONTO CATHOLIC DISTRICT SCHOOL BOARD
HOLY ROSARY SCHOOL p 681
See HALTON CATHOLIC DISTRICT SCHOOL BOARD
HOLY ROSARY SCHOOL p 953
See WATERLOO CATHOLIC DISTRICT SCHOOL BOARD
HOLY ROSARY SCHOOL p 1289
See BOARD OF EDUCATION OF THE REGINA ROMAN CATHOLIC SEPARATE SCHOOL DIVISION NO. 81
HOLY SAVIOUR SCHOOL p 668
See SUPERIOR NORTH CATHOLIC DISTRICT SCHOOL BOARD
HOLY SPIRIT ACADEMY p 131
See CHRIST THE REDEEMER CATHOLIC SEPARATE REGIONAL DIVISION NO. 3
HOLY SPIRIT CATHOLIC ELEMENTARY SCHOOL p 492
See YORK CATHOLIC DISTRICT SCHOOL BOARD
HOLY SPIRIT CATHOLIC ELEMENTARY SCHOOL p 542
See WATERLOO CATHOLIC DISTRICT SCHOOL BOARD
HOLY SPIRIT CATHOLIC SCHOOL p 69
See CALGARY ROMAN CATHOLIC SEPARATE SCHOOL DISTRICT #1
HOLY SPIRIT CATHOLIC SCHOOL p 163
See ELK ISLAND CATHOLIC SEPARATE REGIONAL DIVISION NO. 41
HOLY SPIRIT CATHOLIC SCHOOL p 844
See TORONTO CATHOLIC DISTRICT SCHOOL BOARD
HOLY SPIRIT ELEMENTARY SCHOOL p 860
See OTTAWA CATHOLIC DISTRICT SCHOOL BOARD
HOLY SPIRIT ROMAN CATHOLIC SEPARATE REGIONAL DIVISION NO 4 p 136
1212 12 Ave N, LETHBRIDGE, AB, T1H 6W1
(403) 328-0611 SIC 8211
HOLY SPIRIT ROMAN CATHOLIC SEPARATE REGIONAL DIVISION NO 4 p 136
620 12b St N, LETHBRIDGE, AB, T1H 2L7
(403) 327-9555 SIC 8211
HOLY SPIRIT ROMAN CATHOLIC SEPARATE REGIONAL DIVISION NO 4 p 138
333 18 St S, LETHBRIDGE, AB, T1J 3E5
(403) 327-3402 SIC 8211
HOLY SPIRIT ROMAN CATHOLIC SEPARATE REGIONAL DIVISION NO 4 p 138
422 20 St S, LETHBRIDGE, AB, T1J 2V5
(403) 327-3098 SIC 8211
HOLY SPIRIT ROMAN CATHOLIC SEPARATE REGIONAL DIVISION NO 4 p 138
405 18 St S, LETHBRIDGE, AB, T1J 3E5
(403) 327-4596 SIC 8211
HOLY SPIRIT ROMAN CATHOLIC SEPA-

RATE REGIONAL DIVISION NO 4 p 139
206 Mcmaster Blvd W, LETHBRIDGE, AB, T1K 4R3
(403) 381-8111 SIC 8211
HOLY SPIRIT ROMAN CATHOLIC SEPARATE REGIONAL DIVISION NO 4 p 140
2219 14 Ave S, LETHBRIDGE, AB, T1K 0V6
(403) 327-5028 SIC 8211
HOLY SPIRIT ROMAN CATHOLIC SEPARATE REGIONAL DIVISION NO 4 p 140
25 Stoney Cres W, LETHBRIDGE, AB, T1K 6V5
(403) 381-0953 SIC 8211
HOLY SPIRIT ROMAN CATHOLIC SEPARATE REGIONAL DIVISION NO 4 p 150
300 7 St N, PICTURE BUTTE, AB, T0K 1V0
(403) 732-4359 SIC 8211
HOLY SPIRIT ROMAN CATHOLIC SEPARATE REGIONAL DIVISION NO 4 p 150
864 Christie Ave, PINCHER CREEK, AB, T0K 1W0
(403) 627-3488 SIC 8211
HOLY SPIRIT ROMAN CATHOLIC SEPARATE REGIONAL DIVISION NO 4 p 170
5302 48 St, TABER, AB, T1G 1H3
(403) 223-3352 SIC 8211
HOLY SPIRIT ROMAN CATHOLIC SEPARATE REGIONAL DIVISION NO 4 p 170
5427 50 St, TABER, AB, T1G 1M2
(403) 223-3165 SIC 8211
HOLY SPIRIT SCHOOL p 608
See HAMILTON-WENTWORTH CATHOLIC SCHOOL BOARD
HOLY SPIRIT SEPARATE SCHOOLS p 136
See HOLY SPIRIT ROMAN CATHOLIC SEPARATE REGIONAL DIVISION NO 4
HOLY TRINITY ACADEMY p 148
See CHRIST THE REDEEMER CATHOLIC SEPARATE REGIONAL DIVISION NO. 3
HOLY TRINITY CATHOLIC ELEMENTARY SCHOOL p 564
See CATHOLIC DISTRICT SCHOOL BOARD OF EASTERN ONTARIO
HOLY TRINITY CATHOLIC HIGH SCHOOL p 111
See EDMONTON CATHOLIC SEPARATE SCHOOL DISTRICT NO.7
HOLY TRINITY CATHOLIC HIGH SCHOOL p 848
See BRANT HALDIMAND NORFOLK CATHOLIC DISTRICT SCHOOL BOARD
HOLY TRINITY CATHOLIC SCHOOL p 599
See WELLINGTON CATHOLIC DISTRICT SCHOOL BOARD
HOLY TRINITY CATHOLIC SECONDARY SCHOOL p 567
See PETERBOROUGH VICTORIA NORTHUMBERLAND AND CLARINGTON CATHOLIC DISTRICT SCHOOL BOARD
HOLY TRINITY ELEMENTARY SCHOOL p 12
See CALGARY ROMAN CATHOLIC SEPARATE SCHOOL DISTRICT #1
HOLY TRINITY HIGH SCHOOL p 509
See SIMCOE MUSKOKA CATHOLIC DISTRICT SCHOOL BOARD
HOLY TRINITY ROMAN CATHOLIC SEPARATE SCHOOL DIVISION #22 p 1275
1020 12th Ave Sw, Moose Jaw, SK, S6H 5X8
(306) 694-1622 SIC 8211
HOLY TRINITY ROMAN CATHOLIC SEPARATE SCHOOL DIVISION #22 p 1275
1111 Brown St, MOOSE JAW, SK, S6H 4L2
(306) 693-7693 SIC 8211
HOLY TRINITY ROMAN CATHOLIC SEPA-

RATE SCHOOL DIVISION #22 p 1275
324 Macdonald St, MOOSE JAW, SK, S6H 2V4
(306) 693-6744 SIC 8211
HOLY TRINITY ROMAN CATHOLIC SEPARATE SCHOOL DIVISION #22 p 1275
330 Oxford St W, MOOSE JAW, SK, S6H 2P2
(306) 694-1767 SIC 8211
HOLY TRINITY ROMAN CATHOLIC SEPARATE SCHOOL DIVISION #22 p 1275
495 5th Ave Ne, MOOSE JAW, SK, S6H 0J9
(306) 694-4044 SIC 8211
HOLY TRINITY ROMAN CATHOLIC SEPARATE SCHOOL DIVISION #22 p 1306
751 Lorne St W, SWIFT CURRENT, SK, S9H 0J7
SIC 8211
HOLYROOD SCHOOL p 102
See EDMONTON SCHOOL DISTRICT NO. 7
HOMBURG REALTY FUNDS INCORPORATED p 1122
3400 Boul De Maisonneuve O Bureau 1010, Montreal, QC, H3Z 3B8
(514) 931-0374 SIC 6799
HOME & AGRO p 1305
See SHAUNAVON CO-OPERATIVE ASSOCIATION LIMITED
HOME & COMMUNITY CARE SERVICES p 251
See VANCOUVER ISLAND HEALTH AUTHORITY
HOME AND GARDEN CENTRE p 154
See RED DEER CO-OP LIMITED
HOME BASE p 384
See TRADER CORPORATION
HOME BUILDING CENTER p 251
See CENTRAL BUILDERS' SUPPLY P.G. LIMITED
HOME BUILDING CENTRE p 276
See CENTRAL HARDWARE LTD
HOME BUILDING CENTRE ELMIRA p 572
See 3436080 CANADA INC
HOME CARE p 985
See PROVINCE OF PEI
HOME CARE p 1276
See REGINA QU'APPELLE REGIONAL HEALTH AUTHORITY
HOME CARE & PUBLIC HEALTH p 984
See PROVINCE OF PEI
HOME DEPOT p 2
See HOME DEPOT OF CANADA INC
HOME DEPOT p 13
See HOME DEPOT OF CANADA INC
HOME DEPOT p 56
See HOME DEPOT OF CANADA INC
HOME DEPOT p 64
See HOME DEPOT OF CANADA INC
HOME DEPOT p 65
See HOME DEPOT OF CANADA INC
HOME DEPOT p 73
See HOME DEPOT OF CANADA INC
HOME DEPOT p 86
See HOME DEPOT OF CANADA INC
HOME DEPOT p 95
See HOME DEPOT OF CANADA INC
HOME DEPOT p 109
See HOME DEPOT OF CANADA INC
HOME DEPOT p 113
See HOME DEPOT OF CANADA INC
HOME DEPOT p 116
See HOME DEPOT OF CANADA INC
HOME DEPOT p 126
See HOME DEPOT OF CANADA INC
HOME DEPOT p 140
See HOME DEPOT OF CANADA INC
HOME DEPOT p 141
See HOME DEPOT OF CANADA INC

HOME DEPOT OF CANADA INC 3395

HOME DEPOT	p 148
See HOME DEPOT OF CANADA INC
HOME DEPOT p 156
See HOME DEPOT OF CANADA INC
HOME DEPOT p 163
See HOME DEPOT OF CANADA INC
HOME DEPOT p 165
See HOME DEPOT OF CANADA INC
HOME DEPOT p 177
See HOME DEPOT OF CANADA INC
HOME DEPOT p 187
See HOME DEPOT OF CANADA INC
HOME DEPOT p 194
See HOME DEPOT OF CANADA INC
HOME DEPOT p 197
See HOME DEPOT OF CANADA INC
HOME DEPOT p 202
See HOME DEPOT OF CANADA INC
HOME DEPOT p 204
See HOME DEPOT OF CANADA INC
HOME DEPOT p 205
See HOME DEPOT OF CANADA INC
HOME DEPOT p 212
See HOME DEPOT OF CANADA INC
HOME DEPOT p 221
See HOME DEPOT OF CANADA INC
HOME DEPOT p 224
See HOME DEPOT OF CANADA INC
HOME DEPOT p 230
See HOME DEPOT OF CANADA INC
HOME DEPOT p 241
See HOME DEPOT OF CANADA INC
HOME DEPOT p 255
See HOME DEPOT OF CANADA INC
HOME DEPOT p 262
See HOME DEPOT OF CANADA INC
HOME DEPOT p 266
See HOME DEPOT OF CANADA INC
HOME DEPOT p 279
See HOME DEPOT OF CANADA INC
HOME DEPOT p 284
See HOME DEPOT OF CANADA INC
HOME DEPOT p 286
See HOME DEPOT OF CANADA INC
HOME DEPOT p 287
See HOME DEPOT OF CANADA INC
HOME DEPOT p 300
See HOME DEPOT OF CANADA INC
HOME DEPOT p 302
See HOME DEPOT OF CANADA INC
HOME DEPOT p 327
See HOME DEPOT OF CANADA INC
HOME DEPOT p 336
See HOME DEPOT OF CANADA INC
HOME DEPOT p 339
See HOME DEPOT OF CANADA INC
HOME DEPOT p 345
See HOME DEPOT OF CANADA INC
HOME DEPOT p 362
See HOME DEPOT OF CANADA INC
HOME DEPOT p 368
See HOME DEPOT OF CANADA INC
HOME DEPOT p 370
See HOME DEPOT OF CANADA INC
HOME DEPOT p 381
See HOME DEPOT OF CANADA INC
HOME DEPOT p 401
See HOME DEPOT OF CANADA INC
HOME DEPOT p 407
See HOME DEPOT OF CANADA INC
HOME DEPOT p 414
See HOME DEPOT OF CANADA INC
HOME DEPOT p 433
See HOME DEPOT OF CANADA INC
HOME DEPOT p 484
See HOME DEPOT OF CANADA INC
HOME DEPOT p 488
See HOME DEPOT OF CANADA INC
HOME DEPOT p 490
See HOME DEPOT OF CANADA INC
HOME DEPOT p 497
See HOME DEPOT OF CANADA INC
HOME DEPOT p 508
See HOME DEPOT OF CANADA INC

HOME DEPOT p 509
See HOME DEPOT OF CANADA INC
HOME DEPOT p 510
See HOME DEPOT OF CANADA INC
HOME DEPOT p 519
See HOME DEPOT OF CANADA INC
HOME DEPOT p 525
See HOME DEPOT OF CANADA INC
HOME DEPOT p 531
See HOME DEPOT OF CANADA INC
HOME DEPOT p 536
See HOME DEPOT OF CANADA INC
HOME DEPOT p 543
See HOME DEPOT OF CANADA INC
HOME DEPOT p 549
See HOME DEPOT OF CANADA INC
HOME DEPOT p 554
See HOME DEPOT OF CANADA INC
HOME DEPOT p 566
See HOME DEPOT OF CANADA INC
HOME DEPOT p 580
See HOME DEPOT OF CANADA INC
HOME DEPOT p 585
See HOME DEPOT OF CANADA INC
HOME DEPOT p 593
See HOME DEPOT OF CANADA INC
HOME DEPOT p 606
See HOME DEPOT OF CANADA INC
HOME DEPOT p 626
See HOME DEPOT OF CANADA INC
HOME DEPOT p 652
See HOME DEPOT OF CANADA INC
HOME DEPOT p 664
See HOME DEPOT OF CANADA INC
HOME DEPOT p 672
See HOME DEPOT OF CANADA INC
HOME DEPOT p 676
See HOME DEPOT OF CANADA INC
HOME DEPOT p 682
See HOME DEPOT OF CANADA INC
HOME DEPOT p 700
See HOME DEPOT OF CANADA INC
HOME DEPOT p 709
See HOME DEPOT OF CANADA INC
HOME DEPOT p 714
See HOME DEPOT OF CANADA INC
HOME DEPOT p 733
See HOME DEPOT OF CANADA INC
HOME DEPOT p 735
See HOME DEPOT OF CANADA INC
HOME DEPOT p 755
See HOME DEPOT OF CANADA INC
HOME DEPOT p 761
See HOME DEPOT OF CANADA INC
HOME DEPOT p 765
See HOME DEPOT OF CANADA INC
HOME DEPOT p 767
See HOME DEPOT OF CANADA INC
HOME DEPOT p 770
See HOME DEPOT OF CANADA INC
HOME DEPOT p 773
See HOME DEPOT OF CANADA INC
HOME DEPOT p 774
See HOME DEPOT OF CANADA INC
HOME DEPOT p 777
See HOME DEPOT OF CANADA INC
HOME DEPOT p 779
See HOME DEPOT OF CANADA INC
HOME DEPOT p 795
See HOME DEPOT OF CANADA INC
HOME DEPOT p 800
See HOME DEPOT OF CANADA INC
HOME DEPOT p 803
See HOME DEPOT OF CANADA INC
HOME DEPOT p 806
See HOME DEPOT OF CANADA INC
HOME DEPOT p 810
See HOME DEPOT OF CANADA INC
HOME DEPOT p 820
See HOME DEPOT OF CANADA INC
HOME DEPOT p 824
See HOME DEPOT OF CANADA INC
HOME DEPOT p 826
See HOME DEPOT OF CANADA INC

HOME DEPOT p 832
See HOME DEPOT OF CANADA INC
HOME DEPOT p 834
See HOME DEPOT OF CANADA INC
HOME DEPOT p 837
See HOME DEPOT OF CANADA INC
HOME DEPOT p 853
See HOME DEPOT OF CANADA INC
HOME DEPOT p 868
See HOME DEPOT OF CANADA INC
HOME DEPOT p 878
See HOME DEPOT OF CANADA INC
HOME DEPOT p 885
See HOME DEPOT OF CANADA INC
HOME DEPOT p 893
See HOME DEPOT OF CANADA INC
HOME DEPOT p 896
See HOME DEPOT OF CANADA INC
HOME DEPOT p 937
See HOME DEPOT OF CANADA INC
HOME DEPOT p 954
See HOME DEPOT OF CANADA INC
HOME DEPOT p 958
See HOME DEPOT OF CANADA INC
HOME DEPOT p 962
See HOME DEPOT OF CANADA INC
HOME DEPOT p 964
See HOME DEPOT OF CANADA INC
HOME DEPOT p 965
See HOME DEPOT OF CANADA INC
HOME DEPOT p 974
See HOME DEPOT OF CANADA INC
HOME DEPOT p 978
See HOME DEPOT OF CANADA INC
HOME DEPOT p 990
See HOME DEPOT OF CANADA INC
HOME DEPOT p 1034
See HOME DEPOT OF CANADA INC
HOME DEPOT p 1042
See HOME DEPOT OF CANADA INC
HOME DEPOT p 1043
See HOME DEPOT OF CANADA INC
HOME DEPOT p 1098
See HOME DEPOT OF CANADA INC
HOME DEPOT p 1123
See HOME DEPOT OF CANADA INC
HOME DEPOT p 1129
See HOME DEPOT OF CANADA INC
HOME DEPOT p 1142
See HOME DEPOT OF CANADA INC
HOME DEPOT p 1166
See HOME DEPOT OF CANADA INC
HOME DEPOT p 1184
See HOME DEPOT OF CANADA INC
HOME DEPOT p 1200
See HOME DEPOT OF CANADA INC
HOME DEPOT p 1251
See HOME DEPOT OF CANADA INC
HOME DEPOT p 1256
See HOME DEPOT OF CANADA INC
HOME DEPOT p 1260
See HOME DEPOT OF CANADA INC
HOME DEPOT p 1282
See HOME DEPOT OF CANADA INC
HOME DEPOT p 1296
See HOME DEPOT OF CANADA INC
HOME DEPOT 7146 L'ACADIE p 1124
See HOME DEPOT OF CANADA INC
HOME DEPOT LACHENAIE p 1243
HOME DEPOT OF CANADA INC p 2
2925 Main St Se, AIRDRIE, AB, T4B 3G5
(403) 945-3865 SIC 5251
HOME DEPOT OF CANADA INC p 13
343 36 St Ne, CALGARY, AB, T2A 7S9
(403) 248-3040 SIC 5251
HOME DEPOT OF CANADA INC p 38
1818 16 Ave Nw, CALGARY, AB, T2M 0L8
(403) 284-7931 SIC 5251
HOME DEPOT OF CANADA INC p 56
390 Shawville Blvd Se, CALGARY, AB, T2Y 3S4
(403) 201-5611 SIC 5251
HOME DEPOT OF CANADA INC p 57

5125 126 Ave Se, CALGARY, AB, T2Z 0B2
(403) 257-8756 SIC 5251
HOME DEPOT OF CANADA INC p 64
388 Country Hills Blvd Ne Unit 100, CALGARY, AB, T3K 5J6
(403) 226-7500 SIC 5251
HOME DEPOT OF CANADA INC p 64
5019 Nose Hill Dr Nw, CALGARY, AB, T3L 0A2
(403) 241-4066 SIC 5251
HOME DEPOT OF CANADA INC p 65
11320 Sarcee Trail Nw, CALGARY, AB, T3R 0A1
(403) 374-3866 SIC 5211
HOME DEPOT OF CANADA INC p 73
13304 50 St Nw, EDMONTON, AB, T5A 4Z8
(780) 478-7133 SIC 5251
HOME DEPOT OF CANADA INC p 85
13360 137 Ave Nw, EDMONTON, AB, T5L 5C9
(780) 472-4201 SIC 1521
HOME DEPOT OF CANADA INC p 86
1 Westmount Shopping Ctr Nw Suite 604, EDMONTON, AB, T5M 3L7
(780) 732-9225 SIC 5251
HOME DEPOT OF CANADA INC p 95
17404 99 Ave Nw, EDMONTON, AB, T5T 5L5
(780) 486-6124 SIC 5251
HOME DEPOT OF CANADA INC p 109
6725 104 St Nw, EDMONTON, AB, T6H 2L3
(780) 431-4743 SIC 5251
HOME DEPOT OF CANADA INC p 113
2020 101 St Nw, EDMONTON, AB, T6N 1J2
SIC 1522
HOME DEPOT OF CANADA INC p 116
4430 17 St Nw, EDMONTON, AB, T6T 0B4
(780) 577-3575 SIC 5251
HOME DEPOT OF CANADA INC p 116
6218 Currents Dr Nw, EDMONTON, AB, T6W 0L8
(780) 989-7460 SIC 5251
HOME DEPOT OF CANADA INC p 126
11222 103 Ave, GRANDE PRAIRIE, AB, T8V 7H1
(780) 831-3160 SIC 5211
HOME DEPOT OF CANADA INC p 140
3708 Mayor Magrath Dr S, LETHBRIDGE, AB, T1K 7V1
(403) 331-3581 SIC 5251
HOME DEPOT OF CANADA INC p 141
7705 44 St, LLOYDMINSTER, AB, T9V 0X9
(780) 870-9420 SIC 5251
HOME DEPOT OF CANADA INC p 144
1851 Strachan Rd Se, MEDICINE HAT, AB, T1B 4V7
(403) 581-4300 SIC 5251
HOME DEPOT OF CANADA INC p 148
101 Southbank Blvd Unit 10, OKOTOKS, AB, T1S 0G1
(403) 995-4710 SIC 5211
HOME DEPOT OF CANADA INC p 156
2030 50 Ave, RED DEER, AB, T4R 3A2
(403) 358-7550 SIC 5251
HOME DEPOT OF CANADA INC p 163
390 Baseline Rd Suite 200, SHERWOOD PARK, AB, T8H 1X1
(780) 417-7875 SIC 5251
HOME DEPOT OF CANADA INC p 165
168 Highway 16a, SPRUCE GROVE, AB, T7X 3X3
(780) 960-5600 SIC 5251
HOME DEPOT OF CANADA INC p 167
750 St Albert Trail, ST. ALBERT, AB, T8N 7H5
(780) 458-4026 SIC 5251
HOME DEPOT OF CANADA INC p 177
1956 Vedder Way, ABBOTSFORD, BC, V2S 8K1
(604) 851-4400 SIC 5211
HOME DEPOT OF CANADA INC p 187
3950 Henning Dr, BURNABY, BC, V5C 6M2
(604) 294-3077 SIC 5251
HOME DEPOT OF CANADA INC p 194

▲ Public Company ■ Public Company Family Member HQ Headquarters BR Branch SL Single Location

HOME DEPOT OF CANADA INC

1482 Island Hwy, CAMPBELL RIVER, BC, V9W 8C9
(250) 286-5400   SIC 5251

HOME DEPOT OF CANADA INC   p 197
8443 Eagle Landing Pky Unit 100, CHILLIWACK, BC, V2P 0E2
(604) 703-1502   SIC 5251

HOME DEPOT OF CANADA INC   p 202
1900 United Blvd Suite D, COQUITLAM, BC, V3K 6Z1
(604) 540-6277   SIC 5251

HOME DEPOT OF CANADA INC   p 204
388 Lerwick Rd, COURTENAY, BC, V9N 9E5
(250) 334-5400   SIC 5211

HOME DEPOT OF CANADA INC   p 205
2000 Mcphee Rd, CRANBROOK, BC, V1C 0A3
(250) 420-4250   SIC 5251

HOME DEPOT OF CANADA INC   p 212
2980 Drinkwater Rd Unit 1, DUNCAN, BC, V9L 6C6
(250) 737-2360   SIC 5251

HOME DEPOT OF CANADA INC   p 221
1020 Hillside Dr, KAMLOOPS, BC, V2E 2N1
(250) 371-4300   SIC 5251

HOME DEPOT OF CANADA INC   p 224
2515 Enterprise Way, KELOWNA, BC, V1X 7K2
(250) 979-4501   SIC 5251

HOME DEPOT OF CANADA INC   p 230
6550 200 St, LANGLEY, BC, V2Y 1P2
(604) 514-1788   SIC 5251

HOME DEPOT OF CANADA INC   p 241
6555 Metral Dr, NANAIMO, BC, V9T 2L9
(250) 390-7663   SIC 5251

HOME DEPOT OF CANADA INC   p 255
1069 Nicola Ave, PORT COQUITLAM, BC, V3B 8B2
(604) 468-3360   SIC 5251

HOME DEPOT OF CANADA INC   p 262
5959 O'grady Rd, PRINCE GEORGE, BC, V2N 6Z5
(250) 906-3610   SIC 5251

HOME DEPOT OF CANADA INC   p 266
2700 Sweden Way, RICHMOND, BC, V6V 2W8
(604) 303-7360   SIC 5251

HOME DEPOT OF CANADA INC   p 279
39251 Discovery Way, SQUAMISH, BC, V8B 0M9
(604) 892-8800   SIC 5251

HOME DEPOT OF CANADA INC   p 284
12701 110 Ave, SURREY, BC, V3V 3J7
(604) 580-2159   SIC 5251

HOME DEPOT OF CANADA INC   p 286
7350 120 St, SURREY, BC, V3W 3M9
(604) 590-2796   SIC 5999

HOME DEPOT OF CANADA INC   p 287
2525 160 St, SURREY, BC, V3Z 0C8
(604) 542-3520   SIC 5251

HOME DEPOT OF CANADA INC   p 300
2388 Cambie St, VANCOUVER, BC, V5Z 2T8
(604) 675-1260   SIC 5251

HOME DEPOT OF CANADA INC   p 302
900 Terminal Ave, VANCOUVER, BC, V6A 4G4
(604) 608-0569   SIC 5251

HOME DEPOT OF CANADA INC   p 326
5501 Anderson Way, VERNON, BC, V1T 9V1
(250) 550-1600   SIC 5251

HOME DEPOT OF CANADA INC   p 327
3986 Shelbourne St, VICTORIA, BC, V8N 3E3
(250) 853-5350   SIC 5251

HOME DEPOT OF CANADA INC   p 336
2400 Millstream Rd, VICTORIA, BC, V9B 3R3
(250) 391-6001   SIC 5251

HOME DEPOT OF CANADA INC   p 338
840 Main St Suite E1, WEST VANCOUVER, BC, V7T 2Z3
(604) 913-2630   SIC 5251

HOME DEPOT OF CANADA INC   p 339
3550 Carrington Rd Unit 401, WESTBANK, BC, V4T 2Z1
(250) 707-2300   SIC 5251

HOME DEPOT OF CANADA INC   p 345
801 18th St N, BRANDON, MB, R7A 7S1
(204) 571-3300   SIC 5251

HOME DEPOT OF CANADA INC   p 362
1590 Regent Ave W, WINNIPEG, MB, R2C 3B4
(204) 654-5400   SIC 5251

HOME DEPOT OF CANADA INC   p 368
1999 Bishop Grandin Blvd, WINNIPEG, MB, R2M 5S1
(204) 253-7649   SIC 5251

HOME DEPOT OF CANADA INC   p 370
845 Leila Ave, WINNIPEG, MB, R2V 3J7
(204) 336-5530   SIC 5251

HOME DEPOT OF CANADA INC   p 381
727 Empress St, WINNIPEG, MB, R3G 3P5
(204) 779-0703   SIC 5251

HOME DEPOT OF CANADA INC   p 387
1645 Kenaston Blvd, WINNIPEG, MB, R3P 2M4
(204) 928-7110   SIC 5072

HOME DEPOT OF CANADA INC   p 401
1450 Regent St, FREDERICTON, NB, E3C 0A4
(506) 462-9460   SIC 5251

HOME DEPOT OF CANADA INC   p 407
235 Mapleton Rd, MONCTON, NB, E1C 0G9
(506) 853-8150   SIC 5251

HOME DEPOT OF CANADA INC   p 414
55 Lcd Crt, SAINT JOHN, NB, E2J 5E5
(506) 632-9440   SIC 5251

HOME DEPOT OF CANADA INC   p 433
70 Kelsey Dr, ST. JOHN'S, NL, A1B 5C7
(709) 570-2400   SIC 5251

HOME DEPOT OF CANADA INC   p 451
40 Finnian Row, DARTMOUTH, NS, B3B 0B6
(902) 460-4700   SIC 5251

HOME DEPOT OF CANADA INC   p 463
368 Lacewood Dr, HALIFAX, NS, B3S 1L8
(902) 457-3480   SIC 5251

HOME DEPOT OF CANADA INC   p 475
50 Sydney Port Access Rd, SYDNEY, NS, B1P 7H2
(902) 564-3250   SIC 5251

HOME DEPOT OF CANADA INC   p 484
260 Kingston Rd E, AJAX, ON, L1Z 1G1
(905) 428-7939   SIC 5251

HOME DEPOT OF CANADA INC   p 488
122 Martindale Cres, ANCASTER, ON, L9K 1J9
(905) 304-5900   SIC 5211

HOME DEPOT OF CANADA INC   p 488
122 Martindale Cres, ANCASTER, ON, L9K 1J9
(905) 304-6826   SIC 5211

HOME DEPOT OF CANADA INC   p 490
15360 Bayview Ave, AURORA, ON, L4G 7J1
(905) 726-4500   SIC 5251

HOME DEPOT OF CANADA INC   p 497
10 Barrie View Dr, BARRIE, ON, L4N 8V4
(705) 733-2800   SIC 5251

HOME DEPOT OF CANADA INC   p 503
210 Bell Blvd, BELLEVILLE, ON, K8P 5L8
(613) 961-5340   SIC 5251

HOME DEPOT OF CANADA INC   p 508
20 Lcd Dr, BRACEBRIDGE, ON, P1L 0A1
(705) 646-5600   SIC 5251

HOME DEPOT OF CANADA INC   p 509
470 Holland St W, BRADFORD, ON, L3Z 0A2
(905) 778-2100   SIC 5251

HOME DEPOT OF CANADA INC   p 510
60 Great Lakes Dr, BRAMPTON, ON, L6R 2K7
(905) 792-5430   SIC 5251

HOME DEPOT OF CANADA INC   p 511
9105 Airport Rd, BRAMPTON, ON, L6S 0B8
(905) 494-2200   SIC 5251

HOME DEPOT OF CANADA INC   p 519
49 First Gulf Blvd, BRAMPTON, ON, L6W 4R8
(905) 457-1800   SIC 5211

HOME DEPOT OF CANADA INC   p 521
9515 Mississauga Rd, BRAMPTON, ON, L6X 0Z8
(905) 453-3900   SIC 5251

HOME DEPOT OF CANADA INC   p 525
25 Holiday Dr, BRANTFORD, ON, N3R 7J4
(519) 757-3534   SIC 5251

HOME DEPOT OF CANADA INC   p 531
2120 Parkedale Ave, BROCKVILLE, ON, K6V 7N6
(613) 498-9600   SIC 5251

HOME DEPOT OF CANADA INC   p 536
3050 Davidson Crt, BURLINGTON, ON, L7M 4M9
(905) 331-1700   SIC 5211

HOME DEPOT OF CANADA INC   p 543
35 Pinebush Rd, CAMBRIDGE, ON, N1R 8E2
(519) 624-2700   SIC 5211

HOME DEPOT OF CANADA INC   p 549
570 Mcneely Ave, CARLETON PLACE, ON, K7C 0A7
(613) 253-3870   SIC 5251

HOME DEPOT OF CANADA INC   p 552
8582 Pioneer Line, CHATHAM, ON, N7M 5J1
(519) 380-2040   SIC 5211

HOME DEPOT OF CANADA INC   p 554
1050 Depalma Dr, COBOURG, ON, K9A 0A8
(905) 377-7600   SIC 5251

HOME DEPOT OF CANADA INC   p 556
10 High St, COLLINGWOOD, ON, L9Y 3J6
(705) 446-3100   SIC 5251

HOME DEPOT OF CANADA INC   p 566
1825 Brookdale Ave, CORNWALL, ON, K6J 5X7
(613) 930-4470   SIC 5211

HOME DEPOT OF CANADA INC   p 580
193 North Queen St, ETOBICOKE, ON, M9C 1A7
(416) 626-9800   SIC 5251

HOME DEPOT OF CANADA INC   p 585
1983 Kipling Ave, ETOBICOKE, ON, M9W 4J4
(416) 746-1357   SIC 5251

HOME DEPOT OF CANADA INC   p 593
1616 Cyrville Rd, GLOUCESTER, ON, K1B 3L8
(613) 744-1700   SIC 5251

HOME DEPOT OF CANADA INC   p 602
63 Woodlawn Rd W, GUELPH, ON, N1H 1G8
(519) 780-3400   SIC 5251

HOME DEPOT OF CANADA INC   p 606
350 Centennial Pky N, HAMILTON, ON, L8E 2X4
(905) 561-9755   SIC 5251

HOME DEPOT OF CANADA INC   p 620
9 Ott Dr, HUNTSVILLE, ON, P1H 0A2
(705) 788-5000   SIC 5251

HOME DEPOT OF CANADA INC   p 626
10 Frank Nighbor Pl Suite Frnt, KANATA, ON, K2V 1B9
(613) 271-7577   SIC 5251

HOME DEPOT OF CANADA INC   p 633
606 Gardiners Rd, KINGSTON, ON, K7M 3X9
(613) 384-3511   SIC 5251

HOME DEPOT OF CANADA INC   p 639
1400 Ottawa St S, KITCHENER, ON, N2E 4E2
(519) 569-4300   SIC 5211

HOME DEPOT OF CANADA INC   p 644
100 Gateway Park Dr, KITCHENER, ON, N2P 2J4
(519) 650-3900   SIC 5251

HOME DEPOT OF CANADA INC   p 652
448 Clarke Rd, LONDON, ON, N5W 6H1
(519) 457-5800   SIC 5251

HOME DEPOT OF CANADA INC   p 653
600 Fanshawe Park Rd E, LONDON, ON, N5X 1L1
(519) 850-5900   SIC 5251

HOME DEPOT OF CANADA INC   p 664
3035 Wonderland Rd S, LONDON, ON, N6L 1R4
(519) 691-1400   SIC 5251

HOME DEPOT OF CANADA INC   p 672
3155 Highway 7 E, MARKHAM, ON, L3R 0T9
(905) 940-5900   SIC 5251

HOME DEPOT OF CANADA INC   p 676
50 Kirkham Dr, MARKHAM, ON, L3S 4K7
(905) 201-2590   SIC 5211

HOME DEPOT OF CANADA INC   p 678
1201 Castlemore Ave, MARKHAM, ON, L6E 0G5
(905) 201-5500   SIC 5251

HOME DEPOT OF CANADA INC   p 680
16775 12 Hwy, MIDLAND, ON, L4R 0A9
(705) 527-8800   SIC 5251

HOME DEPOT OF CANADA INC   p 682
1013 Maple Ave, MILTON, ON, L9T 0A5
(905) 864-1200   SIC 5251

HOME DEPOT OF CANADA INC   p 700
3065 Mavis Rd, MISSISSAUGA, ON, L5C 1T7
(905) 281-6230   SIC 5251

HOME DEPOT OF CANADA INC   p 709
2920 Argentia Rd, MISSISSAUGA, ON, L5N 8C5
(905) 814-3860   SIC 5251

HOME DEPOT OF CANADA INC   p 714
650 Matheson Blvd W, MISSISSAUGA, ON, L5R 3T2
(905) 712-5913   SIC 5251

HOME DEPOT OF CANADA INC   p 721
5975 Terry Fox Way, MISSISSAUGA, ON, L5V 3E4
(905) 285-4000   SIC 5251

HOME DEPOT OF CANADA INC   p 730
3779 Strandherd Dr, NEPEAN, ON, K2J 5M4
(613) 843-7900   SIC 5251

HOME DEPOT OF CANADA INC   p 733
17850 Yonge St, NEWMARKET, ON, L3Y 8S1
(905) 898-0090   SIC 5251

HOME DEPOT OF CANADA INC   p 735
7190 Morrison St, NIAGARA FALLS, ON, L2E 7K5
(905) 371-7470   SIC 5211

HOME DEPOT OF CANADA INC   p 742
1275 Seymour St, NORTH BAY, ON, P1B 9V6
(705) 845-2300   SIC 5251

HOME DEPOT OF CANADA INC   p 753
1 Concorde Gate Suite 900, NORTH YORK, ON, M3C 4H9
(416) 609-0852   SIC 5251

HOME DEPOT OF CANADA INC   p 755
2375 Steeles Ave W, NORTH YORK, ON, M3J 3A8
(416) 664-9800   SIC 5251

HOME DEPOT OF CANADA INC   p 757
90 Billy Bishop Way, NORTH YORK, ON, M3K 2C8
(416) 373-6000   SIC 5251

HOME DEPOT OF CANADA INC   p 761
825 Caledonia Rd, NORTH YORK, ON, M6B 3X8
(416) 780-4730   SIC 5251

HOME DEPOT OF CANADA INC   p 763
2233 Sheppard Ave W, NORTH YORK, ON, M9M 2Z7
SIC 5251

HOME DEPOT OF CANADA INC   p 765
2555 Bristol Cir, OAKVILLE, ON, L6H 5W9
(905) 829-5900   SIC 5251

HOME DEPOT OF CANADA INC   p 767
99 Cross Ave, OAKVILLE, ON, L6J 2W7
(905) 815-5000   SIC 5251

HOME DEPOT OF CANADA INC   p 770
3300 South Service Rd W, OAKVILLE, ON,

BUSINESSES ALPHABETICALLY

L6L 0B1
(905) 469-7110 SIC 5251
HOME DEPOT OF CANADA INC p 773
49 Fourth Ave, ORANGEVILLE, ON, L9W 1G7
(519) 940-9061 SIC 5251
HOME DEPOT OF CANADA INC p 774
3225 Monarch Dr, ORILLIA, ON, L3V 7Z4
(705) 327-6500 SIC 5261
HOME DEPOT OF CANADA INC p 777
2121 Tenth Line Rd Suite 1, ORLEANS, ON, K4A 4C5
(613) 590-2030 SIC 5251
HOME DEPOT OF CANADA INC p 779
1481 Harmony Rd N, OSHAWA, ON, L1H 7K5
(905) 743-5600 SIC 5231
HOME DEPOT OF CANADA INC p 795
2056 Bank St, OTTAWA, ON, K1V 7Z8
(613) 739-5300 SIC 5251
HOME DEPOT OF CANADA INC p 800
1900 Baseline Rd, OTTAWA, ON, K2C 3Z6
(613) 723-5900 SIC 5211
HOME DEPOT OF CANADA INC p 803
1590 20th Ave E, OWEN SOUND, ON, N4K 5N3
(519) 372-3970 SIC 5251
HOME DEPOT OF CANADA INC p 806
27 Robinson Lane, PEMBROKE, ON, K8A 0A5
(613) 732-6550 SIC 5251
HOME DEPOT OF CANADA INC p 810
500 Lansdowne St W, PETERBOROUGH, ON, K9J 8J7
(705) 876-4560 SIC 5211
HOME DEPOT OF CANADA INC p 813
1105a Kingston Rd, PICKERING, ON, L1V 1B5
(905) 421-2000 SIC 5251
HOME DEPOT OF CANADA INC p 820
50 Red Maple Rd, RICHMOND HILL, ON, L4B 4K1
(905) 763-2311 SIC 5251
HOME DEPOT OF CANADA INC p 824
1706 Elgin Mills Rd E, RICHMOND HILL, ON, L4S 1M6
(905) 787-7200 SIC 5251
HOME DEPOT OF CANADA INC p 826
1350 Quinn Dr, SARNIA, ON, N7S 6L5
(519) 333-2302 SIC 5251
HOME DEPOT OF CANADA INC p 832
530 Great Northern Rd, SAULT STE. MARIE, ON, P6B 4Z9
(705) 254-1150 SIC 5251
HOME DEPOT OF CANADA INC p 834
60 Grand Marshall Dr, SCARBOROUGH, ON, M1B 5N6
(416) 283-3166 SIC 5251
HOME DEPOT OF CANADA INC p 837
2911 Eglinton Ave E, SCARBOROUGH, ON, M1J 2E5
(416) 289-2500 SIC 5231
HOME DEPOT OF CANADA INC p 853
20 Ymca Dr, ST CATHARINES, ON, L2N 7R6
(905) 937-5900 SIC 5251
HOME DEPOT OF CANADA INC p 868
1500 Marcus Dr, SUDBURY, ON, P3B 4K5
(705) 525-2960 SIC 5251
HOME DEPOT OF CANADA INC p 878
359 Main St, THUNDER BAY, ON, P7B 5L6
(807) 624-1100 SIC 5251
HOME DEPOT OF CANADA INC p 885
2143 Riverside Dr, TIMMINS, ON, P4R 0A1
(705) 360-8750 SIC 5251
HOME DEPOT OF CANADA INC p 893
101 Wicksteed Ave, TORONTO, ON, M4G 4H9
(416) 467-2300 SIC 5251
HOME DEPOT OF CANADA INC p 896
1000 Gerrard St E Suite 366, TORONTO, ON, M4M 3G6
(416) 462-6270 SIC 5211
HOME DEPOT OF CANADA INC p 937

2121 St Clair Ave W, TORONTO, ON, M6N 5A8
(416) 766-2800 SIC 5251
HOME DEPOT OF CANADA INC p 954
600 King St N, WATERLOO, ON, N2V 2J5
(519) 883-0580 SIC 5211
HOME DEPOT OF CANADA INC p 958
1700 Victoria St E, WHITBY, ON, L1N 9K6
(905) 571-5900 SIC 5251
HOME DEPOT OF CANADA INC p 960
4200 Garden St, WHITBY, ON, L1R 3K5
(905) 655-2900 SIC 5251
HOME DEPOT OF CANADA INC p 962
6570 Tecumseh Rd E, WINDSOR, ON, N8T 1E6
(519) 974-5420 SIC 5251
HOME DEPOT OF CANADA INC p 964
1925 Division Rd, WINDSOR, ON, N8W 1Z7
(519) 967-3700 SIC 5251
HOME DEPOT OF CANADA INC p 965
655 Sydney Ave, WINDSOR, ON, N8X 5C4
(519) 967-3706 SIC 5251
HOME DEPOT OF CANADA INC p 972
8966 Huntington Rd, WOODBRIDGE, ON, L4H 3V1
(905) 265-4400 SIC 4225
HOME DEPOT OF CANADA INC p 974
140 Northview Blvd, WOODBRIDGE, ON, L4L 8T2
(905) 851-1800 SIC 5251
HOME DEPOT OF CANADA INC p 978
901 Juliana Dr, WOODSTOCK, ON, N4V 1B9
(519) 421-5500 SIC 5251
HOME DEPOT OF CANADA INC p 990
11300 Rue Renaude-Lapointe, ANJOU, QC, H1J 2V7
(514) 356-3650 SIC 5251
HOME DEPOT OF CANADA INC p 1001
2400 Boul Du Faubourg, BOISBRIAND, QC, J7H 1S3
(450) 971-6061 SIC 5251
HOME DEPOT OF CANADA INC p 1034
243 Montee Paiement, GATINEAU, QC, J8P 6M7
(819) 246-4060 SIC 5231
HOME DEPOT OF CANADA INC p 1042
165 Rue Simonds N, GRANBY, QC, J2J 0R7
(450) 375-5544 SIC 5251
HOME DEPOT OF CANADA INC p 1043
500 Av Auguste, GREENFIELD PARK, QC, J4V 3R4
(450) 462-5020 SIC 5251
HOME DEPOT OF CANADA INC p 1066
500 Rue De La Concorde, Levis, QC, G6W 8A8
(418) 834-7050 SIC 5251
HOME DEPOT OF CANADA INC p 1098
100 Rue Beaubien O, Montreal, QC, H2S 3S1
(514) 490-8030 SIC 5211
HOME DEPOT OF CANADA INC p 1123
4625 Rue Saint-Antoine O, Montreal, QC, H4C 1E2
(514) 846-4770 SIC 5039
HOME DEPOT OF CANADA INC p 1124
1000 Rue Sauve O Bureau 1000, Montreal, QC, H4N 3L5
(514) 333-6868 SIC 5251
HOME DEPOT OF CANADA INC p 1129
1400 Boul Le Corbusier, Montreal, QC, H7N 6J5
(450) 680-2225 SIC 5251
HOME DEPOT OF CANADA INC p 1142
185 Boul Hymus, POINTE-CLAIRE, QC, H9R 1E9
(514) 630-8631 SIC 5251
HOME DEPOT OF CANADA INC p 1166
1516 Av Jules-Verne, Quebec, QC, G2G 2R5
(418) 872-8007 SIC 5251
HOME DEPOT OF CANADA INC p 1166
300 Rue Bouvier, Quebec, QC, G2J 1R8
(418) 634-8880 SIC 5211

HOME DEPOT OF CANADA INC p 1182
901 Rue De L'Etang, SAINT-BRUNO, QC, J3V 6N8
(450) 461-2000 SIC 5251
HOME DEPOT OF CANADA INC p 1184
490 Voie De La Desserte Bureau 132, SAINT-CONSTANT, QC, J5A 2S6
(450) 633-2030 SIC 5251
HOME DEPOT OF CANADA INC p 1200
1045 Boul Du Grand-Heron, Saint-Jerome, QC, J7Y 3P2
(450) 565-6020 SIC 5251
HOME DEPOT OF CANADA INC p 1239
1355 Boul Du Plateau-Saint-Joseph, SHERBROOKE, QC, J1L 3E2
(819) 348-4481 SIC 5251
HOME DEPOT OF CANADA INC p 1243
660 Montee Des Pionniers, TERREBONNE, QC, J6V 1N9
(450) 657-4400 SIC 5211
HOME DEPOT OF CANADA INC p 1251
4500 Rue Real-Proulx, Trois-Rivieres, QC, G9A 6P9
(819) 379-3990 SIC 5211
HOME DEPOT OF CANADA INC p 1256
55 Boul De La Cite-Des-Jeunes, VAUDREUIL-DORION, QC, J7V 8C1
(450) 510-2600 SIC 5251
HOME DEPOT OF CANADA INC p 1260
160 Boul Arthabaska O, VICTORIAVILLE, QC, G6S 0P2
(819) 752-0700 SIC 5251
HOME DEPOT OF CANADA INC p 1282
1867 E Victoria Ave, REGINA, SK, S4N 6E6
(306) 761-1919 SIC 5251
HOME DEPOT OF CANADA INC p 1291
1030 N Pasqua St, REGINA, SK, S4X 4V3
(306) 564-5700 SIC 5251
HOME DEPOT OF CANADA INC p 1296
707 Circle Dr E, SASKATOON, SK, S7K 0V1
(306) 651-6250 SIC 5251
HOME DEPOT OF CANADA INC p 1305
3043 Clarence Ave S Suite 1, SASKATOON, SK, S7T 0B5
(306) 657-4100 SIC 5251
HOME DEPOT RDC 7275 p 972
See HOME DEPOT OF CANADA INC
HOME DEPOT SHERBROOKE p 1239
See HOME DEPOT OF CANADA INC
HOME DEPOT STORE # 7189 p 1066
See HOME DEPOT OF CANADA INC
HOME DEPOT TOOL RENTAL p 451
See HOME DEPOT OF CANADA INC
HOME DEPOT, THE p 85
See HOME DEPOT OF CANADA INC
HOME ENVIRONMENT CENTRE, THE p 800
See LENNOX CANADA INC
HOME HARDWARE p 1170
See ENTREPRISES NOVA INC, LES
HOME HARDWARE p 1255
See THOMAS, RENE & FILS INC
HOME HARDWARE BUILDING CENTRE p 141
See BORDER CITY BUILDING CENTRE LTD
HOME HARDWARE BUILDING CENTRE p 204
See CENTRAL BUILDERS' SUPPLY P.G. LIMITED
HOME HARDWARE BUILDING CENTRE p 205
See QUAD CITY BUILDING MATERIALS LTD
HOME HARDWARE BUILDING CENTRE p 506
See UNITED LUMBER AND BUILDING SUPPLIES COMPANY LIMITED
HOME HARDWARE BUILDING CTR p 1274
See MEADOW LAKE HOME HARDWARE BUILDING CENTRE LTD
HOME HARDWARE CHARLOTTETOWN p 981
See SHERWOOD HARDWARE LTD

HOME OUTFITTERS 3397

HOME HARDWARE DISTRIBUTION CENTRE p 174
See HOME HARDWARE STORES LIMITED
HOME HARDWARE DISTRIBUTION CENTRE p 453
See HOME HARDWARE STORES LIMITED
HOME HARDWARE DIV OF p 571
See GRANDERIE FARM & COUNTRY LTD
HOME HARDWARE STORES LIMITED p 174
6410 36 St, WETASKIWIN, AB, T9A 3B6
(780) 352-1984 SIC 5211
HOME HARDWARE STORES LIMITED p 453
336 Lancaster Cres, DEBERT, NS, B0M 1G0
(902) 662-2800 SIC 5211
HOME HARDWARE STORES LIMITED p 565
10 Thirteenth St E, CORNWALL, ON, K6H 6V9
(613) 932-3225 SIC 5072
HOME HARDWARE STORES LIMITED p 588
745 St David St N, FERGUS, ON, N1M 2L1
(519) 843-1171 SIC 5251
HOME HARDWARE STORES LIMITED p 984
14 Kinlock Rd, STRATFORD, PE, C1B 1R1
SIC 5211
HOME HARDWARE STORES LIMITED p 1076
100 Rue Ouellette, MARIEVILLE, QC, J3M 1A5
(450) 460-4419 SIC 5211
HOME IMPROVEMENT WAREHOUSE LTD, THE p 13
2620 Centre Ave Ne, Calgary, AB, T2A 2L3
(403) 248-7333 SIC 5211
HOME OUTFITTERS p 10
See HUDSON'S BAY COMPANY
HOME OUTFITTERS p 31
See HUDSON'S BAY COMPANY
HOME OUTFITTERS p 37
See HUDSON'S BAY COMPANY
HOME OUTFITTERS p 57
See HUDSON'S BAY COMPANY
HOME OUTFITTERS p 62
See HUDSON'S BAY COMPANY
HOME OUTFITTERS p 80
See HUDSON'S BAY COMPANY
HOME OUTFITTERS p 85
See HUDSON'S BAY COMPANY
HOME OUTFITTERS p 92
See HUDSON'S BAY COMPANY
HOME OUTFITTERS p 113
See HUDSON'S BAY COMPANY
HOME OUTFITTERS p 191
See HUDSON'S BAY COMPANY
HOME OUTFITTERS p 224
See HUDSON'S BAY COMPANY
HOME OUTFITTERS p 230
See HUDSON'S BAY COMPANY
HOME OUTFITTERS p 245
See HUDSON'S BAY COMPANY
HOME OUTFITTERS p 255
See HUDSON'S BAY COMPANY
HOME OUTFITTERS p 269
See HUDSON'S BAY COMPANY
HOME OUTFITTERS p 336
See HUDSON'S BAY COMPANY
HOME OUTFITTERS p 381
See HUDSON'S BAY COMPANY
HOME OUTFITTERS p 387
See HUDSON'S BAY COMPANY
HOME OUTFITTERS p 463
See HUDSON'S BAY COMPANY
HOME OUTFITTERS p 497
See HUDSON'S BAY COMPANY
HOME OUTFITTERS p 559
See HUDSON'S BAY COMPANY
HOME OUTFITTERS p 580
See HUDSON'S BAY COMPANY

▲ Public Company   ■ Public Company Family Member   **HQ** Headquarters   **BR** Branch   **SL** Single Location

HOME OUTFITTERS *p 626*
See HUDSON'S BAY COMPANY
HOME OUTFITTERS *p 633*
See HUDSON'S BAY COMPANY
HOME OUTFITTERS *p 639*
See HUDSON'S BAY COMPANY
HOME OUTFITTERS *p 672*
See HUDSON'S BAY COMPANY
HOME OUTFITTERS *p 709*
See HUDSON'S BAY COMPANY
HOME OUTFITTERS *p 721*
See HUDSON'S BAY COMPANY
HOME OUTFITTERS *p 813*
See HUDSON'S BAY COMPANY
HOME OUTFITTERS *p 856*
See HUDSON'S BAY COMPANY
HOME OUTFITTERS *p 958*
See HUDSON'S BAY COMPANY
HOME OUTFITTERS *p 1076*
See HUDSON'S BAY COMPANY
HOME OUTFITTERS *p 1290*
See HUDSON'S BAY COMPANY
HOME OUTFITTERS *p 1302*
See HUDSON'S BAY COMPANY
HOME OUTFITTERS DIV OF *p 61*
See HUDSON'S BAY COMPANY
HOME OUTFITTERS STORE 5157 *p 177*
See HUDSON'S BAY COMPANY
HOME PARTNERS *p 450*
See CANADIAN RED CROSS SOCIETY, THE
HOME SECURITY DEALER *p 797*
See ADT CANADA INC
HOME SENSE *p 410*
See WINNERS MERCHANTS INTERNATIONAL L.P.
HOME SUPPORT CENTRAL SOCIETY *p 472*
30 Water St, PORT HOOD, NS, B0E 2W0
(902) 787-3449   SIC 8059
HOME TRUST COMPANY *p 854*
15 Church St Suite 100, ST CATHARINES, ON, L2R 3B5
SIC 6021
HOME TRUST COMPANY *p 914*
145 King St W Suite 2300, TORONTO, ON, M5H 1J8
(416) 360-4663   SIC 6021
HOMEBASE MEDIA *p 190*
See TRADER CORPORATION
HOMECARE *p 1291*
See HEARTLAND REGIONAL HEALTH AUTHORITY
HOMEFIRE GRILL *p 94*
See WINFIRE HOSPITALITY LTD
HOMELANDS SENIOR PUBLIC SCHOOL *p 703*
See PEEL DISTRICT SCHOOL BOARD
HOMELIFE BENCHMARK REALTY CORP *p 280*
9128 152 St Suite 102, SURREY, BC, V3R 4E7
(604) 306-3888   SIC 6531
HOMELIFE FRONTIER REALTY INC *p 875*
7620 Yonge St Suite 400, THORNHILL, ON, L4J 1V9
(416) 218-8800   SIC 6531
HOMELIFE METRO PARK REALTY *p 559*
9222 Keele St Suite 11, CONCORD, ON, L4K 5A3
(905) 303-9558   SIC 6531
HOMELIFE REALTY ONE LTD *p 903*
501 Parliament St, TORONTO, ON, M4X 1P3
(416) 922-5533   SIC 6531
HOMELIFE/METROPARK REALTY INC *p 559*
9222 Keele St Unit 11, CONCORD, ON, L4K 5A3
(416) 798-7777   SIC 6531
HOMES BY DREAM *p 1292*
See DREAM ASSET MANAGEMENT CORPORATION
HOMES BY DUNDEE *p 1288*

See DREAM ASSET MANAGEMENT CORPORATION
HOMES FIRST SOCIETY *p 929*
805 Wellington St W, TORONTO, ON, M5V 1G8
(416) 395-0928   SIC 8699
HOMESENSE *p 11*
See WINNERS MERCHANTS INTERNATIONAL L.P.
HOMESENSE *p 59*
See WINNERS MERCHANTS INTERNATIONAL L.P.
HOMESENSE *p 86*
See WINNERS MERCHANTS INTERNATIONAL L.P.
HOMESENSE *p 111*
See WINNERS MERCHANTS INTERNATIONAL L.P.
HOMESENSE *p 128*
See WINNERS MERCHANTS INTERNATIONAL L.P.
HOMESENSE *p 163*
See WINNERS MERCHANTS INTERNATIONAL L.P.
HOMESENSE *p 203*
See WINNERS MERCHANTS INTERNATIONAL L.P.
HOMESENSE *p 224*
See WINNERS MERCHANTS INTERNATIONAL L.P.
HOMESENSE *p 234*
See WINNERS MERCHANTS INTERNATIONAL L.P.
HOMESENSE *p 253*
See WINNERS MERCHANTS INTERNATIONAL L.P.
HOMESENSE *p 338*
See WINNERS MERCHANTS INTERNATIONAL L.P.
HOMESENSE *p 388*
See WINNERS MERCHANTS INTERNATIONAL L.P.
HOMESENSE *p 435*
See WINNERS MERCHANTS INTERNATIONAL L.P.
HOMESENSE *p 464*
See WINNERS MERCHANTS INTERNATIONAL L.P.
HOMESENSE *p 485*
See WINNERS MERCHANTS INTERNATIONAL L.P.
HOMESENSE *p 488*
See WINNERS MERCHANTS INTERNATIONAL L.P.
HOMESENSE *p 496*
See WINNERS MERCHANTS INTERNATIONAL L.P.
HOMESENSE *p 540*
See WINNERS MERCHANTS INTERNATIONAL L.P.
HOMESENSE *p 545*
See WINNERS MERCHANTS INTERNATIONAL L.P.
HOMESENSE *p 582*
See WINNERS MERCHANTS INTERNATIONAL L.P.
HOMESENSE *p 606*
See WINNERS MERCHANTS INTERNATIONAL L.P.
HOMESENSE *p 634*
See WINNERS MERCHANTS INTERNATIONAL L.P.
HOMESENSE *p 664*
See WINNERS MERCHANTS INTERNATIONAL L.P.
HOMESENSE *p 675*
See WINNERS MERCHANTS INTERNATIONAL L.P.
HOMESENSE *p 692*
See WINNERS MERCHANTS INTERNATIONAL L.P.
HOMESENSE *p 702*
See WINNERS MERCHANTS INTERNATIONAL L.P.

HOMESENSE *p 706*
See WINNERS MERCHANTS INTERNATIONAL L.P.
HOMESENSE *p 715*
See WINNERS MERCHANTS INTERNATIONAL L.P.
HOMESENSE *p 734*
See WINNERS MERCHANTS INTERNATIONAL L.P.
HOMESENSE *p 784*
See WINNERS MERCHANTS INTERNATIONAL L.P.
HOMESENSE *p 839*
See WINNERS MERCHANTS INTERNATIONAL L.P.
HOMESENSE *p 856*
See WINNERS MERCHANTS INTERNATIONAL L.P.
HOMESENSE *p 869*
See WINNERS MERCHANTS INTERNATIONAL L.P.
HOMESENSE *p 879*
See WINNERS MERCHANTS INTERNATIONAL L.P.
HOMESENSE *p 907*
See WINNERS MERCHANTS INTERNATIONAL L.P.
HOMESENSE *p 953*
See WINNERS MERCHANTS INTERNATIONAL L.P.
HOMESENSE *p 959*
See WINNERS MERCHANTS INTERNATIONAL L.P.
HOMESENSE *p 965*
See WINNERS MERCHANTS INTERNATIONAL L.P.
HOMESENSE *p 976*
See WINNERS MERCHANTS INTERNATIONAL L.P.
HOMESENSE *p 1001*
See WINNERS MERCHANTS INTERNATIONAL L.P.
HOMESENSE *p 1005*
See WINNERS MERCHANTS INTERNATIONAL L.P.
HOMESENSE *p 1087*
See WINNERS MERCHANTS INTERNATIONAL L.P.
HOMESENSE *p 1140*
See WINNERS MERCHANTS INTERNATIONAL L.P.
HOMESERVE TECHNOLOGIES INC *p 753*
39 Wynford Dr, NORTH YORK, ON, M3C 3K5
(416) 510-5722   SIC 7371
HOMESTEAD LAND HOLDINGS LIMITED *p 798*
2001 Carling Ave, OTTAWA, ON, K2A 3W5
(613) 729-4115   SIC 6513
HOMESTEADER ELEMENTARY SCHOOL *p 73*
See EDMONTON SCHOOL DISTRICT NO. 7
HOMETURF LAWN CARE SERVICES *p 716*
See HOMETURF LTD
HOMETURF LTD *p 716*
7123 Fir Tree Dr, MISSISSAUGA, ON, L5S 1G4
(905) 791-8873   SIC 6331
HOMEWAY COMPANY LIMITED *p 652*
1801 Trafalgar St, LONDON, ON, N5W 1X7
(519) 453-6400   SIC 5211
HOMEWOOD HEALTH INC *p 45*
407 2 St Sw Suite 400, CALGARY, AB, T2P 2Y3
(403) 216-6347   SIC 8049
HOMEWOOD HEALTH INC *p 311*
1050 Pender St W Suite 500, VANCOUVER, BC, V6E 3S7
(604) 689-8604   SIC 8093
HOMEWOOD SUITES BY HILTON *p 871*
See SUDBURY REGENT STREET INC
HOMEWOOD SUITES HOTEL *p 533*
See DELTA HOTELS LIMITED

HON'S WUN-TUN HOUSE LTD *p 244*
408 Sixth St, NEW WESTMINSTER, BC, V3L 3B2
(604) 520-6661   SIC 5812
HON'S WUN-TUN HOUSE LTD *p 302*
280 Keefer St, VANCOUVER, BC, V6A 1X5
(604) 688-0871   SIC 5812
HON'S WUN-TUN HOUSE LTD *p 311*
1339 Robson St, VANCOUVER, BC, V6E 1C6
(604) 685-0871   SIC 5812
HONDA CANADA FINANCE INC *p 266*
13711 International Pl Suite 110, RICHMOND, BC, V6V 2Z8
(604) 278-9250   SIC 6159
HONDA CANADA FINANCE INC *p 677*
180 Honda Blvd Suite 200, MARKHAM, ON, L6C 0H9
(905) 888-4188   SIC 6141
HONDA CANADA FINANCE INC *p 1004*
1750 Rue Eiffel, BOUCHERVILLE, QC, J4B 7W1
(450) 641-9062   SIC 6141
HONDA CANADA INC *p 249*
816 Automall Dr, NORTH VANCOUVER, BC, V7P 3R8
(604) 984-0331   SIC 5511
HONDA CANADA INC *p 266*
13240 Worster Crt, RICHMOND, BC, V6V 2B8
(604) 278-6504   SIC 5012
HONDA CANADA INC *p 486*
4700 Tottenham Rd, ALLISTON, ON, L9R 1A2
(705) 435-5561   SIC 3711
HONDA CANADA INC *p 677*
180 Honda Blvd Suite 200, MARKHAM, ON, L6C 0H9
(905) 888-8110   SIC 3711
HONDA CANADA INC *p 813*
1800 Kingston Rd, PICKERING, ON, L1V 1C6
(905) 831-5400   SIC 5511
HONDA CANADA INC *p 841*
940 Ellesmere Rd, SCARBOROUGH, ON, M1P 2W8
(416) 291-9501   SIC 7515
HONDA CANADA INC *p 843*
300 Middlefield Rd, SCARBOROUGH, ON, M1S 5B1
SIC 5012
HONDA CANADA INC *p 1004*
1750 Rue Eiffel, BOUCHERVILLE, QC, J4B 7W1
(450) 655-6161   SIC 5012
HONDA FINANCIAL SERVICES *p 677*
See HONDA CANADA FINANCE INC
HONDA OF CANADA MANUFACTURING *p 677*
See HONDA CANADA INC
HONDA OF CANADA MFG DIV *p 486*
See HONDA CANADA INC
HONEYWELL BUILDING SOLUTION *p 13*
See HONEYWELL LIMITED
HONEYWELL LIMITED *p 13*
2840 2 Ave Se, CALGARY, AB, T2A 7X9
(403) 221-2200   SIC 3822
HONEYWELL LIMITED *p 163*
2181 Premier Way Suite 160, SHERWOOD PARK, AB, T8H 2V1
(780) 410-0010   SIC 3822
HONEYWELL LIMITED *p 247*
500 Brooksbank Ave, NORTH VANCOUVER, BC, V7J 3S4
(604) 980-3421   SIC 2679
HONEYWELL LIMITED *p 383*
1391 St James St Unit 2, WINNIPEG, MB, R3H 0Z1
(204) 987-8111   SIC 3822
HONEYWELL LIMITED *p 433*
1 Duffy Pl, ST. JOHN'S, NL, A1B 4M6
(709) 758-6000   SIC 3822
HONEYWELL LIMITED *p 655*
250 York St Suite 300, LONDON, ON, N6A

6K2
(519) 640-1920   SIC 3822
HONEYWELL LIMITED   p 709
6581 Kitimat Rd Unit 6, MISSISSAUGA, ON, L5N 3T5
(905) 812-0767   SIC 3822
HONEYWELL LIMITED   p 800
1682 Woodward Dr, OTTAWA, ON, K2C 3R8
(613) 595-7611   SIC 3822
HONEYWELL LIMITED   p 861
430 Mcneilly Rd Unit 4, STONEY CREEK, ON, L8E 5E3
(905) 643-5560   SIC 3822
HONEYWELL LIMITED   p 867
1500 Fairburn St, SUDBURY, ON, P3A 1N7
(705) 566-6730   SIC 3822
HONEYWELL LIMITED   p 966
3096 Devon Dr Suite 1, WINDSOR, ON, N8X 4L2
(519) 250-2000   SIC 3822
HONEYWELL LIMITED   p 1057
2100 52e Av, LACHINE, QC, H8T 2Y5
(514) 422-3400   SIC 3822
HONEYWELL LIMITED   p 1153
2366 Rue Galvani Bureau 4, Quebec, QC, G1N 4G4
(418) 688-8320   SIC 3822
HONORABLE EARL ROWE PUBLIC SCHOOL   p 509
See SIMCOE COUNTY DISTRICT SCHOOL BOARD, THE
HOOD LOGGING EQUIPMENT CANADA INCORPORATED   p 878
Gd Stn Csc, THUNDER BAY, ON, P7B 5E6
(807) 939-2641   SIC 5082
HOOD PACKAGING CORPORATION   p 18
5615 44 St Se, CALGARY, AB, T2C 1V2
(403) 236-8900   SIC 2674
HOOD PACKAGING CORPORATION   p 28
1222 34 Ave Se, CALGARY, AB, T2G 1V7
(403) 287-0450   SIC 2673
HOOD PACKAGING CORPORATION   p 540
2380 Mcdowell Rd, BURLINGTON, ON, L7R 4A1
(905) 637-5611   SIC 2674
HOOD PACKAGING CORPORATION   p 603
364 Massey Rd, GUELPH, ON, N1K 1C4
(519) 821-2570   SIC 2674
HOOD PACKAGING CORPORATION p 1031
15 Rue David-Swan, EAST ANGUS, QC, J0B 1R0
(819) 832-4971   SIC 2674
HOOD PACKAGING CORPORATION p 1215
4755 Boul Des Grandes-Prairies, SAINT-LEONARD, QC, H1R 1A6
(514) 323-4517   SIC 2673
HOOD TECH   p 161
See HOOD TECHNICAL CONSULTANTS LTD
HOOD TECHNICAL CONSULTANTS LTD   p 161
150 Chippewa Rd Suite 258, SHERWOOD PARK, AB, T8A 6A2
(780) 416-4663   SIC 8711
HOOPER-HOLMES CANADA LIMITED   p 846
1059 Mcnicoll Ave, SCARBOROUGH, ON, M1W 3W6
(416) 493-2800   SIC 6411
HOOPER-HOLMES CANADA LIMITED   p 1148
1900 Av Mailloux Bureau 270, Quebec, QC, G1J 5B9
(418) 661-7776   SIC 6411
HOOVER ENTERPRISES INC   p 882
81 Lincoln St, TILLSONBURG, ON, N4G 5Y4
(519) 842-2890   SIC 3441
HOP CITY BREWING CO   p 418
See MOOSEHEAD BREWERIES LIMITED
HOPE AND DISTRICT RECREATION AND CULTURAL SERVICES   p 217
See FRASER VALLEY REGIONAL DISTRICT

HOPE DISTRIBUTION & SALES INC   p 255
2125 Hawkins St Suite 609, PORT COQUITLAM, BC, V3B 0G6
(604) 468-6951   SIC 5311
HOPE HARBOUR HOME   p 641
See RAY OF HOPE INC
HOPE MISSION SOCIETY   p 83
10336 114 St Nw, EDMONTON, AB, T5K 1S3
(780) 453-3877   SIC 8399
HOPE SECONDARY SCHOOL   p 217
See SCHOOL DISTRICT 78
HOPEGREYBRUCE MENTAL HEALTH AND ADDICTIONS SERVICES   p 803
1101 2nd Ave E Suite 207, OWEN SOUND, ON, N4K 2J1
(519) 371-1232   SIC 8322
HOPEWELL AVENUE PUBLIC SCHOOL   p 794
See OTTAWA-CARLETON DISTRICT SCHOOL BOARD
HOPEWELL DEVELOPMENT CORPORATION   p 53
2020 4 St Sw Suite 410, CALGARY, AB, T2S 1W3
(403) 232-8821   SIC 6552
HOPEWELL LOGISTICS INC   p 511
9050 Airport Rd Suite 201, BRAMPTON, ON, L6S 6G6
(905) 458-1041   SIC 4225
HOPITAL CATHERINE BOOTH   p 1122
See GOVERNING COUNCIL OF THE SALVATION ARMY IN CANADA, THE
HOPITAL CHARLES LEMOYNE   p 1043
3120 Boul Taschereau, GREENFIELD PARK, QC, J4V 2H1
(450) 466-5000   SIC 8062
HOPITAL DE LAMEQUE   p 404
See REGIONAL HEALTH AUTHORITY A
HOPITAL DE MATTAWA HOSPITAL INC   p 679
215 Third St, MATTAWA, ON, P0H 1V0
(705) 744-5511   SIC 8062
HOPITAL DE MONTREAL POUR ENFANTS p 1117
See MCGILL UNIVERSITY HEALTH CENTRE
HOPITAL DE MONTREAL POUR ENFANTS, L'   p 1117
See MCGILL UNIVERSITY HEALTH CENTRE
HOPITAL DE VERDUN   p 1123
See CENTRE DE SANTE ET DE SERVICES SOCIAUX DU SUD-OUEST-VERDUN
HOPITAL DOUGLAS   p 1059
8550 Boul Newman, LASALLE, QC, H8N 1Y5
(514) 366-0980   SIC 8093
HOPITAL DOUGLAS   p 1258
4932 Rue Wellington, VERDUN, QC, H4G 1X6
(514) 768-2668   SIC 8742
HOPITAL JEAN-TALON   p 1092
See CENTRE DE SANTE ET DE SERVICES SOCIAUX DU COEUR-DE-L'ILE
HOPITAL JEFFERY HALE - SAINT BRIGID'S   p 1159
1250 Ch Sainte-Foy, Quebec, QC, G1S 2M6
(418) 684-5333   SIC 8621
HOPITAL L'HOTEL DIEU D'ARTHABASKA p 1259
5 Rue Des Hospitalieres, VICTORIAVILLE, QC, G6P 6N2
(819) 357-1151   SIC 8062
HOPITAL LAVAL   p 1162
See SYNDICAT DES INFIRMIERES, INHALOTHERAPEUTES ET INFIRMIERES AUXILIAIRES DE LAVAL (CSQ)
HOPITAL MARIE-CLARAC SOEURS CHARITE DE SAINTE-MARIE (1995) INC   p 1133
3530 Boul Gouin E, MONTREAL-NORD, QC, H1H 1B7

(514) 321-8800   SIC 8069
HOPITAL NOTRE-DAME DU CHUM   p 1094
See CENTRE HOSPITALIER DE L'UNIVERSITE DE MONTREAL
HOPITAL PSYCHIATRIQUE DE MALARTIC p 1075
See CENTRE DE SANTE ET DE SERVICES SOCIAUX DE LA VALLEE-DE-L'OR
HOPITAL REGIONAL DE PORTNEUF   p 1220
See CENTRE DE SANTE ET DE SERVICES SOCIAUX DE PORTNEUF
HOPITAL SAINT FRANCOIS D'ASSISE   p 1151
See CENTRE HOSPITALIER UNIVERSITAIRE DE QUEBEC
HOPITAL SAINT-LUC   p 1100
See CENTRE HOSPITALIER DE L'UNIVERSITE DE MONTREAL
HOPPER BUICK GMC   p 742
See HOPPER PONTIAC BUICK GMC
HOPPER PONTIAC BUICK GMC   p 742
550 Mckeown Ave, NORTH BAY, ON, P1B 7M2
(705) 472-3110   SIC 5511
HORACE ALLEN SCHOOL   p 70
See LIVINGSTONE RANGE SCHOOL DIVISION NO 68
HORBART FOOD EQUIPMENT GROUP CANADA   p 1057
See ITW CANADA INVESTMENTS LIMITED PARTNERSHIP
HORIBA AUTOMOTIVE TEST SYSTEMS, INC   p 771
1115 North Service Rd W, OAKVILLE, ON, L6M 2V9
(905) 827-7755   SIC 7371
HORIZON HEALTH NETWORK   p 405
See REGIONAL HEALTH AUTHORITY NB
HORIZON HOUSE OXFORD 2   p 977
See CHRISTIAN HORIZONS
HORIZON MARITIME SERVICES LTD   p 458
1459 Hollis St, HALIFAX, NS, B3J 1V1
(902) 468-2341   SIC 7361
HORIZON MEDICENTRES   p 10
See MEDICENTRES CANADA INC
HORIZON NORTH CAMP & CATERING PARTNERSHIP   p 100
5637 67 Ave Nw, EDMONTON, AB, T6B 2R8
(780) 395-7300   SIC 5812
HORIZON NORTH CAMPS & CATERING, DIV OF   p 100
See HORIZON NORTH CAMP & CATERING PARTNERSHIP
HORIZON NORTH LOGISTICS INC   p 127
10320 140 Ave Suite 102, GRANDE PRAIRIE, AB, T8V 8A4
(780) 830-5333   SIC 4731
HORIZON OIL SANDS   p 119
See CANADIAN NATURAL RESOURCES LIMITED
HORIZON PACKAGING   p 591
See COMMUNITY LIVING NORTH HALTON
HORIZON POULTRY   p 617
See MAPLE LEAF FOODS INC
HORIZON SCHOOL DIVISION NO 205   p 1266
Gd, CUDWORTH, SK, S0K 1B0
(306) 256-3411   SIC 8211
HORIZON SCHOOL DIVISION NO 205   p 1269
200 Alberta Ave E, FOAM LAKE, SK, S0A 1A0
(306) 272-3307   SIC 8211
HORIZON SCHOOL DIVISION NO 205   p 1270
509 8th Ave, HUMBOLDT, SK, S0K 2A1
(306) 682-2684   SIC 8211
HORIZON SCHOOL DIVISION NO 205   p 1271
218 1 Ave W, KELVINGTON, SK, S0A 1W0
(306) 327-4432   SIC 8211
HORIZON SCHOOL DIVISION NO 205   p

1272
24 Wexford St, LANIGAN, SK, S0K 2M0
(306) 365-2011   SIC 8211
HORIZON SCHOOL DIVISION NO 205   p 1272
40 Munster St, LANIGAN, SK, S0K 2M0
(306) 365-2830   SIC 8211
HORIZON SCHOOL DIVISION NO 205   p 1272
525 Lake Ave Hwy Suite 368, LAKE LENORE, SK, S0K 2J0
(306) 368-2333   SIC 8211
HORIZON SCHOOL DIVISION NO 205   p 1275
301 2 Ave S, MIDDLE LAKE, SK, S0K 2X0
(306) 367-2122   SIC 8211
HORIZON SCHOOL DIVISION NO 205   p 1277
301 Scott St, MUENSTER, SK, S0K 2Y0
(306) 682-4538   SIC 8211
HORIZON SCHOOL DIVISION NO 205   p 1281
200 King St, PUNNICHY, SK, S0A 3C0
(306) 835-2128   SIC 8211
HORIZON SCHOOL DIVISION NO 205   p 1281
612 6th Ave, PUNNICHY, SK, S0A 3C0
(306) 835-2140   SIC 8211
HORIZON SCHOOL DIVISION NO 205   p 1281
Gd, PUNNICHY, SK, S0A 3C0
(306) 835-2222   SIC 8211
HORIZON SCHOOL DIVISION NO 205   p 1291
517 1st Ave N, ROSE VALLEY, SK, S0E 1M0
(306) 322-2341   SIC 8211
HORIZON SCHOOL DIVISION NO 205   p 1306
205 2nd St, ST LOUIS, SK, S0J 2C0
(306) 422-8511   SIC 8211
HORIZON SCHOOL DIVISION NO 205   p 1306
321 Mountain St, STRASBOURG, SK, S0G 4V0
(306) 725-3441   SIC 8211
HORIZON SCHOOL DIVISION NO 205   p 1308
202 6th Ave E, WATROUS, SK, S0K 4T0
(306) 946-3309   SIC 8211
HORIZON SCHOOL DIVISION NO 205   p 1308
318 Main St N, WADENA, SK, S0A 4J0
(306) 338-2455   SIC 8211
HORIZON SCHOOL DIVISION NO 205   p 1308
602 Main St, WATROUS, SK, S0K 4T0
(306) 946-3366   SIC 8211
HORIZON SCHOOL DIVISION NO 205   p 1308
621 6th St Ne, WADENA, SK, S0A 4J0
(306) 338-2235   SIC 8211
HORIZON SCHOOL DIVISION NO 205   p 1308
Gd, WAKAW, SK, S0K 4P0
(306) 233-4683   SIC 8211
HORIZONS ACTIVE DIVERSIFIED INCOME ETF INC   p 909
26 Wellington St E Suite 700, TORONTO, ON, M5E 1S2
(416) 933-5745   SIC 8742
HORIZONS FOR YOUTH   p 934
See CORPORATION OF THE CITY OF TORONTO
HORNBY ISLAND CO OP STORE   p 217
See CANADA POST CORPORATION
HORNBY STREET (VANCOUVER) RESTAURANTS LTD   p 307
595 Hornby St Suite 600, VANCOUVER, BC, V6C 2E8
(604) 687-4044   SIC 5812
HORNEPAYNE COMMUNITY HOSPITAL   p 619
278 Front St, HORNEPAYNE, ON, P0M 1Z0
(807) 868-2061   SIC 8062

HORNEPAYNE PUBLIC SCHOOL p 619
See ALGOMA DISTRICT SCHOOL BOARD
HORNEPAYNE ROMAN CATHOLIC SEPARATE SCHOOL BOARD p 619
59 Neesomadina, HORNEPAYNE, ON, P0M 1Z0
SIC 8211

HORSESHOE VALLEY LIMITED PARTNERSHIP p 494
1101 Horseshoe Valley Rd, BARRIE, ON, L4M 4Y8
(705) 835-2790   SIC 7011

HORTON CBI, LIMITED p 123
55116 Hwy 825, FORT SASKATCHEWAN, AB, T8L 2T4
(780) 998-2800   SIC 1791

HORTON CBI, LIMITED p 161
261 Seneca Rd, SHERWOOD PARK, AB, T8A 4G6
(780) 410-2760   SIC 1791

HORTON CBI, LIMITED p 735
4342 Queen St Suite 3, NIAGARA FALLS, ON, L2E 7J7
SIC 1791

HORTON CBI, LIMITED p 739
303 Townline Rd Suite 100, NIAGARA ON THE LAKE, ON, L0S 1J0
(905) 684-0012   SIC 5051

HORTON DISTRIBUTION SERVICES INC p 85
14566 Yellowhead Trail Nw, EDMONTON, AB, T5L 3C5
SIC 4731

HORTON HIGH SCHOOL p 479
See ANNAPOLIS VALLEY REGIONAL SCHOOL BOARD

HORTON TRADING LTD p 329
755 Hillside Ave Suite 100, VICTORIA, BC, V8T 5B3
(250) 383-2226   SIC 7374

HOSKIN SCIENTIFIC LIMITED p 1205
300 Rue Stinson, SAINT-LAURENT, QC, H4N 2E7
(514) 735-5267   SIC 5049

HOSKINS FORD SALES LTD p 278
3146 16 Hwy E Rr 6, SMITHERS, BC, V0J 2N6
(250) 847-2241   SIC 5511

HOSPICE CALGARY SOCIETY p 31
1245 70 Ave Se, CALGARY, AB, T2H 2X8
(403) 206-9938   SIC 8069

HOSPITAL ACTIVITY BOOK FOR CHILDREN p 80
10104 103 Ave Nw Suite 925, EDMONTON, AB, T5J 0H8
(780) 425-5335   SIC 2741

HOSPITAL CHISASIBI p 1261
2 Rue Tahktachun Neskanu, WASKAGANISH, QC, J0M 1R0
(819) 895-8833   SIC 8011

HOSPITAL HOTEL DIEU ST JOJEPH DE SAINT QUENTIN p 419
See VITALITE HEALTH NETWORK

HOSPITAL JEFFERY HALE p 1159
See HOPITAL JEFFERY HALE - SAINT BRIGID'S

HOSPITALITE R.D. (AEROPORT) INC p 1212
6600 Ch De La Cote-De-Liesse, SAINT-LAURENT, QC, H4T 1E3
(514) 270-7000   SIC 7011

HOSPITALITY DESIGNS p 272
See VERY JAZZROO ENTERPRISES INCORPORATED

HOSTELERIE PARC DES BRAVES p 1158
See CAPITALE IMMOBILIERE MFQ INC, LA

HOSTELLERIE AU COEUR DU BOURG p 1147
See CAPITALE IMMOBILIERE MFQ INC, LA

HOSTELLERIE LES TROIS TILLEULS INC p 1217

290 Rue Richelieu, SAINT-MARC-SUR-RICHELIEU, QC, J0L 2E0
(514) 856-7787   SIC 5812

HOSTESS FRITO LAY CANADA p 418
See PEPSICO CANADA ULC

HOSTESS FRITO LAY CANADA, DIV OF p 715
See PEPSICO CANADA ULC

HOSTESS FRITO-LAY p 137
See PEPSICO CANADA ULC

HOSTESS FRITO-LAY p 170
See PEPSICO CANADA ULC

HOSTESS FRITO-LAY p 387
See PEPSICO CANADA ULC

HOT 103 p 374
See BELL MEDIA INC

HOT 1055 p 981
See NEWCAP INC

HOT 89 9 FM CIHT p 727
See NEWCAP RADIO OTTAWA

HOT BANANA SOFTWARE INC p 497
12 Fairview Rd Suite 201, BARRIE, ON, L4N 4P3
SIC 7372

HOT BELLY MAMAS p 808
380 George St N, PETERBOROUGH, ON, K9H 3R3
(705) 745-3544   SIC 5812

HOT HOUSE RESTAURANT AND BAR p 909
35 Church St, TORONTO, ON, M5E 1T3
(416) 366-7800   SIC 5812

HOTEL & GOLF MARIGOT INC p 1147
7900 Rue Du Marigot, Quebec, QC, G1G 6T8
(418) 627-8008   SIC 7011

HOTEL & SUITES LE DAUPHIN p 1030
See IMMEUBLES J.C. MILOT INC, LES

HOTEL 550 WELLINGTON GP LTD p 929
550 Wellington St W, TORONTO, ON, M5V 2V4
(416) 640-7778   SIC 7011

HOTEL ARTS p 50
See 1504953 ALBERTA LTD

HOTEL AUBERGE UNIVERSEL MONTREAL p 1088
See 2990181 CANADA INC

HOTEL BERNIERES INC p 1218
535 Rue De L'arena, SAINT-NICOLAS, QC, G7A 1C9
(418) 831-3119   SIC 7011

HOTEL CHARTRAND & FILS INC p 1214
1897 Ch Sainte-Angelique, SAINT-LAZARE, QC, J7T 2Y2
(450) 455-3544   SIC 5813

HOTEL CHATEAU LAURIER QUEBEC p 1157
See COGIRES INC

HOTEL CHATEAU MONT-SAINTE-ANNE p 996
See CHATEAU MONT-SAINTE-ANNE INC

HOTEL CHATEAU ROBERVAL p 1175
See 3092-4435 QUEBEC INC

HOTEL CHIBOUGAMAU 1993 ENR p 1012
See 156307 CANADA INC

HOTEL CLARENDON p 1158
See SOCIETE DE GESTION CAP-AUX-PIERRES INC

HOTEL CLASSIQUE p 1159
See 9102-8001 QUEBEC INC

HOTEL DE LA MONTAGNE THURSDAY'S p 1116
See RESTAURANT & BAR THURSDAY INC

HOTEL DES ESKERS INC p 988
201 Av Authier, AMOS, QC, J9T 1W1
(819) 732-5386   SIC 7011

HOTEL DIEU HEALTH SCIENCES HOSPITAL, NIAGARA p 854
155 Ontario St, ST CATHARINES, ON, L2R 5K2
SIC 8062

HOTEL DU CAPITOLE p 1156

See CAPITOLE DE QUEBEC INC, LE
HOTEL DU PARLEMENT A QUEBEC p 1145
See GOUVERNEMENT DE LA PROVINCE DE QUEBEC

HOTEL DU SOMMET p 1254
See HOTEL FAR HILLS LTEE

HOTEL EMBASSY SUITES p 1101
See AQUILINI GROUP PROPERTIES LIMITED PARTNERSHIP

HOTEL EUROPA INC p 1116
1240 Rue Drummond, Montreal, QC, H3G 1V7
(514) 866-6492   SIC 7011

HOTEL FAR HILLS LTEE p 1254
3399 Rue Du Far Hills Inn, VAL-MORIN, QC, J0T 2R0
(819) 322-2014   SIC 7011

HOTEL FORESTEL VAL-D'OR INC p 1253
1001 3e Av, VAL-D'OR, QC, J9P 1T4
(819) 825-5660   SIC 7011

HOTEL GOUVERNEUR p 1095
See GOUVERNEUR INC

HOTEL GOUVERNEUR p 1177
See 2968-5278 QUEBEC INC

HOTEL GOUVERNEUR DE RIMOUSKI p 1173
See GOUVERNEUR INC

HOTEL GOUVERNEUR LE NORANDA p 1177
See GOUVERNEUR INC

HOTEL GRAND PACIFIC p 330
See P SUN'S ENTERPRISES (VANCOUVER) LTD

HOTEL INTER-CONTINENTAL (MONTREAL) p 1102
See CORPORATION DES HOTELS INTER-CONTINENTAL (MONTREAL), LA

HOTEL LA FERME p 995
See FERME AMBROISE-FAFARD INC

HOTEL LE DAUPHIN p 1029
See 2316-7240 QUEBEC INC

HOTEL LE GERMAIN p 1106
See GROUPE GERMAIN INC

HOTEL LE GERMAIN p 1159
See GROUPE GERMAIN INC

HOTEL LE GERMAIN IN TORONTO p 929
See GROUPE GERMAIN INC

HOTEL LE MANOIR, L' p 993
See 2159-2993 QUEBEC INC

HOTEL LINDBERGH p 1159
See 9101-8713 QUEBEC INC

HOTEL MARYSTOWN p 429
See CITY HOTELS LIMITED

HOTEL MORTAGNE p 1002
See 9164-2033 QUEBEC INC

HOTEL MOTEL UNIVERSEL p 987
See 3098-6145 QUEBEC INC

HOTEL MOUNT PEARL p 429
See BROWNINGS HOLDINGS LTD

HOTEL NEWFOUNDLAND (1982) p 435
Cavendish Sq, ST. JOHN'S, NL, A1C 5W8
(709) 726-4980   SIC 7011

HOTEL OMNI MONT-ROYAL p 1104
See 3025235 NOVA SCOTIA ULC

HOTEL PALACE ROYAL INC p 1157
775 Av Honore-Mercier, Quebec, QC, G1R 6A5
(418) 694-2000   SIC 7011

HOTEL PLACE D'ARMES p 1102
See HOTEL PLACE D'ARMES (MONTREAL) INC

HOTEL PLACE D'ARMES (MONTREAL) INC p 1102
55 Rue Saint-Jacques Unite 300, Montreal, QC, H2Y 1K9
(514) 842-1887   SIC 7011

HOTEL PLAZA p 1159
See 3089-3242 QUEBEC INC

HOTEL QUEBEC INN p 1166
See IMMEUBLES JACQUES ROBITAILLE INC, LES

HOTEL QUEBEC, L p 1162
See IMMEUBLES JACQUES ROBITAILLE INC, LES

HOTEL QUINTESSENCE p 1083
See GESTION HOTEL QUINTESSENCE INC

HOTEL RAMADA p 1211
See 3529495 CANADA INC

HOTEL RUBY FOO'S INC p 1125
7655 Boul Decarie, Montreal, QC, H4P 2H2
(514) 731-7701   SIC 7011

HOTEL SACACOMIE p 1179
See AUBERGE DU LAC SACACOMIE INC

HOTEL SASKATCHEWAN (1990) LTD p 304
1118 Homer St Suite 425, VANCOUVER, BC, V6B 6L5
(604) 688-8291   SIC 7011

HOTEL SHERATON LAVAL p 1020
See GROUPE HOTELIER GRAND CHATEAU INC

HOTEL ST-PAUL DE MONTREAL INC p 1102
355 Rue Mcgill, Montreal, QC, H2Y 2E8
(514) 380-2220   SIC 7011

HOTEL ST. JOHN'S p 433
See CITY HOTELS LIMITED

HOTEL TADOUSSAC p 1243
See 1006823 BC LTD

HOTEL VALLEE DES FORTS INC p 1199
725 Boul Du Seminaire N, SAINT-JEAN-SUR-RICHELIEU, QC, J3B 8H1
(450) 348-7376   SIC 7011

HOTEL W MONTREAL p 1104
See SOCIETE EN COMMANDITE 901 SQUARE VICTORIA

HOTELS COTE-DE-LIESSE INC p 1126
6500 Ch De La Cote-De-Liesse, MONTREAL, QC, H4T 1E3
(514) 739-6440   SIC 7011

HOTELS OF ISLINGTON LIMITED p 582
2180 Islington Ave, ETOBICOKE, ON, M9P 3P1
(416) 240-9090   SIC 7011

HOTHEAD GAMES INC p 314
1555 Pender St W, VANCOUVER, BC, V6G 2T1
(604) 605-0018   SIC 7371

HOTTE AUTOMOBILE INC p 618
640 Main St W, HAWKESBURY, ON, K6A 2J3
(613) 632-1159   SIC 5511

HOTTE FORD p 618
See HOTTE AUTOMOBILE INC

HOUDE, WILLIAM LTEE p 1222
8 3e Rang O, SAINT-SIMON-DE-BAGOT, QC, J0H 1Y0
(450) 798-2002   SIC 2874

HOUGHTAM ENTERPRISES p 368
1225 St Mary's Rd Suite 49, WINNIPEG, MB, R2M 5E5
(204) 257-1132   SIC 5812

HOULE ELECTRIC LIMITED p 193
5050 North Fraser Way, BURNABY, BC, V5J 0H1
(604) 434-2681   SIC 1731

HOULE ELECTRIC LIMITED p 275
2661 Keating Crossroad Suite 300 A, SAANICHTON, BC, V8M 2A5
(250) 388-5665   SIC 1731

HOUSE INC, THE p 755
620 Supertest Rd Unit 9, NORTH YORK, ON, M3J 2M5
SIC 5136

HOUSEHOLD MOVERS AND SHIPPERS LIMITED p 429
19 Clyde Ave, MOUNT PEARL, NL, A1N 4R8
(709) 747-4222   SIC 4212

HOUSING SERVICES INC p 757
35 Carl Hall Rd Suite 1, NORTH YORK, ON, M3K 2B6
(416) 921-3625   SIC 8741

HOUSTON PIZZA RESTAURANT LTD p 1289
3422 Hill Ave, REGINA, SK, S4S 0W9
(306) 584-0888   SIC 5812

BUSINESSES ALPHABETICALLY   HSBC BANK CANADA   3401

HOUSTON SECONDARY SCHOOL *p 217*
See SMITHERS SCHOOL BOARD DISTRICT #54 (BULKLEY VALLEY)
HOUSTON VAUDREUIL *p 1256*
See 10052787 CANADA INC
HOV SERVICES *p 1205*
See LASON CANADA COMPANY
HOWARD COAD SCHOOL *p 1299*
See BOARD OF EDUCATION OF SASKATOON SCHOOL DIVISION NO. 13 OF SASKATCHEWAN, THE
HOWARD DE BECK ELEMENTARY SCHOOL *p 271*
See BOARD OF EDUCATION SCHOOL DISTRICT #38 (RICHMOND)
HOWARD JOHNSON *p 322*
See WESTBERG HOLDINGS INC
HOWARD JOHNSON HARBOURSIDE HOTEL *p 239*
See 490892 B.C. LTD
HOWARD JOHNSON HOTEL *p 315*
See AIRLINER MOTOR HOTEL (1972) LTD
HOWARD JOHNSON HOTELS & SUITES *p 334*
4670 Elk Lake Dr, VICTORIA, BC, V8Z 5M1
(250) 658-8989   SIC 7011
HOWARD JOHNSON PLAZA *p 870*
See NORTHBURY HOTEL LIMITED
HOWARD JOHNSON SCARBOROUGH *p 835*
See 1694863 ONTARIO INC
HOWARD JR PUBLIC SCHOOL *p 939*
See TORONTO DISTRICT SCHOOL BOARD
HOWARD ROBERTSON PUBLIC SCHOOL *p 637*
See WATERLOO REGION DISTRICT SCHOOL BOARD
HOWARD, R. A. BUS SERVICE LIMITED *p 490*
31 Henry St, ATHENS, ON, K0E 1B0
(613) 924-2720   SIC 4151
HOWATT WAYNE F *p 458*
1801 Hollis St Unit 1800, HALIFAX, NS, B3J 3N4
(902) 423-6361   SIC 8111
HOWCO GROUP CANADA LTD *p 100*
7504 52 St Nw, EDMONTON, AB, T6B 2G3
(780) 439-6746   SIC 5051
HOWDEN RECREATION CENTRE *p 511*
See CORPORATION OF THE CITY OF BRAMPTON, THE
HOWE PRECISION INDUSTRIAL INC *p 253*
11718 Harris Rd, PITT MEADOWS, BC, V3Y 1Y6
(604) 460-2892   SIC 3823
HOWE SOUND SECONDARY *p 279*
See SCHOOL DISTRICT NO. 48 (HOWE SOUND)
HOWELL PIPE & SUPPLY, DIV OF *p 592*
See HOWELL PLUMBING SUPPLIES DASCO LIMITED
HOWELL PLUMBING SUPPLIES DASCO LIMITED *p 592*
11 Armstrong Ave, GEORGETOWN, ON, L7G 4S1
(905) 877-2293   SIC 5085
HOWSON & HOWSON LIMITED *p 505*
232 Westmoreland St, BLYTH, ON, N0M 1H0
(519) 523-4241   SIC 2041
HOWSON MILLS *p 505*
See HOWSON & HOWSON LIMITED
HOWSON TATTERSALL INVESTMENT COUNSEL LIM *p 919*
70 University Ave Suite 1100, TORONTO, ON, M5J 2M4
SIC 6282
HOYA LENS CANADA INC *p 704*
3330 Ridgeway Dr Unit 21, MISSISSAUGA, ON, L5L 5Z9
(905) 828-3477   SIC 5049
HOYA VISION CARE, CANADA *p 704*

See HOYA LENS CANADA INC
HOYT'S MOVING & STORAGE LIMITED *p 409*
227 Henri Dunant St, MONCTON, NB, E1E 1E4
(506) 383-4698   SIC 4213
HOYT'S MOVING & STORAGE LIMITED *p 429*
129 Clyde Ave, MOUNT PEARL, NL, A1N 4R9
(709) 368-2145   SIC 4213
HOYT'S MOVING & STORAGE LIMITED *p 468*
193 Marshall St, MIDDLETON, NS, B0S 1P0
(902) 825-6434   SIC 4212
HOYT'S MOVING AND STORAGE *p 460*
See HOYT'S SPECIALIZED TRANSPORTATION GROUP OF COMPANIES INC
HOYT'S SPECIALIZED TRANSPORTATION GROUP OF COMPANIES INC *p 460*
Gd, HALIFAX, NS, B3K 5M7
(902) 876-8202   SIC 4214
HPS *p 134*
See HELICAL PIER SYSTEMS LTD
HPS *p 600*
See HAMMOND POWER SOLUTIONS INC
HQ A MEMBER OF THE REGUS GROUP *p 48*
See RGN ONTARIO LIMITED PARTNERSHIP
HRC CANADA INC *p 906*
279 Yonge St, TORONTO, ON, M5B 1N8
(416) 362-3636   SIC 5813
HRC CANADA INC *p 1116*
1458 Rue Crescent, Montreal, QC, H3G 2B6
SIC 5812
HRC CARE SOCIETY *p 288*
1653 140 St, SURREY, BC, V4A 4H1
(604) 538-5291   SIC 8322
HRDOWNLOADS INC *p 655*
195 Dufferin Ave Suite 500, LONDON, ON, N6A 1K7
(519) 438-9763   SIC 8999
HRG AMERIQUE DU NORD *p 1106*
See HOGG ROBINSON CANADA INC
HRG NORTH AMERICA *p 929*
See HOGG ROBINSON CANADA INC
HSB BI&I *p 913*
See BOILER INSPECTION AND INSURANCE COMPANY OF CANADA, THE
HSBC *p 187*
See HSBC BANK CANADA
HSBC *p 191*
See HSBC BANK CANADA
HSBC *p 244*
See HSBC BANK CANADA
HSBC *p 252*
See HSBC BANK CANADA
HSBC *p 271*
See HSBC BANK CANADA
HSBC *p 283*
See HSBC BANK CANADA
HSBC *p 298*
See HSBC BANK CANADA
HSBC *p 314*
See HSBC BANK CANADA
HSBC *p 318*
See HSBC BANK CANADA
HSBC *p 919*
See HSBC SECURITIES (CANADA) INC
HSBC BANK CANADA *p 28*
111 3 Ave Se Suite 212, CALGARY, AB, T2G 0B7
(403) 233-8303   SIC 6021
HSBC BANK CANADA *p 45*
407 8 Ave Sw, CALGARY, AB, T2P 1E5
(403) 261-8910   SIC 6021
HSBC BANK CANADA *p 80*
10250 101 St Nw Suite 1530, EDMONTON, AB, T5J 3P4
(780) 428-1144   SIC 6021
HSBC BANK CANADA *p 80*
10561 Jasper Ave Nw, EDMONTON, AB, T5J 1Z4

(780) 423-3563   SIC 6021
HSBC BANK CANADA *p 187*
4106 Hastings St, BURNABY, BC, V5C 2J4
(604) 294-9431   SIC 6021
HSBC BANK CANADA *p 189*
3555 Gilmore Way Suite 300, BURNABY, BC, V5G 4S1
(604) 273-1961   SIC 6021
HSBC BANK CANADA *p 189*
3555 Gilmore Way Suite 399, BURNABY, BC, V5G 4S1
(604) 216-2270   SIC 6162
HSBC BANK CANADA *p 191*
5210 Kingsway, BURNABY, BC, V5H 2E9
(604) 438-6411   SIC 6021
HSBC BANK CANADA *p 194*
1000 Shoppers Row, CAMPBELL RIVER, BC, V9W 2C6
(250) 286-0011   SIC 6021
HSBC BANK CANADA *p 197*
9345 Main St, CHILLIWACK, BC, V2P 4M3
(604) 795-9181   SIC 6021
HSBC BANK CANADA *p 202*
405 North Rd Suite 1, COQUITLAM, BC, V3K 3V9
(604) 939-8366   SIC 6021
HSBC BANK CANADA *p 205*
928 Baker St, CRANBROOK, BC, V1C 1A5
(250) 426-7221   SIC 6021
HSBC BANK CANADA *p 226*
1950 Cooper Rd, KELOWNA, BC, V1Y 8K5
(250) 762-2811   SIC 6021
HSBC BANK CANADA *p 226*
384 Bernard Ave, KELOWNA, BC, V1Y 6N5
(250) 763-3939   SIC 6021
HSBC BANK CANADA *p 232*
20045 Langley Bypass, LANGLEY, BC, V3A 8R6
(604) 530-5331   SIC 6021
HSBC BANK CANADA *p 236*
11955 224 St, MAPLE RIDGE, BC, V2X 6B4
(604) 467-1131   SIC 6021
HSBC BANK CANADA *p 241*
6551 Aulds Rd Suite 101, NANAIMO, BC, V9T 6K2
(250) 390-0668   SIC 6021
HSBC BANK CANADA *p 244*
504 Sixth St, NEW WESTMINSTER, BC, V3L 3B4
(604) 524-9751   SIC 6021
HSBC BANK CANADA *p 252*
201 Main St, PENTICTON, BC, V2A 5B1
(250) 492-2704   SIC 6021
HSBC BANK CANADA *p 255*
2755 Lougheed Hwy Suite 41, PORT COQUITLAM, BC, V3B 5Y9
(604) 464-6444   SIC 6021
HSBC BANK CANADA *p 259*
299 Victoria St Unit 110, PRINCE GEORGE, BC, V2L 5B8
(250) 564-9800   SIC 6021
HSBC BANK CANADA *p 269*
4380 No. 3 Rd Suite 1010, RICHMOND, BC, V6X 3V7
(604) 270-8711   SIC 6021
HSBC BANK CANADA *p 271*
6168 No. 3 Rd, RICHMOND, BC, V6Y 2B3
(604) 276-8700   SIC 6021
HSBC BANK CANADA *p 283*
10012 King George Blvd, SURREY, BC, V3T 2W4
(604) 581-5281   SIC 8742
HSBC BANK CANADA *p 283*
10388 City Pky, SURREY, BC, V3T 4Y8
(604) 584-1371   SIC 6021
HSBC BANK CANADA *p 296*
3366 Kingsway, VANCOUVER, BC, V5R 5L2
(604) 430-3261   SIC 6082
HSBC BANK CANADA *p 298*
6373 Fraser St, VANCOUVER, BC, V5W 3A3
(604) 324-2481   SIC 6021
HSBC BANK CANADA *p 300*
5812 Cambie St, VANCOUVER, BC, V5Z

3A8
(604) 325-1868   SIC 6021
HSBC BANK CANADA *p 302*
1295 Napier St, VANCOUVER, BC, V6A 2H7
SIC 6021
HSBC BANK CANADA *p 302*
601 Main St, VANCOUVER, BC, V6A 2V4
(604) 668-4682   SIC 6011
HSBC BANK CANADA *p 304*
401 W Georgia St Suite 1300, VANCOUVER, BC, V6B 5A1
(604) 668-4682   SIC 8742
HSBC BANK CANADA *p 307*
885 Georgia St W, VANCOUVER, BC, V6C 3G1
(604) 685-1000   SIC 6021
HSBC BANK CANADA *p 307*
885 Georgia St W Suite 620, VANCOUVER, BC, V6C 3E8
(604) 641-1122   SIC 6021
HSBC BANK CANADA *p 307*
888 Dunsmuir St Suite 900, VANCOUVER, BC, V6C 3K4
(604) 641-1893   SIC 6021
HSBC BANK CANADA *p 311*
1188 Georgia St W Suite 108, VANCOUVER, BC, V6E 4A2
(604) 687-7441   SIC 6021
HSBC BANK CANADA *p 314*
1010 Denman St, VANCOUVER, BC, V6G 2M5
(604) 683-8189   SIC 6021
HSBC BANK CANADA *p 318*
2164 41st Ave W, VANCOUVER, BC, V6M 1Z1
(604) 261-4251   SIC 6021
HSBC BANK CANADA *p 318*
8118 Granville St, VANCOUVER, BC, V6P 4Z4
(604) 266-8087   SIC 6021
HSBC BANK CANADA *p 319*
4480 10th Ave W, VANCOUVER, BC, V6R 2H9
(604) 228-1421   SIC 6021
HSBC BANK CANADA *p 326*
3321 30 Ave, VERNON, BC, V1T 2C9
(250) 503-5888   SIC 6021
HSBC BANK CANADA *p 331*
752 Fort St, VICTORIA, BC, V8W 1H2
(250) 388-5511   SIC 6021
HSBC BANK CANADA *p 332*
771 Vernon Ave Suite 100, VICTORIA, BC, V8X 5A7
(250) 388-6465   SIC 6021
HSBC BANK CANADA *p 378*
330 St Mary Ave Suite 110, WINNIPEG, MB, R3C 3Z5
(204) 956-1632   SIC 6021
HSBC BANK CANADA *p 524*
11670 Hurontario St Unit 2, BRAMPTON, ON, L7A 1R2
SIC 6141
HSBC BANK CANADA *p 609*
40 King St E, HAMILTON, ON, L8N 1A3
(905) 525-8730   SIC 6021
HSBC BANK CANADA *p 672*
19 Allstate Pky Suite 2, MARKHAM, ON, L3R 5A4
(905) 415-4723   SIC 6021
HSBC BANK CANADA *p 672*
3000 Steeles Ave E, MARKHAM, ON, L3R 4T9
(905) 475-3777   SIC 6021
HSBC BANK CANADA *p 672*
4390 Steeles Ave E, MARKHAM, ON, L3R 9V7
(905) 513-8801   SIC 6021
HSBC BANK CANADA *p 693*
888 Dundas St E, MISSISSAUGA, ON, L4Y 4G6
(905) 277-5300   SIC 6021
HSBC BANK CANADA *p 705*
1675 The Chase Suite 18, MISSISSAUGA,

▲ Public Company   ■ Public Company Family Member   HQ Headquarters   BR Branch   SL Single Location

ON, L5M 5Y7
(905) 608-0115   SIC 6021
HSBC BANK CANADA
3640 Victoria Park Ave Suite 301, NORTH YORK, ON, M2H 3B2
(416) 756-2333   SIC 6021
HSBC BANK CANADA p 791
131 Queen St, OTTAWA, ON, K1P 0A1
(613) 238-3331   SIC 6021
HSBC BANK CANADA p 791
30 Metcalfe St, OTTAWA, ON, K1P 5L4
(613) 238-3331   SIC 6099
HSBC BANK CANADA p 820
330 Highway 7 E Suite 111, RICHMOND HILL, ON, L4B 3P8
(905) 881-7007   SIC 6021
HSBC BANK CANADA p 828
889 Exmouth St Unit 5, SARNIA, ON, N7T 5R3
SIC 6141
HSBC BANK CANADA p 838
1940 Eglinton Ave E Suite 1, SCARBOROUGH, ON, M1L 4R1
(416) 752-8910   SIC 6021
HSBC BANK CANADA p 843
4438 Sheppard Ave E Suite 102a, SCARBOROUGH, ON, M1S 5V9
(416) 291-5717   SIC 6021
HSBC BANK CANADA p 845
15 Milliken Blvd, SCARBOROUGH, ON, M1V 1V3
(416) 321-8017   SIC 6021
HSBC BANK CANADA p 919
70 York St Suite 800, TORONTO, ON, M5J 1S9
(416) 868-8000   SIC 6021
HSBC BANK CANADA p 926
150 Bloor St W Suite 116, TORONTO, ON, M5S 2X9
(416) 968-7622   SIC 6021
HSBC BANK CANADA p 927
222 Spadina Ave Unite 101, TORONTO, ON, M5T 3B3
(416) 348-8888   SIC 6021
HSBC BANK CANADA p 927
421 Dundas St W, TORONTO, ON, M5T 2W4
(416) 598-3982   SIC 6021
HSBC BANK CANADA p 1020
3030 Boul Le Carrefour Bureau 100, Cote Saint-Luc, QC, H7T 2P5
(450) 687-6920   SIC 6021
HSBC BANK CANADA p 1106
2001 Av Mcgill College Bureau 160, Montreal, QC, H3A 1G1
(514) 288-8858   SIC 6021
HSBC BANK CANADA p 1124
8999 Boul De L'acadie, Montreal, QC, H4N 3K1
(514) 381-8566   SIC 6021
HSBC BANK CANADA p 1142
1000 Boul Saint-Jean Bureau 110, POINTE-CLAIRE, QC, H9R 5P1
(514) 697-8831   SIC 6021
HSBC BANK CANADA p 1296
321 21st St E Suite 200, SASKATOON, SK, S7K 0C1
(306) 244-2331   SIC 6021
HSBC CAPITAL (CANADA) INC p 307
885 Georgia St W Suite 1100, VANCOUVER, BC, V6C 3E8
(604) 631-8088   SIC 6211
HSBC FINANCE p 524
See HSBC BANK CANADA
HSBC GLOBAL ASSET MANGEMENT (CANADA) LIMITED p 311
1066 Hastings St W, VANCOUVER, BC, V6E 3X1
(604) 257-1000   SIC 6282
HSBC INVESTDIRECT p 919
See HSBC SECURITIES (CANADA) INC
HSBC INVESTMENT FUNDS (CANADA) INC. p 311
1066 Hastings St W Suite 1900, VANCOUVER, BC, V6E 3X1
(604) 257-1090   SIC 6282
HSBC RETAIL SERVICES LIMITED p 751
101 Duncan Mill Rd Suite 500, NORTH YORK, ON, M3B 1Z3
(416) 443-3600   SIC 6153
HSBC SECURITIES p 791
See HSBC BANK CANADA
HSBC SECURITIES (CANADA) INC p 45
407 8 Ave Sw Suite 800, CALGARY, AB, T2P 1E5
(403) 218-3838   SIC 6211
HSBC SECURITIES (CANADA) INC p 791
50 O'corner St Suit 1602, OTTAWA, ON, K1P 6L2
(613) 236-0103   SIC 6211
HSBC SECURITIES (CANADA) INC p 919
70 York St, TORONTO, ON, M5J 1S9
(416) 947-2700   SIC 6211
HSBC SECURITIES (CANADA) INC p 919
70 York St Suite 800, TORONTO, ON, M5J 1S9
(416) 868-8000   SIC 6211
HSBC SECURITIES (CANADA) INC p 1106
2001 Av Mcgill College Bureau 300, Montreal, QC, H3A 1G1
(514) 393-6071   SIC 6211
HSC MONTREAL p 1120
See CORPORATION DE L'ECOLE DES HAUTES ETUDES COMMERCIALES DE MONTREAL, LA
HSI SOLUTIONS p 757
See HOUSING SERVICES INC
HTS ENGINEERING LTD p 800
1646 Woodward Dr, OTTAWA, ON, K2C 3R8
(613) 728-7400   SIC 5075
HU-A-KAM ENTERPRISES INC p 893
1787 Bayview Ave, TORONTO, ON, M4G 3C5
(416) 292-0459   SIC 5812
HU-A-KAM ENTERPRISES INC p 897
20 Eglinton Ave E, TORONTO, ON, M4P 1A9
(416) 489-3773   SIC 5812
HU-A-KAM ENTERPRISES INC p 901
345 Bloor St E Suite 1, TORONTO, ON, M4W 3J6
(416) 967-1081   SIC 5812
HU-A-KAM ENTERPRISES INC p 903
675 Yonge St, TORONTO, ON, M4Y 2B2
(416) 413-1442   SIC 5812
HUAWEI TECHNOLOGIES CANADA p 623
303 Terry Fox Dr Suite 400, KANATA, ON, K2K 3J1
(613) 595-1900   SIC 5999
HUAWEI TECHNOLOGIES CANADA CO., LTD p 672
19 Allstate Pky, MARKHAM, ON, L3R 5A4
(905) 944-5000   SIC 4899
HUAXING MACHINERY CORP p 312
1066 Hastings St W Suite 2300, VANCOUVER, BC, V6E 3X1
(604) 601-8218   SIC 3531
HUB CANADA p 709
See HUB PARKING TECHNOLOGY CANADA LTD
HUB CITY FISHERIES p 239
See 434870 B.C. LTD
HUB CITY PAVING p 243
See LAFARGE CANADA INC
HUB FINANCIAL INC p 974
3700 Steeles Ave W Unit 1001, WOODBRIDGE, ON, L4L 8K8
(905) 264-1634   SIC 6411
HUB INTERNATIONAL INSURANCE BROKERS p 187
4350 Still Creek Dr Suite 400, BURNABY, BC, V5C 0G5
(604) 293-1481   SIC 6411
HUB INTERNATIONAL PHOENIX INSURACE BROKERS p 127
See PHOENIX INSURANCE GROUP

GRANDE PRAIRIE INC
HUB PARKING TECHNOLOGY CANADA LTD p 709
2900 Argentia Rd Suite 1, MISSISSAUGA, ON, L5N 7X9
(905) 813-1966   SIC 5065
HUBAND PARK ELEMENTARY SCHOOL p 203
See SCHOOL DISTRICT NO. 71 (COMOX VALLEY)
HUBBELL CANADA LP p 1133
4700 Rue D'amiens, MONTREAL-NORD, QC, H1H 2H8
(514) 322-3543   SIC 3644
HUBER DEVELOPMENT LTD p 216
1049 Trans Canada Hwy W, GOLDEN, BC, V0A 1H2
(250) 344-7990   SIC 7011
HUBER DEVELOPMENT LTD p 226
1675 Abbott St, KELOWNA, BC, V1Y 8S3
(250) 860-7900   SIC 7011
HUBER DEVELOPMENT LTD p 243
701 Lakeside Dr, NELSON, BC, V1L 6G3
(250) 352-7222   SIC 7011
HUBERGROUP CANADA LIMITED p 1205
425 Rue Deslauriers, SAINT-LAURENT, QC, H4N 1W2
(514) 335-2197   SIC 2893
HUBERT, GUY & ASSOCIES INC p 1020
4150 Boul Saint-Martin O, Cote Saint-Luc, QC, H7T 1C1
(450) 688-3252   SIC 5812
HUBHEAD CORP p 873
50 Minthorn Blvd Suite 500, THORNHILL, ON, L3T 7X8
(905) 707-1288   SIC 7379
HUBSCHER RIBBON CORPORATION LTD p 1057
2325 52e Av, LACHINE, QC, H8T 3C3
(514) 636-6610   SIC 2269
HUCKLEBERRY MINES LTD p 217
Gd, HOUSTON, BC, V0J 1Z0
(604) 517-4723   SIC 1021
HUDSON p 908
See HUDSON HIGHLAND GROUP SEARCH, INC
HUDSON BAY COMPOSITE HIGH SCHOOL p 1270
See NORTH EAST SCHOOL DIVISION
HUDSON BAY HEALTH CARE FACILITY p 1270
See KELSEY TRAIL REGIONAL HEALTH AUTHORITY
HUDSON BAY LODGE p 278
See F. G. M. HOLDINGS LTD
HUDSON BAY MINING AND SMELTING CO., LIMITED p 348
Gd, FLIN FLON, MB, R8A 1N9
(204) 687-2385   SIC 1021
HUDSON BAY RAILWAY COMPANY p 358
728 Bignel Ave, THE PAS, MB, R9A 1L8
(204) 627-2007   SIC 4111
HUDSON BAY REG CREDIT OFFICE p 834
See HUDSON'S BAY COMPANY
HUDSON DUFRY - EDMONTON p 117
Po Box 9898, EDMONTON, AB, T9E 0V3
(780) 890-7263   SIC 5441
HUDSON ENERGY CANADA CORP p 719
6345 Dixie Rd Suite 200, MISSISSAUGA, ON, L5T 2E6
(905) 670-4440   SIC 4911
HUDSON GENERAL AVIATION SERVICE p 454
See SWISSPORT CANADA INC
HUDSON GROUP CANADA, INC p 454
1 Bell Blvd Suite 1621, ENFIELD, NS, B2T 1K2
(902) 873-3282   SIC 5947
HUDSON HIGHLAND GROUP SEARCH, INC p 908
20 Adelaide St E Suite 401, TORONTO, ON, M5C 2T6
SIC 7361
HUDSON MANOR RETIREMENT RESIDENCE p 882
See DIVERSICARE CANADA MANAGEMENT SERVICES CO., INC
HUDSON PLATING AND COATING CO. LTD p 193
3750 North Fraser Way Suite 102, BURNABY, BC, V5J 5G1
(604) 430-8384   SIC 3479
HUDSON POWDER COATING p 193
See HUDSON PLATING AND COATING CO. LTD
HUDSON ROAD ELEMENTARY SCHOOL p 337
See BOARD OF EDUCATION OF SCHOOL DISTRICT NO. 23 (CENTRAL OKANAGAN), THE
HUDSON'S BAY HOME p 362
See HUDSON'S BAY COMPANY
HUDSON'S BAY CO p 779
See HUDSON'S BAY COMPANY
HUDSON'S BAY COMPANY p 4
125 Banff Ave, BANFF, AB, T1L 1A1
(403) 762-5525   SIC 5399
HUDSON'S BAY COMPANY p 10
2525 36 St Ne, CALGARY, AB, T1Y 5T4
(403) 261-0759   SIC 5311
HUDSON'S BAY COMPANY p 10
3333 Sunridge Way Ne, CALGARY, AB, T1Y 7H5
SIC 5311
HUDSON'S BAY COMPANY p 31
6455 Macleod Trail Sw, CALGARY, AB, T2H 0K3
(403) 255-6121   SIC 5311
HUDSON'S BAY COMPANY p 31
33 Heritage Gate Se, CALGARY, AB, T2H 3A7
(403) 538-0083   SIC 5311
HUDSON'S BAY COMPANY p 35
100 Anderson Rd Se, CALGARY, AB, T2J 3V1
(403) 278-9520   SIC 5311
HUDSON'S BAY COMPANY p 37
5111 Northland Dr Nw Suite 555, CALGARY, AB, T2L 2J8
SIC 5719
HUDSON'S BAY COMPANY p 45
200 8 Ave Sw, CALGARY, AB, T2P 1B5
(403) 262-0345   SIC 5311
HUDSON'S BAY COMPANY p 57
4916 130 Ave Se Unit 164, CALGARY, AB, T2Z 0G4
(403) 216-4033   SIC 5311
HUDSON'S BAY COMPANY p 58
3625 Shaganappi Trail Nw, CALGARY, AB, T3A 0E2
(403) 286-1220   SIC 5311
HUDSON'S BAY COMPANY p 61
3915 51 St Sw Unit 10, CALGARY, AB, T3E 6N1
(403) 685-4394   SIC 5311
HUDSON'S BAY COMPANY p 62
8888 Country Hills Blvd Nw Suite 600, CALGARY, AB, T3G 5T4
(403) 974-7100   SIC 5311
HUDSON'S BAY COMPANY p 69
312 5 Ave W Suite 24, COCHRANE, AB, T4C 2E3
SIC 5311
HUDSON'S BAY COMPANY p 75
1 Londonderry Mall Nw Unit 86, EDMONTON, AB, T5C 3C8
(780) 478-2931   SIC 5311
HUDSON'S BAY COMPANY p 76
650 Kingsway Garden Mall Nw, EDMONTON, AB, T5G 3E6
(780) 479-7100   SIC 5311
HUDSON'S BAY COMPANY p 80
220 Edmonton City Centre Nw, EDMONTON, AB, T5J 2Y9
(780) 701-0162   SIC 5651
HUDSON'S BAY COMPANY p 85
13554 137 Ave Nw, EDMONTON, AB, T5L

5E9
(780) 456-8006   SIC 5719
HUDSON'S BAY COMPANY   p 92
17531 Stony Plain Rd Nw, EDMONTON, AB, T5S 2S1
(780) 496-9354   SIC 5311
HUDSON'S BAY COMPANY   p 95
8882 170 St Nw Suite 1001, EDMONTON, AB, T5T 3J7
(780) 444-1550   SIC 5311
HUDSON'S BAY COMPANY   p 109
150 Southgate Shopping Ctr Nw, EDMONTON, AB, T6H 4M7
(780) 435-9211   SIC 5311
HUDSON'S BAY COMPANY   p 113
9738 19 Ave Nw, EDMONTON, AB, T6N 1K6
(780) 414-5850   SIC 5311
HUDSON'S BAY COMPANY   p 129
602 2 Ave W, HANNA, AB, T0J 1P0
(403) 854-5814   SIC 5311
HUDSON'S BAY COMPANY   p 138
200 4 Ave S Suite 200, LETHBRIDGE, AB, T1J 4C9
(403) 329-3131   SIC 5311
HUDSON'S BAY COMPANY   p 144
3292 Dunmore Rd Se Suite F7, MEDICINE HAT, AB, T1B 2R4
(403) 526-7888   SIC 5311
HUDSON'S BAY COMPANY   p 156
4900 Molly Bannister Dr, RED DEER, AB, T4R 1N9
(403) 347-2211   SIC 5311
HUDSON'S BAY COMPANY   p 167
375 St Albert Trail Suite 300, ST. ALBERT, AB, T8N 3K8
(780) 458-5800   SIC 5311
HUDSON'S BAY COMPANY   p 171
5001 50th Ave, VALLEYVIEW, AB, T0H 3N0
(780) 524-2500   SIC 5311
HUDSON'S BAY COMPANY   p 177
1425 Sumas Way Unit 106, ABBOTSFORD, BC, V2S 8M9
(604) 855-7506   SIC 5311
HUDSON'S BAY COMPANY   p 177
32900 South Fraser Way Suite 2, ABBOTSFORD, BC, V2S 5A1
(604) 853-7711   SIC 5311
HUDSON'S BAY COMPANY   p 191
4850 Kingsway, BURNABY, BC, V5H 4P2
(604) 436-1196   SIC 5311
HUDSON'S BAY COMPANY   p 191
4800 Kingsway Suite 118, BURNABY, BC, V5H 4J2
(604) 629-0144   SIC 5719
HUDSON'S BAY COMPANY   p 199
2929 Barnet Hwy Suite 100, COQUITLAM, BC, V3B 5R9
(604) 468-4453   SIC 5311
HUDSON'S BAY COMPANY   p 218
1320 Trans Canada Hwy W Suite 300, KAMLOOPS, BC, V1S 1J1
(250) 372-8271   SIC 5311
HUDSON'S BAY COMPANY   p 218
516 13th Ave Rr 4, INVERMERE, BC, V0A 1K0
(250) 341-6173   SIC 5311
HUDSON'S BAY COMPANY   p 224
1500 Banks Rd Unit 102, KELOWNA, BC, V1X 7Y1
(250) 860-9052   SIC 5311
HUDSON'S BAY COMPANY   p 226
2271 Harvey Ave Suite 1415, KELOWNA, BC, V1Y 6H3
(250) 860-2483   SIC 5311
HUDSON'S BAY COMPANY   p 230
20202 66 Ave Suite F1, LANGLEY, BC, V2Y 1P3
(604) 539-8673   SIC 5712
HUDSON'S BAY COMPANY   p 232
19705 Fraser Hwy Suite 320, LANGLEY, BC, V3A 7E9
(604) 530-8434   SIC 5311
HUDSON'S BAY COMPANY   p 241
6631 Island Hwy N Suite 1a, NANAIMO, BC, V9T 4T7
(250) 390-3141   SIC 5311
HUDSON'S BAY COMPANY   p 242
6950 Island Hwy N Unit 200, NANAIMO, BC, V9V 1W3
(250) 390-1479   SIC 5963
HUDSON'S BAY COMPANY   p 244
4633 10th Ave, NEW HAZELTON, BC, V0J 2J0
SIC 5311
HUDSON'S BAY COMPANY   p 245
805 Boyd St, NEW WESTMINSTER, BC, V3M 5X2
(604) 525-7362   SIC 5311
HUDSON'S BAY COMPANY   p 252
2111 Main St Suite 160, PENTICTON, BC, V2A 6V1
(250) 493-1900   SIC 5311
HUDSON'S BAY COMPANY   p 253
19150 Lougheed Hwy Suite 129, PITT MEADOWS, BC, V3Y 2H6
SIC 5311
HUDSON'S BAY COMPANY   p 255
985 Nicola Ave Suite 105, PORT COQUITLAM, BC, V3B 8B2
(604) 464-9506   SIC 5399
HUDSON'S BAY COMPANY   p 259
1600 15th Ave Suite 140, PRINCE GEORGE, BC, V2L 3X3
(250) 563-0211   SIC 5311
HUDSON'S BAY COMPANY   p 264
155 Malcolm Dr Suite 12, QUESNEL, BC, V2J 3K2
SIC 5311
HUDSON'S BAY COMPANY   p 268
18111 Blundell Rd, RICHMOND, BC, V6W 1L8
(604) 249-3000   SIC 4225
HUDSON'S BAY COMPANY   p 269
5300 No. 3 Rd Unit 101, RICHMOND, BC, V6X 2X9
(604) 248-0475   SIC 5311
HUDSON'S BAY COMPANY   p 271
6060 Minoru Blvd Suite 100, RICHMOND, BC, V6Y 1Y2
(604) 273-3844   SIC 5311
HUDSON'S BAY COMPANY   p 280
1400 Guildford Town Ctr, SURREY, BC, V3R 7B7
(604) 588-2111   SIC 5311
HUDSON'S BAY COMPANY   p 295
1409 Kingsway, VANCOUVER, BC, V5N 2R6
(604) 874-4811   SIC 5311
HUDSON'S BAY COMPANY   p 300
650 41st Ave W, VANCOUVER, BC, V5Z 2M9
(604) 261-3311   SIC 5311
HUDSON'S BAY COMPANY   p 307
674 Granville St Suite 9999, VANCOUVER, BC, V6C 1Z6
(604) 681-6211   SIC 5311
HUDSON'S BAY COMPANY   p 326
4900 27 St Suite 10, VERNON, BC, V1T 2C7
(250) 545-5331   SIC 5311
HUDSON'S BAY COMPANY   p 331
1150 Douglas St Suite 1, VICTORIA, BC, V8W 2C8
(250) 385-1311   SIC 5311
HUDSON'S BAY COMPANY   p 334
3125 Douglas St, VICTORIA, BC, V8Z 3K3
(250) 386-3322   SIC 5311
HUDSON'S BAY COMPANY   p 336
759 Mccallum Rd, VICTORIA, BC, V9B 6A2
SIC 5719
HUDSON'S BAY COMPANY   p 338
725 Park Royal N, WEST VANCOUVER, BC, V7T 1H9
(604) 925-1411   SIC 5311
HUDSON'S BAY COMPANY   p 362
1580 Regent Ave W Unit 20, WINNIPEG, MB, R2C 2Y9
(204) 667-8407   SIC 5311
HUDSON'S BAY COMPANY   p 378
450 Portage Ave, WINNIPEG, MB, R3C 0E7
(204) 783-2112   SIC 5311
HUDSON'S BAY COMPANY   p 381
1485 Portage Ave, WINNIPEG, MB, R3G 0W4
(204) 975-3228   SIC 5311
HUDSON'S BAY COMPANY   p 381
710 St James St, WINNIPEG, MB, R3G 3J7
(204) 779-4663   SIC 5719
HUDSON'S BAY COMPANY   p 387
1585 Kenaston Blvd Suite 10, WINNIPEG, MB, R3P 2N3
(204) 488-3631   SIC 5719
HUDSON'S BAY COMPANY   p 407
1100 Main St, MONCTON, NB, E1C 1H4
SIC 5311
HUDSON'S BAY COMPANY   p 438
77b Woodland Dr, HAY RIVER, NT, X0E 1G1
(867) 874-6881   SIC 5311
HUDSON'S BAY COMPANY   p 449
21 Micmac Blvd, DARTMOUTH, NS, B3A 4K7
(902) 469-6680   SIC 5311
HUDSON'S BAY COMPANY   p 462
7067 Chebucto Rd Suite 111, HALIFAX, NS, B3L 4R5
SIC 5311
HUDSON'S BAY COMPANY   p 463
201 Chain Lake Dr, HALIFAX, NS, B3S 1C8
(902) 450-0273   SIC 5311
HUDSON'S BAY COMPANY   p 475
800 Grand Lake Rd, SYDNEY, NS, B1P 6S9
(902) 539-8350   SIC 5399
HUDSON'S BAY COMPANY   p 494
465 Bayfield St, BARRIE, ON, L4M 4Z9
(705) 726-2200   SIC 5311
HUDSON'S BAY COMPANY   p 497
436 Bryne Dr, BARRIE, ON, L4N 9R1
(705) 734-0793   SIC 5311
HUDSON'S BAY COMPANY   p 514
25 Peel Centre Dr Suite 3, BRAMPTON, ON, L6T 3R5
(905) 793-5100   SIC 5311
HUDSON'S BAY COMPANY   p 514
8550 Airport Rd, BRAMPTON, ON, L6T 5A3
SIC 5099
HUDSON'S BAY COMPANY   p 514
8925 Torbram Rd, BRAMPTON, ON, L6T 4G1
(905) 792-4400   SIC 5311
HUDSON'S BAY COMPANY   p 522
499 Main St S Suite 60e, BRAMPTON, ON, L6Y 1N7
SIC 5311
HUDSON'S BAY COMPANY   p 540
777 Guelph Line Unit 8, BURLINGTON, ON, L7R 3N2
(905) 634-8866   SIC 5311
HUDSON'S BAY COMPANY   p 540
900 Maple Ave, BURLINGTON, ON, L7S 2J8
(416) 681-0030   SIC 5311
HUDSON'S BAY COMPANY   p 540
900 Maple Ave, BURLINGTON, ON, L7S 2J8
(905) 681-0030   SIC 5311
HUDSON'S BAY COMPANY   p 543
355 Hespeler Rd Unit 1, CAMBRIDGE, ON, N1R 8J9
(519) 622-4919   SIC 5311
HUDSON'S BAY COMPANY   p 559
3200 Highway 7, CONCORD, ON, L4K 5Z5
(905) 760-1759   SIC 5311
HUDSON'S BAY COMPANY   p 580
1880 The Queensway, ETOBICOKE, ON, M9C 5H5
(416) 847-0494   SIC 5311
HUDSON'S BAY COMPANY   p 580
25 The West Mall, ETOBICOKE, ON, M9C 1B8
(416) 626-4711   SIC 5311
HUDSON'S BAY COMPANY   p 585
160 Carrier Dr, ETOBICOKE, ON, M9W 0A9
(416) 644-2600   SIC 4225
HUDSON'S BAY COMPANY   p 585
500 Rexdale Blvd, ETOBICOKE, ON, M9W 6K5
(416) 674-6000   SIC 5311
HUDSON'S BAY COMPANY   p 585
145 Carrier Dr, ETOBICOKE, ON, M9W 5N5
(416) 798-5755   SIC 5099
HUDSON'S BAY COMPANY   p 615
999 Upper Wentworth St, HAMILTON, ON, L9A 4X5
(905) 318-8008   SIC 5311
HUDSON'S BAY COMPANY   p 626
255 Kanata Ave Unit A, KANATA, ON, K2T 1K5
(613) 287-0140   SIC 5719
HUDSON'S BAY COMPANY   p 633
770 Gardiners Rd Unit A2, KINGSTON, ON, K7M 3X9
(613) 384-7522   SIC 5719
HUDSON'S BAY COMPANY   p 633
945 Gardiners Rd, KINGSTON, ON, K7M 7H4
(613) 384-3888   SIC 5311
HUDSON'S BAY COMPANY   p 639
245 Strasburg Rd, KITCHENER, ON, N2E 3W7
(519) 584-2073   SIC 5311
HUDSON'S BAY COMPANY   p 659
1105 Wellington Rd Suite 5, LONDON, ON, N6E 1V4
(519) 685-4100   SIC 5311
HUDSON'S BAY COMPANY   p 661
1680 Richmond St, LONDON, ON, N6G 3Y9
(519) 675-0080   SIC 5311
HUDSON'S BAY COMPANY   p 672
3275 Highway 7, MARKHAM, ON, L3R 3P9
(905) 415-2706   SIC 5719
HUDSON'S BAY COMPANY   p 672
5000 Highway 7 E, MARKHAM, ON, L3R 4M9
(905) 513-1770   SIC 5311
HUDSON'S BAY COMPANY   p 694
4561 Hurontario St, MISSISSAUGA, ON, L4Z 3X3
(416) 789-8011   SIC 5311
HUDSON'S BAY COMPANY   p 698
100 City Centre Dr Suite 200, MISSISSAUGA, ON, L5B 2C9
(905) 270-7600   SIC 5311
HUDSON'S BAY COMPANY   p 704
3050 Vega Blvd, MISSISSAUGA, ON, L5L 5X8
(905) 607-0909   SIC 5712
HUDSON'S BAY COMPANY   p 705
5100 Erin Mills Pky Unit Y001, MISSISSAUGA, ON, L5M 4Z5
(905) 820-8300   SIC 5311
HUDSON'S BAY COMPANY   p 709
3135 Argentia Rd Unit 1, MISSISSAUGA, ON, L5N 8E1
(905) 824-6653   SIC 5719
HUDSON'S BAY COMPANY   p 721
765 Britannia Rd W Unit 1, MISSISSAUGA, ON, L5V 2Y1
(905) 363-0433   SIC 5719
HUDSON'S BAY COMPANY   p 745
1800 Sheppard Ave E Suite 1, NORTH YORK, ON, M2J 5A7
(416) 491-2010   SIC 5311
HUDSON'S BAY COMPANY   p 748
6500 Yonge St, NORTH YORK, ON, M2M 3X4
(416) 226-4202   SIC 5311
HUDSON'S BAY COMPANY   p 760
3401 Dufferin St, NORTH YORK, ON, M6A 2T9
(416) 789-8011   SIC 5311
HUDSON'S BAY COMPANY   p 760
698 Lawrence Ave W, North York, ON, M6A 3A5
(416) 256-3200   SIC 5311
HUDSON'S BAY COMPANY   p 765
240 Leighland Ave, OAKVILLE, ON, L6H 3H6

(905) 842-4811 SIC 5311
HUDSON'S BAY COMPANY p 776
110 Place D'orleans Dr, ORLEANS, ON, K1C 2L9
(613) 837-8274 SIC 5311
HUDSON'S BAY COMPANY p 779
555 Simcoe St S Unit 16, OSHAWA, ON, L1H 8K8
(905) 571-2326 SIC 4225
HUDSON'S BAY COMPANY p 781
419 King St W, OSHAWA, ON, L1J 2K5
(905) 571-1211 SIC 5311
HUDSON'S BAY COMPANY p 787
1200 St. Laurent Blvd, OTTAWA, ON, K1K 3B8
(613) 748-6105 SIC 5311
HUDSON'S BAY COMPANY p 789
73 Rideau St, OTTAWA, ON, K1N 5W8
(613) 241-7511 SIC 5311
HUDSON'S BAY COMPANY p 813
1300 Kingston Rd, PICKERING, ON, L1V 3M9
(905) 831-8506 SIC 5251
HUDSON'S BAY COMPANY p 822
9350 Yonge St Suite 1999, RICHMOND HILL, ON, L4C 5G2
(905) 883-1222 SIC 5311
HUDSON'S BAY COMPANY p 834
603 Milner Ave, SCARBOROUGH, ON, M1B 5Z9
SIC 7389
HUDSON'S BAY COMPANY p 838
1 Eglinton Sq, SCARBOROUGH, ON, M1L 2K1
(416) 759-4771 SIC 5311
HUDSON'S BAY COMPANY p 841
300 Borough Dr Suite 2, SCARBOROUGH, ON, M1P 4P5
(416) 296-0555 SIC 5311
HUDSON'S BAY COMPANY p 856
221 Glendale Ave, ST CATHARINES, ON, L2T 2K9
(905) 688-4441 SIC 5311
HUDSON'S BAY COMPANY p 856
399 Louth St Unit 2, ST CATHARINES, ON, L2S 4A2
(905) 346-0958 SIC 5719
HUDSON'S BAY COMPANY p 901
2 Bloor St E Suite 52, TORONTO, ON, M4W 3H7
(416) 972-3313 SIC 5311
HUDSON'S BAY COMPANY p 901
2 Bloor St E Suite 52, TORONTO, ON, M4W 3H7
(416) 972-3333 SIC 5311
HUDSON'S BAY COMPANY p 908
176 Yonge St, TORONTO, ON, M5C 2L7
(416) 861-9111 SIC 5311
HUDSON'S BAY COMPANY p 914
401 Bay St Suite 601, TORONTO, ON, M5H 2Y4
(416) 861-6728 SIC 5719
HUDSON'S BAY COMPANY p 914
401 Bay St Suite 500, TORONTO, ON, M5H 2Y4
(800) 521-2364 SIC 5311
HUDSON'S BAY COMPANY p 958
1650 Victoria St E, WHITBY, ON, L1N 9L4
SIC 5311
HUDSON'S BAY COMPANY p 966
3030 Howard Ave, WINDSOR, ON, N8X 4T3
(519) 966-4666 SIC 5311
HUDSON'S BAY COMPANY p 990
7550 Rue Beclard, ANJOU, QC, H1J 2X7
SIC 5311
HUDSON'S BAY COMPANY p 1001
3100 Av Des Grandes Tourelles, BOIS-BRIAND, QC, J7H 0A2
(450) 420-9872 SIC 5023
HUDSON'S BAY COMPANY p 1006
2151 Boul Lapiniere, BROSSARD, QC, J4W 2T5
(450) 466-3220 SIC 5311
HUDSON'S BAY COMPANY p 1020

3045 Boul Le Carrefour, Cote Saint-Luc, QC, H7T 1C7
(450) 687-1540 SIC 5311
HUDSON'S BAY COMPANY p 1028
386 Av Dorval, DORVAL, QC, H9S 3H7
(514) 631-6741 SIC 5311
HUDSON'S BAY COMPANY p 1036
1100 Boul Maloney O, GATINEAU, QC, J8T 6G3
(819) 243-7036 SIC 5311
HUDSON'S BAY COMPANY p 1057
2105 23e Av, LACHINE, QC, H8T 1X3
SIC 8742
HUDSON'S BAY COMPANY p 1076
111 Montee Masson, MASCOUCHE, QC, J7K 3B4
(450) 966-0002 SIC 5719
HUDSON'S BAY COMPANY p 1080
2435 Ch Rockland, MONT-ROYAL, QC, H3P 2Z3
(514) 739-5521 SIC 5331
HUDSON'S BAY COMPANY p 1087
4150 Rue Jean-Talon E, Montreal, QC, H1S 2V4
(514) 728-4571 SIC 5311
HUDSON'S BAY COMPANY p 1124
1001 Rue Du Marche-Central, Montreal, QC, H4N 1J8
(514) 383-8939 SIC 5311
HUDSON'S BAY COMPANY p 1142
6815 Rte Transcanadienne Unite Y005, POINTE-CLAIRE, QC, H9R 1C4
(514) 426-9031 SIC 5311
HUDSON'S BAY COMPANY p 1142
6790 Aut Transcanadienne, POINTE-CLAIRE, QC, H9R 1C5
(514) 697-4870 SIC 5311
HUDSON'S BAY COMPANY p 1152
550 Boul Wilfrid-Hamel, Quebec, QC, G1M 2S6
(418) 627-3416 SIC 5311
HUDSON'S BAY COMPANY p 1161
2740 Boul Laurier, Quebec, QC, G1V 4P7
(418) 627-5959 SIC 5311
HUDSON'S BAY COMPANY p 1168
1540 Boul Lebourgneuf, Quebec, QC, G2K 2M4
(418) 263-0288 SIC 5311
HUDSON'S BAY COMPANY p 1168
5401 Boul Des Galeries, Quebec, QC, G2K 1N4
(418) 627-5922 SIC 5311
HUDSON'S BAY COMPANY p 1176
401 Boul Labelle, Rosemere, QC, J7A 3T2
(450) 433-6991 SIC 5311
HUDSON'S BAY COMPANY p 1182
800 Boul Des Promenades, SAINT-BRUNO, QC, J3V 5J9
(450) 653-4455 SIC 5311
HUDSON'S BAY COMPANY p 1182
800 Rue De L'Etang, SAINT-BRUNO, QC, J3V 6K8
(450) 653-6398 SIC 5311
HUDSON'S BAY COMPANY p 1230
880 Chomedey (A-13) O, SAINTE-ROSE, QC, H7X 3S9
(450) 969-0041 SIC 5311
HUDSON'S BAY COMPANY p 1274
719 1st Ave W, MEADOW LAKE, SK, S9X 1T6
(306) 236-3666 SIC 5311
HUDSON'S BAY COMPANY p 1285
2150 11th Ave, REGINA, SK, S4P 0J5
(306) 525-8511 SIC 5311
HUDSON'S BAY COMPANY p 1290
2080 Prince Of Wales Dr, REGINA, SK, S4V 3A6
(306) 721-1571 SIC 5311
HUDSON'S BAY COMPANY p 1296
201 1st Ave S, SASKATOON, SK, S7K 1J5
(306) 242-7611 SIC 5311
HUDSON'S BAY COMPANY p 1302
1723 Preston Ave N Unit 211, SASKATOON, SK, S7N 4V2

(306) 955-3790 SIC 5311
HUDSON'S HOPE SCHOOL p 218
See SCHOOL DISTRICT NO. 60 (PEACE RIVER NORTH)
HUETHER HOTEL p 950
See ADLYS HOTELS INC
HUGH BEATON PUBLIC ELEMENTARY SCHOOLS p 964
See GREATER ESSEX COUNTY DISTRICT SCHOOL BOARD
HUGH CAIRNS V.C. SCHOOL p 1293
See BOARD OF EDUCATION OF SASKATOON SCHOOL DIVISION NO. 13 OF SASKATCHEWAN, THE
HUGH JOHN MACDONALD SCHOOL p 374
See WINNIPEG SCHOOL DIVISION
HUGH MCROBERTS SECONDARY SCHOOL p 272
See BOARD OF EDUCATION SCHOOL DISTRICT #38 (RICHMOND)
HUGH SUTHERLAND SCHOOL p 67
See CHINOOKS EDGE SCHOOL DIVISION NO. 73
HUGH WOOD CANADA LTD p 750
4120 Yonge St Suite 201, NORTH YORK, ON, M2P 2B8
(416) 229-6600 SIC 6411
HUGHES AMYS LLP p 909
48 Yonge St Suite 200, TORONTO, ON, M5E 1G6
(416) 367-1608 SIC 8111
HUGHES CHRISTENSEN CANADA, DIV OF p 99
See BAKER HUGHES CANADA COMPANY
HUGHES CHRISTIANSON p 56
See BAKER HUGHES CANADA COMPANY
HUGO BOSS p 324
See HUGO BOSS CANADA INC
HUGO BOSS CANADA INC p 324
701 Georgia St W, VANCOUVER, BC, V7Y 1K8
(604) 683-6861 SIC 5136
HUGO BOSS CANADA INC p 559
2600 Steeles Ave W Suite 2, CONCORD, ON, L4K 3C8
(905) 739-2677 SIC 5136
HUISH OUTDOORS p 192
See BARE SPORTS CANADA LTD
HULSE PLAYFAIR & MCGARRY HOLDINGS LTD p 802
315 Mcleod St, OTTAWA, ON, K2P 1A2
(613) 233-1143 SIC 7261
HUMAGADE p 1149
See FRIMA STUDIO INC
HUMAN COMMUNICATION DISORDER PROGRAM p 456
See DALHOUSIE UNIVERSITY
HUMAN RESOURCE SERVICES p 477
See CHIGNECTO CENTRAL REGIONAL SCHOOL BOARD
HUMAN SERVICES ALBERTA WORKS p 72
See GOVERNMENT OF THE PROVINCE OF ALBERTA
HUMATECH INC p 1161
2511 Ch Sainte-Foy Bureau 050, Quebec, QC, G1V 1T7
(418) 658-9153 SIC 8059
HUMBER COLLEGE CHILD DEVELOPMENT CENTRE p 585
See HUMBER COLLEGE INSTITUTE OF TECHNOLOGY AND ADVANCE
HUMBER COLLEGE INSTITUTE OF TECHNOLOGY AND ADVANCE p 575
3199 Lake Shore Blvd W, ETOBICOKE, ON, M8V 1K8
(416) 675-6622 SIC 8221
HUMBER COLLEGE INSTITUTE OF TECHNOLOGY AND ADVANCE p 575
100 Humber Bay Park Rd W, ETOBICOKE, ON, M8V 3X7

(416) 252-7291 SIC 8221
HUMBER COLLEGE INSTITUTE OF TECHNOLOGY AND ADVANCE p 580
401 The West Mall Suite 630, ETOBICOKE, ON, M9C 5J5
(416) 675-6622 SIC 8221
HUMBER COLLEGE INSTITUTE OF TECHNOLOGY AND ADVANCE p 585
205 Humber College Blvd, ETOBICOKE, ON, M9W 5L7
(416) 675-5057 SIC 8351
HUMBER CORPORATE EDUCATION CENTRE p 580
See HUMBER COLLEGE INSTITUTE OF TECHNOLOGY AND ADVANCE
HUMBER ELEMENTARY SCHOOL p 425
See WESTERN SCHOOL DISTRICT
HUMBER RIVER HOSPITAL p 891
2111 Finch Ave W, TORONTO, ON, M3N 1N1
(416) 744-2500 SIC 8062
HUMBER SUMMIT MIDDLE SCHOOL p 762
See TORONTO DISTRICT SCHOOL BOARD
HUMBER VALLEY VILLAGE J M S p 940
See TORONTO DISTRICT SCHOOL BOARD
HUMBERCREST PUBLIC SCHOOL p 939
See TORONTO DISTRICT SCHOOL BOARD
HUMBERLINE PACKAGING INC p 585
310 Humberline Dr Suite 1, ETOBICOKE, ON, M9W 5S2
(416) 243-1552 SIC 7389
HUMBERPARK SCHOOL p 466
See HALIFAX REGIONAL SCHOOL BOARD
HUMBERWOOD DOWNS JUNIOR MIDDLE ACAMEDY p 587
See TORONTO DISTRICT SCHOOL BOARD
HUMBOLDT CO-OPERATIVE ASSOCIATION LIMITED, THE p 1270
520 Main St, HUMBOLDT, SK, S0K 2A1
(306) 682-2632 SIC 5171
HUMBOLDT DISTRICT HOSPITAL p 1270
See SASKATOON REGIONAL HEALTH AUTHORITY
HUMBOLDT JOURNAL p 1270
See PRAIRIE PUBLISHING LTD
HUMBOLDT PUBLIC SCHOOL p 1270
See HORIZON SCHOOL DIVISION NO 205
HUMBOLDT, CITY OF p 1270
61917 Street, HUMBOLDT, SK, S0K 2A1
(306) 682-2597 SIC 7999
HUME ELEMENTARY SCHOOL p 243
See SCHOOL DISTRICT NO. 8 (KOOTENAY LAKE)
HUME IMAGING p 842
See HUME MEDIA INC
HUME MEDIA INC p 842
66 Crockford Blvd, SCARBOROUGH, ON, M1R 3C3
(416) 921-7204 SIC 2759
HUMEWOOD COMMUNITY SCHOOL p 933
See TORONTO DISTRICT SCHOOL BOARD
HUMPHREY FUNERAL HOME & A.W. MILES CHAPEL LIMITED p 893
1403 Bayview Ave, TORONTO, ON, M4G 3A8
(416) 487-4523 SIC 7261
HUMPHREY PUBLIC SCHOOL p 805
See NEAR NORTH DISTRICT SCHOOL BOARD
HUMPTY DUMPTY OLD DUTCH FOODS p 19
See OLD DUTCH FOODS LTD
HUMPTY DUMPTY OLD DUTCH FOODS p 92

See OLD DUTCH FOODS LTD
HUMPTY DUMPTY OLD DUTCH FOODS *p* 193
See OLD DUTCH FOODS LTD
HUMPTY DUMPTY OLD DUTCH FOODS *p* 403
See OLD DUTCH FOODS LTD
HUMPTY DUMPTY OLD DUTCH FOODS *p* 683
See OLD DUTCH FOODS LTD
HUMPTY DUMPTY OLD DUTCH FOODS *p* 985
See OLD DUTCH FOODS LTD
HUMPTY DUMPTY SNACK FOODS *p* 1152
See OLD DUTCH FOODS LTD
HUNT CLUB MOTORS LIMITED *p* 595
2655 Bank St, GLOUCESTER, ON, K1T 1N1
(613) 521-2300   *SIC* 5511
HUNT CLUB RIVERSIDE COMMUNITY CENTRE INC *p* 795
3320 Paul Anka Dr, OTTAWA, ON, K1V 0J9
(613) 260-1299   *SIC* 8322
HUNT CLUB VOLKSWAGEN *p* 595
See HUNT CLUB MOTORS LIMITED
HUNT PERSONNEL *p* 1108
See SYNERGIE HUNT INTERNATIONAL INC
HUNT PERSSONEL INTERIM AIDE *p* 1203
See GESTION RICHARD DUGRE INC
HUNT'S TRANSPORT LIMITED *p* 432
168 Major's Path, ST. JOHN'S, NL, A1A 5A1
(709) 747-4868   *SIC* 4213
HUNTER AMENITIES INTERNATIONAL LTD *p* 573
37 York St E, ELORA, ON, N0B 1S0
(519) 846-2489   *SIC* 2841
HUNTER AUTOMATICS *p* 875
See 1177972 ONTARIO LIMITED
HUNTER CONSTRUCTION *p* 136
3626 14 Av N, LETHBRIDGE, AB, T1H 6E7
(403) 380-6159   *SIC* 1521
HUNTER DOUGLAS CANADA HOLDINGS INC *p* 519
132 First Gulf Blvd, BRAMPTON, ON, L6W 4T7
(905) 796-7883   *SIC* 5023
HUNTER DOUGLAS WINDOW FASHIONS *p* 519
See HUNTER DOUGLAS CANADA HOLDINGS INC
HUNTER POWER SYSTEMS INC *p* 163
Gd, SHERWOOD PARK, AB, T8H 2T1
(780) 718-9105   *SIC* 1731
HUNTER'S GLEN JUNIOR PUBLIC SCHOOL *p* 838
See TORONTO DISTRICT SCHOOL BOARD
HUNTING ENERGY SERVICES (CANADA) LTD *p* 24
5550 Skyline Way Ne, CALGARY, AB, T2E 7Z7
(403) 543-4477   *SIC* 1389
HUNTING HILLS HIGH SCHOOL *p* 156
See BOARD OF TRUSTEES OF THE RED DEER PUBLIC SCHOOL DISTRICT NO. 104, THE
HUNTINGDON HOTEL & SUITES *p* 330
See FRIENDSHIP DEVELOPMENTS LTD
HUNTINGTON HILLS ELEMENTARY SCHOOL *p* 36
See CALGARY BOARD OF EDUCATION
HUNTINGTON PARK RECREATION CENTRE *p* 613
See CITY OF HAMILTON, THE
HUNTINGTON RIDGE PUBLIC SCHOOL *p* 714
See PEEL DISTRICT SCHOOL BOARD
HUNTLEY CENTENNIAL PUBLIC SCHOOL *p* 550
See OTTAWA-CARLETON DISTRICT SCHOOL BOARD
HUNTSVILLE DISTRICT NURSING HOME INC *p* 620
14 Mill St Suite 101, HUNTSVILLE, ON, P1H 2A4
(705) 789-4476   *SIC* 8051
HUNTSVILLE PUBLIC SCHOOL *p* 620
See TRILLIUM LAKELANDS DISTRICT SCHOOL BOARD
HUOT, REAL INC *p* 1155
2640 Av Dalton, Quebec, QC, G1P 3S4
(418) 634-5967   *SIC* 5085
HUOT, REAL INC *p* 1155
2550 Av Dalton, Quebec, QC, G1P 3S4
(418) 651-2121   *SIC* 5085
HURLEY SLATE WORKS COMPANY INC *p* 424
250 Minerals Rd, CONCEPTION BAY SOUTH, NL, A1W 5A2
(709) 834-2320   *SIC* 3281
HURLEY'S IRISH PUB *p* 1115
See 3090-0872 QUEBEC INC
HURON CENTENNIAL ELEMENTARY SCHOOL *p* 532
See AVON MAITLAND DISTRICT SCHOOL BOARD
HURON HEIGHTS EARLY CHILDHOOD LEARNING CENTER *p* 650
See LONDON BRIDGE CHILD CARE SERVICES INC
HURON HEIGHTS FRENCH IMMERSION PUBLIC SCHOOL *p* 651
See THAMES VALLEY DISTRICT SCHOOL BOARD
HURON HEIGHTS PUBLIC SCHOOL *p* 629
See BLUEWATER DISTRICT SCHOOL BOARD
HURON HEIGHTS SECONDARY SCHOOL *p* 645
See WATERLOO REGION DISTRICT SCHOOL BOARD
HURON HEIGHTS SECONDARY SCHOOL *p* 735
See YORK REGION DISTRICT SCHOOL BOARD
HURON LODGE COMMUNITY SERVICE BOARD INC *p* 572
100 Manitoba Rd, ELLIOT LAKE, ON, P5A 3T1
(705) 848-2019   *SIC* 8361
HURON LODGE HOME FOR THE AGED *p* 971
See CORPORATION OF THE CITY OF WINDSOR
HURON PARK *p* 680
See SIMCOE COUNTY DISTRICT SCHOOL BOARD, THE
HURON PARK SECONDARY SCHOOL *p* 978
See THAMES VALLEY DISTRICT SCHOOL BOARD
HURON PERTH CATHOLIC DISTRICT SCHOOL BOARD *p* 554
353 Ontario St, CLINTON, ON, N0M 1L0
(519) 482-5454   *SIC* 8211
HURON PERTH CATHOLIC DISTRICT SCHOOL BOARD *p* 570
44106 Line 34, DUBLIN, ON, N0K 1E0
(519) 345-2086   *SIC* 8211
HURON PERTH CATHOLIC DISTRICT SCHOOL BOARD *p* 588
133 Sanders St W Ss 2 Suite 2, EXETER, ON, N0M 1S2
(519) 235-1691   *SIC* 8211
HURON PERTH CATHOLIC DISTRICT SCHOOL BOARD *p* 596
70 Bennett St E, GODERICH, ON, N7A 1A4
(519) 524-9901   *SIC* 8211
HURON PERTH CATHOLIC DISTRICT SCHOOL BOARD *p* 847
62 Chalk St, SEAFORTH, ON, N0K 1W0
(519) 527-0321   *SIC* 8211
HURON PERTH CATHOLIC DISTRICT SCHOOL BOARD *p* 857
161 Peel St N, ST MARYS, ON, N4X 1B2
(519) 284-2170   *SIC* 8211
HURON PERTH CATHOLIC DISTRICT SCHOOL BOARD *p* 865
8 Grange St, STRATFORD, ON, N5A 3P6
(519) 273-3396   *SIC* 8211
HURON PERTH CATHOLIC DISTRICT SCHOOL BOARD *p* 865
228 Avondale Ave, STRATFORD, ON, N5A 6N4
(519) 271-3636   *SIC* 8211
HURON PERTH CATHOLIC DISTRICT SCHOOL BOARD *p* 865
181 Louise St, STRATFORD, ON, N5A 2E6
(519) 271-7544   *SIC* 8211
HURON PERTH CATHOLIC DISTRICT SCHOOL BOARD *p* 865
363 St Vincent St S, STRATFORD, ON, N5A 2Y2
(519) 271-3574   *SIC* 8211
HURON PERTH CATHOLIC DISTRICT SCHOOL BOARD *p* 971
225 Cornyn St, WINGHAM, ON, N0G 2W0
(519) 357-1090   *SIC* 8211
HURON PERTH CATHOLIC DISTRICT SCHOOL BOARD *p* 979
24 Mary St, ZURICH, ON, N0M 2T0
(519) 236-4335   *SIC* 8211
HURON PERTH HEALTHCARE ALLIANCE *p* 554
98 Shipley St, CLINTON, ON, N0M 1L0
(519) 482-3447   *SIC* 8062
HURON STREET JR PS *p* 924
See TORONTO DISTRICT SCHOOL BOARD
HURON TRACTOR & LAWN EQUIPMENT *p* 872
See HURON TRACTOR LTD
HURON TRACTOR LTD *p* 553
802802 Grey Rd 40, CHATSWORTH, ON, N0H 1G0
(519) 794-2480   *SIC* 5083
HURON TRACTOR LTD *p* 858
43900 Talbot Line, ST THOMAS, ON, N5P 3S7
(519) 631-7230   *SIC* 5083
HURON TRACTOR LTD *p* 872
37 Elgin Rd, THAMESFORD, ON, N0M 2M0
(519) 285-3845   *SIC* 5999
HURON-PERTH CHILDREN'S AID SOCIETY *p* 865
639 Lorne Ave E, STRATFORD, ON, N5A 6S4
(519) 271-5290   *SIC* 8322
HURON-SUPERIOR CATHOLIC DISTRICT SCHOOL BOARD *p* 505
25 Michigan Ave, BLIND RIVER, ON, P0R 1B0
(705) 356-7621   *SIC* 8211
HURON-SUPERIOR CATHOLIC DISTRICT SCHOOL BOARD *p* 572
140 Hillside Dr N, ELLIOT LAKE, ON, P5A 1X7
(705) 848-4664   *SIC* 8211
HURON-SUPERIOR CATHOLIC DISTRICT SCHOOL BOARD *p* 572
139 Mississauga Ave, ELLIOT LAKE, ON, P5A 1E3
(705) 848-3421   *SIC* 8211
HURON-SUPERIOR CATHOLIC DISTRICT SCHOOL BOARD *p* 574
273 Mead Blvd, ESPANOLA, ON, P5E 1B3
(705) 869-4070   *SIC* 8211
HURON-SUPERIOR CATHOLIC DISTRICT SCHOOL BOARD *p* 830
178 Glen Ave, SAULT STE. MARIE, ON, P6A 5E2
(705) 945-5532   *SIC* 8211
HURON-SUPERIOR CATHOLIC DISTRICT SCHOOL BOARD *p* 830
178 Glen Ave, SAULT STE. MARIE, ON, P6A 5E2
SIC 8211
HURON-SUPERIOR CATHOLIC DISTRICT SCHOOL BOARD *p* 830
145 Hugill St, SAULT STE. MARIE, ON, P6A 4E9
SIC 8211
HURON-SUPERIOR CATHOLIC DISTRICT SCHOOL BOARD *p* 830
207 Dacey Rd, SAULT STE. MARIE, ON, P6A 5J8
(705) 945-5526   *SIC* 8211
HURON-SUPERIOR CATHOLIC DISTRICT SCHOOL BOARD *p* 830
124 Gibbs St, SAULT STE. MARIE, ON, P6A 5H6
(705) 945-5531   *SIC* 8211
HURON-SUPERIOR CATHOLIC DISTRICT SCHOOL BOARD *p* 830
130 Wellington St E, SAULT STE. MARIE, ON, P6A 2L5
(705) 945-5540   *SIC* 8211
HURON-SUPERIOR CATHOLIC DISTRICT SCHOOL BOARD *p* 832
462 Mcnabb St, SAULT STE. MARIE, ON, P6B 1Z3
(705) 945-5524   *SIC* 8211
HURON-SUPERIOR CATHOLIC DISTRICT SCHOOL BOARD *p* 832
250 St George's Ave E, SAULT STE. MARIE, ON, P6B 1X5
(705) 945-5542   *SIC* 8211
HURON-SUPERIOR CATHOLIC DISTRICT SCHOOL BOARD *p* 832
100 Ontario Ave, SAULT STE. MARIE, ON, P6B 1E3
(705) 945-5650   *SIC* 8211
HURON-SUPERIOR CATHOLIC DISTRICT SCHOOL BOARD *p* 832
48 Oryme Ave, SAULT STE. MARIE, ON, P6B 4C3
(705) 945-5534   *SIC* 8211
HURON-SUPERIOR CATHOLIC DISTRICT SCHOOL BOARD *p* 832
78 Dablon St, SAULT STE. MARIE, ON, P6B 5E6
(705) 945-5533   *SIC* 8211
HURON-SUPERIOR CATHOLIC DISTRICT SCHOOL BOARD *p* 833
100 Churchill Ave, SAULT STE. MARIE, ON, P6C 2R2
SIC 8211
HURON-SUPERIOR CATHOLIC DISTRICT SCHOOL BOARD *p* 833
100 Estelle St, SAULT STE. MARIE, ON, P6C 2C2
(705) 945-5535   *SIC* 8211
HURON-SUPERIOR CATHOLIC DISTRICT SCHOOL BOARD *p* 833
139 White Oak Dr W, SAULT STE. MARIE, ON, P6C 2H7
(705) 945-5523   *SIC* 8211
HURON-SUPERIOR CATHOLIC DISTRICT SCHOOL BOARD *p* 833
147 Brookfield Ave, SAULT STE. MARIE, ON, P6C 5P2
(705) 945-5525   *SIC* 8211
HURON-SUPERIOR CATHOLIC DISTRICT SCHOOL BOARD *p* 833
319 Prentice Ave, SAULT STE. MARIE, ON, P6C 4R7
(705) 945-5521   *SIC* 8211
HURON-SUPERIOR CATHOLIC DISTRICT SCHOOL BOARD *p* 833
42 Rushmere Dr, SAULT STE. MARIE, ON, P6C 2T4
(705) 945-5519   *SIC* 8211
HURONIA CENTENNIAL ELEMENTARY SCHOOL *p* 573
See SIMCOE COUNTY DISTRICT SCHOOL BOARD, THE
HURONWEB OFFSET PRINTING INC *p* 979
395 Broadway St, WYOMING, ON, N0N 1T0
(519) 845-0821   *SIC* 2752
HURONWEB PRINTING *p* 979
See HURONWEB OFFSET PRINTING INC
HURRICANE INDUSTRIES LTD *p* 1273
Gd Lcd Main, LLOYDMINSTER, SK, S9V

0X5
SIC 1389

HURST MANAGEMENT LTD p 277
9888 Fifth St, SIDNEY, BC, V8L 2X3
(250) 656-0121 SIC 8361

HUSH PUPPIES p 712
See WOLVERINE WORLD WIDE CANADA ULC

HUSKIES DE ROUYN-NORANDA INC, LES
p 1177
218 Av Murdoch, ROUYN-NORANDA, QC, J9X 1E6
(819) 797-6222 SIC 7997

HUSKY p 715
See SUNCOR ENERGY PRODUCTS INC

HUSKY & SMITTYS RESTAURANT p 157
See LAVTOR HOLDINGS (ALBERTA) LTD

HUSKY ENERGIE p 1273
See HUSKY OIL OPERATIONS LIMITED

HUSKY ENERGY p 164
See HUSKY OIL OPERATIONS LIMITED

HUSKY ENERGY p 168
See HUSKY OIL OPERATIONS LIMITED

HUSKY ENERGY p 259
See HUSKY OIL OPERATIONS LIMITED

HUSKY ENERGY p 435
See HUSKY OIL OPERATIONS LIMITED

HUSKY ENERGY INC p 258
2542 Prince George Pulpmill Rd, PRINCE GEORGE, BC, V2K 5P5
(250) 960-2500 SIC 1311

HUSKY ENERGY INC p 435
235 Water St Suite 901, ST. JOHN'S, NL, A1C 1B6
(709) 724-3900 SIC 1382

HUSKY ENERGY INC p 1273
4335 44 St, LLOYDMINSTER, SK, S9V 0Z8
(306) 825-1196 SIC 1311

HUSKY ENERGY INC p 1273
Hwy 16 E Upgrader Rd, LLOYDMINSTER, SK, S9V 1M6
(306) 825-1700 SIC 1311

HUSKY HOUSE NORTH p 832
See KITANA INCORPORATED

HUSKY INJECTION MOLDING SYSTEMS LTD p 506
500 Queen St S, BOLTON, ON, L7E 5S5
(905) 951-5000 SIC 6712

HUSKY OIL p 1273
See HUSKY ENERGY INC

HUSKY OIL MARKETING CO p 351
See HUSKY OIL OPERATIONS LIMITED

HUSKY OIL OPERATIONS LIMITED p 117
5964 3 Ave, EDSON, AB, T7E 1R8
(780) 723-6945 SIC 1311

HUSKY OIL OPERATIONS LIMITED p 127
9805 97 St Suite 104, GRANDE PRAIRIE, AB, T8V 8B9
(780) 513-5610 SIC 1311

HUSKY OIL OPERATIONS LIMITED p 141
5650 52 St, LLOYDMINSTER, AB, T9V 0R7
SIC 1311

HUSKY OIL OPERATIONS LIMITED p 151
Hwy 58 W, RAINBOW LAKE, AB, T0H 2Y0
(780) 956-8000 SIC 1311

HUSKY OIL OPERATIONS LIMITED p 164
208 Caribou Trail Nw, SLAVE LAKE, AB, T0G 2A0
(780) 849-2276 SIC 1311

HUSKY OIL OPERATIONS LIMITED p 168
Gd, STANDARD, AB, T0J 3G0
(403) 644-3855 SIC 1311

HUSKY OIL OPERATIONS LIMITED p 259
2542 Pg Pulpmill Rd, PRINCE GEORGE, BC, V2L 4V4
(250) 960-2500 SIC 2911

HUSKY OIL OPERATIONS LIMITED p 351
359 5th Ave Nw, MINNEDOSA, MB, R0J 1E0
(204) 867-8100 SIC 2869

HUSKY OIL OPERATIONS LIMITED p 435
351 Water St, ST. JOHN'S, NL, A1C 1B6
(709) 724-3900 SIC 1311

HUSKY OIL OPERATIONS LIMITED p 627
470 Lakeview Dr, KENORA, ON, P9N 0H2

(807) 468-7740 SIC 5541

HUSKY OIL OPERATIONS LIMITED p 880
3131 Arthur St W, THUNDER BAY, ON, P7C 4B1
(807) 939-2619 SIC 5541

HUSKY OIL OPERATIONS LIMITED p 1273
4335 44 St, LLOYDMINSTER, SK, S9V 0Z8
(306) 825-1196 SIC 1311

HUSKY OIL OPERATIONS LIMITED p 1296
806 50th St E, SASKATOON, SK, S7K 0X6
(306) 934-3033 SIC 1311

HUSQVARNA CANADA CORP p 742
2077 Bond St, NORTH BAY, ON, P1B 4V7
(705) 476-2705 SIC 3425

HUSQVARNA CONSTRUCTION PRODUCTS CANADA p 742
See HUSQVARNA CANADA CORP

HUSSMANN CANADA INC p 365
50 Terracon Pl, WINNIPEG, MB, R2J 4G7
SIC 1711

HUSSMANN CANADA INC p 460
2631 King St, HALIFAX, NS, B3K 4T7
(902) 455-2123 SIC 1711

HUSSMANN CANADA INC p 1282
133 N Mcdonald St, REGINA, SK, S4N 5W2
(306) 721-2700 SIC 7623

HUTCHINGS & PATRICK INC p 794
100 Champagne Ave S, OTTAWA, ON, K1S 4P4
(613) 728-5803 SIC 2678

HUTCHINSON AERONAUTIQUE & INDUSTRIE LIMITEE p 1084
3650 Boul Du Tricentenaire, Montreal, QC, H1B 5M8
(514) 640-9006 SIC 3089

HUTTERIAN BRETHERN CHURCH OF DOWNIE LAKE INC p 1273
Gd, MAPLE CREEK, SK, S0N 1N0
(306) 662-3462 SIC 8661

HUTTERIAN BRETHREN CHURCH OF RAINBOW p 157
See RAINBOW COLONY FARMING CO LTD

HUTTERIAN BRETHREN CHURCH OF CAYLEY p 67
Gd, CAYLEY, AB, T0L 0P0
(403) 395-2125 SIC 8661

HUTTERIAN BRETHREN CHURCH OF CLEARDALE p 68
Gd, CLEARDALE, AB, T0H 3Y0
(780) 685-2870 SIC 8661

HUTTERIAN BRETHREN CHURCH OF EWELME COLONY p 119
Gd, FORT MACLEOD, AB, T0L 0Z0
(403) 553-2606 SIC 8661

HUTTERIAN BRETHREN CHURCH OF FERRYBANK p 151
Gd, PONOKA, AB, T4J 1R9
(403) 783-2259 SIC 8661

HUTTERIAN BRETHREN CHURCH OF HOLT p 132
Gd, IRMA, AB, T0B 2H0
(780) 754-2175 SIC 8661

HUTTERIAN BRETHREN CHURCH OF LEEDALE p 158
Rr 4, RIMBEY, AB, T0C 2J0
(403) 843-6681 SIC 8661

HUTTERIAN BRETHREN CHURCH OF ROSEBUD p 160
Gd, ROCKYFORD, AB, T0J 2R0
(403) 533-2205 SIC 8661

HUTTERIAN BRETHREN CHURCH OF STARLAND p 72
Gd, DRUMHELLER, AB, T0J 0Y0
(403) 772-3855 SIC 8661

HUTTERIAN BRETHREN CHURCH OF TSCHETTER p 132
Gd, IRRICANA, AB, T0M 1B0
(403) 935-2362 SIC 8661

HUTTERIAN BRETHREN CHURCH OF WOLF CREEK p 168
Gd, STIRLING, AB, T0K 2E0

(403) 756-2180 SIC 8661

HUTTERIAN BRETHREN OF KYLE INC p 1271
Gd, KYLE, SK, S0L 1T0
(306) 375-2910 SIC 8661

HUTTERIAN BRETHREN OF PENNANT INC p 1278
Gd, PENNANT STATION, SK, S0N 1X0
(306) 626-3369 SIC 8661

HUTTERIAN BRETHREN OF PINCHER CREEK AS A CHURCH, THE p 150
Gd, PINCHER CREEK, AB, T0K 1W0
(403) 627-4021 SIC 8661

HUTTERIAN BRETHREN OF ROSETOWN p 1291
Gd, ROSETOWN, SK, S0L 2V0
(306) 882-3344 SIC 8661

HUTTERIAN BRETHREN OF SOUTH BEND p 3
1539 12 West Of 4th, ALLIANCE, AB, T0B 0A0
(780) 879-2170 SIC 7389

HUTTERIAN BRETHREN SCHOOL p 132
See PRAIRIE ROSE SCHOOL DIVISION NO 8

HUTTERITE HILLSIDE COLONY SCHOOL p 345
See ROLLING RIVER SCHOOL DIVISION 39

HUTTERVILLE COLONY SCHOOL p 67
See WESTWIND SCHOOL DIVISION #74

HUTTON HOUSE p 662
See HUTTON HOUSE ASSOCIATION FOR ADULTS WITH DISABILITIES

HUTTON HOUSE ASSOCIATION FOR ADULTS WITH DISABILITIES p 662
654 Wonderland Rd N, LONDON, ON, N6H 3E5
(519) 472-6381 SIC 8331

HUTTON INTERNATIONAL PRESS, A DIV OF p 429
See CANADIAN FOLDING CARTONS INC

HUTTON TRANSPORT LIMITED p 645
962979 19th Line, LAKESIDE, ON, N0M 2G0
(519) 349-2233 SIC 4212

HUTTON VALU-MART p 505
See LOBLAW COMPANIES LIMITED

HUTTONVILLE PUBLIC SCHOOL p 521
See PEEL DISTRICT SCHOOL BOARD

HY'S ENCORE p 308
See HY'S OF CANADA LTD

HY'S OF CANADA LTD p 308
637 Hornby St, VANCOUVER, BC, V6C 2G3
(604) 684-3311 SIC 5812

HY'S OF CANADA LTD p 375
1 Lombard Pl, WINNIPEG, MB, R3B 0X3
(204) 942-1000 SIC 5812

HY'S OF CANADA LTD p 791
170 Queen St, OTTAWA, ON, K1P 5E1
(613) 234-4545 SIC 5812

HY'S OF CANADA LTD p 914
120 Adelaide St W Suite 101, TORONTO, ON, M5H 1T1
(416) 364-6600 SIC 5812

HY'S STEAK HOUSE p 791
See HY'S OF CANADA LTD

HY'S STEAK HOUSE EASTERN p 914
120 Adelaide St W, TORONTO, ON, M5H 1T1
(416) 364-6600 SIC 5812

HY'S STEAK HOUSE LTD p 340
4308 Main St, WHISTLER, BC, V0N 1B4
(604) 905-5555 SIC 5812

HY'S STEAKHOUSE p 914
See HY'S OF CANADA LTD

HY'S STEAKHOUSE & COCKTAIL BAR p 375
See HY'S OF CANADA LTD

HYBRID NURSERIES p 253
See PRT GROWING SERVICES LTD

HYBRID TURKEYS p 573
See HENDRIX GENETICS LIMITED

HYCO CANADA LIMITED p 1222

1025 Rue Principale, SAINT-WENCESLAS, QC, G0Z 1J0
(819) 224-4000 SIC 3593

HYDE MOUNTAIN ON MARA LAKE GOLF COURSE p 277
See 572412 B.C. LTD

HYDRAGRAPHICS p 964
See GROUND EFFECTS LTD

HYDRAULICS, RIGGING & RUBBER p 452
See SOURCE ATLANTIC LIMITED

HYDRO ONE p 735
See HYDRO ONE NETWORKS INC

HYDRO ONE INC p 486
7690 89 Hwy W, ALLISTON, ON, L9R 1V1
SIC 4911

HYDRO ONE INC p 497
45 Sarjeant Dr, BARRIE, ON, L4N 4V9
(705) 728-5017 SIC 4911

HYDRO ONE INC p 502
120 Adam St, BELLEVILLE, ON, K8N 2X9
SIC 4911

HYDRO ONE INC p 541
1225 King Rd, BURLINGTON, ON, L7T 0B7
(905) 681-4421 SIC 4911

HYDRO ONE INC p 542
411 Baptist Church Rd, CALEDONIA, ON, N3W 2G9
SIC 4911

HYDRO ONE INC p 554
77144 London Rd Rr 5, CLINTON, ON, N0M 1L0
(519) 525-2811 SIC 4911

HYDRO ONE INC p 678
185 Clegg Rd, MARKHAM, ON, L6G 1B7
(888) 664-9376 SIC 4911

HYDRO ONE INC p 773
125 C Line, ORANGEVILLE, ON, L9W 3V2
(519) 942-4148 SIC 4911

HYDRO ONE INC p 828
110 Scott Rd, SARNIA, ON, N7T 7H5
(519) 332-6060 SIC 4911

HYDRO ONE INC p 867
957 Falconbridge Rd, SUDBURY, ON, P3A 5K8
(705) 566-8955 SIC 4911

HYDRO ONE INC p 960
636 St Lawrence St, WINCHESTER, ON, K0C 2K0
(613) 774-4120 SIC 4911

HYDRO ONE NETWORKS INC p 659
727 Exeter Rd, LONDON, ON, N6E 1L3
(519) 668-5800 SIC 4911

HYDRO ONE NETWORKS INC p 678
185 Clegg Rd, MARKHAM, ON, L6G 1B7
(905) 944-3200 SIC 7299

HYDRO ONE NETWORKS INC p 735
1210 Barron Rd, NIAGARA FALLS, ON, L2E 6S5
(289) 439-4006 SIC 4911

HYDRO ONE NETWORKS INC p 807
99 Drummond St W, PERTH, ON, K7H 3E7
(613) 267-6473 SIC 4911

HYDRO ONE NETWORKS INC p 867
957 Falconbridge Rd, SUDBURY, ON, P3A 5K8
(705) 566-8955 SIC 4911

HYDRO ONE NETWORKS INC p 911
483 Bay St Suite 1000, TORONTO, ON, M5G 2P5
(416) 345-5000 SIC 4911

HYDRO ONE NETWORKS INC p 948
Gd, WALKERTON, ON, N0G 2V0
(519) 423-6253 SIC 4911

HYDRO ONE REMOTE COMMUNITIES INC p 880
680 Beaverhall Pl, THUNDER BAY, ON, P7E 6G9
(807) 474-2837 SIC 4911

HYDRO ONE SAULT STE. MARIE LP p 832
2 Sackville Rd Suite B, SAULT STE. MARIE, ON, P6B 6J6
(705) 254-7444 SIC 4911

HYDRO ONE SCOTT TRANSFORMER STATION p

828
See HYDRO ONE INC
HYDRO QUEBEC HYDRODIRECT SIEGE REGIONAL TERRITOIRE MONTMORENCY
p 1165
See HYDRO-QUEBEC
HYDRO QUEBEC POSTE CHATEAUGUAY p 1185
See HYDRO-QUEBEC
HYDRO SHERBROOKE p 1238
See VILLE DE SHERBROOKE
HYDRO WESTMOUNT p 1263
See VILLE DE WESTMOUNT
HYDRO-PONTIAC INC. p 832
See ENERGIE RENOUVELABLE BROOKFIELD INC
HYDRO-QUEBEC p 990
7800 Rue Jarry, ANJOU, QC, H1J 1H2
(450) 565-2210   SIC 7299
HYDRO-QUEBEC p 994
1161 Rue Mccormick, BAIE-COMEAU, QC, G5C 2S7
(418) 295-1507   SIC 4911
HYDRO-QUEBEC p 999
1000 Boul Michele-Bohec, BLAINVILLE, QC, J7C 5L6
(450) 430-5180   SIC 4911
HYDRO-QUEBEC p 1010
1021 Boul Perron, CARLETON, QC, G0C 1J0
(418) 364-5300   SIC 4911
HYDRO-QUEBEC p 1012
128 Ch Mill, CHELSEA, QC, J9B 1K8
(819) 827-7137   SIC 4911
HYDRO-QUEBEC p 1033
73 138 Rte O, FORESTVILLE, QC, G0T 1E0
(418) 587-6422   SIC 4911
HYDRO-QUEBEC p 1054
90 Rue Beaumont, LA TUQUE, QC, G9X 3P7
    SIC 4911
HYDRO-QUEBEC p 1079
11175 Rang Saint-Etienne, MIRABEL, QC, J7N 2S9
(450) 476-0444   SIC 4911
HYDRO-QUEBEC p 1083
365 Rue Simeon, MONT-TREMBLANT, QC, J8E 2R2
(450) 565-2210   SIC 4911
HYDRO-QUEBEC p 1095
888 Boul De Maisonneuve E, Montreal, QC, H2L 4S8
(514) 286-2020   SIC 4911
HYDRO-QUEBEC p 1097
140 Boul Cremazie O, Montreal, QC, H2P 1C3
(514) 858-8500   SIC 8731
HYDRO-QUEBEC p 1112
700 Rue De La Gauchetiere O Bureau C01, Montreal, QC, H3B 4L1
(514) 397-3939   SIC 4911
HYDRO-QUEBEC p 1165
2625 Boul Lebourgneuf Bureau 14, Quebec, QC, G2C 1P1
(418) 845-6600   SIC 4911
HYDRO-QUEBEC p 1166
5050 Boul Des Gradins Bureau 200, Quebec, QC, G2J 1P8
(418) 624-2811   SIC 8631
HYDRO-QUEBEC p 1177
1399 Av Lariviere, ROUYN-NORANDA, QC, J9X 6M6
(819) 764-5124   SIC 4911
HYDRO-QUEBEC p 1185
610 Rang Saint-Laurent, Saint-Etienne-de-Beauharnois, QC, J0S 1S0
(450) 225-5110   SIC 4911
HYDRO-QUEBEC p 1226
260 Rang Des Cedres, SAINTE-EULALIE, QC, G0Z 1E0
(819) 225-7254   SIC 4911
HYDRO-QUEBEC p 1227
2001 Rue Michael-Faraday, SAINTE-JULIE, QC, J3X 1S1

(450) 652-8977   SIC 4911
HYDRO-QUEBEC p 1234
600 Av De La Montagne, SHAWINIGAN, QC, G9N 7N5
(819) 539-1400   SIC 4911
HYDRO-QUEBEC p 1241
385 Boul Fiset, SOREL-TRACY, QC, J3P 3R4
(450) 746-3600   SIC 4911
HYDRO-QUEBEC p 1246
1185 Boul Frontenac E, THETFORD MINES, QC, G6G 8C6
(418) 338-2140   SIC 8711
HYDRO-QUEBEC p 1253
1600 Rue De L'hydro, VAL-D'OR, QC, J9P 6Z1
(819) 825-3320   SIC 4911
HYDRO-QUEBEC p 1254
1600 Rue De L'hydro, VAL-D'OR, QC, J9P 6Z1
(819) 825-4880   SIC 4911
HYDRO-QUEBEC p 1255
1800 Boul Lionel-Boulet, VARENNES, QC, J3X 1P7
(450) 652-8011   SIC 8731
HYDRO-QUEBEC p 1256
3320 Rue F.-X.-Tessier, VAUDREUIL-DORION, QC, J7V 5V5
(450) 424-3136   SIC 4911
HYDRO-QUEBEC INTERNATIONAL INC p 1104
75 Boul Rene-Levesque O Bureau 101, Montreal, QC, H2Z 1A4
(514) 289-2211   SIC 6719
HYDROCARBONS AND CHEMICALS DIVISION p 49
See SNC-LAVALIN INC
HYDROFORM SOLUTIONS, DIV OF p 512
See MARTINREA INTERNATIONAL INC
HYDROFORM SOLUTIONS, DIV OF p 947
See MARTINREA INTERNATIONAL INC
HYDROTECH MARINE p 1007
See EBC INC
HYFLEX ASSEMBLIES LTD p 1305
3711 Mitchelmore Ave, SASKATOON, SK, S7P 0C5
(306) 934-8886   SIC 5251
HYGEIA CORPORATION p 911
777 Bay St Suite 2700, TORONTO, ON, M5G 2C8
(888) 249-4342   SIC 6411
HYGRID LOGISTICS INC p 534
4151 North Service Rd Suite 3, BURLINGTON, ON, L7L 4X6
    SIC 4213
HYLAND 2000 INDUSTRIES p 215
See TELFORD SERVICES GROUP, INC
HYLAND CREST SENIOR CITIZENS HOME p 683
See HALIBURTON HIGHLANDS HEALTH SERVICES CORPORATION
HYLAND HEIGHTS ELEMENTARY SCHOOL p 848
See UPPER GRAND DISTRICT SCHOOL BOARD, THE
HYLAND'S HOMEOPATHIC CANADA INC p 1243
381 139 Rte N, SUTTON, QC, J0E 2K0
(450) 538-6636   SIC 5122
HYLANDS GOLF CLUB p 595
2101 Alert Rd, GLOUCESTER, ON, K1V 1J9
(613) 521-1842   SIC 7997
HYLIFE LTD p 352
623 Main St E, NEEPAWA, MB, R0J 1H0
(204) 476-3624   SIC 2011
HYMOPACK LTD p 578
55 Medulla Ave, ETOBICOKE, ON, M8Z 5L6
(416) 232-1733   SIC 2673
HYNDMAN TRANSPORT p 979
See HYNDMAN TRANSPORT (1972) LIMITED
HYNDMAN TRANSPORT (1972) LIMITED p 979

1001 Belmore Line, WROXETER, ON, N0G 2X0
(519) 335-3575   SIC 4213
HYNES RESTAURANT LTD p 407
495 Mountain Rd, MONCTON, NB, E1C 2N4
(506) 382-3432   SIC 5812
HYPERSHELL TECHNOLOGIES INC p 1237
740 Rue Galt O Bureau 401, SHERBROOKE, QC, J1H 1Z3
(819) 822-3890   SIC 7371
HYPERTEC GROUP p 1163
See HYPERTEC SYSTEMES INC
HYPERTEC SYSTEMES INC p 1163
2800 Rue Einstein Bureau 060, Quebec, QC, G1X 4N8
(418) 683-2192   SIC 7371
HYPNOS CANADA p 90
See ARAAM INC
HYPOWER SYSTEMS p 21
See APPLIED INDUSTRIAL TECHNOLOGIES, LP
HYPOWER SYSTEMS, DIV OF p 114
See APPLIED INDUSTRIAL TECHNOLOGIES, LP
HYPOWER SYSTEMS, DIVISION OF p 1294
See APPLIED INDUSTRIAL TECHNOLOGIES, LP
HYS STEAKHOUSE p 304
See GOTHAM STEAKHOUSE & COCKTAIL BAR LIMITED PARTNERSHIP
HYTHE CONTINUING CARE CENTRE p 132
See GOVERNMENT OF THE PROVINCE OF ALBERTA
HYTHE ELEMENTARY SCHOOL p 132
See PEACE WAPITI SCHOOL DIVISION NO.76
HYTHE REGIONAL JUNIOR HIGH SCHOOL p 132
See PEACE WAPITI SCHOOL DIVISION NO.76
HYUNDAI CANADA INC p 524
100 Canam Cres, BRAMPTON, ON, L7A 1A9
(905) 451-1699   SIC 5511
HYUNDAI CANADA INC p 1287
444 Broad St, REGINA, SK, S4R 1X3
(306) 525-8848   SIC 5511
HYUNDAI DEALERSHIP p 61
See 290756 ALBERTA LTD
HYUNDAI OF REGINA p 1287
See HYUNDAI CANADA INC
HYUNDAI REGINA, DIV OF p 1286
See 604329 SASKATCHEWAN LTD

I

I C B C p 204
See INSURANCE CORPORATION OF BRITISH COLUMBIA
I C B C p 205
See INSURANCE CORPORATION OF BRITISH COLUMBIA
I C B C p 233
See INSURANCE CORPORATION OF BRITISH COLUMBIA
I C B C p 252
See INSURANCE CORPORATION OF BRITISH COLUMBIA
I C B C p 262
See INSURANCE CORPORATION OF BRITISH COLUMBIA
I C B C p 280
See INSURANCE CORPORATION OF BRITISH COLUMBIA
I C D p 1282
See INDEPENDENT'S CHOICE DISTRIBUTION LTD
I C R GENERAL CONTRACTORS LIMITED p 418
1150 Fairville Blvd, SAINT JOHN, NB, E2M 5T6
(506) 672-1482   SIC 1542
I C T GROUP p 467
See ICT CANADA MARKETING INC

I CARE SERVICE LTD p 58
4935 40 Ave Nw Suite 450, CALGARY, AB, T3A 2N1
(403) 286-3022   SIC 8011
I E WELDON SECONDARY SCHOOL p 648
See TRILLIUM LAKELANDS DISTRICT SCHOOL BOARD
I G A p 441
See ATLANTIC WHOLESALERS LTD
I G A p 933
See SOBEYS CAPITAL INCORPORATED
I G A p 1032
See SUPER MARCHE LAPLANTE INC
I G A p 1134
See SOBEYS CAPITAL INCORPORATED
I G A p 1223
See MARCHE AU CHALET (1978) INC
I G A COOKSHIRE p 1017
See SOBEYS QUEBEC INC
I G A EXTRA LEBOURGNEUF p 1167
See SOBEYS QUEBEC INC
I G A EXTRA MASCOUCHE p 1076
See SOBEYS QUEBEC INC
I G A POIRIER p 1214
See POIRIER & FILS LTEE
I G P SPECIALISTES D'INVENTAIRE p 1215
See 3812073 CANADA INC
I L THOMAS ELEMENTARY SCHOOL p 772
See SIX NATIONS COUNCIL
I LEVEL BY WEYERHAUSER p 628
See WEYERHAEUSER COMPANY LIMITED
I Q'S CAFE & BILLIARDS p 390
See UNIVERSITY OF MANITOBA
I-CORP SECURITY SERVICES LTD p 304
1040 Hamilton St Suite 303, VANCOUVER, BC, V6B 2R9
(604) 687-8645   SIC 7381
I-XL LTD p 143
525 2 St Se, MEDICINE HAT, AB, T1A 0C5
(403) 526-5501   SIC 3251
I.C.T.C. HOLDINGS CORPORATION p 208
720 Eaton Way, DELTA, BC, V3M 6J9
(604) 522-6543   SIC 3563
I.D. FASHION LTD p 374
332 Bannatyne Ave, WINNIPEG, MB, R3A 0E2
(204) 944-1954   SIC 2339
I.G. MACHINE p 519
See I.G. MACHINE & FIBERS LTD
I.G. MACHINE & FIBERS LTD p 181
3745 Barnes Lake Rd, ASHCROFT, BC, V0K 1A0
(250) 453-9015   SIC 3444
I.G. MACHINE & FIBERS LTD p 519
87 Orenda Rd, BRAMPTON, ON, L6W 1V8
(905) 457-0745   SIC 3444
I.H. ASPER SCHOOL OF BUSINESS p 390
See UNIVERSITY OF MANITOBA
I.M.E. INC p 1245
1029 Boul Des Entreprises, TERREBONNE, QC, J6Y 1V2
(450) 435-9995   SIC 1742
I.M.P. GROUP INTERNATIONAL INCORPORATED p 393
1850 Vanier Blvd Suite 200, BATHURST, NB, E2A 7B7
(506) 547-7000   SIC 4581
I.M.P. GROUP INTERNATIONAL INCORPORATED p 455
677 Barnes Dr, GOFFS, NS, B2T 1K3
(902) 873-7800   SIC 4581
I.M.P. GROUP INTERNATIONAL INCORPORATED p 479
36 Treasure Dr, WESTERN SHORE, NS, B0J 3M0
(902) 627-2600   SIC 4581
I.M.P. GROUP LIMITED p 273
4200 Cowley Cres, RICHMOND, BC, V7B 1B8
    SIC 4581

I.M.P. GROUP LIMITED *p 441*
13 Tantramar Cres, AMHERST, NS, B4H 4J6
(902) 667-3315 *SIC* 4581

I.M.P. GROUP LIMITED *p 444*
200 Bluewater Rd Suite 201, BEDFORD, NS, B4B 1G9
(902) 455-4649 *SIC* 4581

I.M.P. GROUP LIMITED *p 460*
3447 Kempt Rd, HALIFAX, NS, B3K 5T7
(902) 484-2002 *SIC* 4581

I.M.P. GROUP LIMITED *p 462*
2651 Joseph Howe Dr Suite 202, HALIFAX, NS, B3L 4T1
(902) 482-1600 *SIC* 4581

I.M.P. GROUP LIMITED *p 464*
3101 Hammonds Plains Rd, HAMMONDS PLAINS, NS, B3Z 1H7
(902) 835-4433 *SIC* 4581

I.M.P. GROUP LIMITED *p 716*
2450 Derry Rd E Unit 7, MISSISSAUGA, ON, L5S 1B2
(905) 677-2484 *SIC* 4522

I.M.P. GROUP LIMITED *p 1026*
10225 A Ryan, DORVAL, QC, H9P 1A2
(514) 636-7070 *SIC* 4581

I.O.F. BUSINESS FURNITURE MANUFACTURING INC *p 719*
1710 Bonhill Rd, MISSISSAUGA, ON, L5T 1C8
(905) 672-0942 *SIC* 2521

I.R.D.A. *p 1155*
See INSTITUT DE RECHERCHE ET DEVELOPPEMENT EN AGROENVIRONEMENT INC

I.R.P. INDUSTRIAL RUBBER LTD *p 719*
6300 Edwards Blvd Unit 1, MISSISSAUGA, ON, L5T 2V7
(905) 670-5700 *SIC* 5085

I.T. & HI-FI SOLUTIONS *p 1007*
See 9066-7213 QUEBEC INC

I.V.M. INVESTMENTS INC *p 318*
1200 73rd Ave W Suite 550, VANCOUVER, BC, V6P 6G5
(604) 717-1800 *SIC* 7311

I.W.A. FOREST INDUSTRY PENSION & PLAN *p 191*
3777 Kingsway Suite 2100, BURNABY, BC, V5H 3Z7
(604) 433-6310 *SIC* 8742

I.XL INDUSTRIES LTD *p 143*
612 Porcelain Ave Se, MEDICINE HAT, AB, T1A 8S4
(403) 526-5901 *SIC* 3251

IA CLARINGTON INVESTMENTS INC *p 51*
1414 8 St Sw, CALGARY, AB, T2R 1J6
(403) 806-1078 *SIC* 6282

IA CLARINGTON INVESTMENTS INC *p 911*
522 University Ave Suite 700, TORONTO, ON, M5G 1W7
(416) 860-9880 *SIC* 6282

IA VALEURS MOBILIERES *p 1106*
See INDUSTRIELLE ALLIANCE VALEURS MOBILIERES INC

IAC *p 559*
See IAC AUTOMOTIVE COMPONENTS ALBERTA ULC

IAC AUTOMOTIVE COMPONENTS ALBERTA ULC *p 559*
375 Basaltic Rd, CONCORD, ON, L4K 4W8
(905) 879-0292 *SIC* 3089

IAMGOLD CORPORATION *p 1191*
3400 Rte Du Columbium, Saint-Honore-de-Chicoutimi, QC, G0V 1L0
(418) 673-4694 *SIC* 1081

IAN BAZALGETTE JUNIOR HIGH SCHOOL *p 14*
See CALGARY BOARD OF EDUCATION

IAN FORSYTH ELEMENTARY SCHOOL *p 447*
See HALIFAX REGIONAL SCHOOL BOARD

IAN MARTIN LIMITED *p 615*
34 Stone Church Rd E Suite 201, HAMILTON, ON, L9B 1A9
(905) 304-7383 *SIC* 7361

IAN MARTIN LIMITED *p 768*
465 Morden Rd, OAKVILLE, ON, L6K 3W6
(905) 815-1600 *SIC* 7361

IAN MARTIN LIMITED *p 1207*
3333 Boul De La Cote-Vertu Bureau 202, SAINT-LAURENT, QC, H4R 2N1
(514) 338-3800 *SIC* 7361

IANYWHERE SOLUTIONS CANADA LIMITED *p 952*
415 Phillip St, WATERLOO, ON, N2L 3X2
(519) 883-6488 *SIC* 7371

IAT GLOBAL *p 872*
See INNOVATIVE APPLIED TECHNOLOGIES, INC

IBI GROUP *p 24*
611 Meredith Rd Ne Suite 500, CALGARY, AB, T2E 2W5
(403) 270-5600 *SIC* 8712

IBI GROUP *p 81*
10830 Jasper Ave Nw Suite 300, EDMONTON, AB, T5J 2B3
(780) 428-4000 *SIC* 8712

IBI GROUP *p 312*
1285 Pender St W Suite 700, VANCOUVER, BC, V6E 4B1
(604) 683-8797 *SIC* 8712

IBI GROUP *p 900*
See IBI GROUP INC

IBI GROUP INC *p 900*
95 St Clair Ave W Suite 200, TORONTO, ON, M4V 1N6
(416) 924-9966 *SIC* 8712

IBM *p 375*
See IBM CANADA LIMITED

IBM CANADA - USINE DE BROMONT *p 1005*
See IBM CANADA LIMITED

IBM CANADA LIMITED *p 45*
639 5 Ave Sw Suite 2100, CALGARY, AB, T2P 0M9
SIC 7371

IBM CANADA LIMITED *p 81*
10044 108 St Nw Suite 401, EDMONTON, AB, T5J 3S7
(780) 642-4100 *SIC* 3571

IBM CANADA LIMITED *p 266*
13511 Crestwood Pl Suite 1, RICHMOND, BC, V6V 2E9
(604) 244-2100 *SIC* 7374

IBM CANADA LIMITED *p 375*
400 Ellice Ave, WINNIPEG, MB, R3B 3M3
(204) 946-4900 *SIC* 3571

IBM CANADA LIMITED *p 415*
400 Main St Suite 1000, SAINT JOHN, NB, E2K 4N5
(506) 646-4000 *SIC* 7389

IBM CANADA LIMITED *p 626*
770 Palladium Dr, KANATA, ON, K2V 1C8
SIC 7371

IBM CANADA LIMITED *p 657*
275 Dundas St, LONDON, ON, N6B 3L1
SIC 7379

IBM CANADA LIMITED *p 745*
245 Consumers Rd, NORTH YORK, ON, M2J 1R3
(905) 316-7785 *SIC* 8721

IBM CANADA LIMITED *p 752*
105 Moatfield Dr Suite 100, NORTH YORK, ON, M3B 0A4
(905) 316-5000 *SIC* 7299

IBM CANADA LIMITED *p 787*
1400 St. Laurent Blvd Suite 500, OTTAWA, ON, K1K 4H4
SIC 3571

IBM CANADA LIMITED *p 966*
2480 Ouellette Ave, WINDSOR, ON, N8X 1L4
(519) 972-0208 *SIC* 3578

IBM CANADA LIMITED *p 1005*
23 Boul De L'aeroport, BROMONT, QC, J2L 1A3
(450) 534-6000 *SIC* 3674

IBM CANADA LIMITED *p 1116*
1360 Boul Rene-Levesque O Bureau 400, Montreal, QC, H3G 2W6
(888) 245-5572 *SIC* 7372

IBM CANADA LIMITED *p 1285*
1801 Hamilton St Suite 600, REGINA, SK, S4P 4B4
(306) 564-6601 *SIC* 5045

IBM CANADA LTD *p 398*
See BELL ALIANT REGIONAL COMMUNICATIONS INC

IBM GLOBAL SERVICES *p 787*
See IBM CANADA LIMITED

IBM RATIONAL SOFTWARE *p 626*
See IBM CANADA LIMITED

IBS INTERNATIONAL BULK SERVICES OF CANADA *p 739*
See CN WORLDWIDE DISTRIBUTION SERVICES (CANADA) INC

IBWAVE SOLUTIONS INC *p 1204*
7075 Place Robert-Joncas Bureau 95, SAINT-LAURENT, QC, H4M 2Z2
(514) 397-0606 *SIC* 7371

IC AXON INC *p 1100*
3575 Boul Saint-Laurent Bureau 650, Montreal, QC, H2X 2T7
(514) 940-1142 *SIC* 8742

ICAN INDEPENDENCE CENTRE AND NETWORK *p 869*
765 Brennan Rd, SUDBURY, ON, P3C 1C4
(705) 673-0655 *SIC* 8051

ICAPTURE CENTRE *p 322*
See PROVIDENCE HEALTH CARE SOCIETY

ICBC *p 212*
See INSURANCE CORPORATION OF BRITISH COLUMBIA

ICBC *p 236*
See INSURANCE CORPORATION OF BRITISH COLUMBIA

ICBC *p 239*
See INSURANCE CORPORATION OF BRITISH COLUMBIA

ICBC *p 245*
See INSURANCE CORPORATION OF BRITISH COLUMBIA

ICBC *p 248*
See INSURANCE CORPORATION OF BRITISH COLUMBIA

ICBC *p 280*
See INSURANCE CORPORATION OF BRITISH COLUMBIA

ICBC *p 286*
See INSURANCE CORPORATION OF BRITISH COLUMBIA

ICBC *p 291*
See INSURANCE CORPORATION OF BRITISH COLUMBIA

ICBC *p 326*
See INSURANCE CORPORATION OF BRITISH COLUMBIA

ICBC *p 329*
See INSURANCE CORPORATION OF BRITISH COLUMBIA

ICBC CENTRAL ESTIMATING FACILITY *p 202*
See INSURANCE CORPORATION OF BRITISH COLUMBIA

ICC IMAGINE COMMUNICATIONS CANADA LTD *p 752*
25 Dyas Rd, NORTH YORK, ON, M3B 1V7
(416) 445-9640 *SIC* 3663

ICC TECHNOLOGIES *p 1130*
See INFORMATIQUE COTE, COULOMBE INC

ICELANDIC CARE HOME HOFN SOCIETY, THE *p 296*
2020 Harrison Dr, VANCOUVER, BC, V5P 0A1
(604) 321-3812 *SIC* 8051

ICELANDIC RESIDENCE *p 296*
See ICELANDIC CARE HOME HOFN SOCIETY, THE

ICICI BANK CANADA *p 753*
150 Ferrand Dr Suite 1200, NORTH YORK, ON, M3C 3E5
(416) 847-7881 *SIC* 6021

ICL INTERNATIONAL INC *p 1102*
209 Rue Saint-Paul O, Montreal, QC, H2Y 2A1
SIC 4581

ICOM INFORMATION & COMMUNICATIONS L.P. *p 842*
41 Metropolitan Rd, SCARBOROUGH, ON, M1R 2T5
(416) 297-7887 *SIC* 8732

ICOM PRODUCTIONS INC *p 45*
140 8 Ave Sw Suite 400, CALGARY, AB, T2P 1B3
(403) 539-9276 *SIC* 8748

ICON DU CANADA INC *p 1200*
See ICON DU CANADA INC

ICON DU CANADA INC *p 1200*
950 Rue De L'industrie, Saint-Jerome, QC, J7Y 4B8
(450) 565-2955 *SIC* 5091

ICON PRINT COMMUNICATIONS INC *p 672*
7453 Victoria Park Ave Suite 2, MARKHAM, ON, L3R 2Y7
(905) 513-7500 *SIC* 2759

ICONIC POWER SYSTEMS INC *p 18*
11090 48 Ave Se, CALGARY, AB, T2C 3E1
(403) 240-1233 *SIC* 1731

ICORR PROPERTIES INTERNATIONAL *p 655*
See ICORR PROPERTIES MANAGEMENT INC

ICORR PROPERTIES MANAGEMENT INC *p 655*
700 Richmond St Suite 100, LONDON, ON, N6A 5C7
(519) 432-1888 *SIC* 6513

ICRH *p 1088*
See INSTITUTE OF CIRCULATORY AND RESPIRATORY HEALTH

ICRM BUILDING SERVICE CONTRACTORS LTD *p 585*
5 Mclachlan Dr, ETOBICOKE, ON, M9W 1E3
(416) 798-9898 *SIC* 7349

ICS COURIER *p 492*
See INFORMATION COMMUNICATION SERVICES (ICS) INC

ICS COURIER SERVICES *p 578*
See INFORMATION COMMUNICATION SERVICES (ICS) INC

ICS COURIER SERVICES *p 700*
See INFORMATION COMMUNICATION SERVICES (ICS) INC

ICS COURIER SERVICES *p 843*
See INFORMATION COMMUNICATION SERVICES (ICS) INC

ICS SERVICE DE COURIER *p 1026*
See INFORMATION COMMUNICATION SERVICES (ICS) INC

ICS UNIVERSAL DRUM RECONDITIONING LIMITED PARTNERSHIP *p 937*
110 Glen Scarlett Rd, TORONTO, ON, M6N 1P4
(416) 763-1102 *SIC* 5085

ICSS *p 777*
See INNOVATIVE COMMUNITY SUPPORT SERVICES

ICT CANADA MARKETING INC *p 405*
408 King George Hwy, MIRAMICHI, NB, E1V 0G6
(506) 836-9050 *SIC* 7389

ICT CANADA MARKETING INC *p 405*
459 Elmwood Dr, MONCTON, NB, E1A 2X2
SIC 8732

ICT CANADA MARKETING INC *p 413*
720 Coverdale Rd Unit 9, RIVERVIEW, NB, E1B 3L8
(506) 387-9050 *SIC* 7389

BUSINESSES ALPHABETICALLY

ICT CANADA MARKETING INC p 424
80 Powell Dr, CARBONEAR, NL, A1Y 1A5
SIC 7389

ICT CANADA MARKETING INC p 425
1 Mount Bernard Ave, CORNER BROOK, NL, A2H 6Y5
SIC 7389

ICT CANADA MARKETING INC p 467
800 Sackville Dr, LOWER SACKVILLE, NS, B4E 1R8
(902) 869-9050 SIC 7389

ICT CANADA MARKETING INC p 469
690 East River Rd, NEW GLASGOW, NS, B2H 3S1
(902) 755-9050 SIC 7389

ICT CANADA MARKETING INC p 475
325 Vulcan Ave, SYDNEY, NS, B1P 5X1
SIC 7389

ICT CANADA MARKETING INC p 647
370 Kent St W Unit 16, LINDSAY, ON, K9V 6G8
SIC 7389

ID BIOMEDICAL CORPORATION OF QUEBEC p 1155
2323 Boul Du Parc-Technologique, Quebec, QC, G1P 4R8
(418) 650-0010 SIC 8731

ID BIOMEDICAL CORPORATION OF QUEBEC p 1155
2323 Boul Du Parc-Technologique, Quebec, QC, G1P 4R8
(450) 978-4599 SIC 8731

ID BIOMEDICAL CORPORATION OF QUEBEC p 1214
245 Boul Armand-Frappier, SAINT-LAURENT, QC, H7V 4A7
(450) 978-4599 SIC 5122

ID TECHNOLOGY p 719
See ID TECHNOLOGY (CANADA) CORP

ID TECHNOLOGY (CANADA) CORP p 719
165 Annagem Blvd, MISSISSAUGA, ON, L5T 2V1
(905) 670-4919 SIC 3565

IDEA PARTNER MARKETING INC, THE p 317
2799 Yew St, VANCOUVER, BC, V6K 4W2
(604) 736-1640 SIC 6513

IDEABYTES INC p 730
142 Golflinks Dr, NEPEAN, ON, K2J 5N5
(613) 692-9908 SIC 7371

IDEAL BUILDING FASTENERS INC p 818
855 Edward St, PRESCOTT, ON, K0E 1T0
(613) 925-1191 SIC 3452

IDEAL CARGO INC p 1222
2245 Rte 161, Saint-Valere, QC, G0P 1M0
(819) 353-3350 SIC 3715

IDEAL INDUSTRIES (CANADA), CORP p 483
33 Fuller Rd, AJAX, ON, L1S 2E1
(905) 683-3400 SIC 3699

IDEAL PIPE p 960
691 St Lawrence, WINCHESTER, ON, K0C 2K0
(613) 774-2662 SIC 3498

IDEAL SUPPLY COMPANY LIMITED p 497
24 Cedar Pointe Dr, BARRIE, ON, L4N 5R7
(705) 728-5662 SIC 5063

IDEAL SUPPLY COMPANY LIMITED p 596
208 Suncoast Dr E, GODERICH, ON, N7A 4K4
(519) 524-8389 SIC 7539

IDEAL TRAILER p 1222
See IDEAL CARGO INC

IDEAL WELDERS LTD p 208
660 Caldew St, DELTA, BC, V3M 5S2
(604) 525-5558 SIC 3498

IDEE CADRE p 1151
See 9254-7983 QUEBEC INC

IDEE PRO INC p 1150
54 Rue De La Pointe-Aux-Lievres Bureau 6, Quebec, QC, G1K 5Y3

(418) 522-4455 SIC 2759

IDQ CANADA INC p 436
672 Topsail Rd, ST. JOHN'S, NL, A1E 2E2
(709) 368-2671 SIC 5812

IDT CANADA INC p 623
450 March Rd Suite 500, KANATA, ON, K2K 3K2
(613) 287-5100 SIC 7371

IEG CONSULTANTS p 10
See KLOHN CRIPPEN BERGER LTD

IEM CANADA p 234
See IEM INDUSTRIAL ELECTRIC MFG. (CANADA) INC

IEM INDUSTRIAL ELECTRIC MFG. (CANADA) INC p 234
27353 58 Cres Unit 201, LANGLEY, BC, V4W 3W7
(866) 302-9836 SIC 5063

IESO p 911
See INDEPENDENT ELECTRICITY SYSTEM OPERATOR

IFASTGROUPE 2004 L.P. p 685
3990 Nashua Dr, MISSISSAUGA, ON, L4V 1P8
(905) 677-8920 SIC 3452

IFASTGROUPE 2004 L.P. p 1217
2620 Rue Bernard-Pilon, SAINT-MATHIEU-DE-BELOEIL, QC, J3G 4S5
(450) 464-0547 SIC 5085

IFG - INTERNATIONAL FINANCIAL GROUP LTD p 908
100 Yonge St Suite 1501, TORONTO, ON, M5C 2W1
(416) 645-2434 SIC 8721

IFS INTERNATIONAL FREIGHT SYSTEMS INC p 781
280 Cordova Rd, OSHAWA, ON, L1J 1N9
(905) 436-1218 SIC 4213

IGA p 8
See FRESON MARKET LTD

IGA p 118
See FRESON MARKET LTD

IGA p 124
See FRESON MARKET LTD

IGA p 126
See FRESON MARKET LTD

IGA p 129
See FRESON MARKET LTD

IGA p 131
See FRESON MARKET LTD

IGA p 542
See SOBEYS CAPITAL INCORPORATED

IGA p 617
See SOBEYS CAPITAL INCORPORATED

IGA p 804
See SOBEYS CAPITAL INCORPORATED

IGA p 1000
See SUPERMARCHES JACQUES DAIGLE INC

IGA p 1023
See SOBEYS QUEBEC INC

IGA p 1043
See SOBEYS CAPITAL INCORPORATED

IGA p 1058
See MARCHE H. DAUPHINAIS INC

IGA p 1060
See SOBEYS QUEBEC INC

IGA p 1136
See MARCHES PILON MCKINNON INC, LES

IGA p 1158
See SOBEYS CAPITAL INCORPORATED

IGA p 1184
See MARCHE LAMBERT ET FRERES INC

IGA p 1186
See SOBEYS QUEBEC INC

IGA p 1255
See SOBEYS QUEBEC INC

IGA #169 p 222
See H.Y. LOUIE CO. LIMITED

IGA 51 p 231
See H.Y. LOUIE CO. LIMITED

IGA 77 p 340
See H.Y. LOUIE CO. LIMITED

IGA BARCELO p 1098
See SOBEYS QUEBEC INC

IGA BUY N' FLY p 428
See BUYNFLY FOOD LIMITED

IGA CARLETON PLACE p 549
See SOBEYS CAPITAL INCORPORATED

IGA COOP DUBERGER p 1155
See COOPERATIVE DES CONSOMMATEURS DE LORETTEVILLE

IGA COUTURE p 1236
See SOBEYS QUEBEC INC

IGA EXTRA p 1067
See SOBEYS QUEBEC INC

IGA EXTRA p 1156
See SOBEYS CAPITAL INCORPORATED

IGA EXTRA p 1173
See SOBEYS CAPITAL INCORPORATED

IGA EXTRA p 1175
See SOBEYS CAPITAL INCORPORATED

IGA EXTRA p 1182
See MARCHE LAMBERT ET FRERES INC

IGA EXTRA p 1216
See SOBEYS QUEBEC INC

IGA EXTRA p 1240
See SOBEYS CAPITAL INCORPORATED

IGA EXTRA p 1248
See SOBEYS CAPITAL INCORPORATED

IGA EXTRA 514 p 1237
See SOBEYS CAPITAL INCORPORATED

IGA EXTRA CONVIVIO p 1164
See 9230-9970 QUEBEC INC

IGA EXTRA THIBAULT p 1244
See SOBEYS QUEBEC INC

IGA KNOWLTON p 1049
See 9128-3820 QUEBEC INC

IGA MARCHE A DESROCHERS p 1261
See MARCHE A DESROCHERS INC

IGA MARCHE MORIN-HEIGHTS p 1134
See 9181-8153 QUEBEC INC

IGA PEPIN p 998
See MARCHES PEPIN INC, LES

IGA ROBERT MARTIN p 1012
See 9095-9133 QUEBEC INC

IGA STORES p 297
See H.Y. LOUIE CO. LIMITED

IGA SUPERMARCHE PIERRE PATRY EXTRA p 1256
See SOBEYS CAPITAL INCORPORATED

IGA YVON HACHE p 1015
See SOBEYS QUEBEC INC

IGM FINANCIAL INC p 248
1200 Lonsdale Ave Suite 200, NORTH VANCOUVER, BC, V7M 3H6
(604) 986-1200 SIC 6719

IGM FINANCIAL INC p 280
10428 153 St Suite 100, SURREY, BC, V3R 1E1
(604) 581-8005 SIC 6211

IGM FINANCIAL INC p 462
7001 Mumford Rd Suite 207, HALIFAX, NS, B3L 2H8
(902) 423-8294 SIC 6211

IGM FINANCIAL INC p 540
390 Brant St Suite 600, BURLINGTON, ON, L7R 4J4
(905) 333-3335 SIC 8741

IGM FINANCIAL INC p 733
17310 Yonge St Unit 10a, NEWMARKET, ON, L3Y 7S1
(905) 895-6718 SIC 6282

IGM FINANCIAL INC p 964
3100 Temple Dr Suite 600, WINDSOR, ON, N8W 5J6
(519) 969-7526 SIC 8742

IGM FINANCIAL INC p 1006
1850 Rue Panama Bureau 600, BROSSARD, QC, J4W 3C6
(450) 443-6496 SIC 6722

IGM FINANCIAL INC p 1159
1122 Grande Allee O, Quebec, QC, G1S 4Z5
(418) 681-0990 SIC 6282

IGM FINANCIAL INC p 1285
2365 Albert St Suite 100, REGINA, SK, S4P 4K1
(306) 757-3511 SIC 8748

IGNACE PUBLIC SCHOOL p 620
See KEEWATIN PATRICIA DISTRICT SCHOOL BOARD

IGT CANADA SOLUTIONS ULC p 410
328 Urquhart Ave, MONCTON, NB, E1H 2R6
(506) 878-6000 SIC 3999

IHG HARILELA HOTELS LTD p 1212
7880 Ch De La Cote-De-Liesse, SAINT-LAURENT, QC, H4T 1E7
(514) 788-5120 SIC 7011

IHS p 28
See IHS ENERGY (CANADA) LTD

IHS ENERGY (CANADA) LTD p 28
1331 Macleod Trail Se Suite 200, CALGARY, AB, T2G 0K3
(403) 532-8175 SIC 8741

IHS GLOBAL CANADA LIMITED p 28
1331 Macleod Trail Se Suite 200, CALGARY, AB, T2G 0K3
(403) 532-8175 SIC 7372

II FORNELLO RESTAURANTS p 746
See 1094285 ONTARIO LIMITED

IIROC p 312
See INVESTMENT INDUSTRY REGULATORY ORGANIZATION OF CANADA

IISD p 375
See INTERNATIONAL INSTITUTE FOR SUSTAINABLE DEVELOPMENT

IKEA CANADA LIMITED PARTNERSHIP p 578
See IKEA CANADA LIMITED PARTNERSHIP

IKEA CANADA LIMITED PARTNERSHIP p 578
1475 The Queensway, ETOBICOKE, ON, M8Z 1T3
(416) 646-4532 SIC 5712

IKEA CANADA LIMITED PARTNERSHIP p 1004
586 Ch De Touraine, BOUCHERVILLE, QC, J4B 5E4
SIC 5712

IKEA CANADA LIMITED PARTNERSHIP p 1004
See IKEA CANADA LIMITED PARTNERSHIP

IKEA CANADA LIMITED PARTNERSHIP p 1212
See IKEA CANADA LIMITED PARTNERSHIP

IKEA CANADA LIMITED PARTNERSHIP p 1212
9090 Boul Cavendish, SAINT-LAURENT, QC, H4T 1Z8
(514) 904-8619 SIC 5712

IKEA LIMITED p 113
See IKEA LIMITED

IKEA LIMITED p 113
1311 102 St Nw, EDMONTON, AB, T6N 1M3
(780) 433-6000 SIC 5712

IKO INDUSTRIES LTD p 28
1600 42 Ave Se, CALGARY, AB, T2G 5B5
(403) 265-6030 SIC 2952

IKO INDUSTRIES LTD p 519
80 Stafford Dr, BRAMPTON, ON, L6W 1L4
(905) 457-2880 SIC 2952

IKO INDUSTRIES LTD p 618
1451 Spence Ave, HAWKESBURY, ON, K6A 3T4
(613) 632-8581 SIC 2952

IKO INDUSTRIES LTD p 666
105084 Hwy 7, MADOC, ON, K0K 2K0
(613) 473-0430 SIC 2952

IL FORNELLO RESTAURANT p 894
See 1073197 ONTARIO LTD

IL FORNELLO RESTAURANT p 899
See 1094285 ONTARIO LIMITED

IL FORNELLO RESTAURANT p 916
See 1094285 ONTARIO LIMITED

ILAC p 901
See INTERNATIONAL LANGUAGE

ACADEMY OF CANADA INC
ILE DES CHENES SCHOOL p 350
See SEINE RIVER SCHOOL DIVISION
ILE-A-LA-CROSSE SCHOOL DIVISION NO 112 p 1270
Gd, ILE-A-LA-CROSSE, SK, S0M 1C0
(306) 833-2010   SIC 8211
ILER LODGE p 575
See REVERA LONG TERM CARE INC
ILER LODGE RETIREMENT HOME p 575
See REVERA INC
ILEVEL p 208
See WEYERHAEUSER COMPANY LIMITED
ILLEN PRODUCTS LTD p 268
21320 Gordon Way Unit 260, RICHMOND, BC, V6W 1J8
(604) 278-7147   SIC 3999
ILLINOIS CENTRAL RAILROAD p 1112
935 Rue De La Gauchetiere O Bureau 11, Montreal, QC, H3B 2M9
(514) 399-4536   SIC 4011
ILLUMINATED SCIENCE p 774
See PATTISON, JIM INDUSTRIES LTD
ILLUMITI INC p 873
123 Commerce Valley Dr E Suite 500, THORNHILL, ON, L3T 7W8
(905) 731-1066   SIC 8748
ILSC (TORONTO) INC p 911
443 University Ave Suite 3, TORONTO, ON, M5G 2H6
(416) 323-1770   SIC 8299
ILSC (VANCOUVER) INC p 1102
410 Rue Saint-Nicolas Bureau 300, Montreal, QC, H2Y 2P5
(514) 876-4572   SIC 8299
ILSC MONTREAL p 1102
See ILSC (VANCOUVER) INC
ILSCO OF CANADA COMPANY p 696
615 Orwell St, MISSISSAUGA, ON, L5A 2W4
(905) 274-2341   SIC 3643
IMAFLEX INC p 1259
355 Boul Labbe N, VICTORIAVILLE, QC, G6P 1B1
(819) 758-5542   SIC 3081
IMAGE PAC GRAPHICS p 267
See WESTROCK COMPANY OF CANADA INC
IMAGE PLUS p 179
31935 South Fraser Way Unit 104, ABBOTSFORD, BC, V2T 5N7
(604) 504-7222   SIC 7384
IMAGE TWIST p 1101
See AGENCE MIRUM CANADA INC
IMAGES TURBO INC, LES p 1189
1225 107e Rue, SAINT-GEORGES, QC, G5Y 8C3
(418) 227-8872   SIC 7532
IMAGEWEAR p 709
See MARK'S WORK WEARHOUSE LTD
IMAGINA SOLUTIONS TECHNOLOGIQUES INC p 1115
75 Rue Queen Bureau 4700, Montreal, QC, H3C 2N6
SIC 7379
IMAGINE COMMUNICATIONS p 752
See ICC IMAGINE COMMUNICATIONS CANADA LTD
IMAGING AND SENSING TECHNOLOGY p 546
See MIRION TECHNOLOGIES (IST CANADA) INC
IMAGIX IMAGERIE MEDICALE INC p 1004
600 Boul Du Fort-Saint-Louis Unite 202, BOUCHERVILLE, QC, J4B 1S7
(450) 655-2430   SIC 8011
IMAGO RESTAURANTS INC p 897
40 Eglinton Ave E, TORONTO, ON, M4P 3A2
SIC 5812
IMAGO RESTAURANTS INC p 906
220 Yonge St, TORONTO, ON, M5B 2H1
SIC 5812

IMAGO RESTAURANTS INC p 924
39 Prince Arthur Ave, TORONTO, ON, M5R 1B2
(416) 964-2441   SIC 5812
IMANET p 967
See 882976 ONTARIO INC
IMARKETING SOLUTIONS GROUP INC p 63
3710 Westwinds Dr Ne Unit 24, CALGARY, AB, T3J 5H3
SIC 8399
IMARKETING SOLUTIONS GROUP INC p 82
10025 106 St Nw Suite 200, EDMONTON, AB, T5J 1G4
(780) 482-5801   SIC 8399
IMARKETING SOLUTIONS GROUP INC p 346
800 Rosser Ave Suite D7, BRANDON, MB, R7A 6N5
(204) 727-4242   SIC 8399
IMARKETING SOLUTIONS GROUP INC p 563
8000 Jane St Suite 401, CONCORD, ON, L4K 5B8
SIC 8399
IMARKETING SOLUTIONS GROUP INC p 610
4 Hughson St S Suite P400, HAMILTON, ON, L8N 3Z1
(905) 529-7896   SIC 8399
IMARKETING SOLUTIONS GROUP INC p 786
2197 Riverside Dr Suite 203, OTTAWA, ON, K1H 7X3
(613) 733-1091   SIC 8399
IMARKETING SOLUTIONS GROUP INC p 927
80 Bloor St W Suite 601, TORONTO, ON, M5S 2V1
(416) 646-3128   SIC 8399
IMASCO p 289
See IMASCO MINERALS INC
IMASCO MINERALS INC p 289
19287 98a Ave, SURREY, BC, V4N 4C8
(604) 251-3959   SIC 3299
IMAX TELUS CENTRE DES SCIENCES DE MONTREAL p 1103
See SOCIETE DU VIEUX-PORT DE MONTREAL INC
IMBC BLOWMOLDING 2014 INC p 1225
21 Boul Begin, SAINTE-CLAIRE, QC, G0R 2V0
(418) 883-3333   SIC 3089
IMFC p 371
See INDIAN AND METIS FRIENDSHIP CENTRE OF WINNIPEG INC
IMI NUCLEAR p 720
See NEWMAN HATTERSLEY LTD
IMMACULATA HIGH SCHOOL p 794
See OTTAWA CATHOLIC DISTRICT SCHOOL BOARD
IMMACULATE CONCEPTION p 976
See YORK CATHOLIC DISTRICT SCHOOL BOARD
IMMACULATE CONCEPTION p 1030
See COMMISSION SCOLAIRE DES CHENES
IMMACULATE CONCEPTION ELEMENTARY SCHOOL p 808
See PETERBOROUGH VICTORIA NORTHUMBERLAND AND CLARINGTON CATHOLIC DISTRICT SCHOOL BOARD
IMMACULATE CONCEPTION ELEMENTARY SCHOOL p 969
See WINDSOR-ESSEX CATHOLIC DISTRICT SCHOOL BOARD, THE
IMMACULATE CONCEPTION SCHOOL p 209
See ROMAN CATHOLIC ARCHDIOCESE OF VANCOUVER, THE
IMMACULATE CONCEPTION SCHOOL p 262
See ROMAN CATHOLIC EPISCOPAL CORPORATION OF PRINCE RUPERT, THE
IMMACULATE CONCEPTION SCHOOL p 319
See CATHOLIC INDEPENDENT SCHOOLS OF VANCOUVER ARCHDIOCESE, THE
IMMACULATE CONCEPTION SCHOOL p 564
See CATHOLIC DISTRICT SCHOOL BOARD OF EASTERN ONTARIO
IMMACULATE CONCEPTION SCHOOL p 589
See BRUCE-GREY CATHOLIC DISTRICT SCHOOL BOARD
IMMACULATE CONCEPTION SCHOOL p 946
See SUDBURY CATHOLIC DISTRICT SCHOOL BOARD
IMMACULATE CONCEPTION SEPARATE SCHOOL p 761
See TORONTO CATHOLIC DISTRICT SCHOOL BOARD
IMMACULATE HEART MARY SCHOOL p 840
See TORONTO CATHOLIC DISTRICT SCHOOL BOARD
IMMACULATE HEART OF MARY p 861
See HAMILTON-WENTWORTH CATHOLIC SCHOOL BOARD
IMMANUEL CHRISTIAN ELEMENTARY p 137
See SOCIETY FOR CHRISTIAN EDUCATION IN SOUTHERN ALBERTA, THE
IMMEDIATE DELIVERY & COURIER SERVICE INC p 484
255 Salem Rd S Unit D2, AJAX, ON, L1Z 0B1
(905) 427-7733   SIC 7389
IMMEUBLES CARREFOUR RICHELIEU CARREFOUR DU NORD p 1201
See WESTCLIFF MANAGEMENT LTD
IMMEUBLES CARREFOUR RICHELIEU LTEE, LES p 1059
7077 Boul Newman Bureau 1, LASALLE, QC, H8N 1X1
(514) 363-9413   SIC 6512
IMMEUBLES GABRIEL AZOUZ INC p 1132
7000 Boul Henri-Bourassa E, MONTREAL-NORD, QC, H1G 6C4
(514) 327-7777   SIC 6719
IMMEUBLES HOULE ET CORRIVEAU INC p 1191
12 122 Rte, SAINT-GUILLAUME, QC, J0C 1L0
(819) 396-2185   SIC 5083
IMMEUBLES J.C. MILOT INC, LES p 1030
600 Boul Saint-Joseph, DRUMMONDVILLE, QC, J2C 2C1
(819) 478-4141   SIC 7011
IMMEUBLES JACQUES ROBITAILLE INC, LES p 1161
3055 Boul Laurier, Quebec, QC, G1V 4X2
(418) 651-2440   SIC 7011
IMMEUBLES JACQUES ROBITAILLE INC, LES p 1162
3115 Av Des Hotels, Quebec, QC, G1W 3Z6
(418) 658-5120   SIC 7011
IMMEUBLES JACQUES ROBITAILLE INC, LES p 1166
7175 Boul Wilfrid-Hamel, Quebec, QC, G2G 1B6
(418) 872-9831   SIC 7011
IMMEUBLES OCEANIE INC p 1117
1808 Rue Sherbrooke O, Montreal, QC, H3H 1E5
(514) 933-3611   SIC 7011
IMMEUBLES RB LTEE p 1176
500 Rte 112, ROUGEMONT, QC, J0L 1M0
(450) 469-3153   SIC 4225
IMMIGRANT SERVICES SOCIETY OF BRITISH COLUMBIA, THE p 304
530 Drake St, VANCOUVER, BC, V6B 2H3

(604) 684-7498   SIC 7363
IMMOBILIER JACK ASTOR'S (DORVAL) INC p 1024
3051 Boul Des Sources, DOLLARD-DES-ORMEAUX, QC, H9B 1Z6
(514) 685-5225   SIC 5813
IMMOBILIER SKI BROMONT INC p 1005
150 Rue Champlain, BROMONT, QC, J2L 1A2
(450) 534-2200   SIC 5813
IMMOBILIER SKI BROMONT.COM p 1005
See IMMOBILIER SKI BROMONT INC
IMMOBILIERE DUNDEE 360 p 1116
See DUNDEE 360 REAL ESTATE CORPORATION
IMOS p 672
See INTEGRATED MAINTENANCE & OPERATIONS SERVICES INC
IMP ELECTRONIC SYSTEMS p 464
See I.M.P. GROUP LIMITED
IMP SOLUTIONS p 462
See I.M.P. GROUP LIMITED
IMPACT AUTO AUCTIONS LTD p 698
50 Burnhamthorpe Rd W Suite 800, MISSISSAUGA, ON, L5B 3C2
(905) 896-9727   SIC 7389
IMPACT DE MONTREAL F.C. p 1088
4750 Rue Sherbrooke E, Montreal, QC, H1V 3S8
(514) 328-3668   SIC 7941
IMPACT DENTAL LABORATORY LIMITED p 594
5300 Canotek Rd Suite 200, GLOUCESTER, ON, K1J 1A4
(613) 746-0602   SIC 8072
IMPACT DETAIL INC p 990
7887 Rue Grenache Bureau 201, ANJOU, QC, H1J 1C4
(514) 767-1555   SIC 8743
IMPACT OILFIELD SUPPLY INC p 147
2714 5 St, NISKU, AB, T9E 0H1
(780) 466-7484   SIC 5082
IMPACT RESEARCH INC p 1150
300 Rue Saint-Paul Bureau 300, Quebec, QC, G1K 7R1
(418) 647-2727   SIC 8732
IMPACT SECURITY GROUP INC p 92
10471 178 St Nw Suite 103, EDMONTON, AB, T5S 1R5
(780) 485-6000   SIC 7381
IMPARK p 304
See IMPERIAL PARKING CANADA CORPORATION
IMPART LITHO p 1260
See 9049-3347 QUEBEC INC
IMPENCO LTEE p 1097
240 Rue Guizot O, Montreal, QC, H2P 1L5
(514) 383-1200   SIC 3172
IMPERIAL BOFLEX p 1072
See IMPERIAL MANUFACTURING GROUP INC
IMPERIAL BUILDING PRODUCTS INC p 396
500 Boul Ferdinand, DIEPPE, NB, E1A 6V9
(506) 859-9908   SIC 3564
IMPERIAL CHILLED JUICE INC p 719
265 Courtneypark Dr E, MISSISSAUGA, ON, L5T 2T6
(905) 565-7288   SIC 2037
IMPERIAL CLEANERS LTD p 451
617 Windmill Rd, DARTMOUTH, NS, B3B 1B6
(902) 434-9989   SIC 7349
IMPERIAL COMMUNITY SCHOOL p 1287
See BOARD OF EDUCATION REGINA SCHOOL DIVISION NO. 4 OF SASKATCHEWAN
IMPERIAL HOUSE SALES p 1097
See PRESTIGE SALES INC
IMPERIAL MANUFACTURING GROUP INC p 1072
2600 Boul Jacques-Cartier E, LONGUEUIL, QC, J4N 1P8
(450) 651-3539   SIC 3444

IMPERIAL METAL INDUSTRIES INC p 344
34009 42 N, BLUMENORT, MB, R0A 0C0
(204) 326-6683   SIC 3441
IMPERIAL OIL LIMITED p 100
9210 34 St Nw, EDMONTON, AB, T6B 2Y5
(780) 468-6587   SIC 2911
IMPERIAL OIL LIMITED p 184
3100 Underhill Ave, BURNABY, BC, V5A 3C6
(604) 444-7700   SIC 2911
IMPERIAL OIL LIMITED p 213
Mi 293 Alaska Hwy, FORT NELSON, BC, V0C 1R0
(250) 774-3151   SIC 2911
IMPERIAL OIL LIMITED p 257
2225 Ioco Rd, PORT MOODY, BC, V3H 3C8
(604) 469-8300   SIC 2911
IMPERIAL OIL LIMITED p 828
453 Christina St, SARNIA, ON, N7T 5W3
(519) 339-2712   SIC 2911
IMPERIAL OIL LIMITED p 828
Po Box 3004 Stn Main, SARNIA, ON, N7T 7M5
(519) 339-4015   SIC 2911
IMPERIAL OIL RESOURCES LIMITED p 45
237 4 Ave Sw Suite 4063, CALGARY, AB, T2P 4K3
(800) 567-3776   SIC 1382
IMPERIAL OIL RESOURCES LIMITED p 438
Gd, NORMAN WELLS, NT, X0E 0V0
(867) 587-3100   SIC 1382
IMPERIAL PARKING CANADA CORPORATION p 304
515 Hastings St W Suite 600, VANCOUVER, BC, V6B 0B2
(604) 681-7311   SIC 7521
IMPERIAL PLACE p 284
See RESIDENCES ALLEGRO, S.E.C., LES
IMPERIAL SECURITY AND PROTECTION SERVICES LTD p 269
4871 Shell Rd Suite 2255, RICHMOND, BC, V6X 3Z6
(604) 231-9973   SIC 7381
IMPERIAL TOBACCO COMPAGNIE LIMITEE p 602
107 Woodlawn Rd W, GUELPH, ON, N1H 1B4
SIC 2111
IMPERIAL TOBACCO LEAF INC p 492
516 John St N, AYLMER, ON, N5H 0A6
SIC 2141
IMPORT CUSTOMS SERVICES INC p 585
190 Attwell Dr Suite 602, ETOBICOKE, ON, M9W 6H8
(905) 502-7776   SIC 4731
IMPORT DISTRIBUTION CENTER p 763
See HOME DEPOT OF CANADA INC
IMPORT EXPORT RV p 1062
See 9207-1869 QUEBEC INC
IMPORT TOOL CORPORATION LTD p 45
910 7 Ave Sw Suite 440, CALGARY, AB, T2P 3N8
(403) 261-3032   SIC 8743
IMPORTATION LOREX p 1244
See JESCOS PHOTO INC
IMPORTATIONS DE-RO-MA (1983) LTEE p 1128
3750 Av Francis-Hughes, Montreal, QC, H7L 5A9
(450) 667-6549   SIC 6111
IMPORTATIONS-EXPORTATIONS BENISTI INC p 1124
1650 Chabanel St West, Montreal, QC, H4N 3M8
(514) 384-0140   SIC 5136
IMPRIMERIE LEBONFON INC p 1254
1051 Rue De L'echo, VAL-D'OR, QC, J9P 4N9
(819) 825-8888   SIC 2731
IMPRIMERIE MASKA INC p 1195
5605 Av Trudeau Bureau 1, SAINT-HYACINTHE, QC, J2S 1H5
(450) 773-3164   SIC 2759
IMPRIMERIE SISCA INTERNATIONAL p 1071
See SISCA SOLUTIONS D'AFFAIRES CANADA INC
IMPRIMERIE SOLISCO INC p 843
330 Middlefield Rd, SCARBOROUGH, ON, M1S 5B1
SIC 2732
IMPRIMERIE SOLISCO INC p 1233
120 10e Rue, SCOTT, QC, G0S 3G0
(418) 387-8908   SIC 2752
IMPRIMERIE TRANSCONTINENTAL BOUCHERVILLE p 1003
See GROUPE DES MEDIAS TRANSCONTINENTAL DE LA NOUVELLE-ECOSSE INC
IMPRIMERIES TRANSCONTINENTAL 2005 S.E.N.C p 1073
750 Rue Deveault, LOUISEVILLE, QC, J5V 3C2
(819) 228-2766   SIC 7389
IMPRIMERIES TRANSCONTINENTAL 2005 S.E.N.C p 1085
8000 Av Blaise-Pascal, Montreal, QC, H1E 2S7
SIC 2752
IMPRIMERIES TRANSCONTINENTAL 2005 S.E.N.C. p 803
2049 20th St E, OWEN SOUND, ON, N4K 5R2
(519) 376-8330   SIC 2732
IMPRIMERIES TRANSCONTINENTAL 2005 S.E.N.C. p 1296
838 56th St E, SASKATOON, SK, S7K 5Y8
SIC 2752
IMPRINT PLUS p 268
See ILLEN PRODUCTS LTD
IMPROVING p 48
See QUADRUS DEVELOPMENT INC
IMS p 735
See INTEGRATED MUNICIPAL SERVICES INC
IMS EXPERTS-CONSEILS INTERNATIONAL p 1069
See AQUATECH SERVICES TECHNIQUES DES EAUX INC
IMT PARTNERSHIP p 816
837 Reuter Rd, PORT COLBORNE, ON, L3K 5V7
(905) 834-7211   SIC 3444
IMT STANDEN'S LIMITED PARTNERSHIP p 31
1222 58 Ave Se, CALGARY, AB, T2H 2E9
(403) 258-7800   SIC 3493
IMTT-QUEBEC INC p 1151
Gd, Quebec, QC, G1L 4W4
(418) 667-8641   SIC 4226
IMV PROJECTS INC p 45
500 5 Ave Sw Suite 1400, CALGARY, AB, T2P 3L5
(403) 537-8811   SIC 8742
IMVESCOR RESTAURANT GROUP INC p 395
78 Irving Blvd, BOUCTOUCHE, NB, E4S 3L4
(506) 743-8010   SIC 5812
IMVESCOR RESTAURANT GROUP INC p 765
2005 Winston Park Dr, OAKVILLE, ON, L6H 6P5
(905) 829-2279   SIC 5812
IMVESCOR RESTAURANT GROUP INC p 1070
999 Ch De Chambly, LONGUEUIL, QC, J4H 3Z8
(450) 677-7373   SIC 5812
IMVESCOR RESTAURANT GROUP INC p 1168
1875 Rue Bouvier, Quebec, QC, G2K 0B5
(418) 624-2525   SIC 5812
IN-HOUSE SOLUTIONS INC p 716
7895 Tranmere Dr Unit 6, MISSISSAUGA, ON, L5S 1V9
(905) 671-2352   SIC 7371
INBEV p 409
See LABATT BREWING COMPANY LIMITED
INC RESEARCH p 929
See INC RESEARCH TORONTO, INC
INC RESEARCH TORONTO, INC p 929
720 King St W 7th Fl, TORONTO, ON, M5V 2T3
(416) 963-9338   SIC 8733
INCH, ROY & SONS SERVICE EXPERTS p 858
See LENNOX CANADA INC
INCOGNITO SOFTWARE SYSTEMS INC p 304
375 Water St Suite 500, VANCOUVER, BC, V6B 5C6
(604) 688-4332   SIC 7372
INCURSUS LIMITED p 923
21 Melinda St Suite 805, TORONTO, ON, M5L 1G4
(416) 365-3313   SIC 6712
INDALCO ALLOYS p 716
See LINCOLN ELECTRIC COMPANY OF CANADA LP
INDECK COMBUSTION CORPORATION p 1195
4300 Av Beaudry, SAINT-HYACINTHE, QC, J2S 8A5
(450) 774-5326   SIC 1711
INDEPENDENT ARMOURED TRANSPORT ATLANTIC INC p 462
287 Lacewood Dr Unit 103, HALIFAX, NS, B3M 3Y7
(902) 450-1396   SIC 7381
INDEPENDENT COUNSELLING ENTERPRISES INC p 18
4888 72 Eve Se, CALGARY, AB, T2C 3Z2
(403) 219-0503   SIC 8322
INDEPENDENT COUNSELLING ENTERPRISES INC p 96
15055 118 Ave Nw, EDMONTON, AB, T5V 1H9
(780) 454-9500   SIC 8322
INDEPENDENT COUNSELLING ENTERPRISES INC p 127
11402 100 St Suite 202, GRANDE PRAIRIE, AB, T8V 2N5
(780) 402-8556   SIC 8399
INDEPENDENT ELECTRIC AND CONTROLS LTD p 4
3404 53 St, ATHABASCA, AB, T9S 1B2
(780) 675-9456   SIC 1389
INDEPENDENT ELECTRIC AND CONTROLS LTD p 7
6003 47 Ave Suite 5, BONNYVILLE, AB, T9N 0B3
SIC 1731
INDEPENDENT ELECTRICITY SYSTEM OPERATOR p 911
655 Bay St Suite 410, TORONTO, ON, M5G 2K4
(905) 855-6100   SIC 4911
INDEPENDENT FINANCIAL SERVICES LTD p 1296
1001 3rd Ave N, SASKATOON, SK, S7K 2K5
(306) 244-7385   SIC 6211
INDEPENDENT JEWELLERS p 93
See PUGWASH HOLDINGS LTD
INDEPENDENT LEARNING CENTER p 919
20 Bay St Suite 600, TORONTO, ON, M5J 2W3
(416) 484-2704   SIC 8249
INDEPENDENT MECHANICAL SUPPLY INC p 585
310 Carlingview Dr, ETOBICOKE, ON, M9W 5G1
(416) 679-1048   SIC 5075
INDEPENDENT MEDICAL ASSESSMENT p 578
See GROUPE SANTE MEDISYS INC
INDEPENDENT ORDER OF FORESTERS, THE p 81
10235 101 St Nw Suite 1311, EDMONTON, AB, T5J 3E8
(780) 425-2948   SIC 6311
INDEPENDENT SECURITY SERVICES ATLANTIC INC p 462
287 Lacewood Dr Unit 103, HALIFAX, NS, B3M 3Y7
(902) 450-1396   SIC 7381
INDEPENDENT WELL SERVICING LTD p 1268
477 Devonian St, ESTEVAN, SK, S4A 2A5
(306) 634-2336   SIC 1389
INDEPENDENT'S CHOICE DISTRIBUTION LTD p 1282
1450 Park St, REGINA, SK, S4N 2G2
(306) 546-5444   SIC 5147
INDEX COMPANY LIMITED p 974
235 Trowers Rd Suite 1, WOODBRIDGE, ON, L4L 5Z8
(905) 850-7440   SIC 2339
INDIA RAINBOW COMMUNITY SERVICES OF PEEL p 698
3038 Hurontario St Suite 206, Mississauga, ON, L5B 3B9
(905) 275-2369   SIC 8399
INDIAN AND METIS FRIENDSHIP CENTRE OF WINNIPEG INC p 371
45 Robinson St, WINNIPEG, MB, R2W 5H5
(204) 582-1296   SIC 8322
INDIAN CREEK ROAD PUBLIC SCHOOL p 552
See LAMBTON KENT DISTRICT SCHOOL BOARD
INDIAN RIVER ACADEMY p 431
See NOVA CENTRAL SCHOOL DISTRICT
INDIANLIFE FOOD CORPORATION p 187
3835 2nd Ave, BURNABY, BC, V5C 3W7
(604) 205-9176   SIC 2032
INDIGO p 113
See INDIGO BOOKS & MUSIC INC
INDIGO p 387
See INDIGO BOOKS & MUSIC INC
INDIGO p 539
See INDIGO BOOKS & MUSIC INC
INDIGO p 760
See INDIGO BOOKS & MUSIC INC
INDIGO p 906
See INDIGO BOOKS & MUSIC INC
INDIGO 937 p 981
See INDIGO BOOKS & MUSIC INC
INDIGO BOOKS & MUSIC INC p 10
2555 32 St Ne Suite 500, CALGARY, AB, T1Y 7J6
(403) 250-9171   SIC 5942
INDIGO BOOKS & MUSIC INC p 32
6455 Macleod Trail Sw Suite 21, CALGARY, AB, T2H 0K3
(403) 212-0090   SIC 5942
INDIGO BOOKS & MUSIC INC p 35
9631 Macleod Trail Sw, CALGARY, AB, T2J 0P6
(403) 212-1442   SIC 5942
INDIGO BOOKS & MUSIC INC p 45
317 7 Ave Sw, CALGARY, AB, T2P 2Y9
(403) 263-7333   SIC 5942
INDIGO BOOKS & MUSIC INC p 56
16061 Macleod Trail Se Unit 212, CALGARY, AB, T2Y 3S5
(403) 201-5660   SIC 5942
INDIGO BOOKS & MUSIC INC p 58
5005 Dalhousie Dr Nw Suite 171, CALGARY, AB, T3A 5R8
(403) 202-4600   SIC 5942
INDIGO BOOKS & MUSIC INC p 62
66 Crowfoot Terr Nw, CALGARY, AB, T3G 4J8
(403) 208-8490   SIC 5942
INDIGO BOOKS & MUSIC INC p 95

INDIGO BOOKS & MUSIC INC

8882 170 St Nw Suite 1384, EDMONTON, AB, T5T 4M2
(780) 444-2555   *SIC* 5942
INDIGO BOOKS & MUSIC INC   p 95
9952 170 St Nw, EDMONTON, AB, T5T 6G7
(780) 487-6500   *SIC* 5942
INDIGO BOOKS & MUSIC INC   p 110
3227 Calgary Trail Nw, EDMONTON, AB, T6J 5X8
(780) 431-9694   *SIC* 5942
INDIGO BOOKS & MUSIC INC   p 113
1837 99 St Nw, EDMONTON, AB, T6N 1K8
(780) 432-4488   *SIC* 5942
INDIGO BOOKS & MUSIC INC   p 156
5250 22 St Unit 10, RED DEER, AB, T4R 2T4
(403) 309-2427   *SIC* 5942
INDIGO BOOKS & MUSIC INC   p 161
2020 Sherwood Dr Suite 104, SHERWOOD PARK, AB, T8A 3H9
(780) 449-3331   *SIC* 5942
INDIGO BOOKS & MUSIC INC   p 167
445 St Albert Trail Suite 30, ST. ALBERT, AB, T8N 6T9
(780) 419-7114   *SIC* 5942
INDIGO BOOKS & MUSIC INC   p 191
4700 Kingsway Unit 1174, BURNABY, BC, V5H 4M1
(604) 431-0463   *SIC* 5942
INDIGO BOOKS & MUSIC INC   p 221
1395 Hillside Dr Suite 4, KAMLOOPS, BC, V2E 2R7
(250) 377-8468   *SIC* 5942
INDIGO BOOKS & MUSIC INC   p 232
20015 Langley Bypass Suite 115, LANGLEY, BC, V3A 8R6
(604) 514-8663   *SIC* 5942
INDIGO BOOKS & MUSIC INC   p 242
6670 Mary Ellen Dr, NANAIMO, BC, V9V 1T7
(250) 390-0380   *SIC* 5942
INDIGO BOOKS & MUSIC INC   p 269
8171 Ackroyd Rd Suite 180, RICHMOND, BC, V6X 3K1
SIC 5942
INDIGO BOOKS & MUSIC INC   p 286
12101 72 Ave Suite 100, SURREY, BC, V3W 2M1
(604) 501-2877   *SIC* 5942
INDIGO BOOKS & MUSIC INC   p 314
2505 Granville St, VANCOUVER, BC, V6H 3G7
(604) 731-7822   *SIC* 5942
INDIGO BOOKS & MUSIC INC   p 322
788 Robson St, VANCOUVER, BC, V6Z 1A1
SIC 5942
INDIGO BOOKS & MUSIC INC   p 331
1212 Douglas St, VICTORIA, BC, V8W 2E5
(250) 380-9009   *SIC* 5942
INDIGO BOOKS & MUSIC INC   p 368
1225 St Mary's Rd Suite 85, WINNIPEG, MB, R2M 5E5
(204) 256-0777   *SIC* 5942
INDIGO BOOKS & MUSIC INC   p 381
695 Empress St, WINNIPEG, MB, R3G 3P6
(204) 775-5999   *SIC* 5942
INDIGO BOOKS & MUSIC INC   p 387
1590 Kenaston Blvd Suite 100, WINNIPEG, MB, R3P 0Y4
(204) 488-6621   *SIC* 5942
INDIGO BOOKS & MUSIC INC   p 397
1 Bass Pro Drive, DIEPPE, NB, E1A 6S5
(506) 855-8075   *SIC* 5942
INDIGO BOOKS & MUSIC INC   p 402
1381 Regent St, FREDERICTON, NB, E3C 1A2
(506) 459-2616   *SIC* 5942
INDIGO BOOKS & MUSIC INC   p 433
70 Kenmount Rd, ST. JOHN'S, NL, A1B 1W2
(709) 726-0375   *SIC* 5942
INDIGO BOOKS & MUSIC INC   p 463
188 Chain Lake Dr, HALIFAX, NS, B3S 1C5
(902) 450-1023   *SIC* 5942
INDIGO BOOKS & MUSIC INC   p 484
90 Kingston Rd E Suite 8, AJAX, ON, L1Z 1G1
(905) 426-4431   *SIC* 5942
INDIGO BOOKS & MUSIC INC   p 488
737 Golf Links Rd Unit 1, ANCASTER, ON, L9K 1L5
(905) 648-7155   *SIC* 5942
INDIGO BOOKS & MUSIC INC   p 497
76 Barrie View Dr, BARRIE, ON, L4N 8V4
(705) 735-6735   *SIC* 5942
INDIGO BOOKS & MUSIC INC   p 514
100 Alfred Kuehne Blvd, BRAMPTON, ON, L6T 4K4
(905) 789-1234   *SIC* 5192
INDIGO BOOKS & MUSIC INC   p 518
52 Quarry Edge Dr, BRAMPTON, ON, L6V 4K2
(905) 456-7177   *SIC* 5942
INDIGO BOOKS & MUSIC INC   p 538
3315 Fairview St Suite 3, BURLINGTON, ON, L7N 3N9
(905) 681-2410   *SIC* 5942
INDIGO BOOKS & MUSIC INC   p 539
1250 Brant St Suite 102, BURLINGTON, ON, L7P 1X8
(905) 331-1860   *SIC* 5942
INDIGO BOOKS & MUSIC INC   p 580
1950 The Queensway, ETOBICOKE, ON, M9C 5H5
(416) 364-4499   *SIC* 5942
INDIGO BOOKS & MUSIC INC   p 594
2401 City Park Dr, GLOUCESTER, ON, K1J 1G1
(613) 744-5175   *SIC* 5942
INDIGO BOOKS & MUSIC INC   p 659
1037 Wellington Rd, LONDON, ON, N6E 1W4
(519) 685-1008   *SIC* 5942
INDIGO BOOKS & MUSIC INC   p 672
3175 Highway 7 E, MARKHAM, ON, L3R 0T9
(905) 477-1756   *SIC* 5942
INDIGO BOOKS & MUSIC INC   p 698
189 Rathburn Rd W, MISSISSAUGA, ON, L5B 4C1
(905) 281-8342   *SIC* 5942
INDIGO BOOKS & MUSIC INC   p 704
3050 Vega Blvd Unit 1, MISSISSAUGA, ON, L5L 5X8
(905) 820-9910   *SIC* 5942
INDIGO BOOKS & MUSIC INC   p 705
5015 Glen Erin Dr, MISSISSAUGA, ON, L5M 0R7
(905) 820-8336   *SIC* 5942
INDIGO BOOKS & MUSIC INC   p 733
17440 Yonge St, NEWMARKET, ON, L3Y 6Y9
(905) 836-8508   *SIC* 5942
INDIGO BOOKS & MUSIC INC   p 747
2901 Bayview Ave Suite 132, NORTH YORK, ON, M2K 1E6
(416) 222-6323   *SIC* 5942
INDIGO BOOKS & MUSIC INC   p 760
3401 Dufferin St Suite 29, NORTH YORK, ON, M6A 2T9
(416) 781-6660   *SIC* 5942
INDIGO BOOKS & MUSIC INC   p 771
310 North Service Rd W Unit G, OAKVILLE, ON, L6M 2R7
(905) 815-8197   *SIC* 5942
INDIGO BOOKS & MUSIC INC   p 781
419 King St W Suite 1135, OSHAWA, ON, L1J 2K5
(905) 438-8593   *SIC* 5942
INDIGO BOOKS & MUSIC INC   p 795
2210 Bank St, OTTAWA, ON, K1V 1J5
(613) 521-9199   *SIC* 5942
INDIGO BOOKS & MUSIC INC   p 810
873 Lansdowne St W, PETERBOROUGH, ON, K9J 1Z5
(705) 740-2272   *SIC* 5942
INDIGO BOOKS & MUSIC INC   p 841
20 William Kitchen Rd, SCARBOROUGH, ON, M1P 5B7
(416) 335-4311   *SIC* 5942
INDIGO BOOKS & MUSIC INC   p 841
300 Borough Dr Suite 2, SCARBOROUGH, ON, M1P 4P5
SIC 5942
INDIGO BOOKS & MUSIC INC   p 868
1425 Kingsway, SUDBURY, ON, P3B 0A2
(705) 525-5616   *SIC* 5942
INDIGO BOOKS & MUSIC INC   p 901
55 Bloor St W, TORONTO, ON, M4W 1A5
(416) 925-3536   *SIC* 5942
INDIGO BOOKS & MUSIC INC   p 906
220 Yonge St Suite 103, TORONTO, ON, M5B 2H1
(416) 591-3622   *SIC* 5942
INDIGO BOOKS & MUSIC INC   p 911
20 Edward St, TORONTO, ON, M5G 1C9
(416) 977-7009   *SIC* 5942
INDIGO BOOKS & MUSIC INC   p 929
142 John St, TORONTO, ON, M5V 2E3
SIC 5942
INDIGO BOOKS & MUSIC INC   p 929
468 King St W Suite 500, TORONTO, ON, M5V 1L8
(416) 646-8945   *SIC* 5942
INDIGO BOOKS & MUSIC INC   p 929
82 Peter St Suite 300, TORONTO, ON, M5V 2G5
(416) 598-8000   *SIC* 5942
INDIGO BOOKS & MUSIC INC   p 950
428 King St N, WATERLOO, ON, N2J 2Z6
(519) 886-4015   *SIC* 5942
INDIGO BOOKS & MUSIC INC   p 974
3900 Highway 7 Unit 1, WOODBRIDGE, ON, L4L 9C3
(905) 264-6401   *SIC* 5942
INDIGO BOOKS & MUSIC INC   p 981
465 University Ave Unit 1, CHARLOTTETOWN, PE, C1A 4N9
(902) 569-9213   *SIC* 5942
INDIGO BOOKS & MUSIC INC   p 1112
1171 Rue Sainte-Catherine O Bureau 777, Montreal, QC, H3B 1K4
SIC 5942
INDIGO BOOKS & MUSIC INC   p 1289
2625 Gordon Rd, REGINA, SK, S4S 6H7
(306) 569-6060   *SIC* 5942
INDIGO BOOKS MUSIC & MORE   p 901
See INDIGO BOOKS & MUSIC INC
INDIGO.CHAPTERS.CA   p 929
See INDIGO BOOKS & MUSIC INC
INDIVIDUAL LEARNING CENTER SIDNEY p 277
See SCHOOL DISTRICT 63 (SAANICH)
INDUSCORR   p 1256
See GROUPE EMBALLAGE SPECIALISE S.E.C.
INDUSPAC/SUR-SEAL/PROPAK   p 372
See GROUPE EMBALLAGE SPECIALISE S.E.C.
INDUSTRIA ALLIANCE LIFE INSURANCE p 1059
See INDUSTRIELLE ALLIANCE, ASSURANCE ET SERVICES FINANCIERS INC
INDUSTRIAL ALLIANCE AUTO AND HOME INSURANCE INC   p 1159
See INDUSTRIELLE ALLIANCE, ASSURANCE AUTO ET HABITATION INC
INDUSTRIAL ALLIANCE LIFE INSURANCE p 1187
See INDUSTRIELLE ALLIANCE, ASSURANCE ET SERVICES FINANCIERS INC
INDUSTRIAL ALLIANCE PACIFIC LIFE INSURANCE   p 89
See INTEGRATED FINANCIAL GROUP INC
INDUSTRIAL AND COMMERCIAL BANK OF CHINA (CANADA)   p 914
333 Bay St Suite 3710, TORONTO, ON, M5H 2R2
(416) 366-5588   *SIC* 6021
INDUSTRIAL COLD MILLING, DIV OF p 394
See MILLER PAVING LIMITED
INDUSTRIAL CONSTRUCTORS DIVISION p 11
See STUART OLSON CONSTRUCTION LTD
INDUSTRIAL CONSTRUCTORS DIVISION p 879
See STUART OLSON CONSTRUCTION LTD
INDUSTRIAL DIVISION   p 1304
See ACKLANDS - GRAINGER INC
INDUSTRIAL ELECTRICAL CONTRACTORS LIMITED   p 531
185 North Augusta Rd, BROCKVILLE, ON, K6V 2Y2
(613) 342-6252   *SIC* 1731
INDUSTRIAL FABRICATION INC   p 649
240 Fielding Rd, LIVELY, ON, P3Y 1L6
(705) 523-1621   *SIC* 3532
INDUSTRIAL MECHANICAL SPECIALTY p 1253
See ENTREPRENEUR MINIER PROMEC INC
INDUSTRIAL SALES AND SERVICES p 429
See K&D PRATT GROUP INC
INDUSTRIAL SECURITY LIMITED   p 414
635 Bayside Dr, SAINT JOHN, NB, E2J 1B4
(506) 648-3060   *SIC* 7381
INDUSTRIAL SERVICES - SOUTH REGION p 69
See CLEARSTREAM ENERGY SERVICES LIMITED PARTNERSHIP
INDUSTRIAL SOLUTIONS & SERVICES p 483
See SIEMENS CANADA LIMITED
INDUSTRIAL SUPPLIES   p 416
See SOURCE ATLANTIC LIMITED
INDUSTRIAL, DIV OF   p 649
See CIE MCCORMICK CANADA CO., LA
INDUSTRIAL-ALLIANCE LIFE REAL ESTATE SERVICES   p 1163
See L'INDUSTRIELLE-ALLIANCE SERVICES IMMOBILIERS INC
INDUSTRIE T.L.T. INC   p 1228
144 Rue Larouche, SAINTE-MONIQUE-LAC-SAINT-JEA, QC, G0W 2T0
(418) 347-3355   *SIC* 2421
INDUSTRIEL ALLIANCE ASSURANCE ET SERVICES FINANCIERS   p 1030
See INDUSTRIELLE ALLIANCE, ASSURANCE ET SERVICES FINANCIERS INC
INDUSTRIEL RPT   p 1074
See KANWAL INC
INDUSTRIELLE ALLIANCE   p 1014
See INDUSTRIELLE ALLIANCE, ASSURANCE ET SERVICES FINANCIERS INC
INDUSTRIELLE ALLIANCE   p 1045
See INDUSTRIELLE ALLIANCE, ASSURANCE ET SERVICES FINANCIERS INC
INDUSTRIELLE ALLIANCE   p 1074
See INDUSTRIELLE ALLIANCE, FIDUCIE INC
INDUSTRIELLE ALLIANCE ASSURANCE ET SERVICES FINANCE   p 1214
See INDUSTRIELLE ALLIANCE, ASSURANCE ET SERVICES FINANCIERS INC
INDUSTRIELLE ALLIANCE ASSURANCE ET SERVICES FINANCIERS   p 993
See INDUSTRIELLE ALLIANCE, ASSURANCE ET SERVICES FINANCIERS INC
INDUSTRIELLE ALLIANCE ASSURANCE ET SERVICES FINANCIERS   p 1130
See INDUSTRIELLE ALLIANCE, ASSURANCE ET SERVICES FINANCIERS INC
INDUSTRIELLE ALLIANCE ASSURANCE ET SERVICES FINANCIERS   p 1171
See INDUSTRIELLE ALLIANCE, ASSURANCE ET SERVICES FINANCIERS INC
INDUSTRIELLE ALLIANCE VALEURS MOBILIERES INC   p 1106
2200 Av Mcgill College Bureau 350, Montreal, QC, H3A 3P8

BUSINESSES ALPHABETICALLY

(514) 499-1066   SIC 6211
INDUSTRIELLE ALLIANCE VALEURS MOBILIERES INC   p 1159
1040 Av Belvedere Bureau 101, Quebec, QC, G1S 3G3
(418) 681-2442   SIC 6231
INDUSTRIELLE ALLIANCE, ASSURANCE AUTO ET HABITATION INC   p 1159
925 Grande Allee O Bureau 230, Quebec, QC, G1S 1C1
(450) 473-4490   SIC 6331
INDUSTRIELLE ALLIANCE, ASSURANCE ET SERVICES FINANCIERS INC   p 425
4 Herald Ave Suite 401, CORNER BROOK, NL, A2H 4B4
(709) 634-0071   SIC 6311
INDUSTRIELLE ALLIANCE, ASSURANCE ET SERVICES FINANCIERS INC   p 594
1900 City Park Dr Suite 510, GLOUCESTER, ON, K1J 1A3
(613) 744-8255   SIC 6411
INDUSTRIELLE ALLIANCE, ASSURANCE ET SERVICES FINANCIERS INC   p 867
1210 Lasalle Blvd, SUDBURY, ON, P3A 1Y5
(705) 524-5755   SIC 6411
INDUSTRIELLE ALLIANCE, ASSURANCE ET SERVICES FINANCIERS INC   p 911
522 University Ave Suite 400, TORONTO, ON, M5G 1Y7
(416) 487-0242   SIC 6311
INDUSTRIELLE ALLIANCE, ASSURANCE ET SERVICES FINANCIERS INC   p 987
100 Rue Saint-Joseph Bureau 202, ALMA, QC, G8B 7A6
(418) 668-0177   SIC 6411
INDUSTRIELLE ALLIANCE, ASSURANCE ET SERVICES FINANCIERS INC   p 989
8 Boul Saint-Benoit O Unite 2, AMQUI, QC, G5J 2C6
(418) 629-4653   SIC 6411
INDUSTRIELLE ALLIANCE, ASSURANCE ET SERVICES FINANCIERS INC   p 993
7100 Rue Jean-Talon E Bureau 805, ANJOU, QC, H1M 3S3
(514) 353-5420   SIC 6351
INDUSTRIELLE ALLIANCE, ASSURANCE ET SERVICES FINANCIERS INC   p 1006
2 Rue De La Place-Du-Commerce Bureau 200, BROSSARD, QC, J4W 2T8
(450) 672-6410   SIC 6411
INDUSTRIELLE ALLIANCE, ASSURANCE ET SERVICES FINANCIERS INC   p 1008
4255 Boul Lapiniere Bureau 120, BROSSARD, QC, J4Z 0C7
(450) 465-0630   SIC 6331
INDUSTRIELLE ALLIANCE, ASSURANCE ET SERVICES FINANCIERS INC   p 1014
345 Rue Des Sagueneens Bureau 120, CHICOUTIMI, QC, G7H 6K9
(418) 549-6914   SIC 6411
INDUSTRIELLE ALLIANCE, ASSURANCE ET SERVICES FINANCIERS INC   p 1020
3030 Boul Le Carrefour Bureau 702, Cote Saint-Luc, QC, H7T 2P5
(450) 681-1614   SIC 6411
INDUSTRIELLE ALLIANCE, ASSURANCE ET SERVICES FINANCIERS INC   p 1030
333 Rue Janelle, DRUMMONDVILLE, QC, J2C 3E2
(819) 478-4159   SIC 6311
INDUSTRIELLE ALLIANCE, ASSURANCE ET SERVICES FINANCIERS INC   p 1038
1160 Boul Saint-Joseph Unite 101, GATINEAU, QC, J8Z 1T3
(819) 771-6645   SIC 6411
INDUSTRIELLE ALLIANCE, ASSURANCE ET SERVICES FINANCIERS INC   p 1041
615 Rue Principale, GRANBY, QC, J2G 2Y1
(450) 372-4054   SIC 6411
INDUSTRIELLE ALLIANCE, ASSURANCE ET SERVICES FINANCIERS INC   p 1043
2120 Av Victoria Bureau 10, GREENFIELD PARK, QC, J4V 1M9

(450) 672-3510   SIC 6411
INDUSTRIELLE ALLIANCE, ASSURANCE ET SERVICES FINANCIERS INC   p 1045
40 Rue Gauthier S Bureau 2100, JOLIETTE, QC, J6E 4J4
(450) 756-2189   SIC 6411
INDUSTRIELLE ALLIANCE, ASSURANCE ET SERVICES FINANCIERS INC   p 1047
3639 Boul Harvey Bureau 100, Jonquiere, QC, G7X 3B2
(418) 542-9004   SIC 6411
INDUSTRIELLE ALLIANCE, ASSURANCE ET SERVICES FINANCIERS INC   p 1059
7655 Boul Newman Bureau 207, LASALLE, QC, H8N 1X7
(514) 364-0179   SIC 6411
INDUSTRIELLE ALLIANCE, ASSURANCE ET SERVICES FINANCIERS INC   p 1076
500 Montee Masson Bureau 200, MASCOUCHE, QC, J7K 2L5
(450) 474-2225   SIC 6311
INDUSTRIELLE ALLIANCE, ASSURANCE ET SERVICES FINANCIERS INC   p 1082
370 Boul Sir-Wilfrid-Laurier Bureau 203, MONT-SAINT-HILAIRE, QC, J3H 5V3
(450) 467-0993   SIC 6411
INDUSTRIELLE ALLIANCE, ASSURANCE ET SERVICES FINANCIERS INC   p 1086
5125 Rue Du Trianon Bureau 400, Montreal, QC, H1M 2S5
(514) 353-3230   SIC 6411
INDUSTRIELLE ALLIANCE, ASSURANCE ET SERVICES FINANCIERS INC   p 1091
8550 Boul Pie-Ix Bureau 200, Montreal, QC, H1Z 4G2
(514) 356-2410   SIC 8742
INDUSTRIELLE ALLIANCE, ASSURANCE ET SERVICES FINANCIERS INC   p 1124
9001 Boul De L'acadie Bureau 404, Montreal, QC, H4N 3H5
(514) 381-4411   SIC 6311
INDUSTRIELLE ALLIANCE, ASSURANCE ET SERVICES FINANCIERS INC   p 1130
4455 Nord Laval (A-440) O Unite 200, Montreal, QC, H7P 4W6
(450) 781-1328   SIC 6351
INDUSTRIELLE ALLIANCE, ASSURANCE ET SERVICES FINANCIERS INC   p 1148
4635 1re Av Bureau 200, Quebec, QC, G1H 2T1
(418) 627-3550   SIC 6311
INDUSTRIELLE ALLIANCE, ASSURANCE ET SERVICES FINANCIERS INC   p 1152
455 Rue Du Marais Bureau 295, Quebec, QC, G1M 3A2
(418) 687-9449   SIC 6311
INDUSTRIELLE ALLIANCE, ASSURANCE ET SERVICES FINANCIERS INC   p 1159
925 Grande Allee O Bureau 200, Quebec, QC, G1S 4Z4
(418) 686-7738   SIC 6411
INDUSTRIELLE ALLIANCE, ASSURANCE ET SERVICES FINANCIERS INC   p 1171
155 Rue Notre-Dame Bureau 60, REPENTIGNY, QC, J6A 5L3
(450) 582-3013   SIC 6411
INDUSTRIELLE ALLIANCE, ASSURANCE ET SERVICES FINANCIERS INC   p 1173
180 Rue Des Gouverneurs Bureau 001, RIMOUSKI, QC, G5L 8G1
(418) 723-3236   SIC 6411
INDUSTRIELLE ALLIANCE, ASSURANCE ET SERVICES FINANCIERS INC   p 1174
186 Rue Fraser Bureau 300, Riviere-du-Loup, QC, G5R 1C8
(418) 862-0141   SIC 6411
INDUSTRIELLE ALLIANCE, ASSURANCE ET SERVICES FINANCIERS INC   p 1187
430 Boul Arthur-Sauve Bureau 2070, SAINT-EUSTACHE, QC, J7R 6V7
(450) 473-9808   SIC 6311
INDUSTRIELLE ALLIANCE, ASSURANCE ET SERVICES FINANCIERS INC   p 1189
11535 1re Av Bureau 370, SAINT-GEORGES, QC, G5Y 7H5
(418) 228-7171   SIC 6311
INDUSTRIELLE ALLIANCE, ASSURANCE ET SERVICES FINANCIERS INC   p 1195
1050 Boul Casavant O Bureau 1003, SAINT-HYACINTHE, QC, J2S 8B9
(450) 773-7493   SIC 6411
INDUSTRIELLE ALLIANCE, ASSURANCE ET SERVICES FINANCIERS INC   p 1214
6555 Boul Metropolitain E Bureau 403, SAINT-LEONARD, QC, H1P 3H3
(514) 324-3811   SIC 6411
INDUSTRIELLE ALLIANCE, ASSURANCE ET SERVICES FINANCIERS INC   p 1215
4555 Boul Metropolitain E Bureau 200, SAINT-LEONARD, QC, H1R 1Z4
(514) 721-6220   SIC 6411
INDUSTRIELLE ALLIANCE, ASSURANCE ET SERVICES FINANCIERS INC   p 1216
6455 Rue Jean-Talon E, SAINT-LEONARD, QC, H1S 3E8
(514) 729-3281   SIC 6411
INDUSTRIELLE ALLIANCE, ASSURANCE ET SERVICES FINANCIERS INC   p 1221
75 Av De La Gare, SAINT-SAUVEUR, QC, J0R 1R6
SIC 6411
INDUSTRIELLE ALLIANCE, ASSURANCE ET SERVICES FINANCIERS INC   p 1239
2655 Rue King O Bureau 137, SHERBROOKE, QC, J1L 2G4
(819) 348-9906   SIC 6411
INDUSTRIELLE ALLIANCE, ASSURANCE ET SERVICES FINANCIERS INC   p 1246
1310 Rue Notre-Dame E Bureau 200, THETFORD MINES, QC, G6G 2V5
(418) 338-8556   SIC 6411
INDUSTRIELLE ALLIANCE, FIDUCIE INC p 1074
45 Rue Du Centre Bureau 200, MAGOG, QC, J1X 5B6
(819) 847-0494   SIC 6411
INDUSTRIELLE-ALLIANCE ASSURANCE ET SERVICES FINANCIER   p 594
See INDUSTRIELLE ALLIANCE, ASSURANCE ET SERVICES FINANCIERS INC
INDUSTRIES ALGO LTEE, LES   p 1209
5555 Rue Cypihot, SAINT-LAURENT, QC, H4S 1R3
(514) 382-1240   SIC 5137
INDUSTRIES B & X INC   p 1232
501 Imp Martin, SALABERRY-DE-VALLEYFIELD, QC, J6S 4C6
(450) 373-9292   SIC 3443
INDUSTRIES B. RAINVILLE INC   p 1197
175 Rte 104, SAINT-JEAN-SUR-RICHELIEU, QC, J2X 5T7
(450) 347-5521   SIC 5084
INDUSTRIES BECO LTEE, LES   p 990
10000 Rue Colbert, ANJOU, QC, H1J 2H8
(514) 353-9060   SIC 2392
INDUSTRIES BELLON INC, LES   p 1087
5598 Rue Hochelaga, Montreal, QC, H1N 3L7
(514) 526-0894   SIC 2394
INDUSTRIES BONNEVILLE LTEE, LES   p 998
601 Rue De L'industrie, BELOEIL, QC, J3G 0S5
(450) 464-1001   SIC 2452
INDUSTRIES C.P.S. INC, LES   p 1142
30 Ch De L'aviation, POINTE-CLAIRE, QC, H9R 5M6
(514) 695-7742   SIC 3728
INDUSTRIES CANZIP (2000) INC, LES   p 1124
1615 Rue Chabanel O, Montreal, QC, H4N 2T7
(514) 934-0331   SIC 3965
INDUSTRIES CERAMIQUES MAPLE LEAF, LES   p 1212
See FLEXTILE LTD
INDUSTRIES COVER INC   p 990
9300 Boul Ray-Lawson, ANJOU, QC, H1J 1Y6
(514) 353-3880   SIC 2241
INDUSTRIES CRESSWELL INC   p 1041
424 Rue Saint-Vallier, GRANBY, QC, J2G 7Y4
(450) 378-4611   SIC 3399
INDUSTRIES CRESSWELL INC   p 1041
553 Rue Leon-Harmel, GRANBY, QC, J2G 3G5
(450) 378-4611   SIC 3499
INDUSTRIES D'ACIER INOXYDABLE LIMITEE   p
1004
1440 Rue Graham-Bell, BOUCHERVILLE, QC, J4B 6H5
(450) 449-4000   SIC 3312
INDUSTRIES DE MAINTENANCE EMPIRE p 1111
See GDI SERVICES AUX IMMEUBLES INC
INDUSTRIES DE MOULAGE POLYCELL INC, LES   p 1041
454 Rue Edouard, GRANBY, QC, J2G 3Z3
(450) 378-9093   SIC 2821
INDUSTRIES DE MOULAGE POLYMAX, LES   p 1042
See POLYFORM A.G.P. INC
INDUSTRIES DE MOULAGE POLYTECH INC   p 1041
454 Rue edouard, GRANBY, QC, J2G 3Z3
(450) 378-9093   SIC 3081
INDUSTRIES DODEC INC   p 1016
1275 Rue Bersimis, Chicoutimi, QC, G7K 1A4
(418) 549-5027   SIC 3599
INDUSTRIES ESTED INC   p 1097
8484 Av De L'esplanade, Montreal, QC, H2P 2R7
(514) 858-9595   SIC 2369
INDUSTRIES FOURNIER INC, LES p 1251
8605 Boul Parent, Trois-Rivieres, QC, G9A 5E1
(819) 375-2888   SIC 1541
INDUSTRIES FOURNIER, DIV CONSTRUCTION   p 1251
See INDUSTRIES FOURNIER INC, LES
INDUSTRIES G. D. S. INC   p 1139
6 Ch Qospem, Pointe-a-la-Croix, QC, G0C 1L0
(418) 853-2566   SIC 2421
INDUSTRIES GRC INC, LES   p 1150
10c Cote De La Canoterie Bureau 7, Quebec, QC, G1K 3X4
(418) 692-1112   SIC 3444
INDUSTRIES HAGEN LTEE   p 1209
3235 Rue Guenette, SAINT-LAURENT, QC, H4S 1N2
(514) 331-2818   SIC 2819
INDUSTRIES J HAMELIN, LES   p 1199
See 127323 CANADA INC
INDUSTRIES J. S. P. INC, LES   p 1228
41 Rue De L'industrie, Sainte-Melanie, QC, J0K 3A0
(450) 889-2229   SIC 2517
INDUSTRIES LACWOOD INC   p 605
949 Hwy 11 E, HALLEBOURG, ON, P0L 1L0
(705) 372-1978   SIC 2541
INDUSTRIES LASSONDE INC   p 1176
705 Rue Principale, ROUGEMONT, QC, J0L 1M0
(450) 469-4926   SIC 2033
INDUSTRIES LEGARE LTEE   p 1220
488 Rue Saint-Pierre, SAINT-RAYMOND, QC, G3L 1R5
(418) 337-2286   SIC 2499
INDUSTRIES LONGCHAMPS LTEE, LES p 1185
25 Boul Saint-Joseph, Saint-Ephrem-de-Beauce, QC, G0M 1R0
(418) 484-2080   SIC 7389
INDUSTRIES LYNX INC   p 719
6311 Vipond Dr, MISSISSAUGA, ON, L5T 1T7
(416) 674-4606   SIC 3442

▲ Public Company   ■ Public Company Family Member   HQ Headquarters   BR Branch   SL Single Location

INDUSTRIES MAILHOT INC *p 1196*
2721 Rang Saint-Jacques, SAINT-JACQUES, QC, J0K 2R0
(450) 839-3663 *SIC 3569*

INDUSTRIES MAILHOT INC *p 1245*
3330 Boul Des Entreprises, TERREBONNE, QC, J6X 4J8
(450) 477-6222 *SIC 3569*

INDUSTRIES MANUFACTURIERES MEGANTIC DIV. *p 1055*
See MASONITE INTERNATIONAL CORPORATION

INDUSTRIES MANUFACTURIERES MEGANTIC, DIV OF *p 561*
See MASONITE INTERNATIONAL CORPORATION

INDUSTRIES MIDCON INC *p 1209*
4505 Rue Cousens, SAINT-LAURENT, QC, H4S 1X5
(514) 956-9711 *SIC 5023*

INDUSTRIES MON-TEX LTEE *p 1207*
4105 Boul Thimens, SAINT-LAURENT, QC, H4R 2K7
(514) 933-7493 *SIC 5719*

INDUSTRIES OKAPLY LTEE *p 1136*
1372 Ch D'oka, OKA, QC, J0N 1E0
(450) 479-8341 *SIC 2436*

INDUSTRIES P.P.D. INC *p 1237*
See PPD HOLDING INC

INDUSTRIES P.P.D. INC *p 1261*
See PPD HOLDING INC

INDUSTRIES PARENT INC *p 1137*
201 Ch Du Moulin, PARENT, QC, G0X 3P0
(819) 667-2711 *SIC 2421*

INDUSTRIES PEPIN LIMITEE *p 1021*
536 Rue De La Riviere, COWANSVILLE, QC, J2K 3G6
(450) 263-1848 *SIC 2851*

INDUSTRIES POLTEC LTEE, LES *p 1132*
10440 Av Henault, MONTREAL-NORD, QC, H1G 5R4
SIC 5063

INDUSTRIES RAD INC *p 208*
1610 Derwent Way Unit 16, DELTA, BC, V3M 6W1
SIC 3751

INDUSTRIES RAD INC *p 208*
See INDUSTRIES RAD INC

INDUSTRIES RAD INC *p 1190*
9095 25e Av, SAINT-GEORGES, QC, G6A 1A1
(418) 228-8934 *SIC 7539*

INDUSTRIES RAD INC *p 1215*
6363 Boul Des Grandes-Prairies, SAINT-LEONARD, QC, H1P 1A5
(514) 321-6363 *SIC 5072*

INDUSTRIES REHAU INC *p 994*
625 Av Lee, Baie-D'Urfe, QC, H9X 3S3
(514) 905-0345 *SIC 3089*

INDUSTRIES SPECTAL INC *p 1042*
850 Rue Moeller, GRANBY, QC, J2J 1K7
(450) 378-6722 *SIC 3354*

INDUSTRIES SPECTRA PREMIUM INC, LES *p 865*
533 Romeo St S, STRATFORD, ON, N5A 4V3
(519) 275-3802 *SIC 3714*

INDUSTRIES SPECTRA PREMIUM INC, LES *p 1163*
2950 Av Watt Bureau 5, Quebec, QC, G1X 4A8
(418) 656-1516 *SIC 3433*

INDUSTRIES SPECTRA PREMIUM INC, LES *p 1229*
1313 Chomedey (A-13) E, SAINTE-ROSE, QC, H7W 5L7
(450) 681-1313 *SIC 3433*

INDUSTRIES STEMA-PRO INC., LES *p 1042*
2699 5e Av Bureau 26, Grand-Mere, QC, G9T 2P7
(819) 533-4756 *SIC 2511*

INDUSTRIES TANGUAY *p 1003*
See GROUPE CANAM INC

INDUSTRIES TETRA TECH *p 1088*
See TETRA TECH INDUSTRIES INC

INDUSTRIES THINOX INC, LES *p 1076*
1271 Av De La Gare, MASCOUCHE, QC, J7K 2Z3
(450) 966-0084 *SIC 3317*

INDUSTRIES WAJAX *p 712*
See WAJAX LIMITED

INDUSTRIES WARNET INC *p 1078*
14353 Boul Du Cure-Labelle, MIRABEL, QC, J7J 1M2
(450) 435-1320 *SIC 2431*

INDUSTRO-TECH INC *p 1065*
165 Ch Des Iles, Levis, QC, G6V 7M5
SIC 1541

INDUSTRO-TECH INC *p 1130*
2886 Boul Daniel-Johnson, Montreal, QC, H7P 5Z7
(450) 682-4498 *SIC 3613*

INDUSTRY CANADA SPECTRUM MANAGEMENT *p 490*
See INNOVATION, SCIENCE AND ECONOMIC DEVELOPMENT CANADA

INEOS CANADA COMPANY *p 153*
Gd Stn Postal Box Ctr, RED DEER, AB, T4N 5E6
(403) 314-4500 *SIC 6712*

INERFLEX *p 126*
See GAS DRIVE GLOBAL LP

INFANCY AND EARLY CHILDHOOD SERVICES *p 883*
See COCHRANE TEMISKAMING RESOURCE CENTRE

INFASCO NUT DIV *p 685*
See IFASTGROUPE 2004 L.P.

INFIKNOWLEDGE, ULC *p 397*
654 Malenfant Blvd, DIEPPE, NB, E1A 5V8
(506) 855-2991 *SIC 7371*

INFIRMERIE NOTRE DAME DE BON SECOURS *p 1122*
See SOEURS DE LA CONGREGATION DE NOTRE-DAME, LES

INFO HEALTH *p 691*
See SHOPPERS DRUG MART SPECIALTY HEALTH NETWORK INC

INFO-SANTE CLSC *p 1224*
See CENTRE DE SANTE ET DE SERVICES SOCIAUX DE LA HAUTE-GASPESIE

INFODEV *p 1153*
See INFODEV ELECTRONIC DESIGNERS INTERNATIONAL INC

INFODEV ELECTRONIC DESIGNERS INTERNATIONAL INC *p 1153*
1995 Rue Frank-Carrel Bureau 202, Quebec, QC, G1N 4H9
(418) 681-3539 *SIC 3571*

INFOMART *p 904*
See INFOMART DIALOG LTD

INFOMART DIALOG LTD *p 904*
333 King St E Suite 300, TORONTO, ON, M5A 0E1
SIC 7379

INFONEX DEFENSE *p 904*
See INFONEX INC

INFONEX INC *p 904*
145 Berkeley St Suite 200, TORONTO, ON, M5A 2X1
(416) 971-4177 *SIC 8299*

INFOR (CANADA), LTD *p 1026*
1255 Rte Transcanadienne Bureau 100, DORVAL, QC, H9P 2V4
(514) 763-0400 *SIC 7372*

INFOR (CANADA), LTD *p 1150*
330 Rue De Saint-Vallier E Bureau 230, Quebec, QC, G1K 9C5
SIC 7371

INFORICA INC *p 689*
5255 Orbitor Dr Suite 405, MISSISSAUGA, ON, L4W 5M6
(905) 602-0686 *SIC 7373*

INFORMATION COMMUNICATION SERVICES (ICS) INC *p 492*
300 Talbot St W Suite 6, AYLMER, ON, N5H 1K2
(519) 773-1300 *SIC 4212*

INFORMATION COMMUNICATION SERVICES (ICS) INC *p 497*
369 Huronia Rd, Barrie, ON, L4N 8Z1
(705) 725-1200 *SIC 7389*

INFORMATION COMMUNICATION SERVICES (ICS) INC *p 547*
655 Industrial Rd, CAMBRIDGE, ON, N3H 5C9
(519) 650-9292 *SIC 7389*

INFORMATION COMMUNICATION SERVICES (ICS) INC *p 578*
288 Judson St Suite 1, ETOBICOKE, ON, M8Z 5T6
SIC 7389

INFORMATION COMMUNICATION SERVICES (ICS) INC *p 700*
1290 Central Pky W Suite 50, MISSISSAUGA, ON, L5C 4R3
(416) 642-2477 *SIC 4212*

INFORMATION COMMUNICATION SERVICES (ICS) INC *p 843*
80 Cowdray Crt, SCARBOROUGH, ON, M1S 4N1
(416) 642-2477 *SIC 7389*

INFORMATION COMMUNICATION SERVICES (ICS) INC *p 1026*
81 Av Lindsay, DORVAL, QC, H9P 2S6
(514) 636-9744 *SIC 4212*

INFORMATION MANAGEMENT SERVICES *p 287*
See SCHOOL DISTRICT NO 36 (SURREY)

INFORMATION SCIENCE INDUSTRIES (CANADA) LIMITED *p 802*
530 Lacolle Way, OTTAWA, ON, K4A 0N9
(613) 745-3098 *SIC 2731*

INFORMATION TECHNOLOGY BUSINESS COLLEGE INC *p 655*
151 Dundas St Suite 501, LONDON, ON, N6A 5R7
SIC 8244

INFORMATION TECHNOLOGY SERVICES *p 632*
See QUEEN'S UNIVERSITY AT KINGSTON

INFORMATION TECHNOLOGY UNIT, COLLEGE OF MEDICINE *p 1304*
See UNIVERSITY OF SASKATCHEWAN

INFORMATIQUE COTE, COULOMBE INC *p 1130*
4885 Nord Laval (A-440) O, Montreal, QC, H7P 5P9
(450) 682-7200 *SIC 7371*

INFOROUTE SANTE DU CANADA INC *p 914*
150 King St W Suite 1308, TORONTO, ON, M5H 1J9
(416) 979-4606 *SIC 7338*

INFOSTREAM, DIV OF *p 820*
See COMPAGNIE DE TELEPHONE BELL DU CANADA OU BELL CANADA, LA

INFOSYS LIMITED *p 45*
888 3 St Sw Suite 1000, CALGARY, AB, T2P 5C5
(403) 444-6896 *SIC 7379*

INFOSYS LIMITED *p 749*
5140 Yonge St Suite 1400, NORTH YORK, ON, M2N 6L7
(416) 224-7400 *SIC 7379*

INFOSYS LIMITED *p 751*
66 Parkwoods Village Dr, NORTH YORK, ON, M3A 2X6
(416) 224-7400 *SIC 7379*

INFOVISTA CANADA INC *p 1038*
71 Rue Jean-Proulx, GATINEAU, QC, J8Z 1W2
(819) 483-7000 *SIC 7361*

INFRA-PSP CANADA INC *p 1112*
1250 Boul Rene-Levesque O Bureau 900, Montreal, QC, H3B 4W8
(514) 937-2772 *SIC 6282*

INFRASTRUCTURE AND COMMUNITIES CANADA *p 791*
180 Kent St Suite 1100, OTTAWA, ON, K1P 0B6
(613) 948-1148 *SIC 1522*

INFRASTRUCTURE OF CANADA, OFFICE OF *p 791*
See INFRASTRUCTURE AND COMMUNITIES CANADA

INFUSION DEVELOPMENT CANADA *p 929*
See INFUSION DEVELOPMENT CORP

INFUSION DEVELOPMENT CORP *p 929*
276 King St W, TORONTO, ON, M5V 1J2
(416) 593-6595 *SIC 7379*

ING DIRECT *p 787*
See INTACT INSURANCE COMPANY

ING HALIFAX *p 655*
See INTACT INSURANCE COMPANY

ING INSURANCE *p 294*
See INTACT INSURANCE COMPANY

ING INSURANCE COMPANY OF CANADA *p 81*
See NORDIC INSURANCE COMPANY OF CANADA, THE

INGENIA POLYMERS CORP *p 18*
3719 76 Ave Se, CALGARY, AB, T2C 3K7
(403) 236-9333 *SIC 2821*

INGENIA POLYMERS CORP *p 529*
565 Greenwich St, BRANTFORD, ON, N3T 5M8
(519) 758-8941 *SIC 2821*

INGENIA TECHNOLOGIES INC *p 1078*
18101 Rue J.A.Bombardier, MIRABEL, QC, J7J 2H8
(450) 979-1212 *SIC 3585*

INGENIERIE CARMICHAEL LTEE *p 18*
6504 30 St Se, CALGARY, AB, T2C 1N4
(403) 255-3322 *SIC 8711*

INGENIERIE CARMICHAEL LTEE *p 451*
10 Morris Dr Suite 40, DARTMOUTH, NS, B3B 1K8
(902) 468-9837 *SIC 1711*

INGENIERIE CARMICHAEL LTEE *p 650*
1909 Oxford St E Suite 45, LONDON, ON, N5V 4L9
(519) 652-7667 *SIC 1711*

INGENIERIE CARMICHAEL LTEE *p 1120*
3822 Av De Courtrai, Montreal, QC, H3S 1C1
(514) 735-4361 *SIC 8711*

INGERSOL TILLAGE GROUP *p 609*
See NATT TOOLS GROUP INC

INGERSOLL DISTRICT COLLEGIATE INSTITUTE *p 621*
See THAMES VALLEY DISTRICT SCHOOL BOARD

INGLE INTERNATIONAL INC. *p 929*
460 Richmond St W Suite 100, TORONTO, ON, M5V 1Y1
(416) 730-8488 *SIC 6141*

INGLEWOOD HEIGHTS JR PUBLIC SCHOOL *p 888*
See TORONTO DISTRICT SCHOOL BOARD

INGLIS STREET ELEMENTARY SCHOOL *p 456*
See HALIFAX REGIONAL SCHOOL BOARD

INGOT METAL COMPANY LIMITED *p 762*
111 Fenmar Dr, NORTH YORK, ON, M9L 1M3
(416) 749-1372 *SIC 3341*

INGRAM MICRO CANADA *p 714*
See INGRAM MICRO INC

INGRAM MICRO INC *p 268*

▲ Public Company ■ Public Company Family Member **HQ** Headquarters **BR** Branch **SL** Single Location

7451 Nelson Rd, RICHMOND, BC, V6W 1L7
(604) 247-1275   SIC 5045
INGRAM MICRO INC
55 Standish Crt Suite 1, MISSISSAUGA, ON, L5R 4A1
(905) 755-5000   SIC 5045
INGRAM MICRO INC   p 1204
7075 Place Robert-Joncas Bureau M100, SAINT-LAURENT, QC, H4M 2Z2
(514) 334-9785   SIC 5063
INGRAM, NORMAN PUBLIC SCHOOL   p 890
See TORONTO DISTRICT SCHOOL BOARD
INGREDIENTS QUADRA   p 1256
See QUADRA CHIMIE LTEE
INGREDION CANADA CORPORATION   p 549
4040 James St, CARDINAL, ON, K0E 1E0
SIC 2046
INGREDION CANADA CORPORATION   p 665
1100 Green Valley Rd, LONDON, ON, N6N 1E3
(519) 686-3160   SIC 2063
INGREDION CANADA CORPORATION   p 698
90 Burnhamthorpe Rd W Unit 1600, MISSISSAUGA, ON, L5B 0H9
(905) 281-7950   SIC 2046
INJECTECH INDUSTRIES INC   p 497
690 Bayview Dr, BARRIE, ON, L4N 9A6
SIC 3089
INKSTER SCHOOL   p 371
See WINNIPEG SCHOOL DIVISION
INLAND   p 1302
See LEHIGH HANSON MATERIALS LIMITED
INLAND AUDIO VISUAL LIMITED   p 378
422 Lucas Ave, WINNIPEG, MB, R3C 2E6
(204) 786-6521   SIC 1731
INLAND AUTO CENTRE LTD   p 206
11600 8 St, Dawson Creek, BC, V1G 4R7
(250) 782-5507   SIC 5511
INLAND AV   p 378
See INLAND AUDIO VISUAL LIMITED
INLAND CONCRETE   p 96
See LEHIGH HANSON MATERIALS LIMITED
INLAND CONCRETE   p 163
See LEHIGH HANSON MATERIALS LIMITED
INLAND CONTRACTING LTD   p 252
150 Industrial Pl, PENTICTON, BC, V2A 7C8
(250) 493-6791   SIC 5084
INLAND CONTRACTING LTD   p 252
716 Okanagan Ave E, PENTICTON, BC, V2A 3K6
(250) 492-2626   SIC 1611
INLAND DIESEL LTD   p 262
1015 Great St, Prince George, BC, V2N 2K8
SIC 5511
INLAND DIESEL LTD   p 341
1100 South Lakeside Dr, WILLIAMS LAKE, BC, V2G 3A6
(250) 398-7411   SIC 7699
INLAND EQUIPMENT SALES   p 252
See INLAND CONTRACTING LTD
INLAND GLASS & ALUMINUM LIMITED   p 218
1820 Kryczka Pl, KAMLOOPS, BC, V1S 1S4
(250) 374-7306   SIC 1793
INLAND INDUSTRIAL SUPPLY LTD   p 113
9949 29a Ave Nw, EDMONTON, AB, T6N 1A9
(780) 413-0029   SIC 5085
INLAND KENWORTH   p 194
See INLAND KENWORTH LTD
INLAND KENWORTH   p 205
See INLAND KENWORTH LTD
INLAND KENWORTH   p 214
See INLAND KENWORTH LTD
INLAND KENWORTH   p 217

226 Nadina Ave, HOUSTON, BC, V0J 1Z0
(250) 845-2333   SIC 5511
INLAND KENWORTH   p 220
See INLAND KENWORTH LTD
INLAND KENWORTH   p 234
See INLAND KENWORTH LTD
INLAND KENWORTH   p 240
See INLAND KENWORTH LTD
INLAND KENWORTH   p 252
See INLAND KENWORTH LTD
INLAND KENWORTH   p 262
See INLAND KENWORTH LTD
INLAND KENWORTH   p 264
See INLAND KENWORTH LTD
INLAND KENWORTH   p 325
See INLAND KENWORTH LTD
INLAND KENWORTH   p 341
See INLAND KENWORTH LTD
INLAND KENWORTH LTD   p 194
2470n Island Hwy, CAMPBELL RIVER, BC, V9W 2H1
(250) 287-8878   SIC 5012
INLAND KENWORTH LTD   p 194
2900n Island Hwy, CAMPBELL RIVER, BC, V9W 2H5
(250) 287-8878   SIC 5084
INLAND KENWORTH LTD   p 205
816 Industrial Road 1, CRANBROOK, BC, V1C 4C6
(250) 426-6205   SIC 5531
INLAND KENWORTH LTD   p 214
Gd Lcd Main, FORT ST. JOHN, BC, V1J 4H5
(250) 785-6105   SIC 5012
INLAND KENWORTH LTD   p 220
865 Notre Dame Dr, KAMLOOPS, BC, V2C 5N8
(250) 374-4406   SIC 5511
INLAND KENWORTH LTD   p 234
26770 Gloucester Way, LANGLEY, BC, V4W 3V6
(604) 607-0300   SIC 7699
INLAND KENWORTH LTD   p 234
26820 Gloucester Way, LANGLEY, BC, V4W 3V6
(604) 607-8555   SIC 5082
INLAND KENWORTH LTD   p 240
2365 Northfield Rd, NANAIMO, BC, V9S 3C3
(250) 758-5288   SIC 5511
INLAND KENWORTH LTD   p 252
1690 Fairview Rd, PENTICTON, BC, V2A 6A8
(250) 492-3939   SIC 5084
INLAND KENWORTH LTD   p 262
1995 Quinn St S, PRINCE GEORGE, BC, V2N 2X2
(250) 562-8171   SIC 7538
INLAND KENWORTH LTD   p 264
3150 Hwy 97 N, QUESNEL, BC, V2J 5Y9
(250) 992-7256   SIC 5012
INLAND KENWORTH LTD   p 325
1051 Middleton Way, VERNON, BC, V1B 2N3
(250) 545-4424   SIC 5511
INLAND KENWORTH LTD   p 341
1560 Broadway Ave S, WILLIAMS LAKE, BC, V2G 2X3
(250) 392-7101   SIC 5511
INLAND PACIFIC RESOURCES INC   p 312
1188 Georgia St W Suite 1160, VANCOUVER, BC, V6E 4A2
(604) 697-6700   SIC 1623
INLAND RESTAURANTS (KAMLOOPS) LTD   p 224
130 Hollywood Rd S, KELOWNA, BC, V1X 3S9
(250) 868-3311   SIC 5812
INLAND RESTAURANTS (KELOWNA) LTD   p 218
800 Fortune Dr Unit 6500, KAMLOOPS, BC, V2B 2L5
(250) 376-4155   SIC 5812
INLAND RESTAURANTS (KELOWNA) LTD   p 326

5101 26 St, VERNON, BC, V1T 8G4
(250) 542-9832   SIC 5812
INMAN ELEMENTARY SCHOOL   p 189
See BURNABY SCHOOL BOARD DISTRICT 41
INMAR PROMOTIONS - CANADA INC.   p 415
661 Millidge Ave, SAINT JOHN, NB, E2K 2N7
(506) 632-1400   SIC 7389
INMARSAT SOLUTIONS (CANADA) INC   p 429
34 Glencoe Dr, MOUNT PEARL, NL, A1N 4S8
SIC 5065
INMARSAT SOLUTIONS (CANADA) INC   p 429
34 Glencoe Dr, MOUNT PEARL, NL, A1N 4P6
(709) 724-5400   SIC 4899
INN AT BAY FORTUNE, THE   p 984
758 310 Rte Rr 4, SOURIS, PE, C0A 2B0
(902) 687-3745   SIC 7011
INN AT THE PARK INC   p 59
8220 Bowridge Cres Nw, CALGARY, AB, T3B 2V1
(403) 288-4441   SIC 7011
INN OF THE SOUTH HOTEL (1986) LTD   p 205
803 Cranbrook St N, CRANBROOK, BC, V1C 3S2
(250) 489-4301   SIC 7011
INN ON THE TWENTY LTD   p 622
3836 Main St, JORDAN STATION, ON, L0R 1S0
(905) 562-7313   SIC 5812
INN VEST HOTELS GP VIII LTD   p 626
101 Kanata Ave, KANATA, ON, K2T 1E6
(613) 271-3057   SIC 7011
INNALIK SCHOOL   p 1045
See COMMISSION SCOLAIRE KATIVIK
INNER CITY COURIERS   p 982
2 Macaleer Dr, CHARLOTTETOWN, PE, C1E 2A1
(902) 892-5005   SIC 7389
INNERGEX INC   p 1071
1225 Rue Saint-Charles O10e Etage, LONGUEUIL, QC, J4K 0B9
(450) 928-2550   SIC 4931
INNERGEX RENEWABLE ENERGY INC   p 308
666 Burrard St Suite 200, VANCOUVER, BC, V6C 2X8
(604) 633-9990   SIC 4931
INNERGEX RENEWABLE ENERGY SUSTAINABLE DEVELOPMENT   p 308
See INNERGEX RENEWABLE ENERGY INC
INNERKIP CENTRAL PUBLIC SCHOOL   p 621
See THAMES VALLEY DISTRICT SCHOOL BOARD
INNISFAIL JUNIOR SENIOR HIGH SCHOOL   p 132
See CHINOOKS EDGE SCHOOL DIVISION NO. 73
INNISFIL CENTRAL PUBLIC SCHOOL   p 646
See SIMCOE COUNTY DISTRICT SCHOOL BOARD, THE
INNISFIL ENERGY SERVICES LIMITED   p 622
7251 Yonge St, INNISFIL, ON, L9S 0J3
(705) 431-4321   SIC 4911
INNISFIL STATION MAIN   p 621
See CANADA POST CORPORATION
INNOCARE   p 611
See INNOCARE LTD
INNOCARE LTD   p 611
55 Frid St Unit 1, HAMILTON, ON, L8P 4M3
(905) 523-5777   SIC 7372
INNOCON   p 822
See LAFARGE CANADA INC

INNOCON INC   p 483
57a Notion Rd, AJAX, ON, L1S 6K7
(905) 683-1650   SIC 3273
INNOFIBRE   p 1249
See CEGEP DE TROIS-RIVIERES
INNOMAR STRATEGIES INC   p 770
3470 Superior Crt Suite 2, OAKVILLE, ON, L6L 0C4
(905) 847-4310   SIC 8741
INNOMOTIVE SOLUTIONS GROUP INC   p 538
3435 South Service Rd, BURLINGTON, ON, L7N 3W6
(877) 845-3816   SIC 3442
INNOTECH ALBERTA INC   p 37
3608 33 St Nw, CALGARY, AB, T2L 2A6
(403) 210-5222   SIC 8733
INNOTECH ALBERTA INC   p 172
75th St Hwy 16a, VEGREVILLE, AB, T9C 1T4
(780) 632-8211   SIC 8733
INNOTEX INC   p 1172
275 Rue Gouin Bureau 1010, RICHMOND, QC, J0B 2H0
(819) 826-5971   SIC 2311
INNOVA GLOBAL LTD   p 28
4000 4 St Se Suite 222, CALGARY, AB, T2G 2W3
(403) 292-7804   SIC 1541
INNOVADERM RECHERCHES INC   p 1094
1851 Sherbrooke E Suite 502, Montreal, QC, H2K 4L5
(514) 521-4285   SIC 8731
INNOVAGE CANADA LP   p 820
35 Fulton Way Suite 200, RICHMOND HILL, ON, L4B 2N4
(905) 738-9950   SIC 8611
INNOVAPOST   p 782
See CANADA POST CORPORATION
INNOVAPOST INC   p 623
365 March Rd, KANATA, ON, K2K 3N5
(613) 270-6262   SIC 7372
INNOVATECH SEATING SYSTEMS, DIV OF   p 969
See MAGNA SEATING INC
INNOVATIA INC   p 415
1 Brunswick Pl, SAINT JOHN, NB, E2K 1B5
(506) 640-4000   SIC 4813
INNOVATION CREDIT UNION LIMITED   p 1277
1202 102nd St, NORTH BATTLEFORD, SK, S9A 1G3
(306) 446-7000   SIC 6062
INNOVATION GROUP (CANADA) LIMITED, THE   p 874
175 Commerce Valley Dr W Suite 108, THORNHILL, ON, L3T 7P6
(905) 771-5110   SIC 7389
INNOVATION NUTAQ INC   p 1153
2150 Rue Cyrille-Duquet Bureau 100, Quebec, QC, G1N 2G3
(418) 914-7484   SIC 3679
INNOVATION PEI   p 981
See PROVINCE OF PEI
INNOVATION PLACE   p 1289
See SASKATCHEWAN OPPORTUNITIES CORPORATION
INNOVATION, SCIENCE AND ECONOMIC DEVELOPMENT CANADA   p 490
126 Wellington St W Suite 204, AURORA, ON, L4G 2N9
(905) 713-2096   SIC 8741
INNOVATIONS FOUNDATION   p 911
See GOVERNING COUNCIL OF THE UNIVERSITY OF TORONTO
INNOVATIVE APPLIED TECHNOLOGIES, INC   p 872
288 Patillo Rd, TECUMSEH, ON, N8N 2L9
(519) 737-0303   SIC 3599
INNOVATIVE COMMUNITY SUPPORT SERVICES   p 777
2025 Lanthier Dr Suite A, ORLEANS, ON, K4A 3V3

(613) 824-8434 SIC 8361
INNOVATIVE FOOD BRANDS INC p 768
700 Kerr St W, OAKVILLE, ON, L6K 3W5
(905) 337-7777 SIC 2038
INNOVATIVE FOODS CORPORATION p 719
6171 Atlantic Dr, MISSISSAUGA, ON, L5T 1N7
(905) 670-8788 SIC 2079
INNOVATIVE GLOBAL SOLUTIONS INC p 24
320 19 St Se, CALGARY, AB, T2E 6J6
(403) 204-1198 SIC 5136
INNOVATIVE INTERIOR SYSTEMS p 98
2050 227 Ave Ne, EDMONTON, AB, T5Y 6H5
(780) 414-0637 SIC 7389
INNOVATIVE MANUFACTURING INC p 208
861 Derwent Way Suite 877, DELTA, BC, V3M 5R4
(604) 522-2811 SIC 5198
INNOVATIVE SECURITY MANAGEMENT (1998) INC p 655
148 York St Suite 309, LONDON, ON, N6A 1A9
(519) 858-4100 SIC 7381
INNU CONSTRUCTION p 1252
See 3232077 CANADA INC
INNU MIKUN INC p 427
Gd Stn, HAPPY VALLEY-GOOSE BAY, NL, A0P 1C0
(709) 896-5521 SIC 4512
INNVEST HOTELS LP p 742
1325 Seymour St, NORTH BAY, ON, P1B 9V6
(705) 476-7700 SIC 7011
INNVEST HOTELS LP p 791
100 Kent St, OTTAWA, ON, K1P 5R7
(613) 238-1122 SIC 7011
INNVEST PROPERTIES CORP p 92
17610 100 Ave Nw, EDMONTON, AB, T5S 1S9
(780) 484-4415 SIC 7011
INNVEST PROPERTIES CORP p 118
11232 101 Ave, FAIRVIEW, AB, T0H 1L0
(780) 835-4921 SIC 7011
INNVEST PROPERTIES CORP p 198
45405 Luckakuck Way, CHILLIWACK, BC, V2R 3C7
(604) 858-0636 SIC 7011
INNVEST PROPERTIES CORP p 346
925 Middleton Ave, BRANDON, MB, R7C 1A8
(204) 727-6232 SIC 7011
INNVEST PROPERTIES CORP p 381
1445 Portage Ave, WINNIPEG, MB, R3G 3P4
(204) 774-5110 SIC 7011
INNVEST PROPERTIES CORP p 383
1770 Sargent Ave, WINNIPEG, MB, R3H 0C8
(204) 783-5627 SIC 7011
INNVEST PROPERTIES CORP p 393
1170 St. Peter Ave, BATHURST, NB, E2A 2Z9
(506) 547-8000 SIC 7011
INNVEST PROPERTIES CORP p 398
5 Bateman Ave, EDMUNDSTON, NB, E3V 3L1
(506) 739-8361 SIC 7011
INNVEST PROPERTIES CORP p 400
797 Prospect St, FREDERICTON, NB, E3B 5Y4
(506) 453-0800 SIC 7011
INNVEST PROPERTIES CORP p 449
456 Windmill Rd, DARTMOUTH, NS, B3A 1J7
(902) 463-9900 SIC 7011
INNVEST PROPERTIES CORP p 469
740 Westville Rd, NEW GLASGOW, NS, B2H 2J8
(902) 755-6450 SIC 7011
INNVEST PROPERTIES CORP p 476
368 Kings Rd, SYDNEY, NS, B1S 1A8
(902) 562-0200 SIC 7011

INNVEST PROPERTIES CORP p 477
12 Meadow Dr, TRURO, NS, B2N 5V4
(902) 893-0330 SIC 7011
INNVEST PROPERTIES CORP p 503
200 North Park St, BELLEVILLE, ON, K8P 2Y9
(613) 966-7703 SIC 7011
INNVEST PROPERTIES CORP p 503
407 North Front St, BELLEVILLE, ON, K8P 3C8
(613) 962-9211 SIC 7011
INNVEST PROPERTIES CORP p 602
480 Silvercreek Pky N, GUELPH, ON, N1H 7R5
(519) 763-1900 SIC 7011
INNVEST PROPERTIES CORP p 620
86 King William St, HUNTSVILLE, ON, P1H 1E4
(705) 789-1701 SIC 7011
INNVEST PROPERTIES CORP p 625
222 Hearst Way, KANATA, ON, K2L 3A2
(613) 592-2200 SIC 7011
INNVEST PROPERTIES CORP p 630
55 Warne Cres, KINGSTON, ON, K7K 6Z5
(613) 546-9500 SIC 7011
INNVEST PROPERTIES CORP p 631
2 Princess St, KINGSTON, ON, K7L 1A2
(613) 549-8400 SIC 7011
INNVEST PROPERTIES CORP p 633
1454 Princess St, KINGSTON, ON, K7M 3E5
(613) 549-5550 SIC 7011
INNVEST PROPERTIES CORP p 659
1120 Dearness Dr, LONDON, ON, N6E 1N9
(519) 680-1024 SIC 7011
INNVEST PROPERTIES CORP p 694
50 Britannia Rd E, MISSISSAUGA, ON, L4Z 2G2
(905) 890-1200 SIC 7011
INNVEST PROPERTIES CORP p 733
1230 Journey's End Cir, NEWMARKET, ON, L3Y 8Z6
(905) 895-3355 SIC 7011
INNVEST PROPERTIES CORP p 742
1200 O'brien St, NORTH BAY, ON, P1B 9B3
(905) 624-7801 SIC 7011
INNVEST PROPERTIES CORP p 758
66 Norfinch Dr Suite 115, NORTH YORK, ON, M3N 1X1
(416) 736-4700 SIC 7011
INNVEST PROPERTIES CORP p 774
75 Progress Dr, ORILLIA, ON, L3V 0T7
(705) 327-7744 SIC 7011
INNVEST PROPERTIES CORP p 781
605 Bloor St W, OSHAWA, ON, L1J 5Y6
(905) 434-5000 SIC 7011
INNVEST PROPERTIES CORP p 793
402 Queen St, OTTAWA, ON, K1R 5A7
(613) 236-1133 SIC 7011
INNVEST PROPERTIES CORP p 813
533 Kingston Rd, PICKERING, ON, L1V 3N7
(905) 831-6200 SIC 7011
INNVEST PROPERTIES CORP p 832
333 Great Northern Rd Suite 293, SAULT STE. MARIE, ON, P6B 4Z8
(705) 759-8000 SIC 7011
INNVEST PROPERTIES CORP p 834
20 Milner Business Crt, SCARBOROUGH, ON, M1B 3M6
(416) 299-9500 SIC 7011
INNVEST PROPERTIES CORP p 868
440 Second Ave N, SUDBURY, ON, P3B 4A4
(705) 560-4502 SIC 7011
INNVEST PROPERTIES CORP p 880
660 Arthur St W Suite 307, THUNDER BAY, ON, P7E 5R8
(807) 475-3155 SIC 7011
INNVEST PROPERTIES CORP p 908
111 Lombard St, TORONTO, ON, M5C 2T9
(416) 367-5555 SIC 7011
INNVEST PROPERTIES CORP p 919
200 Bay St Suite 2200, TORONTO, ON, M5J 2J2
(416) 607-7100 SIC 7011
INNVEST PROPERTIES CORP p 958
1700 Champlain Ave, WHITBY, ON, L1N 6A7
(905) 432-8800 SIC 7011
INNVEST PROPERTIES CORP p 968
250 Dougall Ave, WINDSOR, ON, N9A 7C6
(519) 977-9707 SIC 7011
INNVEST PROPERTIES CORP p 968
277 Riverside Dr W, WINDSOR, ON, N9A 5K4
(519) 973-5555 SIC 7011
INNVEST PROPERTIES CORP p 970
2330 Huron Church Rd, WINDSOR, ON, N9E 3S6
(519) 972-1100 SIC 7011
INNVEST PROPERTIES CORP p 970
2955 Dougall Ave, WINDSOR, ON, N9E 1S1
(519) 966-7800 SIC 7011
INNVEST PROPERTIES CORP p 985
618 Water St E, SUMMERSIDE, PE, C1N 4H7
(902) 436-2295 SIC 7011
INNVEST PROPERTIES CORP p 994
745 Boul Lafleche, BAIE-COMEAU, QC, G5C 1C7
(418) 589-8252 SIC 7011
INNVEST PROPERTIES CORP p 1004
96 Boul De Mortagne, BOUCHERVILLE, QC, J4B 5M7
(450) 641-2880 SIC 7011
INNVEST PROPERTIES CORP p 1007
7863 Boul Taschereau, BROSSARD, QC, J4Y 1A4
(450) 678-9350 SIC 7011
INNVEST PROPERTIES CORP p 1019
2035 Des Laurentides (A-15) E, Cote Saint-Luc, QC, H7S 1Z6
(450) 686-6777 SIC 7011
INNVEST PROPERTIES CORP p 1026
340 Av Michel-Jasmin, DORVAL, QC, H9P 1C1
(514) 636-3391 SIC 7011
INNVEST PROPERTIES CORP p 1030
1055 Rue Hains, DRUMMONDVILLE, QC, J2C 6G6
(819) 477-4000 SIC 7011
INNVEST PROPERTIES CORP p 1037
131 Rue Laurier, GATINEAU, QC, J8X 3W3
(819) 770-8550 SIC 7011
INNVEST PROPERTIES CORP p 1050
1255 Aut Duplessis, L'ANCIENNE-LORETTE, QC, G2G 2B4
(418) 872-5900 SIC 7011
INNVEST PROPERTIES CORP p 1065
10 Rue Du Terroir, Levis, QC, G6V 9J3
(418) 835-5605 SIC 7011
INNVEST PROPERTIES CORP p 1142
6300 Aut Transcanadienne, POINTE-CLAIRE, QC, H9R 1B9
(514) 426-5060 SIC 7011
INNVEST PROPERTIES CORP p 1142
700 Boul Saint-Jean, POINTE-CLAIRE, QC, H9R 3K2
(514) 697-6210 SIC 7011
INNVEST PROPERTIES CORP p 1166
7320 Boul Wilfrid-Hamel, Quebec, QC, G2G 1C1
(418) 872-5038 SIC 7011
INNVEST PROPERTIES CORP p 1173
455 Boul Saint-Germain Bureau 340, RIMOUSKI, QC, G5L 3P2
(418) 724-2500 SIC 7011
INNVEST PROPERTIES CORP p 1174
85 Boul Cartier, Riviere-du-loup, QC, G5R 4X4
(418) 867-4162 SIC 7011
INNVEST PROPERTIES CORP p 1233
854 Boul Laure, Sept-Iles, QC, G4R 1Y7
(418) 968-6005 SIC 7011
INNVEST PROPERTIES CORP p 1254
1665 3e Av, VAL-D'OR, QC, J9P 1V9
(819) 825-9360 SIC 7011

INNVEST PROPERTIES CORP p 1280
3863 2nd Ave W, PRINCE ALBERT, SK, S6W 1A1
(306) 763-4466 SIC 7011
INNVEST PROPERTIES CORP p 1291
3221 Eastgate Dr, REGINA, SK, S4Z 1A4
(306) 789-5522 SIC 7011
INNVEST PROPERTIES CORP p 1300
2155 Northridge Dr, SASKATOON, SK, S7L 6X6
(306) 934-1122 SIC 7011
INNVEST REAL ESTATE INVESTMENT TRUST p 407
750 Main St, MONCTON, NB, E1C 1E6
(506) 854-4344 SIC 7011
INNVEST REIT p 689
5090 Explorer Dr Suite 700, MISSISSAUGA, ON, L4W 4T9
(905) 629-3400 SIC 7011
INO p 611
See INSTITUT NATIONAL D'OPTIQUE
INOTEC COATINGS AND HYDRAULICS INC p 105
4263 95 St Nw, EDMONTON, AB, T6E 5R6
(780) 461-8333 SIC 3471
INOVA SYSTEMS CORPORATION p 24
7236 10 St Ne, CALGARY, AB, T2E 8X3
(403) 537-2100 SIC 3829
INOVATA FOODS CORP p 85
12803 149 St Nw, EDMONTON, AB, T5L 2J7
(780) 454-8665 SIC 2099
INOVIA INC p 1227
1291 1re Rue Du Parc-Industriel, SAINTE-MARIE, QC, G6E 3T3
(418) 387-3144 SIC 3569
INPLAY OIL CORP p 45
640 5 Ave Sw Suite 920, CALGARY, AB, T2P 3G4
SIC 1381
INRS CENTRE EAU TERRE ET ENVIRONNEMENT p 1150
See UNIVERSITE DU QUEBEC
INRS ETE INSTITUT NATIONALE DE LA RECHECHE SCIENTIFIQUE p 1150
See UNIVERSITE DU QUEBEC
INSECTARIUM DE MONTREAL p 1090
See VILLE DE MONTREAL
INSHORE FISHERIES LIMITED p 467
95 Dennis Point Rd, LOWER WEST PUBNICO, NS, B0W 2M0
(902) 762-2522 SIC 2092
INSIGHT FILM STUDIOS LTD p 299
112 6th Ave W, VANCOUVER, BC, V5Y 1K6
(604) 623-3369 SIC 7812
INSIGHTRIX RESEARCH INC p 1296
3223 Millar Ave Suite 1, SASKATOON, SK, S7K 5Y3
(306) 657-5640 SIC 8732
INSOLVABILITE, DIV DE p 1158
See RAYMOND CHABOT INC
INSPEC-SOL p 726
See GHD CONSULTANTS LTEE
INSPEC-SOL p 1008
See GHD CONSULTANTS LTEE
INSPEC-SOL p 1015
See GHD CONSULTANTS LTEE
INSPEC-SOL p 1066
See GHD CONSULTANTS LTEE
INSPEC-SOL p 1165
See GHD CONSULTANTS LTEE
INSPEC-SOL p 1173
See GHD CONSULTANTS LTEE
INSPECTIONS GROUP INC, THE p 76
12010 111 Ave Nw, EDMONTON, AB, T5G 0E6
(780) 454-5048 SIC 7389
INSTA-CHEQUES p 1097
See ENCAISSEMENT DE CHEQUE MONTREAL LTEE
INSTACHANGE DISPLAYS LIMITED p 733
360 Harry Walker Pky S Unit 1-3, NEWMARKET, ON, L3Y 9E9

▲ Public Company ■ Public Company Family Member **HQ** Headquarters **BR** Branch **SL** Single Location

(289) 279-1100 SIC 3993
INSTALLATION FOCUS INC p 1004
1310 Rue Nobel, BOUCHERVILLE, QC, J4B 5H3
(514) 644-5551 SIC 1799
INSTALLATIONS ELECTRIQUES PICHETTE INC, LES p 1128
3080 Rue Peugeot, Montreal, QC, H7L 5C5
(450) 682-4411 SIC 1731
INSTALOANS INC p 92
17631 103 Ave Nw, EDMONTON, AB, T5S 1N8
(780) 408-5110 SIC 6141
INSTALOANS INC p 131
183 Pembina Ave, HINTON, AB, T7V 2B2
(780) 817-3880 SIC 6141
INSTANT COURIER SERVICE p 718
See DATA PARCEL EXPRESS INCORPORATED
INSTECH TELECOMMUNICATION INC p 1019
2075 Boul Fortin, Cote Saint-Luc, QC, H7S 1P4
(514) 388-4337 SIC 1623
INSTITUE UNIVERSITAIRE GERIATRIE p 1238
See GOUVERNEMENT DE LA PROVINCE DE QUEBEC
INSTITUT CANADIEN POUR DEVELOPPEMENT NEURO-INTEGRATIF, L p 1126
5460 Av Connaught, Montreal, QC, H4V 1X7
(514) 935-1911 SIC 8211
INSTITUT D' ECHAFAUDAGE-QUEBEC p 1046
See 9020-4983 QUEBEC INC
INSTITUT DE BEAUTE YVES ROCHER p 1114
See YVES ROCHER AMERIQUE DU NORD INC
INSTITUT DE LA STATISTIQUE DE QUEBEC p 1157
See GOUVERNEMENT DE LA PROVINCE DE QUEBEC
INSTITUT DE PHYSIATRIE DU QUEBEC p 1093
See CENTRE DE PHYSIATRIE SHERBROOKE INC
INSTITUT DE PROTECTION CONTRE LES INCENDIES DU QUEBEC (IPIQ), L' p 1127
See COMMISSION SCOLAIRE DE LAVAL
INSTITUT DE READAPTATION EN DEFICIENCE PHYSIQUE DU QUEBEC (IRDPQ) p 1152
See GOUVERNEMENT DE LA PROVINCE DE QUEBEC
INSTITUT DE READAPTATION EN DEFICIENCE PHYSIQUE DU QUEBEC IRDPQ p 1168
See GOUVERNEMENT DE LA PROVINCE DE QUEBEC
INSTITUT DE RECHERCHE ET DEVELOPPEMENT EN AGROENVIRONEMENT INC p 1155
2700 Rue Einstein Bureau D1110, Quebec, QC, G1P 3W8
(418) 643-2380 SIC 8731
INSTITUT DE RECHERCHE ET DEVELOPPEMENT EN AGROENVIRONEMENT INC p 1195
3300 Rue Sicotte, SAINT-HYACINTHE, QC, J2S 2M2
SIC 8731
INSTITUT DE TOURISME ET D'HOTELLERIE DU QUEBEC, L' p 1100
See GOUVERNEMENT DE LA PROVINCE DE QUEBEC
INSTITUT DES SCIENCES DE LA MER DE RIMOUSKI p 1173
See UNIVERSITE DU QUEBEC
INSTITUT HERZING DE MONTREAL INC p 1117
1616 Boul Rene-Levesque O, Montreal, QC,
H3H 1P8
(514) 935-7494 SIC 8249
INSTITUT HERZING DE MONTREAL INC p 1117
1616 Boul Rene-Levesque O, Montreal, QC, H3H 1P8
(514) 935-7494 SIC 8243
INSTITUT LINGUISTIQUE PROVINCIAL INC p 1088
4930 Rue Hochelaga, Montreal, QC, H1V 1E7
(514) 254-6011 SIC 8299
INSTITUT NATIONAL D'OPTIQUE p 611
175 Longwood Rd S Suite 316 A, HAMILTON, ON, L8P 0A1
(905) 529-7016 SIC 8731
INSTITUT NATIONAL DE L'IMAGE ET DU SON (INIS) p 1100
301 Boul De Maisonneuve E, Montreal, QC, H2X 1K1
(514) 285-4647 SIC 8331
INSTITUT NATIONAL DE LA RECHERCHE SCIENTIFIQUE p 1100
385 Rue Sherbrooke E, Montreal, QC, H2X 1E3
(514) 499-4000 SIC 8733
INSTITUT NATIONAL DE LA RECHERCHE SCIENTIFIQUE ENERGIE & MATERIAUX p 1256
See UNIVERSITE DU QUEBEC
INSTITUT NATIONALDE LA RECHERCHE SCIENTIFIQUE (INR p 1021
See UNIVERSITE DU QUEBEC
INSTITUT NATIONALE DE LA RECHERCHE SCIENTIFIQUE (INRS) p 1150
See UNIVERSITE DU QUEBEC
INSTITUT NATIONALE DE SANTE PUBLIQUE DU QUEBEC p 1161
945 Av Wolfe Bureau 4, Quebec, QC, G1V 5B3
(418) 650-5115 SIC 8731
INSTITUT NATIONALE DE SANTE PUBLIQUE DU QUEBEC p 1224
20045 Ch Sainte-Marie, SAINTE-ANNE-DE-BELLEVUE, QC, H9X 3R5
(514) 457-2070 SIC 8731
INSTITUT PHILIPPE PINEL DE MONTREAL p 1084
10905 Boul Henri-Bourassa E, Montreal, QC, H1C 1H1
(514) 648-8461 SIC 8063
INSTITUT TECCART p 1089
3030 Rue Hochelaga, Montreal, QC, H1W 1G2
(514) 526-2501 SIC 8211
INSTITUT UNIVERSITAIRE EN SANTE MENTALE DOUGLAS p 1258
6875 Boul Lasalle, VERDUN, QC, H4H 1R3
(514) 761-6131 SIC 8062
INSTITUTE FOR AERO SPACE STUDIES p 754
See GOVERNING COUNCIL OF THE UNIVERSITY OF TORONTO
INSTITUTE FOR COMPUTING, INFORMATION & COGNITIVE SYSTEMS p 320
See UNIVERSITY OF BRITISH COLUMBIA, THE
INSTITUTE FOR SOCIAL RESEARCH, DIV. OF p 756
See YORK UNIVERSITY
INSTITUTE FOR WETLAND & WATERFOWL RESEARCH DEPARTMENT p 358
See DUCKS UNLIMITED CANADA
INSTITUTE FOR WORK & HEALTH p 911
481 University Ave Suite 800, TORONTO, ON, M5G 2E9
(416) 927-2027 SIC 8399
INSTITUTE OF CIRCULATORY AND RESPIRATORY HEALTH p 1088
5000 Rue Belanger, Montreal, QC, H1T 1C8
(514) 593-7431 SIC 8062
INSTITUTE OF NATUROPATHIC EDUCATION AND RESEARCH p 747
1255 Sheppard Ave E, North York, ON, M2K 1E2
(416) 498-1255 SIC 8221
INSTITUTE OF TECHNOLOGY p 461
See NOVA SCOTIA COMMUNITY COLLEGE
INSURANCE BUREAU OF CANADA p 889
2235 Sheppard Ave E Suite 1100, TORONTO, ON, M2J 5B5
(416) 445-5912 SIC 6411
INSURANCE BUREAU OF CANADA p 911
777 Bay St Suite 2400, TORONTO, ON, M5G 2C8
(416) 362-2031 SIC 6411
INSURANCE BUREAU OF CANADA p 1126
800 Rue Du Square-Victoria Bureau 2410, Montreal, QC, H4Z 0A2
(514) 288-4321 SIC 6411
INSURANCE BUREAU OF CANADA p 1245
4150 Sainte Catherine O, TERREBONNE, QC, J6X 3P2
SIC 6411
INSURANCE CENTRE INC, THE p 630
321 Concession St, KINGSTON, ON, K7K 2B9
(613) 544-5313 SIC 6411
INSURANCE CORPORATION OF BRITISH COLUMBIA p 202
1575 Hartley Ave, COQUITLAM, BC, V3K 6Z7
(604) 777-4627 SIC 6331
INSURANCE CORPORATION OF BRITISH COLUMBIA p 204
505 Crown Isle Blvd, COURTENAY, BC, V9N 9W1
(250) 338-7731 SIC 6331
INSURANCE CORPORATION OF BRITISH COLUMBIA p 205
126 Briar Ave Nw, CRANBROOK, BC, V1C 5S3
(250) 426-5246 SIC 6331
INSURANCE CORPORATION OF BRITISH COLUMBIA p 212
5151 Polkey Rd, DUNCAN, BC, V9L 6W3
(250) 748-3121 SIC 6331
INSURANCE CORPORATION OF BRITISH COLUMBIA p 233
6000 Production Way, LANGLEY, BC, V3A 6L5
(604) 530-7111 SIC 6331
INSURANCE CORPORATION OF BRITISH COLUMBIA p 236
22811 Dewdney Trunk Rd, MAPLE RIDGE, BC, V2X 9J7
(604) 463-3999 SIC 6331
INSURANCE CORPORATION OF BRITISH COLUMBIA p 239
6460 Applecroix Rd, NANAIMO, BC, V9R 6E6
(250) 390-4511 SIC 6331
INSURANCE CORPORATION OF BRITISH COLUMBIA p 245
747 Boyd St, NEW WESTMINSTER, BC, V3M 5X2
(604) 525-3671 SIC 6331
INSURANCE CORPORATION OF BRITISH COLUMBIA p 248
151 Esplanade W Suite 135, NORTH VANCOUVER, BC, V7M 3H9
(604) 661-2800 SIC 6331
INSURANCE CORPORATION OF BRITISH COLUMBIA p 252
90 Industrial Ave E, PENTICTON, BC, V2A 3H8
(250) 493-4181 SIC 6331
INSURANCE CORPORATION OF BRITISH COLUMBIA p 262
4001 15th Ave, PRINCE GEORGE, BC, V2N 2X3
(250) 562-4311 SIC 6331
INSURANCE CORPORATION OF BRITISH COLUMBIA p 269
5740 Minoru Blvd, RICHMOND, BC, V6X 2A9
(604) 232-4350 SIC 6331
INSURANCE CORPORATION OF BRITISH COLUMBIA p 280
10262 152a St, SURREY, BC, V3R 6T8
(604) 584-3211 SIC 6331
INSURANCE CORPORATION OF BRITISH COLUMBIA p 280
10470 152 St Suite 405, SURREY, BC, V3R 0Y4
(604) 520-8222 SIC 6331
INSURANCE CORPORATION OF BRITISH COLUMBIA p 286
13072 88 Ave Suite 100, SURREY, BC, V3W 3K3
(604) 507-3640 SIC 6331
INSURANCE CORPORATION OF BRITISH COLUMBIA p 286
7565 132 St Suite 207, SURREY, BC, V3W 1K5
SIC 6331
INSURANCE CORPORATION OF BRITISH COLUMBIA p 286
13665 68 Ave, SURREY, BC, V3W 0Y6
(604) 597-7600 SIC 6331
INSURANCE CORPORATION OF BRITISH COLUMBIA p 286
13426 78 Ave, SURREY, BC, V3W 8J6
(604) 596-8573 SIC 6331
INSURANCE CORPORATION OF BRITISH COLUMBIA p 291
2985 Highway Dr, TRAIL, BC, V1R 2T2
(250) 368-5261 SIC 6331
INSURANCE CORPORATION OF BRITISH COLUMBIA p 316
1855 Burrard St Unit 2, VANCOUVER, BC, V6J 3G9
(604) 736-1969 SIC 6331
INSURANCE CORPORATION OF BRITISH COLUMBIA p 326
2302 48 Ave, VERNON, BC, V1T 8K8
(250) 542-2301 SIC 6331
INSURANCE CORPORATION OF BRITISH COLUMBIA p 329
425 Dunedin St, VICTORIA, BC, V8T 5H7
(250) 480-5600 SIC 6331
INSURANCE COURIER SERVICES, DIV OF p 547
See INFORMATION COMMUNICATION SERVICES (ICS) INC
INSURANCE INFORMATION DIVISION p 911
See INSURANCE BUREAU OF CANADA
INSURANCE INFORMATION SERVICES p 747
See EQUIFAX CANADA CO.
INSURANCELAND INC p 842
85 Ellesmere Rd Unit F10, SCARBOROUGH, ON, M1R 4B7
(416) 449-5125 SIC 6411
INTACT ASSURANCE p 993
See INTACT INSURANCE COMPANY
INTACT INSURANCE p 378
See INTACT INSURANCE COMPANY
INTACT INSURANCE COMPANY p 45
321 6 Ave Sw Suite 1200, CALGARY, AB, T2P 3H3
(403) 269-7961 SIC 6331
INTACT INSURANCE COMPANY p 294
2955 Virtual Way Suite 400, VANCOUVER, BC, V5M 4X6
(604) 683-5566 SIC 6411
INTACT INSURANCE COMPANY p 308
999 Hastings St W Suite 1100, VANCOUVER, BC, V6C 2W2
(604) 891-5400 SIC 6331
INTACT INSURANCE COMPANY p 336
2401 Millstream Rd Suite 246, VICTORIA, BC, V9B 3R5
(250) 385-0866 SIC 6331
INTACT INSURANCE COMPANY p 378
386 Broadway Suite 805, WINNIPEG, MB,

R3C 3R6
(204) 942-8402 SIC 6331
INTACT INSURANCE COMPANY
869 Main St, MONCTON, NB, E1C 1G5
(506) 854-7281 SIC 6331
INTACT INSURANCE COMPANY p 451
20 Hector Gate Suite 200, DARTMOUTH, NS, B3B 0K3
(902) 420-1732 SIC 6331
INTACT INSURANCE COMPANY p 655
255 Queens Ave Suite 900, LONDON, ON, N6A 5R8
(519) 432-6721 SIC 6331
INTACT INSURANCE COMPANY p 709
6925 Century Ave Suite 900, MISSISSAUGA, ON, L5N 0E3
(905) 858-1070 SIC 6331
INTACT INSURANCE COMPANY p 787
1400 St. Laurent Blvd Suite 300, OTTAWA, ON, K1K 4H4
(613) 748-3000 SIC 6331
INTACT INSURANCE COMPANY p 911
700 University Ave Suite 1500, TORONTO, ON, M5G 0A1
(416) 341-1464 SIC 6331
INTACT INSURANCE COMPANY p 911
700 University Ave Suite 1500, TORONTO, ON, M5G 0A1
(416) 341-1464 SIC 6311
INTACT INSURANCE COMPANY p 993
7101 Rue Jean-Talon E Bureau 1000, ANJOU, QC, H1M 0A5
(514) 388-5466 SIC 6331
INTEGRA CASTINGS INC p 361
200 Pacific St, WINKLER, MB, R6W 0K2
(204) 325-7376 SIC 3321
INTEGRAM-WINDSOR SEATING DIV OF p 872
See MAGNA SEATING INC
INTEGRAM-WINDSOR, DIV OF p 491
See MAGNA SEATING INC
INTEGRATED COMMERCIAL INTERIORS INC p 32
6120 11 St Se Suite 4, CALGARY, AB, T2H 2L7
SIC 1542
INTEGRATED DISTRIBUTION SYSTEMS LIMITED PARTNERSHIP p 1
26313 Township Road 531a, ACHESON, AB, T7X 5A3
(780) 487-6700 SIC 5084
INTEGRATED DISTRIBUTION SYSTEMS LIMITED PARTNERSHIP p 6
5424 Blackfalds Industrial Way, BLACKFALDS, AB, T0M 0J0
(403) 885-5604 SIC 5084
INTEGRATED DISTRIBUTION SYSTEMS LIMITED PARTNERSHIP p 18
5735 53 St Se, CALGARY, AB, T2C 4V1
(403) 279-7278 SIC 6712
INTEGRATED DISTRIBUTION SYSTEMS LIMITED PARTNERSHIP p 57
4343 114 Ave Se, CALGARY, AB, T2Z 3M5
(403) 253-7601 SIC 5084
INTEGRATED DISTRIBUTION SYSTEMS LIMITED PARTNERSHIP p 92
17604 105 Ave Nw, EDMONTON, AB, T5S 1G4
(780) 483-6641 SIC 5084
INTEGRATED DISTRIBUTION SYSTEMS LIMITED PARTNERSHIP p 105
10025 51 Ave Nw, EDMONTON, AB, T6E 0A8
(780) 437-8200 SIC 5084
INTEGRATED DISTRIBUTION SYSTEMS LIMITED PARTNERSHIP p 120
255 Macalpine Cres, FORT MCMURRAY, AB, T9H 4A5
(780) 791-6447 SIC 5084
INTEGRATED DISTRIBUTION SYSTEMS LIMITED PARTNERSHIP p 120
430 Macalpine Cres, FORT MCMURRAY, AB, T9H 4B1
(780) 743-6252 SIC 5084

INTEGRATED DISTRIBUTION SYSTEMS LIMITED PARTNERSHIP p 127
10906 97 Ave, GRANDE PRAIRIE, AB, T8V 3J8
(780) 532-2396 SIC 5084
INTEGRATED DISTRIBUTION SYSTEMS LIMITED PARTNERSHIP p 155
7980 Edgar Industrial Dr, RED DEER, AB, T4P 3R2
(403) 346-8981 SIC 5084
INTEGRATED DISTRIBUTION SYSTEMS LIMITED PARTNERSHIP p 218
1880 Kryczka Pl, KAMLOOPS, BC, V1S 1S4
(250) 374-5055 SIC 5084
INTEGRATED DISTRIBUTION SYSTEMS LIMITED PARTNERSHIP p 229
9087 198 St, LANGLEY, BC, V1M 3B1
(604) 513-2216 SIC 5084
INTEGRATED DISTRIBUTION SYSTEMS LIMITED PARTNERSHIP p 262
1140 Pacific St, PRINCE GEORGE, BC, V2N 5S3
(250) 562-7321 SIC 5084
INTEGRATED DISTRIBUTION SYSTEMS LIMITED PARTNERSHIP p 369
2529 Inkster Blvd, WINNIPEG, MB, R2R 2Y4
(204) 452-8244 SIC 5084
INTEGRATED DISTRIBUTION SYSTEMS LIMITED PARTNERSHIP p 391
75 Aimes Rd, WINNIPEG, MB, R3X 1V4
(204) 255-2214 SIC 5084
INTEGRATED DISTRIBUTION SYSTEMS LIMITED PARTNERSHIP p 451
152 Thornhill Dr, DARTMOUTH, NS, B3B 1S2
(902) 468-7352 SIC 5084
INTEGRATED DISTRIBUTION SYSTEMS LIMITED PARTNERSHIP p 451
70 Raddall Ave, DARTMOUTH, NS, B3B 1T2
(902) 468-6200 SIC 5084
INTEGRATED DISTRIBUTION SYSTEMS LIMITED PARTNERSHIP p 575
10 Diesel Dr, ETOBICOKE, ON, M8W 2T8
(416) 259-3281 SIC 8711
INTEGRATED DISTRIBUTION SYSTEMS LIMITED PARTNERSHIP p 593
4139 Belgreen Dr, GLOUCESTER, ON, K1G 3N2
(613) 739-2990 SIC 5084
INTEGRATED DISTRIBUTION SYSTEMS LIMITED PARTNERSHIP p 644
815 Trillium Dr, KITCHENER, ON, N2R 1J9
(519) 893-2942 SIC 7538
INTEGRATED DISTRIBUTION SYSTEMS LIMITED PARTNERSHIP p 649
140 Magill St, LIVELY, ON, P3Y 1K7
(705) 692-3656 SIC 5084
INTEGRATED DISTRIBUTION SYSTEMS LIMITED PARTNERSHIP p 649
30 Vagnini Crt, LIVELY, ON, P3Y 1K8
(705) 692-0707 SIC 5084
INTEGRATED DISTRIBUTION SYSTEMS LIMITED PARTNERSHIP p 650
571 Industrial Rd, LONDON, ON, N5V 1V2
(519) 455-7410 SIC 5084
INTEGRATED DISTRIBUTION SYSTEMS LIMITED PARTNERSHIP p 664
359 Tartan Dr Unit 1, LONDON, ON, N6M 1B1
(519) 685-1172 SIC 5082
INTEGRATED DISTRIBUTION SYSTEMS LIMITED PARTNERSHIP p 692
1865 Sharlyn Rd, MISSISSAUGA, ON, L4X 2C5
(905) 624-5611 SIC 5082
INTEGRATED DISTRIBUTION SYSTEMS LIMITED PARTNERSHIP p 692
3280 Wharton Way, MISSISSAUGA, ON, L4X 2C5
(905) 212-3300 SIC 5084
INTEGRATED DISTRIBUTION SYSTEMS LIMITED PARTNERSHIP p 785

2450 Stevenage Dr, OTTAWA, ON, K1G 3W3
(613) 736-6060 SIC 5084
INTEGRATED DISTRIBUTION SYSTEMS LIMITED PARTNERSHIP p 861
324 South Service Rd, STONEY CREEK, ON, L8E 2R4
(905) 561-9721 SIC 5084
INTEGRATED DISTRIBUTION SYSTEMS LIMITED PARTNERSHIP p 1010
1970 Rue John-Yule, CHAMBLY, QC, J3L 6W3
(905) 212-3300 SIC 5084
INTEGRATED DISTRIBUTION SYSTEMS LIMITED PARTNERSHIP p 1020
2000 Rue John-Molson, Cote Saint-Luc, QC, H7T 0H4
(450) 682-3737 SIC 5084
INTEGRATED DISTRIBUTION SYSTEMS LIMITED PARTNERSHIP p 1026
10955 Ch Cote-De-Liesse, DORVAL, QC, H9P 1A7
(514) 636-0680 SIC 5084
INTEGRATED DISTRIBUTION SYSTEMS LIMITED PARTNERSHIP p 1153
205 Av Saint-Sacrement, Quebec, QC, G1N 3X5
(418) 681-3555 SIC 5084
INTEGRATED DISTRIBUTION SYSTEMS LIMITED PARTNERSHIP p 1163
2997 Av Watt, Quebec, QC, G1X 3W1
(418) 651-4236 SIC 5084
INTEGRATED DISTRIBUTION SYSTEMS LIMITED PARTNERSHIP p 1190
243 Rue Des Artisans, SAINT-GERMAIN-DE-GRANTHAM, QC, J0C 1K0
(819) 472-4076 SIC 5063
INTEGRATED DISTRIBUTION SYSTEMS LIMITED PARTNERSHIP p 1190
243 Rue Des Artisans, SAINT-GERMAIN-DE-GRANTHAM, QC, J0C 1K0
(819) 472-4076 SIC 5084
INTEGRATED FINANCIAL GROUP INC p 89
10220 156 St Nw Suite 200, EDMONTON, AB, T5P 2R1
(780) 454-6505 SIC 6411
INTEGRATED MAINTENANCE & OPERATIONS SERVICES INC p 672
Gd, MARKHAM, ON, L3R 9R8
(905) 475-6660 SIC 1611
INTEGRATED MUNICIPAL SERVICES INC p 735
2800 Thorold Town Line, NIAGARA FALLS, ON, L2E 6S4
(905) 680-3777 SIC 8742
INTEGRATED PROACTION CORP p 218
1425 Hugh Allan Dr, KAMLOOPS, BC, V1S 1J3
(250) 828-7977 SIC 7389
INTEGRATED PRODUCTION SERVICES p 47
See NINE ENERGY CANADA INC
INTEGRATED PRODUCTION SERVICES p 141
See NINE ENERGY CANADA INC
INTEGRATED PROTECTION p 721
See VIPOND INC
INTEGRITY WALL SYSTEMS INC p 337
1371 Courtland Ave, VICTORIA, BC, V9E 2C5
(250) 480-5500 SIC 5714
INTEGRO (CANADA) LTD p 923
199 Bay St Suite 4800, TORONTO, ON, M5L 1E8
(416) 619-8000 SIC 6411
INTEGRO INSURANCE BROKERS p 923
See INTEGRO (CANADA) LTD
INTEL p 314
See INTEL OF CANADA, LTD
INTEL OF CANADA, LTD p 314
1333 Broadway W Suite 688, VANCOUVER, BC, V6H 4C1
(604) 639-1188 SIC 8731

INTEL OF CANADA, LTD p 585
200 Ronson Dr Suite 201, ETOBICOKE, ON, M9W 5Z9
(647) 259-0101 SIC 5045
INTELCAN TECHNOSYSTEMS INC p 726
69 Auriga Dr, NEPEAN, ON, K2E 7Z2
(613) 228-1150 SIC 3812
INTELERAD p 1113
See SYSTEMES MEDICAUX INTELERAD INCORPOREE, LES
INTELESERVICES CANADA INC p 855
15 Church St, ST CATHARINES, ON, L2R 3B5
(905) 684-7273 SIC 5963
INTELISPEND p 942
See IPS OF CANADA, U.L.C.
INTELLIGARDE INTERNATIONAL INC p 839
3090 Kingston Rd Suite 400, SCARBOROUGH, ON, M1M 1P2
(416) 760-0000 SIC 7381
INTEPLAST BAGS AND FILMS CORPORATION p 210
7503 Vantage Pl, DELTA, BC, V4G 1A5
(604) 946-5431 SIC 2673
INTEPLAST BAGS AND FILMS CORPORATION p 419
291 Industrial Dr, SAINT JOHN, NB, E2R 1A4
(506) 633-8101 SIC 2673
INTEPLAST BAGS AND FILMS CORPORATION p 1058
1 Rue Vifan, LANORAIE, QC, J0K 1E0
(450) 887-7711 SIC 3081
INTER MARCHE p 1181
See PROVIGO INC
INTER PIPELINE LTD p 7
Gd Stn Main, BONNYVILLE, AB, T9N 2J6
(780) 343-2000 SIC 1382
INTER V MEDICAL INC p 1215
5179 Boul Metropolitain E, SAINT-LEONARD, QC, H1R 1Z7
SIC 5047
INTER WEST p 1296
See INTER WEST MECHANICAL LTD
INTER WEST MECHANICAL LTD p 1296
1839 Saskatchewan Ave, SASKATOON, SK, S7K 1R1
(306) 955-1800 SIC 1711
INTER-CANADA FISHERIES, DIV OF p 560
See M.B. PRODUCT RESEARCH DISTRIBUTING INC
INTER-CITE CONSTRUCTION LTEE p 1014
209 Boul Du Royaume O, CHICOUTIMI, QC, G7H 5C2
(418) 549-0532 SIC 1611
INTER-CULTURAL ASSOCIATION OF GREATER VICTORIA p 329
930 Balmoral Rd, VICTORIA, BC, V8T 1A8
(250) 388-4728 SIC 8111
INTER-VARSITY CHRISTIAN FELLOWSHIP OF CANADA p 818
942 Clearwater Lake Rd Rr 2, PORT SYDNEY, ON, P0B 1L0
(705) 385-2370 SIC 8661
INTER.NET p 1122
See INTER.NET CANADA LTEE
INTER.NET CANADA LTEE p 1122
5252 Boul De Maisonneuve O Bureau 200, Montreal, QC, H4A 3S5
(514) 481-2585 SIC 4813
INTERALIA INC p 59
4110 79 St Nw, CALGARY, AB, T3B 5C2
(403) 288-2706 SIC 3669
INTERBRAND CANADA INC p 901
33 Bloor St E Suite 1400, TORONTO, ON, M4W 3H1
(416) 366-7100 SIC 8748
INTERCARE @ MILLRISE p 56
See INTERCARE CORPORATE GROUP INC

INTERCARE BRENTWOOD CARE CENTRE
p 32
See INTERCARE CORPORATE GROUP INC

INTERCARE CHINOOK CARE CENTRE p 54
See INTERCARE CORPORATE GROUP INC

INTERCARE CORPORATE GROUP INC p 32
211 Heritage Dr Se, CALGARY, AB, T2H 1M9
(403) 252-1194   SIC 8322

INTERCARE CORPORATE GROUP INC p 39
2727 16 Ave Nw Suite 138, CALGARY, AB, T2N 3Y6
(403) 289-2576   SIC 8051

INTERCARE CORPORATE GROUP INC p 54
1261 Glenmore Trail Sw, CALGARY, AB, T2V 4Y8
(403) 252-0141   SIC 8322

INTERCARE CORPORATE GROUP INC p 56
14911 5 St Sw, CALGARY, AB, T2Y 5B9
(403) 451-4211   SIC 8322

INTERCITY PACKERS (EAST) p 719
See INTERCITY PACKERS LTD

INTERCITY PACKERS LTD p 96
13506 159 St Nw, EDMONTON, AB, T5V 0C6
(780) 477-7373   SIC 5147

INTERCITY PACKERS LTD p 96
13503 163 St Nw, EDMONTON, AB, T5V 0B5
(780) 477-7373   SIC 5147

INTERCITY PACKERS LTD p 292
1575 Kootenay St, VANCOUVER, BC, V5K 4Y3
(604) 291-7796   SIC 5147

INTERCITY PACKERS LTD p 719
6880 Pacific Cir, MISSISSAUGA, ON, L5T 1N8
(905) 670-1023   SIC 5147

INTERCOAST TRUSS, DIV OF p 85
See NELSON LUMBER COMPANY LTD

INTERFAITH SENIOR CITIZENS HOME p 424
45 Water St, CARBONEAR, NL, A1Y 1B1
(709) 945-5300   SIC 8361

INTERFOR CORPORATION p 196
9200 Holding Rd Suite 2, CHASE, BC, V0E 1M2
(250) 679-3234   SIC 2421

INTERFOR CORPORATION p 257
Pt Mellon Hwy, PORT MELLON, BC, V0N 2S0
(604) 884-5300   SIC 2411

INTERGOVERNMENTAL AFFAIRS p 939
See GOVERNMENT OF ONTARIO

INTERGRAPH CANADA LTD p 24
1120 68 Ave Ne, CALGARY, AB, T2E 8S5
(403) 569-5500   SIC 5045

INTERGRAPHICS DECAL LIMITED p 365
180 De Baets St, WINNIPEG, MB, R2J 3W6
(204) 958-9570   SIC 2759

INTERGY RESERVATION & E-MARKETING SOLUTIONS, DIV OF p 443
See PACRIM HOSPITALITY SERVICES INC

INTERIOR COMMUNITY SERVICES p 218
765 Tranquille Rd, KAMLOOPS, BC, V2B 3J3
(250) 376-3511   SIC 8641

INTERIOR DIMENSIONS p 899
See ASQUITH INTERIOR DIMENSIONS INC

INTERIOR HEALTH AUTHORITY p 176
555 Cedar Ave, 100 MILE HOUSE, BC, V0K 2E0
(250) 395-7634   SIC 8062

INTERIOR HEALTH AUTHORITY p 181
700 Elm St, ASHCROFT, BC, V0K 1A0
(250) 453-2211   SIC 8062

INTERIOR HEALTH AUTHORITY p 181
3800 Patten Dr, ARMSTRONG, BC, V0E 1B2
(250) 546-4707   SIC 8062

INTERIOR HEALTH AUTHORITY p 195
709 10th St, CASTLEGAR, BC, V1N 2H7
(250) 365-4300   SIC 8062

INTERIOR HEALTH AUTHORITY p 196
825 Thompson Ave, CHASE, BC, V0E 1M0
(250) 679-2899   SIC 8062

INTERIOR HEALTH AUTHORITY p 198
640 Park Dr, CLEARWATER, BC, V0E 1N1
(250) 674-2244   SIC 8062

INTERIOR HEALTH AUTHORITY p 205
13 24th Ave N, CRANBROOK, BC, V1C 3H9
(250) 426-5281   SIC 8062

INTERIOR HEALTH AUTHORITY p 213
707 3rd Ave, ENDERBY, BC, V0E 1V0
(250) 838-2450   SIC 8093

INTERIOR HEALTH AUTHORITY p 213
1501 5 Ave, FERNIE, BC, V0B 1M0
(250) 423-4453   SIC 8062

INTERIOR HEALTH AUTHORITY p 216
7649 22nd St, GRAND FORKS, BC, V0H 1H2
(250) 443-2146   SIC 8062

INTERIOR HEALTH AUTHORITY p 218
850 10 Ave, INVERMERE, BC, V0A 1K0
(250) 342-9201   SIC 8062

INTERIOR HEALTH AUTHORITY p 218
945 Southill St Unit 200, KAMLOOPS, BC, V2B 7Z9
(250) 554-5590   SIC 8062

INTERIOR HEALTH AUTHORITY p 220
311 Columbia St, KAMLOOPS, BC, V2C 2T1
(250) 374-5111   SIC 8062

INTERIOR HEALTH AUTHORITY p 220
450 Lansdowne St Unit 37, KAMLOOPS, BC, V2C 1Y3
(250) 851-7900   SIC 8062

INTERIOR HEALTH AUTHORITY p 220
519 Columbia St, KAMLOOPS, BC, V2C 2T8
(250) 851-7300   SIC 8062

INTERIOR HEALTH AUTHORITY p 220
450 Lansdowne St Unit 37, KAMLOOPS, BC, V2C 1Y3
(250) 374-5111   SIC 8062

INTERIOR HEALTH AUTHORITY p 222
673 A Ave, KASLO, BC, V0G 1M0
(250) 353-2296   SIC 8062

INTERIOR HEALTH AUTHORITY p 224
2355 Acland Rd Suite 101, KELOWNA, BC, V1X 7X9
(250) 491-6300   SIC 8062

INTERIOR HEALTH AUTHORITY p 226
934 Bernard Ave, KELOWNA, BC, V1Y 6P8
(250) 762-2706   SIC 8062

INTERIOR HEALTH AUTHORITY p 226
1449 Kelglen Cres, KELOWNA, BC, V1Y 8P4
(250) 763-2585   SIC 8062

INTERIOR HEALTH AUTHORITY p 226
1340 Ellis St, KELOWNA, BC, V1Y 9N1
(250) 862-4205   SIC 8093

INTERIOR HEALTH AUTHORITY p 226
2035 Ethel St, KELOWNA, BC, V1Y 2Z6
(250) 862-4126   SIC 8062

INTERIOR HEALTH AUTHORITY p 226
1860 Dayton St Unit 102, KELOWNA, BC, V1Y 7W6
(250) 870-5852   SIC 8093

INTERIOR HEALTH AUTHORITY p 226
1835 Gordon Dr Suite 118, KELOWNA, BC, V1Y 3H4
(250) 980-1400   SIC 8062

INTERIOR HEALTH AUTHORITY p 226
2255 Ethel St, KELOWNA, BC, V1Y 2Z9
(250) 862-4100   SIC 8062

INTERIOR HEALTH AUTHORITY p 226
1620 Dickson Ave Unit B3, KELOWNA, BC, V1Y 9Y2
(250) 870-5874   SIC 8062

INTERIOR HEALTH AUTHORITY p 235
951 Murray St, LILLOOET, BC, V0K 1V0
(250) 256-1300   SIC 8062

INTERIOR HEALTH AUTHORITY p 239
97 1st Ave E, NAKUSP, BC, V0G 1R0
(250) 265-3622   SIC 8062

INTERIOR HEALTH AUTHORITY p 243
905 Gordon St, NELSON, BC, V1L 3L8
(250) 352-1401   SIC 8062

INTERIOR HEALTH AUTHORITY p 243
333 Victoria St 2nd Floor, NELSON, BC, V1L 4K3
(250) 505-7248   SIC 8062

INTERIOR HEALTH AUTHORITY p 243
3 View St Suite 426, NELSON, BC, V1L 2V1
(250) 352-3111   SIC 8062

INTERIOR HEALTH AUTHORITY p 244
401 Galena Ave, NEW DENVER, BC, V0G 1S0
(250) 358-7911   SIC 8062

INTERIOR HEALTH AUTHORITY p 251
911 Mckinney Rd, OLIVER, BC, V0H 1T3
(250) 498-5000   SIC 8062

INTERIOR HEALTH AUTHORITY p 251
6553 Park Dr, OLIVER, BC, V0H 1T4
(250) 498-4951   SIC 8062

INTERIOR HEALTH AUTHORITY p 276
700 11 St Ne, SALMON ARM, BC, V1E 2S5
(250) 833-3616   SIC 8062

INTERIOR HEALTH AUTHORITY p 276
851 16 St Se, SALMON ARM, BC, V1E 1P7
(250) 833-4100   SIC 8062

INTERIOR HEALTH AUTHORITY p 291
1200 Hospital Bench, TRAIL, BC, V1R 4M1
(250) 368-3311   SIC 8062

INTERIOR HEALTH AUTHORITY p 326
4505 25 St, VERNON, BC, V1T 4S8
(250) 541-2200   SIC 8062

INTERIOR HEALTH AUTHORITY p 326
3100 35 St, VERNON, BC, V1T 9H4
(250) 558-1242   SIC 8062

INTERIOR HEALTH AUTHORITY p 326
1400 Mission Rd, VERNON, BC, V1T 9C3
(250) 545-9167   SIC 8051

INTERIOR HEALTH AUTHORITY p 326
2101 32 St, VERNON, BC, V1T 5L2
(250) 545-2211   SIC 8062

INTERIOR HEALTH AUTHORITY p 337
1775 Shannon Lake Rd, WEST KELOWNA, BC, V4T 2N7
(250) 862-4040   SIC 8062

INTERIOR HEALTH AUTHORITY p 341
487 Borland St, WILLIAMS LAKE, BC, V2G 1R9
(250) 392-1483   SIC 8062

INTERIOR HEALTH CRESTON VALLEY HOSPITAL p 206
312 15 Ave N, CRESTON, BC, V0B 1G0
(250) 428-2286   SIC 8062

INTERIOR HEALTH KIMBERLY SPECIAL CARE HOME p 227
386 2nd Ave, KIMBERLEY, BC, V1A 2Z8
(250) 427-4807   SIC 8361

INTERIOR HOME HEALTH SUPPORT SERVICE p 176
See INTERIOR HEALTH AUTHORITY

INTERIOR MANUFACTURING GROUP INC p 575
324 Horner Ave Unit B1, ETOBICOKE, ON, M8W 1Z3
(416) 253-9100   SIC 2542

INTERIOR MANUFACTURING GROUP INC p 700
850 Rangeview Rd, MISSISSAUGA, ON, L5E 1G9
(905) 278-6391   SIC 1761

INTERIOR ROADS LTD p 176
220 Exeter Rd, 100 MILE HOUSE, BC, V0K 2E0
(250) 395-2117   SIC 1611

INTERIOR ROADS LTD p 235
429 Main St, LILLOOET, BC, V0K 1V0
(250) 256-7411   SIC 1611

INTERIOR SAVINGS CREDIT UNION p 218
430 Tranquille Rd Suite 100, KAMLOOPS, BC, V2B 3H1
(250) 376-6255   SIC 6062

INTERIOR SAVINGS CREDIT UNION p 224
185 Rutland Rd S, KELOWNA, BC, V1X 2Z3
(250) 469-6575   SIC 6062

INTERIOR SAVINGS CREDIT UNION p 226
2071 Harvey Ave, KELOWNA, BC, V1Y 8M1
(250) 860-7400   SIC 6062

INTERIOR SAVINGS CREDIT UNION p 228
9522 Main St Suite 30, LAKE COUNTRY, BC, V4V 2L9
(250) 766-3663   SIC 6062

INTERIOR SAVINGS CREDIT UNION p 251
6287 Main St, OLIVER, BC, V0H 1T0
(250) 498-3457   SIC 6062

INTERIOR SAVINGS CREDIT UNION p 337
3718 Elliott Rd, WEST KELOWNA, BC, V4T 2H7
(250) 469-6550   SIC 6062

INTERIOR STATIONERY, DIV OF p 278
See SPEEDEE PRINTERS LTD

INTERLAKE CONSUMERS CO-OPERATIVE LIMITED p 343
253 Main St, Arborg, MB, R0C 0A0
(204) 376-5245   SIC 5171

INTERLAKE POWER LINE p 383
See FORBES BROS. LTD

INTERLAKE REGIONAL HEALTH AUTHORITY INC p 343
1 Steenson Dr, ASHERN, MB, R0C 0E0
(204) 768-2461   SIC 8062

INTERLAKE REGIONAL HEALTH AUTHORITY INC p 343
233 St Phillips Dr, ARBORG, MB, R0C 0A0
(204) 376-5226   SIC 8051

INTERLAKE REGIONAL HEALTH AUTHORITY INC p 349
120 6th Ave, GIMLI, MB, R0C 1B1
(204) 642-6051   SIC 8322

INTERLAKE REGIONAL HEALTH AUTHORITY INC p 351
97 1st St S, LUNDAR, MB, R0C 1Y0
(204) 762-5663   SIC 8059

INTERLAKE REGIONAL HEALTH AUTHORITY INC p 355
100 Easton Dr, SELKIRK, MB, R1A 2M2
(204) 482-5800   SIC 8062

INTERLAKE REGIONAL HEALTH AUTHORITY INC p 358
162 3 Ave Se, TEULON, MB, R0C 3B0
(204) 886-2433   SIC 8062

INTERLAKE REGIONAL HEALTH AUTHORITY INC p 358
513 1 Ave N, STONEWALL, MB, R0C 2Z0
(204) 467-3373   SIC 8051

INTERLAKE REGIONAL HEALTH AUTHORITY INC p 358
68 Main St, STONEWALL, MB, R0C 2Z0
(204) 378-2460   SIC 8062

INTERLAKE SCHOOL DIVISION p 358
139 School Rd, STONY MOUNTAIN, MB, R0C 3A0
(204) 344-5459   SIC 8211

INTERLAKE SCHOOL DIVISION p 358
297 5 St W, STONEWALL, MB, R0C 2Z0
(204) 467-5539   SIC 8211

INTERLAKE SCHOOL DIVISION p 358
573 Second Ave N, STONEWALL, MB, R0C 2Z0
(204) 467-5502   SIC 8211

INTERLAKE SCHOOL DIVISION p 358
59 1st St Ne, TEULON, MB, R0C 3B0

(204) 886-2593 SIC 8211
INTERLAKE SCHOOL DIVISION p 358
Gd, TEULON, MB, R0C 3B0
(204) 886-2620 SIC 8211
INTERLAKE SCHOOL DIVISION p 360
119 Macdonald Ave, WARREN, MB, R0C 3E0
(204) 322-5586 SIC 8211
INTERLAKE SCHOOL DIVISION p 360
300 Hanlan St, WARREN, MB, R0C 3E0
(204) 322-5576 SIC 8211
INTERMAP TECHNOLOGIES CORPORATION p 726
2 Gurdwara Rd Suite 200, NEPEAN, ON, K2E 1A2
SIC 7389
INTERMARCHE DE RISI p 1214
See 9150-3979 QUEBEC INC
INTERMARCHE SAINT REMI p 1220
See PROVIGO DISTRIBUTION INC
INTERMARK TRANSPORT INC p 990
7887 Rue Grenache Bureau 101, ANJOU, QC, H1J 1C4
SIC 4213
INTERMEC TECHNOLOGIES CANADA LTD p 716
7065 Tranmere Dr Unit 3, MISSISSAUGA, ON, L5S 1M2
(905) 673-9333 SIC 5045
INTERMODAL p 16
See COMPAGNIE DES CHEMINS DE FER NATIONAUX DU CANADA
INTERNAT p 1007
See DE LA FONTAINE & ASSOCIES INC
INTERNATIONAL AIRLINE TECHNICAL POOL p 236
See MNP LLP
INTERNATIONAL AQUATIC SERVICES LTD p 755
4496 Chesswood Dr, NORTH YORK, ON, M3J 2B9
(416) 665-6400 SIC 5999
INTERNATIONAL BEAMS INC p 882
10 Rouse St, TILLSONBURG, ON, N4G 5W8
(519) 842-2700 SIC 3272
INTERNATIONAL CHAMPIONSHIP MANAGEMENT LIMITED p 908
20 Toronto St, TORONTO, ON, M5C 2B8
(416) 955-0375 SIC 7941
INTERNATIONAL CLOTHIERS p 659
See FAIRWEATHER LTD
INTERNATIONAL CUSTOM PRODUCTS INC p 842
49 Howden Rd, SCARBOROUGH, ON, M1R 3C7
(416) 285-4311 SIC 7299
INTERNATIONAL ECONOMY SERVICES INC p 750
1057 Steeles Ave W Suite 1, NORTH YORK, ON, M2R 2S9
(416) 725-1294 SIC 8742
INTERNATIONAL FEDERATION OF BIOSAFETY ASSOCIATIONS INC p 375
445 Ellice Ave, WINNIPEG, MB, R3B 3P5
(204) 946-0908 SIC 8621
INTERNATIONAL FITNESS HOLDINGS INC p 28
4344 Macleod Trail Sw, CALGARY, AB, T2G 0A4
(403) 974-0300 SIC 7991
INTERNATIONAL FITNESS HOLDINGS INC p 45
217 7 Ave Sw, CALGARY, AB, T2P 0X1
(403) 265-3444 SIC 7999
INTERNATIONAL FITNESS HOLDINGS INC p 61
4604 37 St Sw Unit 20, CALGARY, AB, T3E 3C9
(403) 240-1555 SIC 7991
INTERNATIONAL FITNESS HOLDINGS INC p 74

13746 50 St Nw, EDMONTON, AB, T5A 5J6
(780) 473-5549 SIC 7991
INTERNATIONAL FREIGHT SYSTEMS p 781
See IFS INTERNATIONAL FREIGHT SYSTEMS INC
INTERNATIONAL GRAPHICS ULC p 1062
2135a Boul Des Laurentides, Laval, QC, H7M 4M2
(450) 625-5092 SIC 2678
INTERNATIONAL HOTEL HALIFAX LTD p 454
60 Sky Blvd, ENFIELD, NS, B2T 1K3
(902) 873-3000 SIC 7011
INTERNATIONAL HOTEL OF CALGARY LTD, THE p 45
220 4 Ave Sw, CALGARY, AB, T2P 0H5
(403) 265-9600 SIC 7011
INTERNATIONAL HOUSE OF PANCAKES #308 p 255
See NOLEX ENTERPRISES LTD
INTERNATIONAL INDUSTRIAL CONTRACTING CORPORATION p 968
251 Goyeau St Suite 1600, WINDSOR, ON, N9A 6V4
SIC 1796
INTERNATIONAL INSTITUTE FOR SUSTAINABLE DEVELOPMENT p 375
111 Lombard Ave Suite 325, WINNIPEG, MB, R3B 0T4
(204) 958-7700 SIC 8733
INTERNATIONAL KNITTING MILLS p 1057
See MORBERN INC
INTERNATIONAL LANGUAGE ACADEMY OF CANADA INC p 901
920 Yonge St, TORONTO, ON, M4W 3C7
(416) 961-5375 SIC 8299
INTERNATIONAL LANGUAGE SCHOOLS OF CANADA p 911
See ILSC (TORONTO) INC
INTERNATIONAL MARINE SALVAGE INC p 853
424 Glendale Ave, ST CATHARINES, ON, L2P 3Y1
(905) 680-0801 SIC 4789
INTERNATIONAL PAINT (PEINTURE INTERNATIONALE) p 1026
See AKZO NOBEL COATINGS LTD
INTERNATIONAL PLAY COMPANY INC p 234
27353 58 Cres Unit 215, LANGLEY, BC, V4W 3W7
(604) 607-1111 SIC 3949
INTERNATIONAL PLAYING CARD COMPANY LIMITED p 515
845 Intermodal Dr Unit 1, BRAMPTON, ON, L6T 0C6
(905) 488-7102 SIC 5092
INTERNATIONAL PRECAST SOLUTIONS, DIVISION OF p 968
See PRESTRESSED SYSTEMS INCORPORATED
INTERNATIONAL QUALITY AND PRODUCTIVITY CENTRE p 899
See IQPC WORLDWIDE COMPANY
INTERNATIONAL SEATING & DECOR p 964
See GROUND EFFECTS LTD
INTERNATIONAL STAGE LINES INC p 269
4171 Vanguard Rd, RICHMOND, BC, V6X 2P6
(604) 270-6135 SIC 4142
INTERNATIONAL SUPPLIERS AND CONTRACTORS INC p 994
19201 Av Clark-Graham, Baie-D'Urfe, QC, H9X 3P5
(514) 457-5362 SIC 5169
INTERNATIONAL TEAMS OF CANADA p 572
See EVANGELICAL INTERNATIONAL CRUSADE (CANADA) INC
INTERNATIONAL TENTNOLOGY CORP p 282
15427 66 Ave, SURREY, BC, V3S 2A1
(604) 597-8368 SIC 2394
INTERNATIONAL TIME RECORDER COMPANY LIMITED p 578
7 Taymall Ave Suite A, ETOBICOKE, ON, M8Z 3Y8
(416) 252-1186 SIC 3579
INTERNATIONAL TRANSACTION SYSTEMS (CANADA) LTD p 683
7415 Torbram Rd, MISSISSAUGA, ON, L4T 1G8
(905) 677-2088 SIC 3578
INTERNATIONAL UNION OF OPERATING ENGINEERS LOCAL 793 p 723
12580 County Road 2, MORRISBURG, ON, K0C 1X0
(613) 543-2911 SIC 8331
INTERNATIONAL VINEYARD INC p 269
4631 Shell Rd Suite 165, RICHMOND, BC, V6X 3M4
(604) 303-5778 SIC 2032
INTEROUTE CONSTRUCTION LTD p 214
9503 79th Ave, FORT ST. JOHN, BC, V1J 4J3
(250) 787-7283 SIC 1611
INTERPRO CONSULTANTS INC p 1125
7777 Boul Decarie Bureau 501, Montreal, QC, H4P 2H2
(514) 321-4505 SIC 7379
INTERPUBLIC GROUP OF COMPANIES CANADA, INC, THE p 919
207 Queens Quay W Suite 2, TORONTO, ON, M5J 1A7
(647) 260-2116 SIC 7336
INTERPUBLIC GROUP OF COMPANIES CANADA, INC, THE p 1118
1751 Rue Richardson Bureau 6.200, Montreal, QC, H3K 1G6
(514) 938-4141 SIC 7336
INTERSPORT p 433
See FGL SPORTS LTD
INTERSPORT p 1229
See 2173-4108 QUEBEC INC
INTERTAINTECH CORPORATION p 929
720 King St W Suite 820, TORONTO, ON, M5V 2T3
(416) 800-4263 SIC 4813
INTERTAPE POLYMER INC p 477
50 Abbey Ave, TRURO, NS, B2N 6W4
(902) 895-1686 SIC 2221
INTERTAPE POLYMER INC p 1204
9999 Boul Cavendish Bureau 200, SAINT-LAURENT, QC, H4M 2X5
(514) 731-7591 SIC 2295
INTERTECH BUILDING SERVICES LTD p 269
10451 Shellbridge Way Suite 201, RICHMOND, BC, V6X 2W8
(604) 270-3478 SIC 7349
INTERTEK p 720
See SERVICES D'ESSAIS INTERTEK AN LTEE
INTERTEK TESTING SERVICES (ITS) CANADA LTD p 193
9000 Bill Fox Way Suite 105, BURNABY, BC, V5J 5J3
(604) 454-9011 SIC 8099
INTERTRADE CATALOGUE p 1018
See SYSTEMES INTERTRADE INC
INTERWEIGH SYSTEMS INC p 672
51 Bentley St, MARKHAM, ON, L3R 3L1
(416) 491-7001 SIC 3535
INTERWEST RESTAURANTS INC p 193
5970 Kingsway, BURNABY, BC, V5J 1H2
(604) 437-9911 SIC 5812
INTERWEST RESTAURANTS INC p 294
3698 Grandview Hwy, VANCOUVER, BC, V5M 2G9
(604) 433-3431 SIC 5812
INTERWEST RESTAURANTS PARTNERSHIP p 245
805 Boyd St Suite 100, NEW WESTMINSTER, BC, V3M 5X2
(604) 515-0132 SIC 5812
INTERWEST RESTAURANTS PARTNERSHIP p 282
17911 56 Ave, SURREY, BC, V3S 1E2
(604) 574-4494 SIC 5812
INTERWRAP INC p 256
1650 Broadway St Suite 101, PORT COQUITLAM, BC, V3C 2M8
SIC 3069
INTEVA OSHAWA PLANT p 958
See INTEVA PRODUCTS CANADA, ULC
INTEVA PRODUCTS CANADA, ULC p 958
1555 Wentworth St, WHITBY, ON, L1N 9T6
(905) 666-4600 SIC 7532
INTIMES NOUVELLE SEAMLESS INC p 1096
9500 Rue Meilleur Bureau 100, Montreal, QC, H2N 2B7
(514) 383-1951 SIC 2341
INTIMODE CANADA INC p 1099
5425 Av Casgrain Bureau 502, Montreal, QC, H2T 1X6
(514) 271-3133 SIC 2322
INTO (1972) INC p 1091
8630 9e Av, Montreal, QC, H1Z 2Z8
(514) 385-4686 SIC 3599
INTRAGAZ SOCIETE EN COMMANDITE p 1251
6565 Boul Jean-Xxiii Bureau 1, Trois-Rivieres, QC, G9A 5C9
(819) 377-8080 SIC 4922
INTRAWEST CENTRAL RESERVATIONS p 249
See INTRAWEST ULC
INTRAWEST RESORT CLUB GROUP p 340
4580 Chateau Blvd, WHISTLER, BC, V0N 1B4
(604) 938-3030 SIC 7011
INTRAWEST RESORT CLUB GROUP p 505
276 Jozo Weider Blvd, BLUE MOUNTAINS, ON, L9Y 3Z2
(705) 443-4500 SIC 7011
INTRAWEST RESORT CLUB GROUP p 1083
200 Ch Des Saisons, MONT-TREMBLANT, QC, J8E 1G1
(819) 681-3535 SIC 7011
INTRAWEST RESORT OWNERSHIP CORPORATION p 304
375 Water St Suite 326, VANCOUVER, BC, V6B 5C6
(604) 689-8816 SIC 6531
INTRAWEST ULC p 249
788 Harbourside Dr Suite 100, NORTH VANCOUVER, BC, V7P 3R7
(604) 904-7135 SIC 7011
INTRAWEST ULC p 304
375 Water St Suite 710, VANCOUVER, BC, V6B 5C6
(604) 695-8200 SIC 7011
INTRAWEST ULC p 308
900 Hastings St W Suite 900, VANCOUVER, BC, V6C 1E5
(604) 647-0750 SIC 4725
INTRAWEST ULC p 340
4553 Blackcomb Way, WHISTLER, BC, V0N 1B4
(604) 938-7700 SIC 7011
INTRAWEST ULC p 505
108 Jozo Weider Blvd, BLUE MOUNTAINS, ON, L9Y 3Z2
(705) 445-0231 SIC 7011
INTRAWEST ULC p 505
220 Mountain Dr, BLUE MOUNTAINS, ON, L9Y 0V9

(705) 443-8080 SIC 7011
INTRIA ITEMS INC p 51
301 11 Ave Sw, CALGARY, AB, T2R 0C7
SIC 7374
INTRIA ITEMS INC p 92
17509 106 Ave Nw, EDMONTON, AB, T5S 1E7
(780) 408-1331 SIC 7374
INTRIA ITEMS INC p 316
1745 8th Ave W Suite 1, VANCOUVER, BC, V6J 4T3
(604) 739-2310 SIC 7374
INTRIA ITEMS INC p 383
37 Stevenson Rd, WINNIPEG, MB, R3H 0H9
(204) 944-6154 SIC 7374
INTRIA ITEMS INC p 694
155 Britannia Rd E Suite 200, MISSISSAUGA, ON, L4Z 4B7
(905) 502-4592 SIC 7374
INTRIA ITEMS INC p 714
5705 Cancross Ct, MISSISSAUGA, ON, L5R 3E9
(905) 755-2400 SIC 7374
INTRIA ITEMS INC p 1059
8301 Rue Elmslie, LASALLE, QC, H8N 3H9
(514) 368-5222 SIC 7374
INTRIA ITEMS INC p 1285
2220 12th Ave Suite 100, REGINA, SK, S4P 0M8
(306) 359-8314 SIC 7374
INTROTEL COMMUNICATIONS INC p 689
5170 Timberlea Blvd Unit B, MISSISSAUGA, ON, L4W 2S5
(905) 625-8700 SIC 5065
INUIT TAPIRIIT KANATAMI p 791
75 Albert St Suite 1101, OTTAWA, ON, K1P 5E7
(613) 238-8181 SIC 8699
INVACARE CANADA p 1048
See 1207273 ALBERTA ULC
INVAR MANUFACTURING CORP p 500
1 Parry Dr, BATAWA, ON, K0K 1E0
SIC 3714
INVENSYS SYSTEMS CANADA INC p 1024
4 Rue Lake, DOLLARD-DES-ORMEAUX, QC, H9B 3H9
(514) 421-4210 SIC 3556
INVENTAIRES DE L'EST INC p 1014
See INVENTAIRES DE L'EST INC
INVENTAIRES DE L'EST INC p 1014
672 Rue Des Hospitalieres Bureau 60, CHICOUTIMI, QC, G7H 4C8
(418) 698-0275 SIC 7389
INVENTAIRES DE L'EST INC p 1237
64 Rue Alexandre, SHERBROOKE, QC, J1H 4S6
(819) 569-8065 SIC 7389
INVENTAIRES LAPARE INC p 999
65 Boul De La Seigneurie E Bureau 101, BLAINVILLE, QC, J7C 4M9
(450) 435-2997 SIC 7389
INVENTIV HEALTH CLINIQUE INC p 1155
2500 Rue Einstein, Quebec, QC, G1P 0A2
(418) 527-4000 SIC 8731
INVENTRONICS LIMITED p 345
1420 Van Horne Ave E, BRANDON, MB, R7A 7B6
(204) 728-2001 SIC 3499
INVERARY MANOR p 465
See INVERNESS MUNICIPAL HOUSING CORPORATION
INVERMERE & DISTRICT HOSPITAL p 218
See INTERIOR HEALTH AUTHORITY
INVERMERE FIRE/RESCUE p 218
See CORPORATION OF THE DISTRICT OF INVERMERE, THE
INVERNESS ACADEMY p 465
See STRAIT REGIONAL SCHOOL BOARD
INVERNESS EDUCATION CENTER ACADEMY p 465
See STRAIT REGIONAL SCHOOL BOARD
INVERNESS MUNICIPAL HOUSING CORPORATION p 446
15092 Cabot Trail Rd, CHETICAMP, NS, B0E 1H0
(902) 224-2087 SIC 8051
INVERNESS MUNICIPAL HOUSING CORPORATION p 465
72 Maple St, Inverness, NS, B0E 1N0
(902) 258-2842 SIC 8051
INVESCO CANADA LTD p 749
5140 Yonge St Suite 800, NORTH YORK, ON, M2N 6X7
(800) 874-6275 SIC 6211
INVEST OTTAWA p 794
80 Aberdeen St Suite 100, OTTAWA, ON, K1S 5R5
(613) 828-6274 SIC 8399
INVEST REIT p 740
700 Lakeshore Dr, NORTH BAY, ON, P1A 2G4
(705) 474-5800 SIC 7011
INVESTIGATIONS RK INC p 1123
2100 Av De L'Eglise, Montreal, QC, H4E 1H4
(514) 761-7121 SIC 7381
INVESTIGATORS GROUP INC, THE p 843
2061 Mccowan Rd Suite 2, SCARBOROUGH, ON, M1S 3Y6
(416) 955-9450 SIC 7381
INVESTISSEMENT PIERRE MARCOTTE LIMITEE, LES p 1182
900 Rue De L'Etang, SAINT-BRUNO, QC, J3V 6K8
(450) 653-0222 SIC 5311
INVESTISSEMENT QUEBEC p 1102
413 Rue Saint-Jacques Bureau 500, Montreal, QC, H2Y 1N9
(514) 873-4375 SIC 8748
INVESTISSEMENTS HARTCO INC p 304
595 Georgia St W, VANCOUVER, BC, V6B 1Z5
(604) 688-2662 SIC 5734
INVESTISSEMENTS RAYMOND GAGNE, LES p 1072
See CANADIAN TIRE REAL ESTATE LIMITED
INVESTISSEMENTS YVES GAGNE LTEE p 1161
1170 Rte De L'Eglise, Quebec, QC, G1V 3W7
(418) 659-4882 SIC 5531
INVESTMENT INDUSTRY REGULATORY ORGANIZATION OF CANADA p 312
650 Georgia St W Suite 1325, VANCOUVER, BC, V6E 2R5
(604) 683-6222 SIC 8611
INVESTMENT INDUSTRY REGULATORY ORGANIZATION OF CANADA p 1112
5 Place Ville-Marie Bureau 1550, Montreal, QC, H3B 2G2
(514) 878-2854 SIC 8621
INVESTOR'S GROUP p 248
See IGM FINANCIAL INC
INVESTORS FINANCIAL PLANNING CENTRE DIV OF p 749
See INVESTORS GROUP FINANCIAL SERVICES INC
INVESTORS FINANCIAL PLANNING CENTRE DIV OF p 771
See INVESTORS GROUP FINANCIAL SERVICES INC
INVESTORS FINANCIAL PLANNING CENTRE, DIV OF p 331
See INVESTORS GROUP FINANCIAL SERVICES INC
INVESTORS FINANCIAL SERVICES PLANNING CENTRE p 269
See INVESTORS GROUP FINANCIAL SERVICES INC
INVESTORS FINANCIAL SERVICES PLANNING CENTRE p 914
See INVESTORS GROUP FINANCIAL SERVICES INC
INVESTORS FINANCIAL SERVICES PLANNING CENTRE, DIVISION OF p 813
See INVESTORS GROUP FINANCIAL SERVICES INC
INVESTORS GROUP p 191
See INVESTORS GROUP FINANCIAL SERVICES INC
INVESTORS GROUP p 226
See INVESTORS GROUP FINANCIAL SERVICES INC
INVESTORS GROUP p 280
See IGM FINANCIAL INC
INVESTORS GROUP p 331
See INVESTORS GROUP FINANCIAL SERVICES INC
INVESTORS GROUP p 375
See INVESTORS GROUP TRUST CO. LTD
INVESTORS GROUP p 407
See INVESTORS GROUP FINANCIAL SERVICES INC
INVESTORS GROUP p 462
See IGM FINANCIAL INC
INVESTORS GROUP p 540
See IGM FINANCIAL INC
INVESTORS GROUP p 580
See INVESTORS GROUP FINANCIAL SERVICES INC
INVESTORS GROUP p 611
See INVESTORS GROUP FINANCIAL SERVICES INC
INVESTORS GROUP p 869
See INVESTORS GROUP FINANCIAL SERVICES INC
INVESTORS GROUP p 950
See INVESTORS GROUP FINANCIAL SERVICES INC
INVESTORS GROUP p 1006
See IGM FINANCIAL INC
INVESTORS GROUP FINANCIAL p 1285
See IGM FINANCIAL INC
INVESTORS GROUP FINANCIAL SERVICE p 745
See INVESTORS GROUP TRUST CO. LTD
INVESTORS GROUP FINANCIAL SERVICES p 733
See IGM FINANCIAL INC
INVESTORS GROUP FINANCIAL SERVICES p 834
See INVESTORS GROUP INC
INVESTORS GROUP FINANCIAL SERVICES p 964
See IGM FINANCIAL INC
INVESTORS GROUP FINANCIAL SERVICES p 1038
See INVESTORS GROUP FINANCIAL SERVICES INC
INVESTORS GROUP FINANCIAL SERVICES INC p 46
333 7 Ave Sw Suite 800, CALGARY, AB, T2P 2Z1
(403) 284-0494 SIC 8742
INVESTORS GROUP FINANCIAL SERVICES INC p 51
1333 8 St Sw Suite 700, CALGARY, AB, T2R 1M6
(403) 229-0555 SIC 8741
INVESTORS GROUP FINANCIAL SERVICES INC p 55
51 Sunpark Dr Se Suite 201, CALGARY, AB, T2X 3V4
(403) 256-5890 SIC 8741
INVESTORS GROUP FINANCIAL SERVICES INC p 61
37 Richard Way Sw Unit 100, CALGARY, AB, T3E 7M8
(403) 253-4840 SIC 8742
INVESTORS GROUP FINANCIAL SERVICES INC p 81
10060 Jasper Ave Nw Suite 2400, EDMONTON, AB, T5J 3R8
(780) 448-1988 SIC 8741
INVESTORS GROUP FINANCIAL SERVICES INC p 105
8905 51 Ave Nw Unit 102, EDMONTON, AB, T6E 5J3
(780) 468-1658 SIC 8742
INVESTORS GROUP FINANCIAL SERVICES INC p 127
11012 100 St Suite 109, GRANDE PRAIRIE, AB, T8V 2N1
(780) 532-3366 SIC 8741
INVESTORS GROUP FINANCIAL SERVICES INC p 141
4204 70 Ave, LLOYDMINSTER, AB, T9V 2X3
SIC 8742
INVESTORS GROUP FINANCIAL SERVICES INC p 153
4909 49 St Suite 200, RED DEER, AB, T4N 1V1
(403) 343-7030 SIC 8741
INVESTORS GROUP FINANCIAL SERVICES INC p 177
2001 Mccallum Rd Suite 101, ABBOTSFORD, BC, V2S 3N5
(604) 853-8111 SIC 8741
INVESTORS GROUP FINANCIAL SERVICES INC p 191
5945 Kathleen Ave Suite 900, BURNABY, BC, V5H 4J7
(604) 431-0117 SIC 8741
INVESTORS GROUP FINANCIAL SERVICES INC p 200
2963 Glen Dr Suite 305, COQUITLAM, BC, V3B 2P7
(604) 941-4697 SIC 6211
INVESTORS GROUP FINANCIAL SERVICES INC p 204
1599 Cliffe Ave Suite 22, COURTENAY, BC, V9N 2K6
(250) 338-7811 SIC 8741
INVESTORS GROUP FINANCIAL SERVICES INC p 220
741 Sahali Terr Suite 100, KAMLOOPS, BC, V2C 6X7
(250) 372-2955 SIC 8741
INVESTORS GROUP FINANCIAL SERVICES INC p 226
1628 Dickson Ave Suite 100, KELOWNA, BC, V1Y 9X1
(250) 762-3329 SIC 8742
INVESTORS GROUP FINANCIAL SERVICES INC p 241
5070 Uplands Dr Suite 101, NANAIMO, BC, V9T 6N1
(250) 729-0904 SIC 8741
INVESTORS GROUP FINANCIAL SERVICES INC p 252
300 Riverside Dr Suite 206, PENTICTON, BC, V2A 9C9
(250) 492-8806 SIC 8742
INVESTORS GROUP FINANCIAL SERVICES INC p

INVESTORS GROUP FINANCIAL SERVICES INC

259
299 Victoria St Suite 900, PRINCE GEORGE, BC, V2L 5B8
(250) 564-2310   *SIC* 8742
INVESTORS GROUP FINANCIAL SERVICES INC p
269
5811 Cooney Rd Suite 100, RICHMOND, BC, V6X 3M1
(604) 270-7700   *SIC* 8741
INVESTORS GROUP FINANCIAL SERVICES INC p
318
2052 41st Ave W Suite 200, VANCOUVER, BC, V6M 1Y8
(604) 228-7777   *SIC* 8741
INVESTORS GROUP FINANCIAL SERVICES INC p
326
2899 30 Ave Suite 200, VERNON, BC, V1T 8G1
(250) 545-9188   *SIC* 8742
INVESTORS GROUP FINANCIAL SERVICES INC p
331
737 Yates St Suite 600, VICTORIA, BC, V8W 1L6
(250) 388-4234   *SIC* 6282
INVESTORS GROUP FINANCIAL SERVICES INC p
331
737 Yates St Suite 600, VICTORIA, BC, V8W 1L6
(250) 388-4234   *SIC* 8741
INVESTORS GROUP FINANCIAL SERVICES INC p
333
4400 Chatterton Way Suite 101, VICTORIA, BC, V8X 5J2
(250) 727-9191   *SIC* 8741
INVESTORS GROUP FINANCIAL SERVICES INC p
345
857 18th St Suite A, BRANDON, MB, R7A 5B8
(204) 729-2000   *SIC* 6211
INVESTORS GROUP FINANCIAL SERVICES INC p
384
1661 Portage Ave Suite 702, WINNIPEG, MB, R3J 3T7
(204) 786-2708   *SIC* 8741
INVESTORS GROUP FINANCIAL SERVICES INC p
400
1133 Regent St Suite 405, FREDERICTON, NB, E3B 3Z2
(506) 458-9930   *SIC* 6211
INVESTORS GROUP FINANCIAL SERVICES INC p
407
1255 Main St, MONCTON, NB, E1C 1H9
(506) 857-8055   *SIC* 8741
INVESTORS GROUP FINANCIAL SERVICES INC p
417
55 Union St Unit 101, SAINT JOHN, NB, E2L 5B7
(506) 632-8930   *SIC* 8741
INVESTORS GROUP FINANCIAL SERVICES INC p
426
71 Elizabeth Dr, GANDER, NL, A1V 1J9
(709) 651-3565   *SIC* 6282
INVESTORS GROUP FINANCIAL SERVICES INC p
451
238 Brownlow Ave Suite 104, DARTMOUTH, NS, B3B 1Y2
(902) 468-3444   *SIC* 8741
INVESTORS GROUP FINANCIAL SERVICES INC p
497
128 Wellington St W Suite 103, BARRIE, ON, L4N 8J6
(705) 726-7836   *SIC* 8741
INVESTORS GROUP FINANCIAL SERVICES INC p
502
81 Millennium Pky Suite A, BELLEVILLE, ON, K8N 4Z5
(613) 962-7777   *SIC* 8742
INVESTORS GROUP FINANCIAL SERVICES INC p
519
208 County Court Blvd, BRAMPTON, ON, L6W 4S9
(905) 450-1500   *SIC* 8741
INVESTORS GROUP FINANCIAL SERVICES INC p
525
260 Lynden Rd Unit 1, BRANTFORD, ON, N3R 0B9
(519) 756-5834   *SIC* 8742
INVESTORS GROUP FINANCIAL SERVICES INC p
543
1150 Franklin Blvd Suite 104, CAMBRIDGE, ON, N1R 7J2
(519) 624-9348   *SIC* 8741
INVESTORS GROUP FINANCIAL SERVICES INC p
551
245 St Clair St, CHATHAM, ON, N7L 3J8
(519) 358-1115   *SIC* 8741
INVESTORS GROUP FINANCIAL SERVICES INC p
580
295 The West Mall Suite 700, ETOBICOKE, ON, M9C 4Z4
(416) 695-8600   *SIC* 8742
INVESTORS GROUP FINANCIAL SERVICES INC p
598
155 Main St E Suite 207, GRIMSBY, ON, L3M 1P2
(905) 945-4554   *SIC* 8741
INVESTORS GROUP FINANCIAL SERVICES INC p
600
649 Scottsdale Dr Suite 401, GUELPH, ON, N1G 4T7
(519) 836-6320   *SIC* 8741
INVESTORS GROUP FINANCIAL SERVICES INC p
611
21 King St W Unit 400, HAMILTON, ON, L8P 4W7
(905) 529-7165   *SIC* 8742
INVESTORS GROUP FINANCIAL SERVICES INC p
635
1000 Gardiners Rd Suite 100, KINGSTON, ON, K7P 3C4
(613) 384-8973   *SIC* 8741
INVESTORS GROUP FINANCIAL SERVICES INC p
655
254 Pall Mall St Suite 100, LONDON, ON, N6A 5P6
(519) 679-8993   *SIC* 6722
INVESTORS GROUP FINANCIAL SERVICES INC p
672
675 Cochrane Dr Suite 301, MARKHAM, ON, L3R 0B8
(905) 415-2440   *SIC* 6211
INVESTORS GROUP FINANCIAL SERVICES INC p
698
1 City Centre Dr Suite 1020, MISSISSAUGA, ON, L5B 1M2
(905) 306-0031   *SIC* 8742
INVESTORS GROUP FINANCIAL SERVICES INC p
727
2 Gurdwara Rd Suite 500, NEPEAN, ON, K2E 1A2
(613) 723-7200   *SIC* 8741
INVESTORS GROUP FINANCIAL SERVICES INC p
735
4838 Dorchester Rd Suite 100, NIAGARA FALLS, ON, L2E 6N9
(905) 374-2842   *SIC* 8742
INVESTORS GROUP FINANCIAL SERVICES INC p
745
200 Yorkland Blvd Suite 300, NORTH YORK, ON, M2J 5C1
(416) 491-7400   *SIC* 8741
INVESTORS GROUP FINANCIAL SERVICES INC p
749
4950 Yonge St Unit 2100, NORTH YORK, ON, M2N 6K1
(416) 733-4722   *SIC* 8741
INVESTORS GROUP FINANCIAL SERVICES INC p
771
1275 North Service Rd W Unit 100, OAKVILLE, ON, L6M 3G4
(905) 847-7776   *SIC* 8741
INVESTORS GROUP FINANCIAL SERVICES INC p
803
733 9th Ave E Suite 1, OWEN SOUND, ON, N4K 3E6
(519) 372-1177   *SIC* 8741
INVESTORS GROUP FINANCIAL SERVICES INC p
811
1743 Lansdowne St W, PETERBOROUGH, ON, K9K 1R2
(705) 876-1282   *SIC* 8742
INVESTORS GROUP FINANCIAL SERVICES INC p
813
1550 Kingston Rd Suite 313, PICKERING, ON, L1V 1C3
(905) 831-0034   *SIC* 8741
INVESTORS GROUP FINANCIAL SERVICES INC p
828
201 Front St N Unit 1410, SARNIA, ON, N7T 7T9
(519) 336-4262   *SIC* 8741
INVESTORS GROUP FINANCIAL SERVICES INC p
830
855 Queen St E Suite 100, SAULT STE. MARIE, ON, P6A 2B3
(705) 759-0220   *SIC* 8741
INVESTORS GROUP FINANCIAL SERVICES INC p
834
305 Milner Ave Suite 701, SCARBOROUGH, ON, M1B 3V4
(416) 292-7229   *SIC* 8741
INVESTORS GROUP FINANCIAL SERVICES INC p
869
144 Pine St Suite 101, SUDBURY, ON, P3C 1X3
(705) 674-4551   *SIC* 8741
INVESTORS GROUP FINANCIAL SERVICES INC p
878
1113 Jade Crt Suite 100, THUNDER BAY, ON, P7B 6M7
(807) 345-6363   *SIC* 8741
INVESTORS GROUP FINANCIAL SERVICES INC p
914
145 King St W Suite 2800, TORONTO, ON, M5H 1J8
(416) 860-1668   *SIC* 8741
INVESTORS GROUP FINANCIAL SERVICES INC p
950
80 King St S Suite 201, WATERLOO, ON, N2J 1P5
(519) 886-2360   *SIC* 8742
INVESTORS GROUP FINANCIAL SERVICES INC p
958
1614 Dundas St E Unit 111, WHITBY, ON, L1N 8Y8
(905) 434-8400   *SIC* 8741
INVESTORS GROUP FINANCIAL SERVICES INC p
981
18 Queen St Suite 106, CHARLOTTETOWN, PE, C1A 4A1
(902) 566-4661   *SIC* 8741
INVESTORS GROUP FINANCIAL SERVICES INC p
1014
901 Boul Talbot Bureau 101, CHICOUTIMI, QC, G7H 6N7
(418) 696-1331   *SIC* 8742
INVESTORS GROUP FINANCIAL SERVICES INC p
1038
228 Boul Saint-Joseph Bureau 400, GATINEAU, QC, J8Y 3X4
(819) 243-6497   *SIC* 6282
INVESTORS GROUP FINANCIAL SERVICES INC p
1125
8250 Boul Decarie Bureau 200, Montreal, QC, H4P 2P5
(514) 733-3950   *SIC* 8742
INVESTORS GROUP FINANCIAL SERVICES INC p
1142
6500 Aut Transcanadienne Bureau 600, POINTE-CLAIRE, QC, H9R 0A5
(514) 426-0886   *SIC* 8741
INVESTORS GROUP FINANCIAL SERVICES INC p
1162
3075 Ch Des Quatre-Bourgeois Bureau 104, Quebec, QC, G1W 4Y5
(418) 654-1411   *SIC* 8741
INVESTORS GROUP FINANCIAL SERVICES INC p
1239
3425 Rue King O Bureau 140, SHERBROOKE, QC, J1L 1P8
(819) 566-0666   *SIC* 8742
INVESTORS GROUP FINANCIAL SERVICES INC p
1249
4450 Boul Des Forges Bureau 215, Trois-Rivieres, QC, G8Y 1W5
(819) 378-2371   *SIC* 8741
INVESTORS GROUP FINANCIAL SERVICES INC p
1262
4 Car Westmount Bureau 250, WESTMOUNT, QC, H3Z 2S6
(514) 935-3520   *SIC* 6282
INVESTORS GROUP FINANCIAL SERVICES INC p
1305
1848 Mcormond Dr Suite 102, SASKATOON, SK, S7S 0A5
(306) 653-3920   *SIC* 8741
INVESTORS GROUP FINANCIAL SERVICES INC p
1305
203 Stonebridge Blvd Suite 300, SASKATOON, SK, S7T 0G3
(306) 955-9190   *SIC* 6799
INVESTORS GROUP INC p 518
24 Queen St E Suite 200, BRAMPTON, ON, L6V 1A3
(905) 450-2891   *SIC* 6722
INVESTORS GROUP INC p 834
305 Milner Ave Suite 701, SCARBOROUGH, ON, M1B 3V4
(416) 292-7229   *SIC* 6162
INVESTORS GROUP INC p 1166
815 Boul Lebourgneuf Bureau 500, Quebec, QC, G2J 0C1

(418) 626-1994   SIC 8741
INVESTORS GROUP MORTGAGE SERVICES   p 252
See INVESTORS GROUP FINANCIAL SERVICES INC
INVESTORS GROUP SECURITIES INC   p 733
17310 Yonge St Unit 10a, NEWMARKET, ON, L3Y 7S1
(905) 895-6718   SIC 6211
INVESTORS GROUP TRUST CO. LTD p 375
447 Portage Ave, WINNIPEG, MB, R3B 3H5
(204) 943-0361   SIC 6021
INVESTORS GROUP TRUST CO. LTD p 502
81 Millennium Pky Suite A, BELLEVILLE, ON, K8N 4Z5
(613) 962-7777   SIC 8741
INVESTORS GROUP TRUST CO. LTD p 745
200 Yorkland Blvd Unit 300, NORTH YORK, ON, M2J 5C1
SIC 6282
INVESTORS PREMIUM MONEY MARKET FUND   p 378
447 Portage Ave, WINNIPEG, MB, R3C 3B6
(204) 957-7383   SIC 6722
INVESTORS SALES & SERVICES WEST ISLAND   p 1142
See INVESTORS GROUP FINANCIAL SERVICES INC
INVIS INC   p 230
20434 64 Ave Suite 200, LANGLEY, BC, V2Y 1N4
(604) 308-1528   SIC 6162
INVISTA (CANADA) COMPANY   p 500
See INVISTA (CANADA) COMPANY
INVISTA (CANADA) COMPANY   p 500
Gd, BATH, ON, K0H 1G0
(613) 634-5124   SIC 2299
INVISTA (CANADA) COMPANY   p 667
1400 County Rd 2, MAITLAND, ON, K0E 1P0
(613) 348-4204   SIC 5169
INVITROGEN CANADA INC   p 534
5250 Mainway, BURLINGTON, ON, L7L 5Z1
(905) 335-2255   SIC 5122
INX INTERNATIONAL INK   p 1244
See ENCRES INTERNATIONALE INX CORP
IOCO SCHOOL   p 263
See SCHOOL DISTRICT NO. 43 (COQUITLAM)
IOGEN BIO-PRODUCTS CORPORATION   p 795
300 Hunt Club Rd, OTTAWA, ON, K1V 1C1
(613) 733-9830   SIC 2869
IOGEN BIO-PRODUCTS CORPORATION   p 795
310 Hunt Club Rd, OTTAWA, ON, K1V 1C1
(613) 733-9830   SIC 8732
IOGEN CORPORATION   p 795
310 Hunt Club Rd, OTTAWA, ON, K1V 1C1
(613) 733-9830   SIC 2869
IONA ACADEMY CATHOLIC SCHOOL   p 960
See CATHOLIC DISTRICT SCHOOL BOARD OF EASTERN ONTARIO
IONA CATHOLIC SECONDARY SCHOOL   p 702
See DUFFERIN-PEEL CATHOLIC DISTRICT SCHOOL BOARD
IONBOND INC   p 861
295 Arvin Ave, STONEY CREEK, ON, L8E 2M3
(905) 664-1996   SIC 3398
IONVIEW PUBLIC SCHOOL   p 838
See TORONTO DISTRICT SCHOOL BOARD
IOS SERVICES GEOSCIENTIFIQUES INC   p 1015
1319 Boul Saint-Paul, CHICOUTIMI, QC, G7J 3Y2
(418) 698-4498   SIC 1481

IOTRON INDUSTRIES CANADA INC   p 256
1425 Kebet Way, PORT COQUITLAM, BC, V3C 6L3
(604) 945-8838   SIC 8734
IP FABRICATIONS LTD   p 153
6835 52 Ave, RED DEER, AB, T4N 4L2
(403) 343-1797   SIC 1799
IPAC   p 218
See INTEGRATED PROACTION CORP
IPAC SERVICES CORPORATION   p 2
32 East Lake Cres Ne, AIRDRIE, AB, T4A 2H3
(403) 948-1155   SIC 1382
IPAC SERVICES CORPORATION   p 68
8701 102 St Ss 55, CLAIRMONT, AB, T0H 0W0
(780) 532-7350   SIC 1623
IPC CANADA PHOTO SERVICES INC   p 559
56 Pennsylvania Ave Unit 2, CONCORD, ON, L4K 3V9
(905) 738-6630   SIC 7335
IPEX GESTION INC   p 1257
3 Place Du Commerce Bureau 101, VERDUN, QC, H3E 1H7
(514) 769-2200   SIC 8741
IPLAYCO   p 234
See INTERNATIONAL PLAY COMPANY INC
IPS   p 8
See NINE ENERGY CANADA INC
IPS   p 215
See NINE ENERGY CANADA INC
IPS OF CANADA, U.L.C.   p 942
170 Attwell Dr Suite 550, TORONTO, ON, M9W 5Z5
(800) 293-1136   SIC 6153
IPS WIRELINE, DIV OF   p 158
See NINE ENERGY CANADA INC
IPSOS LIMITED PARTNERSHIP   p 312
1285 Pender St W Suite 200, VANCOUVER, BC, V6E 4B1
(778) 373-5000   SIC 8732
IPSOS-ASI, LTD   p 1262
245 Av Victoria Bureau 100, WESTMOUNT, QC, H3Z 2M6
(514) 934-5555   SIC 8732
IQMETRIX   p 376
See IQMETRIX SOFTWARE DEVELOPMENT CORP
IQMETRIX SOFTWARE DEVELOPMENT CORP   p 376
311 Portage Ave Suite 200, WINNIPEG, MB, R3B 2B9
(204) 452-5648   SIC 7371
IQPC WORLDWIDE COMPANY   p 899
60 St Clair Ave E Suite 304, TORONTO, ON, M4T 1N5
(416) 597-4700   SIC 7389
IRCO AUTOMATION INC   p 534
1080 Clay Ave Unit 3, BURLINGTON, ON, L7L 0A1
(905) 336-2862   SIC 5962
IREPARATION MTL   p 1109
See 9280-4475 QUEBEC INC
IREQ   p 1255
See HYDRO-QUEBEC
IRIS POWER ENGINEERING   p 685
See IRIS POWER LP
IRIS POWER LP   p 685
3110 American Dr, MISSISSAUGA, ON, L4V 1T2
(905) 677-4824   SIC 3825
IRISH TIMES PUB   p 331
See IRISH TIMES PUB CO LTD
IRISH TIMES PUB CO LTD   p 331
1200 Government St, VICTORIA, BC, V8W 1Y3
(250) 383-5531   SIC 5813
IRL INTERNATIONAL TRUCK CENTRES LTD   p 325
7156 Meadowlark Rd, VERNON, BC, V1B 3R6
(250) 545-2381   SIC 5511
IRL INTERNATIONAL TRUCK CENTRES

LTD   p 341
4775 Cattle Dr, WILLIAMS LAKE, BC, V2G 5E8
(250) 392-1446   SIC 5511
IRON EAGLE HOT OILING LTD   p 71
4 Saskatchewan Ave, DEVON, AB, T9G 1E7
(780) 987-3520   SIC 1382
IRON HORSE EARTHWORKS INC   p 159
235090 Wrangler Dr, ROCKY VIEW COUNTY, AB, T1X 0K3
(403) 217-2711   SIC 1794
IRON MOUNTAIN CANADA OPERATIONS ULC   p 18
5811 26 St Se Suite 15, CALGARY, AB, T2C 1G3
(403) 531-2048   SIC 7389
IRON MOUNTAIN CANADA OPERATIONS ULC   p 85
14410 121a Ave Nw, EDMONTON, AB, T5L 4L2
(780) 466-7035   SIC 4226
IRON MOUNTAIN CANADA OPERATIONS ULC   p 86
14630 115a Ave Nw, EDMONTON, AB, T5M 3C5
(780) 488-4333   SIC 4226
IRON MOUNTAIN CANADA OPERATIONS ULC   p 105
3905 101 St Nw, EDMONTON, AB, T6E 0A4
(780) 466-7272   SIC 4226
IRON MOUNTAIN CANADA OPERATIONS ULC   p 193
8825 Northbrook Crt, BURNABY, BC, V5J 5J1
(604) 451-0618   SIC 4226
IRON MOUNTAIN CANADA OPERATIONS ULC   p 389
1500 Clarence Ave, WINNIPEG, MB, R3T 1T6
(204) 949-5401   SIC 4226
IRON MOUNTAIN CANADA OPERATIONS ULC   p 414
120 Mcdonald St Suite C, SAINT JOHN, NB, E2J 1M5
SIC 4226
IRON MOUNTAIN CANADA OPERATIONS ULC   p 444
1 Command Crt, BEDFORD, NS, B4B 1H5
(902) 835-7427   SIC 4226
IRON MOUNTAIN CANADA OPERATIONS ULC   p 515
10 Tilbury Crt, BRAMPTON, ON, L6T 3T4
(905) 454-2400   SIC 8742
IRON MOUNTAIN CANADA OPERATIONS ULC   p 559
70 Talman Crt Suite 415, CONCORD, ON, L4K 4L5
(905) 760-0769   SIC 4226
IRON MOUNTAIN CANADA OPERATIONS ULC   p 843
2388 Midland Ave, SCARBOROUGH, ON, M1S 1P8
(416) 291-7522   SIC 4226
IRON MOUNTAIN CANADA OPERATIONS ULC   p 1123
4005 Rue De Richelieu, Montreal, QC, H4C 1A1
(800) 327-8345   SIC 7389
IRON MOUNTAIN CANADA OPERATIONS ULC   p 1133
1655 Rue Fleetwood, Montreal-Ouest, QC, H7N 4B2
(450) 667-5960   SIC 4226
IRON RANGE   p 878
See IRON RANGE SCHOOL BUS LINES INC
IRON RANGE SCHOOL BUS LINES INC   p 878
1141 Golf Links Rd, THUNDER BAY, ON, P7B 7A3
(807) 345-7387   SIC 4151
IRONHORSE CORPORATION   p 800
9 Capella Crt Suite 200, OTTAWA, ON, K2E 8A7

(613) 228-2813   SIC 7389
IRONHORSE GROUP, THE   p 800
See IRONHORSE CORPORATION
IRONLINE COMPRESSION LIMITED PARTNERSHIP   p 147
700 15 Ave, NISKU, AB, T9E 7S2
(780) 955-0700   SIC 7699
IRONRIDGE ELEMENTARY CAMPUS   p 6
See WOLF CREEK SCHOOL DIVISION NO.72
IROQUOIS FALLS PUBLIC SCHOOL   p 622
See DISTRICT SCHOOL BOARD ONTARIO NORTH EAST
IROQUOIS FALLS SECONDARY SCHOOL p 622
See DISTRICT SCHOOL BOARD ONTARIO NORTH EAST
IROQUOIS FALLS VALU-MART   p 622
See LOBLAW COMPANIES LIMITED
IROQUOIS JR PUBLIC SCHOOL   p 888
See TORONTO DISTRICT SCHOOL BOARD
IROQUOIS LODGE   p 772
1755 Chiefswood Rd, OHSWEKEN, ON, N0A 1M0
(519) 445-2224   SIC 8051
IROQUOIS PARK SPORTS CENTRE, THE p 957
See CORPORATION OF THE TOWN OF WHITBY, THE
IROQUOIS PUBLIC SCHOOL   p 622
See UPPER CANADA DISTRICT SCHOOL BOARD, THE
IROQUOIS RIDGE SECONDARY SCHOOL p 765
See HALTON DISTRICT SCHOOL BOARD
IRVINE ELEMENTARY SCHOOL   p 255
See SCHOOL DISTRICT NO. 43 (COQUITLAM)
IRVINE SCHOOL   p 132
See PRAIRIE ROSE SCHOOL DIVISION NO 8
IRVING CONSUMER PRODUCTS   p 397
See J. D. IRVING, LIMITED
IRVING CONSUMER PRODUCTS LIMITED p 937
1551 Weston Rd, TORONTO, ON, M6M 4Y4
(416) 246-6600   SIC 2676
IRVING CONSUMER PRODUCTS LIMITED p 937
1551 Weston Rd, TORONTO, ON, M6M 4Y4
(416) 246-6666   SIC 2676
IRVING ENERGY   p 417
See HIGHLANDS FUEL DELIVERY G.P.
IRVING ENERGY SERVICES LIMITED p 417
10 Sydney St, SAINT JOHN, NB, E2L 5E6
(506) 202-2000   SIC 4924
IRVING EQUIPMENT   p 448
See J. D. IRVING, LIMITED
IRVING OIL LIMITED   p 411
16 Smith St, PETITCODIAC, NB, E4Z 4W1
(506) 756-2567   SIC 5411
IRVING OIL LIMITED   p 478
5210 St Margarets Bay Rd, UPPER TANTALLON, NS, B3Z 4H3
(902) 826-1924   SIC 5541
IRVING OIL LIMITED   p 1179
960 185 Rte, SAINT-ANTONIN, QC, G0L 2J0
(418) 862-8108   SIC 5541
IRVING PERSONAL CARE LIMITED   p 397
100 Prom Midland, DIEPPE, NB, E1A 6X4
(506) 857-7713   SIC 5137
IRVING PERSONAL CARE LIMITED   p 410
200 Harrisville Blvd, MONCTON, NB, E1H 3N5
(506) 857-7777   SIC 2399
IRVING PULP & PAPER, LIMITED   p 418
408 Mill St, SAINT JOHN, NB, E2M 3H1
(506) 635-6666   SIC 2611
IRVING SHIPBUILDING INC   p 417
300 Union St, SAINT JOHN, NB, E2L 4Z2
(506) 632-7777   SIC 3731

▲ Public Company   ■ Public Company Family Member   HQ Headquarters   BR Branch   SL Single Location

IRVING SHIPBUILDING INC p 460
3099 Barrington St, HALIFAX, NS, B3K 2X6
(902) 423-9271   SIC 3731

IRVING SHIPBUILDING INC p 473
29 Hero Rd, SHELBURNE, NS, B0T 1W0
(902) 875-8100   SIC 3731

IRVING SHIPBUILDING INC p 983
115 Water St, GEORGETOWN, PE, C0A 1L0
SIC 3731

IRVING TISSUE p 397
See J. D. IRVING, LIMITED

IRVING TRANSPORTATION SERVICES p 399
See NEW BRUNSWICK SOUTHERN RAILWAY COMPANY LIMITED

IRVING TRANSPORTATION SERVICES LIMITED p 400
71 Alison Blvd, FREDERICTON, NB, E3B 1A1
SIC 8721

IRVING, J D p 937
See IRVING CONSUMER PRODUCTS LIMITED

IRWIN INDUSTRIAL AGENCIES LIMITED p 490
205 Industrial Pkwy N Unit 2, AURORA, ON, L4G 4C4
(905) 889-9100   SIC 5065

IRWIN PARK ELEMENTARY p 339
See SCHOOL DISTRICT NO. 45 (WEST VANCOUVER)

IRWIN, DICK GROUP LTD, THE p 105
9688 34 Ave Nw, EDMONTON, AB, T6E 6S9
(780) 463-7888   SIC 5511

IRWIN, DICK GROUP LTD, THE p 257
2400 Barnet Hwy, PORT MOODY, BC, V3H 1W3
(604) 461-0633   SIC 5511

IRWIN, DICK GROUP LTD, THE p 257
2400 Barnet Hwy, PORT MOODY, BC, V3H 1W3
(604) 461-3326   SIC 5511

ISAAC BROCK SCHOOL p 382
See WINNIPEG SCHOOL DIVISION

ISABEL F COX SCHOOL p 158
See PRAIRIE ROSE SCHOOL DIVISION NO 8

ISABELLE SELLON SCHOOL p 6
See LIVINGSTONE RANGE SCHOOL DIVISION NO 68

ISCANCO p 1071
See 4010205 CANADA INC

ISCANCO p 1115
See 4010205 CANADA INC

ISE METAL INC p 1235
20 Rte De Windsor, SHERBROOKE, QC, J1C 0E5
(819) 846-1044   SIC 3469

ISERVE INC p 824
30 Via Renzo Dr Unit 1, RICHMOND HILL, ON, L4S 0B8
(905) 709-1130   SIC 5045

ISHARES DEX ALL CORPORATE BOND INDEX FUND p 921
161 Bay St Suite 2500, TORONTO, ON, M5J 2S1
(866) 486-4874   SIC 6722

ISKIN INC p 754
3 Concorde Gate Unit 311, NORTH YORK, ON, M3C 3N7
(416) 924-9607   SIC 8731

ISL ENGINEERING AND LAND SERVICES LTD p 31
6325 12 St Se Suite 1, CALGARY, AB, T2H 2K1
(403) 254-0544   SIC 8711

ISL ENGINEERING AND LAND SERVICES LTD p 105
7909 51 Ave Nw Suite 100, EDMONTON, AB, T6E 5L9
(780) 438-9000   SIC 8711

ISL ENGINEERING AND LAND SERVICES LTD p 230
20338 65 Ave Suite 301, LANGLEY, BC, V2Y 2X3
(604) 530-2288   SIC 8712

ISL HOLDINGS INC p 32
6325 12 St Se Unit 1, CALGARY, AB, T2H 2K1
(403) 254-0544   SIC 8711

ISLAND BUILDERS LTD p 334
601 Alpha St, VICTORIA, BC, V8Z 1B5
(250) 475-3569   SIC 1522

ISLAND COASTAL SERVICES LTD p 983
15418 Trans Canada Hwy, CORNWALL, PE, C0A 1H0
(902) 675-2704   SIC 1794

ISLAND COMMUNITY MENTAL HEALTH ASSOCIATION p 335
125 Skinner St, VICTORIA, BC, V9A 6X4
(250) 389-1211   SIC 8093

ISLAND FARMS p 328
See AGROPUR COOPERATIVE

ISLAND FARMS DAIRIES, DIV OF p 228
See AGROPUR COOPERATIVE

ISLAND GOLD PROJECT p 570
See MINES RICHMONT INC

ISLAND HEARING SERVICES p 331
See NATIONAL HEARING SERVICES INC

ISLAND HOLDINGS LTD p 984
37288 Hwy 2, O'LEARY, PE, C0B 1V0
SIC 5148

ISLAND HOLDINGS LTD p 985
281 Old Station Rd, SUMMERSIDE, PE, C1N 4J9
(902) 836-7238   SIC 2037

ISLAND LAKES COMMUNITY SCHOOL p 391
See LOUIS RIEL SCHOOL DIVISION

ISLAND PIPELINES CONSTRUCTION (B.C. CANADA) CORP p 194
Gd Stn A, CAMPBELL RIVER, BC, V9W 4Z8
(250) 923-4468   SIC 1623

ISLAND PUBLIC NATURAL SCIENCE SCHOOL p 921
See TORONTO DISTRICT SCHOOL BOARD

ISLAND PUBLISHERS LTD p 331
818 Broughton St, VICTORIA, BC, V8W 1E4
(250) 480-0755   SIC 2711

ISLAND RADIO LTD p 241
4550 Wellington Rd, NANAIMO, BC, V9T 2H3
(250) 758-1131   SIC 4832

ISLAND SAVINGS CENTER p 212
See COWICHAN VALLEY REGIONAL DISTRICT

ISLAND SAVINGS CREDIT UNION p 212
499 Canada Ave Suite 300, DUNCAN, BC, V9L 1T7
(250) 748-4728   SIC 6062

ISLAND SAVINGS CREDIT UNION p 212
89 Evans St, DUNCAN, BC, V9L 1P5
(250) 746-4171   SIC 8742

ISLAND SAVINGS CREDIT UNION p 238
2720 Mill Bay Rd, MILL BAY, BC, V0R 2P1
(250) 743-5534   SIC 6062

ISLAND SAVINGS CREDIT UNION p 276
124 Mcphillips Ave, SALT SPRING ISLAND, BC, V8K 2T5
(250) 537-5587   SIC 6062

ISLAND SAVINGS CREDIT UNION p 334
3195 Douglas St, VICTORIA, BC, V8Z 3K3
(250) 385-4476   SIC 6062

ISLAND SAVINGS, A DIVISION OF FIRST WEST CREDIT UNION p 212
See ISLAND SAVINGS CREDIT UNION

ISLAND YACHT CLUB TORONTO p 929
57 Spadina Ave Suite 206, TORONTO, ON, M5V 2J2
(416) 203-2582   SIC 7997

ISLANDER R.V. SALES & RENTALS LTD p 427
1 Grenfell Hts, GRAND FALLS-WINDSOR, NL, A2A 1W3
(709) 489-9489   SIC 7519

ISLANDS CONSOLIDATED SCHOOL p 455
See TRI-COUNTY REGIONAL SCHOOL BOARD

ISLANDSAND HOLDINGS INC p 981
150 Queen St, CHARLOTTETOWN, PE, C1A 4B5
(902) 368-1728   SIC 5812

ISLINGTON GOLF CLUB, LIMITED p 579
45 Riverbank Dr, ETOBICOKE, ON, M9A 5B8
(416) 231-1114   SIC 7997

ISLINGTON JUNIOR MIDDLE SCHOOL p 579
See TORONTO DISTRICT SCHOOL BOARD

ISM CANADA p 333
See ISM INFORMATION SYSTEM MANAGEMENT CANADA CORPORATION

ISM INFORMATION SYSTEM MANAGEMENT CANADA CORPORATION p 333
3960 Quadra St Suite 200, VICTORIA, BC, V8X 4A3
(250) 704-1800   SIC 7374

ISM SECURITY p 655
See INNOVATIVE SECURITY MANAGEMENT (1998) INC

ISOLATION EQUIPMENT SERVICES INC p 127
12925 97b St, GRANDE PRAIRIE, AB, T8V 6K1
(780) 402-3060   SIC 3533

ISOLATION MULTI-ENERGIE p 1245
See I.M.E. INC

ISOMAG p 1029
See PRODUITS INDUSTRIELS DE HAUTE TEMPERATURE PYROTEK INC, LES

ISS p 462
See INDEPENDENT SECURITY SERVICES ATLANTIC INC

ISTOCKPHOTO p 29
See ISTOCKPHOTO L.P.

ISTOCKPHOTO L.P. p 29
1240 20 Ave Se Suite 200, CALGARY, AB, T2G 1M8
(403) 265-3062   SIC 7299

ISTOCKPHOTO ULC p 28
1240 20 Ave Se Suite 200, CALGARY, AB, T2G 1M8
(403) 265-3062   SIC 7299

IT DEPARTMENT p 320
See UNIVERSITY OF BRITISH COLUMBIA, THE

IT SERVICES p 153
See CITY OF RED DEER, THE

IT WEAPONS DIV. p 515
See KONICA MINOLTA BUSINESS SOLUTIONS (CANADA) LTD

IT WEAPONS DIV. p 689
See KONICA MINOLTA BUSINESS SOLUTIONS (CANADA) LTD

IT/NET-OTTAWA INC p 802
150 Elgin St Suite 1800, OTTAWA, ON, K2P 2P8
(613) 234-8638   SIC 8748

ITALIAN CENTRE SHOP SOUTH LTD p 109
5028 104a St Nw, EDMONTON, AB, T6H 6A2
(780) 989-4869   SIC 5411

ITALIAN SOCIETY PRINCIPE DI PIEMONTE p 880
340 Waterloo St S, THUNDER BAY, ON, P7E 6H9
(807) 623-2415   SIC 5812

ITALIAN-CANADIAN CLUB OF GUELPH p 598
135 Ferguson St, GUELPH, ON, N1E 2Y9
(519) 821-1110   SIC 8641

ITALPASTA LIMITED p 515
199 Summerlea Rd, BRAMPTON, ON, L6T 4E5
(905) 792-9928   SIC 2098

ITALPASTA LIMITED p 515
140 Nuggett Crt, BRAMPTON, ON, L6T 5H4
(905) 792-9928   SIC 2098

ITERGY INTERNATIONAL INC p 1106
2075 Boul Robert-Bourassa Bureau 700, Montreal, QC, H3A 2L1
(514) 845-5881   SIC 7379

ITEX ENTERPRISE SOLUTIONS p 623
See ITEX INC

ITEX INC p 623
555 Legget Dr Suite 730, KANATA, ON, K2K 2X3
(613) 599-5550   SIC 5734

ITF LABORATORIES INC p 1205
400 Boul Montpellier, SAINT-LAURENT, QC, H4N 2G7
(514) 748-4848   SIC 3357

ITF LABS p 1205
See ITF LABORATORIES INC

ITG CANADA CORP p 932
130 King St W Suite 1040, TORONTO, ON, M5X 2A2
(416) 874-0900   SIC 6211

ITML HOLDINGS INC p 527
75 Plant Farm Blvd, BRANTFORD, ON, N3S 7W2
(519) 753-2666   SIC 6712

ITR p 578
See INTERNATIONAL TIME RECORDER COMPANY LIMITED

ITS p 401
See UNIVERSITY OF NEW BRUNSWICK

ITS A BLAST PROGRAM p 138
See LETHBRIDGE COMMUNITY OUT OF SCHOOL ASSOCIATION

ITS CANADA p 683
See INTERNATIONAL TRANSACTION SYSTEMS (CANADA) LTD

ITT ONTARIO PRO SERVICE p 816
See 1448170 ONTARIO LIMITED

ITUNA PIONEER HEALTH CARE CENTRE p 1270
See SUNRISE REGIONAL HEALTH AUTHORITY

ITW CANADA INC p 92
11240 184 St Nw, EDMONTON, AB, T5S 2S6
(780) 484-2321   SIC 3443

ITW CANADA INC p 592
35 Brownridge Rd Unit 1, GEORGETOWN, ON, L7G 0C6
(905) 693-8900   SIC 5169

ITW CANADA INC p 676
120 Travail Rd, MARKHAM, ON, L3S 3J1
(905) 201-8399   SIC 5084

ITW CANADA INC p 772
2570 North Talbot Rd, OLDCASTLE, ON, N0R 1L0
(519) 737-6966   SIC 3548

ITW CANADA INC p 803
2875 East Bay Shore Road, OWEN SOUND, ON, N4K 5P5
(519) 376-8886   SIC 3639

ITW CANADA INC p 888
105 Gordon Baker Rd Suite 801, TORONTO, ON, M2H 3P8
(416) 447-6432   SIC 1799

ITW CANADA INC p 1096
417 Place De Louvain, Montreal, QC, H2N 1A1
(514) 381-7696   SIC 2671

ITW CANADA INVESTMENTS LIMITED PARTNERSHIP p 92
10609 172 Street Northwest, EDMONTON, AB, T5S 1P1
(780) 486-2325   SIC 5046

ITW CANADA INVESTMENTS LIMITED PARTNERSHIP p 208
1668 Derwent Way Unit 10, DELTA, BC, V3M 6R9
(604) 522-1070   SIC 3589

ITW CANADA INVESTMENTS LIMITED PARTNERSHIP p 554
5 Northam Industrial Pk, COBOURG, ON, K9A 4L3
(905) 372-6886   SIC 3081

ITW CANADA INVESTMENTS LIMITED

PARTNERSHIP *p* 676
120 Travail Rd, MARKHAM, ON, L3S 3J1
(905) 471-4250   *SIC* 1541
ITW CANADA INVESTMENTS LIMITED PARTNERSHIP *p* 1049
16715 Boul Hymus, KIRKLAND, QC, H9H 5M8
(514) 426-9248   *SIC* 6159
ITW CANADA INVESTMENTS LIMITED PARTNERSHIP *p* 1057
3195 Rue Louis-A.-Amos, LACHINE, QC, H8T 1C4
(514) 631-0073   *SIC* 1799
ITW CANADA INVESTMENTS LIMITED PARTNERSHIP *p* 1061
385 Av Lafleur, LASALLE, QC, H8R 3H7
(514) 366-2710   *SIC* 2821
ITW INSULATION SYSTEMS CANADA, DIV OF *p* 92
See ITW CANADA INC
ITW LAMINATIONS, DIV OF *p* 1096
See ITW CANADA INC
ITW PERMATEX CANADA, DIV OF *p* 592
See ITW CANADA INC
IVACO ROLLING MILLS *p* 645
See IVACO ROLLING MILLS 2004 L.P.
IVACO ROLLING MILLS 2004 L.P. *p* 645
1040 Hwy 17, L'ORIGNAL, ON, K0B 1K0
(613) 675-4671   *SIC* 3312
IVANHOE CAMBRIDGE *p* 280
See GUILDFORD TOWN CENTRE LIMITED PARTNERSHIP
IVAN FRANKO HOME *p* 705
See UKRAINIAN HOME FOR THE AGED
IVANHOE CAMBRIDGE *p* 109
See IVANHOE CAMBRIDGE II INC.
IVANHOE CAMBRIDGE *p* 540
See IVANHOE CAMBRIDGE II INC.
IVANHOE CAMBRIDGE II INC. *p* 109
5015 111 St Nw Suite 51, EDMONTON, AB, T6H 4M6
(780) 435-3721   *SIC* 6512
IVANHOE CAMBRIDGE II INC. *p* 540
900 Maple Ave, BURLINGTON, ON, L7S 2J8
(905) 681-2900   *SIC* 6512
IVANHOE CAMBRIDGE II INC. *p* 559
1 Bass Pro Mills Dr Suite A1, CONCORD, ON, L4K 5W4
(905) 879-1777   *SIC* 6512
IVANHOE CAMBRIDGE INC *p* 35
See IVANHOE CAMBRIDGE INC
IVANHOE CAMBRIDGE INC *p* 35
11012 Macleod Trail Se Suite 750, CALGARY, AB, T2J 6A5
(403) 278-8588   *SIC* 6512
IVANHOE CAMBRIDGE INC *p* 191
See IVANHOE CAMBRIDGE INC
IVANHOE CAMBRIDGE INC *p* 191
4720 Kingsway Suite 604, BURNABY, BC, V5H 4N2
(604) 438-4715   *SIC* 6512
IVANHOE CAMBRIDGE INC *p* 191
4729 Kingsway Suite 604, BURNABY, BC, V5H 2C3
(604) 438-4715   *SIC* 8741
IVANHOE CAMBRIDGE INC *p* 300
650 41st Ave W Suite 700, VANCOUVER, BC, V5Z 2M9
(604) 263-2672   *SIC* 6512
IVANHOE CAMBRIDGE INC *p* 919
See IVANHOE CAMBRIDGE INC
IVANHOE CAMBRIDGE INC *p* 919
95 Wellington St W Suite 300, TORONTO, ON, M5J 2R2
(416) 369-1200   *SIC* 6719
IVANHOE CAMBRIDGE INC *p* 1102
See IVANHOE CAMBRIDGE INC
IVANHOE CAMBRIDGE INC *p* 1102
747 Rue Du Square-Victoria Bureau 247, Montreal, QC, H2Y 3Y9
(514) 982-9888   *SIC* 6531
IVANHOE CAMBRIDGE INC *p* 1106
770 Rue Sherbrooke O Bureau 540, Montreal, QC, H3A 1G1
(514) 861-9393   *SIC* 6512
IVANHOE CAMBRIDGE INC *p* 1112
See IVANHOE CAMBRIDGE INC
IVANHOE CAMBRIDGE INC *p* 1112
1000 Rue De La Gauchetiere O Bureau 610, Montreal, QC, H3B 4W5
(514) 395-1000   *SIC* 6512
IVANHOE CAPITAL CORPORATION *p* 308
999 Canada Pl Suite 654, VANCOUVER, BC, V6C 3E1
(604) 688-7166   *SIC* 6712
IVARI *p* 749
See IVARI CANADA ULC
IVARI CANADA ULC *p* 749
5000 Yonge St Suite 500, NORTH YORK, ON, M2N 7E9
(416) 883-5000   *SIC* 6311
IVARI CANADA ULC *p* 1106
2001 Av Mcgill Coll ge Bureau 410, Montreal, QC, H3A 1G1
(514) 846-9844   *SIC* 6311
IVERGARRY ADULT LEARNING CENTRE *p* 285
See SCHOOL DISTRICT NO 36 (SURREY)
IVEX PROTECTIVE PACKAGING *p* 1069
See GROUPE EMBALLAGE SPECIALISE S.E.C.
IVEX/TORONTO *p* 689
See GROUPE EMBALLAGE SPECIALISE S.E.C.
IVEY MANAGEMENT SERVICES *p* 655
1151 Richmond St, LONDON, ON, N6A 3K7
(519) 661-3272   *SIC* 8741
IVOCLAR VIVADENT INC *p* 719
6600 Dixie Rd Unit 1, MISSISSAUGA, ON, L5T 2Y2
(905) 670-8499   *SIC* 5047
IWK COMMUNITY MENTAL HEALTH *p* 460
See IZAAK WALTON KILLAM HEALTH CENTRE, THE
IWK COMMUNITY MENTAL HEALTH *p* 467
See IZAAK WALTON KILLAM HEALTH CENTRE, THE
IWK HEALTH CENTRE *p* 460
See IZAAK WALTON KILLAM HEALTH CENTRE, THE
IZAAK WALTON KILLAM HEALTH CENTRE, THE *p* 460
585 0/5980 University Ave, HALIFAX, NS, B3K 6R8
(902) 470-8888   *SIC* 8069
IZAAK WALTON KILLAM HEALTH CENTRE, THE *p* 460
5980 University Ave, HALIFAX, NS, B3K 6R8
(902) 470-6460   *SIC* 8062
IZAAK WALTON KILLAM HEALTH CENTRE, THE *p* 460
6080 Young St Suite 1001, HALIFAX, NS, B3K 5L2
(902) 464-4110   *SIC* 8062
IZAAK WALTON KILLAM HEALTH CENTRE, THE *p* 460
Gd, HALIFAX, NS, B3K 6R8
(902) 470-6682   *SIC* 8731
IZAAK WALTON KILLAM HEALTH CENTRE, THE *p* 467
40 Freer Lane, LOWER SACKVILLE, NS, B4C 0A2
(902) 864-8668   *SIC* 8062
IZATT, HENRY G MIDDLE SCHOOL *p* 392
See PEMBINA TRAILS SCHOOL DIVISION, THE

J

J & H BUILDERS WAREHOUSE *p* 1292
See J.H. ENTERPRISES (1969) LIMITED
J & H BUILDERS WAREHOUSE *p* 1300
See J.H. ENTERPRISES (1969) LIMITED
J & J PENNER CONSTRUCTION LTD *p* 375
93 Lombard Ave Suite 100, WINNIPEG, MB, R3B 3B1
(204) 943-6200   *SIC* 1542
J & S HOLDINGS INC *p* 365
1040 Beaverhill Blvd Suite 1, WINNIPEG, MB, R2J 4B1
(204) 255-8431   *SIC* 5461
J A CUDDY ELEMENTARY SCHOOL *p* 355
See RED RIVER VALLEY SCHOOL DIVISION
J A MC WILLIAM ELEMENTARY SCHOOL *p* 964
See GREATER ESSEX COUNTY DISTRICT SCHOOL BOARD
J A SNOW FUNERAL HOME *p* 461
See SERVICE CORPORATION INTERNATIONAL (CANADA) LIMITED
J A WILLIAMS HIGH SCHOOL *p* 133
See NORTHERN LIGHTS SCHOOL DIVISION NO. 69
J ANN J CLEANING SERVICES *p* 758
64 Flax Garden Way, NORTH YORK, ON, M3N 2H5
(647) 233-2029   *SIC* 7349
J B TYRRELL SENIOR PUBLIC SCHOOL *p* 888
See TORONTO DISTRICT SCHOOL BOARD
J B'S MONGOLIAN GRILL INC *p* 655
645 Richmond St, LONDON, ON, N6A 3G7
(519) 645-6400   *SIC* 5812
J D C RESTAURANTS LTD *p* 580
195 North Queen St, ETOBICOKE, ON, M9C 1A7
(416) 621-2952   *SIC* 5812
J D H PETERBILT DU LAC ST-JEAN, DIV DE *p* 1187
See CENTRE DE TRANSMISSION J.D.H. INC
J D HOGARTH SCHOOL *p* 588
See UPPER GRAND DISTRICT SCHOOL BOARD, THE
J D IRVING MILL *p* 396
See J. D. IRVING, LIMITED
J D NELSON & SONS LTD *p* 484
4 Marks Crt, AJAX, ON, L1T 3N3
(647) 223-1245   *SIC* 1522
J DOUGLAS HODGSON ELEMENTARY SCHOOL *p* 605
See TRILLIUM LAKELANDS DISTRICT SCHOOL BOARD
J E BENSON ELEMENTARY SCHOOL *p* 969
See GREATER ESSEX COUNTY DISTRICT SCHOOL BOARD
J E HORTON PUBLIC SCHOOL *p* 630
See LIMESTONE DISTRICT SCHOOL BOARD
J E M & RESTAURANTS LTD *p* 327
3990 Shelbourne St, VICTORIA, BC, V8N 3E2
(250) 477-9922   *SIC* 5812
J F CARMICHAEL PUBLIC SCHOOL *p* 643
See WATERLOO REGION DISTRICT SCHOOL BOARD
J G WORKMAN ELEMENTARY SCHOOL *p* 838
See TORONTO DISTRICT SCHOOL BOARD
J H BRUNS COLLEGIATE *p* 365
See LOUIS RIEL SCHOOL DIVISION
J J MUGGS GOURMET GRILL *p* 586
See MUGGS, J J INC
J J O'NEILL CATHOLIC SCHOOL *p* 725
See ALGONQUIN & LAKESHORE CATHOLIC DISTRICT SCHOOL BOARD
J L FORSTER PUBLIC SECONDARY SCHOOL *p* 969
See GREATER ESSEX COUNTY DISTRICT SCHOOL BOARD
J L ILSLEY HIGH *p* 463
See HALIFAX REGIONAL SCHOOL BOARD
J LLOYD CROWE SECONDARY SCHOOL *p* 292
See SCHOOL DISTRICT # 20 (KOOTENAY-COLUMBIA)
J PERCY PAGE *p* 111
See EDMONTON SCHOOL DISTRICT NO. 7
J R SMALLWOOD MIDDLE SCHOOL *p* 437
See LABRADOR SCHOOL BOARD
J R WILCOX COMMUNITY SCHOOL *p* 933
See TORONTO DISTRICT SCHOOL BOARD
J S MCCORMICK ELEM SCHOOL *p* 134
See WOLF CREEK SCHOOL DIVISION NO.72
J T BROWN SCHOOL *p* 287
See SCHOOL DISTRICT NO 36 (SURREY)
J T FOSTER SCHOOL *p* 146
See LIVINGSTONE RANGE SCHOOL DIVISION NO 68
J V K *p* 855
See JACK VAN KLAVEREN LIMITED
J W INGLIS ELEMENTARY SCHOOL *p* 235
See SCHOOL DISTRICT NO 22 (VERNON)
J W SEXSMITH ELEMENTARY SCHOOL *p* 298
See BOARD OF EDUCATION OF SCHOOL DISTRICT NO. 39 (VANCOUVER), THE
J W TRUSLER PUBLIC SCHOOL *p* 742
See NEAR NORTH DISTRICT SCHOOL BOARD
J'MIRALCO INC *p* 402
230 Ch Madawaska, GRAND-SAULT/GRAND FALLS, NB, E3Y 1A7
(506) 473-4473   *SIC* 5812
J-AAR EXCAVATING LIMITED *p* 650
3003 Page St, LONDON, ON, N5V 4J1
(519) 652-2104   *SIC* 1794
J-D MARKETING (LEAMINGTON) INC *p* 635
2400 Graham, KINGSVILLE, ON, N9Y 2E5
(519) 733-3663   *SIC* 5148
J-H QUALITY FOOD INC *p* 1128
1700 Montee Masson, Montreal, QC, H7E 4P2
(819) 469-7945   *SIC* 5141
J. & R. HALL TRANSPORT INC *p* 65
16 Technology Way Se, CALGARY, AB, T3S 0B2
(403) 236-7758   *SIC* 4213
J. & R. HALL TRANSPORT INC *p* 493
552 Piper St, AYR, ON, N0B 1E0
(519) 632-7429   *SIC* 4213
J. C. VENDING (ONTARIO) LIMITED *p* 638
625 Wabanaki Dr Unit 6, KITCHENER, ON, N2C 2G3
(519) 893-7044   *SIC* 5962
J. D. IRVING, LIMITED *p* 393
3300 Rue Principale, BAKER BROOK, NB, E7A 1Z7
(506) 258-1150   *SIC* 2421
J. D. IRVING, LIMITED *p* 393
15 Av Savoie, ATHOLVILLE, NB, E3N 4A8
(506) 753-7662   *SIC* 5251
J. D. IRVING, LIMITED *p* 393
950 St. Anne St, BATHURST, NB, E2A 6X2
(506) 548-2000   *SIC* 5211
J. D. IRVING, LIMITED *p* 395
183 Irving Blvd, BOUCTOUCHE, NB, E4S 3K3
(506) 743-2438   *SIC* 5399
J. D. IRVING, LIMITED *p* 395
28 Ch Du Couvent, BOUCTOUCHE, NB, E4S 3B9
(506) 743-2481   *SIC* 2452
J. D. IRVING, LIMITED *p* 395
290 Main St, CHIPMAN, NB, E4A 2M7
(506) 339-7910   *SIC* 5211
J. D. IRVING, LIMITED *p* 396
5120 Route 107, DEERSDALE, NB, E7L 1W5
(506) 246-5528   *SIC* 2611
J. D. IRVING, LIMITED *p* 396
632 Rue Principale, CLAIR, NB, E7A 2H2

(506) 992-9020 SIC 2426

J. D. IRVING, LIMITED p 397
100 Prom Midland, DIEPPE, NB, E1A 6X4
(506) 859-5757 SIC 2679

J. D. IRVING, LIMITED p 397
40 Rue Champlain, DIEPPE, NB, E1A 1N3
(506) 859-5900 SIC 5211

J. D. IRVING, LIMITED p 397
200 South Rd, DOAKTOWN, NB, E9C 1H4
(506) 365-1021 SIC 2421

J. D. IRVING, LIMITED p 397
120 South Rd, DOAKTOWN, NB, E9C 1H2
(506) 365-1020 SIC 2421

J. D. IRVING, LIMITED p 397
102 Rue Dawson, DIEPPE, NB, E1A 0C1
(506) 859-5018 SIC 2621

J. D. IRVING, LIMITED p 398
772 Rue Victoria, EDMUNDSTON, NB, E3V 3S9
(506) 735-1500 SIC 5211

J. D. IRVING, LIMITED p 402
809 Bishop Dr Suite 16, FREDERICTON, NB, E3C 2M6
(506) 451-3000 SIC 5211

J. D. IRVING, LIMITED p 403
8050 Route 17, KEDGWICK NORD, NB, E8B 1X2
SIC 2421

J. D. IRVING, LIMITED p 405
2417 King George Hwy, MIRAMICHI, NB, E1V 6W1
(506) 778-2600 SIC 5211

J. D. IRVING, LIMITED p 410
55 Trinity Dr, MONCTON, NB, E1G 2J7
(506) 862-3400 SIC 5211

J. D. IRVING, LIMITED p 410
365 Frenette Ave, MONCTON, NB, E1H 3S5
(506) 859-5970 SIC 5112

J. D. IRVING, LIMITED p 414
225 Thorne Ave, Saint John, NB, E2J 1W8
(506) 658-8000 SIC 5021

J. D. IRVING, LIMITED p 414
85 Consumers Dr, SAINT JOHN, NB, E2J 4Z6
(506) 648-1000 SIC 1521

J. D. IRVING, LIMITED p 417
225 Thorne Ave, SAINT JOHN, NB, E2L 4L9
(506) 633-4095 SIC 5169

J. D. IRVING, LIMITED p 417
300 Union St Suite 5, SAINT JOHN, NB, E2L 4Z2
(506) 632-7777 SIC 2421

J. D. IRVING, LIMITED p 418
10 Galbraith Pl, SAINT JOHN, NB, E2M 7L1
(506) 634-7474 SIC 2439

J. D. IRVING, LIMITED p 419
48 Ch De La Grande-Riviere, SAINT-LEONARD, NB, E7E 2M7
(506) 423-3333 SIC 2421

J. D. IRVING, LIMITED p 420
188 King St, ST STEPHEN, NB, E3L 2E2
(506) 466-1250 SIC 5211

J. D. IRVING, LIMITED p 421
66 Lower Cove Rd, SUSSEX, NB, E4E 0B7
(506) 432-2930 SIC 5211

J. D. IRVING, LIMITED p 422
600 Route 785, UTOPIA, NB, E5C 2K4
(506) 755-3384 SIC 2679

J. D. IRVING, LIMITED p 429
60 Old Placentia Rd, MOUNT PEARL, NL, A1N 4Y1
(709) 748-3500 SIC 5211

J. D. IRVING, LIMITED p 432
10 Stavanger Dr, ST. JOHN'S, NL, A1A 5E8
(709) 758-2500 SIC 5211

J. D. IRVING, LIMITED p 448
43 Atlantic St, DARTMOUTH, NS, B2Y 4P4
(902) 429-7000 SIC 7353

J. D. IRVING, LIMITED p 449
35 Micmac Blvd, DARTMOUTH, NS, B3A 4Y8
(902) 469-2000 SIC 5211

J. D. IRVING, LIMITED p 464
225 Chain Lake Dr, HALIFAX, NS, B3S 1C9
(902) 450-2000 SIC 5211

J. D. IRVING, LIMITED p 467
874 Sackville Dr, LOWER SACKVILLE, NS, B4E 1R9
(902) 864-2000 SIC 5211

J. D. IRVING, LIMITED p 470
9036 Commercial St Suite 2, NEW MINAS, NS, B4N 3E2
(902) 681-5993 SIC 5211

J. D. IRVING, LIMITED p 477
104 Wade Rd, TRURO, NS, B2N 6S9
(902) 897-6300 SIC 5211

J. D. IRVING, LIMITED p 478
529 Valleydale Rd, VALLEY, NS, B6L 2Y2
(902) 895-4451 SIC 2421

J. D. IRVING, LIMITED p 480
116 Starrs Rd, YARMOUTH, NS, B5A 2T5
(902) 749-5000 SIC 5211

J. D. IRVING, LIMITED p 983
139 Sackville St, MONTAGUE, PE, C0A 1R0
(902) 838-4291 SIC 5039

J. D. IRVING, LIMITED p 985
19 Eustane St, SUMMERSIDE, PE, C1N 2V4
(902) 436-4291 SIC 5211

J. D. IRVING, LIMITED p 1139
1274 Rue De La Frontiere Rr 1, POHENEGAMOOK, QC, G0L 1J0
(418) 859-2173 SIC 2421

J. H. MCNAIRN LIMITED p 958
125 Consumers Dr, WHITBY, ON, L1N 1C4
(905) 668-7533 SIC 2671

J. J. CURLING ELEMENTARY SCHOOL p 425
See WESTERN SCHOOL DISTRICT

J. R. NAKOGEE SCHOOL p 490
See ATTAWAPISKAT FIRST NATION EDUCATION AUTHORITY

J. R. TRORY & COMPANY LTD p 247
1443 Crown St, NORTH VANCOUVER, BC, V7J 1G4
(604) 980-5074 SIC 1799

J. WALTER THOMPSON COMPANY LIMITED p 901
160 Bloor St E Suite 11, TORONTO, ON, M4W 1B9
(416) 926-7300 SIC 7311

J.A. MACDONALD LONDON) LIMITED p 650
530 Admiral Dr, LONDON, ON, N5V 0B2
(519) 453-1000 SIC 1742

J.B. FIELDS p 891
See GREAT CANADIAN SOX CO. INC, THE

J.B. MITCHELL SCHOOL p 387
See WINNIPEG SCHOOL DIVISION

J.C. CHARYK HANNA SCHOOL p 129
See PRAIRIE LAND REGIONAL DIVISION 25

J.D. FOODS LTD p 220
555 Notre Dame Dr Suite 1, KAMLOOPS, BC, V2C 1E6
(250) 374-4973 SIC 5812

J.D. IRVING SPROULE LUMBER p 478
See J. D. IRVING, LIMITED

J.D. SMITH & SONS LIMITED p 562
See SMITH, J.D. & SONS LIMITED

J.D. TRANSPORTATION SERVICES 2003 INC p 515
15 Bramalea Rd Unit 6, BRAMPTON, ON, L6T 2W4
(905) 793-2005 SIC 4213

J.F. & L. RESTAURANTS LIMITED p 581
25 The West Mall Suite 1019, ETOBICOKE, ON, M9C 1B8
(416) 621-4465 SIC 5812

J.F. & L. RESTAURANTS LIMITED p 743
5941 Leslie St, NORTH YORK, ON, M2H 1J8
(416) 493-4444 SIC 5812

J.F. & L. RESTAURANTS LIMITED p 875
1 Promenade Cir, THORNHILL, ON, L4J 4P8
(905) 764-3444 SIC 5812

J.H. ENTERPRISES (1969) LIMITED p 1292
3331 8th St E, SASKATOON, SK, S7H 4K1
(306) 373-4300 SIC 5211

J.H. ENTERPRISES (1969) LIMITED p 1300
2505 Avenue C N, SASKATOON, SK, S7L 6A6
(306) 652-5322 SIC 5211

J.H. HUSCROFT LTD p 206
922 32 Ave S, CRESTON, BC, V0B 1G1
(250) 428-7106 SIC 2421

J.H. MOORE ELEMENTARY SCHOOL p 1272
See NORTHWEST SCHOOL DIVISION 203

J.H. PUTMAN PUBLIC SCHOOL p 800
See OTTAWA-CARLETON DISTRICT SCHOOL BOARD

J.H.F. PICARD SCHOOL p 104
See EDMONTON CATHOLIC SEPARATE SCHOOL DISTRICT NO.7

J.J.'S HOSPITALITY LIMITED p 832
360 Great Northern Rd Suite 787, SAULT STE. MARIE, ON, P6B 4Z7
(705) 945-7614 SIC 7011

J.J.-SAKO'S HOLDINGS LTD p 1300
305 Idylwyld Dr N Suite 3, SASKATOON, SK, S7L 0Z1
(306) 665-8383 SIC 5812

J.L. BRISSETTE LTEE p 1223
24 Rue Brissette, SAINTE-AGATHE-DES-MONTS, QC, J8C 1T4
(819) 326-3263 SIC 5149

J.L. JORDAN CATHOLIC SCHOOL p 530
See CATHOLIC DISTRICT SCHOOL BOARD OF EASTERN ONTARIO

J.L. RICHARDS & ASSOCIATES LIMITED p 870
314 Countryside Dr, SUDBURY, ON, P3E 6G2
(705) 522-8174 SIC 8711

J.M. CLEMENT LTEE p 1161
2450 Boul Laurier, Quebec, QC, G1V 2L1
(418) 653-1602 SIC 5641

J.M. CLEMENT LTEE p 1166
5830 Boul Pierre-Bertrand Bureau 400, Quebec, QC, G2J 1B7
(418) 626-0006 SIC 5641

J.M. CLEMENT LTEE p 1168
5401 Boul Des Galeries, Quebec, QC, G2K 1N4
(418) 627-3472 SIC 5641

J.M. CLEMENT LTEE p 1176
401 Boul Labelle, Rosemere, QC, J7A 3T2
(450) 437-7368 SIC 5641

J.M.A. ARMSTRONG HIGH SCHOOL AND SALISBURY MIDDLE SCHOOL p 420
See SCHOOL DISTRICT 2

J.M.P. SAYLES HOLDINGS INC p 446
7 Cole Dr, CURRYS CORNER, NS, B0N 2T0
(902) 798-0767 SIC 5812

J.M.P. SAYLES HOLDINGS INC p 479
4 King St Exten, WINDSOR, NS, B0N 2T0
(902) 798-4715 SIC 5812

J.S. BUCHANAN FRENCH IMMERSION PUBLIC SCHOOL p 866
See THAMES VALLEY DISTRICT SCHOOL BOARD

J.V. DRIVER FABRICATORS INC p 147
706 25 Ave, NISKU, AB, T9E 0G6
(780) 955-4282 SIC 3312

J.V. HUMPHRIES SCHOOL p 222
See SCHOOL DISTRICT NO. 8 (KOOTENAY LAKE)

J.W. LINDSAY ENTERPRISES LIMITED p 451
134 Eileen Stubbs Ave Suite 105, DARTMOUTH, NS, B3B 0A9
(902) 468-5000 SIC 1541

J.W. RESEARCH LTD p 187
3823 Henning Dr Suite 104, BURNABY, BC, V5C 6P3
(604) 291-1877 SIC 8743

J.W. VENTURES INC p 346
1790 Highland Ave, BRANDON, MB, R7C 1A7
(204) 571-3152 SIC 5812

J.W. WALKER ELEMENTARY SCHOOL p 590
See RAINY RIVER DISTRICT SCHOOL BOARD

J.Y. MOREAU ELECTRIQUE INC p 1035
295 Ch Industriel, GATINEAU, QC, J8R 0C6
(819) 777-5287 SIC 1731

J.Y. MOREAU ELECTRIQUE INC p 1178
160 Boul Industriel, ROUYN-NORANDA, QC, J9X 6T3
(819) 797-0088 SIC 1731

J8 HOLDINGS LTD p 292
220 Main St Unit 3, TUMBLER RIDGE, BC, V0C 2W0
SIC 4731

JA FIFE ELEMENTARY SCHOOL p 75
See EDMONTON SCHOOL DISTRICT NO. 7

JA HILDES NORTHERN MEDICAL UNIT p 380
See UNIVERSITY OF MANITOBA

JACE HOLDINGS LTD p 211
1270 56 St, DELTA, BC, V4L 2A4
(604) 948-9210 SIC 5411

JACE HOLDINGS LTD p 238
2720 Mill Bay Rd, MILL BAY, BC, V0R 2P1
(250) 743-3261 SIC 5411

JACE HOLDINGS LTD p 239
650 Terminal Ave Unit 3, NANAIMO, BC, V9R 5E2
(250) 754-6273 SIC 5411

JACE HOLDINGS LTD p 246
1893 Mills Rd, NORTH SAANICH, BC, V8L 5S9
(250) 483-1709 SIC 5141

JACE HOLDINGS LTD p 275
6772 Kirkpatrick Cres, SAANICHTON, BC, V8M 1Z9
(250) 483-1616 SIC 5411

JACE HOLDINGS LTD p 333
3475 Quadra St Suite 13, VICTORIA, BC, V8X 1G8
(250) 382-2751 SIC 5141

JACE HOLDINGS LTD p 335
1495 Admirals Rd, VICTORIA, BC, V9A 2P8
(250) 361-3637 SIC 5411

JACK ASTOR'S p 449
See 918962 ONTARIO INC

JACK ASTOR'S p 698
See SIR CORP

JACK ASTOR'S BAR & GRILL p 464
See SIR CORP

JACK ASTOR'S BAR & GRILL p 488
See SIR CORP

JACK ASTOR'S BAR & GRILL p 626
See SIR CORP

JACK ASTOR'S BAR & GRILL p 660
See SIR CORP

JACK ASTOR'S BAR & GRILL p 821
See SIR CORP

JACK ASTOR'S BAR & GRILL p 927
See 918962 ONTARIO INC

JACK ASTOR'S BAR AND GRILL p 36
See SIR CORP

JACK ASTOR'S BAR AND GRILL p 498
See SIR CORP

JACK ASTOR'S BAR AND GRILL p 653
See SIR CORP

JACK ASTOR'S BAR AND GRILL p 841
See SIR CORP

JACK ASTOR'S BAR AND GRILL p 855
See SIR CORP

JACK ASTOR'S BAR AND GRILL p 920
See SIR CORP

JACK ASTOR'S BAR AND GRILL p 941
See SIR CORP

JACK ASTOR'S BAR AND GRILL p 943
See SIR CORP

JACK ASTOR'S BAR AND GRILL p 959
See SIR CORP

JACK ASTOR'S BAR AND GRILL p 975
See SIR CORP

JACK ASTOR'S BAR AND GRILL p 1043

See SIR CORP
JACK ASTORS RESTAURANTS p 516
See SIR CORP
JACK CHAMBERS PUBLIC SCHOOL p 653
See THAMES VALLEY DISTRICT SCHOOL BOARD
JACK COOPER TRANSPORT CANADA INC p 365
736 Marion St, WINNIPEG, MB, R2J 0K4
(204) 233-4924   SIC 4213
JACK DONOHUE PUBLIC SCHOOL p 626
See OTTAWA-CARLETON DISTRICT SCHOOL BOARD
JACK FRIDAY'S LIMITED p 458
1740 Argyle St, HALIFAX, NS, B3J 2B6
(902) 454-9344   SIC 5812
JACK KEMP COMMUNITY SCHOOL p 1273
See LLOYDMINSTER SCHOOL DIVISION NO 99
JACK MACKENZIE SCHOO p 1290
See BOARD OF EDUCATION REGINA SCHOOL DIVISION NO. 4 OF SASKATCHEWAN
JACK MINER PUBLIC SCHOOL p 635
See GREATER ESSEX COUNTY DISTRICT SCHOOL BOARD
JACK MINER PUBLIC SCHOOL p 959
See DURHAM DISTRICT SCHOOL BOARD
JACK PURCELL COMMUNITY CENTRE p 801
See CITY OF OTTAWA
JACK STUART SCHOOL p 66
See BATTLE RIVER REGIONAL DIVISION 31
JACK VAN KLAVEREN LIMITED p 855
1894 Seventh St, ST CATHARINES, ON, L2R 6P9
(905) 641-5599   SIC 5191
JACK- FM 96.9 p 300
See ROGERS MEDIA INC
JACKMAN AVE PUBLIC SCHOOL p 895
See TORONTO DISTRICT SCHOOL BOARD
JACKMAN, JOE BRAND INC p 930
477 Richmond St W Suite 210, TORONTO, ON, M5V 3E7
(416) 304-9944   SIC 8741
JACKSON CAMPUS SEMINAR SECONDARY p 276
See NORTH OKANAGAN SHUSWAP SCHOOL DISTRICT 83
JACKSON CREEK RETIREMENT RESIDENCE p 808
See CSH JACKSON CREEK INC
JACKSON ELEMENTARY SCHOOL p 177
See SCHOOL DISTRICT NO 34 (ABBOTSFORD)
JACKSON ROBSON INDUSTRIAL SUPPLY p 537
See SIMPSON, S. B. GROUP INC
JACKSON TRANSPORTATION SYSTEMS p 774
See JTS INC
JACKSON TRIGGS NIAGARA ESTATE WINERY p 739
See ARTERRA WINES CANADA, INC
JACKSONS TOYOTA p 499
See T.R.Y. JACKSON BROTHERS LIMITED
JACOB p 190
See BOUTIQUE JACOB INC
JACOB p 540
See BOUTIQUE JACOB INC
JACOB p 788
See BOUTIQUE JACOB INC
JACOB p 1019
See BOUTIQUE JACOB INC
JACOB p 1115
See BOUTIQUE JACOB INC
JACOB ANNEXE p 875
See BOUTIQUE JACOB INC
JACOB BEAM PUBLIC SCHOOL p 500
See DISTRICT SCHOOL BOARD OF NIAGARA

JACOB CONNEXION p 901
See BOUTIQUE JACOB INC
JACOB HESPELER SECONDARY SCHOOL p 546
See WATERLOO REGION DISTRICT SCHOOL BOARD
JACOB JR p 1211
See BOUTIQUE JACOB INC
JACOB OUTLET p 713
See BOUTIQUE JACOB INC
JACOBS CANADA INC p 32
6835 Railway St Se Suite 200, CALGARY, AB, T2H 2V6
(403) 258-0554   SIC 8711
JACOBS CATERING LTD p 875
613 Clark Ave W, THORNHILL, ON, L4J 5V3
(905) 886-3832   SIC 5812
JACOBS INDUSTRIAL SERVICES p 114
1104 70 Ave Nw, EDMONTON, AB, T6P 1P5
(780) 468-2533   SIC 7349
JACOBS INDUSTRIAL SERVICES LTD p 18
205 Quarry Park Blvd Se Suite 200, CALGARY, AB, T2C 3E7
(403) 258-6899   SIC 7349
JACOBS INDUSTRIAL SERVICES LTD p 120
Gd, FORT MCMURRAY, AB, T9H 5B7
(780) 790-8060   SIC 7349
JACOS p 120
See JAPAN CANADA OIL SANDS LIMITED
JACQUES CARTIER AND CHAMPLAIN BRIDGES INCORPORATED, THE p 1071
1225 Rue Saint-Charles O 5e etage, LONGUEUIL, QC, J4K 0B9
(450) 651-8771   SIC 1622
JAFFRAY SCHOOL p 218
See SCHOOL DISTRICT NO 5 (SOUTHEAST KOOTENAY)
JAG (OILFIELD) RENTALS p 159
See PHOENIX TECHNOLOGY SERVICES INC
JAGUAR CANADA, DIV OF p 514
See FORD MOTOR COMPANY OF CANADA, LIMITED
JALCO INDUSTRIES INC p 24
3801 19 St Ne, CALGARY, AB, T2E 6S8
(403) 265-0911   SIC 7692
JALM HOLDINGS LTD p 314
1696 Duranleau St Suite 200, VANCOUVER, BC, V6H 3S4
(604) 687-4400   SIC 5812
JAM FILLED ENTERTAINMENT INC p 728
20 Camelot Dr Suite 100, NEPEAN, ON, K2G 5X8
(613) 366-2550   SIC 7812
JAM FILLED ENTERTAINMENT INC p 930
364 Richmond St W Suite 100, TORONTO, ON, M5V 1X6
(613) 366-2550   SIC 7812
JAMBETTE p 1067
See EQUIPEMENTS RECREATIFS JAMBETTE INC
JAMES ARDIEL ELEMENTARY SCHOOL p 280
See SCHOOL DISTRICT NO 36 (SURREY)
JAMES BAY COMMUNITY PROJECT p 330
See GOVERNMENT OF THE PROVINCE OF BRITISH COLUMBIA
JAMES BAY COMMUNITY SCHOOL p 330
See BOARD OF EDUCATION OF SCHOOL DISTRICT NO. 61 (GREATER VICTORIA)
JAMES BAY EEYOU SCHOOL p 1016
See CREE SCHOOL BOARD
JAMES BAY GENERAL HOSPITAL p 490
3 Riverside Dr, ATTAWAPISKAT, ON, P0L 1A0
(705) 997-2150   SIC 8062
JAMES BAY GENERAL HOSPITAL p 589
Gd, FORT ALBANY, ON, P0L 1H0
(705) 278-3330   SIC 8062
JAMES BOLTON PUBLIC SCHOOL p 506
See PEEL DISTRICT SCHOOL BOARD
JAMES CARDINAL MCGUIGAN CATHOLIC SCHOOL p 756
See TORONTO CATHOLIC DISTRICT SCHOOL BOARD
JAMES CULNAN CATHOLIC SCHOOL p 939
See TORONTO CATHOLIC DISTRICT SCHOOL BOARD
JAMES DICK CONSTRUCTION LIMITED p 506
See DICK, JAMES CONSTRUCTION LIMITED
JAMES DICK CONSTRUCTION LIMITED p 541
See DICK, JAMES CONSTRUCTION LIMITED
JAMES ELECTRIC MOTOR SERVICES LTD p 28
4020 8 St Se, CALGARY, AB, T2G 3A7
(403) 252-5477   SIC 5084
JAMES FOWLER HIGH SCHOOL p 36
See CALGARY BOARD OF EDUCATION
JAMES GILMORE ELEMENTARY p 274
See SCHOOL DISTRICT NO. 43 (COQUITLAM)
JAMES HILL ELEMENTARY p 231
See BOARD OF EDUCATION OF SCHOOL DISTRICT NO. 35 (LANGLEY)
JAMES HILLIER ELEMENTARY SCHOOL p 525
See GRAND ERIE DISTRICT SCHOOL BOARD
JAMES KEATING ELEMENTARY SCHOOL p 806
See SIMCOE COUNTY DISTRICT SCHOOL BOARD, THE
JAMES L. ALEXANDER SCHOOL p 1301
See BOARD OF EDUCATION OF SASKATOON SCHOOL DIVISION NO. 13 OF SASKATCHEWAN, THE
JAMES LYNG HIGH SCHOOL p 1123
See COMMISSION SCOLAIRE ENGLISH-MONTREAL
JAMES M HILL MEMORIAL HIGH SCHOOL p 404
See DISTRICT EDUCATION COUNCIL-SCHOOL DISTRICT 16
JAMES MACDONALD SCHOOL p 616
See HAMILTON-WENTWORTH DISTRICT SCHOOL BOARD, THE
JAMES MCKINNEY ELEMENTARY SCHOOL p 274
See BOARD OF EDUCATION SCHOOL DISTRICT #38 (RICHMOND)
JAMES MCQUEEN SCHOOL p 588
See UPPER GRAND DISTRICT SCHOOL BOARD, THE
JAMES MORDEN PUBLIC SCHOOL p 736
See DISTRICT SCHOOL BOARD OF NIAGARA
JAMES MOWAT SCHOOL p 123
See ELK ISLAND PUBLIC SCHOOLS REGIONAL DIVISION NO. 14
JAMES PARK ELEMENTARY SCHOOL p 255
See SCHOOL DISTRICT NO. 43 (COQUITLAM)
JAMES POTTER PUBLIC SCHOOL p 521
See PEEL DISTRICT SCHOOL BOARD
JAMES RICHARDSON & SONS, LIMITED p 375
1 Lombard Pl Suite 3000, WINNIPEG, MB, R3B 0Y1
(204) 953-7970   SIC 5153
JAMES RICHARDSON INTERNATIONAL (QUEBEC) p 1241
See RICHARDSON INTERNATIONAL (QUEBEC) LIMITEE
JAMES ROBINSON PUBLIC SCHOOL p 669
See YORK REGION DISTRICT SCHOOL BOARD
JAMES S BELL COMMUNITY SCHOOL p 940
See CORPORATION OF THE CITY OF TORONTO
JAMES S BELL JUNIOR MIDDLE SCHOOL p 940
See TORONTO DISTRICT SCHOOL BOARD
JAMES STRATH PUBLIC SCHOOL p 811
See KAWARTHA PINE RIDGE DISTRICT SCHOOL BOARD
JAMES THOMSON ELEMENTARY SCHOOL p 258
See BOARD OF SCHOOL TRUSTEE OF SCHOOL DISTRICT NO. 47 (POWERLL RIVER)
JAMES WESTERN STAR TRUCK & TRAILER LTD p 214
9604 112 St, FORT ST. JOHN, BC, V1J 7H2
(250) 785-1475   SIC 5084
JAMES WESTERN STAR TRUCK & TRAILER LTD p 341
50 Rose St, WILLIAMS LAKE, BC, V2G 4G5
(250) 392-5050   SIC 5084
JAMES WHITESIDE ELEMENTARY p 272
See RICHMOND, CITY OF
JAMES, JACK HIGH SCHOOL p 12
See CALGARY BOARD OF EDUCATION
JAMIE PLATZ p 95
See YOUNG MEN'S CHRISTIAN ASSOCIATION OF EDMONTON
JAMIESON LABORATORIES LTD p 319
1781 75th Ave W, VANCOUVER, BC, V6P 6P2
(604) 261-0611   SIC 2833
JAMIESON LABORATORIES LTD p 961
9650 Twin Oaks Dr, WINDSOR, ON, N8N 5E7
(519) 979-5420   SIC 5122
JAMIESON LABORATORIES LTD p 964
4025 Rhodes Dr, WINDSOR, ON, N8W 5B5
(519) 974-8482   SIC 2833
JAMISON NEWSPAPERS INC p 167
25 Chisholm Ave Unit 10, ST. ALBERT, AB, T8N 5A5
(780) 460-5500   SIC 2711
JAN K. OVERWEEL LIMITED p 974
3700 Steeles Ave W Suite 702, WOODBRIDGE, ON, L4L 8K8
(905) 850-9010   SIC 5141
JAN KELLEY MARKETING p 539
1005 Skyview Dr Suite 322, BURLINGTON, ON, L7P 5B1
(905) 631-7934   SIC 4899
JAN PARK POST OFFICE p 937
See CANADA POST CORPORATION
JAN WOODLANDS (2001) INC p 506
641 Hardwick Rd, BOLTON, ON, L7E 5R2
(905) 951-4495   SIC 2491
JAN-MAR SALES LIMITED p 578
514 Kipling Ave, ETOBICOKE, ON, M8Z 5E5
(416) 255-8535   SIC 5087
JANCO STEEL LTD p 861
925 Arvin Ave, STONEY CREEK, ON, L8E 5N9
(905) 643-3535   SIC 5051
JANDEL HOMES LTD p 1
26230 Twp Rd 531a, ACHESON, AB, T7X 5A4
(780) 960-4232   SIC 6552
JANET JOHNSTON SCHOOL p 56
See CALGARY BOARD OF EDUCATION
JANET LEE ELEMENTARY SCHOOL p 863
See HAMILTON-WENTWORTH DISTRICT SCHOOL BOARD, THE
JANG MO JIB KOREAN RESTAURANT p 313
See A POWER INTERNATIONAL TRADING COMPANY
JANI QUEEN p 793
250 Rochester St, OTTAWA, ON, K1R 7N1
SIC 7349
JANI-KING OF SOUTHERN ONTARIO p 669
See 620828 N.B. INC
JANICE CHURCH HILL ELEMENTARY p 282
See SCHOOL DISTRICT NO 36 (SURREY)

JANIN-BOT (ENTREPRISE CONJOINTE) *p* 1125
8200 Decarie Blvd, Montreal, QC, H4P 2P5
(514) 739-3291 *SIC* 1542

JANZ TEAM MINISTRIES INC *p* 363
2121a Henderson Hwy, WINNIPEG, MB, R2G 1P8
(204) 334-0055 *SIC* 8661

JANZEN CHEVROLET BUICK GMC LTD *p* 361
145 Boundary Trail, WINKLER, MB, R6W 4B5
(204) 325-9511 *SIC* 5511

JAPAN CANADA OIL SANDS LIMITED *p* 120
Gd Lcd Main, FORT MCMURRAY, AB, T9H 3E2
(780) 799-4000 *SIC* 1311

JARDEN *p* 515
See INTERNATIONAL PLAYING CARD COMPANY LIMITED

JARDEN CONSUMER SOLUTIONS *p* 523
See SUNBEAM CORPORATION (CANADA) LIMITED

JARDIN BANQUET & CONFERENCE CENTRE INC, LE *p* 974
8440 27 Hwy, WOODBRIDGE, ON, L4L 1A5
(905) 851-2200 *SIC* 7299

JARDIN BOTANIQUE DE MONTREAL *p* 1090
4101 Rue Sherbrooke E Bureau 255, Montreal, QC, H1X 2B2
(514) 872-1493 *SIC* 8422

JARDIN DU MONT ENR *p* 1041
See 131289 CANADA INC

JARDIN MERITE DE QUEBEC *p* 1180
See METRO RICHELIEU INC

JARDIN MERITE MONTREAL, DIV OF *p* 1087
See METRO RICHELIEU INC

JARDINE BROOK HOLDINGS LIMITED *p* 417
300 Union St, SAINT JOHN, NB, E2L 4Z2
(506) 632-5110 *SIC* 6712

JARDINE LLOYD THOMPSON CANADA INC *p* 51
220 12 Ave Sw Suite 400, CALGARY, AB, T2R 0E9
(403) 262-4605 *SIC* 6411

JARDINE LLOYD THOMPSON CANADA INC *p* 312
1111 Georgia St W Suite 1600, VANCOUVER, BC, V6E 4G2
(604) 682-4211 *SIC* 6411

JARDINE LLOYD THOMPSON CANADA INC *p* 919
55 University Ave Suite 800, TORONTO, ON, M5J 2H7
(416) 941-9551 *SIC* 6411

JARDINE SECURITY LTD *p* 405
107 Tardy Ave, MIRAMICHI, NB, E1V 3Y8
(506) 622-2787 *SIC* 7381

JARDINE TRANSPORT LTD *p* 412
60 Melissa St Unit 1, RICHIBUCTO ROAD, NB, E3A 6W1
(506) 453-1811 *SIC* 4213

JARDINS COMMERATIFS LAKEVIEW, LES *p* 1141
See ARBOR MEMORIAL SERVICES INC

JARDINS M.G. S.E.N.C., LES *p* 1227
985 Rang Saint-Simon, SAINTE-MADELEINE, QC, J0H 1S0
(450) 795-3459 *SIC* 5148

JARDINS NELSON INC *p* 1102
407 Place Jacques-Cartier, Montreal, QC, H2Y 3B1
(514) 861-5731 *SIC* 5812

JARISLOWSKY, FRASER LIMITEE *p* 914
20 Queen St W Suite 3100, TORONTO, ON, M5H 3R3
(416) 363-7417 *SIC* 6722

JARLETTE LTD *p* 551
110 Sandys St, CHATHAM, ON, N7L 4X3
(519) 351-1330 *SIC* 8051

JARLETTE LTD *p* 605
100 Bruce St, HAILEYBURY, ON, P0J 1K0
(705) 672-2123 *SIC* 8051

JARLETTE LTD *p* 620
65 Rogers Cove Dr, HUNTSVILLE, ON, P1H 2L9
(705) 788-7713 *SIC* 8051

JARLETTE LTD *p* 774
25 Museum Dr Suite 204, ORILLIA, ON, L3V 7T9
(705) 325-9181 *SIC* 8051

JARLETTE LTD *p* 946
2100 Main St, VAL CARON, ON, P3N 1S7
(705) 897-7695 *SIC* 8059

JARLETTE LTD *p* 949
329 Parkside Dr E, WATERDOWN, ON, L0R 2H0
(905) 689-2662 *SIC* 8051

JARMAN MAZDA *p* 76
See MAZDA CANADA INC

JARVIS COLLEGIATE INSTITUTE *p* 904
See TORONTO DISTRICT SCHOOL BOARD

JARVIS INTERIOR LTD *p* 24
4615 8a St Ne, CALGARY, AB, T2E 4J6
(403) 277-1444 *SIC* 1742

JARVIS PUBLIC SCHOOL *p* 622
See GRAND ERIE DISTRICT SCHOOL BOARD

JARVIS SCHOOL *p* 209
See DELTA SCHOOL DISTRICT NO.37

JARVIS, S. M. FOOD SERVICES LTD *p* 488
1015 Golf Links Rd, ANCASTER, ON, L9K 1L6
(905) 648-7915 *SIC* 5812

JAS DAY INVESTMENTS LTD *p* 133
86 Connaught Dr, JASPER, AB, T0E 1E0
(780) 852-4471 *SIC* 7011

JAS DAY INVESTMENTS LTD *p* 133
94 Geikie St, JASPER, AB, T0E 1E0
(780) 852-4431 *SIC* 7011

JAS DAY INVESTMENTS LTD *p* 133
94 Gielke St, JASPER, AB, T0E 1E0
(780) 852-4431 *SIC* 7011

JAS DAY INVESTMENTS LTD *p* 133
96 Geikie St, JASPER, AB, T0E 1E0
(780) 852-5644 *SIC* 7011

JASON INDUSTRIAL CANADA *p* 1027
See SOCIETE INDUSTRIELLE JASON (CANADA) LTEE

JASPER AVENUE PIZZA LIMITED *p* 81
10620 Jasper Ave Nw, EDMONTON, AB, T5J 2A3
(780) 423-2333 *SIC* 5812

JASPER ELEMENTARY SCHOOL *p* 133
See GRANDE YELLOWHEAD PUBLIC SCHOOL DIVISION 77

JASPER INN INVESTMENTS LTD *p* 67
1402 Bow Valley Trail, CANMORE, AB, T1W 1N5
(403) 609-4656 *SIC* 7011

JASPER INN INVESTMENTS LTD *p* 168
3301 43 Ave, STONY PLAIN, AB, T7Z 1L1
(780) 963-0222 *SIC* 7011

JASPER INN INVESTMENTS LTD *p* 168
4620 48 St, STONY PLAIN, AB, T7Z 1L4
(780) 963-7810 *SIC* 7011

JASPER PHYSIOTHERAPY & HEALTH CENTER *p* 133
622 Connaught Dr, JASPER, AB, T0E 1E0
(780) 852-2262 *SIC* 8049

JASPER PLACE LEISURE CENTRE *p* 89
See CITY OF EDMONTON

JASPER SETON HEALTHCARE CENTRE *p* 132
See ALBERTA HEALTH SERVICES

JASWALL INC *p* 524
70 Van Kirk Dr, BRAMPTON, ON, L7A 1B1
(905) 495-6584 *SIC* 3449

JAVA JIVE MERCHANTS LTD *p* 105
9929 77 Ave Nw, EDMONTON, AB, T6E 1M6
SIC 5149

JAY DEE ESS INVESTMENTS LTD *p* 193
7542 Gilley Ave, BURNABY, BC, V5J 4X5
(604) 430-1173 *SIC* 2015

JAY DEE ESS INVESTMENTS LTD *p* 229
9696 199a St, LANGLEY, BC, V1M 2X7
(604) 882-4721 *SIC* 2015

JAY'S TRANSPORTATION GROUP LTD *p* 1283
555 Park St, REGINA, SK, S4N 5B2
(306) 569-9369 *SIC* 4213

JAY'S TRANSPORTATION GROUP LTD *p* 1296
1730 Alberta Ave, SASKATOON, SK, S7K 1R7
(306) 249-3777 *SIC* 4213

JAYARMIKER INVESTMENTS LTD *p* 588
261 Main St N Ss 3, EXETER, ON, N0M 1S3
(519) 271-5866 *SIC* 5812

JAYFER AUTOMOTIVE GROUP (MARKHAM) INC *p* 668
5426 Highway 7 E, MARKHAM, ON, L3P 1B7
(905) 294-1210 *SIC* 7538

JAYMAN BUILT LTD *p* 116
5083 Windermere Blvd Sw Suite 102, EDMONTON, AB, T6W 0J5
(780) 481-6666 *SIC* 1521

JAYNE INDUSTRIES INC *p* 861
550 Seaman St, STONEY CREEK, ON, L8E 3X7
(905) 643-9200 *SIC* 3297

JAZZ AVIATION LP *p* 262
3900 Grumman Rd Unit 8, PRINCE GEORGE, BC, V2N 4M6
(250) 963-3300 *SIC* 4512

JAZZ AVIATION LP *p* 451
3 Spectacle Lake Dr Suite 100, DARTMOUTH, NS, B3B 1W8
(902) 873-5000 *SIC* 4512

JAZZ AVIATION LP *p* 1025
740 Ch De La Cote-Vertu, DORVAL, QC, H4S 1Y9
(514) 422-6101 *SIC* 4512

JAZZWORKS *p* 795
1234 Ridgemont Ave, OTTAWA, ON, K1V 6E7
(613) 523-0316 *SIC* 7929

JB MONGOLIAN GRILL INC *p* 952
170 University Ave W, WATERLOO, ON, N2L 3E9
(519) 747-4400 *SIC* 5812

JBS CANADA INC *p* 8
Gd Stn Main, BROOKS, AB, T1R 1E4
(403) 362-3457 *SIC* 2011

JBS CANADA INC *p* 32
5101 11 St Se, CALGARY, AB, T2H 1M7
(403) 258-3233 *SIC* 2011

JCA ELECTRONICS *p* 383
See JCA INDUSTRIES INC

JCA INDUSTRIES INC *p* 383
118 King Edward St E, WINNIPEG, MB, R3H 0N8
(204) 415-1104 *SIC* 3625

JCC RESTAURANT SERVICES LIMITED *p* 844
3305 Sheppard Ave E, SCARBOROUGH, ON, M1T 3K2
(416) 491-7751 *SIC* 5812

JCC RESTAURANT SERVICES LIMITED *p* 846
2936 Finch Ave E, SCARBOROUGH, ON, M1W 2T4
(416) 497-2166 *SIC* 5812

JCIM WHITBY *p* 958
185 William Smith Dr, WHITBY, ON, L1N 0A3
(905) 665-3902 *SIC* 3465

JCTV PRODUCTIONS LTD *p* 672
330 Cochrane Dr, MARKHAM, ON, L3R 8E4
(905) 948-8199 *SIC* 7812

JD DEVELOPMENT REGINA STREET LIMITED *p* 672
3601 Highway 7 E Suite 610, MARKHAM, ON, L3R 0M3
(905) 479-9898 *SIC* 6553

JD IRVING *p* 937
See IRVING CONSUMER PRODUCTS LIMITED

JEAN BLEU INC, LE *p* 1057
1895 46e Av, LACHINE, QC, H8T 2N9
(514) 631-3300 *SIC* 5611

JEAN COUTU *p* 485
See GROUPE JEAN COUTU (PJC) INC, LE

JEAN COUTU *p* 1054
See VARIETES LNJF INC

JEAN COUTU *p* 1067
See GROUPE JEAN COUTU (PJC) INC, LE

JEAN COUTU *p* 1077
See QUESNEL, MICHEL

JEAN COUTU *p* 1088
See GIROSI INC

JEAN COUTU *p* 1234
See GESTION CHRISTIAN BASTIEN INC

JEAN COUTU MALARTIC *p* 1075
See ROYMICK INC

JEAN COUTU #21 *p* 1014
See GROUPE JEAN COUTU (PJC) INC, LE

JEAN COUTU #55 *p* 1087
See L J M MARKETING INC

JEAN COUTU 108 *p* 988
See DISTRIBUTIONS NORYVE INC

JEAN COUTU 64 *p* 565
See GROUPE JEAN COUTU (PJC) INC, LE

JEAN COUTU IAN DI MAULO & DAVID KENNY *p* 1170
See 123273 CANADA INC

JEAN COUTU PHARMACY *p* 405
See R. HOLMES PHARMACY LTD

JEAN LITTLE PUBLIC SCHOOL *p* 601
See UPPER GRAND DISTRICT SCHOOL BOARD, THE

JEAN MACHINE CLOTHING INC *p* 709
6789 Millcreek Dr, MISSISSAUGA, ON, L5N 5M4
(416) 498-6601 *SIC* 5621

JEAN VANIER CATHOLIC ELEMENTARY SCHOOL *p* 526
See BRANT HALDIMAND NORFOLK CATHOLIC DISTRICT SCHOOL BOARD

JEAN VANIER CATHOLIC HIGH SCHOOL *p* 556
See SIMCOE MUSKOKA CATHOLIC DISTRICT SCHOOL BOARD

JEAN VANIER CATHOLIC INTERMEDIATE SCHOOL *p* 946
See OTTAWA CATHOLIC DISTRICT SCHOOL BOARD

JEAN VANIER CATHOLIC SCHOOL *p* 161
See ELK ISLAND CATHOLIC SEPARATE REGIONAL DIVISION NO. 41

JEAN VANIER CATHOLIC SCHOOL *p* 663
See LONDON DISTRICT CATHOLIC SCHOOL BOARD

JEAN VANIER ELEMENTARY SCHOOL *p* 1282
See BOARD OF EDUCATION OF THE REGINA ROMAN CATHOLIC SEPARATE SCHOOL DIVISION NO. 81

JEAN-VANIER *p* 636
See CONSEIL SCOLAIRE CATHOLIQUE DE DISTRICT DES GRANDES RIVIERES, LE

JEANNE SAUVE ELEMENTARY SCHOOL *p* 865
See HURON PERTH CATHOLIC DISTRICT SCHOOL BOARD

JEANNE SAUVE FRENCH IMMERSION PUBLIC SCHOOL *p* 662
See THAMES VALLEY DISTRICT SCHOOL BOARD

JEANS DEPOT *p* 1240
See 9028-3409 QUEBEC INC

JEANS DEPOT *p* 1261
See JEANS WARWICK INDUSTRIE INC

JEANS WARWICK INDUSTRIE INC *p* 1261
3 Rue Menard, WARWICK, QC, J0A 1M0
(819) 358-3900 *SIC* 5651

JEFF'S NO FRILLS *p* 574
53 Arthur Ave, ESSEX, ON, N8M 2N1
(519) 776-4944 *SIC* 5411
JEFFERSON PUBLIC SCHOOL *p* 512
See PEEL DISTRICT SCHOOL BOARD
JEKYLL PRODUCTIONS (MUSE) INC *p* 1123
706 Av Brewster, Montreal, QC, H4C 2K1
(514) 932-2580 *SIC* 7812
JELD WEN DIV PORTE *p* 1191
See JELD-WEN OF CANADA, LTD.
JELD WEN DONAT FLAMAND, DIV OF *p* 1179
See JELD-WEN OF CANADA, LTD.
JELD-WEN MILLWORK DISTRIBUTION *p* 96
See JELD-WEN OF CANADA, LTD.
JELD-WEN OF CANADA, LTD *p* 366
485 Watt St, WINNIPEG, MB, R2K 2R9
(204) 694-6012 *SIC* 2431
JELD-WEN OF CANADA, LTD. *p* 96
12704 156 St Nw, EDMONTON, AB, T5V 1K2
SIC 5039
JELD-WEN OF CANADA, LTD. *p* 234
4916 275 St, LANGLEY, BC, V4W 0A3
(604) 857-6500 *SIC* 5031
JELD-WEN OF CANADA, LTD. *p* 375
230 Princess St, WINNIPEG, MB, R3B 1L6
(204) 594-5820 *SIC* 2431
JELD-WEN OF CANADA, LTD. *p* 559
8550 Keele St, CONCORD, ON, L4K 2N2
(416) 798-7166 *SIC* 2431
JELD-WEN OF CANADA, LTD. *p* 1179
90 Rue Industrielle Bureau 200, SAINT-APOLLINAIRE, QC, G0S 2E0
(418) 881-3974 *SIC* 2431
JELD-WEN OF CANADA, LTD. *p* 1191
115 Rue De La Gare, Saint-Henri-de-Levis, QC, G0R 4G2
(418) 882-2223 *SIC* 2431
JELD-WEN WINDOWS & DOORS *p* 366
See JELD-WEN OF CANADA, LTD
JEMARICA INC *p* 825
9040 County Road 17 Suite 623, ROCKLAND, ON, K4K 1V5
(613) 446-4410 *SIC* 5251
JEMINI ICE SPORTS *p* 1266
See CANLAN ICE SPORTS CORP
JEMPAK GK INC *p* 525
48 Alice St, BRANTFORD, ON, N3R 1Y2
SIC 2841
JEMPAK GK INC *p* 559
80 Doney Cres, CONCORD, ON, L4K 3P1
(905) 738-5656 *SIC* 2841
JEMPAK GK INC *p* 770
1485 Speers Rd, OAKVILLE, ON, L6L 2X5
(905) 827-1123 *SIC* 2841
JENKEL INVESTMENTS LTD *p* 636
1020 Ottawa St N Suite E, KITCHENER, ON, N2A 3Z3
(519) 896-2115 *SIC* 5812
JENKEL INVESTMENTS LTD *p* 637
1138 Victoria St N, KITCHENER, ON, N2B 3C9
(519) 741-1884 *SIC* 5812
JENNER CHEVROLET BUICK GMC LTD *p* 336
1730 Island Hwy, VICTORIA, BC, V9B 1H8
(250) 474-1255 *SIC* 7538
JENNIE ELLIOTT SCHOOL *p* 60
See CALGARY BOARD OF EDUCATION
JENNINGS CAPITAL INC *p* 358
377 2 Ave N, STONEWALL, MB, R0C 2Z0
(204) 467-5537 *SIC* 8211
JENNINGS CAPITAL INC *p* 909
33 Yonge St Suite 320, TORONTO, ON, M5E 1G4
(416) 304-2195 *SIC* 6211
JENS HAVEN MEMORIAL SCHOOL *p* 430
See LABRADOR SCHOOL BOARD
JENSEN CUSTOMS BROKERS CANADA INC *p* 389
1146 Waverley St Unit 1, WINNIPEG, MB, R3T 0P4
(204) 487-6628 *SIC* 4731
JENSEN HUGHES CONSULTING CANADA LTD *p* 266
13900 Maycrest Way Unit 135, RICHMOND, BC, V6V 3E2
(604) 295-4000 *SIC* 8711
JENSEN HUGHES CONSULTING CANADA LTD *p* 942
2150 Islington Ave Suite 100, TORONTO, ON, M9P 3V4
(647) 559-1251 *SIC* 8748
JENSEN ROOFING LTD *p* 167
4 Rowland Cres, ST. ALBERT, AB, T8N 4B3
(780) 459-5561 *SIC* 1761
JENSEN SHAWA SOLOMON DUGUID HAWKES LLP *p* 46
304 8 Ave Sw Suite 800, CALGARY, AB, T2P 1C2
(403) 571-1520 *SIC* 8111
JEREMY'S TRUCK STOP & RESTAURANT *p* 724
See NOCO CANADA INC
JERICHO TENNIS CLUB *p* 319
3837 Point Grey Rd, VANCOUVER, BC, V6R 1B3
(604) 224-2348 *SIC* 7997
JERICO SPORTSWEAR LTD *p* 843
120 Commander Blvd, SCARBOROUGH, ON, M1S 3H7
(416) 288-0822 *SIC* 2339
JERITRISH COMPANY LTD *p* 627
900 Highway 17 E, KENORA, ON, P9N 1L9
(807) 468-3018 *SIC* 5812
JEROME TAYLOR CHEVROLET GEO OLDSMOBILE CADILLAC *p* 632
See 534118 ONTARIO CORPORATION
JERRY'S FOOD EMPORIUM LTD *p* 1292
1115 Grosvenor Ave Unit 1, SASKATOON, SK, S7H 4G2
(306) 373-6555 *SIC* 5812
JERSEY PUBLIC SCHOOL *p* 628
See YORK REGION DISTRICT SCHOOL BOARD
JESCOS PHOTO INC *p* 1244
133 Rue Chapleau, TERREBONNE, QC, J6W 2T2
SIC 5046
JESSE KETCHUM PUBLIC SCHOOL *p* 924
See TORONTO DISTRICT SCHOOL BOARD
JESSE LEE ELEMENTARY *p* 288
See SCHOOL DISTRICT NO 36 (SURREY)
JESSIE DUNCAN ELEMENTARY SCHOOL *p* 150
See CHINOOKS EDGE SCHOOL DIVISION NO. 73
JESSUP FOOD & HERITAGE LTD *p* 631
1 Fort Henry Dr, KINGSTON, ON, K7L 4V8
(613) 530-2550 *SIC* 5411
JESSUP FOOD & HERITAGE LTD *p* 631
343 King St E, KINGSTON, ON, K7L 3B5
(613) 530-2550 *SIC* 5812
JET RENTALS AND SALES *p* 6
See ACCEDE ENERGY SERVICES LTD
JET TRANSPORT *p* 665
See MANITOULIN TRANSPORT INC
JET TRANSPORT LTD *p* 665
1525 Wilton Grove Rd, LONDON, ON, N6N 1M3
(519) 644-0183 *SIC* 4213
JET-LUBE OF CANADA LTD *p* 105
3820 97 St Nw, EDMONTON, AB, T6E 5S8
(780) 463-7441 *SIC* 7549
JETCO MECHANICAL *p* 86
See ALLDRITT DEVELOPMENT LIMITED
JEUNESSE J ECOUTE *p* 1099
See KIDS HELP PHONE
JEUNEUSSE *p* 1098
See CENTRE COMMUNAUTAIRE JURIDIQUE DE MONTREAL
JEWISH COMMUNITY CENTRE OF GREATER VANCOUVER *p* 300
950 41st Ave W, VANCOUVER, BC, V5Z 2N7
(604) 257-5111 *SIC* 8322
JEWISH ELDERCARE CENTRE *p* 1121
See CHSLD JUIFS DE MONTREAL
JEWISH FAMILY AND CHILD SERVICE OF GREATER TORONTO *p* 761
1 Viewmount Ave, NORTH YORK, ON, M6B 1T2
(416) 789-4366 *SIC* 8211
JEWISH PEOPLE'S SCHOOLS AND PERETZ SCHOOLS INC *p* 1017
6500 Ch Kildare, Cote Saint-Luc, QC, H4W 3B8
(514) 731-3841 *SIC* 8211
JFC INTERNATIONAL (CANADA) INC *p* 183
8289 North Fraser Way Suite 102, BURNABY, BC, V3N 0B9
(604) 521-7556 *SIC* 5141
JH O NEIL CATHOLIC SCHOOL *p* 882
See LONDON DISTRICT CATHOLIC SCHOOL BOARD
JHAJ HOLDINGS LTD *p* 220
874 Notre Dame Dr, KAMLOOPS, BC, V2C 6L5
(250) 372-1991 *SIC* 5531
JIFFY *p* 932
See JIFFY TELECOMMUNICATIONS INC
JIFFY CANADA INC *p* 345
30 9th St, BRANDON, MB, R7A 7T7
SIC 5191
JIFFY LUBE *p* 951
See QLO MANAGEMENT INC
JIFFY TELECOMMUNICATIONS INC *p* 932
100 King St W, TORONTO, ON, M5X 2A1
(888) 979-7560 *SIC* 4899
JIFFY TELECOMMUNICATIONS INC *p* 932
100 King St W Suite 5600, TORONTO, ON, M5X 2A1
SIC 4899
JIM ARCHDEKIN RECREATION CENTRE, THE *p* 523
See CORPORATION OF THE CITY OF BRAMPTON, THE
JIM PATTISON BROADCAST GROUP *p* 105
See JIM PATTISON BROADCAST GROUP LIMITED PARTNERSHIP
JIM PATTISON BROADCAST GROUP LIMITED PARTNERSHIP *p* 105
9894 42 Ave Suite 102, EDMONTON, AB, T6E 5V5
(780) 433-7877 *SIC* 4832
JIM PATTISON BROADCAST GROUP LIMITED PARTNERSHIP *p* 127
9817 101 Ave Suite 202, GRANDE PRAIRIE, AB, T8V 0X6
(780) 532-0840 *SIC* 4832
JIM PATTISON BROADCAST GROUP LIMITED PARTNERSHIP *p* 260
1810 3rd Ave Fl 2, PRINCE GEORGE, BC, V2M 1G4
(250) 564-8861 *SIC* 4832
JIM PATTISON BROADCAST GROUP LIMITED PARTNERSHIP *p* 315
1401 8th Ave W Suite 300, VANCOUVER, BC, V6H 1C9
(604) 731-7772 *SIC* 4832
JIM PATTISON BROADCAST GROUP LIMITED PARTNERSHIP *p* 329
2750 Quadra St 3rd Fl, VICTORIA, BC, V8T 4E8
(250) 475-0100 *SIC* 4832
JIM PATTISON HYUNDAI COQUITLAM *p* 255
See PATTISON, JIM INDUSTRIES LTD
JIM PATTISON LEASE *p* 33
See PATTISON, JIM INDUSTRIES LTD
JIM PATTISON LEASE *p* 187
See PATTISON, JIM INDUSTRIES LTD
JIM PATTISON SCION SERVICE CENTRE *p* 315
See PATTISON, JIM INDUSTRIES LTD
JIM PATTISON SUZUKI *p* 191
See PATTISON, JIM INDUSTRIES LTD
JIM PATTISON TOYOTA DOWNTOWN *p* 322
See PATTISON, JIM INDUSTRIES LTD
JIM PATTISON TOYOTA SURREY *p* 280
See PATTISON, JIM INDUSTRIES LTD
JIM PATTISON VOLVO OF VICTORIA *p* 329
See PATTISON, JIM INDUSTRIES LTD
JIM WILSON CHEVROLET BUICK GMC INC *p* 774
20 Mulcahy Ct, ORILLIA, ON, L3V 6H9
(705) 329-2000 *SIC* 5511
JIT HOLDINGS INCORPORATED *p* 669
5284 Highway 7, MARKHAM, ON, L3P 1B9
(905) 294-6654 *SIC* 5812
JJ BEAN INC *p* 293
1904 Powell St, VANCOUVER, BC, V5L 1J3
(604) 254-0169 *SIC* 5812
JJ BEAN INC *p* 295
2206 Commercial Dr, VANCOUVER, BC, V5N 4B5
(604) 254-3723 *SIC* 5149
JJ NEARING CATHOLIC ELEMENTARY SCHOOL *p* 166
See GREATER ST. ALBERT CATHOLIC REGIONAL DIVISION NO. 29
JJM CONSTRUCTION LTD *p* 210
8218 River Way, DELTA, BC, V4G 1C4
(604) 946-0978 *SIC* 1611
JKV SERVICE DE PERSONNEL *p* 1170
See 9068-5165 QUEBEC INC
JL FILTRATION INC *p* 147
1102 6 St, NISKU, AB, T9E 7N7
(780) 955-8789 *SIC* 3569
JLT CANADA *p* 919
See JARDINE LLOYD THOMPSON CANADA INC
JM (RETAIL) INC *p* 585
100 Ronson Dr, ETOBICOKE, ON, M9W 1B6
SIC 5621
JM DENYES PUBLIC SCHOOL *p* 681
See HALTON DISTRICT SCHOOL BOARD
JM DESIGN *p* 1099
See INTIMODE CANADA INC
JMAX GLOBAL DISTRIBUTORS INC *p* 266
3960 Jacombs Rd Suite 150, RICHMOND, BC, V6V 1Y6
SIC 5137
JMP ENGINEERING INC *p* 543
1425 Bishop St N Unit 8, CAMBRIDGE, ON, N1R 6J9
SIC 8711
JNE CONSULTING LTD *p* 538
3370 South Service Rd Suite 107, BURLINGTON, ON, L7N 3M6
SIC 8748
JNE CONSULTING LTD *p* 609
121 Shaw St, HAMILTON, ON, L8L 3P6
(905) 529-5122 *SIC* 8711
JOB LINKS *p* 849
See NORFOLK ASSOCIATION FOR COMMUNITY LIVING
JOB LINKS *p* 1074
See COMMISSION SCOLAIRE EASTERN TOWNSHIPS
JOBBOOM *p* 1126
See EDITIONS JOBBOOM INC, LES
JOBS UNLIMITED INC *p* 400
1079 York St, FREDERICTON, NB, E3B 3S4
(506) 458-9380 *SIC* 7389
JOBSPRING PARTNERS *p* 915
See MRP RECRUITING INC
JOCKVALE ELEMENTARY SCHOOL *p* 730
See OTTAWA-CARLETON DISTRICT SCHOOL BOARD
JOE & ANH ENTERPRISES INC *p* 837
2990 Eglinton Ave E, SCARBOROUGH, ON, M1J 2E7
SIC 5812
JOE CLARK SCHOOL *p* 131
See FOOTHILLS SCHOOL DIVISION NO.

JOE'S NO FRILLS p 494
See 1500451 ONTARIO LIMITED
JOEY CROWFOOT p 62
50 Crowfoot Way Nw, CALGARY, AB, T3G 4C8
(403) 547-5639   SIC 5812
JOEY RESTAURANT p 163
See JOEY TOMATO'S KITCHENS INC
JOEY TOMATO'S p 323
505 Burrard St Suite 950, VANCOUVER, BC, V7X 1M4
(604) 699-5639   SIC 5812
JOEY TOMATO'S (EAU CLAIRE) INC p 46
208 Barclay Parade Sw, CALGARY, AB, T2P 4R4
(403) 263-6336   SIC 5812
JOEY TOMATO'S KITCHENS INC p 83
11228 Jasper Ave Nw, EDMONTON, AB, T5K 2V2
(780) 420-1996   SIC 5812
JOEY TOMATO'S KITCHENS INC p 163
222 Baseline Rd Unit 250, SHERWOOD PARK, AB, T8H 1S8
(780) 449-1161   SIC 5812
JOEY TOMATO'S KITCHENS INC p 202
550 Lougheed Hwy, COQUITLAM, BC, V3K 3S3
(604) 939-3077   SIC 5812
JOEY TOMATO'S RESTAURANT p 83
See JOEY TOMATO'S KITCHENS INC
JOEY TOMATO'S RESTAURANT p 202
See JOEY TOMATO'S KITCHENS INC
JOEY'S p 46
See JOEY TOMATO'S (EAU CLAIRE) INC
JOHN A HUTTON ELEMENTARY SCHOOL p 216
See SCHOOL DISTRICT 51 BOUNDARY
JOHN AND GIVEN PUBLIC SCHOOL p 551
See LAMBTON KENT DISTRICT SCHOOL BOARD
JOHN BARNETT ELEMENTARY SCHOOL p 75
See EDMONTON SCHOOL DISTRICT NO. 7
JOHN BEAR BUICK GMC LTD p 853
333 Lake St, ST CATHARINES, ON, L2N 7T3
(905) 934-2571   SIC 5511
JOHN BERNARD CROAK V C MEMORIAL SCHOOL p 455
See CAPE BRETON-VICTORIA REGIONAL SCHOOL BOARD
JOHN BLACK PUBLIC SCHOOL p 588
See UPPER GRAND DISTRICT SCHOOL BOARD, THE
JOHN BROOKS COMPANY LIMITED p 689
1260 Kamato Rd, MISSISSAUGA, ON, L4W 1Y1
(905) 624-4200   SIC 5084
JOHN BUHLER INC p 351
301 Mountain St S, MORDEN, MB, R6M 1X7
(204) 822-4467   SIC 3523
JOHN BUHLER INC p 389
1260 Clarence Ave, WINNIPEG, MB, R3T 1T2
(204) 661-8711   SIC 3523
JOHN CABOT CATHOLIC SECONDARY p 688
See DUFFERIN-PEEL CATHOLIC DISTRICT SCHOOL BOARD
JOHN CALDWELL SCHOOL p 402
See SCHOOL DISTRICT 14
JOHN CAMPBELL ELEMENTARY SCHOOL p 964
See GREATER ESSEX COUNTY DISTRICT SCHOOL BOARD
JOHN D BRACCO SCHOOL p 98
See EDMONTON SCHOOL DISTRICT NO. 7
JOHN D PARKER JUNIOR SCHOOL p 583
See TORONTO DISTRICT SCHOOL BOARD
JOHN DARLING PUBLIC SCHOOL p 643
See WATERLOO REGION DISTRICT SCHOOL BOARD
JOHN DE GRAFF ELEMENTARY SCHOOL p 366
See RIVER EAST TRANSCONA SCHOOL DIVISION
JOHN DEARNESS PUBLIC SCHOOL p 662
See THAMES VALLEY DISTRICT SCHOOL BOARD
JOHN DEERE p 465
See PLANTERS EQUIPMENT LIMITED
JOHN DEERE CANADA ULC p 117
9832 12 Ave Sw, EDMONTON, AB, T6X 0J5
(780) 638-6750   SIC 5083
JOHN DEERE CANADA ULC p 1283
455 Park St, REGINA, SK, S4N 5B2
(306) 791-3200   SIC 5083
JOHN DEERE FINANCIAL INC p 770
3430 Superior Crt, OAKVILLE, ON, L6L 0C4
(905) 319-9100   SIC 6153
JOHN DEERE LANDSCAPES LTD p 18
9415 48 St Se, CALGARY, AB, T2C 2R1
(403) 236-0102   SIC 1629
JOHN DIEFEN BAKER SECONDARY SCHOOL p 617
See BLUEWATER DISTRICT SCHOOL BOARD
JOHN DIEFENBAKER SCHOOL p 1280
See SASKATCHEWAN RIVER SCHOOL DIVISION #119
JOHN DOLAN SCHOOL p 1293
See BOARD OF EDUCATION OF SASKATOON SCHOOL DIVISION NO. 13 OF SASKATCHEWAN, THE
JOHN DRYDEN PUBLIC SCHOOL p 959
See DURHAM DISTRICT SCHOOL BOARD
JOHN ENGLISH COMMUNITY SCHOOL p 575
See CORPORATION OF THE CITY OF TORONTO
JOHN ENGLISH JUNIOR MIDDLE SCHOOL p 575
See TORONTO DISTRICT SCHOOL BOARD
JOHN F. ROSS CVI p 599
See UPPER GRAND DISTRICT SCHOOL BOARD, THE
JOHN FIELD ELEMENTARY SCHOOL p 217
See COAST MOUNTAINS BOARD OF EDUCATION SCHOOL DISTRICT NO. 82
JOHN FISHER JUNIOR PUBLIC SCHOOL p 898
See TORONTO DISTRICT SCHOOL BOARD
JOHN FRASER SECONDARY SCHOOL p 705
See PEEL DISTRICT SCHOOL BOARD
JOHN G ALTHOUSE MS p 941
See TORONTO DISTRICT SCHOOL BOARD
JOHN G DIEFENBAKER HIGH SCHOOL p 36
See CALGARY BOARD OF EDUCATION
JOHN G DIEFENBAKER PUBLIC SCHOOL p 885
See TORONTO DISTRICT SCHOOL BOARD
JOHN G. DIEFENBAKER ELEMENTARY SCHOOL p 274
See BOARD OF EDUCATION SCHOOL DISTRICT #38 (RICHMOND)
JOHN GRANT HIGH ECOLE p 1017
See COMMISSION SCOLAIRE ENGLISH-MONTREAL
JOHN HENDERSON JR HIGH SCHOOL p 366
See RIVER EAST TRANSCONA SCHOOL DIVISION
JOHN HOWARD SOCIETY OF NIAGARA p 855
210 King St, ST CATHARINES, ON, L2R 3J9
(905) 682-2657   SIC 8399
JOHN HOWARD SOCIETY OF NORTH ISLAND, THE p 204
1455 Cliffe Ave, COURTENAY, BC, V9N 2K6
(250) 338-7341   SIC 8399
JOHN HOWITT ELEMENTARY SCHOOL p 254
See SCHOOL DISTRICT #70 (ALBERNI) SCHOOL BOARD
JOHN LABATT CENTRE, THE p 656
See LONDON CIVIC CENTRE CORPORATION
JOHN LAKE SCHOOL p 1293
See BOARD OF EDUCATION OF SASKATOON SCHOOL DIVISION NO. 13 OF SASKATCHEWAN, THE
JOHN M CUELENAERE PUBLIC LIBRARY p 1280
See WAPITI REGIONAL LIBRARY
JOHN M JAMES PUBLIC SCHOOL p 507
See KAWARTHA PINE RIDGE DISTRICT SCHOOL BOARD
JOHN M. KING SCHOOL p 382
See WINNIPEG SCHOOL DIVISION
JOHN MACLURE COMMUNITY SCHOOL p 179
See SCHOOL DISTRICT NO 34 (ABBOTSFORD)
JOHN MACNEIL ELEMENTARY SCHOOL p 449
See HALIFAX REGIONAL SCHOOL BOARD
JOHN MALAND HIGH SCHOOL p 71
See BLACK GOLD REGIONAL DIVISION #18
JOHN MARTIN JUNIOR HIGH SCHOOL p 449
See HALIFAX REGIONAL SCHOOL BOARD
JOHN MCCRAE PUBLIC SCHOOL p 601
See UPPER GRAND DISTRICT SCHOOL BOARD, THE
JOHN MCCRAE PUBLIC SCHOOL p 678
See YORK REGION DISTRICT SCHOOL BOARD
JOHN MCCRAE PUBLIC SCHOOL p 837
See TORONTO DISTRICT SCHOOL BOARD
JOHN MCCRAE SECONDARY SCHOOL p 730
See OTTAWA-CARLETON DISTRICT SCHOOL BOARD
JOHN MCGREGOR SECONDARY SCHOOL p 552
See LAMBTON KENT DISTRICT SCHOOL BOARD
JOHN MCINNIS SECONDARY SCHOOL p 261
See BOARD OF EDUCATION OF SCHOOL DISTRICT NO. 57 (PRINCE GEORGE), THE
JOHN MUIR ELEMENTARY SCHOOL p 278
See SCHOOL DISTRICT NO 62 (SOOKE)
JOHN NORQUAY ELEMENTARY SCHOOL p 296
See BOARD OF EDUCATION OF SCHOOL DISTRICT NO. 39 (VANCOUVER), THE
JOHN OLIVER SECONDARY SCHOOL p 298
See BOARD OF EDUCATION OF SCHOOL DISTRICT NO. 39 (VANCOUVER), THE
JOHN P ROBARTS LIBRARY OF UNIVERSITY OF TORONTO p 926
See GOVERNING COUNCIL OF THE UNIVERSITY OF TORONTO
JOHN P. ROBARTS ELEMENTARY PUBLIC SCHOOL p 651
See THAMES VALLEY DISTRICT SCHOOL BOARD
JOHN PAUL I HIGH SCHOOL p 1215
See COMMISSION SCOLAIRE ENGLISH-MONTREAL
JOHN PAUL I SCHOOL p 112
See EDMONTON CATHOLIC SEPARATE SCHOOL DISTRICT NO.7
JOHN PAUL II CATHOLIC SCHOOL p 593
See OTTAWA CATHOLIC DISTRICT SCHOOL BOARD
JOHN PAUL II COLLEGIATE SCHOOL p 1277
See LIGHT OF CHRIST RCSSD
JOHN PAUL II HIGH SCHOOL p 123
See ELK ISLAND CATHOLIC SEPARATE REGIONAL DIVISION NO. 41
JOHN PAUL LL CATHOLIC SECONDARY SCHOOL p 650
See LONDON DISTRICT CATHOLIC SCHOOL BOARD
JOHN PAULL II COLLEGIATE p 148
See CHRIST THE REDEEMER CATHOLIC SEPARATE REGIONAL DIVISION NO. 3
JOHN POLANYI COLLEGIATE INSTITUTE p 760
See TORONTO DISTRICT SCHOOL BOARD
JOHN PRITCHARD SCHOOL p 364
See RIVER EAST TRANSCONA SCHOOL DIVISION
JOHN RENNIE HIGH SCHOOL p 1142
See LESTER B. PEARSON SCHOOL BOARD
JOHN SCOTTI AUTOMOTIVE LTEE p 1215
4315 Boul Metropolitain E, SAINT-LEONARD, QC, H1R 1Z4
(514) 725-9394   SIC 5521
JOHN STUBBS MEMORIAL SCHOOL p 337
See SCHOOL DISTRICT NO 62 (SOOKE)
JOHN SWEENEY SCHOOL p 640
See WATERLOO CATHOLIC DISTRICT SCHOOL BOARD
JOHN T TUCK PUBLIC SCHOOL p 538
See HALTON DISTRICT SCHOOL BOARD
JOHN TAYLOR COLLEGIATE p 373
See ST. JAMES-ASSINIBOIA SCHOOL DIVISION
JOHN TODD ELEMENTARY p 219
See SCHOOL DISTRICT 73 (KAMLOOPS/THOMPSON)
JOHN VIEW VILLAGE PUBLIC SCHOOL p 874
See YORK REGION DISTRICT SCHOOL BOARD
JOHN W MACLEOD FLEMING TOWER SCHOOL p 463
See HALIFAX REGIONAL SCHOOL BOARD
JOHN W. COSTELLO CATHOLIC SCHOOL p 62
See CALGARY ROMAN CATHOLIC SEPARATE SCHOOL DISTRICT #1
JOHN WANLESS PUBLIC SCHOOL p 923
See TORONTO DISTRICT SCHOOL BOARD
JOHN WARE JUNIOR HIGH SCHOOL p 54
See CALGARY BOARD OF EDUCATION
JOHN WATSON LIMITED p 18
6155 46 St Se, CALGARY, AB, T2C 5K6
(403) 279-2262   SIC 5136
JOHN WISE PUBLIC SCHOOL p 859
See THAMES VALLEY DISTRICT SCHOOL BOARD
JOHN XXIII CATHOLIC SCHOOL p 779
See DURHAM CATHOLIC DISTRICT SCHOOL BOARD
JOHN XXIII SEPERATE SCHOOL p 740
See NIPISSING PARRY SOUND CATHOLIC DISTRICT SCHOOL BOARD
JOHN YOUNG ELEMENTARY SCHOOL p 625
See OTTAWA-CARLETON DISTRICT SCHOOL BOARD
JOHN'S RESTAURANT & GIFTS p 829
See JOHN'S RESTAURANT & GIFTS (SARNIA) LIMITED
JOHN'S RESTAURANT & GIFTS (SARNIA) LIMITED p 829
1643 London Line, SARNIA, ON, N7W 1A9
(519) 542-9821   SIC 5812
JOHNNY MCDOUGAL SCHOOL p 77
See EDMONTON SCHOOL DISTRICT NO.

JOHNS MANVILLE CANADA INC p 132
5301 42 Ave, INNISFAIL, AB, T4G 1A2
(403) 227-7100   SIC 3299

JOHNS MANVILLE CANADA INC p 565
3330 Marleau Ave, CORNWALL, ON, K6H 6B5
(613) 932-4565   SIC 3299

JOHNS VAUL-MART p 658
See LOBLAW COMPANIES LIMITED

JOHNSON & JOHNSON INC p 603
890 Woodlawn Rd W, GUELPH, ON, N1K 1A5
(519) 826-6226   SIC 2834

JOHNSON & JOHNSON INC p 603
890 Woodlawn Rd W, GUELPH, ON, N1K 1A5
SIC 2834

JOHNSON & JOHNSON INC p 672
200 Whitehall Dr, MARKHAM, ON, L3R 0T5
(905) 946-8999   SIC 3842

JOHNSON & JOHNSON MEDICAL COMPANIES p 672
See JOHNSON & JOHNSON INC

JOHNSON CONTROLS p 820
See JOHNSON CONTROLS NOVA SCOTIA U.L.C.

JOHNSON CONTROLS p 1153
See JOHNSON CONTROLS NOVA SCOTIA U.L.C.

JOHNSON CONTROLS L.P. p 177
32900 Marshall Rd, ABBOTSFORD, BC, V2S 0C2
(604) 851-4979   SIC 1731

JOHNSON CONTROLS L.P. p 294
3680 2nd Ave E, VANCOUVER, BC, V5M 0A4
(604) 707-5200   SIC 1731

JOHNSON CONTROLS L.P. p 536
3070 Mainway Suite 10, BURLINGTON, ON, L7M 3X1
(905) 335-3325   SIC 1731

JOHNSON CONTROLS L.P. p 685
3255 Elmbank Rd, MISSISSAUGA, ON, L4V 1A6
(905) 676-8299   SIC 1731

JOHNSON CONTROLS NOVA SCOTIA U.L.C. p 32
6046 12 St Se Suite 104, CALGARY, AB, T2H 2X2
(403) 640-1700   SIC 1711

JOHNSON CONTROLS NOVA SCOTIA U.L.C. p 294
3061 Grandview Hwy, VANCOUVER, BC, V5M 2E4
SIC 3822

JOHNSON CONTROLS NOVA SCOTIA U.L.C. p 659
90 Bessemer Rd, LONDON, ON, N6E 1R1
(519) 681-1221   SIC 1711

JOHNSON CONTROLS NOVA SCOTIA U.L.C. p 682
8205 Parkhill Dr, MILTON, ON, L9T 5G8
(905) 875-2128   SIC 3822

JOHNSON CONTROLS NOVA SCOTIA U.L.C. p 773
120 C Line, Orangeville, ON, L9W 3Z8
SIC 2531

JOHNSON CONTROLS NOVA SCOTIA U.L.C. p 820
56 Leek Cres, RICHMOND HILL, ON, L4B 1H1
(866) 468-1484   SIC 2531

JOHNSON CONTROLS NOVA SCOTIA U.L.C. p 882
100 Townline Rd, TILLSONBURG, ON, N4G 2R7
(519) 842-5971   SIC 2531

JOHNSON CONTROLS NOVA SCOTIA U.L.C. p 1153
1375 Rue Frank-Carrel Bureau 3, Quebec, QC, G1N 2E7
(418) 681-7958   SIC 1711

JOHNSON CONTROLS NOVA SCOTIA U.L.C. p 1205
395 Av Sainte-Croix Bureau 100, SAINT-LAURENT, QC, H4N 2L3
(514) 747-2580   SIC 1711

JOHNSON EQUIPMENT p 207
See G.N. JOHNSTON EQUIPMENT CO. LTD

JOHNSON HEIGHTS SECONDARY SCHOOL p 281
See SCHOOL DISTRICT NO 36 (SURREY)

JOHNSON INC p 46
736 8 Ave Sw Suite 300, CALGARY, AB, T2P 1H4
(403) 263-6424   SIC 6411

JOHNSON INC p 88
12220 Stony Plain Rd Nw Suite 301, EDMONTON, AB, T5N 3Y4
(780) 465-7818   SIC 6331

JOHNSON INC p 92
11120 178 St Nw, EDMONTON, AB, T5S 1P2
(780) 483-0408   SIC 6331

JOHNSON INC p 433
95 Elizabeth Ave, ST. JOHN'S, NL, A1B 1R6
(709) 737-1500   SIC 6411

JOHNSON INC p 464
84 Chain Lake Dr Suite 200, HALIFAX, NS, B3S 1A2
(902) 453-1010   SIC 6411

JOHNSON INC p 733
1111 Davis Dr Unit 42, NEWMARKET, ON, L3Y 8X2
(905) 952-2600   SIC 6411

JOHNSON INC p 821
1595 16th Ave Suite 700, RICHMOND HILL, ON, L4B 3S5
(905) 764-4900   SIC 6411

JOHNSON INC p 958
500 Brock St S, WHITBY, ON, L1N 4K7
(905) 668-6025   SIC 6411

JOHNSON INSURANCE p 733
See JOHNSON INC

JOHNSON MATTHEY MATERIAUX POUR BATTERIES LTEE p 1009
280 Av Liberte, CANDIAC, QC, J5R 6X1
(514) 906-1396   SIC 7699

JOHNSON MEMORIAL HOSPITAL, THE p 349
See INTERLAKE REGIONAL HEALTH AUTHORITY INC

JOHNSON, PAULINE COLLEGIATE VOCATIONAL SCHOOL p 527
See GRAND ERIE DISTRICT SCHOOL BOARD

JOHNSON-SHOYAMA OF GRADUATE SCHOOL OF PUBLIC POLICY p 1303
See UNIVERSITY OF SASKATCHEWAN

JOHNSTON & DANIEL p 899
See ROYAL LEPAGE LIMITED

JOHNSTON EQUIPMENT p 671
See G.N. JOHNSTON EQUIPMENT CO. LTD

JOHNSTON EQUIPMENT p 783
See G.N. JOHNSTON EQUIPMENT CO. LTD

JOHNSTON MEIER INSURANCE AGENCIES GROUP p 201
See JOHNSTON, MEIER INSURANCE AGENCIES LTD

JOHNSTON MEIER INSURANCE AGENCIES GROUP p 231
See JOHNSTON, MEIER INSURANCE AGENCIES LTD

JOHNSTON MEMORIAL PUBLIC SCHOOL p 828
See LAMBTON KENT DISTRICT SCHOOL BOARD

JOHNSTON PACKERS LTD p 198
5828 Promontory Rd, CHILLIWACK, BC, V2R 4M4

(604) 858-4882   SIC 2011

JOHNSTON STREET PUBLIC SCHOOL p 495
See SIMCOE COUNTY DISTRICT SCHOOL BOARD, THE

JOHNSTON'S TIRE & AUTOMOTIVE p 984
See AMALGAMATED DAIRIES LIMITED

JOHNSTON, MEIER INSURANCE AGENCIES LTD p 201
1944 Como Lake Ave, COQUITLAM, BC, V3J 3R3
(604) 937-3601   SIC 6411

JOHNSTON, MEIER INSURANCE AGENCIES LTD p 231
19978 72 Ave Unit 101, LANGLEY, BC, V2Y 1R7
(604) 533-0333   SIC 6411

JOHNSTON, W ERSKINE PUBLIC SCHOOL p 624
See OTTAWA-CARLETON DISTRICT SCHOOL BOARD

JOHNSTON-VERMETTE p 997
See JOHNSTON-VERMETTE GROUPE CONSEIL INC

JOHNSTON-VERMETTE GROUPE CONSEIL INC p 997
1095 Av Des Oiselets, Becancour, QC, G9H 4P7
(819) 298-4470   SIC 8711

JOHNSTON-VERMETTE GROUPE CONSEIL INC p 1112
625 Boul Rene-Levesque O Bureau 801, Montreal, QC, H3B 1R2
(514) 396-3550   SIC 8711

JOHNSTONE TANK TRUCKING LTD p 1269
1 Railway Ave, FROBISHER, SK, S0C 0Y0
(306) 486-2044   SIC 4213

JOHNVINCE FOODS p 755
555 Steeprock Dr, NORTH YORK, ON, M3J 2Z6
(416) 636-6146   SIC 5145

JOHNVINCE FOODS p 1004
1630 Rue Eiffel Bureau 1, BOUCHERVILLE, QC, J4B 7W1
(450) 645-1999   SIC 4783

JOINT TRAINING & APPRENTICESHIP COMMITTEE p 515
419 Deerhurst Dr, BRAMPTON, ON, L6T 5K3
(905) 790-9662   SIC 8331

JOINTEMENT INTER p 1180
See BREMO INC

JOINTS ETANCHES R.B. INC, LES p 266
13680 Bridgeport Rd Suite 5, RICHMOND, BC, V6V 1V3
(604) 278-6808   SIC 5085

JOLI-COEUR LACASSE S.E.N.C.R.L p 1107
2001 Av Mcgill College Bureau 900, Montreal, QC, H3A 1G1
(514) 871-2800   SIC 8111

JOLIETTE DODGE CHRYSLER LTEE p 1046
305 Rue Du Cure-Majeau, JOLIETTE, QC, J6E 8S9
(450) 586-6002   SIC 5511

JOLIETTE HIGH SCHOOL p 1046
See SIR WILFRID LAURIER SCHOOL BOARD

JOLLY COACHMAN PUB p 253
See 458291 BC LTD

JOLLY FARMER TRANSPORT INC p 411
56 Crabbe Rd, NORTHAMPTON, NB, E7N 1R6
(506) 325-3850   SIC 4213

JON WOOD p 257
3137 St Johns St, PORT MOODY, BC, V3H 2C8
SIC 6531

JONAS SAMSON JUNIOR HIGH p 1274
See NORTHWEST SCHOOL DIVISION 203

JONELJIM CONCRETE CONSTRUCTION (1994) LIMITED p 476
90 Riverview Dr, SYDNEY, NS, B1S 1N5
(902) 567-2400   SIC 1542

JONES APPAREL GROUP CANADA ULC p 560
388 Applewood Cres, CONCORD, ON, L4K 4B4
(905) 760-6000   SIC 2339

JONES BROWN INC p 46
639 5 Ave Sw Suite 800, CALGARY, AB, T2P 0M9
(403) 265-1920   SIC 6411

JONES CONTRACT PACKAGING SERVICES, DIV OF p 515
See JONES PACKAGING INC

JONES DESLAURIERS INSURANCE MANAGEMENT INC p 502
1 Millennium Pky Suite 103, BELLEVILLE, ON, K8N 4Z5
(613) 967-2000   SIC 6411

JONES FEED MILLS LIMITED p 857
2755 Lobsinger Line, ST CLEMENTS, ON, N0B 2M0
(519) 699-5200   SIC 5999

JONES FOOD STORE EQUIPMENT LTD p 185
2896 Norland Ave, BURNABY, BC, V5B 3A6
(604) 294-6321   SIC 5078

JONES LANG LASALLE REAL ESTATE SERVICES, INC p 308
355 Burrard St 14th Flr, VANCOUVER, BC, V6C 2G6
(604) 998-6001   SIC 6531

JONES LANG LASALLE REAL ESTATE SERVICES, INC p 914
22 Adelaide St W 26th Fl East Tower, TORONTO, ON, M5H 4E3
(416) 304-6000   SIC 6531

JONES LANG LASALLE REAL ESTATE SERVICES, INC p 1112
1 Place Ville-Marie Bureau 2121, Montreal, QC, H3B 2C6
(514) 849-8849   SIC 6531

JONES PACKAGING INC p 515
55 Walker Dr, BRAMPTON, ON, L6T 5K5
(905) 790-0302   SIC 7389

JONES PACKAGING INC p 604
271 Massey Rd, GUELPH, ON, N1K 1B2
SIC 2657

JONET CONSTRUCTION LTD p 179
1777 Townline Rd, ABBOTSFORD, BC, V2T 6E2
(604) 850-1288   SIC 1799

JONHSTON-VERMETTE p 1112
See JOHNSTON-VERMETTE GROUPE CONSEIL INC

JONVIEW CANADA INC p 581
191 The West Mall Suite 800, ETOBICOKE, ON, M9C 5K8
(416) 323-9090   SIC 4725

JONVIEW CANADA INC p 1100
300 Rue Leo-Pariseau Bureau 1102, Montreal, QC, H2X 4C2
(514) 861-9190   SIC 4725

JOPAMAR HOLDINGS INC p 773
93 First St, ORANGEVILLE, ON, L9W 2E8
(519) 941-4009   SIC 5812

JORDAN ENTERPRISES LIMITED p 214
9830 100 Ave, FORT ST. JOHN, BC, V1J 1Y5
(250) 787-0521   SIC 7011

JORDAN LIFECARE CENTRE INC p 421
747 Sanatorium Rd, THE GLADES, NB, E4J 1W6
(506) 756-3355   SIC 8051

JORDAN MORTGAGE SERVICES (WINDSOR) INC. p 964
3200 Deziel Dr Suite 212, WINDSOR, ON, N8W 5K8
SIC 6163

▲ Public Company   ■ Public Company Family Member   HQ Headquarters   BR Branch   SL Single Location

JORDAN PUBLIC SCHOOL p 622
See DISTRICT SCHOOL BOARD OF NIAGARA
JORDAN RIVER FOREST OPERATION p 218
See WESTERN FOREST PRODUCTS INC
JORDANS p 315
See JORDANS INTERIORS LTD
JORDANS INTERIORS p 202
See JORDANS RUGS LTD
JORDANS INTERIORS LTD p 202
1539 United Blvd Suite D, COQUITLAM, BC, V3K 6Y7
(604) 522-9855 SIC 5712
JORDANS INTERIORS LTD p 315
1470 Broadway W, VANCOUVER, BC, V6H 1H4
(604) 733-1174 SIC 5712
JORDANS RUGS p 202
See JORDANS INTERIORS LTD
JORDANS RUGS LTD p 202
1539 United Blvd Suite D, COQUITLAM, BC, V3K 6Y7
(604) 522-9852 SIC 5713
JORDANS RUGS LTD p 329
2680 Blanshard St, VICTORIA, BC, V8T 5E1
(250) 385-6746 SIC 5713
JORIDO FOOD SERVICES p 1288
See A & W FOOD SERVICES OF CANADA INC
JORIDO FOODS p 1286
See A & W FOOD SERVICES OF CANADA INC
JORIDO FOODS SERVICES LTD p 1289
4315 Albert St, REGINA, SK, S4S 3R6
(306) 584-5151 SIC 5812
JORIDO FOODS SERVICES LTD p 1296
5 Midtown Plaza, SASKATOON, SK, S7K 1J9
(306) 242-1433 SIC 5812
JORIDO FOODS SERVICES LTD p 1301
2222 22nd St W, SASKATOON, SK, S7M 0V4
(306) 382-7123 SIC 5812
JORIKI FOOD AND BEVERAGE p 814
See JORIKI INC
JORIKI INC p 814
885 Sandy Beach Rd, PICKERING, ON, L1W 3N6
(905) 420-0188 SIC 2024
JOSE & GEORGES INC p 1063
654 Ch Du Bord-De-L'eau, Laval, QC, H7X 1V3
(450) 689-6007 SIC 5812
JOSE'S NOODLE FACTORY p 966
2731 Howard Ave, WINDSOR, ON, N8X 3X4
(519) 972-1760 SIC 5812
JOSEPH & COMPANY LTD p 383
1725 Sargent Ave, WINNIPEG, MB, R3H 0C5
(204) 775-4451 SIC 3991
JOSEPH A. GIBSON PUBLIC SCHOOL p 668
See YORK REGION DISTRICT SCHOOL BOARD
JOSEPH AUDET LTEE p 1230
237 204 Rte, SAINTE-ROSE-DE-WATFORD, QC, G0R 4G0
(418) 267-4151 SIC 2421
JOSEPH BRANT PUBLIC SCHOOL p 836
See TORONTO DISTRICT SCHOOL BOARD
JOSEPH GILES ELEMENTARY SCHOOL p 447
See HALIFAX REGIONAL SCHOOL BOARD
JOSEPH GOULD PUBLIC SCHOOL p 946
See DURHAM DISTRICT SCHOOL BOARD
JOSEPH H KENNEDY PUBLIC SCHOOL p 679
See DISTRICT SCHOOL BOARD ONTARIO NORTH EAST
JOSEPH H KERR SCHOOL p 356
See FRONTIER SCHOOL DIVISION

JOSEPH HOWE SCHOOL p 460
See HALIFAX REGIONAL SCHOOL BOARD
JOSEPH HOWE SENIOR PUBLIC SCHOOL p 886
See TORONTO DISTRICT SCHOOL BOARD
JOSEPH L. ROTMAN SCHOOL OF MANAGEMENT p 925
See GOVERNING COUNCIL OF THE UNIVERSITY OF TORONTO
JOSSLIN INSURANCE BROKERS LIMITED p 636
1082 Weber St E, KITCHENER, ON, N2A 1B8
(519) 893-7008 SIC 6411
JOST VINEYARDS LIMITED p 468
48 Vintage Lane Suite 1, MALAGASH, NS, B0K 1E0
(902) 257-2636 SIC 2084
JOSTENS CANADA LTD p 383
1643 Dublin Ave, WINNIPEG, MB, R3H 0G9
(204) 783-1310 SIC 3961
JOSTENS CANADA LTD p 1209
6630 Rue Abrams, SAINT-LAURENT, QC, H4S 1Y1
(514) 687-3926 SIC 2731
JOSYF CARDINAL SLIPYJ CATHOLIC SCHOOL p 580
See TORONTO CATHOLIC DISTRICT SCHOOL BOARD
JOUJAN BROTHERS FLOORING INC p 143
941 South Railway St Se Unit 3, MEDICINE HAT, AB, T1A 2W3
(403) 528-8008 SIC 5713
JOURNAL DE L'INFORMATION DU NORD p 1083
See TRANSCONTINENTAL INC
JOURNAL LA FRONTIERE p 1178
See TRANSCONTINENTAL INC
JOURNAL LE DEVOIR p 1105
See DEVOIR INC, LE
JOURNAL LE MADAWASKA p 397
See BRUNSWICK NEWS INC
JOURNEY AIR FREIGHT INTERNATIONAL INC p 1049
18100 Rte Transcanadienne, KIRKLAND, QC, H9J 4A1
(514) 733-2277 SIC 4213
JOVACO SOLUTIONS INC p 1215
6555 Boul Metropolitain E Bureau 302, SAINT-LEONARD, QC, H1P 3H3
(514) 323-3535 SIC 7371
JOVFINANCIAL p 911
See IA CLARINGTON INVESTMENTS INC
JOX SPORTS BAR & GRILL p 98
See 340107 ALBERTA LTD
JOY GLOBAL (CANADA) LTD p 86
15802 116 Ave Nw, EDMONTON, AB, T5M 3S5
(780) 453-2407 SIC 7694
JOY GLOBAL (CANADA) LTD p 122
965 Memorial Dr, FORT MCMURRAY, AB, T9K 0K4
(780) 791-4016 SIC 5082
JOY GLOBAL (CANADA) LTD p 279
621 Douglas Sir Rd, SPARWOOD, BC, V0B 2G0
(250) 433-4100 SIC 3532
JOYCE PUBLIC SCHOOL p 761
See TORONTO DISTRICT SCHOOL BOARD
JOYING CANADA INC p 802
71 Somerset St W Suite 1750, OTTAWA, ON, K2P 2G2
(613) 238-7743 SIC 5941
JPDL p 1106
See JPDL MULTI MANAGEMENT INC
JPDL MULTI MANAGEMENT INC p 1106
1555 Rue Peel Bureau 500, Montreal, QC, H3A 3L8
(514) 287-1070 SIC 7389
JPMA GLOBAL INC p 1085

7335 Boul Henri-Bourassa E, Montreal, QC, H1E 3T5
(514) 648-1042 SIC 2542
JR ROBSON SCHOOL p 172
See BUFFALO TRAIL PUBLIC SCHOOLS REGIONAL DIVISION NO. 28
JR SERVICES SANITAIRES p 1245
See 9064-3032 QUEBEC INC
JR'S WELDING & CUSTOM FABRICATING p 545
See ECLIPSE AUTOMATION INC
JRK RESTAURANTS LTD p 1292
2600 8th St E Unit 340, SASKATOON, SK, S7H 0V7
(306) 955-4616 SIC 5812
JRKB HOLDINS LTD p 333
3510 Blanshard St Suite 102, VICTORIA, BC, V8X 1W3
(250) 477-5561 SIC 5812
JRM 277 INVESTMENTS LIMITED p 477
184 Pictou Rd, TRURO, NS, B2N 2T1
(902) 893-7979 SIC 5812
JRM 277 INVESTMENTS LIMITED p 478
322 Willow St, TRURO, NS, B2N 5A5
(902) 897-0404 SIC 5812
JS WOODSWORTH SR PUBLIC SCHOOL p 837
See TORONTO DISTRICT SCHOOL BOARD
JSI STORE FIXTURES CANADA INC p 556
395 Raglan St, COLLINGWOOD, ON, L9Y 3Z1
(705) 445-6190 SIC 1751
JSS BARRISTERS p 46
See JENSEN SHAWA SOLOMON DUGUID HAWKES LLP
JSS RECHERCHE MEDICALE INC p 1209
9400 Boul Henri-Bourassa O, SAINT-LAURENT, QC, H4S 1N8
(514) 934-6116 SIC 8731
JTAC p 515
See JOINT TRAINING & APPRENTICESHIP COMMITTEE
JTB CANADA p 269
See JTB INTERNATIONAL (CANADA) LTD
JTB INTERNATIONAL (CANADA) LTD p 269
8899 Odlin Cres, RICHMOND, BC, V6X 3Z7
(604) 276-0300 SIC 4725
JTI-MACDONALD CORP p 694
1 Robert Speck Pky Suite 1601, MISSISSAUGA, ON, L4Z 0A2
(905) 804-7300 SIC 2111
JTI-MACDONALD CORP p 1094
2455 Rue Ontario E Bureau 4, Montreal, QC, H2K 1W3
(514) 598-2525 SIC 2111
JTS INC p 774
475 Memorial Ave, ORILLIA, ON, L3V 6H1
(705) 326-8888 SIC 4213
JUAN DE FUCA RECREATION CENTRE p 337
See WEST SHORE PARKS AND RECREATION SOCIETY
JUBILATIONS DINNER THEATRE p 95
See W.O.W. HOSPITALITY CONCEPTS INC
JUBILEE AUDITORIUM SOCIETY p 39
See FRIENDS OF THE ALBERTA JUBILEE AUDITORIUM SOCIETY
JUBILEE ELEMENTARY SCHOOL p 476
See CAPE BRETON-VICTORIA REGIONAL SCHOOL BOARD
JUBILEE LODGE p 1271
See PRINCE ALBERT PARKLAND REGIONAL HEALTH AUTHORITY
JUDGE BRIAN SCHOOL p 1281
See BOARD OF EDUCATION REGINA SCHOOL DIVISION NO. 4 OF SASKATCHEWAN
JUDITH & CHARLES p 1096
See 163972 CANADA INC
JUDITH NYMAN SECONDARY SCHOOL p 512

See PEEL DISTRICT SCHOOL BOARD
JUDY CREEK OPERATIONS p 170
See PENGROWTH ENERGY CORPORATION
JULES QUESNEL ELEMENTARY SCHOOL p 319
See BOARD OF EDUCATION OF SCHOOL DISTRICT NO. 39 (VANCOUVER), THE
JULES ST-PIERRE p 1153
See ALEX COULOMBE LTEE
JULIA KINISKI SCHOOL p 112
See EDMONTON SCHOOL DISTRICT NO. 7
JULLIARD PUBLIC SCHOOL p 668
See YORK REGION DISTRICT SCHOOL BOARD
JUMP PROGRAM p 582
See YWCA TORONTO
JUMP+ p 927
See COMPUTER SYSTEMS CENTRE CORP
JUMP. CA p 1285
See JUMP.CA WIRELESS SUPPLY CORP
JUMP.CA p 1285
See JUMP.CA WIRELESS SUPPLY CORP
JUMP.CA p 1292
See JUMP.CA WIRELESS SUPPLY CORP
JUMP.CA p 1296
See JUMP.CA WIRELESS SUPPLY CORP
JUMP.CA WIRELESS SUPPLY CORP p 1285
2102 11th Ave, REGINA, SK, S4P 3Y6
(306) 569-0062 SIC 5999
JUMP.CA WIRELESS SUPPLY CORP p 1285
2221 Cornwall St Suite 500, REGINA, SK, S4P 2L1
(306) 790-4525 SIC 4899
JUMP.CA WIRELESS SUPPLY CORP p 1290
3024 E Quance St, REGINA, SK, S4V 3B8
(306) 525-5867 SIC 4899
JUMP.CA WIRELESS SUPPLY CORP p 1292
3510 8th St E Suite A9, SASKATOON, SK, S7H 0W6
(306) 683-3303 SIC 4899
JUMP.CA WIRELESS SUPPLY CORP p 1296
134 Primrose Dr Suite 31, SASKATOON, SK, S7K 5S6
(306) 651-1919 SIC 4899
JUMPING POUND COMPLEX p 49
See SHELL CANADA LIMITED
JUNCTION ROAD ELEMENTARY SCHOOL p 473
See CHIGNECTO CENTRAL REGIONAL SCHOOL BOARD
JUNE ROSE CALLWOOD PUBLIC SCHOOL p 858
See THAMES VALLEY DISTRICT SCHOOL BOARD
JUNE WARREN PUBLISHING p 24
See JWP PUBLISHING LIMITED PARTNERSHIP
JUNGLE JIM'S p 425
See 10464 NEWFOUNDLAND LTD
JUNIOR ALTERNATE SCHOOL p 215
See SCHOOL DISTRICT NO. 60 (PEACE RIVER NORTH)
JUNIOR LEARNING ALTERNATIVES p 240
See SCHOOL DISTRICT NO. 68 (NANAIMO-LADYSMITH)
JUNIOR'S DRIVE-IN LTD. p 378
558 Portage Ave, WINNIPEG, MB, R3C 0G3
(204) 774-6370 SIC 5812
JUNIPER NETWORKS CANADA INC p 623
340 Terry Fox Dr, KANATA, ON, K2K 3A2
(613) 591-2700 SIC 4899
JUNIPER RIDGE ELEMENTARY SCHOOL p 221
See SCHOOL DISTRICT 73 (KAMLOOPS/THOMPSON)
JUNIPER SCHOOL p 359

See SCHOOL DISTRICT OF MYSTERY LAKE
JURAVINSKI CANCER CENTRE GYN ONCOLOGY CENTRE *p* 613
See HAMILTON HEALTH SCIENCES CORPORATION
JUST COZY *p* 651
See 2518879 ONTARIO INC
JUST DIRECT ENERGY *p* 43
See DIRECT ENERGY MARKETING LIMITED
JUST ENERGY GROUP INC *p* 719
6345 Dixie Rd Suite 200, MISSISSAUGA, ON, L5T 2E6
(905) 670-4440   SIC 6282
JUST ENERGY ONTARIO L.P *p* 656
124 Dundas St, LONDON, ON, N6A 1G1
(519) 434-4628   SIC 5074
JUST LADIES FITNESS LTD *p* 200
3000 Christmas Way, COQUITLAM, BC, V3C 2M2
(604) 945-5135   SIC 7991
JUST LADIES FITNESS LTD *p* 238
32646 Logan Ave, MISSION, BC, V2V 6C7
(604) 820-9008   SIC 7991
JUST USU *p* 480
See JUST USU COFFEE ROASTERS CO-OPERATIVE LIMITED
JUST USU COFFEE ROASTERS CO-OPERATIVE LIMITED *p* 480
11865 Highway 1, WOLFVILLE, NS, B4P 2R3
(902) 542-7474   SIC 5812
JUSTIN RESTAURANTS INC *p* 471
101 King St, NORTH SYDNEY, NS, B2A 3S1
(902) 794-7255   SIC 5812
JUSTIN RESTAURANTS INC *p* 475
417 Welton St, SYDNEY, NS, B1P 5S6
(902) 539-3636   SIC 5812
JUSTIN RESTAURANTS INC *p* 476
1189 Kings Rd, SYDNEY, NS, B1S 1E1
(902) 539-7706   SIC 5812
JUSTIN RESTAURANTS INC *p* 476
65 Keltic Dr, SYDNEY, NS, B1S 1P4
SIC 5812
JUTEAU & RUEL INC *p* 1201
70 Rue Belanger, Saint-Jerome, QC, J7Z 1A1
(450) 436-3630   SIC 5943
JUTRAS AUTO SALES *p* 869
See JUTRAS, PHIL & SON LIMITED
JUTRAS, PHIL & SON LIMITED *p* 869
2042 Kingsway, SUDBURY, ON, P3B 4J8
(705) 525-5560   SIC 4212
JUUSOLA, JACK SALES LTD *p* 218
944 8th St, KAMLOOPS, BC, V2B 2X5
(250) 376-2013   SIC 5531
JUUSOLA, JACK SALES LTD *p* 276
2090 10 Ave Sw, SALMON ARM, BC, V1E 0E1
(250) 832-9600   SIC 5531
JUUSOLA, JACK SALES LTD *p* 276
2090 10 Ave Sw, SALMON ARM, BC, V1E 0E1
(250) 832-5030   SIC 5251
JUVENAT NOTRE-DAME DU SAINT-LAURENT (F.I.C.) *p* 1066
30 Rue Du Juvenat, Levis, QC, G6W 7X2
(418) 839-9592   SIC 8211
JUVENILE DIABETES RESEARCH FOUNDATION CANADA *p* 745
2550 Victoria Park Ave Suite 800, NORTH YORK, ON, M2J 5A9
(647) 789-2000   SIC 8399
JWP PUBLISHING LIMITED PARTNERSHIP *p* 24
816 55 Ave Ne 2nd Fl, CALGARY, AB, T2E 6Y4
(403) 265-3700   SIC 2721
JWP PUBLISHING LIMITED PARTNERSHIP *p* 51
999 8 St Sw Suite 300, CALGARY, AB, T2R 1N7
(403) 209-3500   SIC 2721
JWT *p* 901
See J. WALTER THOMPSON COMPANY LIMITED
JYSK BED-BATH-NORTH CITY CENTRE *p* 85
See JYSK LINEN'N FURNITURE INC
JYSK LINEN'N FURNITURE INC *p* 85
13150 137 Ave Nw, EDMONTON, AB, T5L 4Z6
(780) 457-5515   SIC 5712
JYSK LINEN'N FURNITURE INC *p* 110
See JYSK LINEN'N FURNITURE INC
JYSK LINEN'N FURNITURE INC *p* 110
3803 Calgary Trail Nw Unit 500, EDMONTON, AB, T6J 5M8
(780) 701-1791   SIC 5712
JYSK LINEN'N FURNITURE INC *p* 127
10502 109a St Unit 103, GRANDE PRAIRIE, AB, T8V 7Y3
(780) 882-7925   SIC 5712
JYSK LINEN'N FURNITURE INC *p* 241
See JYSK LINEN'N FURNITURE INC
JYSK LINEN'N FURNITURE INC *p* 241
3200 Island Hwy N Suite 85, NANAIMO, BC, V9T 1W1
(250) 758-2590   SIC 5712
JYSK LINEN'N FURNITURE INC *p* 256
1435 Broadway St, PORT COQUITLAM, BC, V3C 6L6
(604) 472-0722   SIC 5712
JYSK LINEN'N FURNITURE INC *p* 389
See JYSK LINEN'N FURNITURE INC
JYSK LINEN'N FURNITURE INC *p* 389
2089 Pembina Hwy, WINNIPEG, MB, R3T 5L1
(204) 261-9333   SIC 5712
JYSK LINEN'N FURNITURE INC *p* 778
1199 Ritson Rd N, OSHAWA, ON, L1G 8B9
(905) 233-7227   SIC 5712
JYSK LINEN'N FURNITURE INC *p* 1251
2930 Blvd Des Recollets, TROIS-RIVIERES, QC, G9A 6J2
(819) 801-1904   SIC 5712
JYSK LINEN'N FURNITURE INC *p* 1292
See JYSK LINEN'N FURNITURE INC
JYSK LINEN'N FURNITURE INC *p* 1292
3311 8th St E Suite 12, SASKATOON, SK, S7H 4K1
(306) 651-7360   SIC 5712

K

K & C SILVICULTURE LTD *p* 153
Gd Stn Postal Box Ctr Box, RED DEER, AB, T4N 5E6
SIC 5261
K & G APARTMENT HOLDINGS INC *p* 897
299 Roehampton Ave, TORONTO, ON, M4P 1S2
(416) 487-2844   SIC 6531
K & K RECYCLING SERVICES *p* 813
See 1023248 ONTARIO INC
K & R POULTRY LTD *p* 179
31171 Peardonville Rd Unit 2, ABBOTSFORD, BC, V2T 6K6
(604) 850-5808   SIC 2015
K C I MEDICAL CANADA INC *p* 722
75 Courtneypark Dr W Suite 2, MISSISSAUGA, ON, L5W 0E3
(905) 565-7187   SIC 5047
K C IRVING REGIONAL CENTRE *p* 393
See BATHURST, CITY OF
K F C *p* 165
See BLCO ENTERPRISES LTD
K F C *p* 680
See PRISZM LP
K G S GROUP *p* 1290
See KONTZAMANIS GRAUMANN SMITH MACMILLAN INC
K L O MIDDLE SCHOOL *p* 222
See BOARD OF EDUCATION OF SCHOOL DISTRICT NO. 23 (CENTRAL OKANAGAN), THE
K L S CONTRACTING LTD *p* 61
7 Glenbrook Pl Sw Suite 206, CALGARY, AB, T3E 6W4
(403) 240-3030   SIC 1794
K P M G *p* 138
See KPMG LLP
K P M G *p* 742
See KPMG LLP
K P M G MANAGEMENT CONSULTING *p* 81
See KPMG LLP
K P MANSON PUBLIC SCHOOL *p* 847
See TRILLIUM LAKELANDS DISTRICT SCHOOL BOARD
K V R MIDDLE SCHOOL *p* 252
See SCHOOL DISTRICT NO 67 (OKANAGAN SKAHA)
K W OPTICAL CALGARY *p* 24
See K. & W. OPTICAL (CALGARY) LIMITED
K&D PRATT GROUP INC *p* 429
126 Glencoe Dr, MOUNT PEARL, NL, A1N 4S9
(709) 722-5690   SIC 5085
K&D PRATT GROUP INC *p* 451
55 Akerley Blvd, DARTMOUTH, NS, B3B 1M3
(902) 468-1955   SIC 5085
K+S POTASH CANADA GENERAL PARTNERSHIP *p* 1264
Sw 35-19-25-W2, BETHUNE, SK, S0G 0H0
(306) 638-2800   SIC 1474
K+S SEL WINDSOR LTEE *p* 117
Gd, ELK POINT, AB, T0A 1A0
(780) 724-4180   SIC 1479
K+S SEL WINDSOR LTEE *p* 117
Hwy 646, ELK POINT, AB, T0A 1A0
(780) 724-3745   SIC 2899
K+S SEL WINDSOR LTEE *p* 472
106 Sheas Island Rd, PUGWASH, NS, B0K 1L0
(902) 243-2511   SIC 1479
K+S SEL WINDSOR LTEE *p* 969
30 Prospect Ave, WINDSOR, ON, N9C 3G3
(519) 255-5400   SIC 2899
K+S SEL WINDSOR LTEE *p* 971
200 Morton Dr, WINDSOR, ON, N9J 3W9
(519) 972-2201   SIC 1479
K+S SEL WINDSOR LTEE *p* 990
10701 Boul Parkway, ANJOU, QC, H1J 1S1
(514) 352-7490   SIC 5149
K+S SEL WINDSOR LTEE *p* 1044
50 Ch Principal, GROSSE-ILE, QC, G4T 6A6
(418) 985-2931   SIC 1479
K+S SEL WINDSOR LTEE *p* 1131
199 Boul Joseph-Versailles, MONTREAL-EST, QC, H1B 5J1
(514) 640-4655   SIC 2899
K+S SEL WINDSOR LTEE *p* 1142
755 Boul Saint-Jean Bureau 700, POINTE-CLAIRE, QC, H9R 5M9
(514) 630-0900   SIC 1479
K+S SEL WINDSOR LTEE *p* 1264
Gd, BELLE PLAINE, SK, S0G 0G0
(306) 345-5200   SIC 2899
K-BRO LINEN SYSTEMS INC *p* 24
1018 Mcdougall Rd Ne, CALGARY, AB, T2E 8B8
SIC 7218
K-BRO LINEN SYSTEMS INC *p* 96
15253 121a Ave Nw, EDMONTON, AB, T5V 1N1
(780) 451-3131   SIC 7219
K-BRO LINEN SYSTEMS INC *p* 579
15 Shorncliffe Rd, ETOBICOKE, ON, M9B 3S4
(416) 233-5555   SIC 7219
K-G SPRAY-PAK INC *p* 560
8001 Keele St, CONCORD, ON, L4K 1Y8
(905) 669-9855   SIC 2813
K-G SPRAY-PAK INC *p* 719
6080 Vipond Dr, MISSISSAUGA, ON, L5T 2V4
(905) 565-1410   SIC 2813
K-G SPRAY-PAK INC. *p* 719
See K-G SPRAY-PAK INC
K-LINE MAINTENANCE & CONSTRUCTION LIMITED *p* 1267
5 Industrial Dr, EMERALD PARK, SK, S4L 1B7
(306) 781-2711   SIC 1623
K. & W. OPTICAL (CALGARY) LIMITED *p* 24
3625 12 St Ne, CALGARY, AB, T2E 6P4
(403) 243-6133   SIC 3211
K. K. FOODS LTD *p* 399
540 Union St, FREDERICTON, NB, E3A 3N2
(506) 453-1229   SIC 5812
K.A.M. 1200 HOLDINGS LTD *p* 220
1203 Summit Dr Suite C, KAMLOOPS, BC, V2C 6C5
(250) 374-7821   SIC 5812
K.A.M. TRUCKING INC *p* 948
54028 Wellandport Rd Suite 1, WAINFLEET, ON, L0S 1V0
(905) 899-3399   SIC 4213
K.A.S.A. HOLDINGS LTD *p* 346
1907 Richmond Ave, BRANDON, MB, R7B 0T4
(204) 725-2244   SIC 5812
K.F.S. LIMITED *p* 730
3161 Greenbank Rd Unit 5, NEPEAN, ON, K2J 4H9
SIC 5611
K.F.S. LIMITED *p* 884
227 Third Ave, TIMMINS, ON, P4N 1C9
SIC 5311
K.J BEAMISH CONSTRUCTION CO. LTD *p* 572
34 Perini Rd, ELLIOT LAKE, ON, P5A 2T1
(705) 848-5488   SIC 1611
K.J BEAMISH CONSTRUCTION CO. LTD *p* 774
4293 Fairgrounds Rd, ORILLIA, ON, L3V 6H2
(705) 325-7447   SIC 1611
K.L.S (2009) INC *p* 1015
1615 Rue Saint-Paul, CHICOUTIMI, QC, G7J 3Y3
(418) 543-1515   SIC 3354
K.M. BAKERY *p* 927
438 Dundas St W, TORONTO, ON, M5T 1G7
SIC 5461
K.R.T. & ASSOCIATES INCORPORATED *p* 405
60 Pleasant St, MIRAMICHI, NB, E1V 1X7
(506) 622-5400   SIC 8741
K3 SPECIALTIES *p* 296
See WEYERHAEUSER COMPANY LIMITED
K3C COMMUNITY COUNSELLING CENTRES *p* 630
417 Bagot St, KINGSTON, ON, K7K 3C1
(613) 549-7850   SIC 8322
KADON ELECTRO MECHANICAL SERVICES LTD *p* 105
4808 87 St Nw Suite 140, EDMONTON, AB, T6E 5W3
(780) 466-4470   SIC 7699
KAEFER INTEGRATED SERVICES LTD *p* 7
5002 55 Ave, BONNYVILLE, AB, T9N 2K6
(780) 826-4737   SIC 1742
KAEFER INTEGRATED SERVICES LTD *p* 87
15309 116 Ave Nw, EDMONTON, AB, T5M 3Z5
(780) 484-4310   SIC 1799
KAEFER INTEGRATED SERVICES LTD *p* 127
10006 101 Ave Unit 201, GRANDE PRAIRIE, AB, T8V 0Y1
(780) 539-5367   SIC 1799

KAHNAWAKE EDUCATION CENTRE p 1048
See KAHNAWAKE EDUCATION CENTRE
KAHNAWAKE EDUCATION CENTRE p 1048
1 Boul Industrial Bureau 132, KAHNAWAKE, QC, J0L 1B0
(450) 632-8831   SIC 8211
KAHNAWAKE EDUCATION CENTRE p 1048
Gd, KAHNAWAKE, QC, J0L 1B0
(450) 632-3350   SIC 8211
KAHNAWAKE EDUCATION CENTRE p 1048
Gd, KAHNAWAKE, QC, J0L 1B0
(450) 638-1435   SIC 8211
KAHNAWAKE SURVIVAL SCHOOL p 1048
See KAHNAWAKE EDUCATION CENTRE
KAINAI BOARD OF EDUCATION p 67
Gd, CARDSTON, AB, T0K 0K0
(403) 737-2846   SIC 8211
KAINAI BOARD OF EDUCATION p 168
Gd, STAND OFF, AB, T0L 1Y0
(403) 737-2846   SIC 8211
KAINAI BOARD OF EDUCATION p 168
See GOVERNMENT OF THE PROVINCE OF ALBERTA
KAINAI BOARD OF EDUCATION p 168
Po Box 240, STAND OFF, AB, T0L 1Y0
(403) 737-3772   SIC 8211
KAISER ALUMINUM p 650
See KAISER ALUMINUM CANADA LIMITED
KAISER ALUMINUM CANADA LIMITED p 650
3021 Gore Rd, LONDON, ON, N5V 5A9
(519) 457-3610   SIC 3354
KAIZEN FOODS LTD p 682
8501 Regional Road 25, MILTON, ON, L9T 9C2
(905) 878-8712   SIC 5812
KAKABEKA FALLS PUBLIC SCHOOL p 622
See LAKEHEAD DISTRICT SCHOOL BOARD
KAL SPRING & STEERING p 153
See KAL TIRE LTD
KAL TIRE LTD p 1
26308 Township Road 531a, ACHESON, AB, T7X 5A3
(780) 960-3930   SIC 5531
KAL TIRE LTD p 24
2363 20 Ave Ne, CALGARY, AB, T2E 8T1
(403) 291-2177   SIC 5531
KAL TIRE LTD p 39
1616 14 Ave Nw, CALGARY, AB, T2N 1M6
(587) 318-3044   SIC 5531
KAL TIRE LTD p 85
14720 Yellowhead Trail Nw, EDMONTON, AB, T5L 3C5
(780) 451-5417   SIC 5531
KAL TIRE LTD p 120
Gd Lcd Main, FORT MCMURRAY, AB, T9H 3E2
(780) 790-0101   SIC 5531
KAL TIRE LTD p 153
5030 67 St, RED DEER, AB, T4N 2R6
(403) 346-4124   SIC 5531
KAL TIRE LTD p 153
6719 52 Ave, RED DEER, AB, T4N 4K8
(403) 343-2255   SIC 5531
KAL TIRE LTD p 155
8050 49 Ave, RED DEER, AB, T4P 2V7
(403) 347-8851   SIC 5531
KAL TIRE LTD p 163
27 Strathmoor Dr, SHERWOOD PARK, AB, T8H 0C1
(780) 417-9500   SIC 5531
KAL TIRE LTD p 177
975 Coutts Way, ABBOTSFORD, BC, V2S 7M2
(604) 853-5981   SIC 5531
KAL TIRE LTD p 179
31180 Peardonville Rd, ABBOTSFORD, BC, V2T 6K6
(604) 854-1161   SIC 5531
KAL TIRE LTD p 198
43850 Progress Way Unit 2, CHILLIWACK, BC, V2R 0C3
(604) 701-6153   SIC 5531
KAL TIRE LTD p 202
1851 Lougheed Hwy, COQUITLAM, BC, V3K 3T7
(604) 524-1166   SIC 5531
KAL TIRE LTD p 220
1870 Kelly Douglas Rd Suite 401, KAMLOOPS, BC, V2C 5S5
(250) 374-2273   SIC 3011
KAL TIRE LTD p 222
788 Mt Paul Way, KAMLOOPS, BC, V2H 1B5
(250) 374-6258   SIC 5531
KAL TIRE LTD p 229
20140 98 Ave, LANGLEY, BC, V1M 3G1
(604) 882-3911   SIC 5531
KAL TIRE LTD p 260
1073 Central St W, PRINCE GEORGE, BC, V2M 3C9
(250) 562-2105   SIC 5531
KAL TIRE LTD p 262
750 Boundary Rd, PRINCE GEORGE, BC, V2N 5T2
(250) 561-1525   SIC 5531
KAL TIRE LTD p 269
2633 No. 5 Rd, RICHMOND, BC, V6X 2S8
(604) 278-9181   SIC 5531
KAL TIRE LTD p 369
1777 Brookside Blvd, WINNIPEG, MB, R2R 2Y1
(204) 694-8560   SIC 5531
KAL TIRE LTD p 878
590 Central Ave, THUNDER BAY, ON, P7B 6B2
(807) 345-0600   SIC 5531
KAL TIRE LTD p 1296
2907 Faithfull Ave, SASKATOON, SK, S7K 8E8
(306) 931-7133   SIC 5531
KAL TIRE RETREAD PLANT p 198
See KAL TIRE LTD
KALAMALKA SECONDARY p 199
See SCHOOL DISTRICT NO 22 (VERNON)
KALAWSKY PONTIAC BUICK G M C (1989) LTD p 195
1700 Columbia Ave, Castlegar, BC, V1N 2W4
(250) 365-2155   SIC 5511
KALESNIKOFF LUMBER CO. LTD p 195
2090 3a Hwy, CASTLEGAR, BC, V1N 4N1
(250) 399-4211   SIC 2421
KAM AND RONSON MEDIA GROUP INC p 51
815 10 Ave Sw Suite 210, CALGARY, AB, T2R 0B4
SIC 5065
KAMAKURA JAPANESE CUISINE p 300
601 Broadway W Unit 3, VANCOUVER, BC, V5Z 4C2
SIC 5812
KAMEI ROYALE JAPANESE RESTAURANT LTD p 191
4700 Kingsway Suite 15e, BURNABY, BC, V5H 4M1
SIC 5812
KAMIK p 1017
See GENFOOT INC
KAMIK p 1057
See GENFOOT INC
KAMINAK GOLD CORPORATION p 308
800 Pender St W Suite 1020, VANCOUVER, BC, V6C 2V6
(604) 646-4527   SIC 1081
KAMLOOPS DAILY NEWS, THE p 220
See POSTMEDIA NETWORK INC
KAMLOOPS HEALTH PROTECTION OFFICE p 220
See INTERIOR HEALTH AUTHORITY

KAMLOOPS HOME AND COMMUNITY CARE p 220
See INTERIOR HEALTH AUTHORITY
KAMLOOPS MENTAL HEALTH CENTRE p 221
See THOMPSON HEALTH REGION
KAMLOOPS THIS WEEK p 220
See KAMLOOPS THIS WEEK PAPER
KAMLOOPS THIS WEEK PAPER p 220
1365b Dalhousie Dr, KAMLOOPS, BC, V2C 5P6
(250) 374-7467   SIC 2711
KAMLOOPS TOWNE LODGE LTD p 218
1250 Rogers Way, KAMLOOPS, BC, V1S 1N5
(250) 828-6660   SIC 7011
KAMLOOPS, THE CORPORATION OF THE CITY OF p 220
105 Seymour St, KAMLOOPS, BC, V2C 2C6
(250) 828-3311   SIC 8748
KAMLOOPS, THE CORPORATION OF THE CITY OF p 220
910 Mcgill Rd, KAMLOOPS, BC, V2C 6N6
(250) 828-3655   SIC 7999
KAMSACK COOP p 1271
See YORKTON CO-OPERATIVE ASSOCIATION LIMITED, THE
KAMTECH SERVICES INC p 1298
See SERVICES KAMTECH INC
KANAKA CREEK ELEMENTARY SCHOOL p 235
See SCHOOL DISTRICT NO 42 (MAPLE RIDGE-PITT MEADOWS)
KANATA ENTERTAINMENT HOLDINGS INC p 906
10 Dundas St E Suite 1002, TORONTO, ON, M5B 2G9
(416) 408-3080   SIC 6553
KANATA GOLF & COUNTRY CLUB p 860
See CLUBLINK CORPORATION ULC
KANAWAKI GOLF CLUB INC p 1048
Gd, KAHNAWAKE, QC, J0L 1B0
(450) 632-7200   SIC 7997
KANCAR COMMUNITY CHILDRENS CENTRE INC p 624
310 Legget Dr, KANATA, ON, K2K 1Y6
(613) 591-3398   SIC 8351
KANCAR COMMUNITY CHILDRENS CENTRE INC p 797
1150 Carling Ave, OTTAWA, ON, K1Z 7K5
(613) 729-1222   SIC 8351
KANE BIOTECH INC p 389
196 Innovation Dr Suite 162, WINNIPEG, MB, R3T 2N2
(204) 453-1301   SIC 8731
KANE VETERINARY SUPPLIES LTD p 92
11204 186 St Nw, EDMONTON, AB, T5S 2W2
(780) 453-1516   SIC 5047
KANE VETERINARY SUPPLIES LTD p 543
30 Struck Crt, CAMBRIDGE, ON, N1R 8L2
(519) 740-0733   SIC 5999
KANE, PAUL HIGH SCHOOL p 167
See ST. ALBERT PUBLIC SCHOOL DISTRICT NO. 5565
KANEFF GROUP OF COMPANIES p 522
See KANEFF PROPERTIES LIMITED
KANEFF PROPERTIES LIMITED p 522
8501 Mississauga Rd Ste 200, BRAMPTON, ON, L6Y 5G8
(905) 454-0221   SIC 6553
KANEFF PROPERTIES LIMITED p 522
8525 Mississauga Rd, BRAMPTON, ON, L6Y 0C1
(905) 455-8400   SIC 7992
KANEFF PROPERTIES LIMITED p 549
523 Carlisle Dr, CARLISLE, ON, L0R 1H0
(905) 689-8820   SIC 7997
KANEFF PROPERTIES LIMITED p 739
1 Niagara On The Green Blvd, NIAGARA ON THE LAKE, ON, L0S 1J0
(905) 685-9501   SIC 7992

KANEFF PROPERTIES LIMITED p 944
592 Westover Rd Suite 2, TROY, ON, L0R 2B0
(905) 628-2877   SIC 7992
KANEFFGOLF p 522
See KANEFF PROPERTIES LIMITED
KANUK INC p 1093
485 Rue Rachel E, Montreal, QC, H2J 2H1
(514) 284-4494   SIC 2311
KANUK MC p 1093
See 9167200 CANADA INC
KANWAL INC p 1074
1426 Boul Industriel, MAGOG, QC, J1X 4V9
(819) 868-5152   SIC 3089
KAO CANADA INC p 202
1580 Brigantine Dr Unit 110, COQUITLAM, BC, V3K 7C1
SIC 5131
KAO CANADA INC p 722
75 Courtneypark Dr W Unit 2, MISSISSAUGA, ON, L5W 0E3
(905) 670-7890   SIC 5122
KAO TIRE CENTRE p 693
2403 Stanfield Rd, MISSISSAUGA, ON, L4Y 1R6
(905) 848-3500   SIC 5531
KAPSCH TRAFFICCOM IVHS CORP p 554
Gd, COBOURG, ON, K9A 4K1
(905) 372-7225   SIC 3663
KAPUSKASING DISTRICT HIGH SCHOOL p 626
See DISTRICT SCHOOL BOARD ONTARIO NORTH EAST
KAR INDUSTRIEL INC p 560
21 Bradwick Dr Unit 2, CONCORD, ON, L4K 1K6
(905) 738-8665   SIC 5085
KAR INDUSTRIEL INC p 719
6877 Edwards Blvd, MISSISSAUGA, ON, L5T 2T9
(905) 564-5587   SIC 5084
KARACTERS DESIGN GROUP p 322
See OMNICOM CANADA CORP
KARDEL CONSULTING SERVICE INC p 335
2951 Tillicum Rd Unit 209, VICTORIA, BC, V9A 2A6
(250) 382-5959   SIC 8049
KARDIUM INC p 193
8518 Glenlyon Pky Suite 155, BURNABY, BC, V5J 0B6
(604) 248-8891   SIC 8731
KAREN KAIN SCHOOL OF THE ARTS p 577
See TORONTO DISTRICT SCHOOL BOARD
KAREN MAGNUSSEN RECREATIONAL CENTER p 247
See NORTH VANCOUVER RECREATION COMMISSION
KARLENE DEVELOPMENTS LIMITED p 448
313 Prince Albert Rd, DARTMOUTH, NS, B2Y 1N3
(902) 469-5850   SIC 7011
KARLENE DEVELOPMENTS LIMITED p 476
560 Kings Rd, SYDNEY, NS, B1S 1B9
(902) 539-8101   SIC 7011
KARLO CORPORATION SUPPLY & SERVICES p 990
10801 Boul Ray-Lawson Bureau 100, ANJOU, QC, H1J 1M5
(514) 255-5017   SIC 5088
KARLO TRADE CENTRE LTD p 362
1401 Regent Ave W, WINNIPEG, MB, R2C 3B2
(204) 661-6644   SIC 5511
KARMAX HEAVY STAMPING p 682
See MAGNA INTERNATIONAL INC
KARMIN GROUP p 1025
See 167986 CANADA INC
KARNALYTE RESOURCES INC p 57
1140 27 St Se Unit 14, CALGARY, AB, T2Z

3R6
SIC 3339

KARSON AGGREGATES p 550
See WEST CARLETON SAND & GRAVEL INC

KARSON ASPHALT PAVING INC p 550
3725 Carp Rd, CARP, ON, K0A 1L0
(613) 839-2816 SIC 4213

KASHRUTH COUNCIL OF CANADA p 760
3200 Dufferin St Suite 308, NORTH YORK, ON, M6A 3B2
(416) 635-9550 SIC 8734

KASIAN ARCHITECTURE INTERIOR DESIGN AND PLANNING LTD p 46
1011 9 Ave Sw, CALGARY, AB, T2P 1L3
(403) 265-2440 SIC 8712

KASIAN ARCHITECTURE INTERIOR DESIGN AND PLANNING LTD p 81
10150 Jasper Ave Nw Suite 251, EDMONTON, AB, T5J 1W4
(780) 990-0800 SIC 8712

KASK BROS. READY MIX DIV OF p 185
See LAFARGE CANADA INC

KASLO PRIMARY HEALTH CENTRE p 222
See INTERIOR HEALTH AUTHORITY

KASOHKOWEW CHILD WELLNESS SOCIETY p 132
Gd, HOBBEMA, AB, T0C 1N0
SIC 8322

KASSIK INVESTMENTS INC p 952
527 King St N, WATERLOO, ON, N2L 5Z6
(519) 885-5091 SIC 5511

KASTNER METALS p 684
See 105675 ONTARIO LIMITED

KATAND ENTERPRISES INC p 560
1600 Langstaff Rd, CONCORD, ON, L4K 3S3
(905) 669-7574 SIC 5812

KATE ANDREWS HIGH SCHOOL p 69
See PALLISER REGIONAL DIVISION NO 26

KATE CHEGWIN SCHOOL p 112
See EDMONTON SCHOOL DISTRICT NO. 7

KATERI SCHOOL p 1048
See KAHNAWAKE EDUCATION CENTRE

KATES' PHARMACY LTD p 264
225 St Laurent Ave, QUESNEL, BC, V2J 2C8
(250) 992-2214 SIC 5912

KATHRYN SCHOOL p 133
See ROCKY VIEW SCHOOL DIVISION NO. 41, THE

KATIMAVIK ELEMENTARY SCHOOL p 625
See OTTAWA-CARLETON DISTRICT SCHOOL BOARD

KATIVIK SCHOOLBOARD p 1049
See COMMISSION SCOLAIRE KATIVIK

KAVERIT CRANES & SERVICE ULC p 534
1040 Sutton Dr, BURLINGTON, ON, L7L 6B8
(905) 631-1611 SIC 7389

KAVERIT CRANES & SERVICE ULC p 867
598 Falconbridge Rd Unit 12, SUDBURY, ON, P3A 5K6
(705) 521-0953 SIC 7389

KAWARTA PINE RIDGE DISTRICT SCHOOL BOARD p 817
See KAWARTHA PINE RIDGE DISTRICT SCHOOL BOARD

KAWARTHA CHILD CARE SERVICES INC p 647
24 Weldon Crt Suite 6, LINDSAY, ON, K9V 4P1
(705) 324-8434 SIC 8351

KAWARTHA CHILD CARE SERVICES INC p 810
733 Parkhill Rd W, PETERBOROUGH, ON, K9J 8M4
(705) 740-9439 SIC 8351

KAWARTHA CREDIT UNION LIMITED p 810
645 Lansdowne St W, PETERBOROUGH, ON, K9J 7Y5
(705) 743-1630 SIC 6062

KAWARTHA DAIRY LIMITED p 505
89 Prince St W, BOBCAYGEON, ON, K0M 1A0
(705) 738-5123 SIC 5143

KAWARTHA DOWNS & SPEEDWAY p 590
See KAWARTHA DOWNS LTD

KAWARTHA DOWNS LTD p 590
1382 County Road 28, FRASERVILLE, ON, K0L 1V0
(705) 939-6316 SIC 7948

KAWARTHA HEIGHTS ELEMENTARY SCHOOL p 810
See KAWARTHA PINE RIDGE DISTRICT SCHOOL BOARD

KAWARTHA LAKES RAILWAY p 809
See CANADIAN PACIFIC RAILWAY COMPANY

KAWARTHA PINE RIDGE DISTRICT SCHOOL BOARD p 493
9320 Burwash Rd, BALTIMORE, ON, K0K 1C0
(905) 372-2431 SIC 8211

KAWARTHA PINE RIDGE DISTRICT SCHOOL BOARD p 507
45 West Side Dr, BOWMANVILLE, ON, L1C 4Y8
(905) 623-3841 SIC 8211

KAWARTHA PINE RIDGE DISTRICT SCHOOL BOARD p 507
200 Clarington Blvd, BOWMANVILLE, ON, L1C 5N8
(905) 697-9857 SIC 8211

KAWARTHA PINE RIDGE DISTRICT SCHOOL BOARD p 507
10 Church St, BOWMANVILLE, ON, L1C 1S3
(905) 623-6279 SIC 8211

KAWARTHA PINE RIDGE DISTRICT SCHOOL BOARD p 507
116 Ontario St, BOWMANVILLE, ON, L1C 2T4
(905) 623-5437 SIC 8211

KAWARTHA PINE RIDGE DISTRICT SCHOOL BOARD p 507
120 Wellington St, BOWMANVILLE, ON, L1C 1V9
(905) 623-5614 SIC 8211

KAWARTHA PINE RIDGE DISTRICT SCHOOL BOARD p 507
168 Waverley Rd, BOWMANVILLE, ON, L1C 3Y8
(905) 623-4323 SIC 8211

KAWARTHA PINE RIDGE DISTRICT SCHOOL BOARD p 507
175 Mearns Ave, BOWMANVILLE, ON, L1C 5C6
(905) 697-7817 SIC 8211

KAWARTHA PINE RIDGE DISTRICT SCHOOL BOARD p 507
350 Longworth Ave, BOWMANVILLE, ON, L1C 5J5
(905) 623-3682 SIC 8211

KAWARTHA PINE RIDGE DISTRICT SCHOOL BOARD p 529
1029 Gore St, BRIDGENORTH, ON, K0L 1H0
(705) 292-9594 SIC 8211

KAWARTHA PINE RIDGE DISTRICT SCHOOL BOARD p 530
2 Drewry St, BRIGHTON, ON, K0K 1H0
(613) 475-2301 SIC 8211

KAWARTHA PINE RIDGE DISTRICT SCHOOL BOARD p 530
212 County Rd Suite 26, BRIGHTON, ON, K0K 1H0
(613) 475-2578 SIC 8211

KAWARTHA PINE RIDGE DISTRICT SCHOOL BOARD p 530
71 Dundas St, BRIGHTON, ON, K0K 1H0
(613) 475-0540 SIC 8211

KAWARTHA PINE RIDGE DISTRICT SCHOOL BOARD p 530
24 Elizabeth St, BRIGHTON, ON, K0K 1H0
(613) 475-2814 SIC 8211

KAWARTHA PINE RIDGE DISTRICT SCHOOL BOARD p 548
119 Ranney St N Unit 960, CAMPBELLFORD, ON, K0L 1L0
(705) 653-3060 SIC 8211

KAWARTHA PINE RIDGE DISTRICT SCHOOL BOARD p 548
150 Kent St, CAMPBELLFORD, ON, K0L 1L0
(705) 653-1540 SIC 8211

KAWARTHA PINE RIDGE DISTRICT SCHOOL BOARD p 548
55 Elmore St, CAMPBELLFORD, ON, K0L 1L0
(705) 653-1430 SIC 8211

KAWARTHA PINE RIDGE DISTRICT SCHOOL BOARD p 548
3278 Ganaraska Rd, CAMPBELLCROFT, ON, L0A 1B0
(905) 797-2991 SIC 8211

KAWARTHA PINE RIDGE DISTRICT SCHOOL BOARD p 550
2246 Spring St, CASTLETON, ON, K0K 1M0
(905) 344-7361 SIC 8211

KAWARTHA PINE RIDGE DISTRICT SCHOOL BOARD p 554
1065 Riddell Ave, COBOURG, ON, K9A 5N4
(905) 372-8800 SIC 8211

KAWARTHA PINE RIDGE DISTRICT SCHOOL BOARD p 554
135 King St W, COBOURG, ON, K9A 2M7
(905) 372-2191 SIC 8211

KAWARTHA PINE RIDGE DISTRICT SCHOOL BOARD p 554
780 D'arcy St, COBOURG, ON, K9A 4B3
(905) 372-9611 SIC 8211

KAWARTHA PINE RIDGE DISTRICT SCHOOL BOARD p 554
390 King St W, COBOURG, ON, K9A 2N7
(905) 372-5105 SIC 8211

KAWARTHA PINE RIDGE DISTRICT SCHOOL BOARD p 554
3546 Kennedy Rd, COBOURG, ON, K9A 4J7
(905) 342-2874 SIC 8211

KAWARTHA PINE RIDGE DISTRICT SCHOOL BOARD p 554
335 King St E, COBOURG, ON, K9A 1M2
(905) 372-2271 SIC 8211

KAWARTHA PINE RIDGE DISTRICT SCHOOL BOARD p 554
311 Cottesmore Ave, COBOURG, ON, K9A 4E3
(905) 372-9752 SIC 8211

KAWARTHA PINE RIDGE DISTRICT SCHOOL BOARD p 555
8 Alfred St, COLBORNE, ON, K0K 1S0
(905) 355-2532 SIC 8211

KAWARTHA PINE RIDGE DISTRICT SCHOOL BOARD p 567
1675 Nash Rd, COURTICE, ON, L1E 2Y4
(905) 436-2055 SIC 8211

KAWARTHA PINE RIDGE DISTRICT SCHOOL BOARD p 567
1717 Nash Rd, COURTICE, ON, L1E 2L8
(905) 436-2074 SIC 8211

KAWARTHA PINE RIDGE DISTRICT SCHOOL BOARD p 567
71 Sandringham Dr, COURTICE, ON, L1E 1W8
(905) 433-8747 SIC 8211

KAWARTHA PINE RIDGE DISTRICT SCHOOL BOARD p 567
1462 Nash Rd, COURTICE, ON, L1E 1S7
(905) 436-0715 SIC 8211

KAWARTHA PINE RIDGE DISTRICT SCHOOL BOARD p 567
75 Meadowglade Rd Suite 1, COURTICE, ON, L1E 3G7
(905) 436-2054 SIC 8211

KAWARTHA PINE RIDGE DISTRICT SCHOOL BOARD p 567
80 Avondale Dr, COURTICE, ON, L1E 3C2
(905) 438-9648 SIC 8211

KAWARTHA PINE RIDGE DISTRICT SCHOOL BOARD p 590
994 Will Johnson Rd, FRANKFORD, ON, K0K 2C0
(613) 398-7200 SIC 8211

KAWARTHA PINE RIDGE DISTRICT SCHOOL BOARD p 596
654 Station Rd, GRAFTON, ON, K0K 2G0
(905) 349-2591 SIC 8211

KAWARTHA PINE RIDGE DISTRICT SCHOOL BOARD p 617
8145 Old Scugog Rd, HAMPTON, ON, L0B 1J0
(905) 263-2970 SIC 8211

KAWARTHA PINE RIDGE DISTRICT SCHOOL BOARD p 618
55 Mathison St E, HAVELOCK, ON, K0L 1Z0
(705) 778-3821 SIC 8211

KAWARTHA PINE RIDGE DISTRICT SCHOOL BOARD p 627
42 Av Pinecrest, KEENE, ON, K0L 2G0
(705) 295-6898 SIC 8211

KAWARTHA PINE RIDGE DISTRICT SCHOOL BOARD p 645
39 Ermatinger St, LAKEFIELD, ON, K0L 2H0
(705) 652-3811 SIC 8211

KAWARTHA PINE RIDGE DISTRICT SCHOOL BOARD p 645
71 Bridge St, LAKEFIELD, ON, K0L 2H0
(705) 652-3333 SIC 8211

KAWARTHA PINE RIDGE DISTRICT SCHOOL BOARD p 680
47 Tupper St, MILLBROOK, ON, L0A 1G0
(705) 932-2789 SIC 8211

KAWARTHA PINE RIDGE DISTRICT SCHOOL BOARD p 732
50 Glass Crt, NEWCASTLE, ON, L1B 1M5
(905) 987-4262 SIC 8211

KAWARTHA PINE RIDGE DISTRICT SCHOOL BOARD p 732
3425 Hwy 35 & 115, NEWCASTLE, ON, L1B 1L9
(905) 987-5232 SIC 8211

KAWARTHA PINE RIDGE DISTRICT SCHOOL BOARD p 764
44 Elm St, NORWOOD, ON, K0L 2V0
(705) 639-5332 SIC 8211

KAWARTHA PINE RIDGE DISTRICT SCHOOL BOARD p 764
24 Flora St, NORWOOD, ON, K0L 2V0
(705) 639-5382 SIC 8211

KAWARTHA PINE RIDGE DISTRICT SCHOOL BOARD p 808
1009 Armour Rd, PETERBOROUGH, ON, K9H 7H2
(705) 743-5230 SIC 8211

KAWARTHA PINE RIDGE DISTRICT SCHOOL BOARD p 808
1111 Royal Dr, PETERBOROUGH, ON, K9H 6P9
(705) 745-0722 SIC 8211

KAWARTHA PINE RIDGE DISTRICT SCHOOL BOARD p 808
220 Hunter St E, PETERBOROUGH, ON, K9H 1H1
(705) 745-7462 SIC 8211

KAWARTHA PINE RIDGE DISTRICT SCHOOL BOARD p 808
245 Mcfarlane St, PETERBOROUGH, ON, K9H 1K1
(705) 742-6001 SIC 8211

KAWARTHA PINE RIDGE DISTRICT SCHOOL BOARD p 808
830 Barnardo Ave, PETERBOROUGH, ON, K9H 5V9
(705) 742-6331 SIC 8211

KAWARTHA PINE RIDGE DISTRICT SCHOOL BOARD p 808
430 Highland Rd, PETERBOROUGH, ON, K9H 5J7
(705) 742-8321 SIC 8211

KAWARTHA PINE RIDGE DISTRICT SCHOOL BOARD *p 810*
1994 Fisher Dr Suite K9j, PETERBOROUGH, ON, K9J 6X6
(705) 742-9773 SIC 8211

KAWARTHA PINE RIDGE DISTRICT SCHOOL BOARD *p 810*
550 Erskine Ave, PETERBOROUGH, ON, K9J 5T4
(705) 745-6456 SIC 8211

KAWARTHA PINE RIDGE DISTRICT SCHOOL BOARD *p 810*
580 River Rd S, PETERBOROUGH, ON, K9J 1E7
(705) 745-0651 SIC 8211

KAWARTHA PINE RIDGE DISTRICT SCHOOL BOARD *p 810*
633 Monaghan Rd, PETERBOROUGH, ON, K9J 5J2
(705) 743-2181 SIC 8211

KAWARTHA PINE RIDGE DISTRICT SCHOOL BOARD *p 810*
860 St Mary's St, PETERBOROUGH, ON, K9J 4H6
(705) 745-7775 SIC 8211

KAWARTHA PINE RIDGE DISTRICT SCHOOL BOARD *p 810*
11 Kawartha Heights Blvd, PETERBOROUGH, ON, K9J 1N4
(705) 742-7521 SIC 8211

KAWARTHA PINE RIDGE DISTRICT SCHOOL BOARD *p 810*
1211 Monaghan Rd, PETERBOROUGH, ON, K9J 5L4
(705) 743-8595 SIC 8211

KAWARTHA PINE RIDGE DISTRICT SCHOOL BOARD *p 810*
1445 Monaghan Rd, PETERBOROUGH, ON, K9J 5M8
(705) 745-1353 SIC 8211

KAWARTHA PINE RIDGE DISTRICT SCHOOL BOARD *p 810*
1520 Sherwood Cres, PETERBOROUGH, ON, K9J 6T8
(705) 742-7871 SIC 8211

KAWARTHA PINE RIDGE DISTRICT SCHOOL BOARD *p 811*
1175 Brealey Dr, PETERBOROUGH, ON, K9K 0C1
(705) 742-8090 SIC 8211

KAWARTHA PINE RIDGE DISTRICT SCHOOL BOARD *p 817*
130 Highland Dr, PORT HOPE, ON, L1A 2A3
(905) 885-6346 SIC 8211

KAWARTHA PINE RIDGE DISTRICT SCHOOL BOARD *p 817*
90 Rose Glen Rd, PORT HOPE, ON, L1A 3V6
(905) 885-9399 SIC 8211

KAWARTHA PINE RIDGE DISTRICT SCHOOL BOARD *p 826*
9047 County Road 45 Rr 4, ROSENEATH, ON, K0K 2X0
(905) 352-2161 SIC 8211

KAWARTHA PINE RIDGE DISTRICT SCHOOL BOARD *p 944*
654 County Rd 40, TRENTON, ON, K8V 5P4
(613) 392-9238 SIC 8211

KAWARTHA PINE RIDGE DISTRICT SCHOOL BOARD *p 949*
129 Church St, WARKWORTH, ON, K0K 3K0
(705) 924-2202 SIC 8211

KAWARTHA-HALIBURTON CHILDREN'S AID SOCIETY, THE *p 808*
1100 Chemong Rd, PETERBOROUGH, ON, K9H 7S2
(705) 743-9751 SIC 8322

KAWNEER COMPANY CANADA LIMITED *p 136*
4000 18 Ave N Suite Side, LETHBRIDGE, AB, T1H 5S8
(403) 320-7755 SIC 3442

KAWNEER COMPANY CANADA LIMITED *p 560*
200 Confederation Pky Unit 2, CONCORD, ON, L4K 4T8
(289) 982-0200 SIC 3446

KAY BINGHAM ELEMENTARY SCHOOL *p 219*
See SCHOOL DISTRICT 73 (KAMLOOPS/THOMPSON)

KAY CEE KAY RESTAURANTS LIMITED *p 846*
4125 Steeles Ave E, SCARBOROUGH, ON, M1W 3T4
SIC 5812

KAYCAN LTEE *p 67*
701 Highfield Dr, CARSTAIRS, AB, T0M 0N0
(403) 337-3966 SIC 3089

KAYCAN LTEE *p 850*
37 Union St, SMITHS FALLS, ON, K7A 4Z4
(613) 283-0999 SIC 3479

KAYCAN LTEE *p 1032*
1120 Boul Industriel, FARNHAM, QC, J2N 3B5
(450) 293-2463 SIC 3089

KAYCAN LTEE *p 1142*
160 Av Oneida, POINTE-CLAIRE, QC, H9R 1A8
(514) 694-7200 SIC 5039

KAYJET PROMOTIONS LTD *p 375*
66 King St Suite 700, WINNIPEG, MB, R3B 1H6
(204) 942-0778 SIC 7389

KAYJON GRAPHIQUES INC *p 1209*
8150 Rte Transcanadienne Bureau 100, SAINT-LAURENT, QC, H4S 1M5
(514) 333-1933 SIC 2752

KAYTEC VINYL *p 67*
See KAYCAN LTEE

KB WOODWARD ELEMENTARY *p 284*
See SCHOOL DISTRICT NO 36 (SURREY)

KBAL *p 24*
See KENN BOREK AIR LTD

KBIM PORTABLE MACHINING LTD *p 81*
Gd Stn Main, EDMONTON, AB, T5J 2G8
(780) 463-0613 SIC 7699

KBK NO 51 VENTURES LTD *p 312*
1128 Alberni St, VANCOUVER, BC, V6E 4R6
(604) 683-1399 SIC 6513

KBL ENVIRONMENTAL LTD *p 439*
17 Cameron Rd, YELLOWKNIFE, NT, X1A 2N8
(867) 873-5263 SIC 4953

KBM COMMERCIAL FLOOR COVERINGS INC *p 28*
1260 26 Ave Se, CALGARY, AB, T2G 5S2
(403) 274-5292 SIC 1752

KBR INDUSTRIAL CANADA CO. *p 114*
3300 76 Ave Nw, EDMONTON, AB, T6P 1J4
(780) 468-1341 SIC 1541

KBS+P CANADA INC *p 1104*
555 Boul Rene-Levesque O Bureau 1700, Montreal, QC, H2Z 1B1
(514) 875-7430 SIC 7311

KCICRANE PRO SERVICES *p 534*
See KONECRANES CANADA INC

KEANE COMPLETIONS CN CORP *p 46*
435 4 Ave Sw Suite 380, CALGARY, AB, T2P 2S6
(587) 390-0863 SIC 1381

KEARNS, FATHER KENNETH SCHOOL *p 161*
See ELK ISLAND CATHOLIC SEPARATE REGIONAL DIVISION NO. 41

KEATING ELEMENTARY SCHOOL *p 334*
See SCHOOL DISTRICT 63 (SAANICH)

KEATSWAY ELEMENTARY SCHOOL *p 953*
See WATERLOO REGION DISTRICT SCHOOL BOARD

KEAY NURSING HOMES INC *p 548*
38 Black Diamond Rd, CANNIFTON, ON, K0K 1K0
(613) 966-7717 SIC 8051

KEB HANA BANK CANADA *p 749*
4950 Yonge St Suite 103, NORTH YORK, ON, M2N 6K1
(416) 222-5200 SIC 6021

KEDDCO MFG. (2011) LTD *p 828*
645 Keddco St, SARNIA, ON, N7T 7H5
(519) 336-2960 SIC 3462

KEDDCO USA INC. *p 752*
23 Lesmill Rd Suite 201, NORTH YORK, ON, M3B 3P6
(416) 508-3000 SIC 3061

KEDRON PUBLIC SCHOOL *p 779*
See DURHAM DISTRICT SCHOOL BOARD

KEDROS FURNITURE, DIV OF *p 84*
See EXCEL RESOURCES SOCIETY

KEE WEST AUTO CARRIERS INC *p 378*
12-15-2 Epm, WINNIPEG, MB, R3C 2E6
(204) 774-2937 SIC 4213

KEELE RECREATION CENTRE *p 938*
See CORPORATION OF THE CITY OF TORONTO

KEELE ST JR PS *p 938*
See TORONTO DISTRICT SCHOOL BOARD

KEELER ELEMENTARY SCHOOL *p 13*
See GOVERNMENT OF THE PROVINCE OF ALBERTA

KEELER SCHOOL *p 12*
See CALGARY BOARD OF EDUCATION

KEELESDALE JUNIOR PUBLIC SCHOOL *p 937*
See TORONTO DISTRICT SCHOOL BOARD

KEENOOSHAYO SCHOOL *p 167*
See ST. ALBERT PUBLIC SCHOOL DISTRICT NO. 5565

KEEWATIN PATRICIA DISTRICT SCHOOL BOARD *p 493*
Gd, BALMERTOWN, ON, P0V 1C0
(807) 735-2088 SIC 8211

KEEWATIN PATRICIA DISTRICT SCHOOL BOARD *p 570*
20 Davis St, DRYDEN, ON, P8N 1R4
(807) 223-4418 SIC 8211

KEEWATIN PATRICIA DISTRICT SCHOOL BOARD *p 570*
91 Rourke Ave, DRYDEN, ON, P8N 2N6
(807) 223-5311 SIC 8211

KEEWATIN PATRICIA DISTRICT SCHOOL BOARD *p 620*
194 Davy Lake Rd, IGNACE, ON, P0T 1T0
(807) 934-2212 SIC 8211

KEEWATIN PATRICIA DISTRICT SCHOOL BOARD *p 627*
1 Brinkman Rd, KENORA, ON, P9N 2R5
(807) 468-8607 SIC 8211

KEEWATIN PATRICIA DISTRICT SCHOOL BOARD *p 627*
330 Mill St, KEEWATIN, ON, P0X 1C0
(807) 547-2292 SIC 8211

KEEWATIN PATRICIA DISTRICT SCHOOL BOARD *p 628*
1400 Ninth St N, KENORA, ON, P9N 2T7
(807) 468-6401 SIC 8211

KEEWATIN PATRICIA DISTRICT SCHOOL BOARD *p 628*
240 Veterans Dr, KENORA, ON, P9N 3Y5
(807) 468-5571 SIC 8211

KEEWATIN PATRICIA DISTRICT SCHOOL BOARD *p 628*
27 Donkirk Hts, KENORA, ON, P9N 4K3
(807) 548-4205 SIC 8211

KEEWATIN PATRICIA DISTRICT SCHOOL BOARD *p 628*
320 Sixth Ave S, KENORA, ON, P9N 2C3
(807) 468-7570 SIC 8211

KEEWATIN PATRICIA DISTRICT SCHOOL BOARD *p 815*
1 E St, PICKLE LAKE, ON, P0V 3A0
(807) 928-2381 SIC 8211

KEEWATIN PATRICIA DISTRICT SCHOOL BOARD *p 818*
201 Howey St, RED LAKE, ON, P0V 2M0
(807) 727-2331 SIC 8211

KEEWATIN PATRICIA DISTRICT SCHOOL BOARD *p 818*
Gd, RED LAKE, ON, P0V 2M0
(807) 727-2092 SIC 8211

KEEWATIN PATRICIA DISTRICT SCHOOL BOARD *p 833*
Gd, SAVANT LAKE, ON, P0V 2S0
(807) 584-2242 SIC 8211

KEEWATIN PATRICIA DISTRICT SCHOOL BOARD *p 849*
15 Fair St, SIOUX LOOKOUT, ON, P8T 1A9
(807) 737-3500 SIC 8211

KEEWATIN PUBLIC SCHOOL *p 627*
See KEEWATIN PATRICIA DISTRICT SCHOOL BOARD

KEEWATIN YATTHE REGIONAL HEALTH AUTHORITY *p 1265*
Gd, BUFFALO NARROWS, SK, S0M 0J0
(306) 235-2220 SIC 8062

KEEWATIN YATTHE REGIONAL HEALTH AUTHORITY *p 1270*
Gd, ILE-A-LA-CROSSE, SK, S0M 1C0
(306) 833-2016 SIC 8011

KEEWATIN YATTHE REGIONAL HEALTH AUTHORITY *p 1271*
Gd, LA LOCHE, SK, S0M 1G0
(306) 822-3201 SIC 8062

KEG AT THE MOUNTAIN *p 340*
See SNOWLINE RESTAURANTS INC

KEG CAESARS *p 307*
See HORNBY STREET (VANCOUVER) RESTAURANTS LTD

KEG IN THE VALLEY *p 176*
See ABBOTSFORD RESTAURANTS LTD

KEG RESTAURANT *p 250*
800 Marine Dr, NORTH VANCOUVER, BC, V7P 1R8
SIC 5812

KEG RESTAURANT *p 259*
See GREAT STEAK HOUSE INC, THE

KEG RESTAURANTS LTD *p 13*
425 36 St Ne, CALGARY, AB, T2A 6K3
(403) 235-5858 SIC 5812

KEG RESTAURANTS LTD *p 32*
7104 Macleod Trail Se, CALGARY, AB, T2H 0L3
(403) 253-2534 SIC 5812

KEG RESTAURANTS LTD *p 39*
1923 Uxbridge Dr Nw, CALGARY, AB, T2N 2V2
(403) 282-0020 SIC 5812

KEG RESTAURANTS LTD *p 95*
9960 170 St Nw, EDMONTON, AB, T5T 6G7
(780) 414-1114 SIC 5812

KEG RESTAURANTS LTD *p 105*
8020 105 St Nw, EDMONTON, AB, T6E 4Z4
(780) 432-7494 SIC 5812

KEG RESTAURANTS LTD *p 113*
1631 102 St Nw, EDMONTON, AB, T6N 1M3
SIC 5812

KEG RESTAURANTS LTD *p 187*
4510 Still Creek Ave, BURNABY, BC, V5C 0B5
(604) 294-4626 SIC 5812

KEG RESTAURANTS LTD *p 200*
2991 Lougheed Hwy Unit 130, COQUITLAM, BC, V3B 6J6
(604) 464-5340 SIC 5812

KEG RESTAURANTS LTD *p 220*
500 Lorne St, KAMLOOPS, BC, V2C 1W3
(250) 374-5347 SIC 5812

KEG RESTAURANTS LTD *p 245*
800 Columbia St, NEW WESTMINSTER, BC, V3M 1B8
SIC 5812

KEG RESTAURANTS LTD *p 286*
7948 120 St, SURREY, BC, V3W 3N2
(604) 591-6161 SIC 5812

KEG RESTAURANTS LTD *p 288*
15180 32 Ave Divers, SURREY, BC, V3Z 3M1
(604) 542-9733 SIC 5812

KEG RESTAURANTS LTD *p 312*
1121 Alberni St Ste 310, VANCOUVER, BC, V6E 4T9

BUSINESSES ALPHABETICALLY

(604) 685-4388   SIC 5812
KEG RESTAURANTS LTD   p 315
1499 Anderson St, VANCOUVER, BC, V6H 3R5
(604) 685-4735   SIC 5812
KEG RESTAURANTS LTD   p 333
3940 Quadra St, VICTORIA, BC, V8X 1J6
(250) 479-1651   SIC 5812
KEG RESTAURANTS LTD   p 378
115 Garry St, WINNIPEG, MB, R3C 1G5
(204) 942-7619   SIC 5812
KEG RESTAURANTS LTD   p 391
2034 Mcgillivray Blvd, WINNIPEG, MB, R3Y 1V5
(204) 477-5300   SIC 5812
KEG RESTAURANTS LTD   p 435
135 Harbour Dr, ST. JOHN'S, NL, A1C 6N6
(709) 726-4534   SIC 5812
KEG RESTAURANTS LTD   p 521
70 Gillingham Dr, BRAMPTON, ON, L6X 4X7
(905) 456-3733   SIC 5812
KEG RESTAURANTS LTD   p 581
291 The West Mall Suite 512, ETOBICOKE, ON, M9C 4Z6
(416) 626-3707   SIC 5812
KEG RESTAURANTS LTD   p 631
300 King St E, KINGSTON, ON, K7L 3B4
(613) 549-1333   SIC 5812
KEG RESTAURANTS LTD   p 752
1977 Leslie St, NORTH YORK, ON, M3B 2M3
(416) 446-1045   SIC 5812
KEG RESTAURANTS LTD   p 765
300 Hays Blvd, OAKVILLE, ON, L6H 7P3
(905) 257-2700   SIC 5812
KEG RESTAURANTS LTD   p 770
3130 South Service Rd W, OAKVILLE, ON, L6L 6T1
(905) 681-1810   SIC 5812
KEG RESTAURANTS LTD   p 781
255 Stevenson Rd S, OSHAWA, ON, L1J 6Y4
(905) 571-3212   SIC 5812
KEG RESTAURANTS LTD   p 789
75 York St, OTTAWA, ON, K1N 5T2
(613) 241-8514   SIC 5812
KEG RESTAURANTS LTD   p 821
162 York Blvd, RICHMOND HILL, ON, L4B 3J6
(905) 882-0500   SIC 5812
KEG RESTAURANTS LTD   p 837
60 Estate Dr, SCARBOROUGH, ON, M1H 2Z1
(416) 438-1452   SIC 5812
KEG RESTAURANTS LTD   p 856
344 Glendale Ave, ST CATHARINES, ON, L2T 4E3
(905) 680-4585   SIC 5812
KEG RESTAURANTS LTD   p 878
735 Hewitson St, THUNDER BAY, ON, P7B 6B5
(807) 623-1960   SIC 5812
KEG RESTAURANTS LTD   p 903
515 Jarvis St, TORONTO, ON, M4Y 2H7
(416) 964-6609   SIC 5812
KEG RESTAURANTS LTD   p 909
56 The Esplanade, TORONTO, ON, M5E 1A7
(416) 367-0685   SIC 5812
KEG RESTAURANTS LTD   p 930
560 King St W, TORONTO, ON, M5V 0L5
(416) 364-7227   SIC 5812
KEG RESTAURANTS LTD   p 942
927 Dixon Rd, TORONTO, ON, M9W 1J8
(416) 675-2311   SIC 5812
KEG SOUTH RICHMOND   p 272
See STEVESTON RESTAURANTS LTD
KEG STEAK HOUSE & BAR, THE   p 942
See KEG RESTAURANTS LTD
KEG STEAKHOUSE & BAR   p 4
See BANFF CARIBOU PROPERTIES LTD
KEG STEAKHOUSE & BAR   p 384
See G.R.R. HOLDINGS LTD

KEG STEAKHOUSE & BAR, THE   p 13
See KEG RESTAURANTS LTD
KEG STEAKHOUSE & BAR, THE   p 32
See KEG RESTAURANTS LTD
KEG STEAKHOUSE & BAR, THE   p 39
See KEG RESTAURANTS LTD
KEG STEAKHOUSE & BAR, THE   p 105
See KEG RESTAURANTS LTD
KEG STEAKHOUSE & BAR, THE   p 113
See KEG RESTAURANTS LTD
KEG STEAKHOUSE & BAR, THE   p 187
See KEG RESTAURANTS LTD
KEG STEAKHOUSE & BAR, THE   p 200
See KEG RESTAURANTS LTD
KEG STEAKHOUSE & BAR, THE   p 220
See KEG RESTAURANTS LTD
KEG STEAKHOUSE & BAR, THE   p 245
See KEG RESTAURANTS LTD
KEG STEAKHOUSE & BAR, THE   p 286
See KEG RESTAURANTS LTD
KEG STEAKHOUSE & BAR, THE   p 312
See KEG RESTAURANTS LTD
KEG STEAKHOUSE & BAR, THE   p 315
See KEG RESTAURANTS LTD
KEG STEAKHOUSE & BAR, THE   p 333
See KEG RESTAURANTS LTD
KEG STEAKHOUSE & BAR, THE   p 378
See KEG RESTAURANTS LTD
KEG STEAKHOUSE & BAR, THE   p 391
See KEG RESTAURANTS LTD
KEG STEAKHOUSE & BAR, THE   p 435
See KEG RESTAURANTS LTD
KEG STEAKHOUSE & BAR, THE   p 521
See KEG RESTAURANTS LTD
KEG STEAKHOUSE & BAR, THE   p 581
See KEG RESTAURANTS LTD
KEG STEAKHOUSE & BAR, THE   p 616
See 718695 ONTARIO INC
KEG STEAKHOUSE & BAR, THE   p 631
See KEG RESTAURANTS LTD
KEG STEAKHOUSE & BAR, THE   p 752
See KEG RESTAURANTS LTD
KEG STEAKHOUSE & BAR, THE   p 765
See KEG RESTAURANTS LTD
KEG STEAKHOUSE & BAR, THE   p 781
See KEG RESTAURANTS LTD
KEG STEAKHOUSE & BAR, THE   p 789
See KEG RESTAURANTS LTD
KEG STEAKHOUSE & BAR, THE   p 821
See KEG RESTAURANTS LTD
KEG STEAKHOUSE & BAR, THE   p 837
See KEG RESTAURANTS LTD
KEG STEAKHOUSE & BAR, THE   p 878
See KEG RESTAURANTS LTD
KEG STEAKHOUSE & BAR, THE   p 903
See KEG RESTAURANTS LTD
KEG STEAKHOUSE & BAR, THE   p 909
See KEG RESTAURANTS LTD
KEG STEAKHOUSE & BAR, THE   p 930
See KEG RESTAURANTS LTD
KEG STEAKHOUSE & BAR, THE   p 952
42 Northfield Dr E, WATERLOO, ON, N2L 6A1
(519) 725-4444   SIC 5812
KEG STEAKHOUSE AND BAR   p 85
13960 137 Ave Nw, EDMONTON, AB, T5L 5H1
(780) 472-0707   SIC 5812
KEG STEAKHOUSE AND BAR, THE   p 770
See KEG RESTAURANTS LTD
KEG, THE   p 236
See MAPLE RIDGE STEAK HOUSE LTD
KEG, THE   p 346
See 35790 MANITOBA LTD
KEGASKA SCHOOL   p 1048
See COMMISSION SCOLAIRE DU LITTORAL
KEHEEWIN ELEMENTARY SCHOOL   p 110
See EDMONTON SCHOOL DISTRICT NO. 7
KEITH LYNN ALTERNATE SCHOOL   p 248
See SCHOOL DISTRICT NO. 44 (NORTH VANCOUVER)
KEITH PANEL SYSTEMS CO., LTD   p 248

40 Gostick Pl Suite 1, NORTH VANCOUVER, BC, V7M 3G3
(604) 987-4499   SIC 8712
KEITH PLUMBING   p 1311
See KEITH PLUMBING & HEATING CO LTD
KEITH PLUMBING & HEATING CO LTD   p 1311
14 Burns Rd, WHITEHORSE, YT, Y1A 4Y9
(867) 668-6611   SIC 1711
KEITH PLUMBING & HEATING CO. LTD   p 248
40 Gostick Pl Unit 1, NORTH VANCOUVER, BC, V7M 3G3
(604) 988-5241   SIC 1711
KEITH WHITEMAN PUBLIC SCHOOL   p 810
See KAWARTHA PINE RIDGE DISTRICT SCHOOL BOARD
KELDON ELECTRIC & DATA LTD   p 252
380 Okanagan Ave E Suite 101, PENTICTON, BC, V2A 8N3
(250) 493-7177   SIC 1731
KELLAM BERG   p 32
See KELLAM BERG ENGINEERING & SURVEYS LTD
KELLAM BERG ENGINEERING & SURVEYS LTD   p 32
5800 1a St Sw, CALGARY, AB, T2H 0G1
(403) 640-0900   SIC 8711
KELLAND FOODS LTD   p 199
1220 Guthrie Rd, COMOX, BC, V9M 4A6
(250) 890-1005   SIC 5411
KELLAND FOODS LTD   p 239
530 Fifth St Suite 100, NANAIMO, BC, V9R 1P1
(250) 754-6012   SIC 5411
KELLAND FOODS LTD   p 240
2220 Bowen Rd Suite 7, NANAIMO, BC, V9S 1H9
(250) 758-3733   SIC 5411
KELLAND FOODS LTD   p 243
2443 Collins Cres Unit 1, NANOOSE BAY, BC, V9P 9A1
(250) 468-7131   SIC 5411
KELLAND FOODS LTD   p 254
2943 10th Ave, PORT ALBERNI, BC, V9Y 2N5
(250) 723-3397   SIC 5411
KELLER & SONS FARMING LTD   p 346
Gd, CARBERRY, MB, R0K 0H0
(204) 763-4402   SIC 5148
KELLER CONSTRUCTION   p 87
11430 160 St Nw, EDMONTON, AB, T5M 3Y7
(780) 484-1010   SIC 1542
KELLER FARMS   p 346
See KELLER & SONS FARMING LTD
KELLER WILLIAMS REALTY SOUTH   p 36
See SEVENTH LEVEL MANAGEMENT LTD
KELLIHER SCHOOL   p 1271
See PRAIRIE VALLEY SCHOOL DIVISION NO 208
KELLINGTON, HAZEL M SCHOOL   p 352
See BEAUTIFUL PLAINS SCHOOL DIVISION
KELLOGG CANADA INC   p 502
501 College St E, BELLEVILLE, ON, K8N 0A3
(613) 210-4002   SIC 2043
KELLOGG CANADA INC   p 990
9440 Boul Du Golf, ANJOU, QC, H1J 3A1
(514) 351-5220   SIC 2043
KELLOWAY CONSTRUCTION LIMITED   p 431
1388 Portugal Cove Rd, PORTUGAL COVE-ST PHILIPS, NL, A1M 3J9
(709) 895-6532   SIC 7349
KELLY ROAD SECONDARY SCHOOL p 258
See BOARD OF EDUCATION OF SCHOOL DISTRICT NO. 57 (PRINCE GEORGE), THE
KELLY SANI-VAC INC   p 1135
100 Rue Huot, Notre-Dame-De-L'Ile-Perrot, QC, J7V 7Z8

(514) 453-2279   SIC 7699
KELLY SERVICES   p 621
See KELLY SERVICES (CANADA), LTD
KELLY SERVICES (CANADA), LTD   p 621
70 Dickinson Dr, INGLESIDE, ON, K0C 1M0
(613) 537-8491   SIC 7361
KELLY'S HOME CARE CENTRE   p 502
411 Bridge St E, BELLEVILLE, ON, K8N 1P7
(613) 962-5387   SIC 8059
KELOWNA ACCOUNTING   p 224
See BDO CANADA LLP
KELOWNA BRANCH OF THE OKANAGAN REGIONAL LIBRARY   p 226
See OKANAGAN REGIONAL LIBRARY DISTRICT
KELOWNA COMMUNITY RESOURCES SOCIETY   p 226
1735 Dolphin Ave Suite 120, KELOWNA, BC, V1Y 8A6
(250) 763-8008   SIC 8322
KELOWNA DISTRICT BRANCH   p 225
See CANADIAN MENTAL HEALTH ASSOCIATION, THE
KELOWNA FLIGHTCRAFT AIR CHARTER LTD   p 222
5655 Airport Way Suite 1, Kelowna, BC, V1V 1S1
(250) 491-5500   SIC 4512
KELOWNA FLIGHTCRAFT LTD   p 273
3611 Jericho Rd Suite 142, RICHMOND, BC, V7B 1M3
(604) 303-3611   SIC 4512
KELOWNA FLIGHTCRAFT LTD   p 724
9500 Airport Rd, MOUNT HOPE, ON, L0R 1W0
(905) 679-3313   SIC 4581
KELOWNA SECONDARY   p 225
See BOARD OF EDUCATION OF SCHOOL DISTRICT NO. 23 (CENTRAL OKANAGAN), THE
KELOWNA SOCIETY FOR CHRISTIAN EDUCATION   p 223
3285 Gordon Dr, KELOWNA, BC, V1W 3N4
(250) 861-5432   SIC 8211
KELOWNA TRINITY BAPTIST CHURCH   p 226
1905 Springfield Rd, KELOWNA, BC, V1Y 7V7
(250) 860-3273   SIC 8661
KELRON   p 1257
See XPO LOGISTICS CANADA INC
KELSEY CAMPUS OF SIAST   p 1297
See SASKATCHEWAN INSTITUTE OF APPLIED SCIENCE AND TECHNOLOGY
KELSEY COMMUNITY SCHOOL   p 358
See KELSEY SCHOOL DIVISION
KELSEY PIPELINES LTD   p 1267
Hwy 11 S, DUNDURN, SK, S0K 1K0
(306) 492-2425   SIC 4619
KELSEY SCHOOL DIVISION   p 358
60 3rd St W, THE PAS, MB, R9A 1R4
(204) 623-1420   SIC 8211
KELSEY SCHOOL DIVISION   p 358
120 Stewart St, THE PAS, MB, R9A 1R2
(204) 623-7421   SIC 8211
KELSEY SCHOOL DIVISION   p 358
27 8th St, THE PAS, MB, R9A 1R2
(204) 623-3459   SIC 8211
KELSEY SCHOOL DIVISION   p 359
429 Smith St, THE PAS, MB, R9A 1P9
(204) 623-3485   SIC 8211
KELSEY SCHOOL DIVISION   p 359
272 Grace Lake Rd, THE PAS, MB, R9A 1R2
(204) 623-3411   SIC 8211
KELSEY SPORTSWEAR LTD   p 375
563 Notre Dame Ave, WINNIPEG, MB, R3B 1S5
(204) 786-1503   SIC 2321
KELSEY TRAIL   p 375
See KELSEY SPORTSWEAR LTD
KELSEY TRAIL REGIONAL HEALTH AU-

▲ Public Company   ■ Public Company Family Member   HQ Headquarters   BR Branch   SL Single Location

KELSEY TRAIL REGIONAL HEALTH AUTHORITY *p* 1270
614 Prince St, HUDSON BAY, SK, S0E 0Y0
(306) 865-5600   SIC 8093

KELSEY TRAIL REGIONAL HEALTH AUTHORITY *p* 1274
505 Broadway Ave N, MELFORT, SK, S0E 1A0
(306) 752-8700   SIC 8062

KELSEY TRAIL REGIONAL HEALTH AUTHORITY *p* 1277
400 6th Ave E, NIPAWIN, SK, S0E 1E0
(306) 862-9828   SIC 8051

KELSEY TRAIL REGIONAL HEALTH AUTHORITY *p* 1279
330 Oak St, PORCUPINE PLAIN, SK, S0E 1H0
(306) 278-6278   SIC 8051

KELSEY TRAIL REGIONAL HEALTH AUTHORITY *p* 1307
Gd, TISDALE, SK, S0E 1T0
(306) 873-6600   SIC 8062

KELSEY TRAIL REGIONAL HEALTH AUTHORITY *p* 1307
Gd, TISDALE, SK, S0E 1T0
SIC 8062

KELSEY'S *p* 83
See CARA OPERATIONS LIMITED

KELSEY'S *p* 156
See CARA OPERATIONS LIMITED

KELSEY'S *p* 160
See CARA OPERATIONS LIMITED

KELSEY'S *p* 221
See CARA OPERATIONS LIMITED

KELSEY'S *p* 223
See CARA OPERATIONS LIMITED

KELSEY'S *p* 362
1582 Regent Ave W, WINNIPEG, MB, R2C 3B4
SIC 5812

KELSEY'S *p* 488
See CARA OPERATIONS LIMITED

KELSEY'S *p* 542
See CARA OPERATIONS LIMITED

KELSEY'S *p* 552
See CARA OPERATIONS LIMITED

KELSEY'S *p* 556
See CARA OPERATIONS LIMITED

KELSEY'S *p* 591
See CARA OPERATIONS LIMITED

KELSEY'S *p* 606
See CARA OPERATIONS LIMITED

KELSEY'S *p* 612
See CARA OPERATIONS LIMITED

KELSEY'S *p* 615
See CARA OPERATIONS LIMITED

KELSEY'S *p* 625
See CARA OPERATIONS LIMITED

KELSEY'S *p* 638
See CARA OPERATIONS LIMITED

KELSEY'S *p* 639
See CARA OPERATIONS LIMITED

KELSEY'S *p* 642
See CARA OPERATIONS LIMITED

KELSEY'S *p* 644
See CARA OPERATIONS LIMITED

KELSEY'S *p* 647
See CARA OPERATIONS LIMITED

KELSEY'S *p* 681
See CARA OPERATIONS LIMITED

KELSEY'S *p* 694
See CARA OPERATIONS LIMITED

KELSEY'S *p* 707
See CARA OPERATIONS LIMITED

KELSEY'S *p* 728
See CARA OPERATIONS LIMITED

KELSEY'S *p* 730
See KELSEY'S RESTAURANTS INC

KELSEY'S *p* 736
See CARA OPERATIONS LIMITED

KELSEY'S *p* 764
See CARA OPERATIONS LIMITED

KELSEY'S *p* 768
See CARA OPERATIONS LIMITED

KELSEY'S *p* 769
See CARA OPERATIONS LIMITED

KELSEY'S *p* 773
See CARA OPERATIONS LIMITED

KELSEY'S *p* 774
See KELSEY'S RESTAURANT (ORILLIA) LTD

KELSEY'S *p* 784
See CARA OPERATIONS LIMITED

KELSEY'S *p* 799
See CARA OPERATIONS LIMITED

KELSEY'S *p* 824
See CARA FOODS INTERNATIONAL LTD

KELSEY'S *p* 852
See CARA OPERATIONS LIMITED

KELSEY'S *p* 856
See CARA OPERATIONS LIMITED

KELSEY'S *p* 859
See CARA OPERATIONS LIMITED

KELSEY'S *p* 878
See CARA OPERATIONS LIMITED

KELSEY'S *p* 940
See KELSEY'S RESTAURANTS INC

KELSEY'S *p* 971
See CARA OPERATIONS LIMITED

KELSEY'S *p* 992
See CARA OPERATIONS LIMITED

KELSEY'S *p* 1282
See CARA OPERATIONS LIMITED

KELSEY'S *p* 1288
See CARA OPERATIONS LIMITED

KELSEY'S GARDINERS *p* 632
See 1382769 ONTARIO LIMITED

KELSEY'S PETAWAWA *p* 807
See 1534825 ONTARIO INC

KELSEY'S REGENT *p* 362
See KELSEY'S

KELSEY'S RESTAURANT *p* 57
See CARA OPERATIONS LIMITED

KELSEY'S RESTAURANT *p* 213
See RESORTS OF THE CANADIAN ROCKIES INC

KELSEY'S RESTAURANT *p* 494
See CARA OPERATIONS LIMITED

KELSEY'S RESTAURANT *p* 497
See CARA OPERATIONS LIMITED

KELSEY'S RESTAURANT *p* 506
See CARA OPERATIONS LIMITED

KELSEY'S RESTAURANT *p* 518
See CARA OPERATIONS LIMITED

KELSEY'S RESTAURANT *p* 519
See MCDONALD'S RESTAURANTS

KELSEY'S RESTAURANT *p* 536
See CARA OPERATIONS LIMITED

KELSEY'S RESTAURANT *p* 566
See CARA OPERATIONS LIMITED

KELSEY'S RESTAURANT *p* 653
See KELSEY'S ROAD HOUSE (LONDON) LTD

KELSEY'S RESTAURANT *p* 670
See CARA OPERATIONS LIMITED

KELSEY'S RESTAURANT *p* 687
See CARA OPERATIONS LIMITED

KELSEY'S RESTAURANT *p* 733
See CARA OPERATIONS LIMITED

KELSEY'S RESTAURANT *p* 741
See BRAMBURYTOWN HOLDINGS CORP

KELSEY'S RESTAURANT *p* 803
See CARA OPERATIONS LIMITED

KELSEY'S RESTAURANT *p* 882
See 1295224 ONTARIO LIMITED

KELSEY'S RESTAURANT *p* 957
See CARA OPERATIONS LIMITED

KELSEY'S RESTAURANT *p* 977
See HOAM LTD

KELSEY'S RESTAURANT *p* 1292
See JRK RESTAURANTS LTD

KELSEY'S RESTAURANT (ORILLIA) LTD *p* 774

KELSEY'S RESTAURANTS *p* 511
See CARA OPERATIONS LIMITED

KELSEY'S RESTAURANTS INC *p* 730
75 Marketplace Ave Suite 6, NEPEAN, ON, K2J 5G4
(613) 843-0662   SIC 5812

KELSEY'S RESTAURANTS INC *p* 767
387 Gloucester Ave, OAKVILLE, ON, L6J 3X3
SIC 5812

KELSEY'S RESTAURANTS INC *p* 940
1011 The Queensway, TORONTO, ON, M8Z 6C7
(416) 646-1856   SIC 5812

KELSEY'S ROAD HOUSE (LONDON) LTD *p* 653
900 Oxford St E Suite 18, LONDON, ON, N5Y 5A1
(519) 455-9464   SIC 5812

KELSEYS *p* 751
See CARA OPERATIONS LIMITED

KELTIC FORD *p* 442
See KELTIC MOTORS 1978 LIMITED

KELTIC MOTORS 1978 LIMITED *p* 442
100 Main St, ANTIGONISH, NS, B2G 2N8
(902) 863-2771   SIC 5511

KELVIN HIGH SCHOOL *p* 387
See WINNIPEG SCHOOL DIVISION

KELVINGTON HIGH SCHOOL *p* 1271
See HORIZON SCHOOL DIVISION NO 205

KEMIRA PAPER CHEMICALS CANADA *p* 855
See KEMIRA WATER SOLUTIONS CANADA INC

KEMIRA WATER SOLUTIONS CANADA INC *p* 560
500 Creditstone Rd, Concord, ON, L4K 3Z3
SIC 2899

KEMIRA WATER SOLUTIONS CANADA INC *p* 855
321 Welland Ave, ST CATHARINES, ON, L2R 2R2
(905) 688-6470   SIC 2899

KEMPTVILLE COLLEGE CAMPUS *p* 627
See UNIVERSITY OF GUELPH

KEMPTVILLE PUBLIC SCHOOL *p* 627
See UPPER CANADA DISTRICT SCHOOL BOARD, THE

KEMPTVILLE TRUCK CENTRE *p* 531
See TALLMAN TRUCK CENTRE LIMITED

KEMPTVILLE TRUCK CENTRE *p* 627
See NAVISTAR CANADA, INC

KEN CAR ENTERPRISE *p* 335
See MCDONALD'S RESTAURANTS

KEN SARGENT GMC BUICK LTD *p* 127
12308 100 St, GRANDE PRAIRIE, AB, T8V 4H7
(780) 532-8865   SIC 5511

KENAIDAN CONTRACTING LTD *p* 722
7080 Derrycrest Dr, MISSISSAUGA, ON, L5W 0G5
(905) 670-2660   SIC 8711

KENASTON HIGH SCHOOL *p* 1271
See SUN WEST SCHOOL DIVISION NO 207 SASKATCHEWAN

KENASTON SOBEYS *p* 388
See SOBEYS CAPITAL INCORPORATED

KENGARD LEARNING CENTRE *p* 237
See SCHOOL DISTRICT NO 58 (NICOLA-SIMILKAMEEN)

KENMAR FOOD SERVICES LTD *p* 378
444 St Mary Ave Suite 135, WINNIPEG, MB, R3C 3T1
(204) 942-4414   SIC 5812

KENN BOREK AIR LTD *p* 24
290 Mctavish Rd Ne Suite 4, CALGARY, AB, T2E 7G5
(403) 291-3300   SIC 4522

KENNAMETAL CAMCO *p* 223
See CAMCO CUTTING TOOLS LTD

KENNAMETAL LTD *p* 336
873 Station Ave, VICTORIA, BC, V9B 2S2
(250) 474-1225   SIC 3541

KENNAMETAL LTD *p* 719
1305 Meyerside Dr, MISSISSAUGA, ON, L5T 1C9
SIC 5084

KENNAMETAL STELLITE, INC *p* 502
471 Dundas St E, BELLEVILLE, ON, K8N 1G2
(613) 968-3481   SIC 3369

KENNEBEC MANOR INC *p* 416
475 Woodward Ave, SAINT JOHN, NB, E2K 4N1
(506) 632-9628   SIC 8051

KENNEBECASIS PARK ELEMENTARY SCHOOL *p* 413
See ANGLOPHONE SOUTH SCHOOL DISTRICT (ASD-S)

KENNEBECASIS VALLEY HIGH SCHOOL *p* 412
See ANGLOPHONE SOUTH SCHOOL DISTRICT (ASD-S)

KENNECOTT CANADA EXPLORATION INC *p* 881
See RIO TINTO EXPLORATION CANADA INC

KENNEDY ELEMENTARY SCHOOL *p* 129
See PEACE RIVER SCHOOL DIVISION 10

KENNEDY ENERGY *p* 359
861 Gordon Ave, THE PAS, MB, R9A 1K9
(204) 623-5435   SIC 5171

KENNEDY JAMES ELEMENTARY SCHOOL *p* 230
See SCHOOL DISTRICT NO. 35 (LANGLEY)

KENNEDY LODGE NURSING HOME *p* 841
See REVERA LONG TERM CARE INC

KENNEDY PUBLIC SCHOOL *p* 845
See TORONTO DISTRICT SCHOOL BOARD

KENNEDY TRAIL ELEMENTARY SCHOOL *p* 287
See SCHOOL DISTRICT NO 36 (SURREY)

KENNEDY'S TAVERN AND CATERING INCORPORATED *p* 851
1750 Erb Rd W, ST AGATHA, ON, N0B 2L0
(519) 747-1313   SIC 5813

KENNER COLLEGIATE VOCATIONAL SCHOOL *p* 810
See KAWARTHA PINE RIDGE DISTRICT SCHOOL BOARD

KENOPIC, W. V. & SONS LIMITED *p* 819
1050 O'brien Rd, RENFREW, ON, K7V 0B4
(613) 432-8117   SIC 5531

KENORA ACCOUNTING *p* 627
See BDO CANADA LLP

KENORA CATHOLIC DISTRICT SCHOOL BOARD *p* 627
Gd, KEEWATIN, ON, P0X 1C0
(807) 547-2829   SIC 8211

KENORA CATHOLIC DISTRICT SCHOOL BOARD *p* 628
20 Gunne Cres, KENORA, ON, P9N 3N5
(807) 468-6618   SIC 8211

KENORA CATHOLIC DISTRICT SCHOOL BOARD *p* 628
1 Poirier Dr, KENORA, ON, P9N 4G8
(807) 548-8282   SIC 8211

KENORA CATHOLIC DISTRICT SCHOOL BOARD *p* 628
1290 Heenan Pl, KENORA, ON, P9N 2Y8
(807) 467-8910   SIC 8211

KENORA CATHOLIC DISTRICT SCHOOL BOARD *p* 818
54 Discovery Rd, RED LAKE, ON, P0V 2M0
(807) 727-3470   SIC 8211

KENORA CENTRAL AMBULANCE COMMUNICATIONS CENTRE *p* 627
See GOVERNMENT OF ONTARIO

KENORA FOREST PRODUCTS LTD *p* 628
1060 Lakeview Dr, KENORA, ON, P9N 3X8
(807) 468-1550   SIC 2421

BUSINESSES ALPHABETICALLY

KFC 3439

KENORA HUSKY TRUCK STOP p 627
See HUSKY OIL OPERATIONS LIMITED
KENORA SAFEWAY p 628
See SOBEYS WEST INC
KENSAL PARK FRENCH IMMERSION PUBLIC SCHOOL p 663
See THAMES VALLEY DISTRICT SCHOOL BOARD
KENSINGTON INTERMEDIATE SR HIGH SCHOOL p 983
See PUBLIC SCHOOLS BRANCH
KENSINGTON PLACE RETIREMENT RESIDENCE p 754
866 Sheppard Ave W Suite 415, NORTH YORK, ON, M3H 2T5
(416) 636-9555   SIC 8361
KENSINGTON SAVE-EASY p 983
See ATLANTIC WHOLESALERS LTD
KENSINGTON Y CHILD CARE p 599
See YOUNG MEN'S AND YOUNG WOMEN'S CHRISTIAN ASSOCIATION OF GUELPH
KENSINGTON, THE p 327
See REVERA INC
KENT BUILDING SUPPLIES p 393
See J. D. IRVING, LIMITED
KENT BUILDING SUPPLIES p 395
See J. D. IRVING, LIMITED
KENT BUILDING SUPPLIES p 397
See J. D. IRVING, LIMITED
KENT BUILDING SUPPLIES p 398
See J. D. IRVING, LIMITED
KENT BUILDING SUPPLIES p 420
See J. D. IRVING, LIMITED
KENT BUILDING SUPPLIES p 421
See J. D. IRVING, LIMITED
KENT BUILDING SUPPLIES p 432
See J. D. IRVING, LIMITED
KENT BUILDING SUPPLIES p 449
See J. D. IRVING, LIMITED
KENT BUILDING SUPPLIES p 464
See J. D. IRVING, LIMITED
KENT BUILDING SUPPLIES p 470
See J. D. IRVING, LIMITED
KENT BUILDING SUPPLIES p 480
See J. D. IRVING, LIMITED
KENT BUILDING SUPPLIES p 983
See J. D. IRVING, LIMITED
KENT BUILDING SUPPLIES p 985
See J. D. IRVING, LIMITED
KENT BUILDING SUPPLIES, DIV OF p 402
See J. D. IRVING, LIMITED
KENT BUILDING SUPPLIES, DIV OF p 405
See J. D. IRVING, LIMITED
KENT BUILDING SUPPLIES, DIV OF p 410
See J. D. IRVING, LIMITED
KENT BUILDING SUPPLIES, DIV OF p 414
See J. D. IRVING, LIMITED
KENT BUILDING SUPPLIES, DIV OF p 417
See J. D. IRVING, LIMITED
KENT BUILDING SUPPLIES, DIV OF p 467
See J. D. IRVING, LIMITED
KENT BUILDING SUPPLIES, DIV OF p 477
See J. D. IRVING, LIMITED
KENT BUILDING SUPPLLIES p 393
See J. D. IRVING, LIMITED
KENT ELEMENTARY SCHOOL p 180
See SCHOOL DISTRICT 78
KENT HOME IMPROVEMENT WAREHOUSE p 429
See J. D. IRVING, LIMITED
KENT HOMES p 395
See J. D. IRVING, LIMITED
KENT PUBLIC SCHOOL p 548
See KAWARTHA PINE RIDGE DISTRICT SCHOOL BOARD
KENT ROAD SCHOOL p 367
See WINNIPEG SCHOOL DIVISION
KENTE PUBLIC SCHOOL p 486
See HASTINGS AND PRINCE EDWARD DISTRICT SCHOOL BOARD
KENTUCKY FRIED CHICKEN p 432

See CHELSEA FOOD SERVICES LIMITED
KENTVILLE PUBLISHING p 470
See TRANSCONTINENTAL INC
KENTVILLE SAVE-EASY p 465
See ATLANTIC WHOLESALERS LTD
KENTVILLE STATION MAIN p 465
See CANADA POST CORPORATION
KENWORTH BEAUCE p 1068
See KENWORTH QUEBEC INC
KENWORTH JUNIOR HIGH SCHOOL p 100
See EDMONTON SCHOOL DISTRICT NO. 7
KENWORTH LONDON p 560
See KENWORTH TORONTO LTD
KENWORTH OF LLOYDMINSTER p 141
See EDMONTON KENWORTH LTD
KENWORTH QUEBEC INC p 1068
800 Ch Olivier, Levis, QC, G7A 2N1
(418) 831-2061   SIC 5013
KENWORTH TORONTO LTD p 560
500 Creditstone Rd, CONCORD, ON, L4K 3Z3
(905) 695-0740   SIC 5012
KERAN HOLDINGS LTD p 312
1022 Davie St, VANCOUVER, BC, V6E 1M3
(604) 685-1300   SIC 5813
KERNAHAN PARK SECONDARY SCHOOL p 853
See DISTRICT SCHOOL BOARD OF NIAGARA
KERR BROS. LIMITED p 578
956 Islington Ave, ETOBICOKE, ON, M8Z 4P6
(416) 252-7341   SIC 2064
KERR INDUSTRIES LIMITED p 780
635 Farewell St, OSHAWA, ON, L1H 6N2
(905) 725-6561   SIC 7549
KERRISDALE REALTY LTD p 187
4567 Lougheed Hwy, BURNABY, BC, V5C 3Z6
(604) 437-9431   SIC 6531
KERROBERT INTEGRATED HEALTH FACILITY p 1271
See HEARTLAND REGIONAL HEALTH AUTHORITY
KERRS p 578
See KERR BROS. LIMITED
KERRY (CANADA) INC p 978
615 Jack Ross Ave, WOODSTOCK, ON, N4V 1B7
(519) 537-3461   SIC 2099
KERRY PARK RECREATION CENTER p 237
See COWICHAN VALLEY REGIONAL DISTRICT
KERRY'S PLACE AUTISM SERVICES p 491
34 Berczy St Unit 190, AURORA, ON, L4G 1W9
(905) 841-6611   SIC 8399
KERRY'S PLACE AUTISM SERVICES p 818
19660 Warden Ave, QUEENSVILLE, ON, L0G 1R0
(905) 478-1482   SIC 8399
KERRY'S PLACE AUTISM SERVICES p 873
200 Thomasburg Rd Rr 1, THOMASBURG, ON, K0K 3H0
SIC 8322
KERRY'S PLACE HASTINGS p 873
See KERRY'S PLACE AUTISM SERVICES
KESWICK HIGH SCHOOL p 628
See YORK REGION DISTRICT SCHOOL BOARD
KESWICK POST OFFICE p 628
See CANADA POST CORPORATION
KESWICK PUBLIC SCHOOL p 628
See YORK REGION DISTRICT SCHOOL BOARD
KESWICK RIDGE SCHOOL p 403
See ANGLOPHONE WEST SCHOOL DISTRICT (ASD-W)
KESWICK VALLEY MEMORIAL SCHOOL p 395
See SCHOOL DISTRICT 14

KETCHUM PUBLIC RELATIONS CANADA p 902
See OMNICOM CANADA CORP
KETTLE LAKES PUBLIC SCHOOL p 824
See YORK REGION DISTRICT SCHOOL BOARD
KETTLE VALLEY DRIED FRUITS, DIV OF p 279
See SUNOPTA INC
KETTLEBY PUBLIC SCHOOL p 629
See YORK REGION DISTRICT SCHOOL BOARD
KEVCO PIPELINES LTD p 18
5050 54 Ave Se, CALGARY, AB, T2C 2Y8
(403) 279-5050   SIC 1623
KEVCOR HOLDINGS LTD p 1296
2030 1st Ave N, SASKATOON, SK, S7K 2A1
(306) 242-1251   SIC 5013
KEVIN P. SMITH HOLDINGS LTD p 555
Po Box 1058, COCHRANE, ON, P0L 1C0
(705) 272-4341   SIC 5399
KEVJAS INC p 995
44 Boul Saint-Charles, BEACONSFIELD, QC, H9W 5Z6
(514) 694-3427   SIC 5812
KEW BEACH JUNIOR PUBLIC SCHOOL p 895
See TORONTO DISTRICT SCHOOL BOARD
KEY CHEVROLET CADILLAC LTD p 1309
441 Broadway St E, YORKTON, SK, S3N 3G3
(306) 782-2268   SIC 5511
KEY TAG SERVICE p 888
See WAR AMPUTATIONS OF CANADA, THE
KEYBRAND FOODS p 982
See FRESHSTONE BRANDS INC
KEYCORP INC p 184
7860 Venture St, BURNABY, BC, V5A 1V3
(604) 325-1252   SIC 7378
KEYCORP INC p 433
44 Austin St, ST. JOHN'S, NL, A1B 4C2
(709) 579-1061   SIC 8221
KEYERA CORP p 46
144 4 Ave Sw Suite 600, CALGARY, AB, T2P 3N4
(403) 205-8300   SIC 1389
KEYERA CORP p 116
1250 Hayter Rd Nw, EDMONTON, AB, T6S 1A2
(780) 414-7417   SIC 1389
KEYERA ENERGY LTD p 168
Gd, STETTLER, AB, T0C 2L0
(403) 742-7200   SIC 5541
KEYERA PARTNERSHIP p 72
5211 Industrial Rd, DRAYTON VALLEY, AB, T7A 1R1
(780) 542-3770   SIC 1389
KEYERA PARTNERSHIP p 123
12120 River Rd, FORT SASKATCHEWAN, AB, T8L 2T2
(780) 998-3791   SIC 1321
KEYERA PARTNERSHIP p 158
Gd, RIMBEY, AB, T0C 2J0
(403) 843-7100   SIC 1311
KEYERA PARTNERSHIP p 159
Gd Stn Main, ROCKY MOUNTAIN HOUSE, AB, T4T 1T1
(403) 845-8100   SIC 2813
KEYIN COLLEGE p 433
See KEYCORP INC
KEYMAN ENGRAVABLES, THE p 561
See MISTER KEYS LIMITED
KEYS PUBLIC SCHOOL p 568
See RENFREW COUNTY DISTRICT SCHOOL BOARD
KEYSCAN INC p 958
901 Burns St E, WHITBY, ON, L1N 0E6
(905) 430-7226   SIC 3625
KEYSER MASON BALL LLP p 694
4 Robert Speck Pky Suite 1600, MISSISSAUGA, ON, L4Z 1S1
(905) 276-9111   SIC 8111

KEYSTONE AUTOMOTIVE p 783
See KEYSTONE AUTOMOTIVE INDUSTRIES ON INC
KEYSTONE AUTOMOTIVE INDUSTRIES ON INC p 105
8221 Mcintyre Rd Nw, EDMONTON, AB, T6E 5J7
(780) 448-1901   SIC 5013
KEYSTONE AUTOMOTIVE INDUSTRIES ON INC p 184
7069 Winston St, BURNABY, BC, V5A 2G7
(604) 420-6988   SIC 5013
KEYSTONE AUTOMOTIVE INDUSTRIES ON INC p 515
3485 Steeles Ave E Suite 2, BRAMPTON, ON, L6T 5W7
(905) 454-5580   SIC 7532
KEYSTONE AUTOMOTIVE INDUSTRIES ON INC p 783
1230 Old Innes Rd Suite 401, OTTAWA, ON, K1B 3V3
(613) 745-4088   SIC 5013
KEYSTONE AUTOMOTIVE OPERATIONS OF CANADA INC p 685
3770 Nashua Dr Unit 4, MISSISSAUGA, ON, L4V 1M5
(905) 405-0999   SIC 5013
KEYSTONE BUSINESS FORMS p 183
See WESTKEY GRAPHICS LTD
KEYSTONE FORD SALES LTD p 362
1300 Regent Ave W, Winnipeg, MB, R2C 3A8
(204) 661-9555   SIC 5511
KEYTECH WATER MANAGEMENT p 644
See 1221122 ONTARIO LIMITED
KFC p 25
See PRISZM LP
KFC p 108
See PRISZM LP
KFC p 191
See PRISZM LP
KFC p 198
See PRISZM LP
KFC p 221
See PRISZM LP
KFC p 231
See PRISZM LP
KFC p 252
See PRISZM LP
KFC p 286
See PRISZM LP
KFC p 291
See PRISZM LP
KFC p 337
See PRISZM LP
KFC p 397
See PRISZM LP
KFC p 429
See CHELSEA FOOD SERVICES LIMITED
KFC p 433
See CHELSEA FOOD SERVICES LIMITED
KFC p 462
See PRISZM LP
KFC p 470
See PRISZM LP
KFC p 484
See PRISZM LP
KFC p 495
See PRISZM LP
KFC p 512
See PRISZM LP
KFC p 518
See PRISZM LP
KFC p 520
See PRISZM LP
KFC p 529
See PRISZM LP
KFC p 543
See PRISZM LP
KFC p 552
See PRISZM LP
KFC p 583
See PRISZM LP
KFC p 615

KFC
See PRISZM LP

KFC p 625
See PRISZM LP

KFC p 637
See TWINCORP INC

KFC p 639
See TWINCORP INC

KFC p 676
See PRISZM LP

KFC p 684
See PRISZM LP

KFC p 737
See PRISZM LP

KFC p 808
See PRISZM LP

KFC p 831
See PRISZM LP

KFC p 832
See PRISZM LP

KFC p 970
See PRISZM LP

KFC p 978
See TWINCORP INC

KFC p 985
See FAST FOODS (P.E.I.) LTD

KFC p 1189
See PRISZM LP

KFC p 1234
See PRISZM LP

KFC p 1273
See PRISZM LP

KFC - DARTMOUTH p 446
See PRISZM LP

KFC / PIZZA HUT p 562
See TIAKA FOODS INC

KFC TACO BELL p 345

KFC TACO BELL p 639
See TWINCORP INC

KFC TACOBELL p 865
See TWINCORP INC

KGH MECHANICAL SYSTEMS LTD p 170
11 Erickson Cres, SYLVAN LAKE, AB, T4S 1P5
SIC 1711

KGHM INTERNATIONAL LTD p 556
7 Cranberry Shores, COLLINGWOOD, ON, L9Y 5C3
(705) 444-1316   SIC 1081

KGHM INTERNATIONAL LTD p 870
1300 Kelly Lake Rd, SUDBURY, ON, P3E 5P4
(705) 671-1779   SIC 1081

KGHM INTERNATIONAL LTD p 947
191 Creditview Rd Suite 400, VAUGHAN, ON, L4L 9T1
(905) 780-1980   SIC 1081

KGS GROUP p 878
See KONTZAMANIS GRAUMANN SMITH MACMILLAN INC

KGS GROUP p 1290
See KONTZAMANIS GRAUMANN SMITH MACMILLAN INC

KHATIJA INVESTMENTS LTD p 38
2231 Banff Trail Nw, CALGARY, AB, T2M 4L2
(403) 289-9800   SIC 7011

KHATIJA INVESTMENTS LTD p 51
1330 8 St Sw, CALGARY, AB, T2R 1B6
(403) 228-6900   SIC 7011

KHOWUTZUN MUSTIMUHW CONTRACTORS LIMITED PARTNERSHIP p 212
200 Cowichan Way, DUNCAN, BC, V9L 6P4
(250) 746-8350   SIC 1521

KI CANADA CORPORATION p 806
1000 Olympic Drive, PEMBROKE, ON, K8A 0E1
(613) 735-5566   SIC 2514

KI PEMBROKE LP p 806
1000 Olympic Dr, PEMBROKE, ON, K8A 0E1
(613) 735-5566   SIC 2521

KIA p 714
See KIA CANADA INC

KIA CANADA INC p 433
497 Kenmount Rd, ST. JOHN'S, NL, A1B 3P9
(709) 726-4542   SIC 5511

KIA CANADA INC p 714
180 Foster Cres, MISSISSAUGA, ON, L5R 4J5
(905) 755-6250   SIC 5012

KIA QUEBEC p 1166
See 9154-7323 QUEBEC INC.

KIA ST-EUSTACHE p 1186
See SAULNIER AUTOMOBILES INC

KIANGTEX COMPANY LIMITED p 891
46 Hollinger Rd, TORONTO, ON, M4B 3G5
(416) 750-3771   SIC 5137

KICHTON CONTRACTING LTD p 1
26229 Township Road 531a Unit 204, ACHESON, AB, T7X 5A4
(780) 447-1882   SIC 1794

KICI p 806
See KI PEMBROKE LP

KIDLOGIC LONDON INC p 662
750 Wharncliffe Rd S, LONDON, ON, N6J 2N4
(519) 685-4221   SIC 8351

KIDLOGIC OAKVILLE INC p 767
580 Argus Rd, OAKVILLE, ON, L6J 3J3
(905) 842-6280   SIC 8351

KIDS & US COMMUNITY CHILDCARE AND FAMILY EDUCATION CENTRES INCORPORATED p 668
206 Toronto St S, MARKDALE, ON, N0C 1H0
(519) 986-3692   SIC 8351

KIDS 'N US p 668
206 Toronto St S, MARKDALE, ON, N0C 1H0
(519) 986-3351   SIC 8351

KIDS CAN PRESS LTD p 904
25 Dockside Dr, TORONTO, ON, M5A 0B5
(416) 479-7191   SIC 2731

KIDS HELP PHONE p 1099
5605 Av De Gaspe Unite 303, Montreal, QC, H2T 2A4
(514) 273-7007   SIC 8322

KIDS LINK/ NDSA p 640
1770 King St E Suite 5, KITCHENER, ON, N2G 2P1
(519) 741-1122   SIC 8322

KIDSTON ELEMENTARY SCHOOL p 199
See SCHOOL DISTRICT NO 22 (VERNON)

KIEWIT CONSTRUCTION CANADA CO p 120
9707 Franklin Ave Suite 206, FORT MCMURRAY, AB, T9H 2K1
SIC 1541

KIEWIT ENGINEERING CANADA CO. p 1001
4333 Boul De La Grande-Allee, BOISBRIAND, QC, J7H 1M7
(450) 435-5756   SIC 1629

KIEWIT INDUSTRIAL CANADA CO. p 92
11211 Winterburn Rd Nw, EDMONTON, AB, T5S 2B2
(780) 447-3509   SIC 1629

KIEWIT OFFSHORE SERVICES p 429
See PETER KIEWIT INFRASTRUCTURE CO.

KIEWIT, PETER INFRASTRUCTURE p 187
See PETER KIEWIT INFRASTRUCTURE CO.

KIEWIT, PETER SONS CO. p 48
See PETER KIEWIT INFRASTRUCTURE CO.

KIEWIT-NUVUMIUT, SOCIETE EN COPARTICIPATION p 1001
4333 Boul De La Grande-Allee, BOISBRIAND, QC, J7H 1M7
(450) 435-5756   SIC 1081

KIGEP MANAGEMENT LTD p 13
112 28 St Se Suite 110, CALGARY, AB, T2A 6J9
(403) 283-4405   SIC 8322

KIK p 952
See KIK INTERACTIVE INC.

KIK CUSTOM PRODUCTS p 560
See KIK HOLDCO COMPANY INC

KIK CUSTOM PRODUCTS p 585
See KIK OPERATING PARTNERSHIP

KIK HOLDCO COMPANY INC p 560
101 Macintosh Blvd, CONCORD, ON, L4K 4R5
(905) 660-0444   SIC 6719

KIK INTERACTIVE INC. p 952
420 Weber St N Suite I, WATERLOO, ON, N2L 4E7
(226) 868-0056   SIC 7371

KIK OPERATING PARTNERSHIP p 147
1202 8 St, NISKU, AB, T9E 7M1
SIC 2842

KIK OPERATING PARTNERSHIP p 560
33 Macintosh Blvd, CONCORD, ON, L4K 4L5
(905) 660-0444   SIC 4225

KIK OPERATING PARTNERSHIP p 585
2000 Kipling Ave, ETOBICOKE, ON, M9W 4J6
(416) 743-6255   SIC 2842

KIKINAW ENERGY SERVICES LTD p 257
12069 207 Rd, POUCE COUPE, BC, V0C 2C0
(250) 787-0152   SIC 7363

KIKINO ELEMENTARY SCHOOL p 133
See NORTHERN LIGHTS SCHOOL DIVISION NO. 69

KIKIWAK INN p 358
See 3327770 MANITOBA LTD

KIL INVESTMENTS LTD p 400
251 Woodstock Rd, FREDERICTON, NB, E3B 2H8
(506) 454-2400   SIC 5812

KILBRIDE PUBLIC SCHOOL p 539
See HALTON DISTRICT SCHOOL BOARD

KILDAIR SERVICE ULC p 1243
1000 Montee Des Pionniers Bureau 110, TERREBONNE, QC, J6V 1S8
(450) 756-8091   SIC 5172

KILDALA ELEMENTARY SCHOOL p 228
See COAST MOUNTAINS BOARD OF EDUCATION SCHOOL DISTRICT NO. 82

KILDARE ELEMENTARY SCHOOL p 75
See EDMONTON SCHOOL DISTRICT NO. 7

KILDARE SAFEWAY p 363
See SOBEYS WEST INC

KILDONAN CROSSING SAFEWAY p 363
See SOBEYS WEST INC

KILDONAN-EAST COLLEGIATE p 366
See RIVER EAST TRANSCONA SCHOOL DIVISION

KILEAN LODGE p 598
See REVERA LONG TERM CARE INC

KILLALOE PUBLIC SCHOOL p 629
See RENFREW COUNTY DISTRICT SCHOOL BOARD

KILLAM PROPERTIES INC p 407
1111 Main St Suite 207, MONCTON, NB, E1C 1H3
(506) 857-0066   SIC 6513

KILLAM PROPERTIES INC p 416
55 Magazine St Suite 101, SAINT JOHN, NB, E2K 2S5
(506) 652-7368   SIC 6513

KILLAM PROPERTIES INC p 449
171 Victoria Rd Unit 6, DARTMOUTH, NS, B3A 1W1
(902) 464-3786   SIC 6513

KILLAM PUBLIC SCHOOL p 133
See BATTLE RIVER REGIONAL DIVISION 31

KILLARLEY BEACH PUBLIC SCHOOL p 646
See SIMCOE COUNTY DISTRICT SCHOOL BOARD, THE

KILLARNEY COLLEGIATE p 350
See TURTLE MOUNTAIN SCHOOL DIVISION

KILLARNEY JUNIOR HIGH SCHOOL p 75
See EDMONTON SCHOOL DISTRICT NO. 7

KILLARNEY SCHOOL p 60
See CALGARY BOARD OF EDUCATION

KILLARNEY SECONDARY p 296
See BOARD OF EDUCATION OF SCHOOL DISTRICT NO. 39 (VANCOUVER), THE

KILLARNEY-CARTWRIGHT CONSUMERS CO-OP LTD p 350
414 Broadway Ave, KILLARNEY, MB, R0K 1G0
(204) 523-4653   SIC 5399

KILMAR ENTERPRISES LTD p 140
1358 Mayor Magrath Dr S, LETHBRIDGE, AB, T1K 2R2
(403) 320-6600   SIC 5812

KILMARNOCK ENTERPRISE p 944
166 North Murray St, TRENTON, ON, K8V 6R8
(613) 394-4422   SIC 8742

KILMER ELEMENTARY SCHOOL p 256
See SCHOOL DISTRICT NO. 43 (COQUITLAM)

KILO GATEAUX p 1119
See 138984 CANADA LTEE

KILUUTAQ SCHOOL p 1252
See COMMISSION SCOLAIRE KATIVIK

KIM MOON BAKERY p 927
See K.M. BAKERY

KIMATSU ENTERPRISES p 749
5334 Yonge St, NORTH YORK, ON, M2N 6V1
SIC 6799

KIMATSU INTERNATIONAL p 749
See KIMATSU ENTERPRISES

KIMBERLEY ALPINE RESORT p 228
See RESORTS OF THE CANADIAN ROCKIES INC

KIMBERLEY SPECIAL CARE HOME p 227
See INTERIOR HEALTH KIMBERLY SPECIAL CARE HOME

KIMBERLY CLARK WAREHOUSE p 512
See THOMSON TERMINALS LIMITED

KIMBERLY-CLARK INC p 620
570 Ravenscliffe Rd, HUNTSVILLE, ON, P1H 2A1
(705) 788-5200   SIC 2621

KIMBERLY-CLARK INC p 993
7400 Boul Des Galeries D'anjou, ANJOU, QC, H1M 3M2
SIC 5169

KIMWEST HOTELS ENTERPRISES LTD p 791
140 Slater St, OTTAWA, ON, K1P 5H6
(613) 238-2888   SIC 7011

KIN PLACE HEALTH COMPLEX p 353
See NORTH EASTMAN HEALTH ASSOCIATION INC

KIN'S FARM LTD p 211
5227 Ladner Trunk Rd, DELTA, BC, V4K 1W4
(604) 940-0733   SIC 5411

KIN'S FARM LTD p 274
8120 No. 2 Rd Suite 176, RICHMOND, BC, V7C 5J8
(604) 275-1401   SIC 5411

KIN'S FARM LTD p 280
2695 Guildford Town Ctr Suite 1285, SURREY, BC, V3R 7C1
(604) 583-6181   SIC 5411

KIN'S FARM LTD p 290
2990 152 St Unit 101, SURREY, BC, V4P 3N7
(604) 538-6872   SIC 5431

KIN'S FARM LTD p 296
7060 Kerr St, VANCOUVER, BC, V5S 4W2
(604) 451-1329   SIC 5411

KIN'S FARM MARKET p 271
See KIN'S HOLDINGS LTD

KIN'S FARM MARKET p 274
See KIN'S FARM LTD

BUSINESSES ALPHABETICALLY

KIN'S FARM MARKET p 290
See KIN'S FARM LTD
KIN'S FARM MARKET p 296
See KIN'S FARM LTD
KIN'S FARMER'S MARKET p 211
See KIN'S FARM LTD
KIN'S HOLDINGS LTD p 271
6060 Minoru Blvd Unit 1460, RICHMOND, BC, V6Y 2V7
(604) 214-0253   SIC 5431
KINARK CHILD AND FAMILY SERVICES p 491
24 Orchard Heights Blvd Suite 101a, AURORA, ON, L4G 6T5
(905) 713-0700   SIC 8093
KINARK CHILD AND FAMILY SERVICES p 497
34 Simcoe St Suite 3, BARRIE, ON, L4N 6T4
(705) 726-8861   SIC 8322
KINARK CHILD AND FAMILY SERVICES p 672
600 Alden Rd Suite 200, MARKHAM, ON, L3R 0E7
(905) 479-0158   SIC 8699
KINARK CHILD AND FAMILY SERVICES p 765
475 Iroquois Shore Rd, OAKVILLE, ON, L6H 1M3
(905) 844-4110   SIC 8322
KINCARDINE AND DISTRICT GENERAL HOSPITAL p 629
See SOUTH BRUCE GREY HEALTH CENTRE
KINCARDINE DISTRICT SECONDARY SCHOOL p 629
See BLUEWATER DISTRICT SCHOOL BOARD
KINCARDINE SOBEYS p 629
See SOBEYS CAPITAL INCORPORATED
KINCARDINE TOWNSHIP - TIVERTON PUBLIC SCHOOL p 629
See BLUEWATER DISTRICT SCHOOL BOARD
KINDER MORGAN p 249
See KM CANADA MARINE TERMINAL LIMITED PARTNERSHIP
KINDER MORGAN CANADA INC p 114
1680 101a Ave Nw, EDMONTON, AB, T6P 1X1
(780) 449-5900   SIC 4612
KINDER MORGAN CANADA INC p 218
2355 Trans Canada Hwy W, KAMLOOPS, BC, V1S 1A7
(250) 371-4000   SIC 4612
KINDERSLEY AND DISTRICT CO-OPERATIVE LIMITED p 1271
Gd, KINDERSLEY, SK, S0L 1S0
(306) 463-3722   SIC 5411
KINDERSLEY CO-OP GROCERY STORE p 1271
See KINDERSLEY AND DISTRICT CO-OPERATIVE LIMITED
KINDERSLEY COMPOSITE HIGH SCHOOL p 1271
See SUN WEST SCHOOL DIVISION NO 207 SASKATCHEWAN
KINDERSLEY INN p 1271
See 600653 SASKATCHEWAN LTD
KINDERSLEY INTERGRATED HEALTH CARE FACILITY p 1271
See HEARTLAND REGIONAL HEALTH AUTHORITY
KINDERSLEY TRANSPORT A M DELIVERIES p 1306
See KINDERSLEY TRANSPORT LTD
KINDERSLEY TRANSPORT LTD p 18
5515 98 Ave Se, CALGARY, AB, T2C 4L1
(403) 279-8721   SIC 4213
KINDERSLEY TRANSPORT LTD p 208
660 Aldford Ave, DELTA, BC, V3M 6X1
(604) 522-4002   SIC 4213

KINDERSLEY TRANSPORT LTD p 369
1991 Brookside Blvd, WINNIPEG, MB, R2R 2Y3
(204) 633-1707   SIC 4212
KINDERSLEY TRANSPORT LTD p 689
5355 Creekbank Rd Suite B, MISSISSAUGA, ON, L4W 5L5
(905) 206-1377   SIC 4213
KINDERSLEY TRANSPORT LTD p 1283
1601 Elliott St, REGINA, SK, S4N 6R5
(306) 721-7733   SIC 4213
KINDERSLEY TRANSPORT LTD p 1296
2411 Wentz Ave, SASKATOON, SK, S7K 3V6
(306) 242-3355   SIC 4213
KINDERSLEY TRANSPORT LTD p 1296
2411 Wentz Ave, SASKATOON, SK, S7K 3V6
(306) 934-1911   SIC 4213
KINDERSLEY TRANSPORT LTD p 1306
910 North Railway St W, SWIFT CURRENT, SK, S9H 0A3
(306) 778-3683   SIC 4213
KINDERSLEY TRANSPORT TERMINAL p 1296
See KINDERSLEY TRANSPORT LTD
KINDRED CREDIT UNION LIMITED p 572
25 Hampton St, ELMIRA, ON, N3B 1L6
(519) 669-1529   SIC 6062
KINDREE PUBLIC SCHOOL p 710
See PEEL DISTRICT SCHOOL BOARD
KINECTRICS p 578
See KINECTRICS NORTH AMERICA INC
KINECTRICS NORTH AMERICA INC p 578
800 Kipling Ave Unit 2, ETOBICOKE, ON, M8Z 5G5
(416) 207-6000   SIC 8999
KINEDYNE CANADA LIMITED p 845
10 Maybrook Dr, SCARBOROUGH, ON, M1V 4B6
(416) 291-7168   SIC 2241
KINEQUIP p 1195
See NAUTILUS PLUS INC
KINEQUIP p 1199
See NAUTILUS PLUS INC
KINETIC p 123
See GEMINI CORPORATION
KINETIC CONSTRUCTION LTD p 333
862 Cloverdale Ave Suite 201, VICTORIA, BC, V8X 2S8
(250) 381-6331   SIC 1542
KING & RAPHAEL TORONTO LIMITED p 576
165 The Queensway Suite 226, ETOBICOKE, ON, M8Y 1H8
SIC 5148
KING ACADEMY SCHOOL p 428
See NOVA CENTRAL SCHOOL DISTRICT
KING ALBERT PUBLIC SCHOOL p 648
See TRILLIUM LAKELANDS DISTRICT SCHOOL BOARD
KING ARCHITECTURAL PRODUCTS, DIV OF p 506
See WSI SIGN SYSTEMS LTD
KING CITY PUBLIC SCHOOL p 629
See YORK REGION DISTRICT SCHOOL BOARD
KING CITY SECONDARY SCHOOL p 629
See YORK REGION DISTRICT SCHOOL BOARD
KING EDWARD COMMUNITY SCHOOL p 373
See WINNIPEG SCHOOL DIVISION
KING EDWARD ELEMENTARY PUBLIC p 641
See WATERLOO REGION DISTRICT SCHOOL BOARD
KING EDWARD ELEMENTARY SCHOOL p 967
See GREATER ESSEX COUNTY DISTRICT SCHOOL BOARD
KING EDWARD JR & SR PUBLIC SCHOOL p 927
See TORONTO DISTRICT SCHOOL BOARD

KING EDWARD SCHOOL p 104
See EDMONTON SCHOOL DISTRICT NO. 7
KING GEORGE COMMUNITY SCHOOL p 1280
See SASKATCHEWAN RIVER SCHOOL DIVISION #119
KING GEORGE COMMUNITY SCHOOL p 1301
See BOARD OF EDUCATION OF SASKATOON SCHOOL DIVISION NO. 13 OF SASKATCHEWAN, THE
KING GEORGE ELEMENTARY SCHOOL p 344
See BRANDON SCHOOL DIVISION, THE
KING GEORGE ELEMENTARY SCHOOL p 527
See GRAND ERIE DISTRICT SCHOOL BOARD
KING GEORGE ELEMENTARY SCHOOL p 608
See HAMILTON-WENTWORTH DISTRICT SCHOOL BOARD, THE
KING GEORGE JUNIOR PUBLIC SCHOOL p 939
See TORONTO DISTRICT SCHOOL BOARD
KING GEORGE PUBLIC SCHOOL p 599
See UPPER GRAND DISTRICT SCHOOL BOARD, THE
KING GEORGE PUBLIC SCHOOL p 636
See DISTRICT SCHOOL BOARD ONTARIO NORTH EAST
KING GEORGE PUBLIC SCHOOL p 742
See NEAR NORTH DISTRICT SCHOOL BOARD
KING GEORGE PUBLIC SCHOOL p 808
See KAWARTHA PINE RIDGE DISTRICT SCHOOL BOARD
KING GEORGE PUBLIC SCHOOL p 810
See KAWARTHA PINE RIDGE DISTRICT SCHOOL BOARD
KING GEORGE SCHOOL p 38
See CALGARY BOARD OF EDUCATION
KING GEORGE SCHOOL p 1276
See PRAIRIE SOUTH SCHOOL DIVISION NO 210
KING GEORGE SECONDARY p 313
See BOARD OF EDUCATION OF SCHOOL DISTRICT NO. 39 (VANCOUVER), THE
KING GEORGE VI ELEMENTARY SCHOOL p 628
See KEEWATIN PATRICIA DISTRICT SCHOOL BOARD
KING GEORGE VI SCHOOL p 829
See LAMBTON KENT DISTRICT SCHOOL BOARD
KING GEORGE VL SCHOOL p 551
See LAMBTON KENT DISTRICT SCHOOL BOARD
KING KOATING ROOFING INC p 560
41 Peelar Rd, CONCORD, ON, L4K 1A3
(905) 669-1771   SIC 1761
KING MARKETING LTD p 689
1200 Aerowood Dr Unit 45, MISSISSAUGA, ON, L4W 2S7
(905) 624-8804   SIC 7311
KING NURSING HOME LIMITED p 506
49 Sterne St, BOLTON, ON, L7E 1B9
(905) 857-4117   SIC 8051
KING PACKAGED MATERIALS p 529
See KPM INDUSTRIES LTD
KING RITSON DENTAL CLINIC p 779
See CAMASTRA DISANTO RHODES DENTISTRY PROFESSIONAL CORPORATION
KING TOWNSHIP PUBLIC LIBRARY p 629
See CORPORATION OF THE TOWNSHIP OF KING, THE
KING TRUCK CENTRE p 539
See KPM INDUSTRIES LTD
KING WALDORF'S TENT & TRAILER p 735
See MARINELAND OF CANADA INC
KING'S RIDING GOLD CLUB p 629

KINGSCLEAR FIRST NATION 3441

See CLUBLINK CORPORATION ULC
KING'S ROAD PUBLIC SCHOOL p 541
See HALTON DISTRICT SCHOOL BOARD
KING'S TRANSFER VAN LINES (CALGARY) LTD p 18
7803 35 St Se Unit G, CALGARY, AB, T2C 1V3
(403) 730-5592   SIC 4214
KING'S TRANSFER VAN LINES INC p 722
6710 Maritz Dr Unit 3, MISSISSAUGA, ON, L5W 0A1
(905) 565-9950   SIC 4213
KING'S TRANSFER VAN LINES INC p 783
1290 Old Innes Rd Unit 710, OTTAWA, ON, K1B 5M6
SIC 4214
KING'S-EDGEHILL SCHOOL p 446
33 King Edgehill Lane, CURRYS CORNER, NS, B0N 2T0
(902) 798-2278   SIC 8211
KING, TREVOR OILFIELD SERVICES LTD p 173
Po Box 3353 Stn Main, WAINWRIGHT, AB, T9W 1T3
SIC 1389
KINGDOM COVENANT MINISTRIES INTERNATIONAL p 693
1224 Dundas St E Unit 20, MISSISSAUGA, ON, L4Y 4A2
(905) 566-1084   SIC 8661
KINGDOM HALL JEHOVAH'S WITNESS p 956
See WATCH TOWER BIBLE AND TRACT SOCIETY OF CANADA
KINGDON LUMBER LIMITED p 812
309 Lansdowne St E, PETERBOROUGH, ON, K9L 2A3
(705) 749-1144   SIC 5211
KINGDON TIM-BR MART p 812
See KINGDON LUMBER LIMITED
KINGFISHER INN p 1277
See KINGFISHER INNS LTD
KINGFISHER INNS LTD p 204
4330 Island Hwy S, COURTENAY, BC, V9N 9R9
(250) 338-1323   SIC 7011
KINGFISHER INNS LTD p 1277
1203 8th St W, NIPAWIN, SK, S0E 1E0
(306) 862-9801   SIC 7011
KINGFISHER OCEANSIDE RESORT & SPA p 204
See KINGFISHER INN LTD
KINGHURST COMMUNITY SCHOOL p 553
See BLUEWATER DISTRICT SCHOOL BOARD
KINGLAND FORD SALES LTD p 438
9 Aspen Rd, HAY RIVER, NT, X0E 0R6
SIC 5511
KINGLAND FORD SALES LTD p 439
20 Yellowknife Airport, YELLOWKNIFE, NT, X1A 3T2
(867) 920-9200   SIC 5511
KINGLAND FORD YELLOWKNIFE p 439
See KINGLAND FORD SALES LTD
KINGLAND FREIGHTLINER p 438
See KINGLAND FORD SALES LTD
KINGS BUFFET - KITCHENER p 638
See 2070403 ONTARIO INC
KINGS COUNTY ACADEMY p 465
See ANNAPOLIS VALLEY REGIONAL SCHOOL BOARD
KINGS COUNTY HOMECARE SERVICES LTD p 413
103a Hampton Rd, ROTHESAY, NB, E2E 3L3
(506) 847-5295   SIC 8322
KINGSCLEAR CONSOLIDATED SCHOOL p 401
See ANGLOPHONE WEST SCHOOL DISTRICT (ASD-W)
KINGSCLEAR FIRST NATION p 403
712 Church St, KINGSCLEAR FIRST NA-

▲ Public Company   ■ Public Company Family Member   HQ Headquarters   BR Branch   SL Single Location

TION, NB, E3E 1K8
(506) 363-3019   SIC 8211
KINGSDOWN CANADA p 184
See OWEN & COMPANY LIMITED
KINGSDOWN MATTRESSES p 24
See OWEN & COMPANY LIMITED
KINGSMILL'S, LIMITED p 656
130 Dundas St, LONDON, ON, N6A 1G2
SIC 5311
KINGSTON & DISTRICT ASSOCIATION FOR COMMUNITY LIVING p 633
196 Mcmichael St, KINGSTON, ON, K7M 1N6
(613) 547-6940   SIC 8361
KINGSTON ACCESS SERVICES p 633
See CORPORATION OF THE CITY OF KINGSTON, THE
KINGSTON AND THE ISLANDS POLITICAL PARTY p 631
15 Alamein Dr, KINGSTON, ON, K7L 4R5
(613) 546-6081   SIC 8651
KINGSTON BYERS INC p 1061
9100 Rue Elmslie, LASALLE, QC, H8R 1V6
(514) 365-1642   SIC 1541
KINGSTON ELEMENTARY SCHOOL p 465
See ANNAPOLIS VALLEY REGIONAL SCHOOL BOARD
KINGSTON FAMILY YMCA p 632
See YOUNG MEN'S CHRISTIAN ASSOCIATION OF KINGSTON, THE
KINGSTON GENERAL HOSPITAL p 502
345 College St E, BELLEVILLE, ON, K8N 5S7
(613) 966-2300   SIC 8011
KINGSTON REGIONAL CANCER CENTR p 631
See CANCER CARE ONTARIO
KINGSTON ROSS PASNAK LLP p 81
9888 Jasper Ave Nw Suite 1500, EDMONTON, AB, T5J 5C6
(780) 424-3000   SIC 8721
KINGSTON SUPERCENTRE STORE- #3043 p 635
See WAL-MART CANADA CORP
KINGSTON TRUCK CENTRE p 634
See TALLMAN TRUCK CENTRE LIMITED
KINGSTON-FRONTENAC PUBLIC LIBRARY BOARD p 631
130 Johnson St, KINGSTON, ON, K7L 1X8
(613) 549-8888   SIC 8231
KINGSVIEW VILLAGE JUNIOR SCHOOL p 582
See TORONTO DISTRICT SCHOOL BOARD
KINGSVILLE DISTRICT HIGH SCHOOL p 635
See GREATER ESSEX COUNTY DISTRICT SCHOOL BOARD
KINGSVILLE FIRE DEPARTMENT p 635
See CORPORATION OF THE TOWN OF KINGSVILLE
KINGSVILLE PUBLIC SCHOOL p 635
See GREATER ESSEX COUNTY DISTRICT SCHOOL BOARD
KINGSVILLE STN MAIN p 635
See CANADA POST CORPORATION
KINGSWAY ARMS AURORA RETIREMENT RESIDENCE p 490
See CHARTWELL SENIORS HOUSING REAL ESTATE INVESTMENT TRUST
KINGSWAY ARMS MANAGEMENT (AT CARLETON PLACE) INC p 549
6 Arthur St, CARLETON PLACE, ON, K7C 4S4
(613) 253-7360   SIC 6513
KINGSWAY LODGE ST. MARYS LTD p 857
310 Queen St E, ST MARYS, ON, N4X 1C8
(519) 284-2921   SIC 8051
KINGSWAY MALL p 76
See OXFORD PROPERTIES GROUP INC
KINGSWAY TRANSPORT p 691
See TRANSPORT TFI 5, S.E.C.
KINGSWAY TRANSPORT (DIV) p 546

See TRANSPORT TFI 5, S.E.C.
KINGSWAY VRAC p 1181
See TRANSPORT TFI 4, S.E.C.
KINGSWOOD DRIVE PUBLIC SCHOOL p 518
See PEEL DISTRICT SCHOOL BOARD
KINGSWOOD ELEMENTARY p 272
See BOARD OF EDUCATION SCHOOL DISTRICT #38 (RICHMOND)
KINGSWOOD PIZZA HUT EXPRESS p 403
See MCFADZEN HOLDINGS LIMITED
KINGSWOOD UNIVERSITY p 421
26 Western St, SUSSEX, NB, E4E 1E6
(506) 432-4400   SIC 8299
KINIKINNICK ELEMENTARY SCHOOL p 277
See SCHOOL DISTRICT NO. 46 (SUNSHINE COAST)
KINISTINO SCHOOL p 1271
See SASKATCHEWAN RIVER SCHOOL DIVISION #119
KINNAIRD ELEMENTARY SCHOOL p 195
See SCHOOL DISTRICT # 20 (KOOTENAY-COLUMBIA)
KINNEAR INDUSTRIES CORPORATION LIMITED p 694
254 Matheson Blvd E, MISSISSAUGA, ON, L4Z 1P5
(905) 890-1402   SIC 5031
KINNIKINNICK ELEMENTARY SCHOOL p 277
See SCHOOL DISTRICT NO. 46 (SUNSHINE COAST)
KINNWOOD CENTRAL SCHOOL p 589
See LAMBTON KENT DISTRICT SCHOOL BOARD
KINOAK ARENA p 769
See CORPORATION OF THE TOWN OF OAKVILLE, THE
KINOVA INC p 1001
6110 Rue Doris-Lussier, BOISBRIAND, QC, J7H 0E8
(514) 277-3777   SIC 3549
KINROSS GOLD CORPORATION p 851
4315 Goldmine Rd, SOUTH PORCUPINE, ON, P0N 1H0
SIC 1041
KINROSS GOLD CORPORATION p 919
25 York St Suite 17, TORONTO, ON, M5J 2V5
(416) 365-5123   SIC 1041
KINSDALE CARRIERS LIMITED p 977
Gd Lcd Main, WOODSTOCK, ON, N4S 7W4
(519) 421-0600   SIC 4213
KINSMAN SPORTS CENTER, THE p 103
See CITY OF EDMONTON
KINSMEN CHILDREN'S CENTRE p 1303
See SASKATOON REGIONAL HEALTH AUTHORITY
KINSMEN/ VINCENT MASSEY SCHOOL p 566
See UPPER CANADA DISTRICT SCHOOL BOARD, THE
KINTETSU INTERNATIONAL EXPRESS (CANADA) INC p 312
1140 Pender St W Suite 910, VANCOUVER, BC, V6E 4G1
(778) 328-9754   SIC 4724
KINTETSU WORLD EXPRESS (CANADA) INC p 709
6700 Millcreek Dr, MISSISSAUGA, ON, L5N 8B3
(905) 542-3500   SIC 4225
KINUSO SCHOOL p 133
See HIGH PRAIRIE SCHOOL DIVISION NO 48
KIPLING COLLEGIATE INSTITUTE p 582
See TORONTO DISTRICT SCHOOL BOARD
KIPLING MEMORIAL HEALTH CENTRE p 1271
See SUN COUNTRY REGIONAL HEALTH AUTHORITY
KIPLING SCHOOL p 1271

See PRAIRIE VALLEY SCHOOL DIVISION NO 208
KIPOHTAKAW EDUCATION CENTRE p 146
See ALEXANDER FIRST NATIONS EDUCATION AUTHORITY
KIRBY INTERNATIONAL TRUCKS LTD p 534
5280 South Service Rd, BURLINGTON, ON, L7L 5H5
(905) 681-6500   SIC 5511
KIRBY INTERNATIONAL TRUCKS LTD p 547
120 Mcgovern Dr, CAMBRIDGE, ON, N3H 4R7
(519) 650-1184   SIC 7538
KIRBY INTERNATIONAL TRUCKS LTD p 547
120 Mcgovern Dr, CAMBRIDGE, ON, N3H 4R7
(519) 650-3670   SIC 7513
KIRBY INTERNATIONAL TRUCKS LTD p 606
2 Arrowsmith Rd, HAMILTON, ON, L8E 4H8
(905) 578-2211   SIC 5012
KIRBY INTERNATIONAL TRUCKS LTD p 638
21 Ardelt Pl, KITCHENER, ON, N2C 2C8
(519) 578-7040   SIC 7513
KIRIN SEAFOOD RESTAURANT p 299
See 360641 BC LTD
KIRKBRIDE ELEMENTARY SCHOOL p 285
See SCHOOL DISTRICT NO 36 (SURREY)
KIRKCALDY HEIGHTS SCHOOL p 344
See BRANDON SCHOOL DIVISION, THE
KIRKEY RACING FABRICATION INC p 851
5215 Hwy 138, ST ANDREWS WEST, ON, K0C 2A0
(613) 938-4885   SIC 2531
KIRKLAND AND DISTRICT HOSPITAL p 636
145 Government Rd W, KIRKLAND LAKE, ON, P2N 2E8
(705) 567-5251   SIC 8062
KIRKLAND LAKE COLLEGIATE VOCATIONAL INSTITUTE p 847
See DISTRICT SCHOOL BOARD ONTARIO NORTH EAST
KIRKLAND LAKE DISTRICT COMPOSITE SCHOOL p 636
See DISTRICT SCHOOL BOARD ONTARIO NORTH EAST
KIRKLAND LAKE GOLD LTD p 636
1350 Government Rd W, KIRKLAND LAKE, ON, P2N 3J1
(705) 567-5208   SIC 1081
KIRKLAND LAKE POST OFFICE p 636
See CANADA POST CORPORATION
KIRKLAND POWER STATION p 636
See NORTHLAND POWER INC
KIRKNESS ELEMENTARY SCHOOL p 98
See EDMONTON SCHOOL DISTRICT NO. 7
KISTIGANWACHEENG ELEMENTARY SCHOOL p 350
See GARDEN HILL FIRST NATION
KISUMAR PIZZA LTD p 345
860 18th St, BRANDON, MB, R7A 5B7
(204) 726-0600   SIC 5812
KITANA INCORPORATED p 832
458 Great Northern Rd, SAULT STE. MARIE, ON, P6B 4Z9
SIC 5812
KITASKINAW EDUCATION AUTHORITY p 2
90 Ashwood Rd Se, AIRDRIE, AB, T4B 1G8
(780) 470-5657   SIC 8211
KITCHEN & BATH CLASSICS p 333
See WOLSELEY CANADA INC
KITCHEN CRAFT OF CANADA p 110
2866 Calgary Trail Nw Suite 2862, EDMONTON, AB, T6J 6V7
(780) 465-6531   SIC 5031
KITCHEN CRAFT OF CANADA p 362
1500 Regent Ave W Suite 1, WINNIPEG,

MB, R2C 3A8
(204) 661-6977   SIC 5211
KITCHEN CRAFT OF CANADA p 365
495 Archibald St, WINNIPEG, MB, R2J 0X2
(204) 233-3097   SIC 2541
KITCHEN STUFF PLUS p 841
See KITCHEN STUFF PLUS INC
KITCHEN STUFF PLUS p 903
See KITCHEN STUFF PLUS INC
KITCHEN STUFF PLUS INC p 704
3050 Vega Blvd Unit 5, MISSISSAUGA, ON, L5L 5X8
SIC 5719
KITCHEN STUFF PLUS INC p 841
29 William Kitchen Rd Unit J3, SCARBOROUGH, ON, M1P 5B7
(416) 291-0533   SIC 5719
KITCHEN STUFF PLUS INC p 897
2287 Yonge St Suite 200, TORONTO, ON, M4P 2C6
SIC 5719
KITCHEN STUFF PLUS INC p 903
703 Yonge St, TORONTO, ON, M4Y 2B2
(416) 944-2718   SIC 5719
KITCHEN STUFF PLUS INC p 933
125 Tycos Dr, TORONTO, ON, M6B 1W6
(416) 944-2847   SIC 5719
KITCHEN TABLE INCORPORATED, THE p 940
595 Bay St, TORONTO, ON, M7A 2B4
(416) 977-2225   SIC 5411
KITCHEN TABLE, THE p 940
See KITCHEN TABLE INCORPORATED, THE
KITCHENER & WATERLOO ACCOUNTING p 951
See BDO CANADA LLP
KITCHENER AERO AVIONICS LIMITED p 529
4881 Fountain St Suite 6, BRESLAU, ON, N0B 1M0
(519) 648-2921   SIC 7629
KITCHENER AERO AVIONICS LIMITED p 689
6120 Midfield Rd Unit 11, MISSISSAUGA, ON, L4W 2P7
(905) 673-9918   SIC 7629
KITCHENER COMMUNITY SCHOOL p 1289
See BOARD OF EDUCATION REGINA SCHOOL DIVISION NO. 4 OF SASKATCHEWAN
KITCHENER KIA p 638
300 Homer Watson Blvd, KITCHENER, ON, N2C 2S8
(519) 571-2828   SIC 5511
KITCHENER MAIL PROCESSING PLANT p 639
See CANADA POST CORPORATION
KITCHENER PUBLIC LIBRARY BOARD p 641
85 Queen St N, Kitchener, ON, N2H 2H1
(519) 743-0271   SIC 8231
KITCHENER WATERLOO COLLEGIAT AND VOCATIONAL SCHOOL p 641
See WATERLOO REGION DISTRICT SCHOOL BOARD
KITCHENER WATERLOO YOUNG MENS CHRISTIAN ASSOCIATION, THE p 640
800 King St W, KITCHENER, ON, N2G 1E8
(519) 579-9622   SIC 8331
KITCHENER WATERLOO YOUNG MENS CHRISTIAN ASSOCIATION, THE p 641
460 Frederick St Suite 203, KITCHENER, ON, N2H 2P5
(519) 584-1937   SIC 8699
KITCHENER-WATERLOO SYMPHONY p 640
See KITCHENER-WATERLOO SYMPHONY ORCHESTRA ASSOCIATION INC
KITCHENER-WATERLOO SYMPHONY ORCHESTRA ASSOCIATION INC p 640
36 King St W, KITCHENER, ON, N2G 1A3
(519) 745-4711   SIC 7929

KITCHENER-WATERLOO YWCA p 641
84 Frederick St, KITCHENER, ON, N2H 2L7
(519) 576-8856   SIC 8322

KITI K' SHAN PRIMARY SCHOOL p 291
See THE BOARD OF EDUCATION OF SCHOOL DISTRICT #82 (COAST MOUNTAIN)

KITIGAN ZIBI ANISHINABEG p 1075
8 Kikinamage Mikan, MANIWAKI, QC, J9E 3B1
(819) 449-5593   SIC 8059

KITIGAN ZIBI HEALTH & SOCIAL SERVICES p 1075
See KITIGAN ZIBI ANISHINABEG

KITIMAT CHILD DEVELOPMENT CENTRE ASSOCIATION p 228
1515 Kingfisher Ave N, KITIMAT, BC, V8C 1S5
(250) 632-3144   SIC 8351

KITIMAT GENERAL HOSPITAL p 228
See NORTHERN HEALTH AUTHORITY

KITO CANADA INC p 187
3815 1st Ave Suite 309, BURNABY, BC, V5C 3V6
(888) 322-5486   SIC 5084

KITO CANADA INC p 716
2400 Lucknow Dr Unit 36, MISSISSAUGA, ON, L5S 1T9
(905) 405-0905   SIC 5084

KITSCOTY JUNIOR & SENIOR HIGH SCHOOL p 133
See BUFFALO TRAIL PUBLIC SCHOOLS REGIONAL DIVISION NO. 28

KITSILANO SECONDARY SCHOOL p 317
See BOARD OF EDUCATION OF SCHOOL DISTRICT NO. 39 (VANCOUVER), THE

KITSILANO FAIRVIEW MENTAL TEAM p 315
See VANCOUVER COASTAL HEALTH AUTHORITY

KIVUTO SOLUTIONS INC p 789
126 York St Suite 200, OTTAWA, ON, K1N 5T5
(613) 526-3005   SIC 7372

KIWANIS CARE CENTRE p 244
See KIWANIS CARE SOCIETY (1979) OF NEW WESTMINSTER

KIWANIS CARE SOCIETY (1979) OF NEW WESTMINSTER p 244
35 Clute St, NEW WESTMINSTER, BC, V3L 1Z5
(604) 525-6471   SIC 8051

KIWANIS CLUB OF CASA LOMA, TORONTO p 924
1 Austin Terr, TORONTO, ON, M5R 1X8
(416) 925-1588   SIC 8641

KIWANIS NURSING HOME INC p 421
11 Bryant Dr, SUSSEX, NB, E4E 2P3
(506) 432-3118   SIC 8051

KIWANIS VILLAGE LODGE p 240
1221 Kiwanis Cres, NANAIMO, BC, V9S 5Y1
(250) 753-6471   SIC 8051

KIWEDIN PUBLIC SCHOOL p 832
See ALGOMA DISTRICT SCHOOL BOARD

KIWI COLLECTION INC p 304
375 Water St Suite 645, VANCOUVER, BC, V6B 5C6
(604) 737-7397   SIC 2731

KJA CONSULTANTS INC p 914
85 Richmond St W, TORONTO, ON, M5H 2C9
(416) 961-3938   SIC 8711

KJMAL ENTERPRISES LTD p 1279
800 15th St E Unit 800, PRINCE ALBERT, SK, S6V 8E3
(306) 922-6366   SIC 5812

KJMAL ENTERPRISES LTD p 1289
4651 Albert St, REGINA, SK, S4S 6B6
(306) 584-5656   SIC 5812

KLASSEN BRONZE LIMITED p 731
30 Marvin St, NEW HAMBURG, ON, N3A 4H8
(519) 662-1010   SIC 3993

KLASSIC CATERING LTD p 179
30455 Progressive Way Suite 1, ABBOTSFORD, BC, V2T 6W3
(604) 864-8250   SIC 5812

KLB GROUP CANADA INC p 1123
1001 Rue Lenoir Suite A417-B, Montreal, QC, H4C 2Z6
(438) 387-4404   SIC 8748

KLEEFELD SCHOOL p 350
See HANOVER SCHOOL DIVISION

KLEENZONE LTD p 598
2489 Sixth Concession Rd, GREENWOOD, ON, L0H 1H0
(905) 686-6500   SIC 7349

KLEINBURG PUBLIC SCHOOL p 645
See YORK REGION DISTRICT SCHOOL BOARD

KLEYSEN GROUP LTD p 352
2800 Mcgillivray Blvd, OAK BLUFF, MB, R4G 0B4
(204) 488-5550   SIC 4213

KLINEC ELECTRIC SERVICES AND MANUFACTURING LIMITED p 967
1585 St Luke Rd, WINDSOR, ON, N8Y 3N4
(519) 944-7766   SIC 1731

KLINEC MANUFACTURING p 967
See KLINEC ELECTRIC SERVICES AND MANUFACTURING LIMITED

KLINGSPOR ENGINEERED ABBRASIVES p 861
See KLINGSPOR INC

KLINGSPOR INC p 861
1175 Barton St Unit 1, STONEY CREEK, ON, L8E 5H1
(905) 643-0770   SIC 5085

KLINIC COMMUNITY HEALTH CENTRE p 381
See KLINIC INC

KLINIC INC p 381
870 Portage Ave, WINNIPEG, MB, R3G 0P1
(204) 784-4090   SIC 8322

KLOHN CRIPPEN BERGER LTD p 10
2618 Hopewell Pl Ne Suite 500, CALGARY, AB, T1Y 7J7
(403) 648-4244   SIC 8711

KLOHN CRIPPEN BERGER LTD p 294
2955 Virtual Way Suite 500, VANCOUVER, BC, V5M 4X6
(604) 669-3800   SIC 8711

KLOHN CRIPPEN BERGER LTD p 870
1361 Paris St Unit 101, SUDBURY, ON, P3E 3B6
(705) 522-1367   SIC 8711

KM CANADA MARINE TERMINAL LIMITED PARTNERSHIP p 249
1995 1st St W, NORTH VANCOUVER, BC, V7P 1A8
(604) 985-3177   SIC 4491

KMB MANAGEMENT p 694
See KEYSER MASON BALL LLP

KMCA ACQUISITION CORPORATION p 383
791 Bradford St, WINNIPEG, MB, R3H 0N2
(204) 633-9264   SIC 5943

KML BUILDING SOLUTIONS p 667
See KML ENGINEERED HOMES LTD

KML ENGINEERED HOMES LTD p 667
10877 Keele St, MAPLE, ON, L6A 0K6
SIC 3448

KN CUSTOMS BROKERS p 96
See KUEHNE + NAGEL LTD

KN CUSTOMS BROKERS p 458
See KUEHNE + NAGEL LTD

KN TRAVEL p 714
See KUEHNE + NAGEL LTD

KNEBEL, MURRAY G. PROFESSIONAL CORPORATION p 62
5982 Signal Hill Ctr Sw, CALGARY, AB, T3H 3P8
(403) 297-9600   SIC 8021

KNELSEN SAND & GRAVEL LTD p 65
489 Exploration Ave Se, CALGARY, AB, T3S 0B4
(403) 338-1911   SIC 5032

KNIGHT FACILITIES MANAGEMENT ULC p 322
840 Howe St Suite 1000, VANCOUVER, BC, V6Z 2M1
SIC 8741

KNIGHT PIESOLD LTD p 742
1650 Main St N, NORTH BAY, ON, P1B 8G5
(705) 476-2165   SIC 8711

KNIGHTS ON GUARD PROTECTIVES SERVICES p 814
See KNIGHTS ON GUARD SECURITY SURVEILLANCE SYSTEMS CORPORATION

KNIGHTS ON GUARD SECURITY SURVEILLANCE SYSTEMS CORPORATION p 814
1048 Toy Ave Suite 101, PICKERING, ON, L1W 3P1
(905) 427-7863   SIC 7381

KNIGHTS' OF MEAFORD LIMITED p 679
76 Edwin St E, MEAFORD, ON, N4L 1C2
(519) 538-1510   SIC 5211

KNOB HILL JR PUBLIC SCHOOL p 837
See TORONTO DISTRICT SCHOOL BOARD

KNOLL NORTH AMERICA CORP p 763
1000 Arrow Rd, NORTH YORK, ON, M9M 2Y7
(416) 741-5453   SIC 2521

KNOLL NORTH AMERICA CORP p 975
600 Rowntree Dairy Rd, WOODBRIDGE, ON, L4L 5T8
(416) 741-5453   SIC 2514

KNOLLCREST LODGE p 683
50 William St Suite 221, MILVERTON, ON, N0K 1M0
(519) 595-8121   SIC 8361

KNOLLWOOD GOLF CLUB p 487
See KNOLLWOOD GOLF LIMITED

KNOLLWOOD GOLF LIMITED p 487
1276 Shaver Rd, ANCASTER, ON, L9G 3L1
(905) 648-6687   SIC 7992

KNOLLWOOD PARK PUBLIC SCHOOL p 654
See THAMES VALLEY DISTRICT SCHOOL BOARD

KNOWLEDGE CIRCLE p 791
See KNOWLEDGE CIRCLE LEARNING SERVICES INC

KNOWLEDGE CIRCLE LEARNING SERVICES INC p 791
130 Slater St Suite 850, OTTAWA, ON, K1P 6E2
(613) 233-2112   SIC 8299

KNOWLEDGE FIRST FINANCIAL INC p 698
50 Burnhamthorpe Rd W Suite 1000, MISSISSAUGA, ON, L5B 4A5
(905) 270-8777   SIC 6732

KNOWLEDGE FIRST FINANCIAL INC. p 266
20800 Westminster Hwy Suite 1203, RICHMOND, BC, V6V 2W3
(604) 276-0500   SIC 8299

KNOWLEDGE MANAGEMENT p 593
1200m Montreal Rd Suite 60, GLOUCESTER, ON, K1A 0S2
(613) 993-9251   SIC 8231

KNOWLEDGE NETWORK CORPORATION p 298
530 41st Ave E Suite 123, VANCOUVER, BC, V5W 1P3
(604) 713-5520   SIC 4833

KNOWLES CENTRE INC p 363
2065 Henderson Hwy, WINNIPEG, MB, R2G 1P7
(204) 339-1951   SIC 8361

KNOWLTON ACADEMY p 1049
See COMMISSION SCOLAIRE EASTERN TOWNSHIPS

KNOWLTON GOLF CLUB p 1049
264 Ch Lakeside, KNOWLTON, QC, J0E 1V0

(450) 243-6622   SIC 7997

KNOXDALE PUBLIC SCHOOL p 729
See OTTAWA-CARLETON DISTRICT SCHOOL BOARD

KNOXVILLE'S TAVERN p 39
See 1883865 ALBERTA LTD

KOBE JAPANESE STEAK HOUSES LTD p 312
1042 Alberni St, VANCOUVER, BC, V6E 1A3
(604) 684-2451   SIC 5812

KOBELT MANUFACTURING CO. LTD p 286
8238 129 St, SURREY, BC, V3W 0A6
(604) 572-3935   SIC 3732

KOCH ENTERTAINMENT p 841
See TCS ENTERTAINMENT ONE CORPORATION

KOCH EXPLORATION CANADA, L.P. p 46
111 5 Ave Sw Suite 1500, CALGARY, AB, T2P 3Y6
(403) 716-7800   SIC 1382

KOCH FERTILIZER CANADA, ULC p 345
1400 17th St E, BRANDON, MB, R7A 7C4
(204) 729-2000   SIC 2873

KOCH GRAIN ELEVATORS (EARLTON) INC p 571
125364 Gravel Rd, EARLTON, ON, P0J 1E0
(705) 563-8325   SIC 4221

KODIAK ENERGY SERVICES INC p 1271
1115 11th Ave W, KINDERSLEY, SK, S0L 1S0
(306) 463-6233   SIC 1389

KOEI CANADA INC p 915
257 Adelaide St W Suite 500, TORONTO, ON, M5H 1X9
SIC 7371

KOGNITIV CORPORATION p 950
187 King St S, WATERLOO, ON, N2J 1R1
(226) 476-1124   SIC 7372

KOHL & FRISCH LIMITED p 410
255 Urquhart Ave, MONCTON, NB, E1H 2R4
(506) 382-8222   SIC 5122

KOHL & FRISCH LIMITED p 552
20 Currie St Unit D, CHATHAM, ON, N7M 6L9
(519) 380-9487   SIC 5122

KOHL & FRISCH LIMITED p 560
7622 Keele St, CONCORD, ON, L4K 2R5
(905) 660-7622   SIC 5122

KOHL & FRISCH LIMITED p 990
10600 Boul Du Golf Bureau 247, ANJOU, QC, H1J 2Y7
(514) 325-0622   SIC 5122

KOLOFIS p 1128
See KOLOSTAT INC

KOLOSTAT INC p 1128
2005 Rue Le Chatelier, Montreal, QC, H7M 5B3
(514) 333-7333   SIC 1711

KON KAST PRODUCTS (2005) LTD p 222
1313 Innovation Dr, KELOWNA, BC, V1V 3B3
(250) 765-1423   SIC 3272

KONA DRUGS LTD p 260
737 Central St W, PRINCE GEORGE, BC, V2M 3C6
(250) 562-2311   SIC 5912

KONCRETE CONSTRUCTION (SJG) INC p 1272
609 Miller St, LEADER, SK, S0N 1H0
(306) 628-3757   SIC 3273

KONCRETE CONSTRUCTION GROUP p 1272
See KONCRETE CONSTRUCTION (SJG) INC

KONE ELEVATORS & ESCALATOR p 1283
See KONE INC

KONE INC p 10
3510 29 St Ne Suite 115, CALGARY, AB, T1Y 7E5
(403) 275-5650   SIC 1796

KONE INC p 208
1488 Cliveden Ave, DELTA, BC, V3M 6L9

(604) 777-5663 SIC 1799
KONE INC p 334
4223 Commerce Cir Suite 30, VICTORIA, BC, V8Z 6N6
(250) 384-0613 SIC 3534
KONE INC p 444
205 Bluewater Rd Suite 1, BEDFORD, NS, B4B 1H1
(902) 450-1102 SIC 1796
KONE INC p 515
48 West Dr, BRAMPTON, ON, L6T 3T6
(905) 454-1222 SIC 7699
KONE INC p 709
6696 Financial Dr Suite 2, MISSISSAUGA, ON, L5N 7J6
(416) 705-1629 SIC 7699
KONE INC p 800
1735 Courtwood Cres Suite 1, OTTAWA, ON, K2C 3J2
(613) 225-8222 SIC 5084
KONE INC p 1155
1730 Av Newton Bureau 208, Quebec, QC, G1P 4J4
(418) 877-2183 SIC 1796
KONE INC p 1209
3330 Rue De Miniac, SAINT-LAURENT, QC, H4S 1Y4
(514) 284-5663 SIC 1796
KONE INC p 1209
3330 Rue De Miniac, SAINT-LAURENT, QC, H4S 1Y4
(514) 735-5353 SIC 5084
KONE INC p 1239
4054 Rue Lesage, SHERBROOKE, QC, J1L 0B6
(819) 821-2182 SIC 7699
KONE INC p 1283
607 Park St, REGINA, SK, S4N 5N1
(306) 546-2420 SIC 1796
KONE QUEBEC p 1209
See KONE INC
KONECRANES CANADA INC p 100
3707 74 Ave Nw Suite 100, EDMONTON, AB, T6B 2T7
(780) 468-5321 SIC 3536
KONECRANES CANADA INC p 534
5300 Mainway, BURLINGTON, ON, L7L 6A4
(905) 332-9494 SIC 7699
KONECRANES CANADA INC p 867
598 Falconbridge Rd Unit 12, SUDBURY, ON, P3A 5K6
(705) 521-0953 SIC 7699
KONECRANES CANADA INC p 1026
1875 Ch Saint-Francois, DORVAL, QC, H9P 1K3
(514) 421-3030 SIC 7353
KONGSBERG GEOSPATIAL LTD p 624
411 Legget Dr Suite 400, KANATA, ON, K2K 3C9
(613) 271-5500 SIC 7372
KONGSBERG INC p 1042
90 28e Rue, Grand-Mere, QC, G9T 5K7
(819) 533-3201 SIC 3679
KONGSBERG MESOTECH LTD p 256
1598 Kebet Way, PORT COQUITLAM, BC, V3C 5M5
(604) 464-8144 SIC 3812
KONICA MINOLTA p 32
See KONICA MINOLTA BUSINESS SOLUTIONS (CANADA) LTD
KONICA MINOLTA p 113
See KONICA MINOLTA BUSINESS SOLUTIONS (CANADA) LTD
KONICA MINOLTA p 187
See KONICA MINOLTA BUSINESS SOLUTIONS (CANADA) LTD
KONICA MINOLTA p 266
See KONICA MINOLTA BUSINESS SOLUTIONS (CANADA) LTD
KONICA MINOLTA p 329
See KONICA MINOLTA BUSINESS SOLUTIONS (CANADA) LTD
KONICA MINOLTA p 451
See KONICA MINOLTA BUSINESS SOLUTIONS (CANADA) LTD
KONICA MINOLTA p 594
See KONICA MINOLTA BUSINESS SOLUTIONS (CANADA) LTD
KONICA MINOLTA p 930
See KONICA MINOLTA BUSINESS SOLUTIONS (CANADA) LTD
KONICA MINOLTA p 1209
See KONICA MINOLTA BUSINESS SOLUTIONS (CANADA) LTD
KONICA MINOLTA p 1300
See KONICA MINOLTA BUSINESS SOLUTIONS (CANADA) LTD
KONICA MINOLTA BUSINESS SOLUTIONS (CANADA) LTD p 32
1315 73 Ave Se, CALGARY, AB, T2H 2X4
(403) 253-6485 SIC 5999
KONICA MINOLTA BUSINESS SOLUTIONS (CANADA) LTD p 113
9651 25 Ave Nw, EDMONTON, AB, T6N 1H7
(780) 465-6232 SIC 5044
KONICA MINOLTA BUSINESS SOLUTIONS (CANADA) LTD p 187
4170 Still Creek Dr Suite 100, BURNABY, BC, V5C 6C6
(604) 855-4899 SIC 5999
KONICA MINOLTA BUSINESS SOLUTIONS (CANADA) LTD p 266
21500 Westminster Hwy, RICHMOND, BC, V6V 2V1
(604) 276-1611 SIC 5044
KONICA MINOLTA BUSINESS SOLUTIONS (CANADA) LTD p 329
2326 Government St, VICTORIA, BC, V8T 5G5
SIC 7334
KONICA MINOLTA BUSINESS SOLUTIONS (CANADA) LTD p 451
130 Eileen Stubbs Ave Suite 6, DARTMOUTH, NS, B3B 2C4
(902) 468-6176 SIC 5044
KONICA MINOLTA BUSINESS SOLUTIONS (CANADA) LTD p 515
7965 Goreway Dr Unit 1, BRAMPTON, ON, L6T 5T5
(905) 494-1040 SIC 7379
KONICA MINOLTA BUSINESS SOLUTIONS (CANADA) LTD p 594
1900 City Park Dr Suite 100, GLOUCESTER, ON, K1J 1A3
(613) 749-5588 SIC 5999
KONICA MINOLTA BUSINESS SOLUTIONS (CANADA) LTD p 689
5875 Explorer Dr, MISSISSAUGA, ON, L4W 0E1
(905) 890-6600 SIC 5044
KONICA MINOLTA BUSINESS SOLUTIONS (CANADA) LTD p 930
200 Wellington St W Suite 310, TORONTO, ON, M5V 3C7
(416) 777-2679 SIC 5999
KONICA MINOLTA BUSINESS SOLUTIONS (CANADA) LTD p 1153
1995 Rue Frank-Carrel Bureau 106, Quebec, QC, G1N 4H9
(418) 687-5121 SIC 5999
KONICA MINOLTA BUSINESS SOLUTIONS (CANADA) LTD p 1209
8555 Rte Transcanadienne, SAINT-LAURENT, QC, H4S 1Z6
(514) 335-2157 SIC 5044
KONICA MINOLTA BUSINESS SOLUTIONS (CANADA) LTD p 1300
710 Cynthia St Unit 30, SASKATOON, SK, S7L 6A2
(306) 934-2909 SIC 5044
KONICA MINOLTA QUEBEC p 1153
See KONICA MINOLTA BUSINESS SOLUTIONS (CANADA) LTD
KONRAD GROUP, INC p 810
1726 Henderson Line, PETERBOROUGH, ON, K9J 6X8
(416) 551-3684 SIC 7374
KONTRON CANADA INC p 1212
600 Rue Mccaffrey, SAINT-LAURENT, QC, H4T 1N1
(450) 437-4661 SIC 4899
KONTRON COMMUNICATIONS p 1212
See KONTRON CANADA INC
KONTZAMANIS GRAUMANN SMITH MACMILLAN INC p 878
1001 William St Suite 301a, THUNDER BAY, ON, P7B 6M1
(807) 623-2195 SIC 8711
KONTZAMANIS GRAUMANN SMITH MACMILLAN INC p 1290
4561 Parliament Ave Suite 200, REGINA, SK, S4W 0G3
(306) 757-9681 SIC 8711
KOODO MOBILE p 919
25 York St Suite 1900, TORONTO, ON, M5J 2V5
(647) 454-5286 SIC 4899
KOODO MOBILE-SCARBOROUGH p 837
200 Consilium Pl Suite 1600, SCARBOROUGH, ON, M1H 3J3
(647) 837-6252 SIC 4899
KOOLINI EATERY p 964
See KOOLINI ITALIAN CUISINI LIMITED
KOOLINI ITALIAN CUISINI LIMITED p 964
1520 Tecumseh Rd E, WINDSOR, ON, N8W 1C4
(519) 254-5665 SIC 5812
KOOPMAN RESOURCES, INC p 35
10919 Willowglen Pl Se, CALGARY, AB, T2J 1R8
(403) 271-4564 SIC 1311
KOOTENAY BOUNDARY REGIONAL HOSPITAL p 291
See INTERIOR HEALTH AUTHORITY
KOOTENAY CANAL GENERATING STATION p 278
See BRITISH COLUMBIA HYDRO AND POWER AUTHORITY
KOOTENAY EAST YOUTH PROGRAM p 205
See STELMASCHUK, W. J. AND ASSOCIATES LTD
KOOTENAY HELICOPTER SKIING p 239
See CANADIAN MOUNTAIN HOLIDAYS LIMITED PARTNERSHIP
KOOTENAY LAKE HOSPITAL p 243
See INTERIOR HEALTH AUTHORITY
KOOTENAY ORCHARDS ELEMENTARY p 205
See SCHOOL DISTRICT NO 5 (SOUTHEAST KOOTENAY)
KOOTENAY SAVINGS CREDIT UNION p 228
200 Wallinger Ave, KIMBERLEY, BC, V1A 1Z1
(250) 427-2288 SIC 6062
KOOTENAY SAVINGS CREDIT UNION p 292
1199 Cedar Ave Suite 300, TRAIL, BC, V1R 4B8
(250) 368-2647 SIC 6062
KOOTENAY SCHOOL OF THE ARTS p 243
See KOOTENAY SCHOOL OF THE ARTS AT SELKIRK COLLEGE
KOOTENAY SCHOOL OF THE ARTS AT SELKIRK COLLEGE p 243
606 Victoria St, NELSON, BC, V1L 4K9
(250) 352-2821 SIC 8299
KOOTENAY VALLEY RAILWAY p 291
See CANADIAN PACIFIC RAILWAY COMPANY
KOP-FLEX CANADA LTD p 585
19 Meteor Dr, ETOBICOKE, ON, M9W 1A3
(416) 675-7144 SIC 3568
KOPPERS ASHCROFT INC p 181
1425 Evans Rd, ASHCROFT, BC, V0K 1A0
(250) 453-2221 SIC 3312
KORAH COLLEGIATE AND VOCATIONAL SCHOOL p 833
See ALGOMA DISTRICT SCHOOL BOARD
KORN/FERRY INTERNATIONAL, FUTURESTEP (CANADA) INC p 919
181 Bay St Suite 3810, TORONTO, ON, M5J 2T3
(416) 342-5182 SIC 7361
KORTRIGHT HILLS PUBLIC SCHOOL p 598
See UPPER GRAND DISTRICT SCHOOL BOARD, THE
KORVETTE p 1183
See MAGASINS KORVETTE LTEE, LES
KOS OILFIELD TRANSPORTATION LTD p 213
293 Alaska Hwy, FORT NELSON, BC, V0C 1R0
SIC 1381
KOTT LUMBER COMPANY p 730
3228 Moodie Dr, NEPEAN, ON, K2J 4S8
(613) 838-2775 SIC 5031
KOUSINS CONSTRUCTION INC p 653
26 Orkney Cres, LONDON, ON, N5X 3R7
(519) 438-1558 SIC 1522
KOUYAS ENTERPRISES LIMITED p 474
255 Foord St, STELLARTON, NS, B0K 1S0
(902) 752-5655 SIC 5812
KOVIT ENGINEERING LIMITED p 869
31 Dean Ave, SUDBURY, ON, P3C 3B8
(705) 523-1040 SIC 8711
KOWHEMUN ELEMENTARY SCHOOL p 212
See SCHOOL DISTRICT NO. 79 (COWICHAN VALLEY)
KOYMAN GALLERIES p 785
See KOYMAN GALLERIES LIMITED
KOYMAN GALLERIES LIMITED p 785
1771 St. Laurent Blvd, OTTAWA, ON, K1G 3V4
(613) 526-1562 SIC 5999
KOZUN EXPLORATION SERVICES LTD p 18
5162 80 Ave Se Unit 20, CALGARY, AB, T2C 2X3
SIC 1382
KP BUILDING PRODUCTS LTD p 485
300 Macdonald Blvd, ALEXANDRIA, ON, K0C 1A0
(613) 525-3065 SIC 3089
KP PORTFOLIO INC p 765
2355 Trafalgar Rd, OAKVILLE, ON, L6H 6N9
(905) 257-1294 SIC 5812
KPH TURCOT, UN PARTENARIAT S.E.N.C p 1001
4333 Boul De La Grande-Allee, BOISBRIAND, QC, J7H 1M7
(450) 435-5756 SIC 8742
KPM INDUSTRIES LTD p 529
541 Oak Park Rd, BRANTFORD, ON, N3T 5L8
(519) 756-6177 SIC 3272
KPM INDUSTRIES LTD p 539
1077 Howard Rd, BURLINGTON, ON, L7P 0T7
(905) 639-4401 SIC 7538
KPMG p 191
See KPMG LLP
KPMG p 197
See KPMG LLP
KPMG p 259
See KPMG LLP
KPMG INC p 81
10125 102 St Nw, EDMONTON, AB, T5J 3V8
(780) 429-7300 SIC 8721
KPMG INC p 179
32575 Simon Ave, ABBOTSFORD, BC, V2T 4W6
(604) 857-2269 SIC 8721
KPMG INC p 560
100 New Park Pl Suite 1400, CONCORD, ON, L4K 0J3
SIC 8721
KPMG INC p 805

84 James St, PARRY SOUND, ON, P2A 1T9
(705) 746-9346   SIC 8741
KPMG INC   p 1285
1881 Scarth St Suite 2000, REGINA, SK, S4P 4K9
(306) 791-1200   SIC 8721
KPMG LLP   p 46
205 5 Ave Sw Suite 1200, CALGARY, AB, T2P 2V7
(403) 691-8000   SIC 8721
KPMG LLP   p 81
10125 102 St Nw, EDMONTON, AB, T5J 3V8
(780) 429-7300   SIC 8721
KPMG LLP   p 138
400 4 Ave S Suite 500, LETHBRIDGE, AB, T1J 4E1
(403) 380-5700   SIC 8721
KPMG LLP   p 191
4720 Kingsway Suite 2400, BURNABY, BC, V5H 4N2
(604) 527-3600   SIC 8721
KPMG LLP   p 197
9123 Mary St Suite 200, CHILLIWACK, BC, V2P 4H7
(604) 793-4700   SIC 8721
KPMG LLP   p 220
206 Seymour St Suite 200, KAMLOOPS, BC, V2C 6P5
(250) 372-5581   SIC 8721
KPMG LLP   p 223
3200 Richter St Suite 200, KELOWNA, BC, V1W 5K9
(250) 979-7150   SIC 8721
KPMG LLP   p 259
177 Victoria St Suite 400, PRINCE GEORGE, BC, V2L 5R8
(250) 563-7151   SIC 8721
KPMG LLP   p 324
777 Dunsmuir St Suite 900, VANCOUVER, BC, V7Y 1K3
(604) 691-3000   SIC 8721
KPMG LLP   p 326
3205 32 St Unit 300, VERNON, BC, V1T 9A2
(250) 503-5300   SIC 8721
KPMG LLP   p 331
730 View St Suite 800, VICTORIA, BC, V8W 3Y7
(250) 480-3500   SIC 8721
KPMG LLP   p 375
1 Lombard Pl Unit 2000, WINNIPEG, MB, R3B 0X3
(204) 957-1770   SIC 8721
KPMG LLP   p 400
77 Westmorland St Suite 700, FREDERICTON, NB, E3B 6Z3
(506) 452-8000   SIC 8721
KPMG LLP   p 407
1 Factory Lane Suite 300, MONCTON, NB, E1C 9M3
(506) 856-4400   SIC 8721
KPMG LLP   p 458
1959 Upper Water St Suite 1500, HALIFAX, NS, B3J 3N2
(902) 492-6000   SIC 8721
KPMG LLP   p 611
21 King St W Suite 700, HAMILTON, ON, L8P 4W7
(905) 523-2259   SIC 8721
KPMG LLP   p 631
863 Princess St Suite 400, KINGSTON, ON, K7L 5N4
(613) 549-1550   SIC 8721
KPMG LLP   p 656
140 Fullarton St Suite 1400, LONDON, ON, N6A 5P2
(519) 672-4880   SIC 8721
KPMG LLP   p 742
925 Stockdale Rd Suite 300, NORTH BAY, ON, P1B 9N5
(705) 472-5110   SIC 8721
KPMG LLP   p 750
4100 Yonge St Unit 200, NORTH YORK, ON, M2P 2H3

(416) 228-7000   SIC 8721
KPMG LLP   p 802
160 Elgin St Suite 2000, OTTAWA, ON, K2P 2P7
(613) 212-5764   SIC 8721
KPMG LLP   p 831
111 Elgin St Suite 200, SAULT STE. MARIE, ON, P6A 6L6
(705) 949-5811   SIC 8721
KPMG LLP   p 869
144 Pine St Suite 4, SUDBURY, ON, P3C 1X3
(705) 675-8500   SIC 8721
KPMG LLP   p 915
333 Bay St Suite 4600, TORONTO, ON, M5H 2S5
(416) 777-8500   SIC 8721
KPMG LLP   p 950
115 King St S Suite 201, WATERLOO, ON, N2J 5A3
(519) 747-8800   SIC 8721
KPMG LLP   p 964
3200 Deziel Dr Suite 618, WINDSOR, ON, N8W 5K8
SIC 8721
KPMG LLP   p 1107
600 Boul De Maisonneuve O Unite 1500, Montreal, QC, H3A 0A3
(514) 840-2100   SIC 8721
KPMG LLP   p 1285
1881 Scarth St Suite 2000, REGINA, SK, S4P 4K9
(306) 791-1200   SIC 8721
KPMG LLP   p 1296
475 2nd Ave S Suite 500, SASKATOON, SK, S7K 1P4
(306) 934-6200   SIC 8721
KPMG MSLP   p 331
See KPMG LLP
KPS   p 248
See KEITH PANEL SYSTEMS CO., LTD
KRAFT HEINZ CANADA ULC   p 752
95 Moatfield Dr Suite 316, NORTH YORK, ON, M3B 3L6
(416) 441-5000   SIC 2043
KRAUN ELECTRIC INC   p 853
45 Wright St, ST CATHARINES, ON, L2P 3J5
(905) 684-6895   SIC 1731
KRAUS CARPET LP   p 952
65 Northfield Dr W, WATERLOO, ON, N2L 0A8
(519) 884-2310   SIC 2273
KRAUS FLOORS WITHMORE   p 952
See KRAUS CARPET LP
KRG LOGISTICS INC   p 694
170 Traders Blvd E, MISSISSAUGA, ON, L4Z 1W7
(905) 501-7277   SIC 4731
KRINOS FOODS CANADA LTD   p 1207
5555 Boul Thimens, SAINT-LAURENT, QC, H4R 2H4
(514) 273-8529   SIC 5141
KRIS' NOFRILLS   p 150
See LOBLAWS INC
KRISTIAN ELECTRIC LTD   p 85
14236 121a Ave Nw, EDMONTON, AB, T5L 4L2
(780) 444-6116   SIC 7699
KRISTOFOAM INDUSTRIES INC   p 560
160 Planchet Rd, CONCORD, ON, L4K 2C7
(905) 669-6616   SIC 3086
KRISTOFOAM INDUSTRIES INC   p 947
120 Planchet Rd, VAUGHAN, ON, L4K 2C7
(905) 669-6616   SIC 3086
KROMET INTERNATIONAL INC   p 606
20 Milburn Rd, HAMILTON, ON, L8E 3L9
(905) 561-7773   SIC 3469
KRONOS CANADA INC   p 1255
3390 Rte Marie-Victorin, VARENNES, QC, J3X 1P7
(450) 929-5000   SIC 2816
KROWN PRODUCE INC   p 369
75 Meridian Dr Unit 5, WINNIPEG, MB, R2R

2V9
(204) 697-3300   SIC 5141
KRUEGER PEMBROKE LP   p 806
1000 Olympic Dr, PEMBROKE, ON, K8A 0E1
SIC 2522
KRUGER INC   p 515
10 Pedigree Crt, BRAMPTON, ON, L6T 5T8
(905) 793-1799   SIC 2653
KRUGER INC   p 1059
7474 Rue Cordner, LASALLE, QC, H8N 2W3
(514) 366-8050   SIC 2653
KRUGER INC   p 1123
5820 Place Turcot, Montreal, QC, H4C 1W3
(514) 595-7447   SIC 4953
KRUGER INC   p 1123
5845 Place Turcot, Montreal, QC, H4C 1V9
(514) 934-0600   SIC 2631
KRUGER INC   p 1123
5770 Rue Notre-Dame O, Montreal, QC, H4C 1V2
(514) 937-4255   SIC 4953
KRUGER PRODUCTS L.P.   p 245
1625 Fifth Ave, NEW WESTMINSTER, BC, V3M 1Z7
(604) 520-0851   SIC 2621
KRUGER PRODUCTS L.P.   p 1022
100 1e Av, CRABTREE, QC, J0K 1B0
(450) 754-2855   SIC 2676
KRUGER PRODUCTS L.P.   p 1037
20 Rue Laurier, GATINEAU, QC, J8X 4H3
(819) 595-5302   SIC 2621
KRUGER PRODUCTS L.P.   p 1240
2888 Rue College, SHERBROOKE, QC, J1M 1T4
(819) 565-8220   SIC 2676
KRUGER RECYCLAGE   p 1123
See KRUGER INC
KRUPP, MASHA TRANSLATION GROUP LTD, THE p 728
1547 Merivale Rd, NEPEAN, ON, K2G 4V3
(613) 820-4566   SIC 7389
KS CENTOCO LTD   p 882
26 Industrial Pk Rd, TILBURY, ON, N0P 2L0
SIC 3089
KSD ENTERPRISES LTD   p 1037
35 Rue Laurier, GATINEAU, QC, J8X 4E9
(819) 778-6111   SIC 7011
KSR BRAZIL, LLC   p 825
95 Erie St S, RIDGETOWN, ON, N0P 2C0
(519) 674-5413   SIC 5013
KSR INTERNATIONAL CO   p 826
172 Centre St, RODNEY, ON, N0L 2C0
(519) 785-0121   SIC 3714
KSR INTERNATIONAL INC   p 825
95 Erie St S, RIDGETOWN, ON, N0P 2C0
(519) 674-5413   SIC 3714
KTC TILBY LTD   p 277
2042 Mills Rd W Suite 2, SIDNEY, BC, V8L 5X4
(250) 656-6005   SIC 5049
KTH SHELBURNE MFG. INC   p 848
300 2nd Line, SHELBURNE, ON, L9V 3N4
(519) 925-3030   SIC 3714
KTI LIMITED   p 491
33 Isaacson Cres, AURORA, ON, L4G 0A4
(905) 727-5887   SIC 5085
KTUNAXA NATION COUNCIL   p 205
7472 Mission Rd, CRANBROOK, BC, V1C 7E5
(250) 489-4563   SIC 8322
KTW HOLDINGS LTD   p 263
580 Highway W, PRINCETON, BC, V0X 1W0
(250) 372-0451   SIC 5541
KUBES STEEL INC   p 861
930 Arvin Ave, STONEY CREEK, ON, L8E 5Y8
(905) 643-1229   SIC 3499
KUBOTA   p 1053
See AUBIN & ST-PIERRE INC
KUBOTA CANADA LTD   p 676
5900 14th Ave, MARKHAM, ON, L3S 4K4

(905) 294-7477   SIC 5083
KUBOTA CANADA LTD   p 676
5900 14th Ave, MARKHAM, ON, L3S 4K4
(905) 294-7477   SIC 5084
KUDU INDUSTRIES INC   p 18
9112 40 St Se, CALGARY, AB, T2C 2P3
(403) 279-5838   SIC 5084
KUE PERSONAL CARE PRODUCTS   p 491
See ULLMAN, KEN ENTERPRISES INC
KUEHNE + NAGEL   p 1100
See KUEHNE + NAGEL LTD
KUEHNE + NAGEL LTD   p 24
6835 8 St Ne, CALGARY, AB, T2E 7H7
(403) 717-8620   SIC 4731
KUEHNE + NAGEL LTD   p 96
12810 170 St Nw, EDMONTON, AB, T5V 0A6
(780) 447-1370   SIC 4731
KUEHNE + NAGEL LTD   p 312
535 Thurlow St Suite 700, VANCOUVER, BC, V6E 3L2
(604) 684-4531   SIC 4731
KUEHNE + NAGEL LTD   p 458
1969 Upper Water St Suite 1710, HALIFAX, NS, B3J 3R7
(902) 420-6500   SIC 4731
KUEHNE + NAGEL LTD   p 644
221b Mcintyre Dr, KITCHENER, ON, N2R 1G1
(519) 893-6141   SIC 4731
KUEHNE + NAGEL LTD   p 709
2300 Hogan Dr, MISSISSAUGA, ON, L5N 0C8
(905) 567-4168   SIC 4731
KUEHNE + NAGEL LTD   p 714
5800 Hurontario St Suite 1100, MISSISSAUGA, ON, L5R 4B9
(905) 502-7776   SIC 4724
KUEHNE + NAGEL LTD   p 719
275 Pendant Dr, MISSISSAUGA, ON, L5T 2W9
(905) 670-6901   SIC 4731
KUEHNE + NAGEL LTD   p 719
6335 Edwards Blvd, MISSISSAUGA, ON, L5T 2W7
(905) 670-6901   SIC 4731
KUEHNE + NAGEL LTD   p 1100
3510 Boul Saint-Laurent Bureau 400, Montreal, QC, H2X 2V2
(514) 397-9900   SIC 4731
KUEHNE + NAGEL LTD   p 1100
3510 Boul Saint-Laurent Unite 400, Montreal, QC, H2X 2V2
(514) 395-2025   SIC 4731
KUMON CANADA INC   p 109
5607 Riverbend Rd Nw, EDMONTON, AB, T6H 5K4
(780) 433-5182   SIC 8211
KUMON CANADA INC   p 338
1410 Clyde Ave, WEST VANCOUVER, BC, V7T 1G1
(604) 926-0169   SIC 8299
KUMON CANADA INC   p 508
126 Kimberley Ave, BRACEBRIDGE, ON, P1L 1Z9
SIC 8299
KUMON CANADA INC   p 560
640 Applewood Cres, CONCORD, ON, L4K 4B4
(416) 490-1434   SIC 8299
KUMON CANADA INC   p 582
31 Farley Cres, ETOBICOKE, ON, M9R 2A5
(416) 621-1632   SIC 8299
KUMON CANADA INC   p 821
88b East Beaver Creek Rd Unit 4, RICHMOND HILL, ON, L4B 4W2
(905) 763-8911   SIC 6794
KUMON CANADA INC   p 960
3500 Brock St N Unit 5b, WHITBY, ON, L1R 3J4
(905) 430-2006   SIC 8299
KUMON CANADA INC   p 975
4561 Langstaff Rd, WOODBRIDGE, ON, L4L 2B2

(905) 264-7009 SIC 8299
KUMON NORTH WHITBY
See KUMON CANADA INC
KUNTZ ELECTROPLATING INC p 638
851 Wilson Ave, KITCHENER, ON, N2C 1J1
(519) 893-7680 SIC 3471
KUNY'S LEATHER MANUFACTURING COMPANY LTD p 135
5901 44a St, LEDUC, AB, T9E 7B8
(780) 986-1151 SIC 5948
KUSKANAX LODGE p 239
See 682523 ALBERTA LTD
KVAERNER PROCESS SYSTEMS CANADA INC p 18
3131 57 Ave Se, CALGARY, AB, T2C 0B2
(403) 216-0750 SIC 8711
KVAERNER PROCESS SYSTEMS, DIV OF p 31
See FJORDS PROCESSING CANADA INC
KW HABILITATION SERVICES p 640
108 Sydney St S, KITCHENER, ON, N2G 3V2
(519) 744-6307 SIC 8361
KWANTLEN PARK p 284
See SCHOOL DISTRICT NO 36 (SURREY)
KWANTLEN POLYTECHNIC UNIVERSITY p 233
20901 Langley Bypass, LANGLEY, BC, V3A 8G9
(604) 599-2100 SIC 8222
KWAYHQUITLUM MIDDLE SCHOOL p 255
See SCHOOL DISTRICT NO. 43 (COQUITLAM)
KWE p 709
See KINTETSU WORLD EXPRESS (CANADA) INC
KWENDILL HOLDINGS LIMITED p 555
569 D'arcy St, COBOURG, ON, K9A 4B1
(905) 373-4100 SIC 3499
KWP INC p 1170
101 Rue De La Couronne, REPENTIGNY, QC, J5Z 0B3
SIC 2421
KYLE HUTTERIAN BRETHREN FARM p 1271
See HUTTERIAN BRETHREN OF KYLE INC
KYLEMORE COMMUNITIES p 677
See KYLEMORE HOMES LTD
KYLEMORE HOMES LTD p 677
10080 Kennedy Rd, MARKHAM, ON, L6C 1N9
(905) 887-5799 SIC 1521
KYOCERA DOCUMENT SOLUTIONS CANADA, LTD p 719
6120 Kestrel Rd, MISSISSAUGA, ON, L5T 1S8
(905) 670-4425 SIC 5044

L

L & A HOSPITAL p 725
See LENNOX AND ADDINGTON COUNTY GENERAL HOSPITAL ASSOCIATION
L & C TRUCKING p 1268
See LA FRENTZ & CHRISTENSON TRUCKING LTD
L & M FOOD MARKET p 571
See L & M FOOD MARKET (ONTARIO) LIMITED
L & M FOOD MARKET (ONTARIO) LIMITED p 570
320 Main St E, DUNDALK, ON, N0C 1B0
(519) 923-3630 SIC 5411
L & M FOOD MARKET (ONTARIO) LIMITED p 571
344 Garafraxa St, DURHAM, ON, N0G 1R0
(519) 369-3130 SIC 5411
L & M FOOD MARKET (ONTARIO) LIMITED p 573
169 Geddes St, ELORA, ON, N0B 1S0
SIC 5411
L & M FOOD MARKET (ONTARIO) LIMITED p 724
445 Main St N, MOUNT FOREST, ON, N0G 2L1
SIC 5411
L & M FOOD MARKET (ONTARIO) LIMITED p 804
150 Main W, PALMERSTON, ON, N0G 2P0
(519) 343-2266 SIC 5411
L & M FOODLAND p 570
See L & M FOOD MARKET (ONTARIO) LIMITED
L A MATHESON JR SECONDARY SCHOOL p 285
See SCHOOL DISTRICT NO 36 (SURREY)
L D G ENTRETIEN GENERAL D'IMMEUBLES INC p 1207
5445 Boul Henri-Bourassa O, SAINT-LAURENT, QC, H4R 1B7
(514) 333-8123 SIC 7349
L D PROPERTIES LTD p 480
708 Main St, WOLFVILLE, NS, B4P 1G4
(902) 542-2237 SIC 8211
L E SHAW ELEMENTARY SCHOOL p 442
See ANNAPOLIS VALLEY REGIONAL SCHOOL BOARD
L J M MARKETING INC p 1087
6420 Rue Sherbrooke E Bureau 55, Montreal, QC, H1N 3P6
(514) 259-6991 SIC 5912
L P MILLER COMPREHENSIVE SCHOOL p 1277
See NORTH EAST SCHOOL DIVISION
L T WESTLAKE SCHOOL p 170
See BOARD OF TRUSTEES OF HORIZON SCHOOL DIVISION NO 67
L'ACCUEIL BON CONSEIL p 1001
See CENTRE DE SANTE & DE SERVICES SOCIAUX DRUMMOND
L'AEROPORT MAGNY AMOS p 989
1242 Rte 111 E, AMOS, QC, J9T 3A1
(819) 732-2770 SIC 1611
L'AMOREAUX COLLEGIATE INSTITUTE p 888
See TORONTO DISTRICT SCHOOL BOARD
L'AMOREAUX COMMUNITY RECREATION CENTRE p 845
See CORPORATION OF THE CITY OF TORONTO
L'ANCIEN PENSIONNAT COTE-SAINT-PAUL INC p 1123
1734 Av De L'Eglise, Montreal, QC, H4E 1G5
(514) 903-1734 SIC 6513
L'ANNUAIRE DU TELECOPIEUR p 1115
See TAMEC INC
L'APPARTEMENT HOTEL p 1106
See F. D. L. COMPAGNIE LTEE
L'ATTELIER BEAUGRAND p 1085
See SOCIETE DE TRANSPORT DE MONTREAL
L'AUBAINERIE p 1037
See DENIS CROTEAU INC
L'AVIATIC CLUB INC p 1150
450 Rue De La Gare-Du-Palais Bureau 104, Quebec, QC, G1K 3X2
(418) 522-0133 SIC 5812
L'ECOLE BILINGUE p 314
See BOARD OF EDUCATION OF SCHOOL DISTRICT NO. 39 (VANCOUVER), THE
L'ECOLE DE HOCKEY CO-JEAN INC p 1000
90 Rue Champlain, BOISBRIAND, QC, J7G 1J8
SIC 7999
L'ECOLE DES URSULINES DE QUEBEC p 1164
63 Rue Racine, Quebec, QC, G2B 1C8
(418) 842-2949 SIC 8211
L'ECOLE DU BOISE p 1168
See COMMISSION SCOLAIRE DES PREMIERES-SEIGNEURIES
L'ECOLE SACRE-COEUR DE MONTREAL p 1117
3635 Av Atwater, Montreal, QC, H3H 1Y4
(514) 937-7972 SIC 8211
L'ECOLE SAINT-ANDRE DE BELLETERRE p 997
See COMMISSION SCOLAIRE DU LAC-TEMISCAMINGUE
L'EMERITE DE BROSSARD p 1007
See SOCIETE DE GESTION COGIR S.E.N.C.
L'EQUIPEUR p 32
See MARK'S WORK WEARHOUSE LTD
L'EQUIPEUR p 1043
See MARK'S WORK WEARHOUSE LTD
L'EQUIPEUR p 1084
See MARK'S WORK WEARHOUSE LTD
L'ESPACE VILLA DE LA RIVIERE p 1174
See CENTRE DE SANTE ET DE SERVICE SOCIAUX DU TEMISCOUATA
L'EXPRESS p 1099
See 95781 CANADA INC
L'HOPITAL DE READAPTION LINDSAY p 1120
6363 Ch Hudson, Montreal, QC, H3S 1M9
(514) 737-3661 SIC 8069
L'ICOLE SECONDAIRE CATHOLIQUE ALGONQUIN p 741
See CONSEIL SCOLAIRE CATHOLIQUE DU DISTRICT FRANCO-NORD
L'INDUSTRIELLE-ALLIANCE SERVICES IMMOBILIERS INC p 1163
3810 Rue De Marly, Quebec, QC, G1X 4B1
(418) 651-7308 SIC 6513
L'INSTITUT DE READAPTATION GINGRAS-LINDSAY-DE-MONTREAL p 1120
See L'INSTITUT DE READAPTATION GINGRAS-LINDSAY-DE-MONTREAL
L'INSTITUT DE READAPTATION GINGRAS-LINDSAY-DE-MONTREAL p 1120
6363 Ch Hudson, Montreal, QC, H3S 1M9
(514) 737-3661 SIC 8069
L'INTER MARCHE p 997
See PROVIGO DISTRIBUTION INC
L'USINE TAC TIC INC p 1189
2030 127e Rue, SAINT-GEORGES, QC, G5Y 2W8
(418) 227-4279 SIC 7389
L-3 COMMUNICATIONS CMRO p 716
See L-3 COMMUNICATIONS MAS (CANADA) INC
L-3 COMMUNICATIONS ELECTRONIC SYSTEMS INC p 455
249 Aerotech Dr, GOFFS, NS, B2T 1K3
(902) 873-2000 SIC 3812
L-3 COMMUNICATIONS ELECTRONIC SYSTEMS INC p 585
25 City View Dr, ETOBICOKE, ON, M9W 5A7
(416) 249-1231 SIC 3812
L-3 COMMUNICATIONS MAS (CANADA) INC p 69
1 Hangar, COLD LAKE, AB, T9M 2C1
(780) 594-3967 SIC 4581
L-3 COMMUNICATIONS MAS (CANADA) INC p 716
7785 Tranmere Dr, MISSISSAUGA, ON, L5S 1W5
SIC 4581
L-3 COMMUNICATIONS MAS (CANADA) INC p 944
374 Sidney St, TRENTON, ON, K8V 2V2
(613) 965-3207 SIC 4581
L-3 ELECTRONIC SYSTEM SERVICES p 585
See L-3 COMMUNICATIONS ELECTRONIC SYSTEMS INC
L. & B. ELECTRIC LIMITED p 445
94 Wentzell Dr, BRIDGEWATER, NS, B4V 3V4
(902) 543-9966 SIC 5063
L. A. DESMARAIS CATHOLIC ELEMENTARY SCHOOL p 962
See WINDSOR-ESSEX CATHOLIC DISTRICT SCHOOL BOARD, THE
L. DAVIS TEXTILES (1991) INC p 1041
231 Rue Saint-Charles S, GRANBY, QC, J2G 9M6
(450) 375-1665 SIC 5137
L. R. JACKSON FISHERIES LIMITED p 818
172 Main St, PORT STANLEY, ON, N5L 1H6
(519) 782-3562 SIC 5146
L.B. FOSTER TECHNOLOGIES FERROVIAIRES CANADA LTEE p 1142
172 Boul Brunswick, POINTE-CLAIRE, QC, H9R 5P9
(514) 695-8500 SIC 4111
L.C.B.O. p 498
See LIQUOR CONTROL BOARD OF ONTARIO, THE
L.C.B.O. p 626
See LIQUOR CONTROL BOARD OF ONTARIO, THE
L.C.B.O. p 643
See LIQUOR CONTROL BOARD OF ONTARIO, THE
L.C.B.O. p 789
See LIQUOR CONTROL BOARD OF ONTARIO, THE
L.C.B.O. p 795
See LIQUOR CONTROL BOARD OF ONTARIO, THE
L.C.B.O. p 952
See LIQUOR CONTROL BOARD OF ONTARIO, THE
L.C.B.O. # 171 p 523
See LIQUOR CONTROL BOARD OF ONTARIO, THE
L.C.B.O. #149 p 576
See LIQUOR CONTROL BOARD OF ONTARIO, THE
L.C.B.O. #15 p 924
See LIQUOR CONTROL BOARD OF ONTARIO, THE
L.C.B.O. #179 p 765
See LIQUOR CONTROL BOARD OF ONTARIO, THE
L.C.B.O. #269 p 837
See LIQUOR CONTROL BOARD OF ONTARIO, THE
L.C.B.O. #3 p 936
See LIQUOR CONTROL BOARD OF ONTARIO, THE
L.C.B.O. #31 p 556
See LIQUOR CONTROL BOARD OF ONTARIO, THE
L.C.B.O. #346 p 975
See LIQUOR CONTROL BOARD OF ONTARIO, THE
L.C.B.O. #437 p 770
See LIQUOR CONTROL BOARD OF ONTARIO, THE
L.C.B.O. #495 p 600
See LIQUOR CONTROL BOARD OF ONTARIO, THE
L.C.B.O. #501 p 878
See LIQUOR CONTROL BOARD OF ONTARIO, THE
L.C.B.O. #528 p 902
See LIQUOR CONTROL BOARD OF ONTARIO, THE
L.C.B.O. #623 p 822
See LIQUOR CONTROL BOARD OF ONTARIO, THE
L.C.B.O.# 40 p 630
See LIQUOR CONTROL BOARD OF ONTARIO, THE
L.C.B.O.#416 p 515
See LIQUOR CONTROL BOARD OF ONTARIO, THE
L.D.G. MAINTENANCE PLUS p 1209
See ENTRETIEN ET NETTOYAGE GENERALE D'IMMEUBLES LBG LTEE
L.E.J. INTERNATIONAL TRUCKS LTD p 259
1951 1st Ave, PRINCE GEORGE, BC, V2L 2Y8
(250) 563-0478 SIC 4212

L.E.Q.E.L.
See ENTREPRISES QUEBECOISES D'EXCAVATION L.E.Q.E.L. (1993) LTEE, LES

L.E.S. MECANIQUE INC p 1209
1200 Rue Saint-Amour, SAINT-LAURENT, QC, H4S 1J2
(514) 333-6968   SIC 7538

L.H PLANTE & FILS INC p 1196
674 Rang Saint-Isidore, SAINT-IGNACE-DE-LOYOLA, QC, J0K 2P0
(514) 866-5953   SIC 2448

L.J.B LIMITED p 32
6999 11 St Se Suite 110, CALGARY, AB, T2H 2S1
(403) 253-8200   SIC 5712

L.J.D. PROPERTIES LTD p 229
19935 96 Ave, LANGLEY, BC, V1M 3C7
(604) 888-8083   SIC 5813

L.N TRANSPORT INC p 621
13904 Hurontario St Suite 1, INGLEWOOD, ON, L7C 2B8
(905) 838-4111   SIC 4213

L.P. CUSTOM MACHINING LTD p 861
211 Barton St, STONEY CREEK, ON, L8E 2K3
(905) 664-9445   SIC 3599

L.P.S. LANGUES PRODUCTIONS SERVICES LTEE p 1104
505 Boul Rene-Levesque O Bureau 1101, Montreal, QC, H2Z 1Y7
(514) 878-2821   SIC 8299

L.S. FINITION INDUSTRIELLE INC p 1138
2140 Rue Olivier, PLESSISVILLE, QC, G6L 3T1
(819) 362-9145   SIC 1799

L.V. LOMAS LIMITED p 1026
1660 Boul Hymus, DORVAL, QC, H9P 2N6
(514) 683-0660   SIC 5169

L.V. ROGERS SECONDARY SCHOOL p 244
See SCHOOL DISTRICT NO. 8 (KOOTENAY LAKE)

L2 LEONE p 308
See LEONE INTERNATIONAL MARKETING INC

LA BAIE p 1087
See HUDSON'S BAY COMPANY

LA BAIE p 1168
See HUDSON'S BAY COMPANY

LA BAIE FLEUR DE LYS p 1152
See HUDSON'S BAY COMPANY

LA BARRIERE CROSSINGS SCHOOL p 391
See SEINE RIVER SCHOOL DIVISION

LA CAGE - BRASSERIE SPORTIVE p 1256
See AMENAGEMENT ET DESIGN SPORTSCENE INC

LA CAGE AUX SPORTS p 1035
See 173569 CANADA INC

LA CAISSE POPULAIRE ACADIENNE 446
See ACADIAN CREDIT UNION LIMITED

LA CAPITALE FINANCIAL SECURITY INSURANCE COMPANY p 283
13889 104 Ave Suite 300, SURREY, BC, V3T 1W8
(604) 589-1381   SIC 6321

LA CAPITALE FINANCIAL SECURITY INSURANCE COMPANY p 722
7150 Derrycrest Dr Suite 1150, MISSISSAUGA, ON, L5W 0E5
(905) 795-2300   SIC 6321

LA CAPITALE FINANCIAL SECURITY INSURANCE COMPANY p 1300
2345 Avenue C N Suite 5, SASKATOON, SK, S7L 5Z5
(306) 955-3000   SIC 6411

LA CASA DU SPAGHETTI p 1029
See 141081 CANADA INC

LA CITE, COMPLEXE IMMOBILIER p 1262

See 2809630 CANADA INC

LA COMPAGNIE ROBERT BURY (CANADA) LTEE p 1209
3500 Boul Pitfield, SAINT-LAURENT, QC, H4S 1W1
(514) 745-0260   SIC 2435

LA COOP - MARQUE DE COMMERCE p 1143
See LA COOP UNIVERT

LA COOP UNIVERT p 1143
229 Rue Dupont, PONT-ROUGE, QC, G3H 1P3
(418) 873-2535   SIC 8699

LA FINANCIERE AGRICOLE DU QUEBEC p 1031
380 Boul Saint-Joseph O, DRUMMONDVILLE, QC, J2E 1C6
SIC 8748

LA FONDATION CANADIENNE DU REIN p 753
15 Gervais Dr Unit 700, NORTH YORK, ON, M3C 1Y8
(416) 445-0373   SIC 8621

LA FRENTZ & CHRISTENSON TRUCKING LTD p 1268
24 Hwy 39 E, ESTEVAN, SK, S4A 2A2
(306) 634-5519   SIC 4212

LA GAZETTE p 1113
See POSTMEDIA NETWORK INC

LA LOCHE COMMUNITY SCHOOL p 1271
See NORTHERN LIGHTS SCHOOL DIVISION 113

LA LOCHE HEALTH CENTRE p 1271
See KEEWATIN YATTHE REGIONAL HEALTH AUTHORITY

LA MAISON DU MEUBLE CORBEIL p 1130
See G2MC INC

LA MEUNERIE p 1172
See COOP PURDEL, LA

LA PLACE RENDEZ-VOUS p 590
See RENDEZ-VOUS RESTAURANT FORT FRANCES LIMITED

LA PRESSE, LTEE p 1140
See PRESSE, LTEE, LA

LA ROSA'S NOFRILLS p 960
See LOBLAWS SUPERMARKETS LIMITED

LA ROTISSERIE ST HUBERT BOUCHERVILLE 087 p 1005
See ROTISSERIES ST-HUBERT LTEE, LES

LA SALLE SCHOOL p 350
See SEINE RIVER SCHOOL DIVISION

LA SALLE SECONDARY SCHOOL p 632
See LIMESTONE DISTRICT SCHOOL BOARD

LA TURQUOISE p 1036
See TURQUOISE, CABINET EN ASSURANCE DE DOMMAGES INC, LA

LA VOIX DES MILLE ILES p 1231
See EDITIONS BLAINVILLE-DEUX-MONTAGNES INC, LES

LA-BIL INC p 1152
895 Av Godin, Quebec, QC, G1M 2X5
(418) 687-5410   SIC 1711

LA-Z-BOY CANADA RETAIL, LTD p 32
7300 11 St Se, CALGARY, AB, T2H 2S9
(403) 259-1000   SIC 5712

LA-Z-BOY FURNITURE GALLERIES p 32
See LA-Z-BOY CANADA RETAIL, LTD

LA-Z-BOY FURNITURE GALLERIES p 269
See LZB ENTERPRISES LTD

LA-Z-BOY FURNITURE GALLERIES p 1049
See MEUBLES JCPERREAULT INC

LAAMANEN CONSTRUCTION LIMITED p 649
129 Fielding Rd, LIVELY, ON, P3Y 1L7
SIC 1541

LAARK ENTERPRISES LIMITED p 958
516 Brock St N, WHITBY, ON, L1N 4J2
(905) 430-3703   SIC 5461

LABARATOIRES TECH-CITE p 1093
See OPTIQUE NIKON CANADA INC

LABARRE GAUTHIER INC p 1150
585 Boul Charest E Bureau 700b, Quebec, QC, G1K 9H4

(418) 263-8901   SIC 7311

LABATT BREWERIES WESTERN CANADA p 105
See LABATT BREWING COMPANY LIMITED

LABATT BREWING COMPANY LIMITED p 32
700 58 Ave Se Suite 12, CALGARY, AB, T2H 2E2
(403) 777-1610   SIC 2082

LABATT BREWING COMPANY LIMITED p 105
10119 45 Ave Nw, EDMONTON, AB, T6E 0G8
(780) 436-6060   SIC 2082

LABATT BREWING COMPANY LIMITED p 304
1148 Homer St Suite 406, VANCOUVER, BC, V6B 2X6
(604) 642-6722   SIC 8743

LABATT BREWING COMPANY LIMITED p 409
180 Henri Dunant St, MONCTON, NB, E1E 1E6
(506) 852-2583   SIC 2082

LABATT BREWING COMPANY LIMITED p 436
60 Leslie St, ST. JOHN'S, NL, A1E 2V8
(709) 579-0121   SIC 2082

LABATT BREWING COMPANY LIMITED p 716
445 Export Blvd, Mississauga, ON, L5S 0A1
(905) 696-3300   SIC 2082

LABATT BREWING COMPANY LIMITED p 1035
1675 Rue Atmec, GATINEAU, QC, J8R 3Y2
(800) 361-5252   SIC 5181

LABATT BREWING COMPANY LIMITED p 1059
2505 Rue Senkus, LASALLE, QC, H8N 2X8
(514) 595-2505   SIC 5813

LABATT BREWING COMPANY LIMITED p 1061
50 Av Labatt Bureau 42, LASALLE, QC, H8R 3E7
(514) 366-5050   SIC 2082

LABATT BREWING COMPANY LIMITED p 1155
375 Rue Lachance, Quebec, QC, G1P 2H3
(418) 687-5050   SIC 5921

LABATT BREWING COMPANY LIMITED p 1259
395 Boul Labbe N, VICTORIAVILLE, QC, G6P 1B1
SIC 5181

LABBE, HENRI & FILS INC p 1168
1080 Boul Bastien, Quebec, QC, G2K 1E6
(418) 622-0574   SIC 1794

LABDARA LITHUANIAN NURSING HOME p 579
5 Resurrection Rd, ETOBICOKE, ON, M9A 5G1
(416) 232-2112   SIC 8051

LABEL DEPOT, THE p 975
See MARKHAM LABEL HOLDINGS INC

LABELINK PRODUCTS INC p 843
See PRODUITS LABELINK INC, LES

LABERENDRYE SCHOOL p 354
See PORTAGE LA PRAIRIE SCHOOL DIVISION

LABORATOIRE AGROALIMENTAIRE p 1069
See COOP FEDEREE, LA

LABORATOIRE DE SANTE PUBLIQUE DU QUEBEC p 1224
See INSTITUT NATIONALE DE SANTE PUBLIQUE DU QUEBEC

LABORATOIRE DENTAIRE SUMMUM p 1070
See LABORATOIRE DENTAIRE SUMMUM INC

LABORATOIRE DENTAIRE SUMMUM INC p 1070
116 Rue Guilbault, LONGUEUIL, QC, J4H 2T2
(450) 679-5525   SIC 8072

LABORATOIRE DU-VAR INC p 1004
1460 Rue Graham-Bell, BOUCHERVILLE, QC, J4B 6H5
(450) 641-4740   SIC 2844

LABORATOIRE MEDICAL BIRON p 1214
See BIRON LABORATOIRE MEDICAL INC

LABORATOIRE RIVA INC p 999
660 Boul Industriel, BLAINVILLE, QC, J7C 3V4
(450) 434-7482   SIC 2834

LABORATOIRE VICTHOM INC p 1130
2101 Boul Le Carrefour Bureau 102, Montreal, QC, H7S 2J7
(450) 239-6162   SIC 8069

LABORATOIRES ABBOTT LIMITEE p 672
60 Columbia Way Suite 207, MARKHAM, ON, L3R 0C9
(905) 944-2480   SIC 2834

LABORATOIRES ABBOTT LIMITEE p 672
505 Apple Creek Blvd Suite 4, MARKHAM, ON, L3R 5B1
(905) 947-5800   SIC 5047

LABORATOIRES ABBOTT LIMITEE p 709
7115 Millcreek Dr, MISSISSAUGA, ON, L5N 3R3
(905) 858-2450   SIC 2834

LABORATOIRES ABBOTT LIMITEE p 1209
8625 Rte Transcanadienne, SAINT-LAURENT, QC, H4S 1Z6
(514) 832-7000   SIC 2834

LABORATOIRES ABBOTT LIMITEE p 1259
75 Boul Industriel, VICTORIAVILLE, QC, G6P 6S9
(819) 751-2440   SIC 2834

LABORATOIRES ABBOTT, LIMITEE p 672
See LABORATOIRES ABBOTT LIMITEE

LABORATOIRES ABBOTT, LIMITEE p 709
See LABORATOIRES ABBOTT LIMITEE

LABORATOIRES ABBOTT, LIMITEE p 1259
See LABORATOIRES ABBOTT LIMITEE

LABORATOIRES BUCKMAN DU CANADA, LTEE p 1256
351 Rue Joseph-Carrier, VAUDREUIL-DORION, QC, J7V 5V5
(450) 424-4404   SIC 2869

LABORATOIRES D'ANALYSES ET DE DIAGONOSTICS NORCIENCE p 1062
See 4131185 CANADA INC

LABORATOIRES D'ANALYSES S.M. INC p 1255
1471 Boul Lionel-Boulet, VARENNES, QC, J3X 1P7
(514) 332-6001   SIC 8731

LABORATOIRES D'OPTIQUE S.D.L. INC p 1229
1450 Boul Dagenais O, SAINTE-ROSE, QC, H7L 5C7
(450) 622-8668   SIC 5995

LABORATOIRES DE RECHERCHE DE LAN WIREWERKS INC, LES p 994
19144 Av Cruickshank, Baie-D'Urfe, QC, H9X 3P1
(514) 635-1103   SIC 3661

LABORATOIRES DELON (1990) INC p 1024
69 Boul Brunswick, DOLLARD-DES-ORMEAUX, QC, H9B 2N4
(514) 685-9966   SIC 2844

LABORATOIRES LALCO INC p 1244
1542 Rue Nationale, TERREBONNE, QC, J6W 6M1
(450) 492-6435   SIC 5122

LABORATOIRES OMEGA LIMITEE p 1119
11177 Rue Hamon, Montreal, QC, H3M 3E4
(514) 335-0310   SIC 2834

LABORATORY SERVICES p 601
See UNIVERSITY OF GUELPH

LABOUR GROUP p 946
See 1799795 ONTARIO LIMITED

LABOUR READY TEMPORARY SERVICES LTD p 295
1688 Broadway E, VANCOUVER, BC, V5N

1W1
(604) 874-5567 SIC 7361
LABOUR READY TEMPORARY SERVICES LTD p 386
28 Queen Elizabeth Way, WINNIPEG, MB, R3L 2R1
(204) 989-7590 SIC 7363
LABOUR READY TEMPORARY SERVICES LTD p 641
280 Victoria St N, KITCHENER, ON, N2H 5E2
(519) 571-8817 SIC 7361
LABOUR READY TEMPORARY SERVICES LTD p 798
1659 Carling Ave, OTTAWA, ON, K2A 1C4
(613) 829-8174 SIC 7361
LABOUR READY TEMPORARY SERVICES LTD p 810
306 George St N Unit 6, PETERBOROUGH, ON, K9J 3H2
(705) 760-9111 SIC 7361
LABRADOR LAURENTIENNE p 989
See AQUATERRA CORPORATION
LABRADOR MOTORS LIMITED p 427
12 Loring Dr, HAPPY VALLEY-GOOSE BAY, NL, A0P 1C0
(709) 896-2452 SIC 5511
LABRADOR MOTORS LIMITED p 428
80 Avalon Dr, LABRADOR CITY, NL, A2V 2Y2
(709) 944-3633 SIC 5511
LABRADOR SCHOOL BOARD p 423
1 First Ave, BISHOPS FALLS, NL, A0H 1C0
(709) 258-6472 SIC 8211
LABRADOR SCHOOL BOARD p 427
6 Green St, HAPPY VALLEY-GOOSE BAY, NL, A0P 1E0
(709) 896-5315 SIC 8211
LABRADOR SCHOOL BOARD p 427
1 Voisey Dr, HAPPY VALLEY-GOOSE BAY, NL, A0P 1C0
(709) 896-3366 SIC 8211
LABRADOR SCHOOL BOARD p 427
9 Cadot Cres, HAPPY VALLEY-GOOSE BAY, NL, A0P 1E0
(709) 896-3896 SIC 8211
LABRADOR SCHOOL BOARD p 428
600 Bartlett Dr, LABRADOR CITY, NL, A2V 1G6
(709) 944-5231 SIC 8211
LABRADOR SCHOOL BOARD p 428
613 Lakeside Dr, LABRADOR CITY, NL, A2V 2W9
(709) 944-7731 SIC 8211
LABRADOR SCHOOL BOARD p 428
Gd, HOPEDALE, NL, A0P 1G0
SIC 8211
LABRADOR SCHOOL BOARD p 430
Gd, NORTH WEST RIVER, NL, A0P 1M0
SIC 8211
LABRADOR SCHOOL BOARD p 430
189 Rich St, NATUASHISH, NL, A0P 1A0
(709) 478-8971 SIC 8211
LABRADOR SCHOOL BOARD p 430
3 School St, NAIN, NL, A0P 1L0
(709) 922-1270 SIC 8211
LABRADOR SCHOOL BOARD p 437
Gd, WABUSH, NL, A0R 1B0
(709) 282-3251 SIC 8211
LABRADOR-GRENFELL REGIONAL HEALTH AUTHORITY p 431
200 West St Suite 178, ST. ANTHONY, NL, A0K 4S0
(709) 454-3333 SIC 8062
LABRADOR-GRENFELL REGIONAL HEALTH AUTHORITY p 431
Gd, RODDICKTON, NL, A0K 4P0
(709) 457-2215 SIC 8062
LABRASH SECURITY SERVICES LTD p 897
55 Eglinton Ave E Suite 403, TORONTO, ON, M4P 1G8
(416) 487-4864 SIC 7381
LAC p 662

See LONDON AGRICULTURAL COMMODITIES INC
LAC p 908
See NAVIGANT CONSULTING LTD
LAC DU BONNET DISTRICT HEALTH CENTER p 350
See NORTH EASTMAN HEALTH ASSOCIATION INC
LAC DU BONNET SENIOR SCHOOL p 350
See SUNRISE SCHOOL DIVISION
LAC LA BICHE TRANSPORT LTD p 133
555 Tower Rd, LAC LA BICHE, AB, T0A 2C0
(780) 623-4711 SIC 4212
LAC LA HACHE ELEMENTARY SCHOOL p 228
See SCHOOL DISTRICT NO 27 (CARIBOO-CHILCOTIN)
LAC LA RONGE INDIAN BAND p 1264
54 Far Reserve Rd, AIR RONGE, SK, S0J 3G0
(306) 425-2884 SIC 8743
LAC LA RONGE MOTOR HOTEL (1983) LTD p 1271
1120 La Ronge Ave, LA RONGE, SK, S0J 1L0
(306) 425-2190 SIC 7011
LACOMBE CO-OP, DIV OF p 134
See RED DEER CO-OP LIMITED
LACOMBE COMMUNITY HEALTH CENTRE p 134
See ALBERTA HEALTH SERVICES
LACOMBE COMPOSITE HIGH SCHOOL p 134
See WOLF CREEK SCHOOL DIVISION NO.72
LACOMBE FOUNDATION p 134
4508 C And E Trail, LACOMBE, AB, T4L 1V9
(403) 782-4118 SIC 8361
LACOMBE HOSPITAL & CARE CENTRE p 134
See ALBERTA HEALTH SERVICES
LACOMBE JUNIOR HIGHSCHOOL p 134
See WOLF CREEK SCHOOL DIVISION NO.72
LACOMBE SENIOR CITIZENS LODGE p 134
See LACOMBE FOUNDATION
LACRETE PUBLIC SCHOOL p 133
See FORT VERMILION SCHOOL DIVISON 52
LACROIX BLEAU COMMUNICATION MARKETING INC p 1157
675 Rue Saint-Amable, Quebec, QC, G1R 2G5
(418) 529-9761 SIC 7311
LACROIX BUS SERVICE INC p 619
10 Lafond Rd, HEARST, ON, P0L 1N0
(705) 362-4845 SIC 4142
LACROIX DECOR p 1167
See DESCHENES & FILS LTEE
LADCO COMPANY LIMITED p 384
2520 Portage Ave, WINNIPEG, MB, R3J 3T6
(204) 885-4478 SIC 7011
LADNER ELEMENTARY SCHOOL p 211
See DELTA SCHOOL DISTRICT NO.37
LADSON PROPERTIES LIMITED p 856
235 Martindale Rd Unit 14, ST CATHARINES, ON, L2W 1A5
(905) 684-6542 SIC 1542
LADY EATON ELEMENTARY SCHOOL p 772
See TRILLIUM LAKELANDS DISTRICT SCHOOL BOARD
LADY GREY ELEMENTARY SCHOOL p 216
See BOARD OF EDUCATION OF SCHOOL DISTRICT NO. 06 (ROCKY MOUNTAIN), THE
LADY ISABELLE NURSING HOME LTD p 944
102 Corkery St, TROUT CREEK, ON, P0H 2L0
(705) 723-5232 SIC 8051

LADY MACKENZIE PUBLIC SCHOOL p 636
See TRILLIUM LAKELANDS DISTRICT SCHOOL BOARD
LADY SLIPPER RESTAURANT AND LOUNGE p 984
See SLEMON PARK CORPORATION
LADY'S A CHAMP (1995) LIMITED, THE p 663
795 Wonderland Rd S, LONDON, ON, N6K 3C2
(519) 615-0243 SIC 5611
LADYSMITH COMMUNITY HEALTH CENTRE p 228
See VANCOUVER ISLAND HEALTH AUTHORITY
LADYSMITH FIRE RESCUE p 228
See CORPORATION OF THE TOWN OF LADYSMITH
LADYSMITH PRESS p 228
See BLACK PRESS GROUP LTD
LADYSMITH PRIMARY SCHOOL p 228
See SCHOOL DISTRICT NO. 68 (NANAIMO-LADYSMITH)
LADYSMITH SECONDARY SCHOOL p 228
See SCHOOL DISTRICT NO. 68 (NANAIMO-LADYSMITH)
LAFARGE p 202
See LAFARGE CANADA INC
LAFARGE p 679
See LAFARGE CANADA INC
LAFARGE p 802
See LAFARGE PAVING & CONSTRUCTION (EASTERN) LIMITED
LAFARGE AGGREGATES p 863
See LAFARGE CANADA INC
LAFARGE AGGREGATES AND CONCRETE p 35
See LAFARGE CANADA INC
LAFARGE BARRIE p 497
See LAFARGE CANADA INC
LAFARGE CANADA INC p 18
115 Quarry Park Rd Se Suite 300, CALGARY, AB, T2C 5G9
(403) 225-5400 SIC 5032
LAFARGE CANADA INC p 18
9028 44 St Se Suite Lbby, CALGARY, AB, T2C 2P6
(403) 292-9220 SIC 2891
LAFARGE CANADA INC p 32
6920 13 St Se, CALGARY, AB, T2H 3B1
(403) 292-9500 SIC 3272
LAFARGE CANADA INC p 35
10511 15 St Se, CALGARY, AB, T2J 7H7
(403) 292-1555 SIC 1442
LAFARGE CANADA INC p 65
11321 85 St Se, CALGARY, AB, T3S 0A3
(403) 239-6130 SIC 2891
LAFARGE CANADA INC p 77
8635 Stadium Rd Nw, EDMONTON, AB, T5H 3X1
(780) 423-6153 SIC 2891
LAFARGE CANADA INC p 77
8635 Stadium Rd Nw, EDMONTON, AB, T5H 3X1
(780) 423-6161 SIC 3273
LAFARGE CANADA INC p 92
21521 112 Ave Nw, EDMONTON, AB, T5S 2T8
(780) 486-4050 SIC 1623
LAFARGE CANADA INC p 118
Hwy 1a, EXSHAW, AB, T0L 2C0
(403) 673-3815 SIC 2891
LAFARGE CANADA INC p 120
Gd Lcd Main, FORT MCMURRAY, AB, T9H 3E2
(780) 743-8655 SIC 5999
LAFARGE CANADA INC p 137
530 9 Ave N, LETHBRIDGE, AB, T1H 1E4
(403) 332-6200 SIC 1442
LAFARGE CANADA INC p 158
4120 Henry St, RED DEER COUNTY, AB, T4S 2B3

(403) 346-1644 SIC 3273
LAFARGE CANADA INC p 179
31601 Walmsley Ave, ABBOTSFORD, BC, V2T 6G5
(604) 856-8313 SIC 5032
LAFARGE CANADA INC p 180
1080 Bradner Rd, ABBOTSFORD, BC, V4X 1H8
(604) 856-5521 SIC 5032
LAFARGE CANADA INC p 185
7500 Barnet Hwy, BURNABY, BC, V5B 2A9
(604) 294-3286 SIC 5999
LAFARGE CANADA INC p 202
22 Leeder St, COQUITLAM, BC, V3K 6P2
(604) 527-7739 SIC 3273
LAFARGE CANADA INC p 202
22 Leeder St, COQUITLAM, BC, V3K 6P2
(604) 856-8313 SIC 5032
LAFARGE CANADA INC p 213
Gd, EGMONT, BC, V0N 1N0
(604) 883-2615 SIC 1442
LAFARGE CANADA INC p 222
9750 Shuswap Rd, KAMLOOPS, BC, V2H 1T4
(250) 573-6405 SIC 3241
LAFARGE CANADA INC p 243
61 Nanaimo River Rd, NANAIMO, BC, V9X 1S5
(250) 754-2195 SIC 1611
LAFARGE CANADA INC p 253
16101 Rannie Rd, PITT MEADOWS, BC, V3Y 1Z1
(604) 465-4114 SIC 1481
LAFARGE CANADA INC p 286
7455 132 St Suite 200, SURREY, BC, V3W 1J8
(604) 502-7660 SIC 5039
LAFARGE CANADA INC p 298
268 E Kent Ave South, VANCOUVER, BC, V5X 4N6
(604) 322-3851 SIC 5032
LAFARGE CANADA INC p 365
185 Dawson Rd N, WINNIPEG, MB, R2J 0S6
(204) 958-6333 SIC 1791
LAFARGE CANADA INC p 394
50 Old Black River Rd, BLACK RIVER, NB, E2S 1Z2
(506) 633-1890 SIC 1611
LAFARGE CANADA INC p 441
209 Kearney Lake Rd, ANNAPOLIS ROYAL, NS, B0S 1A0
(902) 532-5124 SIC 5032
LAFARGE CANADA INC p 445
87 Cement Plant Rd, BROOKFIELD, NS, B0N 1C0
(902) 673-2281 SIC 2891
LAFARGE CANADA INC p 497
275 Saunders Rd, BARRIE, ON, L4N 9A3
(705) 734-3600 SIC 3273
LAFARGE CANADA INC p 497
701 Dunlop St W, BARRIE, ON, L4N 9W9
(705) 726-6424 SIC 1611
LAFARGE CANADA INC p 500
Gd, BATH, ON, K0H 1G0
(613) 352-7711 SIC 2891
LAFARGE CANADA INC p 529
2080 Concession Rd 2, BRECHIN, ON, L0K 1B0
(705) 484-5881 SIC 5032
LAFARGE CANADA INC p 531
1864 2 Hwy E, BROCKVILLE, ON, K6V 5V2
(613) 342-0262 SIC 3272
LAFARGE CANADA INC p 560
7880 Keele St, CONCORD, ON, L4K 4G7
(905) 738-7070 SIC 1611
LAFARGE CANADA INC p 560
7880 Keele St, CONCORD, ON, L4K 4G7
(905) 629-3760 SIC 1542
LAFARGE CANADA INC p 560
7880 Keele St, CONCORD, ON, L4K 4G7
(905) 738-7070 SIC 3272
LAFARGE CANADA INC p 560
7880 Keele St, CONCORD, ON, L4K 4G7

BUSINESSES ALPHABETICALLY

LAKEHEAD DISTRICT SCHOOL BOARD 3449

(905) 764-5260 *SIC* 5032
LAFARGE CANADA INC
Gd, FENELON FALLS, ON, K0M 1N0
(705) 887-2820 *SIC* 1611
LAFARGE CANADA INC *p* 592
55 Armstrong Ave, GEORGETOWN, ON, L7G 4S1
(905) 873-0254 *SIC* 1771
LAFARGE CANADA INC *p* 593
1649 Bearbrook Rd, GLOUCESTER, ON, K1B 1B8
(613) 837-4223 *SIC* 5039
LAFARGE CANADA INC *p* 654
100 Hume St, LONDON, ON, N5Z 2P2
(519) 451-9240 *SIC* 1771
LAFARGE CANADA INC *p* 666
5650 Richmond Dr, LONG SAULT, ON, K0C 1P0
(613) 534-2673 *SIC* 5039
LAFARGE CANADA INC *p* 679
95 Mississagi Lighthouse Rd, MELDRUM BAY, ON, P0P 1R0
(705) 283-3011 *SIC* 1422
LAFARGE CANADA INC *p* 682
575 Harrop Dr, MILTON, ON, L9T 3H3
(905) 876-4728 *SIC* 5032
LAFARGE CANADA INC *p* 700
3520 Mavis Rd, MISSISSAUGA, ON, L5C 1T8
(905) 279-1608 *SIC* 5032
LAFARGE CANADA INC *p* 731
6372 County Rd 9, NEW LOWELL, ON, L0M 1N0
(705) 446-2346 *SIC* 5032
LAFARGE CANADA INC *p* 757
949 Wilson Ave, NORTH YORK, ON, M3K 1G2
(416) 635-6002 *SIC* 1611
LAFARGE CANADA INC *p* 780
1255 Wilson Rd N, OSHAWA, ON, L1H 7L3
(905) 728-4661 *SIC* 1611
LAFARGE CANADA INC *p* 822
50 Newkirk Rd, RICHMOND HILL, ON, L4C 3G3
(905) 508-7676 *SIC* 3273
LAFARGE CANADA INC *p* 863
14204 Durham Rd 30, STOUFFVILLE, ON, L4A 3L4
(905) 738-7050 *SIC* 5032
LAFARGE CANADA INC *p* 1131
9990 Boul Metropolitain E, MONTREAL-EST, QC, H1B 1A2
(514) 640-6130 *SIC* 3273
LAFARGE CANADA INC *p* 1142
334 Av Avro, POINTE-CLAIRE, QC, H9R 5W5
(514) 428-7150 *SIC* 1522
LAFARGE CANADA INC *p* 1202
30 Rue Des Sables, SAINT-JOSEPH-DU-LAC, QC, J0N 1M0
(450) 473-8616 *SIC* 2891
LAFARGE CANADA INC *p* 1212
4000 Rue Hickmore, SAINT-LAURENT, QC, H4T 1K2
(514) 344-1788 *SIC* 5032
LAFARGE CANADA INC *p* 1296
838 50th St E, SASKATOON, SK, S7K 0X6
(306) 934-7555 *SIC* 3273
LAFARGE CONCRETE DIVISION *p* 65
See *LAFARGE CANADA INC*
LAFARGE CONSTRUCTION MATERIAL *p* 298
See *LAFARGE CANADA INC*
LAFARGE CONSTRUCTION MATERIALS *p* 588
See *LAFARGE CANADA INC*
LAFARGE NORTH AMERICA *p* 32
See *LAFARGE CANADA INC*
LAFARGE NORTH AMERICA *p* 365
See *LAFARGE CANADA INC*
LAFARGE NORTH AMERICA *p* 682
See *LAFARGE CANADA INC*
LAFARGE PAVING & CONSTRUCTION (EASTERN) LIMITED *p* 502

6520 Hwy 62 & 401, BELLEVILLE, ON, K8N 5A5
(613) 962-3461 *SIC* 1611
LAFARGE PAVING & CONSTRUCTION (EASTERN) LIMITED *p* 560
7880 Keele St, CONCORD, ON, L4K 4G7
(905) 738-7070 *SIC* 1611
LAFARGE PAVING & CONSTRUCTION (EASTERN) LIMITED *p* 635
1600 Westbrook Rd, KINGSTON, ON, K7P 2Y7
(613) 389-3232 *SIC* 1611
LAFARGE PAVING & CONSTRUCTION (EASTERN) LIMITED *p* 785
1651 Bearbrook Rd, OTTAWA, ON, K1G 3K2
(613) 830-3060 *SIC* 1611
LAFARGE PAVING & CONSTRUCTION (EASTERN) LIMITED *p* 802
998 Moodie Dr, OTTAWA, ON, K2R 1H3
(613) 829-1770 *SIC* 1611
LAFARGE PAVING & CONSTRUCTION (EASTERN) LIMITED *p* 1050
545 Ch Deschenes, L'ANGE-GARDIEN, QC, J8L 4A1
(819) 281-8542 *SIC* 1611
LAFARGE PAVING & CONSTRUCTION, DIV OF *p* 560
See *LAFARGE CANADA INC*
LAFARGE PAVING & CONSTRUCTION, DIV OF *p* 757
See *LAFARGE CANADA INC*
LAFARGE PAVING & CONSTRUCTION, DIV OF *p* 780
See *LAFARGE CANADA INC*
LAFARGE READY MIX *p* 592
See *LAFARGE CANADA INC*
LAFARGEHOLCIM *p* 531
See *LAFARGE CANADA INC*
LAFLAMME PORTES ET FENETRES CORP *p* 1179
39 Rue Industrielle, SAINT-APOLLINAIRE, QC, G0S 2E0
(418) 881-3950 *SIC* 2431
LAFLAMME, HENRI INC *p* 1039
126 Rue Principale, GATINEAU, QC, J9H 3M4
(819) 684-4156 *SIC* 5411
LAFLECHE & DISTRICT HEALTH CENTER *p* 1272
See *FIVE HILLS REGIONAL HEALTH AUTHORITY*
LAFLECHE ROOFING (1992) LIMITED *p* 774
144 Forest Plain Rd, ORILLIA, ON, L3V 6H1
(705) 329-4485 *SIC* 1761
LAFLEUR SCHOOL TRANSPORTATION LTD *p* 553
1546 Baseline Rd, CLARENCE CREEK, ON, K0A 1N0
(613) 488-2337 *SIC* 4151
LAGGAN PUBLIC SCHOOL *p* 568
See *UPPER CANADA DISTRICT SCHOOL BOARD, THE*
LAGILL ENTERPRISES INC *p* 968
525 University Ave W, WINDSOR, ON, N9A 5R4
(519) 253-0012 *SIC* 5812
LAGO LINDO SCHOOL *p* 98
See *EDMONTON SCHOOL DISTRICT NO. 7*
LAHAVE MANOR CORP *p* 445
152 Pleasant St, BRIDGEWATER, NS, B4V 1N5
(902) 543-1147 *SIC* 8322
LAHAVE MANOR CORP *p* 453
171 Leary Fraser Rd, DAYSPRING, NS, B4V 5S7
(902) 543-7851 *SIC* 8052
LAIDLAW CARRIERS *p* 1218
See *LAIDLAW CARRIERS BULK LP*
LAIDLAW CARRIERS BULK LP *p* 1218
3135 Rue Bernard-Pilon, SAINT-MATHIEU-DE-BELOEIL, QC, J3G 4S5

(450) 536-3001 *SIC* 4213
LAIDLAW CARRIERS VAN LP *p* 418
65 Alloy Dr, SAINT JOHN, NB, E2M 7S9
(506) 633-7555 *SIC* 4213
LAIDLAW EDUCATION SERVICES *p* 441
See *FIRSTCANADA ULC*
LAIDLAW EDUCATION SERVICES *p* 815
See *FIRSTCANADA ULC*
LAIDLAW EDUCATION SERVICES SUBSIDIARY *p* 948
See *FIRSTCANADA ULC*
LAIDLAW EDUCATIONAL SERVICES *p* 508
See *FIRSTCANADA ULC*
LAIDLAW EDUCATIONAL SERVICES *p* 739
See *FIRSTCANADA ULC*
LAIDLAW EDUCATIONAL SERVICES *p* 955
See *FIRSTCANADA ULC*
LAIDLAW LONDON *p* 659
See *FIRSTCANADA ULC*
LAIDLAW TRANSIT *p* 832
See *FIRSTCANADA ULC*
LAIKA ENTERPRISES LTD *p* 233
5978 Glover Rd, LANGLEY, BC, V3A 4H9
(604) 530-1322 *SIC* 5812
LAIRD ELECTRIC INC *p* 100
6707 59 St Nw, EDMONTON, AB, T6B 3P8
(780) 450-9636 *SIC* 1731
LAIRD ELECTRIC INC *p* 120
225 Macdonald Cres, FORT MCMURRAY, AB, T9H 4B5
(780) 743-2595 *SIC* 1731
LAIRD PLASTICS (CANADA) INC *p* 520
155 Orenda Rd Unit 4, BRAMPTON, ON, L6W 1W3
(905) 595-4800 *SIC* 5162
LAIRD, J ALFRED ELEMENTARY SCHOOL *p* 218
See *BOARD OF EDUCATION OF SCHOOL DISTRICT NO. 06 (ROCKY MOUNTAIN), THE*
LAIS HOTEL PROPERTIES LIMITED *p* 739
6 Pinot Trail, NIAGARA ON THE LAKE, ON, L0S 1J0
(905) 468-3246 *SIC* 7011
LAITERIE CHALIFOUX INC *p* 1241
493 Boul Fiset, SOREL-TRACY, QC, J3P 6J9
(450) 743-4439 *SIC* 2022
LAITY VIEW ELEMENTARY SCHOOL *p* 236
See *SCHOOL DISTRICT NO 42 (MAPLE RIDGE-PITT MEADOWS)*
LAKE AVENUE ELEMENTARY SCHOOL *p* 606
See *HAMILTON-WENTWORTH DISTRICT SCHOOL BOARD, THE*
LAKE BONAVISTA ELEMENTARY SCHOOL *p* 35
See *CALGARY BOARD OF EDUCATION*
LAKE CITY CASINO VERNON *p* 325
See *GATEWAY CASINOS & ENTERTAINMENT INC*
LAKE COUNTRY DIVISION *p* 227
See *TOLKO INDUSTRIES LTD*
LAKE COUNTRY LIBRARY BRANCH *p* 341
See *OKANAGAN REGIONAL LIBRARY DISTRICT*
LAKE COWICHAN SCHOOL *p* 228
See *SCHOOL DISTRICT NO. 79 (COWICHAN VALLEY)*
LAKE DISTRICT HOSPITAL *p* 194
See *NORTHERN HEALTH AUTHORITY*
LAKE ERIE MANAGEMENT INC *p* 826
1593 Essex County Rd 34, RUTHVEN, ON, N0P 2G0
(519) 326-5743 *SIC* 5148
LAKE HILL ELEMENTARY SCHOOL *p* 332
See *BOARD OF EDUCATION OF SCHOOL DISTRICT NO. 61 (GREATER VICTORIA)*
LAKE JOSEPH CENTER *p* 666
See *CANADIAN NATIONAL INSTITUTE FOR THE BLIND, THE*
LAKE LAND RIDGE SCHOOL *p* 163
See *ELK ISLAND PUBLIC SCHOOLS RE-*

GIONAL DIVISION NO. 14
LAKE LENORE SCHOOL *p* 1272
See *HORIZON SCHOOL DIVISION NO 205*
LAKE LOUISE INN *p* 134
See *ATLIFIC INC*
LAKE LOUISE SKI AREA *p* 134
See *RESORTS OF THE CANADIAN ROCKIES INC*
LAKE LOUISE SKI AREA LTD, THE *p* 134
1 Whitehorn Rd, LAKE LOUISE, AB, T0L 1E0
(403) 522-3555 *SIC* 7011
LAKE OF THE WOODS DISTRICT HOSPITAL *p* 628
6 Matheson St S, KENORA, ON, P9N 1T5
(807) 468-5749 *SIC* 8062
LAKE OF TWO MOUNTAINS HIGH SCHOOL *p* 1023
See *SIR WILFRID LAURIER SCHOOL BOARD*
LAKE SIDE PUBLIC SCHOOL *p* 628
See *YORK REGION DISTRICT SCHOOL BOARD*
LAKE SIMCOE PUBLIC SCHOOL *p* 628
See *YORK REGION DISTRICT SCHOOL BOARD*
LAKE SUPERIOR HIGH SCHOOL *p* 872
See *SUPERIOR GREENSTONE DISTRICT SCHOOL BOARD*
LAKE TRAIL MIDDLE SCHOOL *p* 204
See *SCHOOL DISTRICT NO. 71 (COMOX VALLEY)*
LAKE UTOPIA PAPER *p* 422
See *J. D. IRVING, LIMITED*
LAKE VIEW CONSOLIDATED *p* 472
See *HALIFAX REGIONAL SCHOOL BOARD*
LAKE VISTA PUBLIC SCHOOL *p* 1274
See *PRAIRIE SPIRIT SCHOOL DIVISION NO. 206*
LAKE WILCOX PUBLIC SCHOOL *p* 824
See *YORK REGION DISTRICT SCHOOL BOARD*
LAKE WOOD HEIGHTS ELEMENTARY SCHOOL *p* 415
See *SCHOOL DISTRICT 8*
LAKEFIELD COLLEGE SCHOOL *p* 645
4391 County Rd 29, LAKEFIELD, ON, K0L 2H0
(705) 652-3324 *SIC* 8211
LAKEFIELD DISTRICT SECONDARY SCHOOL *p* 645
See *KAWARTHA PINE RIDGE DISTRICT SCHOOL BOARD*
LAKEFIELD ELEMENTARY SCHOOL *p* 412
See *ANGLOPHONE SOUTH SCHOOL DISTRICT (ASD-S)*
LAKEFRONT SCHOOL *p* 347
See *FRONTIER SCHOOL DIVISION*
LAKEFRONT UTILITY SERVICES INC *p* 555
207 Division St, COBOURG, ON, K9A 3P6
(905) 372-2193 *SIC* 8721
LAKEHEAD DISTRICT SCHOOL BOARD *p* 488
Gd, ARMSTRONG STATION, ON, P0T 1A0
(807) 583-2076 *SIC* 8211
LAKEHEAD DISTRICT SCHOOL BOARD *p* 596
2032 Kam-Current Rd, GORHAM, ON, P7G 0K5
(807) 767-4241 *SIC* 8211
LAKEHEAD DISTRICT SCHOOL BOARD *p* 622
Gd, KAKABEKA FALLS, ON, P0T 1W0
(807) 473-9252 *SIC* 8211
LAKEHEAD DISTRICT SCHOOL BOARD *p* 623
1092 Hwy 595, KAKABEKA FALLS, ON, P0T 1W0
(807) 475-3181 *SIC* 8211
LAKEHEAD DISTRICT SCHOOL BOARD *p* 848
1625 Lakeshore Dr, SHUNIAH, ON, P7A

▲ Public Company   ■ Public Company Family Member   **HQ** Headquarters   **BR** Branch   **SL** Single Location

0T2
(807) 983-2355 SIC 8211
LAKEHEAD DISTRICT SCHOOL BOARD p 877
414 Grenville Ave, THUNDER BAY, ON, P7A 1X9
(807) 683-6289 SIC 8211
LAKEHEAD DISTRICT SCHOOL BOARD p 877
30 Wishart Cres, THUNDER BAY, ON, P7A 6G3
(807) 767-6244 SIC 8211
LAKEHEAD DISTRICT SCHOOL BOARD p 877
243 St. James St, THUNDER BAY, ON, P7A 3P1
(807) 345-7191 SIC 8211
LAKEHEAD DISTRICT SCHOOL BOARD p 877
160 Logan Ave, THUNDER BAY, ON, P7A 6R1
(807) 345-2375 SIC 8211
LAKEHEAD DISTRICT SCHOOL BOARD p 877
96 High St N, THUNDER BAY, ON, P7A 5R3
(807) 625-5100 SIC 8211
LAKEHEAD DISTRICT SCHOOL BOARD p 877
1000 Huron Ave, THUNDER BAY, ON, P7A 6L4
(807) 344-8661 SIC 8211
LAKEHEAD DISTRICT SCHOOL BOARD p 878
500 Oliver Rd, THUNDER BAY, ON, P7B 2H1
(807) 345-8503 SIC 8211
LAKEHEAD DISTRICT SCHOOL BOARD p 878
270 Windsor St, THUNDER BAY, ON, P7B 1V6
(807) 767-1696 SIC 8211
LAKEHEAD DISTRICT SCHOOL BOARD p 878
174 Marlborough St, THUNDER BAY, ON, P7B 4G4
(807) 345-1468 SIC 8211
LAKEHEAD DISTRICT SCHOOL BOARD p 878
160 Algonquin Ave S, THUNDER BAY, ON, P7B 4T1
(807) 767-3881 SIC 8211
LAKEHEAD DISTRICT SCHOOL BOARD p 878
80 Clarkson St S, THUNDER BAY, ON, P7B 4W8
(807) 767-1631 SIC 8211
LAKEHEAD DISTRICT SCHOOL BOARD p 880
110 Sherbrooke St, THUNDER BAY, ON, P7C 4R6
(807) 625-6793 SIC 8211
LAKEHEAD DISTRICT SCHOOL BOARD p 880
600 Mckenzie St, THUNDER BAY, ON, P7C 4Z3
(807) 622-9513 SIC 8211
LAKEHEAD DISTRICT SCHOOL BOARD p 880
130 Churchill Dr W, THUNDER BAY, ON, P7C 1V5
(807) 473-8100 SIC 8211
LAKEHEAD DISTRICT SCHOOL BOARD p 880
145 Churchill Dr W, THUNDER BAY, ON, P7C 1V6
(807) 577-6448 SIC 8211
LAKEHEAD DISTRICT SCHOOL BOARD p 880
301 Archibald St N, THUNDER BAY, ON, P7C 3Y3
(807) 623-2289 SIC 8211
LAKEHEAD DISTRICT SCHOOL BOARD p 880
511 Victoria Ave W, THUNDER BAY, ON, P7C 1H2
(807) 577-7551 SIC 8211
LAKEHEAD DISTRICT SCHOOL BOARD p 881
1115 Yonge St, THUNDER BAY, ON, P7E 2T6
(807) 625-5268 SIC 8211
LAKEHEAD DISTRICT SCHOOL BOARD p 881
867 Woodcrest Rd, THUNDER BAY, ON, P7G 0A3
(807) 346-9396 SIC 8211
LAKEHEAD DISTRICT SCHOOL BOARD p 881
120 Begin St W, THUNDER BAY, ON, P7E 5M4
(807) 623-7715 SIC 8211
LAKEHEAD DISTRICT SCHOOL BOARD p 881
2025 Dawson Rd, THUNDER BAY, ON, P7G 2E9
(807) 767-1411 SIC 8211
LAKEHEAD DISTRICT SCHOOL BOARD p 881
2040 Walsh St E, THUNDER BAY, ON, P7E 4W2
(807) 623-1541 SIC 8211
LAKEHEAD DISTRICT SCHOOL BOARD p 881
512 Marks St S, THUNDER BAY, ON, P7E 1M7
SIC 8211
LAKEHEAD DISTRICT SCHOOL BOARD p 881
563 Candy Mountain Dr, THUNDER BAY, ON, P7J 0B8
(807) 473-5810 SIC 8211
LAKEHEAD DISTRICT SCHOOL BOARD p 881
707 James St S, THUNDER BAY, ON, P7E 2V9
(807) 577-4251 SIC 8211
LAKEHEAD FREIGHTWAYS INC p 369
2165 Brookside Blvd, WINNIPEG, MB, R2R 2Y3
(204) 633-4448 SIC 4213
LAKEHEAD FREIGHTWAYS INC p 878
774 Field St, THUNDER BAY, ON, P7B 3W3
(807) 345-6501 SIC 4213
LAKEHEAD SCRAP METAL p 880
See GENERAL SCRAP PARTNERSHIP
LAKEHEAD UNIVERSITY p 878
955 Oliver Rd Suite 2008, THUNDER BAY, ON, P7B 5E1
(807) 343-8110 SIC 8221
LAKEHEAD UNIVERSITY STUDENT UNION p 878
955 Oliver Rd, THUNDER BAY, ON, P7B 5E1
(807) 343-8551 SIC 5812
LAKELAND CO-OP p 7
See LAKELAND PETROLEUM SERVICES CO-OPERATIVE LTD
LAKELAND COLLEGE p 1273
2602 59th Ave, LLOYDMINSTER, SK, S9V 1Z3
(780) 871-5700 SIC 8221
LAKELAND CREDIT UNION LTD p 69
5217 50 Ave, COLD LAKE, AB, T9M 1P3
(780) 594-4011 SIC 6062
LAKELAND ENERGY LTD p 508
196 Taylor Rd, BRACEBRIDGE, ON, P1L 1J9
(705) 646-1846 SIC 3612
LAKELAND LODGE AND HOUSING FOUNDATION p 7
4712 47 Ave Suite 214, BONNYVILLE, AB, T9N 2E7
(780) 826-3911 SIC 7389
LAKELAND NETWORKS p 508
See LAKELAND ENERGY LTD
LAKELAND PETROLEUM SERVICES CO-OPERATIVE LTD p 7
6020 54 Ave, Bonnyville, AB, T9N 2M8
(780) 826-3349 SIC 5171
LAKELAND ROMAN CATHOLIC SEPARATE SCHOOL DISTRICT NO. 150 p 7
4301 38 St, BONNYVILLE, AB, T9N 2P9
(780) 826-7005 SIC 8211
LAKELAND ROMAN CATHOLIC SEPARATE SCHOOL DISTRICT NO. 150 p 7
4711 48 St, BONNYVILLE, AB, T9N 2E6
(780) 826-3485 SIC 8211
LAKELAND ROMAN CATHOLIC SEPARATE SCHOOL DISTRICT NO. 150 p 7
49 Po Box 5006 Stn Main, BONNYVILLE, AB, T9N 2G3
(780) 826-3245 SIC 8211
LAKELAND ROMAN CATHOLIC SEPARATE SCHOOL DISTRICT NO. 150 p 70
5209 48 Ave, COLD LAKE, AB, T9M 1S8
(780) 594-4050 SIC 8211
LAKELAND ROMAN CATHOLIC SEPARATE SCHOOL DISTRICT NO. 150 p 70
920 7 St, COLD LAKE, AB, T9M 1M5
(780) 639-3520 SIC 8211
LAKELAND ROMAN CATHOLIC SEPARATE SCHOOL DISTRICT NO. 150 p 70
Gd, COLD LAKE, AB, T9M 0B9
(780) 594-0700 SIC 8211
LAKERIDGE HEALTH p 507
47 Liberty St S, BOWMANVILLE, ON, L1C 2N4
(905) 623-3331 SIC 6324
LAKERIDGE HEALTH p 778
1 Hospital Crt, OSHAWA, ON, L1G 2B9
(905) 576-8711 SIC 6324
LAKERIDGE HEALTH p 778
1 Hospital Crt, OSHAWA, ON, L1G 2B9
(905) 576-8711 SIC 8011
LAKERIDGE HEALTH p 780
11 Gibb St, OSHAWA, ON, L1H 2J9
(905) 579-1212 SIC 8011
LAKERIDGE HEALTH p 780
300 Centre St S, OSHAWA, ON, L1H 4B2
(905) 576-8711 SIC 8361
LAKERIDGE HEALTH p 781
850 1/4 Champlain Ave, OSHAWA, ON, L1J 8R2
(905) 576-8711 SIC 8062
LAKERIDGE HEALTH p 817
451 Paxton St, PORT PERRY, ON, L9L 1L9
(905) 985-7321 SIC 8062
LAKERIDGE HEALTH p 958
300 Gordon St Suite 779, WHITBY, ON, L1N 5T2
(905) 668-6831 SIC 8069
LAKERIDGE HEALTH BOWANVILLE p 507
See LAKERIDGE HEALTH
LAKERIDGE HEALTH OSHAWA p 778
See LAKERIDGE HEALTH
LAKERIDGE HEALTH OSHAWA p 781
See LAKERIDGE HEALTH
LAKERIDGE HEALTH WHITBY p 958
See LAKERIDGE HEALTH
LAKERIDGE SCHOOL p 1293
See BOARD OF EDUCATION OF SASKATOON SCHOOL DIVISION NO. 13 OF SASKATCHEWAN, THE
LAKES DISTRICT CAMPUS p 193
See COLLEGE OF NEW CALEDONIA, THE
LAKES DISTRICT MAINTENANCE LTD p 207
Gd, DEASE LAKE, BC, V0C 1L0
(250) 771-3000 SIC 1611
LAKES DISTRICT MAINTENANCE LTD p 292
13410 Blackman Rd, VALEMOUNT, BC, V0E 2Z0
(250) 566-4474 SIC 1611
LAKES DISTRICT SECONDARY SCHOOL p 193
See BOARD OF EDUCATION OF SCHOOL DISTRICT NO. 91 (NECHAKO LAKE), THE
LAKES OF MUSKOKA REALTY INC p 597
390 Muskoka Rd S Suite 5, GRAVENHURST, ON, P1P 1J4
(705) 687-3496 SIC 6531
LAKES OF MUSKOKA REALTY INC p 620
395 Centre St N Unit 100, HUNTSVILLE, ON, P1H 2P9
(705) 789-9677 SIC 6531
LAKESHORE CATHOLIC HIGH SCHOOL p 816
See NIAGARA CATHOLIC DISTRICT SCHOOL BOARD
LAKESHORE COLLEGIATE INSTITUTE p 575
See TORONTO DISTRICT SCHOOL BOARD
LAKESHORE DISCOVERY PUBLIC SCHOOL p 574
See GREATER ESSEX COUNTY DISTRICT SCHOOL BOARD
LAKESHORE HEALTH CENTER p 343
See INTERLAKE REGIONAL HEALTH AUTHORITY INC
LAKESHORE PUBLIC SCHOOL p 540
See HALTON DISTRICT SCHOOL BOARD
LAKESHORE SCHOOL DIVISION p 343
7 Provincial Rd Suite 325, ASHERN, MB, R0C 0E0
(204) 768-2571 SIC 8211
LAKESHORE SCHOOL DIVISION p 348
1 School Rd, ERIKSDALE, MB, R0C 0W0
(204) 739-2635 SIC 8211
LAKESHORE SCHOOL DIVISION p 348
Gd, FISHER BRANCH, MB, R0C 0Z0
(204) 372-6459 SIC 8211
LAKESHORE SCHOOL DIVISION p 348
Gd, FISHER BRANCH, MB, R0C 0Z0
(204) 372-6615 SIC 8211
LAKESHORE SCHOOL DIVISION p 351
36 1st St, LUNDAR, MB, R0C 1Y0
(204) 762-5610 SIC 8211
LAKESIDE ACADEMY p 1057
See LESTER B. PEARSON SCHOOL BOARD
LAKESIDE MANOR CARE HOME p 1291
See SUNRISE REGIONAL HEALTH AUTHORITY
LAKESIDE NURSING HOME p 1309
See REGINA QU'APPELLE REGIONAL HEALTH AUTHORITY
LAKESIDE PACKERS p 8
See JBS CANADA INC
LAKESIDE PLASTICS LIMITED p 772
5186 O'neil Dr Rr 1, OLDCASTLE, ON, N0R 1L0
(519) 737-1271 SIC 3089
LAKESIDE PROCESS CONTROLS LTD p 369
7 Sylvan Way, WINNIPEG, MB, R2R 2B9
(204) 633-9197 SIC 5084
LAKESIDE PROCESS CONTROLS LTD p 709
2475 Hogan Dr, MISSISSAUGA, ON, L5N 0E9
(905) 412-0500 SIC 5084
LAKESIDE PUBLIC SCHOOL p 482
See DURHAM DISTRICT SCHOOL BOARD
LAKEVIEW CARE CENTRE p 295
See REVERA LONG TERM CARE INC
LAKEVIEW CELLARS ESTATE WINERY LIMITED p 739
1067 Niagara Stone Rd, NIAGARA ON THE LAKE, ON, L0S 1J0
(905) 641-1042 SIC 2084
LAKEVIEW ELEMENTARY SCHOOL p 189
See BURNABY SCHOOL BOARD DISTRICT 41
LAKEVIEW ELEMENTARY SCHOOL p 1274
See NORTHWEST SCHOOL DIVISION 203
LAKEVIEW ELEMENTARY SCHOOL p 1288

See BOARD OF EDUCATION REGINA SCHOOL DIVISION NO. 4 OF SASKATCHEWAN

LAKEVIEW INN & SUITES p346
See LAKEVIEW MANAGEMENT INC

LAKEVIEW INN AND SUITES p213
See LAKEVIEW MANAGEMENT INC

LAKEVIEW INNS & SUITES p72
See LAKEVIEW MANAGEMENT INC

LAKEVIEW MANAGEMENT INC p72
4302 50 St, DRAYTON VALLEY, AB, T7A 1M4
(780) 542-3200 SIC 7011

LAKEVIEW MANAGEMENT INC p123
10115 88 Ave, FORT SASKATCHEWAN, AB, T8L 4K1
(780) 998-7888 SIC 7011

LAKEVIEW MANAGEMENT INC p213
4507 50th Ave, FORT NELSON, BC, V0C 1R0
(250) 233-5001 SIC 7011

LAKEVIEW MANAGEMENT INC p346
1880 18th St N, BRANDON, MB, R7C 1A5
(204) 728-1880 SIC 7011

LAKEVIEW MANAGEMENT INC p378
185 Carlton St Suite 600, WINNIPEG, MB, R3C 3J1
(204) 947-1161 SIC 7011

LAKEVIEW MANAGEMENT INC p383
1999 Wellington Ave, WINNIPEG, MB, R3H 1H5
(204) 775-5222 SIC 7011

LAKEVIEW PIONEER LODGE INC p1308
400 1st St N, WAKAW, SK, S0K 4P0
(306) 233-4621 SIC 8051

LAKEVIEW PUBLIC SCHOOL p598
See DISTRICT SCHOOL BOARD OF NIAGARA

LAKEVIEW PUBLIC SCHOOL p729
See OTTAWA-CARLETON DISTRICT SCHOOL BOARD

LAKEVIEW SCHOOL p140
See LETHBRIDGE SCHOOL DISTRICT NO. 51

LAKEWOOD DENTAL SERVICES LTD p260
4122 15th Ave, PRINCE GEORGE, BC, V2M 1V9
(250) 562-5551 SIC 8021

LAKEWOOD ELEMENTARY SCHOOL p336
See SCHOOL DISTRICT NO 62 (SOOKE)

LAKEWOOD ELEMENTARY SCHOOL p373
See ST. JAMES-ASSINIBOIA SCHOOL DIVISION

LAKEWOOD JR SECONDARY SCHOOL p260
See BOARD OF EDUCATION OF SCHOOL DISTRICT NO. 57 (PRINCE GEORGE), THE

LAKEWOOD SCHOOL p628
See KEEWATIN PATRICIA DISTRICT SCHOOL BOARD

LAKEWOODS PUBLIC SCHOOL p781
See DURHAM DISTRICT SCHOOL BOARD

LAKOTA DRILLING INC p147
1704 5 St, NISKU, AB, T9E 8P8
(780) 955-7535 SIC 6712

LALLEMAND BIO-INGREDIENTS p1087
See LALLEMAND INC

LALLEMAND INC p1087
5494 Rue Notre-Dame E, Montreal, QC, H1N 2C4
(514) 522-2133 SIC 2099

LALLEMAND SOLUTIONS SANTE INC p1078
17975 Rue Des Gouverneurs, MIRABEL, QC, J7J 2K7
(450) 433-9139 SIC 2836

LALLIER AUTOMOBILE (QUEBEC) INC p1153
2000 Rue Cyrille-Duquet, Quebec, QC, G1N 2E8
(418) 687-2525 SIC 5511

LALLIER SAINTE-FOY p1153
See LALLIER AUTOMOBILE (QUEBEC) INC

LALLY FORD SALES p882
78 Mill St W, TILBURY, ON, N0P 2L0
(519) 969-3673 SIC 5511

LALLY-BLANCHARD FUELS p622
See UNIVERSAL TERMINALS INC

LALONDE BUS LINES p507
See AUTOBUS LALONDE BUS LINES INC, LES

LALUM'UTUL SMUNEEN CHILD & FAMILY SERVICES p212
See COWICHAN TRIBES

LAMBERTON PUBLIC ELEMENTARY SCHOOL p890
See TORONTO DISTRICT SCHOOL BOARD

LAMBETH HOLDINGS LTD p191
5411 Kingsway, BURNABY, BC, V5H 2G1
(604) 438-1383 SIC 7011

LAMBETH PUBLIC SCHOOL p666
See THAMES VALLEY DISTRICT SCHOOL BOARD

LAMBRICK PARK SECONDARY SCHOOL p327
See BOARD OF TRUSTEES OF SCHOOL DISTRICT 61 (GREATER VICTORIA)

LAMBTON CENTENNIAL ELEMENTARY SCHOOL p812
See LAMBTON KENT DISTRICT SCHOOL BOARD

LAMBTON CENTRAL COLLEGIATE & VOCATIONAL INSTITUTE p812
See LAMBTON KENT DISTRICT SCHOOL BOARD

LAMBTON CONVEYOR LIMITED p589
1247 Florence Rd Rr 2, FLORENCE, ON, N0P 1R0
SIC 3535

LAMBTON COUNTY BRANCH p828
See CANADIAN MENTAL HEALTH ASSOCIATION, THE

LAMBTON COUNTY LIBRARY p828
124 Christina St S, SARNIA, ON, N7T 8E1
(519) 337-3291 SIC 8231

LAMBTON FINANCIAL p827
See LAMBTON FINANCIAL CREDIT UNION LIMITED

LAMBTON FINANCIAL CREDIT UNION LIMITED p827
1295 London Rd, SARNIA, ON, N7S 1P6
(519) 542-9059 SIC 6062

LAMBTON GENERATING STATION p567
See ONTARIO POWER GENERATION INC

LAMBTON GOLF AND COUNTRY CLUB LIMITED, THE p937
100 Scarlett Rd, TORONTO, ON, M6N 4K2
(416) 767-2175 SIC 7997

LAMBTON KENT COMPOSITE SCHOOL p569
See LAMBTON KENT DISTRICT SCHOOL BOARD

LAMBTON KENT DISTRICT SCHOOL BOARD p486
7989 Brooke Line, ALVINSTON, ON, N0N 1A0
(519) 847-5218 SIC 8211

LAMBTON KENT DISTRICT SCHOOL BOARD p504
163 Chatham St, BLENHEIM, ON, N0P 1A0
(519) 676-5485 SIC 8211

LAMBTON KENT DISTRICT SCHOOL BOARD p504
182 King St, BLENHEIM, ON, N0P 1A0
(519) 676-5407 SIC 8211

LAMBTON KENT DISTRICT SCHOOL BOARD p530
1540 Duncan St Ss 1 Suite 1, BRIGDEN, ON, N0N 1B0
(519) 864-1125 SIC 8211

LAMBTON KENT DISTRICT SCHOOL BOARD p530
2612 Hamilton Rd, BRIGHT'S GROVE, ON, N0N 1C0
(519) 869-4284 SIC 8211

LAMBTON KENT DISTRICT SCHOOL BOARD p551
92 Churchill St, CHATHAM, ON, N7L 3T5
(519) 354-6100 SIC 8211

LAMBTON KENT DISTRICT SCHOOL BOARD p551
480 Mcnaughton Ave E, CHATHAM, ON, N7L 2G9
(519) 352-8252 SIC 8211

LAMBTON KENT DISTRICT SCHOOL BOARD p551
476 Mcnaughton Ave W, CHATHAM, ON, N7L 4J3
(519) 354-3770 SIC 8211

LAMBTON KENT DISTRICT SCHOOL BOARD p551
287 Mcnaughton Ave W, CHATHAM, ON, N7L 1R8
(519) 354-2480 SIC 8211

LAMBTON KENT DISTRICT SCHOOL BOARD p551
285 Mcnaughton Ave E, CHATHAM, ON, N7L 2G7
(519) 352-2870 SIC 8211

LAMBTON KENT DISTRICT SCHOOL BOARD p551
180 Gregory Dr W, CHATHAM, ON, N7L 2L4
(519) 352-6856 SIC 8211

LAMBTON KENT DISTRICT SCHOOL BOARD p551
227 Delaware Ave, CHATHAM, ON, N7L 2W5
(519) 354-2440 SIC 8211

LAMBTON KENT DISTRICT SCHOOL BOARD p552
79 Eugenie St, CHATHAM, ON, N7M 3Y9
(519) 354-2560 SIC 8211

LAMBTON KENT DISTRICT SCHOOL BOARD p552
511 Indian Creek Rd W, CHATHAM, ON, N7M 0P5
(519) 352-3137 SIC 8211

LAMBTON KENT DISTRICT SCHOOL BOARD p552
44 Alexandra Ave, CHATHAM, ON, N7M 1Y1
(519) 352-4530 SIC 8211

LAMBTON KENT DISTRICT SCHOOL BOARD p552
30 Crystal Dr, CHATHAM, ON, N7M 3C7
(519) 352-8680 SIC 8211

LAMBTON KENT DISTRICT SCHOOL BOARD p552
300 Cecile Ave, CHATHAM, ON, N7M 2C6
(519) 354-1740 SIC 8211

LAMBTON KENT DISTRICT SCHOOL BOARD p567
274 St Clair Blvd, CORUNNA, ON, N0N 1G0
(519) 862-1089 SIC 8211

LAMBTON KENT DISTRICT SCHOOL BOARD p567
338 Cameron St, CORUNNA, ON, N0N 1G0
(519) 862-1116 SIC 8211

LAMBTON KENT DISTRICT SCHOOL BOARD p569
231 St. George St, DRESDEN, ON, N0P 1M0
(519) 683-4475 SIC 8211

LAMBTON KENT DISTRICT SCHOOL BOARD p569
941 North St, DRESDEN, ON, N0P 1M0
(519) 683-4457 SIC 8211

LAMBTON KENT DISTRICT SCHOOL BOARD p589
63 Macdonald St, FOREST, ON, N0N 1J0
(519) 786-5351 SIC 8211

LAMBTON KENT DISTRICT SCHOOL BOARD p589
15 George St, FOREST, ON, N0N 1J0
(519) 786-2166 SIC 8211

LAMBTON KENT DISTRICT SCHOOL BOARD p597
15 Gill Rd, GRAND BEND, ON, N0M 1T0
(519) 238-2091 SIC 8211

LAMBTON KENT DISTRICT SCHOOL BOARD p723
104 Moore Line, MOORETOWN, ON, N0N 1M0
(519) 867-2836 SIC 8211

LAMBTON KENT DISTRICT SCHOOL BOARD p812
363 Kerby St, PETROLIA, ON, N0N 1R0
(519) 882-2123 SIC 8211

LAMBTON KENT DISTRICT SCHOOL BOARD p812
Gd, PETROLIA, ON, N0N 1R0
(519) 882-0138 SIC 8211

LAMBTON KENT DISTRICT SCHOOL BOARD p812
4141 Dufferin St, PETROLIA, ON, N0N 1R0
(519) 882-1910 SIC 8211

LAMBTON KENT DISTRICT SCHOOL BOARD p815
205 Albert St, POINT EDWARD, ON, N7V 1R4
(519) 337-3295 SIC 8211

LAMBTON KENT DISTRICT SCHOOL BOARD p825
9 Harold St N, RIDGETOWN, ON, N0P 2C0
(519) 674-5449 SIC 8211

LAMBTON KENT DISTRICT SCHOOL BOARD p825
73 Victoria Rd Suite 204, RIDGETOWN, ON, N0P 2C0
(519) 674-3173 SIC 8211

LAMBTON KENT DISTRICT SCHOOL BOARD p825
20473 Victoria Rd, RIDGETOWN, ON, N0P 2C0
(519) 674-3173 SIC 8211

LAMBTON KENT DISTRICT SCHOOL BOARD p825
9 Harold St North, RIDGETOWN, ON, N0P 2C0
(519) 674-5449 SIC 8211

LAMBTON KENT DISTRICT SCHOOL BOARD p827
1219 Cathcart Blvd, SARNIA, ON, N7S 2H7
(519) 542-5651 SIC 8211

LAMBTON KENT DISTRICT SCHOOL BOARD p827
1257 Michigan Ave, SARNIA, ON, N7S 3Y3
(519) 542-5505 SIC 8211

LAMBTON KENT DISTRICT SCHOOL BOARD p827
989 Errol Rd E, SARNIA, ON, N7S 2E6
(519) 542-9341 SIC 8211

LAMBTON KENT DISTRICT SCHOOL BOARD p827
95 Lansdowne Ave S, SARNIA, ON, N7S 1G7
(519) 336-2111 SIC 8211

LAMBTON KENT DISTRICT SCHOOL BOARD p827
940 Michigan Ave, SARNIA, ON, N7S 2B1
(519) 542-5545 SIC 8211

LAMBTON KENT DISTRICT SCHOOL BOARD p827
757 Kember Ave, SARNIA, ON, N7S 2T3
(519) 332-0474 SIC 8211

LAMBTON KENT DISTRICT SCHOOL BOARD p827
60 Aberdeen Ave, SARNIA, ON, N7S 2N8
(519) 344-0801 SIC 8211

LAMBTON KENT DISTRICT SCHOOL BOARD p827
340 Murphy Rd, SARNIA, ON, N7S 2X1
(519) 332-1140 SIC 8211

LAMBTON KENT DISTRICT SCHOOL BOARD p828
217 Russell St S, SARNIA, ON, N7T 3L6
(519) 344-4371 SIC 8211

LAMBTON KENT DISTRICT SCHOOL BOARD p828
240 London Rd, SARNIA, ON, N7T 4V8
(519) 344-5741 SIC 8211

LAMBTON KENT DISTRICT SCHOOL BOARD p829

585 O'dell St, SARNIA, ON, N7V 4H7
(519) 344-2942   SIC 8211
LAMBTON KENT DISTRICT SCHOOL BOARD   p 829
369 Maria St, SARNIA, ON, N7T 4T7
(519) 344-7631   SIC 8211
LAMBTON KENT DISTRICT SCHOOL BOARD   p 829
275 Wellington St, SARNIA, ON, N7T 1H1
(519) 336-6131   SIC 8211
LAMBTON KENT DISTRICT SCHOOL BOARD   p 829
2500 Confederation Line, SARNIA, ON, N7T 7H3
(519) 383-7004   SIC 8211
LAMBTON KENT DISTRICT SCHOOL BOARD   p 829
1018 Indian Rd N, SARNIA, ON, N7V 4C5
(519) 542-4552   SIC 8211
LAMBTON KENT DISTRICT SCHOOL BOARD   p 872
8766 Northville Rd, THEDFORD, ON, N0M 2N0
(519) 296-4962   SIC 8211
LAMBTON KENT DISTRICT SCHOOL BOARD   p 882
97 Queen St S, TILBURY, ON, N0P 2L0
(519) 682-0751   SIC 8211
LAMBTON KENT DISTRICT SCHOOL BOARD   p 882
5 Mable St, TILBURY, ON, N0P 2L0
(519) 682-2260   SIC 8211
LAMBTON KENT DISTRICT SCHOOL BOARD   p 948
140 Lawrence Ave, WALLACEBURG, ON, N8A 2B3
(519) 627-3822   SIC 8211
LAMBTON KENT DISTRICT SCHOOL BOARD   p 948
430 King St, WALLACEBURG, ON, N8A 1J1
SIC 8211
LAMBTON KENT DISTRICT SCHOOL BOARD   p 948
55 Elm Dr S, WALLACEBURG, ON, N8A 3M7
(519) 627-2581   SIC 8211
LAMBTON KENT DISTRICT SCHOOL BOARD   p 948
920 Elgin St, WALLACEBURG, ON, N8A 3E1
(519) 627-3368   SIC 8211
LAMBTON KENT DISTRICT SCHOOL BOARD   p 954
139 Centennial Ave, WATFORD, ON, N0M 2S0
(519) 876-2610   SIC 8211
LAMBTON KENT DISTRICT SCHOOL BOARD   p 979
606 Thames St, WYOMING, ON, N0N 1T0
(519) 845-3241   SIC 8211
LAMBTON KINGSWAY JUNIOR MIDDLE SCHOOL   p 576
See TORONTO DISTRICT SCHOOL BOARD
LAMBTON PARK COMMUNITY SCHOOL   p 938
See TORONTO DISTRICT SCHOOL BOARD
LAMCOM TECHNOLOGIES INC   p 1092
2330 Rue Masson, Montreal, QC, H2G 2A6
(514) 271-2891   SIC 2759
LAMI GLASS PRODUCTS, LLC   p 233
20350 Langley Bypass Suite 100, LANGLEY, BC, V3A 5E7
SIC 3211
LAMIVER   p 1140
See MULTIVER LTEE
LAMONS   p 829
See LAMONS CANADA LIMITED
LAMONS CANADA LIMITED   p 829
835 Upper Canada Dr, SARNIA, ON, N7V 1A3
(519) 332-1800   SIC 3499
LAMONT ELEMENTARY SCHOOL   p 134

See ELK ISLAND PUBLIC SCHOOLS REGIONAL DIVISION NO. 14
LAMONT HEALTH CARE CENTER   p 134
See COUNTRY OF LAMONT FOUNDATION
LAMOTHE ENERGIE INC   p 997
31 Rue Victoria S, BEDFORD, QC, J0J 1A0
(450) 248-2442   SIC 5983
LAMOTHE, DIV DE   p 1178
See SINTRA INC
LAMPLIGHTER INNS (LONDON) LIMITED p 658
591 Wellington Rd, LONDON, ON, N6C 4R3
(519) 681-7151   SIC 7011
LAMPMAN COMMUNITY HEALTH CENTRE p 1272
309 2nd Ave E, LAMPMAN, SK, S0C 1N0
(306) 487-2561   SIC 8059
LAMPMAN SCHOOL   p 1272
See SOUTH EAST CORNERSTONE SCHOOL DIVISION NO. 209
LANARK COUNTY PARAMEDIC SERVICE p 549
See ALMONTE GENERAL HOSPITAL
LANARK LODGE   p 807
115 Christie Lake Rd Suite 223, PERTH, ON, K7H 3C6
(613) 267-4225   SIC 8361
LANARK PLACE RETIREMENT RESIDENCE   p 643
See STEEVES & ROZEMA ENTERPRISES LIMITED
LANCASTER DRIVE PUBLIC SCHOOL   p 635
See LIMESTONE DISTRICT SCHOOL BOARD
LANCASTER PUBLIC SCHOOL   p 684
See PEEL DISTRICT SCHOOL BOARD
LANCTOT COUVRE-SOL DESIGN   p 1196
See LANCTOT, J.C. INC
LANCTOT, J.C. INC   p 1196
148 Rue Boyer, SAINT-ISIDORE-DE-LAPRAIRIE, QC, J0L 2A0
(450) 692-4655   SIC 5713
LAND O LAKES SCHOOL   p 724
See LIMESTONE DISTRICT SCHOOL BOARD
LAND OF LAKE SENIOR PUBLIC SCHOOL p 532
See NEAR NORTH DISTRICT SCHOOL BOARD
LAND ROVER CALGARY   p 32
See LONE STAR INC
LAND TITLE & SURVEY AUTHORITY OF BRITISH COLUMBIA   p 244
88 Sixth Ave, NEW WESTMINSTER, BC, V3L 5B3
(604) 660-2595   SIC 6541
LANDEN GROUP OF HOMES   p 803
See CENTRAL PLACE RETIREMENT COMMUNITY LTD
LANDER TREATMENT CENTER   p 68
See ALBERTA HEALTH SERVICES
LANDES CANADA INC   p 1041
400 Rue Saint-Vallier, GRANBY, QC, J2G 7Y4
(450) 378-9853   SIC 3199
LANDIER ENTERPRISES LTD   p 393
1420 Vanier Blvd, BATHURST, NB, E2A 7B7
(506) 546-8093   SIC 5812
LANDIER ENTERPRISES LTD   p 393
390 Main St, BATHURST, NB, E2A 1B2
(506) 546-8093   SIC 5812
LANDIER ENTERPRISES LTD   p 393
575 Bridge St, BATHURST, NB, E2A 1W7
(506) 546-3040   SIC 5812
LANDIER ENTERPRISES LTD   p 394
794 Rue Principale, BERESFORD, NB, E8K 2G1
(506) 542-1397   SIC 5812
LANDING GEAR DIV   p 1070
See HEROUX-DEVTEK INC
LANDING TRAIL INTERMEDIATE

SCHOOLS   p 3
See ASPEN VIEW PUBLIC SCHOOL DIVISION NO. 78
LANDING TRAIL PETROLEUM CO   p 120
253 Gregoire Dr Unit 311, FORT MCMURRAY, AB, T9H 4G7
(780) 799-2772   SIC 1389
LANDIS, DIV OF   p 25
See SIEMENS CANADA LIMITED
LANDMARK   p 345
See EMPIRE THEATRES LIMITED
LANDMARK   p 1214
See ALIMENTS SAPUTO LIMITEE
LANDMARK CINEMA SPURCE GROVE   p 165
See MAGIC LANTERN THEATRES LTD
LANDMARK CINEMAS 12 GUILDFORD SURREY   p 280
See CINEPLEX ODEON CORPORATION
LANDMARK CINEMAS ESPLANADE   p 248
See CINEPLEX ODEON CORPORATION
LANDMARK CINEMAS UNIVERSITY HEIGHTS   p 327
See CINEPLEX ODEON CORPORATION
LANDMARK COLLEGIATE   p 350
See HANOVER SCHOOL DIVISION
LANDMARK ELEMENTARY SCHOOL p 350
See HANOVER SCHOOL DIVISION
LANDMARK GRAPHICS CANADA   p 46
645 7 Ave Sw Suite 1600, CALGARY, AB, T2P 4G8
(403) 231-9300   SIC 7336
LANDMARK HOMES (EDMONTON) INC   p 24
757 57 Ave Ne, CALGARY, AB, T2E 8W6
(403) 212-1340   SIC 1521
LANDMARK INN LEASING CORPORATION p 878
1010 Dawson Rd, THUNDER BAY, ON, P7B 5J4
(807) 767-1681   SIC 7011
LANDTRAN LOGISTICS INC   p 100
4715 90a Ave Nw, EDMONTON, AB, T6B 2Y3
(780) 486-8607   SIC 4225
LANDTRAN SYSTEMS INC   p 100
9011 50 St Nw, EDMONTON, AB, T6B 2Y2
(780) 468-4300   SIC 4212
LANDTRAN SYSTEMS INC   p 259
1633 1st Ave, PRINCE GEORGE, BC, V2L 2Y8
(250) 564-1122   SIC 4213
LANG PIONEER VILLAGE   p 808
See CORPORATION OF THE CITY OF PETERBOROUGH, THE
LANG'S VENTURES INC   p 337
3099 Shannon Lake Rd Suite 105, WEST KELOWNA, BC, V4T 2M2
(250) 768-7055   SIC 7629
LANG, MAC SUNDRIDGE LIMITED   p 871
156 Main St Suite 539, SUNDRIDGE, ON, P0A 1Z0
(705) 384-5352   SIC 5511
LANGARA COLLEGE   p 299
100 49th Ave W, VANCOUVER, BC, V5Y 2Z6
(604) 323-5511   SIC 8221
LANGDON SCHOOL   p 134
See ROCKY VIEW SCHOOL DIVISION NO. 41, THE
LANGENBURG & DISTRICT ACTIVITY CENTRE INC   p 1272
502 Carl Ave, LANGENBURG, SK, S0A 2A0
(306) 743-5030   SIC 8322
LANGEVIN ELEMENTARY SCHOOL   p 22
See CALGARY BOARD OF EDUCATION
LANGFAB FABRICATORS LTD   p 282
19405 Enterprise Way, SURREY, BC, V3S 6J8
(604) 530-7227   SIC 3713
LANGGUTH AMERICA LTD   p 954
109 Randall Dr Suite 7, WATERLOO, ON, N2V 1C5
(519) 888-0099   SIC 3565

LANGHAM ELEMENTARY SCHOOLS   p 1272
See PRAIRIE SPIRIT SCHOOL DIVISION NO. 206
LANGLEY ACCOUNTING   p 230
See BDO CANADA LLP
LANGLEY CHRISTIAN MIDDLE AND HIGH SCHOOL   p 231
See LANGLEY CHRISTIAN SCHOOL SOCIETY
LANGLEY CHRISTIAN SCHOOL SOCIETY p 231
22702 48 Ave, LANGLEY, BC, V2Z 2T6
(604) 533-0839   SIC 8211
LANGLEY EDUCATION SECONDARY SCHOOL   p 233
See SCHOOL DISTRICT NO. 35 (LANGLEY)
LANGLEY EVENTS CENTRE   p 231
See LANGLEY, CORPORATION OF THE TOWNSHIP OF
LANGLEY FINE ARTS SCHOOL   p 229
See BOARD OF EDUCATION OF SCHOOL DISTRICT NO. 35 (LANGLEY)
LANGLEY FUNDAMENTAL MIDDLE AND SECONDARY SCHOOL   p 233
See SCHOOL DISTRICT NO. 35 (LANGLEY)
LANGLEY MEADOWS COMMUNITY SCHOOL   p 231
See SCHOOL DISTRICT NO. 35 (LANGLEY)
LANGLEY MENTAL HEALTH AND SUBSTANCE USE SERVICES   p 232
See FRASER HEALTH AUTHORITY
LANGLEY SAFEWAY   p 233
See SOBEYS WEST INC
LANGLEY SECONDARY SCHOOL   p 231
See SCHOOL DISTRICT NO. 35 (LANGLEY)
LANGLEY UTILITIES CONTRACTING LTD p 507
71 Mearns Crt Unit 220, BOWMANVILLE, ON, L1C 4N4
(905) 623-5798   SIC 4911
LANGLEY VOLKSWAGEN   p 232
See CROSS & NORMAN (1986) LTD
LANGLEY, CITY OF   p 233
20399 Douglas Cres, LANGLEY, BC, V3A 4B3
(604) 514-2850   SIC 8231
LANGLEY, CORPORATION OF THE TOWNSHIP OF   p 181
26770 29 Ave Suite A, ALDERGROVE, BC, V4W 3B8
(604) 856-2899   SIC 8322
LANGLEY, CORPORATION OF THE TOWNSHIP OF   p 231
22170 50 Ave, LANGLEY, BC, V2Y 2V4
(604) 532-7500   SIC 7389
LANGLEY, CORPORATION OF THE TOWNSHIP OF   p 231
4700 224 St, LANGLEY, BC, V2Z 1N4
(604) 532-7300   SIC 6111
LANGLEY, CORPORATION OF THE TOWNSHIP OF   p 231
7888 200 St, LANGLEY, BC, V2Y 3J4
(604) 532-3595   SIC 7999
LANGLEY, CORPORATION OF THE TOWNSHIP OF   p 233
22200 Fraser Hwy, LANGLEY, BC, V3A 7T2
(604) 533-6170   SIC 7999
LANGLOIS GAUDREAU O'CONNOR p 1161
See LANGLOIS KRONSTROM DESJARDINS AVOCATS S.E.N.C.R.L
LANGLOIS KRONSTROM DESJARDINS AVOCATS S.E.N.C.R.L   p 1161
2820 Boul Laurier Bureau 1300, Quebec,

QC, G1V 0C1
(418) 650-7000   SIC 8111
LANGLOIS KRONSTROM DESJARDINS S.E.N.C.   p 1065
5790 Boul Etienne-Dallaire Bureau 205, Levis, QC, G6V 8V6
(418) 838-5505   SIC 8111
LANGS BUS LINES LIMITED   p 664
4158 Raney Cres, LONDON, ON, N6L 1C3
(519) 652-6994   SIC 4111
LANGS BUS LINES LIMITED   p 827
1370 Lougar Ave, SARNIA, ON, N7S 5N7
(519) 383-1221   SIC 4151
LANGS BUS LINES LIMITED   p 949
1733 Longwoods Dr Rr 2, WARDSVILLE, ON, N0L 2N0
(519) 693-4416   SIC 4111
LANGSTAFF SECONDARY SCHOOL   p 823
See YORK REGION DISTRICT SCHOOL BOARD
LANGTON PUBLIC SCHOOL   p 588
See TRILLIUM LAKELANDS DISTRICT SCHOOL BOARD
LANGTON PUBLIC SCHOOL   p 645
See GRAND ERIE DISTRICT SCHOOL BOARD
LANGUAGE STUDIES CANADA   p 46
See LSC LANGUAGE STUDIES CANADA LTD
LANGUAGE CENTRE   p 1303
See UNIVERSITY OF SASKATCHEWAN
LANGUAGE STUDIES CANADA   p 304
See LSC LANGUAGE STUDIES CANADA VANCOUVER LTD
LANGUAGE TRAINING CENTRE   p 377
See BOARD OF GOVERNOR'S OF RED RIVER COLLEGE, THE
LANGUAGE WORKSHOP INC, THE   p 926
180 Bloor St W Suite 202, TORONTO, ON, M5S 2V6
(416) 968-1405   SIC 8299
LANGUAGES OF LIFE INC   p 794
99 Fifth Ave Suite 14, OTTAWA, ON, K1S 5K4
(613) 232-9770   SIC 7389
LANIEL (CANADA) INC   p 1212
7101 Rte Transcanadienne, SAINT-LAURENT, QC, H4T 1A2
(514) 331-3031   SIC 5044
LANIGAN CENTRAL HIGH SCHOOL p 1272
See HORIZON SCHOOL DIVISION NO 205
LANIGAN ELEMENTARY SCHOOL   p 1272
See HORIZON SCHOOL DIVISION NO 205
LANMARK ENGINEERING INC   p 53
2424 4 St Sw Suite 340, CALGARY, AB, T2S 2T4
(403) 536-7300   SIC 8711
LANNICK ASSOCIATES   p 922
See LANNICK GROUP INC
LANNICK GROUP INC   p 922
77 King St W Suite 4110, TORONTO, ON, M5K 2A1
(416) 340-1500   SIC 7361
LANNING TRAIL SCHOOL   p 124
See STURGEON SCHOOL DIVISION #24
LANOR JUNIOR MIDDLE SCHOOL   p 576
See TORONTO DISTRICT SCHOOL BOARD
LANSDOWNE CINEMA   p 899
See ONTARIO CINEMAS INC
LANSDOWNE ELEMENTARY SCHOOL   p 528
See GRAND ERIE DISTRICT SCHOOL BOARD
LANSDOWNE HOLDINGS LTD   p 105
10854 82 Ave Nw, EDMONTON, AB, T6E 2B3
(780) 433-5101   SIC 5812
LANSDOWNE JUNIOR SECONDARY SCHOOL   p 327
See BOARD OF EDUCATION OF SCHOOL DISTRICT NO. 61 (GREATER VICTORIA)
LANSDOWNE MALL INC   p 810
645 Lansdowne St W, PETERBOROUGH,
ON, K9J 7Y5
(705) 748-2961   SIC 6512
LANSDOWNE PLACE   p 810
See LANSDOWNE MALL INC
LANSDOWNE PUBLIC ELEMENTARY SCHOOL   p 870
See RAINBOW DISTRICT SCHOOL BOARD
LANSDOWNE PUBLIC SCHOOL   p 827
See LAMBTON KENT DISTRICT SCHOOL BOARD
LANSDOWNE SCHOOL   p 109
See EDMONTON SCHOOL DISTRICT NO. 7
LANSDOWNE SCHOOL   p 373
See WINNIPEG SCHOOL DIVISION
LANTECH DRILLING SERVICES INC p 397
398 Dover Ch, DIEPPE, NB, E1A 7L6
(506) 853-9131   SIC 1499
LANTHIER BAKERY LTD   p 485
58 Dominion St, ALEXANDRIA, ON, K0C 1A0
(613) 525-2435   SIC 2051
LANTHIER BAKERY LTD   p 995
725 Av Lee, Baie-D'Urfe, QC, H9X 3S3
(514) 457-9370   SIC 2051
LANTIC INC   p 170
5405 64 St, TABER, AB, T1G 2C4
(403) 223-3535   SIC 5149
LANTIC INC   p 302
123 Rogers St, VANCOUVER, BC, V6A 3N2
(604) 253-1131   SIC 2062
LANTIC INC   p 940
198 New Toronto St, TORONTO, ON, M8V 2E8
(416) 252-9435   SIC 2062
LANTIC INC   p 1089
4026 Rue Notre-Dame E, Montreal, QC, H1W 2K3
(514) 527-8686   SIC 2062
LANTIC INC   p 1089
3950 Rue Notre-Dame E, Montreal, QC, H1W 2K3
(514) 527-8686   SIC 4226
LANTIC SUGAR   p 940
See LANTIC INC
LANXESS CANADA CO./CIE   p 572
25 Erb St, ELMIRA, ON, N3B 3A3
(519) 669-1671   SIC 2992
LAPASSERELLE   p 412
See DISTRICT SCOLAIRE FRANCOPHONE NORD-EST
LAPOINTE FISH LIMITED   p 624
60 Colchester Sq Unit 1, KANATA, ON, K2K 2Z9
(613) 599-1424   SIC 5812
LAPOINTE FISH LIMITED   p 729
194 Robertson Rd, NEPEAN, ON, K2H 9J5
(613) 596-9654   SIC 5812
LAPOINTE SEAFOOD GRILL KANATA   p 624
See LAPOINTE FISH LIMITED
LAPOINTE-FISHER NURSING HOME, LIMITED   p 599
271 Metcalfe St, GUELPH, ON, N1E 4Y8
(519) 821-9030   SIC 8051
LAPORTE ENGINEERING INC   p 942
89 Skyway Ave Suite 100, TORONTO, ON, M9W 6R4
(416) 675-6761   SIC 8711
LAPORTE MOVING & STORAGE SYSTEMS LIMITED   p 266
14571 Burrows Rd, RICHMOND, BC, V6V 1K9
(604) 276-2216   SIC 4214
LAPORTE, MARCEL PHARMACY INC   p 567
420 Lyndoch St, CORUNNA, ON, N0N 1G0
(519) 862-1451   SIC 5912
LAPRAIRIE CRANE LTD   p 292
235 Front St Suite 209, TUMBLER RIDGE, BC, V0C 2W0
(250) 242-5561   SIC 7353
LAPRAIRIE CRANE LTD   p 292
Gd, TUMBLER RIDGE, BC, V0C 2W0
(250) 242-5561   SIC 7389
LAPRAIRIE WORKS OILFIELDS SERVICES INC   p 46
505 2 St Sw Suite 702, CALGARY, AB, T2P 1N8
(403) 767-9942   SIC 1389
LARCO INVESTMENTS LTD   p 338
2002 Park Royal S, WEST VANCOUVER, BC, V7T 2W4
(604) 925-9547   SIC 6512
LARCO INVESTMENTS LTD   p 338
100 Park Royal S Suite 300, WEST VANCOUVER, BC, V7T 1A2
(604) 925-2700   SIC 6719
LARCO INVESTMENTS LTD   p 930
1 Blue Jays Way Suite 1, TORONTO, ON, M5V 1J4
(416) 341-7100   SIC 7011
LARGE, RW MEMORIAL HOSPITAL   p 182
See VANCOUVER COASTAL HEALTH AUTHORITY
LARGO RESOURCES LTD   p 919
55 University Ave Suite 1101, TORONTO, ON, M5J 2H7
(416) 861-9797   SIC 1094
LARK HOSPITALITY INC   p 576
21 Old Mill Rd, ETOBICOKE, ON, M8X 1G5
(416) 232-3700   SIC 7299
LARKSPUR PUBLIC SCHOOL   p 510
See PEEL DISTRICT SCHOOL BOARD
LARLYN PROPERTY MANAGEMENT LIMITED   p 716
7370 Bramalea Rd Unit 20, MISSISSAUGA, ON, L5S 1N6
(905) 672-3355   SIC 6513
LARNY HOLDINGS LIMITED   p 786
2520 St. Laurent Blvd Suite 201, OTTAWA, ON, K1H 1B1
(613) 736-7962   SIC 5411
LARONDE ELEMENTARY SCHOOL   p 288
See SCHOOL DISTRICT NO 36 (SURREY)
LAROSE HEARST RECREATION CENTRE   p 619
925 Alexander, HEARST, ON, P0L 1N0
(705) 372-2824   SIC 7999
LARRIVEE GUITARS   p 302
See LARRIVEE, JEAN GUITARS LTD
LARRIVEE, JEAN GUITARS LTD   p 302
780 Cordova St E, VANCOUVER, BC, V6A 1M3
(604) 253-4553   SIC 3931
LARSEN PACKERS LIMITED   p 444
326 Main St Rr 3, BERWICK, NS, B0P 1E0
SIC 2011
LARSEN, HENRY ELEMENTARY SCHOOL p 776
See OTTAWA-CARLETON DISTRICT SCHOOL BOARD
LARSON ELEMENTARY SCHOOL   p 249
See SCHOOL DISTRICT NO. 44 (NORTH VANCOUVER)
LARSON JUHL   p 694
See LARSON-JUHL CANADA LTD
LARSON-JUHL CANADA LTD   p 18
3504 72 Ave Se Suite 6, CALGARY, AB, T2C 1J9
(403) 279-8118   SIC 5023
LARSON-JUHL CANADA LTD   p 694
416 Watline Ave, MISSISSAUGA, ON, L4Z 1X2
(905) 890-1234   SIC 5023
LARTERS AT ST ANDREWS GOLF & COUNTRY CLUB   p 356
See 2451379 MANITOBA LTD
LASALLE COMMUNITY COMPREHENSIVE HIGH SCHOOLS   p 1060
See LESTER B. PEARSON SCHOOL BOARD
LASALLE MOTEL CO KINGSTON LTD   p 633
2360 Princess St, KINGSTON, ON, K7M 3G4
(613) 546-4233   SIC 7011
LASALLE PUBLIC SCHOOL   p 971
See GREATER ESSEX COUNTY DISTRICT SCHOOL BOARD
LASALLE SECONDARY SCHOOL   p 868
See RAINBOW DISTRICT SCHOOL BOARD
LASANTE CONSEIL INC   p 1036
430 Boul De L'hopital Bureau 102, GATINEAU, QC, J8V 1T7
(819) 776-9107   SIC 5912
LASER QUEST   p 87
See VERSENT CORPORATION ULC
LASERNETWORKS INC   p 328
2487 Beach Dr, VICTORIA, BC, V8R 6K2
SIC 3577
LASERNETWORKS INC   p 685
6300 Viscount Rd Unit 2, MISSISSAUGA, ON, L4V 1H3
(800) 461-4879   SIC 3955
LASHBURN HIGH SCHOOL   p 1272
See NORTHWEST SCHOOL DIVISION 203
LASON CANADA COMPANY   p 1205
125 Rue Gagnon Bureau 201, SAINT-LAURENT, QC, H4N 1T1
SIC 7389
LASSONDE BEVERAGES CANADA, DIV OF   p 583
See A. LASSONDE INC
LASSONDE GROUPE DES VENTES p 1214
See A. LASSONDE INC
LASSONDE WESTERN CANADA   p 15
See A. LASSONDE INC
LASSONDE, A.   p 1176
See INDUSTRIES LASSONDE INC
LAST BEST PLACE CORP, THE   p 930
145 John St, TORONTO, ON, M5V 2E4
SIC 5812
LAST CALL   p 875
See HOLT, RENFREW & CIE, LIMITEE
LAST MAN BAD BOY   p 496
See BAD BOY FURNITURE WAREHOUSE LIMITED
LAST MEN'S BAD BOY   p 840
See BAD BOY FURNITURE WAREHOUSE LIMITED
LAST MOUNTAIN CO-OPERATIVE LIMITED   p 1281
Highway 6 Highway 15, RAYMORE, SK, S0A 3J0
(306) 746-2012   SIC 5541
LAST MOUNTAIN CO-OPERATIVE LIMITED   p 1281
Hwy 6 N, Raymore, SK, S0A 3J0
(306) 746-2019   SIC 5399
LATCH KEY DAYCARE & LEARNING CENTRE INC   p 961
13163 Tecumseh Rd E, WINDSOR, ON, N8N 3T4
(519) 979-4309   SIC 8351
LATCON LTD   p 785
3387 Hawthorne Rd, OTTAWA, ON, K1G 4G2
(613) 738-9061   SIC 1795
LATEM INDUSTRIES LIMITED   p 952
475 Conestogo Rd Suite Side, WATERLOO, ON, N2L 4C9
(519) 886-6290   SIC 3471
LATHS WASKA   p 395
See CLAIR INDUSTRIAL DEVELOPMENT CORPORATION LTD
LATIMER ROAD ELEMENTARY SCHOOL p 282
See SCHOOL DISTRICT NO 36 (SURREY)
LATMANN EQUIPMENT   p 65
See ACCEDE ENERGY SERVICES LTD
LAU WELNEW TRIBAL SCHOOL   p 275
See SAANICH INDIAN SCHOOL BOARD
LAUCANDRIQUE TREMBLANT   p 1008

See 9291-5487 QUEBEC INC
LAUDERDALE ELEMENTARY SCHOOL p 75
See EDMONTON SCHOOL DISTRICT NO. 7
LAUGHTON, JAMES ENTERPRISES INC p 962
  6807 Tecumseh Rd E, WINDSOR, ON, N8T 3K7
  (519) 945-9191 SIC 5812
LAUNDRY PEOPLE p 270
See PHELPS APARTMENT LAUNDRIES LTD
LAURA - LAURA PETITES - LAURA PLUS p 1036
See MAGASIN LAURA (P.V.) INC
LAURA CANADA p 58
See MAGASIN LAURA (P.V.) INC
LAURA CANADA p 728
See MAGASIN LAURA (P.V.) INC
LAURA CANADA p 966
See MAGASIN LAURA (P.V.) INC
LAURA CANADA p 975
See MAGASIN LAURA (P.V.) INC
LAURA SECORD p 686
See 4542410 CANADA INC
LAURA SECORD SCHOOL p 382
See WINNIPEG SCHOOL DIVISION
LAURA SECORD SECONDARY SCHOOL p 851
See DISTRICT SCHOOL BOARD OF NIAGARA
LAURA, LAURA PETITES, LAURA PLUS p 745
See MAGASIN LAURA (P.V.) INC
LAURA, LAURA PETITES, LAURA PLUS p 841
See MAGASIN LAURA (P.V.) INC
LAUREL POINT INN p 330
See PAUL'S RESTAURANTS LTD
LAUREL STEEL p 534
See HARRIS STEEL ULC
LAURELWOOD PUBLIC SCHOOL p 953
See WATERLOO REGION DISTRICT SCHOOL BOARD
LAURELWOODS ELEMENTARY SCHOOL p 774
See UPPER GRAND DISTRICT SCHOOL BOARD, THE
LAUREN HILL ACADEMY p 1206
See COMMISSION SCOLAIRE ENGLISH-MONTREAL
LAUREN HILL JUNIOR CAMPUS p 1204
See COMMISSION SCOLAIRE ENGLISH-MONTREAL
LAURENCREST YOUTH SERVICES INC p 567
  510 Mercier St, CORNWALL, ON, K6K 1K2
  (613) 933-6362 SIC 8322
LAURENTIAN ELEMENTARY SCHOOL p 806
See RENFREW COUNTY DISTRICT SCHOOL BOARD
LAURENTIAN ELEMENTARY SCHOOL p 1058
See SIR WILFRID LAURIER SCHOOL BOARD
LAURENTIAN FINANCIAL SERVICES p 519
See DESJARDINS SECURITE FINANCIERE, COMPAGNIE D'ASSURANCE VIE
LAURENTIAN REGIONAL HIGH SCHOOL p 1058
See SIR WILFRID LAURIER SCHOOL BOARD
LAURENTIAN SENIOR PUBLIC SCHOOL p 640
See WATERLOO REGION DISTRICT SCHOOL BOARD
LAURENTIAN VIEW INVESTMENTS p 568
See 534592 ONTARIO INC
LAURIE MIDDLE SCHOOL p 205
See SCHOOL DISTRICT NO 5 (SOUTH-EAST KOOTENAY)

LAURIER HEIGHTS SCHOOL p 89
See EDMONTON SCHOOL DISTRICT NO. 7
LAURIER HOUSE p 89
See CAPITAL CARE GROUP INC
LAURIER MACDONALD HIGH SCHOOL p 1216
See COMMISSION SCOLAIRE ENGLISH-MONTREAL
LAURIER MCDONALD VOCATIONAL CENTRE p 1216
See COMMISSION SCOLAIRE ENGLISH-MONTREAL
LAURIER PONTIAC BUICK GMC CADILLAC HUMMER LTEE p 1163
  3001 Av Kepler, Quebec, QC, G1X 3V4
  (418) 659-6420 SIC 5511
LAURIER SENIOR HIGH SCHOOL p 1021
See SIR WILFRID LAURIER SCHOOL BOARD
LAURIN YOUR INDEPENDENT GROCER p 618
See LOBLAWS SUPERMARKETS LIMITED
LAURINE AVE PUBLIC SCHOOL p 599
See UPPER GRAND DISTRICT SCHOOL BOARD, THE
LAUZON (THURSO) FOREST RESOURCES p 1137
See LAUZON - PLANCHERS DE BOIS EXCLUSIFS INC
LAUZON (THURSO)-RESSOURCES FORESTIERES p 1247
See LAUZON (THURSO)-RESSOURCES FORESTIERES INC
LAUZON (THURSO)-RESSOURCES FORESTIERES INC p 1247
  175 Rue Alexandre, THURSO, QC, J0X 3B0
  (819) 985-0600 SIC 2421
LAUZON - PLANCHERS DE BOIS EXCLUSIFS INC p 1137
  2101 Cote Des Cascades, PAPINEAUVILLE, QC, J0V 1R0
  (819) 427-5144 SIC 5031
LAUZON - PLANCHERS DE BOIS EXCLUSIFS INC p 1218
  1680 Rue Principale Rr 5, SAINT-NORBERT, QC, J0K 3C0
  (450) 836-4405 SIC 2426
LAVAL FORTIN LTEE p 987
  130 Rue Notre-Dame O, ALMA, QC, G8B 2K1
  (418) 668-3321 SIC 1541
LAVALLEE SCHOOL p 368
See LOUIS RIEL SCHOOL DIVISION
LAVE AUTO STEVE p 1024
See MAITRE D'AUTO STEVE INC
LAVERY DE BILLY p 1159
See LAVERY DE BILLY, SOCIETE EN NOM COLLECTIF A RESPONSABILITE LIMITEE
LAVERY DE BILLY, SOCIETE EN NOM COLLECTIF A RESPONSABILITE LIMITEE p 1159
  925 Grande Allee O Bureau 500, Quebec, QC, G1S 1C1
  (418) 688-5000 SIC 8111
LAVINGTON ELEMENTARY SCHOOL p 199
See SCHOOL DISTRICT NO 22 (VERNON)
LAVINGTON PLANER DIVISION p 199
See TOLKO INDUSTRIES LTD
LAVOIE, J. P. & SONS LTD p 419
  2986 Fredericton Rd, SALISBURY, NB, E4J 2G1
  (506) 372-3333 SIC 5812
LAVTOR HOLDINGS (ALBERTA) LTD p 76
  1 Kingsway Garden Mall Nw Suite 555, EDMONTON, AB, T5G 3A6
  SIC 5812
LAVTOR HOLDINGS (ALBERTA) LTD p 92
  18310 Stony Plain Rd Nw, EDMONTON, AB, T5S 1A7

  (780) 483-6457 SIC 5812
LAVTOR HOLDINGS (ALBERTA) LTD p 157
  37438 Highway 2, RED DEER COUNTY, AB, T4E 1B2
  SIC 5812
LAW DEVELOPMENT GROUP (1989) LIMITED p 560
  8000 Jane St Suite 201, CONCORD, ON, L4K 5B8
  (416) 331-9688 SIC 6552
LAW FACILITY p 401
See UNIVERSITY OF NEW BRUNSWICK
LAW SOCIETY OF UPPER CANADA, THE p 915
  130 Queen St W Suite 100, TORONTO, ON, M5H 2N6
  (416) 947-3315 SIC 8111
LAWDAN INVESTMENTS LTD p 325
  683 Commonage Rd, VERNON, BC, V1H 1G3
  (250) 542-1707 SIC 5541
LAWFIELD ELEMENTARY SCHOOL p 613
See HAMILTON-WENTWORTH DISTRICT SCHOOL BOARD, THE
LAWRENCE GRASSI MIDDLE SCHOOL p 66
See CANADIAN ROCKIES REGIONAL DIVISION NO 12
LAWRENCE HEIGHTS MIDDLE SCHOOL p 933
See TORONTO DISTRICT SCHOOL BOARD
LAWRENCE LAWRENCE STEVENSON LLP p 522
  43 Queen St W, BRAMPTON, ON, L6Y 1L9
  (905) 452-6873 SIC 8111
LAWRENCE MEAT PACKING CO. LTD p 206
  11088 4th St, DAWSON CREEK, BC, V1G 4H8
  (250) 782-5111 SIC 5147
LAWRENCE PARK COLLEGITE INSTITUTE p 898
See TORONTO DISTRICT SCHOOL BOARD
LAWRENCE S. BLOOMBERG FACULTY OF NURSING p 927
See GOVERNING COUNCIL OF THE UNIVERSITY OF TORONTO
LAWRENCE SCHOOL p 1277
See LIVING SKY SCHOOL DIVISION NO. 202
LAWRENCE SQUARE EMPLOYMENT & SOCIAL SERVICES p 763
See GOVERNMENT OF ONTARIO
LAWRENZO FOODS LTD p 698
  100 City Centre Dr Suite 1031, Mississauga, ON, L5B 2C9
  (905) 276-3898 SIC 5812
LAWSERVE MANAGEMENT LIMITED PARTNERSHIP p 657
  300 Dundas St, LONDON, ON, N6B 1T6
  (519) 672-5666 SIC 8111
LAWSON HEALTH RESEARCH INSTITUTE p 658
See LONDON HEALTH SCIENCES CENTRE RESEARCH INC
LAWSON HEIGHTS SCHOOL p 1294
See BOARD OF EDUCATION OF SASKATOON SCHOOL DIVISION NO. 13 OF SASKATCHEWAN, THE
LAWSON LUNDELL LLP p 46
  205 5 Ave Sw Suite 3700, CALGARY, AB, T2P 2V7
  (403) 269-6900 SIC 8111
LAWSON PRODUCTS INC (ONTARIO) p 650
  1919 Trafalgar St, LONDON, ON, N5V 1A1
  (519) 685-4280 SIC 5065
LAWSON PRODUCTS INC (ONTARIO) p 709
See LAWSON PRODUCTS INC. (ONTARIO)

LAWSON PRODUCTS INC. (ONTARIO) p 709
  7315 Rapistan Crt, MISSISSAUGA, ON, L5N 5Z4
  (905) 567-1717 SIC 5085
LAWTON DRUGS 130 p 414
See LAWTON'S DRUG STORES LIMITED
LAWTON'S 158 p 443
See LAWTON'S DRUG STORES LIMITED
LAWTON'S DRUG STORE 112 p 462
See LAWTON'S INCORPORATED
LAWTON'S DRUG STORES p 433
See LAWTON'S DRUG STORES LIMITED
LAWTON'S DRUG STORES LIMITED p 399
  435 Brookside Dr Suite 5, FREDERICTON, NB, E3A 8V4
  (506) 450-4161 SIC 5912
LAWTON'S DRUG STORES LIMITED p 405
  355 Elmwood Dr, MONCTON, NB, E1A 1X6
  (506) 857-2212 SIC 5912
LAWTON'S DRUG STORES LIMITED p 414
  519 Westmorland Rd, SAINT JOHN, NB, E2J 3W9
  (506) 633-8984 SIC 5912
LAWTON'S DRUG STORES LIMITED p 417
  39 King St Suite 115, SAINT JOHN, NB, E2L 4W3
  (506) 634-1422 SIC 5912
LAWTON'S DRUG STORES LIMITED p 429
  1 Home St, MOUNT PEARL, NL, A1N 4T5
  (709) 738-0251 SIC 5122
LAWTON'S DRUG STORES LIMITED p 429
  8 Centennial St, MOUNT PEARL, NL, A1N 1G5
  (709) 368-2663 SIC 5912
LAWTON'S DRUG STORES LIMITED p 432
  12 Gleneyre St Suite 173, ST. JOHN'S, NL, A1A 2M7
  (709) 753-3111 SIC 5912
LAWTON'S DRUG STORES LIMITED p 433
  48 Kenmount Rd Suite 142, ST. JOHN'S, NL, A1B 1W3
  (709) 722-5460 SIC 5912
LAWTON'S DRUG STORES LIMITED p 436
  466 Topsail Rd, ST. JOHN'S, NL, A1E 2C2
  (709) 364-0188 SIC 5912
LAWTON'S DRUG STORES LIMITED p 443
  967 Bedford Hwy, BEDFORD, NS, B4A 1A9
  (902) 832-4388 SIC 5912
LAWTON'S DRUG STORES LIMITED p 446
  950 Cole Harbour Rd, DARTMOUTH, NS, B2V 1E6
  (902) 435-5600 SIC 5912
LAWTON'S DRUG STORES LIMITED p 449
  6 Primrose St Suite 123, DARTMOUTH, NS, B3A 4C5
  (902) 463-2030 SIC 5912
LAWTON'S DRUG STORES LIMITED p 451
  236 Brownlow Ave Suite 270, DARTMOUTH, NS, B3B 1V5
  (902) 468-1000 SIC 5912
LAWTON'S DRUG STORES LIMITED p 452
  81 Thornhill Dr, DARTMOUTH, NS, B3B 1R9
  (902) 468-4637 SIC 5122
LAWTON'S DRUG STORES LIMITED p 455
  290 Commercial St, GLACE BAY, NS, B1A 3C6
  (902) 849-7573 SIC 5912
LAWTON'S DRUG STORES LIMITED p 456
  5991 Spring Garden Rd Suite 132, HALIFAX, NS, B3H 1Y6
  (902) 423-9356 SIC 5912
LAWTON'S DRUG STORES LIMITED p 458
  5201 Duke St Suite 144, HALIFAX, NS, B3J 1N9
  (902) 429-5436 SIC 5912
LAWTON'S DRUG STORES LIMITED p 458
  5675 Spring Garden Rd Suite 6a, HALIFAX, NS, B3J 1H1
  (902) 422-9686 SIC 5912
LAWTON'S DRUG STORES LIMITED p 460
  5515 Duffus St Suite 172, HALIFAX, NS, B3K 2M5
  (902) 454-7471 SIC 5912

LAWTON'S DRUG STORES LIMITED p 462
287 Lacewood Dr Suite 128, HALIFAX, NS, B3M 3Y7
(902) 443-4446   SIC 5912
LAWTON'S DRUG STORES LIMITED p 465
363 Main St, KENTVILLE, NS, B4N 1K7
(902) 678-3308   SIC 5912
LAWTON'S DRUG STORES LIMITED p 467
528 Sackville Dr, LOWER SACKVILLE, NS, B4C 2R8
(902) 865-9393   SIC 5912
LAWTON'S DRUG STORES LIMITED p 469
810 East River Rd, NEW GLASGOW, NS, B2H 3S3
(902) 752-1860   SIC 5912
LAWTON'S DRUG STORES LIMITED p 470
3415 Plummer Ave, NEW WATERFORD, NS, B1H 1Z2
(902) 862-6409   SIC 5912
LAWTON'S DRUG STORES LIMITED p 475
719 George St, SYDNEY, NS, B1P 1L3
(902) 564-8200   SIC 5912
LAWTON'S DRUG STORES LIMITED p 479
625 O'brien St, WINDSOR, NS, B0N 2T0
(902) 798-2202   SIC 5912
LAWTON'S DRUG STORES LIMITED p 480
76 Starrs Rd, YARMOUTH, NS, B5A 2T5
(902) 742-1900   SIC 5912
LAWTON'S DRUGS   p 399
See LAWTON'S DRUG STORES LIMITED
LAWTON'S DRUGS   p 460
See LAWTON'S DRUG STORES LIMITED
LAWTON'S DRUGS #119   p 479
See LAWTON'S DRUG STORES LIMITED
LAWTON'S DRUGS #169   p 480
See LAWTON'S DRUG STORES LIMITED
LAWTON'S DRUGS #20   p 470
See LAWTON'S DRUG STORES LIMITED
LAWTON'S DRUGS 123   p 449
See LAWTON'S DRUG STORES LIMITED
LAWTON'S DRUGS 128   p 462
See LAWTON'S DRUG STORES LIMITED
LAWTON'S DRUGS 144   p 458
See LAWTON'S DRUG STORES LIMITED
LAWTON'S DRUGS NO 171   p 467
See LAWTON'S DRUG STORES LIMITED
LAWTON'S DRUGS WHOLESALE DIV   p 452
See LAWTON'S DRUG STORES LIMITED
LAWTON'S HALIFAX PROFESSIONAL CENTRE   p 456
See LAWTON'S DRUG STORES LIMITED
LAWTON'S INCORPORATED   p 462
7071 Bayers Rd Suite 112, HALIFAX, NS, B3L 2C2
(902) 453-1920   SIC 5912
LAWTON'S PHARMACY   p 465
See LAWTON'S DRUG STORES LIMITED
LAWTON'S WHOLESALE   p 429
See LAWTON'S DRUG STORES LIMITED
LAWTONS CENTENNIAL SQARE   p 429
See LAWTON'S DRUG STORES LIMITED
LAWTONS DRUGS   p 455
See LAWTON'S DRUG STORES LIMITED
LAWTONS DRUGS   p 469
See LAWTON'S DRUG STORES LIMITED
LAWTONS DRUGS #114   p 458
See LAWTON'S DRUG STORES LIMITED
LAWTONS DRUGS #150   p 475
See LAWTON'S DRUG STORES LIMITED
LAWYERS RESOURCE CENTRE LIMITED PARTNERSHIP   p 656
255 Queens Ave Suite 11, LONDON, ON, N6A 5R8
(519) 645-6908   SIC 8111
LAXTON GLASS LLP   p 915
390 Bay St Suite 200, TORONTO, ON, M5H 2B1
(416) 363-2353   SIC 8111
LAYER 3 SOLUTIONS INC   p 972
400 Zenway Blvd Suite 4, WOODBRIDGE, ON, L4H 0S7
(416) 232-2552   SIC 7372
LAYER 7 TECHNOLOGIES INC   p 308

885 Georgia St W Suite 500, VANCOUVER, BC, V6C 3E8
(604) 681-9377   SIC 7371
LAYNE CHRISTENSEN CANADA LIMITED p 549
9 Regional Rd 84 Unit 84, CAPREOL, ON, P0M 1H0
(705) 858-6460   SIC 1499
LAZY GOURMET INC, THE   p 316
1605 5th Ave W, VANCOUVER, BC, V6J 1N5
(604) 734-2507   SIC 5812
LBC   p 1114
See BANQUE LAURENTIENNE DU CANADA
LCBO   p 665
See LIQUOR CONTROL BOARD OF ONTARIO, THE
LCBO   p 693
See LIQUOR CONTROL BOARD OF ONTARIO, THE
LCBO   p 694
See LIQUOR CONTROL BOARD OF ONTARIO, THE
LCBO   p 698
See LIQUOR CONTROL BOARD OF ONTARIO, THE
LCBO   p 701
See LIQUOR CONTROL BOARD OF ONTARIO, THE
LCBO   p 703
See DOVER CORPORATION (CANADA) LIMITED
LCBO   p 757
See LIQUOR CONTROL BOARD OF ONTARIO, THE
LCBO   p 802
See LIQUOR CONTROL BOARD OF ONTARIO, THE
LCBO   p 838
See LIQUOR CONTROL BOARD OF ONTARIO, THE
LCBO   p 923
See LIQUOR CONTROL BOARD OF ONTARIO, THE
LCBO   p 958
See LIQUOR CONTROL BOARD OF ONTARIO, THE
LCBO   p 966
See LIQUOR CONTROL BOARD OF ONTARIO, THE
LCBO 164   p 893
See LIQUOR CONTROL BOARD OF ONTARIO, THE
LCBO FINANCIAL OFFICE   p 909
See LIQUOR CONTROL BOARD OF ONTARIO, THE
LCBO ORION GATE   p 520
See LIQUOR CONTROL BOARD OF ONTARIO, THE
LCBO OTTAWA RETAIL SERVICE CENTRE p 795
See LIQUOR CONTROL BOARD OF ONTARIO, THE
LCBO STORE 1   p 763
See LIQUOR CONTROL BOARD OF ONTARIO, THE
LCBO, THE   p 909
See LIQUOR CONTROL BOARD OF ONTARIO, THE
LE BIFTHEQUE INC   p 1212
6705 Ch De La Cote-De-Liesse, SAINT-LAURENT, QC, H4T 1E5
(514) 739-6336   SIC 5812
LE CATLIE SUITES HOTEL   p 1107
See LES INVESTISSEMENTS RAMAN 'S.E.N.C.'
LE CENTRE DE SANTE ET DE SERVICES SOCIAUX DE BORDEAUX-CARTIERVILLE-SAINT-LAURENT   p 1119
555 Boul Gouin O, Montreal, QC, H3L 1K5
(514) 331-3020   SIC 8062
LE CENTRE DE SANTE ET DE SERVICES

SOCIAUX JEANNE-MANCE   p 1100
66 Boul Rene-Levesque E, Montreal, QC, H2X 1N3
(514) 878-2898   SIC 8051
LE CENTRE JEUNESSE DE MONTREAL - INSTITUT UNIVERSITAIRE   p 1087
See CENTRE INTEGRE UNIVERSITAIRE SANTE ET SERVICES SOCIAUX DU CENTRE-SUD-DE-L'ILE-DE-MONTREAL
LE CENTRE JEUNESSE DU SAGUENAY-LAC-SAINT-JEAN   p 1047
3639 Boul Harvey Bureau 203, Jonquiere, QC, G7X 3B2
(418) 547-5773   SIC 8322
LE CENTRES JEUNESSE DE MONTREAL INSTITUT UNIVERSITAIRE   p 1088
4675 Rue Belanger, Montreal, QC, H1T 1C2
(514) 593-3979   SIC 8322
LE CENTRES JEUNESSE DE MONTREAL INSTITUT UNIVERSITAIRE   p 1204
750 Boul Marcel-Laurin Bureau 230, SAINT-LAURENT, QC, H4M 2M4
(514) 855-5470   SIC 8322
LE CHAINON   p 1099
See ASSOCIATION D'ENTRAIDE LE CHAINON INC, L'
LE CHARBON   p 1150
See L'AVIATIC CLUB INC
LE CHATEAU #92   p 856
See LE CHATEAU INC
LE CHATEAU 245   p 433
See LE CHATEAU INC
LE CHATEAU INC   p 58
3625 Shaganappi Trail Nw, CALGARY, AB, T3A 0E2
(403) 288-8110   SIC 5611
LE CHATEAU INC   p 381
1395 Ellice Ave Suite 170, WINNIPEG, MB, R3G 0G3
(204) 788-1388   SIC 5651
LE CHATEAU INC   p 381
1485 Portage Ave Unit 200, WINNIPEG, MB, R3G 0W4
(204) 774-5012   SIC 5611
LE CHATEAU INC   p 433
48 Kenmount Rd, ST. JOHN'S, NL, A1B 1W3
(709) 726-1899   SIC 5651
LE CHATEAU INC   p 606
75 Centennial Pky N Suite E1, HAMILTON, ON, L8E 2P2
(905) 573-8890   SIC 5621
LE CHATEAU INC   p 615
999 Upper Wentworth St, HAMILTON, ON, L9A 4X5
(905) 385-4379   SIC 5651
LE CHATEAU INC   p 841
300 Borough Dr Suite 2, SCARBOROUGH, ON, M1P 4P5
(416) 296-3434   SIC 5651
LE CHATEAU INC   p 856
221 Glendale Ave, ST CATHARINES, ON, L2T 2K9
(905) 682-7046   SIC 5621
LE CHATEAU INC   p 906
220 Yonge St Unit B 10-12, TORONTO, ON, M5B 2H1
(416) 979-3122   SIC 5651
LE CHATEAU INC   p 1020
3003 Boul Le Carrefour, Cote Saint-Luc, QC, H7T 1C7
(450) 688-4142   SIC 5651
LE CHATEAU INC   p 1205
105 Boul Marcel-Laurin, SAINT-LAURENT, QC, H4N 2M3
(514) 738-7000   SIC 5621
LE CISSS DE LAURENTIDES   p 1200
See CENTRE INTEGRE DE SANTE ET DE SERVICES SOCIAUX DES LAURENTIDES
LE COLLEGE FRANCAIS PRIMAIRE INC p 1099
185 Av Fairmount O, Montreal, QC, H2T 2M6
(514) 271-2823   SIC 8211

LE CSSS BORDEAUX-CARTIERVILLE-SAINT-LAURENT   p 1119
See LE CENTRE DE SANTE ET DE SERVICES SOCIAUX DE BORDEAUX-CARTIERVILLE-SAINT-LAURENT
LE CSSS DE QUEBEC-NORD   p 1145
See CENTRE DE SANTE ET DE SERVICES SOCIAUX DE QUEBEC-NORD
LE DOMAINE ETUDIANT-PETIT-ROCHER p 411
See CONSEIL SCOLAIRE DISTRICT NO 5
LE DREW'S EXPRESS   p 429
See HOYT'S MOVING & STORAGE LIMITED
LE FLYS INC   p 1164
2335 Boul Bastien, Quebec, QC, G2B 1B3
(418) 842-9160   SIC 5812
LE GRENIER   p 991
See MODE LE GRENIER INC
LE GROUPE AMYOT, GELINAS INC p 1223
124 Rue Saint-Vincent, SAINTE-AGATHE-DES-MONTS, QC, J8C 2B1
(819) 326-3400   SIC 8742
LE GROUPE DES MARCHANDS DE PETROLES DU QUEBEC   p 1207
See PETROLES CREVIER INC
LE GROUPE F&P SRI   p 1009
21 Rue Paul-Gauguin Bureau 103, CANDIAC, QC, J5R 3X8
(450) 638-2212   SIC 5999
LE GROUPE JE RECOIS   p 1164
See BUFFETS JE RECOIS INC, LES
LE GROUPE LAVERGNE INC   p 990
8800 1er Croissant, ANJOU, QC, H1J 1C8
(514) 354-5757   SIC 3087
LE GROUPE LEMUR INC   p 1205
275 Rue Stinson Bureau 201, SAINT-LAURENT, QC, H4N 2E1
(514) 748-6234   SIC 5137
LE GROUPE MANUFACTURIER D'ASCENSEURS GLOBAL TARDIF INC p 1180
120 Rue De Naples, SAINT-AUGUSTIN-DE-DESMAURES, QC, G3A 2Y2
(418) 878-4116   SIC 8711
LE GROUPE TACT   p 1119
See THEODORE AZUELOS CONSULTANTS EN TECHNOLOGIE (TACT) INC
LE GROUPE VOYAGES VISION 2000 INC p 926
1075 Bay St, TORONTO, ON, M5S 2B1
(416) 928-3113   SIC 4724
LE GUIDE DES DEBUTANTS   p 1136
See TVA PUBLICATIONS INC
LE MADELEINE   p 1009
See C.T.M.A. TRAVERSIER LTEE
LE NORDIK-SPA EN NATURE   p 1012
See AUBERGE & SPA LE NORDIK INC
LE PATRO ROC -AMADOUR (1978) INC. p 1151
2301 1re Av, Quebec, QC, G1L 3M9
(418) 529-4996   SIC 7032
LE PATRO ROC -AMADOUR (1978) INC. p 1219
1503 Ch Royal, Saint-Pierre-Ile-D'Orleans, QC, G0A 4E0
(418) 828-1151   SIC 7032
LE PORT-JOLIEN INC   p 1164
2335 Boul Bastien, Quebec, QC, G2B 1B3
(418) 842-9160   SIC 5812
LE PUB   p 1161
See LE PUB UNIVERSITAIRE INC
LE PUB UNIVERSITAIRE INC   p 1161
2325 Rue De L'universite Bureau 1312, Quebec, QC, G1V 0B3
(418) 656-7075   SIC 5812
LE ROI DANIELS ELEMENTARY SCHOOL p 30
See CALGARY BOARD OF EDUCATION
LE SEL DE LA TERRE TM   p 1131
See K+S SEL WINDSOR LTEE
LE ST-ANSELME INC   p 1179
679 Rte Begin, SAINT-ANSELME, QC, G0R

▲ Public Company   ■ Public Company Family Member   HQ Headquarters   BR Branch   SL Single Location

2N0
(418) 885-9601   SIC 5812
LE STMA INC   p 1164
2335 Boul Bastien, Quebec, QC, G2B 1B3
(418) 842-9160   SIC 5812
LE'LUM'UY'LH DAY CARE   p 212
See COWICHAN TRIBES
LEACHMAN OILFIELD TRUCKING, DIV OF p 151
See WITHERS L.P.
LEACOCK CARE CENTRE   p 774
See JARLETTE LTD
LEADEC (CA) CORP   p 486
4700 Tottenham Rd, ALLISTON, ON, L9R 1A2
(705) 435-5077   SIC 7349
LEADER POST, THE   p 1283
See POSTMEDIA NETWORK INC
LEADING BRANDS OF CANADA, INC p 105
4104 99 St Nw, EDMONTON, AB, T6E 3N5
(780) 435-2746   SIC 2033
LEADING BRANDS OF CANADA, INC p 299
33 8th Ave W Unit 101, VANCOUVER, BC, V5Y 1M8
(604) 685-5200   SIC 2086
LEADING BRANDS, INC   p 299
33 8th Ave W Unit 101, VANCOUVER, BC, V5Y 1M8
(604) 685-5200   SIC 2033
LEADING MANUFACTURING GROUP HOLDINGS INC   p 172
3801 48 Ave, VERMILION, AB, T9X 1G9
(780) 854-0004   SIC 3443
LEADING MANUFACTURING GROUP INC p 147
2313 8 St, NISKU, AB, T9E 7Z3
(780) 955-8895   SIC 3443
LEADON (REGINA) OPERATIONS LP   p 1285
1975 Broad St, REGINA, SK, S4P 1Y2
(306) 525-6767   SIC 7011
LEAF RAPIDS EDUCATION CENTER p 350
See FRONTIER SCHOOL DIVISION
LEAGUE SAVINGS & MORTGAGE COMPANY   p 461
6074 Lady Hammond Rd, HALIFAX, NS, B3K 2R7
(902) 453-0680   SIC 6162
LEAGUE SAVINGS & MORTGAGE COMPANY   p 461
6074 Lady Hammond Rd, HALIFAX, NS, B3K 2R7
(902) 453-4220   SIC 6162
LEALIN LTD   p 395
185 Roseberry St, CAMPBELLTON, NB, E3N 2H4
(506) 759-8888   SIC 5812
LEALIN LTD   p 1011
550 Av Daigneault, CHANDLER, QC, G0C 1K0
SIC 5812
LEAMINGTON COURT RETIREMENT SUITES   p 646
See RESIDENCES ALLEGRO, S.E.C., LES
LEAMINGTON DISTRICT SECONDARY SCHOOL   p 646
See GREATER ESSEX COUNTY DISTRICT SCHOOL BOARD
LEAMINGTON MUNICIPAL MARINA p 646
See CORPORATION OF THE MUNICIPALITY OF LEAMINGTON, THE
LEAR CANADA   p 858
10 Highbury Ave, St Thomas, ON, N5P 4C7
SIC 2531
LEAR CORPORATION CANADA LTD p 638
530 Manitou Dr, KITCHENER, ON, N2C 1L3
(519) 895-1600   SIC 2531
LEARNING ENRICHMENT FOUNDATION, THE   p 937
116 Industry St, TORONTO, ON, M6M 4L8
(416) 769-0830   SIC 8351
LEARNING RESOURCES CENTRE   p 554

See AVON MAITLAND DISTRICT SCHOOL BOARD
LEASE LINK CANADA CORP   p 92
10471 178 St Nw Suite 205, EDMONTON, AB, T5S 1R5
(780) 414-0616   SIC 6159
LEASIDE RETIREMENT RESIDENCE p 894
See REVERA INC
LEASIDE RETIREMENT RESIDENCE II p 894
See REVERA INC
LEASK COMMUNITY SCHOOL   p 1272
See PRAIRIE SPIRIT SCHOOL DIVISION NO. 206
LEAVITT MACHINERY   p 92
See LEAVITT MACHINERY AND RENTALS INC
LEAVITT MACHINERY AND RENTALS INC p 65
55 Technology Way Se Unit 10, CALGARY, AB, T3S 0B3
(403) 723-7555   SIC 7699
LEAVITT MACHINERY AND RENTALS INC p 92
11015 186 St Nw, EDMONTON, AB, T5S 2V5
(780) 451-7200   SIC 5084
LEAVITT MACHINERY AND RENTALS INC p 120
275 Macalpine Cres, FORT MCMURRAY, AB, T9H 4Y4
(780) 790-9387   SIC 7359
LEBEAU VITRES D'AUTOS   p 1092
See BELRON CANADA INCORPOREE
LEBLANC, EMILE C. & FILS LTEE   p 411
41 Ch Du Quai, PETIT-CAP, NB, E4N 2E8
SIC 2091
LEBLANC, GUY ENTERPRISES LIMITED p 445
61 North St, BRIDGEWATER, NS, B4V 2V7
(902) 245-2458   SIC 5932
LEBOVIC LEISURE CENTRE   p 863
See CORPORATION OF THE TOWN OF WHITCHURCH STOUFFVILLE
LEC STEEL   p 529
See HARRIS STEEL GROUP INC
LECAVALIER   p 1230
See PIECES AUTOMOBILES LECAVALIER INC
LECAVALIER AUTOPARTS   p 1199
See PIECES AUTOMOBILES LECAVALIER INC
LECLERC ASSURANCES ET SERVICES FINANCIERS   p 1031
See ASSURANCES JEAN-CLAUDE LECLERC INC
LECSON PUBLIC ELEMENTARY SCHOOL p 746
See TORONTO DISTRICT SCHOOL BOARD
LECUYER & FILS LTEE   p 1220
17 Rue Du Moulin, Saint-Remi, QC, J0L 2L0
(514) 861-5623   SIC 3272
LEDA FURNITURE LTD   p 763
350 Clayson Rd, NORTH YORK, ON, M9M 2H2
SIC 2511
LEDBURY PARK ELEMENTARY AND MIDDLE SCHOOL   p 923
See TORONTO DISTRICT SCHOOL BOARD
LEDCOR CONSTRUCTION LIMITED p 308
1067 Cordova St W Suite 1200, VANCOUVER, BC, V6C 1C7
(604) 681-7500   SIC 1542
LEDCOR FABRICATION INC   p 146
101 41 Ave Sw, NISKU, AB, T6E 4T2
(780) 955-1400   SIC 3498
LEDCOR GROUP   p 308
See LEDCOR INDUSTRIES INC
LEDCOR INDUSTRIES DIV   p 146
See LEDCOR FABRICATION INC
LEDCOR INDUSTRIES INC   p 308

1067 Cordova St W Suite 1200, VANCOUVER, BC, V6C 1C7
(604) 681-7500   SIC 1611
LEDUC BUS LINES LTD   p 825
8467 County Road 17, ROCKLAND, ON, K4K 1K7
(613) 446-0606   SIC 4142
LEDUC COMMUNITY HOSPITAL   p 134
See ALBERTA HEALTH SERVICES
LEDUC COMPOSITE HIGH SCHOOL p 135
See BLACK GOLD REGIONAL DIVISION #18
LEDUC ESTATES SCHOOL   p 135
See BLACK GOLD REGIONAL DIVISION #18
LEDUC FOUNDATION   p 135
5105 52 St, LEDUC, AB, T9E 8P1
(780) 980-0524   SIC 8322
LEDUC GOLF & COUNTRY CLUB   p 135
5725 Black Gold Dr, LEDUC, AB, T9E 0B8
(780) 986-4653   SIC 7997
LEDUC REACREATION CENTRE   p 135
See LEDUC, CITY OF
LEDUC, CITY OF   p 135
4330 Black Gold Dr Suite 101, LEDUC, AB, T9E 3C3
(780) 980-7120   SIC 8322
LEDVANCE LTD   p 689
5450 Explorer Dr Suite 100, MISSISSAUGA, ON, L4W 5N1
(905) 361-9327   SIC 3641
LEDWIDGE LUMBER COMPANY LIMITED p 471
195 Old Post Rd, OLDHAM, NS, B2T 1E2
(902) 883-9889   SIC 2421
LEE HECHT HARRISON KNIGHTSBRIDGE p 768
See LEE HECHT HARRISON-CANADA CORP
LEE HECHT HARRISON-CANADA CORP p 768
710 Dorval Dr Suite 108, OAKVILLE, ON, L6K 3V7
(905) 338-7679   SIC 8742
LEE LYNN WOOD PRODUCTS DIV OF p 253
See SEVCON MANUFACTURING INC
LEE RIDGE ELEMENTARY SCHOOL p 111
See EDMONTON SCHOOL DISTRICT NO. 7
LEE VALLEY TOOLS LTD   p 32
7261 11 St Se, CALGARY, AB, T2H 2S1
(403) 253-2066   SIC 5251
LEE VALLEY TOOLS LTD   p 92
18403 104 Ave Nw, EDMONTON, AB, T5S 2V8
(780) 444-6153   SIC 5251
LEE VALLEY TOOLS LTD   p 202
1401 United Blvd, COQUITLAM, BC, V3K 6Y7
(604) 515-8896   SIC 5251
LEE VALLEY TOOLS LTD   p 298
1180 Marine Dr Se, VANCOUVER, BC, V5X 2V6
(604) 261-2262   SIC 5251
LEE VALLEY TOOLS LTD   p 536
3060 Davidson Crt Unit 3, BURLINGTON, ON, L7M 4X7
(905) 319-9110   SIC 5261
LEE VALLEY TOOLS LTD   p 650
2100 Oxford St E Suite 11, LONDON, ON, N5V 4A4
(519) 659-7981   SIC 5251
LEE VALLEY TOOLS LTD   p 762
5701 Steeles Ave W, NORTH YORK, ON, M9L 1S7
(416) 746-0850   SIC 5084
LEE VALLEY TOOLS LTD   p 801
1090 Morrison Dr, OTTAWA, ON, K2H 1C2
(613) 596-0350   SIC 5251
LEE VALLEY TOOLS LTD   p 834
1275 Morningside Ave Suite 1, SCARBOROUGH, ON, M1B 3W1
(416) 286-7574   SIC 5251

LEECH PRINTING LTD   p 346
601 Braecrest Dr, BRANDON, MB, R7C 1B1
(204) 727-3278   SIC 7334
LEEDALE COLONY   p 158
See HUTTERIAN BRETHREN CHURCH OF LEEDALE
LEEDS TRANSIT INC   p 572
542 Main St, ELGIN, ON, K0G 1E0
(613) 359-5344   SIC 5012
LEESWOOD DESIGN/BUILD LTD   p 709
7200 West Credit Ave, MISSISSAUGA, ON, L5N 5N1
(416) 309-4482   SIC 1521
LEF   p 937
See LEARNING ENRICHMENT FOUNDATION, THE
LEFKO PRODUITS DE PLASTIQUE INC p 1074
1700 Boul Industriel, MAGOG, QC, J1X 4V9
(819) 843-9237   SIC 2821
LEGACY TRANSPORTATION SOLUTIONS INC   p 18
5505 72 Ave Se Unit 3, CALGARY, AB, T2C 3C4
(403) 236-5903   SIC 4731
LEGACY UNIVERSAL PROTECTION SERVICE   p 245
See UNIVERSAL PROTECTION SERVICE OF CANADA CO
LEGACY UNIVERSAL PROTECTION SERVICE   p 968
See UNIVERSAL PROTECTION SERVICE OF CANADA CO
LEGAL AID   p 439
See GOVERNMENT OF THE NORTHWEST TERRITORIES
LEGAL AID ONTARIO   p 829
700 Christina St N, SARNIA, ON, N7V 3C2
(519) 337-1210   SIC 8111
LEGAL AID ONTARIO   p 911
40 Dundas St W Suite 200, TORONTO, ON, M5G 2H1
(416) 204-5420   SIC 8111
LEGAL AID ONTARIO   p 911
375 University Ave Suite 304, TORONTO, ON, M5G 2J5
(416) 979-1446   SIC 8111
LEGAL AID SERVICES SOCIETY OF MANITOBA   p 378
294 Portage Ave Unit 402, WINNIPEG, MB, R3C 0B9
(204) 985-8500   SIC 8111
LEGAL AID SERVICES SOCIETY OF MANITOBA   p 378
514 St Mary Ave, WINNIPEG, MB, R3C 0N6
(204) 985-8570   SIC 8111
LEGAL ALFALFA PRODUCTS LTD   p 136
57420 Range Road 252 A, LEGAL, AB, T0G 1L0
(780) 961-3958   SIC 2048
LEGAL LINK CORPORATION, THE   p 915
333 Bay St Suite 400, TORONTO, ON, M5H 2R2
(416) 348-0432   SIC 8732
LEGAL SCHOOL   p 136
See GREATER ST. ALBERT CATHOLIC REGIONAL DIVISION NO. 29
LEGAL SERVICES SOCIETY   p 308
510 Burrard St Suite 400, VANCOUVER, BC, V6C 3A8
(604) 601-6200   SIC 8111
LEGALI AID MANITOBA   p 378
See LEGAL AID SERVICES SOCIETY OF MANITOBA
LEGARE LOCATION D'AUTO   p 1089
See LOCATION JEAN LEGARE LTEE
LEGAULT JOLY THIFFAULT S.E.N.C.R.L. p 1102
380 Rue Saint-Antoine O Bureau 7100, Montreal, QC, H2Y 3X7

▲ Public Company   ■ Public Company Family Member   HQ Headquarters   BR Branch   SL Single Location

(514) 842-8891   SIC 8111
LEGEND BOATS   p 960
See DUHAMEL AND DEWAR INC
LEGENDARY CANADIAN ENTERPRISES LTD   p 269
4151 Hazelbridge Way Unit 3580, RICHMOND, BC, V6X 4J7
(604) 303-9739   SIC 5812
LEGENDS   p 340
See LODGING OVATIONS CORP
LEGENDS GOLF CLUB INC, THE   p 1308
415 Clubhouse Blvd W, WARMAN, SK, S0K 4S2
(306) 931-8814   SIC 7997
LEGER ANALYTICS   p 1102
See LEGER MARKETING INC
LEGER MARKETING INC   p 375
35 King St Suite 5, WINNIPEG, MB, R3B 1H4
(204) 885-7570   SIC 8732
LEGER MARKETING INC   p 1102
507 Place D'armes Bureau 700, Montreal, QC, H2Y 2W8
(514) 845-5660   SIC 8732
LEGGETT & PLATT CANADA CO.   p 1081
5675 Av Royalmount, MONT-ROYAL, QC, H4P 1K3
(514) 335-2520   SIC 5131
LEGROW'S TRAVEL   p 24
See MARITIME TRAVEL INC
LEGROW, DR CHARLES L. HEALTH CENTRE   p 424
See WESTERN REGIONAL INTEGRATED HEALTH AUTHORITY, THE
LEGROWS TRAVEL LIMITED   p 433
20 Crosbie Pl, ST. JOHN'S, NL, A1B 3Y8
(709) 758-6760   SIC 4724
LEHIGH CEMENT   p 28
See LEHIGH HANSON MATERIALS LIMITED
LEHIGH CEMENT   p 96
See LEHIGH HANSON MATERIALS LIMITED
LEHIGH CEMENT   p 315
See LEHIGH HANSON MATERIALS LIMITED
LEHIGH HANSON MATERIALS LIMITED   p 18
2412 106 Ave Se, CALGARY, AB, T2C 3W5
(403) 279-5531   SIC 5032
LEHIGH HANSON MATERIALS LIMITED   p 28
885 42 Ave Se Suite 222, CALGARY, AB, T2G 1Y8
(403) 531-3000   SIC 2891
LEHIGH HANSON MATERIALS LIMITED   p 96
12640 Inland Way Nw, EDMONTON, AB, T5V 1K2
(780) 420-2500   SIC 2891
LEHIGH HANSON MATERIALS LIMITED   p 96
15015 123 Ave Nw Suite 100, EDMONTON, AB, T5V 1J7
(780) 423-6300   SIC 5032
LEHIGH HANSON MATERIALS LIMITED   p 122
580 Memorial Dr, FORT MCMURRAY, AB, T9K 0N9
(780) 743-2180   SIC 5032
LEHIGH HANSON MATERIALS LIMITED   p 143
821 17 St Sw, MEDICINE HAT, AB, T1A 4X9
(403) 527-1303   SIC 5032
LEHIGH HANSON MATERIALS LIMITED   p 163
301 Petroleum Way, SHERWOOD PARK, AB, T8H 2G2
(780) 417-6776   SIC 5032
LEHIGH HANSON MATERIALS LIMITED   p 266
13980 Mitchell Rd, RICHMOND, BC, V6V 1M8

(604) 324-8191   SIC 5032
LEHIGH HANSON MATERIALS LIMITED   p 277
5784 Sechelt Inlet Rd, SECHELT, BC, V0N 3A3
(604) 885-7595   SIC 5032
LEHIGH HANSON MATERIALS LIMITED   p 304
Gd, VANCOUVER, BC, V6B 3W6
(604) 269-6440   SIC 5032
LEHIGH HANSON MATERIALS LIMITED   p 315
1415 Johnston St, VANCOUVER, BC, V6H 3R9
(604) 684-1833   SIC 3273
LEHIGH HANSON MATERIALS LIMITED   p 319
1280 77th Ave W, VANCOUVER, BC, V6P 3G8
(604) 269-6501   SIC 5032
LEHIGH HANSON MATERIALS LIMITED   p 319
9265 Oak St, VANCOUVER, BC, V6P 4B8
(604) 269-6700   SIC 5032
LEHIGH HANSON MATERIALS LIMITED   p 329
611 Bay St, VICTORIA, BC, V8T 1P5
(250) 382-8121   SIC 5032
LEHIGH HANSON MATERIALS LIMITED   p 370
2494 Ferrier St, WINNIPEG, MB, R2V 4P6
(204) 334-6002   SIC 5032
LEHIGH HANSON MATERIALS LIMITED   p 370
2494 Ferrier St, WINNIPEG, MB, R2V 4P6
(204) 339-9213   SIC 5032
LEHIGH HANSON MATERIALS LIMITED   p 493
380 Waydom Dr, AYR, ON, N0B 1E0
(519) 621-4790   SIC 3272
LEHIGH HANSON MATERIALS LIMITED   p 806
2065a Petawawa Blvd, PEMBROKE, ON, K8A 7G8
(613) 741-1212   SIC 3241
LEHIGH HANSON MATERIALS LIMITED   p 1302
136 107th St E, SASKATOON, SK, S7N 3A5
(306) 374-9434   SIC 5032
LEHIGH NORTHWEST   p 277
See LEHIGH HANSON MATERIALS LIMITED
LEHIGH NORTHWEST MATERIALS   p 319
See LEHIGH HANSON MATERIALS LIMITED
LEHMANN BOOKBINDING LTD   p 638
97 Ardelt Ave, KITCHENER, ON, N2C 2E1
(519) 570-4444   SIC 2789
LEICA MICROSYSTEMS (CANADA) INC   p 560
71 Four Valley Dr, CONCORD, ON, L4K 4V8
(905) 762-2000   SIC 3827
LEIDOS, INC   p 719
6108 Edwards Blvd, MISSISSAUGA, ON, L5T 2V7
SIC 8734
LEIDOS, INC   p 1289
10 Research Dr Suite 240, REGINA, SK, S4S 7J7
SIC 7379
LEIGH ELEMENTARY SCHOOL   p 200
See SCHOOL DISTRICT NO. 43 (COQUITLAM)
LEILA NORTH COMMUNITY SCHOOL   p 369
See SEVEN OAKS SCHOOL DIVISION
LEISURE COMPLEX   p 490
See CORPORATION OF THE TOWN OF AURORA, THE
LEISURE SERVICES   p 1270
See HUMBOLDT, CITY OF
LEISUREWEAR CANADA   p 550
See LEISUREWEAR CANADA LTD
LEISUREWEAR CANADA LTD   p 550

2345 Whittington Dr, Cavan Monaghan, ON, K9J 0G5
(705) 742-7461   SIC 5136
LEISUREWORLD CAREGIVING CENTER   p 524
See 2063414 ONTARIO LIMITED
LEISUREWORLD CAREGIVING CENTRE   p 509
See 2063414 ONTARIO LIMITED
LEISUREWORLD CAREGIVING CENTRE   p 510
See 2063414 ONTARIO LIMITED
LEISUREWORLD CAREGIVING CENTRE   p 568
See 2063414 ONTARIO LIMITED
LEISUREWORLD CAREGIVING CENTRE   p 572
See 2063414 ONTARIO LIMITED
LEISUREWORLD CAREGIVING CENTRE   p 597
See 2063414 ONTARIO LIMITED
LEISUREWORLD CAREGIVING CENTRE   p 669
See 2063412 INVESTMENT LP
LEISUREWORLD CAREGIVING CENTRE   p 819
See 2063414 ONTARIO LIMITED
LEISUREWORLD CAREGIVING CENTRE   p 840
See 2063414 ONTARIO LIMITED
LEISUREWORLD CAREGIVING CENTRE   p 923
See 2063414 ONTARIO LIMITED
LEISUREWORLD CAREGIVING CENTRE   p 973
See 2063414 ONTARIO LIMITED
LEISUREWORLD CAREGIVING CENTRE - CREEDAN VALLEY   p 567
See 2063412 INVESTMENT LP
LEISUREWORLD CAREGIVING CENTRE NORFINCH   p 757
See 2063414 ONTARIO LIMITED
LEISUREWORLD CAREGIVING CENTRES   p 669
See 2063412 INVESTMENT LP
LEISUREWORLD CAREGIVING CENTRES   p 669
See 2063414 ONTARIO LIMITED
LEISUREWORLD CAREGIVING CENTRES   p 942
See 2063414 ONTARIO LIMITED
LEITH WHEELER   p 308
See LEITH WHEELER INVESTMENT COUNSEL LTD
LEITH WHEELER FIXED INCOME FUND   p 308
400 Burrard St Suite 1500, VANCOUVER, BC, V6C 3A6
(604) 683-3391   SIC 6722
LEITH WHEELER INVESTMENT COUNSEL LTD   p 308
400 Burrard St Suite 1500, VANCOUVER, BC, V6C 3A6
(604) 683-3391   SIC 6282
LEMARCHANT ST THOMAS   p 456
See HALIFAX REGIONAL SCHOOL BOARD
LEMAY ASSOCIES ARCHITECTURE & DESIGN   p 1123
See 9189-8957 QUEBEC INC
LEMAY ET ASSOCIES   p 1150
See SERVICES INTEGRES LEMAY ET ASSOCIES INC
LEMIEUX NOLET COMPTABLES AGREES S.E.N.C.R.L.   p 1065
5020 Boul Guillaume-Couture, Levis, QC, G6V 4Z6
(418) 833-2114   SIC 8721
LEMIEUX NOLET COMPTABLES AGREES S.E.N.C.R.L.   p 1083
25 Boul Tache O Bureau 205, MONTMAGNY, QC, G5V 2Z9
(418) 248-1910   SIC 3578

LEMIEUX NOLET COMPTABLES AGREES S.E.N.C.R.L.   p 1167
815 Boul Lebourgneuf Unite 401, Quebec, QC, G2J 0C1
(418) 659-7374   SIC 8721
LEMIQUE ENTERPRISES LTD   p 346
1021 Middleton Ave, BRANDON, MB, R7C 1A8
(204) 725-0547   SIC 5812
LEMMER SPRAY SYSTEMS (BC) LTD p 187
4141 Grandview Hwy, BURNABY, BC, V5C 4J1
(604) 430-3216   SIC 5084
LEN WOOD MIDDLE SCHOOL   p 181
See NORTH OKANAGAN SHUSWAP SCHOOL DISTRICT 83
LEN'S MILL STORE   p 546
See NORFOLK KNITTERS LIMITED
LEN'S MILL STORE   p 660
See NORFOLK KNITTERS LIMITED
LENA SHAW ELEMENTARY SCHOOL p 284
See SCHOOL DISTRICT NO 36 (SURREY)
LENBROOK INDUSTRIES LIMITED   p 814
633 Granite Crt, PICKERING, ON, L1W 3K1
(905) 831-6555   SIC 3651
LENDRUM SCHOOL   p 109
See EDMONTON SCHOOL DISTRICT NO. 7
LENNOX AND ADDINGTON COUNTY GENERAL HOSPITAL ASSOCIATION   p 725
8 Richmond Park Dr, NAPANEE, ON, K7R 2Z4
(613) 354-3301   SIC 8062
LENNOX ASSEMBLIES INC   p 1238
1073 Rue Du Saint-Esprit, SHERBROOKE, QC, J1K 2K4
(819) 822-1328   SIC 3469
LENNOX CANADA INC   p 32
7317 12 St Se Unit 2, CALGARY, AB, T2H 2S6
(403) 252-4328   SIC 1711
LENNOX CANADA INC   p 57
11500 35 St Se Suite 8002, CALGARY, AB, T2Z 3W4
(403) 279-5757   SIC 1711
LENNOX CANADA INC   p 74
12235 Fort Rd Nw, EDMONTON, AB, T5B 4H2
(780) 477-3261   SIC 1711
LENNOX CANADA INC   p 87
11122 156 St Nw, EDMONTON, AB, T5M 1Y1
(780) 474-1481   SIC 1711
LENNOX CANADA INC   p 233
20202 Industrial Ave, LANGLEY, BC, V3A 4K7
(604) 534-5555   SIC 1711
LENNOX CANADA INC   p 502
6833 Hwy 62, BELLEVILLE, ON, K8N 4Z5
(613) 210-0887   SIC 1711
LENNOX CANADA INC   p 581
400 Norris Glen Rd, ETOBICOKE, ON, M9C 1H5
(416) 621-9302   SIC 5075
LENNOX CANADA INC   p 638
45 Otonabee Dr Unit C, KITCHENER, ON, N2C 1L7
(519) 744-6841   SIC 5075
LENNOX CANADA INC   p 659
878 Wellington Rd, LONDON, ON, N6E 1L9
(519) 681-2450   SIC 1711
LENNOX CANADA INC   p 780
330 Marwood Dr Unit 1, OSHAWA, ON, L1H 8B4
(905) 579-6616   SIC 1711
LENNOX CANADA INC   p 783
101 Innes Park Way Unit 190, OTTAWA, ON, K1B 1E3
(613) 739-1715   SIC 1731
LENNOX CANADA INC   p 800
1926 Merivale Rd Suite 105, OTTAWA, ON, K2G 1E8
(613) 723-4700   SIC 1711

▲ Public Company   ■ Public Company Family Member   HQ Headquarters   BR Branch   SL Single Location

LENNOX CANADA INC p 853
177 Scott St, ST CATHARINES, ON, L2N 1H4
(905) 937-6011   SIC 1711

LENNOX CANADA INC p 858
283 Talbot St, ST THOMAS, ON, N5P 1B3
(519) 631-7140   SIC 1711

LENNOX CANADA INC p 1287
1901 Dewdney Ave, REGINA, SK, S4R 8R2
SIC 5075

LENNOX INDUSTRIES (CANADA) LTD p 581
400 Norris Glen Rd, ETOBICOKE, ON, M9C 1H5
(416) 621-9302   SIC 3634

LENNOXVILLE ELEMETARY SCHOOL p 1240
See COMMISSION SCOLAIRE EASTERN TOWNSHIPS

LENNOXVILLE VOCATIONAL TRAINING CENTRE p 1240
See COMMISSION SCOLAIRE EASTERN TOWNSHIPS

LENOVO (CANADA) INC p 750
10 York Mills Rd Suite 400, NORTH YORK, ON, M2P 2G4
(855) 253-6686   SIC 3571

LENOVO (CANADA) INC p 1112
630 Boul Rene Levesque O Bureau 2330, Montreal, QC, H3B 1S6
(514) 390-5020   SIC 5734

LENS & SHUTTER CAMERAS LTD p 322
910 Beatty St, VANCOUVER, BC, V6Z 3G6
(604) 681-4680   SIC 5946

LENS AND SHUTTERS p 322
See LENS & SHUTTER CAMERAS LTD

LEO BURK ACADEMY p 423
See NOVA CENTRAL SCHOOL DISTRICT

LEO HAYES HIGH SCHOOL p 398
See ANGLOPHONE WEST SCHOOL DISTRICT (ASD-W)

LEO MARSHALL CURRICULUM CENTRE p 250
See SCHOOL DISTRICT NO. 44 (NORTH VANCOUVER)

LEON AMEUBLEMENT p 1020
See LEON'S FURNITURE LIMITED

LEON'S p 538
See LEON'S FURNITURE LIMITED

LEON'S p 664
See LEON'S FURNITURE LIMITED

LEON'S p 867
See LEON'S FURNITURE LIMITED

LEON'S p 892
See LEON'S FURNITURE LIMITED

LEON'S FURNITURE p 383
See LEON'S FURNITURE LIMITED

LEON'S FURNITURE p 941
See LEON'S FURNITURE LIMITED

LEON'S FURNITURE p 955
See LEON'S FURNITURE LIMITED

LEON'S FURNITURE LIMITED p 100
4939 52 Ave Nw, EDMONTON, AB, T6B 3L5
(780) 468-5511   SIC 5719

LEON'S FURNITURE LIMITED p 116
13730 140 St Nw, EDMONTON, AB, T6V 1J8
(780) 456-4455   SIC 5712

LEON'S FURNITURE LIMITED p 158
10 Mckenzie Dr, RED DEER COUNTY, AB, T4S 2H4
(403) 340-0234   SIC 5712

LEON'S FURNITURE LIMITED p 266
2633 Sweden Way Unit 110, RICHMOND, BC, V6V 2Z6
(604) 214-2440   SIC 5712

LEON'S FURNITURE LIMITED p 383
1755 Ellice Ave, WINNIPEG, MB, R3H 1A6
(204) 783-0533   SIC 5712

LEON'S FURNITURE LIMITED p 452
140 Akerley Blvd, DARTMOUTH, NS, B3B 2E4
(902) 468-5201   SIC 5712

LEON'S FURNITURE LIMITED p 497
81 Bryne Dr, BARRIE, ON, L4N 8V8
(705) 730-1777   SIC 5712

LEON'S FURNITURE LIMITED p 538
3167 North Service Rd, BURLINGTON, ON, L7N 3G2
(905) 335-1811   SIC 5712

LEON'S FURNITURE LIMITED p 560
8701 Jane St Unit 1, CONCORD, ON, L4K 2M6
(800) 374-3437   SIC 5712

LEON'S FURNITURE LIMITED p 602
121 Silvercreek Pky N, GUELPH, ON, N1H 3T3
(519) 767-5366   SIC 5712

LEON'S FURNITURE LIMITED p 638
286 Fairway Rd S, KITCHENER, ON, N2C 1W9
(519) 894-1850   SIC 5712

LEON'S FURNITURE LIMITED p 664
947 Wharncliffe Rd S, LONDON, ON, N6L 1J9
(519) 680-2111   SIC 5712

LEON'S FURNITURE LIMITED p 694
201 Britannia Rd E, MISSISSAUGA, ON, L4Z 3X8
(905) 501-9505   SIC 5712

LEON'S FURNITURE LIMITED p 733
25 Harry Walker Pky N, NEWMARKET, ON, L3Y 7B3
(905) 953-1617   SIC 5712

LEON'S FURNITURE LIMITED p 739
440 Taylor Rd, NIAGARA ON THE LAKE, ON, L0S 1J0
(905) 682-8519   SIC 5712

LEON'S FURNITURE LIMITED p 795
1718 Heron Rd, OTTAWA, ON, K1V 6A1
(613) 737-3530   SIC 5712

LEON'S FURNITURE LIMITED p 799
2600 Queensview Dr, OTTAWA, ON, K2B 8H6
(613) 820-6446   SIC 5712

LEON'S FURNITURE LIMITED p 822
10875 Yonge St, RICHMOND HILL, ON, L4C 3E3
(905) 770-4424   SIC 5712

LEON'S FURNITURE LIMITED p 832
682 Second Line E, SAULT STE. MARIE, ON, P6B 4K3
(705) 946-2510   SIC 5712

LEON'S FURNITURE LIMITED p 834
20 Mclevin Ave, SCARBOROUGH, ON, M1B 2V5
(416) 291-3818   SIC 5712

LEON'S FURNITURE LIMITED p 867
817 Notre Dame Ave, SUDBURY, ON, P3A 2T2
(705) 524-5366   SIC 5712

LEON'S FURNITURE LIMITED p 892
2872 Danforth Ave, TORONTO, ON, M4C 1M1
(416) 699-7143   SIC 5712

LEON'S FURNITURE LIMITED p 941
10 Suntract Rd, TORONTO, ON, M9N 3N9
(416) 243-8300   SIC 5712

LEON'S FURNITURE LIMITED p 955
803 Niagara St, WELLAND, ON, L3C 1M4
(905) 735-2880   SIC 5712

LEON'S FURNITURE LIMITED p 958
1500 Victoria St E, WHITBY, ON, L1N 9M3
(905) 430-9050   SIC 5712

LEON'S FURNITURE LIMITED p 964
700 Division Rd, WINDSOR, ON, N8W 5R9
(519) 969-7403   SIC 5712

LEON'S FURNITURE LIMITED p 990
11201 Rue Renaude-Lapointe, ANJOU, QC, H1J 2T4
(514) 353-7506   SIC 5712

LEON'S FURNITURE LIMITED p 1020
2000 Boul Daniel-Johnson, Cote Saint-Luc, QC, H7T 1A3
(450) 688-3851   SIC 5712

LEON'S FURNITURE LIMITED p 1026
2020 Rte Transcanadienne, DORVAL, QC, H9P 2N4
(514) 684-6116   SIC 5712

LEON'S FURNITURE LIMITED p 1146
3333 Rue Du Carrefour Bureau H, Quebec, QC, G1C 5R9
(418) 667-4040   SIC 5712

LEON'S FURNITURE LIMITED p 1163
2840 Rue Einstein, Quebec, QC, G1X 5H3
(418) 683-9600   SIC 5712

LEON'S FURNITURE LIMITED p 1300
126 Cardinal Cres, SASKATOON, SK, S7L 6H6
(306) 664-1062   SIC 5712

LEON'S FURNITURE WAREHOUSE & SHOWROOM p 116
See LEON'S FURNITURE LIMITED

LEON'S FURNITURE WAREHOUSE & SHOWROOM p 158
See LEON'S FURNITURE LIMITED

LEON'S HEAVY EQUIPMENT LTD p 122
100 Real Martin Dr Suite 14, FORT MCMURRAY, AB, T9K 2S1
(780) 715-0648   SIC 5084

LEON'S SUPERSTORE p 452
See LEON'S FURNITURE LIMITED

LEONE INTERNATIONAL MARKETING INC p 308
757 Hastings St W Unit R112, VANCOUVER, BC, V6C 1A1
(604) 685-9327   SIC 5699

LEONS FURNITURE GUELPH p 602
See LEON'S FURNITURE LIMITED

LEOPARDS LOUNGE & BROIL p 967
See 1307761 ONTARIO LTD

LEOVILLE p 1272
See LIVING SKY SCHOOL DIVISION NO. 202

LEPAGE ON YONGE p 896
See ROYAL LEPAGE LIMITED

LEPINE-CLOUTIER LTEE p 1166
301 Rang Sainte-Anne, Quebec, QC, G2G 0G9
(418) 871-2372   SIC 6531

LEPROHON INC p 1240
6171 Boul Bourque, SHERBROOKE, QC, J1N 1H2
(819) 563-2454   SIC 1711

LERNERS LLP p 915
130 Adelaide St W Suite 2400, TORONTO, ON, M5H 3P5
(416) 867-3076   SIC 8111

LERON ENTERPRISES LTD p 642
504 Lancaster St W, KITCHENER, ON, N2K 1L9
(519) 570-3186   SIC 5461

LES ALIMENTS HIGH LINER p 1057
See HIGH LINER FOODS INCORPORATED

LES BENEVOLES DU CENTRE HOSPITALIER REGIONAL DE LA p 1046
See LES BENEVOLES DU CENTRE HOSPITALIER REGIONAL DE LANAUDIERE CHRDL

LES BENEVOLES DU CENTRE HOSPITALIER REGIONAL DE LANAUDIERE CHRDL p 1046
256 Rue Lavaltrie S, JOLIETTE, QC, J6E 5X7
(450) 755-6655   SIC 8062

LES BOIS LAURENTIEN INC p 1205
395 Rue Stinson, SAINT-LAURENT, QC, H4N 2E1
(514) 748-2028   SIC 2431

LES CAVALIER DE LA SALLE p 1060
See GESTION IMMOBILIERE LUC MAURICE INC

LES CENTRE FUNERAIRE GREGOIRE & DESROCHERS INC p 1261
12 Rue Saint-Joseph, Warwick, QC, J0A 1M0
(819) 358-2314   SIC 7261

LES CENTRES DE LA JEUNESSE ET DE LA FAMILLE BATSHAW p 1028
825 Av Dawson, DORVAL, QC, H9S 1X4
(514) 636-0910   SIC 8322

LES CENTRES DE LA JEUNESSE ET DE LA FAMILLE BATSHAW p 1098
410 Rue De Bellechasse Bureau 2002, Montreal, QC, H2S 1X3
(514) 273-9533   SIC 8322

LES CENTRES DE LA JEUNESSE ET DE LA FAMILLE BATSHAW p 1144
3065 Boul Du Cure-Labelle, Prevost, QC, J0R 1T0
(450) 224-8234   SIC 8322

LES CENTRES DE LA JEUNESSE ET DE LA FAMILLE BATSHAW p 1262
5 Rue Weredale Park, WESTMOUNT, QC, H3Z 1Y5
(514) 989-1885   SIC 8322

LES CENTRES DE LA JEUNESSE ET DE LA FAMILLE BATSHAW p 1262
4515 Rue Sainte-Catherine O, WESTMOUNT, QC, H3Z 1R9
(514) 935-6196   SIC 8322

LES CENTRES DE LA JEUNESSE ET DE LA FAMILLE BATSHAW p 1262
4039 Rue Tupper Bureau 4, WESTMOUNT, QC, H3Z 1T5
(514) 937-9581   SIC 8322

LES CLERCS DU ST VIATEUR p 1045
See CENTRE CHAMPAGNEUR

LES DISTRIBUTION R.V.I, DIR OF p 640
See MTD PRODUCTS LIMITED

LES DISTRIBUTIONS RVI p 1209
See MTD PRODUCTS LIMITED

LES ECURIES DANO p 1187
See PREMIERE VIDEO INC

LES EDITIONS DE L'HOMME p 1095
See GROUPE SOGIDES INC

LES EDITIONS QUEBEC-AMERIQUE INC p 1004
1380 Rue De Coulomb, BOUCHERVILLE, QC, J4B 7J4
(450) 655-5163   SIC 4226

LES ELEMENTS CHAUFFANTS TEMPORA INC p 1059
2501 Av Dollard, LASALLE, QC, H8N 1S2
(514) 933-1649   SIC 3567

LES ENTREPRISES DORO J.C.S. INC p 1215
9216 Boul Lacordaire, SAINT-LEONARD, QC, H1R 2B7
(514) 322-9143   SIC 5812

LES ENTREPRISES DORO J.C.S. INC p 1215
6050 Boul Des Grandes-Prairies Bureau 204, SAINT-LEONARD, QC, H1P 1A2
(514) 722-3676   SIC 5812

LES ENTREPRISES PASTENE p 991
See PASTENE ENTERPRISES ULC

LES ENTREPRISES REAL CARON LTEE p 1085
8455 Boul Henri-Bourassa E, Montreal, QC, H1E 1P4
(514) 352-5754   SIC 4214

LES ENTREPRISES UNI VAL INC p 1128
1195 Montee Masson, Montreal, QC, H7E 4P2
(450) 661-8444   SIC 1522

LES EQUIPES D'ANIMATION DE PASSE-PARTOUT p 1055
See COMMISSION SCOLAIRE DES HAUTS-CANTONS

LES GALERIES CHAGNON SERVICE CENTRE p 1064
See CAISSE DESJARDINS DE LEVIS

LES GROUPE DE DATA p 1003
See DATA COMMUNICATIONS MANAGEMENT CORP

LES IMMEUBLES BEAUHARNOIS p 996
See CONSTRUCTION & EXPERTISE PG INC

LES INDUSTRIES FIBROBEC INC p 998
219 Rue Saint-Georges, BELOEIL, QC, J3G 4N4

BUSINESSES ALPHABETICALLY

(450) 467-8611   *SIC* 3713
LES INDUSTRIES ROCAND   *p* 1154
See 9184-2518 QUEBEC INC
LES INVESTISSEMENTS RAMAN 'S.E.N.C.'
p 1107
1110 Rue Sherbrooke O Bureau 301, Montreal, QC, H3A 1G8
(514) 844-3951   *SIC* 7011
LES PENCHANTS   *p* 1118
See 9143-1874 QUEBEC INC.
LES PETROLES R. TURMEL INC   *p* 1055
4575 Rue Latulippe Bureau 1, Lac-Megantic, QC, G6B 3H1
(819) 583-3838   *SIC* 5169
LES PLACEMENTS ANDRE SOUCY LTEE *p* 1231
255 Boul Du Cure-Labelle, SAINTE-THERESE, QC, J7E 2X6
(450) 437-4476   *SIC* 7533
LES PLACEMENTS E.G.B. INC   *p* 1209
9000 Boul Henri-Bourassa O, SAINT-LAURENT, QC, H4S 1L5
(514) 336-3213   *SIC* 6712
LES PLACEMENTS J.G. BERNARD LTEE *p* 1241
5040 Boul Industriel, SHERBROOKE, QC, J1R 0P4
(819) 564-2966   *SIC* 5014
LES PLACEMENTS ROGER POIRIER INC *p* 1216
7388 Boul Viau, SAINT-LEONARD, QC, H1S 2N9
(514) 727-2847   *SIC* 6712
LES PORTES ISOLEX INC   *p* 998
1200 Rue Bernard-Pilon, BELOEIL, QC, J3G 1V1
(450) 536-3063   *SIC* 5031
LES PROFESSIONNELLES EN SOINS DE SANTE UNIS DE PAPINEAU   *p* 1034
578 Rue Maclaren E, GATINEAU, QC, J8L 2W1
(819) 986-3359   *SIC* 8062
LES SERVICES EXP INC   *p* 1116
1441 Boul Rene-Levesque O Bureau 200, Montreal, QC, H3G 1T7
(514) 931-1080   *SIC* 8711
LES SYSTEMES FONEX DATA INC   *p* 1209
5400 Ch Saint-Francois, SAINT-LAURENT, QC, H4S 1P6
(514) 333-6639   *SIC* 5065
LES SYSTEMES TOMRA   *p* 995
See TOMRA CANADA INC
LES TERRASSEMENTS ALLAIRE & GINCE
p 1042
See GROUPE ALLAIREGINCE INFRASTRUCTURES INC
LES TISSUS RENTEX INC   *p* 1197
310 5e Av, SAINT-JEAN-SUR-RICHELIEU, QC, J2X 1T9
(450) 347-4495   *SIC* 2258
LES TROTTINETTES   *p* 1258
See CENTRE DE LA PETITE ENFANCE COMMUNAUTAIRE LES TROTTINETTES
LESLIE DAN FACULTY OF PHARMACY   *p* 926
See GOVERNING COUNCIL OF THE UNIVERSITY OF TORONTO
LESLIE FROST PUBLIC SCHOOL   *p* 648
See TRILLIUM LAKELANDS DISTRICT SCHOOL BOARD
LESLIE MCFARLANE ELEMENTARY SCHOOL   *p* 957
See DURHAM DISTRICT SCHOOL BOARD
LESLIE PARK PUBLIC SCHOOL   *p* 729
See OTTAWA-CARLETON DISTRICT SCHOOL BOARD
LESLIE THOMAS JUNIOR HIGH SCHOOL *p* 467
See HALIFAX REGIONAL SCHOOL BOARD
LESLIEVILLE ELEMENTARY SCHOOL   *p* 136
See WILD ROSE SCHOOL DIVISION NO. 66

LESLIEVILLE PUBLIC SCHOOL   *p* 896
See TORONTO DISTRICT SCHOOL BOARD
LESPERANCE, FRANCOIS INC   *p* 1017
164 Boul Des Laurentides, Cote Saint-Luc, QC, H7G 4P6
(450) 667-0255   *SIC* 5211
LESTER B PEARSON COLLEGIATE INSTITUTE   *p* 885
See TORONTO DISTRICT SCHOOL BOARD
LESTER B PEARSON HIGH SCHOOL *p* 536
See HALTON DISTRICT SCHOOL BOARD
LESTER B PEARSON HIGH SCHOOL   *p* 1132
See COMMISSION SCOLAIRE ENGLISH-MONTREAL
LESTER B PEARSON PUBLIC SCHOOL   *p* 484
See DURHAM DISTRICT SCHOOL BOARD
LESTER B PEARSON PUBLIC SCHOOL   *p* 951
See WATERLOO REGION DISTRICT SCHOOL BOARD
LESTER B PEARSON SCHOOL   *p* 1299
See BOARD OF EDUCATION OF SASKATOON SCHOOL DIVISION NO. 13 OF SASKATCHEWAN, THE
LESTER B PEARSON SCHOOL FOR THE ARTS   *p* 654
See THAMES VALLEY DISTRICT SCHOOL BOARD
LESTER B. PEARSON CATHOLIC SCHOOL   *p* 511
See DUFFERIN-PEEL CATHOLIC DISTRICT SCHOOL BOARD
LESTER B. PEARSON CHILDREN'S ACADEMY & KID'S CLUB   *p* 492
See YORK REGION DISTRICT SCHOOL BOARD
LESTER B. PEARSON SCHOOL BOARD   *p* 995
230 Rue Sherbrooke, BEACONSFIELD, QC, H9W 1P5
(514) 697-7830   *SIC* 8211
LESTER B. PEARSON SCHOOL BOARD   *p* 995
250 Beaurepaire Dr, BEACONSFIELD, QC, H9W 5G7
(514) 697-7220   *SIC* 8211
LESTER B. PEARSON SCHOOL BOARD   *p* 995
422 Boul Beaconsfield, BEACONSFIELD, QC, H9W 4B7
(514) 695-0651   *SIC* 8211
LESTER B. PEARSON SCHOOL BOARD   *p* 995
115 Boul Beaconsfield, BEACONSFIELD, QC, H9W 3Z8
(514) 697-7621   *SIC* 8211
LESTER B. PEARSON SCHOOL BOARD   *p* 1024
150 Rue Hyman, DOLLARD-DES-ORMEAUX, QC, H9B 1L6
(514) 798-0767   *SIC* 8211
LESTER B. PEARSON SCHOOL BOARD   *p* 1024
551 Av Westminster, DOLLARD-DES-ORMEAUX, QC, H9G 1E8
(514) 626-0670   *SIC* 8211
LESTER B. PEARSON SCHOOL BOARD   *p* 1028
244 Av De La Presentation, DORVAL, QC, H9S 3L6
SIC 8211
LESTER B. PEARSON SCHOOL BOARD   *p* 1028
1750 Av Carson, DORVAL, QC, H9S 1N3
(514) 798-0738   *SIC* 8211
LESTER B. PEARSON SCHOOL BOARD   *p* 1044
69 Cote Saint-Charles, HUDSON HEIGHTS, QC, J0P 1J0

(514) 798-4900   *SIC* 8211
LESTER B. PEARSON SCHOOL BOARD   *p* 1057
5050 Rue Sherbrooke, LACHINE, QC, H8T 1H8
(514) 637-2505   *SIC* 8211
LESTER B. PEARSON SCHOOL BOARD   *p* 1059
2241 Rue Menard, LASALLE, QC, H8N 1J4
(514) 595-2043   *SIC* 8211
LESTER B. PEARSON SCHOOL BOARD *p* 1060
140 9e Av, LASALLE, QC, H8P 2N9
(514) 595-2040   *SIC* 8211
LESTER B. PEARSON SCHOOL BOARD *p* 1060
140 9e Av, LASALLE, QC, H8P 2N9
(514) 595-2050   *SIC* 8211
LESTER B. PEARSON SCHOOL BOARD *p* 1060
8310 Rue George, LASALLE, QC, H8P 1E5
(514) 363-6213   *SIC* 8211
LESTER B. PEARSON SCHOOL BOARD *p* 1061
400 80e Av, LASALLE, QC, H8R 2T3
SIC 8211
LESTER B. PEARSON SCHOOL BOARD *p* 1137
4381 Rue King, PIERREFONDS, QC, H9H 2E8
(514) 626-7880   *SIC* 8211
LESTER B. PEARSON SCHOOL BOARD *p* 1137
4348 Rue Thorndale, PIERREFONDS, QC, H9H 1X1
(514) 626-3924   *SIC* 8211
LESTER B. PEARSON SCHOOL BOARD *p* 1137
4331 Rue Sainte-Anne, PIERREFONDS, QC, H9H 4G7
(514) 626-0480   *SIC* 8211
LESTER B. PEARSON SCHOOL BOARD *p* 1137
13700 Boul De Pierrefonds, PIERREFONDS, QC, H9A 1A7
(514) 620-0707   *SIC* 8249
LESTER B. PEARSON SCHOOL BOARD *p* 1137
13280 Rue Huntington, PIERREFONDS, QC, H8Z 1G2
(514) 626-6253   *SIC* 8211
LESTER B. PEARSON SCHOOL BOARD *p* 1137
13155 Rue Shelborne, PIERREFONDS, QC, H9A 1L4
(514) 626-3484   *SIC* 8211
LESTER B. PEARSON SCHOOL BOARD *p* 1137
5060 Boul Des Sources, PIERREFONDS, QC, H8Y 3E4
(514) 684-2337   *SIC* 8211
LESTER B. PEARSON SCHOOL BOARD *p* 1138
17750 Rue Meloche, PIERREFONDS, QC, H9J 3P9
(514) 624-6614   *SIC* 8211
LESTER B. PEARSON SCHOOL BOARD *p* 1138
261 Rue Shamrock, PINCOURT, QC, J7W 3W5
(514) 453-6351   *SIC* 8211
LESTER B. PEARSON SCHOOL BOARD *p* 1142
111 Av Broadview, POINTE-CLAIRE, QC, H9R 3Z3
(514) 694-2760   *SIC* 8211
LESTER B. PEARSON SCHOOL BOARD *p* 1142
120 Av Ambassador, POINTE-CLAIRE, QC, H9R 1S8
(514) 694-3770   *SIC* 8211
LESTER B. PEARSON SCHOOL BOARD *p* 1142
121 Av Summerhill, POINTE-CLAIRE, QC,

H9R 2L8
(514) 695-1112   *SIC* 8211
LESTER B. PEARSON SCHOOL BOARD *p* 1142
501 Boul Saint-Jean, POINTE-CLAIRE, QC, H9R 3J5
(514) 697-3210   *SIC* 8211
LESTER B. PEARSON SCHOOL BOARD *p* 1142
87 Av Belmont, POINTE-CLAIRE, QC, H9R 2N7
(514) 798-0746   *SIC* 8211
LESTER B. PEARSON SCHOOL BOARD *p* 1142
90 Av De Jubilee Square, POINTE-CLAIRE, QC, H9R 1M3
(514) 798-0758   *SIC* 8211
LESTER B. PEARSON SCHOOL BOARD *p* 1143
17 Av Cedar, POINTE-CLAIRE, QC, H9S 4X9
(514) 798-0792   *SIC* 8211
LESTER B. PEARSON SCHOOL BOARD *p* 1214
2625 Rue Du Bordelais, SAINT-LAZARE, QC, J7T 2Z9
(514) 798-4445   *SIC* 8211
LESTER B. PEARSON SCHOOL BOARD *p* 1214
2800 Rue Du Bordelais, SAINT-LAZARE, QC, J7T 3E3
(514) 798-4500   *SIC* 8211
LESTER B. PEARSON SCHOOL BOARD *p* 1224
17 Rue Maple, SAINTE-ANNE-DE-BELLEVUE, QC, H9X 2E5
(514) 457-3770   *SIC* 8211
LESTER B. PEARSON SCHOOL BOARD *p* 1256
490 Rue Bourget, VAUDREUIL-DORION, QC, J7V 6N2
(514) 798-4454   *SIC* 8211
LESTER B. PEARSON SCHOOL BOARD *p* 1258
610 Av Desmarchais, VERDUN, QC, H4H 1S6
(514) 767-5344   *SIC* 8211
LESTER B. PEARSON SCHOOL BOARD *p* 1258
971 Rue Riverview, VERDUN, QC, H4H 2C3
(514) 762-2717   *SIC* 8211
LESTER B. PEARSON SCHOOL BOARD *p* 1258
6100 Boul Champlain, VERDUN, QC, H4H 1A5
(514) 766-2357   *SIC* 8211
LESTER B. PEARSON SENIOR HIGH SCHOOL   *p* 9
See CALGARY BOARD OF EDUCATION
LESTER PEARSON MEMORIAL HIGH   *p* 437
See NOVA CENTRAL SCHOOL DISTRICT
LETHBRIDGE COMMUNITY OUT OF SCHOOL ASSOCIATION   *p* 138
811 5 Ave S, LETHBRIDGE, AB, T1J 0V2
(403) 320-3988   *SIC* 8322
LETHBRIDGE COUNTRY CLUB   *p* 140
101 Country Club Rd, LETHBRIDGE, AB, T1K 7N9
(403) 327-6900   *SIC* 7997
LETHBRIDGE FAMILY SERVICES   *p* 137
1107 2a Ave N, LETHBRIDGE, AB, T1H 0E6
(403) 327-5724   *SIC* 8322
LETHBRIDGE FAMILY SERVICES   *p* 140
1410 Mayor Magrath Dr S Suite 106, LETHBRIDGE, AB, T1K 2R3
(403) 317-4624   *SIC* 8361
LETHBRIDGE HERALD   *p* 138
See ALBERTA NEWSPAPER GROUP INC
LETHBRIDGE IRON WORKS COMPANY LIMITED   *p* 137
720 32 St N, LETHBRIDGE, AB, T1H 5K5
(403) 329-4242   *SIC* 3321
LETHBRIDGE NORTHERN IRRIGATION

▲ Public Company   ■ Public Company Family Member   **HQ** Headquarters   **BR** Branch   **SL** Single Location

DISTRICT p 137
334 13 St N, Lethbridge, AB, T1H 2R8
(403) 327-3302 SIC 4971
LETHBRIDGE REGIONAL LANDFILL p 138
See LETHBRIDGE, CITY OF
LETHBRIDGE SCHOOL DISTRICT NO. 51 p 137
1605 15 Ave N, LETHBRIDGE, AB, T1H 1W4
(403) 328-4723 SIC 8211
LETHBRIDGE SCHOOL DISTRICT NO. 51 p 137
1801 8a Ave N, LETHBRIDGE, AB, T1H 1C5
(403) 327-3653 SIC 8211
LETHBRIDGE SCHOOL DISTRICT NO. 51 p 137
2003 9 Ave N, LETHBRIDGE, AB, T1H 1J3
(403) 329-3144 SIC 8211
LETHBRIDGE SCHOOL DISTRICT NO. 51 p 137
402 18 St N, LETHBRIDGE, AB, T1H 3G4
(403) 327-4169 SIC 8211
LETHBRIDGE SCHOOL DISTRICT NO. 51 p 137
50 Meadowlark Blvd N, LETHBRIDGE, AB, T1H 4J4
(403) 328-9965 SIC 8211
LETHBRIDGE SCHOOL DISTRICT NO. 51 p 138
433 15 St S, LETHBRIDGE, AB, T1J 2Z4
(403) 327-3945 SIC 8211
LETHBRIDGE SCHOOL DISTRICT NO. 51 p 138
215 Corvette Cres S, LETHBRIDGE, AB, T1J 3X6
(403) 328-1201 SIC 8211
LETHBRIDGE SCHOOL DISTRICT NO. 51 p 138
1222 9 Ave S, LETHBRIDGE, AB, T1J 1V4
(403) 327-5818 SIC 8211
LETHBRIDGE SCHOOL DISTRICT NO. 51 p 138
1101 7 Ave S, LETHBRIDGE, AB, T1J 1K4
(403) 327-7321 SIC 8211
LETHBRIDGE SCHOOL DISTRICT NO. 51 p 138
817 4 Ave S, LETHBRIDGE, AB, T1J 0P3
SIC 8211
LETHBRIDGE SCHOOL DISTRICT NO. 51 p 138
910 4 Ave S Suite 200, LETHBRIDGE, AB, T1J 0P6
SIC 8211
LETHBRIDGE SCHOOL DISTRICT NO. 51 p 140
1129 Henderson Lake Blvd S, LETHBRIDGE, AB, T1K 3B6
(403) 328-5454 SIC 8211
LETHBRIDGE SCHOOL DISTRICT NO. 51 p 140
120 Rocky Mountain Blvd W, LETHBRIDGE, AB, T1K 7J2
(403) 381-3103 SIC 8211
LETHBRIDGE SCHOOL DISTRICT NO. 51 p 140
155 Jerry Potts Blvd W, LETHBRIDGE, AB, T1K 6G8
(403) 381-2211 SIC 8211
LETHBRIDGE SCHOOL DISTRICT NO. 51 p 140
2103 20 St S, LETHBRIDGE, AB, T1K 2G7
(403) 328-5153 SIC 8211
LETHBRIDGE SCHOOL DISTRICT NO. 51 p 140
2109 12 Ave S Suite 51, LETHBRIDGE, AB, T1K 0P1
(403) 329-0125 SIC 8211
LETHBRIDGE SCHOOL DISTRICT NO. 51 p 140
380 Laval Blvd W, LETHBRIDGE, AB, T1K 3Y2
(403) 381-1244 SIC 8211
LETHBRIDGE SCHOOL DISTRICT NO. 51 p 140

50 Blackfoot Blvd W, LETHBRIDGE, AB, T1K 7N7
(403) 327-3465 SIC 8211
LETHBRIDGE TRANSIT p 137
See LETHBRIDGE, CITY OF
LETHBRIDGE TRUCK EQUIPMENT, DIV OF p 137
See SOUTHLAND TRAILER CORP
LETHBRIDGE, CITY OF p 137
619 4 Ave N, LETHBRIDGE, AB, T1H 0K4
(403) 320-3885 SIC 4111
LETHBRIDGE, CITY OF p 138
910 4 Ave S, LETHBRIDGE, AB, T1J 0P6
(403) 329-7367 SIC 4953
LETHBRIDGE, CITY OF p 140
2510 Scenic Dr S, LETHBRIDGE, AB, T1K 7V7
(403) 320-4040 SIC 7999
LETHIRON p 137
See LETHBRIDGE IRON WORKS COMPANY LIMITED
LETKO BROSSEAU & ASSOCIES INC p 1107
1800 Av Mcgill College Bureau 2510, Montreal, QC, H3A 3J6
(514) 499-1200 SIC 6211
LETO STEAK & SEAFOOD HOUSE LTD p 134
4944 Highway 2a, LACOMBE, AB, T4L 1J9
(403) 782-4647 SIC 5812
LETO'S p 134
See LETO STEAK & SEAFOOD HOUSE LTD
LEVACK PUBLIC SCHOOL p 646
See RAINBOW DISTRICT SCHOOL BOARD
LEVEILLE, J.A. & FILS (1990) INC p 1041
250 Rue Saint-Urbain, GRANBY, QC, J2G 8M8
(450) 378-8474 SIC 4731
LEVEL PLATFORMS p 624
See LPI LEVEL PLATFORMS INC
LEVEL-RITE SYSTEMS COMPANY p 524
29 Regan Rd, BRAMPTON, ON, L7A 1B2
SIC 3999
LEVENE TADMAN GUTKIN & GOLUB p 376
See 2533481 MANITOBA LTD
LEVESQUE, MARCHAND WELCH & COMPANY p 1039
See WELCH LLP
LEVETT AUTO METAL LTD p 250
183 Pemberton Ave, NORTH VANCOUVER, BC, V7P 2R4
(604) 985-7195 SIC 7532
LEVETT AUTO METAL LTD p 250
95 Philip Ave, NORTH VANCOUVER, BC, V7P 2V5
(604) 980-4844 SIC 5013
LEVI CREEK PUBLIC SCHOOL p 710
See PEEL DISTRICT SCHOOL BOARD
LEVI STRAUSS & CO p 1113
See STRAUSS, LEVI & CO. (CANADA) INC
LEVI-STRAUSS p 821
See STRAUSS, LEVI & CO. (CANADA) INC
LEVIS DISTRIBUTION CENTRE p 1067
See MULTI-MARQUES INC
LEVIS SUZUKI p 1065
1925 Boul Alphonse-Desjardins, Levis, QC, G6V 9K5
(418) 835-5050 SIC 5511
LEVIS, VILLE DE p 1065
7 Rue Monseigneur-Gosselin, Levis, QC, G6V 5J9
(418) 838-4122 SIC 8231
LEVITT-SAFETY LIMITED p 100
9241 48 St Nw, EDMONTON, AB, T6B 2R9
(780) 461-8088 SIC 5084
LEVITT-SAFETY LIMITED p 256
1611 Broadway St Unit 106, PORT COQUITLAM, BC, V3C 2M7
(604) 464-6332 SIC 5087
LEVITT-SAFETY LIMITED p 893
33 Laird Dr, TORONTO, ON, M4G 3S8

(416) 425-6559 SIC 3648
LEVITT-SAFETY LIMITED p 893
33 Laird Dr, TORONTO, ON, M4G 3S8
(416) 425-6659 SIC 5999
LEVITTS MC p 1058
See ALIMENTS LEVITTS INC, LES
LEVURE FLEISHCHMANN, DIV OF p 1060
See AB MAURI (CANADA) LIMITEE
LEVY HONDA p 1065
See E G AUTOMOBILES INC
LEVY PILOTTE S.E.N.C.R.L. p 1121
5250 Boul Decarie Bureau 700, Montreal, QC, H3X 3Z6
(514) 487-1566 SIC 8721
LEVY'S LEATHERS LIMITED p 375
190 Disraeli Fwy, WINNIPEG, MB, R3B 2Z4
(204) 957-5139 SIC 5948
LEVY'S LEATHERS LIMITED p 442
1 Angus Macquarrie Dr Suite 1, ANTIGONISH, NS, B2G 2L4
(902) 863-2314 SIC 3199
LEWIS BAKERIES (1996) INC p 656
200 Albert St, LONDON, ON, N6A 1M1
(519) 434-5252 SIC 5461
LEWIS MOVERS LIMITED p 841
106 Ridgetop Rd, SCARBOROUGH, ON, M1P 2J9
(416) 438-6805 SIC 4212
LEWISPORTE ACADEMY p 428
See NOVA CENTRAL SCHOOL DISTRICT
LEWISPORTE CO-OP LTD p 428
465 Main St, LEWISPORTE, NL, A0G 3A0
(709) 535-6728 SIC 5411
LEWISPORTE COLLEGIATE p 428
See NOVA CENTRAL SCHOOL DISTRICT
LEWISPORTE MIDDLE SCHOOL p 428
See NOVA CENTRAL SCHOOL DISTRICT
LEWISVILLE MIDDLE SCHOOL p 406
See SCHOOL DISTRICT 2
LEXIN RESOURCES LTD p 60
1207 11 Ave Sw Suite 300, CALGARY, AB, T3C 0M5
(403) 237-9400 SIC 1382
LEXINGTON PUBLIC SCHOOL p 951
See WATERLOO REGION DISTRICT SCHOOL BOARD
LEXISNEXIS p 631
See LEXISNEXIS CANADA INC
LEXISNEXIS CANADA INC p 631
2 Gore St, KINGSTON, ON, K7L 2L1
SIC 7372
LEXISNEXIS CANADA INC p 743
111 Gordon Baker Road Suite 900, NORTH YORK, ON, M2H 3R1
(905) 479-2665 SIC 2731
LEXISNEXIS CANADA INC p 1102
215 Rue Saint-Jacques Bureau 1111, Montreal, QC, H2Y 1M6
(514) 287-0339 SIC 2731
LEXMARK CANADA INC p 874
125 Commerce Valley Dr W Unit 600, THORNHILL, ON, L3T 7W4
(905) 763-0560 SIC 5045
LEXON TRANSPORT INC p 783
1132 Old Innes Rd, OTTAWA, ON, K1B 3V2
(613) 741-2696 SIC 4213
LEXSPAN LIMITED PARTNERSHIP p 185
3111 Norland Ave, BURNABY, BC, V5B 3A9
(604) 205-9600 SIC 1796
LEXUS OF RICHMOND HILL p 824
See WEINS CANADA INC
LEYDEN BUS LINES p 213
See DSR HOLDINGS LTD
LEYEN HOLDINGS LTD p 180
1458 Glenwood Dr, AGASSIZ, BC, V0M 1A3
(604) 796-9202 SIC 8361
LEYEN OIL WELL SERVICING LTD p 141
6302 53 Ave, LLOYDMINSTER, AB, T9V 2E2
(403) 265-6361 SIC 1389
LG2 p 1150
See LABARRE GAUTHIER INC
LGL LIMITED p 277
9768 Second St, SIDNEY, BC, V8L 3Y8

(250) 656-0127 SIC 8748
LHEIT LIT'EN DEVELOPMENT CORPORATION p 258
1041 Whenun Rd, PRINCE GEORGE, BC, V2K 5X8
(250) 963-8451 SIC 7999
LIARD INDUSTRIES INC p 1046
1707 Rue Lepine, JOLIETTE, QC, J6E 4B7
(450) 759-5884 SIC 3599
LIBEO INC p 1168
5700 Boul Des Galeries Bureau 300, Quebec, QC, G2K 0H5
(418) 520-0739 SIC 7374
LIBERAL PARTY OF ONTARIO p 631
See KINGSTON AND THE ISLANDS POLITICAL PARTY
LIBERTE NATURAL FOODS p 755
See LIBERTE NATURAL FOODS INC
LIBERTE NATURAL FOODS INC p 515
91 Delta Park Blvd Unit 2, BRAMPTON, ON, L6T 5E7
(905) 458-8696 SIC 5499
LIBERTE NATURAL FOODS INC p 755
60 Brisbane Rd, NORTH YORK, ON, M3J 2K2
(416) 661-0582 SIC 2026
LIBERTE NATURAL FOODS INC p 1193
5000 Rue J.-A.-Bombardier, SAINT-HUBERT, QC, J3Z 1H1
(450) 926-5222 SIC 5149
LIBERTY HOME PRODUCTS CORP p 1209
1450 Rue Saint-Amour, SAINT-LAURENT, QC, H4S 1J3
(514) 336-2943 SIC 5023
LIBERTY SPRING (TORONTO) INC p 585
25 Worcester Rd, ETOBICOKE, ON, M9W 1K9
(416) 675-9072 SIC 3492
LIBRAIRIE RENAUD-BRAY INC p 1008
6925 Boul Taschereau, BROSSARD, QC, J4Z 1A7
(450) 443-5350 SIC 5942
LIBRAIRIE RENAUD-BRAY INC p 1020
3035 Boul Le Carrefour, Cote Saint-Luc, QC, H7T 1C8
(450) 681-3032 SIC 5942
LIBRAIRIE RENAUD-BRAY INC p 1087
5655 Av Pierre-De Coubertin, Montreal, QC, H1N 1R2
(514) 272-4049 SIC 5942
LIBRAIRIE RENAUD-BRAY INC p 1092
1691 Rue Fleury E, Montreal, QC, H2C 1T1
(514) 384-9920 SIC 5942
LIBRAIRIE RENAUD-BRAY INC p 1099
5117 Av Du Parc, Montreal, QC, H2V 4G3
(514) 276-7651 SIC 5942
LIBRAIRIE RENAUD-BRAY INC p 1142
6815 Rte Transcanadienne, POINTE-CLAIRE, QC, H9R 1C4
(514) 782-1222 SIC 5942
LIBRAIRIE RENAUD-BRAY INC p 1161
2700 Boul Laurier, Quebec, QC, G1V 2L8
(418) 659-1021 SIC 5942
LIBRAIRIE RENAUD-BRAY INC p 1205
775 Boul Lebeau, SAINT-LAURENT, QC, H4N 1S5
(514) 335-9814 SIC 5942
LIBRAIRIE RENAUD-BRAY INC p 1244
3213 Ch Saint-Charles Bureau 81, TERREBONNE, QC, J6V 0G8
(450) 492-1011 SIC 1521
LIBRARY OF RICHMOND p 271
See RICHMOND, CITY OF
LIBRO CREDIT UNION LIMITED p 656
167 Central Ave Suite 200, LONDON, ON, N6A 1M6
(519) 673-4130 SIC 6062
LIBRO CREDIT UNION LIMITED p 827
1315 Exmouth St, SARNIA, ON, N7S 3Y1
(519) 542-5578 SIC 6062
LIBRO CREDIT UNION LIMITED p 866
72 Front St W, STRATHROY, ON, N7G 1X7
(519) 245-1261 SIC 6062

BUSINESSES ALPHABETICALLY

LIMCAN HEATING & AIR CONDITIONING 3461

LICK'S p 836
See LICK'S ICE CREAM & BURGER SHOPS INC
LICK'S HOMEBURGERS & ICE CREAM SHOPS p 894
See LICK'S ICE CREAM & BURGER SHOPS INC
LICK'S ICE CREAM & BURGER SHOPS INC p 615
1441 Upper James St, HAMILTON, ON, L9B 1K2
SIC 5812
LICK'S ICE CREAM & BURGER SHOPS INC p 771
270 North Service Rd W, OAKVILLE, ON, L6M 2R8
SIC 5812
LICK'S ICE CREAM & BURGER SHOPS INC p 795
1788 Bank St, OTTAWA, ON, K1V 7Y6
SIC 5812
LICK'S ICE CREAM & BURGER SHOPS INC p 836
4543 Kingston Rd, SCARBOROUGH, ON, M1E 2P1
(416) 287-9300 SIC 5812
LICK'S ICE CREAM & BURGER SHOPS INC p 894
654 Danforth Ave, TORONTO, ON, M4J 1L1
SIC 5812
LICK'S ICE CREAM & BURGER SHOPS INC p 895
1960 Queen St E, TORONTO, ON, M4L 1H8
SIC 5812
LICK'S RESTAURANT p 771
See LICK'S ICE CREAM & BURGER SHOPS INC
LICKMAN TRAVEL CENTRE INC p 198
43971 Industrial Way Suite 2, CHILLIWACK, BC, V2R 3A4
(604) 795-3828 SIC 7011
LIEBERT CANADA p 704
See EMERSON ELECTRIC CANADA LIMITED
LIEBHERR-AEROSPACE CANADA p 1213
See LIEBHERR-CANADA LTD
LIEBHERR-CANADA LTD p 1
53016 Hwy 60 Unit 208, ACHESON, AB, T7X 5A7
(780) 962-6088 SIC 5082
LIEBHERR-CANADA LTD p 121
98 Wilson Dr, FORT MCMURRAY, AB, T9H 0A1
(780) 791-2967 SIC 5082
LIEBHERR-CANADA LTD p 1213
4250 Chomedey (A-13) O, SAINT-LAURENT, QC, H7R 6E9
(450) 963-7174 SIC 5082
LIENS GATE HOSPITAL p 248
See SODEXO CANADA LTD
LIEUTENANT'S PUMP p 802
See ELGIN STREET HOLDINGS INC
LIFE p 467
See LUNENBURG INDUSTRIAL FOUNDRY & ENGINEERING LTD
LIFE MARK HEALTH CENTRE p 226
See NETWORC HEALTH INC
LIFE NETWORK INC p 902
121 Bloor St E Suite 1500, TORONTO, ON, M4W 3M5
(416) 967-0022 SIC 4833
LIFE SAVINGS SOCIETY p 745
See ROYAL LIFE SAVINGS SOCIETY CANADA, THE
LIFE SCIENCE NUTRITIONALS INC p 987
1190 Rue Lemay, ACTON VALE, QC, J0H 1A0
(450) 546-0101 SIC 2833
LIFE TECHNOLOGIES p 534
See INVITROGEN CANADA INC
LIFELABS p 551
See LIFELABS LP
LIFELABS LP p 551
857 Grand Ave W Unit 106, CHATHAM, ON, N7L 4T1
SIC 8071
LIFELABS LP p 810
849 Alexander Crt Suite 106, PETERBOROUGH, ON, K9J 7H8
SIC 8071
LIFELABS MEDICAL LABORATORY p 810
See LIFELABS LP
LIFELINE p 1016
See ANSUL CANADA LIMITEE
LIFEMARK HEALTH CENTRE p 28
See LIFEMARK HEALTH MANAGEMENT INC
LIFEMARK HEALTH INSTITUTE p 89
See LIFEMARK HEALTH MANAGEMENT INC
LIFEMARK HEALTH MANAGEMENT INC p 10
See LIFEMARK HEALTH MANAGEMENT INC
LIFEMARK HEALTH MANAGEMENT INC p 10
2121 29 St Ne, CALGARY, AB, T1Y 7H8
(403) 297-9500 SIC 8741
LIFEMARK HEALTH MANAGEMENT INC p 24
1221 Barlow Trail Se, CALGARY, AB, T2E 6S2
(403) 569-8050 SIC 8741
LIFEMARK HEALTH MANAGEMENT INC p 28
2225 Macleod Trail Se, CALGARY, AB, T2G 5B6
(403) 221-8340 SIC 8741
LIFEMARK HEALTH MANAGEMENT INC p 35
9250 Macleod Trail Se Unit 1, CALGARY, AB, T2J 0P5
(403) 974-0174 SIC 8741
LIFEMARK HEALTH MANAGEMENT INC p 54
2000 Southland Dr Sw, CALGARY, AB, T2V 4S4
(403) 252-8535 SIC 8741
LIFEMARK HEALTH MANAGEMENT INC p 62
2000 69 St Sw, CALGARY, AB, T3H 4V7
(403) 240-0124 SIC 8741
LIFEMARK HEALTH MANAGEMENT INC p 89
154 Meadowlark Shopping Ctr Nw, EDMONTON, AB, T5R 5W9
(780) 429-4761 SIC 8741
LIFEMARK PHYSIOTHERAPY p 24
See LIFEMARK HEALTH MANAGEMENT INC
LIFEMARK PHYSIOTHERAPY p 54
See LIFEMARK HEALTH MANAGEMENT INC
LIFEMARK PHYSIOTHERAPY p 62
See LIFEMARK HEALTH MANAGEMENT INC
LIFESAVING SOCIETY p 745
See ROYAL LIFE SAVING SOCIETY CANADA, ONTARIO BRANCH, THE
LIFESTYLE EQUITY SOCIETY p 226
1726 Dolphin Ave Suite 305, KELOWNA, BC, V1Y 9R9
(250) 869-0186 SIC 8361
LIFESTYLE OPTIONS p 94
See ALBERTA LIFE CARE LTD
LIFESTYLE RESTAURANT LTD p 300
950 Broadway W Suite 201, VANCOUVER, BC, V5Z 1K7
(604) 231-0055 SIC 5812
LIFETIME LEARNING CENTRE p 853
See DISTRICT SCHOOL BOARD OF NIAGARA
LIFETOUCH CANADA INC p 372
1410 Mountain Ave Unit 1, WINNIPEG, MB, R2X 0A4
(204) 977-3475 SIC 7384
LIFETOUCH CANADA INC p 780
320 Marwood Dr Unit 6, OSHAWA, ON, L1H 8B4
(905) 571-1103 SIC 7221
LIFETOUCH CANADA INC p 843
140 Shorting Rd, SCARBOROUGH, ON, M1S 3S6
(416) 298-1842 SIC 7221
LIFT BOSS INC p 74
7912 Yellowhead Trail Nw, EDMONTON, AB, T5B 1G3
(780) 474-9900 SIC 5084
LIFT BOSS MATERIAL HANDLING GROUP p 74
See LIFT BOSS INC
LIFT RITE INC p 714
5975 Falbourne St Unit 3, MISSISSAUGA, ON, L5R 3L8
(905) 456-2603 SIC 3499
LIFTING SOLUTIONS INC p 100
3710 78 Ave Nw, EDMONTON, AB, T6B 3E5
(780) 784-7725 SIC 5051
LIFTOW LIMITED p 452
110 Wright Ave, DARTMOUTH, NS, B3B 1R6
(902) 469-6721 SIC 8748
LIFTOW LIMITED p 606
21 Keefer Crt, HAMILTON, ON, L8E 4V4
(905) 561-3351 SIC 5084
LIFTOW LIMITED p 644
1465 Strasburg Rd, KITCHENER, ON, N2R 1H2
(519) 748-5200 SIC 5084
LIFTOW LIMITED p 664
403 Neptune Cres, LONDON, ON, N6M 1A2
(519) 659-0823 SIC 5084
LIFTOW LIMITED p 704
4180 Sladeview Cres Unit 3, MISSISSAUGA, ON, L5L 0A1
(905) 461-0262 SIC 8742
LIFTOW LIMITED p 845
145 Select Ave Unit 8, SCARBOROUGH, ON, M1V 5M8
(416) 745-9770 SIC 5084
LIFTOW LIMITED p 845
145 Select Ave Unit 8, SCARBOROUGH, ON, M1V 5M8
(416) 298-7119 SIC 5084
LIFTOW LIMITED p 1057
1936 32e Av, LACHINE, QC, H8T 3J7
(514) 633-9360 SIC 5084
LIFTOW LIMITED p 1129
1445 Rue Bergar, Montreal, QC, H7L 4Z7
(450) 901-3500 SIC 5084
LIFTOW TRAINING CENTER p 704
See LIFTOW LIMITED
LIGHT OF CHRIST ELEMENTARY SCHOOL p 492
See YORK CATHOLIC DISTRICT SCHOOL BOARD
LIGHT OF CHRIST RCSSD p 1277
1241 105th St, NORTH BATTLEFORD, SK, S9A 1S8
(306) 445-0283 SIC 8211
LIGHT OF CHRIST RCSSD p 1277
1352 110th St, NORTH BATTLEFORD, SK, S9A 2J1
(306) 445-5152 SIC 8211
LIGHT OF CHRIST RCSSD p 1277
1491 97th St, NORTH BATTLEFORD, SK, S9A 0K1
(306) 446-2232 SIC 8211
LIGHT OF CHRIST RCSSD p 1277
1651 96th St, NORTH BATTLEFORD, SK, S9A 0H7
(306) 446-2167 SIC 8211
LIGHT OF CHRIST RCSSD p 1277
9201 19th Ave, NORTH BATTLEFORD, SK, S9A 2W2
(306) 445-2360 SIC 8211
LIGHTHOUSE CAMP SERVICES LTD p 28
714 1 St Se Unit 300, CALGARY, AB, T2G 2G8
(403) 265-5190 SIC 7011
LIGHTHOUSE CHRISTIAN ACADEMY SOCIETY, THE p 254
Gd Lcd Main, PORT ALBERNI, BC, V9Y 7M3
(250) 723-7382 SIC 8211
LIGHTHOUSE LOGISTICS, A DIV OF p 28
See LIGHTHOUSE CAMP SERVICES LTD
LIGHTHOUSE MEDIA GROUP p 445
See LIGHTHOUSE PUBLISHING LIMITED
LIGHTHOUSE PUBLISHING LIMITED p 445
353 York St, BRIDGEWATER, NS, B4V 3K2
(902) 543-2457 SIC 2711
LIGHTOLIER-CFI, DIV. OF p 586
See PHILIPS LIGHTING CANADA LTD
LIGHTS ALIVE LTD p 105
3809 98 St Nw, EDMONTON, AB, T6E 5V4
(780) 438-6624 SIC 5063
LIGNCO SIGMA INC p 997
1645 Av Le Neuf Bureau 14, Becancour, QC, G9H 2E5
(819) 233-3435 SIC 1799
LIGNE D'AUTOBUS DECOUVERTE p 1165
See AUTOBUS LA QUEBECOISE INC
LIGNES DU FJORD INC, LES p 1046
2361 Rue Bauman, Jonquiere, QC, G7S 5A9
(418) 548-0048 SIC 1623
LILLOOET SECONDARY SCHOOL p 235
See SCHOOL DISTRICT #74 (GOLD TRAIL)
LILLY ANALYTICAL RESEARCH LAB p 840
See ELI LILLY CANADA INC
LILOOET HOSPITAL & HEALTH CENTER p 235
See INTERIOR HEALTH AUTHORITY
LILYDALE COOP INCORPORATED p 179
31894 Marshall Rd, ABBOTSFORD, BC, V2T 5Z9
(604) 857-1261 SIC 3269
LILYDALE FOODS p 75
See LILYDALE INC
LILYDALE FOODS p 105
See LILYDALE INC
LILYDALE FOODS p 179
See LILYDALE INC
LILYDALE FOODS p 1309
See LILYDALE INC
LILYDALE HATCHERIES DIV p 75
See LILYDALE INC
LILYDALE HATCHERIES DIV p 1079
See LILYDALE INC
LILYDALE INC p 28
2126 Hurst Rd Se, CALGARY, AB, T2G 4M5
(403) 265-9010 SIC 2015
LILYDALE INC p 75
7503 127 Ave Nw, EDMONTON, AB, T5C 1R9
(780) 475-6607 SIC 5144
LILYDALE INC p 75
7727 127 Ave Nw, EDMONTON, AB, T5C 1R9
(780) 448-0990 SIC 5144
LILYDALE INC p 105
9620 56 Ave Nw, EDMONTON, AB, T6E 0B3
(780) 435-3944 SIC 5144
LILYDALE INC p 179
31894 Marshall Pl Suite 5, ABBOTSFORD, BC, V2T 5Z9
(604) 850-2633 SIC 2015
LILYDALE INC p 256
1910 Kingsway Ave, PORT COQUITLAM, BC, V3C 1S7
(604) 941-4041 SIC 2015
LILYDALE INC p 1079
9051 Rte Sir-Wilfrid-Laurier, MIRABEL, QC, J7N 1L6
SIC 5144
LILYDALE INC p 1309
502 Bosworth St, WYNYARD, SK, S0A 4T0
(306) 554-2555 SIC 2015
LILYDALE POULTRY p 28
See LILYDALE INC
LIMCAN HEATING & AIR CONDITIONING p 780
See LENNOX CANADA INC

▲ Public Company   ■ Public Company Family Member   HQ Headquarters   BR Branch   SL Single Location

LIME RIDGE MALL *p* 614
See CADILLAC FAIRVIEW CORPORATION LIMITED, THE

LIMESTONE DISTRICT SCHOOL BOARD *p* 487
70 Fairfield Blvd, AMHERSTVIEW, ON, K7N 1L4
(613) 389-0628   *SIC* 8211

LIMESTONE DISTRICT SCHOOL BOARD *p* 500
4576 Battersea Rd, BATTERSEA, ON, K0H 1H0
(613) 353-2868   *SIC* 8211

LIMESTONE DISTRICT SCHOOL BOARD *p* 500
247 Church St, BATH, ON, K0H 1G0
(613) 352-7543   *SIC* 8211

LIMESTONE DISTRICT SCHOOL BOARD *p* 554
14196 Hwy 41, CLOYNE, ON, K0H 1K0
(613) 336-8991   *SIC* 8211

LIMESTONE DISTRICT SCHOOL BOARD *p* 572
2100 Unity Rd, ELGINBURG, ON, K0H 1M0
(613) 542-8387   *SIC* 8211

LIMESTONE DISTRICT SCHOOL BOARD *p* 618
4121 Colebrook Rd, HARROWSMITH, ON, K0H 1V0
(613) 372-2026   *SIC* 8211

LIMESTONE DISTRICT SCHOOL BOARD *p* 630
57 Lundy's Lane, KINGSTON, ON, K7K 5G4
SIC 8211

LIMESTONE DISTRICT SCHOOL BOARD *p* 630
77 Maccauley St, KINGSTON, ON, K7K 2V8
(613) 542-6155   *SIC* 8211

LIMESTONE DISTRICT SCHOOL BOARD *p* 630
85 First Ave, KINGSTON, ON, K7K 2G7
(613) 542-4392   *SIC* 8211

LIMESTONE DISTRICT SCHOOL BOARD *p* 630
2 Montcalm Ave, KINGSTON, ON, K7K 7G5
(613) 547-2556   *SIC* 8211

LIMESTONE DISTRICT SCHOOL BOARD *p* 630
38 Cowdy St, KINGSTON, ON, K7K 3V7
SIC 8211

LIMESTONE DISTRICT SCHOOL BOARD *p* 630
411 Wellington St, KINGSTON, ON, K7K 5R5
SIC 8211

LIMESTONE DISTRICT SCHOOL BOARD *p* 630
145 Kirkpatrick St, KINGSTON, ON, K7K 2P4
(613) 546-1714   *SIC* 8211

LIMESTONE DISTRICT SCHOOL BOARD *p* 632
530 Earl St, KINGSTON, ON, K7L 2K3
(613) 542-6441   *SIC* 8211

LIMESTONE DISTRICT SCHOOL BOARD *p* 632
773 Highway 15, KINGSTON, ON, K7L 5H6
(613) 546-1737   *SIC* 8211

LIMESTONE DISTRICT SCHOOL BOARD *p* 632
9 Dundas St, KINGSTON, ON, K7L 1N2
(613) 546-5901   *SIC* 8211

LIMESTONE DISTRICT SCHOOL BOARD *p* 634
153 Van Order Dr, KINGSTON, ON, K7M 1B9
(613) 546-5575   *SIC* 8211

LIMESTONE DISTRICT SCHOOL BOARD *p* 634
165 Robert Wallace Dr, KINGSTON, ON, K7M 1Y3
(613) 542-5926   *SIC* 8211

LIMESTONE DISTRICT SCHOOL BOARD *p* 634
1789 Bath Rd, KINGSTON, ON, K7M 4Y3
(613) 389-2130   *SIC* 8211

LIMESTONE DISTRICT SCHOOL BOARD *p* 634
19 Crerar Blvd, KINGSTON, ON, K7M 3P7
(613) 389-0267   *SIC* 8211

LIMESTONE DISTRICT SCHOOL BOARD *p* 634
190 Welborne Ave, KINGSTON, ON, K7M 4G3
(613) 389-0188   *SIC* 8211

LIMESTONE DISTRICT SCHOOL BOARD *p* 634
361 Roosevelt Dr, KINGSTON, ON, K7M 4A8
(613) 389-2330   *SIC* 8211

LIMESTONE DISTRICT SCHOOL BOARD *p* 634
641 Truedell Rd, KINGSTON, ON, K7M 6W6
(613) 389-2560   *SIC* 8211

LIMESTONE DISTRICT SCHOOL BOARD *p* 634
153 Van Order Dr, KINGSTON, ON, K7M 1B9
(613) 542-9871   *SIC* 8211

LIMESTONE DISTRICT SCHOOL BOARD *p* 634
153 Van Order Dr, KINGSTON, ON, K7M 1B9
(613) 542-0060   *SIC* 8211

LIMESTONE DISTRICT SCHOOL BOARD *p* 634
1066 Hudson Dr, KINGSTON, ON, K7M 5K8
(613) 389-6900   *SIC* 8211

LIMESTONE DISTRICT SCHOOL BOARD *p* 634
120 Norman Rogers Dr, KINGSTON, ON, K7M 2R2
(613) 544-6040   *SIC* 8211

LIMESTONE DISTRICT SCHOOL BOARD *p* 634
1059 Taylor-Kidd Blvd, KINGSTON, ON, K7M 6J9
(613) 389-8932   *SIC* 8211

LIMESTONE DISTRICT SCHOOL BOARD *p* 635
1255 Birchwood Dr, KINGSTON, ON, K7P 2G6
(613) 634-4995   *SIC* 8211

LIMESTONE DISTRICT SCHOOL BOARD *p* 635
1020 Lancaster Dr, KINGSTON, ON, K7P 2R7
(613) 634-0470   *SIC* 8211

LIMESTONE DISTRICT SCHOOL BOARD *p* 724
1447 Mountain Grove Rd, MOUNTAIN GROVE, ON, K0H 2E0
(613) 335-5254   *SIC* 8211

LIMESTONE DISTRICT SCHOOL BOARD *p* 725
12 Richmond Park Dr, NAPANEE, ON, K7R 2Z5
(613) 354-4596   *SIC* 8211

LIMESTONE DISTRICT SCHOOL BOARD *p* 725
75 Graham St W, NAPANEE, ON, K7R 2J9
(613) 354-2121   *SIC* 8211

LIMESTONE DISTRICT SCHOOL BOARD *p* 725
840 County Rd 8, NAPANEE, ON, K7R 3K7
(613) 354-5171   *SIC* 8211

LIMESTONE DISTRICT SCHOOL BOARD *p* 725
245 Belleville Rd, NAPANEE, ON, K7R 3M7
(613) 354-3381   *SIC* 8211

LIMESTONE DISTRICT SCHOOL BOARD *p* 772
10 North St, ODESSA, ON, K0H 2H0
(613) 386-3022   *SIC* 8211

LIMESTONE DISTRICT SCHOOL BOARD *p* 772
50 Main St, ODESSA, ON, K0H 2H0
(613) 386-3054   *SIC* 8211

LIMESTONE DISTRICT SCHOOL BOARD *p* 807
1084 Walsh Lane, PERTH ROAD, ON, K0H 2L0
(613) 353-2151   *SIC* 8211

LIMESTONE DISTRICT SCHOOL BOARD *p* 847
1623 County Rd 41, SELBY, ON, K0K 2Z0
(613) 388-2670   *SIC* 8211

LIMESTONE DISTRICT SCHOOL BOARD *p* 848
24719 Hwy 7, SHARBOT LAKE, ON, K0H 2P0
(613) 279-2131   *SIC* 8211

LIMESTONE DISTRICT SCHOOL BOARD *p* 871
2860 Rutledge Rd, SYDENHAM, ON, K0H 2T0
(613) 376-3612   *SIC* 8211

LIMESTONE DISTRICT SCHOOL BOARD *p* 871
4330 Wheatley St, SYDENHAM, ON, K0H 2T0
(613) 376-3848   *SIC* 8211

LIMESTONE DISTRICT SCHOOL BOARD *p* 872
6668 Wheeler St, TAMWORTH, ON, K0K 3G0
(613) 379-2317   *SIC* 8211

LIMESTONE DISTRICT SCHOOL BOARD *p* 948
6875 38 Hwy, VERONA, ON, K0H 2W0
(613) 374-2003   *SIC* 8211

LIMITE *p* 759
See 3127885 CANADA INC

LINAMAR CORPORATION *p* 488
Gd, ARISS, ON, N0B 1B0
(519) 822-4080   *SIC* 3531

LINAMAR CORPORATION *p* 602
355 Silvercreek Pky N, GUELPH, ON, N1H 1E6
(519) 821-7576   *SIC* 3714

LINAMAR CORPORATION *p* 602
351 Silvercreek Pky N, GUELPH, ON, N1H 1E6
(519) 763-0063   *SIC* 3714

LINAMAR CORPORATION *p* 602
347 Silvercreek Pky N, GUELPH, ON, N1H 1E6
(519) 837-3055   *SIC* 3714

LINAMAR CORPORATION *p* 602
280 Speedvale Ave W, GUELPH, ON, N1H 1C4
(519) 824-8899   *SIC* 3714

LINAMAR CORPORATION *p* 602
74 Campbell Rd, GUELPH, ON, N1H 1C1
(519) 821-1650   *SIC* 3714

LINAMAR CORPORATION *p* 604
545 Elmira Rd N, GUELPH, ON, N1K 1C2
(226) 326-0125   *SIC* 3714

LINAMAR CORPORATION *p* 604
415 Elmira Rd N, GUELPH, ON, N1K 1H3
(519) 763-5369   *SIC* 3714

LINAMAR CORPORATION *p* 604
400 Massey Rd, GUELPH, ON, N1K 1C4
(519) 763-5370   *SIC* 3714

LINAMAR CORPORATION *p* 604
381 Massey Rd, GUELPH, ON, N1K 1B2
(519) 767-9711   *SIC* 3714

LINAMAR CORPORATION *p* 604
375 Massey Rd, GUELPH, ON, N1K 1B2
(519) 822-9008   *SIC* 3714

LINAMAR CORPORATION *p* 604
32 Independence Pl, GUELPH, ON, N1K 1H8
(519) 827-9423   *SIC* 3714

LINAMAR CORPORATION *p* 604
355 Massey Rd, GUELPH, ON, N1K 1B2
(519) 837-0880   *SIC* 7389

LINAMAR CORPORATION *p* 604
700 Woodlawn Rd W, GUELPH, ON, N1K 1G4
(519) 515-0001   *SIC* 3714

LINAMAR CORPORATION *p* 604
301 Massey Rd, GUELPH, ON, N1K 1B2
(519) 836-7554   *SIC* 3714

LINAMAR CORPORATION *p* 604
12 Independence Pl, GUELPH, ON, N1K 1H8
(519) 763-7786   *SIC* 3714

LINAMAR CORPORATION *p* 604
148 Arrow Rd, GUELPH, ON, N1K 1T4
(519) 780-2270   *SIC* 3714

LINAMAR CORPORATION *p* 604
150 Arrow Rd, GUELPH, ON, N1K 1T4
(519) 822-6627   *SIC* 3714

LINAMAR CORPORATION *p* 604
150 Arrow Rd, GUELPH, ON, N1K 1T4
(519) 837-0100   *SIC* 3531

LINAMAR CORPORATION *p* 604
285 Massey Rd, GUELPH, ON, N1K 1B2
(519) 763-0704   *SIC* 3714

LINAMAR CORPORATION *p* 604
30 Malcolm Rd, GUELPH, ON, N1K 1A9
(519) 767-0219   *SIC* 3714

LINAMAR CORPORATION *p* 604
30 Minto Rd, GUELPH, ON, N1K 1H5
(519) 821-1429   *SIC* 3714

LINAMAR CORPORATION *p* 961
3590 Valtec Crt, WINDSOR, ON, N8N 5E6
(519) 739-3465   *SIC* 3714

LINAMAR GEAR *p* 604
See LINAMAR CORPORATION

LINAMAR PERFORMANCE CENTRE *p* 604
See LINAMAR CORPORATION

LINBROOK PUBLIC SCHOOL *p* 767
See HALTON DISTRICT SCHOOL BOARD

LINC PROGRAM *p* 694
See CATHOLIC CROSS-CULTURAL SERVICES

LINCARE LTD *p* 841
332 Nantucket Blvd, SCARBOROUGH, ON, M1P 2P4
(416) 759-7777   *SIC* 7211

LINCOLN ALEXANDER ELEMENTARY SCHOOL *p* 614
See HAMILTON-WENTWORTH DISTRICT SCHOOL BOARD, THE

LINCOLN ALEXANDER PUBLIC SCHOOL *p* 484
See DURHAM DISTRICT SCHOOL BOARD

LINCOLN ALEXANDER PUBLIC SCHOOL *p* 677
See YORK REGION DISTRICT SCHOOL BOARD

LINCOLN AVENUE PUBLIC SCHOOL *p* 482
See DURHAM DISTRICT SCHOOL BOARD

LINCOLN CENTENIAL PUBLIC SCHOOL *p* 853
See DISTRICT SCHOOL BOARD OF NIAGARA

LINCOLN COUNTY OILFIELD SERVICES LTD *p* 72
5741 50a St, DRAYTON VALLEY, AB, T7A 1S8
(780) 542-6485   *SIC* 1389

LINCOLN ELECTRIC COMPANY OF CANADA LP *p* 716
825 Gana Crt, MISSISSAUGA, ON, L5S 1N9
(905) 564-1151   *SIC* 3548

LINCOLN ELECTRIC COMPANY OF CANADA LP *p* 716
939 Gana Crt, MISSISSAUGA, ON, L5S 1N9
(905) 565-5600   *SIC* 5085

LINCOLN ELEMENTARY SCHOOL *p* 255
See SCHOOL DISTRICT NO. 43 (COQUITLAM)

LINCOLN HEIGHTS PUBLIC SCHOOL *p* 951
See WATERLOO REGION DISTRICT SCHOOL BOARD

LINCOLN M. ALEXANDER SECONDARY SCHOOL *p* 683
See PEEL DISTRICT SCHOOL BOARD

LINCOLN MIDDLE SCHOOL *p* 385
See ST. JAMES-ASSINIBOIA SCHOOL DI-

VISION
LINCOLN MOTOR HOTEL CO LTD p 372
1030 Mcphillips St, WINNIPEG, MB, R2X 2K7
(204) 589-7314   SIC 7011
LINCOLN PLACE NURSING HOME p 923
See ADVOCATE HEALTH CARE PARTNERSHIP (NO. 1)
LINCOLN PUBLIC LIBRARY p 948
See CORPORATION OF THE TOWN OF LINCOLN
LINCOURT MANOR INC p 420
1 Chipman St, ST STEPHEN, NB, E3L 2W9
(506) 466-7855   SIC 8051
LINDE CANADA LIMITED p 515
2090 Steeles Ave E, BRAMPTON, ON, L6T 1A7
(905) 790-3679   SIC 5169
LINDE CANADA LIMITED p 664
234 Exeter Rd Suite A, LONDON, ON, N6L 1A3
(519) 686-4150   SIC 5999
LINDE CANADA LIMITED p 714
5860 Chedworth Way, MISSISSAUGA, ON, L5R 0A2
(905) 501-1700   SIC 5169
LINDE CANADA LIMITED p 1074
1980 Rue Saint-Patrice E, MAGOG, QC, J1X 3W5
(819) 847-3036   SIC 5169
LINDE CANADA LIMITED p 1152
579 Av Godin, Quebec, QC, G1M 3G7
(418) 688-0150   SIC 5169
LINDE CANADA LIMITED p 1152
850 Rue Fernand-Dufour, Quebec, QC, G1M 3B1
(418) 780-3838   SIC 5099
LINDE CANADA LIMITED p 1215
5555 Boul Des Grandes-Prairies, SAINT-LEONARD, QC, H1R 1B4
(514) 323-6410   SIC 5085
LINDEN LANES SCHOOL p 346
See BRANDON SCHOOL DIVISION, THE
LINDEN MEADOWS SCHOOL p 387
See PEMBINA TRAILS SCHOOL DIVISION, THE
LINDEN NURSING HOME p 140
See ALBERTA HEALTH SERVICES
LINDEN PARK PUBLIC SCHOOL p 615
See HAMILTON-WENTWORTH DISTRICT SCHOOL BOARD, THE
LINDENRIDGE SAFEWAY p 388
See SOBEYS WEST INC
LINDHURST ELEMENTARY SCHOOL p 182
See BURNABY SCHOOL BOARD DISTRICT 41
LINDSAY ADULT EDUCATION TRAINING CENTER p 648
See TRILLIUM LAKELANDS DISTRICT SCHOOL BOARD
LINDSAY BRANCH p 647
See CENTRAL EAST COMMUNITY CARE ACCESS CENTRE FOUNDATION
LINDSAY COLLEGIATE AND VOCATIONAL INSTITUTE p 648
See TRILLIUM LAKELANDS DISTRICT SCHOOL BOARD
LINDSAY CONSTRUCTION SERVICES p 451
See J.W. LINDSAY ENTERPRISES LIMITED
LINDSAY PLACE HIGH SCHOOL p 1142
See LESTER B. PEARSON SCHOOL BOARD
LINDSAY THIS WEEK p 647
See METROLAND MEDIA GROUP LTD
LINDSAY THURBER COMPREHENSIVE HIGH SCHOOL p 152
See BOARD OF TRUSTEES OF THE RED DEER PUBLIC SCHOOL DISTRICT NO. 104, THE
LINDT & SPRUNGLI (CANADA), INC p 915
181 University Ave Suite 900, TORONTO, ON, M5H 3M7

(416) 351-8566   SIC 5145
LINE CREEK OPERATIONS p 279
See TECK COAL LIMITED
LINEN CHEST p 1006
See BOUTIQUE LINEN CHEST (PHASE II) INC
LINEN CHEST p 1080
See BOUTIQUE LINEN CHEST (PHASE II) INC
LINEN CHEST p 1110
See BOUTIQUE LINEN CHEST (PHASE II) INC
LINEN CHEST p 1160
See BOUTIQUE LINEN CHEST (PHASE II) INC
LINEN CHEST p 1171
See BOUTIQUE LINEN CHEST (PHASE II) INC
LINEX MANUFACTURING p 604
See LINAMAR CORPORATION
LINFORD FOODS LTD p 117
Gd Stn Main, EDSON, AB, T7E 1T1
(780) 723-3753   SIC 5411
LINGERIE LILIANNE p 1097
See 168662 CANADA INC
LINK SUSPENSIONS OF CANADA, LIMITED PARTNERSHIP p 147
601 18 Ave, NISKU, AB, T9E 7T7
(780) 955-2859   SIC 3842
LINK-LINE CONSTRUCTION LTD p 498
10 Churchill Dr, BARRIE, ON, L4N 8Z5
(705) 721-9284   SIC 1521
LINK-LINE CONSTRUCTION LTD p 689
1625 Shawson Dr, MISSISSAUGA, ON, L4W 1T7
(905) 696-6929   SIC 1623
LINKAGE GROUP INC, THE p 672
30 Centurian Dr Suite 200, MARKHAM, ON, L3R 8B8
(905) 415-2300   SIC 8742
LINKLATER PUBLIC SCHOOL p 591
See UPPER CANADA DISTRICT SCHOOL BOARD, THE
LINKNOW MEDIA p 1125
See 9209-5256 QUEBEC INC
LINKS AT QUARRY OAK GOLF & COUNTRY CLUB (2002), THE p 357
See 4498411 MANITOBA LTD
LINKS CONTRACT FURNITURE INC p 762
131 Ormont Dr, NORTH YORK, ON, M9L 2S3
(416) 745-8910   SIC 2521
LINNEN, HJ ASSOCIATES LTD p 1285
2161 Scarth St Suite 200, REGINA, SK, S4P 2H8
(306) 586-9611   SIC 8742
LINSFORD PARK SCHOOL p 135
See BLACK GOLD REGIONAL DIVISION #18
LINWOOD PUBLIC SCHOOL p 648
See WATERLOO REGION DISTRICT SCHOOL BOARD
LINWOOD SCHOOL p 385
See ST. JAMES-ASSINIBOIA SCHOOL DIVISION
LION HYDRAULICS p 365
See MONARCH INDUSTRIES LIMITED
LIONBRIDGE (CANADA) INC p 1007
7900 Boul Taschereau O Bureau E204, BROSSARD, QC, J4X 1C2
(514) 288-2243   SIC 7389
LIONHEAD GOLF & COUNTRY CLUB p 521
See 351658 ONTARIO LIMITED
LIONS CLUB OF WINNIPEG PLACE FOR SENIOR CITIZENS INC p 378
610 Portage Ave Suite 1214, WINNIPEG, MB, R3C 0G5
(204) 784-1210   SIC 8561
LIONS CLUB OF WINNIPEG SENIOR CITIZENS HOME p 375
320 Sherbrook St, WINNIPEG, MB, R3B

2W6
(204) 784-1240   SIC 8361
LIONS GATE FISHERIES LTD p 291
612 Campbell St, TOFINO, BC, V0R 2Z0
(250) 725-3731   SIC 5421
LIONS HEAD HOSPITAL p 648
See GREY BRUCE HEALTH SERVICES
LIONS MANOR p 375
See LIONS CLUB OF WINNIPEG SENIOR CITIZENS HOME
LIONS OVAL PUBLIC SCHOOL p 775
See SIMCOE COUNTY DISTRICT SCHOOL BOARD, THE
LIONS PLACE p 378
See LIONS CLUB OF WINNIPEG PLACE FOR SENIOR CITIZENS INC
LIPTON CHARTERED ACCOUNTANTS LLP p 745
245 Fairview Mall Dr Suite 600, NORTH YORK, ON, M2J 4T1
(416) 496-2900   SIC 8721
LIQUI-BOX CANADA INC p 709
7070 Mississauga Rd, MISSISSAUGA, ON, L5N 5M8
(905) 821-3300   SIC 7389
LIQUI-FORCE SERVICES (ONTARIO) INC p 635
2015 Spinks Dr Suite 2, KINGSVILLE, ON, N9Y 2E5
(519) 322-4600   SIC 7699
LIQUOR CONTROL BOARD OF ONTARIO, THE p 498
37 Caplan Ave, BARRIE, ON, L4N 6K3
(705) 726-6021   SIC 5921
LIQUOR CONTROL BOARD OF ONTARIO, THE p 515
80 Peel Centre Dr Suite A, BRAMPTON, ON, L6T 4G8
(905) 793-8027   SIC 5921
LIQUOR CONTROL BOARD OF ONTARIO, THE p 520
545 Steeles Ave E, BRAMPTON, ON, L6W 4S2
(905) 454-7980   SIC 5921
LIQUOR CONTROL BOARD OF ONTARIO, THE p 523
170 Sandalwood Pky E, BRAMPTON, ON, L6Z 1Y5
(905) 846-4373   SIC 5921
LIQUOR CONTROL BOARD OF ONTARIO, THE p 556
1 First St Unit 1, COLLINGWOOD, ON, L9Y 1A1
(705) 445-3341   SIC 5921
LIQUOR CONTROL BOARD OF ONTARIO, THE p 576
2946 Bloor St W, ETOBICOKE, ON, M8X 1B7
(416) 239-3065   SIC 5921
LIQUOR CONTROL BOARD OF ONTARIO, THE p 600
615 Scottsdale Dr, GUELPH, ON, N1G 3P4
SIC 5921
LIQUOR CONTROL BOARD OF ONTARIO, THE p 626
300 Earl Grey Dr Suite 24, KANATA, ON, K2T 1B8
(613) 592-1849   SIC 5921
LIQUOR CONTROL BOARD OF ONTARIO, THE p 630
34 Barrack St, KINGSTON, ON, K7K 7A9
(613) 549-5092   SIC 5921
LIQUOR CONTROL BOARD OF ONTARIO, THE p 643
324 Highland Rd W Unit 6, KITCHENER, ON, N2M 5G2
(519) 745-8781   SIC 5921
LIQUOR CONTROL BOARD OF ONTARIO, THE p 665
955 Wilton Grove Rd Suite 950, LONDON, ON, N6N 1C9
(519) 681-0310   SIC 5921
LIQUOR CONTROL BOARD OF ONTARIO, THE p 693

2460 Stanfield Rd Suite 941, MISSISSAUGA, ON, L4Y 1S2
(905) 949-3522   SIC 5921
LIQUOR CONTROL BOARD OF ONTARIO, THE p 694
5035 Hurontario St Unit 9, MISSISSAUGA, ON, L4Z 3X7
(905) 501-9784   SIC 5921
LIQUOR CONTROL BOARD OF ONTARIO, THE p 698
3020 Elmcreek Rd, MISSISSAUGA, ON, L5B 4M3
(905) 949-6100   SIC 5921
LIQUOR CONTROL BOARD OF ONTARIO, THE p 701
200 Lakeshore Rd E, MISSISSAUGA, ON, L5G 1G3
(905) 278-7931   SIC 5921
LIQUOR CONTROL BOARD OF ONTARIO, THE p 757
675 Wilson Ave, NORTH YORK, ON, M3K 1E3
(416) 636-5349   SIC 5921
LIQUOR CONTROL BOARD OF ONTARIO, THE p 763
2625d Weston Rd, NORTH YORK, ON, M9N 3W2
(416) 243-3320   SIC 5921
LIQUOR CONTROL BOARD OF ONTARIO, THE p 765
1011 Upper Middle Rd E, OAKVILLE, ON, L6H 5Z9
(905) 849-9934   SIC 5921
LIQUOR CONTROL BOARD OF ONTARIO, THE p 770
1527 Rebecca St, OAKVILLE, ON, L6L 1Z8
(905) 827-5072   SIC 5921
LIQUOR CONTROL BOARD OF ONTARIO, THE p 789
275 Rideau St, OTTAWA, ON, K1N 5Y2
(613) 789-5226   SIC 5921
LIQUOR CONTROL BOARD OF ONTARIO, THE p 795
1980 Bank St, OTTAWA, ON, K1V 0E8
(613) 523-7763   SIC 5921
LIQUOR CONTROL BOARD OF ONTARIO, THE p 795
1980 Bank St, OTTAWA, ON, K1V 0E8
(613) 733-6322   SIC 5181
LIQUOR CONTROL BOARD OF ONTARIO, THE p 802
4220 Innes Rd Unit 2, OTTAWA, ON, K4A 5E6
(613) 837-5527   SIC 5921
LIQUOR CONTROL BOARD OF ONTARIO, THE p 822
8783 Yonge St, RICHMOND HILL, ON, L4C 6Z1
(905) 886-3511   SIC 5921
LIQUOR CONTROL BOARD OF ONTARIO, THE p 837
3441 Lawrence Ave E, SCARBOROUGH, ON, M1H 1B2
(416) 431-0791   SIC 5921
LIQUOR CONTROL BOARD OF ONTARIO, THE p 838
3111 Danforth Ave, SCARBOROUGH, ON, M1L 1A9
(416) 699-7003   SIC 5921
LIQUOR CONTROL BOARD OF ONTARIO, THE p 878
1010 Dawson Rd, THUNDER BAY, ON, P7B 5J4
(807) 767-8882   SIC 5921
LIQUOR CONTROL BOARD OF ONTARIO, THE p 893
147 Laird Dr Unit 2, TORONTO, ON, M4G 4K1
(416) 425-6282   SIC 5921
LIQUOR CONTROL BOARD OF ONTARIO, THE p 902
55 Bloor St W Unit 200, TORONTO, ON, M4W 1A5
(416) 925-5266   SIC 5921

3464 LIQUOR CONTROL BOARD OF ONTARIO, THE

LIQUOR CONTROL BOARD OF ONTARIO, THE
43 Freeland St, TORONTO, ON, M5E 1L7
(416) 365-5863   SIC 5921

LIQUOR CONTROL BOARD OF ONTARIO, THE p 909
1 Yonge St 13th Floor, TORONTO, ON, M5E 1E5
(416) 365-5778   SIC 5921

LIQUOR CONTROL BOARD OF ONTARIO, THE p 909
55 Lake Shore Blvd E Suite 874, TORONTO, ON, M5E 1A4
(416) 365-5900   SIC 5921

LIQUOR CONTROL BOARD OF ONTARIO, THE p 909
55 Lake Shore Blvd E Suite 886, TORONTO, ON, M5E 1A4
(416) 864-6777   SIC 5921

LIQUOR CONTROL BOARD OF ONTARIO, THE p 923
1717 Avenue Rd Suite 307, TORONTO, ON, M5M 0A2
(416) 785-6389   SIC 5921

LIQUOR CONTROL BOARD OF ONTARIO, THE p 924
232 Dupont St, TORONTO, ON, M5R 1V7
(416) 922-7066   SIC 5921

LIQUOR CONTROL BOARD OF ONTARIO, THE p 936
1230 Dundas St W, TORONTO, ON, M6J 1X5
(416) 536-4634   SIC 5921

LIQUOR CONTROL BOARD OF ONTARIO, THE p 939
3520 Dundas St W, TORONTO, ON, M6S 2S1
(416) 762-8215   SIC 5921

LIQUOR CONTROL BOARD OF ONTARIO, THE p 952
571 King St N, WATERLOO, ON, N2L 5Z7
(519) 884-8140   SIC 5921

LIQUOR CONTROL BOARD OF ONTARIO, THE p 958
2000 Boundary Rd, WHITBY, ON, L1N 7G4
(905) 723-3417   SIC 5921

LIQUOR CONTROL BOARD OF ONTARIO, THE p 966
3155 Howard Ave, WINDSOR, ON, N8X 4Y8
(519) 972-1772   SIC 5921

LIQUOR CONTROL BOARD OF ONTARIO, THE p 975
7850 Weston Rd, WOODBRIDGE, ON, L4L 9N8
(905) 851-2500   SIC 5921

LIQUOR DISTRIBUTION 55, DIV OF p 216
See GOVERNMENT OF THE PROVINCE OF BRITISH COLUMBIA

LIQUOR MART p 352
See MANITOBA LIQUOR AND LOTTERIES CORPORATION

LIQUOR MART p 355
See MANITOBA LIQUOR AND LOTTERIES CORPORATION

LIQUOR MART p 365
See MANITOBA LIQUOR AND LOTTERIES CORPORATION

LIQUOR MART p 368
See MANITOBA LIQUOR AND LOTTERIES CORPORATION

LIQUOR MART p 378
See MANITOBA LIQUOR AND LOTTERIES CORPORATION

LIQUOR MART p 381
See MANITOBA LIQUOR AND LOTTERIES CORPORATION

LIQUOR MART p 389
See MANITOBA LIQUOR AND LOTTERIES CORPORATION

LIQUOR STORE p 226
See GOVERNMENT OF THE PROVINCE OF BRITISH COLUMBIA

LISGAR COLLEGIATE INSTITUTE p 802
See OTTAWA-CARLETON DISTRICT SCHOOL BOARD

LISGAR ELEMENTARY SCHOOL p 613
See HAMILTON-WENTWORTH DISTRICT SCHOOL BOARD, THE

LISGAR MIDDLE SCHOOL p 710
See PEEL DISTRICT SCHOOL BOARD

LISTER, F.G. TRANSPORTATION INC p 575
475 Horner Ave, ETOBICOKE, ON, M8W 4X7
(416) 259-7621   SIC 4213

LISTOWEL BANNER & INDEPENDENT p 648
See METROLAND MEDIA GROUP LTD

LISTOWEL CENTRAL PUBLIC SCHOOL p 648
See AVON MAITLAND DISTRICT SCHOOL BOARD

LISTOWEL COLD STORAGE p 648
See ERIE MEAT PRODUCTS LIMITED

LISTOWEL DISTRICT SECONDARY SCHOOL p 648
See AVON MAITLAND DISTRICT SCHOOL BOARD

LISTOWEL TECHNOLOGY, INC p 648
1700 Mitchell Rd S, LISTOWEL, ON, N4W 3H4
(519) 291-9900   SIC 3089

LISTUGUJ COMMUNITY HEALTH SERVICES p 1139
See LISTUGUJ FIRST NATION

LISTUGUJ FIRST NATION p 1139
6 Rue Pacific, Pointe-a-la-Croix, QC, G0C 1L0
(418) 788-2155   SIC 8059

LITE FORM ONTARIO, DIVISION OF p 597
See OKE WOODSMITH BUILDING SYSTEMS INC

LITEFORM INTERNATIONAL INC p 719
261 Ambassador Dr, MISSISSAUGA, ON, L5T 2J2
(905) 564-2090   SIC 3648

LITELINE CORPORATION p 821
90 West Beaver Creek Rd, RICHMOND HILL, ON, L4B 1E7
(416) 996-1856   SIC 3089

LITENS AUTOMOTIVE PARTNERSHIP p 560
150 Courtland Ave, CONCORD, ON, L4K 3T6
(905) 760-9177   SIC 3429

LITTCO ENTERPRISES LTD p 222
3314 Appaloosa Rd Unit 1, KELOWNA, BC, V1V 2W5
(250) 765-6444   SIC 1742

LITTCO INSULATION & DRYWALL p 222
See LITTCO ENTERPRISES LTD

LITTLE BAVARIA p 1286
See ABDOULAH ENTERPRISES LTD

LITTLE BEAVER ENTERPRISES LTD p 645
9930 Glendon Dr, KOMOKA, ON, N0L 1R0
(519) 471-1200   SIC 5331

LITTLE BEAVER RESTAURANT p 645
See LITTLE BEAVER ENTERPRISES LTD

LITTLE BUFFALO SCHOOL p 9
See NORTHLAND SCHOOL DIVISION 61

LITTLE CAESARS PIZZA p 247
See ROBINSON, KEN & SONS (1978) LTD

LITTLE CEASAR p 615
930 Upper Paradise Rd, HAMILTON, ON, L9B 2N1
(905) 387-4510   SIC 5812

LITTLE CURRENT PUBLIC SCHOOL p 648
See RAINBOW DISTRICT SCHOOL BOARD

LITTLE FUNERAL & CREMATION CENTER p 544
See SERVICE CORPORATION INTERNATIONAL (CANADA) LIMITED

LITTLE GUYS DELIVERY SERVICE INC p 672
620 Alden Rd Unit 105, MARKHAM, ON, L3R 9R7
(905) 513-9600   SIC 4212

LITTLE INN OF BAYFIELD LIMITED, THE p 500
26 Main St N, BAYFIELD, ON, N0M 1G0
(519) 565-2611   SIC 7011

LITTLE MOUNTAIN ELEMENTARY SCHOOL p 197
See SCHOOL DISTRICT NO 33 CHILLIWACK

LITTLE MOUNTAIN RESIDENTIAL CARE & HOUSING SOCIETY p 292
851 Boundary Rd, VANCOUVER, BC, V5K 4T2
(604) 299-7567   SIC 8051

LITTLE PRAIRIE ELEMENTARY SCHOOL p 196
See SCHOOL DISTRICT #59 PEACE RIVER SOUTH

LITTLE ROUGE PUBLIC SCHOOL p 677
See YORK REGION DISTRICT SCHOOL BOARD

LITTLE TYKES COMPANY p 672
See MGA ENTERTAINMENT (CANADA) COMPANY

LITZ EQUIPMENT LTD p 379
277 Mcphillips St, WINNIPEG, MB, R3E 2K7
(204) 783-7979   SIC 8741

LIV CANADA GIFT GROUP INC p 515
294 Walker Dr Unit 2, BRAMPTON, ON, L6T 4Z2
(905) 790-9023   SIC 6794

LIVANOVA CANADA CORP p 193
5005 North Fraser Way, Burnaby, BC, V5J 5M1
(604) 412-5650   SIC 3841

LIVANOVA CANADA CORP p 677
280 Hillmount Rd Unit 8, MARKHAM, ON, L6C 3A1
(905) 284-4245   SIC 3841

LIVART FURNITURE CANADA CO. LTD p 193
5618 Imperial St, BURNABY, BC, V5J 1E9
(778) 318-2191   SIC 2511

LIVE NATION CANADA INC p 297
See LIVE NATION CANADA, INC

LIVE NATION CANADA, INC p 297
56 2nd Ave E Suite 500, VANCOUVER, BC, V5T 1B1
(604) 683-4233   SIC 8743

LIVE NATION TOURING (CANADA), INC p 915
214 King St W Suite 510, TORONTO, ON, M5H 3S6
(416) 922-5290   SIC 7922

LIVEBLOCK AUCTIONS CANADA LTD p 1285
2125 11th Ave Suite 200, REGINA, SK, S4P 3X3
(306) 523-4004   SIC 5045

LIVELY DISTRICT SECONDARY SCHOOL p 649
See RAINBOW DISTRICT SCHOOL BOARD

LIVERPOOL MARKET SUPERSTORE p 466
See ATLANTIC WHOLESALERS LTD

LIVERPOOL REGIONAL HIGH SCHOOL p 466
See SOUTH SHORE REGIONAL SCHOOL BOARD

LIVESTOCK AIR QUALITY SPECIALIST p 109
See GOVERNMENT OF THE PROVINCE OF ALBERTA

LIVING GROUP OF COMPANIES INC p 672
7030 Woodbine Ave Suite 300, MARKHAM, ON, L3R 6G2
(905) 477-2090   SIC 6531

LIVING GROUPS OF COMPANIES p 672
See LIVING REALTY INC

LIVING REALTY INC p 672
7030 Woodbine Ave Suite 300, MARKHAM, ON, L3R 6G2
(905) 474-0590   SIC 6531

LIVING REALTY INC p 700
1177 Central Pky W Unit 32, MISSISSAUGA, ON, L5C 4P3
(905) 896-0002   SIC 6531

LIVING REALTY INC p 747
685 Sheppard Ave E Suite 501, NORTH YORK, ON, M2K 1B6
(416) 223-8833   SIC 6531

LIVING SKY SCHOOL DIVISION NO. 202 p 1264
252 23rd St, BATTLEFORD, SK, S0M 0E0
(306) 937-2112   SIC 8211

LIVING SKY SCHOOL DIVISION NO. 202 p 1264
332 23 St, BATTLEFORD, SK, S0M 0E0
(306) 937-2233   SIC 8211

LIVING SKY SCHOOL DIVISION NO. 202 p 1267
200 Arthur St, CUT KNIFE, SK, S0M 0N0
(306) 398-2333   SIC 8211

LIVING SKY SCHOOL DIVISION NO. 202 p 1267
300 Otter St, CUT KNIFE, SK, S0M 0N0
(306) 398-4911   SIC 8211

LIVING SKY SCHOOL DIVISION NO. 202 p 1269
2121 2nd Ave E, HAFFORD, SK, S0J 1A0
(306) 549-2212   SIC 8211

LIVING SKY SCHOOL DIVISION NO. 202 p 1272
Gd, LEOVILLE, SK, S0J 1N0
(306) 984-2241   SIC 8211

LIVING SKY SCHOOL DIVISION NO. 202 p 1273
5001 Herald St, MACKLIN, SK, S0L 2C0
(306) 753-2375   SIC 8211

LIVING SKY SCHOOL DIVISION NO. 202 p 1273
701 Prospect Ave, LUSELAND, SK, S0L 2A0
(306) 372-4412   SIC 8211

LIVING SKY SCHOOL DIVISION NO. 202 p 1274
200 1st St E, MAYMONT, SK, S0M 1T0
(306) 389-2045   SIC 8211

LIVING SKY SCHOOL DIVISION NO. 202 p 1277
1500 101st St, NORTH BATTLEFORD, SK, S9A 1A4
(306) 445-3851   SIC 8211

LIVING SKY SCHOOL DIVISION NO. 202 p 1277
1791 110th St, NORTH BATTLEFORD, SK, S9A 2Y2
(306) 445-6101   SIC 8211

LIVING SKY SCHOOL DIVISION NO. 202 p 1277
1942 102nd St, NORTH BATTLEFORD, SK, S9A 1H7
(306) 445-4944   SIC 8211

LIVING SKY SCHOOL DIVISION NO. 202 p 1277
9001 17th Ave, NORTH BATTLEFORD, SK, S9A 2V1
(306) 445-4954   SIC 8211

LIVING SKY SCHOOL DIVISION NO. 202 p 1306
216 4th St W, SPIRITWOOD, SK, S0J 2M0
(306) 883-2282   SIC 8211

LIVING SKY SCHOOL DIVISION NO. 202 p 1307
300 3rd Ave E, UNITY, SK, S0K 4L0
(306) 228-2657   SIC 8211

LIVING SKY SCHOOL DIVISION NO. 202 p 1309
202 5th Ave E, WILKIE, SK, S0K 4W0
(306) 843-2288   SIC 8211

LIVING WATERS CATHOLIC REGIONAL DIVISION NO.42 p 117
831 56 St, EDSON, AB, T7E 0A3
(780) 723-6612   SIC 8211

LIVING WATERS CATHOLIC REGIONAL DIVISION NO.42 p 164
409 6 St Sw, SLAVE LAKE, AB, T0G 2A4
(780) 849-5244   SIC 8211

BUSINESSES ALPHABETICALLY

LIVING WATERS CATHOLIC REGIONAL DIVISION NO.42 *p* 175
3804 47 St, WHITECOURT, AB, T7S 1M8
(780) 778-2345 *SIC* 8211

LIVING WATERS CATHOLIC REGIONAL DIVISION NO.42 *p* 175
5630 Mink Creek Rd, WHITECOURT, AB, T7S 1M9
(780) 778-2050 *SIC* 8211

LIVINGSTON CUSTOM BROKERAGE *p* 589
See 4513380 CANADA INC

LIVINGSTON EVENT LOGISTICS *p* 917
See 4513380 CANADA INC

LIVINGSTON INTERNATIONAL *p* 21
See 4513380 CANADA INC

LIVINGSTON INTERNATIONAL *p* 78
See 4513380 CANADA INC

LIVINGSTON INTERNATIONAL *p* 287
See 4513380 CANADA INC

LIVINGSTON INTERNATIONAL *p* 310
See 4513380 CANADA INC

LIVINGSTON INTERNATIONAL *p* 408
See 4513380 CANADA INC

LIVINGSTON INTERNATIONAL *p* 638
See 4513380 CANADA INC

LIVINGSTON INTERNATIONAL *p* 684
See 4513380 CANADA INC

LIVINGSTON INTERNATIONAL *p* 713
See 4513380 CANADA INC

LIVINGSTON INTERNATIONAL *p* 722
See 4513380 CANADA INC

LIVINGSTON INTERNATIONAL *p* 828
See 4513380 CANADA INC

LIVINGSTON INTERNATIONAL *p* 1211
See 4513380 CANADA INC

LIVINGSTON TRANSPORTATION INC *p* 18
4707 52 Ave Se, CALGARY, AB, T2C 4N7
(403) 291-0620 *SIC* 4731

LIVINGSTONE RANGE SCHOOL DIVISION NO 68 *p* 6
12602 18th Ave, BLAIRMORE, AB, T0K 0E0
(403) 562-8815 *SIC* 8211

LIVINGSTONE RANGE SCHOOL DIVISION NO 68 *p* 68
5613 8th St W, CLARESHOLM, AB, T0L 0T0
(403) 625-4464 *SIC* 8211

LIVINGSTONE RANGE SCHOOL DIVISION NO 68 *p* 68
628 55th Ave W, CLARESHOLM, AB, T0L 0T0
(403) 625-3387 *SIC* 8211

LIVINGSTONE RANGE SCHOOL DIVISION NO 68 *p* 70
2002 76 St, COLEMAN, AB, T0K 0M0
(403) 563-3998 *SIC* 8211

LIVINGSTONE RANGE SCHOOL DIVISION NO 68 *p* 70
8901 20th Ave, COLEMAN, AB, T0K 0M0
(403) 563-5651 *SIC* 8211

LIVINGSTONE RANGE SCHOOL DIVISION NO 68 *p* 119
410 20th St, FORT MACLEOD, AB, T0L 0Z0
SIC 8211

LIVINGSTONE RANGE SCHOOL DIVISION NO 68 *p* 119
521 26th St, FORT MACLEOD, AB, T0L 0Z0
(403) 553-3362 *SIC* 8211

LIVINGSTONE RANGE SCHOOL DIVISION NO 68 *p* 119
538 16 St, FORT MACLEOD, AB, T0L 0Z0
(403) 553-4411 *SIC* 8211

LIVINGSTONE RANGE SCHOOL DIVISION NO 68 *p* 142
215 Robinson Ave, LUNDBRECK, AB, T0K 1H0
(403) 628-3897 *SIC* 7389

LIVINGSTONE RANGE SCHOOL DIVISION NO 68 *p* 146
2409 24th Ave, NANTON, AB, T0L 1R0
(403) 646-3161 *SIC* 8211

LIVINGSTONE RANGE SCHOOL DIVISION NO 68 *p* 146
2501 22 St, NANTON, AB, T0L 1R0
(403) 646-2264 *SIC* 7389

LIVINGSTONE RANGE SCHOOL DIVISION NO 68 *p* 150
945 Davidson Ave, PINCHER CREEK, AB, T0K 1W0
(403) 627-4414 *SIC* 8211

LIVINGSTONE SCHOOL *p* 142
See LIVINGSTONE RANGE SCHOOL DIVISION NO 68

LIXAR I.T. INC *p* 787
373 Coventry Rd, OTTAWA, ON, K1K 2C5
(613) 722-0688 *SIC* 7374

LK PROTECTION INC *p* 692
1590 Dundas St E Suite 220, MISSISSAUGA, ON, L4X 2Z2
(905) 566-7008 *SIC* 7381

LKQ *p* 356
See ACTION RECYCLED AUTO PARTS (1997) LTD

LKQ ALBERTA *p* 151
See LKQ CANADA AUTO PARTS INC

LKQ CANADA AUTO PARTS INC *p* 151
430054 Don Laing Busine Pk Rr 4 Stn Main, PONOKA, AB, T4J 1R4
(403) 783-5189 *SIC* 5531

LLEWELLYN GROUP INC, THE *p* 724
107 Queen St Ss 1, MORRISTON, ON, N0B 2C0
SIC 6211

LLF LAWYERS LLP *p* 808
332 Aylmer St N, PETERBOROUGH, ON, K9H 3V6
(705) 742-1674 *SIC* 8111

LLOYD FM *p* 141
See NEWCAP INC

LLOYD GEORGE ELEMENTARY SCHOOL *p* 221
See SCHOOL DISTRICT 73 (KAMLOOPS/THOMPSON)

LLOYD SADD INSURANCE BROKERS LTD *p* 88
10240 124 St Suite 700, EDMONTON, AB, T5N 3W6
(780) 483-4544 *SIC* 6411

LLOYDMINSTER AND DISTRICT CO-OPERATIVE LIMITED *p* 141
5002 18 St, LLOYDMINSTER, AB, T9V 1V4
(780) 872-7000 *SIC* 5541

LLOYDMINSTER COMPREHENSIVE HIGH SCHOOL *p* 141
See LLOYDMINSTER SCHOOL DIVISION NO 99

LLOYDMINSTER HOSPITAL *p* 1273
See PRAIRIE NORTH HEALTH REGION

LLOYDMINSTER LEISURE CENTER *p* 141
See LLOYDMINSTER, CITY OF

LLOYDMINSTER PO *p* 1272
See CANADA POST CORPORATION

LLOYDMINSTER PUBLIC SCHOOL *p* 141
See LLOYDMINSTER SCHOOL DIVISION NO 99

LLOYDMINSTER PUBLIC SCHOOL DIVISION *p* 141
See LLOYDMINSTER SCHOOL DIVISION NO 99

LLOYDMINSTER ROMAN CATHOLIC SCHOOL BOARD *p* 141
5207 42 St, LLOYDMINSTER, AB, T9V 1M8
(780) 808-8600 *SIC* 8211

LLOYDMINSTER ROMAN CATHOLIC SCHOOL BOARD *p* 141
5706 27 St, LLOYDMINSTER, AB, T9V 2B8
(780) 875-2442 *SIC* 8211

LLOYDMINSTER ROMAN CATHOLIC SCHOOL BOARD *p* 1273
3112 47 Ave, LLOYDMINSTER, SK, S9V 1G5
(306) 825-4600 *SIC* 8211

LLOYDMINSTER SAFEWAY *p* 142
See SOBEYS WEST INC

LLOYDMINSTER SCHOOL DIVISION NO 99 *p* 141
5615 42 St, LLOYDMINSTER, AB, T9V 0A2
(780) 875-5513 *SIC* 8211

LLOYDMINSTER SCHOOL DIVISION NO 99 *p* 141
5524 31 St, LLOYDMINSTER, AB, T9V 1W1
(780) 875-6239 *SIC* 8211

LLOYDMINSTER SCHOOL DIVISION NO 99 *p* 141
4812 56 Ave, LLOYDMINSTER, AB, T9V 0Z6
(780) 875-3112 *SIC* 8211

LLOYDMINSTER SCHOOL DIVISION NO 99 *p* 141
5017 46 St Suite 99, LLOYDMINSTER, AB, T9V 1R4
(780) 875-5541 *SIC* 8211

LLOYDMINSTER SCHOOL DIVISION NO 99 *p* 141
5512 51 Ave, LLOYDMINSTER, AB, T9V 0Y7
(780) 875-5090 *SIC* 8211

LLOYDMINSTER SCHOOL DIVISION NO 99 *p* 141
3401 57 Ave, LLOYDMINSTER, AB, T9V 2K6
(780) 875-7278 *SIC* 8211

LLOYDMINSTER SCHOOL DIVISION NO 99 *p* 141
3103 52 Ave, LLOYDMINSTER, AB, T9V 1M9
(780) 875-4054 *SIC* 8211

LLOYDMINSTER SCHOOL DIVISION NO 99 *p* 637
80 Burlington Dr, KITCHENER, ON, N2B 1T5
(519) 576-6870 *SIC* 8211

LLOYDMINSTER SCHOOL DIVISION NO 99 *p* 1273
3701 47 Ave Suite 3701, LLOYDMINSTER, SK, S9V 2C4
(306) 825-9394 *SIC* 8211

LLOYDMINSTER SCHOOL DIVISION NO 99 *p* 1273
4402 27 St, LLOYDMINSTER, SK, S9V 1R8
(306) 825-2626 *SIC* 8211

LLOYDMINSTER SCHOOL DIVISION NO 99 *p* 1273
4808 45 Ave, LLOYDMINSTER, SK, S9V 0X4
(306) 825-8826 *SIC* 8211

LLOYDMINSTER, CITY OF *p* 141
2902 58 Ave, LLOYDMINSTER, AB, T9V 1X8
(780) 875-4497 *SIC* 7999

LM MONTGOMERY ELEMENTARY *p* 982
See EASTERN SCHOOL DISTRICT

LMG *p* 147
See LEADING MANUFACTURING GROUP INC

LML *p* 1268
See LML INDUSTRIAL CONTRACTORS LTD

LML INDUSTRIAL CONTRACTORS LTD *p* 1268
Gd Lcd Main, ESTEVAN, SK, S4A 2A1
SIC 7349

LNID *p* 137
See LETHBRIDGE NORTHERN IRRIGATION DISTRICT

LNS SERVICES *p* 185
See LEXSPAN LIMITED PARTNERSHIP

LO-ELLEN PARK SECONDARY SCHOOL *p* 871
See RAINBOW DISTRICT SCHOOL BOARD

LOAD LISTER *p* 863
See MYRSA MANAGEMENT SERVICES LTD

LOAFERS LAKE RECREATION CENTRE *p* 523
See CORPORATION OF THE CITY OF BRAMPTON, THE

LOBLA SAINT SAUVEUR *p* 1221
See PROVIGO DISTRIBUTION INC

LOBLAW *p* 867
See WADLAND PHARMACY LIMITED

LOBLAW *p* 1254
See PROVIGO INC

LOBLAW BRANDS, DIV OF *p* 910
See LOBLAW COMPANIES LIMITED

LOBLAW COMPANIES EAST, DIV OF *p* 783
See LOBLAWS INC

LOBLAW COMPANIES LIMITED *p* 24
3225 12 St Ne, CALGARY, AB, T2E 7S9
(403) 291-7700 *SIC* 5411

LOBLAW COMPANIES LIMITED *p* 72
1252 Hwy 9 S, DRUMHELLER, AB, T0J 0Y0
(403) 823-4795 *SIC* 5411

LOBLAW COMPANIES LIMITED *p* 132
5080 43 Ave, INNISFAIL, AB, T4G 1Y9
(403) 227-5037 *SIC* 5411

LOBLAW COMPANIES LIMITED *p* 159
5520 46 St Suite 640, ROCKY MOUNTAIN HOUSE, AB, T4T 1X1
(403) 846-4700 *SIC* 5411

LOBLAW COMPANIES LIMITED *p* 362
701 Regent Ave W Suite 110, WINNIPEG, MB, R2C 1S3
(204) 987-7330 *SIC* 5141

LOBLAW COMPANIES LIMITED *p* 423
Gd, BAY ROBERTS, NL, A0A 1G0
(709) 786-6001 *SIC* 5411

LOBLAW COMPANIES LIMITED *p* 424
166 Conception Bay Hwy, CONCEPTION BAY SOUTH, NL, A1W 3A6
(709) 834-2053 *SIC* 2051

LOBLAW COMPANIES LIMITED *p* 424
27 Grand Bay Rd, CHANNEL-PORT-AUX-BASQUES, NL, A0M 1C0
SIC 5411

LOBLAW COMPANIES LIMITED *p* 452
800 Windmill Rd, DARTMOUTH, NS, B3B 1L1
(902) 468-4347 *SIC* 5141

LOBLAW COMPANIES LIMITED *p* 486
401 Ottawa St, ALMONTE, ON, K0A 1A0
(613) 256-2080 *SIC* 5411

LOBLAW COMPANIES LIMITED *p* 505
105 Causley St, BLIND RIVER, ON, P0R 1B0
(705) 356-1311 *SIC* 5411

LOBLAW COMPANIES LIMITED *p* 522
1 Presidents Choice Cir, BRAMPTON, ON, L6Y 5S5
(905) 459-2500 *SIC* 5411

LOBLAW COMPANIES LIMITED *p* 539
2025 Guelph Line, BURLINGTON, ON, L7P 4M8
(905) 336-6566 *SIC* 5411

LOBLAW COMPANIES LIMITED *p* 555
31 Hwy 11 W Unit 1, COCHRANE, ON, P0L 1C0
(705) 272-4238 *SIC* 5411

LOBLAW COMPANIES LIMITED *p* 613
499 Mohawk Rd E, HAMILTON, ON, L8V 4L7
(905) 574-6819 *SIC* 5411

LOBLAW COMPANIES LIMITED *p* 622
320 Main St, IROQUOIS FALLS, ON, P0K 1G0
(705) 232-5153 *SIC* 5411

LOBLAW COMPANIES LIMITED *p* 639
750 Ottawa St S, KITCHENER, ON, N2E 1B6
(519) 744-7704 *SIC* 5411

LOBLAW COMPANIES LIMITED *p* 647
55 Angeline St N, LINDSAY, ON, K9V 5B7
(705) 324-5622 *SIC* 5411

LOBLAW COMPANIES LIMITED *p* 658
179 Wortley Rd, LONDON, ON, N6C 3P6
(519) 645-6983 *SIC* 5411

LOBLAW COMPANIES LIMITED *p* 659
1055 Hargrieve Rd Suite 244, LONDON, ON, N6E 1P6
(519) 686-4655 *SIC* 5141

LOBLAW COMPANIES LIMITED *p* 689
925 Rathburn Rd E Unit A, MISSISSAUGA,

▲ Public Company   ■ Public Company Family Member   HQ Headquarters   BR Branch   SL Single Location

ON, L4W 4C3
(905) 276-6560   SIC 5411
LOBLAW COMPANIES LIMITED   p 714
5970 Mclaughlin Rd Suite A, MISSISSAUGA, ON, L5R 3X9
(905) 568-8551   SIC 5411
LOBLAW COMPANIES LIMITED   p 794
64 Isabella St, OTTAWA, ON, K1S 1V4
(613) 232-4831   SIC 5411
LOBLAW COMPANIES LIMITED   p 832
173 Trelawne Ave, SAULT STE. MARIE, ON, P6B 2N3
(705) 946-5462   SIC 5141
LOBLAW COMPANIES LIMITED   p 892
50 Musgrave St, TORONTO, ON, M4E 3W2
(416) 694-6263   SIC 5411
LOBLAW COMPANIES LIMITED   p 910
10 Lower Jarvis St, TORONTO, ON, M5E 1Z2
(416) 304-0611   SIC 5411
LOBLAW COMPANIES LIMITED   p 934
1951 Eglinton Ave W, TORONTO, ON, M6E 2J7
(416) 256-1686   SIC 5411
LOBLAW COMPANIES LIMITED   p 1006
1575 Rue Panama, BROSSARD, QC, J4W 2S8
(450) 466-2828   SIC 5411
LOBLAW COMPANIES LIMITED   p 1021
1122 Rue Du Sud, COWANSVILLE, QC, J2K 2Y3
SIC 5411
LOBLAW COMPANIES LIMITED   p 1189
8200 Boul Lacroix, SAINT-GEORGES, QC, G5Y 2B5
(418) 227-9228   SIC 5411
LOBLAW COMPANIES LIMITED   p 1195
2000 Boul Casavant O, SAINT-HYACINTHE, QC, J2S 7K2
(450) 771-6601   SIC 5411
LOBLAW FINANCIAL HOLDINGS INC p 437
62 Prince Rupert Dr, STEPHENVILLE, NL, A2N 3W7
(709) 643-0862   SIC 5411
LOBLAW PROPERTIES LIMITED   p 462
3711 Joseph Howe Dr, HALIFAX, NS, B3L 4H8
(902) 468-8866   SIC 5411
LOBLAW PROPERTIES LIMITED   p 478
46 Elm St, TRURO, NS, B2N 3H6
(902) 895-4306   SIC 5411
LOBLAW PROPERTIES LIMITED   p 522
1 Presidents Choice Cir, BRAMPTON, ON, L6Y 5S5
(905) 459-2500   SIC 6512
LOBLAW PROPERTIES LIMITED   p 700
1250 South Service Rd, MISSISSAUGA, ON, L5E 1V4
(905) 891-1021   SIC 5411
LOBLAW PROPERTIES LIMITED   p 810
769 Borden Ave, PETERBOROUGH, ON, K9J 0B6
(705) 748-6020   SIC 6512
LOBLAW PROPERTIES LIMITED   p 869
1160 Lorne St, SUDBURY, ON, P3C 4T2
SIC 5141
LOBLAW PROPERTIES LIMITED   p 937
605 Rogers Rd Suite 208, TORONTO, ON, M6M 1B9
(416) 653-1951   SIC 5411
LOBLAW'S   p 1036
See PROVIGO DISTRIBUTION INC
LOBLAW'S   p 1257
See LOBLAWS SUPERMARKETS LIMITED
LOBLAWS   p 418
See LOBLAWS SUPERMARKETS LIMITED
LOBLAWS   p 507
See LOBLAWS SUPERMARKETS LIMITED
LOBLAWS   p 556
See LOBLAWS SUPERMARKETS LIMITED
LOBLAWS   p 579
See LOBLAWS SUPERMARKETS LIMITED
LOBLAWS   p 594
See LOBLAWS SUPERMARKETS LIMITED

LOBLAWS   p 632
See LOBLAWS SUPERMARKETS LIMITED
LOBLAWS   p 635
See LOBLAWS SUPERMARKETS LIMITED
LOBLAWS   p 647
See LOBLAWS SUPERMARKETS LIMITED
LOBLAWS   p 664
See LOBLAWS SUPERMARKETS LIMITED
LOBLAWS   p 669
See LOBLAWS SUPERMARKETS LIMITED
LOBLAWS   p 701
See LOBLAW COMPANIES LIMITED
LOBLAWS   p 714
See LOBLAW COMPANIES LIMITED
LOBLAWS   p 730
See LOBLAWS SUPERMARKETS LIMITED
LOBLAWS   p 749
See LOBLAWS SUPERMARKETS LIMITED
LOBLAWS   p 759
See LOBLAWS INC
LOBLAWS   p 776
See LOBLAWS SUPERMARKETS LIMITED
LOBLAWS   p 794
See LOBLAW COMPANIES LIMITED
LOBLAWS   p 795
See LOBLAWS INC
LOBLAWS   p 800
See LOBLAWS SUPERMARKETS LIMITED
LOBLAWS   p 801
See LOBLAWS INC
LOBLAWS   p 813
See LOBLAWS SUPERMARKETS LIMITED
LOBLAWS   p 822
See LOBLAWS SUPERMARKETS LIMITED
LOBLAWS   p 892
See LOBLAW COMPANIES LIMITED
LOBLAWS   p 893
See LOBLAWS SUPERMARKETS LIMITED
LOBLAWS   p 894
See LOBLAWS INC
LOBLAWS   p 896
See LOBLAWS INC
LOBLAWS   p 934
See LOBLAWS SUPERMARKETS LIMITED
LOBLAWS   p 939
See LOBLAWS SUPERMARKETS LIMITED
LOBLAWS   p 946
See LOBLAWS INC
LOBLAWS   p 1006
See LOBLAW COMPANIES LIMITED
LOBLAWS   p 1022
See PROVIGO DISTRIBUTION INC
LOBLAWS   p 1039
See PROVIGO DISTRIBUTION INC
LOBLAWS   p 1050
See PROVIGO DISTRIBUTION INC
LOBLAWS   p 1074
See PROVIGO DISTRIBUTION INC
LOBLAWS   p 1087
See PROVIGO DISTRIBUTION INC
LOBLAWS   p 1120
See PROVIGO DISTRIBUTION INC
LOBLAWS   p 1171
See LOBLAWS INC
LOBLAWS   p 1189
See LOBLAW COMPANIES LIMITED
LOBLAWS   p 1195
See LOBLAW COMPANIES LIMITED
LOBLAWS   p 1205
See LOBLAWS INC
LOBLAWS # 8312   p 1021
See LOBLAW COMPANIES LIMITED
LOBLAWS 1066   p 579
See LOBLAWS SUPERMARKETS LIMITED
LOBLAWS 190   p 768
See LOBLAWS SUPERMARKETS LIMITED
LOBLAWS ANGUS   p 1089
See LOBLAWS SUPERMARKETS LIMITED
LOBLAWS DRUMMONDVILLE   p 1031
See PROVIGO DISTRIBUTION INC
LOBLAWS GRANBY   p 1042
See LOBLAWS INC
LOBLAWS GREAT FOOD   p 664
See LOBLAWS SUPERMARKETS LIMITED

LOBLAWS INC   p 2
1050 Yankee Valley Blvd Se, AIRDRIE, AB, T4A 2E4
(403) 912-3800   SIC 5411
LOBLAWS INC   p 5
5201 30 Ave, BEAUMONT, AB, T4X 1T9
(780) 929-2043   SIC 5431
LOBLAWS INC   p 6
12361 20th Ave, BLAIRMORE, AB, T0K 0E0
SIC 5411
LOBLAWS INC   p 10
3575 20 Ave Ne, CALGARY, AB, T1Y 6R3
(403) 280-8222   SIC 5411
LOBLAWS INC   p 18
6810 40 St Se, CALGARY, AB, T2C 2A5
(905) 459-2500   SIC 5411
LOBLAWS INC   p 24
2928 23 St Ne, CALGARY, AB, T2E 8R7
(403) 291-2810   SIC 5141
LOBLAWS INC   p 32
20 Heritage Meadows Rd Se Unit, CALGARY, AB, T2H 3C1
(403) 692-6201   SIC 5411
LOBLAWS INC   p 32
222 58 Ave Se, CALGARY, AB, T2H 0N9
(403) 255-5590   SIC 5141
LOBLAWS INC   p 37
7020 4 St Nw, CALGARY, AB, T2K 1C4
(403) 516-8519   SIC 5411
LOBLAWS INC   p 55
10505 Southport Rd Sw Suite 1, CALGARY, AB, T2W 3N2
(403) 225-6207   SIC 5411
LOBLAWS INC   p 56
15915 Macleod Trail Se Unit 100, CALGARY, AB, T2Y 3R9
(403) 254-3637   SIC 5411
LOBLAWS INC   p 58
5251 Country Hills Blvd Nw Suite 1575, CALGARY, AB, T3A 5H8
(403) 241-4027   SIC 5411
LOBLAWS INC   p 62
5858 Signal Hill Ctr Sw Suite 1577, CALGARY, AB, T3H 3P8
(403) 686-8035   SIC 5411
LOBLAWS INC   p 63
3633 Westwinds Dr Ne Unit 100, CALGARY, AB, T3J 5K3
(403) 590-3347   SIC 5411
LOBLAWS INC   p 63
55 Freeport Blvd Ne, CALGARY, AB, T3J 4X9
(403) 567-4343   SIC 5141
LOBLAWS INC   p 64
100 Country Village Rd Ne Suite 1543, CALGARY, AB, T3K 5Z2
(403) 567-4219   SIC 5411
LOBLAWS INC   p 66
4920 48 St, CAMROSE, AB, T4V 4L5
SIC 5411
LOBLAWS INC   p 67
120 2 St E, CARDSTON, AB, T0K 0K0
(403) 653-3341   SIC 5912
LOBLAWS INC   p 68
100 Rainbow Rd Unit 301, CHESTERMERE, AB, T1X 0V3
(403) 273-0111   SIC 5411
LOBLAWS INC   p 69
210 5 Ave, COCHRANE, AB, T4C 1X3
(403) 932-0402   SIC 5411
LOBLAWS INC   p 72
5212 50 St, DRAYTON VALLEY, AB, T7A 1S6
(780) 542-2645   SIC 5411
LOBLAWS INC   p 85
12350 137 Ave Nw, EDMONTON, AB, T5L 4X6
(780) 406-3768   SIC 5411
LOBLAWS INC   p 87
14740 111 Ave Nw, EDMONTON, AB, T5M 2P5
(780) 452-5411   SIC 5141
LOBLAWS INC   p 92
17303 Stony Plain Rd Nw Suite 1573, EDMONTON, AB, T5S 1B5
(780) 486-8452   SIC 5141
LOBLAWS INC   p 96
16104 121a Ave Nw, EDMONTON, AB, T5V 1B2
(780) 451-7391   SIC 5141
LOBLAWS INC   p 105
9910 69 Ave Nw, EDMONTON, AB, T6E 6G1
SIC 5141
LOBLAWS INC   p 105
6904 99 St Nw, EDMONTON, AB, T6E 6G1
(780) 431-1090   SIC 5141
LOBLAWS INC   p 109
4821 Calgary Trail Nw Suite 1570, EDMONTON, AB, T6H 5W8
(780) 430-2797   SIC 5411
LOBLAWS INC   p 113
9711 23 Ave Nw, EDMONTON, AB, T6N 1K7
(780) 490-3935   SIC 5411
LOBLAWS INC   p 116
4410 17 St Nw, EDMONTON, AB, T6T 0C1
(780) 450-2041   SIC 5411
LOBLAWS INC   p 119
1906 8th Ave, FORT MACLEOD, AB, T0L 0Z0
(403) 553-7900   SIC 5411
LOBLAWS INC   p 121
9 Haineault St, FORT MCMURRAY, AB, T9H 1R8
(780) 790-3827   SIC 5411
LOBLAWS INC   p 122
251 Powder Dr, FORT MCMURRAY, AB, T9K 2W6
(780) 788-1402   SIC 5912
LOBLAWS INC   p 127
12225 99 St Suite 1544, GRANDE PRAIRIE, AB, T8V 6X9
(780) 831-3827   SIC 5411
LOBLAWS INC   p 128
10702 83 Ave, GRANDE PRAIRIE, AB, T8W 0G9
(780) 538-2362   SIC 5411
LOBLAWS INC   p 131
1103 18 St Se, HIGH RIVER, AB, T1V 2A9
(403) 652-8654   SIC 5141
LOBLAWS INC   p 132
5040 43 Ave, INNISFAIL, AB, T4G 1Y9
(403) 227-4138   SIC 5411
LOBLAWS INC   p 133
10527 101 Ave, LAC LA BICHE, AB, T0A 2C0
(780) 623-6400   SIC 5411
LOBLAWS INC   p 134
5700 Highway 2a, LACOMBE, AB, T4L 1A3
(403) 782-7332   SIC 5141
LOBLAWS INC   p 135
3915 50 St, LEDUC, AB, T9E 6R3
(780) 980-8212   SIC 5411
LOBLAWS INC   p 140
1706 Mayor Magrath Dr S, LETHBRIDGE, AB, T1K 2R5
(403) 320-2368   SIC 5411
LOBLAWS INC   p 140
1706 Mayor Magrath Dr S, LETHBRIDGE, AB, T1K 2R5
(403) 320-2607   SIC 5141
LOBLAWS INC   p 141
5031 44 St, LLOYDMINSTER, AB, T9V 0A6
(780) 871-8000   SIC 5411
LOBLAWS INC   p 144
1792 Trans Canada Way Se Suite 1550, MEDICINE HAT, AB, T1B 4C6
(403) 528-5727   SIC 5411
LOBLAWS INC   p 146
8901 100 St, MORINVILLE, AB, T8R 1V5
(780) 939-2915   SIC 5411
LOBLAWS INC   p 150
7613 100 Ave, PEACE RIVER, AB, T8S 1M5
(780) 618-2465   SIC 5411
LOBLAWS INC   p 153
5016 51 Ave, RED DEER, AB, T4N 4H5
(403) 350-3531   SIC 5411
LOBLAWS INC   p 155

6350 67 St Unit 15, RED DEER, AB, T4P 3L7
(403) 347-4533   SIC 5141
LOBLAWS INC   p 163
410 Baseline Rd Suite 100, SHERWOOD PARK, AB, T8H 2A7
(780) 417-5212   SIC 5411
LOBLAWS INC   p 164
100 Main St S Suite 790, SLAVE LAKE, AB, T0G 2A3
(780) 849-2369   SIC 5141
LOBLAWS INC   p 165
100 Jennifer Heil Way Suite 10, SPRUCE GROVE, AB, T7X 4B8
(780) 960-7400   SIC 5411
LOBLAWS INC   p 166
5701 50 Ave, ST PAUL, AB, T0A 3A1
(780) 645-7030   SIC 5411
LOBLAWS INC   p 167
101 St Albert Rd Suite 1, ST. ALBERT, AB, T8N 6L5
(780) 418-6818   SIC 5399
LOBLAWS INC   p 168
5701 47 Ave, STETTLER, AB, T0C 2L0
(403) 742-9186   SIC 5411
LOBLAWS INC   p 169
900 Pine Rd Suite 101, STRATHMORE, AB, T1P 0A2
(403) 934-6510   SIC 5411
LOBLAWS INC   p 170
70 Hewlett Park Landng Suite 9076, SYLVAN LAKE, AB, T4S 2J3
(403) 887-1302   SIC 5411
LOBLAWS INC   p 172
4734 50 Ave Suite 3958, VEGREVILLE, AB, T9C 1L1
(780) 603-2600   SIC 5411
LOBLAWS INC   p 173
10851 100 St, WESTLOCK, AB, T7P 2R5
(780) 349-7040   SIC 5431
LOBLAWS INC   p 173
2601 14 Ave, WAINWRIGHT, AB, T9W 1V5
(780) 806-5100   SIC 5411
LOBLAWS INC   p 174
5217 50 Ave, WETASKIWIN, AB, T9A 0S7
(780) 352-8402   SIC 5411
LOBLAWS INC   p 177
32900 South Fraser Way Suite 3, ABBOTSFORD, BC, V2S 5A1
(604) 859-6501   SIC 5411
LOBLAWS INC   p 181
3100 272 St Suite 1, ALDERGROVE, BC, V4W 3N7
(604) 856-5101   SIC 5411
LOBLAWS INC   p 191
5335 Kingsway, BURNABY, BC, V5H 2G1
SIC 5141
LOBLAWS INC   p 193
221 Hwy 16, BURNS LAKE, BC, V0J 1E0
(250) 692-1981   SIC 5411
LOBLAWS INC   p 194
1424 Island Hwy Suite 1524, CAMPBELL RIVER, BC, V9W 8C9
(250) 830-2736   SIC 5399
LOBLAWS INC   p 199
215 Port Augusta St, COMOX, BC, V9M 3M9
(250) 339-7651   SIC 5411
LOBLAWS INC   p 200
3000 Lougheed Hwy Suite 205, COQUITLAM, BC, V3B 1C5
(604) 468-6735   SIC 5411
LOBLAWS INC   p 202
1301 Lougheed Hwy, COQUITLAM, BC, V3K 6P9
(604) 520-8339   SIC 5411
LOBLAWS INC   p 204
757 Ryan Rd, COURTENAY, BC, V9N 3R6
(250) 334-6900   SIC 5912
LOBLAWS INC   p 205
2100 17th St N Suite 1553, CRANBROOK, BC, V1C 7J1
(250) 420-2118   SIC 5411
LOBLAWS INC   p 206
1501 Cook St, CRESTON, BC, V0B 1G0

(250) 402-6020   SIC 5411
LOBLAWS INC   p 209
8195 120 St, DELTA, BC, V4C 6P7
(604) 592-5218   SIC 5411
LOBLAWS INC   p 212
291 Cowichan Way Suite 1563, DUNCAN, BC, V9L 6P5
(250) 746-0529   SIC 5141
LOBLAWS INC   p 213
1792 9th Ave, FERNIE, BC, V0B 1M0
(250) 423-7387   SIC 5411
LOBLAWS INC   p 214
9116 107 St, FORT ST. JOHN, BC, V1J 6E3
(250) 262-2000   SIC 5411
LOBLAWS INC   p 220
910 Columbia St W Suite 1522, KAMLOOPS, BC, V2C 1L2
(250) 371-6418   SIC 5411
LOBLAWS INC   p 224
2280 Baron Rd Suite 1564, KELOWNA, BC, V1X 7W3
(250) 717-2536   SIC 5411
LOBLAWS INC   p 226
1835 Gordon Dr Suite 136, KELOWNA, BC, V1Y 3H4
(250) 861-1525   SIC 5912
LOBLAWS INC   p 238
32136 Lougheed Hwy Suite 1559, MISSION, BC, V2V 1A4
(604) 820-6436   SIC 5912
LOBLAWS INC   p 243
402 Lakeside Dr, NELSON, BC, V1L 6B9
(250) 352-2930   SIC 5141
LOBLAWS INC   p 247
333 Seymour Blvd Suite 1560, NORTH VANCOUVER, BC, V7J 2J4
(604) 904-5537   SIC 5411
LOBLAWS INC   p 252
200 Carmi Ave, PENTICTON, BC, V2A 3G5
(250) 493-5888   SIC 5141
LOBLAWS INC   p 252
2210 Main St Suite 100, PENTICTON, BC, V2A 5H8
(250) 487-7700   SIC 5411
LOBLAWS INC   p 253
19800 Lougheed Hwy Suite 201, PITT MEADOWS, BC, V3Y 2W1
(604) 460-4319   SIC 5411
LOBLAWS INC   p 254
3455 Johnston Rd, PORT ALBERNI, BC, V9Y 8K1
(250) 723-1624   SIC 5411
LOBLAWS INC   p 262
2155 Ferry Ave, PRINCE GEORGE, BC, V2N 5E8
(250) 960-1300   SIC 5411
LOBLAWS INC   p 264
2335 Maple Dr E, QUESNEL, BC, V2J 7J6
(250) 747-2803   SIC 5411
LOBLAWS INC   p 269
4651 No. 3 Rd Suite 1557, RICHMOND, BC, V6X 2C4
(604) 233-2418   SIC 5411
LOBLAWS INC   p 276
360 Trans Canada Hwy Sw Suite 2, SALMON ARM, BC, V1E 1B4
(250) 804-0285   SIC 5411
LOBLAWS INC   p 282
18699 Fraser Hwy, SURREY, BC, V3S 7Y3
(604) 576-3125   SIC 5411
LOBLAWS INC   p 286
7550 King George Blvd Suite 1, SURREY, BC, V3W 2T2
(604) 599-3722   SIC 5411
LOBLAWS INC   p 291
4524 Feeney Ave, TERRACE, BC, V8G 1J2
(250) 638-1460   SIC 5411
LOBLAWS INC   p 293
1460 Hastings St E, VANCOUVER, BC, V5L 1S3
(604) 253-3349   SIC 5411
LOBLAWS INC   p 294
3185 Grandview Hwy, VANCOUVER, BC, V5M 2E9

(604) 436-6407   SIC 5141
LOBLAWS INC   p 294
3189 Grandview Hwy, VANCOUVER, BC, V5M 2E9
(604) 439-5400   SIC 6712
LOBLAWS INC   p 325
2110 Ryley Ave, VANDERHOOF, BC, V0J 3A0
(250) 567-6000   SIC 5411
LOBLAWS INC   p 326
5001 Anderson Way, VERNON, BC, V1T 9V1
(250) 550-2319   SIC 5411
LOBLAWS INC   p 326
2501 34 St, VERNON, BC, V1T 9S3
(250) 260-4550   SIC 5411
LOBLAWS INC   p 326
2306 Highway 6 Unit 100, VERNON, BC, V1T 7E3
(250) 558-1199   SIC 5411
LOBLAWS INC   p 335
846 Viewfield Rd, VICTORIA, BC, V9A 4V1
(250) 381-4078   SIC 5912
LOBLAWS INC   p 336
835 Langford Pky, VICTORIA, BC, V9B 4V5
(250) 391-3135   SIC 5912
LOBLAWS INC   p 339
2341 Bering Rd, WESTBANK, BC, V4T 2P4
SIC 5411
LOBLAWS INC   p 341
1000 South Lakeside Dr, WILLIAMS LAKE, BC, V2G 3A6
(250) 305-2150   SIC 5141
LOBLAWS INC   p 345
920 Victoria Ave, BRANDON, MB, R7A 1A7
(204) 729-4646   SIC 5411
LOBLAWS INC   p 347
15 1st Ave Ne, DAUPHIN, MB, R7N 3M3
(204) 622-2930   SIC 5411
LOBLAWS INC   p 357
130 Pth 12 N, STEINBACH, MB, R5G 1T4
(204) 320-4101   SIC 5411
LOBLAWS INC   p 357
276 Main St, STEINBACH, MB, R5G 1Y8
(204) 346-6304   SIC 5411
LOBLAWS INC   p 359
Hwy 10 Po Box 12 Stn Main, THE PAS, MB, R9A 1K3
(204) 623-4799   SIC 5411
LOBLAWS INC   p 361
175 Cargill Rd, WINKLER, MB, R6W 0K4
(204) 331-2501   SIC 5411
LOBLAWS INC   p 366
1035 Gateway Rd Suite 1512, WINNIPEG, MB, R2K 4C1
(204) 987-7534   SIC 5141
LOBLAWS INC   p 370
2132 Mcphillips St, WINNIPEG, MB, R2V 3C8
(204) 631-6250   SIC 5411
LOBLAWS INC   p 371
1445 Main St, WINNIPEG, MB, R2W 3V8
SIC 5141
LOBLAWS INC   p 371
1200 Main St, WINNIPEG, MB, R2W 3S8
(204) 734-5190   SIC 5411
LOBLAWS INC   p 371
494 Jarvis Ave Suite 898, WINNIPEG, MB, R2W 3A9
(204) 589-9219   SIC 7623
LOBLAWS INC   p 375
600 Notre Dame Ave, WINNIPEG, MB, R3B 1S4
SIC 5141
LOBLAWS INC   p 379
1385 Sargent Ave, WINNIPEG, MB, R3E 3P8
(204) 784-7901   SIC 5141
LOBLAWS INC   p 383
1725 Ellice Ave, WINNIPEG, MB, R3H 1A6
(204) 775-8280   SIC 5141
LOBLAWS INC   p 385
3193 Portage Ave, WINNIPEG, MB, R3K 0W4

(204) 831-3528   SIC 5399
LOBLAWS INC   p 389
80 Bison Dr Suite 1509, WINNIPEG, MB, R3T 4Z7
(204) 275-4118   SIC 5411
LOBLAWS INC   p 420
195 King St, ST STEPHEN, NB, E3L 2E4
(506) 465-1457   SIC 5411
LOBLAWS INC   p 425
5 Murphy Sq Suite 926, CORNER BROOK, NL, A2H 1R4
(709) 634-9450   SIC 5411
LOBLAWS INC   p 428
252 Main St, LEWISPORTE, NL, A0G 3A0
(709) 535-6381   SIC 5411
LOBLAWS INC   p 432
370 Newfoundland Dr, ST. JOHN'S, NL, A1A 4A2
(709) 576-1160   SIC 5411
LOBLAWS INC   p 439
4910 50 Ave Suite 14, YELLOWKNIFE, NT, X1A 3S5
(867) 669-9100   SIC 5141
LOBLAWS INC   p 484
30 Kingston Rd W Suite 1012, AJAX, ON, L1T 4K8
(905) 683-2272   SIC 5411
LOBLAWS INC   p 491
15900 Bayview Ave Suite 1, AURORA, ON, L4G 7Y3
(905) 726-9532   SIC 5411
LOBLAWS INC   p 522
85 Steeles Ave W, BRAMPTON, ON, L6Y 0K3
(905) 451-0917   SIC 5411
LOBLAWS INC   p 531
1972 Parkedale Ave Suite 1017, BROCKVILLE, ON, K6V 7N4
(613) 498-0994   SIC 5411
LOBLAWS INC   p 551
791 St Clair St, CHATHAM, ON, N7L 0E9
(519) 352-4982   SIC 5411
LOBLAWS INC   p 592
171 Guelph St Suite 2811, GEORGETOWN, ON, L7G 4A1
(905) 877-7005   SIC 5411
LOBLAWS INC   p 598
361 South Service Rd Suite 2806, GRIMSBY, ON, L3M 4E8
(905) 309-3911   SIC 5411
LOBLAWS INC   p 605
100 Rorke Ave, HAILEYBURY, ON, P0J 1K0
SIC 5411
LOBLAWS INC   p 625
760 Eagleson Rd, KANATA, ON, K2M 0A7
(613) 254-6050   SIC 5411
LOBLAWS INC   p 628
16 Tenth Ave S, KENORA, ON, P9N 2J4
(807) 468-1770   SIC 5199
LOBLAWS INC   p 628
538 Park St, KENORA, ON, P9N 1A1
(807) 468-4587   SIC 5411
LOBLAWS INC   p 643
875 Highland Rd W Suite 178, KITCHENER, ON, N2N 2Y2
(519) 745-4781   SIC 5411
LOBLAWS INC   p 646
201 Talbot St E, LEAMINGTON, ON, N8H 3X5
SIC 5411
LOBLAWS INC   p 662
1205 Oxford St W, LONDON, ON, N6H 1V9
(519) 641-3653   SIC 5411
LOBLAWS INC   p 668
2 Hemlo Dr, MARATHON, ON, P0T 2E0
(807) 229-8006   SIC 5411
LOBLAWS INC   p 680
9292 93 Hwy, MIDLAND, ON, L4R 4K4
(705) 527-0388   SIC 5411
LOBLAWS INC   p 682
820 Main St E Suite 2810, MILTON, ON, L9T 0J4
(905) 875-3600   SIC 5411
LOBLAWS INC   p 700

▲ Public Company   ■ Public Company Family Member   HQ Headquarters   BR Branch   SL Single Location

LOBLAWS INC

3045 Mavis Rd Suite 2841, MISSISSAUGA, ON, L5C 1T7
(905) 275-6171   SIC 5411

LOBLAWS INC   p 709
3050 Argentia Rd, MISSISSAUGA, ON, L5N 8E1
(905) 785-3150   SIC 5411

LOBLAWS INC   p 753
825 Don Mills Rd Suite 1077, NORTH YORK, ON, M3C 1V4
(416) 391-0080   SIC 5411

LOBLAWS INC   p 755
51 Gerry Fitzgerald Dr Suite 1033, NORTH YORK, ON, M3J 3N4
(416) 665-7636   SIC 5411

LOBLAWS INC   p 759
3501 Yonge St, NORTH YORK, ON, M4N 2N5
(416) 481-8105   SIC 5411

LOBLAWS INC   p 765
201 Oak Park Blvd Suite 1024, OAKVILLE, ON, L6H 7T4
(905) 257-9330   SIC 5411

LOBLAWS INC   p 777
4270 Innes Rd Suite 1071, ORLEANS, ON, K4A 5E6
(613) 824-8914   SIC 5411

LOBLAWS INC   p 780
1385 Harmony Rd N Suite 1043, OSHAWA, ON, L1H 7K5
(905) 433-9569   SIC 5411

LOBLAWS INC   p 783
2625 Sheffield Rd, OTTAWA, ON, K1B 1A8
(613) 741-4756   SIC 5411

LOBLAWS INC   p 795
2210c Bank St Suite 1188, OTTAWA, ON, K1V 1J5
(613) 733-1377   SIC 5411

LOBLAWS INC   p 797
190 Richmond Rd Suite 1009, OTTAWA, ON, K1Z 6W6
(613) 722-5890   SIC 5411

LOBLAWS INC   p 801
2065a Robertson Rd, OTTAWA, ON, K2H 5Y9
(613) 829-9770   SIC 5411

LOBLAWS INC   p 827
600 Murphy Rd, SARNIA, ON, N7S 5T7
(519) 383-8300   SIC 5411

LOBLAWS INC   p 837
755 Brimley Rd, SCARBOROUGH, ON, M1J 1C5
(416) 279-0802   SIC 5411

LOBLAWS INC   p 858
1063 Talbot St Unit 50, ST THOMAS, ON, N5P 1G4
(519) 637-6358   SIC 5411

LOBLAWS INC   p 867
1485 Lasalle Blvd, SUDBURY, ON, P3A 5H7
(705) 560-4961   SIC 5411

LOBLAWS INC   p 878
319 Fort William Rd, THUNDER BAY, ON, P7B 2Z2
(807) 346-4669   SIC 5141

LOBLAWS INC   p 878
600 Harbour Expy, THUNDER BAY, ON, P7B 6P4
(807) 343-4500   SIC 5411

LOBLAWS INC   p 894
720 Broadview Ave, TORONTO, ON, M4K 2P1
(416) 778-8762   SIC 5411

LOBLAWS INC   p 896
17 Leslie St, TORONTO, ON, M4M 3H9
(416) 469-2897   SIC 5411

LOBLAWS INC   p 937
See LOBLAW PROPERTIES LIMITED

LOBLAWS INC   p 941
2549 Weston Rd, TORONTO, ON, M9N 2A7
(416) 246-1906   SIC 5411

LOBLAWS INC   p 946
100 Mcarthur Ave, VANIER, ON, K1L 8H5
(613) 744-0705   SIC 5411

LOBLAWS INC   p 947
2911 Major Mackenzie Dr Suite 80, VAUGHAN, ON, L6A 3N9
(905) 417-0490   SIC 5411

LOBLAWS INC   p 949
25 45th St S, WASAGA BEACH, ON, L9Z 1A7
(705) 429-4315   SIC 5411

LOBLAWS INC   p 958
400 Glen Hill Dr Suite 211, WHITBY, ON, L1N 7R6
(905) 668-2514   SIC 5411

LOBLAWS INC   p 960
200 Taunton Rd W Suite 1058, WHITBY, ON, L1R 3H8
(905) 665-1164   SIC 5411

LOBLAWS INC   p 964
4371 Walker Rd Suite 567, WINDSOR, ON, N8W 3T6
(519) 972-3904   SIC 5411

LOBLAWS INC   p 970
2950 Dougall Ave Suite 18, WINDSOR, ON, N9E 1S2
(519) 969-3087   SIC 2051

LOBLAWS INC   p 1042
80 Rue Saint-Jude N, GRANBY, QC, J2J 2T7
(450) 777-2875   SIC 5141

LOBLAWS INC   p 1049
16900 Rte Transcanadienne, KIRKLAND, QC, H9H 4M7
(514) 426-3005   SIC 5411

LOBLAWS INC   p 1065
50 Rte Du President-Kennedy Bureau 190, Levis, QC, G6V 6W8
(418) 837-9505   SIC 5411

LOBLAWS INC   p 1171
86 Boul Brien, REPENTIGNY, QC, J6A 5K7
(450) 581-8866   SIC 5411

LOBLAWS INC   p 1182
1402 Rue Roberval, SAINT-BRUNO, QC, J3V 5J2
(450) 653-0433   SIC 5411

LOBLAWS INC   p 1205
300 Av Sainte-Croix, SAINT-LAURENT, QC, H4N 3K4
(514) 747-0944   SIC 5411

LOBLAWS INC   p 1249
3725 Boul Des Forges, Trois-Rivieres, QC, G8Y 4P2
(819) 374-8980   SIC 5411

LOBLAWS INC   p 1254
1500 Ch Sullivan Bureau 24, VAL-D'OR, QC, J9P 1M1
(819) 824-3595   SIC 5411

LOBLAWS INC   p 1268
137 King St, ESTEVAN, SK, S4A 2T5
(306) 636-1600   SIC 5411

LOBLAWS INC   p 1270
2019 8 Ave, HUMBOLDT, SK, S0K 2A1
(306) 682-8335   SIC 5912

LOBLAWS INC   p 1271
608 12th Ave E Rr 2, KINDERSLEY, SK, S0L 1S2
(306) 463-1651   SIC 5411

LOBLAWS INC   p 1274
100 Halifax St W, MELVILLE, SK, S0A 2P0
(306) 728-6610   SIC 5411

LOBLAWS INC   p 1274
290 Prince William Dr, MELVILLE, SK, S0A 2P0
(306) 728-6615   SIC 5411

LOBLAWS INC   p 1274
620a Sasketchewan Ave, MELFORT, SK, S0E 1A0
(306) 752-9725   SIC 5411

LOBLAWS INC   p 1274
828 9th St W, MEADOW LAKE, SK, S9X 1S9
(306) 236-8330   SIC 5411

LOBLAWS INC   p 1277
11403 Railway Ave E, NORTH BATTLEFORD, SK, S9A 2R7
(306) 445-3375   SIC 5411

LOBLAWS INC   p 1277
101 Railway Ave W, NIPAWIN, SK, S0E 1E0
(306) 862-8780   SIC 5411

LOBLAWS INC   p 1279
591 15th St E Suite 1581, PRINCE ALBERT, SK, S6V 1G3
(306) 953-8120   SIC 5399

LOBLAWS INC   p 1281
4050 2nd Ave W, PRINCE ALBERT, SK, S6W 1A2
(306) 922-5506   SIC 5141

LOBLAWS INC   p 1285
1341 Broadway Ave, REGINA, SK, S4P 1E5
(306) 569-1059   SIC 5411

LOBLAWS INC   p 1285
1341 Broadway Ave, REGINA, SK, S4P 1E5
(306) 569-7575   SIC 5912

LOBLAWS INC   p 1287
921 Broad St, REGINA, SK, S4R 8G9
(306) 525-2125   SIC 5411

LOBLAWS INC   p 1287
336 N Mccarthy Blvd, REGINA, SK, S4R 7M2
(306) 924-2620   SIC 5912

LOBLAWS INC   p 1289
3960 Albert St Suite 9037, REGINA, SK, S4S 3R1
(306) 584-9444   SIC 5411

LOBLAWS INC   p 1289
3958 Albert St, REGINA, SK, S4S 3R1
(306) 790-2550   SIC 5541

LOBLAWS INC   p 1290
2055 Prince Of Wales Dr Suite 1584, REGINA, SK, S4V 3A3
(306) 546-6518   SIC 5411

LOBLAWS INC   p 1291
4450 Rochdale Blvd Suite 1585, REGINA, SK, S4X 4N9
(306) 546-6618   SIC 5399

LOBLAWS INC   p 1292
2901 8th St E Suite 1535, SASKATOON, SK, S7H 0V4
(306) 978-7040   SIC 5411

LOBLAWS INC   p 1292
1018 Taylor St E, SASKATOON, SK, S7H 1W5
(306) 343-6690   SIC 5411

LOBLAWS INC   p 1292
2105 8th St E Unit 51, SASKATOON, SK, S7H 0T8
(306) 373-3010   SIC 5411

LOBLAWS INC   p 1296
7 Assiniboine Dr, SASKATOON, SK, S7K 1H1
(306) 242-7444   SIC 5411

LOBLAWS INC   p 1296
2815 Wanuskewin Rd, SASKATOON, SK, S7K 8E6
(306) 249-9200   SIC 5411

LOBLAWS INC   p 1300
411 Confederation Dr, SASKATOON, SK, S7L 5C3
(306) 683-5634   SIC 5411

LOBLAWS INC   p 1301
2410 22nd St W Suite 1, SASKATOON, SK, S7M 5S6
(306) 384-3019   SIC 5411

LOBLAWS INC   p 1302
910 Broadway Ave, SASKATOON, SK, S7N 1B7
(306) 242-4764   SIC 5411

LOBLAWS INC   p 1302
30 Kenderdine Rd, SASKATOON, SK, S7N 4M8
(306) 343-3400   SIC 5411

LOBLAWS INC   p 1305
315 Herold Rd, SASKATOON, SK, S7V 1J7
(306) 664-5033   SIC 5411

LOBLAWS INC   p 1306
1501 North Service Rd E, SWIFT CURRENT, SK, S9H 3X6
(306) 778-5640   SIC 5141

LOBLAWS INC   p 1311
2270 2nd Ave Suite 1530, WHITEHORSE, YT, Y1A 1C8
(867) 456-6618   SIC 5141

LOBLAWS NO 105   p 837
See LOBLAWS SUPERMARKETS LIMITED

LOBLAWS SUPERMARKET   p 721
See LOBLAWS SUPERMARKETS LIMITED

LOBLAWS SUPERMARKETS LIMITED   p 402
791 Route 776, GRAND MANAN, NB, E5G 3C4
(506) 662-8152   SIC 5411

LOBLAWS SUPERMARKETS LIMITED   p 418
621 Fairville Blvd, SAINT JOHN, NB, E2M 4X5
(506) 633-2420   SIC 5411

LOBLAWS SUPERMARKETS LIMITED   p 484
30 Kingston Rd W Suite 1012, AJAX, ON, L1T 4K8
(905) 683-5573   SIC 5411

LOBLAWS SUPERMARKETS LIMITED   p 492
657 John St N, AYLMER, ON, N5H 2R2
(519) 765-2811   SIC 5411

LOBLAWS SUPERMARKETS LIMITED   p 507
2375 Highway 2 Suite 300, BOWMANVILLE, ON, L1C 5A3
(905) 623-2600   SIC 5411

LOBLAWS SUPERMARKETS LIMITED   p 522
1 Presidents Choice Cir, BRAMPTON, ON, L6Y 5S5
(905) 459-2500   SIC 5411

LOBLAWS SUPERMARKETS LIMITED   p 556
12 Hurontario St, COLLINGWOOD, ON, L9Y 2L6
(705) 445-0461   SIC 5411

LOBLAWS SUPERMARKETS LIMITED   p 579
380 The East Mall, ETOBICOKE, ON, M9B 6L5
(416) 695-8990   SIC 5411

LOBLAWS SUPERMARKETS LIMITED   p 579
270 The Kingsway, ETOBICOKE, ON, M9A 3T7
(416) 231-0931   SIC 5411

LOBLAWS SUPERMARKETS LIMITED   p 592
300 Guelph St, GEORGETOWN, ON, L7G 4B1
(905) 877-4711   SIC 5411

LOBLAWS SUPERMARKETS LIMITED   p 594
1980 Ogilvie Rd, GLOUCESTER, ON, K1J 9L3
(613) 746-5724   SIC 5411

LOBLAWS SUPERMARKETS LIMITED   p 595
671 River Rd, GLOUCESTER, ON, K1V 2G2
(613) 822-4749   SIC 5411

LOBLAWS SUPERMARKETS LIMITED   p 618
1560 Cameron St Suite 820, HAWKESBURY, ON, K6A 3S5
(613) 632-9215   SIC 5411

LOBLAWS SUPERMARKETS LIMITED   p 632
1100 Princess St Suite 1040, KINGSTON, ON, K7L 5G8
(613) 530-3861   SIC 5411

LOBLAWS SUPERMARKETS LIMITED   p 635
1048 Midland Ave, KINGSTON, ON, K7P 2X9
(613) 389-4119   SIC 5411

LOBLAWS SUPERMARKETS LIMITED   p 647
400 Kent St W, LINDSAY, ON, K9V 6K2
(705) 878-4605   SIC 5411

LOBLAWS SUPERMARKETS LIMITED   p

LOBLAWS SUPERMARKETS LIMITED p 658
7 Base Line Rd E, LONDON, ON, N6C 5Z8
SIC 5411
LOBLAWS SUPERMARKETS LIMITED p 659
635 Southdale Rd E, LONDON, ON, N6E 3W6
(519) 686-8007 SIC 5411
LOBLAWS SUPERMARKETS LIMITED p 664
3040 Wonderland Rd S, LONDON, ON, N6L 1A6
(519) 668-0719 SIC 5411
LOBLAWS SUPERMARKETS LIMITED p 664
3040 Wonderland Rd S, LONDON, ON, N6L 1A6
(519) 668-5383 SIC 5411
LOBLAWS SUPERMARKETS LIMITED p 669
200 Bullock Dr, MARKHAM, ON, L3P 1W2
(905) 294-6277 SIC 5411
LOBLAWS SUPERMARKETS LIMITED p 693
1125 Bloor St, MISSISSAUGA, ON, L4Y 2N6
(905) 279-1353 SIC 5411
LOBLAWS SUPERMARKETS LIMITED p 701
250 Lakeshore Rd W, MISSISSAUGA, ON, L5H 1G6
(905) 271-9925 SIC 5411
LOBLAWS SUPERMARKETS LIMITED p 721
6085 Creditview Rd, MISSISSAUGA, ON, L5V 2A8
(905) 607-1578 SIC 5411
LOBLAWS SUPERMARKETS LIMITED p 722
7070 Mclaughlin Rd, MISSISSAUGA, ON, L5W 1W7
(905) 565-6490 SIC 5411
LOBLAWS SUPERMARKETS LIMITED p 727
1460 Merivale Rd, NEPEAN, ON, K2E 5P2
(613) 226-6001 SIC 5411
LOBLAWS SUPERMARKETS LIMITED p 730
3201 Greenbank Rd Suite 1035, NEPEAN, ON, K2J 4H9
(613) 825-0812 SIC 5411
LOBLAWS SUPERMARKETS LIMITED p 733
18120 Yonge St, NEWMARKET, ON, L3Y 4V8
(905) 830-4072 SIC 5411
LOBLAWS SUPERMARKETS LIMITED p 749
5095 Yonge St, NORTH YORK, ON, M2N 6Z4
(416) 512-9430 SIC 5411
LOBLAWS SUPERMARKETS LIMITED p 755
3685 Keele St, NORTH YORK, ON, M3J 3H6
(416) 398-3021 SIC 5411
LOBLAWS SUPERMARKETS LIMITED p 768
173 Lakeshore Rd W, OAKVILLE, ON, L6K 1E7
(905) 845-4946 SIC 5411
LOBLAWS SUPERMARKETS LIMITED p 776
1226 Place D'orleans Dr Suite 3935, ORLEANS, ON, K1C 7K3
(613) 834-4074 SIC 5411
LOBLAWS SUPERMARKETS LIMITED p 781
481 Gibb St, OSHAWA, ON, L1J 1Z4
(905) 743-0043 SIC 5411
LOBLAWS SUPERMARKETS LIMITED p 800
1980 Baseline Rd, OTTAWA, ON, K2C 0C6
(613) 723-3200 SIC 5411
LOBLAWS SUPERMARKETS LIMITED p 813
1792 Liverpool Rd, PICKERING, ON, L1V 4G6
(905) 831-6301 SIC 5411
LOBLAWS SUPERMARKETS LIMITED p 822
9325 Yonge St, RICHMOND HILL, ON, L4C 0A8
(905) 737-1988 SIC 5411
LOBLAWS SUPERMARKETS LIMITED p 822
10909 Yonge St, RICHMOND HILL, ON, L4C 3E3
(905) 737-1222 SIC 5411
LOBLAWS SUPERMARKETS LIMITED p 825
46 Main St W, RIDGETOWN, ON, N0P 2C0
(519) 674-3473 SIC 5411
LOBLAWS SUPERMARKETS LIMITED p 837
3401 Lawrence Ave E, SCARBOROUGH, ON, M1H 1B2
(416) 438-4392 SIC 5411
LOBLAWS SUPERMARKETS LIMITED p 891
1150 Victoria Park Ave, TORONTO, ON, M4B 2K4
(416) 755-5661 SIC 5411
LOBLAWS SUPERMARKETS LIMITED p 893
301 Moore Ave, TORONTO, ON, M4G 1E1
(416) 425-0604 SIC 5411
LOBLAWS SUPERMARKETS LIMITED p 899
12 St Clair Ave E, TORONTO, ON, M4T 1L7
(416) 960-8108 SIC 5411
LOBLAWS SUPERMARKETS LIMITED p 934
650 Dupont St Suite 1029, TORONTO, ON, M6G 4B1
(416) 588-3756 SIC 5141
LOBLAWS SUPERMARKETS LIMITED p 939
3671 Dundas St W, TORONTO, ON, M6S 2T3
(416) 769-7171 SIC 5411
LOBLAWS SUPERMARKETS LIMITED p 950
24 Forwell Creek Rd, WATERLOO, ON, N2J 3Z3
(519) 880-0355 SIC 5141
LOBLAWS SUPERMARKETS LIMITED p 955
821 Niagara St, WELLAND, ON, L3C 1M4
(905) 732-9010 SIC 5411
LOBLAWS SUPERMARKETS LIMITED p 955
390 Lincoln St, WELLAND, ON, L3B 4N4
(905) 732-3367 SIC 5411
LOBLAWS SUPERMARKETS LIMITED p 958
303 Brock St S, WHITBY, ON, L1N 4K3
(905) 668-5940 SIC 5411
LOBLAWS SUPERMARKETS LIMITED p 960
3100 Garden St Unit 2, WHITBY, ON, L1R 2G8
(866) 987-6453 SIC 5411
LOBLAWS SUPERMARKETS LIMITED p 983
25 Meadowbank Rd Unit 17, CORNWALL, PE, C0A 1H0
(902) 628-6787 SIC 5411
LOBLAWS SUPERMARKETS LIMITED p 1089
2925 Rue Rachel E, Montreal, QC, H1W 3Z8
(514) 522-4442 SIC 5411
LOBLAWS SUPERMARKETS LIMITED p 1163
3111 Av Watt, Quebec, QC, G1X 3W2
(418) 657-1133 SIC 5411
LOBLAWS SUPERMARKETS LIMITED p 1257
42 Place Du Commerce, VERDUN, QC, H3E 1J5
(514) 761-7207 SIC 5411
LOBLAWS VICTORIAVILLE p 1259
See PROVIGO DISTRIBUTION INC
LOBLAWS WHITE OAKS p 659
See LOBLAWS SUPERMARKETS LIMITED
LOBSTICK LODGE p 133
See JAS DAY INVESTMENTS LTD
LOCAL 252 p 557
See UNITED STEELWORKERS OF AMERICA
LOCAL 630 p 963
See CANADIAN UNION OF POSTAL WORKERS
LOCAL EATERY & REFUGE INC p 534
4155 Fairview St, BURLINGTON, ON, L7L 2A4
(905) 633-9464 SIC 5812
LOCAL HEROES BAR & GRILL p 728
See LOCAL HEROES INC
LOCAL HEROES BAR & GRILL p 785
See LOCAL HEROES INC
LOCAL HEROES INC p 728
1400 Clyde Ave, NEPEAN, ON, K2G 3J2
(613) 224-3873 SIC 5812
LOCAL HEROES INC p 785
1760 St. Laurent Blvd, OTTAWA, ON, K1G 1A2
(613) 737-9292 SIC 5812
LOCATION A.L.R. INC p 988
211 Rue Du Mistral, ALMA, QC, G8E 2E2
(418) 347-4665 SIC 1611
LOCATION BENCH & TABLE INC p 1121
6999 Av Victoria, Montreal, QC, H3W 3E9
(514) 738-4755 SIC 7359
LOCATION BROSSARD INC p 1026
2190 Boul Hymus, DORVAL, QC, H9P 1J7
(514) 367-1343 SIC 7513
LOCATION BROSSARD INC p 1165
955 Av Saint-Jean-Baptiste Bureau 100, Quebec, QC, G2E 5J5
(418) 877-2400 SIC 7513
LOCATION D'AUTO 440, DIV DE p 1020
See COMPLEXE AUTO 440 DE LAVAL INC
LOCATION DAGENAIS p 1225
See LOCATION DAGENAIS INC
LOCATION DAGENAIS INC p 1225
2700 Rue Etienne-Lenoir, Sainte-Dorothee, QC, H7R 0A3
(450) 625-2415 SIC 5511
LOCATION DE CAMIONS EUREKA INC p 1165
5055 Rue Rideau Bureau 400, Quebec, QC, G2E 5H5
(418) 877-3074 SIC 7513
LOCATION DE CAMIONS PENSKE p 1163
See PENSKE TRUCK LEASING CANADA INC
LOCATION DE CAMIONS PENSKE p 1210
See PENSKE TRUCK LEASING CANADA INC
LOCATION EXPRESS p 1255
See GOSSELIN EXPRESS LTEE
LOCATION HEWITT INC p 429
24 Third St, MOUNT PEARL, NL, A1N 2A5
(709) 282-5537 SIC 5082
LOCATION HEWITT INC p 1209
3000 Boul Pitfield, SAINT-LAURENT, QC, H4S 1K6
(514) 334-4125 SIC 7353
LOCATION HEWITT INC p 1234
400 Boul Laure, Sept-Iles, QC, G4R 1X4
(418) 962-7791 SIC 5082
LOCATION JEAN LEGARE LTEE p 1089
3035 Rue Hochelaga, Montreal, QC, H1W 1G1
(514) 522-6466 SIC 5511
LOCATION KOMATSU p 1027
See SMS CONSTRUCTION AND MINING SYSTEMS INC
LOCATION RADIO TAXI UNION LTEE p 1071
1605 Rue Vercheres, LONGUEUIL, QC, J4K 2Z6
(450) 679-6262 SIC 4121
LOCATION V.A. INC p 1061
156 Boul Laurier Rr 1, LAURIER-STATION, QC, G0S 1N0
(418) 728-2140 SIC 7513
LOCH LOMOND VILLA INC p 414
185 Loch Lomond Rd, SAINT JOHN, NB, E2J 3S3
(506) 643-7175 SIC 8051
LOCHEARN ELEMENTARY SCHOOL p 159
See WILD ROSE SCHOOL DIVISION NO. 66
LOCHER EVERS INTERNATIONAL p 208
See LOCHER EVERS INTERNATIONAL INC
LOCHER EVERS INTERNATIONAL p 515
See LOCHER EVERS INTERNATIONAL INC
LOCHER EVERS INTERNATIONAL INC p 208
456 Humber Pl, DELTA, BC, V3M 6A5
(604) 523-5100 SIC 4731
LOCHER EVERS INTERNATIONAL INC p 208
456 Humber Pl, DELTA, BC, V3M 6A5
(604) 525-0577 SIC 4225
LOCHER EVERS INTERNATIONAL INC p 515
30 Midair Crt, BRAMPTON, ON, L6T 5V1
(905) 494-0880 SIC 4731
LOCHLAMOND SCHOOL p 418
See SCHOOL DISTRICT 8
LOCHSIDE ELEMENTARY SCHOOL p 333
See SCHOOL DISTRICT 63 (SAANICH)
LOCK SEARCH GROUP p 581
See LOCK, R.E. & ASSOCIATES LTD
LOCK, R.E. & ASSOCIATES LTD p 581
405 The West Mall Suite 910, ETOBICOKE, ON, M9C 5J1
(416) 626-8383 SIC 7361
LOCKDALE COMMUNITY SCHOOL p 185
See BURNABY SCHOOL BOARD DISTRICT 41
LOCKERBIE & HOLE CONSTRUCTION p 161
See LOCKERBIE & HOLE CONTRACTING LIMITED
LOCKERBIE & HOLE CONTRACTING - EDMONTON p 32
See LOCKERBIE & HOLE CONTRACTING LIMITED
LOCKERBIE & HOLE CONTRACTING - SHERWOOD PARK p 161
See LOCKERBIE & HOLE CONTRACTING LIMITED
LOCKERBIE & HOLE CONTRACTING LIMITED p 32
7335 Flint Rd Se, CALGARY, AB, T2H 1G3
(403) 571-2121 SIC 1711
LOCKERBIE & HOLE CONTRACTING LIMITED p 96
14940 121a Ave Nw, EDMONTON, AB, T5V 1A3
(780) 452-1250 SIC 1711
LOCKERBIE & HOLE CONTRACTING LIMITED p 161
53367 Range Road 232, SHERWOOD PARK, AB, T8A 4V2
(780) 416-5700 SIC 1711
LOCKERBIE & HOLE CONTRACTING LIMITED p 161
53367 Range Road 232, SHERWOOD PARK, AB, T8A 4V2
SIC 1711
LOCKERBIE & HOLE EASTERN INC p 527
451 Elgin St, BRANTFORD, ON, N3S 7P5
(519) 751-8000 SIC 3499
LOCKERBY COMPOSITE SECONDARY SCHOOL p 871

See RAINBOW DISTRICT SCHOOL BOARD
LOCKES PUBLIC SCHOOL p 859
See THAMES VALLEY DISTRICT SCHOOL BOARD
LOCKHART OILFIELD SERVICES p 152
See 633515 ALBERTA LTD
LOCKHEED MARTIN CANADA INC p 791
45 O'connor St Suite 870, OTTAWA, ON, K1P 1A4
(613) 688-0698   SIC 3625
LOCKPORT SCHOOL p 350
See LORD SELKIRK SCHOOL DIVISION, THE
LOCKVIEW ELEMENTARY SCHOOL p 851
See DISTRICT SCHOOL BOARD OF NIAGARA
LOCKVIEW HIGH SCHOOL p 454
See HALIFAX REGIONAL SCHOOL BOARD
LOCOCO, A. WHOLESALE LTD p 606
2371 Barton St E, HAMILTON, ON, L8E 2W9
(905) 561-3229   SIC 5431
LOCOMOTIVE INVESTMENTS INC p 696
2350 Cawthra Rd, MISSISSAUGA, ON, L5A 2X1
(416) 596-6532   SIC 5812
LODE KING INDUSTRIES, DIV. OF p 361
See TRIPLE E CANADA LTD
LODGE AT VALLEY RIDGE, THE p 59
11479 Valley Ridge Dr Nw Suite 332, CALGARY, AB, T3B 5V5
(403) 286-4414   SIC 7041
LODGE MANAGEMENT LTD p 385
3278 Portage Ave, WINNIPEG, MB, R3K 0Z1
(204) 958-4444   SIC 8021
LODGE MOTEL IN TABER, THE p 143
See CALLAGHAN INN LIMITED
LODGING COMPANY RESERVATIONS LTD, THE p 226
510 Bernard Ave Suite 200, KELOWNA, BC, V1Y 6P1
(250) 979-3939   SIC 7389
LODGING OVATIONS CORP p 340
2036 London Lane, WHISTLER, BC, V0N 1B2
(604) 938-9999   SIC 7011
LOEB p 531
See METRO INC
LOEB p 730
See METRO ONTARIO INC
LOEB p 785
See PROVIGO DISTRIBUTION INC
LOEB p 795
See METRO ONTARIO INC
LOEB p 819
See METRO ONTARIO INC
LOEB #8094 p 634
See PROVIGO DISTRIBUTION INC
LOEB BAYRIDGE p 635
See PROVIGO DISTRIBUTION INC
LOEB CANADA p 799
See METRO ONTARIO INC
LOEB CLUB PLUS GILLES DIONNE INC p 1036
900 Boul Maloney O, GATINEAU, QC, J8T 3R6
(514) 243-5231   SIC 5141
LOEB FALLINGBROOK p 776
See METRO ONTARIO INC
LOEB ISLANDPARK p 797
See PROVIGO DISTRIBUTION INC
LOEWEN DRYWALL LTD p 379
1352 Spruce St, WINNIPEG, MB, R3E 2V7
(204) 487-6460   SIC 1742
LOEWEN MANUFACTURING, DIV OF p 343
See A & I PRODUCTS CANADA INC
LOEWEN WINDOWS p 357
See C.P. LOEWEN ENTERPRISES LTD
LOFT COMMUNITY SERVICES p 906
423 Yonge St 2nd Fl, TORONTO, ON, M5B 1T2
(416) 340-7222   SIC 8059

LOGAN'S GRILL HOUSE p 965
See BRENTWOOD LANES CANADA LTD
LOGGIAS ET LA VILLA VAL-DES-ARBRES, LES p 1127
See CSH VILLA VAL DES ARBRES INC
LOGGIAS VILLA VAL DES ARBRES, LES p 1127
See CHARTWELL QUEBEC (MEL) HOLDINGS INC
LOGIBEC INC p 1115
700 Rue Wellington Bureau 1500, Montreal, QC, H3C 3S4
(514) 766-0134   SIC 7372
LOGIBES GROUPE INFORMATIQUE p 1115
See LOGIBEC INC
LOGIC INSULATION LTD p 137
1217 39 St N, LETHBRIDGE, AB, T1H 6Y8
(403) 328-7755   SIC 5211
LOGIC-CONTROLE p 989
See AV-TECH INC
LOGIC-CONTROLE INC p 990
8002 Rue Jarry E, ANJOU, QC, H1J 1H5
(514) 493-1162   SIC 7521
LOGIHEDRON INC p 702
1670 Finfar Crt Unit 2, MISSISSAUGA, ON, L5J 4K1
(905) 823-5767   SIC 8741
LOGIQ ASSET MANAGEMENT INC p 922
77 King Street W 21st Floor, TORONTO, ON, M5K 2A1
(416) 597-9595   SIC 6722
LOGISENSE CORPORATION p 545
278 Pinebush Rd Suite 102, CAMBRIDGE, ON, N1T 1Z6
(519) 249-0508   SIC 7371
LOGISTEC CORPORATION p 994
32 Av William-Dobell, BAIE-COMEAU, QC, G4Z 1T7
(514) 844-9381   SIC 4491
LOGISTEC STEVEDORING INC p 474
55 Dominion St, SYDNEY, NS, B1N 0A1
(902) 563-4463   SIC 4491
LOGISTEC STEVEDORING INC p 1234
400 Ch De Ln Pointe-N, Sept-Iles, QC, G4R 5C7
(418) 962-7638   SIC 4491
LOGISTI-SOLVE INC p 585
172 Bethridge Rd, ETOBICOKE, ON, M9W 1N3
SIC 4731
LOGISTIC DISTRIBUTION INC p 682
550 Industrial Dr, MILTON, ON, L9T 5A6
SIC 4225
LOGISTIQUE HBC p 1057
See HUDSON'S BAY COMPANY
LOGISTIQUE KERRY (CANADA) INC p 1026
1425 Rte Transcanadienne Bureau 150, DORVAL, QC, H9P 2W9
(514) 420-0282   SIC 4731
LOGISTIQUE SAINT LAURENT p 1202
320 Rue De L'ilmenite, SAINT-JOSEPH-DE-SOREL, QC, J3R 4A2
(450) 742-1212   SIC 7359
LOGISTIQUES KUEHNE + NAGEL p 1100
See KUEHNE + NAGEL LTD
LOISIRS MONTCALM INC, LES p 1157
265 Boul Rene-Levesque O, Quebec, QC, G1R 2A7
(418) 523-6595   SIC 8322
LOLACHERS CATERING DIV. OF p 783
See 126677 CANADA LIMITED
LOLE p 1102
See COALISION INC
LOMAK BULK CARRIERS CORP p 68
7402 98 St Ss 55, CLAIRMONT, AB, T0H 0W0
(780) 532-5083   SIC 4212
LOMAK BULK CARRIERS CORP p 235
1150 Airport Rd, MACKENZIE, BC, V0J 2C0
SIC 4213
LOMAK BULK CARRIERS CORP p 235
1401 Mill Rd, MACKENZIE, BC, V0J 2C0

SIC 4213
LOMBARDY PUBLIC SCHOOL p 649
See UPPER CANADA DISTRICT SCHOOL BOARD, THE
LONDON AGRICULTURAL COMMODITIES INC p 662
1615 North Routledge Pk Unit 43, LONDON, ON, N6H 5L6
(519) 473-9333   SIC 6799
LONDON AUTO TRADERS p 658
See TRADER CORPORATION
LONDON BRIDGE CHILD CARE SERVICES INC p 588
80 Victoria St E Ss 1 Suite 1, EXETER, ON, N0M 1S1
(519) 235-0710   SIC 8351
LONDON BRIDGE CHILD CARE SERVICES INC p 650
1305 Webster St, LONDON, ON, N5V 3P8
(519) 453-9570   SIC 8351
LONDON BRIDGE CHILD CARE SERVICES INC p 654
189 Adelaide St S, LONDON, ON, N5Z 3K7
(519) 685-1650   SIC 8351
LONDON BRIDGE CHILD CARE SERVICES INC p 658
712 Whetter Ave, LONDON, ON, N6C 2H2
(519) 686-8944   SIC 8351
LONDON BRIDGE CHILD CARE SERVICES INC p 658
89 Elmwood Ave E, LONDON, ON, N6C 1J4
(519) 438-9141   SIC 8351
LONDON BRIDGE CHILD CARE SERVICES INC p 829
811 London Rd, SARNIA, ON, N7T 4X7
(519) 337-8668   SIC 8351
LONDON CAULKING AND INSTALLATIONS LIMITED p 650
553 Clarke Rd, LONDON, ON, N5V 2E1
(519) 451-4899   SIC 1799
LONDON CENTRAL SECONDARY SCHOOL p 657
See THAMES VALLEY DISTRICT SCHOOL BOARD
LONDON CHILDREN'S CONNECTION INC p 653
1444 Glenora Dr, LONDON, ON, N5X 1V2
(519) 438-5977   SIC 8351
LONDON CIVIC CENTRE CORPORATION p 656
99 Dundas St, LONDON, ON, N6A 6K1
(519) 667-5700   SIC 7941
LONDON CROSS CULTURAL LEARNER CENTRE p 657
505 Dundas St, LONDON, ON, N6B 1W4
(519) 432-1133   SIC 8322
LONDON DISTRICT CATHOLIC SCHOOL BOARD p 492
42 South St E, AYLMER, ON, N5H 1P6
(519) 660-2770   SIC 8211
LONDON DISTRICT CATHOLIC SCHOOL BOARD p 568
2436 Gideon Dr, DELAWARE, ON, N0L 1E0
(519) 660-2775   SIC 8211
LONDON DISTRICT CATHOLIC SCHOOL BOARD p 569
3966 Catherine St, DORCHESTER, ON, N0L 1G0
(519) 660-2779   SIC 8211
LONDON DISTRICT CATHOLIC SCHOOL BOARD p 621
30 Caffyn St, INGERSOLL, ON, N5C 3T9
(519) 660-2786   SIC 8211
LONDON DISTRICT CATHOLIC SCHOOL BOARD p 621
121 Thames St N, INGERSOLL, ON, N5C 3C9
SIC 8211
LONDON DISTRICT CATHOLIC SCHOOL BOARD p 650
329 Hudson Dr, LONDON, ON, N5V 1E4
(519) 675-4413   SIC 8211
LONDON DISTRICT CATHOLIC SCHOOL BOARD p 650

1366 Huron St, LONDON, ON, N5V 2E2
(519) 675-4417   SIC 8211
LONDON DISTRICT CATHOLIC SCHOOL BOARD p 650
1958 Duluth Cres, LONDON, ON, N5V 1H7
(519) 453-3770   SIC 8211
LONDON DISTRICT CATHOLIC SCHOOL BOARD p 650
1300 Oxford St E, LONDON, ON, N5V 4P7
(519) 675-4432   SIC 8211
LONDON DISTRICT CATHOLIC SCHOOL BOARD p 652
1230 King St, LONDON, ON, N5W 2Y2
(519) 675-4436   SIC 8211
LONDON DISTRICT CATHOLIC SCHOOL BOARD p 652
155 Tweedsmuir Ave, LONDON, ON, N5W 1K9
(519) 675-4418   SIC 8211
LONDON DISTRICT CATHOLIC SCHOOL BOARD p 652
347 Lyle St, LONDON, ON, N5W 3R3
(519) 675-4423   SIC 8211
LONDON DISTRICT CATHOLIC SCHOOL BOARD p 652
255 Vancouver St, LONDON, ON, N5W 4R9
(519) 675-4427   SIC 8211
LONDON DISTRICT CATHOLIC SCHOOL BOARD p 653
926 Maitland St, LONDON, ON, N5Y 2X1
(519) 675-4424   SIC 8211
LONDON DISTRICT CATHOLIC SCHOOL BOARD p 653
1063 Oxford St E, LONDON, ON, N5Y 3L4
(519) 675-4411   SIC 8211
LONDON DISTRICT CATHOLIC SCHOOL BOARD p 654
225 Cairn St, LONDON, ON, N5Z 3W6
(519) 660-2791   SIC 8211
LONDON DISTRICT CATHOLIC SCHOOL BOARD p 657
449 Hill St, LONDON, ON, N6B 1E5
(519) 675-4420   SIC 8211
LONDON DISTRICT CATHOLIC SCHOOL BOARD p 658
268 Herkimer St, LONDON, ON, N6C 4S4
(519) 675-4415   SIC 8211
LONDON DISTRICT CATHOLIC SCHOOL BOARD p 658
140 Duchess Ave, LONDON, ON, N6C 1N9
(519) 675-4422   SIC 8211
LONDON DISTRICT CATHOLIC SCHOOL BOARD p 659
690 Osgoode Dr, LONDON, ON, N6E 2G2
(519) 660-2780   SIC 8211
LONDON DISTRICT CATHOLIC SCHOOL BOARD p 659
5250 Wellington Rd S, LONDON, ON, N6E 3X8
(519) 660-2797   SIC 8211
LONDON DISTRICT CATHOLIC SCHOOL BOARD p 659
1655 Ernest Ave, LONDON, ON, N6E 2S3
(519) 660-2795   SIC 8211
LONDON DISTRICT CATHOLIC SCHOOL BOARD p 659
1380 Ernest Ave, LONDON, ON, N6E 2H8
(519) 660-2777   SIC 8351
LONDON DISTRICT CATHOLIC SCHOOL BOARD p 661
170 Hawthorne Rd, LONDON, ON, N6G 4Z9
(519) 660-2787   SIC 8211
LONDON DISTRICT CATHOLIC SCHOOL BOARD p 661
18 Wychwood Pk, LONDON, ON, N6G 1R5
(519) 660-2793   SIC 8211
LONDON DISTRICT CATHOLIC SCHOOL BOARD p 661
2140 Quarrier Rd Suite Lbby, LONDON, ON, N6G 5L4
(519) 675-4437   SIC 8211
LONDON DISTRICT CATHOLIC SCHOOL BOARD p 662

1090 Guildwood Blvd, LONDON, ON, N6H 4G6
(519) 660-2790   SIC 8211
LONDON DISTRICT CATHOLIC SCHOOL BOARD   p 662
400 Base Line Rd W, LONDON, ON, N6J 1W1
(519) 471-6680   SIC 8211
LONDON DISTRICT CATHOLIC SCHOOL BOARD   p 662
767 Valetta St, LONDON, ON, N6H 4N1
(519) 660-2773   SIC 8211
LONDON DISTRICT CATHOLIC SCHOOL BOARD   p 662
690 Viscount Rd, LONDON, ON, N6J 2Y5
(519) 660-2785   SIC 8211
LONDON DISTRICT CATHOLIC SCHOOL BOARD   p 663
1019 Viscount Rd, LONDON, ON, N6K 1H5
(519) 660-2771   SIC 8211
LONDON DISTRICT CATHOLIC SCHOOL BOARD   p 663
108 Fairlane Ave, LONDON, ON, N6K 3E6
(519) 660-2792   SIC 8211
LONDON DISTRICT CATHOLIC SCHOOL BOARD   p 666
33654 Roman Line, LUCAN, ON, N0M 2J0
(519) 660-2789   SIC 8211
LONDON DISTRICT CATHOLIC SCHOOL BOARD   p 818
Gd, PRINCETON, ON, N0J 1V0
(519) 663-2088   SIC 8211
LONDON DISTRICT CATHOLIC SCHOOL BOARD   p 859
84 Park Ave, ST THOMAS, ON, N5R 4W1
(519) 675-4428   SIC 8211
LONDON DISTRICT CATHOLIC SCHOOL BOARD   p 866
75 Head St N, STRATHROY, ON, N7G 2J6
(519) 660-2774   SIC 8211
LONDON DISTRICT CATHOLIC SCHOOL BOARD   p 866
367 Second St, STRATHROY, ON, N7G 4K6
(519) 245-8488   SIC 8211
LONDON DISTRICT CATHOLIC SCHOOL BOARD   p 866
286 Mckellar St, STRATHROY, ON, N7G 2Y5
(519) 660-2794   SIC 8211
LONDON DISTRICT CATHOLIC SCHOOL BOARD   p 872
154978 15th Line, THAMESFORD, ON, N0M 2M0
SIC 8211
LONDON DISTRICT CATHOLIC SCHOOL BOARD   p 882
250 Quarter Town Line, TILLSONBURG, ON, N4G 4G8
(519) 842-5588   SIC 8211
LONDON DISTRICT CATHOLIC SCHOOL BOARD   p 977
1085 Devonshire Ave, WOODSTOCK, ON, N4S 5S1
(519) 675-4425   SIC 8211
LONDON DISTRICT CATHOLIC SCHOOL BOARD   p 978
431 Juliana Dr, WOODSTOCK, ON, N4V 1E8
(519) 675-4435   SIC 8211
LONDON DRUGS   p 167
See LONDON DRUGS LIMITED
LONDON DRUGS LIMITED   p 10
3545 32 Ave Ne, CALGARY, AB, T1Y 6M6
(403) 571-4931   SIC 5912
LONDON DRUGS LIMITED   p 32
8330 Macleod Trail Se Suite 30, CALGARY, AB, T2H 2V2
(403) 571-4930   SIC 5912
LONDON DRUGS LIMITED   p 61
5255 Richmond Rd Sw Suite 300, CALGARY, AB, T3E 7C4
(403) 571-4932   SIC 5912
LONDON DRUGS LIMITED   p 64
8120 Beddington Blvd Nw Unit 400, CALGARY, AB, T3K 2A8
(403) 571-4940   SIC 5912
LONDON DRUGS LIMITED   p 76
9450 137 Ave Nw Suite 120, EDMONTON, AB, T5E 6C2
(780) 944-4521   SIC 5912
LONDON DRUGS LIMITED   p 83
11704 104 Ave Nw Suite 45, EDMONTON, AB, T5K 2T6
(780) 944-4545   SIC 5912
LONDON DRUGS LIMITED   p 89
14951 Stony Plain Rd Nw, EDMONTON, AB, T5P 4W1
(780) 944-4522   SIC 5912
LONDON DRUGS LIMITED   p 127
10820 104b Ave Suite 34, GRANDE PRAIRIE, AB, T8V 7L6
(780) 538-3717   SIC 5912
LONDON DRUGS LIMITED   p 127
10820 104b Ave, GRANDE PRAIRIE, AB, T8V 7L6
(780) 538-3700   SIC 5912
LONDON DRUGS LIMITED   p 138
905 1 Ave S Suite 110, LETHBRIDGE, AB, T1J 4M7
(403) 320-8899   SIC 5912
LONDON DRUGS LIMITED   p 156
50 Mclean St Unite 109, RED DEER, AB, T4R 1W7
(403) 342-1242   SIC 5912
LONDON DRUGS LIMITED   p 167
19 Bellerose Dr Suite 10, ST. ALBERT, AB, T8N 5E1
(780) 944-4548   SIC 5912
LONDON DRUGS LIMITED   p 179
32700 South Fraser Way Suite 26, ABBOTSFORD, BC, V2T 4M5
(604) 852-0936   SIC 5912
LONDON DRUGS LIMITED   p 182
9855 Austin Rd Unit 101, BURNABY, BC, V3J 1N4
(604) 448-4825   SIC 5912
LONDON DRUGS LIMITED   p 191
4970 Kingsway, BURNABY, BC, V5H 2E2
(604) 448-4806   SIC 5912
LONDON DRUGS LIMITED   p 200
2929 Barnet Hwy Unit 1030, COQUITLAM, BC, V3B 5R5
(604) 464-3322   SIC 5912
LONDON DRUGS LIMITED   p 220
450 Lansdowne St Suite 68, KAMLOOPS, BC, V2C 1Y3
(250) 372-0028   SIC 5912
LONDON DRUGS LIMITED   p 245
60 Tenth St, NEW WESTMINSTER, BC, V3M 3X3
(604) 524-1326   SIC 5912
LONDON DRUGS LIMITED   p 269
5951 No. 3 Rd, RICHMOND, BC, V6X 2E3
(604) 278-4521   SIC 5912
LONDON DRUGS LIMITED   p 272
12251 Horseshoe Way, RICHMOND, BC, V7A 4X5
(604) 272-7400   SIC 5912
LONDON DRUGS LIMITED   p 280
2340 Guildford Town Ctr, SURREY, BC, V3R 7B9
(604) 588-7881   SIC 5912
LONDON DRUGS LIMITED   p 283
10348 King George Blvd, SURREY, BC, V3T 2W5
(604) 448-4808   SIC 5912
LONDON DRUGS LIMITED   p 300
525 Broadway W, VANCOUVER, BC, V5Z 1E6
(604) 872-5177   SIC 5912
LONDON DRUGS LIMITED   p 312
1187 Robson St Suite 19, VANCOUVER, BC, V6E 1B5
(604) 448-4819   SIC 5912
LONDON DRUGS LIMITED   p 314
1650 Davie St, VANCOUVER, BC, V6G 1V9
(604) 669-2884   SIC 5912
LONDON DRUGS LIMITED   p 318
2091 42nd Ave W Suite 10, VANCOUVER, BC, V6M 2B4
(604) 448-4810   SIC 5912
LONDON DRUGS LIMITED   p 322
710 Granville St, VANCOUVER, BC, V6Z 1E4
(604) 685-5292   SIC 5912
LONDON DRUGS LIMITED   p 326
4400 32 St Suite 700, VERNON, BC, V1T 9H2
(250) 549-1551   SIC 5912
LONDON DRUGS LIMITED   p 336
1907 Sooke Rd, VICTORIA, BC, V9B 1V8
(250) 474-0900   SIC 5912
LONDON DRUGS PHARMACY   p 283
See LONDON DRUGS LIMITED
LONDON ECO-METAL MANUFACTURING INC   p 569
531 Shaw Rd, DORCHESTER, ON, N0L 1G4
(519) 451-7663   SIC 1761
LONDON HEALTH SCIENCE CENTER UNIVERSITY HOSPITAL   p 656
See LONDON HEALTH SCIENCES CENTRE
LONDON HEALTH SCIENCES CENTRE   p 656
339 Windermere Rd, LONDON, ON, N6A 5A5
(519) 663-3197   SIC 8011
LONDON HEALTH SCIENCES CENTRE   p 656
375 South St, LONDON, ON, N6A 4G5
(519) 685-8500   SIC 8062
LONDON HEALTH SCIENCES CENTRE   p 663
790 Commissioners Rd W, LONDON, ON, N6K 1C2
(519) 685-8300   SIC 8011
LONDON HEALTH SCIENCES CENTRE RESEARCH INC   p 658
750 Base Line Rd E Suite 300, LONDON, ON, N6C 2R5
(519) 667-6649   SIC 8733
LONDON HUNT AND COUNTRY CLUB LIMITED   p 662
1431 Oxford St W, LONDON, ON, N6H 1W1
(519) 471-6430   SIC 7997
LONDON LIFE ELVEDEN GROUP   p 51
See LONDON LIFE INSURANCE COMPANY
LONDON LIFE GREAT WEST LIFE AND CANADA LIFE   p 1107
See LONDON LIFE INSURANCE COMPANY
LONDON LIFE INSURANCE COMPANY   p 46
605 5 Ave Sw, CALGARY, AB, T2P 3H5
(403) 265-3733   SIC 6311
LONDON LIFE INSURANCE COMPANY   p 51
227 11 Ave Sw Suite 500, CALGARY, AB, T2R 1R9
(403) 261-4690   SIC 6311
LONDON LIFE INSURANCE COMPANY   p 81
10250 101 St Nw Suite 1400, EDMONTON, AB, T5J 3P4
(780) 428-8585   SIC 6311
LONDON LIFE INSURANCE COMPANY   p 191
4710 Kingsway Suite 2238, BURNABY, BC, V5H 4M2
(604) 438-1232   SIC 6311
LONDON LIFE INSURANCE COMPANY   p 240
1150 Terminal Ave N Unit 30, NANAIMO, BC, V9S 5L6
(250) 753-9955   SIC 8742
LONDON LIFE INSURANCE COMPANY   p 255
2755 Lougheed Hwy Suite 410, PORT COQUITLAM, BC, V3B 5Y9
SIC 6311
LONDON LIFE INSURANCE COMPANY   p 283
13401 108 Ave Suite 400, SURREY, BC, V3T 5T3
(604) 585-2424   SIC 6311
LONDON LIFE INSURANCE COMPANY   p 312
1111 Georgia St W Suite 1200, VANCOUVER, BC, V6E 4M3
(604) 685-6521   SIC 6311
LONDON LIFE INSURANCE COMPANY   p 331
1675 Douglas St Suite 620, VICTORIA, BC, V8W 2G5
(250) 475-1100   SIC 6311
LONDON LIFE INSURANCE COMPANY   p 387
124 Nature Park Way, WINNIPEG, MB, R3P 0X7
(204) 489-1012   SIC 6311
LONDON LIFE INSURANCE COMPANY   p 407
777 Main St Suite 900, MONCTON, NB, E1C 1E9
(506) 853-6111   SIC 6311
LONDON LIFE INSURANCE COMPANY   p 417
55 Union St Suite 650, SAINT JOHN, NB, E2L 5B7
(506) 634-7300   SIC 6311
LONDON LIFE INSURANCE COMPANY   p 433
10 Rowan St, ST. JOHN'S, NL, A1B 2X1
(709) 722-7861   SIC 6311
LONDON LIFE INSURANCE COMPANY   p 458
1959 Upper Water St, HALIFAX, NS, B3J 3N2
(902) 422-1631   SIC 6311
LONDON LIFE INSURANCE COMPANY   p 476
380 Kings Rd Suite 200, SYDNEY, NS, B1S 1A8
(902) 539-1160   SIC 8742
LONDON LIFE INSURANCE COMPANY   p 502
100 1 Millennium Pky, BELLEVILLE, ON, K8N 4Z5
(613) 968-6449   SIC 6311
LONDON LIFE INSURANCE COMPANY   p 531
7 King St W Suite 200, BROCKVILLE, ON, K6V 3P7
(613) 342-4401   SIC 6311
LONDON LIFE INSURANCE COMPANY   p 546
260 Holiday Inn Dr Suite 30, CAMBRIDGE, ON, N3C 4E8
(519) 249-0708   SIC 6311
LONDON LIFE INSURANCE COMPANY   p 594
1223 Michael St Suite 300, GLOUCESTER, ON, K1J 7T2
(613) 748-3455   SIC 6311
LONDON LIFE INSURANCE COMPANY   p 634
1473 John Counter Blvd Suite 301, KINGSTON, ON, K7M 8Z6
(613) 544-9600   SIC 6411
LONDON LIFE INSURANCE COMPANY   p 656
255 Queens Ave Suite 400, LONDON, ON, N6A 5R8
(519) 435-7900   SIC 6311
LONDON LIFE INSURANCE COMPANY   p 672
3760 14th Ave Suite 100, MARKHAM, ON, L3R 3T7
(905) 475-0122   SIC 6311
LONDON LIFE INSURANCE COMPANY   p 698
1 City Centre Dr Suite 1600, MISSISSAUGA,

LONDON LIFE INSURANCE COMPANY p
749
 2 Sheppard Ave E Suite 600, NORTH YORK, ON, M2N 5Y7
 (416) 250-5520   SIC 8742
LONDON LIFE INSURANCE COMPANY p
760
 970 Lawrence Ave W Suite 600, NORTH YORK, ON, M6A 3B6
 (416) 789-4527   SIC 6311
LONDON LIFE INSURANCE COMPANY p
813
 1465 Pickering Pky Suite 300, PICKERING, ON, L1V 7G7
 (905) 831-3600   SIC 6411
LONDON LIFE INSURANCE COMPANY p
829
 265 Front St N Suite 505, SARNIA, ON, N7T 7X1
 (519) 336-5540   SIC 6311
LONDON LIFE INSURANCE COMPANY p
831
 477 Queen St E, SAULT STE. MARIE, ON, P6A 1Z5
 (705) 256-5618   SIC 6311
LONDON LIFE INSURANCE COMPANY p
844
 2075 Kennedy Rd Suite 300, SCARBOROUGH, ON, M1T 3V3
 (416) 291-0451   SIC 6411
LONDON LIFE INSURANCE COMPANY p
856
 24 Park Dr Suite 200, ST CATHARINES, ON, L2S 2W2
 (905) 688-0864   SIC 6311
LONDON LIFE INSURANCE COMPANY p
869
 144 Pine St Suite 600, SUDBURY, ON, P3C 1X3
 (705) 675-8341   SIC 6311
LONDON LIFE INSURANCE COMPANY p
884
 80 Mountjoy St N Suite A, TIMMINS, ON, P4N 4V7
 (705) 264-2204   SIC 6141
LONDON LIFE INSURANCE COMPANY p
911
 330 University Ave Suite 110, TORONTO, ON, M5G 1R7
 (416) 366-2971   SIC 6311
LONDON LIFE INSURANCE COMPANY p
966
 140 Ouellette Pl Suite 200, WINDSOR, ON, N8X 1L9
 (519) 967-1180   SIC 6311
LONDON LIFE INSURANCE COMPANY p
993
 7151 Rue Jean-Talon E Bureau 204, ANJOU, QC, H1M 3N8
    SIC 6311
LONDON LIFE INSURANCE COMPANY p
1014
 901 Boul Talbot Bureau 102, CHICOUTIMI, QC, G7H 6N7
 (418) 543-4471   SIC 6311
LONDON LIFE INSURANCE COMPANY p
1020
 3090 Boul Le Carrefour Bureau 400, Cote Saint-Luc, QC, H7T 2J7
 (450) 687-3971   SIC 6311
LONDON LIFE INSURANCE COMPANY p
1071
 1111 Rue Saint-Charles O Unite 950, LONGUEUIL, QC, J4K 5G4
 (450) 928-1321   SIC 6311
LONDON LIFE INSURANCE COMPANY p
1107
 1800 Av Mcgill College Unite 1100, Montreal, QC, H3A 3J6
 (514) 931-4242   SIC 6311
LONDON LIFE INSURANCE COMPANY p
1107
 2001 Boul Robert-Bourassa Unite 800, Montreal, QC, H3A 2A6
 (514) 350-5500   SIC 6411
LONDON LIFE INSURANCE COMPANY p
1119
 560 Boul Henri-Bourassa O Bureau 209, Montreal, QC, H3L 1P4
 (514) 334-8701   SIC 8742
LONDON LIFE INSURANCE COMPANY p
1207
 3773 Boul De La Cote-Vertu Bureau 200, SAINT-LAURENT, QC, H4R 2M3
 (514) 331-5838   SIC 6311
LONDON LIFE INSURANCE COMPANY p
1285
 2010 11th Ave Suite 650, REGINA, SK, S4P 0J3
 (306) 586-0905   SIC 8742
LONDON LIFE INSURANCE COMPANY p
1285
 2100 Broad St Suite 405, REGINA, SK, S4P 1Y5
    SIC 6411
LONDON LIFE INSURANCE COMPANY p
1296
 606 Spadina Cres E Suite 1400, SASKATOON, SK, S7K 3H1
 (306) 934-7060   SIC 6311
LONDON PSYCHIATRIC HOSPITAL p 661
 See RABHERU, DR RITA H
LONDON REGIONAL CANCER CENTRE p
663
 See LONDON HEALTH SCIENCES CENTRE
LONDON ROAD PUBLIC SCHOOL p 828
 See LAMBTON KENT DISTRICT SCHOOL BOARD
LONDON SOUTH SECONDARY SCHOOL p
658
 See THAMES VALLEY DISTRICT SCHOOL BOARD
LONDONDERRY JUNIOR HIGHSCHOOL p
75
 See EDMONTON SCHOOL DISTRICT NO. 7
LONE STAR ACCESS GRILL p 912
 See 1561716 ONTARIO LTD
LONE STAR CAFE p 583
 See 1561716 ONTARIO LTD
LONE STAR GROUP OF COMPANIES HOLDINGS INC p 727
 32 Colonnade Rd Suite 900, NEPEAN, ON, K2E 7J6
 (613) 727-1966   SIC 6712
LONE STAR GROUP OF COMPANIES LIMITED p
787
 1211 Lemieux St, OTTAWA, ON, K1J 1A2
 (613) 742-9378   SIC 5812
LONE STAR GROUP OF COMPANIES LIMITED p
958
 75 Consumers Dr, WHITBY, ON, L1N 9S2
 (905) 665-3077   SIC 5812
LONE STAR INC p 32
 175 Glendeer Cir Se, CALGARY, AB, T2H 2S8
 (403) 255-1994   SIC 5511
LONE STAR TEXAS GRILL p 812
 See 1561716 ONTARIO LTD
LONESTAR TEXAS GRILL p 787
 See LONE STAR GROUP OF COMPANIES LIMITED
LONG & MCQUADE p 935
 See LONG & MCQUADE LIMITED
LONG & MCQUADE LIMITED p 32
 225 58 Ave Se, CALGARY, AB, T2H 0N8
 (403) 244-5555   SIC 5736
LONG & MCQUADE LIMITED p 247
 1363 Main St, NORTH VANCOUVER, BC, V7J 1C4
 (604) 986-3118   SIC 5736
LONG & MCQUADE LIMITED p 255
 1360 Dominion Ave, PORT COQUITLAM, BC, V3B 8G7
 (604) 464-1011   SIC 5736
LONG & MCQUADE LIMITED p 302
 368 Terminal Ave, VANCOUVER, BC, V6A 3W9
 (604) 734-4886   SIC 5736
LONG & MCQUADE LIMITED p 386
 651 Stafford St, WINNIPEG, MB, R3M 2X7
 (204) 284-8992   SIC 5736
LONG & MCQUADE LIMITED p 407
 245 Carson Dr, MONCTON, NB, E1C 0M5
 (506) 857-1987   SIC 5736
LONG & MCQUADE LIMITED p 518
 370 Main St N, BRAMPTON, ON, L6V 4A4
 (905) 450-4334   SIC 5736
LONG & MCQUADE LIMITED p 536
 3180 Mainway, BURLINGTON, ON, L7M 1A5
 (905) 319-7919   SIC 5736
LONG & MCQUADE LIMITED p 700
 900 Rathburn Rd W, MISSISSAUGA, ON, L5C 4L4
 (905) 273-3939   SIC 5736
LONG & MCQUADE LIMITED p 755
 2777 Steeles Ave W Suite 5, NORTH YORK, ON, M3J 3K5
 (416) 663-8612   SIC 5736
LONG & MCQUADE LIMITED p 778
 902 Simcoe St N, OSHAWA, ON, L1G 4W2
 (905) 434-1773   SIC 5736
LONG & MCQUADE LIMITED p 795
 2631 Alta Vista Dr, OTTAWA, ON, K1V 7T5
 (613) 521-1909   SIC 5099
LONG & MCQUADE LIMITED p 814
 550 Granite Crt, PICKERING, ON, L1W 3Y8
 (905) 839-8816   SIC 3651
LONG & MCQUADE LIMITED p 935
 925 Bloor St W, TORONTO, ON, M6H 1L5
 (416) 588-7886   SIC 5736
LONG & MCQUADE LIMITED p 1287
 1455 Mcintyre St, REGINA, SK, S4R 8B5
 (306) 569-3914   SIC 8299
LONG & MCQUADE MUSICAL INSTRUMENTS p
32
 See LONG & MCQUADE LIMITED
LONG & MCQUADE MUSICAL INSTRUMENTS p
247
 See LONG & MCQUADE LIMITED
LONG & MCQUADE MUSICAL INSTRUMENTS p
255
 See LONG & MCQUADE LIMITED
LONG & MCQUADE MUSICAL INSTRUMENTS p
302
 See LONG & MCQUADE LIMITED
LONG & MCQUADE MUSICAL INSTRUMENTS p
386
 See LONG & MCQUADE LIMITED
LONG & MCQUADE MUSICAL INSTRUMENTS p
407
 See LONG & MCQUADE LIMITED
LONG & MCQUADE MUSICAL INSTRUMENTS p
518
 See LONG & MCQUADE LIMITED
LONG & MCQUADE MUSICAL INSTRUMENTS p
536
 See LONG & MCQUADE LIMITED
LONG & MCQUADE MUSICAL INSTRUMENTS p
700
 See LONG & MCQUADE LIMITED
LONG & MCQUADE MUSICAL INSTRUMENTS p
755
 See LONG & MCQUADE LIMITED
LONG & MCQUADE MUSICAL INSTRUMENTS p
778
 See LONG & MCQUADE LIMITED
LONG & MCQUADE MUSICAL INSTRUMENTS p
795
 See LONG & MCQUADE LIMITED
LONG & MCQUADE MUSICAL INSTRUMENTS p
1287
 See LONG & MCQUADE LIMITED
LONG LAKE VALLEY INTEGRATED FACILITIES p
1270
 See REGINA QU'APPELLE REGIONAL HEALTH AUTHORITY
LONG LAKE VALLEY INTERGRATED FACILITY p
1270
 See REGINA QU'APPELLE REGIONAL HEALTH AUTHORITY
LONG RANGE ACADEMY p 426
 See WESTERN SCHOOL DISTRICT
LONG VIEW SYSTEMS CORPORATION p
81
 10180 101 St Nw Suite 1000, EDMONTON, AB, T5J 3S4
    SIC 7379
LONGBAR MANAGEMENT SERVICES LIMITED PARTNERSHIP p
915
 250 University Ave Suite 700, TORONTO, ON, M5H 3E5
 (416) 214-5200   SIC 8742
LONGFIELDS DAVIDSON HEIGHTS INTERMEDIATE SCHOOL p
730
 See OTTAWA-CARLETON DISTRICT SCHOOL BOARD
LONGHORN PUB LTD, THE p 340
 4284 Mountain Sq, WHISTLER, BC, V0N 1B4
 (604) 932-5999   SIC 5813
LONGHORN SALOON & GRILL p 340
 See LONGHORN PUB LTD, THE
LONGLAC LUMBER INC p 666
 101 Blueberry Rd, LONGLAC, ON, P0T 2A0
 (807) 343-6382   SIC 2421
LONGO BROTHERS FRUIT MARKETS INC p 522
 7700 Hurontario St Suite 202, BRAMPTON, ON, L6Y 4M3
 (905) 455-3135   SIC 5431
LONGO BROTHERS FRUIT MARKETS INC p 536
 2900 Walker's Line, BURLINGTON, ON, L7M 4M8
 (905) 331-1645   SIC 5148
LONGO BROTHERS FRUIT MARKETS INC p 540
 1225 Fairview St, BURLINGTON, ON, L7S 1Y3
 (905) 637-3804   SIC 5431
LONGO BROTHERS FRUIT MARKETS INC p 672
 3085 Highway 7 E, MARKHAM, ON, L3R 0J5
 (905) 479-8877   SIC 5411
LONGO BROTHERS FRUIT MARKETS INC p 683
 7085 Goreway Dr, MISSISSAUGA, ON, L4T 3X6
    SIC 5411
LONGO BROTHERS FRUIT MARKETS INC p 685
 6811 Goreway Dr Unit 2, MISSISSAUGA, ON, L4V 1L9
 (905) 672-7851   SIC 4225
LONGO BROTHERS FRUIT MARKETS INC p 704
 3163 Winston Churchill Blvd, MISSISSAUGA, ON, L5L 2W1
 (905) 828-0008   SIC 5411
LONGO BROTHERS FRUIT MARKETS INC p 705

5636 Glen Erin Dr Unit 1, MISSISSAUGA, ON, L5M 6B1
(905) 567-4450   SIC 5411
LONGO BROTHERS FRUIT MARKETS INC p 765
338 Dundas St E, OAKVILLE, ON, L6H 6Z9
(905) 257-5633   SIC 5431
LONGO BROTHERS FRUIT MARKETS INC p 975
8401 Weston Rd, WOODBRIDGE, ON, L4L 1A6
(905) 850-6161   SIC 5411
LONGO'S FRUIT MARKET   p 522
See LONGO BROTHERS FRUIT MARKETS INC
LONGO'S FRUIT MARKET   p 536
See LONGO BROTHERS FRUIT MARKETS INC
LONGO'S FRUIT MARKET   p 540
See LONGO BROTHERS FRUIT MARKETS INC
LONGO'S FRUIT MARKET   p 672
See LONGO BROTHERS FRUIT MARKETS INC
LONGO'S FRUIT MARKET   p 685
See LONGO BROTHERS FRUIT MARKETS INC
LONGO'S FRUIT MARKET   p 704
See LONGO BROTHERS FRUIT MARKETS INC
LONGO'S FRUIT MARKET   p 705
See LONGO BROTHERS FRUIT MARKETS INC
LONGO'S FRUIT MARKET   p 975
See LONGO BROTHERS FRUIT MARKETS INC
LONGO'S MALTON FRUIT MARKET p 683
See LONGO BROTHERS FRUIT MARKETS INC
LONGO'S OAKVILLE FRUIT MARKET p 765
See LONGO BROTHERS FRUIT MARKETS INC
LONGUE SAULT PUBLIC SCHOOL p 666
See UPPER CANADA DISTRICT SCHOOL BOARD, THE
LONGVIEW SCHOOL   p 142
See FOOTHILLS SCHOOL DIVISION NO. 38
LONGWORTH RETIREMENT VILLAGE p 663
See SIFTON PROPERTIES LIMITED
LONGYEAR CANADA, ULC   p 702
2442 South Sheridan Way, MISSISSAUGA, ON, L5J 2M7
(905) 822-7922   SIC 3532
LONKAR WELL TESTING LTD   p 101
4205 78 Ave Nw, EDMONTON, AB, T6B 2N3
(780) 490-4243   SIC 1381
LONQUIST & CO. (CANADA) ULC   p 46
255 5 Ave Sw Suite 2360, CALGARY, AB, T2P 3G6
(403) 451-4992   SIC 8711
LONSDALE SAFEWAY   p 249
See SOBEYS WEST INC
LOOBY BUILDERS (DUBLIN) LIMITED p 570
10 Matilda St, DUBLIN, ON, N0K 1E0
(519) 345-2800   SIC 1622
LOOBY, L.J. CONTRACTING LTD   p 570
10 Matilda St, DUBLIN, ON, N0K 1E0
(519) 345-2800   SIC 1622
LOOMIS ART STORE   p 722
See OMER DESERRES INC
LOOMIS ART STORE   p 766
See OMER DESERRES INC
LOOMIS ART STORE   p 892
See OMER DESERRES INC
LOOMIS EXPRESS   p 1155
2725 Av Dalton, Quebec, QC, G1P 3T1
(418) 659-1299   SIC 7389
LOON LAKE HOSPITAL & SPECIAL CARE HOME   p 1273
See PRAIRIE NORTH REGIONAL HEALTH AUTHORITY
LOOSE MOOSE TAP & GRILL, THE p 917
See 979786 ONTARIO LIMITED
LORAAS DISPOSAL SERVICES LTD p 1283
620 Mcleod St, REGINA, SK, S4N 4Y1
(306) 721-1000   SIC 4953
LORD ASQUITH SCHOOL   p 1264
See PRAIRIE SPIRIT SCHOOL DIVISION NO. 206
LORD BADEN-POWELL ELEMENTARY SCHOOL   p 203
See SCHOOL DISTRICT NO. 43 (COQUITLAM)
LORD BEACONSFIELD ELEMENTARY SCHOOL   p 294
See BOARD OF EDUCATION OF SCHOOL DISTRICT NO. 39 (VANCOUVER), THE
LORD BEAVERBROOK SCHOOL   p 395
See SCHOOL DISTRICT 15
LORD BEAVERBROOK SENIOR HIGH SCHOOL   p 30
See CALGARY BOARD OF EDUCATION
LORD BYNG ELEMENTARY SCHOOL p 274
See BOARD OF EDUCATION SCHOOL DISTRICT #38 (RICHMOND)
LORD BYNG SECONDARY SCHOOL p 319
See BOARD OF EDUCATION OF SCHOOL DISTRICT NO. 39 (VANCOUVER), THE
LORD DORCHESTER SECONDARY SCHOOL   p 569
See THAMES VALLEY DISTRICT SCHOOL BOARD
LORD DUFFERIN PUBLIC SCHOOL p 905
See TORONTO DISTRICT SCHOOL BOARD
LORD ELGIN PUBLIC SCHOOL   p 482
See DURHAM DISTRICT SCHOOL BOARD
LORD ELGIN PUBLIC SCHOOL   p 654
See THAMES VALLEY DISTRICT SCHOOL BOARD
LORD KELVIN ELEMENTARY SCHOOL p 245
See BOARD OF SCHOOL TRUSTEES OF SCHOOL DISTRICT #40 (NEW WESTMINSTER), THE
LORD KITCHENER ELEMENTARY SCHOOL   p 317
See BOARD OF EDUCATION OF SCHOOL DISTRICT NO. 39 (VANCOUVER), THE
LORD LANDSDOWNE PUBLIC SCHOOL p 926
See TORONTO DISTRICT SCHOOL BOARD
LORD LANSDOWNE RETIREMENT RESIDENCE   p 794
See DYMON STORAGE CORPORATION
LORD NELSON ELEMENTARY SCHOOL p 293
See BOARD OF EDUCATION OF SCHOOL DISTRICT NO. 39 (VANCOUVER), THE
LORD NELSON PUBLIC SCHOOL   p 651
See THAMES VALLEY DISTRICT SCHOOL BOARD
LORD NELSON SCHOOL   p 373
See WINNIPEG SCHOOL DIVISION
LORD ROBERT ANNEX   p 310
See BOARD OF EDUCATION OF SCHOOL DISTRICT NO. 39 (VANCOUVER), THE
LORD ROBERTS COMMUNITY SCHOOL p 386
See WINNIPEG SCHOOL DIVISION
LORD ROBERTS FRENCH IMMERSION PUBLIC SCHOOL   p 657
See THAMES VALLEY DISTRICT SCHOOL BOARD
LORD ROBERTS PUBLIC SCHOOL p 838
See TORONTO DISTRICT SCHOOL BOARD
LORD ROBERTS SCHOOL   p 313
See BOARD OF EDUCATION OF SCHOOL DISTRICT NO. 39 (VANCOUVER), THE
LORD SELKIRK ANNEX   p 295
See BOARD OF EDUCATION OF SCHOOL DISTRICT NO. 39 (VANCOUVER), THE
LORD SELKIRK ELEMENTARY SCHOOL p 295
See BOARD OF EDUCATION OF SCHOOL DISTRICT NO. 39 (VANCOUVER), THE
LORD SELKIRK REGIONAL COMPREHENSIVE SECONDARY SCHOOL   p 355
See LORD SELKIRK SCHOOL DIVISION, THE
LORD SELKIRK SCHOOL   p 367
See WINNIPEG SCHOOL DIVISION
LORD SELKIRK SCHOOL DIVISION, THE p 349
40005 Jackfish Lake Rd N, GRAND MARAIS, MB, R0E 0T0
(204) 754-2240   SIC 8211
LORD SELKIRK SCHOOL DIVISION, THE p 350
129 Lockport Rd, LOCKPORT, MB, R1A 3H6
(204) 757-9881   SIC 8211
LORD SELKIRK SCHOOL DIVISION, THE p 354
8461 9 Hwy, PRINCESS HARBOUR, MB, R0C 2P0
(204) 738-4700   SIC 8211
LORD SELKIRK SCHOOL DIVISION, THE p 355
19 Centennial Ave, SELKIRK, MB, R1A 0C8
(204) 482-3265   SIC 8211
LORD SELKIRK SCHOOL DIVISION, THE p 355
211 Main St, SELKIRK, MB, R1A 1R7
(204) 482-4326   SIC 8211
LORD SELKIRK SCHOOL DIVISION, THE p 355
205 Mercy St, SELKIRK, MB, R1A 2C8
(204) 482-5942   SIC 8211
LORD SELKIRK SCHOOL DIVISION, THE p 355
221 Mercy St, SELKIRK, MB, R1A 2C8
(204) 482-6926   SIC 8211
LORD SELKIRK SCHOOL DIVISION, THE p 355
300 Sophia St, SELKIRK, MB, R1A 2E2
(204) 482-3677   SIC 8211
LORD SELKIRK SCHOOL DIVISION, THE p 355
516 Stanley Ave, SELKIRK, MB, R1A 0S1
(204) 785-8514   SIC 8211
LORD SELKIRK SCHOOL DIVISION, THE p 355
516 Stanley Ave Suite A, SELKIRK, MB, R1A 0S1
(204) 785-8284   SIC 8211
LORD SELKIRK SCHOOL DIVISION, THE p 356
112 Calder Rd, ST ANDREWS, MB, R1A 4B5
(204) 482-4409   SIC 8211
LORD SELKIRK SCHOOL DIVISION, THE p 356
8 St Andrews Rd, ST ANDREWS, MB, R1A 2Y1
(204) 338-7510   SIC 8211
LORD SHAUGHNESSY HIGH SCHOOL p 60
See CALGARY BOARD OF EDUCATION
LORD STRATHCONA ELEMENTARY SCHOOL   p 301
See BOARD OF EDUCATION OF SCHOOL DISTRICT NO. 39 (VANCOUVER), THE
LORD TENNYSON SCHOOL   p 315
See BOARD OF EDUCATION OF SCHOOL DISTRICT NO. 39 (VANCOUVER), THE
LORD TWEEDSMUIR SECONDARY SCHOOL   p 282
See SCHOOL DISTRICT NO 36 (SURREY)
LORD WOLSELEY SCHOOL   p 367
See RIVER EAST TRANSCONA SCHOOL DIVISION
LORDCO AUTO PARTS   p 191
See LORDCO PARTS LTD
LORDCO AUTO PARTS   p 197
See LORDCO PARTS LTD
LORDCO AUTO PARTS   p 200
See LORDCO PARTS LTD
LORDCO AUTO PARTS   p 204
See LORDCO PARTS LTD
LORDCO AUTO PARTS   p 205
See LORDCO PARTS LTD
LORDCO AUTO PARTS   p 220
See LORDCO PARTS LTD
LORDCO AUTO PARTS   p 226
See LORDCO PARTS LTD
LORDCO AUTO PARTS   p 233
See LORDCO PARTS LTD
LORDCO AUTO PARTS   p 238
See LORDCO PARTS LTD
LORDCO AUTO PARTS   p 239
See LORDCO PARTS LTD
LORDCO AUTO PARTS   p 242
See LORDCO PARTS LTD
LORDCO AUTO PARTS   p 250
See LORDCO PARTS LTD
LORDCO AUTO PARTS   p 262
See LORDCO PARTS LTD
LORDCO AUTO PARTS   p 269
See LORDCO PARTS LTD
LORDCO AUTO PARTS   p 276
See LORDCO PARTS LTD
LORDCO AUTO PARTS   p 283
See LORDCO PARTS LTD
LORDCO AUTO PARTS   p 286
See LORDCO PARTS LTD
LORDCO AUTO PARTS   p 297
See LORDCO PARTS LTD
LORDCO AUTO PARTS   p 329
See LORDCO PARTS LTD
LORDCO AUTO PARTS   p 336
See LORDCO PARTS LTD
LORDCO PARTS LTD   p 191
5459 Kingsway, BURNABY, BC, V5H 2G1
(604) 412-9970   SIC 5531
LORDCO PARTS LTD   p 197
45771 Yale Rd, CHILLIWACK, BC, V2P 2N5
(604) 792-1999   SIC 5531
LORDCO PARTS LTD   p 200
1024 Westwood St, COQUITLAM, BC, V3C 3L5
(604) 942-7354   SIC 5531
LORDCO PARTS LTD   p 204
2401 Cliffe Ave Unit 1, COURTENAY, BC, V9N 2L5
(250) 338-6266   SIC 5531
LORDCO PARTS LTD   p 205
2201 Cranbrook St N, CRANBROOK, BC, V1C 5M6
(250) 417-0888   SIC 5531
LORDCO PARTS LTD   p 220
940 Notre Dame Dr, KAMLOOPS, BC, V2C 6J2
(250) 374-9912   SIC 5531
LORDCO PARTS LTD   p 226
1656 Dilworth Dr, KELOWNA, BC, V1Y 7V3
(250) 763-3621   SIC 5531
LORDCO PARTS LTD   p 233
5825 200 St, LANGLEY, BC, V3A 1M7
(604) 533-6607   SIC 5531
LORDCO PARTS LTD   p 238
32885 London Ave, MISSION, BC, V2V 6M7
(604) 826-7121   SIC 5531
LORDCO PARTS LTD   p 239
140 Terminal Ave Suite 1, NANAIMO, BC, V9R 5C5
(250) 753-1711   SIC 5531
LORDCO PARTS LTD   p 242
6580a Island Hwy N Suite A, NANAIMO, BC, V9V 1K8
(250) 390-9232   SIC 5531
LORDCO PARTS LTD   p 250
1500 Fell Ave, NORTH VANCOUVER, BC, V7P 3E7
(604) 984-0277   SIC 5531
LORDCO PARTS LTD   p 262
3463 22nd Ave, PRINCE GEORGE, BC, V2N 1B4
(250) 612-0223   SIC 5531

LORDCO PARTS LTD p 269
5355 No. 3 Rd, RICHMOND, BC, V6X 2C7
(604) 276-1866 *SIC* 5531
LORDCO PARTS LTD p 276
51 Lakeshore Dr Ne, SALMON ARM, BC, V1E 4N3
(250) 832-7030 *SIC* 5531
LORDCO PARTS LTD p 283
10352 University Dr, SURREY, BC, V3T 4B8
(604) 581-1177 *SIC* 5013
LORDCO PARTS LTD p 286
13537 72 Ave, SURREY, BC, V3W 2N9
(604) 543-7513 *SIC* 5531
LORDCO PARTS LTD p 297
338 2nd Ave E, VANCOUVER, BC, V5T 1C1
(604) 879-9391 *SIC* 5531
LORDCO PARTS LTD p 329
483 Burnside Rd E, VICTORIA, BC, V8T 2X4
(250) 380-9956 *SIC* 5015
LORDCO PARTS LTD p 336
2901 Jacklin Rd, VICTORIA, BC, V9B 3Y6
(250) 391-1438 *SIC* 5531
LORELEI ELEMENTARY SCHOOL p 98
See EDMONTON SCHOOL DISTRICT NO. 7
LORETTE IMMERSION p 351
See SEINE RIVER SCHOOL DIVISION
LORETTO ABBEY HIGHSCHOOL p 759
See TORONTO CATHOLIC DISTRICT SCHOOL BOARD
LORETTO CATHOLIC ELEMENTARY SCHOOL p 738
See NIAGARA CATHOLIC DISTRICT SCHOOL BOARD
LORNE AKINS JUNIOR HIGH SCHOOL p 167
See ST. ALBERT PUBLIC SCHOOL DISTRICT NO. 5565
LORNE AVENUE PUBLIC SCHOOL p 652
See THAMES VALLEY DISTRICT SCHOOL BOARD
LORNE MEMORIAL HOSPITAL p 358
See REGIONAL HEALTH AUTHORITY - CENTRAL MANITOBA INC
LORNE PARK SECONDARY SCHOOL p 701
See PEEL DISTRICT SCHOOL BOARD
LORTAP ENTERPRISES p 337
See VIC VAN ISLE CONSTRUCTION LTD
LOTO-QUEBEC p 1108
See SOCIETE DES ETABLISSEMENTS DE JEUX DU QUEBEC INC
LOUGHBOROUGH PUBLIC SCHOOL p 871
See LIMESTONE DISTRICT SCHOOL BOARD
LOUGHEED ACURA p 202
See PACIFIC MAINLAND HOLDINGS LTD
LOUGHEED MIDDLE SCHOOL p 510
See PEEL DISTRICT SCHOOL BOARD
LOUIS DREYFUS COMMODITIES p 578
See LOUIS DREYFUS COMPANY CANADA ULC
LOUIS DREYFUS COMPANY CANADA ULC p 51
525 11 Ave Sw Suite 500, CALGARY, AB, T2R 0C9
(403) 205-3322 *SIC* 5153
LOUIS DREYFUS COMPANY CANADA ULC p 578
55 Torlake Cres, ETOBICOKE, ON, M8Z 1B4
(416) 259-7851 *SIC* 6221
LOUIS DREYFUS COMPANY CANADA ULC p 1144
188 Rue Portage Des Mousses, PORT-CARTIER, QC, G5B 2G9
(418) 766-2515 *SIC* 4221
LOUIS INTERIORS INC p 760
1283 Caledonia Rd, NORTH YORK, ON, M6A 2X7
(416) 785-9909 *SIC* 2512
LOUIS LUNCHEONETTE INC p 1236
386 Rue King E, SHERBROOKE, QC, J1G 1A8
(819) 563-5581 *SIC* 5812
LOUIS RIEL ELEMENTARY & JUNIOR HIGH SCHOOL p 54
See CALGARY BOARD OF EDUCATION
LOUIS RIEL SCHOOL DIVISION p 364
320 De La Cathedrale Ave, WINNIPEG, MB, R2H 0J4
(204) 233-0222 *SIC* 8211
LOUIS RIEL SCHOOL DIVISION p 364
300 Dubuc St, WINNIPEG, MB, R2H 1E4
(204) 237-4936 *SIC* 8211
LOUIS RIEL SCHOOL DIVISION p 364
188 St Mary's Rd, WINNIPEG, MB, R2H 1H9
(204) 237-0219 *SIC* 8211
LOUIS RIEL SCHOOL DIVISION p 364
363 Enfield Cres, WINNIPEG, MB, R2H 1C6
(204) 233-7079 *SIC* 8211
LOUIS RIEL SCHOOL DIVISION p 364
99 Birchdale Ave, WINNIPEG, MB, R2H 1S2
(204) 237-0202 *SIC* 8211
LOUIS RIEL SCHOOL DIVISION p 364
619 Rue Des Meurons, WINNIPEG, MB, R2H 2R1
(204) 237-5176 *SIC* 8211
LOUIS RIEL SCHOOL DIVISION p 365
10 Vermillion Rd Suite 14, WINNIPEG, MB, R2J 2T1
(204) 255-1134 *SIC* 8299
LOUIS RIEL SCHOOL DIVISION p 365
1015 Cottonwood Rd, WINNIPEG, MB, R2J 1G3
(204) 256-7316 *SIC* 8211
LOUIS RIEL SCHOOL DIVISION p 365
150 Howden Rd, WINNIPEG, MB, R2J 1L3
(204) 255-0014 *SIC* 8211
LOUIS RIEL SCHOOL DIVISION p 365
18 Lomond Blvd, WINNIPEG, MB, R2J 1Y2
(204) 255-3576 *SIC* 8211
LOUIS RIEL SCHOOL DIVISION p 365
200 Pebble Beach Rd, WINNIPEG, MB, R2J 3K3
(204) 257-0640 *SIC* 8211
LOUIS RIEL SCHOOL DIVISION p 365
866 Autumnwood Dr, WINNIPEG, MB, R2J 1C1
(204) 257-0609 *SIC* 8211
LOUIS RIEL SCHOOL DIVISION p 365
296 Speers Rd, WINNIPEG, MB, R2J 1M7
(204) 255-3205 *SIC* 8211
LOUIS RIEL SCHOOL DIVISION p 365
400 Willowlake Cres, WINNIPEG, MB, R2J 3K2
(204) 257-2540 *SIC* 8211
LOUIS RIEL SCHOOL DIVISION p 365
831 Beaverhill Blvd, WINNIPEG, MB, R2J 3K1
(204) 257-0637 *SIC* 8211
LOUIS RIEL SCHOOL DIVISION p 365
800 Archibald St, WINNIPEG, MB, R2J 0Y4
(204) 233-7983 *SIC* 8211
LOUIS RIEL SCHOOL DIVISION p 365
250 Lakewood Blvd, WINNIPEG, MB, R2J 3A2
(204) 257-2928 *SIC* 8211
LOUIS RIEL SCHOOL DIVISION p 368
1128 Dakota St, WINNIPEG, MB, R2N 3T8
(204) 257-0124 *SIC* 8211
LOUIS RIEL SCHOOL DIVISION p 368
99 Highbury Rd, WINNIPEG, MB, R2N 2N5
(204) 254-5078 *SIC* 8211
LOUIS RIEL SCHOOL DIVISION p 368
95 Pulberry St, WINNIPEG, MB, R2M 3X5
(204) 253-1371 *SIC* 8211
LOUIS RIEL SCHOOL DIVISION p 368
80 Cunnington Ave, WINNIPEG, MB, R2M 0W7
(204) 237-4057 *SIC* 8211
LOUIS RIEL SCHOOL DIVISION p 368
770 St Mary's Rd, WINNIPEG, MB, R2M 3N7
(204) 233-3263 *SIC* 8211
LOUIS RIEL SCHOOL DIVISION p 368
661 Dakota St, WINNIPEG, MB, R2M 3K3
(204) 256-4366 *SIC* 8211
LOUIS RIEL SCHOOL DIVISION p 368
51 Blenheim Ave, WINNIPEG, MB, R2M 0H9
(204) 233-3619 *SIC* 8211
LOUIS RIEL SCHOOL DIVISION p 368
505 St Anne's Rd, WINNIPEG, MB, R2M 3E5
(204) 253-1388 *SIC* 8211
LOUIS RIEL SCHOOL DIVISION p 368
50 Hastings Blvd, WINNIPEG, MB, R2M 2E3
(204) 253-9704 *SIC* 8211
LOUIS RIEL SCHOOL DIVISION p 368
316 Ashworth St, WINNIPEG, MB, R2N 2L7
(204) 253-2363 *SIC* 8211
LOUIS RIEL SCHOOL DIVISION p 368
22 Varennes Ave, WINNIPEG, MB, R2M 0N1
(204) 253-1375 *SIC* 8211
LOUIS RIEL SCHOOL DIVISION p 368
200 Minnetonka St, WINNIPEG, MB, R2M 3Y6
(204) 257-8114 *SIC* 8211
LOUIS RIEL SCHOOL DIVISION p 368
121 Hazelwood Cres, WINNIPEG, MB, R2M 4E4
(204) 256-1135 *SIC* 8211
LOUIS RIEL SCHOOL DIVISION p 368
151 St George Rd, WINNIPEG, MB, R2M 3J2
(204) 253-2646 *SIC* 8211
LOUIS RIEL SCHOOL DIVISION p 368
160 Southglen Blvd, WINNIPEG, MB, R2N 3J3
(204) 254-7477 *SIC* 8211
LOUIS RIEL SCHOOL DIVISION p 368
175 Darwin St, WINNIPEG, MB, R2M 4A9
(204) 257-2904 *SIC* 8211
LOUIS RIEL SCHOOL DIVISION p 369
366 Paddington Rd, WINNIPEG, MB, R2N 1R1
(204) 253-1492 *SIC* 8211
LOUIS RIEL SCHOOL DIVISION p 391
445 Island Shore Blvd, WINNIPEG, MB, R3X 2B4
(204) 254-6247 *SIC* 8211
LOUIS ST. LAURENT SCHOOL p 110
See EDMONTON CATHOLIC SEPARATE SCHOOL DISTRICT NO.7
LOUIS-HONORE FRECHETTE PUBLIC SCHOOL p 876
See YORK REGION DISTRICT SCHOOL BOARD
LOUISBOURG SBC, SOCIETE EN COMMANDITE p 1063
4125 Des Laurentides (A-15) E, LAVAL-OUEST, QC, H7L 5W5
SIC 1623
LOUISE ARBOUR FRENCH IMMERSION PUBLIC SCHOOL p 654
See THAMES VALLEY DISTRICT SCHOOL BOARD
LOUISE DEAN SCHOOL p 38
See CALGARY BOARD OF EDUCATION
LOUISIANA-PACIFIC BUILDING PRODUCTS p 216
See LOUISIANA-PACIFIC CANADA LTD
LOUISIANA-PACIFIC CANADA LTD p 216
1221 10th Ave N, GOLDEN, BC, V0A 1H2
(250) 344-8800 *SIC* 2436
LOUISIANA-PACIFIC CANADA LTD p 235
4872 Lybarger Rd, MALAKWA, BC, V0E 2J0
(250) 836-3100 *SIC* 2421
LOUISIANA-PACIFIC CANADA LTD p 446
2005 Highway 14, CHESTER, NS, B0J 1J0
(902) 275-3556 *SIC* 2493
LOUISIANA-PACIFIC CANADA LTD p 1000
1012 Ch Du Parc-Industriel, BOIS-FRANC, QC, J9E 3A9
(819) 449-7030 *SIC* 2431
LOUISIANA-PACIFIC CANADA LTD p 1010
572 155 Rte, CHAMBORD, QC, G0W 1G0
(418) 342-6212 *SIC* 2611
LOUISIANA-PACIFIC CANADA LTD p 1102
507 Place D'armes Bureau 400, Montreal, QC, H2Y 2W8
(514) 861-4724 *SIC* 2431
LOUISIANA-PACIFIQUE CANADA LTEE-DIVISON QUEBEC CHAMBORD OSB p 1010
See LOUISIANA-PACIFIC CANADA LTD
LOUISVILLE TRUCK CENTRE INC p 1300
3750 Idylwyld Dr N, SASKATOON, SK, S7L 6G3
(306) 931-6611 *SIC* 5511
LOUKIL, SAID p 1186
247 Rue Isabelle, SAINT-EUSTACHE, QC, J7P 4E9
SIC 5111
LOUNSBURY AUTOMOTIVE p 393
See LOUNSBURY COMPANY LIMITED
LOUNSBURY AUTOMOTIVE p 405
See LOUNSBURY COMPANY LIMITED
LOUNSBURY CHEV OLDS p 407
See LOUNSBURY COMPANY LIMITED
LOUNSBURY COMPANY LIMITED p 393
1870 St. Peter Ave, BATHURST, NB, E2A 7J4
(506) 547-0707 *SIC* 5511
LOUNSBURY COMPANY LIMITED p 396
456 William St, DALHOUSIE, NB, E8C 2X7
(506) 684-3341 *SIC* 5511
LOUNSBURY COMPANY LIMITED p 405
855 King George Hwy Suite 356, MIRAMICHI, NB, E1V 1P9
(506) 622-2311 *SIC* 5511
LOUNSBURY COMPANY LIMITED p 407
2155 Main St W, MONCTON, NB, E1C 9P2
(506) 857-4300 *SIC* 5511
LOUNSBURY COMPANY LIMITED p 409
725 St George Blvd, MONCTON, NB, E1E 2C2
(506) 857-4345 *SIC* 5511
LOUNSBURY TRUCK CENTRE p 409
See LOUNSBURY COMPANY LIMITED
LOUNSBURY'S CHEV OLDS p 396
See LOUNSBURY COMPANY LIMITED
LOURDES ELEMENTARY SCHOOL p 428
See WESTERN SCHOOL DISTRICT
LOUTEC p 1172
See DICKNER INC
LOVELY IMPORTS & RETAILS LTD p 755
3720 Keele St, NORTH YORK, ON, M3J 2V9
(416) 636-0568 *SIC* 5541
LOVSUNS TUNNELING CANADA LIMITED p 943
441 Carlingview Dr, TORONTO, ON, M9W 5G7
(647) 255-0018 *SIC* 3531
LOWE'S p 607
See LOWE'S COMPANIES CANADA, ULC
LOWE'S 3329 p 1287
See LOWE'S COMPANIES CANADA, ULC
LOWE'S COMPANIES CANADA ULC p 487
See LOWE'S COMPANIES CANADA, ULC
LOWE'S COMPANIES CANADA, ULC p 10
2909 Sunridge Way Ne, CALGARY, AB, T1Y 7K7
(403) 277-0044 *SIC* 5211
LOWE'S COMPANIES CANADA, ULC p 57
13417 52 St Se, CALGARY, AB, T2Z 0Z1
(403) 279-0450 *SIC* 5211
LOWE'S COMPANIES CANADA, ULC p 92
10225 186 St Nw, EDMONTON, AB, T5S 0G5
(780) 486-2508 *SIC* 5211
LOWE'S COMPANIES CANADA, ULC p 113
10141 13 Ave Nw, EDMONTON, AB, T6N 0B6
(780) 430-1344 *SIC* 5211
LOWE'S COMPANIES CANADA, ULC p 160
261199 Crossiron Blvd Unit 300, ROCKY VIEW COUNTY, AB, T4A 0J6
(403) 567-7440 *SIC* 5211
LOWE'S COMPANIES CANADA, ULC p 245
1085 Tanaka Crt, NEW WESTMINSTER, BC, V3M 0G2

(604) 527-7239 SIC 5211
LOWE'S COMPANIES CANADA, ULC p 487
100 Portia Dr, ANCASTER, ON, L9G 0G1
(905) 304-7507 SIC 5211
LOWE'S COMPANIES CANADA, ULC p 498
71 Bryne Dr, BARRIE, ON, L4N 8V8
(905) 952-2950 SIC 5211
LOWE'S COMPANIES CANADA, ULC p 502
219 Millennium Pky, BELLEVILLE, ON, K8N 4Z5
(416) 730-7300 SIC 5211
LOWE'S COMPANIES CANADA, ULC p 520
370 Kennedy Rd S, BRAMPTON, ON, L6W 4V2
(905) 874-5000 SIC 5211
LOWE'S COMPANIES CANADA, ULC p 523
10111 Heart Lake Rd, BRAMPTON, ON, L6Z 0E4
(905) 840-2351 SIC 5211
LOWE'S COMPANIES CANADA, ULC p 527
215 Henry St, BRANTFORD, ON, N3S 7R4
(519) 720-2060 SIC 5211
LOWE'S COMPANIES CANADA, ULC p 560
100 Edgeley Blvd, CONCORD, ON, L4K 5W7
(905) 532-5630 SIC 5211
LOWE'S COMPANIES CANADA, ULC p 578
1604 The Queensway, ETOBICOKE, ON, M8Z 1V1
(416) 253-2570 SIC 5211
LOWE'S COMPANIES CANADA, ULC p 607
1945 Barton St E, HAMILTON, ON, L8H 2Y7
(905) 312-5670 SIC 5211
LOWE'S COMPANIES CANADA, ULC p 661
1335 Fanshawe Park Rd W, LONDON, ON, N6G 0E3
(519) 474-5270 SIC 5211
LOWE'S COMPANIES CANADA, ULC p 667
200 Mcnaughton Rd E, MAPLE, ON, L6A 4E2
(905) 879-2450 SIC 5211
LOWE'S COMPANIES CANADA, ULC p 689
5150 Spectrum Way, MISSISSAUGA, ON, L4W 5G2
(905) 219-1000 SIC 5211
LOWE'S COMPANIES CANADA, ULC p 733
18401 Yonge St, NEWMARKET, ON, L3Y 4V8
(905) 952-2950 SIC 5211
LOWE'S COMPANIES CANADA, ULC p 738
7959 Mcleod Rd, NIAGARA FALLS, ON, L2H 0G5
(905) 374-5520 SIC 5211
LOWE'S COMPANIES CANADA, ULC p 777
3828 Innes Rd, ORLEANS, ON, K1W 0C8
(613) 830-6370 SIC 5211
LOWE'S COMPANIES CANADA, ULC p 813
1899 Brock Rd, PICKERING, ON, L1V 4H7
(905) 619-7530 SIC 5211
LOWE'S COMPANIES CANADA, ULC p 845
6005 Steeles Ave E, SCARBOROUGH, ON, M1V 5P7
(416) 940-4827 SIC 5211
LOWE'S COMPANIES CANADA, ULC p 869
1199 Marcus Dr, SUDBURY, ON, P3B 4K6
(705) 521-7200 SIC 5211
LOWE'S COMPANIES CANADA, ULC p 960
4005 Garrard Rd, WHITBY, ON, L1R 0J1
(905) 433-2870 SIC 5211
LOWE'S COMPANIES CANADA, ULC p 964
1848 Provincial Rd, WINDSOR, ON, N8W 5W3
(519) 967-3560 SIC 5211
LOWE'S COMPANIES CANADA, ULC p 1287
489 N Albert St, REGINA, SK, S4R 3C3
(306) 545-1386 SIC 5211
LOWE'S COMPANIES CANADA, ULC p 1290
4555 Gordon Rd, REGINA, SK, S4W 0B7
(306) 751-3000 SIC 5211
LOWE'S OF E. GWILLIMBURY p 733
See LOWE'S COMPANIES CANADA, ULC
LOWE'S OF MAPLE p 667

See LOWE'S COMPANIES CANADA, ULC
LOWE'S OF NORTH BRAMPTON p 523
See LOWE'S COMPANIES CANADA, ULC
LOWE-MARTIN COMPANY INC p 714
5990 Falbourne St, MISSISSAUGA, ON, L5R 3S7
(905) 507-8782 SIC 2752
LOWE-MARTIN COMPANY INC p 719
6006 Kestrel Rd, MISSISSAUGA, ON, L5T 1S8
(905) 670-7100 SIC 2752
LOWE-MARTIN COMPANY INC p 719
7330 Pacific Cir, MISSISSAUGA, ON, L5T 1V1
(905) 696-9493 SIC 2752
LOWE-MARTIN COMPANY INC p 795
400 Hunt Club Rd, OTTAWA, ON, K1V 1C1
(613) 741-0962 SIC 2752
LOWE-MARTIN GROUP p 719
See LOWE-MARTIN COMPANY INC
LOWE-MARTIN GROUP, THE p 795
See LOWE-MARTIN COMPANY INC
LOWER MAINLAND STEEL (1998) LTD p 65
387 Exploration Ave Se, CALGARY, AB, T3S 0A2
(403) 723-9930 SIC 1791
LOWER MAINLAND STEEL (1998) LTD p 282
6320 148 St, SURREY, BC, V3S 3C4
(604) 598-9930 SIC 1791
LOWERYS BASICS p 878
See LOWERYS, LIMITED
LOWERYS, LIMITED p 878
540 Central Ave, THUNDER BAY, ON, P7B 6B4
(807) 344-6666 SIC 5943
LOXCREEN CANADA LTD p 689
5720 Ambler Dr, MISSISSAUGA, ON, L4W 2B1
(905) 625-3210 SIC 3442
LOYALIST COLLEGIATE & VOCATIONAL INSTITUTE p 634
See LIMESTONE DISTRICT SCHOOL BOARD
LOYALIST INSURANCE BROKERS LIMITED p 488
911 Golf Links Rd Suite 111, ANCASTER, ON, L9K 1H9
(905) 648-6767 SIC 6411
LOYALTY GROUP, THE p 28
See LOYALTYONE, CO
LOYALTY GROUP, THE p 689
See LOYALTYONE, CO
LOYALTYONE, CO p 28
1331 Macleod Trail Se, CALGARY, AB, T2G 0K3
(403) 531-7750 SIC 7299
LOYALTYONE, CO p 689
5055 Satellite Dr Unit 6, MISSISSAUGA, ON, L4W 5K7
(905) 212-6202 SIC 8742
LOYALTYONE, CO p 1107
625 Av Du President-Kennedy Bureau 600, Montreal, QC, H3A 1K2
(514) 843-7164 SIC 7299
LP MALAKWA DIV OF p 235
See LOUISIANA-PACIFIC CANADA LTD
LPI LEVEL PLATFORMS INC p 624
309 Legget Dr Suite 300, KANATA, ON, K2K 3A3
(613) 232-1000 SIC 7371
LPP MANUFACTURING p 602
See LINAMAR CORPORATION
LS TELCOM LIMITED p 727
1 Antares Dr Suite 510, NEPEAN, ON, K2E 8C4
(613) 248-8686 SIC 7371
LS TRAVEL RETAIL NORTH AMERICA p 929
See HACHETTE DISTRIBUTION SERVICES (CANADA) INC
LSC LANGUAGE STUDIES CANADA LTD p 46

140 4 Ave Sw Suite 300, CALGARY, AB, T2P 3N3
SIC 8299
LSC LANGUAGE STUDIES CANADA VANCOUVER LTD p 304
570 Dunsmuir St Unit 200, VANCOUVER, BC, V6B 1Y1
(604) 683-1199 SIC 8299
LSG LEASE SERVICES GROUP INC p 585
45 Constellation Crt, ETOBICOKE, ON, M9W 1K4
(416) 675-7950 SIC 7515
LSL HOLDINGS INC p 615
55 Rymal Rd E, HAMILTON, ON, L9B 1B9
SIC 5511
LT COLONEL BARKER SCHOOL p 347
See MOUNTAIN VIEW SCHOOL DIVISION
LTP SPORTS GROUP INC p 229
9552 198 St, LANGLEY, BC, V1M 3C8
SIC 7389
LTP SPORTS GROUP INC p 975
321 Hanlan Rd, WOODBRIDGE, ON, L4L 3R7
(905) 851-1133 SIC 5941
LUBE CITY p 102
See 470858 ALBERTA LTD
LUBECKI TECHNICAL HOLDINGS INC p 1041
435 Rue Saint-Vallier, GRANBY, QC, J2G 8Y4
(450) 375-9129 SIC 3089
LUBEMASTER CONSTRUCTION p 515
See NCH CANADA INC
LUBRICOR INC p 952
475 Conestogo Rd, WATERLOO, ON, N2L 4C9
(519) 884-8455 SIC 5172
LUCAS & MARCO INC p 578
1000 Islington Ave, ETOBICOKE, ON, M8Z 4P8
(416) 255-4152 SIC 5812
LUCAS & MARCO INC p 938
10 The Queensway, TORONTO, ON, M6R 1B4
(416) 538-2444 SIC 5812
LUCAS CENTER CONTINUING EDUCATION p 250
See SCHOOL DISTRICT NO. 44 (NORTH VANCOUVER)
LUCERNE ELEMENTARY SECONDARY SCHOOL p 244
See ARROW LAKES SCHOOL DISTRICT #10
LUCERNE FOODS p 20
See SOBEYS WEST INC
LUCERNE FOODS p 170
See SOBEYS WEST INC
LUCERNE FOODS p 179
See SOBEYS WEST INC
LUCERNE FOODS BREAD PLANT p 380
See SOBEYS WEST INC
LUCERNE FOODS, DIV OF p 87
See SOBEYS WEST INC
LUCERNE FOODS, DIV OF p 170
See SOBEYS WEST INC
LUCERNE FOODS, DIV OF p 383
See SOBEYS WEST INC
LUCK LAKE SCHOOL p 1273
See SUN WEST SCHOOL DIVISION NO 207 SASKATCHEWAN
LUCKETT RETAIL MANAGEMENT INC p 443
1595 Bedford Hwy Suite 122, BEDFORD, NS, B4A 3Y4
(902) 835-4997 SIC 5411
LUCKHART TRANSPORT LTD p 847
4049 Perth County Rd 135, SEBRINGVILLE, ON, N0K 1X0
(519) 393-6128 SIC 4212
LUCKNOW CENTRAL PUBLIC SCHOOL p 666
See BLUEWATER DISTRICT SCHOOL

BOARD
LUCKY 97 SUPERMARKET p 77
See DONG-PHUONG ORIENTAL MARKET LTD
LUCKY LAKE HEALTH CENTRE p 1273
See HEARTLAND REGIONAL HEALTH AUTHORITY
LUCKY SUPERMARKET p 13
See DONG-PHUONG ORIENTAL MARKET LTD
LUCKY SUPERMARKET p 379
See DONG-PHUONG ORIENTAL MARKET LTD
LUCY MAUD MONTGOMERY ELEMENTARY p 835
See TORONTO DISTRICT SCHOOL BOARD
LUCY MCCORMICK SCHOOL p 938
See TORONTO DISTRICT SCHOOL BOARD
LUDIA INC p 1102
410 Rue Saint-Nicolas Bureau 400, Montreal, QC, H2Y 2P5
(514) 313-3370 SIC 5092
LUDWICK CATERING LTD p 348
3184 Birds Hill Rd, EAST ST PAUL, MB, R2E 1H1
(204) 668-8091 SIC 5812
LUFF INDUSTRIES LTD p 159
235010 Wrangler Rd, ROCKY VIEW COUNTY, AB, T1X 0K3
(403) 279-3555 SIC 3535
LUFKIN INDUSTRIES CANADA ULC p 147
1107 8a St, NISKU, AB, T9E 7R3
(780) 955-7566 SIC 3561
LUFTHANSA GERMAN AIRLINES p 312
1030 Georgia St W Suite 1401, VANCOUVER, BC, V6E 2Y3
(604) 303-3080 SIC 4512
LUKE METTAWESKUM SCHOOL p 1134
See CREE SCHOOL BOARD
LULULEMON p 4
See LULULEMON ATHLETICA CANADA INC
LULULEMON p 35
See LULULEMON ATHLETICA CANADA INC
LULULEMON p 105
See LULULEMON ATHLETICA CANADA INC
LULULEMON p 109
See LULULEMON ATHLETICA CANADA INC
LULULEMON p 191
See LULULEMON ATHLETICA CANADA INC
LULULEMON p 317
See LULULEMON ATHLETICA CANADA INC
LULULEMON p 340
See LULULEMON ATHLETICA CANADA INC
LULULEMON p 581
See LULULEMON ATHLETICA CANADA INC
LULULEMON p 632
See LULULEMON ATHLETICA CANADA INC
LULULEMON p 767
See LULULEMON ATHLETICA CANADA INC
LULULEMON p 789
See LULULEMON ATHLETICA CANADA INC
LULULEMON p 1142
See LULULEMON ATHLETICA CANADA INC
LULULEMON ATHLETICA CANADA INC p 4
121a Banff Ave, BANFF, AB, T1L 1B4
(403) 760-3303 SIC 2339
LULULEMON ATHLETICA CANADA INC p 35

LULULEMON ATHLETICA CANADA INC

100 Anderson Rd Se Unit 146, CALGARY, AB, T2J 3V1
(403) 313-4434   SIC 2339
LULULEMON ATHLETICA CANADA INC p 105
10558 82 Ave Nw, EDMONTON, AB, T6E 2A4
(780) 435-9363   SIC 2339
LULULEMON ATHLETICA CANADA INC p 109
223a 109 St, EDMONTON, AB, T6H 3B9
(780) 471-1200   SIC 5699
LULULEMON ATHLETICA CANADA INC p 191
4800 Kingsway Unit 318, BURNABY, BC, V5H 4J2
(604) 430-4659   SIC 2339
LULULEMON ATHLETICA CANADA INC p 317
2113 4th Ave W, VANCOUVER, BC, V6K 1N7
(604) 732-6111   SIC 2339
LULULEMON ATHLETICA CANADA INC p 322
1380 Burrard St Unit 300, VANCOUVER, BC, V6Z 2H3
(604) 215-9300   SIC 2339
LULULEMON ATHLETICA CANADA INC p 340
4154 Village Green Suite 118, WHISTLER, BC, V0N 1B4
(604) 938-9642   SIC 2339
LULULEMON ATHLETICA CANADA INC p 340
4293 Mountain Sq, WHISTLER, BC, V0N 1B4
(604) 962-9968   SIC 2339
LULULEMON ATHLETICA CANADA INC p 581
25 The West Mall Suite 1328a, ETOBICOKE, ON, M9C 1B8
(416) 620-6518   SIC 2339
LULULEMON ATHLETICA CANADA INC p 632
270 Princess St, KINGSTON, ON, K7L 1B5
(613) 549-3297   SIC 2339
LULULEMON ATHLETICA CANADA INC p 767
291 Lakeshore Rd E, OAKVILLE, ON, L6J 1J3
(905) 338-9449   SIC 2339
LULULEMON ATHLETICA CANADA INC p 789
50 Rideau St 3rd Fl, OTTAWA, ON, K1N 9J7
(613) 230-6633   SIC 2339
LULULEMON ATHLETICA CANADA INC p 930
318 Queen St W, TORONTO, ON, M5V 2A2
(416) 703-1399   SIC 2339
LULULEMON ATHLETICA CANADA INC p 1142
6815 Aut Transcanadienne Local G013c, POINTE-CLAIRE, QC, H9R 5J1
(514) 695-3613   SIC 2339
LUMBERMEN'S CREDIT BUREAU LIMITED p 719
1280 Courtneypark Dr E, MISSISSAUGA, ON, L5T 1N6
(905) 283-3111   SIC 7323
LUMEN p 512
See SONEPAR CANADA INC
LUMENERA CORPORATION p 800
7 Capella Crt, OTTAWA, ON, K2E 8A7
(613) 736-4077   SIC 3861
LUMENIX p 575
See LUMENIX CORPORATION
LUMENIX CORPORATION p 575
15 Akron Rd, ETOBICOKE, ON, M8W 1T3
(855) 586-3649   SIC 3674
LUMENPULSE p 1118
See ECLAIRAGE LUMENPULSE INC
LUMENPULSE p 1118
See GROUPE LUMENPULSE INC
LUMENPULSE p 1145

See ECLAIRAGE LUMENPULSE INC
LUMENPULSE GROUP p 1118
See LUMENPULSE INC
LUMENPULSE INC p 1118
1751 Rue Richardson Bureau 1505, Montreal, QC, H3K 1G6
(514) 937-3003   SIC 6712
LUMENTUM CANADA LTD p 730
61 Bill Leathem Dr, NEPEAN, ON, K2J 0P7
(613) 843-3000   SIC 3827
LUMENTUM OTTAWA INC p 730
61 Bill Leathem Dr, NEPEAN, ON, K2J 0P7
(613) 843-3000   SIC 3669
LUMSDEN & DISTRICT HERITAGE HOME INC p 1273
10 Aspen Bay, LUMSDEN, SK, S0G 3C0
(306) 731-2247   SIC 8051
LUMSDEN ELEMENTARY SCHOOL p 1273
See PRAIRIE VALLEY SCHOOL DIVISION NO 208
LUMSDEN HIGH SCHOOL p 1273
See PRAIRIE VALLEY SCHOOL DIVISION NO 208
LUNDAR PERSONAL CARE HOME p 351
See INTERLAKE REGIONAL HEALTH AUTHORITY INC
LUNDAR SCHOOL p 351
See LAKESHORE SCHOOL DIVISION
LUNDY MANOR RETIREMENT RESIDENCE p 738
See REVERA INC
LUNDY'S LANE SCHOOL p 630
See LIMESTONE DISTRICT SCHOOL BOARD
LUNDY'S REGENCY ARMS CORP p 736
7280 Lundy's Lane, NIAGARA FALLS, ON, L2G 1W2
(905) 358-3621   SIC 7011
LUNENBURG CAMPUS p 445
See NOVA SCOTIA, PROVINCE OF
LUNENBURG INDUSTRIAL FOUNDRY & ENGINEERING LTD p 467
53 Falkland St, LUNENBURG, NS, B0J 2C0
(902) 634-8827   SIC 3731
LUNENBURG REGIONAL RECYCLING AND COMPOSTING FACILITY p 445
See MUNICIPALITY OF THE DISTRICT OF LUNENBURG
LUNENFELD RESEARCH INSTITUTE p 912
600 University Ave Rm 982, TORONTO, ON, M5G 1X5
(416) 586-8811   SIC 8733
LUNETTERIE NEW LOOK p 1209
See GROUPE VISION NEW LOOK INC
LUSELAND SCHOOL p 1273
See LIVING SKY SCHOOL DIVISION NO. 202
LUSH COSMETICS p 698
See LUSH HANDMADE COSMETICS LTD
LUSH COSMETICS p 930
See LUSH HANDMADE COSMETICS LTD
LUSH HANDMADE COSMETICS LTD p 578
63 Advance Rd Unit 826, ETOBICOKE, ON, M8Z 2S6
(416) 538-7360   SIC 5999
LUSH HANDMADE COSMETICS LTD p 698
100 City Centre Dr Suite 2422, MISSISSAUGA, ON, L5B 2C9
(905) 277-5874   SIC 5999
LUSH HANDMADE COSMETICS LTD p 930
312 Queen St W, TORONTO, ON, M5V 2A2
(416) 599-5874   SIC 5999
LUSH MANUFACTURING p 578
See LUSH HANDMADE COSMETICS LTD
LUSH MANUFACTURING LTD p 298
8365 Ontario St Suite 120, VANCOUVER, BC, V5X 3E8
(604) 266-0612   SIC 2844
LUSH MANUFACTURING LTD p 319
8739 Heather St, VANCOUVER, BC, V6P 3T1
   SIC 2844
LUSIGHT RESEARCH p 900

See 6142974 CANADA INC
LUSSIER DALE PARIZEAU INC p 1107
1001 Boul De Maisonneuve O Bureau 310, Montreal, QC, H3A 3C8
(514) 840-9918   SIC 6531
LUSSIER DALE PARIZEAU INC p 1168
1170 Boul Lebourgneuf Bureau 305, Quebec, QC, G2K 2E3
(418) 627-1080   SIC 6411
LUSSIER, BERNARD INC p 1187
578 Boul Arthur-Sauve Bureau 231, SAINT-EUSTACHE, QC, J7R 5A8
(450) 473-2711   SIC 5912
LUSSIER, BERNARD INC p 1228
3003 Ch D'oka, SAINTE-MARTHE-SUR-LE-LAC, QC, J0N 1P0
(450) 473-5480   SIC 5912
LUTHER COLLEGE p 1289
See UNIVERSITY OF REGINA
LUTHER COURT SOCIETY p 327
1525 Cedar Hill Cross Rd, VICTORIA, BC, V8P 5M1
(250) 477-7241   SIC 8051
LUTHER HOMES INC p 370
1081 Andrews St, WINNIPEG, MB, R2V 2G9
(204) 338-4641   SIC 8741
LUTHERWOOD p 640
165 King St E, KITCHENER, ON, N2G 2K8
(519) 884-7755   SIC 8331
LUTHERWOOD p 952
139 Father David Bauer Dr Suite 1, WATERLOO, ON, N2L 6L1
(519) 884-7755   SIC 8399
LUVO CANADA INC p 316
1580 Broadway W Suite 410, VANCOUVER, BC, V6J 5K8
(604) 730-0054   SIC 5142
LUX STEAKHOUSE & BAR p 79
See CENTURY HOSPITALITY GROUP LTD
LUXURY HOTELS INTERNATIONAL OF CANADA, ULC p 28
110 9 Ave Se, CALGARY, AB, T2G 5A6
(403) 266-7331   SIC 7011
LUXURY HOTELS INTERNATIONAL OF CANADA, ULC p 399
102 Main St Unit 16, FREDERICTON, NB, E3A 9N6
(506) 443-7500   SIC 7389
LUXURY HOTELS INTERNATIONAL OF CANADA, ULC p 407
600 Main St, MONCTON, NB, E1C 0M6
(506) 854-7100   SIC 7011
LUXURY HOTELS INTERNATIONAL OF CANADA, ULC p 458
1919 Upper Water St, HALIFAX, NS, B3J 3J5
(902) 421-1700   SIC 7011
LUXURY HOTELS INTERNATIONAL OF CANADA, ULC p 585
17 Reading Crt, ETOBICOKE, ON, M9W 7K7
(416) 798-2900   SIC 7011
LUXURY HOTELS INTERNATIONAL OF CANADA, ULC p 585
901 Dixon Rd, ETOBICOKE, ON, M9W 1J5
(416) 674-9400   SIC 7011
LUXURY HOTELS INTERNATIONAL OF CANADA, ULC p 683
1050 Paignton House Rd, MINETT, ON, P0B 1G0
(705) 765-1900   SIC 7011
LUXURY HOTELS INTERNATIONAL OF CANADA, ULC p 791
161 Laurier Ave W, OTTAWA, ON, K1P 5J2
(613) 231-2020   SIC 7011
LUXURY HOTELS INTERNATIONAL OF CANADA, ULC p 795
1172 Walkley Rd, OTTAWA, ON, K1V 2P7
(613) 523-9600   SIC 7011
LUXURY HOTELS INTERNATIONAL OF CANADA, ULC p 827
1337 London Rd, SARNIA, ON, N7S 1P6
(519) 346-4551   SIC 7389

LUXURY HOTELS INTERNATIONAL OF CANADA, ULC p 912
525 Bay St, TORONTO, ON, M5G 2L2
(416) 597-9200   SIC 7011
LUXURY HOTELS INTERNATIONAL OF CANADA, ULC p 1025
800 Place Leigh-Capreol, DORVAL, QC, H4Y 0A5
(514) 636-6700   SIC 7011
LVI DIGITAL GROUP & LVI TECHNOLOGY GROUP p 337
See LANG'S VENTURES INC
LVM DIVISION N-GLOBE CORT p 1030
See ENGLOBE CORP
LVM DIVISION OF p 1003
See ENGLOBE CORP
LVM DIVISION OF p 1015
See ENGLOBE CORP
LVM DIVISION OF p 1172
See ENGLOBE CORP
LVM INC p 1189
540 91e Rue, SAINT-GEORGES, QC, G5Y 3K6
(418) 227-6161   SIC 8734
LVM/HTES LTD p 28
2806 Ogden Rd Se, CALGARY, AB, T2G 4R7
(403) 255-3273   SIC 8711
LXB COMMUNICATION MARKETING INC p 1161
2590 Boul Laurier, Quebec, QC, G1V 4M6
(418) 529-9761   SIC 7311
LYCEE FRANCAIS DE TORONTO p 934
2327 Dufferin St, TORONTO, ON, M6E 3S5
(416) 924-1789   SIC 8211
LYCEE LOUIS PASTEUR SOCIETY p 53
4099 Garrison Blvd Sw, CALGARY, AB, T2T 6G2
(403) 243-5420   SIC 8211
LYDALE CONSTRUCTION (1983) CO. LTD p 92
17839 106a Ave Nw Unit 101, EDMONTON, AB, T5S 1V8
(780) 822-1200   SIC 1521
LYDALE CONSTRUCTION (1983) CO. LTD p 1283
1820 E Ross Ave, REGINA, SK, S4N 0R9
(306) 751-4868   SIC 8322
LYDIA TRULL PUBLIC SCHOOL p 567
See KAWARTHA PINE RIDGE DISTRICT SCHOOL BOARD
LYLE HALLMAN POOL p 637
See CORPORATION OF THE CITY OF KITCHENER
LYMBURN SCHOOL p 94
See EDMONTON SCHOOL DISTRICT NO. 7
LYN PUBLIC SCHOOL p 666
See UPPER CANADA DISTRICT SCHOOL BOARD, THE
LYN VALLEY ELEMENTARY SCHOOL p 247
See SCHOOL DISTRICT NO. 44 (NORTH VANCOUVER)
LYNCH BUS LINES LTD p 193
4687 Byrne Rd, BURNABY, BC, V5J 3H6
(604) 439-0842   SIC 4151
LYNCH FOOD p 751
See W.T. LYNCH FOODS LIMITED
LYNDA AND ALBERT ENTERPRISES INC p 433
273 Portugal Cove Rd, ST. JOHN'S, NL, A1B 2N8
(709) 738-1171   SIC 5812
LYNDEN CANADA CO p 709
6581 Kitimat Rd Unit 1-4, MISSISSAUGA, ON, L5N 3T5
(905) 858-5058   SIC 4731
LYNDEN INTERNATIONAL LOGISTICS CO p 18
4441 76 Ave Se, CALGARY, AB, T2C 2G8
(403) 279-2700   SIC 4225
LYNDEN INTERNATIONAL LOGISTICS CO p 210

▲ Public Company   ■ Public Company Family Member   HQ Headquarters   BR Branch   SL Single Location

7403 Progress Way, DELTA, BC, V4G 1E7
(604) 940-4116 *SIC* 4225
LYNDEN TRANSPORT p 1
See *CANADIAN LYNDEN TRANSPORT LTD*
LYNDWOOD PUBLIC SCHOOL p 701
See *PEEL DISTRICT SCHOOL BOARD*
LYNK AUTO PRODUCTS INC p 428
110 Airport Rd, LABRADOR CITY, NL, A2V 2J7
 SIC 5013
LYNK, R.K. ENTERPRISES LIMITED p 475
390 Welton St, SYDNEY, NS, B1P 5S4
(902) 539-2555 *SIC* 5812
LYNN LAKE HOSPITAL p 351
See *NORTHERN REGIONAL HEALTH AUTHORITY*
LYNN VALLEY SAFEWAY p 247
See *SOBEYS WEST INC*
LYNNDALE HEIGHTS PUBLIC SCHOOL p 849
See *GRAND ERIE DISTRICT SCHOOL BOARD*
LYNNGATE JUNIOR PUBLIC SCHOOL p 844
See *TORONTO DISTRICT SCHOOL BOARD*
LYNNMOUR COMMUNITY SCHOOL p 247
See *SCHOOL DISTRICT NO. 44 (NORTH VANCOUVER)*
LYNNWOOD ELEMENTARY SCHOOL p 89
See *EDMONTON SCHOOL DISTRICT NO. 7*
LYNNWOOD RETIREMENT RESIDENCE p 196
See *CSH LYNNWOOD INC*
LYNSOS INC p 868
1463 Lasalle Blvd, SUDBURY, ON, P3A 1Z8
(705) 560-2500 *SIC* 5812
LYNWOOD PARK RETIREMENT LODGE p 729
See *COMMUNITY LIFECARE INC*
LYNX RIDGE GOLF CLUB p 64
See *MGC GOLF INC*
LYRECO p 673
See *NOVEXCO INC*
LYRECO CANADA p 1096
See *NOVEXCO INC*
LYTTON ELEMENTARY SCHOOL p 235
See *SCHOOL DISTRICT #74 (GOLD TRAIL)*
LZB ENTERPRISES LTD p 269
3100 St. Edwards Dr Suite 110, RICHMOND, BC, V6X 4C4
(604) 248-0330 *SIC* 5712

M

(MADD CANADA) MOTHERS AGAINST DRUNK DRIVING p 501
Gd Stn Main, BELLEVILLE, ON, K8N 4Z8
 SIC 8399
M & A TILE COMPANY LIMITED p 756
1155 Petrolia Rd, NORTH YORK, ON, M3J 2X7
 SIC 1752
M & D DRAFTING LTD p 101
3604 76 Ave Nw, EDMONTON, AB, T6B 2N8
(780) 465-1520 *SIC* 7389
M & J GALLANT FOODS INC p 786
1950 Walkley Rd, OTTAWA, ON, K1H 1W1
(613) 739-0311 *SIC* 5812
M & K RESTAURANT MANAGEMENT (CORNWALL) INC p 566
1397 Brookdale Ave, CORNWALL, ON, K6J 5X1
(613) 932-0995 *SIC* 5812
M & M MEAT SHOPS LTD p 709
2240 Argentia Rd Suite 100, MISSISSAUGA, ON, L5N 2K7
(905) 465-6325 *SIC* 5411
M & T INSTA-PRINT (KITCHENER-WATERLOO) LIMITED p 637
907 Frederick St Suite 1, KITCHENER, ON, N2B 2B9
(519) 571-0101 *SIC* 2752
M & T INSTA-PRINT LIMITED p 664
318 Neptune Cres Suite 1, LONDON, ON, N6M 1A1
(519) 455-6667 *SIC* 2752
M & T PRINTING GROUP p 637
See *M & T INSTA-PRINT (KITCHENER-WATERLOO) LIMITED*
M & V ENTERPRISES LTD p 99
5515 101 Ave Nw, EDMONTON, AB, T6A 3Z7
(780) 465-0771 *SIC* 5812
M A & T J HOLDINGS LTD p 179
30340 Automall Dr, ABBOTSFORD, BC, V2T 5M1
(604) 857-7733 *SIC* 5812
M AND R MELO'S LIMITED p 634
1550 Princess St, KINGSTON, ON, K7M 9E3
(613) 541-4683 *SIC* 7011
M BOTLAXO LTD p 439
5102 48 St, YELLOWKNIFE, NT, X1A 1N6
(867) 920-2000 *SIC* 5812
M C W / AGE p 383
See *MCW CONSULTANTS LTD*
M D TOTCO p 26
See *VARCO CANADA ULC*
M E LAZERTE SENIOR HIGH SCHOOL p 75
See *EDMONTON SCHOOL DISTRICT NO. 7*
M G R NELENSON p 422
See *CONSEIL SCOLAIRE DISTRICT NO 5*
M I DEVELOPMENTS p 491
See *MAGNA INTERNATIONAL INC*
M ICROAGE COMPUTER CENTRES p 267
See *TECHNOLOGIES METAFORE INC*
M J L GOODEATS CORP p 543
355 Hespeler Rd Suite 262, CAMBRIDGE, ON, N1R 6B3
(519) 622-5218 *SIC* 5812
M P C CIRCUITS INC p 728
1390 Clyde Ave Suite 205, NEPEAN, ON, K2G 3H9
(613) 739-5060 *SIC* 3672
M PUTZER HORNSBY NURSERIES p 619
See *PUTZER, M. HORNBY LIMITED*
M R MARTIN CONSTRUCTION INC p 413
612 Pine Glen Rd, RIVERVIEW, NB, E1B 4X2
(506) 387-4070 *SIC* 1623
M S A GENERAL HOSPITAL p 177
See *MATSQUI-SUMAS-ABBOTSFORD GENERAL HOSPITAL SOCIETY*
M S M p 975
See *MAGNA POWERTRAIN INC*
M T DAVIDSON PUBLIC SCHOOL p 542
See *NEAR NORTH DISTRICT SCHOOL BOARD*
M T K AUTO WEST LTD p 270
10700 Cambie Rd Suite 410, RICHMOND, BC, V6X 1K8
(604) 233-0700 *SIC* 5511
M T K AUTO WEST LTD p 270
10780 Cambie Rd, Richmond, BC, V6X 1K8
(604) 233-0700 *SIC* 5511
M T N ENTERPRISES INC p 838
120 Sinnott Rd, SCARBOROUGH, ON, M1L 4N1
(416) 285-2051 *SIC* 6712
M T S ALL STREAM p 185
See *ALLSTREAM BUSINESS INC*
M V BEATTIE ELEMENTARY SCHOOL p 213
See *NORTH OKANAGAN SHUSWAP SCHOOL DISTRICT 83*
M W MOORE PUBLIC SCHOOL p 848
See *RAINBOW DISTRICT SCHOOL BOARD*
M&M FOOD MARKET p 709
See *M & M MEAT SHOPS LTD*
M-I DRILLING FLUIDS CANADA, INC p 46
700 2 St Sw Suite 500, CALGARY, AB, T2P 2W1
(403) 290-5300 *SIC* 1389
M-I SWACO, DIV OF p 46
See *M-I DRILLING FLUIDS CANADA, INC*
M. A. T. ENTERPRISES INC p 498
411 Dunlop St W, BARRIE, ON, L4N 1C3
(705) 735-6470 *SIC* 5812
M. A. T. ENTERPRISES INC p 731
883337 Hwy 65 Dymond, NEW LISKEARD, ON, P0J 1P0
(705) 647-5414 *SIC* 5812
M. A. T. ENTERPRISES INC p 774
545 Memorial Ave, ORILLIA, ON, L3V 7Z5
(705) 325-5550 *SIC* 5812
M. A. T. ENTERPRISES INC p 884
54 Waterloo Rd Suite 3, TIMMINS, ON, P4N 8P3
(705) 267-4150 *SIC* 5812
M. BLOCK & SONS p 943
See *M. BLOCK CANADA, ULC*
M. BLOCK CANADA, ULC p 943
134 Bethridge Rd, TORONTO, ON, M9W 1N3
(905) 252-6471 *SIC* 5023
M. C. MOORE HOLDINGS LTD p 723
235 Ontario St Ss 1, MITCHELL, ON, N0K 1N0
(519) 348-0396 *SIC* 5812
M. GERALD TEED MEMORIAL SCHOOL p 416
See *SCHOOL DISTRICT 8*
M. KOPERNIK (NICOLAUS COPERNICUS) FOUNDATION p 296
3150 Rosemont Dr, VANCOUVER, BC, V5S 2C9
(604) 438-2474 *SIC* 8361
M. S. J. N. INC p 1249
3800 Boul Des Forges, Trois-Rivieres, QC, G8Y 4R2
(819) 373-8201 *SIC* 5812
M. S. J. N. INC p 1249
5848 Boul Jean-Xxiii, Trois-Rivieres, QC, G8Z 4B5
(819) 378-4114 *SIC* 5812
M. SULLIVAN & SON LIMITED p 489
236 Madawaska Blvd Suite 100, ARNPRIOR, ON, K7S 0A3
(613) 623-6584 *SIC* 1541
M. VAN NOORT & SONS BULB COMPANY LIMITED p 855
3930 Ninth St, ST CATHARINES, ON, L2R 6P9
(905) 641-2152 *SIC* 5191
M.A. STEWART & SONS LTD p 286
12900 87 Ave, SURREY, BC, V3W 3H9
(604) 594-8431 *SIC* 5085
M.A.C COSMETICS p 671
See *ESTEE LAUDER COSMETICS LTD*
M.B. PRODUCT RESEARCH DISTRIBUTING INC p 560
270 Pennsylvania Ave Unit 11-13, CONCORD, ON, L4K 3Z7
(905) 660-1421 *SIC* 5146
M.C. HEALTHCARE PRODUCTS p 500
See *308462 ONTARIO INC*
M.D. CHARLTON CO. LTD p 275
2200 Keating Cross Rd Suite E, SAANICHTON, BC, V8M 2A6
(250) 652-5266 *SIC* 5049
M.D. CHARLTON CO. LTD p 704
4100b Sladeview Cres Unit 4, MISSISSAUGA, ON, L5L 5Z3
(905) 625-9846 *SIC* 5999
M.D. TRANSPORT CO. LTD p 179
1683 Mt Lehman Rd, ABBOTSFORD, BC, V2T 6H6
(604) 850-1818 *SIC* 4213
M.I. CABLE TECHNOLOGIES INC p 32
5905 11 St Se Bay Suite 6, CALGARY, AB, T2H 2A6
(403) 571-8266 *SIC* 3315
M.I.S. ELECTRONICS INC p 821
174 West Beaver Creek Rd, RICHMOND HILL, ON, L4B 1B4
(905) 707-2305 *SIC* 3679
M.O. FREIGHT WORKS p 410
See *MARITIME-ONTARIO FREIGHT LINES LIMITED*
M.O.R.E. SERVICES INC p 404
16 Stanley St, MIRAMICHI, NB, E1N 2S8
(506) 624-5407 *SIC* 8399
M.R.S. COMPANY LIMITED p 585
242 Galaxy Blvd, ETOBICOKE, ON, M9W 5R8
(416) 620-2720 *SIC* 7379
M.S. EMPLOYMENT CONSULTANTS LTD p 843
43 Havenview Rd, SCARBOROUGH, ON, M1S 3A4
(416) 299-1070 *SIC* 7361
M.S. HETHERINGTON SCHOOL p 962
See *GREATER ESSEX COUNTY DISTRICT SCHOOL BOARD*
M.S.M. p 1217
See *TOURNAGE DE BOIS DYNASTIE LTEE*
M2 FINANCIAL SOLUTIONS p 778
See *M2 SOLUTIONS INC*
M2 SOLUTIONS INC p 778
628 Beechwood St, OSHAWA, ON, L1G 2R9
(905) 436-1784 *SIC* 8721
M3 STEEL & FABRICATION LTD p 685
3206 Orlando Dr, MISSISSAUGA, ON, L4V 1R5
(800) 316-1074 *SIC* 1541
MA MAWI-WI-CHI-ITATA CENTRE INC p 375
443 Spence St, WINNIPEG, MB, R3B 2R8
(204) 925-0348 *SIC* 8699
MA WITTICK JR PUBLIC SCHOOL p 532
See *NEAR NORTH DISTRICT SCHOOL BOARD*
MABO WESTERN STAR INC p 1254
3100 Boul Jean-Jacques-Cossette, VAL-D'OR, QC, J9P 6Y6
(819) 825-8995 *SIC* 7538
MABRE PUMP INC p 18
4451 54 Ave Se, CALGARY, AB, T2C 2A2
(403) 720-4800 *SIC* 3569
MAC & JAC p 267
See *WESTCOAST CONTEMPO FASHIONS LIMITED*
MAC COSMETICS p 94
See *ESTEE LAUDER COSMETICS LTD*
MAC COSMETICS p 755
See *ESTEE LAUDER COSMETICS LTD*
MAC MOR OF CANADA INC p 761
21 Benton Rd, NORTH YORK, ON, M6M 3G2
(416) 596-8237 *SIC* 2329
MAC WATERLOO p 770
See *PLASTIQUES BERRY CANADA INC*
MAC'S CONVENIENCE STORE p 881
See *MAC'S CONVENIENCE STORES INC*
MAC'S CONVENIENCE STORES p 72
See *MAC'S CONVENIENCE STORES INC*
MAC'S CONVENIENCE STORES p 868
See *MAC'S CONVENIENCE STORES INC*
MAC'S CONVENIENCE STORES INC p 72
175 South Railway Ave, DRUMHELLER, AB, T0J 0Y6
(403) 823-2207 *SIC* 5411
MAC'S CONVENIENCE STORES INC p 596
50 Victoria St N, GODERICH, ON, N7A 2R6
(519) 524-8992 *SIC* 5411
MAC'S CONVENIENCE STORES INC p 868
2142 Lasalle Blvd, SUDBURY, ON, P3A 2A7
(705) 560-2399 *SIC* 5411
MAC'S CONVENIENCE STORES INC p 875
7241 Bathurst St Suite 2, THORNHILL, ON, L4J 3W1
(905) 731-0013 *SIC* 5411
MAC'S CONVENIENCE STORES INC p 881
1315 Arthur St E, THUNDER BAY, ON, P7E 5N3
(807) 623-9419 *SIC* 5411
MAC'S CONVENIENCE STORES INC p 885
305 Milner Ave Suite 400, TORONTO, ON, M1B 0A5

MAC'S FOODS LTD p 416
5 Wellesley Ave, SAINT JOHN, NB, E2K 2V1
(506) 642-2424   SIC 5812
MACASSA LODGE p 613
See CITY OF HAMILTON, THE
MACAULAY PUBLIC SCHOOL p 508
See TRILLIUM LAKELANDS DISTRICT SCHOOL BOARD
MACAULAY RESORTS LIMITED p 442
368 Shore Rd, BADDECK, NS, B0E 1B0
(902) 295-3500   SIC 7011
MACDONALD COMMECIAL REAL ESTATE SERVICES LTD p 316
1827 5th Ave W, VANCOUVER, BC, V6J 1P5
SIC 6531
MACDONALD HIGH SCHOOL p 1224
See LESTER B. PEARSON SCHOOL BOARD
MACDONALD HOUSE RESIDENCE p 334
See CRIDGE CENTRE FOR THE FAMILY, THE
MACDONALD ISLAND PARK CORPORATION p 121
151 Macdonald Dr, FORT MCMURRAY, AB, T9H 5C5
(780) 791-0070   SIC 7997
MACDONALD REALTY (1974) LTD p 339
1575 Marine Dr, WEST VANCOUVER, BC, V7V 1H9
(604) 926-6718   SIC 6531
MACDONALD STEEL LIMITED p 977
1403 Dundas St, WOODSTOCK, ON, N4S 7V9
(519) 537-3000   SIC 3499
MACDONALD YOUTH SERVICES p 359
See MACDONALD, SR JOHN HUGH MEMORIAL HOSTEL
MACDONALD'S p 197
See 3992 BC INC
MACDONALD'S p 944
See SCHMIDT, KEN RESTAURANT INC
MACDONALD'S RESTAURANT p 525
See BRANTMAC MANAGEMENT LIMITED
MACDONALD'S RESTAURANT p 803
See MCSOUND INVESTMENTS INC
MACDONALD, DETTWILER AND ASSOCIATES CORPORATION p 266
13800 Commerce Pky, RICHMOND, BC, V6V 2J3
(604) 278-3411   SIC 7999
MACDONALD, DETTWILER AND ASSOCIATES CORPORATION p 452
1000 Windmill Rd Suite 60, DARTMOUTH, NS, B3B 1L7
(902) 468-3356   SIC 3812
MACDONALD, DETTWILER AND ASSOCIATES CORPORATION p 1224
21025 Aut Transcanadienne, SAINTE-ANNE-DE-BELLEVUE, QC, H9X 3R2
(514) 457-2150   SIC 3663
MACDONALD, DETTWILER AND ASSOCIATES INC p 511
9445 Airport Rd Suite 100, BRAMPTON, ON, L6S 4J3
(905) 790-2800   SIC 3769
MACDONALD, R & G ENTERPRISES LIMITED p 472
603 Reeves St, PORT HAWKESBURY, NS, B9A 2R8
(902) 625-1199   SIC 5461
MACDONALD, REV H.J. SCHOOL p 464
See STRAIT REGIONAL SCHOOL BOARD
MACDONALD, SR JOHN HUGH MEMORIAL HOSTEL p 359
83 Churchill Dr Suite 204, THOMPSON, MB, R8N 0L6
(204) 677-7870   SIC 8399
MACDONALDS p 584
See CORRON INVESTMENTS INC
MACDONALDS p 680
See MCAMM ENTERPRIZES LTD
MACDONALDS p 1281
See ALEX MARION RESTAURANTS LTD
MACDONALDS CONSOLIDATED, DIV p 37
See SOBEYS WEST INC
MACDOUGALL, MACDOUGALL & MACTIER INC p 915
200 King St W Suite 1806, TORONTO, ON, M5H 3T4
(416) 597-7900   SIC 6211
MACERA & JARZYNA LLP p 793
427 Laurier Ave W Suite 1200, OTTAWA, ON, K1R 7Y2
(613) 238-8173   SIC 8111
MACGINNIS EXPRESS p 982
See INNER CITY COURIERS
MACGOWAN NURSING HOMES LTD p 972
719 Josephine St, WINGHAM, ON, N0G 2W0
(519) 357-3430   SIC 8051
MACGREGOR ELEMENTARY SCHOOL p 351
See PINE CREEK SCHOOL DIVISION
MACGREGOR SENIOR PUBLIC SCHOOL p 953
See WATERLOO REGION DISTRICT SCHOOL BOARD
MACGREGROR COLLEGIATE p 351
See PINE CREEK SCHOOL DIVISION
MACHINABILITY AUTOMATION CORP p 770
1045 South Service Rd W, OAKVILLE, ON, L6L 6K3
(905) 618-0187   SIC 8711
MACHINE-O-MATIC, DIV OF p 732
See BEAVER MACHINE CORPORATION
MACHINERIE TANGUAY p 1175
See EQUIPEMENT QUADCO INC
MACHINES A PAPIER ANDRITZ LIMITEE p 1057
2260 32e Av, LACHINE, QC, H8T 3H4
(514) 631-7700   SIC 8748
MACHRAY SCHOOL p 372
See WINNIPEG SCHOOL DIVISION
MACK STE-FOY INC p 1155
2550 Av Watt, Quebec, QC, G1P 3T4
(418) 651-9397   SIC 5012
MACK TRUCKS DIV OF p 1297
See REDHEAD EQUIPMENT
MACK'S CUSTOM WELDING & FABRICATION INC p 2
143 East Lake Blvd Ne, AIRDRIE, AB, T4A 2G1
SIC 1541
MACKAY & PARTNERS p 81
10010 106 St Nw Suite 705, EDMONTON, AB, T5J 3L8
(780) 420-0626   SIC 8721
MACKAY & PARTNERS p 312
1177 Hastings St W Suite 1100, VANCOUVER, BC, V6E 4T5
(604) 687-4511   SIC 8721
MACKAY & PARTNERS p 439
5103 51st Streetx1a 2n5, YELLOWKNIFE, NT, X1A 2N5
(867) 920-4404   SIC 8721
MACKAY METERS p 469
See MACKAY, J J CANADA LIMITED
MACKAY, J J CANADA LIMITED p 469
1342 Abercrombie Rd, NEW GLASGOW, NS, B2H 5C6
(902) 752-5124   SIC 3824
MACKENZIE DISTRICTL HOSPITAL p 235
See NORTHERN HEALTH AUTHORITY
MACKENZIE ELEMENTARY SCHOOL p 235
See BOARD OF EDUCATION OF SCHOOL DISTRICT NO. 57 (PRINCE GEORGE), THE
MACKENZIE FINANCIAL CORPORATION p 308
200 Burrard St Suite 400, VANCOUVER, BC, V6C 3L6
(604) 685-4231   SIC 6282
MACKENZIE FINANCIAL CORPORATION p 930
180 Queen St W Suite 1600, TORONTO, ON, M5V 3K1
(416) 355-2537   SIC 6722
MACKENZIE GLEN PUBLIC SCHOOL p 668
See YORK REGION DISTRICT SCHOOL BOARD
MACKENZIE HEALTH p 822
10 Trench St, RICHMOND HILL, ON, L4C 4Z3
(905) 883-1212   SIC 8062
MACKENZIE HIGH SCHOOL p 568
See RENFREW COUNTY DISTRICT SCHOOL BOARD
MACKENZIE INTERNATIONAL GROWTH CLASS p 930
180 Queen St W Suite 1600, TORONTO, ON, M5V 3K1
(416) 922-5322   SIC 6722
MACKENZIE INVESTMENTS p 308
See MACKENZIE FINANCIAL CORPORATION
MACKENZIE KING ELEMENTARY SCHOOL p 637
See WATERLOO REGION DISTRICT SCHOOL BOARD
MACKENZIE MAXXUM DIVIDEND GROWTH FUND p 930
See MACKENZIE FINANCIAL CORPORATION
MACKENZIE MIDDLE SCHOOL p 347
See MOUNTAIN VIEW SCHOOL DIVISION
MACKENZIE PLCE p 734
See REVERA LONG TERM CARE INC
MACKENZIE RECREATION COMPLEX p 235
See DISTRICT OF MACKENZIE
MACKENZIE SECONDARY SCHOOL p 235
See BOARD OF EDUCATION OF SCHOOL DISTRICT NO. 57 (PRINCE GEORGE), THE
MACKIE GROUP, THE p 781
See MACKIE MOVING SYSTEMS CORPORATION
MACKIE MOVING SYSTEMS p 87
See MACKIE TRANSPORTATION HOLDINGS INC
MACKIE MOVING SYSTEMS CORPORATION p 781
933 Bloor St W, OSHAWA, ON, L1J 5Y7
(905) 728-2400   SIC 4231
MACKIE RESEACH CAPITAL CORPORATION p 46
140 4 Ave Sw Unit 1330, CALGARY, AB, T2P 3N3
(403) 265-7400   SIC 6211
MACKIE RESEACH CAPITAL CORPORATION p 923
199 Bay St Suite 4500, TORONTO, ON, M5L 1G2
(416) 860-7600   SIC 6211
MACKIE TRANSPORTATION HOLDINGS INC p 87
11417 163 St Nw, EDMONTON, AB, T5M 3Y3
(587) 881-0400   SIC 6712
MACKILLOP, O M PUBLIC SCHOOL p 823
See YORK REGION DISTRICT SCHOOL BOARD
MACKINNON RESTAURANTS INC p 486
137 Yonge St W, ALLISTON, ON, L9R 1V1
(705) 434-0003   SIC 5812
MACKINNON TRANSPORT INC p 600
405 Laird Rd, GUELPH, ON, N1G 4P7
(519) 821-2311   SIC 4213
MACKLIN PUBLIC SCHOOL p 888
See TORONTO DISTRICT SCHOOL BOARD
MACKLIN SCHOOL p 1273
See LIVING SKY SCHOOL DIVISION NO. 202
MACKLIN, I. V. PUBLIC SCHOOL p 129
See GRANDE PRAIRIE PUBLIC SCHOOL DISTRICT #2357
MACKSTEEL p 2
See MACK'S CUSTOM WELDING & FABRICATION INC
MACLAB ENTERPRISES CORPORATION p 81
10205 100 Ave Nw Suite 3400, EDMONTON, AB, T5J 4B5
(780) 420-4000   SIC 6513
MACLAB ENTERPRISES CORPORATION p 439
5303 52 St Suite 100, YELLOWKNIFE, NT, X1A 1V1
(867) 873-8700   SIC 7011
MACLAREN MCCANN p 28
See MCCANN WORLDGROUP CANADA INC
MACLAREN MCCANN INTERACTIVE p 930
See MCCANN WORLDGROUP CANADA INC
MACLAREN MCCANN WEST p 304
See MCCANN WORLDGROUP CANADA INC
MACLEAN ELEMENTARY SCHOOL p 275
See SCHOOL DISTRICT # 20 (KOOTENAY-COLUMBIA)
MACLEAN MEMORIAL SCHOOL p 1012
See COMMISSION SCOLAIRE CENTRAL QUEBEC
MACLEAN POWER COMPANY (CANADA) p 1011
225 Boul Ford, Chateauguay, QC, J6J 4Z2
(450) 698-0520   SIC 3621
MACLEAN POWER SYSTEMS p 1011
See MACLEAN POWER COMPANY (CANADA)
MACLELLAN, C.J. & ASSOCIATES INCORPORATED p 442
65 Beech Hill Rd Suite 2, ANTIGONISH, NS, B2G 2P9
(902) 863-1220   SIC 8711
MACLEOD DIXON LLP p 922
100 Wellington St, TORONTO, ON, M5K 1H1
(416) 360-8511   SIC 8111
MACLEOD ELEMENTARY SCHOOL p 1276
See SOUTH EAST CORNERSTONE SCHOOL DIVISION NO. 209
MACLEOD'S LANDING PUBLIC SCHOOL p 824
See YORK REGION DISTRICT SCHOOL BOARD
MACMILLAN YARD p 947
See COMPAGNIE DES CHEMINS DE FER NATIONAUX DU CANADA
MACNEILL PUBLIC ELEMENTARY SCHOOL p 1290
See BOARD OF EDUCATION REGINA SCHOOL DIVISION NO. 4 OF SASKATCHEWAN
MACNEILL SCHOOL p 347
See MOUNTAIN VIEW SCHOOL DIVISION
MACNEILL, DR PHILIP M p 194
277 Evergreen Rd, CAMPBELL RIVER, BC, V9W 5Y4
(250) 287-7441   SIC 8011
MACO MECANIQUE INC p 1251
6595 Boul Jean-Xxiii, Trois-Rivieres, QC, G9A 5C9
(819) 378-7070   SIC 1711
MACOGEP INC p 1112
1255 Boul Robert-Bourassa Bureau 700, Montreal, QC, H3B 3W1
(514) 223-9001   SIC 8711
MACONNERIE DEMERS INC p 1255
977 Boul Lionel-Boulet Bureau 78,

VARENNES, QC, J3X 1P7
(450) 652-9596   SIC 1741
MACONNERIE DYNAMIQUE LTEE p 1168
525 Rue Du Platine Bureau 200, Quebec, QC, G2N 2E4
(418) 849-1524   SIC 1741
MACONNERIE PRO-CONSEIL INC p 1010
2825 Boul Industriel, CHAMBLY, QC, J3L 4W3
(450) 447-6363   SIC 1741
MACONNERIE S D L INC p 1244
1159 Rue Levis, TERREBONNE, QC, J6W 0A9
(450) 492-7111   SIC 1741
MACPHAIL MEMORIAL ELEMENTARY SCHOOL p 589
See BLUEWATER DISTRICT SCHOOL BOARD
MACPHERSON, N J ELEMENTARY SCHOOL p 439
See YELLOWKNIFE DISTRICT NO. 1 EDUCATION AUTHORITY
MACQUARIE CAPITAL MARKETS CANADA p 308
See MACQUARIE NORTH AMERICA LTD
MACQUARIE CAPITAL MARKETS CANADA p 919
See MACQUARIE NORTH AMERICA LTD
MACQUARIE CAPITAL MARKETS CANADA LTD p 308
550 Burrard St Suite 500, VANCOUVER, BC, V6C 2B5
(604) 605-3944   SIC 6211
MACQUARIE CAPITAL MARKETS CANADA LTD p 458
1969 Upper Water St Suite 2004, HALIFAX, NS, B3J 3R7
SIC 6282
MACQUARIE CAPITAL MARKETS CANADA LTD p 910
26 Wellington St E Suite 300, TORONTO, ON, M5E 1S2
SIC 6211
MACQUARIE CAPITAL MARKETS CANADA LTD p 919
181 Bay St Suite 900, TORONTO, ON, M5J 2T3
(416) 848-3500   SIC 6211
MACQUARIE CAPITAL MARKETS CANADA LTD p 919
181 Bay St Suite 3100, TORONTO, ON, M5J 2T3
(416) 848-3500   SIC 6211
MACQUARIE NORTH AMERICA LTD p 308
550 Burrard St Suite 2400, VANCOUVER, BC, V6C 2B5
(604) 605-3944   SIC 6159
MACQUARIE NORTH AMERICA LTD p 919
181 Bay St Suite 3100, TORONTO, ON, M5J 2T3
(416) 607-5000   SIC 8742
MACRO ENGINEERING p 695
See MACRO ENGINEERING & TECHNOLOGY INC
MACRO ENGINEERING & TECHNOLOGY INC p 695
199 Traders Blvd E, MISSISSAUGA, ON, L4Z 2E5
(905) 507-9000   SIC 3559
MACRO PIPELINES INC p 214
6807 100 Ave, FORT ST. JOHN, BC, V1J 4J2
(250) 785-0033   SIC 4619
MACTAQUAC GENERATING STATION p 403
See NEW BRUNSWICK POWER CORPORATION
MACVILLE PUBLIC SCHOOL p 505
See PEEL DISTRICT SCHOOL BOARD
MACWILL INC p 1052
1082 Rue Aime-Gravel, LA BAIE, QC, G7B 2M5
(418) 544-3369   SIC 5812
MACY HOLDINGS LIMITED p 793

435 Albert St, OTTAWA, ON, K1R 7X4
(613) 238-8858   SIC 7011
MAD ENGINE LLC p 941
5145 Steeles Ave W Unit 100, TORONTO, ON, M9L 1R5
(416) 745-4698   SIC 2329
MAD RIVER GOLF CLUB, THE p 568
2008 Airport Rd, CREEMORE, ON, L0M 1G0
(705) 428-3673   SIC 7997
MADAWASKA DOORS p 500
See PLAINTREE SYSTEMS INC
MADAWASKA PUBLIC SCHOOL p 960
See RENFREW COUNTY DISTRICT SCHOOL BOARD
MADAWASKA VALLEY DISTRICT HIGH SCHOOL p 500
See RENFREW COUNTY DISTRICT SCHOOL BOARD
MADBURN ENTERPRISES LTD p 243
610 Railway St Suite A, NELSON, BC, V1L 1H4
SIC 3827
MADD QUINTE CHAPTER p 501
See (MADD CANADA) MOTHERS AGAINST DRUNK DRIVING
MADE-RITE MEAT PRODUCTS INC p 234
26656 56 Ave, LANGLEY, BC, V4W 3X5
(604) 607-8844   SIC 2013
MADELINE HARDY PUBLIC SCHOOL p 662
See THAMES VALLEY DISTRICT SCHOOL BOARD
MADESSA PROFESSIONNEL INC p 1063
3055 Boul Saint-Martin O 5e etage, Laval, QC, H7T 0J3
(450) 902-2669   SIC 7361
MADIKAP 2000 INC p 1262
4150 Rue Sherbrooke O Bureau 400, WESTMOUNT, QC, H3Z 1C2
(514) 989-9909   SIC 6531
MADILL - THE OFFICE COMPANY p 228
See E. MADILL OFFICE COMPANY (2001) LTD
MADILL, F E SECONDARY SCHOOL p 971
See AVON MAITLAND DISTRICT SCHOOL BOARD
MADISON AVENUE PUB p 924
See VILLAGE MANOR (TO) LTD
MADISON HOTEL p 637
See WW CANADA (ONE) NOMINEE CORP
MADISON SECURITY p 888
1080 Tapscott Rd Suite 17, TORONTO, ON, M1X 1E7
(416) 421-0666   SIC 7381
MADISON, LE p 1215
See CENTRE DE RECEPTION LE MADISON INC
MADOC DRIVE PUBLIC SCHOOL p 518
See PEEL DISTRICT SCHOOL BOARD
MADOC PUBLIC SCHOOL p 666
See HASTINGS AND PRINCE EDWARD DISTRICT SCHOOL BOARD
MADONNA CATHOLIC SCHOOL p 161
See ELK ISLAND CATHOLIC SEPARATE REGIONAL DIVISION NO. 41
MADONNA CATHOLIC SECONDARY SCHOOL p 890
See TORONTO CATHOLIC DISTRICT SCHOOL BOARD
MADYSTA CONSTRUCTIONS p 1252
See MADYSTA TELECOM LTEE
MADYSTA TELECOM LTEE p 1252
3600 Boul L.-P.-Normand, TROIS-RIVIERES, QC, G9B 0G2
(819) 377-3336   SIC 1623
MAERSK LOGISTISCS p 693
See A & A CONTRACT CUSTOMS BROKERS LTD
MAESTRO TECHNOLOGIES INC p 1255
1625 Boul Lionel-Boulet Bureau 300, VARENNES, QC, J3X 1P7
(450) 652-6200   SIC 7372
MAGAL MANUFACTURING LTD p 96
14940 121a Ave Nw, EDMONTON, AB, T5V

1A3
(780) 452-1250   SIC 1541
MAGASIN CO-OP DE ST-PAMPHILE p 1219
12 Rue Principale, SAINT-PAMPHILE, QC, G0R 3X0
(418) 356-3373   SIC 5411
MAGASIN COOP DE ST-PAMPHILE p 1219
See MAGASIN CO-OP DE ST-PAMPHILE
MAGASIN DE MUSIQUE STEVE INC p 789
308 Rideau St, OTTAWA, ON, K1N 5Y5
(613) 789-1131   SIC 5736
MAGASIN DE MUSIQUE STEVE INC p 930
415 Queen St W, TORONTO, ON, M5V 2A5
(416) 593-8888   SIC 7359
MAGASIN JEAN DUMAS INC p 1044
Boul Pr, HOPE, QC, G0C 2K0
(418) 752-5050   SIC 5531
MAGASIN LAURA (P.V.) INC p 35
100 Anderson Rd Se Unit 37, CALGARY, AB, T2J 3V1
(403) 225-0880   SIC 5621
MAGASIN LAURA (P.V.) INC p 58
3625 Shaganappi Trail Nw, CALGARY, AB, T3A 0E2
(403) 202-1424   SIC 5621
MAGASIN LAURA (P.V.) INC p 728
1667 Merivale Rd, NEPEAN, ON, K2G 3K2
(613) 727-9198   SIC 5621
MAGASIN LAURA (P.V.) INC p 745
1800 Sheppard Ave E Suite 218, NORTH YORK, ON, M2J 5A7
(416) 490-6326   SIC 5621
MAGASIN LAURA (P.V.) INC p 760
3401 Dufferin St, NORTH YORK, ON, M6A 2T9
(416) 256-9831   SIC 5621
MAGASIN LAURA (P.V.) INC p 841
300 Borough Dr, SCARBOROUGH, ON, M1P 4P5
(416) 296-1064   SIC 5621
MAGASIN LAURA (P.V.) INC p 966
3100 Howard Ave, WINDSOR, ON, N8X 3Y8
(519) 250-0953   SIC 5621
MAGASIN LAURA (P.V.) INC p 975
200 Windflower Gate Unit 300, WOODBRIDGE, ON, L4L 9L3
(905) 264-2934   SIC 5621
MAGASIN LAURA (P.V.) INC p 1036
1076 Boul Maloney O, GATINEAU, QC, J8T 3R6
(819) 561-8071   SIC 5651
MAGASIN MYRLANIE INC p 1124
9050 Boul De L'acadie, Montreal, QC, H4N 2S5
(514) 388-6464   SIC 5531
MAGASIN SURPLUS QUEBEC p 1145
See FONDATION DES SOURDS DU QUEBEC (F.S.Q.) INC, LA
MAGASINS D'ESCOMPTE PLUS MART, LES p 1059
2101 Av Dollard Unite 12, LASALLE, QC, H8N 1S2
(514) 363-4402   SIC 5912
MAGASINS HART INC p 727
3 Roydon Pl, NEPEAN, ON, K2E 1A3
(613) 727-0099   SIC 5734
MAGASINS HART INC p 1034
999 Rue Dollard Bureau 19, GATINEAU, QC, J8L 3E6
(819) 986-7223   SIC 5311
MAGASINS HART INC p 1127
900 Place Paul-Kane, Montreal, QC, H7C 2T2
(450) 661-4155   SIC 5311
MAGASINS HART INC p 1138
101 Boul Cardinal-Leger, PINCOURT, QC, J7W 3Y3
(514) 320-6395   SIC 5999
MAGASINS J.L. TAYLOR INC, LES p 1202
556 Av Victoria, SAINT-LAMBERT, QC, J4P 2J5
(450) 672-9722   SIC 5651
MAGASINS KORVETTE LTEE, LES p 1183
941 112 Rte, St-Cesaire, QC, J0L 1T0

(450) 469-2686   SIC 5311
MAGASINS KORVETTE LTEE, LES p 1249
2325 Boul Des Recollets, Trois-Rivieres, QC, G8Z 3X6
(819) 374-4625   SIC 5311
MAGASINS LECOMPTE INC p 1251
385 Rue Des Forges, Trois-Rivieres, QC, G9A 2H4
(819) 694-1112   SIC 5399
MAGASINS LECOMPTE INC p 1259
119 Rue Notre-Dame E, VICTORIAVILLE, QC, G6P 3Z8
(819) 758-2626   SIC 5399
MAGASINS TREVI INC p 1078
12775 Rue Brault, MIRABEL, QC, J7J 0C4
(450) 973-1249   SIC 5999
MAGASINS UREKA INC p 1195
2235 Boul Casavant O, SAINT-HYACINTHE, QC, J2S 7E5
(450) 223-1333   SIC 5621
MAGAUBAINES p 1205
See MICHAEL ROSSY LTEE
MAGEE SECONDARY SCHOOL p 317
See BOARD OF EDUCATION OF SCHOOL DISTRICT NO. 39 (VANCOUVER), THE
MAGELLAN AEROSPACE LIMITED p 383
660 Berry St, WINNIPEG, MB, R3H 0S5
(204) 775-8331   SIC 3728
MAGELLAN AEROSPACE LIMITED p 605
634 Magnesium Rd, HALEY STATION, ON, K0J 1Y0
(613) 432-8841   SIC 3365
MAGELLAN AEROSPACE, MISSISSAUGA p 683
See ORENDA AEROSPACE CORPORATION
MAGELLAN AEROSPACE, WINNIPEG, A DIV OF p 383
See MAGELLAN AEROSPACE LIMITED
MAGIC 99 p 109
See RAWLCO RADIO LTD
MAGIC LANTERN CARLTON CINEMA p 906
See CINEPLEX ODEON CORPORATION
MAGIC LANTERN THEATRES LTD p 165
130 Century Cross, SPRUCE GROVE, AB, T7X 0C8
(780) 962-9553   SIC 7832
MAGIC LANTERN THEATRES LTD p 869
40 Elm St, SUDBURY, ON, P3C 1S8
SIC 7832
MAGIC LANTERN THEATRES LTD p 910
80 Front St E, TORONTO, ON, M5E 1T4
(416) 214-7006   SIC 7832
MAGIC REALTY INC p 829
380 London Rd, SARNIA, ON, N7T 4W7
(519) 542-4005   SIC 6531
MAGICAL PEST CONTROL INC p 560
29 Tandem Rd Unit 3, CONCORD, ON, L4K 3G1
(416) 665-7378   SIC 7342
MAGIL LAURENTIENNE GESTION IMMOBILIERE INC p 1126
800 Rue Du Square-Victoria Bureau 4120, Montreal, QC, H4Z 1A1
(514) 875-6010   SIC 6512
MAGIL LAURENTIENNE GESTION IMMOBILIERE/TERRAINS ST-JACQUES p 1126
See MAGIL LAURENTIENNE GESTION IMMOBILIERE INC
MAGLIO BUILDING CENTRE LTD p 243
29 Government Rd, NELSON, BC, V1L 4L9
(250) 352-6661   SIC 5211
MAGNA CLOSURES INC p 509
3066 8th Line, BRADFORD, ON, L3Z 2A5
(905) 898-1883   SIC 5013
MAGNA CLOSURES INC p 732
521 Newpark Blvd, NEWMARKET, ON, L3X 2S2
(905) 853-1800   SIC 5013
MAGNA CLOSURES INC p 806
11 Centennial Dr Suite 1, PENETAN-

GUISHENE, ON, L9M 1G8
(705) 549-7406   SIC 5013
MAGNA E-CAR SYSTEMS LIMITED PARTNERSHIP p 491
375 Magna Dr, AURORA, ON, L4G 7L6
(905) 726-7300   SIC 3692
MAGNA ELECTRIC CORPORATION p 1285
2361 Industrial Dr, REGINA, SK, S4P 3B2
(306) 949-8131   SIC 7629
MAGNA EXTERIORS INC p 491
200 Industrial Pky N, AURORA, ON, L4G 4C3
SIC 3714
MAGNA EXTERIORS INC p 560
50 Casmir Crt, CONCORD, ON, L4K 4J5
(905) 669-2888   SIC 3714
MAGNA EXTERIORS INC p 604
65 Independence Pl, GUELPH, ON, N1K 1H8
(519) 763-6042   SIC 3714
MAGNA EXTERIORS INC p 822
254 Centre St E, RICHMOND HILL, ON, L4C 1A8
(905) 883-3600   SIC 3089
MAGNA INTERNATIONAL INC p 491
375 Magna Dr, AURORA, ON, L4G 7L6
(905) 726-7200   SIC 3714
MAGNA INTERNATIONAL INC p 491
455 Magna Dr, AURORA, ON, L4G 7A9
(905) 713-6322   SIC 6712
MAGNA INTERNATIONAL INC p 502
345 University Ave Suite 1, BELLEVILLE, ON, K8N 5T7
(613) 969-1122   SIC 3647
MAGNA INTERNATIONAL INC p 504
345 Bell Blvd, BELLEVILLE, ON, K8P 5H9
(613) 969-1122   SIC 3647
MAGNA INTERNATIONAL INC p 515
2550 Steeles Ave E, BRAMPTON, ON, L6T 5R3
(905) 790-9246   SIC 3714
MAGNA INTERNATIONAL INC p 515
2550 Steeles Ave E, BRAMPTON, ON, L6T 5R3
(905) 799-7654   SIC 3465
MAGNA INTERNATIONAL INC p 515
2550 Steeles Ave E, BRAMPTON, ON, L6T 5R3
SIC 8741
MAGNA INTERNATIONAL INC p 515
26 Kenview Blvd, BRAMPTON, ON, L6T 5S8
(905) 458-5740   SIC 3465
MAGNA INTERNATIONAL INC p 515
7655 Bramalea Rd, Brampton, ON, L6T 4Y5
(905) 458-4041   SIC 3714
MAGNA INTERNATIONAL INC p 560
180 Confederation Pky, CONCORD, ON, L4K 4T8
(905) 761-1316   SIC 8741
MAGNA INTERNATIONAL INC p 560
2000 Langstaff Rd, CONCORD, ON, L4K 3B5
(905) 669-2350   SIC 3544
MAGNA INTERNATIONAL INC p 560
210 Citation Dr, CONCORD, ON, L4K 2V2
(905) 738-4108   SIC 3714
MAGNA INTERNATIONAL INC p 560
401 Caldari Rd Suite B, CONCORD, ON, L4K 5P1
(905) 738-8033   SIC 3714
MAGNA INTERNATIONAL INC p 560
50 Casmir Crt, CONCORD, ON, L4K 4J5
(905) 669-2888   SIC 3465
MAGNA INTERNATIONAL INC p 560
591 Basaltic Rd, CONCORD, ON, L4K 4W8
(905) 738-3700   SIC 3714
MAGNA INTERNATIONAL INC p 560
120 Spinnaker Way, CONCORD, ON, L4K 2P6
(905) 738-0452   SIC 3714
MAGNA INTERNATIONAL INC p 560
141 Staffern Dr, CONCORD, ON, L4K 2R2
(905) 738-3700   SIC 3711

MAGNA INTERNATIONAL INC p 586
225 Claireville Dr, ETOBICOKE, ON, M9W 6K9
(416) 674-5598   SIC 3465
MAGNA INTERNATIONAL INC p 682
333 Market Dr, MILTON, ON, L9T 4Z7
(905) 878-5571   SIC 3714
MAGNA INTERNATIONAL INC p 682
400 Chisholm Dr, MILTON, ON, L9T 5V6
(905) 864-3400   SIC 3714
MAGNA INTERNATIONAL INC p 822
254 Centre St E, RICHMOND HILL, ON, L4C 1A8
(905) 883-3600   SIC 3465
MAGNA INTERNATIONAL INC p 856
2032 First St Louth, ST CATHARINES, ON, L2S 0C5
(905) 641-9110   SIC 3714
MAGNA INTERNATIONAL INC p 858
1 Cosma Crt, ST THOMAS, ON, N5P 4J5
(519) 633-8400   SIC 3714
MAGNA INTERNATIONAL INC p 858
170 Edward St, ST THOMAS, ON, N5P 4B4
(519) 633-7080   SIC 3714
MAGNA INTERNATIONAL INC p 975
251 Aviva Park Dr, WOODBRIDGE, ON, L4L 9C1
(905) 851-6666   SIC 3429
MAGNA IV ENGINEERING p 1296
3040 Miners Ave Unit 7, SASKATOON, SK, S7K 5V1
(306) 955-8131   SIC 5084
MAGNA POWERTRAIN INC p 471
65 Memorial Dr, NORTH SYDNEY, NS, B2A 0B9
SIC 3089
MAGNA POWERTRAIN INC p 491
245 Edward St, AURORA, ON, L4G 3M7
(905) 713-0746   SIC 3714
MAGNA POWERTRAIN INC p 560
800 Tesma Way, CONCORD, ON, L4K 5C2
(905) 303-0960   SIC 3714
MAGNA POWERTRAIN INC p 561
50 Casmir Crt, CONCORD, ON, L4K 4J5
(905) 532-2100   SIC 3714
MAGNA POWERTRAIN INC p 561
600 Tesma Way, CONCORD, ON, L4K 5C2
(905) 303-3745   SIC 3714
MAGNA POWERTRAIN INC p 561
800 Tesma Way, CONCORD, ON, L4K 5C2
(905) 303-0690   SIC 3714
MAGNA POWERTRAIN INC p 561
800 Tesma Way, CONCORD, ON, L4K 5C2
(905) 303-1689   SIC 3714
MAGNA POWERTRAIN INC p 672
430 Cochrane Dr, MARKHAM, ON, L3R 8E3
(905) 474-0899   SIC 3714
MAGNA POWERTRAIN INC p 943
175 Claireville Dr, TORONTO, ON, M9W 6K9
(416) 798-3880   SIC 3714
MAGNA POWERTRAIN INC p 975
390 Hanlan Rd, WOODBRIDGE, ON, L4L 3P6
(905) 851-6791   SIC 3566
MAGNA SEATING INC p 491
337 Magna Dr, AURORA, ON, L4G 7K1
(905) 726-2462   SIC 3714
MAGNA SEATING INC p 491
455 Magna Dr, AURORA, ON, L4G 7A9
(905) 713-6050   SIC 3465
MAGNA SEATING INC p 665
3915 Commerce Rd, LONDON, ON, N6N 1P4
(519) 644-1221   SIC 3714
MAGNA SEATING INC p 665
961 Pond Mills Rd, LONDON, ON, N6N 1C3
(519) 808-9035   SIC 3714
MAGNA SEATING INC p 719
400 Courtneypark Dr E Unit 1, MISSISSAUGA, ON, L5T 2S5
(905) 696-1000   SIC 5999
MAGNA SEATING INC p 732
550 Newpark Blvd, NEWMARKET, ON, L3X

2S2
(905) 895-4701   SIC 2531
MAGNA SEATING INC p 732
564 Newpark Blvd, NEWMARKET, ON, L3X 2S2
(905) 853-3604   SIC 2531
MAGNA SEATING INC p 872
201 Patillo Rd, TECUMSEH, ON, N8N 2L9
(519) 727-6222   SIC 2531
MAGNA SEATING INC p 969
621 Sprucewood Ave, WINDSOR, ON, N9C 0B3
SIC 2531
MAGNA SEATING INC p 977
460 Industrial Ave, WOODSTOCK, ON, N4S 7L1
SIC 5531
MAGNA STAINLESS, DIV OF p 1208
See CANADIAN SPECIALTY METALS ULC
MAGNA STRUCTURAL SYSTEMS INC p 807
1 Conlon Dr, PERTH, ON, K7H 3N1
(613) 267-7557   SIC 3365
MAGNA-TECH CANADA p 862
See THERMAL DEBURRING CANADA INC
MAGNASONIC INC. p 673
300 Alden Rd, MARKHAM, ON, L3R 4C1
(905) 940-5089   SIC 6712
MAGNATE ENGINEERING & ASSOCIATES INC p 282
19425 Langley Bypass Suite 107, SURREY, BC, V3S 6K1
(604) 539-1411   SIC 8711
MAGNATE ENGINEERING & ASSOCIATES INC p 515
220 Advance Blvd, BRAMPTON, ON, L6T 4J5
(905) 799-8220   SIC 8711
MAGNESIUM PRODUCTS p 866
See MERIDIAN LIGHTWEIGHT TECHNOLOGIES INC
MAGNESIUM PRODUCTS DIVISION p 866
See MERIDIAN LIGHTWEIGHT TECHNOLOGIES INC
MAGNETIC HILL SCHOOL p 404
See SCHOOL DISTRICT 2
MAGNETO ELECTRIC SERVICE CO. LIMITED p 689
1150 Eglinton Ave E, MISSISAUGA, ON, L4W 2M6
(905) 625-9450   SIC 7694
MAGNOTTA WINERY CORPORATION p 975
271 Chrislea Rd, WOODBRIDGE, ON, L4L 8N6
(905) 850-5577   SIC 2084
MAGNUM 2000 INC p 765
1137 North Service Rd E, OAKVILLE, ON, L6H 1A7
(905) 339-1104   SIC 7539
MAGNUM DESIGNS CANADA (1998) INC p 18
7120 Barlow Trail Se Suite Docks, CALGARY, AB, T2C 2E1
SIC 2512
MAGNUM PROTECTIVE SERVICES LIMITED p 906
27 Carlton St Unit 203, TORONTO, ON, M5B 1L2
(416) 591-1566   SIC 7381
MAGOG HONDA p 1074
See QUALITE PERFORMANCE MAGOG INC
MAGOTTEAUX LTEE p 1074
601 Rue Champlain, MAGOG, QC, J1X 2N1
(819) 843-0443   SIC 3325
MAGRATH ELEMENTARY SCHOOL p 142
See WESTWIND SCHOOL DIVISION #74
MAGRATH JUNIOR SENIOR HIGH SCHOOL p 142
See WESTWIND SCHOOL DIVISION #74
MAGSTAR INC p 752
240 Duncan Mill Rd Suite 502, NORTH

YORK, ON, M3B 3S6
(416) 447-1442   SIC 7371
MAGTRON p 841
See HEROUX-DEVTEK INC
MAHEU & MAHEU INC p 1218
526 Rue De L'arena, SAINT-NICOLAS, QC, G7A 1E1
(418) 831-2600   SIC 5191
MAHLE FILTER SYSTEMS CANADA ULC p 882
18 Industrial Park Rd, TILBURY, ON, N0P 2L0
(519) 682-0444   SIC 3089
MAHOGANY SALON & SPA LTD p 860
1261 Stittsville Main St Unit 1, STITTSVILLE, ON, K2S 2E4
SIC 7991
MAIBEC DIV. SAINT THEOPHILE p 1222
See MAIBEC INC
MAIBEC INC p 1219
24 6e Rang Bureau 6, SAINT-PAMPHILE, QC, G0R 3X0
(418) 356-3331   SIC 2421
MAIBEC INC p 1222
340 Rte 173, Saint-Theophile, QC, G0M 2A0
(418) 597-3388   SIC 2429
MAIBEC INC p 1235
245c 13e Conc, SHAWVILLE, QC, J0X 2Y0
(819) 647-5959   SIC 2429
MAID EXEC LTD p 413
10 Dale St, RIVERVIEW, NB, E1B 4A9
(506) 387-4146   SIC 7349
MAID OF THE MIST CAMPUS p 737
See NIAGARA COLLEGE OF APPLIED ARTS & TECHNOLOGY
MAIDSTONE HIGH SCHOOL p 1273
See NORTHWEST SCHOOL DIVISION 203
MAIDSTONE MEDICAL CLINIC p 1273
See PRAIRIE NORTH REGIONAL HEALTH AUTHORITY
MAIDSTONE UNION HOSPITAL p 1273
See PRAIRIE NORTH REGIONAL HEALTH AUTHORITY
MAIL CARNAVAL p 1132
See IMMEUBLES GABRIEL AZOUZ INC
MAIL SERVICE p 655
See CANADA POST CORPORATION
MAIL-O-MATIC SERVICES LIMITED p 193
7550 Lowland Dr, BURNABY, BC, V5J 5A4
(604) 439-9668   SIC 7331
MAILING INNOVATIONS p 685
See PCAN MAILING SOLUTIONS INC
MAILLARD MIDDLE SCHOOL p 202
See SCHOOL DISTRICT NO. 43 (COQUITLAM)
MAILLOUX BAILLARGEON INC p 1184
222 Rue Saint-Pierre, SAINT-CONSTANT, QC, J5A 2A2
(514) 861-8417   SIC 3999
MAILLOUX, ROCHON ASSURANCE ET SERVICES FINANCIERS p 996
See FAVREAU, GENDRON ASSURANCE ET SERVICES FINANCIERS INC
MAIN STREAM p 291
See CERMAQ CANADA LTD
MAIN STREET ADULT EDUCATION CENTRE p 301
See BOARD OF EDUCATION OF SCHOOL DISTRICT NO. 39 (VANCOUVER), THE
MAIN STREET AUTO IMPORTERS LTD p 742
600 Mckeown Ave, NORTH BAY, ON, P1B 7M2
(705) 472-2222   SIC 5511
MAINLAND SAWMILL p 298
See TERMINAL FOREST PRODUCTS LTD
MAINPRIZE MANOR AND HEALTH CENTRE p 1275
See SUN COUNTRY REGIONAL HEALTH AUTHORITY
MAINROAD EAST KOOTENAY CONTRACTING LTD p

205
258 Industrial Road F, CRANBROOK, BC, V1C 6N8
(250) 417-4624   SIC 1611
MAINROAD EAST KOOTENAY CONTRACTING LTD p 282
17474 56 Ave, SURREY, BC, V3S 1C3
(604) 575-7020   SIC 1611
MAINSTREET EQUITY CORP p 28
305 10 Ave Se, CALGARY, AB, T2G 0W2
(403) 215-6060   SIC 6513
MAINTAINANCE SHOP p 256
See SCHOOL DISTRICT NO. 43 (COQUITLAM)
MAINTENANCE
See BOARD OF EDUCATION OF SCHOOL DISTRICT NO. 35 (LANGLEY)
MAINTENANCE DEPOT p 959
See CORPORATION OF THE REGIONAL MUNICIPALITY OF DURHAM, THE
MAINTENANCE DEPT (CRESTON) p 206
See SCHOOL DISTRICT NO. 8 (KOOTENAY LAKE)
MAINTENANCE DEPT (NELSON) p 243
See SCHOOL DISTRICT NO. 8 (KOOTENAY LAKE)
MAINTENANCE OFFICE p 341
See SCHOOL DISTRICT NO 27 (CARIBOO-CHILCOTIN)
MAINTENANCE SERVIKO INC p 1207
2670 Rue Duchesne Bureau 100, SAINT-LAURENT, QC, H4R 1J3
(514) 332-2600   SIC 7361
MAINTENANCE, DIV OF p 21
See AVMAX GROUP INC
MAINWAY MAZDA p 1301
See SOUTHCENTER AUTO INC
MAIR JENSEN BLAIR LLP p 220
See MJB MGMT CORP
MAISON AMI-CO (1981) INC, LA p 1215
8455 Boul Langelier, SAINT-LEONARD, QC, H1P 2C5
(514) 351-7520   SIC 5087
MAISON BERGERON p 1034
See CENTRES JEUNESSE DE L'OUTAOUAIS, LES
MAISON BLANCHE DE NORTH HATLEY INC, LA p 1135
977 Rue Massawippi, NORTH HATLEY, QC, J0B 2C0
(450) 666-1567   SIC 7021
MAISON COUSIN p 1062
See WHOLESOME HARVEST BAKING LTD.
MAISON DARCHE SERVICES FUNERAIRES, LA p 1070
See SERVICE CORPORATION INTERNATIONAL (CANADA) LIMITED
MAISON DARCHE SERVICES FUNERAIRES, LA p 1192
See SERVICE CORPORATION INTERNATIONAL (CANADA) LIMITED
MAISON DE L'APPRENTI p 1039
See CENTRES JEUNESSE DE L'OUTAOUAIS, LES
MAISON DE LA POMME DE FRELIGHSBURG INC p 1033
32 237 Rte N, FRELIGHSBURG, QC, J0J 1C0
(450) 298-5275   SIC 5431
MAISON DE SOINS PALLIATIFS SOURCE BLEUE p 1003
See FONDATION SOURCE BLEU
MAISON DE VETEMENTS PIACENTE LTEE, LA p 1215
4435 Boul Des Grandes-Prairies, SAINT-LEONARD, QC, H1R 3N4
(514) 324-1240   SIC 5699
MAISON DE VIE SUNRISE DE FONTAINEBLEAU p 998

See SUNRISE NORTH SENIOR LIVING LTD
MAISON DE VIE SUNRISE OF BEACONSFIELD p 996
See SUNRISE NORTH SENIOR LIVING LTD
MAISON DE VIE SUNRISE OF DOLLARD DES ORMEAUX p 1024
See SUNRISE NORTH SENIOR LIVING LTD
MAISON DES ADULTES p 1147
See COMMISSION SCOLAIRE DES PREMIERES-SEIGNEURIES
MAISON DES AINEES DE ST-TIMOTHEE INC p 1232
1 Rue Des Aines, SALABERRY-DE-VALLEYFIELD, QC, J6S 6M8
(450) 377-3925   SIC 8322
MAISON DES COTTONIERS, LA p 1231
See 9129-0163 QUEBEC INC
MAISON DES FUTAILLES, S.E.C. p 1087
2021 Rue Des Futailles, Montreal, QC, H1N 3M7
(450) 645-9777   SIC 2084
MAISON DU BAGEL INC p 1099
158 Rue Saint-Viateur O, Montreal, QC, H2T 2L3
(514) 270-2972   SIC 5461
MAISON DU BAGEL INC p 1099
263 Rue Saint-Viateur O, Montreal, QC, H2V 1Y1
(514) 276-8044   SIC 5461
MAISON ENCHANTEE DE MARIE-CLAIRE INC, LA p 1049
18122 Boul Elkas Bureau A, KIRKLAND, QC, H9J 3Y4
(514) 697-0001   SIC 8351
MAISON FAMEUSE p 1056
See 8843848 CANADA INC
MAISON FUNERAIRE DESOURDY-WILSON, LA p 1022
See SERVICE CORPORATION INTERNATIONAL (CANADA) LIMITED
MAISON FUNERAIRE NAULT & CARON p 1047
See SERVICE CORPORATION INTERNATIONAL (CANADA) LIMITED
MAISON MERCER INC, LA p 1119
9875 Rue Meilleur, Montreal, QC, H3L 3J6
(514) 388-3551   SIC 5136
MAISON MERE DES SOEURS GRISES DE MONTREAL p 1117
See SOEURS GRISES DE MONTREAL, LES
MAISON OGILVY INC, LA p 1116
1307 Rue Sainte-Catherine O, Montreal, QC, H3G 1P7
(514) 842-7711   SIC 6531
MAISON PIE XII p 1177
See CHSLD MAISON PIE XII
MAISON ROSE-GIET p 1236
See FILLES DE LA CHARITE DU SACRE-COEUR DE JESUS, LES
MAISON SIMONS INC, LA p 1020
3025 Boul Le Carrefour Bureau Y008, Cote Saint-Luc, QC, H7T 1C7
(514) 282-1840   SIC 5311
MAISON SIMONS INC, LA p 1161
2450 Boul Laurier, Quebec, QC, G1V 2L1
(418) 692-3630   SIC 5651
MAISON SIMONS INC, LA p 1182
600 Boul Des Promenades, SAINT-BRUNO, QC, J3V 6L9
(514) 282-1840   SIC 5311
MAISON SIMONS INC, LA p 1239
3050 Boul De Portland, SHERBROOKE, QC, J1L 1K1
(819) 829-1840   SIC 5651
MAISON ST DENIS BOURGET, LA p 1124
See FONDATION LE PILIER
MAISON VICTOR GADBOIS INC, LA p 1218
1000 Rue Chabot, SAINT-MATHIEU-DE-BELOEIL, QC, J3G 0R8
(450) 467-1710   SIC 8051
MAISONS D'HEBERGEMENT DE SAINT-EUGENE p 1051
See CENTRE DE SANTE ET SERVICES SOCIAUX DE MONTMAGNY - L'ISLET
MAISONS LAPRISE INC p 1161
2700 Boul Laurier Unite 2540, Quebec, QC, G1V 2L8
(418) 683-3343   SIC 2452
MAISONS SIGNEES ERIC BEAULIEU INC, LES p 1193
5350 Rue Armand-Frappier, SAINT-HUBERT, QC, J3Z 1J2
(450) 676-4413   SIC 5084
MAISONS USINEES COTE INC p 1217
388 Rue Saint-Isidore, SAINT-LIN-LAURENTIDES, QC, J5M 2V1
(450) 439-8737   SIC 2452
MAITLAND MANOR p 596
See REVERA INC
MAITLAND MANOR p 596
See REVERA LONG TERM CARE INC
MAITRE D'AUTO STEVE INC p 1024
4216 Boul Saint-Jean, DOLLARD-DES-ORMEAUX, QC, H9G 1X5
(514) 696-9274   SIC 7542
MAJA HOLDINGS LTD p 447
4 Forest Hills Pky Suite 317, DARTMOUTH, NS, B2W 5G7
(902) 462-2032   SIC 5461
MAJESTIC OILFIELD SERVICES INC p 127
9201 148 Ave, GRANDE PRAIRIE, AB, T8V 7W1
(780) 513-2655   SIC 1389
MAJOR BALLACHEY ELEMENTARY SCHOOL p 527
See GRAND ERIE DISTRICT SCHOOL BOARD
MAJOR D. S. SERVICES LIMITED p 843
55 Nugget Ave Unit 229, SCARBOROUGH, ON, M1S 3L1
(416) 292-6300   SIC 8711
MAJOR DEVELOPMENT LTD FAIRWAY PROPERTIES LTD p 316
1645 14th Ave W, VANCOUVER, BC, V6J 2J4
(604) 732-8633   SIC 8051
MAJOR DRILLING GROUP INTERNATIONAL INC p 384
180 Cree Cres, WINNIPEG, MB, R3J 3W1
(204) 885-7532   SIC 1481
MAJOR DRILLING GROUP INTERNATIONAL INC p 407
111 St George St Suite 100, MONCTON, NB, E1C 1T7
(506) 857-8636   SIC 1481
MAJOR DRILLING GROUP INTERNATIONAL INC p 868
598 Falconbridge Rd Unit 1, SUDBURY, ON, P3A 5K6
(705) 560-5995   SIC 1481
MAJOR GENERAL GRIESBACH SCHOOL p 75
See EDMONTON SCHOOL DISTRICT NO. 7
MAK'S NOODLE RESTAURANT p 269
See CHUNG KEE NOODLE SHOP LTD
MAKIN METALS p 290
See VARSTEEL LTD
MAKITA CANADA INC p 272
11771 Hammersmith Way, RICHMOND, BC, V7A 5H6
(604) 272-3104   SIC 5072
MAKITA CANADA INC p 958
1950 Forbes St, WHITBY, ON, L1N 7B7
(905) 571-2200   SIC 5072
MAKKINGA CONTRACTING & EQUIPMENT RENTAL p 877

See 1204626 ONTARIO INC
MAKSTEEL SERVICE CENTRE, DIV OF p 563
See WELDED TUBE OF CANADA CORP
MAKWA AVENTURES INC, LES p 1100
4079 Rue Saint-Denis, Montreal, QC, H2W 2M7
(514) 285-2583   SIC 7389
MAKWA SAHGAIEHCAN BAND FIRST NATION p 1273
Gd, LOON LAKE, SK, S0M 1L0
(306) 837-2333   SIC 8211
MAKWA SAHGAIEHCAN FIRST NATION SCHOOL p 1273
See MAKWA SAHGAIEHCAN BAND FIRST NATION
MALAGA INC p 1107
2000 Av Mcgill College Bureau 510, Montreal, QC, H3A 3H3
(514) 288-3224   SIC 1081
MALASPINA ELEMENTARY SCHOOL p 261
See BOARD OF EDUCATION OF SCHOOL DISTRICT NO. 57 (PRINCE GEORGE), THE
MALATEST, R. A. & ASSOCIATES LTD p 81
10621 100 Ave Nw Suite 300, EDMONTON, AB, T5J 0B3
(780) 448-9042   SIC 8732
MALATEST, R. A. & ASSOCIATES LTD p 791
294 Albert St Suite 500, OTTAWA, ON, K1P 6E6
(613) 688-1847   SIC 8732
MALCOLM MUNROE MEMORIAL JUNIOR HIGH SCHOOL p 476
See CAPE BRETON-VICTORIA REGIONAL SCHOOL BOARD
MALCOLM TWEDDLE ELEMENTARY SCHOOL p 111
See EDMONTON SCHOOL DISTRICT NO. 7
MALDEN CENTRAL ELEMENTARY SCHOOL p 487
See GREATER ESSEX COUNTY DISTRICT SCHOOL BOARD
MALENFANT DALLAIRE, COMPTABLES AGREES, S.E.N.C.R.L. p 1161
2600 Boul Laurier Bureau 872, Quebec, QC, G1V 4W2
(418) 654-0636   SIC 8721
MALENFANT ENTERPRISES LTD p 1279
50 North Industrial Dr, PRINCE ALBERT, SK, S6V 5R3
(306) 922-0269   SIC 4212
MALFAR MECHANICAL INC p 975
144 Woodstream Blvd Suite 7, WOODBRIDGE, ON, L4L 7Y3
(905) 850-1242   SIC 1711
MALIGNE LODGE LTD p 133
100 Juniper St, JASPER, AB, T0E 1E0
(780) 852-4987   SIC 7011
MALIHOT HYDRAUTECH p 1245
See INDUSTRIES MAILHOT INC
MALL AT LAWSON HEIGHTS, THE p 1297
See MORGUARD INVESTMENTS LIMITED
MALLAIG SCHOOL p 142
See ST. PAUL EDUCATION REGIONAL DIVISION NO 1
MALLETTE S.E.N.C.R.L. p 987
505 Rue Sacre-Coeur O, ALMA, QC, G8B 1M4
(418) 668-2324   SIC 8721
MALLETTE S.E.N.C.R.L. p 989
30 Boul Saint-Benoit E Bureau 101, AMQUI, QC, G5J 2B7
(418) 629-2255   SIC 8721
MALLETTE S.E.N.C.R.L. p 994
229 Boul La Salle, BAIE-COMEAU, QC, G4Z 1S7
(418) 296-9651   SIC 8721
MALLETTE S.E.N.C.R.L. p 1023
1264 Boul Wallberg, DOLBEAU-MISTASSINI, QC, G8L 1H1
(418) 276-1152   SIC 8721

MALLETTE S.E.N.C.R.L. p 1066
1200 Boul Guillaume-Couture Unite 501, Levis, QC, G6W 5M6
(418) 839-7531   SIC 8721

MALLETTE S.E.N.C.R.L. p 1173
188 Rue Des Gouverneurs Bureau 200, RIMOUSKI, QC, G5L 8G1
(418) 724-4414   SIC 8721

MALLETTE S.E.N.C.R.L. p 1184
197 Rue Principale, SAINT-CYPRIEN, QC, G0L 2P0
SIC 8721

MALMBERG p 728
See MALMBERG TRUCK TRAILER EQUIPMENT LTD

MALMBERG TRUCK TRAILER EQUIPMENT LTD p 728
25 Slack Rd, NEPEAN, ON, K2G 0B7
(613) 226-1320   SIC 5082

MALMO SCHOOL p 109
See EDMONTON SCHOOL DISTRICT NO. 7

MALO, A. COMPAGNIE LIMITEE p 1046
171 Rue Saint-Barthelemy S, JOLIETTE, QC, J6E 5N9
(450) 756-1612   SIC 3599

MALPACK LTD p 483
510 Finley Ave, AJAX, ON, L1S 2E3
(905) 426-4989   SIC 2673

MALTAIS GEOMATICS INC p 92
17011 105 Ave Nw, Edmonton, AB, T5S 1M5
(780) 483-2015   SIC 8713

MALTAIS GEOMATICS INC p 92
17011 105 Ave Nw, EDMONTON, AB, T5S 1M5
(780) 926-4123   SIC 8713

MALTON P O p 718
See CANADA POST CORPORATION

MALVERN BRANCH p 835
See TORONTO PUBLIC LIBRARY BOARD

MALVERN JUNIOR PUBLIC SCHOOL p 885
See TORONTO DISTRICT SCHOOL BOARD

MALVERN RECREATION CENTRE p 834
See CORPORATION OF THE CITY OF TORONTO

MAMAWETAN CHURCHILL RIVER REGIONAL HEALTH AUTHORITY p 1271
1016 La Ronge Ave, LA RONGE, SK, S0J 1L0
(306) 425-8512   SIC 8399

MAMMOET CANADA EASTERN LTD p 444
2 Bluewater Rd Suite 246, BEDFORD, NS, B4B 1G7
(902) 450-0550   SIC 4212

MAMMOET CANADA HOLDINGS INC p 602
7504 Mclean Rd E, GUELPH, ON, N1H 6H9
(519) 740-0550   SIC 6712

MAMMOET CRANE (ASSETS) INC p 602
7504 Mclean Rd E, GUELPH, ON, N1H 6H9
(519) 740-0550   SIC 3537

MAMMOET CRANE INC p 493
127 Earl Thompson Rd, AYR, ON, N0B 1E0
(450) 923-9706   SIC 7389

MAMMOET CRANE INC p 1140
12400 Boul Industriel, POINTE-AUX-TREMBLES, QC, H1B 5M5
(514) 645-4333   SIC 4212

MAMQUAM ELEMENTARY p 216
See SCHOOL DISTRICT NO. 48 (HOWE SOUND)

MAN DIESEL & TURBO CANADA LTD p 312
1177 Hastings St W Suite 1930, VANCOUVER, BC, V6E 2K3
(604) 235-2254   SIC 5084

MANA p 609
See MAX AICHER (NORTH AMERICA) REALTY INC

MANACHABAN MIDDLE SCHOOL p 69
See ROCKY VIEW SCHOOL DIVISION NO. 41, THE

MANAGEMENT REPORTING SYSTEMS p 585
See M.R.S. COMPANY LIMITED

MANAGEMENT RESOURCES p 45
See HALF, ROBERT CANADA INC

MANARAS OPERA p 1140
See 9141-0720 QUEBEC INC

MANCAL ENERGY INC p 46
530 8 Ave Sw Suite 1600, CALGARY, AB, T2P 3S8
(403) 231-7680   SIC 1382

MANCHESTER PUBLIC SCHOOL p 544
See WATERLOO REGION DISTRICT SCHOOL BOARD

MANCHU WOK (CANADA) INC p 191
4820 Kingsway Unit 343, BURNABY, BC, V5H 4P1
(604) 439-9637   SIC 5812

MANDARIN BADMINTON CLUB p 673
See MANDARIN GOLF AND COUNTRY CLUB INC, THE

MANDARIN GOLF AND COUNTRY CLUB INC, THE p 673
500 Esna Park Dr Unit 8, MARKHAM, ON, L3R 1H5
(905) 940-0600   SIC 7997

MANDARIN MARKHAM RESTAURANT p 669
See 939935 ONTARIO LIMITED

MANDARIN RESTAURANT p 540
See 882547 ONTARIO INC

MANDARIN RESTAURANT p 577
See CCFGLM ONTARIO LIMITED

MANDARIN RESTAURANT p 583
See 939927 ONTARIO LIMITED

MANDARIN RESTAURANT p 693
See 1335270 ONTARIO LTD

MANDARIN RESTAURANT p 703
See 1004839 ONTARIO LIMITED

MANDARIN RESTAURANT p 732
16655 Yonge St Unit 100, NEWMARKET, ON, L3X 1V6
(905) 898-7100   SIC 5812

MANDARIN RESTAURANT p 755
See 824416 ONTARIO LTD

MANDARIN RESTAURANT p 812
See 1051107 ONTARIO LTD

MANDARIN RESTAURANT p 838
See 820229 ONTARIO LIMITED

MANDARIN RESTAURANT-YONGE p 898
See 1381111 ONTARIO LTD

MANDATE STEEL ERECTORS LTD p 421
2676 Rue Commerce, TRACADIE-SHEILA, NB, E1X 1G5
(506) 395-7777   SIC 1791

MANDEVILLE GARDEN CENTER LTD p 193
4746 Marine Dr, BURNABY, BC, V5J 3G6
(604) 434-4118   SIC 5261

MANGA HOTELS (DARTMOUTH) INC p 449
101 Wyse Rd, DARTMOUTH, NS, B3A 1L9
(902) 463-1100   SIC 7011

MANGILALUK SCHOOL p 438
See BEAUFORT-DELTA EDUCATION COUNCIL

MANHATTAN PARK JUNIOR PUBLIC SCHOOL p 887
See TORONTO DISTRICT SCHOOL BOARD

MANHEIM AUTO AUCTIONS COMPANY p 682
8277 Lawson Rd, MILTON, ON, L9T 5C7
(905) 275-3000   SIC 7389

MANHEIM TORONTO p 682
See MANHEIM AUTO AUCTIONS COMPANY

MANION WILKINS & ASSOCIATES LTD p 579
21 Four Seasons Pl Suite 500, ETOBICOKE, ON, M9B 0A5
(416) 234-5044   SIC 8742

MANITOBA ADOLESCENT TREATMENT CENTRE INC p 380
120 Tecumseh St, WINNIPEG, MB, R3E 2A9
(204) 477-6391   SIC 8063

MANITOBA AGRICULTURAL SERVICES CORPORATION p 345
1525 1st St Unit 100, BRANDON, MB, R7A 7A1
(204) 726-6850   SIC 6159

MANITOBA BAPTIST HOME SOCIETY INC p 368
577 St Anne's Rd, WINNIPEG, MB, R2M 3G5
(204) 257-2394   SIC 8051

MANITOBA BREAST SCREENING PROGRAM p 377
See CANCERCARE MANITOBA

MANITOBA CARDIAC INSTITUTE (REH-FIT) INC p 386
1390 Taylor Ave, WINNIPEG, MB, R3M 3V8
(204) 488-8023   SIC 8011

MANITOBA CONSERVATORY OF MUSIC & ARTS INCORPORATED, THE p 375
211 Bannatyne Ave Suite 105, WINNIPEG, MB, R3B 3P2
(204) 943-6090   SIC 8299

MANITOBA HARVEST p 369
See FRESH HEMP FOODS LTD

MANITOBA HYDRO p 343
See MANITOBA HYDRO-ELECTRIC BOARD, THE

MANITOBA HYDRO p 347
See MANITOBA HYDRO-ELECTRIC BOARD, THE

MANITOBA HYDRO p 349
See MANITOBA HYDRO-ELECTRIC BOARD, THE

MANITOBA HYDRO p 350
See MANITOBA HYDRO-ELECTRIC BOARD, THE

MANITOBA HYDRO p 359
See MANITOBA HYDRO-ELECTRIC BOARD, THE

MANITOBA HYDRO SELKIRK LAB p 355
See MANITOBA HYDRO-ELECTRIC BOARD, THE

MANITOBA HYDRO-ELECTRIC BOARD, THE p 343
Gd, BEAUSEJOUR, MB, R0E 0C0
(204) 268-1343   SIC 4911

MANITOBA HYDRO-ELECTRIC BOARD, THE p 347
101 2nd St Nw, DAUPHIN, MB, R7N 1G6
SIC 4911

MANITOBA HYDRO-ELECTRIC BOARD, THE p 349
Gd, GILLAM, MB, R0B 0L0
(204) 486-1122   SIC 4911

MANITOBA HYDRO-ELECTRIC BOARD, THE p 350
120 Minnewawa St, LAC DU BONNET, MB, R0E 1A0
(204) 345-2392   SIC 4911

MANITOBA HYDRO-ELECTRIC BOARD, THE p 353
50 14th St Nw, PORTAGE LA PRAIRIE, MB, R1N 2V3
(204) 857-7868   SIC 4911

MANITOBA HYDRO-ELECTRIC BOARD, THE p 355
9567 Henderson Hwy, SELKIRK, MB, R1A 2B3
(204) 785-7142   SIC 4911

MANITOBA HYDRO-ELECTRIC BOARD, THE p 355
9527 Henderson Hwy, SELKIRK, MB, R1A 2B3
(204) 785-7140   SIC 4911

MANITOBA HYDRO-ELECTRIC BOARD, THE p 357
175 North Front Dr, STEINBACH, MB, R5G 1X3
(204) 326-9824   SIC 4911

MANITOBA HYDRO-ELECTRIC BOARD, THE p 359
420 3 St E, THE PAS, MB, R9A 1L4
(204) 623-9506   SIC 4911

MANITOBA HYDRO-ELECTRIC BOARD, THE p 360
Gd, VIRDEN, MB, R0M 2C0
(204) 748-2534   SIC 4931

MANITOBA INSTITUTE OF CELL BIOLOGY p 380
See UNIVERSITY OF MANITOBA

MANITOBA INTERFAITH IMMIGRATION COUNCIL INC p 374
521 Bannatyne Ave, WINNIPEG, MB, R3A 0E4
SIC 8322

MANITOBA JOCKEY CLUB INC p 385
3975 Portage Ave, WINNIPEG, MB, R3K 2E9
(204) 885-3330   SIC 7948

MANITOBA LIQUOR AND LOTTERIES CORPORATION p 352
393 Mountain Ave, NEEPAWA, MB, R0J 1H0
(204) 476-5769   SIC 5921

MANITOBA LIQUOR AND LOTTERIES CORPORATION p 355
446 Main St, SELKIRK, MB, R1A 1V7
(204) 482-2360   SIC 5921

MANITOBA LIQUOR AND LOTTERIES CORPORATION p 365
67 Vermillion Rd Unit 21, WINNIPEG, MB, R2J 3W7
(204) 987-4043   SIC 5921

MANITOBA LIQUOR AND LOTTERIES CORPORATION p 368
827 Dakota St Suite 5, WINNIPEG, MB, R2M 5M2
(204) 987-4020   SIC 5921

MANITOBA LIQUOR AND LOTTERIES CORPORATION p 370
915 Leila Ave Suite 2, WINNIPEG, MB, R2V 3J7
(204) 987-4005   SIC 5921

MANITOBA LIQUOR AND LOTTERIES CORPORATION p 378
333 St Mary Ave, WINNIPEG, MB, R3C 4A5
(204) 987-4003   SIC 5921

MANITOBA LIQUOR AND LOTTERIES CORPORATION p 381
923 Portage Ave, WINNIPEG, MB, R3G 0P6
(204) 987-4025   SIC 5921

MANITOBA LIQUOR AND LOTTERIES CORPORATION p 386
1120 Grant Ave, WINNIPEG, MB, R3M 2A6
(204) 987-4045   SIC 5921

MANITOBA LIQUOR AND LOTTERIES CORPORATION p 389
2855 Pembina Hwy, WINNIPEG, MB, R3T 2H5
(204) 987-4040   SIC 5921

MANITOBA MOOSE HOCKEY CLUB p 381
See MANITOBA MOOSE TWO LIMITED

MANITOBA MOOSE TWO LIMITED p 381
1430 Maroons Rd, WINNIPEG, MB, R3G 0L5
(204) 987-7825   SIC 7999

MANITOBA MOTOR LEAGUE, THE p 368
501 St Anne's Rd, WINNIPEG, MB, R2M 3E5
(204) 262-6200   SIC 4724

MANITOBA MOTOR LEAGUE, THE p 370
2211 Mcphillips St Unit C, WINNIPEG, MB, R2V 3M5
(204) 262-6234   SIC 8699

MANITOBA PUBLIC INSURANCE CORPORATION, THE p 345
731 1st St, BRANDON, MB, R7A 6C3
(204) 729-9400   SIC 6331

MANITOBA PUBLIC INSURANCE CORPORATION, THE p 378
234 Donald St Suite 912, WINNIPEG, MB, R3C 4A4
(204) 985-7000   SIC 8743

MANITOBA PUBLIC INSURANCE CORPORATION, THE p 383
125 King Edward St E, WINNIPEG, MB, R3H 0V9
(204) 985-7111   SIC 6331

MANITOBA TEACHERS' SOCIETY, THE p 384
191 Harcourt St, WINNIPEG, MB, R3J 3H2
(204) 837-6953   SIC 8631

MANITOBA TELECOM SERVICES INC p 345
517 18th St, BRANDON, MB, R7A 5Y9
(204) 727-4500   SIC 4899

MANITOBA TELECOM SERVICES INC p 383
1700 Ellice Ave, WINNIPEG, MB, R3H 0B1
(204) 941-4111   SIC 4899

MANITOK ENERGY INC p 46
444 7 Ave Sw Suite 700, CALGARY, AB, T2P 0X8
(403) 984-1750   SIC 1311

MANITOLIN RAINBOW p 127
See RAINBOW TRANSPORT (1974) LTD

MANITOU ELEMENTARY SCHOOL p 351
See PRAIRIE SPIRIT SCHOOL DIVISION

MANITOU PARK ELEMENTARY SCHOOL p 831
See ALGOMA DISTRICT SCHOOL BOARD

MANITOULIN CENTENNIAL MANOR p 648
70 Robinson St, LITTLE CURRENT, ON, P0P 1K0
(705) 368-2710   SIC 8361

MANITOULIN HEALTH CENTRE p 683
2120a 551 Hwy, MINDEMOYA, ON, P0P 1S0
(705) 377-5311   SIC 8059

MANITOULIN LODGE NURSING HOME p 596
See 584482 ONTARIO INC

MANITOULIN SECONDARY SCHOOL p 666
See RAINBOW DISTRICT SCHOOL BOARD

MANITOULIN TRANSPORT INC p 127
8601 115 St, GRANDE PRAIRIE, AB, T8V 6Y6
(780) 538-1441   SIC 4213

MANITOULIN TRANSPORT INC p 369
2165 Brookside Blvd Suite 200, WINNIPEG, MB, R2R 2Y3
(204) 633-4448   SIC 4213

MANITOULIN TRANSPORT INC p 547
790 Industrial Rd, CAMBRIDGE, ON, N3H 4W1
(519) 291-4700   SIC 4213

MANITOULIN TRANSPORT INC p 665
1525 Wilton Grove Rd, LONDON, ON, N6N 1M3
(519) 644-0183   SIC 4213

MANITOULIN TRANSPORT INC p 731
399 Radley's Hill Rd, NEW LISKEARD, ON, P0J 1P0
(705) 647-6881   SIC 4213

MANITOULIN TRANSPORT INC p 742
180 Ferris Dr, NORTH BAY, ON, P1B 8Z4
(705) 476-1333   SIC 4213

MANITOULIN TRANSPORT INC p 1142
1890 Boul Des Sources, POINTE-CLAIRE, QC, H9R 5B1
(514) 694-5111   SIC 4213

MANITOULIN TRANSPORTATION p 262
9499 Milwaukee Way, PRINCE GEORGE, BC, V2N 5T3
(250) 563-9138   SIC 4212

MANITOULIN WAREHOUSING AND DISTRIBUTION INC p 719
7035 Ordan Dr, MISSISSAUGA, ON, L5T 1T1
(905) 283-1630   SIC 4225

MANITOULIN-SUDBURY DISTRICT SERVICES BOARD p 949
5 Dyke St, WARREN, ON, P0H 2N0

(705) 967-0639   SIC 8399

MANITOUWADGE GENERAL HOSPITAL p 667
1 Healthcare Cres, MANITOUWADGE, ON, P0T 2C0
(807) 826-3251   SIC 8062

MANITOUWADGE HIGH SCHOOL p 667
See SUPERIOR GREENSTONE DISTRICT SCHOOL BOARD

MANITOUWADGE PUBLIC SCHOOL p 667
See SUPERIOR GREENSTONE DISTRICT SCHOOL BOARD

MANLUK GLOBAL MANUFACTURING SOLUTIONS p 174
See MANLUK INDUSTRIES (2008) INC

MANLUK INDUSTRIES (2008) INC p 174
4815 42 Ave, Wetaskiwin, AB, T9A 2P6
(780) 352-5522   SIC 3494

MANN MOTOR PRODUCTS LTD p 1279
500 Marquis Rd E, PRINCE ALBERT, SK, S6V 8B3
(306) 765-2240   SIC 5521

MANN-NORTHWAY AUTO SOURCE OPTIMUM USED VEHICLES p 1279
See MANN MOTOR PRODUCTS LTD

MANNAH FOODS p 970
See MCDONALD'S RESTAURANTS OF CANADA LIMITED

MANNATECH INDEPENDENT ASSOCIATE p 1281
832 Mann Ave, RADVILLE, SK, S0C 2G0
(306) 869-3237   SIC 8748

MANNING ELEMENTARY SCHOOL p 142
See PEACE RIVER SCHOOL DIVISION 10

MANNVILLE SCHOOL p 142
See BUFFALO TRAIL PUBLIC SCHOOLS REGIONAL DIVISION NO. 28

MANO'S FAMILY RESTAURANT p 1292
See HARADROS FOOD SERVICES INC

MANO'S GRILL & BREWHOUSE p 1301
See HARADROS FOOD SERVICES INC

MANOAH STEVES ELEMENTARY SCHOOL p 274
See BOARD OF EDUCATION SCHOOL DISTRICT #38 (RICHMOND)

MANOIR ALTA VISTA MANOR p 784
See 1550825 ONTARIO INC

MANOIR BOIS DE BOULOGNE p 1125
See RESIDENCES ALLEGRO, S.E.C., LES

MANOIR DU LAC DELAGE INC p 1055
40 Av Du Lac, LAC-DELAGE, QC, G3C 5C4
(418) 848-0691   SIC 7011

MANOIR DU LAC DELAGE, LE p 1055
See MANOIR DU LAC DELAGE INC

MANOIR DU LAC ETCHEMIN INC p 1055
1415 Rte 227, LAC-ETCHEMIN, QC, G0R 1S0
(418) 625-2101   SIC 7011

MANOIR DU LAC WILLIAM INC p 1188
3180 Rue Principale, SAINT-FERDINAND, QC, G0N 1N0
(418) 428-9188   SIC 7011

MANOIR DU SPAGHETTI p 1148
See GESTION MENARD PLANTE INC

MANOIR EDITH B. PINET INC p 411
1189 Rue Des Fondateurs, PAQUETVILLE, NB, E8R 1A9
(506) 764-2444   SIC 8059

MANOIR ET COURS DE L'ATRIUM INC p 1148
545 Rue Francis-Byrne, Quebec, QC, G1H 7L3
(418) 626-6060   SIC 8361

MANOIR GATINEAU p 1038
See REVERA INC

MANOIR HOVEY (1985) INC p 1009
575 Ch Hovey, CANTON-DE-HATLEY, QC, J0B 2C0
(819) 842-2421   SIC 7011

MANOIR J. ARMAND BOMBARDIER p 1254
See BOMBARDIER INC

MANOIR MONTEFIORE p 1017

See REVERA INC
MANOIR MONTMORENCY p 1146
See SOCIETE DES ETABLISSEMENTS DE PLEIN AIR DU QUEBEC

MANOIR NOTRE-DAME MANOR INC p 405
110 Murphy Ave, MONCTON, NB, E1A 6Y2
(506) 857-9011   SIC 8361

MANOIR ROUVILLE-CAMPBELL p 1082
See 2855-6512 QUEBEC INC

MANOIR SAINT-JEAN BAPTISTE INC p 395
5 Av Richard, BOUCTOUCHE, NB, E4S 3T2
(506) 743-7344   SIC 8361

MANOIR SOLEIL INC p 1010
125 Rue Daigneault, CHAMBLY, QC, J3L 1G7
(450) 658-4441   SIC 8322

MANOIR ST-JEROME p 1201
475 Rue Aubry Bureau 115, Saint-Jerome, QC, J7Z 7H7
(450) 432-9432   SIC 8361

MANOIR ST-PATRICE INC p 1021
3615 Boul Perron, Cote Saint-Luc, QC, H7V 1P4
(450) 681-1621   SIC 8361

MANOIR ST-SAUVEUR p 1221
See GROUPE LES MANOIRS DU QUEBEC INC

MANOIR ST-SAUVEUR, LE p 1221
See GROUPE LES MANOIRS DU QUEBEC INC

MANOIR WESTMOUNT INC p 1263
4646 Rue Sherbrooke O Bureau 106, WESTMOUNT, QC, H3Z 2Z8
(514) 935-3344   SIC 8361

MANOR & HIGHLAND PARK PUBLIC SCHOOL p 663
See THAMES VALLEY DISTRICT SCHOOL BOARD

MANOR PARK PUBLIC SCHOOL p 788
See OTTAWA-CARLETON DISTRICT SCHOOL BOARD

MANOR WINDSOR REALTY LTD p 964
3276 Walker Rd, WINDSOR, ON, N8W 3R8
(519) 250-8800   SIC 6531

MANORCARE PARTNERS p 860
218 Edward St, STIRLING, ON, K0K 3E0
(613) 395-2596   SIC 8051

MANORCARE PARTNERS II p 569
9756 County Rd 2, DESERONTO, ON, K0K 1X0
(613) 396-3438   SIC 8361

MANORDALE PUBLIC SCHOOL p 728
See OTTAWA-CARLETON DISTRICT SCHOOL BOARD

MANORRLEA SYSTEMS INC p 13
3300 14 Ave Ne Unit 6, CALGARY, AB, T2A 6J4
(403) 262-8550   SIC 7349

MANOTICK PUBLIC SCHOOL p 667
See OTTAWA-CARLETON DISTRICT SCHOOL BOARD

MANOUCHER FINE FOODS INC p 763
703 Clayson Rd, NORTH YORK, ON, M9M 2H4
(416) 747-1234   SIC 2051

MANPOWER p 698
See MANPOWER SERVICES CANADA LIMITED

MANPOWER p 868
See SUDBURY MANAGEMENT SERVICES LIMITED

MANPOWER PROFESSIONAL INC p 46
734 7 Ave Sw Suite 120, CALGARY, AB, T2P 3P8
(403) 269-6936   SIC 7361

MANPOWER SERVICES p 46
See MANPOWER PROFESSIONAL INC

MANPOWER SERVICES CANADA LIMITED p 698
201 City Centre Dr Suite 101, MISSISSAUGA, ON, L5B 2T4
(905) 276-2000   SIC 7361

MANPOWER SERVICES CANADA LIMITED p 749

4950 Yonge St Suite 700, NORTH YORK, ON, M2N 6K1
(416) 225-4455   SIC 7363

MANPOWER TEMPORARY SERVICES p 749
See MANPOWER SERVICES CANADA LIMITED

MANSFIELD CLUB ATHLETIQUE p 1110
See CLUB DE BADMINTON & SQUASH ATWATER INC, LE

MANSFIELD CLUB ATHLETIQUE p 1117
See CLUB DE BADMINTON & SQUASH ATWATER INC, LE

MANSFIELD FOODS #3 - 611 LTD p 198
45373 Luckakuck Way, CHILLIWACK, BC, V2R 3C7
(604) 858-0616   SIC 5812

MANSIONS OF HUMBERWOOD INC p 754
4800 Dufferin St Suite 200, NORTH YORK, ON, M3H 5S9
(416) 661-9290   SIC 1522

MANTA TEST SYSTEMS INC p 704
4060b Sladeview Cres Unit 1, MISSISSAUGA, ON, L5L 5Y5
(905) 828-6469   SIC 3825

MANTEI HOLDINGS LTD p 37
5935 6 St Ne, CALGARY, AB, T2K 5R5
(403) 295-0028   SIC 2431

MANTEI'S TRANSPORT LTD p 18
8715 44 St Se, CALGARY, AB, T2C 2P5
(403) 531-1600   SIC 4212

MANTEO BEACH CLUB LTD p 223
3766 Lakeshore Rd, KELOWNA, BC, V1W 3L4
(250) 860-1031   SIC 7011

MANTEO RESORT p 223
See MANTEO BEACH CLUB LTD

MANTRALOGIX INC p 695
267 Matheson Blvd E Suite 5, MISSISSAUGA, ON, L4Z 1X8
(905) 629-3200   SIC 8741

MANU FORTI CORPORATION LTD p 483
222 Bayly St W, AJAX, ON, L1S 3V4
(905) 686-2133   SIC 5812

MANUFACTURE DE BIJOUX ETOILES D'ARGENT p 1134
See SILVER STAR MANUFACTURING CO INC

MANUFACTURE DE MEUBLE VALENTINO INC, LA p 1215
6950 Boul Couture, SAINT-LEONARD, QC, H1P 3A9
(514) 325-4222   SIC 2511

MANUFACTURE EXM LTEE p 709
2450 Meadowpine Blvd, MISSISSAUGA, ON, L5N 7X5
(905) 812-8065   SIC 3613

MANUFACTURE EXM LTEE p 999
870 Boul Michele-Bohec, BLAINVILLE, QC, J7C 5E2
(450) 979-4373   SIC 3699

MANUFACTURE LEVITON DU CANADA LTEE p 1142
165 Boul Hymus, POINTE-CLAIRE, QC, H9R 1E9
(514) 954-1840   SIC 5063

MANUFACTURE TECHNOSUB p 1177
See 121352 CANADA INC

MANUFACTURE UNIVERSELLE S.B. INC p 1099
5555 Av Casgrain Bureau 300, Montreal, QC, H2T 1Y1
(514) 271-1177   SIC 2341

MANUFACTURERS LIFE INSURANCE COMPANY, THE p 46
855 2 St Sw Suite 2310, CALGARY, AB, T2P 4J7
SIC 6311

MANUFACTURERS LIFE INSURANCE COMPANY, THE p 270
4671 No. 3 Rd Suite 110, RICHMOND, BC, V6X 2C3
(604) 273-6388   SIC 6411

MANUFACTURERS LIFE INSURANCE

COMPANY, THE p 308
510 Burrard St Suite 1000, VANCOUVER, BC, V6C 3A8
(604) 681-6136 SIC 6311

MANUFACTURERS LIFE INSURANCE COMPANY, THE p 312
1095 Pender St W Suite 700, VANCOUVER, BC, V6E 2M6
(604) 681-4660 SIC 6311

MANUFACTURERS LIFE INSURANCE COMPANY, THE p 462
2727 Joseph Howe Dr, HALIFAX, NS, B3L 4G6
(902) 453-4300 SIC 6311

MANUFACTURERS LIFE INSURANCE COMPANY, THE p 642
630 Riverbend Dr Suite 101, KITCHENER, ON, N2K 3S2
(519) 571-1001 SIC 6411

MANUFACTURERS LIFE INSURANCE COMPANY, THE p 673
600 Cochrane Dr Suite 200, MARKHAM, ON, L3R 5K3
SIC 6311

MANUFACTURERS LIFE INSURANCE COMPANY, THE p 745
4 Lansing Sq Suite 201, NORTH YORK, ON, M2J 5A2
(416) 496-1602 SIC 6321

MANUFACTURERS LIFE INSURANCE COMPANY, THE p 797
1525 Carling Ave Suite 600, OTTAWA, ON, K1Z 8R9
(613) 724-6200 SIC 6311

MANUFACTURERS LIFE INSURANCE COMPANY, THE p 869
272 Larch St, SUDBURY, ON, P3B 1M1
(705) 674-1974 SIC 6411

MANUFACTURERS LIFE INSURANCE COMPANY, THE p 950
500 King St N, WATERLOO, ON, N2J 4C6
(519) 747-7000 SIC 6311

MANUFACTURERS LIFE INSURANCE COMPANY, THE p 1107
2000 Rue Mansfield Unite 200, Montreal, QC, H3A 2Z4
(514) 845-2122 SIC 6411

MANUFACTURERS LIFE INSURANCE COMPANY, THE p 1107
2000 Rue Mansfield Unite 300, Montreal, QC, H3A 2Z4
(514) 288-6268 SIC 6311

MANUFACTURIER DE BAS DE NYLON SPLENDID INC p 1096
55 Rue De Louvain O Bureau 200, Montreal, QC, H2N 1A4
(514) 381-7687 SIC 5137

MANUFACTURIER TECHCRAFT INC p 1130
2025 Rue Cunard, Montreal, QC, H7S 2N1
(450) 767-2020 SIC 2517

MANUFACTURING / SALES FACILITIES p 113
See WENZEL DOWNHOLE TOOLS LTD

MANUFACTURING PLANT p 1209
See JOSTENS CANADA LTD

MANUGYPSE INC p 1004
1289 Rue Newton, BOUCHERVILLE, QC, J4B 5H2
(450) 655-5100 SIC 5211

MANULIFE p 950
See MANUFACTURERS LIFE INSURANCE COMPANY, THE

MANULIFE CANADA LTD p 642
500 King St N, KITCHENER, ON, N2J 4Z6
(519) 747-7000 SIC 6311

MANULIFE CANADA LTD p 673
600 Cochrane Dr Suite 200, MARKHAM, ON, L3R 5K3
SIC 6411

MANULIFE CANADA LTD p 1107
2000 Rue Mansfield Unite 200, Montreal, QC, H3A 2Z4
(514) 845-1612 SIC 8742

MANULIFE FINANCIAL p 46
See MANUFACTURERS LIFE INSURANCE COMPANY, THE

MANULIFE FINANCIAL p 270
See MANUFACTURERS LIFE INSURANCE COMPANY, THE

MANULIFE FINANCIAL p 308
See MANUFACTURERS LIFE INSURANCE COMPANY, THE

MANULIFE FINANCIAL p 312
See MANUFACTURERS LIFE INSURANCE COMPANY, THE

MANULIFE FINANCIAL p 462
See MANUFACTURERS LIFE INSURANCE COMPANY, THE

MANULIFE FINANCIAL p 640
See MANULIFE FINANCIAL CORPORATION

MANULIFE FINANCIAL p 642
See MANUFACTURERS LIFE INSURANCE COMPANY, THE

MANULIFE FINANCIAL p 673
See MANUFACTURERS LIFE INSURANCE COMPANY, THE

MANULIFE FINANCIAL p 745
See MANUFACTURERS LIFE INSURANCE COMPANY, THE

MANULIFE FINANCIAL p 797
See MANUFACTURERS LIFE INSURANCE COMPANY, THE

MANULIFE FINANCIAL 1182 p 1107
See MANULIFE CANADA LTD

MANULIFE FINANCIAL CORPORATION p 640
25 Water St S, KITCHENER, ON, N2G 4Z4
(519) 747-7000 SIC 6311

MANULIFE MUTUAL FUNDS p 901
See ELLIOTT & PAGE LIMITED

MANULIFE SECURITIES p 611
See MANULIFE SECURITIES INVESTMENT SERVICES INC

MANULIFE SECURITIES p 695
See MANULIFE SECURITIES INVESTMENT SERVICES INC

MANULIFE SECURITIES p 768
See MANULIFE SECURITIES INVESTMENT SERVICES INC

MANULIFE SECURITIES p 1204
See MANULIFE SECURITIES INVESTMENT SERVICES INC

MANULIFE SECURITIES INCORPORATED p 695
3 Robert Speck Pky Suite 200, MISSISSAUGA, ON, L4Z 2G5
(905) 896-1822 SIC 6211

MANULIFE SECURITIES INVESTMENT SERVICES INC p 611
168 Jackson St W, HAMILTON, ON, L8P 1L9
(905) 529-3863 SIC 6722

MANULIFE SECURITIES INVESTMENT SERVICES INC p 695
3 Robert Speck Pky Suite 200, MISSISSAUGA, ON, L4Z 2G5
(905) 896-1822 SIC 6722

MANULIFE SECURITIES INVESTMENT SERVICES INC p 768
710 Dorval Dr Unit 505, OAKVILLE, ON, L6K 3V7
SIC 6211

MANULIFE SECURITIES INVESTMENT SERVICES INC p 1204
9800 Boul Cavendish Bureau 200, SAINT-LAURENT, QC, H4M 2V9
(514) 788-4884 SIC 6722

MANYAN INC p 1059
2611 Rue Leger, LASALLE, QC, H8N 2V9
(514) 364-2420 SIC 2393

MAPLE AUTOMOTIVE CORPORATION p 977
180 Beards Lane, WOODSTOCK, ON, N4S 7W3
(519) 537-2179 SIC 3465

MAPLE BAY ELEMENTARY SCHOOL p 212
See SCHOOL DISTRICT NO. 79 (COWICHAN VALLEY)

MAPLE CITY RETIREMENT RESIDENCE p 551
See DIVERSICARE CANADA MANAGEMENT SERVICES CO., INC

MAPLE COMMUNITY CENTRE p 667
See CORPORATION OF THE CITY OF VAUGHAN, THE

MAPLE CREEK COMPOSITE HIGH SCHOOL p 1273
See CHINOOK SCHOOL DIVISION NO 211

MAPLE CREEK HOSPITAL p 1273
575 Hwy 21 S, MAPLE CREEK, SK, S0N 1N0
(306) 662-2611 SIC 8062

MAPLE CREEK MIDDLE SCHOOL p 255
See SCHOOL DISTRICT NO. 43 (COQUITLAM)

MAPLE CREEK PUBLIC SCHOOL p 668
See YORK REGION DISTRICT SCHOOL BOARD

MAPLE FARM EQUIPMENT PARTNERSHIP p 1276
Hwy 8 N, MOOSOMIN, SK, S0G 3N0
(306) 435-3301 SIC 5999

MAPLE FARM EQUIPMENT PARTNERSHIP p 1279
705 Highway Ave E, PREECEVILLE, SK, S0A 3B0
(306) 547-2007 SIC 5999

MAPLE GROVE EDUCATION CENTRE p 464
See TRI-COUNTY REGIONAL SCHOOL BOARD

MAPLE GROVE ELEMENTARY SCHOOL p 317
See BOARD OF EDUCATION OF SCHOOL DISTRICT NO. 39 (VANCOUVER), THE

MAPLE GROVE PUBLIC SCHOOL p 495
See SIMCOE COUNTY DISTRICT SCHOOL BOARD, THE

MAPLE GROVE PUBLIC SCHOOL p 645
See UPPER CANADA DISTRICT SCHOOL BOARD, THE

MAPLE GROVE PUBLIC SCHOOL p 767
See HALTON DISTRICT SCHOOL BOARD

MAPLE GROVE SOBEYS p 768
See SOBEYS CAPITAL INCORPORATED

MAPLE HIGH SCHOOL p 668
See YORK REGION DISTRICT SCHOOL BOARD

MAPLE LANE PUBLIC SCHOOL p 883
See THAMES VALLEY DISTRICT SCHOOL BOARD

MAPLE LEAF p 406
See CANADA BREAD COMPANY, LIMITED

MAPLE LEAF p 412
See CANADA BREAD COMPANY, LIMITED

MAPLE LEAF p 422
See CANADA BREAD COMPANY, LIMITED

MAPLE LEAF p 433
See CANADA BREAD COMPANY, LIMITED

MAPLE LEAF AGRI-FARMS DIV OF p 356
See MAPLE LEAF FOODS INC

MAPLE LEAF BREAD p 561
See MAPLE LEAF BREAD LTD

MAPLE LEAF BREAD LTD p 561
144 Viceroy Rd, CONCORD, ON, L4K 2L8
(905) 738-1242 SIC 2041

MAPLE LEAF CONSUMER FOODS p 365
See MAPLE LEAF FOODS INC

MAPLE LEAF CONSUMER FOODS p 1277
See MAPLE LEAF FOODS INC

MAPLE LEAF DISTRIBUTION CENTRE p 534
See MAPLE LEAF FOODS INC

MAPLE LEAF ELEMENTARY SCHOOL p 352
See WESTERN SCHOOL DIVISION

MAPLE LEAF FOODS INC p 18
4060 78 Ave Se, CALGARY, AB, T2C 2L8
(403) 236-2000 SIC 2013

MAPLE LEAF FOODS INC p 68
4149 3 St E, CLARESHOLM, AB, T0L 0T0
(403) 625-3163 SIC 2048

MAPLE LEAF FOODS INC p 114
2619 91 Ave Nw, EDMONTON, AB, T6P 1S3
(780) 467-6022 SIC 2015

MAPLE LEAF FOODS INC p 137
2720 2a Ave N, LETHBRIDGE, AB, T1H 5B4
(403) 380-9900 SIC 5148

MAPLE LEAF FOODS INC p 139
4141 1 Ave S, LETHBRIDGE, AB, T1J 4P8
(403) 328-1756 SIC 2011

MAPLE LEAF FOODS INC p 145
1950 Brier Park Rd Nw, MEDICINE HAT, AB, T1C 1V3
(403) 527-5600 SIC 2048

MAPLE LEAF FOODS INC p 202
68 Brigantine Dr, COQUITLAM, BC, V3K 6Z6
SIC 2013

MAPLE LEAF FOODS INC p 249
4030 St. Georges Ave, NORTH VANCOUVER, BC, V7N 1W8
SIC 2011

MAPLE LEAF FOODS INC p 282
5523 176 St, SURREY, BC, V3S 4C2
SIC 2013

MAPLE LEAF FOODS INC p 345
6355 Richmond Ave E, BRANDON, MB, R7A 7M5
(204) 571-2500 SIC 2011

MAPLE LEAF FOODS INC p 350
188 Main St, LANDMARK, MB, R0A 0X0
SIC 2048

MAPLE LEAF FOODS INC p 354
205 W, ROSENORT, MB, R0G 1W0
(204) 746-2338 SIC 2041

MAPLE LEAF FOODS INC p 356
Gd, SOURIS, MB, R0K 2C0
(204) 483-3130 SIC 2011

MAPLE LEAF FOODS INC p 365
140 Panet Rd, WINNIPEG, MB, R2J 0S3
SIC 2013

MAPLE LEAF FOODS INC p 365
607 Dawson Rd N Suite 555, WINNIPEG, MB, R2J 0T2
(204) 233-7347 SIC 2048

MAPLE LEAF FOODS INC p 365
870 Lagimodiere Blvd Suite 23, WINNIPEG, MB, R2J 0T9
(204) 233-2421 SIC 2011

MAPLE LEAF FOODS INC p 395
425 Route 104, BURTTS CORNER, NB, E6L 2A9
(506) 363-3052 SIC 7389

MAPLE LEAF FOODS INC p 409
144 Edinburgh Dr, MONCTON, NB, E1E 2K7
(506) 387-4734 SIC 2011

MAPLE LEAF FOODS INC p 493
180 Northumberland St, AYR, ON, N0B 1E0
(519) 632-7416 SIC 2013

MAPLE LEAF FOODS INC p 520
32 Kennedy Rd S, BRAMPTON, ON, L6W 3E3
(905) 453-6262 SIC 2015

MAPLE LEAF FOODS INC p 529
10 Canning St, BRANTFORD, ON, N3T 1P1
(519) 759-4751 SIC 2033

MAPLE LEAF FOODS INC p 534
5100 Harvester Rd, BURLINGTON, ON, L7L 4X4
(905) 681-5050 SIC 5147

MAPLE LEAF FOODS INC p 578
550 Kipling Ave, ETOBICOKE, ON, M8Z 5E9
SIC 2011

MAPLE LEAF FOODS INC p 600
362 Laird Rd, GUELPH, ON, N1G 3X7
(519) 837-4848 SIC 1541

MAPLE LEAF FOODS INC p 602
7474 Mclean Rd, GUELPH, ON, N1H 6H9
(519) 780-3560 SIC 8731

MAPLE LEAF FOODS INC p 606
21 Brockley Dr, HAMILTON, ON, L8E 3C3
SIC 2011

MAPLE LEAF FOODS INC p 617
90 10th Ave, HANOVER, ON, N4N 3B8

BUSINESSES ALPHABETICALLY

(519) 364-3200   SIC 5144
MAPLE LEAF FOODS INC   p 709
2233 Argentia Rd Suite 300, MISSISSAUGA, ON, L5N 2X7
(905) 819-0322   SIC 8743
MAPLE LEAF FOODS INC   p 709
2626 Argentia Rd, MISSISSAUGA, ON, L5N 5N2
(905) 890-0053   SIC 2015
MAPLE LEAF FOODS INC   p 709
6985 Financial Dr, MISSISSAUGA, ON, L5N 0A1
(905) 285-5000   SIC 2011
MAPLE LEAF FOODS INC   p 714
30 Eglinton Ave W Suite 500, MISSISSAUGA, ON, L5R 3E7
(905) 501-3076   SIC 2011
MAPLE LEAF FOODS INC   p 725
5507 Boundary Rd, NAVAN, ON, K4B 1P6
(613) 822-6818   SIC 7359
MAPLE LEAF FOODS INC   p 749
5160 Yonge St Suite 300, NORTH YORK, ON, M2N 6L9
SIC 5147
MAPLE LEAF FOODS INC   p 760
92 Cartwright Ave, NORTH YORK, ON, M6A 1V2
(416) 633-0389   SIC 5147
MAPLE LEAF FOODS INC   p 767
178 South Service Rd E, OAKVILLE, ON, L6J 0A5
(905) 815-6500   SIC 5141
MAPLE LEAF FOODS INC   p 817
15350 Old Simcoe Rd, PORT PERRY, ON, L9L 1L8
(905) 985-7373   SIC 2038
MAPLE LEAF FOODS INC   p 857
Gd, ST MARYS, ON, N4X 1B7
(519) 229-8900   SIC 2015
MAPLE LEAF FOODS INC   p 859
2736 Stevensville Rd, STEVENSVILLE, ON, L0S 1S0
SIC 2048
MAPLE LEAF FOODS INC   p 863
92 Highland Rd E, STONEY CREEK, ON, L8J 2W6
(905) 662-8883   SIC 2015
MAPLE LEAF FOODS INC   p 937
100 Ethel Ave, TORONTO, ON, M6N 4Z7
(416) 767-5151   SIC 2015
MAPLE LEAF FOODS INC   p 1019
2525 Av Fran Is-Hughes, Cote Saint-Luc, QC, H7S 2H7
(450) 967-1130   SIC 2011
MAPLE LEAF FOODS INC   p 1179
254 Rue Principale, SAINT-ANSELME, QC, G0R 2N0
(418) 885-4474   SIC 5411
MAPLE LEAF FOODS INC   p 1225
605 1re Av, SAINTE-CATHERINE, QC, J5C 1C5
(800) 263-0302   SIC 4953
MAPLE LEAF FOODS INC   p 1277
99 Canola Ave Gd Stn Main Gd Lcd Main, NORTH BATTLEFORD, SK, S9A 2X5
SIC 2011
MAPLE LEAF FOODS INC   p 1301
100 Mcleod Ave, SASKATOON, SK, S7M 5V9
(306) 382-2210   SIC 2011
MAPLE LEAF FOODS INTERNATIONAL, DIV OF   p 749
See MAPLE LEAF FOODS INC
MAPLE LEAF FRESH FOODS   p 767
See MAPLE LEAF FOODS INC
MAPLE LEAF HOMES INC   p 400
655 Wilsey Rd, FREDERICTON, NB, E3B 7K3
(506) 459-1335   SIC 2452
MAPLE LEAF PORK   p 139
See MAPLE LEAF FOODS INC
MAPLE LEAF PORK   p 345
See MAPLE LEAF FOODS INC
MAPLE LEAF POTOTOES, DIV OF   p 137

See MAPLE LEAF FOODS INC
MAPLE LEAF POULTRY   p 114
See MAPLE LEAF FOODS INC
MAPLE LEAF POULTRY   p 520
See MAPLE LEAF FOODS INC
MAPLE LEAF POULTRY   p 709
See MAPLE LEAF FOODS INC
MAPLE LEAF PUBLIC SCHOOL   p 734
See YORK REGION DISTRICT SCHOOL BOARD
MAPLE LEAF SCHOOL   p 363
See RIVER EAST TRANSCONA SCHOOL DIVISION
MAPLE LEAF SELF STORAGE   p 338
See LARCO INVESTMENTS LTD
MAPLE LEAF SPORTS & ENTERTAINMENT LTD   p 919
40 Bay St Suite 300, TORONTO, ON, M5J 2X2
(416) 815-5400   SIC 7941
MAPLE LEAF SPORTS & ENTERTAINMENT PARTNERSHIP   p 919
See MAPLE LEAF SPORTS & ENTERTAINMENT LTD
MAPLE LODGE FARMS LTD   p 419
2222 Commerciale St, SAINT-FRANCOIS-DE-MADAWASKA, NB, E7A 1B6
(506) 992-2192   SIC 2015
MAPLE LODGE FARMS LTD   p 522
8175 Winston Churchill Blvd, BRAMPTON, ON, L6Y 0A3
(905) 454-5388   SIC 5411
MAPLE MANUFACTURING   p 850
See NIAGARA PISTON INC
MAPLE MANUFACTURING, DIV OF   p 500
See NIAGARA PISTON INC
MAPLE POST OFFICE   p 667
See CANADA POST CORPORATION
MAPLE RIDGE COMMUNITY GAMING CENTRE   p 236
22366 119 Ave, MAPLE RIDGE, BC, V2X 2Z3
SIC 7999
MAPLE RIDGE ELEMENTARY   p 236
See SCHOOL DISTRICT NO 42 (MAPLE RIDGE-PITT MEADOWS)
MAPLE RIDGE ELEMENTARY SCHOOL   p 777
See OTTAWA-CARLETON DISTRICT SCHOOL BOARD
MAPLE RIDGE PUBLIC SCHOOL   p 815
See DURHAM DISTRICT SCHOOL BOARD
MAPLE RIDGE SCHOOL   p 35
See CALGARY BOARD OF EDUCATION
MAPLE RIDGE SECONDARY SCHOOL   p 236
See SCHOOL DISTRICT NO 42 (MAPLE RIDGE-PITT MEADOWS)
MAPLE RIDGE SENIOR PUBLIC SCHOOL   p 553
See UPPER CANADA DISTRICT SCHOOL BOARD, THE
MAPLE RIDGE STEAK HOUSE LTD   p 236
20640 Dewdney Trunk Rd, MAPLE RIDGE, BC, V2X 3E5
(604) 465-8911   SIC 5812
MAPLE RIDGE TREATMENT CENTRE   p 236
See FRASER HEALTH AUTHORITY
MAPLE STAMPING   p 560
See MAGNA INTERNATIONAL INC
MAPLE STONE   p 462
See SHANNEX INCORPORATED
MAPLE TERRAZZO MARBLE & TILE INCORPORATED   p 561
200 Edgeley Blvd Unit 9, CONCORD, ON, L4K 3Y8
(905) 760-1776   SIC 8631
MAPLE VIEW LODGE   p 490
See UNITED COUNTIES OF LEEDS AND GRENVILLE

MAPLE VILLA LONG TERM CARE CENTRE   p 540
See DALLOV HOLDINGS LIMITED
MAPLE WOOD PUBLIC SCHOOL   p 710
See PEEL DISTRICT SCHOOL BOARD
MAPLE-REINDERS INC   p 65
32 Royal Vista Dr Nw Suite 205, CALGARY, AB, T3R 0H9
(403) 216-1455   SIC 1541
MAPLE-REINDERS INC   p 101
4050 69 Ave Nw, EDMONTON, AB, T6B 2V2
(780) 465-5980   SIC 1542
MAPLE-REINDERS INC   p 222
225 Lougheed Rd, KELOWNA, BC, V1V 2M1
(250) 765-8892   SIC 1541
MAPLE-REINDERS INC   p 229
9440 202 St Suite 216, LANGLEY, BC, V1M 4A6
(604) 546-0255   SIC 1542
MAPLECREST VILLAGE RETIREMENT RESIDENCE   p 598
See REVERA INC
MAPLEHURST BAKERIES INC   p 515
379 Orenda Rd, BRAMPTON, ON, L6T 1G6
(905) 791-7400   SIC 2051
MAPLEHURST BAKERIES INC   p 575
22 Victor St, ESSEX, ON, N8M 1J7
(519) 776-1568   SIC 2053
MAPLEHURST BAKERIES INC   p 1283
1700 Park St, REGINA, SK, S4N 6B2
(306) 359-7400   SIC 2051
MAPLEHURST PUBLIC SCHOOL   p 541
See HALTON DISTRICT SCHOOL BOARD
MAPLERIDGE CAPITAL CORPORATION   p 749
5000 Yonge St Suite 1408, NORTH YORK, ON, M2N 7E9
SIC 6162
MAPLERIDGE PUBLIC SCHOOL   p 818
See NEAR NORTH DISTRICT SCHOOL BOARD
MAPLES COLLEGIATE   p 369
See SEVEN OAKS SCHOOL DIVISION
MAPLES HOME FOR SENIORS, THE   p 872
See CARESSANT-CARE NURSING AND RETIREMENT HOMES LIMITED
MAPLETON SCHOOL   p 356
See LORD SELKIRK SCHOOL DIVISION, THE
MAPLEVIEW HEIGHTS ELEMENTARY   p 499
See SIMCOE COUNTY DISTRICT SCHOOL BOARD, THE
MAPLEWOOD HIGH SCHOOL   p 836
See TORONTO DISTRICT SCHOOL BOARD
MAPLEWOOD MANOR   p 980
See WESTERN HOSPITAL
MAPLEWOOD NURSING HOME LIMITED   p 882
73 Bidwell St, TILLSONBURG, ON, N4G 3T8
(519) 842-3563   SIC 8051
MAPLEWOOD PUBLIC SCHOOL   p 574
See GREATER ESSEX COUNTY DISTRICT SCHOOL BOARD
MAPLEWOOD, DIV OF   p 530
See OMNI HEALTH CARE LTD
MAPM ENTERPRISES   p 365
1011 Marion St, WINNIPEG, MB, R2J 0K9
(204) 231-5997   SIC 5541
MAQUATUA EEYOU SCHOOL   p 1261
See CREE SCHOOL BOARD
MAQUET-DYNAMED INC   p 673
235 Shields Crt, MARKHAM, ON, L3R 8V2
(905) 752-3300   SIC 5047
MAQUINNA ELEMENTARY SCHOOL   p 254
See SCHOOL DISTRICT #70 (ALBERNI) SCHOOL BOARD
MAR COR PURIFICATION   p 537
See BIOLAB EQUIPMENT LTD
MARACLE PRESS LIMITED   p 780

1156 King St E, OSHAWA, ON, L1H 1H8
(905) 723-3438   SIC 2752
MARANELLO MOTORS LIMITED   p 689
4505 Dixie Rd, MISSISSAUGA, ON, L4W 5K3
(905) 625-7533   SIC 5012
MARATHON HIGH SCHOOL   p 668
See SUPERIOR GREENSTONE DISTRICT SCHOOL BOARD
MARBEK RESOURCE CONSULTANTS LTD   p 802
222 Somerset St W Suite 300, OTTAWA, ON, K2P 2G3
(613) 523-0784   SIC 8748
MARBLE ELECTRONICS INC   p 604
650 Woodlawn Rd W Suite 16a, GUELPH, ON, N1K 1B8
(519) 767-2863   SIC 3647
MARBLE MOUNTAIN DEVELOPMENT CORPORATION   p 425
Trans Canada Hwy, CORNER BROOK, NL, A2H 2N2
(709) 637-7601   SIC 7011
MARBLE MOUNTAIN RESORT   p 425
See MARBLE MOUNTAIN DEVELOPMENT CORPORATION
MARBLE RESTAURANTS LTD   p 105
9054 51 Ave Nw Suite 200, EDMONTON, AB, T6E 5X4
(780) 462-5755   SIC 5812
MARBOR HOLDINGS LTD   p 243
422 Vernon St, NELSON, BC, V1L 4E5
(250) 352-5331   SIC 7011
MARC GARNEAU COLLEGIATE INSTITUTE   p 890
See TORONTO DISTRICT SCHOOL BOARD
MARCEL CHAREST ET FILS INC   p 1219
997 230 Rte E, SAINT-PASCAL, QC, G0L 3Y0
(418) 492-5911   SIC 1542
MARCH ALUMINUM LTD   p 975
172 Trowers Rd Unit 13, WOODBRIDGE, ON, L4L 8A7
(905) 851-7183   SIC 5049
MARCH OF DIMES CANADA   p 531
6 Glenn Wood Pl Unit 6, BROCKVILLE, ON, K6V 2T3
(613) 342-1935   SIC 8331
MARCH OF DIMES CANADA   p 552
555 Richmond St, CHATHAM, ON, N7M 1R2
(519) 351-8464   SIC 8331
MARCH OF DIMES CANADA   p 588
238 St Patrick St E, FERGUS, ON, N1M 1M6
(519) 787-3833   SIC 8331
MARCH OF DIMES CANADA   p 605
24 Main St N, HAGERSVILLE, ON, N0A 1H0
(905) 768-0041   SIC 8331
MARCH OF DIMES CANADA   p 610
50 King St E, HAMILTON, ON, L8N 1A6
(905) 522-2253   SIC 8331
MARCH OF DIMES CANADA   p 612
20 Jarvis St, HAMILTON, ON, L8R 1M2
(905) 528-4261   SIC 8059
MARCH OF DIMES CANADA   p 632
920 Princess St, KINGSTON, ON, K7L 1H1
(613) 549-4141   SIC 8331
MARCH OF DIMES CANADA   p 714
25 Glenn Hawthorne Blvd Suite 106, MISSISSAUGA, ON, L5R 3E6
(905) 568-9586   SIC 8331
MARCH OF DIMES CANADA   p 733
See MARCH OF DIMES CANADA
MARCH OF DIMES CANADA   p 733
351 Crowder Blvd Suite 414, NEWMARKET, ON, L3Y 8J5
(905) 953-9700   SIC 8331
MARCH OF DIMES CANADA   p 767
259 Robinson St, OAKVILLE, ON, L6J 6G8
(905) 845-7412   SIC 8059
MARCH OF DIMES CANADA   p 800
117 Centrepointe Dr Suite 250, OTTAWA, ON, K2G 5X3

▲ Public Company   ■ Public Company Family Member   HQ Headquarters   BR Branch   SL Single Location

(613) 596-3463   SIC 8331
MARCH OF DIMES CANADA   p 822
25 Marshall St Suite 100, RICHMOND HILL, ON, L4C 0A3
(905) 508-5555   SIC 8331
MARCH OF DIMES CANADA   p 824
13311 Yonge St Suite 202, RICHMOND HILL, ON, L4E 3L6
(905) 773-7758   SIC 8331
MARCH OF DIMES CANADA   p 832
277 Northern Ave E, SAULT STE. MARIE, ON, P6B 6E1
(705) 759-0328   SIC 8331
MARCH OF DIMES CANADA   p 832
31 Old Garden River Rd Suite 122, SAULT STE. MARIE, ON, P6B 5Y7
(705) 254-1099   SIC 8331
MARCH OF DIMES CANADA   p 852
436 Scott St Unit 3, ST CATHARINES, ON, L2M 3W6
(905) 938-2888   SIC 8331
MARCH OF DIMES CANADA   p 856
448 Louth St Suite 103, ST CATHARINES, ON, L2S 3S9
(905) 641-4911   SIC 8331
MARCH OF DIMES CANADA   p 877
237 Camelot St, THUNDER BAY, ON, P7A 4B2
(807) 345-6595   SIC 8331
MARCH OF DIMES CANADA   p 904
30 Saint Lawrence St Suite A3, TORONTO, ON, M5A 3C5
(416) 703-8781   SIC 8331
MARCHAND CANADIAN TIRE DE MONTREAL   p 1124
See MAGASIN MYRLANIE INC
MARCHAND CANADIAN TIRE DE SHAWINIGAN   p 1234
See ENTREPRISES SYLVIE DROLET INC
MARCHAND CANADIAN TIRE DE STE-FOY   p 987
See GESTION ALAIN LAFOREST INC
MARCHAND ENTREPRENEUR ELECTRICIEN LTEE   p 1203
1480 Rue Barre, SAINT-LAURENT, QC, H4L 4M6
(514) 748-6745   SIC 1731
MARCHANDS EN GROS DE FRUITS CANADAWIDE INC, LES   p 1124
1370 Rue De Beauharnois O Bureau 200, Montreal, QC, H4N 1J5
(514) 382-3232   SIC 5148
MARCHE A DESROCHERS INC   p 1261
10 Rue Du Centre-Sportif, WARWICK, QC, J0A 1M0
(819) 358-4950   SIC 5411
MARCHE ADONIS   p 1133
See 3459128 CANADA INC
MARCHE ADONIS   p 1178
See GROUPE ADONIS INC
MARCHE AU CHALET (1978) INC   p 1223
1300 Boul De Sainte-Adele, Sainte-Adele, QC, J8B 2N5
(450) 229-4256   SIC 7011
MARCHE BEL AIR INC   p 1046
180 Rue Beaudry N, JOLIETTE, QC, J6E 6A6
(450) 759-8731   SIC 5411
MARCHE BELLEMARE INC   p 1192
5350 Grande Allee Bureau 1353, SAINT-HUBERT, QC, J3Y 1A3
(450) 676-0220   SIC 5411
MARCHE CORRIVEAU INC   p 1134
370 Rue Saint-Jacques, NAPIERVILLE, QC, J0J 1L0
(450) 245-3316   SIC 5411
MARCHE DUNN (1990) INC   p 1260
1904 Boul Des Laurentides, VIMONT, QC, H7M 2P9
(450) 669-2633   SIC 5411
MARCHE FRAIS DE GATINEAU   p 1035

See 964211 ONTARIO LTD
MARCHE H. DAUPHINAIS INC   p 1058
60 202 Rte, LACOLLE, QC, J0J 1J0
(450) 246-3037   SIC 5411
MARCHE IGA   p 1224
See SOBEYS QUEBEC INC
MARCHE LAFLAMME   p 1039
See LAFLAMME, HENRI INC
MARCHE LAMBERT ET FRERES INC   p 1010
3500 Boul Frechette, CHAMBLY, QC, J3L 6Z6
(450) 447-1983   SIC 5411
MARCHE LAMBERT ET FRERES INC   p 1182
23 Boul Seigneurial O, SAINT-BRUNO, QC, J3V 2G9
(450) 653-4466   SIC 5411
MARCHE LAMBERT ET FRERES INC   p 1184
400 132 Rte, SAINT-CONSTANT, QC, J5A 2J8
SIC 5411
MARCHE LAPLANTE   p 1032
See SUPER MARCHE LARIVE INC
MARCHE LEBLANC MONTEE PAIEMENT INC   p 1034
435 Montee Paiement, GATINEAU, QC, J8P 0B1
(819) 561-5478   SIC 5411
MARCHE METRO   p 1248
See GESTION REJEAN MASSON INC
MARCHE METRO LEBLANC MALONEY INC   p 1034
910 Boul Maloney E, GATINEAU, QC, J8P 1H5
(819) 643-2353   SIC 5411
MARCHE METRO PERRIER ET MARTEL   p 1213
See SUPERMARCHE PERRIER ET MARTEL INC
MARCHE MOVENPICK   p 923
See RICHTREE MARKET RESTAURANTS INC
MARCHE TRADITION   p 1192
See SOBEYS QUEBEC INC
MARCHE TRADITION ST-GEORGES   p 1190
See 2788331 CANADA INC
MARCHE VEGETARIEN   p 1248
See MARCHE VEGETARIEN INC, LE
MARCHE VEGETARIEN INC, LE   p 1030
1100 Boul Saint-Joseph, DRUMMONDVILLE, QC, J2C 2C7
SIC 5431
MARCHE VEGETARIEN INC, LE   p 1238
50 Boul Jacques-Cartier N, SHERBROOKE, QC, J1J 2Z8
(819) 823-7646   SIC 5143
MARCHE VEGETARIEN INC, LE   p 1248
665 Boul Thibeau, Trois-Rivieres, QC, G8T 6Z6
SIC 5431
MARCHE VEGETARIEN, LE   p 1238
See MARCHE VEGETARIEN INC, LE
MARCHELINO RESTAURANT   p 789
See RICHTREE MARKET RESTAURANTS INC
MARCHELINO RESTAURANT MOVENPICK   p 920
See RICHTREE MARKET RESTAURANTS INC
MARCHELINO RESTAURANTS   p 907
See RICHTREE MARKET RESTAURANTS INC
MARCHER TRADITION LAJEUNESSE   p 1096
See SOBEYS QUEBEC INC
MARCHES FRERES LAMBERT, LES   p 1184
See SOBEYS QUEBEC INC
MARCHES PEPIN INC, LES   p 998
865 Boul Yvon-L'heureux N, BELOEIL, QC, J3G 6P5
(450) 467-3512   SIC 5411
MARCHES PILON MCKINNON INC, LES   p 1136
4 Rue Bridge, ORMSTOWN, QC, J0S 1K0
(450) 829-2252   SIC 5411
MARCHMONT PUBLIC SCHOOL   p 775
See SIMCOE COUNTY DISTRICT SCHOOL BOARD, THE
MARCIL LAVALLEE   p 594
1420 Blair Pl Suite 400, GLOUCESTER, ON, K1J 9L8
(613) 745-8387   SIC 8721
MARCO AND SANDRA'S NO FRILLS   p 613
See LOBLAW COMPANIES LIMITED
MARCOR AUTOMOTIVE INC   p 536
1164 Walker's Line, BURLINGTON, ON, L7M 1V2
(905) 549-6445   SIC 5013
MARCOTTE SYSTEMES LTEE   p 1255
1471 Boul Lionel-Boulet Unit9 28, VARENNES, QC, J3X 1P7
(450) 652-6000   SIC 5084
MARCUS EVANS   p 908
See INTERNATIONAL CHAMPIONSHIP MANAGEMENT LIMITED
MARFOGLIA EBENISTERIE INC   p 990
9031 Boul Parkway, ANJOU, QC, H1J 1N4
(514) 325-8700   SIC 2521
MARGARET AVENUE PUBLIC SCHOOL   p 642
See WATERLOO REGION DISTRICT SCHOOL BOARD
MARGARET BARBOUR COLLEGIATE INSTITUTE   p 359
See KELSEY SCHOOL DIVISION
MARGARET CHIMNEY PUBLIC SCHOOL   p 668
See SUPERIOR GREENSTONE DISTRICT SCHOOL BOARD
MARGARET D BENNIE PUBLIC SCHOOL   p 646
See GREATER ESSEX COUNTY DISTRICT SCHOOL BOARD
MARGARET GRANT SWIMMING POOL   p 389
See CITY OF WINNIPEG, THE
MARGARET JENKINS SCHOOL   p 328
See BOARD OF EDUCATION OF SCHOOL DISTRICT NO. 61 (GREATER VICTORIA)
MARGARET MOSS HEALTH CENTER   p 212
See VANCOUVER ISLAND HEALTH AUTHORITY
MARGARET PARK ELEMENTARY SCHOOL   p 371
See SEVEN OAKS SCHOOL DIVISION
MARGARET WOODING SCHOOL   p 158
See PRAIRIE ROSE SCHOOL DIVISION NO 8
MARGARETA ORIGINALS LTD   p 299
196 3rd Ave W Suite 102, VANCOUVER, BC, V5Y 1E9
SIC 2335
MARGARETT STENERSEN EMENTERAY SCHOOL   p 177
See SCHOOL DISTRICT NO 34 (ABBOTSFORD)
MARGARINE GOLDEN GATE-MICHCA INC   p 765
2835 Bristol Cir, OAKVILLE, ON, L6H 6X5
(905) 829-2942   SIC 2079
MARGARINE THIBAULT INC   p 1251
3000 Rue Jules-Vachon, Trois-Rivieres, QC, G9A 5E1
(819) 373-3333   SIC 2079
MARIA A. SHCHUKA BRANCH   p 934
See TORONTO PUBLIC LIBRARY BOARD
MARIANN HOME   p 822
See MARIANN NURSING HOME AND RESIDENCE
MARIANN NURSING HOME AND RESIDENCE   p 822
9915 Yonge St, RICHMOND HILL, ON, L4C 1V1

(905) 884-9276   SIC 8051
MARIANOPOLIS COLLEGE   p 1262
4873 Av Westmount, WESTMOUNT, QC, H3Y 1X9
(514) 931-8792   SIC 8221
MARID INDUSTRIES LIMITED   p 479
99 Windsor Junction Rd, WINDSOR JUNCTION, NS, B2T 1G7
(902) 860-1138   SIC 1791
MARIE CURIE ELEMENTARY SCHOOL   p 661
See CONSEIL SCOLAIRE VIAMONDE
MARIE OF THE INCARNATION SCHOOL   p 509
See SIMCOE MUSKOKA CATHOLIC DISTRICT SCHOOL BOARD
MARIE SHARPE SCHOOL   p 341
See SCHOOL DISTRICT NO 27 (CARIBOO-CHILCOTIN)
MARIE-LOU INC   p 1217
585 Av Principale, Saint-Marc-des-Carrieres, QC, G0A 4B0
(418) 268-5550   SIC 2353
MARIGOLD ELEMENTARY SCHOOL   p 333
See BOARD OF EDUCATION OF SCHOOL DISTRICT NO. 61 (GREATER VICTORIA)
MARIMAC INC   p 565
3400 Montreal Rd, CORNWALL, ON, K6H 5R5
(613) 937-4777   SIC 2258
MARINA DE REPENTIGNY, LA   p 1170
See 2437-0223 QUEBEC INC
MARINA DU PORT-QUEBEC   p 1150
See TRANSPORT CANADA
MARINE ATLANTIC INC   p 424
Gd, CHANNEL-PORT-AUX-BASQUES, NL, A0M 1C0
(709) 695-4200   SIC 4482
MARINE ATLANTIC INC   p 471
355 Purves St, NORTH SYDNEY, NS, B2A 3V2
(902) 794-5200   SIC 4482
MARINE CANADA ACQUISITION LIMITED PARTNERSHIP   p 266
3831 No. 6 Rd, RICHMOND, BC, V6V 1P6
(604) 270-6899   SIC 3492
MARINE ENGINEERING, DIV OF   p 1061
See WEIR CANADA, INC
MARINE HARVEST CANADA INC   p 256
7200 Cohoe Rd, PORT HARDY, BC, V0N 2P0
(250) 949-9699   SIC 2091
MARINELAND OF CANADA INC   p 735
9015 Stanley Ave, NIAGARA FALLS, ON, L2E 6X8
(905) 295-8191   SIC 7033
MARINELAND OF CANADA INC   p 737
7885 Stanley Ave, NIAGARA FALLS, ON, L2G 0C7
(905) 356-8250   SIC 7996
MARIO VINCENT   p 1031
225 Boul Saint-Joseph O, DRUMMONDVILLE, QC, J2E 1A9
(819) 477-0222   SIC 5812
MARIO'S NO FRILLS   p 677
See 1373372 ONTARIO LTD
MARION CARSON SCHOOL   p 58
See CALGARY BOARD OF EDUCATION
MARION M GRAHAM COLLEGIATE   p 1294
See BOARD OF EDUCATION OF SASKATOON SCHOOL DIVISION NO. 13 OF SASKATCHEWAN, THE
MARION MOHAWK   p 365
See MAPM ENTERPRISES
MARION SCHILLING ELEMENTARY SCHOOL   p 221
See SCHOOL DISTRICT 73 (KAMLOOPS/THOMPSON)
MARION SCHOOL   p 364
See LOUIS RIEL SCHOOL DIVISION
MARIPLEX COMFECTIONS   p 64
See EMPIRE THEATRES LIMITED
MARIPLEX CONFECTIONS   p 331
See EMPIRE THEATRES LIMITED

MARIPLEX CONFECTIONS *p 433*
See EMPIRE THEATRES LIMITED
MARIPLEX CONFECTIONS *p 697*
See EMPIRE THEATRES LIMITED
MARIPLEX CONFECTIONS *p 776*
See EMPIRE THEATRES LIMITED
MARIPOSA ELEMENTARY SCHOOL *p 772*
See TRILLIUM LAKELANDS DISTRICT SCHOOL BOARD
MARIPOSA MARKET *p 774*
See MARIPOSA MARKET LTD
MARIPOSA MARKET LTD *p 774*
109 Mississaga St E, ORILLIA, ON, L3V 1V6
(705) 325-8885   SIC 5947
MARITIME DOOR & WINDOW LTD *p 395*
28 Rue Acadie, BOUCTOUCHE, NB, E4S 2T2
(506) 743-2469   SIC 5211
MARITIME DOOR & WINDOW LTD *p 407*
118 Albert St, MONCTON, NB, E1C 1B2
(506) 388-3000   SIC 1751
MARITIME ELECTRIC COMPANY, LIMITED *p 981*
180 Kent St, CHARLOTTETOWN, PE, C1A 1N9
(800) 670-1012   SIC 4911
MARITIME FIBERGLASS, DIV OF *p 404*
See RPS COMPOSITES INC
MARITIME FRAME-IT *p 461*
See NATIONAL ART LIMITED
MARITIME HYDRAULIC REPAIR CENTRE (1997) LTD *p 410*
355 Macnaughton Ave, MONCTON, NB, E1H 2J9
(506) 858-0393   SIC 7699
MARITIME INN ANTIGONISH *p 442*
See MARITIME INNS & RESORTS INCORPORATED
MARITIME INNS & RESORTS INCORPORATED *p 442*
158 Main St, ANTIGONISH, NS, B2G 2B7
(902) 863-4001   SIC 7011
MARITIME LAW BOOK LTD *p 400*
30 Mackenzie Rd, FREDERICTON, NB, E3B 6B7
(506) 453-9921   SIC 2731
MARITIME PRESSUREWORKS LIMITED *p 448*
41 Estates Rd, DARTMOUTH, NS, B2Y 4K3
(902) 468-8461   SIC 7699
MARITIME PRESSUREWORKS LIMITED *p 473*
11 Pond Dr, SPRINGHILL, NS, B0M 1X0
(902) 597-3500   SIC 3634
MARITIME STEEL AND FOUNDRIES LIMITED *p 469*
379 Glasgow St, NEW GLASGOW, NS, B2H 5C3
SIC 3325
MARITIME STEEL AND FOUNDRIES LIMITED *p 982*
2744 North York River Rd, CHARLOTTETOWN, PE, C1E 1Z2
(902) 566-3000   SIC 3556
MARITIME TRAVEL INC *p 24*
1243 Mcknight Blvd Ne, CALGARY, AB, T2E 5T1
(403) 292-7474   SIC 4724
MARITIME TRAVEL INC *p 458*
2000 Barrington St Suite 202, HALIFAX, NS, B3J 3K1
(902) 420-1554   SIC 4725
MARITIME-ONTARIO FREIGHT LINES LIMITED *p 410*
11 Bill Slater Dr, MONCTON, NB, E1G 5X5
(506) 857-2297   SIC 4731
MARITIME-ONTARIO FREIGHT LINES LIMITED *p 410*
95 Urquhart Ave, MONCTON, NB, E1H 2R4

(506) 857-2297   SIC 4731
MARITIME-ONTARIO FREIGHT LINES LIMITED *p 512*
1 Maritime Ontario Blvd Suite 100, BRAMPTON, ON, L6S 6G4
(905) 602-0670   SIC 4212
MARITIME-ONTARIO FREIGHT LINES LIMITED *p 1026*
2800 Av Andre, DORVAL, QC, H9P 1K6
(514) 684-5458   SIC 4213
MARITIME-ONTARIO PARCEL, DIV OF *p 512*
See MARITIME-ONTARIO FREIGHT LINES LIMITED
MARITIMES & NORTHEAST PIPELINE *p 459*
See MARITIMES & NORTHEAST PIPELINE MANAGEMENT LTD
MARITIMES & NORTHEAST PIPELINE MANAGEMENT LTD *p 459*
1801 Hollis St Suite 1600, HALIFAX, NS, B3J 3N4
(902) 425-4474   SIC 1623
MARITZ AUTOMOTIVE RESEARCH GROUP DIV OF *p 902*
See MARITZ RESEARCH COMPANY
MARITZ RESEARCH COMPANY *p 902*
425 Bloor St E, TORONTO, ON, M4W 3R4
(416) 922-8014   SIC 8732
MARK ANTHONY GROUP INC *p 208*
465 Fraserview Pl, DELTA, BC, V3M 6H4
(604) 519-5370   SIC 2084
MARK ANTHONY GROUP INC *p 297*
887 Great Northern Way Suite 500, VANCOUVER, BC, V5T 4T5
(888) 394-1122   SIC 2084
MARK ANTHONY GROUP INC *p 936*
249 Dufferin St Suite 202, TORONTO, ON, M6K 1Z5
(647) 428-3123   SIC 5921
MARK ANTHONY PROPERTIES LTD *p 251*
7151 Sibco Landfill, OLIVER, BC, V0H 1T0
(250) 485-4400   SIC 6531
MARK ANTHONY PROPERTIES LTD *p 297*
887 Great Northern Way Suite 101, VANCOUVER, BC, V5T 4T5
(604) 263-9994   SIC 6719
MARK ISFELD SCHOOL *p 204*
See SCHOOL DISTRICT NO. 71 (COMOX VALLEY)
MARK MOTORS OF OTTAWA *p 787*
See MARK MOTORS OF OTTAWA (1987) LIMITED
MARK MOTORS OF OTTAWA (1987) LIMITED *p 787*
611 Montreal Rd Suite 1, OTTAWA, ON, K1K 0T8
(613) 749-4275   SIC 5511
MARK'S *p 832*
See MARK'S WORK WEARHOUSE LTD
MARK'S WORK WEARHOUSE #13 *p 32*
See MARK'S WORK WEARHOUSE LTD
MARK'S WORK WEARHOUSE #158 *p 593*
See MARK'S WORK WEARHOUSE LTD
MARK'S WORK WEARHOUSE #19 *p 56*
See MARK'S WORK WEARHOUSE LTD
MARK'S WORK WEARHOUSE #300 *p 345*
See MARK'S WORK WEARHOUSE LTD
MARK'S WORK WEARHOUSE #37 *p 121*
See MARK'S WORK WEARHOUSE LTD
MARK'S WORK WEARHOUSE #66 *p 878*
See MARK'S WORK WEARHOUSE LTD
MARK'S WORK WEARHOUSE 16 *p 32*
See MARK'S WORK WEARHOUSE LTD
MARK'S WORK WEARHOUSE 161 *p 680*
See MARK'S WORK WEARHOUSE LTD
MARK'S WORK WEARHOUSE 175 *p 795*
See MARK'S WORK WEARHOUSE LTD
MARK'S WORK WEARHOUSE 29 *p 95*
See MARK'S WORK WEARHOUSE LTD
MARK'S WORK WEARHOUSE 42 *p 1279*

See MARK'S WORK WEARHOUSE LTD
MARK'S WORK WEARHOUSE 74 *p 838*
See MARK'S WORK WEARHOUSE LTD
MARK'S WORK WEARHOUSE 78 *p 853*
See MARK'S WORK WEARHOUSE LTD
MARK'S WORK WEARHOUSE 79 *p 827*
See MARK'S WORK WEARHOUSE LTD
MARK'S WORK WEARHOUSE LTD *p 3*
202 Veterans Blvd Ne Suite 100, AIRDRIE, AB, T4B 3P2
(403) 948-7768   SIC 5963
MARK'S WORK WEARHOUSE LTD *p 10*
3014 Sunridge Blvd Ne, CALGARY, AB, T1Y 7G6
(403) 250-9942   SIC 5651
MARK'S WORK WEARHOUSE LTD *p 32*
6636 Macleod Trail Sw, CALGARY, AB, T2H 0K6
(403) 253-5708   SIC 5651
MARK'S WORK WEARHOUSE LTD *p 32*
1035 64 Ave Se Suite 30, CALGARY, AB, T2H 2J7
(403) 255-9220   SIC 5699
MARK'S WORK WEARHOUSE LTD *p 32*
33 Heritage Meadows Way Se Unit S8, CALGARY, AB, T2H 3B8
(403) 278-4885   SIC 5651
MARK'S WORK WEARHOUSE LTD *p 56*
350 Shawville Blvd Se Suite 240, CALGARY, AB, T2Y 3S4
(403) 201-4110   SIC 5651
MARK'S WORK WEARHOUSE LTD *p 85*
12222 137 Ave Nw Suite 121, EDMONTON, AB, T5L 4X5
(780) 478-6681   SIC 5699
MARK'S WORK WEARHOUSE LTD *p 95*
8882 170 St Nw Unit 1109, EDMONTON, AB, T5T 3J7
(780) 444-1831   SIC 5651
MARK'S WORK WEARHOUSE LTD *p 113*
1404 99 St Nw, EDMONTON, AB, T6N 0A8
(780) 468-6793   SIC 5699
MARK'S WORK WEARHOUSE LTD *p 121*
19 Riedel St Suite 200, FORT MCMURRAY, AB, T9H 5P8
(780) 791-5151   SIC 5699
MARK'S WORK WEARHOUSE LTD *p 128*
9821 116 St, GRANDE PRAIRIE, AB, T8W 0C7
(780) 532-9233   SIC 5651
MARK'S WORK WEARHOUSE LTD *p 141*
4107 80 Ave Suite 113, LLOYDMINSTER, AB, T9V 0X9
(780) 875-1221   SIC 5651
MARK'S WORK WEARHOUSE LTD *p 242*
6334 Metral Dr, NANAIMO, BC, V9T 2L8
(250) 390-1793   SIC 5699
MARK'S WORK WEARHOUSE LTD *p 272*
11380 Steveston Hwy Suite 120, RICHMOND, BC, V7A 5J5
(604) 241-4016   SIC 5651
MARK'S WORK WEARHOUSE LTD *p 329*
530 Chatham St Unit 1, VICTORIA, BC, V8T 5K1
(250) 382-1166   SIC 5699
MARK'S WORK WEARHOUSE LTD *p 345*
911 18th St N, BRANDON, MB, R7A 7S1
(204) 725-1508   SIC 5651
MARK'S WORK WEARHOUSE LTD *p 432*
95 Aberdeen Ave, ST. JOHN'S, NL, A1A 5P6
(709) 722-9870   SIC 5611
MARK'S WORK WEARHOUSE LTD *p 443*
1595 Bedford Hwy Suite 199, BEDFORD, NS, B4A 3Y4
(902) 832-0119   SIC 5651
MARK'S WORK WEARHOUSE LTD *p 452*
30 Lamont Terr, DARTMOUTH, NS, B3B 0B5
(902) 464-1128   SIC 5699
MARK'S WORK WEARHOUSE LTD *p 491*
15380 Bayview Ave, AURORA, ON, L4G 7J1
(905) 713-2935   SIC 5611
MARK'S WORK WEARHOUSE LTD *p 498*
27 Caplan Ave, BARRIE, ON, L4N 6K3

(705) 739-3512   SIC 5651
MARK'S WORK WEARHOUSE LTD *p 504*
214 Bell Blvd, BELLEVILLE, ON, K8P 5L8
(613) 966-4583   SIC 5651
MARK'S WORK WEARHOUSE LTD *p 510*
30 Great Lakes Dr Suite 111, BRAMPTON, ON, L6R 2K7
(905) 790-1599   SIC 5651
MARK'S WORK WEARHOUSE LTD *p 593*
1940 Innes Rd, GLOUCESTER, ON, K1B 3K5
(613) 744-2499   SIC 5651
MARK'S WORK WEARHOUSE LTD *p 676*
7700 Markham Rd Unit 2, MARKHAM, ON, L3S 4S1
(905) 201-6330   SIC 5651
MARK'S WORK WEARHOUSE LTD *p 680*
16825 Hwy 12, MIDLAND, ON, L4R 0A9
(705) 526-1301   SIC 5651
MARK'S WORK WEARHOUSE LTD *p 693*
1180 Dundas St E, MISSISSAUGA, ON, L4Y 2C1
(905) 275-6760   SIC 5651
MARK'S WORK WEARHOUSE LTD *p 709*
2333 Millrace Crt Unit 2-4, MISSISSAUGA, ON, L5N 1W2
(905) 821-6850   SIC 5136
MARK'S WORK WEARHOUSE LTD *p 733*
17820 Yonge St, NEWMARKET, ON, L3Y 8S1
(905) 895-7707   SIC 5651
MARK'S WORK WEARHOUSE LTD *p 765*
2501 Hyde Park Gate, OAKVILLE, ON, L6H 6G6
(905) 829-0844   SIC 5651
MARK'S WORK WEARHOUSE LTD *p 777*
2055 Tenth Line Rd Suite 7, ORLEANS, ON, K4A 4C5
(613) 824-7729   SIC 5699
MARK'S WORK WEARHOUSE LTD *p 780*
1397 Harmony Rd N, OSHAWA, ON, L1H 7K5
(905) 571-5992   SIC 5699
MARK'S WORK WEARHOUSE LTD *p 795*
2210 Bank St, OTTAWA, ON, K1V 1J5
(613) 733-8648   SIC 5651
MARK'S WORK WEARHOUSE LTD *p 803*
1605 16th St E, OWEN SOUND, ON, N4K 5N3
(519) 376-2677   SIC 5699
MARK'S WORK WEARHOUSE LTD *p 827*
1380 London Rd, SARNIA, ON, N7S 1P8
(519) 542-3429   SIC 5651
MARK'S WORK WEARHOUSE LTD *p 832*
548 Great Northern Rd, SAULT STE. MARIE, ON, P6B 4Z9
(705) 256-2247   SIC 5651
MARK'S WORK WEARHOUSE LTD *p 838*
1900 Eglinton Ave E, SCARBOROUGH, ON, M1L 2L9
(416) 759-4124   SIC 5651
MARK'S WORK WEARHOUSE LTD *p 853*
285 Geneva St, ST CATHARINES, ON, L2N 2G1
(905) 934-6464   SIC 5651
MARK'S WORK WEARHOUSE LTD *p 878*
969 Fort William Rd Unit 1, THUNDER BAY, ON, P7B 3A6
(807) 344-1634   SIC 5651
MARK'S WORK WEARHOUSE LTD *p 904*
167 Queen St E, TORONTO, ON, M5A 1S2
(416) 626-2729   SIC 5699
MARK'S WORK WEARHOUSE LTD *p 1043*
3388 Boul Taschereau Bureau 794, GREENFIELD PARK, QC, J4V 2H7
(450) 671-3750   SIC 5611
MARK'S WORK WEARHOUSE LTD *p 1084*
3500 Boul Du Tricentenaire, Montreal, QC, H1B 0A3
(514) 645-9882   SIC 5699
MARK'S WORK WEARHOUSE LTD *p 1279*
800 15th St E Suite 540, PRINCE ALBERT, SK, S6V 8E3
(306) 922-3414   SIC 5651

MARK'S WORK WEARHOUSE LTD p 1302
1715 Preston Ave N Suite 101, SASKATOON, SK, S7N 4V2
(306) 477-1444   SIC 5651
MARK'S WORK WEARHOUSE LTD p 1311
2 Chilkoot Way, WHITEHORSE, YT, Y1A 6T5
(867) 633-8457   SIC 5699
MARK'S WORK WEARHOUSE NO. 151 p 733
See MARK'S WORK WEARHOUSE LTD
MARK'S WORK WEARHOUSE NO. 46 p 1302
See MARK'S WORK WEARHOUSE LTD
MARKEM-IMAJE INC p 689
5448 Timberlea Blvd, MISSISSAUGA, ON, L4W 2T7
(905) 624-5872   SIC 5084
MARKET ENGINES p 1125
See 6091636 CANADA INC
MARKET HOSPITALITY CORP p 498
141 Mapleview Dr W, BARRIE, ON, L4N 9H7
(705) 726-9876   SIC 5812
MARKET LANE JUNIOR AND SENIOR PUBLIC SCHOOL p 905
See TORONTO DISTRICT SCHOOL BOARD
MARKET MALL p 58
See CADILLAC FAIRVIEW CORPORATION LIMITED, THE
MARKET PROBE CANADA COMPANY p 576
1243 Islington Ave Suite 200, ETOBICOKE, ON, M8X 1Y9
(416) 233-1555   SIC 8732
MARKET PROBE CANADA COMPANY p 897
40 Eglinton Ave E Suite 501, TORONTO, ON, M4P 3A2
(416) 487-4144   SIC 8732
MARKETING AND COMMUNICATION p 434
See MEMORIAL UNIVERSITY OF NEWFOUNDLAND
MARKETING STORE WORLDWIDE (CANADA) L.P., THE p 936
1209 King St W, TORONTO, ON, M6K 1G2
(416) 583-3931   SIC 8743
MARKETING STORE, THE p 936
See MARKETING STORE WORLDWIDE (CANADA) L.P., THE
MARKETING TANBORE p 1212
See NIVEL INC
MARKETPLACE AT LORETTE p 1295
See FCL ENTERPRISES CO-OPERATIVE
MARKETPLACE AT STONEWALL p 358
See FEDERATED CO-OPERATIVES LIMITED
MARKETPLACE IGA p 280
See H.Y. LOUIE CO. LIMITED
MARKHAM CENTENNIAL CENTRE p 945
8600 Mccowan Rd, UNIONVILLE, ON, L3P 3M2
(905) 294-6111   SIC 8322
MARKHAM DISTRICT HIGH SCHOOL p 669
See YORK REGION DISTRICT SCHOOL BOARD
MARKHAM ECONOMIST & SUN p 673
See METROLAND MEDIA GROUP LTD
MARKHAM GATEWAY PUBLIC SCHOOL p 676
See YORK REGION DISTRICT SCHOOL BOARD
MARKHAM LABEL HOLDINGS INC p 975
609 Hanlan Rd, WOODBRIDGE, ON, L4L 4R8
(905) 264-6654   SIC 2759
MARKHAM MAZDA p 668
See JAYFER AUTOMOTIVE GROUP (MARKHAM) INC
MARKHAM MUSEUM p 668
See CORPORATION OF THE CITY OF MARKHAM, THE
MARKHAM PUBLIC LIBRARY p 668
See CORPORATION OF THE CITY OF

MARKHAM, THE
MARKHAM PUBLIC LIBRARY BOARD p 669
6031 Highway 7 E, MARKHAM, ON, L3P 3A7
(905) 513-7977   SIC 8231
MARKHAM SOBEY'S p 669
See SOBEYS CAPITAL INCORPORATED
MARKHAM STOUFFVILLE HOSPITAL p 946
4 Campbell Dr, UXBRIDGE, ON, L9P 1S4
(905) 852-9771   SIC 8062
MARKHAM SUITES HOTEL LIMITED p 678
8500 Warden Ave, MARKHAM, ON, L6G 1A5
(905) 415-7638   SIC 5812
MARKHAM WOODBINE HOSPITALITY LTD p 673
3100 Steeles Ave E Suite 601, MARKHAM, ON, L3R 8T3
(905) 940-9409   SIC 7011
MARKHAM WOODBINE HOSPITALITY LTD p 673
7095 Woodbine Ave, MARKHAM, ON, L3R 1A3
SIC 7011
MARKHAVEN, INC p 669
54 Parkway Ave, MARKHAM, ON, L3P 2G4
(905) 294-2233   SIC 8361
MARKING SERVICES CANADA LTD p 135
3902 81 Ave, LEDUC, AB, T9E 0C3
(780) 986-8480   SIC 2679
MARKLAND ASSOCIATES LIMITED p 462
21 Hamshaw Dr, HALIFAX, NS, B3M 2G9
(902) 445-8920   SIC 1793
MARKSTAY PUBLIC SCHOOL p 678
See RAINBOW DISTRICT SCHOOL BOARD
MARKVILLE CHEVROLET INC p 669
5336 Highway 7 E, MARKHAM, ON, L3P 1B9
(905) 294-1440   SIC 5511
MARKVILLE SECONDARY SCHOOL p 945
See YORK REGION DISTRICT SCHOOL BOARD
MARKVILLE SHOPPING CENTER p 670
See CADILLAC FAIRVIEW CORPORATION LIMITED, THE
MARKVILLE TOYOTA p 675
See WEINS CANADA INC
MARLATT FUNERAL & CREMATION CENTRE p 609
See SERVICE CORPORATION INTERNATIONAL (CANADA) LIMITED
MARLBOROUGH ELEMENTARY SCHOOL p 969
See GREATER ESSEX COUNTY DISTRICT SCHOOL BOARD
MARLBOROUGH SCHOOL p 12
See CALGARY BOARD OF EDUCATION
MARLU INC p 1248
300 Rue Barkoff, Trois-Rivieres, QC, G8T 2A3
(819) 373-7921   SIC 5812
MARLU INC p 1251
4520 Boul Des Recollets, Trois-Rivieres, QC, G9A 4N2
(819) 373-5408   SIC 5812
MARLU INC p 1251
4585 Boul Gene-H.-Kruger, Trois-Rivieres, QC, G9A 4N4
(819) 375-8202   SIC 5812
MARMON/KEYSTONE CANADA INC p 534
1220 Heritage Rd, BURLINGTON, ON, L7L 4X9
(905) 319-4646   SIC 5051
MARMON/KEYSTONE CANADA INC p 1004
290 Ch Du Tremblay, BOUCHERVILLE, QC, J4B 5X9
(514) 527-9153   SIC 5051
MARMOT LODGE p 133
See JAS DAY INVESTMENTS LTD
MARNWOOD LIFECARE CENTRE p 507

See EXTENDICARE INC
MAROBI INC p 1193
3410 Rue Des Seigneurs E, SAINT-HYACINTHE, QC, J2R 1Z3
(450) 799-3515   SIC 4213
MARPOLE HOUSE RESTAURANT LTD p 319
1041 Marine Dr Sw Unit 635, VANCOUVER, BC, V6P 6L6
(604) 263-6675   SIC 5812
MARPOLE SAFEWAY p 319
See SOBEYS WEST INC
MARPOLE TRANSPORT LIMITED p 210
7086 Brown St, DELTA, BC, V4G 1G8
(604) 940-7000   SIC 4213
MARQUE D'OR INC p 1115
651 Rue Notre-Dame O, Montreal, QC, H3C 1H9
(514) 393-9900   SIC 8111
MARQUEE HOTELS LTD p 200
2857 Mara Dr, COQUITLAM, BC, V3C 5L3
(604) 506-2336   SIC 7011
MARQUEE HOTELS OAKVILLE INC p 767
2774 South Sheridan Way, OAKVILLE, ON, L6J 7T4
(905) 829-1145   SIC 7011
MARQUEST CANADIAN EQUITY INCOME FUND p 919
161 Bay St Suite 4420, TORONTO, ON, M5J 2S1
(416) 777-7350   SIC 6722
MARQUETTE REGIONAL HEALTH AUTHORITY p 355
344 Elm St, SHOAL LAKE, MB, R0J 1Z0
(204) 759-3441   SIC 8062
MARQUEZ TRANSTECH p 1084
See HUTCHINSON AERONAUTIQUE & INDUSTRIE LIMITEE
MARQUIS p 1003
See DISTRIBUTIONS ALIMENTAIRES LE MARQUIS INC
MARQUIS DE TRACY I, LE p 1242
7075 Av Du Major-Beaudet, SOREL-TRACY, QC, J3R 5R2
(450) 742-9555   SIC 8361
MARQUIS DE TRACY II p 1242
8200 Rue Industrielle, SOREL-TRACY, QC, J3R 5R3
(450) 746-9229   SIC 8361
MARQUIS DOWNS RACE TRACK p 1293
See SASKATOON PRAIRIELAND PARK CORPORATION
MARQUIS GAGNE p 1073
See MARQUIS IMPRIMEUR INC
MARQUIS IMPRIMEUR INC p 1073
750 Rue Deveault, LOUISEVILLE, QC, J5V 3C2
(819) 228-2766   SIC 2732
MARQUIS IMPRIMEUR INC p 1083
305 Boul Tache E, MONTMAGNY, QC, G5V 1C7
(418) 248-0737   SIC 2732
MARQUIS OF LONDON MFG. (1979) LTD p 299
33 8th Ave W, VANCOUVER, BC, V5Y 1M8
SIC 2386
MARRIOTT p 673
See MARKHAM WOODBINE HOSPITALITY LTD
MARRIOTT COURTYARD MONTREAL AIRPORT p 1204
7000 Place Robert-Joncas, SAINT-LAURENT, QC, H4M 2Z5
(514) 339-5333   SIC 7011
MARRIOTT HALIFAX HARBOURFRONT HOTEL p 458
See LUXURY HOTELS INTERNATIONAL OF CANADA, ULC
MARRIOTT MONTREAL AIRPORT p 1025
See LUXURY HOTELS INTERNATIONAL OF CANADA, ULC
**MARRIOTT NIAGARA FALLS FALLSVIEW

HOTEL & SPA** p 737
See NIAGARA 21ST GROUP INC
MARRIOTT REGIONAL WORLD WIDE RESERVATIONS CANADA ADMINISTRATION OFFICES p 399
See LUXURY HOTELS INTERNATIONAL OF CANADA, ULC
MARRIOTT RESIDENCE INN p 657
See ATLIFIC INC
MARRIOTT RESIDENCE INN - MONTREAL p 1104
See 9041-1273 QUEBEC INC
MARRIOTT WORLDWIDE RESERVATIONS p 827
See LUXURY HOTELS INTERNATIONAL OF CANADA, ULC
MARS CANADA INC p 506
12315 Coleraine Dr, BOLTON, ON, L7E 3B4
(905) 857-5620   SIC 2064
MARS CANADA INC p 506
37 Holland Dr, BOLTON, ON, L7E 5S4
(905) 857-5700   SIC 2064
MARS CANADA INC p 733
285 Harry Walker Pky N, NEWMARKET, ON, L3Y 7B3
(905) 853-6000   SIC 2064
MARS CONTRACTING CO. LTD p 254
3213 Kingsway Ave, PORT ALBERNI, BC, V9Y 3B3
(250) 724-3351   SIC 2411
MARS COURIER DIV p 672
See LITTLE GUYS DELIVERY SERVICE INC
MARSH CANADA LIMITED p 46
222 3 Ave Sw Suite 1100, CALGARY, AB, T2P 0B4
(403) 290-7900   SIC 6411
MARSH CANADA LIMITED p 81
10180 101 St Nw Suite 680, EDMONTON, AB, T5J 3S4
(780) 917-4850   SIC 6411
MARSH CANADA LIMITED p 81
10180 101 St Suite 680, EDMONTON, AB, T5J 3S4
(780) 917-4874   SIC 6411
MARSH CANADA LIMITED p 308
550 Burrard St Suite 800, VANCOUVER, BC, V6C 2K1
(604) 443-3554   SIC 6411
MARSH CANADA LIMITED p 375
1 Lombard Pl Suite 1420, WINNIPEG, MB, R3B 0X3
(204) 982-6526   SIC 8748
MARSH CANADA LIMITED p 459
1801 Hollis St Suite 1300, HALIFAX, NS, B3J 3N4
(902) 429-6710   SIC 6411
MARSH CANADA LIMITED p 459
5657 Spring Garden Rd Suite 701, HALIFAX, NS, B3J 3R4
(902) 429-2769   SIC 8721
MARSH CANADA LIMITED p 641
55 King St W Suite 205, KITCHENER, ON, N2G 4W1
(519) 585-3280   SIC 6411
MARSH CANADA LIMITED p 801
1130 Morrison Dr Suite 280, OTTAWA, ON, K2H 9N6
(613) 725-5050   SIC 6411
MARSH CANADA LIMITED p 915
200 King St W Suite 1806, TORONTO, ON, M5H 3T4
(416) 979-0123   SIC 6411
MARSH CANADA LIMITED p 919
120 Bremner Blvd Suite 800, TORONTO, ON, M5J 0A8
(416) 868-2600   SIC 6411
MARSH CANADA LIMITED p 919
120 Bremner Blvd Suite 800, TORONTO, ON, M5J 0A8
(416) 349-4700   SIC 6411
MARSH CANADA LIMITED p 1107
1981 Av Mcgill College Bureau 820, Mon-

treal, QC, H3A 3T4
(514) 285-5800 SIC 6411
MARSH CANADA LIMITED p 1296
122 1st Ave S Suite 301, SASKATOON, SK, S7K 7E5
(306) 683-6960 SIC 6411
MARSH, GLENDA PHARMACY LTD p 345
1350 18th St Suite 3, BRANDON, MB, R7A 5C4
(204) 729-8100 SIC 5912
MARSHALL GOWLAND MANOR p 828
See CORPORATION OF THE COUNTY OF LAMBTON
MARSHALL INDUSTRIES LIMITED p 428
Airport Rd, LABRADOR CITY, NL, A2V 2K6
(709) 944-5515 SIC 1791
MARSHALL MCLUHAN CATHOLIC SECONDARY SCHOOL p 923
See TORONTO CATHOLIC DISTRICT SCHOOL BOARD
MARSHALL PARK PUBLIC SCHOOL p 740
See NEAR NORTH DISTRICT SCHOOL BOARD
MARSHALL, STEVE MOTORS (1996) LTD p 195
2300 N Island Hwy, CAMPBELL RIVER, BC, V9W 2G8
(250) 287-9171 SIC 5511
MARSHALLS p 976
See WINNERS MERCHANTS INTERNATIONAL L.P.
MARSHES GOLF CLUB, THE p 624
See MARSHES GOLF CORPORATION
MARSHES GOLF CORPORATION p 624
320 Terry Fox Dr, KANATA, ON, K2K 3L1
(613) 271-3377 SIC 7997
MARSHVIEW MIDDLE SCHOOL p 414
See SCHOOL DISTRICT 2
MARTEC LIMITED p 459
1888 Brunswick St Suite 400, HALIFAX, NS, B3J 3J8
(902) 425-5101 SIC 8748
MARTEL & FILS p 1032
See ENTREPRISES FREMAKI INC, LES
MARTEL EXPRESS (MONTREAL) INC p 1210
10105 Boul Henri-Bourassa O, SAINT-LAURENT, QC, H4S 1A1
(514) 331-3311 SIC 4212
MARTENSVILLE CO-OP p 1274
See SASKATOON CO-OPERATIVE ASSOCIATION LIMITED, THE
MARTENSVILLE HIGH SCHOOL p 1274
See PRAIRIE SPIRIT SCHOOL DIVISION NO. 206
MARTHA CULLIMORE ELEMENTARY SCHOOL p 738
See DISTRICT SCHOOL BOARD OF NIAGARA
MARTHA CURRIE ELEMENTARY SCHOOL p 282
See SCHOOL DISTRICT NO 36 (SURREY)
MARTHA JANE NORRIS SCHOOL p 287
See SCHOOL DISTRICT NO 36 (SURREY)
MARTIN AIR HEATING & AIR CONDITIONING SERVICES LIMITED p 578
30 Fieldway Rd, ETOBICOKE, ON, M8Z 0E3
(416) 247-1777 SIC 1711
MARTIN COLLEGIATE p 1289
See BOARD OF EDUCATION REGINA SCHOOL DIVISION NO. 4 OF SASKATCHEWAN
MARTIN DEERLINE p 173
See MMD SALES LTD
MARTIN DESSERT INC p 1068
500 Rue De Bernieres, Levis, QC, G7A 1E1
(418) 836-1234 SIC 5812
MARTIN INC p 1199
285 Rue Saint-Jacques Bureau 2, SAINT-JEAN-SUR-RICHELIEU, QC, J3B 2L1
(450) 347-2373 SIC 7219
MARTIN MOTOR SPORTS p 14

See MMD SALES LTD
MARTIN MOTOR SPORTS SOUTH p 101
See MMD SALES LTD
MARTIN MOTOR SPORTS WEST p 92
See MMD SALES LTD
MARTIN ROSS GROUP INC p 756
250 Canarctic Dr, NORTH YORK, ON, M3J 2P4
SIC 5094
MARTIN SPROCKET & GEAR CANADA INC p 493
320 Darrell Dr Suite 1, AYR, ON, N0B 1E0
(519) 621-0546 SIC 5085
MARTIN STREET PUBLIC SCHOOL p 681
See HALTON DISTRICT SCHOOL BOARD
MARTIN'S BUS SERVICE p 725
See MARTIN, C. BUS SERVICE LIMITED
MARTIN'S FAMILY FRUIT FARM LTD p 573
22 Donway Crt, ELMIRA, ON, N3B 0B3
(519) 669-9822 SIC 2034
MARTIN'S PROCESSING p 573
See MARTIN'S FAMILY FRUIT FARM LTD
MARTIN, BOB CONSTRUCTION CO LTD p 634
1473 John Counter Blvd Suite 400, KINGSTON, ON, K7M 8Z6
(613) 548-7136 SIC 1521
MARTIN, C. BUS SERVICE LIMITED p 725
106 Advance Ave, NAPANEE, ON, K7R 3Y6
(613) 354-7545 SIC 4151
MARTIN-BROWER p 709
See MARTIN-BROWER OF CANADA CO
MARTIN-BROWER OF CANADA CO p 709
6990 Creditview Rd Suite 4, MISSISSAUGA, ON, L5N 8R9
(905) 363-7000 SIC 5113
MARTINGROVE COLLEGIATE INSTITUTE p 941
See TORONTO DISTRICT SCHOOL BOARD
MARTINI-VISPAK INC p 1126
174 Rue Merizzi, Montreal, QC, H4T 1S4
(514) 344-1551 SIC 7311
MARTINO CONTRACTORS LTD p 561
150 Connie Cres Unit 16, CONCORD, ON, L4K 1L9
(905) 760-9894 SIC 1711
MARTINREA AUTOMOTIVE INC p 586
340 Carlingview Dr, ETOBICOKE, ON, M9W 5G5
(416) 213-1717 SIC 3471
MARTINREA AUTOMOTIVE INC p 947
3210 Langstaff Rd, VAUGHAN, ON, L4K 5B2
(289) 982-3000 SIC 3499
MARTINREA AUTOMOTIVE SYSTEMS CANADA (AJAX) p 483
See MARTINREA AUTOMOTIVE SYSTEMS CANADA LTD
MARTINREA AUTOMOTIVE SYSTEMS CANADA (LONDON) p 665
See MARTINREA AUTOMOTIVE SYSTEMS CANADA LTD
MARTINREA AUTOMOTIVE SYSTEMS CANADA LTD p 483
650 Finley Ave, AJAX, ON, L1S 6N1
(905) 428-3737 SIC 3711
MARTINREA AUTOMOTIVE SYSTEMS CANADA LTD p 665
3820 Commerce Rd, LONDON, ON, N6N 1P6
(519) 690-5070 SIC 3711
MARTINREA INTERNATIONAL INC p 512
1995 Williams Pky, BRAMPTON, ON, L6S 6E5
(905) 799-2498 SIC 3499
MARTINREA INTERNATIONAL INC p 515
10 Atlas Crt, BRAMPTON, ON, L6T 5C1
(905) 791-7119 SIC 3499
MARTINREA INTERNATIONAL INC p 569
1130 Wellington St, DRESDEN, ON, N0P 1M0
(519) 683-6233 SIC 3499
MARTINREA INTERNATIONAL INC p 685

6655 Northwest Dr, MISSISSAUGA, ON, L4V 1L1
(905) 673-2424 SIC 3499
MARTINREA INTERNATIONAL INC p 702
2457 Lakeshore Rd W, MISSISSAUGA, ON, L5J 1J9
(905) 403-0456 SIC 3499
MARTINREA INTERNATIONAL INC p 882
301 Tillson Ave Unit 12, TILLSONBURG, ON, N4G 5E5
(519) 688-3693 SIC 3499
MARTINREA INTERNATIONAL INC p 947
3210 Langstaff Rd, VAUGHAN, ON, L4K 5B2
(289) 982-3000 SIC 3499
MARTINREA METALLIC CANADA INC p 947
3210 Langstaff Rd, VAUGHAN, ON, L4K 5B2
(416) 749-0314 SIC 3465
MARTINREA TILLSONBURG p 882
See MARTINREA INTERNATIONAL INC
MARU GROUP CANADA INC p 902
2 Bloor St E Suite 1600, TORONTO, ON, M4W 1A8
(647) 258-1416 SIC 8732
MARU VCR & C p 902
See MARU GROUP CANADA INC
MARVEL BEAUTY SCHOOL p 903
See TOWLE, RUSSELL L ENTERPRISES LTD
MARVIN HEIGHTS PUBLIC SCHOOL p 684
See PEEL DISTRICT SCHOOL BOARD
MARVIN WINDOWS & DOORS p 719
See MARVIN WINDOWS INC
MARVIN WINDOWS INC p 719
1455 Courtneypark Dr E, MISSISSAUGA, ON, L5T 2E3
(905) 670-5052 SIC 5211
MARWAYNE JUBILEE SCHOOL p 142
See BUFFALO TRAIL PUBLIC SCHOOLS REGIONAL DIVISION NO. 28
MARWICK MANUFACTURING INC p 685
6325 Northwest Dr, MISSISSAUGA, ON, L4V 1P6
(905) 677-0677 SIC 2789
MARWOOD LTD p 445
66 Pleasant Valley Rd, BROOKFIELD, NS, B0N 1C0
(902) 673-2508 SIC 2499
MARWOOD LTD p 464
1948 Hammonds Plains Rd, HAMMONDS PLAINS, NS, B4B 1P4
(902) 835-9629 SIC 2421
MARWOOD METAL FABRICATION LIMITED p 882
101 Townline Rd, TILLSONBURG, ON, N4G 5Y2
(519) 688-1144 SIC 3714
MARWOOD METAL FABRICATION LIMITED p 883
105 Spruce St, TILLSONBURG, ON, N4G 5C4
(519) 688-1144 SIC 3714
MARWOOD METAL FABRICATION LIMITED p 977
460 Industrial Dr Unit 4, WOODSTOCK, ON, N4S 7L1
(519) 688-1144 SIC 3714
MARY DUNCAN SCHOOL p 358
See KELSEY SCHOOL DIVISION
MARY FIX CATHOLIC SCHOOL p 697
See DUFFERIN-PEEL CATHOLIC DISTRICT SCHOOL BOARD
MARY HANLEY CATHOLIC ELEMENTARY SCHOOL p 112
See EDMONTON CATHOLIC SEPARATE SCHOOL DISTRICT NO.7
MARY HILL ELEMENTARY SCHOOL p 256
See SCHOOL DISTRICT NO. 43 (COQUITLAM)

MARY HONEYWELL ELEMENTARY SCHOOL p 730
See OTTAWA-CARLETON DISTRICT SCHOOL BOARD
MARY HOPKINS SCHOOL p 949
See HAMILTON-WENTWORTH DISTRICT SCHOOL BOARD, THE
MARY IMMACULATE HOSPITAL (MUNDARE) FOUNDATION p 146
Gd, MUNDARE, AB, T0B 3H0
(780) 764-3730 SIC 8051
MARY JANE SHANNON ELEMENTARY SCHOOL p 284
See SCHOOL DISTRICT NO 36 (SURREY)
MARY JOHNSTON PUBLIC SCHOOL p 953
See WATERLOO REGION DISTRICT SCHOOL BOARD
MARY KAY COSMETICS LTD p 709
2020 Meadowvale Blvd, MISSISSAUGA, ON, L5N 6Y2
(905) 858-0020 SIC 5122
MARY MONTGOMERY SCHOOL p 360
See FORT LA BOSSE SCHOOL DIVISION
MARY PHELAN CATHOLIC SCHOOL p 601
See WELLINGTON CATHOLIC DISTRICT SCHOOL BOARD
MARY SPEECHLY HALL p 390
See UNIVERSITY OF MANITOBA
MARY STREET COMMUNITY SCHOOL p 778
See DURHAM DISTRICT SCHOOL BOARD
MARY STREET EDUCATION CENTRE p 806
See RENFREW COUNTY CATHOLIC DISTRICT SCHOOL BOARD
MARY WARD CATHOLIC HIGH SCHOOL p 845
See TORONTO CATHOLIC DISTRICT SCHOOL BOARD
MARY WARD CATHOLIC SCHOOL p 738
See NIAGARA CATHOLIC DISTRICT SCHOOL BOARD
MARY'S HOME p 907
See ST VINCENT DE PAUL SOCIETY
MARYMOUND INC p 359
116 Hemlock Cres, THOMPSON, MB, R8N 0R6
(204) 778-5116 SIC 8322
MARYMOUNT ACADEMY p 1121
See COMMISSION SCOLAIRE ENGLISH-MONTREAL
MARYVALE PUBLIC SCHOOL p 887
See TORONTO DISTRICT SCHOOL BOARD
MARYVIEW SCHOOL p 153
See RED DEER CATHOLIC REGIONAL DIVISION NO. 39
MASCAREN INTERNATIONAL INC p 894
500a Danforth Ave Suite 304, TORONTO, ON, M4K 1P6
(416) 465-6690 SIC 7363
MASCO CANADA LIMITED p 527
46 Bosworth Crt, BRANTFORD, ON, N3S 7Y3
SIC 5074
MASCO CANADA LIMITED p 695
395 Matheson Blvd E, MISSISSAUGA, ON, L4Z 2H2
(905) 712-3030 SIC 3432
MASCO CANADA LIMITED p 858
350 South Edgeware Rd, ST THOMAS, ON, N5P 4L1
(519) 633-5050 SIC 3432
MASCO CANADA LIMITED p 858
35 Currah Rd, ST THOMAS, ON, N5P 3R2
SIC 3432
MASCOT TRUCK PARTS p 521
See MERITOR AFTERMARKET CANADA INC
MASK SECURITY INC p 432
38 Pearson St Suite 306, ST. JOHN'S, NL, A1A 3R1
(709) 368-4709 SIC 7381
MASKIMO CONSTRUCTION INC p 1051

861 Rang De L'achigan S, L'Epiphanie, QC, J5X 3M9
(450) 588-2591 SIC 2911
MASON GRAPHITE INC p 1020
3030 Boul Le Carrefour Bureau 600, COTE SAINT-LUC, QC, H7T 2P5
(514) 289-3580 SIC 1499
MASON LIFT LTD p 208
1605 Cliveden Ave, DELTA, BC, V3M 6P7
(604) 517-5600 SIC 7359
MASON ROAD p 839
See TORONTO DISTRICT SCHOOL BOARD
MASONIC PARK INC p 430
100 Masonic Dr, MOUNT PEARL, NL, A1N 3K5
SIC 8322
MASONITE INTERNATIONAL CORPORATION p 198
41916 Yarrow Central Rd, CHILLIWACK, BC, V2R 5E7
(604) 823-6223 SIC 2431
MASONITE INTERNATIONAL CORPORATION p 234
26977 56 Ave, LANGLEY, BC, V4W 3Y2
(604) 626-4555 SIC 2431
MASONITE INTERNATIONAL CORPORATION p 289
9255 194 St, SURREY, BC, V4N 4G1
(604) 882-9356 SIC 3312
MASONITE INTERNATIONAL CORPORATION p 561
2771 Rutherford Rd, CONCORD, ON, L4K 2N6
(905) 482-2370 SIC 2431
MASONITE INTERNATIONAL CORPORATION p 561
7171 Jane St, CONCORD, ON, L4K 1A7
(905) 660-3007 SIC 2431
MASONITE INTERNATIONAL CORPORATION p 665
3799 Commerce Road, LONDON, ON, N6N 1P9
(519) 644-2444 SIC 2431
MASONITE INTERNATIONAL CORPORATION p 1055
6184 Rue Notre-Dame, Lac-Megantic, QC, G6B 3B5
(819) 583-1550 SIC 2435
MASONITE INTERNATIONAL CORPORATION p 1055
4180 Rue Villeneuve, Lac-Megantic, QC, G6B 2C3
(819) 583-5885 SIC 2431
MASONITE INTERNATIONAL CORPORATION p 1067
445 1re Av, Levis, QC, G6W 5M6
(418) 839-0062 SIC 2431
MASONITE INTERNATIONAL CORPORATION p 1185
430 Rte 108 O Bureau 489, Saint-Ephrem-de-Beauce, QC, G0M 1R0
(418) 484-5666 SIC 2431
MASONITE INTERNATIONAL CORPORATION p 1263
92 2e Av, WINDSOR, QC, J1S 1Z4
(819) 845-2739 SIC 2431
MASONVILLE PLACE p 660
See CADILLAC FAIRVIEW CORPORATION LIMITED, THE
MASONVILLE PUBLIC SCHOOL p 661
See THAMES VALLEY DISTRICT SCHOOL BOARD

MASSEY COLLEGE p 926
See MASTER AND FELLOWS OF MASSEY COLLEGE, THE
MASSEY PUBLIC ELEMENTARY SCHOOL p 1288
See BOARD OF EDUCATION REGINA SCHOOL DIVISION NO. 4 OF SASKATCHEWAN
MASSEY STREET PUBLIC SCHOOL p 512
See PEEL DISTRICT SCHOOL BOARD
MASSEY VANIER HIGH SCHOOL p 1021
See COMMISSION SCOLAIRE EASTERN TOWNSHIPS
MASSEY, VINCENT PUBLIC SCHOOL p 785
See OTTAWA-CARLETON DISTRICT SCHOOL BOARD
MASSIV AUTOMATED SYSTEMS p 515
See MAGNA INTERNATIONAL INC
MASSIV DIE-FORM p 515
See MAGNA INTERNATIONAL INC
MASTER AND FELLOWS OF MASSEY COLLEGE, THE p 926
4 Devonshire Pl, TORONTO, ON, M5S 2E1
(416) 978-2892 SIC 6514
MASTER CRAFTSMAN p 512
See 821373 ONTARIO LTD
MASTER DESIGN p 756
See MARTIN ROSS GROUP INC
MASTER FLO p 49
See STREAM-FLO INDUSTRIES LTD
MASTER FLO VALVE INC p 46
202 6 Ave Sw Suite 400, CALGARY, AB, T2P 2R9
(403) 237-5557 SIC 3492
MASTER GARDENERS OF OTTAWA-CARLETON p 782
930 Carling Ave, OTTAWA, ON, K1A 0C6
(613) 236-0034 SIC 5261
MASTER HOSPITALITY RESOURCES LTD p 274
3580 Moncton St Unit 212, RICHMOND, BC, V7E 3A4
(604) 278-3024 SIC 7299
MASTER HUNG BBQ & WON TON p 271
8780 Blundell Rd Suite 140, RICHMOND, BC, V6Y 3Y8
(604) 272-3813 SIC 2098
MASTER MANUFACTURING INC p 683
2636 Drew Rd, MISSISSAUGA, ON, L4T 3M5
(905) 673-8255 SIC 2542
MASTER MECHANICAL CONTRACTORS INC p 414
11 Whitebone Way, SAINT JOHN, NB, E2J 4Y3
(506) 633-8001 SIC 1711
MASTER MECHANICAL PLUMBING & HEATING LTD p 32
6025 12 St Se Suite 19, CALGARY, AB, T2H 2K1
(403) 243-5880 SIC 1711
MASTER PACKAGING INC p 397
333 Boul Adelard-Savoie, DIEPPE, NB, E1A 7G9
(506) 389-3737 SIC 2653
MASTER PACKAGING INC p 980
23784 Trans Canada Highway, BORDEN-CARLETON, PE, C0B 1X0
(902) 437-3737 SIC 3554
MASTER PLANT-PROD INC p 515
314 Orenda Rd, BRAMPTON, ON, L6T 1G1
(905) 793-8000 SIC 2874
MASTERBATCHES DIVISION p 941
See CLARIANT (CANADA) INC
MASTERBRAND CABINETS INC p 810
944 Crawford Dr, PETERBOROUGH, ON, K9J 3X2
(705) 749-1201 SIC 2434
MASTERCARD SECURITY DIV OF p 38
See ALBERTA TREASURY BRANCHES
MASTERFEEDS INC p 116
1903 121 Ave Ne, EDMONTON, AB, T6S

1B2
(780) 472-6600 SIC 2048
MASTERFEEDS INC p 493
76 Mill St, BADEN, ON, N3A 2N6
(519) 634-5474 SIC 2048
MASTERFEEDS INC p 865
1131 Erie St, STRATFORD, ON, N5A 6S4
(519) 272-1768 SIC 8734
MASTERFEEDS INC p 865
130 Park St, STRATFORD, ON, N5A 3W8
(519) 273-1810 SIC 2048
MASTERFEEDS INC p 972
90540 London Rd Rr 2, WINGHAM, ON, N0G 2W0
(519) 357-3411 SIC 2048
MASTERFEEDS INC p 1283
745 Park St, REGINA, SK, S4N 4Y4
(306) 721-2727 SIC 2048
MASTERFEEDS LP p 345
1202 17th St E, BRANDON, MB, R7A 7C3
(204) 728-0231 SIC 2048
MASTERFEEDS LP p 659
1020 Hargrieve Rd Suite 1, LONDON, ON, N6E 1P5
(519) 685-4300 SIC 2048
MASTERFILE CORPORATION p 890
3 Concorde Gate Floor 4, TORONTO, ON, M3C 3N7
(416) 929-3000 SIC 7389
MASTERFOODS, DIV OF p 506
See MARS CANADA INC
MASTERMIND EDUCATIONAL p 896
See MASTERMIND LP
MASTERMIND EDUCTIONAL p 940
See MASTERMIND LP
MASTERMIND LP p 491
14872 Yonge St, AURORA, ON, L4G 1N2
(905) 841-9119 SIC 5999
MASTERMIND LP p 823
9350 Yonge St, RICHMOND HILL, ON, L4C 5G2
(905) 508-5001 SIC 5945
MASTERMIND LP p 896
3350 Yonge St, TORONTO, ON, M4N 2M7
(416) 487-7177 SIC 5945
MASTERMIND LP p 940
4242 Dundas St W Suite 12, TORONTO, ON, M8X 1Y6
(416) 239-1600 SIC 5947
MASTERPIECE INC p 156
3100 22 St, RED DEER, AB, T4R 3N7
(403) 341-5522 SIC 6513
MASTERPIECE INC p 1142
15 Place De La Triade, POINTE-CLAIRE, QC, H9R 0A3
(514) 695-6695 SIC 8361
MASTERS INSURANCE LIMITED p 561
7501 Keele St Suite 400, CONCORD, ON, L4K 1Y2
(905) 738-4164 SIC 6411
MATADOR CONVERTISSEURS CIE LTEE p 372
1465 Inkster Blvd, WINNIPEG, MB, R2X 1P6
(204) 632-6663 SIC 2221
MATADOR CONVERTISSEURS CIE LTEE p 1096
270 Rue De Louvain O, Montreal, QC, H2N 1B6
(514) 389-8221 SIC 2297
MATC p 380
See MANITOBA ADOLESCENT TREATMENT CENTRE INC
MATCH DRIVE INC p 689
5225 Satellite Dr, MISSISSAUGA, ON, L4W 5P9
(905) 566-2824 SIC 8742
MATCO p 92
See MID-ARCTIC TRANSPORTATION CO. LTD
MATCO TRANSPORTATION SYSTEMS p 19
See MID-ARCTIC TRANSPORTATION CO. LTD
MATCOR METAL FABRICATION, DIV OF p 592

See MATSU MANUFACTURING INC
MATECH B.T.A. INC p 1030
1570 Boul Saint-Charles, DRUMMONDVILLE, QC, J2C 4Z5
(819) 478-4015 SIC 5013
MATELAS DAUPHIN INC p 1162
999 Av De Bourgogne, Quebec, QC, G1W 4S6
(418) 652-3411 SIC 5712
MATERIAL RECOVERY FACILITY p 596
See CORPORATION OF THE COUNTY OF NORTHUMBERLAND
MATERIAL SCIENCE AND ENGINEERING p 925
See GOVERNING COUNCIL OF THE UNIVERSITY OF TORONTO
MATERIALS AND PROCUREMENT DEPARTMENT p 924
See TORONTO TRANSIT COMMISSION
MATERIALS MANAGEMENT p 39
See GOVERNORS OF THE UNIVERSITY OF CALGARY, THE
MATERIAUX AUDET INC p 1155
2795 Boul Pere-Lelievre, Quebec, QC, G1P 2X9
(418) 681-6261 SIC 5039
MATERIAUX BLANCHET INC p 989
2771 Rte De L'aeroport, AMOS, QC, J9T 3A8
(819) 732-6581 SIC 2421
MATERIAUX BLANCHET INC p 1219
1030 Rue Elgin S Bureau 356, SAINT-PAMPHILE, QC, G0R 3X0
(418) 356-3344 SIC 2421
MATERIAUX BOMAT INC p 1068
1212 Ch Industriel, Levis, QC, G7A 1B1
(418) 831-4848 SIC 5039
MATERIAUX BONHOMME INC p 1034
700 Rue Dollard, GATINEAU, QC, J8L 3H3
(819) 986-7155 SIC 5211
MATERIAUX BONHOMME INC p 1038
921 Boul Saint-Joseph, GATINEAU, QC, J8Z 1S8
(819) 595-2772 SIC 5211
MATERIAUX DE CONSTRUCTION CANADA CONTINENTAL p 1010
See CONTINENTAL BUILDING PRODUCTS CANADA INC
MATERIAUX DE CONSTRUCTION KP LTEE p 682
2700 Highpoint Dr, MILTON, ON, L9T 5G9
(905) 875-5336 SIC 5033
MATERIAUX DE CONSTRUCTION KP LTEE p 1142
3075 Aut Transcanadienne, POINTE-CLAIRE, QC, H9R 1B4
(514) 694-5855 SIC 3444
MATERIAUX DE CONSTRUCTION LETOURNEAU INC p 1235
550 Rue Du Parc-Industriel, SHERBROOKE, QC, J1C 0J2
(888) 566-5633 SIC 5211
MATERIAUX DE CONSTRUCTION OLDCASTLE CANADA INC, LE p 18
See MATERIAUX DE CONSTRUCTION OLDCASTLE CANADA INC, LES
MATERIAUX DE CONSTRUCTION OLDCASTLE CANADA INC, LE p 679
See MATERIAUX DE CONSTRUCTION OLDCASTLE CANADA INC, LES
MATERIAUX DE CONSTRUCTION OLDCASTLE CANADA INC, LE p 682
See MATERIAUX DE CONSTRUCTION OLDCASTLE CANADA INC, LES
MATERIAUX DE CONSTRUCTION OLDCASTLE CANADA INC, LES p 18
3601 72 Ave Se, CALGARY, AB, T2C 2K3

▲ Public Company   ■ Public Company Family Member   **HQ** Headquarters   **BR** Branch   **SL** Single Location

(403) 279-2544 SIC 3211
MATERIAUX DE CONSTRUCTION OLD-CASTLE CANADA INC, LES p 234
5075 275 St, LANGLEY, BC, V4W 0A8
(604) 607-1300 SIC 3211
MATERIAUX DE CONSTRUCTION OLD-CASTLE CANADA INC, LES p 304
Gd Stn Terminal, VANCOUVER, BC, V6B 3P7
(604) 270-8411 SIC 3271
MATERIAUX DE CONSTRUCTION OLD-CASTLE CANADA INC, LES p 506
3 Betomat Crt, BOLTON, ON, L7E 2V9
(905) 857-6773 SIC 3272
MATERIAUX DE CONSTRUCTION OLD-CASTLE CANADA INC, LES p 679
6860 Bank St Rr 3, METCALFE, ON, K0A 2P0
(613) 821-0898 SIC 3272
MATERIAUX DE CONSTRUCTION OLD-CASTLE CANADA INC, LES p 682
8375 5th Side Rd, MILTON, ON, L9T 2X7
(905) 875-4215 SIC 3272
MATERIAUX DE CONSTRUCTION OLD-CASTLE CANADA INC, LES p 861
682 Arvin Ave, STONEY CREEK, ON, L8E 5R4
SIC 3272
MATERIAUX DE CONSTRUCTION OLD-CASTLE CANADA INC, LES p 991
8140 Rue Bombardier, ANJOU, QC, H1J 1A4
(514) 351-2120 SIC 3272
MATERIAUX DE CONSTRUCTION OLD-CASTLE CANADA INC, LES p 991
8145 Rue Bombardier, ANJOU, QC, H1J 1A5
(514) 640-5355 SIC 5039
MATERIAUX DE CONSTRUCTION OLD-CASTLE CANADA INC, LES p 1009
2 Av D'inverness, CANDIAC, QC, J5R 4W5
(450) 444-5214 SIC 5039
MATERIAUX DE CONSTRUCTION OLD-CASTLE CANADA INC, LES p 1009
2 Av D'inverness, CANDIAC, QC, J5R 4W5
(450) 444-5214 SIC 2822
MATERIAUX DE CONSTRUCTION OLD-CASTLE CANADA INC, LES p 1187
500 Rue Saint-Eustache, SAINT-EUSTACHE, QC, J7R 7E7
(450) 491-7800 SIC 5039
MATERIAUX DE TOITURES BEACON DU CANADA p 557
See BEACON ROOFING SUPPLY CANADA COMPANY
MATERIAUX KOTT PLUS p 1192
See MATERIAUX KOTT, S.E.N.C.
MATERIAUX KOTT, S.E.N.C. p 1192
3400 Boul Sir-Wilfrid-Laurier, SAINT-HUBERT, QC, J3Y 6T1
(450) 445-5688 SIC 5039
MATERIAUX LAURENTIENS INC p 1200
2159 Boul Du Cure-Labelle, Saint-Jerome, QC, J7Y 1T1
(450) 438-9780 SIC 5211
MATERIAUX PONT MASSON INC p 550
See MATERIAUX PONT MASSON INC
MATERIAUX PONT MASSON INC p 550
8 Racine St, CASSELMAN, ON, K0A 1M0
(613) 764-2876 SIC 5211
MATERIAUX PONT MASSON INC p 1079
9070 Rte Sir-Wilfrid-Laurier, MIRABEL, QC, J7N 0T2

(450) 371-1162 SIC 5211
MATERIAUX R.M. BIBEAU LTEE p 1226
1185 Rue Principale, SAINTE-JULIE, QC, J3E 0C3
(450) 649-3350 SIC 5211
MATERIAUX R.M. BIBEAU LTEE p 1242
2425 Boul Saint-Louis, SOREL-TRACY, QC, J3R 4S6
(450) 743-3321 SIC 5072
MATERIAUX R.M. BIBEAU LTEE p 1255
1527 Ch Du Pays-Brule, VARENNES, QC, J3X 1P7
(450) 652-3997 SIC 5211
MATERIEL INDUSTRIEL LTEE, LE p 1176
325 La Grande-Caroline Rr 5, ROUGEMONT, QC, J0L 1M0
(450) 469-4934 SIC 3444
MATERIO p 1200
See MATERIAUX LAURENTIENS INC
MATHEMATIQUE p 1101
See UNIVERSITE DU QUEBEC
MATHESON & MACMILLAN (1993) LIMITED p 982
355 Sherwood Rd, CHARLOTTETOWN, PE, C1E 0E5
(902) 892-1057 SIC 2951
MATHEW MCNAIR SECONDARY SCHOOL p 272
See BOARD OF EDUCATION SCHOOL DISTRICT #38 (RICHMOND)
MATIERES REFRACTAIRES PEGASE p 1117
See NATABEC RECHERCHES ET TECHNOLOGIES INC
MATRIX p 410
See MATRIX LOGISTICS SERVICES LIMITED
MATRIX p 932
See MAVRIX GLOBAL FUND INC
MATRIX ASSET MANAGEMENT p 908
See MAVRIX AMERICAN GROWTH FUND
MATRIX GEOSERVICES LTD p 46
808 4 Ave Sw Suite 600, CALGARY, AB, T2P 3E8
(403) 294-0707 SIC 7374
MATRIX LOGISTICS SERVICES LIMITED p 10
2525 29 St Ne, CALGARY, AB, T1Y 7B5
(403) 291-9292 SIC 4225
MATRIX LOGISTICS SERVICES LIMITED p 266
3751 Viking Way, RICHMOND, BC, V6V 1W1
(778) 296-4070 SIC 4225
MATRIX LOGISTICS SERVICES LIMITED p 410
10 Deware Dr Suite 1, MONCTON, NB, E1H 2S6
(506) 863-1300 SIC 4225
MATRIX LOGISTICS SERVICES LIMITED p 522
2675 Steeles Ave W, BRAMPTON, ON, L6Y 5X3
(905) 451-6792 SIC 4225
MATRIX LOGISTICS SERVICES LIMITED p 565
1330 Optimum Dr, CORNWALL, ON, K6H 0B1
(613) 361-3860 SIC 4225
MATRIX LOGISTICS SERVICES LIMITED p 710
7045 Millcreek Dr, MISSISSAUGA, ON, L5N 3R3
SIC 4225
MATRIX LOGISTICS SERVICES LIMITED p 719
6941 Kennedy Rd, MISSISSAUGA, ON, L5T 2R6
(905) 795-2200 SIC 4225
MATRIX SOLUTIONS INC p 51
214 11 Ave Sw Suite 600, CALGARY, AB, T2R 0K1
(403) 237-0606 SIC 8748

MATRIX SOLUTIONS INC p 109
6325 Gateway Blvd Nw Suite 142, EDMONTON, AB, T6H 5H6
(780) 490-6830 SIC 8748
MATSQUI ELEMENTARY p 180
See SCHOOL DISTRICT NO 34 (ABBOTSFORD)
MATSQUI RECREATION CENTRE p 178
See CITY OF ABBOTSFORD
MATSQUI-SUMAS-ABBOTSFORD GENERAL HOSPITAL SOCIETY p 177
32900 Marshall Rd, ABBOTSFORD, BC, V2S 0C2
(604) 851-4700 SIC 8062
MATSU MANUFACTURING INC p 592
71 Todd Rd, GEORGETOWN, ON, L7G 4R8
SIC 8711
MATTAMY (MONARCH) LIMITED p 725
3584 Jockvale Rd, NEPEAN, ON, K2C 3H2
(613) 692-8672 SIC 8742
MATTAMY (MONARCH) LIMITED p 730
68 Hawktree Ridge, NEPEAN, ON, K2J 5N3
(613) 692-6093 SIC 7997
MATTAMY (UPPER GLEN ABBEY) LIMITED p 765
2360 Bristol Cir Suite 100, OAKVILLE, ON, L6H 6M5
(905) 829-7604 SIC 1521
MATTAMY DEVELOPMENT CORPORATION p 561
500, CONCORD, ON, L4K 4G7
(905) 907-8888 SIC 6552
MATTAMY HAWTHORNE VILLAGE p 682
See MATTAMY HOMES LIMITED
MATTAMY HOMES LIMITED p 546
605 Sheldon Dr, CAMBRIDGE, ON, N1T 2K1
SIC 1522
MATTAMY HOMES LIMITED p 682
1550 Derry Rd, MILTON, ON, L9T 1A1
(905) 875-2692 SIC 5211
MATTAWA DISTRICT PUBLIC SCHOOL p 679
See NEAR NORTH DISTRICT SCHOOL BOARD
MATTCO SERVICES LIMITED p 507
350 Waverley Rd, BOWMANVILLE, ON, L1C 4Y4
(905) 623-0175 SIC 5461
MATTHEW HALTON HIGH SCHOOL p 150
See LIVINGSTONE RANGE SCHOOL DIVISION NO 68
MATTHEWS CANADA LTD p 682
810 Nipissing Rd Suite 200, MILTON, ON, L9T 4Z9
(905) 878-2358 SIC 3366
MATTHEWS SCHOOL p 955
See DISTRICT SCHOOL BOARD OF NIAGARA
MATTHEWS, MARK PHARMACY LTD p 774
4435 Burnside Line, ORILLIA, ON, L3V 7X8
(705) 326-7373 SIC 5912
MATTIE MCCULLOGH ELEMENTARY SCHOOL p 156
See BOARD OF TRUSTEES OF THE RED DEER PUBLIC SCHOOL DISTRICT NO. 104, THE
MATTY ECKLER RECREATION CENTRE p 895
See CORPORATION OF THE CITY OF TORONTO
MAURICIE ENGLISH ELEMENTARY SCHOOL p 1250
See COMMISSION SCOLAIRE CENTRAL QUEBEC
MAUSER CANADA LTD p 536
1121 Pioneer Rd, BURLINGTON, ON, L7M 1K5
(416) 869-1227 SIC 3412
MAVENIR SYSTEMS NORTH AMERICA LTD p 1071
1111 Rue Saint-Charles O Bureau 850,

LONGUEUIL, QC, J4K 5G4
(877) 248-7103 SIC 7371
MAVERICK LAND CONSULTANTS LTD p 32
6940 Fisher Rd Se Suite 310, CALGARY, AB, T2H 0W3
(403) 243-7833 SIC 1389
MAVERICKS p 27
See CALGARY EXHIBITION AND STAMPEDE LIMITED
MAVI DEVELOPMENTS INC p 923
491 Eglinton Ave W Suite 503, TORONTO, ON, M5N 1A8
(416) 510-8181 SIC 6552
MAVRIX AMERICAN GROWTH FUND p 908
36 Lombard St Suite 2200, TORONTO, ON, M5C 2X3
(416) 362-3077 SIC 6722
MAVRIX FUND MANAGEMENT p 312
1055 Georgia St W Suite 2600, VANCOUVER, BC, V6E 3R5
(604) 647-5614 SIC 6211
MAVRIX GLOBAL FUND INC p 932
130 King St W Suite 2200, TORONTO, ON, M5X 2A2
(416) 362-3077 SIC 6722
MAX AICHER (NORTH AMERICA) REALTY INC p 609
855 Industrial Dr, HAMILTON, ON, L8L 0B2
(289) 426-5670 SIC 3312
MAX FUEL DISTRIBUTORS LTD p 164
701 12 Ave Ne, SLAVE LAKE, AB, T0G 2A2
(780) 849-3820 SIC 5171
MAX WRIGHT REAL ESTATE CORPORATION p 331
752 Douglas St, VICTORIA, BC, V8W 3M6
(250) 380-3933 SIC 6531
MAX'S BAKERY & DELICATESSEN p 300
See REDPATH FOODS INC
MAX'S BAKERY & DELICATESSEN p 315
See REDPATH FOODS INC
MAXAMA PROTECTION INC p 810
234 Romaine St, PETERBOROUGH, ON, K9J 2C5
(705) 745-7500 SIC 7381
MAXAN DRYWALL LIMITED p 765
2770 Brighton Rd, OAKVILLE, ON, L6H 5T4
(905) 829-0070 SIC 1742
MAXFIELD INC p 70
1026 Western Dr, CROSSFIELD, AB, T0M 0S0
(403) 946-5678 SIC 3533
MAXHIRE SOLUTIONS INC p 308
625 Howe St Suite 650, VANCOUVER, BC, V6C 2T6
(800) 206-7934 SIC 7371
MAXI p 987
See PROVIGO DISTRIBUTION INC
MAXI p 988
See PROVIGO DISTRIBUTION INC
MAXI p 989
See PROVIGO DISTRIBUTION INC
MAXI p 993
See PROVIGO DISTRIBUTION INC
MAXI p 998
See PROVIGO INC
MAXI p 999
See PROVIGO INC
MAXI p 1004
See PROVIGO DISTRIBUTION INC
MAXI p 1006
See PROVIGO DISTRIBUTION INC
MAXI p 1015
See PROVIGO DISTRIBUTION INC
MAXI p 1043
See PROVIGO DISTRIBUTION INC
MAXI p 1054
See PROVIGO INC
MAXI p 1056
See PROVIGO DISTRIBUTION INC
MAXI p 1061
See PROVIGO DISTRIBUTION INC
MAXI p 1065
See LOBLAWS INC

MAXI — MAYWOOD / MAZDA

MAXI p 1090
See PROVIGO INC
MAXI p 1096
See PROVIGO DISTRIBUTION INC
MAXI p 1122
See PROVIGO DISTRIBUTION INC
MAXI p 1133
See PROVIGO INC
MAXI p 1139
See PROVIGO DISTRIBUTION INC
MAXI p 1170
See PROVIGO INC
MAXI p 1172
See PROVIGO DISTRIBUTION INC
MAXI p 1173
See PROVIGO DISTRIBUTION INC
MAXI p 1175
See PROVIGO DISTRIBUTION INC
MAXI p 1176
See PROVIGO DISTRIBUTION INC
MAXI p 1186
See PROVIGO DISTRIBUTION INC
MAXI p 1197
See PROVIGO DISTRIBUTION INC
MAXI p 1202
See PROVIGO DISTRIBUTION INC
MAXI p 1207
See PROVIGO DISTRIBUTION INC
MAXI p 1215
See PROVIGO INC
MAXI p 1227
See PROVIGO DISTRIBUTION INC
MAXI p 1228
See PROVIGO DISTRIBUTION INC
MAXI p 1229
See PROVIGO DISTRIBUTION INC
MAXI p 1232
See PROVIGO INC
MAXI p 1234
See PROVIGO DISTRIBUTION INC
MAXI p 1235
See PROVIGO INC
MAXI p 1237
See PROVIGO DISTRIBUTION INC
MAXI p 1244
See PROVIGO DISTRIBUTION INC
MAXI p 1246
See PROVIGO DISTRIBUTION INC
MAXI p 1248
See PROVIGO DISTRIBUTION INC
MAXI p 1250
See PROVIGO DISTRIBUTION INC
MAXI p 1254
See LOBLAWS INC
MAXI # 8649 p 1167
See PROVIGO INC
MAXI # 8975 p 1196
See PROVIGO DISTRIBUTION INC
MAXI #8621 p 989
See PROVIGO DISTRIBUTION INC
MAXI #8630 p 1055
See PROVIGO DISTRIBUTION INC
MAXI #8689 p 1029
See PROVIGO INC
MAXI & CIE p 1020
See PROVIGO INC
MAXI & CIE p 1036
See PROVIGO DISTRIBUTION INC
MAXI & CIE p 1163
See LOBLAWS SUPERMARKETS LIMITED
MAXI & CIE p 1193
See PROVIGO DISTRIBUTION INC
MAXI & COMPAGNIE p 1072
See PROVIGO DISTRIBUTION INC
MAXI BAIE-COMEAU p 994
See PROVIGO DISTRIBUTION INC
MAXI BEAUPORT p 1146
See PROVIGO INC
MAXI COMPAGNIE p 1200
See PROVIGO DISTRIBUTION INC
MAXI FLEUR DE LYS p 1152
See PROVIGO DISTRIBUTION INC
MAXI FORET p 1249
See GROUPE CRETE DIVISION ST-FAUSTIN INC
MAXI JOLIETTE p 1046
See PROVIGO DISTRIBUTION INC
MAXI LACHENAIE 8622 p 1244
See PROVIGO DISTRIBUTION INC
MAXI LES SAULES p 1156
See PROVIGO DISTRIBUTION INC
MAXI LOUIS XIV p 1148
See PROVIGO INC
MAXI MONTMAGNY p 1084
See PROVIGO INC
MAXI PLESSISVILLE #8645 p 1138
See PROVIGO DISTRIBUTION INC
MAXI SNACK p 1059
See RAPIDE SNACK INC
MAXIM INTERNATIONAL TRUCKS p 1283
See MAXIM TRANSPORTATION SERVICES INC
MAXIM RENTALS & LEASING p 18
See MAXIM TRANSPORTATION SERVICES INC
MAXIM TRANSPORTATION p 96
See MAXIM TRANSPORTATION SERVICES INC
MAXIM TRANSPORTATION SERVICES INC p 18
6707 84 St Se, CALGARY, AB, T2C 4T6
(403) 571-1275 SIC 7513
MAXIM TRANSPORTATION SERVICES INC p 96
13240 170 St Nw, EDMONTON, AB, T5V 1M7
(780) 448-3830 SIC 7513
MAXIM TRANSPORTATION SERVICES INC p 387
45 Lowson Cres, WINNIPEG, MB, R3P 0T3
(204) 925-7080 SIC 7539
MAXIM TRANSPORTATION SERVICES INC p 991
11300 Rue Colbert, ANJOU, QC, H1J 2S4
(514) 354-9140 SIC 7513
MAXIM TRANSPORTATION SERVICES INC p 1279
Hwy 2 S, PRINCE ALBERT, SK, S6V 5S2
(306) 922-1900 SIC 5511
MAXIM TRANSPORTATION SERVICES INC p 1283
475 Henderson Dr, REGINA, SK, S4N 5W8
(306) 721-9700 SIC 5511
MAXIM TRUCK & TRAILER p 1279
See MAXIM TRANSPORTATION SERVICES INC
MAXIM TRUCK & TRAILER SERVICE p 387
See MAXIM TRANSPORTATION SERVICES INC
MAXIM TRUCK COLLISION & RECYCLING LTD p 96
13240 170 St Nw, EDMONTON, AB, T5V 1M7
(780) 448-3830 SIC 5521
MAXIMA CONFECTION INC p 993
262 Boul Coakley, ASBESTOS, QC, J1T 1A6
(514) 299-6754 SIC 2335
MAXIME'S RESTAURANT & LOUNGE p 368
See DION HOLDINGS LTD
MAXIMILIAN HUXLEY BUILDING & RENOVATIONS LTD p 331
Gd Stn Csc, VICTORIA, BC, V8W 2L9
(250) 598-2152 SIC 1521
MAXIMIZER SOFTWARE INC p 312
1090 Pender St W Suite 10, VANCOUVER, BC, V6E 2N7
(604) 331-0284 SIC 7372
MAXWELL MEDIA PRODUCTS p 28
See MAXWELL PAPER CANADA INC
MAXWELL PAPER CANADA INC p 28
421 Manitou Rd Se, CALGARY, AB, T2G 4C2
(403) 216-8710 SIC 5112
MAXWELL PAPER CANADA INC p 502
435 College St E, BELLEVILLE, ON, K8N 2Z2
(613) 962-7700 SIC 5112
MAXXAM p 24
See MAXXAM ANALYTICS INTERNATIONAL CORPORATION
MAXXAM ANALYTICS p 101
See MAXXAM ANALYTICS INTERNATIONAL CORPORATION
MAXXAM ANALYTICS p 189
See MAXXAM ANALYTICS INTERNATIONAL CORPORATION
MAXXAM ANALYTICS p 444
See MAXXAM ANALYTICS INTERNATIONAL CORPORATION
MAXXAM ANALYTICS p 475
See MAXXAM ANALYTICS INTERNATIONAL CORPORATION
MAXXAM ANALYTICS p 600
See MAXXAM ANALYTICS INTERNATIONAL CORPORATION
MAXXAM ANALYTICS p 710
See MAXXAM ANALYTICS INTERNATIONAL CORPORATION
MAXXAM ANALYTICS p 1212
See MAXXAM ANALYTICS INTERNATIONAL CORPORATION
MAXXAM ANALYTICS INTERNATIONAL CORPORATION p 24
2021 41 Ave Ne, CALGARY, AB, T2E 6P2
(403) 291-3077 SIC 8734
MAXXAM ANALYTICS INTERNATIONAL CORPORATION p 101
6744 50 St Nw, EDMONTON, AB, T6B 3M9
(780) 378-8500 SIC 8734
MAXXAM ANALYTICS INTERNATIONAL CORPORATION p 101
9331 48 St Nw, EDMONTON, AB, T6B 2R4
(780) 468-3500 SIC 8731
MAXXAM ANALYTICS INTERNATIONAL CORPORATION p 189
4606 Canada Way, BURNABY, BC, V5G 1K5
(604) 734-7276 SIC 8734
MAXXAM ANALYTICS INTERNATIONAL CORPORATION p 444
200 Bluewater Rd Suite 201, BEDFORD, NS, B4B 1G9
(902) 420-0203 SIC 8731
MAXXAM ANALYTICS INTERNATIONAL CORPORATION p 475
90 Esplanade St, SYDNEY, NS, B1P 1A1
(902) 567-1255 SIC 8734
MAXXAM ANALYTICS INTERNATIONAL CORPORATION p 600
335 Laird Rd Unit 2, GUELPH, ON, N1G 4P7
(519) 836-2400 SIC 8734
MAXXAM ANALYTICS INTERNATIONAL CORPORATION p 710
1919 Minnesota Crt Suite 500, MISSISAUGA, ON, L5N 0C9
(905) 288-2150 SIC 8734
MAXXAM ANALYTICS INTERNATIONAL CORPORATION p 1212
889 Montee De Liesse, SAINT-LAURENT, QC, H4T 1P5
(514) 448-9001 SIC 8748
MAXXI p 1073
See PROVIGO DISTRIBUTION INC
MAXXIS INTERNATIONAL-CANADA p 511
See CHENG SHIN RUBBER CANADA, INC
MAXXIUM CANADA p 576
See BEAM CANADA INC
MAYCO MIX LTD p 243
1125 Cedar Rd, NANAIMO, BC, V9X 1K9
(250) 722-0064 SIC 5032
MAYDAY CLEANING SERVICES INC p 202
910 Tupper Ave Unit 6, COQUITLAM, BC, V3K 1A5
(604) 540-8801 SIC 1799
MAYERTHORPE HEALTHCARE CENTRE p 142
See ALBERTA HEALTH SERVICES
MAYERTHORPE JUNIOR SENIOR HIGH SCHOOL p 143
See NORTHERN GATEWAY REGIONAL DIVISION #10
MAYFAIR BUSINESS COLLEGE p 128
See MAYFAIR PERSONNEL (NORTHERN) LTD
MAYFAIR COLONY FARMS LTD p 350
Gd, KILLARNEY, MB, R0K 1G0
(204) 523-7317 SIC 7389
MAYFAIR COLONY OF HUTTERIAN BRETHREN-TRUST p 350
See MAYFAIR COLONY FARMS LTD
MAYFAIR COMMUNITY SCHOOL p 1299
See BOARD OF EDUCATION OF SASKATOON SCHOOL DIVISION NO. 13 OF SASKATCHEWAN, THE
MAYFAIR PERSONNEL (NORTHERN) LTD p 128
11039 78 Ave Suite 102, GRANDE PRAIRIE, AB, T8W 2J7
(780) 539-5090 SIC 7361
MAYFAIR PROPERTIES LTD p 331
642 Johnson St, VICTORIA, BC, V8W 1M6
(250) 388-5513 SIC 7011
MAYFAIR RAQUET & FITNESS CLUBS p 896
See MAYFAIR TENNIS COURTS LIMITED
MAYFAIR TENNIS COURTS LIMITED p 896
801 Lake Shore Blvd E, TORONTO, ON, M4M 1A9
(416) 466-3770 SIC 7997
MAYFIELD COLONY p 73
See PRAIRIE ROSE SCHOOL DIVISION NO 8
MAYFIELD INVESTMENTS LTD p 81
10010 106 St Nw Suite 1005, EDMONTON, AB, T5J 3L8
(780) 424-2921 SIC 7011
MAYFIELD INVESTMENTS LTD p 144
1051 Ross Glen Dr Se, MEDICINE HAT, AB, T1B 3T8
(403) 502-8185 SIC 7011
MAYFIELD RETIREMENT RESIDENCE p 818
See CSH MAYFIELD RETIREMENT HOME INC
MAYFIELD SCHOOL p 88
See EDMONTON SCHOOL DISTRICT NO. 7
MAYFIELD SECONDARY SCHOOL p 516
See PEEL DISTRICT SCHOOL BOARD
MAYFIELD SUITES GENERAL PARTNER INC p 689
5400 Dixie Rd, MISSISSAUGA, ON, L4W 4T4
(905) 238-0159 SIC 7011
MAYLAND HEIGHTS SCHOOL p 22
See CALGARY BOARD OF EDUCATION
MAYMONT CENTRAL SCHOOL p 1274
See LIVING SKY SCHOOL DIVISION NO. 202
MAYNARD NURSING HOME p 936
See 341822 ONTARIO INC
MAYNARD PUBLIC SCHOOL p 818
See UPPER CANADA DISTRICT SCHOOL BOARD, THE
MAYNARDS INDUSTRIES LTD p 297
1837 Main St, VANCOUVER, BC, V5T 3B8
(604) 876-6787 SIC 7389
MAYWOOD COMMUNITY SCHOOL p 192
See BURNABY SCHOOL BOARD DISTRICT 41
MAYWOOD ELEMENTARY p 854
See DISTRICT SCHOOL BOARD OF NIAGARA
MAZDA 2-20 p 1024
See 2320-3755 QUEBEC INC
MAZDA CANADA INC p 76
9590 125a Ave Nw, EDMONTON, AB, T5G 3E5
SIC 5013
MAZDA CANADA INC p 975
7635 Martin Grove Rd, WOODBRIDGE, ON, L4L 2C5
(905) 850-8111 SIC 5511
MAZDA CANADA INC p 994
25 Boul Comeau, BAIE-COMEAU, QC, G4Z

3A7
(418) 296-2828   SIC 7539
MAZDA CANADA INC   p 1074
2940 Rue Sherbrooke, MAGOG, QC, J1X 4G4
(819) 843-2424   SIC 5511
MAZDA DE SHERBROOKE   p 1240
See 9101-2468 QUEBEC INC
MAZDA PRESIDENT   p 989
See 6202683 CANADA INC
MAZERGROUP - NEEPAWA   p 352
See MAZERGROUP LTD
MAZERGROUP LTD   p 350
Po Box 21, HARTNEY, MB, R0M 0X0
(204) 858-2000   SIC 5999
MAZERGROUP LTD   p 352
Gd, NEEPAWA, MB, R0J 1H0
(204) 476-2364   SIC 5999
MAZERGROUP LTD   p 353
Hwy 1a W, PORTAGE LA PRAIRIE, MB, R1N 3C3
(204) 857-8711   SIC 5999
MAZERGROUP LTD   p 356
Po Box 508, SHOAL LAKE, MB, R0J 1Z0
(204) 759-2126   SIC 5999
MAZO DE LA ROCHE PUBLIC SCHOOL   p 735
See YORK REGION DISTRICT SCHOOL BOARD
MB SANFORD ELEMENTARY SCHOOL   p 287
See SCHOOL DISTRICT NO 36 (SURREY)
MBAC FERTILIZER CORP   p 912
1 Dundas St W Suite 2500, TORONTO, ON, M5G 1Z3
(416) 367-2200   SIC 1475
MBBC HOLDINGS   p 438
See A & W FOOD SERVICES OF CANADA INC
MBCI   p 367
See MENNONITE BRETHREN COLLEGIATE INSTITUTE
MBG BUILDINGS INC   p 148
Gd, OKOTOKS, AB, T1S 1A2
(403) 262-9020   SIC 1541
MBM & CO   p 791
See MBM INTELLECTUAL PROPERTY LAW LLP
MBM INTELLECTUAL PROPERTY LAW LLP   p 308
700 Pender St W Suite 700, VANCOUVER, BC, V6C 1G8
(604) 669-4350   SIC 8111
MBM INTELLECTUAL PROPERTY LAW LLP   p 308
200 Granville St Suite 2200, VANCOUVER, BC, V6C 1S4
(604) 669-4350   SIC 8111
MBM INTELLECTUAL PROPERTY LAW LLP   p 791
275 Slater St Suite 1400, OTTAWA, ON, K1P 5H9
(613) 567-0762   SIC 8111
MBNA CANADA BANK   p 593
1600 James Naismith Dr Suite 800, GLOUCESTER, ON, K1B 5N8
(613) 907-4800   SIC 6021
MBS STEEL LTD   p 511
62 Progress Crt, BRAMPTON, ON, L6S 5X2
SIC 3441
MBW COURIER INCORPORATED   p 478
142 Parkway Dr, TRURO HEIGHTS, NS, B6L 1N8
(902) 895-5120   SIC 7389
MC COMMERCIAL INC.   p 534
5420 North Service Rd Suite 300, BURLINGTON, ON, L7L 6C7
(905) 315-2300   SIC 5064
MC DONALD   p 1179
See GESTION CEBA INC
MC DONALD'S   p 1227
See GESTION AJJARO INC
MC DONALD'S   p 1289
See KJMAL ENTERPRISES LTD

MC DONALDS   p 1195
See RESTAURANTS MAC-VIC INC, LES
MC DONALDS   p 1223
See RESTAURANT SYLVAIN VINCENT INC, LES
MC G. POLE LINE LTD   p 871
167005 Sideroad 17a, SUNDERLAND, ON, L0C 1H0
SIC 1731
MC GINTY HOUSE   p 612
See GOOD SHEPHERD NON-PROFIT HOMES INC
MC SOUND INVESTMENTS INC   p 679
334 Sykes St S, MEAFORD, ON, N4L 1X1
(519) 538-2905   SIC 5812
MC SOUND INVESTMENTS INC   p 803
1015 10th St W, OWEN SOUND, ON, N4K 5S2
(519) 371-3363   SIC 5812
MCADAM AVENUE ELEMENTARY SCHOOL   p 398
See ANGLOPHONE WEST SCHOOL DISTRICT (ASD-W)
MCADAM HIGH SCHOOL   p 404
See ANGLOPHONE WEST SCHOOL DISTRICT (ASD-W)
MCADAMS SAVE EASY   p 404
See ATLANTIC WHOLESALERS LTD
MCAMM ENTERPRIZES LTD   p 573
24 Yonge St N Unit D, ELMVALE, ON, L0L 1P0
(705) 322-4444   SIC 5812
MCAMM ENTERPRIZES LTD   p 680
9195 Hwy 93, MIDLAND, ON, L4R 4K4
(705) 526-4631   SIC 5812
MCAP   p 915
See MCAP FINANCIAL CORPORATION
MCAP FINANCIAL CORPORATION   p 915
200 King St W Suite 400, TORONTO, ON, M5H 3T4
(416) 368-8844   SIC 6163
MCAP SERVICE CORPORATION   p 641
101 Frederick St Suite 600, KITCHENER, ON, N2H 6R2
(519) 743-7800   SIC 6162
MCARA PRINTING   p 22
See CANADIAN BANK NOTE COMPANY, LIMITED
MCARTHUR ELEMENTARY SCHOOL   p 84
See EDMONTON SCHOOL DISTRICT NO. 7
MCARTHUR EXPRESS   p 1211
See TRANSPORT TFI 21, S.E.C.
MCATEER, J.J. & ASSOCIATES INCORPORATED   p 673
45 Mcintosh Dr, MARKHAM, ON, L3R 8C7
(905) 946-8655   SIC 8741
MCAULAY ELEMENTARY SCHOOL   p 335
See BOARD OF EDUCATION OF SCHOOL DISTRICT NO. 61 (GREATER VICTORIA)
MCBAIN CAMERA LTD   p 77
10805 107 Ave Nw, EDMONTON, AB, T5H 0W9
(780) 420-0404   SIC 5946
MCBRIDE & DISTRICT HOSPITAL   p 237
1136 5th Ave, MCBRIDE, BC, V0J 2E0
SIC 8062
MCBRIDE AVENUE PUBLIC SCHOOL   p 700
See PEEL DISTRICT SCHOOL BOARD
MCBURL CORP   p 534
4490 Fairview St, BURLINGTON, ON, L7L 5P9
SIC 5812
MCBURL CORP   p 536
2991 Walker's Line, BURLINGTON, ON, L7M 4K5
(905) 336-8761   SIC 5812
MCBURL CORP   p 539
1505 Guelph Line, BURLINGTON, ON, L7P 3B6
(905) 336-2331   SIC 5812
MCBURL CORP   p 540
689 Guelph Line, BURLINGTON, ON, L7R

3M7
(905) 639-1661   SIC 5812
MCC SUPPORTIVE CARE SERVICES p 177
See MENNONITE CENTRAL COMMITTEE CANADA
MCCABE STEEL   p 861
See RUSSEL METALS INC
MCCAIG SCHOOL   p 1176
See SIR WILFRID LAURIER SCHOOL BOARD
MCCAIN FOODS CANADA   p 586
See MCCAIN FOODS LIMITED
MCCAIN FOODS LIMITED   p 586
10 Carlson Crt Unit 200, ETOBICOKE, ON, M9W 6L2
(416) 679-1700   SIC 2037
MCCAIN PRODUCE INC   p 398
8734 Main St Unit 1, FLORENCEVILLE-BRISTOL, NB, E7L 3G6
(506) 392-3036   SIC 5148
MCCAIN PRODUCE INC   p 404
225 Lansdowne Rd, LANSDOWNE, NB, E7L 4A8
(506) 375-5019   SIC 5148
MCCAIN PRODUCE INC   p 985
245 Macewen Rd, SUMMERSIDE, PE, C1N 5V2
(902) 888-5566   SIC 5148
MCCALL CENTRE FOR CONTINUING CARE   p 580
See EXTENDICARE INC
MCCALLUM PRINTING GROUP INC   p 77
11755 108 Ave Nw, EDMONTON, AB, T5H 1B8
(780) 455-8885   SIC 2759
MCCALLUM, PERCY P SCHOOL   p 967
See GREATER ESSEX COUNTY DISTRICT SCHOOL BOARD
MCCAMMON TRADITIONAL ELEMENTARY SCHOOL   p 197
See SCHOOL DISTRICT NO 33 CHILLIWACK
MCCANN EQUIPMENT LTD   p 1026
10255 Ch Cote-De-Liesse, DORVAL, QC, H9P 1A3
(514) 636-6344   SIC 5084
MCCANN REDI-MIX INC   p 588
140 Thames Rd W Ss 3, EXETER, ON, N0M 1S3
(519) 235-0338   SIC 3273
MCCANN WORLDGROUP CANADA INC   p 28
238 11 Ave Se Suite 100, CALGARY, AB, T2G 0X8
(403) 269-6120   SIC 7311
MCCANN WORLDGROUP CANADA INC   p 304
100 W Pender St 8th Fl, VANCOUVER, BC, V6B 1R8
(604) 689-1131   SIC 7311
MCCANN WORLDGROUP CANADA INC   p 930
200 Wellington St W Suite 1300, TORONTO, ON, M5V 0N6
(416) 594-6000   SIC 7311
MCCARTHY TETRAULT LLP   p 46
421 7 Ave Sw Suite 3300, CALGARY, AB, T2P 4K9
(403) 260-3500   SIC 8111
MCCARTHY TETRAULT LLP   p 1112
1000 Rue De La Gauchetiere O Bureau 2500, Montreal, QC, H3B 0A2
(514) 397-4100   SIC 8111
MCCARTHY'S ROOFING LIMITED   p 395
26 Rue Industrielle, BOUCTOUCHE, NB, E4S 3H9
SIC 1761
MCCARTHY-ELLIS MERCANTILE LTD   p 548
130 Grand Rd, CAMPBELLFORD, ON, K0L 1L0
(705) 653-3250   SIC 5311
MCCASKILL MILLS   p 548

See DURHAM DISTRICT SCHOOL BOARD
MCCASKILL'S MILLS PUBLIC SCHOOL   p 548
See DURHAM DISTRICT SCHOOL BOARD
MCCAUSLAND HOSPITAL, THE   p 872
2b Cartier Dr, TERRACE BAY, ON, P0T 2W0
(807) 825-3273   SIC 8062
MCCLOSKEY ELEMENTARY SCHOOL   p 209
See DELTA SCHOOL DISTRICT NO.37
MCCLUSKEY TRANSPORTATION SERVICES LIMITED   p 586
514 Carlingview Dr Unit 200, ETOBICOKE, ON, M9W 5R3
(416) 246-1422   SIC 4151
MCCONNELL PLACE NORTH   p 75
See CAPITAL CARE GROUP INC
MCCONNELL PLACE WEST   p 89
See CAPITAL CARE GROUP INC
MCCORMICK RANKIN CORPORATION   p 641
72 Victoria St S Suite 100, KITCHENER, ON, N2G 4Y9
(519) 741-1464   SIC 8711
MCCORMICK RANKIN CORPORATION   p 795
1145 Hunt Club Rd Suite 300, OTTAWA, ON, K1V 0Y3
(613) 736-7200   SIC 8711
MCCOY CORPORATION   p 155
7911 Edgar Industrial Dr, RED DEER, AB, T4P 3R2
(780) 453-3277   SIC 3533
MCCOY CORPORATION   p 214
9604 112 St, FORT ST. JOHN, BC, V1J 7H2
(250) 261-6700   SIC 7699
MCCOY FOUNDRY   p 944
See ARCHIE MCCOY (HAMILTON) LIMITED
MCCOY HIGH SCHOOL   p 143
See MEDICINE HAT CATHOLIC BOARD OF EDUCATION
MCCRAM INC   p 421
3458 Rue Principale, TRACADIE-SHEILA, NB, E1X 1C8
(506) 394-1111   SIC 5812
MCCRUM'S DIRECT SALES LTD   p 18
5805 76 Ave Se Unit 5, CALGARY, AB, T2C 5L8
(403) 259-4939   SIC 5712
MCCRUM'S OFFICE FURNISHINGS   p 18
See MCCRUM'S DIRECT SALES LTD
MCDERMID PAPER CONVERTERS LIMITED   p 765
2951 Bristol Cir Unit B, OAKVILLE, ON, L6H 6P9
(905) 829-9899   SIC 2679
MCDERMID SCHOOL   p 1286
See BOARD OF EDUCATION REGINA SCHOOL DIVISION NO. 4 OF SASKATCHEWAN
MCDIARMID LUMBER HOME CENTRES   p 352
See MCDIARMID LUMBER LTD
MCDIARMID LUMBER HOME CENTRES   p 367
See MCDIARMID LUMBER LTD
MCDIARMID LUMBER HOME CENTRES   p 370
See MCMUNN & YATES BUILDING SUPPLIES LTD
MCDIARMID LUMBER HOME CENTRES   p 386
See MCMUNN & YATES BUILDING SUPPLIES LTD
MCDIARMID LUMBER LTD   p 352
Gd, OAK BLUFF, MB, R0G 1N0
(204) 895-7938   SIC 5211
MCDIARMID LUMBER LTD   p 367
1150 Nairn Ave Unit 12, WINNIPEG, MB, R2L 0Y5
(204) 661-4949   SIC 5211

MCDONALD

MCDONALD p 1013
See ENTREPRISES MACBAIE INC, LES
MCDONALD p 1052
See ENTREPRISES MACBAIE INC, LES
MCDONALD p 1065
See GESTION N. AUGER INC
MCDONALD CONSOLIDATED p 29
See SOBEYS WEST INC
MCDONALD GENERAL SERVICES CORP p 649
125 Magill St Unit B, LIVELY, ON, P3Y 1K6
(705) 556-0172   SIC 1731
MCDONALD RESTAURANST OF CANADA
p 1215
See LES ENTREPRISES DORO J.C.S. INC
MCDONALD RESTAURANT p 803
See MC SOUND INVESTMENTS INC
MCDONALD RESTAURANT p 1258
See MCDONALD'S RESTAURANTS OF CANADA LIMITED
MCDONALD RESTAURANT OF CANADA p 399
94 Main St, FREDERICTON, NB, E3A 9N6
(506) 450-0470   SIC 5812
MCDONALD S p 878
See MCDONALD'S RESTAURANTS OF CANADA LIMITED
MCDONALD S RESTAURANT NO 14535 p 782
See WILSON FOODS CENTRE LTD
MCDONALD' S p 1195
See RESTAURANTS MAC-VIC INC, LES
MCDONALD'S p 18
See MCDONALD'S RESTAURANTS OF CANADA LIMITED
MCDONALD'S p 56
See PASLEY, MAX ENTERPRISES LIMITED
MCDONALD'S p 63
See PASLEY, MAX ENTERPRISES LIMITED
MCDONALD'S p 83
See MCDONALD'S RESTAURANTS OF CANADA LIMITED
MCDONALD'S p 89
See MCDONALD'S RESTAURANTS OF CANADA LIMITED
MCDONALD'S p 98
See MCDONALD'S RESTAURANTS OF CANADA LIMITED
MCDONALD'S p 102
See MCDONALD'S RESTAURANTS OF CANADA LIMITED
MCDONALD'S p 105
See MCDONALD'S RESTAURANTS OF CANADA LIMITED
MCDONALD'S p 110
See MCDONALD'S RESTAURANTS OF CANADA LIMITED
MCDONALD'S p 111
See MCMATT INVESTMENTS LTD
MCDONALD'S p 115
See MCDONALD'S RESTAURANTS OF CANADA LIMITED
MCDONALD'S p 116
See MCMATT INVESTMENTS LTD
MCDONALD'S p 121
See MCDONALD'S RESTAURANTS OF CANADA LIMITED
MCDONALD'S p 127
See R.E.D. HOLDINGS INC
MCDONALD'S p 139
See PASLEY, MAX ENTERPRISES LIMITED
MCDONALD'S p 161
See MCDONALD'S RESTAURANTS OF CANADA LIMITED
MCDONALD'S p 163
See MCDONALD'S RESTAURANTS OF CANADA LIMITED
MCDONALD'S p 167
See MCDONALD'S RESTAURANTS OF CANADA LIMITED
MCDONALD'S p 169
See THYS INVESTMENTS LTD
MCDONALD'S p 174
See STADUS FOOD SERVICE LTD
MCDONALD'S p 175
See FOUR NORTH VENTURES LTD
MCDONALD'S p 179
2532 Clearbrook Rd, ABBOTSFORD, BC, V2T 2Y4
(604) 870-5360   SIC 5812
MCDONALD'S p 187
See MCDONALD'S RESTAURANTS OF CANADA LIMITED
MCDONALD'S p 191
See MCDONALD'S RESTAURANTS OF CANADA LIMITED
MCDONALD'S p 197
See MCDONALD'S RESTAURANTS OF CANADA LIMITED
MCDONALD'S p 201
See WOODBRIDGE ENTERPRISES LTD
MCDONALD'S p 207
See ABREY ENTERPRISES INC
MCDONALD'S p 212
See MCDONALD'S RESTAURANTS OF CANADA LIMITED
MCDONALD'S p 218
See DAWNAL QUICK SERVE LTD
MCDONALD'S p 220
See DAWNAL QUICK SERVE LTD
MCDONALD'S p 228
See MCDONALD'S RESTAURANTS OF CANADA LIMITED
MCDONALD'S p 248
See MCDONALD'S RESTAURANTS OF CANADA LIMITED
MCDONALD'S p 249
See PIKE, JIM LTD
MCDONALD'S p 252
See MCDONALD'S RESTAURANTS OF CANADA LIMITED
MCDONALD'S p 258
See GOLDEN ARCH FOOD SERVICES LTD
MCDONALD'S p 259
See GOLDEN ARCH FOOD SERVICES LTD
MCDONALD'S p 270
See MCDONALD'S RESTAURANTS OF CANADA LIMITED
MCDONALD'S p 273
See MCDONALD'S RESTAURANTS OF CANADA LIMITED
MCDONALD'S p 277
See MCDONALD'S RESTAURANTS OF CANADA LIMITED
MCDONALD'S p 281
See HARPO ENTERPRISES
MCDONALD'S p 282
See MCDONALD'S RESTAURANTS OF CANADA LIMITED
MCDONALD'S p 293
See MCDONALD'S RESTAURANTS OF CANADA LIMITED
MCDONALD'S p 302
See MCDONALD'S RESTAURANTS OF CANADA LIMITED
MCDONALD'S p 304
See MCDONALD'S RESTAURANTS OF CANADA LIMITED
MCDONALD'S p 330
See MCDONALD'S RESTAURANTS OF CANADA LIMITED
MCDONALD'S p 361
See 2814048 MANITOBA LTD
MCDONALD'S p 362
See MCDONALD'S RESTAURANTS OF CANADA LIMITED
MCDONALD'S p 363
See MCDONALD'S RESTAURANTS OF CANADA LIMITED
MCDONALD'S p 364
See MCDONALD'S RESTAURANTS OF CANADA LIMITED
MCDONALD'S p 368
See MCDONALD'S RESTAURANTS OF CANADA LIMITED
MCDONALD'S p 369
See MCDONALD'S RESTAURANTS OF CANADA LIMITED
MCDONALD'S p 370
See MCDONALD'S RESTAURANTS OF CANADA LIMITED
MCDONALD'S p 371
See MCDONALD'S RESTAURANTS OF CANADA LIMITED
MCDONALD'S p 372
See MCDONALD'S RESTAURANTS OF CANADA LIMITED
MCDONALD'S p 381
See MCDONALD'S RESTAURANTS OF CANADA LIMITED
MCDONALD'S p 384
See CARTER, DWAYNE ENTERPRISES LTD
MCDONALD'S p 385
See CARTER, DWAYNE ENTERPRISES LTD
MCDONALD'S p 386
See MCDONALD'S RESTAURANTS OF CANADA LIMITED
MCDONALD'S p 392
See MCDONALD'S RESTAURANTS OF CANADA LIMITED
MCDONALD'S p 400
See MCDONALD'S RESTAURANTS
MCDONALD'S p 402
See MCDONALD'S RESTAURANTS OF CANADA LIMITED
MCDONALD'S p 410
See MCDONALD'S RESTAURANTS OF CANADA LIMITED
MCDONALD'S p 411
See MCDONALD'S RESTAURANTS OF CANADA LIMITED
MCDONALD'S p 412
See MCPORT CITY FOOD SERVICES LIMITED
MCDONALD'S p 414
See MCPORT CITY FOOD SERVICES LIMITED
MCDONALD'S p 416
See MCDONALD'S RESTAURANTS OF CANADA LIMITED
MCDONALD'S p 417
See MCPORT CITY FOOD SERVICES LIMITED
MCDONALD'S p 454
See MCDONALD'S RESTAURANTS OF CANADA LIMITED
MCDONALD'S p 476
See JUSTIN RESTAURANTS INC
MCDONALD'S p 482
See BEATTY FOODS LTD
MCDONALD'S p 491
See MILLER, P.G. ENTERPRISES LIMITED
MCDONALD'S p 498
See MCDONALD'S RESTAURANTS OF CANADA LIMITED
MCDONALD'S p 510
See MCDONALD'S RESTAURANTS OF CANADA LIMITED
MCDONALD'S p 518
See BEATTY FOODS LTD
MCDONALD'S p 518
See MCDONALD'S RESTAURANTS OF CANADA LIMITED
MCDONALD'S p 520
See MCDONALD'S RESTAURANTS OF CANADA LIMITED
MCDONALD'S p 525
See BIMAC MANAGEMENT LIMITED
MCDONALD'S p 543
See MCDONALD'S RESTAURANTS OF CANADA LIMITED
MCDONALD'S p 546
See MCDONALD'S RESTAURANTS OF CANADA LIMITED
MCDONALD'S p 564
See MCDONALD'S RESTAURANTS OF CANADA LIMITED
MCDONALD'S p 569
See 588990 ONTARIO INC
MCDONALD'S p 573
See MCAMM ENTERPRIZES LTD
MCDONALD'S p 578
See LUCAS & MARCO INC
MCDONALD'S p 581
See MCDONALD'S RESTAURANTS OF CANADA LIMITED
MCDONALD'S p 590
See 387742 ONTARIO LIMITED
MCDONALD'S p 602
See GRANDI COMPANY LIMITED
MCDONALD'S p 632
See RKJL FOODS LTD
MCDONALD'S p 634
See RKJL FOODS LTD
MCDONALD'S p 642
See CAVCO FOOD SERVICES LTD
MCDONALD'S p 647
See CAMPBELL, JAMES INC
MCDONALD'S p 648
See QUALIDEC CORPORATION
MCDONALD'S p 653
See MCDONALD'S RESTAURANTS OF CANADA LIMITED
MCDONALD'S p 656
See MCDONALD'S RESTAURANTS OF CANADA LIMITED
MCDONALD'S p 660
See MCDONALD'S RESTAURANTS OF CANADA LIMITED
MCDONALD'S p 662
See MCDONALD'S RESTAURANTS OF CANADA LIMITED
MCDONALD'S p 679
See MC SOUND INVESTMENTS INC
MCDONALD'S p 703
See MCDONALD'S RESTAURANTS OF CANADA LIMITED
MCDONALD'S p 705
See MCDONALD'S RESTAURANTS OF CANADA LIMITED
MCDONALD'S p 714
See MCDONALD'S RESTAURANTS OF CANADA LIMITED
MCDONALD'S p 730
See MCDONALD'S RESTAURANTS OF CANADA LIMITED
MCDONALD'S p 732
See WILSON FOODS CENTRE LTD
MCDONALD'S p 733
See MILLER, P.G. ENTERPRISES LIMITED
MCDONALD'S p 738
See GENERATION 3 HOLDINGS INC
MCDONALD'S p 747
See MCDONALD'S RESTAURANTS OF CANADA LIMITED
MCDONALD'S p 753
See MCDONALD'S RESTAURANTS OF CANADA LIMITED
MCDONALD'S p 758
See MCDONALD'S RESTAURANTS OF CANADA LIMITED
MCDONALD'S p 763
See MCDONALD'S RESTAURANTS OF CANADA LIMITED
MCDONALD'S p 766
See PIPER FOODS INC
MCDONALD'S p 767
See PIPER FOODS INC
MCDONALD'S p 772
See RKJL FOODS LTD
MCDONALD'S p 773
See MCDONALD'S RESTAURANTS OF CANADA LIMITED
MCDONALD'S p 776
See MCDONALD'S RESTAURANTS OF CANADA LIMITED
MCDONALD'S p 790
See 7073674 CANADA LTD
MCDONALD'S p 808

BUSINESSES ALPHABETICALLY

MCDONALD'S #8674 3495

MCDONALD'S
See CAMPBELL, JAMES INC

MCDONALD'S p 809
See CAMPBELL, JAMES INC

MCDONALD'S p 813
See MCDONALD'S RESTAURANTS OF CANADA LIMITED

MCDONALD'S p 819
See MCDONALD'S RESTAURANTS OF CANADA LIMITED

MCDONALD'S p 824
See MILLER, P.G. ENTERPRISES LIMITED

MCDONALD'S p 841
See MCDONALD'S RESTAURANTS OF CANADA LIMITED

MCDONALD'S p 844
See JCC RESTAURANT SERVICES LIMITED

MCDONALD'S p 844
See MCDONALD'S RESTAURANTS OF CANADA LIMITED

MCDONALD'S p 846
See JCC RESTAURANT SERVICES LIMITED

MCDONALD'S p 851
See DENDRES CORP

MCDONALD'S p 856
See MCDONALD'S RESTAURANTS OF CANADA LIMITED

MCDONALD'S p 872
See MCDONALD'S RESTAURANTS OF CANADA LIMITED

MCDONALD'S p 877
See MCDONALD'S RESTAURANTS OF CANADA LIMITED

MCDONALD'S p 881
See MCDONALD'S RESTAURANTS OF CANADA LIMITED

MCDONALD'S p 884
See AUBE, J.-P. RESTAURANT SERVICES LTD

MCDONALD'S p 885
See MCDONALD'S RESTAURANTS OF CANADA LIMITED

MCDONALD'S p 889
See MCDONALD'S RESTAURANTS OF CANADA LIMITED

MCDONALD'S p 893
See HU-A-KAM ENTERPRISES INC

MCDONALD'S p 893
See MCDONALD'S RESTAURANTS OF CANADA LIMITED

MCDONALD'S p 894
See MCDONALD'S RESTAURANTS OF CANADA LIMITED

MCDONALD'S p 897
See MCDONALD'S RESTAURANTS OF CANADA LIMITED

MCDONALD'S p 897
See HU-A-KAM ENTERPRISES INC

MCDONALD'S p 901
See HU-A-KAM ENTERPRISES INC

MCDONALD'S p 903
See HU-A-KAM ENTERPRISES INC

MCDONALD'S p 905
See MCDONALD'S RESTAURANTS OF CANADA LIMITED

MCDONALD'S p 906
See MCDONALD'S RESTAURANTS OF CANADA LIMITED

MCDONALD'S p 909
See TONY MAC LIMITED

MCDONALD'S p 926
See MCDONALD'S RESTAURANTS OF CANADA LIMITED

MCDONALD'S p 927
See MCDONALD'S RESTAURANTS OF CANADA LIMITED

MCDONALD'S p 930
See MCDONALD'S RESTAURANTS OF CANADA LIMITED

MCDONALD'S p 934
See MORIAH FOOD SERVICES LTD

MCDONALD'S p 935
See MCDONALD'S RESTAURANTS OF CANADA LIMITED

MCDONALD'S p 937
See MCDONALD'S RESTAURANTS OF CANADA LIMITED

MCDONALD'S p 938
See LUCAS & MARCO INC

MCDONALD'S p 939
See MORIAH FOOD SERVICES LTD

MCDONALD'S p 945
See MCDONALD'S RESTAURANTS OF CANADA LIMITED

MCDONALD'S p 951
See QUALIDEC CORPORATION

MCDONALD'S p 962
See MCDONALD'S RESTAURANTS OF CANADA LIMITED

MCDONALD'S p 966
See MCDONALD'S RESTAURANTS OF CANADA LIMITED

MCDONALD'S p 968
See MCDONALD'S RESTAURANTS OF CANADA LIMITED

MCDONALD'S p 972
See MCDONALD'S RESTAURANTS OF CANADA LIMITED

MCDONALD'S p 985
See MCKENNCO INC

MCDONALD'S p 988
See 6173306 CANADA INC

MCDONALD'S p 989
See RESTAURANTS MICHEL DESCHENES INC, LES

MCDONALD'S p 1014
See ENTREPRISES MACBAIE INC, LES

MCDONALD'S p 1019
See MCDONALD'S RESTAURANTS OF CANADA LIMITED

MCDONALD'S p 1025
See RESTAURANTS RENE BOISVERT INC, LES

MCDONALD'S p 1033
See MCDONALD'S RESTAURANTS OF CANADA LIMITED

MCDONALD'S p 1039
See GESTION VALMIRA INC

MCDONALD'S p 1060
See ENTREPRISES MICHEL MARCHAND INC, LES

MCDONALD'S p 1067
See RESTAURANT LES TROIS MOUSSAILLONS INC

MCDONALD'S p 1071
See RESTAURANTS T.S.N.A. INC

MCDONALD'S p 1071
See EQUIPE PCJ INC

MCDONALD'S p 1078
See RESTAURANT LOUJAC INC

MCDONALD'S p 1090
See MCDONALD'S RESTAURANTS OF CANADA LIMITED

MCDONALD'S p 1095
See ENTREPRISES VANA INC

MCDONALD'S p 1102
See MCDONALD'S RESTAURANTS OF CANADA LIMITED

MCDONALD'S p 1116
See MCDONALD'S RESTAURANTS OF CANADA LIMITED

MCDONALD'S p 1132
See MCDONALD'S RESTAURANTS OF CANADA LIMITED

MCDONALD'S p 1161
See GESTION VINNY INC

MCDONALD'S p 1171
See MCDONALD'S RESTAURANTS OF CANADA LIMITED

MCDONALD'S p 1173
See RESTAURANTS MICHEL DESCHENES INC, LES

MCDONALD'S p 1176
See MCDONALD'S RESTAURANTS OF CANADA LIMITED

MCDONALD'S p 1184
See ENTREPRISES JMC (1973) LTEE, LES

MCDONALD'S p 1199
See RESTAURANTS MAC-VIC INC, LES

MCDONALD'S p 1203
See MCDONALD'S RESTAURANTS OF CANADA LIMITED

MCDONALD'S p 1206
See 175246 CANADA INC

MCDONALD'S p 1222
See RESTAURANTS LUC HARVEY INC, LES

MCDONALD'S p 1246
See PLACEMENTS SELTEC LTEE, LES

MCDONALD'S p 1248
See MARLU INC

MCDONALD'S p 1249
See M. S. J .N. INC

MCDONALD'S p 1251
See MARLU INC

MCDONALD'S p 1255
See ENTREPRISES MARVAIS INC, LES

MCDONALD'S p 1279
See KJMAL ENTERPRISES LTD

MCDONALD'S p 1283
See MCDONALD'S RESTAURANTS OF CANADA LIMITED

MCDONALD'S p 1289
See MCDONALD'S RESTAURANTS OF CANADA LIMITED

MCDONALD'S p 1291
See MCDONALD'S RESTAURANTS OF CANADA LIMITED

MCDONALD'S p 1292
See MCDONALD'S RESTAURANTS OF CANADA LIMITED

MCDONALD'S p 1296
See MCDONALD'S RESTAURANTS OF CANADA LIMITED

MCDONALD'S p 1301
See MCDONALD'S RESTAURANTS OF CANADA LIMITED

MCDONALD'S RESTAURANT p 395
See LEALIN LTD

MCDONALD'S # 8030 p 845
See MCDONALD'S RESTAURANTS OF CANADA LIMITED

MCDONALD'S # 8114 p 1036
See MCDONALD'S RESTAURANTS OF CANADA LIMITED

MCDONALD'S #21548 p 255
See MCDONALD'S RESTAURANTS OF CANADA LIMITED

MCDONALD'S #22248 p 802
See MCDONALD'S RESTAURANTS OF CANADA LIMITED

MCDONALD'S #29148 p 515
See MCDONALD'S RESTAURANTS OF CANADA LIMITED

MCDONALD'S #8003 p 283
See MCDONALD'S RESTAURANTS OF CANADA LIMITED

MCDONALD'S #8023 p 201
See MCDONALD'S RESTAURANTS OF CANADA LIMITED

MCDONALD'S #8045 p 250
See MCDONALD'S RESTAURANTS OF CANADA LIMITED

MCDONALD'S #8159 p 280
See MCDONALD'S RESTAURANTS OF CANADA LIMITED

MCDONALD'S #8187 p 233
See MCDONALD'S RESTAURANTS OF CANADA LIMITED

MCDONALD'S #8249 p 284
See MCDONALD'S RESTAURANTS OF CANADA LIMITED

MCDONALD'S #8251 p 85
See MCDONALD'S RESTAURANTS OF CANADA LIMITED

MCDONALD'S #8325 p 938
See MCDONALD'S RESTAURANTS OF CANADA LIMITED

MCDONALD'S #8341 p 187
See MCDONALD'S RESTAURANTS OF CANADA LIMITED

MCDONALD'S #8350 p 935
See MCDONALD'S RESTAURANTS OF CANADA LIMITED

MCDONALD'S #8372 p 378
See MCDONALD'S RESTAURANTS OF CANADA LIMITED

MCDONALD'S #8377 p 110
See MCDONALD'S RESTAURANTS OF CANADA LIMITED

MCDONALD'S #8386 p 531
See MCDONALD'S RESTAURANTS OF CANADA LIMITED

MCDONALD'S #8394 p 365
See MCDONALD'S RESTAURANTS OF CANADA LIMITED

MCDONALD'S #8395 p 92
See MCDONALD'S RESTAURANTS OF CANADA LIMITED

MCDONALD'S #8431 p 899
See MCDONALD'S RESTAURANTS OF CANADA LIMITED

MCDONALD'S #8437 p 302
See MCDONALD'S RESTAURANTS OF CANADA LIMITED

MCDONALD'S #8446 p 765
See MCDONALD'S RESTAURANTS OF CANADA LIMITED

MCDONALD'S #8449 p 112
See MCDONALD'S RESTAURANTS OF CANADA LIMITED

MCDONALD'S #8458 p 167
See MCDONALD'S RESTAURANTS OF CANADA LIMITED

MCDONALD'S #8460 p 659
See MCDONALD'S RESTAURANTS OF CANADA LIMITED

MCDONALD'S #8485 p 280
See MCDONALD'S RESTAURANTS OF CANADA LIMITED

MCDONALD'S #8486 p 250
See MCDONALD'S RESTAURANTS OF CANADA LIMITED

MCDONALD'S #8486 p 1036
See MCDONALD'S RESTAURANTS OF CANADA LIMITED

MCDONALD'S #8490 p 777
See MCDONALD'S RESTAURANTS OF CANADA LIMITED

MCDONALD'S #8512 p 293
See MCDONALD'S RESTAURANTS OF CANADA LIMITED

MCDONALD'S #8523 p 320
See MCDONALD'S RESTAURANTS OF CANADA LIMITED

MCDONALD'S #8543 p 81
See MCDONALD'S RESTAURANTS OF CANADA LIMITED

MCDONALD'S #8550 p 284
See MCDONALD'S RESTAURANTS OF CANADA LIMITED

MCDONALD'S #8572 p 233
See MCDONALD'S RESTAURANTS OF CANADA LIMITED

MCDONALD'S #8574 p 317
See MCDONALD'S RESTAURANTS OF CANADA LIMITED

MCDONALD'S #8578 p 314
See MCDONALD'S RESTAURANTS OF CANADA LIMITED

MCDONALD'S #8583 p 231
See MCDONALD'S RESTAURANTS OF CANADA LIMITED

MCDONALD'S #8632 p 278
See MCDONALD'S RESTAURANTS OF CANADA LIMITED

MCDONALD'S #8646 p 304
See MCDONALD'S RESTAURANTS OF CANADA LIMITED

MCDONALD'S #8657 p 202
See MCDONALD'S RESTAURANTS OF CANADA LIMITED

MCDONALD'S #8674 p 667
See MCDONALD'S RESTAURANTS OF CANADA LIMITED

▲ Public Company   ■ Public Company Family Member   **HQ** Headquarters   **BR** Branch   **SL** Single Location

MCDONALD'S #8848 p 739
See MCDONALD'S RESTAURANTS OF CANADA LIMITED
MCDONALD'S #8854 p 661
See MCDONALD'S RESTAURANTS OF CANADA LIMITED
MCDONALD'S 16711 p 515
See MCDONALD'S RESTAURANTS OF CANADA LIMITED
MCDONALD'S 40146 p 398
See MCDONALD'S RESTAURANTS OF CANADA LIMITED
MCDONALD'S 5772 p 575
See MCDONALD'S RESTAURANTS OF CANADA LIMITED
MCDONALD'S 7403 p 780
See WILSON FOODS KINGSWAY LTD
MCDONALD'S 7734 p 74
See MCDONALD'S RESTAURANTS OF CANADA LIMITED
MCDONALD'S 8018 p 841
See MCDONALD'S RESTAURANTS OF CANADA LIMITED
MCDONALD'S 8031 p 386
See MCDONALD'S RESTAURANTS OF CANADA LIMITED
MCDONALD'S 8046 p 964
See MCDONALD'S RESTAURANTS OF CANADA LIMITED
MCDONALD'S 8067 p 295
See MCDONALD'S RESTAURANTS OF CANADA LIMITED
MCDONALD'S 8075 p 209
See MCDONALD'S RESTAURANTS OF CANADA LIMITED
MCDONALD'S 8092 p 787
See MCDONALD'S RESTAURANTS OF CANADA LIMITED
MCDONALD'S 8108 p 683
See MCDONALD'S RESTAURANTS OF CANADA LIMITED
MCDONALD'S 8180 p 97
See MCDONALD'S RESTAURANTS OF CANADA LIMITED
MCDONALD'S 8240 p 288
See MCDONALD'S RESTAURANTS OF CANADA LIMITED
MCDONALD'S 8287 p 663
See MCDONALD'S RESTAURANTS OF CANADA LIMITED
MCDONALD'S 8357 p 862
See MCDONALD'S RESTAURANTS OF CANADA LIMITED
MCDONALD'S 8440 p 373
See MCDONALD'S RESTAURANTS OF CANADA LIMITED
MCDONALD'S 8441 p 362
See MCDONALD'S RESTAURANTS OF CANADA LIMITED
MCDONALD'S 8455 p 381
See MCDONALD'S RESTAURANTS OF CANADA LIMITED
MCDONALD'S 8457 p 116
See MCDONALD'S RESTAURANTS OF CANADA LIMITED
MCDONALD'S 8491 p 384
See MCDONALD'S RESTAURANTS OF CANADA LIMITED
MCDONALD'S 8521 p 266
See MCDONALD'S RESTAURANTS OF CANADA LIMITED
MCDONALD'S 8571 p 795
See MCDONALD'S RESTAURANTS OF CANADA LIMITED
MCDONALD'S 8575 p 522
See MCDONALD'S RESTAURANTS OF CANADA LIMITED
MCDONALD'S 8618 p 109
See MCDONALD'S RESTAURANTS OF CANADA LIMITED
MCDONALD'S 8623 p 927
See MCDONALD'S RESTAURANTS OF CANADA LIMITED
MCDONALD'S 8739 p 228
See MCDONALD'S RESTAURANTS OF CANADA LIMITED
MCDONALD'S 8784 p 187
See MCDONALD'S RESTAURANTS OF CANADA LIMITED
MCDONALD'S CANDIAC p 1009
See ENTREPRISES JMC (1973) LTEE, LES
MCDONALD'S RESTAURANT p 10
See PASLEY, MAX ENTERPRISES LIMITED
MCDONALD'S RESTAURANT p 54
See PASLEY, MAX ENTERPRISES LIMITED
MCDONALD'S RESTAURANT p 161
See MCDONALD'S RESTAURANTS OF CANADA LIMITED
MCDONALD'S RESTAURANT p 195
See UNCLE RAY'S RESTAURANT CO. LTD
MCDONALD'S RESTAURANT p 218
See DAWNAL QUICK SERVE LTD
MCDONALD'S RESTAURANT p 229
See RJMB RESTAURANTS LTD
MCDONALD'S RESTAURANT p 244
See ABREY ENTERPRISES INC
MCDONALD'S RESTAURANT p 264
See YESNABY INVESTMENTS LTD
MCDONALD'S RESTAURANT p 278
See 206684 BC LTD
MCDONALD'S RESTAURANT p 354
See RC FOODS LTD
MCDONALD'S RESTAURANT p 397
See MCDONALD'S RESTAURANTS OF CANADA LIMITED
MCDONALD'S RESTAURANT p 413
See MORMAC LTD
MCDONALD'S RESTAURANT p 416
See MCPORT CITY FOOD SERVICES LIMITED
MCDONALD'S RESTAURANT p 421
See MCCRAM INC
MCDONALD'S RESTAURANT p 424
See MCDONALD'S RESTAURANTS OF CANADA LIMITED
MCDONALD'S RESTAURANT p 433
See BENNETT RESTAURANT LTD
MCDONALD'S RESTAURANT p 443
See MCDONALD'S RESTAURANTS OF CANADA LIMITED
MCDONALD'S RESTAURANT p 447
See ANGUS G FOODS INC
MCDONALD'S RESTAURANT p 471
See JUSTIN RESTAURANTS INC
MCDONALD'S RESTAURANT p 475
See JUSTIN RESTAURANTS INC
MCDONALD'S RESTAURANT p 488
See JARVIS, S. M. FOOD SERVICES LTD
MCDONALD'S RESTAURANT p 492
See MCKEEN RESTAURANT, THE
MCDONALD'S RESTAURANT p 493
See CAMPBELL, JAMES INC
MCDONALD'S RESTAURANT p 500
See DENDRES CORP
MCDONALD'S RESTAURANT p 508
See WILSON FOODS BOWMANVILLE LTD
MCDONALD'S RESTAURANT p 534
2040 Appleby Line Unit H, BURLINGTON, ON, L7L 6M6
(905) 336-6364   SIC 5812
MCDONALD'S RESTAURANT p 536
See MCBURL CORP
MCDONALD'S RESTAURANT p 539
See MCBURL CORP
MCDONALD'S RESTAURANT p 542
See HALDIMAND FAMILY RESTAURANTS LIMITED
MCDONALD'S RESTAURANT p 588
See JAYARMIKER INVESTMENTS LTD
MCDONALD'S RESTAURANT p 598
See DENDRES CORP
MCDONALD'S RESTAURANT p 602
See GRANDI COMPANY LIMITED
MCDONALD'S RESTAURANT p 611
See MCDONALD'S RESTAURANTS OF CANADA LIMITED
MCDONALD'S RESTAURANT p 636
See GRAYDON FOODS LTD
MCDONALD'S RESTAURANT p 650
See MCDONALD'S RESTAURANTS OF CANADA LIMITED
MCDONALD'S RESTAURANT p 653
See MCDONALD'S RESTAURANTS OF CANADA LIMITED
MCDONALD'S RESTAURANT p 698
See LAWRENZO FOODS LTD
MCDONALD'S RESTAURANT p 725
See TAYLYX LTD
MCDONALD'S RESTAURANT p 756
See MCDONALD'S RESTAURANTS OF CANADA LIMITED
MCDONALD'S RESTAURANT p 763
See MCDONALD'S RESTAURANTS OF CANADA LIMITED
MCDONALD'S RESTAURANT p 775
See PEARN, ROY E. ENTERPRISES LIMITED
MCDONALD'S RESTAURANT p 837
See MCDONALD'S RESTAURANTS OF CANADA LIMITED
MCDONALD'S RESTAURANT p 851
See DENDRES CORP
MCDONALD'S RESTAURANT p 853
See DENDRES CORP
MCDONALD'S RESTAURANT p 856
See DENDRES CORP
MCDONALD'S RESTAURANT p 868
See SKL 4 EVER LTD
MCDONALD'S RESTAURANT p 969
See MCDONALD'S RESTAURANTS OF CANADA LIMITED
MCDONALD'S RESTAURANT p 1011
See LEALIN LTD
MCDONALD'S RESTAURANT p 1215
See LES ENTREPRISES DORO J.C.S. INC
MCDONALD'S RESTAURANT p 1287
525 N Albert St, REGINA, SK, S4R 8E2
(306) 543-0236   SIC 5812
MCDONALD'S RESTAURANT #20785 p 140
See PASLEY, MAX ENTERPRISES LIMITED
MCDONALD'S RESTAURANT 25004 p 486
See MACKINNON RESTAURANTS INC
MCDONALD'S RESTAURANT NO. 7559 p 53
See PASLEY, MAX ENTERPRISES LIMITED
MCDONALD'S RESTAURANTS p 10
See PASLEY, MAX ENTERPRISES LIMITED
MCDONALD'S RESTAURANTS p 13
See PASLEY, MAX ENTERPRISES LIMITED
MCDONALD'S RESTAURANTS p 19
See PASLEY, MAX ENTERPRISES LIMITED
MCDONALD'S RESTAURANTS p 35
See PASLEY, MAX ENTERPRISES LIMITED
MCDONALD'S RESTAURANTS p 37
See PASLEY, MAX ENTERPRISES LIMITED
MCDONALD'S RESTAURANTS p 48
See PASLEY, MAX ENTERPRISES LIMITED
MCDONALD'S RESTAURANTS p 53
See PASLEY, MAX ENTERPRISES LIMITED
MCDONALD'S RESTAURANTS p 61
See PASLEY, MAX ENTERPRISES LIMITED
MCDONALD'S RESTAURANTS p 62
See PASLEY, MAX ENTERPRISES LIMITED
MCDONALD'S RESTAURANTS p 105
See MCMATT INVESTMENTS LTD
MCDONALD'S RESTAURANTS p 153
See PASLEY, MAX ENTERPRISES LIMITED
MCDONALD'S RESTAURANTS p 156
See PASLEY, MAX ENTERPRISES LIMITED
MCDONALD'S RESTAURANTS p 163
See MCDONALD'S RESTAURANTS OF CANADA LIMITED
MCDONALD'S RESTAURANTS p 167
See MCDONALD'S RESTAURANTS OF CANADA LIMITED
MCDONALD'S RESTAURANTS p 174
See DOPKO FOOD SERVICES LTD
MCDONALD'S RESTAURANTS p 180
3230 Mt Lehman Rd Unit 100, ABBOTSFORD, BC, V4X 2M9
(604) 857-7990   SIC 5812
MCDONALD'S RESTAURANTS p 211
See SJR FOOD SERVICES LTD
MCDONALD'S RESTAURANTS p 220
See DAWNAL QUICK SERVE LTD
MCDONALD'S RESTAURANTS p 223
See MCT & T FOODS DBA INC
MCDONALD'S RESTAURANTS p 237
See DAWNAL QUICK SERVE LTD
MCDONALD'S RESTAURANTS p 254
See TANDEM FOODS INC
MCDONALD'S RESTAURANTS p 276
3010 11 Ave Ne, SALMON ARM, BC, V1E 2S8
(250) 832-3919   SIC 5812
MCDONALD'S RESTAURANTS p 280
See HAWTHORNE PARK INC
MCDONALD'S RESTAURANTS p 335
1149 Esquimalt Rd, VICTORIA, BC, V9A 3N6
(250) 405-7294   SIC 5812
MCDONALD'S RESTAURANTS p 346
See LEMIQUE ENTERPRISES LTD
MCDONALD'S RESTAURANTS p 370
1887 Main St, WINNIPEG, MB, R2V 2A7
(204) 949-6029   SIC 5812
MCDONALD'S RESTAURANTS p 381
See MCDONALD'S RESTAURANTS OF CANADA LIMITED
MCDONALD'S RESTAURANTS p 389
See MCDONALD'S RESTAURANTS OF CANADA LIMITED
MCDONALD'S RESTAURANTS p 400
1177 Prospect St, FREDERICTON, NB, E3B 3B9
(506) 444-6231   SIC 5812
MCDONALD'S RESTAURANTS p 402
See J'MIRALCO INC
MCDONALD'S RESTAURANTS p 433
See BENNETT RESTAURANT
MCDONALD'S RESTAURANTS p 523
See BEATTY FOODS LTD
MCDONALD'S RESTAURANTS p 524
See MCDONALD'S RESTAURANTS OF CANADA LIMITED
MCDONALD'S RESTAURANTS p 534
See MCBURL CORP
MCDONALD'S RESTAURANTS p 540
See MCBURL CORP
MCDONALD'S RESTAURANTS p 600
See GRANDI COMPANY LIMITED
MCDONALD'S RESTAURANTS p 627
See JERITRISH COMPANY LTD
MCDONALD'S RESTAURANTS p 637
See JENKEL INVESTMENTS LTD
MCDONALD'S RESTAURANTS p 660
See MCDONALD'S RESTAURANTS OF CANADA LIMITED
MCDONALD'S RESTAURANTS p 676
7630 Markham Rd, MARKHAM, ON, L3S 4S1
(905) 472-3900   SIC 5812
MCDONALD'S RESTAURANTS p 700
See MCDONALD'S RESTAURANTS OF CANADA LIMITED
MCDONALD'S RESTAURANTS p 719
930 Derry Rd E, MISSISSAUGA, ON, L5T 2X6
(905) 565-7151   SIC 5812
MCDONALD'S RESTAURANTS p 733
See MILLER, P.G. ENTERPRISES LIMITED

MCDONALD'S RESTAURANTS *p* 740
See CHISHOLM, R. FOOD SERVICES INC
MCDONALD'S RESTAURANTS *p* 741
See CHISHOLM, R. FOOD SERVICES INC
MCDONALD'S RESTAURANTS *p* 789
See MCDONALD'S RESTAURANTS OF CANADA LIMITED
MCDONALD'S RESTAURANTS *p* 804
See BEAUMAC MANAGEMENT LIMITED
MCDONALD'S RESTAURANTS *p* 812
See CAMPBELL, JAMES INC
MCDONALD'S RESTAURANTS *p* 817
175 Rose Glen Rd, PORT HOPE, ON, L1A 3V6
(905) 885-2480 *SIC* 5812
MCDONALD'S RESTAURANTS *p* 840
See SQUARE ARCH LTD
MCDONALD'S RESTAURANTS *p* 855
385 Ontario St, ST CATHARINES, ON, L2R 5L3
(905) 688-0244 *SIC* 5812
MCDONALD'S RESTAURANTS *p* 866
See CHISHOLM, R. FOOD SERVICES INC
MCDONALD'S RESTAURANTS *p* 945
See MCDONALD'S RESTAURANTS OF CANADA LIMITED
MCDONALD'S RESTAURANTS *p* 1148
See RESTAURANTS MIKA INC, LES
MCDONALD'S RESTAURANTS *p* 1289
See MCDONALD'S RESTAURANTS OF CANADA LIMITED
MCDONALD'S RESTAURANTS *p* 1300
See MCDONALD'S RESTAURANTS OF CANADA LIMITED
MCDONALD'S RESTAURANTS 10695 *p* 29
See PASLEY, MAX ENTERPRISES LIMITED
MCDONALD'S RESTAURANTS #10418 *p* 59
See PASLEY, MAX ENTERPRISES LIMITED
MCDONALD'S RESTAURANTS #13846 *p* 137
See PASLEY, MAX ENTERPRISES LIMITED
MCDONALD'S RESTAURANTS #14915 *p* 13
See PASLEY, MAX ENTERPRISES LIMITED
MCDONALD'S RESTAURANTS #29103 *p* 140
See PASLEY, MAX ENTERPRISES LIMITED
MCDONALD'S RESTAURANTS #7186 *p* 157
See PASLEY, MAX ENTERPRISES LIMITED
MCDONALD'S RESTAURANTS 1189 *p* 33
See PASLEY, MAX ENTERPRISES LIMITED
MCDONALD'S RESTAURANTS 13861 *p* 10
See PASLEY, MAX ENTERPRISES LIMITED
MCDONALD'S RESTAURANTS 17499 *p* 38
See PASLEY, MAX ENTERPRISES LIMITED
MCDONALD'S RESTAURANTS 7031 *p* 153
See PASLEY, MAX ENTERPRISES LIMITED
MCDONALD'S RESTAURANTS LTD *p* 220
1751 Trans Canada Hwy E, KAMLOOPS, BC, V2C 3Z6
(250) 374-1718 *SIC* 5812
MCDONALD'S RESTAURANTS LTD *p* 329
1644 Hillside Ave, VICTORIA, BC, V8T 2C5
SIC 5812
MCDONALD'S RESTAURANTS NO. 14916 *p* 35
See PASLEY, MAX ENTERPRISES LIMITED
MCDONALD'S RESTAURANTS OF CANADA LIMITED *p* 18
5326 72 Ave Se, CALGARY, AB, T2C 4X5
(403) 663-4390 *SIC* 5812
MCDONALD'S RESTAURANTS OF CANADA LIMITED *p* 74
13504 Fort Rd Nw, EDMONTON, AB, T5A 1C5
(780) 414-8316 *SIC* 5812
MCDONALD'S RESTAURANTS OF CANADA LIMITED *p* 81
15 Edmonton City Centre Nw, EDMONTON, AB, T5J 2Y7
(780) 414-8343 *SIC* 5812
MCDONALD'S RESTAURANTS OF CANADA LIMITED *p* 83
11660 104 Ave Nw, EDMONTON, AB, T5K 2T7
(780) 414-8405 *SIC* 5812
MCDONALD'S RESTAURANTS OF CANADA LIMITED *p* 85
14220 Yellowhead Trail Nw, EDMONTON, AB, T5L 3C2
(780) 414-8351 *SIC* 5812
MCDONALD'S RESTAURANTS OF CANADA LIMITED *p* 89
14920 87 Ave Nw, EDMONTON, AB, T5R 4E8
(780) 414-8333 *SIC* 5812
MCDONALD'S RESTAURANTS OF CANADA LIMITED *p* 92
17720 100 Ave Nw, EDMONTON, AB, T5S 1S9
(780) 414-8395 *SIC* 5812
MCDONALD'S RESTAURANTS OF CANADA LIMITED *p* 97
3004 118 Ave Nw, EDMONTON, AB, T5W 4W3
(780) 477-5885 *SIC* 5812
MCDONALD'S RESTAURANTS OF CANADA LIMITED *p* 98
8770 170th St Unit 1592, EDMONTON, AB, T5Z 2Y7
SIC 5812
MCDONALD'S RESTAURANTS OF CANADA LIMITED *p* 102
8110 Argyll Rd Nw, EDMONTON, AB, T6C 4B1
(780) 414-8525 *SIC* 5812
MCDONALD'S RESTAURANTS OF CANADA LIMITED *p* 105
3404 99 St Nw, EDMONTON, AB, T6E 5X5
(780) 463-0302 *SIC* 5812
MCDONALD'S RESTAURANTS OF CANADA LIMITED *p* 109
6104 109 St Nw, EDMONTON, AB, T6H 1M2
(780) 414-8428 *SIC* 5812
MCDONALD'S RESTAURANTS OF CANADA LIMITED *p* 110
11007 23 Ave Nw, EDMONTON, AB, T6J 6P9
(780) 414-8377 *SIC* 5812
MCDONALD'S RESTAURANTS OF CANADA LIMITED *p* 110
2323 111 St Nw, EDMONTON, AB, T6J 5E5
SIC 5812
MCDONALD'S RESTAURANTS OF CANADA LIMITED *p* 112
5360 23 Ave Nw, EDMONTON, AB, T6L 6X2
(780) 414-8449 *SIC* 5812
MCDONALD'S RESTAURANTS OF CANADA LIMITED *p* 115
494 Riverbend Sq Nw, EDMONTON, AB, T6R 2E3
(780) 414-8403 *SIC* 5812
MCDONALD'S RESTAURANTS OF CANADA LIMITED *p* 116
14003 127 St Nw, EDMONTON, AB, T6V 1E7
(780) 414-8457 *SIC* 5812
MCDONALD'S RESTAURANTS OF CANADA LIMITED *p* 121
2 Hospital St, FORT MCMURRAY, AB, T9H 5E4
(780) 715-2050 *SIC* 5812
MCDONALD'S RESTAURANTS OF CANADA LIMITED *p* 121
96 Signal Rd, FORT MCMURRAY, AB, T9H 5G4
(780) 790-9157 *SIC* 5812
MCDONALD'S RESTAURANTS OF CANADA LIMITED *p* 121
450 Gregoire Dr, FORT MCMURRAY, AB, T9H 3R2
(780) 791-0551 *SIC* 5812
MCDONALD'S RESTAURANTS OF CANADA LIMITED *p* 161
950 Ordze Rd, SHERWOOD PARK, AB, T8A 4L8
(780) 467-6490 *SIC* 5812
MCDONALD'S RESTAURANTS OF CANADA LIMITED *p* 161
1 Kaska Rd, SHERWOOD PARK, AB, T8A 4E7
(780) 449-6221 *SIC* 5812
MCDONALD'S RESTAURANTS OF CANADA LIMITED *p* 163
22 Strathmoor Dr, SHERWOOD PARK, AB, T8H 2B6
(780) 417-7304 *SIC* 5812
MCDONALD'S RESTAURANTS OF CANADA LIMITED *p* 163
590 Baseline Rd Suite 200, SHERWOOD PARK, AB, T8H 1Y4
(780) 417-2801 *SIC* 5812
MCDONALD'S RESTAURANTS OF CANADA LIMITED *p* 167
700 St Albert Trail, ST. ALBERT, AB, T8N 7A5
(780) 460-4640 *SIC* 5812
MCDONALD'S RESTAURANTS OF CANADA LIMITED *p* 167
369 St Albert Trail, ST. ALBERT, AB, T8N 0R1
(780) 458-1121 *SIC* 5812
MCDONALD'S RESTAURANTS OF CANADA LIMITED *p* 167
10 Galarneau Pl, ST. ALBERT, AB, T8N 2Y3
(780) 460-4488 *SIC* 5812
MCDONALD'S RESTAURANTS OF CANADA LIMITED *p* 182
See MCDONALD'S RESTAURANTS OF CANADA LIMITED
MCDONALD'S RESTAURANTS OF CANADA LIMITED *p* 182
9855 Austin Rd Unit 300, BURNABY, BC, V3J 1N5
(604) 718-1140 *SIC* 5812
MCDONALD'S RESTAURANTS OF CANADA LIMITED *p* 187
4400 Still Creek Dr, BURNABY, BC, V5C 6C6
(604) 294-2181 *SIC* 5812
MCDONALD'S RESTAURANTS OF CANADA LIMITED *p* 187
4410 Still Creek Dr, BURNABY, BC, V5C 6C6
(604) 718-1090 *SIC* 5812
MCDONALD'S RESTAURANTS OF CANADA LIMITED *p* 187
4805 Hastings St, BURNABY, BC, V5C 2L1
(604) 718-1015 *SIC* 5812
MCDONALD'S RESTAURANTS OF CANADA LIMITED *p* 191
4700 Kingsway Suite 1160, BURNABY, BC, V5H 4M1
(604) 718-1005 *SIC* 5812
MCDONALD'S RESTAURANTS OF CANADA LIMITED *p* 197
45816 Yale Rd, CHILLIWACK, BC, V2P 2N7
(604) 795-5911 *SIC* 5812
MCDONALD'S RESTAURANTS OF CANADA LIMITED *p* 201
515 North Rd, COQUITLAM, BC, V3J 1N7
(604) 937-4690 *SIC* 5812
MCDONALD'S RESTAURANTS OF CANADA LIMITED *p* 202
1095 Woolridge St, COQUITLAM, BC, V3K 7A9
(604) 718-1170 *SIC* 5812
MCDONALD'S RESTAURANTS OF CANADA LIMITED *p* 209
7005 120 St, DELTA, BC, V4E 2A9
(604) 592-1330 *SIC* 5812
MCDONALD'S RESTAURANTS OF CANADA LIMITED *p* 212
5883 Trans Canada Hwy, DUNCAN, BC, V9L 3R9
(250) 715-2370 *SIC* 5812
MCDONALD'S RESTAURANTS OF CANADA LIMITED *p* 228
370 Davis Rd Suite 1, LADYSMITH, BC, V9G 1T9
(250) 245-7560 *SIC* 5812
MCDONALD'S RESTAURANTS OF CANADA LIMITED *p* 228
9522 Main St Unit 20, LAKE COUNTRY, BC, V4V 2L9
(250) 766-1228 *SIC* 5812
MCDONALD'S RESTAURANTS OF CANADA LIMITED *p* 231
20020 Willowbrook Dr Suite 100, LANGLEY, BC, V2Y 2T4
(604) 539-4620 *SIC* 5812
MCDONALD'S RESTAURANTS OF CANADA LIMITED *p* 233
21558 Fraser Hwy, LANGLEY, BC, V3A 8R2
(604) 514-5470 *SIC* 5812
MCDONALD'S RESTAURANTS OF CANADA LIMITED *p* 233
19780 Fraser Hwy, LANGLEY, BC, V3A 4C9
(604) 514-1820 *SIC* 5812
MCDONALD'S RESTAURANTS OF CANADA LIMITED *p* 236
22780 Lougheed Hwy, MAPLE RIDGE, BC, V2X 2V6
(604) 463-7858 *SIC* 5812
MCDONALD'S RESTAURANTS OF CANADA LIMITED *p* 248
2001 Lonsdale Ave, NORTH VANCOUVER, BC, V7M 2K4
(604) 987-6815 *SIC* 5812
MCDONALD'S RESTAURANTS OF CANADA LIMITED *p* 250
1219 Marine Dr, NORTH VANCOUVER, BC, V7P 1T3
(604) 904-4390 *SIC* 5812
MCDONALD'S RESTAURANTS OF CANADA LIMITED *p* 250
925 Marine Dr, NORTH VANCOUVER, BC, V7P 1S2
(604) 985-6757 *SIC* 5812
MCDONALD'S RESTAURANTS OF CANADA LIMITED *p* 252
1804 Main St, PENTICTON, BC, V2A 5H3
(250) 493-0826 *SIC* 5812
MCDONALD'S RESTAURANTS OF CANADA LIMITED *p* 255
2330 Ottawa St, PORT COQUITLAM, BC, V3B 7Z1
(604) 552-6380 *SIC* 5812
MCDONALD'S RESTAURANTS OF CANADA LIMITED *p* 266
2760 Sweden Way, RICHMOND, BC, V6V 2X1
(604) 718-1150 *SIC* 5812
MCDONALD'S RESTAURANTS OF CANADA LIMITED *p* 270
10700 Cambie Rd Suite 115, RICHMOND, BC, V6X 1K8
(604) 718-1023 *SIC* 5812
MCDONALD'S RESTAURANTS OF CANADA LIMITED *p* 270
8191 Alderbridge Way, RICHMOND, BC, V6X 3A9
(604) 718-1088 *SIC* 5812
MCDONALD'S RESTAURANTS OF CANADA LIMITED *p* 273
6086 Russ Baker Way Suite 6020, RICHMOND, BC, V7B 1B4
(604) 718-1013 *SIC* 5812
MCDONALD'S RESTAURANTS OF CANADA LIMITED *p* 277
2220 Beacon Ave, SIDNEY, BC, V8L 1X1
(250) 655-6040 *SIC* 5812
MCDONALD'S RESTAURANTS OF CANADA LIMITED *p* 278
6661 Sooke Rd Unit 107, SOOKE, BC, V9Z 0A1

▲ Public Company ■ Public Company Family Member   HQ Headquarters   BR Branch   SL Single Location

MCDONALD'S RESTAURANTS OF CANADA LIMITED

(250) 642-1200 *SIC* 5812
MCDONALD'S RESTAURANTS OF CANADA LIMITED *p* 280
1000 Guildford Town Ctr, SURREY, BC, V3R 7C3
SIC 5812
MCDONALD'S RESTAURANTS OF CANADA LIMITED *p* 280
10250 152 St, SURREY, BC, V3R 6N7
(604) 587-3380 *SIC* 5812
MCDONALD'S RESTAURANTS OF CANADA LIMITED *p* 282
15574 Fraser Hwy, SURREY, BC, V3S 2V9
(604) 507-7900 *SIC* 5812
MCDONALD'S RESTAURANTS OF CANADA LIMITED *p* 282
17635 64 Ave, SURREY, BC, V3S 1Z2
(604) 575-1670 *SIC* 5812
MCDONALD'S RESTAURANTS OF CANADA LIMITED *p* 283
10240 King George Blvd, SURREY, BC, V3T 2W5
(604) 587-7015 *SIC* 5812
MCDONALD'S RESTAURANTS OF CANADA LIMITED *p* 284
11011 Scott Rd, SURREY, BC, V3V 8B9
(604) 580-4040 *SIC* 5812
MCDONALD'S RESTAURANTS OF CANADA LIMITED *p* 284
12930 96 Ave, SURREY, BC, V3V 6A8
(604) 587-3390 *SIC* 5812
MCDONALD'S RESTAURANTS OF CANADA LIMITED *p* 288
1789 152 St, SURREY, BC, V4A 4N3
(604) 541-7010 *SIC* 5812
MCDONALD'S RESTAURANTS OF CANADA LIMITED *p* 293
1965 Powell St, VANCOUVER, BC, V5L 1J2
(604) 254-7504 *SIC* 5812
MCDONALD'S RESTAURANTS OF CANADA LIMITED *p* 293
2599 Hastings St E, VANCOUVER, BC, V5K 1Z2
SIC 5812
MCDONALD'S RESTAURANTS OF CANADA LIMITED *p* 295
2021 Kingsway, VANCOUVER, BC, V5N 2T2
(604) 718-1060 *SIC* 5812
MCDONALD'S RESTAURANTS OF CANADA LIMITED *p* 302
1150 Station St Suite 1, VANCOUVER, BC, V6A 4C7
SIC 5812
MCDONALD'S RESTAURANTS OF CANADA LIMITED *p* 302
1527 Main St, VANCOUVER, BC, V6A 2W5
(604) 718-1075 *SIC* 5812
MCDONALD'S RESTAURANTS OF CANADA LIMITED *p* 304
275 Robson St Suite 211, VANCOUVER, BC, V6B 0E7
(604) 689-0804 *SIC* 5812
MCDONALD'S RESTAURANTS OF CANADA LIMITED *p* 304
86 Pender St W Unit 1001, VANCOUVER, BC, V6B 6N8
(604) 718-1165 *SIC* 5812
MCDONALD'S RESTAURANTS OF CANADA LIMITED *p* 314
1701 Robson St, VANCOUVER, BC, V6G 1C9
(604) 718-1020 *SIC* 5812
MCDONALD'S RESTAURANTS OF CANADA LIMITED *p* 317
2391 4th Ave W, VANCOUVER, BC, V6K 1P2
(604) 718-1185 *SIC* 5812
MCDONALD'S RESTAURANTS OF CANADA LIMITED *p* 320
5728 University Blvd Suite 101, VANCOUVER, BC, V6T 1K6
(604) 221-2570 *SIC* 5812
MCDONALD'S RESTAURANTS OF CANADA LIMITED *p* 330

980 Pandora Ave, VICTORIA, BC, V8V 3P3
(250) 953-8190 *SIC* 5812
MCDONALD'S RESTAURANTS OF CANADA LIMITED *p* 362
1425 Regent Ave W, WINNIPEG, MB, R2C 3B2
(204) 949-6061 *SIC* 5812
MCDONALD'S RESTAURANTS OF CANADA LIMITED *p* 362
15 Reenders Dr, WINNIPEG, MB, R2C 5K5
(204) 949-3221 *SIC* 5812
MCDONALD'S RESTAURANTS OF CANADA LIMITED *p* 363
1460 Henderson Hwy, WINNIPEG, MB, R2G 1N4
(204) 949-6074 *SIC* 5812
MCDONALD'S RESTAURANTS OF CANADA LIMITED *p* 364
77 Goulet St, WINNIPEG, MB, R2H 0R5
(204) 949-6018 *SIC* 5812
MCDONALD'S RESTAURANTS OF CANADA LIMITED *p* 365
65 Vermillion Rd, WINNIPEG, MB, R2J 3W7
(204) 949-6015 *SIC* 5812
MCDONALD'S RESTAURANTS OF CANADA LIMITED *p* 368
1501 St Mary's Rd, WINNIPEG, MB, R2M 5L5
(204) 949-6042 *SIC* 5812
MCDONALD'S RESTAURANTS OF CANADA LIMITED *p* 368
1225 St Mary's Rd Suite 54, WINNIPEG, MB, R2M 5E6
(204) 949-5419 *SIC* 5812
MCDONALD'S RESTAURANTS OF CANADA LIMITED *p* 369
994 Keewatin St, WINNIPEG, MB, R2R 2V1
(204) 949-6079 *SIC* 5812
MCDONALD'S RESTAURANTS OF CANADA LIMITED *p* 370
847 Leila Ave, WINNIPEG, MB, R2V 3J7
(204) 949-6066 *SIC* 5812
MCDONALD'S RESTAURANTS OF CANADA LIMITED *p* 371
1186 Main St, WINNIPEG, MB, R2W 3S7
(204) 949-5244 *SIC* 5812
MCDONALD'S RESTAURANTS OF CANADA LIMITED *p* 372
1301 Mcphillips St, WINNIPEG, MB, R2X 2L9
(204) 949-6073 *SIC* 5812
MCDONALD'S RESTAURANTS OF CANADA LIMITED *p* 373
484 Mcphillips St, WINNIPEG, MB, R2X 2H2
(204) 949-6060 *SIC* 5812
MCDONALD'S RESTAURANTS OF CANADA LIMITED *p* 378
333 St Mary Ave Suite 102, WINNIPEG, MB, R3C 4A5
(204) 949-6038 *SIC* 5812
MCDONALD'S RESTAURANTS OF CANADA LIMITED *p* 381
1001 Empress St, WINNIPEG, MB, R3G 3P8
(204) 949-5121 *SIC* 5812
MCDONALD'S RESTAURANTS OF CANADA LIMITED *p* 381
664 Portage Ave, WINNIPEG, MB, R3G 0M4
(204) 949-6035 *SIC* 5812
MCDONALD'S RESTAURANTS OF CANADA LIMITED *p* 381
1440 Ellice Ave, WINNIPEG, MB, R3G 0G4
(204) 949-5123 *SIC* 5812
MCDONALD'S RESTAURANTS OF CANADA LIMITED *p* 381
1251 Portage Ave, WINNIPEG, MB, R3G 0T7
(204) 949-6058 *SIC* 5812
MCDONALD'S RESTAURANTS OF CANADA LIMITED *p* 384
2475 Portage Ave, WINNIPEG, MB, R3J 0N6
(204) 949-6053 *SIC* 5812
MCDONALD'S RESTAURANTS OF

CANADA LIMITED *p* 386
630 Pembina Hwy, WINNIPEG, MB, R3M 2M5
(204) 949-6091 *SIC* 5812
MCDONALD'S RESTAURANTS OF CANADA LIMITED *p* 386
425 Nathaniel St Suite 1187, WINNIPEG, MB, R3M 3X1
(204) 949-6031 *SIC* 5812
MCDONALD'S RESTAURANTS OF CANADA LIMITED *p* 386
375 Osborne St, WINNIPEG, MB, R3L 2A2
(204) 949-6044 *SIC* 5812
MCDONALD'S RESTAURANTS OF CANADA LIMITED *p* 389
2027 Pembina Hwy, WINNIPEG, MB, R3T 5W7
(204) 949-6019 *SIC* 5812
MCDONALD'S RESTAURANTS OF CANADA LIMITED *p* 389
3045 Pembina Hwy, WINNIPEG, MB, R3T 4R6
(204) 949-6083 *SIC* 5812
MCDONALD'S RESTAURANTS OF CANADA LIMITED *p* 392
1725 Kenaston Blvd, WINNIPEG, MB, R3Y 1V5
(204) 949-5128 *SIC* 5812
MCDONALD'S RESTAURANTS OF CANADA LIMITED *p* 397
420 Rue Paul, DIEPPE, NB, E1A 1Y1
(506) 862-1604 *SIC* 5812
MCDONALD'S RESTAURANTS OF CANADA LIMITED *p* 398
805 Rue Victoria, EDMUNDSTON, NB, E3V 3T3
(506) 736-6336 *SIC* 5812
MCDONALD'S RESTAURANTS OF CANADA LIMITED *p* 402
1381 Regent St, FREDERICTON, NB, E3C 1A2
(506) 444-6234 *SIC* 5812
MCDONALD'S RESTAURANTS OF CANADA LIMITED *p* 410
10 Ensley Dr, MONCTON, NB, E1G 2W6
(506) 862-1616 *SIC* 5812
MCDONALD'S RESTAURANTS OF CANADA LIMITED *p* 410
10 Ensley Dr, MONCTON, NB, E1G 2W6
(506) 862-1620 *SIC* 5812
MCDONALD'S RESTAURANTS OF CANADA LIMITED *p* 411
100 Macdonald Ave, OROMOCTO, NB, E2V 2R2
(506) 357-9841 *SIC* 5812
MCDONALD'S RESTAURANTS OF CANADA LIMITED *p* 416
91 Millidge Ave, SAINT JOHN, NB, E2K 2M3
SIC 5812
MCDONALD'S RESTAURANTS OF CANADA LIMITED *p* 424
229 Columbus Dr, CARBONEAR, NL, A1Y 1A3
SIC 5812
MCDONALD'S RESTAURANTS OF CANADA LIMITED *p* 443
1493 Bedford Hwy, BEDFORD, NS, B4A 1E3
(902) 835-8851 *SIC* 5812
MCDONALD'S RESTAURANTS OF CANADA LIMITED *p* 454
3291 Highway 2, FALL RIVER, NS, B2T 1J5
(902) 860-3007 *SIC* 5812
MCDONALD'S RESTAURANTS OF CANADA LIMITED *p* 474
4 Westwood Blvd, STILLWATER LAKE, NS, B3Z 1H3
(902) 826-1763 *SIC* 5812
MCDONALD'S RESTAURANTS OF CANADA LIMITED *p* 498
201 Fairview Rd, BARRIE, ON, L4N 9B1
(905) 823-8500 *SIC* 5812
MCDONALD'S RESTAURANTS OF CANADA LIMITED *p* 498
85 Dunlop St W, BARRIE, ON, L4N 1A5

(705) 726-6500 *SIC* 5812
MCDONALD'S RESTAURANTS OF CANADA LIMITED *p* 510
45 Mountainash Rd, BRAMPTON, ON, L6R 1W4
(905) 458-7488 *SIC* 5812
MCDONALD'S RESTAURANTS OF CANADA LIMITED *p* 512
2450 Queen St E, BRAMPTON, ON, L6S 5X9
(905) 793-5295 *SIC* 5812
MCDONALD'S RESTAURANTS OF CANADA LIMITED *p* 515
2439 Steeles Ave E, BRAMPTON, ON, L6T 5J9
(905) 494-1134 *SIC* 5812
MCDONALD'S RESTAURANTS OF CANADA LIMITED *p* 515
30 Coventry Rd, BRAMPTON, ON, L6T 5P9
(905) 789-0030 *SIC* 5812
MCDONALD'S RESTAURANTS OF CANADA LIMITED *p* 518
344 Queen St E, BRAMPTON, ON, L6V 1C3
(905) 459-8800 *SIC* 5812
MCDONALD'S RESTAURANTS OF CANADA LIMITED *p* 520
539 Steeles Ave E Suite 2, BRAMPTON, ON, L6W 4S2
(905) 453-4954 *SIC* 5812
MCDONALD'S RESTAURANTS OF CANADA LIMITED *p* 522
7690 Hurontario St, BRAMPTON, ON, L6Y 5B5
(905) 456-2233 *SIC* 5812
MCDONALD'S RESTAURANTS OF CANADA LIMITED *p* 524
30 Brisdale Dr, BRAMPTON, ON, L7A 3G1
(905) 495-1122 *SIC* 5812
MCDONALD'S RESTAURANTS OF CANADA LIMITED *p* 531
2454 Parkedale Ave, BROCKVILLE, ON, K6V 3G8
(613) 342-5551 *SIC* 5812
MCDONALD'S RESTAURANTS OF CANADA LIMITED *p* 543
Gd Stn Galt, CAMBRIDGE, ON, N1R 5S8
SIC 5812
MCDONALD'S RESTAURANTS OF CANADA LIMITED *p* 546
401 Westbound Hwy, CAMBRIDGE, ON, N3C 4B1
SIC 5812
MCDONALD'S RESTAURANTS OF CANADA LIMITED *p* 564
3464 County Rd 89, COOKSTOWN, ON, L0L 1L0
SIC 5812
MCDONALD'S RESTAURANTS OF CANADA LIMITED *p* 575
2736 Lake Shore Blvd W, ETOBICOKE, ON, M8V 1H1
(416) 259-3201 *SIC* 5812
MCDONALD'S RESTAURANTS OF CANADA LIMITED *p* 581
25 The West Mall Suite 416, ETOBICOKE, ON, M9C 1B8
(416) 626-0559 *SIC* 5812
MCDONALD'S RESTAURANTS OF CANADA LIMITED *p* 611
2 King St W, HAMILTON, ON, L8P 1A1
SIC 5812
MCDONALD'S RESTAURANTS OF CANADA LIMITED *p* 650
1950 Dundas St, LONDON, ON, N5V 1P5
(519) 451-5590 *SIC* 5812
MCDONALD'S RESTAURANTS OF CANADA LIMITED *p* 653
103 Fanshawe Park Rd E, LONDON, ON, N5X 3V9
(519) 660-6950 *SIC* 5812
MCDONALD'S RESTAURANTS OF CANADA LIMITED *p* 653
1159 Highbury Ave N, LONDON, ON, N5Y 1A6

▲ Public Company ■ Public Company Family Member **HQ** Headquarters **BR** Branch **SL** Single Location

(519) 451-6830   SIC 5812
MCDONALD'S RESTAURANTS OF CANADA LIMITED   p 656
151 Dundas St, LONDON, ON, N6A 5R7
(519) 661-0645   SIC 5812
MCDONALD'S RESTAURANTS OF CANADA LIMITED   p 659
1105 Wellington Rd, LONDON, ON, N6E 1V4
(519) 680-0503   SIC 5812
MCDONALD'S RESTAURANTS OF CANADA LIMITED   p 660
4350 Wellington Rd S, LONDON, ON, N6E 2Z6
(519) 686-8860   SIC 5812
MCDONALD'S RESTAURANTS OF CANADA LIMITED   p 660
1074 Wellington Rd, LONDON, ON, N6E 1M2
(519) 691-1042   SIC 5812
MCDONALD'S RESTAURANTS OF CANADA LIMITED   p 661
1280 Fanshawe Park Rd W, LONDON, ON, N6G 5B1
(519) 473-4043   SIC 5812
MCDONALD'S RESTAURANTS OF CANADA LIMITED   p 662
462 Wharncliffe Rd S, LONDON, ON, N6J 2M9
(519) 673-0680   SIC 5812
MCDONALD'S RESTAURANTS OF CANADA LIMITED   p 663
1033 Wonderland Rd S, LONDON, ON, N6K 3V1
(519) 668-0141   SIC 5812
MCDONALD'S RESTAURANTS OF CANADA LIMITED   p 667
2810 Major Mackenzie Dr, MAPLE, ON, L6A 3L2
(905) 303-0804   SIC 5812
MCDONALD'S RESTAURANTS OF CANADA LIMITED   p 683
3510 Derry Rd E, MISSISSAUGA, ON, L4T 3V7
(905) 677-8711   SIC 5812
MCDONALD'S RESTAURANTS OF CANADA LIMITED   p 700
796 Burnhamthorpe Rd W Unit A, MISSISSAUGA, ON, L5C 2R9
(905) 275-3011   SIC 5812
MCDONALD'S RESTAURANTS OF CANADA LIMITED   p 703
2225 Erin Mills Pky, MISSISSAUGA, ON, L5K 1T9
(905) 403-8112   SIC 5812
MCDONALD'S RESTAURANTS OF CANADA LIMITED   p 705
5636 Glen Erin Dr Unit 12, MISSISSAUGA, ON, L5M 6B1
(905) 812-7187   SIC 5812
MCDONALD'S RESTAURANTS OF CANADA LIMITED   p 714
5995 Mavis Rd, MISSISSAUGA, ON, L5R 3T7
(905) 712-4335   SIC 5812
MCDONALD'S RESTAURANTS OF CANADA LIMITED   p 730
3773 Strandherd Dr, NEPEAN, ON, K2J 4B1
(613) 823-7838   SIC 5812
MCDONALD'S RESTAURANTS OF CANADA LIMITED   p 730
3340 Fallowfield Rd, NEPEAN, ON, K2J 5L1
(613) 843-8898   SIC 5812
MCDONALD'S RESTAURANTS OF CANADA LIMITED   p 739
1835 Niagara Stone Rd, NIAGARA ON THE LAKE, ON, L0S 1J0
SIC 5812
MCDONALD'S RESTAURANTS OF CANADA LIMITED   p 747
1125 Sheppard Ave E, NORTH YORK, ON, M2K 1C5
(416) 224-1145   SIC 5812
MCDONALD'S RESTAURANTS OF CANADA LIMITED   p 753
1 Mcdonalds Pl, NORTH YORK, ON, M3C 3L4
(416) 443-1000   SIC 5812
MCDONALD'S RESTAURANTS OF CANADA LIMITED   p 753
747 Don Mills Rd Suite 13, NORTH YORK, ON, M3C 1T2
(416) 429-1266   SIC 5812
MCDONALD'S RESTAURANTS OF CANADA LIMITED   p 756
150 Rimrock Rd, NORTH YORK, ON, M3J 3A6
(416) 630-8381   SIC 5812
MCDONALD'S RESTAURANTS OF CANADA LIMITED   p 758
1831 Finch Ave W Suite 56, NORTH YORK, ON, M3N 2V2
(416) 636-7601   SIC 5812
MCDONALD'S RESTAURANTS OF CANADA LIMITED   p 763
2020 Jane St, NORTH YORK, ON, M9N 2V3
(416) 248-6648   SIC 5812
MCDONALD'S RESTAURANTS OF CANADA LIMITED   p 763
2625f Weston Rd, NORTH YORK, ON, M9N 3X2
(416) 241-5505   SIC 5812
MCDONALD'S RESTAURANTS OF CANADA LIMITED   p 765
2510 Hampshire Gate, OAKVILLE, ON, L6H 6A2
(905) 829-1227   SIC 5812
MCDONALD'S RESTAURANTS OF CANADA LIMITED   p 773
95 First St, ORANGEVILLE, ON, L9W 2E8
(519) 940-0197   SIC 5812
MCDONALD'S RESTAURANTS OF CANADA LIMITED   p 776
2643 St. Joseph Blvd, ORLEANS, ON, K1C 1G4
(613) 837-2866   SIC 5812
MCDONALD'S RESTAURANTS OF CANADA LIMITED   p 777
4416 Innes Rd, ORLEANS, ON, K4A 3W3
(613) 841-6633   SIC 5812
MCDONALD'S RESTAURANTS OF CANADA LIMITED   p 787
594 Montreal Rd, OTTAWA, ON, K1K 0T9
(613) 741-0093   SIC 5812
MCDONALD'S RESTAURANTS OF CANADA LIMITED   p 789
99 Rideau St, OTTAWA, ON, K1N 9L8
(613) 241-4414   SIC 5812
MCDONALD'S RESTAURANTS OF CANADA LIMITED   p 795
2380 Bank St, OTTAWA, ON, K1V 8S1
(613) 526-1258   SIC 5812
MCDONALD'S RESTAURANTS OF CANADA LIMITED   p 795
1771 Walkley Rd, OTTAWA, ON, K1V 1L2
(613) 733-8354   SIC 5812
MCDONALD'S RESTAURANTS OF CANADA LIMITED   p 795
See MCDONALD'S RESTAURANTS OF CANADA LIMITED
MCDONALD'S RESTAURANTS OF CANADA LIMITED   p 802
252 Elgin St, OTTAWA, ON, K2P 1L9
(613) 236-6769   SIC 5812
MCDONALD'S RESTAURANTS OF CANADA LIMITED   p 813
1899 Brock Rd, PICKERING, ON, L1V 4H7
(905) 683-0944   SIC 5812
MCDONALD'S RESTAURANTS OF CANADA LIMITED   p 813
1300 Kingston Rd, PICKERING, ON, L1V 3M9
(905) 839-5665   SIC 5812
MCDONALD'S RESTAURANTS OF CANADA LIMITED   p 819
980 O'brien Rd, RENFREW, ON, K7V 0B4
(613) 433-9546   SIC 5812
MCDONALD'S RESTAURANTS OF CANADA LIMITED   p 837
1280 Markham Rd, SCARBOROUGH, ON, M1H 2Y9
(416) 438-3344   SIC 5812
MCDONALD'S RESTAURANTS OF CANADA LIMITED   p 838
3150 St Clair Ave E, SCARBOROUGH, ON, M1L 1V6
(416) 751-9014   SIC 5812
MCDONALD'S RESTAURANTS OF CANADA LIMITED   p 841
2701 Lawrence Ave E, SCARBOROUGH, ON, M1P 2S2
(416) 752-2610   SIC 5812
MCDONALD'S RESTAURANTS OF CANADA LIMITED   p 841
300 Borough Dr Suite 2, SCARBOROUGH, ON, M1P 4P5
(416) 279-0722   SIC 5812
MCDONALD'S RESTAURANTS OF CANADA LIMITED   p 844
3850 Sheppard Ave E Suite 222, SCARBOROUGH, ON, M1T 3L4
(416) 754-4337   SIC 5812
MCDONALD'S RESTAURANTS OF CANADA LIMITED   p 845
1571 Sandhurst Cir Suite 102, SCARBOROUGH, ON, M1V 1V2
(416) 292-6706   SIC 5812
MCDONALD'S RESTAURANTS OF CANADA LIMITED   p 856
420 Vansickle Rd, ST CATHARINES, ON, L2S 0C7
(905) 687-8820   SIC 5812
MCDONALD'S RESTAURANTS OF CANADA LIMITED   p 862
385 Highway 8, STONEY CREEK, ON, L8G 5A2
(905) 662-1423   SIC 5812
MCDONALD'S RESTAURANTS OF CANADA LIMITED   p 872
1631 Manning Rd, TECUMSEH, ON, N8N 2L9
(519) 735-8122   SIC 5812
MCDONALD'S RESTAURANTS OF CANADA LIMITED   p 877
81 Cumberland St N, THUNDER BAY, ON, P7A 4M1
(807) 344-1513   SIC 5812
MCDONALD'S RESTAURANTS OF CANADA LIMITED   p 878
853 Red River Rd, THUNDER BAY, ON, P7B 1K3
(807) 767-7551   SIC 5812
MCDONALD'S RESTAURANTS OF CANADA LIMITED   p 881
201 Arthur St W, THUNDER BAY, ON, P7E 5P7
(807) 577-8718   SIC 5812
MCDONALD'S RESTAURANTS OF CANADA LIMITED   p 885
31 Tapscott Rd, TORONTO, ON, M1B 4Y7
(416) 754-8071   SIC 5812
MCDONALD'S RESTAURANTS OF CANADA LIMITED   p 889
6170 Bathurst St, TORONTO, ON, M2R 2A2
(416) 226-0351   SIC 5812
MCDONALD'S RESTAURANTS OF CANADA LIMITED   p 893
45 Overlea Blvd Suite 2, TORONTO, ON, M4H 1C3
SIC 5812
MCDONALD'S RESTAURANTS OF CANADA LIMITED   p 894
1045 Pape Ave, TORONTO, ON, M4K 3W3
(416) 423-3475   SIC 5812
MCDONALD'S RESTAURANTS OF CANADA LIMITED   p 897
1 Eglinton Ave E, TORONTO, ON, M4P 3A1
(416) 701-9560   SIC 5812
MCDONALD'S RESTAURANTS OF CANADA LIMITED   p 899
11 St Clair Ave E, TORONTO, ON, M4T 1L8
(416) 323-3173   SIC 5812
MCDONALD'S RESTAURANTS OF CANADA LIMITED   p 905
121 Front St E, TORONTO, ON, M5A 4S5
(416) 868-9998   SIC 5812
MCDONALD'S RESTAURANTS OF CANADA LIMITED   p 906
218 Yonge St, TORONTO, ON, M5B 2H6
(416) 422-7500   SIC 5812
MCDONALD'S RESTAURANTS OF CANADA LIMITED   p 926
192a Bloor St W, TORONTO, ON, M5S 1T8
SIC 5812
MCDONALD'S RESTAURANTS OF CANADA LIMITED   p 927
160 Spadina Ave, TORONTO, ON, M5T 2C2
(416) 703-7401   SIC 5812
MCDONALD'S RESTAURANTS OF CANADA LIMITED   p 927
344 Bathurst St, TORONTO, ON, M5T 2S3
(416) 362-5499   SIC 5812
MCDONALD'S RESTAURANTS OF CANADA LIMITED   p 930
710 King St W, TORONTO, ON, M5V 2Y6
(416) 504-7268   SIC 5812
MCDONALD'S RESTAURANTS OF CANADA LIMITED   p 935
900 Dufferin St Unit 200, TORONTO, ON, M6H 4B1
(416) 537-0934   SIC 5812
MCDONALD'S RESTAURANTS OF CANADA LIMITED   p 935
1185 Dupont St, TORONTO, ON, M6H 2A5
(416) 536-4188   SIC 5812
MCDONALD'S RESTAURANTS OF CANADA LIMITED   p 937
630 Keele St, TORONTO, ON, M6N 3E2
(416) 604-1496   SIC 5812
MCDONALD'S RESTAURANTS OF CANADA LIMITED   p 938
2365 Dundas St W, TORONTO, ON, M6P 1W7
(416) 536-3715   SIC 5812
MCDONALD'S RESTAURANTS OF CANADA LIMITED   p 945
3760 Highway 7, UNIONVILLE, ON, L3R 0N2
(905) 513-8978   SIC 5812
MCDONALD'S RESTAURANTS OF CANADA LIMITED   p 945
5225 Highway 7 E, UNIONVILLE, ON, L3R 1N3
(905) 477-2891   SIC 5812
MCDONALD'S RESTAURANTS OF CANADA LIMITED   p 962
7777 Tecumseh Rd E, WINDSOR, ON, N8T 1G3
(519) 945-4751   SIC 5812
MCDONALD'S RESTAURANTS OF CANADA LIMITED   p 964
2780 Tecumseh Rd E, WINDSOR, ON, N8W 1G3
(519) 945-3634   SIC 5812
MCDONALD'S RESTAURANTS OF CANADA LIMITED   p 966
3195 Howard Ave, WINDSOR, ON, N8X 3Y9
(519) 966-0131   SIC 5812
MCDONALD'S RESTAURANTS OF CANADA LIMITED   p 968
77 Wyandotte St E, WINDSOR, ON, N9A 3H1
(519) 258-7428   SIC 5812
MCDONALD'S RESTAURANTS OF CANADA LIMITED   p 969
5631 Ojibway Pky, WINDSOR, ON, N9C 4J5
(519) 250-5311   SIC 5812
MCDONALD'S RESTAURANTS OF CANADA LIMITED   p 969
883 Huron Church Rd, WINDSOR, ON, N9C 2K3
(519) 258-3531   SIC 5812
MCDONALD'S RESTAURANTS OF CANADA LIMITED   p 969
See MCDONALD'S RESTAURANTS OF CANADA LIMITED

▲ Public Company   ■ Public Company Family Member   **HQ** Headquarters   **BR** Branch   **SL** Single Location

MCDONALD'S RESTAURANTS OF CANADA LIMITED p 970
3354 Dougall Ave, WINDSOR, ON, N9E 1S6
(519) 966-0454 SIC 5812

MCDONALD'S RESTAURANTS OF CANADA LIMITED p 972
9600 Islington Ave Suite C1, WOODBRIDGE, ON, L4H 2T1
(905) 893-3909 SIC 5812

MCDONALD'S RESTAURANTS OF CANADA LIMITED p 999
797 Boul Du Cure-Labelle, BLAINVILLE, QC, J7C 3P5
(450) 979-7131 SIC 5812

MCDONALD'S RESTAURANTS OF CANADA LIMITED p 1019
2005 Boul Saint-Martin O, Cote Saint-Luc, QC, H7S 1N3
(450) 688-8531 SIC 5812

MCDONALD'S RESTAURANTS OF CANADA LIMITED p 1033
180 Boul De Gaspe, Gaspe, QC, G4X 1B1
(418) 368-7070 SIC 5812

MCDONALD'S RESTAURANTS OF CANADA LIMITED p 1036
80 Boul Greber, GATINEAU, QC, J8T 3P8
(819) 561-1436 SIC 5812

MCDONALD'S RESTAURANTS OF CANADA LIMITED p 1036
2335 Rue Saint-Louis Bureau 3, GATINEAU, QC, J8V 1J2
(819) 246-3221 SIC 5812

MCDONALD'S RESTAURANTS OF CANADA LIMITED p 1036
640 Boul Maloney O, GATINEAU, QC, J8T 8K7
(819) 246-8202 SIC 5812

MCDONALD'S RESTAURANTS OF CANADA LIMITED p 1090
2530 Rue Masson, Montreal, QC, H1Y 1V8
(514) 525-1220 SIC 5812

MCDONALD'S RESTAURANTS OF CANADA LIMITED p 1098
7275 Boul Saint-Laurent, Montreal, QC, H2R 1W5
(514) 276-6878 SIC 5812

MCDONALD'S RESTAURANTS OF CANADA LIMITED p 1102
1 Rue Notre-Dame E, Montreal, QC, H2Y 1B6
(514) 285-8720 SIC 5812

MCDONALD'S RESTAURANTS OF CANADA LIMITED p 1116
1472 Rue Sainte-Catherine O, Montreal, QC, H3G 1S8
(514) 935-5159 SIC 5812

MCDONALD'S RESTAURANTS OF CANADA LIMITED p 1132
6140 Boul Henri-Bourassa E, MONTREAL-NORD, QC, H1G 5X3
(514) 321-0467 SIC 5812

MCDONALD'S RESTAURANTS OF CANADA LIMITED p 1171
185 Rue Notre-Dame, REPENTIGNY, QC, J6A 2R3
(450) 581-8520 SIC 5812

MCDONALD'S RESTAURANTS OF CANADA LIMITED p 1174
100 Rue Des Cerisiers, Riviere-du-Loup, QC, G5R 6E8
(418) 863-4242 SIC 5812

MCDONALD'S RESTAURANTS OF CANADA LIMITED p 1176
401 Boul Labelle, Rosemere, QC, J7A 3T2
(450) 979-6633 SIC 5812

MCDONALD'S RESTAURANTS OF CANADA LIMITED p 1203
400 Boul Sir-Wilfrid-Laurier, SAINT-LAMBERT, QC, J4R 2M2
(450) 466-1020 SIC 5812

MCDONALD'S RESTAURANTS OF CANADA LIMITED p 1216
7445 Boul Langelier, SAINT-LEONARD, QC, H1S 1V6
(514) 252-1105 SIC 5812

MCDONALD'S RESTAURANTS OF CANADA LIMITED p 1221
105 Av Guindon, SAINT-SAUVEUR, QC, J0R 1R6
(450) 227-2331 SIC 5812

MCDONALD'S RESTAURANTS OF CANADA LIMITED p 1258
4300 Boul Lasalle, VERDUN, QC, H4G 2A8
(514) 767-7924 SIC 5812

MCDONALD'S RESTAURANTS OF CANADA LIMITED p 1283
924 E Victoria Ave, REGINA, SK, S4N 7A9
(306) 525-2621 SIC 5812

MCDONALD'S RESTAURANTS OF CANADA LIMITED p 1289
1105 Kramer Blvd, REGINA, SK, S4S 5W4
(306) 586-3400 SIC 5812

MCDONALD'S RESTAURANTS OF CANADA LIMITED p 1289
2620 Dewdney Ave, REGINA, SK, S4T 0X3
(306) 525-6611 SIC 5812

MCDONALD'S RESTAURANTS OF CANADA LIMITED p 1291
6210 Rochdale Blvd, REGINA, SK, S4X 4K8
(306) 543-6300 SIC 5812

MCDONALD'S RESTAURANTS OF CANADA LIMITED p 1291
1955 Prince Of Wales Dr, REGINA, SK, S4Z 1A5
(306) 781-1340 SIC 5812

MCDONALD'S RESTAURANTS OF CANADA LIMITED p 1292
1706 Preston Ave, SASKATOON, SK, S7H 2V8
(306) 955-8677 SIC 5812

MCDONALD'S RESTAURANTS OF CANADA LIMITED p 1296
102 2nd Ave N, SASKATOON, SK, S7K 2B2
SIC 5812

MCDONALD'S RESTAURANTS OF CANADA LIMITED p 1296
905 51st St E, SASKATOON, SK, S7K 7E4
(306) 955-8667 SIC 5812

MCDONALD'S RESTAURANTS OF CANADA LIMITED p 1300
1803 Idylwyld Dr N, SASKATOON, SK, S7L 1B6
(306) 955-8665 SIC 5812

MCDONALD'S RESTAURANTS OF CANADA LIMITED p 1301
2225 22nd St W, SASKATOON, SK, S7M 0V5
(306) 955-8660 SIC 5812

MCDONALD'S RESTAURANTS OF CANADA LIMITED p 1301
225 Betts Ave, SASKATOON, SK, S7M 1L2
(306) 955-8676 SIC 5812

MCDONALD'S RESTAURANTS OF GANANOQUE p 591
See RKJL FOODS LTD

MCDONALD'S ST-ANTOINE p 1201
See GESTION LOUIS GIGUERE INC

MCDONALD, D. SALES & MERCHANDISING LIMITED p 767
2861 Sherwood Heights Dr Unit 28, OAKVILLE, ON, L6J 7K1
(905) 855-8550 SIC 7389

MCDONALD, GRANT P. HOLDINGS INC p 593
2680 Overton Dr, GLOUCESTER, ON, K1G 6T8
(613) 225-9588 SIC 7538

MCDONALDS p 2
See BARNSLEY INVESTMENTS LTD

MCDONALDS p 136
See UNDERHILL FOOD SERVICES LTD

MCDONALDS p 337
3605 Gellatly Rd, WEST KELOWNA, BC, V4T 2E6
(250) 768-3806 SIC 5812

MCDONALDS p 474
See MCDONALD'S RESTAURANTS OF CANADA LIMITED

MCDONALDS p 497
See GOLDEN ARCH FOOD SERVICES LTD

MCDONALDS p 580
See J D C RESTAURANTS LTD

MCDONALDS p 733
See MILLER, P.G. ENTERPRISES LIMITED

MCDONALDS p 838
See MCDONALD'S RESTAURANTS OF CANADA LIMITED

MCDONALDS p 849
See NORFOLK FAMILY RESTAURANTS LTD

MCDONALDS p 883
See AUBE, J.-P. RESTAURANT SERVICES LTD

MCDONALDS p 1158
See RESTAURANT LES TROIS MOUSSAILLONS INC

MCDONALDS p 1249
See M. S. J .N. INC

MCDONALDS #8283 p 389
See MCDONALD'S RESTAURANTS OF CANADA LIMITED

MCDONALDS - MAPLE RIDGE p 236
See MCDONALD'S RESTAURANTS OF CANADA LIMITED

MCDONALDS 10731 p 517
See BEATTY FOODS LTD

MCDONALDS 22028 NA p 1083
See VINCENT, SYLVAIN

MCDONALDS DRIVE-IN RESTAURANT p 739
See SIRA RESTAURANTS LTD

MCDONALDS FAMILY RESTAURANT p 394
See R. G. MC. GROUP LIMITED

MCDONALDS RESTAURANT p 35
See PASLEY, MAX ENTERPRISES LIMITED

MCDONALDS RESTAURANT p 251
See MCM FOOD SERVICES INC

MCDONALDS RESTAURANT p 346
See K.A.S.A. HOLDINGS LTD

MCDONALDS RESTAURANT p 483
See MANU FORTI CORPORATION LTD

MCDONALDS RESTAURANT p 588
See GRANDI COMPANY LIMITED

MCDONALDS RESTAURANT p 731
See GRAYDON FOODS LTD

MCDONALDS RESTAURANT p 780
See WILSON FOODS CENTRE LTD

MCDONALDS RESTAURANT p 850
81 Lombard St, SMITHS FALLS, ON, K7A 4Y9
(613) 283-8633 SIC 5812

MCDONALDS RESTAURANT p 995
See KEVJAS INC

MCDONALDS RESTAURANT p 1251
See MARLU INC

MCDONALDS RESTAURANT p 1292
3510 8th St E Unit 1, SASKATOON, SK, S7H 0W6
(306) 955-8674 SIC 5812

MCDONALDS RESTAURANT 8616 p 282
See MCDONALD'S RESTAURANTS OF CANADA LIMITED

MCDONALDS RESTAURANT OF CANADA INC p 972
9200 Weston Rd Unit E, WOODBRIDGE, ON, L4H 2P8
(905) 832-0424 SIC 5812

MCDONALDS RESTAURANTS p 639
See CAVCO FOOD SERVICES LTD

MCDONALDS RESTAURANTS p 982
See MCKENNCO INC

MCDONALDS STORE p 636
See JENKEL INVESTMENTS LTD

MCDOUGALL CENTRE p 41
See CALGARY PARKING AUTHORITY

MCDOUGALL GAULEY BARRISTERS & SOLICITOR p 1292
See MCDOUGALL GAULEY LLP

MCDOUGALL GAULEY LLP p 1292
616 Main St Suite 500, SASKATOON, SK, S7H 0J6
(306) 653-1212 SIC 8111

MCDOUGALL PUBLIC SCHOOL p 679
See NEAR NORTH DISTRICT SCHOOL BOARD

MCDOWELL OVENS, DIV OF p 512
See SUN PAC FOODS LIMITED

MCELHANNEY p 240
See MCELHANNEY CONSULTING SERVICES LTD

MCELHANNEY ASSOCIATES p 141
See MCELHANNEY ASSOCIATES LAND SURVEYING LTD

MCELHANNEY ASSOCIATES LAND SURVEYING LTD p 141
5704 44 St Suite 116, LLOYDMINSTER, AB, T9V 2A1
(780) 875-8857 SIC 8732

MCELHANNEY ASSOCIATES LAND SURVEYING LTD p 214
8808 72 St, FORT ST. JOHN, BC, V1J 6M2
(250) 787-0356 SIC 8713

MCELHANNEY CONSULTING SERVICES LTD p 87
13455 114 Ave Suite 201, EDMONTON, AB, T5M 4C4
(780) 451-3420 SIC 8748

MCELHANNEY CONSULTING SERVICES LTD p 141
5704 44 St Suite 116, LLOYDMINSTER, AB, T9V 2A1
(780) 875-8857 SIC 8713

MCELHANNEY CONSULTING SERVICES LTD p 240
1351 Estevan Rd Unit 1, NANAIMO, BC, V9S 3Y3
(250) 716-3336 SIC 8711

MCELHANNEY CONSULTING SERVICES LTD p 283
13450 102 Ave Suite 2300, SURREY, BC, V3T 5X3
(604) 596-0391 SIC 8748

MCELHANNEY LAND SURVEYORS p 214
See MCELHANNEY ASSOCIATES LAND SURVEYING LTD

MCELHANNEY LAND SURVEYS LTD p 51
999 8 St Sw Suite 450, CALGARY, AB, T2R 1J5
(403) 245-4711 SIC 8713

MCELHANNEY LAND SURVEYS LTD p 127
9928 111 Ave, GRANDE PRAIRIE, AB, T8V 4C3
(780) 532-0633 SIC 8713

MCF HOLDINGS LTD p 28
3410b Ogden Rd Se, CALGARY, AB, T2G 4N5
(403) 290-0860 SIC 5154

MCFADDEN'S HARDWOOD & HARDWARE INC p 765
2323 Winston Park Dr Suite 1, OAKVILLE, ON, L6H 6R7
(416) 674-3333 SIC 5072

MCFADDEN'S HARDWOOD & HARDWARE INC p 1215
8935 Rue Pascal-Gagnon, SAINT-LEONARD, QC, H1P 1Z4
(514) 343-5414 SIC 5031

MCFADZEN HOLDINGS LIMITED p 403
31 Kingswood Way, HANWELL, NB, E3C 2L4
(506) 444-9500 SIC 5812

MCG RESTAURANTS LTD p 76
10628 Kingsway Nw, EDMONTON, AB, T5G 0W8
(780) 944-0232 SIC 5812

MCG RESTAURANTS LTD p 85
13551 St Albert Trail Nw, EDMONTON, AB, T5L 5E7
(780) 488-8492 SIC 5812

MCG. RESTAURANTS (WONDERLAND) INC p 400

BUSINESSES ALPHABETICALLY

MCLEOD MERCANTILE LTD 3501

280 King St, FREDERICTON, NB, E3B 1E2
(506) 458-1212   SIC 5812
MCG. RESTAURANTS (WONDERLAND) INC   p 662
666 Wonderland Rd N, LONDON, ON, N6H 4K9
(519) 473-5702   SIC 5812
MCG. RESTAURANTS (WONDERLAND) INC   p 771
270 North Service Rd W, OAKVILLE, ON, L6M 2R8
(905) 338-1422   SIC 5812
MCG. RESTAURANTS (WONDERLAND) INC   p 952
160 University Ave W, WATERLOO, ON, N2L 3E9
(519) 886-6490   SIC 5812
MCGARREL PLACE   p 661
See REVERA INC
MCGILL & ORME REXALL PHARMACY   p 332
See REXALL PHARMACY GROUP LTD
MCGILL FORMING, DIV OF   p 775
See STORBURN CONSTRUCTION LTD
MCGILL HOPITAL NEUROLOGIQUE DE MONTREAL   p 1107
See MCGILL UNIVERSITY HEALTH CENTRE
MCGILL UNIVERSITY HEALTH CENTRE   p 1100
3650 Rue Saint-Urbain Bureau K 124, Montreal, QC, H2X 2P4
(514) 934-1934   SIC 8011
MCGILL UNIVERSITY HEALTH CENTRE   p 1107
3801 Rue University Bureau 548, Montreal, QC, H3A 2B4
(514) 398-6644   SIC 8062
MCGILL UNIVERSITY HEALTH CENTRE   p 1107
687 Av Des Pins O Bureau 1408, Montreal, QC, H3A 1A1
(514) 934-1934   SIC 8062
MCGILL UNIVERSITY HEALTH CENTRE   p 1107
853 Rue Sherbrooke O Bureau 115, Montreal, QC, H3A 0G5
SIC 8299
MCGILL UNIVERSITY HEALTH CENTRE   p 1116
1650 Av Cedar Bureau 111, Montreal, QC, H3G 1A4
(514) 934-1934   SIC 8062
MCGILL UNIVERSITY HEALTH CENTRE   p 1117
2300 Rue Tupper, Montreal, QC, H3H 1P3
(514) 934-1934   SIC 8069
MCGILL UNIVERSITY HEALTH CENTRE   p 1117
2300 Rue Tupper Bureau F372, Montreal, QC, H3H 1P3
(514) 412-4307   SIC 8069
MCGILLION TRANSPORT LTD   p 506
141 Healey Rd Suite 4, BOLTON, ON, L7E 5B2
SIC 4213
MCGILLIVARY CARE HOME   p 359
Gd Stn Main, THE PAS, MB, R9A 1K2
(204) 623-5421   SIC 8051
MCGILLIVRAY CENTRAL PUBLIC SCHOOL   p 482
See THAMES VALLEY DISTRICT SCHOOL BOARD
MCGINNIS FRONT ROW RESTAURANT   p 952
See MCG. RESTAURANTS (WONDERLAND) INC
MCGINNIS LANDING   p 400
See MCG. RESTAURANTS (WONDERLAND) INC
MCGIRR ELEMENTARY SCHOOL   p 242
See SCHOOL DISTRICT NO. 68 (NANAIMO-LADYSMITH)
MCGONIGAL CONSTRUCTION LTD   p 489

245 Fifth Ave, ARNPRIOR, ON, K7S 3M3
(613) 623-3613   SIC 1741
MCGONIGAL MASONRY CONSTRUCTION   p 489
See MCGONIGAL CONSTRUCTION LTD
MCGOWN PARK ELEMENTARY   p 221
See SCHOOL DISTRICT 73 (KAMLOOPS/THOMPSON)
MCGREGOR EASSON PUBLIC SCHOOL   p 800
See OTTAWA-CARLETON DISTRICT SCHOOL BOARD
MCGREGOR INDUSTRIES INC   p 578
70 The East Mall, ETOBICOKE, ON, M8Z 5W2
(416) 252-3716   SIC 5632
MCGREGOR PUBLIC SCHOOL   p 492
See THAMES VALLEY DISTRICT SCHOOL BOARD
MCGREGOR SOCKS   p 578
See MCGREGOR INDUSTRIES INC
MCGREGOR, DONALD INVESTMENTS LTD   p 32
6455 Macleod Trail Sw Suite 607, CALGARY, AB, T2H 0K9
(403) 252-6023   SIC 5812
MCHUGH ELEMENTARY SCHOOL   p 522
See PEEL DISTRICT SCHOOL BOARD
MCI MEDICAL CLINICS (ALBERTA) INC   p 62
1829 Ranchlands Blvd Nw Suite 137, CALGARY, AB, T3G 2A7
(403) 239-8888   SIC 8011
MCI MEDICAL CLINICS INC   p 704
4099 Erin Mills Pky Suite 7, MISSISSAUGA, ON, L5L 3P9
(905) 820-3310   SIC 8093
MCI MEDICAL CLINICS INC   p 875
800 Steeles Ave W Suite 4a, THORNHILL, ON, L4J 7L2
(905) 660-6228   SIC 8011
MCI MEDICAL CLINICS INC   p 932
100 King St W Suite 119, TORONTO, ON, M5X 2A1
(416) 368-1926   SIC 8049
MCI MEDICAL CLINICS INC   p 932
100 King St W Suite 1600, TORONTO, ON, M5X 2A1
(416) 368-6787   SIC 8062
MCINNES COOPER   p 400
570 Queen St Suite 600, FREDERICTON, NB, E3B 6Z6
(506) 458-8572   SIC 8111
MCINNES COOPER   p 407
644 Main St Suite 400, MONCTON, NB, E1C 1E2
(506) 857-8970   SIC 8111
MCINNES COOPER   p 435
10 Fort William Pl, ST. JOHN'S, NL, A1C 1K4
(709) 722-8735   SIC 8111
MCINNES COOPER   p 459
5151 George St Suite 900, HALIFAX, NS, B3J 1M5
(902) 425-6500   SIC 8111
MCINTEE , WILFRED & CO. LIMITED   p 803
733 9th Ave E Suite 3, OWEN SOUND, ON, N4K 3E6
SIC 6531
MCINTOSH COUNTRY INN & CONFERENCE CENTER   p 724
See MCINTOSH COUNTRY INN INC
MCINTOSH COUNTRY INN INC   p 724
12495 County Road 28, MORRISBURG, ON, K0C 1X0
(613) 543-3788   SIC 7011
MCINTOSH PERRY LIMITED   p 561
7900 Keele St Suite 200, CONCORD, ON, L4K 2A3
(905) 856-5200   SIC 8742
MCINTYRE GROUP OFFICE SERVICES INC   p 18
4216 61 Ave Se Suite 34, CALGARY, AB,

T2C 1Z5
(403) 287-7779   SIC 1799
MCINTYRE GROUP OFFICE SERVICES INC   p 716
1625 Drew Rd, MISSISSAUGA, ON, L5S 1J5
(905) 671-2111   SIC 1799
MCKAY ELEMENTARY SCHOOL   p 273
See BOARD OF EDUCATION SCHOOL DISTRICT #38 (RICHMOND)
MCKAY SCHOOL   p 816
See DISTRICT SCHOOL BOARD OF NIAGARA
MCKAY, W. G. LIMITED   p 919
40 University Ave Suite 602, TORONTO, ON, M5J 1T1
(416) 593-1380   SIC 4731
MCKAY-COCKER CONSTRUCTION LIMITED   p 689
5285 Solar Dr Unit 102, MISSISSAUGA, ON, L4W 5B8
(905) 890-9193   SIC 1542
MCKECHNIE, ANDY BUILDING MATERIALS LTD   p 574
830 Centre St, ESPANOLA, ON, P5E 1J1
(705) 869-2130   SIC 5211
MCKEE ELEMENTARY SCHOOL   p 109
See EDMONTON SCHOOL DISTRICT NO. 7
MCKEE PUBLIC SCHOOL   p 750
See TORONTO DISTRICT SCHOOL BOARD
MCKEEN RESTAURANT, THE   p 492
200 Talbot St W, AYLMER, ON, N5H 1K1
(519) 773-5377   SIC 5812
MCKELLAR PARK CENTRAL SCHOOL   p 880
See LAKEHEAD DISTRICT SCHOOL BOARD
MCKELVIE'S RESTAURANT   p 458
See ENERGETIC FOODS INCORPORATED
MCKENNCO INC   p 982
124 Capital Dr, CHARLOTTETOWN, PE, C1E 1E7
(902) 566-6704   SIC 5812
MCKENNCO INC   p 985
481 Granville St, SUMMERSIDE, PE, C1N 4P7
(902) 436-5462   SIC 5812
MCKENZIE ELEMENTARY SCHOOL   p 333
See BOARD OF EDUCATION OF SCHOOL DISTRICT NO. 61 (GREATER VICTORIA)
MCKENZIE LAKE ELEMENTRAY SCHOOL   p 57
See CALGARY BOARD OF EDUCATION
MCKENZIE PUBLIC SCHOOL   p 848
See LAKEHEAD DISTRICT SCHOOL BOARD
MCKENZIE SEEDS   p 345
See JIFFY CANADA INC
MCKENZIE SMITH BENNETT PUBLIC SCHOOL   p 482
See HALTON CATHOLIC DISTRICT SCHOOL BOARD
MCKENZIE TOWN CARE CENTRE   p 57
See REVERA INC
MCKEOWN AND WOOD FUELS LIMITED   p 725
373 Centre St N, NAPANEE, ON, K7R 1P7
(613) 354-6505   SIC 5172
MCKERCHER LLP   p 1285
1801 Hamilton St Suite 800, REGINA, SK, S4P 4B4
(306) 565-6500   SIC 8111
MCKERNAN SCHOOL   p 107
See EDMONTON SCHOOL DISTRICT NO. 7
MCKESSON CORPORATION   p 673
131 Mcnabb St, MARKHAM, ON, L3R 5V7
(905) 943-9499   SIC 5122
MCKESSON CORPORATION   p 868

555 Barrydowne Rd, SUDBURY, ON, P3A 3T4
(705) 566-5200   SIC 5912
MCKEVITT TRUCKING LIMITED   p 879
1200 Carrick St, THUNDER BAY, ON, P7B 5P9
(807) 623-0054   SIC 4213
MCKILLICAN CANADIAN INC   p 96
16420 118 Ave Nw, EDMONTON, AB, T5V 1C8
(780) 453-3841   SIC 5039
MCKILLICAN CANADIAN INC   p 229
20233 100a Ave, LANGLEY, BC, V1M 3X6
(604) 513-8122   SIC 5039
MCKIM MIDDLE SCHOOL   p 227
See BOARD OF EDUCATION OF SCHOOL DISTRICT NO. 06 (ROCKY MOUNTAIN), THE
MCKINLEY HEATING & AIR CONDITIONING (DIV)   p 87
See LENNOX CANADA INC
MCKINNON PARK SECONDARY SCHOOL   p 542
See GRAND ERIE DISTRICT SCHOOL BOARD
MCKINNON PUBLIC SCHOOL   p 706
See PEEL DISTRICT SCHOOL BOARD
MCKITRICK SCHOOL   p 1277
See LIVING SKY SCHOOL DIVISION NO. 202
MCLAREN, P. D. LIMITED   p 193
5069 Beresford St, BURNABY, BC, V5J 1H8
(604) 437-0616   SIC 1799
MCLARENS CANADA   p 670
See CLAIMSPRO LP
MCLAUGHLIN, R S COLLEGIATE & VOCATIONAL INSTITUTE   p 781
See DURHAM DISTRICT SCHOOL BOARD
MCLEAN BUDDEN GLOBAL EQUITY FUND   p 915
145 King St W Suite 2525, TORONTO, ON, M5H 1J8
(416) 862-9800   SIC 6722
MCLEAN BUDDEN HIGH INCOME EQUITY FUND   p 915
See MCLEAN BUDDEN LTD
MCLEAN BUDDEN LTD   p 915
145 King St W Suite 2525, TORONTO, ON, M5H 1J8
(416) 862-9800   SIC 6722
MCLEAN COMMUNITY CENTRE   p 484
See CORPORATION OF THE TOWN OF AJAX, THE
MCLEAN HALLMARK INSURANCE GROUP LTD   p 673
10 Konrad Cres, MARKHAM, ON, L3R 8T7
(416) 364-4000   SIC 6411
MCLELLAN TRANSPORTATION CO. LIMITED   p 636
13 Duncan Ave S, KIRKLAND LAKE, ON, P2N 1X2
(705) 567-3105   SIC 4151
MCLELLAN'S TRANSPORTATION   p 636
See MCLELLAN TRANSPORTATION CO. LIMITED
MCLENNAN CAMPUS   p 143
See NORTHERN LAKES COLLEGE
MCLENNAN ROSS LLP   p 46
350 7 Ave Sw Suite 1000, CALGARY, AB, T2P 3N9
(403) 543-9120   SIC 8111
MCLEOD EDUCATION CENTRE   p 367
See RIVER EAST TRANSCONA SCHOOL DIVISION
MCLEOD ELEMENTARY SCHOOL   p 73
See EDMONTON SCHOOL DISTRICT NO. 7
MCLEOD MERCANTILE LTD   p 96
15311 128 Ave Nw, EDMONTON, AB, T5V 1A5
(780) 481-2575   SIC 3089

▲ Public Company   ■ Public Company Family Member   HQ Headquarters   BR Branch   SL Single Location

MCLEOD ROAD ELEMENTARY p 287
See SCHOOL DISTRICT NO 36 (SURREY)
MCLEOD WINDOW p 96
See MCLEOD MERCANTILE LTD
MCLURG HIGH SCHOOL p 1309
See LIVING SKY SCHOOL DIVISION NO. 202
MCLURG SCHOOL p 1290
See BOARD OF EDUCATION REGINA SCHOOL DIVISION NO. 4 OF SASKATCHEWAN
MCM FOOD SERVICES INC p 251
310 Island Hwy W, PARKSVILLE, BC, V9P 1K8
(250) 248-8885 SIC 5812
MCMAHON DISTRIBUTEUR PHARMACEUTIQUE p 1140
See METRO RICHELIEU INC
MCMAHON DISTRIBUTEUR PHARMACEUTIQUE INC p 1161
2450 Boul Laurier, Quebec, QC, G1V 2L1
(418) 653-9333 SIC 5912
MCMAHON DISTRIBUTEUR PHARMACEUTIQUE INC p 1164
9550 Boul De L'ormiere, Quebec, QC, G2B 3Z6
(418) 842-9221 SIC 5912
MCMAN p 139
See MCMAN YOUTH, FAMILY AND COMMUNITY SERVICES ASSOCIATION
MCMAN YOUTH SERVICES p 143
See MCMAN YOUTH, FAMILY AND COMMUNITY SERVICES ASSOCIATION
MCMAN YOUTH, FAMILY AND COMMUNITY SERVICES ASSOCIATION p 32
6712 Fisher St Se Unit 80, CALGARY, AB, T2H 2A7
(403) 508-7742 SIC 8641
MCMAN YOUTH, FAMILY AND COMMUNITY SERVICES ASSOCIATION p 85
11821 123 St Nw, EDMONTON, AB, T5L 0G7
(780) 453-0449 SIC 8399
MCMAN YOUTH, FAMILY AND COMMUNITY SERVICES ASSOCIATION p 117
4926 1st Ave, EDSON, AB, T7E 1V7
(780) 712-7677 SIC 8322
MCMAN YOUTH, FAMILY AND COMMUNITY SERVICES ASSOCIATION p 121
9916 Manning Ave, FORT MCMURRAY, AB, T9H 2B9
(780) 743-1110 SIC 8322
MCMAN YOUTH, FAMILY AND COMMUNITY SERVICES ASSOCIATION p 139
517 4 Ave S Unit 203, LETHBRIDGE, AB, T1J 0N4
(403) 328-2488 SIC 8322
MCMAN YOUTH, FAMILY AND COMMUNITY SERVICES ASSOCIATION p 143
941 South Railway St Se Unit 4, MEDICINE HAT, AB, T1A 2W3
(403) 527-1588 SIC 8399
MCMAN YOUTH, FAMILY AND COMMUNITY SERVICES ASSOCIATION p 175
5115 49 St Suite 208, WHITECOURT, AB, T7S 1N7
(780) 778-3290 SIC 8399
MCMASTER AUTOMOTIVE RESEARCH AND TECHNOLOGY p 611
See MCMASTER UNIVERSITY
MCMASTER CATHOLIC SCHOOL p 786
See OTTAWA CATHOLIC DISTRICT SCHOOL BOARD
MCMASTER STUDENTS UNION INCORPORATED p 612
1280 Main St W Rm 1, HAMILTON, ON, L8S 4K1
(905) 525-9140 SIC 8631
MCMASTER UNIVERSITY p 610
Po Box 2000 Stn Lcd 1, HAMILTON, ON, L8N 3Z5
(905) 521-2100 SIC 8221
MCMASTER UNIVERSITY p 611
200 Longwood Rd S Suite 20, HAMILTON, ON, L8P 0A6
(289) 674-0253 SIC 8221
MCMASTER UNIVERSITY p 612
1280 Main St W Etb 513, HAMILTON, ON, L8S 4L8
(905) 525-9140 SIC 8221
MCMASTER UNIVERSITY p 613
711 Concession St, HAMILTON, ON, L8V 1C3
(905) 527-2299 SIC 8069
MCMASTER UNIVERSITY MEDICAL CENTER p 612
See HAMILTON HEALTH SCIENCES CORPORATION
MCMATH SECONDARY SCHOOL p 274
See BOARD OF EDUCATION SCHOOL DISTRICT #38 (RICHMOND)
MCMATT INVESTMENTS LTD p 105
10305 80 Ave Nw, EDMONTON, AB, T6E 1T8
(780) 414-8445 SIC 5812
MCMATT INVESTMENTS LTD p 111
4202 66 St Nw, EDMONTON, AB, T6K 4A2
(780) 414-8369 SIC 5812
MCMATT INVESTMENTS LTD p 116
3841 34 St Nw, EDMONTON, AB, T6T 1K9
(780) 414-8370 SIC 5812
MCMILLAN ELEMENTARY p 177
See SCHOOL DISTRICT NO 34 (ABBOTSFORD)
MCMILLAN LLP p 46
736 6 Ave Sw Suite 1900, CALGARY, AB, T2P 3T7
(403) 531-4700 SIC 8111
MCMILLAN LLP p 312
1055 Georgia St W Suite 1500, VANCOUVER, BC, V6E 4N7
(604) 689-9111 SIC 8111
MCMILLAN LLP p 791
45 O'connor St Suite 2000, OTTAWA, ON, K1P 1A4
(613) 232-7171 SIC 8111
MCMILLAN LLP p 1107
1000 Rue Sherbrooke O Bureau 2700, MONTREAL, QC, H3A 3G4
(514) 987-5000 SIC 8111
MCMILLAN, J.S. FISHERIES LTD p 263
Gd Stn Main, PRINCE RUPERT, BC, V8J 3P3
(250) 624-2146 SIC 2092
MCMULLAN, RICHARD W LAW CORPORATION p 231
4769 222 St Suite 200, LANGLEY, BC, V2Z 3C1
(604) 533-3821 SIC 8111
MCMUNN & YATES BUILDING SUPPLIES (THOMPSON) LTD p 359
44 Station Rd, THOMPSON, MB, R8N 0N7
(204) 778-8363 SIC 5211
MCMUNN & YATES BUILDING SUPPLIES LTD p 353
2712 Saskatchewan Ave W Hwy 1a W, PORTAGE LA PRAIRIE, MB, R1N 3C2
(204) 239-8750 SIC 5211
MCMUNN & YATES BUILDING SUPPLIES LTD p 370
2366 Mcphillips St, WINNIPEG, MB, R2V 4J6
(204) 940-4043 SIC 5211
MCMUNN & YATES BUILDING SUPPLIES LTD p 386
600 Pembina Hwy, WINNIPEG, MB, R3M 2M5
(204) 940-4040 SIC 5211
MCMUNN & YATES BUILDING SUPPLIES LTD p 388
940 Elmhurst Rd, WINNIPEG, MB, R3R 3X7
(204) 837-1347 SIC 5251
MCMURRAY SERV-U EXPEDITING LTD p 121
350 Macalpine Cres Suite 2, FORT MCMURRAY, AB, T9H 4A8
(780) 791-3530 SIC 4212
MCMURRICH JUNIOR PUBLIC SCHOOL p 935
See TORONTO DISTRICT SCHOOL BOARD
MCNAB PUBLIC SCHOOL p 489
See RENFREW COUNTY DISTRICT SCHOOL BOARD
MCNAIRN PACKAGING p 958
See J. H. MCNAIRN LIMITED
MCNALLY CONSTRUCTION INC p 607
1855 Barton St E Suite 4, HAMILTON, ON, L8H 2Y7
(905) 549-6561 SIC 1629
MCNALLY HIGH SCHOOL p 99
See EDMONTON SCHOOL DISTRICT NO. 7
MCNALLY MARINE, DIV OF p 607
See MCNALLY CONSTRUCTION INC
MCNAUGHTON AVE PUBLIC SCHOOL p 551
See LAMBTON KENT DISTRICT SCHOOL BOARD
MCNAUGHTON BUS LINES p 949
See LANGS BUS LINES LIMITED
MCNAUGHTON HIGH SCHOOL p 1276
See SOUTH EAST CORNERSTONE SCHOOL DIVISION NO. 209
MCNEIL CONSUMER HEALTH CARE DIV OF p 603
See JOHNSON & JOHNSON INC
MCPHERSON LIBRARY p 332
See UNIVERSITY OF VICTORIA
MCPORT CITY FOOD SERVICES LIMITED p 412
175 Hampton Rd, QUISPAMSIS, NB, E2E 4J8
(506) 847-9003 SIC 5812
MCPORT CITY FOOD SERVICES LIMITED p 414
111 Mcallister Dr, SAINT JOHN, NB, E2J 2S6
(506) 634-2704 SIC 5812
MCPORT CITY FOOD SERVICES LIMITED p 416
399 Main St, SAINT JOHN, NB, E2K 1J3
(506) 634-0256 SIC 5812
MCPORT CITY FOOD SERVICES LIMITED p 417
39 King St, SAINT JOHN, NB, E2L 4W3
(506) 634-2700 SIC 5812
MCQUIGGE, E. J. LODGE p 548
See KEAY NURSING HOMES INC
MCRAE LUMBER COMPANY LIMITED p 960
160 Haycreek Rd, WHITNEY, ON, K0J 2M0
(613) 637-2190 SIC 2411
MCRAE MILLS p 960
See MCRAE LUMBER COMPANY LIMITED
MCRAE'S ENVIRONMENTAL SERVICES LTD p 210
7783 Progress Way, DELTA, BC, V4G 1A3
(604) 434-8313 SIC 1794
MCRAE'S SPEC LIQUID WASTE p 210
See MCRAE'S ENVIRONMENTAL SERVICES LTD
MCRAY'S ROAD HOUSE GRILL p 121
606 Signal Rd, FORT MCMURRAY, AB, T9H 4Z4
(780) 790-1135 SIC 5812
MCSHANE, GERALD SCHOOL p 1132
See COMMISSION SCOLAIRE ENGLISH-MONTREAL
MCSHEEP INVESTMENTS INC p 924
142 Cumberland St, TORONTO, ON, M5R 1A8
(416) 968-2828 SIC 5812
MCSOUND INVESTMENTS INC p 803
1015 10th St W, OWEN SOUND, ON, N4K 5S2
(519) 371-8948 SIC 5812
MCT & T FOODS DBA INC p 223
3100 Lakeshore Rd, KELOWNA, BC, V1W 3T1
(250) 860-3450 SIC 5812
MCTAGUE LAW FIRM LLP p 968
455 Pelissier St, WINDSOR, ON, N9A 6Z9
(519) 255-4300 SIC 8111
MCTAVISH ELEMENTARY SCHOOL p 246
See SCHOOL DISTRICT 63 (SAANICH)
MCVEETY MARION SCHOOL p 1288
See BOARD OF EDUCATION REGINA SCHOOL DIVISION NO. 4 OF SASKATCHEWAN
MCW CONSULTANTS LTD p 312
1185 Georgia St W Suite 1400, VANCOUVER, BC, V6E 4E6
(604) 687-1821 SIC 8711
MCW CONSULTANTS LTD p 383
1821 Wellington Ave Suite 210, WINNIPEG, MB, R3H 0G4
(204) 779-7900 SIC 7363
MCW CONSULTANTS LTD p 407
77 Vaughan Harvey Blvd Suite 200, MONCTON, NB, E1C 0K2
(506) 857-8880 SIC 8711
MCW MARICOR p 407
See MCW CONSULTANTS LTD
MCWILLIAM CENTRE p 225
See BOARD OF EDUCATION OF SCHOOL DISTRICT NO. 23 (CENTRAL OKANAGAN), THE
MD EQUITY FUND p 785
See MD MANAGEMENT LIMITED
MD FINANCIAL p 51
See MD MANAGEMENT LIMITED
MD FINANCIAL p 88
See MD MANAGEMENT LIMITED
MD FINANCIAL p 300
See MD MANAGEMENT LIMITED
MD FINANCIAL p 384
See MD MANAGEMENT LIMITED
MD FINANCIAL p 462
See MD MANAGEMENT LIMITED
MD FINANCIAL p 611
See MD MANAGEMENT LIMITED
MD FINANCIAL p 797
See MD MANAGEMENT LIMITED
MD FINANCIAL p 912
See MD MANAGEMENT LIMITED
MD FINANCIAL MANAGEMENT p 656
See MD MANAGEMENT LIMITED
MD MANAGEMENT LIMITED p 51
708 11 Ave Sw Suite 300, CALGARY, AB, T2R 0E4
(403) 244-8000 SIC 8741
MD MANAGEMENT LIMITED p 88
10339 124 St Nw Suite 300, EDMONTON, AB, T5N 3W1
(780) 436-1333 SIC 6211
MD MANAGEMENT LIMITED p 300
575 8th Ave W Suite 200, VANCOUVER, BC, V5Z 0B2
(604) 736-7778 SIC 8742
MD MANAGEMENT LIMITED p 384
1661 Portage Ave Suite 606, WINNIPEG, MB, R3J 3T7
(204) 783-2463 SIC 6722
MD MANAGEMENT LIMITED p 462
7051 Bayers Rd Suite 500, HALIFAX, NS, B3L 2C1
(902) 425-4646 SIC 6282
MD MANAGEMENT LIMITED p 611
1 King St W Suite 1200, HAMILTON, ON, L8P 1A4
(905) 526-8999 SIC 8741
MD MANAGEMENT LIMITED p 656

380 Wellington St Suite 1400, LONDON, ON, N6A 5B5
(519) 432-0883 SIC 6722
MD MANAGEMENT LIMITED p 785
1870 Alta Vista Dr Suite 1, OTTAWA, ON, K1G 6R7
(613) 731-4552 SIC 8741
MD MANAGEMENT LIMITED p 797
1565 Carling Ave Suite 200, OTTAWA, ON, K1Z 8R1
(613) 722-7688 SIC 6722
MD MANAGEMENT LIMITED p 912
522 University Ave Suite 1100, TORONTO, ON, M5G 1W7
(416) 598-1442 SIC 6722
MD MANAGEMENT LIMITED p 1161
2590 Boul Laurier Bureau 560, Quebec, QC, G1V 4M6
(418) 657-6601 SIC 6722
MD MANAGEMENT LIMITED p 1161
2600 Boul Laurier Unite 2460, Quebec, QC, G1V 4W1
(418) 657-6601 SIC 6722
MD OF ST PAUL FOUNDATION p 166
See SUNNYSIDE MANOR
MD PRIVATE TRUST COMPANY p 384
1661 Portage Ave Suite 606, WINNIPEG, MB, R3J 3T7
(204) 783-1824 SIC 8742
MDA p 266
See MACDONALD, DETTWILER AND ASSOCIATES CORPORATION
MDA p 511
See MACDONALD, DETTWILER AND ASSOCIATES INC
MDA p 1224
See MACDONALD, DETTWILER AND ASSOCIATES CORPORATION
MDA GEOSPATIAL SERVICES INC p 266
13800 Commerce Pky, RICHMOND, BC, V6V 2J3
(604) 244-0400 SIC 7335
MDBB EST INC p 1178
270 Boul Industriel, ROUYN-NORANDA, QC, J9X 6T3
(819) 797-0755 SIC 1081
MDH ENGINEERED SOLUTIONS CORP p 1296
216 1st Ave S, SASKATOON, SK, S7K 1K3
(306) 934-7527 SIC 7373
MDINA ENTERPRISES LTD p 446
121 Duke St Suite 49, CHESTER, NS, B0J 1J0
(855) 855-3180 SIC 8742
MDM BUSINESS SOLUTIONS INC p 714
5900 Keaton Cres, MISSISSAUGA, ON, L5R 3K2
(905) 568-4061 SIC 4225
MDMI TECHNOLOGIES INC p 272
12051 Horseshoe Way Unit 110, RICHMOND, BC, V7A 4V4
SIC 3841
MDS COATING TECHNOLOGIES CORPORATION p 984
60 Aerospace Blvd, SLEMON PARK, PE, C0B 2A0
(902) 888-3900 SIC 3479
MDS DIAGNOSTIC SERVICES p 189
See NORDION INC
MDS DIAGNOSTIC SERVICES p 1024
See NORDION INC
MDS LABORATORIES p 658
See NORDION INC
MDS LABORATORIES, DIV OF p 184
See NORDION INC
MDS LABORATORIES, DIV OF p 369
See NORDION INC
MDS LABORATORIES, DIV OF p 720
See NORDION INC
MDS PHARMA SERVICES p 690
See NORDION INC
ME-N-EDS PIZZA PARLOUR LTD p 188
7110 Hall Ave, BURNABY, BC, V5E 3B1

(604) 521-8881 SIC 5812
ME-N-EDS PIZZA PARLOUR LTD p 202
1121 Austin Ave, COQUITLAM, BC, V3K 3P4
(604) 931-2468 SIC 5812
MEAD JOHNSON NUTRITION (CANADA) CO p 624
535 Legget Dr Suite 900, KANATA, ON, K2K 3B8
(613) 595-4700 SIC 5149
MEADOW GARDENS GOLF COURSE (1979) LTD p 229
9782 Mckinnon Cres, LANGLEY, BC, V1M 3V6
(604) 888-5911 SIC 7992
MEADOW LAKE HOME HARDWARE BUILDING CENTRE LTD p 1274
802 1st St W, MEADOW LAKE, SK, S9X 1E2
(306) 236-4467 SIC 5251
MEADOW LAKE TRIBAL COUNCIL p 1265
Gd, CANOE NARROWS, SK, S0M 0K0
(306) 829-2140 SIC 8399
MEADOW LAKE UNION HOSPITAL p 1274
See PRAIRIE NORTH REGIONAL HEALTH AUTHORITY
MEADOW PARK CHATHAM p 551
See JARLETTE LTD
MEADOWBROOK MIDDLE SCHOOL p 2
See ROCKY VIEW SCHOOL DIVISION NO. 41, THE
MEADOWBROOK PUBLIC SCHOOL p 735
See YORK REGION DISTRICT SCHOOL BOARD
MEADOWCREST PUBLIC SCHOOL p 957
See DURHAM DISTRICT SCHOOL BOARD
MEADOWFIELDS COMMUNITY SCHOOL p 480
See TRI-COUNTY REGIONAL SCHOOL BOARD
MEADOWLANDS PUBLIC SCHOOL p 728
See OTTAWA-CARLETON DISTRICT SCHOOL BOARD
MEADOWLANDS RETIREMENT RESIDENCE p 145
See REVERA INC
MEADOWLANE PUBLIC SCHOOL p 644
See WATERLOO REGION DISTRICT SCHOOL BOARD
MEADOWLARK CHRISTIAN SCHOOL p 88
See EDMONTON SCHOOL DISTRICT NO. 7
MEADOWLARK ELEMENTARY SCHOOL p 89
See EDMONTON SCHOOL DISTRICT NO. 7
MEADOWLARK SENIOR CITIZENS LODGE p 89
See GREATER EDMONTON FOUNDATION
MEADOWOOD INVESTMENTS LIMITED PARTNERSHIP p 368
150 Meadowood Dr Unit 7, WINNIPEG, MB, R2M 5L7
(204) 256-1242 SIC 5812
MEADOWOOD MANOR p 368
See MANITOBA BAPTIST HOME SOCIETY INC
MEADOWRIDGE SCHOOL p 237
See MEADOWRIDGE SCHOOL SOCIETY
MEADOWRIDGE SCHOOL SOCIETY p 237
12224 240 St, MAPLE RIDGE, BC, V4R 1N1
(604) 467-4444 SIC 8211
MEADOWS DORCHESTER, THE p 738
See REGIONAL MUNICIPALITY OF NIAGARA, THE
MEADOWS ELEMENTARY SCHOOL p 346
See BRANDON SCHOOL DIVISION, THE
MEADOWS LONG TERM CARE CENTRE, THE p 487
See REVERA INC
MEADOWS WEST SCHOOL p 370
See WINNIPEG SCHOOL DIVISION
MEADOWS, W. R. OF CANADA p 682
70 Hannant Crt, Milton, ON, L9T 5C1

(905) 878-4122 SIC 5211
MEADOWVALE BIBLE BAPTIST CHURCH p 710
2720 Gananoque Dr, MISSISSAUGA, ON, L5N 2R2
(905) 826-4114 SIC 8661
MEADOWVALE PRE SCHOOL p 835
See TORONTO DISTRICT SCHOOL BOARD
MEADOWVALE SECONDARY SCHOOL p 710
See PEEL DISTRICT SCHOOL BOARD
MEADOWVALE VILLAGE PUBLIC SCHOOL p 722
See PEEL DISTRICT SCHOOL BOARD
MEADOWVIEW PUBLIC SCHOOL p 482
See UPPER CANADA DISTRICT SCHOOL BOARD, THE
MEAFORD COMMUNITY SCHOOL p 679
See BLUEWATER DISTRICT SCHOOL BOARD
MEAFORD NURSING HOME LTD p 679
135 William St, MEAFORD, ON, N4L 1T4
(519) 538-1010 SIC 8051
MEALY MOUNTAIN COLLEGIATE p 427
See LABRADOR SCHOOL BOARD
MEAT FACTORY LIMITED, THE p 861
46 Community Ave, STONEY CREEK, ON, L8E 2Y3
(905) 664-2126 SIC 2013
MEAT STORE, THE p 880
See COUNTRY GOOD MEATS & DELICATESSEN LTD
MECACHROME TECHNOLOGIES INC p 1079
11100 Rue Julien-Audette, MIRABEL, QC, J7N 3L3
(450) 476-3939 SIC 1711
MECANICAM AUTO p 1092
5612 Rue Cartier, Montreal, QC, H2G 2T9
(514) 271-3131 SIC 5511
MECANIQUE A VAPEUR MAURICE ENR p 1099
5445 Av De Gaspe Bureau 99, Montreal, QC, H2T 3B2
SIC 3599
MECANIQUE INDUSTRIELLE A.L. TECH INC p 993
240 Rue Manville O, ASBESTOS, QC, J1T 1G7
(819) 879-6777 SIC 8711
MECANO-SOUDURE DRUMMOND INC p 1069
700 Rue Talon, LONGUEUIL, QC, J4G 1P7
(514) 526-4411 SIC 3399
MECAR METAL INC p 1182
1560 Rue Marie-Victorin, SAINT-BRUNO, QC, J3V 6B9
(450) 653-1002 SIC 3585
MECART INC p 1180
110 Rue De Rotterdam, SAINT-AUGUSTIN-DE-DESMAURES, QC, G3A 1T3
(418) 880-7000 SIC 3296
MECHANICAL DIVISION p 148
See RELIANCE INDUSTRIAL PRODUCTS ULC
MECHRON POWER SYSTEMS p 796
See TOROMONT INDUSTRIES LTD
MED GRILL RESTAURANTS LTD p 334
4512 West Saanich Rd, VICTORIA, BC, V8Z 3G4
(250) 727-3444 SIC 5812
MED-TEAM CLINIC INC p 625
99 Kakulu Rd Suite 103, KANATA, ON, K2L 3C8
(613) 592-1448 SIC 8011
MEDA p 954
See MENNONITE ECONOMIC DEVELOPMENT ASSOCIATES OF CANADA
MEDALLION PROPERTIES INC p 760
970 Lawrence Ave W Suite 304, NORTH YORK, ON, M6A 3B6
(416) 256-3900 SIC 6531
MEDAVIE INC p 407

644 Main St, MONCTON, NB, E1C 1E2
(506) 853-1811 SIC 6321
MEDAVIE INC p 1107
550 Rue Sherbrooke O Bureau 1200, Montreal, QC, H3A 1B9
(514) 286-7778 SIC 6321
MEDI-SCOPE PROFESSIONAL PRODUCTS (1987) LIMITED p 634
30 Steve Fonyo Dr, KINGSTON, ON, K7M 8N9
(613) 548-7854 SIC 8072
MEDI-TRAN SERVICES (1993) LTD p 193
7125 Curragh Ave, BURNABY, BC, V5J 4V6
(604) 872-5293 SIC 7389
MEDI-VAN p 385
See MEDI-VAN TRANSPORTATION SPECIALISTS INC
MEDI-VAN TRANSPORTATION SPECIALISTS INC p 385
284 Rouge Rd, WINNIPEG, MB, R3K 1K2
(204) 982-0790 SIC 4111
MEDIA BUYING SERVICES ULC p 912
1 Dundas St W Suite 2800, TORONTO, ON, M5G 1Z3
(416) 961-1255 SIC 7319
MEDIA BUYING SERVICES ULC p 1107
2000 Rue Mansfield Bureau 910, Montreal, QC, H3A 2Z6
(514) 282-9320 SIC 7319
MEDIA BUYING SERVICES ULC p 1107
999 Boul De Maisonneuve O Bureau 600, Montreal, QC, H3A 3L4
SIC 7311
MEDIA CENTRE p 388
See PEMBINA TRAILS SCHOOL DIVISION, THE
MEDIA EXPERTS M.H.S. INC p 304
134 Abbott St Suite 503, VANCOUVER, BC, V6B 2K4
(604) 647-4481 SIC 7319
MEDIA EXPERTS M.H.S. INC p 931
See ACT3 M.H.S. INC
MEDIA SERVICES DEPARTMENT p 654
See THAMES VALLEY DISTRICT SCHOOL BOARD
MEDIACO THE PRESENTATION COMPANY INC p 193
4595 Tillicum St, BURNABY, BC, V5J 5K9
(604) 871-1000 SIC 7359
MEDIACO THE PRESENTATION COMPANY INC p 891
6 Curity Ave Unit B, TORONTO, ON, M4B 1X2
(416) 405-9797 SIC 7359
MEDIAS TRANSCONTINENTAL p 1108
See TRANSCONTINENTAL INC
MEDIAS TRANSCONTINENTAL INC p 425
See MEDIAS TRANSCONTINENTAL INC
MEDIAS TRANSCONTINENTAL INC p 425
106 West St, CORNER BROOK, NL, A2H 2Z3
(709) 634-4348 SIC 2711
MEDIAS TRANSCONTINENTAL INC p 436
430 Topsail Rd Suite 86, ST. JOHN'S, NL, A1E 4N1
(709) 364-6300 SIC 2711
MEDIAS TRANSCONTINENTAL INC p 436
See MEDIAS TRANSCONTINENTAL INC
MEDIAS TRANSCONTINENTAL INC p 981
See MEDIAS TRANSCONTINENTAL INC
MEDIAS TRANSCONTINENTAL INC p 981
165 Prince St, CHARLOTTETOWN, PE, C1A 4R7
(902) 629-6000 SIC 2711
MEDIAS TRANSCONTINENTAL INC p 1028
455 Boul Fenelon Bureau 303, DORVAL, QC, H9S 5T8
(514) 636-7314 SIC 2711
MEDIAS TRANSCONTINENTAL INC p 1028
See MEDIAS TRANSCONTINENTAL INC
MEDIAS TRANSCONTINENTAL INC p 1030
1050 Rue Cormier, DRUMMONDVILLE, QC,

▲ Public Company   ■ Public Company Family Member   HQ Headquarters   BR Branch   SL Single Location

J2C 2N6
(819) 478-8171   SIC 2711
MEDIAS TRANSCONTINENTAL INC p 1030
See *MEDIAS TRANSCONTINENTAL INC*
MEDIAS TRANSCONTINENTAL INC p 1038
130 Rue Adrien-Robert, GATINEAU, QC, J8Y 3S2
(819) 777-6045   SIC 7389
MEDIAS TRANSCONTINENTAL INC p 1038
See *MEDIAS TRANSCONTINENTAL INC*
MEDIAS TRANSCONTINENTAL INC p 1046
See *MEDIAS TRANSCONTINENTAL INC*
MEDIAS TRANSCONTINENTAL INC p 1046
342 Rue Beaudry N, JOLIETTE, QC, J6E 6A6
(450) 759-3664   SIC 2721
MEDIAS TRANSCONTINENTAL INC p 1057
See *MEDIAS TRANSCONTINENTAL INC*
MEDIAS TRANSCONTINENTAL INC p 1057
1865 32e Av, LACHINE, QC, H8T 3J1
(514) 636-5559   SIC 7319
MEDIAS TRANSCONTINENTAL INC p 1091
6965 6e Av, Montreal, QC, H2A 3E3
(514) 270-8088   SIC 5192
MEDIAS TRANSCONTINENTAL INC p 1091
See *MEDIAS TRANSCONTINENTAL INC*
MEDIAS TRANSCONTINENTAL INC p 1112
See *MEDIAS TRANSCONTINENTAL INC*
MEDIAS TRANSCONTINENTAL INC p 1112
1155 Boul Rene-Levesque O Bureau 100, Montreal, QC, H3B 4P7
(514) 287-1717   SIC 7389
MEDIAS TRANSCONTINENTAL INC p 1169
5000 Boul Saint-Joseph Porte 8, Quebec, QC, J2C 2B4
(418) 686-6400   SIC 2711
MEDIAS TRANSCONTINENTAL INC p 1169
See *MEDIAS TRANSCONTINENTAL INC*
MEDIAS TRANSCONTINENTAL INC p 1170
1004 Rue Notre-Dame Bureau 159, REPENTIGNY, QC, J5Y 1S9
(450) 581-5120   SIC 2711
MEDIAS TRANSCONTINENTAL INC p 1170
See *MEDIAS TRANSCONTINENTAL INC*
MEDIAS TRANSCONTINENTAL INC p 1192
3400 Boul Losch Bureau 15, SAINT-HUBERT, QC, J3Y 5T6
(450) 926-1120   SIC 7319
MEDIAS TRANSCONTINENTAL INC p 1192
See *MEDIAS TRANSCONTINENTAL INC*
MEDIAS TRANSCONTINENTAL INC p 1205
See *MEDIAS TRANSCONTINENTAL INC*
MEDIAS TRANSCONTINENTAL INC p 1205
1500 Boul Jules-Poitras Bureau 200, SAINT-LAURENT, QC, H4N 1X7
(514) 745-5720   SIC 2711
MEDIAS TRANSCONTINENTAL INC p 1259
See *MEDIAS TRANSCONTINENTAL INC*
MEDIAS TRANSCONTINENTAL INC p 1259
43 Rue Notre-Dame E, VICTORIAVILLE, QC, G6P 3Z4
(819) 758-6211   SIC 2711
MEDIAS TRANSCONTINENTAL INC p 1275
See *MEDIAS TRANSCONTINENTAL INC*
MEDIAS TRANSCONTINENTAL INC p 1275
44 Fairford St W, MOOSE JAW, SK, S6H 1V1
(306) 692-6441   SIC 2711
MEDIAS TRANSCONTINENTAL INC p 1279
30 10th St E, PRINCE ALBERT, SK, S6V 0Y5
(306) 764-4276   SIC 2711
MEDIAS TRANSCONTINENTAL INC p 1279
See *MEDIAS TRANSCONTINENTAL INC*
MEDIAS TRANSCONTINENTAL INC p 1306
30 4th Ave Nw, SWIFT CURRENT, SK, S9H 0T5
(306) 773-9321   SIC 2711
MEDIAS TRANSCONTINENTAL INC p 1306
See *MEDIAS TRANSCONTINENTAL INC*
MEDIAS TRANSCONTINENTAL S.E.N.C. p 409
425 Edinburgh Dr, MONCTON, NB, E1E 2L2
SIC 2711

MEDIAS TRANSCONTINENTAL S.E.N.C. p 456
211 Horshoe Lake Drive, HALIFAX, NS, B3F 0B9
(902) 468-8027   SIC 2731
MEDIAS TRANSCONTINENTAL S.E.N.C. p 475
255 George St, SYDNEY, NS, B1P 1J7
(902) 564-5451   SIC 2711
MEDIAS TRANSCONTINENTAL S.E.N.C. p 480
2 Second St, YARMOUTH, NS, B5A 1T2
(902) 742-7111   SIC 7319
MEDIAS TRANSCONTINENTAL S.E.N.C. p 515
66 Nuggett Crt, BRAMPTON, ON, L6T 5A9
SIC 7336
MEDIAS TRANSCONTINENTAL S.E.N.C. p 586
8 Tidemore Ave, ETOBICOKE, ON, M9W 5H4
(416) 741-1900   SIC 2752
MEDIAS TRANSCONTINENTAL S.E.N.C. p 594
5300 Canotek Rd Unit 30, GLOUCESTER, ON, K1J 1A4
(613) 744-4800   SIC 2711
MEDIAS TRANSCONTINENTAL S.E.N.C. p 1165
2850 Rue Jean-Perrin, Quebec, QC, G2C 2C8
SIC 2752
MEDIAS TRANSCONTINENTAL S.E.N.C. p 1167
710 Rue Bouvier Bureau 107, Quebec, QC, G2J 1C2
(418) 628-3155   SIC 7319
MEDIAS TRANSCONTINENTAL S.E.N.C. p 1244
1300 Grande Allee Suite 210, TERREBONNE, QC, J6W 4M4
(450) 964-4400   SIC 2711
MEDIAVISION W.W.P. INC p 1100
300 Rue Leo-Pariseau, Montreal, QC, H2X 4B3
(514) 842-1010   SIC 7311
MEDICAL EXAMINER'S OFFICE p 59
See *GOVERNMENT OF THE PROVINCE OF ALBERTA*
MEDICAL IMAGING CONSULTANTS p 108
8215 112 St Nw Suite 700, EDMONTON, AB, T6G 2C8
(780) 432-1121   SIC 8011
MEDICAL IMAGING CONSULTANTS p 110
2377 111 St Nw Suite 201, EDMONTON, AB, T6J 5E5
(780) 450-1500   SIC 8011
MEDICAL IMAGING CONSULTANTS p 111
3017 66 St Nw Suite 200, EDMONTON, AB, T6K 4B2
(780) 450-9729   SIC 8011
MEDICAL IMAGING CONSULTANTS p 167
200 Boudreau Rd Suite 102, ST. ALBERT, AB, T8N 6B9
(780) 459-1266   SIC 8071
MEDICAL MART SUPPLIES LIMITED p 714
6200 Cantay Rd Suite 624, MISSISSAUGA, ON, L5R 3Y9
(905) 624-6200   SIC 5047
MEDICAL PHARMACIES GROUP LIMITED p 586
170 Brockport Dr Unit 102, ETOBICOKE, ON, M9W 5C8
(416) 213-0844   SIC 5912
MEDICAL PHARMACIES GROUP LIMITED p 593
1100 Algoma Rd, GLOUCESTER, ON, K1B 0A3
(613) 244-8620   SIC 5912
MEDICAL PHARMACIES GROUP LIMITED p 611
45 Frid St Suite 5, HAMILTON, ON, L8P 4M3
(905) 522-7741   SIC 5912
MEDICAL PHARMACIES GROUP LIMITED

p 642
569 Lancaster St W, KITCHENER, ON, N2K 3M9
(519) 576-1001   SIC 5912
MEDICAL PHARMACIES GROUP LIMITED p 727
36 Antares Dr Suite 100, NEPEAN, ON, K2E 7W5
SIC 5912
MEDICAL PHARMACIES GROUP LIMITED p 780
117 King St E, OSHAWA, ON, L1H 1B9
(905) 576-9090   SIC 5912
MEDICAL PHARMACIES GROUP LIMITED p 789
298 Dalhousie St, OTTAWA, ON, K1N 7E7
(613) 241-1871   SIC 5122
MEDICAL PHARMACIES GROUP LIMITED p 934
351 Christie St, TORONTO, ON, M6G 3C3
(416) 530-1055   SIC 5912
MEDICAL PHARMACIES GROUP LIMITED p 964
2425 Tecumseh Rd E Suite 100, WINDSOR, ON, N8W 1E6
(519) 252-3700   SIC 5912
MEDICAL PHARMACY p 611
See *MEDICAL PHARMACIES GROUP LIMITED*
MEDICAL PHARMACY p 642
See *MEDICAL PHARMACIES GROUP LIMITED*
MEDICAL PHARMACY p 727
See *MEDICAL PHARMACIES GROUP LIMITED*
MEDICENTRES CANADA INC p 10
3508 32 Ave Ne Suite 401, CALGARY, AB, T1Y 6J2
(403) 291-5589   SIC 8011
MEDICENTRES CANADA INC p 32
8180 Macleod Trail Se Suite 110, CALGARY, AB, T2H 2B8
(403) 259-3256   SIC 8011
MEDICENTRES CANADA INC p 89
10458 Mayfield Rd Nw Suite 204, EDMONTON, AB, T5P 4P4
(780) 483-7115   SIC 8011
MEDICENTRES CANADA INC p 99
9945 50 St Nw, EDMONTON, AB, T6A 0L4
(780) 468-2911   SIC 8011
MEDICENTRES CANADA INC p 109
10407 51 Ave Nw Suite 1, EDMONTON, AB, T6H 0K4
(780) 436-8071   SIC 8011
MEDICENTRES CANADA INC p 110
2041 111 St Nw, EDMONTON, AB, T6J 4V9
(780) 438-2306   SIC 8011
MEDICENTRES CANADA INC p 112
6426 28 Ave Nw, EDMONTON, AB, T6L 6N3
(780) 462-3491   SIC 8011
MEDICENTRES CANADA INC p 115
600 Riverbend Sq Nw, EDMONTON, AB, T6R 2E3
(780) 434-7234   SIC 8011
MEDICINE BOTTLE REXALL p 171
See *REXALL PHARMACY GROUP LTD*
MEDICINE HAT CATHOLIC BOARD OF EDUCATION p 143
1251 1 Ave Sw Suite 20, MEDICINE HAT, AB, T1A 8B4
(403) 527-2292   SIC 8211
MEDICINE HAT CATHOLIC BOARD OF EDUCATION p 143
202 8 St Ne, MEDICINE HAT, AB, T1A 5R6
(403) 527-8161   SIC 8211
MEDICINE HAT CATHOLIC BOARD OF EDUCATION p 143
318 8 St Ne, MEDICINE HAT, AB, T1A 5R6
(403) 527-7223   SIC 8211
MEDICINE HAT CATHOLIC BOARD OF EDUCATION p

143
861 4 St Se, MEDICINE HAT, AB, T1A 0L5
(403) 527-7411   SIC 8211
MEDICINE HAT CATHOLIC BOARD OF EDUCATION p 144
235 Cameron Rd Se, MEDICINE HAT, AB, T1B 2Z2
(403) 529-2000   SIC 8211
MEDICINE HAT CATHOLIC SEPARATE REGIONAL DIVISION NO. 20 p 143
155 11 St Sw, MEDICINE HAT, AB, T1A 4S2
(403) 527-7616   SIC 8211
MEDICINE HAT CATHOLIC SEPARATE REGIONAL DIVISION NO. 20 p 143
865 Black Blvd Nw, MEDICINE HAT, AB, T1A 7B5
(403) 527-7242   SIC 8211
MEDICINE HAT CATHOLIC SEPARATE REGIONAL DIVISION NO. 20 p 145
235 Cameron Rd Se, MEDICINE HAT, AB, T1B 2Z2
(403) 529-2000   SIC 8211
MEDICINE HAT CATHOLIC SEPARATE REGIONAL DIVISION NO. 20 p 145
241 Stratton Way Se, MEDICINE HAT, AB, T1B 3Z2
(403) 527-1177   SIC 8211
MEDICINE HAT CATHOLIC SEPARATE REGIONAL DIVISION NO. 20 p 145
646 Spruce Way Se, MEDICINE HAT, AB, T1B 4X3
(403) 527-5118   SIC 8211
MEDICINE HAT CATHOLIC SEPARATE REGIONAL DIVISION NO.20 p 143
See *MEDICINE HAT CATHOLIC BOARD OF EDUCATION*
MEDICINE HAT CO-OP LIMITED p 145
3030 13 Ave Se Suite 100, MEDICINE HAT, AB, T1B 1E3
(403) 528-6604   SIC 5411
MEDICINE HAT COLLEGE p 8
200 Horticultural Station Rd E, BROOKS, AB, T1R 1E5
(403) 362-1677   SIC 8222
MEDICINE HAT EXHIBITION & STAMPEDE CO LTD p 143
2055 21 Ave Se, MEDICINE HAT, AB, T1A 7N1
(403) 527-1234   SIC 7999
MEDICINE HAT HIGH SCHOOL p 144
See *MEDICINE HAT SCHOOL DISTRICT NO. 76*
MEDICINE HAT LODGE HOTEL p 81
See *MAYFIELD INVESTMENTS LTD*
MEDICINE HAT LODGE HOTEL p 144
See *MAYFIELD INVESTMENTS LTD*
MEDICINE HAT MALL p 145
See *SLEEPING BAY BUILDING CORP*
MEDICINE HAT MALL P.O. p 144
See *CANADA POST CORPORATION*
MEDICINE HAT SAFEWAY p 145
See *SOBEYS WEST INC*
MEDICINE HAT SCHOOL DISTRICT NO. 76 p 143
101 8 St Sw, MEDICINE HAT, AB, T1A 4L5
(403) 526-2392   SIC 8211
MEDICINE HAT SCHOOL DISTRICT NO. 76 p 143
2300 19 Ave Se, MEDICINE HAT, AB, T1A 3X5
(403) 527-2257   SIC 8211
MEDICINE HAT SCHOOL DISTRICT NO. 76 p 143
477 6 St Se, MEDICINE HAT, AB, T1A 1H4
(403) 527-8571   SIC 8211
MEDICINE HAT SCHOOL DISTRICT NO. 76 p 144

1201 Division Ave N, MEDICINE HAT, AB, T1A 5Y8
(403) 527-6641   SIC 8211
MEDICINE HAT SCHOOL DISTRICT NO. 76 p 144
200 7 St Sw, MEDICINE HAT, AB, T1A 4K1
(403) 527-3371   SIC 8211
MEDICINE HAT SCHOOL DISTRICT NO. 76 p 144
201 2 St Nw, MEDICINE HAT, AB, T1A 6J4
(403) 526-3793   SIC 8211
MEDICINE HAT SCHOOL DISTRICT NO. 76 p 144
301 5 St Sw, MEDICINE HAT, AB, T1A 4G5
(403) 526-4477   SIC 8211
MEDICINE HAT SCHOOL DISTRICT NO. 76 p 144
301 6 Ave Sw, MEDICINE HAT, AB, T1A 5A8
(403) 527-3730   SIC 8211
MEDICINE HAT SCHOOL DISTRICT NO. 76 p 144
901 Hargrave Way Nw, MEDICINE HAT, AB, T1A 6Y8
(403) 527-3750   SIC 8211
MEDICINE HAT SCHOOL DISTRICT NO. 76 p 144
909 4 Ave Ne, MEDICINE HAT, AB, T1A 6B6
(403) 527-4541   SIC 8211
MEDICINE HAT SCHOOL DISTRICT NO. 76 p 144
1001 Elm St Se, MEDICINE HAT, AB, T1A 1C2
(403) 526-3528   SIC 8211
MEDICINE HAT SCHOOL DISTRICT NO. 76 p 145
2425 Southview Dr Se, MEDICINE HAT, AB, T1B 1E8
(403) 526-4495   SIC 8211
MEDICINE HAT SCHOOL DISTRICT NO. 76 p 145
155 Sprague Way Se, MEDICINE HAT, AB, T1B 3L5
(403) 529-1555   SIC 8211
MEDICINE HAT SCHOOL DISTRICT NO. 76 p 145
48 Ross Glen Rd Se, MEDICINE HAT, AB, T1B 3A8
(403) 529-2960   SIC 8211
MEDICINE HAT, CITY OF p 144
364 Kipling St Se, MEDICINE HAT, AB, T1A 1Y4
(403) 529-8248   SIC 4925
MEDICINE HAT, CITY OF p 144
88 Kipling St Se, MEDICINE HAT, AB, T1A 1Y3
(403) 529-8333   SIC 7389
MEDICINE HAT, CITY OF p 144
440 Maple Ave Se, MEDICINE HAT, AB, T1A 0L3
(403) 529-8282   SIC 7389
MEDICINE HAT, CITY OF p 144
401 1 St Se, MEDICINE HAT, AB, T1A 8W2
(403) 502-8580   SIC 8412
MEDICINE SHOPPE PHARMACY p 5
See FRESON MARKET LTD
MEDICLEAN INCORPORATED p 874
60 Bradgate Dr, THORNHILL, ON, L3T 7L9
(905) 886-4305   SIC 7349
MEDICUS p 1090
See 2330-2029 QUEBEC INC
MEDIGAS p 502
See PRAXAIR CANADA INC
MEDIGAS p 674
See PRAXAIR CANADA INC
MEDIGAS p 785
See PRAXAIR CANADA INC
MEDIGAS p 1210
See PRAXAIR CANADA INC
MEDISOLUTION p 1097
See MEDISOLUTION (2009) INC
MEDISOLUTION (2009) INC p 1097
110 Boul Cremazie O Bureau 1200, Montreal, QC, H2P 1B9
(514) 850-5000   SIC 5045

MEDISYS HEALTH GROUP p 311
See GROUPE SANTE MEDISYS INC
MEDISYS HEALTH GROUP p 940
See GROUPE SANTE MEDISYS INC
MEDISYS HOLDING LP p 1107
500 Rue Sherbrooke O Bureau 1100, Montreal, QC, H3A 3C6
(514) 845-1211   SIC 6712
MEDISYSTEM PHARMACY p 660
See MEDISYSTEM PHARMACY LIMITED
MEDISYSTEM PHARMACY LIMITED p 660
1100 Dearness Dr Unit 27-30, LONDON, ON, N6E 1N9
(519) 681-9020   SIC 5912
MEDISYSTEM PHARMACY LIMITED p 752
75 Lesmill Rd Suite 3, NORTH YORK, ON, M3B 2T8
(416) 441-2293   SIC 5122
MEDITRUST p 482
See PHARMA PLUS DRUGMARTS LTD
MEDITRUST p 823
See PHARMA PLUS DRUGMARTS LTD
MEDITRUST PHARMACY p 823
See MEDITRUST PHARMACY SERVICES INC
MEDITRUST PHARMACY SERVICES INC p 823
9665 Bayview Ave Unit 27, RICHMOND HILL, ON, L4C 9V4
(905) 770-6618   SIC 5912
MEDLAW CORPORATION LIMITED p 505
3418 County Rd 36 S, BOBCAYGEON, ON, K0M 1A0
(705) 738-2366   SIC 8051
MEDTRONIC OF CANADA LTD p 522
99 Hereford St, BRAMPTON, ON, L6Y 0R3
(905) 460-3800   SIC 3845
MEDWAY HIGH SCHOOL p 489
See THAMES VALLEY DISTRICT SCHOOL BOARD
MEETING HOUSE CHURCH FAMILY, THE p 765
See MEETING HOUSE, THE
MEETING HOUSE, THE p 765
2700 Bristol Cir, OAKVILLE, ON, L6H 6E1
(905) 287-7000   SIC 8661
MEG ENERGY CORP p 46
3 Ave Sw Suite 600 25 Fl, CALGARY, AB, T2P 0G5
(403) 770-0446   SIC 1311
MEGA BLUES p 1057
See JEAN BLEU INC, LE
MEGA GROUP p 1004
See MEGA GROUP INC
MEGA GROUP INC p 1004
1070 Rue Lionel-Daunais Bureau 200, BOUCHERVILLE, QC, J4B 8R6
(450) 449-9007   SIC 5021
MEGA PLEX p 1244
See CINEMAS GUZZO INC
MEGA TECHNICAL HOLDINGS LTD p 101
7116 67 St Nw, EDMONTON, AB, T6B 3A6
(780) 438-9330   SIC 5999
MEGA-TECH p 101
See MEGA TECHNICAL HOLDINGS LTD
MEGLEEN INC p 841
1 William Kitchen Rd Suite 1, SCARBOROUGH, ON, M1P 5B7
(416) 293-1010   SIC 5461
MEGLEEN INC p 886
2862 Ellesmere Rd Suite 2, TORONTO, ON, M1E 4B8
(416) 282-1499   SIC 5812
MEGLOBAL CANADA INC p 153
Hwy 597 Prentiss Rd, RED DEER, AB, T4N 6N1
(403) 885-7000   SIC 5169
MEIKLE AUTOMATION INC p 639
20 Steckle Pl Suite 21, KITCHENER, ON, N2E 2C3
(519) 896-8001   SIC 3599
MEIKLE AUTOMATION INC p 639
50 Groff Pl, KITCHENER, ON, N2E 2L6
(519) 896-0800   SIC 3599

MEIKLE AUTOMATION INC p 639
975 Bleams Rd Unit 5-10, KITCHENER, ON, N2E 3Z5
(519) 896-0800   SIC 3599
MEILLEURES MARQUES p 991
See ROTISSERIES ST-HUBERT LTEE, LES
MEL JOHNSON SCHOOL p 360
See FRONTIER SCHOOL DIVISION
MELANIE LYNE p 35
See MAGASIN LAURA (P.V.) INC
MELANIE LYNE p 760
See MAGASIN LAURA (P.V.) INC
MELFORT & UNIT COMPREHENSIVE COLLEGIATE p 1274
See NORTH EAST SCHOOL DIVISION
MELISSA'S MISSTEAK RESTAURANT LTD p 4
218 Lynx St, BANFF, AB, T1L 1A9
(403) 762-5511   SIC 5812
MELISSA'S RESTAURANT AND BAR p 4
See MELISSA'S MISSTEAK RESTAURANT LTD
MELITA HEALTH CENTER p 351
See PRAIRIE MOUNTAIN HEALTH
MELLOR, DAVID A. CONSULTANTS INC p 1182
1503 Place De L'hotel-De-Ville, SAINT-BRUNO, QC, J3V 5Y6
(450) 441-1576   SIC 6531
MELLOW WALK FOOTWEAR INC p 761
17 Milford Ave, NORTH YORK, ON, M6M 2W1
(416) 241-1312   SIC 3143
MELLOY MANAGEMENT LIMITED p 919
95 Wellington St W Suite 1200, TORONTO, ON, M5J 2Z9
(416) 864-9700   SIC 8741
MELO, ALBERT FOODS LIMITED p 714
5980 Mclaughlin Rd, MISSISSAUGA, ON, L5R 3X9
(905) 507-0838   SIC 5812
MELO, J.S. INC p 632
285 King St E, KINGSTON, ON, K7L 3B1
(613) 544-4434   SIC 7011
MELOCHE MONNEX ASSURANCE ET SERVICES FINANCIERS INC p 81
10115 100a St Nw Suite 600, EDMONTON, AB, T5J 2W2
(780) 429-1112   SIC 6411
MELOCHE MONNEX FINANCIAL SERVICES INC p 673
101 Mcnabb St, MARKHAM, ON, L3R 4H8
(416) 484-1112   SIC 6411
MELOCHE MONNEX INC p 28
125 9 Ave Se Suite 1200, CALGARY, AB, T2G 0P6
(403) 269-1112   SIC 6411
MELOCHE MONNEX INC p 81
10025 102a Ave Nw Suite 2300, EDMONTON, AB, T5J 2Z2
(800) 268-8955   SIC 6411
MELOCHE MONNEX INC p 414
420 Rothesay Ave, SAINT JOHN, NB, E2J 2C4
(506) 643-5823   SIC 6411
MELOCHE MONNEX INC p 462
7051 Bayers Rd Suite 200, HALIFAX, NS, B3L 2C1
(902) 420-1112   SIC 6331
MELOCHE MONNEX INC p 1097
50 Boul Cremazie O Bureau 1200, Montreal, QC, H2P 1B6
(514) 382-6060   SIC 6411
MELOCHE MONNEX INC p 1204
1111 Boul Dr.-Frederik-Philips Bureau 105, SAINT-LAURENT, QC, H4M 2X6
(514) 335-6660   SIC 6311
MELOCHE MONNEX INSURANCE BROKERS p 81
See MELOCHE MONNEX ASSURANCE ET SERVICES FINANCIERS INC

MELODY VILLAGE JUNIOR SCHOOL p 583
See TORONTO DISTRICT SCHOOL BOARD
MELROSE CAFE & BAR p 52
See 599515 ALBERTA LTD
MELTWATER NEWS CANADA INC. p 908
8 King St E Suite 1300, TORONTO, ON, M5C 1B5
(647) 258-1726   SIC 7372
MEM MOTOR EXPRESS MONTREAL p 1142
See MANITOULIN TRANSPORT INC
MEMBER OF TTM TECHNOLOGIES p 885
See VIASYSTEMS TORONTO, INC
MEMORIAL ARENA p 206
See CORPORATION OF THE CITY OF DAWSON CREEK
MEMORIAL ARENA p 522
See CORPORATION OF THE CITY OF BRAMPTON, THE
MEMORIAL FUNERAL HOME p 652
See ARBOR MEMORIAL SERVICES INC
MEMORIAL GARDENS CANADA LIMITED p 9
1515 100 St Se, CALGARY, AB, T1X 0L4
(403) 272-9824   SIC 7261
MEMORIAL GARDENS CANADA LIMITED p 65
17 Ave Sw, CALGARY, AB, T3Z 3K2
(403) 217-3700   SIC 6531
MEMORIAL GARDENS CANADA LIMITED p 89
10132 163 St Nw, EDMONTON, AB, T5P 4X3
(780) 489-1602   SIC 6553
MEMORIAL GARDENS CANADA LIMITED p 98
16102 Fort Rd Nw, EDMONTON, AB, T5Y 6A2
(780) 472-9007   SIC 6531
MEMORIAL GARDENS CANADA LIMITED p 162
52356 Range Road 210 Suite 232, SHERWOOD PARK, AB, T8G 1A6
(780) 467-0971   SIC 6553
MEMORIAL GARDENS CANADA LIMITED p 282
14644 72 Ave, SURREY, BC, V3S 2E7
(604) 596-7196   SIC 6553
MEMORIAL GARDENS CANADA LIMITED p 385
4000 Portage Ave, WINNIPEG, MB, R3K 1W3
(204) 982-8100   SIC 6553
MEMORIAL GARDENS CANADA LIMITED p 462
6552 Bayers Rd, HALIFAX, NS, B3L 2B3
(902) 453-1434   SIC 7261
MEMORIAL GARDENS CANADA LIMITED p 612
1895 Main St W, HAMILTON, ON, L8S 1J2
(905) 522-5790   SIC 6553
MEMORIAL GARDENS CANADA LIMITED p 725
3700 Prince Of Wales Dr, NEPEAN, ON, K2C 3H2
(613) 692-3588   SIC 6531
MEMORIAL GARDENS CANADA LIMITED p 743
33 Memory Gardens Lane, NORTH YORK, ON, M2H 3K4
(416) 493-9580   SIC 6553
MEMORIAL GARDENS CANADA LIMITED p 765
3164 Ninth Line, OAKVILLE, ON, L6H 7A8
(905) 257-8822   SIC 6553
MEMORIAL GARDENS CANADA LIMITED p 772
1185 3 Hwy, OLDCASTLE, ON, N0R 1L0
(519) 969-6340   SIC 6553
MEMORIAL GARDENS CANADA LIMITED p 887
2700 Kingston Rd, TORONTO, ON, M1M 1M5

▲ Public Company   ■ Public Company Family Member   **HQ** Headquarters   **BR** Branch   **SL** Single Location

(416) 267-4653   SIC 6531
MEMORIAL GARDENS CANADA LIMITED p 1024
4239 Boul Des Sources, DOLLARD-DES-ORMEAUX, QC, H9B 2A6
(514) 683-6700   SIC 6531
MEMORIAL GARDENS CANADA LIMITED p 1285
Hwy 1 E, REGINA, SK, S4P 3Y3
(306) 791-6789   SIC 6553
MEMORIAL HIGH SCHOOL   p 476
See CAPE BRETON-VICTORIA REGIONAL SCHOOL BOARD
MEMORIAL PARK PUBLIC SCHOOL p 566
See UPPER CANADA DISTRICT SCHOOL BOARD, THE
MEMORIAL POOL AND HEALTHCLUB   p 576
See GUELPH, CITY OF
MEMORIAL SCHOOL   p 428
See LABRADOR SCHOOL BOARD
MEMORIAL SCHOOL   p 854
See DISTRICT SCHOOL BOARD OF NIAGARA
MEMORIAL SCHOOL   p 862
See HAMILTON-WENTWORTH DISTRICT SCHOOL BOARD, THE
MEMORIAL SPORT CENTER   p 590
See FORT FRANCES, CORPORATION OF THE TOWN OF
MEMORIAL UNIVERSITY OF NEWFOUNDLAND   p 425
1 University Dr, CORNER BROOK, NL, A2H 6P9
(709) 637-6255   SIC 8221
MEMORIAL UNIVERSITY OF NEWFOUNDLAND   p 434
300 Prince Philip Dr Suite 4019, ST. JOHN'S, NL, A1B 3X5
(709) 637-6200   SIC 8699
MEMORIAL UNIVERSITY OF NEWFOUNDLAND   p 434
230 Elizabeth Ave, ST. JOHN'S, NL, A1B 1T5
(709) 864-4791   SIC 8732
MEMORIAL UNIVERSITY OF NEWFOUNDLAND   p 434
230 Elizabeth Ave Room 1024, ST. JOHN'S, NL, A1B 1T5
(709) 864-8663   SIC 8221
MEMORIAL UNIVERSITY OF NEWFOUNDLAND   p 434
234 Elizabeth Ave, ST. JOHN'S, NL, A1B 3Y1
(709) 864-7517   SIC 8231
MEMORIAL UNIVERSITY OF NEWFOUNDLAND   p 434
300 Prince Philip Dr, ST. JOHN'S, NL, A1B 3X5
(709) 864-8142   SIC 8221
MEMORIAL UNIVERSITY OF NEWFOUNDLAND   p 434
300 Prince Philip Dr Suite 2701, ST. JOHN'S, NL, A1B 3V6
(709) 777-8300   SIC 8221
MEMORIAL UNIVERSITY OF NEWFOUNDLAND   p 434
20 Lambe's Lane, ST. JOHN'S, NL, A1B 4E9
SIC 8399
MEMORIAL UNIVERSITY OF NEWFOUNDLAND   p 435
155 Ridge Road, ST. JOHN'S, NL, A1C 5R3
(709) 778-0483   SIC 8222
MEMORIAL UNIVERSITY OF NEWFOUNDLAND   p 435

208 Elizabeth Ave, ST. JOHN'S, NL, A1C 5S7
(709) 864-8399   SIC 8221
MEMORIAL UNIVERSITY OF NEWFOUNDLAND   p 435
234 Arctic Ave, ST. JOHN'S, NL, A1C 5S7
(709) 737-7440   SIC 8221
MEMORIAL UNIVERSITY OF NEWFOUNDLAND FACULTY ASSOCIATION/MUNFA p 434
See MEMORIAL UNIVERSITY OF NEWFOUNDLAND
MEMORY EXPRESS INC   p 10
3305 32 St Ne, CALGARY, AB, T1Y 5X7
SIC 5734
MEMORY EXPRESS INC   p 32
120 58 Ave Se, CALGARY, AB, T2H 0N7
(403) 253-5676   SIC 5734
MEN'S MISSION   p 657
See MISSION SERVICES OF LONDON
MENARD & VIDAL INC   p 1091
7755 Av Leonard-De Vinci, Montreal, QC, H2A 0A1
(514) 768-3243   SIC 1711
MENASHA PACKAGING CANADA L.P.   p 714
5875 Chedworth Way, MISSISSAUGA, ON, L5R 3L9
(905) 507-3042   SIC 2653
MENDES MOTORS LTD   p 795
1811 Bank St, OTTAWA, ON, K1V 7Z6
(613) 523-8666   SIC 7538
MENDES TOYOTA SALES   p 795
See MENDES MOTORS LTD
MENIHEK HIGH SCHOOL   p 428
See LABRADOR SCHOOL BOARD
MENISA ELEMENTARY SCHOOL   p 111
See EDMONTON SCHOOL DISTRICT NO. 7
MENNO HOME   p 177
See MENNONITE BENEVOLENT SOCIETY
MENNO HOME FOR THE AGED   p 349
235 Park St, GRUNTHAL, MB, R0A 0R0
(204) 434-6496   SIC 8361
MENNO SIMONS COLLEGE   p 379
See UNIVERSITY OF WINNIPEG, THE
MENNO SIMONS SCHOOL   p 68
See PEACE RIVER SCHOOL DIVISION 10
MENNONITE BENEVOLENT SOCIETY   p 177
32910 Brundige Ave Suite 257, ABBOTSFORD, BC, V2S 1N2
(604) 853-2411   SIC 8059
MENNONITE BRETHREN COLLEGIATE INSTITUTE   p 367
180 Riverton Ave, WINNIPEG, MB, R2L 2E8
(204) 667-8210   SIC 8211
MENNONITE CENTRAL COMMITTEE CANADA   p 177
2776 Bourquin Cres W Suite 103, ABBOTSFORD, BC, V2S 6A4
(604) 850-6608   SIC 8399
MENNONITE CENTRAL COMMITTEE CANADA   p 345
414 Pacific Ave, BRANDON, MB, R7A 0H5
SIC 5932
MENNONITE CENTRAL COMMITTEE CANADA   p 731
65 Heritage Dr, NEW HAMBURG, ON, N3A 2J3
(519) 662-1879   SIC 5945
MENNONITE ECONOMIC DEVELOPMENT ASSOCIATES OF CANADA   p 954
155 Frobisher Dr Suite I-106, WATERLOO, ON, N2V 2E1
(519) 725-1633   SIC 8699
MENNONITE INTERMEDIATE CARE HOME SOCIETY OF RICHMOND   p 270
11331 Mellis Dr, RICHMOND, BC, V6X 1L8
(604) 278-1296   SIC 8051

MENNONITE SAVINGS AND CREDIT UNION (ONTARIO) LIMITED   p 572
See KINDRED CREDIT UNION LIMITED
MENTAL HEALTH CLINIC   p 402
See PROVINCE OF NEW BRUNSWICK
MENTAL HEALTH CLINIC   p 1286
See REGINA QU'APPELLE REGIONAL HEALTH AUTHORITY
MENTAL HEALTH DEPARTMENT   p 778
See LAKERIDGE HEALTH
MENTAL HEALTH SERVICES   p 152
See ALBERTA HEALTH SERVICES
MENTAL HEALTH SERVICES AND ADDICTION SERVICES   p 425
See WESTERN REGIONAL INTEGRATED HEALTH AUTHORITY, THE
MENTOR COLLEGE PRIMARY CAMPUS   p 701
See MENTOR EDUCATIONAL INC
MENTOR EDUCATIONAL INC   p 701
56 Cayuga Ave, MISSISSAUGA, ON, L5G 3S9
(905) 271-7100   SIC 8221
MENTOR MEDICAL SYSTEMS (CANADA) INC   p 781
1129 Wentworth St W Unit B2, OSHAWA, ON, L1J 8P7
SIC 4213
MENUISERIE DES PINS LTEE   p 1135
3150 Ch Royal, NOTRE-DAME-DES-PINS, QC, G0M 1K0
(418) 774-3324   SIC 2431
MENUISERIES MONT-ROYAL INC   p 1207
1777 Rue Begin, SAINT-LAURENT, QC, H4R 2B5
(514) 747-1196   SIC 1751
MEP TECHNOLOGIES INC   p 1019
1690 Rue Cunard, Cote Saint-Luc, QC, H7S 2B2
(450) 978-9214   SIC 8731
MEP TECHNOLOGIES INC   p 1129
3100 Rue Peugeot, Montreal, QC, H7L 5C6
(450) 682-0804   SIC 3444
MERA NETWORKS INC   p 821
15 Wertheim Crt Suite 306, RICHMOND HILL, ON, L4B 3H7
(905) 882-4443   SIC 7371
MERANGUE INTERNATIONAL LIMITED   p 673
248 Steelcase Rd E, MARKHAM, ON, L3R 1G2
(905) 946-0707   SIC 5112
MERCADO CAPITAL CORPORATION p 28
4411 6 St Se Suite 180, CALGARY, AB, T2G 4E8
(403) 215-6117   SIC 6159
MERCATO INTERNATIONAL LTD   p 53
2224 4 St Sw, CALGARY, AB, T2S 1W9
(403) 263-5535   SIC 5812
MERCATUS TECHNOLOGIES INC   p 930
545 King St W Suite 500, TORONTO, ON, M5V 1M1
(416) 603-3406   SIC 7371
MERCEDES BENZ RIVE SUD   p 1043
See MERCEDES-BENZ CANADA INC
MERCEDES BENZ WEST ISLAND   p 1024
See MERCEDES-BENZ CANADA INC
MERCEDES CORP   p 857
1386 King St N, ST JACOBS, ON, N0B 2N0
(519) 664-2293   SIC 5712
MERCEDES TEXTILES LIMITED   p 1032
See TEXTILES MERCEDES LIMITEE, LES
MERCEDES-BENZ CANADA INC   p 250
1375 Marine Dr, NORTH VANCOUVER, BC, V7P 3E5
(604) 984-7780   SIC 5511
MERCEDES-BENZ CANADA INC   p 266
5691 Parkwood Way, RICHMOND, BC, V6V 2M6
(604) 278-7662   SIC 5511
MERCEDES-BENZ CANADA INC   p 294
3550 Lougheed Hwy, VANCOUVER, BC, V5M 2A3

(604) 676-3778   SIC 5511
MERCEDES-BENZ CANADA INC   p 578
1156 The Queensway, ETOBICOKE, ON, M8Z 1R4
(416) 255-1132   SIC 5511
MERCEDES-BENZ CANADA INC   p 662
600 Wharncliffe Rd S, LONDON, ON, N6J 2N4
(519) 668-0600   SIC 5511
MERCEDES-BENZ CANADA INC   p 667
9300 Jane St, MAPLE, ON, L6A 0C5
(905) 585-9300   SIC 5511
MERCEDES-BENZ CANADA INC   p 683
7380 Bren Rd Suite 2, MISSISSAUGA, ON, L4T 1H4
(905) 461-0031   SIC 5013
MERCEDES-BENZ CANADA INC   p 733
230 Mulock Dr, NEWMARKET, ON, L3Y 9B8
(905) 853-6868   SIC 5511
MERCEDES-BENZ CANADA INC   p 893
98 Vanderhoof Ave, TORONTO, ON, M4G 4C9
(416) 425-3550   SIC 5012
MERCEDES-BENZ CANADA INC   p 905
761 Dundas St E, TORONTO, ON, M5A 4N5
(416) 947-9000   SIC 5012
MERCEDES-BENZ CANADA INC   p 945
8350 Kennedy Rd, UNIONVILLE, ON, L3R 0W4
(905) 305-1088   SIC 5511
MERCEDES-BENZ CANADA INC   p 1024
4525 Boul Saint-Jean, DOLLARD-DES-ORMEAUX, QC, H9H 2A7
(514) 620-5900   SIC 5511
MERCEDES-BENZ CANADA INC   p 1043
4844 Boul Taschereau, GREENFIELD PARK, QC, J4V 2J2
(450) 672-2720   SIC 5511
MERCEDES-BENZ ST-NICOLAS   p 1068
See 9252-6698 QUEBEC INC
MERCER   p 459
See MERCER (CANADA) LIMITED
MERCER (CANADA) LIMITED   p 46
222 3 Ave Sw Suite 1200, CALGARY, AB, T2P 0B4
(403) 269-4945   SIC 8999
MERCER (CANADA) LIMITED   p 308
550 Burrard St Suite 900, VANCOUVER, BC, V6C 3S8
(604) 683-6761   SIC 8999
MERCER (CANADA) LIMITED   p 375
1 Lombard Pl Suite 1410, WINNIPEG, MB, R3B 0X5
(204) 947-0055   SIC 8999
MERCER (CANADA) LIMITED   p 459
1801 Hollis St Suite 1300, HALIFAX, NS, B3J 3N4
(902) 429-7050   SIC 8999
MERCER (CANADA) LIMITED   p 793
360 Albert St Suite 701, OTTAWA, ON, K1R 7X7
(613) 230-9348   SIC 8742
MERCER (CANADA) LIMITED   p 919
70 University Ave Suite 900, TORONTO, ON, M5J 2M4
(416) 868-2000   SIC 8742
MERCER (CANADA) LIMITED   p 1107
1981 Av Mcgill College Bureau 800, Montreal, QC, H3A 3T5
(514) 285-1802   SIC 8999
MERCER CONSULTATION (QUEBEC) LTEE p 1107
600 Boul De Maisonneuve O Unite 1100, Montreal, QC, H3A 3J2
(514) 282-7282   SIC 6411
MERCER INVESTMENT CONSULTING   p 1107
See MERCER (CANADA) LIMITED
MERCHANDISING CONSULTING ASSOCIATES   p 973
See 902316 ONTARIO LIMITED
MERCK   p 1049
See SCHERING-PLOUGH CANADA INC

MERCURY MARINE LIMITED p 682
8698 Escarpment Way, MILTON, ON, L9T 0M1
(905) 567-6372   SIC 5091
MERCURY PRODUCTS CO. p 961
439 Jutras Dr S, WINDSOR, ON, N8N 5C4
(519) 727-4050   SIC 3469
MERE ELISABETH BROYERE p 950
See CONSEIL SCOLAIRE DE DISTRICT CATHOLIQUE CENTRE-SUD
MERIAL CANADA INC p 995
20000 Av Clark-Graham, Baie-D'Urfe, QC, H9X 4B6
(514) 457-1555   SIC 2834
MERIDIAN BRICK CANADA LTD p 539
1570 Yorkton Crt, BURLINGTON, ON, L7P 5B7
(905) 633-7384   SIC 3251
MERIDIAN BRICK CANADA LTD p 540
5155 Dundas St Rr 1, BURLINGTON, ON, L7R 3X4
(905) 335-9017   SIC 3251
MERIDIAN BRICK CANADA LTD p 1053
955 Ch Saint-Jose, LA PRAIRIE, QC, J5R 3Y1
(450) 659-1944   SIC 3271
MERIDIAN CREDIT UNION LIMITED p 589
1401 Pelham St, FONTHILL, ON, L0S 1E0
(905) 892-2626   SIC 6062
MERIDIAN CREDIT UNION LIMITED p 735
4780 Portage Rd, NIAGARA FALLS, ON, L2E 6A8
(905) 356-2275   SIC 6062
MERIDIAN CREDIT UNION LIMITED p 813
1550 Kingston Rd Unit 25, PICKERING, ON, L1V 1C3
(905) 831-1121   SIC 6062
MERIDIAN CREDIT UNION LIMITED p 852
400 Scott St, ST CATHARINES, ON, L2M 3W4
(905) 934-9561   SIC 6062
MERIDIAN CREDIT UNION LIMITED p 853
531 Lake St, ST CATHARINES, ON, L2N 4H6
(905) 937-7111   SIC 6062
MERIDIAN CREDIT UNION LIMITED p 912
777 Bay St Suite 118, TORONTO, ON, M5G 2C8
(416) 597-4400   SIC 6062
MERIDIAN CREDIT UNION LIMITED p 948
Gd, VIRGIL, ON, L0S 1T0
(905) 468-2131   SIC 6062
MERIDIAN HEIGHTS SCHOOL p 169
See PARKLAND SCHOOL DIVISION NO. 70
MERIDIAN LIGHTWEIGHT TECHNOLOGIES HOLDINGS INC p 866
25 Mcnab St, STRATHROY, ON, N7G 4H6
(519) 246-9600   SIC 3364
MERIDIAN LIGHTWEIGHT TECHNOLOGIES INC p 866
155 High St E, STRATHROY, ON, N7G 1H4
(519) 245-4040   SIC 3364
MERIDIAN LIGHTWEIGHT TECHNOLOGIES INC p 866
25 Mcnab St, STRATHROY, ON, N7G 4H6
(519) 246-9600   SIC 3364
MERIDIAN MANUFACTURING INC p 66
4232 38 St, CAMROSE, AB, T4V 4B2
(780) 672-4516   SIC 3545
MERIDIAN MANUFACTURING INC p 137
3125 24 Ave N, LETHBRIDGE, AB, T1H 5G2
(403) 320-7070   SIC 3545
MERIDIAN MANUFACTURING INC p 361
275 Hespler Ave, WINKLER, MB, R6W 0J7
(204) 325-7883   SIC 3545
MERIDIAN MANUFACTURING INC p 1285
2800 Pasqua St, REGINA, SK, S4P 2Z4
(306) 545-4044   SIC 3545
MERIDIAN ONECAP p 191
See MERIDIAN ONECAP CREDIT CORP

MERIDIAN ONECAP CREDIT CORP p 191
4710 Kingsway Suite 1500, BURNABY, BC, V5H 4M2
(604) 646-2247   SIC 6159
MERIDIAN SPECIALTIES p 107
See WOLSELEY INDUSTRIAL CANADA INC
MERIDIAN SURVEYS LTD p 1297
3111 Millar Ave Suite 1, SASKATOON, SK, S7K 6N3
(306) 934-1818   SIC 8713
MERIDIEN VERSAILLES p 1117
See IMMEUBLES OCEANIE INC
MERIDIEN VERSAILLES- MONTREAL, LE p 1116
See 9145-1971 QUEBEC INC
MERIT METAL INDUSTRIES INC p 586
25 Racine Rd, ETOBICOKE, ON, M9W 2Z4
(416) 745-2015   SIC 2542
MERIT TRAVEL GROUP INC p 698
201 City Centre Dr Unit 501, MISSISAUGA, ON, L5B 2T4
(905) 890-8890   SIC 4724
MERITAS CARE CORPORATION p 969
2990 Riverside Dr W Suite B, WINDSOR, ON, N9C 1A2
(519) 254-4341   SIC 8741
MERITCO INDUSTRIES LTD p 548
2675 Reid Side Rd, CAMPBELLVILLE, ON, L0P 1B0
(905) 854-2228   SIC 5031
MERITOR AFTERMARKET CANADA INC p 520
350 First Gulf Blvd, BRAMPTON, ON, L6W 4T5
(905) 454-7070   SIC 3714
MERITOR AFTERMARKET CANADA INC p 521
60 Gillingham Dr, BRAMPTON, ON, L6X 4X7
(905) 454-7070   SIC 3714
MERITT SECONDARY SCHOOL p 237
See SCHOOL DISTRICT NO 58 (NICOLA-SIMILKAMEEN)
MERIVALE HIGH SCHOOL p 728
See OTTAWA-CARLETON DISTRICT SCHOOL BOARD
MERLIN'S BAR & GRILL p 340
See INTRAWEST ULC
MERRICK'S FINE FOODS INC p 77
10560 114 St Nw, EDMONTON, AB, T5H 3J7
(780) 413-0278   SIC 5812
MERRICKVILLE PUBLIC SCHOOL p 679
See UPPER CANADA DISTRICT SCHOOL BOARD, THE
MERRILL LYNCH CANADA INC p 46
255 5 Ave Sw Suite 2620, CALGARY, AB, T2P 3G6
(403) 231-7300   SIC 6211
MERRILL LYNCH CANADA INC p 919
181 Bay St Suite 400, TORONTO, ON, M5J 2V8
(416) 369-7400   SIC 6211
MERRILL LYNCH CANADA INC p 1112
1250 Boul Rene-Levesque O Bureau 3100, Montreal, QC, H3B 4W8
(514) 846-3500   SIC 6211
MERRILL LYNCH COMMODITIES CANADA, ULC p 459
1969 Upper Water St Suite 1300, HALIFAX, NS, B3J 3R7
(800) 681-2100   SIC 6799
MERRILL LYNCH FUTURES p 919
See MERRILL LYNCH CANADA INC
MERRITHEW CORPORATION p 838
770 Birchmount Rd Unit 17, SCARBOROUGH, ON, M1K 5H3
(416) 752-1169   SIC 5091
MERRITHEW INTERNATIONAL INC p 899
2200 Yonge St Suite 500, TORONTO, ON, M4S 2C6
(416) 482-4050   SIC 8299
MERRITT BENCH ELEMENTARY p 237

See SCHOOL DISTRICT NO 58 (NICOLA-SIMILKAMEEN)
MERRITT CENTRAL ELEMENTARY SCHOOL p 237
See SCHOOL DISTRICT NO 58 (NICOLA-SIMILKAMEEN)
MERSEN CANADA TORONTO INC p 719
6220 Kestrel Rd, MISSISSAUGA, ON, L5T 1Y9
(416) 252-9371   SIC 3679
MERSEN ELECTRONICS p 719
See MERSEN CANADA TORONTO INC
MERTON SCHOOL p 1017
See COMMISSION SCOLAIRE ENGLISH-MONTREAL
MERX SERVICE D'APPELS D'OFFRES p 727
See RESEAUX MERX INC
MESKEN CONTRACTING LIMITED p 131
12 Ave & Centre St Se, HIGH RIVER, AB, T1V 1M5
(403) 652-2345   SIC 1611
MESOTEC INC p 1239
4705 Boul De Portland, SHERBROOKE, QC, J1L 0H3
(819) 822-2777   SIC 3728
MESSAGERIES VALOIS INC p 1251
920 Rue Mcdougall, Trois-Rivieres, QC, G9A 2T6
(819) 373-5522   SIC 4212
MESSENGERS INTERNATIONAL, THE p 683
See 718878 ONTARIO LIMITED
MESSER CANADA p 717
See AIR LIQUIDE CANADA INC
MESURE D'URGENCE p 1062
80 Rue Saint-Hubert, Laval, QC, H7G 2X9
(450) 680-2800   SIC 1799
MET INC p 101
5715 76 Ave Nw, EDMONTON, AB, T6B 0A7
(780) 485-8500   SIC 8748
MET-CHAM p 1104
See MET-CHEM CANADA INC
MET-CHEM CANADA INC p 1104
555 Boul Rene-Levesque O Bureau 300, Montreal, QC, H2Z 1B1
(514) 288-5211   SIC 8711
METAFAB (1996) INC p 1165
4155 Rue Jean-Marchand, Quebec, QC, G2C 2J2
(418) 840-3684   SIC 3644
METAFORE p 991
See TECHNOLOGIES METAFORE INC
METAFORE FINANCIAL SERVICES p 1057
See TECHNOLOGIES METAFORE INC
METAL BEVERAGE PACKAGING, DIV OF p 957
See BALL PACKAGING PRODUCTS CANADA CORP
METAL C.N. INC p 1245
1049 Boul Des Entreprises, TERREBONNE, QC, J6Y 1V2
(450) 963-4464   SIC 3499
METAL CRAFT MARINE INCORPORATED p 630
347 Wellington St, KINGSTON, ON, K7K 6N7
(613) 549-7747   SIC 3732
METAL GRENIER LTEE p 1260
970 Boul Pierre-Roux E, VICTORIAVILLE, QC, G6T 2H6
(819) 752-3807   SIC 3713
METAL POLE-LITE INC p 1199
405 Rue Saint-Louis, SAINT-JEAN-SUR-RICHELIEU, QC, J3B 1Y6
(514) 312-7405   SIC 3499
METAL SYSTEMS OF CANADA ULC p 570
280 Victoria St, DUNDALK, ON, N0C 1B0
(519) 923-2017   SIC 3465
METALCRAFT FASTSHIPS p 630
See METAL CRAFT MARINE INCORPORATED
METALFORM INC p 991
8485 Rue Jules-Leger, ANJOU, QC, H1J

1A8
SIC 3444
METALIUM INC p 1168
1635 Boul Jean-Talon O, Quebec, QC, G2K 2J5
(418) 656-0668   SIC 5051
METALLURGISTES UNIS D'AMERIQUE p 1251
See METALLURGISTES UNIS D'AMERIQUE
METALLURGISTES UNIS D'AMERIQUE p 1251
227 Boul Du Saint-Maurice, Trois-Rivieres, QC, G9A 3N8
(819) 376-6106   SIC 8631
METALOGIX SOFTWARE CORP p 302
55 E Cordova St Suite 604, VANCOUVER, BC, V6A 0A5
(604) 677-4636   SIC 7372
METALS CREEK RESOURCES CORP p 879
1100 Memorial Ave Suite 329, THUNDER BAY, ON, P7B 4A3
(807) 345-4990   SIC 1081
METALTECH-OMEGA INC p 1229
1735 Boul Saint-Elzear O Bureau B, SAINTE-ROSE, QC, H7L 3N6
(450) 681-6440   SIC 3446
METAUX AERONAUTIQUE SAMUEL p 995
See SAMUEL, SON & CO., LIMITED
METAUX CASTLE p 1140
See A. M. CASTLE & CO. (CANADA) INC
METAUX GILLES PARE p 1031
See 3158764 CANADA INC
METCALFE ELEMENTARY SCHOOL p 679
See OTTAWA-CARLETON DISTRICT SCHOOL BOARD
METCALFE GARDENS RETIREMENT RESIDENCE p 859
See DIVERSICARE CANADA MANAGEMENT SERVICES CO., INC
METCAP LIVING INC p 610
125 Wentworth St S, HAMILTON, ON, L8N 2Z1
(905) 527-1482   SIC 8051
METCON SALES AND ENGINEERING LIMITED p 561
15 Connie Cres Unit 3, CONCORD, ON, L4K 1L3
(905) 738-2355   SIC 5084
METEO MEDIA p 1094
See PELMOREX COMMUNICATIONS INC
METLIFE p 793
See METROPOLITAN LIFE INSURANCE COMPANY
METO CANADA INC p 689
5466 Timberlea Blvd Suite 1, MISSISSAUGA, ON, L4W 2T7
(905) 212-9696   SIC 5084
METRIE CANADA LTD p 18
5367 50 St Se, CALGARY, AB, T2C 3W1
(403) 221-8141   SIC 2431
METRIE CANADA LTD p 92
18150 109 Ave Nw, EDMONTON, AB, T5S 2K2
(780) 454-9681   SIC 2431
METRIE CANADA LTD p 92
18150 109 Ave Nw, EDMONTON, AB, T5S 2K2
(780) 454-9681   SIC 5031
METRIE CANADA LTD p 229
19950 101 Ave, LANGLEY, BC, V1M 3G6
(604) 882-5500   SIC 2431
METRIE CANADA LTD p 236
20142 113b Ave, MAPLE RIDGE, BC, V2X 0Y9
(604) 460-0070   SIC 2431
METRIE CANADA LTD p 289
9255 194 St Suite 15, SURREY, BC, V4N 4G1
(604) 882-4982   SIC 2431
METRIE CANADA LTD p 452
200 Akerley Blvd, DARTMOUTH, NS, B3B

1Z9
(902) 468-9292 SIC 5031
METRIE CANADA LTD p 506
13371 Coleraine Dr, BOLTON, ON, L7E 3B6
(905) 951-2662 SIC 2431
METRIE CANADA LTD p 506
41 Simpson Rd, BOLTON, ON, L7E 2R6
(905) 951-2662 SIC 2431
METRIE CANADA LTD p 512
390 Chrysler Dr, BRAMPTON, ON, L6S 5Z5
(905) 792-1144 SIC 2431
METRIE CANADA LTD p 682
8100 Parkhill Dr, MILTON, ON, L9T 5V7
(416) 997-0519 SIC 5031
METRIE CANADA LTD p 1085
8801 Boul Henri-Bourassa E, MONTREAL, QC, H1E 1P4
(514) 955-3290 SIC 2431
METRO p 432
See METRO ONTARIO INC
METRO p 489
See METRO ONTARIO INC
METRO p 495
See METRO ONTARIO INC
METRO p 504
See METRO ONTARIO INC
METRO p 508
See METRO ONTARIO INC
METRO p 523
See METRO ONTARIO INC
METRO p 524
See METRO ONTARIO INC
METRO p 525
See METRO ONTARIO INC
METRO p 534
See METRO ONTARIO INC
METRO p 538
See METRO ONTARIO INC
METRO p 553
See METRO ONTARIO INC
METRO p 556
See METRO ONTARIO INC
METRO p 565
See METRO ONTARIO INC
METRO p 571
See METRO ONTARIO INC
METRO p 579
See METRO ONTARIO INC
METRO p 591
See METRO ONTARIO INC
METRO p 600
See METRO ONTARIO INC
METRO p 612
See METRO ONTARIO INC
METRO p 616
See METRO ONTARIO INC
METRO p 620
See METRO ONTARIO INC
METRO p 632
See METRO ONTARIO INC
METRO p 634
See METRO ONTARIO INC
METRO p 652
See METRO ONTARIO INC
METRO p 653
See METRO ONTARIO INC
METRO p 658
See METRO ONTARIO INC
METRO p 661
See METRO ONTARIO INC
METRO p 662
See METRO ONTARIO INC
METRO p 696
See METRO ONTARIO INC
METRO p 702
See METRO ONTARIO INC
METRO p 703
See METRO ONTARIO INC
METRO p 710
See METRO ONTARIO INC
METRO p 725
See METRO ONTARIO INC
METRO p 732
See METRO ONTARIO INC

METRO p 733
See METRO ONTARIO INC
METRO p 740
See METRO ONTARIO INC
METRO p 749
See METRO ONTARIO INC
METRO p 754
See METRO ONTARIO INC
METRO p 757
See METRO ONTARIO INC
METRO p 760
See METRO ONTARIO INC
METRO p 765
See METRO ONTARIO INC
METRO p 770
See METRO ONTARIO INC
METRO p 771
See METRO ONTARIO PHARMACIES LIMITED
METRO p 773
See METRO ONTARIO INC
METRO p 774
See METRO ONTARIO INC
METRO p 778
See METRO ONTARIO INC
METRO p 781
See METRO ONTARIO INC
METRO p 785
See METRO ONTARIO INC
METRO p 795
See METRO ONTARIO INC
METRO p 803
See METRO ONTARIO INC
METRO p 808
See METRO ONTARIO INC
METRO p 813
See METRO ONTARIO INC
METRO p 816
See METRO ONTARIO INC
METRO p 817
See METRO ONTARIO INC
METRO p 824
See METRO ONTARIO INC
METRO p 829
See METRO ONTARIO INC
METRO p 833
See METRO ONTARIO INC
METRO p 835
See METRO ONTARIO INC
METRO p 837
See METRO ONTARIO INC
METRO p 841
See METRO ONTARIO INC
METRO p 842
See METRO ONTARIO INC
METRO p 846
See METRO ONTARIO INC
METRO p 853
See METRO ONTARIO INC
METRO p 859
See METRO ONTARIO INC
METRO p 863
See METRO ONTARIO INC
METRO p 877
See METRO ONTARIO INC
METRO p 897
See METRO ONTARIO INC
METRO p 906
See METRO ONTARIO INC
METRO p 910
See METRO ONTARIO INC
METRO p 926
See METRO ONTARIO INC
METRO p 936
See METRO ONTARIO INC
METRO p 937
See METRO ONTARIO INC
METRO p 940
See METRO ONTARIO INC
METRO p 946
See METRO ONTARIO INC
METRO p 958
See METRO ONTARIO INC
METRO p 960

METRO p 961
See METRO ONTARIO INC
METRO p 969
See METRO ONTARIO INC
METRO p 992
See METRO INC
METRO p 1041
See SUPER MARCHE G BRETON INC
METRO p 1067
See SUPERMARCHES GP INC, LES
METRO p 1075
See 131387 CANADA INC
METRO p 1100
See ALIMENTATION NORMAND HUDON INC
METRO p 1263
See METRO RICHELIEU INC
METRO STORES p 520
See METRO ONTARIO INC
METRO #014 p 1093
See CHEVREFILS, E. & FILS INC
METRO (SUPERMARKETS) p 881
See METRO ONTARIO INC
METRO 767 p 491
See METRO ONTARIO INC
METRO BOUCHER p 1185
See SUPERMARCHE BOUCHER INC
METRO CABANO p 1243
See SUPERMARCHES GP INC, LES
METRO COMPACTOR SERVICE INC p 586
40 Bethridge Rd, ETOBICOKE, ON, M9W 1N1
(416) 743-8484 SIC 7699
METRO CREDIT UNION LTD p 981
281 University Ave, CHARLOTTETOWN, PE, C1A 4M3
(902) 892-4100 SIC 6062
METRO DUFRESNE p 1254
See DUFRESNE, L. & FILS LTEE
METRO G P p 989
See SUPERMARCHES GP INC, LES
METRO G P p 1077
See SUPERMARCHES GP INC, LES
METRO G P p 1079
See SUPERMARCHES GP INC, LES
METRO G P p 1147
See SUPERMARCHES GP INC, LES
METRO G P, DIV DE p 1163
See SUPERMARCHES GP INC, LES
METRO GAGNON p 1169
See METRO RICHELIEU INC
METRO GP , DIV DE p 1079
See SUPERMARCHES GP INC, LES
METRO INC p 531
237 King St W, BROCKVILLE, ON, K6V 3S2
(613) 345-4260 SIC 5411
METRO INC p 992
6500 Boul Joseph-Renaud, ANJOU, QC, H1K 3V4
(514) 354-0282 SIC 5411
METRO INC p 993
7151 Rue Jean-Talon E, ANJOU, QC, H1M 3N8
(514) 356-5800 SIC 5141
METRO INC p 1018
1600 Boul Saint-Martin E Bureau A, Cote Saint-Luc, QC, H7G 4S7
(514) 643-1000 SIC 5141
METRO INNOVATION p 1161
See METRO RICHELIEU INC
METRO INTERNATIONAL TRUCKS (CANADA) INC p 1210
6400 Ch Saint-Francois, SAINT-LAURENT, QC, H4S 1B7
(514) 333-5133 SIC 7389
METRO LEXUS TOYOTA VICTORIA p 334
See PATTISON, JIM INDUSTRIES LTD
METRO MEDICAL PHARMACY p 934
See MEDICAL PHARMACIES GROUP LIMITED
METRO ONTARIO INC p 432
55 Stavanger Dr, ST. JOHN'S, NL, A1A 5E8
(709) 576-3576 SIC 5411

METRO ONTARIO INC p 483
280 Harwood Ave S, AJAX, ON, L1S 2J1
(905) 683-6951 SIC 5411
METRO ONTARIO INC p 489
375 Daniel St S, ARNPRIOR, ON, K7S 3K6
(613) 623-6273 SIC 5411
METRO ONTARIO INC p 489
70 Elgin St W, ARNPRIOR, ON, K7S 1N5
(613) 623-2380 SIC 5411
METRO ONTARIO INC p 491
1 Henderson Dr Unit 1, AURORA, ON, L4G 4J7
(905) 727-0185 SIC 5411
METRO ONTARIO INC p 495
400 Bayfield St Suite 1, BARRIE, ON, L4M 5A1
(705) 722-8284 SIC 5411
METRO ONTARIO INC p 500
28 Bay's St, BARRYS BAY, ON, K0J 1B0
(613) 756-7098 SIC 5411
METRO ONTARIO INC p 502
470 Dundas St E Suite 7, BELLEVILLE, ON, K8N 1G1
METRO ONTARIO INC p 504
110 North Front St, BELLEVILLE, ON, K8P 5J8
(613) 962-0056 SIC 5411
METRO ONTARIO INC p 504
150 Sidney St, BELLEVILLE, ON, K8P 5E2
SIC 5411
METRO ONTARIO INC p 508
505 Muskoka Rd Hwy Suite 118, BRACEBRIDGE, ON, P1L 1T3
(705) 645-8751 SIC 5411
METRO ONTARIO INC p 510
20 Great Lakes Dr, BRAMPTON, ON, L6R 2K7
(905) 789-6161 SIC 5411
METRO ONTARIO INC p 518
227 Vodden St E, BRAMPTON, ON, L6V 1N2
(905) 451-7842 SIC 5411
METRO ONTARIO INC p 520
156 Main St S, BRAMPTON, ON, L6W 2C9
(905) 459-6212 SIC 5411
METRO ONTARIO INC p 520
1 Bartley Bull Pky, BRAMPTON, ON, L6W 3T7
(905) 456-1212 SIC 5411
METRO ONTARIO INC p 523
180 Sandalwood Pky E, BRAMPTON, ON, L6Z 1Y4
(905) 846-2222 SIC 5411
METRO ONTARIO INC p 524
10088 Mclaughlin Rd Suite 1, BRAMPTON, ON, L7A 2X6
SIC 5411
METRO ONTARIO INC p 525
371 St Paul Ave, BRANTFORD, ON, N3R 4N5
(519) 758-0300 SIC 5411
METRO ONTARIO INC p 525
84 Lynden Rd, BRANTFORD, ON, N3R 6B8
(519) 759-5850 SIC 5411
METRO ONTARIO INC p 531
3049 Jefferson Dr, BROCKVILLE, ON, K6V 6N7
(613) 345-0272 SIC 5411
METRO ONTARIO INC p 534
2010 Appleby Line, BURLINGTON, ON, L7L 6M6
(905) 331-7900 SIC 5411
METRO ONTARIO INC p 534
5353 Lakeshore Rd, BURLINGTON, ON, L7L 1C8
(905) 634-1804 SIC 5411
METRO ONTARIO INC p 538
3365 Fairview St, BURLINGTON, ON, L7N 3N9
(905) 634-1896 SIC 5411
METRO ONTARIO INC p 539
1505 Guelph Line, BURLINGTON, ON, L7P 3B6

METRO ONTARIO INC

METRO ONTARIO INC p 781
149 Midtown Dr, OSHAWA, ON, L1J 3Z7
(905) 723-7731 SIC 5411

METRO ONTARIO INC p 782
555 Rossland Rd E, OSHAWA, ON, L1K 1K8
(905) 579-5862 SIC 5411

METRO ONTARIO INC p 783
1184 Old Innes Rd, OTTAWA, ON, K1B 3V3
(613) 747-2328 SIC 5141

METRO ONTARIO INC p 785
490 Industrial Ave, OTTAWA, ON, K1G 0Y9
(613) 737-1410 SIC 5141

METRO ONTARIO INC p 795
2515 Bank St, OTTAWA, ON, K1V 0Y4
(613) 731-7410 SIC 5411

METRO ONTARIO INC p 795
3310 Mccarthy Rd, OTTAWA, ON, K1V 9S1
(613) 523-2774 SIC 5411

METRO ONTARIO INC p 795
1670 Heron Rd, OTTAWA, ON, K1V 0C2
(613) 731-0066 SIC 5411

METRO ONTARIO INC p 799
1360 Richmond Rd, OTTAWA, ON, K2B 8L4
(613) 828-4207 SIC 5141

METRO ONTARIO INC p 803
1070 2nd Ave E, OWEN SOUND, ON, N4K 2H7
(519) 371-0222 SIC 5411

METRO ONTARIO INC p 803
1350 16th St E, OWEN SOUND, ON, N4K 6N7
(519) 376-9261 SIC 5411

METRO ONTARIO INC p 806
1100 Pembroke St E Suite 891, PEMBROKE, ON, K8A 6Y7
(613) 735-1846 SIC 5411

METRO ONTARIO INC p 808
1154 Chemong Rd Suite 9, PETERBOROUGH, ON, K9H 7J6
(705) 745-3381 SIC 5411

METRO ONTARIO INC p 813
1822 Whites Rd Suite 11, PICKERING, ON, L1V 4M1
(905) 420-8838 SIC 5411

METRO ONTARIO INC p 816
124 Clarence St, PORT COLBORNE, ON, L3K 3G3
(905) 834-8800 SIC 5411

METRO ONTARIO INC p 817
125 Hope St S, PORT HOPE, ON, L1A 4C2
(905) 885-8194 SIC 5411

METRO ONTARIO INC p 819
83 Raglan St S, RENFREW, ON, K7V 1P8
(613) 432-3013 SIC 5411

METRO ONTARIO INC p 824
1070 Major Mackenzie Dr E, RICHMOND HILL, ON, L4S 1P3
(905) 770-1400 SIC 5411

METRO ONTARIO INC p 825
9030 County Road 17, ROCKLAND, ON, K4K 1V5
(613) 446-2825 SIC 5411

METRO ONTARIO INC p 829
560 Exmouth St, SARNIA, ON, N7T 5P5
(519) 337-8308 SIC 5411

METRO ONTARIO INC p 829
191 Indian Rd S, SARNIA, ON, N7T 3W3
(519) 344-1500 SIC 5411

METRO ONTARIO INC p 831
625 Trunk Rd, SAULT STE. MARIE, ON, P6A 3T1
(705) 949-7260 SIC 5411

METRO ONTARIO INC p 831
150 Churchill Blvd, SAULT STE. MARIE, ON, P6A 3Z9
(705) 254-7070 SIC 5411

METRO ONTARIO INC p 833
275 Second Line W, SAULT STE. MARIE, ON, P6C 2J4
(705) 949-0350 SIC 5411

METRO ONTARIO INC p 835
261 Port Union Rd, SCARBOROUGH, ON, M1C 2L3
(416) 284-7792 SIC 5411

METRO ONTARIO INC p 836
255 Morningside Ave, SCARBOROUGH, ON, M1E 3E6
(416) 284-2158 SIC 5411

METRO ONTARIO INC p 836
2900 Ellesmere Rd Suite 587, SCARBOROUGH, ON, M1E 4B8
(416) 284-5320 SIC 5411

METRO ONTARIO INC p 837
3221 Eglinton Ave E, SCARBOROUGH, ON, M1J 2H7
(416) 261-4204 SIC 5411

METRO ONTARIO INC p 841
16 William Kitchen Rd Suite 535, SCARBOROUGH, ON, M1P 5B7
(416) 321-0500 SIC 5411

METRO ONTARIO INC p 842
15 Ellesmere Rd, SCARBOROUGH, ON, M1R 4B7
(416) 391-0626 SIC 5411

METRO ONTARIO INC p 846
2900 Warden Ave, SCARBOROUGH, ON, M1W 2S8
(416) 497-6734 SIC 5411

METRO ONTARIO INC p 849
150 West St, SIMCOE, ON, N3Y 5C1
(519) 426-2010 SIC 5411

METRO ONTARIO INC p 849
140 Queensway E, SIMCOE, ON, N3Y 4Y7
(519) 426-8092 SIC 5411

METRO ONTARIO INC p 850
275 Brockville St Suite 4, SMITHS FALLS, ON, K7A 4Z6
(613) 283-5858 SIC 5411

METRO ONTARIO INC p 851
Gd, SOUTH PORCUPINE, ON, P0N 1K0
(705) 235-3535 SIC 5411

METRO ONTARIO INC p 853
101 Lakeshore Rd, ST CATHARINES, ON, L2N 2T6
(905) 934-0131 SIC 5411

METRO ONTARIO INC p 859
417 Wellington St Suite 1, ST THOMAS, ON, N5R 5J5
(519) 633-8780 SIC 5411

METRO ONTARIO INC p 863
5612 Main St, STOUFFVILLE, ON, L4A 8B7
(905) 642-8600 SIC 5411

METRO ONTARIO INC p 868
900 Lasalle Blvd, SUDBURY, ON, P3A 5W8
(705) 560-9500 SIC 5411

METRO ONTARIO INC p 869
400 Notre Dame Ave, SUDBURY, ON, P3C 5K5
(705) 675-5845 SIC 5411

METRO ONTARIO INC p 870
1933 Regent St, SUDBURY, ON, P3E 5R2
SIC 5411

METRO ONTARIO INC p 874
300 John St, THORNHILL, ON, L3T 5W4
(905) 886-0983 SIC 5411

METRO ONTARIO INC p 874
8190 Bayview Ave, THORNHILL, ON, L3T 2S2
(905) 731-2300 SIC 5411

METRO ONTARIO INC p 875
800 Steeles Ave W, THORNHILL, ON, L4J 7L2
SIC 5411

METRO ONTARIO INC p 877
640 River St, THUNDER BAY, ON, P7A 3S4
(807) 345-8342 SIC 5411

METRO ONTARIO INC p 881
1101 Arthur St W, THUNDER BAY, ON, P7E 5S2
(807) 577-3910 SIC 5411

METRO ONTARIO INC p 881
505 Arthur St W, THUNDER BAY, ON, P7E 5R5
(807) 475-0276 SIC 5411

METRO ONTARIO INC p 883
225 Broadway St, TILLSONBURG, ON, N4G 3R2
(519) 842-3625 SIC 5411

METRO ONTARIO INC p 884
105 Brunette Rd, TIMMINS, ON, P4N 2R1
(705) 268-9922 SIC 5411

METRO ONTARIO INC p 884
140 Algonquin Blvd W, TIMMINS, ON, P4N 8M2
(705) 268-5481 SIC 5411

METRO ONTARIO INC p 892
1500 Woodbine Ave, TORONTO, ON, M4C 4G9
(416) 422-0076 SIC 5411

METRO ONTARIO INC p 893
45 Overlea Blvd Suite 2, TORONTO, ON, M4H 1C3
(416) 421-1732 SIC 5411

METRO ONTARIO INC p 895
1070 Pape Ave, TORONTO, ON, M4K 3W5
(416) 467-8519 SIC 5411

METRO ONTARIO INC p 896
3142 Yonge St, TORONTO, ON, M4N 2K6
(416) 484-0750 SIC 5411

METRO ONTARIO INC p 897
2300 Yonge St Suite 752, TORONTO, ON, M4P 1E4
(416) 483-7340 SIC 5411

METRO ONTARIO INC p 897
40 Eglinton Ave E, TORONTO, ON, M4P 3A2
(416) 759-1952 SIC 5411

METRO ONTARIO INC p 897
656 Eglinton Ave E, TORONTO, ON, M4P 1P1
(416) 482-7422 SIC 5411

METRO ONTARIO INC p 906
89 Gould St, TORONTO, ON, M5B 2R1
(416) 862-7171 SIC 5411

METRO ONTARIO INC p 910
80 Front St E Suite 804, TORONTO, ON, M5E 1T4
(416) 703-9393 SIC 5411

METRO ONTARIO INC p 926
425 Bloor St W, TORONTO, ON, M5S 1X6
(416) 923-9099 SIC 5411

METRO ONTARIO INC p 934
735 College St, TORONTO, ON, M6G 1C5
(416) 533-2515 SIC 5411

METRO ONTARIO INC p 936
100 Lynn Williams St Suite 572, TORONTO, ON, M6K 3N6
(416) 588-1300 SIC 5411

METRO ONTARIO INC p 937
1411 Lawrence Ave W, TORONTO, ON, M6L 1A4
(416) 248-5846 SIC 5411

METRO ONTARIO INC p 940
25 Vickers Rd, TORONTO, ON, M9B 1C1
(416) 234-6590 SIC 5141

METRO ONTARIO INC p 944
53 Quinte St, TRENTON, ON, K8V 3S8
(613) 394-2525 SIC 5411

METRO ONTARIO INC p 946
50 Beechwood Ave, VANIER, ON, K1L 8B3
(613) 744-6676 SIC 5411

METRO ONTARIO INC p 956
325 Thorold Rd, WELLAND, ON, L3C 3W4
(905) 735-4320 SIC 5411

METRO ONTARIO INC p 958
601 Dundas St W, WHITBY, ON, L1N 2N3
SIC 5411

METRO ONTARIO INC p 958
70 Thickson Rd S, WHITBY, ON, L1N 7T2
(905) 668-5334 SIC 5411

METRO ONTARIO INC p 960
4111 Thickson Rd N, WHITBY, ON, L1R 2X3
(905) 655-1553 SIC 5411

METRO ONTARIO INC p 961
11729 Tecumseh Rd E, WINDSOR, ON, N8N 1L8
(519) 979-9366 SIC 5411

METRO ONTARIO INC p 962
6740 Wyandotte St E, WINDSOR, ON, N8S 1P6
(519) 948-5676 SIC 5411

METRO ONTARIO INC p 963
2090 Lauzon Rd, WINDSOR, ON, N8T 2Z3
(519) 944-7335 SIC 5411

METRO ONTARIO INC p 968
880 Goyeau St, WINDSOR, ON, N9A 1H8
(519) 258-3064 SIC 5411

METRO ONTARIO INC p 969
2750 Tecumseh Rd W, WINDSOR, ON, N9B 3P9
(519) 256-1891 SIC 5411

METRO ONTARIO INC p 972
9600 Islington Ave, WOODBRIDGE, ON, L4H 2T1
SIC 5411

METRO ONTARIO INC p 977
868 Dundas St, WOODSTOCK, ON, N4S 1G7
(519) 537-7021 SIC 5411

METRO ONTARIO PHARMACIES LIMITED p 538
3365 Fairview St, BURLINGTON, ON, L7N 3N9
(905) 634-2391 SIC 5912

METRO ONTARIO PHARMACIES LIMITED p 583
900 Albion Rd, ETOBICOKE, ON, M9V 1A5
(416) 743-4485 SIC 5411

METRO ONTARIO PHARMACIES LIMITED p 771
280 North Service Rd W, OAKVILLE, ON, L6M 2S2
(905) 337-7694 SIC 5411

METRO PLUS p 1006
See SUPER MARCHE COLLIN INC

METRO PLUS p 1034
See MARCHE METRO LEBLANC MALONEY INC

METRO PLUS p 1034
See MARCHE LEBLANC MONTEE PAIEMENT INC

METRO PLUS p 1232
See METRO RICHELIEU INC

METRO PLUS BEACONSFIELD p 996
See METRO RICHELIEU INC

METRO PLUS FAMILLE LEMAY p 1135
See METRO RICHELIEU INC

METRO POINTE CLAIRE p 1142
See METRO RICHELIEU INC

METRO PONT-ROUGE p 1144
See SUPERMARCHE B.M. INC

METRO PROTECTIVE SERVICES p 887
See 2138894 ONTARIO INC

METRO RICHELIEU p 999
See ALIMENTATION FRANCOIS GERMAIN INC

METRO RICHELIEU INC p 566
1400 Vincent Massey Dr, CORNWALL, ON, K6J 5N4
SIC 5411

METRO RICHELIEU INC p 613
967 Fennell Ave E, HAMILTON, ON, L8T 1R1
(905) 318-7777 SIC 5411

METRO RICHELIEU INC p 996
50 Boul Saint-Charles Bureau 17, BEACONSFIELD, QC, H9W 2X3
(514) 695-5811 SIC 5411

METRO RICHELIEU INC p 998
600 Boul Sir-Wilfrid-Laurier, BELOEIL, QC, J3G 4J2
(450) 467-1878 SIC 5411

METRO RICHELIEU INC p 999
259 Boul De La Seigneurie O, BLAINVILLE, QC, J7C 4N3
(450) 435-2882 SIC 5141

METRO RICHELIEU INC p 1004
575 Ch De Touraine Bureau 300, BOUCHERVILLE, QC, J4B 5E4
(450) 655-8111 SIC 5411

METRO RICHELIEU INC p 1012
200 Boul D'anjou Bureau 626, Chateauguay, QC, J6K 5N4
(450) 691-2880 SIC 5411

METRO RICHELIEU INC p 1014
299 Rue Des Sagueneens, CHICOUTIMI,

METRO ONTARIO INC

(905) 336-2525 *SIC* 5411
METRO ONTARIO INC *p* 543
95 Water St N, CAMBRIDGE, ON, N1R 3B5
(519) 623-3652 *SIC* 5141
METRO ONTARIO INC *p* 546
100 Jamieson Pky, CAMBRIDGE, ON, N3C 4B3
(519) 658-1150 *SIC* 5411
METRO ONTARIO INC *p* 550
21 Richer Cir, CASSELMAN, ON, K0A 1M0
(613) 764-3882 *SIC* 5411
METRO ONTARIO INC *p* 553
3442 Errington Ave Suite 1, CHELMSFORD, ON, P0M 1L0
(705) 855-4328 *SIC* 5411
METRO ONTARIO INC *p* 556
640 First St, COLLINGWOOD, ON, L9Y 4Y7
(705) 444-5252 *SIC* 5411
METRO ONTARIO INC *p* 565
1315 Second St E Unit 282, CORNWALL, ON, K6H 7C4
(613) 932-0514 *SIC* 5411
METRO ONTARIO INC *p* 566
960 Brookdale Ave Suite 16, CORNWALL, ON, K6J 4P5
(613) 933-4341 *SIC* 5411
METRO ONTARIO INC *p* 571
107 Bridge St, DUNNVILLE, ON, N1A 2G9
(905) 774-6852 *SIC* 5411
METRO ONTARIO INC *p* 571
15 Governors Rd, DUNDAS, ON, L9H 6L9
(905) 627-4791 *SIC* 5411
METRO ONTARIO INC *p* 571
119 Osler Dr, DUNDAS, ON, L9H 6X4
(905) 628-0177 *SIC* 5411
METRO ONTARIO INC *p* 579
201 Lloyd Manor Rd, ETOBICOKE, ON, M9B 6H6
(416) 236-3217 *SIC* 5411
METRO ONTARIO INC *p* 579
250 The East Mall, ETOBICOKE, ON, M9B 3Y8
(416) 233-4149 *SIC* 5411
METRO ONTARIO INC *p* 581
170 The West Mall, ETOBICOKE, ON, M9C 5L6
(416) 626-4910 *SIC* 4225
METRO ONTARIO INC *p* 582
1500 Royal York Rd Suite 1, ETOBICOKE, ON, M9P 3B6
(416) 244-7169 *SIC* 5411
METRO ONTARIO INC *p* 591
333 King St E, GANANOQUE, ON, K7G 1G6
(613) 382-7090 *SIC* 5411
METRO ONTARIO INC *p* 592
235 Guelph St, GEORGETOWN, ON, L7G 4A8
(905) 877-5648 *SIC* 5411
METRO ONTARIO INC *p* 593
2636 Innes Rd, GLOUCESTER, ON, K1B 4Z5
(613) 837-1845 *SIC* 5411
METRO ONTARIO INC *p* 594
1930 Montreal Rd, GLOUCESTER, ON, K1J 6N2
(613) 744-2961 *SIC* 5411
METRO ONTARIO INC *p* 596
397 Bayfield Rd, GODERICH, ON, N7A 4E9
(519) 524-7818 *SIC* 5411
METRO ONTARIO INC *p* 599
380 Eramosa Rd, GUELPH, ON, N1E 6R2
(519) 824-8700 *SIC* 5411
METRO ONTARIO INC *p* 600
500 Edinburgh Rd S, GUELPH, ON, N1G 4Z1
(519) 763-3552 *SIC* 5411
METRO ONTARIO INC *p* 602
222 Silvercreek Pky N, GUELPH, ON, N1H 7P8
(519) 766-4666 *SIC* 5411
METRO ONTARIO INC *p* 606
2500 Barton St E, HAMILTON, ON, L8E 4A2
(905) 578-5454 *SIC* 5411
METRO ONTARIO INC *p* 608

1900 King St E, HAMILTON, ON, L8K 1W1
(905) 545-5929 *SIC* 5411
METRO ONTARIO INC *p* 612
845 King St W, HAMILTON, ON, L8S 1K4
(905) 523-5044 *SIC* 5411
METRO ONTARIO INC *p* 613
724 Mohawk Rd E, HAMILTON, ON, L8T 2P8
(905) 575-1113 *SIC* 5411
METRO ONTARIO INC *p* 614
1070 Stone Church Rd E, HAMILTON, ON, L8W 3K8
SIC 5411
METRO ONTARIO INC *p* 614
505 Rymal Rd E Suite 3, HAMILTON, ON, L8W 3X1
(905) 574-5298 *SIC* 5411
METRO ONTARIO INC *p* 616
640 Mohawk Rd W, HAMILTON, ON, L9C 1X6
(905) 388-5596 *SIC* 5411
METRO ONTARIO INC *p* 616
751 Upper James St, HAMILTON, ON, L9C 3A1
(905) 575-5545 *SIC* 5411
METRO ONTARIO INC *p* 620
70 King William St Suite 5a, HUNTSVILLE, ON, P1H 2A5
(705) 789-9619 *SIC* 5411
METRO ONTARIO INC *p* 627
2615 Hwy 43 Rr 5, KEMPTVILLE, ON, K0G 1J0
(613) 258-1266 *SIC* 5411
METRO ONTARIO INC *p* 628
199 Simcoe Ave, KESWICK, ON, L4P 2H6
(905) 476-7298 *SIC* 5411
METRO ONTARIO INC *p* 630
33 Barrack St Suite 949, KINGSTON, ON, K7K 1E7
(613) 546-7893 *SIC* 5141
METRO ONTARIO INC *p* 632
310 Barrie St, KINGSTON, ON, K7L 5L4
(613) 542-5795 *SIC* 5411
METRO ONTARIO INC *p* 634
1225 Princess St, KINGSTON, ON, K7M 3E1
(613) 544-8202 *SIC* 5411
METRO ONTARIO INC *p* 634
1300 Bath Rd, KINGSTON, ON, K7M 4X4
(613) 544-9317 *SIC* 5411
METRO ONTARIO INC *p* 634
466 Gardiners Rd, KINGSTON, ON, K7M 7W8
(613) 384-6334 *SIC* 5411
METRO ONTARIO INC *p* 635
775 Bayridge Dr, KINGSTON, ON, K7P 2P1
(613) 384-8800 *SIC* 5411
METRO ONTARIO INC *p* 638
655 Fairway Rd S, KITCHENER, ON, N2C 1X4
(519) 896-5100 *SIC* 5411
METRO ONTARIO INC *p* 643
370 Highland Rd W Suite 1, KITCHENER, ON, N2M 5J9
(519) 744-4100 *SIC* 5411
METRO ONTARIO INC *p* 643
851 Fischer Hallman Rd, KITCHENER, ON, N2M 5N8
(519) 570-2500 *SIC* 5411
METRO ONTARIO INC *p* 646
288 Erie St S, LEAMINGTON, ON, N8H 3C5
(519) 322-1414 *SIC* 5411
METRO ONTARIO INC *p* 647
363 Kent St W, LINDSAY, ON, K9V 2Z7
(705) 878-3300 *SIC* 5411
METRO ONTARIO INC *p* 648
975 Wallace Ave N, LISTOWEL, ON, N4W 1M6
(519) 291-5500 *SIC* 5411
METRO ONTARIO INC *p* 652
155 Clarke Rd, LONDON, ON, N5W 5C9
(519) 455-5604 *SIC* 5411
METRO ONTARIO INC *p* 653
1030 Adelaide St N, LONDON, ON, N5Y 2M9
(519) 672-8994 *SIC* 5411
METRO ONTARIO INC *p* 653
1299 Oxford St E, LONDON, ON, N5Y 4W5
(519) 453-8510 *SIC* 5411
METRO ONTARIO INC *p* 658
395 Wellington Rd, LONDON, ON, N6C 5Z6
(519) 680-2317 *SIC* 5411
METRO ONTARIO INC *p* 661
1225 Wonderland Rd N, LONDON, ON, N6G 2V9
(519) 472-5601 *SIC* 5411
METRO ONTARIO INC *p* 662
301 Oxford St W, LONDON, ON, N6H 1S6
(519) 433-1708 *SIC* 5411
METRO ONTARIO INC *p* 662
509 Commissioners Rd W, LONDON, ON, N6J 1Y5
(519) 473-2857 *SIC* 5411
METRO ONTARIO INC *p* 663
1244 Commissioners Rd W, LONDON, ON, N6K 1C7
(519) 473-3389 *SIC* 5411
METRO ONTARIO INC *p* 678
1220 Castlemore Ave, MARKHAM, ON, L6E 0H7
(905) 209-9200 *SIC* 5411
METRO ONTARIO INC *p* 682
500 Laurier Ave, MILTON, ON, L9T 4R3
(905) 876-1117 *SIC* 5411
METRO ONTARIO INC *p* 689
4141 Dixie Rd Unit 2, MISSISSAUGA, ON, L4W 1V5
(905) 238-1366 *SIC* 5411
METRO ONTARIO INC *p* 696
1585 Mississauga Valley Blvd, MISSISSAUGA, ON, L5A 3W9
(905) 566-9100 *SIC* 5411
METRO ONTARIO INC *p* 696
377 Burnhamthorpe Rd E, MISSISSAUGA, ON, L5A 3Y1
(905) 270-2143 *SIC* 5411
METRO ONTARIO INC *p* 702
910 Southdown Rd Unit 46, MISSISSAUGA, ON, L5J 2Y4
(905) 823-4900 *SIC* 5411
METRO ONTARIO INC *p* 703
2225 Erin Mills Pky, MISSISSAUGA, ON, L5K 1T9
(905) 829-3737 *SIC* 5411
METRO ONTARIO INC *p* 704
3476 Glen Erin Dr, MISSISSAUGA, ON, L5L 3R4
(905) 569-2162 *SIC* 5411
METRO ONTARIO INC *p* 710
3221 Derry Rd W Suite 16, MISSISSAUGA, ON, L5N 7L7
(905) 785-1844 *SIC* 5411
METRO ONTARIO INC *p* 710
6677 Meadowvale Town Centre Cir, MISSISSAUGA, ON, L5N 2R5
(905) 826-2717 *SIC* 5411
METRO ONTARIO INC *p* 725
35 Alkenbrack St, NAPANEE, ON, K7R 4C4
(613) 354-2882 *SIC* 5411
METRO ONTARIO INC *p* 729
1811 Robertson Rd, NEPEAN, ON, K2H 8X3
(613) 721-7028 *SIC* 5141
METRO ONTARIO INC *p* 730
900 Greenbank Rd, NEPEAN, ON, K2J 4P6
(613) 823-4458 *SIC* 5411
METRO ONTARIO INC *p* 730
3201 Strandherd Dr, NEPEAN, ON, K2J 5N1
(613) 823-8825 *SIC* 5411
METRO ONTARIO INC *p* 731
83303 Highway 11b, NEW LISKEARD, ON, P0J 1P0
(705) 647-7649 *SIC* 5411
METRO ONTARIO INC *p* 732
16640 Yonge St Unit 1, NEWMARKET, ON, L3X 2N8
(905) 853-5100 *SIC* 5411
METRO ONTARIO INC *p* 733
1111 Davis Dr, NEWMARKET, ON, L3Y 9E5
(905) 853-5355 *SIC* 5411
METRO ONTARIO INC *p* 733
17725 Yonge St Suite 1, NEWMARKET, ON, L3Y 7C1
(905) 895-9700 *SIC* 5411
METRO ONTARIO INC *p* 738
3770 Montrose Rd, NIAGARA FALLS, ON, L2H 3C8
(905) 371-3200 *SIC* 5411
METRO ONTARIO INC *p* 740
390 Lakeshore Dr, NORTH BAY, ON, P1A 2C7
(705) 840-2424 *SIC* 5411
METRO ONTARIO INC *p* 745
2452 Sheppard Ave E, NORTH YORK, ON, M2J 1X1
(416) 756-2513 *SIC* 5411
METRO ONTARIO INC *p* 747
291 York Mills Rd, NORTH YORK, ON, M2L 1L3
(416) 444-5809 *SIC* 5411
METRO ONTARIO INC *p* 749
20 Church Ave, NORTH YORK, ON, M2N 0B7
(416) 229-6200 *SIC* 5411
METRO ONTARIO INC *p* 751
1277 York Mills Rd, NORTH YORK, ON, M3A 1Z5
(416) 444-7921 *SIC* 5411
METRO ONTARIO INC *p* 754
600 Sheppard Ave W, NORTH YORK, ON, M3H 2S1
(416) 636-5136 *SIC* 5411
METRO ONTARIO INC *p* 757
1090 Wilson Ave, NORTH YORK, ON, M3K 1G6
(416) 635-0284 *SIC* 5411
METRO ONTARIO INC *p* 757
2200 Jane St, NORTH YORK, ON, M3M 1A4
(416) 241-5732 *SIC* 5411
METRO ONTARIO INC *p* 760
3090 Bathurst St, NORTH YORK, ON, M6A 2A1
(416) 783-1227 *SIC* 5411
METRO ONTARIO INC *p* 765
1011 Upper Middle Rd E Suite 412, OAKVILLE, ON, L6H 5Z9
(905) 849-4911 *SIC* 5411
METRO ONTARIO INC *p* 765
478 Dundas St W, OAKVILLE, ON, L6H 6Y3
(905) 257-2500 *SIC* 5411
METRO ONTARIO INC *p* 768
530 Kerr St, OAKVILLE, ON, L6K 3C7
SIC 5411
METRO ONTARIO INC *p* 770
1521 Rebecca St, OAKVILLE, ON, L6L 1Z8
(905) 827-5421 *SIC* 5411
METRO ONTARIO INC *p* 773
150 First St Suite 7, ORANGEVILLE, ON, L9W 3T7
(519) 941-6391 *SIC* 5411
METRO ONTARIO INC *p* 774
975 West Ridge Blvd, ORILLIA, ON, L3V 8A3
(705) 326-5200 *SIC* 5411
METRO ONTARIO INC *p* 774
70 Front St N, ORILLIA, ON, L3V 4R8
(705) 323-9334 *SIC* 5411
METRO ONTARIO INC *p* 776
1675e Tenth Line Rd, ORLEANS, ON, K1E 3P6
(613) 837-2614 *SIC* 5411
METRO ONTARIO INC *p* 776
6509 Jeanne D'arc Blvd N, ORLEANS, ON, K1C 2R1
(613) 837-1170 *SIC* 5411
METRO ONTARIO INC *p* 777
4510 Innes Rd, ORLEANS, ON, K4A 4C5
(613) 824-8850 *SIC* 5141
METRO ONTARIO INC *p* 778
285 Taunton Rd E Suite 4, OSHAWA, ON, L1G 3V2
(905) 432-2197 *SIC* 5411

QC, G7H 3A5
(418) 696-4114 SIC 5411
METRO RICHELIEU INC p 1018
1600b Boul Saint-Martin E Bureau 300, Cote Saint-Luc, QC, H7G 4S7
(450) 662-3300 SIC 7374
METRO RICHELIEU INC p 1022
1775 Rue Du Sud, COWANSVILLE, QC, J2K 3G8
(450) 263-2955 SIC 5411
METRO RICHELIEU INC p 1024
3291 Boul Des Sources, DOLLARD-DES-ORMEAUX, QC, H9B 1Z6
(514) 685-0071 SIC 5411
METRO RICHELIEU INC p 1030
565 Boul Saint-Joseph Bureau 4, DRUMMONDVILLE, QC, J2C 2B6
(819) 474-2702 SIC 5411
METRO RICHELIEU INC p 1036
720 Boul Maloney O, GATINEAU, QC, J8T 8K7
(819) 243-5117 SIC 5411
METRO RICHELIEU INC p 1038
725a Boul De La Carriere, GATINEAU, QC, J8Y 6T9
(819) 595-1344 SIC 5411
METRO RICHELIEU INC p 1039
181 Rue Principale, GATINEAU, QC, J9H 6A6
(819) 684-2010 SIC 5141
METRO RICHELIEU INC p 1039
65 Boul Du Plateau, GATINEAU, QC, J9A 3G1
(819) 772-2230 SIC 5411
METRO RICHELIEU INC p 1043
5012 Boul Taschereau, GREENFIELD PARK, QC, J4V 2J2
(450) 672-8966 SIC 5411
METRO RICHELIEU INC p 1046
1445 Boul Firestone, JOLIETTE, QC, J6E 9E5
(450) 752-0088 SIC 5411
METRO RICHELIEU INC p 1047
3460 Boul Saint-Francois, Jonquiere, QC, G7X 8L3
(418) 547-9356 SIC 5411
METRO RICHELIEU INC p 1059
7401 Boul Newman, LASALLE, QC, H8N 1X3
(514) 366-9512 SIC 5411
METRO RICHELIEU INC p 1065
44 Rte Du President-Kennedy, Levis, QC, G6V 6C5
(418) 835-6313 SIC 5411
METRO RICHELIEU INC p 1072
2901 Ch De Chambly, LONGUEUIL, QC, J4L 1M7
(450) 651-6886 SIC 5411
METRO RICHELIEU INC p 1072
Super C, Longueuil, QC, J4N 1P4
(450) 448-8229 SIC 5411
METRO RICHELIEU INC p 1084
11555 Boul Maurice-Duplessis Bureau 1, Montreal, QC, H1C 2A1
(514) 643-1000 SIC 4225
METRO RICHELIEU INC p 1084
3785 Rue Francois-Bricault, Montreal, QC, H1B 0A2
(514) 355-7966 SIC 5146
METRO RICHELIEU INC p 1085
8115 Boul Maurice-Duplessis, Montreal, QC, H1E 2S6
(514) 648-5077 SIC 5411
METRO RICHELIEU INC p 1087
5400 Av Pierre-De Coubertin, Montreal, QC, H1N 1P7
SIC 5148
METRO RICHELIEU INC p 1088
2050 Boul Pie-Ix, Montreal, QC, H1V 2C8
(514) 521-6799 SIC 5411
METRO RICHELIEU INC p 1117
147 Av Atwater, Montreal, QC, H3J 2J4
(514) 939-3542 SIC 5411
METRO RICHELIEU INC p 1127
4400 Boul De La Concorde E, Montreal, QC, H7C 2R4
(450) 661-4525 SIC 5411
METRO RICHELIEU INC p 1130
3850 Boul Dagenais O, Montreal, QC, H7P 1W1
(450) 628-8143 SIC 5141
METRO RICHELIEU INC p 1132
6000 Boul Henri-Bourassa E, MONTREAL-NORD, QC, H1G 2T6
(514) 323-4370 SIC 5411
METRO RICHELIEU INC p 1135
450 Boul Don-Quichotte, Notre-Dame-De-L'Ile-Perrot, QC, J7V 0J9
(514) 425-6111 SIC 5411
METRO RICHELIEU INC p 1136
1180 Av Bernard, OUTREMONT, QC, H2V 1V3
(514) 276-1244 SIC 5199
METRO RICHELIEU INC p 1140
12225 Boul Industriel Bureau 100, POINTE-AUX-TREMBLES, QC, H1B 5M7
(514) 355-8350 SIC 5122
METRO RICHELIEU INC p 1140
1400 Boul Saint-Jean-Baptiste, POINTE-AUX-TREMBLES, QC, H1B 4A5
(514) 640-5167 SIC 5411
METRO RICHELIEU INC p 1142
325 Boul Saint-Jean, POINTE-CLAIRE, QC, H9R 3J1
(514) 697-6520 SIC 5411
METRO RICHELIEU INC p 1146
2968 Boul Sainte-Anne, Quebec, QC, G1E 3J3
SIC 5431
METRO RICHELIEU INC p 1146
600 Rue Cambronne, Quebec, QC, G1E 6X1
(418) 663-1554 SIC 5411
METRO RICHELIEU INC p 1155
635 Av Newton, Quebec, QC, G1P 4C4
(418) 871-7101 SIC 5141
METRO RICHELIEU INC p 1161
2360 Ch Sainte-Foy Bureau 2, Quebec, QC, G1V 4H2
(418) 656-0728 SIC 5141
METRO RICHELIEU INC p 1166
1480 Av Jules-Verne, Quebec, QC, G2G 2R5
(418) 864-7171 SIC 5411
METRO RICHELIEU INC p 1169
1370 Boul Pie-Xi N, Quebec, QC, G3J 1W7
(418) 842-8556 SIC 5141
METRO RICHELIEU INC p 1171
85 Boul Brien Bureau 101, REPENTIGNY, QC, J6A 8B6
(450) 581-3072 SIC 5141
METRO RICHELIEU INC p 1173
395 Montee Industrielle-Et-Commerciale, RIMOUSKI, QC, G5M 1Y1
(418) 723-9862 SIC 5411
METRO RICHELIEU INC p 1180
60 Rue D'anvers, SAINT-AUGUSTIN-DE-DESMAURES, QC, G3A 1S4
(418) 878-8676 SIC 5431
METRO RICHELIEU INC p 1187
580 Boul Arthur-Sauve, SAINT-EUSTACHE, QC, J7R 5A8
(450) 623-7875 SIC 5141
METRO RICHELIEU INC p 1195
3800 Av Cusson, SAINT-HYACINTHE, QC, J2S 8V6
(450) 771-1651 SIC 5141
METRO RICHELIEU INC p 1196
61 2e Rang E, SAINT-JEAN-PORT-JOLI, QC, G0R 3G0
(418) 598-3371 SIC 5411
METRO RICHELIEU INC p 1197
600 Rue Pierre-Caisse Bureau 2000, SAINT-JEAN-SUR-RICHELIEU, QC, J3A 1M1
(450) 348-0927 SIC 5411
METRO RICHELIEU INC p 1216
6775 Rue Jean-Talon E, SAINT-LEONARD, QC, H1S 1N2
(514) 252-0230 SIC 5411
METRO RICHELIEU INC p 1232
398 Ch Larocque, SALABERRY-DE-VALLEYFIELD, QC, J6T 4C5
(450) 370-1444 SIC 5411
METRO RICHELIEU INC p 1234
3283 Boul Royal, SHAWINIGAN, QC, G9N 8K7
(819) 539-7498 SIC 5411
METRO RICHELIEU INC p 1236
1775 Rue King E, SHERBROOKE, QC, J1G 5G7
(819) 563-0110 SIC 5411
METRO RICHELIEU INC p 1237
350 Rue Belvedere N, SHERBROOKE, QC, J1H 4B1
(819) 564-6014 SIC 5411
METRO RICHELIEU INC p 1241
250 Boul Fiset, SOREL-TRACY, QC, J3P 3P7
(450) 742-4563 SIC 5142
METRO RICHELIEU INC p 1251
750 Boul Du Saint-Maurice, Trois-Rivieres, QC, G9A 3P6
(819) 371-1120 SIC 5411
METRO RICHELIEU INC p 1256
44 Boul De La Cite-Des-Jeunes, VAUDREUIL-DORION, QC, J7V 9L5
(450) 455-6222 SIC 5411
METRO RICHELIEU INC p 1259
601 Boul Jutras E, VICTORIAVILLE, QC, G6P 7H4
(819) 752-6659 SIC 5411
METRO RICHELIEU INC p 1263
4840 Rue Sherbrooke O, WESTMOUNT, QC, H3Z 1G8
(514) 488-4083 SIC 5411
METRO STORE p 566
See METRO RICHELIEU INC
METRO SUPERMARKETS p 608
See METRO ONTARIO INC
METRO TORONTO p 903
See FREE DAILY NEWS GROUP INC
METRO TRANSIT p 451
See HALIFAX REGIONAL MUNICIPALITY
METRO VAL-EAST p 946
See 1011191 ONTARIO INC
METRO VANCOUVER p 191
See GREATER VANCOUVER REGIONAL DISTRICT, THE
METRO-RICHELIEU p 1134
See MARCHE CORRIVEAU INC
METRO-RICHELIEU 0198 p 1046
See MARCHE BEL AIR INC
METROBEC INC p 1192
5055 Rue Ramsay, SAINT-HUBERT, QC, J3Y 2S3
(450) 656-6666 SIC 4953
METROLAND p 733
See METROLAND MEDIA GROUP LTD
METROLAND MEDIA GROUP LTD p 483
130 Commercial Ave, AJAX, ON, L1S 2H5
(905) 683-5110 SIC 2711
METROLAND MEDIA GROUP LTD p 491
250 Industrial Pky N, AURORA, ON, L4G 4C3
SIC 5963
METROLAND MEDIA GROUP LTD p 508
34 E.P. Lee Dr, BRACEBRIDGE, ON, P1L 0A1
(705) 645-8771 SIC 2711
METROLAND MEDIA GROUP LTD p 534
5046 Mainway Unit 2, BURLINGTON, ON, L7L 5Z1
(905) 632-4444 SIC 2711
METROLAND MEDIA GROUP LTD p 555
884 Division St Unit 212, COBOURG, ON, K9A 5V6
(905) 373-7355 SIC 2711
METROLAND MEDIA GROUP LTD p 586
307 Humberline Dr, ETOBICOKE, ON, M9W 5V1
(416) 493-4400 SIC 2711
METROLAND MEDIA GROUP LTD p 602
14 Macdonell St Unit 8, GUELPH, ON, N1H 2Z3
(519) 822-4310 SIC 2711
METROLAND MEDIA GROUP LTD p 625
240 Terence Matthews Cres Suite 202, KANATA, ON, K2M 2C4
SIC 2711
METROLAND MEDIA GROUP LTD p 641
160 King St E, KITCHENER, ON, N2G 4E5
(519) 894-2250 SIC 2721
METROLAND MEDIA GROUP LTD p 647
192 St David St, LINDSAY, ON, K9V 4Z4
(705) 324-8600 SIC 2711
METROLAND MEDIA GROUP LTD p 648
185 Wallace Ave N, LISTOWEL, ON, N4W 1K8
(519) 291-1660 SIC 2711
METROLAND MEDIA GROUP LTD p 673
50 Mcintosh Dr Unit 115, MARKHAM, ON, L3R 9T3
(905) 294-2200 SIC 2711
METROLAND MEDIA GROUP LTD p 682
555 Industrial Dr, MILTON, ON, L9T 5E1
(905) 878-2341 SIC 2711
METROLAND MEDIA GROUP LTD p 700
3145 Wolfedale Rd, MISSISSAUGA, ON, L5C 3A9
(905) 273-8111 SIC 2711
METROLAND MEDIA GROUP LTD p 714
6255 Cantay Rd Unit 3, MISSISSAUGA, ON, L5R 3Z4
(905) 273-8100 SIC 2711
METROLAND MEDIA GROUP LTD p 733
580 Steven Crt Unit B, NEWMARKET, ON, L3Y 6Z2
(905) 853-8888 SIC 2711
METROLAND MEDIA GROUP LTD p 733
Gd Lcd 1, NEWMARKET, ON, L3Y 4W2
SIC 2711
METROLAND MEDIA GROUP LTD p 743
175 Gordon Baker Rd, NORTH YORK, ON, M2H 2N7
(416) 493-4400 SIC 2711
METROLAND MEDIA GROUP LTD p 768
467 Speers Rd Suite 1, OAKVILLE, ON, L6K 3S4
(905) 845-3824 SIC 2711
METROLAND MEDIA GROUP LTD p 770
1158 South Service Rd W, OAKVILLE, ON, L6L 5T7
SIC 2759
METROLAND MEDIA GROUP LTD p 773
37 Mill St, ORANGEVILLE, ON, L9W 2M4
(519) 941-1350 SIC 2752
METROLAND MEDIA GROUP LTD p 780
845 Farewell St, OSHAWA, ON, L1H 6N8
(905) 579-4400 SIC 2711
METROLAND MEDIA GROUP LTD p 780
865 Farewell St, OSHAWA, ON, L1H 6N8
(905) 579-4400 SIC 2711
METROLAND MEDIA GROUP LTD p 810
884 Ford St, PETERBOROUGH, ON, K9J 5V3
(705) 749-3383 SIC 2711
METROLAND MEDIA GROUP LTD p 850
65 Lorne St, SMITHS FALLS, ON, K7A 3K8
(800) 267-7936 SIC 2711
METROLAND MEDIA GROUP LTD p 861
333 Arvin Ave, STONEY CREEK, ON, L8E 2M6
(905) 664-2660 SIC 2752
METROLAND MEDIA GROUP LTD p 888
10 Tempo Ave, TORONTO, ON, M2H 2N8
(416) 493-1300 SIC 2711
METROLINX p 700
3500 Wolfedale Rd, MISSISSAUGA, ON, L5C 2V6
SIC 3743
METROLINX p 756
200 Steeprock Dr, NORTH YORK, ON, M3J 2T4
SIC 4011
METROLINX p 896
580 Commissioners St, TORONTO, ON,

M4M 1A7
(416) 393-4111   SIC 4131
METROLINX   p 919
20 Bay St Suite 901, TORONTO, ON, M5J 2N8
(416) 874-5900   SIC 4011
METROMEDIA CMR PLUS INC   p 1112
1253 Av Mcgill College Bureau 450, Montreal, QC, H3B 2Y5
SIC 7311
METROPOLITAIN REGIONAL HOUSING AUTHORITY   p 449
15 Green Rd, DARTMOUTH, NS, B3A 4Y6
(902) 420-2163   SIC 6531
METROPOLITAIN REGIONAL HOUSING AUTHORITY   p 463
2 Indigo Walk, HALIFAX, NS, B3R 1G2
(902) 420-6049   SIC 6513
METROPOLITAN CALGARY FOUNDATION   p 10
3003 56 St Ne Suite 312, CALGARY, AB, T1Y 4P5
SIC 8322
METROPOLITAN CALGARY FOUNDATION   p 24
1055 Bow Valley Dr Ne, CALGARY, AB, T2E 8A9
(403) 266-2630   SIC 8361
METROPOLITAN CREDIT ADJUSTERS LTD   p 304
475 Georgia St W Suite 430, VANCOUVER, BC, V6B 4M9
(604) 684-0558   SIC 7322
METROPOLITAN ENTERTAINMENT GROUP   p 459
1983 Upper Water St, HALIFAX, NS, B3J 3Y5
(902) 425-7777   SIC 7999
METROPOLITAN ENTERTAINMENT GROUP   p 475
525 George St, SYDNEY, NS, B1P 1K5
(902) 563-7777   SIC 7999
METROPOLITAN FINE PRINTERS INC   p 24
49 Aero Dr Ne Unit 6, CALGARY, AB, T2E 8Z9
(403) 291-0405   SIC 2752
METROPOLITAN LIFE HOLDINGS LIMITED   p 791
99 Bank St, OTTAWA, ON, K1P 6B9
(613) 560-7446   SIC 6531
METROPOLITAN LIFE INSURANCE COMPANY   p 793
360 Albert St Suite 1750, OTTAWA, ON, K1R 7X7
SIC 6311
METROPOLITAN MAINTENANCE   p 649
See 469006 ONTARIO INC
METROPOLITAN PREPARATORY ACADEMY INC   p 758
49 Mobile Dr, NORTH YORK, ON, M4A 1H5
(416) 285-0870   SIC 8211
METROPOLITAN STEEL   p 1191
See ACIES METROPOLITAN INC
METROPOLITAN TORONTO WATERWORKS SYSTEM   p 930
55 John St, TORONTO, ON, M5V 3C6
(416) 392-8211   SIC 4971
METROTOWN STORE   p 192
See T & T SUPERMARKET INC
METROVISION   p 1112
See METROMEDIA CMR PLUS INC
METSO MINERALS CANADA INC   p 224
2281 Hunter Rd, KELOWNA, BC, V1X 7C5
(250) 861-5501   SIC 8711
METSO MINERALS CANADA INC   p 602
644 Imperial Rd N, GUELPH, ON, N1H 7M3
(519) 821-7070   SIC 5082
METSO MINERALS CANADA INC   p 704
4050 Sladeview Cres Suite B, MISSISSAUGA, ON, L5L 5Y5
SIC 3532
METSO MINERALS CANADA INC   p 740
28 Commerce Cres, NORTH BAY, ON, P1A 0B4
(705) 476-1331   SIC 3532
METSO MINERALS CANADA INC   p 1056
795 Av George-V, LACHINE, QC, H8S 2R9
(514) 485-4000   SIC 3532
METSO MINERALS CANADA INC   p 1207
4900 Boul Thimens, SAINT-LAURENT, QC, H4R 2B2
(514) 335-5426   SIC 5084
METTERA HOTEL ON WHYTE   p 102
See 1133940 ALBERTA LTD
METTKO CONSTRUCTION INC   p 745
200 Yorkland Blvd Suite 610, NORTH YORK, ON, M2J 5C1
(416) 444-9600   SIC 1542
METTLER-TOLEDO INC   p 991
9280 Rue Du Parcours, ANJOU, QC, H1J 2Z1
SIC 5046
METVIEW REALTY LIMITED   p 791
130 Albert St Suite 210, OTTAWA, ON, K1P 5G4
(613) 230-5174   SIC 6531
MEUBLE IDEAL LTEE   p 1183
6 Rue Saint-Thomas, SAINT-CHARLES-DE-BELLECHASSE, QC, G0R 2T0
(418) 887-3331   SIC 2511
MEUBLES BEAUCERONS INC   p 1189
2350 95e Rue, SAINT-GEORGES, QC, G5Y 8J4
SIC 2512
MEUBLES DEZMO   p 1240
See SHERMAG IMPORT INC
MEUBLES DOMANI   p 1215
See MANUFACTURE DE MEUBLE VALENTINO INC, LA
MEUBLES GEMO INC   p 1041
633 Rue Dufferin, GRANBY, QC, J2H 0Y7
(450) 372-3988   SIC 5712
MEUBLES GOBER INC   p 1016
80 Av De La Graviere, COATICOOK, QC, J1A 3E6
(819) 849-7066   SIC 2434
MEUBLES JCPERREAULT INC   p 1049
17850 Rte Transcanadienne, KIRKLAND, QC, H9J 4A1
(514) 695-2311   SIC 5712
MEUBLES JCPERREAULT INC   p 1221
5 Rue Industrielle, SAINT-ROCH-DE-L'ACHIGAN, QC, J0K 3H0
(450) 588-7211   SIC 5712
MEUBLES LEON   p 1163
See LEON'S FURNITURE LIMITED
MEUBLES MARCHAND INC, LES   p 1254
1767 3e Av, VAL-D'OR, QC, J9P 1W3
(819) 874-8777   SIC 5712
MEUBLES MORIGEAU LTEE   p 1242
25 Rue De L'Etang Rr 1, St-Francois-de-la-Riviere-du-S, QC, G0R 3A0
(418) 259-7721   SIC 2511
MEUBLES ST-DAMASE INC, LES   p 1184
246 Rue Principale Bureau 1, SAINT-DAMASE, QC, J0H 1J0
(450) 797-3702   SIC 2599
MEUNERIE JOLIETTE   p 1045
See COOP FEDEREE, LA
MEXX   p 1205
See COMPAGNIE MEXX CANADA
MEYER'S SHEET METAL LTD   p 371
432 Dufferin Ave, WINNIPEG, MB, R2W 2Y5
(204) 426-1100   SIC 3444
MEYERS TRANSPORT LIMITED   p 502
53 Grills Rd, BELLEVILLE, ON, K8N 4Z5
(613) 967-8440   SIC 4213
MEYERSIDE DISTRIBUTION   p 716
See GROUPE ACCENT-FAIRCHILD INC
MEYOKUMIN ELEMENTARY SCHOOL   p 112
See EDMONTON SCHOOL DISTRICT NO. 7
MEYONOHK ELEMENTARY SCHOOL   p 111
See EDMONTON SCHOOL DISTRICT NO. 7

MEZZE MANAGEMENT LTD   p 169
380 Ridge Rd, STRATHMORE, AB, T1P 1B5
(403) 934-0000   SIC 5812
MFS INVESTMENT MANAGEMENT CANADA LIMITED   p 922
77 King St W Suite 3500, TORONTO, ON, M5K 2A1
(416) 862-9800   SIC 6282
MGA ENTERTAINMENT (CANADA) COMPANY   p 672
7300 Warden Ave Suite 213, MARKHAM, ON, L3R 9Z6
(905) 940-2700   SIC 3942
MGC GOLF INC   p 64
8 Lynx Ridge Blvd Nw, CALGARY, AB, T3L 2M3
(403) 547-5969   SIC 7992
MGC SYSTEMS INTERNATIONAL LTD   p 560
25 Interchange Way, CONCORD, ON, L4K 5W3
(905) 660-4655   SIC 3669
MGI SECURITIES INC   p 910
26 Wellington St E Suite 900, TORONTO, ON, M5E 1S2
(416) 864-6477   SIC 6211
MGR MATTHIEU MAZEROLLE SCHOOL   p 413
See DISTRICT SCOLAIRE 3
MHD - ROCKLAND INC   p 1142
205 Boul Brunswick Bureau 100, POINTE-CLAIRE, QC, H9R 1A5
(514) 453-1632   SIC 5088
MHVC CANADA ACQUISITION CORP   p 24
6727 9 St Ne, CALGARY, AB, T2E 8R9
(403) 295-4781   SIC 7699
MI GROUP LTD, THE   p 24
7660 10 St Ne, CALGARY, AB, T2E 8W1
(403) 730-1616   SIC 7389
MI5 DIGITAL COMMUNICATIONS INC   p 672
800 Cochrane Dr, MARKHAM, ON, L3R 8C9
SIC 2752
MICHAEL - ANGELO'S MARKET PLACE INC   p 704
4099 Erin Mills Pky Unit 14, MISSISSAUGA, ON, L5L 3P9
(905) 820-3300   SIC 5411
MICHAEL A KOSTEK SCHOOL   p 112
See EDMONTON SCHOOL DISTRICT NO. 7
MICHAEL A RIFFEL HIGH SCHOOL   p 1291
See BOARD OF EDUCATION OF THE REGINA ROMAN CATHOLIC SEPARATE SCHOOL DIVISION NO. 81
MICHAEL CRANNY ELEMENTARY SCHOOL   p 947
See YORK REGION DISTRICT SCHOOL BOARD
MICHAEL KORS (CANADA) HOLDINGS LTD   p 1116
3424 Rue Simpson, Montreal, QC, H3G 2J3
(514) 737-5677   SIC 5632
MICHAEL ROSSY LTEE   p 1134
965 Boul Cure-Labelle, Montreal-Ouest, QC, H7V 2V7
SIC 5311
MICHAEL ROSSY LTEE   p 1205
450 Boul Lebeau, SAINT-LAURENT, QC, H4N 1R7
(514) 335-6255   SIC 5311
MICHAEL WALLACE ELEMENTARY SCHOOL   p 447
See HALIFAX REGIONAL SCHOOL BOARD
MICHAEL'S ARTS & CRAFTS STORE   p 1290
See MICHAELS OF CANADA, ULC
MICHAELLE JEAN PUBLIC SCHOOL   p 824
See YORK REGION DISTRICT SCHOOL BOARD
MICHAELS   p 771
See MICHAELS OF CANADA, ULC
MICHAELS ARTS & CRAFTS   p 32

See MICHAELS OF CANADA, ULC
MICHAELS ARTS & CRAFTS   p 242
See MICHAELS OF CANADA, ULC
MICHAELS ARTS & CRAFTS   p 653
See MICHAELS OF CANADA, ULC
MICHAELS ARTS & CRAFTS   p 777
See MICHAELS OF CANADA, ULC
MICHAELS ARTS & CRAFTS   p 1302
See MICHAELS OF CANADA, ULC
MICHAELS OF CANADA, ULC   p 32
8180 11 St Se Unit 400, CALGARY, AB, T2H 3B5
(403) 640-1633   SIC 5945
MICHAELS OF CANADA, ULC   p 85
13640 137 Ave Nw, EDMONTON, AB, T5L 5G6
(780) 456-4650   SIC 5945
MICHAELS OF CANADA, ULC   p 221
1055 Hillside Dr Suite 200, KAMLOOPS, BC, V2E 2S5
(250) 571-1066   SIC 5945
MICHAELS OF CANADA, ULC   p 242
6677 Mary Ellen Dr, NANAIMO, BC, V9V 1T7
(250) 390-5309   SIC 5945
MICHAELS OF CANADA, ULC   p 498
33 Molson Park Dr E Unit 1, BARRIE, ON, L4N 9A9
(705) 726-4474   SIC 5945
MICHAELS OF CANADA, ULC   p 512
9065 Airport Rd Unit 20, BRAMPTON, ON, L6S 0B8
(905) 595-0874   SIC 5945
MICHAELS OF CANADA, ULC   p 541
1881 Fairview St, BURLINGTON, ON, L7S 2K4
(905) 639-8146   SIC 5945
MICHAELS OF CANADA, ULC   p 543
18a Pinebush Rd Unit 1, CAMBRIDGE, ON, N1R 8K5
(519) 740-1100   SIC 5945
MICHAELS OF CANADA, ULC   p 653
1737 Richmond St, LONDON, ON, N5X 3Y2
(519) 661-2688   SIC 5945
MICHAELS OF CANADA, ULC   p 771
200 North Service Rd W, OAKVILLE, ON, L6M 2Y1
(905) 842-1555   SIC 5945
MICHAELS OF CANADA, ULC   p 777
4220 Innes Rd Suite 2, ORLEANS, ON, K4A 5E6
(613) 590-1813   SIC 5945
MICHAELS OF CANADA, ULC   p 1290
2088 Prince Of Wales Dr, REGINA, SK, S4V 3A6
(306) 585-9892   SIC 5945
MICHAELS OF CANADA, ULC   p 1302
1723 Preston Ave N Unit 201, SASKATOON, SK, S7N 4V2
(306) 975-1810   SIC 5945
MICHEL THIBAUDEAU INC   p 1042
70 Rue Simonds N, GRANBY, QC, J2J 2L1
(450) 378-9884   SIC 5251
MICHEL'S BAGUETTE   p 759
See 1456882 ONTARIO LTD
MICHELANGELO ELEMENTARY SCHOOL   p 1084
See COMMISSION SCOLAIRE ENGLISH-MONTREAL
MICHELIN AMERIQUE DU NORD (CANADA) INC   p 1020
2500 Boul Daniel-Johnson Bureau 500, Cote Saint-Luc, QC, H7T 2P6
(450) 978-4700   SIC 5014
MICHELS CANADA CO   p 1305
100 Mcormond Dr, SASKATOON, SK, S7W 0H4
SIC 1381
MICHENER SERVICES   p 155
See MICHENER, ROLAND RECREATION CENTER
MICHENER, ROLAND RECREATION CENTER   p 155

2 Michener Rd, RED DEER, AB, T4P 0J9
(403) 340-5785   SIC 7999
MICHENER, ROLAND SECONDARY SCHOOL   p 164
See HIGH PRAIRIE SCHOOL DIVISION NO 48
MICHENER-ALLEN AUCTIONEERING LTD   p 65
13090 Barlow Trail Ne, CALGARY, AB, T3N 1A2
(403) 226-0405   SIC 7389
MICHIPICOTEN HIGH SCHOOL   p 830
See ALGOMA DISTRICT SCHOOL BOARD
MICK & ANGELO'S EATERY AND BAR   p 737
See BIAMONTE INVESTMENTS LTD
MICON SPORTS LTD   p 796
1701 Bank St, OTTAWA, ON, K1V 7Z4
(613) 731-6006   SIC 5941
MICRO BREWERY OF SAGUENAY   p 1013
See 9216-3146 QUEBEC INC
MICRO THERMO TECHNOLOGIES, DIV OF   p 1019
See PARKER HANNIFIN CANADA
MICRO-ONDES APOLLO LTEE   p 1027
1650 Rte Transcanadienne, DORVAL, QC, H9P 1H7
(514) 421-2211   SIC 3663
MICROAGE   p 1063
See NWD SYSTEMS (MONTREAL) INC
MICROAGE   p 1287
See HARTCO INC
MICROAGE SHERBROOKE   p 1237
See DRUMMOND INFORMATIQUE LTEE
MICROBRASSIE LE TROU DU DIABLE   p 1234
See COOP DE TRAVAIL BRASSERIE ARTISANALE LE TROU DU DIABLE
MICROHARD SYSTEMS INC   p 64
150 Country Hills Landng Nw Suite 101, CALGARY, AB, T3K 5P3
(403) 248-0028   SIC 3669
MICROSEMI ISRAEL STORAGE SOLUTIONS   p 184
See MICROSEMI STORAGE SOLUTIONS LTD
MICROSEMI STORAGE SOLUTIONS LTD   p 184
8555 Baxter Pl Suite 105, BURNABY, BC, V5A 4V7
(604) 415-6000   SIC 3661
MICROSEMI STORAGE SOLUTIONS LTD   p 1305
510 Cope Way Unit 230, SASKATOON, SK, S7T 0G3
(306) 651-4700   SIC 3674
MICROSERV   p 1162
See TECHNOLOGIES METAFORE INC
MICROSOFT   p 538
See TECTURA (CANADA), INC
MICROSOFT   p 710
See MICROSOFT CANADA INC
MICROSOFT   p 1107
See MICROSOFT CANADA INC
MICROSOFT CANADA INC   p 46
500 4 Ave Sw Suite 1900, CALGARY, AB, T2P 2V6
(403) 296-6500   SIC 7371
MICROSOFT CANADA INC   p 312
1111 Georgia St W Suite 1100, VANCOUVER, BC, V6E 4M3
(604) 688-9811   SIC 5045
MICROSOFT CANADA INC   p 459
1969 Upper Water St Suite 2200, HALIFAX, NS, B3J 3R7
(902) 491-4470   SIC 5045
MICROSOFT CANADA INC   p 710
1950 Meadowvale Blvd, MISSISSAUGA, ON, L5N 8L9
(905) 568-0434   SIC 5045
MICROSOFT CANADA INC   p 791
100 Queen St Suite 500, OTTAWA, ON, K1P 1J9

(613) 232-0484   SIC 5045
MICROSOFT CANADA INC   p 922
22 Bay St Suite 12, TORONTO, ON, M5K 1E7
(416) 349-3620   SIC 7372
MICROSOFT CANADA INC   p 1107
2000 Av Mcgill College Bureau 450, Montreal, QC, H3A 3H3
(514) 846-5800   SIC 5045
MICROTEK INTERNATIONAL INC   p 275
6761 Kirkpatrick Cres, SAANICHTON, BC, V8M 1Z8
SIC 8731
MICROTIME INC   p 791
116 Albert St Suite 701, OTTAWA, ON, K1P 5G3
(613) 234-2345   SIC 7379
MID EAST FOOD CENTRE   p 785
See MIDEAST FOOD DISTRIBUTORS (1987) LTD
MID SOUTH CONTRACTORS ULC   p 966
3110 Devon Dr, WINDSOR, ON, N8X 4L2
(519) 966-6163   SIC 1731
MID WEST PACKAGING LIMITED   p 365
70 Beghin Ave, WINNIPEG, MB, R2J 3R4
(204) 661-6731   SIC 2653
MID WESTERN REDI-MIX CONCRETE   p 360
See WHEAT CITY CONCRETE PRODUCTS LTD
MID-ARCTIC TRANSPORTATION CO. LTD   p 19
5003 52 Ave Se, CALGARY, AB, T2C 4N7
(403) 236-5010   SIC 4213
MID-ARCTIC TRANSPORTATION CO. LTD   p 92
18151 107 Ave Nw, EDMONTON, AB, T5S 1K4
(780) 484-8800   SIC 4213
MID-CANADA MOD CENTER   p 529
See KITCHENER AERO AVIONICS LIMITED
MID-CANADA MOD CENTER   p 689
See KITCHENER AERO AVIONICS LIMITED
MID-LAND GROUP REALTY INC   p 821
330 Highway 7 E Suite 502, RICHMOND HILL, ON, L4B 3P8
(905) 709-0828   SIC 6531
MIDALE CENTRAL SCHOOL   p 1275
See SOUTH EAST CORNERSTONE SCHOOL DIVISION NO. 209
MIDDLEBURY PUBLIC SCHOOL   p 705
See PEEL DISTRICT SCHOOL BOARD
MIDDLECHURCH HOME OF WINNIPEG INC   p 360
280 Balderstone Rd, WEST ST PAUL, MB, R4A 4A6
(204) 339-1947   SIC 8051
MIDDLEFIELD COLLEGIATE INSTITUTE   p 676
See YORK REGION DISTRICT SCHOOL BOARD
MIDDLEGATE HONDA   p 188
See OPENROAD AUTO GROUP LIMITED
MIDDLETON GROUP INC   p 673
75 Denison St Suite 6, MARKHAM, ON, L3R 1B5
(905) 475-6556   SIC 2759
MIDDLETON GROUP INC   p 673
226 Steelcase Rd W, MARKHAM, ON, L3R 1B3
(905) 475-0764   SIC 2759
MIDDLETON REGIONAL HIGHSCHOOL   p 468
See ANNAPOLIS VALLEY REGIONAL SCHOOL BOARD
MIDEAST FOOD DISTRIBUTORS (1987) LTD   p 785
1010 Belfast Rd, OTTAWA, ON, K1G 4A2
(613) 244-2525   SIC 5499
MIDISLAND HOLDINGS LTD   p 242
4750 Rutherford Rd Suite 103, NANAIMO, BC, V9T 4K6

(250) 729-2611   SIC 5411
MIDLAND   p 515
See MIDLAND TRANSPORT LIMITED
MIDLAND COURIER   p 397
See MIDLAND TRANSPORT LIMITED
MIDLAND COURIER   p 402
See MIDLAND TRANSPORT LIMITED
MIDLAND COURIER   p 452
See MIDLAND TRANSPORT LIMITED
MIDLAND LOGISTICS & FREIGHT BROKERAGE, DIV OF   p 515
See MIDLAND TRANSPORT LIMITED
MIDLAND PO   p 680
See CANADA POST CORPORATION
MIDLAND REFRIGERATED DISTRIBUTION CENTRE   p 410
See MIDLAND TRANSPORT LIMITED
MIDLAND SECONDARY SCHOOL   p 680
See SIMCOE COUNTY DISTRICT SCHOOL BOARD, THE
MIDLAND TRANSPORT LIMITED   p 397
42 Rue Dawson, DIEPPE, NB, E1A 6C8
(506) 858-7780   SIC 7389
MIDLAND TRANSPORT LIMITED   p 402
1200 Alison Blvd, FREDERICTON, NB, E3C 2M2
(506) 458-6330   SIC 7389
MIDLAND TRANSPORT LIMITED   p 410
435 Macnaughton Ave, MONCTON, NB, E1H 2J9
(506) 862-3119   SIC 4222
MIDLAND TRANSPORT LIMITED   p 414
114 Bayside Dr, SAINT JOHN, NB, E2J 1A2
(506) 634-1200   SIC 4213
MIDLAND TRANSPORT LIMITED   p 425
22 White Lakes Rd, CORNER BROOK, NL, A2H 6G1
(709) 634-8080   SIC 4213
MIDLAND TRANSPORT LIMITED   p 430
200 Glencoe Dr, MOUNT PEARL, NL, A1N 4P7
(709) 747-9119   SIC 4212
MIDLAND TRANSPORT LIMITED   p 452
10 Simmonds Dr, DARTMOUTH, NS, B3B 1R3
(902) 494-5511   SIC 7389
MIDLAND TRANSPORT LIMITED   p 452
31 Simmonds Dr, DARTMOUTH, NS, B3B 1R4
(902) 494-5555   SIC 4111
MIDLAND TRANSPORT LIMITED   p 478
52 Dunlap Ave, TRURO, NS, B2N 5E3
(902) 897-6334   SIC 4212
MIDLAND TRANSPORT LIMITED   p 515
102 Glidden Rd, BRAMPTON, ON, L6T 5N4
(905) 456-5555   SIC 4213
MIDLAND TRANSPORT LIMITED   p 515
102 Glidden Rd, BRAMPTON, ON, L6T 5N4
SIC 4212
MIDLAND TRANSPORT LIMITED   p 561
101 Doney Cres, CONCORD, ON, L4K 1P6
(905) 738-5544   SIC 4212
MIDLAND TRANSPORT LIMITED   p 1027
1560 Boul Hymus, DORVAL, QC, H9P 1J6
(514) 421-5500   SIC 4212
MIDLAND TRANSPORT LIMITED   p 1163
2885 Av Kepler, Quebec, QC, G1X 3V4
(418) 650-1818   SIC 4213
MIDLIFE CONSTRUCTION LTD   p 122
135 Boreal Ave, FORT MCMURRAY, AB, T9K 0T4
(780) 714-6559   SIC 1623
MIDNAPORE SCHOOL   p 55
See CALGARY BOARD OF EDUCATION
MIDSUN JUNIOR HIGH SCHOOL   p 55
See CALGARY BOARD OF EDUCATION
MIDTOWN PHARMASAVE   p 470
See PARAMOUNT PHARMACIES LIMITED
MIDWEST CONSTRUCTORS LTD   p 121
242 Macalpine Cres Unit 4a, FORT MCMURRAY, AB, T9H 4A6
(780) 791-0090   SIC 1791
MIDWEST CONSULTING   p 105

See MIDWEST SURVEYS INC
MIDWEST PROPERTY MANAGEMENT   p 81
See MACLAB ENTERPRISES CORPORATION
MIDWEST RESTAURANT INC   p 1283
2037 Park St, REGINA, SK, S4N 6S2
(306) 781-5655   SIC 5812
MIDWEST SURVEYS INC   p 105
9830 42 Ave Nw Unit 102, EDMONTON, AB, T6E 5V5
(780) 433-6411   SIC 8713
MIDWEST SURVEYS INC   p 144
1825 Bomford Cres Sw Suite 100, MEDICINE HAT, AB, T1A 5E8
(403) 527-2944   SIC 8713
MIDWEST SURVEYS INC   p 1273
25 Pacific Ave, MAPLE CREEK, SK, S0N 1N0
(306) 662-3677   SIC 8713
MIDWEST SURVEYS INC   p 1283
405 Maxwell Cres, REGINA, SK, S4N 5X9
(306) 525-8706   SIC 8713
MIELE LIMITED   p 561
161 Four Valley Dr, CONCORD, ON, L4K 4V8
(905) 532-2270   SIC 5064
MIELZYNSKI, PETER AGENCIES LIMITED   p 765
231 Oak Park Blvd Suite 400, OAKVILLE, ON, L6H 7S8
(905) 257-2116   SIC 5182
MIFAB MANUFACTURING INC   p 1277
101 Canola Ave, NORTH BATTLEFORD, SK, S9A 2Y3
SIC 3431
MIFIN FOODS LIMITED   p 578
1255 The Queensway Suite 1745, ETOBICOKE, ON, M8Z 1S1
(416) 251-4100   SIC 5812
MIG MANITOBA INSURANCE GROUP   p 381
1401 Portage Ave, WINNIPEG, MB, R3G 0W1
(204) 944-8400   SIC 6411
MIKE MELTON HORSE SCHOOL   p 140
See LETHBRIDGE SCHOOL DISTRICT NO. 51
MIKES RESTAURANT   p 884
See GROUPE RESTAURANTS IMVESCOR INC
MIKISEW MIDDLE SCHOOL   p 347
See CROSS LAKE EDUCATION AUTHORITY
MILES INDUSTRIES LTD   p 246
2255 Dollarton Hwy Suite 190, NORTH VANCOUVER, BC, V7H 3B1
(604) 984-3496   SIC 3429
MILES MACDONELL COLLEGIATE   p 367
See RIVER EAST TRANSCONA SCHOOL DIVISION
MILES NADAL JEWISH COMMUNITY CENTRE   p 926
750 Spadina Ave, TORONTO, ON, M5S 2J2
(416) 944-8002   SIC 8322
MILESTONE   p 788
See CARA OPERATIONS LIMITED
MILESTONE GRILL AND BAR   p 577
See CARA OPERATIONS QUEBEC LTD
MILESTONE RADIO INC   p 906
211 Yonge St Suite 400, TORONTO, ON, M5B 1M4
(416) 214-5000   SIC 4832
MILESTONE SCHOOL   p 1275
See SOUTH EAST CORNERSTONE SCHOOL DIVISION NO. 209
MILESTONE'S   p 310
See CARA OPERATIONS LIMITED
MILESTONE'S GRILL & BAR   p 90
See CARA OPERATIONS LIMITED
MILESTONE'S GRILL & BAR   p 112
See CARA OPERATIONS LIMITED
MILESTONE'S GRILL & BAR   p 232
See CARA OPERATIONS LIMITED

▲ Public Company   ■ Public Company Family Member   HQ Headquarters   BR Branch   SL Single Location

MILESTONE'S GRILL & BAR *p* 339
See CARA OPERATIONS LIMITED
MILESTONE'S GRILL & BAR *p* 497
See CARA OPERATIONS LIMITED
MILESTONE'S GRILL & BAR *p* 733
See CARA OPERATIONS LIMITED
MILESTONE'S GRILL & BAR *p* 759
See CARA OPERATIONS LIMITED
MILESTONE'S GRILL & BAR *p* 799
See CARA OPERATIONS LIMITED
MILESTONE'S GRILL & BAR *p* 840
See CARA OPERATIONS LIMITED
MILESTONE'S GRILL & BAR *p* 953
See CARA OPERATIONS LIMITED
MILESTONE'S GRILL AND BAR *p* 928
See CARA OPERATIONS LIMITED
MILESTONE'S YALETOWN *p* 303
See CARA FOODS INC
MILESTONES BAR & GRILL *p* 748
See CARA OPERATIONS LIMITED
MILESTONES BAR & GRILL *p* 973
See CARA OPERATIONS LIMITED
MILESTONES GRILL & BAR *p* 945
See CARA OPERATIONS LIMITED
MILESTONES RESTAURANT *p* 331
See CAUSEWAY RESTAURANTS LTD
MILFORD HAVEN CORPORATION-HOME FOR SPECIAL CARE *p* 456
10558 Main St, GUYSBOROUGH, NS, B0H 1N0
(902) 533-2828 *SIC* 8051
MILFORD SCHOOL *p* 152
See WESTWIND SCHOOL DIVISION #74
MILITARY TRAIL PS *p* 836
See TORONTO DISTRICT SCHOOL BOARD
MILK RIVER GENERAL HOSPITAL *p* 145
See ALBERTA HEALTH SERVICES
MILL AND TIMBER *p* 284
See ASPEN PLANERS LTD
MILL BAY PHARMACY LTD *p* 238
2720 Mill Bay Rd Suite 230, MILL BAY, BC, V0R 2P1
SIC 5912
MILL CREEK ELEMENTARY SCHOOL *p* 104
See EDMONTON SCHOOL DISTRICT NO. 7
MILL CREEK MOTOR FREIGHT L.P. *p* 543
51 Water St N, CAMBRIDGE, ON, N1R 3B3
(519) 623-6632 *SIC* 4213
MILL RIVER EXPERIENCE *p* 984
See 9711864 CANADA INC
MILL STREAM ELEMENTARY SCHOOL *p* 336
See SCHOOL DISTRICT NO 62 (SOOKE)
MILL STREET CENTENNIAL PUBLIC SCHOOL *p* 646
See GREATER ESSEX COUNTY DISTRICT SCHOOL BOARD
MILL VALLEY SCHOOL *p* 581
See TORONTO DISTRICT SCHOOL BOARD
MILL WOODS ASSEMBLY *p* 111
See MILLWOODS PENTACOSTAL ASSEMBLY
MILL WOODS MEDICENTRE *p* 112
See MEDICENTRES CANADA INC
MILLAR WESTERN FOREST PRODUCTS *p* 7
See MILLAR WESTERN INDUSTRIES LTD
MILLAR WESTERN FOREST PRODUCTS LTD *p* 175
5501 50 Ave, WHITECOURT, AB, T7S 1N9
(780) 778-2036 *SIC* 2611
MILLAR WESTERN INDUSTRIES LTD *p* 7
Gd, BOYLE, AB, T0A 0M0
SIC 2421
MILLAR WESTERN INDUSTRIES LTD *p* 175
5004 52 St, WHITECOURT, AB, T7S 1N2
(780) 778-2221 *SIC* 2421
MILLARD TRUCKING LTD *p* 170
Rd Industrial Park W, SUNDRE, AB, T0M 1X0
(403) 638-4500 *SIC* 4212
MILLARD, ROUSE & ROSEBRUGH LLP *p* 529
96 Nelson St, BRANTFORD, ON, N3T 2N1
(519) 759-3511 *SIC* 8721
MILLBANK HOME BAKERY AND COUNTRY CAFE LTD *p* 680
4060 Perth Line Suite 72, MILLBANK, ON, N0K 1L0
(519) 595-4407 *SIC* 5812
MILLBOURNE SAFEWAY *p* 111
See SOBEYS WEST INC
MILLBROOK SOUTH CAVAN PUBLIC SCHOOL *p* 680
See KAWARTHA PINE RIDGE DISTRICT SCHOOL BOARD
MILLCREEK UNIVERSAL CERAMICS *p* 78
See UNIVERSAL DENTAL LABORATORIES LTD
MILLCREST ACADEMY *p* 427
See NOVA CENTRAL SCHOOL DISTRICT
MILLCROFT HOSPITALITY SERVICES INC *p* 486
55 John St, ALTON, ON, L7K 0C4
(519) 941-8111 *SIC* 7011
MILLCROFT INN & SPA, THE *p* 486
See MILLCROFT HOSPITALITY SERVICES INC
MILLEDGEVILLE SUPERSTORE *p* 415
See ATLANTIC WHOLESALERS LTD
MILLENNIUM INSURANCE CORPORATION *p* 161
340 Sioux Rd, SHERWOOD PARK, AB, T8A 3X6
(780) 467-1500 *SIC* 6411
MILLENNIUM OILFLOW SYSTEMS & TECHNOLOGY INC *p* 101
4640 Eleniak Rd, EDMONTON, AB, T6B 2S1
(780) 468-1058 *SIC* 3533
MILLENNIUM PLACE STRATHCONA COUNTY *p* 163
See STRATHCONA COUNTY
MILLENNIUM RESEARCH GROUP INC *p* 902
175 Bloor St E Suite 701, TORONTO, ON, M4W 3R8
(416) 364-7776 *SIC* 8748
MILLENNIUM1 PROMOTIONAL SERVICES *p* 415
See INMAR PROMOTIONS - CANADA INC.
MILLER AGGREGATE RESOURCES *p* 529
See MILLER PAVING LIMITED
MILLER COMPREHENSIVE HIGH SCHOOL *p* 1284
See BOARD OF EDUCATION OF THE REGINA ROMAN CATHOLIC SEPARATE SCHOOL DIVISION NO. 81
MILLER CONCRETE *p* 596
See MILLER PAVING LIMITED
MILLER CROSSING CARE CENTRE *p* 74
See REVERA LONG TERM CARE INC
MILLER FARM EQUIPMENT 2005 INC *p* 345
10 Campbell's Trailer Crt, BRANDON, MB, R7A 5Y5
(204) 725-2273 *SIC* 5999
MILLER GROUP INC *p* 731
704024 Rockley Rd, NEW LISKEARD, ON, P0J 1P0
(705) 647-8299 *SIC* 1611
MILLER MAINTENANCE *p* 731
See MILLER GROUP INC
MILLER MAINTENANCE *p* 739
See MILLER PAVING LIMITED
MILLER NORTHWEST *p* 570
See MILLER PAVING LIMITED
MILLER PARK COMMUNITY SCHOOL *p* 201
See SCHOOL DISTRICT NO. 43 (COQUITLAM)
MILLER PAVING LIMITED *p* 394
2276 Route 128, BERRY MILLS, NB, E1G 4K4
(506) 857-0112 *SIC* 1611
MILLER PAVING LIMITED *p* 454
3 First St, ELMSDALE, NS, B2S 2L5
(902) 883-2574 *SIC* 1611
MILLER PAVING LIMITED *p* 464
20 Horseshoe Lake Dr, HALIFAX, NS, B3S 0B7
(902) 490-6640 *SIC* 1611
MILLER PAVING LIMITED *p* 520
106 Orenda Rd, BRAMPTON, ON, L6W 3W6
(905) 455-6377 *SIC* 1611
MILLER PAVING LIMITED *p* 529
356 Millers Rd, BRECHIN, ON, L0K 1B0
(705) 484-0195 *SIC* 1611
MILLER PAVING LIMITED *p* 570
351 Kennedy Rd, DRYDEN, ON, P8N 2Z2
(807) 223-2844 *SIC* 1611
MILLER PAVING LIMITED *p* 596
287 Ram Forest Rd, GORMLEY, ON, L0H 1G0
(905) 713-2526 *SIC* 1611
MILLER PAVING LIMITED *p* 664
3438 Manning Dr, LONDON, ON, N6L 1K6
(519) 668-7894 *SIC* 1611
MILLER PAVING LIMITED *p* 673
8050 Woodbine Ave, MARKHAM, ON, L3R 2N8
(905) 475-6356 *SIC* 1611
MILLER PAVING LIMITED *p* 731
704024 Rockley Rd, NEW LISKEARD, ON, P0J 1P0
(705) 647-4331 *SIC* 1611
MILLER PAVING LIMITED *p* 739
571 York Rd, NIAGARA ON THE LAKE, ON, L0S 1J0
(905) 685-4352 *SIC* 1611
MILLER PAVING LIMITED *p* 783
1815 Bantree St, OTTAWA, ON, K1B 4L6
(613) 749-2222 *SIC* 4953
MILLER PAVING LIMITED *p* 803
2085 20th Ave E, OWEN SOUND, ON, N4K 5N3
(519) 372-1855 *SIC* 4212
MILLER PAVING LIMITED *p* 960
4615 Thickson Rd N, WHITBY, ON, L1R 2X2
(905) 655-3889 *SIC* 1611
MILLER PAVING NORTHERN *p* 731
See MILLER PAVING LIMITED
MILLER ROAD HOLDINGS LTD *p* 273
6380 Miller Rd, RICHMOND, BC, V7B 1B3
(604) 270-9395 *SIC* 7521
MILLER TECHNOLOGY INCORPORATED *p* 742
175 Eloy Rd, NORTH BAY, ON, P1B 9T9
(705) 476-4501 *SIC* 5084
MILLER THOMSON LLP *p* 46
700 9 Ave Sw Suite 3000, CALGARY, AB, T2P 3V4
(403) 298-2400 *SIC* 8111
MILLER THOMSON LLP *p* 81
10155 102 St Nw Suite 2700, EDMONTON, AB, T5J 4G8
(780) 429-1751 *SIC* 8111
MILLER THOMSON LLP *p* 322
840 Howe St Suite 1000, VANCOUVER, BC, V6Z 2M1
(604) 687-2242 *SIC* 8111
MILLER THOMSON LLP *p* 600
100 Stone Rd W Suite 301, GUELPH, ON, N1G 5L3
(519) 822-4680 *SIC* 8111
MILLER THOMSON LLP *p* 673
60 Columbia Way Suite 600, MARKHAM, ON, L3R 0C9
(905) 415-6700 *SIC* 8111
MILLER THOMSON LLP *p* 952
295 Hagey Blvd Suite 300, WATERLOO, ON, N2L 6R5
(519) 579-3660 *SIC* 8111
MILLER THOMSON LLP *p* 1112
1000 Rue De La Gauchetiere O Bureau 3700, Montreal, QC, H3B 4W5
(514) 875-5210 *SIC* 8111
MILLER WASTE SYSTEMS *p* 464
See MILLER PAVING LIMITED
MILLER WASTE SYSTEMS *p* 520
See MILLER PAVING LIMITED
MILLER WASTE SYSTEMS *p* 664
See MILLER PAVING LIMITED
MILLER WASTE SYSTEMS *p* 783
See MILLER PAVING LIMITED
MILLER WASTE SYSTEMS *p* 803
See MILLER PAVING LIMITED
MILLER WASTE SYSTEMS, DIV OF *p* 673
See MILLER PAVING LIMITED
MILLER WASTE, DIV OF *p* 454
See MILLER PAVING LIMITED
MILLER'S GROVE PUBLIC SCHOOL *p* 710
See PEEL DISTRICT SCHOOL BOARD
MILLER, P.G. ENTERPRISES LIMITED *p* 491
135 First Commerce Dr, AURORA, ON, L4G 0G2
(905) 841-5584 *SIC* 5812
MILLER, P.G. ENTERPRISES LIMITED *p* 733
1100 Davis Dr, NEWMARKET, ON, L3Y 8W8
(905) 853-0118 *SIC* 5812
MILLER, P.G. ENTERPRISES LIMITED *p* 733
17155 Yonge St, NEWMARKET, ON, L3Y 5L8
(905) 895-3990 *SIC* 5812
MILLER, P.G. ENTERPRISES LIMITED *p* 733
17760 Yonge St, NEWMARKET, ON, L3Y 8P4
(905) 895-1222 *SIC* 5812
MILLER, P.G. ENTERPRISES LIMITED *p* 824
13081 Yonge St, RICHMOND HILL, ON, L4E 3M2
(905) 773-6777 *SIC* 5812
MILLER, W EARLE PUBLIC SCHOOL *p* 884
See DISTRICT SCHOOL BOARD ONTARIO NORTH EAST
MILLERS LANDING PUB LTD *p* 256
1979 Brown St, PORT COQUITLAM, BC, V3C 2N4
(604) 941-8822 *SIC* 5813
MILLERS STONE, THE *p* 857
See JONES FEED MILLS LIMITED
MILLERS WAY *p* 183
See PIONEER COMMUNITY LIVING ASSOCIATION
MILLERTON ELEMENTARY JUNIOR HIGH *p* 396
See DISTRICT EDUCATION COUNCIL-SCHOOL DISTRICT 16
MILLET SCHOOL *p* 146
See WETASKIWIN REGIONAL PUBLIC SCHOOLS
MILLETTE & FILS LTEE *p* 1063
2105 Rue De L'Eglise, LAWRENCEVILLE, QC, J0E 1W0
(450) 535-6305 *SIC* 2441
MILLGROVE ELEMENTARY SCHOOL *p* 165
See PARKLAND SCHOOL DIVISION NO. 70
MILLGROVE PUBLIC SCHOOL *p* 680
See HAMILTON-WENTWORTH DISTRICT SCHOOL BOARD, THE
MILLIDGEDILLE NORTH SCHOOL *p* 416
See SCHOOL DISTRICT 8
MILLIKEN MILLS PUBLIC SCHOOL *p* 676
See YORK REGION DISTRICT SCHOOL BOARD
MILLIKEN PUBLIC SCHOOL *p* 888
See TORONTO DISTRICT SCHOOL BOARD
MILLS GROUP INC, THE *p* 520
285 Queen St E, BRAMPTON, ON, L6W 2C2
(905) 453-5818 *SIC* 5812
MILLS HAVEN ELEMENTARY. *p* 161
See ELK ISLAND PUBLIC SCHOOLS RE-

GIONAL DIVISION NO. 14
MILLS MEMORIAL HOSPITAL p 291
See TERRACE & AREA HEALTH COUNCIL
MILLS NISSAN LTD p 117
1275 101 St Sw, EDMONTON, AB, T6X 1A1
(780) 463-5700   SIC 5511
MILLS, BRYAN IRODESSO CORP p 46
140 4 Ave Sw Suite 2240, CALGARY, AB, T2P 3N3
(403) 503-0144   SIC 8748
MILLS, BRYAN IRODESSO CORP p 753
1129 Leslie St, NORTH YORK, ON, M3C 2K5
(416) 447-4740   SIC 8748
MILLWARD BROWN p 749
See MILLWARD BROWN CANADA, INC
MILLWARD BROWN CANADA, INC p 749
4950 Yonge St Suite 600, NORTH YORK, ON, M2N 6K1
(416) 221-9200   SIC 7374
MILLWOOD ELEMENTARY SCHOOL p 468
See HALIFAX REGIONAL SCHOOL BOARD
MILLWOOD JUNIOR SCHOOL p 582
See TORONTO DISTRICT SCHOOL BOARD
MILLWOODS CHRISTIAN ELEMENTARY-JUNIOR HIGH SCHOOL p 111
See EDMONTON SCHOOL DISTRICT NO. 7
MILLWOODS HONDA p 105
See IRWIN, DICK GROUP LTD, THE
MILLWOODS PENTACOSTAL ASSEMBLY p 111
2225 66 St Nw, EDMONTON, AB, T6K 4E6
(780) 462-1515   SIC 8661
MILMAN INDUSTRIES INC p 870
2502 Elm St, SUDBURY, ON, P3E 4R6
(705) 682-9277   SIC 6512
MILNE & CRAIGHEAD, INC p 24
3636 23 St Ne Suite 300, CALGARY, AB, T2E 8Z5
(403) 263-7856   SIC 4731
MILNE VALLEY MIDDLE SCHOOL p 890
See TORONTO DISTRICT SCHOOL BOARD
MILNER POWER INC p 124
1 Power Plant, GRANDE CACHE, AB, T0E 0Y0
(780) 827-7100   SIC 1629
MILTOM MANAGEMENT p 673
See MILTOM MANAGEMENT LP
MILTOM MANAGEMENT LP p 673
60 Columbia Way Suite 600, MARKHAM, ON, L3R 0C9
(905) 415-6700   SIC 8742
MILTON DIST HOSPITAL GIFT SHOP p 682
See MILTON DISTRICT HOSPITAL AUXILIARY
MILTON DISTRICT HIGH SCHOOL p 682
See HALTON DISTRICT SCHOOL BOARD
MILTON DISTRICT HOSPITAL AUXILIARY p 682
Gd Lcd Main, MILTON, ON, L9T 2Y2
(905) 878-2383   SIC 8399
MILTON HYDRO SERVICES INC p 682
8069 Lawson Rd, MILTON, ON, L9T 5C4
(905) 876-4611   SIC 6712
MILTON INSOLVENCY p 681
See BDO CANADA LLP
MILTON MANAGEMENT p 46
See MILLER THOMSON LLP
MILTON MANAGEMENT p 81
10155 102 St Nw Suite 2700, EDMONTON, AB, T5J 4G8
(780) 429-1751   SIC 8741
MILTON POST OFFICE p 681
See CANADA POST CORPORATION
MILTON PUBLIC LIBRARY BOARD p 682
1010 Main St E, MILTON, ON, L9T 6H7
(905) 875-2665   SIC 8231
MILTON TRANSIT (OPERATED BY DIVERSIFIED) p 681

See DIVERSIFIED TRANSPORTATION LTD
MILVERTON PUBLIC SCHOOL p 683
See AVON MAITLAND DISTRICT SCHOOL BOARD
MINA MAR GROUP INC p 695
4 Robert Speck Pky 15th Floor, MISSISSAUGA, ON, L4Z 1S1
SIC 6282
MINACS GROUP INC, THE p 412
See CONCENTRIX TECHNOLOGIES SERVICES (CANADA) LIMITED
MINACS GROUP INC, THE p 457
See CONCENTRIX TECHNOLOGIES SERVICES (CANADA) LIMITED
MINACS GROUP INC, THE p 814
See CONCENTRIX TECHNOLOGIES SERVICES (CANADA) LIMITED
MINAHIK WASKAHIGAN SCHOOL p 1278
See NORTHERN LIGHTS SCHOOL DIVISION 113
MINARD'S LEISURE WORLD LTD p 1308
921 Government Rd S, WEYBURN, SK, S4H 3R3
(306) 842-3288   SIC 5561
MINCHAU ELEMENTARY SCHOOL p 112
See EDMONTON SCHOOL DISTRICT NO. 7
MINCORE INC p 915
80 Richmond St W Suite 1502, TORONTO, ON, M5H 2A4
(416) 214-1766   SIC 1081
MINCORP EXCHANGE INC p 915
20 Queen St W Unit 702, TORONTO, ON, M5H 3R3
SIC 6099
MINDEMOYA HOSPITAL p 683
See MANITOULIN HEALTH CENTRE
MINDFIELD RPO GROUP INC p 189
3480 Gilmore Way, BURNABY, BC, V5G 4Y1
(604) 899-4473   SIC 7361
MINE CENTRE PUBLIC SCHOOL p 683
See RAINY RIVER DISTRICT SCHOOL BOARD
MINE JEFFREY INC p 993
111 Boul St-Luc, ASBESTOS, QC, J1T 3N2
(819) 879-6000   SIC 1499
MINE NIOBEC, LA p 1191
See NIOBEC INC
MINE RADIO SYSTEMS INC p 596
394 Highway 47, GOODWOOD, ON, L0C 1A0
(905) 640-1839   SIC 3669
MINE RAGLAN - LAVAL p 1130
See GLENCORE CANADA CORPORATION
MINEOLA PUBLIC SCHOOL p 701
See PEEL DISTRICT SCHOOL BOARD
MINERAL SPRINGS HOSPITAL p 4
See ALBERTA HEALTH SERVICES
MINERAUX MART INC p 1202
201 Rue Montcalm Bureau 213, SAINT-JOSEPH-DE-SOREL, QC, J3R 1B9
(450) 746-1126   SIC 1481
MINERAUX MART INC p 1231
206 Rang Nord, SAINTE-VICTOIRE-DE-SOREL, QC, J0G 1T0
(450) 743-9200   SIC 1481
MINERAUX MART INC p 1231
206 Rang Nord, SAINTE-VICTOIRE-DE-SOREL, QC, J0G 1T0
(450) 782-2233   SIC 4226
MINERAUX OPTA p 1228
See OPTA MINERALS INC
MINERS CONSTRUCTION CO. LTD p 1293
440 Melville St, SASKATOON, SK, S7J 4M2
(306) 934-4703   SIC 1542
MINES AGNICO EAGLE LIMITEE p 1176
20 Rte 395 Cadillac, ROUYN-NORANDA, QC, J0Y 1C0
(819) 759-3644   SIC 1241
MINES D'ARGENT ECU INC, LES p 1178
1116 Av Granada, ROUYN-NORANDA, QC, J9Y 1G9

SIC 1081
MINES D'OR DYNACOR p 1107
See MALAGA INC
MINES RICHMONT INC p 570
Gd, DUBREUILVILLE, ON, P0S 1B0
(705) 884-2805   SIC 1041
MINES RICHMONT INC p 1075
100 Rte 117, MALARTIC, QC, J0Y 1Z0
(819) 757-3674   SIC 1081
MINES RICHMONT INC p 1254
776 Ch Perron, VAL-D'OR, QC, J9P 0C3
(819) 736-4581   SIC 1041
MINES SELEINE p 1044
See K+S SEL WINDSOR LTEE
MINESING CENTRAL PUBLIC SCHOOL p 683
See SIMCOE COUNTY DISTRICT SCHOOL BOARD, THE
MING PAO DAILY NEWS p 930
See MING PAO NEWSPAPERS (CANADA) LIMITED
MING PAO NEWSPAPERS (CANADA) LIMITED p 266
5368 Parkwood Pl, RICHMOND, BC, V6V 2N1
(604) 231-8998   SIC 2711
MING PAO NEWSPAPERS (CANADA) LIMITED p 930
23 Spadina Ave, TORONTO, ON, M5V 3M5
(416) 321-0088   SIC 2711
MINI RICHMOND p 270
See M T K AUTO WEST LTD
MINI-SKOOL p 702
See MINI-SKOOL A CHILD'S PLACE INC
MINI-SKOOL A CHILD'S PLACE INC p 515
27 Kings Cross Rd, BRAMPTON, ON, L6T 3V5
(905) 792-2230   SIC 8351
MINI-SKOOL A CHILD'S PLACE INC p 518
178 Church St E, BRAMPTON, ON, L6V 1H1
(905) 457-1248   SIC 8351
MINI-SKOOL A CHILD'S PLACE INC p 696
3153 Cawthra Rd, MISSISSAUGA, ON, L5A 2X4
(905) 276-3933   SIC 8351
MINI-SKOOL A CHILD'S PLACE INC p 702
2488 Bromsgrove Rd, MISSISSAUGA, ON, L5J 1L8
(905) 823-3000   SIC 8351
MINIC DRYWALL LTD p 362
377 Gunn Rd, WINNIPEG, MB, R2C 2Z2
(204) 667-6669   SIC 1742
MINIGOO FISHERIES INC p 983
195 Eagle Feather Trail, LENNOX ISLAND, PE, C0B 1P0
(902) 831-3325   SIC 5146
MINISTERE DE DEVELOPPEMENT DE L'ENVIRONEMENT p 1155
See GOUVERNEMENT DE LA PROVINCE DE QUEBEC
MINISTERE DE L'AGRICULTURE DES PECHERIES ET DE L'ALIMENTATION DU QUEBEC p 1173
See GOUVERNEMENT DE LA PROVINCE DE QUEBEC
MINISTERE DE LA JUSTICE p 1037
See GOUVERNEMENT DE LA PROVINCE DE QUEBEC
MINISTERE DE LA SECURITE PUBLIQUE p 1161
See GOUVERNEMENT DE LA PROVINCE DE QUEBEC
MINISTERE DES RESSOURCES NATURELLES ET DE LA FAUNE p 1033
See GOUVERNEMENT DE LA PROVINCE DE QUEBEC
MINISTERE DES RESSOURCES NATURELLES ET DE LA FAUNE p 1080
See GOUVERNEMENT DE LA PROVINCE

DE QUEBEC
MINISTERE DES RESSOURCES NATURELLES ET DE LA FAUNE p 1260
See GOUVERNEMENT DE LA PROVINCE DE QUEBEC
MINISTERE DES TRANSPORT DU QUEBEC p 1177
See GOUVERNEMENT DE LA PROVINCE DE QUEBEC
MINISTERE DES TRANSPORTS p 1045
See GOUVERNEMENT DE LA PROVINCE DE QUEBEC
MINISTERE DES TRANSPORTS; LABORATOIRE DES CHAUSEES p 1158
See GOUVERNEMENT DE LA PROVINCE DE QUEBEC
MINISTERE DU DEVELOPPEMENT DURABLE ENVIRONNEMENT ET PARC p 1177
See GOUVERNEMENT DE LA PROVINCE DE QUEBEC
MINISTERE DU TRANSPORT p 1172
See GOUVERNEMENT DE LA PROVINCE DE QUEBEC
MINISTERE RESSOURCES NATURELLES ET FAUNE p 1247
See GOUVERNEMENT DE LA PROVINCE DE QUEBEC
MINISTIK PUBLIC SCHOOL p 723
See MOOSE FACTORY ISLAND DISTRICT SCHOOL AREA BOARD
MINISTRE DU TRAVAIL REGIE DU BATIMENT DU QUEBEC p 1237
See GOUVERNEMENT DE LA PROVINCE DE QUEBEC
MINISTRY OF CHILDREN AND FAMILY DEVELOPMENT p 239
See GOVERNMENT OF THE PROVINCE OF BRITISH COLUMBIA
MINISTRY OF CHILDREN AND FAMILY DEVELOPMENT p 326
See GOVERNMENT OF THE PROVINCE OF BRITISH COLUMBIA
MINISTRY OF COMMUNITY SAFETY AND CORRECTIONAL SERVICES p 802
See GOVERNMENT OF ONTARIO
MINISTRY OF GOVERNMENT SERVICES PURCHASING BRANCH p 1285
See GOVERNMENT OF SASKATCHEWAN
MINISTRY OF HEALTH p 582
See GOVERNMENT OF ONTARIO
MINISTRY OF HEALTH & LONG TERM CARE LEGAL SERVICE BRANCH p 939
See GOVERNMENT OF ONTARIO
MINISTRY OF LABOR p 926
See GOVERNMENT OF ONTARIO
MINISTRY OF THE ATTORNEY GENERAL p 939
See GOVERNMENT OF ONTARIO
MINIT CANADA LTD p 644
61 Mcbrine Pl, Kitchener, ON, N2R 1H5
(519) 748-2211   SIC 5947
MINNEDOSA PERSONAL CARE HOME p 351
138 3rd Ave Sw, MINNEDOSA, MB, R0J 1E0
(204) 867-2569   SIC 8059
MINNEKHADA MIDDLE SCHOOL p 255
See SCHOOL DISTRICT NO. 43 (COQUITLAM)
MINNETONKA SCHOOL p 368
See LOUIS RIEL SCHOOL DIVISION
MINNEWASTA SCHOOL p 351
See WESTERN SCHOOL DIVISION
MINORU RESIDENCE p 271
See RICHMOND HOSPITAL, THE
MINOTERIES P&H, LES p 375
See PARRISH & HEIMBECKER, LIMITED
MINTECH CANADA INC p 861

19 Community Ave Unit 5, STONEY CREEK, ON, L8E 2X9
(905) 664-2222   SIC 1741
MINTO APARTMENTS LIMITED   p 749
90 Sheppard Ave E Suite 500, NORTH YORK, ON, M2N 3A1
(416) 977-0777   SIC 6531
MINTO COMMERCIAL   p 791
See MINTO PROPERTIES INC
MINTO ELEMENTARY & MIDDLE SCHOOL   p 404
See ANGLOPHONE WEST SCHOOL DISTRICT (ASD-W)
MINTO MEMORIAL HIGH SCHOOL   p 404
See ANGLOPHONE WEST SCHOOL DISTRICT (ASD-W)
MINTO PROPERTIES INC   p 791
180 Kent St Suite 200, OTTAWA, ON, K1P 0B6
(613) 786-3000   SIC 6512
MINTO-CLIFFORD PUBLIC SCHOOL   p 617
See UPPER GRAND DISTRICT SCHOOL BOARD, THE
MINUTE MAID   p 810
See MINUTE MAID COMPANY CANADA INC, THE
MINUTE MAID COMPANY CANADA INC, THE   p 810
781 Lansdowne St W, PETERBOROUGH, ON, K9J 1Z2
(705) 742-8011   SIC 2086
MINUTE MAID COMPANY CANADA INC, THE   p 810
781 Lansdowne St W, PETERBOROUGH, ON, K9J 1Z2
(705) 742-8011   SIC 2037
MIRA ROAD ELEMENTARY SCHOOL   p 475
See CAPE BRETON-VICTORIA REGIONAL SCHOOL BOARD
MIRA, THE   p 477
See GEM HEALTH CARE GROUP LIMITED
MIRABEL, LE   p 1202
See TRANSCONTINENTAL INC
MIRACLE BEACH ELEMENTARY SCHOOL   p 182
See SCHOOL DISTRICT NO. 71 (COMOX VALLEY)
MIRAMICHI CHRYSLER DODGE JEEP INC   p 405
1155 King George Hwy, MIRAMICHI, NB, E1V 5J7
(506) 622-3900   SIC 5511
MIRAMICHI LEADER   p 405
See BRUNSWICK NEWS INC
MIRATEL SOLUTIONS INC   p 756
2501 Steeles Ave W Suite 200, NORTH YORK, ON, M3J 2P1
(416) 650-7850   SIC 7389
MIRCOM TECHNOLOGIES LTD   p 947
25 Interchange Way Suite 1, VAUGHAN, ON, L4K 5W3
(905) 660-4655   SIC 3669
MIRCOM TECHNOLOGIES LTD   p 1212
381 Rue Mccaffrey, SAINT-LAURENT, QC, H4T 1Z7
(514) 343-9644   SIC 5941
MIRDEN NURSING HOMES LTD   p 609
176 Victoria Ave N, HAMILTON, ON, L8L 5G1
(905) 527-9111   SIC 8051
MIRION TECHNOLOGIES (IST CANADA) INC   p 546
465 Dobbie Dr, CAMBRIDGE, ON, N1T 1T1
(519) 623-4880   SIC 3829
MIROLIN INDUSTRIES CORP   p 578
200 Norseman St, ETOBICOKE, ON, M8Z 2R4
(416) 231-9030   SIC 3431
MIROLIN INDUSTRIES CORP   p 578
60 Shorncliffe Rd, ETOBICOKE, ON, M8Z 5K1
(416) 231-5790   SIC 3089
MIRROR INTERIORS INC   p 765
2504 Bristol Cir, OAKVILLE, ON, L6H 5S1

(416) 740-7932   SIC 3231
MIRTREN CONSTRUCTION   p 845
See MIRTREN CONTRACTORS LIMITED
MIRTREN CONTRACTORS LIMITED   p 845
50 Nashdene Rd Suite 110, SCARBOROUGH, ON, M1V 5J2
(416) 292-9393   SIC 1542
MIRVISH, ED ENTERPRISES LIMITED   p 930
284 King St W Suite 300, TORONTO, ON, M5V 1J2
(416) 351-1229   SIC 7922
MISCOUCHE CONSOLIDATED SCHOOL   p 983
See PUBLIC SCHOOLS BRANCH
MISCOUCHE LEGION BRANCH 18   p 983
See ROYAL CANADIAN LEGION, THE
MISSION ASSOCIATION FOR COMMUNITY LIVING   p 238
33345 2nd Ave, MISSION, BC, V2V 1K4
(604) 826-9080   SIC 8361
MISSION BON ACCEUIL   p 1123
606 Rue De Courcelle, Montreal, QC, H4C 3L5
(514) 523-5288   SIC 8361
MISSION CENTRAL ELEMENTARY SCHOOL   p 238
See SCHOOL DISTRICT #75 (MISSION)
MISSION HILL ELEMENTARY   p 326
See SCHOOL DISTRICT NO 22 (VERNON)
MISSION HILL FAMILY ESTATE   p 251
See MARK ANTHONY PROPERTIES LTD
MISSION HILL FAMILY ESTATE   p 297
See MARK ANTHONY GROUP INC
MISSION OLD BREWERY   p 1095
1301 Boul De Maisonneuve E, Montreal, QC, H2L 2A4
(514) 526-6446   SIC 8361
MISSION SECONDARY SCHOOL   p 238
See SCHOOL DISTRICT #75 (MISSION)
MISSION SERVICES OF LONDON   p 657
459 York St, LONDON, ON, N6B 1R3
(519) 672-8500   SIC 8399
MISSION SERVICES OF LONDON   p 658
42 Stanley St, LONDON, ON, N6C 1B1
(519) 673-4114   SIC 8322
MISSIONAIRES DE MARIANNHILL, LES   p 1240
2075 Ch De Sainte-Catherine, SHERBROOKE, QC, J1N 1E7
(819) 562-4676   SIC 8661
MISSIONNAIRES OBLATS DE MARIE IMMACULEE, LES   p 1171
460 1re Rue Bureau 600, RICHELIEU, QC, J3L 4B5
(450) 658-8761   SIC 8661
MISSISAUGA SEATING SYSTEMS   p 719
See MAGNA SEATING INC
MISSISSAUGA ACCOUNTING   p 697
See BDO CANADA LLP
MISSISSAUGA CHRISTIAN ACADEMY & DAYCARE   p 710
2690 Gananoque Dr, MISSISSAUGA, ON, L5N 2R2
(905) 826-4114   SIC 8351
MISSISSAUGA CITY CENTRE OFFICE BUILDING   p 698
See MORGUARD INVESTMENTS LIMITED
MISSISSAUGA CLUB FITNESS INSTITUTE   p 696
See FITNESS INSTITUTE LIMITED, THE
MISSISSAUGA LCD   p 694
See CANADA POST CORPORATION
MISSISSAUGA NEWS, THE   p 700
See METROLAND MEDIA GROUP LTD
MISSISSAUGA SECONDARY SCHOOL   p 722
See PEEL DISTRICT SCHOOL BOARD
MISSISSAUGA YMCA   p 699
See YMCA OF GREATER TORONTO
MISTAHI SIPIY ELEMENTARY SCHOOL   p 1267
See BIG RIVER FIRST NATION

MISTASSINIY SCHOOL   p 173
See NORTHLAND SCHOOL DIVISION 61
MISTER COFFEE & SERVICES INC   p 841
2045 Midland Ave Suite 1, SCARBOROUGH, ON, M1P 3E2
(416) 293-3333   SIC 7389
MISTER GREEK   p 895
See V A V HOLDINGS LIMITED
MISTER KEYS LIMITED   p 561
161 North Rivermede Rd Unit 5, Concord, ON, L4K 2V3
(905) 738-1811   SIC 5947
MISTER PRINT   p 1292
See PRINTWEST LTD
MISTER PRINT DIV.   p 1287
See PRINTWEST LTD
MISTEREL INC   p 565
201 Ninth St E, CORNWALL, ON, K6H 2V1
(613) 933-0592   SIC 5251
MISTRAS METALTEC   p 1067
See MISTRAS SERVICES INC
MISTRAS METALTECH   p 1221
See QSL QUEBEC INC
MISTRAS SERVICES INC   p 1067
765 Rue De Saint-Romuald, Levis, QC, G6W 5M6
(418) 837-4664   SIC 8734
MITCHELL AEROSPACE INC   p 1203
350 Boul Decarie, SAINT-LAURENT, QC, H4L 3K5
(514) 748-3447   SIC 3365
MITCHELL DISTRICT HIGH SCHOOL   p 723
See AVON MAITLAND DISTRICT SCHOOL BOARD
MITCHELL ELEMENTARY SCHOOL   p 265
See BOARD OF EDUCATION SCHOOL DISTRICT #38 (RICHMOND)
MITCHELL ELEMENTARY SCHOOL   p 351
See HANOVER SCHOOL DIVISION
MITCHELL FEED MILL INC   p 723
135 Huron Rd Ss 1, MITCHELL, ON, N0K 1N0
(519) 348-8752   SIC 5191
MITCHELL FIELD COMMUNITY CENTRE   p 748
See CORPORATION OF THE CITY OF TORONTO
MITCHELL HEPBURN PUBLIC SCHOOL   p 859
See THAMES VALLEY DISTRICT SCHOOL BOARD
MITCHELL MIDDLE SCHOOL   p 351
See HANOVER SCHOOL DIVISION
MITCHELL NURSING HOMES LIMITED   p 723
184 Napier St Ss 1, MITCHELL, ON, N0K 1N0
(519) 348-8861   SIC 8051
MITCHELL PLASTIC DIV   p 954
See ULTRA MANUFACTURING LIMITED
MITCHELL WOOD PUBLIC SCHOOL   p 603
See UPPER GRAND DISTRICT SCHOOL BOARD, THE
MITCHELL, W. O. ELEMENTARY SCHOOL   p 625
See OTTAWA-CARLETON DISTRICT SCHOOL BOARD
MITCHENER, J L PUBLIC SCHOOL   p 550
See GRAND ERIE DISTRICT SCHOOL BOARD
MITCHPAK   p 1030
See EMBALLAGES MITCHEL-LINCOLN LTEE
MITECH MACHINE & FABRICATION LTD   p 725
292 Kimmet's Side Rd, NAPANEE, ON, K7R 3L2
(613) 354-7403   SIC 3599
MITEK CANADA, INC   p 509
100 Industrial Rd, BRADFORD, ON, L3Z 3G7
(905) 952-2900   SIC 3448
MITFORD MIDDLE SCHOOL   p 69
See ROCKY VIEW SCHOOL DIVISION NO. 41, THE

MITSUBISHI ELECTRIC SALES CANADA INC   p 673
4299 14th Ave, MARKHAM, ON, L3R 0J2
(905) 475-7728   SIC 5075
MITSUBISHI HITACHI POWER SYSTEMS CANADA, LTD   p 55
10655 Southport Rd Sw Unit 460, CALGARY, AB, T2W 4Y1
(403) 278-1881   SIC 3699
MITSUBISHI MOTOR SALES OF CANADA, INC   p 689
2090 Matheson Blvd E, MISSISSAUGA, ON, L4W 5P8
(905) 214-9000   SIC 4731
MITSUI & CO. (CANADA) LTD   p 323
1055 Dunsmuir Suite 3200, VANCOUVER, BC, V7X 1E6
(604) 331-3100   SIC 5099
MITSUI HOMES CANADA INC   p 229
19707 94a Ave, Langley, BC, V1M 2R1
(604) 882-8415   SIC 4731
MITSUI O.S.K. LINES   p 312
See MONTSHIP INC
MITTAL CANADA   p 1072
See ARCELORMITTAL PRODUITS LONGS CANADA S.E.N.C.
MITTEN INC   p 527
225 Henry St Unit 5a, BRANTFORD, ON, N3S 7R4
(519) 805-4701   SIC 3089
MITTEN INC   p 529
85 Morrell St, BRANTFORD, ON, N3T 4J6
(519) 753-0007   SIC 4225
MITTEN VINYL   p 527
See MITTEN INC
MITTON HILL ENTERPRISES LIMITED   p 394
194 Beardsley Rd, BEARDSLEY, NB, E7M 3Z7
(506) 325-9321   SIC 5812
MITTON HILL ENTERPRISES LIMITED   p 398
8826 Main St, FLORENCEVILLE-BRISTOL, NB, E7L 2A1
(506) 392-9009   SIC 5812
MITTON HILL ENTERPRISES LIMITED   p 403
542 Main St, HARTLAND, NB, E7P 2N5
(506) 375-6658   SIC 5812
MITTON HILL ENTERPRISES LIMITED   p 422
360 Connell St, WOODSTOCK, NB, E7M 5G9
(506) 328-0106   SIC 5812
MITTON'S FOOD SERVICE INC   p 397
533 Rue Champlain, DIEPPE, NB, E1A 1P2
(506) 855-5533   SIC 5812
MITTON'S FOOD SERVICE INC   p 413
264 Coverdale Rd, RIVERVIEW, NB, E1B 3J2
(506) 386-5229   SIC 5812
MITTON, V CO LTD   p 981
365 University Ave, CHARLOTTETOWN, PE, C1A 4N2
(902) 892-1892   SIC 5812
MIURA CANADA CO., LTD   p 524
8 Copernicus Blvd, BRANTFORD, ON, N3P 1Y4
(519) 758-8111   SIC 3443
MIX 96   p 353
See GOLDEN WEST BROADCASTING LTD
MIX 96   p 357
See GOLDEN WEST BROADCASTING LTD
MIYO WAHKOHTOWIN COMMUNITY EDUCATION AUTHORITY   p 132
1 School House Rd, HOBBEMA, AB, T0C 1N0
(780) 585-3931   SIC 8211
MIZEN INVESTMENT MANAGEMENT   p 602
See HOLLISWEALTH ADVISORY SERVICES INC.
MIZUNO CANADA LTD   p 689

5206 Timberlea Blvd, MISSISSAUGA, ON, L4W 2S5
(905) 629-0500 SIC 5091
MJ COLDWELL ELEMENTARY SCHOOL p 1286
See BOARD OF EDUCATION REGINA SCHOOL DIVISION NO. 4 OF SASKATCHEWAN
MJ MANUFACTURING, DIV OF p 702
See MARTINREA INTERNATIONAL INC
MJB MGMT CORP p 220
275 Lansdowne St Suite 700, KAMLOOPS, BC, V2C 6H6
(250) 374-3161 SIC 8111
MKI TRAVEL AND CONFERENCE MANAGEMENT INC p 798
2121 Carling Ave Suite 202, OTTAWA, ON, K2A 1H2
SIC 4724
MKJ SIMAN INVESTMENTS INC p 579
5250 Dundas St W, ETOBICOKE, ON, M9B 1A9
(416) 234-8900 SIC 5812
MKTG p 897
See MKTG CANADA CORP
MKTG CANADA CORP p 897
1 Eglinton Ave E Suite 800, TORONTO, ON, M4P 3A1
(416) 250-0321 SIC 8748
ML ENTRETIEN MULTI SERVICES p 1153
See ENTREPRISES DE NETTOYAGE MARCEL LABBE INC
MLCC p 386
See MANITOBA LIQUOR AND LOTTERIES CORPORATION
MLCC LIQUOR MART p 370
See MANITOBA LIQUOR AND LOTTERIES CORPORATION
MLP p 1296
See MLT AIKINS LLP
MLT AIKINS LLP p 81
10235 101 St Nw Suite 2200, EDMONTON, AB, T5J 3G1
(780) 969-3500 SIC 8111
MLT AIKINS LLP p 1296
410 22nd St E Suite 1500, SASKATOON, SK, S7K 5T6
(306) 975-7100 SIC 8111
MM ROBINSON HIGHSCHOOL p 539
See HALTON DISTRICT SCHOOL BOARD
MMC p 308
See MERCER (CANADA) LIMITED
MMCC SOLUTIONS CANADA COMPANY p 897
75 Eglinton Ave E, TORONTO, ON, M4P 3A4
(416) 922-3519 SIC 7389
MMD SALES LTD p 5
6111 49 St, BARRHEAD, AB, T7N 1A4
(780) 674-2213 SIC 5083
MMD SALES LTD p 14
3444 44 Ave Se, CALGARY, AB, T2B 3J9
(403) 301-0096 SIC 5551
MMD SALES LTD p 92
17348 118 Ave Nw, EDMONTON, AB, T5S 2L7
(780) 481-4000 SIC 5083
MMD SALES LTD p 101
4630 51 Ave Nw, EDMONTON, AB, T6B 2W2
(780) 438-2484 SIC 5261
MMD SALES LTD p 173
10803 100 St, WESTLOCK, AB, T7P 2R7
(780) 349-3391 SIC 5083
MMG CANADA LIMITED p 578
10 Vansco Rd, ETOBICOKE, ON, M8Z 5J4
(416) 251-2831 SIC 5995
MMM GEOMATICS BC p 227
See WSP CANADA GROUP LIMITED
MMM GROUP p 641
See MCCORMICK RANKIN CORPORATION
MMR CANADA LIMITED p 18

11083 48 St Se, CALGARY, AB, T2C 1G8
(403) 720-9000 SIC 1731
MNAAMODZAWIN NOOJMOWIN TEG HEALTH CENTRE p 648
See GOVERNMENT OF ONTARIO
MNP p 81
See MNP LLP
MNP p 139
See MNP LLP
MNP LLP p 8
247 1st St W, BROOKS, AB, T1R 1C1
(403) 362-8909 SIC 8721
MNP LLP p 81
10104 103 Ave Nw Suite 400, EDMONTON, AB, T5J 0H8
(780) 451-4406 SIC 8721
MNP LLP p 81
10235 101 St Nw Suite 1600, EDMONTON, AB, T5J 3G1
(780) 822-9420 SIC 8721
MNP LLP p 121
9707 Main St, FORT MCMURRAY, AB, T9H 1T5
(780) 791-9000 SIC 8721
MNP LLP p 127
9909 102 St Suite 7, GRANDE PRAIRIE, AB, T8V 2V4
(780) 831-1700 SIC 8721
MNP LLP p 135
5019 49 Ave Suite 200, LEDUC, AB, T9E 6T5
(780) 986-2626 SIC 8721
MNP LLP p 139
3425 2 Ave S Suite 1, LETHBRIDGE, AB, T1J 4V1
(403) 380-1600 SIC 8721
MNP LLP p 143
666 4 St Se, MEDICINE HAT, AB, T1A 0K9
(403) 548-2105 SIC 8721
MNP LLP p 150
9913 98 Ave, PEACE RIVER, AB, T8S 1J5
(780) 624-3252 SIC 8721
MNP LLP p 197
45780 Yale Rd Unit 1, CHILLIWACK, BC, V2P 2N4
(604) 792-1915 SIC 8721
MNP LLP p 212
372 Coronation Ave Suite 200, DUNCAN, BC, V9L 2T3
(250) 748-3761 SIC 8721
MNP LLP p 226
1628 Dickson Ave Suite 600, KELOWNA, BC, V1Y 9X1
(250) 763-8919 SIC 8721
MNP LLP p 236
11939 224 St Suite 201, MAPLE RIDGE, BC, V2X 6B2
(604) 463-8831 SIC 8721
MNP LLP p 240
96 Wallace St, NANAIMO, BC, V9R 0E2
(250) 753-8251 SIC 8721
MNP LLP p 282
5455 152 St Suite 316, SURREY, BC, V3S 5A5
(604) 574-7211 SIC 8721
MNP LLP p 323
1055 Dunsmuir Suite 2300, VANCOUVER, BC, V7X 1J1
(604) 639-0001 SIC 8721
MNP LLP p 345
1401 Princess Ave, BRANDON, MB, R7A 7L7
(204) 727-0661 SIC 8721
MNP LLP p 353
780 Saskatchewan Ave W, PORTAGE LA PRAIRIE, MB, R1N 0M7
(204) 239-6117 SIC 8721
MNP LLP p 534
1122 International Blvd Unit 602, BURLINGTON, ON, L7L 6Z8
(905) 639-3328 SIC 8721
MNP LLP p 628
315 Main St S, KENORA, ON, P9N 1T4
(807) 468-3338 SIC 8721

MNP LLP p 915
111 Richmond St W Suite 300, TORONTO, ON, M5H 2G4
(416) 596-1711 SIC 8721
MNP LLP p 1112
1155 Boul Rene-Levesque O Bureau 2300, Montreal, QC, H3B 2K2
(514) 932-4115 SIC 8721
MNP LLP p 1268
1219 5th St Unit 100, ESTEVAN, SK, S4A 0Z5
(306) 634-2603 SIC 8721
MNP LLP p 1274
601 Main St, MELFORT, SK, S0E 1A0
(306) 752-5800 SIC 8721
MNP LLP p 1279
103 Churchill St, PREECEVILLE, SK, S0A 3B0
(306) 547-3357 SIC 8721
MNP LLP p 1285
2010 11th Ave Suite 900, REGINA, SK, S4P 0J3
(306) 790-7900 SIC 8721
MNP LLP p 1292
701 9th St E, SASKATOON, SK, S7H 0M6
(306) 682-2673 SIC 8721
MNP LLP p 1296
119 4th Ave S Suite 800, SASKATOON, SK, S7K 5X2
(306) 665-6766 SIC 8721
MNP LLP p 1306
50 1st Ave Ne, SWIFT CURRENT, SK, S9H 4W4
(306) 773-8375 SIC 8721
MNP LLP p 1308
8 4th St Ne, WEYBURN, SK, S4H 0X7
(306) 842-8915 SIC 8721
MNP S.E.N.C.R.L., S.R.L. p 1112
See MNP LLP
MOA NICKLE S.A. DIV OF p 124
See SHERRITT INTERNATIONAL CORPORATION
MOBIFY RESEARCH AND DEVELOPMENT INC p 304
948 Homer St Fl 3, VANCOUVER, BC, V6B 2W7
(866) 502-5880 SIC 7371
MOBILE CLIMATE CONTROL, INC p 561
7540 Jane St, CONCORD, ON, L4K 0A6
(905) 482-2750 SIC 3714
MOBILICITY p 918
See DATA & AUDIO-VISUAL ENTERPRISES HOLDINGS INC
MOBILIER DAGENAIS, PHILIPPE p 1005
See GROUPE DAGENAIS M.D.C. INC
MOCREEBEC CONSUL OF THE CREE NATION p 723
22 Nooki-June-I-Beg Rd, MOOSE FACTORY, ON, P0L 1W0
(705) 658-4769 SIC 8399
MODATEK SYSTEMS p 682
See MAGNA INTERNATIONAL INC
MODE CHOC p 1065
See MODE CHOC (ALMA) LTEE
MODE CHOC p 1189
See MODE CHOC (ALMA) LTEE
MODE CHOC (ALMA) LTEE p 1065
5475 Rue Wilfrid-Halle Bureau 1004, Levis, QC, G6V 9J1
(418) 838-2846 SIC 5651
MODE CHOC (ALMA) LTEE p 1176
879 Boul Saint-Joseph, ROBERVAL, QC, G8H 2L8
(418) 275-2231 SIC 5651
MODE CHOC (ALMA) LTEE p 1189
610 90e Rue, SAINT-GEORGES, QC, G5Y 3L2
(418) 221-6850 SIC 5651
MODE CHOC ROBERVAL p 1176
See MODE CHOC (ALMA) LTEE
MODE F17 p 1242
See BOUTIQUE LE PENTAGONE INC
MODE LE GRENIER INC p 991

8501 Boul Ray-Lawson, ANJOU, QC, H1J 1K6
(514) 354-0650 SIC 5621
MODERCO INC p 1004
115 Rue De Lauzon, BOUCHERVILLE, QC, J4B 1E7
(450) 641-3150 SIC 2542
MODERN CRANE p 482
See PUMPCRETE CORPORATION
MODERN MOSAIC LIMITED p 737
8620 Oakwood Dr, NIAGARA FALLS, ON, L2G 0J2
(905) 356-3045 SIC 5211
MODERN NIAGARA DESIGN SERVICES INC p 550
2171 Mcgee Side Rd, CARP, ON, K0A 1L0
(613) 831-9488 SIC 1711
MODERN NIAGARA DESIGN SERVICES INC p 710
2240 Argentia Rd, MISSISSAUGA, ON, L5N 2K7
SIC 1711
MODERN NIAGARA HVAC SERVICES INC p 625
85 Denzil Doyle Crt, KANATA, ON, K2M 2G8
(613) 591-1338 SIC 1711
MODERN NIAGARA TORONTO INC p 756
695 Flint Rd, NORTH YORK, ON, M3J 2T7
(416) 749-6031 SIC 1711
MODERN POWER PRODUCTS, DIV OF p 640
See MTD PRODUCTS LIMITED
MODERN REQUIREMENTS p 819
See 2101440 ONTARIO INC
MODIS p 1112
See MODIS CANADA INC
MODIS CANADA INC p 459
1959 Upper Water St Suite 1700, HALIFAX, NS, B3J 3N2
(902) 421-2025 SIC 8742
MODIS CANADA INC p 792
155 Queen St Suite 1206, OTTAWA, ON, K1P 6L1
(613) 786-3106 SIC 7361
MODIS CANADA INC p 919
10 Bay St Suite 700, TORONTO, ON, M5J 2R8
(416) 367-2020 SIC 7361
MODIS CANADA INC p 1112
1155 Boul Robert-Bourassa Unite 1410, Montreal, QC, H3B 3A7
(514) 875-9520 SIC 4899
MODSPACE p 512
See MODULAR SPACE CORPORATION
MODULAR SPACE CORPORATION p 512
2300 North Park Dr, BRAMPTON, ON, L6S 6C6
(800) 451-3951 SIC 7519
MODULES ASSEMBLY PLANT p 1251
See PAPILLON & FILS LTEE
MOE'S TRANSPORT TRUCKING INC p 942
416 The Westway Suite 511, TORONTO, ON, M9R 1H7
(519) 253-8442 SIC 4213
MOE'S TRANSPORTATION p 942
See MOE'S TRANSPORT TRUCKING INC
MOE, GARY SATURN p 154
See 313679 ALBERTA LTD
MOEN INC p 765
2816 Bristol Cir, OAKVILLE, ON, L6H 5S7
(905) 829-3400 SIC 5074
MOFFATT & POWELL LIMITED p 588
265 Main St N Ss 3, EXETER, ON, N0M 1S3
(519) 235-2081 SIC 5211
MOHAWK COLLEGE OF APPLIED ARTS AND TECHNOLOGY, THE p 616
135 Fennell Ave W, HAMILTON, ON, L9C 1E9
(905) 575-1212 SIC 8222
MOHAWK COLLEGE OF APPLIED ARTS AND TECHNOLOGY, THE p 861
481 Barton St, STONEY CREEK, ON, L8E 2L7
(905) 575-1212 SIC 8222

MOHAWK COLLEGE STARRT INSTITUTE p 861
See MOHAWK COLLEGE OF APPLIED ARTS AND TECHNOLOGY, THE

MOHAWK COUNCIL OF AKWESASNE p 485
169 Akwesasne International Rd, AKWESASNE, ON, K6H 0G5
(613) 933-0409 SIC 8211

MOHAWK COUNCIL OF AKWESASNE p 485
Gd, AKWESASNE, ON, K6H 5T7
(613) 932-3366 SIC 7389

MOHAWK COUNCIL OF AKWESASNE p 485
70 Kawenoke Apartment Rd Unit Rd, AKWESASNE, ON, K6H 5R7
(613) 932-1409 SIC 8052

MOHAWKS OF THE BAY OF QUINTE p 569
1624 York Rd, DESERONTO, ON, K0K 1X0
(613) 966-6984 SIC 8211

MOHAWKS OF THE BAY OF QUINTE p 848
Gd, SHANNONVILLE, ON, K0K 3A0
(613) 967-2003 SIC 8322

MOIRA SECONDARY SCHOOL p 502
See HASTINGS AND PRINCE EDWARD DISTRICT SCHOOL BOARD

MOIRS DIV OF p 448
See HERSHEY CANADA INC

MOISSON DOREE p 26
See WESTON BAKERIES LIMITED

MOISSON DOREE p 34
See WESTON BAKERIES LIMITED

MOISSON DOREE p 441
See WESTON BAKERIES LIMITED

MOISSON DOREE p 494
See WESTON BAKERIES LIMITED

MOISSON DOREE p 631
See WESTON BAKERIES LIMITED

MOISSON DOREE p 896
See WESTON BAKERIES LIMITED

MOISSON DOREE p 1035
See WESTON BAKERIES LIMITED

MOKER & THOMPSON IMPLEMENTS LTD p 1281
3802 4th Ave E, PRINCE ALBERT, SK, S6W 1A4
(306) 763-6454 SIC 5083

MOLD-MASTERS (2007) LIMITED p 526
92 Roy Blvd, BRANTFORD, ON, N3R 7K2
(519) 758-8441 SIC 3559

MOLD-MASTERS SPORTSPLEX, THE p 591
See CORPORATION OF THE TOWN OF HALTON HILLS

MOLDING AND MILLWORK p 1085
See METRIE CANADA LTD

MOLEX CANADA LTD p 954
50 Northland Rd, WATERLOO, ON, N2V 1N3
(519) 725-5136 SIC 3695

MOLL BERCZY HAUS p 846
See TENDERCARE NURSING HOMES LIMITED

MOLLY BLOOM'S IRISH PUB INC p 656
700 Richmond St Suite G, LONDON, ON, N6A 5C7
(519) 675-1212 SIC 5812

MOLLY MAID p 102
See 252356 ALBERTA LTD

MOLNLYCKE HEALTH CARE INC p 766
2010 Winston Park Dr Suite 100, OAKVILLE, ON, L6H 6A3
(905) 829-1502 SIC 5047

MOLSON BREWERIES p 316
See MOLSON CANADA 2005

MOLSON BREWERIES OF CANADA LIMITED p 316
1550 Burrard St, VANCOUVER, BC, V6J 3G5
(604) 664-1759 SIC 2082

MOLSON CANADA p 410
See MOLSON CANADA 2005

MOLSON CANADA p 719
See MOLSON CANADA 2005

MOLSON CANADA p 1035
See MOLSON CANADA 2005

MOLSON CANADA p 1175
See MOLSON CANADA 2005

MOLSON CANADA 2005 p 24
906 1 Ave Ne, CALGARY, AB, T2E 0C5
(403) 233-1786 SIC 2082

MOLSON CANADA 2005 p 316
1550 Burrard St, VANCOUVER, BC, V6J 3G5
(604) 664-1786 SIC 2082

MOLSON CANADA 2005 p 410
170 Macnaughton Ave, MONCTON, NB, E1H 3L9
(506) 389-4355 SIC 5181

MOLSON CANADA 2005 p 435
131 Circular Rd, ST. JOHN'S, NL, A1C 2Z9
(709) 726-1786 SIC 2082

MOLSON CANADA 2005 p 586
1 Carlingview Dr, ETOBICOKE, ON, M9W 5E5
(416) 675-1786 SIC 2082

MOLSON CANADA 2005 p 719
6300 Ordan Dr, MISSISSAUGA, ON, L5T 1W6
SIC 2082

MOLSON CANADA 2005 p 1035
1655 Rue Atmec, GATINEAU, QC, J8R 3Y2
(819) 669-1786 SIC 5181

MOLSON CANADA 2005 p 1095
1555 Rue Notre-Dame E, Montreal, QC, H2L 2R5
(514) 521-1786 SIC 2082

MOLSON CANADA 2005 p 1174
220 Montee Industrielle-Et-Commerciale, RIMOUSKI, QC, G5M 1A5
(418) 723-1786 SIC 5181

MOLSON CANADA 2005 p 1175
100 Rue Lebrun, Riviere-du-Loup, QC, G5R 3Y6
(418) 862-2186 SIC 2082

MOLSON CANADA-REGION QUEBEC p 1095
See MOLSON CANADA 2005

MOLSON COORS BREWING COMPANY p 316
See MOLSON BREWERIES OF CANADA LIMITED

MOLSON COORS CANADA INC p 39
1400 Kensington Rd Nw Suite 100, CALGARY, AB, T2N 3P9
(403) 806-1786 SIC 2082

MOMENT FACTORY p 1099
See STUDIOS MOMENT FACTORY INC, LES

MOMENTIS CANADA CORP p 576
1243 Islington Ave Suite 1201, ETOBICOKE, ON, M8X 1Y9
SIC 7311

MOMENTIS CANADA CORP p 792
130 Slater St Suite 1100, OTTAWA, ON, K1P 6E2
(613) 233-8483 SIC 5085

MOMENTUM p 908
See MOMENTUM DIGITAL SOLUTIONS INC

MOMENTUM DIGITAL SOLUTIONS INC p 908
20 Toronto St Suite 1100, TORONTO, ON, M5C 2B8
(416) 971-6612 SIC 7374

MOMENTUM DISTRIBUTION INC p 1193
2045 Rue Francis Bureau 200, SAINT-HUBERT, QC, J4T 0A6
(450) 466-5115 SIC 5091

MON 3047 INC p 626
140 Earl Grey Dr, KANATA, ON, K2T 1B6
(613) 270-0518 SIC 5812

MON SHEONG FOUNDATION p 845
2030 Mcnicoll Ave, SCARBOROUGH, ON, M1V 5P4
(416) 291-3898 SIC 8051

MONARCH BEAUTY SUPPLY CO p 15
See BEAUTY SYSTEMS GROUP (CANADA) INC

MONARCH HOMES p 725
See MATTAMY (MONARCH) LIMITED

MONARCH INDUSTRIES LIMITED p 361
280 Monarch Dr, WINKLER, MB, R6W 0J6
(204) 325-4393 SIC 3321

MONARCH INDUSTRIES LIMITED p 365
51 Burmac Rd, WINNIPEG, MB, R2J 4J3
(204) 786-7921 SIC 3593

MONARCH PARK COLLEGIATE p 894
See TORONTO DISTRICT SCHOOL BOARD

MONARCH TRANSPORT (1975) LTD p 101
3464 78 Ave Nw, EDMONTON, AB, T6B 2X9
(780) 440-6528 SIC 4212

MONBURO p 1083
See BUREAUTIQUE COTE-SUD INC

MONCION GROCERS PETAWAWA MARKET p 807
See 558297 ONTARIO INC

MONCION GROCERS RIVERSIDE MARKET p 805
See 1048271 ONTARIO INC

MONCION'S YIG p 595
See LOBLAWS SUPERMARKETS LIMITED

MONCTON COLISEUM COMPLEX p 407
See MONCTON, CITY OF

MONCTON CONSTRUCTION p 1010
See CONSTRUCTION DJL INC

MONCTON FIRE DEPT ADMINISTRATION OFFICE p 409
See MONCTON, CITY OF

MONCTON GRECO RESTAURANTS (1983) LTD p 407
120 Killam Dr, MONCTON, NB, E1C 3R7
(506) 853-1051 SIC 5812

MONCTON HIGH SCHOOL p 408
See SCHOOL DISTRICT 2

MONCTON OFFICE p 407
See KILLAM PROPERTIES INC

MONCTON WILDCATS HOCKEY CLUB LTD p 407
377 Killam Dr, MONCTON, NB, E1C 3T1
(506) 858-2252 SIC 7997

MONCTON, CITY OF p 407
377 Killam Dr Unit 100, MONCTON, NB, E1C 3T1
(506) 389-5989 SIC 7999

MONCTON, CITY OF p 409
140 Millennium Blvd, MONCTON, NB, E1E 2G8
(506) 857-2008 SIC 4131

MONCTON, CITY OF p 409
800 St George Blvd, MONCTON, NB, E1E 2C7
(506) 857-8800 SIC 7389

MONDART HOLDINGS LIMITED p 452
135 Ilsley Ave Unit A, DARTMOUTH, NS, B3B 1T1
(902) 468-4650 SIC 7514

MONDELEZ CANADA INC p 689
2660 Matheson Blvd E Suite 100, MISSISSAUGA, ON, L4W 5M2
(289) 374-4000 SIC 2032

MONDELEZ INTERNATIONAL p 689
See MONDELEZ CANADA INC

MONDIALE DES CULTURES DE DRUMMONDVILLE p 1029
See FESTIVAL MONDIAL DE FOLKLORE (DRUMMOND)

MONDIV, DIV DE SPECIALITES LASSONDE p 1001
See SPECIALITES LASSONDE INC

MONDOU, J. E. LTEE p 991
10400 Rue Renaude-Lapointe, ANJOU, QC, H1J 2V7
(514) 322-8645 SIC 5999

MONERIS SOLUTIONS CORPORATION p 189
4259 Canada Way Suite 225, BURNABY, BC, V5G 1H1
(604) 415-1500 SIC 7372

MONERIS SOLUTIONS CORPORATION p 413
2 Charlotte St, SACKVILLE, NB, E4L 3S8
(506) 364-1920 SIC 8231

MONESSEN HEARTH CANADA, INC p 710
6975 Creditview Rd Unit 2, MISSISSAUGA, ON, L5N 8E9
SIC 5074

MONESSEN HEARTH SYSTEMS CO p 710
See MONESSEN HEARTH CANADA, INC

MONEXGROUP p 749
See MONEY EXPRESS POS SOLUTIONS INC

MONEY EXPRESS POS SOLUTIONS INC p 749
5075 Yonge St Suite 301, NORTH YORK, ON, M2N 6C6
(866) 286-7787 SIC 3578

MONEY MART p 329
See NATIONAL MONEY MART COMPANY

MONEY MART p 581
See NATIONAL MONEY MART COMPANY

MONGOOSE p 47
See NCS MULTISTAGE INC

MONGOS GRILL LIMITED LIABILITY CORP p 362
1570 Regent Ave W Unit 4, WINNIPEG, MB, R2C 3B4
(204) 786-6646 SIC 5812

MONIDEX DISTRIBUTION INTERNATIONAL INC p 991
10700 Rue Colbert, ANJOU, QC, H1J 2H8
(514) 323-9932 SIC 5013

MONITOR COMPANY CANADA p 915
100 Simcoe St Suite 500, TORONTO, ON, M5H 3G2
(416) 408-4800 SIC 8741

MONK MCQUEENS FRESH SEAFOOD & OYSTER BARS INC p 300
601 Stamp's Landng, VANCOUVER, BC, V5Z 3Z1
SIC 5812

MONO CLIFFS OUTDOOR EDUCATION CENTRE p 750
See TORONTO DISTRICT SCHOOL BOARD

MONO-AMARANTH PUBLIC SCHOOL p 773
See UPPER GRAND DISTRICT SCHOOL BOARD, THE

MONSANTO CANADA INC p 552
301 Richmond St, CHATHAM, ON, N7M 1P5
(519) 352-5310 SIC 2879

MONSEIGNEUR CLANCY CATHOLIC ELEMENTARY SCHOOL p 876
See NIAGARA CATHOLIC DISTRICT SCHOOL BOARD

MONSENIOR RONAN p 501
See SIMCOE MUSKOKA CATHOLIC DISTRICT SCHOOL BOARD

MONSIGNOR FRASER COLLEGE - MIDLAND p 843
See TORONTO CATHOLIC DISTRICT SCHOOL BOARD

MONSIGNOR CASTEX CATHOLIC SCHOOL p 680
See SIMCOE MUSKOKA CATHOLIC DISTRICT SCHOOL BOARD

MONSIGNOR CLAIR SCHOOL p 495
See SIMCOE MUSKOKA CATHOLIC DISTRICT SCHOOL BOARD

MONSIGNOR DOYLE p 544
See WATERLOO CATHOLIC DISTRICT SCHOOL BOARD

MONSIGNOR FRASER COLLEGE - ANNEX CAMPUS p 935
See TORONTO CATHOLIC DISTRICT

SCHOOL BOARD

MONSIGNOR FRASER COLLEGE - ISABELLA p 904
See TORONTO CATHOLIC DISTRICT SCHOOL BOARD

MONSIGNOR FRASER COLLEGE - NORFINCH p 758
See TORONTO CATHOLIC DISTRICT SCHOOL BOARD

MONSIGNOR HALLER ELEMENTARY SCHOOL p 640
See WATERLOO CATHOLIC DISTRICT SCHOOL BOARD

MONSIGNOR JOHN PEREYMA SECONDARY p 779
See DURHAM CATHOLIC DISTRICT SCHOOL BOARD

MONSIGNOR LEE ROMAN CATHOLIC SCHOOL p 775
See SIMCOE MUSKOKA CATHOLIC DISTRICT SCHOOL BOARD

MONSIGNOR LEO CLEARY CATHOLIC ELEMENTARY SCHOOL p 567
See PETERBOROUGH VICTORIA NORTHUMBERLAND AND CLARINGTON CATHOLIC DISTRICT SCHOOL BOARD

MONSIGNOR MICHAEL O'LEARY SCHOOL p 508
See SIMCOE MUSKOKA CATHOLIC DISTRICT SCHOOL BOARD

MONSIGNOR O'DONOGHUE CATHOLIC ELEMENTARY SCHOOL p 812
See PETERBOROUGH VICTORIA NORTHUMBERLAND AND CLARINGTON CATHOLIC DISTRICT SCHOOL BOARD

MONSIGNOR PAUL BAXTER SCHOOL p 730
See OTTAWA CATHOLIC DISTRICT SCHOOL BOARD

MONSIGNOR PAUL DWYER CATHOLIC HIGH SCHOOL p 780
See DURHAM CATHOLIC DISTRICT SCHOOL BOARD

MONSIGNOR PERCY JOHNSON CATHOLIC SECONDARY SCHOOL p 587
See TORONTO CATHOLIC DISTRICT SCHOOL BOARD

MONSIGNOR UYEN CATHOLIC SCHOOL p 551
See ST. CLAIR CATHOLIC DISTRICT SCHOOL BOARD

MONSIGNOR WILLIAM GLEASON ELEMENTARY SCHOOL p 643
See WATERLOO CATHOLIC DISTRICT SCHOOL BOARD

MONSTER HOLLOWEEN p 801
See 8603600 CANADA INC

MONSTER WORLDWIDE CANADA INC p 46
639 5 Ave Sw Suite 620, CALGARY, AB, T2P 0M9
(403) 262-8055   SIC 7311

MONSTER WORLDWIDE CANADA INC p 910
47 Colborne St Suite 301, TORONTO, ON, M5E 1P8
(416) 861-8679   SIC 7311

MONSTER WORLDWIDE CANADA INC p 1102
276 Rue Saint-Jacques, Montreal, QC, H2Y 1N3
(514) 288-9004   SIC 7311

MONT BLANC SOCIETE EN COMMANDITE p 1187
1006 Rte 117, SAINT-FAUSTIN-LAC-CARRE, QC, J0T 1J2
(819) 688-2444   SIC 7011

MONT SENOR PHILLIP COSSEY CATHOLIC SCHOOL p 780
See DURHAM CATHOLIC DISTRICT SCHOOL BOARD

MONT-BLEU FORD INC p 1034
375 Boul Maloney O, Gatineau, QC, J8P 3W1
(819) 669-0111   SIC 5511

MONT-ORFORD INC p 1136
4380 Ch Du Parc, ORFORD, QC, J1X 7N9
(819) 843-6548   SIC 7011

MONTAGE ET DECOUPAGE PROMAG INC p 991
11150 Av L.-J.-Forget, ANJOU, QC, H1J 2K9
(514) 352-9511   SIC 7319

MONTAGE SUPPORT SERVICES OF METROPOLITAN TORONTO p 760
700 Lawrence Ave W Suite 325, NORTH YORK, ON, M6A 3B4
(416) 780-9630   SIC 8361

MONTAGUE CENTRAL ELEMENTARY SCHOOL p 850
See UPPER CANADA DISTRICT SCHOOL BOARD, THE

MONTAGUE CONSOLIDATED SCHOOL p 983
See EASTERN SCHOOL DISTRICT

MONTAGUE INTERMEDIATE p 983
See EASTERN SCHOOL DISTRICT

MONTAGUE REGIONAL HIGH SCHOOL p 983
See EASTERN SCHOOL DISTRICT

MONTANA p 930
See LAST BEST PLACE CORP, THE

MONTANA KAMLOOPS p 222
See OKANAGAN GENERAL PARTNERSHIP

MONTANA'S p 677
See CARA OPERATIONS LIMITED

MONTANA'S p 767
See KELSEY'S RESTAURANTS INC

MONTANA'S p 852
See CARA OPERATIONS LIMITED

MONTANA'S BARBEQUE AND BAR p 524
See 1565720 ONTARIO LIMITED

MONTANA'S BBQ & BAR p 718
See CARA OPERATIONS LIMITED

MONTANA'S COOK HOUSE p 232
See CARA RESTAURANTS

MONTANA'S COOK HOUSE p 626
See MON 3047 INC

MONTANA'S COOKHOUSE p 61
See CARA OPERATIONS LIMITED

MONTANA'S COOKHOUSE p 62
See CARA OPERATIONS LIMITED

MONTANA'S COOKHOUSE p 156
See CARA OPERATIONS LIMITED

MONTANA'S COOKHOUSE p 166
See CARA OPERATIONS LIMITED

MONTANA'S COOKHOUSE p 199
See CARA OPERATIONS LIMITED

MONTANA'S COOKHOUSE p 241
See CARA OPERATIONS LIMITED

MONTANA'S COOKHOUSE p 287
See CARA OPERATIONS LIMITED

MONTANA'S COOKHOUSE p 334
315 Burnside Rd W, VICTORIA, BC, V8Z 7L6
(250) 978-9333   SIC 5812

MONTANA'S COOKHOUSE p 361
See CARA OPERATIONS LIMITED

MONTANA'S COOKHOUSE p 380
See CARA OPERATIONS LIMITED

MONTANA'S COOKHOUSE p 401
See CARA OPERATIONS LIMITED

MONTANA'S COOKHOUSE p 503
See CARA OPERATIONS LIMITED

MONTANA'S COOKHOUSE p 511
See CARA OPERATIONS LIMITED

MONTANA'S COOKHOUSE p 600
See CARA OPERATIONS LIMITED

MONTANA'S COOKHOUSE p 660
See CARA OPERATIONS LIMITED

MONTANA'S COOKHOUSE p 769
See CARA OPERATIONS LIMITED

MONTANA'S COOKHOUSE p 795
See CARA OPERATIONS LIMITED

MONTANA'S COOKHOUSE p 809
See CARA OPERATIONS LIMITED

MONTANA'S COOKHOUSE p 843
See CARA OPERATIONS LIMITED

MONTANA'S COOKHOUSE p 873
See CARA OPERATIONS LIMITED

MONTANA'S COOKHOUSE p 878
See CARA OPERATIONS LIMITED

MONTANA'S COOKHOUSE p 963
See CARA OPERATIONS LIMITED

MONTANA'S COOKHOUSE SALOON p 113
1720 99 St Nw, EDMONTON, AB, T6N 1M5
(780) 466-8520   SIC 5812

MONTANA'S COOKHOUSE SALOON p 368
See CARA FOODS

MONTANA'S COOKHOUSE SALOON p 484
See G.R.B. RESTAURANT INC

MONTANA'S COOKHOUSE SALOON p 498
66 Barrie View Dr, BARRIE, ON, L4N 8V4
(705) 726-3375   SIC 5812

MONTANA'S COOKHOUSE SALOON p 615
See CARA OPERATIONS LIMITED

MONTANA'S COOKHOUSE SALOON p 632
See 1324743 ONTARIO LIMITED

MONTANA'S COOKHOUSE SALOON p 705
See CARA OPERATIONS LIMITED

MONTANA'S COOKHOUSE SALOON p 977
See CARA OPERATIONS LIMITED

MONTANA'S COOKHOUSE SALOON p 1049
See CARA FOODS

MONTANA'S DIXIE p 687
See CARA OPERATIONS LIMITED

MONTANA'S RESTAURANT p 556
79 Balsam St, COLLINGWOOD, ON, L9Y 3Y6
(705) 444-0278   SIC 5812

MONTANA'S TIMMINS p 885
See CARA OPERATIONS LIMITED

MONTANAS p 488
See CARA OPERATIONS LIMITED

MONTANAS p 694
See CARA OPERATIONS LIMITED

MONTANAS COOKHOUSE p 733
17440 Yonge St, NEWMARKET, ON, L3Y 6Y9
(905) 898-4546   SIC 5812

MONTCALM SECONDARY SCHOOL p 654
See THAMES VALLEY DISTRICT SCHOOL BOARD

MONTCALM SERVICES TECHNIQUES INC p 1061
695 90e Av, LASALLE, QC, H8R 3A4
SIC 7349

MONTCREST SCHOOL p 895
4 Montcrest Blvd, TORONTO, ON, M4K 1J7
(416) 469-2008   SIC 8211

MONTEBELLO PACKAGING p 618
See GREAT PACIFIC ENTERPRISES INC

MONTECH p 1214
See GROUPE MONTECH INC

MONTECITO ELEMENTARY SCHOOL p 183
See BURNABY SCHOOL BOARD DISTRICT 41

MONTEFERRO AMERICA p 348
See CANADIAN GUIDE RAIL CORPORATION

MONTEL INC p 1084
225 4e Av, MONTMAGNY, QC, G5V 4N9
(418) 248-0235   SIC 2542

MONTEREY INN RESORT & CONFERENCE CENTER p 726
See 393450 ONTARIO LIMITED

MONTEREY PARK SCHOOL p 9
See CALGARY BOARD OF EDUCATION

MONTESSORI HOUSE OF CHILDREN INC, THE p 656
711 Waterloo St, LONDON, ON, N6A 3W1
(519) 433-9121   SIC 8211

MONTFORT RENAISSANCE INC p 789
162 Murray St, OTTAWA, ON, K1N 5M8
(613) 789-5144   SIC 6531

MONTGOMERY MIDDLE SCHOOL p 203
See SCHOOL DISTRICT NO. 43 (COQUITLAM)

MONTGOMERY PHARMA PACKAGING p 713
See CANADIAN TEST CASE 145

MONTGOMERY PLACE SPRINT SUPPORTIVE HOUSING p 898
See SENIOR PEOPLES' RESOURCES IN NORTH TORONTO INCORPORATED

MONTGOMERY SCHOOL p 1301
See BOARD OF EDUCATION OF SASKATOON SCHOOL DIVISION NO. 13 OF SASKATCHEWAN, THE

MONTGOMERY STREET SCHOOL p 399
See ANGLOPHONE WEST SCHOOL DISTRICT (ASD-W)

MONTGOMERY VILLAGE PUBLIC SCHOOL p 773
See UPPER GRAND DISTRICT SCHOOL BOARD, THE

MONTREAL ACCOUNTING p 1109
See BDO CANADA LLP

MONTREAL AUTO PRIX INC p 1216
7200 Boul Langelier, SAINT-LEONARD, QC, H1S 2X6
(514) 257-8020   SIC 7538

MONTREAL BRIQUE ET PIERRE p 1127
See 2321-1998 QUEBEC INC

MONTREAL CHEST INSITUTE, MUHC p 1100
See MCGILL UNIVERSITY HEALTH CENTRE

MONTREAL LAKE SCHOOL p 1275
See PRINCE ALBERT GRAND COUNCIL

MONTREAL PORT AUTHORITY p 1089
3400 Rue Notre-Dame E, Montreal, QC, H1W 2J2
(514) 283-7020   SIC 4111

MONTREAU CLINIC p 331
See MONTREUX COUNSELLING CENTRE LTD

MONTRES BIG TIME INC p 1124
9250 Boul De L'acadie Bureau 340, Montreal, QC, H4N 3C5
(514) 384-6464   SIC 5944

MONTREUX COUNSELLING CENTRE LTD p 331
Gd Stn Csc, VICTORIA, BC, V8W 2L9
SIC 8322

MONTROSE ELEMENTARY SCHOOL p 97
See EDMONTON SCHOOL DISTRICT NO. 7

MONTROSE JUNIOR HIGH p 128
See GRANDE PRAIRIE PUBLIC SCHOOL DISTRICT #2357

MONTROSE JUNIOR PUBLIC SCHOOL p 935
See TORONTO DISTRICT SCHOOL BOARD

MONTROSE SCHOOL p 387
See WINNIPEG SCHOOL DIVISION

MONTROYAL ELEMENTARY SCHOOL p 250
See SCHOOL DISTRICT NO. 44 (NORTH VANCOUVER)

MONTSHIP INC p 312
1111 Hastings St W Suite 800, VANCOUVER, BC, V6E 2J3
(604) 640-7400   SIC 4731

MONTSHIP INC p 689
2700 Matheson Blvd E Suite 400, MISSISSAUGA, ON, L4W 4V9
(905) 629-5900   SIC 4783

MONTSHIP INC p 1102
360 Rue Saint-Jacques Bureau 1000, Montreal, QC, H2Y 1R2
(514) 286-4646   SIC 4731

MOOD MEDIA ENTERTAINMENT LTD p 561
99 Sante Dr Suite B, CONCORD, ON, L4K 3C4
(905) 761-4300   SIC 7389

MOODY MIDDLE SCHOOL p 257
See SCHOOL DISTRICT NO. 43 (COQUIT-

**MOODY'S ANALYTICS GLOBAL EDUCA-
TION (CANADA), INC** *p* 930
200 Wellington St W, TORONTO, ON, M5V 3C7
(416) 364-9130   SIC 8299

MOODY'S CANADA INC *p* 920
70 York St Suite 1400, TORONTO, ON, M5J 1S9
(416) 214-1635   SIC 7323

MOODY'S INVESTORS SERVICE *p* 920
See MOODY'S CANADA INC

MOOG COMPONENTS GROUP *p* 451
See FOCAL TECHNOLOGIES CORPORATION

MOON PALACE RESTAURANT *p* 1244
See 9230-5713 QUEBEC INC

MOONSTONE ELEMENTARY *p* 723
See SIMCOE COUNTY DISTRICT SCHOOL BOARD, THE

MOORE CANADA CORPORATION *p* 92
18330 102 Ave Nw, EDMONTON, AB, T5S 2J9
(780) 452-5592   SIC 2761

MOORE CANADA CORPORATION *p* 297
901 Great Northern Way, VANCOUVER, BC, V5T 1E1
(604) 872-2326   SIC 2752

MOORE CANADA CORPORATION *p* 588
650 Victoria Terr, FERGUS, ON, N1M 1G7
(519) 843-2510   SIC 2761

MOORE CANADA CORPORATION *p* 714
333 Foster Cres Suite 2, MISSISSAUGA, ON, L5R 3Z9
(905) 890-1080   SIC 2782

MOORE CANADA CORPORATION *p* 719
6100 Vipond Dr, MISSISSAUGA, ON, L5T 2X1
(905) 362-3100   SIC 6712

MOORE CANADA CORPORATION *p* 719
1060 Tristar Dr, MISSISSAUGA, ON, L5T 1H9
(905) 670-0604   SIC 2752

MOORE CANADA CORPORATION *p* 781
1100 Thornton Rd S, OSHAWA, ON, L1J 7E2
(905) 579-2461   SIC 2761

MOORE CANADA CORPORATION *p* 890
180 Bond Ave, TORONTO, ON, M3B 3P3
(416) 445-8800   SIC 2752

MOORE CANADA CORPORATION *p* 920
220 Bay St Suite 200, TORONTO, ON, M5J 2W4
(416) 599-0011   SIC 2761

MOORE CANADA CORPORATION *p* 944
8 Douglas Rd, TRENTON, ON, K8V 5R4
(613) 392-1205   SIC 2761

MOORE CANADA CORPORATION *p* 991
11150 Av L.-J.-Forget, ANJOU, QC, H1J 2K9
(514) 353-9090   SIC 2782

MOORE CANADA CORPORATION *p* 1118
1500 Rue Saint-Patrick, Montreal, QC, H3K 0A3
(514) 415-7300   SIC 2759

MOORE ENTERPRISES INC *p* 399
370 Main St, FREDERICTON, NB, E3A 1E5
(506) 462-9950   SIC 5812

MOORE ENTERPRISES INC *p* 400
1050 Woodstock Rd, FREDERICTON, NB, E3B 7R8
(506) 450-3778   SIC 5812

MOORE ENTERPRISES INC *p* 400
973 Prospect St, FREDERICTON, NB, E3B 2T7
(506) 462-9946   SIC 5812

MOORE PACKAGING CORPORATION *p* 498
191 John St, BARRIE, ON, L4N 2L4
(705) 737-1023   SIC 2653

MOORE, BENJAMIN & CO., LIMITED *p* 234
26680 Gloucester Way, LANGLEY, BC, V4W 3V6
(604) 857-0600   SIC 2851

MOORE, BENJAMIN & CO., LIMITED *p* 561
8775 Keele St, CONCORD, ON, L4K 2N1
(905) 761-4800   SIC 2851

MOORE, BENJAMIN & CO., LIMITED *p* 561
161 Cidermill Ave, CONCORD, ON, L4K 4G5
(905) 660-7769   SIC 2851

MOORE, BENJAMIN & CO., LIMITED *p* 1091
9393 Boul Saint-Michel, Montreal, QC, H1Z 3H3
(514) 321-3330   SIC 2851

MOORES CLOTHING FOR MEN *p* 62
See MOORES THE SUIT PEOPLE INC

MOORES CLOTHING FOR MEN *p* 110
See MOORES THE SUIT PEOPLE INC

MOORES CLOTHING FOR MEN *p* 384
See MOORES THE SUIT PEOPLE INC

MOORES CLOTHING FOR MEN *p* 434
See MOORES THE SUIT PEOPLE INC

MOORES CLOTHING FOR MEN *p* 586
See MOORES THE SUIT PEOPLE INC

MOORES CLOTHING FOR MEN *p* 692
See MOORES THE SUIT PEOPLE INC

MOORES CLOTHING FOR MEN *p* 799
See MOORES THE SUIT PEOPLE INC

MOORES CLOTHING FOR MEN *p* 970
See MOORES THE SUIT PEOPLE INC

MOORES CLOTHING FOR MEN *p* 1112
See MOORES THE SUIT PEOPLE INC

MOORES CLOTHING FOR MEN *p* 1216
See MOORES THE SUIT PEOPLE INC

MOORES CLOTHING FOR MEN *p* 1287
See MOORES THE SUIT PEOPLE INC

MOORES THE SUIT PEOPLE INC *p* 62
92 Crowfoot Terr Nw, CALGARY, AB, T3G 4J8
(403) 247-9666   SIC 5611

MOORES THE SUIT PEOPLE INC *p* 110
3279 Calgary Trail Nw Suite 3281, EDMONTON, AB, T6J 5X8
(780) 439-1818   SIC 5611

MOORES THE SUIT PEOPLE INC *p* 384
1600 Ness Ave Suite 310, WINNIPEG, MB, R3J 3W7
(204) 783-2857   SIC 5611

MOORES THE SUIT PEOPLE INC *p* 434
41 Kelsey Dr, ST. JOHN'S, NL, A1B 5C8
(709) 579-7951   SIC 5611

MOORES THE SUIT PEOPLE INC *p* 586
129 Carlingview Dr, ETOBICOKE, ON, M9W 5E7
(416) 675-1900   SIC 5611

MOORES THE SUIT PEOPLE INC *p* 692
2150 Dundas St E, MISSISSAUGA, ON, L4X 1L9
(905) 276-6666   SIC 5611

MOORES THE SUIT PEOPLE INC *p* 799
2525 Carling Ave, OTTAWA, ON, K2B 7Z2
(613) 726-0450   SIC 5611

MOORES THE SUIT PEOPLE INC *p* 970
3164 Dougall Ave, WINDSOR, ON, N9E 1S6
(519) 972-7707   SIC 5611

MOORES THE SUIT PEOPLE INC *p* 1112
966 Rue Sainte-Catherine O, Montreal, QC, H3B 1E3
(514) 845-1548   SIC 5611

MOORES THE SUIT PEOPLE INC *p* 1216
6835 Rue Jean-Talon E, SAINT-LEONARD, QC, H1S 1N2
(514) 253-6555   SIC 5611

MOORES THE SUIT PEOPLE INC *p* 1287
921 Albert St, REGINA, SK, S4R 2P6
(306) 525-2762   SIC 5611

MOORETOWN COURTRIGHT PUBLIC SCHOOL *p* 723
See LAMBTON KENT DISTRICT SCHOOL BOARD

MOOSE CREE EDUCATION AUTHORITY *p* 723
28 Amisk St, MOOSE FACTORY, ON, P0L 1W0
(705) 658-5610   SIC 8211

MOOSE FACTORY ISLAND DISTRICT SCHOOL AREA BOARD *p* 723
9 Hordan St, MOOSE FACTORY, ON, P0L 1W0
(705) 658-4535   SIC 8211

MOOSE JAW EXHIBITION COMPANY, LIMITED, THE *p* 1276
250 Thatcher Dr E, MOOSE JAW, SK, S6J 1L7
(306) 692-2723   SIC 7999

MOOSE JAW SAFEWAY *p* 1276
See SOBEYS WEST INC

MOOSE JAW TOYOTA *p* 1276
See TAYLOR MOTOR SALES LTD

MOOSE JAW-HIGH BRANCH *p* 1275
See CONEXUS CREDIT UNION 2006

MOOSE MOUNTAIN LODGE *p* 1266
See SUN COUNTRY REGIONAL HEALTH AUTHORITY

MOOSE MOUNTAIN MUD *p* 1265
See CES ENERGY SOLUTIONS CORP

MOOSE WINOOSKI'S *p* 524
See 1193055 ONTARIO INC

MOOSE WINOOSKI'S *p* 644
See RESTAURANT INNOVATIONS INC

MOOSEHEAD BREWERIES LIMITED *p* 418
89 Main St W, SAINT JOHN, NB, E2M 3H2
(506) 635-7000   SIC 2082

MOOSEHEAD BREWERIES LIMITED *p* 452
656 Windmill Rd, DARTMOUTH, NS, B3B 1B8
(902) 468-7040   SIC 5181

MOR-WEN RESTAURANTS LTD *p* 860
1010 Stittsville Main St, STITTSVILLE, ON, K2S 1B9
(613) 831-2738   SIC 5812

MORAINE HILLS PUBLIC SCHOOL *p* 824
See YORK REGION DISTRICT SCHOOL BOARD

MORAND FORD LINCOLN LTEE *p* 1225
4105 132 Rte, SAINTE-CATHERINE, QC, J5C 1V9
(450) 632-1340   SIC 5511

MORBERN INC *p* 1057
1967 46e Av, LACHINE, QC, H8T 2P1
(514) 631-2990   SIC 2295

MORDEN COLLEGIATE INSTITUTE *p* 351
See WESTERN SCHOOL DIVISION

MORDEN COOP *p* 352
See WINKLER CONSUMERS COOPERATIVE LTD

MORDEN DIVISION *p* 351
See BUHLER INDUSTRIES INC.

MORE *p* 404
See M.O.R.E. SERVICES INC

MOREAU ELECTRIQUE *p* 1035
See J.Y. MOREAU ELECTRIQUE INC

MORELCO *p* 1169
See SM CONSTRUCTION INC

MORELL CONSOLIDATED SCHOOL *p* 984
See EASTERN SCHOOL DISTRICT

MORENCY, SOCIETE D'AVOCATS, S.E.N.C.R.L. *p* 1161
2875 Boul Laurier Bureau 200, Quebec, QC, G1V 2M2
(418) 651-9900   SIC 8111

MORFEE ELEMENTARY *p* 235
See BOARD OF EDUCATION OF SCHOOL DISTRICT NO. 57 (PRINCE GEORGE), THE

MORGAN ADVANCE MATERIALS CANADA INC *p* 536
See MORGAN ADVANCED MATERIALS CANADA INC

MORGAN ADVANCED MATERIALS CANADA INC *p* 536
1185 Walker's Line, BURLINGTON, ON, L7M 1L1
(905) 335-3414   SIC 3443

MORGAN CREEK GOLF COURSE *p* 288
3500 Morgan Creek Way, SURREY, BC, V3Z 0J7
(604) 531-4262   SIC 7997

MORGAN CREEK KEG *p* 288
See KEG RESTAURANTS LTD

MORGAN ELEMENTARY SCHOOL *p* 288
See SCHOOL DISTRICT NO 36 (SURREY)

MORGAN SOLAR INC *p* 936
30 Ordnance St, TORONTO, ON, M6K 1A2
(416) 203-1655   SIC 8731

MORGUARD CORPORATION *p* 187
5134 Still Creek Ave, BURNABY, BC, V5C 4E4
(604) 299-8914   SIC 3442

MORGUARD CORPORATION *p* 696
3665 Arista Way Suite 2026, MISSISSAUGA, ON, L5A 4A3
(905) 896-6500   SIC 6513

MORGUARD CORPORATION *p* 793
350 Sparks St Suite 402, OTTAWA, ON, K1R 7S8
(613) 237-6373   SIC 6519

MORGUARD CORPORATION *p* 894
47 Thorncliffe Park Dr Suite 105, TORONTO, ON, M4H 1J5
(416) 421-8109   SIC 8741

MORGUARD INVESTMENTS LIMITED *p* 47
505 3 St Sw Suite 200, CALGARY, AB, T2P 3E6
(403) 233-0274   SIC 6531

MORGUARD INVESTMENTS LIMITED *p* 55
10201 Southport Rd Sw Suite 108, CALGARY, AB, T2W 4X9
(403) 253-8838   SIC 6531

MORGUARD INVESTMENTS LIMITED *p* 200
2929 Barnet Hwy Suite 2201, COQUITLAM, BC, V3B 5R5
(604) 464-1511   SIC 6512

MORGUARD INVESTMENTS LIMITED *p* 304
333 Seymour St Suite 400, VANCOUVER, BC, V6B 5A6
(604) 681-9474   SIC 6531

MORGUARD INVESTMENTS LIMITED *p* 334
3531 Uptown Blvd Unit 221, VICTORIA, BC, V8Z 0B9
(250) 383-8093   SIC 6531

MORGUARD INVESTMENTS LIMITED *p* 345
1570 18th St Suite 61, BRANDON, MB, R7A 5C5
(204) 728-3255   SIC 6512

MORGUARD INVESTMENTS LIMITED *p* 378
363 Broadway Suite 1400, WINNIPEG, MB, R3C 3N9
(204) 632-9500   SIC 6531

MORGUARD INVESTMENTS LIMITED *p* 515
25 Peel Centre Dr Suite 127, BRAMPTON, ON, L6T 3R5
(905) 793-4682   SIC 6512

MORGUARD INVESTMENTS LIMITED *p* 698
55 City Centre Dr Suite 800, MISSISSAUGA, ON, L5B 1M3
(905) 281-3800   SIC 6531

MORGUARD INVESTMENTS LIMITED *p* 698
55 City Centre Dr Suite 800, MISSISSAUGA, ON, L5B 1M3
(905) 281-3800   SIC 6798

MORGUARD INVESTMENTS LIMITED *p* 742
1500 Fisher St Suite 200, NORTH BAY, ON, P1B 2H3
(705) 472-8110   SIC 6512

MORGUARD INVESTMENTS LIMITED *p* 787
1200 St. Laurent Blvd Suite 199, OTTAWA, ON, K1K 3B8
(613) 745-6858   SIC 6512

MORGUARD INVESTMENTS LIMITED *p* 793
350 Sparks St Suite 402, OTTAWA, ON, K1R 7S8
(613) 237-6373   SIC 6531

MORGUARD INVESTMENTS LIMITED   p 926
77 Bloor Street W Suite 1704, TORONTO, ON, M5S 1M2
(416) 921-3149   SIC 6531
MORGUARD INVESTMENTS LIMITED   p 1292
3510 8th St E Suite 10, SASKATOON, SK, S7H 0W6
(306) 955-6611   SIC 6512
MORGUARD INVESTMENTS LIMITED   p 1297
134 Primrose Dr Suite 20, SASKATOON, SK, S7K 5S6
(306) 933-2422   SIC 8741
MORGUARD NORTH AMERICAN RESIDENTIAL REAL ESTATE INVESTMENT TRUST   p 698
See MORGUARD INVESTMENTS LIMITED
MORGUARD RESIDENTIAL   p 894
See MORGUARD CORPORATION
MORIAH FOOD SERVICES LTD   p 934
1168 St Clair Ave W, TORONTO, ON, M6E 1B4
(416) 652-9536   SIC 5812
MORIAH FOOD SERVICES LTD   p 939
2218 Bloor St W, TORONTO, ON, M6S 1N4
(416) 762-9949   SIC 5812
MORIN & ROULEAU INC   p 1067
4300 Boul Guillaume-Couture, Levis, QC, G6W 6N1
(418) 833-8677   SIC 5812
MORINVILLE COMMUNITY HIGH SCHOOL   p 146
See GREATER ST. ALBERT CATHOLIC REGIONAL DIVISION NO. 29
MORINVILLE SOBEYS   p 146
See RADCO FOOD STORES LTD
MORISON PUBLIC SCHOOL   p 568
See RENFREW COUNTY DISTRICT SCHOOL BOARD
MORISSETTE, CHARLES INC   p 1054
150 Ch Des Hamelin, LA TUQUE, QC, G9X 3N6
(819) 523-3366   SIC 8711
MORLEY ELEMENTARY SCHOOL   p 188
See BURNABY SCHOOL BOARD DISTRICT 41
MORMAC LTD   p 413
222 Main St, SACKVILLE, NB, E4L 4C1
(506) 364-1997   SIC 5812
MORNEAU ESKIMO   p 1165
See ESKIMO EXPRESS INC
MORNEAU SHEPELL INC   p 294
2925 Virtual Way Suite 10, VANCOUVER, BC, V5M 4X5
(604) 688-9839   SIC 6411
MORNEAU SHEPELL INC   p 1126
800 Rue Du Square-Victoria, Montreal, QC, H4Z 1A1
(514) 878-9090   SIC 6722
MORNEAU SHEPELL LTD   p 32
5940 Macleod Trail Sw Suite 306, CALGARY, AB, T2H 2G4
(403) 355-3700   SIC 8999
MORNEAU SHEPELL LTD   p 153
4808 50 St Suite 50, RED DEER, AB, T4N 1X5
SIC 8999
MORNEAU SHEPELL LTD   p 323
505 Burrard St, VANCOUVER, BC, V7X 1M6
(604) 642-5200   SIC 8999
MORNEAU SHEPELL LTD   p 402
40 Crowther Lane Suite 300, FREDERICTON, NB, E3C 0J1
(506) 458-9081   SIC 8999
MORNEAU SHEPELL LTD   p 462
7071 Bayers Rd Suite 3007, HALIFAX, NS, B3L 2C2
(902) 429-8013   SIC 8999
MORNEAU SHEPELL LTD   p 1126
800 Square Victoria Bureau 4000, MONTREAL, QC, H4Z 0A4
(514) 878-9090   SIC 8999

MORNEAU SHEPELL LTD   p 1157
79 Boul Rene-Levesque E Bureau 100, Quebec, QC, G1R 5N5
(418) 529-4536   SIC 8999
MORNEAU SOBECO BUSINESS DIVISON p 294
See MORNEAU SHEPELL INC
MORNING GLORY PUBLIC SCHOOL   p 805
See YORK REGION DISTRICT SCHOOL BOARD
MORNING STAR MIDDLE SCHOOL   p 684
See PEEL DISTRICT SCHOOL BOARD
MORNINGSTAR AIR EXPRESS INC   p 129
3759 60 Ave E, GRANDE PRAIRIE, AB, T9E 0V4
(780) 453-3022   SIC 4522
MORNINGSTAR DETOX CENTRE   p 628
See LAKE OF THE WOODS DISTRICT HOSPITAL
MORNINGSTAR RESEARCH INC   p 915
141 Adelaide St W Suite 910, TORONTO, ON, M5H 3L5
(416) 366-4253   SIC 8732
MORREY AUTO GROUP LTD   p 250
818 Automall Dr, North Vancouver, BC, V7P 3R8
(604) 984-9211   SIC 5511
MORREY MAZDA   p 250
See MORREY AUTO GROUP LTD
MORRIN SCHOOL   p 146
See PRAIRIE LAND REGIONAL DIVISION 25
MORRIS INDUSTRIES LTD   p 351
284 6th Ave Nw, MINNEDOSA, MB, R0J 1E0
(204) 867-2713   SIC 3523
MORRIS INDUSTRIES LTD   p 1309
85 York Rd W, YORKTON, SK, S3N 3P2
(306) 783-8585   SIC 3523
MORRIS NATIONAL INC   p 561
100 Jacob Keffer Pky, CONCORD, ON, L4K 4W3
(905) 879-7777   SIC 5145
MORRIS, B. LAW GROUP   p 610
125 Main St E, HAMILTON, ON, L8N 3Z3
(905) 522-6845   SIC 8111
MORRISBURG PUBLIC SCHOOL   p 724
See UPPER CANADA DISTRICT SCHOOL BOARD, THE
MORRISH PUBLIC SCHOOL   p 835
See TORONTO DISTRICT SCHOOL BOARD
MORRISON HERSHFIELD LIMITED   p 32
6807 Railway St Se Suite 300, CALGARY, AB, T2H 2V6
(403) 246-4500   SIC 8711
MORRISON HERSHFIELD LIMITED   p 117
1603 91 St Sw Suite 300, EDMONTON, AB, T6X 0W8
(780) 483-5200   SIC 8711
MORRISON HERSHFIELD LIMITED   p 187
4321 Still Creek Dr Unit 310, BURNABY, BC, V5C 6S7
(604) 454-0402   SIC 8711
MORRISON HERSHFIELD LIMITED   p 539
1005 Skyview Dr Suite 175, BURLINGTON, ON, L7P 5B1
(905) 319-6668   SIC 7363
MORRISON HERSHFIELD LIMITED   p 676
125 Commerce Valley Dr W Suite 300, MARKHAM, ON, L3T 7W4
(416) 499-3110   SIC 8711
MORRISON HERSHFIELD LIMITED   p 786
2440 Don Reid Dr Suite 200, OTTAWA, ON, K1H 1E1
(613) 739-2910   SIC 7363
MORRISON HERSHFIELD LIMITED   p 817
9515 Montrose Rd, PORT ROBINSON, ON, L0S 1K0
(905) 394-3900   SIC 4899
MORRISON LAMOTHE INC   p 843
5240 Finch Ave E Unit 2, SCARBOROUGH, ON, M1S 5A2
(416) 291-6762   SIC 2038
MORSE ST PS   p 896

See TORONTO DISTRICT SCHOOL BOARD
MORTGAGE ALLIANCE   p 575
3385 Lake Shore Blvd W, ETOBICOKE, ON, M8W 1N2
SIC 6162
MORTGAGEBROKERS.COM INC   p 563
260 Edgeley Blvd Suite 11, CONCORD, ON, L4K 3Y4
(877) 410-4848   SIC 6163
MORTON WAY PUBLIC SCHOOL   p 522
See PEEL DISTRICT SCHOOL BOARD
MORTON'S OF CHICAGO/CANADA, INC   p 924
4 Avenue Rd, TORONTO, ON, M5R 2E8
(416) 925-0648   SIC 5812
MORTONS OF CHICAGO/TORONTO   p 924
See MORTON'S OF CHICAGO/CANADA, INC
MORVAL   p 638
See WOODBRIDGE FOAM CORPORATION
MORZOC INVESTMENT INC   p 853
145 Hartzel Rd, ST CATHARINES, ON, L2P 1N6
(905) 684-6253   SIC 5812
MORZOC INVESTMENT INC   p 853
275 Geneva St, ST CATHARINES, ON, L2N 2E9
(905) 935-0071   SIC 5461
MOSAIC-NEWCOMER FAMILY RESOURCE NETWORK INCORPORATED   p 375
397 Carlton St, WINNIPEG, MB, R3B 2K9
(204) 774-7311   SIC 8399
MOSAKAHIKAN SCHOOL   p 365
See FRONTIER SCHOOL DIVISION
MOST OIL CANADA   p 101
See MILLENNIUM OILFLOW SYSTEMS & TECHNOLOGY INC
MOTEL 6   p 513
See ACCOR CANADA INC
MOTEL ADAMS INC   p 1033
20 Rue Adams, Gaspe, QC, G4X 1E4
(418) 368-6666   SIC 7011
MOTEL BOULEVARD CARTIER INC   p 1175
80 Boul Cartier, Riviere-du-Loup, QC, G5R 2M9
(418) 867-3008   SIC 5812
MOTEL CONTINENTAL   p 1252
See 9027-3111 QUEBEC INC
MOTEL DES 9   p 1054
See GROUPE MARINEAU LTEE
MOTEL IDEAL   p 1229
See ENTREPRISES H. PEPIN (1991) INC, LES
MOTEL LE GASPESIANA   p 1226
460 Rte De La Mer, SAINTE-FLAVIE, QC, G0J 2L0
(418) 775-7233   SIC 7011
MOTEL VILLA MON REPOS INC   p 1054
32 111 Rte E, LA SARRE, QC, J9Z 1R7
(819) 333-2224   SIC 7011
MOTEURS ELECTRIQUES LAVAL LTEE   p 1046
2050 Rue Deschenes, Jonquiere, QC, G7S 2A9
(418) 548-3134   SIC 7694
MOTEURS ELECTRIQUES LAVAL LTEE   p 1249
1330 Rue Cartier, Trois-Rivieres, QC, G8Z 1L8
(819) 374-4687   SIC 7694
MOTHER CABRINI SCHOOL   p 941
See TORONTO CATHOLIC DISTRICT SCHOOL BOARD
MOTHER MARY GREENE SCHOOL   p 58
See CALGARY ROMAN CATHOLIC SEPARATE SCHOOL DISTRICT #1
MOTHER PARKER'S TEA & COFFEE INC p 693
2530 Stanfield Rd, MISSISSAUGA, ON, L4Y 1S4
(905) 279-9100   SIC 2095
MOTHER ST. BRIDE CATHOLIC ELEMEN-

TARY SCHOOL   p 742
See NIPISSING PARRY SOUND CATHOLIC DISTRICT SCHOOL BOARD
MOTHER TERESA CATHOLIC SCHOOL   p 509
See SIMCOE COUNTY DISTRICT SCHOOL BOARD, THE
MOTHER TERESA CATHOLIC SCHOOL   p 826
See CATHOLIC DISTRICT SCHOOL BOARD OF EASTERN ONTARIO
MOTHER TERESA ELEMENTARY SCHOOL p 675
See YORK CATHOLIC DISTRICT SCHOOL BOARD
MOTHER TERESA ELEMENTARY SCHOOL p 771
See HALTON CATHOLIC DISTRICT SCHOOL BOARD
MOTHER TERESA HIGH SCHOOL   p 730
See OTTAWA CATHOLIC DISTRICT SCHOOL BOARD
MOTHER TERESA SCHOOL   p 144
See MEDICINE HAT CATHOLIC BOARD OF EDUCATION
MOTHER TERESA SCHOOL   p 145
See MEDICINE HAT CATHOLIC SEPARATE REGIONAL DIVISION NO. 20
MOTHER TERESA SCHOOL   p 170
See RED DEER CATHOLIC REGIONAL DIVISION NO. 39
MOTHER TERESA SCHOOL   p 855
See NIAGARA CATHOLIC DISTRICT SCHOOL BOARD
MOTHER THERESA CATHOLIC SCHOOL p 77
See EDMONTON CATHOLIC SEPARATE SCHOOL DISTRICT NO.7
MOTHER THERESA CATHOLIC SCHOOL p 484
See DURHAM CATHOLIC DISTRICT SCHOOL BOARD
MOTHER THERESA CATHOLIC SCHOOL p 635
See ALGONQUIN & LAKESHORE CATHOLIC DISTRICT SCHOOL BOARD
MOTHER THERESA SCHOOL   p 567
See PETERBOROUGH VICTORIA NORTHUMBERLAND AND CLARINGTON CATHOLIC DISTRICT SCHOOL BOARD
MOTHER THERESA SCHOOL   p 1305
See ST. PAUL'S ROMAN CATHOLIC SEPARATE SCHOOL DIVISION NO 20
MOTHERS MUSIC   p 106
See PRICE, GORDON MUSIC LTD
MOTION & CONTROL DIV   p 682
See PARKER HANNIFIN CANADA
MOTION INDUSTRIES (CANADA), INC   p 19
4155 75 Ave Se Suite 16, CALGARY, AB, T2C 2K8
(403) 236-5581   SIC 5085
MOTION INDUSTRIES (CANADA), INC   p 117
9860 12 Ave Sw, EDMONTON, AB, T6X 0J5
(780) 466-6501   SIC 5085
MOTION INDUSTRIES (CANADA), INC   p 512
1925 Williams Pky Unit 1, BRAMPTON, ON, L6S 2M3
(905) 595-2477   SIC 5085
MOTION INDUSTRIES (CANADA), INC   p 742
600 Gormanville Rd, NORTH BAY, ON, P1B 9S7
(705) 476-3109   SIC 5084
MOTION INDUSTRIES (CANADA), INC   p 1305
40 3903 Arthur Rose Ave, SASKATOON, SK, S7P 0C8
(306) 931-7771   SIC 5085
MOTION INDUSTRY   p 99
See BCB CORPORATE SERVICES LTD
MOTION METRICS INTERNATIONAL CORP

p 320
2389 Health Sciences Mall Unit 101, VANCOUVER, BC, V6T 1Z3
(604) 822-5848   *SIC* 1081
MOTION SPECIALTIES INCORPORATED *p* 692
2130 Dundas St E, MISSISSAUGA, ON, L4X 1L9
(905) 795-0400   *SIC* 5047
MOTION SPECIALTIES INCORPORATED *p* 752
1925 Leslie St, NORTH YORK, ON, M3B 2M3
(416) 441-3585   *SIC* 5047
MOTION SPECIALTIES MISSISSAUGA *p* 692
See MOTION SPECIALTIES INCORPORATED
MOTO LOCATION M.T.L. INTERNATIONAL INC *p* 1122
6695 Rue Saint-Jacques, Montreal, QC, H4B 1V3
(514) 483-6686   *SIC* 7999
MOTO ROUTE 66 *p* 1151
See ATELIER DE MECANIQUE PREMONT INC
MOTOR COACH INDUSTRIES LIMITED *p* 1123
3500 Rue Saint-Patrick, Montreal, QC, H4E 1A2
(514) 938-4510   *SIC* 3711
MOTOR EXPRESS TORONTO *p* 686
See 1022804 ONTARIO INC
MOTOR WORKS ONE HOLDINGS INC *p* 802
510 Motor Works Pvt, OTTAWA, ON, K2R 0A5
(613) 656-6526   *SIC* 5511
MOTOR WORKS TWO HOLDINGS INC *p* 802
520 Motor Works Pvt, OTTAWA, ON, K2R 0A5
(613) 656-6536   *SIC* 5511
MOTORCADE INDUSTRIES LIMITED *p* 700
3550 Wolfedale Rd Unit 3, MISSISSAUGA, ON, L5C 2V6
(905) 848-1177   *SIC* 5013
MOTOROLA SOLUTIONS CANADA INC *p* 714
400 Matheson Blvd W, MISSISSAUGA, ON, L5R 3M1
(905) 507-7200   *SIC* 7379
MOTOROLA SOLUTIONS CANADA INC *p* 945
8133 Warden Ave, UNIONVILLE, ON, L6G 1B3
(905) 948-5200   *SIC* 5065
MOTOSEL INDUSTRIAL GROUP INC *p* 202
204 Cayer St Unit 407, COQUITLAM, BC, V3K 5B1
(604) 629-8733   *SIC* 5172
MOTOVAN CORPORATION *p* 1004
1391 Rue Gay-Lussac Bureau 100, BOUCHERVILLE, QC, J4B 7K1
(450) 449-3903   *SIC* 5013
MOTT ELECTRIC GENERAL PARTNERSHIP *p* 193
4599 Tillicum St Suite 100, BURNABY, BC, V5J 3J9
(604) 522-5757   *SIC* 1731
MOTT ELECTRIC GENERAL PARTNERSHIP *p* 193
7590 Lowland Dr, BURNABY, BC, V5J 5A4
(604) 436-5755   *SIC* 1541
MOTTLAB INC *p* 534
5230 South Service Rd, BURLINGTON, ON, L7L 5K2
(905) 331-1877   *SIC* 5049
MOUAT'S HOME HARDWARE *p* 276
See MOUAT'S TRADING CO. LTD
MOUAT'S TRADING CO. LTD *p* 276
106 Fulford-Ganges Rd, SALT SPRING ISLAND, BC, V8K 2S3
(250) 537-5551   *SIC* 5399
MOULDED FOAM DIV. *p* 882
See WOODBRIDGE FOAM CORPORATION
MOULDING & MILLWOR *p* 452
See METRIE CANADA LTD
MOULDING & MILLWORK *p* 92
See METRIE CANADA LTD
MOULDING & MILLWORK *p* 236
See METRIE CANADA LTD
MOULDING & MILLWORK *p* 512
See METRIE CANADA LTD
MOULDINGS & MILLWORK *p* 229
See METRIE CANADA LTD
MOULURE ALEXANDRIA MOULDING INC *p* 485
20352 Power Dam Rd Rr 6, ALEXANDRIA, ON, K0C 1A0
(613) 525-2784   *SIC* 2431
MOULURE ALEXANDRIA MOULDING INC *p* 485
95 Lochiel St, ALEXANDRIA, ON, K0C 1A0
(613) 525-2784   *SIC* 5031
MOULURES ET COMPOSANTES DE BOIS ALGONQUIN *p* 1078
See INDUSTRIES WARNET INC
MOULURES M. WARNET INC *p* 999
100 Rue Marius-Warnet, BLAINVILLE, QC, J7C 5P9
(450) 437-1209   *SIC* 5211
MOULURES WARNET *p* 999
See MOULURES M. WARNET INC
MOUNT ALBERT IGA *p* 724
See SOBEYS CAPITAL INCORPORATED
MOUNT ALBERT PUBLIC SCHOOL *p* 724
See YORK REGION DISTRICT SCHOOL BOARD
MOUNT BAKER SENIOR SECONDARY SCHOOL *p* 205
See SCHOOL DISTRICT NO 5 (SOUTHEAST KOOTENAY)
MOUNT BENSON ELEMENTARY SCHOOL *p* 242
See SCHOOL DISTRICT NO. 68 (NANAIMO-LADYSMITH)
MOUNT BOUCHERIE COMMUNITY CENTRE *p* 337
See REGIONAL DISTRICT OF CENTRAL OKANAGAN
MOUNT BRUNO SCHOOL *p* 1182
See RIVERSIDE SCHOOL BOARD
MOUNT CARMEL BLYTHESWOOD PUBLIC SCHOOL *p* 646
See GREATER ESSEX COUNTY DISTRICT SCHOOL BOARD
MOUNT CARMEL ELEMENTARY SCHOOL *p* 470
See CAPE BRETON-VICTORIA REGIONAL SCHOOL BOARD
MOUNT CRESCENT ELEMENTARY *p* 236
See SCHOOL DISTRICT NO 42 (MAPLE RIDGE-PITT MEADOWS)
MOUNT DOUGLAS SECONDARY SCHOOL *p* 327
See BOARD OF EDUCATION OF SCHOOL DISTRICT NO. 61 (GREATER VICTORIA)
MOUNT EDWARD ELEMENTARY SCHOOL *p* 447
See HALIFAX REGIONAL SCHOOL BOARD
MOUNT ELIZABETH SECONDARY SCHOOL *p* 228
See THE BOARD OF EDUCATION OF SCHOOL DISTRICT #82 (COAST MOUNTAIN)
MOUNT HOPE CENTRE FOR LONG TERM CARE *p* 656
See ST. JOSEPH'S HEALTH CARE, LONDON
MOUNT HOPE PUBLIC SCHOOL *p* 724
See HAMILTON-WENTWORTH DISTRICT SCHOOL BOARD, THE
MOUNT JOY PUBLIC SCHOOL *p* 678
See YORK REGION DISTRICT SCHOOL BOARD
MOUNT LAWN FUNERAL HOME CEMETARY *p* 957
See ARBOR MEMORIAL SERVICES INC
MOUNT LAYTON HOT SPRING RESORT LTD *p* 291
Gd Lcd Main, TERRACE, BC, V8G 4A1
(250) 798-2214   *SIC* 7011
MOUNT NEMO CHRISTIAN NURSING HOME *p* 538
See CANADIAN REFORMED SOCIETY FOR A HOME FOR THE AGED INC
MOUNT PLEASANT COMMUNITY CENTRE *p* 297
See VANCOUVER, CITY OF
MOUNT PLEASANT ELEMENTARY SCHOOL *p* 108
See EDMONTON SCHOOL DISTRICT NO. 7
MOUNT PLEASANT ELEMENTARY SCHOOL *p* 296
See BOARD OF EDUCATION OF SCHOOL DISTRICT NO. 39 (VANCOUVER), THE
MOUNT PLEASANT GROUP OF CEMETERIES *p* 752
275 Lesmill Rd, NORTH YORK, ON, M3B 2V1
(416) 441-1580   *SIC* 7261
MOUNT PLEASANT GROUP OF CEMETERIES *p* 824
1591 Elgin Mills Rd E, RICHMOND HILL, ON, L4S 1M9
(905) 737-1720   *SIC* 6531
MOUNT PLEASANT GROUP OF CEMETERIES *p* 886
625 Birchmount Rd, TORONTO, ON, M1K 1R1
(416) 267-8229   *SIC* 6531
MOUNT PLEASANT GROUP OF CEMETERIES *p* 889
160 Beecroft Rd, TORONTO, ON, M2N 5Z5
(416) 221-3404   *SIC* 6553
MOUNT PLEASANT NEIGBOURHOOD HOUSE *p* 296
See ASSOCIATION OF NEIGHBOURHOOD HOUSES OF BRITISH COLUMBIA
MOUNT ROYAL COLLEGIATE *p* 1299
See BOARD OF EDUCATION OF SASKATOON SCHOOL DIVISION NO. 13 OF SASKATCHEWAN, THE
MOUNT ROYAL JUNIOR HIGH SCHOOL *p* 53
See CALGARY BOARD OF EDUCATION
MOUNT ROYAL PUBLIC SCHOOL *p* 509
See PEEL DISTRICT SCHOOL BOARD
MOUNT SAINT JOSEPH HOSPITAL *p* 297
See PROVIDENCE HEALTH CARE SOCIETY
MOUNT SENTINEL SECONDARY SCHOOL *p* 278
See SCHOOL DISTRICT NO. 8 (KOOTENAY LAKE)
MOUNT SLAVEN PUBLIC SCHOOL *p* 775
See SIMCOE COUNTY DISTRICT SCHOOL BOARD, THE
MOUNT SLESSE MIDDLE SCHOOL *p* 198
See SCHOOL DISTRICT NO 33 CHILLIWACK
MOUNT ST JOSEPH COLLEGE *p* 832
See HURON-SUPERIOR CATHOLIC DISTRICT SCHOOL BOARD
MOUNT ST VINCENT MOTHER HOUSE *p* 462
See SISTERS OF CHARITY
MOUNT VIEW DISABILITY EMPLOYMENT & ASSISTANCE CENTRE *p* 332
See GOVERNMENT OF THE PROVINCE OF BRITISH COLUMBIA
MOUNT VIEW ELEMENTARY SCHOOL *p* 22
See CALGARY BOARD OF EDUCATION
MOUNTAIN ASH MIDDLE SCHOOL *p* 510
See PEEL DISTRICT SCHOOL BOARD
MOUNTAIN CREEK FARMS *p* 28
See MCF HOLDINGS LTD
MOUNTAIN DEW INVESTMENTS LTD *p* 67
738 Main St, CANMORE, AB, T1W 2B6
SIC 5921
MOUNTAIN ELEMENTARY *p* 180
See SCHOOL DISTRICT NO 34 (ABBOTSFORD)
MOUNTAIN EQUIPMENT CO-OPERATIVE *p* 51
830 10 Ave Sw, CALGARY, AB, T2R 0A9
(403) 269-2420   *SIC* 5941
MOUNTAIN EQUIPMENT CO-OPERATIVE *p* 51
See MOUNTAIN EQUIPMENT CO-OPERATIVE
MOUNTAIN EQUIPMENT CO-OPERATIVE *p* 88
See MOUNTAIN EQUIPMENT CO-OPERATIVE
MOUNTAIN EQUIPMENT CO-OPERATIVE *p* 88
12328 102 Ave Nw, EDMONTON, AB, T5N 0L9
(780) 488-6614   *SIC* 7699
MOUNTAIN EQUIPMENT CO-OPERATIVE *p* 266
13333 Vulcan Way Suite 11, RICHMOND, BC, V6V 1K4
SIC 5399
MOUNTAIN EQUIPMENT CO-OPERATIVE *p* 286
See MOUNTAIN EQUIPMENT CO-OPERATIVE
MOUNTAIN EQUIPMENT CO-OPERATIVE *p* 286
13340 76 Ave, SURREY, BC, V3W 2W1
(604) 598-0515   *SIC* 5941
MOUNTAIN EQUIPMENT CO-OPERATIVE *p* 331
See MOUNTAIN EQUIPMENT CO-OPERATIVE
MOUNTAIN EQUIPMENT CO-OPERATIVE *p* 331
1450 Government St, VICTORIA, BC, V8W 1Z2
(250) 386-2667   *SIC* 5651
MOUNTAIN EQUIPMENT CO-OPERATIVE *p* 375
See MOUNTAIN EQUIPMENT CO-OPERATIVE
MOUNTAIN EQUIPMENT CO-OPERATIVE *p* 375
303 Portage Ave, WINNIPEG, MB, R3B 2B4
(204) 943-4202   *SIC* 5941
MOUNTAIN EQUIPMENT CO-OPERATIVE *p* 459
See MOUNTAIN EQUIPMENT CO-OPERATIVE
MOUNTAIN EQUIPMENT CO-OPERATIVE *p* 459
1550 Granville St, HALIFAX, NS, B3J 1X1
(902) 421-2667   *SIC* 5941
MOUNTAIN EQUIPMENT CO-OPERATIVE *p* 798
366 Richmond Rd, OTTAWA, ON, K2A 0E8
(613) 729-2700   *SIC* 5941
MOUNTAIN EQUIPMENT CO-OPERATIVE *p* 798
See MOUNTAIN EQUIPMENT CO-OPERATIVE
MOUNTAIN EQUIPMENT CO-OPERATIVE *p* 930
400 King St W, TORONTO, ON, M5V 1K2
(416) 340-2667   *SIC* 5941
MOUNTAIN EQUIPMENT CO-OPERATIVE *p* 930
See MOUNTAIN EQUIPMENT CO-OPERATIVE
MOUNTAIN EQUIPMENTS CO-OPERATIVE *p*

1125
8989 Boul De L'acadie, Montreal, QC, H4N 3K1
(514) 788-5878 SIC 5941
MOUNTAIN FM RADIO p 279
See ROGERS MEDIA INC
MOUNTAIN INN AT RIBBON CREEK LIMITED PARTNERSHIP, THE p 770
380 Sherin Dr, OAKVILLE, ON, L6L 4J3
(905) 847-6120 SIC 7011
MOUNTAIN MEADOWS ELEMENTARY p 257
See SCHOOL DISTRICT NO. 43 (COQUITLAM)
MOUNTAIN PACIFIC TRANSPORT LTD p 19
9315 40 St Se, CALGARY, AB, T2C 2P4
(403) 279-8365 SIC 4213
MOUNTAIN PARK LODGES p 133
See JAS DAY INVESTMENTS LTD
MOUNTAIN SECONDARY SCHOOL p 616
See HAMILTON-WENTWORTH DISTRICT SCHOOL BOARD, THE
MOUNTAIN VIEW p 1023
See SIR WILFRID LAURIER SCHOOL BOARD
MOUNTAIN VIEW ELEMENTARY p 201
See SCHOOL DISTRICT NO. 43 (COQUITLAM)
MOUNTAIN VIEW ELEMENTARY SCHOOL p 556
See SIMCOE COUNTY DISTRICT SCHOOL BOARD, THE
MOUNTAIN VIEW MEMORIAL GARDENS p 9
See MEMORIAL GARDENS CANADA LIMITED
MOUNTAIN VIEW PUBLIC SCHOOL p 596
See ALGOMA DISTRICT SCHOOL BOARD
MOUNTAIN VIEW PUBLISHING INC p 149
5021 51 St, OLDS, AB, T4H 1P6
(403) 556-7510 SIC 5192
MOUNTAIN VIEW RESTAURANT INC p 131
506 Carmichael Lane Suite 100, HINTON, AB, T7V 1S8
(780) 817-2400 SIC 5812
MOUNTAIN VIEW SCHOOL p 240
See SCHOOL DISTRICT NO. 68 (NANAIMO-LADYSMITH)
MOUNTAIN VIEW SCHOOL p 861
See HAMILTON-WENTWORTH DISTRICT SCHOOL BOARD, THE
MOUNTAIN VIEW SCHOOL DIVISION p 347
911 Bond St, DAUPHIN, MB, R7N 3J7
(204) 638-4653 SIC 8211
MOUNTAIN VIEW SCHOOL DIVISION p 347
701 1st St Se, DAUPHIN, MB, R7N 3L4
(204) 638-3134 SIC 8211
MOUNTAIN VIEW SCHOOL DIVISION p 347
330 Mountain Rd, DAUPHIN, MB, R7N 2V6
(204) 638-4629 SIC 8211
MOUNTAIN VIEW SCHOOL DIVISION p 347
312 Sandy St, DAUPHIN, MB, R7N 0K9
(204) 638-3942 SIC 8211
MOUNTAIN VIEW SCHOOL DIVISION p 347
28 6th Ave Sw, DAUPHIN, MB, R7N 1V9
(204) 638-4782 SIC 8211
MOUNTAIN VIEW SCHOOL DIVISION p 347
212 1st St Ne, DAUPHIN, MB, R7N 1B7
(204) 638-3323 SIC 8211
MOUNTAIN VIEW SCHOOL DIVISION p 347
182519 Sw, DAUPHIN, MB, R7N 3B3
(204) 638-3001 SIC 8211
MOUNTAIN VIEW SCHOOL DIVISION p 347
1516 Bond St, DAUPHIN, MB, R7N 0K4
(204) 638-4588 SIC 8211
MOUNTAIN VIEW SCHOOL DIVISION p 348
15 Collegiate Dr, ETHELBERT, MB, R0L 0T0
(204) 742-3265 SIC 8211
MOUNTAIN VIEW SCHOOL DIVISION p 349
106 Burrows Ave, GILBERT PLAINS, MB, R0L 0X0
(204) 548-2822 SIC 8211
MOUNTAIN VIEW SCHOOL DIVISION p 349

117 Rose Ave, GRANDVIEW, MB, R0L 0Y0
(204) 546-2882 SIC 8211
MOUNTAIN VIEW SCHOOL DIVISION p 354
330 King St, ROBLIN, MB, R0L 1P0
(204) 937-2585 SIC 8211
MOUNTAIN VIEW SCHOOL DIVISION p 392
Gd, WINNIPEGOSIS, MB, R0L 2G0
(204) 656-4550 SIC 8211
MOUNTAIN VIEW SCHOOL DIVISION p 392
310 3rd St, WINNIPEGOSIS, MB, R0L 2G0
(204) 656-4792 SIC 8211
MOUNTAIN VIEW/ EAST BAY ELEMENTARY p 453
See CAPE BRETON-VICTORIA REGIONAL SCHOOL BOARD
MOUNTAINVIEW HIGH SCHOOL p 1144
See SIR WILFRID LAURIER SCHOOL BOARD
MOUNTAINVIEW MONTESSORI p 281
See SCHOOL DISTRICT NO 36 (SURREY)
MOUNTSFIELD PUBLIC SCHOOL p 658
See THAMES VALLEY DISTRICT SCHOOL BOARD
MOUNTVIEW SCHOOL p 341
See SCHOOL DISTRICT NO 27 (CARIBOO-CHILCOTIN)
MOUNTVIEW SCHOOL p 616
See HAMILTON-WENTWORTH DISTRICT SCHOOL BOARD, THE
MOUSE MARKETING INC p 890
5 Kodiak Cres Suite 4-5, TORONTO, ON, M3J 3E5
(416) 398-4334 SIC 8742
MOVATI ATHLETIC p 526
See MOVATI ATHLETIC (LONDON SOUTH) INC.
MOVATI ATHLETIC (BRANTFORD) INC. p 526
595 West St, BRANTFORD, ON, N3R 7C5
(519) 756-0123 SIC 7991
MOVATI ATHLETIC (HOLDINGS) INC p 663
346 Wonderland Rd S Suite 201, LONDON, ON, N6K 1L3
(519) 914-1730 SIC 7997
MOVATI ATHLETIC (LONDON NORTH) INC. p 662
755 Wonderland Rd N, LONDON, ON, N6H 4L1
(519) 471-7181 SIC 7991
MOVATI ATHLETIC (LONDON SOUTH) INC. p 526
595 West St, BRANTFORD, ON, N3R 7C5
(519) 756-0123 SIC 7991
MOVATI ATHLETIC (THUNDER BAY) INC. p 881
1185 Arthur St W, THUNDER BAY, ON, P7E 6E2
(807) 623-6223 SIC 7991
MOVEABLE INC p 936
67 Mowat Ave Suite 500, TORONTO, ON, M6K 3E3
(416) 532-5690 SIC 2759
MOVEX MOVING & STORAGE p 379
See GLOBE MOVING & STORAGE LTD
MOXIE CLASSIC GRILL p 270
See MOXIE'S RESTAURANTS, LIMITED PARTNERSHIP
MOXIE'S p 332
See FULL MOON FOODS LTD
MOXIE'S p 749
See MOXIE'S RESTAURANTS, LIMITED PARTNERSHIP
MOXIE'S BAR AND GRILL p 362
See MOXIE'S RESTAURANTS, LIMITED PARTNERSHIP
MOXIE'S CLASIC GROW RESTAURANT p 260
See MOXIE'S RESTAURANTS, LIMITED PARTNERSHIP
MOXIE'S CLASSIC GRILL p 53
See MOXIE'S RESTAURANTS, LIMITED PARTNERSHIP
MOXIE'S CLASSIC GRILL p 55

See MOXIE'S RESTAURANTS, LIMITED PARTNERSHIP
MOXIE'S CLASSIC GRILL p 63
See MOXIE'S RESTAURANTS, LIMITED PARTNERSHIP
MOXIE'S CLASSIC GRILL p 195
1360 Island Hwy, CAMPBELL RIVER, BC, V9W 8C9
(250) 830-1500 SIC 5812
MOXIE'S CLASSIC GRILL p 381
1485 Portage Ave Suite 234, WINNIPEG, MB, R3G 0W4
(204) 783-1840 SIC 5812
MOXIE'S CLASSIC GRILL p 495
509 Bayfield St, BARRIE, ON, L4M 4Z8
(705) 733-5252 SIC 5812
MOXIE'S CLASSIC GRILL p 725
See WAHA ENTERPRISES INC
MOXIE'S CLASSIC GRILL p 966
3100 Howard Ave Unit 20, WINDSOR, ON, N8X 3Y8
(519) 250-3390 SIC 5812
MOXIE'S CLASSIC GRILL p 1283
See MIDWEST RESTAURANT INC
MOXIE'S CLASSIC GRILL RESTAURANTS p 76
See MCG RESTAURANTS LTD
MOXIE'S CLASSIC GRILL RESTAURANTS p 85
See MCG RESTAURANTS LTD
MOXIE'S LTD p 330
1010 Yates St Suite 1, VICTORIA, BC, V8V 3M6
(250) 360-1660 SIC 5812
MOXIE'S RESTAURANT p 139
See MOXIE'S RESTAURANTS, LIMITED PARTNERSHIP
MOXIE'S RESTAURANT p 368
See HOUGHTAM ENTERPRISES
MOXIE'S RESTAURANTS INC p 145
3090 Dunmore Rd Se, MEDICINE HAT, AB, T1B 2X2
(403) 528-8628 SIC 5812
MOXIE'S RESTAURANTS, LIMITED PARTNERSHIP p 53
1331 17 Ave Sw, CALGARY, AB, T2T 0C4
SIC 5812
MOXIE'S RESTAURANTS, LIMITED PARTNERSHIP p 55
10606 Southport Rd Sw, CALGARY, AB, T2W 3M5
(403) 225-9598 SIC 5812
MOXIE'S RESTAURANTS, LIMITED PARTNERSHIP p 58
3625 Shaganappi Trail Nw, CALGARY, AB, T3A 0E2
(403) 288-2663 SIC 5812
MOXIE'S RESTAURANTS, LIMITED PARTNERSHIP p 62
120 Stewart Green Sw, CALGARY, AB, T3H 3C8
(403) 246-0366 SIC 5812
MOXIE'S RESTAURANTS, LIMITED PARTNERSHIP p 63
31 Hopewell Way Ne, CALGARY, AB, T3J 4V7
(403) 543-2600 SIC 5812
MOXIE'S RESTAURANTS, LIMITED PARTNERSHIP p 63
25 Hopewell Way Ne, CALGARY, AB, T3J 4V7
(403) 291-4636 SIC 5812
MOXIE'S RESTAURANTS, LIMITED PARTNERSHIP p 139
1621 3 Ave S, LETHBRIDGE, AB, T1J 0L1
(403) 320-1102 SIC 5812
MOXIE'S RESTAURANTS, LIMITED PARTNERSHIP p 260

1804 Central St E, PRINCE GEORGE, BC, V2M 3C3
(250) 564-4700 SIC 5812
MOXIE'S RESTAURANTS, LIMITED PARTNERSHIP p 270
3233 St. Edwards Dr, RICHMOND, BC, V6X 3K9
(604) 303-1111 SIC 5812
MOXIE'S RESTAURANTS, LIMITED PARTNERSHIP p 312
808 Bute St, VANCOUVER, BC, V6E 1Y4
SIC 5812
MOXIE'S RESTAURANTS, LIMITED PARTNERSHIP p 362
1615 Regent Ave W Suite 200, WINNIPEG, MB, R2C 5C6
(204) 654-3345 SIC 5812
MOXIE'S RESTAURANTS, LIMITED PARTNERSHIP p 698
100 City Centre Dr Unit 2-730, MISSISSAUGA, ON, L5B 2C9
(905) 276-6555 SIC 5812
MOXIE'S RESTAURANTS, LIMITED PARTNERSHIP p 749
4950 Yonge St Suite 105, NORTH YORK, ON, M2N 6K1
(416) 226-3217 SIC 5812
MOXIE'S WEST HILLS p 62
See MOXIE'S RESTAURANTS, LIMITED PARTNERSHIP
MOXY MEDIA p 602
See ORION FOUNDRY (CANADA), ULC
MPB COMMUNICATIONS INC p 1142
147 Hymus Blvd, POINTE-CLAIRE, QC, H9R 1E9
(514) 694-8751 SIC 8731
MPC CANADA p 1117
See TECHNICOLOR CANADA, INC
MPE ENGINEERING LTD p 139
714 5 Ave S Suite 300, LETHBRIDGE, AB, T1J 0V1
(403) 329-3442 SIC 8711
MPI p 383
See MANITOBA PUBLIC INSURANCE CORPORATION, THE
MPT FLUID PRESSURE & CONTROLS GROUP, DIV OF p 560
See MAGNA POWERTRAIN INC
MPT UTILITIES EUROPE LTD p 930
155 Wellington St W, TORONTO, ON, M5V 3H1
(416) 649-1300 SIC 4911
MQ FENETRES p 1223
See FENETRES MQ INC
MR HANDYMAN p 977
See CANCLEAN FINANCIAL CORP
MR LUBE p 11
See PRAIRIE LUBE LTD
MR MIKE STEAKHOUSE p 215
See STONEWATER GROUP OF FRANCHISES
MR. SPORT HOTEL HOLDINGS LTD p 296
3484 Kingsway Suite 101, VANCOUVER, BC, V5R 5L6
(604) 433-8255 SIC 7011
MR. SUB p 749
See MR. SUBMARINE LIMITED
MR. SUBMARINE LIMITED p 749
4576 Yonge St Suite 600, NORTH YORK, ON, M2N 6N4
(416) 225-5545 SIC 6794
MRCC p 923
See MACKIE RESEACH CAPITAL CORPORATION
MRP RECRUITING INC p 915
200 University Ave Suite 1302, TORONTO, ON, M5H 3C6

▲ Public Company   ■ Public Company Family Member   HQ Headquarters   BR Branch   SL Single Location

(647) 499-8100 SIC 7361
MRS. WHYTE'S PRODUCTS
See ALIMENTS WHYTE'S INC, LES
MRS. WILLMAN'S BAKING LIMITED p 24
4826 11 St Ne Unit 4, CALGARY, AB, T2E 2W7
SIC 2051
MRS. WILLMAN'S BAKING LIMITED p 189
3732 Canada Way, BURNABY, BC, V5G 1G4
SIC 2051
MRTG LOGISTIQUE p 1222
See SG CERESCO INC
MS MCHUGH p 787
See OTTAWA CATHOLIC DISTRICT SCHOOL BOARD
MS SOCIETY p 101
See MULTIPLE SCLEROSIS SOCIETY OF CANADA
MSB PLASTICS MANUFACTURING LTD p 586
23 Disco Rd, ETOBICOKE, ON, M9W 1M2
(416) 674-1471 SIC 3089
MSB REGIONAL ACADEMY p 429
See NOVA CENTRAL SCHOOL DISTRICT
MSC INDUSTRIAL SUPPLY ULC p 500
4660 Delta Way, BEAMSVILLE, ON, L0R 1B4
(905) 563-4844 SIC 5085
MSCM LLP p 581
701 Evans Ave Suite 800, ETOBICOKE, ON, M9C 1A3
(416) 626-6000 SIC 8721
MSGR JOHN CORRIGAN CATHOLIC SCHOOL p 583
See TORONTO CATHOLIC DISTRICT SCHOOL BOARD
MSGR. A.J. HETHERINGTON ELEMENTARY SCHOOL p 63
See CALGARY ROMAN CATHOLIC SEPARATE SCHOOL DISTRICT #1
MSGR. J.J. O'BRIEN JUNIOR HIGH SCHOOL p 56
See CALGARY ROMAN CATHOLIC SEPARATE SCHOOL DISTRICT #1
MSGR. JOHN S. SMITH SCHOOL p 57
See CALGARY ROMAN CATHOLIC SEPARATE SCHOOL DISTRICT #1
MSGR. NEVILLE ANDERSON SCHOOL p 64
See CALGARY ROMAN CATHOLIC SEPARATE SCHOOL DISTRICT #1
MSI STONE ULC p 709
2140 Meadowpine Blvd, MISSISSAUGA, ON, L5N 6H6
(905) 812-6100 SIC 5032
MSN p 719
See MSN WIRELESS INC
MSN p 922
See MICROSOFT CANADA INC
MSN WIRELESS INC p 719
1315 Derry Rd E Suite 6a, MISSISSAUGA, ON, L5T 1B6
(416) 745-9900 SIC 4899
MSO CONSTRUCTION LIMITED p 520
106 Orenda Rd, BRAMPTON, ON, L6W 3W6
(905) 459-4331 SIC 1611
MSSC CANADA INC p 552
201 Park Ave E Suite 312, CHATHAM, ON, N7M 3V7
(905) 878-2395 SIC 3492
MSSC CANADA INC p 552
201 Park Ave E, CHATHAM, ON, N7M 3V7
(519) 354-1100 SIC 3493
MT PREBOST MIDDLE SCHOOL p 212
See SCHOOL DISTRICT NO. 79 (COWICHAN VALLEY)
MTC SUSPENSION p 1010
See UAP INC
MTD PRODUCTS LIMITED p 640
97 Kant Ave, KITCHENER, ON, N2G 4J1
(519) 579-5500 SIC 5083

MTD PRODUCTS LIMITED p 640
97 Kent Ave, KITCHENER, ON, N2G 3R2
(519) 579-5500 SIC 5083
MTD PRODUCTS LIMITED p 1209
10655 Boul Henri-Bourassa O, SAINT-LAURENT, QC, H4S 1A1
(514) 956-6500 SIC 5083
MTE CONSULTANTS INC p 534
1016 Sutton Dr Suite A, BURLINGTON, ON, L7L 6B8
(905) 639-2552 SIC 8711
MTE LOGISTIX EDMONTON INC p 92
17374 116 Ave Nw, EDMONTON, AB, T5S 2X2
(780) 341-4368 SIC 4225
MTE LOGISTIX EDMONTON INC p 92
11208 189 St Nw, EDMONTON, AB, T5S 2V6
(780) 732-6525 SIC 4225
MTE LOGISTIX MANAGEMENT INC p 85
14627 128 Ave Nw, EDMONTON, AB, T5L 3H3
(780) 944-9009 SIC 4225
MTF MAINLAND DISTRIBUTORS INC p 234
26868 56 Ave Unit 101, LANGLEY, BC, V4W 1N9
(604) 626-4465 SIC 5399
MTF PRICE MATTERS p 234
See MTF MAINLAND DISTRIBUTORS INC
MTI p 193
See MOTT ELECTRIC GENERAL PARTNERSHIP
MTS ICEPLEX p 386
See TN ICEPLEX LIMITED PARTNERSHIP
MTS INC p 344
See ALLSTREAM BUSINESS INC
MTS LOGISTICS p 193
See MEDI-TRAN SERVICES (1993) LTD
MTTC p 515
See MAGNA INTERNATIONAL INC
MTU MAINTENANCE CANADA INC p 273
6020 Russ Baker Way, RICHMOND, BC, V7B 1B4
(604) 233-5700 SIC 7699
MUDDY DUCK RESTAURANT p 692
See 934571 ONTARIO LIMITED
MUDDY WATER SMOKE HOUSE p 379
See W.O.W. HOSPITALITY CONCEPTS INC
MUDEBURKE COMMUNITY SCHOOL p 1274
See NORTH EAST SCHOOL DIVISION
MUELLER CANADA LTD p 498
82 Hooper Rd, BARRIE, ON, L4N 8Z9
(705) 719-9965 SIC 5085
MUELLER CANADA LTD p 849
390 2nd Ave, SIMCOE, ON, N3Y 4K9
(519) 426-4551 SIC 5074
MUELLER CANADA LTD p 1027
1820 Ch Saint-Francois, DORVAL, QC, H9P 2P6
(514) 342-2100 SIC 5074
MUELLER CANADA LTD p 1200
230 Rue Castonguay, Saint-Jerome, QC, J7Y 2J7
(450) 436-2288 SIC 5999
MUELLER FLOW CONTROL p 1027
See MUELLER CANADA LTD
MUELLER FLOW CONTROL, DIV OF p 498
See MUELLER CANADA LTD
MUELLER FLOW CONTROLS p 210
See FLOCOR INC
MUENSTER SCHOOL p 1277
See HORIZON SCHOOL DIVISION NO 205
MUGA FAB p 1140
See GANOTEC INC
MUGGS, J J INC p 586
500 Rexdale Blvd, ETOBICOKE, ON, M9W 6K5
SIC 5812
MUGGS, J J INC p 920
60 Harbour St, TORONTO, ON, M5J 1B7
(416) 777-2111 SIC 5812
MUHEIM ELEMENTARY SCHOOL p 278

See SMITHERS SCHOOL BOARD DISTRICT #54 (BULKLEY VALLEY)
MUIR LAKE SCHOOL p 169
See PARKLAND SCHOOL DIVISION NO. 70
MUIRHEAD PUBLIC SCHOOL p 746
See TORONTO DISTRICT SCHOOL BOARD
MULLEN TRUCKING CORP p 3
80079 Maple Leaf Rd E Unit 100, ALDERSYDE, AB, T0L 0A0
(403) 652-8888 SIC 4213
MULLEN TRUCKING L.P. p 129
See MULLEN TRUCKING L.P.
MULLEN TRUCKING L.P. p 129
Cor Hwy 2 & Hwy Suite 35, GRIMSHAW, AB, T0H 1W0
(780) 332-3940 SIC 4213
MULLER MFG p 1049
See ITW CANADA INVESTMENTS LIMITED PARTNERSHIP
MULROONEY, K TRUCKING LIMITED p 592
1280 Mcadoo's Lane, GLENBURNIE, ON, K0H 1S0
(613) 548-4427 SIC 5531
MULROONEY, K TRUCKING LIMITED p 592
1280 Mcadoo's Lane, GLENBURNIE, ON, K0H 1S0
(613) 548-4427 SIC 4212
MULTI BOOKBINDING p 1234
See MULTI-RELIURE S.F. INC
MULTI EXCEL INC p 1188
823 Rue Du Parc, Saint-Frederic, QC, G0N 1P0
(418) 426-3046 SIC 2789
MULTI LINGUAL ORIENTATION SERVICE FOR IMMIGRANT COMMUNITIES p 295
2555 Commercial Dr Suite 312, VANCOUVER, BC, V5N 4C1
(604) 708-3905 SIC 8322
MULTI PRETS HYPOTHEQUES p 1037
See 2786591 CANADA INC
MULTI PRETS PARTENAIRE p 1159
See 2786591 CANADA INC
MULTI RECYCLAGE S.D. INC p 1213
140 Rue Saulnier, SAINT-LAURENT, QC, H7M 1S8
(450) 975-9952 SIC 4953
MULTI RESTAURANTS INC p 1125
5000 Rue Jean-Talon O Bureau 240, Montreal, QC, H4P 1W9
(514) 739-7939 SIC 5812
MULTI-CHOIX p 1150
See UNIQUE ASSURANCES GENERALES INC, L'
MULTI-MARQUES INC p 1035
1731 Boul Maloney E, GATINEAU, QC, J8R 1B4
(819) 669-8155 SIC 5149
MULTI-MARQUES INC p 1062
3443 Av Francis-Hughes Bureau 1, Laval, QC, H7L 5A6
(450) 629-9444 SIC 5149
MULTI-MARQUES INC p 1067
845 Rue Jean-Marchand, Levis, QC, G6Y 9G4
(418) 837-3611 SIC 5461
MULTI-MARQUES INC p 1088
3265 Rue Viau, Montreal, QC, H1V 3J5
(514) 255-9492 SIC 2051
MULTI-MARQUES INC p 1092
2235 Rue Dandurand, Montreal, QC, H2G 1Z5
(514) 273-8811 SIC 2051
MULTI-MARQUES INC p 1146
553 Av Royale, Quebec, QC, G1E 1Y4
(418) 661-4400 SIC 2051
MULTI-MARQUES INC p 1184
1295 1e Av O, Saint-Come-Liniere, QC, G0M 1J0
(418) 685-3351 SIC 2051
MULTI-MARQUES INC p 1229
3455 Av Francis-Hughes, SAINTE-ROSE, QC, H7L 5A5

(450) 669-2222 SIC 2051
MULTI-P E P INC p 1239
4025 Rue De La Garlock, SHERBROOKE, QC, J1L 1W9
SIC 8399
MULTI-PLASTICS CANADA CO p 958
55 Moore Crt, WHITBY, ON, L1N 9Z8
(905) 430-7511 SIC 5162
MULTI-RELIURE S.F. INC p 1234
2112 Av De La Transmission, SHAWINIGAN, QC, G9N 8N8
(819) 537-6008 SIC 2789
MULTI-SPORTS p 1167
See CLUB DE TENNIS AVANTAGE INC
MULTIBOND INC p 1027
550 Av Marshall, DORVAL, QC, H9P 1C9
(514) 636-6230 SIC 2891
MULTIBOX INC p 1205
377 Av Sainte-Croix, SAINT-LAURENT, QC, H4N 2L3
(514) 748-1222 SIC 2652
MULTICULTURAL COUNCIL OF WINDSOR & ESSEX COUNTY p 968
245 Janette Ave, WINDSOR, ON, N9A 4Z2
(519) 255-1127 SIC 8399
MULTIFORCE p 1161
See MULTIFORCE TECHNOLOGIES INC
MULTIFORCE TECHNOLOGIES INC p 1161
2954 Boul Laurier, Quebec, QC, G1V 2M4
(418) 780-8020 SIC 5045
MULTIPAK LTEE p 1121
4048 Ch Gage, Montreal, QC, H3Y 1R5
(514) 726-5527 SIC 2759
MULTIPLE REALTY LTD p 270
9780 Cambie Rd Unit 110, RICHMOND, BC, V6X 1K4
(604) 273-8555 SIC 6531
MULTIPLE SCLEROSIS SOCIETY OF CANADA p 101
9405 50 St Nw Suite 150, EDMONTON, AB, T6B 2T4
(780) 463-1190 SIC 8399
MULTIPLE SCLEROSIS SOCIETY OF CANADA p 191
4330 Kingsway Suite 1501, BURNABY, BC, V5H 4G7
(604) 689-3144 SIC 8399
MULTIPLE SCLEROSIS SOCIETY OF CANADA p 1107
550 Rue Sherbrooke O Bureau 1010, Montreal, QC, H3A 1B9
(514) 849-7591 SIC 8399
MULTIPLE SCLEROSIS SOCIETY OF CANADA BC DIVISION p 191
See MULTIPLE SCLEROSIS SOCIETY OF CANADA
MULTIPOST RETAIL SYSTEMS DIV p 678
See ACCEO SOLUTIONS INC
MULTISERV p 612
See HARSCO CANADA CORPORATION
MULTIVER DIVISION ISOVER p 1154
See MULTIVER LTEE
MULTIVER LTEE p 1140
3805 Rue Dollard-Desjardins, POINTE-AUX-TREMBLES, QC, H1B 5W9
(514) 640-6490 SIC 3231
MULTIVER LTEE p 1154
1950 Rue Leon-Harmel, Quebec, QC, G1N 4K3
(418) 687-0770 SIC 3211
MULTIVIEW CANADA p 873
See CONTENT MANAGEMENT CORPORATION
MULTY HOME LP p 561
100 Pippin Rd, CONCORD, ON, L4K 4X9
(905) 760-3737 SIC 5023
MULVEY SCHOOL p 382
See WINNIPEG SCHOOL DIVISION
MUNDARE SCHOOL p 146
See ELK ISLAND PUBLIC SCHOOLS REGIONAL DIVISION NO. 14
MUNDEN PARK PUBLIC SCHOOL p 696
See PEEL DISTRICT SCHOOL BOARD
MUNDY ROAD ELEMENTARY SCHOOL p

203
See SCHOOL DISTRICT NO. 43 (COQUITLAM)

MUNDY'S BAY PUBLIC SCHOOL p 680
See SIMCOE COUNTY DISTRICT SCHOOL BOARD, THE

MUNICH RE p 915
See MUNICH-CANADA MANAGEMENT CORPORATION LTD

MUNICH REINSURANCE COMPANY OF CANADA p 915
390 Bay St Suite 2300, TORONTO, ON, M5H 2Y2
(416) 366-9206   SIC 6331

MUNICH-CANADA MANAGEMENT CORPORATION LTD p 915
390 Bay St Suite 2200, TORONTO, ON, M5H 2Y2
(416) 359-2147   SIC 6712

MUNICIPAL CONTRACTING LIMITED p 479
927 Rocky Lake Dr, WAVERLEY, NS, B2R 1S1
(902) 835-3381   SIC 1611

MUNICIPAL DISTRICT OF OPPORTUNITY p 65
See MUNICIPAL DISTRICT OF OPPORTUNITY #17

MUNICIPAL DISTRICT OF OPPORTUNITY #17 p 65
Gd, CALLING LAKE, AB, T0G 0K0
(780) 331-2619   SIC 8399

MUNICIPAL ISSUES p 901
See GOVERNMENT OF ONTARIO

MUNICIPAL PROPERTY ASSESSMENT p 781
See MUNICIPAL PROPERTY ASSESSMENT CORPORATION

MUNICIPAL PROPERTY ASSESSMENT CORPORATION p 565
132 Second St E Suite 201, CORNWALL, ON, K6H 1Y4
(613) 933-7249   SIC 7389

MUNICIPAL PROPERTY ASSESSMENT CORPORATION p 781
419 King St W Suite 170, OSHAWA, ON, L1J 2K5
(905) 432-9470   SIC 7389

MUNICIPAL PROPERTY ASSESSMENT CORPORATION p 885
601 Milner Ave Suite 200, TORONTO, ON, M1B 6B8
(416) 299-0313   SIC 6531

MUNICIPAL TANK LINES p 485
See TRIMAC TRANSPORTATION SERVICES LIMITED PARTNERSHIP

MUNICIPAL WORKS AND SERVICES p 565
See CORPORATION OF THE CITY OF CORNWALL

MUNICIPALITE DE ILES-DE-LA-MADELEINE, LA p 1009
460 Principal, CAP-AUX-MEULES, QC, G4T 1A1
(418) 969-4615   SIC 4953

MUNICIPALITY OF KINCARDINE, THE p 885
3145 Hwy 21 N, TIVERTON, ON, N0G 2T0
(519) 368-2000   SIC 4813

MUNICIPALITY OF THE COUNTY OF CUMBERLAND, THE p 441
33 Havelock St, AMHERST, NS, B4H 4W1
(902) 667-3879   SIC 8093

MUNICIPALITY OF THE DISTRICT OF LUNENBURG p 445
908 Mullock Rd, BRIDGEWATER, NS, B4V 3J5
(902) 543-2991   SIC 4953

MUNICIPALITY OF WEST NIPISSING p 866
219 O'hara St Unit A, STURGEON FALLS, ON, P2B 1A2
(705) 753-0160   SIC 7999

MUNK SCHOOL OF GLOBAL AFFAIRS p 925
See GOVERNING COUNCIL OF THE UNIVERSITY OF TORONTO

MUNNS ELEMENTARY SCHOOL p 765
See HALTON DISTRICT SCHOOL BOARD

MUNROE JUNIOR HIGH SCHOOL p 366
See RIVER EAST TRANSCONA SCHOOL DIVISION

MUNSTER ELEMENTARY SCHOOL p 724
See OTTAWA-CARLETON DISTRICT SCHOOL BOARD

MUPPETS CHILDREN'S CENTRE p 892
See VICTORIA VILLAGE CHILDREN'S SERVICES LTD

MUPPETS CHILDRENS CENTER p 892
See VICTORIA VILLAGE CHILDREN'S SERVICES LTD

MURDOCH MACKAY COLLEGIATE p 362
See RIVER EAST TRANSCONA SCHOOL DIVISION

MUROX p 1003
See GROUPE CANAM INC

MURPHY BUS LINES p 666
See MURPHY, J & T LIMITED

MURPHY BUS LINES p 723
See MURPHY, J & T LIMITED

MURPHY BUS LINES p 857
See MURPHY, J & T LIMITED

MURPHY INVESTMENTS LTD p 981
113 Longworth Ave, CHARLOTTETOWN, PE, C1A 5B1
(902) 566-4466   SIC 5812

MURPHY INVESTMENTS LTD p 981
126 Sydney St, CHARLOTTETOWN, PE, C1A 1G4
(902) 626-2337   SIC 5813

MURPHY'S BUS LINE p 554
See MURPHY, J & T LIMITED

MURPHY'S PHARMACIES INC p 981
24 St. Peters Rd, CHARLOTTETOWN, PE, C1A 5N4
(902) 894-8553   SIC 5912

MURPHY'S PHARMACIES INC p 984
13 Stratford Rd, STRATFORD, PE, C1B 1T4
(902) 569-2259   SIC 5912

MURPHY'S STRATFORD PHARMACY p 984
See MURPHY'S PHARMACIES INC

MURPHY, D.P. INC p 400
665 Prospect St, FREDERICTON, NB, E3B 6B8
(506) 459-0035   SIC 7011

MURPHY, D.P. INC p 981
125 Kent St, CHARLOTTETOWN, PE, C1A 1N3
(902) 892-3322   SIC 5461

MURPHY, D.P. INC p 981
147 St. Peters Rd, CHARLOTTETOWN, PE, C1A 5P6
(902) 892-2711   SIC 5812

MURPHY, D.P. INC p 981
20 Mount Edward Rd, CHARLOTTETOWN, PE, C1A 5R8
(902) 892-3222   SIC 5812

MURPHY, D.P. INC p 981
375 Grafton St E, CHARLOTTETOWN, PE, C1A 1M1
(902) 892-0078   SIC 5812

MURPHY, D.P. INC p 981
435 University Ave, CHARLOTTETOWN, PE, C1A 4N7
(902) 892-8925   SIC 5461

MURPHY, D.P. INC p 982
625 North River Rd, CHARLOTTETOWN, PE, C1E 1J8
(902) 894-5133   SIC 5812

MURPHY, D.P. INC p 983
25 Meadow Bank Rd, CORNWALL, PE, C0A 1H0
(902) 626-3112   SIC 5812

MURPHY, D.P. INC p 983
95 Main St N, MONTAGUE, PE, C0A 1R0
(902) 838-4553   SIC 5812

MURPHY, D.P. INC p 985
466 Granville St, SUMMERSIDE, PE, C1N 4K6
(902) 888-2324   SIC 5461

MURPHY, D.P. INC p 985
81 Water St, SUMMERSIDE, PE, C1N 6A3
(902) 436-2851   SIC 5812

MURPHY, D.P. INC p 993
7295 Boul Des Galeries D'anjou, ANJOU, QC, H1M 2W2
(514) 355-3230   SIC 5812

MURPHY, J & T LIMITED p 554
64 Huron St, CLINTON, ON, N0M 1L0
(519) 482-3493   SIC 4151

MURPHY, J & T LIMITED p 666
6214 William St, LUCAN, ON, N0M 2J0
(519) 227-4427   SIC 4151

MURPHY, J & T LIMITED p 723
15 Arthur St, MITCHELL, ON, N0K 1N0
(519) 348-0427   SIC 4151

MURPHY, J & T LIMITED p 857
Gd, ST MARYS, ON, N4X 1C8
(519) 229-8956   SIC 4151

MURPHY, K.W. LTD p 982
200 Trans Canada Hwy, CHARLOTTETOWN, PE, C1E 2E8
SIC 7011

MURRAY & ASSOCIATES p 285
See APLIN & MARTIN CONSULTANTS LTD

MURRAY CENTENNIAL ELEMENTARY SCHOOL p 944
See KAWARTHA PINE RIDGE DISTRICT SCHOOL BOARD

MURRAY CHEVROLET OLDSMOBILE CADILLAC LTD p 145
1270 Trans Canada Way Se, MEDICINE HAT, AB, T1B 1J5
(403) 527-1141   SIC 7532

MURRAY CHEVROLET PONTIAC BUICK GMC FORT ST. JOHN p 214
11204 Alaska Rd, FORT ST. JOHN, BC, V1J 5T5
(250) 787-7280   SIC 5511

MURRAY CHEVROLET PONTIAC BUICK GMC MERRITT LIMITED PARTNERSHIP p 237
2049 Nicola Ave, MERRITT, BC, V1K 1B8
(250) 378-9255   SIC 5511

MURRAY G M p 442
See MURRAY MOTORS YARMOUTH LIMITED PARTNERSHIP

MURRAY GM MERRITT p 237
See MURRAY CHEVROLET PONTIAC BUICK GMC MERRITT LIMITED PARTNERSHIP

MURRAY INDUSTRIAL, DIV OF p 1211
See WOLSELEY INDUSTRIAL CANADA INC

MURRAY LATTA PROGRESSIVE MACHINE INC p 286
8717 132 St, SURREY, BC, V3W 4P1
(604) 599-9598   SIC 3569

MURRAY MOTORS YARMOUTH LIMITED PARTNERSHIP p 442
349 Oak Park Rd, BARRINGTON, NS, B0W 1E0
(902) 637-4045   SIC 5511

MURTRON HAULING, DIV OF p 129
See PETROWEST TRANSPORTATION LP

MUSASHI AUTO PARTS CANADA INC p 489
333 Domville St, ARTHUR, ON, N0G 1A0
(519) 848-2800   SIC 3714

MUSASHI AUTO PARTS CANADA INC p 489
500 Domville St, ARTHUR, ON, N0G 1A0
(519) 848-2800   SIC 3714

MUSEE DE L'AMERIQUE FRANCAISE p 1157
See MUSEE DE LA CIVILISATION

MUSEE DE LA CIVILISATION p 1157
2 Cote De La Fabrique, Quebec, QC, G1R 3V6
(418) 692-2843   SIC 8412

MUSEE DES BEAUX-ARTS DE MONTREAL p 1116
1379 Rue Sherbrooke O, Montreal, QC, H3G 1J5
(514) 285-1600   SIC 8412

MUSEE NATIONAL DES BEAUX ARTS DU QUEBEC p 1157
See GOUVERNEMENT DE LA PROVINCE DE QUEBEC

MUSEUM OF ANTHROPOLOGY p 321
See UNIVERSITY OF BRITISH COLUMBIA, THE

MUSHUAU INNU NATUASHISH SCHOOL p 430
See LABRADOR SCHOOL BOARD

MUSIC DEPARTMENT p 940
See GOVERNING COUNCIL OF THE UNIVERSITY OF TORONTO

MUSKOKA ALGONQUIN HEALTHCARE p 508
75 Ann St, BRACEBRIDGE, ON, P1L 2E4
(705) 645-4404   SIC 8062

MUSKOKA ALGONQUIN HEALTHCARE p 532
150 Huston St, BURKS FALLS, ON, P0A 1C0
(705) 382-2900   SIC 8062

MUSKOKA ALGONQUIN HEALTHCARE p 620
8 Crescent Rd, HUNTSVILLE, ON, P1H 0B3
(705) 789-6451   SIC 8099

MUSKOKA AUTO PARTS LIMITED p 742
150 Mcintyre St E, NORTH BAY, ON, P1B 1C4
(705) 472-4165   SIC 5013

MUSKOKA BAY CLUB p 597
1217 North Muldrew Lake Road, GRAVENHURST, ON, P1P 1T9
(705) 687-7900   SIC 7997

MUSKOKA BAY GOLF CORPORATION p 597
1217 North Muldrew Lake Rd, GRAVENHURST, ON, P1P 1T9
(705) 687-4900   SIC 7992

MUSKOKA BEECHGROVE PUBLIC SCHOOL p 597
See TRILLIUM LAKELANDS DISTRICT SCHOOL BOARD

MUSKOKA FALLS PUBLIC SCHOOL p 508
See TRILLIUM LAKELANDS DISTRICT SCHOOL BOARD

MUSKOKA FAMILY & CHILDRENS SERVICES p 508
See CHILDREN'S AID SOCIETY OF THE DISTRICT OF MUSKOKA, THE

MUSKOKA FAMILY FOCUS AND CHILDREN'S PLACE p 508
20 Entrance Dr, BRACEBRIDGE, ON, P1L 1S4
(705) 645-3027   SIC 8351

MUSKOKA LANDING CARE CENTRE p 620
See JARLETTE LTD

MUSKOKA RESORT p 597
See MUSKOKA BAY CLUB

MUSKOKA TRANSPORT LIMITED p 508
456 Ecclestone Dr, BRACEBRIDGE, ON, P1L 1R1
(705) 645-4481   SIC 4213

MUSKOKA TRANSPORT LIMITED p 622
3269 Thomas St, INNISFIL, ON, L9S 3W2
(705) 431-8551   SIC 4731

MUSKOKA WHARF CORPORATION p 597
275 Steamship Bay Rd, GRAVENHURST, ON, P1P 1Z9
(705) 687-0006   SIC 6553

MUSKOKA WOODS SPORT RESORT p 826
See MUSKOKA WOODS YOUTH CAMP INC

MUSKOKA WOODS YOUTH CAMP INC p 826
4585 Hwy 141, ROSSEAU, ON, P0C 1J0
(705) 732-4373   SIC 7032

MUSKOKA WOODS YOUTH CAMP INC p

846
20 Bamburgh Cir Suite 200, SCARBOROUGH, ON, M1W 3Y5
(416) 495-6960   SIC 7032
MUSKOKA-PARRY SOUND COMMUNITY MENTAL HEALTH SERVICES   p 805
26 James St Suite 3, PARRY SOUND, ON, P2A 1T5
(705) 746-4264   SIC 8049
MUSKWACHEES AMBULANCE AUTHORITY LTD   p 132
Gd, HOBBEMA, AB, T0C 1N0
(780) 585-4001   SIC 4119
MUSLIM COMMUNITY FOUNDATION OF CALGARY   p 10
2612 37 Ave Ne, CALGARY, AB, T1Y 5L2
(403) 219-0991   SIC 8211
MUSQUODOBOIT RURAL HIGH SCHOOL p 468
See HALIFAX REGIONAL SCHOOL BOARD
MUSQUODOBOIT VALLEY EDUCATION CENTRE   p 468
See HALIFAX REGIONAL SCHOOL BOARD
MUSSON CATTELL MACKEY PARTNERSHIP   p 323
See MUSSON CATTELL MACKEY PARTNERSHIP ARCHITECTS DESIGNERS PLANNERS
MUSSON CATTELL MACKEY PARTNERSHIP ARCHITECTS DESIGNERS PLANNERS   p 323
555 Burrard St Suite 1600, VANCOUVER, BC, V7X 1M9
(604) 687-2990   SIC 8712
MUSTANG SURVIVAL ULC   p 193
7525 Lowland Dr, BURNABY, BC, V5J 5L1
(604) 270-8631   SIC 3069
MUTCHMOR PUBLIC SCHOOL   p 794
See OTTAWA-CARLETON DISTRICT SCHOOL BOARD
MUTUAL FUNDS   p 919
See HOWSON TATTERSALL INVESTMENT COUNSEL LIM
MUTUAL MATERIAL LANGLEY LTD p 229
19675 98 Ave, LANGLEY, BC, V1M 2X5
(604) 888-0555   SIC 3281
MUTUELLE DU CAN CO D'ASSUR SUR   p 1240
See SUN LIFE ASSURANCE COMPANY OF CANADA
MUZYK, D.J. DRUGS LTD   p 748
1515 Steeles Ave E, NORTH YORK, ON, M2M 3Y7
(416) 226-1313   SIC 5912
MW CANADA LTD   p 543
291 Elgin St N, CAMBRIDGE, ON, N1R 7H9
(519) 621-5460   SIC 2591
MY APARTMENT   p 458
See JACK FRIDAY'S LIMITED
MYCA SANTE INC   p 1155
2800 Rue Louis-Lumiere Bureau 200, Quebec, QC, G1P 0A4
(418) 683-7878   SIC 7374
MYER SALIT LIMITED   p 737
7771 Stanley Ave, NIAGARA FALLS, ON, L2G 0C7
(905) 354-5691   SIC 5051
MYERS NORRIS PENNY   p 127
See MNP LLP
MYLAN PHARMACEUTICALS ULC p 578
214 Norseman St, ETOBICOKE, ON, M8Z 2R4
(416) 236-2631   SIC 2834
MYLAN PHARMACEUTICALS ULC p 578
85 Advance Rd, ETOBICOKE, ON, M8Z 2S6
(416) 236-2631   SIC 2834
MYLEX LIMITED   p 578
1460 The Queensway, ETOBICOKE, ON, M8Z 1S7

(416) 745-1733   SIC 2517
MYRA SYSTEMS CORP   p 329
488a Bay St, VICTORIA, BC, V8T 5H2
(250) 381-1335   SIC 7379
MYRNAM SCHOOL   p 146
See ST. PAUL EDUCATION REGIONAL DIVISION NO 1
MYRSA MANAGEMENT SERVICES LTD p 863
3 Anderson Blvd Suite 1, STOUFFVILLE, ON, L4A 7X4
(416) 291-9756   SIC 6712
MYRTLE PHILIP ELEMENTARY SCHOOL p 340
See SCHOOL DISTRICT NO. 48 (HOWE SOUND)
MYSHAK CRANE AND RIGGING LTD p 1
53016 Hwy 60 Suite 42b, ACHESON, AB, T7X 5A7
(780) 960-9790   SIC 7389
MYSHAK CRANE AND RIGGING LTD p 121
135 Mackay Cres, FORT MCMURRAY, AB, T9H 4C9
(780) 791-9222   SIC 7389
MYTOX MANUFACTURING   p 975
See MAGNA INTERNATIONAL INC
MZ CANADA LTD   p 930
366 Adelaide St W Suite 500, TORONTO, ON, M5V 1R9
SIC 7371

N

N & S HOTEL GROUP INC   p 240
70 Church St, NANAIMO, BC, V9R 5H4
(250) 754-6835   SIC 7011
N AND LAUER TRANSPORTATION p 382
See CONCORD TRANSPORTATION INC
N BAR   p 1164
See 9292-2897 QUEBEC INC
N H C   p 248
See NORTHWEST HYDRAULIC CONSULTANTS LTD
N R S WESTBURN REALTY LTD   p 187
4259 Hastings St, BURNABY, BC, V5C 2J5
(604) 240-2215   SIC 6531
N. A. MACEACHERN SCHOOL   p 953
See WATERLOO REGION DISTRICT SCHOOL BOARD
N. TEPPERMAN LIMITED   p 551
535 Grand Ave E, CHATHAM, ON, N7L 3Z2
(519) 351-6034   SIC 5712
N. TEPPERMAN LIMITED   p 663
481 Wharncliffe Rd S, LONDON, ON, N6J 2N1
(519) 433-5353   SIC 5712
N. TEPPERMAN LIMITED   p 664
1150 Wharncliffe Rd S, LONDON, ON, N6L 1K3
(519) 433-5353   SIC 5712
N. TEPPERMAN LIMITED   p 827
1380 London Rd, SARNIA, ON, N7S 1P8
(519) 541-0100   SIC 5722
N. YANKE TRANSFER LTD   p 1301
1359 Fletcher Rd, SASKATOON, SK, S7M 5H5
(306) 955-4221   SIC 4213
N.A.I.T   p 76
See NORTHERN ALBERTA INSTITUTE OF TECHNOLOGY
NAAM NATURAL FOODS LTD   p 317
2724 4th Ave W, VANCOUVER, BC, V6K 1R1
(604) 738-7151   SIC 5812
NAAM RESTAURANT   p 317
See NAAM NATURAL FOODS LTD
NABASHOU CONSTRUCTION INC p 1128
3983 Boul Lite, Montreal, QC, H7E 1A3
(450) 661-1102   SIC 1611
NABORS DRILLING   p 147
See NABORS DRILLING CANADA LIMITED
NABORS DRILLING CANADA LIMITED p 8
Gd Stn Main, BROOKS, AB, T1R 1E4
(403) 362-6600   SIC 1389

NABORS DRILLING CANADA LIMITED p 127
Hwy 40 W, GRANDE PRAIRIE, AB, T8V 3A1
SIC 1389
NABORS DRILLING CANADA LIMITED p 147
902 20 Ave, NISKU, AB, T9E 7Z6
(780) 955-2381   SIC 1381
NABORS DRILLING CANADA LIMITED p 155
8112 Edgar Industrial Dr, RED DEER, AB, T4P 3R2
(403) 346-0441   SIC 1389
NABORS DRILLING CANADA LIMITED p 170
33 Schenk Ind. Rd Suite 2008, SYLVAN LAKE, AB, T4S 2J9
(403) 887-0744   SIC 1389
NABORS PRODUCTION SERVICES p 155
See NABORS DRILLING CANADA LIMITED
NABORS PRODUCTION SERVICES p 170
See NABORS DRILLING CANADA LIMITED
NABORS PRODUCTION SERVICES, DIV OF   p 8
See NABORS DRILLING CANADA LIMITED
NABORS PRODUCTION SERVICES, DIV OF   p 127
See NABORS DRILLING CANADA LIMITED
NACHURS ALPINE SOLUTIONS INC p 731
30 Neville St, NEW HAMBURG, ON, N3A 4G7
(519) 662-2352   SIC 2874
NACHURS ALPINE SOLUTIONS INC p 1195
Gd, SAINT-HYACINTHE, QC, J2S 7P5
(450) 771-1742   SIC 2874
NACKAWIC ELEMENTARY SCHOOL p 411
See SCHOOL DISTRICT 14
NACKAWIC SENIOR HIGH SCHOOL p 411
See SCHOOL DISTRICT 14
NACL   p 240
See NANAIMO ASSOCIATION FOR COMMUNITY LIVING
NACORA INSURANCE BROKERS LTD p 714
77 Foster Cres, MISSISSAUGA, ON, L5R 0K1
(905) 507-1551   SIC 6411
NADEAU FERME AVICOLE   p 419
See MAPLE LODGE FARMS LTD
NADEN BOATS   p 872
See TEMAGAMI BOAT MANUFACTURING INC
NADOR INC   p 1152
625 Rue Du Marais, Quebec, QC, G1M 2Y2
(418) 681-0696   SIC 2095
NAHANI WAY PUBLIC SCHOOL   p 695
See PEEL DISTRICT SCHOOL BOARD
NAI COMMERCIAL B.C. LTD   p 312
535 Thurlow St Suite 100, VANCOUVER, BC, V6E 3L2
(604) 683-7535   SIC 6211
NAICAM CO-OPERATIVE ASSOCIATION LIMITED, THE   p 1277
108 Centre St, NAICAM, SK, S0K 2Z0
(306) 874-2190   SIC 5191
NAICAM SCHOOL   p 1277
See NORTH EAST SCHOOL DIVISION
NAILOR INDUSTRIES INC   p 763
18 Gail Grove, NORTH YORK, ON, M9M 1M4
(416) 744-3300   SIC 4225
NAIM MINISTRIES   p 211
See NORTH AMERICA INDIAN MISSION OF CANADA
NAIRN VACUUM & APPLIANCE   p 367
929 Nairn Ave, WINNIPEG, MB, R2L 0X9
(204) 668-4901   SIC 5722
NAIRNE, DAVID & ASSOCIATES LTD p 248
171 Esplanade W Suite 250, NORTH VANCOUVER, BC, V7M 3J9

(604) 984-3503   SIC 8711
NAISMITH MEMORIAL PUBLIC SCHOOL p 486
See UPPER CANADA DISTRICT SCHOOL BOARD, THE
NAIT   p 76
See NORTHERN ALBERTA INSTITUTE OF TECHNOLOGY
NAIT   p 150
See NORTHERN ALBERTA INSTITUTE OF TECHNOLOGY
NAKILE HOME FOR SPECIAL CARE p 455
See NAKILE HOUSING CORPORATION
NAKILE HOUSING CORPORATION p 455
35 Nakile Dr, GLENWOOD, NS, B0W 1W0
(902) 643-2707   SIC 8051
NAKISA INC   p 1112
733 Rue Cathcart, Montreal, QC, H3B 1M6
(514) 228-2000   SIC 7371
NAKUSP ELEMENTARY SCHOOL   p 239
See ARROW LAKES SCHOOL DISTRICT #10
NAKUSP SECONDARY SCHOOL   p 239
See ARROW LAKES SCHOOL DISTRICT #10
NAKUSP SECONDARY SCHOOL   p 239
See SCHOOL DISTRICT NO 10
NAL GAS TRUST   p 67
See NAL RESOURCES MANAGEMENT LIMITED
NAL RESOURCES MANAGEMENT LIMITED   p 47
550 6 Ave Sw Suite 600, CALGARY, AB, T2P 0S2
(403) 294-3600   SIC 8741
NAL RESOURCES MANAGEMENT LIMITED   p 67
Gd, CAROLINE, AB, T0M 0M0
SIC 8741
NALCO CANADA CO.   p 540
1055 Truman St, BURLINGTON, ON, L7R 3V7
(905) 632-8791   SIC 5074
NAMAO SCHOOL   p 169
See STURGEON SCHOOL DIVISION #24
NANAIMO AQUATIC CENTER   p 239
See CITY OF NANAIMO
NANAIMO ASSOCIATION FOR COMMUNITY LIVING   p 240
96 Cavan St Suite 201, NANAIMO, BC, V9R 2V1
(250) 741-0224   SIC 8611
NANAIMO DAILY NEWS   p 241
See POSTMEDIA NETWORK INC
NANAIMO NEWS BULLETIN   p 240
See BLACK PRESS GROUP LTD
NANAIMO REALTY CO LTD   p 240
2000 Island Hwy N Suite 275, NANAIMO, BC, V9S 5W3
(250) 713-0494   SIC 6531
NANAIMO REGIONAL GENERAL HOSPITAL   p 242
See VANCOUVER ISLAND HEALTH AUTHORITY
NANAIMO SAWMILL   p 240
See WESTERN FOREST PRODUCTS INC
NANAIMO SENIORS VILLAGE VENTURES LTD   p 242
6085 Uplands Dr, NANAIMO, BC, V9V 1T8
(250) 760-2325   SIC 6513
NANAIMO TRAVELLERS LODGE SOCIETY p 241
1298 Nelson St, NANAIMO, BC, V9S 2K5
(250) 758-4676   SIC 8361
NANOOSE BAY ELEMENTRY SCHOOL p 243
See SCHOOL DISTRICT NO 69 (QUALICUM)
NANOOSE PETRO-CANADA   p 243
See SUNCOR ENERGY INC

NAPA *p 142*
See UAP INC
NAPA *p 334*
See UAP INC
NAPA *p 838*
See UAP INC
NAPA AIRWAYS *p 26*
See UAP INC
NAPA AUTO PARTS *p 94*
See UAP INC
NAPA AUTO PARTS *p 230*
See UAP INC
NAPA AUTO PARTS *p 384*
See UAP INC
NAPA AUTO PARTS *p 409*
See UAP INC
NAPA AUTO PARTS *p 428*
See LYNK AUTO PRODUCTS INC
NAPA AUTO PARTS *p 526*
See UAP INC
NAPA AUTO PARTS *p 764*
See UNIVERSAL INDUSTRIAL SUPPLY GROUP INC
NAPA AUTO PARTS *p 1298*
See UAP INC
NAPA AUTOPARTS DIV OF *p 34*
See UAP INC
NAPA PIECES D'AUTO *p 1087*
See UAP INC
NAPANEE DISTRICT SECONDARY SCHOOL *p 725*
See LIMESTONE DISTRICT SCHOOL BOARD
NAPANEE STATION MAIN *p 725*
See CANADA POST CORPORATION
NAPEC INC *p 1246*
3037 Boul Frontenac E, THETFORD MINES, QC, G6G 6P6
(418) 335-7220   SIC 3714
NAPIERVILLE REFINERIE *p 1134*
See RECOCHEM INC.
NAPIERVILLE REFINERIES INC *p 1134*
175 Rue De L'Eglise, NAPIERVILLE, QC, J0J 1L0
(450) 245-0040   SIC 3312
NAPOLEON FIREPLACES *p 496*
See WOLF STEEL LTD
NAPOLEON HOME COMFORT BARRIE INC *p 495*
24 Napoleon Rd, BARRIE, ON, L4M 0G8
(705) 721-1214   SIC 5719
NARAMATA SCHOOL *p 243*
See SCHOOL DISTRICT NO 67 (OKANAGAN SKAHA)
NARDINI, JOHN DRUGS LIMITED *p 862*
377 Highway 8, STONEY CREEK, ON, L8G 1E7
(905) 662-9996   SIC 5912
NARMCO GROUP *p 552*
See RUSSELL TOOL & DIE LIMITED
NARTEL *p 405*
See AGROPUR COOPERATIVE
NARTEL *p 1001*
See AGROPUR COOPERATIVE
NARTEL *p 1040*
See AGROPUR COOPERATIVE
NARTEL *p 1204*
See AGROPUR COOPERATIVE
NASCO FOOD INC *p 727*
430 West Hunt Club Rd, NEPEAN, ON, K2E 1B2
(613) 228-0684   SIC 5812
NASCO FOOD INC *p 784*
1675e Tenth Line Rd, OTTAWA, ON, K1E 3P6
(613) 834-6638   SIC 5812
NASCOR BY KOTT *p 730*
See KOTT LUMBER COMPANY
NASHWAAK VILLA INC *p 421*
32 Limekiln Rd, STANLEY, NB, E6B 1E6
(506) 367-7731   SIC 8051
NASHWAAKSIS MEMORIAL SCHOOL *p 398*
See ANGLOPHONE WEST SCHOOL DISTRICT (ASD-W)
NASHWAAKSIS MIDDLE SCHOOL *p 398*
See ANGLOPHONE WEST SCHOOL DISTRICT (ASD-W)
NASHWAAKSIS SUPERSTORE *p 398*
See ATLANTIC WHOLESALERS LTD
NASHWAK VALLEY SCHOOL *p 397*
See ANGLOPHONE WEST SCHOOL DISTRICT (ASD-W)
NASITTUQ *p 619*
See ATCO FRONTEC LOGISTICS CORP
NATABEC RECHERCHES ET TECHNOLOGIES INC *p 1117*
1744 Rue William Bureau 200, Montreal, QC, H3J 1R4
(514) 937-0002   SIC 3479
NATCO CANADA, LTD *p 19*
9423 Shepard Rd Se, CALGARY, AB, T2C 4R6
(403) 203-2119   SIC 3443
NATCOM *p 864*
See CLEAVER-BROOKS OF CANADA LIMITED
NATCOM *p 1214*
See CLEAVER-BROOKS OF CANADA LIMITED
NATIONAL ART LIMITED *p 461*
5426 Portland Pl, HALIFAX, NS, B3K 1A1
SIC 5023
NATIONAL BANK *p 1157*
See FINANCIERE BANQUE NATIONALE INC
NATIONAL BANK *p 1186*
See BANQUE NATIONALE DU CANADA
NATIONAL BANK CORPORATE CASH MANAGEMENT FUND *p 1112*
1100 Boul Robert-Bourassa Unite 12e, Montreal, QC, H3B 3A5
SIC 6722
NATIONAL BANK CORRESPONDENT NETWORK *p 932*
See BANQUE NATIONALE DU CANADA
NATIONAL BANK FINANCIAL *p 44*
See FINANCIERE BANQUE NATIONALE INC
NATIONAL BANK FINANCIAL *p 307*
See FINANCIERE BANQUE NATIONALE INC
NATIONAL BANK FINANCIAL *p 791*
See HSBC SECURITIES (CANADA) INC
NATIONAL BANK FINANCIAL *p 1111*
See FINANCIERE BANQUE NATIONALE INC
NATIONAL BANK FINANCIAL LTD *p 459*
1969 Upper Water St Unit 1601, HALIFAX, NS, B3J 3R7
(902) 496-7700   SIC 6211
NATIONAL BANK FINANCIAL LTD *p 915*
121 King St W Suite 600, TORONTO, ON, M5H 3T9
(877) 864-1859   SIC 6211
NATIONAL BANK FINANCIAL WEALTH MANAGEMENT *p 80*
See FINANCIERE BANQUE NATIONALE INC
NATIONAL BANK LIFE INSURANCE COMPANY INC *p 1112*
1100 Boul Robert-Bourassa Unite 12, Montreal, QC, H3B 3A5
(514) 871-7500   SIC 6411
NATIONAL BANK OF CANADA *p 776*
See BANQUE NATIONALE DU CANADA
NATIONAL BANK OF CANADA *p 997*
See BANQUE NATIONALE DU CANADA
NATIONAL BANK OF CANADA-FACTORING GROUP *p 1109*
See BANQUE NATIONALE DU CANADA
NATIONAL BANK TRUST INC *p 1020*
2500 Boul Daniel-Johnson Bureau 115, Cote Saint-Luc, QC, H7T 2P6
(450) 682-3200   SIC 8742
NATIONAL CABLE SPECIALIST, DIV OF *p 202*
See NCS INTERNATIONAL CO.
NATIONAL CAPITAL BRANCH *p 794*
See CANADIAN INTERNATIONAL COUNCIL
NATIONAL CAR RENTAL *p 28*
See ENTERPRISE RENT-A-CAR CANADA COMPANY
NATIONAL CAR RENTAL *p 421*
See CLARK, J & SON LIMITED
NATIONAL CAR RENTAL *p 1173*
See ENTERPRISE RENT-A-CAR CANADA COMPANY
NATIONAL CONCRETE ACCESSORIES CANADA INC *p 87*
14760 116 Ave Nw, EDMONTON, AB, T5M 3G1
(780) 451-1212   SIC 5032
NATIONAL CONTACT CENTRE SUDBURY *p 869*
See CANADIAN BLOOD SERVICES
NATIONAL CORPORATE HOUSEKEEPING SERVICES INC *p 704*
3481 Kelso Cres, MISSISSAUGA, ON, L5L 4R3
(905) 608-8004   SIC 7349
NATIONAL DEFENCE AND THE CANADIAN ARMED FORCES *p 1061*
9401 Rue Wanklyn, LASALLE, QC, H8R 1Z2
(514) 366-4310   SIC 7389
NATIONAL DIABETES TRUST *p 16*
See CANADIAN DIABETES ASSOCIATION
NATIONAL E A S *p 975*
See NATIONAL E.A.S. LOSS PREVENTION SYSTEMS LTD
NATIONAL E.A.S. LOSS PREVENTION SYSTEMS LTD *p 975*
910 Rowntree Dairy Rd Unit 30, WOODBRIDGE, ON, L4L 5W6
(905) 850-9299   SIC 3812
NATIONAL EAS *p 506*
See NATIONAL ELECTRONIC ARTICLE SURVEILLANCE SYSTEMS LTD
NATIONAL ELECTRONIC ARTICLE SURVEILLANCE SYSTEMS LTD *p 506*
13 Holland Dr Suite 10, BOLTON, ON, L7E 1G4
SIC 3699
NATIONAL ENERGY CORPORATION *p 749*
25 Sheppard Ave W Suite 1700, NORTH YORK, ON, M2N 6S6
(416) 673-1162   SIC 1711
NATIONAL ENERGY EQUIPMENT INC *p 28*
1350 42 Ave Se Bay Suite R, CALGARY, AB, T2G 4V6
(403) 735-1103   SIC 4925
NATIONAL ENERGY EQUIPMENT INC *p 92*
17107 118 Ave Nw, EDMONTON, AB, T5S 2V3
(780) 466-2171   SIC 1321
NATIONAL ENERGY EQUIPMENT INC *p 92*
17107 118 Ave Nw, EDMONTON, AB, T5S 2V3
(780) 468-4454   SIC 5075
NATIONAL ENERGY EQUIPMENT INC *p 991*
10801 Boul Ray-Lawson Bureau 300, ANJOU, QC, H1J 1M5
(514) 355-2366   SIC 5084
NATIONAL ENERGY EQUIPMENT INC *p 1297*
882 57th St E, SASKATOON, SK, S7K 5Z1
(306) 665-0223   SIC 5084
NATIONAL FIBERS INC *p 690*
1655 Sismet Rd Unit 8, Mississauga, ON, L4W 1Z4
(905) 238-6181   SIC 4213
NATIONAL FILM BOARD OF CANADA *p 920*
145 Wellington St Suite 1010, TORONTO, ON, M5J 1H8
(416) 973-5344   SIC 7812
NATIONAL FILM BOARD OF CANADA *p 1100*
1564 Rue Saint-Denis, Montreal, QC, H2X 3K2
SIC 7812
NATIONAL FILM BOARD OF CANADA *p 1205*
3155 Ch De La Cote-De-Liesse, SAINT-LAURENT, QC, H4N 2N4
(514) 283-9000   SIC 7812
NATIONAL FIREARMS ASSOCIATION *p 108*
See NATIONAL PHOENIX 1984 FIREARMS INFORMATION AND COMMUNICATION ASSOCIATION
NATIONAL FITNESS BURLINGTON *p 538*
3430 Fairview St, BURLINGTON, ON, L7N 2R5
SIC 7999
NATIONAL GRAPHICS *p 1060*
See 3510000 CANADA INC
NATIONAL GROCERS *p 869*
See LOBLAW PROPERTIES LIMITED
NATIONAL GROCERS CASH & CARRY *p 832*
See LOBLAW COMPANIES LIMITED
NATIONAL GROCERS CASH & CARRY, DIV OF *p 647*
See LOBLAW COMPANIES LIMITED
NATIONAL GROCERS CASH AND CARRY *p 659*
See LOBLAW COMPANIES LIMITED
NATIONAL GROCERS CO. LTD *p 899*
22 St Clair Ave E Suite 1901, TORONTO, ON, M4T 2S7
(416) 922-2500   SIC 5141
NATIONAL GYPSUM (CANADA) LTD *p 473*
1707 Highway 2 Rr 1, SPRINGHILL, NS, B0M 1X0
(902) 758-3256   SIC 1499
NATIONAL HEARING SERVICES INC *p 331*
645 Fort St Suite 312, VICTORIA, BC, V8W 1G2
(250) 413-2100   SIC 5999
NATIONAL HOME SERVICES *p 749*
See NATIONAL ENERGY CORPORATION
NATIONAL IMPORTERS CANADA LTD *p 515*
1555 Clark Blvd, BRAMPTON, ON, L6T 4G2
(905) 791-1322   SIC 5141
NATIONAL INCOME PROTECTION PLAN INC *p 690*
2595 Skymark Ave Unit 206, MISSISSAUGA, ON, L4W 4L5
(905) 219-0096   SIC 8748
NATIONAL LEASING *p 389*
See NATIONAL LEASING GROUP INC
NATIONAL LEASING GROUP INC *p 389*
1525 Buffalo Pl, WINNIPEG, MB, R3T 1L9
(204) 954-9000   SIC 6159
NATIONAL LIFE ASSURANCE COMPANY *p 1038*
See INDUSTRIELLE ALLIANCE, ASSURANCE ET SERVICES FINANCIERS INC
NATIONAL LOGISTICS SERVICES (2006) INC *p 719*
475 Admiral Blvd Unit B, MISSISSAUGA, ON, L5T 2N1
(905) 696-7278   SIC 5137
NATIONAL MONEY MART COMPANY *p 329*
401 Garbally Rd, VICTORIA, BC, V8T 5M3
(250) 595-5211   SIC 6099
NATIONAL MONEY MART COMPANY *p 581*
703 Evans Ave Suite 600, ETOBICOKE, ON, M9C 5E9
(647) 260-3104   SIC 6099
NATIONAL MOTOR COACH SYSTEMS LTD *p 14*
3606 50 Ave Se, Calgary, AB, T2B 2M7
(403) 240-1992   SIC 4142
NATIONAL OIL WELL *p 100*
See DRECO ENERGY SERVICES ULC
NATIONAL OIL WELL VARCO *p 147*

See DRECO ENERGY SERVICES ULC
NATIONAL OILWELL VARCO p 147
See DRECO ENERGY SERVICES ULC
NATIONAL OILWELL DOWNHOLE TOOLS
p 129
See NATIONAL-OILWELL CANADA LTD
NATIONAL OILWELL DRECO p 104
See DRECO ENERGY SERVICES ULC
NATIONAL OILWELL VARCO p 7
See NATIONAL-OILWELL CANADA LTD
NATIONAL OILWELL VARCO p 13
See NATIONAL-OILWELL CANADA LTD
NATIONAL OILWELL VARCO p 47
See NATIONAL-OILWELL CANADA LTD
NATIONAL OILWELL VARCO p 101
See NATIONAL-OILWELL CANADA LTD
NATIONAL OILWELL VARCO p 135
See NATIONAL-OILWELL CANADA LTD
NATIONAL OILWELL VARCO p 141
See NATIONAL-OILWELL CANADA LTD
NATIONAL OILWELL VARCO p 147
See NATIONAL-OILWELL CANADA LTD
NATIONAL OILWELL VARCO p 1268
See NATIONAL-OILWELL CANADA LTD
NATIONAL PHILATELIC CENTRE p 441
See CANADA POST CORPORATION
NATIONAL PHOENIX 1984 FIREARMS INFORMATION AND COMMUNICATION ASSOCIATION
108
8540 109 St Nw Suite 7, EDMONTON, AB, T6G 1E6
(780) 439-1394   SIC 7997
NATIONAL PINES GOLF CLUB p 621
See CLUBLINK CORPORATION ULC
NATIONAL PROCESS EQUIPMENT INC p 19
5409 74 Ave Se, CALGARY, AB, T2C 3C9
(403) 219-0270   SIC 3561
NATIONAL PUBLIC RELATIONS p 323
See GROUPE CONSEIL RES PUBLICA INC
NATIONAL PUBLIC RELATIONS (CANADA) INC p 47
800 6 Ave Sw Suite 1600, CALGARY, AB, T2P 3G3
(403) 531-0331   SIC 8743
NATIONAL PUBLIC RELATIONS CALGARY p 45
See GROUPE CONSEIL RES PUBLICA INC
NATIONAL REFRIGERATION HEATING p 758
See AINSWORTH INC
NATIONAL REPORTER SYSTEM p 400
See MARITIME LAW BOOK LTD
NATIONAL RESEARCH COUNCIL CANADA p 782
1200 Montreal Rd Suite 207, OTTAWA, ON, K1A 0R6
(613) 993-9200   SIC 8741
NATIONAL RESERVATION CENTRE FOR AVIS p 892
132 Brookside Dr, TORONTO, ON, M4E 2M2
(416) 213-8400   SIC 4899
NATIONAL RUBBER TECHNOLOGIES CORP p 937
394 Symington Ave, TORONTO, ON, M6N 2W3
(416) 657-1111   SIC 2822
NATIONAL SERVICES p 751
See 2179321 ONTARIO LIMITED
NATIONAL SIGNCORP INVESTMENTS LTD
p 208
1471 Derwent Way, DELTA, BC, V3M 6N2
(604) 525-4300   SIC 3993
NATIONAL SPORT SCHOOL p 59
See CALGARY BOARD OF EDUCATION
NATIONAL SPORTS p 494
See FGL SPORTS LTD
NATIONAL SPORTS p 519
See FGL SPORTS LTD
NATIONAL SPORTS p 543

See FGL SPORTS LTD
NATIONAL SPORTS p 559
See FGL SPORTS LTD
NATIONAL SPORTS p 614
See FGL SPORTS LTD
NATIONAL SPORTS p 658
See FGL SPORTS LTD
NATIONAL SPORTS p 705
See FGL SPORTS LTD
NATIONAL SPORTS p 733
See FGL SPORTS LTD
NATIONAL SPORTS p 778
See FGL SPORTS LTD
NATIONAL SPORTS p 809
See FGL SPORTS LTD
NATIONAL SPORTS p 813
See FGL SPORTS LTD
NATIONAL SPORTS p 887
See FGL SPORTS LTD
NATIONAL SPORTS p 889
See FGL SPORTS LTD
NATIONAL SPORTS p 950
See FGL SPORTS LTD
NATIONAL SPORTS p 957
See FGL SPORTS LTD
NATIONAL SPORTS p 961
See FGL SPORTS LTD
NATIONAL SPORTS p 964
See FGL SPORTS LTD
NATIONAL SPORTS DEVELOPMENT LTD p 32
7475 Flint Rd Se, CALGARY, AB, T2H 1G3
(403) 201-8788   SIC 7999
NATIONAL TANK SERVICES p 1298
See TRIMAC TRANSPORTATION SERVICES LIMITED PARTNERSHIP
NATIONAL TIRE DISTRIBUTORS INC p 534
5035 South Service Rd 4th Fl, BURLINGTON, ON, L7L 6M9
(877) 676-0007   SIC 5014
NATIONAL-OILWELL CANADA LTD p 7
5402 55 Ave Unit 2, BONNYVILLE, AB, T9N 2K6
(780) 826-2263   SIC 1381
NATIONAL-OILWELL CANADA LTD p 13
1616 Meridian Rd Ne, CALGARY, AB, T2A 2P1
(403) 569-2222   SIC 3533
NATIONAL-OILWELL CANADA LTD p 47
540 5 Ave Sw Suite 1100, CALGARY, AB, T2P 0M2
(403) 294-4500   SIC 5084
NATIONAL-OILWELL CANADA LTD p 101
7127 56 Ave Nw, EDMONTON, AB, T6B 3L2
(780) 465-0999   SIC 3533
NATIONAL-OILWELL CANADA LTD p 105
6415 75 St Nw, EDMONTON, AB, T6E 0T3
(780) 944-3850   SIC 3533
NATIONAL-OILWELL CANADA LTD p 105
9120 34a Ave Nw, EDMONTON, AB, T6E 5P4
(780) 414-7602   SIC 5084
NATIONAL-OILWELL CANADA LTD p 105
3660 93 St Nw, EDMONTON, AB, T6E 5N3
SIC 7699
NATIONAL-OILWELL CANADA LTD p 105
3550 93 St Nw, EDMONTON, AB, T6E 5N3
(780) 465-9500   SIC 3533
NATIONAL-OILWELL CANADA LTD p 129
15402 91 St, GRANDE PRAIRIE, AB, T8X 0B2
(780) 539-9366   SIC 7353
NATIONAL-OILWELL CANADA LTD p 135
6621 45 St, LEDUC, AB, T9E 7E3
(780) 980-1490   SIC 5084
NATIONAL-OILWELL CANADA LTD p 141
Gd Rpo 10, LLOYDMINSTER, AB, T9V 2H2
SIC 5084
NATIONAL-OILWELL CANADA LTD p 141
6452 66 St, LLOYDMINSTER, AB, T9V 3T6
(780) 875-5504   SIC 5084
NATIONAL-OILWELL CANADA LTD p 147
1507 4 St, NISKU, AB, T9E 7M9
(780) 955-8828   SIC 5084

NATIONAL-OILWELL CANADA LTD p 158
1451 Hwy Ave Se, REDCLIFF, AB, T0J 2P0
(403) 548-8121   SIC 5082
NATIONAL-OILWELL CANADA LTD p 1268
314 Kensington Ave, ESTEVAN, SK, S4A 2A2
(306) 634-6494   SIC 5084
NATIONAL-OILWELL CANADA LTD p 1268
93 Panteluk St, ESTEVAN, SK, S4A 2A6
(306) 634-8828   SIC 1389
NATIONAL-OILWELL VARCO p 105
See NATIONAL-OILWELL CANADA LTD
NATIONEX p 683
See COLISPRO INC
NATIONEX INC p 683
7535 Bath Rd, MISSISSAUGA, ON, L4T 4C1
SIC 7389
NATIONVIEW PUBLIC SCHOOL p 851
See UPPER CANADA DISTRICT SCHOOL BOARD, THE
NATIONWIDE SPORTSWEAR CORPORATION p 930
720 King St W Suite 301, TORONTO, ON, M5V 2T3
(416) 603-0021   SIC 2339
NATIVE COUNSELLING SERVICES OF ALBERTA p 77
9330 104 Ave Nw, EDMONTON, AB, T5H 4G7
(780) 423-2141   SIC 8111
NATIVE COUNSELLING SERVICES OF ALBERTA p 77
9516 101 Ave Nw, EDMONTON, AB, T5H 0B3
(780) 495-3748   SIC 8361
NATIVE FRIENDSHIP CENTRE p 293
See VANCOUVER ABORIGINAL FRIENDSHIP CENTRE SOCIETY
NATIVE PLANT SOLUTIONS p 91
See DUCKS UNLIMITED CANADA
NATIVE PLANT SOLUTIONS p 497
See DUCKS UNLIMITED CANADA
NATIVE SERVICES BRANCH p 772
See CHILDRENS AID SOCIETY OF BRANT
NATIVITY OF OUR LORD SCHOOL p 581
See TORONTO CATHOLIC DISTRICT SCHOOL BOARD
NATREL p 196
See AGROPUR COOPERATIVE
NATREL p 777
See AGROPUR COOPERATIVE
NATREL p 1086
See AGROPUR COOPERATIVE
NATREL p 1181
See AGROPUR COOPERATIVE
NATT TOOLS GROUP INC p 609
460 Sherman Ave N, HAMILTON, ON, L8L 8J6
(905) 549-7433   SIC 3523
NATURAL GAS AND PETROLEUM RESOURCES p 144
See MEDICINE HAT, CITY OF
NATURAL HEALTH SERVICES LTD p 32
6120 2 St Se Unit A9a, CALGARY, AB, T2H 2L8
(403) 680-9617   SIC 8093
NATURAL HEALTH SERVICES LTD p 32
5809 Macleod Trail Sw Suite 207, CALGARY, AB, T2H 0J9
(780) 885-6922   SIC 8093
NATURALIMENT p 1225
See GASTRONOME ANIMAL INC, LE
NATURALIZER p 807
See CALERES CANADA, INC
NATURE CONSERVANCY OF CANADA, THE p 29
1202 Centre St Se Suite 830, CALGARY, AB, T2G 5A5

(403) 262-1253   SIC 8999
NATURE CONSERVANCY OF CANADA, THE p 1099
55 Av Du Mont-Royal O Bureau 1000, Montreal, QC, H2T 2S6
(514) 876-1606   SIC 8999
NATURE'S EMPORIUM BULK & HEALTH FOODS LTD p 732
16655 Yonge St Suite 27, NEWMARKET, ON, L3X 1V6
(905) 898-1844   SIC 5499
NATURE'S EMPORIUM WHOLISTIC MARKET p 732
See NATURE'S EMPORIUM BULK & HEALTH FOODS LTD
NATURE'S SUNSHINE PRODUCTS OF CANADA LTD p 515
44 Peel Centre Dr Unit 402, BRAMPTON, ON, L6T 4B5
(905) 458-6100   SIC 5149
NATURE-ACTION QUEBEC INC p 998
120 Rue Ledoux, BELOEIL, QC, J3G 0A4
(450) 536-0422   SIC 8641
NATURISTE INC p 1087
7275 Rue Sherbrooke E Bureau 5, Montreal, QC, H1N 1E9
(514) 352-4741   SIC 5499
NATURO PAIN INC p 987
14 Rue Principale E Rr 1, ADSTOCK, QC, G0N 1S0
(418) 422-2246   SIC 5461
NAUTILUS CHOMEDY p 1020
See NAUTILUS PLUS INC
NAUTILUS PLUS p 1167
See NAUTILUS PLUS INC
NAUTILUS PLUS p 1245
See NAUTILUS PLUS INC
NAUTILUS PLUS GATINEAU p 1036
See NAUTILUS PLUS INC
NAUTILUS PLUS INC p 999
775 Boul Du Cure-Labelle, BLAINVILLE, QC, J7C 2K4
(450) 433-3355   SIC 7999
NAUTILUS PLUS INC p 1006
1870 Rue Panama, BROSSARD, QC, J4W 3C6
SIC 7991
NAUTILUS PLUS INC p 1011
47 Boul Saint-Jean-Baptiste, Chateauguay, QC, J6J 3H5
(514) 666-0668   SIC 5941
NAUTILUS PLUS INC p 1020
3216 Boul Saint-Martin O, Cote Saint-Luc, QC, H7T 1A1
(450) 688-0850   SIC 7991
NAUTILUS PLUS INC p 1036
920 Boul Maloney O, GATINEAU, QC, J8T 3R6
(819) 561-6555   SIC 7997
NAUTILUS PLUS INC p 1038
425 Boul Saint-Joseph Bureau 64, GATINEAU, QC, J8Y 3Z8
(819) 420-4646   SIC 5941
NAUTILUS PLUS INC p 1050
6280 Boul Wilfrid-Hamel, L'ANCIENNE-LORETTE, QC, G2E 2H8
(418) 872-1230   SIC 7997
NAUTILUS PLUS INC p 1065
50 Rte Du President-Kennedy Bureau 260, Levis, QC, G6V 6W8
(418) 838-1505   SIC 7991
NAUTILUS PLUS INC p 1080
2305 Ch Rockland Bureau 42, MONT-ROYAL, QC, H3P 3E9
(514) 341-1553   SIC 7991
NAUTILUS PLUS INC p 1119
2676 Rue De Salaberry, Montreal, QC, H3M 1L3
(514) 337-9456   SIC 7999
NAUTILUS PLUS INC p 1126
800 Rue Du Square-Victoria, Montreal, QC, H4Z 1A1
(514) 871-9544   SIC 7997

BUSINESSES ALPHABETICALLY

NAUTILUS PLUS INC p 1129
1780 Boul Des Laurentides, Montreal, QC, H7M 2Y4
(450) 668-2686 SIC 7999

NAUTILUS PLUS INC p 1167
5155 Boul Des Gradins, Quebec, QC, G2J 1C8
(418) 628-7524 SIC 7999

NAUTILUS PLUS INC p 1171
100 Boul Brien Bureau 10, REPENTIGNY, QC, J6A 5N4
(450) 582-0961 SIC 7999

NAUTILUS PLUS INC p 1195
3190 Av Cusson, SAINT-HYACINTHE, QC, J2S 8N9
(450) 250-0999 SIC 7991

NAUTILUS PLUS INC p 1199
315 Rue Macdonald Bureau 120, SAINT-JEAN-SUR-RICHELIEU, QC, J3B 8J3
(450) 348-5666 SIC 7999

NAUTILUS PLUS INC p 1212
3303 Rue Griffith, SAINT-LAURENT, QC, H4T 1W5
(514) 739-3655 SIC 7997

NAUTILUS PLUS INC p 1216
6705 Rue Jean-Talon E, SAINT-LEONARD, QC, H1S 1N2
(514) 353-7860 SIC 7999

NAUTILUS PLUS INC p 1245
1507 Ch Gascon, TERREBONNE, QC, J6X 2Z6
(450) 964-7177 SIC 7999

NAUTILUS PLUS INC p 1257
500 Ch Du Golf, VERDUN, QC, H3E 1A8
SIC 7991

NAV CANADA p 24
7811 22 St Ne, CALGARY, AB, T2E 5T3
(403) 216-7141 SIC 3812

NAV CANADA p 81
Gd Stn Main, EDMONTON, AB, T5J 2G8
(780) 890-4343 SIC 4899

NAV CANADA p 85
13335 127 St Nw, EDMONTON, AB, T5L 1B5
(780) 413-5520 SIC 3812

NAV CANADA p 129
4396 34 St E, GRANDE PRAIRIE, AB, T9E 0V4
(780) 890-8360 SIC 4581

NAV CANADA p 140
417 Stubb Ross Rd Suite 209, LETHBRIDGE, AB, T1K 7N3
(403) 317-4545 SIC 4899

NAV CANADA p 141
Gd Rpo 10, LLOYDMINSTER, AB, T9V 2H2
SIC 4899

NAV CANADA p 205
9380 Airport Access Rd, CRANBROOK, BC, V1C 7E4
(250) 426-3814 SIC 4581

NAV CANADA p 214
Gd, FORT ST. JOHN, BC, V1J 4H5
(250) 787-0175 SIC 4581

NAV CANADA p 219
3100 Aviation Way, KAMLOOPS, BC, V2B 7W1
(250) 376-6547 SIC 4899

NAV CANADA p 262
4141 Airport Rd Suite 2, PRINCE GEORGE, BC, V2N 4M6
(250) 963-7689 SIC 4899

NAV CANADA p 286
7421 135 St, SURREY, BC, V3W 0M8
(604) 598-4805 SIC 4899

NAV CANADA p 322
3511 Mcconnachie Way, VANCOUVER, BC, V7B 1Y2
(604) 775-9536 SIC 4899

NAV CANADA p 383
2000 Wellington Ave Suite 706, WINNIPEG, MB, R3H 1C1
(204) 983-8408 SIC 4899

NAV CANADA p 384
4 Hangar Line Rd, WINNIPEG, MB, R3J 3Y7

(204) 983-8407 SIC 8999

NAV CANADA p 384
777 Moray St, WINNIPEG, MB, R3J 3W8
(204) 983-8565 SIC 3812

NAV CANADA p 413
222 Old Coach Rd, RIVERVIEW, NB, E1B 4G2
(506) 867-7151 SIC 7389

NAV CANADA p 426
Gd Stn Main, DEER LAKE, NL, A8A 3M4
(709) 635-5251 SIC 4899

NAV CANADA p 426
Gd Lcd Main, GANDER, NL, A1V 1W4
SIC 4581

NAV CANADA p 455
1610 Old Guysborough Rd, GOFFS, NS, B2T 1B9
(902) 873-1382 SIC 4899

NAV CANADA p 565
1950 Montreal Rd, CORNWALL, ON, K6H 6L2
(613) 936-5050 SIC 8249

NAV CANADA p 595
1601 Tom Roberts Ave, GLOUCESTER, ON, K1V 1E6
(613) 248-3863 SIC 4899

NAV CANADA p 650
2530 Blair Blvd, LONDON, ON, N5V 3Z9
(519) 452-4008 SIC 4899

NAV CANADA p 689
6055 Midfield Rd, MISSISSAUGA, ON, L4W 2P7
(905) 676-5045 SIC 4899

NAV CANADA p 689
6110 Midfield Rd, MISSISSAUGA, ON, L4W 1S9
(905) 676-7494 SIC 4899

NAV CANADA p 742
50 Terminal St Suite 2, NORTH BAY, ON, P1B 8G2
(705) 476-1788 SIC 3812

NAV CANADA p 792
77 Metcalf St, OTTAWA, ON, K1P 1L6
(613) 563-5949 SIC 4899

NAV CANADA p 792
Gd, OTTAWA, ON, K1P 5L6
SIC 7389

NAV CANADA p 821
1595 16th Ave Suite 100, RICHMOND HILL, ON, L4B 3N9
(905) 771-2872 SIC 4899

NAV CANADA p 831
475 Airport Rd Suite 1, SAULT STE. MARIE, ON, P6A 5K6
(705) 779-3838 SIC 4581

NAV CANADA p 881
343 Hector Dougall W, THUNDER BAY, ON, P7E 6M5
(807) 474-4247 SIC 4899

NAV CANADA p 1027
1750 Ch Saint-Francois, DORVAL, QC, H9P 2P6
(514) 633-3393 SIC 4522

NAV CANADA p 1166
515 Rue Principale, Quebec, QC, G2G 2T8
(418) 871-7032 SIC 4899

NAV CANADA p 1271
Gd, LA RONGE, SK, S0J 1L0
(306) 425-2369 SIC 4899

NAV CANADA p 1290
5205 Regina Ave, REGINA, SK, S4W 1B2
(306) 359-5014 SIC 4899

NAV CANADA p 1300
2555 Airport Dr, SASKATOON, SK, S7L 7M4
(306) 665-4400 SIC 4899

NAV CANADA p 1311
50 Fairchild Pl Unit 215, WHITEHORSE, YT, Y1A 0M7
(867) 667-8425 SIC 4899

NAV CANADA FLIGHT SERVICES p 650
See NAV CANADA

NAV CENTRE p 565
See NAV CANADA

NAVAJO METALS p 31

See GENERAL SCRAP PARTNERSHIP

NAVAL ENGINEERING TEST ESTABLISHMENT p 1061
See NATIONAL DEFENCE AND THE CANADIAN ARMED FORCES

NAVIGANT CONSULTING LTD p 908
1 Adelaide St E Suite 3000, TORONTO, ON, M5C 2V9
(416) 777-2440 SIC 8742

NAVIGATA COMMUNICATIONS LTD p 314
1550 Alberni St Suite 300, VANCOUVER, BC, V6G 1A5
(604) 990-2000 SIC 4899

NAVIGATION CP LIMITEE p 1122
3400 Boul De Maisonneuve O Bureau 1200, Montreal, QC, H3Z 3E7
(514) 934-5133 SIC 4731

NAVIGATION GILLSHIP p 1115
See GILLESPIE-MUNRO INC

NAVISTAR CANADA, INC p 552
508 Richmond St, Chatham, ON, N7M 1R3
SIC 3711

NAVISTAR CANADA, INC p 627
405 Van Buren St, KEMPTVILLE, ON, K0G 1J0
(613) 258-1126 SIC 3711

NAVTECH INC p 952
295 Hagey Blvd Suite 200, WATERLOO, ON, N2L 6R5
(519) 747-1170 SIC 8711

NAVY LEAGUE OF CANADA, THE p 254
4210 Cedarwood St, PORT ALBERNI, BC, V9Y 4A6
(250) 723-7442 SIC 8641

NAVY LEAGUE OF CANADA, THE p 502
16 South Front St, BELLEVILLE, ON, K8N 2Y3
(613) 962-4647 SIC 8641

NAYLOR (CANADA), INC p 384
1630 Ness Ave Unit 300, WINNIPEG, MB, R3J 3X1
(204) 975-0415 SIC 2721

NAYLOR (CANADA), INC p 902
2 Bloor St W Suite 2001, TORONTO, ON, M4W 3E2
SIC 2721

NAYLOR ENGINEERING ASSOCIATES LTD p 642
353 Bridge St E, KITCHENER, ON, N2K 2Y5
(519) 741-1313 SIC 8711

NAYLOR GROUP INCORPORATED p 821
120 West Beaver Creek Rd Unit 6, RICHMOND HILL, ON, L4B 1L2
(905) 764-0913 SIC 1711

NB DEVELOPMENTS LTD p 162
51055 Range Road 222 Suite 222, SHERWOOD PARK, AB, T8C 1J6
(780) 922-2327 SIC 7997

NB LIQUOR STORE p 397
See NEW BRUNSWICK LIQUOR CORPORATION

NBC p 1064
See BANQUE NATIONALE DU CANADA

NBCC FREDERICTON CENTRE p 401
See PROVINCE OF NEW BRUNSWICK

NBDACL/BANNER RESIDENCE p 740
See COMMUNITY LIVING NORTH BAY

NBM ENGINEERING INC p 767
1525 Cornwall Rd, U 27, OAKVILLE, ON, L6J 0B2
(905) 845-7770 SIC 8711

NBM RAIL SERVICES INC p 417
300 Union St, SAINT JOHN, NB, E2L 4Z2
(506) 632-6314 SIC 4111

NBS TECHNOLOGIES INC p 581
703 Evans Ave Suite 400, ETOBICOKE, ON, M9C 5E9
(416) 621-2798 SIC 3699

NBSL p 1006
See BMO NESBITT BURNS INC

NCH CANADA INC p 515
247 Orenda Rd, BRAMPTON, ON, L6T 1E6
(905) 457-5220 SIC 5169

NCH SERVICES p 704
See NATIONAL CORPORATE HOUSEKEEPING SERVICES INC

NCI CANADA INC p 491
66 Don Hillock Dr, AURORA, ON, L4G 0H6
(905) 727-5545 SIC 5085

NCO GROUP p 527
See SERVICES FINANCIERS NCO, INC

NCR CANADA CORP p 641
580 Weber St E, KITCHENER, ON, N2H 1G8
SIC 3578

NCR CANADA CORP p 685
6360 Northwest Dr, MISSISSAUGA, ON, L4V 1J7
(905) 677-2223 SIC 2679

NCR CANADA CORP p 727
70 Bentley Ave Suite 206, NEPEAN, ON, K2E 6T8
(613) 745-6008 SIC 5044

NCR CANADA CORP p 954
50 Northland Rd, WATERLOO, ON, N2V 1N3
(905) 826-9000 SIC 5044

NCR WATERLOO p 641
See NCR CANADA CORP

NCS INTERNATIONAL CO. p 105
4130 101 St Nw, EDMONTON, AB, T6E 0A5
(780) 468-5678 SIC 5063

NCS INTERNATIONAL CO. p 202
70 Glacier St, COQUITLAM, BC, V3K 5Y9
(604) 472-6980 SIC 5063

NCS INTERNATIONAL CO. p 716
7635 Tranmere Dr, MISSISSAUGA, ON, L5S 1L4
(905) 673-0660 SIC 5063

NCS INTERNATIONAL CO. p 716
7635 Tranmere Dr, MISSISSAUGA, ON, L5S 1L4
(905) 673-3571 SIC 5063

NCS MULTISTAGE INC p 47
840 7 Ave Sw Suite 800, CALGARY, AB, T2P 3G2
(403) 720-3236 SIC 1389

NCS MULTISTAGE INC p 57
11929 40 St Se Suite 222, CALGARY, AB, T2Z 4M8
(403) 862-3722 SIC 1389

NCSG CRANE & HEAVY HAUL SERVICES LTD p 1
53016 Hwy 60 Unit 817, ACHESON, AB, T7X 5A7
(780) 960-6300 SIC 7353

NCSG CRANE & HEAVY HAUL SERVICES LTD p 214
6720 87a Ave, FORT ST. JOHN, BC, V1J 0B4
(250) 787-0930 SIC 7353

NCYS p 876
See NIAGARA CHILD AND YOUTH SERVICES

NDG FINANCIAL CORP p 304
Gd Stn Terminal, VANCOUVER, BC, V6B 3P7
SIC 8742

NDI p 954
See NORTHERN DIGITAL INC

NDT SYSTEMS & SERVICES (CANADA) INC p 147
604 19 Ave, NISKU, AB, T9E 7W1
(780) 955-8611 SIC 1389

NEAR & MIDDLE EASTERN CIVILIZATIONS DEPT p 925
See GOVERNING COUNCIL OF THE UNIVERSITY OF TORONTO

NEAR NORTH DISTRICT SCHOOL BOARD p 532
178 Yonge St, BURKS FALLS, ON, P0A 1C0
(705) 382-3038 SIC 8211

NEAR NORTH DISTRICT SCHOOL BOARD p 532
92 Ontario St, BURKS FALLS, ON, P0A 1C0
(705) 382-2924 SIC 8211

▲ Public Company ■ Public Company Family Member HQ Headquarters BR Branch SL Single Location

NEAR NORTH DISTRICT SCHOOL BOARD
p 542
330 Lansdowne St E, CALLANDER, ON, P0H 1H0
(705) 472-5970   SIC 8211

NEAR NORTH DISTRICT SCHOOL BOARD
p 564
30 Voyer Rd, CORBEIL, ON, P0H 1K0
(705) 475-2323   SIC 8211

NEAR NORTH DISTRICT SCHOOL BOARD
p 574
2510 592 Hwy, EMSDALE, ON, P0A 1J0
(705) 636-5955   SIC 8211

NEAR NORTH DISTRICT SCHOOL BOARD
p 679
376 Park St, MATTAWA, ON, P0H 1V0
(705) 472-5241   SIC 8211

NEAR NORTH DISTRICT SCHOOL BOARD
p 679
69 124 Hwy, MCDOUGALL, ON, P2A 2W7
(705) 746-0511   SIC 8211

NEAR NORTH DISTRICT SCHOOL BOARD
p 740
140 Hammel Ave, NOBEL, ON, P0G 1G0
(705) 342-5251   SIC 8211

NEAR NORTH DISTRICT SCHOOL BOARD
p 740
176 Lakeshore Dr, NORTH BAY, ON, P1A 2A8
SIC 8211

NEAR NORTH DISTRICT SCHOOL BOARD
p 740
4 Marshall Park Dr, NORTH BAY, ON, P1A 2N9
SIC 8211

NEAR NORTH DISTRICT SCHOOL BOARD
p 740
599 Lake Heights Rd, NORTH BAY, ON, P1A 3A1
(705) 472-5534   SIC 8211

NEAR NORTH DISTRICT SCHOOL BOARD
p 740
60 Marshall Park Dr, NORTH BAY, ON, P1A 2P2
(705) 475-2333   SIC 8211

NEAR NORTH DISTRICT SCHOOL BOARD
p 740
65 Marshall Ave E, NORTH BAY, ON, P1A 3L4
(705) 475-2322   SIC 8211

NEAR NORTH DISTRICT SCHOOL BOARD
p 742
111 Cartier St, NORTH BAY, ON, P1B 4Z4
(705) 472-5459   SIC 8211

NEAR NORTH DISTRICT SCHOOL BOARD
p 742
700 Stones St, NORTH BAY, ON, P1B 6C1
(705) 475-2326   SIC 8211

NEAR NORTH DISTRICT SCHOOL BOARD
p 742
550 Harvey St, NORTH BAY, ON, P1B 4H3
(705) 472-5448   SIC 8211

NEAR NORTH DISTRICT SCHOOL BOARD
p 742
539 Chippewa St W, NORTH BAY, ON, P1B 6G8
(705) 475-2341   SIC 8211

NEAR NORTH DISTRICT SCHOOL BOARD
p 742
320 Ski Club Rd, NORTH BAY, ON, P1B 7R2
(705) 472-5711   SIC 8211

NEAR NORTH DISTRICT SCHOOL BOARD
p 742
1351 Chapais St, NORTH BAY, ON, P1B 6M6
(705) 472-5502   SIC 8211

NEAR NORTH DISTRICT SCHOOL BOARD
p 742
1325 Cedargrove Dr, NORTH BAY, ON, P1B 4S3
(705) 472-9251   SIC 8211

NEAR NORTH DISTRICT SCHOOL BOARD
p 742
1191 Lakeshore Dr, NORTH BAY, ON, P1B 8Z4
(705) 475-2330   SIC 8211

NEAR NORTH DISTRICT SCHOOL BOARD
p 743
15 Janey Ave, NORTH BAY, ON, P1C 1N1
(705) 475-2340   SIC 8211

NEAR NORTH DISTRICT SCHOOL BOARD
p 805
82 Gibson St, PARRY SOUND, ON, P2A 1X5
(705) 746-9333   SIC 8211

NEAR NORTH DISTRICT SCHOOL BOARD
p 805
15 Forest St, PARRY SOUND, ON, P2A 2R1
(705) 746-5691   SIC 8211

NEAR NORTH DISTRICT SCHOOL BOARD
p 805
141 Bon Echo Rd, PARRY SOUND, ON, P2A 2W8
(705) 746-0511   SIC 8211

NEAR NORTH DISTRICT SCHOOL BOARD
p 818
171 Edward St, POWASSAN, ON, P0H 1Z0
(705) 472-5751   SIC 8211

NEAR NORTH DISTRICT SCHOOL BOARD
p 866
177 Ethel St, STURGEON FALLS, ON, P2B 2Z8
(705) 472-4224   SIC 8211

NEAR NORTH DISTRICT SCHOOL BOARD
p 884
88 Rea St S, TIMMINS, ON, P4N 3P9
(705) 264-3858   SIC 8211

NEAR NORTH DISTRICT SCHOOL BOARD
p 944
121 Mccarthy St S, TROUT CREEK, ON, P0H 2L0
(705) 723-5351   SIC 8211

NEBRASKA COLLISION CENTRE INC   p 835
6511 Kingston Rd, SCARBOROUGH, ON, M1C 1L5
(416) 282-5794   SIC 7532

NECHAKO ELEMENTARY SCHOOL   p 228
See COAST MOUNTAINS BOARD OF EDUCATION SCHOOL DISTRICT NO. 82

NECHAKO VALLEY HIGH SCHOOL   p 324
See BOARD OF EDUCATION OF SCHOOL DISTRICT NO. 91 (NECHAKO LAKE), THE

NEDCO, DIV OF   p 715
See REXEL CANADA ELECTRICAL LTD

NEEBING ROADHOUSE, THE   p 881
See GOOSE CREEK INVESTMENTS LIMITED

NEEGAN TECHNICAL SERVICES LTD   p 121
Gd Lcd Main, FORT MCMURRAY, AB, T9H 3E2
(780) 715-2444   SIC 7389

NEEPAWA AREA COLLEGIATE   p 352
See BEAUTIFUL PLAINS SCHOOL DIVISION

NEEPAWA DIST MEMORIAL HOSPITAL   p 355
See MARQUETTE REGIONAL HEALTH AUTHORITY

NEEPAWA SAFEWAY   p 352
See SOBEYS WEST INC

NEERLANDIA PUBLIC CHRISTIAN SCHOOL   p 146
See PEMBINA HILLS REGIONAL DIVISION 7

NEFAB INC   p 810
211 Jameson Dr, PETERBOROUGH, ON, K9J 6X6
(705) 748-4888   SIC 2441

NEIGHBOURHOOD GROUP COMMUNITY SERVICES, THE   p 892
11 Coatsworth Cres, TORONTO, ON, M4C 5P8
(416) 691-7407   SIC 8322

NEIGHBOURHOOD GROUP OF COMPANIES LIMITED, THE   p 644

4336 King St E, KITCHENER, ON, N2P 3W6
(519) 219-9007   SIC 5812

NEIGHBOURHOOD GROUP OF COMPANIES LIMITED, THE   p 899
1954 Yonge St, TORONTO, ON, M4S 1Z4
(519) 836-3948   SIC 5813

NEIL BALKWILL CIVIC ART CENTER   p 1289
See CITY OF REGINA, THE

NEIL CAMPBELL SCHOOL   p 367
See RIVER EAST TRANSCONA SCHOOL DIVISION

NEIL M ROSS CATHOLIC SCHOOL   p 166
See GREATER ST. ALBERT CATHOLIC REGIONAL DIVISION NO. 29

NEIL MCNEIL HIGH SCHOOL   p 847
See TORONTO CATHOLIC DISTRICT SCHOOL BOARD

NEILBURG COMPOSITE SCHOOL   p 1277
See NORTHWEST SCHOOL DIVISION 203

NEILL MIDDLE SCHOOL   p 254
See SCHOOL DISTRICT #70 (ALBERNI) SCHOOL BOARD

NEILSON DAIRY, DIV OF   p 797
See 299208 ONTARIO INC

NEKISON ENGINEERING & CONTRACTORS LIMITED   p 578
17 Saint Lawrence Ave, ETOBICOKE, ON, M8Z 5T8
(416) 259-4631   SIC 1711

NELCO MECHANICAL LIMITED   p 642
77 Edwin St, KITCHENER, ON, N2H 4N7
(519) 744-6511   SIC 1711

NELLIE MCCLUNG BRANCH   p 327
See GREATER VICTORIA PUBLIC LIBRARY BOARD

NELLIE MCCLUNG COLLEGIATE   p 351
See PRAIRIE SPIRIT SCHOOL DIVISION

NELLIE MCCLUNG SCHOOL   p 54
See CALGARY BOARD OF EDUCATION

NELSON A BOYLEN COLLEGIATE INSTITUTE   p 761
See TORONTO DISTRICT SCHOOL BOARD

NELSON BROS. OILFIELD SERVICES 1997 LTD   p 72
5399 Jubilee Ave, DRAYTON VALLEY, AB, T7A 1R9
(780) 542-5777   SIC 1389

NELSON ELEMENTARY SCHOOL   p 192
See BURNABY SCHOOL BOARD DISTRICT 41

NELSON HEIGHTS SCHOOL   p 70
See NORTHERN LIGHTS SCHOOL DIVISION NO. 69

NELSON HOUSE EDUCATION AUTHORITY, INC   p 352
1 Roland Lauze Dr, NELSON HOUSE, MB, R0B 1A0
(204) 484-2242   SIC 8211

NELSON LUMBER COMPANY LTD   p 1
53027 Hwy 60, ACHESON, AB, T7X 5A4
(800) 661-6526   SIC 5211

NELSON LUMBER COMPANY LTD   p 7
5201 43 St, BONNYVILLE, AB, T9N 0B2
(780) 826-3140   SIC 5211

NELSON LUMBER COMPANY LTD   p 85
12727 St Albert Trl Nw, EDMONTON, AB, T5L 4H5
(780) 452-9151   SIC 5211

NELSON LUMBER COMPANY LTD   p 129
15603 94 St, GRANDE PRAIRIE, AB, T8X 0B9
(780) 532-5454   SIC 5211

NELSON MANDELA PARK PUBLIC SCHOOL   p 905
See TORONTO DISTRICT SCHOOL BOARD

NELSON MCINTYRE COLLEGIATE   p 364
See LOUIS RIEL SCHOOL DIVISION

NELSON MENTAL HEALTH & SUBSTANCIES   p 243
See INTERIOR HEALTH AUTHORITY

NELSON POOL/ARENA   p 533
See CORPORATION OF THE CITY OF BURLINGTON

NELSON RURAL SCHOOL   p 404
See DISTRICT EDUCATION COUNCIL-SCHOOL DISTRICT 16

NELSON SECONDARY SCHOOL   p 534
See HALTON DISTRICT SCHOOL BOARD

NELSON STEEL   p 862
See SAMUEL, SON & CO., LIMITED

NELSON, NELSON FOODS INC   p 849
15 Queensway E, SIMCOE, ON, N3Y 4Y2
(519) 428-0101   SIC 5461

NEMAK OF CANADA CORPORATION   p 970
4600 G N Booth Dr, WINDSOR, ON, N9C 4G8
(519) 250-2545   SIC 3714

NEMCO RESOURCES LTD   p 380
25 Midland St, WINNIPEG, MB, R3E 3J6
(204) 788-1030   SIC 2911

NEMO PRODUCTIONS - CAN, INC   p 183
8035 Glenwood Dr, BURNABY, BC, V3N 5C8
SIC 7829

NEO-NUTRITIONALS   p 526
See 4460596 CANADA INC

NEOCON INT'L A DIVISION OF   p 451
See EXCO TECHNOLOGIES LIMITED

NEOLECT INC   p 1009
104 Boul Montcalm N, CANDIAC, QC, J5R 3L8
(450) 659-5457   SIC 3643

NEOPOST CANADA LIMITED   p 673
150 Steelcase Rd W, MARKHAM, ON, L3R 3J9
(905) 475-3722   SIC 5044

NEOVASC MEDICAL INC   p 266
13700 Mayfield Pl Suite 2135, RICHMOND, BC, V6V 2E4
(604) 270-4344   SIC 3841

NEPEAN HIGH SCHOOL   p 798
See OTTAWA-CARLETON DISTRICT SCHOOL BOARD

NEPEAN NATIONAL EQUESTRIAN PARK p 729
See CITY OF OTTAWA

NEPEAN YMCA-YWCA   p 728
See OTTAWA YOUNG MEN'S AND YOUNG WOMEN'S CHRISTIAN ASSOCIATION

NEPTUNE CANADA PROJECT   p 328
See UNIVERSITY OF VICTORIA

NEPTUNE CORING (WESTERN) LTD   p 92
21521 112 Ave Nw, EDMONTON, AB, T5S 2T8
(780) 486-4050   SIC 1611

NEPTUNE INTERNATIONAL   p 1195
See PRODUITS NEPTUNE INC, LES

NEPTUNUS YACHTS INTERNATIONAL INC   p 852
8 Keefer Rd, ST CATHARINES, ON, L2M 7N9
(905) 937-3737   SIC 3731

NERIUM BIOTECHNOLOGY, INC   p 920
220 Bay St Unit 500, TORONTO, ON, M5J 2W4
(416) 862-7330   SIC 8731

NERO BIANCO   p 1242
See 9264-6231 QUEBEC INC

NERO BIANCO GROUP   p 1242
See 2169-5762 QUEBEC INC

NESBITT BURNS   p 40
See BMO NESBITT BURNS INC

NESBITT BURNS   p 612
See BMO NESBITT BURNS INC

NESEL FAST FREIGHT INCORPORATED   p 871
19216 Hay Rd, SUMMERSTOWN, ON, K0C 2E0
SIC 4213

BUSINESSES ALPHABETICALLY

NESIKA ELEMENTARY SCHOOL p 341
See SCHOOL DISTRICT NO 27 (CARIBOO-CHILCOTIN)

NESO CORPORATION LTD p 359
Gd Stn Main, THE PAS, MB, R9A 1K2
(204) 627-7200 SIC 5411

NESPRESSO p 749
See NESTLE CANADA INC

NESPRESSO CANADA p 1116
See NESTLE CANADA INC

NESS MIDDLE SCHOOL p 373
See ST. JAMES-ASSINIBOIA SCHOOL DIVISION

NESTERS MARKET p 184
See PATTISON, JIM INDUSTRIES LTD

NESTERS MARKET p 303
See BUY-LOW FOODS LTD

NESTLE CANADA INC p 132
5128 54 St, INNISFAIL, AB, T4G 1S1
(403) 227-3777 SIC 2047

NESTLE CANADA INC p 217
66700 Othello Rd, HOPE, BC, V0X 1L1
(604) 860-4888 SIC 5149

NESTLE CANADA INC p 498
28 Mollard Crt, BARRIE, ON, L4N 8Y1
(705) 722-9049 SIC 2033

NESTLE CANADA INC p 512
9050 Airport Rd Suite 101, BRAMPTON, ON, L6S 6G9
(905) 458-3600 SIC 5143

NESTLE CANADA INC p 542
50 Orkney St W, CALEDONIA, ON, N3W 1B1
(905) 765-3161 SIC 3295

NESTLE CANADA INC p 553
171 Main St N, Chesterville, ON, K0C 1H0
SIC 2095

NESTLE CANADA INC p 586
335 Carlingview Dr Unit 2, ETOBICOKE, ON, M9W 5G8
SIC 4225

NESTLE CANADA INC p 602
101 Brock Rd S, GUELPH, ON, N1H 6H9
(519) 763-9462 SIC 5149

NESTLE CANADA INC p 665
980 Wilton Grove Rd, LONDON, ON, N6N 1C7
(519) 686-0182 SIC 2023

NESTLE CANADA INC p 685
6655 Goreway Dr, MISSISSAUGA, ON, L4V 1V6
SIC 5143

NESTLE CANADA INC p 702
2500 Royal Windsor Dr, MISSISSAUGA, ON, L5J 1K8
(905) 822-1611 SIC 2047

NESTLE CANADA INC p 749
25 Sheppard Ave W Suite 1700, NORTH YORK, ON, M2N 6S6
(416) 512-9000 SIC 2095

NESTLE CANADA INC p 785
2370 Walkley Rd, OTTAWA, ON, K1G 4H9
SIC 5143

NESTLE CANADA INC p 841
1500 Birchmount Rd, SCARBOROUGH, ON, M1P 2G5
SIC 2066

NESTLE CANADA INC p 939
72 Sterling Rd, TORONTO, ON, M6R 2B6
(416) 535-2181 SIC 2064

NESTLE CANADA INC p 943
65 Carrier Dr, TORONTO, ON, M9W 5V9
(416) 675-1300 SIC 5149

NESTLE CANADA INC p 944
1 Douglas Rd, TRENTON, ON, K8V 5S7
(613) 394-3328 SIC 2037

NESTLE CANADA INC p 1116
2060 Rue De La Montagne Bureau 304, Montreal, QC, H3G 1Z7
(514) 350-5754 SIC 3634

NESTLE CANADA INC p 1237
1212 Rue Wellington S, SHERBROOKE, QC, J1H 5E7
(819) 569-3614 SIC 2023

NESTLE FOOD SERVICES, DIV OF p 943
See NESTLE CANADA INC

NESTLE ICE CREAM DISTRIBUTION CENTRE p 685
See NESTLE CANADA INC

NESTLE PROFESSIONAL VITALITY p 498
See NESTLE CANADA INC

NESTLE PURINA PET CARE DIV OF p 132
See NESTLE CANADA INC

NESTLE PURINA PET CARE DIV OF p 702
See NESTLE CANADA INC

NESTLE PURINA PETCARE CANADA p 542
See NESTLE CANADA INC

NESTLE WATERS CANADA DIV p 217
See NESTLE CANADA INC

NESTLE WATERS CANADA DIV p 602
See NESTLE CANADA INC

NESTOR ELEMENTARY SCHOOL p 200
See SCHOOL DISTRICT NO. 43 (COQUITLAM)

NETHERCOTT CHEVROLET INC p 615
1591 Upper James St, HAMILTON, ON, L9B 1K2
SIC 5511

NETHERLANDS REFORMED CONGREGATION OF CHILLIWACK, THE p 197
50420 Castleman Rd, CHILLIWACK, BC, V2P 6H4
(604) 792-9945 SIC 8661

NETHRIS PAYROLL SERVICES p 1019
See CENTRE DE SERVICES DE PAIE CGI INC

NETRICOM p 268
See 7922825 CANADA INC

NETSUITE INC p 690
5800 Explorer Dr Suite 100, MISSISSAUGA, ON, L4W 5K9
(905) 219-8534 SIC 5734

NETTOYEUR PELICAN INC p 1180
195 Rue Georges, SAINT-AUGUSTIN-DE-DESMAURES, QC, G3A 1W7
(418) 871-3999 SIC 7349

NETTOYEURS ZRO INC p 1027
2365 Ch Saint-Francois, DORVAL, QC, H9P 1K3
(514) 335-5907 SIC 1799

NETTWERK PRODUCTION p 316
See NETTWERK MANAGEMENT COMPANY LTD

NETTWERK MANAGEMENT COMPANY LTD p 316
1650 2nd Ave W, VANCOUVER, BC, V6J 4R3
(604) 654-2929 SIC 7922

NETTWERK PRODUCTIONS LTD p 316
1650 2nd Ave W, VANCOUVER, BC, V6J 4R3
(604) 654-2929 SIC 2782

NETUR INC p 1192
3450 Boul Losch, SAINT-HUBERT, QC, J3Y 5T6
(450) 676-0113 SIC 3599

NETWORC HEALTH INC p 226
1634 Harvey Ave Unit 104, KELOWNA, BC, V1Y 6G2
(250) 860-0171 SIC 8093

NETWORK BUILDERS INC p 673
110 Riviera Dr Unit 14, MARKHAM, ON, L3R 5M1
(905) 947-9201 SIC 7373

NETWORK MECHANICAL INC p 561
73 Corstate Ave Unit 1, CONCORD, ON, L4K 4Y2
(905) 761-1417 SIC 1711

NETWORK SERVICE CENTER p 372
See CANADIAN PACIFIC RAILWAY COMPANY

NETWORKBUILDERS.COM p 673
See NETWORK BUILDERS INC

NEUCEL SPECIALTY CELLULOSE LTD p 254
300 Marine Drive, PORT ALICE, BC, V0N 2N0
(250) 284-3331 SIC 3081

NEUFELD INVESTMENTS LTD p 233
20619 Eastleigh Cres, LANGLEY, BC, V3A 4C3
SIC 8361

NEUFELD PETROLEUM & PROPANE p 125
See BLUEWAVE ENERGY LTD

NEURORX RESEARCH INC p 1100
3575 Av Du Parc Bureau 5322, Montreal, QC, H2X 3P9
(514) 908-0088 SIC 8731

NEUROSTREAM TECHNOLOGIES SENC p 1180
4780 Rue Saint-Felix Bureau 105, SAINT-AUGUSTIN-DE-DESMAURES, QC, G3A 2J9
SIC 8731

NEVADA ENERGY METALS INC p 308
789 Pender St W Suite 1220, VANCOUVER, BC, V6C 1H2
(604) 428-5690 SIC 1081

NEVIS GAS PLANT p 168
See KEYERA ENERGY LTD

NEW BALANCE TORONTO p 899
See 1404136 ONTARIO LIMITED

NEW BRUNSWICK COMMUNITY COLLEGE (NBCC) p 400
284 Smythe St, FREDERICTON, NB, E3B 3C9
(888) 796-6222 SIC 8221

NEW BRUNSWICK COMMUNITY COLLEGE (NBCC) p 422
100 Broadway St, WOODSTOCK, NB, E7M 5C5
(506) 325-4400 SIC 8221

NEW BRUNSWICK EMS FLEET CENTRE p 406
See AMBULANCE NEW BRUNSWICK INC

NEW BRUNSWICK EXTRA-MURAL PROGRAM p 402
See VITALITE HEALTH NETWORK

NEW BRUNSWICK EXTRA-MURAL PROGRAM p 411
See REGIONAL HEALTH AUTHORITY B

NEW BRUNSWICK INTERNAL SERVICES AGENCY p 399
See PROVINCE OF NEW BRUNSWICK

NEW BRUNSWICK LIQUOR CORPORATION p 397
513 Rue Regis, DIEPPE, NB, E1A 1Y2
(506) 852-2373 SIC 5921

NEW BRUNSWICK LIQUOR CORPORATION p 400
170 Wilsey Rd, FREDERICTON, NB, E3B 5J1
(506) 452-6826 SIC 5921

NEW BRUNSWICK LIQUOR CORPORATION p 407
936 Mountain Rd, MONCTON, NB, E1C 2S2
(506) 852-2380 SIC 5921

NEW BRUNSWICK MUSEUM, THE p 416
277 Douglas Ave, SAINT JOHN, NB, E2K 1E5
(506) 643-2322 SIC 8412

NEW BRUNSWICK POWER CORPORATION p 393
2090 Vanier Blvd, BATHURST, NB, E2A 7B7
(506) 458-4444 SIC 4911

NEW BRUNSWICK POWER CORPORATION p 394
1558 Main St, BELLEDUNE, NB, E8G 2M3
SIC 4911

NEW BRUNSWICK POWER CORPORATION p 399
261 Gilbert St, FREDERICTON, NB, E3A 4B2
(506) 458-4308 SIC 4911

NEW BRUNSWICK POWER CORPORATION p 403
451 Route 105, KESWICK RIDGE, NB, E6L 1B2
(506) 462-3800 SIC 4911

NEW BRUNSWICK POWER CORPORATION p 404
122 Countyline Rd, MACES BAY, NB, E5J 1W1
SIC 4911

NEW BRUNSWICK POWER CORPORATION p 410
160 Urquhart Ave, MONCTON, NB, E1H 2R5
(506) 857-4515 SIC 4911

NEW BRUNSWICK POWER CORPORATION p 413
88 Marr Rd Suite 2, ROTHESAY, NB, E2E 3J9
(506) 847-6006 SIC 4911

NEW BRUNSWICK POWER CORPORATION p 418
4077 King William Rd, SAINT JOHN, NB, E2M 7T7
(506) 635-8225 SIC 4911

NEW BRUNSWICK SCHOOL DISTRICT LORNE MIDDLE SCHOOL p 416
See SCHOOL DISTRICT 8

NEW BRUNSWICK SOUTHERN RAILWAY COMPANY LIMITED p 399
71 Sunset Dr, FREDERICTON, NB, E3A 1A2
(506) 632-4654 SIC 8721

NEW CARLISLE HIGH SCHOOL p 1134
See EASTERN SHORES SCHOOL BOARD

NEW DIRECTIONS FOR ALCHOHOL, DRUGS & GAMBLING PROBLEMS p 803
See HOPEGREYBRUCE MENTAL HEALTH AND ADDICTIONS SERVICES

NEW DIRECTIONS VOCATIONAL TESTING AND COUNSELLING p 233
20570 56 Ave, LANGLEY, BC, V3A 3Z1
SIC 8322

NEW EDINBURGH SQUARE p 788
See CSH NEW EDINBURGH SQUARE INC

NEW ELMSPRING HUTTERIAN BRETHEREN p 142
Gd, MAGRATH, AB, T0K 1J0
(403) 758-3255 SIC 8661

NEW FLYER INDUSTRIES CANADA ULC p 365
25 De Baets St, WINNIPEG, MB, R2J 4G5
(204) 982-8400 SIC 3711

NEW FLYER INDUSTRIES CANADA ULC p 365
45 Beghin Ave Unit 7, WINNIPEG, MB, R2J 4B9
(204) 982-8413 SIC 3711

NEW FLYER PARTS & PUBLICATIONS p 365
See NEW FLYER INDUSTRIES CANADA ULC

NEW FOUNDLAND AND LABRADOR ENGLISH SCHOOL DISTRICT p 423
See LABRADOR SCHOOL BOARD

NEW GERMANY ELEMENTARY SCHOOL p 469
See SOUTH SHORE REGIONAL SCHOOL BOARD

NEW GLASGOW JUNIOR HIGH SCHOOL p 469
See CHIGNECTO CENTRAL REGIONAL SCHOOL BOARD

NEW GLASGOW LOBSTER SUPPERS p

▲ Public Company   ■ Public Company Family Member   HQ Headquarters   BR Branch   SL Single Location

983
See NEW GLASGOW RECREATION CENTRE (1980) INC
NEW GLASGOW PO *p 469*
See CANADA POST CORPORATION
NEW GLASGOW RECREATION CENTRE (1980) INC *p 983*
604 Rte 258 Rr 3, HUNTER RIVER, PE, C0A 1N0
(902) 964-2870 SIC 5812
NEW HAVEN LEARNING CENTRE FOR CHILDREN *p 576*
301 Lanor Ave, ETOBICOKE, ON, M8W 2R1
(416) 259-4445 SIC 8211
NEW HOLLAND *p 1179*
See UNICOOP, COOPERATIVE AGRICOLE
NEW HORIZON SYSTEM SOLUTIONS INC *p 578*
800 Kipling Ave Suite 8, ETOBICOKE, ON, M8Z 5G5
(416) 207-6800 SIC 8741
NEW HORIZONS ADULT EDUCATION CENTRE *p 1238*
See COMMISSION SCOLAIRE EASTERN TOWNSHIPS
NEW HORIZONS CAR & TRUCK RENTALS LTD *p 811*
1585 Lansdowne St W, PETERBOROUGH, ON, K9K 1R2
(705) 749-6116 SIC 7514
NEW HORIZONS TOWER *p 935*
See DOVERCOURT BAPTIST FOUNDATION
NEW LIFE MILLS *p 621*
See PARRISH & HEIMBECKER, LIMITED
NEW LIFE MILLS - DENFIELD FEED MILL *p 568*
See PARRISH & HEIMBECKER, LIMITED
NEW LISKEARD PUBLIC SCHOOL *p 731*
See DISTRICT SCHOOL BOARD ONTARIO NORTH EAST
NEW LOWELL CENTRAL PUBLIC SCHOOL *p 731*
See RENFREW COUNTY DISTRICT SCHOOL BOARD
NEW MARYLAND ELEMENTARY SCHOOL *p 411*
See ANGLOPHONE WEST SCHOOL DISTRICT (ASD-W)
NEW MINAS ELEMENTARY SCHOOL *p 470*
See ANNAPOLIS VALLEY REGIONAL SCHOOL BOARD
NEW MINAS LIQUOR STORE *p 470*
See NOVA SCOTIA LIQUOR CORPORATION
NEW NORWAY SCHOOL *p 146*
See BATTLE RIVER REGIONAL DIVISION 31
NEW PALACE CABARET LIMITED, THE *p 459*
1721 Brunswick St, HALIFAX, NS, B3J 2G4
(902) 420-0015 SIC 5813
NEW PATH YOUTH & FAMILY COUNSELLING SERVICES OF SIMCOE COUNTY *p 495*
165 Ferris Lane, BARRIE, ON, L4M 2Y1
(705) 733-2654 SIC 8322
NEW PATH YOUTH & FAMILY COUNSELLING SERVICES OF SIMCOE COUNTY *p 774*
359 West St N, ORILLIA, ON, L3V 5E5
(705) 325-6161 SIC 8322
NEW PL, THE *p 662*
See BELL MEDIA INC
NEW PRODUCT DEVELOPMENT *p 365*
See NEW FLYER INDUSTRIES CANADA ULC
NEW RICHMOND HIGH SCHOOL *p 1134*
See EASTERN SHORES SCHOOL BOARD
NEW RO, THE *p 805*
See BELL MEDIA INC
NEW ROCKPORT HUTTERIAN BRETHREN *p 146*
Gd, NEW DAYTON, AB, T0K 1P0
(403) 733-2122 SIC 7389
NEW SAREPTA COMMUNITY HIGH SCHOOL *p 146*
See BLACK GOLD REGIONAL DIVISION #18
NEW SAREPTA ELEMENTARY SCHOOL *p 146*
See BLACK GOLD REGIONAL DIVISION #18
NEW SARUM PUBLIC SCHOOL *p 858*
See THAMES VALLEY DISTRICT SCHOOL BOARD
NEW VISTA SOCIETY, THE *p 188*
7550 Rosewood St Suite 235, BURNABY, BC, V5E 3Z3
(604) 521-7764 SIC 8361
NEW WESTMINISTER SECONDARY SCHOOL *p 245*
See BOARD OF SCHOOL TRUSTEES OF SCHOOL DISTRICT #40 (NEW WESTMINSTER), THE
NEW YORK FRIES *p 601*
See 122164 CANADA LIMITED
NEW YORK FRIES & SOUTH STREET BURGER *p 893*
See 122164 CANADA LIMITED
NEW YORK HOSPITALITY INC *p 736*
4608 Bender St, NIAGARA FALLS, ON, L2E 6V7
(905) 374-8332 SIC 5812
NEW YORK WINDOW CLEANING COMPANY, LIMITED *p 754*
3793 Bathurst St, NORTH YORK, ON, M3H 3N1
(416) 635-0765 SIC 7349
NEW-LIFE MILLS - LETHBRIDGE FEED MILL *p 139*
See PARRISH & HEIMBECKER, LIMITED
NEW-LIFE MILLS - WYOMING FEED MILL *p 979*
See PARRISH & HEIMBECKER, LIMITED
NEW-LIFE MILLS ANIMAL NUTRITION & FEED PRODUCTS *p 617*
See PARRISH & HEIMBECKER, LIMITED
NEW-LINE HOSE & FITTINGS *p 289*
See NEW-LINE PRODUCTS LTD
NEW-LINE PRODUCTS LTD *p 289*
9415 189 St Unit 1, SURREY, BC, V4N 5L8
(604) 455-5400 SIC 5085
NEWAD *p 304*
See NEWAD MEDIA INC
NEWAD *p 930*
See NEWAD MEDIA INC
NEWAD MEDIA INC *p 304*
1120 Hamilton St Suite 209, VANCOUVER, BC, V6B 2S2
(604) 646-1370 SIC 7311
NEWAD MEDIA INC *p 930*
99 Spadina Ave Suite 100, TORONTO, ON, M5V 3P8
(416) 361-3393 SIC 7312
NEWALTA CORPORATION *p 8*
Gd Stn Main, BROOKS, AB, T1R 1E4
(403) 362-4266 SIC 4953
NEWALTA CORPORATION *p 114*
6110 27 St Nw, EDMONTON, AB, T6P 1Y5
(780) 440-6780 SIC 4953
NEWALTA CORPORATION *p 117*
Gd, ELK POINT, AB, T0A 1A0
(780) 724-4333 SIC 4953
NEWALTA CORPORATION *p 135*
3901 84 Ave, LEDUC, AB, T9E 8M5
(780) 980-6665 SIC 4953
NEWALTA CORPORATION *p 214*
6228 249 Rd, FORT ST. JOHN, BC, V1J 4J3
(250) 789-3051 SIC 4953
NEWALTA CORPORATION *p 586*
55 Vulcan St, ETOBICOKE, ON, M9W 1L3
(416) 245-8338 SIC 4953
NEWARK ELECTRONICS *p 650*
See LAWSON PRODUCTS INC (ONTARIO)
NEWARK PAPERBOARD PRODUCTS LTD *p 720*
6001 Edwards Blvd, MISSISSAUGA, ON, L5T 2W7
(905) 564-0600 SIC 2655
NEWCAP INC *p 24*
1110 Centre St Ne Suite 100, CALGARY, AB, T2E 2R2
(403) 736-1031 SIC 7922
NEWCAP INC *p 95*
2394 West Edmonton Mall, EDMONTON, AB, T5T 4M2
(780) 432-3165 SIC 4832
NEWCAP INC *p 95*
8882 170 St Nw Suite 2394, EDMONTON, AB, T5T 4M2
SIC 4832
NEWCAP INC *p 105*
4752 99 St Nw Suite 2394, EDMONTON, AB, T6E 5H5
(780) 437-4996 SIC 4832
NEWCAP INC *p 141*
5026 50 St, LLOYDMINSTER, AB, T9V 1P3
(780) 875-3321 SIC 4832
NEWCAP INC *p 153*
4920 59 St, RED DEER, AB, T4N 2N1
(403) 343-1170 SIC 4832
NEWCAP INC *p 226*
1601 Bertram St, KELOWNA, BC, V1Y 2G5
(250) 869-8102 SIC 4832
NEWCAP INC *p 409*
27 Arsenault Crt, MONCTON, NB, E1E 4J8
(506) 858-5525 SIC 4832
NEWCAP INC *p 434*
391 Kenmount Rd, ST. JOHN'S, NL, A1B 3P9
(709) 726-5590 SIC 4832
NEWCAP INC *p 474*
5 Detheridge Dr, SYDNEY, NS, B1L 1B8
(902) 270-1019 SIC 4832
NEWCAP INC *p 900*
2 St Clair Ave W, TORONTO, ON, M4V 1L5
(416) 482-0973 SIC 4832
NEWCAP INC *p 981*
90 University Ave Suite 320, CHARLOTTETOWN, PE, C1A 4K9
(902) 569-1003 SIC 4832
NEWCAP RADIO ALBERTA *p 95*
See NEWCAP INC
NEWCAP RADIO OTTAWA *p 727*
6 Antares Dr Suite 100, NEPEAN, ON, K2E 8A9
(613) 723-8990 SIC 4832
NEWCASTLE PUBLIC SCHOOL *p 732*
See KAWARTHA PINE RIDGE DISTRICT SCHOOL BOARD
NEWDOWN ACADEMY *p 437*
See NOVA CENTRAL SCHOOL DISTRICT
NEWELL COLONY SCHOOL *p 5*
See GRASSLANDS REGIONAL DIVISION 6
NEWFAST LIMITED *p 607*
503 Woodward Ave Unit A, HAMILTON, ON, L8H 6N6
(905) 544-1100 SIC 5084
NEWFOUNDLAND & LABRADOR HYDRO *p 428*
1 Thermal Plant Rd, HOLYROOD, NL, A0A 2R0
(709) 229-7441 SIC 4911
NEWFOUNDLAND & LABRADOR HYDRO *p 429*
1 Kemp Boggy Road, MILLTOWN, NL, A0H 1W0
(709) 882-2551 SIC 4911
NEWFOUNDLAND & LABRADOR HYDRO *p 431*
129 North St, ST. ANTHONY, NL, A0K 4S0
(709) 454-3030 SIC 4911
NEWFOUNDLAND & LABRADOR HYDRO *p 431*
Gd, PORT SAUNDERS, NL, A0K 4H0
(709) 861-3780 SIC 4911
NEWFOUNDLAND & LABRADOR HYDRO *p 437*
Gd, WHITBOURNE, NL, A0B 3K0
(709) 759-2700 SIC 4911
NEWFOUNDLAND & LABRADOR YOUTH CENTRE *p 437*
See PROVINCE OF NEWFOUNDLAND & LABRADOR
NEWFOUNDLAND AND LABRADOR ENGLISH SCHOOL DISTRICT *p 423*
See PROVINCE OF NEWFOUNDLAND & LABRADOR
NEWFOUNDLAND AND LABRADOR ENGLISH SCHOOL DISTRICT *p 429*
Gd, MARYSTOWN, NL, A0E 2M0
(709) 891-7101 SIC 4151
NEWFOUNDLAND AND LABRADOR HOUSING CORPORATION *p 427*
5 Hardy Ave, GRAND FALLS-WINDSOR, NL, A2A 2P8
(709) 292-1000 SIC 6531
NEWFOUNDLAND AND LABRADOR HOUSING CORPORATION *p 436*
2 Canada Dr, ST. JOHN'S, NL, A1E 0A1
(709) 724-3000 SIC 6531
NEWFOUNDLAND BROADCASTING COMPANY LIMITED *p 432*
446 Logy Bay Rd, ST. JOHN'S, NL, A1A 5C6
(709) 722-5015 SIC 4833
NEWFOUNDLAND CAPITAL CORPORATION LIMITED *p 24*
1110 Centre St Ne Suite 100, CALGARY, AB, T2E 2R2
(403) 271-6366 SIC 4832
NEWFOUNDLAND CAPITAL CORPORATION LIMITED *p 400*
77 Westmorland St Suite 400, FREDERICTON, NB, E3B 6Z3
(506) 455-0923 SIC 4832
NEWFOUNDLAND CAPITAL CORPORATION LIMITED *p 434*
391 Kenmount Rd, ST. JOHN'S, NL, A1B 3P9
(709) 726-5590 SIC 4832
NEWFOUNDLAND CAPITAL CORPORATION LIMITED *p 474*
5 Detheridge Dr, SYDNEY, NS, B1L 1B8
(902) 270-1019 SIC 4832
NEWFOUNDLAND CONTAINERS DIV OF *p 429*
See CASCADES CANADA ULC
NEWFOUNDLAND LABRADOR HOUSING *p 436*
See NEWFOUNDLAND AND LABRADOR HOUSING CORPORATION
NEWFOUNDLAND LABRADOR LIQUOR CORPORATION *p 434*
90 Kenmount Rd, ST. JOHN'S, NL, A1B 3R1
(709) 724-1100 SIC 5921
NEWFOUNDLAND POWER INC *p 424*
112 Manitoba Dr, CLARENVILLE, NL, A5A 1K7
(709) 466-8316 SIC 4911
NEWFOUNDLAND POWER INC *p 424*
30 Goff Ave, CARBONEAR, NL, A1Y 1A6
(800) 663-2802 SIC 4911
NEWFOUNDLAND POWER INC *p 434*
55 Kenmount Rd, ST. JOHN'S, NL, A1B 3P8
(709) 737-5600 SIC 4911
NEWFOUNDLAND TRANSSHIPMENT LIMITED *p 435*
10 Fort William Pl, ST. JOHN'S, NL, A1C 1K4
(709) 570-3200 SIC 1381
NEWGEN RESTAURANT SERVICES INC *p 586*
15 Carlson Crt, ETOBICOKE, ON, M9W 6A2
(416) 675-8818 SIC 5812

BUSINESSES ALPHABETICALLY

NEWGEN RESTAURANT SERVICES INC *p* 714
5975 Mavis Rd, MISSISSAUGA, ON, L5R 3T7
(905) 502-8555   *SIC* 5812

NEWGEN RESTAURANT SERVICES INC *p* 789
61 York St, OTTAWA, ON, K1N 5T2
(613) 241-6525   *SIC* 5812

NEWGROUP VERNON *p* 326
See GREAT PACIFIC ENTERPRISES INC

NEWHEIGHTS SOFTWARE CORPORATION *p* 331
1006 Government St, VICTORIA, BC, V8W 1X7
(250) 380-0584   *SIC* 7371

NEWHOOK, DR WILLIAM H COMMUNITY HEALTH CENTRE *p* 437
See EASTERN REGIONAL INTEGRATED HEALTH AUTHORITY

NEWHOT93.5FM *p* 867
See HALIBURTON BROADCASTING GROUP INC

NEWLANDS GOLF & COUNTRY CLUB LTD *p* 233
21025 48 Ave, LANGLEY, BC, V3A 3M3
(604) 534-3205   *SIC* 7299

NEWLOOK INDUSTRIES CORP *p* 629
3565 King Rd Suite 102, KING CITY, ON, L7B 1M3
(905) 833-3072   *SIC* 4899

NEWLY WEDS FOODS *p* 113
See NEWLY WEDS FOODS CO.

NEWLY WEDS FOODS CO. *p* 113
9110 23 Ave Nw, EDMONTON, AB, T6N 1H9
(780) 414-9500   *SIC* 2099

NEWLY WEDS FOODS CO. *p* 720
450 Superior Blvd, MISSISSAUGA, ON, L5T 2R9
(905) 670-7776   *SIC* 2099

NEWLY WEDS FOODS CO. *p* 1004
1381 Rue Ampere, BOUCHERVILLE, QC, J4B 5Z5
(450) 641-2200   *SIC* 2099

NEWMAN HATTERSLEY LTD *p* 720
181 Superior Blvd, MISSISSAUGA, ON, L5T 2L6
(905) 678-1240   *SIC* 3494

NEWMARCO FOOD LIMITED *p* 491
15370 Bayview Ave, AURORA, ON, L4G 7J1
(905) 841-4065   *SIC* 5812

NEWMARK KNIGHT FRANK DEVENCORE *p* 43
See DEVENCORE LTEE

NEWMARKET ERA BANNER *p* 733
See METROLAND MEDIA GROUP LTD

NEWMARKET GROUP *p* 732
See 87029 CANADA LTD

NEWMARKET HEALTH CENTRE, THE *p* 734
See REGIONAL MUNICIPALITY OF YORK, THE

NEWMARKET HIGH SCHOOL *p* 735
See YORK REGION DISTRICT SCHOOL BOARD

NEWNET COMMUNICATION TECHNOLOGIES (CANADA), INC *p* 443
26 Union St Suite 305, BEDFORD, NS, B4A 2B5
(902) 406-8375   *SIC* 7371

NEWPORT CUSTOM METAL FABRICATIONS INC *p* 453
114 Lancaster Cres Lot 208, DEBERT, NS, B0M 1G0
(902) 662-3840   *SIC* 3585

NEWS MARKETING CANADA CORP *p* 932
100 King St W Suite 7000, TORONTO, ON, M5X 1A4
(416) 775-3000   *SIC* 8743

NEWS OPTIMIST TELEGRAPH *p* 1277
See BATTLEFORD PUBLISHING LTD

NEWSWEST INC *p* 32
5716 Burbank Rd Se, CALGARY, AB, T2H 1Z4
(403) 253-8856   *SIC* 5192

NEWTERRA LTD *p* 531
1291 California Ave, BROCKVILLE, ON, K6V 7N5
(613) 498-1876   *SIC* 3589

NEWTERRA LTD *p* 538
3310 South Service Rd Suite 307, BURLINGTON, ON, L7N 3M6
(800) 420-4056   *SIC* 5074

NEWTON ELEMENTARY SCHOOL *p* 287
See SCHOOL DISTRICT NO 36 (SURREY)

NEWTON LEARNING CENTRE *p* 287
See SCHOOL DISTRICT NO 36 (SURREY)

NEWTON REGENCY CARE HOME *p* 286
See REGENCY INTERMEDIATE CARE FACILITIES INC

NEWTON SQUARE BINGO COUNTRY *p* 285
See 428675 BC LTD

NEWTONBROOK SECONDARY SCHOOL *p* 748
See TORONTO DISTRICT SCHOOL BOARD

NEWTOWN *p* 1116
See RESTAURANT NEWTOWN INC

NEWWAY CONCRETE FORMING LTD *p* 24
427 38 Ave Ne Suite E, CALGARY, AB, T2E 6R9
(403) 520-5211   *SIC* 1771

NEWWAY CONCRETE STRUCTURES *p* 24
See NEWWAY CONCRETE FORMING LTD

NEXACOR *p* 1101
See SNC-LAVALIN O&M SOLUTIONS INC

NEXANS CANADA INC *p* 673
140 Allstate Pky Suite 300, MARKHAM, ON, L3R 0Z7
(905) 944-4300   *SIC* 3312

NEXCYCLE PLASTICS INC *p* 515
235 Wilkinson Rd, BRAMPTON, ON, L6T 4M2
(905) 454-2666   *SIC* 4953

NEXEN ENERGY ULC *p* 47
801 7 Ave Sw Suite 2900, CALGARY, AB, T2P 3P7
(403) 699-4000   *SIC* 1382

NEXEN PETROLEUM INTERNATIONAL LTD *p* 47
801 7 Ave Sw Suite 2900, CALGARY, AB, T2P 3P7
(403) 234-6700   *SIC* 1311

NEXEO SOLUTIONS CANADA CORP *p* 114
1720 106 Ave Nw, EDMONTON, AB, T6P 1X9
(780) 417-9385   *SIC* 5033

NEXEO SOLUTIONS CANADA CORP *p* 267
2060 Viceroy Pl Suite 100, RICHMOND, BC, V6V 1Y9
(800) 563-3435   *SIC* 5169

NEXEO SOLUTIONS CANADA CORP *p* 1131
10515 Rue Notre-Dame E, MONTREAL-EST, QC, H1B 2V1
(514) 650-3865   *SIC* 5169

NEXIA FRIEDMAN S.E.N.C.R.L. *p* 1125
8000 Boul Decarie Bureau 500, Montreal, QC, H4P 2S4
(514) 731-7901   *SIC* 8721

NEXIENT LEARNING CANADA INC *p* 47
700 2 St Sw Suite 400, CALGARY, AB, T2P 2W1
(403) 250-8686   *SIC* 8243

NEXIENT LEARNING CANADA INC *p* 323
555 Burrard St Suite 400, VANCOUVER, BC, V7X 1M9
(604) 689-7272   *SIC* 8243

NEXIENT LEARNING CANADA INC *p* 902
2 Bloor St W Suite 1200, TORONTO, ON, M4W 3E2
(416) 964-8664   *SIC* 8243

NEXKEMIA PETROCHIMIE INC *p* 1075
24 Rue Bellevue, MANSONVILLE, QC, J0E 1X0
(450) 292-3333   *SIC* 2519

NEXT GENERATION SOLUTIONS INC *p* 581
401 The West Mall Suite 400, ETOBICOKE, ON, M9C 5J5
SIC 5045

NEXT STEP FORT SASKATCHEWAN *p* 123
See ELK ISLAND PUBLIC SCHOOLS REGIONAL DIVISION NO. 14

NEXT STEP OUTREACH *p* 161
See ELK ISLAND PUBLIC SCHOOLS REGIONAL DIVISION NO. 14

NEXT STEP OUTREACH SCHOOL VEGREVILLE *p* 172
See ELK ISLAND PUBLIC SCHOOLS REGIONAL DIVISION NO. 14

NEXUS GLOBAL DIGITAL MARKETING COMPANY *p* 304
See NEXUS GLOBAL HOLDINGS CORPORATION

NEXUS GLOBAL HOLDINGS CORPORATION *p* 304
422 Richards St Suite 170, VANCOUVER, BC, V6B 2Z4
(604) 800-8860   *SIC* 7311

NEXUS PROTECTIVE SERVICES LTD *p* 910
56 The Esplanade Suite 200, TORONTO, ON, M5E 1A7
(416) 815-7575   *SIC* 7381

NEZIOL GROUP, THE *p* 526
See NEZIOL INSURANCE BROKERS LTD

NEZIOL GROUP, THE *p* 766
See NEZIOL INSURANCE BROKERS LTD

NEZIOL INSURANCE BROKERS LTD *p* 526
53 Charing Cross St Suite 1, BRANTFORD, ON, N3R 7K9
(519) 759-2110   *SIC* 6411

NEZIOL INSURANCE BROKERS LTD *p* 766
2421 Bristol Cir Unit 203, OAKVILLE, ON, L6H 5S9
(905) 274-8840   *SIC* 6411

NFI DOMINION CANADA, ULC *p* 208
1020 Derwent Way, DELTA, BC, V3M 5R1
(778) 383-6405   *SIC* 4225

NFI DOMINION CANADA, ULC *p* 586
225 Carrier Dr, ETOBICOKE, ON, M9W 5Y8
SIC 4731

NGER, MARCEL FRANCOIS RICHARD *p* 419
See DISTRICT SCOLAIRE 11

NGF CANADA LIMITED *p* 599
255 York Rd, GUELPH, ON, N1E 3G4
(519) 836-9228   *SIC* 2296

NGK SPARK PLUGS CANADA LIMITED *p* 673
275 Renfrew Dr Suite 101, MARKHAM, ON, L3R 0C8
(905) 477-7780   *SIC* 5013

NHI *p* 844
See NURSING & HOMEMAKERS INC

NIAGARA 21ST GROUP INC *p* 737
6740 Fallsview Blvd, NIAGARA FALLS, ON, L2G 3W6
(905) 357-7300   *SIC* 7011

NIAGARA AIR BUS INC *p* 738
8626 Lundy's Lane, NIAGARA FALLS, ON, L2H 1H4
(905) 374-8111   *SIC* 4111

NIAGARA ARTCRAFT WOODWORK COMPANY LIMITED, THE *p* 738
4417 Kent Ave, NIAGARA FALLS, ON, L2H 1J1
(905) 354-5657   *SIC* 2434

NIAGARA BREWING COMPANY *p* 943
See PREMIUM BEER COMPANY INC, THE

NIAGARA CATHOLIC DISTRICT SCHOOL BOARD *p* 500
5684 Regional Rd 81, BEAMSVILLE, ON, L0R 1B0

NIAGARA CATHOLIC DISTRICT SCHOOL BOARD   3533

(905) 945-5331   *SIC* 8211

NIAGARA CATHOLIC DISTRICT SCHOOL BOARD *p* 500
4114 Mountain St, BEAMSVILLE, ON, L0R 1B7
(905) 563-9191   *SIC* 8211

NIAGARA CATHOLIC DISTRICT SCHOOL BOARD *p* 568
3800 Wellington Rd, CRYSTAL BEACH, ON, L0S 1B0
(905) 894-3670   *SIC* 8211

NIAGARA CATHOLIC DISTRICT SCHOOL BOARD *p* 589
26 Hwy 20 E, FONTHILL, ON, L0S 1E0
(905) 892-3841   *SIC* 8211

NIAGARA CATHOLIC DISTRICT SCHOOL BOARD *p* 589
1332 Phillips St, FORT ERIE, ON, L2A 3C2
(905) 871-1842   *SIC* 8211

NIAGARA CATHOLIC DISTRICT SCHOOL BOARD *p* 589
300 Central Ave, FORT ERIE, ON, L2A 3T3
(905) 871-3092   *SIC* 8211

NIAGARA CATHOLIC DISTRICT SCHOOL BOARD *p* 598
5 Robinson St N, GRIMSBY, ON, L3M 3C8
(905) 945-4955   *SIC* 8211

NIAGARA CATHOLIC DISTRICT SCHOOL BOARD *p* 598
69 Olive St, GRIMSBY, ON, L3M 2C3
(905) 945-5500   *SIC* 8211

NIAGARA CATHOLIC DISTRICT SCHOOL BOARD *p* 622
2807 Fourth Ave, JORDAN STATION, ON, L0R 1S0
(905) 562-5531   *SIC* 8211

NIAGARA CATHOLIC DISTRICT SCHOOL BOARD *p* 736
4700 Epworth Cir, NIAGARA FALLS, ON, L2E 1C6
(905) 354-3531   *SIC* 8211

NIAGARA CATHOLIC DISTRICT SCHOOL BOARD *p* 736
5719 Morrison St, NIAGARA FALLS, ON, L2E 2E8
(905) 354-7744   *SIC* 8211

NIAGARA CATHOLIC DISTRICT SCHOOL BOARD *p* 737
6642 Schanklee St, NIAGARA FALLS, ON, L2G 5N4
SIC 8211

NIAGARA CATHOLIC DISTRICT SCHOOL BOARD *p* 737
5895 North St, NIAGARA FALLS, ON, L2G 1J7
(905) 354-3531   *SIC* 8211

NIAGARA CATHOLIC DISTRICT SCHOOL BOARD *p* 737
8450 Oliver St, NIAGARA FALLS, ON, L2G 6Z2
(905) 295-3732   *SIC* 8211

NIAGARA CATHOLIC DISTRICT SCHOOL BOARD *p* 738
2999 Dorchester Rd, NIAGARA FALLS, ON, L2J 2Z9
(905) 354-9221   *SIC* 8211

NIAGARA CATHOLIC DISTRICT SCHOOL BOARD *p* 738
3834 Windermere Rd, NIAGARA FALLS, ON, L2J 2Y5
(905) 356-4313   *SIC* 8211

NIAGARA CATHOLIC DISTRICT SCHOOL BOARD *p* 738
6121 Vine St, NIAGARA FALLS, ON, L2J 1L4
(905) 354-5422   *SIC* 8211

NIAGARA CATHOLIC DISTRICT SCHOOL BOARD *p* 738
6559 Caswell St, NIAGARA FALLS, ON, L2J 1C2
(905) 358-3861   *SIC* 8211

NIAGARA CATHOLIC DISTRICT SCHOOL BOARD *p* 738
6855 Kalar Rd, NIAGARA FALLS, ON, L2H

2T3
(905) 356-4175   SIC 8211
NIAGARA CATHOLIC DISTRICT SCHOOL BOARD   p 738
8120 Beaverdams Rd, NIAGARA FALLS, ON, L2H 1R8
(905) 354-9033   SIC 8211
NIAGARA CATHOLIC DISTRICT SCHOOL BOARD   p 738
8699 Mcleod Rd, NIAGARA FALLS, ON, L2H 0Z2
(905) 356-5155   SIC 8211
NIAGARA CATHOLIC DISTRICT SCHOOL BOARD   p 739
387 3 Line, NIAGARA ON THE LAKE, ON, L0S 1J0
(905) 684-1051   SIC 8211
NIAGARA CATHOLIC DISTRICT SCHOOL BOARD   p 816
150 Janet St, PORT COLBORNE, ON, L3K 2E7
(905) 835-2451   SIC 8211
NIAGARA CATHOLIC DISTRICT SCHOOL BOARD   p 816
191 Highland Ave, PORT COLBORNE, ON, L3K 3S7
(905) 835-1930   SIC 8211
NIAGARA CATHOLIC DISTRICT SCHOOL BOARD   p 816
266 Rosemount Ave, PORT COLBORNE, ON, L3K 5R4
(905) 835-1091   SIC 8211
NIAGARA CATHOLIC DISTRICT SCHOOL BOARD   p 816
530 Killaly St E, PORT COLBORNE, ON, L3K 1P5
(905) 835-8082   SIC 8211
NIAGARA CATHOLIC DISTRICT SCHOOL BOARD   p 850
186 Margaret St, SMITHVILLE, ON, L0R 2A0
(905) 957-3032   SIC 8211
NIAGARA CATHOLIC DISTRICT SCHOOL BOARD   p 852
280 Vine St, ST CATHARINES, ON, L2M 4T3
(905) 934-9922   SIC 8211
NIAGARA CATHOLIC DISTRICT SCHOOL BOARD   p 852
225 Parnell Rd, ST CATHARINES, ON, L2M 1W3
(905) 935-5281   SIC 8211
NIAGARA CATHOLIC DISTRICT SCHOOL BOARD   p 852
439 Vine St, ST CATHARINES, ON, L2M 3S6
(905) 935-4343   SIC 8211
NIAGARA CATHOLIC DISTRICT SCHOOL BOARD   p 852
502 Scott St, ST CATHARINES, ON, L2M 3X2
(905) 934-9972   SIC 8211
NIAGARA CATHOLIC DISTRICT SCHOOL BOARD   p 852
460 Linwell Rd, ST CATHARINES, ON, L2M 2P9
(905) 937-6446   SIC 8211
NIAGARA CATHOLIC DISTRICT SCHOOL BOARD   p 853
218 Main St, ST CATHARINES, ON, L2N 4W1
(905) 934-1755   SIC 8211
NIAGARA CATHOLIC DISTRICT SCHOOL BOARD   p 853
33 Woodrow St, ST CATHARINES, ON, L2P 2A1
(905) 684-3963   SIC 8211
NIAGARA CATHOLIC DISTRICT SCHOOL BOARD   p 853
541 Lake St, ST CATHARINES, ON, L2N 4H7
(905) 646-2002   SIC 8211
NIAGARA CATHOLIC DISTRICT SCHOOL BOARD   p 853

58 Seymour Ave, ST CATHARINES, ON, L2P 1A7
(905) 682-0244   SIC 8211
NIAGARA CATHOLIC DISTRICT SCHOOL BOARD   p 853
615 Geneva St, ST CATHARINES, ON, L2N 2J3
(905) 934-3112   SIC 8211
NIAGARA CATHOLIC DISTRICT SCHOOL BOARD   p 855
125 First St Louth, ST CATHARINES, ON, L2R 6P9
(905) 682-6862   SIC 8211
NIAGARA CATHOLIC DISTRICT SCHOOL BOARD   p 855
175 Carlton St, ST CATHARINES, ON, L2R 1S1
(905) 682-4156   SIC 8211
NIAGARA CATHOLIC DISTRICT SCHOOL BOARD   p 855
149 Church St, ST CATHARINES, ON, L2R 3E2
(905) 685-7764   SIC 8211
NIAGARA CATHOLIC DISTRICT SCHOOL BOARD   p 855
145 Niagara St, ST CATHARINES, ON, L2R 4L7
(905) 682-3360   SIC 8211
NIAGARA CATHOLIC DISTRICT SCHOOL BOARD   p 856
40 Glen Morris Dr, ST CATHARINES, ON, L2T 2M9
(905) 684-8731   SIC 8211
NIAGARA CATHOLIC DISTRICT SCHOOL BOARD   p 856
7 Aberdeen Cir, ST CATHARINES, ON, L2T 2B7
(905) 984-3040   SIC 8211
NIAGARA CATHOLIC DISTRICT SCHOOL BOARD   p 856
81 Rykert St, ST CATHARINES, ON, L2S 1Z2
(905) 685-8859   SIC 8211
NIAGARA CATHOLIC DISTRICT SCHOOL BOARD   p 876
25 Whyte Ave N, THOROLD, ON, L2V 2T4
(905) 227-3522   SIC 8211
NIAGARA CATHOLIC DISTRICT SCHOOL BOARD   p 876
41 Collier Rd S, THOROLD, ON, L2V 3S9
(905) 227-4910   SIC 8211
NIAGARA CATHOLIC DISTRICT SCHOOL BOARD   p 955
16 St Andrews Ave, WELLAND, ON, L3B 1E1
(905) 732-5663   SIC 8211
NIAGARA CATHOLIC DISTRICT SCHOOL BOARD   p 955
120 Plymouth Rd, WELLAND, ON, L3B 3C7
(905) 734-7326   SIC 8211
NIAGARA CATHOLIC DISTRICT SCHOOL BOARD   p 956
300 Santone Ave, WELLAND, ON, L3C 2J8
(905) 734-4659   SIC 8211
NIAGARA CATHOLIC DISTRICT SCHOOL BOARD   p 956
333 Rice Rd, WELLAND, ON, L3C 2V9
(905) 735-4471   SIC 8211
NIAGARA CATHOLIC DISTRICT SCHOOL BOARD   p 956
290 Fitch St, WELLAND, ON, L3C 4W5
(905) 732-4992   SIC 8211
NIAGARA CATHOLIC DISTRICT SCHOOL BOARD   p 956
182 Aqueduct St, WELLAND, ON, L3C 1C4
(905) 734-7709   SIC 8211
NIAGARA CATHOLIC DISTRICT SCHOOL BOARD   p 956
427 Rice Rd Suite 1, WELLAND, ON, L3C 7C1
(905) 735-0240   SIC 8211
NIAGARA CATHOLIC DISTRICT SCHOOL BOARD   p 956
64 Smith St, WELLAND, ON, L3C 4H4

(905) 788-3060   SIC 8211
NIAGARA CHILD AND YOUTH SERVICES p 876
3340 Schmon Pky, THOROLD, ON, L2V 4Y6
(905) 688-6850   SIC 8322
NIAGARA CHILD AND YOUTH SERVICES p 955
1604 Merrittville Hwy, WELLAND, ON, L3B 5N5
(905) 384-9551   SIC 8322
NIAGARA CHRISTIAN COLLEGIATE   p 590
2619 Niagara Pky, FORT ERIE, ON, L2A 5M4
(905) 871-6980   SIC 8211
NIAGARA CHRISTIAN COMMUNITY OF SCHOOLS   p 590
See NIAGARA CHRISTIAN COLLEGIATE
NIAGARA COLLEGE OF APPLIED ARTS & TECHNOLOGY   p 737
5881 Dunn St, NIAGARA FALLS, ON, L2G 2N9
(905) 374-7454   SIC 8221
NIAGARA CONVENTION & CIVIC CENTER p 737
6815 Stanley Ave, NIAGARA FALLS, ON, L2G 3Y9
(905) 357-6222   SIC 7299
NIAGARA DISTRICT SECONDARY SCHOOL   p 739
See DISTRICT SCHOOL BOARD OF NIAGARA
NIAGARA FALLS PUBLIC LIBRARY   p 736
4848 Victoria Ave, NIAGARA FALLS, ON, L2E 4C5
(905) 356-8080   SIC 8231
NIAGARA FALLS TRANSIT   p 736
4320 Bridge St, NIAGARA FALLS, ON, L2E 2R7
(905) 356-1179   SIC 4111
NIAGARA FALLS WATER TREATMENT PLANT   p 737
See REGIONAL MUNICIPALITY OF NIAGARA, THE
NIAGARA FALLSVIEW CASINO RESORT p 737
See ONTARIO LOTTERY AND GAMING CORPORATION
NIAGARA FASTENERS INC   p 737
6095 Progress St, NIAGARA FALLS, ON, L2G 0C2
(905) 356-6887   SIC 3452
NIAGARA GARDENS   p 854
See 1814124 ONTARIO INC
NIAGARA GRAIN & FEED (1984) LIMITED p 493
143 Northumberland St, AYR, ON, N0B 1E0
(519) 632-7425   SIC 2048
NIAGARA GRAIN & FEED (1984) LIMITED p 850
157 Griffin St S, SMITHVILLE, ON, L0R 2A0
(905) 957-3336   SIC 2048
NIAGARA HEALTH SYSTEM   p 737
5546 Portage Rd, NIAGARA FALLS, ON, L2G 5X8
(905) 378-4647   SIC 8062
NIAGARA HEALTH SYSTEM   p 739
176 Wellington St N, NIAGARA ON THE LAKE, ON, L0S 1J0
(905) 378-4647   SIC 8062
NIAGARA HEALTH SYSTEM   p 816
260 Sugarloaf St, PORT COLBORNE, ON, L3K 2N7
(905) 834-4501   SIC 8062
NIAGARA HEALTH SYSTEM   p 855
142 Queenston St, ST CATHARINES, ON, L2R 2Z7
(905) 684-7271   SIC 8062
NIAGARA IMPERIAL MOTEL LIMITED   p 737
5851 Victoria Ave, NIAGARA FALLS, ON, L2G 3L6
(905) 356-2648   SIC 7011
NIAGARA INA GRAFTON GAGE HOME OF THE UNITED CHURCH   p 852

413 Linwell Rd Suite 4212, ST CATHARINES, ON, L2M 7Y2
(905) 935-6822   SIC 8361
NIAGARA INA GRAFTON GAGE VILLAGE p 852
See NIAGARA INA GRAFTON GAGE HOME OF THE UNITED CHURCH
NIAGARA INVESTMENT CASTINGS, DIV OF   p 853
See ASAHI REFINING CANADA LTD
NIAGARA KANKO TOURS INC   p 915
218 Adelaide St W, TORONTO, ON, M5H 1W7
SIC 4725
NIAGARA ON THE LAKE GENERAL HOSPITAL   p 739
See NIAGARA HEALTH SYSTEM
NIAGARA PARKS COMMISSION, THE   p 736
6345 Niagara Pkwy, NIAGARA FALLS, ON, L2E 6T2
(905) 356-2217   SIC 5812
NIAGARA PARKS COMMISSION, THE   p 736
6650 Niagara Pky, NIAGARA FALLS, ON, L2E 6T2
(905) 354-3631   SIC 5812
NIAGARA PARKS COMMISSION, THE   p 739
14184 Niagara River Pkwy, NIAGARA ON THE LAKE, ON, L0S 1J0
(905) 262-4274   SIC 5812
NIAGARA PATIENT TRANSFER INC p 739
454 Mississauga Rd Unit 373, NIAGARA ON THE LAKE, ON, L0S 1J0
(905) 228-0314   SIC 4111
NIAGARA PISTON INC   p 500
4708 Ontario St Suite 1, BEAMSVILLE, ON, L0R 1B4
(905) 563-4981   SIC 3592
NIAGARA PISTON INC   p 850
6275 Spring Creek Rd, SMITHVILLE, ON, L0R 2A0
(905) 957-1984   SIC 3592
NIAGARA PLUMBING SUPPLY   p 735
See EMCO CORPORATION
NIAGARA STREET PUBLIC SCHOOL p 936
See TORONTO DISTRICT SCHOOL BOARD
NIAGARA TRANSIT   p 736
See NIAGARA FALLS TRANSIT
NIAGARA WASTE SYSTEMS LIMITED   p 736
2800 Thorold Town Line, NIAGARA FALLS, ON, L2E 6S4
(905) 227-4142   SIC 1422
NIAKWA PLACE SCHOOL   p 365
See LOUIS RIEL SCHOOL DIVISION
NIC   p 101
See NORTHERN INDUSTRIAL CARRIERS LTD
NICAR INTERNATIONAL   p 1078
See LALLEMAND SOLUTIONS SANTE INC
NICHELS CABINETS   p 268
See NICKELS CUSTOM CABINETS LTD
NICHIRIN INC   p 524
139 Copernicus Blvd, BRANTFORD, ON, N3P 1N4
(519) 752-2925   SIC 3714
NICHOLAS SHERAN COMMUNITY SCHOOL   p 140
See LETHBRIDGE SCHOOL DISTRICT NO. 51
NICHOLAS WILSON SCHOOL   p 660
See THAMES VALLEY DISTRICT SCHOOL BOARD
NICHOLL PASKELL-MEDE INC   p 1112
630 Boul Rene-Levesque O Bureau 1700, Montreal, QC, H3B 1S6
(514) 843-3777   SIC 8111
NICHOLSON AND CATES LIMITED   p 542
See NICHOLSON AND CATES LIMITED
NICHOLSON AND CATES LIMITED   p 542

15 Alabastine Ave, CALEDONIA, ON, N3W 1K9
(905) 765-5513   SIC 5031
NICHOLSON CATHOLIC COLLEGE p 501
See ALGONQUIN & LAKESHORE CATHOLIC DISTRICT SCHOOL BOARD
NICHOLSON, GEORGE P SCHOOL p 110
See EDMONTON SCHOOL DISTRICT NO. 7
NICK'S STEAKHOUSE & PIZZA (1981) LTD p 38
2430 Crowchild Trail Nw, CALGARY, AB, T2M 4N5
(403) 282-9278   SIC 5812
NICKEL CENTRE PHARMACY INC p 946
3140 Old Hwy 69 N Suite 17, VAL CARON, ON, P3N 1G3
(705) 897-1867   SIC 5947
NICKELS CUSTOM CABINETS LTD p 268
6760 Graybar Rd, RICHMOND, BC, V6W 1J1
(604) 270-8080   SIC 2434
NICKERSON, LEO ELEMENTARY SCHOOL p 167
See ST. ALBERT PUBLIC SCHOOL DISTRICT NO. 5565
NICKLE JUNIOR HIGH p 35
See CALGARY BOARD OF EDUCATION
NICKLE'S ENERGY GROUP p 51
See JWP PUBLISHING LIMITED PARTNERSHIP
NICOLA VALLEY DIVISION p 237
See TOLKO INDUSTRIES LTD
NICOLINO'S p 390
See SORRENTO'S LTD
NICOMEKL ELEMENTARY SCHOOL p 232
See BOARD OF EDUCATION OF SCHOOL DISTRICT NO. 35 (LANGLEY)
NIEBOER FARM SUPPLIES (1977) LTD p 148
233016 Hwy 519, NOBLEFORD, AB, T0L 1S0
(403) 824-3404   SIC 5083
NIEDNER INC p 1016
675 Rue Merrill, COATICOOK, QC, J1A 2S2
(819) 849-2751   SIC 3569
NIELSEN p 673
See NIELSEN MEDIA RESEARCH LIMITED
NIELSEN p 1107
See OPINION SEARCH INC
NIELSEN MEDIA RESEARCH LIMITED p 673
160 Mcnabb St, MARKHAM, ON, L3R 4B8
(905) 475-1131   SIC 8732
NIEUWLAND FEED & SUPPLY LIMITED p 569
96 Wellington St, DRAYTON, ON, N0G 1P0
(519) 638-3008   SIC 5191
NIGHT SHIFT ANSWERING SERVICE LTD, THE p 416
600 Main St Suite 201, SAINT JOHN, NB, E2K 1J5
(506) 637-7010   SIC 7389
NIGHTINGALE NURSING REGISTRY LTD p 810
2948 Lakefield Rd, PETERBOROUGH, ON, K9J 6X5
(705) 652-6118   SIC 8059
NII NORTHERN INTERNATIONAL INC p 1022
10 Rue Industrielle, DELSON, QC, J5B 1V8
(450) 638-4644   SIC 5063
NIJI MAHKWA SCHOOL p 371
See WINNIPEG SCHOOL DIVISION
NIKE CANADA CORP p 113
9743 19 Ave Nw, EDMONTON, AB, T6N 1N5
(780) 409-8244   SIC 5091
NIKE CANADA CORP p 738
7500 Lundy's Lane Suite B2, NIAGARA FALLS, ON, L2H 1G8
(905) 374-4420   SIC 5091
NIKE CANADA CORP p 770
3509 Wyecroft Rd Suite J, OAKVILLE, ON, L6L 0B6
(905) 827-4677   SIC 5091
NIKE CANADA CORP p 839
260 Brimley Rd, SCARBOROUGH, ON, M1M 3H8
(416) 264-8505   SIC 5091
NIKE CANADA CORP p 926
110 Bloor St W, TORONTO, ON, M5S 2W7
SIC 5941
NIKE CANADA CORP p 930
200 Wellington St W Suite 500, TORONTO, ON, M5V 3C7
(416) 581-1585   SIC 5091
NIKE CANADA CORP p 971
1555 Talbot Rd, WINDSOR, ON, N9H 2N2
SIC 5699
NIKE NIAGARA FACTORY STORE p 738
See NIKE CANADA CORP
NIKON CANADA INC p 690
1366 Aerowood Dr, MISSISSAUGA, ON, L4W 1C1
(905) 625-9910   SIC 5043
NIKON METROLOGY CANADA INC p 546
55 Fleming Dr Suite 13, CAMBRIDGE, ON, N2V 2B8
(519) 831-6924   SIC 8731
NIKON OPTICAL CANADA INC p 184
See OPTIQUE NIKON CANADA INC
NILE PROPERTIES (1988) LTD p 29
3630 Macleod Trail Se, CALGARY, AB, T2G 2P9
(403) 287-3900   SIC 7011
NILSSON BROS. INC p 29
3410b Ogden Rd Se, CALGARY, AB, T2G 4N5
(403) 290-0860   SIC 2011
NILSSON BROS. INC p 1264
200 Railway Ave N, ASSINIBOIA, SK, S0H 0B0
(306) 642-5358   SIC 5154
NILSSON BROS. LIVESTOCK EXCHANGE p 84
See 324007 ALBERTA LTD
NILSSON BROTHERS LIVESTOCK EXCHANGE p 172
See 324007 ALBERTA LTD
NIMLOK CANADA LTD p 677
220 Markland St Unit 1, MARKHAM, ON, L6C 1T6
(416) 798-7201   SIC 2541
NINE CIRCLES COMMUNITY HEALTH CENTRE INC p 381
705 Broadway, WINNIPEG, MB, R3G 0X2
(204) 940-6000   SIC 8011
NINE ENERGY CANADA INC p 8
349 Wells St, BROOKS, AB, T1R 1B9
SIC 1389
NINE ENERGY CANADA INC p 47
840 7 Ave Sw Suite 1840, CALGARY, AB, T2P 3G2
(403) 515-8410   SIC 1389
NINE ENERGY CANADA INC p 141
Gd Rpo 10, LLOYDMINSTER, AB, T9V 2H2
SIC 1389
NINE ENERGY CANADA INC p 141
Site 2 Reinhart Industrial Park, LLOYDMINSTER, AB, T9V 3B4
SIC 1389
NINE ENERGY CANADA INC p 158
37337 Burnt Lake Trail Unit 30, RED DEER COUNTY, AB, T4S 2K5
(403) 340-4218   SIC 1389
NINE ENERGY CANADA INC p 215
9404 73 Ave, FORT ST. JOHN, BC, V1J 4H7
(250) 785-4210   SIC 1389
NINTENDO OF CANADA LTD p 294
2925 Virtual Way Suite 150, VANCOUVER, BC, V5M 4X5
(604) 279-1600   SIC 5092
NIOBEC INC p 1191
3400 Rte Du Columbium, Saint-Honore-de-Chicoutimi, QC, G0V 1L0
(418) 673-4694   SIC 1081
NIPISSING CUSTODY RESIDENCE p 741
See CRISIS CENTRE NORTH BAY
NIPISSING DETENTION CENTRE p 741
See CRISIS CENTRE NORTH BAY
NIPISSING PARRY SOUND CATHOLIC DISTRICT SCHOOL BOARD p 542
1475 Main St N, CALLANDER, ON, P0H 1H0
(705) 752-4407   SIC 8211
NIPISSING PARRY SOUND CATHOLIC DISTRICT SCHOOL BOARD p 740
60 Marshall Ave E, NORTH BAY, ON, P1A 1R1
(705) 472-7280   SIC 8211
NIPISSING PARRY SOUND CATHOLIC DISTRICT SCHOOL BOARD p 740
602 Lake Heights Rd, NORTH BAY, ON, P1A 2Z8
(705) 472-6380   SIC 8211
NIPISSING PARRY SOUND CATHOLIC DISTRICT SCHOOL BOARD p 742
225 Milani Rd, NORTH BAY, ON, P1B 7P4
(705) 472-6690   SIC 8211
NIPISSING PARRY SOUND CATHOLIC DISTRICT SCHOOL BOARD p 742
414 Second Ave W, NORTH BAY, ON, P1B 3L2
(705) 472-1524   SIC 8211
NIPISSING PARRY SOUND CATHOLIC DISTRICT SCHOOL BOARD p 742
900 Bloem St, NORTH BAY, ON, P1B 4Z8
(705) 472-9141   SIC 8211
NIPISSING PARRY SOUND CATHOLIC DISTRICT SCHOOL BOARD p 742
850 Lorne Ave, NORTH BAY, ON, P1B 8M2
(705) 472-2770   SIC 8211
NIPISSING PARRY SOUND CATHOLIC DISTRICT SCHOOL BOARD p 818
152 Fairview Lane, POWASSAN, ON, P0H 1Z0
(705) 724-3482   SIC 8211
NIPISSING PARRY SOUND CATHOLIC DISTRICT SCHOOL BOARD p 866
680 Coursol Rd, STURGEON FALLS, ON, P2B 3L1
(705) 753-2590   SIC 8211
NIPPON EXPRESS CANADA LTD p 270
7360 River Rd, RICHMOND, BC, V6X 1X6
(604) 278-6084   SIC 4731
NIPPON EXPRESS CANADA LTD p 720
6250 Edwards Blvd, MISSISSAUGA, ON, L5T 2X3
(905) 565-7525   SIC 4731
NIPPON EXPRESS CANADA LTD p 720
6250 Edwards Blvd, MISSISSAUGA, ON, L5T 2X3
(905) 565-7526   SIC 4731
NIRADIA ENTERPRISES INC p 208
460 Fraserview Pl, DELTA, BC, V3M 6H4
(604) 523-6188   SIC 6712
NISBET LODGE p 895
740 Pape Ave, TORONTO, ON, M4K 3S7
(416) 469-1105   SIC 8361
NISGA'S VALLEY HEALTH AUTHORITY p 180
4920 Tait Ave, AIYANSH, BC, V0J 1A0
(250) 633-5000   SIC 8093
NISHAN TRANSPORT INC p 1142
160 Av Labrosse, POINTE-CLAIRE, QC, H9R 1A1
(514) 695-4200   SIC 4213
NISKA GS HOLDINGS II, L.P. p 47
607 8 Ave Sw Suite 400, CALGARY, AB, T2P 0A7
(403) 513-8694   SIC 4922
NISKU DISTRIBUTION CENTRE p 146
See ATCO ELECTRIC LTD
NISKU PRINTERS (1980) LTD p 147
2002 8 St Suite 7, NISKU, AB, T9E 7Y8
SIC 2752
NISKU TRUCK STOP p 135
See NISKU TRUCK STOP LTD
NISKU TRUCK STOP LTD p 135
8020 Sparrow Dr Suite 201, LEDUC, AB, T9E 7G3
(780) 986-5312   SIC 5541
NISSAN CANADA INC p 515
60 Steelwell Rd, BRAMPTON, ON, L6T 5L9
(905) 459-6070   SIC 5013
NISSAN CANADA INC p 690
5290 Orbitor Dr, MISSISSAUGA, ON, L4W 4Z5
(905) 602-0792   SIC 5012
NISSIN TRANSPORT (CANADA) INC p 486
292 Church St S, ALLISTON, ON, L9R 2B7
(705) 434-3136   SIC 4225
NITA LAKE LODGE p 340
See T & V HOSPITALITY INC
NITE TOURS INTERNATIONAL p 76
67 Airport Rd Nw, EDMONTON, AB, T5G 0W6
SIC 4725
NITEK LASER INC p 1135
305 Rte Du Port, NICOLET, QC, J3T 1R7
(819) 293-4887   SIC 3398
NITHVIEW HOME & SENIORS VILLAGE p 731
See TRI-COUNTY MENNONITE HOMES ASSOCIATION
NITON CENTRAL SCHOOL p 148
See GRANDE YELLOWHEAD PUBLIC SCHOOL DIVISION 77
NITROGEN STUDIOS CANADA INC p 302
708 Powell St, VANCOUVER, BC, V6A 1H6
(604) 216-2615   SIC 7819
NITTA GELATIN CANADA, INC p 935
60 Paton Rd, TORONTO, ON, M6H 1R8
(416) 532-5111   SIC 2899
NIVEL INC p 1212
4850 Rue Bourg, SAINT-LAURENT, QC, H4T 1J2
(514) 735-4255   SIC 5046
NIVERVILLE COLLEGIATE p 352
See HANOVER SCHOOL DIVISION
NIVERVILLE ELEMENTARY SCHOOL p 352
See HANOVER SCHOOL DIVISION
NL TECHNOLOGIES p 100
See LEVITT-SAFETY LIMITED
NL TECHNOLOGIES p 893
See LEVITT-SAFETY LIMITED
NL TECHNOLOGIES, DIV OF p 893
See LEVITT-SAFETY LIMITED
NLOGIC p 751
See BBM ANALYTICS INC
NMP GOLF CONSTRUCTION INC p 1227
2674 Ch Plamondon Bureau 201, SAINTE-MADELEINE, QC, J0H 1S0
(450) 795-9878   SIC 1629
NO FRILLS p 128
See LOBLAWS INC
NO FRILLS p 135
See LOBLAWS INC
NO FRILLS p 170
See LOBLAWS INC
NO FRILLS p 174
See LOBLAWS INC
NO FRILLS p 293
See LOBLAWS INC
NO FRILLS p 492
See LOBLAWS SUPERMARKETS LIMITED
NO FRILLS p 689
See LOBLAW COMPANIES LIMITED
NO FRILLS p 722
See LOBLAWS SUPERMARKETS LIMITED
NO FRILLS p 755
See LOBLAWS SUPERMARKETS LIMITED
NO FRILLS p 955
See LOBLAWS SUPERMARKETS LIMITED

NO FRILLS p 958
See LOBLAWS SUPERMARKETS LIMITED
NO FRILLS PANCH'S p 934
See LOBLAW COMPANIES LIMITED
NOBEL SCHOOL p 740
See NEAR NORTH DISTRICT SCHOOL BOARD
NOBLE CONSTRUCTION p 1268
See NOBLE CONSTRUCTION CORP
NOBLE CONSTRUCTION CORP p 1268
215 Sumner St, ESTERHAZY, SK, S0A 0X0
(306) 745-6984   SIC 1541
NOBLE CULINARY CREATIONS CATERING p 839
See NOBLE CULINARY INC
NOBLE CULINARY INC p 839
127 Manville Rd Suite 14, SCARBOROUGH, ON, M1L 4J7
(416) 288-9713   SIC 5963
NOBLEFORD CENTRAL SCHOOL p 148
See PALLISER REGIONAL DIVISION NO 26
NOBLETON PUBLIC SCHOOL p 740
See YORK REGION DISTRICT SCHOOL BOARD
NOCO CANADA COMPANY p 579
5468 Dundas St W Suite 401, ETOBICOKE, ON, M9B 6E3
(416) 232-6626   SIC 5172
NOCO CANADA INC p 724
220 17 Hwy W, NAIRN CENTRE, ON, P0M 2L0
(705) 869-4100   SIC 5541
NOCO CANADA INC p 940
2 Bradpenn Rd, TORONTO, ON, M8Z 5S9
(416) 201-9900   SIC 5172
NOCO LUBRICANTS p 940
See NOCO CANADA INC
NOEL BOOTH ELEMENTARY SCHOOL p 231
See SCHOOL DISTRICT NO. 35 (LANGLEY)
NOELVILLE CO-OP p 740
See CO-OPERATIVE REGIONALE DE NIPISSING-SUDBURY LIMITED
NOHELS GROUP INC p 218
4854 Athalmer Rd, INVERMERE, BC, V0A 1K3
(250) 342-8849   SIC 1629
NOKOMIS HEALTH CENTER p 1308
See SASKATOON REGIONAL HEALTH AUTHORITY
NOLAN'S PHARMACY p 326
See PHARMASAVE DRUGS (NATIONAL) LTD
NOLEX ENTERPRISES LTD p 255
2755 Lougheed Hwy Unit 42, PORT COQUITLAM, BC, V3B 5Y9
(604) 941-5345   SIC 5812
NON FERROUS p 517
See TRIPLE M METAL LP
NOOTKA ELEMENTARY SCHOOL p 294
See BOARD OF EDUCATION OF SCHOOL DISTRICT NO. 39 (VANCOUVER), THE
NOOTKA SOUND DRYLAND p 216
See WESTERN FOREST PRODUCTS INC
NOR PAC MARKETING LTD p 245
960 Quayside Dr Suite 206, NEW WESTMINSTER, BC, V3M 6G2
(604) 736-3133   SIC 7389
NOR-MAR INDUSTRIES LTD p 252
682 Okanagan Ave E, PENTICTON, BC, V2A 3K6
(250) 492-7866   SIC 7389
NOR-SHAM HOTELS INC p 703
2125 North Sheridan Way, MISSISSAUGA, ON, L5K 1A3
(905) 855-2000   SIC 7011
NOR-TEC ELECTRIC LTD p 373
1615 Inkster Blvd, WINNIPEG, MB, R2X 1R2
(204) 694-0330   SIC 1731
NOR-TEC GROUP LTD p 373

1615 Inkster Blvd, WINNIPEG, MB, R2X 1R2
(204) 694-0330   SIC 1731
NORAC SYSTEMS INTERNATIONAL INC p 1305
3702 Kinnear Pl, SASKATOON, SK, S7P 0A6
(306) 664-6711   SIC 3625
NORALTA LODGE LTD p 121
7210 Cliff Ave,Suite 7202, FORT MCMURRAY, AB, T9H 1A1
(780) 791-3334   SIC 7041
NORALTA POLY, DIV OF p 105
See HI-KALIBRE EQUIPMENT LIMITED
NORALTA TECHNOLOGIES INC p 141
6010b 50 Ave, LLOYDMINSTER, AB, T9V 2T9
(780) 875-6777   SIC 7629
NORAMCO p 105
See NCS INTERNATIONAL CO.
NORAMCO WIRE & CABLE p 716
See NCS INTERNATIONAL CO.
NORAMPAC p 1243
See CASCADES CANADA ULC
NORAMPAC NORTH YORK p 933
See CASCADES CANADA ULC
NORAMPAC ST. MARYS p 857
See CASCADES CANADA ULC
NORAMPAC, DIV OF p 380
See CASCADES CANADA ULC
NORAMPAC, DIV OF p 409
See CASCADES CANADA ULC
NORAMPAC, DIV OF p 716
See CASCADES CANADA ULC
NORAMPAC- JELLCO, DIV OF p 497
See CASCADES CANADA ULC
NORAMPAC- VAUGHAN p 558
See CASCADES CANADA ULC
NORAMPAC-CALGARY, DIV OF p 30
See CASCADES CANADA ULC
NORAMPAC-JONQUIERE p 1048
See CASCADES CANADA ULC
NORAMPAC-KINGSEY FALLS p 1048
See CASCADES CANADA ULC
NORAMPAC-LITHOTECH p 834
See CASCADES CANADA ULC
NORAMPAC-PETERBOROUGH, DIV OF p 809
See CASCADES CANADA ULC
NORAMPAC-SPB p 1088
See CASCADES CANADA ULC
NORAMPAC-VAUDREUIL, DIV OF p 1256
See CASCADES CANADA ULC
NORAMPAC-VICTORIAVILLE p 1260
See CASCADES CANADA ULC
NORBA INVESTMENTS LTD p 520
200 County Court Blvd, BRAMPTON, ON, L6W 4K7
(905) 450-9433   SIC 5812
NORBA INVESTMENTS LTD p 521
400 Queen St W Suite 3, BRAMPTON, ON, L6X 1B3
(905) 874-9929   SIC 5812
NORBEL METAL SERVICE LIMITED p 583
100 Guided Crt, ETOBICOKE, ON, M9V 4K6
(416) 744-9988   SIC 7389
NORBORD INC p 127
6700 Hwy 40 S, GRANDE PRAIRIE, AB, T8V 6Y9
(780) 831-2500   SIC 2493
NORBORD INC p 176
995 Exeter Stn Rd, 100 MILE HOUSE, BC, V0K 2E0
(250) 395-6200   SIC 2435
NORBORD INDUSTRIES INC p 176
350 Exeter Truck Rd, 100 MILE HOUSE, BC, V0K 2E0
(250) 395-6240   SIC 3553
NORBORD INDUSTRIES INC p 403
137 Juniper Rd, JUNIPER, NB, E7L 1G8
(506) 246-1125   SIC 2431
NORBORD INDUSTRIES INC p 555
4 Boisvert Cres, COCHRANE, ON, P0L 1C0
(705) 272-4210   SIC 2435

NORBORD INDUSTRIES INC p 1054
210 9e Av E, LA SARRE, QC, J9Z 2L2
(819) 333-5464   SIC 2499
NORBRO HOLDINGS LTD p 565
1515 Vincent Massey Dr, CORNWALL, ON, K6H 5R6
(613) 932-0451   SIC 7011
NORCAN FLUID POWER LTD p 222
728 Tagish St, KAMLOOPS, BC, V2H 1B7
(250) 372-3933   SIC 2869
NORCAN FLUID POWER LTD p 229
19650 Telegraph Trail, LANGLEY, BC, V1M 3E5
(604) 881-7877   SIC 7699
NORCOM TELECOMMUNICATIONS LIMITED p 628
Gd Lcd Main, KENORA, ON, P9N 3W9
(807) 547-2853   SIC 4841
NORD GEAR LIMITED p 515
41 West Dr, BRAMPTON, ON, L6T 4A1
(905) 796-6796   SIC 3566
NORD SUD HONDA p 1200
See AUTOMOBILES NORD SUD INC
NORDALE SCHOOL p 364
See LOUIS RIEL SCHOOL DIVISION
NORDIA INC p 1130
3020 Av Jacques-Bureau 2e, Montreal, QC, H7P 6G2
(514) 415-7088   SIC 7389
NORDIC INSURANCE COMPANY OF CANADA, THE p 81
10130 103 St Nw Unit 800, EDMONTON, AB, T5J 3N9
(780) 945-5000   SIC 6411
NORDIC MECHANICAL SERVICES LTD p 101
4143 78 Ave Nw, Edmonton, AB, T6B 2N3
(780) 469-7799   SIC 7623
NORDIC RESORT p 288
See ALLDRITT DEVELOPMENT LIMITED
NORDION p 320
See NORDION (CANADA) INC
NORDION (CANADA) INC p 320
4004 Wesbrook Mall, VANCOUVER, BC, V6T 2A3
(604) 228-8952   SIC 8071
NORDION INC p 184
8590 Baxter Pl, BURNABY, BC, V5A 4T2
(604) 421-8588   SIC 8071
NORDION INC p 189
3680 Gilmore Way, BURNABY, BC, V5G 4V8
(604) 431-5005   SIC 8071
NORDION INC p 369
130 Omands Creek Blvd Unit 6, WINNIPEG, MB, R2R 1V7
(204) 694-1632   SIC 8071
NORDION INC p 658
746 Base Line Rd E Suite 11, LONDON, ON, N6C 5Z2
SIC 8071
NORDION INC p 690
1980 Matheson Blvd E Suite 1, MISSISSAUGA, ON, L4W 5N3
(905) 206-8887   SIC 8071
NORDION INC p 720
1330 Meyerside Dr, MISSISSAUGA, ON, L5T 1C2
(905) 565-2302   SIC 8071
NORDION INC p 1024
3400 Rue Du Marche Bureau 106, DOLLARD-DES-ORMEAUX, QC, H9B 2Y1
(450) 698-0563   SIC 8071
NORDION INC p 1134
535 Boul Cartier O, Montreal-Ouest, QC, H7V 3S8
(450) 687-5165   SIC 8731
NORDSON CANADA, LIMITED p 673
1211 Denison St, MARKHAM, ON, L3R 4B3
(905) 475-6730   SIC 5084
NORDSTRONG EQUIPMENT LIMITED p 288
See NORDSTRONG EQUIPMENT LIMITED

NORDSTRONG EQUIPMENT LIMITED p 288
15475 Madrona Dr, SURREY, BC, V4A 5N2
SIC 3535
NORDSTRONG EQUIPMENT LIMITED p 367
5 Chester St, WINNIPEG, MB, R2L 1W5
(204) 667-1553   SIC 5083
NORDSTRONG EQUIPMENT LIMITED p 720
400 Ambassador Dr, MISSISSAUGA, ON, L5T 2J3
(289) 562-6400   SIC 5083
NORELCO CABINETS LTD p 224
205 Adams Rd, KELOWNA, BC, V1X 7R1
(250) 765-2121   SIC 2434
NORFAB BUILDING COMPONENTS LTD p 590
732 Riverview Dr, FORT FRANCES, ON, P9A 2W2
(807) 274-7401   SIC 2439
NORFOLK ASSOCIATION FOR COMMUNITY LIVING p 849
12 Argyle St, SIMCOE, ON, N3Y 1V5
(519) 428-2932   SIC 7363
NORFOLK ASSOCIATION FOR COMMUNITY LIVING p 849
5 Queensway E, SIMCOE, ON, N3Y 5K2
(519) 428-4069   SIC 8331
NORFOLK DISPOSAL SERVICES LIMITED p 950
811 Old Highway 24, WATERFORD, ON, N0E 1Y0
(519) 443-8022   SIC 4212
NORFOLK FAMILY RESTAURANTS LTD p 849
77 Queensway E, SIMCOE, ON, N3Y 4M5
(519) 426-8084   SIC 5812
NORFOLK KNITTERS LIMITED p 546
215 Queen St W, CAMBRIDGE, ON, N3C 1G6
(519) 658-8182   SIC 5949
NORFOLK KNITTERS LIMITED p 660
360 Exeter Rd Suite 2, LONDON, ON, N6E 2Z4
(519) 686-3502   SIC 5949
NORFOLK POWER INC p 849
70 Victoria St, SIMCOE, ON, N3Y 1L5
SIC 4911
NORGATE COMMUNITY SCHOOL p 250
See SCHOOL DISTRICT NO. 44 (NORTH VANCOUVER)
NORIC HOUSE EXTENDED CARE p 326
See INTERIOR HEALTH AUTHORITY
NORMA DONUTS LIMITED p 816
429 Main St W, PORT COLBORNE, ON, L3K 3W2
(905) 834-7484   SIC 5812
NORMAN G POWERS PUBLIC SCHOOL p 782
See DURHAM DISTRICT SCHOOL BOARD
NORMAN PINKY LEWIS RECREATION COMPLEX p 608
See CITY OF HAMILTON, THE
NORMAN Q CHOW LAW CORPORATION p 305
401 Georgia St W Suite 700, VANCOUVER, BC, V6B 5A1
SIC 8111
NORMAN ROGERS AIRPORT p 633
See CORPORATION OF THE CITY OF KINGSTON, THE
NORMANBY COMMUNITY SCHOOL p 493
See BLUEWATER DISTRICT SCHOOL BOARD
NORMAND MACHINERY p 1068
See NORMAND, J.R. INC
NORMAND, J.R. INC p 1068
752 Rue J.-Ambroise-Craig, Levis, QC, G7A 2N2
(418) 831-3226   SIC 5084
NORMANDEAU SCHOOL p 154

See BOARD OF TRUSTEES OF THE RED DEER PUBLIC SCHOOL DISTRICT NO. 104, THE
NORMANDIN BDJ p 1147
See RESTAURANT NORMANDIN INC
NORMANNA REST HOME p 183
See NORWEGIAN OLD PEOPLE'S HOME ASSOCIATION
NORMARK INC p 781
1350 Phillip Murray Ave, OSHAWA, ON, L1J 6Z9
(905) 571-3001   SIC 5091
NORMARK MANUFACTURING p 560
See MAGNA INTERNATIONAL INC
NORMERICA INC p 137
112 30 St N, LETHBRIDGE, AB, T1H 3Z1
SIC 3295
NORMERICA INC p 526
46 Morton Ave E, BRANTFORD, ON, N3R 7J7
(519) 756-8414   SIC 3999
NORMERICA INC p 701
1599 Hurontario St Suite 300, MISSISSAUGA, ON, L5G 4S1
(416) 626-0556   SIC 3295
NORMEX METAL p 1054
See 9088-6615 QUEBEC INC
NORQUAY CO-OPERATIVE ASSOCIATION LIMITED, THE p 1277
13 Hwy 49, NORQUAY, SK, S0A 2V0
(306) 594-2215   SIC 5211
NORQUAY ELEMENTARY SCHOOL p 372
See WINNIPEG SCHOOL DIVISION
NORQUAY HEALTH CENTRE p 1277
Gd, NORQUAY, SK, S0A 2V0
(306) 594-2133   SIC 8051
NORQUEST COLLEGE p 169
3201 43 Ave, STONY PLAIN, AB, T7Z 1L1
(780) 968-6489   SIC 8221
NORR LIMITED p 789
55 Murray St Suite 600, OTTAWA, ON, K1N 5M3
(613) 241-5300   SIC 8712
NORSAT INTERNATIONAL INC p 267
4020 Viking Way Suite 110, RICHMOND, BC, V6V 2L4
(604) 821-2800   SIC 3669
NORSEMAN INC p 33
7208 Macleod Trail Se, CALGARY, AB, T2H 0L9
(403) 252-3338   SIC 5941
NORSEMAN INC p 89
10951 170 St Nw, EDMONTON, AB, T5P 4V6
(780) 484-2700   SIC 2394
NORSEMAN INC p 229
9080 196a St Unit 80, LANGLEY, BC, V1M 3B4
(604) 888-9155   SIC 2394
NORSEMAN INC p 1305
3815 Wanuskewin Rd, SASKATOON, SK, S7P 1A4
(306) 385-2888   SIC 3448
NORSEMAN JUNIOR MIDDLE SCHOOL p 940
See TORONTO DISTRICT SCHOOL BOARD
NORSEMAN STRUCTURES DIV. p 1305
See NORSEMAN INC
NORSEMEN INN CAMROSE CORPORATION p 66
6505 48 Ave, CAMROSE, AB, T4V 3K3
(780) 672-9171   SIC 7011
NORSTAN CANADA LTD p 745
2225 Sheppard Ave E Suite 1600, NORTH YORK, ON, M2J 5C2
(416) 490-9500   SIC 5065
NORTEK AIR SOLUTIONS CANADA, INC p 1217
200 Rue Carter, Saint-Leonard-D'Aston, QC, J0C 1M0
(819) 399-2175   SIC 1711
NORTEK AIR SOLUTIONS CANADA, INC p 1297
1502d Quebec Ave, SASKATOON, SK, S7K 1V7
(306) 242-3663   SIC 3564
NORTEL NETWORKS LIMITED p 81
10235 101 St Nw Suite 2200, EDMONTON, AB, T5J 3G1
SIC 4899
NORTEL NETWORKS LIMITED p 504
250 Sidney St, BELLEVILLE, ON, K8P 3Z3
SIC 4899
NORTH & SOUTH ESK ELEMENTARY p 421
See DISTRICT EDUCATION COUNCIL-SCHOOL DISTRICT 16
NORTH 60 PETRO LTD p 1311
146 Industrial Rd, WHITEHORSE, YT, Y1A 2V1
(867) 633-8820   SIC 4226
NORTH ADDINGTON EDUCATION CENTRE p 554
See LIMESTONE DISTRICT SCHOOL BOARD
NORTH AGENCY COURT JUNIOR PUBLIC SCHOOL p 887
See TORONTO DISTRICT SCHOOL BOARD
NORTH ALBERT BRANCH p 1287
See CONEXUS CREDIT UNION 2006
NORTH ALBION COLLEGIATE INSTITUTE p 583
See TORONTO DISTRICT SCHOOL BOARD
NORTH AMERICA INDIAN MISSION OF CANADA p 211
5027 47a Ave Suite 200, DELTA, BC, V4K 1T9
SIC 8661
NORTH AMERICAN BOTTLING p 105
See LEADING BRANDS OF CANADA, INC
NORTH AMERICAN BOTTLING p 299
See LEADING BRANDS OF CANADA, INC
NORTH AMERICAN CONSTRUCTION GROUP INC p 121
Po Box 6639 Stn Main, FORT MCMURRAY, AB, T9H 5N4
(780) 791-1997   SIC 1629
NORTH AMERICAN MINING DIVISION p 121
See NORTH AMERICAN CONSTRUCTION GROUP INC
NORTH AMERICAN RECEIVABLE MANAGEMENT SERVICES COMPANY p 745
255 Consumers Rd Suite 250, NORTH YORK, ON, M2J 1R4
(800) 387-0912   SIC 7322
NORTH AMERICAN ROAD LTD p 1
53016 Hwy 60 Suite 2, ACHESON, AB, T7X 5A7
(780) 960-7171   SIC 1611
NORTH AMERICAN VAN LINES p 429
See HOUSEHOLD MOVERS AND SHIPPERS LIMITED
NORTH AND SOUTH ESK REGIONAL HIGHSCHOOL p 421
See DISTRICT EDUCATION COUNCIL-SCHOOL DISTRICT 16
NORTH ATLANTIC PETROLEUM p 424
See NORTH ATLANTIC REFINING LIMITED
NORTH ATLANTIC REFINING LIMITED p 424
1 Refining Rd, COME BY CHANCE, NL, A0B 1N0
(709) 463-8811   SIC 2911
NORTH BATTLEFORD, CITY OF p 1277
1902 106th St, NORTH BATTLEFORD, SK, S9A 3G5
(306) 445-1745   SIC 7999
NORTH BATTLEFORDS COMPREHENSIVE HIGHSCHOOL p 1277
See LIVING SKY SCHOOL DIVISION NO.
202
NORTH BAY CHRYSLER LTD p 740
352 Lakeshore Dr, NORTH BAY, ON, P1A 2C2
(705) 472-0820   SIC 5511
NORTH BAY DISTRICT AMBULANCE SERVICE p 742
See NORTH BAY REGIONAL HEALTH CENTRE
NORTH BAY FIRE DEPARTMENT, THE p 741
See CORPORATION OF THE CITY OF NORTH BAY, THE
NORTH BAY MEMORIAL GARDENS SPORTS ARENA p 741
See CORPORATION OF THE CITY OF NORTH BAY, THE
NORTH BAY REGIONAL HEALTH CENTRE p 742
147 Mcintyre St W, NORTH BAY, ON, P1B 2Y5
(705) 474-8600   SIC 8062
NORTH BAY REGIONAL HEALTH CENTRE p 742
200 First Ave W, NORTH BAY, ON, P1B 3B9
(705) 494-3050   SIC 8062
NORTH BAY REGIONAL HEALTH CENTRE p 742
750 Scollard St, NORTH BAY, ON, P1B 5A4
(705) 474-4130   SIC 4119
NORTH BAY REGIONAL HEALTH CENTRE p 870
680 Kirkwood Dr, SUDBURY, ON, P3E 1X3
(705) 675-9193   SIC 8062
NORTH BENDAILE JUNIOR PUBLIC SCHOOL p 837
See TORONTO DISTRICT SCHOOL BOARD
NORTH BRIDLEWOOD JR PS p 846
See TORONTO DISTRICT SCHOOL BOARD
NORTH CARIBOO AIR p 24
See NORTH CARIBOO FLYING SERVICE LTD
NORTH CARIBOO AIR p 81
See NORTH CARIBOO FLYING SERVICE LTD
NORTH CARIBOO FLYING SERVICE LTD p 24
600 Palmer Rd Ne, CALGARY, AB, T2E 7R3
(403) 250-8694   SIC 4522
NORTH CARIBOO FLYING SERVICE LTD p 81
Airport Service Rd 9th Ave, EDMONTON, AB, T5J 2T2
(780) 890-7600   SIC 4522
NORTH CENTENNIAL MANOR INC p 626
2 Kimberly Dr, KAPUSKASING, ON, P5N 1L5
(705) 335-6125   SIC 8051
NORTH COLCHESTER HIGHSCHOOL p 476
See CHIGNECTO CENTRAL REGIONAL SCHOOL BOARD
NORTH COLLEGE HIGHSCHOOL p 152
See BOARD OF TRUSTEES OF THE RED DEER PUBLIC SCHOOL DISTRICT NO. 104, THE
NORTH DALE PUBLIC SCHOOL p 653
See THAMES VALLEY DISTRICT SCHOOL BOARD
NORTH DEL CENTRAL PUBLIC SCHOOL p 569
See THAMES VALLEY DISTRICT SCHOOL BOARD
NORTH DELTA RECREATION CENTRE p 209
See CORPORATION OF DELTA, THE
NORTH DELTA SENIOR SECONDARY SCHOOL p
See DELTA SCHOOL DISTRICT NO.37
NORTH DOUGLAS SYSCO p 336
See SYSCO CANADA, INC
NORTH DUNDAS DISTRICT HIGH SCHOOL p 553
See UPPER CANADA DISTRICT SCHOOL BOARD, THE
NORTH EAST COMMUNITY CARE ACCESS CENTRE p 742
1164 Devonshire Ave, NORTH BAY, ON, P1B 6X7
(705) 474-5885   SIC 8059
NORTH EAST COMMUNITY CARE ACCESS CENTRE p 831
390 Bay St, SAULT STE. MARIE, ON, P6A 1X2
(705) 949-1650   SIC 8322
NORTH EAST MENTAL HEALTH CENTRE (NORTH BAY CAMPUS) p 742
4700 Highway 11 N, NORTH BAY, ON, P1B 8G3
(705) 474-1200   SIC 8063
NORTH EAST OUTREACH AND SUPPORT SERVICES, INC p 1274
128 Mckendry Ave W, MELFORT, SK, S0E 1A0
(306) 752-9464   SIC 8699
NORTH EAST SCHOOL DIVISION p 1266
100 7th St E, CHOICELAND, SK, S0J 0M0
(306) 428-2157   SIC 8211
NORTH EAST SCHOOL DIVISION p 1266
2201 2 St W, CARROT RIVER, SK, S0E 0L0
(306) 768-2433   SIC 8211
NORTH EAST SCHOOL DIVISION p 1270
702 Churchhill St, HUDSON BAY, SK, S0E 0Y0
(306) 865-2515   SIC 8211
NORTH EAST SCHOOL DIVISION p 1270
401 Main St, HUDSON BAY, SK, S0E 0Y0
(306) 865-2267   SIC 8211
NORTH EAST SCHOOL DIVISION p 1274
801 Assiniboia St, MELFORT, SK, S0E 1A0
(306) 752-2891   SIC 8211
NORTH EAST SCHOOL DIVISION p 1274
501 Bemister Ave E, MELFORT, SK, S0E 1A0
(306) 752-5771   SIC 8211
NORTH EAST SCHOOL DIVISION p 1274
202 Melfort St E, MELFORT, SK, S0E 1A0
(306) 752-2391   SIC 8211
NORTH EAST SCHOOL DIVISION p 1274
900 Alberta St N, MELFORT, SK, S0E 1A0
(306) 752-2525   SIC 8211
NORTH EAST SCHOOL DIVISION p 1274
202 Melfort St, MELFORT, SK, S0E 1A0
(306) 752-2391   SIC 8211
NORTH EAST SCHOOL DIVISION p 1277
301 9 Ave W, NIPAWIN, SK, S0E 1E0
(306) 862-5434   SIC 8211
NORTH EAST SCHOOL DIVISION p 1277
203 3rd St N, NAICAM, SK, S0K 2Z0
(306) 874-2253   SIC 8211
NORTH EAST SCHOOL DIVISION p 1277
308 9th Ave W, NIPAWIN, SK, S0E 1E0
(306) 862-5434   SIC 8211
NORTH EAST SCHOOL DIVISION p 1277
535 6 St E Suite 501, NIPAWIN, SK, S0E 1E0
(306) 862-4671   SIC 8211
NORTH EAST SCHOOL DIVISION p 1277
501 2nd St E, NIPAWIN, SK, S0E 1E0
(306) 862-5303   SIC 8211
NORTH EAST SCHOOL DIVISION p 1279
319 Pine St, PORCUPINE PLAIN, SK, S0E 1H0
(306) 278-2288   SIC 8211
NORTH EAST SCHOOL DIVISION p 1307
513 105th Ave, TISDALE, SK, S0E 1T0
(306) 873-4533   SIC 8211
NORTH EAST SCHOOL DIVISION p 1307
800 101st St, TISDALE, SK, S0E 1T0
(306) 873-2352   SIC 8211
NORTH EASTMAN HEALTH ASSOCIATION INC p 343
151 1 St S, BEAUSEJOUR, MB, R0E 0C0

(204) 268-1076   SIC 8062
NORTH EASTMAN HEALTH ASSOCIATION INC   p 350
89 Mcintash St, LAC DU BONNET, MB, R0E 1A0
(204) 345-8647   SIC 8051
NORTH EASTMAN HEALTH ASSOCIATION INC   p 353
24 Aberdeen Ave, PINAWA, MB, R0E 1L0
(204) 753-2012   SIC 8741
NORTH EASTMAN HEALTH ASSOCIATION INC   p 353
689 Main St, OAKBANK, MB, R0E 1J2
(204) 444-2227   SIC 8011
NORTH EASTMAN HEALTH ASSOCIATION INC   p 353
3 Vanier Rd, PINAWA, MB, R0E 1L0
(204) 753-2334   SIC 8062
NORTH EASTMAN HEALTH ASSOCIATION INC   p 360
75 Hospital St, WHITEMOUTH, MB, R0E 2G0
(204) 348-7191   SIC 8059
NORTH FIELD OFFICE   p 516
See PEEL DISTRICT SCHOOL BOARD
NORTH GLENMORE ELEMENTARY SCHOOL   p 222
See BOARD OF EDUCATION OF SCHOOL DISTRICT NO. 23 (CENTRAL OKANAGAN), THE
NORTH GOWER-MARLBOROUGH PUBLIC SCHOOL   p 743
See OTTAWA-CARLETON DISTRICT SCHOOL BOARD
NORTH GRENVILLE DIST HIGH SCHOOL p 627
See UPPER CANADA DISTRICT SCHOOL BOARD, THE
NORTH GROUP FINANCE LIMITED   p 308
925 West Georgia St Suite 1000, VANCOUVER, BC, V6C 3L2
(604) 689-7565   SIC 6282
NORTH HALTON GOLF AND COUNTRY CLUB LIMITED   p 592
363 Maple Ave, GEORGETOWN, ON, L7G 4S5
(905) 877-5236   SIC 7997
NORTH HASTINGS   p 494
See QUINTE HEALTHCARE CORPORATION
NORTH HASTINGS HIGH SCHOOL p 494
See HASTINGS AND PRINCE EDWARD DISTRICT SCHOOL BOARD
NORTH HASTINGS SENIOR ELEMENTAY SCHOOL   p 494
See HASTINGS AND PRINCE EDWARD DISTRICT SCHOOL BOARD
NORTH HAVEN ELEMENTARY SCHOOL   p 36
See CALGARY BOARD OF EDUCATION
NORTH HILL BRANCH   p 154
See SERVUS CREDIT UNION LTD
NORTH HILL HOLDINGS INC   p 155
7494 50 Ave, RED DEER, AB, T4P 1X7
(403) 342-4446   SIC 5812
NORTH HILL MOTORS (1975) LTD   p 2
139 East Lake Cres Ne, Airdrie, AB, T4A 2H7
(403) 948-2600   SIC 5511
NORTH HOPE CENTRAL PUBLIC SCHOOL p 548
See KAWARTHA PINE RIDGE DISTRICT SCHOOL BOARD
NORTH ISLAND COLLEGE   p 195
1685 Dogwood St S, CAMPBELL RIVER, BC, V9W 8C1
(250) 923-9700   SIC 8221
NORTH ISLAND COLLEGE   p 254
3699 Roger St, PORT ALBERNI, BC, V9Y 8E3
(250) 724-8711   SIC 8221
NORTH ISLAND SECONDARY SCHOOL   p 257
See SCHOOL DISTRICT NO 85 (VANCOUVER ISLAND NORTH)
NORTH LAMBTON LODGE   p 589
See CORPORATION OF THE COUNTY OF LAMBTON
NORTH LAMBTON SECONDARY SCHOOL p 589
See LAMBTON KENT DISTRICT SCHOOL BOARD
NORTH LONDON CHILDREN'S CENTRE   p 653
See LONDON CHILDREN'S CONNECTION INC
NORTH MART   p 438
See NORTH WEST COMPANY LP, THE
NORTH MEADOWS PUBLIC SCHOOL   p 866
See THAMES VALLEY DISTRICT SCHOOL BOARD
NORTH MEMORIAL SCHOOL   p 354
See PORTAGE LA PRAIRIE SCHOOL DIVISION
NORTH MIDDLESEX DISTRICT HIGH SCHOOL   p 805
See THAMES VALLEY DISTRICT SCHOOL BOARD
NORTH MOUNT PLEASANT ARTS CENTRE   p 38
See CITY OF CALGARY, THE
NORTH OF 53 CONSUMERS COOPERATIVE LIMITED   p 348
31 Main St Unit 29, Flin Flon, MB, R8A 1J5
(204) 687-7548   SIC 5411
NORTH OKANAGAN REGIONAL HEALTH BOARD   p 325
1440 14 Ave, VERNON, BC, V1B 2T1
(250) 549-5700   SIC 8011
NORTH OKANAGAN SHUSWAP SCHOOL DISTRICT 8   p 276
5911 Auto Rd Se, Salmon Arm, BC, V1E 2X2
(250) 832-9415   SIC 7349
NORTH OKANAGAN SHUSWAP SCHOOL DISTRICT 83   p 181
2365 Pleasant Valley Rd, ARMSTRONG, BC, V0E 1B2
(250) 546-3114   SIC 8211
NORTH OKANAGAN SHUSWAP SCHOOL DISTRICT 83   p 181
3700 Patten Dr, ARMSTRONG, BC, V0E 1B2
(250) 546-3476   SIC 8211
NORTH OKANAGAN SHUSWAP SCHOOL DISTRICT 83   p 181
3200 Wood Ave, ARMSTRONG, BC, V0E 1B0
(250) 546-8723   SIC 8211
NORTH OKANAGAN SHUSWAP SCHOOL DISTRICT 83   p 195
5437 Meadow Creek Rd, CELISTA, BC, V0E 1M6
(250) 955-2214   SIC 8211
NORTH OKANAGAN SHUSWAP SCHOOL DISTRICT 83   p 213
500 Bass Ave, ENDERBY, BC, V0E 1V2
(250) 838-6431   SIC 8211
NORTH OKANAGAN SHUSWAP SCHOOL DISTRICT 83   p 213
5732 Tuktakmain St, FALKLAND, BC, V0E 1W0
(250) 379-2320   SIC 8211
NORTH OKANAGAN SHUSWAP SCHOOL DISTRICT 83   p 213
11 Rands Rd, ENDERBY, BC, V0E 1V5
(250) 838-7087   SIC 8211
NORTH OKANAGAN SHUSWAP SCHOOL DISTRICT 83   p 213
1308 Sicamous St, ENDERBY, BC, V0E 1V0
(250) 838-6434   SIC 8211
NORTH OKANAGAN SHUSWAP SCHOOL DISTRICT 83   p 276
3200 6 Ave Ne, SALMON ARM, BC, V1E 1J2
(250) 832-2167   SIC 8211
NORTH OKANAGAN SHUSWAP SCHOOL DISTRICT 83   p 276
2960 Okanagan Ave Se Suite 150, SALMON ARM, BC, V1E 1E6
SIC 8299
NORTH OKANAGAN SHUSWAP SCHOOL DISTRICT 83   p 276
171 30 St Se, SALMON ARM, BC, V1E 1J5
(250) 832-6031   SIC 8211
NORTH OKANAGAN SHUSWAP SCHOOL DISTRICT 83   p 276
2251 12 Ave Ne, SALMON ARM, BC, V1E 2V5
(250) 832-3741   SIC 8211
NORTH OKANAGAN SHUSWAP SCHOOL DISTRICT 83   p 276
6285 Ranchero Dr, SALMON ARM, BC, V1E 2R1
(250) 832-7018   SIC 8211
NORTH OKANAGAN SHUSWAP SCHOOL DISTRICT 83   p 276
551 14 St Ne, SALMON ARM, BC, V1E 2S5
(250) 832-2188   SIC 8211
NORTH OKANAGAN SHUSWAP SCHOOL DISTRICT 83   p 276
4750 10 Ave Sw, SALMON ARM, BC, V1E 3B5
(250) 832-3862   SIC 8211
NORTH OKANAGAN SHUSWAP SCHOOL DISTRICT 83   p 276
1180 20 St Se, SALMON ARM, BC, V1E 2J4
(250) 832-7195   SIC 8211
NORTH OKANAGAN SHUSWAP SCHOOL DISTRICT 83   p 276
1641 30 St Ne, SALMON ARM, BC, V1E 2Z5
(250) 832-2188   SIC 8211
NORTH OKANAGAN SHUSWAP SCHOOL DISTRICT 83   p 277
518 Finlayson St, SICAMOUS, BC, V0E 2V2
(250) 836-2831   SIC 8211
NORTH OKANAGAN SHUSWAP SCHOOL DISTRICT 83   p 290
4005 Myers Frontage Rd, TAPPEN, BC, V0E 2X3
(250) 835-4520   SIC 8211
NORTH OKANAGAN YOUTH & FAMILY SERVICES   p 326
2900 32 Ave, VERNON, BC, V1T 2L5
(250) 545-3262   SIC 8322
NORTH OTTER ELEMENTARY SCHOOL   p 181
See SCHOOL DISTRICT NO. 35 (LANGLEY)
NORTH OYSTER ELEMENTARY SCHOOL p 228
See SCHOOL DISTRICT NO. 68 (NANAIMO-LADYSMITH)
NORTH PARK NURSING HOME LIMITED   p 761
450 Rustic Rd, NORTH YORK, ON, M6L 1W9
(416) 247-0531   SIC 8051
NORTH PARK SECONDARY SCHOOL   p 512
See PEEL DISTRICT SCHOOL BOARD
NORTH PEACE SECONDARY SCHOOL   p 215
See SCHOOL DISTRICT NO. 60 (PEACE RIVER NORTH)
NORTH QUEEN ELEMENTARY SCHOOL   p 445
See SOUTH SHORE REGIONAL SCHOOL BOARD
NORTH QUEENS NURSING HOME INC   p 445
9565 Highway 8, CALEDONIA, NS, B0T 1B0
(902) 682-2553   SIC 8361
NORTH RENFREW LONG-TERM CARE SERVICES INC   p 568
47 Ridge Rd, DEEP RIVER, ON, K0J 1P0
(613) 584-1900   SIC 8051
NORTH RIDGE DEVELOPMENT CORPORATION   p 1297
3037 Faithfull Ave, SASKATOON, SK, S7K 8B3
(306) 384-5299   SIC 1522
NORTH RIDGE ELEMENTARY SCHOOL   p 287
See SCHOOL DISTRICT NO 36 (SURREY)
NORTH RIDGE LODGE   p 167
See STURGEON FOUNDATION
NORTH RIDGE MUNICIPAL GOLF COURSE   p 525
See CORPORATION OF THE CITY OF BRANTFORD, THE
NORTH RIVER ELEMENTARY SCHOOL   p 471
See CHIGNECTO CENTRAL REGIONAL SCHOOL BOARD
NORTH ROCK CONSTRUCTION PROJECTS   p 555
See 1835755 ONTARIO LIMITED
NORTH SAANICH MIDDLE SCHOOL p 277
See SCHOOL DISTRICT 63 (SAANICH)
NORTH SASK LAUNDRY   p 1279
See NORTH SASK. LAUNDRY & SUPPORT SERVICES LTD
NORTH SASK. LAUNDRY & SUPPORT SERVICES LTD   p 1279
1200 24th St W, PRINCE ALBERT, SK, S6V 4N9
SIC 7218
NORTH SEEDER INTERMEDIETE SCHOOL p 243
See SCHOOL DISTRICT NO. 68 (NANAIMO-LADYSMITH)
NORTH SHORE DISABILITY RESOURCE CENTRE ASSOCIATION   p 247
3158 Mountain Hwy, NORTH VANCOUVER, BC, V7K 2H5
(604) 985-5371   SIC 8361
NORTH SHORE HEALTH REGION   p 248
See VANCOUVER COASTAL HEALTH
NORTH SHORE HEALTH REGION   p 248
132 Esplanade W, NORTH VANCOUVER, BC, V7M 1A2
(604) 986-7111   SIC 8322
NORTH SHORE HOME SUPPORT SERVICE   p 248
See NORTH SHORE HEALTH REGION
NORTH SHORE NEWS   p 248
See POSTMEDIA NETWORK INC
NORTH SHORE PARTS & INDUSTRIAL SUPPLIES LTD   p 250
850 1st St W, NORTH VANCOUVER, BC, V7P 1A2
(604) 985-1113   SIC 5013
NORTH SHORE PUBLIC SCHOOL   p 627
See KAWARTHA PINE RIDGE DISTRICT SCHOOL BOARD
NORTH SHUSAP ELEMENTARY SCHOOL p 195
See NORTH OKANAGAN SHUSWAP SCHOOL DISTRICT 83
NORTH STAR COMMUNITY SCHOOL p 490
See RAINY RIVER DISTRICT SCHOOL BOARD
NORTH STAR MANUFACTURING (LONDON) LTD   p 858
40684 Talbot Line, ST THOMAS, ON, N5P 3T2
(519) 637-7899   SIC 3089
NORTH STAR PATROL (1996) LTD   p 286
12981 80 Ave, SURREY, BC, V3W 3B1
SIC 7381
NORTH STAR VINYL WINDOWS AND DOORS   p 858
See NORTH STAR MANUFACTURING (LONDON) LTD
NORTH SURREY PUBLIC HEALTH   p 283
See FRASER HEALTH AUTHORITY
NORTH SURREY SECONDARY SCHOOL p 290
See SCHOOL DISTRICT NO 36 (SURREY)

NORTH THOMPSON STAR JOURNAL *p* 181
See BLACK PRESS GROUP LTD

NORTH TORONTO AUCTION *p* 622
See NORTHERN AUTO AUCTIONS OF CANADA INC

NORTH TORONTO CHRISTIAN SCHOOL *p* 745
255 Yorkland Blvd, NORTH YORK, ON, M2J 1S3
(416) 491-7667   *SIC* 8661

NORTH TORONTO COLLEGIATE INSTITUTE *p* 898
See TORONTO DISTRICT SCHOOL BOARD

NORTH VANCOUVER BUS DEPOT *p* 248
See COAST MOUNTAIN BUS COMPANY LTD

NORTH VANCOUVER CONTINUING EDUCATION EMPLOYMENT SERVICES DIVISION *p* 250
See SCHOOL DISTRICT NO. 44 (NORTH VANCOUVER)

NORTH VANCOUVER OUTDOOR SCHOOL *p* 182
See SCHOOL DISTRICT NO. 44 (NORTH VANCOUVER)

NORTH VANCOUVER RECREATION COMMISSION *p* 247
2300 Kirkstone Rd, NORTH VANCOUVER, BC, V7J 3M3
(604) 984-4484   *SIC* 7999

NORTH VANCOUVER SCHOOL DISTRICT *p* 249
See SCHOOL DISTRICT NO. 44 (NORTH VANCOUVER)

NORTH VIEW COMMUNITY CENTER *p* 778
See CORPORATION OF THE CITY OF OSHAWA

NORTH WARD PUBLIC SCHOOL *p* 804
See GRAND ERIE DISTRICT SCHOOL BOARD

NORTH WELLINGTON CO-OPERATIVE SERVICES INC *p* 617
691 10th St, HANOVER, ON, N4N 1S1
(519) 364-4777   *SIC* 5191

NORTH WENTWORTH COMMUNITY CENTRE *p* 949
See CITY OF HAMILTON, THE

NORTH WEST CENTRAL SCHOOL *p* 1278
See SUN WEST SCHOOL DIVISION NO 207 SASKATCHEWAN

NORTH WEST COMPANY INC, THE *p* 438
81 Woodland Dr, HAY RIVER, NT, X0E 1G1
(867) 874-6545   *SIC* 5411

NORTH WEST COMPANY INC, THE *p* 481
Gd, ARVIAT, NU, X0C 0E0
(867) 857-2826   *SIC* 5311

NORTH WEST COMPANY LP, THE *p* 98
14097 Victoria Trail Nw, EDMONTON, AB, T5Y 2B6
(780) 472-7780   *SIC* 5411

NORTH WEST COMPANY LP, THE *p* 124
Gd, FOX LAKE, AB, T0H 1R0
(780) 659-3920   *SIC* 5411

NORTH WEST COMPANY LP, THE *p* 343
Gd, ASHERN, MB, R0C 0E0
(204) 768-3864   *SIC* 5411

NORTH WEST COMPANY LP, THE *p* 347
Gd, CROSS LAKE, MB, R0B 0J0
(204) 676-2371   *SIC* 5411

NORTH WEST COMPANY LP, THE *p* 349
Gd, GODS LAKE NARROWS, MB, R0B 0M0
(204) 335-2323   *SIC* 5411

NORTH WEST COMPANY LP, THE *p* 352
Gd, NORWAY HOUSE, MB, R0B 1B0
(204) 359-6258   *SIC* 5411

NORTH WEST COMPANY LP, THE *p* 353
General Store, OXFORD HOUSE, MB, R0B 1C0
(204) 538-2359   *SIC* 5411

NORTH WEST COMPANY LP, THE *p* 356
Gd, SPLIT LAKE, MB, R0B 1P0
(204) 342-2260   *SIC* 5411

NORTH WEST COMPANY LP, THE *p* 357
Po Box 230, ST THERESA POINT, MB, R0B 1J0
(204) 462-2012   *SIC* 5411

NORTH WEST COMPANY LP, THE *p* 357
Gd, STEVENSON ISLAND, MB, R0B 2H0
(204) 456-2333   *SIC* 5411

NORTH WEST COMPANY LP, THE *p* 366
2049 Dugald Rd, WINNIPEG, MB, R2J 0H3
(204) 943-7461   *SIC* 5411

NORTH WEST COMPANY LP, THE *p* 384
100 Murray Park Rd, WINNIPEG, MB, R3J 3Y6
(204) 832-3700   *SIC* 5411

NORTH WEST COMPANY LP, THE *p* 438
160 Mackenzie Rd, INUVIK, NT, X0E 0T0
(867) 777-2582   *SIC* 5411

NORTH WEST COMPANY LP, THE *p* 438
Gd, FORT SMITH, NT, X0E 0P0
(867) 897-8811   *SIC* 5411

NORTH WEST COMPANY LP, THE *p* 438
Gd, TUKTOYAKTUK, NT, X0E 1C0
(867) 977-2211   *SIC* 5411

NORTH WEST COMPANY LP, THE *p* 438
Gd, FORT SIMPSON, NT, X0E 0N0
(867) 695-2391   *SIC* 5411

NORTH WEST COMPANY LP, THE *p* 481
Gd, ARVIAT, NU, X0C 0E0
(867) 857-2826   *SIC* 5411

NORTH WEST COMPANY LP, THE *p* 481
Gd, CAMBRIDGE BAY, NU, X0B 0C0
(867) 983-2571   *SIC* 5399

NORTH WEST COMPANY LP, THE *p* 481
Gd, CAPE DORSET, NU, X0A 0C0
(867) 897-8811   *SIC* 5411

NORTH WEST COMPANY LP, THE *p* 481
Gd, GJOA HAVEN, NU, X0B 1J0
(867) 360-7261   *SIC* 5411

NORTH WEST COMPANY LP, THE *p* 481
Gd, KUGLUKTUK, NU, X0B 0E0
(867) 982-4171   *SIC* 5411

NORTH WEST COMPANY LP, THE *p* 568
Gd, DEER LAKE, ON, P0V 1N0
(807) 775-2351   *SIC* 5411

NORTH WEST COMPANY LP, THE *p* 627
Gd, KASHECHEWAN, ON, P0L 1S0
(705) 275-4574   *SIC* 5411

NORTH WEST COMPANY LP, THE *p* 723
1 Mookijunabeg Dr, MOOSE FACTORY, ON, P0L 1W0
(705) 658-4522   *SIC* 5411

NORTH WEST COMPANY LP, THE *p* 723
20 1st St, MOOSONEE, ON, P0L 1Y0
(705) 336-2280   *SIC* 5411

NORTH WEST COMPANY LP, THE *p* 815
Gd, PIKANGIKUM, ON, P0V 2L0
(807) 773-5913   *SIC* 5411

NORTH WEST COMPANY LP, THE *p* 826
Gd, SANDY LAKE, ON, P0V 1V0
(807) 774-4451   *SIC* 5411

NORTH WEST COMPANY LP, THE *p* 1016
Gd, CHISASIBI, QC, J0M 1E0
(819) 855-2810   *SIC* 5411

NORTH WEST COMPANY LP, THE *p* 1049
Gd, KUUJJUAQ, QC, J0M 1C0
(819) 964-2877   *SIC* 5411

NORTH WEST COMPANY LP, THE *p* 1261
120 Rue Waskaganish, WASKAGANISH, QC, J0M 1R0
(819) 895-8865   *SIC* 5411

NORTH WEST COMPANY LP, THE *p* 1270
Gd, ILE-A-LA-CROSSE, SK, S0M 1C0
(306) 833-2188   *SIC* 5411

NORTH WEST COMPANY LP, THE *p* 1271
2 Mission St, LA LOCHE, SK, S0M 1G0
(306) 822-2008   *SIC* 5411

NORTH WEST COMPANY LP, THE *p* 1287
2735 Avonhurst Dr, REGINA, SK, S4R 3J3
(306) 789-3155   *SIC* 5411

NORTH WEST CRANE ENTERPRISES LTD *p* 135
7015 Sparrow Dr, LEDUC, AB, T9E 7L1
(780) 980-2227   *SIC* 7389

NORTH WEST REDWATER PARTNERSHIP *p* 47
140 4 Ave Sw Suite 2800, CALGARY, AB, T2P 3N3
(403) 398-0900   *SIC* 2911

NORTH YORK EARLY CHILDHOOD *p* 755
See COMMUNITY LIVING TORONTO

NORTH YORK GENERAL HOSPITAL *p* 750
555 Finch Ave W Suite 262, NORTH YORK, ON, M2R 1N5
(416) 633-9420   *SIC* 8062

NORTH YORK MIRROR *p* 743
See METROLAND MEDIA GROUP LTD

NORTH-WEST TRANSPORT INC *p* 870
250 Wilson St, SUDBURY, ON, P3E 2S2
(705) 523-5618   *SIC* 4213

NORTH-WRIGHT AIRWAYS LTD *p* 438
2200, NORMAN WELLS, NT, X0E 0V0
(867) 587-2288   *SIC* 4724

NORTHAM BEVERAGES LTD *p* 220
965 Mcgill Pl, KAMLOOPS, BC, V2C 6N9
(250) 851-2543   *SIC* 2085

NORTHAMPTON INNS (OAKVILLE EAST) INC *p* 606
51 Keefer Crt, HAMILTON, ON, L8E 4W8
(905) 578-1212   *SIC* 7011

NORTHAMPTON INNS (OAKVILLE) INC *p* 770
754 Bronte Rd, OAKVILLE, ON, L6L 6R8
(905) 847-6667   *SIC* 7011

NORTHBRAE PUBLIC SCHOOL *p* 654
See THAMES VALLEY DISTRICT SCHOOL BOARD

NORTHBRIDGE COMMERCIAL INSURANCE CORPORATION *p* 81
10707 100 Ave, Fl 10, EDMONTON, AB, T5J 3M1
(780) 421-7890   *SIC* 6411

NORTHBRIDGE COMMERCIAL INSURANCE CORPORATION *p* 915
105 Adelaide St W, TORONTO, ON, M5H 1P9
(416) 350-4400   *SIC* 6331

NORTHBRIDGE FINANCIAL CORPORATION *p* 1112
1000 Rue De La Gauchetiere O, Montreal, QC, H3B 4W5
(514) 843-1111   *SIC* 6411

NORTHBRIDGE GENERAL INSURANCE CORPORATION *p* 915
105 Adelaide St W Suit 700, TORONTO, ON, M5H 1P9
(416) 350-4400   *SIC* 6331

NORTHBRIDGE INDEMNITY INSURANCE CORPORATION *p* 323
595 Burrard St Suite 1500, VANCOUVER, BC, V7X 1G4
(604) 683-5511   *SIC* 6411

NORTHBRIDGE PERSONAL INSURANCE CORPORATION *p* 323
555 Burrard St Suite 600, VANCOUVER, BC, V7X 1M8
(604) 683-0255   *SIC* 6331

NORTHBRIDGE PUBLIC SCHOOL *p* 653
See THAMES VALLEY DISTRICT SCHOOL BOARD

NORTHBURY HOTEL LIMITED *p* 870
50 Brady St, SUDBURY, ON, P3E 1C8
(705) 675-5602   *SIC* 7011

NORTHCAN SURVEYS LTD *p* 47
706 7 Ave Sw Suite 1070, CALGARY, AB, T2P 0Z1
(403) 266-1046   *SIC* 8713

NORTHCOTT CARE CENTRE *p* 151
See NORTHCOTT LODGE NURSING HOME LTD

NORTHCOTT LODGE NURSING HOME LTD *p* 151
4209 48 Ave, PONOKA, AB, T4J 1P4
(403) 783-4764   *SIC* 8051

NORTHCREST CARE CENTRE LTD *p* 209
6771 120 St, DELTA, BC, V4E 2A7
(604) 597-7878   *SIC* 8051

NORTHDALE ELEMENTARY SCHOOL *p* 978
See THAMES VALLEY DISTRICT SCHOOL BOARD

NORTHDOWN INDUSTRIES *p* 701
See NORMERICA INC

NORTHEAST CHILD AND FAMILY SERVICE AUTHORITY *p* 120
See GOVERNMENT OF THE PROVINCE OF ALBERTA

NORTHEAST COMMUNITY HEALTH CENTRE *p* 73
See ALBERTA HEALTH SERVICES

NORTHEAST MENTAL HEALTH CENTRE *p* 742
See NORTH BAY REGIONAL HEALTH CENTRE

NORTHEAST MENTAL HEALTH CENTRE *p* 870
See NORTH BAY REGIONAL HEALTH CENTRE

NORTHEASTERN CATHOLIC DISTRICT SCHOOL BOARD *p* 554
116 Lang St, COBALT, ON, P0J 1C0
(705) 679-5575   *SIC* 8211

NORTHEASTERN CATHOLIC DISTRICT SCHOOL BOARD *p* 555
75 6th St, COCHRANE, ON, P0L 1C0
(705) 272-4707   *SIC* 8211

NORTHEASTERN CATHOLIC DISTRICT SCHOOL BOARD *p* 622
200 Church St, IROQUOIS FALLS, ON, P0K 1E0
(705) 232-5355   *SIC* 8211

NORTHEASTERN CATHOLIC DISTRICT SCHOOL BOARD *p* 626
6 Cedar St, KAPUSKASING, ON, P5N 2A8
(705) 335-3241   *SIC* 8211

NORTHEASTERN CATHOLIC DISTRICT SCHOOL BOARD *p* 636
128 Woods St, KIRKLAND LAKE, ON, P2N 2S4
(705) 567-5800   *SIC* 8211

NORTHEASTERN CATHOLIC DISTRICT SCHOOL BOARD *p* 636
63 Churchill Dr, KIRKLAND LAKE, ON, P2N 1T8
(705) 567-7444   *SIC* 8211

NORTHEASTERN CATHOLIC DISTRICT SCHOOL BOARD *p* 723
24 Bay Rd, MOOSONEE, ON, P0L 1Y0
(705) 336-2619   *SIC* 8211

NORTHEASTERN CATHOLIC DISTRICT SCHOOL BOARD *p* 731
245 Shepherdson Rd, NEW LISKEARD, ON, P0J 1P0
(705) 647-4301   *SIC* 8211

NORTHEASTERN CATHOLIC DISTRICT SCHOOL BOARD *p* 884
401 Cedar St S, TIMMINS, ON, P4N 2H7
(705) 264-5869   *SIC* 8211

NORTHEASTERN CATHOLIC DISTRICT SCHOOL BOARD *p* 884
490 Maclean Dr, TIMMINS, ON, P4N 4W6
(705) 264-6555   *SIC* 8211

NORTHEASTERN CATHOLIC DISTRICT SCHOOL BOARD *p* 884
387 Balsam St N, TIMMINS, ON, P4N 6H5
(705) 264-5620   *SIC* 8211

NORTHEASTERN CATHOLIC DISTRICT SCHOOL BOARD *p* 884
150 George Ave, TIMMINS, ON, P4N 4M1
(705) 268-4501   *SIC* 8211

NORTHEASTERN ELEMENTARY SCHOOL *p* 591
See RAINBOW DISTRICT SCHOOL BOARD

NORTHEASTERN INVESTIGATIONS INCORPORATED p 452
202 Brownlow Ave Suite 1, DARTMOUTH, NS, B3B 1T5
(902) 435-1336   SIC 7381

NORTHEASTERN PROTECTION SERVICE p 452
See NORTHEASTERN INVESTIGATIONS INCORPORATED

NORTHEND WATER POLLUTION CONTROL CENTER p 370
See CITY OF WINNIPEG, THE

NORTHERN p 481
See NORTH WEST COMPANY LP, THE

NORTHERN ADDICTION CENTRE p 125
See ALBERTA HEALTH SERVICES

NORTHERN AIRBORNE TECHNOLOGY LTD p 226
1925 Kirschner Rd Suite 14, KELOWNA, BC, V1Y 4N7
(250) 763-2232   SIC 3663

NORTHERN ALBERTA DIVISION p 87
See CANADIAN CORPS OF COMMISSIONAIRES (NORTHERN ALBERTA)

NORTHERN ALBERTA INSTITUTE OF TECHNOLOGY p 76
11311 120 St Nw Suite 131, EDMONTON, AB, T5G 2Y1
SIC 8222

NORTHERN ALBERTA INSTITUTE OF TECHNOLOGY p 76
10504 Princess Elizabeth Ave Nw, EDMONTON, AB, T5G 3K4
(780) 378-5060   SIC 8222

NORTHERN ALBERTA INSTITUTE OF TECHNOLOGY p 96
12204 149 St Nw, EDMONTON, AB, T5V 1A2
(780) 378-7200   SIC 8222

NORTHERN ALBERTA INSTITUTE OF TECHNOLOGY p 150
8106 99 Ave, PEACE RIVER, AB, T8S 1V9
(780) 618-2600   SIC 8221

NORTHERN APPLE RESTAURANTS INC p 156
5250 22 St Suite 50, RED DEER, AB, T4R 2T4
SIC 5812

NORTHERN AUTO AUCTIONS OF CANADA INC p 622
3230 Thomas St, INNISFIL, ON, L9S 3W5
(705) 436-4111   SIC 7389

NORTHERN BLOWER INC p 362
901 Regent Ave W, WINNIPEG, MB, R2C 2Z8
(204) 222-4216   SIC 5084

NORTHERN CABLES INC p 531
1245 California Ave, BROCKVILLE, ON, K6V 7N5
(613) 345-2083   SIC 3357

NORTHERN CABLEVISION LTD p 127
9823 116 Ave, GRANDE PRAIRIE, AB, T8V 4B4
(780) 532-4949   SIC 4841

NORTHERN CALL SOLUTIONS p 557
See 1353042 ONTARIO LIMITED

NORTHERN CANADA EVANGELICAL MISSION, INC p 396
622 Cox Point Rd, CUMBERLAND BAY, NB, E4A 2Y4
(506) 479-5811   SIC 8661

NORTHERN CANADA EVANGELICAL MISSION, INC p 1279
Lot 6 Block 6 Nw Section 10 Range 17 W Of 2nd, PRINCE ALBERT, SK, S6V 7V4
(306) 764-3388   SIC 8661

NORTHERN CARTAGE LTD p 268
18111 Blundell Rd, RICHMOND, BC, V6W 1L8
SIC 4212

NORTHERN CASKET (1976) LIMITED p 647
165 St Peter St, LINDSAY, ON, K9V 4S3
(705) 324-6164   SIC 3995

NORTHERN COLLEGE OF APPLIED ARTS & TECHNOLOGY p 605
640 Latford St, HAILEYBURY, ON, P0J 1K0
(705) 672-3376   SIC 8221

NORTHERN COLLEGE OF APPLIED ARTS & TECHNOLOGY p 636
140 Government Rd W, KIRKLAND LAKE, ON, P2N 2E9
(705) 567-9291   SIC 8221

NORTHERN COLLEGIATE INSTITUTE & VOCATIONAL SCHOOL p 827
See LAMBTON KENT DISTRICT SCHOOL BOARD

NORTHERN COMFORT WINDOWS & DOORS LTD p 498
556 Bryne Dr Unit 7, Barrie, ON, L4N 9P6
(705) 733-9600   SIC 5211

NORTHERN CREDIT UNION LIMITED p 881
111 Frederica St W, THUNDER BAY, ON, P7E 3V8
(807) 475-5817   SIC 6062

NORTHERN DEVELOPMENT AND MINES p 870
See GOVERNMENT OF ONTARIO

NORTHERN DIGITAL INC p 954
103 Randall Dr, WATERLOO, ON, N2V 1C5
(519) 884-5142   SIC 3841

NORTHERN ELECTRIC CANADA LTD p 57
2850 107 Ave Se Suite 103, CALGARY, AB, T2Z 3R7
SIC 1731

NORTHERN ETHANOL (SARNIA) INC p 899
225 Merton St Unit 320, TORONTO, ON, M4S 3H1
(416) 917-4672   SIC 1321

NORTHERN EXPERIENCE p 531
See NORTHERN REFLECTIONS LTD

NORTHERN FIBRE TERMINAL INCORPORATED p 459
1869 Upper Water St, HALIFAX, NS, B3J 1S9
(902) 422-3030   SIC 2611

NORTHERN FINANCIAL CORPORATION p 915
145 King St W Suite 2020, TORONTO, ON, M5H 1J8
SIC 6211

NORTHERN GATEWAY REGIONAL DIVISION #10 p 3
Gd, ALBERTA BEACH, AB, T0E 0A0
(780) 924-3758   SIC 8211

NORTHERN GATEWAY REGIONAL DIVISION #10 p 124
501 8th St, FOX CREEK, AB, T0H 1P0
(780) 622-2234   SIC 8211

NORTHERN GATEWAY REGIONAL DIVISION #10 p 129
3202 Township Rd 564 Hwy 33, GUNN, AB, T0E 1A0
(780) 967-5754   SIC 8211

NORTHERN GATEWAY REGIONAL DIVISION #10 p 142
4215 Geinger Ave, MAYERTHORPE, AB, T0E 1N0
(780) 786-2268   SIC 8211

NORTHERN GATEWAY REGIONAL DIVISION #10 p 143
5310 50th Ave, MAYERTHORPE, AB, T0E 1N0
(780) 786-2624   SIC 8211

NORTHERN GATEWAY REGIONAL DIVISION #10 p 149
4704 Lac Ste Anne Trail N, ONOWAY, AB, T0E 1V0
(780) 967-2271   SIC 8211

NORTHERN GATEWAY REGIONAL DIVISION #10 p 149
5108 Lac Ste-Anne Trail, ONOWAY, AB, T0E 1V0
(780) 967-5209   SIC 8211

NORTHERN GATEWAY REGIONAL DIVISION #10 p 171
4701 52 Ave, VALLEYVIEW, AB, T0H 3N0
(780) 524-3277   SIC 8211

NORTHERN GATEWAY REGIONAL DIVISION #10 p 171
5013 48 St, VALLEYVIEW, AB, T0H 3N0
(780) 524-3433   SIC 8211

NORTHERN GATEWAY REGIONAL DIVISION #10 p 171
5102 49 St, VALLEYVIEW, AB, T0H 3N0
(780) 524-3833   SIC 4151

NORTHERN GATEWAY REGIONAL DIVISION #10 p 171
5201 48 St, VALLEYVIEW, AB, T0H 3N0
(780) 524-3144   SIC 8211

NORTHERN GATEWAY REGIONAL DIVISION #10 p 175
35 Feero Dr, WHITECOURT, AB, T7S 1M8
(780) 778-6266   SIC 8211

NORTHERN GATEWAY REGIONAL DIVISION #10 p 175
4807 53 Ave, WHITECOURT, AB, T7S 1N2
(780) 778-2136   SIC 8211

NORTHERN GATEWAY REGIONAL DIVISION #10 p 175
71 Sunset Blvd, WHITECOURT, AB, T7S 1N1
(780) 778-2446   SIC 8211

NORTHERN GATEWAY REGIONAL DIVISION #10 p 175
1 Mink Creek Rd, WHITECOURT, AB, T7S 1S2
(780) 778-3898   SIC 8211

NORTHERN HARDWARE & FURNITURE CO., LTD p 259
1386 3rd Ave, PRINCE GEORGE, BC, V2L 3E9
(250) 563-7161   SIC 5251

NORTHERN HEALTH AUTHORITY p 194
741 Ctr St, BURNS LAKE, BC, V0J 1E0
(250) 692-2400   SIC 6324

NORTHERN HEALTH AUTHORITY p 214
600 Stuart Dr E, FORT ST. JAMES, BC, V0J 1P0
(250) 996-8201   SIC 8062

NORTHERN HEALTH AUTHORITY p 228
920 Lahakas Blvd S, KITIMAT, BC, V8C 2S3
(250) 632-2121   SIC 8062

NORTHERN HEALTH AUTHORITY p 235
45 Centennial, MACKENZIE, BC, V0J 2C0
(250) 997-3263   SIC 8051

NORTHERN HEALTH AUTHORITY p 260
1000 Liard Dr, PRINCE GEORGE, BC, V2M 3Z3
(250) 649-7293   SIC 8361

NORTHERN HEALTH AUTHORITY p 263
1305 Summit Ave, PRINCE RUPERT, BC, V8J 2A6
(250) 624-2171   SIC 8062

NORTHERN HEALTH AUTHORITY p 263
3211 Third Ave, QUEEN CHARLOTTE, BC, V0T 1S1
(250) 559-4300   SIC 8062

NORTHERN HEALTH AUTHORITY p 264
543 Front St, QUESNEL, BC, V2J 2K7
(250) 985-5600   SIC 8062

NORTHERN HEIGHTS PUBLIC SCHOOL p 831
See ALGOMA DISTRICT SCHOOL BOARD

NORTHERN INDUSTRIAL CARRIERS LTD p 101
7823 34 St Nw, EDMONTON, AB, T6B 2V5
(780) 465-0341   SIC 4213

NORTHERN INDUSTRIAL CONSTRUCTION GROUP INC p 262
1416 Santa Fe Rd, PRINCE GEORGE, BC, V2N 5T5
(250) 562-6660   SIC 1541

NORTHERN INDUSTRIAL INSULATION CONTRACTORS INC p 92
18910 111 Ave Nw, EDMONTON, AB, T5S 0B6
(780) 483-1850   SIC 1799

NORTHERN LAKES COLLEGE p 129
64 Mission St, GROUARD, AB, T0G 1C0
(780) 751-3200   SIC 8222

NORTHERN LAKES COLLEGE p 143
107 1st St E, MCLENNAN, AB, T0H 2L0
(780) 324-3737   SIC 8222

NORTHERN LEAGUE IN EDMONTON, THE p 83
10233 96 Ave Nw, EDMONTON, AB, T5K 0A5
(780) 423-2255   SIC 7941

NORTHERN LIGHTS CASINO p 1280
See SASKATCHEWAN INDIAN GAMING AUTHORITY INC

NORTHERN LIGHTS COLLEGE p 215
9820 120 Ave, FORT ST. JOHN, BC, V1J 6K1
(250) 785-6981   SIC 8222

NORTHERN LIGHTS PUBLIC SCHOOL p 492
See YORK REGION DISTRICT SCHOOL BOARD

NORTHERN LIGHTS SCHOOL DIVISION 113 p 1264
Petersen St, BEAUVAL, SK, S0M 0G0
(306) 288-2022   SIC 8211

NORTHERN LIGHTS SCHOOL DIVISION 113 p 1265
1345 Davies St, BUFFALO NARROWS, SK, S0M 0J0
SIC 8211

NORTHERN LIGHTS SCHOOL DIVISION 113 p 1267
Gd, CUMBERLAND HOUSE, SK, S0E 0S0
(306) 888-2181   SIC 8211

NORTHERN LIGHTS SCHOOL DIVISION 113 p 1269
107 North St, GREEN LAKE, SK, S0M 1B0
(306) 832-2081   SIC 8211

NORTHERN LIGHTS SCHOOL DIVISION 113 p 1271
Gd, LA LOCHE, SK, S0M 1G0
(306) 822-2024   SIC 8211

NORTHERN LIGHTS SCHOOL DIVISION 113 p 1271
108 Finlayson St, LA RONGE, SK, S0J 1L0
(306) 425-2997   SIC 8211

NORTHERN LIGHTS SCHOOL DIVISION 113 p 1272
1201 School Ave, LA RONGE, SK, S0J 1L0
(306) 425-2255   SIC 8211

NORTHERN LIGHTS SCHOOL DIVISION 113 p 1272
600 Boardman St, LA RONGE, SK, S0J 1L0
(306) 425-2226   SIC 8211

NORTHERN LIGHTS SCHOOL DIVISION 113 p 1278
Pinehouse Ave, PINEHOUSE LAKE, SK, S0J 2B0
(306) 884-4888   SIC 8211

NORTHERN LIGHTS SCHOOL DIVISION 113 p 1291
1 Hill St, SANDY BAY, SK, S0P 0G0
(306) 754-2139   SIC 8211

NORTHERN LIGHTS SCHOOL DIVISION NO. 69 p 3
4801 48th St, ARDMORE, AB, T0A 0B0
(780) 826-5144   SIC 8211

NORTHERN LIGHTS SCHOOL DIVISION NO. 69 p 7
4801 52 Ave, BONNYVILLE, AB, T9N 2R4
(780) 826-3992   SIC 8211

NORTHERN LIGHTS SCHOOL DIVISION NO. 69 p 7
4908 49th Ave, BONNYVILLE, AB, T9N 2J7
(780) 826-3366   SIC 8211

NORTHERN LIGHTS SCHOOL DIVISION NO. 69 p 7
4313 39 St, BONNYVILLE, AB, T9N 2R1
(780) 826-3323   SIC 8211

NORTHERN LIGHTS SCHOOL DIVISION NO. 69 p 7
4313 39 St, BONNYVILLE, AB, T9N 2R1
(780) 826-3322   SIC 8211

NORTHERN LIGHTS SCHOOL DIVISION NO. 69 p 67
Gd, CASLAN, AB, T0A 0R0
(780) 689-2118   SIC 8211

NORTHERN LIGHTS SCHOOL DIVISION NO. 69 p 70
803 16 Ave, COLD LAKE, AB, T9M 1M2
(780) 639-3107   SIC 8211

NORTHERN LIGHTS SCHOOL DIVISION NO. 69 p 70
Gd, COLD LAKE, AB, T9M 2C1
SIC 8211

NORTHERN LIGHTS SCHOOL DIVISION NO. 69 p 70
5533 48 Ave, COLD LAKE, AB, T9M 1V7
(780) 594-5623   SIC 8211

NORTHERN LIGHTS SCHOOL DIVISION NO. 69 p 70
5104 56 St, COLD LAKE, AB, T9M 1R2
(780) 594-3832   SIC 8211

NORTHERN LIGHTS SCHOOL DIVISION NO. 69 p 70
2035 5 Ave, COLD LAKE, AB, T9M 1G7
(780) 639-3388   SIC 8211

NORTHERN LIGHTS SCHOOL DIVISION NO. 69 p 124
20 1st St Nw, GLENDON, AB, T0A 1P0
(780) 635-3881   SIC 8211

NORTHERN LIGHTS SCHOOL DIVISION NO. 69 p 133
Gd, KIKINO, AB, T0A 2B0
(780) 623-3153   SIC 8211

NORTHERN LIGHTS SCHOOL DIVISION NO. 69 p 133
10140 104 St, LAC LA BICHE, AB, T0A 2C0
(780) 623-4129   SIC 8211

NORTHERN LIGHTS SCHOOL DIVISION NO. 69 p 133
90108 103 St, LAC LA BICHE, AB, T0A 2C0
(780) 623-4271   SIC 8211

NORTHERN LIGHTS SCHOOL DIVISION NO. 69 p 134
9912 103 St, LAC LA BICHE, AB, T0A 2C0
(780) 623-4672   SIC 8211

NORTHERN LIGHTS SCHOOL DIVISION NO. 69 p 134
103109 102 Ave, LAC LA BICHE, AB, T0A 2C0
(780) 623-2075   SIC 8211

NORTHERN LIGHTS SCHOOL DIVISION NO. 69 p 151
9814 100 St, PLAMONDON, AB, T0A 2T0
(780) 798-3840   SIC 8211

NORTHERN LINEN & UNIFORM SUPPLY p 258
See NORTHERN LINEN SUPPLY LTD

NORTHERN LINEN SUPPLY LTD p 258
3902 Kenworth Rd E, PRINCE GEORGE, BC, V2K 1P2
(250) 962-6900   SIC 7216

NORTHERN METALIC SALES (G.P.) LTD p 127
9708 108 St, GRANDE PRAIRIE, AB, T8V 4E2
(780) 539-9555   SIC 5251

NORTHERN MICRO INC p 1162
3107 Av Des Hotels Bureau 2, Quebec, QC, G1W 4W5
(418) 654-1733   SIC 5734

NORTHERN MOTOR INN LTD p 291
3086 16 Hwy E, THORNHILL, BC, V8G 3N5
(250) 635-6375   SIC 7011

NORTHERN NISHNAWBE EDUCATION COUNCIL p 849
74 Front St, SIOUX LOOKOUT, ON, P8T 1B7
(807) 737-1488   SIC 8211

NORTHERN NISHNAWBE EDUCATION COUNCIL p 849
650 Pelican Falls Rd, SIOUX LOOKOUT, ON, P8T 0A7
(807) 737-1110   SIC 8211

NORTHERN ONTARIO SCHOOL OF MEDICINE p 871
935 Ramsey Lake Rd, SUDBURY, ON, P3E 2C6
(705) 675-4883   SIC 8221

NORTHERN PROPERTY REIT p 121
See NORTHVIEW APARTMENT REAL ESTATE INVESTMENT TRUST

NORTHERN PROPERTY REIT p 481
See NORTHVIEW APARTMENT REAL ESTATE INVESTMENT TRUST

NORTHERN REFLECTIONS LTD p 368
1225 St Mary's Rd Suite 32, WINNIPEG, MB, R2M 5E5
(204) 255-5025   SIC 5621

NORTHERN REFLECTIONS LTD p 531
2399 Parkedale Ave, BROCKVILLE, ON, K6V 3G9
(613) 345-0166   SIC 5621

NORTHERN REFLECTIONS LTD p 579
21 Four Seasons Pl Suite 200, ETOBICOKE, ON, M9B 6J8
(416) 626-2500   SIC 5621

NORTHERN REFLECTIONS LTD p 663
785 Wonderland Rd S Unit J15, LONDON, ON, N6K 1M6
(519) 472-3848   SIC 5621

NORTHERN REFLECTIONS LTD p 682
55 Ontario St S Unit 1, MILTON, ON, L9T 2M3
(905) 875-0522   SIC 5621

NORTHERN REFLECTIONS LTD p 738
7555 Montrose Rd, NIAGARA FALLS, ON, L2H 2E9
(905) 374-6531   SIC 5621

NORTHERN REFLECTIONS LTD p 805
70 Joseph St Unit 301, PARRY SOUND, ON, P2A 2G5
(705) 746-4248   SIC 5621

NORTHERN REFLECTIONS LTD p 939
2198 Bloor St W, TORONTO, ON, M6S 1N4
(416) 769-8378   SIC 5621

NORTHERN REFLECTIONS LTD p 963
7654 Tecumseh Rd E, WINDSOR, ON, N8T 1E9
(519) 974-8067   SIC 5621

NORTHERN REGIONAL HEALTH AUTHORITY p 348
50 Church St, FLIN FLON, MB, R8A 1K5
(204) 687-7591   SIC 8062

NORTHERN REGIONAL HEALTH AUTHORITY p 351
640 Camp Street, LYNN LAKE, MB, R0B 0W0
(204) 356-2474   SIC 8062

NORTHERN REGIONAL HEALTH AUTHORITY p 359
50 Selkirk Ave, THOMPSON, MB, R8N 0M7
(204) 677-1777   SIC 8093

NORTHERN RESPONSE (INTERNATIONAL) LTD p 821
50 Staples Ave, RICHMOND HILL, ON, L4B 0A7
(905) 737-6698   SIC 5963

NORTHERN SECONDARY SCHOOL p 898
See TORONTO DISTRICT SCHOOL BOARD

NORTHERN SECURITIES INC p 308
400 Burrard St Suite 1110, VANCOUVER, BC, V6C 3A6
SIC 6211

NORTHERN SECURITIES INC p 915
145 King St W Suite 2020, TORONTO, ON, M5H 1J8
SIC 6211

NORTHERN SHRIMP COMPANY LTD p 428
Gd, JACKSONS ARM, NL, A0K 3H0
SIC 2092

NORTHERN STAR p 124
See NORTH WEST COMPANY LP, THE

NORTHERN STAR p 731
See CANADIAN MENTAL HEALTH ASSOCIATION-COCHRANE-TIMISKAMING BRANCH

NORTHERN STEEL LTD p 262
9588 Milwaukee Way, PRINCE GEORGE, BC, V2N 5T3
(250) 561-1121   SIC 3443

NORTHERN STORE p 438
See NORTH WEST COMPANY LP, THE

NORTHERN STORE p 481
See NORTH WEST COMPANY INC, THE

NORTHERN STORE p 481
See NORTH WEST COMPANY LP, THE

NORTHERN STORE p 627
See NORTH WEST COMPANY LP, THE

NORTHERN STORE, THE p 357
See NORTH WEST COMPANY LP, THE

NORTHERN STORES p 347
See NORTH WEST COMPANY LP, THE

NORTHERN STORES p 349
See NORTH WEST COMPANY LP, THE

NORTHERN STORES p 352
See NORTH WEST COMPANY LP, THE

NORTHERN STORES p 353
See NORTH WEST COMPANY LP, THE

NORTHERN STORES p 357
See NORTH WEST COMPANY LP, THE

NORTHERN STORES p 438
See NORTH WEST COMPANY LP, THE

NORTHERN STORES p 723
See NORTH WEST COMPANY LP, THE

NORTHERN STORES p 1049
See NORTH WEST COMPANY LP, THE

NORTHERN STORES p 1261
See NORTH WEST COMPANY LP, THE

NORTHERN STORES p 1270
See NORTH WEST COMPANY LP, THE

NORTHERN STORES, THE p 1271
See NORTH WEST COMPANY LP, THE

NORTHERN TAXI SUPPLY p 498
37 Saunders Rd, BARRIE, ON, L4N 9A7
(705) 739-7104   SIC 4121

NORTHERN THUNDERBIRD AIR INC p 273
5360 Airport Rd S, RICHMOND, BC, V7B 1B4
(604) 232-9211   SIC 4581

NORTHERN TRAFFIC SERVICE p 281
See CANADIAN UTILITY CONSTRUCTION CORP

NORTHERNTEL LIMITED PARTNERSHIP p 884
850 Birch St S, TIMMINS, ON, P4N 7J4
(705) 360-8555   SIC 4813

NORTHFIELD GLASS GROUP LTD p 407
230 High St, MONCTON, NB, E1C 6C2
SIC 3231

NORTHFIELD GLASS GROUP LTD p 452
75 Macdonald Ave Unit 2, DARTMOUTH, NS, B3B 1T8
(902) 468-1977   SIC 1751

NORTHGATE CONTRACTORS INC p 151
41 Home Rd, RAINBOW LAKE, AB, T0H 2Y0
(780) 448-9222   SIC 6531

NORTHGATE INDUSTRIES LTD p 1055
187 Rue Richer, LACHINE, QC, H8R 1R4
(514) 482-0696   SIC 2452

NORTHGATE MINERALS CORPORATION p 908
110 Yonge St Suite 1601, TORONTO, ON, M5C 1T4
SIC 1021

NORTHGATE SAFEWAY p 76
See SOBEYS WEST INC

NORTHGATE SAFEWAY p 128
See SOBEYS WEST INC

NORTHGATE SHOPPING CENTRE p 742
See MORGUARD INVESTMENTS LIMITED

NORTHGATEARINSO CANADA INC p 915
121 King St W Suite 2220, TORONTO, ON, M5H 3T9
(416) 622-9559   SIC 7372

NORTHLAKE WOODS PUBLIC SCHOOL p 954
See WATERLOO REGION DISTRICT SCHOOL BOARD

NORTHLAND CHRYSLER INC p 1274
802 1st Ave W, MEADOW LAKE, SK, S9X 1Z6
(306) 236-4411   SIC 5511

NORTHLAND HYUNDAI p 259
See AUTOCANADA NORTHLAND MOTORS GP INC

NORTHLAND PARK p 74
See EDMONTON NORTHLANDS

NORTHLAND POWER INC p 636
505 Archers Dr, KIRKLAND LAKE, ON, P2N 3M7
(705) 567-9501   SIC 4911

NORTHLAND POWER SOLAR FINANCE ONE LP p 900
30 St Clair Ave W, TORONTO, ON, M4V 3A1
(416) 962-6262   SIC 4911

NORTHLAND PROPERTIES CORPORATION p 33
8001 11 St Se, CALGARY, AB, T2H 0B8
(403) 252-7263   SIC 7011

NORTHLAND PROPERTIES CORPORATION p 47
888 7 Ave Sw, CALGARY, AB, T2P 3J3
(403) 237-8626   SIC 7011

NORTHLAND PROPERTIES CORPORATION p 139
421 Mayor Magrath Dr S, LETHBRIDGE, AB, T1J 3L8
(403) 320-8055   SIC 7011

NORTHLAND PROPERTIES CORPORATION p 156
2818 50 Ave, RED DEER, AB, T4R 1M4
(403) 343-7400   SIC 7011

NORTHLAND PROPERTIES CORPORATION p 195
1944 Columbia Ave, CASTLEGAR, BC, V1N 2W7
(250) 365-8444   SIC 7011

NORTHLAND PROPERTIES CORPORATION p 226
2130 Harvey Ave, KELOWNA, BC, V1Y 6G8
(250) 860-6409   SIC 7011

NORTHLAND PROPERTIES CORPORATION p 237
1051 Frontage St Se, MCBRIDE, BC, V0J 2E0
(250) 569-2285   SIC 7011

NORTHLAND PROPERTIES CORPORATION p 260
1650 Central St E, PRINCE GEORGE, BC, V2M 3C2
(250) 563-8131   SIC 7011

NORTHLAND PROPERTIES CORPORATION p 265
1901 Laforme Blvd, REVELSTOKE, BC, V0E 2S0
(250) 837-5271   SIC 7011

NORTHLAND PROPERTIES CORPORATION *p* 270
10251 St. Edwards Dr, RICHMOND, BC, V6X 2M9
(604) 278-9611 *SIC* 7011

NORTHLAND PROPERTIES CORPORATION *p* 305
180 Georgia St W, VANCOUVER, BC, V6B 4P4
(604) 681-2211 *SIC* 7011

NORTHLAND PROPERTIES CORPORATION *p* 312
1160 Davie St, VANCOUVER, BC, V6E 1N1
(604) 681-7263 *SIC* 7011

NORTHLAND PROPERTIES CORPORATION *p* 316
1755 Broadway W Suite 310, VANCOUVER, BC, V6J 4S5
(604) 730-6610 *SIC* 7011

NORTHLAND PROPERTIES CORPORATION *p* 329
2852 Douglas St, VICTORIA, BC, V8T 4M5
(250) 388-0788 *SIC* 7011

NORTHLAND PROPERTIES CORPORATION *p* 586
55 Reading Crt, ETOBICOKE, ON, M9W 7K7
(416) 798-8840 *SIC* 7011

NORTHLAND PROPERTIES CORPORATION *p* 1071
999 Rue De Serigny, LONGUEUIL, QC, J4K 2T1
(450) 670-3030 *SIC* 7011

NORTHLAND PROPERTIES CORPORATION *p* 1283
1800 E Victoria Ave Suite A, REGINA, SK, S4N 7K3
(306) 757-2444 *SIC* 7011

NORTHLAND PROPERTIES CORPORATION *p* 1300
310 Circle Dr W, SASKATOON, SK, S7L 0Y5
(306) 477-4844 *SIC* 7011

NORTHLAND SCHOOL DIVISION 61 *p* 9
Gd, CADOTTE LAKE, AB, T0H 0N0
(780) 629-3950 *SIC* 8211

NORTHLAND SCHOOL DIVISION 61 *p* 65
Gd, CALLING LAKE, AB, T0G 0K0
(780) 331-3774 *SIC* 8211

NORTHLAND SCHOOL DIVISION 61 *p* 125
Gd, GRANDE CACHE, AB, T0E 0Y0
(780) 827-3919 *SIC* 8211

NORTHLAND SCHOOL DIVISION 61 *p* 129
4th Ave Ne, GROUARD, AB, T0G 1C0
(780) 751-3772 *SIC* 8211

NORTHLAND SCHOOL DIVISION 61 *p* 130
Gd, HIGH PRAIRIE, AB, T0G 1E0
(780) 523-2216 *SIC* 8211

NORTHLAND SCHOOL DIVISION 61 *p* 149
Gd, PADDLE PRAIRIE, AB, T0H 2W0
(780) 981-2124 *SIC* 8211

NORTHLAND SCHOOL DIVISION 61 *p* 150
Gd, PEERLESS LAKE, AB, T0G 2W0
(780) 869-3832 *SIC* 8211

NORTHLAND SCHOOL DIVISION 61 *p* 173
750 Mistassiniy Lane, WABASCA, AB, T0G 0T0
(780) 891-3949 *SIC* 8211

NORTHLAND SCHOOL DIVISION 61 *p* 173
2753 Neewatim Dr, WABASCA, AB, T0G 2K0
(780) 891-3833 *SIC* 8211

NORTHLANDS COLLEGE *p* 1272
207 Boardman St, LA RONGE, SK, S0J 1L0
(306) 425-4353 *SIC* 8221

NORTHLANDS SPECTRUM *p* 74
See EDMONTON NORTHLANDS

NORTHLEA ELEMENTARY & MIDDLE SCHOOL *p* 893
See TORONTO DISTRICT SCHOOL BOARD

NORTHMED SAFETY SERVICES *p* 125
See 1073946 ALBERTA LTD

NORTHPEAK *p* 1096
See SCANIA INTERNATIONAL INC

NORTHRIDGE ELEMENTARY SCHOOL *p* 333
See BOARD OF EDUCATION OF SCHOOL DISTRICT NO. 61 (GREATER VICTORIA)

NORTHRIDGE LONGTERM CARE CENTER *p* 766
496 Postridge Dr, OAKVILLE, ON, L6H 7A2
(905) 257-9882 *SIC* 8059

NORTHROP FRYE HALL *p* 927
See VICTORIA UNIVERSITY

NORTHSIDE HOMEMAKER SERVICE SOCIETY *p* 476
735 Main St, SYDNEY MINES, NS, B1V 2L3
(902) 736-2701 *SIC* 8322

NORTHSTAR AEROSPACE (CANADA) *p* 961
See HELIGEAR CANADA ACQUISITION CORPORATION

NORTHSTAR HOSPITALITY LIMITED PARTNERSHIP *p* 915
145 Richmond St W Suite 212, TORONTO, ON, M5H 2L2
(416) 869-3456 *SIC* 7011

NORTHTHUMBERLAND REGIONAL HIGH SCHOOL *p* 479
See CHIGNECTO CENTRAL REGIONAL SCHOOL BOARD

NORTHUMBERLAND COOPERATIVE LIMITED *p* 407
1 Foundry St, MONCTON, NB, E1C 0L1
(506) 858-8900 *SIC* 5143

NORTHUMBERLAND NEWS *p* 555
See METROLAND MEDIA GROUP LTD

NORTHVIEW APARTMENT REAL ESTATE INVESTMENT TRUST *p* 121
117 Stroud Bay Suite 118, FORT MCMURRAY, AB, T9H 4Y8
(780) 790-0806 *SIC* 6531

NORTHVIEW APARTMENT REAL ESTATE INVESTMENT TRUST *p* 481
1089 Airport Rd, IQALUIT, NU, X0A 0H0
(867) 979-3537 *SIC* 6531

NORTHVIEW ELEMENTARY SCHOOL *p* 1142
See LESTER B. PEARSON SCHOOL BOARD

NORTHVIEW HEIGHTS SS *p* 751
See TORONTO DISTRICT SCHOOL BOARD

NORTHWATER *p* 920
See NORTHWATER CAPITAL MANAGEMENT INC

NORTHWATER CAPITAL MANAGEMENT INC *p* 920
181 Bay St Suite 4700, TORONTO, ON, M5J 2T3
(416) 360-5435 *SIC* 6722

NORTHWEAR *p* 564
See CLARKE PHILLIPS SUPPLY COMPANY LIMITED

NORTHWEST CATHOLIC DISTRICT SCHOOL BOARD, THE *p* 490
160 Hemlock Ave, ATIKOKAN, ON, P0T 1C1
(807) 597-2633 *SIC* 8211

NORTHWEST CATHOLIC DISTRICT SCHOOL BOARD, THE *p* 570
185 Parkdale Rd, DRYDEN, ON, P8N 1S5
(807) 223-5227 *SIC* 8211

NORTHWEST CATHOLIC DISTRICT SCHOOL BOARD, THE *p* 590
675 Flinders Ave, FORT FRANCES, ON, P9A 3L2
(807) 274-7756 *SIC* 8211

NORTHWEST CATHOLIC DISTRICT SCHOOL BOARD, THE *p* 590
820 Fifth St E, FORT FRANCES, ON, P9A 1V4
(807) 274-9232 *SIC* 8211

NORTHWEST CATHOLIC DISTRICT SCHOOL BOARD, THE *p* 849
41 Eighth Ave, SIOUX LOOKOUT, ON, P8T 1B7
(807) 737-1121 *SIC* 8211

NORTHWEST COMMUNITY COLLEGE *p* 263
353 5th St, PRINCE RUPERT, BC, V8J 3L6
(250) 624-6054 *SIC* 8221

NORTHWEST COMMUNITY COLLEGE *p* 278
3966 2 Ave, SMITHERS, BC, V0J 2N0
(250) 847-4461 *SIC* 8249

NORTHWEST FOOD SERVICES LTD *p* 1287
368 N Mccarthy Blvd, REGINA, SK, S4R 7M2
(306) 522-7918 *SIC* 5812

NORTHWEST HEALTH CENTRE *p* 61
See ALBERTA HEALTH SERVICES

NORTHWEST HYDRAULIC CONSULTANTS LTD *p* 117
9819 12 Ave Sw, EDMONTON, AB, T6X 0E3
(780) 436-5868 *SIC* 8711

NORTHWEST HYDRAULIC CONSULTANTS LTD *p* 248
30 Gostick Pl, NORTH VANCOUVER, BC, V7M 3G3
(604) 980-6011 *SIC* 8711

NORTHWEST MOTORS (RED DEER) LIMITED *p* 153
3115 50 Ave, RED DEER, AB, T4N 3X8
(403) 346-2035 *SIC* 5511

NORTHWEST SCHOOL DIVISION 203 *p* 1267
123 1st St N, EDAM, SK, S0M 0V0
(306) 397-2944 *SIC* 8211

NORTHWEST SCHOOL DIVISION 203 *p* 1272
215 3rd St E, LASHBURN, SK, S0M 1H0
(306) 285-3200 *SIC* 8211

NORTHWEST SCHOOL DIVISION 203 *p* 1272
405 3rd St, LASHBURN, SK, S0M 1H0
(306) 285-3505 *SIC* 8211

NORTHWEST SCHOOL DIVISION 203 *p* 1273
1 Hillmond Ave, LLOYDMINSTER, SK, S9V 0X7
(306) 825-3393 *SIC* 8211

NORTHWEST SCHOOL DIVISION 203 *p* 1273
207 2nd St, MAIDSTONE, SK, S0M 1M0
(306) 893-2351 *SIC* 8211

NORTHWEST SCHOOL DIVISION 203 *p* 1273
220 3rd Ave E, MAIDSTONE, SK, S0M 1M0
(306) 893-2634 *SIC* 8211

NORTHWEST SCHOOL DIVISION 203 *p* 1274
304 8th Ave E, MEADOW LAKE, SK, S9X 1G9
(306) 236-5810 *SIC* 8211

NORTHWEST SCHOOL DIVISION 203 *p* 1274
715 7th Ave W, MEADOW LAKE, SK, S9X 1A7
(306) 236-5686 *SIC* 8211

NORTHWEST SCHOOL DIVISION 203 *p* 1277
410 Gibbons Centre St, NEILBURG, SK, S0M 2C0
(306) 823-4313 *SIC* 8211

NORTHWEST SCHOOL DIVISION 203 *p* 1278
Gd, PARADISE HILL, SK, S0M 2G0
(306) 344-2055 *SIC* 8211

NORTHWEST SCHOOL DIVISION 203 *p* 1278
Gd, PIERCELAND, SK, S0M 2K0
(306) 839-2024 *SIC* 8211

NORTHWEST SCHOOL DIVISION 203 *p* 1306
Gd, ST WALBURG, SK, S0M 2T0
(306) 248-3602 *SIC* 8211

NORTHWEST SCHOOL DIVISION 203 *p* 1307
Gd, TURTLEFORD, SK, S0M 2Y0
(306) 845-2150 *SIC* 4173

NORTHWEST SCHOOL DIVISION 203 *p* 1307
336 Birk St, TURTLEFORD, SK, S0M 2Y0
(306) 845-2079 *SIC* 8211

NORTHWEST TERRITORIES NON-PROFIT HOUSING CORPORATION *p* 439
Gd Lcd Main, YELLOWKNIFE, NT, X1A 2L8
(867) 873-7873 *SIC* 6531

NORTHWEST TERRITORIES POWER CORPORATION *p* 438
4 Capital Dr Ss 98 Suite 98, HAY RIVER, NT, X0E 1G2
(867) 874-5200 *SIC* 4911

NORTHWEST TERRITORIES POWER CORPORATION *p* 439
Gd Lcd Main, YELLOWKNIFE, NT, X1A 2L8
(867) 669-3300 *SIC* 4911

NORTHWESTEL INC *p* 439
5201 50 Ave Suite 300, YELLOWKNIFE, NT, X1A 3S9
(867) 920-3500 *SIC* 4899

NORTHWESTEL INC *p* 481
Gd, IQALUIT, NU, X0A 0H0
(867) 979-4001 *SIC* 4899

NORTHWESTEL INC *p* 1311
183 Range Rd, WHITEHORSE, YT, Y1A 3E5
(867) 668-5475 *SIC* 4899

NORTHWESTEL INC *p* 1311
301 Lambert St Suite 2727, WHITEHORSE, YT, Y1A 1Z5
(867) 668-5300 *SIC* 4899

NORTHWESTERN ONTARIO BREAST SCREENING PROGRAM *p* 877
See CANCER CARE ONTARIO

NORTHWESTERN ONTARIO REGIONAL CANCER CENTRE *p* 877
See CANCER CARE ONTARIO

NORTHWOOD ELEMENTARY SCHOOL *p* 970
See GREATER ESSEX COUNTY DISTRICT SCHOOL BOARD

NORTHWOOD HOMECARE LTD *p* 461
5355 Russell St, HALIFAX, NS, B3K 1W8
(902) 425-2273 *SIC* 8051

NORTHWOOD LODGE HOME FOR THE AGED *p* 818
See DISTRICT OF KENORA HOME FOR THE AGED

NORTHWOOD PUBLIC SCHOOL *p* 521
See PEEL DISTRICT SCHOOL BOARD

NORTHWOODCARE INCORPORATED *p* 461
2615 Northwood Terr, HALIFAX, NS, B3K 3S5
(902) 454-8311 *SIC* 8361

NORTON ROSE CANADA LLP *p* 47
400 3 Ave Sw Suite 3700, CALGARY, AB, T2P 4H2
(403) 267-8222 *SIC* 8111

NORTON ROSE CANADA S.E.N.C.R.L., S.R.L. *p* 1112
1 Place Ville-Marie Bureau 2500, Montreal, QC, H3B 4S2
(514) 847-4747 *SIC* 8111

NORTON ROSE FULBRIGHT *p* 792
See NORTON ROSE FULBRIGHT CANADA S.E.N.C.R.L., S.R.L.

NORTON ROSE FULBRIGHT *p* 1161
See NORTON ROSE FULBRIGHT CANADA S.E.N.C.R.L., S.R.L.

NORTON ROSE FULBRIGHT CANADA

BUSINESSES ALPHABETICALLY

NOVA CENTRAL SCHOOL DISTRICT 3543

S.E.N.C.R.L., S.R.L. p 47
400 3 Ave Suite 3700, CALGARY, AB, T2P 4H2
(403) 267-8222 SIC 8111

NORTON ROSE FULBRIGHT CANADA S.E.N.C.R.L., S.R.L. p 792
45 O'connor St Suite 1600, OTTAWA, ON, K1P 1A4
(613) 780-8661 SIC 8111

NORTON ROSE FULBRIGHT CANADA S.E.N.C.R.L., S.R.L. p 920
200 Bay St Suite 3800, TORONTO, ON, M5J 2Z4
(416) 216-4000 SIC 8111

NORTON ROSE FULBRIGHT CANADA S.E.N.C.R.L., S.R.L. p 1161
2828 Boul Laurier Bureau 1500, Quebec, QC, G1V 0B9
(418) 640-5000 SIC 8111

NORTOWN ELECTRICAL CONTRACTORS ASSOCIATES p 754
3845 Bathurst St Suite 102, NORTH YORK, ON, M3H 3N2
(416) 638-6700 SIC 1731

NORTRAK p 363
See VOESTALPINE NORTRAK LTD

NORTRAX CANADA INC p 430
15 Allston St, MOUNT PEARL, NL, A1N 0A3
(709) 368-9660 SIC 5082

NORTRAX CANADA INC p 550
189 Cardevco Rd Suite 2, CARP, ON, K0A 1L0
(613) 831-4044 SIC 5082

NORTRAX CANADA INC p 649
199 Mumford Rd Unit F, LIVELY, ON, P3Y 0A4
(705) 692-7272 SIC 5084

NORTRAX CANADA INC p 660
16 Royce Crt, LONDON, ON, N6E 1L1
(519) 686-6400 SIC 5084

NORTRAX CANADA INC p 861
760 South Service Rd, STONEY CREEK, ON, L8E 5M6
(905) 643-4166 SIC 1794

NORTRAX CANADA INC p 881
1450 Walsh St W, THUNDER BAY, ON, P7E 6H6
(807) 474-2530 SIC 5084

NORTRAX CANADA INC p 884
101 Hwy W Suite 4087, TIMMINS, ON, P4N 7X8
(705) 268-7933 SIC 5084

NORTRAX CANADA INC p 1007
3855 Boul Matte, BROSSARD, QC, J4Y 2P4
(450) 444-1030 SIC 5082

NORTRAX QUEBEC INC p 1213
4500 Chomedey (A-13) O, SAINT-LAURENT, QC, H7R 6E9
(450) 625-3221 SIC 5084

NORTRUX INC p 127
11401 96 Ave, GRANDE PRAIRIE, AB, T8V 5M3
(780) 532-1290 SIC 5012

NORVAN ENTERPRISES (1982) LTD p 368
246 Dunkirk Dr, WINNIPEG, MB, R2M 3W9
(204) 257-0373 SIC 5812

NORVAN LIMITED p 780
712 Wilson Rd S, OSHAWA, ON, L1H 8R3
SIC 4212

NORVIEW LODGE p 848
See CORPORATION OF NORFOLK COUNTY

NORWAY JUNIOR PUBLIC SCHOOL p 895
See TORONTO DISTRICT SCHOOL BOARD

NORWEGIAN OLD PEOPLE'S HOME ASSOCIATION p 183
7725 4th St, BURNABY, BC, V3N 5B6
(604) 522-5812 SIC 8361

NORWELL DISTRICT SECONDARY SCHOOL p 804
See UPPER GRAND DISTRICT SCHOOL BOARD, THE

NORWESCO INDUSTRIES (1983) LTD p 105
9510 39 Ave Nw, EDMONTON, AB, T6E 5T9
(780) 437-5440 SIC 5084

NORWEST CORPORATION p 29
411 1 St Se Suite 2700, CALGARY, AB, T2G 4Y5
(403) 237-7763 SIC 8748

NORWEST MANUFACTURING p 359
See PRENDIVILLE INDUSTRIES LTD

NORWICH COMMUNITY CENTRE p 763
See TOWNSHIP OF NORWICH

NORWOOD BRANCH #178 p 74
See ROYAL CANADIAN LEGION, THE

NORWOOD DISTRICT HIGHSCHOOL p 764
See KAWARTHA PINE RIDGE DISTRICT SCHOOL BOARD

NORWOOD ELEMENTARY SCHOOL p 174
See WETASKIWIN REGIONAL PUBLIC SCHOOLS

NORWOOD ELEMENTARY SCHOOL p 764
See KAWARTHA PINE RIDGE DISTRICT SCHOOL BOARD

NORWOOD HOTEL CO LTD p 364
112 Marion St, WINNIPEG, MB, R2H 0T1
(204) 233-4475 SIC 7011

NORWOOD PACKAGING LTD p 286
8519 132 St, SURREY, BC, V3W 4N8
(604) 599-0370 SIC 2844

NORWOOD PARK p 615
See HAMILTON-WENTWORTH DISTRICT SCHOOL BOARD, THE

NOSE HILL CLINIC p 62
See MCI MEDICAL CLINICS (ALBERTA) INC

NOSE HILL LIBRARY p 37
See CALGARY PUBLIC LIBRARY

NOSSACK GOURMET FOODS LTD p 132
5804 37 St, INNISFAIL, AB, T4G 1S8
(403) 346-5006 SIC 2099

NOTRE DAME ACADEMY p 145
See MEDICINE HAT CATHOLIC SEPARATE REGIONAL DIVISION NO. 20

NOTRE DAME AGENCIES LIMITED p 425
408 O'connell Dr, CORNER BROOK, NL, A2H 6G7
(709) 639-8700 SIC 5211

NOTRE DAME AGENCIES LIMITED p 427
28 Duggan St, GRAND FALLS-WINDSOR, NL, A2A 2K6
(709) 489-7655 SIC 5211

NOTRE DAME CASTLE BUILDING CENTRE p 425
See NOTRE DAME AGENCIES LIMITED

NOTRE DAME CATHOLIC ELEMENTARY SCHOOL p 662
See LONDON DISTRICT CATHOLIC SCHOOL BOARD

NOTRE DAME CATHOLIC HIGH SCHOOL p 549
See CATHOLIC DISTRICT SCHOOL BOARD OF EASTERN ONTARIO

NOTRE DAME CATHOLIC SCHOOL p 803
See BRUCE-GREY CATHOLIC DISTRICT SCHOOL BOARD

NOTRE DAME COLLEGIATE p 131
See CHRIST THE REDEEMER CATHOLIC SEPARATE REGIONAL DIVISION NO. 3

NOTRE DAME CONVENT p 981
See SOEURS DE LA CONGREGATION DE NOTRE-DAME, LES

NOTRE DAME DE GRACE YMCA p 1122
See YMCA DU QUEBEC, LES

NOTRE DAME DU ROSAIRE p 1028
See COMMISSION SCOLAIRE DES CHENES

NOTRE DAME ELEMENTARY SCHOOL p 7
See LAKELAND ROMAN CATHOLIC SEPARATE SCHOOL DISTRICT NO. 150

NOTRE DAME ELEMENTARY SCHOOL p 146
See GREATER ST. ALBERT CATHOLIC REGIONAL DIVISION NO. 29

NOTRE DAME ELEMENTARY SCHOOL p 524
See BRANT HALDIMAND NORFOLK CATHOLIC DISTRICT SCHOOL BOARD

NOTRE DAME ELEMENTARY SCHOOL p 738
See NIAGARA CATHOLIC DISTRICT SCHOOL BOARD

NOTRE DAME ELEMENTARY SCHOOL p 970
See WINDSOR-ESSEX CATHOLIC DISTRICT SCHOOL BOARD, THE

NOTRE DAME HIGH SCHOOL p 956
See NIAGARA CATHOLIC DISTRICT SCHOOL BOARD

NOTRE DAME INTERMEDIATE SCHOOL p 798
See OTTAWA CATHOLIC DISTRICT SCHOOL BOARD

NOTRE DAME REGIONAL SECONDARY SCHOOL p 292
See CATHOLIC INDEPENDENT SCHOOLS OF VANCOUVER ARCHDIOCESE, THE

NOTRE DAME ROMAN CATHOLIC SECONDARY SCHOOL p 536
See HALTON CATHOLIC DISTRICT SCHOOL BOARD

NOTRE DAME SCHOOL p 542
See BRANT HALDIMAND NORFOLK CATHOLIC DISTRICT SCHOOL BOARD

NOTRE DAME SCHOOL p 775
See SIMCOE MUSKOKA CATHOLIC DISTRICT SCHOOL BOARD

NOTRE DAME SCHOOL p 1277
See LIGHT OF CHRIST RCSSD

NOTRE DAME SECONDARY SCHOOL p 523
See DUFFERIN-PEEL CATHOLIC DISTRICT SCHOOL BOARD

NOTRE DAMES DE L'ESPERANCE p 946
See CONSEIL SCOLAIRE DE DISTRICT CATHOLIQUE DU NOUVEL-ONTARIO, LE

NOTRE DAMME p 732
See YORK CATHOLIC DISTRICT SCHOOL BOARD

NOTRE-DAME-DU-SAULT p 832
See CONSEIL SCOLAIRE DE DISTRICT CATHOLIQUE DU NOUVEL-ONTARIO, LE

NOTREDAME CATHOLIC ELEMENTARY SCHOOL p 555
See PETERBOROUGH VICTORIA NORTHUMBERLAND AND CLARINGTON CATHOLIC DISTRICT SCHOOL BOARD

NOTREDAME CATHOLIC SECONDARY SCHOOL p 484
See DURHAM CATHOLIC DISTRICT SCHOOL BOARD

NOTTAWA ELEMENTARY SCHOOL p 556
See SIMCOE COUNTY DISTRICT SCHOOL BOARD, THE

NOTTAWASAGA & CREEMORE PUBLIC SCHOOL p 568
See SIMCOE COUNTY DISTRICT SCHOOL BOARD, THE

NOTTINGHAM PUBLIC SCHOOL p 484
See DURHAM DISTRICT SCHOOL BOARD

NOUVEAU MONDE EXPEDITIONS RIVIERE p 1043
See EXPEDITIONS EN RIVIERE DU NOUVEAU MONDE LTEE, LES

NOUVEL HOTEL, LE p 1116
See 3096-0876 QUEBEC INC

NOUVELLE TECHNOLOGIE (TEKNO) INC p 1069
2099 Boul Fernand-Lafontaine, LONGUEUIL, QC, J4G 2J4
(514) 457-9991 SIC 4971

NOV ENERFLOW p 19
See NOV ENERFLOW ULC

NOV ENERFLOW ULC p 19
4910 80 Ave Se, CALGARY, AB, T2C 2X3
(403) 569-2222 SIC 1389

NOV ENERFLOW ULC p 19
8625 68 St Se, CALGARY, AB, T2C 2R6
(403) 695-3189 SIC 3533

NOV ENERFLOW ULC p 47
715 5 Ave Sw Suite 1700, CALGARY, AB, T2P 2X6
(403) 216-5000 SIC 1389

NOV ENERFLOW ULC p 141
Gd, LLOYDMINSTER, AB, T9V 3E5
(780) 875-5566 SIC 1389

NOV ENERFLOW ULC p 147
2201 9 St, NISKU, AB, T9E 7Z7
(780) 955-7675 SIC 1389

NOV ENERFLOW ULC p 147
2304a 8 St, NISKU, AB, T9E 7Z2
(780) 955-2924 SIC 3479

NOV ENERFLOW ULC p 147
2203 9 St Suite 2201, NISKU, AB, T9E 7Z7
(780) 955-2901 SIC 1389

NOV ENERFLOW ULC p 158
4040 Industry Ave, RED DEER COUNTY, AB, T4S 2B3
(403) 343-8100 SIC 1389

NOV HYDRA RIG p 19
See NOV ENERFLOW ULC

NOV TUBOSCOPE p 141
See NOV ENERFLOW ULC

NOV TUBOSCOPE p 158
See NOV ENERFLOW ULC

NOVA BUS p 1187
See GROUPE VOLVO CANADA INC

NOVA BUS p 1188
See GROUPE VOLVO CANADA INC

NOVA CAPITAL INCORPORATED p 442
17 Central Ave, ANTIGONISH, NS, B2G 2L4
(902) 863-6534 SIC 6712

NOVA CAPITAL INCORPORATED p 442
35 Market St, ANTIGONISH, NS, B2G 3B5
(902) 863-6882 SIC 5211

NOVA CAPITAL INCORPORATED p 446
50 Empire Lane, CURRYS CORNER, NS, B0N 2T0
(902) 798-4488 SIC 5211

NOVA CAPITAL INCORPORATED p 472
16 Paint St Unit 1, PORT HAWKESBURY, NS, B9A 3J6
(902) 625-5555 SIC 5211

NOVA CAPITAL INCORPORATED p 474
60 Lawrence Blvd, STELLARTON, NS, B0K 1S0
(902) 755-2555 SIC 5211

NOVA CENTRAL SCHOOL DISTRICT p 423
1 First Ave, BISHOPS FALLS, NL, A0H 1C0
(709) 258-6472 SIC 8211

NOVA CENTRAL SCHOOL DISTRICT p 423
1 First Ave, BISHOPS FALLS, NL, A0H 1C0
SIC 8211

NOVA CENTRAL SCHOOL DISTRICT p 423
166 Main St, BISHOPS FALLS, NL, A0H 1C0
(709) 258-6337 SIC 8211

NOVA CENTRAL SCHOOL DISTRICT p 423
4 Hwy 410, BAIE VERTE, NL, A0K 1B0
SIC 8211

NOVA CENTRAL SCHOOL DISTRICT p 423
48 High St Unit 42, BAIE VERTE, NL, A0K 1B0
(709) 532-4288 SIC 8211

NOVA CENTRAL SCHOOL DISTRICT p 423
Gd, BOTWOOD, NL, A0H 1E0
(709) 257-2497 SIC 8211

NOVA CENTRAL SCHOOL DISTRICT p 424
200 Main St, CARMANVILLE, NL, A0G 1N0
(709) 534-2840 SIC 8211

NOVA CENTRAL SCHOOL DISTRICT p 426
10 Penny's Brook Rd, GLOVERTOWN, NL, A0G 2L0
(709) 533-2443 SIC 8211

NOVA CENTRAL SCHOOL DISTRICT p 426
Gd, FOGO, NL, A0G 2B0
(709) 266-2560 SIC 8211

NOVA CENTRAL SCHOOL DISTRICT p 426
Gd, ENGLISH HARBOUR WEST, NL, A0H 1M0
(709) 888-3426 SIC 8211

▲ Public Company   ■ Public Company Family Member   HQ Headquarters   BR Branch   SL Single Location

NOVA CENTRAL SCHOOL DISTRICT p 426
97 Wellington Rd, DOVER, NL, A0G 1X0
(709) 537-2184 SIC 8211
NOVA CENTRAL SCHOOL DISTRICT p 426
5 Magee Rd, GANDER, NL, A1V 1W1
(709) 256-8404 SIC 8211
NOVA CENTRAL SCHOOL DISTRICT p 426
39 Victoria Dr, GAMBO, NL, A0G 1T0
(709) 674-5336 SIC 8211
NOVA CENTRAL SCHOOL DISTRICT p 426
3 Magee Rd, GANDER, NL, A1V 1W1
(709) 256-2581 SIC 8211
NOVA CENTRAL SCHOOL DISTRICT p 426
203 Elizabeth Dr, GANDER, NL, A1V 1H6
(709) 256-2547 SIC 8211
NOVA CENTRAL SCHOOL DISTRICT p 426
17 Mccurdy Dr, GANDER, NL, A1V 1A1
(709) 256-3571 SIC 4151
NOVA CENTRAL SCHOOL DISTRICT p 426
110 Church St, EASTPORT, NL, A0G 1Z0
(709) 677-3121 SIC 8211
NOVA CENTRAL SCHOOL DISTRICT p 426
11 Spruce Ave, GLENWOOD, NL, A0G 2K0
(709) 679-2162 SIC 8211
NOVA CENTRAL SCHOOL DISTRICT p 427
392 Grenfell Hts, GRAND FALLS-WINDSOR, NL, A2A 2J2
(709) 489-4374 SIC 8211
NOVA CENTRAL SCHOOL DISTRICT p 427
1 St. Catherine St, GRAND FALLS-WINDSOR, NL, A2A 1V7
(709) 489-3805 SIC 8211
NOVA CENTRAL SCHOOL DISTRICT p 427
392 Grenfell Hts, GRAND FALLS-WINDSOR, NL, A2A 2J2
(709) 489-5701 SIC 8211
NOVA CENTRAL SCHOOL DISTRICT p 427
Gd Lcd Main, GRAND FALLS-WINDSOR, NL, A2A 2J1
(709) 489-4373 SIC 8351
NOVA CENTRAL SCHOOL DISTRICT p 428
359 Main St, LEWISPORTE, NL, A0G 3A0
(709) 535-8282 SIC 8211
NOVA CENTRAL SCHOOL DISTRICT p 428
35 Main St, LITTLE BAY ISLANDS, NL, A0J 1K0
SIC 8211
NOVA CENTRAL SCHOOL DISTRICT p 428
43 Main Rd N, HARBOUR BRETON, NL, A0H 1P0
(709) 885-2319 SIC 8211
NOVA CENTRAL SCHOOL DISTRICT p 428
43 Spruce Ave, LEWISPORTE, NL, A0G 3A0
(709) 535-2115 SIC 8211
NOVA CENTRAL SCHOOL DISTRICT p 428
83 Primier Dr, LEWISPORTE, NL, A0G 3A0
(709) 535-6929 SIC 8211
NOVA CENTRAL SCHOOL DISTRICT p 429
78 Main St, MILLTOWN, NL, A0H 1W0
(709) 882-2500 SIC 8211
NOVA CENTRAL SCHOOL DISTRICT p 429
15 John Thomas Rd, MIDDLE ARM GB, NL, A0K 3R0
(709) 252-2905 SIC 8211
NOVA CENTRAL SCHOOL DISTRICT p 430
245 Gillingham Ave, NORRIS ARM, NL, A0G 3M0
(709) 653-2529 SIC 8211
NOVA CENTRAL SCHOOL DISTRICT p 430
17 Lady Peace Ave, MUSGRAVE HARBOUR, NL, A0G 3J0
(709) 655-2121 SIC 8211
NOVA CENTRAL SCHOOL DISTRICT p 430
Gd, MUSGRAVE HARBOUR, NL, A0G 3J0
(709) 655-2022 SIC 8211
NOVA CENTRAL SCHOOL DISTRICT p 431
Gd, SOUTH BROOK GB, NL, A0J 1S0
(709) 868-3001 SIC 8211
NOVA CENTRAL SCHOOL DISTRICT p 431
140 Little Bay Rd, SPRINGDALE, NL, A0J 1T0
(709) 673-3714 SIC 8211
NOVA CENTRAL SCHOOL DISTRICT p 431
142 Little Bay Rd, SPRINGDALE, NL, A0J 1T0
(709) 673-3715 SIC 8211
NOVA CENTRAL SCHOOL DISTRICT p 437
150 Rd To The Isles, SUMMERFORD, NL, A0G 4E0
(709) 629-3241 SIC 8211
NOVA CENTRAL SCHOOL DISTRICT p 437
Gd, WINGS POINT, NL, A0G 4T0
(709) 676-2009 SIC 8211
NOVA CENTRAL SCHOOL DISTRICT p 437
139 143 Main St, WESLEYVILLE, NL, A0G 4R0
(709) 536-2270 SIC 8211
NOVA CENTRAL SCHOOL DISTRICT p 437
139 Main St, WESLEYVILLE, NL, A0G 4R0
(709) 536-2254 SIC 8211
NOVA CHEMICALS CORPORATION p 47
1000 7 Ave Sw Suite 1000, CALGARY, AB, T2P 5L5
(403) 750-3600 SIC 2821
NOVA COLD STORAGE p 450
See BROOKFIELD NOVA COLD LTD
NOVA CONSOLIDATED SCHOOL DISTRICT p 426
See NOVA CENTRAL SCHOOL DISTRICT
NOVA FORGE CORP p 477
34 Power Plant Rd, TRENTON, NS, B0K 1X0
(902) 752-0989 SIC 3743
NOVA PACIFIC CARE INC p 212
256 Government St, DUNCAN, BC, V9L 1A4
(250) 746-9808 SIC 8322
NOVA PERMIS & ESCORTES ROUTIERES p 1165
See 9100-9647 QUEBEC INC
NOVA PETROCHEMICALS LTD p 47
1000 7 Ave Sw, CALGARY, AB, T2P 5L5
(403) 750-3600 SIC 6712
NOVA POLE INTERNATIONAL INC p 1
26229 Township Road 531a Suite 203, ACHESON, AB, T7X 5A4
(780) 962-0010 SIC 2499
NOVA SCOTIA COMMUNITY COLLEGE p 461
5685 Leeds St, HALIFAX, NS, B3K 2T3
(902) 491-6722 SIC 8222
NOVA SCOTIA COMMUNITY COLLEGE p 461
5685 Leeds St, HALIFAX, NS, B3K 2T3
(902) 491-6774 SIC 8221
NOVA SCOTIA COMMUNITY COLLEGE p 466
See NOVA SCOTIA, PROVINCE OF
NOVA SCOTIA COMMUNITY COLLEGE p 473
1 Main St, SPRINGHILL, NS, B0M 1X0
(902) 597-3737 SIC 8221
NOVA SCOTIA COMMUNITY COLLEGE p 473
See NOVA SCOTIA, PROVINCE OF
NOVA SCOTIA COMMUNITY COLLEGE p 474
39 Acadia Ave, STELLARTON, NS, B0K 1S0
(902) 752-2002 SIC 8222
NOVA SCOTIA COMMUNITY COLLEGE PICTOU CAMPUS p 474
See NOVA SCOTIA COMMUNITY COLLEGE
NOVA SCOTIA HEALTH AUTHORITY p 441
18 Albion St S, AMHERST, NS, B4H 2W3
(902) 661-1090 SIC 8062
NOVA SCOTIA HEALTH AUTHORITY p 446
89 Payzant, CURRYS CORNER, NS, B0N 2T0
(902) 798-8351 SIC 8062
NOVA SCOTIA HEALTH AUTHORITY p 452
88 Gloria Mccluskey Ave, DARTMOUTH, NS, B3B 2B8
(902) 460-7300 SIC 8063
NOVA SCOTIA HEALTH AUTHORITY p 453
75 Warwick St, DIGBY, NS, B0V 1A0
(902) 245-2501 SIC 8062
NOVA SCOTIA HEALTH AUTHORITY p 456
1796 Summer St, HALIFAX, NS, B3H 3A7
(902) 473-2700 SIC 8062
NOVA SCOTIA HEALTH AUTHORITY p 456
1278 Tower Rd, HALIFAX, NS, B3H 2Y9
(902) 473-1787 SIC 8062
NOVA SCOTIA HEALTH AUTHORITY p 456
5788 University Ave Rm 431, HALIFAX, NS, B3H 1V8
(902) 473-7360 SIC 8062
NOVA SCOTIA HEALTH AUTHORITY p 456
1276 South Park St Suite 1278, HALIFAX, NS, B3H 2Y9
(902) 473-5117 SIC 8062
NOVA SCOTIA HEALTH AUTHORITY p 465
5 Chipman Dr, KENTVILLE, NS, B4N 3V7
(902) 365-1700 SIC 8062
NOVA SCOTIA HEALTH AUTHORITY p 473
1606 Lake Rd, SHELBURNE, NS, B0T 1W0
(902) 875-3011 SIC 8062
NOVA SCOTIA LIQUOR CORPORATION p 449
210 Wyse Rd, DARTMOUTH, NS, B3A 1M9
(902) 466-2240 SIC 5921
NOVA SCOTIA LIQUOR CORPORATION p 456
1075 Barrington St, HALIFAX, NS, B3H 4P1
(902) 424-3754 SIC 5921
NOVA SCOTIA LIQUOR CORPORATION p 462
6169 Quinpool Rd, HALIFAX, NS, B3L 4P8
(902) 423-7126 SIC 5921
NOVA SCOTIA LIQUOR CORPORATION p 462
117 Kearney Lake Rd, HALIFAX, NS, B3M 4N9
(902) 443-9607 SIC 5921
NOVA SCOTIA LIQUOR CORPORATION p 463
279 Herring Cove Rd, HALIFAX, NS, B3P 1M2
(902) 477-4615 SIC 5921
NOVA SCOTIA LIQUOR CORPORATION p 464
93 Chain Lake Dr, HALIFAX, NS, B3S 1A3
(902) 450-6752 SIC 5921
NOVA SCOTIA LIQUOR CORPORATION p 467
720 Sackville Dr, LOWER SACKVILLE, NS, B4E 3A4
(902) 864-3883 SIC 5921
NOVA SCOTIA LIQUOR CORPORATION p 470
9256 Commercial St Suite 15, NEW MINAS, NS, B4N 4A9
(902) 681-3557 SIC 5921
NOVA SCOTIA LIQUOR CORPORATION p 476
7 Keltic Dr, SYDNEY, NS, B1S 1P4
(902) 539-9150 SIC 5921
NOVA SCOTIA POWER INCORPORATED p 459
1223 Lower Water St, HALIFAX, NS, B3J 3S8
(902) 428-6230 SIC 4911
NOVA SCOTIA POWER INCORPORATED p 464
5 Long Lake Dr, HALIFAX, NS, B3S 1N8
(800) 428-6230 SIC 4911
NOVA SCOTIA POWER INCORPORATED p 466
14 River Rd, LIVERPOOL, NS, B0T 1K0
(902) 354-7141 SIC 4911
NOVA SCOTIA POWER INCORPORATED p 472
1800 Prince Mine Rd, POINT ACONI, NS, B1Y 2A6
(902) 736-1828 SIC 4911
NOVA SCOTIA POWER INCORPORATED p 475
Po Box 610 Stn A, SYDNEY, NS, B1P 6H8
(902) 564-5457 SIC 4911
NOVA SCOTIA POWER INCORPORATED p 477
108 Power Plant Rd, TRENTON, NS, B0K 1X0
(902) 755-5811 SIC 4911
NOVA SCOTIA PROVINCIAL EXHIBITION COMMISSION p 478
73 Ryland Ave, TRURO, NS, B2N 2V5
(902) 893-9222 SIC 7948
NOVA SCOTIA, PROVINCE OF p 442
2447 Main Hwy 3, BARRINGTON, NS, B0W 1E0
(902) 637-2335 SIC 8611
NOVA SCOTIA, PROVINCE OF p 444
236 Commercial St, BERWICK, NS, B0P 1E0
(902) 665-2995 SIC 8231
NOVA SCOTIA, PROVINCE OF p 445
75 High St, BRIDGEWATER, NS, B4V 1V8
(902) 543-4608 SIC 8221
NOVA SCOTIA, PROVINCE OF p 459
1672 Granville St, HALIFAX, NS, B3J 3Z8
(902) 424-2297 SIC 4212
NOVA SCOTIA, PROVINCE OF p 465
15 Chipman Dr, KENTVILLE, NS, B4N 3V7
(902) 679-2392 SIC 8069
NOVA SCOTIA, PROVINCE OF p 466
50 Elliott Rd Suite 1, LAWRENCETOWN, NS, B0S 1M0
(902) 584-2226 SIC 8222
NOVA SCOTIA, PROVINCE OF p 467
14 High St, LUNENBURG, NS, B0J 2C0
(902) 634-7325 SIC 8062
NOVA SCOTIA, PROVINCE OF p 467
40 Freer Ln, LOWER SACKVILLE, NS, B4C 0A2
(902) 865-6101 SIC 8062
NOVA SCOTIA, PROVINCE OF p 470
4568 Highway 12, NEW ROSS, NS, B0J 2M0
(902) 689-2210 SIC 8412
NOVA SCOTIA, PROVINCE OF p 471
199 Elliot St, PICTOU, NS, B0K 1H0
(902) 485-4335 SIC 8069
NOVA SCOTIA, PROVINCE OF p 473
1575 Lake Rd, SHELBURNE, NS, B0T 1W0
(902) 875-8640 SIC 8222
NOVA SCOTIA, PROVINCE OF p 478
50 Pictou Rd Suite 258, TRURO, NS, B2N 5E3
(902) 893-6700 SIC 8221
NOVA WOOD PRODUCTS LIMITED p 467
145 Schnares Crossing Rd Rr 3, LUNENBURG, NS, B0J 2C0
(902) 634-4120 SIC 2541
NOVABUS CORPORATION p 1188
155 Rte Marie-Victorin, Saint-Francois-du-Lac, QC, J0G 1M0
(450) 568-3335 SIC 4142
NOVADAQ TECHNOLOGIES INC p 184
8329 Eastlake Dr Unit 101, BURNABY, BC, V5A 4W2
(604) 232-9861 SIC 8731
NOVARTIS PHARMA CANADA INC p 710
2150 Torquay Mews, MISSISSAUGA, ON, L5N 2M6
SIC 5048
NOVELIS INC p 1046
2040 Rue Fay, JONQUIERE, QC, G7S 2N4
(418) 699-5213 SIC 3365
NOVENTIS CREDIT UNION LIMITED p 349
34 Centre St, GIMLI, MB, R0C 1B0
(204) 642-6450 SIC 6062
NOVENTIS CREDIT UNION LIMITED p 357
21 Main St, STARBUCK, MB, R0G 2P0
(204) 735-2394 SIC 6062
NOVEXCO INC p 673
7303 Warden Ave Suite 200, MARKHAM, ON, L3R 5Y6
(905) 968-1320 SIC 5044
NOVEXCO INC p 1096
555 Rue Chabanel O Unite 901, Montreal, QC, H2N 2H7
(514) 385-9991 SIC 5044
NOVO PLASTICS INC p 677
388 Markland St, MARKHAM, ON, L6C 1Z6

(905) 887-8818   SIC 3089
NOVOTEL HOTELS   p 696
See ACCOR CANADA INC
NOVOTEL MONTREAL   p 1116
See SAMORAIS LTEE
NOVOTEL OTTAWA   p 788
See ACCOR CANADA INC
NOVOTEL TORONTO CENTER   p 909
See ACCOR CANADA INC
NOVOTEL TORONTO NORTH YORK   p 889
See ACCOR CANADA INC
NOVTUBOSCOPE   p 147
See NOV ENERFLOW ULC
NOW NEWSPAPER, THE   p 282
See POSTMEDIA NETWORK INC
NPI   p 515
See NEXCYCLE PLASTICS INC
NPI GROUP   p 1189
See POULIN, NIKOL INC
NPL CANADA LTD   p 710
7505 Danbro Cres, MISSISSAUGA, ON, L5N 6P9
(905) 821-8383   SIC 1623
NPL CANADA LTD   p 975
1 Royal Gate Blvd Suite E, WOODBRIDGE, ON, L4L 8Z7
(905) 265-7400   SIC 1623
NRC RESEARCH PRESS   p 726
See CANADIAN SCIENCE PUBLISHING (CSP)
NRC-FINANCE BRANCH   p 782
See NATIONAL RESEARCH COUNCIL CANADA
NRG RESEARCH GROUP INC   p 378
360 Main St Suite 1910, WINNIPEG, MB, R3C 3Z3
(204) 429-8999   SIC 8732
NSCC ONLINE LEARNING   p 461
See NOVA SCOTIA COMMUNITY COLLEGE
NSDRC   p 247
See NORTH SHORE DISABILITY RESOURCE CENTRE ASSOCIATION
NSF-GFTC   p 600
125 Chancellors Way, GUELPH, ON, N1G 0E7
(519) 821-1246   SIC 8731
NSK   p 886
See CORPORATION OF THE CITY OF TORONTO
NSK CANADA INC   p 695
5585 Mcadam Rd, MISSISSAUGA, ON, L4Z 1N4
(905) 890-0740   SIC 5085
NSLC   p 449
See NOVA SCOTIA LIQUOR CORPORATION
NSTEIN TECHNOLOGIES INC   p 1115
75 Rue Queen Bureau 4400, Montreal, QC, H3C 2N6
(514) 908-5406   SIC 7371
NT GLOBAL ADVISORS INC   p 915
145 King St W Suite 1910, TORONTO, ON, M5H 1J8
(416) 366-2020   SIC 6282
NTN BEARING CORPORATION OF CANADA LIMITED   p 710
6740 Kitimat Rd, MISSISSAUGA, ON, L5N 1M6
(905) 826-5500   SIC 3562
NTN BEARING CORPORATION OF CANADA LIMITED   p 722
305 Courtneypark Dr W, MISSISSAUGA, ON, L5W 1Y4
(905) 564-2700   SIC 5085
NTN BEARING MANUFACTURING CANADA   p 710
See NTN BEARING CORPORATION OF CANADA LIMITED
NTN INTERACTIVE NETWORK INC   p 586
14 Meteor Dr, ETOBICOKE, ON, M9W 1A4
SIC 4841
NTT DATA CANADA, INC.   p 459
2000 Barrington St Suite 300, HALIFAX, NS, B3J 3K1
(902) 422-6036   SIC 7376
NTT DATA CANADA, INC.   p 459
2000 Barrington St Suite 300, HALIFAX, NS, B3J 3K1
(902) 422-6036   SIC 7379
NTT DATA CANADA, INC.   p 821
30 East Beaver Creek Rd Ste 206, RICHMOND HILL, ON, L4B 1J2
(905) 695-1804   SIC 7371
NTT DATA CANADA, INC.   p 889
251 Consumers Rd Suite 300, TORONTO, ON, M2J 4R3
(416) 572-8533   SIC 7379
NTV   p 432
See NEWFOUNDLAND BROADCASTING COMPANY LIMITED
NU BODY EQUIPMENT SALES LTD   p 254
5211 Compton Rd, PORT ALBERNI, BC, V9Y 7B5
(778) 552-4540   SIC 3845
NU FLOW TECHNOLOGIES (2000) INC   p 781
1313 Boundary Rd, OSHAWA, ON, L1J 6Z7
(905) 433-5510   SIC 1799
NU SKIN CANADA, INC   p 704
4085 Sladeview Cres, MISSISSAUGA, ON, L5L 5X3
(905) 569-5100   SIC 5122
NU TREND CONSTRUCTION CO   p 973
See 706017 ONTARIO CORP
NU-FAB   p 1281
See ALL-FAB BUILDING COMPONENTS INC
NU-GRO LTD   p 210
7430 Hopcott Rd, DELTA, BC, V4G 1B6
(604) 940-0290   SIC 5191
NU-GRO LTD   p 526
10 Craig St, BRANTFORD, ON, N3R 7J1
(519) 757-0077   SIC 2875
NU-LINE PRODUCTS INC   p 861
891 Arvin Ave, STONEY CREEK, ON, L8E 5N9
(905) 643-5375   SIC 3441
NU-WALL   p 614
See DIVAL DEVELOPMENTS LTD
NU-WAY KITCHENS (2008) LIMITED   p 430
1328 Topsail Rd, PARADISE, NL, A1L 1P2
(709) 782-1711   SIC 2541
NUANCE GROUP (CANADA) INC, THE   p 685
5925 Airport Rd Suite 300, MISSISSAUGA, ON, L4V 1W1
(905) 673-7299   SIC 5399
NUANCE GROUP (CANADA) INC, THE   p 712
3111 Convair Dr, MISSISSAUGA, ON, L5P 1B2
(905) 672-0591   SIC 5399
NUBODY'S   p 459
See NUBODY'S FITNESS CENTRES INC
NUBODY'S FITNESS CENTRES INC   p 452
51 Raddall Ave, DARTMOUTH, NS, B3B 1T6
(902) 468-8920   SIC 7991
NUBODY'S FITNESS CENTRES INC   p 459
2000 Barrington St, HALIFAX, NS, B3J 3K1
(902) 492-9289   SIC 7999
NUCAP INDUSTRIES INC   p 887
115 Ridgetop Rd, TORONTO, ON, M1P 4W9
(416) 494-1444   SIC 3714
NUCELL-COMM INC   p 294
2748 Rupert St, VANCOUVER, BC, V5M 3T7
(604) 291-6636   SIC 4812
NUCLEUS DISTRIBUTION INC   p 690
5220 General Rd, MISSISSAUGA, ON, L4W 1G8
(800) 263-4283   SIC 5084
NUCLEUS INDEPENDENT LIVING   p 937
30 Denarda St Suite 309, TORONTO, ON, M6M 5C3
(416) 244-1234   SIC 8361
NUCLEUS INDEPENDENT LIVING   p 942
2100 Weston Rd Suite 1007, TORONTO, ON, M9N 3W6
(416) 242-4433   SIC 8361
NUDURA INC   p 498
27 Hooper Rd Unit 10, BARRIE, ON, L4N 9S3
(705) 726-9499   SIC 5999
NUERA ENTREPRISES CANADA INC   p 1063
1980 Boul Dagenais O, LAVAL-OUEST, QC, H7L 5W2
(450) 625-0219   SIC 3496
NUERA INC   p 1063
1980 Boul Dagenais O, LAVAL-OUEST, QC, H7L 5W2
(514) 955-1024   SIC 5085
NUEST SERVICES LTD   p 282
17858 66 Ave, SURREY, BC, V3S 7X1
(604) 888-1588   SIC 7349
NUFAST   p 607
See NEWFAST LIMITED
NUGALE PHARMACEUTICAL INC   p 888
41 Pullman Crt, TORONTO, ON, M1X 1E4
(416) 298-7275   SIC 2834
NUHN INDUSTRIES LTD   p 847
4816 Perth Line Suite 34, SEBRINGVILLE, ON, N0K 1X0
(519) 393-6284   SIC 3523
NULOGX INC   p 710
2233 Argentia Rd Suite 202, MISSISSAUGA, ON, L5N 2X7
(905) 886-1162   SIC 8742
NULOGX MANAGE TRANSPORTATION SOLUTIONS   p 710
See NULOGX INC
NUMBER 7 HONDA   p 975
See NUMBER 7 HONDA SALES LIMITED
NUMBER 7 HONDA SALES LIMITED   p 975
5555 Highway 7, WOODBRIDGE, ON, L4L 1T5
(905) 851-2258   SIC 7538
NUMBER ONE YORK QUAY   p 917
See BROOKFIELD RESIDENTIAL SERVICES LTD
NUMERIS   p 407
1234 Main St Suite 600, MONCTON, NB, E1C 1H7
(506) 859-7700   SIC 8732
NUNASTAR PROPERTIES INC   p 439
4825 49th Ave, YELLOWKNIFE, NT, X1A 2R3
(867) 873-3531   SIC 7011
NUNATSIAVUT GOVERNMENT, THE   p 428
3 American Rd, HOPEDALE, NL, A0P 1G0
(709) 933-3894   SIC 8399
NUNATSIAVUT GOVERNMENT, THE   p 431
Gd, POSTVILLE, NL, A0P 1N0
(709) 479-9842   SIC 8621
NUNATTA CAMPUS   p 481
See NUNAVUT ARCTIC COLLEGE
NUNAVIK NICKEL PROJECT   p 1110
See CANADIAN ROYALTIES INC
NUNAVIMMI PIGIURSAVIK CENTRE DE FORMATION   p 1045
See COMMISSION SCOLAIRE KATIVIK
NUNAVUT ARCTIC COLLEGE   p 481
13 Migika St, CAMBRIDGE BAY, NU, X0B 0C0
(867) 983-4107   SIC 8221
NUNAVUT ARCTIC COLLEGE   p 481
Gd, IQALUIT, NU, X0A 0H0
(867) 979-7200   SIC 8211
NUNAVUT ARCTIC COLLEGE   p 481
Gd, CAPE DORSET, NU, X0A 0C0
(867) 897-8825   SIC 8221
NUNAVUT ARCTIC COLLEGE   p 481
Gd, ARVIAT, NU, X0C 0E0
(867) 857-8600   SIC 8221
NUNAVUT ENERGY CENTRE   p 481
See QULLIQ ENERGY CORPORATION
NURAN WIRELESS   p 1153
See INNOVATION NUTAQ INC
NURSES OFFICE   p 205
See FW GREEN HOME, THE
NURSING & HOMEMAKERS INC   p 844
2347 Kennedy Rd Suite 204, SCARBOROUGH, ON, M1T 3T8
(416) 754-0700   SIC 8399
NURUN INC   p 1115
740 Rue Notre-Dame O Bureau 600, Montreal, QC, H3C 3X6
(514) 392-1900   SIC 7371
NURUN SERVICES CONSEILS   p 1115
See NURUN INC
NUSTEF FOODS LIMITED   p 696
2440 Cawthra Rd, MISSISSAUGA, ON, L5A 2X1
(905) 896-3060   SIC 2051
NUTANA COLLEGIATE   p 1302
See BOARD OF EDUCATION OF SASKATOON SCHOOL DIVISION NO. 13 OF SASKATCHEWAN, THE
NUTRABLEND FOODS INC   p 527
150 Adams Blvd, BRANTFORD, ON, N3S 7V2
(519) 622-2500   SIC 3556
NUTRABLEND FOODS INC   p 546
162 Savage Dr, CAMBRIDGE, ON, N1T 1S4
(519) 622-4178   SIC 3556
NUTRALAB CANADA CORP   p 846
980 Tapscott Rd, SCARBOROUGH, ON, M1X 1C3
(905) 752-1823   SIC 2834
NUTRECO CANADA INC   p 600
150 Research Lane Suite 200, GUELPH, ON, N1G 4T2
(519) 823-7000   SIC 2048
NUTRI-OEUF INC   p 723
17350 Main St, MONKLAND, ON, K0C 1V0
(613) 346-2154   SIC 5144
NUTRIART INC   p 1152
550 Av Godin, Quebec, QC, G1M 2K2
(418) 687-5320   SIC 2066
NUTRINOR   p 1183
See NUTRINOR COOPERATIVE
NUTRINOR COOPERATIVE   p 987
1545 Boul Saint-Jude, ALMA, QC, G8B 3L3
(418) 668-3051   SIC 5143
NUTRINOR COOPERATIVE   p 1183
535 6e Rang O, SAINT-BRUNO-LAC-SAINT-JEAN, QC, G0W 2L0
(418) 343-3772   SIC 5451
NUTRINOR COOPERATIVE   p 1183
535 6e Rang S, SAINT-BRUNO-LAC-SAINT-JEAN, QC, G0W 2L0
(418) 343-3812   SIC 5251
NUTRINOR COOPERATIVE   p 1183
555 6e Rang S, SAINT-BRUNO-LAC-SAINT-JEAN, QC, G0W 2L0
(418) 343-2888   SIC 5984
NUTRINOR PRODUITS LAITIERS   p 987
See NUTRINOR COOPERATIVE
NUTRITION & FOOD SERVICES   p 366
See WINNIPEG REGIONAL HEALTH AUTHORITY, THE
NUTRITION & FOOD SERVICES   p 483
See ROUGE VALLEY HEALTH SYSTEM
NUTRITION INTERNATIONAL   p 802
180 Elgin St 10 Fl, OTTAWA, ON, K2P 2K3
(613) 782-6800   SIC 7389
NUTTER'S BULK & NATURAL FOODS (MEDICINE HAT) LTD   p 144
1601 Dunmore Rd Se Suite 107, MEDICINE HAT, AB, T1A 1Z8
(800) 665-5122   SIC 5499
NUVO NETWORK MANAGEMENT INC   p 624
400 March Rd Suite 190, KANATA, ON, K2K 3H4
SIC 7376
NUVO PHARMACEUTICALS INC   p 683
7560 Airport Rd Unit 10, MISSISSAUGA, ON, L4T 4H4
(905) 673-6980   SIC 2834
NUVO PHARMACEUTICALS INC   p 1255
3655 Ch De La Cote-Bissonnette, VARENNES, QC, J3X 1P7

(450) 929-0050 SIC 2834
NUVO PHARMACEUTICALS INC p 1255
3655 Ch De La Cote-Bissonnette, VARENNES, QC, J3X 1P7
(450) 929-0050 SIC 8731
NVENTIVE INC p 1103
215 Rue Saint-Jacques Bureau 500, Montreal, QC, H2Y 1M6
(514) 312-4969 SIC 7371
NWCC p 263
See NORTHWEST COMMUNITY COLLEGE
NWD SYSTEMS (MONTREAL) INC p 1063
4209 Des Laurentides (A-15) E, LAVAL-OUEST, QC, H7L 5W5
(514) 483-6040 SIC 5045
NWP INDUSTRIES INC p 132
4017 60 Ave, INNISFAIL, AB, T4G 1S9
(403) 227-4100 SIC 3443
NWP INDUSTRIES LP p 132
4017 60 Ave, INNISFAIL, AB, T4G 1S9
(403) 227-4100 SIC 3443
NYACK TECHNOLOGY INC p 1199
160 Rue Vanier, SAINT-JEAN-SUR-RICHELIEU, QC, J3B 3R4
(450) 245-0373 SIC 2821
NYK LINE (CANADA) INC p 690
5090 Explorer Dr Suite 802, MISSISSAUGA, ON, L4W 4T9
(905) 366-3542 SIC 4731
NYKOLAISHEN FARM EQUIPMENT LTD p 358
1930 Hwy 10, SWAN RIVER, MB, R0L 1Z0
(204) 734-3466 SIC 5083
NYRSTAR MYRA FALLS LTD. p 195
1 Boliden Mine St, CAMPBELL RIVER, BC, V9W 5E2
(250) 287-9271 SIC 1481

O

O A C HOLDINGS LIMITED p 783
2525 Lancaster Rd, OTTAWA, ON, K1B 4L5
(613) 523-1540 SIC 7991
O C R I p 794
See INVEST OTTAWA
O I EMPLOYEE LEASING INC p 527
188 Mohawk St, BRANTFORD, ON, N3S 2X2
(519) 752-2230 SIC 8721
O I GROUP p 527
See O I EMPLOYEE LEASING INC
O P G p 626
See ONTARIO POWER GENERATION INC
O P G p 679
See ONTARIO POWER GENERATION INC
O P G p 739
See ONTARIO POWER GENERATION INC
O P G p 742
See ONTARIO POWER GENERATION INC
O P G p 813
See ONTARIO POWER GENERATION INC
O P G p 819
See ONTARIO POWER GENERATION INC
O P G p 879
See ONTARIO POWER GENERATION INC
O P G p 958
See ONTARIO POWER GENERATION INC
O T GROUP p 635
See DCB BUSINESS SYSTEMS GROUP INC
O W C A p 949
See ONTARIO CLEAN WATER AGENCY
O W L p 552
See ONE WORLD LOGISTICS OF AMERICA INC
O'BRYAN'S, KELLY NEIGHBOURHOOD RESTAURANT (2000) LTD p 226
262 Bernard Ave, KELOWNA, BC, V1Y 6N4
(250) 861-1338 SIC 5812
O'CONNELL DRIVE ELEMENTARY p 464
See HALIFAX REGIONAL SCHOOL BOARD
O'CONNELL, THOMAS INC p 1123
5700 Rue Notre-Dame O, Montreal, QC, H4C 1V1
(514) 932-2145 SIC 1711
O'CONNOR COMMUNITY CENTER p 758
See CORPORATION OF THE CITY OF TORONTO
O'CONNOR PUBLIC SCHOOL p 759
See TORONTO DISTRICT SCHOOL BOARD
O'CONNOR'S IRISH PUB p 802
650 Kanata Ave, OTTAWA, ON, K2T 1H6
(613) 270-0067 SIC 5813
O'DELL ELECTRIC LTD p 29
3827 15a St Se, CALGARY, AB, T2G 3N7
(403) 266-2935 SIC 1731
O'FARRELL, W. A. CHEVROLET LIMITED p 470
465 Westville Rd, NEW GLASGOW, NS, B2H 2J6
SIC 5511
O'FARRELLS CHEVROLET p 470
See O'FARRELL, W. A. CHEVROLET LIMITED
O'GORMAN HIGH SCHOOL p 884
See NORTHEASTERN CATHOLIC DISTRICT SCHOOL BOARD
O'GORMAN INTERMEDIATE p 884
See NORTHEASTERN CATHOLIC DISTRICT SCHOOL BOARD
O'LEARY FARMERS' CO-OPERATIVE ASSOCIATION LTD p 984
500 Main St, O'LEARY, PE, C0B 1V0
(902) 859-2550 SIC 5399
O'LEARY POTATO PACKERS LTD p 984
85 Ellis Ave, O'LEARY, PE, C0B 1V0
SIC 5148
O'LEARY SCHOOL p 984
See PUBLIC SCHOOLS BRANCH
O'MALLEY'S CATERING & RENTAL LTD p 733
580 Steven Crt Suite 5, NEWMARKET, ON, L3Y 6Z2
(905) 895-5082 SIC 5812
O'NEIL ELECTRIC SUPPLY p 841
See O'NEIL, EARL ELECTRIC SUPPLY LIMITED
O'NEIL ELECTRIC SUPPLY p 975
See O'NEIL, EARL ELECTRIC SUPPLY LIMITED
O'NEIL'S FARM EQUIPMENT (1971) LIMITED p 504
2461 Hwy 56, BINBROOK, ON, L0R 1C0
(905) 572-6714 SIC 5083
O'NEIL, EARL ELECTRIC SUPPLY LIMITED p 841
85 Progress Ave, SCARBOROUGH, ON, M1P 2Y7
(416) 609-1010 SIC 5999
O'NEIL, EARL ELECTRIC SUPPLY LIMITED p 975
150 Creditview Rd, WOODBRIDGE, ON, L4L 9N4
(416) 798-7722 SIC 5063
O'NEILL CENTER, THE p 934
See 848357 ONTARIO INC
O'NEILL COLLEGIATE & VOCATIONAL p 778
See DURHAM DISTRICT SCHOOL BOARD
O'REGAN MOTORS LIMITED p 447
60 Baker Dr Unit B, DARTMOUTH, NS, B2W 6L4
(902) 466-5775 SIC 5521
O'REGAN'S GREEN LIGHT USED CAR CENTRE p 447
See O'REGAN MOTORS LIMITED
O.C. TANNER RECOGNITION COMPANY LIMITED p 534
4200 Fairview St, BURLINGTON, ON, L7L 4Y8
(905) 632-3911 SIC 3999
O.C. TANNER RECOGNITION COMPANY LIMITED p 534
4200 Fairview St, BURLINGTON, ON, L7L 4Y8
(905) 632-7255 SIC 3999
O.E.M. REMANUFACTURING COMPANY INC p 96
13315 156 St Nw, EDMONTON, AB, T5V 1V2
(780) 468-6220 SIC 7538
O.J. PIPELINES CANADA p 147
1409 4 St, NISKU, AB, T9E 7M9
(780) 955-3900 SIC 1623
O.K. INDUSTRIES LTD p 204
801a 29th St, COURTENAY, BC, V9N 7Z5
(250) 338-7251 SIC 1611
O.K. INDUSTRIES LTD p 212
6357 Lake Cowichan Hwy, DUNCAN, BC, V9L 3Y2
(250) 748-2531 SIC 1611
O.K. TIRE STORES INC p 720
520 Abilene Dr, MISSISSAUGA, ON, L5T 2H7
(905) 564-5171 SIC 5014
O.K. TIRE STORES INC p 995
19101 Av Clark-Graham, Baie-D'Urfe, QC, H9X 3P5
(514) 457-5275 SIC 5014
O.K. TIRE STORES INC p 1300
3240 Idylwyld Dr N Suite 103, SASKATOON, SK, S7L 5Y7
(306) 933-1115 SIC 5014
O.N. TEL INC p 742
555 Oak St E, NORTH BAY, ON, P1B 8E3
(705) 472-4500 SIC 4813
O.S.I. PRECISION INC p 1190
2510 98e Rue, SAINT-GEORGES, QC, G6A 1E4
(418) 228-6868 SIC 3324
O.V. JEWITT COMMUNITY SCHOOL p 369
See SEVEN OAKS SCHOOL DIVISION
O/L ENTERPRISES INC p 428
Gd, LA SCIE, NL, A0K 3M0
(709) 675-2085 SIC 4832
OA HOLDINGS INC p 331
702 Fort St Suite 200, VICTORIA, BC, V8W 1H2
(250) 385-4333 SIC 7371
OAK BAY MARINA LTD p 292
1943 Peninsula Rd, UCLUELET, BC, V0R 3A0
(250) 726-7771 SIC 7011
OAK BAY MARINA LTD p 328
1327 Beach Dr, VICTORIA, BC, V8S 2N4
(250) 370-6509 SIC 4493
OAK BLUFF COMMUNITY SCHOOL p 352
See RED RIVER VALLEY SCHOOL DIVISION
OAK HILL BOYS RANCH p 6
See OAK HILL FOUNDATION
OAK HILL FOUNDATION p 6
Gd, BON ACCORD, AB, T0A 0K0
(780) 921-2121 SIC 8361
OAK ISLAND RESORT p 479
See I.M.P. GROUP INTERNATIONAL INCORPORATED
OAK LANE ENTERPRISES LTD p 334
4420 West Saanich Rd, VICTORIA, BC, V8Z 3E9
(250) 708-3900 SIC 5411
OAK LANE ENTERPRISES LTD p 335
1153 Esquimalt Rd, VICTORIA, BC, V9A 3N7
(250) 382-8001 SIC 5411
OAK LEAF CONFECTIONS CO. p 839
110 Sinnott Rd, SCARBOROUGH, ON, M1L 4S6
(416) 751-0895 SIC 2064
OAK LEAF CONFECTIONS CO. p 839
440 Comstock Rd, SCARBOROUGH, ON, M1L 2H6
(416) 751-0740 SIC 2064
OAK RIDGES p 824
See CONCORD FOOD CENTRE INC
OAK RIDGES MORAINE LAND TRUST p 733
18462 Bathurst St, NEWMARKET, ON, L3Y 4V9
(905) 853-3171 SIC 6021
OAK RIDGES PUBLIC SCHOOL p 824
See YORK REGION DISTRICT SCHOOL BOARD
OAK TERRACE p 775
See REVERA INC
OAK'S INN (WALLACEBURG) INC p 949
80 Mcnaughton Ave, WALLACEBURG, ON, N8A 1R9
SIC 7011
OAKBANK ELEMENTARY SCHOOL p 353
See SUNRISE SCHOOL DIVISION
OAKCREEK GOLF & TURF INC p 289
18785 96 Ave, SURREY, BC, V4N 3P5
(604) 882-8399 SIC 5941
OAKDALE GOLF AND COUNTRY CLUB, LIMITED, THE p 757
2388 Jane St, NORTH YORK, ON, M3M 1A8
(416) 245-3500 SIC 7997
OAKDALE GOLF AND COUNTRY CLUB, LIMITED, THE p 757
2388 Jane St, NORTH YORK, ON, M3M 1A8
(416) 245-7361 SIC 5941
OAKDALE KITCHENS INC p 758
92 Oakdale Rd, NORTH YORK, ON, M3N 1V9
(416) 741-1122 SIC 2434
OAKDALE PARK MIDDLE SCHOOL p 891
See TORONTO DISTRICT SCHOOL BOARD
OAKDALE PRO SHOP p 757
See OAKDALE GOLF AND COUNTRY CLUB, LIMITED, THE
OAKHAM HOUSE p 906
See PALIN FOUNDATION, THE
OAKLAND COMMUNITY ASSOCIATION p 328
See OAKLANDS COMMUNITY CENTRE
OAKLAND ELEMENTARY p 328
See BOARD OF EDUCATION OF SCHOOL DISTRICT NO. 61 (GREATER VICTORIA)
OAKLANDS COMMUNITY CENTRE p 328
2827 Belmont Ave Suite 1, VICTORIA, BC, V8R 4B2
(250) 370-9101 SIC 8399
OAKLEY PARK PUBLIC SCHOOL p 495
See SIMCOE COUNTY DISTRICT SCHOOL BOARD, THE
OAKRIDGE ACCOUNTING SERVICES LTD p 224
2604 Enterprise Way Unit 1, KELOWNA, BC, V1X 7Y5
(250) 712-3800 SIC 8721
OAKRIDGE GOLF CLUB p 817
See RIDGELAND DEVELOPMENTS LTD
OAKRIDGE JUNIOR PUBLIC SCHOOL p 886
See TORONTO DISTRICT SCHOOL BOARD
OAKRIDGE PUBLIC SCHOOL p 701
See PEEL DISTRICT SCHOOL BOARD
OAKRIDGE PUBLIC SCHOOL p 856
See DISTRICT SCHOOL BOARD OF NIAGARA
OAKRIDGE SAFEWAY p 300
See SOBEYS WEST INC
OAKRIDGE SECONDARY SCHOOL p 662
See THAMES VALLEY DISTRICT SCHOOL BOARD
OAKS CONCRETE PRODUCTS p 678
See BRAMPTON BRICK LIMITED
OAKVILLE ACADEMY FOR THE ARTS LTD, THE p 766
1011 Upper Middle Rd E Suite E, OAKVILLE, ON, L6H 5Z9
(905) 844-2787 SIC 7911
OAKVILLE BEAVER p 768
See METROLAND MEDIA GROUP LTD
OAKVILLE CLUB, LIMITED, THE p 767
56 Water St, OAKVILLE, ON, L6J 2Y3
(905) 845-0231 SIC 7997
OAKVILLE ENTERPRISES CORPORATION p 770

861 Redwood Sq Suite 1900, OAKVILLE, ON, L6L 6R6
(905) 825-9400   SIC 4911
OAKVILLE GOLF CLUB LIMITED, THE p 766
1154 Sixth Line, OAKVILLE, ON, L6H 6M1
(905) 845-8321   SIC 7997
OAKVILLE GYMNASTIC CLUB p 771
1415 Third Line, OAKVILLE, ON, L6M 3G2
(905) 847-7747   SIC 7999
OAKVILLE PUBLIC LIBRARY BOARD, THE p 771
1415 Third Line, OAKVILLE, ON, L6M 3G2
(905) 815-2039   SIC 8231
OAKVILLE SCHOOL p 353
See PORTAGE LA PRAIRIE SCHOOL DIVISION
OAKWAY HOLDINGS LTD p 283
9850 King George Blvd, SURREY, BC, V3T 4Y3
SIC 7011
OAKWOOD COLLEGIATE INSTITUTE p 934
See TORONTO DISTRICT SCHOOL BOARD
OAKWOOD COMMUNITY CENTRE p 971
See CORPORATION OF THE CITY OF WINDSOR
OAKWOOD INN & GOLF CLUB (GRAND BEND) INC p 597
70671 Bluewater Hwy, GRAND BEND, ON, N0M 1T0
(519) 238-2324   SIC 7011
OAKWOOD PUBLIC SCHOOL p 816
See DISTRICT SCHOOL BOARD OF NIAGARA
OAKWOOD RESORT GOLF & SPA p 597
See OAKWOOD INN & GOLF CLUB (GRAND BEND) INC
OAKWOOD SCHOOL p 971
See GREATER ESSEX COUNTY DISTRICT SCHOOL BOARD
OAR HOUSE SPORTS BAR & GRILL p 662
See MCG. RESTAURANTS (WONDERLAND) INC
OAR HOUSE SPORTS BAR & GRILL p 771
See MCG. RESTAURANTS (WONDERLAND) INC
OB GOLF MANAGEMENT LP p 950
75 King St S, WATERLOO, ON, N2J 1P2
(519) 749-8893   SIC 7997
OBI p 727
See OTTAWA BUSINESS INTERIORS LTD
OBLAWS p 1256
See PROVIGO INC
OBSCO BEAUTY SUPPLY p 706
See BEAUTY SYSTEMS GROUP (CANADA) INC
OBSIDIAN ENERGY LTD p 72
6521 50 Ave W, DRAYTON VALLEY, AB, T7A 1S1
(780) 542-8600   SIC 1311
OBSIDIAN ENERGY LTD p 173
Gd, WAINWRIGHT, AB, T9W 1M3
(780) 842-4677   SIC 1311
OBSTRETICS & GYNECOLOGY, DEPARTMENT OF p 460
See IZAAK WALTON KILLAM HEALTH CENTRE, THE
OC CANADA HOLDINGS COMPANY p 116
831 Hayter Rd Nw, EDMONTON, AB, T6S 1A1
(780) 472-6644   SIC 5033
OC CANADA HOLDINGS COMPANY p 529
11 Spalding Dr, BRANTFORD, ON, N3T 6B7
(519) 752-5436   SIC 3296
OC CANADA HOLDINGS COMPANY p 599
247 York Rd, GUELPH, ON, N1E 3G4
(519) 824-0120   SIC 3296
OC CANADA HOLDINGS COMPANY p 1009
131 Boul Montcalm N, CANDIAC, QC, J5R 3L6
(450) 619-2000   SIC 3296
OCEAN AND JACK FM, THE p 332

See ROGERS MEDIA INC
OCEAN CARGO DIVISION p 720
See NIPPON EXPRESS CANADA LTD
OCEAN CHOICE INTERNATIONAL L.P. p 423
28 Campbell St Suite 10, BONAVISTA, NL, A0C 1B0
(709) 468-7840   SIC 5421
OCEAN CHOICE INTERNATIONAL L.P. p 431
Gd, PORT UNION, NL, A0C 2J0
(709) 469-2211   SIC 2092
OCEAN CONCRETE p 329
See LEHIGH HANSON MATERIALS LIMITED
OCEAN GROVE ELEMENTARY SCHOOL p 194
See BOARD OF EDUCATION SCHOOL DISTRICT 72 (CAMPBELL RIVER), THE
OCEAN MARINE TOWING SERVICES p 304
See LEHIGH HANSON MATERIALS LIMITED
OCEAN MOVING & STORAGE p 453
See THOMPSON'S MOVING GROUP LIMITED
OCEAN PIPE DIV OF p 319
See LEHIGH HANSON MATERIALS LIMITED
OCEAN SEAFOOD COMPANY p 842
See 602390 ONTARIO LIMITED
OCEAN STEEL & CONSTRUCTION LTD p 400
550 Wilsey Rd, FREDERICTON, NB, E3B 7K2
(506) 444-7989   SIC 3441
OCEAN TRAILER p 16
See C. KEAY INVESTMENTS LTD
OCEAN TRAILER p 96
See C. KEAY INVESTMENTS LTD
OCEANAGOLD CORPORATION p 322
777 Hornby Street Suite 1910, VANCOUVER, BC, V6Z 1S4
(604) 235-3360   SIC 1081
OCEANEX INC p 435
10 Fort William Pl Suite 701, ST. JOHN'S, NL, A1C 1K4
(709) 758-0382   SIC 4424
OCEANEX INC p 435
701 Kent Fort William Place, ST. JOHN'S, NL, A1C 1K4
(709) 722-6280   SIC 4424
OCEANEX INC p 1112
630 Boul Rene-Levesque O Bureau 2550, MONTREAL, QC, H3B 1S6
(514) 875-8558   SIC 4424
OCEANIA BATHS INC p 1247
591 Rue Des Entreprises, THETFORD MINES, QC, G6H 4B2
(418) 332-4224   SIC 3272
OCEANS RETAIL INVESTMENTS INC p 180
2054 Whatcom Rd Suite 1, ABBOTSFORD, BC, V3G 2K8
(604) 850-8951   SIC 5541
OCEANSIDE MIDDLE SCHOOL p 251
See SCHOOL DISTRICT NO 69 (QUALICUM)
OCEANV CLIFF ELEMENTARY p 288
See SCHOOL DISTRICT NO 36 (SURREY)
OCEANVIEW ELEMENTARY SCHOOL p 454
See HALIFAX REGIONAL SCHOOL BOARD
OCHRE PARK SCHOOL p 158
See STURGEON SCHOOL DIVISION #24
OCTC p 625
See OTTAWA CHILDREN'S TREATMENT CENTRE
OCTOGONE BIBLIOTHEQUE MUNICIPALE DE LASALLE p 1060
See VILLE DE MONTREAL ARRONDISSEMENT LASALLE
OCWA p 910
See ONTARIO CLEAN WATER AGENCY
ODD 1 p 1093

5000 Rue D'iberville Bureau 322, Montreal, QC, H2H 2S6
SIC 7371
ODD FELLOWS LOW RENTAL HOUSING SOCIETY p 294
See THREE LINKS HOUSING SOCIETY
ODESIA SOLUTIONS INC p 1112
1 Place Ville-Marie, Montreal, QC, H3B 4E7
(514) 876-1155   SIC 7379
ODESSA CANADA p 1006
See SPORTS ODESSA CANADA INC
ODESSA PUBLIC SCHOOL p 772
See LIMESTONE DISTRICT SCHOOL BOARD
ODLUM BROWN LIMITED p 308
250 Howe St Suite 1100, VANCOUVER, BC, V6C 3S9
(604) 669-1600   SIC 6211
OERLIKON METCO (CANADA) INC p 123
10108 114 St, FORT SASKATCHEWAN, AB, T8L 4R1
(780) 992-5100   SIC 3399
OEUFS BRETON, LES p 1175
See VIANDES DU BRETON INC, LES
OEUVRES DE L'HOTEL-DIEU SAINT-JOSEPH INC, LES p 419
429 Rue Principale, SAINT-BASILE, NB, E7C 1J2
(506) 263-5546   SIC 8361
OFF THE WALL p 182
See WEST 49 GROUP INC
OFF THE WALL p 322
See WEST 49 GROUP INC
OFFICE DES CONGRES ET DU TOURISME DU GRAND MONTREAL INC, L' p 1112
800 Boul Rene-Levesque O Bureau 2450, Montreal, QC, H3B 1X9
(514) 844-5400   SIC 8743
OFFICE DU TOURISME DE QUEBEC p 1158
See VILLE DE QUEBEC
OFFICE DU TOURISME DE QUEBEC, L p 1150
See VILLE DE QUEBEC
OFFICE EXTERNAL RELATIONS, THE p 456
See DALHOUSIE UNIVERSITY
OFFICE MOVER LTD, THE p 683
2798 Thamesgate Dr Unit 6, MISSISSAUGA, ON, L4T 4E8
(905) 673-6683   SIC 4212
OFFICE OF OPEN LEARNING p 601
See UNIVERSITY OF GUELPH
OFFICE OF RESEARCH p 1116
See UNIVERSITE CONCORDIA
OFFICE OF RESEARCH SERVICES p 632
See QUEEN'S UNIVERSITY AT KINGSTON
OFFICE OF THE CHIEF INFORMATION OFFICER p 940
See GOVERNMENT OF ONTARIO
OFFICE OF THE OMBUDSMAN p 791
See GOVERNMENT OF ONTARIO
OFFICE OF THE PUBLIC TRUSTEE, THE p 28
See GOVERNMENT OF THE PROVINCE OF ALBERTA
OFFICE OF THE VICE PRESIDENT RESEARCH p 1303
See UNIVERSITY OF SASKATCHEWAN
OFFICE OF UNIVERSITY OPERATIONS p 925
See GOVERNING COUNCIL OF THE UNIVERSITY OF TORONTO
OFFICE PRODUCTS GROUP, DIV OF p 675
See TOSHIBA OF CANADA LIMITED
OFFICE TEAM p 45
See HALF, ROBERT CANADA INC
OFFICEMAXMD GRAND&TOY p 753
See GRAND & TOY LIMITED
OFFICETEAM, DIV OF p 694
See HALF, ROBERT CANADA INC

OFGO p 558
See DSI INDUSTRIES INC
OGDEN BRANCH NO 154 p 19
See ROYAL CANADIAN LEGION, THE
OGDEN COMMUNITY SCHOOL p 880
See LAKEHEAD DISTRICT SCHOOL BOARD
OGILVIE ADM MILLING p 143
See ADM AGRI-INDUSTRIES COMPANY
OGILVIE VILLA RETIREMENT HOME p 595
See REVERA INC
OGILVIE, BRIAN HOLDING LTD p 153
88 Howarth St Suite 5, RED DEER, AB, T4N 6V9
(403) 342-6307   SIC 5541
OGILVY p 1116
See MAISON OGILVY INC, LA
OGILVY & ACTION DIV p 910
See WPP GROUP CANADA COMMUNICATIONS LIMITED
OGILVY MONTREAL INC p 1103
215 Rue Saint-Jacques Bureau 333, Montreal, QC, H2Y 1M6
(514) 861-1811   SIC 7311
OHL CONSTRUCTION CANADA INC p 685
5915 Airport Rd Suite 425, MISSISSAUGA, ON, L4V 1T1
(647) 260-4880   SIC 7363
OHR SPRING MANAGEMENT LTD p 340
4899 Painted Cliff Rd, WHISTLER, BC, V0N 1B4
(604) 905-3400   SIC 7011
OIL AND GAS p 712
See WEIR CANADA, INC
OIL LIFT TECHNOLOGY INC p 24
19 Aero Dr Ne Unit 37, CALGARY, AB, T2E 8Z9
(403) 291-5300   SIC 3533
OIL LIFT TECHNOLOGY INC p 24
950 64 Ave Ne Unit 37, CALGARY, AB, T2E 8S8
(403) 295-4370   SIC 3533
OIL SANDS GROUP p 121
See SUNCOR ENERGY INC
OILDEX p 50
See TRANSZAP P2P CANADA, INC
OILFIELDS GENERAL HOSPITAL p 6
See ALBERTA HEALTH SERVICES
OILSANDS QUEST SASK INC p 52
326 11 Ave Sw Suite 800, CALGARY, AB, T2R 0C5
SIC 1382
OK BUILDERS SUPPLIES LTD p 226
1095 Ellis St, KELOWNA, BC, V1Y 1Z3
(250) 762-2422   SIC 5211
OK PNEUS p 995
See O.K. TIRE STORES INC
OKANAGAN CAMPUS p 222
See UNIVERSITY OF BRITISH COLUMBIA, THE
OKANAGAN COLLEGE p 226
1000 K.L.O. Rd Unit A108, KELOWNA, BC, V1Y 4X8
(250) 862-5480   SIC 7371
OKANAGAN COLLEGE p 251
9315 350th Ave, OLIVER, BC, V0H 1T0
(250) 498-6264   SIC 8221
OKANAGAN COLLEGE p 276
2552 Trans Canada Hwy Ne, SALMON ARM, BC, V1E 2S4
(250) 832-2126   SIC 8221
OKANAGAN COLLEGE p 276
2552 Trans Canada Hwy Ne, SALMON ARM, BC, V1E 2S4
(250) 804-8888   SIC 8221
OKANAGAN FALLS ELEMENTARY SCHOOL p 250
See SCHOOL DISTRICT NO. 53 (OKANAGAN SIMILKAMEEN)
OKANAGAN GENERAL PARTNERSHIP p 222
3333 University Way, KELOWNA, BC, V1V 1V7
(250) 807-9851   SIC 5812

▲ Public Company   ■ Public Company Family Member   HQ Headquarters   BR Branch   SL Single Location

OKANAGAN LANDING ELEMENTARY SCHOOL p 325
See SCHOOL DISTRICT NO 22 (VERNON)
OKANAGAN REGIONAL LIBRARY DISTRICT p 226
1380 Ellis St, KELOWNA, BC, V1Y 2A2
(250) 762-2800   SIC 8231
OKANAGAN REGIONAL LIBRARY DISTRICT p 326
3001 32 Ave, VERNON, BC, V1T 2L8
(250) 542-7610   SIC 8231
OKANAGAN REGIONAL LIBRARY DISTRICT p 341
10150 Bottom Wood Lake Rd Suite 2, WINFIELD, BC, V4V 2M1
(250) 766-3141   SIC 8231
OKANAGAN SPRING BREWERY p 326
See SLEEMAN BREWERIES LTD
OKANAGAN SPRING BREWERY p 604
See SLEEMAN BREWERIES LTD
OKE WOODSMITH BUILDING SYSTEMS INC p 597
70964 Bluewater Hwy Suite 9, GRAND BEND, ON, N0M 1T0
(519) 238-8893   SIC 1521
OKOTOKS HEALTH AND WELLNESS CENTRE p 148
See ALBERTA HEALTH SERVICES
OKOTOKS HOME SCHOOLING p 148
See CHRIST THE REDEEMER CATHOLIC SEPARATE REGIONAL DIVISION NO. 3
OKOTOKS JUNIOR HIGH SCHOOL p 148
See FOOTHILLS SCHOOL DIVISION NO. 38
OKOTOKS SAFEWAY p 149
See SOBEYS WEST INC
OKOTOKS WESTERN WHEEL NEWSPAPER p 149
See WESTERN WHEEL PUBLISHING LTD, THE
OLAMETER INC p 491
300 Industrial Pky S, AURORA, ON, L4G 3T9
(905) 841-1167   SIC 7389
OLD BRITE MAINTENANCE SERVICES LTD p 690
5155 Spectrum Way Suite 34, MISSISSAUGA, ON, L4W 5A1
(905) 602-5108   SIC 7349
OLD DUTCH FOODS LTD p 19
3103 54 Ave Se, CALGARY, AB, T2C 0A9
(403) 279-2771   SIC 2096
OLD DUTCH FOODS LTD p 92
18027 114 Ave Nw, EDMONTON, AB, T5S 1T8
(780) 453-2341   SIC 2096
OLD DUTCH FOODS LTD p 193
7800 Fraser Park Dr, BURNABY, BC, V5J 5L8
(604) 430-9955   SIC 2096
OLD DUTCH FOODS LTD p 373
100 Bentall St, WINNIPEG, MB, R2X 2Y5
(204) 632-0249   SIC 2096
OLD DUTCH FOODS LTD p 403
179 Mclean Ave, HARTLAND, NB, E7P 2K6
(506) 375-4474   SIC 2096
OLD DUTCH FOODS LTD p 683
7385 Bren Rd Suite 1, MISSISSAUGA, ON, L4T 1H3
SIC 2096
OLD DUTCH FOODS LTD p 985
4 Slemon Park Dr, SUMMERSIDE, PE, C1N 4K4
(902) 888-5160   SIC 2096
OLD DUTCH FOODS LTD p 1152
669 Av Godin, Quebec, QC, G1M 3E6
(418) 683-0453   SIC 2096
OLD HOUSE RESTAURANT, THE p 204
See RIVERHOUSE ENTERPRISES LTD

OLD NAVY p 335
See OLD NAVY (CANADA) INC
OLD NAVY p 338
See OLD NAVY (CANADA) INC
OLD NAVY p 381
See OLD NAVY (CANADA) INC
OLD NAVY p 495
See OLD NAVY (CANADA) INC
OLD NAVY p 615
See OLD NAVY (CANADA) INC
OLD NAVY p 869
See OLD NAVY (CANADA) INC
OLD NAVY p 1020
See OLD NAVY (CANADA) INC
OLD NAVY p 1182
See OLD NAVY (CANADA) INC
OLD NAVY p 1303
See OLD NAVY (CANADA) INC
OLD NAVY (CANADA) INC p 10
2525 36 St Ne Suite 3, CALGARY, AB, T1Y 5T4
(403) 590-9501   SIC 5651
OLD NAVY (CANADA) INC p 85
13158 137 Ave, EDMONTON, AB, T5L 5G6
(780) 478-4477   SIC 5651
OLD NAVY (CANADA) INC p 226
2271 Harvey Ave Ste 877, KELOWNA, BC, V1Y 6H2
(250) 860-0151   SIC 5651
OLD NAVY (CANADA) INC p 231
20202 66 Ave Suite 210, LANGLEY, BC, V2Y 1P3
(604) 539-8559   SIC 5651
OLD NAVY (CANADA) INC p 271
6551 No. 3 Rd Suite 1410, RICHMOND, BC, V6Y 2B6
(604) 303-6700   SIC 5651
OLD NAVY (CANADA) INC p 335
3170 Tillicum Rd Suite 150, VICTORIA, BC, V9A 7C5
(250) 386-8797   SIC 5651
OLD NAVY (CANADA) INC p 338
860 Main St Suite 1d, WEST VANCOUVER, BC, V7T 2Z3
(604) 921-8808   SIC 5651
OLD NAVY (CANADA) INC p 381
830 St James St, WINNIPEG, MB, R3G 3J7
(204) 786-3868   SIC 5651
OLD NAVY (CANADA) INC p 414
90 Consumers Dr, SAINT JOHN, NB, E2J 4Z3
(506) 634-7597   SIC 5651
OLD NAVY (CANADA) INC p 484
20 Kingston Rd W, AJAX, ON, L1T 4K8
(905) 426-1221   SIC 5651
OLD NAVY (CANADA) INC p 495
468 Bayfield St, BARRIE, ON, L4M 5A2
(705) 725-0067   SIC 5651
OLD NAVY (CANADA) INC p 504
390 North Front St, BELLEVILLE, ON, K8P 3E1
(613) 962-0484   SIC 5651
OLD NAVY (CANADA) INC p 543
70 Pinebush Rd, CAMBRIDGE, ON, N1R 8K5
(519) 621-4612   SIC 5651
OLD NAVY (CANADA) INC p 600
435 Stone Rd W, GUELPH, ON, N1G 2X6
(519) 763-4158   SIC 5651
OLD NAVY (CANADA) INC p 615
999 Upper Wentworth St, HAMILTON, ON, L9A 4X5
(905) 318-4506   SIC 5651
OLD NAVY (CANADA) INC p 639
1400 Ottawa St S, KITCHENER, ON, N2E 4E2
(519) 568-7463   SIC 5651
OLD NAVY (CANADA) INC p 698
100 City Centre Dr Unit E6, MISSISSAUGA, ON, L5B 2C9
(905) 275-5155   SIC 5651
OLD NAVY (CANADA) INC p 705
5100 Erin Mills Pky Unit B200a, MISSISSAUGA, ON, L5M 4Z5

(905) 828-0521   SIC 5651
OLD NAVY (CANADA) INC p 733
17600 Yonge St Suite 257, NEWMARKET, ON, L3Y 4Z1
(905) 830-1892   SIC 5651
OLD NAVY (CANADA) INC p 841
300 Borough Dr Suite 2, SCARBOROUGH, ON, M1P 4P5
(416) 279-1143   SIC 5651
OLD NAVY (CANADA) INC p 869
1599 Marcus Dr Unit 1, SUDBURY, ON, P3B 4K6
(705) 525-8233   SIC 5651
OLD NAVY (CANADA) INC p 879
389 Main St, THUNDER BAY, ON, P7B 5L6
(807) 622-8800   SIC 5651
OLD NAVY (CANADA) INC p 886
6 Lebovic Ave Unit 1, TORONTO, ON, M1L 4V9
(416) 757-1481   SIC 5651
OLD NAVY (CANADA) INC p 933
1 Yorkdale Rd, TORONTO, ON, M6A 3A1
(416) 787-9384   SIC 5651
OLD NAVY (CANADA) INC p 966
3100 Howard Ave, WINDSOR, ON, N8X 3Y8
(519) 250-8112   SIC 5651
OLD NAVY (CANADA) INC p 1020
3035 Boul Le Carrefour, Cote Saint-Luc, QC, H7T 1C8
(450) 682-9410   SIC 5651
OLD NAVY (CANADA) INC p 1142
6801 Aut Transcanadienne, POINTE-CLAIRE, QC, H9R 5J2
(514) 630-7771   SIC 5651
OLD NAVY (CANADA) INC p 1182
1241 Boul Des Promenades, SAINT-BRUNO, QC, J3V 6H1
(450) 441-6300   SIC 5651
OLD NAVY (CANADA) INC p 1290
3120 E Quance St, REGINA, SK, S4V 3B8
(306) 775-1860   SIC 5651
OLD NAVY (CANADA) INC p 1303
1715 Preston Ave N, SASKATOON, SK, S7N 4V2
(306) 653-4420   SIC 5651
OLD ORCHARD INN LIMITED p 480
153 Greenwich Rd S, WOLFVILLE, NS, B4P 2R2
(902) 542-5751   SIC 7011
OLD REPUBLIC INSURANCE COMPANY OF CANADA p 611
100 King St W Suite 1100, HAMILTON, ON, L8P 1A2
(905) 523-5936   SIC 6331
OLD SCONA ACADEMIC HIGH SCHOOL p 104
See EDMONTON SCHOOL DISTRICT NO. 7
OLD SPAGHETTI FACTORY (EDMONTON) LTD p 95
8882 170 St Nw Suite 1632, EDMONTON, AB, T5T 4M2
(780) 444-2181   SIC 5812
OLD SPAGHETTI FACTORY (WHISTLER) LTD p 340
4154 Village Green, WHISTLER, BC, V0N 1B4
(604) 938-1081   SIC 5812
OLD SPAGHETTI FACTORY, THE p 4
317 Banff Ave 2nd Fl, BANFF, AB, T1L 1A2
(403) 760-2779   SIC 5812
OLD SPAGHETTI FACTORY, THE p 50
See WATER STREET SPAGHETTI CORPORATION, THE
OLD SPAGHETTI FACTORY, THE p 95
See OLD SPAGHETTI FACTORY (EDMONTON) LTD
OLD SPAGHETTI FACTORY, THE p 332
See WATER STREET (VANCOUVER) SPAGHETTI CORP
OLD STONE BRING COMPANY, THE p 808
See HOT BELLY MAMAS
OLD YALE ROAD ELEMENTARY SCHOOL p 284

See SCHOOL DISTRICT NO 36 (SURREY)
OLDCASTLE BUILDING ENVELOPE p 234
See MATERIAUX DE CONSTRUCTION OLDCASTLE CANADA INC, LES
OLDCASTLE BUILDINGENVELOPE CANADA INC p 561
210 Great Gulf Dr, CONCORD, ON, L4K 5W1
(905) 660-4520   SIC 3211
OLDE YORK POTATO CHIPS p 516
See SARATOGA POTATO CHIP COMPANY INC
OLDHAM BATTERIES CANADA INC p 991
9650 Rue Colbert, ANJOU, QC, H1J 2N2
(514) 355-5110   SIC 3692
OLDS ALBERTAN, THE p 149
See MOUNTAIN VIEW PUBLISHING INC
OLDS HOSPITAL & CARE CENTRE p 149
See ALBERTA HEALTH SERVICES
OLDS KOINONIA CHRISTIAN SCHOOL p 149
Gd Stn Main, OLDS, AB, T4H 1R4
(403) 556-4038   SIC 8211
OLDS OPERATIONS p 149
See PENGROWTH ENERGY CORPORATION
OLG p 750
See ONTARIO LOTTERY AND GAMING CORPORATION
OLG CASINO SAULT STE MARIE p 831
See ONTARIO LOTTERY AND GAMING CORPORATION
OLG LONDON DISTRIBUTION CENTRE p 650
See ONTARIO LOTTERY AND GAMING CORPORATION
OLG SLOTS AT AJAX DOWNS p 484
See ONTARIO LOTTERY AND GAMING CORPORATION
OLIN CANADA ULC p 997
675 Boul Alphonse-Deshaies, Becancour, QC, G9H 2Y8
(819) 294-6633   SIC 2819
OLIN PRODUITS CHLORALCALIS p 997
See OLIN CANADA ULC
OLIO CUISINE DECOUVERTES p 1169
See 9126-5546 QUEBEC INC
OLIVE DEVAUD RESIDENCE p 258
See VANCOUVER COASTAL HEALTH AUTHORITY
OLIVE GARDEN p 93
See RED LOBSTER HOSPITALITY LLC
OLIVE GARDEN p 362
See RED LOBSTER HOSPITALITY LLC
OLIVE GARDEN p 381
See RED LOBSTER HOSPITALITY LLC
OLIVE GARDEN p 381
1544 Portage Ave, WINNIPEG, MB, R3G 0W9
(204) 774-9725   SIC 5812
OLIVE GARDEN ITALIAN RESTAURANT p 233
20080 Langley Bypass, LANGLEY, BC, V3A 9J7
(604) 514-3499   SIC 5812
OLIVE GARDEN RESTAURANT p 111
See RED LOBSTER HOSPITALITY LLC
OLIVER ELEMENTARY SCHOOL p 83
See EDMONTON SCHOOL DISTRICT NO. 7
OLIVER LODGE p 1300
1405 Faulkner Cres, SASKATOON, SK, S7L 3R5
(306) 382-4111   SIC 8361
OLIVER OLIVES INC p 506
99 Pillsworth Rd, BOLTON, ON, L7E 4E4
(905) 951-9096   SIC 2033
OLIVER ROAD ELEMENTARY SCHOOL p 878
See LAKEHEAD DISTRICT SCHOOL BOARD
OLIVER SAFEWAY p 83
See SOBEYS WEST INC
OLIVER STEPHENS PUBLIC SCHOOL p

978
See THAMES VALLEY DISTRICT SCHOOL BOARD

OLIVER-OSOYOOS CENTRE p 251
See OKANAGAN COLLEGE

OLIVIER KAMOURASKA CHRYSLER DODGE JEEP RAM p 1219
See AUTOMOBILE KAMOURASKA (1992) INC

OLS p 451
See HGS CANADA INC

OLSON CANADA, INC p 912
17 Fl, TORONTO, ON, M5G 1S5
(416) 848-4115   SIC 7311

OLYMEL p 1003
See COOP FEDEREE, LA

OLYMEL p 1004
See OLYMEL S.E.C.

OLYMEL p 1029
See ALIMENTS PRINCE, S.E.C.

OLYMEL p 1184
See COOP FEDEREE, LA

OLYMEL p 1248
See OLYMEL S.E.C.

OLYMEL DRUMMONDVILLE p 1030
See OLYMEL S.E.C.

OLYMEL FLAMINGO SAINT DAMASE p 1184
See OLYMEL S.E.C.

OLYMEL FLAMINGO, DIV OF p 1193
See COOP FEDEREE, LA

OLYMEL S.E.C. p 155
7550 40 Ave, RED DEER, AB, T4P 2H8
(403) 343-8700   SIC 2013

OLYMEL S.E.C. p 515
318 Orenda Rd, BRAMPTON, ON, L6T 1G1
(905) 793-5757   SIC 2015

OLYMEL S.E.C. p 565
2330 Industrial Park Dr, CORNWALL, ON, K6H 7N1
(613) 323-3040   SIC 2011

OLYMEL S.E.C. p 991
7770 Rue Grenache, ANJOU, QC, H1J 1C3
(514) 353-2830   SIC 2011

OLYMEL S.E.C. p 998
580 Rue Laferriere, BERTHIERVILLE, QC, J0K 1A0
(450) 836-1651   SIC 2011

OLYMEL S.E.C. p 1004
1580 Rue Eiffel, BOUCHERVILLE, QC, J4B 5Y1
(450) 449-6344   SIC 5147

OLYMEL S.E.C. p 1004
1580 Rue Eiffel, BOUCHERVILLE, QC, J4B 5Y1
(514) 858-9000   SIC 2011

OLYMEL S.E.C. p 1030
255 Rue Rocheleau, DRUMMONDVILLE, QC, J2C 7G2
(819) 475-3030   SIC 2011

OLYMEL S.E.C. p 1144
155 Rue Saint-Jean-Baptiste N, PRINCEVILLE, QC, G6L 5C9
(819) 364-5501   SIC 2011

OLYMEL S.E.C. p 1184
249 Rue Principale, SAINT-DAMASE, QC, J0H 1J0
(450) 797-3382   SIC 2015

OLYMEL S.E.C. p 1185
125 Rue Saint-Isidore, SAINT-ESPRIT, QC, J0K 2L0
(450) 839-7258   SIC 2011

OLYMEL S.E.C. p 1185
57 125 Rte, SAINT-ESPRIT, QC, J0K 2L0
(450) 839-7258   SIC 4212

OLYMEL S.E.C. p 1185
57 125 Rte, SAINT-ESPRIT, QC, J0K 2L0
(450) 839-7258   SIC 2011

OLYMEL S.E.C. p 1194
3250 Boul Laurier E, SAINT-HYACINTHE, QC, J2R 2B6
(450) 773-6661   SIC 2011

OLYMEL S.E.C. p 1195
1425 Av St-Jacques, SAINT-HYACINTHE, QC, J2S 6M7
(450) 778-2211   SIC 7299

OLYMEL S.E.C. p 1196
3380 Rue Principale Bureau 430, SAINT-JEAN-BAPTISTE, QC, J0L 2B0
(450) 467-2875   SIC 2015

OLYMEL S.E.C. p 1199
770 Rue Claude, SAINT-JEAN-SUR-RICHELIEU, QC, J3B 2W5
(450) 347-2241   SIC 2011

OLYMEL S.E.C. p 1248
531 Rue Des Erables, Trois-Rivieres, QC, G8T 7Z7
(819) 376-3770   SIC 5147

OLYMEL S.E.C. p 1255
568 Ch De L'ecore S, Vallee-Jonction, QC, G0S 3J0
(418) 253-5437   SIC 2011

OLYMEL SEC DE SAINT-ESPRIT p 1185
See OLYMEL S.E.C.

OLYMEL STE-ROSALIE p 1194
See OLYMEL S.E.C.

OLYMEL/FLAMINGO p 998

OLYMPIA BANQUET CENTRE INC p 607
1162 Barton St E, HAMILTON, ON, L8H 2V6
(905) 643-4291   SIC 5812

OLYMPIA CATERING & BANQUET CENTRE p 607
See OLYMPIA BANQUET CENTRE INC

OLYMPIA TILE INTERNATIONAL INC p 187
2350 Willingdon Ave, BURNABY, BC, V5C 5J6
(604) 294-2244   SIC 5032

OLYMPIA TILE INTERNATIONAL INC p 1212
555 Rue Locke, SAINT-LAURENT, QC, H4T 1X7
(514) 345-8666   SIC 5032

OLYMPIC BROADCASTING SERVICES VANCOUVER LTD p 247
555 Brooksbank Ave Unit 210, NORTH VANCOUVER, BC, V7J 3S5
SIC 7812

OLYMPIC HEIGHTS ELEMENTARY SCHOOL p 62
See CALGARY BOARD OF EDUCATION

OLYMPIC INDUSTRIES, INC p 248
221 Esplanade W Suite 402, NORTH VANCOUVER, BC, V7M 3J8
(604) 985-2115   SIC 5031

OLYMPIC INTERNATIONAL SERVICE AGENCY LTD p 247
344 Harbour Ave, NORTH VANCOUVER, BC, V7J 2E9
(604) 986-1400   SIC 7623

OMCAN p 704
See OMCAN MANUFACTURING & DISTRIBUTING COMPANY INC

OMCAN MANUFACTURING & DISTRIBUTING COMPANY INC p 704
3115 Pepper Mill Crt, MISSISSAUGA, ON, L5L 4X5
(905) 828-0234   SIC 5084

OMD CANADA p 915
67 Richmond St W Suite 2, TORONTO, ON, M5H 1Z5
(416) 681-5600   SIC 7319

OMEGA DIRECT RESPONSE INC p 821
30 Wertheim Crt Unit 12, RICHMOND HILL, ON, L4B 1B9
(416) 733-9911   SIC 7389

OMEGA JOIST p 148
See SAMUEL, SON & CO., LIMITED

OMER DESERRES INC p 722
785 Britannia Rd W, MISSISSAUGA, ON, L5V 2Y1
(905) 363-2791   SIC 5999

OMER DESERRES INC p 766
2501 Hyde Park Gate, OAKVILLE, ON, L6H 6G6
(905) 829-9181   SIC 5999

OMER DESERRES INC p 892
2056 Danforth Ave, TORONTO, ON, M4C 1J6
(416) 422-2443   SIC 5999

OMER DESERRES INC p 1095
1265 Rue Berri Bureau 1000, Montreal, QC, H2L 4X4
(514) 842-6695   SIC 5999

OMER DESERRES INC p 1101
334 Rue Sainte-Catherine E, Montreal, QC, H2X 1L7
(514) 842-3021   SIC 5945

OMER DESERRES INC p 1125
1001 Rue Du Marche-Central, Montreal, QC, H4N 1J8
(514) 908-0505   SIC 5999

OMER DESERRES INC p 1168
1505 Boul Lebourgneuf, Quebec, QC, G2K 2G3
(418) 266-0303   SIC 5999

OMER DESERRES INC p 1193
4055 Boul Taschereau, SAINT-HUBERT, QC, J4T 2G6
(450) 443-6669   SIC 5999

OMG BELLEVILLE LIMITED p 502
30 Dussek St, BELLEVILLE, ON, K8N 5R8
(613) 966-8881   SIC 2851

OMICRON AEC p 47
See OMICRON ARCHITECTURE ENGINEERING CONSTRUCTION LTD

OMICRON ARCHITECTURE ENGINEERING CONSTRUCTION LTD p 47
833 4 Ave Sw Suite 500, CALGARY, AB, T2P 3T5
(403) 262-9733   SIC 8712

OMICRON ARCHITECTURE ENGINEERING CONSTRUCTION LTD p 323
595 Burrard St, VANCOUVER, BC, V7X 1M7
(604) 632-3350   SIC 8712

OMNI FACILITY SERVICES p 417
See GDI SERVICES (CANADA) LP

OMNI HEALTH CARE LIMITED PARTNERSHIP p 808
1155 Water St, PETERBOROUGH, ON, K9H 3P8
(705) 748-6706   SIC 8051

OMNI HEALTH CARE LTD p 491
13837 Yonge St, AURORA, ON, L4G 0N9
(905) 727-0128   SIC 8051

OMNI HEALTH CARE LTD p 530
12 Applewood Dr, BRIGHTON, ON, K0K 1H0
(613) 475-2442   SIC 8051

OMNI HEALTH CARE LTD p 548
320 Burnbrae Rd E Rr 3, CAMPBELLFORD, ON, K0L 1L0
(705) 653-4100   SIC 8051

OMNI HEALTH CARE LTD p 555
19 James St W, COBOURG, ON, K9A 2J8
(905) 372-0163   SIC 8051

OMNI HEALTH CARE LTD p 624
6501 Campeau Dr Suite 353, KANATA, ON, K2K 3E9
(613) 599-1991   SIC 8051

OMNI HEALTH CARE LTD p 625
100 Aird Pl, KANATA, ON, K2L 4H8
(613) 254-9702   SIC 8051

OMNI HEALTH CARE LTD p 647
225 Mary St W, LINDSAY, ON, K9V 5K3
(705) 324-8333   SIC 8361

OMNI HEALTH CARE LTD p 666
30 Mille Roches Rd Suite 388, LONG SAULT, ON, K0C 1P0
(613) 534-2276   SIC 8051

OMNI HEALTH CARE LTD p 764
99 Alma St, NORWOOD, ON, K0L 2V0
(705) 639-5590   SIC 8051

OMNI HEALTH CARE LTD p 810
2020 Fisher Dr, PETERBOROUGH, ON, K9J 6X6
SIC 8051

OMNI HEALTH CARE LTD p 847
166 Pleasant Dr Rr 1, SELBY, ON, K0K 2Z0
(613) 388-2693   SIC 8051

OMNI HOLDINGS INC p 811
1840 Lansdowne St W Unit 12, PETERBOROUGH, ON, K9K 2M9
(705) 748-6631   SIC 8051

OMNICOM CANADA CORP p 81
10025 102a Ave Nw Unit 1900, EDMONTON, AB, T5J 2Z2
(780) 424-7000   SIC 7311

OMNICOM CANADA CORP p 322
777 Hornby St Suite 1600, VANCOUVER, BC, V6Z 2T3
(604) 687-7911   SIC 7311

OMNICOM CANADA CORP p 322
777 Hornby St Suite 1600, VANCOUVER, BC, V6Z 2T3
(604) 640-4327   SIC 7336

OMNICOM CANADA CORP p 902
2 Bloor St W Suite 2202, TORONTO, ON, M4W 3E2
(416) 423-6605   SIC 8743

OMNICOM CANADA CORP p 902
33 Bloor St E Suite 1607, TORONTO, ON, M4W 3H1
(416) 544-4912   SIC 8743

OMNICOM CANADA CORP p 902
33 Bloor St E Suite 1300, TORONTO, ON, M4W 3H1
(416) 960-3830   SIC 7311

OMNICOM CANADA CORP p 930
96 Spadina Ave 7th Floor, TORONTO, ON, M5V 2J6
(416) 922-0217   SIC 7319

OMNILOGIC SYSTEMS COMPANY p 47
833 4 Ave Sw Suite 900, CALGARY, AB, T2P 3T5
(403) 232-6664   SIC 7379

OMNITRACK p 358
See HUDSON BAY RAILWAY COMPANY

OMRON CANADA INC p 834
885 Milner Ave, SCARBOROUGH, ON, M1B 5V8
(416) 286-6465   SIC 5065

OMRON ELECTRONIC COMPONENTS CANADA, INC p 834
100 Consilium Pl Suite 802, SCARBOROUGH, ON, M1B 3E3
(416) 286-6465   SIC 5065

OMSTEAD FOODS LIMITED p 177
1925 Riverside Rd, ABBOTSFORD, BC, V2S 4J8
SIC 2037

OMSTEAD FOODS LIMITED p 184
3676 Bainbridge Ave, BURNABY, BC, V5A 2T4
SIC 2037

OMSTEAD FOODS LIMITED p 956
20887 Erie St S, WHEATLEY, ON, N0P 2P0
(416) 226-7524   SIC 2037

OMSTEAD FOODS LIMITED p 956
1 Erie St S, WHEATLEY, ON, N0P 2P0
(519) 825-4611   SIC 2092

OMYA CANADA INC p 807
18595 Hwy 7 W, PERTH, ON, K7H 3E4
(613) 267-5367   SIC 1499

OMYA CANADA INC p 1107
2020 Boul Robert-Bourassa Unite 1720, Montreal, QC, H3A 2A5
SIC 1481

OMYA CANADA INC p 1180
1500 Ch Des Carrieres, SAINT-ARMAND, QC, J0J 1T0
(450) 248-2931   SIC 1499

OMYA ST-ARMAND p 1107
See OMYA CANADA INC

OMYA ST-ARMAND p 1180
See OMYA CANADA INC

ON CALL CENTRE INC p 785
2405 St. Laurent Blvd Unit B, OTTAWA, ON, K1G 5B4
(613) 238-3262   SIC 7389

ON SIDE RESTORATION SERVICES LTD p

92
18547 104 Ave Nw, EDMONTON, AB, T5S 2V8
(780) 497-7972   SIC 1771
ON SIDE RESTORATION SERVICES LTD *p* 137
410 26 St N, LETHBRIDGE, AB, T1H 3W2
(403) 394-2980   SIC 1771
ON SIDE RESTORATION SERVICES LTD *p* 145
3371 17 Ave Sw, MEDICINE HAT, AB, T1B 4B1
(403) 528-6470   SIC 1771
ON SIDE RESTORATION SERVICES LTD *p* 155
7480 49 Ave Cres, RED DEER, AB, T4P 1X8
(403) 340-8884   SIC 1799
ON SIDE RESTORATION SERVICES LTD *p* 286
12950 80 Ave Suite 8, SURREY, BC, V3W 3B2
(604) 501-0828   SIC 7699
ON TRACK SAFETY LTD *p* 874
29 Ruggles Ave, THORNHILL, ON, L3T 3S4
(905) 660-5969   SIC 7389
ON4 COMMUNICATIONS INC *p* 300
628 12th Ave W, VANCOUVER, BC, V5Z 1M8
(888) 583-7158   SIC 5065
ONCIDIUM HEALTH GROUP *p* 690
See NATIONAL INCOME PROTECTION PLAN INC
ONDEL INC *p* 1146
415 Rue Adanac, Quebec, QC, G1C 6B9
(418) 664-1066   SIC 1731
ONE FOR FREIGHT *p* 682
See ONTARIO NEW ENGLAND EXPRESS INC
ONE KID'S PLACE *p* 620
100 Frank Miller Dr Suite 2, HUNTSVILLE, ON, P1H 1H7
(705) 789-9985   SIC 8322
ONE STOP WIRELESS *p* 577
See CANADIAN TELECOMMUNICATION DEVELOPMENT CORPORATION
ONE WEST HOLDINGS LTD *p* 322
88 Pacific Blvd, VANCOUVER, BC, V6Z 2Z4
(604) 899-8800   SIC 6531
ONE WORLD CHILD DEVELOPMENT CENTRE *p* 51
See CALGARY URBAN PROJECT SOCIETY
ONE WORLD LOGISTICS OF AMERICA INC *p* 552
400 National Rd, CHATHAM, ON, N7M 5J5
(519) 380-0800   SIC 4213
ONE: THE BODY MIND & SPIRIT CHANNEL *p* 937
See VISION TV: CANADA'S FAITH NETWORK/RESEAU RELIGIEUX CANADIEN
ONEIDA CANADA, LIMITED *p* 737
8699 Stanley Ave, NIAGARA FALLS, ON, L2G 0E1
(905) 356-1591   SIC 5094
ONEIDA CENTRAL PUBLIC SCHOOL *p* 542
See GRAND ERIE DISTRICT SCHOOL BOARD
ONEIDA NATION OF THE THAMES *p* 851
2315 Keystone Pl, SOUTHWOLD, ON, N0L 2G0
(519) 652-3271   SIC 8211
ONF *p* 1205
See NATIONAL FILM BOARD OF CANADA
ONF NFB CINEROBOTHEQUE *p* 1100
See NATIONAL FILM BOARD OF CANADA
ONGWANADA HOSPITAL *p* 630
424 Montreal St, KINGSTON, ON, K7K 3H7
(613) 548-4417   SIC 7011
ONION LAKE BOARD OF EDUCATION *p* 1278
Gd, ONION LAKE, SK, S0M 2E0
(306) 344-2440   SIC 8211
ONION LAKE HEALTH BOARD INC *p* 1278

Gd, ONION LAKE, SK, S0M 2E0
(306) 344-2330   SIC 8021
ONION LAKE RESERVE *p* 1278
See ONION LAKE HEALTH BOARD INC
ONLINE BUSINESS SYSTEMS *p* 47
See ONLINE ENTERPRISES INC
ONLINE BUSINESS SYSTEMS *p* 375
See ONLINE ENTERPRISES INC
ONLINE ENTERPRISES INC *p* 47
840 7 Ave Sw Suite 1710, CALGARY, AB, T2P 3G2
(403) 265-8515   SIC 7379
ONLINE ENTERPRISES INC *p* 375
115 Bannatyne Ave Suite 200, Winnipeg, MB, R3B 0R3
(204) 982-0200   SIC 7371
ONLINE SUPPORT *p* 806
See HGS CANADA INC
ONONDAGA-BRANT ELEMENTARY SCHOOL *p* 528
See GRAND ERIE DISTRICT SCHOOL BOARD
ONOWAY COMMUNITY HEALTH *p* 149
See ALBERTA HEALTH SERVICES
ONOWAY ELEMENTARY SCHOOL *p* 149
See NORTHERN GATEWAY REGIONAL DIVISION #10
ONOWAY JUNIOR/SENIOR HIGH SCHOOL *p* 149
See NORTHERN GATEWAY REGIONAL DIVISION #10
ONSITE MEDIA NETWORK *p* 30
See CINEPLEX DIGITAL MEDIA INC
ONTARIO AUTOCAR *p* 535
See SHEEHAN'S TRUCK CENTRE INC
ONTARIO BAR ASSOCIATION *p* 907
See CANADIAN BAR ASSOCIATION, THE
ONTARIO BLUE CROSS *p* 580
See ASSOCIATION D'HOSPITALISATION CANASSURANCE
ONTARIO BREAST SCREENING PROGRAM *p* 616
See CANCER CARE ONTARIO
ONTARIO CENTRES OF EXCELLENCE INC *p* 703
2655 North Sheridan Way Suite 250, MISSISSAUGA, ON, L5K 2P8
(905) 823-2020   SIC 6799
ONTARIO CINEMAS INC *p* 899
745 Mount Pleasant Rd Suite 300, TORONTO, ON, M4S 2N4
(416) 481-1186   SIC 7832
ONTARIO CLEAN WATER AGENCY *p* 549
122 Patterson Cres, CARLETON PLACE, ON, K7C 4P3
(613) 257-4990   SIC 4941
ONTARIO CLEAN WATER AGENCY *p* 865
701 West Gore St, STRATFORD, ON, N5A 1L4
(519) 271-9071   SIC 4941
ONTARIO CLEAN WATER AGENCY *p* 910
1 Yonge St Suite 1700, TORONTO, ON, M5E 1E5
(416) 314-5600   SIC 4941
ONTARIO CLEAN WATER AGENCY *p* 949
30 Woodland Dr, WASAGA BEACH, ON, L9Z 2V5
(705) 429-2525   SIC 8734
ONTARIO DIVISION *p* 900
See CANADIAN CANCER SOCIETY
ONTARIO DOOR SALES LTD *p* 682
359 Wheelabrator Way, MILTON, ON, L9T 3C1
(905) 878-5670   SIC 3442
ONTARIO ELECTRICAL CONSTRUCTION COMPANY, LIMITED *p* 742
211 Airport Rd, NORTH BAY, ON, P1B 8W7
(705) 474-3040   SIC 1731
ONTARIO ELECTRICAL CONSTRUCTION COMPANY, LIMITED *p* 843
7 Compass Crt, SCARBOROUGH, ON, M1S 5N3
(416) 363-5741   SIC 1731

ONTARIO ENERGY SAVINGS *p* 576
See MOMENTIS CANADA CORP
ONTARIO ENGLISH CATHOLIC TEACHERS ASSOCIATION, THE *p* 698
345 Fairview Rd W, MISSISSAUGA, ON, L5B 3W5
(905) 306-8420   SIC 8211
ONTARIO ENGLISH CATHOLIC TEACHERS ASSOCIATION, THE *p* 742
387 Algonquin Ave, NORTH BAY, ON, P1B 4W4
(705) 495-4433   SIC 8631
ONTARIO ENGLISH CATHOLIC TEACHERS ASSOCIATION, THE *p* 829
281 East St N, SARNIA, ON, N7T 6X8
(519) 332-4550   SIC 8641
ONTARIO FAMILY GROUP HOMES INC *p* 939
146 Westminster Ave, TORONTO, ON, M6R 1N7
(416) 532-6234   SIC 8361
ONTARIO FEDERATION FOR CEREBRAL PALSY *p* 612
1100 Main St W Unit 301, HAMILTON, ON, L8S 1B3
(905) 522-2928   SIC 8699
ONTARIO FEDERATION FOR CEREBRAL PALSY *p* 634
1724 Bath Rd, KINGSTON, ON, K7M 4Y2
(613) 384-1957   SIC 8322
ONTARIO GLOVE MANUFACTURING COMPANY LIMITED, THE *p* 952
500 Dotzert Crt, WATERLOO, ON, N2L 6A7
(800) 332-1810   SIC 5136
ONTARIO INSTITUTE FOR STUDIES IN EDUCATION OF THE UNIVERSITY OF TORONTO *p* 912
500 University Ave Suite 602, TORONTO, ON, M5G 1V7
(416) 946-5938   SIC 8641
ONTARIO JOCKEY CLUB *p* 895
See WOODBINE ENTERTAINMENT GROUP
ONTARIO LOTTERY AND GAMING CORPORATION *p* 484
50 Alexanders Crossing, AJAX, ON, L1Z 2E6
(905) 619-2690   SIC 7999
ONTARIO LOTTERY AND GAMING CORPORATION *p* 553
400 Bonin, CHELMSFORD, ON, P0M 1L0
(705) 855-7164   SIC 7993
ONTARIO LOTTERY AND GAMING CORPORATION *p* 573
7445 County Rd 21, ELORA, ON, N0B 1S0
(519) 846-2022   SIC 7999
ONTARIO LOTTERY AND GAMING CORPORATION *p* 591
380 Second St, GANANOQUE, ON, K7G 2J9
(866) 266-8422   SIC 7999
ONTARIO LOTTERY AND GAMING CORPORATION *p* 650
554 First St, LONDON, ON, N5V 1Z3
(519) 659-1551   SIC 7999
ONTARIO LOTTERY AND GAMING CORPORATION *p* 652
900 King St, LONDON, ON, N5W 5K3
(519) 672-5394   SIC 7999
ONTARIO LOTTERY AND GAMING CORPORATION *p* 736
4735 Drummond Rd, NIAGARA FALLS, ON, L2E 6C8

(905) 356-8109   SIC 7999
ONTARIO LOTTERY AND GAMING CORPORATION *p* 737
6380 Fallsview Blvd, NIAGARA FALLS, ON, L2G 7X5
(905) 358-7654   SIC 7999
ONTARIO LOTTERY AND GAMING CORPORATION *p* 750
4120 Yonge St Suite 420, NORTH YORK, ON, M2P 2B8
(416) 224-1772   SIC 7999
ONTARIO LOTTERY AND GAMING CORPORATION *p* 831
30 Bay St W, SAULT STE. MARIE, ON, P6A 7A6
(705) 759-0100   SIC 7999
ONTARIO LOTTERY AND GAMING CORPORATION *p* 831
70 Foster Dr Suite 800, SAULT STE. MARIE, ON, P6A 6V2
(705) 946-6464   SIC 7999
ONTARIO LOTTERY AND GAMING CORPORATION *p* 879
50 Cumberland St S, THUNDER BAY, ON, P7B 5L4
(807) 683-1935   SIC 7999
ONTARIO LOTTERY AND GAMING CORPORATION *p* 943
555 Rexdale Blvd, TORONTO, ON, M9W 5L1
(416) 675-1101   SIC 7999
ONTARIO MEDICAL ASSOCIATION *p* 902
250 Bloor St E Suite 1510, TORONTO, ON, M4W 1E6
(416) 323-9540   SIC 8621
ONTARIO MEDICAL SUPPLIES *p* 789
See MEDICAL PHARMACIES GROUP LIMITED
ONTARIO MEDICAL SUPPLY *p* 593
See MEDICAL PHARMACIES GROUP LIMITED
ONTARIO MINISTRY OF LABOUR *p* 940
See GOVERNMENT OF ONTARIO
ONTARIO NEW ENGLAND EXPRESS INC *p* 682
8450 Lawson Rd Unit 2, MILTON, ON, L9T 0J8
(905) 876-3996   SIC 4213
ONTARIO NORTHLAND RAILWAY *p* 742
See ONTARIO NORTHLAND TRANSPORTATION COMMISSION
ONTARIO NORTHLAND TRANSPORTATION COMMISSION *p* 555
20 Boisvert Cres, COCHRANE, ON, P0L 1C0
(705) 272-4610   SIC 4899
ONTARIO NORTHLAND TRANSPORTATION COMMISSION *p* 574
1 Railway St, ENGLEHART, ON, P0J 1H0
(705) 544-2292   SIC 4111
ONTARIO NORTHLAND TRANSPORTATION COMMISSION *p* 742
555 Oak St E, NORTH BAY, ON, P1B 8E3
(705) 472-4500   SIC 4899
ONTARIO NORTHLAND TRANSPORTATION COMMISSION *p* 884
160 Cedar St S, TIMMINS, ON, P4N 2G8
(705) 268-2400   SIC 4899
ONTARIO NORTHLAND TRANSPORTATION COMMISSION *p* 885
8 Eliza St, TOBERMORY, ON, N0H 2R0
(519) 596-2510   SIC 4899
ONTARIO NUTRI LAB INC *p* 588

6589 First Line Suite 3, FERGUS, ON, N1M 2W4
(519) 843-5669   SIC 8734
ONTARIO ONE CALL LIMITED   p 600
335 Laird Rd Unit 8, GUELPH, ON, N1G 4P7
(519) 766-4821   SIC 7389
ONTARIO PIONEER CAMP   p 818
See INTER-VARSITY CHRISTIAN FELLOWSHIP OF CANADA
ONTARIO PLACE CORPORATION   p 936
955 Lake Shore Blvd W, TORONTO, ON, M6K 3B9
(416) 314-9900   SIC 7999
ONTARIO POWER GENERATION INC p 483
230 Westney Rd S Suite 302, AJAX, ON, L1S 7J5
(905) 428-4000   SIC 4911
ONTARIO POWER GENERATION INC p 490
Hwy 622, ATIKOKAN, ON, P0T 1C1
(807) 597-1110   SIC 4911
ONTARIO POWER GENERATION INC p 500
7263 Hwy 33, BATH, ON, K0H 1G0
(613) 352-3525   SIC 4911
ONTARIO POWER GENERATION INC p 541
1225 King Rd, BURLINGTON, ON, L7T 0B7
(905) 681-4400   SIC 4911
ONTARIO POWER GENERATION INC p 567
1886 St Clair Pky, COURTRIGHT, ON, N0N 1H0
(519) 867-2663   SIC 4911
ONTARIO POWER GENERATION INC p 578
800 Kipling Ave Suite 1, ETOBICOKE, ON, M8Z 5G5
(416) 231-4111   SIC 4911
ONTARIO POWER GENERATION INC p 597
325 Pinedale Rd, GRAVENHURST, ON, P1P 1L8
(705) 687-6551   SIC 4911
ONTARIO POWER GENERATION INC p 626
112 Government Rd W, KAPUSKASING, ON, P5N 2X8
(705) 335-8403   SIC 4911
ONTARIO POWER GENERATION INC p 679
770 Highway 656, MATTAWA, ON, P0H 1V0
(705) 744-5591   SIC 4911
ONTARIO POWER GENERATION INC p 724
34 Regional Rd 55, NANTICOKE, ON, N0A 1L0
(519) 587-2201   SIC 4911
ONTARIO POWER GENERATION INC p 731
1 Highway 65 W, NEW LISKEARD, ON, P0J 1P0
(705) 647-8000   SIC 4911
ONTARIO POWER GENERATION INC p 739
14000 Niagara River Pky Suite 1, NIAGARA ON THE LAKE, ON, L0S 1J0
(905) 357-0322   SIC 4911
ONTARIO POWER GENERATION INC p 739
Hwy 585, NIPIGON, ON, P0T 2J0
(807) 887-3658   SIC 4911
ONTARIO POWER GENERATION INC p 742
133 Eloy Rd, NORTH BAY, ON, P1B 9T9
(705) 474-2364   SIC 4911
ONTARIO POWER GENERATION INC p 813
1675 Montgomery Park Rd, PICKERING, ON, L1V 2R5
(905) 839-1151   SIC 4911
ONTARIO POWER GENERATION INC p 819
2 Innovation Dr, RENFREW, ON, K7V 0C2
(613) 433-9673   SIC 4911
ONTARIO POWER GENERATION INC p 879
108 Ave, THUNDER BAY, ON, P7B 6T7
(807) 625-6400   SIC 4911
ONTARIO POWER GENERATION INC p 879
167 Burwood Rd, THUNDER BAY, ON, P7B 6C2
(807) 346-3900   SIC 4911
ONTARIO POWER GENERATION INC p 885
Gd, TIVERTON, ON, N0G 2T0
(519) 361-6414   SIC 8741
ONTARIO POWER GENERATION INC p 958
1549 Victoria St E, WHITBY, ON, L1N 9E3
(905) 430-2215   SIC 4911
ONTARIO POWER GENERATION NANTI-COKE   p
724
See ONTARIO POWER GENERATION INC
ONTARIO PRIDE EGGS   p 723
See NUTRI-OEUF INC
ONTARIO PROVINCIAL POLICE ASSOCIATION CREDIT UNION LIMITED   p 495
123 Ferris Lane, BARRIE, ON, L4M 2Y1
(705) 726-5656   SIC 6062
ONTARIO PUBLIC SCHOOL   p 876
See DISTRICT SCHOOL BOARD OF NIAGARA
ONTARIO PUBLIC SERVICE EMPLOYEES UNION   p 509
67 Beresford Cres, BRAMPTON, ON, L6P 2M1
(416) 326-2591   SIC 8631
ONTARIO PUBLIC SERVICE EMPLOYEES UNION PENSION PLAN TRUST FUND p 942
130 King St Suite 700, TORONTO, ON, M9N 1L5
(416) 681-3016   SIC 6541
ONTARIO RACING COMMISSION   p 586
10 Carlson Crt Suite 400, ETOBICOKE, ON, M9W 6L2
(416) 213-0520   SIC 7948
ONTARIO RACQUET CLUB   p 702
See ORC MANAGEMENT LIMITED
ONTARIO REALTY CORPORATION   p 600
1 Stone Rd W 4th Fl, GUELPH, ON, N1G 4Y2
(519) 826-3182   SIC 6531
ONTARIO RIBS INC   p 910
56 The Esplanade Suite 201, TORONTO, ON, M5E 1A7
(416) 864-9775   SIC 5812
ONTARIO SCIENCE CENTRE   p 753
See CENTENNIAL CENTRE OF SCIENCE AND TECHNOLOGY
ONTARIO SECONDARY SCHOOL TEACHERS' FEDERATION, THE   p 758
60 Mobile Dr Suite 100, NORTH YORK, ON, M4A 2P3
(416) 751-8300   SIC 8621
ONTARIO STEEL HAULERS INC   p 561
111 Rayette Rd, CONCORD, ON, L4K 2E9
(800) 209-2756   SIC 4213
ONTARIO STOCKYARDS INC   p 564
3807 89 Hwy, COOKSTOWN, ON, L0L 1L0
(705) 458-4000   SIC 5154
ONTARIO STREET PUBLIC SCHOOL p 507
See KAWARTHA PINE RIDGE DISTRICT SCHOOL BOARD
ONTARIO STUDIO   p 920
See NATIONAL FILM BOARD OF CANADA
ONTARIO TELEMEDICINE NETWORK   p 752
105 Moatfield Dr Suite 1100, NORTH YORK, ON, M3B 0A2
(416) 446-4110   SIC 7363
ONTARIO TRAP ROCK   p 532
See TOMLINSON, R. W. LIMITED
ONTARIO TRAP ROCK, DIV OF   p 786
See TOMLINSON, R. W. LIMITED
ONTARIO TRAP ROCK, DIV OF   p 947
See TOMLINSON, R. W. LIMITED
ONTARIO UNIVERSITIES' APPLICATION CENTRE   p 599
See COU HOLDING ASSOCIATION INC
ONTARIO WORK'S PROGRAM   p 948
See CORPORATION OF THE COUNTY OF BRUCE, THE
ONTARIO WORKS & SOCIAL SERVICES DIVISION   p 848
See GOVERNMENT OF ONTARIO
ONTARIO YOUTH APPRENTICESHIPS PROGRAM   p 598
See GOVERNMENT OF ONTARIO
ONTEGRA-WOODSTOCK   p 977
See MAGNA SEATING INC
ONTERA   p 884
See ONTARIO NORTHLAND TRANSPORTATION COMMISSION
ONTREA INC   p 823
9350 Yonge St Suite 205, RICHMOND HILL, ON, L4C 5G2
(905) 883-1400   SIC 6519
ONWARD HARDWARE   p 638
See QUINCAILLERIE RICHELIEU LTEE
ONWARD MULTI-CORP INC   p 637
932 Victoria St N, KITCHENER, ON, N2B 1W4
(519) 578-0300   SIC 5722
ONWARD MULTI-CORP INC   p 637
6 Shirley Ave, KITCHENER, ON, N2B 2E7
(519) 772-1175   SIC 3631
ONX ENTERPRISE SOLUTIONS LTD p 874
165 Commerce Valley Dr W Suite 300, THORNHILL, ON, L3T 7V8
(905) 881-4414   SIC 5045
ONYX INDUSTRIES   p 1252
See VEOLIA ES CANADA SERVICES INDUSTRIELS INC
OPASQUIA SCHOOL   p 358
See KELSEY SCHOOL DIVISION
OPEN DOOR GROUP, THE   p 277
5600 Sunshine Coast Hwy, SECHELT, BC, V0N 3A2
(604) 885-3351   SIC 7361
OPEN DOOR JAPANESE PENTECOSTAL CHURCH   p 233
See PENTECOSTAL ASSEMBLIES OF CANADA, THE
OPEN HANDS   p 565
See OTTAWA-CARLETON ASSOCIATION FOR PERSONS WITH DEVELOPMENTAL DISABILITIES
OPEN KITCHENS   p 698
See RICHTREE MARKET RESTAURANTS INC
OPEN RANGE ENERGY CORP.   p 47
645 7 Ave Sw Unit 1100, CALGARY, AB, T2P 4G8
SIC 1382
OPEN ROADS PUBLIC SCHOOL   p 570
See KEEWATIN PATRICIA DISTRICT SCHOOL BOARD
OPEN SOLUTIONS CANADA INC   p 768
700 Dorval Dr Suite 202, OAKVILLE, ON, L6K 3V3
(905) 849-1390   SIC 8741
OPEN SOLUTIONS DATAWEST INC p 316
1770 Burrard St Suite 300, VANCOUVER, BC, V6J 3G7
(604) 734-7494   SIC 8742
OPEN SOLUTIONS DTS INC   p 316
1441 Creekside Dr Suite 300, VANCOUVER, BC, V6J 4S7
(604) 714-1848   SIC 7372
OPEN TEXT CORPORATION   p 635
1224 Gardiners Rd, KINGSTON, ON, K7P 0G2
(613) 548-4355   SIC 7372
OPEN TEXT CORPORATION   p 808
194 Sophia St, PETERBOROUGH, ON, K9H 1E5
(705) 745-6605   SIC 7372
OPEN TEXT CORPORATION   p 1115
75 Rue Queen O Bureau 4400, Montreal, QC, H3C 2N6
(514) 281-5551   SIC 7371
OPENROAD AUTO GROUP LIMITED p 188
6984 Kingsway, BURNABY, BC, V5E 1E6
(604) 525-4667   SIC 5511
OPENROAD AUTO GROUP LIMITED p 250
828 Automall Dr, NORTH VANCOUVER, BC, V7P 3R8
(604) 929-6736   SIC 5511
OPENROAD AUTO GROUP LIMITED p 267
5571 Parkwood Way, RICHMOND, BC, V6V 2M7
(604) 606-9033   SIC 5511
OPENROAD AUTO GROUP LIMITED p 267
5631 Parkwood Way, RICHMOND, BC, V6V 2M6
(604) 273-5533   SIC 5511
OPENROAD HYUNDAI RICHMOND   p 267
See OPENROAD AUTO GROUP LIMITED
OPEONGO HIGH SCHOOL   p 569
See RENFREW COUNTY DISTRICT SCHOOL BOARD
OPERATING ENGINEERS TRAINING INSTITUTION OF ONTARIO   p 723
See INTERNATIONAL UNION OF OPERATING ENGINEERS LOCAL 793
OPERATION SPRINGBOARD   p 831
136 Pilgrim St, SAULT STE. MARIE, ON, P6A 3E9
SIC 8361
OPERATION SPRINGBOARD   p 892
51 Dawes Rd, TORONTO, ON, M4C 5B1
(416) 698-0047   SIC 8322
OPERATIONS NETWORK CENTRE   p 617
See TELESAT CANADA
OPG   p 879
See ONTARIO POWER GENERATION INC
OPINION SEARCH (OSI)   p 897
See DECIMA INC
OPINION SEARCH INC   p 802
160 Elgin St Suite 1800, OTTAWA, ON, K2P 2P7
(613) 230-9109   SIC 8732
OPINION SEARCH INC   p 1107
1080 Rue Beaverhall Bureau 400, Montreal, QC, H3A 1E4
(514) 288-0199   SIC 8732
OPM (SOUTH EDMONTON) LTD   p 113
1820 99 St Nw, EDMONTON, AB, T6N 1M5
(780) 989-5898   SIC 5812
OPP ART   p 654
See COMMUNITY LIVING LONDON INC
OPPA CREDIT UNION   p 495
See ONTARIO PROVINCIAL POLICE ASSOCIATION CREDIT UNION LIMITED
OPPLAST INC   p 501
4743 Christie Dr, BEAMSVILLE, ON, L0R 1B4
(905) 563-4987   SIC 3089
OPPORTUNITY PLASTIC PACKAGING   p 654
See COMMUNITY LIVING LONDON INC
OPSEU   p 509
See ONTARIO PUBLIC SERVICE EMPLOYEES UNION
OPSIS GESTION D'INFRASTRUCTURES INC   p 1099
4750 Av Henri-Julien, Montreal, QC, H2T 2C8
(514) 982-6774   SIC 8741
OPTA MINERALS INC   p 1228
1320 Av De Valleyfield, SAINTE-ROSE, QC, H7C 2K6
(450) 664-1001   SIC 3291
OPTIC COMMUNICATIONS CANADA INC p 690
2425 Matheson Blvd E, MISSISSAUGA, ON, L4W 5K4
(888) 669-6928   SIC 4899
OPTIMA CAPITAL PARTNERS INC   p 157
96 Poplar St Suite 100, RED DEER COUNTY, AB, T4E 1B4
SIC 6712
OPTIMAL GEOMATICS INC   p 319
625 Kent Ave North W Suite 100, VANCOUVER, BC, V6P 6T7
SIC 7371
OPTIMAL SERVICE GROUP, THE   p 684
See CORPORATION SERVICES MONERIS
OPTIMAL SEVICES GROUP   p 184
See KEYCORP INC
OPTIMEDIA   p 909
See ZENITHOPTIMEDIA CANADA INC
OPTION SUBARU   p 1148
See 3098524 CANADA INC
OPTIONS II HIGH SCHOOL   p 1123
See COMMISSION SCOLAIRE ENGLISH-MONTREAL
OPTIONS SERVICES WOMANS TRANSITION   p

280
See OPTIONS: SERVICES TO COMMUNITIES SOCIETY
OPTIONS: SERVICES TO COMMUNITIES SOCIETY *p* 280
14668 106 Ave, SURREY, BC, V3R 5Y1
(604) 584-3301   SIC 8322
OPTIQUE DIRECTE INC *p* 1210
4405 Ch Du Bois-Franc Bureau 100, SAINT-LAURENT, QC, H4S 1A8
(514) 336-4444   SIC 5995
OPTIQUE NIKON CANADA INC *p* 184
2999 Underhill Ave Unit 103, BURNABY, BC, V5A 3C2
(604) 713-7400   SIC 5995
OPTIQUE NIKON CANADA INC *p* 193
5542 Short St, BURNABY, BC, V5J 1L9
(604) 713-7400   SIC 5049
OPTIQUE NIKON CANADA INC *p* 1093
5075 Rue Fullum Bureau 100, Montreal, QC, H2H 2K3
(514) 521-6565   SIC 3851
OPTO-PLUS INC *p* 1029
50 Rue Dunkin, DRUMMONDVILLE, QC, J2B 8B1
(819) 479-2020   SIC 8042
OPTRUST PRIVATE MARKETS GROUP *p* 942
See ONTARIO PUBLIC SERVICE EMPLOYEES UNION PENSION PLAN TRUST FUND
OPTUM *p* 1207
See OPTUMINSIGHT (CANADA) INC
OPTUMINSIGHT (CANADA) INC *p* 1207
3333 Boul De La Cote-Vertu Bureau 200, SAINT-LAURENT, QC, H4R 2N1
(514) 940-0313   SIC 8748
OPUS FRAMING LTD *p* 315
1360 Johnston St, VANCOUVER, BC, V6H 3S1
(604) 736-7028   SIC 5719
OPUS HOTEL *p* 303
See DAVIE STREET MANAGEMENT SERVICES LTD
OPUS STEWART WEIR LTD *p* 163
2121 Premier Way Suite 140, SHERWOOD PARK, AB, T8H 0B8
(780) 410-2580   SIC 8713
OR-HAEMET SEPHARDIC SCHOOL *p* 875
7026 Bathurst St, THORNHILL, ON, L4J 8K3
(905) 669-7653   SIC 8211
ORACLE CANADA ULC *p* 47
401 9 Ave Sw Suite 840, CALGARY, AB, T2P 3C5
(403) 265-2622   SIC 7371
ORACLE CANADA ULC *p* 792
45 O'connor St Suite 400, OTTAWA, ON, K1P 1A4
(613) 569-0001   SIC 7371
ORACLE CANADA ULC *p* 1107
600 Boul De Maisonneuve O Bureau 1900, Montreal, QC, H3A 3J2
(514) 843-6762   SIC 7372
ORANGE BUSINESS SERVICES *p* 908
See ORANGE BUSINESS SERVICES CANADA INC
ORANGE BUSINESS SERVICES CANADA INC *p* 908
36 Lombard St Suite 500, TORONTO, ON, M5C 2X3
(416) 362-9255   SIC 4899
ORANGE JULIUS *p* 32
See MCGREGOR, DONALD INVESTMENTS LTD
ORANGE MAISON, DIV DE *p* 1084
See A. LASSONDE INC
ORANGEVILLE BANNER *p* 773
See METROLAND MEDIA GROUP LTD
ORANGEVILLE CHRYSLER LIMITED *p* 773
207 163 Hwy Suite 9, ORANGEVILLE, ON, L9W 2Z7
(519) 942-8400   SIC 5511
ORANGEVILLE DISTRICT SECONDARY SCHOOL *p* 774

See UPPER GRAND DISTRICT SCHOOL BOARD, THE
ORANGEVILLE MALL P.O. *p* 773
See CANADA POST CORPORATION
ORANGEVILLE RACEWAY LIMITED *p* 282
17755 60 Ave, SURREY, BC, V3S 1V3
(604) 576-9141   SIC 7948
ORANO LIMITED *p* 831
293 Bay St Suite 1, SAULT STE. MARIE, ON, P6A 1X3
(705) 949-7331   SIC 5912
ORBIS ENGINEERING FIELD SERVICES LTD *p* 105
9404 41 Ave Nw Suite 300, EDMONTON, AB, T6E 6G8
(780) 988-1455   SIC 8711
ORC MANAGEMENT LIMITED *p* 702
884 Southdown Rd, MISSISSAUGA, ON, L5J 2Y4
(905) 822-5240   SIC 7997
ORCA GOLD INC *p* 308
885 Georgia St W Suite 2000, VANCOUVER, BC, V6C 3E8
(604) 689-7842   SIC 1041
ORCA SAND & GRAVEL LTD *p* 257
6505 Island Hwy, PORT MCNEILL, BC, V0N 2R0
(604) 628-3353   SIC 1442
ORCHARD ELEMENTARY *p* 1061
See LESTER B. PEARSON SCHOOL BOARD
ORCHARD GLEN *p* 857
See ORCHARD GLEN GARDEN FRESH TRADITIONS INC
ORCHARD GLEN GARDEN FRESH TRADITIONS INC *p* 857
Gd, ST DAVIDS, ON, L0S 1P0
(905) 262-5531   SIC 5411
ORCHARD PARK *p* 534
See HALTON DISTRICT SCHOOL BOARD
ORCHARD PARK ELEMENTARY SCHOOL *p* 661
See THAMES VALLEY DISTRICT SCHOOL BOARD
ORCHARD PARK PUBLIC SCHOOL *p* 738
See DISTRICT SCHOOL BOARD OF NIAGARA
ORCHARD PARK PUBLIC SCHOOL *p* 775
See SIMCOE COUNTY DISTRICT SCHOOL BOARD, THE
ORCHARD PARK SECONDARY SCHOOL *p* 861
See HAMILTON-WENTWORTH DISTRICT SCHOOL BOARD, THE
ORCHARD VIEW LONG TERM CARE FACILITY *p* 402
See WOOLASTOOK LONG TERM CARE FACILITY INC
ORCHESTRE SYMPHONIQUE TROIS-RIVIERES INC *p* 1251
1517 Rue Royale, Trois-Rivieres, QC, G9A 4J9
(819) 373-5340   SIC 7929
ORCKESTRA *p* 1112
See ORCKESTRA INC
ORCKESTRA INC *p* 1112
1100 Av Des Canadiens-De-Montreal Bureau 540, Montreal, QC, H3B 2S2
(514) 398-0999   SIC 7379
ORDE STREET PUBLIC SCHOOL *p* 927
See TORONTO DISTRICT SCHOOL BOARD
ORDERIT.CA *p* 924
See RESTAURANTS ON THE GO INC
ORDMAN CORPORATION *p* 13
920 26 St Ne, CALGARY, AB, T2A 2M4
(403) 287-7700   SIC 1799
ORDRE DES DENTISTES DU QUEBEC *p* 1107
2020 Boul Robert-Bourassa Bureau 2160, Montreal, QC, H3A 2A5

(514) 281-0300   SIC 6324
ORDRE DES PHARMACIENS DU QUEBEC *p* 1103
266 Rue Notre-Dame O Bureau 301, Montreal, QC, H2Y 1T6
(514) 284-9588   SIC 8621
ORDRE DES TRAVAILLEURS SOCIAUX ET DES THERAPEUTES CONJUGAUX ET FAMILIAUX DU QUEBEC *p* 1096
255 Boul Cremazie E Bureau 520, Montreal, QC, H2M 1L5
(514) 731-3925   SIC 8621
OREAL CANADA INC, L' *p* 1107
1500 Boul Robert-Bourassa Bureau 600, Montreal, QC, H3A 3S7
(514) 287-4800   SIC 2844
ORENDA AEROSPACE CORPORATION *p* 683
3160 Derry Rd E, MISSISSAUGA, ON, L4T 1A9
(905) 673-3250   SIC 7699
ORENDA CORPORATE FINANCE *p* 922
See ERNST & YOUNG LLP
ORGANIKA HEALTH PRODUCTS INC *p* 272
11880 Machrina Way, RICHMOND, BC, V7A 4V1
SIC 5149
ORGILL CANADA HARDLINES ULC *p* 282
15055 54a Ave, SURREY, BC, V3S 5X7
(604) 576-6939   SIC 5039
ORGILL CANADA HARDLINES ULC *p* 1068
1181 Ch Industriel, Levis, QC, G7A 1B2
(418) 836-1055   SIC 5211
ORGUES LETOURNEAU LTEE *p* 1196
16355 Av Savoie, SAINT-HYACINTHE, QC, J2T 3N1
(450) 223-1018   SIC 5736
ORICA CANADA INC *p* 33
5511 6 St Se, CALGARY, AB, T2H 1L6
(403) 212-6200   SIC 2892
ORICA CANADA INC *p* 67
3 Mount W Hwy 24, CARSELAND, AB, T0J 0M0
(403) 936-2350   SIC 5169
ORICA CANADA INC *p* 869
62 Frood Rd, SUDBURY, ON, P3C 4Z3
(705) 674-1913   SIC 5169
ORICA CANADA INC *p* 999
380 Montee Saint-Isidore, BLAINVILLE, QC, J7C 0W8
(450) 435-6934   SIC 2892
ORICA CANADA INC *p* 1008
301 Rue De L'hotel-De-Ville, BROWNSBURG-CHATHAM, QC, J8G 3B5
(450) 533-4201   SIC 2892
ORICA CANADA INC *p* 1008
342 Rue Mcmaster, BROWNSBURG-CHATHAM, QC, J8G 3A8
(450) 533-4201   SIC 2892
ORICOM INTERNET INC *p* 1152
400 Rue Nolin Bureau 150, Quebec, QC, G1M 1E7
(418) 683-4557   SIC 4813
ORIGINAL LEVI'S STORE, THE *p* 761
See TLS FASHIONS INC
ORIGINHR CANADA, DIV OF *p* 902
See RANDSTAD INTERIM INC
ORILLIA ASSOCIATION FOR THE HANDICAPPED *p* 774
See 126074 ONTARIO INC
ORILLIA DISTRICT COLLEGIATE & VOCATIONAL INSTITUTE *p* 775
See SIMCOE COUNTY DISTRICT SCHOOL BOARD, THE
ORILLIA LEARNING CENTRE *p* 775
See SIMCOE COUNTY DISTRICT SCHOOL BOARD, THE
ORIOLE PARK ELEMENTARY SCHOOL *p* 923
See TORONTO DISTRICT SCHOOL BOARD

ORIOLE RESOURCES CENTRE *p* 744
See CORPORATION OF THE CITY OF TORONTO
ORION FOUNDRY (CANADA), ULC *p* 602
503 Imperial Rd N, GUELPH, ON, N1H 6T9
(519) 827-1999   SIC 7374
ORION SECURITY & INVESTIGATION SERVICES *p* 954
See ORION SECURITY INCORPORATED
ORION SECURITY INCORPORATED *p* 954
119 White Pine Cres, WATERLOO, ON, N2V 1B3
SIC 7389
ORION TECHNOLOGY *p* 674
See ROLTA CANADA LTD
ORKIN CANADA CORPORATION *p* 29
711 48th Ave Se Unit 12, CALGARY, AB, T2G 4X2
(403) 236-2700   SIC 7342
ORKIN CANADA CORPORATION *p* 193
7061 Gilley Ave, BURNABY, BC, V5J 4X1
(604) 434-6641   SIC 7342
ORKIN CANADA CORPORATION *p* 224
3677 Highway 97 N Suite 107, KELOWNA, BC, V1X 5C3
(250) 765-3714   SIC 7342
ORKIN CANADA CORPORATION *p* 224
3677 Highway 97 N Unit 107, KELOWNA, BC, V1X 5C3
(250) 624-9555   SIC 7342
ORKIN CANADA CORPORATION *p* 224
Unit 3 , 3190 Sexsmith Rd, KELOWNA, BC, V1X 7S6
(250) 765-3714   SIC 7342
ORKIN CANADA CORPORATION *p* 409
305 Baig Blvd, MONCTON, NB, E1E 1E1
(506) 857-0870   SIC 7342
ORKIN CANADA CORPORATION *p* 434
18 Duffy Pl, ST. JOHN'S, NL, A1B 4M5
(709) 466-8000   SIC 7342
ORKIN CANADA CORPORATION *p* 561
40 Pippin Rd Suite 5, CONCORD, ON, L4K 4M6
(905) 660-5100   SIC 7342
ORKIN CANADA CORPORATION *p* 652
65 Clarke Rd Unit 5, LONDON, ON, N5W 5Y2
(519) 659-2212   SIC 7342
ORKIN CANADA CORPORATION *p* 652
65 Clarke Rd Unit 5, LONDON, ON, N5W 5Y2
(519) 944-1001   SIC 7342
ORKIN CANADA CORPORATION *p* 714
5840 Falbourne St, MISSISSAUGA, ON, L5R 4B5
(905) 502-9700   SIC 7342
ORKIN CANADA CORPORATION *p* 843
1361 Huntingwood Dr Unit 3, SCARBOROUGH, ON, M1S 3J1
(416) 754-7339   SIC 7342
ORKIN CANADA CORPORATION *p* 846
720 Tapscott Rd Unit 2, SCARBOROUGH, ON, M1X 1C6
(416) 363-8821   SIC 7342
ORKIN CANADA CORPORATION *p* 861
237 Barton St, STONEY CREEK, ON, L8E 2K4
(905) 662-8494   SIC 7342
ORKIN CANADA CORPORATION *p* 868
760 Notre Dame Ave, SUDBURY, ON, P3A 2T4
(705) 524-2847   SIC 7342
ORKIN CANADA CORPORATION *p* 1205
2021 Ch De La Cote-De-Liesse, SAINT-LAURENT, QC, H4N 2M5
(514) 333-4111   SIC 7342
ORKIN PCO *p* 193
See ORKIN CANADA CORPORATION
ORKIN PCO PEST CONTROL *p* 652
See ORKIN CANADA CORPORATION
ORKIN PCO SERVICES *p* 29
See ORKIN CANADA CORPORATION
ORKIN PCO SERVICES *p* 224

BUSINESSES ALPHABETICALLY

See ORKIN CANADA CORPORATION
ORKIN PCO SERVICES p 409
See ORKIN CANADA CORPORATION
ORKIN PCO SERVICES p 561
See ORKIN CANADA CORPORATION
ORKIN PCO SERVICES p 714
See ORKIN CANADA CORPORATION
ORKIN PCO SERVICES p 843
See ORKIN CANADA CORPORATION
ORKIN PCO SERVICES p 846
See ORKIN CANADA CORPORATION
ORKIN PCO SERVICES p 1205
See ORKIN CANADA CORPORATION
ORKIN PEST CONTROL p 224
See ORKIN CANADA CORPORATION
ORKIN PEST CONTROL p 652
See ORKIN CANADA CORPORATION
ORLANDO CORPORATION p 747
2901 Bayview Ave Suite 32, NORTH YORK, ON, M2K 1E6
(416) 226-0404   SIC 6512
ORLEANS BRANCH LIBRARY p 776
See OTTAWA PUBLIC LIBRARY BOARD
ORLEANS WOOD ELEMENTARY SCHOOL p 776
See OTTAWA-CARLETON DISTRICT SCHOOL BOARD
ORLICK INDUSTRIES LIMITED p 861
359 Millen Rd, STONEY CREEK, ON, L8E 2H4
(905) 664-3990   SIC 3365
ORLICK INDUSTRIES LIMITED p 861
500 Seaman St, STONEY CREEK, ON, L8E 2V9
(905) 662-5954   SIC 3365
ORMISTON PUBLIC SCHOOL p 959
See DURHAM DISTRICT SCHOOL BOARD
ORMSTOWN ELEMENTARY SCHOOL p 1136
See COMMISSION SCOLAIRE NEW FRONTIER
ORNAMENTAL MOULDINGS COMPANY p 950
289 Marsland Dr, WATERLOO, ON, N2J 3Z2
(519) 884-4080   SIC 2431
ORO LANDFIL SITE 11 p 777
See CORPORATION OF THE COUNTY OF SIMCOE
ORSAINVILLE SERVICE CENTRE p 1147
See CAISSE POPULAIRE DESJARDINS DE CHARLESBOURG
ORTHAIDE p 1177
See CENTRE DE READAPTATION LA MAISON
ORTHO CONCEPT INTERNATIONAL p 1018
See 2393689 CANADA INC
ORTHOFAB INC p 991
10370 Boul Louis-H.-Lafontaine, ANJOU, QC, H1J 2T3
(514) 356-0777   SIC 3842
ORTHOFAB INC p 1165
2160 Rue De Celles, Quebec, QC, G2C 1X8
(418) 847-5225   SIC 3842
ORTHOPAEDIC & ATHRITIC CAMPUS p 904
See SUNNYBROOK HEALTH SCIENCES CENTRE FOUNDATION
ORTYNSKY AUTOMOTIVE COMPANY LTD p 367
980 Nairn Ave, WINNIPEG, MB, R2L 0Y2
(204) 654-0440   SIC 5511
ORTYNSKY NISSAN LTD p 367
980 Nairn Ave, WINNIPEG, MB, R2L 0Y2
(204) 669-0791   SIC 5511
ORTYNSKY, TERRY KIA p 367
See ORTYNSKY AUTOMOTIVE COMPANY LTD
OS4 TECHNO INC p 1097
1100 Boul Cremazie E Bureau 600, Montreal, QC, H2P 2X2
(514) 722-9333   SIC 7379
OSBORNE & KYLEMORE SAFEWAY p 386
See SOBEYS WEST INC

OSBORNE VILLAGE INN p 386
See GREEN, E. HOLDINGS LTD
OSCAR ADOLPSON PRIMARY SCHOOL p 171
See NORTHERN GATEWAY REGIONAL DIVISION #10
OSCAR PETERSON PUBLIC SCHOOL p 705
See PEEL DISTRICT SCHOOL BOARD
OSCAR PETERSON PUBLIC SCHOOL p 864
See YORK REGION DISTRICT SCHOOL BOARD
OSCER BLACKBURN SCHOOL p 356
See FRONTIER SCHOOL DIVISION
OSGOODE PUBLIC SCHOOL p 777
See OTTAWA-CARLETON DISTRICT SCHOOL BOARD
OSGOODE TOWNSHIP HIGH SCHOOL p 679
See OTTAWA-CARLETON DISTRICT SCHOOL BOARD
OSHAWA CENTRAL COLLEGIATE p 781
See DURHAM DISTRICT SCHOOL BOARD
OSHAWA FIRE SERVICES p 780
See CORPORATION OF THE CITY OF OSHAWA
OSHAWA GOLF & CURLING CLUB p 778
See OSHAWA GOLF CLUB LIMITED
OSHAWA GOLF CLUB LIMITED p 778
160 Alexandra St, OSHAWA, ON, L1G 2C4
(905) 723-4681   SIC 7997
OSHAWA PLANT p 778
See A.G. SIMPSON AUTOMOTIVE INC
OSHAWA SOUTH STAMPING PLANT p 779
See GENERAL MOTORS OF CANADA COMPANY
OSHAWA THIS WEEK p 780
See METROLAND MEDIA GROUP LTD
OSHAWA THIS WEEK NEWSPAPER p 780
See TORSTAR CORPORATION
OSI PRECISION p 1190
See O.S.I. PRECISION INC
OSISOFT CANADA ULC p 1112
1155 Boul Robert-Bourassa Unite 612, Montreal, QC, H3B 3A7
(514) 493-0663   SIC 7372
OSLER HOSKIN & HARCOURT p 1110
See CARTHOS SERVICES LP
OSLER SCHOOL p 1278
See PRAIRIE SPIRIT SCHOOL DIVISION NO. 206
OSLER, HOSKIN & HARCOURT LLP p 47
450 1 St Sw Suite 2500, CALGARY, AB, T2P 5H1
(403) 260-7000   SIC 8111
OSLER, HOSKIN & HARCOURT LLP p 793
340 Albert St Suite 1900, OTTAWA, ON, K1R 7Y6
(613) 235-7234   SIC 8111
OSLER, HOSKIN & HARCOURT LLP p 1112
1000 Rue De La Gauchetiere O Bureau 2100, MONTREAL, QC, H3B 4W5
(514) 904-8100   SIC 8111
OSM TUBULAR CAMROSE p 42
See CANADIAN NATIONAL STEEL CORPORATION
OSOYOOS ELEMENTARY SCHOOL p 251
See SCHOOL DISTRICT NO. 53 (OKANAGAN SIMILKAMEEN)
OSOYOOS SECONDARY SCHOOL p 251
See SCHOOL DISTRICT NO. 53 (OKANAGAN SIMILKAMEEN)
OSP DIVISION p 1270
See WEYERHAEUSER COMPANY LIMITED
OSPREY CARE PENTICTON INC p 252
103 Duncan Ave W, PENTICTON, BC, V2A 2Y3
(250) 490-8503   SIC 8059
OSPREY CENTRAL ELEMENTARY SCHOOL p 679
See BLUEWATER DISTRICT SCHOOL BOARD

OSPREY MEDIA PUBLISHING INC p 673
100 Renfrew Dr Suite 110, MARKHAM, ON, L3R 9R6
(905) 752-1132   SIC 2711
OSPREY WOODS PUBLIC SCHOOL p 710
See PEEL DISTRICT SCHOOL BOARD
OSSINGTON OLD ORCHARD JR PUBLIC SCHOOL p 936
See TORONTO DISTRICT SCHOOL BOARD
OSSO HOLDINGS LTD p 780
209 Bloor St E, OSHAWA, ON, L1H 3M3
(905) 576-4166   SIC 5063
OSSONA PARK CANADA, DIVISION OF p 780
See OSSO HOLDINGS LTD
OSSTF p 758
See ONTARIO SECONDARY SCHOOL TEACHERS' FEDERATION, THE
OSWALD PROFESSIONAL SERVICES p 912
See YORK UNIVERSITY
OTEL ENTERPRISES INC p 592
222 Mountainview Rd N, GEORGETOWN, ON, L7G 3R2
(905) 877-1800   SIC 6513
OTETISKEWIN KISKINWAMAHTOWEK SCHOOL p 352
See NELSON HOUSE EDUCATION AUTHORITY, INC
OTIS CANADA, INC p 33
777 64 Ave Se Suite 7, CALGARY, AB, T2H 2C3
(403) 244-1040   SIC 7699
OTIS CANADA, INC p 92
10617 172 St Nw, EDMONTON, AB, T5S 1P1
(780) 444-2900   SIC 3534
OTIS CANADA, INC p 294
2788 Rupert St, VANCOUVER, BC, V5M 3T7
(604) 412-3400   SIC 3534
OTIS CANADA, INC p 452
51 Raddall Ave Suite 7, DARTMOUTH, NS, B3B 1T6
(902) 481-8200   SIC 3534
OTIS CANADA, INC p 692
1655 Queensway E Suite 4, MISSISSAUGA, ON, L4X 2Z5
(905) 276-5577   SIC 7699
OTIS CANADA, INC p 1122
5311 Boul De Maisonneuve O, Montreal, QC, H4A 1Z5
(514) 489-9781   SIC 7699
OTIS CANADA, INC p 1154
2022 Rue Lavoisier Bureau 160, Quebec, QC, G1N 4L5
(418) 687-4848   SIC 7699
OTIS ELEVATORS p 33
See OTIS CANADA, INC
OTL CATERING p 302
See OUT TO LUNCH CUISINE INC
OTN p 752
See ONTARIO TELEMEDICINE NETWORK
OTONABEE MARKETPLACE p 812
See ARAMARK CANADA LTD.
OTONABEE VALLEY PUBLIC SCHOOL p 810
See KAWARTHA PINE RIDGE DISTRICT SCHOOL BOARD
OTSTCFQ p 1096
See ORDRE DES TRAVAILLEURS SOCIAUX ET DES THERAPEUTES CONJUGAUX ET FAMILIAUX DU QUEBEC
OTTAWA ATHLETIC CLUB p 783
See O A C HOLDINGS LIMITED
OTTAWA BUSINESS INTERIORS LTD p 727
183 Colonnade Rd Suite 100, NEPEAN, ON, K2E 7J4
(613) 226-4090   SIC 7359
OTTAWA CARLETON LIFE SKILLS INC p 624
1 Brewer Hunt Way Unit 9, KANATA, ON, K2K 2B5

(613) 254-9400   SIC 8361
OTTAWA CARLETON LIFE SKILLS INC p 796
3041 Upper Otterson Pl, OTTAWA, ON, K1V 7B5
(613) 523-7220   SIC 8322
OTTAWA CATHOLIC DISTRICT SCHOOL BOARD p 550
1572 Corkery Rd, CARP, ON, K0A 1L0
(613) 256-3672   SIC 8211
OTTAWA CATHOLIC DISTRICT SCHOOL BOARD p 589
159 Kedey St, FITZROY HARBOUR, ON, K0A 1X0
(613) 623-3114   SIC 8211
OTTAWA CATHOLIC DISTRICT SCHOOL BOARD p 593
101 Bearbrook Rd, GLOUCESTER, ON, K1B 3H5
(613) 824-4531   SIC 8211
OTTAWA CATHOLIC DISTRICT SCHOOL BOARD p 593
1500 Beaverpond Dr, GLOUCESTER, ON, K1B 3R9
(613) 744-3591   SIC 8211
OTTAWA CATHOLIC DISTRICT SCHOOL BOARD p 594
2072 Jasmine Cres, GLOUCESTER, ON, K1J 8M5
(613) 741-4525   SIC 8211
OTTAWA CATHOLIC DISTRICT SCHOOL BOARD p 594
635 La Verendrye Dr, GLOUCESTER, ON, K1J 7C2
(613) 749-2251   SIC 8211
OTTAWA CATHOLIC DISTRICT SCHOOL BOARD p 594
1923 Elmridge Dr, GLOUCESTER, ON, K1J 8G7
(613) 741-0100   SIC 8211
OTTAWA CATHOLIC DISTRICT SCHOOL BOARD p 595
3740 Spratt Rd, GLOUCESTER, ON, K1V 2M1
(613) 822-7900   SIC 8211
OTTAWA CATHOLIC DISTRICT SCHOOL BOARD p 595
4330 Spratt Rd, GLOUCESTER, ON, K1V 2A7
(613) 822-1116   SIC 8211
OTTAWA CATHOLIC DISTRICT SCHOOL BOARD p 595
5536 Bank St, GLOUCESTER, ON, K1X 1G9
(613) 822-2985   SIC 8211
OTTAWA CATHOLIC DISTRICT SCHOOL BOARD p 624
40 Varley Dr, KANATA, ON, K2K 1G5
(613) 592-4371   SIC 8211
OTTAWA CATHOLIC DISTRICT SCHOOL BOARD p 624
5115 Kanata Ave, KANATA, ON, K2K 3K5
(613) 271-4254   SIC 8211
OTTAWA CATHOLIC DISTRICT SCHOOL BOARD p 624
1105 March Rd, KANATA, ON, K2K 1X7
(613) 592-1798   SIC 8211
OTTAWA CATHOLIC DISTRICT SCHOOL BOARD p 625
75 Mccurdy Dr, KANATA, ON, K2L 3W6
(613) 591-3256   SIC 8211
OTTAWA CATHOLIC DISTRICT SCHOOL BOARD p 625
500 Stonehaven Dr, KANATA, ON, K2M 2V6
(613) 271-0308   SIC 8211
OTTAWA CATHOLIC DISTRICT SCHOOL BOARD p 625
50 Stonehaven Dr, KANATA, ON, K2M 2K6
(613) 599-6600   SIC 8211
OTTAWA CATHOLIC DISTRICT SCHOOL BOARD p 625
20 Mckitrick Dr, KANATA, ON, K2L 1T7
(613) 836-4754   SIC 8211
OTTAWA CATHOLIC DISTRICT SCHOOL

OTTAWA CATHOLIC DISTRICT SCHOOL BOARD

OTTAWA CATHOLIC DISTRICT SCHOOL BOARD p 667
5344 Long Island Rd, MANOTICK, ON, K4M 1E8
(613) 692-3521   SIC 8211

OTTAWA CATHOLIC DISTRICT SCHOOL BOARD p 667
1040 Dozois Rd, MANOTICK, ON, K4M 1B2
(613) 692-2551   SIC 8211

OTTAWA CATHOLIC DISTRICT SCHOOL BOARD p 679
2717 8th Line Rd, METCALFE, ON, K0A 2P0
(613) 821-1002   SIC 8211

OTTAWA CATHOLIC DISTRICT SCHOOL BOARD p 725
50 Bayshore Dr, NEPEAN, ON, K2B 6M8
(613) 828-5158   SIC 8211

OTTAWA CATHOLIC DISTRICT SCHOOL BOARD p 727
1 Inverness Ave, NEPEAN, ON, K2E 6N6
(613) 224-6341   SIC 8211

OTTAWA CATHOLIC DISTRICT SCHOOL BOARD p 728
148 Meadowlands Dr W, NEPEAN, ON, K2G 2S5
(613) 224-3011   SIC 8211

OTTAWA CATHOLIC DISTRICT SCHOOL BOARD p 728
165 Knoxdale Rd, NEPEAN, ON, K2G 1B1
(613) 226-6223   SIC 8211

OTTAWA CATHOLIC DISTRICT SCHOOL BOARD p 728
570 West Hunt Club Rd, NEPEAN, ON, K2G 3R4
(613) 224-2222   SIC 8211

OTTAWA CATHOLIC DISTRICT SCHOOL BOARD p 728
201 Crestway Dr, NEPEAN, ON, K2G 6Z3
(613) 843-0050   SIC 8211

OTTAWA CATHOLIC DISTRICT SCHOOL BOARD p 729
3877 Old Richmond Rd, NEPEAN, ON, K2H 5C1
(613) 828-4037   SIC 8211

OTTAWA CATHOLIC DISTRICT SCHOOL BOARD p 729
30 Costello Ave, NEPEAN, ON, K2H 7C5
(613) 828-0644   SIC 8211

OTTAWA CATHOLIC DISTRICT SCHOOL BOARD p 730
333 Beatrice Dr, NEPEAN, ON, K2J 4W1
(613) 825-7544   SIC 8211

OTTAWA CATHOLIC DISTRICT SCHOOL BOARD p 730
3333 Greenbank Rd, NEPEAN, ON, K2J 4J1
(613) 823-4797   SIC 8211

OTTAWA CATHOLIC DISTRICT SCHOOL BOARD p 730
3333 Greenbank Road, NEPEAN, ON, K2J 4J1
(613) 823-4797   SIC 8211

OTTAWA CATHOLIC DISTRICT SCHOOL BOARD p 730
41 Weybridge Dr, NEPEAN, ON, K2J 2Z8
(613) 825-3596   SIC 8211

OTTAWA CATHOLIC DISTRICT SCHOOL BOARD p 730
440 Longfields Dr, NEPEAN, ON, K2J 4T1
(613) 823-1663   SIC 8211

OTTAWA CATHOLIC DISTRICT SCHOOL BOARD p 730
500 Chapman Mills Dr, NEPEAN, ON, K2J 0J2
(613) 825-4300   SIC 8211

OTTAWA CATHOLIC DISTRICT SCHOOL BOARD p 730
60 Mountshannon Dr, NEPEAN, ON, K2J 4C2
(613) 825-2520   SIC 8211

OTTAWA CATHOLIC DISTRICT SCHOOL BOARD p 730
68 Larkin Dr, NEPEAN, ON, K2J 1A9
(613) 825-4012   SIC 8211

OTTAWA CATHOLIC DISTRICT SCHOOL BOARD p 776
1534 Forest Valley Dr, ORLEANS, ON, K1C 6G9
(613) 837-3773   SIC 8211

OTTAWA CATHOLIC DISTRICT SCHOOL BOARD p 776
6550 Bilberry Dr, ORLEANS, ON, K1C 2S9
(613) 837-3161   SIC 8211

OTTAWA CATHOLIC DISTRICT SCHOOL BOARD p 776
6400 Beausejour Dr, ORLEANS, ON, K1C 4W2
(613) 830-2454   SIC 8211

OTTAWA CATHOLIC DISTRICT SCHOOL BOARD p 776
1565 St. Georges St, ORLEANS, ON, K1E 1R2
(613) 824-9700   SIC 8211

OTTAWA CATHOLIC DISTRICT SCHOOL BOARD p 777
2133 Gardenway Dr, ORLEANS, ON, K4A 3M2
(613) 834-6334   SIC 8211

OTTAWA CATHOLIC DISTRICT SCHOOL BOARD p 777
750 Charlemagne Blvd, ORLEANS, ON, K4A 3M4
(613) 837-9377   SIC 8211

OTTAWA CATHOLIC DISTRICT SCHOOL BOARD p 777
795b Watters Rd, ORLEANS, ON, K4A 2T2
(613) 830-7239   SIC 8211

OTTAWA CATHOLIC DISTRICT SCHOOL BOARD p 777
2000 Portobello Blvd, ORLEANS, ON, K4A 4M9
(613) 837-4114   SIC 8211

OTTAWA CATHOLIC DISTRICT SCHOOL BOARD p 784
6212 Jeanne D'arc Blvd N, OTTAWA, ON, K1C 2M4
(613) 824-8541   SIC 8211

OTTAWA CATHOLIC DISTRICT SCHOOL BOARD p 785
1620 Blohm Dr, OTTAWA, ON, K1G 5N6
(613) 739-7131   SIC 8211

OTTAWA CATHOLIC DISTRICT SCHOOL BOARD p 785
2485 Dwight Cres, OTTAWA, ON, K1G 1C7
(613) 731-3541   SIC 8211

OTTAWA CATHOLIC DISTRICT SCHOOL BOARD p 786
1760 Mcmaster Ave, OTTAWA, ON, K1H 6R8
(613) 731-8841   SIC 8211

OTTAWA CATHOLIC DISTRICT SCHOOL BOARD p 787
437 Donald St, OTTAWA, ON, K1K 1L8
(613) 747-6885   SIC 8211

OTTAWA CATHOLIC DISTRICT SCHOOL BOARD p 787
437 Donald St, OTTAWA, ON, K1K 1L8
(613) 749-1642   SIC 8211

OTTAWA CATHOLIC DISTRICT SCHOOL BOARD p 787
675 Gardenvale Rd, OTTAWA, ON, K1K 1C9
(613) 745-4884   SIC 8211

OTTAWA CATHOLIC DISTRICT SCHOOL BOARD p 788
200 Springfield Rd, OTTAWA, ON, K1M 1C2
(613) 746-4888   SIC 8211

OTTAWA CATHOLIC DISTRICT SCHOOL BOARD p 793
290 Nepean St, OTTAWA, ON, K1R 5G3
(613) 594-5773   SIC 8211

OTTAWA CATHOLIC DISTRICT SCHOOL BOARD p 794
140 Main St, OTTAWA, ON, K1S 5P4
(613) 237-2001   SIC 8211

OTTAWA CATHOLIC DISTRICT SCHOOL BOARD p 794
1722 St. Bernard St, OTTAWA, ON, K1T 1K8
(613) 521-5894   SIC 8211

OTTAWA CATHOLIC DISTRICT SCHOOL BOARD p 794
798 Lyon St S, OTTAWA, ON, K1S 5H5
(613) 232-9743   SIC 8211

OTTAWA CATHOLIC DISTRICT SCHOOL BOARD p 794
89 Lorry Greenberg Dr, OTTAWA, ON, K1T 3J6
(613) 737-1141   SIC 8211

OTTAWA CATHOLIC DISTRICT SCHOOL BOARD p 796
2525 Alta Vista Dr, OTTAWA, ON, K1V 7T3
(613) 733-0501   SIC 8211

OTTAWA CATHOLIC DISTRICT SCHOOL BOARD p 796
245 Owl Dr, OTTAWA, ON, K1V 9K3
(613) 521-0475   SIC 8211

OTTAWA CATHOLIC DISTRICT SCHOOL BOARD p 796
1620 Heatherington Rd, OTTAWA, ON, K1V 9P5
(613) 731-4733   SIC 8211

OTTAWA CATHOLIC DISTRICT SCHOOL BOARD p 796
1485 Heron Rd, OTTAWA, ON, K1V 6A6
(613) 733-3736   SIC 8211

OTTAWA CATHOLIC DISTRICT SCHOOL BOARD p 796
1461 Heron Rd, OTTAWA, ON, K1V 6A6
(613) 731-3237   SIC 8211

OTTAWA CATHOLIC DISTRICT SCHOOL BOARD p 796
1310 Pebble Rd, OTTAWA, ON, K1V 7R8
(613) 521-4611   SIC 8211

OTTAWA CATHOLIC DISTRICT SCHOOL BOARD p 796
2820 Springland Dr, OTTAWA, ON, K1V 6M4
(613) 733-5887   SIC 8211

OTTAWA CATHOLIC DISTRICT SCHOOL BOARD p 798
2135 Knightsbridge Rd, OTTAWA, ON, K2A 0R3
(613) 722-4075   SIC 8211

OTTAWA CATHOLIC DISTRICT SCHOOL BOARD p 798
893 Admiral Ave, OTTAWA, ON, K1Z 6L6
(613) 228-8888   SIC 8211

OTTAWA CATHOLIC DISTRICT SCHOOL BOARD p 798
710 Broadview Ave, OTTAWA, ON, K2A 2M2
(613) 722-6565   SIC 8211

OTTAWA CATHOLIC DISTRICT SCHOOL BOARD p 798
1366 Coldrey Ave, OTTAWA, ON, K1Z 7P5
(613) 728-4744   SIC 8211

OTTAWA CATHOLIC DISTRICT SCHOOL BOARD p 799
2860 Ahearn Ave, OTTAWA, ON, K2B 6Z9
(613) 829-3878   SIC 8211

OTTAWA CATHOLIC DISTRICT SCHOOL BOARD p 800
1009 Arnot Rd, OTTAWA, ON, K2C 0H5
(613) 225-8020   SIC 8211

OTTAWA CATHOLIC DISTRICT SCHOOL BOARD p 800
1175 Soderlind St, OTTAWA, ON, K2C 3B3
(613) 828-5594   SIC 8211

OTTAWA CATHOLIC DISTRICT SCHOOL BOARD p 800
128 Chesterton Dr, OTTAWA, ON, K2E 5T8
(613) 224-8833   SIC 8211

OTTAWA CATHOLIC DISTRICT SCHOOL BOARD p 800
1481 Fisher Ave, OTTAWA, ON, K2C 1X4
(613) 225-8105   SIC 8211

OTTAWA CATHOLIC DISTRICT SCHOOL BOARD p 801
2675 Draper Ave, OTTAWA, ON, K2H 7A1
(613) 820-9705   SIC 8211

OTTAWA CATHOLIC DISTRICT SCHOOL BOARD p 819
79 Maitland St, RICHMOND, ON, K0A 2Z0
(613) 838-2466   SIC 8211

OTTAWA CATHOLIC DISTRICT SCHOOL BOARD p 860
4 Baywood Dr, STITTSVILLE, ON, K2S 1K5
(613) 836-7423   SIC 8211

OTTAWA CATHOLIC DISTRICT SCHOOL BOARD p 860
Sacred Heart Catholic High School, Stittsville, ON, K2S 1X4
(613) 831-6643   SIC 8211

OTTAWA CATHOLIC DISTRICT SCHOOL BOARD p 860
1383 Stittsville Main Street, STITTSVILLE, ON, K2S 1A6
(613) 831-1853   SIC 8211

OTTAWA CATHOLIC DISTRICT SCHOOL BOARD p 860
1145 Stittsville Main St, STITTSVILLE, ON, K2S 0M5
(613) 831-8844   SIC 8211

OTTAWA CATHOLIC DISTRICT SCHOOL BOARD p 946
330 Lajoie St, VANIER, ON, K1L 7H4
(613) 741-6808   SIC 8299

OTTAWA CATHOLIC DISTRICT SCHOOL BOARD p 946
320 Lajoie St, VANIER, ON, K1L 7H4
SIC 8211

OTTAWA CATHOLIC DISTRICT SCHOOL BOARD p 946
236 Levis Ave, VANIER, ON, K1L 6H8
(613) 746-4822   SIC 8211

OTTAWA CATHOLIC SCHOOL BOARD p 728
See OTTAWA CATHOLIC DISTRICT SCHOOL BOARD

OTTAWA CHILDREN'S TREATMENT CENTRE p 625
2 Macneil Crt, KANATA, ON, K2L 4H7
(613) 831-5098   SIC 8322

OTTAWA CHILDREN'S TREATMENT CENTRE p 786
401 Smyth Rd, OTTAWA, ON, K1H 8L1
(613) 737-2286   SIC 8322

OTTAWA CITIZEN, THE p 800
See POSTMEDIA NETWORK INC

OTTAWA COMMUNITY HOUSING CORPORATION p 727
39 Auriga Dr, NEPEAN, ON, K2E 7Y8
(613) 731-7223   SIC 6531

OTTAWA CRESCENT PUBLIC SCHOOL p 599
See UPPER GRAND DISTRICT SCHOOL BOARD, THE

OTTAWA FAMILY CINEMA p 798
See OTTAWA FAMILY CINEMA FOUNDATION

OTTAWA FAMILY CINEMA FOUNDATION p 798
710 Broadview Ave, OTTAWA, ON, K2A 2M2
(613) 722-8218   SIC 7822

OTTAWA FIRE DEPARTMENT p 777
See CITY OF OTTAWA

OTTAWA FIRE SERVICES p 667
See CITY OF OTTAWA

OTTAWA GRAPHIC SYSTEMS p 800
1636 Woodward Dr, OTTAWA, ON, K2C 3R8
(613) 727-5610   SIC 7334

OTTAWA HEALTH RESEARCH INSTITUTE p 797
See OTTAWA HOSPITAL, THE

OTTAWA HEART INSTITUTE RESEARCH CORPORATION p 797
40 Ruskin St, OTTAWA, ON, K1Y 4W7
(613) 761-5000   SIC 8733

OTTAWA HOSPITAL, THE p 786
1967 Riverside Dr Suite 323, OTTAWA, ON, K1H 7W9
(613) 738-7100   SIC 8062

OTTAWA HOSPITAL, THE p 797
1053 Carling Ave Suite 119, OTTAWA, ON, K1Y 4E9
(613) 722-7000   SIC 8062

OTTAWA HOSPITAL, THE p 797
725 Parkdale Ave, OTTAWA, ON, K1Y 4E9
(613) 761-4395   SIC 8733

OTTAWA HOSPITAL, THE p 797
200 Melrose Ave, OTTAWA, ON, K1Y 4K7
(613) 737-7700   SIC 8069

OTTAWA HUMANE SOCIETY p 800
245 West Hunt Club Rd, OTTAWA, ON, K2E 1A6
(613) 725-3166   SIC 8699

OTTAWA HUNT AND GOLF CLUB, LIMITED p 796
1 Hunt Club Rd, OTTAWA, ON, K1V 1B9
(613) 736-1102   SIC 7997

OTTAWA MARRIOTT p 791
See INNVEST HOTELS LP

OTTAWA MONTESSORI SCHOOL / ECOLE MONTESSORI D'OTTAWA p 785
335 Lindsay St, OTTAWA, ON, K1G 0L6
(613) 521-5185   SIC 8211

OTTAWA MOTOR SALES (1987) LIMITED p 796
1325 Johnston Rd, OTTAWA, ON, K1V 8Z1
(613) 521-8370   SIC 7532

OTTAWA MOTOR SALES (1987) LIMITED p 796
2496 Bank St, OTTAWA, ON, K1V 8S2
(613) 523-5230   SIC 5511

OTTAWA PUBLIC LIBRARY BOARD p 624
2500 Campeau Dr, KANATA, ON, K2K 2W3
SIC 8231

OTTAWA PUBLIC LIBRARY BOARD p 776
1705 Orleans Blvd, ORLEANS, ON, K1C 4W2
SIC 8231

OTTAWA REGIONAL CANCER CENTRE p 797
See OTTAWA HOSPITAL, THE

OTTAWA RESTAURANT INVESTMENTS LIMITED p 800
1363 Woodroffe Ave Suite B, OTTAWA, ON, K2G 1V7
(613) 225-6887   SIC 5812

OTTAWA RIVER WHITE WATER RAFTING LIMITED p 500
1260 Grant Settlement Rd, BEACHBURG, ON, K0J 1C0
(613) 646-2501   SIC 7999

OTTAWA ROTARY HOME, THE p 595
4637 Bank St, GLOUCESTER, ON, K1T 3W6
(613) 236-3200   SIC 8361

OTTAWA SAFETY COUNCIL p 729
2068 Robertson Rd Unit 105, NEPEAN, ON, K2H 5Y8
(613) 238-1513   SIC 8748

OTTAWA SALUS CORPORATION p 794
111 Grove Ave, OTTAWA, ON, K1S 3A9
(613) 523-3232   SIC 8361

OTTAWA SALUS CORPORATION p 798
1006 Fisher Ave, OTTAWA, ON, K1Z 6P5
(613) 722-3305   SIC 8611

OTTAWA SALUS CORPORATION p 798
2000 Scott St, Ottawa, ON, K1Z 6T2
(613) 729-0123   SIC 8361

OTTAWA TECHNICAL LEARNING CENTRE p 788
See OTTAWA-CARLETON DISTRICT SCHOOL BOARD

OTTAWA TRUCK CENTRE, DIV OF p 783
See TALLMAN TRUCK CENTRE LIMITED

OTTAWA WATER CONDITIONING p 726
See EASTERN ONTARIO WATER TECHNOLOGY LTD

OTTAWA YOUNG MEN'S AND YOUNG WOMEN'S CHRISTIAN ASSOCIATION p 728
1642 Merivale Rd, NEPEAN, ON, K2G 4A1
(613) 727-7070   SIC 8621

OTTAWA YOUNG MEN'S AND YOUNG WOMEN'S CHRISTIAN ASSOCIATION p 776
265 Centrum Blvd, ORLEANS, ON, K1E 3X7
(613) 830-4199   SIC 7999

OTTAWA YOUNG MEN'S AND YOUNG WOMEN'S CHRISTIAN ASSOCIATION p 792
99 Bank St Suite 1, OTTAWA, ON, K1P 6B9
(613) 233-9331   SIC 8621

OTTAWA YOUNG MEN'S AND YOUNG WOMEN'S CHRISTIAN ASSOCIATION p 792
See OTTAWA YOUNG MEN'S AND YOUNG WOMEN'S CHRISTIAN ASSOCIATION

OTTAWA YOUNG MEN'S AND YOUNG WOMEN'S CHRISTIAN ASSOCIATION p 798
200 Lockhart Ave, OTTAWA, ON, K2A 4C6
SIC 8699

OTTAWA-CARLETON ASSOCIATION FOR PERSONS WITH DEVELOPMENTAL DISABILITIES p 565
1141 Sydney St Unit 1, CORNWALL, ON, K6H 7C2
(613) 933-9520   SIC 8322

OTTAWA-CARLETON ASSOCIATION FOR PERSONS WITH DEVELOPMENTAL DISABILITIES p 787
171 Donald St, OTTAWA, ON, K1K 1N1
(613) 744-8504   SIC 6321

OTTAWA-CARLETON DISTRICT SCHOOL BOARD p 550
118 Langstaff Dr, CARP, ON, K0A 1L0
(613) 839-2020   SIC 8211

OTTAWA-CARLETON DISTRICT SCHOOL BOARD p 571
3088 Dunrobin Rd, DUNROBIN, ON, K0A 1T0
(613) 832-2773   SIC 8211

OTTAWA-CARLETON DISTRICT SCHOOL BOARD p 593
2681 Innes Rd, GLOUCESTER, ON, K1B 3J7
(613) 824-5455   SIC 8211

OTTAWA-CARLETON DISTRICT SCHOOL BOARD p 593
46 Centrepark Dr, GLOUCESTER, ON, K1B 3C1
(613) 824-4014   SIC 8211

OTTAWA-CARLETON DISTRICT SCHOOL BOARD p 594
1401 Matheson Rd, GLOUCESTER, ON, K1J 8B5
(613) 745-0195   SIC 8211

OTTAWA-CARLETON DISTRICT SCHOOL BOARD p 594
2011 Glenfern Ave, GLOUCESTER, ON, K1J 6H2
(613) 745-2119   SIC 8211

OTTAWA-CARLETON DISTRICT SCHOOL BOARD p 594
2060 Ogilvie Rd, GLOUCESTER, ON, K1J 7N8
(613) 745-7176   SIC 8211

OTTAWA-CARLETON DISTRICT SCHOOL BOARD p 594
2105 Kender Ave, GLOUCESTER, ON, K1J 6J7
(613) 748-0060   SIC 8211

OTTAWA-CARLETON DISTRICT SCHOOL BOARD p 594
2381 Ogilvie Rd, GLOUCESTER, ON, K1J 7N4
(613) 745-9411   SIC 8211

OTTAWA-CARLETON DISTRICT SCHOOL BOARD p 595
15 De Niverville Pvt, GLOUCESTER, ON, K1V 7N9
(613) 523-5406   SIC 8211

OTTAWA-CARLETON DISTRICT SCHOOL BOARD p 595
3400 D'aoust Ave, GLOUCESTER, ON, K1T 1R5
(613) 521-5922   SIC 8211

OTTAWA-CARLETON DISTRICT SCHOOL BOARD p 597
2630 Grey's Creek Rd, GREELY, ON, K4P 1N2
(613) 821-1272   SIC 8211

OTTAWA-CARLETON DISTRICT SCHOOL BOARD p 597
7066 Parkway Rd, GREELY, ON, K4P 1A9
(613) 821-2291   SIC 8211

OTTAWA-CARLETON DISTRICT SCHOOL BOARD p 624
100 Penfield Dr, KANATA, ON, K2K 1M2
(613) 592-2126   SIC 8211

OTTAWA-CARLETON DISTRICT SCHOOL BOARD p 624
4 Parkway The, KANATA, ON, K2K 1Y4
(613) 592-3361   SIC 8211

OTTAWA-CARLETON DISTRICT SCHOOL BOARD p 624
50 Varley Dr, KANATA, ON, K2K 1G7
(613) 592-4492   SIC 8211

OTTAWA-CARLETON DISTRICT SCHOOL BOARD p 624
1032 Klonkide Rd, KANATA, ON, K2K 1X7
(613) 595-0543   SIC 8211

OTTAWA-CARLETON DISTRICT SCHOOL BOARD p 625
80 Steeple Chase Dr, KANATA, ON, K2M 2A6
(613) 271-1806   SIC 8211

OTTAWA-CARLETON DISTRICT SCHOOL BOARD p 625
64 Chimo Dr, KANATA, ON, K2L 1Y9
(613) 592-5462   SIC 8211

OTTAWA-CARLETON DISTRICT SCHOOL BOARD p 625
55 Mccurdy Dr, KANATA, ON, K2L 4A9
(613) 592-8071   SIC 8211

OTTAWA-CARLETON DISTRICT SCHOOL BOARD p 625
5 Morton Dr, KANATA, ON, K2L 1W7
(613) 836-5987   SIC 8211

OTTAWA-CARLETON DISTRICT SCHOOL BOARD p 625
182 Morrena Rd, KANATA, ON, K2L 1E1
(613) 836-2342   SIC 8211

OTTAWA-CARLETON DISTRICT SCHOOL BOARD p 625
150 Abbeyhill Dr, KANATA, ON, K2L 1H7
(613) 836-2527   SIC 8211

OTTAWA-CARLETON DISTRICT SCHOOL BOARD p 626
101 Penrith St, KANATA, ON, K2W 1H4
(613) 271-9776   SIC 8211

OTTAWA-CARLETON DISTRICT SCHOOL BOARD p 626
6680 Dorack Dr, KARS, ON, K0A 2E0
(613) 489-2024   SIC 8211

OTTAWA-CARLETON DISTRICT SCHOOL BOARD p 629
3765 Loggers Way, KINBURN, ON, K0A 2H0
SIC 8211

OTTAWA-CARLETON DISTRICT SCHOOL BOARD p 667
1075 Bridge St, MANOTICK, ON, K4M 1H3
(613) 692-3311   SIC 8211

OTTAWA-CARLETON DISTRICT SCHOOL BOARD p 679
2701 8th Line Rd, METCALFE, ON, K0A 2P0
(613) 821-2261   SIC 8211

OTTAWA-CARLETON DISTRICT SCHOOL BOARD p 679
2800 8th Line Rd, METCALFE, ON, K0A 2P0
(613) 821-2241   SIC 8211

OTTAWA-CARLETON DISTRICT SCHOOL BOARD p 724
7816 Bleeks Rd, MUNSTER, ON, K0A 3P0
(613) 838-3133   SIC 8211

OTTAWA-CARLETON DISTRICT SCHOOL BOARD p 725
145 Woodridge Cres, NEPEAN, ON, K2B 7T2
(613) 828-8698   SIC 8211

OTTAWA-CARLETON DISTRICT SCHOOL BOARD p 727
49 Mulvagh Ave, NEPEAN, ON, K2E 6M7
(613) 224-2336   SIC 8211

OTTAWA-CARLETON DISTRICT SCHOOL BOARD p 727
60 Tiverton Dr, NEPEAN, ON, K2E 6L8
(613) 823-3336   SIC 8211

OTTAWA-CARLETON DISTRICT SCHOOL BOARD p 727
8 Redpine Dr, NEPEAN, ON, K2E 6S9
(613) 224-4903   SIC 8211

OTTAWA-CARLETON DISTRICT SCHOOL BOARD p 728
75 Waterbridge Dr, NEPEAN, ON, K2G 6T3
(613) 825-3006   SIC 8211

OTTAWA-CARLETON DISTRICT SCHOOL BOARD p 728
16 Carola St, NEPEAN, ON, K2G 0Y1
(613) 226-6393   SIC 8211

OTTAWA-CARLETON DISTRICT SCHOOL BOARD p 728
170 Stoneway Dr, NEPEAN, ON, K2G 6R2
(613) 825-8600   SIC 8211

OTTAWA-CARLETON DISTRICT SCHOOL BOARD p 728
10 Fieldrow St, NEPEAN, ON, K2G 2Y7
(613) 224-1733   SIC 8211

OTTAWA-CARLETON DISTRICT SCHOOL BOARD p 728
1755 Merivale Rd, NEPEAN, ON, K2G 1E2
(613) 224-1807   SIC 8211

OTTAWA-CARLETON DISTRICT SCHOOL BOARD p 728
19 Parkfield Cres, NEPEAN, ON, K2G 0R9
(613) 828-5027   SIC 8211

OTTAWA-CARLETON DISTRICT SCHOOL BOARD p 729
131 Greenbank Rd, NEPEAN, ON, K2H 8R1
(613) 829-5320   SIC 8211

OTTAWA-CARLETON DISTRICT SCHOOL BOARD p 729
168 Greenbank Rd, NEPEAN, ON, K2H 5V2
(613) 828-4587   SIC 8211

OTTAWA-CARLETON DISTRICT SCHOOL BOARD p 729
170 Greenbank Rd, NEPEAN, ON, K2H 5V2
(613) 828-0010   SIC 8211

OTTAWA-CARLETON DISTRICT SCHOOL BOARD p 729
20 Harrison St, NEPEAN, ON, K2H 7N5
(613) 828-5999   SIC 8211

OTTAWA-CARLETON DISTRICT SCHOOL BOARD p 729
31 Moodie Dr, NEPEAN, ON, K2H 8G1
(613) 828-5376   SIC 8211

OTTAWA-CARLETON DISTRICT SCHOOL BOARD p 729
35 Corkstown Rd, NEPEAN, ON, K2H 7V4
(613) 828-8077   SIC 8211

OTTAWA-CARLETON DISTRICT SCHOOL BOARD p 729
3770 Old Richmond Rd, NEPEAN, ON, K2H 5C3
(613) 828-3100   SIC 8211

OTTAWA-CARLETON DISTRICT SCHOOL BOARD p 729
40 Cassidy Rd, NEPEAN, ON, K2H 6K1
(613) 828-9101   SIC 8211

OTTAWA-CARLETON DISTRICT SCHOOL BOARD p 730
54 Kennevale Dr, NEPEAN, ON, K2J 3B2
(613) 825-4834   SIC 8211

OTTAWA-CARLETON DISTRICT SCHOOL BOARD p 730
101 Malvern Dr, NEPEAN, ON, K2J 2S8
(613) 825-1224   SIC 8211

OTTAWA-CARLETON DISTRICT SCHOOL BOARD p 730
103 Malvern Dr, NEPEAN, ON, K2J 4T2
(613) 823-0367   SIC 8211

OTTAWA-CARLETON DISTRICT SCHOOL BOARD p 730
149 Berrigan Dr, NEPEAN, ON, K2J 5C6
(613) 843-7722   SIC 8211

OTTAWA-CARLETON DISTRICT SCHOOL BOARD p 730
199 Berrigan Dr, NEPEAN, ON, K2J 5C6
(613) 825-0092   SIC 8211

OTTAWA-CARLETON DISTRICT SCHOOL

OTTAWA-CARLETON DISTRICT SCHOOL BOARD *p 730*
2760 Cedarview Rd, NEPEAN, ON, K2J 4J2
(613) 825-2185   *SIC* 8211

OTTAWA-CARLETON DISTRICT SCHOOL BOARD *p 743*
2403 Church St, NORTH GOWER, ON, K0A 2T0
(613) 489-3375   *SIC* 8211

OTTAWA-CARLETON DISTRICT SCHOOL BOARD *p 776*
1570 Forest Valley Dr, ORLEANS, ON, K1C 6X7
(613) 824-0733   *SIC* 8211

OTTAWA-CARLETON DISTRICT SCHOOL BOARD *p 776*
1610 Prestwick Dr, ORLEANS, ON, K1E 2N1
(613) 824-5800   *SIC* 8211

OTTAWA-CARLETON DISTRICT SCHOOL BOARD *p 776*
1750 Sunview Dr, ORLEANS, ON, K1C 5B3
(613) 830-4634   *SIC* 8211

OTTAWA-CARLETON DISTRICT SCHOOL BOARD *p 776*
6400 Jeanne D'arc Blvd N, ORLEANS, ON, K1C 2S7
(613) 837-3251   *SIC* 8211

OTTAWA-CARLETON DISTRICT SCHOOL BOARD *p 776*
1445 Duford Dr, ORLEANS, ON, K1E 1E8
SIC 8211

OTTAWA-CARLETON DISTRICT SCHOOL BOARD *p 776*
7859 Decarie Dr, ORLEANS, ON, K1C 2J4
(613) 837-4622   *SIC* 8211

OTTAWA-CARLETON DISTRICT SCHOOL BOARD *p 776*
975 Orleans Blvd, ORLEANS, ON, K1C 2Z5
(613) 824-4411   *SIC* 8211

OTTAWA-CARLETON DISTRICT SCHOOL BOARD *p 777*
1000 Valin St, ORLEANS, ON, K4A 4B5
(613) 834-1927   *SIC* 8211

OTTAWA-CARLETON DISTRICT SCHOOL BOARD *p 777*
1515 Varennes Blvd, ORLEANS, ON, K4A 3S1
(613) 841-7393   *SIC* 8211

OTTAWA-CARLETON DISTRICT SCHOOL BOARD *p 777*
2080 Portobello Blvd, ORLEANS, ON, K4A 0K5
(613) 834-7313   *SIC* 8211

OTTAWA-CARLETON DISTRICT SCHOOL BOARD *p 777*
5590 Osgoode Main St, OSGOODE, ON, K0A 2W0
(613) 826-2550   *SIC* 8211

OTTAWA-CARLETON DISTRICT SCHOOL BOARD *p 784*
1708 Grey Nuns Dr, OTTAWA, ON, K1C 1C1
(613) 824-8177   *SIC* 8211

OTTAWA-CARLETON DISTRICT SCHOOL BOARD *p 785*
1250 Blohm Dr, OTTAWA, ON, K1G 5R8
(613) 737-3169   *SIC* 8211

OTTAWA-CARLETON DISTRICT SCHOOL BOARD *p 785*
1900 Dauphin Rd, OTTAWA, ON, K1G 2L7
(613) 733-1755   *SIC* 8211

OTTAWA-CARLETON DISTRICT SCHOOL BOARD *p 785*
900 Canterbury Ave, OTTAWA, ON, K1G 3A7
(613) 731-1191   *SIC* 8211

OTTAWA-CARLETON DISTRICT SCHOOL BOARD *p 785*
745 Smyth Rd, OTTAWA, ON, K1G 1N9
(613) 733-5955   *SIC* 8211

OTTAWA-CARLETON DISTRICT SCHOOL BOARD *p 785*
260 Knox Cres, OTTAWA, ON, K1G 0K8
(613) 733-6898   *SIC* 8211

OTTAWA-CARLETON DISTRICT SCHOOL BOARD *p 785*
2158 St. Laurent Blvd, OTTAWA, ON, K1G 1A9
(613) 733-6221   *SIC* 8211

OTTAWA-CARLETON DISTRICT SCHOOL BOARD *p 785*
2129 Arch St, OTTAWA, ON, K1G 2H5
(613) 733-0205   *SIC* 8211

OTTAWA-CARLETON DISTRICT SCHOOL BOARD *p 786*
564 Pleasant Park Rd, OTTAWA, ON, K1H 5N1
(613) 733-5253   *SIC* 8211

OTTAWA-CARLETON DISTRICT SCHOOL BOARD *p 786*
1349 Randall Ave, OTTAWA, ON, K1H 7R2
(613) 733-7124   *SIC* 8211

OTTAWA-CARLETON DISTRICT SCHOOL BOARD *p 786*
1801 Featherston Dr, OTTAWA, ON, K1H 6P4
(613) 731-3357   *SIC* 8211

OTTAWA-CARLETON DISTRICT SCHOOL BOARD *p 787*
1965 Naskapi Dr, OTTAWA, ON, K1J 8M9
(613) 744-2597   *SIC* 8211

OTTAWA-CARLETON DISTRICT SCHOOL BOARD *p 787*
689 St. Laurent Blvd, OTTAWA, ON, K1K 3A6
(613) 746-3246   *SIC* 8211

OTTAWA-CARLETON DISTRICT SCHOOL BOARD *p 788*
100 Braemar St, OTTAWA, ON, K1K 3C9
(613) 746-8131   *SIC* 8211

OTTAWA-CARLETON DISTRICT SCHOOL BOARD *p 788*
815 St. Laurent Blvd, OTTAWA, ON, K1K 3A7
(613) 746-8196   *SIC* 8211

OTTAWA-CARLETON DISTRICT SCHOOL BOARD *p 788*
557 Queen Mary St, OTTAWA, ON, K1K 1V9
(613) 749-1692   *SIC* 8211

OTTAWA-CARLETON DISTRICT SCHOOL BOARD *p 788*
485 Donald St, OTTAWA, ON, K1K 1L8
(613) 745-0347   *SIC* 8211

OTTAWA-CARLETON DISTRICT SCHOOL BOARD *p 793*
160 Percy St, OTTAWA, ON, K1R 6E5
(613) 594-8020   *SIC* 8211

OTTAWA-CARLETON DISTRICT SCHOOL BOARD *p 793*
391 Booth St, OTTAWA, ON, K1R 7K5
(613) 235-0340   *SIC* 8211

OTTAWA-CARLETON DISTRICT SCHOOL BOARD *p 793*
376 Gloucester St, OTTAWA, ON, K1R 5E8
(613) 239-2277   *SIC* 8211

OTTAWA-CARLETON DISTRICT SCHOOL BOARD *p 793*
300 Rochester St Suite 302, OTTAWA, ON, K1R 7N4
(613) 239-2416   *SIC* 8211

OTTAWA-CARLETON DISTRICT SCHOOL BOARD *p 793*
250 Cambridge St N, OTTAWA, ON, K1R 7B2
(613) 239-2216   *SIC* 8211

OTTAWA-CARLETON DISTRICT SCHOOL BOARD *p 794*
73 First Ave, OTTAWA, ON, K1S 2G1
(613) 239-2261   *SIC* 8211

OTTAWA-CARLETON DISTRICT SCHOOL BOARD *p 794*
212 Glebe Ave, OTTAWA, ON, K1S 2C9
(613) 239-2424   *SIC* 8211

OTTAWA-CARLETON DISTRICT SCHOOL BOARD *p 794*
185 Fifth Ave, OTTAWA, ON, K1S 2N1
(613) 239-2267   *SIC* 8211

OTTAWA-CARLETON DISTRICT SCHOOL BOARD *p 794*
17 Hopewell Ave, OTTAWA, ON, K1S 2Y7
(613) 239-2348   *SIC* 8211

OTTAWA-CARLETON DISTRICT SCHOOL BOARD *p 794*
159 Lorry Greenberg Dr, OTTAWA, ON, K1T 3J6
(613) 736-7334   *SIC* 8211

OTTAWA-CARLETON DISTRICT SCHOOL BOARD *p 796*
2605 Alta Vista Dr, OTTAWA, ON, K1V 7T3
(613) 521-8535   *SIC* 8211

OTTAWA-CARLETON DISTRICT SCHOOL BOARD *p 796*
2597 Alta Vista Dr, OTTAWA, ON, K1V 7T3
(613) 733-4860   *SIC* 8211

OTTAWA-CARLETON DISTRICT SCHOOL BOARD *p 796*
185 Owl Dr, OTTAWA, ON, K1V 9K3
SIC 8211

OTTAWA-CARLETON DISTRICT SCHOOL BOARD *p 796*
185 Owl Dr, OTTAWA, ON, K1V 9K3
(613) 733-4726   *SIC* 8211

OTTAWA-CARLETON DISTRICT SCHOOL BOARD *p 796*
824 Brookfield Rd, OTTAWA, ON, K1V 6J3
(613) 733-0610   *SIC* 8211

OTTAWA-CARLETON DISTRICT SCHOOL BOARD *p 796*
1300 Kitchener Ave, OTTAWA, ON, K1V 6W2
(613) 737-4401   *SIC* 8211

OTTAWA-CARLETON DISTRICT SCHOOL BOARD *p 797*
1149 Gladstone Ave, OTTAWA, ON, K1Y 3H7
(613) 728-4671   *SIC* 8211

OTTAWA-CARLETON DISTRICT SCHOOL BOARD *p 797*
250 Holland Ave Suite 109, OTTAWA, ON, K1Y 0Y5
(613) 729-5054   *SIC* 8211

OTTAWA-CARLETON DISTRICT SCHOOL BOARD *p 797*
49 Iona St, OTTAWA, ON, K1Y 3L9
(613) 728-4653   *SIC* 8211

OTTAWA-CARLETON DISTRICT SCHOOL BOARD *p 798*
235 Woodroffe Ave, OTTAWA, ON, K2A 3V3
(613) 722-6585   *SIC* 8211

OTTAWA-CARLETON DISTRICT SCHOOL BOARD *p 798*
250 Anna Ave, OTTAWA, ON, K1Z 7V6
(613) 728-3537   *SIC* 8211

OTTAWA-CARLETON DISTRICT SCHOOL BOARD *p 798*
345 Ravenhill Ave, OTTAWA, ON, K2A 0J5
(613) 722-4474   *SIC* 8211

OTTAWA-CARLETON DISTRICT SCHOOL BOARD *p 798*
407 Hilson Ave, OTTAWA, ON, K1Z 6B9
(613) 728-4607   *SIC* 8211

OTTAWA-CARLETON DISTRICT SCHOOL BOARD *p 798*
574 Broadview Ave, OTTAWA, ON, K2A 3V8
(613) 722-6551   *SIC* 8211

OTTAWA-CARLETON DISTRICT SCHOOL BOARD *p 798*
590 Broadview Ave, OTTAWA, ON, K2A 2L8
(613) 728-1721   *SIC* 8211

OTTAWA-CARLETON DISTRICT SCHOOL BOARD *p 798*
919 Woodroffe Ave, OTTAWA, ON, K2A 3G9
(613) 728-1993   *SIC* 8211

OTTAWA-CARLETON DISTRICT SCHOOL BOARD *p 799*
2553 Severn Ave, OTTAWA, ON, K2B 7V8
(613) 828-3039   *SIC* 8211

OTTAWA-CARLETON DISTRICT SCHOOL BOARD *p 799*
2410 Georgina Dr, OTTAWA, ON, K2B 7M8
(613) 820-7186   *SIC* 8211

OTTAWA-CARLETON DISTRICT SCHOOL BOARD *p 799*
2599 Regina St, OTTAWA, ON, K2B 8B6
(613) 829-8777   *SIC* 8211

OTTAWA-CARLETON DISTRICT SCHOOL BOARD *p 799*
2720 Richmond Rd, OTTAWA, ON, K2B 6S2
(613) 596-0188   *SIC* 8211

OTTAWA-CARLETON DISTRICT SCHOOL BOARD *p 800*
991 Dynes Rd, OTTAWA, ON, K2C 0H2
(613) 225-8033   *SIC* 8211

OTTAWA-CARLETON DISTRICT SCHOOL BOARD *p 800*
1250 Agincourt Rd, OTTAWA, ON, K2C 2J2
(613) 225-2750   *SIC* 8211

OTTAWA-CARLETON DISTRICT SCHOOL BOARD *p 800*
1281 Mcwatters Rd, OTTAWA, ON, K2C 3E7
(613) 828-5115   *SIC* 8211

OTTAWA-CARLETON DISTRICT SCHOOL BOARD *p 800*
1660 Prince Of Wales Dr, OTTAWA, ON, K2C 1P4
(613) 224-7922   *SIC* 8211

OTTAWA-CARLETON DISTRICT SCHOOL BOARD *p 800*
2051 Bel-Air Dr, OTTAWA, ON, K2C 0X2
(613) 225-4646   *SIC* 8211

OTTAWA-CARLETON DISTRICT SCHOOL BOARD *p 800*
55 Centrepointe Dr, OTTAWA, ON, K2G 5L4
(613) 723-5136   *SIC* 8211

OTTAWA-CARLETON DISTRICT SCHOOL BOARD *p 801*
2625 Draper Ave, OTTAWA, ON, K2H 7A1
(613) 596-8211   *SIC* 8211

OTTAWA-CARLETON DISTRICT SCHOOL BOARD *p 801*
25 Leacock Dr, OTTAWA, ON, K2K 1S2
(613) 592-2261   *SIC* 8211

OTTAWA-CARLETON DISTRICT SCHOOL BOARD *p 801*
401 Stonehaven Dr, OTTAWA, ON, K2M 3B5
(613) 254-8400   *SIC* 8211

OTTAWA-CARLETON DISTRICT SCHOOL BOARD *p 801*
595 Moodie Dr, OTTAWA, ON, K2H 8A8
(613) 829-4080   *SIC* 8211

OTTAWA-CARLETON DISTRICT SCHOOL BOARD *p 801*
80 Larkin Dr, OTTAWA, ON, K2J 1B7
(613) 825-2691   *SIC* 8211

OTTAWA-CARLETON DISTRICT SCHOOL BOARD *p 802*
29 Lisgar St, OTTAWA, ON, K2P 0B9
(613) 239-2696   *SIC* 8211

OTTAWA-CARLETON DISTRICT SCHOOL BOARD *p 802*
28 Arlington Ave, OTTAWA, ON, K2P 1C2
(613) 239-2264   *SIC* 8211

OTTAWA-CARLETON DISTRICT SCHOOL BOARD *p 802*
310 Elgin St, OTTAWA, ON, K2P 1M4
(613) 239-2231   *SIC* 8211

OTTAWA-CARLETON DISTRICT SCHOOL BOARD *p 819*
3499 Mcbean St, RICHMOND, ON, K0A 2Z0
(613) 838-2371   *SIC* 8211

OTTAWA-CARLETON DISTRICT SCHOOL BOARD *p 819*
3673 Mcbean St, RICHMOND, ON, K0A 2Z0
(613) 838-2212   *SIC* 8211

OTTAWA-CARLETON DISTRICT SCHOOL BOARD *p 825*
350 Buena Vista Rd, ROCKCLIFFE, ON, K1M 1C1
(613) 749-5387   *SIC* 8211

OTTAWA-CARLETON DISTRICT SCHOOL BOARD *p 860*
1453 Stittsville Main St, STITTSVILLE, ON, K2S 1A6
(613) 591-7678   *SIC* 8211

OTTAWA-CARLETON DISTRICT SCHOOL BOARD *p 860*
2176 Huntley Rd, STITTSVILLE, ON, K2S

1B8
(613) 836-1312   SIC 8211
OTTAWA-CARLETON DISTRICT SCHOOL BOARD
27 Hobin St, STITTSVILLE, ON, K2S 1G8
(613) 831-3434   SIC 8211
OTTAWA-CARLETON DISTRICT SCHOOL BOARD   p 860
40 Granite Ridge Dr, STITTSVILLE, ON, K2S 1Y9
(613) 836-2818   SIC 8211
OTTAWA-CARLETON DISTRICT SCHOOL BOARD   p 976
3791 Stonecrest Rd, WOODLAWN, ON, K0A 3M0
(613) 832-5527   SIC 8211
OTTAWA-CARLETON REGIONAL TRANSIT COMMISSION   p 784
See CITY OF OTTAWA
OTTAWAY MOTOR EXPRESS (2010) INC   p 977
520 Beards Lane Unit B, WOODSTOCK, ON, N4S 7W3
(519) 602-3026   SIC 4212
OTTAWAY MOTOR EXPRESS LIMITED   p 977
714880 Oxford County Road 4, WOODSTOCK, ON, N4S 7V7
(519) 539-8434   SIC 4212
OTTER CO-OP   p 181
See OTTER FARM & HOME CO-OPERATIVE
OTTER FARM & HOME CO-OPERATIVE   p 181
3548 248 St Suite 3548, ALDERGROVE, BC, V4W 1Y7
(604) 607-6903   SIC 5191
OTTERVILLE PUBLIC SCHOOL   p 802
See THAMES VALLEY DISTRICT SCHOOL BOARD
OTTEWELL   p 101
See SHEPHERD'S CARE FOUNDATION
OTTEWELL JUNIOR HIGH SCHOOL   p 100
See EDMONTON SCHOOL DISTRICT NO. 7
OTTO BOCK HEALTHCARE CANADA LTD   p 766
2897 Brighton Rd, OAKVILLE, ON, L6H 6C9
SIC 5047
OTTO BOCK HEALTHCARE CANADA LTD   p 814
901 Dillingham Rd, PICKERING, ON, L1W 2Y5
SIC 3842
OUEST BUSINESS SOLUTIONS INC   p 305
311 Water St Suite 300, VANCOUVER, BC, V6B 1B8
(604) 731-9886   SIC 8748
OUIMET-TOMASSO INC   p 991
8383 Rue J.-Rene-Ouimet, ANJOU, QC, H1J 2P8
SIC 2032
OUR CHILDREN, OUR FUTURE   p 574
273 Mead Blvd, ESPANOLA, ON, P5E 1B3
(705) 869-5545   SIC 8351
OUR FLAMES RESTAURANT   p 2
See 1021416 ALBERTA LTD
OUR LADY GOOD COUNSEL SCHOOL   p 621
See CATHOLIC DISTRICT SCHOOL BOARD OF EASTERN ONTARIO
OUR LADY HELP OF CHRISTIANS   p 824
See YORK CATHOLIC DISTRICT SCHOOL BOARD
OUR LADY IMMACULATE CATHOLIC SCHOOL   p 866
See LONDON DISTRICT CATHOLIC SCHOOL BOARD
OUR LADY LOURDES CATHOLIC SCHOOL   p 967
See WINDSOR-ESSEX CATHOLIC DISTRICT SCHOOL BOARD, THE
OUR LADY MERCY ELEMENTARY SCHOOL   p 431
See WESTERN SCHOOL DISTRICT
OUR LADY OF ASSUMPTION SCHOOL   p 609
See HAMILTON-WENTWORTH CATHOLIC SCHOOL BOARD
OUR LADY OF CHARITY SCHOOL   p 877
See THUNDER BAY CATHOLIC DISTRICT SCHOOL BOARD
OUR LADY OF FATIMA   p 521
See DUFFERIN-PEEL CATHOLIC DISTRICT SCHOOL BOARD
OUR LADY OF FATIMA   p 681
See HALTON CATHOLIC DISTRICT SCHOOL BOARD
OUR LADY OF FATIMA   p 819
See RENFREW COUNTY CATHOLIC DISTRICT SCHOOL BOARD
OUR LADY OF FATIMA   p 976
See YORK CATHOLIC DISTRICT SCHOOL BOARD
OUR LADY OF FATIMA CATHOLIC SCHOOL   p 598
See NIAGARA CATHOLIC DISTRICT SCHOOL BOARD
OUR LADY OF FATIMA CATHOLIC SCHOOL   p 839
See TORONTO CATHOLIC DISTRICT SCHOOL BOARD
OUR LADY OF FATIMA ELEMENTARY SCHOOL   p 546
See WATERLOO CATHOLIC DISTRICT SCHOOL BOARD
OUR LADY OF FATIMA SCHOOL   p 201
See CATHOLIC INDEPENDENT SCHOOLS OF VANCOUVER ARCHDIOCESE, THE
OUR LADY OF FATIMA SCHOOL   p 551
See ST. CLAIR CATHOLIC DISTRICT SCHOOL BOARD
OUR LADY OF FATIMA SCHOOL   p 572
See HURON-SUPERIOR CATHOLIC DISTRICT SCHOOL BOARD
OUR LADY OF FATIMA SCHOOL   p 666
See SUPERIOR NORTH CATHOLIC DISTRICT SCHOOL BOARD
OUR LADY OF FATIMA SCHOOL   p 740
See NIPISSING PARRY SOUND CATHOLIC DISTRICT SCHOOL BOARD
OUR LADY OF FATIMA SCHOOL   p 798
See OTTAWA CATHOLIC DISTRICT SCHOOL BOARD
OUR LADY OF FATIMA SCHOOL   p 852
See NIAGARA CATHOLIC DISTRICT SCHOOL BOARD
OUR LADY OF GRACE CATHOLIC SCHOOL   p 888
See TORONTO CATHOLIC DISTRICT SCHOOL BOARD
OUR LADY OF GRACE SCHOOL   p 488
See SIMCOE MUSKOKA CATHOLIC DISTRICT SCHOOL BOARD
OUR LADY OF GUADALUPE CATHOLIC SCHOOL   p 746
See TORONTO CATHOLIC DISTRICT SCHOOL BOARD
OUR LADY OF HOPE CATHOLIC ELEMENTARY SCHOOL   p 824
See YORK CATHOLIC DISTRICT SCHOOL BOARD
OUR LADY OF LOURDES CATHOLIC HIGH SCHOOL   p 603
See WELLINGTON CATHOLIC DISTRICT SCHOOL BOARD
OUR LADY OF LOURDES CATHOLIC SCHOOL   p 568
See LONDON DISTRICT CATHOLIC SCHOOL BOARD
OUR LADY OF LOURDES CATHOLIC SCHOOL   p 833
See HURON-SUPERIOR CATHOLIC DISTRICT SCHOOL BOARD
OUR LADY OF LOURDES CATHOLIC SCHOOL   p 903
See TORONTO CATHOLIC DISTRICT SCHOOL BOARD
OUR LADY OF LOURDES ELEMENTARY SCHOOL   p 633
See ALGONQUIN & LAKESHORE CATHOLIC DISTRICT SCHOOL BOARD
OUR LADY OF LOURDES SCHOOL   p 52
See CALGARY ROMAN CATHOLIC SEPARATE SCHOOL DISTRICT #1
OUR LADY OF LOURDES SCHOOL   p 572
See HURON-SUPERIOR CATHOLIC DISTRICT SCHOOL BOARD
OUR LADY OF LOURDES SCHOOL   p 573
See SIMCOE MUSKOKA CATHOLIC DISTRICT SCHOOL BOARD
OUR LADY OF LOURDES SCHOOL   p 613
See HAMILTON-WENTWORTH CATHOLIC SCHOOL BOARD
OUR LADY OF MERCY CATHOLIC ELEMENTARY SCHOOL   p 705
See DUFFERIN-PEEL CATHOLIC DISTRICT SCHOOL BOARD
OUR LADY OF MERCY CATHOLIC SCHOOL   p 493
See ALGONQUIN & LAKESHORE CATHOLIC DISTRICT SCHOOL BOARD
OUR LADY OF MERCY SCHOOL   p 183
See ROMAN CATHOLIC ARCHDIOCESE OF VANCOUVER, THE
OUR LADY OF MOUNT CARMEL CATHOLIC SCHOOL   p 487
See ALGONQUIN & LAKESHORE CATHOLIC DISTRICT SCHOOL BOARD
OUR LADY OF MOUNT CARMEL SCHOOL   p 787
See OTTAWA CATHOLIC DISTRICT SCHOOL BOARD
OUR LADY OF PEACE   p 521
See DUFFERIN-PEEL CATHOLIC DISTRICT SCHOOL BOARD
OUR LADY OF PEACE   p 729
See OTTAWA CATHOLIC DISTRICT SCHOOL BOARD
OUR LADY OF PEACE CATHOLIC ELEMENTARY SCHOOL   p 88
See EDMONTON CATHOLIC SEPARATE SCHOOL DISTRICT NO.7
OUR LADY OF PEACE CATHOLIC SCHOOL   p 861
See HAMILTON-WENTWORTH CATHOLIC SCHOOL BOARD
OUR LADY OF PEACE CATHOLIC SCHOOL   p 941
See TORONTO CATHOLIC DISTRICT SCHOOL BOARD
OUR LADY OF PEACE ELEMENTARY & JUNIOR HIGH SCHOOL   p 56
See CALGARY ROMAN CATHOLIC SEPARATE SCHOOL DISTRICT #1
OUR LADY OF PEACE ELEMENTARY SCHOOL.   p 765
See HALTON CATHOLIC DISTRICT SCHOOL BOARD
OUR LADY OF PEACE SCHOOL   p 862
See HAMILTON-WENTWORTH CATHOLIC SCHOOL BOARD
OUR LADY OF PERPETUAL HELP SCHOOL   p 319
See CATHOLIC INDEPENDENT SCHOOLS OF VANCOUVER ARCHDIOCESE, THE
OUR LADY OF PRAIRIES CATHOLIC ELEMENTARY SCHOOL   p 94
See EDMONTON CATHOLIC SEPARATE SCHOOL DISTRICT NO.7
OUR LADY OF PROVIDENCE   p 510
See DUFFERIN-PEEL CATHOLIC DISTRICT SCHOOL BOARD
OUR LADY OF SORROWS CATHOLIC SCHOOL   p 576
See TORONTO CATHOLIC DISTRICT SCHOOL BOARD
OUR LADY OF SORROWS SCHOOL   p 292
See CATHOLIC INDEPENDENT SCHOOLS OF VANCOUVER ARCHDIOCESE, THE
OUR LADY OF SORROWS SCHOOL   p 866
See NIPISSING PARRY SOUND CATHOLIC DISTRICT SCHOOL BOARD
OUR LADY OF SORROWS SEPARATE SCHOOL   p 807
See RENFREW COUNTY CATHOLIC DISTRICT SCHOOL BOARD
OUR LADY OF THE ROSARY ELEMENTARY SCHOOL   p 563
See YORK CATHOLIC DISTRICT SCHOOL BOARD
OUR LADY OF THE ANNUNCIATION   p 824
See YORK CATHOLIC DISTRICT SCHOOL BOARD
OUR LADY OF THE ASSUMPTION   p 140
See HOLY SPIRIT ROMAN CATHOLIC SEPARATE REGIONAL DIVISION NO 4
OUR LADY OF THE ASSUMPTION CATHOLIC SCHOOL   p 933
See TORONTO CATHOLIC DISTRICT SCHOOL BOARD
OUR LADY OF THE ASSUMPTION ELEMENTARY JUNIOR HIGH SCHOOL   p 59
See CALGARY ROMAN CATHOLIC SEPARATE SCHOOL DISTRICT #1
OUR LADY OF THE ASSUMPTION SEPARATE SCHOOL   p 863
See HAMILTON-WENTWORTH CATHOLIC SCHOOL BOARD
OUR LADY OF THE BAY CATHOLIC SCHOOL   p 814
See DURHAM CATHOLIC DISTRICT SCHOOL BOARD
OUR LADY OF THE CATHOLIC ANGEL SCHOOL   p 123
See ELK ISLAND CATHOLIC SEPARATE REGIONAL DIVISION NO. 41
OUR LADY OF THE LAKE CATHOLIC COLLEGE SCHOOL   p 628
See YORK CATHOLIC DISTRICT SCHOOL BOARD
OUR LADY OF THE ROSARY HOSPITAL   p 67
5402 47 St, CASTOR, AB, T0C 0X0
(403) 882-3434   SIC 8062
OUR LADY OF THE SNOWS CATHOLIC ACADEMY   p 67
See CHRIST THE REDEEMER CATHOLIC SEPARATE REGIONAL DIVISION NO. 3
OUR LADY OF VICTORY   p 589
See NIAGARA CATHOLIC DISTRICT SCHOOL BOARD
OUR LADY OF VICTORY CATHOLIC SCHOOL   p 938
See TORONTO CATHOLIC DISTRICT SCHOOL BOARD
OUR LADY OF VICTORY SCHOOL   p 681
See HALTON CATHOLIC DISTRICT SCHOOL BOARD
OUR LADY OF WISDOM   p 776
See OTTAWA CATHOLIC DISTRICT SCHOOL BOARD
OUR LADY OF WISDOM CATHOLIC SCHOOL   p 887
See TORONTO CATHOLIC DISTRICT SCHOOL BOARD
OUR LADY PERPETUAL HELP SCHOOL, OLPH   p 966
See WINDSOR-ESSEX CATHOLIC DISTRICT SCHOOL BOARD, THE
OUR LADY PROVIDENCE SCHOOL   p 525
See BRANT HALDIMAND NORFOLK CATHOLIC DISTRICT SCHOOL BOARD
OUR LADY QUEEN OF PEACE SCHOOL   p 2
See CALGARY ROMAN CATHOLIC SEPARATE SCHOOL DISTRICT #1

OUR LADY VICTORIES CATHOLIC ELEMENTARY SCHOOL p 89
See EDMONTON CATHOLIC SEPARATE SCHOOL DISTRICT NO.7

OUR LADY VICTORY SCHOOL p 800
See OTTAWA CATHOLIC DISTRICT SCHOOL BOARD

OUR NEIGHBOURHOOD LIVING SOCIETY p 443
15 Dartmouth Rd Suite 210, BEDFORD, NS, B4A 3X6
(902) 835-8826   SIC 8361

OUT REACH HIGH SCHOOL p 138
See LETHBRIDGE SCHOOL DISTRICT NO. 51

OUT TO LUNCH CUISINE INC p 302
1175 Union St, VANCOUVER, BC, V6A 2C7
(604) 681-7177   SIC 5812

OUTBACK STEAKHOUSE p 94
See CHIRO FOODS LIMITED

OUTDOOR DIVISION p 900
See ASTRAL MEDIA AFFICHAGE, S.E.C.

OUTDOOR GEAR CANADA p 1208
See ACCESSOIRES POUR VELOS O G D LTEE

OUTDOOR OUTFITS LIMITED p 930
372 Richmond St W Suite 400, TORONTO, ON, M5V 1X6
(416) 598-4111   SIC 5136

OUTILLAGE PLACIDE MATHIEU INC p 998
670 Rue Picard, BELOEIL, QC, J3G 5X9
(450) 467-3565   SIC 5084

OUTILLEURS ARPEX INC, LES p 1029
565 Rue Des Ecoles, DRUMMONDVILLE, QC, J2B 1J6
(819) 474-5585   SIC 3599

OUTLAWS GROUP INC p 33
7400 Macleod Trail Se Suite 24, CALGARY, AB, T2H 0L9
(403) 255-4646   SIC 5813

OUTLAWS NIGHTCLUB p 33
See OUTLAWS GROUP INC

OUTLOOK & DISTRICT PIONEER HOME INC p 1278
500 Semple St, OUTLOOK, SK, S0L 2N0
(306) 867-8676   SIC 8051

OUTLOOK ELEMENTARY SCHOOL p 1278
See SUN WEST SCHOOL DIVISION NO 207 SASKATCHEWAN

OUTLOOK HEALTH CENTRE p 1278
See OUTLOOK & DISTRICT PIONEER HOME INC

OUTOTEC p 869
See KOVIT ENGINEERING LIMITED

OUTPOST, THE p 878
See LAKEHEAD UNIVERSITY STUDENT UNION

OVAL INTERNATIONAL p 400
See Ell LIMITED

OVATION LOGISTIQUE INC p 1229
2745 Av Francis-Hughes, SAINTE-ROSE, QC, H7L 3S8
(450) 967-9329   SIC 4215

OVERHEAD DOOR COMPANY OF EDMONTON p 87
See STORDOR INVESTMENTS LTD

OVERLAND LEARNING CENTRE p 754
See TORONTO DISTRICT SCHOOL BOARD

OVERLAND RNC p 638
See LENNOX CANADA INC

OVERLAND WEST FREIGHT LINES LTD p 19
9910 48 St Se, CALGARY, AB, T2C 2R2
(403) 236-0912   SIC 4731

OVERWAITEA FOOD GROUP p 1
See GREAT PACIFIC INDUSTRIES INC

OVERWAITEA FOOD GROUP p 206
See GREAT PACIFIC INDUSTRIES INC

OVERWAITEA FOOD GROUP p 213
See GREAT PACIFIC INDUSTRIES INC

OVERWAITEA FOOD GROUP p 214
See GREAT PACIFIC INDUSTRIES INC

OVERWAITEA FOOD GROUP p 216
See GREAT PACIFIC INDUSTRIES INC

OVERWAITEA FOOD GROUP p 227
See GREAT PACIFIC INDUSTRIES INC

OVERWAITEA FOOD GROUP p 228
See GREAT PACIFIC INDUSTRIES INC

OVERWAITEA FOOD GROUP p 239
See GREAT PACIFIC INDUSTRIES INC

OVERWAITEA FOOD GROUP p 241
See GREAT PACIFIC INDUSTRIES INC

OVERWAITEA FOOD GROUP p 252
See GREAT PACIFIC INDUSTRIES INC

OVERWAITEA FOOD GROUP p 263
See GREAT PACIFIC INDUSTRIES INC

OVERWAITEA FOOD GROUP p 276
See GREAT PACIFIC INDUSTRIES INC

OVERWAITEA FOOD GROUP p 279
See GREAT PACIFIC INDUSTRIES INC

OVERWAITEA FOODS p 204
See GREAT PACIFIC INDUSTRIES INC

OWEN & COMPANY LIMITED p 24
2323 22 St Ne, CALGARY, AB, T2E 8K8
(403) 219-3557   SIC 2515

OWEN & COMPANY LIMITED p 184
8651 Eastlake Dr, BURNABY, BC, V5A 4T7
(604) 421-9203   SIC 5712

OWEN CORNING p 116
See OC CANADA HOLDINGS COMPANY

OWEN OIL TOOLS p 157
See CORE LABORATORIES CANADA LTD

OWEN PUBLIC SCHOOL p 889
See TORONTO DISTRICT SCHOOL BOARD

OWEN SOUND ACCOUNTING p 802
See BDO CANADA LLP

OWEN SOUND LEDGEROCK LIMITED p 803
138436 Ledgerock Rd, OWEN SOUND, ON, N4K 5P7
(519) 376-0366   SIC 3281

OWEN SOUND LEDGEROCK LIMITED p 851
3476 Bruce Road 13 Rr 3, South Bruce Peninsula, ON, N0H 2T0
(519) 534-0444   SIC 1422

OWENS CORNING SOLUTIONS GROUP p 529
See OC CANADA HOLDINGS COMPANY

OWESON LTD p 803
945 3rd Ave E Suite 212, OWEN SOUND, ON, N4K 2K8
(519) 376-7612   SIC 8741

OWL CHILD CARE SERVICES OF ONTARIO p 636
75 Pebblecreek Dr, KITCHENER, ON, N2A 0E3
(519) 894-0563   SIC 8351

OWL RAFTING INC p 794
39 First Ave, OTTAWA, ON, K1S 2G1
(613) 238-7238   SIC 7999

OXBOW ELEMENTARY SCHOOL p 620
See THAMES VALLEY DISTRICT SCHOOL BOARD

OXBOW PRAIRIE HEIGHTS SCHOOL p 1278
See SOUTH EAST CORNERSTONE SCHOOL DIVISION NO. 209

OXCAP INC p 915
130 Adelaide St W Suite 1100, TORONTO, ON, M5H 3P5
(416) 865-8264   SIC 6531

OXFORD HOUSE ELEMENTARY SCHOOL p 353
See OXFORD HOUSE FIRST NATION BOARD OF EDUCATION INC

OXFORD HOUSE FIRST NATION BOARD OF EDUCATION INC p 353
Gd, OXFORD HOUSE, MB, R0B 1C0
SIC 8211

OXFORD HOUSE FIRST NATION BOARD OF EDUCATION INC p 353
Gd, OXFORD HOUSE, MB, R0B 1C0
(204) 538-2020   SIC 8211

OXFORD LEARNING CENTRES, INC p 662
747 Hyde Park Rd Suite 230, LONDON, ON, N6H 3S3
(519) 473-1207   SIC 6794

OXFORD ON RIDEAU PUBLIC SCHOOL p 804
See UPPER CANADA DISTRICT SCHOOL BOARD, THE

OXFORD OUTREACH ATTENDANT SERVICE p 977
See CHESHIRE HOMES OF LONDON INC

OXFORD PROPERTIES GROUP INC p 47
300-205 5 Ave Sw, CALGARY, AB, T2P 2V7
(403) 261-0621   SIC 6512

OXFORD PROPERTIES GROUP INC p 47
520 3 Ave Sw Suite 2900, CALGARY, AB, T2P 0R3
(403) 206-6400   SIC 6531

OXFORD PROPERTIES GROUP INC p 76
320 Kingsway Garden Mall Nw Suite 320, EDMONTON, AB, T5G 3A6
(780) 479-5955   SIC 6512

OXFORD PROPERTIES GROUP INC p 312
1055 Hastings St W Suite 1850, VANCOUVER, BC, V6E 2E9
(604) 893-3200   SIC 6512

OXFORD PROPERTIES GROUP INC p 793
350 Albert St Suite 200, OTTAWA, ON, K1R 1A4
(613) 594-0238   SIC 6512

OXFORD PROPERTIES GROUP INC p 902
160 Bloor St E Unit 1000, TORONTO, ON, M4W 1B9
(416) 927-7274   SIC 6512

OXFORD PROPERTIES GROUP INC p 920
10 Bay St Suite 810, TORONTO, ON, M5J 2R8
(416) 360-4611   SIC 6512

OXFORD PROPERTIES GROUP INC p 920
200 Bay St Suite 1305, TORONTO, ON, M5J 2J1
(416) 865-8300   SIC 6531

OXFORD PROPERTIES GROUP INC p 920
200 Bay St Suite 900, TORONTO, ON, M5J 2J2
(416) 865-8300   SIC 6512

OXFORD PROPERTIES GROUP INC p 930
315 Front St W Suite 1, TORONTO, ON, M5V 3A4
(416) 408-5551   SIC 6512

OXFORD PROPERTIES GROUP INC p 1112
1250 Boul Rene-Levesque O Bureau 410, Montreal, QC, H3B 4W8
(514) 939-7229   SIC 6512

OXFORD REGIONAL ELEMENTARY SCHOOL p 471
See CHIGNECTO CENTRAL REGIONAL SCHOOL BOARD

OXFORD REGIONAL HIGH SCHOOL p 471
See CHIGNECTO CENTRAL REGIONAL SCHOOL BOARD

OXFORD REGIONAL NURSING HOME p 621
See DIVERSICARE CANADA MANAGEMENT SERVICES CO., INC

OXFORD SCHOOL p 461
See HALIFAX REGIONAL SCHOOL BOARD

OYEN PUBLIC SCHOOL p 149
See PRAIRIE ROSE SCHOOL DIVISION NO 8

OYEN SENIORS LODGE p 149
See ACADIA FOUNDATION

OYEN WIGGS GREEN & MUTALA LLP p 305
601 Cordova St W Suite 480, VANCOUVER, BC, V6B 1G1
(604) 669-3432   SIC 8111

OYO GEO SPACE CANADA INC p 10
2735 37 Ave Ne, CALGARY, AB, T1Y 5R8
(403) 250-9600   SIC 7359

OZARK ELECTRICAL MARINE LIMITED p 436
650 Water St, ST. JOHN'S, NL, A1E 1B9
(709) 726-4554   SIC 1731

OZARK SERVICES p 436
See OZARK ELECTRICAL MARINE LIMITED

OZBURN-HESSEY LOGISTICS p 520
300 Kennedy Rd S Unit B, BRAMPTON, ON, L6W 4V2
(905) 450-1151   SIC 4731

P

P & D LOGGIN p 222
2335 Highway 33 E, KELOWNA, BC, V1P 1H2
SIC 2411

P & H INDUSTRIAL SERVICES p 86
See JOY GLOBAL (CANADA) LTD

P & H MINDPRO SERVICES p 122
See JOY GLOBAL (CANADA) LTD

P & P PROJECTS INC p 762
233 Signet Dr Suite 1, NORTH YORK, ON, M9L 1V3
(416) 398-6197   SIC 7389

P & R WESTERN STAR TRUCKS p 275
See P. & R. REPAIRS LTD

P & WC p 1069
See PRATT & WHITNEY CANADA CORP

P C S PATIENTS LAKE p 1297
See POTASH CORPORATION OF SASKATCHEWAN INC

P C V INVESTMENTS LIMITED p 471
172 Lodge Rd, PICTOU, NS, B0K 1H0
(902) 485-4322   SIC 7011

P D D (PERSONS WITH DEVELOPMENTAL DISSABILITIES) p 80
See GOVERNMENT OF THE PROVINCE OF ALBERTA

P D G (MILLWOODS GOOD SAMARITAN) p 112
101 Youville Drive East Nw, EDMONTON, AB, T6L 7A4
(780) 485-0816   SIC 8322

P I B p 573
See PROGRAMMED INSURANCE BROKERS INC

P M ELECTRIC LTD p 13
1501 Moraine Rd Ne, CALGARY, AB, T2A 2P5
(403) 272-7460   SIC 3993

P R HOTELS LTD p 224
1655 Powick Rd, KELOWNA, BC, V1X 4L1
(250) 763-2800   SIC 7011

P S D N p 81
See PERSONAL SUPPORT & DEVELOPMENT NETWORK INC

P S PRODUCTION SERVICES p 184
See P.S. PRODUCTION SERVICES LTD

P SUN'S ENTERPRISES (VANCOUVER) LTD p 330
463 Belleville St, VICTORIA, BC, V8V 1X3
(250) 386-0450   SIC 7011

P T I CANADA p 660
See PHOTON TECHNOLOGY INTERNATIONAL (CANADA) INC

P&F TOOL & DIE p 560
See MAGNA INTERNATIONAL INC

P&H EARLTON p 571
See KOCH GRAIN ELEVATORS (EARLTON) INC

P&H MILLING GROUP p 456
See PARRISH & HEIMBECKER, LIMITED

P&H MILLING GROUP p 482
See PARRISH & HEIMBECKER, LIMITED

P&H MILLING GROUP p 547
See PARRISH & HEIMBECKER, LIMITED

P&H MILLING GROUP p 1297
See PARRISH & HEIMBECKER, LIMITED

P. & R. REPAIRS LTD p 275
2005 Keating Cross Rd, SAANICHTON, BC, V8M 2A5
(250) 652-9139   SIC 4212

P. A. FINE FOODS & DISTRIBUTORS LTD p 1303

341 105th St E, SASKATOON, SK, S7N 1Z4
SIC 5145
P. BAILLARGEON LTEE p 1199
800 Rue Des Carrieres, SAINT-JEAN-SUR-RICHIELIEU, QC, J3B 2P2
(514) 866-8333   SIC 1611
P.C.A. IMPRIMEUR LITHOGRAPHE p 991
See PUBLI CALEN-ART LTEE
P.E.I. BAG CO. LTD p 980
982 Callbeck St Po Box 3990, CENTRAL BEDEQUE, PE, C0B 1G0
(902) 436-2261   SIC 2393
P.F. COLLINS CUSTOMS BROKER LIMITED p 432
251 E White Hills Rd, ST. JOHN'S, NL, A1A 5W4
(709) 726-7596   SIC 4731
P.F. COLLINS INTERNATIONAL SOLUTIONS p 432
See P.F. COLLINS CUSTOMS BROKER LIMITED
P.H. VITRES D'AUTOS INC p 1088
See P.H. VITRES D'AUTOS INC
P.H. VITRES D'AUTOS INC p 1088
2303 Av De La Salle, Montreal, QC, H1V 2K9
(514) 323-0082   SIC 5013
P.H. VITRES D'AUTOS INC p 1167
5590 Rue Des Tenailles, Quebec, QC, G2J 1S5
(418) 681-1577   SIC 7536
P.S. PRODUCTION SERVICES LTD p 184
8301 Eastlake Dr, BURNABY, BC, V5A 4W2
(604) 434 1008   SIC 7819
P.S. PRODUCTION SERVICES LTD p 905
80 Commissioners St, TORONTO, ON, M5A 1A8
(416) 466-0037   SIC 7819
P.S.I. FLUID POWER LTD p 29
4020 11a St Se, CALGARY, AB, T2G 3H3
(403) 253-2236   SIC 5084
P.S.I. Repair Services Inc p 970
1909 Spring Garden Rd, WINDSOR, ON, N9E 3P7
(519) 948-2288   SIC 7629
P.V.L. MOVING AND STORAGE LTD p 783
1199 Newmarket St, OTTAWA, ON, K1B 3V1
(613) 744-4781   SIC 4214
P2 ENERGY SOLUTIONS ALBERTA ULC p 47
639 5 Ave Sw Suite 2100, CALGARY, AB, T2P 0M9
(403) 774-1000   SIC 7371
P3T LABORATORY p 976
See WOODBRIDGE FOAM CORPORATION
PA - SOUTH HILL BRANCH p 1279
See CONEXUS CREDIT UNION 2006
PABER ALUMINIUM INC p 1009
296 Ch Vincelotte, CAP-SAINT-IGNACE, QC, G0R 1H0
(418) 246-5626   SIC 3365
PAC LEASE p 1282
See CUSTOM TRUCK SALES INC
PAC WEST p 85
See PACIFIC WEST SYSTEMS SUPPLY LTD
PACCAR LEASING p 515
See PACCAR OF CANADA LTD
PACCAR LEASING p 720
See PACCAR OF CANADA LTD
PACCAR LEASING p 1212
See PACCAR OF CANADA LTD
PACCAR LEASING p 1231
See PACCAR OF CANADA LTD
PACCAR OF CANADA LTD p 515
108 Summerlea Rd, BRAMPTON, ON, L6T 4X3
(905) 791-0021   SIC 5013
PACCAR OF CANADA LTD p 710
6711 Mississauga Rd Suite 500, MISSISSAUGA, ON, L5N 4J8

(905) 858-7000   SIC 5012
PACCAR OF CANADA LTD p 720
6465 Van Deemter Crt, MISSISSAUGA, ON, L5T 1S1
(905) 564-2300   SIC 7513
PACCAR OF CANADA LTD p 1212
7500 Rte Transcanadienne, SAINT-LAURENT, QC, H4T 1A5
(514) 735-2581   SIC 5511
PACCAR OF CANADA LTD p 1231
10 Rue Sicard, SAINTE-THERESE, QC, J7E 4K9
(450) 435-6171   SIC 3711
PACE INDEPENDENT LIVING p 760
3270 Bathurst St Suite 715, NORTH YORK, ON, M6A 3A8
(416) 785-9904   SIC 8399
PACE INVESTCO LTD p 1142
193 Boul Brunswick, POINTE-CLAIRE, QC, H9R 5N2
(514) 630-6820   SIC 5085
PACE SETTER SPORTSWEAR INC p 380
655 Logan Ave, WINNIPEG, MB, R3E 1M3
SIC 2329
PACEKIDS SOCIETY FOR CHILDREN WITH SPECIAL NEEDS p 33
5211 Macleod Trail Sw Suite 112, CALGARY, AB, T2H 0J3
(403) 234-7876   SIC 8322
PACIFIC & WESTERN GROUP p 656
See PWC CAPITAL INC
PACIFIC AVIONICS p 273
See I.M.P. GROUP LIMITED
PACIFIC BINDERY SERVICES LTD p 319
870 Kent Ave South W, VANCOUVER, BC, V6P 6Y6
(604) 873-4291   SIC 2789
PACIFIC CENTRE p 324
See CADILLAC FAIRVIEW CORPORATION LIMITED, THE
PACIFIC COACH LINES LTD p 332
700 Douglas St, VICTORIA, BC, V8W 2B3
(250) 385-6553   SIC 4142
PACIFIC COAST DISTRIBUTION LTD p 234
27433 52 Ave, LANGLEY, BC, V4W 4B2
(604) 888-8489   SIC 4731
PACIFIC COAST EXPRESS LIMITED p 284
10299 Grace Rd, SURREY, BC, V3V 3V7
(604) 582-3230   SIC 4213
PACIFIC COASTAL AIRLINES LIMITED p 256
3675 Byng Rd, PORT HARDY, BC, V0N 2P0
(250) 949-6353   SIC 4512
PACIFIC COASTAL AIRLINES LIMITED p 273
4440 Cowley Cres Suite 204, RICHMOND, BC, V7B 1B8
(604) 232-3391   SIC 4512
PACIFIC DEVELOPMENTAL PATHWAYS LTD p 231
20434 64 Ave Unit 109, LANGLEY, BC, V2Y 1N4
(604) 533-3602   SIC 8322
PACIFIC EMERGENCY PRODUCTS p 489
See PACIFIC SAFETY PRODUCTS INC
PACIFIC ENERGY FIREPLACE PRODUCTS LTD p 212
2975 Allenby Rd, DUNCAN, BC, V9L 6V8
(250) 748-1184   SIC 3433
PACIFIC ENVIRONMENTAL CONSULTING p 247
See TOTAL SAFETY SERVICES INC
PACIFIC HONDA p 249
See HONDA CANADA INC
PACIFIC INLAND RESOURCES, DIV OF p 278
See WEST FRASER MILLS LTD
PACIFIC INN CATERING p 288
1160 King George Blvd, SURREY, BC, V4A 4Z2
(604) 535-1432   SIC 5812
PACIFIC INTERCONNECT p 333
See CSP INTERNET LTD
PACIFIC LANGUAGE INSTITUTE INC p 322

755 Burrard St Suite 300, VANCOUVER, BC, V6Z 1X6
(604) 688-7350   SIC 8299
PACIFIC LINK COMMUNICATIONS INC p 161
2020 Sherwood Dr Unit 16a, SHERWOOD PARK, AB, T8A 3H9
(780) 464-3914   SIC 5999
PACIFIC LINK COMMUNICATIONS INC p 504
390 North Front St, BELLEVILLE, ON, K8P 3E1
(613) 968-8042   SIC 5999
PACIFIC LINK COMMUNICATIONS INC p 506
40 Mcewan Dr E Suite 9, BOLTON, ON, L7E 2Y3
(905) 951-1888   SIC 5999
PACIFIC LINK COMMUNICATIONS INC p 507
2377 Hwy 2 Clarington Pl Suite 106, BOWMANVILLE, ON, L1C 5A5
(905) 697-8800   SIC 5999
PACIFIC LINK COMMUNICATIONS INC p 508
295 Wellington St Unit 6, BRACEBRIDGE, ON, P1L 1P3
(705) 646-2000   SIC 5999
PACIFIC LINK COMMUNICATIONS INC p 515
25 Peel Centre Dr, BRAMPTON, ON, L6T 3R5
(905) 791-1140   SIC 5999
PACIFIC LINK COMMUNICATIONS INC p 526
84 Lynden Rd, BRANTFORD, ON, N3R 6B8
(519) 756-6742   SIC 5999
PACIFIC LINK COMMUNICATIONS INC p 552
100 King St W, CHATHAM, ON, N7M 6A9
(519) 351-7976   SIC 5999
PACIFIC LINK COMMUNICATIONS INC p 565
1 Water St E, CORNWALL, ON, K6H 6M2
(613) 932-1676   SIC 5999
PACIFIC LINK COMMUNICATIONS INC p 581
25 The West Mall, ETOBICOKE, ON, M9C 1B8
(416) 622-2252   SIC 5999
PACIFIC LINK COMMUNICATIONS ULC p 586
500 Rexdale Blvd, ETOBICOKE, ON, M9W 6K5
(416) 798-3178   SIC 5999
PACIFIC LINK COMMUNICATIONS INC p 600
435 Stone Rd W Suite 204, GUELPH, ON, N1G 2X6
(519) 821-3792   SIC 5999
PACIFIC LINK COMMUNICATIONS INC p 606
75 Centennial Pky N, HAMILTON, ON, L8E 2P2
SIC 5999
PACIFIC LINK COMMUNICATIONS INC p 650
1920 Dundas St, LONDON, ON, N5V 3P1
(519) 451-5120   SIC 5999
PACIFIC LINK COMMUNICATIONS INC p 673
570 Alden Rd Suite 11, MARKHAM, ON, L3R 8N5
(905) 305-8100   SIC 5999
PACIFIC LINK COMMUNICATIONS INC p 673
4300 Steeles Ave E, MARKHAM, ON, L3R 0Y5
(905) 305-8700   SIC 5999
PACIFIC LINK COMMUNICATIONS INC p 673
570 Alden Rd Suite 13, MARKHAM, ON, L3R 8N5
(905) 305-8100   SIC 5999

PACIFIC LINK COMMUNICATIONS INC p 673
7357 Woodbine Ave Suite 4, MARKHAM, ON, L3R 1A7
(905) 470-2355   SIC 5999
PACIFIC LINK COMMUNICATIONS INC p 680
297 King St, MIDLAND, ON, L4R 3M5
(705) 527-6424   SIC 5999
PACIFIC LINK COMMUNICATIONS INC p 703
2225 Erin Mills Pky Unit A1, MISSISSAUGA, ON, L5K 1T9
(905) 823-1200   SIC 5999
PACIFIC LINK COMMUNICATIONS INC p 728
1541 Merivale Rd, NEPEAN, ON, K2G 5W1
(613) 723-4400   SIC 5999
PACIFIC LINK COMMUNICATIONS INC p 738
3714 Portage Rd Suite 11, NIAGARA FALLS, ON, L2J 2K9
(905) 357-7225   SIC 5999
PACIFIC LINK COMMUNICATIONS INC p 748
6252 Yonge St, NORTH YORK, ON, M2M 3X4
(416) 221-3222   SIC 5999
PACIFIC LINK COMMUNICATIONS INC p 756
170 Rimrock Rd, NORTH YORK, ON, M3J 3A6
(416) 667-1489   SIC 5999
PACIFIC LINK COMMUNICATIONS INC p 758
1 York Gate Blvd, NORTH YORK, ON, M3N 3A1
SIC 5999
PACIFIC LINK COMMUNICATIONS INC p 760
3401 Dufferin St, NORTH YORK, ON, M6A 2T9
SIC 5999
PACIFIC LINK COMMUNICATIONS INC p 788
1200 St. Laurent Blvd Suite 21, OTTAWA, ON, K1K 3B8
(613) 741-8029   SIC 5999
PACIFIC LINK COMMUNICATIONS INC p 806
1018 Pembroke St E, PEMBROKE, ON, K8A 3M2
(613) 732-2825   SIC 5999
PACIFIC LINK COMMUNICATIONS INC p 810
645 Lansdowne St W, PETERBOROUGH, ON, K9J 7Y5
(705) 742-2555   SIC 5999
PACIFIC LINK COMMUNICATIONS INC p 813
1355 Kingston Rd, PICKERING, ON, L1V 1B8
(905) 837-1212   SIC 5999
PACIFIC LINK COMMUNICATIONS INC p 827
1380 London Rd, SARNIA, ON, N7S 1P8
(519) 542-1864   SIC 5999
PACIFIC LINK COMMUNICATIONS INC p 834
31 Tapscott Rd Suite 25, SCARBOROUGH, ON, M1B 4Y7
SIC 5999
PACIFIC LINK COMMUNICATIONS INC p 845
1571 Sandhurst Cir, SCARBOROUGH, ON, M1V 1V2
(416) 298-9800   SIC 5999
PACIFIC LINK COMMUNICATIONS INC p 875
1 Promenade Cir, THORNHILL, ON, L4J 4P8
SIC 5999
PACIFIC LINK COMMUNICATIONS INC p 897

2323 Yonge St Unit 101, TORONTO, ON, M4P 2C9
(416) 322-7091   SIC 5999
PACIFIC LINK COMMUNICATIONS INC   p 906
218 Yonge St, TORONTO, ON, M5B 2H6
(416) 596-1006   SIC 5999
PACIFIC LINK COMMUNICATIONS INC   p 935
900 Dufferin St, TORONTO, ON, M6H 4B1
(416) 535-3403   SIC 5999
PACIFIC LINK COMMUNICATIONS INC   p 956
800 Niagara St, WELLAND, ON, L3C 5Z4
(905) 788-2355   SIC 5999
PACIFIC LINK COMMUNICATIONS INC   p 966
3100 Howard Ave, WINDSOR, ON, N8X 3Y8
(519) 966-5606   SIC 5999
PACIFIC LINK COMMUNICATIONS INC   p 977
1147 Dundas St Suite 4, WOODSTOCK, ON, N4S 8W3
(905) 305-8100   SIC 5999
PACIFIC LINK MINING CORP   p 312
1055 Georgia St W Suite 2772, VANCOUVER, BC, V6E 3P3
SIC 6799
PACIFIC LINK RETAIL GROUP   p 272
11320 Steveston Hwy Suite 110, RICHMOND, BC, V7A 5J5
(604) 277-8467   SIC 5812
PACIFIC LINKS CANADA SERVICES INC   p 972
331 Cityview Blvd Suite 200, WOODBRIDGE, ON, L4H 3M3
(866) 822-1818   SIC 7997
PACIFIC MAINLAND HOLDINGS LTD   p 202
1288 Lougheed Hwy, COQUITLAM, BC, V3K 6S4
(604) 522-6140   SIC 5511
PACIFIC NEWSPAPER GROUP DIV OF   p 309
See POSTMEDIA NETWORK INC
PACIFIC NORTHERN GAS LTD   p 291
2900 Kerr St, TERRACE, BC, V8G 4L9
(250) 635-7291   SIC 4923
PACIFIC NORTHERN RAIL   p 69
See PNR RAILWORKS INC
PACIFIC NORTHWEST FREIGHT SYSTEM   p 87
See PACIFIC NORTHWEST MOVING (YUKON) LIMITED
PACIFIC NORTHWEST MOVING (YUKON) LIMITED   p 87
14410 115 Ave Nw, EDMONTON, AB, T5M 3B7
(780) 447-5110   SIC 4213
PACIFIC PRODUCE   p 241
See FRESHPOINT VANCOUVER, LTD
PACIFIC R.I.M. SERVICES   p 178
See 625009 B.C. LTD
PACIFIC RADIATOR MFG. LTD   p 106
9625 45 Ave Nw Suite 205, EDMONTON, AB, T6E 5Z8
(780) 435-7684   SIC 3433
PACIFIC RAILWAY   p 143
See CANADIAN PACIFIC RAILWAY COMPANY
PACIFIC SAFETY PRODUCTS INC   p 489
124 Fourth Ave, ARNPRIOR, ON, K7S 0A9
(613) 623-6001   SIC 3842
PACIFIC SHORES RESORT & SPA LTD   p 243
1600 Stroulger Rd Unit 1, NANOOSE BAY, BC, V9P 9B7
(250) 468-7121   SIC 7011
PACIFIC STEEL GANG   p 254
See CANADIAN PACIFIC RAILWAY COMPANY
PACIFIC WEST SYSTEMS SUPPLY LTD   p 85
14735 Yellowhead Trail Nw, EDMONTON, AB, T5L 3C4

(780) 452-5202   SIC 5032
PACIFIC WESTERN BREWING COMPANY LTD   p 258
641 North Nechako Rd, PRINCE GEORGE, BC, V2K 4M4
(250) 562-2424   SIC 2082
PACIFIC WESTERN TRANSPORTATION   p 258
See DIVERSIFIED TRANSPORTATION LTD
PACIFIC WESTERN TRANSPORTATION LTD   p 29
205 9 Ave Se Suite 101, CALGARY, AB, T2G 0R3
(403) 531-0355   SIC 4111
PACIFIC WESTERN TRANSPORTATION LTD   p 720
6999 Ordan Dr, MISSISSAUGA, ON, L5T 1K6
(905) 564-3232   SIC 4111
PACIFICA RESORT LIVING RETIREMENT, THE   p 290
2525 King George Blvd, SURREY, BC, V4P 0C8
(604) 535-9194   SIC 6513
PACKAGE TOURS, A DIV OF   p 4
See BREWSTER INC
PACKAGING DIVISION   p 763
See DOW CHEMICAL CANADA ULC
PACKAGING DIVISION   p 1059
See KRUGER INC
PACKALL PACKAGING INC   p 1063
3470 Boul De Chenonceau, Laval, QC, H7T 3B6
SIC 3089
PACKERS PLUS ENERGY SERVICES INC   p 101
4117 84 Ave Nw, EDMONTON, AB, T6B 2Z3
(780) 440-3999   SIC 1382
PACKERS PLUS ENERGY SERVICES INC   p 1268
93 Escana St, ESTEVAN, SK, S4A 2A3
SIC 1389
PACLEASE   p 114
See EDMONTON KENWORTH LTD
PACRIM DEVELOPMENTS INC   p 462
117 Kearney Lake Rd Suite 11, HALIFAX, NS, B3M 4N9
(902) 457-0144   SIC 6552
PACRIM HOSPITALITY SERVICES INC   p 443
30 Damascus Rd Suite 201, BEDFORD, NS, B4A 0C1
(902) 404-7474   SIC 8741
PACTIV CANADA INC   p 821
33 Staples Ave, RICHMOND HILL, ON, L4B 4W6
(905) 770-8810   SIC 5113
PAD-CAR MECHANICAL LTD   p 145
3271 17 Ave Sw, MEDICINE HAT, AB, T1B 4B1
(403) 528-3353   SIC 1711
PADAGOGIQUS SCHOOL SERVICES   p 102
See CONSEIL SCOLAIRE CENTRE-NORD
PADDLE PRAIRIE SCHOOL   p 149
See NORTHLAND SCHOOL DIVISION 61
PADDON + YORKE INC   p 592
360 Guelph St Unit 36b, GEORGETOWN, ON, L7G 4B5
(905) 873-2295   SIC 8111
PADDON + YORKE INC   p 682
225 Main St E Suite 1, MILTON, ON, L9T 1N9
(905) 875-0811   SIC 8111
PADDY FLAHERTY'S IRISH PUB   p 829
See PRIME RESTAURANTS INC
PADERNO COOKWARE   p 982
See PADINOX INC
PADINOX INC   p 982
489 Brackley Point Rd, CHARLOTTETOWN, PE, C1E 1Z3
(902) 629-1500   SIC 3631
PAESE RISTORANTE   p 754
See PAESE RISTORANTE KING ST. LTD
PAESE RISTORANTE KING ST. LTD   p 754

3829 Bathurst St, NORTH YORK, ON, M3H 3N1
(416) 631-6585   SIC 5812
PAGEAU, MOREL & ASSOCIES INC   p 1036
365 Boul Greber Bureau 302, GATINEAU, QC, J8T 5R3
(819) 776-4665   SIC 8711
PAGEAU, MOREL & ASSOCIES INC   p 1097
210 Boul Cremazie O Bureau 110, Montreal, QC, H2P 1C6
(514) 382-5150   SIC 8711
PAGENET   p 690
See PAGING NETWORK OF CANADA INC
PAGING NETWORK OF CANADA INC   p 690
1685 Tech Ave Suite 1, MISSISSAUGA, ON, L4W 0A7
(905) 614-3100   SIC 5065
PAIN COURT SECONDARY SCHOOL   p 804
See CONSEIL SCOLAIRE DE DISTRICT DES ECOLES CATHOLIQUES DU SUD-OUEST
PAINE, J. R. & ASSOCIATES LTD   p 92
17505 106 Ave Nw, EDMONTON, AB, T5S 1E7
(780) 489-0700   SIC 8734
PAINT SUNDRY PRODUCTS   p 708
See DYNAMIC PAINT PRODUCTS INC
PAINTED HAND CASINO   p 1303
See SASKATCHEWAN INDIAN GAMING AUTHORITY INC
PAINTED HAND CASINO   p 1309
See SASKATCHEWAN INDIAN GAMING AUTHORITY INC
PAISLEY ROAD PUBLIC SCHOOL   p 603
See UPPER GRAND DISTRICT SCHOOL BOARD, THE
PAISLEY-MANOR INSURANCE BROKERS INC   p 752
1446 Don Mills Rd Suite 110, NORTH YORK, ON, M3B 3N3
(416) 510-1177   SIC 6411
PAIVA, J FOODS LTD   p 950
267 Weber St N, WATERLOO, ON, N2J 3H8
(519) 884-9410   SIC 5812
PAKAN ELEMENTARY & JUNIOR HIGH SCHOOL   p 124
See WHITE FISH LAKE BAND #128
PAL AEROSPACE LTD   p 432
Hangar 6 St. Johns International Airport, ST. JOHN'S, NL, A1A 5B5
(709) 576-1284   SIC 4522
PAL AVIATION SERVICES   p 455
See PROVINCIAL AIRLINES LIMITED
PALACE CABARET   p 1151
See 9022-1672 QUEBEC INC
PALACE PIER   p 575
See YORK CONDOMINIUM CORPORATION NO 382
PALADIN SECURITY GROUP LTD   p 33
6455 Macleod Trail Sw Unit 701, CALGARY, AB, T2H 0K9
(403) 508-1888   SIC 7381
PALADIN SECURITY GROUP LTD   p 121
604 Signal Rd, FORT MCMURRAY, AB, T9H 4Z4
(780) 743-1422   SIC 7381
PALADIUM   p 1070
See CENTRE SPORTIF PALADIUM INC
PALAIS DE JUSTICE   p 1232
See GOUVERNEMENT DE LA PROVINCE DE QUEBEC
PALAIS DES SPORTS   p 1048
See VILLE DE SAGUENAY
PALASAD BILLIARDS LIMITED   p 653
777 Adelaide St N, LONDON, ON, N5Y 2L8
(519) 649-9991   SIC 5812
PALASAD BILLIARDS LIMITED   p 663
141 Pine Valley Blvd, LONDON, ON, N6K 3T6
(519) 685-1390   SIC 5044
PALASAD WONDERLAND   p 653
See PALASAD BILLIARDS LIMITED
PALETTES FGL   p 999
See ENTREPRISES D'INSERTION GODEFROY-LAVIOLETTE, LES

PALFINGER INC   p 737
7942 Dorchester Rd, NIAGARA FALLS, ON, L2G 7W7
(905) 374-3363   SIC 5084
PALGRAVE PUBLIC SCHOOL   p 804
See PEEL DISTRICT SCHOOL BOARD
PALIN FOUNDATION, THE   p 906
63 Gould St, TORONTO, ON, M5B 1E9
(416) 979-5250   SIC 7299
PALL (CANADA) LIMITED   p 704
3450 Ridgeway Dr Unit 6, MISSISSAUGA, ON, L5L 0A2
(905) 542-0330   SIC 5085
PALLET MANAGEMENT GROUP INC   p 961
5155 Rhodes Dr, WINDSOR, ON, N8N 2M1
(519) 974-6163   SIC 2448
PALLISER CAMPUS   p 1276
See SASKATCHEWAN INSTITUTE OF APPLIED SCIENCE AND TECHNOLOGY
PALLISER FURNITURE UPHOLSTERY LTD   p 363
70 Lexington Pk, WINNIPEG, MB, R2G 4H2
(204) 988-5600   SIC 2512
PALLISER HEIGHTS SCHOOL   p 1276
See PRAIRIE SOUTH SCHOOL DIVISION NO 210
PALLISER REGIONAL CARE CENTRE   p 1306
See CYPRESS HEALTH REGION
PALLISER REGIONAL DIVISION NO 26   p 69
2112 13 St, COALDALE, AB, T1M 1L7
(403) 345-3340   SIC 8211
PALLISER REGIONAL DIVISION NO 26   p 69
2112 21 St, COALDALE, AB, T1M 1L9
(403) 345-3383   SIC 8211
PALLISER REGIONAL DIVISION NO 26   p 69
1101 22 Ave, COALDALE, AB, T1M 1N9
(403) 345-2403   SIC 8211
PALLISER REGIONAL DIVISION NO 26   p 69
510 51 Ave, COALHURST, AB, T0L 0V0
(403) 381-3330   SIC 8211
PALLISER REGIONAL DIVISION NO 26   p 137
3305 18 Ave N Suite 101, LETHBRIDGE, AB, T1H 5S1
(403) 328-4111   SIC 8211
PALLISER REGIONAL DIVISION NO 26   p 148
418 Hwy Ave, NOBLEFORD, AB, T0L 1S0
(403) 824-3817   SIC 8211
PALLISER REGIONAL DIVISION NO 26   p 150
400 6th St N, PICTURE BUTTE, AB, T0K 1V0
(403) 732-5636   SIC 8211
PALLISER REGIONAL DIVISION NO 26   p 150
401 Rogers Ave, PICTURE BUTTE, AB, T0K 1V0
(403) 732-4404   SIC 8211
PALLISER REGIONAL DIVISION NO 26   p 173
102b 1 St Sout, VULCAN, AB, T0L 2B0
(403) 485-6180   SIC 8211
PALLISER REGIONAL DIVISION NO 26   p 173
504 4 Ave S, VULCAN, AB, T1J 0N5
(403) 485-2223   SIC 7389
PALLISER REGIONAL DIVISION NO 26   p 173
305 6 Ave S, VULCAN, AB, T0L 2B0
(403) 485-2074   SIC 8211
PALLISER REGIONAL SCHOOLS PICTURE BUTTE HIGH SCHOOL   p 150
See PALLISER REGIONAL DIVISION NO 26
PALLISER RESTAURANT MOTEL & GIFT SHOP, THE   p 467

BUSINESSES ALPHABETICALLY

See TIDEVIEW ENTERPRISES LIMITED
PALLISER, THE p 44
See FAIRMONT HOTELS & RESORTS INC
PALMER CONSTRUCTION GROUP INC p 831
258 Queen St E Suite 301, SAULT STE. MARIE, ON, P6A 1Y7
(705) 254-1644   SIC 1611
PALMERSTON PUBLIC SCHOOL p 804
See UPPER GRAND DISTRICT SCHOOL BOARD, THE
PALMWOOD HUMAN SOLUTIONS p 45
See HOMEWOOD HEALTH INC
PALS SURVEYS & ASSOCIATES LTD p 93
10704 176 St Nw, EDMONTON, AB, T5S 1G7
(780) 455-3177   SIC 8713
PALSSON ELEMENTARY SCHOOL p 228
See SCHOOL DISTRICT NO. 79 (COWICHAN VALLEY)
PAMA MANUFACTURING p 1199
25 Boul Maisonneuve, Saint-Jerome, QC, J5L 0A1
(450) 431-5353   SIC 2326
PAMCO p 100
See ENERFLEX LTD.
PAMCO, DIV OF p 145
See ENERFLEX LTD.
PAMI p 1270
See PRAIRIE AGRICULTURAL MACHINERY INSTITUTE
PAN AMERICAN NURSERY PRODUCTS INC p 680
525 6th Conc Rd W, MILLGROVE, ON, L0R 1V0
(905) 689-9919   SIC 5193
PAN CHANCHO BAKERY p 631
See CHEZ PIGGY RESTAURANT LIMITED
PAN-GLO CANADA PAN COATINGS INC p 524
84 Easton Rd, BRANTFORD, ON, N3P 1J5
(519) 756-2800   SIC 7699
PANABODE INTERNATIONAL LTD p 268
6311 Graybar Rd, RICHMOND, BC, V6W 1H3
(604) 270-7891   SIC 2452
PANABRASIVE INC p 955
650 Rusholme Rd, WELLAND, ON, L3B 5N7
(905) 735-4691   SIC 3291
PANAGO PIZZA INC p 177
3033 Immel St Unit 510, ABBOTSFORD, BC, V2S 6S2
(604) 504-4930   SIC 5812
PANAGO PIZZA INC p 212
180 Central Rd Suite 9, DUNCAN, BC, V9L 4X3
(250) 709-3200   SIC 5812
PANAGO PIZZA INC p 220
1350 Summit Dr Unit 1, KAMLOOPS, BC, V2C 1T8
(250) 851-2250   SIC 5812
PANALPINA INC p 312
1100 Melville St Unit 1400, VANCOUVER, BC, V6E 4A6
(604) 659-2666   SIC 4731
PANALPINA INC p 714
6350 Cantay Rd, MISSISSAUGA, ON, L5R 4E2
(905) 755-4500   SIC 4731
PANALPINA INC p 1210
2520 Av Marie-Curie, SAINT-LAURENT, QC, H4S 1N1
(514) 685-3364   SIC 4731
PANAMOUNT INC p 19
180 Quarry Park Blvd Se Suite 200, CALGARY, AB, T2C 3G3
(403) 258-1511   SIC 1522
PANASONIC p 690
See PANASONIC CANADA INC
PANASONIC CANADA INC p 25
6835 8 St Ne, CALGARY, AB, T2E 7H7
SIC 5064
PANASONIC CANADA INC p 187
4175 Dawson St, BURNABY, BC, V5C 4B3

SIC 5731
PANASONIC CANADA INC p 690
5810 Ambler Dr Unit 4, MISSISSAUGA, ON, L4W 4J5
SIC 5065
PANASONIC CANADA INC p 690
5770 Ambler Dr Suite 70, MISSISSAUGA, ON, L4W 2T3
(905) 624-5010   SIC 5064
PANASONIC CANADA INC p 710
6700 Millcreek Dr, MISSISSAUGA, ON, L5N 8B3
(905) 542-3500   SIC 4225
PANASONIC CANADA INC p 1057
3075 Rue Louis-A.-Amos, LACHINE, QC, H8T 1C4
SIC 5045
PANASONIC CONSUMER DISTRIBUTION CENTRE p 710
See PANASONIC CANADA INC
PANASONIC DOCUMENT SYSTEMS DIRECT p 187
See PANASONIC CANADA INC
PANASONIC/TECHNICS p 25
See PANASONIC CANADA INC
PANAVISION (CANADA) CORPORATION p 753
900a Don Mills Rd Suite 100, NORTH YORK, ON, M3C 1V6
(416) 444-7000   SIC 7819
PANCOR p 717
See 540731 ONTARIO LIMITED
PANDA CHILD CARE CENTRES p 50
See ADNAP ENTERPRISES LTD
PANDA REALTY INC p 162
2016 Sherwood Dr, SHERWOOD PARK, AB, T8A 3X3
SIC 6531
PANDA SPORTSWEAR p 842
See 1061890 ONTARIO LTD
PANEL & FIBER, DIV OF p 244
See CANADIAN FOREST PRODUCTS LTD
PANGAEA SYSTEMS INC p 312
1066 Hastings St W Unit 2300, VANCOUVER, BC, V6E 3X1
(604) 692-4700   SIC 8748
PANGEO CORPORATION p 772
3440 North Talbot Rd, OLDCASTLE, ON, N0R 1L0
(519) 737-1678   SIC 5013
PANHANDLERS DIV p 515
See LIV CANADA GIFT GROUP INC
PANIER & CADEAU INC, LE p 1143
274 Ch Du Bord-Du-Lac Lakeshore, POINTE-CLAIRE, QC, H9S 4K9
(514) 695-7038   SIC 5947
PANNEX p 1166
See SIGNALISATION VER-MAC INC
PANOPTIC SOFTWARE INC p 602
367 Woodlawn Rd W Unit 2, GUELPH, ON, N1H 7K9
(519) 504-1232   SIC 3663
PANORAMA HEIGHTS ELEMENTARY SCHOOL p 200
See SCHOOL DISTRICT NO. 43 (COQUITLAM)
PANORAMA PARK ELEMENTARY SCHOOL p 287
See SCHOOL DISTRICT NO 36 (SURREY)
PANORAMA RECREATION CENTRE p 246
See CAPITAL REGIONAL DISTRICT
PANTHER INDUSTRIES INC p 1267
108 Internal Rd, DAVIDSON, SK, S0G 1A0
(306) 567-2814   SIC 7389
PANTORAMA INDUSTRIES INC, LES p 1112
705 Rue Sainte-Catherine O, Montreal, QC, H3B 4G5
(514) 286-1574   SIC 5651
PANTOS LOGISTICS CANADA INC p 273
5000 Miller Rd Unit 2010, RICHMOND, BC, V7B 1K9
(604) 278-0511   SIC 4731

PANZEX VANCOUVER INC p 340
4270 Mountain Sq, WHISTLER, BC, V0N 1B4
(604) 932-6945   SIC 5812
PAPCO p 92
See HILLMAN GROUP CANADA ULC, THE
PAPE AVENUE PUBLIC SCHOOL p 895
See TORONTO DISTRICT SCHOOL BOARD
PAPER EXCELLENCE CANADA HOLDINGS CORPORATION p 270
10551 Shellbridge Way Suite 95, RICHMOND, BC, V6X 2W8
(604) 232-2453   SIC 2611
PAPIERS DE PUBLICATION KRUGER INC p 1235
220 Rte De Windsor, SHERBROOKE, QC, J1C 0E6
(819) 846-2721   SIC 5093
PAPIERS DE PUBLICATION KRUGER INC p 1251
3735 Boul Gene-H.-Kruger, Trois-Rivieres, QC, G9A 6B1
(819) 375-1691   SIC 2611
PAPIERS SOLIDERR INC, LES p 987
Gd, ALMA, QC, G8B 5V6
(418) 668-1234   SIC 4212
PAPILLON & FILS LTEE p 1251
2300 Rue Jules-Vachon, Trois-Rivieres, QC, G9A 5E1
(819) 374-4647   SIC 1711
PAPILLON & FILS LTEE p 1251
8420 Boul Industriel, Trois-Rivieres, QC, G9A 5E1
(819) 374-4647   SIC 1711
PAPP PLASTICS AND DISTRIBUTING LIMITED p 971
6110 Morton Industrial Pky, WINDSOR, ON, N9J 3W3
(519) 734-0700   SIC 3089
PAPRICAN p 1141
See FPINNOVATIONS
PAQUET MITSUBISHI p 1066
See 9119-6832 QUEBEC INC
PAQUETTE, ROBERT AUTOBUS & FILS INC p 1186
222 25e Av, SAINT-EUSTACHE, QC, J7P 4Z8
(450) 473-4526   SIC 4151
PAR-PAK p 516
See POLARPAK INC
PARA PAINTS p 514
See GENERAL PAINT CORP
PARADISE BANQUET HALL & RESTAURANT (CONCORD) INC p 561
7601 Jane St, CONCORD, ON, L4K 1X2
(416) 661-6612   SIC 7299
PARADISE CARPETS p 104
See E & M INTERIORS INC
PARADISE HILL HIGH SCHOOL p 1278
See NORTHWEST SCHOOL DIVISION 203
PARADISO RESTAURANT p 768
See RISTORANTE PARADISO (2000) LIMITED
PARAGON CANADA INC p 710
6535 Millcreek Dr Unit 48, MISSISSAUGA, ON, L5N 2M2
(905) 825-2000   SIC 7699
PARAGON ELECTRICAL INSTALLATIONS LTD p 286
12960 84 Ave Suite 310, SURREY, BC, V3W 1K7
(604) 599-5100   SIC 1731
PARAGON OFFSHORE (CANADA) LTD p 435
10 Fort William Pl Suite 102, ST. JOHN'S, NL, A1C 1K4
(709) 758-4400   SIC 1381
PARAGON PROTECTION LTD p 747
1210 Sheppard Ave E Suite 488, NORTH YORK, ON, M2K 1E3

(416) 498-4000   SIC 7381
PARAGON REMEDIATION GROUP LTD p 289
8815 Harvie Rd, SURREY, BC, V4N 4B9
(604) 513-1324   SIC 1542
PARAGON SECURITY p 747
See PARAGON PROTECTION LTD
PARAGON TESTING ENTERPRISES INC p 294
2925 Virtual Way Suite 110, VANCOUVER, BC, V5M 4X5
(778) 327-6854   SIC 8299
PARAMED HOME HEALTH CARE p 493
See EXTENDICARE (CANADA) INC
PARAMED HOME HEALTH CARE p 566
See EXTENDICARE (CANADA) INC
PARAMED HOME HEALTH CARE p 576
See EXTENDICARE (CANADA) INC
PARAMED HOME HEALTH CARE p 614
See EXTENDICARE (CANADA) INC
PARAMED HOME HEALTH CARE p 620
See EXTENDICARE (CANADA) INC
PARAMED HOME HEALTH CARE p 635
See EXTENDICARE (CANADA) INC
PARAMED HOME HEALTH CARE p 647
See EXTENDICARE (CANADA) INC
PARAMED HOME HEALTH CARE p 733
See EXTENDICARE (CANADA) INC
PARAMED HOME HEALTH CARE p 739
See EXTENDICARE (CANADA) INC
PARAMED HOME HEALTH CARE p 741
See EXTENDICARE (CANADA) INC
PARAMED HOME HEALTH CARE p 763
See EXTENDICARE (CANADA) INC
PARAMED HOME HEALTH CARE p 768
See EXTENDICARE (CANADA) INC
PARAMED HOME HEALTH CARE p 781
See EXTENDICARE (CANADA) INC
PARAMED HOME HEALTH CARE p 795
See EXTENDICARE (CANADA) INC
PARAMED HOME HEALTH CARE p 806
See EXTENDICARE (CANADA) INC
PARAMED HOME HEALTH CARE p 864
See EXTENDICARE (CANADA) INC
PARAMED HOME HEALTH CARE p 866
See EXTENDICARE (CANADA) INC
PARAMOUNT CONSTRUCTION & RENOVATION p 1120
See 100979 CANADA INC
PARAMOUNT FINE FOOD p 686
See 1726837 ONTARIO INC
PARAMOUNT HOME ENTERTAINMENT (DIV) p 920
See PARAMOUNT PICTURES ENTERTAINMENT CANADA INC
PARAMOUNT LOUNGE p 406
See 515331 N.B. INC
PARAMOUNT PHARMACIES LIMITED p 470
3435 Plummer Ave Suite 529, NEW WATERFORD, NS, B1H 1Z4
(902) 862-7186   SIC 5912
PARAMOUNT PHARMACIES LIMITED p 475
351 Charlotte St, SYDNEY, NS, B1P 1E1
(902) 564-4141   SIC 5912
PARAMOUNT PICTURES ENTERTAINMENT CANADA INC p 920
40 University Ave Suite 900, TORONTO, ON, M5J 1T1
(416) 969-9901   SIC 3651
PARAMOUNT PRODUCTION SUPPORT INC p 193
8015 North Fraser Way, BURNABY, BC, V5J 5M8
(604) 294-9660   SIC 7819
PARAMOUNT STORAGE LTD p 373
10 Hutchings St, WINNIPEG, MB, R2X 2X1
(204) 632-0025   SIC 4225
PARASUCO JEANS p 760
See VENTE AU DETAIL PARASUCO INC
PARASUN TECHNOLOGIES INC p 245

▲ Public Company   ■ Public Company Family Member   HQ Headquarters   BR Branch   SL Single Location

628 Sixth Ave Suite 300, NEW WESTMINSTER, BC, V3M 6Z1
(604) 357-0057   SIC 4813
PARATEX, DIV DE   p 1153
See BUANDRY PARANET INC
PARC AQUARIUM DU QUEBEC   p 1162
See SOCIETE DES ETABLISSEMENTS DE PLEIN AIR DU QUEBEC
PARC DE LA RIVIERE DES MILLE-ILES   p 1032
See ECO-NATURE
PARC DINING & BANQUET LTD, LE   p 561
20 North Rivermede Rd, CONCORD, ON, L4K 2H2
SIC 5812
PARC GORGE COATICOOK   p 1016
See SOCIETE DE DEVELOPPEMENT DE LA GORGE DE COATICOOK INC
PARC LA SALLE SCHOOL   p 391
See SEINE RIVER SCHOOL DIVISION
PARC LA SOUVENANCE   p 1166
See LEPINE-CLOUTIER LTEE
PARC NATIONAL D'OKA SEPAQ   p 1136
See SOCIETE DES ETABLISSEMENTS DE PLEIN AIR DU QUEBEC
PARC NATIONAL DE LA JACQUES-CARTIER   p 1243
See SOCIETE DES ETABLISSEMENTS DE PLEIN AIR DU QUEBEC
PARC NATIONAL DES GRANDS JARDINS ET LE PARC NATIONAL HAUTES GORGES DE LA RIVIERE MALBAIE   p 1016
See SOCIETE DES ETABLISSEMENTS DE PLEIN AIR DU QUEBEC
PARC NATIONAL DES ILES-DE-BOUCHERVILLE   p 1005
See SOCIETE DES ETABLISSEMENTS DE PLEIN AIR DU QUEBEC
PARCOBEC   p 1115
See STATIONNEMENT & DEVELOPPEMENT INTERNATIONAL INC
PARENTS FOR BETTER BEGINNINGS   p 905
See REGENT PARK COMMUNITY HEALTH CENTRE
PARETO INC   p 753
1 Concorde Gate Suite 200, NORTH YORK, ON, M3C 4G4
SIC 7311
PARETO RETAIL SERVICES INC   p 821
56 Leek Cres, RICHMOND HILL, ON, L4B 1H1
SIC 8732
PARETOLOGIC INC   p 328
1827 Fort St, VICTORIA, BC, V8R 1J6
(250) 370-9229   SIC 7371
PARFUMERIES DANS UN JARDIN CANADA   p 1003
See DANS UN JARDIN CANADA INC
PARIS CENTRAL SCHOOL   p 804
See GRAND ERIE DISTRICT SCHOOL BOARD
PARIS GRILL, LE   p 1162
See GROUPE RESTOS PLAISIRS INC, LE
PARIS KITCHENS   p 821
See SANDERSON-HAROLD COMPANY LIMITED, THE
PARK & JET   p 63
See PRAIRIE VIEW HOLDINGS LTD
PARK 'N' FLY   p 685
See PNF HOLDINGS LIMITED
PARK AVENUE COMMUNITY SCHOOL   p 240
See SCHOOL DISTRICT NO. 68 (NANAIMO-LADYSMITH)
PARK AVENUE FURNITURE CORPORATION   p 561
61 Rayette Rd, CONCORD, ON, L4K 2E8
SIC 5021
PARK AVENUE PUBLIC SCHOOL   p 619
See YORK REGION DISTRICT SCHOOL BOARD
PARK CITY MAZDA   p 361
See 0427802 MANITOBA LTD
PARK DALE PUBLIC SCHOOL   p 503
See HASTINGS AND PRINCE EDWARD DISTRICT SCHOOL BOARD
PARK DEROCHIE INC   p 116
11850 28 St Ne, Edmonton, AB, T6S 1G6
(780) 478-4688   SIC 1721
PARK FORESTRY RECREATION CENTER   p 585
See GOVERNMENT OF ONTARIO
PARK LAWN JUNIOR MIDDLE SCHOOL   p 577
See TORONTO DISTRICT SCHOOL BOARD
PARK MANOR SENIOR PUBLIC SCHOOL   p 573
See WATERLOO REGION DISTRICT SCHOOL BOARD
PARK MEADOWS ELEMENTARY SCHOOL   p 137
See LETHBRIDGE SCHOOL DISTRICT NO. 51
PARK MEADOWS SAFEWAY   p 137
See SOBEYS WEST INC
PARK MEMORIAL LTD   p 76
9709 111 Ave Nw, EDMONTON, AB, T5G 0B2
(780) 898-1329   SIC 7261
PARK N FLY   p 273
See MILLER ROAD HOLDINGS LTD
PARK N JET   p 29
See STEINBOCK DEVELOPMENT CORPORATION LTD
PARK PLACE LODGE   p 213
See 357672 B.C. LTD
PARK PLACE RETIREMENT RESIDENCE   p 799
See 1230172 ONTARIO INC
PARK PROPERTY MANAGEMENT INC   p 674
16 Esna Park Dr Suite 200, MARKHAM, ON, L3R 5X1
(905) 940-1718   SIC 6531
PARK PUBLIC SCHOOL   p 592
See HALTON DISTRICT SCHOOL BOARD
PARK PUBLIC SCHOOL   p 701
See PEEL DISTRICT SCHOOL BOARD
PARK ROYAL KEG   p 250
See KEG RESTAURANT
PARK ROYAL SHOPPING CENTRE   p 338
See LARCO INVESTMENTS LTD
PARK ROYAL SHOPPING CENTRE HOLDINGS LTD   p 338
100 Park Royal S Suite 100, WEST VANCOUVER, BC, V7T 1A2
(604) 925-2700   SIC 6512
PARK STREET COLLEGIATE INST   p 775
See SIMCOE COUNTY DISTRICT SCHOOL BOARD, THE
PARK STREET PLACE   p 569
See DIVERSICARE CANADA MANAGEMENT SERVICES CO., INC
PARK STREET SCHOOL   p 398
See ANGLOPHONE WEST SCHOOL DISTRICT (ASD-W)
PARK WEST SCHOOL   p 463
See HALIFAX REGIONAL SCHOOL BOARD
PARK WEST SCHOOL DIVISION   p 343
242 Russel St, BINSCARTH, MB, R0J 0G0
(204) 842-2802   SIC 8211
PARK WEST SCHOOL DIVISION   p 344
73 11th St, BIRTLE, MB, R0M 0C0
(204) 842-3315   SIC 8211
PARK WEST SCHOOL DIVISION   p 350
91 1st St N, HAMIOTA, MB, R0M 0T0
(204) 842-2803   SIC 8211
PARK WEST SCHOOL DIVISION   p 358
16 Main St, STRATHCLAIR, MB, R0J 2C0
(204) 842-2801   SIC 8211
PARK'N FLY   p 135
See PNF HOLDINGS LIMITED
PARKBRIDGE LIFESTYLE COMMUNITIES INC   p 47
500 4 Ave Sw Suite 1500, CALGARY, AB, T2P 2V6
(403) 215-2100   SIC 6719
PARKBRIDGE LIFESTYLE COMMUNITIES INC   p 829
5700 Blackwell Siderd, SARNIA, ON, N7W 1B7
(519) 542-7800   SIC 6719
PARKBRIDGE LIFESTYLE COMMUNITIES INC   p 949
690 River Rd W Suite 1, WASAGA BEACH, ON, L9Z 2P1
(705) 429-8559   SIC 6719
PARKCREST ELEMENTARY SCHOOL   p 185
See BURNABY SCHOOL BOARD DISTRICT 41
PARKCREST ELEMENTARY SCHOOL   p 219
See SCHOOL DISTRICT 73 (KAMLOOPS/THOMPSON)
PARKDALE COLLEGIATE INSTITUTE   p 937
See TORONTO DISTRICT SCHOOL BOARD
PARKDALE COMMUNITY FOOD BANK   p 939
1499 Queen St W, TORONTO, ON, M6R 1A3
(416) 532-2375   SIC 8399
PARKDALE ELEMENTARY   p 607
See HAMILTON-WENTWORTH DISTRICT SCHOOL BOARD, THE
PARKDALE ELEMENTARY SCHOOL   p 980
See EASTERN SCHOOL DISTRICT
PARKDALE ELEMENTARY SCHOOL   p 1203
See COMMISSION SCOLAIRE ENGLISH-MONTREAL
PARKDALE MANOR   p 317
See CALLING FOUNDATION, THE
PARKDALE PHARMACY   p 981
See MURPHY'S PHARMACIES INC
PARKDALE SCHOOL   p 74
See EDMONTON SCHOOL DISTRICT NO. 7
PARKDALE SCHOOL   p 174
See WETASKIWIN REGIONAL PUBLIC SCHOOLS
PARKER BROTHERS TEXTILE MILLS LIMITED   p 944
52 Film St, TRENTON, ON, K8V 5J8
(613) 392-1217   SIC 2231
PARKER FILTRATION CANADA DIV OF   p 1129
See PARKER HANNIFIN CANADA
PARKER HANNIFIN CANADA   p 25
3141 16 St Ne, CALGARY, AB, T2E 7K8
(403) 291-9100   SIC 3593
PARKER HANNIFIN CANADA   p 389
1305 Clarence Ave, WINNIPEG, MB, R3T 1T4
(204) 452-6776   SIC 3625
PARKER HANNIFIN CANADA   p 501
4635 Durham Rd Rr 3, BEAMSVILLE, ON, L0R 1B3
(905) 945-2274   SIC 3714
PARKER HANNIFIN CANADA   p 588
925 Glengarry Cres, FERGUS, ON, N1M 2W7
(519) 787-0001   SIC 3052
PARKER HANNIFIN CANADA   p 682
160 Chisholm Dr Suite 1, MILTON, ON, L9T 3G9
(905) 693-3000   SIC 3593
PARKER HANNIFIN CANADA   p 774
255 Hughes Rd, ORILLIA, ON, L3V 2M2
(705) 325-2391   SIC 3559
PARKER HANNIFIN CANADA   p 1019
2584 Boul Le Corbusier, Cote Saint-Luc, QC, H7S 2K8
(450) 668-3033   SIC 5075
PARKER HANNIFIN CANADA   p 1027
2001 Rue De L'aviation, DORVAL, QC, H9P 2X6
(514) 684-3000   SIC 3593
PARKER HANNIFIN CANADA   p 1129
2785 Av Francis-Hughes, MONTREAL, QC, H7L 3J6
(450) 629-3030   SIC 3569
PARKER KAEFER INC   p 412
115 Melissa St Unit 2, RICHIBUCTO ROAD, NB, E3A 6V9
(506) 459-7551   SIC 5033
PARKER KAEFER INC   p 443
200 Waterfront Dr Suite 100, BEDFORD, NS, B4A 4J4
(902) 860-3344   SIC 1742
PARKER MOTORS (1946) LTD   p 252
1765 Main St, PENTICTON, BC, V2A 5H1
(250) 492-2839   SIC 5511
PARKER PACIFIC   p 217
See INLAND KENWORTH
PARKER PAD AND PRINTING LIMITED   p 676
208 Travail Rd, MARKHAM, ON, L3S 3J1
(905) 294-7997   SIC 2752
PARKER REALTY LTD   p 982
535 North River Rd Suite 1, CHARLOTTETOWN, PE, C1E 1J6
(902) 566-4663   SIC 6531
PARKER, JOHNSTON LIMITED   p 275
6791 Oldfield Road, SAANICHTON, BC, V8M 2A2
(250) 382-9181   SIC 1761
PARKFIELD JUNIOR SCHOOL   p 942
See TORONTO DISTRICT SCHOOL BOARD
PARKFIELD RESTAURANT & GIFT SHOP   p 551
See COMMUNITY LIVING CHATHAM-KENT
PARKHILL-WEST WILLIAMS PUBLIC SCHOOL   p 805
See THAMES VALLEY DISTRICT SCHOOL BOARD
PARKHOLM PLACE   p 196
See FRASER HEALTH AUTHORITY
PARKHOLME SCHOOL   p 524
See PEEL DISTRICT SCHOOL BOARD
PARKHURST, AL TRANSPORTATION LTD   p 504
125 College St E, BELLEVILLE, ON, K8P 5A2
(613) 968-5109   SIC 4151
PARKING AND ACCESS CONTROL SERVICES   p 320
See U B C TRAFFIC OFFICE
PARKING SERVICES   p 926
See GOVERNING COUNCIL OF THE UNIVERSITY OF TORONTO
PARKINSON CENTENNIAL PUBLIC SCHOOL   p 773
See UPPER GRAND DISTRICT SCHOOL BOARD, THE
PARKINSON COACH LINES 2000 INC   p 518
10 Kennedy Rd N, BRAMPTON, ON, L6V 1X4
(416) 451-4776   SIC 4151
PARKLAND AGRI SERVICES CORP   p 71
Gd, DIDSBURY, AB, T0M 0W0
(403) 335-3055   SIC 5191
PARKLAND C.L.A.S.S.   p 153
See PARKLAND COMMUNITY LIVING AND SUPPORTS SOCIETY
PARKLAND CO-OP ASSOCIATION   p 1279
See FEDERATED CO-OPERATIVES LIMITED
PARKLAND COLORPRESS LTD   p 155
7449 49 Ave, RED DEER, AB, T4P 1N2
(403) 340-8100   SIC 2752
PARKLAND COMMUNITY LIVING AND SUPPORTS SOCIETY   p 153
6010 45 Ave, RED DEER, AB, T4N 3M4
(403) 347-3333   SIC 8322

PARKLAND COMPOSITE HIGH SCHOOL p 117
See GRANDE YELLOWHEAD PUBLIC SCHOOL DIVISION 77
PARKLAND ELEMENTARY SCHOOL p 201
See SCHOOL DISTRICT NO. 43 (COQUITLAM)
PARKLAND FUEL CORPORATION p 127
14605 97 St, GRANDE PRAIRIE, AB, T8V 7B6
(780) 538-2212   SIC 5172
PARKLAND FUEL CORPORATION p 127
14605 97 St, GRANDE PRAIRIE, AB, T8V 7B6
(780) 538-2212   SIC 5541
PARKLAND FUEL CORPORATION p 534
1122 International Blvd Suite 700, BURLINGTON, ON, L7L 6Z8
(905) 639-2060   SIC 5172
PARKLAND INDUSTRIES LIMITED PARTNERSHIP p 329
2659 Douglas St Suite 200, VICTORIA, BC, V8T 4M3
(250) 478-0331   SIC 5541
PARKLAND MANOR p 158
See RIMOKA HOUSING FOUNDATION
PARKLAND MIDDLE SCHOOL p 205
See SCHOOL DISTRICT NO 5 (SOUTHEAST KOOTENAY)
PARKLAND PUBLIC SCHOOL p 676
See YORK REGION DISTRICT SCHOOL BOARD
PARKLAND PUBLIC SCHOOL p 830
See ALGOMA DISTRICT SCHOOL BOARD
PARKLAND REGIONAL COLLEGE p 1309
200 Prystai Way, YORKTON, SK, S3N 4G4
(306) 783-6566   SIC 8221
PARKLAND REGIONAL HEALTH AUTHORITY p 349
See GRANDVIEW PERSONEL CARE HOME INC
PARKLAND REGIONAL HEALTH AUTHORITY INC p 347
625 3rd St Sw, DAUPHIN, MB, R7N 1R7
(204) 638-2118   SIC 8099
PARKLAND REGIONAL HEALTH AUTHORITY INC p 347
625 3rd St Sw, DAUPHIN, MB, R7N 1R7
(204) 638-2118   SIC 8062
PARKLAND REGIONAL HEALTH AUTHORITY INC p 349
308 Jackson St, GRANDVIEW, MB, R0L 0Y0
(204) 546-2769   SIC 8322
PARKLAND REGIONAL HEALTH AUTHORITY INC p 354
Gd, ROBLIN, MB, R0L 1P0
(204) 937-2142   SIC 8062
PARKLAND REGIONAL HEALTH AUTHORITY INC p 358
1011 Main St E, SWAN RIVER, MB, R0L 1Z0
(204) 734-3441   SIC 8062
PARKLAND REGIONAL LIBRARY p 1309
Hwy 52 W, YORKTON, SK, S3N 3Z4
(306) 783-7022   SIC 8231
PARKLAND SCHOOL p 361
See GARDEN VALLEY SCHOOL DIVISION
PARKLAND SCHOOL DIVISION NO. 70 p 160
53112 Hwy 31, SEBA BEACH, AB, T0E 2B0
(780) 797-3733   SIC 8211
PARKLAND SCHOOL DIVISION NO. 70 p 165
505 Mcleod Ave Suite 505, SPRUCE GROVE, AB, T7X 2Y5
(780) 962-0212   SIC 8211
PARKLAND SCHOOL DIVISION NO. 70 p 165
475 King St, SPRUCE GROVE, AB, T7X 0A4
(780) 962-2626   SIC 8211
PARKLAND SCHOOL DIVISION NO. 70 p 165
460 King St, SPRUCE GROVE, AB, T7X 2T6
(780) 962-3942   SIC 8211
PARKLAND SCHOOL DIVISION NO. 70 p 165
1000 Calahoo Rd, SPRUCE GROVE, AB, T7X 2T7
(780) 962-0800   SIC 8211
PARKLAND SCHOOL DIVISION NO. 70 p 165
51101 Range Road 271, SPRUCE GROVE, AB, T7Y 1G7
(780) 963-5035   SIC 8211
PARKLAND SCHOOL DIVISION NO. 70 p 165
851 Calahoo Rd, SPRUCE GROVE, AB, T7X 2M1
(780) 962-6122   SIC 8211
PARKLAND SCHOOL DIVISION NO. 70 p 169
20 Parkland Drive Range Road, STONY PLAIN, AB, T7Z 1Y6
(780) 963-3625   SIC 8211
PARKLAND SCHOOL DIVISION NO. 70 p 169
4119 43 St, STONY PLAIN, AB, T7Z 1R2
(780) 963-2289   SIC 8211
PARKLAND SCHOOL DIVISION NO. 70 p 169
5210 45 St, STONY PLAIN, AB, T7Z 1R5
(780) 963-7366   SIC 8211
PARKLAND SCHOOL DIVISION NO. 70 p 169
53422 Secondary Hwy Suite 779, STONY PLAIN, AB, T7Z 1Y5
(780) 963-3535   SIC 8211
PARKLAND SCHOOL DIVISION NO. 70 p 1265
Po Box 370, CANWOOD, SK, S0J 0K0
(306) 468-2150   SIC 8211
PARKLAND SCHOOL DIVISION NO. 70 p 1306
110 4 St E, SHELLBROOK, SK, S0J 2E0
(306) 747-2191   SIC 8211
PARKLAND SOBEYS, READY TO SERVE p 1309
See SOBEYS CAPITAL INCORPORATED
PARKLANE HOMES p 323
See PARKLANE VENTURES LTD
PARKLANE VENTURES LTD p 323
1055 Dunsmuir St Suite 2000, VANCOUVER, BC, V7X 1L5
(604) 648-1800   SIC 6553
PARKRIDGE CENTRE p 1298
See SASKATOON REGIONAL HEALTH AUTHORITY
PARKRIDGE CENTRE p 1302
See SASKATOON REGIONAL HEALTH AUTHORITY
PARKS & RECREATION p 513
See CORPORATION OF THE CITY OF BRAMPTON, THE
PARKS & RECREATION DEPARTMENT p 635
See CORPORATION OF THE TOWN OF KINGSVILLE
PARKS & RECREATION SERVICES p 565
See CORPORATION OF THE CITY OF CORNWALL
PARKS AND RECREATION DEPARTMENT p 962
See CORPORATION OF THE CITY OF WINDSOR
PARKS AND SERVICE p 504
See SEARS CANADA INC
PARKS CANADA AGENCY p 1308
See ENVIRONMENT AND CLIMATE CHANGE CANADA
PARKSIDE CENTENNIAL ELEMENTARY SCHOOL p 181
See BOARD OF EDUCATION OF SCHOOL DISTRICT NO. 35 (LANGLEY)
PARKSIDE COLLEGIATE INSTITUTE p 859
See THAMES VALLEY DISTRICT SCHOOL BOARD
PARKSIDE ELEMENTARY SCHOOL p 126
See GRANDE PRAIRIE PUBLIC SCHOOL DISTRICT #2357
PARKSIDE ELEMENTARY SCHOOL p 985
See PUBLIC SCHOOLS BRANCH
PARKSIDE HIGH SCHOOL p 571
See HAMILTON-WENTWORTH DISTRICT SCHOOL BOARD, THE
PARKSIDE JUNIOR HIGH SCHOOL p 343
See BORDER LAND SCHOOL DIVISION
PARKSVILLE BRANCH p 251
See BANK OF MONTREAL
PARKSVILLE ELEMENTARY SCHOOL p 251
See SCHOOL DISTRICT NO 69 (QUALICUM)
PARKSVILLE QUALICUM BEACH NEWS p 251
See BLACK PRESS GROUP LTD
PARKVIEW ELEMENTARY SCHOOL p 961
See GREATER ESSEX COUNTY DISTRICT SCHOOL BOARD
PARKVIEW PLACE-CENTRAL PARK LODGES p 375
See REVERA INC
PARKVIEW PUBLIC SCHOOL p 645
See THAMES VALLEY DISTRICT SCHOOL BOARD
PARKVIEW PUBLIC SCHOOL p 648
See TRILLIUM LAKELANDS DISTRICT SCHOOL BOARD
PARKVIEW PUBLIC SCHOOL p 945
See YORK REGION DISTRICT SCHOOL BOARD
PARKVIEW SCHOOL p 89
See EDMONTON SCHOOL DISTRICT NO. 7
PARKVIEW SCHOOL p 608
See HAMILTON-WENTWORTH DISTRICT SCHOOL BOARD, THE
PARKVIEW SCHOOL p 1040
See COMMISSION SCOLAIRE EASTERN TOWNSHIPS
PARKVIEW TRANSIT p 556
See PARKVIEW TRANSIT INC
PARKVIEW TRANSIT INC p 556
37 Campbell St, COLLINGWOOD, ON, L9Y 2K9
(705) 526-2847   SIC 4151
PARKVIEW VILLAGE p 863
See PARKVIEW VILLAGE RETIREMENT COMMUNITY ASSOCIATION OF YORK REGION
PARKVIEW VILLAGE RETIREMENT COMMUNITY ASSOCIATION OF YORK REGION p 863
12184 Ninth Line Suite A103, STOUFFVILLE, ON, L4A 3N6
(905) 640-1940   SIC 8361
PARKWAY AUTOMOTIVE SALES LIMITED p 758
1681 Eglinton Ave E, NORTH YORK, ON, M4A 1J6
(416) 752-1485   SIC 7515
PARKWAY LEASING p 758
See PARKWAY AUTOMOTIVE SALES LIMITED
PARKWAY NISSAN LTD p 606
191 Centennial Pky N, HAMILTON, ON, L8E 1H8
(905) 667-9001   SIC 5511
PARKWAY PONTIAC BUICK INC p 1210
9595 Rte Transcanadienne, SAINT-LAURENT, QC, H4S 1T6
(514) 333-5140   SIC 5511
PARKWAY PUBLIC SCHOOL p 520
See PEEL DISTRICT SCHOOL BOARD
PARKWAY RETIREMENT HOME, THE p 812
See CSH PARKWAY INC
PARKWAY VAN LINES p 783
See P.V.L. MOVING AND STORAGE LTD
PARKWAY VANLINE p 503
See FRED GUY MOVING & STORAGE LTD
PARKWOOD COURT p 328
See REVERA INC
PARKWOOD HILLS PUBLIC SCHOOL p 727
See OTTAWA-CARLETON DISTRICT SCHOOL BOARD
PARKWOOD MANOR p 200
See REVERA INC
PARKWOOD PLACE p 328
See REVERA INC
PARLEE MCLAWS LLP p 47
421 7 Ave Sw Unit 3300, CALGARY, AB, T2P 4K9
(403) 294-7000   SIC 8111
PARLIAMENT OAK ELEMENTRY SCHOOL p 739
See DISTRICT SCHOOL BOARD OF NIAGARA
PARLIAMENTARY CENTRE p 792
255 Albert St Suite 802, OTTAWA, ON, K1P 6A9
(613) 237-0143   SIC 8699
PARLOR FOODS p 931
See SIR CORP
PARMALAT CANADA INC p 581
405 The West Mall 10th Fl, ETOBICOKE, ON, M9C 5J1
(416) 626-1973   SIC 2023
PARMED ACADEMY p 901
See ALL HEALTH SERVICES INC
PARNALL PUBLIC SCHOOL p 853
See DISTRICT SCHOOL BOARD OF NIAGARA
PAROISE SAINT-SYLVAIN p 1127
See CORPORATION ARCHIEPISCOPALE CATHOLIQUE ROMAINE DE MONTREAL
PARRISH & HEIMBECKER, LIMITED p 139
1301 2 Ave S, LETHBRIDGE, AB, T1J 0E8
(403) 328-6622   SIC 5153
PARRISH & HEIMBECKER, LIMITED p 375
201 Portage Ave Suite 1400, WINNIPEG, MB, R3B 3K6
(204) 956-2030   SIC 6712
PARRISH & HEIMBECKER, LIMITED p 456
730 Marginal Rd, HALIFAX, NS, B3H 0A1
(902) 429-0622   SIC 5153
PARRISH & HEIMBECKER, LIMITED p 482
62 Mill St W, ACTON, ON, L7J 1G4
(519) 853-2850   SIC 5153
PARRISH & HEIMBECKER, LIMITED p 516
308 Orenda Rd, BRAMPTON, ON, L6T 1G1
(905) 789-8585   SIC 5153
PARRISH & HEIMBECKER, LIMITED p 547
140 King St W, CAMBRIDGE, ON, N3H 1B6
(519) 653-6267   SIC 5153
PARRISH & HEIMBECKER, LIMITED p 550
39648 Mount Carmel Dr, CENTRALIA, ON, N0M 1K0
(519) 228-6661   SIC 5153
PARRISH & HEIMBECKER, LIMITED p 568
24162 Denfield Rd Suite 2, DENFIELD, ON, N0M 1P0
(519) 666-1400   SIC 5153
PARRISH & HEIMBECKER, LIMITED p 600
150 Research Lane Suite 205, GUELPH, ON, N1G 4T2
(519) 821-0505   SIC 5153
PARRISH & HEIMBECKER, LIMITED p 617
252 14th St, HANOVER, ON, N4N 3C5
(519) 364-3263   SIC 5153
PARRISH & HEIMBECKER, LIMITED p 621
11489 Queen St, INKERMAN, ON, K0E 1J0
(613) 989-2003   SIC 2048
PARRISH & HEIMBECKER, LIMITED p 979
520 Main St, WYOMING, ON, N0N 1T0
(519) 845-3318   SIC 5153
PARRISH & HEIMBECKER, LIMITED p 1265
220 Main St, BIGGAR, SK, S0K 0M0
(306) 948-1990   SIC 5153

PARRISH & HEIMBECKER, LIMITED p 1297
75 33rd St E, SASKATOON, SK, S7K 0R8
(306) 667-8000   SIC 5153

PARRISH & HEIMBECKER, LIMITED p 1297
817 48th St E, SASKATOON, SK, S7K 0X5
(306) 931-1655   SIC 5153

PARRISH & HEIMBECKER, LIMITED p 1308
Hwy 39, WEYBURN, SK, S4H 2K8
(306) 842-7436   SIC 5153

PARROT LABEL p 210
See GREAT LITTLE BOX COMPANY LTD, THE

PARRSBORO REGIONAL ELEMENTARY SCHOOL p 471
See CHIGNECTO CENTRAL REGIONAL SCHOOL BOARD

PARSEC INTERMODAL OF CANADA LIMITED p 561
751 Bowes Rd Suite 2, CONCORD, ON, L4K 5C9
(905) 669-7901   SIC 1629

PARSONS BRINCKERHOFF HALSALL INC p 538
3050 Harvester Rd Unit 100, BURLINGTON, ON, L7N 3J1
(905) 681-8481   SIC 8621

PARSONS CANADA LTD p 229
19890 92a Ave, LANGLEY, BC, V1M 3A9
(604) 513-1000   SIC 8748

PARSONS CANADA LTD p 704
3715 Laird Dr Suite 100, MISSISSAUGA, ON, L5L 0A3
(905) 820-1210   SIC 8748

PARSONS INC p 245
604 Columbia St Suite 400, NEW WESTMINSTER, BC, V3M 1A5
(604) 525-9333   SIC 8711

PARSONS INC p 594
1223 Michael St Suite 100, GLOUCESTER, ON, K1J 7T2
(613) 738-4160   SIC 8711

PARSONS INC p 660
1069 Wellington Rd Suite 214, LONDON, ON, N6E 2H6
(519) 681-8771   SIC 8711

PARSONS INC p 674
625 Cochrane Dr Suite 500, MARKHAM, ON, L3R 9R9
(905) 943-0500   SIC 8711

PARTENAIRE TOTAL LOGISTIQUES (TLP) AIR EXPRESS p 1026
See LOGISTIQUE KERRY (CANADA) INC

PARTENAIRES DE DESJARDINS SECURITE FINANCIERE, COMPAGNIE D'ASSURANCE VIE p 1006
See DESJARDINS SECURITE FINANCIERE, COMPAGNIE D'ASSURANCE VIE

PARTENAIRES POUR LA REUSSITE EDUCATIVE DANS LES LAURENTIDES p 1230
See CENTRE JEUNESSE DES LAURENTIDES

PARTICIPATION HOUSE p 526
422 Powerline Rd, BRANTFORD, ON, N3R 8A1
(519) 756-1430   SIC 8361

PARTICIPATION HOUSE HAMILTON AND DISTRICT p 536
3097 Palmer Dr, BURLINGTON, ON, L7M 4G8
(905) 335-3166   SIC 8059

PARTICIPATION HOUSE HAMILTON AND DISTRICT p 541
1022 Waterdown Rd, BURLINGTON, ON, L7T 1N3
(905) 333-3553   SIC 8361

PARTICIPATION HOUSE HAMILTON AND DISTRICT p 700
1022 Greaves Ave Suite 100, MISSISSAUGA, ON, L5E 3J4
(905) 278-1112   SIC 8361

PARTICIPATION HOUSE LAKESIDE PROJECT p 700
See PARTICIPATION HOUSE HAMILTON AND DISTRICT

PARTICIPATION HOUSE ST. LUKES p 873
See CEREBRAL PALSY PARENT COUNCIL OF TORONTO

PARTITION SYSTEMS p 114
See PSL PARTITION SYSTEMS LTD

PARTNERS CONSTRUCTION LIMITED p 472
Gd, PICTOU, NS, B0K 1H0
(902) 485-4576   SIC 7353

PARTNERS INDUSTRIAL CRANE RENTAL p 472
See PARTNERS CONSTRUCTION LIMITED

PARTROSE DRUGS LIMITED p 581
666 Burnhamthorpe Rd, ETOBICOKE, ON, M9C 2Z4
(416) 621-2330   SIC 5912

PARTS CANADA DEVELOPMENT CO. p 665
3935 Cheese Factory Rd, LONDON, ON, N6N 1G2
(519) 644-0202   SIC 5013

PARTS CANADA POWER TWINS p 665
See PARTS CANADA DEVELOPMENT CO.

PARTS FOR TRUCKS, INC p 418
See PARTS FOR TRUCKS, INC

PARTS FOR TRUCKS, INC p 418
1100 Fairville Blvd, SAINT JOHN, NB, E2M 5T6
(506) 672-4040   SIC 5013

PARTSOURCE p 14
See CANADIAN TIRE CORPORATION, LIMITED

PARTSOURCE p 37
See CANADIAN TIRE CORPORATION, LIMITED

PARTSOURCE p 90
See CANADIAN TIRE CORPORATION, LIMITED

PARTSOURCE p 449
See CANADIAN TIRE CORPORATION, LIMITED

PARTSOURCE p 707
See CANADIAN TIRE CORPORATION, LIMITED

PARTSOURCE p 741
See CANADIAN TIRE CORPORATION, LIMITED

PARTSOURCE p 812
See CANADIAN TIRE CORPORATION, LIMITED

PARTSOURCE p 883
See CANADIAN TIRE CORPORATION, LIMITED

PARTY CITY CANADA INC p 233
20150 Langley Bypass Unit 20 & 30, LANGLEY, BC, V3A 9J8
(604) 534-1623   SIC 5947

PARTY CITY CANADA INC p 495
400 Bayfield St Suite 53, BARRIE, ON, L4M 5A1
(705) 719-7498   SIC 5947

PARTY CITY CANADA INC p 704
3050 Vega Blvd Unit 5, MISSISSAUGA, ON, L5L 5X8
(905) 607-2789   SIC 5947

PARTY CITY CANADA INC p 852
286 Bunting Rd Suite 26, ST CATHARINES, ON, L2M 7S5
(905) 684-8795   SIC 5947

PARTY CITY CANADA INC p 890
1225 Finch Ave W, TORONTO, ON, M3J 2E8
(416) 631-7688   SIC 5947

PARTY TIME RENTS, DIV OF p 1121
See LOCATION BENCH & TABLE INC

PAS SUPER THRIFTY DRUG MART 1984 LTD, THE p 359
Hwy 10, THE PAS, MB, R9A 1P8
(204) 623-5150   SIC 5912

PASADENA ELEMENTARY SCHOOL p 430
See WESTERN SCHOOL DISTRICT

PASLEY, MAX ENTERPRISES LIMITED p 10
2665 Sunridge Way Ne, CALGARY, AB, T1Y 7K7
(403) 663-6300   SIC 5812

PASLEY, MAX ENTERPRISES LIMITED p 10
1920 68 St, CALGARY, AB, T1Y 6Y7
(403) 280-6388   SIC 5812

PASLEY, MAX ENTERPRISES LIMITED p 10
2740 32 Ave Ne, CALGARY, AB, T1Y 5S5
(403) 291-0256   SIC 5812

PASLEY, MAX ENTERPRISES LIMITED p 13
3660 12 Ave Ne, CALGARY, AB, T2A 6R4
(403) 273-1219   SIC 5812

PASLEY, MAX ENTERPRISES LIMITED p 13
3835 Memorial Dr Ne, CALGARY, AB, T2A 2K2
(403) 569-1754   SIC 5812

PASLEY, MAX ENTERPRISES LIMITED p 19
20 Riverglen Dr Se, CALGARY, AB, T2C 3J3
(403) 236-4122   SIC 5812

PASLEY, MAX ENTERPRISES LIMITED p 29
3912 Macleod Trail Se, CALGARY, AB, T2G 2R5
(403) 243-7828   SIC 5812

PASLEY, MAX ENTERPRISES LIMITED p 33
7212 Macleod Trail Se, CALGARY, AB, T2H 0L9
SIC 5812

PASLEY, MAX ENTERPRISES LIMITED p 35
13780 Bow Bottom Trail Se, CALGARY, AB, T2J 6T5
(403) 271-7411   SIC 5812

PASLEY, MAX ENTERPRISES LIMITED p 35
9650 Macleod Trail Se, CALGARY, AB, T2J 0P7
(403) 252-8929   SIC 5812

PASLEY, MAX ENTERPRISES LIMITED p 35
9311 Macleod Trail Sw, CALGARY, AB, T2J 0P6
(403) 253-2088   SIC 5812

PASLEY, MAX ENTERPRISES LIMITED p 37
6820 4 St Nw, CALGARY, AB, T2K 1C2
(403) 295-1004   SIC 5812

PASLEY, MAX ENTERPRISES LIMITED p 38
2320 16 Ave Nw, CALGARY, AB, T2M 0M5
(403) 289-9050   SIC 5812

PASLEY, MAX ENTERPRISES LIMITED p 48
222 8 Ave Sw, CALGARY, AB, T2P 1B5
(403) 265-8096   SIC 5812

PASLEY, MAX ENTERPRISES LIMITED p 53
1032 17 Ave Sw Suite 400, CALGARY, AB, T2T 0A5
(403) 245-0846   SIC 5812

PASLEY, MAX ENTERPRISES LIMITED p 53
1422 17 Ave Sw, CALGARY, AB, T2T 0C3
(403) 245-4154   SIC 5812

PASLEY, MAX ENTERPRISES LIMITED p 54
1600 90 Ave Sw Suite D267, CALGARY, AB, T2V 5A8
(403) 258-3311   SIC 5812

PASLEY, MAX ENTERPRISES LIMITED p 56
250 Shawville Blvd Se Suite 10, CALGARY, AB, T2Y 2Z7
(403) 254-0310   SIC 5812

PASLEY, MAX ENTERPRISES LIMITED p 59
8235 Bowridge Cres Nw, CALGARY, AB, T3B 5A5
(403) 288-3203   SIC 5812

PASLEY, MAX ENTERPRISES LIMITED p 61
3611 17 Ave Sw, CALGARY, AB, T3E 0B9
(403) 249-0780   SIC 5812

PASLEY, MAX ENTERPRISES LIMITED p 62
100 Stewart Green Sw Unit 100, CALGARY, AB, T3H 3C8
(403) 246-1577   SIC 5812

PASLEY, MAX ENTERPRISES LIMITED p 62
8888 Country Hills Blvd Nw Suite 200, CALGARY, AB, T3G 5T4
(403) 375-0845   SIC 5812

PASLEY, MAX ENTERPRISES LIMITED p 62
63 Crowfoot Way Nw, CALGARY, AB, T3G 2R2
(403) 241-1785   SIC 5812

PASLEY, MAX ENTERPRISES LIMITED p 63
5219 Falsbridge Dr Ne, CALGARY, AB, T3J 3C1
(403) 293-4052   SIC 5812

PASLEY, MAX ENTERPRISES LIMITED p 137
444 Mayor Magrath Dr N, LETHBRIDGE, AB, T1H 6H7
(403) 328-0050   SIC 5812

PASLEY, MAX ENTERPRISES LIMITED p 139
217 3 Ave S, LETHBRIDGE, AB, T1J 4L6
(403) 328-8844   SIC 5812

PASLEY, MAX ENTERPRISES LIMITED p 139
550 University Dr W Suite 31, LETHBRIDGE, AB, T1J 4T3
(403) 380-2228   SIC 5812

PASLEY, MAX ENTERPRISES LIMITED p 140
2430 Fairway Plaza Rd S, LETHBRIDGE, AB, T1K 6Z3
(403) 329-1919   SIC 5812

PASLEY, MAX ENTERPRISES LIMITED p 140
3700 Mayor Magrath Dr S, LETHBRIDGE, AB, T1K 7T6
(403) 320-2899   SIC 5812

PASLEY, MAX ENTERPRISES LIMITED p 153
4840 52 Ave, RED DEER, AB, T4N 6Y8
(403) 347-7171   SIC 5812

PASLEY, MAX ENTERPRISES LIMITED p 153
7149 50 Ave, RED DEER, AB, T4N 4E4
(403) 342-2226   SIC 5812

PASLEY, MAX ENTERPRISES LIMITED p 156
3020 22 St Ste 800, RED DEER, AB, T4R 3J5
(403) 341-7819   SIC 5812

PASLEY, MAX ENTERPRISES LIMITED p 157
2502 50 Ave, RED DEER, AB, T4R 1M3
(403) 347-1700   SIC 5812

PASLODE CANADA DIV OF p 676
See ITW CANADA INVESTMENTS LIMITED PARTNERSHIP

PASLOSKI, DARRELL PHARMACY LTD p 1311
211 Main St Suite 100, WHITEHORSE, YT, Y1A 2B2
(867) 667-2485   SIC 5912

PASQUA HOSPITAL p 1290
See REGINA QU'APPELLE REGIONAL HEALTH AUTHORITY

PASQUIA PUBLISHING LTD p 1307
1004 102 Ave, TISDALE, SK, S0E 1T0
(306) 873-4515   SIC 2711

PASS CONSTRUCTION CO. LTD p 217

1148 6th Ave Rr 4, HOPE, BC, V0X 1L4
SIC 6712
PASSION CUISINE ET GOURMET *p* 1255
2020 Boul Rene-Gaultier Bureau 36, VARENNES, QC, J3X 1N9
(450) 929-2942 *SIC* 5719
PASTENE ENTERPRISES ULC *p* 991
9101 Rue De L'innovation, ANJOU, QC, H1J 2X9
(514) 353-7997 *SIC* 5141
PASTRY SELECTIONS *p* 1144
See SELECTION DU PATISSIER INC
PASWORD COMMUNICATIONS INC *p* 610
122 Hughson St S, HAMILTON, ON, L8N 2B2
(905) 974-1683 *SIC* 7389
PASWORD GROUP INC, THE *p* 610
122 Hughson St S, HAMILTON, ON, L8N 2B2
(905) 645-1162 *SIC* 7389
PAT & MARIO'S RESTAURANT *p* 586
See RICMAR ENTERPRISES LTD
PAT & MARIO'S RESTAURANT *p* 868
See LYNSOS INC
PAT HARDY PRIMARY SCHOOL *p* 175
See NORTHERN GATEWAY REGIONAL DIVISION #10
PAT'S DRIVE LINE *p* 101
See PAT'S DRIVE LINE SPECIALTY & MACHINE EDMONTON LTD
PAT'S DRIVE LINE SPECIALTY & MACHINE EDMONTON LTD *p* 101
6811 50 St Nw, EDMONTON, AB, T6B 3B7
(780) 466-7287 *SIC* 3714
PAT'S DRIVELINE *p* 86
See GIBSON, R. W. CONSULTING SERVICES LTD
PATATES PLUS *p* 1169
See PATATES PLUS INC
PATATES PLUS INC *p* 1169
1111 Boul Pie-Xi N, Quebec, QC, G3K 2S8
(418) 842-1323 *SIC* 5812
PATCH POINT LIMITED PARTNERSHIP *p* 215
Site 7 Comp 16 Ss 2 Lcd Main, FORT ST. JOHN, BC, V1J 4M7
(250) 787-0787 *SIC* 1629
PATCO EQUIPMENT INC *p* 493
7 Cochran Dr Suite 1, AYR, ON, N0B 1E0
(519) 622-2430 *SIC* 4213
PATCO TRANSPORTATION *p* 493
See PATCO EQUIPMENT INC
PATELLA INDUSTRIES INC *p* 1199
721 Ch Du Grand-Bernier N, SAINT-JEAN-SUR-RICHELIEU, QC, J3B 8H6
(450) 359-0040 *SIC* 2431
PATENE *p* 614
See PATENE BUILDING SUPPLIES LTD
PATENE (1997) LIMITED *p* 604
641 Speedvale Ave W, GUELPH, ON, N1K 1E6
(519) 822-1890 *SIC* 6712
PATENE BUILDING SUPPLIES LTD *p* 389
102 De Vos Rd, WINNIPEG, MB, R3T 5Y1
(204) 275-3000 *SIC* 5039
PATENE BUILDING SUPPLIES LTD *p* 614
255 Nebo Rd, HAMILTON, ON, L8W 2E1
(905) 574-1110 *SIC* 5039
PATENE BUILDING SUPPLIES LTD *p* 637
1290 Victoria St N, KITCHENER, ON, N2B 3C9
(519) 745-1188 *SIC* 5039
PATENE BUILDING SUPPLIES LTD *p* 665
1125 Wilton Grove Rd, LONDON, ON, N6N 1C9
(519) 649-1588 *SIC* 5039
PATENE BUILDING SUPPLIES LTD *p* 680
7085 Auburn Rd, MILTON, ON, L9E 0T6
(905) 875-0279 *SIC* 5039
PATENE'S *p* 680
See PATENE BUILDING SUPPLIES LTD
PATENT CONSTRUCTION SYSTEMS CANADA *p* 100
See HARSCO CANADA CORPORATION

PATERSON GLOBALFOODS INC *p* 350
544 Broadway Ave, KILLARNEY, MB, R0K 1G0
(204) 523-8936 *SIC* 5153
PATERSON GLOBALFOODS INC *p* 352
8 Stampede Dr, MORRIS, MB, R0G 1K0
(204) 746-2347 *SIC* 5153
PATERSON GLOBALFOODS INC *p* 1264
717 Highway 2, ASSINIBOIA, SK, S0H 0B0
(306) 642-5900 *SIC* 5153
PATERSON GRAIN *p* 350
See PATERSON GLOBALFOODS INC
PATERSON GRAIN *p* 352
See PATERSON GLOBALFOODS INC
PATERSON GRAIN *p* 1264
See PATERSON GLOBALFOODS INC
PATHEON INC *p* 534
977 Century Dr, BURLINGTON, ON, L7L 5J8
(905) 639-5254 *SIC* 2834
PATHEON INC *p* 958
111 Consumers Dr, WHITBY, ON, L1N 5Z5
(905) 668-3368 *SIC* 2834
PATHWAYS COMMUNITY SERVICES ASSOCIATION *p* 59
6919 32 Ave Nw Suite 103, CALGARY, AB, T3B 0K6
(403) 247-5003 *SIC* 8399
PATHWAYS HEALTH CENTRE FOR CHILDREN *p* 827
1240 Murphy Rd, SARNIA, ON, N7S 2Y6
(519) 542-3471 *SIC* 8322
PATHWAYS TO EDUCATION *p* 905
See PATHWAYS TO EDUCATION CANADA
PATHWAYS TO EDUCATION CANADA *p* 905
411 Parliament St 2nd Fl, TORONTO, ON, M5A 3A1
(416) 642-1570 *SIC* 8211
PATIENT NEWS PUBLISHING LTD *p* 605
5152 County Rd 121, HALIBURTON, ON, K0M 1S0
(705) 457-4030 *SIC* 2741
PATISSERIE CHEVALIER INC *p* 1235
155 Boul Industriel, SHAWINIGAN-SUD, QC, G9N 6T5
(819) 537-8807 *SIC* 2051
PATISSERIE DE GASCOGNE INC *p* 1099
237 Av Laurier E, Montreal, QC, H2T 1G2
(514) 490-0235 *SIC* 5461
PATISSERIE ROLLAND INC *p* 1070
170 Rue Saint-Charles O, LONGUEUIL, QC, J4H 1C9
(450) 674-4450 *SIC* 5149
PATRICE'S INDEPENDENT GROCER *p* 486
See LOBLAW COMPANIES LIMITED
PATRICIA HEIGHTS ELEMENTARY *p* 89
See EDMONTON SCHOOL DISTRICT NO. 7
PATRICIA PICKNELL SCHOOL *p* 769
See CONSEIL SCOLAIRE VIAMONDE
PATRICK AIRLIE SCHOOL *p* 12
See CALGARY BOARD OF EDUCATION
PATRICK FOGARTY SECONDARY SCHOOL *p* 775
See SIMCOE MUSKOKA CATHOLIC DISTRICT SCHOOL BOARD
PATRICK STREET HOLDINGS LIMITED *p* 436
63 Patrick St, ST. JOHN'S, NL, A1E 2S5
(709) 754-5800 *SIC* 7991
PATRIOT FREIGHT SERVICES INC *p* 1210
6800 Ch Saint-Francois, SAINT-LAURENT, QC, H4S 1B7
(514) 631-2900 *SIC* 4731
PATRO DE CHARLESBOURG INC *p* 1148
7700 3e Av E, Quebec, QC, G1H 7J2
(418) 626-0161 *SIC* 8322
PATRO DE JONQUIERE INC, LE *p* 1047
2565 Rue Saint-Dominique, JONQUIERE, QC, G7X 6J6
(418) 542-7536 *SIC* 7999

PATRO LE PREVOST INC *p* 1098
7355 Av Christophe-Colomb, Montreal, QC, H2R 2S5
(514) 273-8535 *SIC* 8322
PATTERSON DENTAIRE CANADA INC *p* 11
4152 27 St Ne Suite 112, CALGARY, AB, T1Y 7J8
(403) 250-9838 *SIC* 5047
PATTERSON DENTAIRE CANADA INC *p* 101
6608 50 St Nw, EDMONTON, AB, T6B 2N7
(780) 465-9041 *SIC* 5047
PATTERSON DENTAIRE CANADA INC *p* 208
1105 Cliveden Ave, DELTA, BC, V3M 6G9
SIC 5047
PATTERSON DENTAIRE CANADA INC *p* 1119
1205 Boul Henri-Bourassa O, Montreal, QC, H3M 3E6
(514) 745-4040 *SIC* 5047
PATTERSON DENTAIRE CANADA INC *p* 1152
255 Rue Fortin Bureau 160, Quebec, QC, G1M 3M2
(418) 688-6546 *SIC* 5047
PATTERSON LAW *p* 459
1718 Argyle St Suite 510, HALIFAX, NS, B3J 3N6
(902) 405-8000 *SIC* 8111
PATTERSON-UTI DRILLING CO. CANADA *p* 48
734 7 Ave Sw Suite 720, CALGARY, AB, T2P 3P8
(403) 269-2858 *SIC* 1381
PATTISON AGRICULTURE LIMITED *p* 1270
Hwy 5 E, HUMBOLDT, SK, S0K 2A1
(306) 682-2572 *SIC* 5999
PATTISON AGRICULTURE LIMITED *p* 1307
Highway 14 W, UNITY, SK, S0K 4L0
(306) 228-2696 *SIC* 5999
PATTISON OUTDOOR *p* 690
See PATTISON, JIM INDUSTRIES LTD
PATTISON OUTDOOR ADVERTISING *p* 93
See PATTISON, JIM INDUSTRIES LTD
PATTISON SIGN GROUP DIV OF. *p* 33
See PATTISON, JIM INDUSTRIES LTD
PATTISON SIGN GROUP DIV OF. *p* 252
See PATTISON, JIM INDUSTRIES LTD
PATTISON SIGN GROUP DIV OF. *p* 796
See PATTISON, JIM INDUSTRIES LTD
PATTISON SIGN GROUP, DIV OF *p* 842
See PATTISON, JIM INDUSTRIES LTD
PATTISON'S, NANCY DANCE WORLD INC *p* 964
3900 Walker Rd, WINDSOR, ON, N8W 3T3
(519) 966-2259 *SIC* 7911
PATTISON, JIM BROADCAST GROUP LTD *p* 157
2840 Bremner Ave, RED DEER, AB, T4R 1M9
(403) 343-0700 *SIC* 4832
PATTISON, JIM BROADCAST GROUP LTD *p* 220
460 Pemberton Terr, KAMLOOPS, BC, V2C 1T5
(250) 372-3322 *SIC* 4832
PATTISON, JIM BROADCAST GROUP LTD *p* 223
3805 Lakeshore Rd, KELOWNA, BC, V1W 3K6
(250) 762-3331 *SIC* 4832
PATTISON, JIM BROADCASTING *p* 157
See PATTISON, JIM BROADCAST GROUP LTD
PATTISON, JIM INDUSTRIES LTD *p* 33
1235 73 Ave Se, CALGARY, AB, T2H 2X1
(403) 212-8900 *SIC* 7515
PATTISON, JIM INDUSTRIES LTD *p* 33
6304 6a St Se, CALGARY, AB, T2H 2B7
(403) 258-0556 *SIC* 3993
PATTISON, JIM INDUSTRIES LTD *p* 93
10707 178 St Nw, EDMONTON, AB, T5S 1J6

(780) 669-7700 *SIC* 7312
PATTISON, JIM INDUSTRIES LTD *p* 139
401 Mayor Magrath Dr S, LETHBRIDGE, AB, T1J 3L8
(403) 394-9300 *SIC* 4832
PATTISON, JIM INDUSTRIES LTD *p* 158
10 Boundary Rd Se, REDCLIFF, AB, T0J 2P0
(403) 548-8282 *SIC* 4832
PATTISON, JIM INDUSTRIES LTD *p* 184
9000 University High St, BURNABY, BC, V5A 0C1
(604) 298-1522 *SIC* 5411
PATTISON, JIM INDUSTRIES LTD *p* 187
4937 Regent St, BURNABY, BC, V5C 4H4
(604) 433-4743 *SIC* 7515
PATTISON, JIM INDUSTRIES LTD *p* 191
5400 Kingsway, BURNABY, BC, V5H 2E9
(604) 629-1800 *SIC* 5511
PATTISON, JIM INDUSTRIES LTD *p* 220
460 Pemberton Terr, KAMLOOPS, BC, V2C 1T5
(250) 372-3322 *SIC* 4832
PATTISON, JIM INDUSTRIES LTD *p* 252
165 Waterloo Ave, PENTICTON, BC, V2A 7J3
(250) 492-4522 *SIC* 3993
PATTISON, JIM INDUSTRIES LTD *p* 255
2385 Ottawa St Unit B, PORT COQUITLAM, BC, V3B 8A4
(604) 552-1700 *SIC* 5511
PATTISON, JIM INDUSTRIES LTD *p* 280
15389 Guildford Dr, SURREY, BC, V3R 0H9
(604) 583-8886 *SIC* 5511
PATTISON, JIM INDUSTRIES LTD *p* 298
455 E Kent Ave North Suite 22, VANCOUVER, BC, V5X 4M2
(604) 324-7141 *SIC* 5146
PATTISON, JIM INDUSTRIES LTD *p* 302
1 Gore Ave, VANCOUVER, BC, V6A 2Y7
(604) 681-0211 *SIC* 2091
PATTISON, JIM INDUSTRIES LTD *p* 315
1395 Broadway W, VANCOUVER, BC, V6H 1G9
(604) 681-8829 *SIC* 5511
PATTISON, JIM INDUSTRIES LTD *p* 322
1290 Burrard St, VANCOUVER, BC, V6Z 1Z4
(604) 682-0377 *SIC* 5511
PATTISON, JIM INDUSTRIES LTD *p* 329
2735 Douglas St, VICTORIA, BC, V8T 4M4
(250) 382-8131 *SIC* 5511
PATTISON, JIM INDUSTRIES LTD *p* 334
625 Frances Ave, VICTORIA, BC, V8Z 1A2
(250) 386-3516 *SIC* 5511
PATTISON, JIM INDUSTRIES LTD *p* 398
8 Av Miller, EDMUNDSTON, NB, E3V 4H4
(506) 735-5506 *SIC* 5099
PATTISON, JIM INDUSTRIES LTD *p* 690
2700 Matheson Blvd E Suite 500, MISSISSAUGA, ON, L4W 4V9
(866) 616-4448 *SIC* 7312
PATTISON, JIM INDUSTRIES LTD *p* 774
580 Harvie Settlement Rd, ORILLIA, ON, L3V 0Y7
(705) 325-2799 *SIC* 3993
PATTISON, JIM INDUSTRIES LTD *p* 776
1652 Sansonnet St, ORLEANS, ON, K1C 5Y3
(613) 841-0608 *SIC* 2091
PATTISON, JIM INDUSTRIES LTD *p* 796
2421 Holly Lane, OTTAWA, ON, K1V 7P2
(613) 247-7762 *SIC* 3993
PATTISON, JIM INDUSTRIES LTD *p* 842
555 Ellesmere Rd, SCARBOROUGH, ON, M1R 4E8
(416) 759-1111 *SIC* 3993
PATTISON, JIM INDUSTRIES LTD *p* 1142
1868 Boul Des Sources Bureau 200, POINTE-CLAIRE, QC, H9R 5R2
(514) 856-7756 *SIC* 3993
PAUL A FISHER PUBLIC SCHOOL PUBLIC *p* 539
See HALTON DISTRICT SCHOOL BOARD

PAUL BAND EDUCATION p 73
See PAUL BAND INDIAN RESERVE
PAUL BAND INDIAN RESERVE p 73
Gd, DUFFIELD, AB, T0E 0N0
(780) 892-2025   SIC 8211
PAUL GRAND'MAISON INC p 1202
200 Boul Lachapelle, Saint-Jerome, QC, J7Z 7L2
(450) 438-1266   SIC 5983
PAUL ROWE JUNIOR SENIOR HIGH SCHOOL p 142
See PEACE RIVER SCHOOL DIVISION 10
PAUL'S HAULING LTD p 345
1515 Richmond Ave E, BRANDON, MB, R7A 7A3
(204) 728-5785   SIC 4213
PAUL'S RESTAURANTS LTD p 330
680 Montreal St, VICTORIA, BC, V8V 1Z8
(250) 412-3194   SIC 7011
PAULINE HAARER SCHOOL p 240
See SCHOOL DISTRICT NO. 68 (NANAIMO-LADYSMITH)
PAULINE JOHNSON FRENCH IMMERSION SCHOOL p 339
See SCHOOL DISTRICT NO. 45 (WEST VANCOUVER)
PAULINE JOHNSON PUBLIC SCHOOL p 534
See HALTON DISTRICT SCHOOL BOARD
PAULINE JOHNSON SCHOOL p 615
See HAMILTON-WENTWORTH DISTRICT SCHOOL BOARD, THE
PAULINE VANIER CATHOLIC E S p 522
See DUFFERIN-PEEL CATHOLIC DISTRICT SCHOOL BOARD
PAULMAC'S PET FOOD INC p 810
2365 Whittington Dr, PETERBOROUGH, ON, K9J 0G5
(905) 946-1200   SIC 5149
PAVACO PLASTICS INC p 602
551 Imperial Rd N, GUELPH, ON, N1H 7M2
SIC 2821
PAVAGE DION INC p 1000
20855 Ch De La Cote N, BOISBRIAND, QC, J7E 4H5
(450) 435-0333   SIC 1794
PAVAGES BEAU BASSIN DIV DE p 1134
See CONSTRUCTION DJL INC
PAVAGES CHENAIL INC, LES p 1220
104 Boul Saint-Remi, Saint-Remi, QC, J0L 2L0
(450) 454-5171   SIC 1611
PAVAGES MASKA INC p 1074
2150 Rue Tanguay, MAGOG, QC, J1X 5Y5
(819) 843-6767   SIC 1611
PAVAGES VARENNES p 1255
See BAU-VAL INC
PAVILION ROYALE INC p 690
5165 Dixie Rd Suite 4, MISSISSAUGA, ON, L4W 4G1
(905) 624-4009   SIC 7299
PAVILION, THE p 832
See J.J.'S HOSPITALITY LIMITED
PAVILLION BOURGEOIS p 1249
See CENTRE JEUNESSE DE LA MAURICIE ET DU CENTRE-DU-QUEBEC, LE
PAVILLION PATRICIA MACKENZIE, LE p 1095
See MISSION OLD BREWERY
PAVILLION SAINT MARC p 1041
See COMMISSION SCOLAIRE DU VAL-DES-CERFS
PAVILLON ADRIEN J CORMIER p 406
See UNIVERSITE DE MONCTON
PAVILLON ALEXANDRE TACHE p 1039
See UNIVERSITE DU QUEBEC
PAVILLON AUX QUATRE VENTS p 1242
See COMMISSION SCOLAIRE DES PHARES
PAVILLON BELLEVUE INC p 1065
99 Rte Monseigneur-Bourget, Levis, QC, G6V 9V2
(418) 833-3490   SIC 8361

PAVILLON D'ECOLE PROFESSIONEL p 1194
See COMMISSION SCOLAIRE DE SAINT-HYACINTHE, LA
PAVILLON D.G. HODD p 1044
See CENTRE DE LA SANTE ET DU SERVICES SOCIAUX DE LA BASSE COTE-NORD
PAVILLON DE FORMATION EN EMPLOYABILITE p 987
See COMMISSION SCOLAIRE DU LAC-ST-JEAN
PAVILLON DE L'HOSPITALITE DE ST PROSPER p 1220
See CENTRE DE SANTE DES ETCHEMIN
PAVILLON DES JEUNES p 501
See CONSEIL SCOLAIRE DE DISTRICT DES ECOLES CATHOLIQUES DU SUD-OUEST
PAVILLON DU PARC p 1034
895 Rue Dollard, GATINEAU, QC, J8L 3T4
(819) 986-3018   SIC 8399
PAVILLON DU PARC p 1075
160 Rue King, MANIWAKI, QC, J9E 3N2
(819) 449-3235   SIC 8399
PAVILLON ISIDORE GAUTHIER p 988
5731 Av Du Pont N, ALMA, QC, G8E 1W8
(418) 347-3394   SIC 8361
PAVILLON LE CROISEE p 573
See CONSEIL SCOLAIRE DE DISTRICT CATHOLIQUE DE L'EST ONTARIEN
PAVILLON MITCHELL p 1236
See COMMISSION SCOLAIRE DE LA REGION-DE-SHERBROOKE
PAVILLON NOTRE-DAME p 619
See CONSEIL SCOLAIRE CATHOLIQUE DE DISTRICT DES GRANDES RIVIERES, LE
PAVILLON PHILIPPE LAPOINTE p 1223
See CENTRE DE SANTE ET DE SERVICES SOCIAUX DES SOMMETS
PAVILLON SAINT-DOMINIQUE p 1159
1045 Boul Rene-Levesque O, Quebec, QC, G1S 1V3
(418) 681-3561   SIC 8322
PAVILLON SAINT-LAMBERT p 1202
See COLLEGE DUROCHER SAINT-LAMBERT
PAVILLON SIR WILFRID-LAURIER p 1217
See COMMISSION SCOLAIRE DES SAMARES
PAVILLON ST LOUIS p 1073
See COMMISSION SCOLAIRE DU CHEMIN-DU-ROY
PAVILLON STE-MARIE INC p 1200
45 Rue Du Pavillon, Saint-Jerome, QC, J7Y 3R6
(450) 438-3583   SIC 8052
PAVILLONS LASALLE, LES p 1060
See 4489161 CANADA INC
PAVING BUILDING ROADS p 477
See DEXTER CONSTRUCTION COMPANY LIMITED
PAVLIS TRUCKING LTD p 206
Gd Stn Main, DAWSON CREEK, BC, V1G 4E6
(250) 782-9819   SIC 1389
PAYLESS CORP p 652
1551 Dundas St Suite 11, LONDON, ON, N5W 5Y5
(519) 451-0510   SIC 5912
PAYLESS TRAVEL INC p 754
5000 Dufferin St Suite 219, NORTH YORK, ON, M3H 5T5
(416) 665-1010   SIC 4724
PAYNE TRANSPORTATION LP p 378
435 Lucas Ave, WINNIPEG, MB, R3C 2E6
(204) 953-1400   SIC 4213
PAYSTATION INC p 720
6345 Dixie Rd Unit 4, MISSISSAUGA, ON, L5T 2E6
(905) 364-0700   SIC 5044
PBAS p 586

See PRUDENT BENEFITS ADMINISTRATION SERVICES INC
PBSC COMPUTER TRAINING CENTRES p 323
See NEXIENT LEARNING CANADA INC
PC FORGE p 816
See IMT PARTNERSHIP
PCAN MAILING SOLUTIONS INC p 685
3397 American Dr Unit 18-20, MISSISSAUGA, ON, L4V 1T8
SIC 5044
PCAS CANADA INC p 1199
725 Rue Trotter, SAINT-JEAN-SUR-RICHELIEU, QC, J3B 8J8
(450) 348-0901   SIC 2899
PCC COMMUNICATIONS INC p 10
4300 26 St Ne Suite 125, CALGARY, AB, T1Y 7H7
SIC 4899
PCC COMMUNICATIONS INC p 128
78 Ave Bay Suite 10821, GRANDE PRAIRIE, AB, T8W 2L2
(780) 402-8092   SIC 4899
PCI GEOMATICS ENTERPRISES INC p 673
90 Allstate Pky Suite 501, MARKHAM, ON, L3R 6H3
(905) 764-0614   SIC 7371
PCI GEOMATICS ENTERPRISES INC p 1038
490 Boul Saint-Joseph Unite 400, GATINEAU, QC, J8Y 3Y7
(819) 770-0022   SIC 7371
PCL CONSTRUCTION MANAGEMENT INC p 24
2882 11 St Ne, CALGARY, AB, T2E 7S7
(403) 250-4800   SIC 8741
PCL CONSTRUCTION MANAGEMENT INC p 105
5400 99 St Nw, EDMONTON, AB, T6E 3P4
(780) 733-6000   SIC 8741
PCL CONSTRUCTION MANAGEMENT INC p 1287
1433 1st Ave, REGINA, SK, S4R 8H2
(306) 347-4200   SIC 1542
PCL CONSTRUCTORS CANADA INC p 452
111 Ilsley Ave Suite 300, DARTMOUTH, NS, B3B 1S8
(902) 481-8500   SIC 1542
PCL CONSTRUCTORS CANADA INC p 696
2085 Hurontario St Suite 400, MISSISSAUGA, ON, L5A 4G1
(905) 276-7600   SIC 1542
PCL CONSTRUCTORS CANADA INC p 727
49 Auriga Dr, NEPEAN, ON, K2E 8A1
(613) 225-6130   SIC 1542
PCL CONSTRUCTORS NORTHERN INC p 105
9915 56 Ave Nw Suite 1, EDMONTON, AB, T6E 5L7
(780) 733-6000   SIC 1542
PCL INDUSTRIAL CONSTRUCTORS INC p 106
9915 56 Ave Nw, EDMONTON, AB, T6E 5L7
(780) 733-5500   SIC 1541
PCL INDUSTRIAL MANAGEMENT INC p 106
5404 99 St Nww, EDMONTON, AB, T6E 3N7
(780) 733-5700   SIC 8742
PCL INTRACON POWER INC p 106
9915 56 Ave Nw, EDMONTON, AB, T6E 5L7
(780) 733-5300   SIC 1731
PCM CANADA p 90
See ACRODEX INC
PCO SERVICES p 224
See ORKIN CANADA CORPORATION
PCS CORY, DIV p 1297
See POTASH CORPORATION OF SASKATCHEWAN INC
PCS LANIGAN, DIV p 1272
See POTASH CORPORATION OF SASKATCHEWAN INC
PCS POTASH ALLAN, DIV OF p 1264
See POTASH CORPORATION OF SASKATCHEWAN INC

PCS POTASH, DIV OF p 1291
See POTASH CORPORATION OF SASKATCHEWAN INC
PCS SALES (CANADA) INC p 1264
Gd, ALLAN, SK, S0K 0C0
(306) 257-3312   SIC 1474
PCS SALES (CANADA) INC p 1297
122 1st Ave S Suite 500, SASKATOON, SK, S7K 7G3
(306) 933-8500   SIC 1474
PDC p 96
See EDMONTON GEAR CENTRE LTD
PDL MOBILITY LIMITED p 24
2420 42 Ave Ne, CALGARY, AB, T2E 7T6
(403) 291-5400   SIC 5999
PE BEN OILFIELD SERVICES LP p 114
4510 17 St Nw, EDMONTON, AB, T6P 1X5
(780) 440-4425   SIC 1389
PE BEN OILFIELD SERVICES LP p 127
Rr 3 Lcd Main, GRANDE PRAIRIE, AB, T8V 5N3
(780) 539-3642   SIC 1389
PEACE ACADEMY OF VIRTUAL EDUCATION p 164
See PEACE WAPITI SCHOOL DIVISION NO.76
PEACE ARCH COMMUNITY SERVICES SOCIETY p 340
882 Maple St, WHITE ROCK, BC, V4B 4M2
(604) 531-6226   SIC 8399
PEACE ARCH PUBLICATIONS p 287
See BLACK PRESS GROUP LTD
PEACE COUNTRY HEALTH p 130
See GOVERNMENT OF THE PROVINCE OF ALBERTA
PEACE HILLS BINGO ASSOCIATION p 174
4708 57 St, WETASKIWIN, AB, T9A 2B7
(780) 352-2137   SIC 8399
PEACE HILLS GENERAL INSURANCE COMPANY p 81
10709 Jasper Ave Nw Suite 300, EDMONTON, AB, T5J 3N3
(780) 424-3986   SIC 6411
PEACE HILLS INSURANCE p 81
See PEACE HILLS GENERAL INSURANCE COMPANY
PEACE HILLS INVESTMENTS LTD p 135
5207 50 Ave, LEDUC, AB, T9E 6V3
(780) 986-2241   SIC 7011
PEACE HILLS TRUST COMPANY p 132
Gd, HOBBEMA, AB, T0C 1N0
(780) 585-3013   SIC 6021
PEACE LAND FABRICATING AND SUPPLY LTD p 132
Hwy 43, HYTHE, AB, T0H 2C0
(780) 356-2200   SIC 3533
PEACE LAND PILING p 214
See HELICAL PIER SYSTEMS LTD
PEACE REGION EMS p 150
See ALBERTA HEALTH SERVICES
PEACE REGIONAL POOL p 150
See PEACE RIVER, TOWN OF
PEACE RIVER COAL INC p 312
1055 Hastings St W Suite 1900, VANCOUVER, BC, V6E 2E9
SIC 1221
PEACE RIVER HIGH SCHOOL p 150
See PEACE RIVER SCHOOL DIVISION 10
PEACE RIVER PULP DIVISION p 150
See DAISHOWA-MARUBENI INTERNATIONAL LTD
PEACE RIVER REGIONAL DISTRICT p 196
4552 Access Rd N, CHETWYND, BC, V0C 1J0
(250) 788-2214   SIC 7999
PEACE RIVER SCHOOL DIVISION 10 p 68
Bag 100, CLEARDALE, AB, T0H 3Y0
(780) 685-2340   SIC 8211
PEACE RIVER SCHOOL DIVISION 10 p 118
11204 104 Ave, FAIRVIEW, AB, T0H 1L0
(780) 835-2225   SIC 8211
PEACE RIVER SCHOOL DIVISION 10 p 118
10317 106 St, FAIRVIEW, AB, T0H 1L0

▲ Public Company   ■ Public Company Family Member   HQ Headquarters   BR Branch   SL Single Location

(780) 835-5421   SIC 8211
PEACE RIVER SCHOOL DIVISION 10 p 129
4612 50 St, GRIMSHAW, AB, T0H 1W0
(780) 332-4066   SIC 8211
PEACE RIVER SCHOOL DIVISION 10 p 129
4702 51 St, GRIMSHAW, AB, T0H 1W0
(780) 332-4075   SIC 8211
PEACE RIVER SCHOOL DIVISION 10 p 131
331 Government Rd W, HINES CREEK, AB, T0H 2A0
(780) 494-3510   SIC 8211
PEACE RIVER SCHOOL DIVISION 10 p 142
501 4th Ave Ne, MANNING, AB, T0H 2M0
(780) 836-3397   SIC 8211
PEACE RIVER SCHOOL DIVISION 10 p 142
603 3 St Se, MANNING, AB, T0H 2M0
(780) 836-3532   SIC 8211
PEACE RIVER SCHOOL DIVISION 10 p 150
8701 95 St, PEACE RIVER, AB, T8S 1R6
(780) 624-3144   SIC 8211
PEACE RIVER SCHOOL DIVISION 10 p 150
10001 91 Ave, PEACE RIVER, AB, T8S 1Z5
(780) 624-4221   SIC 8211
PEACE RIVER SCHOOL DIVISION 10 p 150
7701 99 St, PEACE RIVER, AB, T8S 1R4
(780) 624-2143   SIC 8211
PEACE RIVER SCHOOL DIVISION 10 p 175
216 Alberta Ave, WORSLEY, AB, T0H 3W0
(780) 685-3842   SIC 8211
PEACE RIVER, TOWN OF p 150
7201 98 St, PEACE RIVER, AB, T8S 1E2
(780) 624-3720   SIC 7999
PEACE VALLEY INNS LTD p 150
9609 101 St, PEACE RIVER, AB, T8S 1J6
(780) 624-3141   SIC 5812
PEACE WAPITI ACADEMY p 127
See *PEACE WAPITI SCHOOL DIVISION NO.76*
PEACE WAPITI SCHOOL DIVISION NO.76 p 6
1009 5th Ave, BEAVERLODGE, AB, T0H 0C0
(780) 354-2446   SIC 8211
PEACE WAPITI SCHOOL DIVISION NO.76 p 6
1034 2nd Ave, BEAVERLODGE, AB, T0H 0C0
(780) 354-2189   SIC 8211
PEACE WAPITI SCHOOL DIVISION NO.76 p 68
10407 97 St, CLAIRMONT, AB, T0H 0W5
(780) 567-3553   SIC 8351
PEACE WAPITI SCHOOL DIVISION NO.76 p 70
Gd, CROOKED CREEK, AB, T0H 0Y0
(780) 957-3995   SIC 8211
PEACE WAPITI SCHOOL DIVISION NO.76 p 127
10815 104 St, GRANDE PRAIRIE, AB, T8V 6R2
(780) 532-9276   SIC 8211
PEACE WAPITI SCHOOL DIVISION NO.76 p 127
11410 104 St, GRANDE PRAIRIE, AB, T8V 2Z1
(780) 513-9504   SIC 8211
PEACE WAPITI SCHOOL DIVISION NO.76 p 132
10108 104 Ave, HYTHE, AB, T0H 2C0
(780) 356-2778   SIC 8211
PEACE WAPITI SCHOOL DIVISION NO.76 p 132
10108 104 Ave, HYTHE, AB, T0H 2C0
SIC 8211
PEACE WAPITI SCHOOL DIVISION NO.76 p 160
5208 45 Ave, RYCROFT, AB, T0H 3A0
(780) 765-3830   SIC 8211
PEACE WAPITI SCHOOL DIVISION NO.76 p 160
9401 99 Ave, SEXSMITH, AB, T0H 3C0
(780) 568-3642   SIC 8211
PEACE WAPITI SCHOOL DIVISION NO.76 p 164

4201 50 St, SPIRIT RIVER, AB, T0H 3G0
(780) 864-3741   SIC 8211
PEACE WAPITI SCHOOL DIVISION NO.76 p 164
4501 46 St, SPIRIT RIVER, AB, T0H 3G0
(780) 864-3696   SIC 8211
PEACHLAND ELEMENTARY & PRIMARY SCHOOL p 251
See *BOARD OF EDUCATION OF SCHOOL DISTRICT NO. 23 (CENTRAL OKANAGAN), THE*
PEACOCK CAPITAL LTD p 4
229 Bear St 3 Fl, BANFF, AB, T1L 1B1
(403) 762-2642   SIC 6712
PEACOCK LUMBER LIMITED p 778
328 Ritson Rd N, OSHAWA, ON, L1G 5P8
(905) 725-4744   SIC 5211
PEACOCK PRIMARY SCHOOL p 427
See *LABRADOR SCHOOL BOARD*
PEAK ENERGY SERVICES p 68
See *CLEAN HARBORS INDUSTRIAL SERVICES CANADA, INC*
PEAK PUBLISHING LTD p 258
4400 Marine Ave Unit 102, POWELL RIVER, BC, V8A 2K1
(604) 485-5313   SIC 2711
PEAK REALTY LTD p 952
410 Conestogo Rd Suite 210, WATERLOO, ON, N2L 4E2
(519) 747-0231   SIC 6411
PEARL HARBOURFRONT CHINESE CUISINE p 917
See *530093 ONTARIO LIMITED*
PEARL VILLA HOMES LTD p 85
14315 118 Ave Nw Suite 140, EDMONTON, AB, T5L 4S6
(780) 499-2337   SIC 8059
PEARN, ROY E. ENTERPRISES LIMITED p 775
320 Memorial Ave, ORILLIA, ON, L3V 5X6
(705) 325-9851   SIC 5812
PEARSON ACADEMY p 437
See *NOVA CENTRAL SCHOOL DISTRICT*
PEARSON CANADA HOLDINGS INC p 734
195 Harry Walker Pky N Suite A, NEWMARKET, ON, L3Y 7B3
(905) 853-7888   SIC 2731
PEARSON CANADA HOLDINGS INC p 753
26 Prince Andrew Pl, NORTH YORK, ON, M3C 2H4
(416) 447-5101   SIC 2731
PEARSON CANADA INC p 734
195 Harry Walker Pky N Suite A, NEWMARKET, ON, L3Y 7B3
(905) 853-7888   SIC 2731
PEARSON CENTRE p 800
See *PEARSON CENTRE INC*
PEARSON CENTRE INC p 800
1101 Prince Of Wales Dr Suite 135, OTTAWA, ON, K2C 3W7
(613) 800-8950   SIC 8299
PEARSON EDUCATION CANADA p 753
See *PEARSON CANADA HOLDINGS INC*
PEARSON ROAD ELEMENTARY SCHOOL p 223
See *BOARD OF EDUCATION OF SCHOOL DISTRICT NO. 23 (CENTRAL OKANAGAN), THE*
PEARSON, DONALD PHARMACIEN p 1059
See *MAGASINS D'ESCOMPTE PLUS MART, LES*
PEARSON, GEORGE CENTRE p 319
See *VANCOUVER COASTAL HEALTH AUTHORITY*
PEARSON, LESTER B CATHOLIC HIGH SCHOOL p 594
See *OTTAWA CATHOLIC DISTRICT SCHOOL BOARD*
PEAVEY INDUSTRIES LIMITED p 135
5301 Discovery Way, LEDUC, AB, T9E 8N4
(780) 980-1800   SIC 5251
PEAVEY INDUSTRIES LIMITED p 142
6206 44 St, LLOYDMINSTER, AB, T9V 1V9

(780) 875-5589   SIC 5251
PEAVEY INDUSTRIES LIMITED p 157
2410 50 Ave, RED DEER, AB, T4R 1M3
(403) 346-6402   SIC 5251
PEAVEY INDUSTRIES LIMITED p 168
6610 50 Ave, STETTLER, AB, T0C 2L2
(403) 742-5600   SIC 5251
PEAVEY INDUSTRIES LIMITED p 206
1300 Alaska Ave, DAWSON CREEK, BC, V1G 1Z3
(250) 782-4056   SIC 5251
PEAVEY INDUSTRIES LIMITED p 1278
11442 Railway Ave E, NORTH BATTLEFORD, SK, S9A 3P7
(306) 445-6171   SIC 5251
PEAVEY INDUSTRIES LIMITED p 1290
3939 E Quance Gate, REGINA, SK, S4V 3A4
(306) 789-9811   SIC 5251
PEAVEY INDUSTRIES LIMITED p 1297
820c 51st St E, SASKATOON, SK, S7K 0X8
(306) 242-0981   SIC 5251
PEAVEY INDUSTRIES LIMITED p 1307
1150 Central Ave N Suite 1005, SWIFT CURRENT, SK, S9H 4C8
(306) 773-9558   SIC 5251
PEAVEY MART p 135
See *PEAVEY INDUSTRIES LIMITED*
PEAVEY MART p 142
See *PEAVEY INDUSTRIES LIMITED*
PEAVEY MART p 157
See *PEAVEY INDUSTRIES LIMITED*
PEAVEY MART p 168
See *PEAVEY INDUSTRIES LIMITED*
PEAVEY MART p 206
See *PEAVEY INDUSTRIES LIMITED*
PEAVEY MART p 1278
See *PEAVEY INDUSTRIES LIMITED*
PEAVEY MART p 1290
See *PEAVEY INDUSTRIES LIMITED*
PEAVEY MART p 1297
See *PEAVEY INDUSTRIES LIMITED*
PEAVEY MART p 1307
See *PEAVEY INDUSTRIES LIMITED*
PEBBLEHUT ELLIE SERVICES INC p 905
63 Polson St, TORONTO, ON, M5A 1A4
(416) 778-6800   SIC 7812
PECHERIE MANICOUAGAN p 1064
See *GROUPE NAMESH, S.E.C.*
PECHERIES ALFO LTEE, LES p 411
Gd, PETIT-ROCHER, NB, E8J 3E7
SIC 2091
PECHERIES ATLANTIQUES DE MONTREAL p 1084
See *METRO RICHELIEU INC*
PECHINEY PLASTIC PACKAGING (CANADA) INC p 516
40 Driver Rd, BRAMPTON, ON, L6T 5V2
(905) 494-1111   SIC 3082
PECOFACET (CANADA) LIMITED p 29
1351 Hastings Cres Se, CALGARY, AB, T2G 4C8
(403) 243-6700   SIC 3443
PECOFACET CANADA p 29
See *PECOFACET (CANADA) LIMITED*
PEDEN HILL ELEMENTARY p 261
See *BOARD OF EDUCATION OF SCHOOL DISTRICT NO. 57 (PRINCE GEORGE), THE*
PEDIATRICS DEPARTMENT p 1304
See *UNIVERSITY OF SASKATCHEWAN*
PEDIGRAIN p 1017
See *SYNAGRI S.E.C.*
PEDIGRAIN p 1222
See *SYNAGRI S.E.C.*
PEDNO p 1061
See *SCP 89 INC*
PEEKS SOCIAL LTD p 905
184 Front St E Suite 701, TORONTO, ON, M5A 4N3
(416) 639-5335   SIC 1382
PEEL ALTERNATIVE SCHOOL NORTH p 520
See *PEEL DISTRICT SCHOOL BOARD*

PEEL ART GALLERY, MUSEUM AND ARCHIVES p 520
See *REGIONAL MUNICIPALITY OF PEEL, THE*
PEEL CHILDREN'S AIDE p 521
See *CHILDREN'S AID SOCIETY OF THE REGION OF PEEL, THE*
PEEL DISTRICT SCHOOL BOARD p 505
7280 King St, BOLTON, ON, L7C 0S3
(905) 857-3448   SIC 8211
PEEL DISTRICT SCHOOL BOARD p 506
225 Kingsview Dr, BOLTON, ON, L7E 3X8
(905) 857-2666   SIC 8211
PEEL DISTRICT SCHOOL BOARD p 506
35 Ellwood Dr E, BOLTON, ON, L7E 2A7
(905) 857-3021   SIC 8211
PEEL DISTRICT SCHOOL BOARD p 506
254 Allan Dr, BOLTON, ON, L7E 1R9
(905) 857-9144   SIC 8211
PEEL DISTRICT SCHOOL BOARD p 509
65 Mount Royal Cir, BRAMPTON, ON, L6P 2K4
(905) 794-4733   SIC 8211
PEEL DISTRICT SCHOOL BOARD p 509
160 Calderstone Rd, BRAMPTON, ON, L6P 2L7
(905) 913-1162   SIC 8211
PEEL DISTRICT SCHOOL BOARD p 509
80 Redwillow Rd, BRAMPTON, ON, L6P 2B1
(905) 794-4728   SIC 8211
PEEL DISTRICT SCHOOL BOARD p 509
97 Gallucci Cres, BRAMPTON, ON, L6P 1R6
(905) 794-8714   SIC 8211
PEEL DISTRICT SCHOOL BOARD p 510
40 Eagle Plains Dr, BRAMPTON, ON, L6R 2X8
(905) 793-4969   SIC 8211
PEEL DISTRICT SCHOOL BOARD p 510
526 Fernforest Dr, BRAMPTON, ON, L6R 0W1
(905) 458-6771   SIC 8211
PEEL DISTRICT SCHOOL BOARD p 510
475 Father Tobin Rd, BRAMPTON, ON, L6R 0J9
(905) 789-8751   SIC 8211
PEEL DISTRICT SCHOOL BOARD p 510
415 Great Lakes Dr, BRAMPTON, ON, L6R 2Z4
(905) 793-2155   SIC 8211
PEEL DISTRICT SCHOOL BOARD p 510
30 Chapparal Dr, BRAMPTON, ON, L6R 3C4
(905) 789-1707   SIC 8211
PEEL DISTRICT SCHOOL BOARD p 510
286 Sunny Meadow Blvd, BRAMPTON, ON, L6R 3C3
(905) 789-0925   SIC 8211
PEEL DISTRICT SCHOOL BOARD p 510
285 Great Lakes Dr, BRAMPTON, ON, L6R 2R8
(905) 793-8532   SIC 8211
PEEL DISTRICT SCHOOL BOARD p 510
280 Mountainash Rd, BRAMPTON, ON, L6R 3G2
(905) 793-7595   SIC 8211
PEEL DISTRICT SCHOOL BOARD p 510
275 Fernforest Dr, BRAMPTON, ON, L6R 1L9
(905) 793-6157   SIC 8211
PEEL DISTRICT SCHOOL BOARD p 510
2671 Sandalwood Pky E, BRAMPTON, ON, L6R 0K7
(905) 494-0023   SIC 8211
PEEL DISTRICT SCHOOL BOARD p 510
235 Father Tobin Rd, BRAMPTON, ON, L6R 0G2
(905) 595-1386   SIC 8211
PEEL DISTRICT SCHOOL BOARD p 510
160 Mountainash Rd, BRAMPTON, ON, L6R 1J1
(905) 792-2195   SIC 8211
PEEL DISTRICT SCHOOL BOARD p 510

133 Thorndale Rd, BRAMPTON, ON, L6P 1K5
(905) 913-1490   SIC 8211
PEEL DISTRICT SCHOOL BOARD   p 510
111 Larkspur Rd, BRAMPTON, ON, L6R 1X2
(905) 799-2952   SIC 8211
PEEL DISTRICT SCHOOL BOARD   p 510
100 Dewside Dr, BRAMPTON, ON, L6R 3B6
(905) 791-5081   SIC 8211
PEEL DISTRICT SCHOOL BOARD   p 510
10 Father Tobin Rd, BRAMPTON, ON, L6R 3K2
(905) 790-6095   SIC 8211
PEEL DISTRICT SCHOOL BOARD   p 512
10 North Park Dr, BRAMPTON, ON, L6S 3M1
(905) 456-1906   SIC 8211
PEEL DISTRICT SCHOOL BOARD   p 512
215 Hanover Rd, BRAMPTON, ON, L6S 1B6
(905) 793-4237   SIC 8211
PEEL DISTRICT SCHOOL BOARD   p 512
24 Goldcrest Rd, BRAMPTON, ON, L6S 1G3
(905) 791-8558   SIC 8211
PEEL DISTRICT SCHOOL BOARD   p 512
255 North Park Dr, BRAMPTON, ON, L6S 6A5
(905) 455-7177   SIC 8211
PEEL DISTRICT SCHOOL BOARD   p 512
33 Greenbriar Rd, BRAMPTON, ON, L6S 1V8
(905) 791-2333   SIC 8211
PEEL DISTRICT SCHOOL BOARD   p 512
48 Jefferson Rd, BRAMPTON, ON, L6S 2N9
(905) 791-2818   SIC 8211
PEEL DISTRICT SCHOOL BOARD   p 512
95 Massey St, BRAMPTON, ON, L6S 3A3
(905) 791-9392   SIC 8211
PEEL DISTRICT SCHOOL BOARD   p 512
1370 Williams Pky, BRAMPTON, ON, L6S 1V3
(905) 791-2400   SIC 8211
PEEL DISTRICT SCHOOL BOARD   p 512
1305 Williams Pky, BRAMPTON, ON, L6S 3J8
(905) 791-6770   SIC 8211
PEEL DISTRICT SCHOOL BOARD   p 512
1285 Williams Pky, BRAMPTON, ON, L6S 3J8
(905) 791-4324   SIC 8211
PEEL DISTRICT SCHOOL BOARD   p 512
1140 Central Park Dr, BRAMPTON, ON, L6S 2C9
(905) 791-2332   SIC 8211
PEEL DISTRICT SCHOOL BOARD   p 512
100 Hilldale Cres, BRAMPTON, ON, L6S 2N3
(905) 793-4452   SIC 8211
PEEL DISTRICT SCHOOL BOARD   p 516
5000 Mayfield Rd Rr 4, BRAMPTON, ON, L6T 3S1
(905) 846-6060   SIC 8211
PEEL DISTRICT SCHOOL BOARD   p 516
702 Balmoral Dr, BRAMPTON, ON, L6T 1X3
(905) 792-2264   SIC 8211
PEEL DISTRICT SCHOOL BOARD   p 516
510 Clark Blvd, BRAMPTON, ON, L6T 2E4
(905) 791-8543   SIC 8211
PEEL DISTRICT SCHOOL BOARD   p 516
52 Birchbank Rd, BRAMPTON, ON, L6T 1L7
(905) 793-7984   SIC 8211
PEEL DISTRICT SCHOOL BOARD   p 516
57 Aloma Cres, BRAMPTON, ON, L6T 2N8
(905) 793-7070   SIC 8211
PEEL DISTRICT SCHOOL BOARD   p 516
201 Clark Blvd, BRAMPTON, ON, L6T 2C9
(905) 793-6060   SIC 8211
PEEL DISTRICT SCHOOL BOARD   p 516
215 Orenda Rd, BRAMPTON, ON, L6T 5L1
(905) 451-2862   SIC 8211
PEEL DISTRICT SCHOOL BOARD   p 516
233 Balmoral Dr, BRAMPTON, ON, L6T 1V5
(905) 793-6070   SIC 8211

PEEL DISTRICT SCHOOL BOARD   p 516
50 Earnscliffe Cir, BRAMPTON, ON, L6T 2B2
(905) 793-2903   SIC 8211
PEEL DISTRICT SCHOOL BOARD   p 516
104 Folkstone Cres, BRAMPTON, ON, L6T 3M5
(905) 792-2266   SIC 8211
PEEL DISTRICT SCHOOL BOARD   p 518
39 Herkley Dr, BRAMPTON, ON, L6V 2E7
(905) 457-6812   SIC 8211
PEEL DISTRICT SCHOOL BOARD   p 518
49 Madoc Dr, BRAMPTON, ON, L6V 2A1
(905) 457-3440   SIC 8211
PEEL DISTRICT SCHOOL BOARD   p 518
80 Beech St, BRAMPTON, ON, L6V 1V6
(905) 451-2531   SIC 8211
PEEL DISTRICT SCHOOL BOARD   p 518
140 Winterfold Dr, BRAMPTON, ON, L6V 3V8
(905) 456-3159   SIC 8211
PEEL DISTRICT SCHOOL BOARD   p 518
170 Rutherford Rd N, BRAMPTON, ON, L6V 2X9
(905) 453-1775   SIC 8211
PEEL DISTRICT SCHOOL BOARD   p 518
20 Brickyard Way, BRAMPTON, ON, L6V 4L5
(905) 459-3456   SIC 8211
PEEL DISTRICT SCHOOL BOARD   p 518
235 Kingswood Dr, BRAMPTON, ON, L6V 3B3
(905) 457-9971   SIC 8211
PEEL DISTRICT SCHOOL BOARD   p 518
250 Centre St N, BRAMPTON, ON, L6V 2R4
(905) 457-5535   SIC 8211
PEEL DISTRICT SCHOOL BOARD   p 518
32 Kennedy Rd N, BRAMPTON, ON, L6V 1X4
(905) 451-0432   SIC 8211
PEEL DISTRICT SCHOOL BOARD   p 520
24 Duncan Bull Dr, BRAMPTON, ON, L6W 1H4
(905) 451-8440   SIC 8211
PEEL DISTRICT SCHOOL BOARD   p 520
315 Bartley Bull Pky, BRAMPTON, ON, L6W 2L4
(905) 455-1225   SIC 8211
PEEL DISTRICT SCHOOL BOARD   p 520
364 Bartley Bull Pky, BRAMPTON, ON, L6W 2L8
(905) 451-1415   SIC 8211
PEEL DISTRICT SCHOOL BOARD   p 520
491 Bartley Bull Pky, BRAMPTON, ON, L6W 2M7
(905) 459-3661   SIC 8211
PEEL DISTRICT SCHOOL BOARD   p 520
7935 Kennedy Rd, BRAMPTON, ON, L6W 0A2
(905) 453-9220   SIC 8211
PEEL DISTRICT SCHOOL BOARD   p 520
89 Ardglen Dr, BRAMPTON, ON, L6W 1V1
(905) 459-2320   SIC 8211
PEEL DISTRICT SCHOOL BOARD   p 520
9 Abbey Rd, BRAMPTON, ON, L6W 2T7
(905) 451-1165   SIC 8211
PEEL DISTRICT SCHOOL BOARD   p 521
21 Campbell Dr, BRAMPTON, ON, L6X 2H6
(905) 457-6107   SIC 8211
PEEL DISTRICT SCHOOL BOARD   p 521
2322 Embleton Rd, BRAMPTON, ON, L6X 0C9
(905) 455-8480   SIC 8211
PEEL DISTRICT SCHOOL BOARD   p 521
35 Sunset Blvd, BRAMPTON, ON, L6X 1X1
(905) 451-2463   SIC 8211
PEEL DISTRICT SCHOOL BOARD   p 521
70 Gretna Dr, BRAMPTON, ON, L6X 2E9
(905) 451-6464   SIC 8211
PEEL DISTRICT SCHOOL BOARD   p 521
9775 Creditview Rd, BRAMPTON, ON, L6X 0H7
(905) 595-1495   SIC 8211
PEEL DISTRICT SCHOOL BOARD   p 522

155 Cherrytree Dr, BRAMPTON, ON, L6Y 3M9
(905) 454-2251   SIC 8211
PEEL DISTRICT SCHOOL BOARD   p 522
20 Academic Dr, BRAMPTON, ON, L6Y 0R7
(905) 455-6144   SIC 8211
PEEL DISTRICT SCHOOL BOARD   p 522
200 Morton Way, BRAMPTON, ON, L6Y 2P8
(905) 452-6116   SIC 8211
PEEL DISTRICT SCHOOL BOARD   p 522
25 Brenda Ave, BRAMPTON, ON, L6Y 2A1
(905) 451-6332   SIC 8211
PEEL DISTRICT SCHOOL BOARD   p 522
251 Mcmurchy Ave S, BRAMPTON, ON, L6Y 1Z4
(905) 451-2860   SIC 8211
PEEL DISTRICT SCHOOL BOARD   p 522
30 Pantomine Blvd, BRAMPTON, ON, L6Y 5N2
(905) 457-1799   SIC 8211
PEEL DISTRICT SCHOOL BOARD   p 522
31 Craig St, BRAMPTON, ON, L6Y 1J2
(905) 451-2515   SIC 8211
PEEL DISTRICT SCHOOL BOARD   p 522
5 Young Dr, BRAMPTON, ON, L6Y 0P4
(905) 451-2217   SIC 8211
PEEL DISTRICT SCHOOL BOARD   p 522
50 Ladore Dr, BRAMPTON, ON, L6Y 1V5
(905) 459-5200   SIC 8211
PEEL DISTRICT SCHOOL BOARD   p 522
625 Queen St W, BRAMPTON, ON, L6Y 5L6
(905) 456-3394   SIC 8211
PEEL DISTRICT SCHOOL BOARD   p 522
630 Ray Lawson Blvd, BRAMPTON, ON, L6Y 4W8
(905) 451-3444   SIC 8211
PEEL DISTRICT SCHOOL BOARD   p 522
90 Bonnie Braes Dr, BRAMPTON, ON, L6Y 0Y3
(905) 796-4445   SIC 8211
PEEL DISTRICT SCHOOL BOARD   p 522
92 Malta Ave, BRAMPTON, ON, L6Y 4C8
(905) 796-8226   SIC 8211
PEEL DISTRICT SCHOOL BOARD   p 523
10420 Heart Lake Rd, BRAMPTON, ON, L6Z 4S2
(905) 840-5442   SIC 8211
PEEL DISTRICT SCHOOL BOARD   p 523
95 Richvale Dr N, BRAMPTON, ON, L6Z 1Y6
(905) 846-1262   SIC 8211
PEEL DISTRICT SCHOOL BOARD   p 523
50 Somerset Dr, BRAMPTON, ON, L6Z 1C7
(905) 846-2500   SIC 8211
PEEL DISTRICT SCHOOL BOARD   p 523
300 Conestoga Dr, BRAMPTON, ON, L6Z 3M1
(905) 846-2311   SIC 8211
PEEL DISTRICT SCHOOL BOARD   p 523
296 Conestoga Dr, BRAMPTON, ON, L6Z 3M1
(905) 840-2328   SIC 8211
PEEL DISTRICT SCHOOL BOARD   p 523
105 Richvale Dr N, BRAMPTON, ON, L6Z 1Y6
(905) 846-0576   SIC 8211
PEEL DISTRICT SCHOOL BOARD   p 524
85 Burnt Elm Dr, BRAMPTON, ON, L7A 1T8
(905) 495-9368   SIC 8211
PEEL DISTRICT SCHOOL BOARD   p 524
71 Worthington Ave, BRAMPTON, ON, L7A 1N9
(905) 495-8336   SIC 8211
PEEL DISTRICT SCHOOL BOARD   p 524
61 Edenbrook Hill Dr, BRAMPTON, ON, L7A 1X6
(905) 452-8296   SIC 8211
PEEL DISTRICT SCHOOL BOARD   p 524
254 Queen Mary Dr, BRAMPTON, ON, L7A 3L6
(905) 840-4601   SIC 8211
PEEL DISTRICT SCHOOL BOARD   p 524
236 Queen Mary Dr, BRAMPTON, ON, L7A 3L3

(905) 840-0402   SIC 8211
PEEL DISTRICT SCHOOL BOARD   p 524
370 Brisdale Dr, BRAMPTON, ON, L7A 3K7
(905) 840-2135   SIC 8211
PEEL DISTRICT SCHOOL BOARD   p 524
10750 Chinguacousy Rd, BRAMPTON, ON, L7A 2Z7
(905) 451-1263   SIC 8211
PEEL DISTRICT SCHOOL BOARD   p 524
10750 Chinguacousy Rd, BRAMPTON, ON, L7A 2Z7
(905) 495-2675   SIC 8211
PEEL DISTRICT SCHOOL BOARD   p 542
18357 Kennedy Rd, CALEDON VILLAGE, ON, L7K 1Y7
(519) 927-5231   SIC 8211
PEEL DISTRICT SCHOOL BOARD   p 542
15738 Airport Rd, CALEDON EAST, ON, L7C 2W8
(905) 584-2701   SIC 8211
PEEL DISTRICT SCHOOL BOARD   p 621
3749 King St, INGLEWOOD, ON, L7C 0T6
(905) 838-3952   SIC 8211
PEEL DISTRICT SCHOOL BOARD   p 683
3545 Morning Star Dr, MISSISSAUGA, ON, L4T 1Y3
(905) 676-1191   SIC 8211
PEEL DISTRICT SCHOOL BOARD   p 684
3800 Brandon Gate Dr, MISSISSAUGA, ON, L4T 3V9
(905) 677-9679   SIC 8211
PEEL DISTRICT SCHOOL BOARD   p 684
3700 Dunrankin Dr, MISSISSAUGA, ON, L4T 1V9
(905) 677-2202   SIC 8211
PEEL DISTRICT SCHOOL BOARD   p 684
3131 Morning Star Dr, MISSISSAUGA, ON, L4T 1X3
(905) 677-0300   SIC 8211
PEEL DISTRICT SCHOOL BOARD   p 684
7425 Netherwood Rd, MISSISSAUGA, ON, L4T 2N7
(905) 677-5844   SIC 8211
PEEL DISTRICT SCHOOL BOARD   p 684
7635 Darcel Ave, MISSISSAUGA, ON, L4T 2Y2
(905) 677-3802   SIC 8211
PEEL DISTRICT SCHOOL BOARD   p 684
7455 Redstone Rd, MISSISSAUGA, ON, L4T 2B3
(905) 677-1526   SIC 8211
PEEL DISTRICT SCHOOL BOARD   p 692
3255 Havenwood Dr, MISSISSAUGA, ON, L4X 2M2
(905) 625-3220   SIC 8211
PEEL DISTRICT SCHOOL BOARD   p 692
3570 Havenwood Dr, MISSISSAUGA, ON, L4X 2M9
(905) 625-5250   SIC 8211
PEEL DISTRICT SCHOOL BOARD   p 692
3400 Ponytrail Dr, MISSISSAUGA, ON, L4X 1V5
(905) 625-1462   SIC 8211
PEEL DISTRICT SCHOOL BOARD   p 692
3575 Fieldgate Dr, MISSISSAUGA, ON, L4X 2J6
(905) 625-7731   SIC 8211
PEEL DISTRICT SCHOOL BOARD   p 693
1120 Flagship Dr, MISSISSAUGA, ON, L4Y 2K1
(905) 277-9505   SIC 8211
PEEL DISTRICT SCHOOL BOARD   p 693
3465 Golden Orchard Dr, MISSISSAUGA, ON, L4Y 3H7
(905) 625-0140   SIC 8211
PEEL DISTRICT SCHOOL BOARD   p 695
235 Nahani Way, MISSISSAUGA, ON, L4Z 3J6
(905) 507-4044   SIC 8211
PEEL DISTRICT SCHOOL BOARD   p 695
200 Barondale Dr, MISSISSAUGA, ON, L4Z 3N7
(905) 502-1880   SIC 8211
PEEL DISTRICT SCHOOL BOARD   p 696

201 Cherry Post Dr, MISSISSAUGA, ON, L5A 1J1
(905) 270-0845   SIC 8211
PEEL DISTRICT SCHOOL BOARD   p 696
2230 Corsair Rd, MISSISSAUGA, ON, L5A 2L9
(905) 279-1511   SIC 8211
PEEL DISTRICT SCHOOL BOARD   p 696
1235 Mississauga Valley Blvd, MISSISSAUGA, ON, L5A 3R8
(905) 275-5125   SIC 8211
PEEL DISTRICT SCHOOL BOARD   p 696
1065 Mississauga Valley Blvd, MISSISSAUGA, ON, L5A 2A1
(905) 270-2597   SIC 8211
PEEL DISTRICT SCHOOL BOARD   p 696
2389 Cliff Rd, MISSISSAUGA, ON, L5A 2P1
(905) 277-2611   SIC 8211
PEEL DISTRICT SCHOOL BOARD   p 696
515 Tedwyn Dr, MISSISSAUGA, ON, L5A 1J8
(905) 279-9251   SIC 8211
PEEL DISTRICT SCHOOL BOARD   p 696
277 Mississauga Valley Blvd, MISSISSAUGA, ON, L5A 1Y6
(905) 275-4077   SIC 8211
PEEL DISTRICT SCHOOL BOARD   p 698
210 Paisley Blvd W, MISSISSAUGA, ON, L5B 2A4
(905) 275-1090   SIC 8211
PEEL DISTRICT SCHOOL BOARD   p 698
3100 Hurontario St, MISSISSAUGA, ON, L5B 1N7
(905) 279-6540   SIC 8211
PEEL DISTRICT SCHOOL BOARD   p 698
2455 Cashmere Ave, MISSISSAUGA, ON, L5B 2M7
(905) 276-4434   SIC 8211
PEEL DISTRICT SCHOOL BOARD   p 698
3590 Joan Dr, MISSISSAUGA, ON, L5B 1T8
(905) 277-0281   SIC 8211
PEEL DISTRICT SCHOOL BOARD   p 700
1390 Ogden Ave, MISSISSAUGA, ON, L5E 2H8
(905) 278-6104   SIC 8211
PEEL DISTRICT SCHOOL BOARD   p 700
2473 Rosemary Dr, MISSISSAUGA, ON, L5C 1X1
(905) 277-4321   SIC 8211
PEEL DISTRICT SCHOOL BOARD   p 700
3225 Erindale Station Rd, MISSISSAUGA, ON, L5C 1Y5
(905) 279-0575   SIC 8211
PEEL DISTRICT SCHOOL BOARD   p 700
3251 The Credit Woodlands, MISSISSAUGA, ON, L5C 2J7
(905) 279-7950   SIC 8211
PEEL DISTRICT SCHOOL BOARD   p 700
3480 Ellengale Dr, MISSISSAUGA, ON, L5C 1Z7
(905) 279-1555   SIC 8211
PEEL DISTRICT SCHOOL BOARD   p 700
3520 Queenston Dr, MISSISSAUGA, ON, L5C 2G6
(905) 277-9523   SIC 8211
PEEL DISTRICT SCHOOL BOARD   p 700
974 Mcbride Ave, MISSISSAUGA, ON, L5C 1L6
(905) 270-6414   SIC 8211
PEEL DISTRICT SCHOOL BOARD   p 701
70 Mineola Rd E, MISSISSAUGA, ON, L5G 2E5
(905) 278-3382   SIC 8211
PEEL DISTRICT SCHOOL BOARD   p 701
1305 Cawthra Rd, MISSISSAUGA, ON, L5G 4L1
(905) 274-1271   SIC 8211
PEEL DISTRICT SCHOOL BOARD   p 701
1324 Lorne Park Rd, MISSISSAUGA, ON, L5H 3B1
(905) 278-6177   SIC 8211
PEEL DISTRICT SCHOOL BOARD   p 701
1325 Indian Rd, MISSISSAUGA, ON, L5H 1S3
(905) 278-8771   SIC 8211
PEEL DISTRICT SCHOOL BOARD   p 701
145 Windy Oaks, MISSISSAUGA, ON, L5G 1Z4
(905) 278-3144   SIC 8211
PEEL DISTRICT SCHOOL BOARD   p 701
60 South Service Rd, MISSISSAUGA, ON, L5G 2R9
(905) 278-7287   SIC 8211
PEEL DISTRICT SCHOOL BOARD   p 701
1490 Ogden Ave, MISSISSAUGA, ON, L5E 2H8
(905) 274-2391   SIC 8211
PEEL DISTRICT SCHOOL BOARD   p 701
20 Forest Ave, MISSISSAUGA, ON, L5G 1K7
(905) 278-2472   SIC 8211
PEEL DISTRICT SCHOOL BOARD   p 701
2060 Stonehouse Cres, MISSISSAUGA, ON, L5H 3J1
(905) 274-3601   SIC 8211
PEEL DISTRICT SCHOOL BOARD   p 701
30 John St N, MISSISSAUGA, ON, L5H 2E8
(905) 274-1515   SIC 8211
PEEL DISTRICT SCHOOL BOARD   p 701
498 Hartsdale Ave, MISSISSAUGA, ON, L5G 2G6
(905) 278-6144   SIC 8211
PEEL DISTRICT SCHOOL BOARD   p 701
1480 Chriseden Dr, MISSISSAUGA, ON, L5H 1V4
(905) 278-5594   SIC 8211
PEEL DISTRICT SCHOOL BOARD   p 702
1690 Mazo Cres, MISSISSAUGA, ON, L5J 1Y8
(905) 822-0451   SIC 8211
PEEL DISTRICT SCHOOL BOARD   p 702
888 Clarkson Rd S, MISSISSAUGA, ON, L5J 2V3
(905) 823-4470   SIC 8211
PEEL DISTRICT SCHOOL BOARD   p 702
2620 Chalkwell Close, MISSISSAUGA, ON, L5J 2B9
(905) 822-1675   SIC 8211
PEEL DISTRICT SCHOOL BOARD   p 702
2524 Bromsgrove Rd, MISSISSAUGA, ON, L5J 1L8
(905) 822-6700   SIC 8211
PEEL DISTRICT SCHOOL BOARD   p 702
1550 Green Glade, MISSISSAUGA, ON, L5J 1B5
(905) 822-8386   SIC 8211
PEEL DISTRICT SCHOOL BOARD   p 702
1530 Springwell Ave, MISSISSAUGA, ON, L5J 3H6
(905) 822-1657   SIC 8211
PEEL DISTRICT SCHOOL BOARD   p 702
1301 Epton Cres, MISSISSAUGA, ON, L5J 1R9
(905) 822-4171   SIC 8211
PEEL DISTRICT SCHOOL BOARD   p 702
1290 Kelly Rd, MISSISSAUGA, ON, L5J 3V1
(905) 822-0122   SIC 8211
PEEL DISTRICT SCHOOL BOARD   p 703
2730 Thorn Lodge Dr, MISSISSAUGA, ON, L5K 1L2
(905) 822-5481   SIC 8211
PEEL DISTRICT SCHOOL BOARD   p 703
2420 Homelands Dr, MISSISSAUGA, ON, L5K 1H2
(905) 822-2031   SIC 8211
PEEL DISTRICT SCHOOL BOARD   p 703
2280 Perran Dr, MISSISSAUGA, ON, L5K 1M1
(905) 822-2401   SIC 8211
PEEL DISTRICT SCHOOL BOARD   p 703
2021 Dundas St W, MISSISSAUGA, ON, L5K 1R2
(905) 828-7206   SIC 8211
PEEL DISTRICT SCHOOL BOARD   p 704
3625 Sawmill Valley Dr, MISSISSAUGA, ON, L5L 2Z5
(905) 820-2500   SIC 8211
PEEL DISTRICT SCHOOL BOARD   p 704
3546 South Common Crt, MISSISSAUGA, ON, L5L 2B1
(905) 820-9777   SIC 8211
PEEL DISTRICT SCHOOL BOARD   p 704
3245 Colonial Dr, MISSISSAUGA, ON, L5L 5G2
(905) 607-0800   SIC 8211
PEEL DISTRICT SCHOOL BOARD   p 705
1715 Willow Way, MISSISSAUGA, ON, L5M 3W5
(905) 567-0237   SIC 8211
PEEL DISTRICT SCHOOL BOARD   p 705
2665 Erin Centre Blvd, MISSISSAUGA, ON, L5M 5H6
(905) 858-5910   SIC 8211
PEEL DISTRICT SCHOOL BOARD   p 705
3325 Artesian Dr, MISSISSAUGA, ON, L5M 7J8
(905) 820-7786   SIC 8211
PEEL DISTRICT SCHOOL BOARD   p 705
3675 Thomas St, MISSISSAUGA, ON, L5M 7E6
(905) 363-0579   SIC 8211
PEEL DISTRICT SCHOOL BOARD   p 705
89 Vista Blvd, MISSISSAUGA, ON, L5M 1V8
(905) 826-1581   SIC 8211
PEEL DISTRICT SCHOOL BOARD   p 705
5120 Perennial Dr, MISSISSAUGA, ON, L5M 7T6
(905) 569-6261   SIC 8211
PEEL DISTRICT SCHOOL BOARD   p 705
72 Joymar Dr, MISSISSAUGA, ON, L5M 1G3
(905) 826-1195   SIC 8211
PEEL DISTRICT SCHOOL BOARD   p 705
5482 Middlebury Dr, MISSISSAUGA, ON, L5M 5G7
(905) 821-8585   SIC 8211
PEEL DISTRICT SCHOOL BOARD   p 706
3240 Erin Centre Blvd, MISSISSAUGA, ON, L5M 7T9
(905) 820-5720   SIC 8211
PEEL DISTRICT SCHOOL BOARD   p 706
3270 Tacc Dr, MISSISSAUGA, ON, L5M 0H3
(905) 812-2544   SIC 8211
PEEL DISTRICT SCHOOL BOARD   p 706
3310 Mcdowell Dr, MISSISSAUGA, ON, L5M 6R8
(905) 363-2338   SIC 8211
PEEL DISTRICT SCHOOL BOARD   p 706
3675 Thomas St, MISSISSAUGA, ON, L5M 7E6
(905) 363-0289   SIC 8211
PEEL DISTRICT SCHOOL BOARD   p 706
5605 Freshwater Dr, MISSISSAUGA, ON, L5M 7M8
(905) 814-1729   SIC 8211
PEEL DISTRICT SCHOOL BOARD   p 706
5750 River Grove Ave, MISSISSAUGA, ON, L5M 4R5
(905) 858-1133   SIC 8211
PEEL DISTRICT SCHOOL BOARD   p 706
18 Brookside Dr, MISSISSAUGA, ON, L5M 1H3
(905) 826-4247   SIC 8211
PEEL DISTRICT SCHOOL BOARD   p 706
2365 Credit Valley Rd, MISSISSAUGA, ON, L5M 4E8
(905) 607-0770   SIC 8211
PEEL DISTRICT SCHOOL BOARD   p 706
2801 Castlebridge Dr, MISSISSAUGA, ON, L5M 5J9
(905) 812-7906   SIC 8211
PEEL DISTRICT SCHOOL BOARD   p 710
1525 Samuelson Cir, MISSISSAUGA, ON, L5N 7Z1
(905) 564-9879   SIC 8211
PEEL DISTRICT SCHOOL BOARD   p 710
2650 Gananoque Dr, MISSISSAUGA, ON, L5N 2R2
(905) 826-3902   SIC 8211
PEEL DISTRICT SCHOOL BOARD   p 710
32 Suburban Dr, MISSISSAUGA, ON, L5N 1G6
(905) 826-1742   SIC 8211
PEEL DISTRICT SCHOOL BOARD   p 710
3420 Trelawny Cir, MISSISSAUGA, ON, L5N 6N6
(905) 824-0360   SIC 8211
PEEL DISTRICT SCHOOL BOARD   p 710
5800 Montevideo Rd, MISSISSAUGA, ON, L5N 2S1
(905) 826-4947   SIC 8211
PEEL DISTRICT SCHOOL BOARD   p 710
5940 Montevideo Rd, MISSISSAUGA, ON, L5N 3J5
(905) 821-4973   SIC 8211
PEEL DISTRICT SCHOOL BOARD   p 710
6135 Lisgar Dr, MISSISSAUGA, ON, L5N 7V2
(905) 785-9687   SIC 8211
PEEL DISTRICT SCHOOL BOARD   p 710
6325 Miller's Grove, MISSISSAUGA, ON, L5N 3K2
(905) 824-3275   SIC 8211
PEEL DISTRICT SCHOOL BOARD   p 710
6325 Montevideo Rd, MISSISSAUGA, ON, L5N 4G7
(905) 858-3087   SIC 8211
PEEL DISTRICT SCHOOL BOARD   p 710
6700 Edenwood Dr, MISSISSAUGA, ON, L5N 3B2
(905) 824-1790   SIC 8211
PEEL DISTRICT SCHOOL BOARD   p 710
6735 Shelter Bay Rd, MISSISSAUGA, ON, L5N 2C5
(905) 826-5516   SIC 8211
PEEL DISTRICT SCHOOL BOARD   p 710
6755 Lisgar Dr, MISSISSAUGA, ON, L5N 6S9
(905) 785-0105   SIC 8211
PEEL DISTRICT SCHOOL BOARD   p 710
6770 Edenwood Dr, MISSISSAUGA, ON, L5N 3B2
(905) 824-1020   SIC 8211
PEEL DISTRICT SCHOOL BOARD   p 710
6855 Tenth Line W, MISSISSAUGA, ON, L5N 5R2
(905) 824-0155   SIC 8211
PEEL DISTRICT SCHOOL BOARD   p 710
7370 Terragar Blvd, MISSISSAUGA, ON, L5N 7L8
(905) 824-8371   SIC 8211
PEEL DISTRICT SCHOOL BOARD   p 714
345 Huntington Ridge Dr, MISSISSAUGA, ON, L5R 1R6
(905) 890-2170   SIC 8211
PEEL DISTRICT SCHOOL BOARD   p 715
5100 Salishan Cir, MISSISSAUGA, ON, L5R 3E3
(905) 568-3402   SIC 8211
PEEL DISTRICT SCHOOL BOARD   p 715
5650 Hurontario St Suite 106, MISSISSAUGA, ON, L5R 1C6
(905) 890-1099   SIC 8211
PEEL DISTRICT SCHOOL BOARD   p 722
1145 Swinbourne Dr, MISSISSAUGA, ON, L5V 1C2
(905) 814-1146   SIC 8211
PEEL DISTRICT SCHOOL BOARD   p 722
1150 Dream Crest Rd, MISSISSAUGA, ON, L5V 1N6
(905) 567-4260   SIC 8211
PEEL DISTRICT SCHOOL BOARD   p 722
890 Old Derry Rd, MISSISSAUGA, ON, L5W 1A1
(905) 564-5735   SIC 8211
PEEL DISTRICT SCHOOL BOARD   p 722
6900 Gooderham Estate Blvd, MISSISSAUGA, ON, L5W 1B4
(905) 362-1340   SIC 8211
PEEL DISTRICT SCHOOL BOARD   p 722
5785 Whitehorn Ave, MISSISSAUGA, ON, L5V 2A9
(905) 819-9807   SIC 8211
PEEL DISTRICT SCHOOL BOARD   p 722
550 Courtneypark Dr W, MISSISSAUGA, ON, L5W 1L9

(905) 564-1033 SIC 8211
PEEL DISTRICT SCHOOL BOARD
5187 Fallingbrook Dr, MISSISSAUGA, ON, L5V 1N7
(905) 812-7470 SIC 8211
PEEL DISTRICT SCHOOL BOARD p 722
1385 Sherwood Mills Blvd, MISSISSAUGA, ON, L5V 2B8
(905) 812-8265 SIC 8211
PEEL DISTRICT SCHOOL BOARD p 722
1342 Edenrose St, MISSISSAUGA, ON, L5V 1K9
(905) 567-4296 SIC 8211
PEEL DISTRICT SCHOOL BOARD p 804
8962 Patterson Sideroad, PALGRAVE, ON, L7E 0L2
(905) 880-0361 SIC 8211
PEEL FAMILY EDUCATION CENTRE p 522
4 Sir Lou Dr Suite 104, BRAMPTON, ON, L6Y 4J7
(905) 452-0332 SIC 8399
PEEL HALTON ACQUIRED BRAIN INJURIES SERVICES p 701
1048 Cawthra Rd, MISSISSAUGA, ON, L5G 4K2
(905) 891-8384 SIC 8093
PEEL HALTON ACQUIRED BRAIN INJURIES SERVICES p 768
37 Bond St, OAKVILLE, ON, L6K 1L8
(905) 844-2240 SIC 8621
PEEL SENIOR LINK p 715
30 Eglinton Ave W Suite 760, MISSISSAUGA, ON, L5R 3E7
(905) 712-4413 SIC 8322
PEEL TRUCK & TRAILER EQUIPMENT INC p 690
1715 Britannia Rd E, MISSISSAUGA, ON, L4W 2A3
(905) 670-1780 SIC 7539
PEEL VILLAGE GOLF COURSE p 519
See CORPORATION OF THE CITY OF BRAMPTON, THE
PEENAMIN MCKENZIE ALL GRADE SCHOOL p 430
See LABRADOR SCHOOL BOARD
PEER 1 NETWORK INC p 305
555 Hastings St W Suite 1000, VANCOUVER, BC, V6B 4N5
(604) 683-7747 SIC 4813
PEERLESS LAKE SCHOOL p 150
See NORTHLAND SCHOOL DIVISION 61
PEERLESS TRAVEL INC p 875
7117 Bathurst St Suite 200, THORNHILL, ON, L4J 2J6
(905) 886-5610 SIC 4724
PEERLESS TRAVEL RUTHERFORD VILLAGE p 875
See PEERLESS TRAVEL INC
PEGUIS SCHOOL BOARD p 353
Gd, PEGUIS, MB, R0C 3J0
(204) 645-2648 SIC 8211
PEI ENERGY SYSTEMS, DIV OF p 981
See FORT CHICAGO DISTRICT ENERGY LTD
PEI FOOD TECHNOLOGY CENTRE p 981
See F.T.C. ENTERPRISES LIMITED
PEIGAN (PIIKANI) NATION ADMINISTRATION p 8
15th Ave, BROCKET, AB, T0K 0H0
(403) 965-3809 SIC 8011
PEIGAN HEALTH SERVICE p 8
See PEIGAN (PIIKANI) NATION ADMINISTRATION
PEL INDUSTRIES LTD p 1307
2180 Oman Dr, SWIFT CURRENT, SK, S9H 3X4
(306) 773-0644 SIC 3523
PELICAN FALLS FIRST NATIONS HIGH SCHOOL p 849
See NORTHERN NISHNAWBE EDUCATION COUNCIL
PELICAN PRODUCTS ULC p 93
10221 184 St Nw, EDMONTON, AB, T5S 2J4
(780) 481-6076 SIC 2671
PELLEMON p 1168
See SNC-LAVALIN INC
PELLETIER, RICHARD & FILS INC p 1242
4 Rue Saint-Marc, SQUATEC, QC, G0L 4H0
(418) 855-2951 SIC 5031
PELMO PARK PS p 763
See TORONTO DISTRICT SCHOOL BOARD
PELMOREX COMMUNICATIONS INC p 1094
1205 Av Papineau Bureau 251, Montreal, QC, H2K 4R2
(514) 597-0232 SIC 8999
PELMOREX COMMUNICATIONS INC p 1094
1755 Boul Rene-Levesque E Bureau 251, Montreal, QC, H2K 4P6
(514) 597-1700 SIC 4833
PELMOREX WEATHER NETWORKS (TELEVISION) INC p 766
2655 Bristol Cir, OAKVILLE, ON, L6H 7W1
(905) 829-1159 SIC 4833
PEMAC PHARMACY LIMITED p 456
1124 Bridge St, GREENWOOD, NS, B0P 1N0
(902) 765-3060 SIC 5912
PEMBERTON HEALTH CENTRE p 252
See SEA TO SKY COMMUNITY HEALTH COUNCIL
PEMBERTON SECONDARY SCHOOL p 251
See SCHOOL DISTRICT NO. 48 (HOWE SOUND)
PEMBERTON VALLEY SUPERMARKET p 251
7438 Prospect St Rr 1, PEMBERTON, BC, V0N 2L1
(604) 894-2009 SIC 5411
PEMBINA CARE SERVICES LTD p 389
1679 Pembina Hwy, WINNIPEG, MB, R3T 2G6
(204) 269-6308 SIC 8361
PEMBINA HILLS REGIONAL DIVISION 7 p 5
5103 53 Ave, BARRHEAD, AB, T7N 1N9
(780) 674-8518 SIC 8211
PEMBINA HILLS REGIONAL DIVISION 7 p 5
5307 53 Ave, BARRHEAD, AB, T7N 1P2
(780) 674-8521 SIC 8211
PEMBINA HILLS REGIONAL DIVISION 7 p 5
5310 49 St, BARRHEAD, AB, T7N 1P3
(780) 674-8510 SIC 4111
PEMBINA HILLS REGIONAL DIVISION 7 p 68
5402 50 St, CLYDE, AB, T0G 0P0
(780) 348-5341 SIC 8211
PEMBINA HILLS REGIONAL DIVISION 7 p 146
4915 50 St, NEERLANDIA, AB, T0G 1R0
(780) 674-5581 SIC 8211
PEMBINA HILLS REGIONAL DIVISION 7 p 170
4707 Ravine Dr, SWAN HILLS, AB, T0G 2C0
(780) 333-4471 SIC 8211
PEMBINA HILLS REGIONAL DIVISION 7 p 173
10015 104 St, WESTLOCK, AB, T7P 1T8
(780) 349-4454 SIC 8211
PEMBINA HILLS REGIONAL DIVISION 7 p 173
10515 106a St, WESTLOCK, AB, T7P 2E7
(780) 349-3385 SIC 8211
PEMBINA INSTITUTE FOR APPROPRIATE DEVELOPMENT p 48
608 7 St Sw Suite 200, CALGARY, AB, T2P 1Z2
SIC 8748
PEMBINA MANITOU HEALTH CENTRE p 351
See REGIONAL HEALTH AUTHORITY - CENTRAL MANITOBA INC
PEMBINA PIPELINE p 72
See PEMBINA PIPELINE CORPORATION
PEMBINA PIPELINE p 144
See PEMBINA PIPELINE CORPORATION
PEMBINA PIPELINE CORPORATION p 72
6113 50 Ave, DRAYTON VALLEY, AB, T7A 1R8
(780) 542-5341 SIC 4612
PEMBINA PIPELINE CORPORATION p 114
10503 17 St Nw, EDMONTON, AB, T6P 1R2
(780) 467-8841 SIC 4612
PEMBINA PIPELINE CORPORATION p 128
8111 110 St, GRANDE PRAIRIE, AB, T8W 6T2
(780) 539-5700 SIC 4612
PEMBINA PIPELINE CORPORATION p 144
Gd Lcd 1, MEDICINE HAT, AB, T1A 7E4
(403) 838-8384 SIC 1311
PEMBINA PIPELINE CORPORATION p 171
4807 36th Ave, VALLEYVIEW, AB, T0H 3N0
(780) 524-3392 SIC 4612
PEMBINA PIPELINE CORPORATION p 175
3470 33 St, WHITECOURT, AB, T7S 0A2
(780) 778-3903 SIC 4612
PEMBINA PIPELINE CORPORATION p 215
10919 89 Ave, FORT ST. JOHN, BC, V1J 6V2
(250) 785-6791 SIC 4612
PEMBINA TRAILS SCHOOL DIVISION, THE p 387
335 Lindenwood Dr E, WINNIPEG, MB, R3P 2H1
(204) 489-0799 SIC 8211
PEMBINA TRAILS SCHOOL DIVISION, THE p 387
1 Princemere Rd, WINNIPEG, MB, R3P 1K9
(204) 489-0995 SIC 8211
PEMBINA TRAILS SCHOOL DIVISION, THE p 387
2240 Grant Ave, WINNIPEG, MB, R3P 0P7
(204) 888-5898 SIC 8211
PEMBINA TRAILS SCHOOL DIVISION, THE p 387
2300 Corydon Ave, WINNIPEG, MB, R3P 0N6
(204) 889-3602 SIC 8211
PEMBINA TRAILS SCHOOL DIVISION, THE p 388
6691 Rannock Ave, WINNIPEG, MB, R3R 1Z3
(204) 895-8213 SIC 8211
PEMBINA TRAILS SCHOOL DIVISION, THE p 388
5880 Betsworth Ave, WINNIPEG, MB, R3R 0J7
(204) 895-2820 SIC 8211
PEMBINA TRAILS SCHOOL DIVISION, THE p 388
530 Dieppe Rd, WINNIPEG, MB, R3R 1C4
(204) 889-1034 SIC 8211
PEMBINA TRAILS SCHOOL DIVISION, THE p 388
505 Oakdale Dr, WINNIPEG, MB, R3R 0Z9
(204) 889-9332 SIC 8211
PEMBINA TRAILS SCHOOL DIVISION, THE p 388
50 Westgrove Way, WINNIPEG, MB, R3R 1R7
(204) 895-8208 SIC 8211
PEMBINA TRAILS SCHOOL DIVISION, THE p 388
450 Laxdal Rd Suite 7, WINNIPEG, MB, R3R 0W4
(204) 889-6650 SIC 8211
PEMBINA TRAILS SCHOOL DIVISION, THE p 388
3707 Roblin Blvd, WINNIPEG, MB, R3R 0E2
(204) 888-3192 SIC 8211
PEMBINA TRAILS SCHOOL DIVISION, THE p 388
30 Stack St, WINNIPEG, MB, R3R 2H3
(204) 895-7225 SIC 8211
PEMBINA TRAILS SCHOOL DIVISION, THE p 388
6720 Betsworth Ave Suite 105, WINNIPEG, MB, R3R 1W3
(204) 895-8205 SIC 8211
PEMBINA TRAILS SCHOOL DIVISION, THE p 389
1520 Chancellor Dr, WINNIPEG, MB, R3T 4P8
(204) 261-9535 SIC 8211
PEMBINA TRAILS SCHOOL DIVISION, THE p 389
1100 Chancellor Dr, WINNIPEG, MB, R3T 4W8
(204) 261-9400 SIC 8211
PEMBINA TRAILS SCHOOL DIVISION, THE p 389
20 Donnelly St, WINNIPEG, MB, R3T 0S4
(204) 453-4631 SIC 8211
PEMBINA TRAILS SCHOOL DIVISION, THE p 389
262 Dalhousie Dr, WINNIPEG, MB, R3T 2Z1
(204) 269-4101 SIC 8211
PEMBINA TRAILS SCHOOL DIVISION, THE p 389
633 Patricia Ave, WINNIPEG, MB, R3T 3A8
(204) 269-5677 SIC 8211
PEMBINA TRAILS SCHOOL DIVISION, THE p 389
810 Waterford Ave, WINNIPEG, MB, R3T 1G7
(204) 452-8945 SIC 8211
PEMBINA TRAILS SCHOOL DIVISION, THE p 390
1250 Beaumont St, WINNIPEG, MB, R3T 0L8
(204) 452-3040 SIC 8211
PEMBINA TRAILS SCHOOL DIVISION, THE p 390
10 Ryerson Ave, WINNIPEG, MB, R3T 3P9
(204) 269-1400 SIC 8211
PEMBINA TRAILS SCHOOL DIVISION, THE p 390
175 Killarney Ave, WINNIPEG, MB, R3T 3B3
(204) 269-6210 SIC 8211
PEMBINA TRAILS SCHOOL DIVISION, THE p 390
888 Crane Ave, WINNIPEG, MB, R3T 1T9
(204) 453-0539 SIC 8211
PEMBINA TRAILS SCHOOL DIVISION, THE p 390
700 Bairdmore Blvd, WINNIPEG, MB, R3T 5R3
(204) 261-3350 SIC 8211
PEMBINA TRAILS SCHOOL DIVISION, THE p 390
1827 Chancellor Dr, WINNIPEG, MB, R3T 4C4
(204) 269-1674 SIC 8211
PEMBINA TRAILS SCHOOL DIVISION, THE p 392
400 Scurfield Blvd, WINNIPEG, MB, R3Y 1L3
(204) 488-4245 SIC 8211
PEMBINA TRAILS SCHOOL DIVISION, THE p 392
960 Scurfield Blvd, WINNIPEG, MB, R3Y 1N6
(204) 489-1239 SIC 8211
PEMBRIDGE INSURANCE COMPANY p 101
4999 98 Ave Nw Suite 108, EDMONTON, AB, T6B 2X3
(780) 490-3000 SIC 6331
PEMBROKE HERITAGE MANOR p 806
See HCN LESSEY (PEMBROKE) LP
PEMBROKE OLD TIME FIDDLING ASSOCIATION INCORPORATED p 568
Gd, DEEP RIVER, ON, K0J 1P0
(613) 635-7200 SIC 8699
PEN CENTRE, THE p 856
See 20 VIC MANAGEMENT INC

PENAUILLE SERVISAIR p 432
See SWISSPORT CANADA INC

PENBROOKE MEADOWS SCHOOL p 12
See CALGARY BOARD OF EDUCATION

PENCE RESTAURANT SERVICES LTD p 856
221 Glendale Ave, ST CATHARINES, ON, L2T 2K9
(905) 687-1991   SIC 5812

PENDER CLINIC p 306
See VANCOUVER COASTAL HEALTH AUTHORITY

PENDER ISLANDS ELEMENTARY SECONDARY SCHOOL p 252
See SCHOOL DISTRICT NO. 64 (GULF ISLANDS)

PENDOPHARM p 1097
See PHARMASCIENCE INC

PENETANG-MIDLAND COACH LINES LTD p 964
3951 Walker Rd, WINDSOR, ON, N8W 3T4
(519) 966-2821   SIC 4142

PENFIELD ELEMENTARY SCHOOL p 194
See BOARD OF EDUCATION SCHOOL DISTRICT 72 (CAMPBELL RIVER), THE

PENGROWTH ENERGY CORPORATION p 149
Gd, OLDS, AB, T4H 1T8
(403) 556-3424   SIC 1311

PENGROWTH ENERGY CORPORATION p 170
Po Box 390, SWAN HILLS, AB, T0G 2C0
(780) 333-7100   SIC 1311

PENGUIN BOOKS CANADA p 734
See PEARSON CANADA INC

PENGUIN RANDOM HOUSE CANADA LIMITED p 908
1 Toronto St Suite 300, TORONTO, ON, M5C 2V6
(416) 364-4449   SIC 2731

PENGUIN RANDOM HOUSE CANADA LIMITED p 930
320 Front St W Suite 1400, TORONTO, ON, M5V 3B6
(416) 364-4449   SIC 2731

PENIGUEL MARIE-JOSEE p 1004
1015 Rue Lionel-Daunais Bureau 104, BOUCHERVILLE, QC, J4B 0B1
(450) 552-4552   SIC 8322

PENINSULA FORD LINCOLN p 804
See PENINSULA MOTOR SALES LTD

PENINSULA MOTOR SALES LTD p 804
202392 Sunset Strip, Owen Sound, ON, N4K 5N7
(519) 376-3252   SIC 5511

PENINSULA SECURITY SERVICES LTD p 955
50 Division St, WELLAND, ON, L3B 3Z6
(905) 732-2337   SIC 7381

PENN WEST PETROLEUM p 48
111 5 Ave Sw Suite 800, CALGARY, AB, T2P 3Y6
(403) 777-2500   SIC 1311

PENN WEST PETROLEUM LTD p 9
Gd, BUCK LAKE, AB, T0C 0T0
(780) 388-3740   SIC 1389

PENN WEST PETROLEUM LTD p 118
Gd, FALHER, AB, T0H 1M0
(780) 837-2929   SIC 2911

PENN WEST PETROLEUM LTD p 173
See OBSIDIAN ENERGY LTD

PENN WEST PETROLEUM LTD p 215
10511 100 Ave, FORT ST. JOHN, BC, V1J 1Z1
(250) 785-8363   SIC 2911

PENNECON ENERGY HYDRAULIC SYSTEMS LIMITED p 430
2 Maverick Pl, PARADISE, NL, A1L 0H6
(709) 726-3490   SIC 7699

PENNECON ENERGY HYDRAULIC SYSTEMS LIMITED p 452
41 Ilsley Ave, DARTMOUTH, NS, B3B 1K9
(902) 468-6640   SIC 1799

PENNECON ENERGY INDUSTRIAL SERVICES LTD p 432
456 Logy Bay Rd, ST. JOHN'S, NL, A1A 5C6
(709) 782-4269   SIC 1522

PENNECON ENERGY TECHNICAL SERVICES LTD p 436
650 Water St, ST. JOHN'S, NL, A1E 1B9
(709) 726-4554   SIC 7694

PENNER FARM SERVICES p 597
See PENNER FARM SERVICES (AVONBANK) LTD

PENNER FARM SERVICES (AVONBANK) LTD p 597
15456 Elginfield Rd Rr 3, GRANTON, ON, N0M 1V0
(519) 225-2507   SIC 5083

PENNER INTERNATIONAL INC p 369
2091 Brookside Blvd, WINNIPEG, MB, R2R 2Y3
(204) 633-7550   SIC 4213

PENNER INTERNATIONAL INC p 520
297 Rutherford Rd S, BRAMPTON, ON, L6W 3J8
(905) 624-6411   SIC 4213

PENNEY KIA p 433
See KIA CANADA INC

PENNEY MAZDA p 434
See SUPERCARS INC

PENNINGTONS p 660
See REITMANS (CANADA) LIMITEE

PENNY LANE ENTERPRISES p 469
See QUEEN'S ASSOCIATION FOR SUPPORTED LIVING

PENRITH INVESTMENTS LTD p 300
711 Broadway W, VANCOUVER, BC, V5Z 3Y2
(778) 330-2400   SIC 7011

PENSAFE INC p 955
300 Major St, WELLAND, ON, L3B 0B9
SIC 3443

PENSHU INC p 1081
5745 Rue Pare, MONT-ROYAL, QC, H4P 1S1
(514) 731-2112   SIC 3144

PENSION ADMINSTRATION OFFICE p 321
See UNIVERSITY OF BRITISH COLUMBIA, THE

PENSIONNAT DES SACRES-COEURS p 1181
See ACADEMIE DES SACRES-CURS

PENSIONNAT DU ST NOM DE MARIE p 1136
628 Ch De La Cote-Sainte-Catherine, OUTREMONT, QC, H2V 2C5
(514) 735-5261   SIC 8211

PENSIONNAT NOTRE-DAME-DES-ANGES p 1088
5680 Boul Rosemont, Montreal, QC, H1T 2H2
(514) 254-6447   SIC 8211

PENSKE TRUCK LEASING CANADA INC p 19
6215 48 St Se, CALGARY, AB, T2C 3J7
(403) 236-7162   SIC 7359

PENSKE TRUCK LEASING CANADA INC p 19
6215 48 St Se, CALGARY, AB, T2C 3J7
(403) 236-7165   SIC 7513

PENSKE TRUCK LEASING CANADA INC p 87
15706 116 Ave Nw, EDMONTON, AB, T5M 3S5
(780) 451-2686   SIC 7513

PENSKE TRUCK LEASING CANADA INC p 185
2916 Norland Ave, BURNABY, BC, V5B 3A6
(604) 294-1351   SIC 7513

PENSKE TRUCK LEASING CANADA INC p 516
37 West Dr, BRAMPTON, ON, L6T 4A1
(905) 450-7676   SIC 7513

PENSKE TRUCK LEASING CANADA INC p 690
1610 Enterprise Rd, MISSISSAUGA, ON, L4W 4L4
(905) 564-2176   SIC 7513

PENSKE TRUCK LEASING CANADA INC p 781
850 Champlain Ave, OSHAWA, ON, L1J 8C3
(905) 436-0171   SIC 7513

PENSKE TRUCK LEASING CANADA INC p 785
2323 Stevenage Dr, OTTAWA, ON, K1G 3W1
(613) 731-9998   SIC 7513

PENSKE TRUCK LEASING CANADA INC p 1163
2824 Rue Einstein, Quebec, QC, G1X 4B3
(418) 682-0301   SIC 7513

PENSKE TRUCK LEASING CANADA INC p 1210
2500 Boul Pitfield, SAINT-LAURENT, QC, H4S 1Z7
(514) 333-4080   SIC 7513

PENSKE TRUCK RENTAL & LEASING p 785
See PENSKE TRUCK LEASING CANADA INC

PENSKE TRUCK RENTALS p 87
See PENSKE TRUCK LEASING CANADA INC

PENSKE VEHICLE SERVICES (CANADA), INC p 780
850 Wilson Rd S, OSHAWA, ON, L1H 6E8
(905) 432-3388   SIC 7538

PENTAGON FARM CENTRE LTD p 174
592 Highway 44 S, WESTLOCK, AB, T7P 2P1
(780) 349-3113   SIC 5999

PENTAGON OPTIMIZATION SERVICES INC p 155
7700 76 St Close Unit 220, RED DEER, AB, T4P 4G6
(403) 347-6277   SIC 1389

PENTAIR CANADA, INC p 639
269 Trillium Dr, KITCHENER, ON, N2E 1W9
(519) 748-5470   SIC 5084

PENTAIR VALVES & CONTROLS CANADA INC p 101
5538 48 St Nw, EDMONTON, AB, T6B 2Z1
(780) 461-2228   SIC 5085

PENTECOSTAL ASSEMBLIES OF CANADA, THE p 177
35131 Straiton Rd, ABBOTSFORD, BC, V2S 7Z1
(604) 853-4166   SIC 8661

PENTECOSTAL ASSEMBLIES OF CANADA, THE p 231
21277 56 Ave, LANGLEY, BC, V2Y 1M3
(604) 530-7538   SIC 8661

PENTECOSTAL ASSEMBLIES OF CANADA, THE p 233
20411 Douglas Cres, LANGLEY, BC, V3A 4B6
(604) 533-2232   SIC 8661

PENTECOSTAL ASSEMBLIES OF CANADA, THE p 270
9300 Westminster Hwy, RICHMOND, BC, V6X 1B1
(604) 278-3191   SIC 8661

PENTECOSTAL ASSEMBLIES OF CANADA, THE p 578
1536 The Queensway, ETOBICOKE, ON, M8Z 1T5
(416) 255-0141   SIC 8661

PENTECOSTAL SENIOR CITIZENS HOME p 424
See EASTERN REGIONAL INTEGRATED HEALTH AUTHORITY

PENTEL STATIONERY OF CANADA LIMITED p 274
5900 No. 2 Rd Suite 140, RICHMOND, BC, V7C 4R9
(604) 270-1566   SIC 5112

PENTICTON COURTYARD INN LTD p 252
1050 Eckhardt Ave W, PENTICTON, BC, V2A 2C3
(250) 492-8926   SIC 7011

PENTICTON HERALD p 252
See CONTINENTAL NEWSPAPERS (CANADA) LTD

PENTICTON POSTAL OUTLET p 252
See CANADA POST CORPORATION

PENTICTON SECONDARY SCHOOL p 253
See SCHOOL DISTRICT NO 67 (OKANAGAN SKAHA)

PENTICTON WESTERN NEWS p 252
See BLACK PRESS GROUP LTD

PEO CANADA LTD p 47
805 5 Ave Sw Suite 100, CALGARY, AB, T2P 0N6
(403) 237-5577   SIC 8721

PEO CANADA LTD p 81
10304 Jasper Ave Nw, EDMONTON, AB, T5J 1Y7
(780) 429-9058   SIC 7361

PEOPLE CARE CENTRES INC p 872
28 William St N, TAVISTOCK, ON, N0B 2R0
(519) 655-2031   SIC 8051

PEOPLE CARE TAVISTOCK p 872
See PEOPLE CARE CENTRES INC

PEOPLE FIRST HR SERVICES LTD p 378
360 Main St Unit 1800, WINNIPEG, MB, R3C 3Z3
(204) 940-3900   SIC 7361

PEOPLECARE STRATFORD INC p 865
198 Mornington St, STRATFORD, ON, N5A 5G3
(519) 271-4440   SIC 8051

PEOPLELOGIC CORP p 744
250 Tempo Ave, NORTH YORK, ON, M2H 2N8
SIC 8748

PEOPLES FINANCIAL CORPORATION p 920
95 Wellington St W Suite 915, TORONTO, ON, M5J 2N7
(416) 861-1315   SIC 6162

PEPIN FORTIN CONSTRUCTION p 1259
See CONSTRUCTIONS PEPIN ET FORTIN INC, LES

PEPINIERE CRAMER INC p 1024
3000 Rue Du Marche, DOLLARD-DES-ORMEAUX, QC, H9B 2Y3
SIC 7389

PEPPERS, SAMMY J GOURMET GRILL AND BAR p 231
19925 Willowbrook Dr Suite 101, LANGLEY, BC, V2Y 1A7
(604) 514-0224   SIC 5812

PEPSI BOTTLING GROUP p 445
See PEPSICO CANADA ULC

PEPSI BOTTLING GROUP (CANADA), ULC, THE p 690
5205 Satellite Dr, MISSISSAUGA, ON, L4W 5J7
(905) 212-7377   SIC 2086

PEPSI COLA CANADA LTEE p 1173
401 Boul De La Riviere, RIMOUSKI, QC, G5L 7R1
(418) 722-8080   SIC 5149

PEPSI QTG CANADA p 810
See PEPSICO CANADA ULC

PEPSICO BEVERAGES CANADA p 690
See PEPSI BOTTLING GROUP (CANADA), ULC, THE

PEPSICO CANADA ULC p 14
2867 45 Ave Se, CALGARY, AB, T2B 3L8
(403) 571-9530   SIC 2096

PEPSICO CANADA ULC p 106
4110 101 St Nw, EDMONTON, AB, T6E 0A5
(780) 577-2150   SIC 2096

PEPSICO CANADA ULC p 137
2200 31 St N, LETHBRIDGE, AB, T1H 5K8
(403) 380-5775   SIC 2096

PEPSICO CANADA ULC p 170
5904 54 Ave, TABER, AB, T1G 1X3
(403) 223-3574   SIC 2096

PEPSICO CANADA ULC p 210
7762 Progress Way Unit 5, DELTA, BC, V4G 1A4
SIC 5145

PEPSICO CANADA ULC p 284
11811 103a Ave, SURREY, BC, V3V 0B5
(604) 587-8300   SIC 5145

PEPSICO CANADA ULC p 387
1099 Wilkes Ave Unit 11, WINNIPEG, MB, R3P 2S2
(204) 925-6040   SIC 2096

PEPSICO CANADA ULC p 418
35 Stinson Dr, SAINT JOHN, NB, E2M 7E3
(506) 674-0923   SIC 5145

PEPSICO CANADA ULC p 430
5 Glencoe Dr, MOUNT PEARL, NL, A1N 4S4
(709) 748-2075   SIC 5145

PEPSICO CANADA ULC p 445
Gd Lcd Main, BRIDGEWATER, NS, B4V 2V8
(902) 527-1364   SIC 2086

PEPSICO CANADA ULC p 465
59 Warehouse Rd, KENTVILLE, NS, B4N 3W9
(902) 681-2923   SIC 2096

PEPSICO CANADA ULC p 465
Gd, KENTVILLE, NS, B4N 3W9
(902) 681-6183   SIC 2096

PEPSICO CANADA ULC p 489
1 Kenwood Pl, ARNPRIOR, ON, K7S 1K9
(613) 623-8140   SIC 2096

PEPSICO CANADA ULC p 504
87 Wallbridge Cres, BELLEVILLE, ON, K8P 1Z5
(800) 267-0944   SIC 2086

PEPSICO CANADA ULC p 520
12 Clipper Crt, BRAMPTON, ON, L6W 4T9
(905) 460-2400   SIC 5145

PEPSICO CANADA ULC p 543
1185 Franklin Blvd Unit 1, CAMBRIDGE, ON, N1R 7Y5
(519) 740-5644   SIC 5145

PEPSICO CANADA ULC p 547
1001 Bishop St N, CAMBRIDGE, ON, N3H 4V8
(519) 653-5721   SIC 2096

PEPSICO CANADA ULC p 565
18075 Tyotown Rd, Cornwall, ON, K6H 5R5
SIC 2096

PEPSICO CANADA ULC p 663
104 Somerset Cres, LONDON, ON, N6K 3M4
(519) 472-2135   SIC 2096

PEPSICO CANADA ULC p 665
40 Enterprise Dr Suite 2, LONDON, ON, N6N 1A7
(519) 668-4004   SIC 5145

PEPSICO CANADA ULC p 690
5550 Explorer Dr, MISSISSAUGA, ON, L4W 0C3
(905) 212-7377   SIC 2096

PEPSICO CANADA ULC p 715
55 Standish Crt Suite 700, MISSISSAUGA, ON, L5R 4B2
SIC 2096

PEPSICO CANADA ULC p 800
37 Enterprise Ave, OTTAWA, ON, K2G 0A7
(613) 226-7301   SIC 5145

PEPSICO CANADA ULC p 810
14 Hunter St E, Peterborough, ON, K9J 7B2
(705) 743-6330   SIC 2043

PEPSICO CANADA ULC p 810
686 Rye St, PETERBOROUGH, ON, K9J 6W9
(705) 748-6162   SIC 5145

PEPSICO CANADA ULC p 834
1 Water Tower Gate, SCARBOROUGH, ON, M1B 6C5
(416) 284-3200   SIC 5145

PEPSICO CANADA ULC p 944
106 Dufferin Ave, TRENTON, ON, K8V 5E1
SIC 2047

PEPSICO CANADA ULC p 944
19 Alberta St, TRENTON, ON, K8V 4E7
(613) 392-1496   SIC 2041

PEPSICO CANADA ULC p 954
30 Pinewood Dr, WAWA, ON, P0S 1K0
(705) 856-4553   SIC 2096

PEPSICO CANADA ULC p 1004
1405 Rue Graham-Bell Bureau 103, BOUCHERVILLE, QC, J4B 6A1
SIC 2099

PEPSICO CANADA ULC p 1042
855 Rue J.-A.-Bombardier, GRANBY, QC, J2J 1E9
(450) 375-5555   SIC 2086

PEPSICO CANADA ULC p 1065
8450 Boul Guillaume-Couture, Levis, QC, G6V 7L7
(418) 833-2121   SIC 2096

PEPSICO CANADA ULC p 1127
6755 Rue Ernest-Cormier, Montreal, QC, H7C 2T4
(450) 664-5800   SIC 2096

PEPSICO CANADA ULC p 1152
235 Rue Fortin, Quebec, QC, G1M 3M2
(418) 681-6216   SIC 5145

PEPSICO CANADA ULC p 1239
4130 Boul Industriel, SHERBROOKE, QC, J1L 2S6
(819) 563-8544   SIC 2096

PEPSICO CANADA ULC p 1293
318 Edson St, SASKATOON, SK, S7J 0P9
(306) 242-5918   SIC 5145

PEPSICO FOOD CANADA p 690
5550 Explorer Dr Suite 800, MISSISSAUGA, ON, L4W 0C3
(289) 374-5000   SIC 5963

PERCY BAXTER SCHOOL p 175
See NORTHERN GATEWAY REGIONAL DIVISION #10

PERCY CENTENNIAL PUBLIC SCHOOL p 949
See KAWARTHA PINE RIDGE DISTRICT SCHOOL BOARD

PERCY WILLIAMS JR PUBLIC SCHOOL p 888
See TORONTO DISTRICT SCHOOL BOARD

PEREGRINE PLASTICS LTD p 184
3131 Production Way, BURNABY, BC, V5A 3H1
(604) 251-3174   SIC 2541

PEREGRINE RETAIL DESIGN MANUFACTURING p 184
See PEREGRINE PLASTICS LTD

PERFECT EQUIPMENT CANADA LTD p 944
19 Frankford Cres Unit 3, TRENTON, ON, K8V 6H8
(613) 394-8710   SIC 3369

PERFECT PLACEMENT SYSTEMS, DIV OF p 374
See 4659555 MANITOBA LTD

PERFECTION FOODS p 980
See AMALGAMATED DAIRIES LIMITED

PERFECTION FOODS p 982
See AMALGAMATED DAIRIES LIMITED

PERFORMANCE EQUIPMENT LTD p 581
111 The West Mall, ETOBICOKE, ON, M9C 1C1
(416) 626-3555   SIC 7538

PERFORMANCE LEXUS TOYOTA p 853
See PERFORMANCE TOYOTA LTD

PERFORMANCE MEDICAL DEVICES p 266
See NEOVASC MEDICAL INC

PERFORMANCE ORTHOTICS INC p 483
291 Clements Rd W, AJAX, ON, L1S 3W7
(905) 428-2692   SIC 3842

PERFORMANCE PRINTING p 850
See METROLAND MEDIA GROUP LTD

PERFORMANCE REALTY LTD p 594
5300 Canotek Rd Suite 201, GLOUCESTER, ON, K1J 1A4

(613) 744-2000   SIC 6531

PERFORMANCE TECHNOLOGIES p 624
See PERFTECH (PTI) CANADA CORP

PERFORMANCE TOYOTA LTD p 853
262 Lake St, ST CATHARINES, ON, L2N 4H1
(905) 934-7246   SIC 5511

PERFTECH (PTI) CANADA CORP p 624
40 Hines Rd Suite 500, KANATA, ON, K2K 2M5
(613) 287-5344   SIC 7371

PERFUMES ETC. LTD p 720
6880 Columbus Rd Unit 2, MISSISSAUGA, ON, L5T 2G1
(905) 850-8060   SIC 5122

PERI FORMWORK SYSTEMS p 15
See 1409096 ONTARIO LIMITED

PERI FORMWORK SYSTEMS INC p 101
4839 74 Ave Nw, EDMONTON, AB, T6B 2H5
(780) 432-7374   SIC 7353

PERI FORMWORK SYSTEMS INC p 506
45 Nixon Rd, BOLTON, ON, L7E 1K1
(905) 951-5400   SIC 7353

PERI FORMWORK SYSTEMS INC p 1129
3981 Boul Industriel, Montreal, QC, H7L 4S3
(450) 662-0057   SIC 1799

PERI SCAFFOLD SERVICES, DIV OF p 101
See PERI FORMWORK SYSTEMS INC

PERI SYSTEME DE COFFRAGE p 1129
See PERI FORMWORK SYSTEMS INC

PERIMETER FINANCIAL CORP p 920
15 York St Suite 200, TORONTO, ON, M5J 0A3
(416) 703-7800   SIC 8742

PERIMETER LUMBER p 350
See FINMAC LUMBER LIMITED

PERIMETER MARKETS p 920
See PERIMETER FINANCIAL CORP

PERKIN'S FAMILY RESTAURANT p 735
See 1346674 ONTARIO LIMITED

PERKINS FAMILY RESTAURANT p 787
See CANADIAN DINERS (1995) L.P. LTD

PERKINS FAMILY RESTAURANT & BAKERY p 145
See TRIPLE ANGLE ENTERPRISES LTD

PERKINS FAMILY RESTAURANT, THE p 586
600 Dixon Rd, ETOBICOKE, ON, M9W 1J1
(416) 240-7511   SIC 5812

PERKINS RESTAURANT p 737
5685 Falls Ave, NIAGARA FALLS, ON, L2G 3K6
(905) 371-8688   SIC 5812

PERL'S MEAT PRODUCTS LIMITED p 761
3015 Bathurst St, NORTH YORK, ON, M6B 3B5
(416) 787-4234   SIC 5421

PERM-A-TEM INC p 1071
45 Place Charles-Le Moyne Bureau 100, LONGUEUIL, QC, J4K 5G5
SIC 7361

PERMACON BOLTON (DIV) p 506
See MATERIAUX DE CONSTRUCTION OLDCASTLE CANADA INC, LES

PERMACON, DIV DE p 991
See MATERIAUX DE CONSTRUCTION OLDCASTLE CANADA INC, LES

PERMICOM PERMITS SERVICES INC p 1057
10340 Ch De La Cote-De-Liesse Bureau 150, LACHINE, QC, H8T 1A3
(514) 828-1118   SIC 4731

PEROGY - POLISH HALL p 880
818 Spring St, THUNDER BAY, ON, P7C 3L6
(807) 623-8613   SIC 8699

PEROXYCHEM CANADA LTD p 262
2147 Pg Pulp Mill Rd, PRINCE GEORGE, BC, V2N 2S6
(250) 561-4200   SIC 2819

PERRY RAND TRANSPORTATION GROUP LIMITED p 447
198 Waverley Rd, DARTMOUTH, NS, B2X 2C1
(902) 375-3222   SIC 4142

PERRY RAND TRANSPORTATION GROUP LIMITED p 853
198 Waverley Rd, DARTMOUTH, NS, B2X 2C1
SIC 4173

PERSISTA p 716
See CLARKE ROLLER & RUBBER LIMITED

PERSONAL CARE HOME p 355
See PRAIRIE MOUNTAIN HEALTH

PERSONAL INSURANCE COMPANY OF CANADA, THE p 48
See PERSONAL INSURANCE COMPANY, THE

PERSONAL INSURANCE COMPANY OF CANADA, THE p 595
See PERSONAL INSURANCE COMPANY, THE

PERSONAL INSURANCE COMPANY, THE p 48
855 2 St Sw Unit 710, CALGARY, AB, T2P 4J7
(403) 265-5931   SIC 6331

PERSONAL INSURANCE COMPANY, THE p 595
1900 City Park Dr Suite 300, GLOUCESTER, ON, K1J 1A3
(613) 742-5000   SIC 6331

PERSONAL INSURANCE COMPANY, THE p 695
3 Robert Speck Pky Suite 550, MISSISSAUGA, ON, L4Z 3Z9
(905) 306-5252   SIC 6331

PERSONAL SUPPORT & DEVELOPMENT NETWORK INC p 81
10621 100 Ave Nw Suite 560, EDMONTON, AB, T5J 0B3
(780) 496-9224   SIC 8742

PERSONALTOURS INC p 941
1750 The Queensway Suite 1300, TORONTO, ON, M9C 5H5
SIC 4725

PERSONNAIDE INC p 1074
56 Rue Saint-Patrice O, MAGOG, QC, J1X 1V9
(819) 868-0487   SIC 8322

PERSONNEL SEARCH LTD p 407
883 Main St, MONCTON, NB, E1C 1G5
(506) 857-2156   SIC 7361

PERSONNEL UNIQUE CANADA INC p 1028
455 Boul Fenelon Bureau 210, DORVAL, QC, H9S 5T8
(514) 633-6220   SIC 8741

PERSONNELLE, LA p 695
See PERSONAL INSURANCE COMPANY, THE

PERSPECSYS CORP p 690
5110 Creekbank Rd Suite 500, MISSISSAUGA, ON, L4W 0A1
(905) 282-0023   SIC 7371

PERTH & DISTRICT COLLEGIATE INSTITUTE p 807
See UPPER CANADA DISTRICT SCHOOL BOARD, THE

PERTH & DISTRICT INDOOR SWIMMING POOL p 807
See PERTH, CORPORATION OF THE TOWN OF

PERTH AND SMITHS FALLS DISTRICT HOSPITAL p 807
33 Drummond St W, PERTH, ON, K7H 2K1
(613) 267-1500   SIC 8062

PERTH AND SMITHS FALLS DISTRICT HOSPITAL p 850
60 Cornelia St W, SMITHS FALLS, ON, K7A 2H9
(613) 283-2330   SIC 8062

PERTH AVENUE JUNIOR PUBLIC SCHOOL p 938
See TORONTO DISTRICT SCHOOL BOARD

PERTH DOWNTOWN PHARMASAVE (PAMELA NEWTON) LTD *p 807*
57 Foster St Suite 762, PERTH, ON, K7H 1R9
(613) 267-1578   *SIC* 5912

PERTH POST OFFICE *p 807*
See CANADA POST CORPORATION

PERTH ROAD PUBLIC SCHOOL *p 807*
See LIMESTONE DISTRICT SCHOOL BOARD

PERTH SERVICES LTD *p 345*
1215 Rosser Ave, BRANDON, MB, R7A 0M1
SIC 7211

PERTH SERVICES LTD *p 380*
765 Wellington Ave Suite 1, WINNIPEG, MB, R3E 0J1
(204) 697-6100   *SIC* 7211

PERTH SERVICES LTD *p 628*
420 Second St S, KENORA, ON, P9N 1G6
SIC 7218

PERTH SERVICES LTD *p 879*
339 Memorial Ave, THUNDER BAY, ON, P7B 3Y4
(807) 345-2295   *SIC* 7216

PERTH SOAP MANUFACTURING INC *p 807*
5 Herriott St, PERTH, ON, K7H 3E5
(613) 267-1881   *SIC* 2841

PERTH SOAP, DIV OF *p 807*
See PERTH SOAP MANUFACTURING INC

PERTH'S *p 345*
See PERTH SERVICES LTD

PERTH'S *p 380*
See PERTH SERVICES LTD

PERTH'S *p 879*
See PERTH SERVICES LTD

PERTH'S CLEANERS LAUNDERERS & RENTALS *p 628*
See PERTH SERVICES LTD

PERTH, CORPORATION OF THE TOWN OF *p 807*
3 Sunset Blvd, PERTH, ON, K7H 0A1
(613) 267-5302   *SIC* 7999

PERTH-ANDOVER MIDDLE SCHOOL *p 411*
See SCHOOL DISTRICT 14

PESTALTO ENVIRONMENTAL HEALTH SERVICES INC *p 599*
400 Elizabeth St Unit I, GUELPH, ON, N1E 2Y1
SIC 4959

PET FOOD, DIV OF *p 944*
See PEPSICO CANADA ULC

PETE'S *p 443*
See LUCKETT RETAIL MANAGEMENT INC

PETE'S EUROPEAN DELI *p 457*
See ATRIUM GROUP INC, THE

PETER & PAUL'S MANOR LTD *p 561*
8601 Jane St Unit 6, CONCORD, ON, L4K 5N9
(905) 326-4438   *SIC* 7299

PETER AND PAUL'S MANOR LIMITED *p 629*
16750 Weston Rd, KETTLEBY, ON, L0G 1J0
(905) 939-2800   *SIC* 7299

PETER HODGE TRANSPORT LIMITED *p 681*
See CONTRANS GROUP INC

PETER KIEWIT INFRASTRUCTURE CO. *p 48*
1000 7 Ave Sw Suite 500, CALGARY, AB, T2P 5L5
(403) 693-8701   *SIC* 1611

PETER KIEWIT INFRASTRUCTURE CO. *p 65*
9500 100 St Se, CALGARY, AB, T3S 0A2
SIC 1611

PETER KIEWIT INFRASTRUCTURE CO. *p 93*
11211 Winterburn Rd Nw, EDMONTON, AB, T5S 2B2
(780) 447-3509   *SIC* 1611

PETER KIEWIT INFRASTRUCTURE CO. *p 187*
4350 Still Creek Dr Suite 310, BURNABY, BC, V5C 0G5
(604) 629-5419   *SIC* 1629

PETER KIEWIT INFRASTRUCTURE CO. *p 253*
17949 Kennedy Rd, PITT MEADOWS, BC, V3Y 1Z1
(604) 460-2550   *SIC* 1629

PETER KIEWIT INFRASTRUCTURE CO. *p 429*
277 Atlantic St Suite 267, MARYSTOWN, NL, A0E 2M0
SIC 3731

PETER SAMS *p 1033*
See DESJARDINS SECURITE FINANCIERE, COMPAGNIE D'ASSURANCE VIE

PETER SKENE OGDEN SECONDARY SCHOOL *p 176*
See SCHOOL DISTRICT NO 27 (CARIBOO-CHILCOTIN)

PETERBILT *p 881*
See THUNDER BAY TRUCK CENTRE INC

PETERBILT ATLANTIC *p 410*
See HAWKINS TRUCK MART LTD

PETERBILT MANITOBA LTD *p 346*
1809 18th St N, BRANDON, MB, R7C 1A6
(204) 725-1991   *SIC* 5531

PETERBILT OF HALDIMAND *p 605*
See PETERBILT OF ONTARIO INC

PETERBILT OF LONDON *p 654*
See PETERBILT OF ONTARIO INC

PETERBILT OF NORTH BAY *p 742*
See PETERBILT OF ONTARIO INC

PETERBILT OF ONTARIO INC *p 493*
7 Cochran Dr Suite 97, AYR, ON, N0B 1E0
(519) 622-7799   *SIC* 5511

PETERBILT OF ONTARIO INC *p 605*
4011 Highway 6 S, HAGERSVILLE, ON, N0A 1H0
(905) 768-1300   *SIC* 5013

PETERBILT OF ONTARIO INC *p 654*
31 Buchanan Crt, LONDON, ON, N5Z 4P9
(519) 686-1000   *SIC* 5511

PETERBILT OF ONTARIO INC *p 742*
3410 Highway 11 N, NORTH BAY, ON, P1B 8G3
(705) 472-4000   *SIC* 5511

PETERBILT OF ONTARIO INC *p 958*
1311 Hopkins St, WHITBY, ON, L1N 2C2
(905) 665-8888   *SIC* 5511

PETERBILT OF ONTARIO INC *p 977*
240 Universal Rd, WOODSTOCK, ON, N4S 7W3
(519) 539-2000   *SIC* 7532

PETERBILT OF WATERLOO *p 493*
See PETERBILT OF ONTARIO INC

PETERBILT PACIFIC INC *p 289*
19470 96 Ave, SURREY, BC, V4N 4C2
(604) 888-1411   *SIC* 5511

PETERBOROUGH GOODLIFE FITNESS *p 810*
See GOODLIFE FITNESS CENTRES INC

PETERBOROUGH MEMORIAL CENTRE *p 809*
See CORPORATION OF THE CITY OF PETERBOROUGH, THE

PETERBOROUGH PUBLIC LIBRARY BOARD *p 808*
345 Aylmer St N, PETERBOROUGH, ON, K9H 3V7
(705) 745-5560   *SIC* 8231

PETERBOROUGH REGIONAL HEALTH CENTRE *p 809*
See CITY OF PETERBOROUGH HOLDINGS INC

PETERBOROUGH THIS WEEK *p 810*
See METROLAND MEDIA GROUP LTD

PETERBOROUGH VICTORIA NORTHUMBERLAND AND CLARINGTON CATHOLIC DISTRICT SCHOOL BOARD *p 507*
90 Parkway Cres, BOWMANVILLE, ON, L1C 1C3
(905) 623-5151   *SIC* 8211

PETERBOROUGH VICTORIA NORTHUMBERLAND AND CLARINGTON CATHOLIC DISTRICT SCHOOL BOARD *p 507*
610 Longworth Ave, BOWMANVILLE, ON, L1C 5B8
(905) 697-9155   *SIC* 8211

PETERBOROUGH VICTORIA NORTHUMBERLAND AND CLARINGTON CATHOLIC DISTRICT SCHOOL BOARD *p 507*
300 Scugog St, BOWMANVILLE, ON, L1C 3K2
(905) 623-3990   *SIC* 8211

PETERBOROUGH VICTORIA NORTHUMBERLAND AND CLARINGTON CATHOLIC DISTRICT SCHOOL BOARD *p 508*
125 Aspen Springs Dr, BOWMANVILLE, ON, L1C 0C6
(905) 623-6255   *SIC* 8211

PETERBOROUGH VICTORIA NORTHUMBERLAND AND CLARINGTON CATHOLIC DISTRICT SCHOOL BOARD *p 529*
405 4th Line, BRIDGENORTH, ON, K0L 1H0
(705) 652-3961   *SIC* 8211

PETERBOROUGH VICTORIA NORTHUMBERLAND AND CLARINGTON CATHOLIC DISTRICT SCHOOL BOARD *p 548*
35 Centre St, CAMPBELLFORD, ON, K0L 1L0
(705) 653-1370   *SIC* 8211

PETERBOROUGH VICTORIA NORTHUMBERLAND AND CLARINGTON CATHOLIC DISTRICT SCHOOL BOARD *p 555*
760 Burnham St, COBOURG, ON, K9A 2X6
(905) 377-9967   *SIC* 8211

PETERBOROUGH VICTORIA NORTHUMBERLAND AND CLARINGTON CATHOLIC DISTRICT SCHOOL BOARD *p 555*
23 University Ave W, COBOURG, ON, K9A 2G6
(905) 372-4391   *SIC* 8211

PETERBOROUGH VICTORIA NORTHUMBERLAND AND CLARINGTON CATHOLIC DISTRICT SCHOOL BOARD *p 555*
1050 Birchwood Trail, COBOURG, ON, K9A 5S9
(905) 372-4339   *SIC* 8211

PETERBOROUGH VICTORIA NORTHUMBERLAND AND CLARINGTON CATHOLIC DISTRICT SCHOOL BOARD *p 555*
919 D'arcy St, COBOURG, ON, K9A 4B4
(905) 372-6879   *SIC* 8211

PETERBOROUGH VICTORIA NORTHUMBERLAND AND CLARINGTON CATHOLIC DISTRICT SCHOOL BOARD *p 567*
2260 Courtice Rd, COURTICE, ON, L1E 2M8
(905) 404-9349   *SIC* 8211

PETERBOROUGH VICTORIA NORTHUMBERLAND AND CLARINGTON CATHOLIC DISTRICT SCHOOL BOARD *p 567*
78 Glenabbey Dr, COURTICE, ON, L1E 2B5
(905) 433-5512   *SIC* 8211

PETERBOROUGH VICTORIA NORTHUMBERLAND AND CLARINGTON CATHOLIC DISTRICT SCHOOL BOARD *p 567*
3820 Courtice Rd N, COURTICE, ON, L1E 2L5
(905) 433-0331   *SIC* 8211

PETERBOROUGH VICTORIA NORTHUMBERLAND AND CLARINGTON CATHOLIC DISTRICT SCHOOL BOARD *p 567*
20 Farmington Dr, COURTICE, ON, L1E 3B9
(905) 404-9868   *SIC* 8211

PETERBOROUGH VICTORIA NORTHUMBERLAND AND CLARINGTON CATHOLIC DISTRICT SCHOOL BOARD *p 569*
405 Forth Line, DOURO, ON, K0L 1S0
(705) 652-3961   *SIC* 8211

PETERBOROUGH VICTORIA NORTHUMBERLAND AND CLARINGTON CATHOLIC DISTRICT SCHOOL BOARD *p 574*
531 Ennis Rd, ENNISMORE, ON, K0L 1T0
(705) 292-8997   *SIC* 8211

PETERBOROUGH VICTORIA NORTHUMBERLAND AND CLARINGTON CATHOLIC DISTRICT SCHOOL BOARD *p 596*
103b Lyle St S, GRAFTON, ON, K0K 2G0
(905) 349-2061   *SIC* 8211

PETERBOROUGH VICTORIA NORTHUMBERLAND AND CLARINGTON CATHOLIC DISTRICT SCHOOL BOARD *p 636*
1047 Portage Rd, KIRKFIELD, ON, K0M 2B0
(705) 438-3181   *SIC* 8211

PETERBOROUGH VICTORIA NORTHUMBERLAND AND CLARINGTON CATHOLIC DISTRICT SCHOOL BOARD *p 645*
2 Grant Ave, LAKEFIELD, ON, K0L 2H0
(705) 652-7532   *SIC* 8211

PETERBOROUGH VICTORIA NORTHUMBERLAND AND CLARINGTON CATHOLIC DISTRICT SCHOOL BOARD *p 647*
16 St Lawrence St, LINDSAY, ON, K9V 2J8
(705) 324-3113   *SIC* 8211

PETERBOROUGH VICTORIA NORTHUMBERLAND AND CLARINGTON CATHOLIC DISTRICT SCHOOL BOARD *p 647*
320 Mary St W, LINDSAY, ON, K9V 5X5
(705) 878-3660   *SIC* 8211

PETERBOROUGH VICTORIA NORTHUMBERLAND AND CLARINGTON CATHOLIC DISTRICT SCHOOL BOARD *p 647*
260 Angeline St S, LINDSAY, ON, K9V 0J8
(705) 878-4117   *SIC* 8211

PETERBOROUGH VICTORIA NORTHUMBERLAND AND CLARINGTON CATHOLIC DISTRICT SCHOOL BOARD *p 647*
130 Orchard Park Rd, LINDSAY, ON, K9V 5K1
(705) 324-7445   *SIC* 8211

PETERBOROUGH VICTORIA NORTHUMBERLAND AND CLARINGTON CATHOLIC DISTRICT SCHOOL BOARD *p 732*
1774 Rudell Rd, NEWCASTLE, ON, L1B 1E2
(905) 987-4797   *SIC* 8211

PETERBOROUGH VICTORIA NORTHUMBERLAND AND CLARINGTON CATHOLIC DISTRICT SCHOOL BOARD *p 764*
55 Oak St, NORWOOD, ON, K0L 2V0
(705) 639-2191   *SIC* 8211

PETERBOROUGH VICTORIA NORTHUMBERLAND AND CLARINGTON CATHOLIC DISTRICT SCHOOL BOARD *p 808*
1101 Hilliard St, PETERBOROUGH, ON, K9H 5S3
(705) 742-2991   *SIC* 8211

PETERBOROUGH VICTORIA NORTHUMBERLAND AND CLARINGTON CATHOLIC DISTRICT SCHOOL BOARD *p 808*
240 Bellevue St, PETERBOROUGH, ON, K9H 5E5
(705) 742-3342   *SIC* 8211

PETERBOROUGH VICTORIA NORTHUMBERLAND AND CLARINGTON CATHOLIC DISTRICT SCHOOL BOARD *p 808*
76 Robinson St, PETERBOROUGH, ON, K9H 1E8
(705) 745-6777   *SIC* 8211

PETERBOROUGH VICTORIA NORTHUMBERLAND AND CLARINGTON CATHOLIC DISTRICT SCHOOL BOARD *p 810*
875 St Mary's St, PETERBOROUGH, ON, K9J 4H7
(705) 742-0594   *SIC* 8211

PETERBOROUGH VICTORIA NORTHUMBERLAND AND CLARINGTON CATHOLIC DISTRICT SCHOOL BOARD *p 811*
1575 Glenforest Blvd, PETERBOROUGH, ON, K9K 2J6
(705) 742-6109   *SIC* 8211

PETERBOROUGH VICTORIA NORTHUMBERLAND AND CLARINGTON CATHOLIC DISTRICT SCHOOL BOARD *p 811*
746 Park St S, PETERBOROUGH, ON, K9J 3T4
(705) 745-4113   *SIC* 8211

PETERBOROUGH VICTORIA NORTHUMBERLAND AND CLARINGTON CATHOLIC DISTRICT SCHOOL BOARD *p 811*

1355 Lansdowne St W, PETERBOROUGH, ON, K9J 7M3
(705) 748-4861   SIC 8211
PETERBOROUGH VICTORIA NORTHUMBERLAND AND CLARINGTON CATHOLIC DISTRICT SCHOOL BOARD   p 811
1525 Fairmount Blvd, PETERBOROUGH, ON, K9J 6S9
(705) 745-0332   SIC 8211
PETERBOROUGH VICTORIA NORTHUMBERLAND AND CLARINGTON CATHOLIC DISTRICT SCHOOL BOARD   p 812
2400 Marsdale Dr, PETERBOROUGH, ON, K9L 1Z2
(705) 743-9851   SIC 8211
PETERBOROUGH VICTORIA NORTHUMBERLAND AND CLARINGTON CATHOLIC DISTRICT SCHOOL BOARD   p 817
74 Toronto Rd, PORT HOPE, ON, L1A 3R9
(905) 885-4583   SIC 8211
PETERS' DRIVE INN   p 25
219 16 Ave Ne, CALGARY, AB, T2E 1J9
(403) 277-2747   SIC 5812
PETERSON ROAD ELEMENTARY SCHOOL   p 231
See BOARD OF EDUCATION OF SCHOOL DISTRICT NO. 35 (LANGLEY)
PETERSON SPRING OF CANADA LIMITED   p 635
208 Wigle Ave, KINGSVILLE, ON, N9Y 2J9
(519) 733-2358   SIC 3492
PETIT COIN BRETON LTEE, AU   p 1161
2600 Boul Laurier Unite 1, Quebec, QC, G1V 4W1
(418) 653-6051   SIC 5812
PETIT LEM   p 1205
See LE GROUPE LEMUR INC
PETITCODIAC REGIONAL SCHOOL   p 412
See SCHOOL DISTRICT 2
PETITE BRETONNE INC, LA   p 999
1210 Boul Michele-Bohec, BLAINVILLE, QC, J7C 5S4
(450) 435-3381   SIC 2051
PETLAND   p 9
See 1009833 ALBERTA LTD
PETLAND   p 61
See 1009833 ALBERTA LTD
PETLAND   p 125
See 1009833 ALBERTA LTD
PETLAND   p 156
See 1009833 ALBERTA LTD
PETLAND   p 254
See 1009833 ALBERTA LTD
PETLAND   p 1299
See 1009833 ALBERTA LTD
PETO MACCALLUM LTD   p 498
19 Churchill Dr, BARRIE, ON, L4N 8Z5
(705) 734-3900   SIC 8711
PETO MACCALLUM LTD   p 638
16 Franklin St S, KITCHENER, ON, N2C 1R4
(519) 893-7500   SIC 8711
PETON DISTRIBUTORS INC   p 586
1211 Martin Grove Rd, ETOBICOKE, ON, M9W 4X2
(416) 742-7138   SIC 5999
PETRIE RAYMOND S.E.N.C.R.L   p 1096
255 Boul Cremazie E Bureau 1000, Montreal, QC, H2M 1L5
(514) 342-4740   SIC 8721
PETRIN MECHANICAL LTD   p 33
6445 10 St Se, CALGARY, AB, T2H 2Z9
(403) 279-6881   SIC 1711
PETRO CANADA   p 180
See OCEANS RETAIL INVESTMENTS INC
PETRO CANADA   p 495
See SIMSAK CORPORATION
PETRO CANADA   p 632
See 1211084 ONTARIO LTD
PETRO CANADA   p 729
See 1197762 ONTARIO LTD
PETRO CANADA   p 755
See LOVELY IMPORTS & RETAILS LTD
PETRO CANADA   p 756

See PETRO PARTNERS LIMITED
PETRO CANADA   p 1000
See SUNCOR ENERGY INC
PETRO CANADA   p 1003
See ENTREPRISES CD VARIN INC, LES
PETRO CANADA   p 1302
See CREEWAY GAS LLP
PETRO FIELD INDUSTRY   p 168
See EMPIRE IRON WORKS LTD
PETRO PARTNERS LIMITED   p 756
3993 Keele St, NORTH YORK, ON, M3J 2X6
(416) 461-0991   SIC 1311
PETRO-CANADA   p 95
See 177293 CANADA LTD
PETRO-CANADA   p 257
See 177293 CANADA LTD
PETRO-CANADA   p 435
See SUNCOR ENERGY INC
PETRO-CANADA BUSINESS CENTER   p 703
See SUNCOR ENERGY INC
PETRO-CANADA LUBRICANTS INC   p 702
2310 Lakeshore Rd W, MISSISSAUGA, ON, L5J 1K2
(905) 804-3600   SIC 5172
PETRO-CANADA WHOLSALE MARKETING   p 164
See MAX FUEL DISTRIBUTORS LTD
PETRO-TECH PRINTING LTD   p 48
621 4 Ave Sw, CALGARY, AB, T2P 0K2
(403) 266-1651   SIC 2752
PETROCAPITA INCOME TRUST   p 48
717 7 Ave Sw Suite 1400, CALGARY, AB, T2P 0Z3
(587) 393-3450   SIC 1382
PETROCHINA INTERNATIONAL (CANADA) TRADING LTD   p 48
111 5 Ave Sw Suite 1750, CALGARY, AB, T2P 3Y6
(587) 233-1200   SIC 4924
PETROCORP GROUP INC   p 115
14032 23 Ave Nw Suite 166, EDMONTON, AB, T6R 3L6
(780) 910-9436   SIC 1731
PETROCORP GROUP INC   p 149
5321 49 Ave, OLDS, AB, T4H 1G3
SIC 7699
PETROLE LEVAC PETROLEUM INC   p 857
5552 Rue St Catharine, ST ISIDORE, ON, K0C 2B0
(613) 524-2079   SIC 5984
PETROLES BRADLEY INC   p 1178
225 Rue Saguenay, ROUYN-NORANDA, QC, J9X 5N4
SIC 5983
PETROLES CREVIER INC   p 1207
2025 Rue Lucien-Thimens, SAINT-LAURENT, QC, H4R 1K8
(514) 331-2951   SIC 5172
PETROLEUM ATS DIVISION   p 561
400 Applewood Cres, CONCORD, ON, L4K 0C3
(905) 482-2587   SIC 3533
PETROWEST CIVIL SERVICES LP   p 173
Gd, WEMBLEY, AB, T0H 3S0
(780) 942-2434   SIC 1422
PETROWEST CIVIL SERVICES LP   p 215
8223 93 St, FORT ST. JOHN, BC, V1J 6X1
(250) 787-0969   SIC 1422
PETROWEST CONSTRUCTION LP   p 68
10226 84 Ave Ss 55 Suite 55, CLAIRMONT, AB, T0H 0W0
(780) 830-3051   SIC 1389
PETROWEST CONSTRUCTION LP   p 196
Gd, CHARLIE LAKE, BC, V0C 1H0
(250) 787-0254   SIC 1381
PETROWEST TRANSPORTATION LP   p 129
9201 163 Ave, GRANDE PRAIRIE, AB, T8X 0B6
(780) 402-0383   SIC 1382
PETS UNLIMITED   p 406
See 3499481 CANADA INC
PETS UNLIMITED   p 463

See 3499481 CANADA INC
PETTOS MAINTENANCE SERVICE LTD   p 693
1090 Dundas St E Suite A, MISSISSAUGA, ON, L4Y 2B8
(905) 275-9846   SIC 7349
PEWTERBILT LETHBRIDGE   p 136
See CALGARY PETERBILT LTD
PEYTO EXPLORATION & DEVELOPMENT CORP   p 48
600 3rd Ave Suite 300, CALGARY, AB, T2P 0G5
(403) 261-6081   SIC 1382
PF RESOLU CANADA INC   p 427
7 Mill Rd, GRAND FALLS-WINDSOR, NL, A2A 1B8
(709) 292-3000   SIC 2621
PF RESOLU CANADA INC   p 590
427 Mowat Ave, FORT FRANCES, ON, P9A 1Y8
(807) 274-5311   SIC 2611
PF RESOLU CANADA INC   p 704
2227 South Millway Suite 200, MISSISSAUGA, ON, L5L 3R6
(905) 820-3084   SIC 7372
PF RESOLU CANADA INC   p 856
2 Allanburg Rd S, ST CATHARINES, ON, L2T 3W9
(905) 227-5000   SIC 2621
PF RESOLU CANADA INC   p 881
156 Darrel Ave, THUNDER BAY, ON, P7J 1L7
(807) 624-9400   SIC 2421
PF RESOLU CANADA INC   p 881
2001 Neebing Ave, THUNDER BAY, ON, P7E 6S3
(807) 475-2400   SIC 2621
PF RESOLU CANADA INC   p 987
1100 Rue Melancon O, ALMA, QC, G8B 7G2
(418) 668-9400   SIC 2621
PF RESOLU CANADA INC   p 989
801 Rue Des Papetiers, AMOS, QC, J9T 3X5
(819) 727-9311   SIC 2621
PF RESOLU CANADA INC   p 994
1 Ch De La Scierie, BAIE-COMEAU, QC, G5C 2S9
(418) 589-9229   SIC 5099
PF RESOLU CANADA INC   p 994
20 Av Marquette, BAIE-COMEAU, QC, G4Z 1K6
(418) 296-3371   SIC 2679
PF RESOLU CANADA INC   p 1011
7499 Boul Sainte-Anne, Chateau-Richer, QC, G0A 1N0
(418) 824-4233   SIC 2421
PF RESOLU CANADA INC   p 1016
100 Rue De La Donohue, CLERMONT, QC, G4A 1A7
(418) 439-5300   SIC 2621
PF RESOLU CANADA INC   p 1023
1 4e Av, DOLBEAU-MISTASSINI, QC, G8L 2R4
(418) 239-2350   SIC 2621
PF RESOLU CANADA INC   p 1034
79 Rue Main, GATINEAU, QC, J8P 4X6
(819) 643-7500   SIC 4911
PF RESOLU CANADA INC   p 1040
2250 Rang Saint-Joseph Nord, GIRARDVILLE, QC, G0W 1R0
(418) 630-3433   SIC 2421
PF RESOLU CANADA INC   p 1047
3750 Rue De Champlain, Jonquiere, QC, G7X 1M1
(418) 695-9100   SIC 2621
PF RESOLU CANADA INC   p 1052
5850 Av Des Jardins, La Dore, QC, G8J 1B4
(418) 256-3816   SIC 2421
PF RESOLU CANADA INC   p 1063
2050 Rte 805 N, Lebel-sur-Quevillon, QC, J0Y 1X0
(819) 755-2500   SIC 2439
PF RESOLU CANADA INC   p 1075

200 Ch De Montcerf, MANIWAKI, QC, J9E 1A1
(819) 449-2100   SIC 2421
PF RESOLU CANADA INC   p 1135
1165 Rue Industrielle, NORMANDIN, QC, G8M 4S9
(418) 274-2424   SIC 2431
PF RESOLU CANADA INC   p 1187
900 Boul Hamel, Saint-Felicien, QC, G8K 2X4
(418) 679-0552   SIC 2421
PF RESOLU CANADA INC   p 1191
130 Ch Cartier, SAINT-HILARION, QC, G0A 3V0
(418) 457-3308   SIC 7389
PF RESOLU CANADA INC   p 1222
300 Av Du Moulin, SAINT-THOMAS-DIDYME, QC, G0W 1P0
(418) 274-3340   SIC 2421
PF RESOLU CANADA INC   p 1233
40 Ch Saint-Pierre, SENNETERRE, QC, J0Y 2M0
(819) 737-2300   SIC 2621
PFAFF MOTORS INC   p 975
101 Auto Park Cir, WOODBRIDGE, ON, L4L 8R1
(905) 851-0852   SIC 5511
PFAFF PORSCHE   p 975
See PFAFF MOTORS INC
PFI FUELS INC   p 881
1250 Rosslyn Rd, THUNDER BAY, ON, P7E 6V9
(807) 475-7667   SIC 5172
PFIZER CANADA INC   p 345
720 17th St E, BRANDON, MB, R7A 7H2
SIC 2834
PFIZER CANADA INC   p 690
2400 Skymark Ave Suite 3, MISSISSAUGA, ON, L4W 5L7
SIC 8733
PFIZER CANADA INC   p 695
5975 Whittle Rd Suite 200, MISSISSAUGA, ON, L4Z 3N1
(905) 507-7000   SIC 2834
PFIZER CANADA INC   p 773
40 Centennial Rd, ORANGEVILLE, ON, L9W 3T3
(519) 949-1030   SIC 2834
PFIZER CANADA INC   p 1049
17300 Rte Transcanadienne, KIRKLAND, QC, H9J 2M5
(514) 695-0500   SIC 2834
PFIZER CANADA INC   p 1207
1025 Boul Marcel-Laurin, SAINT-LAURENT, QC, H4R 1J6
(514) 744-6771   SIC 2834
PFIZER CONSUMER HEALTHCARE   p 695
See PFIZER CANADA INC
PFIZER GLOBAL MANUFACTURING   p 773
See PFIZER CANADA INC
PFIZER GLOBAL SUPPLY-BRANDON   p 345
See PFIZER CANADA INC
PFK   p 1065
See PRISZM LP
PFK   p 1070
See PRISZM LP
PFK   p 1091
See PRISZM LP
PFK   p 1092
See PRISZM LP
PFK   p 1146
See PRISZM LP
PFK   p 1163
See PRISZM LP
PFK   p 1216
See PRISZM LP
PFK   p 1236
See PRISZM LP
PFK   p 1244
See PRISZM LP
PFK   p 1246
See PRISZM LP
PFK   p 1258

BUSINESSES ALPHABETICALLY

See PRISZM LP
PFK ET TACOBELL p 1011
See PRISZM LP
PFK GREBER p 1036
See PRISZM LP
PFK/PIZZA HUT p 1022
See PRISZM LP
PFM PACKAGING MACHINERY CORPORATION p 733
1271 Ringwell Dr, NEWMARKET, ON, L3Y 8T9
(905) 836-6709   *SIC* 3565
PFS p 1180
See PRODUITS FORESTIERS ST-ARMAND INC
PG SOLUTIONS INC p 1173
217 Av Leonidas S Bureau 13, RIMOUSKI, QC, G5L 2T5
(418) 724-5037   *SIC* 7371
PGW CANADA p 761
See PITTSBURGH GLASS WORKS, ULC
PHABERVIN INC p 1235
2312 Av Saint-Marc, SHAWINIGAN, QC, G9N 2J7
(819) 539-5479   *SIC* 5912
PHANTOM INDUSTRIES INC p 938
207 Weston Rd, TORONTO, ON, M6N 4Z3
(416) 762-7177   *SIC* 2251
PHARE ELEMENTARY SCHOOL, LE p 787
See OTTAWA-CARLETON DISTRICT SCHOOL BOARD
PHARM PLUS p 823
See PHARMA PLUS DRUGMARTS LTD
PHARMA AMP INC p 1070
See PHARMACIE CHARLES RIVEST INC
PHARMA MEDICA RESEARCH INC p 887
4770 Sheppard Ave E Suite 2, TORONTO, ON, M1S 3V6
(416) 759-4111   *SIC* 8731
PHARMA PLUS p 579
See PHARMA PLUS DRUGMARTS LTD
PHARMA PLUS p 595
See REXALL PHARMACY GROUP LTD
PHARMA PLUS p 647
See PHARMA PLUS DRUGMARTS LTD
PHARMA PLUS p 737
See PHARMA PLUS DRUGMARTS LTD
PHARMA PLUS #0885 p 749
See PHARMA PLUS DRUGMARTS LTD
PHARMA PLUS 1321 p 722
See PHARMA PLUS DRUGMARTS LTD
PHARMA PLUS 1362 p 799
See REXALL PHARMACY GROUP LTD
PHARMA PLUS DRUG STORE p 502
See REXALL PHARMACY GROUP LTD
PHARMA PLUS DRUGMART p 483
See PHARMA PLUS DRUGMARTS LTD
PHARMA PLUS DRUGMART p 501
See PHARMA PLUS DRUGMARTS LTD
PHARMA PLUS DRUGMART p 868
See MCKESSON CORPORATION
PHARMA PLUS DRUGMARTS LTD p 366
35 Lakewood Blvd, WINNIPEG, MB, R2J 2M8
(204) 982-4120   *SIC* 5912
PHARMA PLUS DRUGMARTS LTD p 388
6650 Roblin Blvd, WINNIPEG, MB, R3R 2P9
SIC 5912
PHARMA PLUS DRUGMARTS LTD p 482
372 Queen St E, ACTON, ON, L7J 2Y5
(519) 853-2220   *SIC* 5912
PHARMA PLUS DRUGMARTS LTD p 483
240 Harwood Ave S, AJAX, ON, L1S 2H6
(905) 683-1210   *SIC* 5912
PHARMA PLUS DRUGMARTS LTD p 483
955 Westney Rd S Unit 7, AJAX, ON, L1S 3K7
(905) 683-1314   *SIC* 5912
PHARMA PLUS DRUGMARTS LTD p 501
4486 Ontario St, BEAMSVILLE, ON, L0R 1B5
(905) 563-7122   *SIC* 5912
PHARMA PLUS DRUGMARTS LTD p 508

125 Muskoka Rd, BRACEBRIDGE, ON, P1L 1H6
(705) 645-8738   *SIC* 5912
PHARMA PLUS DRUGMARTS LTD p 518
227 Vodden St E, BRAMPTON, ON, L6V 1N2
(905) 457-2955   *SIC* 5912
PHARMA PLUS DRUGMARTS LTD p 521
400 Queen St W, BRAMPTON, ON, L6X 1B3
(905) 459-4570   *SIC* 5912
PHARMA PLUS DRUGMARTS LTD p 523
499 Main St S, BRAMPTON, ON, L6Y 1N7
SIC 5912
PHARMA PLUS DRUGMARTS LTD p 534
5111 New St, BURLINGTON, ON, L7L 1V2
(905) 637-2331   *SIC* 5912
PHARMA PLUS DRUGMARTS LTD p 568
11 Champlain St, DEEP RIVER, ON, K0J 1P0
SIC 5912
PHARMA PLUS DRUGMARTS LTD p 579
4890 Dundas St W, ETOBICOKE, ON, M9A 1B5
(416) 239-8360   *SIC* 5912
PHARMA PLUS DRUGMARTS LTD p 580
250 The East Mall, ETOBICOKE, ON, M9B 3Y8
(416) 239-3511   *SIC* 5912
PHARMA PLUS DRUGMARTS LTD p 582
250 Wincott Dr, ETOBICOKE, ON, M9R 2R5
(416) 248-9538   *SIC* 5912
PHARMA PLUS DRUGMARTS LTD p 617
342 10th St, HANOVER, ON, N4N 1P4
(519) 364-2300   *SIC* 5912
PHARMA PLUS DRUGMARTS LTD p 632
1036 Princess St, KINGSTON, ON, K7L 1H2
(613) 542-4241   *SIC* 5912
PHARMA PLUS DRUGMARTS LTD p 632
1036 Princess Street Unit D101, KINGSTON, ON, K7L 1H2
(613) 542-1211   *SIC* 5912
PHARMA PLUS DRUGMARTS LTD p 637
1005 Ottawa St N, KITCHENER, ON, N2A 1H2
(519) 893-7171   *SIC* 5912
PHARMA PLUS DRUGMARTS LTD p 647
51 Kent St W, LINDSAY, ON, K9V 2X9
(705) 328-1500   *SIC* 5912
PHARMA PLUS DRUGMARTS LTD p 660
1795 Ernest Ave, LONDON, ON, N6E 2V5
(519) 681-0340   *SIC* 5912
PHARMA PLUS DRUGMARTS LTD p 662
740 Hyde Park Rd, LONDON, ON, N6H 5W9
(519) 471-1780   *SIC* 5912
PHARMA PLUS DRUGMARTS LTD p 722
1240 Eglinton Ave W Suite B7, MISSISSAUGA, ON, L5V 1N3
(905) 858-7903   *SIC* 5912
PHARMA PLUS DRUGMARTS LTD p 728
1363 Woodroffe Ave Unit B, NEPEAN, ON, K2G 1V7
(613) 224-7621   *SIC* 5912
PHARMA PLUS DRUGMARTS LTD p 737
6484 Lundy's Lane, NIAGARA FALLS, ON, L2G 1T6
(905) 354-3314   *SIC* 5912
PHARMA PLUS DRUGMARTS LTD p 742
1500 Fisher St, NORTH BAY, ON, P1B 2H3
(705) 476-2205   *SIC* 5912
PHARMA PLUS DRUGMARTS LTD p 744
3555 Don Mills Rd, NORTH YORK, ON, M2H 3N3
(416) 494-8102   *SIC* 5912
PHARMA PLUS DRUGMARTS LTD p 749
288 Sheppard Ave E, NORTH YORK, ON, M2N 3B1
(416) 222-5454   *SIC* 5912
PHARMA PLUS DRUGMARTS LTD p 781
419 King St W, OSHAWA, ON, L1J 2K5
(905) 728-5101   *SIC* 5912
PHARMA PLUS DRUGMARTS LTD p 796
1670 Heron Rd, OTTAWA, ON, K1V 0C2
(613) 731-8087   *SIC* 5912
PHARMA PLUS DRUGMARTS LTD p 798

2121 Carling Ave Unit 34, OTTAWA, ON, K2A 1S3
(613) 722-4588   *SIC* 5912
PHARMA PLUS DRUGMARTS LTD p 804
72 Grand River St N, PARIS, ON, N3L 2M2
(519) 442-2203   *SIC* 5912
PHARMA PLUS DRUGMARTS LTD p 813
1900 Dixie Rd, PICKERING, ON, L1V 6M4
(905) 420-8735   *SIC* 5912
PHARMA PLUS DRUGMARTS LTD p 823
9325 Yonge St, RICHMOND HILL, ON, L4C 0A8
(905) 508-5958   *SIC* 5912
PHARMA PLUS DRUGMARTS LTD p 823
9665 Bayview Ave, RICHMOND HILL, ON, L4C 9V4
(905) 770-7377   *SIC* 5912
PHARMA PLUS DRUGMARTS LTD p 831
129 Trunk Rd, SAULT STE. MARIE, ON, P6A 3S4
(705) 253-3254   *SIC* 5912
PHARMA PLUS DRUGMARTS LTD p 840
2447 Kingston Rd Unit 103, SCARBOROUGH, ON, M1N 1V4
(416) 264-2444   *SIC* 5912
PHARMA PLUS DRUGMARTS LTD p 851
174 Albert St S, SOUTHAMPTON, ON, N0H 2L0
(519) 797-2113   *SIC* 5912
PHARMA PLUS DRUGMARTS LTD p 868
555 Barrydowne Rd, SUDBURY, ON, P3A 3T4
(705) 566-0220   *SIC* 5912
PHARMA PLUS DRUGMARTS LTD p 875
1 Promenade Cir, THORNHILL, ON, L4J 4P8
(905) 764-0620   *SIC* 5912
PHARMA PLUS DRUGMARTS LTD p 893
325 Moore Ave, TORONTO, ON, M4G 3T6
(416) 423-5201   *SIC* 5912
PHARMA PLUS DRUGMARTS LTD p 900
1481 Yonge St, TORONTO, ON, M4T 1Z2
(416) 921-2171   *SIC* 5912
PHARMA PLUS DRUGMARTS LTD p 903
63 Wellesley St E, TORONTO, ON, M4Y 1G7
(416) 924-7760   *SIC* 5912
PHARMA PLUS DRUGMARTS LTD p 932
100 King St W, TORONTO, ON, M5X 2A1
(416) 362-6406   *SIC* 5912
PHARMA PLUS DRUGMARTS LTD p 951
425 University Ave E, WATERLOO, ON, N2K 4C9
(519) 743-5738   *SIC* 5912
PHARMA PLUS DRUGMARTS LTD p 972
55 Josephine St, WINGHAM, ON, N0G 2W0
(519) 357-2170   *SIC* 5912
PHARMACIE ANGUS INC p 1032
150 Rue Angus S Bureau 1, EAST ANGUS, QC, J0B 1R0
(819) 832-4343   *SIC* 5912
PHARMACIE ASSOCIEE A UNIPRIX p 1039
See UNIPRIX INC
PHARMACIE BERGERON ET VINCENT p 1235
See PHABERVIN INC
PHARMACIE BOURGET & TREMBLAY p 1012
See 9003-3416 QUEBEC INC
PHARMACIE BRUNET p 1065
See GESTION DANIEL DUBE INC
PHARMACIE BRUNET p 1118
See 3097-0230 QUEBEC INC
PHARMACIE CHARLES RIVEST INC p 1070
1748 Ch De Chambly, LONGUEUIL, QC, J4J 3X5
(450) 651-2000   *SIC* 5912
PHARMACIE DEBLOIS & MONARQUE p 1182
See FAMILIPRIX INC
PHARMACIE DENISE LORD p 1169
See 151332 CANADA INC
PHARMACIE DOMINIQUE BOND ET MELISSA PILOTE S.E.N.C. p 1165

2283 Av Chauveau, Quebec, QC, G2C 0G7
(418) 843-3191   *SIC* 8011
PHARMACIE DU PARC p 1099
See UNIPRIX INC
PHARMACIE JEAN COUTU p 1002
See 123273 CANADA INC
PHARMACIE JEAN COUTU p 1039
See GROUPE JEAN COUTU (PJC) INC, LE
PHARMACIE JEAN COUTU p 1040
See 123273 CANADA INC
PHARMACIE JEAN COUTU p 1055
See VARIETES CHARRON & LECLERC, SENC
PHARMACIE JEAN COUTU p 1073
See 98002 CANADA LTEE
PHARMACIE JEAN COUTU p 1080
See GROUPE JEAN COUTU (PJC) INC, LE
PHARMACIE JEAN COUTU p 1090
See GABAPHARM INC
PHARMACIE JEAN COUTU p 1090
See CHARTIER & PAROLIN INC
PHARMACIE JEAN COUTU p 1096
See 123273 CANADA INC
PHARMACIE JEAN COUTU p 1098
See RAMVAL INC
PHARMACIE JEAN COUTU p 1170
See 123273 CANADA INC
PHARMACIE JEAN COUTU p 1170
155 Boul Lacombe Unite 160, REPENTIGNY, QC, J5Z 3C4
(450) 654-6747   *SIC* 5912
PHARMACIE JEAN COUTU p 1187
See LUSSIER, BERNARD INC
PHARMACIE JEAN COUTU p 1201
See 123273 CANADA INC
PHARMACIE JEAN COUTU p 1228
See LUSSIER, BERNARD INC
PHARMACIE JEAN COUTU p 1229
See GROUPE JEAN COUTU (PJC) INC, LE
PHARMACIE JEAN COUTU p 1246
See ROBERGE, JULES A INC
PHARMACIE JEAN COUTU #163 p 1076
See CANADA POST CORPORATION
PHARMACIE JEAN COUTU #42 p 1071
See 123273 CANADA INC
PHARMACIE JEAN COUTU #54 p 1231
See GROUPE JEAN COUTU (PJC) INC, LE
PHARMACIE JEAN COUTU 220 p 1078
See GROUPE JEAN COUTU (PJC) INC, LE
PHARMACIE JOHANNE GIGUERE p 1035
See GESTION DELTA SIGMA INC
PHARMACIE MENARD BELANGER LAMBERT RIOPEL p 996
See UNIPRIX INC
PHARMACIE NORMAN CHICOYNE & MARC-ANTOINE BERTRAND p 1074
See GROUPE JEAN COUTU (PJC) INC, LE
PHARMACIE SPYRIDON KOUTSOURIS p 1120
375 Rue Jean-Talon O, Montreal, QC, H3N 2Y8
(514) 272-5565   *SIC* 5912
PHARMACIE UNIPRIX p 1072
See UNIPRIX INC
PHARMACIE UNIPRIX CHEMIKA p 1236
See UNIPRIX INC
PHARMACIENS GAUDREAULT GIRARD & PERRON, LES p 1013
See UNIPRIX INC
PHARMACIES JEAN-COUTU p 1034
See 153926 CANADA INC
PHARMACY JEAN COUTU #95 p 402
See BREAU, RAYMOND LTD
PHARMACY NORTH INC p 375
393 Portage Ave Unit 400, WINNIPEG, MB, R3B 3H6
SIC 5912
PHARMACY WHOLESALE SERVICES p 1108
See SERVICES DE GROSSISTE EN PHARMACIE PROFESSIONNELS INC
PHARMAPRIX p 1137
See GESTION SFTP

PHARMAPRIX p 1140
See 9159-9159 QUEBEC INC
PHARMAPRIX p 1203
See 2970-9177 QUEBEC INC
PHARMAPRIX p 1248
See GESTIONS GUILTREE INC
PHARMAPRIX 26 p 1133
See 2955-7196 QUEBEC INC
PHARMAPRIX BANLIEUE OUEST FAUBOURG DE L'ILE p 1138
See 148200 CANADA INC
PHARMASAVE p 238
See MILL BAY PHARMACY LTD
PHARMASAVE p 394
See BOUCTOUCHE PHARMACY LTD
PHARMASAVE p 441
See CHEVERIE PHARMACY SERVICES INC
PHARMASAVE p 454
See ASSOCIATED MARITIME PHARMACIES LIMITED
PHARMASAVE p 475
See PARAMOUNT PHARMACIES LIMITED
PHARMASAVE p 581
See PARTROSE DRUGS LIMITED
PHARMASAVE #167 p 284
See FRASER, D.H. LTD
PHARMASAVE #214 p 339
See SERVICE DRUG LTD
PHARMASAVE #519 p 480
See SPEARS & MACLEOD PHARMACY LIMITED
PHARMASAVE 354 p 130
See STEWART DRUGS HANNA (1984) LTD
PHARMASAVE 546 p 468
See VALLEY DRUG MART LTD
PHARMASAVE DRUGS (NATIONAL) LTD p 326
3101 30 Ave, VERNON, BC, V1T 2C4
(250) 542-4181   SIC 5912
PHARMASCIENCE INC p 1009
100 Boul De L'industrie, CANDIAC, QC, J5R 1J1
(450) 444-9989   SIC 2834
PHARMASCIENCE INC p 1097
8580 Av De L'esplanade, Montreal, QC, H2P 2R8
(514) 384-6516   SIC 2834
PHARMASCIENCE INC p 1125
6111 Av Royalmount Bureau 100, Montreal, QC, H4P 2T4
(514) 340-1114   SIC 2834
PHARMETICS p 999
See PHARMETICS (2011) INC
PHARMETICS (2011) INC p 999
865a Boul Michele-Bohec, BLAINVILLE, QC, J7C 5J6
(450) 682-8580   SIC 2834
PHARMX REXALL DRUG STORES (ALBERTA) LTD p 150
789 Main St, PINCHER CREEK, AB, T0K 1W0
(403) 627-3195   SIC 5912
PHARMX REXALL DRUG STORES (ALBERTA) LTD p 151
4502 50 St, PONOKA, AB, T4J 1J5
(403) 783-5568   SIC 5912
PHASE 5 p 789
See PHASE 5 CONSULTING GROUP INC
PHASE 5 CONSULTING GROUP INC p 789
109 Murray St Suite 4, OTTAWA, ON, K1N 5M5
(613) 241-7555   SIC 8732
PHASOR ENGINEERING INC p 14
1829 54 St Se Suite 218, CALGARY, AB, T2B 1N5
(403) 238-3695   SIC 8711
PHD CANADA p 930
See OMNICOM CANADA CORP
PHD MONTREAL p 1101
See XLR8 MEDIA INC
PHELPS APARTMENT LAUNDRIES p 682

See PHELPS INVESTMENT GROUP OF COMPANIES LTD
PHELPS APARTMENT LAUNDRIES LTD p 270
3640 No. 4 Rd Suite 1, RICHMOND, BC, V6X 2L7
(604) 257-8200   SIC 7359
PHELPS INVESTMENT GROUP OF COMPANIES LTD p 682
8695 Escarpment Way Unit 6, MILTON, ON, L9T 0J5
(905) 693-8666   SIC 7215
PHELPS LEASING LTD p 270
3640 No. 4 Rd, RICHMOND, BC, V6X 2L7
(604) 257-8230   SIC 7514
PHH VEHICLE MANAGEMENT SERVICES p 23
See ELEMENT FLEET MANAGEMENT INC
PHIL'S PANCAKE HOUSE p 153
See PHIL'S RESTAURANTS LTD
PHIL'S RESTAURANT p 38
See PHIL'S RESTAURANTS LTD
PHIL'S RESTAURANTS LTD p 38
2312 16 Ave Nw, CALGARY, AB, T2M 0M5
(403) 284-9696   SIC 5812
PHIL'S RESTAURANTS LTD p 54
907 Glenmore Trail Sw, CALGARY, AB, T2V 2H6
(403) 252-6061   SIC 5812
PHIL'S RESTAURANTS LTD p 153
4312 49 Ave, RED DEER, AB, T4N 3W6
(403) 347-1220   SIC 5812
PHILBROOK'S BOATYARD LTD p 277
2324 Harbour Rd, SIDNEY, BC, V8L 2P6
(250) 656-1157   SIC 3732
PHILCOS ENTERPRISER LTD p 695
120 Brunel Rd, MISSISSAUGA, ON, L4Z 1T5
(905) 568-1823   SIC 5136
PHILEMON WRIGHT HIGH SCHOOL p 1038
See COMMISSION SCOLAIRE WESTERN QUEBEC
PHILIP BURGESS LTD p 446
88 Sanford Dr, CURRYS CORNER, NS, B0N 2T0
(902) 798-2204   SIC 5983
PHILIP, S & F HOLDINGS LTD p 278
1528 Whiffin Spit Rd, SOOKE, BC, V9Z 0T4
(250) 642-3421   SIC 7011
PHILIPPE GOSSELIN & ASSOCIES LIMITEE p 1227
424 2e Av Du Parc-Industriel, SAINTE-MARIE, QC, G6E 1B6
(418) 387-5493   SIC 5172
PHILIPS ELECTRONICS LTD p 586
91 Skyway Ave Unit 100, ETOBICOKE, ON, M9W 6R5
(416) 674-6101   SIC 3648
PHILIPS ELECTRONICS LTD p 677
281 Hillmount Rd, MARKHAM, ON, L6C 2S3
(905) 201-4100   SIC 5064
PHILIPS ELECTRONICS LTD p 762
5171 Steeles Ave W, NORTH YORK, ON, M9L 1R5
SIC 5046
PHILIPS ELECTRONICS LTD p 1210
2250 Boul Alfred-Nobel Bureau 200, SAINT-LAURENT, QC, H4S 2C9
SIC 3841
PHILIPS HEALTH CARE, DIV OF p 677
See PHILIPS ELECTRONICS LTD
PHILIPS LIGHTING CANADA LTD p 565
525 Education Rd, CORNWALL, ON, K6H 6C7
SIC 3641
PHILIPS LIGHTING CANADA LTD p 586
91 Skyway Ave Unit 100, ETOBICOKE, ON, M9W 6R5
(416) 674-6101   SIC 3645
PHILIPS LIGHTING CANADA LTD p 819
64 Ma-Te-Way Park Dr, RENFREW, ON, K7V 2L5

(613) 432-3653   SIC 3446
PHILIPS LIGHTING CANADA LTD p 1000
640 Boul Du Cure Boivin, BOISBRIAND, QC, J7G 2A7
(450) 430-7040   SIC 3646
PHILIPS LIGHTING CANADA LTD p 1057
3015 Rue Louis-A.-Amos, LACHINE, QC, H8T 1C4
(514) 636-0670   SIC 3646
PHILIPS MEDICAL SYSTEMS CANADA p 1210
See PHILIPS ELECTRONICS LTD
PHILLIPS TOOL & MOULD (WINDSOR) LIMITED p 772
5810 Outer Dr, OLDCASTLE, ON, N0R 1L0
SIC 3544
PHILLIPS, HAGER & NORTH INVESTMENT MANAGEMENT LTD p 308
200 Burrard St Suite 2000, VANCOUVER, BC, V6C 3L6
(604) 408-6000   SIC 6371
PHILON RESTAURANTS INC p 650
1326 Huron St, LONDON, ON, N5V 2E2
(519) 455-0172   SIC 5812
PHILON RESTAURANTS INC p 653
109 Fanshawe Park Rd E, LONDON, ON, N5X 3W1
(519) 660-6545   SIC 5812
PHILON RESTAURANTS INC p 660
1300 Wellington Rd, LONDON, ON, N6E 1M3
(519) 680-1556   SIC 5812
PHILON RESTAURANTS INC p 663
1009 Wonderland Rd S, LONDON, ON, N6K 3V1
(519) 649-1001   SIC 5812
PHLYN HOLDINGS LTD p 390
199 Hamelin St, WINNIPEG, MB, R3T 0P2
(204) 452-8379   SIC 5144
PHOEBE GILMAN PUBLIC SCHOOL p 572
See YORK REGION DISTRICT SCHOOL BOARD
PHOENIX ACADEMY p 424
See NOVA CENTRAL SCHOOL DISTRICT
PHOENIX BUILDING COMPONENTS INC p 731
2 Greengage Rd, NEW LOWELL, ON, L0M 1N0
(705) 424-3905   SIC 1761
PHOENIX BUILDING COMPONENTS INC p 851
93 Ottawa Ave, SOUTH RIVER, ON, P0A 1X0
(705) 386-0007   SIC 2439
PHOENIX ELEMENTARY p 276
See SCHOOL DISTRICT NO. 64 (GULF ISLANDS)
PHOENIX ENTERPRISES LTD p 388
100 Lowson Cres, WINNIPEG, MB, R3P 2H8
(204) 261-1524   SIC 7349
PHOENIX FENCE LTD p 33
6204 2 St Se, CALGARY, AB, T2H 1J4
(403) 259-5155   SIC 1799
PHOENIX FITNESS p 612
See 2014595 ONTARIO INC
PHOENIX GRILL LTD, THE p 56
16061 Macleod Trail Se Suite 335, CALGARY, AB, T2Y 3S5
(403) 509-9111   SIC 5812
PHOENIX GYMNASTICS CLUB p 299
4588 Clancy Loranger Way, VANCOUVER, BC, V5Y 4B6
(604) 737-7693   SIC 7991
PHOENIX HOMES p 726
See 1120919 ONTARIO LTD
PHOENIX HUMAN SERVICES ASSOCIATION p 329
1824 Store St, VICTORIA, BC, V8T 4R4
(250) 383-4821   SIC 8361
PHOENIX INSURANCE GROUP GRANDE PRAIRIE INC p 127
9909 102 St 4th Fl, GRANDE PRAIRIE, AB,

T8V 2V4
(780) 513-5300   SIC 6411
PHOENIX PETROLEUM LTD p 452
42 Fielding Ave, DARTMOUTH, NS, B3B 1E4
(902) 481-0620   SIC 8711
PHOENIX PRECISION LTD p 25
2620 21 St Ne, CALGARY, AB, T2E 7L3
(403) 291-3154   SIC 3491
PHOENIX RESTORATION INC p 834
27 Casebridge Crt Unit 7, SCARBOROUGH, ON, M1B 4Y4
(416) 208-7700   SIC 1541
PHOENIX TECHNOLOGY SERVICES INC p 159
285119 Bluegrass Dr, ROCKY VIEW COUNTY, AB, T1X 0P5
(403) 236-1394   SIC 7353
PHOENIX TRANSPORTATION p 507
See 1429634 ONTARIO LIMITED
PHOTO & ELECTRONICS p 182
See LONDON DRUGS LIMITED
PHOTON TECHNOLOGY INTERNATIONAL (CANADA) INC p 660
347 Consortium Crt, LONDON, ON, N6E 2S8
(519) 668-6920   SIC 3827
PHX ENERGY SERVICES CORP p 47
250 2 St Sw Suite 1400, CALGARY, AB, T2P 0C1
(403) 543-4466   SIC 1381
PHYSICAL PLANT SERVICES p 632
See QUEEN'S UNIVERSITY AT KINGSTON
PHYSICIAN RECRUITMENT & COMPENSATION p 315
See UNIVERSITY OF BRITISH COLUMBIA, THE
PI FINANCIAL CORP p 915
40 King St W Suite 3401, TORONTO, ON, M5H 3Y2
(416) 883-9040   SIC 6211
PIC CANADA LTD p 1271
Gd, KIPLING, SK, S0G 2S0
(306) 736-2883   SIC 5154
PICADILLY FASHIONS p 890
4050 Chesswood Dr, TORONTO, ON, M3J 2B9
(416) 783-1889   SIC 2339
PICADILLY SQUARE p 652
See CUMBERLAND, K. W. LTD
PICCADILLY CENTRAL HIGH SCHOOL p 431
See WESTERN SCHOOL DISTRICT
PICKERING AUTOMOBILES INC p 483
250 Westney Rd S, AJAX, ON, L1S 7P9
(905) 428-8888   SIC 5511
PICKERING HOME DEPOT p 813
See HOME DEPOT OF CANADA INC
PICKERING HONDA p 813
See HONDA CANADA INC
PICKERING OPERATIONS CENTRE p 812
See CORPORATION OF THE CITY OF PICKERING, THE
PICKERING PUBLIC LIBRARY BOARD p 813
1 The Esplanade, PICKERING, ON, L1V 6K7
(905) 831-6265   SIC 8231
PICKLE BARREL RESTAURANT p 875
See J.F. & L. RESTAURANTS LIMITED
PICKLE BARREL RESTAURANT, THE p 743
See J.F. & L. RESTAURANTS LIMITED
PICKLE BARREL, THE p 581
See J.F. & L. RESTAURANTS LIMITED
PICO OF CANADA LTD p 184
7590 Conrad St, BURNABY, BC, V5A 2H7
(604) 438-7571   SIC 5013
PICOV DOWNS INC p 484
380 Kingston Rd E, AJAX, ON, L1Z 1W4
(905) 686-8001   SIC 7948
PICTON MAHONEY ASSET MANAGEMENT p 910
See PICTON MAHONEY GLOBAL LONG

SHORT EQUITY FUND
PICTON MAHONEY GLOBAL LONG SHORT EQUITY FUND *p 910*
33 Yonge St Suite 830, TORONTO, ON, M5E 1G4
(416) 955-4108   *SIC 6722*
PICTON MANOR NURSING HOME LIMITED *p 815*
9 Hill St, PICTON, ON, K0K 2T0
SIC 8051
PICTON SOBEYS *p 815*
See YEO, JAMIE SUPERMARKET LTD
PICTOU ACADEMY *p 471*
See CHIGNECTO CENTRAL REGIONAL SCHOOL BOARD
PICTOU ADVOCATE, THE *p 471*
See ADVOCATE MEDIA INCORPORATED
PICTOU COUNTY HEALTH AUTHORITY *p 470*
835 East River Rd, NEW GLASGOW, NS, B2H 3S6
(902) 752-8311   *SIC 8621*
PICTOU COUNTY HEALTH AUTHORITY *p 472*
222 Haliburton Rd, PICTOU, NS, B0K 1H0
(902) 485-4324   *SIC 8621*
PICTOU COUNTY YMCA YWCA *p 470*
558 South Frederick St, NEW GLASGOW, NS, B2H 3P5
(902) 752-0202   *SIC 8641*
PICTOU ELEMENTARY SCHOOL *p 471*
See CHIGNECTO CENTRAL REGIONAL SCHOOL BOARD
PICTOU LODGE RESORT *p 471*
See P C V INVESTMENTS LIMITED
PICTURE DEPOT *p 890*
See ASKAN ARTS LIMITED
PIE R SQUARED *p 319*
See ALMA MATER SOCIETY OF THE UNIVERSITY OF BRITISH COLUMBIA VANCOUVER
PIECES AUTOMOBILES LECAVALIER INC *p 1199*
1330 Rue Jacques-Cartier S, SAINT-JEAN-SUR-RICHELIEU, QC, J3B 6Y8
(450) 346-1112   *SIC 5013*
PIECES AUTOMOBILES LECAVALIER INC *p 1230*
2925 Boul Sainte-Sophie, SAINTE-SOPHIE, QC, J5J 1L1
(450) 436-2441   *SIC 4953*
PIECES D'AUTO EXPERT *p 1039*
See WILFRID POIRIER LTEE
PIECES POUR AUTOMOBILE JEAN-TALON (1993) LTEE *p 1216*
7655 Boul Viau, SAINT-LEONARD, QC, H1S 2P4
(514) 374-2113   *SIC 5013*
PIER MAC PETROLEUM INSTALLATION LTD *p 222*
3185 Via Centrale Unit 4, KELOWNA, BC, V1V 2A7
(250) 765-3155   *SIC 6553*
PIERCE FISHERIES *p 466*
See CLEARWATER FINE FOODS INCORPORATED
PIERCELAND HIGH SCHOOL *p 1278*
See NORTHWEST SCHOOL DIVISION 203
PIERCON INC *p 1002*
387 Rue Notre-Dame, BON-CONSEIL, QC, J0C 1A0
(819) 336-3777   *SIC 3281*
PIERRE DE COUBERTIN SCHOOL *p 1215*
See COMMISSION SCOLAIRE ENGLISH-MONTREAL
PIERRE ELIOT TRUDEAU SCHOOL *p 1092*
See COMMISSION SCOLAIRE ENGLISH-MONTREAL
PIERRE ELLIOT TRUDEAU ELEMENTARY SCHOOL *p 298*
See SCHOOL DISTRICT NO. 44 (NORTH VANCOUVER)
PIERRE ELLIOTT TRUDEAU FRENCH IMMERSION *p 859*
See THAMES VALLEY DISTRICT SCHOOL BOARD
PIERRE ELLIOTT TRUDEAU HIGH SCHOOL *p 677*
See YORK REGION DISTRICT SCHOOL BOARD
PIERRE ELLIOTT TRUDEAU PUBLIC SCHOOL *p 782*
See DURHAM DISTRICT SCHOOL BOARD
PIERRE LAPORTE MIDDLE SCHOOL *p 757*
See TORONTO DISTRICT SCHOOL BOARD
PIERREFONDS USINE DE FILTRATION *p 1138*
See VILLE DE MONTREAL
PIERRES STONEDGE, LES *p 1010*
See TECHO-BLOC INC
PIERRES STONEDGE, LES *p 1193*
See TECHO-BLOC INC
PIGEON BRANDING + DESIGN *p 927*
See PIGEON BRANDS INC
PIGEON BRANDS INC *p 927*
179 John St 2nd Fl, TORONTO, ON, M5T 1X4
(416) 532-9950   *SIC 7336*
PIGEON LAKE REGIONAL SCHOOL *p 118*
See WETASKIWIN REGIONAL PUBLIC SCHOOLS
PIIDEA CANADA *p 1142*
See PIIDEA CANADA, LTD
PIIDEA CANADA, LTD *p 1142*
1 Av Holiday Bureau 701, POINTE-CLAIRE, QC, H9R 5N3
(514) 426-8100   *SIC 5122*
PIK NIK *p 1125*
See MULTI RESTAURANTS INC
PIKANGIKUM FIRST NATION *p 815*
Gd, PIKANGIKUM, ON, P0V 2L0
(807) 773-5561   *SIC 8211*
PIKE, JIM LTD *p 249*
2601 Westview Dr Suite 600, NORTH VANCOUVER, BC, V7N 3X3
(604) 985-0203   *SIC 5812*
PILGRIM WOOD SCHOOL *p 771*
See HALTON DISTRICT SCHOOL BOARD
PILKINGTON GLASS OF CANADA LTD *p 556*
1000 26 Hwy, COLLINGWOOD, ON, L9Y 4V8
(705) 445-4780   *SIC 3231*
PILLAR OILFIELD PROJECTS *p 101*
See PILLAR RESOURCE SERVICES INC
PILLAR RESOURCE SERVICES INC *p 101*
4155 84 Ave Nw, EDMONTON, AB, T6B 2Z3
(780) 440-2212   *SIC 1629*
PILLAR SECURITY *p 938*
See AUTHENTIC CONCIERGE AND SECURITY SERVICES INC
PILLER SAUSAGES *p 954*
See WISMER DEVELOPMENTS INC
PILLERS FINE FOODS *p 528*
See WISMER DEVELOPMENTS INC
PILOT INSURANCE COMPANY *p 898*
90 Eglinton Ave W Suite 102, TORONTO, ON, M4R 2E4
(416) 487-5141   *SIC 6331*
PIN PALACE *p 52*
See EARL'S RESTAURANTS LTD
PINAOW WACHI INC *p 352*
Gd, NORWAY HOUSE, MB, R0B 1B0
(204) 359-6606   *SIC 8361*
PINAUD DRYWALL & ACOUSTICAL LIMITED *p 452*
150 Akerley Blvd Suite 1, DARTMOUTH, NS, B3B 1Z5
(902) 468-9248   *SIC 1742*
PINAWA HOSPITAL *p 353*
See NORTH EASTMAN HEALTH ASSOCIATION INC
PINCHER CREEK HOSPITAL *p 150*
See ALBERTA HEALTH SERVICES
PINCHER CREEK LOCATION *p 150*
See ALBERTA TREASURY BRANCHES
PINCHIN *p 710*
See PINCHIN LTD
PINCHIN LTD *p 366*
54 Terracon Pl, WINNIPEG, MB, R2J 4G7
(204) 452-0983   *SIC 8748*
PINCHIN LTD *p 612*
875 Main St W Suite 11, HAMILTON, ON, L8S 4P9
(905) 577-6206   *SIC 1799*
PINCHIN LTD *p 624*
555 Legget Dr Suite 1001, KANATA, ON, K2K 2X3
(613) 592-3387   *SIC 8731*
PINCHIN LTD *p 710*
2470 Milltower Crt Suite 363, MISSISSAUGA, ON, L5N 7W5
(905) 363-0678   *SIC 8748*
PINCHIN WEST LTD *p 57*
11505 35 St Se Suite 111, CALGARY, AB, T2Z 4B1
(403) 250-5722   *SIC 8748*
PINCHIN WEST LTD *p 83*
9707 110 St Nw Suite 200, EDMONTON, AB, T5K 2L9
(780) 425-6600   *SIC 8748*
PINE ACRES HOME *p 339*
See WESTBANK FIRST NATION PINE ACRES HOME
PINE CREEK SCHOOL DIVISION *p 343*
7 Fraser St N, AUSTIN, MB, R0H 0C0
(204) 637-2240   *SIC 8211*
PINE CREEK SCHOOL DIVISION *p 349*
116 Morris Ave S, GLADSTONE, MB, R0J 0T0
(204) 385-2613   *SIC 8211*
PINE CREEK SCHOOL DIVISION *p 349*
141 Morris Ave, GLADSTONE, MB, R0J 0T0
(204) 385-2845   *SIC 8211*
PINE CREEK SCHOOL DIVISION *p 351*
150 Fox St N, MACGREGOR, MB, R0H 0R0
SIC 8211
PINE CREEK SCHOOL DIVISION *p 351*
151 Fox St N, MACGREGOR, MB, R0H 0R0
(204) 685-2249   *SIC 8211*
PINE DOCK SCHOOL *p 350*
See FRONTIER SCHOOL DIVISION
PINE GLEN PUBLIC SCHOOL *p 620*
See TRILLIUM LAKELANDS DISTRICT SCHOOL BOARD
PINE GROVE NURSING HOME *p 400*
See FREDERICTON SOUTH NURSING HOME INC
PINE GROVE PUBLIC SCHOOL *p 976*
See YORK REGION DISTRICT SCHOOL BOARD
PINE HILL CEMETERY *p 886*
See MOUNT PLEASANT GROUP OF CEMETERIES
PINE RIDGE *p 483*
See ARBOR MEMORIAL SERVICES INC
PINE RIDGE ELEMENTARY SCHOOL *p 263*
See PRINCE RUPERT SCHOOL DISTRICT 52
PINE RIDGE MEMORIAL GARDENS *p 483*
See ARBOR MEMORIAL SERVICES INC
PINE RIDGE SECONDARY SCHOOL *p 814*
See DURHAM DISTRICT SCHOOL BOARD
PINE RIVER INSTITUTE *p 900*
2 St Clair Ave E Suite 800, TORONTO, ON, M4T 2T5
(416) 955-1453   *SIC 8322*
PINE RIVERS ELMNTARY SCHOOL *p 488*
See SIMCOE COUNTY DISTRICT SCHOOL BOARD, THE
PINE STREET SCHOOL *p 161*
See ELK ISLAND PUBLIC SCHOOLS REGIONAL DIVISION NO. 14
PINECREST ELEMENTARY SCHOOL *p 194*
See BOARD OF EDUCATION SCHOOL DISTRICT 72 (CAMPBELL RIVER), THE
PINECREST HOME FOR THE AGED *p 627*
See DISTRICT OF KENORA HOME FOR THE AGED
PINECREST MANOR NURSING HOME *p 666*
See REVERA LONG TERM CARE INC
PINECREST MEMORIAL ELEMENTARY SCHOOL *p 505*
See HASTINGS AND PRINCE EDWARD DISTRICT SCHOOL BOARD
PINECREST NURSING HOME *p 505*
See MEDLAW CORPORATION LIMITED
PINECREST NURSING HOME *p 815*
See 656955 ONTARIO LIMITED
PINECREST PUBLIC SCHOOL *p 617*
See RAINBOW DISTRICT SCHOOL BOARD
PINECREST PUBLIC SCHOOL *p 800*
See OTTAWA-CARLETON DISTRICT SCHOOL BOARD
PINECREST PUBLIC SCHOOL *p 807*
See RENFREW COUNTY DISTRICT SCHOOL BOARD
PINEGROVE PLACE *p 270*
See MENNONITE INTERMEDIATE CARE HOME SOCIETY OF RICHMOND
PINEHILL MANAGEMENT CORP *p 11*
2121 36 St Ne, CALGARY, AB, T1Y 5S3
SIC 5812
PINELAND PUBLIC SCHOOL *p 534*
See HALTON DISTRICT SCHOOL BOARD
PINERIDGE FORD SALES LTD *p 1274*
413 4 Hwy S, MEADOW LAKE, SK, S9X 1Z5
(306) 236-1810   *SIC 5511*
PINERIDGE SCHOOL *p 9*
See CALGARY BOARD OF EDUCATION
PINES LONG TERM CARE RESIDENCE *p 508*
See DISTRICT MUNICIPALITY OF MUSKOKA, THE
PINES LONG-TERM CARE CENTRE *p 936*
See EXTENDICARE INC
PINES LONG-TERM CARE RESIDENCE *p 508*
See EXTENDICARE INC
PINES SENIOR PUBLIC SCHOOL, THE *p 732*
See KAWARTHA PINE RIDGE DISTRICT SCHOOL BOARD
PINESTONE RESORT & CONFERENCE CENTRE *p 605*
See 2114185 ONTARIO CORP
PINETREE SECONDARY SCHOOL *p 200*
See SCHOOL DISTRICT NO. 43 (COQUITLAM)
PINETREE WAY ELEMENTARY SCHOOL *p 200*
See SCHOOL DISTRICT NO. 43 (COQUITLAM)
PINEVIEW ELEMENTARY SCHOOL *p 261*
See BOARD OF EDUCATION OF SCHOOL DISTRICT NO. 57 (PRINCE GEORGE), THE
PINEVIEW LODGE *p 1277*
See KELSEY TRAIL REGIONAL HEALTH AUTHORITY
PINEVIEW PUBLIC SCHOOL *p 490*
See UPPER CANADA DISTRICT SCHOOL BOARD, THE
PINEVIEW PUBLIC SCHOOL *p 592*
See HALTON DISTRICT SCHOOL BOARD
PINEWAY PUBLIC SCHOOL *p 888*
See TORONTO DISTRICT SCHOOL BOARD
PINEWOOD CENTRE *p 780*
See LAKERIDGE HEALTH
PINEWOOD COURT *p 881*
See REVERA LONG TERM CARE INC
PINEWOOD ELEMENTARY SCHOOL *p 205*
See SCHOOL DISTRICT NO 5 (SOUTHEAST KOOTENAY)
PINEWOOD ELEMENTARY SCHOOL *p 209*
See DELTA SCHOOL DISTRICT NO.37
PINEWOOD ELEMENTARY SCHOOL *p 261*
See BOARD OF EDUCATION OF SCHOOL DISTRICT NO. 57 (PRINCE GEORGE), THE
PINEWOOD ELEMENTARY SCHOOL *p 570*

See KEEWATIN PATRICIA DISTRICT SCHOOL BOARD
PINEWOOD PUBLIC SCHOOL p 742
See NEAR NORTH DISTRICT SCHOOL BOARD
PINEWOOD PUBLIC SCHOOL p 830
See ALGOMA DISTRICT SCHOOL BOARD
PING CANADA p 766
See PING CANADA CORPORATION
PING CANADA CORPORATION p 766
2790 Brighton Rd, OAKVILLE, ON, L6H 5T4
(905) 829-8004 *SIC* 5091
PINKERTON'S OF CANADA p 961
See SECURITAS CANADA LIMITED
PINKHAM & SONS BUILDING MAINTENANCE INC p 783
1181m Newmarket St, OTTAWA, ON, K1B 3V1
(613) 745-7753 *SIC* 7349
PINKHAM & SONS BUILDING MAINTENANCE INC p 1207
2449 Rue Guenette, SAINT-LAURENT, QC, H4R 2E9
(514) 332-4522 *SIC* 7349
PINKHAM ELEMENTARY SCHOOL p 380
See WINNIPEG SCHOOL DIVISION
PINKY SKOOPMORE'S ICE CREAM FUN p 459
1888 Brunswick St, HALIFAX, NS, B3J 3J8
(902) 431-1700 *SIC* 5812
PINNACA p 580
See BCS GLOBAL NETWORKS INC
PINNACLE CATERERS LTD p 920
40 Bay St Suite 300, TORONTO, ON, M5J 2X2
(416) 815-5720 *SIC* 5812
PINNACLE RENEWABLE ENERGY INC p 194
22975 Hwy 16 E, BURNS LAKE, BC, V0J 1E3
(250) 562-5562 *SIC* 2499
PINNACLE RENEWABLE ENERGY INC p 199
9900 School Rd, COLDSTREAM, BC, V1B 3C7
(250) 542-1720 *SIC* 2499
PINNACLE RENEWABLE ENERGY INC p 217
Gd, HOUSTON, BC, V0J 1Z0
(250) 845-5254 *SIC* 2499
PINNACLE RENEWABLE ENERGY INC p 262
8545 Willow Cale Rd, PRINCE GEORGE, BC, V2N 6Z9
(250) 562-5562 *SIC* 5099
PINNACLE RENEWABLE ENERGY INC p 264
4252 Dog Prairie Rd, QUESNEL, BC, V2J 6K9
(250) 747-1714 *SIC* 2499
PINNACLE RENEWABLE ENERGY INC p 273
3600 Lysander Lane Suite 350, RICHMOND, BC, V7B 1C3
(604) 270-9613 *SIC* 2499
PINSONNAULT TORRALBO HUDON p 1112
630 Boul Rene-Levesque O Bureau 2700, Montreal, QC, H3B 1S6
SIC 8111
PINTY'S DELICIOUS FOODS INC p 766
2714 Bristol Cir, OAKVILLE, ON, L6H 6A1
(905) 319-5300 *SIC* 2015
PIONEER BUILDING SUPPLIES LTD p 197
45754 Yale Rd, CHILLIWACK, BC, V2P 2N4
(604) 795-7238 *SIC* 5211
PIONEER CO-OP AGRO CENTER p 1307
See PIONEER CO-OPERATIVE ASSOCIATION LIMITED, THE
PIONEER CO-OPERATIVE ASSOCIATION LIMITED, THE p 1307
1150 Central Ave N Suite 2000, SWIFT CURRENT, SK, S9H 0G1

(306) 778-8876 *SIC* 5999
PIONEER COMMUNITY LIVING ASSOCIATION p 183
7710 15th Ave, BURNABY, BC, V3N 1W5
(604) 526-9316 *SIC* 8093
PIONEER CONSTRUCTION INC p 740
175 Progress Rd, NORTH BAY, ON, P1A 0B8
(705) 472-0890 *SIC* 1611
PIONEER CONSTRUCTION INC p 831
845 Old Goulais Bay Rd Suite 3, SAULT STE. MARIE, ON, P6A 0B5
(705) 541-2250 *SIC* 1611
PIONEER CONSTRUCTION INC p 881
1344 Oliver Rd, THUNDER BAY, ON, P7G 1K4
(807) 345-2338 *SIC* 1611
PIONEER ENERGY DIV. p 534
See PARKLAND FUEL CORPORATION
PIONEER ENVIRO GROUP LTD p 163
2055 Premier Way Suite 121, SHERWOOD PARK, AB, T8H 0G2
(780) 464-2184 *SIC* 8748
PIONEER FAST FOODS p 643
See WENDY'S RESTAURANTS OF CANADA INC
PIONEER FAST FOODS INC p 615
1550 Upper James St, HAMILTON, ON, L9B 2L6
(905) 389-1787 *SIC* 5812
PIONEER FAST FOODS INC p 616
869 Upper James St, HAMILTON, ON, L9C 3A3
(905) 388-9238 *SIC* 5812
PIONEER FAST FOODS INC p 958
1601 Champlain Ave, WHITBY, ON, L1N 9M1
(905) 432-9866 *SIC* 5812
PIONEER FOOD SERVICES LIMITED p 487
1180 2 Hwy Suite 2, ANCASTER, ON, L9G 3K9
(905) 648-5222 *SIC* 5812
PIONEER FOOD SERVICES LIMITED p 526
1290 Colborne St E, BRANTFORD, ON, N3R 0C3
(519) 759-7155 *SIC* 5812
PIONEER FOOD SERVICES LIMITED p 536
3500 Dundas St Suite 5, BURLINGTON, ON, L7M 4B8
(905) 336-8533 *SIC* 5461
PIONEER FOOD SERVICES LIMITED p 539
2400 Guelph Line Suite 16, BURLINGTON, ON, L7P 4M7
(905) 332-9779 *SIC* 5812
PIONEER FOOD SERVICES LIMITED p 607
1600 Barton St E, HAMILTON, ON, L8H 2X9
(905) 549-3385 *SIC* 5812
PIONEER FOOD SERVICES LIMITED p 619
4452 Trafalgar Rd, HORNBY, ON, L0P 1E0
(905) 875-3799 *SIC* 5812
PIONEER FOOD SERVICES LIMITED p 771
1530 North Service Rd W, OAKVILLE, ON, L6M 4A1
(905) 465-3989 *SIC* 5812
PIONEER FOOD SERVICES LIMITED p 958
1 Paisley Crt Suite 1076, WHITBY, ON, L1N 9L2
(905) 665-1206 *SIC* 5461
PIONEER GRAIN p 66
See RICHARDSON PIONEER LIMITED
PIONEER GRAIN p 160
See RICHARDSON INTERNATIONAL LIMITED
PIONEER GRAIN p 160
See RICHARDSON PIONEER LIMITED
PIONEER GRAIN p 347
See RICHARDSON PIONEER LIMITED
PIONEER HI-BRED LIMITED p 3
22220 16 Hwy, ARDROSSAN, AB, T8E 2L4
(780) 922-4168 *SIC* 2824
PIONEER HI-BRED LIMITED p 19
4444 72 Ave Se, CALGARY, AB, T2C 2C1
(403) 531-4854 *SIC* 2824

PIONEER HI-BRED LIMITED p 567
291 Albert St, CORUNNA, ON, N0N 1G0
(519) 862-5700 *SIC* 2824
PIONEER HI-BRED LIMITED p 632
461 Front Rd, KINGSTON, ON, K7L 5A5
(613) 548-5500 *SIC* 8731
PIONEER HI-BRED LIMITED p 834
75 Venture Dr, SCARBOROUGH, ON, M1B 3E8
(416) 287-1661 *SIC* 4225
PIONEER HI-BRED LIMITED p 1246
1045 Rue Monfette E, THETFORD MINES, QC, G6G 7K7
(418) 338-8567 *SIC* 3299
PIONEER HI-BRED PRODUCTION p 3
See PIONEER HI-BRED LIMITED
PIONEER HI-BRED PRODUCTION LTD p 139
Gd Lcd Main, LETHBRIDGE, AB, T1J 3Y2
(403) 327-6135 *SIC* 3556
PIONEER HI-BRED PRODUCTION LTD p 541
12111 Mississauga Rd, CALEDON, ON, L7C 1X1
(905) 843-9166 *SIC* 8731
PIONEER HI-BRED PRODUCTION LTD p 977
596779 County Rd Hwy Suite 59, WOODSTOCK, ON, N4S 7W8
(519) 462-2732 *SIC* 8731
PIONEER MANOR DIVISION p 867
See CITY OF GREATER SUDBURY, THE
PIONEER PARK PUBLIC SCHOOL p 644
See WATERLOO REGION DISTRICT SCHOOL BOARD
PIONEER RIDGE HOME FOR THE AGED p 879
750 Tungsten St, THUNDER BAY, ON, P7B 6R1
(807) 684-3910 *SIC* 8361
PIONEER TIM-BR MART p 197
See PIONEER BUILDING SUPPLIES LTD
PIONEER VILLAGE SPECIAL CARE CORPORATION p 1289
430 Pioneer Dr, REGINA, SK, S4T 6L8
(306) 757-5646 *SIC* 8361
PIONEERS HOUSING p 1275
See FIVE HILLS REGIONAL HEALTH AUTHORITY
PIPELINE MANAGEMENT INC p 48
111 5 Ave Sw Suite 1400, CALGARY, AB, T2P 3Y6
(403) 716-7600 *SIC* 1382
PIPER CREEK FOUNDATION p 153
4901 48 St Suite 402, RED DEER, AB, T4N 6M4
(403) 343-1077 *SIC* 8361
PIPER FOODS INC p 766
375 Iroquois Shore Rd, OAKVILLE, ON, L6H 1M3
(905) 842-6865 *SIC* 5812
PIPER FOODS INC p 767
227 Cross Ave, OAKVILLE, ON, L6J 2W9
(905) 337-2976 *SIC* 5812
PIPERS DEPARTMENT STORES p 424
See GRANITE DEPARTMENT STORES INC
PIPERS DEPARTMENT STORES p 429
See GRANITE DEPARTMENT STORES INC
PIPERS DEPARTMENT STORES p 432
See GRANITE DEPARTMENT STORES INC
PIRANHA BAY p 483
See TFI FOODS LTD
PIRELLI PNEUS INC p 1204
1111 Boul Dr.-Frederik-Philips Bureau 506, SAINT-LAURENT, QC, H4M 2X6
(514) 331-4241 *SIC* 5014
PIRLITOR MACHINE & TOOL LIMITED p 720
6375 Kestrel Rd, MISSISSAUGA, ON, L5T 1Z5

(905) 795-9139 *SIC* 3599
PISCINE VILLE DE THEDFORD MINES p 1246
See THETFORD MINES, VILLE DE
PISCINES LAUNIER INC p 1251
5825 Boul Gene-H.-Kruger, Trois-Rivieres, QC, G9A 4P1
(819) 375-7771 *SIC* 5999
PISCINES PRO ET PATIOS N.V. INC p 1152
945 Av Godin, Quebec, QC, G1M 2X5
(418) 687-1988 *SIC* 7999
PISCINES TREVI p 1078
See MAGASINS TREVI INC
PITNEY BOWES DANKA p 383
See PITNEY BOWES OF CANADA LTD
PITNEY BOWES LONDON p 657
See PITNEY BOWES OF CANADA LTD
PITNEY BOWES OF CANADA LTD p 11
2150 29 St Ne Unit 30, CALGARY, AB, T1Y 7G4
(403) 219-0536 *SIC* 5044
PITNEY BOWES OF CANADA LTD p 106
9636 51 Ave Nw Suite 104, EDMONTON, AB, T6E 6A5
(780) 433-2562 *SIC* 5044
PITNEY BOWES OF CANADA LTD p 190
3001 Wayburne Dr Suite 125, BURNABY, BC, V5G 4W3
(778) 328-8900 *SIC* 5044
PITNEY BOWES OF CANADA LTD p 383
550 Century St Suite 350, WINNIPEG, MB, R3H 0Y1
(204) 489-2220 *SIC* 5712
PITNEY BOWES OF CANADA LTD p 392
62 Scurfield Blvd Suite 2, WINNIPEG, MB, R3Y 1M5
(204) 489-2220 *SIC* 5044
PITNEY BOWES OF CANADA LTD p 434
31 Pippy Pl, ST. JOHN'S, NL, A1B 3X2
SIC 5044
PITNEY BOWES OF CANADA LTD p 483
314 Harwood Ave S Suite 200, AJAX, ON, L1S 2J1
(905) 427-9772 *SIC* 7389
PITNEY BOWES OF CANADA LTD p 657
633 Colborne St, LONDON, ON, N6B 2V3
(519) 850-1722 *SIC* 5044
PITNEY BOWES OF CANADA LTD p 690
5500 Explorer Dr Unit 2, MISSISSAUGA, ON, L4W 5C7
(519) 219-3000 *SIC* 5044
PITNEY BOWES OF CANADA LTD p 710
6880 Financial Dr Suite 1000, MISSISSAUGA, ON, L5N 8E8
(905) 816-2665 *SIC* 7389
PITNEY BOWES OF CANADA LTD p 747
1200 Sheppard Ave E Suite 400, NORTH YORK, ON, M2K 2S5
SIC 5044
PITNEY BOWES OF CANADA LTD p 796
1145 Hunt Club Rd Suite 520, OTTAWA, ON, K1V 0Y3
(613) 247-1631 *SIC* 5044
PITNEY BOWES OF CANADA LTD p 814
1550 Bayly St, PICKERING, ON, L1W 3W1
(416) 281-2777 *SIC* 5044
PITNEY BOWES OF CANADA LTD p 814
1550 Bayly St, PICKERING, ON, L1W 3W1
SIC 5044
PITNEY BOWES OF CANADA LTD p 899
2200 Yonge St Suite 100, TORONTO, ON, M4S 2C6
(416) 484-3807 *SIC* 5044
PITNEY BOWES OF CANADA LTD p 1168
See PITNEY BOWES OF CANADA LTD
PITNEY BOWES OF CANADA LTD p 1168
1165 Boul Lebourgneuf Unite 340, Quebec, QC, G2K 2C9
(418) 627-9065 *SIC* 3579
PITT MEADOWS ELEMENTARY SCHOOL p 253
See SCHOOL DISTRICT NO 42 (MAPLE RIDGE-PITT MEADOWS)
PITT MEADOWS SECONDARY SCHOOL p

253
See SCHOOL DISTRICT NO 42 (MAPLE RIDGE-PITT MEADOWS)
PITT RIVER MIDDLE SCHOOL p 256
See SCHOOL DISTRICT NO. 43 (COQUITLAM)
PITT RIVER QUARRIES p 253
See LAFARGE CANADA INC
PITTSBURGH GLASS WORKS, ULC p 19
4416 72 Ave Se Suite Side, CALGARY, AB, T2C 2C1
(403) 279-8831   SIC 5039
PITTSBURGH GLASS WORKS, ULC p 380
1060 Arlington St, WINNIPEG, MB, R3E 2G3
(204) 774-1611   SIC 3211
PITTSBURGH GLASS WORKS, ULC p 486
222 Church St S, ALLISTON, ON, L9R 2B7
SIC 3231
PITTSBURGH GLASS WORKS, ULC p 618
545 Industriel Blvd, HAWKESBURY, ON, K6A 2S5
(613) 632-2711   SIC 3231
PITTSBURGH GLASS WORKS, ULC p 761
834 Caledonia Rd, NORTH YORK, ON, M6B 3X9
(888) 774-2886   SIC 3714
PIUS XII p 869
See SUDBURY CATHOLIC DISTRICT SCHOOL BOARD
PIVAL INTERANTIONAL INC. p 685
6611 Northwest Dr, MISSISSAUGA, ON, L4V 1L1
(905) 677-8179   SIC 8742
PIVAL INTERNATIONAL INC p 781
1001 Thornton Rd S, OSHAWA, ON, L1J 0B1
(905) 579-1402   SIC 4226
PIVIK, LE p 789
See STUDENTS' FEDERATION OF THE UNIVERSITY OF OTTAWA, THE
PIVOT POINT CONSULTING p 233
20644 Eastleigh Cres Suite 304, LANGLEY, BC, V3A 4C4
(604) 531-4544   SIC 8322
PIVOTAL PROJECTS INCORPORATED p 897
2300 Yonge St Suite 2202, TORONTO, ON, M4P 1E4
(416) 847-0018   SIC 8742
PIZZA DELIGHT p 395
See IMVESCOR RESTAURANT GROUP INC
PIZZA DELIGHT p 981
See MURPHY INVESTMENTS LTD
PIZZA HUT p 2
See FULMER DEVELOPMENT CORPORATION, THE
PIZZA HUT p 105
See MARBLE RESTAURANTS LTD
PIZZA HUT p 127
See RAND-BRO ENTERPRISES LTD
PIZZA HUT p 140
See KILMAR ENTERPRISES LTD
PIZZA HUT p 220
See PRISZM LP
PIZZA HUT p 332
See PRISZM LP
PIZZA HUT p 345
See KISUMAR PIZZA LTD
PIZZA HUT p 354
See PRISZM LP
PIZZA HUT p 355
See PRISZM LP
PIZZA HUT p 357
See PRISZM LP
PIZZA HUT p 378
See PRISZM LP
PIZZA HUT p 448
See 3094176 NOVA SCOTIA LIMITED
PIZZA HUT p 483
See TWINCORP INC
PIZZA HUT p 517
See TWINCORP INC

PIZZA HUT p 520
See TWINCORP INC
PIZZA HUT p 570
See R.A.S. FOOD SERVICES INC
PIZZA HUT p 590
See R.A.S. FOOD SERVICES INC
PIZZA HUT p 628
See R.A.S. FOOD SERVICES INC
PIZZA HUT p 650
See PHILON RESTAURANTS INC
PIZZA HUT p 653
See PHILON RESTAURANTS INC
PIZZA HUT p 660
See PHILON RESTAURANTS INC
PIZZA HUT p 663
See PHILON RESTAURANTS INC
PIZZA HUT p 703
See PRISZM LP
PIZZA HUT p 725
See PRISZM LP
PIZZA HUT p 761
See PRISZM LP
PIZZA HUT p 782
See TWINCORP INC
PIZZA HUT p 844
See TWINCORP INC
PIZZA HUT p 853
See PRISZM LP
PIZZA HUT p 879
See R.A.S. FOOD SERVICES INC
PIZZA HUT p 881
See R.A.S. FOOD SERVICES INC
PIZZA HUT p 949
See PRISZM LP
PIZZA HUT p 1192
See PRISZM LP
PIZZA HUT p 1195
See PRISZM LP
PIZZA HUT p 1290
See CONCORDE FOOD SERVICES (1996) LTD
PIZZA HUT p 1292
See CONCORDE FOOD SERVICES (1996) LTD
PIZZA HUT p 1295
See CONCORDE FOOD SERVICES (1996) LTD
PIZZA HUT p 1306
See DUBE MANAGEMENT LTD
PIZZA PIZZA LIMITED p 488
193 Mill St Plaza, ANGUS, ON, L0M 1B0
(705) 424-1111   SIC 5812
PIZZA PIZZA LIMITED p 508
200 King St E, BOWMANVILLE, ON, L1C 1P3
(905) 697-1111   SIC 5812
PIZZA PIZZA LIMITED p 578
58 Advance Rd, ETOBICOKE, ON, M8Z 2T7
(416) 236-1894   SIC 5812
PIZZA PIZZA LIMITED p 785
770 Industrial Ave Suite 8, OTTAWA, ON, K1G 4H3
(613) 737-1111   SIC 5812
PIZZERIA COMO LTEE p 1053
577 Boul Taschereau, LA PRAIRIE, QC, J5R 1V4
(450) 659-5497   SIC 5812
PIZZERIA DEMERS INC p 1236
936 Rue Du Conseil, SHERBROOKE, QC, J1G 1L7
(819) 564-2811   SIC 5812
PJB-PRIMELINE p 202
See PRIMELINE FOOD PARTNERS LTD
PJC CLINIQUE p 1063
See VINCAR LTEE
PJC JEAN COUTU p 1258
See GROUPE JEAN COUTU (PJC) INC, LE
PL ROBERTSON PUBLIC SCHOOL p 681
See HALTON DISTRICT SCHOOL BOARD
PLACAGE AU CHROME DE L'ONTARIO p 769
See 178028 CANADA INC
PLACAGE AU CHROME STE-FOY INC p 1181

50 Rue De Rotterdam, SAINT-AUGUSTIN-DE-DESMAURES, QC, G3A 1S9
(418) 878-3548   SIC 5211
PLACAGES ST-RAYMOND INC p 1220
71 Rue Delaney, SAINT-RAYMOND, QC, G3L 2B3
(418) 337-4607   SIC 5031
PLACE CONCORDE p 962
See CENTRE COMMUNAUTAIRE FRANCOPHONE WINDSOR-ESSEX-KENT INC
PLACE D'AFFAIRE PROMENADE BEAUPORT p 1145
See CAISSE DESJARDINS DU VIEUX-MOULIN (BEAUPORT)
PLACE DES ARTS p 202
See COQUITLAM, CITY OF
PLACE LOUIS RIEL ALL SUITE HOTEL p 379
See WESTCORP PROPERTIES INC
PLACE LOUIS RIEL ALL-SUITE HOTEL p 378
190 Smith St Suite 119, WINNIPEG, MB, R3C 1J8
(204) 947-6961   SIC 7011
PLACEMENT POTENTIEL INC p 1142
111 Av Donegani, POINTE-CLAIRE, QC, H9R 2W3
(514) 694-0315   SIC 7361
PLACEMENT R.H. QUEVILLON p 1118
See 9031-7520 QUEBEC INC
PLACEMENT RENEWPLAST p 1107
See RENEWPLAST INC
PLACEMENTS 11655 INC, LES p 1189
11655 1re Av, SAINT-GEORGES, QC, G5Y 2C7
(418) 228-3651   SIC 5813
PLACEMENTS ARDEN INC, LES p 1210
2575 Boul Pitfield, SAINT-LAURENT, QC, H4S 1T2
(514) 383-4442   SIC 5621
PLACEMENTS ASHTON LEBLOND INC, LES p 1146
505 Boul Sainte-Anne, Quebec, QC, G1E 3L5
SIC 5812
PLACEMENTS ASHTON LEBLOND INC, LES p 1148
570 80e Rue O, Quebec, QC, G1H 4N8
(418) 628-7352   SIC 5812
PLACEMENTS ASHTON LEBLOND INC, LES p 1152
550 Boul Wilfrid-Hamel, Quebec, QC, G1M 2S6
(418) 682-2288   SIC 5812
PLACEMENTS ASHTON LEBLOND INC, LES p 1157
54 Cote Du Palais, Quebec, QC, G1R 4H8
(418) 692-3055   SIC 5812
PLACEMENTS ASHTON LEBLOND INC, LES p 1161
2700 Boul Laurier, Quebec, QC, G1V 2L8
(418) 656-1096   SIC 5812
PLACEMENTS ASHTON LEBLOND INC, LES p 1218
455 Rte Du Pont, SAINT-NICOLAS, QC, G7A 2N9
SIC 5812
PLACEMENTS BELCAND MONT-ROYAL INC, LES p 1258
211 Rue Gordon, VERDUN, QC, H4G 2R2
(514) 766-2311   SIC 6712
PLACEMENTS F R BOURGEOIS LTEE p 1259
6 Rue Du Parc, VICTORIAVILLE, QC, G6P 3R5
(819) 752-4512   SIC 5039
PLACEMENTS GILLES ARNOLD INC p 1047
2595 Rue Godbout, Jonquiere, QC, G7S 5S9
(418) 548-0821   SIC 5511
PLACEMENTS GILLES MAILHOT INC, LES p 1196

2711 Rang Saint-Jacques Rr 1, SAINT-JACQUES, QC, J0K 2R0
SIC 3593
PLACEMENTS J. L. ROY INC p 1247
267 Rue Notre-Dame, TRING-JONCTION, QC, G0N 1X0
(418) 426-3005   SIC 2435
PLACEMENTS M.G.O INC p 1127
5855 Rue Boulard, Montreal, QC, H7B 1A3
(450) 666-1567   SIC 8051
PLACEMENTS ORBI CONSTRUCTION INC p 1019
2225 Boul Industriel, Cote Saint-Luc, QC, H7S 1P8
SIC 3441
PLACEMENTS PAMBEC INC p 1161
2846 Rue Jules-Dallaire, Quebec, QC, G1V 2J8
(418) 651-6905   SIC 6512
PLACEMENTS PAUL BROUILLARD INC p 1074
1519 Ch De La Riviere Bureau 25, MAGOG, QC, J1X 3W5
(819) 864-9891   SIC 7997
PLACEMENTS ROCKHILL LTEE, LES p 1121
4858 Ch De La Cote-Des-Neiges Bureau 503, Montreal, QC, H3V 1G8
(514) 738-4704   SIC 6513
PLACEMENTS RRJ INC, LES p 1210
5800 Rue Kieran, SAINT-LAURENT, QC, H4S 2B5
(514) 336-6226   SIC 5191
PLACEMENTS SAMUEL S SEGAL INC p 1019
2205 Av Francis-Hughes, Cote Saint-Luc, QC, H7S 1N5
SIC 6712
PLACEMENTS SELTEC LTEE, LES p 1246
5531 Boul Laurier, TERREBONNE, QC, J7M 1T7
(450) 968-3322   SIC 5812
PLACEMENTS SERGAKIS INC p 1008
5773 Boul Taschereau, BROSSARD, QC, J4Z 1A5
(450) 462-4587   SIC 5812
PLACEMENTS SERGAKIS INC p 1122
6820 Rue Saint-Jacques, Montreal, QC, H4B 1V8
(514) 484-8695   SIC 5813
PLACEMENTS SERGAKIS INC p 1215
6862 Rue Jarry E, SAINT-LEONARD, QC, H1P 3C1
(514) 328-5777   SIC 1542
PLACEMENTS VIASYSTEMS CANADA, INC p 1207
5400 Boul Thimens Bureau 200a, SAINT-LAURENT, QC, H4R 2K9
SIC 3672
PLACENTIA HEALTH CENTRE p 430
See EASTERN REGIONAL INTEGRATED HEALTH AUTHORITY
PLAD EQUIPEMENT LTEE p 1000
680 Rue De La Sabliere, BOIS-DES-FILION, QC, J6Z 4T7
(450) 965-0224   SIC 3561
PLAINS MIDSTREAM CANADA ULC p 48
607 8 Ave Sw Suite 1400, CALGARY, AB, T2P 0A7
(403) 298-2100   SIC 4612
PLAINS MIDSTREAM CANADA ULC p 123
11010 125 St, FORT SASKATCHEWAN, AB, T8L 2T2
(780) 992-2700   SIC 4225
PLAINS MIDSTREAM CANADA ULC p 149
4810 45 St, OLDS, AB, T4H 1S5
(403) 556-3366   SIC 4619
PLAINS MIDSTREAM CANADA ULC p 829
1182 Plank Rd, SARNIA, ON, N7T 7H9
(519) 336-4270   SIC 4923
PLAINS MIDSTREAM CANADA ULC p 1307
Gd Lcd Main, SWIFT CURRENT, SK, S9H 3V4
(306) 773-9381   SIC 4612

▲ Public Company   ■ Public Company Family Member   **HQ** Headquarters   **BR** Branch   **SL** Single Location

PLAINS MIDSTREAM FORT SASKATCHEWAN p 123
See PLAINS MIDSTREAM CANADA ULC
PLAINSMAN MFG. INC p 106
8305 Mcintyre Rd Nw, EDMONTON, AB, T6E 5J7
(780) 496-9800   SIC 3533
PLAINTREE SYSTEMS INC p 500
14 Conway St, BARRYS BAY, ON, K0J 1B0
(613) 756-7066   SIC 2431
PLAISIRS GASTRONOMIQUES INC p 1001
3740 Rue La Verendrye, BOISBRIAND, QC, J7H 1R5
(450) 433-1970   SIC 2099
PLAISIRS GASTRONOMIQUES INC p 1001
3735 Rue La Verendrye, BOISBRIAND, QC, J7H 1R8
(450) 433-3600   SIC 2099
PLAK-IT p 720
See ROKAN LAMINATING CO LTD
PLAMONDON AUTOS INC p 1010
125 138 Rte, Cap-Sante, QC, G0A 1L0
(418) 285-3311   SIC 5511
PLAN GROUP INC p 801
2081 Merivale Rd Unit 100, OTTAWA, ON, K2G 1G9
(613) 274-2716   SIC 4899
PLAN GROUP INC p 821
100 West Beaver Creek Rd Unit 9, RICHMOND HILL, ON, L4B 1H4
(905) 771-0777   SIC 1711
PLAN GROUP INC p 1192
5974 Grande Allee Bureau 37, SAINT-HUBERT, QC, J3Y 1B3
(450) 462-3522   SIC 1623
PLAN OPERATIONS EAST DEPARTMENT p 633
See ALGONQUIN & LAKESHORE CATHOLIC DISTRICT SCHOOL BOARD
PLANCHERS BELLEFEUILLE p 1200
See COMPAGNIE DU BOIS FRANC DZD INC, LA
PLANCHERS EN GROS 2009 p 1047
See 9214-6489 QUEBEC INC
PLANCY'S BAR & GRILL p 244
See ROYAL TOWERS HOTEL INC
PLANET HOLLYWOOD p 736
See NEW YORK HOSPITALITY INC
PLANET ORGANIC MARKET p 55
See CATALYST CAPITAL GROUP INC, THE
PLANET ORGANIC MARKET p 254
See CATALYST CAPITAL GROUP INC, THE
PLANEVIEW MANOR PLACE p 135
See LEDUC FOUNDATION
PLANISAT p 1083
See GROUPE BARBE & ROBIDOUX.SAT INC
PLANIT p 930
See PLANIT SEARCH INC
PLANIT SEARCH INC p 930
13 Clarence Sq, TORONTO, ON, M5V 1H1
(416) 260-9996   SIC 7361
PLANNING PROPERTY AND DEVELOPMENT p 382
See CITY OF WINNIPEG, THE
PLANT # 4 p 492
See BEND ALL AUTOMOTIVE INCORPORATED
PLANT 1 p 603
See SKYJACK INC
PLANT 2 p 492
See BEND ALL AUTOMOTIVE INCORPORATED
PLANT OPERATIONS p 320
See UNIVERSITY OF BRITISH COLUMBIA, THE
PLANT PRODUCTS INC p 646
50 Hazelton St, LEAMINGTON, ON, N8H 1B8
(519) 326-9037   SIC 5191
PLANTBEST, INC p 678
170 Duffield Dr Unit 200, MARKHAM, ON, L6G 1B5

(905) 470-0724   SIC 2879
PLANTE INTERNATIONAL p 987
See 139673 CANADA INC
PLANTE INTERNATIONAL p 987
See LIFE SCIENCE NUTRITIONALS INC
PLANTERS EQUIPMENT LIMITED p 465
Gd, KENTVILLE, NS, B4N 3X1
(902) 678-5555   SIC 5999
PLANTERS PEANUTS p 755
See JOHNVINCE FOODS
PLASTAIR p 1041
See LUBECKI TECHNICAL HOLDINGS INC
PLASTCOAT, DIV OF p 515
See MAGNA INTERNATIONAL INC
PLASTER FORM INC p 701
1180 Lakeshore Rd E, MISSISSAUGA, ON, L5E 1E9
(905) 891-9500   SIC 3275
PLASTI-FAB AJAX p 483
See PLASTI-FAB LTD
PLASTI-FAB LTD p 70
718 Mccool St Gate E, CROSSFIELD, AB, T0M 0S0
(403) 946-5622   SIC 2821
PLASTI-FAB LTD p 70
802 Mccool St, CROSSFIELD, AB, T0M 0S0
(403) 946-4576   SIC 2821
PLASTI-FAB LTD p 71
Gd, CROSSFIELD, AB, T0M 0S0
(403) 946-4576   SIC 2899
PLASTI-FAB LTD p 208
679 Aldford Ave, DELTA, BC, V3M 5P5
(604) 526-2771   SIC 3086
PLASTI-FAB LTD p 362
2485 Day St, WINNIPEG, MB, R2C 2X5
(204) 222-3261   SIC 3086
PLASTI-FAB LTD p 483
40 Mills Rd, AJAX, ON, L1S 2H1
(905) 686-7739   SIC 3086
PLASTI-FAB LTD p 642
1214 Union St, KITCHENER, ON, N2H 6K4
(519) 571-1650   SIC 2865
PLASTI-FAB, DIV OF p 362
See PLASTI-FAB LTD
PLASTI-KOTE, DIV OF p 691
See VALSPAR INC
PLASTIC MOULDERS LIMITED p 578
90 The East Mall, ETOBICOKE, ON, M8Z 5X3
(416) 252-2241   SIC 3089
PLASTICASE INC p 1245
1059 Boul Des Entreprises, TERREBONNE, QC, J6Y 1V2
(450) 628-1006   SIC 3089
PLASTICON CANADA INC p 1064
1395 Montee Chenier, Les Cedres, QC, J7T 1L9
(450) 452-1104   SIC 3299
PLASTIPAK INDUSTRIES p 1017
See PLASTIPAK INDUSTRIES INC
PLASTIPAK INDUSTRIES INC p 586
260 Rexdale Blvd, ETOBICOKE, ON, M9W 1R2
(416) 744-4220   SIC 3089
PLASTIPAK INDUSTRIES INC p 1004
150 Boul Industriel, BOUCHERVILLE, QC, J4B 2X3
(450) 650-2200   SIC 3089
PLASTIPAK INDUSTRIES INC p 1017
345 Rue Bibeau, COOKSHIRE-EATON, QC, J0B 1M0
(819) 875-3355   SIC 3089
PLASTIPAK INDUSTRIES INC p 1283
235 Henderson Dr, REGINA, SK, S4N 6C2
(306) 721-7515   SIC 3089
PLASTIPRO LTEE p 1215
6855 Boul Couture, SAINT-LEONARD, QC, H1P 3M6
(514) 321-4368   SIC 3089
PLASTIQUE D.C.N. INC p 1261
250 Rue Saint-Louis, WARWICK, QC, J0A 1M0
(819) 358-3700   SIC 3089

PLASTIQUES BALCAN LIMITEE, LES p 1216
9340 Rue De Meaux, SAINT-LEONARD, QC, H1R 3H2
(514) 326-0200   SIC 3081
PLASTIQUES BERRY CANADA INC p 502
323 University Ave, BELLEVILLE, ON, K8N 5T7
(613) 391-0180   SIC 3081
PLASTIQUES BERRY CANADA INC p 770
2250 South Service Rd W, OAKVILLE, ON, L6L 5N1
(905) 827-8600   SIC 3089
PLASTIQUES BERRY CANADA INC p 775
301 Forest Ave, ORILLIA, ON, L3V 3Y7
(705) 326-8921   SIC 3081
PLASTIQUES CASCADES - REPLAST p 1001
See CASCADES CANADA ULC
PLASTIQUES PVC MONTREAL p 1213
See ROYAL GROUP, INC
PLASTREC INC p 1046
1461 Rue Lepine, JOLIETTE, QC, J6E 4B7
(450) 760-3830   SIC 4953
PLATESPIN LTD p 905
340 King St E Suite 200, TORONTO, ON, M5A 1K8
SIC 7372
PLATINUM COMMUNICATIONS CORPORATION p 33
550 71 Ave Se Suite 280, CALGARY, AB, T2H 0S6
(403) 301-4590   SIC 4813
PLATINUM ENERGY SERVICES ULC p 19
7550 114 Ave Se, CALGARY, AB, T2C 4T3
(403) 236-0530   SIC 3533
PLATINUM ENERGY SERVICES ULC p 52
333 11 Ave Sw Unit 400, CALGARY, AB, T2R 1L9
(403) 264-6688   SIC 3443
PLATINUM HEALTH BENEFITS SOLUTIONS INC p 690
5090 Explorer Dr Suite 501, MISSISSAUGA, ON, L4W 4T9
(905) 602-0404   SIC 6324
PLATINUM INVESTMENTS LTD p 93
10011 184 St Nw, EDMONTON, AB, T5S 0C7
(780) 638-6070   SIC 7011
PLATINUM INVESTMENTS LTD p 93
17610 Stony Plain Rd Nw, EDMONTON, AB, T5S 1A2
(780) 443-2233   SIC 7011
PLATINUM INVESTMENTS LTD p 93
18304 100 Ave Nw, EDMONTON, AB, T5S 2V2
(780) 484-7280   SIC 7011
PLATTSVILLE & DISTRICT PUBLIC SCHOOL p 815
See THAMES VALLEY DISTRICT SCHOOL BOARD
PLAY IT AGAIN SPORTS p 796
See MICON SPORTS LTD
PLAYERS COURSE LTD, THE p 378
2695 Inkster Blvd, WINNIPEG, MB, R3C 2E6
(204) 697-4976   SIC 7992
PLAYTIME COMMUNITY GAMING CENTRES INC p 195
111 St. Ann's Rd, CAMPBELL RIVER, BC, V9W 4C5
(250) 286-1442   SIC 8322
PLAZA 500 HOTELS LTD p 300
500 12th Ave W, VANCOUVER, BC, V5Z 1M2
(604) 873-1811   SIC 7011
PLAZA ATLANTIC LTD p 400
527 Queen St Suite 110, FREDERICTON, NB, E3B 1B8
(506) 451-1826   SIC 6531
PLAZA II CORPORATION, THE p 902

90 Bloor St E, TORONTO, ON, M4W 1A7
(416) 961-8000   SIC 7011
PLAZA LACHAUDIERE p 1036
See 9132-1554 QUEBEC INC
PLAZA VENTURES LTD p 326
3101 Highway 6 Suite 119, VERNON, BC, V1T 9H6
(250) 549-4317   SIC 5812
PLAZA VOLARE p 1211
See 9052-9975 QUEBEC INC
PLAZACORP RETAIL PROPERTIES LTD p 995
90 Rue Morgan Bureau 200, Baie-D'Urfe, QC, H9X 3A8
(514) 457-7007   SIC 6512
PLB INTERNATIONAL INC p 1004
1361 Rue Graham-Bell, BOUCHERVILLE, QC, J4B 6A1
(450) 655-3155   SIC 2047
PLEASANT CORNERS PUBLIC SCHOOL p 947
See UPPER CANADA DISTRICT SCHOOL BOARD, THE
PLEASANT HILL COMMUNITY SCHOOL p 1301
See BOARD OF EDUCATION OF SASKATOON SCHOOL DIVISION NO. 13 OF SASKATCHEWAN, THE
PLEASANT MEADOW MANOR p 764
See OMNI HEALTH CARE LTD
PLEASANT PARK PUBLIC SCHOOL p 786
See OTTAWA-CARLETON DISTRICT SCHOOL BOARD
PLEASANT PUBLIC SCHOOL p 751
See TORONTO DISTRICT SCHOOL BOARD
PLEASANT VALLEY SECONDARY SCHOOL p 181
See NORTH OKANAGAN SHUSWAP SCHOOL DISTRICT 83
PLEASANT VALLEY HEALTH CENTRE p 181
See INTERIOR HEALTH AUTHORITY
PLEASANT VALLEY REMANUFACTURING LTD p 217
3 Km Morice River Rd, HOUSTON, BC, V0J 1Z0
(250) 845-7585   SIC 2421
PLEASANT VIEW CARE HOME p 238
See PLEASANT VIEW HOUSING SOCIETY 1980
PLEASANT VIEW HOUSING SOCIETY 1980 p 238
7540 Hurd St Unit 101, MISSION, BC, V2V 3H9
(604) 826-2176   SIC 8051
PLEASANT VIEW JUNIOR HIGH SCHOOL p 746
See TORONTO DISTRICT SCHOOL BOARD
PLEASANT VIEW LODGE p 164
See GRANDE SPIRIT FOUNDATION
PLEASANTDALE PUBLIC SCHOOL p 1268
See SOUTH EAST CORNERSTONE SCHOOL DIVISION NO. 209
PLEASANTSIDE ELEMENTARY SCHOOL p 257
See SCHOOL DISTRICT NO. 43 (COQUITLAM)
PLEASANTVILLE PUBLIC SCHOOL p 823
See YORK REGION DISTRICT SCHOOL BOARD
PLEASURE-WAY INDUSTRIES LTD p 1293
302 Portage Ave, SASKATOON, SK, S7J 4C6
(306) 934-6578   SIC 3716
PLENTYOFFISH MEDIA INC p 305
555 Hastings St W Unit 2525, VANCOUVER, BC, V6B 1M1
(604) 692-2542   SIC 7299
PLESSITECH INC p 1138
2250 Av Vallee, PLESSISVILLE, QC, G6L 3N2
(819) 362-6315   SIC 7692

▲ Public Company   ■ Public Company Family Member   **HQ** Headquarters   **BR** Branch   **SL** Single Location

PLEXO INC p 1088
5199 Rue Sherbrooke E Bureau 2771, MONTREAL, QC, H1T 3X1
(514) 251-9331   SIC 8011

PLH AVIATION SERVICES INC p 25
2000 Airport Rd Ne Suite 124, CALGARY, AB, T2E 6W5
(403) 221-1920   SIC 5172

PLH AVIATION SERVICES INC p 81
Gd, EDMONTON, AB, T5J 2G8
(780) 890-4400   SIC 5172

PLH AVIATION SERVICES INC p 383
1860 Saskatchewan Ave, WINNIPEG, MB, R3H 0G8
(204) 958-7670   SIC 5172

PLH AVIATION SERVICES INC p 454
438 Cygnet Dr, ENFIELD, NS, B2T 1K3
(902) 873-3543   SIC 5172

PLH AVIATION SERVICES INC p 796
265 Leckie Pvt, OTTAWA, ON, K1V 1S3
(613) 247-8722   SIC 5172

PLOMBERIE DANIEL COTE INC p 1129
3000 Montee Saint-Aubin, Montreal, QC, H7L 3N8
(450) 973-2545   SIC 1711

PLOMBERIE TETREAULT p 1041
See VITRERIE CLAUDE LTEE

PLOWMAN'S PARK PUBLIC SCHOOL p 710
See PEEL DISTRICT SCHOOL BOARD

PLOYMAX p 1216
See PLASTIQUES BALCAN LIMITEE, LES

PLUM COULEE ELEMENTARY SCHOOL p 353
See GARDEN VALLEY SCHOOL DIVISION

PLUM TREE PARK PUBLIC SCHOOL p 710
See PEEL DISTRICT SCHOOL BOARD

PLUMBLINE CORPORATION p 29
1212 34 Ave Se, CALGARY, AB, T2G 1V7
(403) 569-4885   SIC 1741

PLUSONE INC p 916
347 Bay St Suite 506, TORONTO, ON, M5H 2R7
(416) 861-1662   SIC 8741

PLUTONIC POWER CORPORATION p 308
888 Dunsmuir St Suite 600, VANCOUVER, BC, V6C 3K4
(604) 669-4999   SIC 4911

PLY GEM CANADA p 91
See GIENOW CANADA INC

PLYMOUTH CORDAGE RETIREMENT COMMUNITY p 955
See REVERA INC

PLYMOUTH ELEMENTARY SCHOOL p 246
See SCHOOL DISTRICT NO. 44 (NORTH VANCOUVER)

PLYMOUTH SCHOOL p 955
See DISTRICT SCHOOL BOARD OF NIAGARA

PM CANADA INC p 389
135 Innovation Dr Unit 300, WINNIPEG, MB, R3T 6A8
(204) 889-5320   SIC 5045

PM SIGNS & ELECTRIC p 13
See P M ELECTRIC LTD

PMA ASSURANCES INC p 1042
632 6e Av, Grand-Mere, QC, G9T 2H5
(819) 538-8626   SIC 6411

PMA BRETHOUR REAL ESTATE CORPORATION INC p 594
1010 Polytek St Suite 18, GLOUCESTER, ON, K1J 9J1
(613) 747-6766   SIC 8742

PMA CANADA p 765
See MIELZYNSKI, PETER AGENCIES LIMITED

PMCL p 497
See GREYHOUND CANADA TRANSPORTATION ULC

PMG TECHNOLOGIES INC p 999
100 Rue Du Landais, BLAINVILLE, QC, J7C 5C9
(450) 430-7981   SIC 8734

PMI MANUFACTURING, DIV OF p 369
See PRICE INDUSTRIES LIMITED

PMT INDUSTRIES LIMITED p 526
32 Bodine Dr, BRANTFORD, ON, N3R 7M4
(519) 758-5505   SIC 3479

PMT INDUSTRIES LIMITED p 683
7470 Bren Rd, MISSISSAUGA, ON, L4T 1H4
(905) 677-7491   SIC 3479

PMT ROY ASSURANCE ET SERVICES FINANCIERS INC p 1173
140 Rue Saint-Germain O Bureau 100, RIMOUSKI, QC, G5L 4B5
(418) 724-4127   SIC 6411

PNB CHIEF PUBLIC HEALTH OFFICE, CMOH p 401
See PROVINCE OF NEW BRUNSWICK

PNB MONCTON DETENTION CENTRE p 407
See PROVINCE OF NEW BRUNSWICK

PNB NATION LLC p 1205
95 Rue Gince, SAINT-LAURENT, QC, H4N 1J7
(514) 384-3872   SIC 5651

PNEUS EXPRESS INC, LES p 1129
1333 Nord Laval A-440 O, Montreal, QC, H7L 3W3
(450) 668-0463   SIC 5014

PNEUS RATTE INC p 1249
2420 Boul Des Recollets, Trois-Rivieres, QC, G8Z 3X7
(819) 379-9993   SIC 5531

PNEUS ROBERT BERNARD LTEE, LES p 1219
765 Rue Principale E, SAINT-PAUL-D'ABBOTSFORD, QC, J0E 1A0
(450) 379-5757   SIC 5014

PNEUS SOUTHWARD LTEE p 1210
5125 Boul De La Cote-Vertu, SAINT-LAURENT, QC, H4S 1E3
(514) 335-2800   SIC 5014

PNF HOLDINGS LIMITED p 135
8410 43 St, LEDUC, AB, T9E 7E9
(780) 986-9090   SIC 7521

PNF HOLDINGS LIMITED p 685
5905 Campus Rd, MISSISSAUGA, ON, L4V 1P9
(905) 676-1248   SIC 7521

PNR p 179
See PNR RAILWORKS INC

PNR COYLE INC p 1022
100 Rue Goodfellow, DELSON, QC, J5B 1V4
(450) 632-6241   SIC 4789

PNR RAILWORKS INC p 69
325 Railway St E, COCHRANE, AB, T4C 2C3
(403) 932-6966   SIC 1629

PNR RAILWORKS INC p 179
2595 Deacon St, ABBOTSFORD, BC, V2T 6L4
(604) 850-9166   SIC 1629

PNR RAILWORKS INC p 602
65 Massey Rd Unit C, GUELPH, ON, N1H 7M6
(519) 837-2018   SIC 1629

POCKAR MASONRY LTD p 25
4632 5 St Ne, CALGARY, AB, T2E 7C3
(403) 276-5591   SIC 1741

POCZO MANUFACTURING COMPANY LIMITED p 516
215 Wilkinson Rd, BRAMPTON, ON, L6T 4M2
(905) 452-0567   SIC 3599

PODOLLAN INNS p 119
See CORPORATE VENTURES INC

POINT DE SERVICE DE ROUYN-NORANDA p 1177
See CENTRE JEUNESSE DE L'ABITIBI TEMISCAMINGUE

POINT FOUR SYSTEMS INC p 202
16 Fawcett Rd Unit 103, COQUITLAM, BC, V3K 6X9
(604) 759-2114   SIC 5084

POINT GREY SECONDARY SCHOOL p 317
See BOARD OF EDUCATION OF SCHOOL DISTRICT NO. 39 (VANCOUVER), THE

POINT HOPE MARITIME LTD p 335
345 Harbour Rd, VICTORIA, BC, V9A 3S2
(250) 385-3623   SIC 3731

POINT PLUS RESTAURANT-BAR INC, AU p 1259
192 Boul Des Bois-Francs S, VICTORIAVILLE, QC, G6P 4S7
(819) 758-9927   SIC 5812

POINT ZERO p 1124
See IMPORTATIONS-EXPORTATIONS BENISTI INC

POINT ZERO p 1125
See POINT ZERO GIRLS CLUB INC

POINT ZERO GIRLS CLUB INC p 1125
1650 Chabanel St West, Montreal, QC, H4N 3M8
(514) 384-0140   SIC 5137

POINT2 TECHNOLOGIES INC p 1292
3301 8th St E Suite 500, SASKATOON, SK, S7H 5K5
(306) 955-1855   SIC 7371

POINTE DE SERVICE p 1195
See CENTRE MONTEREGIEN DE READAPTATION

POINTE GREY WAVERLY HOMES p 23
See GENESIS BUILDERS GROUP INC

POINTE WEST COLLISION CENTRE p 385
See BIRCHWOOD AUTOMOTIVE GROUP LIMITED

POINTE-CLAIRE, VILLE DE p 1143
176 Ch Du Bord-Du-Lac Lakeshore, POINTE-CLAIRE, QC, H9S 4J7
(514) 630-1220   SIC 7999

POINTGRAY SAFEWAY p 319
See SOBEYS WEST INC

POINTS.COM INC p 927
171 John St Suite 500, TORONTO, ON, M5T 1X3
(416) 595-0000   SIC 7371

POIRIER & FILS LTEE p 1214
1869 Ch Sainte-Angelique, SAINT-LAZARE, QC, J7T 2X9
(450) 455-6165   SIC 5411

POIRIER ELEMENTARY SCHOOL p 278
See SCHOOL DISTRICT NO 62 (SOOKE)

POLAR BEAR CORPORATE SOLUTIONS p 47
See NEXIENT LEARNING CANADA INC

POLAR BUILDING CLEANING LTD p 367
360 Johnson Ave W, WINNIPEG, MB, R2L 0J1
(204) 334-3000   SIC 7349

POLAR EXPLOSIVES LTD p 439
349 Old Airport Rd Suite 104, YELLOWKNIFE, NT, X1A 3X6
(867) 880-4613   SIC 5169

POLAR STAR CANADIAN OIL AND GAS, INC p 48
700 4 Ave Sw Suite 1900, CALGARY, AB, T2P 3J4
(403) 775-8061   SIC 1382

POLAR, DIV p 181
See CANADIAN FOREST PRODUCTS LTD

POLARIS IMMOBILIER p 1113
See POLARIS REALTY (CANADA) LIMITED

POLARIS REALTY (CANADA) LIMITED p 305
555 Hastings St W Suite 2000, VANCOUVER, BC, V6B 4N6
(604) 689-7304   SIC 6531

POLARIS REALTY (CANADA) LIMITED p 1113
800 Boul Rene-Levesque O Bureau 1125, Montreal, QC, H3B 1X9
(514) 861-5501   SIC 6512

POLARIS WATER CO, DIV OF p 183
See AQUATERRA CORPORATION

POLARPAK INC p 516
200 Summerlea Rd, BRAMPTON, ON, L6T 4E6
(905) 792-3000   SIC 3089

POLE STAR LONG HAUL p 409
See POLE STAR TRANSPORT INCORPORATED

POLE STAR TRANSPORT INCORPORATED p 409
689 Edinburgh Dr, MONCTON, NB, E1E 2L4
(506) 859-7025   SIC 4213

POLE STAR TRANSPORT INCORPORATED p 452
80 Guildford Ave, DARTMOUTH, NS, B3B 0G3
(902) 468-8855   SIC 4213

POLE STAR TRANSPORT INCORPORATED p 465
1568 Harrington Rd, KENTVILLE, NS, B4N 3V7
(902) 678-4444   SIC 4212

POLE-LITE p 1199
See METAL POLE-LITE INC

POLEGE OILFIELD HAULING, DIV OF p 115
See WITHERS L.P.

POLICE ACADEMY p 984
See HOLLAND COLLEGE

POLLARD BANKNOTE INCOME FUND p 5
6203 46 St, BARRHEAD, AB, T7N 1A1
(780) 674-4750   SIC 7999

POLLARD MEADOWS SCHOOL p 112
See EDMONTON SCHOOL DISTRICT NO. 7

POLLARD WINDOWS INC p 541
1217 King Rd, BURLINGTON, ON, L7T 0B7
(905) 634-2365   SIC 2431

POLMAR ENTERPRISES LTD p 231
20020 Willowbrook Dr Suite 200, LANGLEY, BC, V2Y 2T4
(604) 530-4910   SIC 5812

POLO PARK SAFEWAY p 381
See SOBEYS WEST INC

POLO PARK SHOPPING CENTER p 380
See CADILLAC FAIRVIEW CORPORATION LIMITED, THE

POLSON PARK PUBLIC SCHOOL p 634
See LIMESTONE DISTRICT SCHOOL BOARD

POLSON SCHOOL p 367
See RIVER EAST TRANSCONA SCHOOL DIVISION

POLSON SUPER A FOODS p 326
See LOBLAWS INC

POLTEC p 1193
See CICAME ENERGIE INC

POLY BALENPE WA LOSOER p 421
See DISTRICT SCOLAIRE FRANCOPHONE NORD-EST

POLY PLACEMENTS INC p 899
1920 Yonge St Suite 200, TORONTO, ON, M4S 3E2
(416) 440-4362   SIC 7361

POLY-NOVA TECHNOLOGIES LIMITED PARTNERSHIP p 600
125 Southgate Dr, GUELPH, ON, N1G 3M5
(519) 822-2109   SIC 3069

POLY-TOITURE INC p 1047
3459 Rue De L'Energie, Jonquiere, QC, G7X 0C1
(418) 695-1315   SIC 1761

POLYBOTTLE GROUP LIMITED p 106
6008 75 St Nw, EDMONTON, AB, T6E 2W6
(780) 468-6019   SIC 5085

POLYBOTTLE GROUP LIMITED p 286
7464 132 St, SURREY, BC, V3W 4M7
(604) 594-4999   SIC 3089

POLYBRITE DIV OF p 822
See MAGNA INTERNATIONAL INC

POLYBRITE, DIV OF p 822
See MAGNA EXTERIORS INC

POLYCOM CANADA LTD p 190
3605 Gilmore Way Suite 200, BURNABY,

BC, V5G 4X5
(604) 453-9400   SIC 5065
POLYCON INDUSTRIES   p 604
See MAGNA EXTERIORS INC
POLYCORP LTD   p 573
33 York St W, ELORA, ON, N0B 1S0
(519) 846-2075   SIC 3069
POLYCOTE INC   p 561
8120 Keele St, CONCORD, ON, L4K 2A3
(905) 660-7552   SIC 3479
POLYDEX PHARMACEUTICALS LIMITED p 839
421 Comstock Rd, SCARBOROUGH, ON, M1L 2H5
(416) 755-2231   SIC 2834
POLYFLEX   p 1000
See REVETEMENTS POLYVAL INC, LES
POLYFORM A.G.P. INC   p 1042
870 Boul Industriel, GRANBY, QC, J2J 1A4
(450) 378-9093   SIC 3081
POLYMER DISTRIBUTION INC   p 599
351 Elizabeth St, GUELPH, ON, N1E 2X9
(519) 837-4535   SIC 4225
POLYMER DISTRIBUTION INC   p 1056
1111 12e Av, LACHINE, QC, H8S 4K9
(514) 634-3338   SIC 4213
POLYMER PLANT   p 71
See PLASTI-FAB LTD
POLYNT COMPOSITES CANADA INC   p 1028
2650 Rue Therese-Casgrain, DRUMMONDVILLE, QC, J2A 4J5
(819) 477-4516   SIC 3087
POLYONE CANADA INC   p 736
940 Chippawa Creek Rd, NIAGARA FALLS, ON, L2E 6S5
(905) 353-4200   SIC 2821
POLYONE DSS CANADA INC   p 356
2954 Day St, SPRINGFIELD, MB, R2C 2Z2
(204) 224-2791   SIC 3089
POLYONE DSS CANADA INC   p 565
2950 Marleau Ave, CORNWALL, ON, K6H 6B5
SIC 3083
POLYONE DSS CANADA INC   p 865
577 Erie St, STRATFORD, ON, N5A 2N7
SIC 2821
POLYTECH CANADA INC   p 961
5505 Rhodes Dr, WINDSOR, ON, N8N 2M1
SIC 5169
POLYTUBES 2009 INC   p 811
416 Pido Rd, PETERBOROUGH, ON, K9J 6X7
(705) 740-2872   SIC 3084
POLYTUBES INC   p 97
12160 160 St Nw, EDMONTON, AB, T5V 1H5
(780) 453-2211   SIC 3088
POLYTUBES PETERBOROUGH   p 811
See POLYTUBES 2009 INC
POLYVALENTE BELANGER   p 1217
See COMMISSION SCOLAIRE DE LA BEAUCE-ETCHEMIN
POLYVALENTE CHAMOINE ARMAND RACICOT   p 1197
See COMMISSION SCOLAIRE DES HAUTES-RIVIERES
POLYVALENTE DE L'ERABLIERE   p 1036
See COMMISSION SCOLAIRE DES DRAVEURS
POLYVALENTE DE LA FORET   p 988
See COMMISSION SCOLAIRE HARRICANA
POLYVALENTE DE MATANE   p 1077
See COMMISSION SCOLAIRE DE MONTS-ET-MAREES
POLYVALENTE DE MATANE   p 1077
See COMMISSION SCOLAIRE DES MONTS-ET-MAREES
POLYVALENTE DE SAYABEC   p 1233
See COMMISSION SCOLAIRE DE MONTS-ET-MAREES
POLYVALENTE DES MONTS   p 1223
See COMMISSION SCOLAIRE DES LAU-

RENTIDES
POLYVALENTE DES QUATRE-VENTS p 1175
See COMMISSION SCOLAIRE DU PAYS-DES-BLEUETS
POLYVALENTE FORIMONT   p 1010
See COMMISSION SCOLAIRE DE MONTS-ET-MAREES
POLYVALENTE HYACINTHE-DELORME p 1194
See COMMISSION SCOLAIRE DE SAINT-HYACINTHE, LA
POLYVALENTE JEAN DOLBEAU   p 1023
See COMMISSION SCOLAIRE DU PAYS-DES-BLEUETS
POLYVALENTE LA SEIGNEURIE   p 1146
See COMMISSION SCOLAIRE DES PREMIERES-SEIGNEURIES
POLYVALENTE LE CARREFOUR   p 1036
See COMMISSION SCOLAIRE DES DRAVEURS
POLYVALENTE LOUIS J ROBICHAUD p 420
See DISTRICT SCOLAIRE 11
POLYVALENTE LOUIS MAILLOUX SCHOOL   p 395
See DISTRICT SCOLAIRE FRANCOPHONE NORD-EST
POLYVALENTE MARCEL LANDRY p 1197
See COMMISSION SCOLAIRE DES HAUTES-RIVIERES
POLYVALENTE NICHOLAS GATINEAU p 1034
See COMMISSION SCOLAIRE DES DRAVEURS
POLYVALENTE ROBERT OUIMET   p 987
See COMMISSION SCOLAIRE DE SAINT-HYACINTHE, LA
POLYVALENTE ROLAND-PEPIN HIGH SCHOOL   p 395
See CONSEIL SCOLAIRE DISTRICT NO 5
POLYVALENTE SAINT FRANCOIS   p 996
See COMMISSION SCOLAIRE DE LA BEAUCE-ETCHEMIN
POLYVALENTE SECONDAIRE DANIEL-JOHNSON   p 1084
See COMMISSION SCOLAIRE DE LA POINTE-DE-L'ILE
POLYVALENTE THOMAS ALBERT   p 402
See DISTRICT SCOLAIRE 3
POMERLEAU   p 794
See POMERLEAU INC
POMERLEAU INC   p 286
8241 129 St, SURREY, BC, V3W 0A6
(604) 592-9767   SIC 1542
POMERLEAU INC   p 443
1496 Bedford Hwy Suite 500, BEDFORD, NS, B4A 1E5
(902) 468-3669   SIC 1521
POMERLEAU INC   p 794
343 Preston St Suite 220, OTTAWA, ON, K1S 1N4
(613) 244-4323   SIC 1541
POMERLEAU INC   p 1071
1111 Rue Saint-Charles O Bureau 4, LONGUEUIL, QC, J4K 5G4
SIC 1541
POMERLEAU INC   p 1103
500 Rue Saint-Jacques, Montreal, QC, H2Y 0A2
(514) 789-2728   SIC 1522
POMERLEAU INC   p 1161
1175 Av Lavigerie Bureau 50, Quebec, QC, G1V 4P1
(418) 626-2314   SIC 6512
POMEROY LODGING LP   p 215
9320 Alaska Rd, FORT ST. JOHN, BC, V1J 6L5
(250) 262-3030   SIC 7011
PONOKA COMMUNITY HEALTH CENTRE p 151
See ALBERTA HEALTH SERVICES
PONOKA COMPOSITE HIGHSCHOOL p

151
See WOLF CREEK SCHOOL DIVISION NO.72
PONOKA ELEMENTARY SCHOOL   p 151
See WOLF CREEK SCHOOL DIVISION NO.72
PONOKA HOSPITAL & CARE CENTRE p 151
See ALBERTA HEALTH SERVICES
PONOKA OUTREACH SCHOOL   p 151
See WOLF CREEK SCHOOL DIVISION NO.72
PONTEIX COLONY OF HUTTERIAN BRETHREN   p 1278
Gd, PONTEIX, SK, S0N 1Z0
(306) 625-3652   SIC 7389
PONTIAC ADULT EDUCATION   p 1235
See COMMISSION SCOLAIRE WESTERN QUEBEC
PONTIAC DIVISION OF MAIBEC   p 1235
See MAIBEC INC
PONTIAC HIGH SCHOOL   p 1235
See COMMISSION SCOLAIRE WESTERN QUEBEC
PONY CORRAL RESTAURANT & BAR p 378
See KENMAR FOOD SERVICES LTD
PONY CORRAL, THE   p 367
See 3108392 MANITOBA LTD
POOL OF EXPERTS   p 755
See INTERNATIONAL AQUATIC SERVICES LTD
POP ENVIRO BAGS & PRODUCTS   p 696
615 Orwell St, MISSISSAUGA, ON, L5A 2W4
(905) 272-2247   SIC 2673
POPE JOHN PAUL II   p 628
See KENORA CATHOLIC DISTRICT SCHOOL BOARD
POPE JOHN PAUL II CATHOLIC ELEMENTARY SCHOOL   p 616
See CATHOLIC DISTRICT SCHOOL BOARD OF EASTERN ONTARIO
POPE JOHN PAUL II ELEMENTARY SCHOOL   p 647
See PETERBOROUGH VICTORIA NORTHUMBERLAND AND CLARINGTON CATHOLIC DISTRICT SCHOOL BOARD
POPE JOHN PAUL II SCHOOL   p 499
See SIMCOE MUSKOKA CATHOLIC DISTRICT SCHOOL BOARD
POPE JOHN PAUL II SCHOOL   p 822
See YORK CATHOLIC DISTRICT SCHOOL BOARD
POPE JOHN PAUL II SENIOR ELEMENTARY SCHOOL   p 881
See THUNDER BAY CATHOLIC DISTRICT SCHOOL BOARD
POPE JOHN XIII CATHOLIC SCHOOL p 728
See OTTAWA CATHOLIC DISTRICT SCHOOL BOARD
POPE JOHN XXIII CATHOLIC SCHOOL p 123
See ELK ISLAND CATHOLIC SEPARATE REGIONAL DIVISION NO. 41
POPLAR BANK PUBLIC SCHOOL   p 732
See YORK REGION DISTRICT SCHOOL BOARD
POPPA CORN CORP   p 690
5135 Creekbank Rd Unit C, MISSISSAUGA, ON, L4W 1R3
(905) 212-9855   SIC 5145
POPULATION HEALTH RESEARCH INSTITUTE   p 608
See HAMILTON HEALTH SCIENCES CORPORATION
POPULATION HEALTH UNIT, THE   p 1271
See MAMAWETAN CHURCHILL RIVER REGIONAL HEALTH AUTHORITY
PORCUPINE JOINT VENTURE   p 851
See GOLDCORP CANADA LTD

PORCUPINE PLAIN COMPOSITE HIGH SCHOOL   p 1279
See NORTH EAST SCHOOL DIVISION
PORT ALBERNI CHILD, YOUTH & FAMILY HEALTH UNIT   p 254
See VANCOUVER ISLAND HEALTH AUTHORITY
PORT ALBERNI MILL   p 253
See CATALYST PAPER CORPORATION
PORT ALBERNI POST OFFICE   p 253
See CANADA POST CORPORATION
PORT ALBERNI REGIONAL CAMPUS, DIV OF   p 254
See NORTH ISLAND COLLEGE
PORT ALBERNI SAFEWAY   p 254
See SOBEYS WEST INC
PORT ARTHUR HEALTH CENTRE INC, THE   p 877
194 Court St N, THUNDER BAY, ON, P7A 4V7
(807) 345-2332   SIC 8011
PORT BURWELL PUBLIC SCHOOL   p 816
See THAMES VALLEY DISTRICT SCHOOL BOARD
PORT CARES   p 816
See PORT COLBORNE COMMUNITY ASSOCIATION FOR RESOURCE EXTENSION
PORT COLBORNE COMMUNITY ASSOCIATION FOR RESOURCE EXTENSION 816
92 Charlotte St, PORT COLBORNE, ON, L3K 3E1
(905) 834-3629   SIC 8399
PORT COLBORNE GENERAL HOSPITAL p 816
See NIAGARA HEALTH SYSTEM
PORT COLBORNE HIGH SCHOOL   p 816
See DISTRICT SCHOOL BOARD OF NIAGARA
PORT COLBORNE STATION MAIN   p 816
See CANADA POST CORPORATION
PORT COQUITLAM DELIVERY CENTRE p 255
See CANADA POST CORPORATION
PORT CREDIT SECONDARY SCHOOL p 701
See PEEL DISTRICT SCHOOL BOARD
PORT D'ELEGANCE   p 1124
See 159211 CANADA INC
PORT ELGIN REGIONAL SCHOOL   p 412
See SCHOOL DISTRICT 2
PORT ELGIN SAUGEEN CENTRAL PUBLIC SCHOOL   p 816
See BLUEWATER DISTRICT SCHOOL BOARD
PORT GUICHON ELEMENTARY SCHOOL p 211
See DELTA SCHOOL DISTRICT NO.37
PORT HARDY HEALTH UNIT   p 256
See VANCOUVER ISLAND HEALTH AUTHORITY
PORT HARDY SECONDARY SCHOOL p 256
See SCHOOL DISTRICT NO 85 (VANCOUVER ISLAND NORTH)
PORT HAWKESBURY PAPER LIMITED PARTNERSHIP   p 472
120 Pulp Mill Rd Point Tupper Industrial Park, PORT HAWKESBURY, NS, B9A 1A1
(902) 625-2460   SIC 2621
PORT MCNICOLL PUBLIC SCHOOL p 817
See SIMCOE COUNTY DISTRICT SCHOOL BOARD, THE
PORT MOODY DEPOT   p 257
See CANADA POST CORPORATION
PORT MOODY SECONDARY SCHOOL p 257
See SCHOOL DISTRICT NO. 43 (COQUITLAM)
PORT O'CALL SAFEWAY   p 154
See SOBEYS WEST INC
PORT OF PRINCE RUPERT   p 263
See PRINCE RUPERT PORT AUTHORITY
PORT PERRY HIGH SCHOOL   p 817

See DURHAM DISTRICT SCHOOL BOARD
PORT ROWAN PUBLIC SCHOOL p 817
See GRAND ERIE DISTRICT SCHOOL BOARD
PORT ROYAL PUBLIC SCHOOL p 846
See TORONTO DISTRICT SCHOOL BOARD
PORT STANLEY PUBLIC SCHOOL p 818
See THAMES VALLEY DISTRICT SCHOOL BOARD
PORT UNION SENIORS p 835
See CORPORATION OF THE CITY OF TORONTO
PORT WELLER PUBLIC SCHOOL p 852
See DISTRICT SCHOOL BOARD OF NIAGARA
PORT WILLIAMS ELEMENTARY SCHOOL p 472
See ANNAPOLIS VALLEY REGIONAL SCHOOL BOARD
PORTABLE PACKAGING p 714
See MENASHA PACKAGING CANADA L.P.
PORTAGE CARTAGE & STORAGE LTD p 373
959 Keewatin St Unit A, WINNIPEG, MB, R2X 2X4
(204) 633-8059   *SIC* 4214
PORTAGE CENTRE DE READAPTATION p 1117
See PROGRAM DE PORTAGE INC, LE
PORTAGE CENTRE DE READAPTATION p 1144
See PROGRAMME DE PORTAGE RELATIF A LA DEPENDENCE DE LA DROGUE INC, LE
PORTAGE COLLEGE p 166
5025 49 Ave, ST PAUL, AB, T0A 3A4
SIC 8221
PORTAGE COLLEGE p 172
5005 50 Ave, VEGREVILLE, AB, T9C 1T1
(780) 632-6301   *SIC* 8221
PORTAGE COLLEGIATE INSTITUTE p 354
See PORTAGE LA PRAIRIE SCHOOL DIVISION
PORTAGE CONSUMERS CO OP LTD p 354
2275 Saskatchewan Ave W, PORTAGE LA PRAIRIE, MB, R1N 3B3
(204) 856-2127   *SIC* 5541
PORTAGE DISTRICT GENERAL HOSPITAL p 354
See REGIONAL HEALTH AUTHORITY - CENTRAL MANITOBA INC
PORTAGE LA PRAIRIE ACCOUNTING p 353
See BDO CANADA LLP
PORTAGE LA PRAIRIE MUTUAL INSURANCE CO, THE p 88
12220 Stony Plain Rd Nw Suite 310, EDMONTON, AB, T5N 3Y4
(780) 423-3102   *SIC* 6331
PORTAGE LA PRAIRIE MUTUAL INSURANCE CO, THE p 443
1595 Bedford Hwy Suite 502, BEDFORD, NS, B4A 3Y4
(902) 835-1054   *SIC* 6331
PORTAGE LA PRAIRIE SCHOOL DIVISION p 353
20125 Road 57n, OAKVILLE, MB, R0H 0Y0
(204) 267-2733   *SIC* 8211
PORTAGE LA PRAIRIE SCHOOL DIVISION p 354
410 6th Ave Ne, PORTAGE LA PRAIRIE, MB, R1N 0B4
(204) 857-4564   *SIC* 8211
PORTAGE LA PRAIRIE SCHOOL DIVISION p 354
500 7th Ave Nw, PORTAGE LA PRAIRIE, MB, R1N 0A5
(204) 857-3478   *SIC* 8211
PORTAGE LA PRAIRIE SCHOOL DIVISION p 354
535 3rd St Nw, PORTAGE LA PRAIRIE, MB, R1N 2C4
(204) 857-8756   *SIC* 8211
PORTAGE LA PRAIRIE SCHOOL DIVISION p 354
36 13th St Nw, PORTAGE LA PRAIRIE, MB, R1N 2T5
(204) 857-7687   *SIC* 8211
PORTAGE LA PRAIRIE SCHOOL DIVISION p 354
3000 Crescent Rd W, PORTAGE LA PRAIRIE, MB, R1N 3C4
(204) 857-8714   *SIC* 8211
PORTAGE LA PRAIRIE SCHOOL DIVISION p 354
65 3rd St Sw, PORTAGE LA PRAIRIE, MB, R1N 2B6
(204) 252-2568   *SIC* 8211
PORTAGE LA PRAIRIE SCHOOL DIVISION p 354
751 Crescent Rd E, PORTAGE LA PRAIRIE, MB, R1N 0Y2
(204) 857-8508   *SIC* 8211
PORTAGE LA PRAIRIE SCHOOL DIVISION p 354
65 3rd St Sw, PORTAGE LA PRAIRIE, MB, R1N 2B6
(204) 857-6843   *SIC* 8211
PORTAGE MUTUAL INSURANCE p 443
See PORTAGE LA PRAIRIE MUTUAL INSURANCE CO, THE
PORTAGE NEW BRUNSWICK p 395
See PROGRAM DE PORTAGE INC, LE
PORTAGE ONTARIO p 573
See PROGRAMME DE PORTAGE RELATIF A LA DEPENDENCE DE LA DROGUE INC, LE
PORTAGE REGIONAL RECREATION AUTHORITY INC p 354
245 Royal Rd S, PORTAGE LA PRAIRIE, MB, R1N 1T8
(204) 857-7772   *SIC* 7999
PORTAGE TRAIL COMMUNITY SCHOOL p 937
See TORONTO DISTRICT SCHOOL BOARD
PORTAGE VIEW PUBLIC SCHOOL p 498
See SIMCOE COUNTY DISTRICT SCHOOL BOARD, THE
PORTAMEDIC p 846
See HOOPER-HOLMES CANADA LIMITED
PORTAMEDIC p 1148
See HOOPER-HOLMES CANADA LIMITED
PORTE D'ARMOIRE PARCO p 1077
See COULOMBE ARMOIRES DE CUISINE INC
PORTE DE LA MAURICIE INC, LA p 1263
4 Rue Sainte-Anne, YAMACHICHE, QC, G0X 3L0
(819) 228-9434   *SIC* 5812
PORTEC, PRODUITS FERROVIAIRES LTEE p 1142
172 Boul Brunswick, POINTE-CLAIRE, QC, H9R 5P9
(514) 695-8500   *SIC* 5088
PORTER AIRLINES INC p 930
4-1 Island Airport, TORONTO, ON, M5V 1A1
(416) 203-8100   *SIC* 4581
PORTER NOVELLI CANADA p 902
See OMNICOM CANADA CORP
PORTER STREET ELEMENTARY SCHOOL p 201
See SCHOOL DISTRICT NO. 43 (COQUITLAM)
PORTER, R. F. PLASTERING LIMITED p 674
75d Konrad Cres, MARKHAM, ON, L3R 8T8
(905) 940-4131   *SIC* 1742
PORTES BAILLARGEON, LES p 1185
See MASONITE INTERNATIONAL CORPORATION
PORTES DECKO INC p 1245
2375 Rue Edouard-Michelin, TERREBONNE, QC, J6Y 4P2
(450) 477-0199   *SIC* 3231
PORTES DUSCO LTEE, LES p 1085
11825 Av J.-J.-Joubert, Montreal, QC, H1E 7J5
(514) 355-4877   *SIC* 3231
PORTES ET CADRES METALEC p 1152
See 2972-6924 QUEBEC INC
PORTES GARAGA: STANDARD + INC p 1190
8500 25e Av, SAINT-GEORGES, QC, G6A 1K5
(418) 227-2828   *SIC* 6712
PORTES LEMIEUX INC, DIV OF p 1263
See MASONITE INTERNATIONAL CORPORATION
PORTES MILETTE INC p 1181
100 Av Industriel, SAINT-BONIFACE-DE-SHAWINIGAN, QC, G0X 2L0
(819) 535-5588   *SIC* 2431
PORTFOLIO MANAGEMENT SOLUTIONS INC p 656
200 Queens Ave Suite 700, LONDON, ON, N6A 1J3
(519) 432-0075   *SIC* 7322
PORTLAND ELEMENTARY SCHOOL p 447
See HALIFAX REGIONAL SCHOOL BOARD
PORTOLA PACKAGING CANADA LTD. p 87
16230 112 Ave Nw, EDMONTON, AB, T5M 2W1
(780) 451-9300   *SIC* 3089
PORTOLA PACKAGING CANADA LTD. p 272
12431 Horseshoe Way, RICHMOND, BC, V7A 4X6
(604) 272-5000   *SIC* 2821
PORTOLA PACKAGING CANADA LTD. p 1087
7301 Rue Tellier, Montreal, QC, H1N 3S9
(514) 254-2333   *SIC* 2821
PORTS TORONTO p 921
See TORONTO PORT AUTHORITY
PORTSMOUTH OLYMPIC HARBOUR p 633
See CORPORATION OF THE CITY OF KINGSTON, THE
PORTSMOUTH RETIREMENT RESIDENCE p 388
See REVERA INC
POSABILITIES ASSOCIATION OF BRITISH COLUMBIA p 187
4664 Lougheed Hwy Unit 240, BURNABY, BC, V5C 5T5
(604) 299-4001   *SIC* 8322
POSEIDON CARE CENTRE p 386
See REVERA INC
POSI-SLOPE ENTERPRISES INC p 811
615 The Kingsway, PETERBOROUGH, ON, K9J 7G2
(705) 743-5013   *SIC* 2493
POSIMAGE INC p 1050
6285 Boul Wilfrid-Hamel, L'ANCIENNE-LORETTE, QC, G2E 5W2
(418) 877-2775   *SIC* 3993
POSITIVE LIVING SOCIETY OF BRITISH COLUMBIA p 305
1101 Seymour St, VANCOUVER, BC, V6B 5S8
(604) 893-2200   *SIC* 8399
POSITRON ACCESS SOLUTIONS CORPORATION p 1125
5101 Rue Buchan Bureau 220, Montreal, QC, H4P 2R9
(514) 345-2220   *SIC* 4899
POSLUNS SCHOOL p 933
See ASSOCIATED HEBREW SCHOOLS OF TORONTO
POSNER METALS LIMITED p 607
610 Beach Rd, HAMILTON, ON, L8H 3L1
(905) 544-1881   *SIC* 5093
POST HOTEL p 134
See SKI CLUB OF THE CANADIAN ROCKIES LIMITED, THE
POST ROAD HEALTH & DIET INC p 902
11 Yorkville Ave, TORONTO, ON, M4W 1L2
(416) 922-9777   *SIC* 7299
POST'S CORNERS PUBLIC SCHOOL p 765
See HALTON DISTRICT SCHOOL BOARD
POSTAGE BY PHONE p 814
See PITNEY BOWES OF CANADA LTD
POSTAL OUTLETS FOR PRODUCTS AND SERVICES p 1233
See CANADA POST CORPORATION
POSTE CANADA p 1000
See CANADA POST CORPORATION
POSTE CANADA p 1045
See CANADA POST CORPORATION
POSTE CANADA p 1121
See CANADA POST CORPORATION
POSTES CANADA p 1033
See CANADA POST CORPORATION
POSTMEDIA BUSINESS TECHNOLOGY p 375
See POSTMEDIA NETWORK INC
POSTMEDIA INTEGRATED ADVERTISING p 902
See POSTMEDIA NETWORK INC
POSTMEDIA NETWORK p 1297
See POSTMEDIA NETWORK INC
POSTMEDIA NETWORK INC p 25
1058 72 Ave Ne, CALGARY, AB, T2E 8V9
(403) 569-4744   *SIC* 7319
POSTMEDIA NETWORK INC p 25
215 16 St Se, CALGARY, AB, T2E 7P5
(403) 235-7168   *SIC* 2711
POSTMEDIA NETWORK INC p 81
10006 101 St Nw, EDMONTON, AB, T5J 0S1
(780) 429-5100   *SIC* 2711
POSTMEDIA NETWORK INC p 113
9303 28 Ave Nw, EDMONTON, AB, T6N 1N1
(780) 436-8050   *SIC* 7319
POSTMEDIA NETWORK INC p 179
30887 Peardonville Rd Suite 1, ABBOTSFORD, BC, V2T 6K2
SIC 2711
POSTMEDIA NETWORK INC p 184
3430 Brighton Ave Suite 201a, BURNABY, BC, V5A 3H4
(604) 444-3451   *SIC* 2711
POSTMEDIA NETWORK INC p 184
7850 Enterprise St, BURNABY, BC, V5A 1V7
(604) 420-2288   *SIC* 4833
POSTMEDIA NETWORK INC p 197
45951 Trethewey Ave Unit 101, CHILLIWACK, BC, V2P 1K4
(604) 792-9117   *SIC* 2711
POSTMEDIA NETWORK INC p 220
393 Seymour St, KAMLOOPS, BC, V2C 6P6
(250) 371-6152   *SIC* 2711
POSTMEDIA NETWORK INC p 241
2575 Mccullough Rd Suite B1, NANAIMO, BC, V9S 5W5
SIC 2711
POSTMEDIA NETWORK INC p 248
126 15th St E Suite 100, NORTH VANCOUVER, BC, V7L 2P9
(604) 985-2131   *SIC* 2711
POSTMEDIA NETWORK INC p 254
4918 Napier St, PORT ALBERNI, BC, V9Y 3H5
SIC 2711
POSTMEDIA NETWORK INC p 256
1525 Broadway St Unit 115, PORT COQUITLAM, BC, V3C 6P6
SIC 2711
POSTMEDIA NETWORK INC p 270
5731 No. 3 Rd, RICHMOND, BC, V6X 2C9
(604) 270-8031   *SIC* 2711
POSTMEDIA NETWORK INC p 270
7280 River Rd Suite 110, RICHMOND, BC, V6X 1X5
SIC 7374
POSTMEDIA NETWORK INC p 282
5460 152 St Unit 102, SURREY, BC, V3S 5J9

(604) 572-0064 SIC 2711
POSTMEDIA NETWORK INC p 309
200 Granville St Suite 1, VANCOUVER, BC, V6C 3N3
(604) 605-2000 SIC 2711
POSTMEDIA NETWORK INC p 329
2621 Douglas St, VICTORIA, BC, V8T 4M2
(250) 995-4417 SIC 2711
POSTMEDIA NETWORK INC p 329
780 Kings Rd, VICTORIA, BC, V8T 5A2
(250) 383-2435 SIC 4833
POSTMEDIA NETWORK INC p 375
300 Carlton St 6th Fl, WINNIPEG, MB, R3B 2K6
(204) 926-4600 SIC 7299
POSTMEDIA NETWORK INC p 752
1450 Don Mills Rd, NORTH YORK, ON, M3B 0B3
(416) 442-2121 SIC 2711
POSTMEDIA NETWORK INC p 783
1230 Old Innes Rd Suite 407, OTTAWA, ON, K1B 3V3
(613) 287-3318 SIC 4212
POSTMEDIA NETWORK INC p 800
1101 Baxter Rd, OTTAWA, ON, K2C 3M4
(613) 829-9100 SIC 2711
POSTMEDIA NETWORK INC p 902
365 Bloor St E Suite 1601, TORONTO, ON, M4W 3L4
(416) 383-2300 SIC 2711
POSTMEDIA NETWORK INC p 968
167 Ferry St, WINDSOR, ON, N9A 0C5
(519) 255-5720 SIC 2711
POSTMEDIA NETWORK INC p 1113
1010 Rue Sainte-Catherine O Unite 200, Montreal, QC, H3B 5L1
(514) 284-0040 SIC 2711
POSTMEDIA NETWORK INC p 1283
1964 Park St, REGINA, SK, S4N 7M5
(306) 781-5211 SIC 2711
POSTMEDIA NETWORK INC p 1297
204 5th Ave N, SASKATOON, SK, S7K 2P1
(306) 657-6206 SIC 2711
POSTURE BEAUTY SLEEP PRODUCTS p 561
See PARK AVENUE FURNITURE CORPORATION
POTASH ALLAN DIV p 1264
See PCS SALES (CANADA) INC
POTASH CORPORATION OF SASKATCHEWAN INC p 421
Ggd, SUSSEX, NB, E4E 5L2
(506) 432-8400 SIC 1474
POTASH CORPORATION OF SASKATCHEWAN INC p 1264
Gd, ALLAN, SK, S0K 0C0
(306) 257-3312 SIC 1474
POTASH CORPORATION OF SASKATCHEWAN INC p 1272
Gd, LANIGAN, SK, S0K 2M0
(306) 365-2030 SIC 1474
POTASH CORPORATION OF SASKATCHEWAN INC p 1291
Gd, ROCANVILLE, SK, S0A 3L0
(306) 645-2870 SIC 1474
POTASH CORPORATION OF SASKATCHEWAN INC p 1297
1st Ave S, SASKATOON, SK, S7K 3L6
(306) 667-4278 SIC 1474
POTASH CORPORATION OF SASKATCHEWAN INC p 1297
7 Miles West On Hwy 7, SASKATOON, SK, S7K 3N9
(306) 382-0525 SIC 1474
POTSDAM TOWNHOUSES LIMITED p 752
100 Scarsdale Rd Suite 100, NORTH YORK, ON, M3B 2R8
(416) 449-3300 SIC 6552
POTTER SMITH'S GROUP p 100
See CRANE, JOHN CANADA INC
POTTERY BARN p 315
See WILLIAMS-SONOMA CANADA, INC
POTVIN & BOUCHARD INC p 1052
2880 Av Du Port, LA BAIE, QC, G7B 3P6

(418) 544-3000 SIC 5251
POUCE COUPE CARE HOME p 257
5216 50 Ave, POUCE COUPE, BC, V0C 2C0
SIC 8059
POUDRIER FRERES LTEE p 1259
430 Rue Cantin, VICTORIAVILLE, QC, G6P 7E6
SIC 3713
POULET FRIT KENTUCKY p 1035
See PRISZM LP
POULET FRIT KENTUCKY p 1171
See PRISZM LP
POULET FRIT KENTUCKY p 1187
See PRISZM LP
POULIN, NIKOL INC p 1189
3100 Boul Dionne, SAINT-GEORGES, QC, G5Y 3Y4
(418) 228-3267 SIC 5141
POUNDMAKER'S LODGE TREATMENT CENTRES (THE SOCIETY) p 169
25108 Poundmaker Rd, STURGEON COUNTY, AB, T8G 2A2
(780) 458-1884 SIC 8361
POURVOIRIE LE DOMAINE p 1083
See SOCIETE DES ETABLISSEMENTS DE PLEIN AIR DU QUEBEC
POUTRELLES DELTA INC p 1227
1270 2e Rue Du Parc-Industriel, SAINTE-MARIE, QC, G6E 1G8
SIC 3441
POVUNGNITUK SCHOOL p 1145
See COMMISSION SCOLAIRE KATIVIK
POW LABORATORIES INC p 978
63 Ridgeway Cir, WOODSTOCK, ON, N4V 1C9
(519) 539-2065 SIC 8072
POWCO, DIV OF p 499
See VALMONT WC ENGINEERING GROUP LTD
POWDER TECH LIMITED p 498
699 Bayview Dr, BARRIE, ON, L4N 9A5
(705) 726-4580 SIC 3479
POWELL CANADA INC p 1
53032 Range Road 263a, ACHESON, AB, T7X 5A5
(780) 948-3300 SIC 1731
POWELL RIVER MILL p 258
See CATALYST PAPER CORPORATION
POWELL RIVER PEAK p 258
See PEAK PUBLISHING LTD
POWER BATTERY SALES LTD p 65
10720 25 St Ne Unit 140, CALGARY, AB, T3N 0A1
(403) 250-6640 SIC 5013
POWER BATTERY SALES LTD p 485
165 Harwood Ave N, AJAX, ON, L1Z 1L9
(905) 427-3035 SIC 5013
POWER BATTERY SALES LTD p 485
165 Harwood Ave N, AJAX, ON, L1Z 1L9
(905) 427-2718 SIC 5013
POWER BATTERY SALES LTD p 991
7711 Rue Larrey, ANJOU, QC, H1J 2T7
(514) 355-1212 SIC 5013
POWER ENVIRONMENT ALSTOM HYDRO CANADA p 1241
See ALSTOM CANADA INC
POWER GLEN PUBLIC SCHOOL p 855
See DISTRICT SCHOOL BOARD OF NIAGARA
POWER JOISTS p 833
See EACOM TIMBER CORPORATION
POWER PLANT CONTEMPORARY ART GALLERY, THE p 920
231 Queens Quay W, TORONTO, ON, M5J 2G8
(416) 973-4949 SIC 8412
POWER SUPPLY GRAND RAPIDS GS p 349
Gd, GRAND RAPIDS, MB, R0C 1E0
(204) 639-4138 SIC 4911
POWER TECHNOLOGIES GROUP p 724
See DANA CANADA CORPORATION
POWER TO CHANGE MINISTRIES p 390
1345 Pembina Hwy Suite 206, WINNIPEG,

MB, R3T 2B6
(204) 943-9924 SIC 8661
POWER VAC BELFOR p 451
See ENVIRONCLEAN LIMITED
POWER VAC DISASTER KLEENUP p 430
See ENVIRO CLEAN (NFLD.) LIMITED
POWER VAC SERVICES LTD p 383
1355 Border St, WINNIPEG, MB, R3H 0N1
(204) 632-4433 SIC 7349
POWERCOR MANUFACTURING p 604
See LINAMAR CORPORATION
POWEREX CORP p 309
666 Burrard St Suite 1300, VANCOUVER, BC, V6C 2X8
(604) 891-5000 SIC 4911
POWERHOUSE CONTROLS LIMITED p 865
89 Lorne Ave E Unit 2, STRATFORD, ON, N5A 6S4
(519) 273-6602 SIC 8711
POWERSTROKE WELL CONTROL LTD p 127
Gd Stn Main, GRANDE PRAIRIE, AB, T8V 2Z7
(780) 539-0102 SIC 1381
POWRMATIC DU CANADA LTEE p 991
9500 Boul Ray-Lawson, ANJOU, QC, H1J 1L1
(514) 493-6400 SIC 5531
POYRY (VANCOUVER) INC. p 314
1550 Alberni St Suite 200, VANCOUVER, BC, V6G 1A5
(604) 689-0344 SIC 8711
PPC CANADA ENTERPRISES CORP p 308
625 Howe St Suite 410, VANCOUVER, BC, V6C 2T6
(604) 687-0407 SIC 6719
PPC INTERNATIONAL INC p 267
12811 Clarke Pl Unit 120, RICHMOND, BC, V6V 2H9
(604) 278-8369 SIC 7217
PPD CANADA, LTD p 644
123 Pioneer Dr, KITCHENER, ON, N2P 2B4
(519) 208-4222 SIC 8733
PPD FOAM SOLUTION INC p 1030
1275 Rue Janelle, Drummondville, QC, J2C 3E4
(819) 850-0159 SIC 2531
PPD HOLDING INC p 1237
1649 Rue Belvedere S, SHERBROOKE, QC, J1H 4E4
(819) 837-2491 SIC 3089
PPD HOLDING INC p 1261
400 Rue Raymond, WATERVILLE, QC, J0B 3H0
(819) 837-2952 SIC 2822
PPFD p 958
See PROMOTIONAL PRODUCTS FULFILLMENT & DISTRIBUTION LTD
PPG ARCHITECTURAL COATINGS CANADA INC p 87
16660 114 Ave Nw, EDMONTON, AB, T5M 3R8
SIC 3479
PPG ARCHITECTURAL COATINGS CANADA INC p 210
7560 Vantage Way Suite 1, DELTA, BC, V4G 1H1
(604) 940-0433 SIC 2851
PPG ARCHITECTURAL COATINGS CANADA INC p 1069
2025 Rue De La Metropole, LONGUEUIL, QC, J4G 1S9
(514) 527-5111 SIC 2851
PPG ARCHITECTURAL COATINGS CANADA, INC p 87
See PPG ARCHITECTURAL COATINGS CANADA INC
PPG ARCHITECTURAL COATINGS CANADA, INC p 210
See PPG ARCHITECTURAL COATINGS CANADA INC
PPG CANADA INC p 19
4416 72 Ave Se Suite Side, CALGARY, AB, T2C 2C1

(403) 279-8831 SIC 2851
PPG CANADA INC p 366
95 Paquin Rd, WINNIPEG, MB, R2J 3V9
(204) 661-6781 SIC 2851
PPG CANADA INC p 444
81 Bluewater Rd, BEDFORD, NS, B4B 1H4
(902) 835-7281 SIC 5039
PPG CANADA INC p 690
5676 Timberlea Blvd, MISSISSAUGA, ON, L4W 4M6
(905) 629-7999 SIC 3479
PPG CANADA INC p 702
84 North Bend St Suite 102, MISSISSAUGA, ON, L5J 2Z5
(905) 823-1100 SIC 2851
PPG CANADA INC p 804
1799 20th St E, OWEN SOUND, ON, N4K 2C3
SIC 3211
PPG PHILLIPS IND COATINGS DIV p 366
See PPG CANADA INC
PPI FINANCIAL GROUP p 78
See 4211596 CANADA INC
PPI FINANCIAL GROUP p 306
See 4211596 CANADA INC
PR AQUA p 243
See PR AQUA SUPPLIES LTD
PR AQUA SUPPLIES LTD p 243
1631 Harold Rd, NANAIMO, BC, V9X 1T4
(250) 754-4844 SIC 3069
PRACS INSTITUTE CANADA B.C. LTD. p 690
4520 Dixie Rd, MISSISSAUGA, ON, L4W 1N2
SIC 8071
PRAIRIE AGRICULTURAL MACHINERY INSTITUTE 1270
2215 8 Ave, HUMBOLDT, SK, S0K 2A1
(306) 682-2555 SIC 8734
PRAIRIE BUS LINES LTD p 153
5310 54 St, RED DEER, AB, T4N 6M1
(403) 342-6390 SIC 4151
PRAIRIE CO-OPERATIVE LIMITED p 1269
321 Broadway St W, FORT QU'APPELLE, SK, S0G 1S0
(306) 332-5623 SIC 5411
PRAIRIE EMERGENCY MEDICAL SYSTEMS INC p 123
10099 93 Ave, FORT SASKATCHEWAN, AB, T8L 1N5
(780) 998-4466 SIC 4119
PRAIRIE FOREST PRODUCTS LTD p 352
205 Hwy 16, NEEPAWA, MB, R0J 1H0
(204) 476-7700 SIC 2491
PRAIRIE FOREST PRODUCTS LTD p 369
165 Ryan St, WINNIPEG, MB, R2R 0N9
(204) 989-9600 SIC 2411
PRAIRIE HOLDINGS INC p 205
4201 Echo Field Rd, CRANBROOK, BC, V1C 7B6
(250) 489-0776 SIC 2411
PRAIRIE INTERNATIONAL CONTAINER & DRAY SERVICES INC p 362
135 Saunders Rd, WINNIPEG, MB, R2C 2Z2
(204) 783-3801 SIC 7359
PRAIRIE INTERNATIONAL CONTAINER INC p 1103
360 Rue Saint-Jacques Bureau 1000, Montreal, QC, H2Y 1R2
(514) 286-4646 SIC 4212
PRAIRIE LAND REGIONAL DIVISION 25 p 3
Gd, ALTARIO, AB, T0C 0E0
(403) 552-3828 SIC 8211
PRAIRIE LAND REGIONAL DIVISION 25 p 8
Rr 2 Stn Main, BROOKS, AB, T1R 1E2
SIC 8211
PRAIRIE LAND REGIONAL DIVISION 25 p 70
5215 50 St, CONSORT, AB, T0C 1B0
(403) 577-3654 SIC 8211

▲ Public Company   ■ Public Company Family Member   **HQ** Headquarters   **BR** Branch   **SL** Single Location

PRAIRIE LAND REGIONAL DIVISION 25 *p* 70
Gd, CRAIGMYLE, AB, T0J 0T0
SIC 8211

PRAIRIE LAND REGIONAL DIVISION 25 *p* 71
205 3rd Ave N, DELIA, AB, T0J 0W0
(403) 364-3777   *SIC* 8211

PRAIRIE LAND REGIONAL DIVISION 25 *p* 129
101 Palliser Trail, HANNA, AB, T0J 1P0
(403) 854-2803   *SIC* 8211

PRAIRIE LAND REGIONAL DIVISION 25 *p* 129
618 1st St E, HANNA, AB, T0J 1P0
(403) 854-3694   *SIC* 8211

PRAIRIE LAND REGIONAL DIVISION 25 *p* 129
801 4th St W, HANNA, AB, T0J 1P0
(403) 854-3642   *SIC* 8211

PRAIRIE LAND REGIONAL DIVISION 25 *p* 129
Gd, HANNA, AB, T0J 1P0
SIC 8211

PRAIRIE LAND REGIONAL DIVISION 25 *p* 146
2nd Ave Main St W, MORRIN, AB, T0J 2B0
(403) 772-3838   *SIC* 8211

PRAIRIE LUBE LTD   *p* 11
3315 32 Ave Ne, CALGARY, AB, T1Y 6M5
(403) 216-6973   *SIC* 5541

PRAIRIE MICRO-TECH (1996) INC   *p* 1287
2641 Albert St N, REGINA, SK, S4R 8R7
(306) 721-6066   *SIC* 5191

PRAIRIE MINES & ROYALTY ULC   *p* 117
Gd, EDSON, AB, T7E 1W1
(780) 794-8100   *SIC* 1221

PRAIRIE MINES & ROYALTY ULC   *p* 118
Gd, FORESTBURG, AB, T0B 1N0
(403) 884-3000   *SIC* 1221

PRAIRIE MINES & ROYALTY ULC   *p* 130
Gd, HANNA, AB, T0J 1P0
(403) 854-5200   *SIC* 1221

PRAIRIE MINES & ROYALTY ULC   *p* 173
Gd, WARBURG, AB, T0C 2T0
(780) 848-7786   *SIC* 1221

PRAIRIE MINES & ROYALTY ULC   *p* 1264
Gd, BIENFAIT, SK, S0C 0M0
(306) 388-2272   *SIC* 1221

PRAIRIE MINES & ROYALTY ULC   *p* 1266
Gd, CORONACH, SK, S0H 0Z0
(306) 267-4200   *SIC* 1221

PRAIRIE MINES & ROYALTY ULC   *p* 1268
Po Box 3000, ESTEVAN, SK, S4A 2W2
(306) 634-7251   *SIC* 1221

PRAIRIE MOUNTAIN ELEMENTARY SCHOOL   *p* 358
See PRAIRIE SPIRIT SCHOOL DIVISION

PRAIRIE MOUNTAIN HEALTH   *p* 343
531 Elizabeth Ave E, BALDUR, MB, R0K 0B0
(204) 535-2373   *SIC* 8051

PRAIRIE MOUNTAIN HEALTH   *p* 344
305 Mill Rd, BOISSEVAIN, MB, R0K 0E0
(204) 534-2451   *SIC* 8062

PRAIRIE MOUNTAIN HEALTH   *p* 345
525 Victoria Ave E, BRANDON, MB, R7A 6S9
(204) 578-2670   *SIC* 8059

PRAIRIE MOUNTAIN HEALTH   *p* 345
340 9th St Suite 800, BRANDON, MB, R7A 6C2
SIC 8621

PRAIRIE MOUNTAIN HEALTH   *p* 347
109 Kellett St, DELORAINE, MB, R0M 0M0
(204) 747-2243   *SIC* 8062

PRAIRIE MOUNTAIN HEALTH   *p* 350
86 Ellice Dr, KILLARNEY, MB, R0K 1G0
(204) 523-4661   *SIC* 8062

PRAIRIE MOUNTAIN HEALTH   *p* 351
147 Summit St, MELITA, MB, R0M 1L0
(204) 522-8197   *SIC* 8062

PRAIRIE MOUNTAIN HEALTH   *p* 351
334 1st St Sw, MINNEDOSA, MB, R0J 1E0

PRAIRIE MOUNTAIN HEALTH   *p* 355
106 1st W, SANDY LAKE, MB, R0J 1X0
(204) 585-2107   *SIC* 8051

PRAIRIE MOUNTAIN HEALTH   *p* 355
113 Arsini St E, Russell, MB, R0J 1W0
(204) 773-3117   *SIC* 8051

PRAIRIE MOUNTAIN HEALTH   *p* 355
426 Alexandria Ave, RUSSELL, MB, R0J 1W0
(204) 773-2125   *SIC* 8011

PRAIRIE MOUNTAIN HEALTH   *p* 356
192 1st Ave W, SOURIS, MB, R0K 2C0
(204) 483-5000   *SIC* 8011

PRAIRIE MOUNTAIN HEALTH   *p* 359
64 Clark St, TREHERNE, MB, R0G 2V0
(204) 723-2133   *SIC* 8011

PRAIRIE MOUNTAIN HEALTH   *p* 360
223 Hargrave St E, VIRDEN, MB, R0M 2C0
(204) 748-1546   *SIC* 8051

PRAIRIE MOUNTAIN HEALTH   *p* 360
480 King St E, VIRDEN, MB, R0M 2C0
(204) 748-1230   *SIC* 8062

PRAIRIE MOUNTAIN HIGH SCHOOL   *p* 356
See PRAIRIE SPIRIT SCHOOL DIVISION

PRAIRIE NORTH CO-OPERATIVE LIMITED   *p* 1274
Hwy 3 W, MELFORT, SK, S0E 1A0
(306) 752-2555   *SIC* 5983

PRAIRIE NORTH CONST. LTD   *p* 106
4936 87 St Nw Suite 280, EDMONTON, AB, T6E 5W3
(780) 463-3363   *SIC* 1611

PRAIRIE NORTH HEALTH REGION   *p* 1273
3820 43 Ave, LLOYDMINSTER, SK, S9V 1Y5
(306) 820-6000   *SIC* 8062

PRAIRIE NORTH HEALTH REGION   *p* 1278
See PRAIRIE NORTH REGIONAL HEALTH AUTHORITY

PRAIRIE NORTH HEALTH REGION   *p* 1278
11427 Railway Ave Suite 101, NORTH BATTLEFORD, SK, S9A 3G8
(306) 446-6400   *SIC* 8011

PRAIRIE NORTH REGIONAL HEALTH AUTHORITY   *p* 1269
100 1st Ave N, GOODSOIL, SK, S0M 1A0
(306) 238-2100   *SIC* 8062

PRAIRIE NORTH REGIONAL HEALTH AUTHORITY   *p* 1273
214 5th Ave E, MAIDSTONE, SK, S0M 1M0
(306) 893-2622   *SIC* 8062

PRAIRIE NORTH REGIONAL HEALTH AUTHORITY   *p* 1273
510 2nd Ave, LOON LAKE, SK, S0M 1L0
(306) 837-2114   *SIC* 8051

PRAIRIE NORTH REGIONAL HEALTH AUTHORITY   *p* 1273
214 5 Ave E, MAIDSTONE, SK, S0M 1M0
(306) 893-2689   *SIC* 8011

PRAIRIE NORTH REGIONAL HEALTH AUTHORITY   *p* 1274
711 Centre St Suite 7, MEADOW LAKE, SK, S9X 1E6
(306) 236-1550   *SIC* 8062

PRAIRIE NORTH REGIONAL HEALTH AUTHORITY   *p* 1278
1092 107th St, NORTH BATTLEFORD, SK, S9A 1Z1
(306) 446-6600   *SIC* 8062

PRAIRIE NORTH REGIONAL HEALTH AUTHORITY   *p* 1306
410 3 Ave W, ST WALBURG, SK, S0M 2T0
(306) 248-3355   *SIC* 8099

PRAIRIE NORTH REGIONAL HEALTH AUTHORITY   *p* 1307

1st Street South Highway 303, TURTLEFORD, SK, S0M 2Y0
(306) 845-2195   *SIC* 8062

PRAIRIE OASIS COMPLEX   *p* 1275
See CHARTIER HOTELS LTD

PRAIRIE PALLET, DIV OF   *p* 1267
See PANTHER INDUSTRIES INC

PRAIRIE PUBLISHING LTD   *p* 1270
535 Main St, HUMBOLDT, SK, S0K 2A1
(306) 682-2561   *SIC* 2711

PRAIRIE RIVER JUNIOR HIGH SCHOOL   *p* 130
See HIGH PRAIRIE SCHOOL DIVISION NO 48

PRAIRIE ROSE ELEMENTARY SCHOOL   *p* 370
See WINNIPEG SCHOOL DIVISION

PRAIRIE ROSE SCHOOL DIVISION NO 8   *p* 7
104 First Ave W, BOW ISLAND, AB, T0K 0G0
(403) 545-6822   *SIC* 8211

PRAIRIE ROSE SCHOOL DIVISION NO 8   *p* 9
610 Main St, BURDETT, AB, T0K 0J0
(403) 833-3841   *SIC* 8211

PRAIRIE ROSE SCHOOL DIVISION NO 8   *p* 73
1150 Eagle Butte Rd, DUNMORE, AB, T1B 0J3
(403) 528-1996   *SIC* 8211

PRAIRIE ROSE SCHOOL DIVISION NO 8   *p* 73
918 2 Ave Suite 204, DUNMORE, AB, T1B 0K3
SIC 8211

PRAIRIE ROSE SCHOOL DIVISION NO 8   *p* 132
89 Brock St, IRVINE, AB, T0J 1V0
(403) 834-3783   *SIC* 8211

PRAIRIE ROSE SCHOOL DIVISION NO 8   *p* 132
Gd, IRVINE, AB, T0J 1V0
SIC 8211

PRAIRIE ROSE SCHOOL DIVISION NO 8   *p* 143
302 Main St, MEDICINE HAT, AB, T0K 0X0
(403) 867-3843   *SIC* 8211

PRAIRIE ROSE SCHOOL DIVISION NO 8   *p* 149
107 4 Ave E, OYEN, AB, T0J 2J0
(403) 664-3733   *SIC* 8211

PRAIRIE ROSE SCHOOL DIVISION NO 8   *p* 149
Gd, OYEN, AB, T0J 2J0
(403) 664-3644   *SIC* 8211

PRAIRIE ROSE SCHOOL DIVISION NO 8   *p* 151
17 Dugway St, RALSTON, AB, T0J 2N0
(403) 544-3535   *SIC* 8211

PRAIRIE ROSE SCHOOL DIVISION NO 8   *p* 158
339 3rd St Se, REDCLIFF, AB, T0J 2P0
(403) 548-3449   *SIC* 8211

PRAIRIE ROSE SCHOOL DIVISION NO 8   *p* 158
401 8th Ave Se, REDCLIFF, AB, T0J 2P0
(403) 548-7516   *SIC* 8211

PRAIRIE ROSE SCHOOL DIVISION NO 8   *p* 160
24 3 Ave, SEVEN PERSONS, AB, T0K 1Z0
(403) 832-3732   *SIC* 8211

PRAIRIE ROSE SCHOOL DIVISION NO 8   *p* 348
194 Gordon Ave, ELM CREEK, MB, R0G 0N0
(204) 436-3332   *SIC* 8211

PRAIRIE SOUTH SCHOOL DIVISION NO 210   *p* 1264
300 7th Ave E, ASSINIBOIA, SK, S0H 0B0
(306) 642-3566   *SIC* 8211

PRAIRIE SOUTH SCHOOL DIVISION NO 210   *p* 1264
200 Bell Rd, ASSINIBOIA, SK, S0H 0B0

(306) 642-3319   *SIC* 8211

PRAIRIE SOUTH SCHOOL DIVISION NO 210   *p* 1266
100 4th Ave E, CENTRAL BUTTE, SK, S0H 0T0
(306) 796-2124   *SIC* 8211

PRAIRIE SOUTH SCHOOL DIVISION NO 210   *p* 1269
7 Arphabasca St, GRAVELBOURG, SK, S0H 1X0
(306) 648-3277   *SIC* 8211

PRAIRIE SOUTH SCHOOL DIVISION NO 210   *p* 1275
645 Athabasca St E, MOOSE JAW, SK, S6H 7Z5
(306) 692-3904   *SIC* 8211

PRAIRIE SOUTH SCHOOL DIVISION NO 210   *p* 1275
350 Oak St, MOOSE JAW, SK, S6H 0V6
(306) 692-5796   *SIC* 8211

PRAIRIE SOUTH SCHOOL DIVISION NO 210   *p* 1276
823 Caribou St W, MOOSE JAW, SK, S6H 2L2
(306) 692-4659   *SIC* 8211

PRAIRIE SOUTH SCHOOL DIVISION NO 210   *p* 1276
1100 Currie Cres, MOOSE JAW, SK, S6H 5M8
(306) 694-5999   *SIC* 8211

PRAIRIE SOUTH SCHOOL DIVISION NO 210   *p* 1276
650 Coteau St W Suite 210, MOOSE JAW, SK, S6H 5E6
(306) 693-1331   *SIC* 8211

PRAIRIE SOUTH SCHOOL DIVISION NO 210   *p* 1276
550 Coteau St W, MOOSE JAW, SK, S6H 5E4
(306) 692-3903   *SIC* 8211

PRAIRIE SOUTH SCHOOL DIVISION NO 210   *p* 1276
149 Oxford St W, MOOSE JAW, SK, S6H 2N4
(306) 693-4691   *SIC* 8211

PRAIRIE SOUTH SCHOOL DIVISION NO 210   *p* 1276
145 Ross St E, MOOSE JAW, SK, S6H 0S3
(306) 693-4626   *SIC* 8211

PRAIRIE SOUTH SCHOOL DIVISION NO 210   *p* 1276
1150 5th Ave Nw, MOOSE JAW, SK, S6H 3Y7
(306) 692-3908   *SIC* 8211

PRAIRIE SOUTH SCHOOL DIVISION NO 210   *p* 1276
1140 Simpson Ave, MOOSE JAW, SK, S6H 4M8
(306) 693-4669   *SIC* 8211

PRAIRIE SPIRIT SCHOOL DIVISION   *p* 343
627 Elizabeth Ave E, BALDUR, MB, R0K 0B0
(204) 535-2314   *SIC* 8211

PRAIRIE SPIRIT SCHOOL DIVISION   *p* 349
221 Cochrane St, GLENBORO, MB, R0K 0X0
(204) 827-2593   *SIC* 8211

PRAIRIE SPIRIT SCHOOL DIVISION   *p* 351
322 Carrie St, MANITOU, MB, R0G 1G0
(204) 242-2640   *SIC* 8211

PRAIRIE SPIRIT SCHOOL DIVISION   *p* 351
508 Souris Ave, MANITOU, MB, R0G 1G0
(204) 242-2844   *SIC* 8211

PRAIRIE SPIRIT SCHOOL DIVISION   *p* 356
Po Box 250, SOMERSET, MB, R0G 2L0
(204) 744-2751   *SIC* 8211

PRAIRIE SPIRIT SCHOOL DIVISION   *p* 356
83 Provincial Rd, ST CLAUDE, MB, R0G 1Z0
(204) 379-2441   *SIC* 8211

PRAIRIE SPIRIT SCHOOL DIVISION   *p* 358
4 4th St N, SWAN LAKE, MB, R0G 2S0
(204) 836-2855   *SIC* 8211

PRAIRIE SPIRIT SCHOOL DIVISION *p* 1307

309 Main St, VANSCOY, SK, S0L 3J0
(306) 668-2056   SIC 8211
PRAIRIE SPIRIT SCHOOL DIVISION NO. 206   p 1264
101 Thompson St, ABERDEEN, SK, S0K 0A0
(306) 253-4333   SIC 8211
PRAIRIE SPIRIT SCHOOL DIVISION NO. 206   p 1264
Gd, ALLAN, SK, S0K 0C0
(306) 257-3311   SIC 8211
PRAIRIE SPIRIT SCHOOL DIVISION NO. 206   p 1264
305 Eagle Ave, ASQUITH, SK, S0K 0J0
(306) 329-4331   SIC 8211
PRAIRIE SPIRIT SCHOOL DIVISION NO. 206   p 1265
627 North Southroad Allowance, BLAINE LAKE, SK, S0J 0J0
(306) 497-2632   SIC 8211
PRAIRIE SPIRIT SCHOOL DIVISION NO. 206   p 1266
Gd, CLAVET, SK, S0K 0Y0
(306) 933-1022   SIC 8211
PRAIRIE SPIRIT SCHOOL DIVISION NO. 206   p 1266
200 Oronsay St, COLONSAY, SK, S0K 0Z0
(306) 255-2050   SIC 8211
PRAIRIE SPIRIT SCHOOL DIVISION NO. 206   p 1267
Gd, DUNDURN, SK, S0K 1K0
(306) 492-2345   SIC 8211
PRAIRIE SPIRIT SCHOOL DIVISION NO. 206   p 1267
616 Front St, DUCK LAKE, SK, S0K 1J0
(306) 467-2128   SIC 8211
PRAIRIE SPIRIT SCHOOL DIVISION NO. 206   p 1267
400 2nd St E, DELISLE, SK, S0L 0P0
(306) 493-2433   SIC 8211
PRAIRIE SPIRIT SCHOOL DIVISION NO. 206   p 1267
302 3rd Ave, DUNDURN, SK, S0K 1K0
(306) 492-2050   SIC 8211
PRAIRIE SPIRIT SCHOOL DIVISION NO. 206   p 1267
300 4th Ave E, DELISLE, SK, S0L 0P0
(306) 493-2451   SIC 8211
PRAIRIE SPIRIT SCHOOL DIVISION NO. 206   p 1267
214 3 St Se, DALMENY, SK, S0K 1E0
(306) 254-2036   SIC 8211
PRAIRIE SPIRIT SCHOOL DIVISION NO. 206   p 1267
205 Ross Crt, DALMENY, SK, S0K 1E0
(306) 254-2633   SIC 8211
PRAIRIE SPIRIT SCHOOL DIVISION NO. 206   p 1267
556 Front St, DUCK LAKE, SK, S0K 1J0
(306) 467-2185   SIC 8211
PRAIRIE SPIRIT SCHOOL DIVISION NO. 206   p 1269
320 Saskatchewan Ave, HAGUE, SK, S0K 1X0
(306) 225-2232   SIC 8211
PRAIRIE SPIRIT SCHOOL DIVISION NO. 206   p 1270
316 Bodeman Ave, HANLEY, SK, S0G 2E0
(306) 544-2511   SIC 8211
PRAIRIE SPIRIT SCHOOL DIVISION NO. 206   p 1270
325 Saskatchewan Ave, HAGUE, SK, S0K 1X0
(306) 225-2104   SIC 8211
PRAIRIE SPIRIT SCHOOL DIVISION NO. 206   p 1270
Po Box 219, HEPBURN, SK, S0K 1Z0
(306) 947-2077   SIC 8211
PRAIRIE SPIRIT SCHOOL DIVISION NO. 206   p 1272
102 1 Ave, LANGHAM, SK, S0K 2L0
(306) 283-4455   SIC 8211
PRAIRIE SPIRIT SCHOOL DIVISION NO. 206   p 1272

432 3rd Ave, LEASK, SK, S0J 1M0
(306) 466-2206   SIC 8211
PRAIRIE SPIRIT SCHOOL DIVISION NO. 206   p 1274
115 6th St N Ss 3, MARTENSVILLE, SK, S0K 2T2
(306) 931-2230   SIC 8211
PRAIRIE SPIRIT SCHOOL DIVISION NO. 206   p 1274
200 8th Ave S, MARTENSVILLE, SK, S0K 2T0
(306) 931-2233   SIC 8211
PRAIRIE SPIRIT SCHOOL DIVISION NO. 206   p 1274
Gd, MARCELIN, SK, S0J 1R0
(306) 683-2800   SIC 8211
PRAIRIE SPIRIT SCHOOL DIVISION NO. 206   p 1274
801 6 St N, MARTENSVILLE, SK, S0K 2T0
(306) 934-2185   SIC 8211
PRAIRIE SPIRIT SCHOOL DIVISION NO. 206   p 1278
205 4th Ave, OSLER, SK, S0K 3A0
(306) 239-2077   SIC 8211
PRAIRIE SPIRIT SCHOOL DIVISION NO. 206   p 1291
4000 4 St, ROSTHERN, SK, S0K 3R0
(306) 232-4868   SIC 8211
PRAIRIE SPIRIT SCHOOL DIVISION NO. 206   p 1308
4008 2nd Ave E, WALDHEIM, SK, S0K 4R0
(306) 945-2211   SIC 8211
PRAIRIE SPIRIT SCHOOL DIVISION NO. 206   p 1308
201 Central St E, WARMAN, SK, S0K 4S0
(306) 933-2377   SIC 8211
PRAIRIE SPIRIT SCHOOL DIVISION NO. 206   p 1308
403 4th St W, WARMAN, SK, S0K 4S0
(306) 933-2066   SIC 8211
PRAIRIE VALLEY SCHOOL DIVISION NO 208   p 1264
226 Queen St, BALGONIE, SK, S0G 0E0
(306) 771-2345   SIC 8211
PRAIRIE VALLEY SCHOOL DIVISION NO 208   p 1264
420 Lisgar St, BALCARRES, SK, S0G 0C0
(306) 334-2520   SIC 8211
PRAIRIE VALLEY SCHOOL DIVISION NO 208   p 1264
420 Listar St, BALCARRES, SK, S0G 0C0
(306) 334-2714   SIC 8211
PRAIRIE VALLEY SCHOOL DIVISION NO 208   p 1267
400 Lansdowne St, CUPAR, SK, S0G 0Y0
(306) 723-4660   SIC 8211
PRAIRIE VALLEY SCHOOL DIVISION NO 208   p 1269
Po Box 880, FORT QU'APPELLE, SK, S0G 1S0
(306) 332-4343   SIC 8211
PRAIRIE VALLEY SCHOOL DIVISION NO 208   p 1269
221 4 St E, FORT QU'APPELLE, SK, S0G 1S0
(306) 332-5566   SIC 8211
PRAIRIE VALLEY SCHOOL DIVISION NO 208   p 1271
205 2nd Ave, KELLIHER, SK, S0A 1V0
(306) 675-2112   SIC 8211
PRAIRIE VALLEY SCHOOL DIVISION NO 208   p 1271
401 6th Ave, KIPLING, SK, S0G 2S0
(306) 736-2464   SIC 8211
PRAIRIE VALLEY SCHOOL DIVISION NO 208   p 1273
300 Broad St, LUMSDEN, SK, S0G 3C0
(306) 731-2262   SIC 8211
PRAIRIE VALLEY SCHOOL DIVISION NO 208   p 1273
200 2nd Ave W, LUMSDEN, SK, S0G 3C0
(306) 731-3338   SIC 8211
PRAIRIE VALLEY SCHOOL DIVISION NO 208   p 1273

Po Box 570, LUMSDEN, SK, S0G 3C0
(306) 731-2280   SIC 8211
PRAIRIE VALLEY SCHOOL DIVISION NO 208   p 1309
30 Kingsmere Ave, WHITE CITY, SK, S4L 5B1
(306) 781-2115   SIC 8211
PRAIRIE VIEW ELEMENTARY SCHOOL   p 1267
See PRAIRIE SPIRIT SCHOOL DIVISION NO. 206
PRAIRIE VIEW HEALTH CENTRE   p 1273
See CYPRESS HEALTH REGION
PRAIRIE VIEW HOLDINGS LTD   p 25
2000 Airport Rd Ne, CALGARY, AB, T2E 6W5
(403) 221-1715   SIC 7514
PRAIRIE VIEW HOLDINGS LTD   p 29
140 6 Ave Se, CALGARY, AB, T2G 0G2
(403) 232-4725   SIC 7514
PRAIRIE VIEW HOLDINGS LTD   p 63
9707 Barlow Trail Ne, CALGARY, AB, T3J 3C6
(403) 226-0010   SIC 7521
PRAIRIE WATERS ELEMENTARY SCHOOL   p 68
See ROCKY VIEW SCHOOL DIVISION NO. 41, THE
PRAIRIECOAST EQUIPMENT INC   p 118
11520 101 Ave, FAIRVIEW, AB, T0H 1L0
(780) 835-4440   SIC 5083
PRAIRIECOAST EQUIPMENT INC   p 198
44158 Progress Way, CHILLIWACK, BC, V2R 0W3
(250) 544-8010   SIC 5083
PRAIRIECOAST COLONY   p 164
Gd, SIBBALD, AB, T0J 3E0
(403) 676-2230   SIC 8661
PRATT & WHITNEY CANADA CORP   p 1069
1000 Boul Marie-Victorin, LONGUEUIL, QC, J4G 1A1
(450) 677-9411   SIC 3519
PRATTS WHOLESALE (SASK.) LTD   p 1287
1616 4th Ave, REGINA, SK, S4R 8C8
(306) 522-0101   SIC 5141
PRAXAIR   p 19
See PRAXAIR CANADA INC
PRAXAIR   p 606
See PRAXAIR CANADA INC
PRAXAIR CANADA INC   p 19
8009 42 St Se, CALGARY, AB, T2C 2T4
(403) 236-6511   SIC 3548
PRAXAIR CANADA INC   p 101
6704 50 St Nw, EDMONTON, AB, T6B 3M9
(780) 438-9141   SIC 5085
PRAXAIR CANADA INC   p 101
9501 34 St Nw, EDMONTON, AB, T6B 2X6
(780) 449-0778   SIC 2813
PRAXAIR CANADA INC   p 114
9020 24 St Nw, EDMONTON, AB, T6P 1X8
(905) 803-1600   SIC 5169
PRAXAIR CANADA INC   p 208
1470 Derwent Way, DELTA, BC, V3M 6H9
(604) 527-0700   SIC 5169
PRAXAIR CANADA INC   p 262
1601 Central St W, PRINCE GEORGE, BC, V2N 1P6
(250) 563-3641   SIC 5541
PRAXAIR CANADA INC   p 367
650 Nairn Ave, WINNIPEG, MB, R2L 0X5
(204) 663-4393   SIC 5169
PRAXAIR CANADA INC   p 373
635 Mcphillips St, WINNIPEG, MB, R2X 2H1
(204) 589-7363   SIC 5169
PRAXAIR CANADA INC   p 452
40 Gurholt Dr, DARTMOUTH, NS, B3B 1J9
(902) 468-0985   SIC 2813
PRAXAIR CANADA INC   p 502
125 Church St S, BELLEVILLE, ON, K8N 3B7
(613) 969-4450   SIC 8082
PRAXAIR CANADA INC   p 516
80 Westcreek Blvd Unit 1, BRAMPTON, ON, L6T 0B8

(905) 595-3788   SIC 2813
PRAXAIR CANADA INC   p 520
165 Biscayne Cres, BRAMPTON, ON, L6W 4R3
(905) 450-9353   SIC 5169
PRAXAIR CANADA INC   p 606
171 Brockley Dr, HAMILTON, ON, L8E 3C4
(905) 560-0533   SIC 5084
PRAXAIR CANADA INC   p 650
1910 Oxford St E, LONDON, ON, N5V 2Z8
(519) 451-7931   SIC 5084
PRAXAIR CANADA INC   p 674
385 Bentley St, MARKHAM, ON, L3R 9T2
(416) 365-1700   SIC 8082
PRAXAIR CANADA INC   p 698
1 City Centre Dr Suite 1200, MISSISSAUGA, ON, L5B 1M2
(905) 803-1600   SIC 2813
PRAXAIR CANADA INC   p 770
2393 Speers Rd, OAKVILLE, ON, L6L 2X9
(905) 827-4321   SIC 2813
PRAXAIR CANADA INC   p 785
900 Ages Dr, OTTAWA, ON, K1G 6B3
(613) 733-8201   SIC 5047
PRAXAIR CANADA INC   p 804
15 Consolidated Dr, PARIS, ON, N3L 3G2
(519) 442-6373   SIC 2813
PRAXAIR CANADA INC   p 831
1 Patrick St, SAULT STE. MARIE, ON, P6A 5N5
(705) 759-2103   SIC 2813
PRAXAIR CANADA INC   p 991
8151 Boul Metropolitain E, ANJOU, QC, H1J 1X6
(514) 353-3340   SIC 5169
PRAXAIR CANADA INC   p 1131
10449 Boul Metropolitain E, MONTREAL-EST, QC, H1B 1A1
(514) 645-5020   SIC 5169
PRAXAIR CANADA INC   p 1210
3200 Boul Pitfield Bureau 100, SAINT-LAURENT, QC, H4S 1K6
(514) 324-0202   SIC 5169
PRAXAIR CANADA INC   p 1297
834 51st St E Suite 5, SASKATOON, SK, S7K 5C7
(306) 242-3325   SIC 2813
PRAXAIR DISTRIBUTION   p 373
See PRAXAIR CANADA INC
PRAXAIR DISTRIBUTION   p 452
See PRAXAIR CANADA INC
PRAXAIR DISTRIBUTION DIV OF   p 367
See PRAXAIR CANADA INC
PRAXAIR DISTRIBUTION, DIV OF   p 101
See PRAXAIR CANADA INC
PRAXAIR DISTRIBUTION, DIV OF   p 698
See PRAXAIR CANADA INC
PRAXAIR MEDIGAS   p 262
See PRAXAIR CANADA INC
PRAXAIR TECHNOLOGIES DE SURFACE   p 1027
See TECHNOLOGIES SURFACE PRAXAIR MONTREAL S.E.C.
PRC BOOKS OF LONDON LIMITED   p 660
1112 Dearness Dr Unit 15, LONDON, ON, N6E 1N9
SIC 7389
PRC DESOTO INTERNATIONAL   p 690
See PPG CANADA INC
PRE-CON INC   p 520
35 Rutherford Rd S, BRAMPTON, ON, L6W 3J4
(905) 457-4140   SIC 3272
PRE-CON INC   p 977
1000 Dundas St, WOODSTOCK, ON, N4S 0A3
(519) 537-6280   SIC 3272
PRECAM COMMUNITY SCHOOL   p 1272
See NORTHERN LIGHTS SCHOOL DIVISION 113
PRECEPT GROUP INC, THE   p 952
375 Hagey Blvd Suite 302, WATERLOO, ON, N2L 6R5
(519) 747-5210   SIC 6411

PRECIMOLD INC *p 1009*
9 Boul Marie-Victorin, CANDIAC, QC, J5R 4S8
(450) 659-2921   SIC 5085

PRECIMOULE *p 1009*
See PRECIMOLD INC

PRECIOUS BLOOD CATHOLIC SCHOOL *p 887*
See TORONTO CATHOLIC DISTRICT SCHOOL BOARD

PRECIOUS BLOOD SCHOOL *p 588*
See HURON PERTH CATHOLIC DISTRICT SCHOOL BOARD

PRECISE CASTINGS INC *p 865*
251 O'loane Ave, STRATFORD, ON, N5A 6S4
(519) 273-6613   SIC 3324

PRECISION CAMP SERVICES *p 113*
See PRECISION DRILLING CORPORATION

PRECISION COMMUNICATION SERVICES CORP *p 762*
99 Signet Dr Unit 200, NORTH YORK, ON, M9L 1T6
(416) 749-0110   SIC 8748

PRECISION DRILLING *p 147*
See PRECISION DRILLING CORPORATION

PRECISION DRILLING CORPORATION *p 19*
9699 Shepard Rd Se, CALGARY, AB, T2C 4K5
(403) 720-3999   SIC 1381

PRECISION DRILLING CORPORATION *p 68*
7001 102 St Ss 55, CLAIRMONT, AB, T0H 0W0
(780) 532-0788   SIC 1381

PRECISION DRILLING CORPORATION *p 113*
3050 Parsons Rd Nw Suite 1, EDMONTON, AB, T6N 1B1
(780) 431-3484   SIC 1381

PRECISION DRILLING CORPORATION *p 113*
9280 25 Ave Nw, EDMONTON, AB, T6N 1E1
(780) 437-5110   SIC 1381

PRECISION DRILLING CORPORATION *p 147*
1513 8 St, NISKU, AB, T9E 7S7
(780) 955-7922   SIC 1381

PRECISION DRILLING CORPORATION *p 147*
807 25 Ave, NISKU, AB, T9E 7Z4
(780) 955-7011   SIC 1381

PRECISION DRILLING CORPORATION *p 158*
111 Elbow Dr Ne, REDCLIFF, AB, T0J 2P0
(403) 526-4111   SIC 1381

PRECISION DRILLING CORPORATION *p 158*
27240 Township Road 392, RED DEER COUNTY, AB, T4S 1X5
(403) 342-4250   SIC 1381

PRECISION DRILLING CORPORATION *p 158*
27240 Township Road 392, RED DEER COUNTY, AB, T4S 1X5
(403) 346-8922   SIC 1381

PRECISION DRILLING CORPORATION *p 1268*
421 Mississipian Dr, ESTEVAN, SK, S4A 2L7
(306) 634-8886   SIC 1381

PRECISION FAB INC *p 492*
259 Elm St, AYLMER, ON, N5H 3H3
(519) 773-5244   SIC 3499

PRECISION FINISHED COMPONENTS *p 471*
See MAGNA POWERTRAIN INC

PRECISION GEOMATICS INC *p 25*
2816 11 St Ne Suite 102, CALGARY, AB, T2E 7S7
(403) 250-1829   SIC 8713

PRECISION MOUNTING TECHNOLOGIES LTD *p 14*
2322 49 Ave Se, CALGARY, AB, T2B 3E3
(403) 216-5080   SIC 2511

PRECISION PROFILES PLUS *p 1306*
See BOURGAULT INDUSTRIES LTD

PRECISION RENTALS *p 68*
See PRECISION DRILLING CORPORATION

PRECISION RENTALS *p 158*
See PRECISION DRILLING CORPORATION

PRECISION RESOURCE CANADA LTD *p 547*
4 Cherry Blossom Rd, CAMBRIDGE, ON, N3H 4R7
(519) 653-7777   SIC 3469

PRECISION SOFTWARE LTD *p 300*
958 8th Ave W Suite 401, VANCOUVER, BC, V5Z 1E5
SIC 7379

PRECISION VALVE (CANADA) LIMITED *p 483*
85 Fuller Rd, AJAX, ON, L1S 2E1
(905) 683-0121   SIC 3089

PRECISION VENEER PRODUCTS LTD *p 526*
110 Morton Ave E, BRANTFORD, ON, N3R 7J7
(519) 758-0960   SIC 2435

PRECISION WELL SERVICING *p 158*
See PRECISION DRILLING CORPORATION

PRECISION WELL SERVICING *p 1268*
See PRECISION DRILLING CORPORATION

PRECISMECA LIMITED *p 949*
75 Mason St, WALLACEBURG, ON, N8A 4L7
(519) 627-2277   SIC 3535

PRECITECH INTERNATIONAL INC *p 1230*
237 Rte 204, SAINTE-ROSE-DE-WATFORD, QC, G0R 4G0
(418) 267-4151   SIC 3679

PREECEVILLE LIONS HOUSING *p 1279*
See SUNRISE REGIONAL HEALTH AUTHORITY

PREFINISHED FOOD PRODUCTS DIVISION *p 289*
See METRIE CANADA LTD

PREIMPRESSION AD HOC LE GROUPE INC *p 1239*
4130 Rue Lesage, SHERBROOKE, QC, J1L 0B6
SIC 7319

PREMAY EQUIPMENT LP *p 19*
8816 40 St Se, CALGARY, AB, T2C 2P2
(403) 279-9775   SIC 4213

PREMAY EQUIPMENT LP *p 93*
11310 Winterburn Rd Nw, EDMONTON, AB, T5S 2B5
(780) 447-5555   SIC 4213

PREMAY EQUIPMENT LP *p 121*
135 Mackay Cres, FORT MCMURRAY, AB, T9H 4C9
(780) 743-6214   SIC 4213

PREMAY PIPELINE HAULING L.P. *p 93*
22703 112 Ave Nw, EDMONTON, AB, T5S 2M4
(780) 447-3014   SIC 4213

PREMIER AGENDAS *p 1212*
See PREMIER SCHOOL AGENDAS LTD

PREMIER BOOKS DIRECT LTD *p 821*
29 East Wilmot St, RICHMOND HILL, ON, L4B 1A3
(905) 738-9200   SIC 7319

PREMIER COIFFURE INC, AU *p 1122*
5487 Av De Monkland, Montreal, QC, H4A 1C6
(514) 489-8872   SIC 7231

PREMIER DIVERSIFIED HOLDINGS INC *p 190*
3185 Willingdon Green Suite 301, BURNABY, BC, V5G 4P3
(604) 678-9115   SIC 3829

PREMIER EQUIPMENT LTD. *p 482*
8911 Wellington Rd 124, ACTON, ON, L7J 2L9
(519) 833-9332   SIC 5083

PREMIER EQUIPMENT LTD. *p 573*
275 Church St W, ELMIRA, ON, N3B 1N3
(519) 669-5453   SIC 5999

PREMIER EQUIPMENT LTD. *p 648*
Gd Lcd Main, LISTOWEL, ON, N4W 3H1
(519) 291-5390   SIC 5999

PREMIER EQUIPMENT LTD. *p 977*
537098 Oxford Road 34, WOODSTOCK, ON, N4S 7W1
(519) 655-2200   SIC 5999

PREMIER EXPERT CHEVEUX, AU *p 1122*
See PREMIER COIFFURE INC, AU

PREMIER FITNESS CLUB *p 887*
See 857780 ONTARIO LIMITED

PREMIER HEALTH & FITNESS *p 852*
See PREMIER HEALTH CLUBS INC

PREMIER HEALTH CLUBS INC *p 690*
5100 Dixie Rd, MISSISSAUGA, ON, L4W 1C9
SIC 7999

PREMIER HEALTH CLUBS INC *p 766*
474 Iroquois Shore Rd, OAKVILLE, ON, L6H 2Y7
(905) 842-2366   SIC 7999

PREMIER HEALTH CLUBS INC *p 852*
366 Bunting Rd, ST CATHARINES, ON, L2M 3Y6
SIC 7991

PREMIER HORTICULTURE LTEE *p 149*
4803 60 St, OLDS, AB, T4H 1V1
(403) 556-7328   SIC 5159

PREMIER HORTICULTURE LTEE *p 354*
Gd, RICHER, MB, R0E 1S0
SIC 5159

PREMIER HORTICULTURE LTEE *p 357*
Gd, STE ANNE, MB, R5H 1C1
(204) 422-9777   SIC 5159

PREMIER HORTICULTURE LTEE *p 393*
10816 Route 126, ACADIE SIDING, NB, E4Y 2L4
(506) 775-9182   SIC 1499

PREMIER HORTICULTURE LTEE *p 421*
9789 Route 116, UPPER REXTON, NB, E4W 3C1
(506) 523-9161   SIC 5159

PREMIER HORTICULTURE LTEE *p 1143*
480 Rue Granier, POINTE-LEBEL, QC, G0H 1N0
(418) 589-6161   SIC 5159

PREMIER HORTICULTURE LTEE *p 1266*
Acorder Mile E Circh Rd, CARROT RIVER, SK, S0E 0L0
(306) 768-2794   SIC 1499

PREMIER IMPRESSIONS INC *p 598*
194 Woolverton Rd, GRIMSBY, ON, L3M 4E7
(905) 945-1878   SIC 2752

PREMIER MARINE INSURANCE MANAGERS GROUP (WEST) INC *p 309*
625 Howe St Suite 625, VANCOUVER, BC, V6C 2T6
(604) 697-5730   SIC 6331

PREMIER MAZDA *p 1148*
See 2971-0886 QUEBEC INC

PREMIER MEAT PACKERS *p 1256*
See 9631984 CANADA INC

PREMIER SALONS CANADA INC *p 678*
170 Duffield Dr Suite 200, MARKHAM, ON, L6G 1B5
SIC 7231

PREMIER SCHOOL AGENDAS LTD *p 1212*
6800 Ch De La Cote-De-Liesse Bureau 301, SAINT-LAURENT, QC, H4T 2A7
(514) 736-3940   SIC 2782

PREMIER TECH AQUA *p 1244*
See PREMIER TECH TECHNOLOGIES LIMITEE

PREMIER TECH BRIGHTON LTD *p 530*
4 Craig Blvd, BRIGHTON, ON, K0K 1H0
(613) 475-1262   SIC 2873

PREMIER TECH HOME & GARDEN INC *p 4*
291227 Westland Dr, BALZAC, AB, T0M 0E0
(403) 516-3770   SIC 5191

PREMIER TECH HOME & GARDEN INC *p 177*
1050 Riverside Rd, ABBOTSFORD, BC, V2S 7P6
(604) 850-9641   SIC 3494

PREMIER TECH HOME & GARDEN INC *p 710*
1900 Minnesota Crt Suite 125, MISSISSAUGA, ON, L5N 3C9
(905) 812-8556   SIC 5199

PREMIER TECH HORTICULTURE LTD *p 421*
See PREMIER HORTICULTURE LTEE

PREMIER TECH SYSTEMS *p 1175*
See PREMIER TECH TECHNOLOGIES LIMITEE

PREMIER TECH TECHNOLOGIES LIMITEE *p 395*
35 Industriel Blvd, CARAQUET, NB, E1W 1A9
(506) 727-2703   SIC 3559

PREMIER TECH TECHNOLOGIES LIMITEE *p 1046*
595 Rue Frenette, JOLIETTE, QC, J6E 9B2
(450) 752-5111   SIC 3589

PREMIER TECH TECHNOLOGIES LIMITEE *p 1175*
1 Av Premier Bureau 101, Riviere-du-Loup, QC, G5R 6C1
(418) 867-8883   SIC 3565

PREMIER TECH TECHNOLOGIES LIMITEE *p 1244*
1153 Rue Levis, TERREBONNE, QC, J6W 0A9
(450) 471-8444   SIC 3589

PREMIER TRUCK GROUP *p 779*
See HARPER TRUCK CENTRES INC

PREMIERE CONFERENCING (CANADA) LIMITED *p 930*
225 King St W Suite 900, TORONTO, ON, M5V 3M2
(416) 516-0777   SIC 4899

PREMIERE FITNESS *p 766*
See PREMIER HEALTH CLUBS INC

PREMIERE VAN LINES *p 63*
See CLASSIC MOVING & STORAGE LTD

PREMIERE VAN LINES *p 594*
See 3705391 CANADA LIMITED

PREMIERE VIDEO INC *p 1187*
1269 Boul Du Sacre-Coeur, Saint-Felicien, QC, G8K 2R2
(418) 613-1122   SIC 7841

PREMIUM BEER COMPANY INC, THE *p 943*
275 Belfield Rd, TORONTO, ON, M9W 7H9
(905) 855-7743   SIC 5181

PREMIUM BRANDS HOLDINGS CORPORATION *p 74*
12251 William Short Rd Nw, EDMONTON, AB, T5B 2B7
(780) 474-5201   SIC 2099

PREMIUM BRANDS OPERATING LIMITED PARTNERSHIP *p 74*
12130 68 St Nw, EDMONTON, AB, T5B 1R1
SIC 2011

PREMIUM BRANDS OPERATING LIMITED PARTNERSHIP *p 270*
7680 Alderbridge Way, RICHMOND, BC, V6X 2A2
(604) 717-6000   SIC 2013

PREMIUM BRANDS OPERATING LIMITED PARTNERSHIP *p 1309*
501 York Rd W, YORKTON, SK, S3N 2V6
(306) 783-9446   SIC 2011

PREMIUM TESTING & SERVICES LTD *p 165*
Gd, SPRUCE GROVE, AB, T7X 2T5

SIC 1389
PREMONTEX p 1261
See SIOUI, NORMAND
PREMOULE INC p 1156
2375 Av Dalton Unite 200, Quebec, QC, G1P 3S3
(418) 652-1422   SIC 2434
PREMOULE PORTES THERMOPLASTIQUES INC p 618
1245 Tessier St, HAWKESBURY, ON, K6A 3R1
(613) 632-5252   SIC 3083
PRENDIVILLE INDUSTRIES LTD p 359
68 Crane St, THOMPSON, MB, R8N 1N1
(204) 677-5060   SIC 5211
PRES DU LAC LTD p 419
10039 Route 144, SAINT-ANDRE, NB, E3Y 3H5
(506) 473-1300   SIC 7011
PRESBYTERE SAINT YVES p 1162
See ARCHEVEQUE CATHOLIQUE ROMAIN DE QUEBEC, L'
PRESBYTERIAN CHURCH IN CANADA, THE p 818
7098 Concession 1, PUSLINCH, ON, N0B 2J0
(519) 824-7898   SIC 8322
PRESCOTT & RUSSEL RESIDENCE p 618
1020 Cartier Blvd, HAWKESBURY, ON, K6A 1W7
(613) 632-2755   SIC 8361
PRESENTATION GENERALATE p 435
180 Military Rd, ST. JOHN'S, NL, A1C 2E8
(709) 753-8340   SIC 8661
PRESENTOIR FILOTECH INC p 1202
234 Rue De Sainte-Paule, Saint-Jerome, QC, J7Z 1A8
(450) 432-2266   SIC 3993
PRESENTOIRES ROCKTENN p 1139
See WESTROCK COMPANY OF CANADA INC
PRESENTOIRES ROCKTENN p 1227
See WESTROCK COMPANY OF CANADA INC
PRESIDENT CANADA GROUP p 193
See PRESIDENT CANADA SYNDICATES INC
PRESIDENT CANADA SYNDICATES INC p 193
3888 North Fraser Way Suite 8, BURNABY, BC, V5J 5H6
(604) 432-9848   SIC 6553
PRESIDENT'S CHOICE BANK p 920
25 York St Suite 7fl, TORONTO, ON, M5J 2V5
(416) 204-2600   SIC 8742
PRESIDENTS CHOICE FINANCIAL p 920
See PRESIDENT'S CHOICE BANK
PRESPATOU SCHOOL p 258
See SCHOOL DISTRICT NO. 60 (PEACE RIVER NORTH)
PRESS NEWS LIMITED p 908
36 King St E Suite 301, Toronto, ON, M5C 2L9
(416) 364-3172   SIC 7383
PRESSE, LTEE, LA p 1103
750 Boul Saint-Laurent, Montreal, QC, H2Y 2Z4
(514) 285-7000   SIC 2711
PRESSE, LTEE, LA p 1140
12300 Boul Metropolitain E, POINTE-AUX-TREMBLES, QC, H1B 5Y2
(514) 640-1840   SIC 7319
PRESSTEK CANADA CORP p 720
400 Ambassador Dr, MISSISSAUGA, ON, L5T 2J3
(905) 362-0610   SIC 5084
PRESSTRAN INDUSTRIES p 858
See MAGNA INTERNATIONAL INC
PRESTEIGN HEIGHTS ELEMENTARY SCHOOL p 892
See TORONTO DISTRICT SCHOOL BOARD

PRESTEVE FOODS LIMITED p 956
20954 Erie St S, WHEATLEY, ON, N0P 2P0
(519) 825-4677   SIC 5146
PRESTIGE HOTELS p 226
See HUBER DEVELOPMENT LTD
PRESTIGE HOTELS AND RESORT p 216
See HUBER DEVELOPMENT LTD
PRESTIGE LAKESIDE RESORT & CONVENTION CENTRE p 243
See HUBER DEVELOPMENT LTD
PRESTIGE LIMOUSINE p 113
See PRESTIGE TRANSPORTATION LTD
PRESTIGE MOUNTAINSIDE RESORT p 216
See HUBER DEVELOPMENT LTD
PRESTIGE SALES INC p 1097
50 Boul Cremazie O Bureau 700, Montreal, QC, H2P 2T4
SIC 5141
PRESTIGE TRANSPORTATION LTD p 113
10135 31 Ave Nw, EDMONTON, AB, T6N 1C2
(780) 462-4444   SIC 4111
PRESTO CHARLESBOURG p 1148
See PROVIGO DISTRIBUTION INC
PRESTON HIGH SCHOOL p 548
See WATERLOO REGION DISTRICT SCHOOL BOARD
PRESTON HOSPITALITY INC p 547
210 Preston Pky, CAMBRIDGE, ON, N3H 5N1
(519) 653-2690   SIC 7011
PRESTON PHIPPS INC p 1210
6400 Rue Vanden-Abeele, SAINT-LAURENT, QC, H4S 1R9
(514) 333-5340   SIC 5074
PRESTON PUBLIC SCHOOL p 548
See WATERLOO REGION DISTRICT SCHOOL BOARD
PRESTRESSED SYSTEMS INCORPORATED p 968
4955 Walker Rd, WINDSOR, ON, N9A 6J3
(519) 737-1216   SIC 3272
PRETIUM CANADA COMPANY p 1210
2800 Rue Halpern, SAINT-LAURENT, QC, H4S 1R2
(514) 336-8210   SIC 3089
PRETIUM PACKAGING p 1210
See PRETIUM CANADA COMPANY
PRETRES DE SAINT-SULPICE DE MONTREAL, LES p 1103
116 Rue Notre-Dame O, Montreal, QC, H2Y 1T2
(514) 849-6561   SIC 8661
PRETTY ESTATES LTD p 217
14282 Morris Valley Rd, HARRISON MILLS, BC, V0M 1L0
(604) 796-1000   SIC 7011
PREVOST p 1225
See GROUPE VOLVO CANADA INC
PREVOST CAR p 1068
See GROUPE VOLVO CANADA INC
PREVOST CAR p 1163
See GROUPE VOLVO CANADA INC
PREVOST CAR INC p 1225
35 Boul Gagnon, SAINTE-CLAIRE, QC, G0R 2V0
(418) 883-3391   SIC 7519
PRGX CANADA CORP p 723
60 Courtney Park Dr W Unit 4, MISSISSAUGA, ON, N5W 0B3
(905) 670-7879   SIC 8721
PRGX CANADA CORP p 1082
8569 Ch Dalton, MONT-ROYAL, QC, H4T 1V5
(514) 341-6888   SIC 8742
PRICE CHOPPER p 425
See SOBEYS CAPITAL INCORPORATED
PRICE CHOPPER p 592
See SOBEYS CAPITAL INCORPORATED
PRICE CHOPPER p 751
See SOBEYS CAPITAL INCORPORATED

PRICE CHOPPER p 944
See SOBEYS CAPITAL INCORPORATED
PRICE CHOPPER p 972
See SOBEYS CAPITAL INCORPORATED
PRICE CHOPPER p 985
See SOBEYS CAPITAL INCORPORATED
PRICE CHOPPERS p 399
See SOBEYS CAPITAL INCORPORATED
PRICE CHOPPERS p 444
See SOBEYS CAPITAL INCORPORATED
PRICE CLUB SCARBOROUGH p 842
See COSTCO WHOLESALE CANADA LTD
PRICE INDUSTRIES LIMITED p 369
404 Egesz St, WINNIPEG, MB, R2R 1X5
(204) 633-4808   SIC 3732
PRICE INDUSTRIES LIMITED p 571
340 Hatt St, DUNDAS, ON, L9H 2J1
(905) 628-8989   SIC 3496
PRICE INDUSTRIES LIMITED p 975
571 Chrislea Rd Unit 3, WOODBRIDGE, ON, L4L 8A2
(905) 669-8988   SIC 3564
PRICE SHOPPER p 711
See SOBEYS CAPITAL INCORPORATED
PRICE SHOPPER p 980
See SOBEYS CAPITAL INCORPORATED
PRICE SMART FOODS p 192
See GREAT PACIFIC INDUSTRIES INC
PRICE SMART FOODS p 197
See GREAT PACIFIC INDUSTRIES INC
PRICE, GORDON MUSIC LTD p 106
10828 82 Ave Nw, EDMONTON, AB, T6E 2B3
(780) 439-0007   SIC 5736
PRICESMART FOODS p 232
See GREAT PACIFIC INDUSTRIES INC
PRICESMART FOODS p 266
See GREAT PACIFIC INDUSTRIES INC
PRICESMART FOODS p 288
See GREAT PACIFIC INDUSTRIES INC
PRICEWATERHOUSECOOPERS LLP p 82
10088 102 Ave Nw Suite 1501, EDMONTON, AB, T5J 3N5
(780) 441-6700   SIC 8721
PRICEWATERHOUSECOOPERS LLP p 283
13450 102 Ave Suite 1400, SURREY, BC, V3T 5X3
(604) 806-7000   SIC 8721
PRICEWATERHOUSECOOPERS LLP p 309
250 Howe St Suite 700, VANCOUVER, BC, V6C 3S7
(604) 806-7000   SIC 8721
PRICEWATERHOUSECOOPERS LLP p 375
1 Lombard Pl Suite 2300, WINNIPEG, MB, R3B 0X6
(204) 926-2400   SIC 8721
PRICEWATERHOUSECOOPERS LLP p 417
44 Chipman Hill Suite 300, SAINT JOHN, NB, E2L 2A9
(506) 632-1810   SIC 8721
PRICEWATERHOUSECOOPERS LLP p 434
125 Kelsey Drive Suite 200, ST. JOHN'S, NL, A1B 0L2
(709) 722-3883   SIC 8721
PRICEWATERHOUSECOOPERS LLP p 459
1601 Lower Water St Suite 400, HALIFAX, NS, B3J 3P6
(902) 491-7400   SIC 8721
PRICEWATERHOUSECOOPERS LLP p 611
21 King St W Suite 100, HAMILTON, ON, L8P 4W7
SIC 8721
PRICEWATERHOUSECOOPERS LLP p 656
465 Richmond St Suite 300, LONDON, ON, N6A 5P4
(519) 640-8000   SIC 8721
PRICEWATERHOUSECOOPERS LLP p 695
1 Robert Speck Pky Suite 1100, MISSISSAUGA, ON, L4Z 3M3
SIC 8721
PRICEWATERHOUSECOOPERS LLP p 792
99 Bank St Suite 800, OTTAWA, ON, K1P 1E4
(613) 237-3702   SIC 8721

PRICEWATERHOUSECOOPERS LLP p 920
18 York St Suite 2600, TORONTO, ON, M5J 0B2
(416) 869-1130   SIC 8721
PRICEWATERHOUSECOOPERS LLP p 950
95 King St W Ste 201, WATERLOO, ON, N2J 5A2
(519) 570-5700   SIC 8721
PRICEWATERHOUSECOOPERS LLP p 968
245 Ouellette Ave 3rd Fl, WINDSOR, ON, N9A 7J2
(519) 985-8900   SIC 8721
PRICEWATERHOUSECOOPERS LLP p 1113
1250 Boul Rene-Levesque O Bureau 2800, Montreal, QC, H3B 4W8
(514) 205-5000   SIC 8721
PRICEWATERHOUSECOOPERS LLP p 1161
2640 Boul Laurier Bureau 1700, Quebec, QC, G1V 5C2
(418) 522-7001   SIC 8721
PRICEWATERHOUSECOOPERS LLP p 1297
123 2nd Ave S Suite 200, SASKATOON, SK, S7K 7E6
(306) 668-5900   SIC 8721
PRICING SOLUTIONS LTD p 905
106 Front St E Suite 300, TORONTO, ON, M5A 1E1
(416) 943-0505   SIC 8741
PRIDE BODIES LTD p 543
37 Raglin Pl, CAMBRIDGE, ON, N1R 7J2
(519) 620-8787   SIC 3713
PRIESTMAN STREET SCHOOL p 399
See ANGLOPHONE WEST SCHOOL DISTRICT (ASD-W)
PRIMA ENTERPRISES LTD p 264
2391 Quesnel-Hydraulic Rd, QUESNEL, BC, V2J 4H4
(250) 747-3844   SIC 4953
PRIMA MAZDA p 975
See MAZDA CANADA INC
PRIMARIS MANAGEMENT INC p 908
1 Adelaide St E Suite 900, TORONTO, ON, M5C 2V9
(416) 642-7800   SIC 8741
PRIME BUILDING MAINTENANCE LTD p 267
12800 Bathgate Way Unit 13, RICHMOND, BC, V6V 1Z4
(604) 270-7766   SIC 7349
PRIME ENTERPRISES INC p 537
4000 Mainway, BURLINGTON, ON, L7M 4B9
(905) 336-9232   SIC 5812
PRIME ENTERPRISES INC p 863
244 Upper Centennial Pky, STONEY CREEK, ON, L8J 2V6
(905) 662-0462   SIC 5812
PRIME FASTENERS LTD p 93
10733 178 St Nw, EDMONTON, AB, T5S 1J6
(780) 484-2218   SIC 5085
PRIME GRAPHIC RESOURCES LTD p 187
3988 Still Creek Ave, BURNABY, BC, V5C 6N9
(604) 437-5800   SIC 2759
PRIME MATERIAL HANDLING EQUIPMENT LIMITED p 410
180 Commerce St, MONCTON, NB, E1H 2G2
(506) 388-8811   SIC 5084
PRIME PASTRIES p 557
See 1360548 ONTARIO LIMITED
PRIME PLAY SYSTEMS, A DIV p 208
See WHITEWATER WEST INDUSTRIES LTD
PRIME RESTAURANT HOLDINGS INC p 715
10 Kingsbridge Garden Cir Suite 600, MISSISSAUGA, ON, L5R 3K6
(905) 568-0000   SIC 6712

BUSINESSES ALPHABETICALLY

PRIME RESTAURANTS *p* 600
370 Stone Rd W Suite Side, GUELPH, ON, N1G 4V9
(519) 763-7861 *SIC* 5812
PRIME RESTAURANTS INC *p* 163
270 Baseline Rd Suite 200, SHERWOOD PARK, AB, T8H 1R4
SIC 5812
PRIME RESTAURANTS INC *p* 483
100 Westney Rd S Suite 11, AJAX, ON, L1S 7H3
(905) 619-2229 *SIC* 5812
PRIME RESTAURANTS INC *p* 541
900 Maple Ave, BURLINGTON, ON, L7S 2J8
SIC 5812
PRIME RESTAURANTS INC *p* 606
750 Queenston Rd Suite Side, HAMILTON, ON, L8G 1A4
(905) 573-9442 *SIC* 5812
PRIME RESTAURANTS INC *p* 615
1389 Upper James St Suite Side, HAMILTON, ON, L9B 1K2
(905) 574-3890 *SIC* 5812
PRIME RESTAURANTS INC *p* 626
106 Government Rd W, KAPUSKASING, ON, P5N 2X8
(705) 337-1500 *SIC* 5812
PRIME RESTAURANTS INC *p* 632
200 Ontario St, KINGSTON, ON, K7L 2Y9
(613) 544-7474 *SIC* 5812
PRIME RESTAURANTS INC *p* 715
10 Kingsbridge Garden Cir Suite 600, MISSISSAUGA, ON, L5R 3K6
(905) 568-0000 *SIC* 5812
PRIME RESTAURANTS INC *p* 729
1861 Robertson Rd, NEPEAN, ON, K2H 9N5
(613) 820-3278 *SIC* 5812
PRIME RESTAURANTS INC *p* 792
44 Sparks St, OTTAWA, ON, K1P 5A8
(613) 230-4433 *SIC* 5812
PRIME RESTAURANTS INC *p* 829
130 Seaway Rd, SARNIA, ON, N7T 8A5
(519) 336-1999 *SIC* 5812
PRIME RESTAURANTS INC *p* 839
12 Lebovic Ave Suite 9, SCARBOROUGH, ON, M1L 4V9
(416) 285-6631 *SIC* 5812
PRIME RESTAURANTS INC *p* 869
1070 Kingsway, SUDBURY, ON, P3B 2E5
(705) 560-6888 *SIC* 5812
PRIME RESTAURANTS INC *p* 920
123 Front St W, TORONTO, ON, M5J 2M2
SIC 5812
PRIME RESTAURANTS INC *p* 1004
1165 Rue Volta, BOUCHERVILLE, QC, J4B 7M7
(450) 641-4800 *SIC* 5812
PRIME STRATEGIES INC *p* 305
425 Carrall St Suite 420, VANCOUVER, BC, V6B 6E3
(604) 689-3446 *SIC* 7389
PRIMELINE FOOD PARTNERS LTD *p* 202
1580 Brigantine Dr Suite 200, COQUITLAM, BC, V3K 7C1
(604) 526-1788 *SIC* 5141
PRIMEMAX ENERGY INC *p* 493
2558 Cedar Creek Rd Suite 1, AYR, ON, N0B 1E0
(519) 740-8209 *SIC* 5984
PRIMERICA *p* 711
See PRIMERICA LIFE INSURANCE COMPANY OF CANADA
PRIMERICA FINANCIAL SERVICES *p* 888
See CARNEGIE, SHAUN
PRIMERICA LIFE INSURANCE COMPANY OF CANADA *p* 711
2000 Argentia Rd Suite 5, MISSISSAUGA, ON, L5N 1P7
(905) 812-3520 *SIC* 6311
PRIMERO GOLD CANADA INC *p* 459
1969 Upper Water St Suite 2001, HALIFAX, NS, B3J 3R7

(902) 422-1421 *SIC* 1041
PRIMESOURCE BUILDING PRODUCTS CANADA CORPORATION *p* 268
7431 Nelson Rd Suite 110, RICHMOND, BC, V6W 1G3
(604) 231-0473 *SIC* 5085
PRIMMUM INSURANCE COMPANY *p* 1020
2990 Av Pierre-Peladeau Bureau 200, Cote Saint-Luc, QC, H7T 0B1
(514) 874-1686 *SIC* 6331
PRIMMUM INSURANCE COMPANY *p* 1097
50 Boul Cremazie O Bureau 1200, Montreal, QC, H2P 1B6
(514) 382-6060 *SIC* 6331
PRIMO FOODS *p* 763
See SUN-BRITE FOODS INC
PRIMROSE ELEMENTARY SCHOOL *p* 848
See UPPER GRAND DISTRICT SCHOOL BOARD, THE
PRIMUS CANADA *p* 580
See PRIMUS MANAGEMENT ULC
PRIMUS MANAGEMENT ULC *p* 580
5343 Dundas St W Suite 400, ETOBICOKE, ON, M9B 6K5
(416) 236-3636 *SIC* 4813
PRINCE ALBERT CO-OPERATIVE ASSOCIATION LIMITED, TH *p* 1272
See PRINCE ALBERT CO-OPERATIVE ASSOCIATION LIMITED, THE
PRINCE ALBERT CO-OPERATIVE ASSOCIATION LIMITED, TH *p* 1279
See PRINCE ALBERT CO-OPERATIVE ASSOCIATION LIMITED, THE
PRINCE ALBERT CO-OPERATIVE ASSOCIATION LIMITED, TH *p* 1281
See PRINCE ALBERT CO-OPERATIVE ASSOCIATION LIMITED, THE
PRINCE ALBERT CO-OPERATIVE ASSOCIATION LIMITED, THE *p* 1272
950 Boardman St, LA RONGE, SK, S0J 1L0
(306) 425-2281 *SIC* 5411
PRINCE ALBERT CO-OPERATIVE ASSOCIATION LIMITED, THE *p* 1272
950 Boardman St, LA RONGE, SK, S0J 1L0
(306) 425-2343 *SIC* 5411
PRINCE ALBERT CO-OPERATIVE ASSOCIATION LIMITED, THE *p* 1279
228 16th St W, PRINCE ALBERT, SK, S6V 3V5
(306) 763-3534 *SIC* 7538
PRINCE ALBERT CO-OPERATIVE ASSOCIATION LIMITED, THE *p* 1281
275 38th St E, PRINCE ALBERT, SK, S6W 1A5
(306) 764-6491 *SIC* 5211
PRINCE ALBERT COLLEGIATE INSTITUTE *p* 1280
See SASKATCHEWAN RIVER SCHOOL DIVISION #119
PRINCE ALBERT DEVELOPMENT CORPORATION *p* 1279
3680 2nd Ave W, PRINCE ALBERT, SK, S6V 5G2
(306) 922-5000 *SIC* 5812
PRINCE ALBERT GRAND COUNCIL *p* 1275
Gd, MONTREAL LAKE, SK, S0J 1Y0
(306) 663-5602 *SIC* 8351
PRINCE ALBERT GRAND COUNCIL *p* 1279
851 23rd St W, PRINCE ALBERT, SK, S6V 4M4
(306) 953-7248 *SIC* 8742
PRINCE ALBERT GRAND COUNCIL *p* 1279
Gd, Prince Albert, SK, S6V 7G3
(306) 764-5250 *SIC* 8093
PRINCE ALBERT INN *p* 1279
See PRINCE ALBERT DEVELOPMENT CORPORATION

PRINCE ALBERT PARKLAND REGIONAL HEALTH AUTHORITY *p* 1265
220 1st Avenue North, BIG RIVER, SK, S0J 0E0
(306) 469-2220 *SIC* 8051
PRINCE ALBERT PARKLAND REGIONAL HEALTH AUTHORITY *p* 1265
3 Wilson St, BIRCH HILLS, SK, S0J 0G0
(306) 749-3331 *SIC* 8051
PRINCE ALBERT PARKLAND REGIONAL HEALTH AUTHORITY *p* 1269
213 South Ave, HAFFORD, SK, S0J 1A0
(306) 549-2108 *SIC* 8062
PRINCE ALBERT PARKLAND REGIONAL HEALTH AUTHORITY *p* 1269
213 South Ave E, HAFFORD, SK, S0J 1A0
(306) 549-2323 *SIC* 8052
PRINCE ALBERT PARKLAND REGIONAL HEALTH AUTHORITY *p* 1271
401 Meyers Ave, KINISTINO, SK, S0J 1H0
(306) 864-2851 *SIC* 8062
PRINCE ALBERT PARKLAND REGIONAL HEALTH AUTHORITY *p* 1272
Gd, LEOVILLE, SK, S0J 1N0
(306) 984-2136 *SIC* 8051
PRINCE ALBERT PARKLAND REGIONAL HEALTH AUTHORITY *p* 1272
971 2nd St N, LEASK, SK, S0J 1M0
(306) 466-4949 *SIC* 8051
PRINCE ALBERT PARKLAND REGIONAL HEALTH AUTHORITY *p* 1279
2345 10th Ave, PRINCE ALBERT, SK, S6V 7V6
(306) 765-6055 *SIC* 8093
PRINCE ALBERT PARKLAND REGIONAL HEALTH AUTHORITY *p* 1280
1521 6th Ave W, PRINCE ALBERT, SK, S6V 5K1
(306) 765-6400 *SIC* 8062
PRINCE ALBERT PARKLAND REGIONAL HEALTH AUTHORITY *p* 1306
400 1st St E, SPIRITWOOD, SK, S0J 2M0
(306) 883-2133 *SIC* 8051
PRINCE ALBERT PUBLIC SCHOOL *p* 817
See DURHAM DISTRICT SCHOOL BOARD
PRINCE ALBERT ROMAN CATHOLIC SEPARATE SCHOOL DIVISION NO. 6 *p* 1280
1180 Branion Dr, PRINCE ALBERT, SK, S6V 2S8
(306) 953-7558 *SIC* 8211
PRINCE ALBERT ROMAN CATHOLIC SEPARATE SCHOOL DIVISION NO. 6 *p* 1280
1453 7th St E, PRINCE ALBERT, SK, S6V 0V3
(306) 953-7536 *SIC* 8211
PRINCE ALBERT ROMAN CATHOLIC SEPARATE SCHOOL DIVISION NO. 6 *p* 1280
2051 15th Ave E, PRINCE ALBERT, SK, S6V 6T5
(306) 953-7551 *SIC* 8211
PRINCE ALBERT ROMAN CATHOLIC SEPARATE SCHOOL DIVISION NO. 6 *p* 1280
2245 5th Ave W, PRINCE ALBERT, SK, S6V 5J3
(306) 953-7549 *SIC* 8211
PRINCE ALBERT ROMAN CATHOLIC SEPARATE SCHOOL DIVISION NO. 6 *p* 1281
1695 Olive Diefenbaker Dr, PRINCE ALBERT, SK, S6X 1B8
(306) 953-7561 *SIC* 8211
PRINCE ALBERT SHIPPING CENTRE *p* 1279
See CANADA POST CORPORATION
PRINCE ANDREW ELEMENTARY SCHOOL *p* 968
See GREATER ESSEX COUNTY DISTRICT SCHOOL BOARD
PRINCE ANDREW HIGH SCHOOL *p* 447

See HALIFAX REGIONAL SCHOOL BOARD
PRINCE ARTHUR HOTEL (1983) LTD *p* 877
17 Cumberland St N, THUNDER BAY, ON, P7A 4K8
(807) 345-5411 *SIC* 7011
PRINCE ARTHUR JUNIOR HIGH SCHOOL *p* 448
See HALIFAX REGIONAL SCHOOL BOARD
PRINCE ARTHUR SCHOOL *p* 1275
See PRAIRIE SOUTH SCHOOL DIVISION NO 210
PRINCE CHARLES ELEMENTARY SCHOOL *p* 84
See EDMONTON SCHOOL DISTRICT NO. 7
PRINCE CHARLES ELEMENTARY SCHOOL *p* 284
See SCHOOL DISTRICT NO 36 (SURREY)
PRINCE CHARLES PUBLIC SCHOOL *p* 652
See THAMES VALLEY DISTRICT SCHOOL BOARD
PRINCE CHARLES PUBLIC SCHOOL *p* 948
See LIMESTONE DISTRICT SCHOOL BOARD
PRINCE CHARLES SCHOOL *p* 417
See SCHOOL DISTRICT 8
PRINCE CHARLES SCHOOL *p* 525
See GRAND ERIE DISTRICT SCHOOL BOARD
PRINCE CHARLES SCHOOL *p* 735
See YORK REGION DISTRICT SCHOOL BOARD
PRINCE CHARLES SCHOOL *p* 944
See HASTINGS AND PRINCE EDWARD DISTRICT SCHOOL BOARD
PRINCE CHARLES SCHOOL, THE *p* 725
See LIMESTONE DISTRICT SCHOOL BOARD
PRINCE CHARLES SECONDARY SCHOOL *p* 206
See SCHOOL DISTRICT NO. 8 (KOOTENAY LAKE)
PRINCE EDWARD AND COLLEGIATE *p* 815
See HASTINGS AND PRINCE EDWARD DISTRICT SCHOOL BOARD
PRINCE EDWARD ELEMENTARY SCHOOL *p* 968
See GREATER ESSEX COUNTY DISTRICT SCHOOL BOARD
PRINCE EDWARD ISLAND LIQUOR CONTROL COMMISSION *p* 982
193 Malpeque Rd, CHARLOTTETOWN, PE, C1E 0C4
(902) 368-4299 *SIC* 5921
PRINCE EDWARD SCHOOL *p* 366
See RIVER EAST TRANSCONA SCHOOL DIVISION
PRINCE EDWARD SQUARE *p* 418
See TIDAN INC
PRINCE GEORGE CITIZENS NEWSPAPER *p* 259
See GLACIER MEDIA INC
PRINCE GEORGE GOLF & CURLING CLUB *p* 259
2515 Recreation Pl, PRINCE GEORGE, BC, V2L 4S1
(250) 563-0357 *SIC* 7997
PRINCE GEORGE NATIVE FRIENDSHIP CENTRE SOCIETY *p* 259
1600 3rd Ave Suite 21, PRINCE GEORGE, BC, V2L 3G6
(250) 564-3568 *SIC* 8399
PRINCE GEORGE PULP & PAPER *p* 261
See CANADIAN FOREST PRODUCTS LTD
PRINCE GEORGE SECONDARY SCHOOL *p* 260
See BOARD OF EDUCATION OF SCHOOL DISTRICT NO. 57 (PRINCE GEORGE), THE
PRINCE GEORGE TRANSIT LTD *p* 340
8011 Hwy 99, WHISTLER, BC, V0N 1B8
(604) 938-0388 *SIC* 4111

▲ Public Company   ■ Public Company Family Member   **HQ** Headquarters   **BR** Branch   **SL** Single Location

PRINCE GEORGE WAREHOUSING CO LTD p 115
2840 76 Ave Nw, EDMONTON, AB, T6P 1J4
(780) 465-8466   SIC 4213
PRINCE GEORGE YMCA p 259
See FAMILY YOUNG MEN'S CHRISTIAN ASSOCIATION OF PRINCE GEORGE
PRINCE OF PEACE CATHOLIC SCHOOL p 845
See TORONTO CATHOLIC DISTRICT SCHOOL BOARD
PRINCE OF PEACE SCHOOL p 796
See OTTAWA CATHOLIC DISTRICT SCHOOL BOARD
PRINCE OF WALES ELEMENTARY SCHOOL p 34
See CALGARY BOARD OF EDUCATION
PRINCE OF WALES ELEMENTARY SCHOOL p 876
See DISTRICT SCHOOL BOARD OF NIAGARA
PRINCE OF WALES HOTEL p 739
See LAIS HOTEL PROPERTIES LIMITED
PRINCE OF WALES MANOR HOME p 727
See 1716530 ONTARIO INC
PRINCE OF WALES PUBLIC SCHOOL p 498
See SIMCOE COUNTY DISTRICT SCHOOL BOARD, THE
PRINCE OF WALES PUBLIC SCHOOL p 503
See HASTINGS AND PRINCE EDWARD DISTRICT SCHOOL BOARD
PRINCE OF WALES PUBLIC SCHOOL p 810
See KAWARTHA PINE RIDGE DISTRICT SCHOOL BOARD
PRINCE OF WALES SCHOOL p 608
See HAMILTON-WENTWORTH DISTRICT SCHOOL BOARD, THE
PRINCE OF WALES SCHOOL p 851
See DISTRICT SCHOOL BOARD OF NIAGARA
PRINCE OF WHALES ELEMENTARY SCHOOL p 608
See HAMILTON-WENTWORTH CATHOLIC SCHOOL BOARD
PRINCE PHILIP ELEMENTARY SCHOOL p 612
See HAMILTON-WENTWORTH CATHOLIC SCHOOL BOARD
PRINCE PHILIP SCHOOL p 852
See DISTRICT SCHOOL BOARD OF NIAGARA
PRINCE PHILIP SCHOOL p 1293
See BOARD OF EDUCATION OF SASKATOON SCHOOL DIVISION NO. 13 OF SASKATCHEWAN, THE
PRINCE PHILIPS SCHOOL p 738
See DISTRICT SCHOOL BOARD OF NIAGARA
PRINCE PHILLIP DRIVE CAMPUS p 433
See COLLEGE OF THE NORTH ATLANTIC
PRINCE RUPERT PORT AUTHORITY p 263
215 Cow Bay Rd Suite 200, PRINCE RUPERT, BC, V8J 1A2
(250) 627-8899   SIC 4491
PRINCE RUPERT REGIONAL HOSPITAL p 263
See NORTHERN HEALTH AUTHORITY
PRINCE RUPERT SCHOOL DISTRICT 52 p 263
1725 8th Ave E, PRINCE RUPERT, BC, V8J 2N9
(250) 624-6361   SIC 8211
PRINCE RUPERT SCHOOL DISTRICT 52 p 263
1700 Sloan Ave, PRINCE RUPERT, BC, V8J 2B6
(250) 627-7054   SIC 8211
PRINCE RUPERT SCHOOL DISTRICT 52 p 263
2000 2nd Ave W, PRINCE RUPERT, BC, V8J 1J8

PRINCE RUPERT SCHOOL DISTRICT 52 p 263
800 Summit Ave, PRINCE RUPERT, BC, V8J 3W2
(250) 624-6126   SIC 8211
PRINCE RUPERT SCHOOL DISTRICT 52 p 263
417 9th Ave W, PRINCE RUPERT, BC, V8J 2S9
(250) 624-6757   SIC 8211
PRINCE RUPERT SCHOOL DISTRICT 52 p 263
627 5th Ave W, PRINCE RUPERT, BC, V8J 1V1
(250) 624-5873   SIC 8211
PRINCE RUPERT SCHOOL DISTRICT 52 p 263
634 6th Ave E, PRINCE RUPERT, BC, V8J 1X1
(250) 627-0772   SIC 8211
PRINCE RUPERT SECONDARY SCHOOL p 263
See PRINCE RUPERT SCHOOL DISTRICT 52
PRINCE STREET ELEMENTARY p 980
See EASTERN SCHOOL DISTRICT
PRINCESS ALEXANDRA COMMUNITY SCHOOL p 1301
See BOARD OF EDUCATION OF SASKATOON SCHOOL DIVISION NO. 13 OF SASKATCHEWAN, THE
PRINCESS ANNE ELEMENTARY SCHOOL p 962
See GREATER ESSEX COUNTY DISTRICT SCHOOL BOARD
PRINCESS ANNE FRENCH IMMERSION PUBLIC SCHOOL p 652
See THAMES VALLEY DISTRICT SCHOOL BOARD
PRINCESS ANNE PUBLIC SCHOOL p 869
See RAINBOW DISTRICT SCHOOL BOARD
PRINCESS ANNE SCHOOL p 241
See SCHOOL DISTRICT NO. 68 (NANAIMO-LADYSMITH)
PRINCESS AUTO p 233
See PRINCESS GROUP INC
PRINCESS AUTO p 410
See PRINCESS AUTO LTD
PRINCESS AUTO p 635
See PRINCESS AUTO LTD
PRINCESS AUTO LTD p 11
2850 Hopewell Pl Ne, CALGARY, AB, T1Y 7J7
(403) 250-1133   SIC 5085
PRINCESS AUTO LTD p 57
4143 114 Ave Se, CALGARY, AB, T2Z 0H3
(403) 723-9904   SIC 5251
PRINCESS AUTO LTD p 87
11150 163 St Nw, EDMONTON, AB, T5M 3R5
(780) 483-0244   SIC 5251
PRINCESS AUTO LTD p 127
13601 100 St, GRANDE PRAIRIE, AB, T8V 4H4
(780) 539-1550   SIC 5013
PRINCESS AUTO LTD p 142
7920 44th St, LLOYDMINSTER, AB, T9V 3A7
(780) 872-5704   SIC 7218
PRINCESS AUTO LTD p 155
6833 66 St, RED DEER, AB, T4P 3T5
(403) 342-6181   SIC 5251
PRINCESS AUTO LTD p 202
15d King Edward St, COQUITLAM, BC, V3K 4S8
(604) 777-0735   SIC 5251
PRINCESS AUTO LTD p 226
1920 Spall Rd, KELOWNA, BC, V1Y 4R1
(250) 860-6191   SIC 5999
PRINCESS AUTO LTD p 336
1037 Langford Pky, VICTORIA, BC, V9B 0A5

(250) 391-5652   SIC 5511
PRINCESS AUTO LTD p 346
1855 18th St N, BRANDON, MB, R7C 1A6
(204) 726-0601   SIC 5251
PRINCESS AUTO LTD p 362
475 Panet Rd, WINNIPEG, MB, R2C 2Z1
(204) 667-4630   SIC 5251
PRINCESS AUTO LTD p 410
50 Cabela's Crt, MONCTON, NB, E1G 5V7
(506) 388-4400   SIC 5251
PRINCESS AUTO LTD p 452
81 Wright Ave, DARTMOUTH, NS, B3B 1H4
(902) 468-8396   SIC 5251
PRINCESS AUTO LTD p 498
11 Commerce Park Dr, BARRIE, ON, L4N 8X1
(705) 739-0575   SIC 5531
PRINCESS AUTO LTD p 572
18195 Leslie St, EAST GWILLIMBURY, ON, L9N 0M2
(905) 952-2107   SIC 5251
PRINCESS AUTO LTD p 607
1850 Barton St E, HAMILTON, ON, L8H 2Y6
(905) 561-9400   SIC 5251
PRINCESS AUTO LTD p 635
1010 Centennial Dr, KINGSTON, ON, K7P 2S5
(613) 530-3790   SIC 5961
PRINCESS AUTO LTD p 682
2995 Peddie Rd, MILTON, ON, L9T 0K1
(905) 875-2224   SIC 4225
PRINCESS AUTO LTD p 720
6608 Dixie Rd, MISSISSAUGA, ON, L5T 2Z9
(905) 564-1011   SIC 5251
PRINCESS AUTO LTD p 785
1111 Ages Dr, OTTAWA, ON, K1G 6L3
(613) 247-1651   SIC 5251
PRINCESS AUTO LTD p 827
1370 Quinn Dr, SARNIA, ON, N7S 6M8
(519) 542-1661   SIC 5251
PRINCESS AUTO LTD p 958
1550 Victoria St E, WHITBY, ON, L1N 9W7
(905) 665-8581   SIC 5085
PRINCESS AUTO LTD p 963
3575 Forest Glade Dr, WINDSOR, ON, N8T 0A3
(519) 974-1261   SIC 5531
PRINCESS AUTO LTD p 1290
3701 E Quance Gate, REGINA, SK, S4V 3A4
(306) 721-5115   SIC 5251
PRINCESS AUTO LTD p 1300
2802 Idylwyld Dr N, SASKATOON, SK, S7L 5Y6
(306) 665-8022   SIC 5999
PRINCESS ELIZABETH PUBLIC SCHOOL p 621
See THAMES VALLEY DISTRICT SCHOOL BOARD
PRINCESS ELIZABETH PUBLIC SCHOOL p 654
See THAMES VALLEY DISTRICT SCHOOL BOARD
PRINCESS ELIZABETH SCHOOL p 416
See SCHOOL DISTRICT 8
PRINCESS ELIZABETH SCHOOL p 774
See UPPER GRAND DISTRICT SCHOOL BOARD, THE
PRINCESS GROUP INC p 233
19878 Langley Bypass Unit 150, LANGLEY, BC, V3A 4Y1
(604) 534-9554   SIC 5085
PRINCESS MARGARET ELEMENTARY p 736
See DISTRICT SCHOOL BOARD OF NIAGARA
PRINCESS MARGARET PUBLIC SCHOOL p 773
See UPPER GRAND DISTRICT SCHOOL BOARD, THE
PRINCESS MARGARET PUBLIC SCHOOL p 1280
See SASKATCHEWAN RIVER SCHOOL DI-

VISION #119
PRINCESS MARGARET SECONDARY p 287
See SCHOOL DISTRICT NO 36 (SURREY)
PRINCESS MARGARET SECONDARY SCHOOL p 253
See SCHOOL DISTRICT NO 67 (OKANAGAN SKAHA)
PRINCETON ELEMENTARY SCHOOL p 75
See EDMONTON SCHOOL DISTRICT NO. 7
PRINCETON PUBLIC SCHOOL p 818
See THAMES VALLEY DISTRICT SCHOOL BOARD
PRINCETON REVIEW CANADA INC, THE p 924
1255 Bay St Suite 550, TORONTO, ON, M5R 2A9
(416) 944-8001   SIC 8748
PRINCETON REVIEW, THE p 924
See PRINCETON REVIEW CANADA INC, THE
PRINCETON SECONDARY SCHOOL p 263
See SCHOOL DISTRICT NO 58 (NICOLA-SIMILKAMEEN)
PRINCIPAL SPARLING p 380
See WINNIPEG SCHOOL DIVISION
PRINGLE CREEK PUBLIC SCHOOL p 957
See DURHAM DISTRICT SCHOOL BOARD
PRINGLES, MELANIE RESTAURANT LTD p 958
80 Thickson Rd S, WHITBY, ON, L1N 7T2
(905) 430-1959   SIC 5812
PRINTERS TO THE WORLD p 713
See CANADIAN MARKETING TEST CASE 206 LIMITED
PRINTING AND DISTRIBUTION SERVICES p 891
See CORPORATION OF THE CITY OF TORONTO
PRINTWEST LTD p 1287
1111 8th Ave, REGINA, SK, S4R 1E1
(306) 525-2304   SIC 2759
PRINTWEST LTD p 1292
619 8th St E, SASKATOON, SK, S7H 0R1
(306) 934-7575   SIC 2759
PRIORITY ELECTRONICS LTD p 390
55 Trottier Bay, WINNIPEG, MB, R3T 3R3
(204) 284-0164   SIC 5065
PRIORITY PERSONNEL INC p 400
120 Carleton St, FREDERICTON, NB, E3B 3T4
(506) 459-6668   SIC 7361
PRIORY, THE p 336
See VANCOUVER ISLAND HEALTH AUTHORITY
PRISAL HOLDINGS LTD p 244
228 Sixth St, NEW WESTMINSTER, BC, V3L 3A4
(604) 525-2611   SIC 5812
PRISMATIQUE DESIGNS LTD p 761
97 Wingold Ave, NORTH YORK, ON, M6B 1P8
(416) 787-6182   SIC 2521
PRISMATIQUE DESIGNS LTD p 933
97 Wingold Ave, TORONTO, ON, M6B 1P8
(416) 961-7333   SIC 2521
PRISZM LP p 25
1320 Edmonton Trail Ne, CALGARY, AB, T2E 3K7
(403) 276-6235   SIC 5812
PRISZM LP p 108
8517 109 St Nw, EDMONTON, AB, T6G 1E4
SIC 5812
PRISZM LP p 191
5094 Kingsway, BURNABY, BC, V5H 2E7
(604) 433-2220   SIC 5812
PRISZM LP p 198
45367 Luckakuck Way, CHILLIWACK, BC, V2R 3C7
(604) 858-3799   SIC 5812
PRISZM LP p 220
470 Columbia St, KAMLOOPS, BC, V2C 2T5

(250) 372-2733   SIC 5812
PRISZM LP   p 221
555 Notre Dame Dr Suite B, KAMLOOPS, BC, V2C 1E6
(250) 374-6534   SIC 5812
PRISZM LP   p 231
19971 64 Ave, LANGLEY, BC, V2Y 1G9
(604) 530-2032   SIC 5812
PRISZM LP   p 252
1897 Main St, PENTICTON, BC, V2A 5H2
(250) 492-0003   SIC 5812
PRISZM LP   p 286
12121 72 Ave, SURREY, BC, V3W 2M1
(604) 543-7879   SIC 5812
PRISZM LP   p 291
4750 Lakelse Ave, TERRACE, BC, V8G 1R6
(250) 635-3663   SIC 5812
PRISZM LP   p 332
533 Yates St, VICTORIA, BC, V8W 1K7
SIC 5812
PRISZM LP   p 337
3620 Gellatly Rd, WEST KELOWNA, BC, V4T 2E6
SIC 5812
PRISZM LP   p 345
1350 18th St Unit 2, BRANDON, MB, R7A 5C4
(204) 725-0425   SIC 5812
PRISZM LP   p 354
2390 Sissons Dr, PORTAGE LA PRAIRIE, MB, R1N 0G5
SIC 5812
PRISZM LP   p 355
58 Main St, SELKIRK, MB, R1A 1R1
(204) 785-2211   SIC 5812
PRISZM LP   p 357
105 Pth 12 N, STEINBACH, MB, R5G 1T5
(204) 326-5555   SIC 5812
PRISZM LP   p 378
141 Donald St, WINNIPEG, MB, R3C 1M1
SIC 5812
PRISZM LP   p 397
477 Rue Paul, DIEPPE, NB, E1A 4X5
(905) 677-3813   SIC 5812
PRISZM LP   p 446
960 Cole Harbour Rd, DARTMOUTH, NS, B2V 1E6
SIC 5812
PRISZM LP   p 462
6310 Quinpool Rd, HALIFAX, NS, B3L 1A5
(902) 492-8587   SIC 5812
PRISZM LP   p 470
9024 Commercial St, NEW MINAS, NS, B4N 3E2
(902) 681-7900   SIC 5812
PRISZM LP   p 480
536 Main St, YARMOUTH, NS, B5A 1H8
(902) 742-4581   SIC 5812
PRISZM LP   p 484
15 Westney Rd N Unit 2, AJAX, ON, L1T 1P5
(905) 428-3324   SIC 5812
PRISZM LP   p 495
315 Bayfield St, BARRIE, ON, L4M 3C2
(705) 726-7220   SIC 5812
PRISZM LP   p 512
9025 Torbram Rd Suite 12, BRAMPTON, ON, L6S 3L2
(905) 791-5540   SIC 5812
PRISZM LP   p 518
190 Queen St E, BRAMPTON, ON, L6V 1B3
(905) 457-7422   SIC 5812
PRISZM LP   p 520
1 Steeles Ave E Unit 1, BRAMPTON, ON, L6W 4J4
(905) 452-9851   SIC 5812
PRISZM LP   p 529
27 Dalhousie St, BRANTFORD, ON, N3T 2H6
(519) 753-4623   SIC 5812
PRISZM LP   p 543
499 Dundas St, CAMBRIDGE, ON, N1R 5R8
(519) 621-7000   SIC 5812
PRISZM LP   p 552

541 Queen St, CHATHAM, ON, N7M 2J4
(519) 354-1030   SIC 5812
PRISZM LP   p 561
101 Exchange Ave, CONCORD, ON, L4K 5R6
(416) 739-2900   SIC 5812
PRISZM LP   p 583
1743 Albion Rd, ETOBICOKE, ON, M9V 1C3
(416) 743-7486   SIC 5812
PRISZM LP   p 586
2068 Kipling Ave, ETOBICOKE, ON, M9W 4J9
SIC 5812
PRISZM LP   p 615
999 Upper Wentworth St, HAMILTON, ON, L9A 4X5
(905) 318-6565   SIC 5812
PRISZM LP   p 625
475 Hazeldean Rd, KANATA, ON, K2L 1V1
(613) 836-4011   SIC 5812
PRISZM LP   p 676
2002 Middlefield Rd Unit 2, MARKHAM, ON, L3S 1Y5
(905) 472-2338   SIC 5812
PRISZM LP   p 680
375 King St, MIDLAND, ON, L4R 3M7
(705) 526-5522   SIC 5812
PRISZM LP   p 684
7161 Goreway Dr, MISSISSAUGA, ON, L4T 2T5
(905) 677-3813   SIC 5812
PRISZM LP   p 703
2125 Erin Mills Pky Unit 14a, MISSISSAUGA, ON, L5K 1T7
(905) 858-1898   SIC 5812
PRISZM LP   p 725
1 Richmond Blvd Unit B1, NAPANEE, ON, K7R 3S3
(613) 354-4344   SIC 5812
PRISZM LP   p 737
6566 Lundy's Lane, NIAGARA FALLS, ON, L2G 1V2
SIC 5812
PRISZM LP   p 761
1635 Lawrence Ave W Suite 13, NORTH YORK, ON, M6L 3C9
(416) 241-6006   SIC 5812
PRISZM LP   p 808
786 Chemong Rd, PETERBOROUGH, ON, K9H 5Z3
(705) 742-2519   SIC 5812
PRISZM LP   p 831
161 Trunk Rd, SAULT STE. MARIE, ON, P6A 3S5
(705) 946-2792   SIC 5812
PRISZM LP   p 832
389 Great Northern Rd, SAULT STE. MARIE, ON, P6B 4Z8
(705) 946-2791   SIC 5812
PRISZM LP   p 853
294 Lake St, ST CATHARINES, ON, L2N 4H2
(905) 934-3972   SIC 5812
PRISZM LP   p 949
78 Mcnaughton Ave, WALLACEBURG, ON, N8A 1R9
(519) 627-9663   SIC 5812
PRISZM LP   p 970
1797 Huron Church Rd, WINDSOR, ON, N9C 2L3
SIC 5812
PRISZM LP   p 970
3006 Dougall Ave, WINDSOR, ON, N9E 1S4
(519) 969-7290   SIC 5812
PRISZM LP   p 1011
129 Boul D'anjou, Chateauguay, QC, J6J 2R3
SIC 5812
PRISZM LP   p 1022
1533 Rue Du Sud, COWANSVILLE, QC, J2K 2Z4
SIC 5812
PRISZM LP   p 1035

258 Rue Notre-Dame, GATINEAU, QC, J8P 1K4
(819) 663-8686   SIC 5812
PRISZM LP   p 1036
164 Boul Greber, GATINEAU, QC, J8T 6K2
(819) 561-2663   SIC 5812
PRISZM LP   p 1065
140 Rte Du President-Kennedy, Levis, QC, G6V 6C9
(418) 833-4486   SIC 5812
PRISZM LP   p 1070
140 Boul Sainte-Foy, LONGUEUIL, QC, J4J 1W6
SIC 5812
PRISZM LP   p 1091
8575 Boul Pie-Ix, Montreal, QC, H1Z 3T9
(514) 729-4903   SIC 5812
PRISZM LP   p 1092
1700 Rue Jarry E, Montreal, QC, H2E 1B3
(514) 725-5527   SIC 5812
PRISZM LP   p 1146
315 Boul Sainte-Anne, Quebec, QC, G1E 3L4
SIC 5812
PRISZM LP   p 1163
3309 Ch Sainte-Foy, Quebec, QC, G1X 1S2
(418) 656-1228   SIC 5812
PRISZM LP   p 1171
85 Boul Brien Bureau 13, REPENTIGNY, QC, J6A 8B6
(450) 582-3046   SIC 5812
PRISZM LP   p 1187
104 Boul Arthur-Sauve, SAINT-EUSTACHE, QC, J7R 2H7
(450) 473-2474   SIC 5812
PRISZM LP   p 1189
1550 1re Av, SAINT-GEORGES, QC, G5Y 3N2
(418) 228-7042   SIC 5812
PRISZM LP   p 1192
5925 Boul Cousineau, SAINT-HUBERT, QC, J3Y 7P5
SIC 5812
PRISZM LP   p 1195
1220 Rue Gauvin, SAINT-HYACINTHE, QC, J2S 7X5
(450) 773-6606   SIC 5812
PRISZM LP   p 1216
9205 Boul Lacordaire, SAINT-LEONARD, QC, H1R 2B6
(514) 325-3521   SIC 5812
PRISZM LP   p 1234
602 Boul Laure, Sept-Iles, QC, G4R 1X9
(418) 962-7487   SIC 5812
PRISZM LP   p 1236
665 Rue Du Conseil, SHERBROOKE, QC, J1G 1K7
(819) 562-1144   SIC 5812
PRISZM LP   p 1244
947 Boul Des Seigneurs, TERREBONNE, QC, J6W 3W5
(450) 471-1103   SIC 5812
PRISZM LP   p 1246
31 Boul Frontenac O, THETFORD MINES, QC, G6G 1M8
(418) 338-4121   SIC 5812
PRISZM LP   p 1258
351 Rue Regina, VERDUN, QC, H4G 2G7
(514) 766-9288   SIC 5812
PRISZM LP   p 1273
4411 50 Ave, LLOYDMINSTER, SK, S9V 0P3
(306) 820-4532   SIC 5812
PRO AUTO LTD   p 380
1400 Saskatchewan Ave Suite A, WINNIPEG, MB, R3E 0L3
(204) 982-3005   SIC 5531
PRO AUTO LTD   p 756
301 Flint Rd Unit 2, NORTH YORK, ON, M3J 2J2
(416) 739-7735   SIC 5531
PRO BODY PARTS   p 380
See PRO AUTO LTD
PRO BODY PARTS   p 756

See PRO AUTO LTD
PRO CANADA WEST ENERGY INC   p 1275
Hwy 39 S, MIDALE, SK, S0C 1S0
(306) 458-2232   SIC 8721
PRO DOC LTEE   p 1229
2925 Boul Industriel, SAINTE-ROSE, QC, H7L 3W9
(450) 668-9750   SIC 2834
PRO HYDRAULIQUE   p 1154
See APPLIED INDUSTRIAL TECHNOLOGIES, LP
PRO INSUL LIMITED   p 85
14212 128 Ave Nw, EDMONTON, AB, T5L 3H5
(780) 452-4724   SIC 1799
PRO KONTROL   p 1032
See 3100-7669 QUEBEC INC
PRO SHOP, DIV OF   p 582
See WESTON GOLF AND COUNTRY CLUB LIMITED, THE
PRO-ART DENTAL LABORATORY LTD   p 895
855 Broadview Ave Suite 408, TORONTO, ON, M4K 3Z1
(416) 469-4121   SIC 8072
PRO-BEL ENTERPRISES LIMITED   p 483
765 Westney Rd S, AJAX, ON, L1S 6W1
(905) 427-0616   SIC 5084
PRO-CON ROAD WORKS LTD   p 67
201a Casale Pl, CANMORE, AB, T1W 3G2
(403) 678-7283   SIC 1771
PRO-PAR INC   p 1240
65 Rue Winder, SHERBROOKE, QC, J1M 1L5
(819) 566-8211   SIC 3443
PRO-PIPE MANUFACTURING LTD   p 129
15201 91 St, GRANDE PRAIRIE, AB, T8X 0B3
(780) 830-0955   SIC 1389
PRO-TRANS VENTURES INC   p 33
5920 1a St Sw Suite 520, CALGARY, AB, T2H 0G3
(403) 452-7270   SIC 4213
PRO-WESTERN PLASTICS LTD   p 167
30 Riel Dr, ST. ALBERT, AB, T8N 3Z7
(780) 459-4491   SIC 3089
PRO-X EXHIBIT INC   p 684
7621 Bath Rd, MISSISSAUGA, ON, L4T 3T1
(905) 696-0993   SIC 7389
PRO2P SERVICES CONSEILS INC   p 1113
700 Rue De La Gauchetiere O Bureau 2400, MONTREAL, QC, H3B 5M2
(514) 285-5552   SIC 7374
PROBATION AND PAROLE FIELD OFFICES   p 758
See GOVERNMENT OF ONTARIO
PROBATION OFFICE   p 237
See GOVERNMENT OF THE PROVINCE OF BRITISH COLUMBIA
PROBE INVESTIGATION AND SECURITY SERVICES LTD   p 754
3995 Bathurst St Suite 301, NORTH YORK, ON, M3H 5V3
(416) 636-7000   SIC 7381
PROBE SECURITY   p 754
See PROBE INVESTIGATION AND SECURITY SERVICES LTD
PROBYN LOG LTD   p 245
628 Sixth Ave Suite 500, NEW WESTMINSTER, BC, V3M 6Z1
(604) 526-8545   SIC 7389
PROCALL MARKETING INC   p 48
100 4 Ave Sw Unit 200, CALGARY, AB, T2P 3N2
(403) 265-4014   SIC 7389
PROCARE HEALTH SERVICES INC   p 245
624 Columbia St Suite 201, NEW WESTMINSTER, BC, V3M 1A5
(604) 525-1234   SIC 8049
PROCECO LTEE   p 706
168 Queen St S Suite 202, MISSISSAUGA, ON, L5M 1K8
(905) 828-1517   SIC 5084

PROCESS & PIPELINE SEVICES, DIV OF p 99
See BAKER HUGHES CANADA COMPANY

PROCESS AUTOMATION OIL, GAS & PETROCHEMICAL p 15
See ABB INC

PROCESS DEVELOPMENT CANADA CORP p 855
6 Davidson St, ST CATHARINES, ON, L2R 2V4
SIC 7389

PROCESS GROUP INC p 543
555 Conestoga Blvd, CAMBRIDGE, ON, N1R 7P5
(519) 622-5520 SIC 1796

PROCESS PRODUCTS LIMITED p 561
100 Locke St, CONCORD, ON, L4K 5R4
(416) 781-3399 SIC 5085

PROCOR p 829
See PROCOR LIMITED

PROCOR LIMITED p 829
725 Procor Dr, SARNIA, ON, N7T 7H3
(519) 384-0741 SIC 4741

PROCRANE INC p 6
Gd Hwy 2 And Sec 597 Joffre Rd, BLACKFALDS, AB, T0M 0J0
(403) 885-6000 SIC 7353

PROCRANE INC p 202
10 Burbidge St, COQUITLAM, BC, V3K 5Y5
(604) 468-0222 SIC 7353

PROCRANE INC p 362
66 Matheson Parkway, WINNIPEG, MB, R2C 2Z2
(204) 233-5542 SIC 7353

PROCRANE INC p 831
Baseline Rd, SAULT STE. MARIE, ON, P6A 5L1
(705) 945-5099 SIC 7353

PROCTER & GAMBLE INC p 502
355 University Ave, BELLEVILLE, ON, K8N 5T8
(613) 966-5130 SIC 2676

PROCTER & GAMBLE INC p 529
59 Fen Ridge Crt, BRANTFORD, ON, N3V 1G2
(519) 720-1200 SIC 2841

PROCTER & GAMBLE INC p 531
1475 California Ave, BROCKVILLE, ON, K6V 6K4
(613) 342-9592 SIC 2841

PROCTER & GAMBLE INC p 576
66 Humbervale Blvd, ETOBICOKE, ON, M8Y 3P4
(416) 730-4200 SIC 2844

PROCTER & GAMBLE INC p 749
4711 Yonge St, NORTH YORK, ON, M2N 6K8
(416) 730-4141 SIC 5169

PROCTER & GAMBLE INC p 749
4711 Yonge St, NORTH YORK, ON, M2N 6K8
(416) 730-4711 SIC 2841

PROCTER & GAMBLE INC p 874
211 Bayview Fairways Dr, THORNHILL, ON, L3T 2Z1
(416) 730-4872 SIC 5099

PROCTER & GAMBLE INC p 1204
9900 Boul Cavendish Bureau 108, SAINT-LAURENT, QC, H4M 2V2
SIC 2676

PROCTER & GAMBLE INVESTMENT CORPORATION p 531
1475 California Ave, BROCKVILLE, ON, K6V 6K4
(613) 342-9592 SIC 2841

PROCUPINE JOINT VENTURES p 851
See KINROSS GOLD CORPORATION

PROCURA p 330
See DEVELUS SYSTEMS INC

PRODIGY GRAPHICS p 557
See 2400318 ONTARIO INC

PRODU-KAKE CANADA INC p 537
3285 Mainway Suite 4, BURLINGTON, ON, L7M 1A6
(905) 335-1136 SIC 2819

PRODUCT EXCELLENCE p 923
See 1561109 ONTARIO INC

PRODUCTION P.H. p 1028
See 2946-6380 QUEBEC INC

PRODUCTIONS LA PRESSE TELE LTEE, LES p 1103
750 Boul Saint-Laurent, Montreal, QC, H2Y 2Z4
(514) 285-7000 SIC 7922

PRODUCTIONS MAINS AU MILIEU p 1112
See HANDS IN THE MIDDLE PRODUCTIONS INC

PRODUCTIVE SECURITY INC p 935
940 Lansdowne Ave, TORONTO, ON, M6H 3Z4
(416) 535-9341 SIC 7381

PRODUCTS & CHEMICALS, DIV OF p 828
See IMPERIAL OIL LIMITED

PRODUIT FORESTIERS RESOLU SECTEUR LA DORE p 1052
See PF RESOLU CANADA INC

PRODUIT FREDERIC INC p 1031
880 Rue Cormier, DRUMMONDVILLE, QC, J2C 2N6
(819) 472-4569 SIC 5812

PRODUIT MOBICAB CANADA p 987
See EQUIPEMENTS PIERRE CHAMPIGNY LTEE

PRODUITS ALBA INC p 1023
331 7e Av, DOLBEAU-MISTASSINI, QC, G8L 1Y8
SIC 3251

PRODUITS ALIMAISON INC, LES p 1164
2335 Boul Bastien, Quebec, QC, G2B 1B3
(418) 842-9160 SIC 2038

PRODUITS ALIMENTAIRES ALLARD (1998) LTEE, LES p 1016
1216 Rue De La Manic, CHICOUTIMI, QC, G7K 1A2
(418) 543-6659 SIC 2051

PRODUITS ALIMENTAIRES ANCO LTEE, LES p 1193
4700 Rue Armand-Frappier, SAINT-HUBERT, QC, J3Z 1G5
(450) 443-4838 SIC 5143

PRODUITS ALIMENTAIRES ST-HUBERT p 999
See ROTISSERIES ST-HUBERT LTEE, LES

PRODUITS ALIMENTAIRES VIAU INC, LES p 1133
10035 Av Plaza, MONTREAL-NORD, QC, H1H 4L5
(514) 321-8260 SIC 5147

PRODUITS ALIMENTAIRES VIAU INC, LES p 1228
6625 Rue Ernest-Cormier, SAINTE-ROSE, QC, H7C 2V2
(450) 665-6100 SIC 5147

PRODUITS ALIMENTAIRES VIAU, LES p 1133
See PRODUITS ALIMENTAIRES VIAU INC, LES

PRODUITS AMERICAN BILTRITE (CANADA) LTEE p 1239
635 Rue Pepin, SHERBROOKE, QC, J1L 2P8
(819) 823-3300 SIC 3069

PRODUITS BEL INC p 1132
6868 Boul Maurice-Duplessis, MONTREAL-NORD, QC, H1G 1Z6
(514) 327-2800 SIC 3644

PRODUITS BELT-TECH INC p 1041
386 Rue Dorchester, GRANBY, QC, J2G 3Z7
(450) 372-5826 SIC 2399

PRODUITS CHIMIQUES CCC p 1208
See CANADA COLORS AND CHEMICALS (EASTERN) LIMITED

PRODUITS CHIMIQUES MAGNUS LIMITEE p 1004
1271 Rue Ampere, BOUCHERVILLE, QC, J4B 5Z5
(450) 655-1344 SIC 2899

PRODUITS D'ACIER HASON INC, LES p 1058
7 Rue Pinat, LANORAIE, QC, J0K 1E0
(450) 887-0800 SIC 3443

PRODUITS DE BATIMENT RESIDENTIEL p 1156
See ROYAL GROUP, INC

PRODUITS DE BATIMENT RESIDENTIEL p 1203
See ROYAL GROUP, INC

PRODUITS DE BATIMENTS RESIDENTIELS p 991
See ROYAL GROUP, INC

PRODUITS DE BEAUTE IRIS INC p 1024
69 Boul Brunswick, DOLLARD-DES-ORMEAUX, QC, H9B 2N4
(514) 685-9966 SIC 2844

PRODUITS DE BOIS ST-AGAPIT INC, LES p 1178
1269 Rue Principale, SAINT-AGAPIT, QC, G0S 1Z0
(418) 888-4142 SIC 2434

PRODUITS DE MARQUE LIBERTE, LES p 1006
See YOPLAIT LIBERTE CANADA CIE

PRODUITS DE PISCINE TRENDIUM INC p 1059
2673 Boul Angrignon, LASALLE, QC, H8N 3J3
(514) 363-7001 SIC 3949

PRODUITS DE PLEIN AIR 4 ETOILES p 670
See BARON OUTDOOR PRODUCTS LTD

PRODUITS DE SECURITE NORTH LTEE p 101
6303 Roper Rd Nw, EDMONTON, AB, T6B 3G6
(780) 437-2641 SIC 3842

PRODUITS DE SECURITE NORTH LTEE p 101
See PRODUITS DE SECURITE NORTH LTEE

PRODUITS DE SECURITE NORTH LTEE p 1170
See PRODUITS DE SECURITE NORTH LTEE

PRODUITS DE SECURITE NORTH LTEE p 1170
3719 Rue Des Commissaires, RAWDON, QC, J0K 1S0
SIC 3699

PRODUITS DISQUE AMERIC INC p 1031
2525 Rue Canadien, DRUMMONDVILLE, QC, J2C 7W2
SIC 3652

PRODUITS DIVINE p 1082
See SUPERTEK CANADA INC

PRODUITS EXCELDOR, LES p 1179
See EXCELDOR COOPERATIVE

PRODUITS EXCELDOR, LES p 1184
See EXCELDOR COOPERATIVE

PRODUITS FORESTIERS ARBEC S.E.N.C. p 1051
5005 Rte Uniforet, L'ASCENSION-DE-NOTRE-SEIGNEUR, QC, G0W 1Y0
(418) 347-4900 SIC 2421

PRODUITS FORESTIERS ARBEC S.E.N.C. p 1051
5005 Rte Aniforet, L'ASCENSION, QC, J0T 1W0
(418) 347-4900 SIC 2421

PRODUITS FORESTIERS ARBEC S.E.N.C. p 1144
175 Boul Portage Des Mousses, PORT-CARTIER, QC, G5B 2V9
(418) 766-2299 SIC 2421

PRODUITS FORESTIERS ARBEC S.E.N.C. p 1235
775 Ch De Turcotte, SHAWINIGAN, QC, G9T 5K7
(819) 538-0735 SIC 2421

PRODUITS FORESTIERS D. G. LTEE p 1184
2518 Rte President-Kennedy, Saint-Come-Liniere, QC, G0M 1J0
(418) 685-3335 SIC 2421

PRODUITS FORESTIERS D. G. LTEE p 1224
313 Rang Saint-Joseph, Sainte-Aurelie, QC, G0M 1M0
(418) 593-3516 SIC 2431

PRODUITS FORESTIERS J.V. p 1261
See ROLAND BOULANGER & CIE, LTEE

PRODUITS FORESTIERS RESOLU SECTEUR MANSEAU p 1075
See RESOLUTE FOREST PRODUCTS INC

PRODUITS FORESTIERS RESOLU USINE ALMA p 987
See PF RESOLU CANADA INC

PRODUITS FORESTIERS RESOLUT SCIERIE OUTARDES p 994
See PF RESOLU CANADA INC

PRODUITS FORESTIERS ST-ARMAND INC p 1180
1435 Ch De Saint-Armand, SAINT-ARMAND, QC, J0J 1T0
(450) 248-4334 SIC 2421

PRODUITS INDUSTRIELS DE HAUTE TEMPERATURE PYROTEK INC, LES p 1016
1623 Rue De La Manic, CHICOUTIMI, QC, G7K 1G8
(418) 545-8093 SIC 3569

PRODUITS INDUSTRIELS DE HAUTE TEMPERATURE PYROTEK INC, LES p 1029
2400 Boul Lemire, DRUMMONDVILLE, QC, J2B 6X9
(819) 477-0734 SIC 3569

PRODUITS INTEGRES AVIOR INC p 1129
1001 Nord Laval (A-440) O Bureau 200, Montreal, QC, H7L 3W3
(450) 629-6200 SIC 3728

PRODUITS INTEGRES AVIOR INC p 1212
380 Montee De Liesse, SAINT-LAURENT, QC, H4T 1N8
(514) 739-3193 SIC 3728

PRODUITS LABELINK INC, LES p 843
5240 Finch Ave E Unit 10, SCARBOROUGH, ON, M1S 5A3
(416) 913-0572 SIC 2759

PRODUITS M.G.D. INC, LES p 999
680 Boul Industriel, BLAINVILLE, QC, J7C 3V4
(450) 437-1414 SIC 5113

PRODUITS MENAGERS FREUDENBERG INC p 674
15 Allstate Pky, MARKHAM, ON, L3R 5B4
(905) 669-9949 SIC 5199

PRODUITS METALLIQUES BAILEY, LES p 1026
See BAILEY METAL PRODUCTS LIMITED

PRODUITS MOBILICAB CANADA INC p 987
280 Rue Bonin, ACTON VALE, QC, J0H 1A0
(450) 546-0999 SIC 5088

PRODUITS MOULES SYNERTECH p 1009
See MATERIAUX DE CONSTRUCTION OLDCASTLE CANADA INC, LES

PRODUITS NEPTUNE INC, LES p 1195
6835 Rue Picard, SAINT-HYACINTHE, QC, J2S 1H3
(450) 773-7058 SIC 3431

PRODUITS POUR TOITURES FRANSYL LTEE p 1244
671 Rue Leveille, TERREBONNE, QC, J6W 1Z9
(450) 492-2392 SIC 5033

PRODUITS SHELL CANADA p 1131
See SHELL CANADA LIMITED

PRODUITS STANDARD INC p 256
1680 Broadway St Suite 101, PORT COQUITLAM, BC, V3C 2M8
(604) 945-4550 SIC 7349

PRODUITS STANDARD INC p 720
6270 Kestrel Rd, MISSISSAUGA, ON, L5T

1Z4
(905) 564-2836   SIC 7389
PRODUITS VERSAPROFILES INC, LES   *p* 1225
185 1re Rue O, SAINTE-CLAIRE, QC, G0R 2V0
(418) 883-2036   SIC 3089
PROECO CORPORATION   *p* 115
7722 9 St Nw, EDMONTON, AB, T6P 1L6
(780) 440-1825   SIC 4953
PROFESSIONAL EXCAVATORS LTD   *p* 19
10919 84 St Se, CALGARY, AB, T2C 5A6
(403) 236-5686   SIC 1794
PROFESSIONAL GROUP INC, THE   *p* 106
9222 51 Ave Nw, EDMONTON, AB, T6E 5L8
(780) 439-9818   SIC 6531
PROFESSIONAL REALTY GROUP, THE DIV OF   *p* 106
See *PROFESSIONAL GROUP INC, THE*
PROFESSIONAL REHABILIATION OUTREACH   *p* 496
See *1304003 ONTARIO LTD*
PROFESSIONAL STAFF DEVELOPMENT CENTRE   *p* 385
See *ST. JAMES-ASSINIBOIA SCHOOL DIVISION*
PROFESSIONAL TARGETED MARKETING   *p* 671
See *DIRECT MULTI-PAK MAILING LTD*
PROFESSIONAL THOUGHT LEADERS ACADEMY LTD   *p* 908
151 Yonge St 19th Floor, TORONTO, ON, M5C 2W7
(416) 216-5481   SIC 8742
PROFESSOR'S LAKE RECREATION CENTRE   *p* 511
See *CORPORATION OF THE CITY OF BRAMPTON, THE*
PROFILE INVESTIGATION INC   *p* 580
936 The East Mall Suite 300, ETOBICOKE, ON, M9B 6J9
(416) 695-1260   SIC 7389
PROFILES POUR PORTES ET FENETRES ROYAL   *p* 1032
See *ROYAL GROUP, INC*
PROFIT RECOVERY GROUP   *p* 1082
See *PRGX CANADA CORP*
PROFITMASTER CANADA   *p* 389
See *PM CANADA INC*
PROFORMANCE ADJUSTING SOLUTIONS   *p* 813
1101 Kingston Rd Suite 280, PICKERING, ON, L1V 1B5
(905) 420-3111   SIC 6321
PROG-DIE TOOL & STAMPING LTD   *p* 700
3161 Wolfedale Rd, MISSISSAUGA, ON, L5C 1V8
(905) 277-9187   SIC 3544
PROGISTIX-SOLUTIONS INC   *p* 941
99 Signet Dr Suite 300, TORONTO, ON, M9L 0A2
(416) 401-7000   SIC 8742
PROGRAIN   *p* 1183
See *SEMENCES PROGRAIN INC*
PROGRAM DE PORTAGE INC, LE   *p* 395
1275 Route 865, CASSIDY LAKE, NB, E4E 5Y6
(506) 839-1200   SIC 8059
PROGRAM DE PORTAGE INC, LE   *p* 1117
2455 Av Lionel-Groulx, Montreal, QC, H3J 1J6
(514) 935-3431   SIC 8322
PROGRAM DE PORTAGE INC, LE   *p* 1117
865 Place Richmond, Montreal, QC, H3J 1V8
(514) 939-0202   SIC 8093
PROGRAM FOR MENTALLY ILL CHEMICAL ABUSERS (MICA)   *p* 1117
See *PROGRAM DE PORTAGE INC, LE*
PROGRAMME DE PORTAGE RELATIF A LA DEPENDENCE DE LA DROGUE INC, LE

Gd, ELORA, ON, N0B 1S0
(519) 846-0945   SIC 8361
PROGRAMME DE PORTAGE RELATIF A LA DEPENDENCE DE LA DROGUE INC, LE   *p* 1144
1790 Ch Du Lac-Echo, Prevost, QC, J0R 1T0
(450) 224-2944   SIC 8093
PROGRAMME DE PORTAGE RELATIF A LA DEPENDENCE DE LA DROGUE INC, LE   *p* 1150
150 Rue Saint-Joseph E, Quebec, QC, G1K 3A7
(418) 524-6038   SIC 8093
PROGRAMME EXTRA-MURAL DU NB   *p* 398
See *VITALITE HEALTH NETWORK*
PROGRAMMED INSURANCE BROKERS INC   *p* 573
49 Industrial Dr, ELMIRA, ON, N3B 3B1
(519) 669-1631   SIC 6411
PROGRESS HOMES INC   *p* 434
270 Portugal Cove Rd, ST. JOHN'S, NL, A1B 4N6
(709) 754-1165   SIC 1521
PROGRESS LAND SERVICES LTD   *p* 85
14815 119 Ave Nw Suite 300, EDMONTON, AB, T5L 2N9
(780) 454-4717   SIC 6792
PROGRESS LUV2PAK INTERNATIONAL LTD   *p* 756
20 Tangiers Rd, NORTH YORK, ON, M3J 2B2
(416) 638-1221   SIC 5113
PROGRESSIVE ANODIZERS INC   *p* 842
41 Crockford Blvd, SCARBOROUGH, ON, M1R 3B7
(416) 751-5487   SIC 3471
PROGRESSIVE INTERCULTURAL COMMUNITY SERVICES SOCIETY   *p* 286
7566 120a St Suite 230, SURREY, BC, V3W 1N3
(604) 596-4242   SIC 8631
PROGRESSIVE WASTE SOLUTIONS CANADA INC   *p* 178
See *WASTE CONNECTIONS OF CANADA INC*
PROHOME HEALTH SERVICES INC DIVISION   *p* 696
See *WE CARE HEALTH SERVICES INC*
PROLIFIC GRAPHICS   *p* 155
See *PARKLAND COLORPRESS LTD*
PROLIFIC GRAPHICS INC   *p* 155
7449 49 Ave, RED DEER, AB, T4P 1N2
(403) 340-8100   SIC 2752
PROLIFIC GROUP OF GRAPHIC ARTS COMPANIES, THE   *p* 155
See *PROLIFIC GRAPHICS INC*
PROLINE PIPE EQUIPMENT INC   *p* 101
7141 67 St Nw, EDMONTON, AB, T6B 3L7
(780) 465-6161   SIC 7389
PROLUDIK INC   *p* 1165
2500 Rue Jean-Perrin Bureau 103, Quebec, QC, G2C 1X1
(418) 845-1245   SIC 7359
PROLUXON INC   *p* 1090
5549 Boul Saint-Michel, Montreal, QC, H1Y 2C9
(514) 374-4993   SIC 1731
PROMAG DISPLAY-CORR   *p* 991
See *MONTAGE ET DECOUPAGE PROMAG INC*
PROMANAC SERVICES IMMOBILIERS (1992) LTEE   *p* 1103
500 Place D'armes Bureau 2300, Montreal, QC, H2Y 2W2
(514) 282-7654   SIC 6512
PROMARK-TELECON INC   *p* 508
160 Baseline Rd E Suite D, BOWMANVILLE, ON, L1C 1A2
(905) 697-0274   SIC 1799

PROMARK-TELECON INC   *p* 727
203 Colonnade Rd Unit 10, NEPEAN, ON, K2E 7K3
(613) 723-9888   SIC 1623
PROMARK-TELECON INC   *p* 817
96 North Port Rd, Unit 4, PORT PERRY, ON, L9L 1B2
(905) 982-1413   SIC 4899
PROMARK-TELECON INC   *p* 1098
7450 Rue Du Mile End, Montreal, QC, H2R 2Z6
(514) 644-2214   SIC 4899
PROMENADES DE L'OUTAOUAIS LTD, LES   *p* 1036
1100 Boul Maloney O, GATINEAU, QC, J8T 6G3
(819) 205-1340   SIC 6512
PROMETIC SCIENCES DE LA VIE INC   *p* 1134
500 Boul Cartier O Bureau 150, Montreal-Ouest, QC, H7V 5B7
(450) 781-1394   SIC 2834
PROMINENT FLUID CONTROLS LTD   *p* 600
490 Southgate Dr, GUELPH, ON, N1G 4P5
(519) 836-5692   SIC 5074
PROMONTORY HEIGHTS ELEMENTARY SCHOOL   *p* 198
See *SCHOOL DISTRICT NO 33 CHILLIWACK*
PROMORE   *p* 100
See *CORE LABORATORIES CANADA LTD*
PROMOTIONAL PRODUCTS FULFILLMENT & DISTRIBUTION LTD   *p* 958
80 William Smith Dr, WHITBY, ON, L1N 9W1
(905) 668-5060   SIC 7389
PROMPTON REAL ESTATE SERVICES INC   *p* 322
179 Davie St Suite 201, VANCOUVER, BC, V6Z 2Y1
(604) 899-2333   SIC 6531
PROMUTUEL   *p* 1030
See *GROUPE PROMUTUEL FEDERATION DE SOCIETE MUTUELLES D'ASSURANCES GENERALES*
PROMUTUEL ASSURANCE   *p* 996
See *PROMUTUEL BEAUCE-ETCHEMINS, SOCIETE MUTUELLE D'ASSURANCE GENERALE*
PROMUTUEL ASSURANCE VALLEE DU ST-LAURENT   *p* 1053
See *GROUPE PROMUTUEL FEDERATION DE SOCIETE MUTUELLES D'ASSURANCES GENERALES*
PROMUTUEL BEAUCE-ETCHEMINS, SOCIETE MUTUELLE D'ASSURANCE GENERALE   *p* 996
650 Boul Renault, BEAUCEVILLE, QC, G5X 3P2
(418) 397-4147   SIC 6411
PROMUTUEL DEUX MONTAGNES   *p* 1186
See *GROUPE PROMUTUEL FEDERATION DE SOCIETE MUTUELLES D'ASSURANCES GENERALES*
PROMUTUEL DU LAC AU FJORD   *p* 987
790 Av Du Pont S, ALMA, QC, G8B 2V4
(418) 662-6595   SIC 6411
PROMUTUEL LA VALLEE   *p* 1235
See *GROUPE PROMUTUEL FEDERATION DE SOCIETE MUTUELLES D'ASSURANCES GENERALES*
PROMUTUEL PORTNEUF CHAMPLAIN   *p* 1218
See *PROMUTUEL PORTNEUF-CHAMPLAIN SOCIETE, MUTUAL D'ASSURANCE GENERALE*
PROMUTUEL PORTNEUF-CHAMPLAIN SOCIETE, MUTUAL D'ASSURANCE GENERALE   *p* 1166
1528 Av Jules-Verne, Quebec, QC, G2G 2R5
(418) 872-2430   SIC 6411

PROMUTUEL PORTNEUF-CHAMPLAIN SOCIETE, MUTUAL D'ASSURANCE GENERALE   *p* 1218
401 Rue Principale, SAINT-NARCISSE, QC, G0X 2Y0
(418) 328-8270   SIC 6411
PROMUTUEL TEMISCOUTA SOCIETE MUTUELLE D'ASSURANCE GENERALE   *p* 1243
592b Rue Commerciale N, TEMISCOUATA-SUR-LE-LAC, QC, G0L 1E0
(418) 854-2016   SIC 6411
PROMUTUEL VALMONT   *p* 1261
See *GROUPE PROMUTUEL FEDERATION DE SOCIETE MUTUELLES D'ASSURANCES GENERALES*
PROMUTULE DES RIBERAINS   *p* 1243
See *PROMUTUEL TEMISCOUTA SOCIETE MUTUELLE D'ASSURANCE GENERALE*
PRONGHORN CONTROLS LTD   *p* 19
4919 72 Ave Se Suite 101, CALGARY, AB, T2C 3H3
(403) 720-2526   SIC 7629
PRONGHORN CONTROLS LTD   *p* 19
4919 72 Ave Se Unit 101, CALGARY, AB, T2C 3H3
(403) 292-0870   SIC 5084
PRONGHORN CONTROLS LTD   *p* 19
4919 72 Ave Se Unit 101, CALGARY, AB, T2C 3H3
(403) 720-2526   SIC 1389
PRONGHORN CONTROLS LTD   *p* 72
601 9 St Sw, DRUMHELLER, AB, T0J 0Y0
(403) 823-8426   SIC 1389
PRONGHORN CONTROLS LTD   *p* 170
5910a 52 Ave, TABER, AB, T1G 1W8
(403) 223-8811   SIC 7629
PRONORTH TRANSPORTATION   *p* 715
See *682439 ONTARIO INC*
PRONORTH TRANSPORTATION   *p* 740
See *682439 ONTARIO INC*
PROOFPOINT CANADA, INC.   *p* 905
210 King St E Suite 300, TORONTO, ON, M5A 1J7
(416) 366-6666   SIC 7372
PROPELL - OILFIELD EQUIPMENT INNOVATION   *p* 20
See *TY-CROP MANUFACTURING LTD*
PROPERTIES DIVISION   *p* 334
See *MORGUARD INVESTMENTS LIMITED*
PROPERTIES TERRA INCOGNITA INC   *p* 1101
3530 Boul Saint-Laurent Bureau 500, Montreal, QC, H2X 2V1
(514) 847-3536   SIC 6531
PROPERTY MANAGEMENT - CALGARY AND AREA   *p* 44
See *GOVERNMENT OF THE PROVINCE OF ALBERTA*
PROPHARM LIMITED   *p* 674
131 Mcnabb St, MARKHAM, ON, L3R 5V7
(905) 943-9736   SIC 7371
PROPLUS PROFESSIONAL CLEANERS   *p* 267
See *PPC INTERNATIONAL INC*
PROPRIETES IMMOBILIERE GRAND DUC INC, LES   *p* 1082
125 Ch Des Patriotes S, MONT-SAINT-HILAIRE, QC, J3H 3G5
(450) 464-5250   SIC 6712
PROSECUTOR'S OFFICE   *p* 80
See *GOVERNMENT OF THE PROVINCE OF ALBERTA*
PROSPECT CALGARY   *p* 13
See *PROSPECT HUMAN SERVICES SOCIETY*
PROSPECT HUMAN SERVICES SOCIETY   *p* 13
915 33 St Ne, CALGARY, AB, T2A 6T2
(403) 273-2822   SIC 5912
PROSPECT INVESTMENTS LTD   *p* 401
1034 Prospect St, FREDERICTON, NB, E3B

3C1
(506) 458-9057   SIC 5812
PROSPECT POINT CAFE LTD   p 314
5601 Stanley Park Dr, VANCOUVER, BC, V6G 3E2
(604) 669-2737   SIC 5812
PROSPECT ROAD ELEMENTARY SCHOOL   p 464
See HALIFAX REGIONAL SCHOOL BOARD
PROSPECTOR STEAKHOUSE   p 878
See HOCKENHULL LAND & CATTLE CO. LTD
PROSPERA CREDIT UNION   p 177
33655 Essendene Ave Suite 20, ABBOTSFORD, BC, V2S 2G5
(604) 853-3317   SIC 6062
PROSPERA CREDIT UNION   p 197
45820 Wellington Ave, CHILLIWACK, BC, V2P 2C9
SIC 6062
PROSPERA CREDIT UNION   p 198
7565 Vedder Rd, CHILLIWACK, BC, V2R 4E8
(604) 858-7080   SIC 6062
PROSPERA CREDIT UNION   p 280
15288 Fraser Hwy Suite 100, SURREY, BC, V3R 3P4
SIC 6062
PROSPERA CREDIT UNION   p 283
13747 104 Ave, SURREY, BC, V3T 1W6
(604) 588-0111   SIC 6062
PROSPERI CO. LTD   p 869
299 Willow St, SUDBURY, ON, P3C 1K2
(705) 673-1376   SIC 1742
PROTEC DENTAL LABORATORIES LTD   p 297
38 1st Ave E, VANCOUVER, BC, V5T 1A1
(604) 873-8000   SIC 8072
PROTEC INVESTIGATION SECURITY INC p 1122
3333 Boul Cavendish Bureau 200, Montreal, QC, H4B 2M5
(514) 485-3255   SIC 7381
PROTECH CHIMIE LTEE   p 1210
7600 Boul Henri-Bourassa O, SAINT-LAURENT, QC, H4S 1W3
(514) 745-0200   SIC 2851
PROTECT AIR CO   p 674
2751 John St, MARKHAM, ON, L3R 2Y8
(905) 944-8877   SIC 8748
PROTECTEUR DU CITOYEN   p 1104
See GOUVERNEMENT DE LA PROVINCE DE QUEBEC
PROTECTEUR DU CITOYEN, LE   p 1157
See GOUVERNEMENT DE LA PROVINCE DE QUEBEC
PROTECTION DE LA JEUNESSE   p 1200
See CENTRE JEUNESSE DES LAURENTIDES
PROTECTION INCENDIE VIKING   p 1154
See SECURITE POLYGON INC
PROTECTION INCENDIE VIKING p 193
7885 North Fraser Way Unit 140, BURNABY, BC, V5J 5M7
(604) 324-7122   SIC 8711
PROTECTION INCENDIE VIKING INC p 452
78 Trider Cres, DARTMOUTH, NS, B3B 1R6
(902) 468-3235   SIC 5087
PROTECTION INCENDIE VIKING INC   p 1001
1935 Boul Lionel-Bertrand, BOISBRIAND, QC, J7H 1N8
(450) 430-7516   SIC 5063
PROTECTION INCENDIE VIKING INC   p 1001
1935 Boul Lionel-Bertrand, BOISBRIAND, QC, J7H 1N8
(450) 430-7516   SIC 7389
PROTECTION INCENDIE VIKING INC   p 1210
3005 Boul Pitfield, SAINT-LAURENT, QC, H4S 1H4
(514) 332-5110   SIC 5063

PROTELEC LTD   p 373
1450 Mountain Ave Unit 200, WINNIPEG, MB, R2X 3C4
(204) 949-1417   SIC 7382
PROTEMP GLASS INC   p 561
421 Applewood Cres, CONCORD, ON, L4K 4J3
(905) 738-4246   SIC 5039
PROUDFOOTS HOME HARDWARE   p 474
See PROUDFOOTS INCORPORATED
PROUDFOOTS HOME HARDWARE BUILDING CENTER   p 474
See PROUDFOOTS INCORPORATED
PROUDFOOTS INCORPORATED   p 474
130 Vista Dr, STELLARTON, NS, B0K 0A2
(902) 752-1585   SIC 5251
PROUDFOOTS INCORPORATED   p 474
339 South Foord St, STELLARTON, NS, B0K 0A2
(902) 752-4600   SIC 5251
PROULX, G. INC   p 1165
5275 Boul Wilfrid-Hamel Bureau 180, Quebec, QC, G2E 5M7
(418) 871-4300   SIC 5032
PROVALUE GROUP INC   p 744
3750 Victoria Park Ave Unit 208, NORTH YORK, ON, M2H 3S2
(416) 496-8899   SIC 7361
PROVANCE   p 1037
See 3243753 CANADA INC
PROVI-SOIR   p 1206
See COUCHE-TARD INC
PROVIDENCE CARE   p 630
275 Sydenham St, KINGSTON, ON, K7K 1G7
(613) 549-4164   SIC 8051
PROVIDENCE CARE CENTRE   p 632
752 King St W, KINGSTON, ON, K7L 4X3
(613) 548-5567   SIC 8063
PROVIDENCE HEALTH CARE   p 297
See PROVIDENCE HEALTH CARE SOCIETY
PROVIDENCE HEALTH CARE SOCIETY   p 296
7801 Argyle St, VANCOUVER, BC, V5P 3L6
(604) 321-2661   SIC 8062
PROVIDENCE HEALTH CARE SOCIETY p 297
3080 Prince Edward St, VANCOUVER, BC, V5T 3N4
(604) 877-8302   SIC 8062
PROVIDENCE HEALTH CARE SOCIETY p 297
749 33rd Ave E, VANCOUVER, BC, V5V 3A1
(604) 876-7171   SIC 8069
PROVIDENCE HEALTH CARE SOCIETY p 300
4950 Heather St Suite 321, VANCOUVER, BC, V5Z 3L9
(604) 261-9371   SIC 8059
PROVIDENCE HEALTH CARE SOCIETY p 322
1081 Burrard St Suite 166, VANCOUVER, BC, V6Z 1Y6
(604) 806-8007   SIC 8733
PROVIDENCE MANOR   p 630
See PROVIDENCE CARE
PROVIDENCE UNIVERSITY COLLEGE AND THEOLOGICAL SEMINARY   p 353
11 College Dr Unit 82835001, OTTERBURNE, MB, R0A 1G0
(204) 433-7732   SIC 5812
PROVIDENT SECURITY CORP   p 318
2309 41st Ave W Suite 400, VANCOUVER, BC, V6M 2A3
(604) 664-1087   SIC 7381
PROVIGO   p 1000
See PROVIGO DISTRIBUTION INC
PROVIGO   p 1034
See PROVIGO DISTRIBUTION INC
PROVIGO   p 1036
See PROVIGO DISTRIBUTION INC

PROVIGO   p 1039
See PROVIGO INC
PROVIGO   p 1065
See PROVIGO DISTRIBUTION INC
PROVIGO   p 1077
See PROVIGO DISTRIBUTION INC
PROVIGO   p 1091
See PROVIGO DISTRIBUTION INC
PROVIGO   p 1122
See PROVIGO DISTRIBUTION INC
PROVIGO   p 1132
See PROVIGO DISTRIBUTION INC
PROVIGO   p 1162
See PROVIGO DISTRIBUTION INC
PROVIGO   p 1203
See PROVIGO DISTRIBUTION INC
PROVIGO   p 1205
See PROVIGO DISTRIBUTION INC
PROVIGO   p 1224
See PROVIGO DISTRIBUTION INC
PROVIGO   p 1226
See PROVIGO DISTRIBUTION INC
PROVIGO   p 1236
See PROVIGO DISTRIBUTION INC
PROVIGO   p 1240
See PROVIGO DISTRIBUTION INC
PROVIGO   p 1260
See PROVIGO DISTRIBUTION INC
PROVIGO #8850 (TROPIC)   p 995
See PROVIGO INC
PROVIGO 8050   p 1139
See PROVIGO DISTRIBUTION INC
PROVIGO 8902   p 1221
See SUPERMARCHE MALO INC
PROVIGO BELANGER   p 1216
See PROVIGO INC
PROVIGO BOUCHERVILLE   p 1005
See PROVIGO INC
PROVIGO CENTRE DE DISTRIBUTION ALIMENTATION   p 1165
See PROVIGO DISTRIBUTION INC
PROVIGO CHICOUTIMI NORD # 8406   p 1013
See PROVIGO DISTRIBUTION INC
PROVIGO DISTRIBUTION INC   p 634
1225 Princess St, KINGSTON, ON, K7M 3E1
(613) 544-8202   SIC 5411
PROVIGO DISTRIBUTION INC   p 635
775 Bayridge Dr, KINGSTON, ON, K7P 2P1
(613) 384-8800   SIC 5141
PROVIGO DISTRIBUTION INC   p 785
2261 Walkley Rd, OTTAWA, ON, K1G 3G8
(613) 526-5994   SIC 5411
PROVIGO DISTRIBUTION INC   p 797
345 Carleton Ave, OTTAWA, ON, K1Y 0K3
(613) 725-3065   SIC 5411
PROVIGO DISTRIBUTION INC   p 987
845 Av Du Pont N, ALMA, QC, G8B 6W6
(418) 668-5215   SIC 5411
PROVIGO DISTRIBUTION INC   p 988
1055 Av Du Pont S Bureau 1, ALMA, QC, G8B 2V7
(418) 668-2205   SIC 5411
PROVIGO DISTRIBUTION INC   p 989
33 Boul Saint-Benoit E, AMQUI, QC, G5J 2B8
(418) 629-4444   SIC 5411
PROVIGO DISTRIBUTION INC   p 989
472 4e Rue E, AMOS, QC, J9T 1Y4
(819) 732-2115   SIC 5411
PROVIGO DISTRIBUTION INC   p 993
205 1re Av, ASBESTOS, QC, J1T 1Y3
(819) 879-5457   SIC 5411
PROVIGO DISTRIBUTION INC   p 994
570 Boul Lafleche, BAIE-COMEAU, QC, G5C 1C3
(418) 589-9020   SIC 5411
PROVIGO DISTRIBUTION INC   p 995
30 Rue Racine, BAIE-SAINT-PAUL, QC, G3Z 2R1
(418) 240-3510   SIC 5411
PROVIGO DISTRIBUTION INC   p 997

1305 Boul Becancour, Becancour, QC, G9H 3V1
(819) 298-2444   SIC 5411
PROVIGO DISTRIBUTION INC   p 1000
392 Ch De La Grande-Cote, BOISBRIAND, QC, J7G 1B1
SIC 5141
PROVIGO DISTRIBUTION INC   p 1004
1235 Rue Nobel, BOUCHERVILLE, QC, J4B 8E4
SIC 5411
PROVIGO DISTRIBUTION INC   p 1004
520 Boul Du Fort-Saint-Louis, BOUCHERVILLE, QC, J4B 1S5
(450) 641-4985   SIC 5411
PROVIGO DISTRIBUTION INC   p 1004
180 Ch Du Tremblay, BOUCHERVILLE, QC, J4B 7W3
(450) 449-8000   SIC 5148
PROVIGO DISTRIBUTION INC   p 1006
7200 Boul Taschereau, BROSSARD, QC, J4W 1N1
(450) 672-3201   SIC 5411
PROVIGO DISTRIBUTION INC   p 1013
2120 Rue Roussel, CHICOUTIMI, QC, G7G 1W3
(418) 543-9113   SIC 5411
PROVIGO DISTRIBUTION INC   p 1015
180 Boul Barrette, CHICOUTIMI, QC, G7H 7W8
(418) 549-9357   SIC 5411
PROVIGO DISTRIBUTION INC   p 1022
31 Boul Georges-Gagne S, DELSON, QC, J5B 2E4
(450) 638-5041   SIC 5411
PROVIGO DISTRIBUTION INC   p 1023
224 Boul Saint-Michel, DOLBEAU-MISTASSINI, QC, G8L 4P5
SIC 5411
PROVIGO DISTRIBUTION INC   p 1025
482 138 Rte, DONNACONA, QC, G3M 1C2
(418) 285-5101   SIC 5411
PROVIGO DISTRIBUTION INC   p 1028
960 Ch Herron, DORVAL, QC, H9S 1B3
SIC 5411
PROVIGO DISTRIBUTION INC   p 1031
325 Boul Saint-Joseph, DRUMMONDVILLE, QC, J2C 8P7
SIC 5411
PROVIGO DISTRIBUTION INC   p 1033
25 138 Rte E Bureau 100, FORESTVILLE, QC, G0T 1E0
(418) 587-2202   SIC 5411
PROVIGO DISTRIBUTION INC   p 1034
130 Av Lepine, GATINEAU, QC, J8L 4M4
(819) 281-5232   SIC 5411
PROVIGO DISTRIBUTION INC   p 1036
800 Boul Maloney O, GATINEAU, QC, J8T 3R6
(819) 561-9244   SIC 5499
PROVIGO DISTRIBUTION INC   p 1036
25 Ch De La Savane, GATINEAU, QC, J8T 8A4
(819) 243-3149   SIC 5411
PROVIGO DISTRIBUTION INC   p 1036
800 Boul Maloney O, GATINEAU, QC, J8T 3R6
(819) 561-9244   SIC 5411
PROVIGO DISTRIBUTION INC   p 1038
775 Boul Saint-Joseph, GATINEAU, QC, J8Y 4C1
(819) 771-7701   SIC 5411
PROVIGO DISTRIBUTION INC   p 1039
1 Boul Du Plateau, GATINEAU, QC, J9A 3G1
(819) 777-2747   SIC 5411
PROVIGO DISTRIBUTION INC   p 1041
320 Boul Leclerc O, GRANBY, QC, J2G 1V3
(450) 372-8014   SIC 5411
PROVIGO DISTRIBUTION INC   p 1043
3398 Boul Taschereau, GREENFIELD PARK, QC, J4V 2H7
(450) 671-8183   SIC 5411
PROVIGO DISTRIBUTION INC   p 1046

▲ Public Company   ■ Public Company Family Member   HQ Headquarters   BR Branch   SL Single Location

909 Boul Firestone, JOLIETTE, QC, J6E 2W4
(450) 755-2781 *SIC* 5411
PROVIGO DISTRIBUTION INC *p* 1048
2460 Rue Cantin, Jonquiere, QC, G7X 8S6
(418) 547-3675 *SIC* 5411
PROVIGO DISTRIBUTION INC *p* 1050
1201 Aut Duplessis, L'ANCIENNE-LORETTE, QC, G2G 2B4
(418) 872-2400 *SIC* 5411
PROVIGO DISTRIBUTION INC *p* 1055
3560 Rue Laval, Lac-Megantic, QC, G6B 2X4
(819) 583-4001 *SIC* 5411
PROVIGO DISTRIBUTION INC *p* 1056
3150 Rue Remembrance, LACHINE, QC, H8S 1X8
(514) 637-4606 *SIC* 5411
PROVIGO DISTRIBUTION INC *p* 1061
8475 Rue Francois-Chartrand, Laval, QC, H7A 4J3
(450) 665-7361 *SIC* 5411
PROVIGO DISTRIBUTION INC *p* 1065
7777 Boul Guillaume-Couture, Levis, QC, G6V 6Z1
(418) 837-5496 *SIC* 5411
PROVIGO DISTRIBUTION INC *p* 1065
6700 Rue Saint-Georges, Levis, QC, G6V 4H3
(418) 833-3404 *SIC* 5141
PROVIGO DISTRIBUTION INC *p* 1072
1150 Rue King-George, LONGUEUIL, QC, J4N 1P3
(450) 647-1717 *SIC* 5411
PROVIGO DISTRIBUTION INC *p* 1072
3708 Ch De Chambly, LONGUEUIL, QC, J4L 1N8
(450) 679-5952 *SIC* 5141
PROVIGO DISTRIBUTION INC *p* 1072
2655 Ch De Chambly, LONGUEUIL, QC, J4L 1M3
(450) 448-5771 *SIC* 5411
PROVIGO DISTRIBUTION INC *p* 1073
550 Boul Saint-Laurent E, LOUISEVILLE, QC, J5V 2R5
(819) 228-2715 *SIC* 5411
PROVIGO DISTRIBUTION INC *p* 1073
95 Boul De Gaulle, LORRAINE, QC, J6Z 3R8
(450) 621-1115 *SIC* 5411
PROVIGO DISTRIBUTION INC *p* 1074
1350 Rue Sherbrooke, MAGOG, QC, J1X 2T3
(819) 868-8630 *SIC* 5411
PROVIGO DISTRIBUTION INC *p* 1077
595 Av Du Phare E, MATANE, QC, G4W 1A9
(418) 562-9066 *SIC* 5411
PROVIGO DISTRIBUTION INC *p* 1081
2300 Ch Lucerne, MONT-ROYAL, QC, H3R 2J8
SIC 5411
PROVIGO DISTRIBUTION INC *p* 1087
7600 Rue Sherbrooke E, Montreal, QC, H1N 3W1
(514) 257-4511 *SIC* 5411
PROVIGO DISTRIBUTION INC *p* 1091
2323 Boul Henri-Bourassa E, Montreal, QC, H2B 1T4
(514) 381-1301 *SIC* 5411
PROVIGO DISTRIBUTION INC *p* 1096
8305 Av Papineau, Montreal, QC, H2M 2G2
(514) 376-6457 *SIC* 5411
PROVIGO DISTRIBUTION INC *p* 1101
3421 Av Du Parc, Montreal, QC, H2X 2H6
(514) 281-0488 *SIC* 5411
PROVIGO DISTRIBUTION INC *p* 1120
375 Rue Jean-Talon O, Montreal, QC, H3N 2Y8
(514) 948-2600 *SIC* 5411
PROVIGO DISTRIBUTION INC *p* 1122
5595 Av De Monkland, Montreal, QC, H4A 1E1
(514) 482-7273 *SIC* 5411
PROVIGO DISTRIBUTION INC *p* 1122

6485 Rue Sherbrooke O, Montreal, QC, H4B 1N3
(514) 488-5521 *SIC* 5141
PROVIGO DISTRIBUTION INC *p* 1122
7455 Rue Sherbrooke O, Montreal, QC, H4B 1S3
(514) 353-7930 *SIC* 5141
PROVIGO DISTRIBUTION INC *p* 1130
2700 Av Francis-Hughes Bureau 2172, Montreal, QC, H7S 2B9
(514) 383-8800 *SIC* 4225
PROVIGO DISTRIBUTION INC *p* 1132
6475 Boul Leger, MONTREAL-NORD, QC, H1G 1L4
(514) 321-0503 *SIC* 5411
PROVIGO DISTRIBUTION INC *p* 1134
1005 Boul Cure-Labelle, Montreal-Ouest, QC, H7V 2V6
(450) 681-3014 *SIC* 5411
PROVIGO DISTRIBUTION INC *p* 1137
14875 Boul De Pierrefonds, PIERREFONDS, QC, H9H 4M5
(514) 626-8687 *SIC* 5411
PROVIGO DISTRIBUTION INC *p* 1138
1877 Rue Bilodeau, PLESSISVILLE, QC, G6L 5N2
(819) 362-7370 *SIC* 5411
PROVIGO DISTRIBUTION INC *p* 1139
12780 Rue Sherbrooke E, POINTE-AUX-TREMBLES, QC, H1A 4Y3
(514) 498-2675 *SIC* 5411
PROVIGO DISTRIBUTION INC *p* 1139
20 Rue De La Mer, Pointe-a-la-Croix, QC, G0C 1L0
(418) 788-5111 *SIC* 5411
PROVIGO DISTRIBUTION INC *p* 1144
8 Boul Des Iles, PORT-CARTIER, QC, G5B 2J4
(418) 766-6121 *SIC* 5411
PROVIGO DISTRIBUTION INC *p* 1145
491 Rue Seigneuriale, Quebec, QC, G1B 3A6
(418) 661-6111 *SIC* 5411
PROVIGO DISTRIBUTION INC *p* 1148
4260 Boul Henri-Bourassa, Quebec, QC, G1H 3A5
(418) 623-1501 *SIC* 5141
PROVIGO DISTRIBUTION INC *p* 1152
552 Boul Wilfrid-Hamel, Quebec, QC, G1M 3E5
(418) 640-1700 *SIC* 5411
PROVIGO DISTRIBUTION INC *p* 1156
5150 Boul De L'ormiere, Quebec, QC, G1P 4B2
(418) 872-3866 *SIC* 5411
PROVIGO DISTRIBUTION INC *p* 1159
955 Boul Rene-Levesque O, Quebec, QC, G1S 1T7
(418) 527-3481 *SIC* 5411
PROVIGO DISTRIBUTION INC *p* 1162
2900 Ch Saint-Louis Bureau 7, Quebec, QC, G1W 4R7
(418) 653-6277 *SIC* 5411
PROVIGO DISTRIBUTION INC *p* 1162
3440 Ch Des Quatre-Bourgeois Bureau 8047, Quebec, QC, G1W 4T3
(418) 653-6241 *SIC* 5411
PROVIGO DISTRIBUTION INC *p* 1165
8000 Rue Armand-Viau Bureau 500, Quebec, QC, G2C 2E2
SIC 5141
PROVIGO DISTRIBUTION INC *p* 1170
3399 Rue Queen, RAWDON, QC, J0K 1S0
(450) 834-2644 *SIC* 5411
PROVIGO DISTRIBUTION INC *p* 1172
44 Rue Craig, RICHMOND, QC, J0B 2H0
(819) 826-2413 *SIC* 5411
PROVIGO DISTRIBUTION INC *p* 1173
419 Boul Jessop, RIMOUSKI, QC, G5L 7Y5
(418) 723-0506 *SIC* 5411
PROVIGO DISTRIBUTION INC *p* 1175
215 Boul De L'hotel-De-Ville, Riviere-du-Loup, QC, G5R 5H4
(418) 863-4100 *SIC* 5411

PROVIGO DISTRIBUTION INC *p* 1176
339 Boul Labelle, Rosemere, QC, J7A 2H7
(450) 437-0471 *SIC* 5411
PROVIGO DISTRIBUTION INC *p* 1177
23 Rue D'Evain, ROUYN-NORANDA, QC, J0Z 1Y0
(819) 768-3018 *SIC* 5411
PROVIGO DISTRIBUTION INC *p* 1186
199 25e Av, SAINT-EUSTACHE, QC, J7P 2V1
(450) 491-5588 *SIC* 5411
PROVIGO DISTRIBUTION INC *p* 1193
7900 Boul Cousineau, SAINT-HUBERT, QC, J3Z 1H2
(450) 676-4144 *SIC* 5411
PROVIGO DISTRIBUTION INC *p* 1196
15000 Av Saint-Louis, SAINT-HYACINTHE, QC, J2T 3E2
(450) 771-2737 *SIC* 5411
PROVIGO DISTRIBUTION INC *p* 1196
8 Rue Saint-Jacques Bureau 8037, SAINT-JACQUES, QC, J0K 2R0
(450) 839-7218 *SIC* 5141
PROVIGO DISTRIBUTION INC *p* 1197
1000 Boul Du Seminaire N Bureau 6, SAINT-JEAN-SUR-RICHELIEU, QC, J3A 1E5
(450) 348-3813 *SIC* 5411
PROVIGO DISTRIBUTION INC *p* 1197
200 Boul Omer-Marcil, SAINT-JEAN-SUR-RICHELIEU, QC, J2W 2V1
(450) 348-0998 *SIC* 5411
PROVIGO DISTRIBUTION INC *p* 1199
429 Rue Saint-Jacques, SAINT-JEAN-SUR-RICHELIEU, QC, J3B 2M1
(450) 347-6811 *SIC* 5411
PROVIGO DISTRIBUTION INC *p* 1200
900 Boul Grignon, Saint-Jerome, QC, J7Y 3S7
(450) 436-3824 *SIC* 5411
PROVIGO DISTRIBUTION INC *p* 1202
500 Boul Des Laurentides, Saint-Jerome, QC, J7Z 4M2
(450) 431-2886 *SIC* 5411
PROVIGO DISTRIBUTION INC *p* 1203
1461 Av Victoria, SAINT-LAMBERT, QC, J4R 1R5
(450) 671-6205 *SIC* 5411
PROVIGO DISTRIBUTION INC *p* 1205
400 Av Sainte-Croix, SAINT-LAURENT, QC, H4N 3L4
(514) 383-3000 *SIC* 5141
PROVIGO DISTRIBUTION INC *p* 1207
1757 Boul Marcel-Laurin, SAINT-LAURENT, QC, H4R 1J5
(514) 747-2203 *SIC* 5411
PROVIGO DISTRIBUTION INC *p* 1217
1095 Rue Saint-Isidore, SAINT-LIN-LAURENTIDES, QC, J5M 2V5
(450) 439-5986 *SIC* 5411
PROVIGO DISTRIBUTION INC *p* 1220
91 Rue Lachapelle E, Saint-Remi, QC, J0L 2L0
SIC 5411
PROVIGO DISTRIBUTION INC *p* 1221
50 Av Saint-Denis, SAINT-SAUVEUR, QC, J0R 1R4
(450) 227-2827 *SIC* 5411
PROVIGO DISTRIBUTION INC *p* 1224
480 Boul Sainte-Anne, SAINTE-ANNE-DES-PLAINES, QC, J0N 1H0
(450) 478-1864 *SIC* 5141
PROVIGO DISTRIBUTION INC *p* 1226
101 Boul Des Hauts-Bois, SAINTE-JULIE, QC, J3E 3J8
(450) 649-2421 *SIC* 5411
PROVIGO DISTRIBUTION INC *p* 1227
1030 Boul Vachon N, SAINTE-MARIE, QC, G6E 1M5
(418) 387-5779 *SIC* 5411
PROVIGO DISTRIBUTION INC *p* 1228
2840 Boul Des Promenades, SAINTE-MARTHE-SUR-LE-LAC, QC, J0N 1P0
(450) 472-3551 *SIC* 5411
PROVIGO DISTRIBUTION INC *p* 1229

444 Boul Cure-Labelle, SAINTE-ROSE, QC, H7P 4W7
(450) 625-4221 *SIC* 5411
PROVIGO DISTRIBUTION INC *p* 1234
1005 Boul Laure, Sept-Iles, QC, G4R 4S6
(418) 968-1213 *SIC* 5411
PROVIGO DISTRIBUTION INC *p* 1234
649 Boul Laure Bureau 100, Sept-Iles, QC, G4R 1X8
(418) 962-2240 *SIC* 5411
PROVIGO DISTRIBUTION INC *p* 1236
800 Rue King E, SHERBROOKE, QC, J1G 1C7
(819) 562-8684 *SIC* 5411
PROVIGO DISTRIBUTION INC *p* 1237
150 Rue Des Grandes-Fourches S, SHERBROOKE, QC, J1H 5G5
(819) 566-9300 *SIC* 5141
PROVIGO DISTRIBUTION INC *p* 1240
169 Rue Queen, SHERBROOKE, QC, J1M 1K1
(819) 823-0448 *SIC* 5411
PROVIGO DISTRIBUTION INC *p* 1244
1345 Boul Moody, TERREBONNE, QC, J6W 3L1
(450) 471-1009 *SIC* 5411
PROVIGO DISTRIBUTION INC *p* 1244
390 Montee Des Pionniers, TERREBONNE, QC, J6V 1S6
(450) 657-7710 *SIC* 5411
PROVIGO DISTRIBUTION INC *p* 1246
805 Boul Frontenac E, THETFORD MINES, QC, G6G 6L5
(418) 338-2136 *SIC* 5411
PROVIGO DISTRIBUTION INC *p* 1248
320 Rue Barkoff, Trois-Rivieres, QC, G8T 2A3
(819) 378-4932 *SIC* 5411
PROVIGO DISTRIBUTION INC *p* 1250
5875 Boul Jean-Xxiii, Trois-Rivieres, QC, G8Z 4N8
(819) 378-8759 *SIC* 5411
PROVIGO DISTRIBUTION INC *p* 1255
2020 Boul Rene-Gaultier, VARENNES, QC, J3X 1N9
(450) 652-9809 *SIC* 5411
PROVIGO DISTRIBUTION INC *p* 1259
60 Rue Carignan, VICTORIAVILLE, QC, G6P 4Z6
SIC 5141
PROVIGO DISTRIBUTION INC *p* 1260
120 Boul Arthabaska O, VICTORIAVILLE, QC, G6S 0P2
(819) 752-7732 *SIC* 5411
PROVIGO EVAIN *p* 1177
See *PROVIGO DISTRIBUTION INC*
PROVIGO FORESTVILLE #4843116 *p* 1033
See *PROVIGO DISTRIBUTION INC*
PROVIGO GAGNON *p* 1022
See *SUPERMARCHE A R G INC*
PROVIGO INC *p* 989
82 1re Av E, AMOS, QC, J9T 4B2
(819) 727-9433 *SIC* 5411
PROVIGO INC *p* 995
90 Rue Morgan, Baie-D'Urfe, QC, H9X 3A8
(514) 457-2321 *SIC* 6719
PROVIGO INC *p* 998
175 Boul Sir-Wilfrid-Laurier, BELOEIL, QC, J3G 4G8
(450) 464-3514 *SIC* 5411
PROVIGO INC *p* 999
1083 Boul Du Cure-Labelle Bureau 101, BLAINVILLE, QC, J7C 3M9
(450) 435-2489 *SIC* 5411
PROVIGO INC *p* 1005
1001 Boul De Montarville Bureau 1, BOUCHERVILLE, QC, J4B 6P5
(450) 449-0081 *SIC* 5411
PROVIGO INC *p* 1020
3500 Boul Saint-Martin O, Cote Saint-Luc, QC, H7T 2W4
(450) 688-2969 *SIC* 5421
PROVIGO INC *p* 1029
1850 Boul Saint-Joseph, DRUM-

MONDVILLE, QC, J2B 1R3
(819) 472-1197   SIC 5411
PROVIGO INC   p 1035
381 Boul Maloney E, GATINEAU, QC, J8P 1E3
(819) 663-5374   SIC 5411
PROVIGO INC   p 1039
375 Ch D'aylmer Bureau 5, GATINEAU, QC, J9H 1A5
(819) 682-4433   SIC 5411
PROVIGO INC   p 1054
1200 Boul Ducharme Bureau 1, LA TUQUE, QC, G9X 3Z9
(819) 523-8125   SIC 5411
PROVIGO INC   p 1058
355 Rue Principale, LACHUTE, QC, J8H 2Z7
(450) 566-0761   SIC 5411
PROVIGO INC   p 1084
101 Boul Tache O, MONTMAGNY, QC, G5V 3T8
(418) 248-0912   SIC 5411
PROVIGO INC   p 1090
2535 Rue Masson, Montreal, QC, H1Y 1V7
(514) 527-2413   SIC 5411
PROVIGO INC   p 1119
10455 Boul Saint-Laurent, Montreal, QC, H3L 2P1
(514) 387-7183   SIC 5411
PROVIGO INC   p 1123
6000 Rue Laurendeau, Montreal, QC, H4E 3X4
(514) 766-7367   SIC 6719
PROVIGO INC   p 1133
10200 Boul Pie-Ix, MONTREAL-NORD, QC, H1H 3Z1
(514) 321-3111   SIC 5411
PROVIGO INC   p 1146
699 Rue Clemenceau, Quebec, QC, G1C 4N6
(418) 666-0155   SIC 5411
PROVIGO INC   p 1148
1160 Boul Louis-Xiv, Quebec, QC, G1H 6V6
(418) 628-7672   SIC 5411
PROVIGO INC   p 1164
9550 Boul De L'ormiere, Quebec, QC, G2B 3Z6
(418) 843-1732   SIC 5411
PROVIGO INC   p 1167
350 Rue Bouvier, Quebec, QC, G2J 1R8
(418) 623-5475   SIC 5411
PROVIGO INC   p 1181
93 Rue Principale, SAINT-BONIFACE-DE-SHAWINIGAN, QC, G0X 2L0
(819) 535-3322   SIC 5411
PROVIGO INC   p 1203
1115 Rue Decarie, SAINT-LAURENT, QC, H4L 3M8
(514) 748-6805   SIC 5411
PROVIGO INC   p 1215
5850 Boul Des Grandes-Prairies, SAINT-LEONARD, QC, H1P 1A2
SIC 5411
PROVIGO INC   p 1216
5915 Rue Belanger, SAINT-LEONARD, QC, H1T 1G8
(514) 259-4216   SIC 5411
PROVIGO INC   p 1232
70 Rue Dufferin, SALABERRY-DE-VALLEYFIELD, QC, J6S 1Y2
(450) 377-7670   SIC 5411
PROVIGO INC   p 1235
1643 Rue D'youville, SHAWINIGAN, QC, G9N 8M8
(819) 536-4412   SIC 5411
PROVIGO INC   p 1254
502 Rue Giguere, VAL-D'OR, QC, J9P 7G6
(819) 825-5000   SIC 5141
PROVIGO INC   p 1256
501 Av Saint-Charles, VAUDREUIL-DORION, QC, J7V 8V9
(450) 455-6161   SIC 5411
PROVIGO L'ORMIERE   p 1164
See PROVIGO INC

PROVIGO LE MARCHE   p 1049
See LOBLAWS INC
PROVIGO LE MARCHE   p 1182
See LOBLAWS INC
PROVIGO LE MARCHE   p 1249
See LOBLAWS INC
PROVIGO LE MARCHE LONGUEUIL p 1072
See PROVIGO DISTRIBUTION INC
PROVIGO LORRAINE   p 1073
See PROVIGO DISTRIBUTION INC
PROVIGO MARC BOUGIE   p 1090
See ALIMENTATION MARC BOUGIE INC
PROVIGO MAXI # 8955   p 1025
See PROVIGO DISTRIBUTION INC
PROVIGO MONT BLEU   p 1038
See PROVIGO DISTRIBUTION INC
PROVIGO PIERREFONDS   p 1137
See PROVIGO DISTRIBUTION INC
PROVIGO SILLERY   p 1159
See PROVIGO DISTRIBUTION INC
PROVIGO ST JEAN   p 1199
See PROVIGO DISTRIBUTION INC
PROVIGO ST LOUIS   p 1162
See PROVIGO DISTRIBUTION INC
PROVINCE OF NEW BRUNSWICK   p 399
435 Brookside Dr, FREDERICTON, NB, E3A 5T8
(506) 453-3742   SIC 7389
PROVINCE OF NEW BRUNSWICK   p 399
435 Brookside Dr Suite 30, FREDERICTON, NB, E3A 8V4
(888) 487-5050   SIC 7372
PROVINCE OF NEW BRUNSWICK   p 401
520 King St, FREDERICTON, NB, E3B 6G3
(506) 453-2280   SIC 7363
PROVINCE OF NEW BRUNSWICK   p 401
284 Smythe St, FREDERICTON, NB, E3B 3C9
(506) 462-5012   SIC 8222
PROVINCE OF NEW BRUNSWICK   p 402
131 Pleasant St, GRAND-SAULT/GRAND FALLS, NB, E3Z 1G6
(506) 475-2440   SIC 8093
PROVINCE OF NEW BRUNSWICK   p 403
3732 Route 102, ISLAND VIEW, NB, E3E 1G3
(506) 444-4888   SIC 7032
PROVINCE OF NEW BRUNSWICK   p 407
125 Assomption Blvd, MONCTON, NB, E1C 1A2
(506) 386-2155   SIC 8361
PROVINCE OF NEW BRUNSWICK   p 422
136 Herring Cove Rd, WELSHPOOL, NB, E5E 1B8
(506) 752-7010   SIC 7992
PROVINCE OF NEWFOUNDLAND & LABRADOR   p 423
35 Pleasantview Rd, BOTWOOD, NL, A0H 1E0
(709) 257-2346   SIC 8211
PROVINCE OF NEWFOUNDLAND & LABRADOR   p 426
155 Airport Blvd, GANDER, NL, A1V 1K6
(709) 256-1078   SIC 7922
PROVINCE OF NEWFOUNDLAND & LABRADOR   p 432
148 Forest Rd Suite 148, ST. JOHN'S, NL, A1A 1E6
(709) 778-1000   SIC 6331
PROVINCE OF NEWFOUNDLAND & LABRADOR   p 437
See PROVINCE OF NEWFOUNDLAND & LABRADOR
PROVINCE OF NEWFOUNDLAND & LABRADOR   p 437
Bond Rd, WHITBOURNE, NL, A0B 3K0
(709) 759-2471   SIC 8322
PROVINCE OF NEWFOUNDLAND & LABRADOR   p 437
380 Massachusetts Dr, STEPHENVILLE, NL, A2N 3A5
(709) 643-4553   SIC 7922
PROVINCE OF PEI   p 981
60 Riverside Dr, CHARLOTTETOWN, PE,

C1A 8T5
(902) 894-2111   SIC 8062
PROVINCE OF PEI   p 981
94 Euston St, CHARLOTTETOWN, PE, C1A 1W4
(902) 368-6300   SIC 6111
PROVINCE OF PEI   p 981
115 Dacon Grove Lane, CHARLOTTE-TOWN, PE, C1A 7N5
(902) 368-5400   SIC 8063
PROVINCE OF PEI   p 981
161 St. Peters Rd, CHARLOTTETOWN, PE, C1A 7N8
(902) 368-5807   SIC 8049
PROVINCE OF PEI   p 981
2814 Rte 215 Mount Herbert, CHARLOTTE-TOWN, PE, C1A 7N8
(902) 368-4120   SIC 8069
PROVINCE OF PEI   p 982
200 Beach Grove Rd, CHARLOTTETOWN, PE, C1E 1L3
(902) 368-6750   SIC 8051
PROVINCE OF PEI   p 982
165 John Yeo Dr, CHARLOTTETOWN, PE, C1E 3J3
(902) 368-4790   SIC 8059
PROVINCE OF PEI   p 983
283 Brudenell Island, GEORGETOWN, PE, C0A 1L0
(902) 652-8950   SIC 7033
PROVINCE OF PEI   p 983
See PROVINCE OF PEI
PROVINCE OF PEI   p 984
20 Macphee Ave, SOURIS, PE, C0A 2B0
(902) 687-7090   SIC 8051
PROVINCE OF PEI   p 984
14 Mackinnon Dr, O'LEARY, PE, C0B 1V0
(902) 859-8730   SIC 8399
PROVINCE OF PEI   p 985
65 Roy Boates Ave, SUMMERSIDE, PE, C1N 6M8
(902) 888-8380   SIC 8069
PROVINCE OF PEI   p 985
310 Brophy Ave, SUMMERSIDE, PE, C1N 5N4
(902) 888-8440   SIC 8399
PROVINCE OF PEI   p 985
290 Water St, SUMMERSIDE, PE, C1N 1B8
(902) 888-8100   SIC 8399
PROVINCE OF PEI   p 985
1596 124 Rte, WELLINGTON STATION, PE, C0B 2E0
(902) 854-2491   SIC 8211
PROVINCE OF PEI   p 985
15 Frank Mellish St, SUMMERSIDE, PE, C1N 0H3
(902) 888-8310   SIC 8052
PROVINCE OF PEI   p 985
152 Bideford Rd, TYNE VALLEY, PE, C0B 2C0
(902) 831-7905   SIC 8322
PROVINCIAL ADDICTION TREATMENT FACILTY   p 981
See PROVINCE OF PEI
PROVINCIAL AIRLINES LIMITED   p 455
647 Barnes Dr, GOFFS, NS, B2T 1K3
(902) 873-3575   SIC 4581
PROVINCIAL AVIATION MAINTENANCE SERVICES INC   p 432
Hanger No 1 & 6 St, ST. JOHN'S, NL, A1A 5B5
(709) 576-1284   SIC 4581
PROVINCIAL INFORMATION & LIBRARY RESOURCES BOARD   p 434
125 Allandale Rd, ST. JOHN'S, NL, A1B 3A3
(709) 737-3946   SIC 8231
PROVINCIAL INFORMATION & LIBRARY RESOURCES BOARD   p 434
125 Allandale Rd, ST. JOHN'S, NL, A1B 3A3
(709) 737-3952   SIC 8231
PROVINCIAL INFORMATION & LIBRARY RESOURCES BOARD   p 437
48 St. George's Ave, STEPHENVILLE, NL, A2N 1L1

(709) 643-0900   SIC 8231
PROVINCIAL LAMINATING SUPPLIES p 86
See BINDERY OVERLOAD (EDMONTON) LTD
PROVINCIAL LONG TERM CARE INC p 619
100 Queen St E, HENSALL, ON, N0M 1X0
(519) 262-2830   SIC 8051
PROVINCIAL LONGTERM CARE INC   p 873
67 Bruce St S, THORNBURY, ON, N0H 2P0
(519) 599-2737   SIC 8051
PROVINCIAL NURSING HOME LIMITED PARTNERSHIP   p 847
100 James St, SEAFORTH, ON, N0K 1W0
(519) 527-0030   SIC 8051
PROVINCIAL POLE SPECIALISTS INCORPORATED   p 455
645 Pratt And Whitney Dr Suite 1, GOFFS, NS, B2T 0H4
(902) 468-8404   SIC 1623
PROVMAR FUELS INC   p 609
605 James St N Suite 202, HAMILTON, ON, L8L 1J9
(905) 549-9402   SIC 5172
PROVOST HEALTH CENTRE   p 151
See ALBERTA HEALTH SERVICES
PROVOST PUBLIC SCHOOL   p 151
See BUFFALO TRAIL PUBLIC SCHOOLS REGIONAL DIVISION NO. 28
PROXIMITY CANADA, DIV OF   p 901
See BBDO CANADA CORP
PRT GROWING SERVICES LTD   p 253
12682 Woolridge Rd, PITT MEADOWS, BC, V3Y 1Z1
(604) 465-6276   SIC 5261
PRT GROWING SERVICES LTD   p 308
355 Burrard St Suite 410, VANCOUVER, BC, V6C 2G8
(604) 687-1404   SIC 7389
PRUDENT BENEFITS ADMINISTRATION SERVICES INC   p 586
61 International Blvd Suite 110, ETOBICOKE, ON, M9W 6K4
(416) 674-8581   SIC 8742
PRUDENTIAL ELITE REALTY   p 688
See ELITE REALTY T. W. INC
PRUDENTIAL GRAND VALLEY REALTY   p 643
See GRAND VALLEY REAL ESTATE LIMITED
PRUDENTIAL RELOCATION CANADA LTD p 748
5700 Yonge St Suite 1110, NORTH YORK, ON, M2M 4K2
SIC 7389
PRUDENTIAL TOWN CENTRE REALTY   p 702
1680 Lakeshore Rd W, MISSISSAUGA, ON, L5J 1J5
(905) 823-0020   SIC 6531
PRUDENTIAL UNITED REALTY   p 187
See KERRISDALE REALTY LTD
PRUTER PUBLIC SCHOOL   p 642
See WATERLOO REGION DISTRICT SCHOOL BOARD
PRYCE AUTOMOTIVE INC   p 508
14 Carlson Pl, BOWMANVILLE, ON, L1C 5P6
(905) 260-1994   SIC 7549
PRYSMIAN CABLES AND SYSTEMS CANADA LTD   p 818
See SYSTEMES ET CABLES PRYSMIAN CANADA LTEE
PSB BOISJOLI S.E.N.R.C.L   p 1081
3333 Boul Graham Bureau 400, MONT-ROYAL, QC, H3R 3L5
(514) 341-5511   SIC 8721
PSB INTERNATIONAL   p 814
See LENBROOK INDUSTRIES LIMITED
PSION INC   p 1212
7575 Rte Transcanadienne Bureau 500, SAINT-LAURENT, QC, H4T 1V6
SIC 3571
PSL PARTITION SYSTEMS LTD   p 114

1105 70 Ave Nw, EDMONTON, AB, T6P 1N5
(780) 465-0001   SIC 3275
PSYCHOLOGY DEPARTMENT p 184
See SIMON FRASER UNIVERSITY
PTC AUTOMOTIVE MAPLE LTD p 668
230 Sweetriver Blvd, MAPLE, ON, L6A 4V3
(905) 417-1170   SIC 5511
PTI LODGE p 119
See CIVEO CROWN CAMP SERVICES LTD
PTI LODGE p 119
See CIVEO PREMIUM CAMP SERVICES LTD
PTLA p 908
See PROFESSIONAL THOUGHT LEADERS ACADEMY LTD
PUB AVENUE p 1013
See 2538-1245 QUEBEC INC
PUB LE CAMELEON INC p 1259
66 Rue Notre-Dame E, VICTORIAVILLE, QC, G6P 3Z6
(819) 758-8222   SIC 5812
PUBLI CALEN-ART LTEE p 991
8075 Rue Larrey, ANJOU, QC, H1J 2L4
SIC 2752
PUBLI ENCARTS p 1194
See DBC COMMUNICATIONS INC
PUBLIC ASSEMBLY, THE p 931
See SCHOOL EDITING INC
PUBLIC COMMUNITY HEALTH p 170
See ALBERTA HEALTH SERVICES
PUBLIC SAFETY CANADA p 411
66 Broad Rd Suite 204, OROMOCTO, NB, E2V 1C2
(506) 422-2000   SIC 6531
PUBLIC SAFETY COMMUNICATIONS CENTRE p 417
See SAINT JOHN, CITY OF
PUBLIC SCHOOLS BRANCH p 980
300 Carleton St, BORDEN-CARLETON, PE, C0B 1X0
(902) 437-8525   SIC 8211
PUBLIC SCHOOLS BRANCH p 983
39570 Western Rd, ELMSDALE, PE, C0B 1K0
(902) 853-8626   SIC 8211
PUBLIC SCHOOLS BRANCH p 983
30 Somerset St, KINKORA, PE, C0B 1N0
(902) 887-2505   SIC 8211
PUBLIC SCHOOLS BRANCH p 983
Gd, ELLERSLIE, PE, C0B 1J0
(902) 831-7920   SIC 8211
PUBLIC SCHOOLS BRANCH p 983
2 Andrews Dr, KENSINGTON, PE, C0B 1M0
(902) 836-8900   SIC 8211
PUBLIC SCHOOLS BRANCH p 983
19 High School St, MISCOUCHE, PE, C0B 1T0
(902) 888-8495   SIC 8211
PUBLIC SCHOOLS BRANCH p 983
19 Victoria St E, KENSINGTON, PE, C0B 1M0
(902) 836-8901   SIC 8211
PUBLIC SCHOOLS BRANCH p 984
Gd, O'LEARY, PE, C0B 1V0
(902) 859-8710   SIC 8211
PUBLIC SCHOOLS BRANCH p 984
25 Barclay Rd, O'LEARY, PE, C0B 1V0
(902) 859-8713   SIC 8211
PUBLIC SCHOOLS BRANCH p 984
3807 Union Rd, ST-LOUIS, PE, C0B 1Z0
(902) 882-7358   SIC 8211
PUBLIC SCHOOLS BRANCH p 985
322 Church St, TIGNISH, PE, C0B 2B0
(902) 882-7357   SIC 8211
PUBLIC SCHOOLS BRANCH p 985
256 Elm St, SUMMERSIDE, PE, C1N 3V5
(902) 888-8490   SIC 8211
PUBLIC SCHOOLS BRANCH p 985
247 Central St, SUMMERSIDE, PE, C1N 3M5
(902) 888-8470   SIC 8211
PUBLIC SCHOOLS BRANCH p 985
195 Summer St, SUMMERSIDE, PE, C1N 3J8
(902) 888-8472   SIC 8211
PUBLIC SCHOOLS BRANCH p 985
150 Ryan St, SUMMERSIDE, PE, C1N 6G2
(902) 888-8486   SIC 8211
PUBLIC SCHOOLS BRANCH p 985
100 Darby Dr, SUMMERSIDE, PE, C1N 4V8
(902) 888-8492   SIC 8211
PUBLIC SCHOOLS BRANCH p 985
10 Kenmoore Ave, SUMMERSIDE, PE, C1N 4V9
(902) 888-8460   SIC 8211
PUBLIC SERVICE ALLIANCE OF CANADA p 1167
5050 Boul Des Gradins Bureau 130, Quebec, QC, G2J 1P8
(418) 666-6500   SIC 8631
PUBLIC SERVICES AND PROCUREMENT CANADA p 1037
140 Prom Du Portage Bureau 4, GATINEAU, QC, J8X 4B6
SIC 8111
PUBLIC STORAGE CANADIAN PROPERTIES p 64
90 Country Hills Landng Nw, CALGARY, AB, T3K 5P3
(403) 567-1193   SIC 4225
PUBLIC WORKS p 263
See CORPORATION OF THE CITY OF PRINCE RUPERT
PUBLIC WORKS p 265
See REVELSTOKE, CITY OF
PUBLIC WORKS p 279
See SUMMERLAND, CORPORATION OF THE DISTRICT OF
PUBLIC WORKS p 379
See CITY OF WINNIPEG, THE
PUBLIC WORKS DEPARTMENT p 328
See CORPORATION OF THE DISTRICT OF OAK BAY, THE
PUBLIC WORKS DEPT ROADS DIVISION p 848
See CORPORATION OF NORFOLK COUNTY
PUBLIC WORKS STREET MAINTENANCE p 389
See CITY OF WINNIPEG, THE
PUBLICATIONS GROUPE R.R. INTERNATIONAL INC, LES p 1094
2322 Rue Sherbrooke E, Montreal, QC, H2K 1E5
(514) 521-8148   SIC 8743
PUBLICATIONS SENIOR INC p 1093
4475 Rue Frontenac, Montreal, QC, H2H 2S2
(514) 278-9325   SIC 2721
PUBLICIS CANADA INC p 1101
3530 Boul Saint-Laurent Bureau 400, Montreal, QC, H2X 2V1
(514) 285-1414   SIC 7311
PUBLICIS CONSULTANTS p 1101
See PUBLICIS CANADA INC
PUBLICITE MBS p 1107
See MEDIA BUYING SERVICES ULC
PUC DISTRIBUTION INC p 831
765 Queen St E, SAULT STE. MARIE, ON, P6A 2A8
(705) 759-6500   SIC 4971
PUC ENERGIES INC p 831
765 Queen St E, SAULT STE. MARIE, ON, P6A 2A8
(705) 759-6500   SIC 8748
PUCE PUBLIC SCHOOL p 574
See GREATER ESSEX COUNTY DISTRICT SCHOOL BOARD
PUGLIA, P. M. SALES LTD p 1276
1350 Main St N, MOOSE JAW, SK, S6H 8B9
(306) 693-0888   SIC 5399
PUGWASH DISTRICT HIGH SCHOOL p 472
See CHIGNECTO CENTRAL REGIONAL SCHOOL BOARD
PUGWASH HOLDINGS LTD p 93

11248 170 St Nw, EDMONTON, AB, T5S 2X1
(780) 484-6342   SIC 5944
PULLMATIC MANUFACTURING p 672
See MAGNA POWERTRAIN INC
PULTRALL INC p 1246
700 9e Rue N, THETFORD MINES, QC, G6G 6Z5
(418) 335-3202   SIC 5085
PULVERISATEUR M S p 1029
See RAD TECHNOLOGIES INC
PUMA CANADA INC p 1207
2315 Rue Cohen, SAINT-LAURENT, QC, H4R 2N7
(514) 339-2575   SIC 5091
PUMP ROADHOUSE, THE p 1283
See SOUND STAGE ENTERTAINMENT INC
PUMPCRETE CORPORATION p 482
9 Mansewood Crt, ACTON, ON, L7J 0A1
(905) 878-5559   SIC 7353
PUMPCRETE CORPORATION p 947
161 Caldari Rd, VAUGHAN, ON, L4K 3Z9
(905) 669-2017   SIC 7353
PUMPING SERVICES p 131
See BAKER HUGHES CANADA COMPANY
PUMPING SERVICES, DIV OF p 158
See BAKER HUGHES CANADA COMPANY
PUMPS & PRESSURE INC p 106
8632 Coronet Rd Nw, EDMONTON, AB, T6E 4P3
(780) 430-9359   SIC 5084
PUMPS & PRESSURE INC p 136
3813 82 Ave, LEDUC, AB, T9E 0K2
(780) 980-9294   SIC 5084
PUMPS & PRESSURE INC p 155
7018 Johnstone Dr, RED DEER, AB, T4P 3Y6
(403) 340-3666   SIC 5084
PUNNICHY COMMUNITY HIGH SCHOOL p 1281
See HORIZON SCHOOL DIVISION NO 205
PUNNICHY ELEMENTARY COMMUNITY SCHOOL p 1281
See HORIZON SCHOOL DIVISION NO 205
PUNTLEDGE PARK ELEMENTARY SCHOOL p 204
See SCHOOL DISTRICT NO. 71 (COMOX VALLEY)
PURATONE CORPORATION, THE p 352
295 Main St, NIVERVILLE, MB, R0A 1E0
(204) 388-4741   SIC 5191
PURATONE CORPORATION, THE p 361
550 Centennial St, WINKLER, MB, R6W 1J4
(204) 325-8371   SIC 5999
PURCHASING DEPARTMENT p 301
See VANCOUVER COASTAL HEALTH AUTHORITY
PURCHASING DEPARTMENT p 657
See UNIVERSITY OF WESTERN ONTARIO, THE
PURCHASING SERVICES p 27
See CALGARY BOARD OF EDUCATION
PURCHASING SERVICES p 391
See UNIVERSITY OF MANITOBA
PURCHASING SERVICES p 632
See QUEEN'S UNIVERSITY AT KINGSTON
PURDY'S CHOCOLATES p 298
See PURDY, R.C. CHOCOLATES LTD
PURDY'S CHOCOLATES p 300
See PURDY, R.C. CHOCOLATES LTD
PURDY, R.C. CHOCOLATES LTD p 298
8330 Chester St, VANCOUVER, BC, V5X 3Y7
(604) 454-2777   SIC 2066
PURDY, R.C. CHOCOLATES LTD p 300
650 41st Ave W Suite 183, VANCOUVER, BC, V5Z 2M9
SIC 5441
PURE CANADIAN GAMING CORP p 97
12464 153rd Rd, EDMONTON, AB, T5V 3C5
(780) 424-9467   SIC 7999
PURE CANADIAN GAMING CORP p 102
7055 Argyll Rd Nw, EDMONTON, AB, T6C 4A5
(780) 465-5377   SIC 7999
PURE CANADIAN GAMING CORP p 139
1251 3 Ave S, LETHBRIDGE, AB, T1J 0K1
(403) 381-9467   SIC 7999
PURE METAL GALVANIZING, DIV OF p 526
See PMT INDUSTRIES LIMITED
PURE METAL GALVANIZING, DIV. OF p 683
See PMT INDUSTRIES LIMITED
PURE RENO INC p 728
49 Roundhay Dr, NEPEAN, ON, K2G 1B6
(613) 851-0907   SIC 1522
PURE TECHNOLOGIES LTD p 52
705 11 Ave Sw Suite 300, CALGARY, AB, T2R 0E3
(403) 266-6794   SIC 4899
PURE TECHNOLOGIES LTD p 690
5055 Satellite Dr Unit 7, MISSISSAUGA, ON, L4W 5K7
(905) 624-1040   SIC 4899
PUROLATOR p 1125
See STAPLES CANADA INC
PUROLATOR COURIER p 537
See PUROLATOR INC
PUROLATOR HOLDINGS LTD p 715
5995 Avebury Rd Suite 100, MISSISSAUGA, ON, L5R 3T8
(905) 712-1251   SIC 4731
PUROLATOR INC p 25
See PUROLATOR INC.
PUROLATOR INC p 113
See PUROLATOR INC.
PUROLATOR INC p 142
See PUROLATOR INC.
PUROLATOR INC p 224
See PUROLATOR INC.
PUROLATOR INC p 242
See PUROLATOR INC.
PUROLATOR INC p 258
See PUROLATOR INC.
PUROLATOR INC p 334
See PUROLATOR INC.
PUROLATOR INC p 345
See PUROLATOR INC.
PUROLATOR INC p 393
See PUROLATOR INC.
PUROLATOR INC p 401
See PUROLATOR INC.
PUROLATOR INC p 418
See PUROLATOR INC.
PUROLATOR INC p 434
See PUROLATOR INC.
PUROLATOR INC p 452
See PUROLATOR INC.
PUROLATOR INC p 465
See PUROLATOR INC.
PUROLATOR INC p 478
See PUROLATOR INC.
PUROLATOR INC p 529
See PUROLATOR INC.
PUROLATOR INC p 531
See PUROLATOR INC.
PUROLATOR INC p 561
See PUROLATOR INC.
PUROLATOR INC p 565
See PUROLATOR INC.
PUROLATOR INC p 578
See PUROLATOR INC.
PUROLATOR INC p 586
See PUROLATOR INC.
PUROLATOR INC p 604
See PUROLATOR INC.
PUROLATOR INC p 606
See PUROLATOR INC.
PUROLATOR INC p 720
See PUROLATOR INC.
PUROLATOR INC p 724
See PUROLATOR INC.
PUROLATOR INC p 763
See PUROLATOR INC.
PUROLATOR INC p 806
See PUROLATOR INC.
PUROLATOR INC p 814
See PUROLATOR INC.

PUROLATOR INC p 832
See PUROLATOR INC.
PUROLATOR INC p 845
See PUROLATOR INC.
PUROLATOR INC p 865
See PUROLATOR INC.
PUROLATOR INC p 871
See PUROLATOR INC.
PUROLATOR INC p 879
See PUROLATOR INC.
PUROLATOR INC p 884
See PUROLATOR INC.
PUROLATOR INC p 896
See PUROLATOR INC.
PUROLATOR INC p 964
See PUROLATOR INC.
PUROLATOR INC p 1005
See PUROLATOR INC.
PUROLATOR INC p 1027
See PUROLATOR INC.
PUROLATOR INC p 1041
See PUROLATOR INC.
PUROLATOR INC p 1048
See PUROLATOR INC.
PUROLATOR INC p 1165
See PUROLATOR INC.
PUROLATOR INC p 1174
See PUROLATOR INC.
PUROLATOR INC p 1200
See PUROLATOR INC.
PUROLATOR INC p 1207
See PUROLATOR INC.
PUROLATOR INC p 1229
See PUROLATOR INC.
PUROLATOR INC p 1250
See PUROLATOR INC.
PUROLATOR INC p 1254
See PUROLATOR INC.
PUROLATOR INC p 1287
See PUROLATOR INC.
PUROLATOR INC. p 25
30 Aero Dr Ne, CALGARY, AB, T2E 8Z9
(403) 516-6200   SIC 4731
PUROLATOR INC. p 113
3104 97 St Nw, EDMONTON, AB, T6N 1K3
(780) 408-2420   SIC 7389
PUROLATOR INC. p 142
5010 51 St, LLOYDMINSTER, AB, T9V 0P4
(780) 871-5855   SIC 4731
PUROLATOR INC. p 224
613 Adams Rd, KELOWNA, BC, V1X 7R9
(250) 765-9422   SIC 7389
PUROLATOR INC. p 242
3607 Shenton Rd, NANAIMO, BC, V9T 2H1
(250) 751-8810   SIC 4731
PUROLATOR INC. p 258
429 Mcaloney Rd, PRINCE GEORGE, BC, V2K 4L2
(800) 528-0858   SIC 4731
PUROLATOR INC. p 334
3330 Tennyson Ave, VICTORIA, BC, V8Z 3P3
(250) 475-9562   SIC 7389
PUROLATOR INC. p 345
939 Douglas St, BRANDON, MB, R7A 7B3
(204) 727-5334   SIC 7389
PUROLATOR INC. p 393
840 Weirden Dr, BATHURST, NB, E2A 3Z1
(506) 548-4452   SIC 7389
PUROLATOR INC. p 401
727 Wilsey Rd, FREDERICTON, NB, E3B 7K3
(506) 450-2776   SIC 4731
PUROLATOR INC. p 418
48 Hatheway Cres, SAINT JOHN, NB, E2M 5V3
(506) 635-8205   SIC 4731
PUROLATOR INC. p 434
16 Duffy Pl, ST. JOHN'S, NL, A1B 4M5
(709) 579-5671   SIC 4731
PUROLATOR INC. p 452
220 Joseph Zatzman Dr, DARTMOUTH, NS, B3B 1P4
(902) 468-1611   SIC 7389
PUROLATOR INC. p 465
25 Roscoe Dr, KENTVILLE, NS, B4N 3V7
(902) 678-0019   SIC 4731
PUROLATOR INC. p 478
1 Bayview Dr, TRURO, NS, B2N 5A9
(902) 895-7952   SIC 7389
PUROLATOR INC. p 529
769 Powerline Rd, BRANTFORD, ON, N3T 5L8
(519) 754-4463   SIC 4731
PUROLATOR INC. p 531
1365 California Ave, BROCKVILLE, ON, K6V 5T6
(613) 498-2063   SIC 7389
PUROLATOR INC. p 537
3455 Mainway, BURLINGTON, ON, L7M 1A9
(905) 336-3230   SIC 4731
PUROLATOR INC. p 561
1550 Creditstone Rd, CONCORD, ON, L4K 5N1
(905) 660-6007   SIC 7389
PUROLATOR INC. p 565
725 Boundary Rd, CORNWALL, ON, K6H 6K8
(613) 932-5509   SIC 7389
PUROLATOR INC. p 578
800 Kipling Ave Suite 10, ETOBICOKE, ON, M8Z 5G5
(416) 207-3900   SIC 4731
PUROLATOR INC. p 586
1151 Martin Grove Rd Suite 7, ETOBICOKE, ON, M9W 0C1
(416) 614-0300   SIC 4731
PUROLATOR INC. p 586
62 Vulcan St, ETOBICOKE, ON, M9W 1L2
(416) 241-4496   SIC 4731
PUROLATOR INC. p 604
147 Massey Rd, GUELPH, ON, N1K 1B2
(905) 660-6007   SIC 4731
PUROLATOR INC. p 606
21 Warrington St, HAMILTON, ON, L8E 3L1
(888) 744-7123   SIC 7389
PUROLATOR INC. p 619
Gd, HEARST, ON, P0L 1N0
(705) 372-0020   SIC 7389
PUROLATOR INC. p 715
5995 Avebury Rd, MISSISSAUGA, ON, L5R 3P9
(905) 712-1084   SIC 4731
PUROLATOR INC. p 720
6520 Kestrel Rd, MISSISSAUGA, ON, L5T 1Z6
(905) 565-9306   SIC 7389
PUROLATOR INC. p 724
9300 Airport Rd, MOUNT HOPE, ON, L0R 1W0
(905) 679-5722   SIC 7389
PUROLATOR INC. p 763
1100 Arrow Rd, NORTH YORK, ON, M9M 2Z1
(416) 241-4496   SIC 4731
PUROLATOR INC. p 806
980 Cecelia St, PEMBROKE, ON, K8B 1A7
(888) 744-7123   SIC 7389
PUROLATOR INC. p 814
1075 Squires Beach Rd, PICKERING, ON, L1W 3S3
(905) 686-1973   SIC 4731
PUROLATOR INC. p 832
40 Industrial Court A, SAULT STE. MARIE, ON, P6B 5W6
(705) 949-5862   SIC 7389
PUROLATOR INC. p 845
90 Silver Star Blvd, SCARBOROUGH, ON, M1V 4V8
(416) 298-6881   SIC 4731
PUROLATOR INC. p 865
753a Ontario St, STRATFORD, ON, N5A 7Y2
(888) 744-7123   SIC 4731
PUROLATOR INC. p 871
1300 Kelly Lake Rd, SUDBURY, ON, P3E 5P4
(705) 671-1224   SIC 7389
PUROLATOR INC. p 879
140 Main St, THUNDER BAY, ON, P7B 6S4
(807) 623-4058   SIC 7389
PUROLATOR INC. p 884
804 Mountjoy St S, TIMMINS, ON, P4N 7W7
(888) 744-7123   SIC 7389
PUROLATOR INC. p 896
20 Morse St, TORONTO, ON, M4M 2P6
(416) 461-9031   SIC 4731
PUROLATOR INC. p 964
4520 North Service Rd E, WINDSOR, ON, N8W 5X2
(519) 945-1363   SIC 7389
PUROLATOR INC. p 1005
1330 Rue Graham-Bell, BOUCHERVILLE, QC, J4B 6H5
(450) 641-2430   SIC 4731
PUROLATOR INC. p 1027
10525 Ch Cote-De-Liesse Bureau 201, DORVAL, QC, H9P 1A7
(514) 631-4958   SIC 7389
PUROLATOR INC. p 1041
732 Boul Industriel, GRANBY, QC, J2G 9J5
(450) 375-1091   SIC 7389
PUROLATOR INC. p 1048
3479 Rue De L'Energie, Jonquiere, QC, G7X 0C1
(418) 695-1235   SIC 7389
PUROLATOR INC. p 1165
7000 Rue Armand-Viau, Quebec, QC, G2C 2C4
(888) 744-7123   SIC 4731
PUROLATOR INC. p 1174
193 Montee Industrielle-Et-Commerciale, RIMOUSKI, QC, G5M 1A7
(418) 723-3506   SIC 7389
PUROLATOR INC. p 1200
370 Boul Roland-Godard, Saint-Jerome, QC, J7Y 4P7
(450) 431-7035   SIC 4731
PUROLATOR INC. p 1207
1305 Rue Tees, SAINT-LAURENT, QC, H4R 2A7
(514) 337-6710   SIC 4731
PUROLATOR INC. p 1229
2005 Boul Dagenais O, SAINTE-ROSE, QC, H7L 5V1
(450) 963-3050   SIC 7389
PUROLATOR INC. p 1250
1885 Rue De La Sidbec S, Trois-Rivieres, QC, G8Z 4M6
(819) 378-8347   SIC 4731
PUROLATOR INC. p 1254
195 Rue Des Distributeurs, VAL-D'OR, QC, J9P 6Y1
(819) 825-3238   SIC 7389
PUROLATOR INC. p 1287
702 Toronto St, REGINA, SK, S4R 8L1
(306) 359-0313   SIC 7389
PUROLATOR LOGISTICS p 715
See PUROLATOR INC.
PUSATERI'S LIMITED p 759
1539 Avenue Rd, NORTH YORK, ON, M5M 3X4
(416) 785-9124   SIC 5411
PUSCH p 23
See CULTURES UNITED LIMITED
PUTZER, M. HORNBY LIMITED p 619
7314 Sixth Line, HORNBY, ON, L0P 1E0
(905) 878-7226   SIC 7389
PVH CANADA, INC p 312
1088 Robson St, VANCOUVER, BC, V6E 1A7
  SIC 5136
PVH CANADA, INC p 930
555 Richmond St W Suite 1106, TORONTO, ON, M5V 3B1
(416) 309-7200   SIC 5136
PVH CANADA, INC p 1036
75 Boul De La Gappe, GATINEAU, QC, J8T 0B5
(819) 561-0630   SIC 5136
PVH CANADA, INC p 1212
7445 Ch De La Cote-De-Liesse, SAINT-LAURENT, QC, H4T 1G2
(514) 278-6000   SIC 5136
PVNC CATHOLIC DISTRICT SCHOOL BOARD p 811
See PETERBOROUGH VICTORIA NORTHUMBERLAND AND CLARINGTON CATHOLIC DISTRICT SCHOOL BOARD
PWC p 656
See PRICEWATERHOUSECOOPERS LLP
PWC CAPITAL INC p 656
140 Fullarton St Suite 2002, LONDON, ON, N6A 5P2
(519) 488-1280   SIC 8741
PWC DEBT SOLUTIONS p 459
See PRICEWATERHOUSECOOPERS LLP
PWC MANAGEMENT p 1297
See PRICEWATERHOUSECOOPERS LLP
PWC MANAGEMENT SERVICES LP p 280
10190 152a St 3 Fl, SURREY, BC, V3R 1J7
(604) 806-7000   SIC 8721
PWC MANAGEMENT SERVICES LP p 283
13450 102 Ave Suite 1400, SURREY, BC, V3T 5X3
(604) 806-7000   SIC 8741
PWC MANAGEMENT SERVICES LP p 417
44 Chipman Hill Unit 300, SAINT JOHN, NB, E2L 4B9
(506) 653-9499   SIC 8721
PXL CROSS LINKED FOAM CORPORATION p 555
840 Division St, COBOURG, ON, K9A 5V2
(905) 373-0000   SIC 3081
PYLON ATLANTIC p 452
See PYLON ELECTRONICS INC
PYLON ELECTRONICS INC p 452
31 Trider Cres, DARTMOUTH, NS, B3B 1V6
(902) 468-3344   SIC 7629
PYLON ELECTRONICS INC p 727
147 Colonnade Rd, NEPEAN, ON, K2E 7L9
(613) 226-7920   SIC 3679
PYRAMID CORPORATION p 4
3706 53 St, ATHABASCA, AB, T9S 1B2
(780) 675-9234   SIC 1731
PYRAMID CORPORATION p 7
5718 54 Ave, BONNYVILLE, AB, T9N 0E4
(780) 826-4227   SIC 1731
PYRAMID CORPORATION p 48
205 5 Ave Sw Suite 3300, CALGARY, AB, T2P 2V7
(403) 205-3880   SIC 1731
PYRAMID CORPORATION p 117
5933 4 Ave, EDSON, AB, T7E 1L9
(780) 723-2887   SIC 1731
PYRAMID CORPORATION p 121
130 Mackenzie King Rd, FORT MCMURRAY, AB, T9H 4L2
(780) 743-8801   SIC 1731
PYRAMID CORPORATION p 123
11201 84 Ave, FORT SASKATCHEWAN, AB, T8L 4L1
(780) 992-1399   SIC 1731
PYRAMID CORPORATION p 142
6304 56 St, LLOYDMINSTER, AB, T9V 3T7
(780) 875-6644   SIC 1731
PYRAMID CORPORATION p 151
5519 36 St, PROVOST, AB, T0B 3S0
(780) 753-4700   SIC 1731
PYRAMID CORPORATION p 158
170 Saskatchewan Dr Ne, REDCLIFF, AB, T0J 2P0
(403) 527-2585   SIC 1731
PYRAMID CORPORATION p 158
4806 44 St, REDWATER, AB, T0A 2W0
(780) 942-2225   SIC 1731
PYRAMID CORPORATION p 159
235038 Wrangler Rd, ROCKY VIEW COUNTY, AB, T1X 0K3
(403) 720-0505   SIC 1731
PYRAMID CORPORATION p 164
400 Birch Rd Ne, SLAVE LAKE, AB, T0G 2A0
(780) 849-2789   SIC 1731

PYRAMID CORPORATION p 215
12051 242 Rd, FORT ST. JOHN, BC, V1J 4M7
(250) 787-2511 SIC 1731
PYRAMID PRODUITS SPECIALISES LTEE p 1143
17 Ch De L'aviation, POINTE-CLAIRE, QC, H9R 4Z2
(514) 694-6788 SIC 3231
PYRO-AIR LTEE p 1011
2575 Boul Ford, Chateauguay, QC, J6J 4Z2
(450) 691-3460 SIC 1711
PYRO-AIR LTEE p 1074
2301 Rue Principale O, MAGOG, QC, J1X 0J4
(819) 847-2014 SIC 1711
PYROSPEC p 1001
See PROTECTION INCENDIE VIKING INC
PYROTEK p 1016
See PRODUITS INDUSTRIELS DE HAUTE TEMPERATURE PYROTEK INC, LES

Q

Q & I COMPUTER SYSTEMS INC p 575
115 Symons St, ETOBICOKE, ON, M8V 1V1
(416) 253-5555 SIC 7371
Q 103.1 p 223
See PATTISON, JIM BROADCAST GROUP LTD
Q 104 FM RADDIO p 832
See ROGERS MEDIA INC
Q E II p 456
See NOVA SCOTIA HEALTH AUTHORITY
Q. C. MAINTENANCE LTD p 1297
234 2nd Ave S, SASKATOON, SK, S7K 1K9
(306) 934-6588 SIC 7349
Q107 FM p 904
See CORUS ENTERTAINMENT INC
Q9 NETWORKS INC p 922
100 Wellington St W, TORONTO, ON, M5K 1J3
(416) 365-7200 SIC 4813
QA COURIER p 1103
See 9132-4285 QUEBEC INC
QCA CANADA p 920
See QUALCOMM ATHEROS CANADA CORPORATION
QCC CORP p 954
344 Victoria St Ss 1, WATFORD, ON, N0M 2S0
SIC 8051
QE WEB p 770
See METROLAND MEDIA GROUP LTD
QIKIQTAALUK p 481
See QIKIQTAALUK ENVIRONMENTAL INC.
QIKIQTAALUK ENVIRONMENTAL INC. p 481
922 Nianiaqunngusiaq Rd, IQALUIT, NU, X0A 0H0
(867) 979-8400 SIC 4959
QIKIQTAQ CO OP p 481
See ARCTIC CO-OPERATIVES LIMITED
QIMAGING p 282
See QUANTITATIVE IMAGING CORP
QINETIQ GROUP CANADA INC p 145
1735 Brier Park Rd Nw Unit 3, MEDICINE HAT, AB, T1C 1V5
(403) 528-8782 SIC 3728
QINETIQ TARGET SYSTEMS p 145
See QINETIQ GROUP CANADA INC
QLO MANAGEMENT INC p 951
130 Dearborn Pl, WATERLOO, ON, N2J 4N5
(519) 886-0561 SIC 7549
QM FINISHING p 968
See QUALITY MODELS LIMITED
QM LP p 163
15 Turbo Dr, SHERWOOD PARK, AB, T8H 2J6
(780) 467-8881 SIC 1795
QM LP p 861
10 Kenmore Ave Suite 4, STONEY CREEK, ON, L8E 5N1
(905) 388-4444 SIC 1795
QMS COURIER p 927
See 3119696 CANADA INC
QMX GOLD CORPORATION p 916
65 Queen St W Suite 815, TORONTO, ON, M5H 2M5
(416) 861-5889 SIC 1081
QMX GOLD CORPORATION p 1254
1876 3e Av, VAL-D'OR, QC, J9P 7A9
SIC 1481
QMX GOLD CORPORATION p 1254
1900 Ch Brador, VAL-D'OR, QC, J9P 0A4
(819) 825-3412 SIC 1081
QPS p 586
See QPS EVALUATION SERVICES INC
QPS EVALUATION SERVICES INC p 586
81 Kelfield St Unit 8, ETOBICOKE, ON, M9W 5A3
(416) 241-8857 SIC 7389
QRX TECHNOLOGY GROUP INC p 561
200 Connie Cres Unit 4, CONCORD, ON, L4K 1M1
(905) 738-1688 SIC 5112
QSG INC p 1210
8102 Rte Transcanadienne, SAINT-LAURENT, QC, H4S 1M5
(514) 744-1000 SIC 2759
QSI p 614
See TARESCO LTD
QSI INTERIORS LTD p 93
10240 180 St Nw, EDMONTON, AB, T5S 1E2
(780) 489-4462 SIC 1742
QSI INTERIORS LTD p 367
975 Thomas Ave Unit 1, WINNIPEG, MB, R2L 1P7
(204) 953-1200 SIC 1742
QSI INTERIORS LTD p 1297
806 56th St E, SASKATOON, SK, S7K 5Y8
(306) 933-4000 SIC 1752
QSL QUEBEC INC p 1221
765 Rue De L'eglise Bureau 90, SAINT-ROMUALD, QC, G6W 5M6
(418) 837-4664 SIC 8734
QSR EDMONTON (2009) LTD p 85
13338 137 Ave Nw, EDMONTON, AB, T5L 4Z6
(780) 406-0486 SIC 5812
QSR SERVICES CORP p 198
45625 Luckakuck Way, CHILLIWACK, BC, V2R 1A3
(604) 858-4148 SIC 5812
QTRADE SECURITIES INC p 324
505 Burrard St Suite 1920, VANCOUVER, BC, V7X 1M6
(604) 605-4199 SIC 7389
QUAD CITY BUILDING MATERIALS LTD p 205
1901 Mcphee Rd, CRANBROOK, BC, V1C 7J2
(250) 426-6288 SIC 5251
QUADRA CHIMIE LTEE p 210
7930 Vantage Way, DELTA, BC, V4G 1A8
(604) 940-2313 SIC 5169
QUADRA CHIMIE LTEE p 537
1100 Blair Rd, BURLINGTON, ON, L7M 1K9
(905) 336-9133 SIC 5169
QUADRA CHIMIE LTEE p 1256
3901 Rue F.-X.-Tessier, VAUDREUIL-DORION, QC, J7V 5V5
(450) 424-0161 SIC 5169
QUADRA MINING p 556
See KGHM INTERNATIONAL LTD
QUADRAD MANUFACTURING p 604
See LINAMAR CORPORATION
QUADRUS DEVELOPMENT INC p 48
640 8 Ave Sw Suite 400, CALGARY, AB, T2P 1G7
(403) 257-0850 SIC 7379
QUADRUS INVESTMENT SERVICES p 1285
See GREAT-WEST LIFE ASSURANCE COMPANY, THE
QUAKER ROAD PUBLIC SCHOOL p 955
See DISTRICT SCHOOL BOARD OF NIAGARA
QUALCOMM ATHEROS CANADA CORPORATION p
920
144 Front St W Suite 385, TORONTO, ON, M5J 2L7
SIC 7389
QUALI DESSERTS INC p 1088
5067 Rue Ontario E, Montreal, QC, H1V 3V2
(514) 259-2415 SIC 2051
QUALI-T-FAB p 1005
See QUALI-T-GROUP ULC
QUALI-T-GROUP ULC p 1005
22 Boul De L'aeroport, BROMONT, QC, J2L 1S6
(450) 534-2032 SIC 3446
QUALICARE INC p 754
3910 Bathurst St Suite 304, NORTH YORK, ON, M3H 5Z3
(416) 630-0202 SIC 8059
QUALICO DEVELOPMENT WEST p 113
See RANCHO REALTY (EDMONTON) LTD
QUALICO PARTNERSHIP, THE p 366
30 Speers Rd, WINNIPEG, MB, R2J 1L9
(204) 233-2451 SIC 1521
QUALICUM BEACH ELEMENTARY p 263
See SCHOOL DISTRICT NO 69 (QUALICUM)
QUALICUM BEACH MIDDLE SCHOOL p 263
See SCHOOL DISTRICT NO 69 (QUALICUM)
QUALICUM SECONDARY SCHOOL p 263
See SCHOOL DISTRICT NO 69 (QUALICUM)
QUALIDEC CORPORATION p 648
970 Wallace Ave N, LISTOWEL, ON, N4W 1M5
(519) 291-3653 SIC 5812
QUALIDEC CORPORATION p 951
55 Northfield Dr E, WATERLOO, ON, N2K 3T6
(519) 884-5503 SIC 5812
QUALIFAB INC p 1067
2256 Av De La Rotonde, Levis, QC, G6X 2L8
(418) 832-9193 SIC 3498
QUALITAS OILFIELD SERVICES LTD p 48
250 2 St Sw Suite 1400, CALGARY, AB, T2P 0C1
(403) 543-4466 SIC 1389
QUALITE HABITATION p 993
7400 Boul Les Galeries D'anjou Bureau 205, ANJOU, QC, H1M 3M2
(514) 354-7526 SIC 6351
QUALITE PERFORMANCE MAGOG INC p 1074
2400 Rue Sherbrooke, MAGOG, QC, J1X 4E6
(819) 843-0099 SIC 5088
QUALITY & COMPANY INC p 561
67 Jacob Keffer Pky, CONCORD, ON, L4K 5N8
(905) 660-6996 SIC 2599
QUALITY ALLIED ELEVATOR p 678
See 965046 ONTARIO INC
QUALITY ASSURED AUTO BODY SERVICE LIMITED p 238
7077 Mershon St, MISSION, BC, V2V 2Y6
(604) 299-4414 SIC 7532
QUALITY CALL CARE SOLUTIONS INC p 87
700 Westmount Ctr, EDMONTON, AB, T5M 3L7
SIC 5399
QUALITY CONCRETE p 409
See QUALITY CONCRETE LIMITED
QUALITY CONCRETE LIMITED p 409
648 Edinburgh Dr, MONCTON, NB, E1E 4C6
(506) 857-8093 SIC 3273
QUALITY CONCRETE LIMITED p 452
20 Macdonald Ave, DARTMOUTH, NS, B3B 1C5
(902) 468-8040 SIC 3273
QUALITY CONTINUOUS IMPROVEMENT CENTRE FOR COMMUNITY EDUCATION AND TRAINING p 695
190 Robert Speck Pky, MISSISSAUGA, ON, L4Z 3K3
(905) 949-0049 SIC 8299
QUALITY CRAFT LTD p 282
17750 65a Ave Unit 301, SURREY, BC, V3S 5N4
(604) 575-5550 SIC 5023
QUALITY EDGE CONVERTING LTD p 366
94 Durand Rd, WINNIPEG, MB, R2J 3T2
(204) 256-4115 SIC 5049
QUALITY EXTERIOR SYSTEMS p 852
See HERB LODDE & SONS ROOFING LTD
QUALITY FABRICATING & SUPPLY LIMITED p 101
3751 76 Ave Nw, EDMONTON, AB, T6B 2S8
(780) 468-6762 SIC 3533
QUALITY FAST FOOD p 74
See PREMIUM BRANDS HOLDINGS CORPORATION
QUALITY FOODS p 199
See KELLAND FOODS LTD
QUALITY FOODS p 239
See KELLAND FOODS LTD
QUALITY FOODS p 240
See KELLAND FOODS LTD
QUALITY FOODS (NANOOSE) p 243
See KELLAND FOODS LTD
QUALITY FOODS, DIV OF p 254
See KELLAND FOODS LTD
QUALITY GREENS LTD p 226
1889 Spall Rd Unit 101, KELOWNA, BC, V1Y 4R2
(250) 763-8200 SIC 5431
QUALITY HARDWOODS LTD p 818
196 Latour Cres Rr 3, POWASSAN, ON, P0H 1Z0
(705) 724-2424 SIC 5031
QUALITY HOTEL p 436
See WESTMONT HOSPITALITY MANAGEMENT LIMITED
QUALITY HOTEL p 908
See INNVEST PROPERTIES CORP
QUALITY HOTEL & SUITES p 770
See NORTHAMPTON INNS (OAKVILLE) INC
QUALITY HOTEL BURLINGTON p 538
See WESTMONT HOSPITALITY MANAGEMENT LIMITED
QUALITY HOTEL HAMILTON p 606
See NORTHAMPTON INNS (OAKVILLE EAST) INC
QUALITY HOTELS & SUITES p 582
See HOTELS OF ISLINGTON LIMITED
QUALITY INN p 275
See BALMORAL INVESTMENTS LTD
QUALITY INN p 476
See KARLENE DEVELOPMENTS LIMITED
QUALITY INN p 809
See EASTON & YORK ENTERPRISES INC
QUALITY INN p 869
See SENATOR HOTELS LIMITED
QUALITY INN p 1080
See ENTREPRISES D'HOTELLERIE DUQUETTE INC, LES
QUALITY INN & GARDEN OF THE GULF p 985
See INNVEST PROPERTIES CORP
QUALITY INN & SUITES AMSTERDAM p 412
See AMSTEL INVESTMENTS INC
QUALITY INN AIRPORT p 298
See BLUE BOY MOTOR HOTEL LTD
QUALITY INN AIRPORT WEST p 694
See INNVEST PROPERTIES CORP
QUALITY INN NORTHERN GRAND HOTEL p 214
See JORDAN ENTERPRISES LIMITED
QUALITY INN SUMMERSIDE p 985
See GARDEN OF THE GULF COURT AND MOTEL INCORPORATED
QUALITY INN SYDNEY p 448
See KARLENE DEVELOPMENTS LIMITED

QUALITY INSERTIONS LTD p 208
1487 Lindsey Pl, DELTA, BC, V3M 6V1
SIC 7319
QUALITY MANAGEMENT INSTITUTE p 697
See CANADIAN STANDARDS ASSOCIATION
QUALITY MANAGEMENT PROGRAM-LABORATORY SERVICES p 902
See ONTARIO MEDICAL ASSOCIATION
QUALITY MODELS LIMITED p 968
5295 Pulleyblank St, WINDSOR, ON, N9A 6J3
(519) 737-1431   SIC 1721
QUALITY MOVE MANAGEMENT INC p 210
7979 82 St, DELTA, BC, V4G 1L7
(604) 952-3650   SIC 7389
QUALITY MOVE MANAGEMENT INC p 678
190 Duffield Dr, MARKHAM, ON, L6G 1B5
(905) 474-2320   SIC 4214
QUALITY PLATES & PROFILES LIMITED p 602
20 Nicholas Beaver Rd, GUELPH, ON, N1H 6H9
(519) 837-4000   SIC 3312
QUALITY RESPONSE INC p 899
2200 Yonge St Suite 903, TORONTO, ON, M4S 2C6
(416) 484-0072   SIC 8732
QUALITY SAFETY SYSTEMS COMPANY p 872
See TRQSS, INC
QUALITY SUITES p 659
See INNVEST PROPERTIES CORP
QUALITY SUITES p 958
See INNVEST PROPERTIES CORP
QUALITY SUITES p 968
See INNVEST PROPERTIES CORP
QUALITY SUITES p 1019
See INNVEST PROPERTIES CORP
QUALITY SUITES MONTREAL AEROPORT p 1142
See INNVEST PROPERTIES CORP
QUALITY UNDERWRITING SERVICES LTD p 821
111 Granton Dr Suite 105, RICHMOND HILL, ON, L4B 1L5
(905) 762-9827   SIC 7323
QUALTECH SEATING SYSTEMS DIV OF p 665
See MAGNA SEATING INC
QUAMICHAN MIDDLE SCHOOL p 212
See SCHOOL DISTRICT NO. 79 (COWICHAN VALLEY)
QUANTITATIVE IMAGING CORP p 282
19535 56 Ave Suite 101, SURREY, BC, V3S 6K3
(604) 530-5800   SIC 3861
QUANTOFILL INC p 967
1215 Walker Rd Unit 11, WINDSOR, ON, N8Y 2N9
(519) 252-5501   SIC 7389
QUARRY INTEGRATED COMMUNICATIONS INC p 857
1440 King St N Suite 1, ST JACOBS, ON, N0B 2N0
SIC 7311
QUARTECH SYSTEMS LIMITED p 185
2160 Springer Ave Suite 200, BURNABY, BC, V5B 3M7
(604) 291-9686   SIC 7371
QUARTERDECK BEACHSIDE VILLAS & GRILL p 472
See QUARTERDECK COTTAGES & RESTAURANT LIMITED
QUARTERDECK BREWING CO LTD p 305
601 Cordova St W, VANCOUVER, BC, V6B 1G1
(604) 689-9151   SIC 5812
QUARTERDECK COTTAGES & RESTAURANT LIMITED p 472
7499 Rte 3, PORT MOUTON, NS, B0T 1T0

(902) 683-2998   SIC 7011
QUARTERWAY ELEMENTARY SCHOOL p 241
See SCHOOL DISTRICT NO. 68 (NANAIMO-LADYSMITH)
QUASAR, DIV OF p 681
See CWB GROUP - INDUSTRY SERVICES
QUATIC CONSUMER PRODUCTS p 769
See ARCH CHEMICALS CANADA, INC
QUATRE GLACES (1994) INC, LES p 1006
5880 Boul Taschereau, BROSSARD, QC, J4W 1M6
(450) 462-2113   SIC 7999
QUATRE-VENTS MONSEIGNEUR LAVAL, LES p 1133
See COMMISSION SCOLAIRE DE LAVAL
QUATTRO CAPITAL INC. p 101
6907 36 St Nw, EDMONTON, AB, T6B 2Z6
(780) 465-0341   SIC 6712
QUE-BOURG AUTO (1984) LTEE p 1148
7777 Boul Henri-Bourassa, Quebec, QC, G1H 3G1
(418) 626-7777   SIC 5511
QUEBEC AIDE JURIDIQUE p 1038
See GOUVERNEMENT DE LA PROVINCE DE QUEBEC
QUEBEC COURTIERS EN DOUANES p 1026
See COLE INTERNATIONAL INC
QUEBEC GATINEAU RAILWAY p 1163
See GENESEE & WYOMING CANADA INC
QUEBEC HIGH SCHOOL p 1158
See COMMISSION SCOLAIRE CENTRAL QUEBEC
QUEBEC LINGE p 186
See CANADIAN LINEN AND UNIFORM SERVICE CO
QUEBEC LINGE p 450
See CANADIAN LINEN AND UNIFORM SERVICE CO
QUEBEC LINGE p 496
See CANADIAN LINEN AND UNIFORM SERVICE CO
QUEBEC LINGE p 1282
See CANADIAN LINEN AND UNIFORM SERVICE CO
QUEBEC LINGE p 1295
See CANADIAN LINEN AND UNIFORM SERVICE CO
QUEBEC LINGE CO p 1154
1230 Rue Des Artisans, Quebec, QC, G1N 4H3
(418) 683-4408   SIC 7213
QUEBEC LINGE, DIV OF p 1154
See QUEBEC LINGE CO
QUEBEC PDF DUPLESSIS p 1163
See CANADA POST CORPORATION
QUEBEC STATISQUES p 1113
1200 Av Mcgill College Bur.1905, MONTREAL, QC, H3B 4J7
(514) 864-8686   SIC 8111
QUEBEC STEVEDORING LTD p 1148
500 Rue Du Ressac, Quebec, QC, G1J 5L7
(418) 661-8477   SIC 4491
QUEBEC TRANSPORT SOUS CENTER p 1218
See GOUVERNEMENT DE LA PROVINCE DE QUEBEC
QUEBEC TRANSPORTS p 1136
See GOUVERNEMENT DE LA PROVINCE DE QUEBEC
QUEBECOR MEDIA INC p 1113
1100 Boul Rene-Levesque O 20e etage, Montreal, QC, H3B 4N4
(514) 380-1999   SIC 7311
QUEBECOR NUMERIQUE p 1113
See QUEBECOR MEDIA INC
QUEEN ALEXANDRA CENTRE FOR CHILDREN p 327
See VANCOUVER ISLAND HEALTH AUTHORITY
QUEEN ALEXANDRA CENTRE FOR CHILDREN'S HEALTH p 327

See VANCOUVER ISLAND HEALTH AUTHORITY
QUEEN ALEXANDRA ELEMENTARY SCHOOL p 295
See BOARD OF EDUCATION OF SCHOOL DISTRICT NO. 39 (VANCOUVER), THE
QUEEN ALEXANDRA MIDDLE SCHOOL p 896
See TORONTO DISTRICT SCHOOL BOARD
QUEEN CHARLOTTE ISLANDS GENERAL HOSPITAL p 263
See NORTHERN HEALTH AUTHORITY
QUEEN CHARLOTTE SECONDARY SCHOOL p 263
See BOARD OF EDUCATION OF SCHOOL DISTRICT NO. 50 (HAIDA GWAII), THE
QUEEN ELIZABETH ADULT EDUCATION p 285
See SCHOOL DISTRICT NO 36 (SURREY)
QUEEN ELIZABETH COLLEGIATE p 630
See LIMESTONE DISTRICT SCHOOL BOARD
QUEEN ELIZABETH COMMUNITY SCHOOL p 245
See BOARD OF SCHOOL TRUSTEES OF SCHOOL DISTRICT #40 (NEW WESTMINSTER), THE
QUEEN ELIZABETH DISTRICT NIGHT SCHOOL p 849
See KEEWATIN PATRICIA DISTRICT SCHOOL BOARD
QUEEN ELIZABETH ELEMENTARY p 983
See PUBLIC SCHOOLS BRANCH
QUEEN ELIZABETH ELEMENTARY PUBLIC SCHOOL p 643
See WATERLOO REGION DISTRICT SCHOOL BOARD
QUEEN ELIZABETH ELEMENTARY SCHOOL p 38
See CALGARY BOARD OF EDUCATION
QUEEN ELIZABETH ELEMENTARY SCHOOL p 319
See BOARD OF EDUCATION OF SCHOOL DISTRICT NO. 39 (VANCOUVER), THE
QUEEN ELIZABETH HEALTH COMPLEX p 1122
See SOCIETE DE SANTE ET BIEN-ETRE DE LA COMMUNAUTE CENTRE-OUEST
QUEEN ELIZABETH HIGH SCHOOL p 38
See CALGARY BOARD OF EDUCATION
QUEEN ELIZABETH HOSPITAL p 981
See PROVINCE OF PEI
QUEEN ELIZABETH II HEALTH SCIENCES CENTRE p 456
See NOVA SCOTIA HEALTH AUTHORITY
QUEEN ELIZABETH II PUBLIC SCHOOL p 552
See LAMBTON KENT DISTRICT SCHOOL BOARD
QUEEN ELIZABETH II PUBLIC SCHOOL p 870
See RAINBOW DISTRICT SCHOOL BOARD
QUEEN ELIZABETH II SCHOOL p 812
See LAMBTON KENT DISTRICT SCHOOL BOARD
QUEEN ELIZABETH II SCHOOL p 827
See LAMBTON KENT DISTRICT SCHOOL BOARD
QUEEN ELIZABETH JUNIOR MIDDLE SCHOOL p 701
See PEEL DISTRICT SCHOOL BOARD
QUEEN ELIZABETH LL LIBRARY p 434
See MEMORIAL UNIVERSITY OF NEWFOUNDLAND
QUEEN ELIZABETH PUBLIC SCHOOL p 502
See HASTINGS AND PRINCE EDWARD DISTRICT SCHOOL BOARD
QUEEN ELIZABETH PUBLIC SCHOOL p 646

See GREATER ESSEX COUNTY DISTRICT SCHOOL BOARD
QUEEN ELIZABETH PUBLIC SCHOOL p 778
See DURHAM DISTRICT SCHOOL BOARD
QUEEN ELIZABETH PUBLIC SCHOOL p 787
See OTTAWA-CARLETON DISTRICT SCHOOL BOARD
QUEEN ELIZABETH PUBLIC SCHOOL p 808
See KAWARTHA PINE RIDGE DISTRICT SCHOOL BOARD
QUEEN ELIZABETH PUBLIC SCHOOL p 830
See ALGOMA DISTRICT SCHOOL BOARD
QUEEN ELIZABETH PUBLIC SCHOOL p 884
See DISTRICT SCHOOL BOARD ONTARIO NORTH EAST
QUEEN ELIZABETH PUBLIC SCHOOL p 944
See HASTINGS AND PRINCE EDWARD DISTRICT SCHOOL BOARD
QUEEN ELIZABETH SCHOOL p 141
See LLOYDMINSTER SCHOOL DIVISION NO 99
QUEEN ELIZABETH SCHOOL p 408
See SCHOOL DISTRICT 2
QUEEN ELIZABETH SCHOOL p 815
See HASTINGS AND PRINCE EDWARD DISTRICT SCHOOL BOARD
QUEEN ELIZABETH SCHOOL p 1293
See BOARD OF EDUCATION OF SASKATOON SCHOOL DIVISION NO. 13 OF SASKATCHEWAN, THE
QUEEN MARY COMMUNITY SCHOOL p 1280
See SASKATCHEWAN RIVER SCHOOL DIVISION #119
QUEEN MARY ELEMENTARY SCHOOL p 249
See SCHOOL DISTRICT NO. 44 (NORTH VANCOUVER)
QUEEN MARY ELEMENTARY SCHOOL p 319
See BOARD OF EDUCATION OF SCHOOL DISTRICT NO. 39 (VANCOUVER), THE
QUEEN MARY ELEMENTARY SCHOOLS p 607
See HAMILTON-WENTWORTH DISTRICT SCHOOL BOARD, THE
QUEEN MARY PUBLIC SCHOOL p 810
See KAWARTHA PINE RIDGE DISTRICT SCHOOL BOARD
QUEEN MARY PUBLIC SCHOOL p 854
See DISTRICT SCHOOL BOARD OF NIAGARA
QUEEN MARY STREET PUBLIC SCHOOL p 788
See OTTAWA-CARLETON DISTRICT SCHOOL BOARD
QUEEN OF ALL SAINTS SCHOOL p 201
See CATHOLIC INDEPENDENT SCHOOLS OF VANCOUVER ARCHDIOCESE, THE
QUEEN OF HEAVEN CEMETERY p 974
See CATHOLIC CEMETERIES-ARCHDIOCESE OF TORONTO
QUEEN OF PEACE MIDDLE SCHOOL p 427
See LABRADOR SCHOOL BOARD
QUEEN OF PEACE SCHOOL p 646
See WINDSOR-ESSEX CATHOLIC DISTRICT SCHOOL BOARD, THE
QUEEN OF THE ANGELS SCHOOL p 796
See OTTAWA CATHOLIC DISTRICT SCHOOL BOARD
QUEEN REGION HOME CARE p 982
See PROVINCE OF PEI
QUEEN STREET MENTAL HEALTH p 893
See CENTRE FOR ADDICTION AND MENTAL HEALTH
QUEEN STREET PUBLIC SCHOOL p 522
See PEEL DISTRICT SCHOOL BOARD
QUEEN VICTORIA ELEM SCHOOL p 502

See HASTINGS AND PRINCE EDWARD DISTRICT SCHOOL BOARD
QUEEN VICTORIA ELEMENTARY SCHOOL p 320
See BOARD OF EDUCATION OF SCHOOL DISTRICT NO. 39 (VANCOUVER), THE
QUEEN VICTORIA ELEMENTARY SCHOOL p 610
See HAMILTON-WENTWORTH CATHOLIC SCHOOL BOARD
QUEEN VICTORIA ELEMENTARY SCHOOL p 965
See GREATER ESSEX COUNTY DISTRICT SCHOOL BOARD
QUEEN VICTORIA PLACE p 736
See NIAGARA PARKS COMMISSION, THE
QUEEN VICTORIA PUBLIC SCHOOL p 937
See TORONTO DISTRICT SCHOOL BOARD
QUEEN'S ASSOCIATION FOR SUPPORTED LIVING p 469
44 Pleasant St, MILTON, NS, B0T 1P0
(902) 354-2723   SIC 8331
QUEEN'S GENERAL HOSPITAL p 445
See SOUTH SHORE DISTRICT HEALTH AUTHORITY
QUEEN'S HOUSING & ANCILLARY SERVICES 632
See QUEEN'S UNIVERSITY AT KINGSTON
QUEEN'S PARK ARENA p 245
See CORPORATION OF THE CITY OF NEW WESTMINSTER
QUEEN'S SQUARE TERRACE p 545
201 43 10 Melville St N, CAMBRIDGE, ON, N1S 1H5
(519) 621-2777   SIC 6513
QUEEN'S UNIVERSITY AT KINGSTON p 632
19 Division St Rm 25, KINGSTON, ON, K7L 3N6
(613) 533-2058   SIC 4813
QUEEN'S UNIVERSITY AT KINGSTON p 632
130 Stuart St W Rm 319, KINGSTON, ON, K7L 3N6
(613) 533-2575   SIC 8221
QUEEN'S UNIVERSITY AT KINGSTON p 632
116 Barrie St, KINGSTON, ON, K7L 3J9
(613) 533-6000   SIC 7389
QUEEN'S UNIVERSITY AT KINGSTON p 632
115 Barrack St, KINGSTON, ON, K7L 3N6
(613) 533-6081   SIC 8732
QUEEN'S UNIVERSITY AT KINGSTON p 632
101 Union St W, KINGSTON, ON, K7L 2N9
(613) 533-2524   SIC 8231
QUEEN'S UNIVERSITY AT KINGSTON p 632
207 Stuart St, KINGSTON, ON, K7L 2V9
(613) 533-6075   SIC 7349
QUEEN'S UNIVERSITY AT KINGSTON p 632
92 Barrie St, KINGSTON, ON, K7L 3N6
(613) 533-2668   SIC 8249
QUEEN'S UNIVERSITY AT KINGSTON p 632
75 Bader Lane Rm D015, KINGSTON, ON, K7L 3N8
(613) 533-2529   SIC 8221
QUEEN'S UNIVERSITY AT KINGSTON p 632
421 Union St W, KINGSTON, ON, K7L 2R8
(613) 533-2221   SIC 7389
QUEEN'S UNIVERSITY AT KINGSTON p 632
40 University Ave, KINGSTON, ON, K7L 3N8
(613) 533-2976   SIC 8322
QUEEN'S UNIVERSITY AT KINGSTON p 632

25 Union St, KINGSTON, ON, K7L 3N5
(613) 533-6050   SIC 8221
QUEENS COUNTY RESIDENTIAL SERVICES INC p 981
94 Mount Edward Rd Suite 200, CHARLOTTETOWN, PE, C1A 5S6
(902) 566-4470   SIC 8399
QUEENS GENERAL HOSPITAL p 466
See SOUTH SHORE DISTRICT HEALTH AUTHORITY
QUEENS HOME FOR SPECIAL CARE SOCIETY p 466
20 Hollands Dr, LIVERPOOL, NS, B0T 1K0
(902) 354-3451   SIC 8361
QUEENS MANOR p 466
See QUEENS HOME FOR SPECIAL CARE SOCIETY
QUEENS NORTH HEALTH COMPLEX INC p 404
1100 Pleasant Dr, MINTO, NB, E4B 2V7
(506) 327-7853   SIC 8051
QUEENS SQUARE DOCTORS p 518
See GRAINGER, FREDRIC R. MEDICINE PROFESSIONAL CORPORATION
QUEENSBOROUGH MIDDLE SCHOOL p 245
See BOARD OF SCHOOL TRUSTEES OF SCHOOL DISTRICT #40 (NEW WESTMINSTER), THE
QUEENSBURY ELEMENTARY SCHOOL p 248
See SCHOOL DISTRICT NO. 44 (NORTH VANCOUVER)
QUEENSDALE ELEMENTARY SCHOOL p 615
See HAMILTON-WENTWORTH DISTRICT SCHOOL BOARD, THE
QUEENSEN ELEMENTARY SCHOOL p 260
See BOARD OF EDUCATION OF SCHOOL DISTRICT NO. 57 (PRINCE GEORGE), THE
QUEENSLAND DOWNS ELEMENTARY p 35
See CALGARY BOARD OF EDUCATION
QUEENSMOUNT SENIOR PUBLIC SCHOOL p 643
See WATERLOO REGION DISTRICT SCHOOL BOARD
QUEENSTON DRIVE PUBLIC SCHOOL p 700
See PEEL DISTRICT SCHOOL BOARD
QUEENSTON HEIGHTS RESTAURANT p 739
See NIAGARA PARKS COMMISSION, THE
QUEENSTON SCHOOL p 387
See WINNIPEG SCHOOL DIVISION
QUEENSWAY CHRISTIAN SCHOOL, DIV OF p 577
See CORPORATION OF QUEENSWAY CATHEDRAL
QUEENSWAY HEALTH CENTRE p 941
See TRILLIUM HEALTH PARTNERS
QUEENSWAY MACHINE PRODUCTS LIMITED, THE p 578
8 Rangemore Rd, ETOBICOKE, ON, M8Z 5H7
(416) 259-4261   SIC 3599
QUEENSWAY NURSING & RETIREMENT HOME p 619
See PROVINCIAL LONG TERM CARE INC
QUEENSWAY TANK LINE p 1066
See TRANSPORT JACQUES AUGER INC
QUEENSWOOD PUBLIC SCHOOL p 776
See OTTAWA-CARLETON DISTRICT SCHOOL BOARD
QUEFER INC p 1219
153 Rue Saint-Pierre, SAINT-PIE, QC, J0H 1W0
(450) 772-6613   SIC 3469
QUENEESH ELEMENTARY SCHOOL p 204
See SCHOOL DISTRICT NO. 71 (COMOX VALLEY)
QUESNEL BUS LINE LTD p 618

306 Front Rd, HAWKESBURY, ON, K6A 2S9
(613) 632-7809   SIC 4151
QUESNEL CRAFTERS SOCIETY p 264
102 Carson Ave, QUESNEL, BC, V2J 2A8
(250) 991-0419   SIC 5947
QUESNEL DAY PROGRAM p 264
See PRIMA ENTERPRISES LTD
QUESNEL MILL PLYWOOD p 264
See WEST FRASER MILLS LTD
QUESNEL PLYWOOD p 264
See WEST FRASER MILLS LTD
QUESNEL RIVER PULP p 264
See WEST FRASER TIMBER CO. LTD
QUESNEL UNIT p 264
See CANADIAN CANCER SOCIETY
QUESNEL, CITY OF p 264
500 Barlow Ave, QUESNEL, BC, V2J 2C4
(250) 992-7125   SIC 7999
QUESNEL, MICHEL p 1077
550 Av Du Phare E, MATANE, QC, G4W 1A7
(418) 566-2894   SIC 5912
QUEST - A SOCIETY FOR ADULT SUPPORT AND REHABILITATION p 461
2131 Gottingen St Suite 101, HALIFAX, NS, B3K 5Z7
(902) 490-7200   SIC 8361
QUEST BRANDS INC p 516
1 Van Der Graaf Crt, BRAMPTON, ON, L6T 5E5
(905) 789-6868   SIC 5211
QUEST SOFTWARE CANADA INC p 459
5151 George St, HALIFAX, NS, B3J 1M5
(902) 442-5700   SIC 7372
QUEST SOFTWARE CANADA INC p 624
515 Legget Dr Suite 1001, KANATA, ON, K2K 3G4
(613) 270-1500   SIC 7371
QUEST SOFTWARE CANADA INC p 905
260 King St E 4th Flr, TORONTO, ON, M5A 4L5
(416) 933-5000   SIC 7371
QUEST VITAMINS p 319
See JAMIESON LABORATORIES LTD
QUEST WOOD DIVISION p 264
See TOLKO INDUSTRIES LTD
QUICK CABLE CANADA LTD p 720
6395 Kestrel Rd, MISSISSAUGA, ON, L5T 1Z5
(905) 362-1606   SIC 3694
QUICK INC p 314
1500 Georgia St W Suite 1800, VANCOUVER, BC, V6G 2Z6
(604) 685-5200   SIC 6712
QUICKER FOODS INC p 543
430 Hespeler Rd, CAMBRIDGE, ON, N1R 6J7
(519) 623-4700   SIC 5812
QUICKIE CONVENIENCE STORES p 786
See LARNY HOLDINGS LIMITED
QUICKMILL INC p 811
760 Rye St, PETERBOROUGH, ON, K9J 6W9
(705) 745-2961   SIC 3541
QUICKSTYLE INDUSTRIES p 1209
See INDUSTRIES MIDCON INC
QUIET HARMONY INC p 516
30 Intermodal Dr Unit 43, BRAMPTON, ON, L6T 5K1
(905) 794-0622   SIC 7349
QUIGLEY CONTRACTING, DIV OF p 196
See PETROWEST CONSTRUCTION LP
QUIGLEY ELEMENTARY SCHOOL p 223
See BOARD OF EDUCATION OF SCHOOL DISTRICT NO. 23 (CENTRAL OKANAGAN), THE
QUIK X LOGISTICS p 721
See TRANSPORT QUIK X INC
QUIKRETE p 184
See TARGET PRODUCTS LTD
QUIKRETE TORONTO INC p 543
1501 Whistle Bare Rd, CAMBRIDGE, ON, N1R 5S3
(519) 621-3093   SIC 3272

QUILAKWA GALLERY & SUPER SAVE GAS p 213
See QUILAKWA INVESTMENTS LTD
QUILAKWA INVESTMENTS LTD p 213
5655 Hwy 97a Rr 3, ENDERBY, BC, V0E 1V3
(250) 838-9422   SIC 5411
QUILCHENA GOLF & COUNTRY CLUB p 274
3551 Granville Ave, RICHMOND, BC, V7C 1C8
(604) 277-1101   SIC 7997
QUILCHENA SCHOOL p 317
See BOARD OF EDUCATION OF SCHOOL DISTRICT NO. 39 (VANCOUVER), THE
QUILL PLAINS CENTENNIAL LODGE p 1308
400 3rd Ave, WATSON, SK, S0K 4V0
(306) 287-3232   SIC 8361
QUILTS ETC p 182
See 429149 B.C. LTD
QUINCAILLERIE FUTURA, DIVISION DE MENUISERIE DES PINS p 1135
See MENUISERIE DES PINS LTEE
QUINCAILLERIE J. CARRIER p 1089
See AGENCES W PELLETIER (1980) INC
QUINCAILLERIE NOTRE-DAME DE ST-HENRI INC p 1118
2400 Rue Saint-Patrick, Montreal, QC, H3K 1B7
(514) 931-2561   SIC 5251
QUINCAILLERIE RICHELIEU LTEE p 19
5211 52 St Se, CALGARY, AB, T2C 4T2
(403) 203-2099   SIC 5072
QUINCAILLERIE RICHELIEU LTEE p 267
12851 Rowan Pl Unit 150, RICHMOND, BC, V6V 2K5
(604) 278-4821   SIC 5072
QUINCAILLERIE RICHELIEU LTEE p 452
71 Ilsley Ave Unit 3, DARTMOUTH, NS, B3B 1L5
(902) 468-2324   SIC 5251
QUINCAILLERIE RICHELIEU LTEE p 638
800 Wilson Ave Suite 2, KITCHENER, ON, N2C 0A2
(519) 578-3770   SIC 5251
QUINCAILLERIE RICHELIEU LTEE p 685
6420 Viscount Rd, MISSISSAUGA, ON, L4V 1H3
(905) 672-1500   SIC 5251
QUINCAILLERIE RICHELIEU LTEE p 1069
800 Rue Beriault, LONGUEUIL, QC, J4G 1R8
(450) 674-0888   SIC 5072
QUINCAILLERIE RICHELIEU LTEE p 1069
800 Rue Beriault, LONGUEUIL, QC, J4G 1R8
(514) 259-3737   SIC 5072
QUINCAILLERIE RICHELIEU LTEE p 1130
4855 Nord Laval (A-440) O, Montreal, QC, H7P 5P9
(450) 687-5716   SIC 5072
QUINCAILLERIE RICHELIEU LTEE p 1156
4500 Boul Wilfrid-Hamel, Quebec, QC, G1P 2J9
(418) 872-5310   SIC 5251
QUINN CONSTRUCTION p 159
See QUINN CONTRACTING LTD
QUINN CONTRACTING LTD p 159
4315 49th Ave, ROCKY MOUNTAIN HOUSE, AB, T4T 1A9
(403) 845-1003   SIC 1389
QUINN'S RENTAL SERVICES (CANADA) INC p 155
7739 Edgar Industrial Dr, RED DEER, AB, T4P 3R2
(403) 346-0770   SIC 7353
QUINSAM COAL CORPORATION p 194
5800 Argonaut Rd, CAMPBELL RIVER, BC, V9H 1P3
(250) 286-3224   SIC 1222
QUINTE BROADCASTING COMPANY LIMITED p

502
10 South Front St, BELLEVILLE, ON, K8N 2Y3
(613) 969-5555   SIC 4832

QUINTE GARDENS RETIREMENT RESIDENCE LTD   p 504
30 College St W, BELLEVILLE, ON, K8P 0A9
(613) 966-5815   SIC 8361

QUINTE HEALTHCARE CORPORATION   p 494
1h Manor Lane, BANCROFT, ON, K0L 1C0
(613) 332-2825   SIC 8069

QUINTE HEALTHCARE CORPORATION   p 815
403 Picton Main St, PICTON, ON, K0K 2T0
(613) 476-1008   SIC 8621

QUINTE HEALTHCARE CORPORATION   p 944
242 King St, TRENTON, ON, K8V 5S6
(613) 392-2541   SIC 8062

QUINTE HEALTHCARE PRINCE EDWARD COUNTY MEMORIAL   p 815
See QUINTE HEALTHCARE CORPORATION

QUINTE MOHAWK SCHOOL   p 569
See MOHAWKS OF THE BAY OF QUINTE

QUINTE SECONDARY SCHOOL   p 503
See HASTINGS AND PRINCE EDWARD DISTRICT SCHOOL BOARD

QUINTERRA PROPERTY MAINTENANCE INC   p 316
1681 Chestnut St Suite 400, VANCOUVER, BC, V6J 4M6
(604) 689-1800   SIC 7349

QUISPAMSIS ELEMENTARY SCHOOL   p 412
See ANGLOPHONE SOUTH SCHOOL DISTRICT (ASD-S)

QUISPAMSIS MIDDLE SCHOOL   p 412
See ANGLOPHONE SOUTH SCHOOL DISTRICT (ASD-S)

QULLIQ ENERGY CORPORATION   p 481
Gd, BAKER LAKE, NU, X0C 0A0
(866) 710-4200   SIC 4911

QUOREX CONSTRUCTION SERVICES LTD   p 1288
1630a 8th Ave, REGINA, SK, S4R 1E5
(306) 761-2222   SIC 1542

QUOREX CONSTRUCTION SERVICES LTD   p 1300
142 Cardinal Cres, SASKATOON, SK, S7L 6H6
(306) 244-3717   SIC 1542

QUOTIDIEN DROIT DIV OF   p 789
See GESCA LTEE

QX TECHNICAL SERVICES, DIV OF   p 703
See AECON GROUP INC

R

R & D PLUMBING & HEATING LTD   p 142
6305 43 St, LLOYDMINSTER, AB, T9V 2W9
(780) 875-9435   SIC 1711

R & F CONSTRUCTION INC   p 498
112 Commerce Park Dr Unit K&L, BARRIE, ON, L4N 8W8
(705) 325-5746   SIC 1521

R & F CONSTRUCTION INC   p 775
Gd Lcd Main, ORILLIA, ON, L3V 6H8
(705) 326-7169   SIC 1521

R & G TRANSPORT LTD   p 1283
625 Mcdonald St, REGINA, SK, S4N 4X1
(306) 721-8677   SIC 4212

R & L CONVENIENCE ENTERPRISES INC p 413
1 Ellis Dr, ROTHESAY, NB, E2E 1A1
(506) 847-2600   SIC 5411

R A F HOLDINGS LTD   p 485
989 Harwood Ave N, AJAX, ON, L1Z 1Y7
(905) 426-3186   SIC 6712

R A REYNOLDS LTD   p 70
See NORTHERN LIGHTS SCHOOL DIVISION NO. 69

R B & W CORPORATION OF CANADA   p 512
10 Sun Pac Blvd, BRAMPTON, ON, L6S 4R5
(905) 595-9700   SIC 3452

R BEE CRUSHING   p 173
See PETROWEST CIVIL SERVICES LP

R C TALMEY ELEMENTARY SCHOOL p 269
See BOARD OF EDUCATION SCHOOL DISTRICT #38 (RICHMOND)

R DENNINGER LIMITED   p 540
699 Guelph Line, BURLINGTON, ON, L7R 3M7
(905) 639-0510   SIC 5421

R DENNINGER LIMITED   p 609
55 Brant St, HAMILTON, ON, L8L 4C7
(905) 522-2414   SIC 2013

R DENNINGER LIMITED   p 616
1289 Upper James St, HAMILTON, ON, L9C 3B3
(905) 389-4113   SIC 2013

R DUFOUR   p 206
See DUFOUR, R ENTERPRISES LTD

R E MOUNTAIN SECONDARY SCHOOL   p 231
See SCHOOL DISTRICT NO. 35 (LANGLEY)

R F CONTRACTING INC   p 832
116 Industrial Park Cres, SAULT STE. MARIE, ON, P6B 5P2
(705) 253-1151   SIC 1711

R F MORRISON SCHOOL   p 371
See SEVEN OAKS SCHOOL DIVISION

R F STAPLES SECONDARY SCHOOL p 173
See PEMBINA HILLS REGIONAL DIVISION 7

R H A CENTRAL MANITOBA INC.   p 348
26 Main St, EMERSON, MB, R0A 0L0
(204) 373-2616   SIC 8062

R H A CENTRAL MANITOBA INC.   p 352
136 Ottawa St W, MORRIS, MB, R0G 1K0
(204) 746-2394   SIC 8059

R H CORNISH PUBLIC SCHOOL   p 817
See DURHAM DISTRICT SCHOOL BOARD

R I BAKER MIDDLE SCHOOL   p 69
See PALLISER REGIONAL DIVISION NO 26

R J HAWKEY ELEMENTARY SCHOOL   p 2
See ROCKY VIEW SCHOOL DIVISION NO. 41, THE

R L B D PUBLIC SCHOOL   p 871
See RAINBOW DISTRICT SCHOOL BOARD

R LITZ AND SONS   p 379
See LITZ EQUIPMENT LTD

R M R REAL ESTATE LIMITED   p 817
1894 Scugog St Suite 1, PORT PERRY, ON, L9L 1H7
(905) 985-9777   SIC 6531

R M R REAL ESTATE LIMITED   p 958
10 Sunray St Suite 23, WHITBY, ON, L1N 9B5
(905) 430-6655   SIC 6531

R P B HOLDINGS LTD   p 314
1755 Davie St, VANCOUVER, BC, V6G 1W5
(604) 682-1831   SIC 7011

R TAIT MCKENZIE PUBLIC SCHOOL p 486
See UPPER CANADA DISTRICT SCHOOL BOARD, THE

R-MAG 118 INC   p 1074
1615 Ch De La Riviere-Aux-Cerises Bureau 2, MAGOG, QC, J1X 3W3
(819) 847-3366   SIC 5812

R. A. RIDDELL ELEMENTARY SCHOOLS p 616
See HAMILTON-WENTWORTH DISTRICT SCHOOL BOARD, THE

R. A. SENNETT PUBLIC SCHOOL   p 957
See DURHAM DISTRICT SCHOOL BOARD

R. CROTEAU RIMOUSKI INC   p 994
625 Boul Lafleche, BAIE-COMEAU, QC, G5C 1C5
(418) 589-7267   SIC 5651

R. D. M.   p 491
See RICOH DOCUMENT MANAGEMENT LIMITED PARTNERSHIP

R. DEGRACE HOLDINGS LTD   p 394
1450 Vanier Blvd, BATHURST, NB, E2A 7B7
(506) 548-3335   SIC 7011

R. DIAMOND GROUP OF COMPANIES LTD, THE   p 286
13350 Comber Way, SURREY, BC, V3W 5V9
(604) 591-8641   SIC 4731

R. G. MC. GROUP LIMITED   p 394
620 St. Peter Ave, BATHURST, NB, E2A 2Y7
(506) 548-9555   SIC 5812

R. H. KING ACADEMY   p 887
See TORONTO DISTRICT SCHOOL BOARD

R. HOLMES PHARMACY LTD   p 405
4 Johnson Ave Suite 12, MIRAMICHI, NB, E1N 3B7
(506) 773-4412   SIC 5912

R. J. LANG ELEMENTARY & MIDDLE SCHOOL   p 889
See TORONTO DISTRICT SCHOOL BOARD

R. L. GRAHAM PUBLIC SCHOOL   p 629
See YORK REGION DISTRICT SCHOOL BOARD

R. S. AUTO INC   p 1234
109 Rue Monseigneur-Blanche, Sept-Iles, QC, G4R 4Y3
(418) 962-7668   SIC 5511

R. V. ANDERSON ASSOCIATES LIMITED p 745
2001 Sheppard Ave E Suite 400, NORTH YORK, ON, M2J 4Z8
(416) 497-8600   SIC 8711

R. V. ANDERSON ASSOCIATES LIMITED p 868
436 Westmount Ave Suite 6, SUDBURY, ON, P3A 5Z8
(705) 560-5555   SIC 8711

R.A.C.E. MECHANICAL SYSTEMS INC   p 777
9 Cobbledick St, ORONO, ON, L0B 1M0
(905) 983-9800   SIC 5722

R.A.S. FOOD SERVICES INC   p 570
397 Government St, DRYDEN, ON, P8N 2P4
(807) 223-6621   SIC 5812

R.A.S. FOOD SERVICES INC   p 590
862 King's Hwy, FORT FRANCES, ON, P9A 2X4
SIC 5812

R.A.S. FOOD SERVICES INC   p 628
209 Main St S, KENORA, ON, P9N 1T3
(807) 468-5732   SIC 5812

R.A.S. FOOD SERVICES INC   p 879
807 Red River Rd, THUNDER BAY, ON, P7B 1K3
(807) 767-5360   SIC 5812

R.A.S. FOOD SERVICES INC   p 881
635 Arthur St W, THUNDER BAY, ON, P7E 5R6
(807) 475-7516   SIC 5812

R.B. RUSSELL VOCATIONAL HIGH SCHOOL   p 371
See WINNIPEG SCHOOL DIVISION

R.B.F. HOLDINGS LIMITED   p 527
100 Market St S, BRANTFORD, ON, N3S 2E5
(519) 759-8220   SIC 6712

R.B.W. WASTE MANAGEMENT LTD p 101
3907 69 Ave Nw, EDMONTON, AB, T6B 3G4
SIC 4953

R.B.W. WASTE MANAGEMENT LTD p 147
3280 10 St, NISKU, AB, T9E 1E7
(780) 438-2183   SIC 4953

R.D. INTERNATIONAL   p 1125
See COLLECTIONS DE STYLE R.D. INTERNATIONALES LTEE, LES

R.D. PARKER COLLEGIATE   p 359
See SCHOOL DISTRICT OF MYSTERY LAKE

R.E.A.L. BAGEL EN GROS INC.   p 1129
1585 Boul Dagenais O, MONTREAL, QC, H7L 5A3
SIC 1541

R.E.D. HOLDINGS INC   p 127
11469 100 Ave, GRANDE PRAIRIE, AB, T8V 5M6
(780) 513-2330   SIC 5812

R.G. HENDERSON & SON LIMITED   p 894
100 Thorncliffe Park Dr Suite 416, TORONTO, ON, M4H 1L9
(416) 422-5580   SIC 7699

R.G. MACLEOD ENTERPRISES LTD   p 409
1667 Berry Mills Rd, MONCTON, NB, E1E 4R7
SIC 4213

R.H.G. BONNYCASTLE ELEMENTARY SCHOOL   p 389
See PEMBINA TRAILS SCHOOL DIVISION, THE

R.J. BURNSIDE & ASSOCIATES LIMITED p 516
170 Steelwell Rd Suite 200, BRAMPTON, ON, L6T 5T3
(905) 793-9239   SIC 8711

R.J. BURNSIDE & ASSOCIATES LIMITED p 556
3 Ronell Cres Suite 2, COLLINGWOOD, ON, L9Y 4J6
(705) 446-0515   SIC 8711

R.J. BURNSIDE & ASSOCIATES LIMITED p 602
292 Speedvale Ave W Unit 7, GUELPH, ON, N1H 1C4
(519) 823-4995   SIC 8711

R.J. BURNSIDE & ASSOCIATES LIMITED p 734
16775 Yonge St Suite 200, NEWMARKET, ON, L3Y 8J4
(905) 953-8967   SIC 8711

R.J.V. GAS FIELD SERVICES   p 172
See TERRAVEST INDUSTRIES LIMITED PARTNERSHIP

R.K.M. INVESTMENTS LIMITED   p 476
1102 Kings Rd, SYDNEY, NS, B1S 1C7
(902) 567-1499   SIC 5812

R.L. ANGUS ELEMENTARY SCHOOL p 213
See SCHOOL DISTRICT #81 (FORT NELSON)

R.M. FERGUSON & COMPANY INC   p 516
235 Advance Blvd Suite 1, BRAMPTON, ON, L6T 4J2
(905) 458-5553   SIC 5169

R.M. MOORE PUBLIC SCHOOL   p 830
See ALGOMA DISTRICT SCHOOL BOARD

R.O.E. LOGISTICS INC   p 722
199 Longside Dr, MISSISSAUGA, ON, L5W 1Z9
(905) 625-5333   SIC 4731

R.O.E. LOGISTICS INC   p 1057
10340 Ch De La Cote-De-Liesse Bureau 210, LACHINE, QC, H8T 1A3
SIC 4212

R.O.E. LOGISTICS INC   p 1143
195 Rue Voyageur, POINTE-CLAIRE, QC, H9R 6B2
(514) 396-0000   SIC 4731

R.R. DONNELLEY   p 92
See MOORE CANADA CORPORATION

R.R. DONNELLEY   p 297
See MOORE CANADA CORPORATION

R.R. DONNELLEY   p 588
See MOORE CANADA CORPORATION

R.R. DONNELLEY   p 719
See MOORE CANADA CORPORATION

R.R. DONNELLEY   p 944
See MOORE CANADA CORPORATION

R.R. DONNELLEY   p 1118
See MOORE CANADA CORPORATION

R.S. COATINGS   p 511
See 1131170 ONTARIO INC

R.S.M. PRET A PORTER INTERNATIONAL INC   p 1081
5798 Rue Ferrier, MONT-ROYAL, QC, H4P

▲ Public Company   ■ Public Company Family Member   HQ Headquarters   BR Branch   SL Single Location

1M7
SIC 2331
R.T. ALDERMAN JR HIGH SCHOOL p 35
See CALGARY BOARD OF EDUCATION
R1 GP INC p 383
1067 Sherwin Rd, WINNIPEG, MB, R3H 0T8
(204) 982-1857   SIC 7379
RAB DEDESCO LTD p 819
5935 Ottawa St, RICHMOND, ON, K0A 2Z0
(613) 838-4005   SIC 3823
RABBA FINE FOODS p 715
See RABBA, J. COMPANY LIMITED, THE
RABBA FINE FOODS p 766
See RABBA, J. COMPANY LIMITED, THE
RABBA FINE FOODS p 903
See RABBA, J. COMPANY LIMITED, THE
RABBA FINE FOODS STORES p 902
See RABBA, J. COMPANY LIMITED, THE
RABBA FINE FOODS STORES p 903
See RABBA, J. COMPANY LIMITED, THE
RABBA MARCHE p 931
See RABBA, J. COMPANY LIMITED, THE
RABBA, J. COMPANY LIMITED, THE p 715
20 Kingsbridge Garden Cir Suite 1, MISSISSAUGA, ON, L5R 3K7
(905) 568-3479   SIC 5411
RABBA, J. COMPANY LIMITED, THE p 766
1289 Marlborough Crt Unit 5, OAKVILLE, ON, L6H 2R9
(905) 815-8279   SIC 5411
RABBA, J. COMPANY LIMITED, THE p 902
40 Asquith Ave, TORONTO, ON, M4W 1J6
(416) 967-5326   SIC 5411
RABBA, J. COMPANY LIMITED, THE p 903
148 Wellesley St E, TORONTO, ON, M4Y 1J3
(416) 925-2100   SIC 5411
RABBA, J. COMPANY LIMITED, THE p 903
37 Charles St W, TORONTO, ON, M4Y 2R4
(416) 964-3409   SIC 5411
RABBA, J. COMPANY LIMITED, THE p 903
9 Isabella St, TORONTO, ON, M4Y 1M7
(416) 928-2300   SIC 5411
RABBA, J. COMPANY LIMITED, THE p 931
361 Front St W, TORONTO, ON, M5V 3R5
(416) 205-9600   SIC 5411
RABER GLOVE MFG. CO. LTD p 374
560 Mcdermot Ave, WINNIPEG, MB, R3A 0C1
(204) 786-2469   SIC 3111
RABHERU, DR RITA H p 661
43 Ravenglass Cres, LONDON, ON, N6G 4K1
(519) 455-5110   SIC 8011
RACAL PELAGOS CANADA LTD p 455
209 Aerotech Dr Suite 3a, GOFFS, NS, B2T 1K3
SIC 8711
RACETTE JUNIOR HIGH SCHOOL p 166
See ST. PAUL EDUCATION REGIONAL DIVISION NO 1
RACHELLE-BERY PRODUITS NATURELS p 1090
See GESTION QUADRIVIUM LTEE
RAD TECHNOLOGIES INC p 1029
4300 Rue Vachon, DRUMMONDVILLE, QC, J2B 6V4
(819) 474-1910   SIC 3523
RADCO FOOD STORES LTD p 146
10003 100 St, MORINVILLE, AB, T8R 1R5
(780) 939-4418   SIC 5411
RADIAN6 TECHNOLOGIES INC p 402
30 Knowledge Park Dr, FREDERICTON, NB, E3C 2R2
(506) 452-9039   SIC 7371
RADICAL DESIGN LTD p 761
2888 Bathurst St Suite 123, NORTH YORK, ON, M6B 4H6
(416) 787-1350   SIC 2329
RADIO 1540 LIMITED p 934
622 College St Suite 2, TORONTO, ON, M6G 1B6
(416) 531-9991   SIC 4832
RADIO CANADA p 79

See CANADIAN BROADCASTING CORPORATION
RADIO CANADA p 1156
See CANADIAN BROADCASTING CORPORATION
RADIO CANADA p 1233
See CANADIAN BROADCASTING CORPORATION
RADIO-ONDE INC p 1016
1265 Rue Bersimis, CHICOUTIMI, QC, G7K 1A4
(418) 545-9215   SIC 5999
RADIOLOGIE LAENNEC INC p 1080
1100 Av Beaumont Bureau 104, MONT-ROYAL, QC, H3P 3H5
(514) 738-6866   SIC 8011
RADIOLOGY CONSULTANTS ASSOCIATED p 2
110 Mayfair Close Se, AIRDRIE, AB, T4A 1T6
(403) 777-3040   SIC 8748
RADIOLOGY CONSULTANTS ASSOCIATED p 35
100 Anderson Rd Se Suite 177, CALGARY, AB, T2J 3V1
(403) 777-3000   SIC 8011
RADION LABORATORIES LTD p 210
7198 Progress Way, DELTA, BC, V4G 1J2
(604) 946-7712   SIC 5047
RADISSON ELEMENTARY SCHOOL p 363
See RIVER EAST TRANSCONA SCHOOL DIVISION
RADISSON HOTEL & CONFERENCE CENTRE CANMORE p 66
See CHIP REIT NO 29 OPERATIONS LIMITED PARTNERSHIP
RADISSON HOTEL & SUITES p 120
See HOLLOWAY LODGING LIMITED PARTNERSHIP
RADISSON HOTEL & SUITES LONDON p 660
See WESTMONT HOSPITALITY MANAGEMENT LIMITED
RADISSON HOTEL OTTAWA PARLIAMENT HILL p 793
See INNVEST PROPERTIES CORP
RADISSON HOTEL SUDBURY p 871
See VISTA SUDBURY HOTEL INC
RADISSON HOTEL TORONTO EAST p 746
See WW HOTELS CORP
RADISSON PARK SCHOOL p 12
See CALGARY BOARD OF EDUCATION
RADISSON SUITE HOTEL HALIFAX p 459
1649 Hollis St, HALIFAX, NS, B3J 1V8
(902) 429-7233   SIC 7011
RADISSONADMIRAL HOTEL p 916
See 1548383 ONTARIO INC
RADIUM RESORT INC p 264
7565 Columbia Ave, RADIUM HOT SPRINGS, BC, V0A 1M0
(250) 347-6200   SIC 5941
RADVILLE MARIAN HEALTH CENTRE INC p 1281
217 Warren St, RADVILLE, SK, S0C 2G0
(306) 869-2224   SIC 8051
RADWELL INTERNATIONAL CANADA - AUTOMATION ULC p 861
1100 South Service Rd Unit 101, STONEY CREEK, ON, L8E 0C5
SIC 7629
RAE & JERRY'S STEAK HOUSE p 382
See STEER HOLDINGS LTD
RAE BROTHERS LTD p 842
60 Modern Rd, SCARBOROUGH, ON, M1R 3B6
SIC 1541
RAFT RIVER ELEMENTARY SCHOOL p 199
See SCHOOL DISTRICT 73 (KAMLOOPS/THOMPSON)
RAFUSE BUILDING SUPPLIES (1977) LTD p 480

200 Dykeland St, WOLFVILLE, NS, B4P 1A2
(902) 542-2211   SIC 5211
RAFUSE HOME HARDWARE BUILDING CENTRE p 480
See RAFUSE BUILDING SUPPLIES (1977) LTD
RAHR MALTING CANADA LTD p 3
Hwy 12 E, ALIX, AB, T0C 0B0
(403) 747-2777   SIC 2083
RAIL BONAVENTURE INC p 1255
650 Boul Lionel-Boulet, VARENNES, QC, J3X 1P7
(450) 652-5400   SIC 1629
RAIL-TERM INC p 785
200 Tremblay Rd, OTTAWA, ON, K1G 3H5
(613) 569-6344   SIC 4111
RAINBOW ADULT DAY CENTRE p 698
See INDIA RAINBOW COMMUNITY SERVICES OF PEEL
RAINBOW ALTERNATIVE SECONDARY SCHOOL p 871
See RAINBOW DISTRICT SCHOOL BOARD
RAINBOW CINEMAS p 869
See MAGIC LANTERN THEATRES LTD
RAINBOW CINEMAS p 910
See MAGIC LANTERN THEATRES LTD
RAINBOW CINEMAS p 1292
See RAINBOW CINEMAS INC
RAINBOW CINEMAS INC p 1292
3510 8th St E, SASKATOON, SK, S7H 0W6
(306) 955-1937   SIC 7832
RAINBOW COLONY FARMING CO LTD p 157
26052 Township Road 350, RED DEER COUNTY, AB, T4G 0M4
(403) 227-6465   SIC 8661
RAINBOW CONCRETE INDUSTRIES LIMITED p 868
2477 Maley Dr, SUDBURY, ON, P3A 4R7
(705) 566-1740   SIC 3271
RAINBOW DAY NURSERY INC p 391
445 Island Shore Blvd Unit 11, WINNIPEG, MB, R3X 2B4
(204) 256-0672   SIC 8351
RAINBOW DISTRICT SCHOOL BOARD p 549
8 Lincoln St, CAPREOL, ON, P0M 1H0
SIC 8211
RAINBOW DISTRICT SCHOOL BOARD p 553
3594 144 Hwy, CHELMSFORD, ON, P0M 1L0
(705) 675-0225   SIC 8211
RAINBOW DISTRICT SCHOOL BOARD p 553
121 Charlotte Ave, CHELMSFORD, ON, P0M 1L0
(705) 671-5945   SIC 8211
RAINBOW DISTRICT SCHOOL BOARD p 564
Gd, COPPER CLIFF, ON, P0M 1N0
(705) 682-4721   SIC 8211
RAINBOW DISTRICT SCHOOL BOARD p 574
147 Spruce Ave Suite 2, ESPANOLA, ON, P5E 1R7
(705) 869-1590   SIC 8211
RAINBOW DISTRICT SCHOOL BOARD p 574
128 Park St, ESPANOLA, ON, P5E 1S7
(705) 869-1651   SIC 8211
RAINBOW DISTRICT SCHOOL BOARD p 591
45 Spruce St, GARSON, ON, P3L 1P8
(705) 675-0204   SIC 8211
RAINBOW DISTRICT SCHOOL BOARD p 596
43 Hall St, GORE BAY, ON, P0P 1H0
(705) 368-7015   SIC 8211
RAINBOW DISTRICT SCHOOL BOARD p 617
1650 Dominion Dr, HANMER, ON, P3P 1A1

(705) 675-0200   SIC 8211
RAINBOW DISTRICT SCHOOL BOARD p 646
100 High St, LEVACK, ON, P0M 2C0
(705) 671-5943   SIC 8211
RAINBOW DISTRICT SCHOOL BOARD p 648
18 Draper St, LITTLE CURRENT, ON, P0P 1K0
(705) 368-2932   SIC 8211
RAINBOW DISTRICT SCHOOL BOARD p 649
249 Sixth Ave Suite 340, LIVELY, ON, P3Y 1M4
(705) 692-3602   SIC 8211
RAINBOW DISTRICT SCHOOL BOARD p 649
265 Fifth Ave Suite 430, LIVELY, ON, P3Y 1M4
(705) 671-5940   SIC 8211
RAINBOW DISTRICT SCHOOL BOARD p 666
107 Bay St, M'CHIGEENG, ON, P0P 1G0
(705) 368-7000   SIC 8211
RAINBOW DISTRICT SCHOOL BOARD p 678
7 Pioneer St E, MARKSTAY, ON, P0M 2G0
(705) 671-5946   SIC 8211
RAINBOW DISTRICT SCHOOL BOARD p 848
106 Lakeshore Rd, SHINING TREE, ON, P0M 2X0
(705) 263-2038   SIC 8211
RAINBOW DISTRICT SCHOOL BOARD p 868
1722 Fielding St, SUDBURY, ON, P3A 1P1
(705) 566-5130   SIC 8211
RAINBOW DISTRICT SCHOOL BOARD p 868
1241 Roy Ave, SUDBURY, ON, P3A 3M5
(705) 566-3935   SIC 8211
RAINBOW DISTRICT SCHOOL BOARD p 868
1545 Kennedy St, SUDBURY, ON, P3A 2G1
(705) 688-0888   SIC 8211
RAINBOW DISTRICT SCHOOL BOARD p 868
1545 Gary Ave, SUDBURY, ON, P3A 4G5
(705) 566-2424   SIC 8211
RAINBOW DISTRICT SCHOOL BOARD p 869
181 First Ave, SUDBURY, ON, P3B 3L3
(705) 566-6020   SIC 8211
RAINBOW DISTRICT SCHOOL BOARD p 869
500 Douglas St, SUDBURY, ON, P3C 1H7
(705) 673-6516   SIC 8211
RAINBOW DISTRICT SCHOOL BOARD p 870
154 College St, SUDBURY, ON, P3C 4Y2
(705) 674-7551   SIC 8211
RAINBOW DISTRICT SCHOOL BOARD p 870
31 Tuddenham Ave, SUDBURY, ON, P3C 3E9
(705) 674-1221   SIC 8211
RAINBOW DISTRICT SCHOOL BOARD p 870
185 Lansdowne St, SUDBURY, ON, P3C 4M1
(705) 675-6451   SIC 8211
RAINBOW DISTRICT SCHOOL BOARD p 870
32 Dell St, SUDBURY, ON, P3C 2X8
(705) 675-6198   SIC 8211
RAINBOW DISTRICT SCHOOL BOARD p 871
102 Loach's Rd, SUDBURY, ON, P3E 2P7
(705) 522-7178   SIC 8211
RAINBOW DISTRICT SCHOOL BOARD p 871
1391 Ramsey View Crt, SUDBURY, ON, P3E 5T4
(705) 522-9968   SIC 8211

RAINBOW DISTRICT SCHOOL BOARD *p* 871
2650 Algonquin Rd, SUDBURY, ON, P3E 4X6
(705) 522-3171   *SIC* 8211

RAINBOW DISTRICT SCHOOL BOARD *p* 871
275 Loach's Rd, SUDBURY, ON, P3E 2P8
(705) 522-2320   *SIC* 8211

RAINBOW DISTRICT SCHOOL BOARD *p* 871
275 Loach's Rd, SUDBURY, ON, P3E 2P8
(705) 523-3308   *SIC* 8733

RAINBOW DISTRICT SCHOOL BOARD *p* 871
408 Wembley Dr, SUDBURY, ON, P3E 1P2
(705) 673-1381   *SIC* 8211

RAINBOW DISTRICT SCHOOL BOARD *p* 871
69 Young St, SUDBURY, ON, P3E 3G5
(705) 377-4615   *SIC* 8211

RAINBOW DISTRICT SCHOOL BOARD *p* 871
2500 South Lane Rd, SUDBURY, ON, P3G 1C8
SIC 8211

RAINBOW DISTRICT SCHOOL BOARD *p* 946
1840 Valleyview Rd, VAL CARON, ON, P3N 1S1
(705) 671-5956   *SIC* 8211

RAINBOW DISTRICT SCHOOL BOARD *p* 946
1918 Main St, VAL CARON, ON, P3N 1R8
(705) 671-5948   *SIC* 8211

RAINBOW ENTERPRISES LTD *p* 430
5 First Ave, PASADENA, NL, A0L 1K0
(709) 686-2063   *SIC* 5912

RAINBOW INTERMEDIATE CARE HOME *p* 260
See NORTHERN HEALTH AUTHORITY

RAINBOW LAKE SCHOOL *p* 151
See FORT VERMILION SCHOOL DIVISON 52

RAINBOW NURSING REGISTRY LTD *p* 924
344 Dupont St Suite 402c, TORONTO, ON, M5R 1V9
(416) 922-7616   *SIC* 8049

RAINBOW TRAILERS INC *p* 346
335 Broadway St, CARTWRIGHT, MB, R0K 0L0
(204) 529-2581   *SIC* 3715

RAINBOW TRANSPORT (1974) LTD *p* 127
8601 115 St, GRANDE PRAIRIE, AB, T8V 6Y6
(780) 538-1441   *SIC* 4213

RAINBOW TRANSPORT (1974) LTD *p* 150
9700 74 St, PEACE RIVER, AB, T8S 1T3
(780) 624-1377   *SIC* 4731

RAINCITY HOUSING AND SUPPORT SOCIETY *p* 302
707 Powell St, VANCOUVER, BC, V6A 1H5
(604) 254-3700   *SIC* 8322

RAINONE CONSTRUCTION (2007) LIMITED *p* 668
86 Evergreen Dr, MARATHON, ON, P0T 2E0
SIC 1623

RAINTREE LUMBER SPECIALTIES LTD *p* 282
5390 192 St, SURREY, BC, V3S 8E5
(604) 574-0444   *SIC* 2421

RAINY RIVER DISTRICT SCHOOL BOARD *p* 490
324 Mercury Ave, ATIKOKAN, ON, P0T 1C1
(807) 597-2703   *SIC* 8211

RAINY RIVER DISTRICT SCHOOL BOARD *p* 490
209 Hawthorne Rd, ATIKOKAN, ON, P0T 1C1
(807) 597-6640   *SIC* 8211

RAINY RIVER DISTRICT SCHOOL BOARD *p* 569
Gd, DEVLIN, ON, P0W 1C0
(807) 486-3329   *SIC* 8211

RAINY RIVER DISTRICT SCHOOL BOARD *p* 574
57 Colonization Rd, EMO, ON, P0W 1E0
(807) 482-2271   *SIC* 8211

RAINY RIVER DISTRICT SCHOOL BOARD *p* 590
475 Keating Ave, FORT FRANCES, ON, P9A 3K8
(807) 274-3616   *SIC* 8211

RAINY RIVER DISTRICT SCHOOL BOARD *p* 590
522 Second St E, FORT FRANCES, ON, P9A 1N4
(807) 274-9857   *SIC* 8211

RAINY RIVER DISTRICT SCHOOL BOARD *p* 590
528 Second St E, FORT FRANCES, ON, P9A 1N4
(807) 274-9818   *SIC* 8211

RAINY RIVER DISTRICT SCHOOL BOARD *p* 683
123 Mine Centre Rd, MINE CENTRE, ON, P0W 1H0
(807) 599-2843   *SIC* 8211

RAINY RIVER DISTRICT SCHOOL BOARD *p* 818
1 Mill Ave, RAINY RIVER, ON, P0W 1L0
(807) 852-3284   *SIC* 8211

RAINY RIVER DISTRICT SCHOOL BOARD *p* 866
270 Hwy 617, STRATTON, ON, P0W 1N0
SIC 8211

RAINY RIVER HIGH SCHOOL *p* 818
See RAINY RIVER DISTRICT SCHOOL BOARD

RALPH MAYBANK SCHOOL *p* 389
See PEMBINA TRAILS SCHOOL DIVISION, THE

RALPH McCALL ELEMENTARY SCHOOL *p* 3
See ROCKY VIEW SCHOOL DIVISION NO. 41, THE

RALPH'S AUTO SUPPLY (B.C.) LTD *p* 284
10731 120 St, SURREY, BC, V3V 4G5
SIC 5531

RALPH'S TRANSPORT DIV OF *p* 452
See SEABOARD TRANSPORT GROUP

RALSTON FUELS *p* 982
See WILBUR, DAVID PRODUCTS LTD

RALSTON SCHOOL *p* 151
See PRAIRIE ROSE SCHOOL DIVISION NO 8

RAM CARPET SERVICES LTD *p* 11
3611 27 St Ne Suite 1, CALGARY, AB, T1Y 5E4
(403) 291-1051   *SIC* 7217

RAM CLEANING SERVICES *p* 11
See RAM CARPET SERVICES LTD

RAM-LP INC *p* 858
38590 Third Line, ST THOMAS, ON, N5P 3T2
SIC 4953

RAMA CENTRAL PUBLIC SHCOOL *p* 949
See SIMCOE COUNTY DISTRICT SCHOOL BOARD, THE

RAMADA CROWCHILD INN *p* 58
See DEBRA'S HOTELS INC

RAMADA HOTEL *p* 41
See CALGARY RAMADA DOWNTOWN LIMITED PARTNERSHIP

RAMADA HOTEL *p* 599
See ATLIFIC INC

RAMADA HOTEL & CONFERENCE CENTRE *p* 600
See D. L. PAGANI LIMITED

RAMADA HOTEL & SUITES *p* 296
See MR. SPORT HOTEL HOLDINGS LTD

RAMADA INN & CONVENTION CENTRE *p* 766
See SILVER HOTEL (OAKVILLE) INC

RAMADA INN & SUITES *p* 168
See JASPER INN INVESTMENTS LTD

RAMADA INN & SUITES CANMORE *p* 67
See JASPER INN INVESTMENTS LTD

RAMADA INN & SUITES PENTICTON *p* 252
See PENTICTON COURTYARD INN LTD

RAMADA INN BURNTWOOD *p* 359
See 3269001 MANITOBA LTD

RAMBLER METALS AND MINING CANADA LIMITED *p* 423
309 410 William Chipp Bldg Hwy, BAIE VERTE, NL, A0K 1B0
(709) 800-1929   *SIC* 1081

RAMBLER MINES *p* 423
See RAMBLER METALS AND MINING CANADA LIMITED

RAMKEY COMMUNICATIONS INC *p* 526
20 Roy Blvd Unit 2, BRANTFORD, ON, N3R 7K2
(519) 759-8884   *SIC* 1731

RAMVAL INC *p* 1098
6500 Rue Saint-Hubert, Montreal, QC, H2S 2M3
(514) 272-8233   *SIC* 5912

RANA MEDICAL *p* 351
See RIMER ALCO NORTH AMERICA INC

RANCH EHRLO SOCIETY *p* 1274
Gd, MARTENSVILLE, SK, S0K 2T0
(306) 659-3100   *SIC* 8361

RANCH EHRLO SOCIETY *p* 1280
Gd, PRINCE ALBERT, SK, S6V 6J9
(306) 764-4511   *SIC* 8322

RANCH PARK ELEMENTARY SCHOOL *p* 200
See SCHOOL DISTRICT NO. 43 (COQUITLAM)

RANCHDALE ELEMENTARY SCHOOL *p* 751
See TORONTO DISTRICT SCHOOL BOARD

RANCHERO ELEMENTARY SCHOOL *p* 276
See NORTH OKANAGAN SHUSWAP SCHOOL DISTRICT 83

RANCHLANDS SCHOOL *p* 61
See CALGARY BOARD OF EDUCATION

RANCHO REALTY (EDMONTON) LTD *p* 113
3203 93 St Nw Suite 300, EDMONTON, AB, T6N 0B2
(780) 463-1126   *SIC* 6553

RANCHO REALTY SERVICES (MANITOBA) LTD *p* 113
3203 93 St Nw Suite 200, EDMONTON, AB, T6N 0B2
(780) 463-2132   *SIC* 6531

RANCHO REALTY SERVICES EDMONTON *p* 113
See RANCHO REALTY SERVICES (MANITOBA) LTD

RAND A TECHNOLOGY CORPORATION *p* 722
151 Courtneypark Dr W Suite 201, MISSISSAUGA, ON, L5W 1Y5
(905) 565-2929   *SIC* 8741

RAND WORLDWIDE *p* 722
See RAND A TECHNOLOGY CORPORATION

RAND-BRO ENTERPRISES LTD *p* 127
12520 100 St, GRANDE PRAIRIE, AB, T8V 4H8
(780) 538-1991   *SIC* 5812

RANDALL PUBLIC SCHOOL *p* 676
See YORK REGION DISTRICT SCHOOL BOARD

RANDERSON RIDGE SCHOOL *p* 242
See SCHOOL DISTRICT NO. 68 (NANAIMO-LADYSMITH)

RANDSTAD *p* 1152
See RANDSTAD INTERIM INC

RANDSTAD CANADA *p* 544
See RANDSTAD INTERIM INC

RANDSTAD CANADA GROUP *p* 902
See RANDSTAD INTERIM INC

RANDSTAD INTERIM INC *p* 508
200 Baseline Rd E Suite 6, BOWMANVILLE, ON, L1C 1A2
SIC 7361

RANDSTAD INTERIM INC *p* 544
1315 Bishop St N, CAMBRIDGE, ON, N1R 6Z2
(519) 740-6944   *SIC* 7361

RANDSTAD INTERIM INC *p* 698
201 City Centre Dr, MISSISSAUGA, ON, L5B 4E4
(905) 501-7117   *SIC* 7361

RANDSTAD INTERIM INC *p* 902
60 Bloor St W Suite 1400, TORONTO, ON, M4W 3B8
(416) 962-9262   *SIC* 7361

RANDSTAD INTERIM INC *p* 902
60 Bloor St W Suite 505, TORONTO, ON, M4W 3B8
(416) 962-8133   *SIC* 7361

RANDSTAD INTERIM INC *p* 1107
1001 Boul De Maisonneuve O Bureau 1510, Montreal, QC, H3A 3C8
(514) 845-5775   *SIC* 7379

RANDSTAD INTERIM INC *p* 1107
810 Boul De Maisonneuve O, Montreal, QC, H3A 3E6
(514) 350-0033   *SIC* 7361

RANDSTAD INTERIM INC *p* 1152
3 Rue Marie-De-L'incarnation, Quebec, QC, G1M 3J4
(418) 525-6766   *SIC* 7361

RANDSTAD INTERIM INC *p* 1207
3333 Boul De La Cote-Vertu Bureau 600, SAINT-LAURENT, QC, H4R 2N1
(514) 332-1555   *SIC* 7361

RANDY KUNTZ CATERING COMPANY LIMITED *p* 1285
Gd Stn Main, REGINA, SK, S4P 3C7
(306) 539-0008   *SIC* 5812

RANDY RIVER INC *p* 760
107a Orfus Rd, NORTH YORK, ON, M6A 1M4
(416) 785-1771   *SIC* 5611

RANGE LAKE NORTH SCHOOL *p* 439
See YELLOWKNIFE DISTRICT NO. 1 EDUCATION AUTHORITY

RANGER BOARD *p* 6
See WEST FRASER MILLS LTD

RANGER METAL PRODUCTS LIMITED *p* 604
31 Malcolm Rd, GUELPH, ON, N1K 1A7
SIC 3496

RANKA ENTERPRISES INC *p* 674
7261 Victoria Park Ave, MARKHAM, ON, L3R 2M7
(905) 752-1081   *SIC* 6553

RANKIN CONSTRUCTION INC *p* 856
222 Martindale Rd, ST CATHARINES, ON, L2S 0B2
(905) 684-1111   *SIC* 1794

RANNIE PUBLICATIONS LIMITED *p* 501
4309 Central Ave, BEAMSVILLE, ON, L0R 1B0
SIC 2711

RAPID CITY ELEMENTARY *p* 354
See ROLLING RIVER SCHOOL DIVISION 39

RAPID REFRIGERATION MANUFACTURING COMPANY LIMITED *p* 841
1550 Birchmount Rd, SCARBOROUGH, ON, M1P 2H1
(416) 285-8282   *SIC* 3585

RAPIDE INVESTIGATION CANADA LTEE *p* 1053
114 Rue Saint-Georges, LA PRAIRIE, QC, J5R 2L9
(514) 879-1199   *SIC* 7323

RAPIDE SNACK INC *p* 1059
7232 Rue Cordner, LASALLE, QC, H8N 2W8
(514) 364-0258   *SIC* 2064

RAPIDGAZ *p* 1041
See SERVICE D'ECHANGE RAPIDGAZ

BUSINESSES ALPHABETICALLY

INC
RAPPORTS PRE-EMPLOI GROUPECHO p 1018
See GROUPECHO CANADA INC
RARE METHOD p 53
See RAREMETHOD INTERACTIVE STUDIOS INC
RAREMETHOD INTERACTIVE STUDIOS INC p 53
1812 4 St Sw Suite 601, CALGARY, AB, T2S 1W1
SIC 4899
RATANA HOME & FLORAL p 298
See RATANA INTERNATIONAL LTD
RATANA INTERNATIONAL LTD p 298
8310 Manitoba St, VANCOUVER, BC, V5X 3A5
(604) 321-6776   *SIC* 5992
RATUSHNIAK ELEMENTARY SCHOOL p 1273
See NORTHWEST SCHOOL DIVISION 203
RATZ-BECHTEL FUNERAL HOME p 641
See SERVICE CORPORATION INTERNATIONAL (CANADA) LIMITED
RAUTE CANADA LTD p 208
1633 Cliveden Ave, DELTA, BC, V3M 6V5
(604) 524-6611   *SIC* 3569
RAVEN ENTERPRISES INC. p 1280
200 28th St E, PRINCE ALBERT, SK, S6V 1X2
(306) 922-3663   *SIC* 5411
RAVEN RESCUE p 278
Gd, SMITHERS, BC, V0J 2N0
(250) 847-2427   *SIC* 8211
RAVENSONG AQUATIC CENTRE p 263
See REGIONAL DISTRICT OF NANAIMO
RAWDON ELEMENTARY SCHOOL p 1170
See SIR WILFRID LAURIER SCHOOL BOARD
RAWLCO CAPITAL LTD p 1285
2401 Saskatchewan Dr Suite 210, REGINA, SK, S4P 4H8
(306) 525-0000   *SIC* 4832
RAWLCO COMMUNICATIONS CAPITAL LTD p 11
2723 37 Ave Ne Suite 220, CALGARY, AB, T1Y 5R8
(403) 451-9893   *SIC* 4832
RAWLCO RADIO p 1285
See RAWLCO CAPITAL LTD
RAWLCO RADIO LTD p 109
5241 Calgary Trail Nw Suite 700, EDMONTON, AB, T6H 5G8
(780) 433-7877   *SIC* 4899
RAWLINSON COMMUNITY SCHOOL p 934
See TORONTO DISTRICT SCHOOL BOARD
RAY LEWIS SCHOOL p 609
See HAMILTON-WENTWORTH DISTRICT SCHOOL BOARD, THE
RAY OF HOPE INC p 641
47 Madison Ave S, KITCHENER, ON, N2G 3M4
(519) 741-8881   *SIC* 8399
RAY SHEPHERD ELEMENTARY SCHOOL p 288
See SCHOOL DISTRICT NO 36 (SURREY)
RAY UNDERHILL PUBLIC SCHOOL p 710
See PEEL DISTRICT SCHOOL BOARD
RAY WATKINS ELEMENTARY SCHOOL p 216
See SCHOOL DISTRICT #84 (VANCOUVER ISLAND WEST)
RAY-MONT LOGISTIQUES CANADA INC p 267
15900 River Rd, RICHMOND, BC, V6V 1L5
(604) 244-0200   *SIC* 4731
RAY-MONT LOGISTIQUES CANADA INC p 1118
1600 Rue Wellington, Montreal, QC, H3K 1V4
(514) 933-2957   *SIC* 4783
RAYBURN'S MARINE WORLD LTD p 224
2330 Enterprise Way, KELOWNA, BC, V1X

4H7
(250) 860-4232   *SIC* 5551
RAYDON RENTALS LTD p 57
11560 42 St Se Suite 1, CALGARY, AB, T2Z 4E1
(403) 640-4800   *SIC* 7353
RAYDON RENTALS LTD p 93
10235 180 Street Nw, EDMONTON, AB, T5S 1C1
(780) 989-1301   *SIC* 7353
RAYDON RENTALS LTD p 106
4750 101 St Nw, EDMONTON, AB, T6E 5G9
(780) 455-2005   *SIC* 7353
RAYDON RENTALS LTD p 121
905 Memorial Dr, FORT MCMURRAY, AB, T9H 3G6
(780) 743-5217   *SIC* 7359
RAYDON RENTALS LTD p 127
9501 116 St Suite 201, GRANDE PRAIRIE, AB, T8V 5W3
(780) 513-1245   *SIC* 7353
RAYDON RENTALS LTD p 229
9565 198 St, LANGLEY, BC, V1M 3B8
(604) 888-5787   *SIC* 7353
RAYLEIGH ELEMENTARY p 222
See SCHOOL DISTRICT 73 (KAMLOOPS/THOMPSON)
RAYMARK p 1081
See SYSTEMES DELEVANTE INC
RAYMOND CHABOT GRANT THORNTON S.E.N.C.R.L. p 792
116 Albert St Suite 1000, OTTAWA, ON, K1P 5G3
(613) 760-3500   *SIC* 8721
RAYMOND CHABOT GRANT THORNTON S.E.N.C.R.L. p 989
66 1re Av O, AMOS, QC, J9T 1T8
(819) 732-3208   *SIC* 8721
RAYMOND CHABOT GRANT THORNTON S.E.N.C.R.L. p 1008
4805 Boul Lapiniere Bureau 2100, BROSSARD, QC, J4Z 0G2
(450) 445-6226   *SIC* 8721
RAYMOND CHABOT GRANT THORNTON S.E.N.C.R.L. p 1015
255 Rue Racine E Bureau 800, CHICOUTIMI, QC, G7H 7L2
(418) 549-4142   *SIC* 8721
RAYMOND CHABOT GRANT THORNTON S.E.N.C.R.L. p 1020
2500 Boul Daniel-Johnson Bureau 300, Cote Saint-Luc, QC, H7T 2P6
(514) 382-0270   *SIC* 8721
RAYMOND CHABOT GRANT THORNTON S.E.N.C.R.L. p 1022
112 Rue Du Sud Bureau 100, COWANSVILLE, QC, J2K 2X2
(450) 263-2010   *SIC* 8721
RAYMOND CHABOT GRANT THORNTON S.E.N.C.R.L. p 1038
15 Rue Gamelin Bureau 400, GATINEAU, QC, J8Y 6N5
(819) 770-9833   *SIC* 8721
RAYMOND CHABOT GRANT THORNTON S.E.N.C.R.L. p 1053
901 5e Rue Rouleau Unite 400, La Pocatiere, QC, G0R 1Z0
(418) 856-2547   *SIC* 8721
RAYMOND CHABOT GRANT THORNTON S.E.N.C.R.L. p 1065
5700 Rue J.-B.-Michaud Bureau 400, Levis, QC, G6V 0B1
(418) 835-3965   *SIC* 8721
RAYMOND CHABOT GRANT THORNTON S.E.N.C.R.L. p 1077
305 Rue De La Gare, MATANE, QC, G4W 3J2
(418) 562-0203   *SIC* 8721
RAYMOND CHABOT GRANT THORNTON S.E.N.C.R.L. p 1173
165 Av Belzile, RIMOUSKI, QC, G5L 8Y2
(418) 722-4611   *SIC* 8721
RAYMOND CHABOT GRANT THORNTON S.E.N.C.R.L. p 1175

300 Boul De L'hotel-De-Ville, Riviere-du-Loup, QC, G5R 5C6
(418) 862-6396   *SIC* 8721
RAYMOND CHABOT GRANT THORNTON S.E.N.C.R.L. p 1189
11505 1re Av Bureau 300, SAINT-GEORGES, QC, G5Y 7X3
(418) 228-8969   *SIC* 8721
RAYMOND CHABOT GRANT THORNTON S.E.N.C.R.L. p 1195
1355 Boul Johnson O, SAINT-HYACINTHE, QC, J2S 8W7
(450) 773-2424   *SIC* 8721
RAYMOND CHABOT GRANT THORNTON S.E.N.C.R.L. p 1197
745 Rue Gadbois Bureau 201, SAINT-JEAN-SUR-RICHELIEU, QC, J3A 0A1
(450) 348-6886   *SIC* 8721
RAYMOND CHABOT GRANT THORNTON S.E.N.C.R.L. p 1237
455 Rue King O Bureau 500, SHERBROOKE, QC, J1H 6G4
(819) 822-4000   *SIC* 8721
RAYMOND CHABOT GRANT THORNTON S.E.N.C.R.L. p 1246
257 Rue Notre-Dame O Bureau 2e, THETFORD MINES, QC, G6G 1J7
(418) 335-7511   *SIC* 8721
RAYMOND CHABOT INC p 1084
5 Boul Tache E, MONTMAGNY, QC, G5V 1B6
(418) 248-1303   *SIC* 8721
RAYMOND CHABOT INC p 1113
600 Rue De La Gauchetiere O Bureau 2000, Montreal, QC, H3B 4L8
(514) 879-1385   *SIC* 8111
RAYMOND CHABOT INC p 1158
140 Grande Allee E Bureau 200, Quebec, QC, G1R 5P7
(888) 549-1717   *SIC* 8111
RAYMOND ELEMENTARY SCHOOL p 152
See WESTWIND SCHOOL DIVISION #74
RAYMOND HIGH SCHOOL p 152
See WESTWIND SCHOOL DIVISION #74
RAYMOND JAMES (USA) LTD p 48
525 8 Ave Sw Suite 161, CALGARY, AB, T2P 1G1
(403) 221-0333   *SIC* 6211
RAYMOND JAMES (USA) LTD p 82
10060 Jasper Ave Nw Suite 2300, EDMONTON, AB, T5J 3R8
(780) 414-2500   *SIC* 6211
RAYMOND JAMES (USA) LTD p 179
2881 Garden St Unit 200, ABBOTSFORD, BC, V2T 4X1
(604) 855-0654   *SIC* 6211
RAYMOND JAMES (USA) LTD p 226
1726 Dolphin Ave Suite 500, KELOWNA, BC, V1Y 9R9
(250) 979-2700   *SIC* 6211
RAYMOND JAMES (USA) LTD p 305
333 Seymour St Suite 1450, VANCOUVER, BC, V6B 5A6
(604) 639-8600   *SIC* 6211
RAYMOND JAMES (USA) LTD p 309
925 Georgia St W Suite 2100, VANCOUVER, BC, V6C 3L2
(604) 654-7258   *SIC* 6211
RAYMOND JAMES (USA) LTD p 332
1175 Douglas St Suite 1000, VICTORIA, BC, V8W 2E1
(250) 405-2400   *SIC* 6211
RAYMOND JAMES (USA) LTD p 792
45 O'connor St Suite 750, OTTAWA, ON, K1P 1A4
(613) 369-4600   *SIC* 6211
RAYMOND JAMES (USA) LTD p 916
40 King St W Suite 5300, TORONTO, ON, M5H 3Y2
(416) 777-7000   *SIC* 8742
RAYMOND JAMES (USA) LTD p 1297
105 21st St E Suite 700, SASKATOON, SK, S7K 0B3
(306) 651-4250   *SIC* 6211

RAYMOND JAMES LTD p 792
See RAYMOND JAMES (USA) LTD
RAYMOND REBUILTS p 688
See G.N. JOHNSTON EQUIPMENT CO. LTD
RAYMOND SALONS LTD p 33
6455 Macleod Trail Sw Suite 141, CALGARY, AB, T2H 0K3
(403) 252-0522   *SIC* 7231
RAYMOND SALONS LTD p 35
100 Anderson Rd Se Unit 509, CALGARY, AB, T2J 3V1
(403) 263-9960   *SIC* 7231
RAYMOND SALONS LTD p 109
100 Southgate Shopping Ctr Nw, EDMONTON, AB, T6H 4M8
SIC 7231
RAYMOND SALONS LTD p 109
100 Southgate Shopping Ctr Nw Unit 458, EDMONTON, AB, T6H 4M8
(780) 435-0286   *SIC* 7231
RAYMOND SALONS LTD p 109
5015 111 St Nw Suite 458, EDMONTON, AB, T6H 4M6
(780) 436-1515   *SIC* 7231
RAYMOND SALONS LTD p 271
6551 No. 3 Rd Suite 1450, RICHMOND, BC, V6Y 2B6
(604) 482-3262   *SIC* 7231
RAYMOND SALONS LTD p 300
650 41st Ave W Suite 137, VANCOUVER, BC, V5Z 2M9
SIC 7991
RAYMOND SALONS LTD p 338
782 Park Royal N, WEST VANCOUVER, BC, V7T 1H9
SIC 7231
RAYMOND SALONS LTD p 338
988 Park Royal S Suit 2034, WEST VANCOUVER, BC, V7T 1A1
(604) 981-3300   *SIC* 7231
RAYMOND SENIOR HIGH SCHOOL p 152
See WESTWIND SCHOOL DIVISION #74
RAYMOND, J. COUVREUR & FILS INC p 1078
20550 Ch De La Cote N, MIRABEL, QC, J7J 2B7
(450) 430-7900   *SIC* 1761
RAYMOND-CBE MACHINERY INC p 270
11788 River Rd Suite 118, RICHMOND, BC, V6X 1Z7
SIC 3561
RAYMOND-HENNESSEY SALON & SPA RICHMOND CENTRE p 271
See RAYMOND SALONS LTD
RAYNOR CANADA CORP p 690
5100 Timberlea Blvd Suite A, MISSISSAUGA, ON, L4W 2S5
(905) 625-0037   *SIC* 3442
RAYONESE TEXTILE INC p 1200
500 Boul Monseigneur-Dubois, Saint-Jerome, QC, J7Y 3L8
(450) 476-1991   *SIC* 2221
RAYONNAGE CAMRACK INC p 1218
3112 Rue Bernard-Pilon, SAINT-MATHIEU-DE-BELOEIL, QC, J3G 4S5
(450) 446-3003   *SIC* 2542
RAYTHEON CANADA LIMITED p 25
838 55 Ave Ne, CALGARY, AB, T2E 6Y4
SIC 3812
RAYTHEON CANADA LIMITED p 680
450 Leitz Rd Suite 2, MIDLAND, ON, L4R 5B8
(705) 526-5401   *SIC* 3827
RAYTHEON CANADA LIMITED p 952
400 Phillip St, WATERLOO, ON, N2L 6R7
(519) 885-0110   *SIC* 3669
RAYTHEON ELCAN OPTICAL TECHNOLOGIES p 680
See RAYTHEON CANADA LIMITED
RAZIR TRANSPORT SERVICES LTD p 390
1460 Clarence Ave Suite 204, WINNIPEG, MB, R3T 1T6

▲ Public Company   ■ Public Company Family Member   **HQ** Headquarters   **BR** Branch   **SL** Single Location

RB WILLIAM INDUSTRIAL SUPPLY

(204) 489-2258 SIC 4213
RB WILLLIAM INDUSTRIAL SUPPLY p 147
See R.B.W. WASTE MANAGEMENT LTD
RB2 ENERGY SERVICES INC p 65
9550 114 Ave Se Suite 20, CALGARY, AB, T3S 0A5
(403) 203-2344 SIC 8748
RBC p 11
See ROYAL BANK OF CANADA
RBC p 13
See ROYAL BANK OF CANADA
RBC p 33
See ROYAL BANK OF CANADA
RBC p 37
See ROYAL BANK OF CANADA
RBC p 48
See ROYAL BANK OF CANADA
RBC p 63
See ROYAL BANK OF CANADA
RBC p 64
See ROYAL BANK OF CANADA
RBC p 66
See ROYAL BANK OF CANADA
RBC p 67
See ROYAL BANK OF CANADA
RBC p 69
See ROYAL BANK OF CANADA
RBC p 76
See ROYAL BANK OF CANADA
RBC p 82
See ROYAL BANK OF CANADA
RBC p 89
See ROYAL BANK OF CANADA
RBC p 106
See ROYAL BANK OF CANADA
RBC p 118
See ROYAL BANK OF CANADA
RBC p 121
See ROYAL BANK OF CANADA
RBC p 123
See ROYAL BANK OF CANADA
RBC p 127
See ROYAL BANK OF CANADA
RBC p 136
See ROYAL BANK OF CANADA
RBC p 142
See ROYAL BANK OF CANADA
RBC p 154
See ROYAL TRUST CORPORATION OF CANADA
RBC p 165
See ROYAL BANK OF CANADA
RBC p 168
See ROYAL BANK OF CANADA
RBC p 176
See ROYAL BANK OF CANADA
RBC p 177
See ROYAL BANK OF CANADA
RBC p 185
See ROYAL BANK OF CANADA
RBC p 195
See ROYAL BANK OF CANADA
RBC p 204
See ROYAL BANK OF CANADA
RBC p 206
See ROYAL BANK OF CANADA
RBC p 209
See ROYAL BANK OF CANADA
RBC p 212
See ROYAL BANK OF CANADA
RBC p 215
See ROYAL BANK OF CANADA
RBC p 219
See ROYAL BANK OF CANADA
RBC p 221
See ROYAL BANK OF CANADA
RBC p 224
See ROYAL BANK OF CANADA
RBC p 228
See ROYAL BANK OF CANADA
RBC p 231
See ROYAL BANK OF CANADA
RBC p 236
See ROYAL BANK OF CANADA

RBC p 238
See ROYAL BANK OF CANADA
RBC p 242
See ROYAL BANK OF CANADA
RBC p 243
See ROYAL BANK OF CANADA
RBC p 247
See ROYAL BANK OF CANADA
RBC p 256
See ROYAL BANK OF CANADA
RBC p 258
See ROYAL BANK OF CANADA
RBC p 262
See ROYAL BANK OF CANADA
RBC p 264
See ROYAL BANK OF CANADA
RBC p 270
See ROYAL BANK OF CANADA
RBC p 272
See ROYAL BANK OF CANADA
RBC p 276
See ROYAL BANK OF CANADA
RBC p 278
See ROYAL BANK OF CANADA
RBC p 279
See ROYAL BANK OF CANADA
RBC p 284
See ROYAL BANK OF CANADA
RBC p 295
See ROYAL BANK OF CANADA
RBC p 298
See ROYAL BANK OF CANADA
RBC p 300
See ROYAL BANK OF CANADA
RBC p 305
See ROYAL BANK OF CANADA
RBC p 313
See ROYAL BANK OF CANADA
RBC p 315
See ROYAL BANK OF CANADA
RBC p 318
See ROYAL BANK OF CANADA
RBC p 325
See ROYAL BANK OF CANADA
RBC p 326
See ROYAL BANK OF CANADA
RBC p 327
See ROYAL BANK OF CANADA
RBC p 330
See ROYAL BANK OF CANADA
RBC p 334
See ROYAL BANK OF CANADA
RBC p 341
See ROYAL BANK OF CANADA
RBC p 343
See ROYAL BANK OF CANADA
RBC p 345
See ROYAL BANK OF CANADA
RBC p 347
See ROYAL BANK OF CANADA
RBC p 349
See ROYAL BANK OF CANADA
RBC p 366
See ROYAL BANK OF CANADA
RBC p 370
See ROYAL BANK OF CANADA
RBC p 385
See ROYAL BANK OF CANADA
RBC p 387
See ROYAL BANK OF CANADA
RBC p 390
See ROYAL BANK OF CANADA
RBC p 394
See ROYAL BANK OF CANADA
RBC p 401
See ROYAL BANK OF CANADA
RBC p 445
See ROYAL BANK OF CANADA
RBC p 446
See ROYAL BANK OF CANADA
RBC p 452
See ROYAL BANK OF CANADA
RBC p 462
See ROYAL BANK OF CANADA

RBC p 463
See ROYAL BANK OF CANADA
RBC p 471
See ROYAL BANK OF CANADA
RBC p 478
See ROYAL BANK OF CANADA
RBC p 479
See ROYAL BANK OF CANADA
RBC p 483
See ROYAL BANK OF CANADA
RBC p 504
See ROYAL BANK OF CANADA
RBC p 516
See ROYAL BANK OF CANADA
RBC p 523
See ROYAL BANK OF CANADA
RBC p 526
See ROYAL BANK OF CANADA
RBC p 529
See ROYAL BANK OF CANADA
RBC p 544
See ROYAL BANK OF CANADA
RBC p 549
See ROYAL BANK OF CANADA
RBC p 552
See ROYAL BANK OF CANADA
RBC p 555
See ROYAL BANK OF CANADA
RBC p 562
See ROYAL BANK OF CANADA
RBC p 579
See ROYAL BANK OF CANADA
RBC p 602
See ROYAL BANK OF CANADA
RBC p 609
See ROYAL BANK OF CANADA
RBC p 612
See ROYAL BANK OF CANADA
RBC p 613
See ROYAL BANK OF CANADA
RBC p 621
See ROYAL BANK OF CANADA
RBC p 624
See ROYAL BANK OF CANADA
RBC p 625
See ROYAL BANK OF CANADA
RBC p 629
See ROYAL BANK OF CANADA
RBC p 643
See ROYAL BANK OF CANADA
RBC p 645
See ROYAL BANK OF CANADA
RBC p 646
See ROYAL BANK OF CANADA
RBC p 653
See ROYAL BANK OF CANADA
RBC p 663
See ROYAL BANK OF CANADA
RBC p 667
See ROYAL BANK OF CANADA
RBC p 674
See ROYAL BANK OF CANADA
RBC p 682
See ROYAL BANK OF CANADA
RBC p 685
See ROYAL BANK OF CANADA
RBC p 693
See ROYAL BANK OF CANADA
RBC p 703
See ROYAL BANK OF CANADA
RBC p 711
See ROYAL BANK OF CANADA
RBC p 720
See ROYAL BANK OF CANADA
RBC p 728
See ROYAL BANK OF CANADA
RBC p 734
See ROYAL BANK OF CANADA
RBC p 737
See ROYAL BANK OF CANADA
RBC p 743
See ROYAL BANK OF CANADA
RBC p 745
See ROYAL BANK OF CANADA

RBC p 747
See ROYAL BANK OF CANADA
RBC p 761
See ROYAL BANK OF CANADA
RBC p 766
See ROYAL BANK OF CANADA
RBC p 770
See ROYAL BANK OF CANADA
RBC p 778
See ROYAL BANK OF CANADA
RBC p 786
See ROYAL BANK OF CANADA
RBC p 788
See ROYAL BANK OF CANADA
RBC p 797
See ROYAL BANK OF CANADA
RBC p 798
See ROYAL BANK OF CANADA
RBC p 817
See ROYAL BANK OF CANADA
RBC p 823
See ROYAL BANK OF CANADA
RBC p 845
See ROYAL BANK OF CANADA
RBC p 848
See ROYAL BANK OF CANADA
RBC p 852
See ROYAL BANK OF CANADA
RBC p 854
See ROYAL BANK OF CANADA
RBC p 858
See ROYAL BANK OF CANADA
RBC p 862
See ROYAL BANK OF CANADA
RBC p 866
See ROYAL BANK OF CANADA
RBC p 868
See ROYAL BANK OF CANADA
RBC p 871
See ROYAL BANK OF CANADA
RBC p 881
See ROYAL BANK OF CANADA
RBC p 883
See ROYAL BANK OF CANADA
RBC p 884
See ROYAL BANK OF CANADA
RBC p 900
See ROYAL BANK OF CANADA
RBC p 903
See ROYAL BANK OF CANADA
RBC p 931
See ROYAL BANK OF CANADA
RBC p 952
See ROYAL BANK OF CANADA
RBC p 954
See ROYAL BANK OF CANADA
RBC p 959
See ROYAL BANK OF CANADA
RBC p 970
See ROYAL BANK OF CANADA
RBC p 971
See ROYAL BANK OF CANADA
RBC p 977
See ROYAL BANK OF CANADA
RBC p 1017
See ROYAL BANK OF CANADA
RBC p 1023
See ROYAL BANK OF CANADA
RBC p 1058
See ADDENDA CAPITAL INC
RBC p 1059
See ROYAL BANK OF CANADA
RBC p 1070
See ROYAL BANK OF CANADA
RBC p 1080
See ROYAL BANK OF CANADA
RBC p 1085
See ROYAL BANK OF CANADA
RBC p 1113
See ROYAL BANK OF CANADA
RBC p 1121
See ROYAL BANK OF CANADA
RBC p 1134
See ROYAL BANK OF CANADA

▲ Public Company   ■ Public Company Family Member   **HQ** Headquarters   **BR** Branch   **SL** Single Location

RBC *p 1136*
See ROYAL BANK OF CANADA
RBC *p 1138*
See ROYAL BANK OF CANADA
RBC *p 1143*
See ROYAL BANK OF CANADA
RBC *p 1158*
See ROYAL BANK OF CANADA
RBC *p 1202*
See ROYAL BANK OF CANADA
RBC *p 1216*
See ROYAL BANK OF CANADA
RBC *p 1254*
See ROYAL BANK OF CANADA
RBC *p 1263*
See ROYAL BANK OF CANADA
RBC *p 1268*
See ROYAL BANK OF CANADA
RBC *p 1270*
See ROYAL BANK OF CANADA
RBC *p 1271*
See ROYAL BANK OF CANADA
RBC *p 1276*
See ROYAL BANK OF CANADA
RBC *p 1280*
See ROYAL BANK OF CANADA
RBC *p 1288*
See ROYAL BANK OF CANADA
RBC *p 1293*
See ROYAL BANK OF CANADA
RBC *p 1297*
See ROYAL BANK OF CANADA
RBC *p 1300*
See ROYAL BANK OF CANADA
RBC *p 1307*
See ROYAL BANK OF CANADA
RBC *p 1311*
See ROYAL BANK OF CANADA
RBC - WOODBRIDGE *p 975*
See ROYAL BANK OF CANADA
RBC AUTOMOTIVE FINANCE *p 576*
See ROYAL BANK OF CANADA
RBC AUTOMOTIVE FINANCE *p 874*
See ROYAL BANK OF CANADA
RBC AUTOMOTIVE FINANCE *p 920*
See ROYAL BANK OF CANADA
RBC BANQUE ROYALE *p 1009*
See ROYAL BANK OF CANADA
RBC BANQUE ROYALE *p 1161*
See ROYAL BANK OF CANADA
RBC BANQUE ROYALE *p 1182*
See ROYAL BANK OF CANADA
RBC BEARINGS CANADA, INC *p 991*
8121 Rue Jarry, ANJOU, QC, H1J 1H6
(514) 352-9425 *SIC* 3724
RBC CAPITAL MARKETS *p 920*
See RBC DOMINION SECURITIES INC
RBC CAPITAL MARKETS REAL ESTATE GROUP INC *p 920*
200 Bay St, TORONTO, ON, M5J 2W7
(416) 842-8900 *SIC* 6159
RBC DEXIA INVESTORS SERVICES *p 48*
335 8 Ave Sw, CALGARY, AB, T2P 1C9
(403) 292-3978 *SIC* 6211
RBC DOMINION SECURITIES *p 82*
See RBC DOMINION SECURITIES INC
RBC DOMINION SECURITIES *p 734*
See RBC DOMINION SECURITIES INC
RBC DOMINION SECURITIES *p 821*
See RBC DOMINION SECURITIES INC
RBC DOMINION SECURITIES *p 897*
See RBC DOMINION SECURITIES INC
RBC DOMINION SECURITIES *p 1284*
See 6080090 CANADA INC
RBC DOMINION SECURITIES INC *p 48*
333 7 Ave Sw Suite 1400, CALGARY, AB, T2P 2Z1
(403) 266-9691 *SIC* 6211
RBC DOMINION SECURITIES INC *p 66*
5102 50 Ave, CAMROSE, AB, T4V 0S7
(780) 672-8776 *SIC* 6282
RBC DOMINION SECURITIES INC *p 82*
10235 101 St Nw Suite 2400, EDMONTON, AB, T5J 3G1
(780) 428-0601 *SIC* 6211
RBC DOMINION SECURITIES INC *p 139*
204 1 Ave S, LETHBRIDGE, AB, T1J 0A4
SIC 6211
RBC DOMINION SECURITIES INC *p 179*
31975 South Fraser Way, ABBOTSFORD, BC, V2T 1V5
(604) 855-5349 *SIC* 6282
RBC DOMINION SECURITIES INC *p 226*
1708 Dolphin Ave Suite 1100, KELOWNA, BC, V1Y 9S4
(250) 395-4259 *SIC* 6282
RBC DOMINION SECURITIES INC *p 245*
960 Quayside Dr Suite 201, NEW WESTMINSTER, BC, V3M 6G2
(604) 257-7400 *SIC* 6211
RBC DOMINION SECURITIES INC *p 270*
5811 Cooney Rd Suite 401, RICHMOND, BC, V6X 3M1
(604) 718-3000 *SIC* 6282
RBC DOMINION SECURITIES INC *p 288*
2626 Croydon Dr Unit 400, SURREY, BC, V3Z 0S8
(604) 535-3800 *SIC* 6211
RBC DOMINION SECURITIES INC *p 309*
666 Burrard St Unit 2500, VANCOUVER, BC, V6C 2X8
(604) 257-7200 *SIC* 6282
RBC DOMINION SECURITIES INC *p 312*
1055 West Georgia St, VANCOUVER, BC, V6E 3S5
(604) 257-7120 *SIC* 6282
RBC DOMINION SECURITIES INC *p 318*
2052 41st Ave W Suite 200, VANCOUVER, BC, V6M 1Y8
(604) 665-0688 *SIC* 6282
RBC DOMINION SECURITIES INC *p 326*
Gd Lcd Main, VERNON, BC, V1T 6L9
(250) 549-4050 *SIC* 6211
RBC DOMINION SECURITIES INC *p 332*
730 View St Suite 500, VICTORIA, BC, V8W 3Y7
(250) 356-4800 *SIC* 6211
RBC DOMINION SECURITIES INC *p 338*
250 15th St Suite 201, WEST VANCOUVER, BC, V7T 2X4
(604) 981-6600 *SIC* 6282
RBC DOMINION SECURITIES INC *p 375*
1 Lombard Pl Suite 800, WINNIPEG, MB, R3B 0Y2
(204) 982-3450 *SIC* 6211
RBC DOMINION SECURITIES INC *p 407*
633 Main St Suite 650, MONCTON, NB, E1C 9X9
(506) 869-5444 *SIC* 6211
RBC DOMINION SECURITIES INC *p 417*
44 Chipman Hill Suite 800, SAINT JOHN, NB, E2L 2A9
(506) 637-7500 *SIC* 6211
RBC DOMINION SECURITIES INC *p 459*
1959 Upper Water St Suite 1400, HALIFAX, NS, B3J 3N2
(902) 424-1000 *SIC* 6211
RBC DOMINION SECURITIES INC *p 498*
11 Victoria St Suite 100, BARRIE, ON, L4N 6T3
(705) 725-7400 *SIC* 6282
RBC DOMINION SECURITIES INC *p 521*
50 Queen St W Suite 300, BRAMPTON, ON, L6X 4H3
SIC 6211
RBC DOMINION SECURITIES INC *p 538*
3405 Harvester Rd Unit 105, BURLINGTON, ON, L7N 3N1
SIC 6211
RBC DOMINION SECURITIES INC *p 562*
3300 Highway 7 Suite 701, CONCORD, ON, L4K 4M3
(905) 738-4510 *SIC* 8742
RBC DOMINION SECURITIES INC *p 576*
3250 Bloor St W Suite 705, ETOBICOKE, ON, M8X 2X9
(416) 231-6766 *SIC* 6211
RBC DOMINION SECURITIES INC *p 611*
100 King St W Unit 900, HAMILTON, ON, L8P 1A2
(905) 546-5716 *SIC* 6211
RBC DOMINION SECURITIES INC *p 647*
189 Kent St W, LINDSAY, ON, K9V 5G6
(705) 324-6151 *SIC* 6162
RBC DOMINION SECURITIES INC *p 695*
4 Robert Speck Pky Suite 1100, MISSISSAUGA, ON, L4Z 1S1
(800) 323-6645 *SIC* 6211
RBC DOMINION SECURITIES INC *p 734*
17120 Leslie St Suite 200, NEWMARKET, ON, L3Y 8K7
(905) 895-2377 *SIC* 6211
RBC DOMINION SECURITIES INC *p 749*
5140 Yonge St Unit 1100, NORTH YORK, ON, M2N 6L7
(416) 733-5200 *SIC* 6282
RBC DOMINION SECURITIES INC *p 792*
45 O'connor St Suite 900, OTTAWA, ON, K1P 1A4
(613) 566-7500 *SIC* 6211
RBC DOMINION SECURITIES INC *p 794*
333 Preston St Suite 1100, OTTAWA, ON, K1S 5N4
(613) 564-4800 *SIC* 6282
RBC DOMINION SECURITIES INC *p 801*
303 Moodie Dr Ste 5500, OTTAWA, ON, K2H 9R4
(613) 721-4670 *SIC* 6211
RBC DOMINION SECURITIES INC *p 808*
60 Hunter St E, PETERBOROUGH, ON, K9H 1G5
(705) 743-4275 *SIC* 6282
RBC DOMINION SECURITIES INC *p 821*
260 East Beaver Creek Rd Suite 500, RICHMOND HILL, ON, L4B 3M3
(905) 764-6404 *SIC* 6282
RBC DOMINION SECURITIES INC *p 837*
111 Grangeway Ave Suite 2, SCARBOROUGH, ON, M1H 3E9
(416) 289-2886 *SIC* 6282
RBC DOMINION SECURITIES INC *p 855*
63 Church St Suite 400, ST CATHARINES, ON, L2R 3C4
(905) 988-5888 *SIC* 6211
RBC DOMINION SECURITIES INC *p 879*
1001 William St Suite 300, THUNDER BAY, ON, P7B 6M1
(807) 343-2042 *SIC* 6211
RBC DOMINION SECURITIES INC *p 897*
2345 Yonge St Suite 1000, TORONTO, ON, M4P 2E5
(416) 974-0202 *SIC* 6282
RBC DOMINION SECURITIES INC *p 920*
200 Bay St, TORONTO, ON, M5J 2W7
(416) 842-2000 *SIC* 6282
RBC DOMINION SECURITIES INC *p 951*
95 King St S Suite 202, WATERLOO, ON, N2J 5A2
(519) 747-8007 *SIC* 6211
RBC DOMINION SECURITIES INC *p 967*
1922 Wyandotte St E Suite 200, WINDSOR, ON, N8Y 1E4
(519) 252-3663 *SIC* 6282
RBC DOMINION SECURITIES INC *p 981*
134 Kent St Suite 602, CHARLOTTETOWN, PE, C1A 8R8
(902) 566-5544 *SIC* 6211
RBC DOMINION SECURITIES INC *p 1020*
545 Prom Du Centropolis Bureau 200, Cote Saint-Luc, QC, H7T 0A3
(450) 686-3434 *SIC* 6282
RBC DOMINION SECURITIES INC *p 1107*
1501 Av Mcgill College Bureau 2150, Montreal, QC, H3A 3M8
(514) 840-7644 *SIC* 6211
RBC DOMINION SECURITIES INC *p 1113*
1 Place Ville-Marie Bureau 300, Montreal, QC, H3B 4R8
(514) 878-7000 *SIC* 8742
RBC DOMINION SECURITIES INC *p 1113*
1000 Rue De La Gauchetiere O Bureau 4000, Montreal, QC, H3B 4W5
(514) 878-5000 *SIC* 6211
RBC DOMINION SECURITIES INC *p 1237*
455 Rue King O Bureau 320, SHERBROOKE, QC, J1H 6E9
(819) 829-5533 *SIC* 6211
RBC DOMINION SECURITIES INC *p 1251*
25 Rue Des Forges Bureau 100, Trois-Rivieres, QC, G9A 6A7
(819) 379-3600 *SIC* 6211
RBC DOMINION SECURITIES INC *p 1297*
410 22nd St E Suite 1070, SASKATOON, SK, S7K 5T6
(306) 956-5200 *SIC* 6211
RBC DOMINION SECURITIES LIMITED *p 656*
148 Fullarton St Suite 1900, LONDON, ON, N6A 5P3
(519) 675-2000 *SIC* 6211
RBC DOMINION SECURITIES LIMITED *p 771*
435 North Service Rd W Suite 101, OAKVILLE, ON, L6M 4X8
(905) 469-7000 *SIC* 6211
RBC DOMINION SECURITIES LIMITED *p 1161*
2828 Boul Laurier Bureau 800, Quebec, QC, G1V 0B9
(418) 527-2008 *SIC* 6211
RBC DOMINION VALEURS MOBILIAIRES *p 1251*
See RBC DOMINION SECURITIES INC
RBC DOMINION VALEURS MOBILIERES *p 1113*
See RBC DOMINION SECURITIES INC
RBC DOMINION VALEURS MOBILIERES *p 1161*
See RBC DOMINION SECURITIES LIMITED
RBC DOMINION VALEURS MOBILIERES *p 1237*
See RBC DOMINION SECURITIES INC
RBC FINANCIAL GROUP *p 83*
See ROYAL BANK OF CANADA
RBC FINANCIAL GROUP *p 475*
See ROYAL BANK OF CANADA
RBC FINANCIAL GROUP *p 646*
See ROYAL BANK OF CANADA
RBC FINANCIAL GROUP *p 780*
See ROYAL BANK OF CANADA
RBC GENERAL INSURANCE COMPANY *p 711*
6880 Financial Dr Suite 200, MISSISSAUGA, ON, L5N 7Y5
(905) 816-5400 *SIC* 6331
RBC GENERAL INSURANCE COMPANY *p 837*
111 Grangeway Ave Suite 400, SCARBOROUGH, ON, M1H 3E9
(416) 289-5600 *SIC* 6311
RBC GENERAL INSURANCE COMPANY *p 912*
483 Bay St Suite 1000, TORONTO, ON, M5G 2E7
(416) 777-4594 *SIC* 6331
RBC GENERAL INSURANCE COMPANY *p 1113*
1100 Boul Rene-Levesque O Bureau 710, Montreal, QC, H3B 4N4
(514) 954-1205 *SIC* 6399
RBC GLOBAL ASSET MANAGEMENT (U.S.) INC. *p 930*
155 Wellington St W 22 Flr, TORONTO, ON, M5V 3K7
(416) 974-5008 *SIC* 6282
RBC INSURANCE COMPANY OF CANADA *p 711*
6880 Financial Dr Suite 200, MISSISSAUGA, ON, L5N 7Y5
(905) 949-3663 *SIC* 6411
RBC INSURANCES *p 1113*
See RBC GENERAL INSURANCE COMPANY
RBC INVESTMENTS *p 66*
See RBC DOMINION SECURITIES INC

RBC INVESTMENTS p 309
See RBC DOMINION SECURITIES INC
RBC INVESTMENTS p 611
See RBC DOMINION SECURITIES INC
RBC INVESTMENTS p 695
See RBC DOMINION SECURITIES INC
RBC INVESTMENTS p 771
See RBC DOMINION SECURITIES LIMITED
RBC INVESTMENTS p 837
See RBC DOMINION SECURITIES INC
RBC INVESTMENTS p 1297
See RBC DOMINION SECURITIES INC
RBC INVESTOR SERVICES TRUST p 920
200 Bay St, TORONTO, ON, M5J 2J5
SIC 6282
RBC INVESTOR SERVICES TRUST p 931
155 Wellington St W 7 Fl, TORONTO, ON, M5V 3H1
(416) 955-6251   SIC 6282
RBC LIFE INSURANCE p 837
See RBC GENERAL INSURANCE COMPANY
RBC LIFE INSURANCE p 844
See ROYAL BANK OF CANADA
RBC LIFE INSURANCE COMPANY p 294
2985 Virtual Way Suite 300, VANCOUVER, BC, V5M 4X7
(604) 718-4300   SIC 6311
RBC LIFE INSURANCE COMPANY p 711
6880 Financial Dr Suite 1000, MISSISSAUGA, ON, L5N 8E8
(905) 816-2746   SIC 6311
RBC LIFE INSURANCE COMPANY p 1063
3100 Boul Le Carrefour Bureau 115, Laval, QC, H7T 2K7
SIC 6311
RBC PRIVATE CLIENT GROUP p 313
See ROYAL BANK OF CANADA
RBC ROYAL BANK p 77
See ROYAL BANK OF CANADA
RBC ROYAL BANK p 171
See ROYAL BANK OF CANADA
RBC ROYAL BANK p 179
See ROYAL BANK OF CANADA
RBC ROYAL BANK p 309
See ROYAL BANK OF CANADA
RBC ROYAL BANK p 501
See ROYAL BANK OF CANADA
RBC ROYAL BANK p 538
See RBC DOMINION SECURITIES INC
RBC ROYAL BANK p 610
See COMPAGNIE TRUST ROYAL, LA
RBC ROYAL BANK p 656
See RBC DOMINION SECURITIES LIMITED
RBC ROYAL BANK p 748
See ROYAL BANK OF CANADA
RBC ROYAL BANK p 749
See RBC DOMINION SECURITIES INC
RBC ROYAL BANK p 775
See ROYAL BANK OF CANADA
RBC ROYAL BANK p 831
See ROYAL BANK OF CANADA
RBC ROYAL BANK p 880
See ROYAL BANK OF CANADA
RBC ROYAL BANK p 1158
See ROYAL BANK OF CANADA
RBC ROYAL BANK p 1190
See ROYAL BANK OF CANADA
RBC ROYAL BANK p 1204
See ROYAL BANK OF CANADA
RBC WEALTH MANAGEMENT p 288
See RBC DOMINION SECURITIES INC
RBC WEALTH MANAGEMENT p 967
See RBC DOMINION SECURITIES INC
RBS BULK SYSTEMS INC p 19
9910 48 St Se, CALGARY, AB, T2C 2R2
(403) 248-1530   SIC 4213
RBW GRAPHICS p 803
See IMPRIMERIES TRANSCONTINENTAL 2005 S.E.N.C.
RBW GRAPHICS p 804
See TRANSCONTINENTAL PRINTING INC

RC FOODS LTD p 354
25 26th St Nw, PORTAGE LA PRAIRIE, MB, R1N 3C5
(204) 857-6893   SIC 5812
RC PALMER SECONDARY SCHOOL p 271
See BOARD OF EDUCATION SCHOOL DISTRICT #38 (RICHMOND)
RC PARTNERSHIP LTD p 106
8812 60 Ave Nw, EDMONTON, AB, T6E 6A6
(780) 462-3301   SIC 7538
RCA RECORDS p 754
See SONY MUSIC ENTERTAINMENT CANADA INC
RCAF MEMORIAL MUSEUM p 489
Gd Po Stn Forces, ASTRA, ON, K0K 3W0
SIC 8412
RCAP LEASING INC p 534
5575 North Service Rd Suite 300, BURLINGTON, ON, L7L 6M1
(905) 639-3995   SIC 6159
RCGA GOLF CENTRE p 33
See ROYAL CANADIAN GOLF ASSOCIATION
RCI p 814
See RECOVERCORP INC
RCM AEROSERVICES LTD p 824
89 Mojave Cres, RICHMOND HILL, ON, L4S 1R7
(905) 264-7501   SIC 8742
RCM TECHNOLOGIES CANADA CORP p 814
895 Brock Rd, PICKERING, ON, L1W 3C1
(905) 837-8333   SIC 8999
RCR INDUSTRIAL INC p 649
25 Fielding Rd, LIVELY, ON, P3Y 1L7
(705) 682-0623   SIC 3532
RCR INDUSTRIAL INC p 742
21 Exeter St, NORTH BAY, ON, P1B 8K6
(705) 472-5207   SIC 7699
RDI p 68
See RED DEER IRONWORKS INC
RDL LEGARE MC NICOLL INC p 1168
1305 Boul Lebourgneuf Bureau 401, Quebec, QC, G2K 2E4
(418) 622-6666   SIC 8721
RDVC INVESTMENTS LTD p 123
8750 84 St, FORT SASKATCHEWAN, AB, T8L 4P5
(780) 998-2898   SIC 7011
RE MAX p 1257
See RE/MAX PERFORMANCE INC
RE MAX PROFESSIONALS p 579
See RE/MAX PROFESSIONALS INC
RE-MAX DES MILLE-ILES INC p 1244
293 Montee Des Pionniers, TERREBONNE, QC, J6V 1H4
(450) 582-5544   SIC 6531
RE/MAX p 1202
See RE/MAX PERFORMANCE INC
RE/MAX p 1290
See RE/MAX CROWN REAL ESTATE LTD
RE/MAX 2000 REALTY INC p 934
1221 St Clair Ave W, TORONTO, ON, M6E 1B5
(416) 656-3500   SIC 6531
RE/MAX A-B REALTY LTD p 865
88 Wellington St, STRATFORD, ON, N5A 2L2
(519) 273-2821   SIC 6531
RE/MAX ABILITY REAL ESTATE LTD p 781
379 Bond St W Suite 300, OSHAWA, ON, L1J 8R7
(905) 434-7777   SIC 6531
RE/MAX CROWN REAL ESTATE LTD p 1290
234 University Park Dr, REGINA, SK, S4V 1A3
(306) 789-7666   SIC 6531
RE/MAX DE LA POINTE p 1139
See RE/MAX DE LA POINTE INC
RE/MAX DE LA POINTE INC p 1139
13150 Rue Sherbrooke E Bureau 201, POINTE-AUX-TREMBLES, QC, H1A 4B1
(514) 644-0000   SIC 6531

RE/MAX GARDEN CITY REALTY INC BROKERAGE p 540
720 Guelph Line, BURLINGTON, ON, L7R 4E2
(905) 333-3500   SIC 6531
RE/MAX GARDEN CITY REALTY INC BROKERAGE p 598
64 Main St W, GRIMSBY, ON, L3M 1R6
(905) 945-0660   SIC 6531
RE/MAX HALLMARK REALTY LTD p 892
2237 Queen St E, TORONTO, ON, M4E 1G1
(416) 357-1059   SIC 6531
RE/MAX INFINITY REALTY p 424
See RE/MAX REALTY SPECIALISTS LTD
RE/MAX LONGUEUIL INC p 1070
50 Rue Saint-Charles O Bureau 100, LONGUEUIL, QC, J4H 1C6
(450) 651-8331   SIC 6531
RE/MAX METRO-CITY p 729
See RE/MAX METRO-CITY REALTY LTD
RE/MAX METRO-CITY REALTY LTD p 595
1740 Montreal Rd, GLOUCESTER, ON, K1J 6N3
(613) 748-1223   SIC 6531
RE/MAX METRO-CITY REALTY LTD p 729
31 Northside Rd Unit 202, NEPEAN, ON, K2H 8S1
(613) 721-5551   SIC 6531
RE/MAX METRO-CITY REALTY LTD p 776
2315 St. Joseph Blvd, ORLEANS, ON, K1C 1E7
(613) 841-2111   SIC 6531
RE/MAX METRO-CITY REALTY LTD p 796
1217 Walkley Rd, OTTAWA, ON, K1V 6P9
(613) 737-7200   SIC 6531
RE/MAX METRO-CITY REALTY LTD p 802
344 O'connor St, OTTAWA, ON, K2P 1W1
(613) 563-1155   SIC 6531
RE/MAX PERFORMANCE INC p 1202
15 Rue Du Prince-Arthur, SAINT-LAMBERT, QC, J4P 1X1
(450) 466-4000   SIC 6531
RE/MAX PERFORMANCE INC p 1257
1 Place Du Commerce Bureau 160, VERDUN, QC, H3E 1A2
(514) 766-1002   SIC 6411
RE/MAX PERFORMANCE REALTY INC p 700
1140 Burnhamthorpe Rd W Suite 141, MISSISSAUGA, ON, L5C 4E9
(905) 270-2000   SIC 6531
RE/MAX PRIVILEGE INC p 1192
5920 Boul Cousineau, SAINT-HUBERT, QC, J3Y 7R9
(450) 678-3150   SIC 6531
RE/MAX PROFESSIONALS INC p 579
270 The Kingsway Suite 200, ETOBICOKE, ON, M9A 3T7
(416) 236-1241   SIC 6531
RE/MAX PROFESSIONALS INC p 700
1645 Dundas St W, MISSISSAUGA, ON, L5C 1E3
(905) 270-8840   SIC 6531
RE/MAX REAL ESTATE CENTRE INC p 520
2 County Court Blvd Suite 150, BRAMPTON, ON, L6W 3W8
(905) 456-1177   SIC 6531
RE/MAX REAL ESTATE CENTRE INC p 547
766 Hespeler Rd Suite 202, CAMBRIDGE, ON, N3H 5L8
(519) 623-6200   SIC 6531
RE/MAX REAL ESTATE CENTRE INC p 600
679 Southgate Dr Suite 101, GUELPH, ON, N1G 4S2
(519) 837-1300   SIC 6531
RE/MAX REALTRON REALTY INC p 749
183 Willowdale Ave, NORTH YORK, ON, M2N 4Y9
(416) 225-4900   SIC 6531
RE/MAX REALTRON REALTY INC p 761
2815 Bathurst St, NORTH YORK, ON, M6B 3A4

(416) 782-8882   SIC 6531
RE/MAX REALTRON REALTY INC p 837
885 Progress Ave Suite 209, SCARBOROUGH, ON, M1H 3G3
(416) 289-3333   SIC 6531
RE/MAX REALTRON REALTY INC p 875
7646 Yonge St, THORNHILL, ON, L4J 1V9
(905) 764-6000   SIC 6531
RE/MAX REALTY SPECIALISTS INC p 600
679 Southgate Dr Suite 101, GUELPH, ON, N1G 4S2
(519) 837-1300   SIC 6531
RE/MAX REALTY SPECIALISTS INC p 706
2691 Credit Valley Rd Suite 101, MISSISSAUGA, ON, L5M 7A1
(905) 828-3434   SIC 6531
RE/MAX REALTY SPECIALISTS INC p 711
6850 Millcreek Dr Unit 200, MISSISSAUGA, ON, L5N 4J9
(905) 858-3434   SIC 6531
RE/MAX REALTY SPECIALISTS LTD p 407
11 Ocean Limited Way Suite 101, MONCTON, NB, E1C 0H1
(506) 384-3300   SIC 6531
RE/MAX REALTY SPECIALISTS LTD p 424
54 Conception Bay Hwy, CONCEPTION BAY SOUTH, NL, A1W 3A1
(709) 834-2066   SIC 6531
RE/MAX ROUGE RIVER REALTY LTD p 834
31 Tapscott Rd Suite 37, SCARBOROUGH, ON, M1B 4Y7
SIC 6531
RE/MAX SIGNATURE INC p 1103
510 Rue Mcgill, Montreal, QC, H2Y 2H6
(514) 788-4444   SIC 6531
RE/MAX SIGNATURE INC p 1226
633 Boul Armand-Frappier Bureau 102, SAINTE-JULIE, QC, J3E 3R4
(450) 922-7777   SIC 6531
RE/MAX SPECIALISTS p 706
See RE/MAX REALTY SPECIALISTS INC
RE/MAX ST-HUBERT p 1192
See RE/MAX PRIVILEGE INC
RE/MAX TMS INC p 999
926 Boul Du Cure-Labelle, BLAINVILLE, QC, J7C 2L7
(450) 433-1151   SIC 6531
RE/MAX TWIN CITY REALTY INC p 544
1400 Bishop St N, CAMBRIDGE, ON, N1R 6W8
(519) 740-3690   SIC 6531
RE/MAX TWIN CITY REALTY INC p 952
83 Erb St W, WATERLOO, ON, N2L 6C2
(519) 744-2653   SIC 6531
RE/MAX VERNON p 325
See FISHER, DEBBIE & LOCHHEAD, DAN
RE/MAX WEST REALTY INC p 506
1 Queensgate Blvd Unit 9, BOLTON, ON, L7E 2X7
(905) 857-7653   SIC 6531
RE/MAX WEST REALTY INC p 835
6074 Kingston Rd, SCARBOROUGH, ON, M1C 1K4
(416) 281-0027   SIC 6531
RE/MAX WEST REALTY INC p 934
570 Bloor St W, TORONTO, ON, M6G 1K1
(416) 588-6777   SIC 6531
REACH SCHOOL p 1202
See RIVERSIDE SCHOOL BOARD
REACHVIEW VILLAGE p 946
See REVERA LONG TERM CARE INC
READ JONES CHRISTOFFERSEN LTD p 38
1816 Crowchild Trail Nw Suite 500, CALGARY, AB, T2M 3Y7
(403) 283-5073   SIC 8711
READ JONES CHRISTOFFERSEN LTD p 335
645 Tyee Rd Suite 220, VICTORIA, BC, V9A 6X5
(250) 386-7794   SIC 8711
READ JONES CHRISTOFFERSEN LTD p 920
144 Front St W Suite 500, TORONTO, ON, M5J 2L7

(416) 977-5335 SIC 8711
READER'S DIGEST ASSOCIATION (CANADA) ULC, THE p 902
250 Bloor St E Suite 502, TORONTO, ON, M4W 1E6
(416) 925-8941 SIC 2731
READY BAKE p 1073
See WESTON BAKERIES LIMITED
READY BAKE FOODS INC p 515
See MAPLEHURST BAKERIES INC
READY BAKE FOODS INC p 575
See MAPLEHURST BAKERIES INC
READY BAKE FOODS INC p 1283
See MAPLEHURST BAKERIES INC
READY STAFFING SOLUTIONS INC p 690
5170 Dixie Rd Suite 202, MISSISSAUGA, ON, L4W 1E3
(905) 625-4009 SIC 7361
READY-LITE DIV p 711
See THOMAS & BETTS (ONTARIO) LTD
REAL ALLOY CANADA LTD p 684
7496 Torbram Rd, MISSISSAUGA, ON, L4T 1G9
(905) 672-5569 SIC 3341
REAL ATLANTIC SUPERSTORE p 410
See ATLANTIC WHOLESALERS LTD
REAL ATLANTIC SUPERSTORE p 441
See ATLANTIC WHOLESALERS LTD
REAL ATLANTIC SUPERSTORE, THE p 393
See ATLANTIC WHOLESALERS LTD
REAL ATLANTIC SUPERSTORE, THE p 402
See ATLANTIC WHOLESALERS LTD
REAL ATLANTIC SUPERSTORE, THE p 409
See ATLANTIC WHOLESALERS LTD
REAL ATLANTIC SUPERSTORE, THE p 411
See ATLANTIC WHOLESALERS LTD
REAL ATLANTIC SUPERSTORE, THE p 414
See ATLANTIC WHOLESALERS LTD
REAL ATLANTIC SUPERSTORE, THE p 422
See ATLANTIC WHOLESALERS LTD
REAL ATLANTIC SUPERSTORE, THE p 441
See ATLANTIC WHOLESALERS LTD
REAL ATLANTIC SUPERSTORE, THE p 444
See ATLANTIC WHOLESALERS LTD
REAL ATLANTIC SUPERSTORE, THE p 446
See ATLANTIC WHOLESALERS LTD
REAL ATLANTIC SUPERSTORE, THE p 454
See ATLANTIC WHOLESALERS LTD
REAL ATLANTIC SUPERSTORE, THE p 455
See ATLANTIC WHOLESALERS LTD
REAL ATLANTIC SUPERSTORE, THE p 463
See ATLANTIC WHOLESALERS LTD
REAL ATLANTIC SUPERSTORE, THE p 466
See ATLANTIC WHOLESALERS LTD
REAL ATLANTIC SUPERSTORE, THE p 467
See ATLANTIC WHOLESALERS LTD
REAL ATLANTIC SUPERSTORE, THE p 469
See ATLANTIC WHOLESALERS LTD
REAL ATLANTIC SUPERSTORE, THE p 475
See ATLANTIC WHOLESALERS LTD
REAL ATLANTIC SUPERSTORE, THE p 983
See ATLANTIC WHOLESALERS LTD
REAL ATLANTIC SUPERSTORE, THE p 984
See ATLANTIC WHOLESALERS LTD
REAL CANADIAN SUPERSTORE p 10
See LOBLAWS INC

REAL CANADIAN SUPERSTORE p 32
See LOBLAWS INC
REAL CANADIAN SUPERSTORE p 37
See LOBLAWS INC
REAL CANADIAN SUPERSTORE p 55
See LOBLAWS INC
REAL CANADIAN SUPERSTORE p 56
See LOBLAWS INC
REAL CANADIAN SUPERSTORE p 58
See LOBLAWS INC
REAL CANADIAN SUPERSTORE p 62
See LOBLAWS INC
REAL CANADIAN SUPERSTORE p 63
See LOBLAWS INC
REAL CANADIAN SUPERSTORE p 64
See LOBLAWS INC
REAL CANADIAN SUPERSTORE p 87
See LOBLAWS INC
REAL CANADIAN SUPERSTORE p 116
See LOBLAWS INC
REAL CANADIAN SUPERSTORE p 121
See LOBLAWS INC
REAL CANADIAN SUPERSTORE p 127
See LOBLAWS INC
REAL CANADIAN SUPERSTORE p 153
See LOBLAWS INC
REAL CANADIAN SUPERSTORE p 163
See LOBLAWS INC
REAL CANADIAN SUPERSTORE p 165
See LOBLAWS INC
REAL CANADIAN SUPERSTORE p 167
See LOBLAWS INC
REAL CANADIAN SUPERSTORE p 194
See LOBLAWS INC
REAL CANADIAN SUPERSTORE p 200
See LOBLAWS INC
REAL CANADIAN SUPERSTORE p 204
See LOBLAWS INC
REAL CANADIAN SUPERSTORE p 209
See LOBLAWS INC
REAL CANADIAN SUPERSTORE p 220
See LOBLAWS INC
REAL CANADIAN SUPERSTORE p 238
See LOBLAWS INC
REAL CANADIAN SUPERSTORE p 247
See LOBLAWS INC
REAL CANADIAN SUPERSTORE p 252
See LOBLAWS INC
REAL CANADIAN SUPERSTORE p 253
See LOBLAWS INC
REAL CANADIAN SUPERSTORE p 269
See LOBLAWS INC
REAL CANADIAN SUPERSTORE p 294
See LOBLAWS INC
REAL CANADIAN SUPERSTORE p 326
See LOBLAWS INC
REAL CANADIAN SUPERSTORE p 345
See LOBLAWS INC
REAL CANADIAN SUPERSTORE p 361
See LOBLAWS INC
REAL CANADIAN SUPERSTORE p 379
See LOBLAWS INC
REAL CANADIAN SUPERSTORE p 385
See LOBLAWS INC
REAL CANADIAN SUPERSTORE p 389
See LOBLAWS INC
REAL CANADIAN SUPERSTORE p 420
See LOBLAWS INC
REAL CANADIAN SUPERSTORE p 484
See LOBLAWS INC
REAL CANADIAN SUPERSTORE p 484
See LOBLAWS SUPERMARKETS LIMITED
REAL CANADIAN SUPERSTORE p 522
See LOBLAWS INC
REAL CANADIAN SUPERSTORE p 531
See LOBLAWS INC
REAL CANADIAN SUPERSTORE p 551
See LOBLAWS INC
REAL CANADIAN SUPERSTORE p 592
See LOBLAWS INC
REAL CANADIAN SUPERSTORE p 598
See LOBLAWS INC
REAL CANADIAN SUPERSTORE p 625
See LOBLAWS INC

REAL CANADIAN SUPERSTORE p 643
See LOBLAWS INC
REAL CANADIAN SUPERSTORE p 646
See LOBLAWS INC
REAL CANADIAN SUPERSTORE p 662
See LOBLAWS INC
REAL CANADIAN SUPERSTORE p 682
See LOBLAWS INC
REAL CANADIAN SUPERSTORE p 700
See LOBLAWS INC
REAL CANADIAN SUPERSTORE p 733
See LOBLAWS SUPERMARKETS LIMITED
REAL CANADIAN SUPERSTORE p 755
See LOBLAWS INC
REAL CANADIAN SUPERSTORE p 765
See LOBLAWS INC
REAL CANADIAN SUPERSTORE p 780
See LOBLAWS INC
REAL CANADIAN SUPERSTORE p 781
See LOBLAWS SUPERMARKETS LIMITED
REAL CANADIAN SUPERSTORE p 797
See LOBLAWS INC
REAL CANADIAN SUPERSTORE p 837
See LOBLAWS INC
REAL CANADIAN SUPERSTORE p 849
See ZEHRMART INC
REAL CANADIAN SUPERSTORE p 858
See LOBLAWS INC
REAL CANADIAN SUPERSTORE p 867
See LOBLAWS INC
REAL CANADIAN SUPERSTORE p 949
See LOBLAWS INC
REAL CANADIAN SUPERSTORE p 960
See LOBLAWS INC
REAL CANADIAN SUPERSTORE p 964
See LOBLAWS INC
REAL CANADIAN SUPERSTORE p 970
See LOBLAWS INC
REAL CANADIAN SUPERSTORE p 1279
See LOBLAWS INC
REAL CANADIAN SUPERSTORE p 1291
See LOBLAWS INC
REAL CANADIAN SUPERSTORE p 1311
See LOBLAWS INC
REAL CANADIAN SUPERSTORE #1505 p 370
See LOBLAWS INC
REAL CANADIAN SUPERSTORE 1504 p 878
See LOBLAWS INC
REAL CANADIAN SUPERSTORE 1521 p 286
See LOBLAWS INC
REAL CANADIAN SUPERSTORE 1536 p 1300
See LOBLAWS INC
REAL CANADIAN SUPERSTORE 1550 p 144
See LOBLAWS INC
REAL CANADIAN SUPERSTORE 1563 p 212
See LOBLAWS INC
REAL CANADIAN SUPERSTORE 1573 p 92
See LOBLAWS INC
REAL CANADIAN SUPERSTORE WESTON p 941
See LOBLAWS INC
REAL CANADIAN SUPERSTORE, THE p 109
See LOBLAWS INC
REAL CANADIAN SUPERSTORE, THE p 224
See LOBLAWS INC
REAL CANADIAN SUPERSTORE, THE p 262
See LOBLAWS INC
REAL CANADIAN SUPERSTORE, THE p 491
See LOBLAWS INC
REAL CANADIAN SUPERSTORE, THE p 680
See LOBLAWS INC
REAL CANADIAN SUPERSTORE, THE p 709

See LOBLAWS INC
REAL CANADIAN SUPERSTORE, THE p 777
See LOBLAWS INC
REAL CANADIAN SUPERSTORE, THE p 827
See LOBLAWS INC
REAL CANADIAN SUPERSTORE, THE p 1292
See LOBLAWS INC
REAL CANADIAN SUPERSTORES p 141
See LOBLAWS INC
REAL CANADIAN SUPERSTORES p 357
See LOBLAWS INC
REAL CANADIAN SUPERSTORES p 1290
See LOBLAWS INC
REAL CANADIAN WHOLESALE CLUB p 24
See LOBLAWS INC
REAL CANADIAN WHOLESALE CLUB p 32
See LOBLAWS INC
REAL CANADIAN WHOLESALE CLUB p 105
See LOBLAWS INC
REAL CANADIAN WHOLESALE CLUB p 140
See LOBLAWS INC
REAL CANADIAN WHOLESALE CLUB p 155
See LOBLAWS INC
REAL CANADIAN WHOLESALE CLUB p 193
See LOBLAWS INC
REAL CANADIAN WHOLESALE CLUB p 243
See LOBLAWS INC
REAL CANADIAN WHOLESALE CLUB p 252
See LOBLAWS INC
REAL CANADIAN WHOLESALE CLUB p 291
See LOBLAWS INC
REAL CANADIAN WHOLESALE CLUB p 335
See LOBLAWS INC
REAL CANADIAN WHOLESALE CLUB p 383
See LOBLAWS INC
REAL CANADIAN WHOLESALE CLUB p 628
See LOBLAWS INC
REAL CANADIAN WHOLESALE CLUB p 878
See LOBLAWS INC
REAL CANADIAN WHOLESALE CLUB p 958
See LOBLAWS INC
REAL CANADIAN WHOLESALE CLUB p 1268
See LOBLAWS INC
REAL CANADIAN WHOLESALE CLUB p 1277
See LOBLAWS INC
REAL CANADIAN WHOLESALE CLUB p 1281
See LOBLAWS INC
REAL CANADIAN WHOLESALE CLUB p 1287
See LOBLAWS INC
REAL CANADIAN WHOLESALE CLUB, THE p 140
See LOBLAWS INC
REAL CANADIAN WHOLESALE CLUB, THE p 950
See LOBLAWS SUPERMARKETS LIMITED
REAL CANADIAN WHOLESALE CLUB, THE p 1292
See LOBLAWS INC
REAL CANADIAN WHOLESALE CLUB, THE p 1306
See LOBLAWS INC
REAL CANADIAN-SUPERSTORES p 113
See LOBLAWS INC
REAL CANADIAN-SUPERSTORES p 202
See LOBLAWS INC

REAL CANDIAN SUPERSTORE p 753
See LOBLAWS INC
REAL ESTATE COUNCIL OF ONTARIO p 940
3300 Bloor St W Suite 1200 West Tower, TORONTO, ON, M8X 2X2
(416) 207-4800   SIC 8641
REAL MCCOY SERVICE CENTER, THE p 214
See MCCOY CORPORATION
REAL-CANADIAN SUPERSTORES p 366
See LOBLAWS INC
REALEX PROPERTIES CORP p 48
606 4 St Sw Suite 1200, CALGARY, AB, T2P 1T1
SIC 6719
REALISATIONS NEWTECH INC, LES p 987
725 Rue Desautels, ACTON VALE, QC, J0H 1A0
(450) 546-2401   SIC 1751
REALTORS ASSOCIATION OF EDMONTON p 86
See EDMONTON REAL ESTATE BOARD CO-OPERATIVE LISTING BUREAU LIMITED
REALTY FIRM INC, THE p 658
395 Wellington Rd Unit 11b, LONDON, ON, N6C 5Z6
(519) 601-1160   SIC 6531
REBOX CORP p 1212
7500 Ch De La Cote-De-Liesse, SAINT-LAURENT, QC, H4T 1E7
(514) 335-1717   SIC 5113
RECALL TOTAL INFORMATION MANAGEMENT p 513
See BRAMBLES CANADA INC
RECALL TOTAL INFORMATION MANAGEMENT p 895
See BRAMBLES CANADA INC
RECHERCHE CLINIQUE ICON (CANADA) INC p 1212
7405 Rte Transcanadienne Bureau 300, SAINT-LAURENT, QC, H4T 1Z2
(514) 332-0700   SIC 8071
RECHERCHE ERICSSON CANADA p 1081
See ERICSSON CANADA INC
RECHERCHE ET DEVELOPPEMENT DNA LANDMARKS p 1198
See DNA LANDMARKS INC
RECHERCHE HEAD INC, LA p 1117
1610 Rue Sainte-Catherine O Bureau 410, Montreal, QC, H3H 2S2
(514) 938-4323   SIC 8733
RECHERCHE NEURORX p 1100
See NEURORX RESEARCH INC
RECO p 940
See REAL ESTATE COUNCIL OF ONTARIO
RECOCHEM INC p 1213
850 Montee De Liesse, SAINT-LAURENT, QC, H4T 1P4
(514) 341-3550   SIC 2899
RECOCHEM INC. p 147
604 22 Ave, NISKU, AB, T9E 7X6
(780) 955-2644   SIC 2899
RECOCHEM INC. p 256
1745 Kingsway Ave, PORT COQUITLAM, BC, V3C 4P2
(604) 941-9404   SIC 2899
RECOCHEM INC. p 682
8725 Holgate Cres, MILTON, ON, L9T 5G7
(905) 878-5544   SIC 3221
RECOCHEM INC. p 1134
175 Rue De LEglise, NAPIERVILLE, QC, J0J 1L0
(450) 245-0040   SIC 2865
RECON INSTRUMENTS INC p 305
1050 Homer St Suite 220, VANCOUVER, BC, V6B 2W9
(604) 618-1608   SIC 7371
RECORD NEW WESTMINSTER, THE p 184
3430 Brighton Ave Suite 201a, BURNABY, BC, V5A 3H4
(604) 444-3451   SIC 2711

RECORD, THE p 184
See RECORD NEW WESTMINSTER, THE
RECORD, THE p 641
See TORSTAR CORPORATION
RECORDS MANAGEMENT SERVICES p 444
See IRON MOUNTAIN CANADA OPERATIONS ULC
RECOVERCORP INC p 814
1735 Bayly St Suite 8c, PICKERING, ON, L1W 3G7
SIC 7322
RECREATION p 758
See CORPORATION OF THE CITY OF TORONTO
RECREATION & CULTURAL OFFICE p 628
See CORPORATION OF THE TOWN OF GEORGINA, THE
RECREATION OAK BAY p 327
2291 Cedar Hill Cross Rd, VICTORIA, BC, V8P 5H9
(250) 370-7200   SIC 7999
RECREATION SERVICES p 140
See UNIVERSITY OF LETHBRIDGE, THE
RECREATION, PARKS AND CULTURE p 153
See CITY OF RED DEER, THE
RECUPERACTION CENTRE DU QUEBEC INC p 1029
5620 Rue Saint-Roch S, DRUMMONDVILLE, QC, J2B 6V4
(819) 477-1312   SIC 4953
RECUPERATION CASCADES p 1236
See CASCADES INC
RECYCLING MATTERS p 832
See COMMUNITY LIVING ONTARIO
RED APPLE STORES INC p 685
6877 Goreway Dr Suite 3, MISSISSAUGA, ON, L4V 1L9
(905) 293-9700   SIC 5399
RED ARROW p 28
See DIVERSIFIED TRANSPORTATION LTD
RED ARROW p 29
See PACIFIC WESTERN TRANSPORTATION LTD
RED ARROW EXPRESS, DIV OF p 80
See DIVERSIFIED TRANSPORTATION LTD
RED ARROW EXPRESS, DIV OF p 104
See DIVERSIFIED TRANSPORTATION LTD
RED BARN COUNTRY MARKET LTD p 333
5325 Cordova Bay Rd Suite 129, VICTORIA, BC, V8Y 2L3
(250) 658-2998   SIC 5411
RED BARN COUNTRY MARKET LTD p 334
751 Vanalman Ave, VICTORIA, BC, V8Z 3B8
(250) 479-6817   SIC 5411
RED BARN COUNTRY MARKET LTD p 337
5550 West Saanich Rd, VICTORIA, BC, V9E 2G1
(250) 479-8349   SIC 5411
RED BARN MARKET p 334
See RED BARN COUNTRY MARKET LTD
RED CAR AIRPORT SERVICE p 599
See RED CAR SERVICE INC
RED CAR SERVICE INC p 599
530 Elizabeth St, GUELPH, ON, N1E 6C3
(519) 824-9344   SIC 4131
RED CEDARS SHELTER p 848
See MOHAWKS OF THE BAY OF QUINTE
RED CROSS COMMUNITY HEALTH SERVICES p 659
See CANADIAN RED CROSS SOCIETY, THE
RED DEER ADVOCATE p 156
See BLACK PRESS GROUP LTD
RED DEER CATHOLIC REGIONAL DIVISION NO. 39 p 132
4453 51 Ave, INNISFAIL, AB, T4G 1A7
(403) 227-2123   SIC 8211
RED DEER CATHOLIC REGIONAL DIVISION NO. 39 p 153

3829 39 St, RED DEER, AB, T4N 0Y6
(403) 347-1455   SIC 8211
RED DEER CATHOLIC REGIONAL DIVISION NO. 39 p 153
2014915 54th St, RED DEER, AB, T4N 2G7
(403) 314-9382   SIC 8211
RED DEER CATHOLIC REGIONAL DIVISION NO. 39 p 153
3911 57a Ave, RED DEER, AB, T4N 4T1
(403) 347-5650   SIC 8211
RED DEER CATHOLIC REGIONAL DIVISION NO. 39 p 153
5530 42a Ave, RED DEER, AB, T4N 3A8
(403) 347-7830   SIC 8211
RED DEER CATHOLIC REGIONAL DIVISION NO. 39 p 154
3821 39 St, RED DEER, AB, T4N 0Y6
(403) 346-8951   SIC 8211
RED DEER CATHOLIC REGIONAL DIVISION NO. 39 p 154
5210 61 St, RED DEER, AB, T4N 6N8
(403) 343-1055   SIC 8211
RED DEER CATHOLIC REGIONAL DIVISION NO. 39 p 154
56 Holt St Suite 1, RED DEER, AB, T4N 6A6
(403) 343-3238   SIC 8211
RED DEER CATHOLIC REGIONAL DIVISION NO. 39 p 155
190 Glendale Blvd, RED DEER, AB, T4P 2P7
(403) 346-0505   SIC 8211
RED DEER CATHOLIC REGIONAL DIVISION NO. 39 p 157
50 Lees St, RED DEER, AB, T4R 2P6
(403) 342-4800   SIC 8211
RED DEER CATHOLIC REGIONAL DIVISION NO. 39 p 157
35 Addinell Ave, RED DEER, AB, T4R 1V5
(403) 343-6017   SIC 8211
RED DEER CATHOLIC REGIONAL DIVISION NO. 39 p 157
321 Lindsay Ave, RED DEER, AB, T4R 3M1
(403) 314-1449   SIC 8211
RED DEER CATHOLIC REGIONAL DIVISION NO. 39 p 157
69 Douglas Ave, RED DEER, AB, T4R 2L3
(403) 341-3777   SIC 8211
RED DEER CATHOLIC REGIONAL DIVISION NO. 39 p 159
5735 58 St Suite 1, ROCKY MOUNTAIN HOUSE, AB, T4T 1S2
(403) 845-2836   SIC 8211
RED DEER CATHOLIC REGIONAL DIVISION NO. 39 p 170
79 Old Boomer Rd, SYLVAN LAKE, AB, T4S 1Z4
(403) 887-6371   SIC 8211
RED DEER CHILD CARE SOCIETY p 154
5571 45 St Unit 2, RED DEER, AB, T4N 1L2
(403) 347-7973   SIC 8351
RED DEER CO-OP LIMITED p 134
5842 Highway 2a Unit 1, LACOMBE, AB, T4L 2G5
(403) 782-6200   SIC 5411
RED DEER CO-OP LIMITED p 154
4738 Riverside Dr, RED DEER, AB, T4N 2N7
(403) 341-5600   SIC 5399
RED DEER ELECTRIC LIGHT & POWER DEPT p 155
See CITY OF RED DEER, THE

RED DEER GOLF AND COUNTRY CLUB LIMITED, THE p 154
4500 Fountain Dr, RED DEER, AB, T4N 6W8
(403) 347-5441   SIC 7997
RED DEER IRONWORKS INC p 68
10602 79 Ave Ss 55 Suite 6, CLAIRMONT, AB, T0H 0W0
(780) 830-5474   SIC 1791
RED DEER NURSING HOME p 152
See ALBERTA HEALTH SERVICES
RED DEER NURSING HOME p 1279
See KELSEY TRAIL REGIONAL HEALTH AUTHORITY
RED DEER REGIONAL HOSPITAL CENTRE p 152
See ALBERTA HEALTH SERVICES
RED DEER RIBS LTD. p 77
10544 114 St Nw, EDMONTON, AB, T5H 3J7
(780) 429-1259   SIC 5812
RED DOOR PAN ASIAN GRILL p 315
See SPECTRA HOSPITALITY GROUP INC
RED FLAME INDUSTRIES INC p 155
6736 71 St, RED DEER, AB, T4P 3Y7
(403) 343-2012   SIC 1389
RED LAKE DISTRICT HIGH SCHOOL p 818
See KEEWATIN PATRICIA DISTRICT SCHOOL BOARD
RED LAKE GOLD MINES p 493
See GOLDCORP INC
RED LAKE-MADSEN PUBLIC SCHOOL p 818
See KEEWATIN PATRICIA DISTRICT SCHOOL BOARD
RED LOBSTER HOSPITALITY LLC p 13
312 35 St Ne, CALGARY, AB, T2A 6S7
(403) 248-8111   SIC 5812
RED LOBSTER HOSPITALITY LLC p 33
6100 Macleod Trl Sw Suite 100, CALGARY, AB, T2H 0K5
(403) 252-8818   SIC 5812
RED LOBSTER HOSPITALITY LLC p 93
10111 171 St Nw, EDMONTON, AB, T5S 1S6
(780) 484-0660   SIC 5812
RED LOBSTER HOSPITALITY LLC p 93
10121 171 St Nw, EDMONTON, AB, T5S 1S6
(780) 484-0700   SIC 5812
RED LOBSTER HOSPITALITY LLC p 111
4111 Calgary Trl Nw, EDMONTON, AB, T6J 6S6
(780) 436-8510   SIC 5812
RED LOBSTER HOSPITALITY LLC p 111
4110 Calgary Trl Nw, EDMONTON, AB, T6J 6Y6
(780) 437-3434   SIC 5812
RED LOBSTER HOSPITALITY LLC p 362
51 Reenders Dr, WINNIPEG, MB, R2C 5E8
(204) 661-8129   SIC 5812
RED LOBSTER HOSPITALITY LLC p 381
1540 Portage Ave, WINNIPEG, MB, R3G 0W9
(204) 783-9434   SIC 5812
RED LOBSTER HOSPITALITY LLC p 381
1544 Portage Ave, WINNIPEG, MB, R3G 0W9
(204) 774-9725   SIC 5812
RED LOBSTER HOSPITALITY LLC p 495
319 Bayfield St, BARRIE, ON, L4M 3C2
(705) 728-2401   SIC 5812
RED LOBSTER HOSPITALITY LLC p 518
368 Queen St E Suite 6, BRAMPTON, ON, L6V 1C3
(905) 459-6334   SIC 5812
RED LOBSTER HOSPITALITY LLC p 526
67 King George Rd, BRANTFORD, ON, N3R 5K2
(519) 759-7121   SIC 5812
RED LOBSTER HOSPITALITY LLC p 540
2423 Fairview St, BURLINGTON, ON, L7R 2E3

BUSINESSES ALPHABETICALLY

(905) 637-3454 SIC 5812
RED LOBSTER HOSPITALITY LLC p 581
1790 The Queensway, ETOBICOKE, ON, M9C 5H5
(416) 620-9990 SIC 5812
RED LOBSTER HOSPITALITY LLC p 658
667 Wellington Rd, LONDON, ON, N6C 4R4
(519) 668-0220 SIC 5812
RED LOBSTER HOSPITALITY LLC p 728
1595 Merivale Rd, NEPEAN, ON, K2G 3J4
(613) 727-0035 SIC 5812
RED LOBSTER HOSPITALITY LLC p 737
6220 Lundy's Ln, NIAGARA FALLS, ON, L2G 1T6
(905) 357-1303 SIC 5812
RED LOBSTER HOSPITALITY LLC p 760
3200 Dufferin St, NORTH YORK, ON, M6A 3B2
(416) 785-7930 SIC 5812
RED LOBSTER HOSPITALITY LLC p 781
311 King St W, OSHAWA, ON, L1J 2J8
(905) 434-1143 SIC 5812
RED LOBSTER HOSPITALITY LLC p 785
1499 St. Laurent Blvd, OTTAWA, ON, K1G 0Z9
(613) 744-7560 SIC 5812
RED LOBSTER HOSPITALITY LLC p 811
870 Lansdowne St W, PETERBOROUGH, ON, K9J 1Z7
(705) 876-1840 SIC 5812
RED LOBSTER HOSPITALITY LLC p 844
3252 Sheppard Ave E, SCARBOROUGH, ON, M1T 3K3
(416) 491-2507 SIC 5812
RED LOBSTER HOSPITALITY LLC p 868
1600 Lasalle Blvd, SUDBURY, ON, P3A 177
SIC 5812
RED LOBSTER HOSPITALITY LLC p 874
7291 Yonge St, THORNHILL, ON, L3T 2A9
(905) 731-3550 SIC 5812
RED LOBSTER HOSPITALITY LLC p 912
20 Dundas St W, TORONTO, ON, M5G 2C2
(416) 348-8938 SIC 5812
RED LOBSTER HOSPITALITY LLC p 963
6575 Tecumseh Rd E, WINDSOR, ON, N8T 1E7
(519) 948-7677 SIC 5812
RED LOBSTER HOSPITALITY LLC p 1292
2501 8th St E, SASKATOON, SK, S7H 0V4
(306) 373-8333 SIC 5812
RED LOBSTER RESTAURANTS p 13
See RED LOBSTER HOSPITALITY LLC
RED LOBSTER RESTAURANTS p 33
See RED LOBSTER HOSPITALITY LLC
RED LOBSTER RESTAURANTS p 93
See RED LOBSTER HOSPITALITY LLC
RED LOBSTER RESTAURANTS p 111
See RED LOBSTER HOSPITALITY LLC
RED LOBSTER RESTAURANTS p 495
See RED LOBSTER HOSPITALITY LLC
RED LOBSTER RESTAURANTS p 518
See RED LOBSTER HOSPITALITY LLC
RED LOBSTER RESTAURANTS p 526
See RED LOBSTER HOSPITALITY LLC
RED LOBSTER RESTAURANTS p 540
See RED LOBSTER HOSPITALITY LLC
RED LOBSTER RESTAURANTS p 581
See RED LOBSTER HOSPITALITY LLC
RED LOBSTER RESTAURANTS p 658
See RED LOBSTER HOSPITALITY LLC
RED LOBSTER RESTAURANTS p 728
See RED LOBSTER HOSPITALITY LLC
RED LOBSTER RESTAURANTS p 737
See RED LOBSTER HOSPITALITY LLC
RED LOBSTER RESTAURANTS p 760
See RED LOBSTER HOSPITALITY LLC
RED LOBSTER RESTAURANTS p 781
See RED LOBSTER HOSPITALITY LLC
RED LOBSTER RESTAURANTS p 785
See RED LOBSTER HOSPITALITY LLC
RED LOBSTER RESTAURANTS p 811
See RED LOBSTER HOSPITALITY LLC
RED LOBSTER RESTAURANTS p 844
See RED LOBSTER HOSPITALITY LLC
RED LOBSTER RESTAURANTS p 868
See RED LOBSTER HOSPITALITY LLC
RED LOBSTER RESTAURANTS p 874
See RED LOBSTER HOSPITALITY LLC
RED LOBSTER RESTAURANTS p 912
See RED LOBSTER HOSPITALITY LLC
RED LOBSTER RESTAURANTS p 963
See RED LOBSTER HOSPITALITY LLC
RED LOBSTER RESTAURANTS p 1292
See RED LOBSTER HOSPITALITY LLC
RED METAL RESOURCES LTD p 879
195 Park Ave, THUNDER BAY, ON, P7B 1B9
(807) 345-7384 SIC 1081
RED MOUNTAIN HOLDINGS LTD p 1285
2800 Pasqua St N, REGINA, SK, S4P 3E1
(306) 545-4044 SIC 3523
RED OAK CATERING INC p 436
50 Hamlyn Rd Suite 466, ST. JOHN'S, NL, A1E 5X7
(709) 368-6808 SIC 5812
RED RIVER COLLEGE OF APPLIED ARTS, SCIENCE AND TECHNOLOGY p 361
See BOARD OF GOVERNOR'S OF RED RIVER COLLEGE, THE
RED RIVER COOPERATIVE LTD p 355
275 Main St, SELKIRK, MB, R1A 1S5
(204) 785-2909 SIC 5541
RED RIVER VALLEY LODGE p 352
See R H A CENTRAL MANITOBA INC.
RED RIVER VALLEY SCHOOL DIVISION p 352
155 Egri-Park Rd, OAK BLUFF, MB, R0G 1N0
(204) 895-0004 SIC 8211
RED RIVER VALLEY SCHOOL DIVISION p 355
343 River Rd S, ROSENORT, MB, R0G 1W0
(204) 746-8355 SIC 8211
RED RIVER VALLEY SCHOOL DIVISION p 355
5 Main St, SANFORD, MB, R0G 2J0
SIC 8211
RED RIVER VALLEY SCHOOL DIVISION p 357
40 Arena Blvd, STARBUCK, MB, R0G 2P0
(204) 735-2779 SIC 8211
RED ROBIN p 111
See RED ROBIN RESTAURANT (WHITEMUD LANDING) LTD
RED ROBIN MARKET p 68
See CANADA POST CORPORATION
RED ROBIN RESTAURANT (BROADWAY) LTD p 315
1001 Broadway W Suite 200, VANCOUVER, BC, V6H 4B1
SIC 5812
RED ROBIN RESTAURANT (BURNABY) LTD p 182
9628 Cameron St, BURNABY, BC, V3J 1M2
(604) 421-7266 SIC 5812
RED ROBIN RESTAURANT (CAPILANO) LTD p 250
801 Marine Dr Suite 100, NORTH VANCOUVER, BC, V7P 3K6
SIC 5812
RED ROBIN RESTAURANT (WHITEMUD LANDING) LTD p 111
4211 106 St Nw Unit 230, EDMONTON, AB, T6J 6P3
(780) 438-2473 SIC 5812
RED ROCK PUBLIC SCHOOL p 819
See SUPERIOR GREENSTONE DISTRICT SCHOOL BOARD
RED VINE HEAVEN p 932
See SIR CORP
RED WILLOW PUBLIC SCHOOL p 509
See PEEL DISTRICT SCHOOL BOARD
RED WING SCHOOL p 1280
See SASKATCHEWAN RIVER SCHOOL DIVISION #119
RED ZOO MARKETING p 826
See 971016 ONTARIO LIMITED
RED-D-ARC LIMITED p 598
667 S Service Rd, GRIMSBY, ON, L3M 4G1
(905) 629-2423 SIC 7359
RED-D-ARC WELDER RENTALS p 598
See RED-D-ARC LIMITED
RED-L DISTRIBUTORS LTD p 147
3675 13 St, NISKU, AB, T9E 1C5
(780) 437-2630 SIC 5085
REDBERRY FRANCHISING CORP p 13
4818 17 Ave Se, CALGARY, AB, T2A 0V2
(403) 215-1012 SIC 5812
REDBERRY FRANCHISING CORP p 33
7110 Macleod Trail Se, CALGARY, AB, T2H 0L3
(403) 216-8525 SIC 5812
REDBERRY FRANCHISING CORP p 260
1023 Central St W, PRINCE GEORGE, BC, V2M 3C9
(250) 561-8700 SIC 5812
REDBERRY FRANCHISING CORP p 345
1605 18th St, BRANDON, MB, R7A 5C6
(204) 727-2329 SIC 5812
REDBERRY FRANCHISING CORP p 362
1571 Regent Ave W, WINNIPEG, MB, R2C 3B3
(204) 987-8426 SIC 5812
REDBERRY FRANCHISING CORP p 366
71 Vermillion Rd, WINNIPEG, MB, R2J 3W7
(204) 987-8429 SIC 5812
REDBERRY FRANCHISING CORP p 370
1430 Mcphillips St, WINNIPEG, MB, R2V 3C5
(204) 987-8423 SIC 5812
REDBERRY FRANCHISING CORP p 381
333 Home St, WINNIPEG, MB, R3G 1X5
(204) 987-8428 SIC 5812
REDBERRY FRANCHISING CORP p 386
244 Osborne St, WINNIPEG, MB, R3L 1Z5
(204) 987-8433 SIC 5812
REDBERRY FRANCHISING CORP p 401
1140 Smythe St, FREDERICTON, NB, E3B 3H5
(506) 453-1462 SIC 5812
REDBERRY FRANCHISING CORP p 483
345 Mackenzie Ave, AJAX, ON, L1S 2G2
(905) 686-2331 SIC 5812
REDBERRY FRANCHISING CORP p 526
605 West St, BRANTFORD, ON, N3R 7C5
SIC 5812
REDBERRY FRANCHISING CORP p 544
561 Hespeler Rd Suite 23, CAMBRIDGE, ON, N1R 6J4
(519) 623-2402 SIC 5812
REDBERRY FRANCHISING CORP p 555
985 Elgin St W, COBOURG, ON, K9A 5J3
SIC 5812
REDBERRY FRANCHISING CORP p 562
23 Jacob Keffer Pky, CONCORD, ON, L4K 5N8
(905) 303-6428 SIC 5812
REDBERRY FRANCHISING CORP p 565
1317 Second St E, CORNWALL, ON, K6H 7C4
(613) 937-3877 SIC 5812
REDBERRY FRANCHISING CORP p 578
1560 The Queensway, ETOBICOKE, ON, M8Z 1T5
(416) 201-8239 SIC 5812
REDBERRY FRANCHISING CORP p 581
401 The West Mall Suite 700, ETOBICOKE, ON, M9C 5J4
(416) 626-6464 SIC 6794
REDBERRY FRANCHISING CORP p 586
500 Rexdale Blvd, ETOBICOKE, ON, M9W 6K5
(416) 679-8777 SIC 5812
REDBERRY FRANCHISING CORP p 602
200 Silvercreek Pky N, GUELPH, ON, N1H 7P7
(519) 763-8281 SIC 5812
REDBERRY FRANCHISING CORP p 637
809 Victoria St N, KITCHENER, ON, N2B 3C3
(519) 578-1391 SIC 5812
REDBERRY FRANCHISING CORP p 638
300 Fairway Rd S, KITCHENER, ON, N2C 1W9
(519) 893-5330 SIC 5812
REDBERRY FRANCHISING CORP p 643
443 Highland Rd W, KITCHENER, ON, N2M 3C6
SIC 5812
REDBERRY FRANCHISING CORP p 660
1001 Wellington Rd Suite B, LONDON, ON, N6E 1W4
(519) 685-9620 SIC 5812
REDBERRY FRANCHISING CORP p 663
660 Wonderland Rd S, LONDON, ON, N6K 1L8
SIC 5812
REDBERRY FRANCHISING CORP p 674
3088 Highway 7 E, MARKHAM, ON, L3R 5A1
(905) 479-8594 SIC 5812
REDBERRY FRANCHISING CORP p 690
4141 Dixie Rd Unit 228, MISSISSAUGA, ON, L4W 1V5
(905) 624-1664 SIC 5812
REDBERRY FRANCHISING CORP p 695
5645 Hurontario St, MISSISSAUGA, ON, L4Z 1S7
(905) 890-5780 SIC 5812
REDBERRY FRANCHISING CORP p 698
100 City Centre Dr Unit 1-830, MISSISSAUGA, ON, L5B 2C9
(905) 279-5005 SIC 5812
REDBERRY FRANCHISING CORP p 700
769 Burnhamthorpe Rd W, MISSISSAUGA, ON, L5C 3A6
(905) 281-0932 SIC 5812
REDBERRY FRANCHISING CORP p 701
1490 Dixie Rd, MISSISSAUGA, ON, L5E 3E5
(905) 274-1607 SIC 5812
REDBERRY FRANCHISING CORP p 711
6465 Mississauga Rd, MISSISSAUGA, ON, L5N 1A6
(905) 821-3464 SIC 5812
REDBERRY FRANCHISING CORP p 720
6010 Dixie Rd, MISSISSAUGA, ON, L5T 1A6
(905) 670-1870 SIC 5812
REDBERRY FRANCHISING CORP p 729
45 Robertson Rd, NEPEAN, ON, K2H 5Y9
SIC 5812
REDBERRY FRANCHISING CORP p 737
6235 Lundy's Lane, NIAGARA FALLS, ON, L2G 1T5
(905) 357-3210 SIC 5812
REDBERRY FRANCHISING CORP p 757
1077 Wilson Ave, NORTH YORK, ON, M3K 1G7
(416) 638-2222 SIC 5812
REDBERRY FRANCHISING CORP p 760
940 Lawrence Ave W Suite 709, NORTH YORK, ON, M6A 1C4
(416) 256-9439 SIC 5812
REDBERRY FRANCHISING CORP p 763
2372 Finch Ave W, NORTH YORK, ON, M9M 2C7
(416) 749-9087 SIC 5812
REDBERRY FRANCHISING CORP p 766
2460 Winston Churchill Blvd Suite 1, OAKVILLE, ON, L6H 6J5
(905) 829-4792 SIC 5812
REDBERRY FRANCHISING CORP p 778
1327 Simcoe St N, OSHAWA, ON, L1G 4X1
SIC 5812
REDBERRY FRANCHISING CORP p 781
338 King St W, OSHAWA, ON, L1J 2J9
(905) 571-2334 SIC 5812
REDBERRY FRANCHISING CORP p 887
1607 Birchmount Rd, TORONTO, ON, M1P 2J3
(416) 292-8840 SIC 5812
REDBERRY FRANCHISING CORP p 887
2571 Lawrence Ave E, TORONTO, ON, M1P 4W5
(416) 757-2401 SIC 5812
REDBERRY FRANCHISING CORP p 894

▲ Public Company   ■ Public Company Family Member   HQ Headquarters   BR Branch   SL Single Location

66 Overlea Blvd, TORONTO, ON, M4H 1C4
SIC 5812
REDBERRY FRANCHISING CORP p 896
11 Leslie St, TORONTO, ON, M4M 3H9
(416) 462-0264   SIC 5812
REDBERRY FRANCHISING CORP p 907
243 Yonge St, TORONTO, ON, M5B 1N8
(416) 368-7190   SIC 5812
REDBERRY FRANCHISING CORP p 936
1194 King St W, TORONTO, ON, M6K 1E6
(416) 588-4955   SIC 5812
REDBERRY FRANCHISING CORP p 951
396 King St N, WATERLOO, ON, N2J 2Z3
SIC 5812
REDBERRY FRANCHISING CORP p 958
1650 Victoria St E, WHITBY, ON, L1N 9L4
(905) 436-6556   SIC 5812
REDBERRY FRANCHISING CORP p 961
7955 Tecumseh Rd E, WINDSOR, ON, N8R 1A1
(519) 945-7922   SIC 5812
REDBERRY FRANCHISING CORP p 964
2850 Tecumseh Rd E, WINDSOR, ON, N8W 1G4
(519) 948-3161   SIC 5812
REDBERRY FRANCHISING CORP p 968
570 Goyeau St, WINDSOR, ON, N9A 1H2
SIC 5812
REDBERRY FRANCHISING CORP p 969
2530 Tecumseh Rd W, WINDSOR, ON, N9B 3R2
(519) 258-3423   SIC 5812
REDBERRY FRANCHISING CORP p 1005
8 Boul De Bromont Bureau 102, BROMONT, QC, J2L 2K1
(450) 534-2565   SIC 5812
REDBERRY FRANCHISING CORP p 1031
350 Boul Saint-Joseph, DRUMMONDVILLE, QC, J2C 2A8
(819) 477-0245   SIC 5812
REDBERRY FRANCHISING CORP p 1036
104 Boul Greber, GATINEAU, QC, J8T 3P8
(819) 568-5159   SIC 5812
REDBERRY FRANCHISING CORP p 1038
650 Boul Saint-Joseph, GATINEAU, QC, J8Y 4A8
SIC 5812
REDBERRY FRANCHISING CORP p 1041
855 Rue Principale, GRANBY, QC, J2G 2Y9
(450) 375-9412   SIC 5812
REDBERRY FRANCHISING CORP p 1059
7077 Boul Newman, LASALLE, QC, H8N 1X1
(514) 365-5532   SIC 5812
REDBERRY FRANCHISING CORP p 1062
1505 Boul Saint-Martin O, Laval, QC, H7S 1N1
(450) 669-1736   SIC 5812
REDBERRY FRANCHISING CORP p 1065
94 Rte Du President-Kennedy, Levis, QC, G6V 6C9
(418) 833-9371   SIC 5812
REDBERRY FRANCHISING CORP p 1070
1395 Ch De Chambly, LONGUEUIL, QC, J4J 5C6
SIC 5812
REDBERRY FRANCHISING CORP p 1087
6348 Rue Sherbrooke E Bureau 3411, Montreal, QC, H1N 3P6
(514) 252-9634   SIC 5812
REDBERRY FRANCHISING CORP p 1096
55 Boul Cremazie O, Montreal, QC, H2N 1L3
(514) 389-9542   SIC 5812
REDBERRY FRANCHISING CORP p 1113
500 Rue Sainte-Catherine O, Montreal, QC, H3B 1A6
(514) 861-3455   SIC 5812
REDBERRY FRANCHISING CORP p 1140
12595 Rue Sherbrooke E, POINTE-AUX-TREMBLES, QC, H1B 1C8
(514) 640-7779   SIC 5812
REDBERRY FRANCHISING CORP p 1197
930 Rue Douglas, SAINT-JEAN-SUR-RICHELIEU, QC, J3A 1V1

(450) 359-7745   SIC 5812
REDBERRY FRANCHISING CORP p 1236
736 Rue King E, SHERBROOKE, QC, J1G 1C4
(819) 564-3221   SIC 5812
REDBERRY FRANCHISING CORP p 1239
3005 Rue King O, SHERBROOKE, QC, J1L 1C7
(819) 566-6555   SIC 5812
REDBERRY FRANCHISING CORP p 1244
1110 Boul Moody, TERREBONNE, QC, J6W 3K9
SIC 5812
REDBERRY FRANCHISING CORP p 1259
230 Boul Des Bois-Francs S, VICTORIAVILLE, QC, G6P 4T1
(819) 758-4838   SIC 5812
REDBERRY FRANCHISING CORP p 1292
1515 8th St E, SASKATOON, SK, S7H 0T2
SIC 5812
REDBERRY FRANCHISING CORP p 1300
101 Confederation Dr, SASKATOON, SK, S7L 5C3
(306) 382-5310   SIC 5812
REDBERRY FRANCHISING CORP p 1303
1747 Preston Ave N, SASKATOON, SK, S7N 4V2
(306) 933-9445   SIC 5812
REDCLIFF MIDDLE SCHOOL p 478
See CHIGNECTO CENTRAL REGIONAL SCHOOL BOARD
REDCO CONSTRUCTION LTD p 106
8105 Davies Rd Nw, Edmonton, AB, T6E 4N1
(780) 466-1820   SIC 1771
REDCO RESTORATION SPECIALISTS p 106
See REDCO CONSTRUCTION LTD
REDD'S PUB p 329
See REDD'S ROADHOUSE RESTAURANTS LTD
REDD'S ROADHOUSE RESTAURANTS LTD p 329
3020 Blanshard St, VICTORIA, BC, V8T 5C7
(250) 382-7262   SIC 5812
REDFERN FARM SERVICES LTD p 354
101 2nd Ave, RIVERS, MB, R0K 1X0
(204) 328-5325   SIC 5191
REDHEAD EQUIPMENT p 1268
Gd Lcd Main, ESTEVAN, SK, S4A 2A1
(306) 634-4788   SIC 5084
REDHEAD EQUIPMENT p 1273
4404 37 Ave, LLOYDMINSTER, SK, S9V 0X5
(306) 825-3434   SIC 5084
REDHEAD EQUIPMENT p 1274
2420 Saskatchewan Dr S, MELFORT, SK, S0E 1A0
(306) 752-2273   SIC 5084
REDHEAD EQUIPMENT p 1281
3802 4th Ave E, PRINCE ALBERT, SK, S6W 1A4
(306) 763-6454   SIC 5084
REDHEAD EQUIPMENT p 1297
Gd Stn Main, SASKATOON, SK, S7K 3J4
(306) 934-3555   SIC 5012
REDHEAD EQUIPMENT p 1307
2604 South Service Rd W, SWIFT CURRENT, SK, S9H 5J9
(306) 773-2951   SIC 5084
REDHEAD EQUIPMENT LTD p 1297
9010 North Service Road, SASKATOON, SK, S7K 7E8
(306) 931-4600   SIC 5571
REDHILL SYSTEMS LTD p 93
11458 Winterburn Rd Nw, EDMONTON, AB, T5S 2Y3
(780) 472-9474   SIC 3613
REDPATH CANADA LIMITED p 743
101 Worthington St E 3rd Fl, NORTH BAY, ON, P1B 1G5
(705) 474-2461   SIC 1081
REDPATH FOODS INC p 300
521 8th Ave W, VANCOUVER, BC, V5Z 1C6

(604) 873-1393   SIC 5461
REDPATH FOODS INC p 315
3105 Oak St, VANCOUVER, BC, V6H 2L2
(604) 733-4838   SIC 5812
REDPATH GROUP p 743
See REDPATH CANADA LIMITED
REDPOINT MEDIA GROUP INC p 29
1900 11 St Se Suite 100, CALGARY, AB, T2G 3G2
(403) 240-9055   SIC 2721
REDROCK CAMPS INC p 97
12808 170 St Nw Unit 16, EDMONTON, AB, T5V 0A6
(780) 452-0888   SIC 2411
REDSON RESOURCE MANAGEMENT LTD p 4
262109 Rge Rd 10, BALZAC, AB, T0M 0E0
(403) 207-1666   SIC 7538
REDSTONE PUBLIC SCHOOL p 824
See YORK REGION DISTRICT SCHOOL BOARD
REDVERS HEALTH CENTRE p 1281
See SUN COUNTRY REGIONAL HEALTH AUTHORITY
REDVERS SCHOOL p 1281
See SOUTH EAST CORNERSTONE SCHOOL DIVISION NO. 209
REDWATER HEALTH CENTRE p 158
See ALBERTA HEALTH SERVICES
REDWATER POWER PLANT p 158
See TRANSCANADA PIPELINES LIMITED
REDWATER SCHOOL p 158
See STURGEON SCHOOL DIVISION #24
REDWOOD GRILL INCORPORATED p 464
30 Fairfax Dr, HALIFAX, NS, B3S 1P1
(902) 446-4243   SIC 5812
REEBOK CANADA p 1207
See SPORT MASKA INC
REEBOK-CCM p 1196
See SPORT MASKA INC
REED ELSEVIER CANADA LTD p 936
905 King St W Suite 400, TORONTO, ON, M6K 3G9
(416) 253-3640   SIC 2731
REEL ALESA LTEE p 1080
150 Ch Rockland, MONT-ROYAL, QC, H3P 2V9
(514) 937-9105   SIC 3535
REEL COH INC p 1000
801 Boul Du Cure-Boivin, BOISBRIAND, QC, J7G 2J2
(450) 430-6500   SIC 3531
REENDERS CAR WASH LTD p 362
85 Reenders Dr, WINNIPEG, MB, R2C 5E8
(204) 669-9700   SIC 7542
REESOR PARK PUBLIC SCHOOL p 669
See YORK REGION DISTRICT SCHOOL BOARD
REFAC CLIMAREF DIV p 1129
See WOLSELEY CANADA INC
REFENDOIRS C. R. LTEE, LES p 1056
300 Rue De La Berge-Du-Canal Bureau 4, LACHINE, QC, H8R 1H3
(514) 366-2222   SIC 7389
REFLEX MANUFACTURING LTD p 93
17223 105 Ave Nw, EDMONTON, AB, T5S 1H2
(780) 484-4002   SIC 3644
REFPLUS INC p 1193
2777 Grande Allee, SAINT-HUBERT, QC, J4T 2R4
(450) 641-2665   SIC 3585
REGAL BEDDING LTD p 19
5811 46 St Se, CALGARY, AB, T2C 4Y5
(403) 236-7771   SIC 2515
REGAL BELOIT CANADA p 617
638 14th St, HANOVER, ON, N4N 2A1
(519) 364-6024   SIC 3621
REGAL BELOIT CANADA ULC p 229
9087a 198 St, LANGLEY, BC, V1M 3B1
(604) 888-0110   SIC 3625
REGAL CONSOLIDATED VENTURES LIMITED p 908

20 Adelaide St E Suite 1100, TORONTO, ON, M5C 2T6
(416) 642-0026   SIC 1081
REGENCY ACRES PUBLIC SCHOOL p 492
See YORK REGION DISTRICT SCHOOL BOARD
REGENCY APPAREL CO LTD p 752
255 Duncan Mill Rd Suite 303, NORTH YORK, ON, M3B 3H9
(416) 504-6090   SIC 2329
REGENCY AUTO INVESTMENTS INC p 187
4278 Lougheed Hwy, BURNABY, BC, V5C 3Y5
(604) 879-8411   SIC 5521
REGENCY CATERERS LTD p 297
68 2nd Ave E Suite 300, VANCOUVER, BC, V5T 1B1
(604) 708-2550   SIC 5812
REGENCY INTERMEDIATE CARE FACILITIES INC p 286
13855 68 Ave, SURREY, BC, V3W 2G9
(604) 597-9333   SIC 8361
REGENCY TOYOTA BURNABY p 187
See REGENCY AUTO INVESTMENTS INC
REGENT CONSTRUCTION (2000) LTD p 366
919 Dugald Rd, WINNIPEG, MB, R2J 0G7
(204) 231-3456   SIC 1542
REGENT HEIGHTS JUNIOR PUBLIC SCHOOL p 839
See TORONTO DISTRICT SCHOOL BOARD
REGENT INN p 264
See BERUSCHI ENTERPRISES LTD
REGENT PARK COMMUNITY HEALTH CENTRE p 905
38 Regent St Suite 2, TORONTO, ON, M5A 3N7
(416) 362-0805   SIC 8399
REGENT PARK PUBLIC SCHOOL p 775
See SIMCOE COUNTY DISTRICT SCHOOL BOARD, THE
REGENT RESTAURANT INC p 139
1255 3 Ave S, LETHBRIDGE, AB, T1J 0K1
(403) 328-7800   SIC 5812
REGIE DU BATIMENT DU QUEBEC p 1019
See GOUVERNEMENT DE LA PROVINCE DE QUEBEC
REGIE DU BATIMENT DU QUEBEC p 1071
201 Place Charles-Le Moyne Bureau 310, LONGUEUIL, QC, J4K 2T5
(450) 928-7603   SIC 7389
REGIE DU BATIMENT DU QUEBEC DIRECTION TERRITORIAL DE L'EST DU QUEBEC p 1157
See GOUVERNEMENT DE LA PROVINCE DE QUEBEC
REGIE DU CINEMA QUEBEC p 1102
See GOUVERNEMENT DE LA PROVINCE DE QUEBEC
REGIE INTERMUNICIPALE DES DECHETS DE TEMISCOUATA p 1022
369 Rue Principale Bureau 100, Degelis, QC, G5T 2G3
(418) 853-2220   SIC 4953
REGIE REGIONALE DE LA SANTE ET DES SERVICES SOCIAUX SAGUENAY LAC-SAINT-JEAN p 1015
305 Rue Saint-Vallier Bureau 2250, CHICOUTIMI, QC, G7H 5H6
(418) 541-1000   SIC 8399
REGINA AEROCENTRE p 1290
See WEST WIND AVIATION INC
REGINA COMMERCIAL CLAIMS CENTER p 1283
See SASKATCHEWAN GOVERNMENT INSURANCE
REGINA COMMUNITY CLINIC p 1287
See COMMUNITY HEALTH SERVICES ASSOCIATION (REGINA) LTD
REGINA EXHIBITION ASSOCIATION LIMITED p

1285
1700 Elphinstone St, REGINA, SK, S4P 2Z6
(306) 781-9200   SIC 7999
REGINA EXHIBITION PARK   p 1285
See REGINA EXHIBITION ASSOCIATION LIMITED
REGINA INN   p 1285
See LEADON (REGINA) OPERATIONS LP
REGINA MEMORIAL GARDENS   p 1284
See ARBOR MEMORIAL SERVICES INC
REGINA MEMORIAL GARDENS & CREMATORIUM   p 1285
See MEMORIAL GARDENS CANADA LIMITED
REGINA MOTOR PRODUCTS (1970) LTD   p 1285
Albert St S Hwy 1-6, REGINA, SK, S4P 3A8
(866) 273-5778   SIC 7538
REGINA MUNDI CATHOLIC COLLEGE   p 659
See LONDON DISTRICT CATHOLIC SCHOOL BOARD
REGINA MUNDI CATHOLIC SCHOOL p 616
See HAMILTON-WENTWORTH CATHOLIC SCHOOL BOARD
REGINA MUNDI CATHOLIC SCHOOL p 761
See TORONTO CATHOLIC DISTRICT SCHOOL BOARD
REGINA OPEN DOOR SOCIETY INC p 1285
2550 Broad St, REGINA, SK, S4P 3Z4
(306) 352-3500   SIC 8322
REGINA QU'APPELLE REGIONAL HEALTH AUTHORITY   p 1265
310 Calgary St, BROADVIEW, SK, S0G 0K0
(306) 696 2458   SIC 8059
REGINA QU'APPELLE REGIONAL HEALTH AUTHORITY   p 1265
901 Nina St, BROADVIEW, SK, S0G 0K0
(306) 696-5500   SIC 8062
REGINA QU'APPELLE REGIONAL HEALTH AUTHORITY   p 1269
710 Regina Ave, GRENFELL, SK, S0G 2B0
(306) 697-2842   SIC 8051
REGINA QU'APPELLE REGIONAL HEALTH AUTHORITY   p 1270
125 Prince St, IMPERIAL, SK, S0G 2J0
(306) 963-2210   SIC 8051
REGINA QU'APPELLE REGIONAL HEALTH AUTHORITY   p 1270
Gd, IMPERIAL, SK, S0G 2J0
(306) 963-2122   SIC 8051
REGINA QU'APPELLE REGIONAL HEALTH AUTHORITY   p 1276
601 Wright Rd, MOOSOMIN, SK, S0G 3N0
(306) 435-3888   SIC 8322
REGINA QU'APPELLE REGIONAL HEALTH AUTHORITY   p 1285
2110 Hamilton St, REGINA, SK, S4P 2E3
SIC 8069
REGINA QU'APPELLE REGIONAL HEALTH AUTHORITY   p 1286
2110 Hamilton St Suite 100, REGINA, SK, S4P 2E3
(306) 766-7800   SIC 8093
REGINA QU'APPELLE REGIONAL HEALTH AUTHORITY   p 1290
4101 Dewdney Ave, REGINA, SK, S4T 1A5
(306) 766-2222   SIC 8062
REGINA QU'APPELLE REGIONAL HEALTH AUTHORITY   p 1309
701 Ouimet St, WOLSELEY, SK, S0G 5H0
(306) 698-4400   SIC 8059
REGINA QU'APPELLE REGIONAL HEALTH AUTHORITY   p 1309
801 Ouimet St, WOLSELEY, SK, S0G 5H0
(306) 698-2213   SIC 8062
REGINA SOCCER ASSOCIATION, THE   p 1286
1321 Saskatchewan Dr, REGINA, SK, S4P 0C9
(306) 352-8040   SIC 8399
REGINA STREET PUBLIC SCHOOL   p 799
See OTTAWA-CARLETON DISTRICT SCHOOL BOARD
REGINA TRANSIT   p 1287
See CITY OF REGINA, THE
REGION OF DURHAM WORKS DEPARTMENT   p 957
See CORPORATION OF THE REGIONAL MUNICIPALITY OF DURHAM, THE
REGIONAL ACCOUNTS MARKETING DIVISION   p 913
See CANADA LIFE ASSURANCE COMPANY, THE
REGIONAL DISTRIBUTION CENTER p 771
See WOLSELEY CANADA INC
REGIONAL DISTRICT OF CENTRAL OKANAGAN   p 337
2760 Cameron Rd, WEST KELOWNA, BC, V1Z 2T6
(250) 469-6160   SIC 7999
REGIONAL DISTRICT OF NANAIMO p 243
1105 Cedar Rd, NANAIMO, BC, V9X 1K9
(250) 722-2044   SIC 1629
REGIONAL DISTRICT OF NANAIMO p 263
737 Jones St, QUALICUM BEACH, BC, V9K 1S4
(250) 752-5014   SIC 7999
REGIONAL DISTRICT OF NORTH OKANAGAN   p 325
5764 Silver Star Rd, VERNON, BC, V1B 3P6
(250) 545-7432   SIC 7389
REGIONAL GROUP (TORONTO) INC. p 586
135 Queen's Plate Dr Suite 300, ETOBICOKE, ON, M9W 6V1
SIC 6531
REGIONAL HEALTH AUTHORITY - CENTRAL MANITOBA INC   p 343
240 5th Ave Sw, ALTONA, MB, R0G 0B2
(204) 324-6411   SIC 8059
REGIONAL HEALTH AUTHORITY - CENTRAL MANITOBA INC   p 349
175 Dennis St W, GLADSTONE, MB, R0J 0T0
(204) 385-2474   SIC 7991
REGIONAL HEALTH AUTHORITY - CENTRAL MANITOBA INC   p 349
24 Mill St, GLADSTONE, MB, R0J 0T0
(204) 385-2968   SIC 8062
REGIONAL HEALTH AUTHORITY - CENTRAL MANITOBA INC   p 351
232 Carrie St, MANITOU, MB, R0G 1G0
(204) 242-2744   SIC 8059
REGIONAL HEALTH AUTHORITY - CENTRAL MANITOBA INC   p 354
524 5th St Se, PORTAGE LA PRAIRIE, MB, R1N 3A8
(204) 239-2211   SIC 8062
REGIONAL HEALTH AUTHORITY - CENTRAL MANITOBA INC   p 356
33 Ray St, ST CLAUDE, MB, R0G 1Z0
(204) 379-2585   SIC 8062
REGIONAL HEALTH AUTHORITY - CENTRAL MANITOBA INC   p 358
9 Second St N, SWAN LAKE, MB, R0G 2S0
(204) 836-2132   SIC 8062
REGIONAL HEALTH AUTHORITY A   p 394
1750 Sunset Dr, BATHURST, NB, E2A 4L7
(506) 544-3000   SIC 8062
REGIONAL HEALTH AUTHORITY A   p 395
1 Boul St-Pierre O, CARAQUET, NB, E1W 1B6
(506) 726-2100   SIC 8062
REGIONAL HEALTH AUTHORITY A   p 404
29 Rue De L'hopital, LAMEQUE, NB, E8T 1C5
(506) 344-2261   SIC 8062
REGIONAL HEALTH AUTHORITY A   p 421
400 Rue Des Hospitalieres, TRACADIE-SHEILA, NB, E1X 1G5
(506) 394-3000   SIC 8062
REGIONAL HEALTH AUTHORITY B   p 394
34 Hospital St, BLACKS HARBOUR, NB, E5H 1K2
(506) 456-4200   SIC 8093
REGIONAL HEALTH AUTHORITY B   p 398
See REGIONAL HEALTH AUTHORITY NB
REGIONAL HEALTH AUTHORITY B   p 401
See REGIONAL HEALTH AUTHORITY NB
REGIONAL HEALTH AUTHORITY B   p 403
2019 Route 3, HARVEY STATION, NB, E6K 3E9
(506) 366-6400   SIC 8011
REGIONAL HEALTH AUTHORITY B   p 405
See REGIONAL HEALTH AUTHORITY NB
REGIONAL HEALTH AUTHORITY B   p 407
See REGIONAL HEALTH AUTHORITY NB
REGIONAL HEALTH AUTHORITY B   p 408
See REGIONAL HEALTH AUTHORITY NB
REGIONAL HEALTH AUTHORITY B   p 411
35 F. Tribe Rd, PERTH-ANDOVER, NB, E7H 0A8
(506) 273-7222   SIC 8011
REGIONAL HEALTH AUTHORITY B   p 411
See REGIONAL HEALTH AUTHORITY NB
REGIONAL HEALTH AUTHORITY B   p 412
120 Main St, PLASTER ROCK, NB, E7G 2E5
(506) 356-6600   SIC 8062
REGIONAL HEALTH AUTHORITY B   p 412
8 Forestdale Rd, RIVERSIDE-ALBERT, NB, E4H 3Y7
(506) 882-3100   SIC 8011
REGIONAL HEALTH AUTHORITY B   p 413
8 Main St Unit 111, SACKVILLE, NB, E4L 4A3
(506) 364-4400   SIC 8059
REGIONAL HEALTH AUTHORITY B   p 413
See REGIONAL HEALTH AUTHORITY NB
REGIONAL HEALTH AUTHORITY B   p 418
416 Bay St, SAINT JOHN, NB, E2M 7L4
(506) 674-4300   SIC 8069
REGIONAL HEALTH AUTHORITY B   p 420
See REGIONAL HEALTH AUTHORITY NB
REGIONAL HEALTH AUTHORITY B   p 421
See REGIONAL HEALTH AUTHORITY NB
REGIONAL HEALTH AUTHORITY NB p 398
275h Bert Blvd, EDMUNDSTON, NB, E3V 4E4
(506) 739-2160   SIC 8051
REGIONAL HEALTH AUTHORITY NB p 401
700 Priestman St, FREDERICTON, NB, E3B 3B7
(506) 452-5800   SIC 8051
REGIONAL HEALTH AUTHORITY NB p 405
155 Pleasant St, MIRAMICHI, NB, E1V 1Y3
(506) 623-5500   SIC 8062
REGIONAL HEALTH AUTHORITY NB p 405
1780 Water St Suite 300, MIRAMICHI, NB, E1N 1B6
(506) 778-6102   SIC 8621
REGIONAL HEALTH AUTHORITY NB p 405
1780 Water St Suite 300, MIRAMICHI, NB, E1N 1B6
(506) 778-6877   SIC 8099
REGIONAL HEALTH AUTHORITY NB p 407
81 Albert St, MONCTON, NB, E1C 1B3
(506) 856-2444   SIC 8093
REGIONAL HEALTH AUTHORITY NB p 408
125 Mapleton Rd, MONCTON, NB, E1C 9G6
(506) 856-2333   SIC 8093
REGIONAL HEALTH AUTHORITY NB p 411
10 Woodland Hill, PERTH-ANDOVER, NB, E7H 5H5
(506) 273-7100   SIC 8062
REGIONAL HEALTH AUTHORITY NB p 413
8 Main St, SACKVILLE, NB, E4L 4A3
(506) 364-4100   SIC 8062
REGIONAL HEALTH AUTHORITY NB p 420
4 Garden St Suite 219, ST STEPHEN, NB, E3L 2L9
(506) 465-4444   SIC 8062
REGIONAL HEALTH AUTHORITY NB p 421
20 Kennedy Dr Suite 4, SUSSEX, NB, E4E 2P1
(506) 432-3280   SIC 8082
REGIONAL HEALTH AUTHORITY NB p 421
75 Leonard Dr, SUSSEX, NB, E4E 2P7
(506) 432-3100   SIC 8062
REGIONAL LANDFILL   p 243
See REGIONAL DISTRICT OF NANAIMO
REGIONAL MENTAL HEALTH CARE, LONDON   p 653
See ST. JOSEPH'S HEALTH CARE, LONDON
REGIONAL MENTAL HEALTH CARE, LONDON   p 656
See ST. JOSEPH'S HEALTH CARE, LONDON
REGIONAL MENTAL HEALTH CARE, ST THOMAS   p 858
See ST. JOSEPH'S HEALTH CARE, LONDON
REGIONAL MUNICIPALITY OF NIAGARA, THE   p 737
3599 Macklem St, NIAGARA FALLS, ON, L2G 6C7
(905) 295-4831   SIC 4971
REGIONAL MUNICIPALITY OF NIAGARA, THE   p 738
6623 Kalar Rd Suite 312, NIAGARA FALLS, ON, L2H 2T3
(905) 357-1911   SIC 8051
REGIONAL MUNICIPALITY OF NIAGARA, THE   p 739
272 Wellington St, NIAGARA ON THE LAKE, ON, L0S 1J0
(905) 468-4208   SIC 8742
REGIONAL MUNICIPALITY OF NIAGARA, THE   p 955
277 Plymouth Rd, WELLAND, ON, L3B 6E3
(905) 714-7428   SIC 8361
REGIONAL MUNICIPALITY OF PEEL, THE p 520
9 Wellington St E, BRAMPTON, ON, L6W 1Y1
(905) 791-4055   SIC 8412
REGIONAL MUNICIPALITY OF PEEL, THE p 702
2460 Truscott Dr, MISSISSAUGA, ON, L5J 3Z8
(905) 791-8668   SIC 8051
REGIONAL MUNICIPALITY OF WATERLOO, THE   p 547
100 Maple Grove Rd, CAMBRIDGE, ON, N3H 4R7
(519) 650-8264   SIC 8731
REGIONAL MUNICIPALITY OF WATERLOO, THE   p 639
250 Strasburg Rd, KITCHENER, ON, N2E 3M6
(519) 585-7597   SIC 4173
REGIONAL MUNICIPALITY OF WATERLOO, THE   p 641
150 Frederick Suite 5, KITCHENER, ON, N2G 4J3
(519) 575-4411   SIC 8111
REGIONAL MUNICIPALITY OF WATERLOO, THE   p 951
2001 University Ave E Suite 104, WATERLOO, ON, N2K 4K4
(519) 746-6563   SIC 7999
REGIONAL MUNICIPALITY OF YORK, THE p 734
194 Eagle St Suite 3011, NEWMARKET, ON, L3Y 1J6
(905) 895-2382   SIC 8051
REGIONAL MUNICIPALITY OF YORK, THE p 734

22 Prospect St, NEWMARKET, ON, L3Y 3S9
(905) 895-4512   SIC 8021
REGIONAL SECURITY SERVICES LTD   p 260
190 Victoria St, PRINCE GEORGE, BC, V2L 2J9
(250) 562-1215   SIC 7381
REGIONAL SEINGGNGRE SCHOOL   p 419
See DISTRICT SCOLAIRE 3
REGIONAL SELLING, DIVISION OF   p 677
See LIVANOVA CANADA CORP
REGIONAL TIRE DISTRIBUTORS INC   p 97
16408 121a Ave Nw, EDMONTON, AB, T5V 1J9
(780) 483-1391   SIC 5014
REGIONAL TISSUE BANK   p 456
See NOVA SCOTIA HEALTH AUTHORITY
REGIOTOLIS-NOTRE DAME CATHOLIC HIGH SCHOOL   p 630
See ALGONQUIN & LAKESHORE CATHOLIC DISTRICT SCHOOL BOARD
REGIS CANADA   p 708
See FIRST CHOICE HAIRCUTTERS LTD
REGIS HAIRSTYLISTS LTD   p 362
1555 Regent Ave W, WINNIPEG, MB, R2C 4J2
(204) 663-7688   SIC 7231
REGIS HAIRSTYLISTS LTD   p 370
2305 Mcphillips St, WINNIPEG, MB, R2V 3E1
(204) 334-1004   SIC 7231
REGIS SALON   p 362
See REGIS HAIRSTYLISTS LTD
REGIS SALONS   p 370
See REGIS HAIRSTYLISTS LTD
REGROUPEMENT DES ARCHIVES DU SEMINAIRE DE SHERBROO   p 1017
See REGROUPEMENT DES ARCHIVES DU SEMINAIRE DE SHERBROOKE ET DE L'ARCHIDIOCESE DE SHERBROOKE
REGROUPEMENT DES ARCHIVES DU SEMINAIRE DE SHERBROOKE ET DE L'ARCHIDIOCESE DE SHERBROOKE   p 1017
6747 Rte Louis-S.-Saint-Laurent, COMPTON, QC, J0B 1L0
(819) 835-5474   SIC 8661
REGROUPEMENT DES C H S L D DES TROIS RIVES, LE   p 1256
408 Av Saint-Charles, VAUDREUIL-DORION, QC, J7V 7M9
(450) 455-6177   SIC 8051
REGULVAR INC   p 1057
1600 55e Av, LACHINE, QC, H8T 3J5
(514) 636-2878   SIC 5084
REGULVAR INC   p 1165
2800 Rue Jean-Perrin Bureau 100, Quebec, QC, G2C 1T3
(418) 842-5114   SIC 1796
REGULVAR INC   p 1192
3510 1re Rue, SAINT-HUBERT, QC, J3Y 8Y5
(450) 443-6131   SIC 5084
REGULVAR INC   p 1239
4101 Boul Industriel, SHERBROOKE, QC, J1L 2S7
(819) 829-1311   SIC 5084
REH-FIT CENTRE   p 386
See MANITOBA CARDIAC INSTITUTE (REH-FIT) INC
REHAB EXPRESS INC   p 620
367 Muskoka Rd 3 N, HUNTSVILLE, ON, P1H 1H6
(705) 788-9355   SIC 8093
REHAB EXPRESS INC   p 804
733 9th Ave E Unit 4, OWEN SOUND, ON, N4K 3E6
(519) 370-2165   SIC 8049
REHABILITATION CENTRE FOR CHILDREN INC   p 386
633 Wellington Cres, WINNIPEG, MB, R3M 0A8

(204) 452-4311   SIC 8361
REHABILITATION SCIENCES   p 911
See GOVERNING COUNCIL OF THE UNIVERSITY OF TORONTO
REHABILITATION SCIENCES SECTOR OF THE FACULTY OF MEDICINE   p 911
See GOVERNING COUNCIL OF THE UNIVERSITY OF TORONTO
REHABILITATION SOCIETY OF SOUTH-WESTERN ALBERTA   p 137
1610 29 St N, LETHBRIDGE, AB, T1H 5L3
(403) 317-4880   SIC 8331
REHOBOTH A CHRISTIAN ASSOCIATION FOR THE MENTALLY HANDICAPPED OF ALBERTA   p 11
3505 29 St Ne Suite 106, CALGARY, AB, T1Y 5W4
(403) 250-7333   SIC 8331
REHOBOTH A CHRISTIAN ASSOCIATION FOR THE MENTALLY HANDICAPPED OF ALBERTA   p 69
1km Hwy 845 N, COALDALE, AB, T1M 1N1
(403) 345-5199   SIC 2511
REHOBOTH CHRISTIAN MINISTRY   p 69
See REHOBOTH A CHRISTIAN ASSOCIATION FOR THE MENTALLY HANDICAPPED OF ALBERTA
REHOBOTH CHRISTIAN SCHOOL   p 763
See REHOBOTH REFORMED SCHOOL SOCIETY
REHOBOTH REFORMED SCHOOL SOCIETY   p 763
43 Main St E, NORWICH, ON, N0J 1P0
(519) 863-2403   SIC 8211
REICHHOLD INDUSTRIES LIMITED   p 257
50 Douglas St, PORT MOODY, BC, V3H 3L9
(604) 939-1181   SIC 2821
REID'S CORNER REGIONAL SERVICES   p 224
See INTERIOR HEALTH AUTHORITY
REID'S HERITAGE CONSTRUCTION   p 546
See RHC DESIGN-BUILD
REID'S HERITAGE HOMES LTD   p 660
553 Southdale Rd E Suite 102, LONDON, ON, N6E 1A2
SIC 1521
REID, J R SCHOOL   p 346
See BRANDON SCHOOL DIVISION, THE
REID-BUILT HOMES LTD   p 25
2041 41 Ave Ne, CALGARY, AB, T2E 6P2
(403) 250-3273   SIC 1521
REIMER EXPRESS   p 1027
See REIMER EXPRESS LINES LTD
REIMER EXPRESS LINES LTD   p 19
10120 52 St Se, CALGARY, AB, T2C 4M2
(403) 279-0788   SIC 4213
REIMER EXPRESS LINES LTD   p 19
75 Dufferin Pl Se, CALGARY, AB, T2C 4W3
(403) 279-0132   SIC 4213
REIMER EXPRESS LINES LTD   p 97
16060 128 Ave Nw, EDMONTON, AB, T5V 1B6
(780) 447-2434   SIC 4213
REIMER EXPRESS LINES LTD   p 187
3985 Still Creek Ave, BURNABY, BC, V5C 4E2
(604) 433-3321   SIC 4213
REIMER EXPRESS LINES LTD   p 346
1604 Moreland Ave, BRANDON, MB, R7C 1A6
(204) 727-2224   SIC 4212
REIMER EXPRESS LINES LTD   p 373
100 Milner St, WINNIPEG, MB, R2X 2X3
SIC 4213
REIMER EXPRESS LINES LTD   p 373
1400 Inkster Blvd, WINNIPEG, MB, R2X 1R1
(204) 958-5000   SIC 4213
REIMER EXPRESS LINES LTD   p 690
5919 Shawson Dr, MISSISSAUGA, ON, L4W 3Y2
(905) 670-9366   SIC 4213

REIMER EXPRESS LINES LTD   p 977
1187 Welford Pl, WOODSTOCK, ON, N4S 7W3
(519) 539-8384   SIC 4214
REIMER EXPRESS LINES LTD   p 1027
1725 Ch Saint-Francois, DORVAL, QC, H9P 2S1
(514) 684-9970   SIC 4231
REIMER EXPRESS LINES LTD   p 1283
920 Mackay St, REGINA, SK, S4N 4X7
(306) 359-3222   SIC 4213
REINHART FOODS LIMITED   p 859
7449 Hwy 26, STAYNER, ON, L0M 1S0
(705) 428-2422   SIC 2099
REINHART FOODS LIMITED   p 1010
2050 Boul Industriel, CHAMBLY, QC, J3L 4V2
(450) 658-7501   SIC 2099
REISER   p 539
See REISER (CANADA) CO.
REISER (CANADA) CO.   p 539
1549 Yorkton Crt Unit 4, BURLINGTON, ON, L7P 5B7
(905) 631-6611   SIC 5084
REITMANS   p 179
See REITMANS (CANADA) LIMITEE
REITMANS   p 362
See REITMANS (CANADA) LIMITEE
REITMANS   p 368
See REITMANS (CANADA) LIMITEE
REITMANS   p 516
See REITMANS (CANADA) LIMITEE
REITMANS   p 682
See REITMANS (CANADA) LIMITEE
REITMANS   p 907
See REITMANS (CANADA) LIMITEE
REITMANS   p 977
See REITMANS (CANADA) LIMITEE
REITMANS   p 1017
See REITMANS (CANADA) LIMITEE
REITMANS   p 1031
See REITMANS (CANADA) LIMITEE
REITMANS   p 1119
See REITMANS (CANADA) LIMITEE
REITMANS   p 1125
See REITMANS (CANADA) LIMITEE
REITMANS   p 1143
See REITMANS (CANADA) LIMITEE
REITMANS (CANADA) LIMITEE   p 56
85 Shawville Blvd Se Suite 510, CALGARY, AB, T2Y 3W5
(403) 254-5553   SIC 5621
REITMANS (CANADA) LIMITEE   p 145
3201 13 Ave Se, MEDICINE HAT, AB, T1B 1E2
(403) 526-5813   SIC 5621
REITMANS (CANADA) LIMITEE   p 148
201 Southridge Dr Unit 315, OKOTOKS, AB, T1S 2E1
(403) 995-1872   SIC 5621
REITMANS (CANADA) LIMITEE   p 179
32700 South Fraser Way Unit 55, ABBOTSFORD, BC, V2T 4M5
(604) 870-8929   SIC 5621
REITMANS (CANADA) LIMITEE   p 256
2850 Shaughnessy St Suite 2103, PORT COQUITLAM, BC, V3C 6K5
SIC 5621
REITMANS (CANADA) LIMITEE   p 262
6007 Southridge Ave, PRINCE GEORGE, BC, V2N 6Z4
SIC 5621
REITMANS (CANADA) LIMITEE   p 290
3091 152 St Suite 330, SURREY, BC, V4P 3K1
(604) 538-8828   SIC 5621
REITMANS (CANADA) LIMITEE   p 334
3147 Douglas St Unit 213, VICTORIA, BC, V8Z 6E3
(250) 381-2214   SIC 5621
REITMANS (CANADA) LIMITEE   p 362
1592 Regent Ave W Unit 3, WINNIPEG, MB, R2C 3B4
(204) 668-5683   SIC 5621

REITMANS (CANADA) LIMITEE   p 368
1225 St Mary's Rd, WINNIPEG, MB, R2M 5E5
(204) 255-2224   SIC 5621
REITMANS (CANADA) LIMITEE   p 421
138 Main St, SUSSEX, NB, E4E 3E1
(506) 432-6244   SIC 5621
REITMANS (CANADA) LIMITEE   p 424
69 Manitoba Dr, CLARENVILLE, NL, A5A 1K3
(709) 466-7096   SIC 5621
REITMANS (CANADA) LIMITEE   p 516
25 Peel Centre Dr, BRAMPTON, ON, L6T 3R5
(905) 793-4477   SIC 5621
REITMANS (CANADA) LIMITEE   p 639
1400 Ottawa St S Unit 7, KITCHENER, ON, N2E 4E2
SIC 5621
REITMANS (CANADA) LIMITEE   p 660
765 Exeter Rd Suite 211, LONDON, ON, N6E 3T1
(519) 686-1782   SIC 5621
REITMANS (CANADA) LIMITEE   p 682
1250 Steeles Ave E, MILTON, ON, L9T 6R1
(905) 878-8750   SIC 5621
REITMANS (CANADA) LIMITEE   p 730
3161 Greenbank Rd Suite 1a, NEPEAN, ON, K2J 4H9
(613) 823-4053   SIC 5621
REITMANS (CANADA) LIMITEE   p 789
50 Rideau St, OTTAWA, ON, K1N 9J7
SIC 5621
REITMANS (CANADA) LIMITEE   p 837
3495 Lawrence Ave E, SCARBOROUGH, ON, M1H 1B3
(416) 431-0271   SIC 5621
REITMANS (CANADA) LIMITEE   p 865
1067 Ontario St, STRATFORD, ON, N5A 6W6
(519) 273-5940   SIC 5621
REITMANS (CANADA) LIMITEE   p 869
1599 Marcus Dr Suite 3, SUDBURY, ON, P3B 4K6
(705) 560-0125   SIC 5621
REITMANS (CANADA) LIMITEE   p 907
218 Yonge St, TORONTO, ON, M5B 2H6
(416) 598-3563   SIC 5621
REITMANS (CANADA) LIMITEE   p 977
493 Norwich Ave, WOODSTOCK, ON, N4S 9A2
(519) 539-3518   SIC 5621
REITMANS (CANADA) LIMITEE   p 1017
7021 Ch De La Cote-Saint-Luc, Cote Saint-Luc, QC, H4V 1J2
SIC 5621
REITMANS (CANADA) LIMITEE   p 1031
1025 Boul Rene-Levesque Bureau 2, DRUMMONDVILLE, QC, J2C 7V4
(819) 478-3915   SIC 5621
REITMANS (CANADA) LIMITEE   p 1113
724 Rue Sainte-Catherine O, Montreal, QC, H3B 1B9
(514) 954-0087   SIC 5621
REITMANS (CANADA) LIMITEE   p 1119
250 Rue Sauve O, Montreal, QC, H3L 1Z2
(514) 384-1140   SIC 5621
REITMANS (CANADA) LIMITEE   p 1125
1007 Rue Du Marche-Central Bureau B, Montreal, QC, H4N 1J8
(514) 388-1925   SIC 5621
REITMANS (CANADA) LIMITEE   p 1143
755 Boul Saint-Jean, POINTE-CLAIRE, QC, H9R 5M9
(514) 693-9701   SIC 5621
REITMANS (CANADA) LIMITEE   p 1251
4600 Boul Des Recollets, Trois-Rivieres, QC, G9A 0A1
(819) 379-6258   SIC 5137
RELAIS GOUVERNEUR ST-JEAN, LE   p 1199
See HOTEL VALLEE DES FORTS INC
RELAIS PNEUS FREINS ET SUSPENSIONS INC, LE   p

1240
4255 Boul Bourque, SHERBROOKE, QC, J1N 1S4
(819) 566-7722   SIC 5531
RELAIS ROUTIER KILOMETRE 381 p 1169
See SOCIETE DE DEVELOPPEMENT DE LA BAIE-JAMES
RELANCE OUTAOUAIS INC, LA p 1036
700 Boul Greber, GATINEAU, QC, J8V 3P8
(819) 243-5237   SIC 8399
RELANCE OUTAOUAIS INC, LA p 1037
45 Boul Sacre-Coeur, GATINEAU, QC, J8X 1C6
(819) 776-5870   SIC 8399
RELIABLE CLEANING SERVICES p 870
See RELIABLE WINDOW CLEANERS (SUDBURY) LIMITED
RELIABLE CLEANING SERVICES p 884
See RELIABLE WINDOW CLEANERS (SUDBURY) LIMITED
RELIABLE LIFE INSURANCE COMPANY p 611
100 King St W, HAMILTON, ON, L8P 1A2
(905) 525-5031   SIC 6311
RELIABLE MAINTENANCE PRODUCT p 870
See RELIABLE WINDOW CLEANERS (SUDBURY) LIMITED
RELIABLE PARTS LTD p 25
1058 72 Ave Ne, CALGARY, AB, T2E 8V9
(403) 281-1863   SIC 5722
RELIABLE PARTS LTD p 202
85 North Bend St, COQUITLAM, BC, V3K 6N1
(604) 941-1355   SIC 5722
RELIABLE TOY CORP p 763
707 Arrow Rd, NORTH YORK, ON, M9M 2L4
(416) 762-1111   SIC 3944
RELIABLE WINDOW CLEANERS (SUDBURY) LIMITED p 870
345 Regent St, SUDBURY, ON, P3C 4E1
(705) 675-5281   SIC 5087
RELIABLE WINDOW CLEANERS (SUDBURY) LIMITED p 870
345 Regent St, SUDBURY, ON, P3C 4E1
(705) 675-5281   SIC 7349
RELIABLE WINDOW CLEANERS (SUDBURY) LIMITED p 884
167 Wilson Ave, TIMMINS, ON, P4N 2T2
(705) 360-1194   SIC 1799
RELIANCE p 1164
See ADT CANADA INC
RELIANCE COMFORT LIMITED PARTNERSHIP p 526
37 Morton Ave E Unit A, BRANTFORD, ON, N3R 7J5
(519) 756-1493   SIC 4961
RELIANCE COMFORT LIMITED PARTNERSHIP p 544
539 Collier Macmillan Dr Suite A, CAMBRIDGE, ON, N1R 7P3
(519) 622-2772   SIC 1711
RELIANCE COMFORT LIMITED PARTNERSHIP p 660
1045 Hargrieve Rd Suite A, LONDON, ON, N6E 1P6
(519) 686-4942   SIC 1711
RELIANCE COMFORT LIMITED PARTNERSHIP p 772
1900 Blackacre Dr Rr 1, OLDCASTLE, ON, N0R 1L0
(519) 737-0334   SIC 1711
RELIANCE COMFORT LIMITED PARTNERSHIP p 870
955 Cambrian Heights Dr, SUDBURY, ON, P3C 5M6
(705) 566-1919   SIC 1711
RELIANCE COMFORT LIMITED PARTNERSHIP p 964
1825 Provincial Rd, WINDSOR, ON, N8W 5V7
(519) 250-7878   SIC 1711
RELIANCE COMMODITIES CANADA p 706
See 2107453 ONTARIO LTD.
RELIANCE HOME COMFORT p 964
See RELIANCE COMFORT LIMITED PARTNERSHIP
RELIANCE HOME COMFORT, DIV p 544
See RELIANCE COMFORT LIMITED PARTNERSHIP
RELIANCE HOME COMFORT, DIV p 660
See RELIANCE COMFORT LIMITED PARTNERSHIP
RELIANCE HOME COMFORT, DIV OF p 772
See RELIANCE COMFORT LIMITED PARTNERSHIP
RELIANCE HOME COMFORT, DIV OF p 870
See RELIANCE COMFORT LIMITED PARTNERSHIP
RELIANCE INDUSTRIAL INVESTMENTS LTD p 147
606 19 Ave, NISKU, AB, T9E 7W1
(780) 955-7115   SIC 6712
RELIANCE INDUSTRIAL PRODUCTS ULC p 148
602 19 Ave, NISKU, AB, T9E 7W1
(780) 955-2042   SIC 1711
RELIANCE INDUSTRIAL PRODUCTS ULC p 148
606 19 Ave, NISKU, AB, T9E 7W1
(780) 955-7115   SIC 5085
RELIANCE METALS CANADA LIMITED p 682
8055 Esquesing Line, MILTON, ON, L9T 5C8
(905) 878-1156   SIC 5051
RELIANCE METALS CANADA LIMITED p 720
305 Pendant Dr, MISSISSAUGA, ON, L5T 2W9
(905) 564-0866   SIC 5051
RELIANCE PROTECTRON p 1015
See ADT CANADA INC
RELIANCE PROTECTRON p 1166
See ADT CANADA INC
RELIANT WEB HOSTING INC p 916
85 Richmond St W Suite 510, TORONTO, ON, M5H 2C9
(877) 767-5577   SIC 7371
RELIC ENTERTAINMENT, INC p 305
1040 Hamilton St Suite 400, VANCOUVER, BC, V6B 2R9
(604) 801-6577   SIC 7372
RELIGIEUSES HOSPITALIERES DE SAINT-JOSEPH p 394
2144 Vallee Lourdes Dr, BATHURST, NB, E2A 4R9
(506) 547-8320   SIC 8661
RELIGIEUSES HOSPITALIERES DE SAINT-JOSEPH p 1100
251 Av Des Pins O, Montreal, QC, H2W 1R6
(514) 844-3961   SIC 8661
RELIGIEUSES HOSPITALIERES DE ST JOSEPH p 394
See RELIGIEUSES HOSPITALIERES DE SAINT-JOSEPH
RELIGIOUS HOSPITALLERS OF SAINT JOSEPH OF THE HOTEL DIEU OF KINGSTON p 632
166 Brock St, Kingston, ON, K7L 5G2
(613) 549-2680   SIC 8069
RELOUW EARLY CHILDHOOD LEARNING CENTRE p 588
See LONDON BRIDGE CHILD CARE SERVICES INC
RELY-EX CONTRACTING INC p 1297
516 43rd St E, SASKATOON, SK, S7K 0V6
(306) 664-2155   SIC 1542
REM-TECH INDUSTRIES INC p 492
69 White St, AYLMER, ON, N5H 3G9
(519) 773-3459   SIC 3599
REMAI DURAND VENTURES INC p 93
17803 Stony Plain Rd Nw, EDMONTON, AB, T5S 1B4
(780) 484-8000   SIC 7011
REMAI HOLDINGS II LTD p 142
5620 44 St, LLOYDMINSTER, AB, T9V 0B6
(780) 875-6113   SIC 7011
REMAI INVESTMENT CORPORATION p 1273
4320 44 St, LLOYDMINSTER, SK, S9V 1Z9
(306) 825-4400   SIC 7011
REMAI INVESTMENT CORPORATION p 1309
345 Broadway St W, YORKTON, SK, S3N 0N8
SIC 7011
REMAI KORPACH VENTURES INC p 136
8450 Sparrow Dr, LEDUC, AB, T9E 7G4
(780) 986-1840   SIC 7011
REMATEK INC p 1210
8975 Boul Henri-Bourassa O, SAINT-LAURENT, QC, H4S 1P7
(514) 333-0101   SIC 3544
REMATEK-ATE p 1210
See REMATEK INC
REMAX GEORGIAN BAY REALTY LTD p 680
833 King St, MIDLAND, ON, L4R 0B7
(705) 526-9366   SIC 6531
REMBOURRAGE ANP INC p 1144
105 Rue Beaudet, PRINCEVILLE, QC, G6L 4L3
(819) 364-2645   SIC 3732
REMDEL INC p 1189
4200 10e Av, SAINT-GEORGES, QC, G5Y 7S3
(418) 228-9458   SIC 7218
REMTEC INC p 284
12343 104 Ave Suite A, SURREY, BC, V3V 3H2
(604) 930-3550   SIC 3715
REMTEC INC p 1010
2055 Boul Industriel, CHAMBLY, QC, J3L 4C5
(450) 658-0588   SIC 3715
RENAISSANCE p 540
See CONSEIL SCOLAIRE VIAMONDE
RENAISSANCE HOTEL p 930
See LARCO INVESTMENTS LTD
RENAISSANCE LEARNING OF CANADA CO p 491
73 Industrial Pky N Suite 3, AURORA, ON, L4G 4C4
(905) 726-8110   SIC 7371
RENAISSANCE LEISURE GROUP (2004) INC p 597
1209 Muskoka Beach Rd, GRAVENHURST, ON, P1P 1R1
(705) 687-2233   SIC 7011
RENASANT FINANCIAL PARTNERS LTD p 698
55 City Centre Dr Suite 800, MISSISSAUGA, ON, L5B 1M3
(289) 281-4758   SIC 7377
RENBALDO HOLDINGS INC p 762
5395 Steeles Ave W, NORTH YORK, ON, M9L 1R6
(416) 749-9522   SIC 5521
RENDALL PARK ELEMENTARY SCHOOL p 141
See LLOYDMINSTER SCHOOL DIVISION NO 99
RENDEZ-VOUS RESTAURANT FORT FRANCES LIMITED p 590
1201 Idlywild Dr, FORT FRANCES, ON, P9A 3M3
(807) 274-9811   SIC 7011
RENE GORDON ELEMENTARY SCHOOL p 890
See TORONTO DISTRICT SCHOOL BOARD
RENE MATERIAUX COMPOSITES LTEE p 1185
55 Rte 271 S, Saint-Ephrem-de-Beauce, QC, G0M 1R0
(418) 484-5282   SIC 3714
RENE MATERIAUX COMPOSITES LTEE p 1225
12 Av Du Parc Rr 1, SAINTE-CLOTILDE-DE-BEAUCE, QC, G0N 1C0
(418) 427-4288   SIC 3714
RENEW LIFE CANADA INC p 520
150 Biscayne Cres, BRAMPTON, ON, L6W 4V3
(800) 485-0960   SIC 2834
RENEWPLAST INC p 1107
2000 Rue Peel Bureau 900, Montreal, QC, H3A 2W5
(514) 842-8636   SIC 6712
RENEX INC p 447
73 Tacoma Dr Suite 703, DARTMOUTH, NS, B2W 3Y6
SIC 7299
RENFREW COLLEGIATE INSTITUTE p 819
See RENFREW COUNTY CATHOLIC DISTRICT SCHOOL BOARD
RENFREW COUNTY CATHOLIC DISTRICT SCHOOL BOARD p 489
324 John St N, ARNPRIOR, ON, K7S 2P6
(613) 623-2347   SIC 8211
RENFREW COUNTY CATHOLIC DISTRICT SCHOOL BOARD p 489
75 Edey St, ARNPRIOR, ON, K7S 1B9
(613) 623-2828   SIC 8211
RENFREW COUNTY CATHOLIC DISTRICT SCHOOL BOARD p 541
12629 Lanark Rd, CALABOGIE, ON, K0J 1H0
(613) 752-2808   SIC 8211
RENFREW COUNTY CATHOLIC DISTRICT SCHOOL BOARD p 550
2 Mccarthy Dr, CHALK RIVER, ON, K0J 1J0
(613) 589-2775   SIC 8211
RENFREW COUNTY CATHOLIC DISTRICT SCHOOL BOARD p 568
331110d Hwy 17, DEEP RIVER, ON, K0J 1P0
(613) 584-3567   SIC 8211
RENFREW COUNTY CATHOLIC DISTRICT SCHOOL BOARD p 629
131 Queen St, KILLALOE, ON, K0J 2A0
SIC 8211
RENFREW COUNTY CATHOLIC DISTRICT SCHOOL BOARD p 806
222 Church St, PEMBROKE, ON, K8A 4K9
SIC 8211
RENFREW COUNTY CATHOLIC DISTRICT SCHOOL BOARD p 806
1270 Pembroke St W, PEMBROKE, ON, K8A 4G4
(613) 735-0151   SIC 8211
RENFREW COUNTY CATHOLIC DISTRICT SCHOOL BOARD p 806
299 First Ave, PEMBROKE, ON, K8A 5C3
(613) 732-2248   SIC 8211
RENFREW COUNTY CATHOLIC DISTRICT SCHOOL BOARD p 806
499 Pembroke St W, Pembroke, ON, K8A 5P1
(613) 735-1031   SIC 8211
RENFREW COUNTY CATHOLIC DISTRICT SCHOOL BOARD p 807
19 Mohns Ave, PETAWAWA, ON, K8H 2G7
(613) 687-5918   SIC 8211
RENFREW COUNTY CATHOLIC DISTRICT SCHOOL BOARD p 807
22 Leeder Lane, PETAWAWA, ON, K8H 0B8
(613) 687-4167   SIC 8211
RENFREW COUNTY CATHOLIC DISTRICT SCHOOL BOARD p 819
184 Bonnechere St S, RENFREW, ON, K7V 1Z5
(613) 432-4858   SIC 8211

RENFREW COUNTY CATHOLIC DISTRICT SCHOOL BOARD
228 Mason Ave, RENFREW, ON, K7V 3Y3
(613) 432-4351   SIC 8211

RENFREW COUNTY CATHOLIC DISTRICT SCHOOL BOARD
41 Bolger Lane, RENFREW, ON, K7V 2M9
(613) 432-3137   SIC 8211

RENFREW COUNTY CATHOLIC DISTRICT SCHOOL BOARD
835 First St, RENFREW, ON, K7V 4E1
(613) 432-5846   SIC 8211

RENFREW COUNTY DISTRICT SCHOOL BOARD   p 489
1164 Stewartville Rd, ARNPRIOR, ON, K7S 3G8
(613) 623-5746   SIC 8211

RENFREW COUNTY DISTRICT SCHOOL BOARD   p 489
79 Ottawa St, ARNPRIOR, ON, K7S 1X2
(613) 623-4235   SIC 8211

RENFREW COUNTY DISTRICT SCHOOL BOARD   p 489
59 Ottawa St, ARNPRIOR, ON, K7S 1X2
(613) 623-3183   SIC 8211

RENFREW COUNTY DISTRICT SCHOOL BOARD   p 489
1164 Stewartville Rd, ARNPRIOR, ON, K7S 3G8
(613) 623-6512   SIC 8211

RENFREW COUNTY DISTRICT SCHOOL BOARD   p 498
20 Elmbrook Dr, BARRIE, ON, L4N 0Z1
(705) 792-7766   SIC 8211

RENFREW COUNTY DISTRICT SCHOOL BOARD   p 498
41 Sandringham Dr, BARRIE, ON, L4N 0J9
(705) 728-2774   SIC 8211

RENFREW COUNTY DISTRICT SCHOOL BOARD   p 500
20 Cameron St, BEACHBURG, ON, K0J 1C0
(613) 582-3528   SIC 8211

RENFREW COUNTY DISTRICT SCHOOL BOARD   p 500
341 John St Suite 1, BARRYS BAY, ON, K0J 1B0
(613) 756-0526   SIC 8211

RENFREW COUNTY DISTRICT SCHOOL BOARD   p 554
16 Cowley St, COBDEN, ON, K0J 1K0
(613) 646-2271   SIC 8211

RENFREW COUNTY DISTRICT SCHOOL BOARD   p 568
12 Avon St, DEEP RIVER, ON, K0J 1P0
SIC 8211

RENFREW COUNTY DISTRICT SCHOOL BOARD   p 568
87 Brockhouse Way, DEEP RIVER, ON, K0J 1P0
(613) 584-3361   SIC 8211

RENFREW COUNTY DISTRICT SCHOOL BOARD   p 568
Gd, DEEP RIVER, ON, K0J 1P0
(613) 584-3361   SIC 8211

RENFREW COUNTY DISTRICT SCHOOL BOARD   p 569
1990 Cobden Rd, DOUGLAS, ON, K0J 1S0
(613) 735-7587   SIC 8211

RENFREW COUNTY DISTRICT SCHOOL BOARD   p 572
259 Jane St, EGANVILLE, ON, K0J 1T0
(613) 628-2606   SIC 8211

RENFREW COUNTY DISTRICT SCHOOL BOARD   p 629
100 Queen St, KILLALOE, ON, K0J 2A0
(613) 757-2091   SIC 8211

RENFREW COUNTY DISTRICT SCHOOL BOARD   p 731
5197 County Road 9, NEW LOWELL, ON, L0M 1N0
(705) 424-0991   SIC 8211

RENFREW COUNTY DISTRICT SCHOOL BOARD   p 777
22 5 Line S, ORO STATION, ON, L0L 2E0
(705) 487-2532   SIC 8211

RENFREW COUNTY DISTRICT SCHOOL BOARD   p 806
11588 Round Lake Rd, PEMBROKE, ON, K8A 0K8
(613) 732-3789   SIC 8211

RENFREW COUNTY DISTRICT SCHOOL BOARD   p 806
480 Mary St, PEMBROKE, ON, K8A 5W9
(613) 732-8105   SIC 8211

RENFREW COUNTY DISTRICT SCHOOL BOARD   p 806
420 Bell St, PEMBROKE, ON, K8A 2K5
(613) 735-6858   SIC 8211

RENFREW COUNTY DISTRICT SCHOOL BOARD   p 806
412 Pembroke St W, PEMBROKE, ON, K8A 5N6
(613) 732-9401   SIC 8211

RENFREW COUNTY DISTRICT SCHOOL BOARD   p 806
390 Bell St, PEMBROKE, ON, K8A 2K5
(613) 735-6575   SIC 8211

RENFREW COUNTY DISTRICT SCHOOL BOARD   p 806
320 Herbert St, PEMBROKE, ON, K8A 2Y4
(613) 732-8761   SIC 8211

RENFREW COUNTY DISTRICT SCHOOL BOARD   p 807
43 Ypres Blvd, PETAWAWA, ON, K8H 1E5
(613) 687-4211   SIC 8211

RENFREW COUNTY DISTRICT SCHOOL BOARD   p 807
15 Herman St, PETAWAWA, ON, K8H 1W1
(613) 687-2457   SIC 8211

RENFREW COUNTY DISTRICT SCHOOL BOARD   p 807
19 Leeder Lane, PETAWAWA, ON, K8H 0B8
(613) 687-2121   SIC 8211

RENFREW COUNTY DISTRICT SCHOOL BOARD   p 807
1900 Borden Ave, PETAWAWA, ON, K8H 2T6
(613) 687-2404   SIC 8211

RENFREW COUNTY DISTRICT SCHOOL BOARD   p 807
14 Ypres Blvd, PETAWAWA, ON, K8H 1C6
SIC 8211

RENFREW COUNTY DISTRICT SCHOOL BOARD   p 819
140 Munroe Ave E, RENFREW, ON, K7V 3K4
(613) 432-3627   SIC 8211

RENFREW COUNTY DISTRICT SCHOOL BOARD   p 960
60 Hwy, WHITNEY, ON, K0J 2M0
(613) 637-2171   SIC 8211

RENFREW COUNTY DISTRICT SCHOOL BOARD   p 960
25272 60 Hwy, WHITNEY, ON, K0J 2C0
SIC 8211

RENFREW EDUCATIONAL SERVICES SOCIETY   p 25
2050 21 St Ne, CALGARY, AB, T2E 6S5
(403) 247-6200   SIC 8211

RENFREW EDUCATIONAL SERVICES SOCIETY   p 55
75 Sunpark Dr Se, CALGARY, AB, T2X 3V4
(403) 291-5038   SIC 8211

RENFREW EDUCATIONAL SERVICES SOCIETY   p 63
265 Falshire Dr Ne, CALGARY, AB, T3J 1T9
(403) 590-1948   SIC 8211

RENFREW ELEMENTARY SCHOOL   p 294
See BOARD OF EDUCATION OF SCHOOL DISTRICT NO. 39 (VANCOUVER), THE

RENFREW FIRE DEPARTMENT   p 819
See CORPORATION OF THE TOWN OF RENFREW, THE

RENFREW HOLT   p 375
See HOLT, RENFREW & CIE, LIMITEE

RENFREW PARK COMMUNITY ASSOCIATION   p 294
2929 22nd Ave E, VANCOUVER, BC, V5M 2Y3
(604) 257-8388   SIC 8322

RENFREW PARK COMMUNITY CENTRE   p 294
See RENFREW PARK COMMUNITY ASSOCIATION

RENFREW STN MAIN   p 819
See CANADA POST CORPORATION

RENFRO CANADA CORP   p 720
250 Admiral Blvd, MISSISSAUGA, ON, L5T 2N6
(905) 795-3130   SIC 2251

RENOIR RETIREMENT RESIDENCE   p 54
See REVERA INC

RENOVATIONEXPERTS.COM   p 447
See RENEX INC

RENTCO EQUIPMENT LTD   p 127
11437 97 Ave, GRANDE PRAIRIE, AB, T8V 5R8
(780) 539-7860   SIC 7353

RENTCO'S TOOL SHED   p 127
See RENTCO EQUIPMENT LTD

RENTOKIL PEST CONTROL CANADA LIMITED   p 674
30 Royal Crest Crt Unit 11, MARKHAM, ON, L3R 9W8
(416) 226-5880   SIC 7342

REPARTITEURS DU RESEAU DE TRANSPORT DE LA CAPITALE   p 1167
See SYNDICAT DES INSPECTEURS ET DES REPARTITEURS DU RESEAU DE TRANSPORT DE LA CAPITALE (FISA)

REPLICATION MEDIA DE DIVERTISSEMENT   p 1211
See ZANIN CD/DVD INC

REPORT ON BUSINESS TELEVISION p 928
See BELL MEDIA INC

REPSOL CANADA ENERGY PARTNERSHIP   p 48
888 3 St Sw Suite 2000, CALGARY, AB, T2P 5C5
(403) 237-1234   SIC 1382

REPSOL OIL & GAS CANADA INC   p 117
5 Ave, EDSON, AB, T7E 1T1
(780) 723-9800   SIC 1382

REPSOL OIL & GAS CANADA INC   p 173
Gd, WARBURG, AB, T0C 2T0
(780) 848-2100   SIC 1382

REPSOL OIL & GAS CANADA INC   p 1265
801 Railway Ave W, CARLYLE, SK, S0C 0R0
(306) 453-2545   SIC 1382

REPUBLIC PACKAGING OF CANADA p 622
See CRAIG PACKAGING LIMITED

RES PRECAST INC   p 586
514 Carlingview Dr, ETOBICOKE, ON, M9W 5R3
SIC 5999

RES PUBLICA   p 1106
See GROUPE CONSEIL RES PUBLICA INC

RES-MAR   p 1033
478 Montee De Wakeham, Gaspe, QC, G4X 1Y6
(418) 368-5373   SIC 7389

RESEARCH BY NET   p 747
See GREENWICH ASSOCIATES ULC

RESEARCH DEVELOPMENT & MANUFACTURING CORPORATION   p 954
619a Kumpf Dr, WATERLOO, ON, N2V 1K8
(519) 746-8483   SIC 7371

RESEARCH FINANCIAL MANAGEMENT SERVICES (RFMS)   p 1101
See UNIVERSITE MCGILL

RESEARCH GRANT AND CONTRACT SERVICES   p 434
See MEMORIAL UNIVERSITY OF NEWFOUNDLAND

RESEARCH IN MOTION   p 951
See BLACKBERRY LIMITED

RESEARCH INSTITUTE   p 301
See VANCOUVER COASTAL HEALTH AUTHORITY

RESEARCH NOW INC   p 896
3080 Yonge St Suite 2000, TORONTO, ON, M4N 3N1
(800) 599-7938   SIC 8731

RESEARCH SERCVICES, DEPARTMENT OF   p 460
See IZAAK WALTON KILLAM HEALTH CENTRE, THE

RESEARCH SERVICES   p 108
See THE GOVERNORS OF THE UNIVERSITY OF ALBERTA

RESEAU AQUATIQUE DRUMMONDVILLE INC   p 1031
1380 Rue Montplaisir, DRUMMONDVILLE, QC, J2C 0M6
(819) 477-1063   SIC 2451

RESEAU CANOE   p 904
See CANOE INC

RESEAU DE TRANSPORT DE LONGUEUIL p 1069
1150 Boul Marie-Victorin, LONGUEUIL, QC, J4G 2M4
(450) 442-8600   SIC 4111

RESEAU PETITS PAS   p 1075
See GOUVERNEMENT DE LA PROVINCE DE QUEBEC

RESEAU QUEBECOR MEDIA INC   p 1115
612 Rue Saint-Jacques, Montreal, QC, H3C 4M8
SIC 7319

RESEAU TEL-SYNERGIE INC   p 743
1500 Fisher St, NORTH BAY, ON, P1B 2H3
(705) 840-1027   SIC 5311

RESEAUX AVIAT CANADA   p 1141
See AVIAT NETWORKS CANADA ULC

RESEAUX MERX INC   p 727
38 Antares Dr Suite 1000, NEPEAN, ON, K2E 7V2
(613) 727-4900   SIC 7379

RESERVE FAUNIQUE ASSINICA ET DES LACS ALBANEL, MISTASSINI ET WACONICHI   p 1012
See SOCIETE DES ETABLISSEMENTS DE PLEIN AIR DU QUEBEC

RESERVE FAUNIQUE DE RIMOUSKI   p 1218
See SOCIETE DES ETABLISSEMENTS DE PLEIN AIR DU QUEBEC

RESERVE FAUNIQUE DU ST-MAURICE   p 1247
See SOCIETE DES ETABLISSEMENTS DE PLEIN AIR DU QUEBEC

RESERVE FAUNIQUE LA VERENDRYE   p 1254
See SOCIETE DES ETABLISSEMENTS DE PLEIN AIR DU QUEBEC

RESERVE FAUNIQUE MASTIGOUCHE   p 1179
See SOCIETE DES ETABLISSEMENTS DE PLEIN AIR DU QUEBEC

RESERVEAMERICA   p 711
See RESERVEAMERICA ON INC

RESERVEAMERICA ON INC   p 711
2480 Meadowvale Blvd Suite 1, MISSISSAUGA, ON, L5N 8M6
(905) 286-6600   SIC 7371

RESERVOIRS TRANS-QUEBEC   p 1005
See RTQ INC

RESIDENCE AVELLIN DALCOURT   p 1073
See GOUVERNEMENT DE LA PROVINCE DE QUEBEC

RESIDENCE BERTHIAUME-DU TREMBLAY   p 1092
1635 Boul Gouin E, Montreal, QC, H2C 1C2

(514) 381-1841   SIC 8051
RESIDENCE BY MARRIOTT TORONTO p 585
See LUXURY HOTELS INTERNATIONAL OF CANADA, ULC
RESIDENCE CHAMPLAIN p 645
See CHARTWELL SENIORS HOUSING REAL ESTATE INC
RESIDENCE CHATEAU PIERREFONDS p 1226
See CHATEAU PIERREFONDS INC
RESIDENCE COTE JARDINS INC p 1159
880 Av Painchaud, Quebec, QC, G1S 0A3
(418) 688-1221   SIC 8361
RESIDENCE DE LA SALLE p 1131
See FRERES DES ECOLES CHRETIENNES DU CANADA FRANCOPHONE, LES
RESIDENCE DE LACHUTE INC, LA p 1058
377 Rue Principale, LACHUTE, QC, J8H 1Y1
(450) 562-5203   SIC 8361
RESIDENCE DU BOHNEUR, LA p 1127
See PLACEMENTS M.G.O INC
RESIDENCE DU PARC p 1202
See REVERA INC
RESIDENCE FLORALIES LASALLE INC p 1060
8200 Rue George, LASALLE, QC, H8P 3T6
(514) 363-8200   SIC 6513
RESIDENCE INN BY MARRIOTT MONTREAL AIRPORT, THE p 1204
See SOCIETE EN COMMANDITE HOTEL CAVENDISH
RESIDENCE INN OTTAWA p 791
See LUXURY HOTELS INTERNATIONAL OF CANADA, ULC
RESIDENCE INN TORONTO DOWNTOWN/ENTERTAINMENT DISTRICT p 931
See WELLINGTON WINDSOR HOLDINGS LTD
RESIDENCE INN, MONCTON p 407
See LUXURY HOTELS INTERNATIONAL OF CANADA, ULC
RESIDENCE LASALLE p 1059
See REVERA INC
RESIDENCE LOUISE-VACHON p 1018
See CRDI NORMAND-LARAMEE
RESIDENCE MANOIR ST-JEROME p 1201
See MANOIR ST-JEROME INC
RESIDENCE MGR MELANSON INC p 419
11 Rue Levesque, SAINT-QUENTIN, NB, E8A 1T1
(506) 235-6030   SIC 8051
RESIDENCE NOTRE DAME p 1259
See RESIDENCES ALLEGRO, S.E.C., LES
RESIDENCE NOTRE DAME DE RICHELIEU p 1171
See MISSIONNAIRES OBLATS DE MARIE IMMACULEE, LES
RESIDENCE NOTRE-DAME-DE-LA-PROTECTION p 1046
See SOEURS DE LA CONGREGATION DE NOTRE-DAME, LES
RESIDENCE ON ST CLAIR p 829
See STEEVES & ROZEMA ENTERPRISES LIMITED
RESIDENCE ON THE THAMES p 551
See STEEVES & ROZEMA ENTERPRISES LIMITED
RESIDENCE ON WILLIAM ST RETIREMENT p 647
See REVERA INC
RESIDENCE ROBERT CLICHE p 1089
See CLSC -CHSLD DE ROSEMONT
RESIDENCE SAINT MAURICE p 1234
See CENTRE LAFLECHE GRAND-MERE
RESIDENCE SAINT-CHARLES BARROMEE p 1101
66 Boul Rene-Levesque E, Montreal, QC, H2X 1N3
(514) 861-9331   SIC 8069
RESIDENCE SAINT-JOSEPH, LA p 1174
See CENTRE DE SANTE ET DE SERVICES SOCIAUX DE RIVIERE-DU-LOUP
RESIDENCE SEPHARADE SALOMON (COMMUNAUTE SEPHARADE UNIFIEE DU QUEBEC) p 1121
5900 Boul Decarie, Montreal, QC, H3X 2J7
(514) 733-2157   SIC 8361
RESIDENCE ST ANTOINE p 1151
See CENTRE DE SANTE ET DE SERVICES SOCIAUX DE LA VIEILLE-CAPITALE
RESIDENCE ST-JOSEPH DE CHAMBLY p 1010
100 Rue Martel, CHAMBLY, QC, J3L 1V3
(450) 658-6271   SIC 8361
RESIDENCE STE-GENEVIEVE p 1164
4855 Rte Sainte-Genevieve Bureau 264, QUEBEC, QC, G2B 4W3
(418) 842-4085   SIC 8361
RESIDENCE STE-MARTHE p 1195
See CSH STE-MARTHE INC
RESIDENCES ALLEGRO, S.E.C., LES p 284
13853 102 Ave Suite 213, SURREY, BC, V3T 5P6
(604) 581-1555   SIC 6513
RESIDENCES ALLEGRO, S.E.C., LES p 646
1 Henry Ave, LEAMINGTON, ON, N8H 5P1
(519) 322-0311   SIC 8059
RESIDENCES ALLEGRO, S.E.C., LES p 886
65 Livingston Rd, TORONTO, ON, M1E 1L1
(416) 264-4348   SIC 6513
RESIDENCES ALLEGRO, S.E.C., LES p 966
590 Grand Marais Rd E, WINDSOR, ON, N8X 3H4
(519) 969-0330   SIC 6513
RESIDENCES ALLEGRO, S.E.C., LES p 1103
485 Rue Mcgill Bureau 300, Montreal, QC, H2Y 2H4
(514) 878-1374   SIC 8361
RESIDENCES ALLEGRO, S.E.C., LES p 1125
10005 Av Du Bois-De-Boulogne Bureau 622, Montreal, QC, H4N 3B2
(866) 396-4483   SIC 8361
RESIDENCES ALLEGRO, S.E.C., LES p 1239
3300 Rue Des Chenes, SHERBROOKE, QC, J1L 2G1
(819) 823-1123   SIC 8361
RESIDENCES ALLEGRO, S.E.C., LES p 1259
222 Rue Notre-Dame O Bureau 315, VICTORIAVILLE, QC, G6P 1R9
(819) 758-3131   SIC 8361
RESIDENCES DE LA GAPPE p 1035
See ALL SENIORS CARE LIVING CENTRES LTD
RESIDENCES DESJARDINS (ST-SAUVEUR) INC, LES p 1221
55 Av Hochar, SAINT-SAUVEUR, QC, J0R 1R6
(450) 227-2241   SIC 8361
RESIDENCES DU MARCHE, LES p 1231
See GESTION IMMOBILIERE LUC MAURICE INC
RESIDENCES FUNERAIRES MONGEAU p 1195
See SERVICE CORPORATION INTERNATIONAL (CANADA) LIMITED
RESIDENCES INKERMAN INC, LES p 403
1171 Ch Pallot, INKERMAN, NB, E8P 1C2
(506) 336-3909   SIC 8361
RESIDENCES LUCIEN SAINDON INC, LES p 404
26 Rue De L'hopital, LAMEQUE, NB, E8T 1C3
(506) 344-3232   SIC 8051
RESIDENCES RICHELOISES, LES p 1078
See SOCIETE DE GESTION COGIR INC
RESIDENTIAL BUILDING PRODUCTS p 562
See ROYAL GROUP, INC
RESIDENTIAL CARE p 464
Gd Yarmouth Stn Hebron, HEBRON, NS, B5A 5Z9
SIC 8399
RESMED INC p 464
38 Solutions Dr Suite 300, HALIFAX, NS, B3S 0H1
(877) 242-1703   SIC 7371
RESOLUTE FORCE PRODUCT p 881
See PF RESOLU CANADA INC
RESOLUTE FOREST PRODUCTS p 1063
See PF RESOLU CANADA INC
RESOLUTE FOREST PRODUCTS p 1135
See PF RESOLU CANADA INC
RESOLUTE FOREST PRODUCTS p 1222
See PF RESOLU CANADA INC
RESOLUTE FOREST PRODUCTS INC p 1075
490 Rue Saint-Georges, MANSEAU, QC, G0X 1V0
(819) 356-2200   SIC 2421
RESOLVE CORPORATION p 445
197 Dufferin St Suite 100, BRIDGEWATER, NS, B4V 2G9
(902) 541-3600   SIC 8742
RESOLVE CORPORATION p 695
2 Robert Speck Pky Suite 1600, MISSISSAUGA, ON, L4Z 1H8
(905) 306-6200   SIC 8748
RESOLVE CORPORATION p 773
695 Riddell Rd, ORANGEVILLE, ON, L9W 4Z5
(519) 941-9800   SIC 7374
RESOLVE CORPORATION p 893
210 Wicksteed Ave, TORONTO, ON, M4G 2C3
SIC 8743
RESOLVE CORPORATION p 982
50 Watts Ave, CHARLOTTETOWN, PE, C1E 2B8
(902) 629-3000   SIC 7389
RESOLVE CORPORATION p 985
150 Industrial Cres, SUMMERSIDE, PE, C1N 5N6
SIC 7389
RESORTS INTERNATIONAL (NIAGARA) INC p 738
8444 Lundy's Lane, NIAGARA FALLS, ON, L2H 1H4
(905) 356-8444   SIC 7011
RESORTS OF THE CANADIAN ROCKIES INC p 134
1 Whait Horn Rd, LAKE LOUISE, AB, T0L 1E0
(403) 522-3555   SIC 7999
RESORTS OF THE CANADIAN ROCKIES INC p 213
5339 Fernie Ski Hill Rd Rr 6, FERNIE, BC, V0B 1M6
(250) 423-2444   SIC 5812
RESORTS OF THE CANADIAN ROCKIES INC p 228
301 North Star Blvd, KIMBERLEY, BC, V1A 2Y5
(250) 427-4881   SIC 7011
RESORTS OF THE CANADIAN ROCKIES INC p 228
500 Stemwinder Dr, KIMBERLEY, BC, V1A 2Y6
(250) 427-5175   SIC 7011
RESORTS OF THE CANADIAN ROCKIES INC p 228
500 Jerry Sorenson Way, KIMBERLEY, BC, V1A 2Y6
(250) 427-5171   SIC 7999
RESOURCE CENTRE p 641
See GREAT-WEST LIFE ASSURANCE COMPANY, THE
RESOURCE RECOVERY FUND BOARD, INCORPORATED p 478
35 Commercial St Suite 400, TRURO, NS, B2N 3H9
(902) 895-7732   SIC 4953
RESPECT GROUP INC p 53
540 21 Ave Sw Unit 8, CALGARY, AB, T2S 0H1
(403) 249-2963   SIC 8322
RESPIRATORY CLINIC p 301
See VANCOUVER COASTAL HEALTH AUTHORITY
RESPIRON CARE-PLUS INC p 647
55 Mary St W Suite 205, LINDSAY, ON, K9V 5Z6
(705) 324-5085   SIC 8049
RESPIRON CARE-PLUS INC p 696
2085 Hurontario St Suite 103, MISSISSAUGA, ON, L5A 4G1
(905) 306-0204   SIC 8741
RESSOURCES APPALACHES INC p 472
1080 Dufferin Mines Rd, PORT DUFFERIN, NS, B0J 2R0
(902) 297-3667   SIC 1081
RESSOURCES APPALACHES INC p 1173
212 Av De La Cathedrale, RIMOUSKI, QC, G5L 5J2
(418) 724-0901   SIC 1081
RESSOURCES MSV INC p 1113
1155 Boul Robert-Bourassa Unite 1405, Montreal, QC, H3B 3A7
(418) 748-7691   SIC 6519
RESSOURCES NATURAL ALBERTON INC, LES p 1070
695 Rue Saint-Charles O Unite 13, LONGUEUIL, QC, J4H 1H2
(514) 631-3333   SIC 5122
RESSOURCES PROFESSIONELLES INFORMATIQUES R P I INC p 1103
485 Rue Mcgill Bureau 920, Montreal, QC, H2Y 2H4
(514) 341-7760   SIC 7379
RESSOURCES SANTE L M INC p 1221
21 Rue Forget, SAINT-SAUVEUR, QC, J0R 1R0
(450) 227-6663   SIC 8322
REST HAVEN LODGE p 277
See ADVENTIST HEALTH CARE HOME SOCIETY
RESTAURANT & BAR THURSDAY INC p 1116
1430 Rue De La Montagne, Montreal, QC, H3G 1Z5
(514) 288-5656   SIC 7011
RESTAURANT A & W p 989
See A & W FOOD SERVICES OF CANADA INC
RESTAURANT A & W p 1031
See A & W FOOD SERVICES OF CANADA INC
RESTAURANT A LA RIVE INC p 1084
153 Rue Saint-Louis, MONTMAGNY, QC, G5V 1N4
(418) 248-3494   SIC 5812
RESTAURANT ADAMS p 1033
See MOTEL ADAMS INC
RESTAURANT AIX INC p 1103
711 Cote De La Place-D'armes, Montreal, QC, H2Y 2X6
(514) 904-1201   SIC 5812
RESTAURANT AROME p 1038
See SOCIETE DES CASINOS DU QUEBEC INC, LA
RESTAURANT AUX ANCIENS CANADIENS INC p 1158
34 Rue Saint-Louis, Quebec, QC, G1R 3Z1
(418) 692-1627   SIC 5812
RESTAURANT B.C.L. INC p 1259
609 Boul Des Bois-Francs S, VICTORIAVILLE, QC, G6P 5X1
(819) 357-9226   SIC 5812
RESTAURANT BAR-B BARN p 1118
See RESTAURANT BAR-B INC
RESTAURANT BAR-B INC p 1118
675 Rue Butler, Montreal, QC, H3K 3B3
(514) 937-2811   SIC 5812

RESTAURANT BATON ROUGE *p 992*
See 9059-5307 QUEBEC INC
RESTAURANT BATON ROUGE *p 1024*
See 9025-5159 QUEBEC INC
RESTAURANT BATON ROUGE *p 1100*
See 9016-1126 QUEBEC INC
RESTAURANT BENNY *p 1188*
See ENTREPRISES GILLES BENNY INC, LES
RESTAURANT BLANCHET *p 1031*
See MARIO VINCENT
RESTAURANT BUFFET DES CONTINENTS *p 1250*
See 9122-6910 QUEBEC INC
RESTAURANT BUONA NOTTE *p 1100*
See BAR BUONANOTTE INC
RESTAURANT BURGER KING *p 1031*
See REDBERRY FRANCHISING CORP
RESTAURANT BURGER KING *p 1062*
See REDBERRY FRANCHISING CORP
RESTAURANT CAFE AUX DELICES *p 1077*
See ENTREPRISES TOURISTIQUES RIVENVEL LTEE, LES
RESTAURANT CASA DU SPAGHETTI *p 1040*
See 2420-5064 QUEBEC INC
RESTAURANT CHEZ GEORGES *p 1014*
See GESTION GEORGES ABRAHAM INC
RESTAURANT CHEZ HENRI *p 1183*
See CHEZ HENRI MAJEAU ET FILS INC
RESTAURANT CONTINENTAL INC *p 1158*
26 Rue Saint-Louis, Quebec, QC, G1R 3Y9
(418) 694-9995   SIC 5812
RESTAURANT D. LAFLEUR INC *p 1061*
99 Av Lafleur, LASALLE, QC, H8R 3G8
SIC 5812
RESTAURANT DELI & BAR MOE'S - ST-JOVITE *p 1221*
See 9061-3845 QUEBEC INC
RESTAURANT DEMERS *p 1236*
See PIZZERIA DEMERS INC
RESTAURANT DU BARRY *p 1035*
See 128374 CANADA LTD
RESTAURANT DU VIEUX PORT INC *p 1103*
39 Rue Saint-Paul E, Montreal, QC, H2Y 1G2
(514) 866-3175   SIC 5812
RESTAURANT E.S.M. INC *p 1005*
2 Rue Saint-Martin, BROMONT, QC, J2L 3L2
(450) 534-0947   SIC 5812
RESTAURANT EAST SIDE MARIO'S *p 1005*
See RESTAURANT E.S.M. INC
RESTAURANT GREC BAIE-JOLIE INC *p 1252*
9151 Rue Notre-Dame O, Trois-Rivieres, QC, G9B 6T2
(819) 377-2511   SIC 5812
RESTAURANT INNOVATIONS INC *p 644*
20 Heldmann Rd, KITCHENER, ON, N2P 0A6
SIC 5812
RESTAURANT JACK ASTOR'S BAR & GRILL *p 1024*
See IMMOBILIER JACK ASTOR'S (DORVAL) INC
RESTAURANT L'ACADEMIE-RIVE-SUD *p 1006*
See 9139-4874 QUEBEC INC
RESTAURANT L'ESPADON *p 1174*
See AUBERGE DE LA POINTE INC
RESTAURANT L'HERBE LONGUE *p 1021*
See CLUB DE GOLF DE COWANSVILLE INC
RESTAURANT LA BOUSTIFAILLE *p 1196*
See COMMISSION TOURISTIQUE DU PORT-JOLI INC, LA
RESTAURANT LA CAGE AUX SPORTS INC *p 1197*
880 Boul Du Seminaire N, SAINT-JEAN-SUR-RICHELIEU, QC, J3A 1B5
(450) 359-6484   SIC 5812
RESTAURANT LA QUEUE DE CHEVAL, LE *p 1116*
See 9284-3473 QUEBEC INC
RESTAURANT LA STANZA INC *p 1231*
380 Boul Labelle, SAINTE-THERESE, QC, J7E 2Y1
SIC 5812
RESTAURANT LE CHALET BAR-B-Q INC *p 1122*
5456 Rue Sherbrooke O, Montreal, QC, H4A 1V9
(514) 489-7235   SIC 5812
RESTAURANT LE FRIAND'OEUF INC *p 1231*
190 Boul Du Cure-Labelle, SAINTE-THERESE, QC, J7E 2X5
(450) 437-1261   SIC 5812
RESTAURANT LE LATINI *p 1103*
See 115768 CANADA INC
RESTAURANT LE WILLIAMSON *p 1075*
See 9013-1194 QUEBEC INC
RESTAURANT LES BON GARS INC *p 1118*
675 Rue Butler, Montreal, QC, H3K 3B3
(514) 937-2811   SIC 5812
RESTAURANT LES TROIS MOUSSAILLONS INC *p 1067*
481 Av Taniata, Levis, QC, G6W 5M6
(418) 834-1265   SIC 5812
RESTAURANT LES TROIS MOUSSAILLONS INC *p 1067*
8000 Av Des Eglises, Levis, QC, G6X 1X4
(418) 832-2962   SIC 5812
RESTAURANT LES TROIS MOUSSAILLONS INC *p 1158*
1151 Rue Saint-Jean, Quebec, QC, G1R 1S3
(418) 692-4848   SIC 5812
RESTAURANT LES TROIS MOUSSAILLONS INC *p 1164*
9400 Boul De L'ormiere, Quebec, QC, G2B 3K6
(418) 843-7826   SIC 5812
RESTAURANT LOUJAC INC *p 1058*
237 Av Bethany, LACHUTE, QC, J8H 2M9
(450) 562-8569   SIC 5812
RESTAURANT LOUJAC INC *p 1078*
17515 Ch Charles, MIRABEL, QC, J7J 1P3
(450) 434-1112   SIC 5812
RESTAURANT LOUJAC INC *p 1200*
2040 Boul Du Cure-Labelle, Saint-Jerome, QC, J7Y 1S4
(450) 438-1761   SIC 5812
RESTAURANT MACDONALDS *p 1058*
See RESTAURANT LOUJAC INC
RESTAURANT MACGEORGES INC *p 1125*
7475 Boul Decarie, Montreal, QC, H4P 2G9
(514) 738-3588   SIC 5812
RESTAURANT MANGIAMO *p 1245*
See 9030-5582 QUEBEC INC
RESTAURANT MC DONALD'S *p 1014*
See ENTREPRISES MACBAIE INC, LES
RESTAURANT MC DONALD'S *p 1050*
See RESTAURANTS RENE BOISVERT INC, LES
RESTAURANT MC DONALD'S *p 1094*
See ENTREPRISES JAEVARI INC, LES
RESTAURANT MCDONALD *p 1072*
See RESTAURANTS T.S.N.A. INC
RESTAURANT MCDONALD *p 1164*
See RESTAURANT LES TROIS MOUSSAILLONS INC
RESTAURANT MCDONALD'S *p 1036*
See MCDONALD'S RESTAURANTS OF CANADA LIMITED
RESTAURANT MCDONALD'S *p 1052*
See MACWILL INC
RESTAURANT MCDONALD'S *p 1054*
See 6173306 CANADA INC
RESTAURANT MCDONALD'S *p 1065*
See GESTION N. AUGER INC
RESTAURANT MCDONALD'S *p 1067*
See RESTAURANT LES TROIS MOUSSAILLONS INC
RESTAURANT MCDONALD'S *p 1069*
See ABATTEURS JACQUES ELEMENT INC, LES
RESTAURANT MCDONALD'S *p 1083*
See GESTION N. AUGER INC
RESTAURANT MCDONALD'S *p 1097*
See ENTREPRISES VANA INC
RESTAURANT MCDONALD'S *p 1098*
See MCDONALD'S RESTAURANTS OF CANADA LIMITED
RESTAURANT MCDONALD'S *p 1137*
See 175246 CANADA INC
RESTAURANT MCDONALD'S *p 1157*
See GESTION N. AUGER INC
RESTAURANT MCDONALD'S *p 1169*
See RESTAURANTS MIKA INC, LES
RESTAURANT MCDONALD'S *p 1174*
See MCDONALD'S RESTAURANTS OF CANADA LIMITED
RESTAURANT MCDONALD'S *p 1203*
See ALIMENTS CARAVAN INC, LES
RESTAURANT MCDONALD'S *p 1221*
See MCDONALD'S RESTAURANTS OF CANADA LIMITED
RESTAURANT MCDONALD'S *p 1243*
See RESTAURANTS MIKA INC, LES
RESTAURANT MCDONALDS *p 1032*
See RESTAURANTS DUMAS LTEE, LES
RESTAURANT MIKES *p 1036*
See GROUPE RESTAURANTS IMVESCOR INC
RESTAURANT MIKES *p 1049*
See GROUPE RESTAURANTS IMVESCOR INC
RESTAURANT MIKES *p 1075*
See GROUPE RESTAURANTS IMVESCOR INC
RESTAURANT MIKES *p 1086*
See GROUPE RESTAURANTS IMVESCOR INC
RESTAURANT MIKES *p 1100*
See GROUPE RESTAURANTS IMVESCOR INC
RESTAURANT MIKES *p 1173*
See GROUPE RESTAURANTS IMVESCOR INC
RESTAURANT MIKES *p 1198*
See GROUPE RESTAURANTS IMVESCOR INC
RESTAURANT MONTMAGNY *p 1084*
See RESTAURANT NORMANDIN INC
RESTAURANT MOTEL LE CHAVIGNY *p 1022*
See 2852-7885 QUEBEC INC
RESTAURANT NEWTOWN INC *p 1116*
1476 Rue Crescent, Montreal, QC, H3G 2B6
(514) 284-6555   SIC 5812
RESTAURANT NORMANDIN *p 1146*
See BEAUPORT STE-ANNE INC, LE
RESTAURANT NORMANDIN *p 1164*
See 9292-2871 QUEBEC INC
RESTAURANT NORMANDIN *p 1164*
See LE FLYS INC
RESTAURANT NORMANDIN *p 1164*
See LE PORT-JOLIEN INC
RESTAURANT NORMANDIN *p 1164*
See LE STMA INC
RESTAURANT NORMANDIN *p 1179*
See LE ST-ANSELME INC
RESTAURANT NORMANDIN *p 1190*
See RESTAURANT NORMANDIN INC
RESTAURANT NORMANDIN (STE-FOY) INC *p 1164*
2335 Boul Bastien, Quebec, QC, G2B 1B3
(418) 842-9160   SIC 5812
RESTAURANT NORMANDIN INC *p 1022*
139 2e Rang, DESCHAMBAULT, QC, G0A 1S0
(418) 286-6733   SIC 5812
RESTAURANT NORMANDIN INC *p 1031*
130 Boul Saint-Joseph, DRUMMONDVILLE, QC, J2C 2A8
(819) 472-7522   SIC 5812
RESTAURANT NORMANDIN INC *p 1065*
7405 Boul Guillaume-Couture, Levis, QC, G6V 7A3
(418) 835-1177   SIC 5812
RESTAURANT NORMANDIN INC *p 1067*
2080 Boul Guillaume-Couture, Levis, QC, G6W 2S6
(418) 839-5861   SIC 5812
RESTAURANT NORMANDIN INC *p 1068*
679 Av Taniata, Levis, QC, G6Z 2C1
(418) 834-8343   SIC 5812
RESTAURANT NORMANDIN INC *p 1084*
25 Boul Tache E, MONTMAGNY, QC, G5V 1B6
(418) 248-3667   SIC 5812
RESTAURANT NORMANDIN INC *p 1147*
15021 Boul Henri-Bourassa, Quebec, QC, G1G 3Z2
(418) 626-7216   SIC 5812
RESTAURANT NORMANDIN INC *p 1147*
875 Av Royale, Quebec, QC, G1E 1Z9
(418) 663-1722   SIC 5812
RESTAURANT NORMANDIN INC *p 1148*
4960 3e Av O, Quebec, QC, G1H 6G4
(418) 627-1420   SIC 5812
RESTAURANT NORMANDIN INC *p 1156*
2185 Boul Pere-Lelievre, Quebec, QC, G1P 2X2
(418) 683-4967   SIC 5812
RESTAURANT NORMANDIN INC *p 1161*
2500 Ch Sainte-Foy, Quebec, QC, G1V 1T5
(418) 653-4844   SIC 5812
RESTAURANT NORMANDIN INC *p 1164*
2335 Boul Bastien, Quebec, QC, G2B 1B3
(418) 842-9160   SIC 5812
RESTAURANT NORMANDIN INC *p 1169*
1037 Boul Pie-Xi N, Quebec, QC, G3K 2S3
(418) 845-0373   SIC 5812
RESTAURANT NORMANDIN INC *p 1175*
83 Boul Cartier, Riviere-du-Loup, QC, G5R 2N1
(418) 867-1366   SIC 5812
RESTAURANT NORMANDIN INC *p 1190*
8780 Boul Lacroix, SAINT-GEORGES, QC, G5Y 2B5
(418) 227-2027   SIC 5812
RESTAURANT NORMANDIN INC *p 1218*
530 Rte Du Pont, SAINT-NICOLAS, QC, G7A 2N9
(418) 831-1991   SIC 5812
RESTAURANT NORMANDIN INC *p 1226*
2001 Rue Nobel, SAINTE-JULIE, QC, J3E 1Z8
(450) 922-9221   SIC 5812
RESTAURANT NORMANDIN INC *p 1250*
1350 Boul Des Recollets, Trois-Rivieres, QC, G8Z 4L5
(819) 691-0507   SIC 5812
RESTAURANT NORMANDIN SAINT-ROMUALD *p 1067*
See RESTAURANT NORMANDIN INC
RESTAURANT PANACHE *p 1148*
See 6143580 CANADA INC.
RESTAURANT RASCAL *p 1159*
See 2959-0411 QUEBEC INC
RESTAURANT ROTISSERIE SCORES *p 1070*
See IMVESCOR RESTAURANT GROUP INC
RESTAURANT RYNA *p 1067*
See MORIN & ROULEAU INC
RESTAURANT RYNA PIZZA *p 1067*
See MORIN & ROULEAU INC
RESTAURANT SCORES *p 1226*
See 9130-4930 QUEBEC INC
RESTAURANT SCORES BATON ROUGE *p 1168*
See IMVESCOR RESTAURANT GROUP INC
RESTAURANT ST HUBERT *p 1080*
See ROTISSERIES ST-HUBERT LTEE, LES
RESTAURANT ST-GERMAIN *p 1158*

BUSINESSES ALPHABETICALLY

See GESTION MARC ST-GERMAIN INC
RESTAURANT SYLVAIN VINCENT INC, LES p 1080
850 Boul Albiny-Paquette, MONT-LAURIER, QC, J9L 1L4
(819) 623-6811   SIC 5812
RESTAURANT SYLVAIN VINCENT INC, LES p 1223
690 Rue Principale, SAINTE-AGATHE-DES-MONTS, QC, J8C 1L3
(819) 326-2053   SIC 5812
RESTAURANT TIM HORTON p 1173
See 9059-4300 QUEBEC INC
RESTAURANT TOMAS TAM p 1165
See 2973-8424 QUEBEC INC
RESTAURANT TRACY p 1241
See 2970-7163 QUEBEC INC.
RESTAURANTS DUMAS LTEE, LES p 1032
410 Boul Cure-Labelle, FABREVILLE, QC, H7P 2P1
(450) 628-0171   SIC 5812
RESTAURANTS LA PIZZAIOLLE INC, LES p 1093
4801 Rue Saint-Denis, Montreal, QC, H2J 2L7
(514) 499-9711   SIC 5812
RESTAURANTS LAFLEUR, LES p 1061
See RESTAURANT D. LAFLEUR INC
RESTAURANTS LUC HARVEY INC, LES p 1222
505 34e Av, SAINT-ZOTIQUE, QC, J0P 1Z0
(450) 267-4242   SIC 5812
RESTAURANTS MAC-VIC INC, LES p 1195
3005 Boul Laframboise, SAINT-HYACINTHE, QC, J2S 4Z6
(450) 774-5955   SIC 5812
RESTAURANTS MAC-VIC INC, LES p 1195
3200 Boul Laframboise, SAINT-HYACINTHE, QC, J2S 4Z5
(450) 261-8880   SIC 5812
RESTAURANTS MAC-VIC INC, LES p 1199
661 Boul Du Seminaire N, SAINT-JEAN-SUR-RICHELIEU, QC, J3B 5M2
(450) 348-4664   SIC 5812
RESTAURANTS MCDONALD'S p 999
See MCDONALD'S RESTAURANTS OF CANADA LIMITED
RESTAURANTS MCDONALD'S p 1200
See RESTAURANT LOUJAC INC
RESTAURANTS MCDONALD'S p 1216
See MCDONALD'S RESTAURANTS OF CANADA LIMITED
RESTAURANTS MICHEL DESCHENES INC, LES p 989
330 Boul Saint-Benoit O, AMQUI, QC, G5J 2G2
(418) 629-6633   SIC 5812
RESTAURANTS MICHEL DESCHENES INC, LES p 1173
395 Boul Saint-Germain, RIMOUSKI, QC, G5L 3N5
(418) 724-6868   SIC 5812
RESTAURANTS MIKA INC, LES p 1148
4100 1re Av, Quebec, QC, G1H 2S4
(418) 627-1641   SIC 5812
RESTAURANTS MIKA INC, LES p 1169
1154 Rue De La Faune, Quebec, QC, G3E 1T2
(418) 845-6323   SIC 5812
RESTAURANTS MIKA INC, LES p 1243
2766 Boul Talbot, STONEHAM-ET-TEWKESBURY, QC, G3C 1K1
(418) 848-3838   SIC 5812
RESTAURANTS MIKES p 1238
See GROUPE RESTAURANTS IMVESCOR INC
RESTAURANTS ON THE GO INC p 924
1200 Bay St Suite 504, TORONTO, ON, M5R 2A5
(416) 932-3999   SIC 5812
RESTAURANTS PASTALI p 989
See SELECTOTEL
RESTAURANTS RENE BOISVERT INC, LES p 1025
325 138 Rte, DONNACONA, QC, G3M 1C4
(418) 285-0404   SIC 5812
RESTAURANTS RENE BOISVERT INC, LES p 1050
6565 Boul Wilfrid-Hamel, L'ANCIENNE-LORETTE, QC, G2E 5W3
(418) 871-5866   SIC 5812
RESTAURANTS SERQUA INC, LES p 1245
1415 Boul Moody, TERREBONNE, QC, J6X 4C8
(450) 471-1161   SIC 5812
RESTAURANTS T.S.N.A. INC p 1071
100 Place Charles-Le Moyne Bureau 109, LONGUEUIL, QC, J4K 2T4
(450) 442-2295   SIC 5812
RESTAURANTS T.S.N.A. INC p 1072
2689 Ch De Chambly, LONGUEUIL, QC, J4L 1M3
SIC 5812
RESTAURATION MIMAR INC p 1221
725 Ch Jean-Adam, SAINT-SAUVEUR, QC, J0R 1R3
(450) 227-4664   SIC 5812
RESTER MANAGEMENT HERMES EDIFICE p 1109
See 123179 CANADA INC
RESTHAVEN MEMORIAL GARDENS p 887
See MEMORIAL GARDENS CANADA LIMITED
RESTIGOUCHE HEALTH AUTHORITY p 395
189 Lily Lake Rd, CAMPBELLTON, NB, E3N 3H3
(506) 789-5000   SIC 8062
RESTO BAR O CACTUS ENR p 1241
See CACTUS CAFE 'EL PIQUANTE' INC
RESTO CARTOON INC p 1103
420 Place Jacques-Cartier, Montreal, QC, H2Y 3B3
SIC 5812
RESTO DU FAUBOURG DRUMMOND INC. p 1031
161 Boul Saint-Joseph, DRUMMONDVILLE, QC, J2C 2A7
(819) 475-6222   SIC 5812
RESTO-BAR LE CHAT-O, LE p 988
See HOTEL DES ESKERS INC
RESTON COLLEGIATE SCHOOL p 354
See FORT LA BOSSE SCHOOL DIVISION
RESTON DISTRICT HEALTH CENTRE p 354
523 1st St, RESTON, MB, R0M 1X0
(204) 877-3925   SIC 8062
RESTOREX DISASTER RESTORATION p 1281
See 101087365 SASKATCHEWAN LTD
RESTOTEL CONSULTANTS INC p 1053
250 Ch Des Falaises, LA MALBAIE, QC, G5A 2V2
(418) 665-3731   SIC 7011
RESTAURANT MCDONALDS p 1080
See RESTAURANT SYLVAIN VINCENT INC, LES
RESULTS GENERATION GROUP INC p 656
186 King St Suite 109, LONDON, ON, N6A 1C7
(519) 913-1545   SIC 7389
RESURRECION CATHOLIC SECONDARY SCHOOL p 643
See WATERLOO CATHOLIC DISTRICT SCHOOL BOARD
RETAIL ADVANTAGE INC p 358
76134 8e Rd, STONEWALL, MB, R0C 2Z0
SIC 7389
RETAIL READY FOODS INC p 916
130 Adelaide St W Suite 810, TORONTO, ON, M5H 3P5
(905) 812-8555   SIC 5147
RETIREMENT RESIDENCES REAL ESTATE INVESTMENT TRUST p 59
See REVERA INC
RETIREMENT RESIDENCES REAL ESTATE INVESTMENT TRUST p 628
See REVERA INC
RETOUCHES DE FIL EN AIGUILLE INC, LES p 1019
1600 Boul Le Corbusier Bureau 110, Cote Saint-Luc, QC, H7S 1Y9
SIC 7219
RETRIEVE TECHNOLOGIES p 292
See TOXCO WASTE MANAGEMENT LTD
RETRO PLANET p 498
See MARKET HOSPITALITY CORP
REUVEN INTERNATIONAL LIMITED p 899
1881 Yonge St Suite 201, TORONTO, ON, M4S 3C4
(416) 929-1496   SIC 5142
REV ENGINEERING LTD p 15
3236 50 Ave Se, CALGARY, AB, T2B 3A3
(403) 287-0156   SIC 7629
REVELL FORD LINCOLN MERCURY p 948
See REVELL MOTORS SALES LIMITED
REVELL MOTORS SALES LIMITED p 948
6628 38 Hwy, VERONA, ON, K0H 2W0
(613) 374-2133   SIC 5511
REVELSTOKE, CITY OF p 265
1200 Victoris St E, REVELSTOKE, BC, V0E 2S0
(250) 837-2001   SIC 1611
REVENCO (1991) INC p 1154
1755 Rue Provinciale, Quebec, QC, G1N 4S9
(418) 682-5993   SIC 1731
REVERA - RETIREMENT LIVING p 878
See COMCARE (CANADA) LIMITED
REVERA HOME HEALTH p 525
See COMCARE (CANADA) LIMITED
REVERA INC p 48
301 7 St Sw, CALGARY, AB, T2P 1Y6
(403) 269-3114   SIC 6513
REVERA INC p 54
9229 16 St Sw, CALGARY, AB, T2V 5H3
(403) 255-2105   SIC 8361
REVERA INC p 57
80 Promenade Way Se, CALGARY, AB, T2Z 4G4
(403) 508-9808   SIC 8051
REVERA INC p 59
5927 Bowness Rd Nw, CALGARY, AB, T3B 0C7
(403) 288-2373   SIC 8051
REVERA INC p 64
150 Scotia Landng Nw, CALGARY, AB, T3L 2K1
(403) 208-0338   SIC 8322
REVERA INC p 82
10015 103 Ave Nw Suite 1208, EDMONTON, AB, T5J 0H1
(780) 420-1222   SIC 8361
REVERA INC p 82
10264 100 St Nw, EDMONTON, AB, T5J 5C2
(780) 988-7711   SIC 8741
REVERA INC p 90
8903 168 St Nw, EDMONTON, AB, T5R 2V6
(780) 489-4931   SIC 8051
REVERA INC p 109
5905 112 St Nw, EDMONTON, AB, T6H 3J4
(780) 434-1451   SIC 8051
REVERA INC p 144
603 Prospect Dr Sw, MEDICINE HAT, AB, T1A 4C2
(403) 527-5531   SIC 8051
REVERA INC p 145
223 Park Meadows Dr Se Suite 127, MEDICINE HAT, AB, T1B 4K7
(403) 504-5123   SIC 6513
REVERA INC p 200
1142 Dufferin St Suite 353, COQUITLAM, BC, V3B 6V4
(604) 941-7651   SIC 8361
REVERA INC p 227
863 Leon Ave Suite 204, KELOWNA, BC, V1Y 9V4
(250) 860-0725   SIC 6513
REVERA INC p 289
16028 83 Ave Suite 332, SURREY, BC, V4N 0N2
(604) 590-2889   SIC 6513
REVERA INC p 317
4505 Valley Dr, VANCOUVER, BC, V6L 2L1
(604) 261-4292   SIC 8051
REVERA INC p 318
2803 41st Ave W Suite 110, VANCOUVER, BC, V6N 4B4
(604) 263-0921   SIC 8361
REVERA INC p 327
3965 Shelbourne St Suite 437, VICTORIA, BC, V8N 6J4
(250) 477-1232   SIC 8322
REVERA INC p 328
3000 Shelbourne St Suite 216, VICTORIA, BC, V8R 4M8
(250) 598-1575   SIC 8051
REVERA INC p 328
3051 Shelbourne St Suite 233, VICTORIA, BC, V8R 6T2
(250) 598-1565   SIC 8051
REVERA INC p 339
2095 Marine Dr Suite 126, WEST VANCOUVER, BC, V7V 4V5
(604) 922-7616   SIC 6513
REVERA INC p 346
3015 Victoria Ave Suite 219, BRANDON, MB, R7B 2K2
(204) 728-2030   SIC 8051
REVERA INC p 375
440 Edmonton St, WINNIPEG, MB, R3B 2M4
(204) 942-5291   SIC 8059
REVERA INC p 385
3555 Portage Ave, WINNIPEG, MB, R3K 0X2
(204) 888-7940   SIC 8051
REVERA INC p 386
70 Poseidon Bay Suite 504, WINNIPEG, MB, R3M 3E5
(204) 452-6204   SIC 8051
REVERA INC p 388
125 Portsmouth Blvd, WINNIPEG, MB, R3P 2M3
(204) 284-5432   SIC 6513
REVERA INC p 487
12 Tranquility Ave Suite 1, ANCASTER, ON, L9G 5C2
(905) 304-1993   SIC 8322
REVERA INC p 489
15 Arthur St, ARNPRIOR, ON, K7S 1A1
(613) 623-0414   SIC 6513
REVERA INC p 535
500 Appleby Line Suite 119, BURLINGTON, ON, L7L 5Z6
(905) 333-1611   SIC 6513
REVERA INC p 544
614 Coronation Blvd Suite 200, CAMBRIDGE, ON, N1R 3E8
(519) 622-1840   SIC 8051
REVERA INC p 546
140 Turnbull Crt, CAMBRIDGE, ON, N1T 1J2
(519) 620-8038   SIC 8361
REVERA INC p 573
27 Simcoe St, ELMVALE, ON, L0L 1P0
(705) 322-2182   SIC 8051
REVERA INC p 575
111 Iler Ave Suite 1, ESSEX, ON, N8M 1T6
(519) 776-5243   SIC 8051
REVERA INC p 595
1345 Ogilvie Rd, GLOUCESTER, ON, K1J 7P5
(613) 742-6524   SIC 8361
REVERA INC p 595
889 Elmsmere Rd Suite 217, GLOUCESTER, ON, K1J 9L5
(613) 745-2409   SIC 8361
REVERA INC p 596
290 South St, GODERICH, ON, N7A 4G6
(519) 524-7324   SIC 8361
REVERA INC p 598

▲ Public Company   ■ Public Company Family Member   HQ Headquarters   BR Branch   SL Single Location

85 Main St E, GRIMSBY, ON, L3M 1N6
(905) 945-7044   SIC 6513
REVERA INC   p 600
165 Cole Rd, GUELPH, ON, N1G 4N9
(519) 767-0880   SIC 8051
REVERA INC   p 617
101 10th St Suite 2006, HANOVER, ON, N4N 1M9
(519) 364-4320   SIC 6513
REVERA INC   p 628
237 Lakeview Dr, KENORA, ON, P9N 4J7
(807) 468-9532   SIC 8051
REVERA INC   p 637
164 Fergus Ave, KITCHENER, ON, N2A 2H2
(519) 894-9600   SIC 8361
REVERA INC   p 641
290 Queen St S Suite 302, KITCHENER, ON, N2G 1W3
(519) 576-1300   SIC 8361
REVERA INC   p 643
20 Fieldgate St, KITCHENER, ON, N2M 5K3
(519) 741-0221   SIC 6513
REVERA INC   p 647
140 William St N, LINDSAY, ON, K9V 5R4
(705) 328-1016   SIC 8361
REVERA INC   p 657
279 Horton St E Suite 405, LONDON, ON, N6B 1L3
(519) 434-4544   SIC 6513
REVERA INC   p 661
355 Mcgarrell Dr, LONDON, ON, N6G 0B1
(519) 672-0500   SIC 8322
REVERA INC   p 691
1130 Bough Beeches Blvd, MISSISSAUGA, ON, L4W 4G3
(905) 625-2022   SIC 8361
REVERA INC   p 691
1500 Rathburn Rd E, MISSISSAUGA, ON, L4W 4L7
(905) 238-0800   SIC 6513
REVERA INC   p 738
7860 Lundy's Lane Suite 205, NIAGARA FALLS, ON, L2H 1H1
(905) 356-1511   SIC 6513
REVERA INC   p 754
8 The Donway E Suite 557, NORTH YORK, ON, M3C 3R7
(416) 445-7555   SIC 8051
REVERA INC   p 760
3705 Bathurst St, NORTH YORK, ON, M6A 2E8
(416) 789-7670   SIC 6513
REVERA INC   p 767
345 Church St, OAKVILLE, ON, L6J 7G4
(905) 338-3311   SIC 8051
REVERA INC   p 768
299 Randall St, OAKVILLE, ON, L6J 6B4
(905) 842-8408   SIC 8051
REVERA INC   p 769
25 Lakeshore Rd W Suite 509, OAKVILLE, ON, L6K 3X8
(905) 844-4000   SIC 8051
REVERA INC   p 775
291 Mississaga St W Suite 106, ORILLIA, ON, L3V 3B9
(705) 325-2289   SIC 8051
REVERA INC   p 788
10 Vaughan St Suite 703, OTTAWA, ON, K1M 2H6
(613) 747-2233   SIC 8051
REVERA INC   p 789
353 Friel St, OTTAWA, ON, K1N 7W7
SIC 8051
REVERA INC   p 794
43 Aylmer Ave Suite 358, OTTAWA, ON, K1S 5R4
(613) 730-2002   SIC 8051
REVERA INC   p 824
980 Elgin Mills Rd E, RICHMOND HILL, ON, L4S 1M4
(905) 884-9248   SIC 8361
REVERA INC   p 825
9 Myrtle St, RIDGETOWN, ON, N0P 2C0

(519) 674-5427   SIC 8051
REVERA INC   p 830
2781 Colonial Rd, SARSFIELD, ON, K0A 3E0
(613) 835-2977   SIC 8051
REVERA INC   p 855
190 King St, ST CATHARINES, ON, L2R 7N2
(905) 641-4422   SIC 8361
REVERA INC   p 859
236 Weir St, STAYNER, ON, L0M 1S0
(705) 428-3240   SIC 8361
REVERA INC   p 860
1354 Stittsville Main St Suite 102, STITTSVILLE, ON, K2S 1V4
(613) 836-2216   SIC 6513
REVERA INC   p 874
7700 Bayview Ave Suite 518, THORNHILL, ON, L3T 5W1
(905) 881-9475   SIC 8051
REVERA INC   p 894
10 William Morgan Dr, TORONTO, ON, M4H 1E7
(416) 425-3722   SIC 8051
REVERA INC   p 894
14 William Morgan Dr Suite 2716, TORONTO, ON, M4H 1E8
(416) 422-1320   SIC 8051
REVERA INC   p 900
54 Foxbar Rd, TORONTO, ON, M4V 2G6
(416) 968-1331   SIC 8051
REVERA INC   p 923
645 Castlefield Ave Suite 716, TORONTO, ON, M5N 3A5
(416) 785-1511   SIC 8051
REVERA INC   p 924
123 Spadina Rd Suite 308, TORONTO, ON, M5R 2T1
(416) 961-6446   SIC 8051
REVERA INC   p 933
1035 Eglinton Ave W Suite 302, TORONTO, ON, M6C 2C8
(416) 787-5626   SIC 8051
REVERA INC   p 937
1 Northwestern Ave, TORONTO, ON, M6M 2J7
(416) 654-2889   SIC 8051
REVERA INC   p 947
48 Wall St, VANKLEEK HILL, ON, K0B 1R0
(613) 678-2690   SIC 8361
REVERA INC   p 954
650 Mountain Maple Ave Suite 3117, WATERLOO, ON, N2V 2P7
SIC 8051
REVERA INC   p 955
110 First St, WELLAND, ON, L3B 4S2
(905) 735-3322   SIC 6513
REVERA INC   p 967
3387 Riverside Dr E, WINDSOR, ON, N8Y 1A8
SIC 8059
REVERA INC   p 1017
5885 Boul Cavendish Bureau 202, Cote Saint-Luc, QC, H4W 3H4
(514) 485-5994   SIC 8051
REVERA INC   p 1038
100 Boul De La Cite-Des-Jeunes Bureau 218, GATINEAU, QC, J8Y 6T6
(819) 778-6070   SIC 8361
REVERA INC   p 1059
1070 Boul Shevchenko, LASALLE, QC, H8N 1N6
(514) 368-0000   SIC 8361
REVERA INC   p 1202
33 Av Argyle, SAINT-LAMBERT, QC, J4P 3P5
(450) 465-1401   SIC 8051
REVERA INC   p 1258
Gd Succ Bureau-Chef, VERDUN, QC, H4G 3C9
SIC 8051
REVERA INC   p 1309
94 Russell Dr, YORKTON, SK, S3N 3W2
(306) 782-5552   SIC 6513

REVERA LONG TERM CARE INC   p 74
14251 50 St Nw, EDMONTON, AB, T5A 5J4
(780) 478-9212   SIC 8051
REVERA LONG TERM CARE INC   p 295
3490 Porter St, VANCOUVER, BC, V5N 5W4
(604) 874-2803   SIC 8051
REVERA LONG TERM CARE INC   p 484
1020 Westney Rd N, AJAX, ON, L1T 4K6
SIC 8059
REVERA LONG TERM CARE INC   p 504
10 Marys St, BLENHEIM, ON, N0P 1A0
(519) 676-8119   SIC 8051
REVERA LONG TERM CARE INC   p 526
425 Park Rd N, BRANTFORD, ON, N3R 7G5
(519) 759-1040   SIC 8051
REVERA LONG TERM CARE INC   p 544
650 Coronation Blvd, CAMBRIDGE, ON, N1R 7S6
(519) 740-3820   SIC 8051
REVERA LONG TERM CARE INC   p 545
200 Stirling Macgregor Dr, CAMBRIDGE, ON, N1S 5B7
(519) 622-3434   SIC 8051
REVERA LONG TERM CARE INC   p 546
600 Jamieson Pky, CAMBRIDGE, ON, N3C 0A6
(519) 622-1840   SIC 8051
REVERA LONG TERM CARE INC   p 549
256 High St, CARLETON PLACE, ON, K7C 1X1
(613) 257-4355   SIC 8051
REVERA LONG TERM CARE INC   p 553
Gd, CHATSWORTH, ON, N0H 1G0
SIC 8051
REVERA LONG TERM CARE INC   p 575
111 Iler Ave Suite 318, ESSEX, ON, N8M 1T6
(519) 776-9482   SIC 8051
REVERA LONG TERM CARE INC   p 596
290 South St, GODERICH, ON, N7A 4G6
(519) 524-7324   SIC 8051
REVERA LONG TERM CARE INC   p 598
83 Main St E, GRIMSBY, ON, L3M 1N6
(905) 945-9243   SIC 8051
REVERA LONG TERM CARE INC   p 610
330 Main St E, HAMILTON, ON, L8N 3T9
(905) 523-1604   SIC 8051
REVERA LONG TERM CARE INC   p 629
550 Philip Pl, KINCARDINE, ON, N2Z 3A6
(519) 396-4400   SIC 8051
REVERA LONG TERM CARE INC   p 643
60 Westheights Dr, KITCHENER, ON, N2N 2A8
(519) 576-2578   SIC 8051
REVERA LONG TERM CARE INC   p 663
46 Elmwood Pl, LONDON, ON, N6J 1J2
(519) 433-7259   SIC 8051
REVERA LONG TERM CARE INC   p 666
399 Bob St, LUCKNOW, ON, N0G 2H0
(519) 528-2820   SIC 8051
REVERA LONG TERM CARE INC   p 732
330 King Ave W, NEWCASTLE, ON, L1B 1G9
(905) 987-4702   SIC 8051
REVERA LONG TERM CARE INC   p 734
52 George St, NEWMARKET, ON, L3Y 4V3
(905) 853-3242   SIC 8059
REVERA LONG TERM CARE INC   p 734
329 Eagle St, NEWMARKET, ON, L3Y 1K3
(905) 895-5187   SIC 8051
REVERA LONG TERM CARE INC   p 771
2370 Third Line, OAKVILLE, ON, L6M 4E2
(905) 469-3294   SIC 8059
REVERA LONG TERM CARE INC   p 781
186 Thornton Rd S Suite 1103, OSHAWA, ON, L1J 5Y2
(905) 576-5181   SIC 8051
REVERA LONG TERM CARE INC   p 799
2330 Carling Ave, OTTAWA, ON, K2B 7H1
(613) 820-9328   SIC 8051
REVERA LONG TERM CARE INC   p 804
1029 4th Ave W, OWEN SOUND, ON, N4K 4W1
(519) 376-2522   SIC 8051
REVERA LONG TERM CARE INC   p 804
850 4th St E, OWEN SOUND, ON, N4K 6A3
(519) 376-3213   SIC 8051
REVERA LONG TERM CARE INC   p 815
13628 Loyalist Pky Rr 1, PICTON, ON, K0K 2T0
(613) 476-6233   SIC 8051
REVERA LONG TERM CARE INC   p 816
501 St George St, PORT DOVER, ON, N0A 1N0
(519) 583-1422   SIC 8051
REVERA LONG TERM CARE INC   p 824
182 Yorkland St Suite 1, RICHMOND HILL, ON, L4S 2M9
(905) 737-0858   SIC 8051
REVERA LONG TERM CARE INC   p 827
1464 Blackwell Rd, SARNIA, ON, N7S 5M4
(519) 542-3421   SIC 8051
REVERA LONG TERM CARE INC   p 841
1400 Kennedy Rd, SCARBOROUGH, ON, M1P 4V6
(416) 752-8282   SIC 8051
REVERA LONG TERM CARE INC   p 853
168 Scott St, ST CATHARINES, ON, L2N 1H2
(905) 934-3321   SIC 8051
REVERA LONG TERM CARE INC   p 863
385 Highland Rd W, STONEY CREEK, ON, L8J 3X9
(905) 561-3332   SIC 8051
REVERA LONG TERM CARE INC   p 865
5066 Line 34 Hwy Suite 8, STRATFORD, ON, N5A 6S6
(519) 393-5132   SIC 8051
REVERA LONG TERM CARE INC   p 872
55 Woodstock St N, TAVISTOCK, ON, N0B 2R0
SIC 8051
REVERA LONG TERM CARE INC   p 881
2625 Walsh St E Suite 1127, THUNDER BAY, ON, P7E 2E5
(807) 577-1127   SIC 8361
REVERA LONG TERM CARE INC   p 892
77 Main St, TORONTO, ON, M4E 2V6
(416) 690-3001   SIC 8051
REVERA LONG TERM CARE INC   p 946
130 Reach St Suite 25, UXBRIDGE, ON, L9P 1L3
(905) 852-5191   SIC 8051
REVERA LONG TERM CARE INC   p 963
3181 Meadowbrook Lane, WINDSOR, ON, N8T 0A4
(519) 974-0148   SIC 8051
REVETEMENTS POLYVAL INC, LES p 1000
520 Boul Du Cure-Boivin, BOISBRIAND, QC, J7G 2A7
(450) 430-6780   SIC 2851
REVETEMENTS SCELL-TECH INC, LES   p 1019
1478 Rue Cunard, Cote Saint-Luc, QC, H7S 2B7
(514) 990-7886   SIC 1721
REVOLUTION ENVIRONMENTAL SOLUTIONS ACQUISITION GP INC   p 115
6110 27 St Nw, EDMONTON, AB, T6P 1Y5
(780) 450-7664   SIC 8731
REVOLUTION ENVIRONMENTAL SOLUTIONS LP   p 115
6024 27 St Nw, EDMONTON, AB, T6P 1Y5
(780) 440-4100   SIC 4953
REVOLUTION ENVIRONMENTAL SOLUTIONS LP   p 246
130 Forester St, NORTH VANCOUVER, BC, V7H 2M9
(604) 929-1283   SIC 5093
REVOLUTION ENVIRONMENTAL SOLUTIONS LP   p 527
112 Adams Blvd, BRANTFORD, ON, N3S

7V2
(519) 756-9770   SIC 4953
REVOLUTION ENVIRONMENTAL SOLUTIONS LP p
535
1100 Burloak Dr Suite 500, BURLINGTON, ON, L7L 6B2
(800) 263-8602   SIC 4959
REVOLUTION ENVIRONMENTAL SOLUTIONS LP p
535
1100 Burloak Dr Suite 500, BURLINGTON, ON, L7L 6B2
(905) 315-6300   SIC 4953
REVOLUTION ENVIRONMENTAL SOLUTIONS LP p
590
1731 Pettit Rd, FORT ERIE, ON, L2A 5N1
(905) 994-1900   SIC 4953
REVOLUTION ENVIRONMENTAL SOLUTIONS LP p
970
4505 Fourth St, WINDSOR, ON, N9E 4A5
SIC 4953
REVOLUTION ENVIRONMENTAL SOLUTIONS LP p
1008
9955 Rue De Chateauneuf Unite 245, BROSSARD, QC, J4Z 3V5
SIC 4953
REVOLUTION ENVIRONMENTAL SOLUTIONS LP p
1015
100 Rue Des Routiers, CHICOUTIMI, QC, G7H 5B1
(866) 546-1150   SIC 4959
REVOLUTION ENVIRONMENTAL SOLUTIONS LP p
1064
1114 Boul Industriel, Lebel-sur-Quevillon, QC, J0Y 1X0
(450) 633-4400   SIC 1731
REVOLUTION RECYCLING p 941
See 2355294 ONTARIO INC
REVOLUTION VSC LP p 535
1100 Burloak Dr Suite 500, BURLINGTON, ON, L7L 6B2
(800) 863-8602   SIC 4953
REVSTONE INDUSTRIES CANADA INC p
537
3267 Mainway, BURLINGTON, ON, L7M 1A6
SIC 3714
REVSTONE PLASTICS CANADA INC p 772
2045 Solar Cres Rr 1, OLDCASTLE, ON, N0R 1L0
(519) 737-1201   SIC 3544
REXALL p 4
See REXALL PHARMACY GROUP LTD
REXALL p 55
See REXALL PHARMACY GROUP LTD
REXALL p 151
See PHARMX REXALL DRUG STORES (ALBERTA) LTD
REXALL p 489
See REXALL PHARMACY GROUP LTD
REXALL p 526
See REXALL PHARMACY GROUP LTD
REXALL p 571
See REXALL PHARMACY GROUP LTD
REXALL p 613
See REXALL PHARMACY GROUP LTD
REXALL p 615
See REXALL PHARMACY GROUP LTD
REXALL p 850
See REXALL PHARMACY GROUP LTD
REXALL 1313 p 823
See REXALL PHARMACY GROUP LTD
REXALL 8176 p 867
See REXALL PHARMACY GROUP LTD
REXALL DRUG STORE 1644 p 851
See PHARMA PLUS DRUGMARTS LTD
REXALL DRUG STORE 7233 p 163
See REXALL PHARMACY GROUP LTD

REXALL PHARMA PLUS p 568
See PHARMA PLUS DRUGMARTS LTD
REXALL PHARMA PLUS p 582
See PHARMA PLUS DRUGMARTS LTD
REXALL PHARMA PLUS p 662
See PHARMA PLUS DRUGMARTS LTD
REXALL PHARMA PLUS p 831
See PHARMA PLUS DRUGMARTS LTD
REXALL PHARMACY GROUP LTD p 4
317 Banff Ave, BANFF, AB, T1L 1C3
(403) 762-2245   SIC 5912
REXALL PHARMACY GROUP LTD p 55
290 Midpark Way Se Suite 120, CALGARY, AB, T2X 1P1
(403) 254-9600   SIC 5912
REXALL PHARMACY GROUP LTD p 109
5015 111 St Nw, EDMONTON, AB, T6H 4M6
(780) 434-0451   SIC 5912
REXALL PHARMACY GROUP LTD p 163
101 Bremner Dr Suite 5, SHERWOOD PARK, AB, T8H 0M5
SIC 5912
REXALL PHARMACY GROUP LTD p 171
4705 50 Ave, VALLEYVIEW, AB, T0H 3N0
(780) 524-3508   SIC 5912
REXALL PHARMACY GROUP LTD p 177
3033 Immel St Suite 150, ABBOTSFORD, BC, V2S 6S2
SIC 5912
REXALL PHARMACY GROUP LTD p 332
649 Fort St, VICTORIA, BC, V8W 1G1
(250) 384-1195   SIC 5912
REXALL PHARMACY GROUP LTD p 489
22 Baskin Dr, ARNPRIOR, ON, K7S 3G8
(613) 623-6591   SIC 5912
REXALL PHARMACY GROUP LTD p 502
173 Dundas St E, BELLEVILLE, ON, K8N 1C9
(613) 966-6297   SIC 5912
REXALL PHARMACY GROUP LTD p 506
405 Queen St S, BOLTON, ON, L7E 2B5
(905) 857-3766   SIC 5912
REXALL PHARMACY GROUP LTD p 526
260 St Paul Ave, BRANTFORD, ON, N3R 4M7
(519) 756-6363   SIC 5912
REXALL PHARMACY GROUP LTD p 571
60 Hatt St, DUNDAS, ON, L9H 7T6
(905) 627-2909   SIC 5912
REXALL PHARMACY GROUP LTD p 595
1980 Ogilvie Rd Suite 144, GLOUCESTER, ON, K1J 9L3
(613) 745-9497   SIC 5912
REXALL PHARMACY GROUP LTD p 607
234 Parkdale Ave N, HAMILTON, ON, L8H 5X5
(905) 547-2174   SIC 5912
REXALL PHARMACY GROUP LTD p 613
1119 Fennell Ave E, HAMILTON, ON, L8T 1S2
(905) 383-3386   SIC 5912
REXALL PHARMACY GROUP LTD p 615
930 Upper Paradise Rd Suite 13, HAMILTON, ON, L9B 2N1
(905) 318-5383   SIC 5912
REXALL PHARMACY GROUP LTD p 674
131 Mcnabb St, MARKHAM, ON, L3R 5V7
(905) 943-9499   SIC 5912
REXALL PHARMACY GROUP LTD p 695
5965 Coopers Ave, MISSISSAUGA, ON, L4Z 1R9
(905) 501-7800   SIC 5912
REXALL PHARMACY GROUP LTD p 799
2525 Carling Ave, OTTAWA, ON, K2B 7Z2
(613) 828-1119   SIC 5912
REXALL PHARMACY GROUP LTD p 823
10870 Yonge St, RICHMOND HILL, ON, L4C 3E4
(905) 508-5395   SIC 5912
REXALL PHARMACY GROUP LTD p 833
612 Second Line W, SAULT STE. MARIE, ON, P6C 2K7
(705) 759-3115   SIC 5912
REXALL PHARMACY GROUP LTD p 850

144 Griffin St S, SMITHVILLE, ON, L0R 2A0
(905) 957-3943   SIC 5912
REXALL PHARMACY GROUP LTD p 867
228 King St, STURGEON FALLS, ON, P2B 1R9
(705) 753-0150   SIC 5912
REXALL PHARMACY GROUP LTD p 887
3030 Lawrence Ave E Suite 316, TORONTO, ON, M1P 2T7
(416) 438-6668   SIC 5912
REXALL PLACE p 74
See EDMONTON NORTHLANDS
REXEL CANADA ELECTRICAL LTD p 715
5600 Keaton Cres, MISSISSAUGA, ON, L5R 3G3
(905) 712-4004   SIC 5063
REXFORET INC p 1134
190 Rue Armand-Lelievre Bureau 114, NEW RICHMOND, QC, G0C 2B0
(418) 392-5076   SIC 2411
REXPLAS p 762
See RICHARDS PACKAGING INC
REXROTH BOSCH GROUPE p 1068
See BOSCH REXROTH CANADA CORP
REXTON ELEMENTARY SCHOOL p 412
See DISTRICT EDUCATION COUNCIL-SCHOOL DISTRICT 16
REYNOLDS AND REYNOLDS (CANADA) LIMITED p 695
3 Robert Speck Pky Suite 700, MISSISSAUGA, ON, L4Z 2G5
(905) 267-6000   SIC 5045
REYNOLDS AND REYNOLDS (CANADA) LIMITED p 991
11075 Boul Louis-H.-Lafontaine, ANJOU, QC, H1J 3A3
(514) 355-7550   SIC 5045
REYNOLDS CENTRAL SCHOOL p 1274
See NORTH EAST SCHOOL DIVISION
REYNOLDS SECONDARY p 327
See BOARD OF EDUCATION OF SCHOOL DISTRICT NO. 61 (GREATER VICTORIA)
RF -LAMBDA INC p 626
91 Cambior Cres, KANATA, ON, K2T 1J3
(888) 976-8880   SIC 3679
RFGOP RESTAURANT HOLDINGS LTD p
233
19996 Fraser Hwy, LANGLEY, BC, V3A 4E3
(604) 530-0884   SIC 5812
RFGOP RESTAURANT HOLDINGS LTD p
250
1493 Marine Dr, NORTH VANCOUVER, BC, V7P 1T5
SIC 5812
RFGOP RESTAURANT HOLDINGS LTD p
283
10344 King George Blvd, SURREY, BC, V3T 2W5
(604) 584-3371   SIC 5812
RFI CANADA PARTNERSHIP p 945
178 Main St, UNIONVILLE, ON, L3R 2G9
(905) 534-1044   SIC 5149
RG PROPERTIES LTD p 226
1223 Water St Suite 102, KELOWNA, BC, V1Y 9V1
(250) 979-0888   SIC 7999
RGA LIFE REINSURANCE COMPANY OF CANADA p 1107
1981 Av Mcgill College Unite 1300, Montreal, QC, H3A 3A8
(514) 985-5260   SIC 6311
RGA LIFE REINSURANCE COMPANY OF CANADA p 1113
1255 Rue Peel Bureau 1000, Montreal, QC, H3B 2T9
(514) 985-5502   SIC 6311
RGF ELECTRIQUE INC p 1251
2740 Rue Charbonneau Bureau 200, Trois-Rivieres, QC, G9A 5C9
(819) 377-4726   SIC 1731
RGIS CANADA ULC p 25
1935 32 Ave Ne Suite 130, CALGARY, AB, T2E 7C8
(403) 291-6100   SIC 7389

RGIS CANADA ULC p 191
5172 Kingsway Suite 310, BURNABY, BC, V5H 2E8
(604) 439-9222   SIC 7389
RGIS CANADA ULC p 364
196 Tache Ave Unit 5, WINNIPEG, MB, R2H 1Z6
(204) 774-0013   SIC 7389
RGIS CANADA ULC p 407
236 St George St, MONCTON, NB, E1C 1W1
(506) 382-9146   SIC 7389
RGIS CANADA ULC p 434
66 Kenmount Rd, ST. JOHN'S, NL, A1B 3V7
SIC 7389
RGIS CANADA ULC p 463
19 Alma Cres Suite 201, HALIFAX, NS, B3N 2C4
(902) 468-7866   SIC 7389
RGIS CANADA ULC p 488
911 Golf Links Rd, ANCASTER, ON, L9K 1H9
(905) 304-9700   SIC 7389
RGIS CANADA ULC p 690
2560 Matheson Blvd E Suite 224, MISSISSAUGA, ON, L4W 4Y9
(905) 206-1107   SIC 7389
RGIS CANADA ULC p 778
946 Simcoe St N, OSHAWA, ON, L1G 4W2
(905) 571-7807   SIC 7389
RGIS CANADA ULC p 786
2197 Riverside Dr Suite 305, OTTAWA, ON, K1H 7X3
(613) 226-4086   SIC 7389
RGIS CANADA ULC p 1125
8300 Rue Bougainville, Montreal, QC, H4P 2G1
(514) 521-5258   SIC 7389
RGIS CANADA ULC p 1131
1882 Boul Saint-Martin O Bureau 200, MONTREAL, QC, H7S 1M9
SIC 7389
RGIS CANADA ULC p 1251
7175 Rue Marion Bureau 240, Trois-Rivieres, QC, G9A 5Z9
(819) 374-2086   SIC 7389
RGIS CANADA ULC p 1288
402 Broad St, REGINA, SK, S4R 1X3
(306) 757-9180   SIC 7389
RGIS SPECIALISTES EN INVENTAIRE p
1125
See RGIS CANADA ULC
RGN ONTARIO LIMITED PARTNERSHIP p
48
144 4 Ave Sw Suite 1200, CALGARY, AB, T2P 3N4
(403) 716-3636   SIC 7389
RGO OFFICE PRODUCTS EDMONTON LTD p 76
11624 120 St Nw, EDMONTON, AB, T5G 2Y2
(780) 413-6600   SIC 5943
RHC DESIGN-BUILD p 546
6783 Wellington Road 34, CAMBRIDGE, ON, N3C 2V4
(519) 249-0758   SIC 1542
RHI CANADA INC p 76
11210 120 St Nw, EDMONTON, AB, T5G 0W5
(780) 452-0111   SIC 3297
RHI CANADA INC p 229
9080 196a St Unit 60, LANGLEY, BC, V1M 3B4
SIC 3297
RHI CANADA INC p 534
4355 Fairview St, BURLINGTON, ON, L7L 2A4
(905) 633-4500   SIC 3297
RHI CANADA INC p 1005
1465 Rue Graham-Bell, BOUCHERVILLE, QC, J4B 6A1
(450) 641-1730   SIC 5023
RHI CONSULTING p 694
See HALF, ROBERT CANADA INC

RHINO PRINT SOLUTIONS p 24
See METROPOLITAN FINE PRINTERS INC
RHOMBUS HOTELS & RESORTS DOWNTOWN CHILLIWACK p 307
See CHILLIWACK SALISH PLACE ENTERPRISES INC
RHUCON PIPELINE CONSTRUCTION LTD p 509
Gd Stn Main, BRADFORD, ON, L3Z 2A3
SIC 1623
RHYASON CONTRACTING LTD p 215
7307 Bipa Rd E, FORT ST. JOHN, BC, V1J 4M6
(250) 785-0515   SIC 1623
RHYOLITE RESOURCES LTD p 324
595 Burrard St Suite 1703, VANCOUVER, BC, V7X 1J1
(604) 689-1428   SIC 1481
RICE DEVELOPMENT COMPANY INC p 597
21 Hwy, GRAND BEND, ON, N0M 1T0
(519) 238-8444   SIC 1531
RICHARD BEASLEY SCHOOL p 613
See HAMILTON-WENTWORTH DISTRICT SCHOOL BOARD, THE
RICHARD IVEY SCHOOL OF BUSINESS FOUNDATION p 653
551 Windermere Rd, LONDON, ON, N5X 2T1
(519) 679-4546   SIC 7389
RICHARD IVEY SCHOOL OF BUSINESS, THE p 657
See UNIVERSITY OF WESTERN ONTARIO, THE
RICHARD MCBRIDE ELEMENTARY SCHOOL p 244
See BOARD OF SCHOOL TRUSTEES OF SCHOOL DISTRICT #40 (NEW WESTMINSTER), THE
RICHARD PFAFF ALTERNATIVE PROGRAM p 793
See OTTAWA-CARLETON DISTRICT SCHOOL BOARD
RICHARD S FOWLER JUNIOR HIGH SCHOOL p 166
See GREATER ST. ALBERT CATHOLIC REGIONAL DIVISION NO. 29
RICHARD SECORD ELEMENTARY p 110
See EDMONTON SCHOOL DISTRICT NO. 7
RICHARD'S ELEMENTARY p 238
See SCHOOL DISTRICT #75 (MISSION)
RICHARD, B. A. LTEE p 419
374 Ch Cote Sainte-Anne, SAINTE-ANNE-DE-KENT, NB, E4S 1M6
(506) 743-6198   SIC 2091
RICHARDS JANITOR SERVICE INC p 87
14602 116 Ave Nw Suite 4, EDMONTON, AB, T5M 3E9
(780) 452-3995   SIC 7349
RICHARDS PACKAGING INC p 762
500 Barmac Dr Unit 1, NORTH YORK, ON, M9L 2X8
(416) 745-6643   SIC 2821
RICHARDS PACKAGING INC p 1057
1939 Rue Onesime-Gagnon, LACHINE, QC, H8T 3M5
(514) 422-8690   SIC 5099
RICHARDS-WILCOX CANADA p 690
See RAYNOR CANADA CORP
RICHARDSON CAPITAL LIMITED p 375
1 Lombard Pl Suite 3000, WINNIPEG, MB, R3B 0Y1
(204) 953-7969   SIC 6211
RICHARDSON ELEMENTARY SCHOOL p 209
See DELTA SCHOOL DISTRICT NO.37
RICHARDSON FOODS GROUP p 239
See GARDEN CITY WAREHOUSING & DISTRIBUTION LTD
RICHARDSON INTERNATIONAL (QUEBEC) LIMITEE p 1241

10 Rue De La Reine, SOREL-TRACY, QC, J3P 4R2
(450) 743-3893   SIC 5083
RICHARDSON INTERNATIONAL LIMITED p 160
Gd Lcd Main, RYCROFT, AB, T0H 3A0
(780) 765-2270   SIC 5153
RICHARDSON INTERNATIONAL LIMITED p 248
375 Low Level Rd, NORTH VANCOUVER, BC, V7L 1A7
(604) 987-8855   SIC 5153
RICHARDSON INTERNATIONAL LIMITED p 376
1 Lombard Pl Suite 2800, WINNIPEG, MB, R3B 0X3
(204) 934-5961   SIC 5153
RICHARDSON INTERNATIONAL LIMITED p 877
181 North Water St, THUNDER BAY, ON, P7A 8C2
(807) 343-5570   SIC 4221
RICHARDSON INTERNATIONAL LIMITED p 1241
10 Rue De La Reine, SOREL-TRACY, QC, J3P 4R2
(450) 743-3893   SIC 5153
RICHARDSON MILLING LIMITED p 5
Po Box 4615 Stn Main, BARRHEAD, AB, T7N 1A5
(780) 674-3960   SIC 2043
RICHARDSON MILLING LIMITED p 354
1 Can-Oat Dr, PORTAGE LA PRAIRIE, MB, R1N 3W1
(204) 857-9700   SIC 5153
RICHARDSON OILSEED LIMITED p 137
2415 2a Ave N, LETHBRIDGE, AB, T1H 6P5
(403) 329-5500   SIC 3556
RICHARDSON OILSEED LIMITED p 376
1 Lombard Pl Suite 2800, WINNIPEG, MB, R3B 0X3
(204) 934-5961   SIC 2079
RICHARDSON OILSEED LIMITED p 1309
Hwy 16 3 Miles W, YORKTON, SK, S3N 2W1
(306) 828-2200   SIC 2079
RICHARDSON PIONEER GRAIN p 376
See RICHARDSON INTERNATIONAL LIMITED
RICHARDSON PIONEER GRAIN p 1241
See RICHARDSON INTERNATIONAL LIMITED
RICHARDSON PIONEER LIMITED p 66
Gd Lcd Main, CAMROSE, AB, T4V 1X1
(780) 679-5230   SIC 5153
RICHARDSON PIONEER LIMITED p 134
Gd, LAVOY, AB, T0B 2S0
(780) 658-2408   SIC 5153
RICHARDSON PIONEER LIMITED p 160
Gd, RYCROFT, AB, T0H 3A0
(780) 765-2000   SIC 5261
RICHARDSON PIONEER LIMITED p 347
Gd, DAUPHIN, MB, R7N 2T3
(204) 622-7665   SIC 5153
RICHARDSON PIONEER LIMITED p 376
1 Lombard Pl Suite 2700, WINNIPEG, MB, R3B 0X8
(204) 934-5961   SIC 5153
RICHARDSON PIONEER LIMITED p 1264
Gd, ASSINIBOIA, SK, S0H 0B0
(306) 642-3612   SIC 5153
RICHELIEU p 452
See QUINCAILLERIE RICHELIEU LTEE
RICHELIEU HARDWARE p 267
See QUINCAILLERIE RICHELIEU LTEE
RICHELIEU HARDWARE p 685
See QUINCAILLERIE RICHELIEU LTEE
RICHELIEU PANEL PRODUCTS p 19
See QUINCAILLERIE RICHELIEU LTEE
RICHEMONT CANADA, INC p 691
4610 Eastgate Pky Unit 1, MISSISSAUGA, ON, L4W 3W6
(905) 602-8532   SIC 5094
RICHLU MANUFACTURING p 374
See WINNIPEG PANTS & SPORTSWEAR

MFG. LTD
RICHLU MANUFACTURING p 376
See WINNIPEG PANTS & SPORTSWEAR MFG. LTD
RICHMOND ACADEMY p 466
See STRAIT REGIONAL SCHOOL BOARD
RICHMOND CENTRE CINEMA p 271
See CINEPLEX ODEON CORPORATION
RICHMOND CHRISTIAN SCHOOL ASSOCIATION p 272
10200 No. 5 Rd, RICHMOND, BC, V7A 4E5
(604) 272-5720   SIC 8211
RICHMOND COMMUNITY ACCESS SOCIETY p 457
See UNIVERSITE SAINTE-ANNE
RICHMOND COUNTRY CLUB p 272
9100 Steveston Hwy, RICHMOND, BC, V7A 1M5
(604) 277-3141   SIC 7997
RICHMOND DELIVERY CENTER p 269
See CANADA POST CORPORATION
RICHMOND EDUCATION CENTER AND ACADEMY p 466
See STRAIT REGIONAL SCHOOL BOARD
RICHMOND GREEN SENIOR SCHOOL p 825
See YORK REGION DISTRICT SCHOOL BOARD
RICHMOND HILL ARENA ASSOCIATION p 823
350 16th Ave, RICHMOND HILL, ON, L4C 7A9
(905) 884-6776   SIC 7999
RICHMOND HILL ARENA ASSOCIATION p 823
43 Church St S, RICHMOND HILL, ON, L4C 1W1
(905) 884-1368   SIC 7999
RICHMOND HILL MONTESSORI & ELEMENTARY PRIVATE SCHOOL p 823
189 Weldrick Rd E, RICHMOND HILL, ON, L4C 0A6
(905) 508-2228   SIC 8211
RICHMOND HOSPITAL, THE p 271
6111 Minoru Blvd, RICHMOND, BC, V6Y 1Y4
(604) 244-5300   SIC 8059
RICHMOND INTERNATIONAL TECHNOLOGY CORP p 267
4460 Jacombs Rd Suite 102, RICHMOND, BC, V6V 2C5
(604) 273-8248   SIC 5063
RICHMOND LEXUS p 267
See OPENROAD AUTO GROUP LIMITED
RICHMOND LIONS MANOR p 274
See VANCOUVER COASTAL HEALTH AUTHORITY
RICHMOND NEWS p 270
See POSTMEDIA NETWORK INC
RICHMOND PENTECOSTAL CHURCH p 270
See PENTECOSTAL ASSEMBLIES OF CANADA, THE
RICHMOND PUBLIC LIBRARY BOARD p 271
7700 Minoru Gate Suite 100, RICHMOND, BC, V6Y 1R8
(604) 231-6422   SIC 8231
RICHMOND PUBLIC SCHOOL p 819
See OTTAWA-CARLETON DISTRICT SCHOOL BOARD
RICHMOND REGIONAL HIGH SCHOOL p 1171
See COMMISSION SCOLAIRE EASTERN TOWNSHIPS
RICHMOND SCHOOL p 53
See CALGARY BOARD OF EDUCATION
RICHMOND SCHOOL COACH (BELLEVILLE) (1983) LIMITED p 502
425 Bellevue Dr, BELLEVILLE, ON, K8N

4Z5
(613) 962-7744   SIC 4151
RICHMOND SECONDARY p 271
See BOARD OF EDUCATION SCHOOL DISTRICT #38 (RICHMOND)
RICHMOND STREET PUBLIC SCHOOL p 876
See DISTRICT SCHOOL BOARD OF NIAGARA
RICHMOND YACHTS p 267
See RICHMOND YACHTS CO
RICHMOND YACHTS CO p 267
23591 Dyke Rd, RICHMOND, BC, V6V 1E3
SIC 4493
RICHMOND'S SCHOOL COACH p 502
See RICHMOND SCHOOL COACH (BELLEVILLE) (1983) LIMITED
RICHMOND, CITY OF p 267
12800 Cambie Rd, RICHMOND, BC, V6V 0A9
(604) 233-8399   SIC 8322
RICHMOND, CITY OF p 271
7700 Minoru Gate Suite 100, RICHMOND, BC, V6Y 1R8
(604) 231-6401   SIC 8231
RICHMOND, CITY OF p 272
9282 Williams Rd, RICHMOND, BC, V7A 1H1
(604) 668-6209   SIC 8211
RICHMOND, CITY OF p 274
6960 Gilbert Rd, RICHMOND, BC, V7C 3V4
(604) 303-2734   SIC 7389
RICHMOND, CITY OF p 274
9180 No. 1 Rd, RICHMOND, BC, V7E 6L5
(604) 238-8400   SIC 8322
RICHTOWN DISTRICT HIGH SCHOOL p 825
See LAMBTON KENT DISTRICT SCHOOL BOARD
RICHTREE MARKET RESTAURANTS INC p 698
100 City Centre Dr Suite 138, MISSISSAUGA, ON, L5B 2C9
(905) 272-1010   SIC 5812
RICHTREE MARKET RESTAURANTS INC p 789
50 Rideau St Suite 115, OTTAWA, ON, K1N 9J7
SIC 5812
RICHTREE MARKET RESTAURANTS INC p 907
220 Yonge St, TORONTO, ON, M5B 2H1
(416) 506-0113   SIC 5812
RICHTREE MARKET RESTAURANTS INC p 920
181 Bay St Suite 867, TORONTO, ON, M5J 2T3
(416) 366-8122   SIC 5812
RICHTREE MARKET RESTAURANTS INC p 923
40 Yonge Blvd, TORONTO, ON, M5M 3G5
(416) 366-8986   SIC 5812
RICHVALE YORK BLOCK INC p 650
1298 Clarke Rd, LONDON, ON, N5V 3B5
(519) 455-4741   SIC 3271
RICHVIEW BRANCH p 582
See TORONTO PUBLIC LIBRARY BOARD
RICHVIEW COLLEGIATE INSTITUTE p 579
See TORONTO DISTRICT SCHOOL BOARD
RICHVIEW MORAVIAN ELEMENTARY SCHOOL p 825
See LAMBTON KENT DISTRICT SCHOOL BOARD
RICK HANSEN INSTITUTE p 300
818 10th Ave W Unit 6400, VANCOUVER, BC, V5Z 1M9
(604) 827-2421   SIC 8733
RICK HANSEN PUBLIC SCHOOL p 660
See THAMES VALLEY DISTRICT SCHOOL BOARD
RICK HANSON SECONDARY SCHOOL p 722
See PEEL DISTRICT SCHOOL BOARD

RICKARD, GARNET B RECREATION COMPLEX p 507
See CORPORATION OF THE MUNICIPALITY OF CLARINGTON
RICKHANSEN SECONDARY SCHOOL p 179
See SCHOOL DISTRICT NO 34 (ABBOTSFORD)
RICKI'S p 707
See COMARK INC
RICKI'S, DIV OF p 372
See COMARK INC
RICKSON RIDGE PUBLIC SCHOOL p 601
See UPPER GRAND DISTRICT SCHOOL BOARD, THE
RICKY'S ALL DAY GRILL p 809
See BOROUGHQUEST LIMITED
RICMAR ENTERPRISES LTD p 586
925 Dixon Rd, ETOBICOKE, ON, M9W 1J8
(416) 674-3031 SIC 5812
RICOH CANADA INC p 82
10150 Jasper Ave Nw Suite 163, EDMONTON, AB, T5J 1W4
(780) 930-7100 SIC 5044
RICOH CANADA INC p 87
16011 116 Ave Nw, EDMONTON, AB, T5M 3Y1
(780) 930-7100 SIC 5044
RICOH CANADA INC p 154
5208 53 Ave, RED DEER, AB, T4N 5K2
(403) 352-2202 SIC 7379
RICOH CANADA INC p 221
971 Laval Cres, KAMLOOPS, BC, V2C 5P4
(604) 293-9700 SIC 5044
RICOH CANADA INC p 641
55 King St W Suite 800, KITCHENER, ON, N2G 4W1
(519) 743-5601 SIC 5044
RICOH CANADA INC p 691
5560 Explorer Dr Suite 100, MISSISSAUGA, ON, L4W 5M3
(905) 795-9659 SIC 5044
RICOH CANADA INC p 727
2 Gurdwara Rd Suite 102, NEPEAN, ON, K2E 1A2
(613) 226-8240 SIC 5044
RICOH CANADA INC p 750
4100 Yonge St Suite 600, NORTH YORK, ON, M2P 2B5
(416) 218-4360 SIC 5044
RICOH CANADA INC p 1205
460 Boul Montpellier, SAINT-LAURENT, QC, H4N 2G7
(514) 744-3610 SIC 5044
RICOH CANADA, DIV OF p 918
See COMMONWEALTH LEGAL INC
RICOH DOCUMENT MANAGEMENT LIMITED PARTNERSHIP p 491
205 Industrial Pky N Unit 2, AURORA, ON, L4G 4C4
(905) 841-8433 SIC 2731
RIDEAU CENTRE RETAIL TRISTAN & AMERICA p 788
See BOUTIQUE TRISTAN & ISEUT INC
RIDEAU CLUB LIMITED p 792
99 Bank St Suite 1500, OTTAWA, ON, K1P 6B9
(613) 233-7787 SIC 8699
RIDEAU DISTRICT HIGH SCHOOL p 572
See UPPER CANADA DISTRICT SCHOOL BOARD, THE
RIDEAU HEIGHTS PUBLIC SCHOOL p 630
See LIMESTONE DISTRICT SCHOOL BOARD
RIDEAU HIGH SCHOOL p 788
See OTTAWA-CARLETON DISTRICT SCHOOL BOARD
RIDEAU PARK ELEMENTARY JUNIOR HIGH SCHOOL p 52
See CALGARY BOARD OF EDUCATION
RIDEAU PARK PERSONAL CARE HOME p 345

See PRAIRIE MOUNTAIN HEALTH
RIDEAU PUBLIC SCHOOL p 632
See LIMESTONE DISTRICT SCHOOL BOARD
RIDEAU VALLEY MIDDLE SCHOOL p 626
See OTTAWA-CARLETON DISTRICT SCHOOL BOARD
RIDEAUCREST HOME FOR THE AGED p 630
See CORPORATION OF THE CITY OF KINGSTON, THE
RIDEAVIEW COMMUNITY CENTRE p 595
See CITY OF OTTAWA
RIDGE MEADOWS HOSPITAL p 236
See FRASER HEALTH AUTHORITY
RIDGE VALLEY SCHOOL p 129
See NORTHERN GATEWAY REGIONAL DIVISION #10
RIDGELAND DEVELOPMENTS LTD p 817
35 Lauren Rd, PORT PERRY, ON, L9L 2A7
(905) 985-8390 SIC 7997
RIDGEMONT HIGH SCHOOL p 796
See OTTAWA-CARLETON DISTRICT SCHOOL BOARD
RIDGETOWN COLLEGE p 825
See UNIVERSITY OF GUELPH
RIDGETOWN DISTRICT HIGH SCHOOL p 825
See LAMBTON KENT DISTRICT SCHOOL BOARD
RIDGEVALLEY SCHOOL p 70
See PEACE WAPITI SCHOOL DIVISION NO.76
RIDGEVIEW CENTRAL SCHOOL p 133
See FORT VERMILION SCHOOL DIVISON 52
RIDGEVIEW ELEMENTARY SCHOOL p 338
See SCHOOL DISTRICT NO. 45 (WEST VANCOUVER)
RIDGEVIEW LONG TERM CARE CENTER p 863
See REVERA LONG TERM CARE INC
RIDGEVIEW MORAVIAN ELEMENTARY SCHOOL p 825
See LAMBTON KENT DISTRICT SCHOOL BOARD
RIDGEWAY ANNEX p 248
See SCHOOL DISTRICT NO. 44 (NORTH VANCOUVER)
RIDGEWAY CRYSTAL BEACH SECONDARY SCHOOL p 825
See DISTRICT SCHOOL BOARD OF NIAGARA
RIDGEWAY ELEMENTARY p 248
See SCHOOL DISTRICT NO. 44 (NORTH VANCOUVER)
RIDGEWAY PUBLIC SCHOOL p 825
See DISTRICT SCHOOL BOARD OF NIAGARA
RIDGEWAY SCHOOL p 248
See SCHOOL DISTRICT NO. 44 (NORTH VANCOUVER)
RIDGEWOOD ADDICTION SERVICES p 418
See REGIONAL HEALTH AUTHORITY B
RIDGEWOOD INDUSTRIES p 565
See DOREL INDUSTRIES INC
RIDGEWOOD PUBLIC SCHOOL p 522
See PEEL DISTRICT SCHOOL BOARD
RIDGEWOOD PUBLIC SCHOOL p 554
See TRILLIUM LAKELANDS DISTRICT SCHOOL BOARD
RIDLEY INC p 140
700 1 Ave Nw, Linden, AB, T0M 1J0
SIC 2048
RIDLEY INC p 345
1202 17th St E, BRANDON, MB, R7A 7C3
(204) 728-0231 SIC 5999
RIDLEY INC p 366
17 Speers Rd, WINNIPEG, MB, R2J 1M1
(204) 233-8418 SIC 5999
RIDLEY INC p 1270
Gd, HUMBOLDT, SK, S0K 2A0
(306) 682-2668 SIC 2048

RIDLEY MF INC p 366
196 Paquin Rd, WINNIPEG, MB, R2J 3V4
(204) 667-8959 SIC 2048
RIDLEY WINDOWS & DOORS p 548
See MERITCO INDUSTRIES LTD
RIDSDALE TRANSPORT LTD p 1274
909 Charles St, MELFORT, SK, S0E 1A0
(306) 752-5363 SIC 4213
RIDSDALE TRANSPORT LTD p 1280
29 Industrial Dr N, PRINCE ALBERT, SK, S6V 6V4
(306) 764-0934 SIC 4212
RIDSDALE TRANSPORT LTD p 1283
385 Henderson Dr Suite A, REGINA, SK, S4N 5W8
(306) 721-8272 SIC 4213
RIDSDALE TRANSPORT LTD p 1305
210 Apex St, SASKATOON, SK, S7R 0A2
(306) 931-1138 SIC 4231
RIDT p 1022
See REGIE INTERMUNICIPALE DES DECHETS DE TEMISCOUATA
RIETER AUTOMOTIVE CANADA CARPET p 649
See AUTONEUM CANADA LTD
RIG SHOP LIMITED, THE p 148
2107 5 St, NISKU, AB, T9E 7X4
SIC 1799
RIGHT MANAGEMENT CANADA, INC p 902
2 Bloor St E, TORONTO, ON, M4W 1A8
(416) 926-1324 SIC 8741
RILEY'S REPRODUCTIONS & PRINTING LTD p 82
10180 108 St Nw, EDMONTON, AB, T5J 1L3
(780) 413-6801 SIC 7334
RIM PARK p 951
See REGIONAL MUNICIPALITY OF WATERLOO, THE
RIMBEY ELEMENTARY SCHOOL p 158
See WOLF CREEK SCHOOL DIVISION NO.72
RIMBEY GAS PLANT p 158
See KEYERA PARTNERSHIP
RIMER ALCO NORTH AMERICA INC p 351
205 Stephen St, MORDEN, MB, R6M 1V2
(204) 822-6595 SIC 5999
RIMEX SUPPLY LTD p 180
2995 Cameron Rd, AGASSIZ, BC, V0M 1A1
(604) 796-5502 SIC 3714
RIMOKA HOUSING FOUNDATION p 158
4906 54th Ave, RIMBEY, AB, T0C 2J0
(403) 843-2376 SIC 8361
RINALDO HAIR DESIGNERS & SPA LIMITED p 798
2121 Carling Ave Suite 24 C, OTTAWA, ON, K2A 1S3
(613) 761-6800 SIC 7991
RINALDO'S p 798
See RINALDO HAIR DESIGNERS & SPA LIMITED
RINGBALL CORPORATION p 106
7606 Mcintyre Rd Nw, EDMONTON, AB, T6E 6Z1
(780) 465-3311 SIC 5051
RINGBALL CORPORATION p 193
7880 Fraser Park Dr, BURNABY, BC, V5J 5L8
(604) 294-3461 SIC 5085
RINGBALL CORPORATION p 369
190 Omands Creek Blvd, WINNIPEG, MB, R2R 1V7
(204) 694-1455 SIC 5085
RINK PARTNERS CORPORATION p 544
1001 Franklin Blvd, CAMBRIDGE, ON, N1R 8B5
(519) 622-4494 SIC 7999
RINK PARTNERS CORPORATION p 964
3400 Grand Marais Rd E, WINDSOR, ON, N8W 1W7
SIC 7999
RINX, THE p 759
See 1056934 ONTARIO LTD

RIO TERRACE ELEMENTARY SCHOOL p 89
See EDMONTON SCHOOL DISTRICT NO. 7
RIO TINTO ALCAN INC p 228
1 Smelter Site Rd, KITIMAT, BC, V8C 2H2
(250) 639-8000 SIC 3334
RIO TINTO ALCAN INC p 531
4000 Development Dr, BROCKVILLE, ON, K6V 5V5
(613) 342-7462 SIC 3297
RIO TINTO ALCAN INC p 988
3000 Rue Des Pins O, ALMA, QC, G8B 5W2
(418) 480-6000 SIC 3399
RIO TINTO ALCAN INC p 996
40 Rue De L'aluminerie, BEAUHARNOIS, QC, J6N 0C2
(450) 225-6044 SIC 3365
RIO TINTO ALCAN INC p 1015
2040 Ch De La Reserve, CHICOUTIMI, QC, G7J 0E1
(418) 699-6305 SIC 3355
RIO TINTO ALCAN INC p 1047
1954 Rue Davis, Jonquiere, QC, G7S 3B6
(418) 699-2131 SIC 4911
RIO TINTO ALCAN INC p 1047
1955 Boul Mellon, JONQUIERE, QC, G7S 0L4
(418) 699-2002 SIC 3334
RIO TINTO ALCAN INC p 1052
262 1re Rue, LA BAIE, QC, G7B 3R1
(418) 544-9660 SIC 4512
RIO TINTO ALCAN INC p 1052
6000 6e Av, LA BAIE, QC, G7B 4G9
(418) 697-9540 SIC 3365
RIO TINTO ALCAN INC p 1052
5000 Rte Du Petit Parc, LA BAIE, QC, G7B 4G9
(418) 697-9600 SIC 3334
RIO TINTO ALCAN INC p 1235
1100 Boul Saint-Sacrement, SHAWINIGAN, QC, G9N 6W4
(819) 539-0765 SIC 3334
RIO TINTO EXPLORATION CANADA INC p 881
1300 Walsh St W, THUNDER BAY, ON, P7E 4X4
(807) 473-5558 SIC 1081
RIOCAN GEORGIAN MALL p 494
See CADILLAC FAIRVIEW CORPORATION LIMITED, THE
RIOCAN MANAGEMENT p 933
See RIOCAN REAL ESTATE INVESTMENT TRUST
RIOCAN PROPERTY SERVICES INC p 760
700 Lawrence Ave W Suite 315, NORTH YORK, ON, M6A 3B4
(416) 256-0256 SIC 6531
RIOCAN REAL ESTATE INVESTMENT TRUST p 933
700 Lawrence Ave W Suite 310, TORONTO, ON, M6A 3B4
(416) 866-3033 SIC 6531
RIOCAN REAL ESTATE INVESTMENT TRUST p 1059
7475 Boul Newman Bureau 500, LASALLE, QC, H8N 1X3
(514) 363-4151 SIC 6531
RIPATH MEMORIAL JUNIOR SCHOOL p 645
See KAWARTHA PINE RIDGE DISTRICT SCHOOL BOARD
RIPCO p 883
See TILLSONBURG RECREATION & INDUSTRIAL PRODUCTS ULC
RIPNET LIMITED p 531
101 Water St W Suite 96, BROCKVILLE, ON, K6V 3M1
(613) 342-3946 SIC 4813
RIPPLEPAK, DIV OF p 675
See UTHANE RESEARCH LTD
RIPPLETON ELEMENTARY SCHOOL p 752
See TORONTO DISTRICT SCHOOL BOARD

RISO CANADA INC *p* 674
1 Valleywood Dr Unit 2, MARKHAM, ON, L3R 5L9
(905) 475-7476 *SIC* 3579

RISTORANTE PARADISO (2000) LIMITED *p* 768
125 Lakeshore Rd E, OAKVILLE, ON, L6J 1H3
(905) 338-1594 *SIC* 5812

RITCHIE BROS. AUCTIONEERS (INTERNATIONAL) LTD *p* 193
9500 Glenlyon Pky Suite 300, BURNABY, BC, V5J 0C6
(778) 331-5500 *SIC* 5999

RITCHIE BROS. AUCTIONEERS INCORPORATED *p* 148
1500 Sparrow Dr, NISKU, AB, T9E 8H6
(780) 955-2486 *SIC* 7389

RITCHIE BROS. AUCTIONEERS INCORPORATED *p* 1082
1373 Rue Briere, MONT-SAINT-HILAIRE, QC, J3H 6E9
(450) 464-2888 *SIC* 7389

RITCHIE FEED & SEED INC *p* 728
1740 Woodroffe Ave Suite 1101, NEPEAN, ON, K2G 3R8
(613) 727-4430 *SIC* 5191

RITCHIE-SMITH FEEDS INC *p* 177
33777 Enterprise Ave, ABBOTSFORD, BC, V2S 7T9
(604) 859-7128 *SIC* 2048

RITCHIE-SMITH FEEDS INC *p* 216
6863 Hwy 97 N, GRINDROD, BC, V0E 1Y0
(250) 838-6855 *SIC* 2048

RITE-WAY FENCING (2000) INC *p* 19
7710 40 St Se, CALGARY, AB, T2C 3S4
(403) 243-8733 *SIC* 1799

RITE-WAY FENCING (2000) INC *p* 106
8625 63 Ave Nw, EDMONTON, AB, T6E 0E8
(780) 440-4300 *SIC* 5039

RITE-WAY METALS LTD *p* 229
20058 92a Ave, LANGLEY, BC, V1M 3A4
(604) 882-7557 *SIC* 1542

RITEPRO CORPORATION *p* 1132
12200 Boul Albert-Hudon, MONTREAL-NORD, QC, H1G 3K7
(514) 324-8900 *SIC* 3492

RITTAL SYSTEMS LTD *p* 720
6485 Ordan Dr, MISSISSAUGA, ON, L5T 1X2
(905) 795-0777 *SIC* 5063

RIVENWOOD FURNITURE LTD *p* 405
323 Highland View Rd, MONCTON, NB, E1A 2L4
(506) 857-3900 *SIC* 2511

RIVER CAFE *p* 48
25 Prince's Island Pk Sw, CALGARY, AB, T2P 0R1
(403) 261-1915 *SIC* 5812

RIVER CITY ELECTRIC LTD *p* 77
11306 107 Ave Nw, EDMONTON, AB, T5H 0Y3
(780) 484-6676 *SIC* 1731

RIVER CITY SPORTS *p* 363
See RIVER CITY SPORTS INC

RIVER CITY SPORTS INC *p* 363
1074 Henderson Hwy, WINNIPEG, MB, R2G 1L1
(204) 654-5085 *SIC* 5699

RIVER EAST COLLEGIATE *p* 364
See RIVER EAST TRANSCONA SCHOOL DIVISION

RIVER EAST TRANSCONA SCHOOL DIVISION *p* 348
3225 Henderson Hwy, EAST ST PAUL, MB, R2E 0J2
(204) 661-2500 *SIC* 8211

RIVER EAST TRANSCONA SCHOOL DIVISION *p* 348
3950 Raleigh St, EAST ST PAUL, MB, R2E 0G9
(204) 663-7669 *SIC* 8211

RIVER EAST TRANSCONA SCHOOL DIVISION *p* 362
260 Redonda St, WINNIPEG, MB, R2C 1L6
(204) 958-6460 *SIC* 8211

RIVER EAST TRANSCONA SCHOOL DIVISION *p* 362
351 Harold Ave W, WINNIPEG, MB, R2C 2C9
(204) 958-6500 *SIC* 8211

RIVER EAST TRANSCONA SCHOOL DIVISION *p* 362
411 Moroz St, WINNIPEG, MB, R2C 2X4
(204) 958-6830 *SIC* 8211

RIVER EAST TRANSCONA SCHOOL DIVISION *p* 362
43 Whitehall Blvd, WINNIPEG, MB, R2C 0Y3
(204) 958-6522 *SIC* 8211

RIVER EAST TRANSCONA SCHOOL DIVISION *p* 362
600 Hoka St, WINNIPEG, MB, R2C 2V1
(204) 777-5139 *SIC* 8211

RIVER EAST TRANSCONA SCHOOL DIVISION *p* 363
1105 Winona St, WINNIPEG, MB, R2C 2P9
(204) 777-0440 *SIC* 8211

RIVER EAST TRANSCONA SCHOOL DIVISION *p* 363
131 Sanford Fleming Rd, WINNIPEG, MB, R2C 5B8
(204) 958-6860 *SIC* 8211

RIVER EAST TRANSCONA SCHOOL DIVISION *p* 363
1305 Winona St, WINNIPEG, MB, R2C 2P9
(204) 958-6440 *SIC* 8211

RIVER EAST TRANSCONA SCHOOL DIVISION *p* 363
1400 Rothesay St, WINNIPEG, MB, R2G 1V2
(204) 668-9442 *SIC* 8211

RIVER EAST TRANSCONA SCHOOL DIVISION *p* 363
216 Redonda St, WINNIPEG, MB, R2C 1L6
(204) 958-6888 *SIC* 8211

RIVER EAST TRANSCONA SCHOOL DIVISION *p* 363
25 Regina Pl, WINNIPEG, MB, R2C 0S5
(204) 958-6832 *SIC* 8211

RIVER EAST TRANSCONA SCHOOL DIVISION *p* 363
251 Mcivor Ave, WINNIPEG, MB, R2G 0Z7
(204) 661-9509 *SIC* 8211

RIVER EAST TRANSCONA SCHOOL DIVISION *p* 363
400 Donwood Dr, WINNIPEG, MB, R2G 0X4
(204) 668-9438 *SIC* 8211

RIVER EAST TRANSCONA SCHOOL DIVISION *p* 363
500 Redonda St, WINNIPEG, MB, R2C 3T7
(204) 958-6880 *SIC* 8211

RIVER EAST TRANSCONA SCHOOL DIVISION *p* 363
95 Bournais Dr, WINNIPEG, MB, R2C 3Z2
(204) 669-9412 *SIC* 8211

RIVER EAST TRANSCONA SCHOOL DIVISION *p* 363
605 Wayoata St, WINNIPEG, MB, R2C 1J8
(204) 958-6840 *SIC* 8211

RIVER EAST TRANSCONA SCHOOL DIVISION *p* 363
604 Day St, WINNIPEG, MB, R2C 1B6
(204) 224-3877 *SIC* 8211

RIVER EAST TRANSCONA SCHOOL DIVISION *p* 364
125 Sun Valley Dr, WINNIPEG, MB, R2G 2W4
(204) 663-7664 *SIC* 8211

RIVER EAST TRANSCONA SCHOOL DIVISION *p* 364
1455 Molson St, WINNIPEG, MB, R2G 3S6
(204) 669-5660 *SIC* 1542

RIVER EAST TRANSCONA SCHOOL DIVISION *p* 364
1490 Henderson Hwy, WINNIPEG, MB, R2G 1N5
(204) 339-1984 *SIC* 8211

RIVER EAST TRANSCONA SCHOOL DIVISION *p* 364
2069 Henderson Hwy, WINNIPEG, MB, R2G 1P7
(204) 338-3670 *SIC* 8211

RIVER EAST TRANSCONA SCHOOL DIVISION *p* 364
323 Emerson Ave, WINNIPEG, MB, R2G 1G3
(204) 669-4430 *SIC* 8211

RIVER EAST TRANSCONA SCHOOL DIVISION *p* 364
505 Sharron Bay, WINNIPEG, MB, R2G 0H8
(204) 663-5078 *SIC* 8211

RIVER EAST TRANSCONA SCHOOL DIVISION *p* 364
295 Sutton Ave, WINNIPEG, MB, R2G 0T1
(204) 338-4611 *SIC* 8211

RIVER EAST TRANSCONA SCHOOL DIVISION *p* 366
920 Hampstead Ave, WINNIPEG, MB, R2K 2A3
(204) 654-1818 *SIC* 8211

RIVER EAST TRANSCONA SCHOOL DIVISION *p* 366
930 Brazier St, WINNIPEG, MB, R2K 2P3
(204) 661-2503 *SIC* 8211

RIVER EAST TRANSCONA SCHOOL DIVISION *p* 366
649 Brazier St, WINNIPEG, MB, R2K 2N4
(204) 667-5727 *SIC* 8211

RIVER EAST TRANSCONA SCHOOL DIVISION *p* 366
845 Concordia Ave, WINNIPEG, MB, R2K 2M6
(204) 667-2960 *SIC* 8211

RIVER EAST TRANSCONA SCHOOL DIVISION *p* 366
405 Munroe Ave, WINNIPEG, MB, R2K 1H5
(204) 661-4451 *SIC* 8211

RIVER EAST TRANSCONA SCHOOL DIVISION *p* 366
1020 Louelda St, WINNIPEG, MB, R2K 3Z4
(204) 669-1280 *SIC* 8211

RIVER EAST TRANSCONA SCHOOL DIVISION *p* 367
220 Antrim Rd, WINNIPEG, MB, R2K 3L2
(204) 668-6249 *SIC* 8211

RIVER EAST TRANSCONA SCHOOL DIVISION *p* 367
166 Antrim Rd, WINNIPEG, MB, R2K 3L2
(204) 669-1277 *SIC* 8211

RIVER EAST TRANSCONA SCHOOL DIVISION *p* 367
850 Woodvale St, WINNIPEG, MB, R2K 2G8
(204) 667-1701 *SIC* 8211

RIVER EAST TRANSCONA SCHOOL DIVISION *p* 367
530 Mcleod Ave, WINNIPEG, MB, R2K 0B5
(204) 667-6193 *SIC* 8211

RIVER EAST TRANSCONA SCHOOL DIVISION *p* 367
939 Henderson Hwy, WINNIPEG, MB, R2K 2M2
(204) 661-2384 *SIC* 8211

RIVER EAST TRANSCONA SCHOOL DIVISION *p* 367
491 Munroe Ave, WINNIPEG, MB, R2K 1H5
(204) 669-5643 *SIC* 8211

RIVER EAST TRANSCONA SCHOOL DIVISION *p* 367
845 Golspie St, WINNIPEG, MB, R2K 2V5
(204) 661-2848 *SIC* 8211

RIVER EAST TRANSCONA SCHOOL DIVISION *p* 367
795 Prince Rupert Ave, WINNIPEG, MB, R2K 1W6
(204) 668-9304 *SIC* 8211

RIVER EAST TRANSCONA SCHOOL DIVISION *p* 367
757 Roch St, WINNIPEG, MB, R2K 2R1
(204) 667-1103 *SIC* 8211

RIVER ELEMENTARY SCHOOL *p* 354
See ROLLING RIVER SCHOOL DIVISION 39

RIVER ELM SCHOOL *p* 367
See WINNIPEG SCHOOL DIVISION

RIVER GLEN SCHOOL *p* 153
See CHINOOKS EDGE SCHOOL DIVISION NO. 73

RIVER HEBERT DISTRICT HIGH SCHOOL *p* 472
See CHIGNECTO CENTRAL REGIONAL SCHOOL BOARD

RIVER HEIGHTS ELEMENTARY SCHOOL *p* 144
See MEDICINE HAT SCHOOL DISTRICT NO. 76

RIVER HEIGHTS PUBLIC SCHOOL *p* 542
See GRAND ERIE DISTRICT SCHOOL BOARD

RIVER HEIGHTS PUBLIC SCHOOL *p* 569
See THAMES VALLEY DISTRICT SCHOOL BOARD

RIVER HEIGHTS SCHOOL *p* 387
See WINNIPEG SCHOOL DIVISION

RIVER OAKS PUBLIC SCHOOL *p* 765
See HALTON DISTRICT SCHOOL BOARD

RIVER PARK GARDENS *p* 369
See WINNIPEG REGIONAL HEALTH AUTHORITY, THE

RIVER ROAD COLONY *p* 145
Gd, MILK RIVER, AB, T0K 1M0
(403) 344-4433 *SIC* 8661

RIVER ROAD GOLF COURSE *p* 652
See CORPORATION OF THE CITY OF LONDON

RIVER ROCK CASINO RESORT *p* 269
See GREAT CANADIAN CASINOS INC

RIVER RUN *p* 500
See OTTAWA RIVER WHITE WATER RAFTING LIMITED

RIVER VALLEY GOLF & COUNTRY CLUB *p* 857

See SUPER STAR HOCKEY LIMITED
RIVER VALLEY MIDDLE SCHOOL p 402
See SCHOOL DISTRICT 8
RIVER VALLEY SCHOOL p 170
See CHINOOKS EDGE SCHOOL DIVISION NO. 73
RIVER VALLEY SCHOOL EARLY LEARNING CAMPUS p 59
See CALGARY BOARD OF EDUCATION
RIVER VIEW PUBLIC SCHOOL p 831
See ALGOMA DISTRICT SCHOOL BOARD
RIVER WEST PARK SCHOOL p 388
See PEMBINA TRAILS SCHOOL DIVISION, THE
RIVERBEND CO-OPERATIVE LTD p 1267
912 Railway St, DAVIDSON, SK, S0G 1A0
(306) 567-2013   SIC 5411
RIVERBEND CO-OPERATIVE LTD p 1278
102 Saskatchewan Ave, Outlook, SK, S0L 2N0
(306) 867-8614   SIC 5411
RIVERBEND ELEMENTARY SCHOOL p 16
See CALGARY BOARD OF EDUCATION
RIVERBEND JUNIOR HIGH SCHOOL p 109
See EDMONTON SCHOOL DISTRICT NO. 7
RIVERBEND KUMON MATH & READING CENTRE p 109
See KUMON CANADA INC
RIVERBEND MEDICENTRE p 115
See MEDICENTRES CANADA INC
RIVERBEND PLACE CAMBRIDGE p 544
See REVERA LONG TERM CARE INC
RIVERCREST CARE CENTRE p 123
See RIVERCREST LODGE NURSING HOME LTD
RIVERCREST JUNIOR SCHOOL p 943
See TORONTO DISTRICT SCHOOL BOARD
RIVERCREST LODGE NURSING HOME LTD p 123
10104 101 Ave, FORT SASKATCHEWAN, AB, T8L 2A5
(780) 998-2425   SIC 8051
RIVERDALE COLLEGIATE INSTITUTE p 896
See TORONTO DISTRICT SCHOOL BOARD
RIVERDALE HEALTH CENTRE p 354
See RIVERDALE HEALTH SERVICES DISTRICT FOUNDATION INC
RIVERDALE HEALTH SERVICES DISTRICT FOUNDATION INC p 354
512 Quebec St, RIVERS, MB, R0K 1X0
(204) 328-5321   SIC 8062
RIVERDALE HIGH SCHOOL p 1137
See LESTER B. PEARSON SCHOOL BOARD
RIVERHEIGHTS SCHOOL p 346
See BRANDON SCHOOL DIVISION, THE
RIVERHOUSE ENTERPRISES LTD p 204
1760 Riverside Lane, COURTENAY, BC, V9N 8C7
SIC 5812
RIVERINE, THE p 725
See CROWN RIDGE HEALTH CARE SERVICES INC
RIVERPARK PLACE LIMITED PARTNERSHIP p 729
1 Corkstown Rd, NEPEAN, ON, K2H 1B6
(613) 828-8882   SIC 8361
RIVERPARK PLACE RETIREMENT RESIDENCE p 729
See RIVERPARK PLACE LIMITED PARTNERSHIP
RIVERS COLLEGIATE p 354
See ROLLING RIVER SCHOOL DIVISION 39
RIVERSIDE SECONDARY SCHOOL p 962
See GREATER ESSEX COUNTY DISTRICT SCHOOL BOARD

RIVERSIDE CAMPUS p 786
See OTTAWA HOSPITAL, THE
RIVERSIDE COMMUNITY SCHOOL p 1280
See SASKATCHEWAN RIVER SCHOOL DIVISION #119
RIVERSIDE DOOR & TRIM INC p 952
520 Conestogo Rd, WATERLOO, ON, N2L 4E2
(519) 578-3265   SIC 1751
RIVERSIDE ELEMENTARY SCHOOL p 144
See MEDICINE HAT SCHOOL DISTRICT NO. 76
RIVERSIDE ELEMENTARY SCHOOL p 236
See SCHOOL DISTRICT NO 42 (MAPLE RIDGE-PITT MEADOWS)
RIVERSIDE HEALTH CARE CENTRE p 963
See REVERA LONG TERM CARE INC
RIVERSIDE HEALTH CARE FACILITIES INC p 574
170 Front St, EMO, ON, P0W 1E0
(807) 274-3261   SIC 8062
RIVERSIDE HEALTH CARE FACILITIES INC p 574
72 Front St, EMO, ON, P0W 1E0
SIC 8059
RIVERSIDE HEALTH COMPLEX p 1307
See PRAIRIE NORTH REGIONAL HEALTH AUTHORITY
RIVERSIDE LOBSTER INTERNATIONAL INC p 468
11 John Thibodeau Rd, METEGHAN CENTRE, NS, B0W 2K0
(902) 645-3455   SIC 2092
RIVERSIDE NATURAL FOODS LTD p 562
2700 Steeles Ave W Bldg 5, CONCORD, ON, L4K 3C8
(416) 360-8200   SIC 2032
RIVERSIDE PRICE CHOPPER p 962
8100 Wyandotte St E, WINDSOR, ON, N8S 1T3
(519) 251-8875   SIC 5411
RIVERSIDE PUBLIC ELEMENTARY SCHOOL p 359
See SCHOOL DISTRICT OF MYSTERY LAKE
RIVERSIDE PUBLIC SCHOOL p 573
See WATERLOO REGION DISTRICT SCHOOL BOARD
RIVERSIDE PUBLIC SCHOOL p 620
See TRILLIUM LAKELANDS DISTRICT SCHOOL BOARD
RIVERSIDE PUBLIC SCHOOL p 662
See THAMES VALLEY DISTRICT SCHOOL BOARD
RIVERSIDE PUBLIC SCHOOL p 701
See PEEL DISTRICT SCHOOL BOARD
RIVERSIDE REGIONAL HIGH SCHOOL p 1046
See COMMISSION SCOLAIRE CENTRAL QUEBEC
RIVERSIDE RETIREMENT CENTRE LTD p 250
4315 Skyline Dr, NORTH VANCOUVER, BC, V7R 3G9
(604) 307-1104   SIC 8361
RIVERSIDE SCHOOL BOARD p 1005
800 Rue Du Pere-Le Jeune, BOUCHERVILLE, QC, J4B 3K1
(450) 550-2512   SIC 8211
RIVERSIDE SCHOOL BOARD p 1008
5770 Rue Aline, BROSSARD, QC, J4Z 1R3
(450) 676-8166   SIC 8211
RIVERSIDE SCHOOL BOARD p 1008
6375 Av Baffin, BROSSARD, QC, J4Z 2H9
(450) 676-2651   SIC 8211
RIVERSIDE SCHOOL BOARD p 1043
781 Rue Miller, GREENFIELD PARK, QC, J4V 1W8
(450) 672-2090   SIC 8211
RIVERSIDE SCHOOL BOARD p 1043
776 Rue Campbell, GREENFIELD PARK, QC, J4V 1Y7
(450) 672-0042   SIC 8211
RIVERSIDE SCHOOL BOARD p 1043

880 Rue Hudson, GREENFIELD PARK, QC, J4V 1H1
(450) 656-6100   SIC 8211
RIVERSIDE SCHOOL BOARD p 1070
1863 Rue Brebeuf, LONGUEUIL, QC, J4J 3P3
(450) 674-0851   SIC 8211
RIVERSIDE SCHOOL BOARD p 1136
444 Rue Mountainview, OTTERBURN PARK, QC, J3H 2K2
(450) 467-9347   SIC 8211
RIVERSIDE SCHOOL BOARD p 1182
20 Rue Des Peupliers, SAINT-BRUNO, QC, J3V 2L8
(450) 653-2429   SIC 8211
RIVERSIDE SCHOOL BOARD p 1192
5525 Boul Maricourt, SAINT-HUBERT, QC, J3Y 1S5
(450) 676-2011   SIC 8211
RIVERSIDE SCHOOL BOARD p 1192
7445 Ch De Chambly, SAINT-HUBERT, QC, J3Y 3S3
(450) 678-1070   SIC 8211
RIVERSIDE SCHOOL BOARD p 1193
1648 Rue Langevin, SAINT-HUBERT, QC, J4T 1X7
(450) 678-2142   SIC 8211
RIVERSIDE SCHOOL BOARD p 1202
471 Rue Green, SAINT-LAMBERT, QC, J4P 1V2
SIC 8211
RIVERSIDE SCHOOL BOARD p 1203
163 Av Cleghorn, SAINT-LAMBERT, QC, J4R 2J4
(450) 676-1843   SIC 8211
RIVERSIDE SECONDARY SCHOOL p 256
See SCHOOL DISTRICT NO. 43 (COQUITLAM)
RIVERTON COLLEGIATE INSTITUTE p 354
See EVERGREEN SCHOOL DIVISION
RIVERTON COMMUNITY HEALTH OFFICE p 358
See INTERLAKE REGIONAL HEALTH AUTHORITY INC
RIVERTON EARLY MIDDLE SCHOOL p 354
See EVERGREEN SCHOOL DIVISION
RIVERVIEW ALTERNATIVE SCHOOL p 785
See OTTAWA-CARLETON DISTRICT SCHOOL BOARD
RIVERVIEW CARE CENTRE p 144
See REVERA INC
RIVERVIEW COLLEGIATE p 1276
See PRAIRIE SOUTH SCHOOL DIVISION NO 210
RIVERVIEW EAST SCHOOL p 413
See SCHOOL DISTRICT 2
RIVERVIEW FIRE RESCUE p 413
See TOWN OF RIVERVIEW
RIVERVIEW HEALTH CENTRE INC p 386
1 Morley Ave, Winnipeg, MB, R3L 2P4
(204) 478-6203   SIC 8051
RIVERVIEW HIGH SCHOOL p 413
See SCHOOL DISTRICT 2
RIVERVIEW HOSPITAL p 200
See BRITISH COLUMBIA MENTAL HEALTH SOCIETY
RIVERVIEW LODGE LIMITED, THE p 570
148 Earl Ave, DRYDEN, ON, P8N 1Y1
(807) 223-2371   SIC 7011
RIVERVIEW MANOR NURSING HOME p 808
See OMNI HEALTH CARE LIMITED PARTNERSHIP
RIVERVIEW MIDDLE SCHOOL p 71
See BLACK GOLD REGIONAL DIVISION #18
RIVERVIEW MIDDLE SCHOOL p 413
See SCHOOL DISTRICT 2
RIVERVIEW PARK ELEMENTARY SCHOOL p 200
See SCHOOL DISTRICT NO. 43 (COQUITLAM)
RIVERVIEW SCHOOL p 344
See BRANDON SCHOOL DIVISION, THE

RIVERVIEW SCHOOL p 386
See WINNIPEG SCHOOL DIVISION
RIVERVIEW SCHOOL p 528
See GRAND ERIE DISTRICT SCHOOL BOARD
RIVERVIEW SCHOOL p 1258
See LESTER B. PEARSON SCHOOL BOARD
RIVERVIEW STEEL CO. LTD p 961
8165 Anchor Dr, WINDSOR, ON, N8N 5B7
(519) 979-8255   SIC 5051
RIVERVIEW SUPERSTORE p 412
See ATLANTIC WHOLESALERS LTD
RIVERWOOD ACADEMY p 437
See NOVA CENTRAL SCHOOL DISTRICT
RIVIERA PARQUE, BANQUET & CONVENTION CENTRE INC p 562
2800 Highway 7 Suite 301, CONCORD, ON, L4K 1W8
(905) 669-4933   SIC 7299
RIX LTD p 378
233 Kennedy St Suite 306, WINNIPEG, MB, R3C 0L7
(204) 944-9707   SIC 8071
RIZZUTO BROS. LIMITED p 610
160 John St S, HAMILTON, ON, L8N 2C4
(905) 522-2525   SIC 4121
RJ MCCARTHY UNIFORMS p 498
See RJM56 INVESTMENTS INC
RJ MCCARTHY UNIFORMS p 845
See RJM56 INVESTMENTS INC
RJ WALSH ELEM SCHOOL p 346
See BEAUTIFUL PLAINS SCHOOL DIVISION
RJAMES MANAGEMENT GROUP LTD p 221
2072 Falcon Rd, KAMLOOPS, BC, V2C 4J3
(250) 374-1431   SIC 5511
RJAMES MANAGEMENT GROUP LTD p 224
150 Edwards Rd, KELOWNA, BC, V1X 7J5
(250) 765-5555   SIC 5511
RJC p 38
See READ JONES CHRISTOFFERSEN LTD
RJC p 920
See READ JONES CHRISTOFFERSEN LTD
RJKN GROUP INC p 581
25 The West Mall, ETOBICOKE, ON, M9C 1B8
(416) 622-0515   SIC 5812
RJM56 INVESTMENTS INC p 498
134 Anne St S, BARRIE, ON, L4N 6A2
(416) 593-6900   SIC 5699
RJM56 INVESTMENTS INC p 845
12 Trojan Gate, SCARBOROUGH, ON, M1V 3B8
(416) 492-3311   SIC 5699
RJMB RESTAURANTS LTD p 229
20394 88 Ave, LANGLEY, BC, V1M 2Y6
(604) 881-6220   SIC 5812
RKJL FOODS LTD p 591
670 King St E, GANANOQUE, ON, K7G 1H3
(613) 382-4466   SIC 5812
RKJL FOODS LTD p 632
285 Princess St, KINGSTON, ON, K7L 1B4
(613) 549-3999   SIC 5812
RKJL FOODS LTD p 634
30 Beaver Cres, KINGSTON, ON, K7M 7C1
(613) 542-4228   SIC 5812
RKJL FOODS LTD p 772
Hwy 401 W, ODESSA, ON, K0H 2H0
SIC 5812
RKL FOODS LTD p 219
750 Fortune Dr Suite 7a, KAMLOOPS, BC, V2B 2L2
(250) 376-6632   SIC 5812
RL CLEMITSON ELEMENTARY p 221
See SCHOOL DISTRICT 73 (KAMLOOPS/THOMPSON)
RL HYSLOP SCHOOL p 862
See HAMILTON-WENTWORTH DISTRICT

SCHOOL BOARD, THE
RLB LLP p 602
15 Lewis Rd Suite 1, GUELPH, ON, N1H 1E9
(519) 822-9933   SIC 8721
RLBS LIMITED p 700
3350 Wolfedale Rd, MISSISSAUGA, ON, L5C 1W4
(905) 275-1800   SIC 5031
RLD INDUSTRIES LTD p 595
4210 Albion Rd, GLOUCESTER, ON, K1T 3W2
(613) 822-4000   SIC 3479
RLG INTERNATIONAL INC. p 191
4710 Kingsway Suite 2800, BURNABY, BC, V5H 4M2
(604) 669-7178   SIC 8741
RLK REALTY LTD p 337
2475 Dobbin Rd Suite 11, WEST KELOWNA, BC, V4T 2E9
(250) 768-2161   SIC 6531
RLP MACHINE p 884
See RLP MACHINE & STEEL FABRICATION INC
RLP MACHINE & STEEL FABRICATION INC p 884
259 Reliable Lane, TIMMINS, ON, P4N 7W7
(705) 267-1445   SIC 3441
RMS WELDING SYSTEMS, DIV OF p 147
See O.J. PIPELINES CANADA
RNC MEDIA INC p 1039
171a Rue Jean-Proulx Bureau 5, GATINEAU, QC, J8Z 1W5
(819) 503-9711   SIC 4833
RNC MEDIA INC p 1099
200 Av Laurier O Bureau 250, Montreal, QC, H2T 2N8
(514) 871-0919   SIC 4832
RNC MEDIA INC p 1159
1134 Grande Allee O Bureau 300, Quebec, QC, G1S 1E5
(418) 687-9810   SIC 4832
RNC MEDIA INC p 1254
1729 3e Av, VAL-D'OR, QC, J9P 1W3
(819) 825-9994   SIC 4832
RNF VENTURES LTD p 1280
811 Central Ave, PRINCE ALBERT, SK, S6V 4V2
(306) 763-3700   SIC 1542
RNG
See NATIONAL ENERGY EQUIPMENT INC
ROACH'S TAXI (1988) LTD p 877
216 Camelot St, THUNDER BAY, ON, P7A 4B1
(807) 344-8481   SIC 4121
ROADSPORT HONDA p 841
See HONDA CANADA INC
ROADWAY EXPRESS p 19
See REIMER EXPRESS LINES LTD
ROBAR INDUSTRIES LTD p 286
12945 78 Ave, SURREY, BC, V3W 2X8
(604) 591-8811   SIC 3321
ROBARTS RESEARCH INSTITUTE p 656
100 Perth Dr, LONDON, ON, N6A 5K8
(519) 663-5777   SIC 8733
ROBCO INC p 720
281 Ambassador Dr, MISSISSAUGA, ON, L5T 2J3
(905) 564-6555   SIC 3053
ROBCO INC p 1059
7200 Rue Saint-Patrick, LASALLE, QC, H8N 2W7
(514) 367-2252   SIC 3053
ROBERGE, JULES A INC p 1246
926 Rue Labbe Bureau 160, THETFORD MINES, QC, G6G 2A8
(418) 335-2903   SIC 5912
ROBERT BALDWIN PUBLIC SCHOOL p 682
See HALTON DISTRICT SCHOOL BOARD
ROBERT BATEMAN HIGH SCHOOL p 534
See HALTON DISTRICT SCHOOL BOARD
ROBERT BATEMAN PUBLIC SCHOOL p 785

See OTTAWA-CARLETON DISTRICT SCHOOL BOARD
ROBERT BATEMAN SECONDARY SCHOOL p 177
See SCHOOL DISTRICT NO 34 (ABBOTSFORD)
ROBERT BURY & COMPANY (CANADA) p 1164
See COMPAGNIE COMMONWEALTH PLYWOOD LTEE, LA
ROBERT BURY & COMPANY (CANADA) p 1209
See COMPAGNIE COMMONWEALTH PLYWOOD LTEE, LA
ROBERT FER ET METEAUX S.E.C. p 1235
122 Dr Wilson, SHAWINIGAN, QC, G9N 6T6
(819) 537-9824   SIC 1796
ROBERT H LAGERQUIST SENIOR PUBLIC SCHOOL p 523
See PEEL DISTRICT SCHOOL BOARD
ROBERT HOPKINS PUBLIC SCHOOL p 594
See OTTAWA-CARLETON DISTRICT SCHOOL BOARD
ROBERT J LEE PUBLIC SCHOOL p 510
See PEEL DISTRICT SCHOOL BOARD
ROBERT J TAIT ELEMENTARY SCHOOL p 269
See BOARD OF EDUCATION SCHOOL DISTRICT #38 (RICHMOND)
ROBERT K. BUZZELL LIMITED p 409
254 Horsman Rd, MONCTON, NB, E1E 0E8
(506) 853-0936   SIC 7699
ROBERT KEMP TURNER ELEMENTARY SCHOOL p 447
See HALIFAX REGIONAL SCHOOL BOARD
ROBERT LAND ACADEMY p 956
See CREATIVE CENTRE FOR LEARNING & DEVELOPMENT LIMITED
ROBERT LITTLE PUBLIC SCHOOL p 482
See HALTON DISTRICT SCHOOL BOARD
ROBERT MEDIA p 1176
See TRANSPORT ROBERT (1973) LTEE
ROBERT MOORE ELEMENTARY SCHOOL p 590
See RAINY RIVER DISTRICT SCHOOL BOARD
ROBERT OGILVIE ELEMENTARY SCHOOL p 215
See SCHOOL DISTRICT NO. 60 (PEACE RIVER NORTH)
ROBERT RUNDLE ELEMENTARY SCHOOL p 167
See ST. ALBERT PUBLIC SCHOOL DISTRICT NO. 5565
ROBERT S FRANK HALL p 542
See DUFFERIN-PEEL CATHOLIC DISTRICT SCHOOL BOARD
ROBERT SERVICE SENIOR PUBLIC SCHOOL p 886
See TORONTO DISTRICT SCHOOL BOARD
ROBERT SMITH SCHOOL p 355
See LORD SELKIRK SCHOOL DIVISION, THE
ROBERT TRANSPORT p 716
See GROUPE ROBERT INC
ROBERT TRANSPORT p 1004
See GROUPE ROBERT INC
ROBERT WARREN JUNIOR HIGH SCHOOL p 54
See CALGARY BOARD OF EDUCATION
ROBERT'S EDUCATION CENTER p 315
See BOARD OF EDUCATION OF SCHOOL DISTRICT NO. 39 (VANCOUVER), THE
ROBERTA BONDAR PUBLIC SCHOOL p 522
See PEEL DISTRICT SCHOOL BOARD
ROBERTS CREEK ELEMENTARY SCHOOL p 274
See SCHOOL DISTRICT NO. 46 (SUNSHINE COAST)
ROBERTS ONSITE INC p 638
209 Manitou Dr, KITCHENER, ON, N2C 1L4

(519) 578-2230   SIC 1731
ROBERTS WAREHOUSING & STORAGE p 1061
See GROUPE ROBERT INC
ROBERTSON BRIGHT LTD p 19
6027 79 Ave Se Unit 1137, CALGARY, AB, T2C 5P1
(403) 277-3077   SIC 1731
ROBERTSON ELEMENTARY p 197
See SCHOOL DISTRICT NO 33 CHILLIWACK
ROBERTSON ELEMENTARY SCHOOL p 373
See WINNIPEG SCHOOL DIVISION
ROBERTSON HOUSE p 904
See CORPORATION OF THE CITY OF TORONTO
ROBERTSON MEMORIAL PUBLIC SCHOOL p 595
See AVON MAITLAND DISTRICT SCHOOL BOARD
ROBERTSON STROMBERG LLP p 1297
105 21st St E Suite 600, SASKATOON, SK, S7K 0B3
(306) 652-7575   SIC 8111
ROBERTSON, DOWNE & MULLALLY p 177
33695 South Fraser Way Suite 301, ABBOTSFORD, BC, V2S 2C1
(604) 853-0774   SIC 8111
ROBERTSON, DR. DAVID D PROFESSIONAL CORPORATION p 36
1221 Canyon Meadows Dr Se Suite 30, CALGARY, AB, T2J 6G2
(403) 271-6300   SIC 8021
ROBERTSON, SAMUEL TECHNICAL SECONDARY SCHOOL p 235
See SCHOOL DISTRICT NO 42 (MAPLE RIDGE-PITT MEADOWS)
ROBIE & KEMPT SERVICES LIMITED p 461
6034 Lady Hammond Rd, HALIFAX, NS, B3K 2R6
(902) 455-2894   SIC 5812
ROBIE & KEMPT SERVICES LIMITED p 476
1844 St Margarets Bay Rd, TIMBERLEA, NS, B3T 1B8
(902) 431-2992   SIC 5812
ROBIN FOOTE ELEMENTARY SCHOOL p 475
See CAPE BRETON-VICTORIA REGIONAL SCHOOL BOARD
ROBIN HOOD MULTIFOODS p 587
See SMUCKER FOODS OF CANADA CORP
ROBIN HOOD MULTIFOODS p 674
See SMUCKER FOODS OF CANADA CORP
ROBINA BAKER ELEMENTARY SCHOOL p 71
See BLACK GOLD REGIONAL DIVISION #18
ROBINSON CONSULTANTS INC p 626
350 Palladium Dr Suite 210, KANATA, ON, K2V 1A8
(613) 592-6060   SIC 8711
ROBINSON HALL LIMITED p 656
398 Talbot St, LONDON, ON, N6A 2R9
(519) 433-2200   SIC 5813
ROBINSON LIGHTING & BATH CENTRE p 93
See ROBINSON, B.A. CO. LTD
ROBINSON LIGHTING & BATH CENTRE p 300
See ROBINSON, B.A. CO. LTD
ROBINSON LIGHTING, DIV OF p 381
See ROBINSON, B.A. CO. LTD
ROBINSON, B.A. CO. LTD p 19
5452 53 Ave Se, CALGARY, AB, T2C 4R3
(403) 723-9030   SIC 5074
ROBINSON, B.A. CO. LTD p 93
18511 104 Ave Nw, EDMONTON, AB, T5S 2V8
(780) 453-5714   SIC 5074

ROBINSON, B.A. CO. LTD p 300
2285 Cambie St, VANCOUVER, BC, V5Z 2T5
(604) 879-2494   SIC 5719
ROBINSON, B.A. CO. LTD p 300
2285 Cambie St, VANCOUVER, BC, V5Z 2T5
(604) 879-6847   SIC 5074
ROBINSON, B.A. CO. LTD p 381
995 Milt Stegall Dr, WINNIPEG, MB, R3G 3H7
SIC 5719
ROBINSON, B.A. CO. LTD p 383
1760 Ellice Ave, WINNIPEG, MB, R3H 0B6
(204) 789-0006   SIC 5999
ROBINSON, B.A. CO. LTD p 383
619 Berry St, WINNIPEG, MB, R3H 0S2
(204) 784-0150   SIC 5074
ROBINSON, B.A. CO. LTD p 1297
829 46th St E, SASKATOON, SK, S7K 0X2
(306) 664-2389   SIC 5075
ROBINSON, C.H. COMPANY (CANADA) LTD p 57
3355 114 Ave Se Suite 105, CALGARY, AB, T2Z 0K7
(403) 252-0808   SIC 4731
ROBINSON, C.H. COMPANY (CANADA) LTD p 187
4445 Lougheed Hwy Suite 400, BURNABY, BC, V5C 0E4
(604) 298-6767   SIC 4213
ROBINSON, C.H. COMPANY (CANADA) LTD p 1027
2200 Av Reverchon Bureau 260, DORVAL, QC, H9P 2S7
(514) 636-8694   SIC 4731
ROBINSON, C.H. COMPANY (CANADA) LTD p 1125
9001 Boul De L'acadie Bureau 901, Montreal, QC, H4N 3H5
(514) 389-8233   SIC 4731
ROBINSON, ELLWOOD LIMITED p 831
2075 Great Northern Rd, SAULT STE. MARIE, ON, P6A 5K7
(705) 759-1759   SIC 1611
ROBINSON, KEN & SONS (1978) LTD p 247
1254 Lynn Valley Rd, NORTH VANCOUVER, BC, V7J 2A3
(604) 990-2910   SIC 5812
ROBINSON, W. A. & ASSOCIATES LTD p 848
Gd, SHARBOT LAKE, ON, K0H 2P0
(613) 279-2116   SIC 6282
ROBLIN DISTRICT HEALTH CENTRE p 354
See PARKLAND REGIONAL HEALTH AUTHORITY INC
ROBLIN ELEMENTARY SCHOOL p 354
See MOUNTAIN VIEW SCHOOL DIVISION
ROBS/ALBERTAN SERVICE EXPERT p 74
See LENNOX CANADA INC
ROBSON AGENCY p 266
See KNOWLEDGE FIRST FINANCIAL INC.
ROBWEL CONSTRUCTORS p 70
See ROBWEL MANUFACTURING INC
ROBWEL MANUFACTURING INC p 70
135 Poplar Dr, CONKLIN, AB, T0P 1H1
(780) 559-2966   SIC 1389
ROBYN'S TRANSPORTATION & DISTRIBUTION SERVICES LTD p 33
6404 Burbank Rd Se, CALGARY, AB, T2H 2C2
SIC 4213
ROBYN'S TRANSPORTATION & DISTRIBUTION SERVICES LTD p 74
6805 Yellowhead Trail Nw, EDMONTON, AB, T5B 4J9
SIC 4212
ROCANVILLE SCHOOL p 1291
See SOUTH EAST CORNERSTONE SCHOOL DIVISION NO. 209
ROCH CARRIER ELEMENTARY SCHOOL p 801

See OTTAWA-CARLETON DISTRICT SCHOOL BOARD
ROCH CARRIER FRENCH IMMERSION PUBLIC SCHOOL *p 978*
See THAMES VALLEY DISTRICT SCHOOL BOARD
ROCH GAUTHIER ET FILS INC *p 1064*
1655 Boul De La Cite-Des-Jeunes, Les Cedres, QC, J7T 1K9
(450) 452-4764   *SIC* 5251
ROCHE CANADA *p 709*
See HOFFMANN-LA ROCHE LIMITED
ROCHE DIAGNOSTICS *p 1025*
See HOFFMANN-LA ROCHE LIMITED
ROCHE LTEE *p 1011*
301 Boul Industriel, Chateauguay, QC, J6J 4Z2
(450) 691-1858   *SIC* 8711
ROCHE, GROUPE-CONSEIL *p 1066*
See EVIMBEC LTEE
ROCHESTER ELEMENTARY SCHOOL *p 203*
See SCHOOL DISTRICT NO. 43 (COQUITLAM)
ROCHESTER RESOURCES LTD *p 312*
1090 Georgia St W Suite 1305, VANCOUVER, BC, V6E 3V7
(604) 685-9316   *SIC* 1081
ROCK 106 CJRX *p 139*
See ROGERS MEDIA INC
ROCK 94.9 FM, THE *p 781*
See DURHAM RADIO INC
ROCK CITY CARTAGE *p 717*
See 1003274 ONTARIO LIMITED
ROCK CITY ELEMENTARY SCHOOL *p 242*
See SCHOOL DISTRICT NO. 68 (NANAIMO-LADYSMITH)
ROCK CONCRETE FORMING LTD *p 769*
547 Speers Rd, OAKVILLE, ON, L6K 2G4
SIC 1771
ROCK DETENTE *p 1013*
See ASTRAL MEDIA RADIO INC
ROCK LAKE HEALTH DISTRICT FOUNDATION INC *p 353*
115 Brown St Apt 27, PILOT MOUND, MB, R0G 1P0
(204) 825-2246   *SIC* 8361
ROCK LAKE PERSONAL CARE HOME *p 353*
See ROCK LAKE HEALTH DISTRICT FOUNDATION INC
ROCK POINT CHURCH *p 59*
See CHRISTIAN AND MISSIONARY ALLIANCE IN CANADA, THE
ROCK SOLID SUPPLY *p 496*
See 1569243 ONTARIO INC
ROCK THE BYWARD MARKET CORPORATION *p 789*
73 York St, OTTAWA, ON, K1N 5T2
(613) 241-2442   *SIC* 5812
ROCKBRUNE BROTHERS LIMITED *p 483*
725 Finley Ave, AJAX, ON, L1S 3T1
(905) 683-4321   *SIC* 4214
ROCKCLIFFE MIDDLE SCHOOL *p 938*
See TORONTO DISTRICT SCHOOL BOARD
ROCKCLIFFE PARK PUBLIC SCHOOL *p 825*
See OTTAWA-CARLETON DISTRICT SCHOOL BOARD
ROCKFORD PUBLIC SCHOOL *p 751*
See TORONTO DISTRICT SCHOOL BOARD
ROCKHAVEN SCHOOL FOR EXCEPTIONAL CHILDREN *p 847*
See ALGOMA DISTRICT SCHOOL BOARD
ROCKHEIGHTS MIDDLE SCHOOL *p 335*
See BOARD OF EDUCATION OF SCHOOL DISTRICT NO. 61 (GREATER VICTORIA)
ROCKHILL APARTMENTS *p 1121*
See PLACEMENTS ROCKHILL LTEE, LES

ROCKINGSTONE HEIGHTS SCHOOL *p 463*
See HALIFAX REGIONAL SCHOOL BOARD
ROCKLAND CARE SERVICES LTD *p 328*
1006 St. Charles St, VICTORIA, BC, V8S 3P6
(250) 595-4255   *SIC* 8051
ROCKLAND DISTRICT HIGH SCHOOL *p 825*
See UPPER CANADA DISTRICT SCHOOL BOARD, THE
ROCKLAND PUBLIC SCHOOL *p 825*
See UPPER CANADA DISTRICT SCHOOL BOARD, THE
ROCKPORT BOAT LINE (1994) LIMITED *p 825*
23 Front St, ROCKPORT, ON, K0E 1V0
(613) 659-3402   *SIC* 4489
ROCKPORT CANADA *p 972*
See ADIDAS CANADA LIMITED
ROCKPORT HOMES INTERNATIONAL INC *p 309*
700 Pender St W Suite 507, VANCOUVER, BC, V6C 1G8
SIC 1521
ROCKSHIELD ENGINEERED WOOD PRODUCTS *p 555*
See NORBORD INDUSTRIES INC
ROCKSTAR VANCOUVER INC *p 305*
858 Beatty St Suite 800, VANCOUVER, BC, V6B 1C1
SIC 7372
ROCKTENN *p 1054*
See WESTROCK COMPANY OF CANADA INC
ROCKTENN MERCHANDISING DISPLAY, DIV OF *p 579*
See WESTROCK COMPANY OF CANADA INC
ROCKWAY GOLF & BOWLING CLUB *p 641*
625 Rockway Dr, KITCHENER, ON, N2G 3B5
(519) 741-2949   *SIC* 7992
ROCKWAY PUBLIC SCHOOL *p 639*
See WATERLOO REGION DISTRICT SCHOOL BOARD
ROCKWELL AUTOMATION CANADA CONTROL SYSTEMS *p 544*
135 Dundas St, CAMBRIDGE, ON, N1R 5N9
(519) 623-1810   *SIC* 3625
ROCKWELL SERVICING INC *p 3*
440 Hwy 28, ARDMORE, AB, T0A 0B0
(780) 826-6464   *SIC* 1389
ROCKWELL SERVICING INC *p 8*
289 Aquaduct Dr E, BROOKS, AB, T1R 1B6
(403) 362-3346   *SIC* 1389
ROCKWELL SERVICING INC *p 127*
14011 97 St, GRANDE PRAIRIE, AB, T8V 7B6
(780) 539-6736   *SIC* 1389
ROCKWELL SERVICING INC *p 148*
2105 8 St, NISKU, AB, T9E 7Z1
(780) 955-7066   *SIC* 1389
ROCKWELL SERVICING INC *p 158*
39139 Highway 2a Suite 4212, RED DEER COUNTY, AB, T4S 2A3
(403) 346-6175   *SIC* 1389
ROCKWELL SERVICING INC *p 1268*
52 Hwy 39 E, ESTEVAN, SK, S4A 2A5
SIC 1389
ROCKWOOD CENTENNIAL PUBLIC SCHOOL *p 825*
See UPPER GRAND DISTRICT SCHOOL BOARD, THE
ROCKWOOD PUBLIC SCHOOL *p 806*
See RENFREW COUNTY DISTRICT SCHOOL BOARD
ROCKWOOD SCHOOL *p 387*
See WINNIPEG SCHOOL DIVISION
ROCKWOOD TERRACE *p 571*
See CORPORATION OF THE COUNTY OF GREY

ROCKY CROSS CONSTRUCTION (CALGARY) LIMITED *p 29*
444 42 Ave Se Suite 4, CALGARY, AB, T2G 1Y4
(403) 253-2550   *SIC* 1799
ROCKY CROSS CONSTRUCTION (CALGARY) LIMITED *p 137*
432 13 St N, LETHBRIDGE, AB, T1H 2S2
(403) 327-2575   *SIC* 1799
ROCKY MOUNTAIN ANALYTICAL INC *p 64*
253147 Bearspaw Rd Unit A, CALGARY, AB, T3L 2P5
(403) 241-4513   *SIC* 8071
ROCKY MOUNTAIN COLLEGE *p 37*
See ROCKY MOUNTAIN COLLEGE A CENTRE FOR BIBLICAL STUDIES
ROCKY MOUNTAIN COLLEGE A CENTRE FOR BIBLICAL STUDIES *p 37*
4039 Brentwood Rd Nw, CALGARY, AB, T2L 1L1
(403) 284-5100   *SIC* 8661
ROCKY MOUNTAIN DEALERSHIPS INC *p 131*
710 24 St Se, HIGH RIVER, AB, T1V 0B3
(403) 652-7944   *SIC* 5083
ROCKY MOUNTAIN DEALERSHIPS INC *p 139*
3939 1 Ave S, LETHBRIDGE, AB, T1J 4P8
(403) 327-3154   *SIC* 5082
ROCKY MOUNTAIN DEALERSHIPS INC *p 160*
260180 Writing Creek Cres, ROCKY VIEW COUNTY, AB, T4A 0M9
(403) 513-7000   *SIC* 5082
ROCKY MOUNTAIN DEALERSHIPS INC *p 174*
11140 100 St, WESTLOCK, AB, T7P 2C3
(780) 349-3720   *SIC* 5082
ROCKY MOUNTAIN ELEMENTARY SCHOOL *p 213*
See SCHOOL DISTRICT NO 5 (SOUTHEAST KOOTENAY)
ROCKY MOUNTAIN EQUIPMENT *p 131*
See ROCKY MOUNTAIN DEALERSHIPS INC
ROCKY MOUNTAIN EQUIPMENT *p 139*
See ROCKY MOUNTAIN DEALERSHIPS INC
ROCKY MOUNTAIN EQUIPMENT *p 160*
See ROCKY MOUNTAIN DEALERSHIPS INC
ROCKY MOUNTAIN EQUIPMENT *p 174*
See ROCKY MOUNTAIN DEALERSHIPS INC
ROCKY MOUNTAIN HIGH RESTAURANT *p 819*
See 1078505 ONTARIO INC
ROCKY MOUNTAIN HOUSE HEALTH CENTER *p 158*
See ALBERTA HEALTH SERVICES
ROCKY MOUNTAIN INC *p 364*
1795 Henderson Hwy, WINNIPEG, MB, R2G 1P3
(204) 344-5501   *SIC* 4731
ROCKY MOUNTAIN VILLAGE *p 213*
See GOLDEN LIFE MANAGEMENT CORP
ROCKY MOUNTAINEER VACATIONS *p 302*
See GREAT CANADIAN RAIL TOUR COMPANY LTD
ROCKY VIEW SCHOOL DIVISION NO. 41, THE *p 2*
925 Irricana Rd Northeast Bay2, AIRDRIE, AB, T4A 2G6
(403) 948-4360   *SIC* 8211
ROCKY VIEW SCHOOL DIVISION NO. 41, THE *p 2*
1010 East Lake Blvd Ne, AIRDRIE, AB, T4A 2A1
(403) 948-3800   *SIC* 8211
ROCKY VIEW SCHOOL DIVISION NO. 41, THE *p 2*

1791 Meadowbrook Dr Se, AIRDRIE, AB, T4A 1V1
(403) 948-5656   *SIC* 8211
ROCKY VIEW SCHOOL DIVISION NO. 41, THE *p 2*
233 Big Springs Dr Se, AIRDRIE, AB, T4A 1C4
(403) 948-3939   *SIC* 8211
ROCKY VIEW SCHOOL DIVISION NO. 41, THE *p 3*
1505 1 Ave Nw, AIRDRIE, AB, T4B 2L9
(403) 948-7030   *SIC* 8211
ROCKY VIEW SCHOOL DIVISION NO. 41, THE *p 3*
1721 Summerfield Blvd Se, AIRDRIE, AB, T4B 1T3
(403) 948-4511   *SIC* 8211
ROCKY VIEW SCHOOL DIVISION NO. 41, THE *p 3*
241 Jensen Dr Ne, AIRDRIE, AB, T4B 0G2
(403) 948-5922   *SIC* 8211
ROCKY VIEW SCHOOL DIVISION NO. 41, THE *p 3*
305 Acacia Dr Se, AIRDRIE, AB, T4B 1G2
(403) 948-2445   *SIC* 8211
ROCKY VIEW SCHOOL DIVISION NO. 41, THE *p 3*
332 1 Ave Ne Suite 9, AIRDRIE, AB, T4B 2K5
(403) 948-5969   *SIC* 8211
ROCKY VIEW SCHOOL DIVISION NO. 41, THE *p 3*
412 3 Ave Ne, AIRDRIE, AB, T4B 1R7
(403) 948-5935   *SIC* 8211
ROCKY VIEW SCHOOL DIVISION NO. 41, THE *p 6*
415 2 Ave, BEISEKER, AB, T0M 0G0
(403) 947-3883   *SIC* 8211
ROCKY VIEW SCHOOL DIVISION NO. 41, THE *p 7*
Gd, BRAGG CREEK, AB, T0L 0K0
(403) 949-2292   *SIC* 8211
ROCKY VIEW SCHOOL DIVISION NO. 41, THE *p 48*
241078 Hwy 791, CALGARY, AB, T2P 2G7
(403) 272-8868   *SIC* 8211
ROCKY VIEW SCHOOL DIVISION NO. 41, THE *p 65*
244209 Range Road 33, CALGARY, AB, T3Z 2E8
(403) 242-1117   *SIC* 8211
ROCKY VIEW SCHOOL DIVISION NO. 41, THE *p 65*
244235 Range Road 33, CALGARY, AB, T3Z 2E8
(403) 242-4456   *SIC* 8211
ROCKY VIEW SCHOOL DIVISION NO. 41, THE *p 65*
32226 Springbank Rd, CALGARY, AB, T3Z 2L9
(403) 246-4771   *SIC* 8211
ROCKY VIEW SCHOOL DIVISION NO. 41, THE *p 68*
128 West Lakeview Dr, CHESTERMERE, AB, T1X 1J8
(403) 273-1343   *SIC* 8211
ROCKY VIEW SCHOOL DIVISION NO. 41, THE *p 68*
201 Invermere Dr, CHESTERMERE, AB, T1X 1M6
(403) 285-6969   *SIC* 8211
ROCKY VIEW SCHOOL DIVISION NO. 41, THE *p 69*
529 4 Ave N, COCHRANE, AB, T4C 1Y6
(403) 932-2542   *SIC* 8211
ROCKY VIEW SCHOOL DIVISION NO. 41, THE *p 69*
55 Glenpatrick Rd, COCHRANE, AB, T4C 1X7
(403) 932-4922   *SIC* 8211
ROCKY VIEW SCHOOL DIVISION NO. 41, THE *p 69*
605 4 Ave N, COCHRANE, AB, T4C 1Y5
(403) 932-3151   *SIC* 8211

ROCKY VIEW SCHOOL DIVISION NO. 41, THE p 69
724 Chiniki Dr, COCHRANE, AB, T4C 1Y4
(403) 932-2215 SIC 8211

ROCKY VIEW SCHOOL DIVISION NO. 41, THE p 69
110 Quigley Dr, COCHRANE, AB, T4C 1Y1
(403) 932-4457 SIC 8211

ROCKY VIEW SCHOOL DIVISION NO. 41, THE p 69
2000 River Heights Dr, COCHRANE, AB, T4C 1Y8
(403) 932-9005 SIC 8211

ROCKY VIEW SCHOOL DIVISION NO. 41, THE p 71
1020 Mountain Ave, CROSSFIELD, AB, T0M 0S0
(403) 946-5665 SIC 8211

ROCKY VIEW SCHOOL DIVISION NO. 41, THE p 71
1140 Mountain Ave, CROSSFIELD, AB, T0M 0S0
(403) 946-5696 SIC 8211

ROCKY VIEW SCHOOL DIVISION NO. 41, THE p 133
Gd, KATHYRN, AB, T0M 1E0
(403) 935-4291 SIC 8211

ROCKY VIEW SCHOOL DIVISION NO. 41, THE p 134
17 Brander Ave, LANGDON, AB, T0J 1X2
(403) 936-4579 SIC 8211

ROCKYVIEW GENERAL HOSPITAL p 53
See ALBERTA HEALTH SERVICES

ROCKYVIEW VIRTUAL SCHOOL AND LEARNING CONNECTION p 2
See ROCKY VIEW SCHOOL DIVISION NO. 41, THE

ROCTEL MANUFACTURING p 604
See LINAMAR CORPORATION

ROD-AIR DIV. DE RODRIGUE METAL LTEE p 1067
See RODRIGUE METAL LTEE

RODAIR INTERNATIONAL LTD p 720
350 Pendant Dr, MISSISSAUGA, ON, L5T 2W6
(905) 671-4655 SIC 4731

RODAS INVESTMENTS LIMITED p 792
88 Albert St, OTTAWA, ON, K1P 5E9
(613) 235-1413 SIC 7011

RODD COLONY HARBOUR INN p 480
See YARMOUTH INNS LTD

RODD'S GRAND HOTEL & CONVENTION p 480
See GRAND HOTEL COMPANY LIMITED

RODEAN ENT LTD p 1280
1027 4th St E, PRINCE ALBERT, SK, S6V 0L1
(306) 764-1108 SIC 1623

RODEN JUNIOR PUBLIC SCHOOL p 895
See TORONTO DISTRICT SCHOOL BOARD

RODNEY'S OYSTER HOUSE CORP p 931
469 King St W Suite Lower, TORONTO, ON, M5V 3M4
(416) 363-8105 SIC 5812

RODRIGUE METAL LTEE p 1067
1890 1re Rue, Levis, QC, G6W 5M6
(418) 839-0400 SIC 3569

RODRIGUE METAL LTEE p 1156
2515 Av Dalton, Quebec, QC, G1P 3S5
(418) 653-9371 SIC 1791

ROEBOTHAN MCKAY & MARSHALL p 436
70 Brookfield Rd, ST. JOHN'S, NL, A1E 3T9
(709) 753-5805 SIC 8111

ROEST ACOUSTICS LTD p 137
1235 36 St N, LETHBRIDGE, AB, T1H 6L5
(403) 394-9185 SIC 1742

ROGER EDWARDS SPORT p 933
See SPORT MASKA INC

ROGER ELEMENTARY SCHOOL p 332
See BOARD OF EDUCATION OF SCHOOL DISTRICT NO. 61 (GREATER VICTORIA)

ROGER GRENIER INC p 1183
378 Av Pie-X, SAINT-CHRISTOPHE-D'ARTHABASK, QC, G6R 0M2
(819) 357-8282 SIC 5251

ROGER NEILSON PUBLIC SCHOOL p 810
See KAWARTHA PINE RIDGE DISTRICT SCHOOL BOARD

ROGERS ARAMARK p 903
See ARAMARK CANADA LTD.

ROGERS CHILD CARE CENTRE p 333
See ROGERS ELEMENTARY OUT OF SCHOOL CARE SOCIETY

ROGERS COMMUNICATIONS CANADA INC p 903
1 Mount Pleasant Rd Suite 115, TORONTO, ON, M4Y 2Y5
(416) 935-1100 SIC 6712

ROGERS COMMUNICATIONS INC p 82
10303 Jasper Ave Nw Suite 1950, EDMONTON, AB, T5J 3N6
(780) 429-1400 SIC 5999

ROGERS COMMUNICATIONS INC p 191
4710 Kingsway Suite 1600, BURNABY, BC, V5H 4W4
(604) 431-1400 SIC 4899

ROGERS COMMUNICATIONS INC p 397
9 Rue Champlain, DIEPPE, NB, E1A 1N4
(506) 854-3453 SIC 4899

ROGERS COMMUNICATIONS INC p 417
55 Waterloo St, SAINT JOHN, NB, E2L 4V9
(506) 646-5105 SIC 1731

ROGERS COMMUNICATIONS INC p 434
22 Austin St, ST. JOHN'S, NL, A1B 4C2
(709) 753-7583 SIC 4841

ROGERS COMMUNICATIONS INC p 461
6080 Young St Suite 905, HALIFAX, NS, B3K 5L2
(902) 453-1400 SIC 4899

ROGERS COMMUNICATIONS INC p 495
1 Sterling Dr, BARRIE, ON, L4M 6B8
(705) 737-4660 SIC 1731

ROGERS COMMUNICATIONS INC p 642
40 Weber St E Suite 500, KITCHENER, ON, N2H 6R3
(519) 585-2400 SIC 4899

ROGERS COMMUNICATIONS INC p 680
9225 93 Hwy, MIDLAND, ON, L4R 4K4
(705) 527-0489 SIC 7822

ROGERS COMMUNICATIONS INC p 695
60 Bristol Rd E Unit 1, MISSISSAUGA, ON, L4Z 3K8
(905) 568-8160 SIC 7841

ROGERS COMMUNICATIONS INC p 776
1675b Tenth Line Rd Suite 4, ORLEANS, ON, K1E 3P6
(613) 841-8485 SIC 7841

ROGERS COMMUNICATIONS INC p 776
1615 Orleans Blvd Suite 3, ORLEANS, ON, K1C 7E2
(613) 830-6820 SIC 7841

ROGERS COMMUNICATIONS INC p 788
530 Montreal Rd Suite 526, OTTAWA, ON, K1K 0T9
(613) 745-6800 SIC 7841

ROGERS COMMUNICATIONS INC p 793
360 Albert St Suite 1010, OTTAWA, ON, K1R 7X7
(613) 688-5569 SIC 4899

ROGERS COMMUNICATIONS INC p 802
363 Bank St Suite 359, OTTAWA, ON, K2P 1X9
(613) 594-4555 SIC 4899

ROGERS COMMUNICATIONS INC p 902
333 Bloor St E 10 Fl, TORONTO, ON, M4W 1G9
(416) 935-2303 SIC 4899

ROGERS COMMUNICATIONS INC p 938
35 Scarlett Rd, TORONTO, ON, M6N 4J9
(416) 769-6123 SIC 4899

ROGERS COMMUNICATIONS PARTNERS p 902
See ROGERS COMMUNICATIONS INC

ROGERS COVE RETIREMENT RESIDENCE p 620
4 Coveside Dr Suite 1, HUNTSVILLE, ON, P1H 2J9
(705) 789-1600 SIC 8361

ROGERS ELEMENTARY OUT OF SCHOOL CARE SOCIETY p 333
765 Rogers Ave, VICTORIA, BC, V8X 5K6
(250) 744-2343 SIC 8322

ROGERS FOODS LTD p 181
4420 Larkin Cross Rd, ARMSTRONG, BC, V0E 1B6
(250) 546-8744 SIC 2041

ROGERS FOODS LTD p 198
44360 Simpson Rd, CHILLIWACK, BC, V2R 4B7
(604) 824-6260 SIC 2041

ROGERS MEDIA INC p 48
535 7 Ave Sw, CALGARY, AB, T2P 0Y4
(403) 250-9797 SIC 4832

ROGERS MEDIA INC p 139
1015 3 Ave S, LETHBRIDGE, AB, T1J 0J3
(403) 331-1067 SIC 4832

ROGERS MEDIA INC p 197
46167 Yale Rd Suite 309, CHILLIWACK, BC, V2P 2P2
(604) 795-5711 SIC 4832

ROGERS MEDIA INC p 279
40147 Glenalder Pl Suite 202, SQUAMISH, BC, V8B 0G2
(604) 892-1021 SIC 4832

ROGERS MEDIA INC p 299
180 2nd Ave W, VANCOUVER, BC, V5Y 3T9
(604) 876-1344 SIC 4833

ROGERS MEDIA INC p 300
2440 Ash St, VANCOUVER, BC, V5Z 4J6
(604) 872-2557 SIC 4832

ROGERS MEDIA INC p 326
3313 32 Ave Suite 1, VERNON, BC, V1T 2E1
(250) 545-2141 SIC 4832

ROGERS MEDIA INC p 332
817 Fort St, VICTORIA, BC, V8W 1H6
(250) 382-0900 SIC 4832

ROGERS MEDIA INC p 378
8 Forks Market Rd, WINNIPEG, MB, R3C 4Y3
(204) 947-9613 SIC 4833

ROGERS MEDIA INC p 386
166 Osborne St Suite 4, WINNIPEG, MB, R3L 1Y8
(204) 788-3400 SIC 4832

ROGERS MEDIA INC p 461
6080 Young St Suite 911, HALIFAX, NS, B3K 5L2
(902) 493-7200 SIC 4832

ROGERS MEDIA INC p 743
743 Main St E, NORTH BAY, ON, P1B 1C2
(705) 474-2000 SIC 4832

ROGERS MEDIA INC p 785
2001 Thurston Dr, OTTAWA, ON, K1G 6C9
(613) 736-2001 SIC 4832

ROGERS MEDIA INC p 832
642 Great Northern Rd, SAULT STE. MARIE, ON, P6B 4Z9
(705) 759-9200 SIC 4832

ROGERS MEDIA INC p 850
6 Beckwith St N Unit A, SMITHS FALLS, ON, K7A 2B1
(613) 283-4630 SIC 4832

ROGERS MEDIA INC p 884
260 Second Ave, TIMMINS, ON, P4N 8A4
(705) 264-2351 SIC 4832

ROGERS MEDIA INC p 903
1 Mount Pleasant Rd, TORONTO, ON, M4Y 2Y5
(416) 764-2000 SIC 2721

ROGERS MEDIA INC p 931
299 Queen St W, TORONTO, ON, M5V 2Z5
(416) 591-5757 SIC 4833

ROGERS PLUS p 680
See ROGERS COMMUNICATIONS INC

ROGERS PLUS p 776
See ROGERS COMMUNICATIONS INC

ROGERS PLUS p 788
See ROGERS COMMUNICATIONS INC

ROGERS PUBLIC SCHOOL p 735
See YORK REGION DISTRICT SCHOOL BOARD

ROGERS RADIO p 461
See ROGERS MEDIA INC

ROGERS RETAIL p 776
See ROGERS COMMUNICATIONS INC

ROGERS SHARED OPERATIONS p 191
See ROGERS COMMUNICATIONS INC

ROGERS TELEPHONE ANSWERING SVC p 938
See ROGERS COMMUNICATIONS INC

ROGERS UPTOWN COMMUNICATION p 746
See UPTOWN COMMUNICATION HOUSE INC

ROGERS WIRELESS p 82
See ROGERS COMMUNICATIONS INC

ROGERS WIRELESS p 461
See ROGERS COMMUNICATIONS INC

ROGERS WIRELESS p 862
See COMPLETE COMMUNICATION SYSTEMS INC

ROGERS' CHOCOLATES LTD p 332
913 Government St, VICTORIA, BC, V8W 1X5
(250) 384-1885 SIC 2066

ROGERS, JOHN C. SHEET METAL LTD p 958
2300 Forbes St, WHITBY, ON, L1N 8M3
(905) 571-2422 SIC 1711

ROHIT DEVELOPMENTS LTD p 106
9636 51 Ave Nw, EDMONTON, AB, T6E 6A5
(780) 436-9015 SIC 1522

ROKAN LAMINATING CO LTD p 720
1660 Trinity Dr, MISSISSAUGA, ON, L5T 1L6
(905) 564-7525 SIC 7389

ROLAND & FRERES LIMITEE p 1218
22 Rue Fortier, Saint-Pacome, QC, G0L 3X0
(418) 852-2191 SIC 4832

ROLAND BOULANGER & CIE, LTEE p 1261
235 Rue Saint-Louis, WARWICK, QC, J0A 1M0
(819) 358-4100 SIC 2431

ROLAND MICHENER ELEMENTARY SCHOOL p 12
See CALGARY BOARD OF EDUCATION

ROLAND MICHENER PUBLIC SCHOOL p 483
See DURHAM DISTRICT SCHOOL BOARD

ROLAND MICHENER PUBLIC SCHOOL p 624
See OTTAWA-CARLETON DISTRICT SCHOOL BOARD

ROLAND MICHENER SCHOOL p 1292
See BOARD OF EDUCATION OF SASKATOON SCHOOL DIVISION NO. 13 OF SASKATCHEWAN, THE

ROLAND MICHENER SECONDARY SCHOOL p 851
See DISTRICT SCHOOL BOARD ONTARIO NORTH EAST

ROLEX CANADA LTD p 900
50 St Clair Ave W, TORONTO, ON, M4V 3B7
(416) 968-1100 SIC 5094

ROLF C. HAGEN INC p 115
8770 24 St Nw, EDMONTON, AB, T6P 1X8
SIC 5199

ROLF C. HAGEN INC p 843
5230 Finch Ave E Suite 8, SCARBOROUGH, ON, M1S 5A1
SIC 5149

ROLF C. HAGEN INC p 1210
2450 Av Marie-Curie, SAINT-LAURENT, QC, H4S 1N1
SIC 5199

ROLL FORM GROUP p 711
See SAMUEL, SON & CO., LIMITED

ROLL PACKAGING TECHNOLOGY p 527
See SONOCO CANADA CORPORATION

ROLLING HILLS GOLF CLUB p 863
See CLUBLINK CORPORATION ULC

ROLLING HILLS PUBLIC SCHOOL p 504
See TRILLIUM LAKELANDS DISTRICT

▲ Public Company   ■ Public Company Family Member   **HQ** Headquarters   **BR** Branch   **SL** Single Location

SCHOOL BOARD
ROLLING MEADOWS PUBLIC SCHOOL p 539
See HALTON DISTRICT SCHOOL BOARD
ROLLING RIVER FIRST NATION TRUCKING LIMITED PARTNERSHIP p 348
Gd, ERICKSON, MB, R0J 0P0
(204) 636-2211   SIC 4212
ROLLING RIVER SCHOOL DIVISION 39 p 345
Gd, BRANDON, MB, R7A 6Y9
SIC 8211
ROLLING RIVER SCHOOL DIVISION 39 p 348
39 Queen Elizabeth Rd, ERICKSON, MB, R0J 0P0
(204) 636-2605   SIC 8211
ROLLING RIVER SCHOOL DIVISION 39 p 348
62 Main St, ERICKSON, MB, R0J 0P0
(204) 636-2266   SIC 8211
ROLLING RIVER SCHOOL DIVISION 39 p 348
207 East St, DOUGLAS, MB, R0K 0R0
(204) 763-4480   SIC 8211
ROLLING RIVER SCHOOL DIVISION 39 p 349
205 Hillman Ave, FORREST STATION, MB, R0K 0W0
(204) 728-7674   SIC 8211
ROLLING RIVER SCHOOL DIVISION 39 p 349
205 Hillman Ave, FORREST STATION, MB, R0K 0W0
(204) 728 7676   SIC 8211
ROLLING RIVER SCHOOL DIVISION 39 p 351
90 Armatage Ave, MINNEDOSA, MB, R0J 1E0
(204) 867-2591   SIC 8211
ROLLING RIVER SCHOOL DIVISION 39 p 354
640 5 Ave, RAPID CITY, MB, R0K 1W0
(204) 826-2824   SIC 8211
ROLLING RIVER SCHOOL DIVISION 39 p 354
530 Main St, RIVERS, MB, R0K 1X0
(204) 328-7416   SIC 8211
ROLLING RIVER SCHOOL DIVISION 39 p 354
350 Dominion St, RIVERS, MB, R0K 1X0
(204) 328-5364   SIC 8211
ROLLS-RIGHT INDUSTRIES LTD p 185
2864 Norland Ave, BURNABY, BC, V5B 3A6
(604) 298-0077   SIC 4214
ROLLS-RIGHT TRUCKING p 185
See ROLLS-RIGHT INDUSTRIES LTD
ROLLS-ROYCE CANADA LIMITEE p 430
142 Glencoe Dr, MOUNT PEARL, NL, A1N 4S9
(709) 364-3053   SIC 5541
ROLLS-ROYCE CANADA LIMITEE p 449
461 Windmill Rd, DARTMOUTH, NS, B3A 1J9
(902) 468-2928   SIC 8711
ROLLS-ROYCE CANADA LIMITEE p 811
597 The Queensway, PETERBOROUGH, ON, K9J 7J6
(705) 743-9249   SIC 5551
ROLLS-ROYCE CANADA LIMITEE p 1027
9545 Ch Cote-De-Liesse Bureau 100, DORVAL, QC, H9P 1A5
(514) 636-0964   SIC 4581
ROLLS-ROYCE CANADA LIMITEE p 1057
9500 Ch De La Cote-De-Liesse, LACHINE, QC, H8T 1A2
(514) 631-3541   SIC 4581
ROLLSTAMP MANUFACTURING, DIV OF p 560
See MAGNA INTERNATIONAL INC
ROLLSTAR p 685
See MARTINREA INTERNATIONAL INC
ROLLSTAR METAL FORMING DIV p 685

See ROYAL AUTOMOTIVE GROUP LTD
ROLLSTAR METAL FORMING, DIV OF p 685
See MARTINREA INTERNATIONAL INC
ROLLY'S RESTAURANT p 217
Gd, HOPE, BC, V0X 1L0
(604) 869-7448   SIC 5812
ROLPH ROAD ELEMENTARY SCHOOL p 893
See TORONTO DISTRICT SCHOOL BOARD
ROLPH STREET PUBLIC SCHOOL p 883
See THAMES VALLEY DISTRICT SCHOOL BOARD
ROLTA CANADA LTD p 674
140 Allstate Pky Suite 503, MARKHAM, ON, L3R 5Y8
(905) 754-8100   SIC 8731
ROMA RIBS LTD p 140
3716 Mayor Magrath Dr S, LETHBRIDGE, AB, T1K 7V1
SIC 5812
ROMA RIBS LTD p 200
3025 Lougheed Hwy Suite 650, COQUITLAM, BC, V3B 6S2
SIC 5812
ROMA RIBS LTD p 378
330 St Mary Ave Suite 620, WINNIPEG, MB, R3C 3Z5
(204) 944-0792   SIC 5812
ROMA RIBS LTD p 390
1500 Pembina Hwy, WINNIPEG, MB, R3T 2E3
(204) 477-5195   SIC 5812
ROMA RIBS LTD p 586
10 Carlson Crt, ETOBICOKE, ON, M9W 6L2
SIC 5812
ROMA RIBS LTD p 966
3100 Howard Ave Unit D10, WINDSOR, ON, N8X 3Y8
(519) 250-1067   SIC 5812
ROMAN CATHOLIC ARCHDIOCESE OF VANCOUVER, THE p 183
7450 12th Ave, BURNABY, BC, V3N 2K1
(604) 521-1801   SIC 8211
ROMAN CATHOLIC ARCHDIOCESE OF VANCOUVER, THE p 183
7481 10th Ave, BURNABY, BC, V3N 2S1
(604) 526-7121   SIC 8211
ROMAN CATHOLIC ARCHDIOCESE OF VANCOUVER, THE p 209
8840 119 St, DELTA, BC, V4C 6M4
(604) 596-6116   SIC 8211
ROMAN CATHOLIC ARCHDIOCESE OF VANCOUVER, THE p 300
4885 Saint John Paul Ii Way, VANCOUVER, BC, V5Z 0G3
(604) 683-0281   SIC 8661
ROMAN CATHOLIC EPISCOPAL CORPORATION OF PRINCE RUPERT, THE p 262
3285 Cathedral Ave, PRINCE GEORGE, BC, V2N 6R4
(250) 964-4362   SIC 8211
ROMAN CATHOLIC EPISCOPAL CORPORATION OF THE DIOCESE OF HAMILTON IN ONTARIO, THE p 541
600 Spring Gardens Rd, BURLINGTON, ON, L7T 1J1
(905) 522-7727   SIC 6531
ROMANEX INTERNATIONAL LIMITED p 920
161 Bay St Suite 3700, TORONTO, ON, M5J 2S1
(416) 861-9911   SIC 1041
ROMEO DALLAIRE PUBLIC SCHOOL p 484
See DURHAM CATHOLIC DISTRICT SCHOOL BOARD
ROMEO LAFLAMME & FILS INC p 1181
25 Rte Laflamme, Saint-Benoit-Labre, QC, G0M 1P0
(418) 228-9644   SIC 2511
ROMEO PUBLIC SHOOL p 864

See AVON MAITLAND DISTRICT SCHOOL BOARD
ROMES YOUR INDEPENDANT GROCER INC p 833
44 Great Northern Rd, SAULT STE. MARIE, ON, P6B 4Y5
(705) 253-1726   SIC 5411
RON BRENT ELEMENTARY SCHOOL p 259
See BOARD OF EDUCATION OF SCHOOL DISTRICT NO. 57 (PRINCE GEORGE), THE
RON EDWARDS FAMILY YMCA p 540
See YMCA OF HAMILTON/BURLINGTON/BRANTFORD
RON MACGILLIVRAY CHEVROLET LTD p 442
75 St Andrews St, ANTIGONISH, NS, B2G 2G9
(902) 863-2803   SIC 5511
RONA p 588
See MOFFATT & POWELL LIMITED
RONA p 988
See BOIS TURCOTTE LTEE
RONA p 1073
See CARON & GAGNON LTEE
RONA p 1118
See QUINCAILLERIE NOTRE-DAME DE ST-HENRI INC
RONA p 1135
See H. MATTEAU ET FILS (1987) INC
RONA p 1183
See ROGER GRENIER INC
RONA p 1183
See DUCHARME & FRERE INC
RONA p 1224
See 2950-4602 QUEBEC INC
RONA p 1241
See FERME LE COMPTOIR RICHELIEU INC
RONA BIBEAU VARENNES p 1255
See MATERIAUX R.M. BIBEAU LTEE
RONA H MATTEAU p 1234
See H. MATTEAU ET FILS (1987) INC
RONA LESPERANCE p 1017
See LESPERANCE, FRANCOIS INC
RONA-BIBEAU SAINTE-JULIE p 1226
See MATERIAUX R.M. BIBEAU LTEE
RONALD A. CHISHOLM LIMITED p 902
2 Bloor St W Suite 3300, TORONTO, ON, M4W 3K3
(416) 967-6000   SIC 5141
RONALD HARVEY ELEMENTARY SCHOOL p 167
See ST. ALBERT PUBLIC SCHOOL DISTRICT NO. 5565
RONCO TRANSPORTATION p 409
See HOYT'S MOVING & STORAGE LIMITED
RONOR INTERNATIONAL INC p 1098
90 Rue Beaubien O Bureau 500, MONTREAL, QC, H2S 1V6
(514) 278-5787   SIC 5049
RONSCO INC p 1116
1440 Rue Sainte-Catherine O Bureau 712, Montreal, QC, H3G 1R8
(514) 866-1033   SIC 5088
ROOFING MANUFACTURING PLANT p 1045
See CIE MATERIAUX DE CONSTRUCTION BP CANADA, LA
ROOFMART HOLDINGS LIMITED p 520
305 Rutherford Rd S, BRAMPTON, ON, L6W 3R5
(905) 453-7870   SIC 5033
ROOSEVELT PARK COMMUNITY SCHOOL p 263
See PRINCE RUPERT SCHOOL DISTRICT 52
ROOSEVELT PUBLIC SCHOOL p 651
See THAMES VALLEY DISTRICT SCHOOL BOARD
ROOSTERTAIL GRILL p 268
See COUNTRY MEADOWS GOLF COURSE LTD
ROOTER OTTAWA p 783

See DRAIN-ALL LTD
ROOTS p 190
See DON MICHAEL HOLDINGS INC
ROOTS p 759
See DON MICHAEL HOLDINGS INC
ROOTS p 761
See DON MICHAEL HOLDINGS INC
ROOTS p 906
See DON MICHAEL HOLDINGS INC
ROOTS p 965
See DON MICHAEL HOLDINGS INC
ROOTS CANADA p 897
See DON MICHAEL HOLDINGS INC
ROOTS CANADA LIMITED p 310
See DON MICHAEL HOLDINGS INC
ROPACK INC p 991
10351 Rue Mirabeau, ANJOU, QC, H1J 1T7
(514) 353-7000   SIC 4225
ROPACK PHARMA SOLUTIONS MC p 991
See ROPACK INC
ROPAK CANADA INC p 234
5850 272 St, LANGLEY, BC, V4W 3Z1
(604) 857-1177   SIC 3089
ROPAK CANADA INC p 473
29 Memorial Cres, SPRINGHILL, NS, B0M 1X0
(902) 597-3787   SIC 3089
ROPAK CANADA INC p 770
2240 Wyecroft Rd, OAKVILLE, ON, L6L 6M1
(905) 827-9340   SIC 3089
ROPAK PACKAGING - NORTHEAST DIVISION p 473
See ROPAK CANADA INC
ROS-MAR INC p 995
19500 Av Clark-Graham, Baie-D'Urfe, QC, H9X 3R8
(514) 694-2178   SIC 2752
ROSA FLORA GROWERS LIMITED p 571
Gd Lcd Main, DUNNVILLE, ON, N1A 2W9
(905) 774-8044   SIC 5992
ROSALIE p 1115
See 8649545 CANADA INC
ROSARY SCHOOL p 142
See HOLY FAMILY CATHOLIC REGIONAL DIVISION 37
ROSCETTI DRYWALL LIMITED p 771
2495 Old Bronte Rd, OAKVILLE, ON, L6M 4J2
(905) 827-8305   SIC 1742
ROSCO GROUP p 1026
See BARRY-ROBERT ENTREPRISES LTD
ROSE & CROWN PUB p 79
See DEVANEY, PATRICK V. INVESTMENTS LTD
ROSE AVENUE PUBLIC SCHOOL p 903
See TORONTO DISTRICT SCHOOL BOARD
ROSE BUILDING MAINTENANCE LTD p 167
7 St Anne St Suite 223, ST. ALBERT, AB, T8N 2X4
(780) 459-4146   SIC 7349
ROSE CORPORATION, THE p 596
81175 Benmiller Li, GODERICH, ON, N7A 3Y1
(519) 524-2191   SIC 7011
ROSE MOUNT SCHOOL p 637
See LLOYDMINSTER SCHOOL DIVISION NO 99
ROSE REISMAN CATERING INC p 894
18 Banigan Dr, TORONTO, ON, M4H 1E9
(416) 467-7758   SIC 5812
ROSE VALLEY ELEMENTARY SCHOOL p 337
See BOARD OF EDUCATION OF SCHOOL DISTRICT NO. 23 (CENTRAL OKANAGAN), THE
ROSE VALLEY SCHOOL p 1291
See HORIZON SCHOOL DIVISION NO 205
ROSEBANK ROAD PUBLIC SCHOOL p 814
See DURHAM DISTRICT SCHOOL BOARD
ROSEBRIER COMMUNITY SCHOOL p 174
See WETASKIWIN REGIONAL PUBLIC

SCHOOLS
ROSEBUD COLONY p 160
See HUTTERIAN BRETHREN CHURCH OF ROSEBUD
ROSEBUD RIVER SCHOOL p 169
See GOLDEN HILLS SCHOOL DIVISION #75
ROSEDALE DEVELOPMENT CORP p 83
10103 111 St Nw Suite 105, EDMONTON, AB, T5K 2Y1
(780) 426-7677   SIC 8361
ROSEDALE ELEMENTARY p 274
See SCHOOL DISTRICT NO 33 CHILLIWACK
ROSEDALE ELEMENTARY JUNIOR HIGH SCHOOL p 38
See CALGARY BOARD OF EDUCATION
ROSEDALE GROUP p 19
See ROSEDALE TRANSPORT LIMITED
ROSEDALE HEIGHTS PUBLIC SCHOOL p 876
See YORK REGION DISTRICT SCHOOL BOARD
ROSEDALE HEIGHTS SCHOOL OF THE ARTS p 902
See TORONTO DISTRICT SCHOOL BOARD
ROSEDALE HOME FOR SPECIAL CARE p 469
4927 Highway 10, NEW GERMANY, NS, B0R 1E0
(902) 644-2008   SIC 8051
ROSEDALE MIDDLE SCHOOL p 274
See SCHOOL DISTRICT NO 33 CHILLIWACK
ROSEDALE PARTNERSHIP p 83
See ROSEDALE DEVELOPMENT CORP
ROSEDALE RETIREMENT CENTRE p 530
See CHARTWELL SENIORS HOUSING REAL ESTATE INVESTMENT TRUST
ROSEDALE SCHOOL p 608
See HAMILTON-WENTWORTH DISTRICT SCHOOL BOARD, THE
ROSEDALE SCHOOL p 829
See LAMBTON KENT DISTRICT SCHOOL BOARD
ROSEDALE TRANSPORT LIMITED p 19
4100 106 Ave Se Unit 2, CALGARY, AB, T2C 5B6
(403) 259-6681   SIC 4225
ROSEDALE TRANSPORT LIMITED p 665
3960 Commerce Rd, LONDON, ON, N6N 1P8
(519) 644-0330   SIC 4213
ROSEDALE TRANSPORT LIMITED p 1027
510 Av Orly, DORVAL, QC, H9P 1E9
(514) 636-6606   SIC 4212
ROSELAND ELEMENTARY SCHOOL p 971
See GREATER ESSEX COUNTY DISTRICT SCHOOL BOARD
ROSELAND GOLF & CURLING CLUB p 971
See CORPORATION OF THE CITY OF WINDSOR
ROSELANDS JUNIOR PUBLIC SCHOOL p 938
See TORONTO DISTRICT SCHOOL BOARD
ROSEMERE HIGH SCHOOL p 1176
See SIR WILFRID LAURIER SCHOOL BOARD
ROSEMONT COMMUNITY SCHOOL p 1289
See BOARD OF EDUCATION REGINA SCHOOL DIVISION NO. 4 OF SASKATCHEWAN
ROSEMONT ELEMENTARY SCHOOL p 36
See CALGARY BOARD OF EDUCATION
ROSEMOUNT HIGH SCHOOL p 1089
See COMMISSION SCOLAIRE ENGLISH-MONTREAL
ROSEN, HARRY GENTLEMEN'S APPAREL p 906
See HARRY ROSEN INC
ROSEN, HARRY OUTLET STORE p 714
See HARRY ROSEN INC

ROSENAU TRANSPORT LTD p 106
5805 98 St Nw, EDMONTON, AB, T6E 3L4
(780) 431-0594   SIC 4213
ROSENAU TRANSPORT LTD p 113
2950 Parsons Rd Nw Unit 200, EDMONTON, AB, T6N 1B1
(780) 431-2877   SIC 4213
ROSENAU TRANSPORT LTD p 157
28042 Hwy 11 Suite 286, RED DEER COUNTY, AB, T4E 1A5
(403) 341-2340   SIC 4731
ROSENAU TRANSPORT LTD p 158
1860 Broadway Ave Ne, REDCLIFF, AB, T0J 2P0
(403) 548-6704   SIC 4213
ROSENAU TRANSPORT LTD p 159
234180 Wrangler Rd, ROCKY VIEW COUNTY, AB, T1X 0K2
(403) 279-4800   SIC 4212
ROSENAU TRANSPORT LTD p 1266
6 Prospect Rd, CORMAN PARK, SK, S7R 0H5
(306) 244-7088   SIC 4731
ROSENBERG SMITH & PARTNERS LLP p 562
2000 Steeles Ave W Unit 200, CONCORD, ON, L4K 3E9
(905) 660-3800   SIC 8721
ROSENEATH CENTENNIAL PUBLIC SCHOOL p 826
See KAWARTHA PINE RIDGE DISTRICT SCHOOL BOARD
ROSENORT SCHOOL p 355
See RED RIVER VALLEY SCHOOL DIVISION
ROSETHORN JUNIOR SCHOOL p 940
See TORONTO DISTRICT SCHOOL BOARD
ROSETOWN CENTRAL HIGH SCHOOL p 1291
See SUN WEST SCHOOL DIVISION NO 207 SASKATCHEWAN
ROSETOWN COLONY p 1291
See HUTTERIAN BRETHREN OF ROSETOWN
ROSEVILLE PUBLIC SCHOOL p 831
See ALGOMA DISTRICT SCHOOL BOARD
ROSEVILLE PUBLIC SCHOOL p 962
See GREATER ESSEX COUNTY DISTRICT SCHOOL BOARD
ROSEWAY HOSPITAL p 473
See NOVA SCOTIA HEALTH AUTHORITY
ROSEWAY MANOR INCORPORATED p 473
1604 Lake Rd, SHELBURNE, NS, B0T 1W0
(902) 875-4707   SIC 8361
ROSEWOOD GEORGIA HOTEL p 306
See 801 WEST GEORGIA LTD
ROSEWOOD LODGE p 358
See INTERLAKE REGIONAL HEALTH AUTHORITY INC
ROSEWOOD MANOR RETIREMENT COMMUNITY p 829
See STEEVES & ROZEMA ENTERPRISES LIMITED
ROSKI p 1178
See CAMSO INC
ROSLYN SCHOOL p 1262
See COMMISSION SCOLAIRE ENGLISH-MONTREAL
ROSMAN, MIKE AUTO & R.V. SALES p 325
6395 Hwy 97, Vernon, BC, V1B 3R4
(250) 545-1611   SIC 5571
ROSMAN, MIKE R.V. SALES p 325
See ROSMAN, MIKE AUTO & R.V. SALES
ROSMAR DRYWALL LTD p 604
355 Elmira Rd N Unit 131, GUELPH, ON, N1K 1S5
(519) 821-6056   SIC 1742
ROSS AND ANGLIN LIMITEE p 1056
45 Boul Saint-Joseph, LACHINE, QC, H8S 2K9
(514) 364-4220   SIC 1522
ROSS BEATTIE SENIOR PUBLIC SCHOOL p 884
See DISTRICT SCHOOL BOARD ONTARIO NORTH EAST
ROSS DOAN PUBLIC SCHOOL p 823
See YORK REGION DISTRICT SCHOOL BOARD
ROSS ELEMENTARY p 180
See SCHOOL DISTRICT NO 34 (ABBOTSFORD)
ROSS FARM MUSEUM p 470
See NOVA SCOTIA, PROVINCE OF
ROSS FORD ELEMENTARY SCHOOL p 71
See CHINOOKS EDGE SCHOOL DIVISION NO. 73
ROSS GLEN SCHOOL p 145
See MEDICINE HAT SCHOOL DISTRICT NO. 76
ROSS L GRAY SCHOOL p 356
See BORDER LAND SCHOOL DIVISION
ROSS MACHINE SHOP LIMITED p 1283
40 Kress St, REGINA, SK, S4N 5Y3
(306) 721-6680   SIC 3599
ROSS PUBLIC SCHOOL p 955
See DISTRICT SCHOOL BOARD OF NIAGARA
ROSS ROAD ELEMENTARY p 247
See SCHOOL DISTRICT NO. 44 (NORTH VANCOUVER)
ROSS ROAD ELEMENTARY AND JUNIOR HIGH SCHOOL p 479
See HALIFAX REGIONAL SCHOOL BOARD
ROSS VIDEO LIMITED p 516
46 West Dr, BRAMPTON, ON, L6T 3T6
(905) 453-8833   SIC 7336
ROSS VIDEO LIMITED p 727
64 Auriga Dr Suite 1, NEPEAN, ON, K2E 1B8
(613) 228-0688   SIC 3663
ROSSCARROCK SCHOOL p 59
See CALGARY BOARD OF EDUCATION
ROSSEAU, A JW MARRIOTT RESORT & SPA, THE p 683
See LUXURY HOTELS INTERNATIONAL OF CANADA, ULC
ROSSER ELEMENTARY SCHOOL p 186
See BURNABY SCHOOL BOARD DISTRICT 41
ROSSIGNOL ELEMENTARY SCHOOL p 1270
See ILE-A-LA-CROSSE SCHOOL DIVISION NO 112
ROSSLAND SECONDARY SCHOOL p 275
See SCHOOL DISTRICT # 20 (KOOTENAY-COLUMBIA)
ROSSY p 1134
See MICHAEL ROSSY LTEE
ROSTEL INDUSTRIES, DIV OF p 19
See PRECISION DRILLING CORPORATION
ROSTHERN HIGH SCHOOL p 1291
See PRAIRIE SPIRIT SCHOOL DIVISION NO. 206
ROSTLAWN PUBLIC SCHOOL p 823
See YORK REGION DISTRICT SCHOOL BOARD
ROTATING ENERGY SERVICES CA CORP p 158
39139 Highway 2a Suite 4016, RED DEER COUNTY, AB, T4S 2A8
(403) 358-5577   SIC 4911
ROTEC INTERNATIONAL p 995
See USINE ROTEC INC
ROTHESAY ELEMENTARY SCHOOL p 413
See ANGLOPHONE SOUTH SCHOOL DISTRICT (ASD-S)
ROTHESAY HIGH SCHOOL p 413
See ANGLOPHONE SOUTH SCHOOL DISTRICT (ASD-S)
ROTHESAY HOLDINGS LTD p 296
2504 Kingsway, VANCOUVER, BC, V5R 5G9
(604) 438-5518   SIC 5812
ROTHESAY PARK SCHOOL p 413
See ANGLOPHONE SOUTH SCHOOL DISTRICT (ASD-S)
ROTHEWELL-OSNABRUCK SCHOOL p 621
See UPPER CANADA DISTRICT SCHOOL BOARD, THE
ROTHMANS, BENSON & HEDGES INC p 25
1245 34 Ave Ne Suite 6, CALGARY, AB, T2E 6N4
(403) 250-9621   SIC 2111
ROTHMANS, BENSON & HEDGES INC p 267
4311 Viking Way Suite 170, RICHMOND, BC, V6V 2K9
(604) 273-7200   SIC 5194
ROTHMANS, BENSON & HEDGES INC p 366
19 Terracon Pl, WINNIPEG, MB, R2J 4B3
(204) 235-0056   SIC 5194
ROTHMANS, BENSON & HEDGES INC p 520
174 Kennedy Rd S, BRAMPTON, ON, L6W 3G6
(905) 595-3000   SIC 5194
ROTHMANS, BENSON & HEDGES INC p 752
1500 Don Mills Rd Suite 900, NORTH YORK, ON, M3B 3L1
(416) 449-5525   SIC 2111
ROTHMANS, BENSON & HEDGES INC p 1091
8401 19e Av Bureau V, Montreal, QC, H1Z 4J2
(514) 593-7227   SIC 5194
ROTHOLME WOMEN'S & FAMILY SHELTER p 658
See MISSION SERVICES OF LONDON
ROTHSAY p 365
See DARLING INTERNATIONAL CANADA INC
ROTHSAY p 477
See DARLING INTERNATIONAL CANADA INC
ROTHSAY p 570
See DARLING INTERNATIONAL CANADA INC
ROTHSAY p 600
See DARLING INTERNATIONAL CANADA INC
ROTHSAY p 619
See DARLING INTERNATIONAL CANADA INC
ROTHSAY p 723
See DARLING INTERNATIONAL CANADA INC
ROTHSAY p 1225
See DARLING INTERNATIONAL CANADA INC
ROTHSAY p 1225
See MAPLE LEAF FOODS INC
ROTHSAY LAURENCO p 725
See MAPLE LEAF FOODS INC
ROTHSAY RENDERING, DIV OF p 365
See MAPLE LEAF FOODS INC
ROTISSERIE NOJO INC p 1038
531 Boul Saint-Joseph, GATINEAU, QC, J8Y 4A1
(819) 778-0880   SIC 5812
ROTISSERIE ROUYN-NORANDA INC p 1178
60 Av Quebec, ROUYN-NORANDA, QC, J9X 6P9
(819) 797-2151   SIC 5812
ROTISSERIE SCORES p 1186
See GROUPE TORA INC
ROTISSERIE SCORES DORVAL p 1028
See GROUPE ALLOS INC
ROTISSERIE ST HUBERT p 1029
See ROTISSERIES ST-HUBERT LTEE, LES
ROTISSERIE ST HUBERT p 1139
See 9057-6455 QUEBEC INC
ROTISSERIE ST HUBERT p 1198
See ROTISSERIES DU HAUT RICHELIEU

LTEE, LES
ROTISSERIE ST-HUBERT p 1005
See CARREFOUR 78 (1993) INC
ROTISSERIE ST-HUBERT p 1041
See GESTION RESTO GRANBY INC
ROTISSERIE ST-HUBERT p 1074
See R-MAG 118 INC
ROTISSERIE ST-HUBERT p 1089
See COOPERATIVE DES TRAVAILLEUSES ET TRAVAILLEURS EN RESTAURATION LA DEMOCRATE
ROTISSERIE ST-HUBERT p 1175
See MOTEL BOULEVARD CARTIER INC
ROTISSERIE ST-HUBERT p 1178
See ROTISSERIE ROUYN-NORANDA INC
ROTISSERIE ST-HUBERT p 1195
See GESTION RESTO ST-HYACINTHE INC
ROTISSERIE ST-HUBERT p 1221
See RESTAURATION MIMAR INC
ROTISSERIE ST-HUBERT p 1223
See ROTISSERIE STE-ADELE
ROTISSERIE ST-HUBERT p 1234
See GESTION C.F.L.M. LTEE, LA
ROTISSERIE ST-HUBERT p 1246
See ROTISSERIES YVES VINCENT INC, LES
ROTISSERIE ST-HUBERT p 1259
See RESTAURANT B.C.L. INC
ROTISSERIE ST-HUBERT B.B.Q. p 1011
See ROTISSERIES LANAUDIERE INC, LES
ROTISSERIE STE-ADELE p 1223
500 Boul De Sainte-Adele, Sainte-Adele, QC, J8B 2N2
(450) 229-6655   SIC 5812
ROTISSERIES AU COQ LTEE, LES p 1258
5531 Rue De Verdun, VERDUN, QC, H4H 1K9
(514) 769-8516   SIC 5812
ROTISSERIES DU HAUT RICHELIEU LTEE, LES p 1198
960 Boul Du Seminaire N, SAINT-JEAN-SUR-RICHELIEU, QC, J3A 1L2
(450) 348-6876   SIC 5812
ROTISSERIES DU NORD INC, LES p 1254
1785 3e Av, VAL-D'OR, QC, J9P 1W3
(819) 825-8444   SIC 5812
ROTISSERIES LANAUDIERE INC, LES p 1011
99 Rue Emile-Despins, CHARLEMAGNE, QC, J5Z 3L6
(450) 581-0645   SIC 5812
ROTISSERIES MONT TREMBLANT INC p 1083
330 Rue De Saint-Jovite, MONT-TREMBLANT, QC, J8E 2Z9
(819) 425-2721   SIC 5812
ROTISSERIES R. J. P. INC p 1199
365 Boul Du Seminaire N, SAINT-JEAN-SUR-RICHELIEU, QC, J3B 8C5
(450) 348-1191   SIC 5812
ROTISSERIES ST- HUBERT p 1057
See ROTISSERIES ST-HUBERT LTEE, LES
ROTISSERIES ST-HUBERT p 1254
See ROTISSERIES DU NORD INC, LES
ROTISSERIES ST-HUBERT # 19 p 1213
See COOPERATIVE DES TRAVAILLEURS ET TRAVAILLEUSES PREMIER DEFI LAVAL
ROTISSERIES ST-HUBERT LTEE, LES p 991
9050 Imp De L'invention, ANJOU, QC, H1J 3A7
(514) 324-5400   SIC 5145
ROTISSERIES ST-HUBERT LTEE, LES p 999
860 Boul Michele-Bohec, BLAINVILLE, QC, J7C 5E2
(450) 979-3377   SIC 5812
ROTISSERIES ST-HUBERT LTEE, LES p 1005
500 Rue Albanel, BOUCHERVILLE, QC, J4B 2Z6
(450) 449-9366   SIC 5812
ROTISSERIES ST-HUBERT LTEE, LES p 1008
6325 Boul Taschereau, BROSSARD, QC, J4Z 1A6
(514) 385-5555   SIC 5812
ROTISSERIES ST-HUBERT LTEE, LES p 1020
2500 Boul Daniel-Johnson Bureau 700, Cote Saint-Luc, QC, H7T 2P6
(450) 435-0674   SIC 6794
ROTISSERIES ST-HUBERT LTEE, LES p 1029
2875 Boul Saint-Joseph Bureau 230, DRUMMONDVILLE, QC, J2B 7P5
(819) 475-8888   SIC 5812
ROTISSERIES ST-HUBERT LTEE, LES p 1057
665 32e Av, LACHINE, QC, H8T 3G6
(514) 637-4417   SIC 5812
ROTISSERIES ST-HUBERT LTEE, LES p 1072
1901 Boul Roland-Therrien, LONGUEUIL, QC, J4N 1A3
(450) 448-4748   SIC 5812
ROTISSERIES ST-HUBERT LTEE, LES p 1080
1108 Boul Albiny-Paquette, MONT-LAURIER, QC, J9L 1M1
(819) 623-4040   SIC 5812
ROTISSERIES ST-HUBERT LTEE, LES p 1086
7870 Rue Sherbrooke E, Montreal, QC, H1L 1A5
(514) 385-5555   SIC 5812
ROTISSERIES ST-HUBERT LTEE, LES p 1087
6225 Rue Sherbrooke E, Montreal, QC, H1N 1C3
(514) 259-6939   SIC 5812
ROTISSERIES ST-HUBERT LTEE, LES p 1098
6355 Rue Saint-Hubert, Montreal, QC, H2S 2L9
(514) 274-4477   SIC 5812
ROTISSERIES ST-HUBERT LTEE, LES p 1101
100 Rue Sainte-Catherine E, Montreal, QC, H2X 1K7
(514) 284-3440   SIC 5812
ROTISSERIES ST-HUBERT LTEE, LES p 1113
1180 Av Des Canadiens-De-Montreal, Montreal, QC, H3B 2S2
(514) 866-0500   SIC 5812
ROTISSERIES ST-HUBERT LTEE, LES p 1176
21 Boul De L'anse, ROBERVAL, QC, G8H 1Z1
(418) 275-5994   SIC 5812
ROTISSERIES ST-HUBERT, LES p 1256
See COJALY INC
ROTISSERIES YVES VINCENT INC, LES p 1246
203 Boul Frontenac O, THETFORD MINES, QC, G6G 6K2
(418) 335-7557   SIC 5812
ROTMAN SCHOOL OF MANAGEMENT 925
See GOVERNING COUNCIL OF THE UNIVERSITY OF TORONTO
ROTO FORM, DIV OF p 561
See MAGNA POWERTRAIN INC
ROTO-FORM, DIV OF p 943
See MAGNA POWERTRAIN INC
ROTORK CONTROLS (CANADA) LTD p 13
820 28 St Ne Unit 9, CALGARY, QC, T2A 6K1
(403) 207-3020   SIC 3625
ROUGE VALLEY HEALTH SYSTEM p 483
580 Harwood Ave S Suite 199, AJAX, ON, L1S 2J4
(905) 683-2320   SIC 6324
ROUGE VALLEY PUBLIC SCHOOL p 835
See TORONTO DISTRICT SCHOOL BOARD

ROUGE VALLEY RETIREMENT RESIDENCE p 668
See CSH ROUGE VALLEY INC
ROUIE INDUSTRIES LTD p 931
134 Peter St, TORONTO, ON, M5V 2H2
(416) 598-1932   SIC 2335
ROULEAU GRAPHIC (QUEBEC) LTEE p 1215
9209 Boul Langelier, SAINT-LEONARD, QC, H1P 3K9
(514) 328-8111   SIC 3069
ROULOTTES R G INC, LES p 1221
200 Ch Du Parc-Industriel Rr 2, SAINT-ROMAIN, QC, G0Y 1L0
(418) 486-2626   SIC 2451
ROULSTON'S DISCOUNT DRUGS LIMITED p 849
140 Queensway E, SIMCOE, ON, N3Y 4Y7
(519) 426-8011   SIC 5912
ROUSSEAU PUBLIC SCHOOL p 487
See HAMILTON-WENTWORTH CATHOLIC SCHOOL BOARD
ROUSSEAU, R. & FILS LTEE p 1196
236 Rue Sainte-Genevieve, SAINT-ISIDORE, QC, G0S 2S0
(418) 882-5656   SIC 5191
ROUTHIER SCHOOL p 118
See HIGH PRAIRIE SCHOOL DIVISION NO 48
ROUYN-NORANDA, VILLE DE p 1178
220 Av Dallaire, ROUYN-NORANDA, QC, J9X 5C3
(819) 797-7146   SIC 7999
ROVA PRODUCTS CANADA INC p 512
30 Automatic Rd, BRAMPTON, ON, L6S 5N8
(905) 793-1955   SIC 5065
ROWAN WILLIAMS DAVIES & IRWIN INC p 48
736 8 Ave Sw Suite 1000, CALGARY, AB, T2P 1H4
(403) 232-6771   SIC 8711
ROWNTREE PARK EARLY CHILDHOOD CENTRE p 658
See LONDON BRIDGE CHILD CARE SERVICES INC
ROWNTREE PUBLIC SCHOOL p 524
See PEEL DISTRICT SCHOOL BOARD
ROXBOROUGH PARK JUNIOR SCHOOL p 607
See HAMILTON-WENTWORTH DISTRICT SCHOOL BOARD, THE
ROXBOROUGH POULTRY p 899
See REUVEN INTERNATIONAL LIMITED
ROXGOLD INC p 916
360 Bay St Suite 500, TORONTO, ON, M5H 2V6
(416) 203-6401   SIC 1081
ROXSON ENTERPRISES LIMITED p 489
80 Mcgonigal St W, ARNPRIOR, ON, K7S 1M3
SIC 5812
ROXUL INC p 216
6526 Industrial Pkwy, GRAND FORKS, BC, V0H 1H0
(250) 442-5253   SIC 3296
ROXUL INC p 682
8024 Esquesing Line, MILTON, ON, L9T 6W3
(905) 878-8474   SIC 3296
ROY CONSULTANTS p 394
See ROY CONSULTANTS GROUP LTD
ROY CONSULTANTS GROUP LTD p 394
548 King Ave, BATHURST, NB, E2A 1P7
(506) 546-4484   SIC 8711
ROY DANIEL LTEE p 1236
1850 Rue King E, SHERBROOKE, QC, J1G 5G6
(819) 566-0303   SIC 5531
ROY DESROCHERS LAMBERT S.E.N.C.R.L p 1259
450 Boul Des Bois-Francs N, VICTORIAVILLE, QC, G6P 1H3

(819) 758-1544   SIC 8721
ROY LARSON CONSTRUCTION, DIV OF. p 68
See PETROWEST CONSTRUCTION LP
ROY METAL SALES, DIV OF p 721
See THYSSENKRUPP MATERIALS CA, LTD
ROY STIBBS ELEMENTARY SCHOOL p 201
See SCHOOL DISTRICT NO. 43 (COQUITLAM)
ROYAL & SUN ALLIANCE INSURANCE COMPANY OF CANADA p 52
326 11 Ave Sw Suite 300, CALGARY, AB, T2R 0C5
(403) 233-6000   SIC 6331
ROYAL & SUN ALLIANCE INSURANCE COMPANY OF CANADA p 452
50 Garland Ave Suite 101, DARTMOUTH, NS, B3B 0A3
(902) 493-1500   SIC 6331
ROYAL & SUN ALLIANCE INSURANCE COMPANY OF CANADA p 703
2225 Erin Mills Pky Suite 1000, MISSISSAUGA, ON, L5K 2S9
(905) 403-2333   SIC 6331
ROYAL & SUN ALLIANCE INSURANCE COMPANY OF CANADA p 910
10 Wellington St E, TORONTO, ON, M5E 1C5
(416) 366-7511   SIC 6411
ROYAL & SUN ALLIANCE INSURANCE COMPANY OF CANADA p 1107
2000 Av Mcgill College Bureau 800, Montreal, QC, H3A 3H3
(514) 847-8000   SIC 6331
ROYAL & SUN ALLIANCE INSURANCE COMPANY OF CANADA p 1108
1001 Boul De Maisonneuve O Bureau 1004, Montreal, QC, H3A 3C8
(514) 844-1116   SIC 6411
ROYAL & SUN ALLIANCE INSURANCE COMPANY OF CANADA p 1159
2475 Boul Laurier, Quebec, QC, G1T 1C4
(418) 622-2040   SIC 6411
ROYAL ADHESIVES & SEALANTS CANADA LTD p 586
266 Humberline Dr, ETOBICOKE, ON, M9W 5X1
(416) 679-5676   SIC 2899
ROYAL AUTOMOTIVE GROUP LTD p 685
6655 Northwest Dr, MISSISSAUGA, ON, L4V 1L1
(905) 673-5060   SIC 3499
ROYAL BANK p 144
See ROYAL BANK OF CANADA
ROYAL BANK p 174
See ROYAL BANK OF CANADA
ROYAL BANK BRIEN IBERVILLE p 1171
See ROYAL BANK OF CANADA
ROYAL BANK FINANCIAL COMMERCIAL SERVICES p 968
See ROYAL BANK OF CANADA
ROYAL BANK FINANCIAL GROUP p 163
See ROYAL BANK OF CANADA
ROYAL BANK FINANCIAL GROUP p 187
See ROYAL BANK OF CANADA
ROYAL BANK FINANCIAL GROUP p 201
See ROYAL BANK OF CANADA
ROYAL BANK FINANCIAL GROUP p 227
See ROYAL BANK OF CANADA
ROYAL BANK FINANCIAL GROUP p 254
See ROYAL BANK OF CANADA
ROYAL BANK FINANCIAL GROUP p 294
See ROYAL BANK OF CANADA
ROYAL BANK FINANCIAL GROUP p 338
See ROYAL BANK OF CANADA
ROYAL BANK FINANCIAL GROUP p 339
See ROYAL BANK OF CANADA
ROYAL BANK FINANCIAL GROUP p 340
See ROYAL BANK OF CANADA
ROYAL BANK FINANCIAL GROUP p 345
See ROYAL BANK OF CANADA
ROYAL BANK FINANCIAL GROUP p 378

▲ Public Company   ■ Public Company Family Member   HQ Headquarters   BR Branch   SL Single Location

See ROYAL BANK OF CANADA
ROYAL BANK FINANCIAL GROUP *p 401*
See ROYAL BANK OF CANADA
ROYAL BANK FINANCIAL GROUP *p 439*
See ROYAL BANK OF CANADA
ROYAL BANK FINANCIAL GROUP *p 441*
See ROYAL BANK OF CANADA
ROYAL BANK FINANCIAL GROUP *p 462*
See ROYAL BANK OF CANADA
ROYAL BANK FINANCIAL GROUP *p 468*
See ROYAL BANK OF CANADA
ROYAL BANK FINANCIAL GROUP *p 498*
See ROYAL BANK OF CANADA
ROYAL BANK FINANCIAL GROUP *p 578*
See ROYAL BANK OF CANADA
ROYAL BANK FINANCIAL GROUP *p 588*
See ROYAL BANK OF CANADA
ROYAL BANK FINANCIAL GROUP *p 592*
See ROYAL BANK OF CANADA
ROYAL BANK FINANCIAL GROUP *p 628*
See ROYAL BANK OF CANADA
ROYAL BANK FINANCIAL GROUP *p 652*
See ROYAL BANK OF CANADA
ROYAL BANK FINANCIAL GROUP *p 656*
See ROYAL BANK OF CANADA
ROYAL BANK FINANCIAL GROUP *p 715*
See ROYAL BANK OF CANADA
ROYAL BANK FINANCIAL GROUP *p 768*
See ROYAL BANK OF CANADA
ROYAL BANK FINANCIAL GROUP *p 792*
See ROYAL BANK OF CANADA
ROYAL BANK FINANCIAL GROUP *p 966*
See ROYAL BANK OF CANADA
ROYAL BANK FINANCIAL GROUP # 01822 *p 611*
See ROYAL BANK OF CANADA
ROYAL BANK FINANCIAL GROUP, DIV. OF *p 600*
See ROYAL BANK OF CANADA
ROYAL BANK OF CANADA *p 11*
2640 52 St Ne Unit 100, CALGARY, AB, T1Y 3R6
(403) 292-3355 *SIC* 6021
ROYAL BANK OF CANADA *p 13*
5269 Memorial Dr Se Suite 1, CALGARY, AB, T2A 4V1
(403) 292-2424 *SIC* 6021
ROYAL BANK OF CANADA *p 33*
411 58 Ave Se, CALGARY, AB, T2H 0P5
(403) 299-7420 *SIC* 6021
ROYAL BANK OF CANADA *p 37*
4820 Northland Dr Nw Ste 220, CALGARY, AB, T2L 2L3
(403) 292-2477 *SIC* 6021
ROYAL BANK OF CANADA *p 37*
728 Northmount Dr Nw Suite 17, CALGARY, AB, T2K 3K2
(403) 292-2440 *SIC* 6021
ROYAL BANK OF CANADA *p 48*
335 8th Ave Sw 11th Flr, CALGARY, AB, T2P 2N4
SIC 6021
ROYAL BANK OF CANADA *p 48*
502 4 Ave Sw Suite 300, CALGARY, AB, T2P 0J6
SIC 6021
ROYAL BANK OF CANADA *p 63*
5445 Falsbridge Dr Ne, CALGARY, AB, T3J 3E8
(403) 292-2400 *SIC* 6021
ROYAL BANK OF CANADA *p 64*
8220 Centre St Ne Suite 111, CALGARY, AB, T3K 1J7
(403) 292-8292 *SIC* 6021
ROYAL BANK OF CANADA *p 66*
5102 50 Ave, CAMROSE, AB, T4V 0S7
(780) 672-7751 *SIC* 6021
ROYAL BANK OF CANADA *p 67*
1000 Railway Ave, CANMORE, AB, T1W 1P4
(403) 678-3180 *SIC* 6021
ROYAL BANK OF CANADA *p 69*
130 1st Ave W, COCHRANE, AB, T4C 1A5
(403) 932-2231 *SIC* 6021

ROYAL BANK OF CANADA *p 76*
9499 137 Ave Nw Unit 1032, EDMONTON, AB, T5E 5R8
SIC 6021
ROYAL BANK OF CANADA *p 77*
10567 Kingsway Nw, EDMONTON, AB, T5H 4K1
(780) 448-6112 *SIC* 6021
ROYAL BANK OF CANADA *p 82*
10107 Jasper Ave Nw Suite 301, EDMONTON, AB, T5J 1W9
(780) 448-6611 *SIC* 6021
ROYAL BANK OF CANADA *p 82*
Gd Stn Main, EDMONTON, AB, T5J 2G8
(519) 821-5610 *SIC* 6021
ROYAL BANK OF CANADA *p 83*
11604 104 Ave Nw Suite 3, EDMONTON, AB, T5K 2T7
(780) 448-6340 *SIC* 6021
ROYAL BANK OF CANADA *p 89*
15103 Stony Plain Rd Nw Suite 5, EDMONTON, AB, T5P 3Y2
SIC 6021
ROYAL BANK OF CANADA *p 106*
10843 82 Ave Nw, EDMONTON, AB, T6E 2B2
(780) 448-6900 *SIC* 6021
ROYAL BANK OF CANADA *p 106*
9042 51 Ave Nw, EDMONTON, AB, T6E 5X4
(780) 448-6845 *SIC* 6021
ROYAL BANK OF CANADA *p 118*
5119 50th St, EVANSBURG, AB, T0E 0T0
(780) 727-3566 *SIC* 6021
ROYAL BANK OF CANADA *p 121*
8540 Manning Ave, FORT MCMURRAY, AB, T9H 5G2
(780) 743-3327 *SIC* 6021
ROYAL BANK OF CANADA *p 123*
9916 102 St, FORT SASKATCHEWAN, AB, T8L 2C3
(780) 998-3721 *SIC* 6021
ROYAL BANK OF CANADA *p 127*
10102 100 Ave, GRANDE PRAIRIE, AB, T8V 0V5
(780) 538-6590 *SIC* 6021
ROYAL BANK OF CANADA *p 136*
10 Leduc Towne Ctr, LEDUC, AB, T9E 7K6
(780) 986-2266 *SIC* 6021
ROYAL BANK OF CANADA *p 142*
4716 50 Ave, LLOYDMINSTER, AB, T9V 0W4
(780) 871-5800 *SIC* 6021
ROYAL BANK OF CANADA *p 144*
580 3 St Se, MEDICINE HAT, AB, T1A 0H3
(403) 528-6400 *SIC* 6021
ROYAL BANK OF CANADA *p 163*
390 Baseline Rd Suite 160, SHERWOOD PARK, AB, T8H 1X1
(780) 449-7700 *SIC* 6021
ROYAL BANK OF CANADA *p 165*
112 King St, SPRUCE GROVE, AB, T7X 0J6
(780) 962-2872 *SIC* 6021
ROYAL BANK OF CANADA *p 168*
4920 51 Ave Ss 2, STETTLER, AB, T0C 2L2
(403) 742-2382 *SIC* 6021
ROYAL BANK OF CANADA *p 171*
Sunset Blvd Suite &, TURNER VALLEY, AB, T0L 2A0
(403) 933-4364 *SIC* 6021
ROYAL BANK OF CANADA *p 174*
4916 50 Ave, WETASKIWIN, AB, T9A 3P8
(780) 352-6011 *SIC* 6021
ROYAL BANK OF CANADA *p 176*
200 Birch Ave, 100 MILE HOUSE, BC, V0K 2E0
(250) 395-7460 *SIC* 6021
ROYAL BANK OF CANADA *p 177*
32900 South Fraser Way Suite 142, ABBOTSFORD, BC, V2S 5A1
(604) 853-8384 *SIC* 6021
ROYAL BANK OF CANADA *p 179*
31975 South Fraser Way, ABBOTSFORD, BC, V2T 1V5
(604) 855-5349 *SIC* 6021

ROYAL BANK OF CANADA *p 185*
6570 Hastings St, BURNABY, BC, V5B 1S2
(604) 665-5925 *SIC* 6021
ROYAL BANK OF CANADA *p 187*
4382 Hastings St, BURNABY, BC, V5C 2J9
(604) 665-5900 *SIC* 6021
ROYAL BANK OF CANADA *p 195*
1290 Shoppers Row, CAMPBELL RIVER, BC, V9W 2C8
(250) 286-5500 *SIC* 6021
ROYAL BANK OF CANADA *p 201*
1962 Como Lake Ave, COQUITLAM, BC, V3J 3R3
(604) 927-5633 *SIC* 6021
ROYAL BANK OF CANADA *p 204*
1015 Ryan Rd, COURTENAY, BC, V9N 3R6
(250) 334-6150 *SIC* 6021
ROYAL BANK OF CANADA *p 206*
10324 10 St, DAWSON CREEK, BC, V1G 3T6
(250) 782-9441 *SIC* 6021
ROYAL BANK OF CANADA *p 209*
7157 120 St, DELTA, BC, V4E 2A9
(604) 665-0484 *SIC* 6021
ROYAL BANK OF CANADA *p 212*
395 Trunk Rd, DUNCAN, BC, V9L 2P4
(250) 746-2400 *SIC* 6021
ROYAL BANK OF CANADA *p 215*
10312 100 St, FORT ST. JOHN, BC, V1J 3Z1
(250) 787-0681 *SIC* 6021
ROYAL BANK OF CANADA *p 219*
789 Fortune Dr, KAMLOOPS, BC, V2B 2L3
(250) 376-8822 *SIC* 6021
ROYAL BANK OF CANADA *p 221*
186 Victoria St, KAMLOOPS, BC, V2C 5R3
(250) 371-1500 *SIC* 6021
ROYAL BANK OF CANADA *p 224*
301 Highway 33 W Unit 48, KELOWNA, BC, V1X 1X8
(250) 765-7761 *SIC* 6021
ROYAL BANK OF CANADA *p 227*
1840 Cooper Rd, KELOWNA, BC, V1Y 8K5
(250) 860-3727 *SIC* 6021
ROYAL BANK OF CANADA *p 228*
378 City Centre, KITIMAT, BC, V8C 1T6
(250) 639-9281 *SIC* 6021
ROYAL BANK OF CANADA *p 231*
19888 Willowbrook Dr, LANGLEY, BC, V2Y 1K9
(604) 533-6800 *SIC* 6021
ROYAL BANK OF CANADA *p 236*
11855 224 St, MAPLE RIDGE, BC, V2X 6B1
(604) 501-7180 *SIC* 6021
ROYAL BANK OF CANADA *p 238*
33114 1st Ave, MISSION, BC, V2V 1G4
(604) 820-4700 *SIC* 6021
ROYAL BANK OF CANADA *p 242*
6631 Island Hwy N Suite 246, NANAIMO, BC, V9T 4T7
(250) 390-4311 *SIC* 6021
ROYAL BANK OF CANADA *p 243*
401 Baker St, NELSON, BC, V1L 4H7
(250) 354-4111 *SIC* 6021
ROYAL BANK OF CANADA *p 247*
1501 Lynn Valley Rd, NORTH VANCOUVER, BC, V7J 2B1
(604) 981-7880 *SIC* 6021
ROYAL BANK OF CANADA *p 251*
See ROYAL BANK OF CANADA
ROYAL BANK OF CANADA *p 251*
152 S Alberni Hwy, PARKSVILLE, BC, V9P 2G5
(250) 248-8321 *SIC* 6021
ROYAL BANK OF CANADA *p 254*
2925 3rd Ave, PORT ALBERNI, BC, V9Y 2A6
SIC 6021
ROYAL BANK OF CANADA *p 256*
2581 Shaughnessy St, PORT COQUITLAM, BC, V3C 3G3
(604) 927-5500 *SIC* 6021
ROYAL BANK OF CANADA *p 258*
7035 Barnet St Suite 101, POWELL RIVER,

BC, V8A 1Z9
(604) 485-7991 *SIC* 6021
ROYAL BANK OF CANADA *p 262*
3161 Massey Dr Unit 57, PRINCE GEORGE, BC, V2N 2S9
(250) 960-4540 *SIC* 6021
ROYAL BANK OF CANADA *p 264*
201 St Laurent Ave, QUESNEL, BC, V2J 2C8
(250) 992-2127 *SIC* 6021
ROYAL BANK OF CANADA *p 270*
8171 Ackroyd Rd Suite 1950, RICHMOND, BC, V6X 3K1
(604) 668-4997 *SIC* 6021
ROYAL BANK OF CANADA *p 272*
10111 No. 3 Rd Suite 125, RICHMOND, BC, V7A 1W6
(604) 665-8132 *SIC* 6021
ROYAL BANK OF CANADA *p 276*
340 Alexander St Ne, SALMON ARM, BC, V1E 4N8
(250) 832-8071 *SIC* 6021
ROYAL BANK OF CANADA *p 278*
1106 Main St, SMITHERS, BC, V0J 2N0
(250) 847-4405 *SIC* 6021
ROYAL BANK OF CANADA *p 279*
38100 Second Ave, SQUAMISH, BC, V0N 3G0
(604) 892-3555 *SIC* 6021
ROYAL BANK OF CANADA *p 282*
17931 56 Ave, SURREY, BC, V3S 1E2
(604) 576-5550 *SIC* 6021
ROYAL BANK OF CANADA *p 284*
9490 120 St, SURREY, BC, V3V 4B9
(604) 665-8992 *SIC* 6021
ROYAL BANK OF CANADA *p 294*
1716 Renfrew St, VANCOUVER, BC, V5M 3H8
(604) 665-8040 *SIC* 6021
ROYAL BANK OF CANADA *p 295*
1715 Commercial Dr, VANCOUVER, BC, V5N 4A4
(604) 665-8050 *SIC* 6021
ROYAL BANK OF CANADA *p 298*
6505 Fraser St, VANCOUVER, BC, V5X 3T4
(604) 665-0882 *SIC* 6021
ROYAL BANK OF CANADA *p 298*
4095 Main St, VANCOUVER, BC, V5V 3P5
(604) 665-3111 *SIC* 6021
ROYAL BANK OF CANADA *p 300*
505 Broadway W, VANCOUVER, BC, V5Z 1E7
(604) 665-8650 *SIC* 6021
ROYAL BANK OF CANADA *p 300*
650 41st Ave W Suite 611, VANCOUVER, BC, V5Z 2M9
(604) 665-0100 *SIC* 6021
ROYAL BANK OF CANADA *p 305*
685 Hastings St W, VANCOUVER, BC, V6B 1N9
(604) 665-6766 *SIC* 6021
ROYAL BANK OF CANADA *p 309*
666 Burrard St Suite 2100, VANCOUVER, BC, V6C 2X8
(604) 257-7110 *SIC* 6211
ROYAL BANK OF CANADA *p 313*
1025 Georgia St W Suite 1000, VANCOUVER, BC, V6E 3N9
(604) 665-8376 *SIC* 6021
ROYAL BANK OF CANADA *p 313*
1055 Georgia St W Suite 500, VANCOUVER, BC, V6E 3N9
(604) 665-5281 *SIC* 6021
ROYAL BANK OF CANADA *p 315*
1497 Broadway W, VANCOUVER, BC, V6H 1H7
(604) 665-5700 *SIC* 6021
ROYAL BANK OF CANADA *p 315*
1489 Broadway W, VANCOUVER, BC, V6H 1H6
(604) 717-2262 *SIC* 6021
ROYAL BANK OF CANADA *p 318*
2208 41st Ave W, VANCOUVER, BC, V6M 1Z8

BUSINESSES ALPHABETICALLY — ROYAL BANK OF CANADA

(604) 665-0550 SIC 6021
ROYAL BANK OF CANADA p 325
2517 Burrard Ave, VANDERHOOF, BC, V0J 3A0
(250) 567-4776 SIC 6021
ROYAL BANK OF CANADA p 326
3131 30 Ave, VERNON, BC, V1T 2C4
(250) 558-4300 SIC 6021
ROYAL BANK OF CANADA p 327
3970 Shelbourne St, VICTORIA, BC, V8N 3E2
(250) 356-4626 SIC 6021
ROYAL BANK OF CANADA p 330
304 Cook St, VICTORIA, BC, V8V 3X6
SIC 6021
ROYAL BANK OF CANADA p 334
306 Burnside Rd W, VICTORIA, BC, V8Z 1M1
(250) 356-4675 SIC 6021
ROYAL BANK OF CANADA p 338
672 Park Royal N, WEST VANCOUVER, BC, V7T 1H9
(604) 981-6500 SIC 6021
ROYAL BANK OF CANADA p 339
1705 Marine Dr, WEST VANCOUVER, BC, V7V 1J5
(604) 981-6550 SIC 6021
ROYAL BANK OF CANADA p 340
1588 Johnston Rd, WHITE ROCK, BC, V4B 3Z7
(604) 665-8125 SIC 6021
ROYAL BANK OF CANADA p 341
51 Fourth Ave N, WILLIAMS LAKE, BC, V2G 4S1
(250) 398-2500 SIC 6021
ROYAL BANK OF CANADA p 313
602 Park Ave, BEAUSEJOUR, MB, R0E 0C0
(204) 268-1766 SIC 6021
ROYAL BANK OF CANADA p 345
661 18th St, BRANDON, MB, R7A 5B3
(204) 726-3116 SIC 6021
ROYAL BANK OF CANADA p 345
740 Rosser Ave, BRANDON, MB, R7A 0K9
(204) 726-3100 SIC 6021
ROYAL BANK OF CANADA p 347
202 Main St N, DAUPHIN, MB, R7N 1C4
(204) 638-4920 SIC 6021
ROYAL BANK OF CANADA p 349
94 Main St, FLIN FLON, MB, R8A 1K1
(204) 687-7551 SIC 6021
ROYAL BANK OF CANADA p 366
111 Vermillion Rd, WINNIPEG, MB, R2J 4A9
(204) 988-6590 SIC 6021
ROYAL BANK OF CANADA p 370
2350 Mcphillips St, WINNIPEG, MB, R2V 4J6
(204) 988-6035 SIC 6021
ROYAL BANK OF CANADA p 370
1846 Main St, WINNIPEG, MB, R2V 3H2
(204) 988-5830 SIC 6021
ROYAL BANK OF CANADA p 378
220 Portage Ave Unit 900, WINNIPEG, MB, R3C 0A5
(204) 988-4000 SIC 6021
ROYAL BANK OF CANADA p 385
3297 Portage Ave, WINNIPEG, MB, R3K 0W7
SIC 6021
ROYAL BANK OF CANADA p 386
1260 Taylor Ave, WINNIPEG, MB, R3M 3Y8
(204) 499-7000 SIC 7299
ROYAL BANK OF CANADA p 387
1700 Corydon Ave Suite 100, WINNIPEG, MB, R3N 0K1
(204) 988-5750 SIC 6021
ROYAL BANK OF CANADA p 390
2855 Pembina Hwy Suite 26, WINNIPEG, MB, R3T 2H5
(204) 988-6062 SIC 6021
ROYAL BANK OF CANADA p 390
1300 Pembina Hwy, WINNIPEG, MB, R3T 2B4
(204) 988-6410 SIC 6021
ROYAL BANK OF CANADA p 390

1525 Buffalo Pl, WINNIPEG, MB, R3T 1L9
(204) 954-9054 SIC 6021
ROYAL BANK OF CANADA p 394
230 Main St, BATHURST, NB, E2A 1A8
(506) 547-1020 SIC 6021
ROYAL BANK OF CANADA p 401
1206 Prospect St Suite 3, FREDERICTON, NB, E3B 3C1
(506) 458-0817 SIC 6021
ROYAL BANK OF CANADA p 401
504 Queen St, FREDERICTON, NB, E3B 1B9
(506) 453-1710 SIC 6021
ROYAL BANK OF CANADA p 439
4920 52 St Suite 1, YELLOWKNIFE, NT, X1A 3T1
(867) 873-5961 SIC 6021
ROYAL BANK OF CANADA p 441
248 St. George St, ANNAPOLIS ROYAL, NS, B0S 1A0
(902) 532-2371 SIC 6021
ROYAL BANK OF CANADA p 445
565 King St, BRIDGEWATER, NS, B4V 1B3
(902) 543-7161 SIC 6021
ROYAL BANK OF CANADA p 446
111 Water St, CURRYS CORNER, NS, B0N 2T0
(902) 798-5721 SIC 6021
ROYAL BANK OF CANADA p 452
202 Brownlow Ave Suite 100, DARTMOUTH, NS, B3B 1T5
(902) 421-8825 SIC 6021
ROYAL BANK OF CANADA p 462
6390 Quinpool Rd, HALIFAX, NS, B3L 4N2
(902) 421-8420 SIC 6021
ROYAL BANK OF CANADA p 462
271 Lacewood Dr, HALIFAX, NS, B3M 4K3
(902) 421-8435 SIC 6021
ROYAL BANK OF CANADA p 463
339 Herring Cove Rd, HALIFAX, NS, B3R 1V5
(902) 421-8494 SIC 6021
ROYAL BANK OF CANADA p 468
6 Commercial St, MIDDLETON, NS, B0S 1P0
(902) 825-3417 SIC 6021
ROYAL BANK OF CANADA p 471
291 Commercial St, NORTH SYDNEY, NS, B2A 1B9
SIC 6021
ROYAL BANK OF CANADA p 475
325 Prince St, SYDNEY, NS, B1P 5K6
(902) 567-7452 SIC 6021
ROYAL BANK OF CANADA p 478
940 Prince St, TRURO, NS, B2N 1H5
(902) 843-3333 SIC 6021
ROYAL BANK OF CANADA p 479
Gd, WEYMOUTH, NS, B0W 3T0
(902) 837-5136 SIC 6021
ROYAL BANK OF CANADA p 483
2 Harwood Ave S, AJAX, ON, L1S 7L8
(905) 683-2291 SIC 6021
ROYAL BANK OF CANADA p 498
128 Wellington St W Suite 308, BARRIE, ON, L4N 8J6
(705) 725-7800 SIC 6021
ROYAL BANK OF CANADA p 501
549 Notre-Dame St N, BELLE RIVER, ON, N0R 1A0
(519) 728-3413 SIC 6021
ROYAL BANK OF CANADA p 504
246 North Front St, BELLEVILLE, ON, K8P 3C2
(613) 969-6101 SIC 6021
ROYAL BANK OF CANADA p 516
25 Peel Centre Dr Suite 792, BRAMPTON, ON, L6T 3R5
(905) 790-7120 SIC 6021
ROYAL BANK OF CANADA p 523
164 Sandalwood Pky E, BRAMPTON, ON, L6Z 3S4
(905) 840-1644 SIC 6021
ROYAL BANK OF CANADA p 526
95 Lynden Rd, BRANTFORD, ON, N3R 7J9

(519) 758-2500 SIC 6021
ROYAL BANK OF CANADA p 529
22 Colborne St Suite 522, BRANTFORD, ON, N3T 2G2
(519) 758-2056 SIC 6021
ROYAL BANK OF CANADA p 544
480 Hespeler Rd, CAMBRIDGE, ON, N1R 7R9
(519) 623-1012 SIC 6021
ROYAL BANK OF CANADA p 548
15 Doxsee Ave N, CAMPBELLFORD, ON, K0L 1L0
(705) 653-2210 SIC 6021
ROYAL BANK OF CANADA p 548
See ROYAL BANK OF CANADA
ROYAL BANK OF CANADA p 549
93 Bridge St, CARLETON PLACE, ON, K7C 2V4
(613) 257-3800 SIC 6021
ROYAL BANK OF CANADA p 552
171 Keil Dr S, CHATHAM, ON, N7M 3H3
(519) 354-4340 SIC 6021
ROYAL BANK OF CANADA p 552
190 King St E, CHATHAM, ON, N7M 3N4
(519) 354-1680 SIC 6021
ROYAL BANK OF CANADA p 555
66 King St W, COBOURG, ON, K9A 2L9
(905) 372-2101 SIC 6021
ROYAL BANK OF CANADA p 562
3300 Highway 7 Suite 100, CONCORD, ON, L4K 4M3
(905) 738-3200 SIC 6021
ROYAL BANK OF CANADA p 576
3250 Bloor St W Suite 800, ETOBICOKE, ON, M8X 2X9
SIC 6159
ROYAL BANK OF CANADA p 578
1233 The Queensway, ETOBICOKE, ON, M8Z 1S1
(416) 253-8465 SIC 6021
ROYAL BANK OF CANADA p 579
4860 Dundas St W, ETOBICOKE, ON, M9A 1B5
(416) 239-8175 SIC 6021
ROYAL BANK OF CANADA p 588
100 St Andrew St E, FERGUS, ON, N1M 1P8
(519) 843-2590 SIC 6021
ROYAL BANK OF CANADA p 592
232 Guelph St, GEORGETOWN, ON, L7G 4B1
(905) 877-2244 SIC 6021
ROYAL BANK OF CANADA p 600
987 Gordon St Suite 1, GUELPH, ON, N1G 4W3
(519) 821-5610 SIC 6021
ROYAL BANK OF CANADA p 602
117 Silvercreek Pky N, GUELPH, ON, N1H 3T2
(519) 767-4750 SIC 6021
ROYAL BANK OF CANADA p 609
1405 King St E, HAMILTON, ON, L8M 1H7
(905) 576-5521 SIC 6021
ROYAL BANK OF CANADA p 611
100 King St W Suite 900, HAMILTON, ON, L8P 1A2
(905) 521-2000 SIC 6021
ROYAL BANK OF CANADA p 612
1845 Main St W, HAMILTON, ON, L8S 1J2
(905) 521-2021 SIC 6021
ROYAL BANK OF CANADA p 613
810 Upper Gage Ave, HAMILTON, ON, L8V 4K4
(905) 575-4911 SIC 6021
ROYAL BANK OF CANADA p 616
801 Mohawk Rd W, HAMILTON, ON, L9C 6C2
(905) 388-8550 SIC 6021
ROYAL BANK OF CANADA p 621
156 Thames St S, INGERSOLL, ON, N5C 2T2
(519) 485-3710 SIC 6021
ROYAL BANK OF CANADA p 624
360 March Rd, KANATA, ON, K2K 2T5

(613) 592-5793 SIC 6021
ROYAL BANK OF CANADA p 625
500 Hazeldean Rd Unit 103, KANATA, ON, K2L 2B5
(613) 831-2981 SIC 6021
ROYAL BANK OF CANADA p 628
144 Main St S, KENORA, ON, P9N 1S9
(807) 468-8921 SIC 6021
ROYAL BANK OF CANADA p 629
3803 Loggers Way, KINBURN, ON, K0A 2H0
(613) 832-2323 SIC 6021
ROYAL BANK OF CANADA p 643
413 Highland Rd W, KITCHENER, ON, N2M 3C6
(519) 575-2280 SIC 6021
ROYAL BANK OF CANADA p 645
50 Queen St, LAKEFIELD, ON, K0L 2H0
(705) 652-6713 SIC 6021
ROYAL BANK OF CANADA p 646
33 Princess St Suite 201, LEAMINGTON, ON, N8H 5C5
SIC 6021
ROYAL BANK OF CANADA p 646
35 Talbot St W, LEAMINGTON, ON, N8H 1M3
(519) 322-2821 SIC 6021
ROYAL BANK OF CANADA p 652
1670 Dundas St, LONDON, ON, N5W 3C7
(519) 457-5700 SIC 6021
ROYAL BANK OF CANADA p 653
621 Huron St, LONDON, ON, N5Y 4J7
(519) 661-1144 SIC 6021
ROYAL BANK OF CANADA p 653
96 Fanshawe Park Rd E, LONDON, ON, N5X 4C5
(519) 660-4200 SIC 6021
ROYAL BANK OF CANADA p 656
383 Richmond St Suite 801, LONDON, ON, N6A 3C4
(519) 661-1180 SIC 6021
ROYAL BANK OF CANADA p 663
440 Boler Rd Suite 412, LONDON, ON, N6K 4L2
(519) 641-5000 SIC 6021
ROYAL BANK OF CANADA p 667
5539 Main St, MANOTICK, ON, K4M 1A1
(613) 692-5400 SIC 6021
ROYAL BANK OF CANADA p 674
7481 Woodbine Ave Suite 200, MARKHAM, ON, L3R 2W1
(905) 474-4010 SIC 6021
ROYAL BANK OF CANADA p 674
7750 Kennedy Rd, MARKHAM, ON, L3R 0A7
(905) 513-0309 SIC 6021
ROYAL BANK OF CANADA p 682
55 Ontario St S, MILTON, ON, L9T 2M3
(905) 875-0600 SIC 6021
ROYAL BANK OF CANADA p 685
6205 Airport Rd Ste 100, MISSISSAUGA, ON, L4V 1E1
(905) 671-6262 SIC 6021
ROYAL BANK OF CANADA p 693
1125 Bloor St E, MISSISSAUGA, ON, L4Y 2N6
(905) 897-8160 SIC 6021
ROYAL BANK OF CANADA p 703
2155 Leanne Blvd, MISSISSAUGA, ON, L5K 2K8
SIC 6021
ROYAL BANK OF CANADA p 711
6040 Glen Erin Dr Unit 7, MISSISSAUGA, ON, L5N 3M4
(905) 542-7430 SIC 6021
ROYAL BANK OF CANADA p 715
25 Milverton Dr, MISSISSAUGA, ON, L5R 3G2
(905) 568-1800 SIC 6021
ROYAL BANK OF CANADA p 720
6240 Dixie Rd, MISSISSAUGA, ON, L5T 1A6
(905) 564-5740 SIC 6021
ROYAL BANK OF CANADA p 728
117 Centrepointe Dr, NEPEAN, ON, K2G

▲ Public Company   ■ Public Company Family Member   HQ Headquarters   BR Branch   SL Single Location

ROYAL BANK OF CANADA
5X3
(613) 727-8130   SIC 6021
ROYAL BANK OF CANADA   p 734
17600 Yonge St, NEWMARKET, ON, L3Y 4Z1
(905) 895-5551   SIC 6021
ROYAL BANK OF CANADA   p 737
6518 Lundy's Lane, NIAGARA FALLS, ON, L2G 1T6
(905) 356-7313   SIC 8742
ROYAL BANK OF CANADA   p 743
105 Main St W, NORTH BAY, ON, P1B 2T6
(705) 472-5470   SIC 6021
ROYAL BANK OF CANADA   p 745
1510 Finch Ave E, NORTH YORK, ON, M2J 4Y6
(416) 491-0050   SIC 6021
ROYAL BANK OF CANADA   p 747
2514 Bayview Ave, NORTH YORK, ON, M2L 1A9
(416) 510-3080   SIC 6021
ROYAL BANK OF CANADA   p 748
1545 Steeles Ave E, NORTH YORK, ON, M2M 3Y7
(416) 512-4680   SIC 6021
ROYAL BANK OF CANADA   p 761
2765 Dufferin St, NORTH YORK, ON, M6B 3R6
(416) 789-7637   SIC 6021
ROYAL BANK OF CANADA   p 766
2460 Winston Churchill Blvd Suite 5, OAKVILLE, ON, L6H 6J5
(905) 829-8665   SIC 6021
ROYAL BANK OF CANADA   p 768
279 Lakeshore Rd E, OAKVILLE, ON, L6J 1H9
(905) 845-4224   SIC 6021
ROYAL BANK OF CANADA   p 770
1005 Speers Rd, OAKVILLE, ON, L6L 2X5
(905) 842-2360   SIC 6021
ROYAL BANK OF CANADA   p 775
40 Peter St S, ORILLIA, ON, L3V 5A9
(705) 326-6417   SIC 6021
ROYAL BANK OF CANADA   p 778
1050 Simcoe St N, OSHAWA, ON, L1G 4W5
(905) 576-6010   SIC 6021
ROYAL BANK OF CANADA   p 778
27 Simcoe St N, OSHAWA, ON, L1G 4R7
(905) 723-8511   SIC 6021
ROYAL BANK OF CANADA   p 780
40 King St W Suite 800, OSHAWA, ON, L1H 1A4
SIC 6021
ROYAL BANK OF CANADA   p 786
1535 Bank St, OTTAWA, ON, K1H 7Z1
(613) 733-7993   SIC 6021
ROYAL BANK OF CANADA   p 788
551 Montreal Rd, OTTAWA, ON, K1K 0V1
(613) 749-4579   SIC 6021
ROYAL BANK OF CANADA   p 792
90 Sparks St Suite 300, OTTAWA, ON, K1P 5B4
(613) 564-3100   SIC 6021
ROYAL BANK OF CANADA   p 797
1145 Wellington St W, OTTAWA, ON, K1Y 2Y9
(613) 722-8351   SIC 6021
ROYAL BANK OF CANADA   p 798
2121 Carling Ave Suite 34, OTTAWA, ON, K2A 1S3
(613) 725-3181   SIC 6021
ROYAL BANK OF CANADA   p 798
2158 Carling Ave, OTTAWA, ON, K2A 1H1
(613) 725-3145   SIC 6021
ROYAL BANK OF CANADA   p 817
210 Queen St, PORT PERRY, ON, L9L 1B9
(905) 985-7316   SIC 6021
ROYAL BANK OF CANADA   p 823
9555 Yonge St Suite 25, RICHMOND HILL, ON, L4C 9M5
(905) 780-8100   SIC 6021
ROYAL BANK OF CANADA   p 831
602 Queen St E, SAULT STE. MARIE, ON, P6A 2A4

(705) 759-7000   SIC 6021
ROYAL BANK OF CANADA   p 844
2075 Kennedy Rd Suite 600, SCARBOROUGH, ON, M1T 3V3
(416) 292-6466   SIC 6021
ROYAL BANK OF CANADA   p 845
4751 Steeles Ave E, SCARBOROUGH, ON, M1V 4S5
(416) 412-6900   SIC 6021
ROYAL BANK OF CANADA   p 848
1043 Elizabeth St, SHARBOT LAKE, ON, K0H 2P0
(613) 279-3191   SIC 6021
ROYAL BANK OF CANADA   p 852
380 Scott St, ST CATHARINES, ON, L2M 3W4
(905) 934-4303   SIC 6021
ROYAL BANK OF CANADA   p 854
108 Hartzel Rd, ST CATHARINES, ON, L2P 1N4
(905) 688-3350   SIC 6021
ROYAL BANK OF CANADA   p 858
367 Talbot St, ST THOMAS, ON, N5P 1B7
SIC 6021
ROYAL BANK OF CANADA   p 858
1099 Talbot St, ST THOMAS, ON, N5P 1G4
(519) 631-7369   SIC 6021
ROYAL BANK OF CANADA   p 862
917 Queenston Rd, STONEY CREEK, ON, L8G 1B8
(905) 664-6412   SIC 6021
ROYAL BANK OF CANADA   p 866
38 Front St W, STRATHROY, ON, N7G 1X4
(519) 245-1420   SIC 6021
ROYAL BANK OF CANADA   p 868
1720 Lasalle Blvd, SUDBURY, ON, P3A 2A1
(705) 566-1710   SIC 6021
ROYAL BANK OF CANADA   p 871
1879 Regent St, SUDBURY, ON, P3E 3Z7
(705) 522-7170   SIC 6021
ROYAL BANK OF CANADA   p 871
72 Durham St, SUDBURY, ON, P3E 3M6
(705) 688-4710   SIC 6021
ROYAL BANK OF CANADA   p 874
8500 Leslie St Suite 400, THORNHILL, ON, L3T 7P8
(905) 882-3900   SIC 6411
ROYAL BANK OF CANADA   p 880
504 Edward St N, THUNDER BAY, ON, P7C 4P9
(807) 473-1700   SIC 6021
ROYAL BANK OF CANADA   p 881
201 Frederica St W, THUNDER BAY, ON, P7E 3W1
SIC 6021
ROYAL BANK OF CANADA   p 883
121 Broadway St, TILLSONBURG, ON, N4G 3P7
(519) 842-7321   SIC 6021
ROYAL BANK OF CANADA   p 884
38 Pine St N Suite 101, TIMMINS, ON, P4N 6K6
(705) 267-7171   SIC 6021
ROYAL BANK OF CANADA   p 900
26 St Clair Ave E, TORONTO, ON, M4T 1L7
(416) 974-7840   SIC 6021
ROYAL BANK OF CANADA   p 903
468 Yonge St, TORONTO, ON, M4Y 1X3
(416) 974-7763   SIC 6021
ROYAL BANK OF CANADA   p 920
88 Queens Quay W Suite 300, TORONTO, ON, M5J 0B8
(416) 313-5378   SIC 6021
ROYAL BANK OF CANADA   p 920
200 Bay St, TORONTO, ON, M5J 2J5
(416) 974-3940   SIC 6021
ROYAL BANK OF CANADA   p 931
320 Front St W Suite 1400, TORONTO, ON, M5V 3B6
(416) 955-8527   SIC 6021
ROYAL BANK OF CANADA   p 952
50 Westmount Rd N, WATERLOO, ON, N2L 2R5
(519) 747-8300   SIC 6021

ROYAL BANK OF CANADA   p 954
585 Weber St N, WATERLOO, ON, N2V 1V8
(519) 747-8360   SIC 6021
ROYAL BANK OF CANADA   p 959
307 Brock St S, WHITBY, ON, L1N 4K3
(905) 665-7200   SIC 6021
ROYAL BANK OF CANADA   p 966
2669 Howard Ave, WINDSOR, ON, N8X 4Z3
(519) 966-1410   SIC 6021
ROYAL BANK OF CANADA   p 968
245 Ouellette Ave, WINDSOR, ON, N9A 7J2
(519) 255-8637   SIC 6021
ROYAL BANK OF CANADA   p 970
1600 Huron Church Rd, WINDSOR, ON, N9C 2L1
(519) 256-3485   SIC 6021
ROYAL BANK OF CANADA   p 971
3854 Dougall Ave, WINDSOR, ON, N9G 1X2
(519) 972-3373   SIC 6021
ROYAL BANK OF CANADA   p 975
131 Woodbridge Ave, WOODBRIDGE, ON, L4L 2S6
(905) 851-2284   SIC 6021
ROYAL BANK OF CANADA   p 977
452 Dundas St, WOODSTOCK, ON, N4S 1C1
(519) 537-5574   SIC 6021
ROYAL BANK OF CANADA   p 988
See ROYAL BANK OF CANADA
ROYAL BANK OF CANADA   p 988
510 Rue Sacre-Coeur O, ALMA, QC, G8B 1L9
(418) 662-8510   SIC 6021
ROYAL BANK OF CANADA   p 1006
7250 Boul Taschereau Bureau 2, BROSSARD, QC, J4W 1M9
(450) 923-5130   SIC 6021
ROYAL BANK OF CANADA   p 1009
201 Boul De L'industrie, CANDIAC, QC, J5R 6A6
(450) 659-9681   SIC 6021
ROYAL BANK OF CANADA   p 1017
5755 Boul Cavendish, Cote Saint-Luc, QC, H4W 2X8
(514) 874-2226   SIC 6021
ROYAL BANK OF CANADA   p 1023
4400 Boul Des Sources, DOLLARD-DES-ORMEAUX, QC, H8Y 3B7
(514) 684-8110   SIC 6021
ROYAL BANK OF CANADA   p 1028
See ROYAL TRUST CORPORATION OF CANADA
ROYAL BANK OF CANADA   p 1059
7191 Boul Newman, LASALLE, QC, H8N 2K3
(514) 368-0996   SIC 6021
ROYAL BANK OF CANADA   p 1070
43 Rue Saint-Charles O Bureau 101, LONGUEUIL, QC, J4H 1C5
(450) 442-5611   SIC 6021
ROYAL BANK OF CANADA   p 1070
2068 Ch De Chambly, LONGUEUIL, QC, J4J 3Y7
(450) 442-5570   SIC 6021
ROYAL BANK OF CANADA   p 1080
1427 Boul Graham, MONT-ROYAL, QC, H3P 3M9
(514) 340-3080   SIC 6021
ROYAL BANK OF CANADA   p 1085
7945 Boul Maurice-Duplessis, Montreal, QC, H1E 1M5
(514) 494-7977   SIC 6021
ROYAL BANK OF CANADA   p 1113
1140 Rue Sainte-Catherine O Bureau 7, Montreal, QC, H3B 1H7
(514) 874-3043   SIC 6021
ROYAL BANK OF CANADA   p 1113
630 Boul Rene-Levesque O Bureau 1384, Montreal, QC, H3B 1S6
(877) 244-2100   SIC 7389
ROYAL BANK OF CANADA   p 1115
Cp 11444 Succ Centre Ville, Montreal, QC, H3C 5J4

SIC 6021
ROYAL BANK OF CANADA   p 1120
See ROYAL BANK OF CANADA
ROYAL BANK OF CANADA   p 1120
5700 Ch De La Cote-Des-Neiges, Montreal, QC, H3T 2A6
(514) 340-3130   SIC 6021
ROYAL BANK OF CANADA   p 1121
4851 Av Van Horne, Montreal, QC, H3W 1J2
(514) 340-3050   SIC 6021
ROYAL BANK OF CANADA   p 1134
965 Boul Cure-Labelle, Montreal-Ouest, QC, H7V 2V7
(450) 686-3446   SIC 6021
ROYAL BANK OF CANADA   p 1136
1307 Av Van Horne, OUTREMONT, QC, H2V 1K7
(514) 495-5904   SIC 6021
ROYAL BANK OF CANADA   p 1138
101 Boul Cardinal-Leger, PINCOURT, QC, J7W 3Y3
(514) 453-2294   SIC 6021
ROYAL BANK OF CANADA   p 1143
321 Boul Saint-Jean, POINTE-CLAIRE, QC, H9R 3J1
SIC 6021
ROYAL BANK OF CANADA   p 1158
700 Rue D'youville, Quebec, QC, G1R 3P2
(418) 692-6800   SIC 6021
ROYAL BANK OF CANADA   p 1158
140 Grande Allee E Bureau 100, Quebec, QC, G1R 5M8
(418) 648-6996   SIC 6021
ROYAL BANK OF CANADA   p 1161
2450 Boul Laurier, Quebec, QC, G1V 2L1
(418) 654-2454   SIC 6021
ROYAL BANK OF CANADA   p 1171
85 Boul Brien Bureau B, REPENTIGNY, QC, J6A 8B6
(450) 581-0854   SIC 6021
ROYAL BANK OF CANADA   p 1182
30 Boul Clairevue O, SAINT-BRUNO, QC, J3V 1P8
(450) 653-7846   SIC 6021
ROYAL BANK OF CANADA   p 1190
12095 1re Av, SAINT-GEORGES, QC, G5Y 2E2
(418) 227-7901   SIC 6021
ROYAL BANK OF CANADA   p 1202
635 Av Victoria, SAINT-LAMBERT, QC, J4P 3R4
(450) 923-5320   SIC 6021
ROYAL BANK OF CANADA   p 1204
9900 Boul Cavendish Bureau 310, SAINT-LAURENT, QC, H4M 2V2
SIC 6021
ROYAL BANK OF CANADA   p 1216
4286 Rue Jean-Talon E, SAINT-LEONARD, QC, H1S 1J7
(514) 722-3568   SIC 6021
ROYAL BANK OF CANADA   p 1231
60 Rue Turgeon, SAINTE-THERESE, QC, J7E 3H4
(450) 433-2202   SIC 6021
ROYAL BANK OF CANADA   p 1231
See ROYAL BANK OF CANADA
ROYAL BANK OF CANADA   p 1251
3105 Boul Des Recollets, Trois-Rivieres, QC, G9A 6M1
(819) 691-4150   SIC 6021
ROYAL BANK OF CANADA   p 1251
See ROYAL BANK OF CANADA
ROYAL BANK OF CANADA   p 1254
689 3e Av, VAL-D'OR, QC, J9P 1S7
(819) 824-5150   SIC 6021
ROYAL BANK OF CANADA   p 1263
1 Car Westmount Bureau 100, WESTMOUNT, QC, H3Z 2P9
(514) 874-5793   SIC 6021
ROYAL BANK OF CANADA   p 1268
1202 4th St, ESTEVAN, SK, S4A 0W9
(306) 637-4800   SIC 6021
ROYAL BANK OF CANADA   p 1270
503 Main St, ITUNA, SK, S0A 1N0

(306) 795-2661   SIC 6021
ROYAL BANK OF CANADA   p 1271
401 Main St, KINDERSLEY, SK, S0L 1S0
(306) 463-5330   SIC 6021
ROYAL BANK OF CANADA   p 1276
52 High St W, MOOSE JAW, SK, S6H 1S3
(306) 691-4100   SIC 6021
ROYAL BANK OF CANADA   p 1280
801 15th St E, PRINCE ALBERT, SK, S6V 0C7
(306) 953-5700   SIC 6021
ROYAL BANK OF CANADA   p 1288
2441 7th Ave N, REGINA, SK, S4R 0K4
(306) 780-2811   SIC 6021
ROYAL BANK OF CANADA   p 1293
2802 8th St E, SASKATOON, SK, S7H 0V9
(306) 933-3780   SIC 6021
ROYAL BANK OF CANADA   p 1297
154 1st Ave S, SASKATOON, SK, S7K 1K2
(306) 933-3400   SIC 6021
ROYAL BANK OF CANADA   p 1300
15 Worobetz Pl Suite 15, SASKATOON, SK, S7L 6R4
(306) 933-3586   SIC 6021
ROYAL BANK OF CANADA   p 1307
261 1st Ave Nw, SWIFT CURRENT, SK, S9H 0N1
(306) 778-4100   SIC 6021
ROYAL BANK OF CANADA   p 1311
4110 4th Ave, WHITEHORSE, YT, Y1A 4N7
(867) 667-6416   SIC 6021
ROYAL BANK TRANSIT # 5600   p 300
See ROYAL BANK OF CANADA
ROYAL BANK VENTURES INC   p 920
200 Bay St, TORONTO, ON, M5J 2J5
(416) 974-2493   SIC 6282
ROYAL BANK-CARLINGWOOD   p 798
See ROYAL BANK OF CANADA
ROYAL CAMP SERVICES LTD   p 101
7111 67 St Nw, EDMONTON, AB, T6B 3L7
(780) 463-8000   SIC 5812
ROYAL CANADIAN GOLF ASSOCIATION p 33
7100 15 St Se, CALGARY, AB, T2H 2Z8
(403) 640-3555   SIC 7992
ROYAL CANADIAN LEGION #86   p 174
See ROYAL CANADIAN LEGION, THE
ROYAL CANADIAN LEGION DISTRICT D CARE CENTRES   p 835
59 Lawson Rd, SCARBOROUGH, ON, M1C 2J1
(416) 284-9235   SIC 8361
ROYAL CANADIAN LEGION NORTH CALGARY BRANCH (NO 264)   p 39
1910 Kensington Rd Nw, CALGARY, AB, T2N 3R5
(403) 283-5264   SIC 8641
ROYAL CANADIAN LEGION UPPER RIDEAU BRANCH 542   p 956
See ROYAL CANADIAN LEGION, THE
ROYAL CANADIAN LEGION, THE   p 19
2625 78 Ave Se, CALGARY, AB, T2C 3B7
SIC 8641
ROYAL CANADIAN LEGION, THE   p 74
11150 82 St Nw Suite 178, EDMONTON, AB, T5B 2V1
(780) 479-4277   SIC 8641
ROYAL CANADIAN LEGION, THE   p 127
9912 101 Ave Suite 54, GRANDE PRAIRIE, AB, T8V 0X8
(780) 532-3110   SIC 8641
ROYAL CANADIAN LEGION, THE   p 174
5003 50 Ave, WETASKIWIN, AB, T9A 0W9
(780) 352-2662   SIC 8641
ROYAL CANADIAN LEGION, THE   p 481
Building 946, IQALUIT, NU, X0A 0H0
(867) 979-6215   SIC 8641
ROYAL CANADIAN LEGION, THE   p 489
49 Daniel St N, ARNPRIOR, ON, K7S 2K6
(613) 623-4722   SIC 8641
ROYAL CANADIAN LEGION, THE   p 555
151 6th Ave, COCHRANE, ON, P0L 1C0
(705) 272-3205   SIC 8641

ROYAL CANADIAN LEGION, THE   p 625
86 Aird Pl, KANATA, ON, K2L 0A1
(613) 591-3335   SIC 8641
ROYAL CANADIAN LEGION, THE   p 853
600 Ontario St, ST CATHARINES, ON, L2N 7H8
(905) 934-1261   SIC 8641
ROYAL CANADIAN LEGION, THE   p 956
10099 Perth Rd, WESTPORT, ON, K0G 1X0
(613) 273-3615   SIC 8641
ROYAL CANADIAN LEGION, THE   p 960
108 Winnipeg St N, WHITE RIVER, ON, P0M 3G0
(807) 822-2480   SIC 7389
ROYAL CANADIAN LEGION, THE   p 983
94 Main Dr, MISCOUCHE, PE, C0B 1T0
(902) 436-2672   SIC 8641
ROYAL CANADIAN LEGION, THE   p 985
340 Notre Dame St, SUMMERSIDE, PE, C1N 1S5
(902) 436-2091   SIC 8641
ROYAL CANADIAN MINT   p 366
520 Lagimodiere Blvd, WINNIPEG, MB, R2J 3E7
(204) 983-6400   SIC 5094
ROYAL CANADIAN MINT   p 782
320 Sussex Dr, OTTAWA, ON, K1A 0G8
(613) 993-3500   SIC 5094
ROYAL CANADIAN PACIFIC, DIV OF   p 42
See CANADIAN PACIFIC RAILWAY COMPANY
ROYAL CANADIAN SEA CADETS   p 502
See NAVY LEAGUE OF CANADA, THE
ROYAL CANADIAN YACHT CLUB, THE   p 924
141 St. George St Suite 218, TORONTO, ON, M5R 2L8
(416) 967-7245   SIC 7997
ROYAL CHARLES SCHOOL   p 1192
See RIVERSIDE SCHOOL BOARD
ROYAL CITY AMBULANCE SERVICE LTD p 604
355 Elmira Rd N Suite 134, GUELPH, ON, N1K 1S5
(519) 824-1510   SIC 4119
ROYAL CITY SAFEWAY   p 244
See SOBEYS WEST INC
ROYAL CITY STAR RIVERBOAT CASINO   p 245
See STAR OF FORTUNE GAMING MANAGEMENT (B.C.) CORP
ROYAL COLLEGE OF PHYSICIANS AND SURGEONS OF CANADA, THE   p 794
774 Echo Dr, OTTAWA, ON, K1S 5N8
(613) 730-8177   SIC 8621
ROYAL COURT RETIREMENT RESIDENCE p 413
See SHANNEX INCORPORATED
ROYAL DIRECT   p 386
See ROYAL BANK OF CANADA
ROYAL DIRECT MONTREAL CALL CENTRE   p 1113
See ROYAL BANK OF CANADA
ROYAL EDITION INC, THE   p 946
325 Toronto St S, UXBRIDGE, ON, L9P 1Z7
(905) 852-6680   SIC 5812
ROYAL ENVELOPE   p 557
See ALLIANCE ENVELOPE LIMITED
ROYAL EQUATOR INC   p 695
100 Traders Blvd E, MISSISSAUGA, ON, L4Z 2H7
(905) 890-9110   SIC 7011
ROYAL FINANCIAL GROUP   p 106
See ROYAL BANK OF CANADA
ROYAL FLEX   p 975
See ROYAL GROUP, INC
ROYAL GARDENS RETIREMENT COMMUNITY   p 811
See ROYAL GARDENS RETIREMENT RESIDENCE INC
ROYAL GARDENS RETIREMENT RESIDENCE INC   p 811

1160 Clonsilla Ave, PETERBOROUGH, ON, K9J 8P8
(705) 741-6036   SIC 8361
ROYAL GROUP RESOURCES   p 975
See ROYAL GROUP, INC
ROYAL GROUP, INC   p 509
10 Reagen's Industrial Pky Suite 1, BRADFORD, ON, L3Z 0Z8
(905) 775-5000   SIC 3089
ROYAL GROUP, INC   p 562
750 Creditstone Rd, CONCORD, ON, L4K 5A5
(905) 738-4171   SIC 5039
ROYAL GROUP, INC   p 562
121 Pippin Rd, CONCORD, ON, L4K 4J9
(905) 761-8529   SIC 3089
ROYAL GROUP, INC   p 665
3886 Commerce Rd, LONDON, ON, N6N 1P8
(519) 644-0440   SIC 5211
ROYAL GROUP, INC   p 829
900 South Vidal St, SARNIA, ON, N7T 8G1
SIC 3089
ROYAL GROUP, INC   p 972
100 Royal Group Cres Unit B, WOODBRIDGE, ON, L4H 1X9
(905) 264-2989   SIC 3448
ROYAL GROUP, INC   p 972
111 Royal Group Cres, WOODBRIDGE, ON, L4H 1X9
(905) 264-0701   SIC 3089
ROYAL GROUP, INC   p 972
71 Royal Group Cres Suite 2, WOODBRIDGE, ON, L4H 1X9
(905) 264-5500   SIC 5039
ROYAL GROUP, INC   p 975
131 Regalcrest Crt, WOODBRIDGE, ON, L4L 8P3
(905) 652-0461   SIC 3084
ROYAL GROUP, INC   p 975
131 Regalcrest Crt,, WOODBRIDGE, ON, L4L 8P3
(905) 856-7550   SIC 4953
ROYAL GROUP, INC   p 975
101 Regalcrest Crt, WOODBRIDGE, ON, L4L 8P3
(905) 856-7550   SIC 3084
ROYAL GROUP, INC   p 991
10401 Boul Ray-Lawson, ANJOU, QC, H1J 1M3
(514) 354-6891   SIC 5039
ROYAL GROUP, INC   p 1032
3035 Boul Le Corbusier Bureau 7, FABREVILLE, QC, H7L 4C3
(450) 687-5115   SIC 3431
ROYAL GROUP, INC   p 1156
2395 Av Watt, Quebec, QC, G1P 3X2
(418) 653-6655   SIC 5039
ROYAL GROUP, INC   p 1203
1401 Rue Bellevue, SAINT-LAMBERT-DE-LAUZON, QC, G0S 2W0
SIC 3089
ROYAL GROUP, INC   p 1213
5055 Rue Courval Bureau 9, SAINT-LAURENT, QC, H4T 1X6
(514) 739-3399   SIC 3089
ROYAL GROUP, INC   p 1244
1085 Rue Des Cheminots Bureau 10, TERREBONNE, QC, J6W 0A1
(450) 668-5549   SIC 5031
ROYAL HEIGHTS ELEMENTARY SCHOOL p 285
See SCHOOL DISTRICT NO 36 (SURREY)
ROYAL HOST INC   p 38
1804 Crowchild Trail Nw, CALGARY, AB, T2M 3Y7
(403) 289-0241   SIC 7011
ROYAL HOST INC   p 144
1100 Redcliff Dr Sw, MEDICINE HAT, AB, T1A 5E5
(403) 527-2275   SIC 7011
ROYAL HOST INC   p 586
925 Dixon Rd, ETOBICOKE, ON, M9W 1J8

(416) 674-2222   SIC 7011
ROYAL HOST INC   p 660
800 Exeter Rd, LONDON, ON, N6E 1L5
(519) 681-1200   SIC 7011
ROYAL HOST INC   p 768
590 Argus Rd, OAKVILLE, ON, L6J 3J3
(905) 842-5000   SIC 7011
ROYAL INLAND HOSPITAL   p 220
See INTERIOR HEALTH AUTHORITY
ROYAL INSTITUTION FOR THE ADVANCEMENT OF LEARNING / MCGILL UNIVERSITY   p 1108
See THE ROYAL INSTITUTE FOR THE ADVANCEMENT OF LEARNING MCGILL UNIVERSITY
ROYAL J & M DISTRIBUTING INC   p 869
3085 Kingsway, SUDBURY, ON, P3B 2G5
(705) 566-8111   SIC 5571
ROYAL LASER MFG INC   p 586
25 Claireville Dr, ETOBICOKE, ON, M9W 5Z7
(416) 679-9474   SIC 3499
ROYAL LE PAGE   p 498
See ROYAL LE PAGE FIRST CONTACT REALTY
ROYAL LE PAGE   p 597
See LAKES OF MUSKOKA REALTY INC
ROYAL LE PAGE FIRST CONTACT REALTY p 498
299 Lakeshore Dr, BARRIE, ON, L4N 7Y9
(705) 727-6111   SIC 6531
ROYAL LE PAGE MAXIMUM REALTY   p 975
7694 Islington Ave, WOODBRIDGE, ON, L4L 1W3
(416) 324-2626   SIC 6531
ROYAL LEGAL SOLUTIONS P.C. INC   p 910
1 Yonge St Suite 1801, TORONTO, ON, M5E 1W7
(416) 619-9197   SIC 8111
ROYAL LEPAGE   p 337
See RLK REALTY LTD
ROYAL LEPAGE   p 487
See STATE REALTY LIMITED
ROYAL LEPAGE   p 620
See LAKES OF MUSKOKA REALTY INC
ROYAL LEPAGE (1598)   p 1081
1301 Ch Canora, MONT-ROYAL, QC, H3P 2J5
(514) 735-2281   SIC 6531
ROYAL LEPAGE ATLANTIC   p 408
See 501420 NB INC
ROYAL LEPAGE ATLANTIC   p 413
See 501420 NB INC
ROYAL LEPAGE ATLANTIC   p 461
See 501420 NB INC
ROYAL LEPAGE DYNAMIC   p 387
See 4395612 MANITOBA LTD
ROYAL LEPAGE INTER QUEBEC   p 1160
See COURTIERS INTER-QUEBEC INC, LES
ROYAL LEPAGE INTER QUEBEC   p 1164
See COURTIERS INTER-QUEBEC INC, LES
ROYAL LEPAGE LIMITED   p 89
15057 Stony Plain Rd Nw Suite 200, EDMONTON, AB, T5P 4W1
(780) 488-0000   SIC 6531
ROYAL LEPAGE LIMITED   p 111
3018 Calgary Trail Nw, EDMONTON, AB, T6J 6V4
(780) 915-4980   SIC 6531
ROYAL LEPAGE LIMITED   p 154
3608 50 Ave Suite 6, RED DEER, AB, T4N 3Y6
(403) 346-8900   SIC 6531
ROYAL LEPAGE LIMITED   p 339
2407 Marine Dr, WEST VANCOUVER, BC, V7V 1L3
(604) 926-6011   SIC 6531
ROYAL LEPAGE LIMITED   p 576
3031 Bloor St W, ETOBICOKE, ON, M8X 1C5
(416) 236-1871   SIC 6531

ROYAL LEPAGE LIMITED *p 701*
1654 Lakeshore Rd E, MISSISSAUGA, ON, L5G 1E2
(905) 278-5273   *SIC* 6531

ROYAL LEPAGE LIMITED *p 706*
5055 Plantation Pl Unit 1, MISSISSAUGA, ON, L5M 6J3
(905) 828-1122   *SIC* 6531

ROYAL LEPAGE LIMITED *p 768*
326 Lakeshore Rd E, OAKVILLE, ON, L6J 1J6
(905) 845-4267   *SIC* 6531

ROYAL LEPAGE LIMITED *p 776*
250 Centrum Blvd Suite 107, ORLEANS, ON, K1E 3J1
(613) 446-5544   *SIC* 6531

ROYAL LEPAGE LIMITED *p 896*
3080 Yonge St Suite 2060, TORONTO, ON, M4N 3N1
(416) 487-4311   *SIC* 6531

ROYAL LEPAGE LIMITED *p 899*
477 Mount Pleasant Rd Unit 210, TORONTO, ON, M4S 2L9
(416) 489-2121   *SIC* 7389

ROYAL LEPAGE LIMITED *p 899*
477 Mount Pleasant Rd, TORONTO, ON, M4S 2L9
(416) 268-9420   *SIC* 6531

ROYAL LEPAGE LIMITED *p 939*
2320 Bloor St W, TORONTO, ON, M6S 1P2
(416) 762-8255   *SIC* 6531

ROYAL LEPAGE LIMITED *p 944*
253 Dundas St E, TRENTON, ON, K8V 1M1
(613) 243-0909   *SIC* 6531

ROYAL LEPAGE LIMITED *p 1044*
472b Rue Main, HUDSON, QC, J0P 1H0
SIC 6531

ROYAL LEPAGE MEADOWTOWNE REALTY BROKERAGE *p 711*
6948 Financial Dr, MISSISSAUGA, ON, L5N 8J4
(905) 821-3200   *SIC* 6531

ROYAL LEPAGE NIAGARA REAL ESTATE CENTRE *p 598*
22 Main St W, GRIMSBY, ON, L3M 1R4
(905) 945-1234   *SIC* 6531

ROYAL LEPAGE NIAGARA REAL ESTATE CENTRE *p 738*
3770 Montrose Rd Suite 1, NIAGARA FALLS, ON, L2H 3K3
(905) 357-3000   *SIC* 6531

ROYAL LEPAGE NIAGARA REAL ESTATE CENTRE *p 956*
637 Niagara St Unit 2, WELLAND, ON, L3C 1L9
(905) 734-4545   *SIC* 6531

ROYAL LEPAGE NORALTA *p 89*
See ROYAL LEPAGE LIMITED

ROYAL LEPAGE NORALTA *p 111*
See ROYAL LEPAGE LIMITED

ROYAL LEPAGE NORTH SHORE *p 339*
See ROYAL LEPAGE LIMITED

ROYAL LEPAGE PERFORMANCE REALTY *p 776*
See ROYAL LEPAGE LIMITED

ROYAL LEPAGE PRIME REAL ESTATE *p 364*
1877 Henderson Hwy, WINNIPEG, MB, R2G 1P4
(204) 989-7900   *SIC* 6531

ROYAL LEPAGE PRINCE GEORGE *p 262*
3166 Massey Dr, PRINCE GEORGE, BC, V2N 2S9
(250) 564-4488   *SIC* 6531

ROYAL LEPAGE PRIVILEGE *p 1182*
See MELLOR, DAVID A. CONSULTANTS INC

ROYAL LEPAGE PRO ALLIANCE REALTY *p 944*
See ROYAL LEPAGE LIMITED

ROYAL LEPAGE REAL ESTATE SERVICES *p 701*
See ROYAL LEPAGE LIMITED

ROYAL LEPAGE REAL ESTATE SERVICES *p 939*
See ROYAL LEPAGE LIMITED

ROYAL LEPAGE RED DEER REAL ESTATE *p 154*
See ROYAL LEPAGE LIMITED

ROYAL LEPAGE RESIDENTIAL REAL ESTATE SERVICES *p 768*
See ROYAL LEPAGE LIMITED

ROYAL LEPAGE SHOWCASE PLUS *p 257*
See JON WOOD

ROYAL LEPAGE TRILAND REALTY *p 653*
See TRILAND REALTY LTD

ROYAL LEPAGE-NANAIMO REALTY *p 240*
See NANAIMO REALTY CO LTD

ROYAL LIFE SAVING SOCIETY CANADA, ONTARIO BRANCH, THE *p 745*
400 Consumers Rd, NORTH YORK, ON, M2J 1P8
(416) 494-1024   *SIC* 7999

ROYAL LIFE SAVINGS SOCIETY CANADA, THE *p 745*
400 Consumers Rd, NORTH YORK, ON, M2J 1P8
SIC 7999

ROYAL MARQUIS *p 966*
See RESIDENCES ALLEGRO, S.E.C., LES

ROYAL MUTUAL FUNDS INC *p 409*
1199 St George Blvd, MONCTON, NB, E1E 4N4
(506) 864-7000   *SIC* 6211

ROYAL NIAGARA GOLF CLUB *p 739*
See KANEFF PROPERTIES LIMITED

ROYAL OAK *p 623*
See 1085098 ONTARIO LTD

ROYAL OAK PUB *p 727*
See 429512 ONTARIO LIMITED

ROYAL OAK PUB *p 793*
See 429512 ONTARIO LIMITED

ROYAL OAK RAILING & STAIR LTD *p 734*
1131 Gorham St Unit 10-15, NEWMARKET, ON, L3Y 8X9
(905) 853-5727   *SIC* 2431

ROYAL OAKS MIDDLE SCHOOL *p 334*
See SCHOOL DISTRICT 63 (SAANICH)

ROYAL ORCHARD MIDDLE SCHOOL *p 521*
77 Royal Orchard Dr, BRAMPTON, ON, L6X 4M4
(905) 455-3760   *SIC* 8211

ROYAL OTTAWA MENTAL HEALTH CENTRE *p 531*
1804 Highway 2 E, BROCKVILLE, ON, K6V 5T1
(613) 345-1461   *SIC* 8093

ROYAL OUTDOOR PRODUCTS, DIV OF *p 972*
See ROYAL GROUP, INC

ROYAL PIPE SYSTEMS *p 975*
See ROYAL GROUP, INC

ROYAL POLYMERS CO, DIV OF *p 829*
See ROYAL GROUP, INC

ROYAL ROAD ELEMENTARY *p 402*
See ANGLOPHONE WEST SCHOOL DISTRICT (ASD-W)

ROYAL ROADS PUBLIC SCHOOL *p 621*
See THAMES VALLEY DISTRICT SCHOOL BOARD

ROYAL SCOT SUITE HOTEL, THE *p 330*
See CONGDON CONSTRUCTION (1986) LTD

ROYAL TAXI *p 416*
26 Taylor Ave, SAINT JOHN, NB, E2K 3E6
(506) 652-5050   *SIC* 4121

ROYAL TERRACE *p 804*
See SHANTI ENTERPRISES LIMITED

ROYAL TIRE SERVICE *p 885*
See FOUNTAIN TIRE LTD

ROYAL TIRE SERVICE LTD *p 833*
55 Black Rd, SAULT STE. MARIE, ON, P6B 0A3
(705) 254-6664   *SIC* 5531

ROYAL TOWERS HOTEL INC *p 244*
140 Sixth St, NEW WESTMINSTER, BC, V3L 2Z9
(604) 524-4689   *SIC* 7011

ROYAL TRUST CORPORATION OF CANADA *p 36*
755 Lake Bonavista Dr Se Suite 115, CALGARY, AB, T2J 0N3
(403) 299-5040   *SIC* 6021

ROYAL TRUST CORPORATION OF CANADA *p 37*
4820 Northland Dr Nw Suite 220, CALGARY, AB, T2L 2L3
(403) 299-5270   *SIC* 6021

ROYAL TRUST CORPORATION OF CANADA *p 154*
4943 50 St, RED DEER, AB, T4N 1Y1
(403) 340-7200   *SIC* 6021

ROYAL TRUST CORPORATION OF CANADA *p 313*
1055 Georgia St W Suite 600, VANCOUVER, BC, V6E 4P3
(604) 665-9817   *SIC* 6021

ROYAL TRUST CORPORATION OF CANADA *p 417*
100 King St, SAINT JOHN, NB, E2L 1G4
(506) 632-8080   *SIC* 6099

ROYAL TRUST CORPORATION OF CANADA *p 459*
5161 George St Suite 1103, HALIFAX, NS, B3J 1M7
(902) 421-7446   *SIC* 6021

ROYAL TRUST CORPORATION OF CANADA *p 931*
155 Wellington St W Suite 1000, TORONTO, ON, M5V 3K7
(416) 955-5254   *SIC* 6021

ROYAL TRUST CORPORATION OF CANADA *p 1028*
316 Av Dorval, DORVAL, QC, H9S 3H7
(514) 636-4740   *SIC* 6021

ROYAL TYRRELL MUSEUM *p 72*
See GOVERNMENT OF THE PROVINCE OF ALBERTA

ROYAL VICTORIA HOSPITAL *p 1107*
See MCGILL UNIVERSITY HEALTH CENTRE

ROYAL WEST ACADEMY *p 1133*
See COMMISSION SCOLAIRE ENGLISH-MONTREAL

ROYAL WEST EDMONTON INN LTD *p 93*
10010 178 St Nw, EDMONTON, AB, T5S 1T3
(780) 484-6000   *SIC* 7011

ROYAL WINDOW & DOOR PROFILES PLANT 2 *p 972*
See ROYAL GROUP, INC

ROYAL WINDOW & DOOR PROFILES, PLANT 10 *p 1244*
See ROYAL GROUP, INC

ROYAL WOODWORKING CO. LIMITED *p 509*
60 Industrial Rd, BRADFORD, ON, L3Z 3G7
(905) 727-2755   *SIC* 2431

ROYALE LEPAGE CAVAGNAL *p 1044*
See ROYAL LEPAGE LIMITED

ROYALMOUNT PHARMACEUTICALS *p 1125*
See PHARMASCIENCE INC

ROYALPLAST DOOR SYSTEMS CO *p 1244*
See GROUPE ROYAL INC

ROYCO HOTELS & RESORTS LTD *p 270*
3071 St Edwards Dr, RICHMOND, BC, V6X 3K4
(604) 278-5155   *SIC* 7011

ROYCO HOTELS & RESORTS LTD *p 498*
55 Hart Dr, BARRIE, ON, L4N 5M3
(705) 734-9500   *SIC* 7011

ROYCO HOTELS & RESORTS LTD *p 970*
2330 Huron Church Rd, WINDSOR, ON, N9E 3S6
(519) 972-1100   *SIC* 7011

ROYMICK INC *p 1075*
600 Re Royale Bureau198, MALARTIC, QC, J0Y 1Z0
(819) 757-6777   *SIC* 5912

ROYNAT CAPITAL INC *p 916*
40 King St W, TORONTO, ON, M5H 3Y2
(416) 933-2730   *SIC* 6159

ROYSTON ELEMENTARY SCHOOL *p 275*
See SCHOOL DISTRICT NO. 71 (COMOX VALLEY)

ROYWOOD PUBLIC SCHOOL *p 890*
See TORONTO DISTRICT SCHOOL BOARD

ROZON BATTERIES INC *p 1197*
700 Ch Du Grand-Bernier N, SAINT-JEAN-SUR-RICHELIEU, QC, J2W 2H1
(450) 348-8720   *SIC* 5013

RPM CANADA *p 562*
200 Confederation Pky, CONCORD, ON, L4K 4T8
(800) 363-0667   *SIC* 2851

RPM CANADA *p 562*
200 Confederation Pky, CONCORD, ON, L4K 4T8
(800) 363-0667   *SIC* 5231

RPM CANADA *p 894*
220 Wicksteed Ave, TORONTO, ON, M4H 1G7
(416) 421-3300   *SIC* 2851

RPM CANADA *p 958*
See RPM CANADA COMPANY

RPM CANADA *p 958*
95 Sunray St, WHITBY, ON, L1N 9C9
(905) 430-3333   *SIC* 5023

RPM CANADA *p 1005*
1445 Rue De Coulomb, BOUCHERVILLE, QC, J4B 7L8
(450) 449-4487   *SIC* 3531

RPM CANADA *p 1027*
3170 Av Miller, DORVAL, QC, H9P 1K5
(514) 874-9191   *SIC* 1752

RPM CANADA COMPANY *p 958*
95 Sunray St, WHITBY, ON, L1N 9C9
(905) 430-3333   *SIC* 2851

RPS COMPOSITES INC *p 404*
99 Industrial Park Rd, MINTO, NB, E4B 3A6
(506) 327-6505   *SIC* 3299

RPS ENERGY CANADA LTD *p 48*
800 5 Ave Sw Suite 1400, CALGARY, AB, T2P 3T6
(403) 265-7226   *SIC* 8711

RR DONELLEY CANADA FINANCIAL COMPANY *p 753*
60 Gervais Dr, NORTH YORK, ON, M3C 1Z3
SIC 2752

RR DONNELLEY MIL *p 890*
See MOORE CANADA CORPORATION

RRC *p 382*
See BOARD OF GOVERNOR'S OF RED RIVER COLLEGE, THE

RRFB NOVA SCOTIA *p 478*
See RESOURCE RECOVERY FUND BOARD, INCORPORATED

RS & ASSOCIATES *p 180*
See WESTJET AIRLINES LTD

RSA *p 1107*
See ROYAL & SUN ALLIANCE INSURANCE COMPANY OF CANADA

RSA *p 1159*
See ROYAL & SUN ALLIANCE INSURANCE COMPANY OF CANADA

RSA GROUP *p 52*
See ROYAL & SUN ALLIANCE INSURANCE COMPANY OF CANADA

RSB LOGISTIC INC *p 1300*
219 Cardinal Cres, SASKATOON, SK, S7L 7K8
(306) 242-8300   *SIC* 4212

RSC EQUIPMENT RENTALS *p 122*
See UNITED RENTALS OF CANADA, INC

RSCL *p 514*
See HUDSON'S BAY COMPANY

RSM RICHTER & ASSOCIATES INC *p 898*
90 Eglinton Ave E Suite 700, TORONTO, ON, M4P 2Y3
(416) 932-8000   *SIC* 8742

RSM RICHTER LLP *p 916*
200 King St W Suite 1100, TORONTO, ON,

M5H 3T4
(416) 932-8000 SIC 8721
RSM RUV MANAGEMENT p 916
200 King St W Suite 1100, TORONTO, ON, M5H 3T4
(416) 932-8000 SIC 8741
RST INDUSTRIES LIMITED p 414
485 Mcallister Dr, SAINT JOHN, NB, E2J 2S8
(506) 634-8800 SIC 4213
RSW INC p 1168
5600 Boul Des Galeries Bureau 500, Quebec, QC, G2K 2H6
(418) 648-9512 SIC 8711
RT DISTRIBUTORS p 97
See REGIONAL TIRE DISTRIBUTORS INC
RT FRESH PREPARED FOODS INC p 586
315 Humberline Dr, ETOBICOKE, ON, M9W 5T6
(416) 213-1077 SIC 2099
RTD QUALITY SERVICES INC p 101
5504 36 St Nw, EDMONTON, AB, T6B 3P3
(780) 440-6600 SIC 7389
RTL- ROBINSON ENTERPRISES LTD p 93
10821 209 St Nw, EDMONTON, AB, T5S 1Z7
SIC 4213
RTM OPERATING COMPANY OF CANADA INC p 226
2070 Harvey Ave Suite 16, KELOWNA, BC, V1Y 8P8
(250) 763-0006 SIC 5812
RTM OPERATING COMPANY OF CANADA INC p 362
1573 Regent Ave W, WINNIPEG, MB, R2C 3B3
(204) 954-7481 SIC 5812
RTM OPERATING COMPANY OF CANADA INC p 504
281 North Front St, BELLEVILLE, ON, K8P 3C3
(613) 966-1844 SIC 5812
RTO ASSET MANAGEMENT INC p 698
33 City Centre Dr Suite 510, MISSISSAUGA, ON, L5B 2N5
(905) 272-2788 SIC 7359
RTQ INC p 1005
31 Rue De Montgolfier, BOUCHERVILLE, QC, J4B 8C4
(450) 449-6440 SIC 1389
RUBANS D'OURLET DE MONTREAL INC p 1205
1440 Boul Jules-Poitras, SAINT-LAURENT, QC, H4N 1X7
(514) 271-2561 SIC 2241
RUBBER TECH. INTERNATIONAL LTD p 136
Gd, LEGAL, AB, T0G 1L0
(780) 961-3229 SIC 5199
RUBIDGE RETIREMENT RESIDENCE p 808
See 990628 ONTARIO INC
RUBIE'S COSTUME COMPANY (CANADA) p 674
2710 14th Ave, MARKHAM, ON, L3R 0J1
(905) 470-0300 SIC 5099
RUDSAK INC p 1096
9160 Boul Saint-Laurent Bureau 400, Montreal, QC, H2N 1M9
(514) 389-9661 SIC 2386
RUGBY BEACH CLUB GRILL, THE p 300
See LIFESTYLE RESTAURANT LTD
RUGGEDCOM SIEMENS p 562
See SIEMENS CANADA LIMITED
RUNDLE COLLEGE SOCIETY p 53
4330 16 St Sw Suite 4416, CALGARY, AB, T2T 4H9
(403) 250-2965 SIC 8211
RUNDLE SCHOOL p 9
See CALGARY BOARD OF EDUCATION
RUNDLE SCHOOL p 97
See EDMONTON SCHOOL DISTRICT NO. 7
RUNGE NEWSPAPER p 625
See METROLAND MEDIA GROUP LTD

RUNNYMEDE COLLEGIATE INSTITUTE p 939
See TORONTO DISTRICT SCHOOL BOARD
RUNNYMEDE JUNIOR AND SENIOR PUBLIC SCHOOL p 939
See TORONTO DISTRICT SCHOOL BOARD
RUPERT CLEANERS & LAUNDRY LTD p 263
340 Mcbride St, PRINCE RUPERT, BC, V8J 3G2
(250) 624-9601 SIC 7218
RUSELL REED SCHOOL p 525
See GRAND ERIE DISTRICT SCHOOL BOARD
RUSKIN CONSTRUCTION LTD p 238
1451 Trowsse Rd, MILL BAY, BC, V0R 2P4
(250) 360-0672 SIC 1541
RUSKIN CONSTRUCTION LTD p 258
2011 Pg Pulp Mill Road, PRINCE GEORGE, BC, V2K 5P5
(604) 331-1032 SIC 1541
RUSKIN CONSTRUCTION LTD p 262
2011 Pg Pulp Mill Rd, PRINCE GEORGE, BC, V2N 2K3
(250) 563-2800 SIC 1622
RUSSEL METAL PROCESSING p 1297
See RUSSEL METALS INC
RUSSEL METALS INC p 19
5724 40 St Se, CALGARY, AB, T2C 2A1
(403) 279-6600 SIC 3312
RUSSEL METALS INC p 101
4203 53 Ave Nw, EDMONTON, AB, T6B 3P4
(780) 220-9994 SIC 5051
RUSSEL METALS INC p 101
5730 72a Ave Nw, EDMONTON, AB, T6B 3L1
SIC 5051
RUSSEL METALS INC p 106
7016 99 St Nw, EDMONTON, AB, T6E 3R3
(780) 439-2051 SIC 5051
RUSSEL METALS INC p 115
2165 70 Ave Nw, EDMONTON, AB, T6P 0B4
(780) 468-1115 SIC 5051
RUSSEL METALS INC p 115
2471 76 Avenue Nw, EDMONTON, AB, T6P 1P6
(780) 440-0779 SIC 3444
RUSSEL METALS INC p 115
5910 17 St Nw, EDMONTON, AB, T6P 1S5
(780) 440-2000 SIC 5051
RUSSEL METALS INC p 156
4821 78 St, RED DEER, AB, T4P 1N5
(403) 343-1452 SIC 4225
RUSSEL METALS INC p 208
830 Carlisle Rd, DELTA, BC, V3M 5P4
(604) 525-0544 SIC 5051
RUSSEL METALS INC p 241
1950 East Wellington Rd, NANAIMO, BC, V9S 5V2
(250) 753-1555 SIC 5051
RUSSEL METALS INC p 262
990 Industrial Way, PRINCE GEORGE, BC, V2N 5S1
(250) 563-1274 SIC 5051
RUSSEL METALS INC p 383
1359 St James St, WINNIPEG, MB, R3H 0K9
(204) 772-0321 SIC 5051
RUSSEL METALS INC p 390
1510 Clarence Ave, WINNIPEG, MB, R3T 1T6
(204) 475-8584 SIC 1791
RUSSEL METALS INC p 414
141 Crescent St, SACKVILLE, NB, E4L 3V2
(506) 364-1234 SIC 5051
RUSSEL METALS INC p 466
28 Lakeside Park Dr, Lakeside, NS, B3T 1A3
(902) 876-7861 SIC 5051
RUSSEL METALS INC p 547
15 Cherry Blossom Rd, CAMBRIDGE, ON, N3H 4R7

(519) 650-1666 SIC 5051
RUSSEL METALS INC p 603
14 Curve Cres, GUELPH, ON, N1H 6H9
(519) 763-1114 SIC 5051
RUSSEL METALS INC p 652
685 Hale St, LONDON, ON, N5W 1J1
(519) 451-1140 SIC 5051
RUSSEL METALS INC p 711
1900 Minnesota Crt Suite 210, MISSISSAUGA, ON, L5N 3C9
(905) 567-8500 SIC 5051
RUSSEL METALS INC p 785
2420 Stevenage Dr, OTTAWA, ON, K1G 3W3
(613) 738-2961 SIC 5051
RUSSEL METALS INC p 861
1052 Service Rd S, STONEY CREEK, ON, L8E 6G3
(905) 643-3008 SIC 7389
RUSSEL METALS INC p 861
687 Arvin Ave, STONEY CREEK, ON, L8E 5R2
(905) 643-4271 SIC 3499
RUSSEL METALS INC p 989
1675 Rte De L'aeroport, AMOS, QC, J9T 3A2
(819) 732-8381 SIC 5051
RUSSEL METALS INC p 1005
1331 Rue Graham-Bell Bureau 1, BOUCHERVILLE, QC, J4B 6A1
(450) 641-1130 SIC 5051
RUSSEL METALS INC p 1015
2149 Rue De La Fonderie, CHICOUTIMI, QC, G7H 8C1
(418) 545-8881 SIC 5051
RUSSEL METALS INC p 1163
5225 Rue John-Molson, Quebec, QC, G1X 3X4
(418) 656-9911 SIC 5051
RUSSEL METALS INC p 1174
221 Rue Des Negociants, RIMOUSKI, QC, G5M 1B7
(418) 724-4937 SIC 5051
RUSSEL METALS INC p 1181
167 Rue De Rotterdam, SAINT-AUGUSTIN-DE-DESMAURES, QC, G3A 2K2
(418) 878-5737 SIC 5051
RUSSEL METALS INC p 1245
1025 Boul Des Entreprises, TERREBONNE, QC, J6Y 1V2
(514) 333-5380 SIC 5051
RUSSEL METALS INC p 1283
475 E 1st Ave, REGINA, SK, S4N 4Z3
(306) 721-6411 SIC 5051
RUSSEL METALS INC p 1297
503 50th St E, SASKATOON, SK, S7K 6H3
(306) 244-7511 SIC 3599
RUSSEL METALS INC p 1297
922 51st St E, SASKATOON, SK, S7K 7K2
(306) 931-3338 SIC 5051
RUSSEL METALS NORTH WINNIPEG p 383
See RUSSEL METALS INC
RUSSEL METALS SASKATOON p 1297
See RUSSEL METALS INC
RUSSEL METALS-ATLANTIC p 466
See RUSSEL METALS INC
RUSSEL STEEL REGINA p 1283
See RUSSEL METALS INC
RUSSEL-LEROUX p 547
See RUSSEL METALS INC
RUSSELL A. FARROW LIMITED p 82
10310 Jasper Ave Nw Suite 500, EDMONTON, AB, T5J 2W4
(780) 423-5444 SIC 4731
RUSSELL A. FARROW LIMITED p 493
106 Earl Thompson Rd, AYR, ON, N0B 1E0
(519) 740-9866 SIC 4731
RUSSELL A. FARROW LIMITED p 581
5397 Eglinton Ave W Suite 220, ETOBICOKE, ON, M9C 5K6
SIC 4731
RUSSELL ATHLETIC p 708
See FRUIT OF THE LOOM CANADA, INC
RUSSELL D. BARBER PUBLIC SCHOOL p

512
See PEEL DISTRICT SCHOOL BOARD
RUSSELL FOOD EQUIPMENT (EDMONTON) LIMITED p 82
10225 106 St Nw, EDMONTON, AB, T5J 1H5
(780) 423-4221 SIC 5046
RUSSELL FOOD EQUIPMENT LIMITED p 33
5707 4 St Se, CALGARY, AB, T2H 1K8
(403) 253-1383 SIC 5046
RUSSELL FOOD EQUIPMENT LIMITED p 77
10808 120 St Nw, EDMONTON, AB, T5H 3P7
(780) 423-4221 SIC 5046
RUSSELL FOOD EQUIPMENT LIMITED p 381
941 Erin St, WINNIPEG, MB, R3G 2W8
(204) 774-3591 SIC 7699
RUSSELL FOOD EQUIPMENT LIMITED p 578
70 Coronet Rd Suite 1, ETOBICOKE, ON, M8Z 2M1
(416) 207-9000 SIC 5046
RUSSELL FOOD EQUIPMENT LIMITED p 1216
5485 Boul Des Grandes-Prairies, SAINT-LEONARD, QC, H1R 1B1
(514) 382-1160 SIC 5046
RUSSELL FOOD EQUIPMENT LIMITED p 1288
1475 Rose St, REGINA, SK, S4R 2A1
(306) 525-3333 SIC 5046
RUSSELL FOOD SERVICE p 381
See RUSSELL FOOD EQUIPMENT LIMITED
RUSSELL HIGH SCHOOL p 826
See UPPER CANADA DISTRICT SCHOOL BOARD, THE
RUSSELL INVESTMENTS CANADA LIMITED p 932
100 King St W Suite 5900, TORONTO, ON, M5X 2A1
(416) 362-8411 SIC 6411
RUSSELL METAELS p 414
See RUSSEL METALS INC
RUSSELL PUBLIC SCHOOL p 826
See UPPER CANADA DISTRICT SCHOOL BOARD, THE
RUSSELL RINFRET, DIV DE p 1216
See RUSSELL FOOD EQUIPMENT LIMITED
RUSSELL TOOL & DIE LIMITED p 552
381 Park Ave W, CHATHAM, ON, N7M 1W6
(519) 352-8168 SIC 3544
RUSSELL, J.E. PRODUCE LTD p 576
165 The Queensway Suite 332, ETOBICOKE, ON, M8Y 1H8
(416) 252-7838 SIC 5148
RUST-OLEUM CONSUMER BRANDS CANADA, DIV OF p 562
See RPM CANADA
RUST-OLEUM CONSUMERS BRANDS CANADA, DIV OF p 562
See RPM CANADA
RUSTBLOCK CORROSION PRETECTION INC p 1215
5730 Boul Robert, SAINT-LEONARD, QC, H1P 1M4
(514) 722-1928 SIC 5169
RUSTY MACDONALD BRANCH LIBRARY p 1298
See SASKATOON PUBLIC LIBRARY
RUSTY PELICAN p 156
See 733644 ALBERTA LTD
RUTH KING ELEMENTARY p 336
See SCHOOL DISTRICT NO 62 (SOOKE)
RUTH M F BUCK ELEMENTARY SCHOOL p 1289
See BOARD OF EDUCATION REGINA SCHOOL DIVISION NO. 4 OF

SASKATCHEWAN
RUTH PAWSON PUBLIC ELEMENTARY SCHOOL p 1287
See BOARD OF EDUCATION REGINA SCHOOL DIVISION NO. 4 OF SASKATCHEWAN
RUTH THOMPSON MIDDLE SCHOOL p 706
See PEEL DISTRICT SCHOOL BOARD
RUTH'S CHRIS STEAK HOUSE p 26
See 1184892 ALBERTA LTD
RUTH'S CHRIS STEAK HOUSE p 916
See SIZZLING IN TORONTO, INC
RUTH'S CHRIS STEAK HOUSE EDMONTON p 82
10103 100 St Nw, EDMONTON, AB, T5J 0N8
(780) 990-0123   SIC 5812
RUTHERFORD ELEMENTARY SCHOOL p 242
See SCHOOL DISTRICT NO. 68 (NANAIMO-LADYSMITH)
RUTHERFORD INTERNATIONAL FREIGHT SERVICE p 685
See RUTHERFORD, WILLIAM L. LIMITED
RUTHERFORD TERMINALS p 273
See RUTHERFORD, WILLIAM L (BC) LTD
RUTHERFORD, WILLIAM L (BC) LTD p 273
6086 Russ Baker Way Suite 125, RICHMOND, BC, V7B 1B4
(604) 273-8611   SIC 4731
RUTHERFORD, WILLIAM L. LIMITED p 685
3350 Airway Dr, MISSISSAUGA, ON, L4V 1T3
(905) 673-2222   SIC 4731
RUTHVEN PUBLIC SCHOOL p 826
See GREATER ESSEX COUNTY DISTRICT SCHOOL BOARD
RUTLAND ELEMENTARY SCHOOL p 223
See BOARD OF EDUCATION OF SCHOOL DISTRICT NO. 23 (CENTRAL OKANAGAN), THE
RUTLAND SENIOR SECONDARY SCHOOL p 223
See BOARD OF EDUCATION OF SCHOOL DISTRICT NO. 23 (CENTRAL OKANAGAN), THE
RUTLEDGE FLOWERS AT YORKDALE INC p 899
635 Mount Pleasant Rd Suite A, TORONTO, ON, M4S 2M9
(416) 783-6355   SIC 5992
RUTTAN ENTERPRISES LTD p 198
Gd, CLEARWATER, BC, V0E 1N0
(250) 674-2340   SIC 7011
RW & CO. p 334
See REITMANS (CANADA) LIMITEE
RWDI AIR p 48
See ROWAN WILLIAMS DAVIES & IRWIN INC
RWDI AIR p 48
See RWDI GROUP INC
RWDI AIR INC p 48
736 8 Ave Sw Suite 1000, CALGARY, AB, T2P 1H4
(403) 232-6771   SIC 8711
RWDI AIR INC p 600
600 Southgate Dr, GUELPH, ON, N1G 4P6
(519) 823-1311   SIC 8711
RWDI GROUP INC p 48
736 8 Ave Sw Suite 1000, CALGARY, AB, T2P 1H4
(403) 232-6771   SIC 8711
RX GOLD & SILVER INC p 916
145 King St W Suite 2870, TORONTO, ON, M5H 1J8
(416) 848-9503   SIC 1081
RYAN COMPANY LIMITED p 334
723a Vanalman Ave, VICTORIA, BC, V8Z 3B6
(250) 388-4254   SIC 5962
RYAN VENDING p 334
See RYAN COMPANY LIMITED
RYANS, PATRICK O. LTD p 968

25 Pitt St E, WINDSOR, ON, N9A 2V3
SIC 5812
RYANS, PATRICK IRISH PUB p 968
See RYANS, PATRICK O. LTD
RYASH COFFEE CORPORATION p 677
9251 Woodbine Ave, MARKHAM, ON, L6C 1Y9
(905) 887-8444   SIC 5461
RYCOM INC p 972
6201 7 Hwy Unit 8, WOODBRIDGE, ON, L4H 0K7
(905) 264-4800   SIC 5065
RYCROFT SCHOOL p 160
See PEACE WAPITI SCHOOL DIVISION NO.76
RYDER CANADA p 208
See RYDER TRUCK RENTAL CANADA LTD
RYDER CANADA p 516
See RYDER TRUCK RENTAL CANADA LTD
RYDER CANADA p 562
See RYDER TRUCK RENTAL CANADA LTD
RYDER CANADA p 665
See RYDER TRUCK RENTAL CANADA LTD
RYDER CANADA p 711
See RYDER TRUCK RENTAL CANADA LTD
RYDER CANADA p 720
See RYDER TRUCK RENTAL CANADA LTD
RYDER CONTAINER TERMINALS p 256
1275 Kingsway Ave, PORT COQUITLAM, BC, V3C 1S2
(604) 941-0266   SIC 4731
RYDER INTEGRATED LOGISTICS p 587
See RYDER TRUCK RENTAL CANADA LTD
RYDER INTEGRATED LOGISTICS, DIV OF p 410
See RYDER TRUCK RENTAL CANADA LTD
RYDER INTEGRATED LOGISTICS, DIV OF p 814
See RYDER TRUCK RENTAL CANADA LTD
RYDER LIFT TRUCK p 964
See RYDER MATERIAL HANDLING ULC
RYDER LIFT TRUCKS p 652
See RYDER MATERIAL HANDLING ULC
RYDER LOGISTICS AND TRANSPORTATION p 839
See RYDER TRUCK RENTAL CANADA LTD
RYDER MATERIAL HANDLING ULC p 639
25 Beasley Dr, KITCHENER, ON, N2E 1W7
(519) 748-5252   SIC 5084
RYDER MATERIAL HANDLING ULC p 652
2390 Scanlan St, LONDON, ON, N5W 6G8
(519) 451-1144   SIC 5084
RYDER MATERIAL HANDLING ULC p 720
210 Annagem Blvd, MISSISSAUGA, ON, L5T 2V5
(905) 565-2100   SIC 5084
RYDER MATERIAL HANDLING ULC p 785
2188 Thurston Dr, OTTAWA, ON, K1G 6E1
(613) 739-1484   SIC 5084
RYDER MATERIAL HANDLING ULC p 964
2970 Walker Rd, WINDSOR, ON, N8W 3R3
(519) 966-2450   SIC 7699
RYDER MATERIAL HANDLING ULC p 1213
3430 Rue Griffith, SAINT-LAURENT, QC, H4T 1A7
(514) 342-3471   SIC 5084
RYDER TRUCK LOGISTICS & TRANSPORTATION p 87
See RYDER TRUCK RENTAL CANADA LTD
RYDER TRUCK RENTAL CANADA LTD p 19
4830 54 Ave Se, CALGARY, AB, T2C 2Y8
(403) 724-9343   SIC 7513
RYDER TRUCK RENTAL CANADA LTD p 87
11433 154 St Nw, EDMONTON, AB, T5M 3N7
(780) 451-1894   SIC 7513
RYDER TRUCK RENTAL CANADA LTD p 208
1699 Cliveden Ave, DELTA, BC, V3M 6V5
(604) 515-1688   SIC 7513
RYDER TRUCK RENTAL CANADA LTD p 210

9960 River Way, DELTA, BC, V4G 1M9
(604) 588-1145   SIC 4225
RYDER TRUCK RENTAL CANADA LTD p 369
200 Lucas Ave, WINNIPEG, MB, R2R 2S9
(204) 633-4843   SIC 7513
RYDER TRUCK RENTAL CANADA LTD p 410
525 Venture Dr, MONCTON, NB, E1H 2P4
SIC 7513
RYDER TRUCK RENTAL CANADA LTD p 516
10a Tilbury Crt, BRAMPTON, ON, L6T 3T4
(905) 457-7262   SIC 7513
RYDER TRUCK RENTAL CANADA LTD p 516
30 Pedigree Crt Suite 1, BRAMPTON, ON, L6T 5T8
(905) 759-2000   SIC 8721
RYDER TRUCK RENTAL CANADA LTD p 538
3407 North Service Rd, BURLINGTON, ON, L7N 3G2
(905) 335-3807   SIC 7513
RYDER TRUCK RENTAL CANADA LTD p 562
700 Creditstone Rd, CONCORD, ON, L4K 5A5
(905) 660-7255   SIC 7359
RYDER TRUCK RENTAL CANADA LTD p 578
672 Kipling Ave, ETOBICOKE, ON, M8Z 5G3
(416) 255-4427   SIC 7513
RYDER TRUCK RENTAL CANADA LTD p 587
123 Claireville Dr, ETOBICOKE, ON, M9W 6K9
(416) 679-6700   SIC 4225
RYDER TRUCK RENTAL CANADA LTD p 644
80 Mcintyre Pl, KITCHENER, ON, N2R 1G9
(519) 748-4767   SIC 7513
RYDER TRUCK RENTAL CANADA LTD p 665
1459 Sise Rd, LONDON, ON, N6N 1E1
(519) 681-0585   SIC 7513
RYDER TRUCK RENTAL CANADA LTD p 665
2724 Roxburgh Rd Suite 7, LONDON, ON, N6N 1K9
(519) 680-0847   SIC 7513
RYDER TRUCK RENTAL CANADA LTD p 711
2233 Argentia Rd Suite 300, MISSISSAUGA, ON, L5N 2X7
(905) 826-8777   SIC 7513
RYDER TRUCK RENTAL CANADA LTD p 720
6415 Danville Rd, MISSISSAUGA, ON, L5T 2H7
(905) 564-4675   SIC 7513
RYDER TRUCK RENTAL CANADA LTD p 783
1515 Michael St, OTTAWA, ON, K1B 4T3
(613) 741-1000   SIC 7513
RYDER TRUCK RENTAL CANADA LTD p 814
910 Mckay Rd, PICKERING, ON, L1W 3X8
(905) 428-9711   SIC 7513
RYDER TRUCK RENTAL CANADA LTD p 839
39 Comstock Rd, SCARBOROUGH, ON, M1L 2G6
(416) 752-3446   SIC 7538
RYDER TRUCK RENTAL CANADA LTD p 841
1249 Kennedy Rd, SCARBOROUGH, ON, M1P 2L4
(416) 752-2931   SIC 7513
RYDER TRUCK RENTAL CANADA LTD p 991
8650 Rue Jarry, ANJOU, QC, H1J 1X7
(514) 353-7070   SIC 7513

RYDER TRUCK RENTAL CANADA LTD p 1152
615c Boul Pierre-Bertrand, Quebec, QC, G1M 3J3
(418) 687-2483   SIC 7513
RYDER, J H MACHINERIE LIMITEE p 1213
See RYDER MATERIAL HANDLING ULC
RYERSON CANADA, INC p 106
7945 Coronet Rd Nw, EDMONTON, AB, T6E 4N7
(780) 469-0402   SIC 5051
RYERSON CANADA, INC p 272
12311 Horseshoe Way, RICHMOND, BC, V7A 4X6
(604) 272-2422   SIC 5051
RYERSON CANADA, INC p 390
1424 Willson Pl, WINNIPEG, MB, R3T 0Y3
(204) 284-4480   SIC 5051
RYERSON CANADA, INC p 535
1219 Corporate Dr Suite 2, BURLINGTON, ON, L7L 5V5
(416) 622-3100   SIC 5051
RYERSON CANADA, INC p 1229
3399 Av Francis-Hughes, SAINTE-ROSE, QC, H7L 5A5
(450) 975-7171   SIC 5051
RYERSON CANADA, INC p 1256
200 Rue Du Cheminot, VAUDREUIL-DORION, QC, J7V 5V5
(450) 424-0153   SIC 5051
RYERSON COMMUNITY SCHOOL p 927
See TORONTO DISTRICT SCHOOL BOARD
RYERSON ELEMENTARY SCHOOL p 390
See PEMBINA TRAILS SCHOOL DIVISION, THE
RYERSON MIDDLE SCHOOL p 611
See HAMILTON-WENTWORTH DISTRICT SCHOOL BOARD, THE
RYERSON PUBLIC SCHOOL p 548
See WATERLOO REGION DISTRICT SCHOOL BOARD
RYERSON PUBLIC SCHOOL p 656
See THAMES VALLEY DISTRICT SCHOOL BOARD
RYERSON SCHOOL ELEMENTARY p 538
See HALTON DISTRICT SCHOOL BOARD
RYERSON UNIVERSITY p 902
525 Bloor St E, TORONTO, ON, M4W 1J1
(416) 972-1319   SIC 8322
RYERSON UNIVERSITY p 907
245 Church St, TORONTO, ON, M5B 2K3
(416) 979-5016   SIC 8221
RYFAN ELECTRIC LTD p 439
9 Nahanni Dr, YELLOWKNIFE, NT, X1A 2P4
(867) 765-6100   SIC 1731
RYTHME FM 93.7 & 98.1 p 1239
See COGECO RADIO-TELEVISION INC

S

S & C ELECTRIC CANADA LTD p 943
90 Belfield Rd, TORONTO, ON, M9W 1G4
(416) 249-9171   SIC 3613
S & E SERVICES LIMITED PARTNERSHIP p 1113
1155 Boul Rene-Levesque O Unite 4000, Montreal, QC, H3B 3V2
(514) 397-3196   SIC 8741
S & L TRANSPORT INC p 1129
30 Rue Jacques-Cartier, Montreal, QC, H7L 1B2
(450) 622-7985   SIC 4151
S & T ALLARD FOOD LTD p 127
10206 100 St Suite 640, GRANDE PRAIRIE, AB, T8V 3K1
(780) 532-6660   SIC 5812
S A Q DEPOT p 1037
See SOCIETE DES ALCOOLS DU QUEBEC
S B R GLOBAL p 905
See S B R INTERNATIONAL INC
S B R GLOBAL p 910
See 678925 ONTARIO INC
S B R INTERNATIONAL INC p 905

173 Queen St E, TORONTO, ON, M5A 1S2
SIC 8741
S BRUCE SMITH JUNIOR HIGH SCHOOL *p* 112
See EDMONTON SCHOOL DISTRICT NO. 7
S C M CANADA *p* 691
See SCM INSURANCE SERVICES INC
S C RESTORATIONS LTD *p* 227
1025 Trench Pl, KELOWNA, BC, V1Y 9Y4
(250) 763-1556   SIC 7299
S D V LOGISTICS *p* 717
See BOLLORE LOGISTIQUES CANADA INC
S G ENTERPRISES INC *p* 836
570 Coronation Dr, SCARBOROUGH, ON, M1E 2K1
(416) 724-5950   SIC 5932
S G I CANADA *p* 1286
See SASKATCHEWAN GOVERNMENT INSURANCE
S G I CLAIMS *p* 1276
See SASKATCHEWAN GOVERNMENT INSURANCE
S G S MINERALS SERVICES *p* 890
See SGS CANADA INC
S H CONNOR PUBLIC SCHOOL *p* 945
See HASTINGS AND PRINCE EDWARD DISTRICT SCHOOL BOARD
S K F *p* 1027
See SKF CANADA LIMITED
S M G COMMUNITY CENTRE *p* 78
See SANTA MARIA GORETTI COMMUNITY CENTRE ASSOCIATION
S O C A N *p* 1108
See SOCIETY OF COMPOSERS, AUTHORS AND MUSIC PUBLISHERS OF CANADA
S P A PLUS *p* 992
See SERVICES PROFESSIONNELS DES ASSUREURS PLUS INC
S U C C E S S *p* 270
See S.U.C.C.E.S.S. (ALSO KNOWN AS UNITED CHINESE COMMUNITY ENRICHMENT SERVICES SOCIETY)
S-A-S PETROLEUM TECHNOLOGIES INC *p* 834
91 Melford Dr, SCARBOROUGH, ON, M1B 2G6
(416) 298-1145   SIC 1799
S-J DELANDRED PLACE COUNTRY HERITAGE *p* 740
See COMMUNITY LIVING NORTH BAY
S. & D. SMITH CENTRAL SUPPLIES LIMITED *p* 442
See NOVA CAPITAL INCORPORATED
S. & D. SMITH CENTRAL SUPPLIES LIMITED *p* 446
See NOVA CAPITAL INCORPORATED
S. & D. SMITH CENTRAL SUPPLIES LIMITED *p* 472
See NOVA CAPITAL INCORPORATED
S. & D. SMITH CENTRAL SUPPLIES LIMITED *p* 474
See NOVA CAPITAL INCORPORATED
S. & D. SMITH CENTRAL SUPPLIES LIMITED *p* 475
530 Grand Lake Rd, SYDNEY, NS, B1P 5T4
(902) 562-7000   SIC 5211
S. A. CAWKER PUBLIC SCHOOL *p* 817
See DURHAM DISTRICT SCHOOL BOARD
S. F. PARTNERSHIP LLP *p* 749
4950 Yonge St Suite 400, NORTH YORK, ON, M2N 6K1
(416) 250-1212   SIC 8721
S. GUMPERT CO. OF CANADA LTD *p* 696
2500 Tedlo St, MISSISSAUGA, ON, L5A 4A9

(905) 279-2600   SIC 5461
S. H. DAYTON LTD *p* 356
144 Industriel Rd, SHOAL LAKE, MB, R0J 1Z0
(204) 759-2065   SIC 5083
S. SETLAKWE LTEE *p* 1190
190 Boul Industriel Rr 2, SAINT-GERMAIN-DE-GRANTHAM, QC, J0C 1K0
(819) 395-5464   SIC 5712
S.A.E. INVESTMENTS INC *p* 498
15 Sarjeant Dr, BARRIE, ON, L4N 4V9
(705) 728-2460   SIC 5032
S.A.Q. # 33615 *p* 1066
See SOCIETE DES ALCOOLS DU QUEBEC
S.A.Q. *p* 998
See SOCIETE DES ALCOOLS DU QUEBEC
S.A.Q. *p* 1021
See SOCIETE DES ALCOOLS DU QUEBEC
S.A.Q. *p* 1086
See SOCIETE DES ALCOOLS DU QUEBEC
S.A.Q. *p* 1094
See SOCIETE DES ALCOOLS DU QUEBEC
S.A.Q. *p* 1175
See SOCIETE DES ALCOOLS DU QUEBEC
S.A.Q. #23202 *p* 1001
See SOCIETE DES ALCOOLS DU QUEBEC
S.C. JOHNSON AND SON, LIMITED *p* 529
1 Webster St, BRANTFORD, ON, N3T 5A3
(519) 756-7900   SIC 2842
S.D.P.F. CONSTRUCTION *p* 1252
See 9117-6347 QUEBEC INC
S.D.R. DISTRIBUTION SERVICES *p* 691
1880 Matheson Blvd E, MISSISSAUGA, ON, L4W 5N4
(905) 625-7377   SIC 5137
S.I. SYSTEMS LTD *p* 48
401 9 Ave Sw Suite 311, CALGARY, AB, T2P 3C5
(403) 263-1200   SIC 8741
S.I. SYSTEMS PARTNERSHIP *p* 48
401 9 Ave Sw Suite 311, CALGARY, AB, T2P 3C5
(403) 450-5174   SIC 8741
S.I.R.C.O. *p* 1133
See 2969-9899 QUEBEC INC
S.J. SULEMAN INVESTMENTS LTD *p* 156
6500 67 St, RED DEER, AB, T4P 1A2
(403) 342-6567   SIC 7011
S.L. DEVISON PHARMACIES INC *p* 946
150 Montreal Rd, VANIER, ON, K1L 8H2
(613) 842-7544   SIC 5912
S.L.H. TRANSPORT INC *p* 19
5500 Dufferin Blvd Se, CALGARY, AB, T2C 4Y2
(403) 720-2686   SIC 4213
S.L.H. TRANSPORT INC *p* 87
14525 112 Ave Nw, EDMONTON, AB, T5M 2V5
(780) 451-7543   SIC 4212
S.L.H. TRANSPORT INC *p* 369
255 Haggart Ave, WINNIPEG, MB, R2R 2V8
(204) 452-0193   SIC 4213
S.L.H. TRANSPORT INC *p* 410
275 Macnaughton Ave, MONCTON, NB, E1H 2S7
SIC 4213
S.L.H. TRANSPORT INC *p* 444
347 Bluewater Rd, BEDFORD, NS, B4B 1Y3
(902) 832-4900   SIC 4213
S.L.H. TRANSPORT INC *p* 635
1585 Centennial Dr, KINGSTON, ON, K7P 0K4
(613) 384-9515   SIC 4213
S.L.H. TRANSPORT INC *p* 665
1095 Wilton Grove Rd, LONDON, ON, N6N 1C9
(519) 681-3820   SIC 4213

S.L.H. TRANSPORT INC *p* 972
9601 Highway 50, WOODBRIDGE, ON, L4H 2B9
(905) 893-4318   SIC 4213
S.L.H. TRANSPORT INC *p* 1207
3075 Boul Thimens, SAINT-LAURENT, QC, H4R 1Y3
(514) 335-4990   SIC 4213
S.L.H. TRANSPORT INC *p* 1283
745 Park St, REGINA, SK, S4N 4Y4
SIC 4213
S.M.I. QUEBEC CONSTRUCTION *p* 991
See STEAMATIC METROPOLITAIN INC
S.O.S. OILFIELD SAFETY *p* 215
See PETROWEST CIVIL SERVICES LP
S.P. RICHARDS CO. CANADA INC *p* 516
1325 Clark Blvd, BRAMPTON, ON, L6T 5R5
(905) 789-6351   SIC 2678
S.P.I.K.E. INCORPORATED *p* 364
1940 Henderson Hwy, WINNIPEG, MB, R2G 1P2
(204) 339-2990   SIC 8361
S.R.M. PLOMBERIE & CHAUFFAGE *p* 1002
See 2953-6778 QUEBEC INC
S.S. PEVACH VENTURES LTD *p* 7
Gd Stn Main, BONNYVILLE, AB, T9N 2J6
(780) 826-2161   SIC 4212
S.T.E.B. DIV DE *p* 1194
See SINTRA INC
S.T.WORDEN PUBLIC SCHOOL *p* 567
See KAWARTHA PINE RIDGE DISTRICT SCHOOL BOARD
S.U.C.C.E.S.S. *p* 316
See S.U.C.C.E.S.S. (ALSO KNOWN AS UNITED CHINESE COMMUNITY ENRICHMENT SERVICES SOCIETY)
S.U.C.C.E.S.S. (ALSO KNOWN AS UNITED CHINESE COMMUNITY ENRICHMENT SERVICES SOCIETY) *p* 270
8191 Westminster Hwy Unit 300, RICHMOND, BC, V6X 1A7
(604) 270-0077   SIC 8399
S.U.C.C.E.S.S. (ALSO KNOWN AS UNITED CHINESE COMMUNITY ENRICHMENT SERVICES SOCIETY) *p* 316
1755 Broadway W Suite 200, VANCOUVER, BC, V6J 4S5
SIC 8741
S3 *p* 1039
See 6861083 CANADA INC
S3 BOARD SHOP *p* 128
See ERNIE'S SPORTS (S3) INC
SA-HALI SECONDARY SCHOOL *p* 221
See SCHOOL DISTRICT 73 (KAMLOOPS/THOMPSON)
SAAND INC *p* 587
355 Attwell Dr, ETOBICOKE, ON, M9W 5C2
(416) 674-6945   SIC 5039
SAAND INC *p* 860
2448 Huntley Rd, STITTSVILLE, ON, K2S 1B8
(613) 838-3373   SIC 3211
SAANICH FIRE DEPARTMENT *p* 332
See CORPORATION OF THE DISTRICT OF SAANICH, THE
SAANICH HEALTH PROTECTION OFFICE *p* 333
See VANCOUVER ISLAND HEALTH AUTHORITY
SAANICH HEALTH UNIT *p* 333
See VANCOUVER ISLAND HEALTH AUTHORITY
SAANICH INDIAN SCHOOL BOARD *p* 275
7449 West Saanich Rd, SAANICHTON, BC, V8M 1R7
(250) 652-1811   SIC 8211
SAANICH PENINSULA HOSPITAL *p* 275
See VANCOUVER ISLAND HEALTH AUTHORITY
SAANICHTON ELEMENTARY SCHOOL *p* 275
See SCHOOL DISTRICT 63 (SAANICH)
SABAL HOMES LIMITED PARTNERSHIP *p* 52

1122 4 St Sw Suite 600, CALGARY, AB, T2R 1M1
(403) 237-8555   SIC 1521
SABEM SEC *p* 1170
1500 Rue Raymond-Gaudreault, REPENTIGNY, QC, J5Y 4E3
(450) 585-1210   SIC 4151
SABEX *p* 1005
See SANDOZ CANADA INC
SABIAN LTD *p* 404
219 Main St, MEDUCTIC, NB, E6H 2L5
(506) 272-2019   SIC 3931
SABIC INNOVATIVE PLASTICS CANADA INC *p* 555
44 Normar Rd, COBOURG, ON, K9A 4L7
(905) 372-6801   SIC 5162
SABLES L G, DIV DE *p* 1191
See BAU-VAL INC
SABLES OLIMAG INC, LES *p* 1246
725 Rue Caouette O, THETFORD MINES, QC, G6G 8C5
(418) 338-4425   SIC 5032
SABLIERE DRAPEAU (1986) INC *p* 1015
205 Boul Du Royaume E, CHICOUTIMI, QC, G7H 5H2
(418) 549-0532   SIC 5032
SABRITIN HOSPITALITY INC *p* 523
370 Bovaird Dr E, BRAMPTON, ON, L6Z 2S8
(905) 846-3321   SIC 5812
SABTUAN REGIONAL VOCATIONAL TRAINING CENTRE *p* 1261
See CREE SCHOOL BOARD
SACKVILLE HEIGHTS ELEMENTARY SCHOOL *p* 468
See HALIFAX REGIONAL SCHOOL BOARD
SACKVILLE HEIGHTS JUNIOR HIGH SCHOOL *p* 468
See HALIFAX REGIONAL SCHOOL BOARD
SACKVILLE HIGH SCHOOL *p* 467
See HALIFAX REGIONAL SCHOOL BOARD
SACPYR INVESTMENTS LTD *p* 212
6474 Trans Canada Hwy, DUNCAN, BC, V9L 6C6
(250) 748-2722   SIC 7011
SACRE COEUR SCHOOL *p* 402
See DISTRICT SCOLAIRE 3
SACRE CONSULTANTS LTD *p* 247
315 Mountain Hwy, NORTH VANCOUVER, BC, V7J 2K7
(604) 983-0305   SIC 8711
SACRE-COEUR SCHOOL *p* 374
See WINNIPEG SCHOOL DIVISION
SACRE-DAVEY INNOVATIONS *p* 247
See SACRE CONSULTANTS LTD
SACRED HEART CATHOLIC ELEMENTARY *p* 621
See LONDON DISTRICT CATHOLIC SCHOOL BOARD
SACRED HEART CATHOLIC ELEMENTARY SCHOOL *p* 737
See NIAGARA CATHOLIC DISTRICT SCHOOL BOARD
SACRED HEART CATHOLIC HIGH SCHOOL *p* 860
See OTTAWA CATHOLIC DISTRICT SCHOOL BOARD
SACRED HEART COMMUNITY HEALTH CENTRE *p* 143
See ALBERTA HEALTH SERVICES
SACRED HEART COMMUNITY SCHOOL *p* 1275
See HOLY TRINITY ROMAN CATHOLIC SEPARATE SCHOOL DIVISION #22
SACRED HEART COMMUNITY SCHOOL *p* 1289
See BOARD OF EDUCATION OF THE REGINA ROMAN CATHOLIC SEPARATE SCHOOL DIVISION NO. 81

SACRED HEART ELEMENTARY SCHOOL p 425
See WESTERN SCHOOL DISTRICT
SACRED HEART ELEMENTARY SCHOOL p 523
See DUFFERIN-PEEL CATHOLIC DISTRICT SCHOOL BOARD
SACRED HEART ELEMENTARY SCHOOL p 884
See NORTHEASTERN CATHOLIC DISTRICT SCHOOL BOARD
SACRED HEART HIGH SCHOOL p 734
See YORK CATHOLIC DISTRICT SCHOOL BOARD
SACRED HEART HIGH SCHOOL p 948
See BRUCE-GREY CATHOLIC DISTRICT SCHOOL BOARD
SACRED HEART HIGH SCHOOL p 1309
See CHRIST THE TEACHER CATHOLIC SCHOOLS DIVISION 212
SACRED HEART OF JESUS SCHOOL p 536
See HALTON CATHOLIC DISTRICT SCHOOL BOARD
SACRED HEART SCHOOL p 174
See ST THOMAS AQUINAS ROMAN CATHOLIC SEPARATE REGIONAL DIVISION #38
SACRED HEART SCHOOL p 211
See CATHOLIC INDEPENDENT SCHOOLS OF VANCOUVER ARCHDIOCESE, THE
SACRED HEART SCHOOL p 566
See CATHOLIC DISTRICT SCHOOL BOARD OF EASTERN ONTARIO
SACRED HEART SCHOOL p 574
See HURON-SUPERIOR CATHOLIC DISTRICT SCHOOL BOARD
SACRED HEART SCHOOL p 599
See WELLINGTON CATHOLIC DISTRICT SCHOOL BOARD
SACRED HEART SCHOOL p 613
See HAMILTON-WENTWORTH CATHOLIC SCHOOL BOARD
SACRED HEART SCHOOL p 636
See NORTHEASTERN CATHOLIC DISTRICT SCHOOL BOARD
SACRED HEART SCHOOL p 645
See BRANT HALDIMAND NORFOLK CATHOLIC DISTRICT SCHOOL BOARD
SACRED HEART SCHOOL p 646
See WINDSOR-ESSEX CATHOLIC DISTRICT SCHOOL BOARD, THE
SACRED HEART SCHOOL p 680
See SIMCOE MUSKOKA CATHOLIC DISTRICT SCHOOL BOARD
SACRED HEART SCHOOL p 829
See ST. CLAIR CATHOLIC DISTRICT SCHOOL BOARD
SACRED HEART SCHOOL p 849
See NORTHWEST CATHOLIC DISTRICT SCHOOL BOARD, THE
SACRED HEART SCHOOL p 1268
See HOLY FAMILY ROMAN CATHOLIC SEPARATE SCHOOL DIVISION 140
SACRED HEART SCHOOL OF HALIFAX p 457
5820 Spring Garden Rd, HALIFAX, NS, B3H 1X8
(902) 422-4459   SIC 8211
SACRED HEART SEPARATE SCHOOL p 971
See HURON PERTH CATHOLIC DISTRICT SCHOOL BOARD
SADDLERIDGE SAFEWAY p 63
See SOBEYS WEST INC
SADE CANADA INC p 1156
1564 Av Ampere, Quebec, QC, G1P 4B9
(581) 300-7233   SIC 1623
SAECO p 762
See PHILIPS ELECTRONICS LTD
SAEPLAST AMERICAS INC p 419
100 Industrial Dr, SAINT JOHN, NB, E2R 1A5
(506) 633-0101   SIC 3089

SAF-HOLLAND CANADA LIMITED p 977
595 Athlone Ave, WOODSTOCK, ON, N4S 7V8
(519) 537-2366   SIC 3714
SAFE HOUSE p 297
See FAMILY SERVICES OF GREATER VANCOUVER
SAFEGUARD SAFETY INC p 19
4515 112 Ave Se, CALGARY, AB, T2C 5C5
(403) 236-0752   SIC 3441
SAFEMAP p 309
See SAFEMAP INTERNATIONAL INC
SAFEMAP INTERNATIONAL INC p 309
666 Burrard St Suite 500, VANCOUVER, BC, V6C 3P6
(604) 642-6110   SIC 8748
SAFETY BOSS INC p 156
8118 49 Ave Close, RED DEER, AB, T4P 2V5
(780) 831-2910   SIC 1389
SAFETY NET SECURITY LTD p 19
3700 78 Ave Se Suite 200, CALGARY, AB, T2C 2L8
SIC 7381
SAFETY NET SECURITY LTD p 880
857 May St N, THUNDER BAY, ON, P7C 3S2
(807) 623-1844   SIC 5065
SAFETY-KLEEN CANADA INC. p 210
7803 Progress Way, DELTA, BC, V4G 1A3
(604) 952-4700   SIC 5172
SAFETY-KLEEN CANADA INC. p 524
25 Regan Rd, BRAMPTON, ON, L7A 1B2
(905) 840-0118   SIC 7389
SAFETY-KLEEN CANADA INC. p 527
60 Bury Crt, BRANTFORD, ON, N3S 0B1
(519) 750-7910   SIC 4953
SAFETY-KLEEN CANADA INC. p 529
300 Woolwich St S Rr 2, BRESLAU, ON, N0B 1M0
(519) 648-2291   SIC 2992
SAFETY-KLEEN CANADA INC. p 660
1020 Hargrieve Rd Suite 16, LONDON, ON, N6E 1P5
(519) 685-3040   SIC 4953
SAFETY-KLEEN CANADA INC. p 1181
85 Rue De Hambourg, SAINT-AUGUSTIN-DE-DESMAURES, QC, G3A 1S6
(418) 878-4570   SIC 4953
SAFETY-KLEEN SYSTEMS p 527
See SAFETY-KLEEN CANADA INC.
SAFEWAY p 8
See SOBEYS WEST INC
SAFEWAY p 14
See SOBEYS WEST INC
SAFEWAY p 20
See SOBEYS WEST INC
SAFEWAY p 25
See SOBEYS WEST INC
SAFEWAY p 37
See SOBEYS WEST INC
SAFEWAY p 39
See SOBEYS WEST INC
SAFEWAY
See SOBEYS WEST INC
SAFEWAY p 54
See SOBEYS WEST INC
SAFEWAY
See SOBEYS WEST INC
SAFEWAY p 85
See SOBEYS WEST INC
SAFEWAY p 95
See SOBEYS WEST INC
SAFEWAY p 99
See SOBEYS WEST INC
SAFEWAY p 111
See SOBEYS WEST INC
SAFEWAY p 115
See SOBEYS WEST INC
SAFEWAY p 144
See SOBEYS WEST INC
SAFEWAY p 185
See SOBEYS WEST INC
SAFEWAY p 188

See SOBEYS WEST INC
SAFEWAY p 195
See SOBEYS WEST INC
SAFEWAY p 215
See SOBEYS WEST INC
SAFEWAY p 287
See SOBEYS WEST INC
SAFEWAY p 300
See SOBEYS WEST INC
SAFEWAY p 317
See SOBEYS WEST INC
SAFEWAY p 345
See SOBEYS WEST INC
SAFEWAY p 368
See SOBEYS WEST INC
SAFEWAY p 371
See SOBEYS WEST INC
SAFEWAY p 373
See SOBEYS WEST INC
SAFEWAY p 390
See SOBEYS WEST INC
SAFEWAY p 570
See SOBEYS WEST INC
SAFEWAY p 1288
See SOBEYS WEST INC
SAFEWAY p 1289
See SOBEYS WEST INC
SAFEWAY p 1290
See SOBEYS WEST INC
SAFEWAY p 1303
See SOBEYS WEST INC
SAFEWAY #801 p 136
See SOBEYS WEST INC
SAFEWAY DIV OF p 258
See SOBEYS WEST INC
SAFEWAY FOOD & DRUG p 131
See SOBEYS WEST INC
SAFEWAY FOOD & DRUG p 357
See SOBEYS WEST INC
SAFEWAY FORT SASKATCHEWAN p 124
See SOBEYS WEST INC
SAFEWAY LOCAL p 326
See SOBEYS WEST INC
SAFEWAY PHARMACY p 182
See SOBEYS WEST INC
SAFEWAY SREVICES CANADA, INC (FT. MCMURRAY-ALBIAN) p 122
See SAFWAY SERVICES CANADA, ULC
SAFEWAY STORE #0198 p 236
See SOBEYS WEST INC
SAFEWAY, DIV p 287
See SOBEYS WEST INC
SAFEWAY, DIV OF p 11
See SOBEYS WEST INC
SAFEWAY, DIV OF p 62
See SOBEYS WEST INC
SAFEWAY, DIV OF p 167
See SOBEYS WEST INC
SAFEWAY, DIV OF p 205
See SOBEYS WEST INC
SAFRAN LANDING SYSTEMS CANADA INC p 483
574 Monarch Ave, AJAX, ON, L1S 2G8
(905) 683-3100   SIC 3728
SAFRAN LANDING SYSTEMS CANADA INC p 1078
13000 Rue Du Parc, MIRABEL, QC, J7J 0W6
(450) 434-3400   SIC 3728
SAFRAN MOTEURS D'HELICOPTERES CANADA INC p 1079
11800 Rue Helen-Bristol, MIRABEL, QC, J7N 3G8
(450) 476-2550   SIC 7538
SAFWAY SERVICES CANADA, ULC p 122
1005 Memorial Dr Unit 3, FORT MCMURRAY, AB, T9K 0K4
(780) 791-6473   SIC 1799
SAFWAY SERVICES CANADA, ULC p 123
11237 87 Ave, FORT SASKATCHEWAN, AB, T8L 2S3
(780) 992-1929   SIC 1799
SAFWAY SERVICES CANADA, ULC p 267
11211 Twigg Pl, RICHMOND, BC, V6V 3C9

(604) 294-2753   SIC 1799
SAFWAY SERVICES CANADA, ULC p 414
1143 Bayside Dr, SAINT JOHN, NB, E2J 4Y2
(506) 646-8820   SIC 1799
SAFWAY SERVICES CANADA, ULC p 448
15 Neptune Cres, DARTMOUTH, NS, B2Y 4P9
(902) 468-9235   SIC 1799
SAFWAY SERVICES CANADA, ULC p 587
503 Carlingview Dr, ETOBICOKE, ON, M9W 5H2
(416) 675-2449   SIC 1799
SAGAMOK ANISHNAWBEK p 678
4005 Espaniel, MASSEY, ON, P0P 1P0
(705) 865-2171   SIC 8399
SAGAMOK ANISHNAWBEK p 678
717 Sagamok Rd, MASSEY, ON, P0P 1P0
(705) 865-2421   SIC 8211
SAGAMOK COMMUNITY WELLNESS DEPARTMENT p 678
See SAGAMOK ANISHNAWBEK
SAGE BISTRO p 320
See UNIVERSITY OF BRITISH COLUMBIA, THE
SAGINAW PUBLIC SCHOOL p 546
See WATERLOO REGION DISTRICT SCHOOL BOARD
SAGITTARIUS INVESTIGATIONS & SECURITY CONSULTANTS INCORPORATED p 448
12 Queen St Suite 101, DARTMOUTH, NS, B2Y 1E7
SIC 7381
SAGKEENG ANICINABE HIGH SCHOOL p 353
See SAGKEENG EDUCATION AUTHORITY
SAGKEENG EDUCATION AUTHORITY p 353
1 Nika Cres, PINE FALLS, MB, R0E 1M0
(204) 367-2243   SIC 8211
SAGKEENG EDUCATION AUTHORITY p 353
Gd, PINE FALLS, MB, R0E 1M0
(204) 367-2285   SIC 8211
SAGUENAY INFORMATIQUE p 1013
See 9129-4710 QUEBEC INC
SAHALI SAFEWAY p 221
See SOBEYS WEST INC
SAIC CANADA, DIV OF p 1289
See LEIDOS, INC
SAIL PLEIN AIR INC p 1043
3680 Boul Taschereau, GREENFIELD PARK, QC, J4V 2H8
SIC 5941
SAIL PLEIN AIR INC p 1115
932 Rue Notre-Dame O, Montreal, QC, H3C 1J9
SIC 5941
SAIL PLEIN AIR INC p 1130
2850 Av Jacques-Bureau, Montreal, QC, H7P 0B7
(450) 688-6264   SIC 5941
SAIL PLEIN AIR INC p 1143
187a Boul Hymus, POINTE-CLAIRE, QC, H9R 1E9
(514) 694-4259   SIC 5941
SAILING AND POWER BOATING CENTRE p 575
See HUMBER COLLEGE INSTITUTE OF TECHNOLOGY AND ADVANCE
SAINE MARKETING INC p 1117
1600 Boul Rene-Levesque O Bureau 1800, Montreal, QC, H3H 1P9
(514) 931-8236   SIC 8732
SAINT ANDREW'S CATHOLIC SCHOOL p 298
See CATHOLIC INDEPENDENT SCHOOLS OF VANCOUVER ARCHDIOCESE, THE
SAINT ANDREWS CATHOLIC SCHOOL p 851
See CATHOLIC DISTRICT SCHOOL

BOARD OF EASTERN ONTARIO
SAINT ANDREWS ELEMENTARY SCHOOL
p 404
See DISTRICT EDUCATION COUNCIL-SCHOOL DISTRICT 16
SAINT ANNE ENGLISH CATHOLIC SCHOOL p 622
See NORTHEASTERN CATHOLIC DISTRICT SCHOOL BOARD
SAINT ANTHONY SCHOOL p 550
See RENFREW COUNTY CATHOLIC DISTRICT SCHOOL BOARD
SAINT BERNADETH CATHOLIC SCHOOL p 571
See HAMILTON-WENTWORTH CATHOLIC SCHOOL BOARD
SAINT BERNADETTE CATHOLIC SCHOOL p 499
See SIMCOE MUSKOKA CATHOLIC DISTRICT SCHOOL BOARD
SAINT BERNADETTE CATHOLIC SCHOOL p 652
See LONDON DISTRICT CATHOLIC SCHOOL BOARD
SAINT CHARLES ADULT EDUCATION CONTINUING EDUCATION p 614
See HAMILTON-WENTWORTH CATHOLIC SCHOOL BOARD
SAINT DOMINIC p 1270
See ST. PAUL'S ROMAN CATHOLIC SEPARATE SCHOOL DIVISION NO 20
SAINT ELIZABETH HEALTH CARE p 566
1916 Pitt St Unit 5, CORNWALL, ON, K6J 5H3
(613) 936-8668 SIC 8082
SAINT ELIZABETH HEALTH CARE p 727
30 Colonnade Rd Suite 225, NEPEAN, ON, K2E 7J6
(613) 738-9661 SIC 8059
SAINT ELIZABETH HEALTH CARE p 745
2 Lansing Sq Suite 600, NORTH YORK, ON, M2J 4P8
(416) 498-8600 SIC 8011
SAINT ELIZABETH HEALTH CARE p 817
100 Peter St, PORT HOPE, ON, L1A 1C3
SIC 8322
SAINT ELIZABETH HEALTH CARE p 852
444 Scott St Unit 5, ST CATHARINES, ON, L2M 3W6
SIC 8322
SAINT ELIZABETH HEALTH CARE p 879
920 Tungsten St Suite 103, THUNDER BAY, ON, P7B 5Z6
(807) 344-2002 SIC 8082
SAINT ELIZABETH HEALTH CARE p 959
420 Green St Suite 202, WHITBY, ON, L1N 8R1
(905) 430-6997 SIC 8361
SAINT ELIZABETH HEALTH CARE p 977
65 Springbank Ave N Suite 1, WOODSTOCK, ON, N4S 8V8
(519) 539-9807 SIC 8082
SAINT ELIZABETH REHAB p 609
605 James St N Suite 601, HAMILTON, ON, L8L 1J9
(905) 529-2020 SIC 8049
SAINT ELIZABETH REHAB p 857
110b Hannover Dr Suite 105, ST CATHARINES, ON, L2W 1A4
(905) 988-9198 SIC 8399
SAINT FINNAN p 485
See CATHOLIC DISTRICT SCHOOL BOARD OF EASTERN ONTARIO
SAINT FRANCIS HIGH SCHOOL (10-12) p 37
See CALGARY ROMAN CATHOLIC SEPARATE SCHOOL DISTRICT #1
SAINT FRANCIS OF ASSISI CATHOLIC ELEMENTARY SCHOOL p 807
See RENFREW COUNTY CATHOLIC DISTRICT SCHOOL BOARD
SAINT GABRIEL THE ARCHANGEL CATHOLIC SCHOOL p 495

See SIMCOE COUNTY DISTRICT SCHOOL BOARD, THE
SAINT GEORGE ELEMENTARY p 420
See SCHOOL DISTRICT NO 10
SAINT GEORGE'S PUBLIC SCHOOL p 656
See THAMES VALLEY DISTRICT SCHOOL BOARD
SAINT GEORGES BDP p 1189
See CANADA POST CORPORATION
SAINT GERARD CATHOLIC SCHOOL p 699
See DUFFERIN-PEEL CATHOLIC DISTRICT SCHOOL BOARD
SAINT HENRI p 408
See SCHOOL BOARD DISTRICT 01
SAINT JEROME CATHOLIC SCHOOL p 595
See OTTAWA CATHOLIC DISTRICT SCHOOL BOARD
SAINT JEROME SCHOOL p 699
See DUFFERIN-PEEL CATHOLIC DISTRICT SCHOOL BOARD
SAINT JOAN OF ARC CATHOLIC HIGH SCHOOL p 668
See YORK CATHOLIC DISTRICT SCHOOL BOARD
SAINT JOHN EDUCATION CENTER p 850
See CATHOLIC DISTRICT SCHOOL BOARD OF EASTERN ONTARIO
SAINT JOHN FISHER SENIOR SCHOOL p 1142
See LESTER B. PEARSON SCHOOL BOARD
SAINT JOHN HIGH SCHOOL p 417
See SCHOOL DISTRICT 8
SAINT JOHN OFFICE p 416
See KILLAM PROPERTIES INC
SAINT JOHN TRANSIT COMMISSION p 414
55 Mcdonald St, SAINT JOHN, NB, E2J 0C7
(506) 658-4710 SIC 4111
SAINT JOHN, CITY OF p 417
175 Rothesay Ave, SAINT JOHN, NB, E2L 4L1
(506) 658-4455 SIC 8111
SAINT JOHN, CITY OF p 417
99 Station St, SAINT JOHN, NB, E2L 4X4
(506) 657-1234 SIC 7922
SAINT JOHN, CITY OF p 417
Gd, SAINT JOHN, NB, E2L 4L1
(506) 649-6030 SIC 7389
SAINT JOSEPH ADULT SCHOOL p 946
See OTTAWA CATHOLIC DISTRICT SCHOOL BOARD
SAINT JOSEPH ELEMENTARY SCHOOL p 555
See PETERBOROUGH VICTORIA NORTHUMBERLAND AND CLARINGTON CATHOLIC DISTRICT SCHOOL BOARD
SAINT JOSEPH SCHOOL p 865
See HURON PERTH CATHOLIC DISTRICT SCHOOL BOARD
SAINT JUDE CATHOLIC SCHOOL p 484
See DURHAM CATHOLIC DISTRICT SCHOOL BOARD
SAINT JUDE SCHOOL p 1043
See RIVERSIDE SCHOOL BOARD
SAINT LAZARE SCHOOL p 356
See DIVISION SCOLAIRE FRANCO-MANITOBAINE
SAINT LUKE'S HOME p 436
See ANGLICAN HOMES INC
SAINT MARTYRS KENNEDY CANADIAN p 622
See CONSEIL SCOLAIRE CATHOLIQUE DE DISTRICT DES GRANDES RIVIERES, LE
SAINT MARY SCHOOL p 173
See EVERGREEN CATHOLIC SEPARATE REGIONAL DIVISION 2
SAINT MARY'S ACADEMY p 398
See SCHOOL DISTRICT 14
SAINT MARY'S CATHOLIC SCHOOL p 172
See ELK ISLAND CATHOLIC SEPARATE REGIONAL DIVISION NO. 41
SAINT MARY'S UNIVERSITY p 457
920 Tower Rd, HALIFAX, NS, B3H 2Y4

(902) 420-5555 SIC 7991
SAINT MARY'S UNIVERSITY p 459
1546 Barrington St, HALIFAX, NS, B3J 3X7
SIC 8741
SAINT MICHAEL CATHOLIC HIGH SCHOOL p 627
See CATHOLIC DISTRICT SCHOOL BOARD OF EASTERN ONTARIO
SAINT MONICA CATHOLIC SCHOOL p 812
See DURHAM CATHOLIC DISTRICT SCHOOL BOARD
SAINT NORBERT ELEMENTARY p 890
See TORONTO CATHOLIC DISTRICT SCHOOL BOARD
SAINT ONAVENTURE SCHOOL p 35
See CALGARY ROMAN CATHOLIC SEPARATE SCHOOL DISTRICT #1
SAINT PATRICK HIGH SCHOOL p 439
See YELLOWKNIFE PUBLIC DENOMINATIONAL DISTRICT EDUCATION AUTHORITY
SAINT PAUL CATHOLIC HIGH SCHOOL p 738
See NIAGARA CATHOLIC DISTRICT SCHOOL BOARD
SAINT PAUL ELEMENTARY SCHOOL p 486
See SIMCOE MUSKOKA CATHOLIC DISTRICT SCHOOL BOARD
SAINT PAUL SCHOOL p 136
See HOLY SPIRIT ROMAN CATHOLIC SEPARATE REGIONAL DIVISION NO 4
SAINT PAUL SCHOOL p 995
See LESTER B. PEARSON SCHOOL BOARD
SAINT PAUL UNIVERSITY p 794
223 Main St Suite 267, OTTAWA, ON, K1S 1C4
(613) 236-1393 SIC 8221
SAINT PETER'S SEMINARY p 656
See ST. PETER'S SEMINARY CORPORATION OF LONDON IN ONTARIO LIMITED
SAINT PHILIPS SCHOOL p 812
See ST. CLAIR CATHOLIC DISTRICT SCHOOL BOARD
SAINT ROSE OF LIMA JUNIOR HIGH SCHOOL p 9
See CALGARY ROMAN CATHOLIC SEPARATE SCHOOL DISTRICT #1
SAINT-BRUNO BDP p 1182
See CANADA POST CORPORATION
SAINT-DAMASE MOBILIER HOTELIER p 1184
See MEUBLES ST-DAMASE INC, LES
SAINT-EUSTACHE NISSAN p 1186
See 9063-6465 QUEBEC INC
SAINT-GOBAIN CANADA INC p 815
28 Albert St W, PLATTSVILLE, ON, N0J 1S0
(519) 684-7441 SIC 3291
SAINT-GOBAIN CERAMIC MATERIALS CANADA INC p 737
8001 Daly St, NIAGARA FALLS, ON, L2G 6S2
(905) 295-4311 SIC 3291
SAINT-GOBAIN SOLAR GUARD, INC p 770
760 Pacific Rd Unit 1, OAKVILLE, ON, L6L 6M5
(905) 847-2790 SIC 2899
SAINT-HYACINTHE, VILLE DE p 1195
935 Rue Dessaulles, SAINT-HYACINTHE, QC, J2S 3C4
(450) 778-8550 SIC 7389
SAINT-JEAN-SUR-RICHELIEU, VILLE DE p 1199
180 Rue Laurier, SAINT-JEAN-SUR-RICHELIEU, QC, J3B 7J9
SIC 8231
SAINT-LEONARD SAWMILL DIVISION p 419
See J. D. IRVING, LIMITED
SAINT-RAYMOND, VILLE DE p 1220
1226 Rang Notre-Dame, SAINT-RAYMOND, QC, G3L 1N4
(418) 337-2866 SIC 7011
SAINT-REMI, VILLE DE p 1220

See VILLE DE SAINT-REMI
SAINTE BERNADETTE SCHOOL p 409
See SCHOOL BOARD DISTRICT 01
SAINTE MARJAUET BOURGEOYS p 670
See CONSEIL SCOLAIRE DE DISTRICT CATHOLIQUE CENTRE-SUD
SAINTE REVERA p 1258
See REVERA INC
SAINTE-ANNE-DES-PLAINES SERVICE CENTRE p 1224
See CAISSE POPULAIRE DESJARDINS DE L'ENVOLEE
SAINTE-COLETTE SERVICE CENTRE p 1132
See CAISSE DESJARDINS DE SAULT-AU-RECOLLET-MONTREAL-NORD
SAINTE-GENEVIEVE p 784
See CONSEIL DES ECOLES CATHOLIQUES DE LANGUE FRANCAISE DU CENTRE-EST
SAINTE-JULIE SUCC BUREAU-CHEF p 1226
See CANADA POST CORPORATION
SAINTE-MARGUERITE-D'YOUVILLE p 576
See CONSEIL SCOLAIRE DE DISTRICT CATHOLIQUE CENTRE-SUD
SAINTE-MARIE ECOLE SECONDAIRE p 731
See CONSEIL SCOLAIRE CATHOLIQUE DE DISTRICT DES GRANDES RIVIERES, LE
SAINTE-THERESE, VILLE DE p 1231
150 Boul Du Seminaire, SAINTE-THERESE, QC, J7E 1Z2
(450) 434-1440 SIC 8231
SAIPEM CANADA INC p 49
530 8 Ave Sw Suite 2700, CALGARY, AB, T2P 3S8
(403) 441-2793 SIC 1629
SAIPEM CONSTRUCTION CANADA p 49
See SAIPEM CANADA INC
SAIPOYI COMMUNITY SCHOOL p 168
See KAINAI BOARD OF EDUCATION
SAJELEX INC p 1113
1 Place Ville-Marie Bureau 1900, Montreal, QC, H3B 2C3
SIC 8741
SAKAW ELEMENTARY SCHOOL p 112
See EDMONTON SCHOOL DISTRICT NO. 7
SAKS FIFTH AVENUE CANADA p 514
See HUDSON'S BAY COMPANY
SAKUNDIAK EQUIPMENT p 1285
See RED MOUNTAIN HOLDINGS LTD
SALAISON LEVESQUE INC p 1120
500 Av Beaumont, Montreal, QC, H3N 1T7
(514) 273-1702 SIC 5147
SALEM ELEMENTARY SCHOOL p 414
See SCHOOL DISTRICT 2
SALERNO PACKAGING p 1011
See EMBALLAGES SALERNO CANADA INC
SALERNO PELLICULE ET SACS DE PLASTIQUE (CANADA) INC p 1011
2275 Boul Ford, Chateauguay, QC, J6J 4Z2
(450) 692-8642 SIC 2673
SALERNO SACS TRANSPARENTS LTEE p 1011
2275 Boul Ford, Chateauguay, QC, J6J 4Z2
(450) 692-8642 SIC 2673
SALES AND MARKTING TORONTO p 745
See GREAT-WEST LIFE ASSURANCE COMPANY, THE
SALES BEACON PRODUCTIVITY SOLUTIONS p 446
See MDINA ENTERPRISES LTD
SALES BRANCH p 80
See FORD CREDIT CANADA LIMITED
SALFLEX POLYMERS p 763
See ABC GROUP INC
SALGA ASSOCIATES p 557
See ABC GROUP INC

SALISBURY COMPOSITE HIGH SCHOOL p 161
See ELK ISLAND PUBLIC SCHOOLS REGIONAL DIVISION NO. 14
SALISBURY ELEMENTARY SCHOOL p 420
See SCHOOL DISTRICT 2
SALISBURY HOUSE OF CANADA LTD p 370
787 Leila Ave, WINNIPEG, MB, R2V 3J7
(204) 594-7257   SIC 5812
SALISBURY IRVING BIG STOP p 419
See LAVOIE, J. P. & SONS LTD
SALISBURY MORSE PLACE SCHOOL p 367
See RIVER EAST TRANSCONA SCHOOL DIVISION
SALIT STEEL p 737
See MYER SALIT LIMITED
SALLE DE QUILLES LASALLE p 1124
See SALLE DE QUILLES SPOT LIMITEE
SALLE DE QUILLES SPOT LIMITEE p 1124
12255 Rue Grenet Bureau 1, Montreal, QC, H4J 2J9
(514) 334-7881   SIC 7933
SALLY BEAUTY SUPPLY p 30
See BEAUTY SYSTEMS GROUP (CANADA) INC
SALLY BEAUTY SUPPLY p 717
See BEAUTY SYSTEMS GROUP (CANADA) INC
SALLY FOURMY & ASSOCIATES p 27
See CINTAS CANADA LIMITED
SALLY FOURMY & ASSOCIATES p 718
See CINTAS CANADA LIMITED
SALLY FOURMY & ASSOCIATES p 733
See CINTAS CANADA LIMITED
SALLY FOURMY & ASSOCIATES p 891
See CINTAS CANADA LIMITED
SALLY FOURMY & ASSOCIATES p 928
See CINTAS CANADA LIMITED
SALLY FOURMY & ASSOCIATES p 939
See CINTAS CANADA LIMITED
SALLY FOURMY & ASSOCIATES p 965
See CINTAS CANADA LIMITED
SALLY FOURMY & ASSOCIATES p 1002
See CINTAS CANADA LIMITED
SALMO ELEMENTARY SCHOOL p 275
See SCHOOL DISTRICT NO. 8 (KOOTENAY LAKE)
SALMO SECONDARY HIGH SCHOOL p 275
See SCHOOL DISTRICT NO. 8 (KOOTENAY LAKE)
SALMON ARM ACCOUNTING p 275
See BDO CANADA LLP
SALMON ARM COMMUNITY CENTRE/SWIMMING POOL p 276
See CITY OF SALMON ARM
SALMON ARM HEALTH CENTRE p 276
See INTERIOR HEALTH AUTHORITY
SALMON ARM OBSERVER p 275
See BLACK PRESS GROUP LTD
SALMON ARM POSTAL OUTLET p 276
See CANADA POST CORPORATION
SALMON ARM SECONDARY SCHOOL p 276
See NORTH OKANAGAN SHUSWAP SCHOOL DISTRICT 83
SALMON RIVER SALMON ASSOCIATION p 468
80 Placide Comeau Rd, METEGHAN RIVER, NS, B0W 2L0
(902) 769-5400   SIC 8641
SALMONID INTERPRETATION CENTRE p 427
See ENVIRONMENT RESOURCES MANAGEMENT ASSOCIATION
SALOMON CANADA SPORTS p 1206
See ADIDAS CANADA LIMITED
SALON BAR CHEZ MAURICE INC p 1158
575 Grande Allee E Bureau 300, Quebec, QC, G1R 2K4
(418) 647-2000   SIC 5813
SALON DE QUILLES LAURENTIEN LTEE p 1213

222 Montee De Liesse, SAINT-LAURENT, QC, H4T 1N8
(514) 341-4525   SIC 7933
SALT PLAINS STORAGE LLC p 49
855 2 St Sw Unit 1200, CALGARY, AB, T2P 4J7
(403) 513-8600   SIC 4922
SALT SPRINGS ELEMENTARY SCHOOL p 472
See CHIGNECTO CENTRAL REGIONAL SCHOOL BOARD
SALTFLEET DISTRICT HIGH SCHOOL p 863
See HAMILTON-WENTWORTH DISTRICT SCHOOL BOARD, THE
SALTLIK STEAKHOUSE p 4
221 Bear St, BANFF, AB, T1L 1B3
(403) 762-2467   SIC 5812
SALTWIRE NETWORK INC p 462
2717 Joseph Howe Dr, HALIFAX, NS, B3L 4T9
(902) 426-8211   SIC 2721
SALUMATICS INC. p 1207
5930 Boul Henri-Bourassa O, SAINT-LAURENT, QC, H4R 1V9
(514) 336-0077   SIC 7379
SALVATION ARMY p 327
See GOVERNING COUNCIL OF THE SALVATION ARMY IN CANADA, THE
SALVATION ARMY BARRIE BAYSIDE MISSION CENTRE, THE p 494
See GOVERNING COUNCIL OF THE SALVATION ARMY IN CANADA, THE
SALVATION ARMY BOOTH CENTER p 854
See GOVERNING COUNCIL OF THE SALVATION ARMY IN CANADA, THE
SALVATION ARMY COMMUNITY & FAMILY SERVICES p 1285
See GOVERNING COUNCIL OF THE SALVATION ARMY IN CANADA, THE
SALVATION ARMY COMMUNITY AND FAMILY SERVICES p 945
See GOVERNING COUNCIL OF THE SALVATION ARMY IN CANADA, THE
SALVATION ARMY COMMUNITY CENTRE, THE p 1301
See GOVERNING COUNCIL OF THE SALVATION ARMY IN CANADA, THE
SALVATION ARMY GLENBROOK LODGE p 432
105 Torbay Rd, ST. JOHN'S, NL, A1A 2G9
(709) 726-1575   SIC 8361
SALVATION ARMY HOMESTEAD, THE p 318
See GOVERNING COUNCIL OF THE SALVATION ARMY IN CANADA, THE
SALVATION ARMY MEDICINE HAT CORPS, THE p 145
164 Stratton Way Se, MEDICINE HAT, AB, T1B 3R3
(403) 527-2474   SIC 8661
SALVATION ARMY SOUTHVIEW HEIGHTS AND TERRACE p 296
See GOVERNING COUNCIL OF THE SALVATION ARMY IN CANADA, THE
SALVATION ARMY TORONTO GRACE HEALTH CENTER, THE p 903
650 Church St, TORONTO, ON, M4Y 2G5
(416) 925-2251   SIC 8051
SALVATION ARMY TORONTO GRACE HEALTH CENTRE p 384
See GOVERNING COUNCIL OF THE SALVATION ARMY IN CANADA, THE
SALVATION ARMY, THE p 77
See GOVERNING COUNCIL OF THE SALVATION ARMY IN CANADA, THE
SALVATION ARMY, THE p 962
See GOVERNING COUNCIL OF THE SALVATION ARMY IN CANADA, THE
SALVERDA ENTERPRISES INC p 542
172 Argyle St N, CALEDONIA, ON, N3W 2J7

(905) 765-8888   SIC 5812
SALVERDA ENTERPRISES INC p 605
5 Railway St, HAGERSVILLE, ON, N0A 1H0
(905) 768-7777   SIC 5812
SAM CHAPMAN PUBLIC SCHOOL p 678
See YORK REGION DISTRICT SCHOOL BOARD
SAM FIRESTONE CATERERS LIMITED p 759
470 Glencairn Ave, NORTH YORK, ON, M5N 1V8
(416) 782-8022   SIC 5812
SAM JAKES INN INC p 679
118 Main St, MERRICKVILLE, ON, K0G 1N0
(613) 269-3712   SIC 7011
SAM KOTZER LIMITED p 576
77 Fima Cres, ETOBICOKE, ON, M8W 3R1
(416) 532-1114   SIC 5945
SAM SHERRATT SCHOOL p 681
See HALTON DISTRICT SCHOOL BOARD
SAM'S CLUB 4848 p 822
See WAL-MART CANADA CORP
SAM'S GENERAL TRUCKING LTD p 1307
1433 North Railway St W, SWIFT CURRENT, SK, S9H 4K5
SIC 1389
SAM'S RESTAURANT & LOUNGE p 474
See KOUYAS ENTERPRISES LIMITED
SAMBA BRAZILIAN STEAK HOUSE (CHURRASCARIA) LTD p 313
1122 Alberni St, VANCOUVER, BC, V6E 1A5
SIC 5812
SAMBRO-KETCH HARBOUR ELEMENTARY SCHOOL p 473
See HALIFAX REGIONAL SCHOOL BOARD
SAMEDAY COURIER p 650
See DYNAMEX CANADA LIMITED
SAMEDAY WORLDWIDE p 273
See DAY & ROSS INC
SAMEDAY WORLDWIDE p 369
See DAY & ROSS INC
SAMEDAY WORLDWIDE p 400
See DAY & ROSS INC
SAMEDAY WORLDWIDE p 427
See DAY & ROSS INC
SAMEDAY WORLDWIDE p 429
See DAY & ROSS INC
SAMEDAY WORLDWIDE p 980
See DAY & ROSS INC
SAMKO SALES p 576
See SAM KOTZER LIMITED
SAMONA INTERNATIONAL p 187
See HOLLAND IMPORTS INC
SAMORAIS LTEE p 1116
1180 Rue De La Montagne, Montreal, QC, H3G 1Z1
(514) 861-6000   SIC 7011
SAMS NOFRILLLS p 444
See ATLANTIC WHOLESALERS LTD
SAMSON CONTROLS INC p 674
105 Riviera Dr Unit 1, MARKHAM, ON, L3R 5J7
(905) 474-0354   SIC 5084
SAMSON CREE NATION CHIEF AND COUNCIL p 132
Gd, HOBBEMA, AB, T0C 1N0
(780) 585-3930   SIC 8351
SAMSON CREE NATION CHIEF AND COUNCIL p 132
Gd, HOBBEMA, AB, T0C 1N0
(780) 585-3793   SIC 5411
SAMSON DAY CARE CENTRE p 132
See SAMSON CREE NATION CHIEF AND COUNCIL
SAMSON GROCERY STORE p 132
See SAMSON CREE NATION CHIEF AND COUNCIL
SAMSONITE CANADA INC p 865
753 Ontario St, STRATFORD, ON, N5A 7Y2
(519) 271-5040   SIC 5099

SAMSUNG ELECTRONICS CANADA INC p 711
2050 Derry Rd W Suite 1, MISSISSAUGA, ON, L5N 0B9
(905) 542-3535   SIC 5064
SAMSUNG RENEWABLE ENERGY INC p 711
2050 Derry Rd W 2fl, MISSISSAUGA, ON, L5N 0B9
(905) 501-4934   SIC 4911
SAMUEL FLAT ROLLED PROCESSING GROUP p 607
See SAMUEL, SON & CO., LIMITED
SAMUEL HEARNE SECONDARY SCHOOL p 438
See BEAUFORT-DELTA EDUCATION COUNCIL
SAMUEL LUNENFELD RESEARCH INSTITUTE OF MOUNT SINAI HOSPITAL p 912
600 University Ave Suite 1078, TORONTO, ON, M5G 1X5
(416) 596-4200   SIC 8731
SAMUEL METAL BLANKING p 527
See SAMUEL, SON & CO., LIMITED
SAMUEL PACKAGING SYSTEMS GROUP p 1057
See SAMUEL, SON & CO., LIMITED
SAMUEL PLATE SALES p 861
See SAMUEL, SON & CO., LIMITED
SAMUEL SPECIALTY p 230
See SAMUEL, SON & CO., LIMITED
SAMUEL STRAPPING SYSTEMS p 208
See SAMUEL, SON & CO., LIMITED
SAMUEL STRAPPING SYSTEMS p 693
See SAMUEL, SON & CO., LIMITED
SAMUEL STRAPPING SYSTEMS - CONCORD p 562
See SAMUEL, SON & CO., LIMITED
SAMUEL W. SHAW SCHOOL p 56
See CALGARY BOARD OF EDUCATION
SAMUEL, SON & CO., LIMITED p 29
1401 17 Ave Se, CALGARY, AB, T2G 1J9
(403) 531-0600   SIC 5051
SAMUEL, SON & CO., LIMITED p 148
1709 8 St, NISKU, AB, T9E 7S8
(780) 955-7516   SIC 5051
SAMUEL, SON & CO., LIMITED p 208
1365 Derwent Way, DELTA, BC, V3M 5V9
(604) 521-3700   SIC 5051
SAMUEL, SON & CO., LIMITED p 230
9087c 198 St Unit 300, LANGLEY, BC, V1M 3B1
(604) 882-0429   SIC 5051
SAMUEL, SON & CO., LIMITED p 527
546 Elgin St, BRANTFORD, ON, N3S 7P8
(519) 758-2710   SIC 5051
SAMUEL, SON & CO., LIMITED p 535
735 Oval Crt Suite 1, BURLINGTON, ON, L7L 6A9
(905) 632-3662   SIC 5051
SAMUEL, SON & CO., LIMITED p 535
1250 Appleby Line, BURLINGTON, ON, L7L 5G6
(905) 335-9195   SIC 5051
SAMUEL, SON & CO., LIMITED p 535
735 Oval Crt, BURLINGTON, ON, L7L 6A9
(905) 632-3662   SIC 5051
SAMUEL, SON & CO., LIMITED p 546
133 Groh Ave, CAMBRIDGE, ON, N3C 1Y8
SIC 5051
SAMUEL, SON & CO., LIMITED p 546
133 Troh Ave, CAMBRIDGE, ON, N3C 4B1
(519) 658-4693   SIC 1791
SAMUEL, SON & CO., LIMITED p 562
21 Corrine Crt, CONCORD, ON, L4K 4W2
(905) 279-9580   SIC 5051
SAMUEL, SON & CO., LIMITED p 607
410 Nash Rd N, HAMILTON, ON, L8H 7R9
(905) 573-9100   SIC 5051
SAMUEL, SON & CO., LIMITED p 674
7455 Woodbine Ave, MARKHAM, ON, L3R 1A7

SAMUEL, SON & CO., LIMITED p 693
2370 Dixie Rd Suite 124, MISSISSAUGA, ON, L4Y 1Z4
(905) 279-9580   SIC 5051
SAMUEL, SON & CO., LIMITED p 711
6701 Financial Dr Suite 100, MISSISSAUGA, ON, L5N 7J7
(905) 270-5300   SIC 5051
SAMUEL, SON & CO., LIMITED p 861
12 Teal Ave, STONEY CREEK, ON, L8E 3Y5
(905) 561-8228   SIC 5051
SAMUEL, SON & CO., LIMITED p 862
400 Glover Rd, STONEY CREEK, ON, L8E 5X1
(905) 662-1404   SIC 3479
SAMUEL, SON & CO., LIMITED p 995
21525 Av Clark-Graham, Baie-D'Urfe, QC, H9X 3T5
(514) 457-3399   SIC 5051
SAMUEL, SON & CO., LIMITED p 1019
2225 Av Francis-Hughes, Cote Saint-Luc, QC, H7S 1N5
(514) 384-5220   SIC 5051
SAMUEL, SON & CO., LIMITED p 1057
3289 Boul Jean-Baptiste-Deschamps, LACHINE, QC, H8T 3E4
(514) 631-5551   SIC 5051
SAMUEL, SON & CO., LIMITED p 1213
131 Rue Barr, SAINT-LAURENT, QC, H4T 1W6
(514) 735-6563   SIC 5051
SAN ANTONIO FISH MARKET INC p 975
130 Creditview Rd, WOODBRIDGE, ON, L4L 9N4
(905) 850-4088   SIC 5146
SAN DIEGO GIFTS p 106
See SAN FRANCISCO GIFTS LTD
SAN FRANCISCO GIFTS LTD p 106
9762 54 Ave Nw, EDMONTON, AB, T6E 0A9
SIC 5947
SAN LORENZO RUIZ CATHOLIC ELEMENTARY SCHOOL p 678
See YORK CATHOLIC DISTRICT SCHOOL BOARD
SAN MARCO CATHOLIC SCHOOL p 976
See YORK CATHOLIC DISTRICT SCHOOL BOARD
SAN MIGUEL FOODS LTD p 491
1 Henderson Dr Unit 4, AURORA, ON, L4G 4J7
(905) 727-7918   SIC 5812
SAN-I-KLEEN MAINTENANCE LTD p 430
835 Topsail Rd, MOUNT PEARL, NL, A1N 3J6
SIC 7349
SAN-O-PHONE HEALTH CARE DIV. p 580
See EMERAUD CANADA LIMITED
SAND BAR, THE p 314
See SEQUOIA COMPANY OF RESTAURANTS INC
SAND HILLS ELEMENTARY SCHOOL p 133
See FORT VERMILION SCHOOL DIVISON 52
SAND LAKE HUTTERIAN BRETHREN p 1307
Gd, VAL MARIE, SK, S0N 2T0
(306) 298-2068   SIC 7389
SANDALE UTILITY PRODUCTS p 451
See EMCO CORPORATION
SANDALWOOD HEIGHTS SECONDARY SCHOOL p 510
See PEEL DISTRICT SCHOOL BOARD
SANDALWOOD SUITES HOTEL p 687
See CHIP REIT NO 23 OPERATIONS LIMITED PARTNERSHIP
SANDCASTLE TOURS p 76
See NITE TOURS INTERNATIONAL
SANDERSON CENTRE FOR THE PERFORMING ARTS p 528
See CORPORATION OF THE CITY OF BRANTFORD, THE

SANDERSON-HAROLD COMPANY LIMITED, THE p 821
245 West Beaver Creek Rd Unit 2, RICHMOND HILL, ON, L4B 1L1
(905) 886-5751   SIC 2434
SANDFIELD PLACE p 566
See 458422 ONTARIO LIMITED
SANDFORD AVENUE PUBLIC SCHOOL p 608
See HAMILTON-WENTWORTH DISTRICT SCHOOL BOARD, THE
SANDHILLS PUBLIC SCHOOL p 643
See WATERLOO REGION DISTRICT SCHOOL BOARD
SANDHU, DR S p 347
Gd Lcd Main, DAUPHIN, MB, R7N 2T3
(204) 638-2103   SIC 8011
SANDMAN HOTEL p 195
See NORTHLAND PROPERTIES CORPORATION
SANDMAN HOTEL & SUITES CALGARY SOUTH p 33
See NORTHLAND PROPERTIES CORPORATION
SANDMAN HOTEL & SUITES KELOWNA p 226
See NORTHLAND PROPERTIES CORPORATION
SANDMAN HOTEL & SUITES PRINCE GEORGE p 260
See NORTHLAND PROPERTIES CORPORATION
SANDMAN HOTEL & SUITES REGINA p 1283
See NORTHLAND PROPERTIES CORPORATION
SANDMAN HOTEL CALGARY CITY CENTRE p 47
See NORTHLAND PROPERTIES CORPORATION
SANDMAN HOTEL LETHBRIDGE p 139
See NORTHLAND PROPERTIES CORPORATION
SANDMAN HOTEL MONTREAL - LONGUEUIL p 1071
See NORTHLAND PROPERTIES CORPORATION
SANDMAN HOTEL RED DEER p 156
See NORTHLAND PROPERTIES CORPORATION
SANDMAN HOTEL REVELSTROKE p 265
See NORTHLAND PROPERTIES CORPORATION
SANDMAN HOTEL SASKATOON p 1300
See NORTHLAND PROPERTIES CORPORATION
SANDMAN HOTEL VANCOUVER CITY CENTRE p 305
See NORTHLAND PROPERTIES CORPORATION
SANDMAN INN VICTORIA p 329
See NORTHLAND PROPERTIES CORPORATION
SANDMAN INNS p 316
See NORTHLAND PROPERTIES CORPORATION
SANDMAN INNS MCBRIDE p 237
See NORTHLAND PROPERTIES CORPORATION
SANDMAN SIGNATURE TORONTO AIRPORT HOTEL p 586
See NORTHLAND PROPERTIES CORPORATION
SANDMAN SIGNATURE VANCOUVER AIRPORT HOTEL & RESORT p 270
See NORTHLAND PROPERTIES CORPORATION
SANDMAN SUITES VANCOUVER - DAVIE STREET p 312
See NORTHLAND PROPERTIES CORPORATION

SANDOWNE ELEMENTARY SCHOOL p 194
See BOARD OF EDUCATION SCHOOL DISTRICT 72 (CAMPBELL RIVER), THE
SANDOWNE ELEMENTARY SCHOOL p 951
See WATERLOO REGION DISTRICT SCHOOL BOARD
SANDOZ CANADA INC p 1005
145 Rue Jules-Leger, BOUCHERVILLE, QC, J4B 7K8
(450) 641-4903   SIC 2834
SANDPIPER GOLF CLUB/ROWENAS INN ON THE RIVER p 217
See PRETTY ESTATES LTD
SANDRINGHAM PLACE INC p 562
30 Floral Pky Suite 300, CONCORD, ON, L4K 4R1
(905) 669-5571   SIC 6552
SANDS MOTOR HOTEL LTD p 74
12340 Fort Rd Nw, EDMONTON, AB, T5B 4H5
(780) 474-5476   SIC 7011
SANDS SECONDARY SCHOOL p 209
See DELTA SCHOOL DISTRICT NO.37
SANDVIK CANADA, INC p 489
425 Mccartney, ARNPRIOR, ON, K7S 3P3
(613) 623-6501   SIC 3312
SANDVIK CANADA, INC p 535
4445 Fairview St, BURLINGTON, ON, L7L 2A4
SIC 3532
SANDVIK CANADA, INC p 604
510 Governors Rd, GUELPH, ON, N1K 1E3
(519) 836-4322   SIC 3535
SANDVIK CANADA, INC p 649
100 Magill St, LIVELY, ON, P3Y 1K7
(705) 692-5881   SIC 5051
SANDVIK CANADA, INC p 711
2550 Meadowvale Blvd Unit 3, MISSISSAUGA, ON, L5N 8C2
(905) 826-8900   SIC 3312
SANDVIK CANADA, INC p 743
400 Kirkpatrick St Suite B, NORTH BAY, ON, P1B 8G5
SIC 5082
SANDVIK MATERIALS TECHNOLOGY CANADA p 489
See SANDVIK CANADA, INC
SANDVIK MINING p 711
See SANDVIK CANADA, INC
SANDVIK MINING AND CONSTRUCTION p 649
See SANDVIK CANADA, INC
SANDVIK MINING AND CONSTRUCTION p 743
See SANDVIK CANADA, INC
SANDVIK PROCESS SYSTEMS OF CANADA p 604
See SANDVIK CANADA, INC
SANDVINE INCORPORATED ULC p 952
408 Albert St, WATERLOO, ON, N2L 3V3
(519) 880-2600   SIC 3825
SANDWICH SECONDARY SCHOOL p 971
See GREATER ESSEX COUNTY DISTRICT SCHOOL BOARD
SANDWICH WEST PUBLIC SCHOOL p 971
See GREATER ESSEX COUNTY DISTRICT SCHOOL BOARD
SANDWICK ALTERNATE SCHOOL p 203
See SCHOOL DISTRICT NO. 71 (COMOX VALLEY)
SANDY HILL COMMUNITY CENTRE p 788
See CITY OF OTTAWA
SANDY HILL ELEMENTARY SCHOOL p 180
See SCHOOL DISTRICT NO 34 (ABBOTSFORD)
SANDY HILL RETIREMENT RESIDENCE p 789
See REVERA INC
SANDY LAKE NORTHERN STORE p 826
See NORTH WEST COMPANY LP, THE
SANDY LAKE PERSONAL CARE HOME p 355
See PRAIRIE MOUNTAIN HEALTH

SANDY'S INDUSTRIAL SUPPLIES p 424
See GLOBAL TEXTILES EXPORT AND IMPORT INC
SANEAL CAMERA p 60
See SANEAL CAMERA SUPPLIES LTD
SANEAL CAMERA SUPPLIES LTD p 60
1402 11 Ave Sw, CALGARY, AB, T3C 0M8
(403) 228-1865   SIC 5946
SANEXEN SERVICES ENVIRONNEMENTAUX INC p 1008
9935 Rue De Ch2teauneuf Unit9 200, BROSSARD, QC, J4Z 3V4
(450) 466-2123   SIC 4959
SANGSTER ELEMENTARY SCHOOL p 337
See SCHOOL DISTRICT NO 62 (SOOKE)
SANI PRO INC p 436
99 Blackmarsh Rd, ST. JOHN'S, NL, A1E 1S6
(709) 579-2151   SIC 5046
SANI-MANIC COTE-NORD INC p 1139
37 Ch De La Scierie, POINTE-AUX-OUTARDES, QC, G0H 1M0
(418) 589-2376   SIC 7699
SANIMAX LTD p 603
5068 Whitelaw Rd Suite 6, GUELPH, ON, N1H 6J3
(519) 824-2381   SIC 4953
SANIMAX RCI INC p 1194
6320 Boul Laurier E, SAINT-HYACINTHE, QC, J2R 2C5
(450) 799-4494   SIC 5191
SANMAR CANADA p 318
See AUTHENTIC T-SHIRT COMPANY ULC, THE
SANMAR CANADA p 687
See AUTHENTIC T-SHIRT COMPANY ULC, THE
SANMINA-SCI SYSTEMS (CANADA) INC p 25
424 Aviation Rd Ne, CALGARY, AB, T2E 8H6
(403) 295-5100   SIC 8748
SANOH CANADA, LTD p 773
300 C Line, ORANGEVILLE, ON, L9W 3Z8
(519) 941-2229   SIC 5013
SANSOME SCHOOL p 385
See ST. JAMES-ASSINIBOIA SCHOOL DIVISION
SANTA MARIA CATHOLIC SCHOOL p 938
See TORONTO CATHOLIC DISTRICT SCHOOL BOARD
SANTA MARIA GORETTI COMMUNITY CENTRE ASSOCIATION p 78
11050 90 St Nw, EDMONTON, AB, T5H 1S5
(780) 426-5026   SIC 7999
SANTAFIORA PIETRE INTERNATIONAL INC p 185
5338 Goring St, BURNABY, BC, V5B 3A3
(604) 430-8037   SIC 5032
SANTE ASHFIELD CANADA p 1141
See ASHFIELD HEALTHCARE CANADA INC
SANTE COURVILLE INC p 1213
5200 80e Rue, SAINT-LAURENT, QC, H7R 5T6
(450) 627-7990   SIC 8361
SANTE NATURELLE A.G. LTEE p 1007
3555 Boul Matte Porte C, BROSSARD, QC, J4Y 2P4
(450) 659-7723   SIC 2833
SANTEK INVESTMENTS (1991) INC p 580
1 Valhalla Inn Rd, ETOBICOKE, ON, M9B 1S9
SIC 7011
SANTERRE ELECTRIQUE (2013) INC p 994
311 Boul La Salle, BAIE-COMEAU, QC, G4Z 2L5
(418) 296-4466   SIC 1731
SANTORELLI'S TRUCK STOP p 880
See HUSKY OIL OPERATIONS LIMITED
SAP p 313
See SAP CANADA INC
SAP CANADA INC p 49

400 3 Ave Sw Suite 600, CALGARY, AB, T2P 4H2
(403) 233-0985   SIC 7372
SAP CANADA INC   p 309
666 Burrard St Unit 1550, VANCOUVER, BC, V6C 2X8
(604) 684-1514   SIC 7372
SAP CANADA INC   p 313
1095 Pender St W Suite 400, VANCOUVER, BC, V6E 2M6
(604) 647-8888   SIC 7371
SAP CANADA INC   p 750
4120 Yonge St Suite 600, NORTH YORK, ON, M2P 2B8
(416) 229-0574   SIC 7372
SAP CANADA INC   p 789
100 Murray St Suite 200, OTTAWA, ON, K1N 0A1
SIC 7371
SAP CANADA INC   p 902
2 Bloor St E Suite 1600, TORONTO, ON, M4W 1A8
SIC 8299
SAP CANADA INC   p 920
181 Bay St, TORONTO, ON, M5J 2T3
SIC 7371
SAP CANADA INC   p 952
445 Wes Graham Way, WATERLOO, ON, N2L 6R2
(519) 886-3700   SIC 7371
SAP CANADA INC   p 1103
380 Rue Saint-Antoine O Bureau 2000, Montreal, QC, H2Y 3X7
(514) 350-7300   SIC 7372
SAP CANADA INC   p 1115
111 Rue Duke Bureau 2100, Montreal, QC, H3C 2M1
(514) 940-3840   SIC 7372
SAP LABS CANADA DIV OF   p 1115
See SAP CANADA INC
SAP SYBASE OFFICES   p 952
See SAP CANADA INC
SAPA CANADA INC   p 695
5675 Kennedy Rd, MISSISSAUGA, ON, L4Z 2H9
(905) 890-8821   SIC 3354
SAPA CANADA INC   p 1143
325 Av Avro, POINTE-CLAIRE, QC, H9R 5W3
(514) 697-5120   SIC 3354
SAPA EXTRUSION AMERIQUE DU NORD p 1143
See SAPA CANADA INC
SAPA EXTRUSIONS   p 695
See SAPA CANADA INC
SAPAQ RESERVE FAUNIQUE DE MATANE p 1077
See GOUVERNEMENT DE LA PROVINCE DE QUEBEC
SAPPORO CANADA INC   p 604
551 Clair Rd W, GUELPH, ON, N1L 1E9
(519) 822-1834   SIC 6712
SAPUTO   p 124
See ALIMENTS SAPUTO LIMITEE
SAPUTO   p 344
See ALIMENTS SAPUTO LIMITEE
SAPUTO   p 360
See ALIMENTS SAPUTO LIMITEE
SAPUTO   p 399
See ALIMENTS SAPUTO LIMITEE
SAPUTO   p 872
See ALIMENTS SAPUTO LIMITEE
SAPUTO   p 1163
See SAPUTO PRODUITS LAITIERS CANADA S.E.N.C.
SAPUTO DAIRY PRODUCTS CANADA G.P. p 944
See SAPUTO INC
SAPUTO DAIRY PRODUCTS CANADA GP p 1205
See SAPUTO PRODUITS LAITIERS CANADA S.E.N.C.
SAPUTO FOOD   p 63
See SAPUTO INC
SAPUTO FOODS   p 177
See SAPUTO INC
SAPUTO FOODS   p 591
See ALIMENTS SAPUTO LIMITEE
SAPUTO INC   p 63
5434 44 St Ne, CALGARY, AB, T3J 3Z3
(403) 568-3800   SIC 4222
SAPUTO INC   p 154
5410 50 Ave, RED DEER, AB, T4N 4B5
(403) 357-3855   SIC 2021
SAPUTO INC   p 177
1799 Riverside Rd Suite 48, ABBOTSFORD, BC, V2S 4J8
(604) 853-2225   SIC 5143
SAPUTO INC   p 204
743 28th St, COURTENAY, BC, V9N 7P4
(250) 334-3143   SIC 2026
SAPUTO INC   p 944
7 Riverside Drive, TRENTON, ON, K8V 5R7
(613) 392-6762   SIC 2022
SAPUTO INC   p 1305
122 Wakooma St, SASKATOON, SK, S7R 1A8
(306) 668-6833   SIC 2023
SAPUTO PRODUITS LAITIERS CANADA S.E.N.C.   p 87
16110 116 Ave Nw, EDMONTON, AB, T5M 3V4
(780) 486-8400   SIC 5141
SAPUTO PRODUITS LAITIERS CANADA S.E.N.C.   p 93
11235 186 St Nw, EDMONTON, AB, T5S 2T7
(780) 483-4203   SIC 2022
SAPUTO PRODUITS LAITIERS CANADA S.E.N.C.   p 124
82 Main Ave Sw, GLENWOOD, AB, T0K 2R0
(403) 626-3691   SIC 2023
SAPUTO PRODUITS LAITIERS CANADA S.E.N.C.   p 184
6800 Lougheed Hwy Suite 3, BURNABY, BC, V5A 1W2
(604) 420-6611   SIC 2023
SAPUTO PRODUITS LAITIERS CANADA S.E.N.C.   p 210
7307 76 St, DELTA, BC, V4G 1E6
(604) 946-5611   SIC 2022
SAPUTO PRODUITS LAITIERS CANADA S.E.N.C.   p 972
101 Royal Group Cres, WOODBRIDGE, ON, L4H 1X9
(905) 266-8800   SIC 2022
SAPUTO PRODUITS LAITIERS CANADA S.E.N.C.   p 1080
1485 Boul Albiny-Paquette Bureau 3, MONT-LAURIER, QC, J9L 1M8
(819) 623-4350   SIC 2022
SAPUTO PRODUITS LAITIERS CANADA S.E.N.C.   p 1138
1245 Av Forand, PLESSISVILLE, QC, G6L 1X5
(819) 362-6378   SIC 2022
SAPUTO PRODUITS LAITIERS CANADA S.E.N.C.   p 1163
3240 Av Watt Bureau 110, Quebec, QC, G1X 4X7
(418) 651-5220   SIC 5143
SAPUTO PRODUITS LAITIERS CANADA S.E.N.C.   p 1195
1195 Rue Johnson E Bureau 117, SAINT-HYACINTHE, QC, J2S 7Y6
(450) 773-1004   SIC 2023
SAPUTO PRODUITS LAITIERS CANADA S.E.N.C.   p 1205
2365 Ch De La Cote-De-Liesse, SAINT-LAURENT, QC, H4N 2M7
(514) 856-0157   SIC 5143
SAPUTO PRODUITS LAITIERS CANADA S.E.N.C.   p 1205
2365 Ch De La Cote-De-Liesse, SAINT-LAURENT, QC, H4N 2M7
(514) 328-6663   SIC 2022
SAPUTO PRODUITS LAITIERS CANADA S.E.N.C.   p 1205
100 Rue Stinson, SAINT-LAURENT, QC, H4N 2E7
(514) 328-3312   SIC 5143
SAPUTO PRODUITS LAITIERS CANADA S.E.N.C.   p 1215
7750 Rue Pascal-Gagnon, SAINT-LEONARD, QC, H1P 3L1
(514) 328-6662   SIC 2022
SAPUTO PRODUITS LAITIERS CANADA S.E.N.C.   p 1220
71 Av Saint-Jacques, SAINT-RAYMOND, QC, G3L 3X9
(418) 337-4287   SIC 2022
SAPUTO SAINT-HYACINTHE   p 1195
See SAPUTO PRODUITS LAITIERS CANADA S.E.N.C.
SAQ   p 1081
See SOCIETE DES ALCOOLS DU QUEBEC
SAQ   p 1090
See SOCIETE DES ALCOOLS DU QUEBEC
SAQ   p 1119
See SOCIETE DES ALCOOLS DU QUEBEC
SAQ   p 1232
See SOCIETE DES ALCOOLS DU QUEBEC
SAQ BEACONSFIELD   p 996
See SOCIETE DES ALCOOLS DU QUEBEC
SAQ CARREFOUR D'ALMA 33632   p 988
See SOCIETE DES ALCOOLS DU QUEBEC
SAQ CLASSIQUE   p 1015
See SOCIETE DES ALCOOLS DU QUEBEC
SAQ CLASSIQUE   p 1085
See SOCIETE DES ALCOOLS DU QUEBEC
SAQ CLASSIQUE   p 1090
See SOCIETE DES ALCOOLS DU QUEBEC
SAQ DEPOT DE QUEBEC   p 1163
See SOCIETE DES ALCOOLS DU QUEBEC
SAQ EXPRESS   p 1087
See SOCIETE DES ALCOOLS DU QUEBEC
SARA VISTA LONG TERM CARE FACILITY p 573
See REVERA INC
SARATOGA POTATO CHIP COMPANY INC p 516
230 Deerhurst Dr, BRAMPTON, ON, L6T 5R8
(905) 458-4100   SIC 2096
SARAZEN REALTY LTD   p 625
300 Eagleson Rd Suite 46, KANATA, ON, K2M 1C9
(613) 831-4455   SIC 6531
SARAZEN REALTY LTD   p 799
1090 Ambleside Dr Suite 108, OTTAWA, ON, K2B 8G7
(613) 596-4133   SIC 6531
SARCAN RECYCLING   p 1283
See SASKATCHEWAN ASSOCIATION OF REHABILITATION CENTRES
SARCAN RECYCLING   p 1294
See SASKATCHEWAN ASSOCIATION OF REHABILITATION CENTRES
SARCAN RECYCLING   p 1297
See SASKATCHEWAN ASSOCIATION OF REHABILITATION CENTRES
SARCAN RECYCLING   p 1300
See SASKATCHEWAN ASSOCIATION OF REHABILITATION CENTRES
SARCAN RECYCLING   p 1301
See SASKATCHEWAN ASSOCIATION OF REHABILITATION CENTRES
SARCAN RECYCLING   p 1303
See SASKATCHEWAN ASSOCIATION OF REHABILITATION CENTRES
SARCAN RECYCLING   p 1305
See SASKATCHEWAN ASSOCIATION OF REHABILITATION CENTRES
SARCAN RECYCLING   p 1309
See SASKATCHEWAN ASSOCIATION OF REHABILITATION CENTRES
SARDIS ELEMENTARY SCHOOL   p 198
See SCHOOL DISTRICT NO 33 CHILLIWACK
SARDIS EXPLOSIVES (2000) LTD   p 198
6890 Lickman Rd, CHILLIWACK, BC, V2R 4A9
(604) 858-6919   SIC 5169
SARDIS SECONDARY SCHOOL   p 198
See SCHOOL DISTRICT NO 33 CHILLIWACK
SARDO FOODS   p 506
See OLIVER OLIVES INC
SARGENT PARK SCHOOL   p 380
See WINNIPEG SCHOOL DIVISION
SARIHAN HOLDINGS LTD.   p 272
12240 Horseshoe Way Suite 14, RICHMOND, BC, V7A 4X9
SIC 5621
SARJEANT COMPANY LIMITED, THE p 498
15 Sarjeant Dr, BARRIE, ON, L4N 4V9
(705) 728-2460   SIC 3273
SARJEANT COMPANY LIMITED, THE p 775
82 Forest Plain Rd, ORILLIA, ON, L3V 6H1
(705) 325-2492   SIC 3273
SARJEANT COMPANY LIMITED, THE p 884
2416 655 Hwy, TIMMINS, ON, P4N 8R9
(705) 264-2264   SIC 5211
SARNIA ACCOUNTING   p 828
See BDO CANADA LLP
SARNIA AND DISTRICT ASSOCIATION FOR COMMUNITY LIVING   p 827
1315 Lougar Ave, SARNIA, ON, N7S 5N5
(519) 336-9825   SIC 8322
SARNIA COLLEGIATE INSTITUTE & TECHNICAL SCHOOL   p 829
See LAMBTON KENT DISTRICT SCHOOL BOARD
SARNIA DUTY COUNSEL OFFICE   p 829
See LEGAL AID ONTARIO
SARNIA INSULATION SUPPLY   p 828
See GLASSCELL ISOFAB INC
SARNIA LIBRARY   p 828
See LAMBTON COUNTY LIBRARY
SARNIA PIZZA LIMITED   p 827
1400 Exmouth St, SARNIA, ON, N7S 3X9
(519) 542-7500   SIC 5812
SARNIA STATION MAIN   p 828
See CANADA POST CORPORATION
SARNIA TRANSIT   p 826
See CORPORATION OF THE CITY OF SARNIA
SAS   p 793
See SAS INSTITUTE (CANADA) INC
SAS INSTITUTE (CANADA) INC   p 49
401 9 Ave Sw Suite 970, CALGARY, AB, T2P 3C5
(403) 265-5177   SIC 7372
SAS INSTITUTE (CANADA) INC   p 793
360 Albert St Suite 1600, OTTAWA, ON, K1R 7X7
(613) 231-8503   SIC 7371
SAS INSTITUTE (CANADA) INC   p 905
280 King St E Suite 500, TORONTO, ON, M5A 1K4
(416) 363-4424   SIC 7372
SAS INSTITUTE (CANADA) INC   p 1108
1000 Rue Sherbrooke O Bureau 2100, Montreal, QC, H3A 3G4
(514) 395-8922   SIC 7372
SASCO DEVELOPMENTS LTD   p 1276
1590 Main St N, MOOSE JAW, SK, S6J 1L3
(306) 693-7550   SIC 7011
SASCOPACK INC   p 1294
106 Melville St, SASKATOON, SK, S7J 0R1
SIC 7389
SASK ASSOCIATIONS HEALTH ORGAN p 1300
See SASKATCHEWAN HEALTH-CARE AS-

SOCIATION
SASK SPORT INC p 1300
510 Cynthia St, SASKATOON, SK, S7L 7K7
(306) 975-0873 *SIC* 8699
SASKATCHEWAN ABILITIES COUNCIL p 1283
See SASKATCHEWAN ABILITIES COUNCIL INC
SASKATCHEWAN ABILITIES COUNCIL INC p 1283
825 Mcdonald St, REGINA, SK, S4N 2X5
(306) 569-9048 *SIC* 8331
SASKATCHEWAN ABILITIES COUNCIL INC p 1301
1410 Kilburn Ave, SASKATOON, SK, S7M 0J8
(306) 653-1694 *SIC* 8331
SASKATCHEWAN ABILITIES COUNCIL INC p 1307
1551 North Railway St W, SWIFT CURRENT, SK, S9H 5G3
(306) 773-2076 *SIC* 8331
SASKATCHEWAN ABILITIES COUNCIL INC p 1309
162 Ball Rd, YORKTON, SK, S3N 3Z4
(306) 782-2463 *SIC* 8331
SASKATCHEWAN APPRENTICESHIP AND TRADE CERTIFICATION COMMISSION p 1286
2140 Hamilton St, Regina, SK, S4P 2E3
(306) 787-2444 *SIC* 8249
SASKATCHEWAN ASSOCIATION OF REHABILITATION CENTRES p 1283
1421 Fleury St, REGINA, SK, S4N 7N5
(306) 347-3070 *SIC* 4953
SASKATCHEWAN ASSOCIATION OF REHABILITATION CENTRES p 1294
2605 Broadway Ave Suite 20, SASKATOON, SK, S7J 0Z5
(306) 975-7188 *SIC* 4953
SASKATCHEWAN ASSOCIATION OF REHABILITATION CENTRES p 1297
2327 Faithfull Ave, SASKATOON, SK, S7K 1T9
(306) 975-0650 *SIC* 4953
SASKATCHEWAN ASSOCIATION OF REHABILITATION CENTRES p 1300
111 Cardinal Cres, SASKATOON, SK, S7L 6H5
(306) 933-0616 *SIC* 4953
SASKATCHEWAN ASSOCIATION OF REHABILITATION CENTRES p 1301
2305 22nd St W Suite 5, SASKATOON, SK, S7M 0V6
(306) 384-5699 *SIC* 4953
SASKATCHEWAN ASSOCIATION OF REHABILITATION CENTRES p 1303
350b 103rd St E, SASKATOON, SK, S7N 1Z1
(306) 373-3386 *SIC* 4953
SASKATCHEWAN ASSOCIATION OF REHABILITATION CENTRES p 1305
3720 Kochar Ave, SASKATOON, SK, S7P 0C2
(306) 934-8879 *SIC* 4953
SASKATCHEWAN ASSOCIATION OF REHABILITATION CENTRES p 1309
144 Ball Rd, YORKTON, SK, S3N 3Z4
(306) 782-4213 *SIC* 4953
SASKATCHEWAN CANCER AGENCY p 1290
4101 Dewdney Ave Suite 300, REGINA, SK, S4T 7T1
(306) 766-2213 *SIC* 8093
SASKATCHEWAN CROP INSURANCE CORPORATION p 1274
484 Prince William Dr, MELVILLE, SK, S0A 2P0
(306) 728-7200 *SIC* 6531
SASKATCHEWAN CROP INSURANCE CORPORATION p 1278
1192 102nd St, NORTH BATTLEFORD, SK, S9A 1E8
(888) 935-0028 *SIC* 6331
SASKATCHEWAN CROP INSURANCE CORPORATION p 1307
350 Cheadle St W, SWIFT CURRENT, SK, S9H 4G3
(888) 935-0007 *SIC* 6331
SASKATCHEWAN CROP INSURANCE CORPORATION p 1309
38 Fifth Ave N, YORKTON, SK, S3N 0Y8
(306) 786-1375 *SIC* 6331
SASKATCHEWAN GAMING CORPORATION p 1276
21 Fairford St E, MOOSE JAW, SK, S6H 0C8
(306) 694-3888 *SIC* 7011
SASKATCHEWAN GAMING CORPORATION p 1286
1880 Saskatchewan Dr, REGINA, SK, S4P 0B2
(306) 565-3000 *SIC* 7999
SASKATCHEWAN GOVERNMENT INSURANCE p 1276
105 4th Ave Nw, MOOSE JAW, SK, S6H 7P1
(306) 691-4500 *SIC* 6331
SASKATCHEWAN GOVERNMENT INSURANCE p 1278
1002 103rd St, NORTH BATTLEFORD, SK, S9A 1K4
(306) 446-1900 *SIC* 6331
SASKATCHEWAN GOVERNMENT INSURANCE p 1280
501 15th St E, PRINCE ALBERT, SK, S6V 1G3
(306) 953-8000 *SIC* 6331
SASKATCHEWAN GOVERNMENT INSURANCE p 1283
440 Fleet St, REGINA, SK, S4N 7N7
(306) 775-6000 *SIC* 6331
SASKATCHEWAN GOVERNMENT INSURANCE p 1283
460 Fleet St, REGINA, SK, S4N 7N7
(306) 775-6025 *SIC* 6331
SASKATCHEWAN GOVERNMENT INSURANCE p 1286
2260 11th Ave, REGINA, SK, S4P 2N7
(306) 775-6000 *SIC* 6331
SASKATCHEWAN GOVERNMENT INSURANCE p 1286
2260 11th Ave Suite 18, REGINA, SK, S4P 0J9
(306) 751-1200 *SIC* 6331
SASKATCHEWAN GOVERNMENT INSURANCE p 1297
623 2nd Ave N, SASKATOON, SK, S7K 0H3
(306) 683-2382 *SIC* 6331
SASKATCHEWAN GOVERNMENT INSURANCE p 1300
2318 Northridge Dr, SASKATOON, SK, S7L 1B9
(306) 683-2110 *SIC* 6331
SASKATCHEWAN GOVERNMENT INSURANCE p 1307
110 3rd Ave Nw, SWIFT CURRENT, SK, S9H 0R8
(306) 778-4900 *SIC* 6331
SASKATCHEWAN GOVERNMENT INSURANCE p 1309
276 Myrtle Ave, YORKTON, SK, S3N 1R4
(306) 786-2430 *SIC* 6331
SASKATCHEWAN HEALTH-CARE ASSOCIATION p 1300
2121 Airport Dr Suite 207, SASKATOON, SK, S7L 6W5
SIC 8011
SASKATCHEWAN HOUSING CORPORATION p 1280
800 Central Ave, PRINCE ALBERT, SK, S6V 6Z2
SIC 6531
SASKATCHEWAN HOUSING CORPORATION p 1286
1920 Broad St Suite 900, REGINA, SK, S4P 3V6
(306) 787-4177 *SIC* 6531
SASKATCHEWAN INDIAN GAMING AUTHORITY INC p 1265
Gd, CARLYLE, SK, S0C 0R0
(306) 577-4577 *SIC* 7999
SASKATCHEWAN INDIAN GAMING AUTHORITY INC p 1278
11906 Railway Ave E, NORTH BATTLEFORD, SK, S9A 3K7
(306) 446-3833 *SIC* 7999
SASKATCHEWAN INDIAN GAMING AUTHORITY INC p 1280
44 Marquis Rd W, PRINCE ALBERT, SK, S6V 7Y5
(306) 764-4777 *SIC* 7999
SASKATCHEWAN INDIAN GAMING AUTHORITY INC p 1297
204 Dakota Dunes Way, SASKATOON, SK, S7K 2L2
(306) 477-7777 *SIC* 7011
SASKATCHEWAN INDIAN GAMING AUTHORITY INC p 1303
103c Packham Ave Suite 250, SASKATOON, SK, S7N 4K4
(306) 477-7777 *SIC* 7999
SASKATCHEWAN INDIAN GAMING AUTHORITY INC p 1309
30 Third Ave N, YORKTON, SK, S3N 1B9
(306) 786-6777 *SIC* 7993
SASKATCHEWAN INDIAN INSTITUTE OF TECHNOLOGIES p 1297
229 4th Ave S Suite 201, SASKATOON, SK, S7K 4K3
(306) 373-4777 *SIC* 8299
SASKATCHEWAN INSTITUTE OF APPLIED SCIENCE AND TECHNOLOGY p 1276
600 Saskatchewan St W, MOOSE JAW, SK, S6H 2Z9
(306) 691-8200 *SIC* 8222
SASKATCHEWAN INSTITUTE OF APPLIED SCIENCE AND TECHNOLOGY p 1280
1100 15th St E, PRINCE ALBERT, SK, S6V 7S4
(306) 765-1500 *SIC* 8222
SASKATCHEWAN INSTITUTE OF APPLIED SCIENCE AND TECHNOLOGY p 1297
1130 Idylwyld Dr And 33rd St, SASKATOON, SK, S7K 3R5
(866) 467-4278 *SIC* 8222
SASKATCHEWAN INSTITUTE OF APPLIED SCIENCE AND TECHNOLOGY p 1297
119 4th Ave S Suite 400, SASKATOON, SK, S7K 5X2
(866) 467-4278 *SIC* 8222
SASKATCHEWAN INSTITUTE OF APPLIED SCIENCE AND TECHNOLOGY p 1297
Gd Stn Main, SASKATOON, SK, S7K 3R5
(306) 933-6350 *SIC* 8222
SASKATCHEWAN INSTITUTE OF APPLIED SCIENCE AND TECHNOLOGY p 1297
See SASKATCHEWAN INSTITUTE OF APPLIED SCIENCE AND TECHNOLOGY
SASKATCHEWAN LIBERAL ASSOCIATION p 1286
2054 Broad St, REGINA, SK, S4P 1Y3
SIC 8651
SASKATCHEWAN LIQUOR AND GAMING AUTHORITY, THE p 1288
416 N Albert St, REGINA, SK, S4R 3C1
(306) 787-4261 *SIC* 5921
SASKATCHEWAN LIQUOR AND GAMING AUTHORITY, THE p 1293
3120 8th St E Unit 110, SASKATOON, SK, S7H 0W2
(306) 933-5318 *SIC* 5921
SASKATCHEWAN LIQUOR AND GAMING AUTHORITY, THE p 1300
200 Confederation Dr, SASKATOON, SK, S7L 4R6
(306) 933-5315 *SIC* 5921
SASKATCHEWAN MINING AND MINERALS INC p 1266
1 Railway Ave, CHAPLIN, SK, S0H 0V0
(306) 395-2561 *SIC* 2819
SASKATCHEWAN MOTOR CLUB p 1283
105 Kress St, REGINA, SK, S4N 5X8
(306) 791-4387 *SIC* 8699
SASKATCHEWAN OPPORTUNITIES CORPORATION p 1289
10 Research Dr Suite 140, REGINA, SK, S4S 7J7
(306) 798-7275 *SIC* 6519
SASKATCHEWAN OPPORTUNITIES CORPORATION p 1303
111 Research Dr Suite 106, SASKATOON, SK, S7N 3R2
(306) 249-5344 *SIC* 5812
SASKATCHEWAN OPPORTUNITIES CORPORATION p 1303
15 Innovation Blvd Suite 114, SASKATOON, SK, S7N 2X8
(306) 933-6295 *SIC* 6519
SASKATCHEWAN POWER CORPORATION p 1266
Gd, CORONACH, SK, S0H 0Z0
(306) 267-5200 *SIC* 4911
SASKATCHEWAN POWER CORPORATION p 1268
18 Boundary Dam Hwy W, ESTEVAN, SK, S4A 2A6
(306) 634-1300 *SIC* 4911
SASKATCHEWAN POWER CORPORATION p 1268
Gd Lcd Main, ESTEVAN, SK, S4A 2A1
(306) 634-1700 *SIC* 4911
SASKATCHEWAN POWER CORPORATION p 1277
Gd, NIPAWIN, SK, S0E 1E0
(306) 862-3148 *SIC* 4911
SASKATCHEWAN POWER CORPORATION p 1283
2901 Powerhouse Dr, REGINA, SK, S4N 0A1
(306) 566-3069 *SIC* 4911
SASKATCHEWAN POWER CORPORATION p 1301
2211 Spadina Cres W, SASKATOON, SK, S7M 5V5
(306) 934-7995 *SIC* 4911
SASKATCHEWAN POWER CORPORATION p 1302
1370 Fletcher Rd, SASKATOON, SK, S7M 5H2
(306) 934-7733 *SIC* 4911
SASKATCHEWAN POWER CORPORATION p 1307

1800 Aberdeen St, SWIFT CURRENT, SK, S9H 3W4
(306) 778-7510   SIC 4911
SASKATCHEWAN RESEARCH COUNCIL ANALYTICAL LABORATORY   p 1303
See SASKATCHEWAN RESEARCH COUNCIL, THE
SASKATCHEWAN RESEARCH COUNCIL, THE   p 1289
6 Research Dr Suite 129, REGINA, SK, S4S 7J7
(306) 787-9400   SIC 8733
SASKATCHEWAN RESEARCH COUNCIL, THE   p 1303
15 Innovation Blvd Suite 125, SASKATOON, SK, S7N 2X8
(306) 933-5400   SIC 8733
SASKATCHEWAN RESEARCH COUNCIL, THE   p 1303
422 Downey Rd Suite 102, SASKATOON, SK, S7N 4N1
(306) 933-6932   SIC 8733
SASKATCHEWAN RIVER SCHOOL DIVISION #119   p 1265
110 Mccallum Ave, BIRCH HILLS, SK, S0J 0G0
(306) 749-3301   SIC 8211
SASKATCHEWAN RIVER SCHOOL DIVISION #119   p 1265
700 Main St, BIG RIVER, SK, S0J 0E0
(306) 469-2128   SIC 8211
SASKATCHEWAN RIVER SCHOOL DIVISION #119   p 1265
850 1st St E, CANWOOD, SK, S0J 0K0
(306) 468-2150   SIC 8211
SASKATCHEWAN RIVER SCHOOL DIVISION #119   p 1271
405 5 St, KINISTINO, SK, S6V 1B1
(306) 864-2252   SIC 8211
SASKATCHEWAN RIVER SCHOOL DIVISION #119   p 1280
1090 Branion Dr, PRINCE ALBERT, SK, S6V 2S8
(306) 763-6031   SIC 8211
SASKATCHEWAN RIVER SCHOOL DIVISION #119   p 1280
1010 15th St W, PRINCE ALBERT, SK, S6V 3S2
(306) 763-7672   SIC 8211
SASKATCHEWAN RIVER SCHOOL DIVISION #119   p 1280
333 13th Ave E, PRINCE ALBERT, SK, S6V 2N3
(306) 763-5217   SIC 8211
SASKATCHEWAN RIVER SCHOOL DIVISION #119   p 1280
665 28th St E, PRINCE ALBERT, SK, S6V 6E9
(306) 922-3115   SIC 8211
SASKATCHEWAN RIVER SCHOOL DIVISION #119   p 1280
620 Macarthur Dr, PRINCE ALBERT, SK, S6V 8C6
(306) 922-4094   SIC 8211
SASKATCHEWAN RIVER SCHOOL DIVISION #119   p 1280
566 Mcintosh Dr, PRINCE ALBERT, SK, S6V 6T2
(306) 763-7404   SIC 8211
SASKATCHEWAN RIVER SCHOOL DIVISION #119   p 1280
545 11th St E, PRINCE ALBERT, SK, S6V 1B1
(306) 763-5375   SIC 8211
SASKATCHEWAN RIVER SCHOOL DIVISION #119   p 1280
511 5th Ave E, PRINCE ALBERT, SK, S6V 7Z6
(306) 763-6495   SIC 8211
SASKATCHEWAN RIVER SCHOOL DIVISION #119   p 1280
45 20th St W, PRINCE ALBERT, SK, S6V 4E9
(306) 763-6485   SIC 8211
SASKATCHEWAN RIVER SCHOOL DIVISION #119   p 1280
421 23rd St E, PRINCE ALBERT, SK, S6V 1P9
(306) 763-7571   SIC 8211
SASKATCHEWAN RIVER SCHOOL DIVISION #119   p 1280
2999 3rd Ave E, PRINCE ALBERT, SK, S6V 8G2
(306) 763-7494   SIC 8211
SASKATCHEWAN RIVER SCHOOL DIVISION #119   p 1280
2800 Bradbury Dr, PRINCE ALBERT, SK, S6V 7K8
(306) 922-6446   SIC 8211
SASKATCHEWAN RIVER SCHOOL DIVISION #119   p 1280
2675 4th Ave W, PRINCE ALBERT, SK, S6V 5H8
(306) 922-9229   SIC 8211
SASKATCHEWAN RIVER SCHOOL DIVISION #119   p 1280
1819 14th Ave W, PRINCE ALBERT, SK, S6V 5P1
(306) 764-5233   SIC 8211
SASKATCHEWAN RIVER SCHOOL DIVISION #119   p 1306
167 2nd St, ST LOUIS, SK, S0J 2C0
(306) 422-8511   SIC 8211
SASKATCHEWAN TELECOMMUNICATIONS HOLDING CORPORATION   p 1286
2121 Saskatchewan Dr, REGINA, SK, S4P 3Y2
(306) 777-3737   SIC 4899
SASKATCHEWAN TELECOMMUNICATIONS HOLDING CORPORATION   p 1288
2133 1st Ave, REGINA, SK, S4R 8G4
(306) 777-3376   SIC 4899
SASKATCHEWAN TELECOMMUNICATIONS INTERNATIONAL, INC   p 1268
410 Kensington Ave, ESTEVAN, SK, S4A 2A1
(306) 636-5020   SIC 4899
SASKATCHEWAN TELECOMMUNICATIONS INTERNATIONAL, INC   p 1276
55 Ominica St W, MOOSE JAW, SK, S6H 1W8
(306) 693-8152   SIC 4899
SASKATCHEWAN TELECOMMUNICATIONS INTERNATIONAL, INC   p 1278
1201 100th St, NORTH BATTLEFORD, SK, S9A 3Z9
(306) 446-5300   SIC 4899
SASKATCHEWAN TELECOMMUNICATIONS INTERNATIONAL, INC   p 1283
355 Longman Cres, REGINA, SK, S4N 6G3
(306) 777-3584   SIC 4899
SASKATCHEWAN TELECOMMUNICATIONS INTERNATIONAL, INC   p 1286
2121 Saskatchewan Dr, REGINA, SK, S4P 3Y2
(306) 777-2201   SIC 4899
SASKATCHEWAN TELECOMMUNICATIONS INTERNATIONAL, INC   p 1297
446a 2nd Ave N, SASKATOON, SK, S7K 2C3
(306) 683-4922   SIC 7372
SASKATCHEWAN TELECOMMUNICATIONS INTERNATIONAL, INC   p 1297
410 22nd St E Suite 500, SASKATOON, SK, S7K 5T6
(306) 931-6029   SIC 4899
SASKATCHEWAN TRANSPORTATION COMPANY   p 1286
1717 Saskatchewan Dr, REGINA, SK, S4P 2E2
(306) 787-3354   SIC 4131
SASKATCHEWAN TRANSPORTATION COMPANY   p 1298
88 King St, SASKATOON, SK, S7K 6T5
(306) 933-7162   SIC 4131
SASKATCHEWAN TRANSPORTATION COMPANY   p 1298
50 23rd St E, SASKATOON, SK, S7K 0H8
(306) 933-8000   SIC 4131
SASKATCHEWAN VEHICLE STANDARDS AND INSPECTION   p 1285
See GOVERNMENT OF SASKATCHEWAN
SASKATCHEWAN WHEAT POOL   p 7
See VITERRA INC
SASKATOON BOILER   p 1298
See SASKATOON BOILER MFG CO LTD
SASKATOON BOILER MFG CO LTD   p 1298
2011 Quebec Ave, SASKATOON, SK, S7K 1W5
(306) 652-7022   SIC 3443
SASKATOON BUTCHER & BAKER INC   p 1293
2910 8th St E, SASKATOON, SK, S7H 0W1
(306) 955-7777   SIC 5812
SASKATOON CHRISTIAN SCHOOL   p 1294
See BOARD OF EDUCATION OF SASKATOON SCHOOL DIVISION NO. 13 OF SASKATCHEWAN, THE
SASKATOON CITY HOSPITAL   p 1298
See SASKATOON REGIONAL HEALTH AUTHORITY
SASKATOON CO-OP   p 1300
See SASKATOON CO-OPERATIVE ASSOCIATION LIMITED, THE
SASKATOON CO-OPERATIVE ASSOCIATION LIMITED, THE   p 1274
7 Centennial Dr Unit 8, MARTENSVILLE, SK, S0K 2T0
(306) 933-0390   SIC 5541
SASKATOON CO-OPERATIVE ASSOCIATION LIMITED, THE   p 1293
2511 8th St E, SASKATOON, SK, S7H 0V4
(306) 933-3886   SIC 5411
SASKATOON CO-OPERATIVE ASSOCIATION LIMITED, THE   p 1293
2010 8th St E, SASKATOON, SK, S7H 0T9
(306) 933-3817   SIC 5211
SASKATOON CO-OPERATIVE ASSOCIATION LIMITED, THE   p 1293
2505 8th St E, SASKATOON, SK, S7H 0V4
(306) 933-3893   SIC 5541
SASKATOON CO-OPERATIVE ASSOCIATION LIMITED, THE   p 1300
1624 33rd St W, SASKATOON, SK, S7L 0X3
(306) 933-3865   SIC 5141
SASKATOON CO-OPERATIVE ASSOCIATION LIMITED, THE   p 1300
1628 33rd St W Suite 30080, SASKATOON, SK, S7L 0X3
(306) 933-3873   SIC 5541
SASKATOON CO-OPERATIVE ASSOCIATION LIMITED, THE   p 1302
3370 Fairlight Dr, SASKATOON, SK, S7M 5H9
(306) 933-3823   SIC 5541
SASKATOON CONVALESCENT HOME   p 1300
101 31st St W, SASKATOON, SK, S7L 0P6
(306) 244-7155   SIC 8051
SASKATOON COOP GREYSTONE   p 1293
See SASKATOON CO-OPERATIVE ASSOCIATION LIMITED, THE
SASKATOON DISTRICT HEALTH BOARD   p 1300
See SASKATOON REGIONAL HEALTH AUTHORITY
SASKATOON FAMILY YOUNG MEN'S CHRISTIAN ASSOCIATION   p 1298
25 22nd St E, SASKATOON, SK, S7K 0C7
(306) 652-7515   SIC 8641
SASKATOON HEALTH REGION   p 1300
See SASKATOON REGIONAL HEALTH AUTHORITY
SASKATOON INN HOTEL AND CONFERENCE CENTRE, THE   p 1299
See CHIP REIT NO 20 OPERATIONS LIMITED PARTNERSHIP
SASKATOON LIGHT AND POWER   p 1294
See SASKATOON, CITY OF
SASKATOON PRAIRIELAND PARK CORPORATION   p 1293
2615 St Henry Ave, SASKATOON, SK, S7H 0A1
(306) 242-6100   SIC 7948
SASKATOON PUBLIC LIBRARY   p 1298
225 Primrose Dr, SASKATOON, SK, S7K 5E4
(306) 975-7600   SIC 8231
SASKATOON PUBLIC LIBRARY   p 1298
311 23rd St E, SASKATOON, SK, S7K 0J6
(306) 975-7558   SIC 8231
SASKATOON PUBLIC SCHOOLS   p 1294
See BOARD OF EDUCATION OF SASKATOON SCHOOL DIVISION NO. 13 OF SASKATCHEWAN, THE
SASKATOON REGIONAL HEALTH AUTHORITY   p 1270
515 14th Ave, HUMBOLDT, SK, S0K 2A0
(306) 682-2626   SIC 8062
SASKATOON REGIONAL HEALTH AUTHORITY   p 1270
1109 13 St, HUMBOLDT, SK, S0K 2A1
(306) 682-2628   SIC 8062
SASKATOON REGIONAL HEALTH AUTHORITY   p 1270
1210 Ninth St N, HUMBOLDT, SK, S0K 2A1
(306) 682-2603   SIC 8062
SASKATOON REGIONAL HEALTH AUTHORITY   p 1270
1210 9th St, HUMBOLDT, SK, S0K 2A1
(306) 682-5526   SIC 8062
SASKATOON REGIONAL HEALTH AUTHORITY   p 1294
2003 Arlington Ave, SASKATOON, SK, S7J 2H6
(306) 655-4500   SIC 8069
SASKATOON REGIONAL HEALTH AUTHORITY   p 1298
410 22nd St E, SASKATOON, SK, S7K 5T6
(306) 655-3300   SIC 8062
SASKATOON REGIONAL HEALTH AUTHORITY   p 1298

BUSINESSES ALPHABETICALLY

701 Queen St Suite 1237, SASKATOON, SK, S7K 0M7
(306) 655-8000 *SIC* 8062
SASKATOON REGIONAL HEALTH AUTHORITY *p* 1298
715 Queen St, SASKATOON, SK, S7K 4X4
(306) 655-7800 *SIC* 8062
SASKATOON REGIONAL HEALTH AUTHORITY *p* 1298
122 3rd Ave N Suite 156, SASKATOON, SK, S7K 2H6
(306) 655-4100 *SIC* 8062
SASKATOON REGIONAL HEALTH AUTHORITY *p* 1300
310 Idylwyld Dr N, SASKATOON, SK, S7L 0Z2
(306) 655-4620 *SIC* 8062
SASKATOON REGIONAL HEALTH AUTHORITY *p* 1300
310 Idylwyld Dr N Suite 291, SASKATOON, SK, S7L 0Z2
(306) 655-4300 *SIC* 8062
SASKATOON REGIONAL HEALTH AUTHORITY *p* 1302
1702 20th St W, SASKATOON, SK, S7M 0Z9
(306) 655-5800 *SIC* 8062
SASKATOON REGIONAL HEALTH AUTHORITY *p* 1302
110 Gropper Cres, SASKATOON, SK, S7M 5N9
(306) 655-3800 *SIC* 8062
SASKATOON REGIONAL HEALTH AUTHORITY *p* 1303
1319 Colony St, SASKATOON, SK, S7N 2Z1
(306) 655-1070 *SIC* 8062
SASKATOON REGIONAL HEALTH AUTHORITY *p* 1308
402 2nd St Ne, WATSON, SK, S0K 4V0
(306) 287-3791 *SIC* 8062
SASKATOON REGIONAL HEALTH AUTHORITY *p* 1308
300 1st St N, WAKAW, SK, S0K 4P0
(306) 233-4611 *SIC* 8062
SASKATOON REGIONAL HEALTH AUTHORITY *p* 1308
103 2nd Ave E, WATROUS, SK, S0K 4T0
(306) 528-4355 *SIC* 8059
SASKATOON REGIONAL HEALTH AUTHORITY *p* 1308
702 4th St E, WATROUS, SK, S0K 4T0
(306) 946-1200 *SIC* 8062
SASKATOON STATION PLACE *p* 1301
See VAKHOS RESTAURANT LIMITED
SASKATOON TRAVELODGE HOTEL *p* 1299
See DEER LODGE HOTELS LTD
SASKATOON WHOLESALE TIRE LTD *p* 1298
2705 Wentz Ave, SASKATOON, SK, S7K 4B6
(306) 244-9512 *SIC* 5531
SASKATOON, CITY OF *p* 1294
322 Brand Rd, SASKATOON, SK, S7J 5J3
(306) 975-2414 *SIC* 4911
SASKATOON, CITY OF *p* 1298
470 Whiteswan Dr, SASKATOON, SK, S7K 6Z7
(306) 975-2541 *SIC* 1629
SASKATOON, CITY OF *p* 1302
1030 Avenue H S, SASKATOON, SK, S7M 1X5
(306) 975-2534 *SIC* 4953
SASKENERGY INCORPORATED *p* 1276

51 Highland Rd, MOOSE JAW, SK, S6J 1M5
(800) 567-8899 *SIC* 4924
SASKENERGY INCORPORATED *p* 1278
10010 Fyfe Ave, NORTH BATTLEFORD, SK, S9A 3E6
SIC 4924
SASKENERGY INCORPORATED *p* 1281
3855 5th Ave E, PRINCE ALBERT, SK, S6W 0A2
SIC 4924
SASKENERGY INCORPORATED *p* 1286
1601 Winnipeg St Suite 9, REGINA, SK, S4P 4E7
(306) 777-9200 *SIC* 4924
SASKENERGY INCORPORATED *p* 1297
1612 Ontario Ave, SASKATOON, SK, S7K 1S8
(306) 777-9200 *SIC* 7389
SASKENERGY INCORPORATED *p* 1297
408 36th St E, SASKATOON, SK, S7K 4J9
(306) 975-8561 *SIC* 4924
SASKENERGY INCORPORATED *p* 1307
Gd Lcd Main, SWIFT CURRENT, SK, S9H 3V4
(306) 778-4166 *SIC* 4924
SASKENERGY INCORPORATED *p* 1308
1835 1st Ave Ne, WEYBURN, SK, S4H 0A1
(306) 848-4417 *SIC* 4923
SASKPOWER *p* 1266
See SASKATCHEWAN POWER CORPORATION
SASKPOWER *p* 1268
See SASKATCHEWAN POWER CORPORATION
SASKPOWER *p* 1283
See SASKATCHEWAN POWER CORPORATION
SASKPOWER *p* 1301
See SASKATCHEWAN POWER CORPORATION
SASKPOWER *p* 1302
See SASKATCHEWAN POWER CORPORATION
SASKPOWER *p* 1307
See SASKATCHEWAN POWER CORPORATION
SASKPOWER NORTHERN HYDRO *p* 1277
See SASKATCHEWAN POWER CORPORATION
SASKPOWER SHAND POWER STATION *p* 1268
See SASKATCHEWAN POWER CORPORATION
SASKTEL *p* 1268
See SASKATCHEWAN TELECOMMUNICATIONS INTERNATIONAL, INC
SASKTEL *p* 1283
See SASKATCHEWAN TELECOMMUNICATIONS INTERNATIONAL, INC
SASKTEL *p* 1288
See SASKATCHEWAN TELECOMMUNICATIONS HOLDING CORPORATION
SASKTEL *p* 1297
See SASKATCHEWAN TELECOMMUNICATIONS INTERNATIONAL, INC
SASKTEL HOLDCO *p* 1286
See SASKATCHEWAN TELECOMMUNICATIONS HOLDING CORPORATION
SASKTEL INTERNATIONAL *p* 1286
See SASKATCHEWAN TELECOMMUNICATIONS INTERNATIONAL, INC
SASKTEL INTERNATIONAL *p* 1297
See SASKATCHEWAN TELECOMMUNICATIONS INTERNATIONAL, INC
SASKTEL WAREHOUSE *p* 1276
See SASKATCHEWAN TELECOMMUNICATIONS INTERNATIONAL, INC
SATCOM DIV. *p* 591
See COMMUNICATIONS & POWER INDUSTRIES CANADA INC
SATCON POWER SYSTEMS CANADA LTD *p* 538
835 Harrington Crt, BURLINGTON, ON, L7N 3P3

SIC 3625
SATEC @ W.A. PORTER COLLEGIATE INSTITUTE *p* 839
See TORONTO DISTRICT SCHOOL BOARD
SATELITE MECHANICAL SERVICES *p* 84
See GATEWAY MECHANICAL SERVICES INC
SATELLITE INDUSTRIES LTD *p* 384
20 Murray Park Rd, WINNIPEG, MB, R3J 3T9
(204) 837-4660 *SIC* 3069
SATIN FINISH HARDWOOD FLOORING, LIMITED *p* 762
15 Fenmar Dr, NORTH YORK, ON, M9L 1L4
(416) 747-9924 *SIC* 2426
SATISFASHION INC *p* 843
33 Commander Blvd Suite 1, SCARBOROUGH, ON, M1S 3E7
(416) 291-9626 *SIC* 2337
SATOO ELEMENTARY SCHOOL *p* 111
See EDMONTON SCHOOL DISTRICT NO. 7
SAUDER BUSINESS SCHOOL *p* 322
See UNIVERSITY OF BRITISH COLUMBIA, THE
SAUDER DISTRIBUTORS EDMONTON *p* 92
See METRIE CANADA LTD
SAUDER MOULDINGS CALGARY *p* 18
See METRIE CANADA LTD
SAUDER SCHOOL OF BUSINESS *p* 321
See UNIVERSITY OF BRITISH COLUMBIA, THE
SAUGEEN DIST SECONDARY SCHOOL *p* 816
See BLUEWATER DISTRICT SCHOOL BOARD
SAUGEEN SHORES, TOWN OF *p* 816
780 Gustavus St Ss 4, PORT ELGIN, ON, N0H 2C4
(519) 832-2627 *SIC* 7999
SAUGEEN VALLEY NURSING CENTER LTD *p* 724
465 Dublin St, MOUNT FOREST, ON, N0G 2L3
(519) 323-2140 *SIC* 8051
SAULNIER AUTOMOBILES INC *p* 1186
160 Rue Dubois, SAINT-EUSTACHE, QC, J7P 4W9
(450) 623-9004 *SIC* 5511
SAULNIER ROBILLARD LORTIE, S.E.N.C. *p* 1103
407 Boul Saint-Laurent Bureau 700, Montreal, QC, H2Y 2Y5
(514) 878-4721 *SIC* 7381
SAULT & DISTRICT PERSONNEL SERVICES *p* 831
1719 Trunk Rd, SAULT STE. MARIE, ON, P6A 6X9
(705) 759-6191 *SIC* 7361
SAULT AREA HOSPITAL *p* 833
750 Great Northern Rd Suite 1, SAULT STE. MARIE, ON, P6B 0A8
(705) 759-3434 *SIC* 8062
SAULT AREA HOSPITAL *p* 873
135 Dawson St, THESSALON, ON, P0R 1L0
(705) 842-2014 *SIC* 8062
SAULT STE MARIE HOUSING CORPORATION *p* 831
180 Brock St, SAULT STE. MARIE, ON, P6A 3B7
(705) 946-2077 *SIC* 6531
SAULT STE MARIE MAIN OFFICE *p* 831
See NORTH EAST COMMUNITY CARE ACCESS CENTRE
SAULT STE MARIE PUBLIC LIBRARY *p* 830
See CORPORATION OF THE CITY OF SAULT STE MARIE, THE
SAULT STE. MARIE ACCOUNTING *p* 830
See BDO CANADA LLP
SAULT STE. MARIE GOLF CLUB *p* 831

1804 Queen St E, SAULT STE. MARIE, ON, P6A 2H1
(705) 759-5133 *SIC* 7997
SAUNDERS SECONDARY SCHOOL *p* 664
See THAMES VALLEY DISTRICT SCHOOL BOARD
SAURO, ROBERT *p* 1090
See GROUPE JEAN COUTU (PJC) INC, LE
SAUTJUIT SCHOOL *p* 1048
See COMMISSION SCOLAIRE KATIVIK
SAVANT LAKE PUBLIC SCHOOL *p* 833
See KEEWATIN PATRICIA DISTRICT SCHOOL BOARD
SAVARIA CONCORD LIFTS INC *p* 516
2 Walker Dr, BRAMPTON, ON, L6T 5E1
(905) 791-5555 *SIC* 3534
SAVE EASY *p* 423
See ATLANTIC WHOLESALERS LTD
SAVE EASY *p* 424
See LOBLAW COMPANIES LIMITED
SAVE EASY *p* 441
See ATLANTIC WHOLESALERS LTD
SAVE EASY *p* 444
See ATLANTIC WHOLESALERS LTD
SAVE ON FOODS *p* 241
See GREAT PACIFIC INDUSTRIES INC
SAVE ON FOODS *p* 277
See SOBEYS WEST INC
SAVE THE CHILDREN CANADA *p* 750
4141 Yonge St Suite 300, NORTH YORK, ON, M2P 2A8
(416) 221-5501 *SIC* 8399
SAVE-ON-FOODS *p* 74
See GREAT PACIFIC INDUSTRIES INC
SAVE-ON-FOODS *p* 75
See GREAT PACIFIC INDUSTRIES INC
SAVE-ON-FOODS *p* 80
See GREAT PACIFIC INDUSTRIES INC
SAVE-ON-FOODS *p* 89
See GREAT PACIFIC INDUSTRIES INC
SAVE-ON-FOODS *p* 98
See GREAT PACIFIC INDUSTRIES INC
SAVE-ON-FOODS *p* 105
See GREAT PACIFIC INDUSTRIES INC
SAVE-ON-FOODS *p* 110
See GREAT PACIFIC INDUSTRIES INC
SAVE-ON-FOODS *p* 120
See GREAT PACIFIC INDUSTRIES INC
SAVE-ON-FOODS *p* 126
See GREAT PACIFIC INDUSTRIES INC
SAVE-ON-FOODS *p* 136
See GREAT PACIFIC INDUSTRIES INC
SAVE-ON-FOODS *p* 153
See GREAT PACIFIC INDUSTRIES INC
SAVE-ON-FOODS *p* 156
See GREAT PACIFIC INDUSTRIES INC
SAVE-ON-FOODS *p* 163
See GREAT PACIFIC INDUSTRIES INC
SAVE-ON-FOODS *p* 166
See GREAT PACIFIC INDUSTRIES INC
SAVE-ON-FOODS *p* 176
See GREAT PACIFIC INDUSTRIES INC
SAVE-ON-FOODS *p* 177
See GREAT PACIFIC INDUSTRIES INC
SAVE-ON-FOODS *p* 181
See GREAT PACIFIC INDUSTRIES INC
SAVE-ON-FOODS *p* 187
See GREAT PACIFIC INDUSTRIES INC
SAVE-ON-FOODS *p* 188
See GREAT PACIFIC INDUSTRIES INC
SAVE-ON-FOODS *p* 191
See GREAT PACIFIC INDUSTRIES INC
SAVE-ON-FOODS *p* 199
See GREAT PACIFIC INDUSTRIES INC
SAVE-ON-FOODS *p* 205
See GREAT PACIFIC INDUSTRIES INC
SAVE-ON-FOODS *p* 209
See GREAT PACIFIC INDUSTRIES INC
SAVE-ON-FOODS *p* 211
See GREAT PACIFIC INDUSTRIES INC
SAVE-ON-FOODS *p* 220
See GREAT PACIFIC INDUSTRIES INC
SAVE-ON-FOODS *p* 226
See GREAT PACIFIC INDUSTRIES INC

▲ Public Company ■ Public Company Family Member HQ Headquarters BR Branch SL Single Location

SAVE-ON-FOODS

SAVE-ON-FOODS p 230
See GREAT PACIFIC INDUSTRIES INC
SAVE-ON-FOODS p 236
See GREAT PACIFIC INDUSTRIES INC
SAVE-ON-FOODS p 238
See GREAT PACIFIC INDUSTRIES INC
SAVE-ON-FOODS p 240
See GREAT PACIFIC INDUSTRIES INC
SAVE-ON-FOODS p 243
See GREAT PACIFIC INDUSTRIES INC
SAVE-ON-FOODS p 246
See GREAT PACIFIC INDUSTRIES INC
SAVE-ON-FOODS p 251
See GREAT PACIFIC INDUSTRIES INC
SAVE-ON-FOODS p 255
See GREAT PACIFIC INDUSTRIES INC
SAVE-ON-FOODS p 259
See GREAT PACIFIC INDUSTRIES INC
SAVE-ON-FOODS p 260
See GREAT PACIFIC INDUSTRIES INC
SAVE-ON-FOODS p 264
See GREAT PACIFIC INDUSTRIES INC
SAVE-ON-FOODS p 269
See GREAT PACIFIC INDUSTRIES INC
SAVE-ON-FOODS p 279
See GREAT PACIFIC INDUSTRIES INC
SAVE-ON-FOODS p 280
See GREAT PACIFIC INDUSTRIES INC
SAVE-ON-FOODS p 286
See GREAT PACIFIC INDUSTRIES INC
SAVE-ON-FOODS p 290
See GREAT PACIFIC INDUSTRIES INC
SAVE-ON-FOODS p 291
See GREAT PACIFIC INDUSTRIES INC
SAVE-ON-FOODS p 326
See GREAT PACIFIC INDUSTRIES INC
SAVE-ON-FOODS p 332
See GREAT PACIFIC INDUSTRIES INC
SAVE-ON-FOODS p 335
See GREAT PACIFIC INDUSTRIES INC
SAVE-ON-FOODS p 337
See GREAT PACIFIC INDUSTRIES INC
SAVE-ON-FOODS p 341
See GREAT PACIFIC INDUSTRIES INC
SAVERS p 11
See VALUE VILLAGE STORES, INC
SAVERS p 107
See VALUE VILLAGE STORES, INC
SAVERS p 296
See VALUE VILLAGE STORES, INC
SAVERS p 448
See VALUE VILLAGE STORES, INC
SAVERS p 796
See VALUE VILLAGE STORES, INC
SAVERS p 937
See VALUE VILLAGE STORES, INC
SAVERS p 981
See VALUE VILLAGE STORES, INC
SAVM INC p 25
3530 11a St Ne Suite 1, CALGARY, AB, T2E 6M7
(403) 250-7878 SIC 6712
SAVOIR FLEUR INC p 1213
935 Rue Reverchon, SAINT-LAURENT, QC, H4T 4L2
(514) 733-6087 SIC 5992
SAVONA SPECIALTY PLYWOOD CO. LTD p 235
530 Main St, LILLOOET, BC, V0K 1V0
(250) 256-5200 SIC 2435
SAVORY ELEMENTARY SCHOOL p 336
See SCHOOL DISTRICT NO 62 (SOOKE)
SAVVIS COMMUNICATIONS CANADA, INC p 305
555 Hastings St W Suite 2600, VANCOUVER, BC, V6B 4N6
(604) 687-7757 SIC 4813
SAVVIS COMMUNICATIONS CANADA, INC p 711
6800 Millcreek Dr, MISSISSAUGA, ON, L5N 4J9
(905) 363-3737 SIC 8741
SAWARNE LUMBER CO LTD p 316
1770 Burrard St Suite 280, VANCOUVER, BC, V6J 3G7
(604) 324-4666 SIC 2421
SAWMILL CREEK ELEMENTARY SCHOOL p 595
See OTTAWA-CARLETON DISTRICT SCHOOL BOARD
SAWMILL CREEK POOL p 595
See CITY OF OTTAWA
SAWMILL RESTAURANT & LOUNGE p 109
See T. T. P. INVESTMENTS LTD
SAWMILL VALLEY PUBLIC SCHOOL p 704
See PEEL DISTRICT SCHOOL BOARD
SAWRIDGE ENTERPRISES LTD p 121
530 Mackenzie Blvd, FORT MCMURRAY, AB, T9H 4C8
(780) 791-7900 SIC 7011
SAWRIDGE ENTERPRISES LTD p 133
76 Connaught Dr, JASPER, AB, T0E 1E0
(780) 852-5111 SIC 7011
SAWRIDGE INN & CONFERENCE CENTRE p 121
See SAWRIDGE ENTERPRISES LTD
SAWYER WOOD PRODUCTS INC p 352
Gd, OAK BLUFF, MB, R0G 1N0
SIC 5031
SAXON LEATHER LTD p 374
310 Ross Ave, WINNIPEG, MB, R3A 0L4
(204) 956-4011 SIC 5948
SAYANI INVESTMENTS LTD p 187
4201 Lougheed Hwy, BURNABY, BC, V5C 3Y6
(604) 278-5555 SIC 7011
SAYANI INVESTMENTS LTD p 202
405 North Rd, COQUITLAM, BC, V3K 3V9
(604) 936-9399 SIC 7011
SAYBOLT, DIV OF p 27
See CORE LABORATORIES CANADA LTD
SAYERS, HARRY ELEMENTARY SCHOOL p 179
See SCHOOL DISTRICT NO 34 (ABBOTSFORD)
SBC p 1220
See SPECIALISTE DU BARDEAU DE CEDRE INC, LE
SBI p 1180
See FABRICANT DE POELES INTERNATIONAL INC
SCA p 1144
See SOCIETE COOPERATIVE AGRICOLE DE PRINCEVILLE
SCADDABUSH ITALIAN KITCHEN & BAR p 699
See SIR CORP
SCADDING COURT COMMUNITY CENTRE INC p 927
707 Dundas St W, TORONTO, ON, M5T 2W6
(416) 392-0335 SIC 8322
SCAN DESIGNS LTD p 202
1655 Brigantine Dr, COQUITLAM, BC, V3K 7B4
(604) 524-3447 SIC 5712
SCANDINAVIAN BUILDING SERVICES LTD p 74
11651 71 St Nw, EDMONTON, AB, T5B 1W3
(780) 477-3311 SIC 7349
SCANFIELD HOLDINGS LIMITED p 939
2 Jane St Suite 211, TORONTO, ON, M6S 4W8
(416) 763-4531 SIC 6553
SCANIA INTERNATIONAL INC p 1096
225 Rue Chabanel O Bureau 505, Montreal, QC, H2N 2C9
(514) 344-5270 SIC 5137
SCAQUAM SECONDARY SCHOOL p 209
See DELTA SCHOOL DISTRICT NO.37
SCARAMOUCHE RESTAURANT p 900
See 1121859 ONTARIO LIMITED
SCARBORO GOLF & COUNTRY CLUB LTD, THE p 837
321 Scarborough Golf Club Rd, SCARBOROUGH, ON, M1J 3H2
(416) 261-3393 SIC 7997
SCARBORO GOLF CLUB p 837
See SCARBORO GOLF & COUNTRY CLUB LTD, THE
SCARBOROUGH CENTENNIAL RECREATION CENTRE p 837
See CORPORATION OF THE CITY OF TORONTO
SCARBOROUGH OUTDOOR EDUCATION SCHOOL p 627
See TORONTO DISTRICT SCHOOL BOARD
SCARBOROUGH STATION D p 840
See CANADA POST CORPORATION
SCARLETT HEIGHTS ENTREPRENEURIAL ACADEMY p 582
See TORONTO DISTRICT SCHOOL BOARD
SCC GROUP p 304
See HOTEL SASKATCHEWAN (1990) LTD
SCDA (2015) INC p 49
639 5 Ave Sw, CALGARY, AB, T2P 0M9
SIC 6531
SCDA (2015) INC p 49
639 5 Ave Sw Suite 1400, CALGARY, AB, T2P 0M9
(403) 296-9400 SIC 6311
SCDA (2015) INC p 309
625 Howe St Suite 1400, VANCOUVER, BC, V6C 2T6
(604) 664-8040 SIC 6162
SCDA (2015) INC p 309
625 Howe St Suite 900, VANCOUVER, BC, V6C 2T6
(604) 664-8030 SIC 6311
SCDA (2015) INC p 1108
2045 Rue Stanley Bureau 1200, Montreal, QC, H3A 2V4
(514) 284-6924 SIC 6411
SCDA (2015) INC p 1116
1245 Rue Sherbrooke O Bureau 2100, Montreal, QC, H3G 1G3
(514) 499-8855 SIC 6311
SCDA (2015) INC p 1117
1600 Boul Rene-Levesque O, Montreal, QC, H3H 1P9
SIC 6531
SCE LIFEWORKS INC p 383
530 Century St Suite 227, WINNIPEG, MB, R3H 0Y4
(204) 775-9402 SIC 8331
SCELLTECH p 1019
See REVETEMENTS SCELL-TECH INC, LES
SCENIC ACRES RETIREMENT RESIDENCE p 64
See REVERA INC
SCENIC ACRES SCHOOL p 64
See CALGARY BOARD OF EDUCATION
SCENTS ALIVE p 563
See VEGEWAX CANDLEWORX LTD
SCHAEFFER & ASSOCIATES LTD p 562
6 Ronrose Dr Suite 100, CONCORD, ON, L4K 4R3
SIC 8742
SCHAEFFLER CANADA INC p 766
2871 Plymouth Dr, OAKVILLE, ON, L6H 5S5
(905) 829-2750 SIC 5085
SCHAEFFLER CANADA INC p 865
801 Ontario St, STRATFORD, ON, N5A 7Y2
(519) 271-3231 SIC 3562
SCHANKS ATHLETIC CLUB p 36
See SCHANKS INTERNATIONAL INC
SCHANKS INTERNATIONAL INC p 36
9627 Macleod Trail Sw, CALGARY, AB, T2J 0P6
(403) 253-7300 SIC 5813
SCHANKS INTERNATIONAL INC p 95
9927 178 St Nw, EDMONTON, AB, T5T 6L8
(780) 444-2125 SIC 7997
SCHANKS SPORTS BAR p 95
See SCHANKS INTERNATIONAL INC
SCHAWK CACTUS IMAGING CENTRE p 752
See SCHAWK CANADA INC
SCHAWK CANADA INC p 691
1620 Tech Ave Suite 3, MISSISSAUGA, ON, L4W 5P4
(905) 219-1600 SIC 7336
SCHAWK CANADA INC p 752
54 Lesmill Rd, NORTH YORK, ON, M3B 2T5
SIC 2752
SCHAWK TRISTAR, DIV OF p 691
See SCHAWK CANADA INC
SCHENKER DISTRIBUTION p 686
See SCHENKER OF CANADA LIMITED
SCHENKER OF CANADA LIMITED p 686
5935 Airport Rd Suite 9, MISSISSAUGA, ON, L4V 1W5
(905) 676-0676 SIC 4731
SCHERING-PLOUGH CANADA INC p 1049
16750 Rte Transcanadienne, KIRKLAND, QC, H9H 4M7
(514) 426-7300 SIC 2834
SCHIEDEL CONSTRUCTION INCORPORATED p 546
405 Queen St W, CAMBRIDGE, ON, N3C 1G6
(519) 658-9317 SIC 1541
SCHINDLER ELEVATOR CORPORATION p 29
527 Manitou Rd Se, CALGARY, AB, T2G 4C2
(403) 243-0715 SIC 1796
SCHINDLER ELEVATOR CORPORATION p 87
15006 116 Ave Nw, EDMONTON, AB, T5M 3T4
(780) 425-1043 SIC 1796
SCHINDLER ELEVATOR CORPORATION p 302
1206 William St, VANCOUVER, BC, V6A 2J2
(604) 253-2323 SIC 5084
SCHINDLER ELEVATOR CORPORATION p 487
1377 Cormorant Rd Suite 103, ANCASTER, ON, L9G 4V5
(905) 304-0633 SIC 7699
SCHINDLER ELEVATOR CORPORATION p 785
2200a Thurston Dr, OTTAWA, ON, K1G 6E1
(613) 727-1289 SIC 5084
SCHINDLER ELEVATOR CORPORATION p 846
3640a Mcnicoll Ave Suite A, SCARBOROUGH, ON, M1X 1G5
(416) 332-8280 SIC 1796
SCHINDLER ELEVATOR CORPORATION p 1082
8577 Ch Dalton, MONT-ROYAL, QC, H4T 1V5
(514) 737-5507 SIC 3534
SCHLEGEL VILLAGES INC p 603
60 Woodlawn Rd E, GUELPH, ON, N1H 8M8
(519) 822-5272 SIC 6513
SCHLEGEL VILLAGES INC p 615
1620 Upper Wentworth St, HAMILTON, ON, L9B 2W3
(905) 575-4735 SIC 8051
SCHMIDT, KEN RESTAURANT INC p 944
18 Monogram Pl, TRENTON, ON, K8V 5P8
(613) 394-4533 SIC 5812
SCHNEIDER FOODS p 365
See MAPLE LEAF FOODS INC
SCHNEIDER FOODS p 578
See MAPLE LEAF FOODS INC
SCHNEIDER FOODS p 600
See MAPLE LEAF FOODS INC
SCHNEIDER FOODS p 817
See MAPLE LEAF FOODS INC
SCHNEIDER FOODS p 857
See MAPLE LEAF FOODS INC
SCHNITZER STEEL CANADA LTD p 329

307 David St, VICTORIA, BC, V8T 5C1
(250) 381-5865 SIC 7389
SCHNITZER VICTORIA p 329
See SCHNITZER STEEL CANADA LTD
SCHOLASTIC BOOK FAIRS p 978
See SCHOLASTIC CANADA LTD
SCHOLASTIC CANADA LTD p 677
175 Hillmount Rd, MARKHAM, ON, L6C 1Z7
(905) 887-7323 SIC 5192
SCHOLASTIC CANADA LTD p 978
225 Bysham Park Dr Suite 15, WOODSTOCK, ON, N4T 1P1
(519) 421-3232 SIC 5942
SCHOLLE IPN CANADA LTD p 995
22000 Av Clark-Graham, Baie-D'Urfe, QC, H9X 4B6
(514) 457-1569 SIC 2673
SCHOOL AGE CENTRE p 905
See ST. LAWRENCE CO-OPERATIVE DAY CARE INC
SCHOOL BOARD DISTRICT 01 p 397
1070 Rue Amirault, DIEPPE, NB, E1A 1E2
(506) 856-2590 SIC 8211
SCHOOL BOARD DISTRICT 01 p 397
511 Rue Champlain, DIEPPE, NB, E1A 1P2
(506) 856-2770 SIC 8211
SCHOOL BOARD DISTRICT 01 p 397
515 Rue Champlain, DIEPPE, NB, E1A 1P2
(506) 869-5130 SIC 8211
SCHOOL BOARD DISTRICT 01 p 401
715 Priestman St, FREDERICTON, NB, E3B 5W7
(506) 444-3252 SIC 8211
SCHOOL BOARD DISTRICT 01 p 401
715 Priestman St, FREDERICTON, NB, E3B 5W7
(506) 453-3991 SIC 8211
SCHOOL BOARD DISTRICT 01 p 402
1351 Route 133, GRAND-BARACHOIS, NB, E4P 8C8
(506) 533-3370 SIC 8211
SCHOOL BOARD DISTRICT 01 p 403
365 Route 530, GRANDE-DIGUE, NB, E4R 5C8
(506) 533-3399 SIC 8211
SCHOOL BOARD DISTRICT 01 p 404
432 Rue Centrale, MEMRAMCOOK, NB, E4K 3S5
(506) 758-4004 SIC 8211
SCHOOL BOARD DISTRICT 01 p 405
50 Leopold F. Belliveau Dr, MONCTON, NB, E1A 8V3
(506) 869-6299 SIC 8211
SCHOOL BOARD DISTRICT 01 p 406
60 Leopold F. Belliveau Dr Suite 60, MONCTON, NB, E1A 8V4
(506) 869-6800 SIC 8211
SCHOOL BOARD DISTRICT 01 p 408
101 Gross Ave, MONCTON, NB, E1C 7H3
(506) 856-2727 SIC 8211
SCHOOL BOARD DISTRICT 01 p 408
131 Connaught Ave, MONCTON, NB, E1C 3P4
(506) 856-2733 SIC 8211
SCHOOL BOARD DISTRICT 01 p 409
46 Upton St, MONCTON, NB, E1E 3Z1
(506) 856-2731 SIC 8211
SCHOOL BOARD DISTRICT 01 p 411
95 Drummond Dr, OROMOCTO, NB, E2V 2A6
(506) 357-4080 SIC 8211
SCHOOL BOARD DISTRICT 01 p 416
67 Ragged Point Rd, SAINT JOHN, NB, E2K 5C3
(506) 658-4613 SIC 8211
SCHOOL BOARD DISTRICT 01 p 420
294 Av Belliveau, SHEDIAC, NB, E4P 1H6
(506) 533-3308 SIC 8211
SCHOOL BUSES p 126
See FIRSTCANADA ULC
SCHOOL DISTRICT # 20 (KOOTENAY-COLUMBIA) p 195
200 Centre Ave, CASTLEGAR, BC, V1N 3B9
(250) 365-7201 SIC 8222
SCHOOL DISTRICT # 20 (KOOTENAY-COLUMBIA) p 195
2273 10th Ave, CASTLEGAR, BC, V1N 2Z8
(250) 365-8478 SIC 8211
SCHOOL DISTRICT # 20 (KOOTENAY-COLUMBIA) p 195
649 7th Ave, CASTLEGAR, BC, V1N 1R6
(250) 365-8465 SIC 8211
SCHOOL DISTRICT # 20 (KOOTENAY-COLUMBIA) p 195
720 7th Ave, CASTLEGAR, BC, V1N 1R5
(250) 365-7735 SIC 8211
SCHOOL DISTRICT # 20 (KOOTENAY-COLUMBIA) p 215
1867 Columbia Gardens Rd, FRUITVALE, BC, V0G 1L0
(250) 367-7541 SIC 8211
SCHOOL DISTRICT # 20 (KOOTENAY-COLUMBIA) p 275
2160 St Paul, ROSSLAND, BC, V0G 1Y0
(250) 362-9059 SIC 8211
SCHOOL DISTRICT # 20 (KOOTENAY-COLUMBIA) p 275
2390 Jubilee St, ROSSLAND, BC, V0G 1Y0
(250) 362-7388 SIC 8211
SCHOOL DISTRICT # 20 (KOOTENAY-COLUMBIA) p 292
1300 Frances Moran Rd, TRAIL, BC, V1R 4L9
(250) 368-5591 SIC 8211
SCHOOL DISTRICT # 20 (KOOTENAY-COLUMBIA) p 292
3660 Carnation Dr, TRAIL, BC, V1R 2W6
(250) 364-1353 SIC 8211
SCHOOL DISTRICT # 20 (KOOTENAY-COLUMBIA) p 292
395 Schofield Hwy, TRAIL, BC, V1R 2G5
(250) 368-3242 SIC 8211
SCHOOL DISTRICT #45 p 339
See THE BOARD OF SCHOOL TRUSTEES OF SCHOOL DISTRICT NO. 45 (WEST VANCOUVER)
SCHOOL DISTRICT #59 PEACE RIVER SOUTH p 196
4200 51st Ave, CHETWYND, BC, V0C 1J0
(250) 788-1924 SIC 8211
SCHOOL DISTRICT #59 PEACE RIVER SOUTH p 196
5000 46th St, CHETWYND, BC, V0C 1J0
(250) 788-2267 SIC 8211
SCHOOL DISTRICT #59 PEACE RIVER SOUTH p 196
5004 46th St, CHETWYND, BC, V0C 1J0
(250) 788-2528 SIC 8211
SCHOOL DISTRICT #59 PEACE RIVER SOUTH p 206
10808 15 St, DAWSON CREEK, BC, V1G 3Z3
(250) 782-5585 SIC 8211
SCHOOL DISTRICT #59 PEACE RIVER SOUTH p 206
10701 10 St, DAWSON CREEK, BC, V1G 3V2
(250) 782-6336 SIC 8211
SCHOOL DISTRICT #59 PEACE RIVER SOUTH p 206
1000 92 Av, DAWSON CREEK, BC, V1G 1C1
(250) 782-5206 SIC 8211
SCHOOL DISTRICT #59 PEACE RIVER SOUTH p 206
9300 17 St, DAWSON CREEK, BC, V1G 4A6
(250) 782-8412 SIC 8211
SCHOOL DISTRICT #59 PEACE RIVER SOUTH p 207
11311 13a St, DAWSON CREEK, BC, V1G 3X8
(250) 782-8147 SIC 8211
SCHOOL DISTRICT #59 PEACE RIVER SOUTH p 207
1901 110 Ave, DAWSON CREEK, BC, V1G 2W6
(250) 782-8403 SIC 8211
SCHOOL DISTRICT #59 PEACE RIVER SOUTH p 292
180 Southgate, TUMBLER RIDGE, BC, V0C 2W0
(250) 242-4227 SIC 8211
SCHOOL DISTRICT #70 (ALBERNI) SCHOOL BOARD p 254
4645 Helen St, PORT ALBERNI, BC, V9Y 6P6
(250) 724-0623 SIC 8211
SCHOOL DISTRICT #70 (ALBERNI) SCHOOL BOARD p 254
3867 Marpole St, PORT ALBERNI, BC, V9Y 6Y3
(250) 723-7521 SIC 8211
SCHOOL DISTRICT #70 (ALBERNI) SCHOOL BOARD p 254
3500 Argyle St, PORT ALBERNI, BC, V9Y 3A8
(250) 723-7522 SIC 8249
SCHOOL DISTRICT #70 (ALBERNI) SCHOOL BOARD p 254
2941 8th Ave, PORT ALBERNI, BC, V9Y 2K5
(250) 723-7631 SIC 8211
SCHOOL DISTRICT #70 (ALBERNI) SCHOOL BOARD p 254
5520 Beaver Creek Rd, PORT ALBERNI, BC, V9Y 8X6
(250) 723-9311 SIC 8211
SCHOOL DISTRICT #70 (ALBERNI) SCHOOL BOARD p 254
5055 Compton Rd, PORT ALBERNI, BC, V9Y 7B5
(250) 723-8151 SIC 8211
SCHOOL DISTRICT #70 (ALBERNI) SCHOOL BOARD p 254
3881 Bruce St, PORT ALBERNI, BC, V9Y 1J6
(250) 724-0512 SIC 8211
SCHOOL DISTRICT #70 (ALBERNI) SCHOOL BOARD p 254
4152 Redford St Suite 202, PORT ALBERNI, BC, V9Y 3R5
(250) 723-3744 SIC 8211
SCHOOL DISTRICT #70 (ALBERNI) SCHOOL BOARD p 254
4111 Wood Ave, PORT ALBERNI, BC, V9Y 5E8
(250) 724-1132 SIC 8211
SCHOOL DISTRICT #70 (ALBERNI) SCHOOL BOARD p 254
4000 Burde St, PORT ALBERNI, BC, V9Y 3L6
(250) 724-3284 SIC 8211
SCHOOL DISTRICT #70 (ALBERNI) SCHOOL BOARD p 291
431 Gibson St, TOFINO, BC, V0R 2Z0
(250) 725-3254 SIC 8211
SCHOOL DISTRICT #70 (ALBERNI) SCHOOL BOARD p 292
1350 Peninsula, UCLUELET, BC, V0R 3A0
(250) 726-7793 SIC 8211
SCHOOL DISTRICT #70 (ALBERNI) SCHOOL BOARD p 292
1450 Peninsula Rd, UCLUELET, BC, V0R 3A0
(250) 726-7796 SIC 8211
SCHOOL DISTRICT #74 (GOLD TRAIL) p 181
711 Hill St, ASHCROFT, BC, V0K 1A0
(250) 453-9050 SIC 8211
SCHOOL DISTRICT #74 (GOLD TRAIL) p 181
435 Ranch Rd, ASHCROFT, BC, V0K 1A0
(250) 453-9144 SIC 8211
SCHOOL DISTRICT #74 (GOLD TRAIL) p 199
1203 Cariboo Ave, CLINTON, BC, V0K 1K0
(250) 459-2219 SIC 8211
SCHOOL DISTRICT #74 (GOLD TRAIL) p 235
270 7th St, LYTTON, BC, V0K 1Z0
(250) 455-2215 SIC 8211
SCHOOL DISTRICT #74 (GOLD TRAIL) p 235
351 6th Ave, LILLOOET, BC, V0K 1V0
(250) 256-4212 SIC 8211
SCHOOL DISTRICT #74 (GOLD TRAIL) p 235
920 Columbia St, LILLOOET, BC, V0K 1V0
(250) 256-4274 SIC 8211
SCHOOL DISTRICT #75 (MISSION) p 211
37151 Hawkins Pickle, DEWDNEY, BC, V0M 1H0
(604) 826-2516 SIC 8211
SCHOOL DISTRICT #75 (MISSION) p 238
32865 Cherry Ave, MISSION, BC, V2V 2V1
(604) 826-0274 SIC 8211
SCHOOL DISTRICT #75 (MISSION) p 238
32939 7th Ave, MISSION, BC, V2V 2C5
(604) 826-7191 SIC 8211
SCHOOL DISTRICT #75 (MISSION) p 238
33419 Cherry Ave, MISSION, BC, V2V 2V5
(604) 826-2834 SIC 8211
SCHOOL DISTRICT #75 (MISSION) p 238
33570 Eleventh Ave, MISSION, BC, V2V 6Z2
(604) 826-2213 SIC 8211
SCHOOL DISTRICT #75 (MISSION) p 238
32811 Dewdney Trunk Rd, MISSION, BC, V2V 6X6
SIC 8211
SCHOOL DISTRICT #75 (MISSION) p 238
33621 Best Ave, MISSION, BC, V2V 5Z3
(604) 826-4187 SIC 8211
SCHOOL DISTRICT #75 (MISSION) p 238
33700 Prentis Ave Suite 1000, MISSION, BC, V2V 7B1
(604) 820-4587 SIC 8211
SCHOOL DISTRICT #75 (MISSION) p 238
33919 Dewdney Trunk Rd Suite 75, MISSION, BC, V2V 6Y4
(604) 826-7375 SIC 7349
SCHOOL DISTRICT #75 (MISSION) p 238
34800 Dewdney Trunk Rd Suite 1, MISSION, BC, V2V 5V6
(604) 826-3651 SIC 8211
SCHOOL DISTRICT #75 (MISSION) p 238
8465 Draper St, MISSION, BC, V2V 5V6
(604) 826-2481 SIC 8211
SCHOOL DISTRICT #75 (MISSION) p 238
32557 Best Ave, MISSION, BC, V2V 2S5
(604) 826-9239 SIC 8211
SCHOOL DISTRICT #75 (MISSION) p 238
32065 Van Velzen Ave, MISSION, BC, V2V 2G6
(604) 826-6401 SIC 8211
SCHOOL DISTRICT #75 (MISSION) p 238
11620 Seux Rd, MISSION, BC, V2V 4J1
SIC 8211
SCHOOL DISTRICT #75 (MISSION) p 238
32611 Mcrae Ave, MISSION, BC, V2V 2L8
(604) 826-6528 SIC 8211
SCHOOL DISTRICT #75 (MISSION) p 238
7466 Welton St, MISSION, BC, V2V 6L4
(604) 826-1414 SIC 8211
SCHOOL DISTRICT #75 (MISSION) p 239
29715 Donatelli Ave, MISSION, BC, V4S 1H6
(604) 826-2526 SIC 8211
SCHOOL DISTRICT #81 (FORT NELSON) p 213
5501 Mountain View Dr, FORT NELSON, BC, V0C 1R0
(250) 774-2738 SIC 8211
SCHOOL DISTRICT #81 (FORT NELSON) p

213
5419 Simpson Trail, FORT NELSON, BC, V0C 1R0
(250) 774-6958 SIC 8211
SCHOOL DISTRICT #81 (FORT NELSON) p 213
Gd, FORT NELSON, BC, V0C 1R0
(250) 774-6941 SIC 8211
SCHOOL DISTRICT #84 (VANCOUVER ISLAND WEST) p 216
201 Muchalat Dr, GOLD RIVER, BC, V0P 1G0
(250) 283-2538 SIC 8211
SCHOOL DISTRICT #84 (VANCOUVER ISLAND WEST) p 216
500 Trumpeter Dr, GOLD RIVER, BC, V0P 1G0
(250) 283-2220 SIC 8211
SCHOOL DISTRICT #84 (VANCOUVER ISLAND WEST) p 342
675 Keno Cres, ZEBALLOS, BC, V0P 2A0
(250) 761-4227 SIC 8211
SCHOOL DISTRICT 14 p 394
282 Route 555, BEDELL, NB, E7M 4P1
(506) 325-4434 SIC 8211
SCHOOL DISTRICT 14 p 395
20 Route 617, BURTTS CORNER, NB, E6L 2X3
(506) 363-4717 SIC 8211
SCHOOL DISTRICT 14 p 395
80 Main St, CANTERBURY, NB, E6H 1L3
(506) 279-6000 SIC 8211
SCHOOL DISTRICT 14 p 398
52 Av Marmen, EDMUNDSTON, NB, E3V 2H2
SIC 8211
SCHOOL DISTRICT 14 p 398
8470 Rte 105, FLORENCEVILLE-BRISTOL, NB, E7L 1Y9
(506) 392-5109 SIC 8211
SCHOOL DISTRICT 14 p 402
130 Rue Victoria, GRAND-SAULT/GRAND FALLS, NB, E3Z 3B7
(506) 473-7374 SIC 8211
SCHOOL DISTRICT 14 p 403
217 Rockland Rd, HARTLAND, NB, E7P 0A2
(506) 375-3000 SIC 8211
SCHOOL DISTRICT 14 p 411
20 Nissen St, PERTH-ANDOVER, NB, E7H 3G1
(506) 273-4760 SIC 8211
SCHOOL DISTRICT 14 p 411
110 Mcnair Dr, NACKAWIC, NB, E6G 1A8
(506) 575-6000 SIC 8211
SCHOOL DISTRICT 14 p 411
30 Landegger Dr, NACKAWIC, NB, E6G 1E9
(506) 575-6020 SIC 8211
SCHOOL DISTRICT 14 p 422
101 Helen St, WOODSTOCK, NB, E7M 1W6
(506) 325-4435 SIC 8211
SCHOOL DISTRICT 14 p 422
135 Green St, WOODSTOCK, NB, E7M 1T9
SIC 8211
SCHOOL DISTRICT 14 p 422
138 Chapel St, WOODSTOCK, NB, E7M 1H3
SIC 8211
SCHOOL DISTRICT 14 p 422
144 Connell Park Rd, WOODSTOCK, NB, E7M 1M4
(506) 325-4437 SIC 8211
SCHOOL DISTRICT 15 p 394
1394 King Ave, BATHURST, NB, E2A 1S8
SIC 8211
SCHOOL DISTRICT 15 p 394
560 Duke St, BATHURST, NB, E2A 2X5
(506) 547-2750 SIC 8211
SCHOOL DISTRICT 15 p 395
113 Arran St, CAMPBELLTON, NB, E3N 1M1
(506) 789-2130 SIC 8211
SCHOOL DISTRICT 15 p 395
80 Arran St, CAMPBELLTON, NB, E3N 1L7
(506) 789-2120 SIC 8211
SCHOOL DISTRICT 16 p 404
See DISTRICT EDUCATION COUNCIL-SCHOOL DISTRICT 16
SCHOOL DISTRICT 2 p 403
35 School Lane, HILLSBOROUGH, NB, E4H 3B8
(506) 734-3710 SIC 8211
SCHOOL DISTRICT 2 p 404
3346 Route 126, LUTES MOUNTAIN, NB, E1G 2X4
(506) 856-3428 SIC 8211
SCHOOL DISTRICT 2 p 406
45 Mcauley Dr, MONCTON, NB, E1A 5R8
(506) 856-3474 SIC 8211
SCHOOL DISTRICT 2 p 406
43 Keenan Dr, MONCTON, NB, E1A 3P8
(506) 856-3414 SIC 8211
SCHOOL DISTRICT 2 p 406
280 Storey Rd E, MONCTON, NB, E1A 5Z3
(506) 856-3475 SIC 8211
SCHOOL DISTRICT 2 p 408
31 Lynch St, MONCTON, NB, E1C 3L5
(506) 856-3447 SIC 8211
SCHOOL DISTRICT 2 p 408
80 Echo Dr, MONCTON, NB, E1C 3H8
(506) 856-3417 SIC 8211
SCHOOL DISTRICT 2 p 408
256 Ayer Ave, MONCTON, NB, E1C 8G8
(506) 856-3405 SIC 8211
SCHOOL DISTRICT 2 p 408
207 Church St, MONCTON, NB, E1C 5A3
(506) 856-3439 SIC 8211
SCHOOL DISTRICT 2 p 408
125 Park St, MONCTON, NB, E1C 2B4
(506) 856-3473 SIC 8211
SCHOOL DISTRICT 2 p 408
1085 Mountain Rd, MONCTON, NB, E1C 2S9
(506) 856-3403 SIC 8211
SCHOOL DISTRICT 2 p 409
60 Parlee Dr, MONCTON, NB, E1E 3B3
(506) 856-3419 SIC 8211
SCHOOL DISTRICT 2 p 409
999 St George Blvd, MONCTON, NB, E1E 2C9
(506) 856-3469 SIC 8211
SCHOOL DISTRICT 2 p 409
93 Bessborough Ave, MONCTON, NB, E1E 1P6
(506) 856-3404 SIC 8211
SCHOOL DISTRICT 2 p 410
333 Evergreen Dr, MONCTON, NB, E1G 2J2
(506) 856-3476 SIC 8211
SCHOOL DISTRICT 2 p 412
33 Moore Rd, PORT ELGIN, NB, E4M 2E6
(506) 538-2121 SIC 8211
SCHOOL DISTRICT 2 p 412
1 Corey Ave, PETITCODIAC, NB, E4Z 4G3
(506) 756-3104 SIC 8211
SCHOOL DISTRICT 2 p 413
Riverview High School, Riverview, NB, E1B 4H8
(506) 856-3470 SIC 8211
SCHOOL DISTRICT 2 p 413
49 Chambers Rd, RIVERVIEW, NB, E1B 0P5
(506) 856-3416 SIC 8211
SCHOOL DISTRICT 2 p 413
684 Coverdale Rd, RIVERVIEW, NB, E1B 3K6
(506) 856-3451 SIC 8211
SCHOOL DISTRICT 2 p 413
45 Devere Rd, RIVERVIEW, NB, E1B 2M4
(506) 856-3449 SIC 8211
SCHOOL DISTRICT 2 p 413
424 Cleveland Ave, RIVERVIEW, NB, E1B 1Y2
(506) 856-3450 SIC 8211
SCHOOL DISTRICT 2 p 413
200 Whitepine Rd, RIVERVIEW, NB, E1B 3L7
(506) 856-3467 SIC 8211
SCHOOL DISTRICT 2 p 414
19 Queens Rd, SACKVILLE, NB, E4L 4G4
(506) 364-4086 SIC 8211
SCHOOL DISTRICT 2 p 414
223 Main St Suite A, SACKVILLE, NB, E4L 3A7
(506) 364-4060 SIC 8211
SCHOOL DISTRICT 2 p 414
70 Queens Rd, SACKVILLE, NB, E4L 4G9
(506) 364-4072 SIC 8211
SCHOOL DISTRICT 2 p 420
2646 River Rd, SALISBURY, NB, E4J 2R2
(506) 372-3207 SIC 8211
SCHOOL DISTRICT 2 p 420
55 Douglas St, SALISBURY, NB, E4J 2B4
(506) 372-3210 SIC 8211
SCHOOL DISTRICT 49 CENTRAL COAST p 182
808 Mackay St, BELLA COOLA, BC, V0T 1C0
(250) 799-5556 SIC 8211
SCHOOL DISTRICT 49 CENTRAL COAST p 217
1962 Hwy 20, HAGENSBORG, BC, V0T 1H0
(250) 982-2691 SIC 8211
SCHOOL DISTRICT 49 CENTRAL COAST p 217
1961 Mackenzie Hwy, HAGENSBORG, BC, V0T 1H0
(250) 982-2355 SIC 8211
SCHOOL DISTRICT 51 BOUNDARY p 216
1200 Central Ave, GRAND FORKS, BC, V0H 1H0
(250) 442-2135 SIC 8211
SCHOOL DISTRICT 51 BOUNDARY p 216
131 Central Ave, GRAND FORKS, BC, V0H 1H0
(250) 442-8285 SIC 8211
SCHOOL DISTRICT 51 BOUNDARY p 216
2575 75th Ave, GRAND FORKS, BC, V0H 1H2
(250) 442-8275 SIC 8211
SCHOOL DISTRICT 51 BOUNDARY p 237
355 5th Ave, MIDWAY, BC, V0H 1M0
(250) 449-2224 SIC 8211
SCHOOL DISTRICT 63 (SAANICH) p 182
1101 Newton Pl, BRENTWOOD BAY, BC, V8M 1G3
(250) 652-1135 SIC 8211
SCHOOL DISTRICT 63 (SAANICH) p 182
7085 Wallace Dr, BRENTWOOD BAY, BC, V8M 1P9
(250) 652-3996 SIC 8211
SCHOOL DISTRICT 63 (SAANICH) p 246
10975 West Saanich Rd, NORTH SAANICH, BC, V8L 5P6
(250) 656-7254 SIC 8211
SCHOOL DISTRICT 63 (SAANICH) p 246
1720 Mctavish Rd, NORTH SAANICH, BC, V8L 5T9
SIC 8211
SCHOOL DISTRICT 63 (SAANICH) p 275
1627 Stellys Cross Rd, SAANICHTON, BC, V8M 1S8
(250) 652-4401 SIC 8211
SCHOOL DISTRICT 63 (SAANICH) p 275
1649 Mount Newton Cross Rd, SAANICHTON, BC, V8M 1L1
(250) 652-4042 SIC 8211
SCHOOL DISTRICT 63 (SAANICH) p 277
10475 Mcdonald Park Rd, SIDNEY, BC, V8L 3H9
(250) 656-1129 SIC 8211
SCHOOL DISTRICT 63 (SAANICH) p 277
2151 Lannon Way, SIDNEY, BC, V8L 3Z1
(250) 656-1444 SIC 8211
SCHOOL DISTRICT 63 (SAANICH) p 277
9774 Third St, SIDNEY, BC, V8L 3A4
SIC 8211
SCHOOL DISTRICT 63 (SAANICH) p 277
2281 Henry Ave, SIDNEY, BC, V8L 2A8
(250) 656-3958 SIC 8211
SCHOOL DISTRICT 63 (SAANICH) p 333
1145 Royal Oak Dr, VICTORIA, BC, V8X 3T7
(250) 658-5238 SIC 8211
SCHOOL DISTRICT 63 (SAANICH) p 333
4980 Wesley Rd, VICTORIA, BC, V8Y 1Y9
(250) 686-5221 SIC 8211
SCHOOL DISTRICT 63 (SAANICH) p 333
5238 Cordova Bay Rd, VICTORIA, BC, V8Y 2L2
(250) 658-5315 SIC 8211
SCHOOL DISTRICT 63 (SAANICH) p 333
735 Cordova Bay Rd, VICTORIA, BC, V8Y 1P7
(250) 658-5412 SIC 8211
SCHOOL DISTRICT 63 (SAANICH) p 334
4564 West Saanich Rd, VICTORIA, BC, V8Z 3G4
(250) 479-7128 SIC 8211
SCHOOL DISTRICT 63 (SAANICH) p 334
6843 Central Saanich Rd, VICTORIA, BC, V8Z 5V4
(250) 652-9261 SIC 8211
SCHOOL DISTRICT 73 (KAMLOOPS/THOMPSON) p 181
4475 Airfield Rd, BARRIERE, BC, V0E 1E0
(250) 672-9916 SIC 8211
SCHOOL DISTRICT 73 (KAMLOOPS/THOMPSON) p 181
845 Barriere Town, BARRIERE, BC, V0E 1E0
(250) 672-9943 SIC 8211
SCHOOL DISTRICT 73 (KAMLOOPS/THOMPSON) p 196
420 Cottonwood Rd, CHASE, BC, V0E 1M0
(250) 679-3218 SIC 8211
SCHOOL DISTRICT 73 (KAMLOOPS/THOMPSON) p 196
530 Cottonwood Ave, CHASE, BC, V0E 1M0
(250) 679-3269 SIC 8211
SCHOOL DISTRICT 73 (KAMLOOPS/THOMPSON) p 199
801 Clearwater Village Rd, CLEARWATER, BC, V0E 1N1
(250) 674-2218 SIC 8211
SCHOOL DISTRICT 73 (KAMLOOPS/THOMPSON) p 199
440 Murtle Cres, CLEARWATER, BC, V0E 1N1
SIC 8211
SCHOOL DISTRICT 73 (KAMLOOPS/THOMPSON) p 218
2191 Van Horne Dr, KAMLOOPS, BC, V1S 1L9
(250) 372-5844 SIC 8211
SCHOOL DISTRICT 73 (KAMLOOPS/THOMPSON) p 219
1051 Pine Springs Rd, KAMLOOPS, BC, V2B 7W3
(250) 579-9228 SIC 8211
SCHOOL DISTRICT 73 (KAMLOOPS/THOMPSON) p 219
1380 Sherbrooke Ave, KAMLOOPS, BC, V2B 1W9
(250) 376-6224 SIC 8211
SCHOOL DISTRICT 73 (KAMLOOPS/THOMPSON) p 219
2170 Parkcrest Ave, KAMLOOPS, BC, V2B 4Y1
(250) 554-2368 SIC 8211
SCHOOL DISTRICT 73 (KAMLOOPS/THOMPSON) p 219

BUSINESSES ALPHABETICALLY

2890 Bank Rd, KAMLOOPS, BC, V2B 6Y7
(250) 579-9284   SIC 8211
SCHOOL DISTRICT 73 (KAMLOOPS/THOMPSON)   p 219
985 Holt St, KAMLOOPS, BC, V2B 5H1
(250) 554-3438   SIC 8211
SCHOOL DISTRICT 73 (KAMLOOPS/THOMPSON)   p 219
3550 Westsyde Rd, KAMLOOPS, BC, V2B 7H4
SIC 8211
SCHOOL DISTRICT 73 (KAMLOOPS/THOMPSON)   p 219
435 Mcgowan Ave, KAMLOOPS, BC, V2B 2P2
(250) 376-7231   SIC 8211
SCHOOL DISTRICT 73 (KAMLOOPS/THOMPSON)   p 219
711 Windsor Ave, KAMLOOPS, BC, V2B 2B7
(250) 376-2205   SIC 8211
SCHOOL DISTRICT 73 (KAMLOOPS/THOMPSON)   p 219
855 Bebek Rd, KAMLOOPS, BC, V2B 6P2
(250) 579-9271   SIC 8211
SCHOOL DISTRICT 73 (KAMLOOPS/THOMPSON)   p 219
950 Southill St, KAMLOOPS, BC, V2B 5M2
(250) 376-5586   SIC 8211
SCHOOL DISTRICT 73 (KAMLOOPS/THOMPSON)   p 219
985 Holt St, KAMLOOPS, BC, V2B 5H1
(250) 376-7253   SIC 8211
SCHOOL DISTRICT 73 (KAMLOOPS/THOMPSON)   p 219
985 Windbreak St, KAMLOOPS, BC, V2B 5P5
(250) 376-1232   SIC 8211
SCHOOL DISTRICT 73 (KAMLOOPS/THOMPSON)   p 219
315 Chestnut Ave, KAMLOOPS, BC, V2B 1L4
(250) 376-7217   SIC 8211
SCHOOL DISTRICT 73 (KAMLOOPS/THOMPSON)   p 221
2080 Tremerton Dr, KAMLOOPS, BC, V2E 2S2
(250) 374-4545   SIC 8211
SCHOOL DISTRICT 73 (KAMLOOPS/THOMPSON)   p 221
1585 Summit Dr, KAMLOOPS, BC, V2E 1E9
(250) 374-2451   SIC 8211
SCHOOL DISTRICT 73 (KAMLOOPS/THOMPSON)   p 221
2200 Park Dr, KAMLOOPS, BC, V2C 4P6
(250) 372-2027   SIC 8211
SCHOOL DISTRICT 73 (KAMLOOPS/THOMPSON)   p 221
965 Notre Dame Dr, KAMLOOPS, BC, V2C 5P8
(250) 851-4420   SIC 8211
SCHOOL DISTRICT 73 (KAMLOOPS/THOMPSON)   p 221
830 Pine St, KAMLOOPS, BC, V2C 3A1
(250) 374-3174   SIC 8211
SCHOOL DISTRICT 73 (KAMLOOPS/THOMPSON)   p 221
821 Munro St, KAMLOOPS, BC, V2C 3E9
(250) 374-1405   SIC 8211
SCHOOL DISTRICT 73 (KAMLOOPS/THOMPSON)   p 221
710 Mcgill Rd, KAMLOOPS, BC, V2C 0A2
(250) 372-5853   SIC 4173
SCHOOL DISTRICT 73 (KAMLOOPS/THOMPSON)   p 221
5990 Todd Rd, KAMLOOPS, BC, V2C 5B7
(250) 573-3227   SIC 8211
SCHOOL DISTRICT 73 (KAMLOOPS/THOMPSON)   p 221
2540 Qu'appelle Blvd, KAMLOOPS, BC, V2E 2E9
(250) 374-2305   SIC 8211
SCHOOL DISTRICT 73 (KAMLOOPS/THOMPSON)   p 221
255 Arrowstone Dr, KAMLOOPS, BC, V2C 1P8
(250) 374-0861   SIC 8211
SCHOOL DISTRICT 73 (KAMLOOPS/THOMPSON)   p 221
296 Harper Rd, KAMLOOPS, BC, V2C 4Z2
(250) 573-3261   SIC 8211
SCHOOL DISTRICT 73 (KAMLOOPS/THOMPSON)   p 221
425 Monarch Crt, KAMLOOPS, BC, V2E 1Y3
(250) 372-1224   SIC 8211
SCHOOL DISTRICT 73 (KAMLOOPS/THOMPSON)   p 221
492 Mcgill Rd, KAMLOOPS, BC, V2C 1M3
(250) 374-0608   SIC 8211
SCHOOL DISTRICT 73 (KAMLOOPS/THOMPSON)   p 222
306 Puett Ranch Rd, KAMLOOPS, BC, V2H 1M9
(250) 578-7229   SIC 8211
SCHOOL DISTRICT 78   p 180
7285 Mccullough Rd, AGASSIZ, BC, V0M 1A2
(604) 796-2164   SIC 8211
SCHOOL DISTRICT 78   p 180
7110 Cheam Ave, AGASSIZ, BC, V0M 1A0
(604) 796-2238   SIC 8211
SCHOOL DISTRICT 78   p 217
444 Stuart St, HOPE, BC, V0X 1L0
(604) 869-9971   SIC 8211
SCHOOL DISTRICT 78   p 217
444 Queen, HOPE, BC, V0X 1L0
SIC 8211
SCHOOL DISTRICT 78   p 217
455 6th Ave, HOPE, BC, V0X 1L0
(604) 869-9904   SIC 8211
SCHOOL DISTRICT 8   p 402
92 Woolastook Dr, GRAND BAY-WESTFIELD, NB, E5K 1S4
(506) 738-6504   SIC 8211
SCHOOL DISTRICT 8   p 402
147 Nerepis Rd, GRAND BAY-WESTFIELD, NB, E5K 2Z5
(506) 757-2020   SIC 8211
SCHOOL DISTRICT 8   p 402
33 Epworth Park Rd, GRAND BAY-WESTFIELD, NB, E5K 1W1
(506) 738-6500   SIC 8211
SCHOOL DISTRICT 8   p 403
82 School St, HAMPTON, NB, E5N 6B2
(506) 832-6021   SIC 8211
SCHOOL DISTRICT 8   p 414
10 Princess Crt, SAINT JOHN, NB, E2H 1X9
(506) 658-5340   SIC 8211
SCHOOL DISTRICT 8   p 415
56 Lensdale Cres, SAINT JOHN, NB, E2J 3P3
(506) 658-5348   SIC 8211
SCHOOL DISTRICT 8   p 415
184 Loch Lomond Rd, SAINT JOHN, NB, E2J 1Y1
SIC 8211
SCHOOL DISTRICT 8   p 415
15 Glengarry Dr, SAINT JOHN, NB, E2J 2X9
(506) 658-5338   SIC 8211
SCHOOL DISTRICT 8   p 415
1490 Hickey Rd, SAINT JOHN, NB, E2J 4E7
(506) 658-5367   SIC 8211
SCHOOL DISTRICT 8   p 415
75 Bayside Dr, SAINT JOHN, NB, E2J 1A1
(506) 658-5331   SIC 8211
SCHOOL DISTRICT 8   p 415
111 Champlain Dr, SAINT JOHN, NB, E2J 3E4
(506) 658-5335   SIC 8211
SCHOOL DISTRICT 8   p 416
20 Sixth St, SAINT JOHN, NB, E2K 3M1
(506) 658-5356   SIC 8211
SCHOOL DISTRICT 8   p 416
151 Black St, SAINT JOHN, NB, E2K 2L6
(506) 658-5352   SIC 8211
SCHOOL DISTRICT 8   p 416
305 Douglas Ave, SAINT JOHN, NB, E2K 1E5
(506) 658-5359   SIC 8211
SCHOOL DISTRICT 8   p 416
99 Burpee Ave, SAINT JOHN, NB, E2K 3V9
(506) 634-1979   SIC 8211
SCHOOL DISTRICT 8   p 416
90 Newman St, SAINT JOHN, NB, E2K 1M1
(506) 453-5454   SIC 8211
SCHOOL DISTRICT 8   p 416
540 Sandy Point Rd, SAINT JOHN, NB, E2K 3S2
(506) 658-5343   SIC 8211
SCHOOL DISTRICT 8   p 416
500 Woodward Ave, SAINT JOHN, NB, E2K 4G7
(506) 658-5353   SIC 8211
SCHOOL DISTRICT 8   p 417
319 Union St Suite 317, SAINT JOHN, NB, E2L 1B3
(506) 658-5355   SIC 8211
SCHOOL DISTRICT 8   p 417
223 St. James St Suite 8, SAINT JOHN, NB, E2L 1W3
(506) 658-5357   SIC 8211
SCHOOL DISTRICT 8   p 417
200 Prince William St Suite 170, SAINT JOHN, NB, E2L 2B7
(506) 658-5358   SIC 8211
SCHOOL DISTRICT 8   p 417
20 Leinster St Suite 2, SAINT JOHN, NB, E2L 1H8
(506) 658-5361   SIC 8211
SCHOOL DISTRICT 8   p 418
172 City Line, SAINT JOHN, NB, E2M 1L3
(506) 658-5362   SIC 8211
SCHOOL DISTRICT 8   p 418
25 Evergreen Ave, SAINT JOHN, NB, E2N 1H3
(506) 658-5350   SIC 8211
SCHOOL DISTRICT 8   p 418
520 Young St, SAINT JOHN, NB, E2M 2V4
(506) 658-5342   SIC 8211
SCHOOL DISTRICT 8   p 418
750 Manawagonish Rd, SAINT JOHN, NB, E2M 3W5
(506) 658-5393   SIC 8211
SCHOOL DISTRICT 8   p 418
700 Manawagonish Rd, SAINT JOHN, NB, E2M 3W5
(506) 658-5364   SIC 8211
SCHOOL DISTRICT 92 NISGA'A   p 180
5000 Skadeen Ave, AIYANSH, BC, V0J 1A0
(250) 633-2225   SIC 8211
SCHOOL DISTRICT NO 10   p 239
619 4th St Nw, NAKUSP, BC, V0G 1R0
(250) 265-3668   SIC 8211
SCHOOL DISTRICT NO 10   p 394
800 Main St, BLACKS HARBOUR, NB, E5H 1E6
(506) 456-4850   SIC 8211
SCHOOL DISTRICT NO 10   p 402
1144 Route 776, GRAND MANAN, NB, E5G 4E8
(506) 662-7000   SIC 8211
SCHOOL DISTRICT NO 10   p 411
9372 Route 3, OLD RIDGE, NB, E3L 4X6
(506) 466-7312   SIC 8211
SCHOOL DISTRICT NO 10   p 420
16 Kings Crt, ST STEPHEN, NB, E3L 3B2
(506) 466-7303   SIC 8211
SCHOOL DISTRICT NO 10   p 420
118 Brunswick St, ST GEORGE, NB, E5C 1A9
(506) 755-4020   SIC 8211
SCHOOL DISTRICT NO 10   p 420
11 School St, ST STEPHEN, NB, E3L 2N4
(506) 466-7311   SIC 8211
SCHOOL DISTRICT NO 10   p 420
180 King St, ST ANDREWS, NB, E5B 1Y7
(506) 529-5010   SIC 8211
SCHOOL DISTRICT NO 10   p 420
44 Mount Pleasant Rd, ST GEORGE, NB, E5C 3K4
(506) 755-4005   SIC 8211
SCHOOL DISTRICT NO 10   p 422
1722 Route 774, WILSONS BEACH, NB, E5E 1K7
(506) 752-7000   SIC 8211
SCHOOL DISTRICT NO 15   p 394
155 Basin St, BATHURST, NB, E2A 6N1
(506) 547-2215   SIC 8211
SCHOOL DISTRICT NO 22 (VERNON)   p 199
10104 Kalamalka Rd, COLDSTREAM, BC, V1B 1L7
(250) 545-0597   SIC 8211
SCHOOL DISTRICT NO 22 (VERNON)   p 199
12101 Linden Dr, COLDSTREAM, BC, V1B 2H3
(250) 542-5351   SIC 8211
SCHOOL DISTRICT NO 22 (VERNON)   p 199
7900 Mcclounie Rd, COLDSTREAM, BC, V1B 1P8
(250) 545-1396   SIC 8211
SCHOOL DISTRICT NO 22 (VERNON)   p 199
9715 School Rd, COLDSTREAM, BC, V1B 3G4
(250) 545-1710   SIC 8211
SCHOOL DISTRICT NO 22 (VERNON)   p 235
1894 Glencaird, LUMBY, BC, V0E 2G0
(250) 547-2191   SIC 8211
SCHOOL DISTRICT NO 22 (VERNON)   p 235
2287 Schuswap Ave, LUMBY, BC, V0E 2G0
(250) 547-9231   SIC 8211
SCHOOL DISTRICT NO 22 (VERNON)   p 325
2301 Fulton Rd, VERNON, BC, V1H 1Y1
(250) 545-1348   SIC 8211
SCHOOL DISTRICT NO 22 (VERNON)   p 325
2400 Fulton Rd, VERNON, BC, V1H 1S3
(250) 260-4176   SIC 8211
SCHOOL DISTRICT NO 22 (VERNON)   p 325
5849 Silver Star Rd, VERNON, BC, V1B 3P6
(250) 542-4013   SIC 8211
SCHOOL DISTRICT NO 22 (VERNON)   p 325
7322 Okanagan Landing Rd, VERNON, BC, V1H 1G6
(250) 542-1181   SIC 8211
SCHOOL DISTRICT NO 22 (VERNON)   p 326
1404 35 Ave, VERNON, BC, V1T 2R6
(250) 545-4409   SIC 8211
SCHOOL DISTRICT NO 22 (VERNON)   p 326
4320 20 St, VERNON, BC, V1T 4E3
(250) 542-5385   SIC 8211
SCHOOL DISTRICT NO 22 (VERNON)   p 326
4205 35 St, VERNON, BC, V1T 6C4
(250) 545-7289   SIC 8211
SCHOOL DISTRICT NO 22 (VERNON)   p 326
3302 27 St, VERNON, BC, V1T 4W7
(250) 542-1388   SIC 8211
SCHOOL DISTRICT NO 22 (VERNON)   p 326
2711 38 St, VERNON, BC, V1T 6H5
(250) 542-0249   SIC 8211
SCHOOL DISTRICT NO 22 (VERNON)   p 326
2701 41 Ave, VERNON, BC, V1T 6X3
(250) 542-3361   SIC 8211
SCHOOL DISTRICT NO 22 (VERNON)   p 326

▲ Public Company   ■ Public Company Family Member   HQ Headquarters   BR Branch   SL Single Location

2303 18 St, VERNON, BC, V1T 3Z9
(250) 545-0701   SIC 8211
SCHOOL DISTRICT NO 22 (VERNON) p 326
1510 36 St, VERNON, BC, V1T 6C8
(250) 545-0639   SIC 8211
SCHOOL DISTRICT NO 27 (CARIBOO-CHILCOTIN) p 176
485 Cedar Ave, 100 MILE HOUSE, BC, V0K 2E0
    SIC 8211
SCHOOL DISTRICT NO 27 (CARIBOO-CHILCOTIN) p 176
330 Exeter Truck Rte, 100 MILE HOUSE, BC, V0K 2E0
(250) 395-2230   SIC 4151
SCHOOL DISTRICT NO 27 (CARIBOO-CHILCOTIN) p 176
3081 Cariboo Hwy 97 Ctr, 150 MILE HOUSE, BC, V0K 2G0
(250) 296-3356   SIC 8211
SCHOOL DISTRICT NO 27 (CARIBOO-CHILCOTIN) p 176
200 7th St, 100 MILE HOUSE, BC, V0K 2E0
(250) 395-2461   SIC 8211
SCHOOL DISTRICT NO 27 (CARIBOO-CHILCOTIN) p 176
145 Birch Ave S, 100 MILE HOUSE, BC, V0K 2E0
(250) 395-3685   SIC 8211
SCHOOL DISTRICT NO 27 (CARIBOO-CHILCOTIN) p 176
145 Birch Ave S, 100 MILE HOUSE, BC, V0K 2E0
(250) 395-2258   SIC 8211
SCHOOL DISTRICT NO 27 (CARIBOO-CHILCOTIN) p 228
Gd, LAC LA HACHE, BC, V0K 1T0
(250) 396-7230   SIC 8211
SCHOOL DISTRICT NO 27 (CARIBOO-CHILCOTIN) p 341
1045 Western Ave, WILLIAMS LAKE, BC, V2G 2J8
(250) 392-4158   SIC 8211
SCHOOL DISTRICT NO 27 (CARIBOO-CHILCOTIN) p 341
1180 Moon Ave, WILLIAMS LAKE, BC, V2G 4A6
(250) 398-7192   SIC 8211
SCHOOL DISTRICT NO 27 (CARIBOO-CHILCOTIN) p 341
1222 Dog Creek Rd, WILLIAMS LAKE, BC, V2G 3G9
(250) 392-7344   SIC 8211
SCHOOL DISTRICT NO 27 (CARIBOO-CHILCOTIN) p 341
260 Cameron St, WILLIAMS LAKE, BC, V2G 1S8
(250) 392-4104   SIC 8211
SCHOOL DISTRICT NO 27 (CARIBOO-CHILCOTIN) p 341
320 Second Ave N, WILLIAMS LAKE, BC, V2G 1Z9
(250) 398-5800   SIC 8211
SCHOOL DISTRICT NO 27 (CARIBOO-CHILCOTIN) p 341
350 Second Ave N, WILLIAMS LAKE, BC, V2G 1Z9
(250) 398-3800   SIC 8211
SCHOOL DISTRICT NO 27 (CARIBOO-CHILCOTIN) p 341

765 Second Ave N, WILLIAMS LAKE, BC, V2G 4C3
(250) 398-3875   SIC 7349
SCHOOL DISTRICT NO 27 (CARIBOO-CHILCOTIN) p 341
709 Lyne Rd, WILLIAMS LAKE, BC, V2G 3Z3
(250) 392-5455   SIC 8211
SCHOOL DISTRICT NO 33 CHILLIWACK p 197
49190 Chilliwack Central Rd, CHILLIWACK, BC, V2P 6H3
(604) 794-7533   SIC 8211
SCHOOL DISTRICT NO 33 CHILLIWACK p 197
49520 Prairie Central Rd Suite 33, CHILLIWACK, BC, V2P 6H3
(604) 701-4910   SIC 8249
SCHOOL DISTRICT NO 33 CHILLIWACK p 197
8430 Cessna Dr, CHILLIWACK, BC, V2P 7K4
(604) 792-1321   SIC 8211
SCHOOL DISTRICT NO 33 CHILLIWACK p 197
8430 Cessna Dr, CHILLIWACK, BC, V2P 7K4
(604) 792-2515   SIC 8322
SCHOOL DISTRICT NO 33 CHILLIWACK p 197
9320 Walden St, CHILLIWACK, BC, V2P 7Y2
(604) 792-1281   SIC 8211
SCHOOL DISTRICT NO 33 CHILLIWACK p 197
9435 Young Rd, CHILLIWACK, BC, V2P 4S7
(604) 792-8537   SIC 8211
SCHOOL DISTRICT NO 33 CHILLIWACK p 197
9601 Hamilton St, CHILLIWACK, BC, V2P 3X4
(604) 795-7000   SIC 8211
SCHOOL DISTRICT NO 33 CHILLIWACK p 197
9900 Carleton St, CHILLIWACK, BC, V2P 6E5
(604) 792-0681   SIC 8211
SCHOOL DISTRICT NO 33 CHILLIWACK p 197
45465 Bernard Ave, CHILLIWACK, BC, V2P 1H6
(604) 795-7840   SIC 8211
SCHOOL DISTRICT NO 33 CHILLIWACK p 197
45660 Hocking Ave, CHILLIWACK, BC, V2P 1B3
(604) 792-4257   SIC 8211
SCHOOL DISTRICT NO 33 CHILLIWACK p 197
46106 Southlands Cres, CHILLIWACK, BC, V2P 1B1
(604) 795-5312   SIC 8211
SCHOOL DISTRICT NO 33 CHILLIWACK p 197
46354 Yale Rd, CHILLIWACK, BC, V2P 2R1
(604) 795-5781   SIC 8211
SCHOOL DISTRICT NO 33 CHILLIWACK p 197
46363 Yale Rd, CHILLIWACK, BC, V2P 2P8
(604) 795-7295   SIC 8211
SCHOOL DISTRICT NO 33 CHILLIWACK p 197
46375 Strathcona Rd, CHILLIWACK, BC, V2P 3T1
(604) 792-9301   SIC 8211
SCHOOL DISTRICT NO 33 CHILLIWACK p 198
45460 Stevenson Rd, CHILLIWACK, BC, V2R 2Z6
(604) 858-9424   SIC 8211
SCHOOL DISTRICT NO 33 CHILLIWACK p 198
46200 Stoneview Dr, CHILLIWACK, BC,

V2R 5W8
(604) 824-4885   SIC 8211
SCHOOL DISTRICT NO 33 CHILLIWACK p 198
45170 South Sumas Rd, CHILLIWACK, BC, V2R 1W9
(604) 858-2111   SIC 8211
SCHOOL DISTRICT NO 33 CHILLIWACK p 198
44877 Yale Rd, CHILLIWACK, BC, V2R 4H3
(604) 792-4327   SIC 4151
SCHOOL DISTRICT NO 33 CHILLIWACK p 198
4605 Wilson Rd, CHILLIWACK, BC, V2R 5C4
(604) 823-4408   SIC 8211
SCHOOL DISTRICT NO 33 CHILLIWACK p 198
45955 Thomas Rd, CHILLIWACK, BC, V2R 0B5
(604) 847-0772   SIC 8211
SCHOOL DISTRICT NO 33 CHILLIWACK p 198
45305 Watson Rd, CHILLIWACK, BC, V2R 2H5
(604) 858-9477   SIC 8211
SCHOOL DISTRICT NO 33 CHILLIWACK p 198
45850 Promontory Rd, CHILLIWACK, BC, V2R 5Z5
(604) 858-4759   SIC 8211
SCHOOL DISTRICT NO 33 CHILLIWACK p 198
45775 Manuel Rd, CHILLIWACK, BC, V2R 2E6
(604) 858-7145   SIC 8211
SCHOOL DISTRICT NO 33 CHILLIWACK p 198
7600 Evans Rd, CHILLIWACK, BC, V2R 1L2
(604) 858-3057   SIC 8211
SCHOOL DISTRICT NO 33 CHILLIWACK p 198
5871 Tyson Rd, CHILLIWACK, BC, V2R 3R6
(604) 824-7481   SIC 8211
SCHOOL DISTRICT NO 33 CHILLIWACK p 198
5621 Unsworth Rd, CHILLIWACK, BC, V2R 4B6
(604) 858-4510   SIC 8211
SCHOOL DISTRICT NO 33 CHILLIWACK p 206
71 Sunnyside Blvd, CULTUS LAKE, BC, V2R 5B5
(604) 858-6266   SIC 8211
SCHOOL DISTRICT NO 33 CHILLIWACK p 274
10125 Mcgrath Rd, ROSEDALE, BC, V0X 1X2
    SIC 8211
SCHOOL DISTRICT NO 33 CHILLIWACK p 274
50850 Yale Rd, ROSEDALE, BC, V0X 1X2
(604) 794-7124   SIC 8211
SCHOOL DISTRICT NO 34 (ABBOTSFORD) p 177
33231 Bevan Ave, ABBOTSFORD, BC, V2S 0A9
(604) 859-7125   SIC 8211
SCHOOL DISTRICT NO 34 (ABBOTSFORD) p 177
33165 King Rd, ABBOTSFORD, BC, V2S 7Z9
(604) 859-5826   SIC 8211
SCHOOL DISTRICT NO 34 (ABBOTSFORD) p 177
33130 Bevan Ave, ABBOTSFORD, BC, V2S 1T6
(604) 853-8374   SIC 8211
SCHOOL DISTRICT NO 34 (ABBOTSFORD) p 177
32877 Old Riverside Rd, ABBOTSFORD, BC, V2S 8K2
(604) 852-9616   SIC 8211
SCHOOL DISTRICT NO 34 (ABBOTSFORD)

p 177
3060 Old Clayburn Rd, ABBOTSFORD, BC, V2S 4H3
(604) 859-3151   SIC 8211
SCHOOL DISTRICT NO 34 (ABBOTSFORD) p 177
2250 Lobban Rd, ABBOTSFORD, BC, V2S 3W1
(604) 859-3167   SIC 8211
SCHOOL DISTRICT NO 34 (ABBOTSFORD) p 177
33952 Pine St, ABBOTSFORD, BC, V2S 2P3
(604) 859-6726   SIC 8211
SCHOOL DISTRICT NO 34 (ABBOTSFORD) p 177
35139 Laburnum Ave, ABBOTSFORD, BC, V2S 8N3
(604) 504-7007   SIC 8211
SCHOOL DISTRICT NO 34 (ABBOTSFORD) p 177
35045 Exbury Ave, ABBOTSFORD, BC, V2S 7L1
(604) 864-0220   SIC 8211
SCHOOL DISTRICT NO 34 (ABBOTSFORD) p 177
34830 Oakhill Dr, ABBOTSFORD, BC, V2S 7R3
(604) 859-0126   SIC 8211
SCHOOL DISTRICT NO 34 (ABBOTSFORD) p 177
34800 Mierau St, ABBOTSFORD, BC, V2S 5Y4
(604) 850-1615   SIC 8211
SCHOOL DISTRICT NO 34 (ABBOTSFORD) p 177
34695 Blatchford Way, ABBOTSFORD, BC, V2S 6M6
(604) 859-6794   SIC 8211
SCHOOL DISTRICT NO 34 (ABBOTSFORD) p 177
34620 Old Yale Rd, ABBOTSFORD, BC, V2S 7S6
(604) 853-0778   SIC 8211
SCHOOL DISTRICT NO 34 (ABBOTSFORD) p 179
3551 Crestview Ave, ABBOTSFORD, BC, V2T 6T5
(604) 856-7342   SIC 8211
SCHOOL DISTRICT NO 34 (ABBOTSFORD) p 179
3614 Clearbrook Rd, ABBOTSFORD, BC, V2T 6N3
(604) 859-5348   SIC 8211
SCHOOL DISTRICT NO 34 (ABBOTSFORD) p 179
2272 Windsor St, ABBOTSFORD, BC, V2T 6M1
(604) 850-7029   SIC 8211
SCHOOL DISTRICT NO 34 (ABBOTSFORD) p 179
2527 Gladwin Rd, ABBOTSFORD, BC, V2T 3N8
(604) 853-9148   SIC 8211
SCHOOL DISTRICT NO 34 (ABBOTSFORD) p 179
2580 Stanley St, ABBOTSFORD, BC, V2T 2R4
(604) 850-6657   SIC 8211
SCHOOL DISTRICT NO 34 (ABBOTSFORD) p 179
2990 Oriole Cres, ABBOTSFORD, BC, V2T 4E1
(604) 853-1246   SIC 8211
SCHOOL DISTRICT NO 34 (ABBOTSFORD) p 179
30995 Southern Dr, ABBOTSFORD, BC, V2T 6X5
(604) 852-0802   SIC 8211
SCHOOL DISTRICT NO 34 (ABBOTSFORD) p 179
31150 Blueridge Dr, ABBOTSFORD, BC, V2T 5R2
(604) 864-0011   SIC 8211

SCHOOL DISTRICT NO 34 (ABBOTSFORD)
p 179
31321 Blueridge Dr, ABBOTSFORD, BC, V2T 6W2
(604) 852-9665   SIC 8211

SCHOOL DISTRICT NO 34 (ABBOTSFORD)
p 179
32161 Dormick Ave, ABBOTSFORD, BC, V2T 1J6
(604) 859-3712   SIC 8211

SCHOOL DISTRICT NO 34 (ABBOTSFORD)
p 179
32355 Mouat Dr, ABBOTSFORD, BC, V2T 4E9
(604) 853-7191   SIC 8211

SCHOOL DISTRICT NO 34 (ABBOTSFORD)
p 179
32622 Marshall Rd, ABBOTSFORD, BC, V2T 4A2
(604) 852-1250   SIC 8211

SCHOOL DISTRICT NO 34 (ABBOTSFORD)
p 179
32622 Marshall Rd, ABBOTSFORD, BC, V2T 4A2
(604) 859-7820   SIC 8211

SCHOOL DISTRICT NO 34 (ABBOTSFORD)
p 179
32717 Chilcotin Dr, ABBOTSFORD, BC, V2T 5S5
(604) 864-8572   SIC 8211

SCHOOL DISTRICT NO 34 (ABBOTSFORD)
p 179
32746 Huntingdon Rd, ABBOTSFORD, BC, V2T 5Z1
(604) 853-1845   SIC 8211

SCHOOL DISTRICT NO 34 (ABBOTSFORD)
p 179
3433 Firhill Dr, ABBOTSFORD, BC, V2T 6X6
(604) 504-5343   SIC 8211

SCHOOL DISTRICT NO 34 (ABBOTSFORD)
p 180
2299 Mountain Dr, ABBOTSFORD, BC, V3G 1E6
(604) 852-7299   SIC 8211

SCHOOL DISTRICT NO 34 (ABBOTSFORD)
p 180
33661 Elizabeth Ave, ABBOTSFORD, BC, V4X 1T4
(604) 826-8181   SIC 8211

SCHOOL DISTRICT NO 34 (ABBOTSFORD)
p 180
30357 Downes Rd, ABBOTSFORD, BC, V4X 1Z8
(604) 856-2186   SIC 8211

SCHOOL DISTRICT NO 34 (ABBOTSFORD)
p 180
2975 Bradner Rd, ABBOTSFORD, BC, V4X 1K6
(604) 856-5137   SIC 8211

SCHOOL DISTRICT NO 34 (ABBOTSFORD)
p 180
2451 Ross Rd, ABBOTSFORD, BC, V4X 1J3
(604) 856-6079   SIC 8211

SCHOOL DISTRICT NO 34 (ABBOTSFORD)
p 180
36321 Vye Rd, ABBOTSFORD, BC, V3G 1Z5
(604) 852-3900   SIC 8211

SCHOOL DISTRICT NO 34 (ABBOTSFORD)
p 180
36367 Stephen Leacock Dr, ABBOTSFORD, BC, V3G 2Z6
(604) 557-0422   SIC 8211

SCHOOL DISTRICT NO 34 (ABBOTSFORD)
p 180
3836 Old Clayburn Rd, ABBOTSFORD, BC, V3G 2Z5
(604) 850-7131   SIC 8211

SCHOOL DISTRICT NO 36 (SURREY) p 280
13751 112 Ave, SURREY, BC, V3R 2G4
(604) 588-3021   SIC 8211

SCHOOL DISTRICT NO 36 (SURREY) p 280
15550 99a Ave, SURREY, BC, V3R 9H5
(604) 584-7688   SIC 8211

SCHOOL DISTRICT NO 36 (SURREY) p 280
14986 98 Ave, SURREY, BC, V3R 1J1
(604) 584-3533   SIC 8211

SCHOOL DISTRICT NO 36 (SURREY) p 280
14835 108a Ave, SURREY, BC, V3R 1W9
(604) 588-5978   SIC 8211

SCHOOL DISTRICT NO 36 (SURREY) p 280
14525 110a Ave, SURREY, BC, V3R 2B4
(604) 584-4754   SIC 8211

SCHOOL DISTRICT NO 36 (SURREY) p 280
13875 113 Ave, SURREY, BC, V3R 2J6
(604) 588-1248   SIC 8211

SCHOOL DISTRICT NO 36 (SURREY) p 280
10215 152a St, SURREY, BC, V3R 4H6
(604) 951-9553   SIC 8211

SCHOOL DISTRICT NO 36 (SURREY) p 281
10719 150 St, SURREY, BC, V3R 4C8
(604) 585-2566   SIC 8211

SCHOOL DISTRICT NO 36 (SURREY) p 281
15350 99 Ave, SURREY, BC, V3R 0R9
(604) 581-5500   SIC 8211

SCHOOL DISTRICT NO 36 (SURREY) p 281
15372 94 Ave, SURREY, BC, V3R 1E3
(604) 583-7305   SIC 8211

SCHOOL DISTRICT NO 36 (SURREY) p 281
12834 115a Ave, SURREY, BC, V3R 2X4
(604) 580-1047   SIC 8211

SCHOOL DISTRICT NO 36 (SURREY) p 281
14781 104 Ave, SURREY, BC, V3R 5X4
(604) 581-2327   SIC 8211

SCHOOL DISTRICT NO 36 (SURREY) p 281
15225 98 Ave, SURREY, BC, V3R 1J2
(604) 589-1193   SIC 8211

SCHOOL DISTRICT NO 36 (SURREY) p 282
8226 146 St, SURREY, BC, V3S 3A5
(604) 543-7187   SIC 8211

SCHOOL DISTRICT NO 36 (SURREY) p 282
8131 156 St, SURREY, BC, V3S 3R4
(604) 597-0858   SIC 8211

SCHOOL DISTRICT NO 36 (SURREY) p 282
7940 156 St, SURREY, BC, V3S 3R3
(604) 597-2301   SIC 8211

SCHOOL DISTRICT NO 36 (SURREY) p 282
7079 148 St, SURREY, BC, V3S 3E5
(604) 596-0357   SIC 8211

SCHOOL DISTRICT NO 36 (SURREY) p 282
6256 184 St, SURREY, BC, V3S 8E6
(604) 576-1381   SIC 8211

SCHOOL DISTRICT NO 36 (SURREY) p 282
6151 180 St, SURREY, BC, V3S 4L5
(604) 574-7407   SIC 8211

SCHOOL DISTRICT NO 36 (SURREY) p 282
6016 152 St, SURREY, BC, V3S 3K6
(604) 597-1977   SIC 8211

SCHOOL DISTRICT NO 36 (SURREY) p 282
5811 184 St, SURREY, BC, V3S 4N2
(604) 576-8551   SIC 8211

SCHOOL DISTRICT NO 36 (SURREY) p 282
5741 176 St, SURREY, BC, V3S 4C9
(604) 574-3615   SIC 8211

SCHOOL DISTRICT NO 36 (SURREY) p 282
19233 60 Ave, SURREY, BC, V3S 2T5
(604) 576-9184   SIC 8211

SCHOOL DISTRICT NO 36 (SURREY) p 282
18690 60 Ave, SURREY, BC, V3S 8L8
(604) 576-3000   SIC 8211

SCHOOL DISTRICT NO 36 (SURREY) p 282
17857 56 Ave, SURREY, BC, V3S 1E2
(604) 576-8295   SIC 8211

SCHOOL DISTRICT NO 36 (SURREY) p 282
17285 61a Ave, SURREY, BC, V3S 1W3
(604) 576-1136   SIC 8211

SCHOOL DISTRICT NO 36 (SURREY) p 282
16670 Old Mclellan Rd, SURREY, BC, V3S 1K3
(604) 576-9191   SIC 8211

SCHOOL DISTRICT NO 36 (SURREY) p 282
16545 61 Ave, SURREY, BC, V3S 5V4
(604) 574-7296   SIC 8211

SCHOOL DISTRICT NO 36 (SURREY) p 282
15289 88 Ave, SURREY, BC, V3S 2S8
(604) 581-9323   SIC 8211

SCHOOL DISTRICT NO 36 (SURREY) p 282
14755 74 Ave, SURREY, BC, V3S 8Y8
(604) 592-2913   SIC 8211

SCHOOL DISTRICT NO 36 (SURREY) p 282
14505 84 Ave, SURREY, BC, V3S 8X2
(604) 543-8149   SIC 8211

SCHOOL DISTRICT NO 36 (SURREY) p 284
13055 Huntley Ave, SURREY, BC, V3V 1V1
(604) 585-3104   SIC 8211

SCHOOL DISTRICT NO 36 (SURREY) p 284
13130 106 Ave, SURREY, BC, V3T 2C3
(604) 588-5918   SIC 8211

SCHOOL DISTRICT NO 36 (SURREY) p 284
12405 100 Ave, SURREY, BC, V3V 2X2
(604) 588-5481   SIC 8211

SCHOOL DISTRICT NO 36 (SURREY) p 284
14250 100a Ave, SURREY, BC, V3T 1K8
(604) 581-1363   SIC 8211

SCHOOL DISTRICT NO 36 (SURREY) p 284
10730 139 St, SURREY, BC, V3T 4L9
(604) 588-8394   SIC 8211

SCHOOL DISTRICT NO 36 (SURREY) p 284
8824 144 St, SURREY, BC, V3V 5Z7
(604) 588-5961   SIC 8211

SCHOOL DISTRICT NO 36 (SURREY) p 284
10135 132 St, SURREY, BC, V3T 3T6
(604) 588-5468   SIC 8211

SCHOOL DISTRICT NO 36 (SURREY) p 284
10441 132 St, SURREY, BC, V3T 3V3
(604) 588-6934   SIC 8211

SCHOOL DISTRICT NO 36 (SURREY) p 284
10682 144 St, SURREY, BC, V3T 4W1
(604) 588-5991   SIC 8211

SCHOOL DISTRICT NO 36 (SURREY) p 284
13367 97 Ave, SURREY, BC, V3T 1A4
(604) 588-3415   SIC 8211

SCHOOL DISTRICT NO 36 (SURREY) p 285
13838 91 Ave, SURREY, BC, V3V 7K4
(604) 543-9132   SIC 8211

SCHOOL DISTRICT NO 36 (SURREY) p 285
9160 128 St, SURREY, BC, V3V 5M8
(604) 585-9547   SIC 8211

SCHOOL DISTRICT NO 36 (SURREY) p 285
9260 140 St Suite 400, SURREY, BC, V3V 5Z4
(604) 583-9554   SIC 7389

SCHOOL DISTRICT NO 36 (SURREY) p 285
9341 126 St, SURREY, BC, V3V 5C4
(604) 584-7441   SIC 8211

SCHOOL DISTRICT NO 36 (SURREY) p 285
9380 140 St, SURREY, BC, V3V 5Z4
(604) 588-4435   SIC 8211

SCHOOL DISTRICT NO 36 (SURREY) p 285
9457 King George Blvd, SURREY, BC, V3V 5W4
(604) 588-1258   SIC 8211

SCHOOL DISTRICT NO 36 (SURREY) p 285
9484 122 St, SURREY, BC, V3V 4M1
(604) 588-3418   SIC 8211

SCHOOL DISTRICT NO 36 (SURREY) p 285
11665 97 Ave, SURREY, BC, V3V 2B9
(604) 581-7622   SIC 8211

SCHOOL DISTRICT NO 36 (SURREY) p 285
12150 92 Ave, SURREY, BC, V3V 1G2
(604) 588-5711   SIC 8211

SCHOOL DISTRICT NO 36 (SURREY) p 285
12370 98 Ave, SURREY, BC, V3V 2K3
(604) 581-0407   SIC 8211

SCHOOL DISTRICT NO 36 (SURREY) p 285
13455 90 Ave, SURREY, BC, V3V 8A2
(604) 590-3211   SIC 8211

SCHOOL DISTRICT NO 36 (SURREY) p 286
12236 70a Ave, SURREY, BC, V3W 4Z8
(604) 591-9098   SIC 8211

SCHOOL DISTRICT NO 36 (SURREY) p 286
12600 66 Ave, SURREY, BC, V3W 2A8
(604) 597-5234   SIC 8211

SCHOOL DISTRICT NO 36 (SURREY) p 286
8555 142a St, SURREY, BC, V3W 0S6
(604) 596-8561   SIC 8211

SCHOOL DISTRICT NO 36 (SURREY) p 286
7626 122 St, SURREY, BC, V3W 1H4
(604) 572-4054   SIC 8211

SCHOOL DISTRICT NO 36 (SURREY) p 286
7532 134a St, SURREY, BC, V3W 7J1
SIC 7361

SCHOOL DISTRICT NO 36 (SURREY) p 286
13780 80 Ave, SURREY, BC, V3W 7X6
(604) 594-7501   SIC 8211

SCHOOL DISTRICT NO 36 (SURREY) p 286
13940 77 Ave, SURREY, BC, V3W 5Z4
(604) 590-1311   SIC 8211

SCHOOL DISTRICT NO 36 (SURREY) p 286
6677 140 St, SURREY, BC, V3W 5J3
(604) 543-9347   SIC 8211

SCHOOL DISTRICT NO 36 (SURREY) p 286
7565 132 St Suite 119, SURREY, BC, V3W 1K5
(604) 501-8555   SIC 1542

SCHOOL DISTRICT NO 36 (SURREY) p 287
7318 143 St, SURREY, BC, V3W 7T6
(604) 596-7517   SIC 8211

SCHOOL DISTRICT NO 36 (SURREY) p 287
8305 122a St, SURREY, BC, V3W 9P8
(604) 590-1198   SIC 8211

SCHOOL DISTRICT NO 36 (SURREY) p 287
7633 124 St, SURREY, BC, V3W 8N2
(604) 596-5533   SIC 8211

SCHOOL DISTRICT NO 36 (SURREY) p 287
7480 128 St, SURREY, BC, V3W 4E5
(604) 596-1537   SIC 8211

SCHOOL DISTRICT NO 36 (SURREY) p 287
6985 142 St, SURREY, BC, V3W 5N1
(604) 595-8067   SIC 8211

SCHOOL DISTRICT NO 36 (SURREY) p 287
6700 144 St, SURREY, BC, V3W 5R5
(604) 572-0500   SIC 4173

SCHOOL DISTRICT NO 36 (SURREY) p 287
6550 134 St, SURREY, BC, V3W 4S3
(604) 596-6324   SIC 8211

SCHOOL DISTRICT NO 36 (SURREY) p 287
6505 123a St, SURREY, BC, V3W 5Y5
(604) 572-6911   SIC 8211

SCHOOL DISTRICT NO 36 (SURREY) p 287
6329 King George Blvd Suite 102, SURREY, BC, V3X 1G1
(604) 587-2312   SIC 8211

SCHOOL DISTRICT NO 36 (SURREY) p 287
6325 142 St, SURREY, BC, V3X 1B9
(604) 595-1060   SIC 8211

SCHOOL DISTRICT NO 36 (SURREY) p 287
6248 144 St, SURREY, BC, V3X 1A1
(604) 543-8749   SIC 8211

SCHOOL DISTRICT NO 36 (SURREY) p 287
5404 125a St, SURREY, BC, V3X 1W6
(604) 596-3221   SIC 8211

SCHOOL DISTRICT NO 36 (SURREY) p 287
13460 62 Ave, SURREY, BC, V3X 2J2
(604) 599-3900   SIC 8211

SCHOOL DISTRICT NO 36 (SURREY) p 287
13359 81 Ave, SURREY, BC, V3W 3C5
(604) 596-8621   SIC 8211

SCHOOL DISTRICT NO 36 (SURREY) p 287
13266 70b Ave, SURREY, BC, V3W 8N1
(604) 594-1135   SIC 8211

SCHOOL DISTRICT NO 36 (SURREY) p 287
13018 80 Ave Suite 101, SURREY, BC, V3W 3B2
(604) 590-9422   SIC 8999

SCHOOL DISTRICT NO 36 (SURREY) p 287
12928 66a Ave, SURREY, BC, V3W 8Z7
(604) 594-7150   SIC 8211

SCHOOL DISTRICT NO 36 (SURREY) p 287
12878 62 Ave, SURREY, BC, V3X 2E8
(604) 596-0963   SIC 8211

SCHOOL DISTRICT NO 36 (SURREY) p 287
12870 72 Ave, SURREY, BC, V3W 2M9
(604) 594-5458   SIC 8211

SCHOOL DISTRICT NO 36 (SURREY) p 287
12772 88 Ave, SURREY, BC, V3W 3J9
(604) 502-5710   SIC 8211

SCHOOL DISTRICT NO 36 (SURREY) p 287
12530 60 Ave, SURREY, BC, V3X 2K8
(604) 596-3445   SIC 8211

SCHOOL DISTRICT NO 36 (SURREY) p 287
12332 Boundary Dr N, SURREY, BC, V3X 1Z6
(604) 543-8158   SIC 8211

SCHOOL DISTRICT NO 36 (SURREY) p 288

▲ Public Company   ■ Public Company Family Member   HQ Headquarters   BR Branch   SL Single Location

3366 156a St, SURREY, BC, V3Z 9Y7
(604) 531-8426   SIC 8211
SCHOOL DISTRICT NO 36 (SURREY)
1739 148 St, SURREY, BC, V4A 4M6
(604) 536-8712   SIC 8211
SCHOOL DISTRICT NO 36 (SURREY) p 288
15751 16 Ave, SURREY, BC, V4A 1S1
(604) 531-8354   SIC 8211
SCHOOL DISTRICT NO 36 (SURREY) p 288
13484 24 Ave, SURREY, BC, V4A 2G5
(604) 538-6678   SIC 8211
SCHOOL DISTRICT NO 36 (SURREY) p 288
1650 136 St, SURREY, BC, V4A 4E4
(604) 531-1471   SIC 8211
SCHOOL DISTRICT NO 36 (SURREY) p 288
1730 142 St, SURREY, BC, V4A 6G7
(604) 531-8082   SIC 8211
SCHOOL DISTRICT NO 36 (SURREY) p 288
16244 13 Ave, SURREY, BC, V4A 8E6
(604) 538-7114   SIC 8211
SCHOOL DISTRICT NO 36 (SURREY) p 288
1785 148 St, SURREY, BC, V4A 4M6
(604) 536-2131   SIC 8211
SCHOOL DISTRICT NO 36 (SURREY) p 288
1880 Laronde Dr, SURREY, BC, V4A 9S4
(604) 536-1626   SIC 8211
SCHOOL DISTRICT NO 36 (SURREY) p 288
2064 154 St, SURREY, BC, V4A 4S3
(604) 531-8833   SIC 8211
SCHOOL DISTRICT NO 36 (SURREY) p 288
2320 King George Blvd Unit 13, SURREY, BC, V4A 5A5
(604) 536-0550   SIC 8211
SCHOOL DISTRICT NO 36 (SURREY) p 288
2378 124 St, SURREY, BC, V4A 3M8
(604) 538-1282   SIC 8211
SCHOOL DISTRICT NO 36 (SURREY) p 288
12550 20 Ave, SURREY, BC, V4A 1Y6
(604) 538-1770   SIC 8211
SCHOOL DISTRICT NO 36 (SURREY) p 289
16450 80 Ave, SURREY, BC, V4N 0H3
(604) 574-4141   SIC 8211
SCHOOL DISTRICT NO 36 (SURREY) p 289
17070 102 Ave, SURREY, BC, V4N 4N6
(604) 589-0369   SIC 8211
SCHOOL DISTRICT NO 36 (SURREY) p 289
8606 162 St, SURREY, BC, V4N 1B5
(604) 572-4050   SIC 8211
SCHOOL DISTRICT NO 36 (SURREY) p 289
10650 164 St, SURREY, BC, V4N 1W8
(604) 589-6442   SIC 8211
SCHOOL DISTRICT NO 36 (SURREY) p 289
15670 104 Ave, SURREY, BC, V4N 2J3
(604) 581-6016   SIC 8211
SCHOOL DISTRICT NO 36 (SURREY) p 289
16060 108 Ave, SURREY, BC, V4N 1M1
(604) 582-9231   SIC 8211
SCHOOL DISTRICT NO 36 (SURREY) p 290
9744 176 St, SURREY, BC, V4N 3V3
(604) 581-5515   SIC 8211
SCHOOL DISTRICT NO 36 (SURREY) p 290
10929 160 St, SURREY, BC, V4N 1P3
(604) 583-5419   SIC 8211
SCHOOL DISTRICT NO 36 (SURREY) p 290
10752 157 St, SURREY, BC, V4N 1K6
(604) 581-8111   SIC 8211
SCHOOL DISTRICT NO 36 (SURREY) p 290
9025 158 St, SURREY, BC, V4N 2Y6
(604) 589-5957   SIC 8211
SCHOOL DISTRICT NO 36 (SURREY) p 290
8222 168a St, SURREY, BC, V4N 4T8
(604) 574-6036   SIC 8211
SCHOOL DISTRICT NO 36 (SURREY) p 290
15250 28 Ave, SURREY, BC, V4P 1B9
(604) 531-4826   SIC 8211
SCHOOL DISTRICT NO 36 (SURREY) p 290
15945 96 Ave, SURREY, BC, V4N 2R8
(604) 581-4433   SIC 8211
SCHOOL DISTRICT NO 36 (SURREY) p 290
16126 93a Ave, SURREY, BC, V4N 3A2
(604) 589-6322   SIC 8211
SCHOOL DISTRICT NO 36 (SURREY) p 290
2575 137 St, SURREY, BC, V4P 2K5
(604) 535-6708   SIC 8211

SCHOOL DISTRICT NO 36 (SURREY) p 290
16152 82 Ave, SURREY, BC, V4N 0N5
(604) 572-6617   SIC 8211
SCHOOL DISTRICT NO 36 (SURREY) p 340
15877 Roper Ave, WHITE ROCK, BC, V4B 2H5
(604) 536-8711   SIC 8211
SCHOOL DISTRICT NO 36 (SURREY) p 340
1273 Fir St, WHITE ROCK, BC, V4B 5A6
(604) 531-5731   SIC 8211
SCHOOL DISTRICT NO 42 (MAPLE RIDGE-PITT MEADOWS) p 235
10445 245 St Suite 10445, MAPLE RIDGE, BC, V2W 2G4
(604) 466-8409   SIC 8211
SCHOOL DISTRICT NO 42 (MAPLE RIDGE-PITT MEADOWS) p 235
10031 240 St, MAPLE RIDGE, BC, V2W 1G2
(604) 463-4848   SIC 8211
SCHOOL DISTRICT NO 42 (MAPLE RIDGE-PITT MEADOWS) p 235
11120 234a St, MAPLE RIDGE, BC, V2W 1C8
(604) 467-9050   SIC 8211
SCHOOL DISTRICT NO 42 (MAPLE RIDGE-PITT MEADOWS) p
12280 230 St, MAPLE RIDGE, BC, V2X 0P6
(604) 463-0866   SIC 8211
SCHOOL DISTRICT NO 42 (MAPLE RIDGE-PITT MEADOWS) p
20575 Thorne Ave, MAPLE RIDGE, BC, V2X 9A6
(604) 465-2322   SIC 8211
SCHOOL DISTRICT NO 42 (MAPLE RIDGE-PITT MEADOWS) p 236
20820 River Rd, MAPLE RIDGE, BC, V2X 1Z7
(604) 467-5551   SIC 8211
SCHOOL DISTRICT NO 42 (MAPLE RIDGE-PITT MEADOWS) p 236
20905 Wicklund Ave, MAPLE RIDGE, BC, V2X 8E4
(604) 467-3481   SIC 8211
SCHOOL DISTRICT NO 42 (MAPLE RIDGE-PITT MEADOWS) p 236
21023 123 Ave, MAPLE RIDGE, BC, V2X 4B5
(604) 463-7108   SIC 8211
SCHOOL DISTRICT NO 42 (MAPLE RIDGE-PITT MEADOWS) p 236
21410 Glenwood Ave, MAPLE RIDGE, BC, V2X 3P6
(604) 463-6512   SIC 8211
SCHOOL DISTRICT NO 42 (MAPLE RIDGE-PITT MEADOWS) p 236
21821 122 Ave, MAPLE RIDGE, BC, V2X 3X2
(604) 463-9257   SIC 8211
SCHOOL DISTRICT NO 42 (MAPLE RIDGE-PITT MEADOWS) p 236
21911 122 Ave, MAPLE RIDGE, BC, V2X 3X2
(604) 463-4175   SIC 8211
SCHOOL DISTRICT NO 42 (MAPLE RIDGE-PITT MEADOWS) p 236
12209 206 St, MAPLE RIDGE, BC, V2X 1T8
(604) 465-9331   SIC 8211
SCHOOL DISTRICT NO 42 (MAPLE RIDGE-PITT MEADOWS) p 236
12138 Edge St, MAPLE RIDGE, BC, V2X 6G8
(604) 463-3810   SIC 8211
SCHOOL DISTRICT NO 42 (MAPLE RIDGE-PITT MEADOWS) p 236
11520 203 St, MAPLE RIDGE, BC, V2X 4T6
(604) 460-1136   SIC 8211
SCHOOL DISTRICT NO 42 (MAPLE RIDGE-PITT MEADOWS) p 236
22155 Isaac Cres, MAPLE RIDGE, BC, V2X 0V9
(604) 463-8730   SIC 8211
SCHOOL DISTRICT NO 42 (MAPLE RIDGE-PITT MEADOWS) p 236
23347 128 Ave, MAPLE RIDGE, BC, V2X 4R9
(604) 463-8871   SIC 8211
SCHOOL DISTRICT NO 42 (MAPLE RIDGE-PITT MEADOWS) p 236
23125 116 Ave, MAPLE RIDGE, BC, V2X 0G8
(604) 466-6555   SIC 8211
SCHOOL DISTRICT NO 42 (MAPLE RIDGE-PITT MEADOWS) p 236
23124 118 Ave, MAPLE RIDGE, BC, V2X 2N1
(604) 463-9513   SIC 8211
SCHOOL DISTRICT NO 42 (MAPLE RIDGE-PITT MEADOWS) p 236
23000 116 Ave, MAPLE RIDGE, BC, V2X 0T8
(604) 463-2001   SIC 8211
SCHOOL DISTRICT NO 42 (MAPLE RIDGE-PITT MEADOWS) p 237
11849 238b St, MAPLE RIDGE, BC, V4R 2T8
(604) 463-3035   SIC 8211
SCHOOL DISTRICT NO 42 (MAPLE RIDGE-PITT MEADOWS) p 237
12153 248 St, MAPLE RIDGE, BC, V4R 1J3
(604) 463-6414   SIC 8211
SCHOOL DISTRICT NO 42 (MAPLE RIDGE-PITT MEADOWS) p 237
23889 Dewdney Trunk Rd, MAPLE RIDGE, BC, V4R 1W1
(604) 463-8918   SIC 8211
SCHOOL DISTRICT NO 42 (MAPLE RIDGE-PITT MEADOWS) p 237
24789 Dewdney Trunk Rd, MAPLE RIDGE, BC, V4R 1X2
(604) 463-6287   SIC 8211
SCHOOL DISTRICT NO 42 (MAPLE RIDGE-PITT MEADOWS) p 237
25554 Dewdney Trunk Rd, MAPLE RIDGE, BC, V4R 1X9
(604) 462-7595   SIC 8211
SCHOOL DISTRICT NO 42 (MAPLE RIDGE-PITT MEADOWS) p 253
18961 Advent Rd, PITT MEADOWS, BC, V3Y 2G4
(604) 465-6737   SIC 8211
SCHOOL DISTRICT NO 42 (MAPLE RIDGE-PITT MEADOWS) p 253
12178 Bonson Rd, PITT MEADOWS, BC, V3Y 2L5
(604) 460-9993   SIC 8211
SCHOOL DISTRICT NO 42 (MAPLE RIDGE-PITT MEADOWS) p 253
12030 Blakely Rd, PITT MEADOWS, BC, V3Y 1J6
(604) 465-9908   SIC 8211

SCHOOL DISTRICT NO 42 (MAPLE RIDGE-PITT MEADOWS) p 253
11941 Harris Rd, PITT MEADOWS, BC, V3Y 2B5
(604) 465-5828   SIC 8211
SCHOOL DISTRICT NO 42 (MAPLE RIDGE-PITT MEADOWS) p 253
19438 116b Ave, PITT MEADOWS, BC, V3Y 1G1
(604) 465-7141   SIC 8211
SCHOOL DISTRICT NO 5 (SOUTHEAST KOOTENAY) p 205
40 Pinewood Ave, CRANBROOK, BC, V1C 5X8
(250) 426-6201   SIC 8211
SCHOOL DISTRICT NO 5 (SOUTHEAST KOOTENAY) p 205
700 24th Ave N, CRANBROOK, BC, V1C 5P6
(250) 426-3352   SIC 8211
SCHOOL DISTRICT NO 5 (SOUTHEAST KOOTENAY) p 205
940 Industrial Road 1 Suite 1, CRANBROOK, BC, V1C 4C6
(250) 426-4201   SIC 8211
SCHOOL DISTRICT NO 5 (SOUTHEAST KOOTENAY) p 205
1115 2nd Ave S, CRANBROOK, BC, V1C 2B4
(250) 426-3327   SIC 8211
SCHOOL DISTRICT NO 5 (SOUTHEAST KOOTENAY) p 205
1200 5th Ave S, CRANBROOK, BC, V1C 2H1
(250) 426-8248   SIC 8211
SCHOOL DISTRICT NO 5 (SOUTHEAST KOOTENAY) p 205
1301 20th Ave S Suite 1, CRANBROOK, BC, V1C 6N5
(250) 426-8551   SIC 8211
SCHOOL DISTRICT NO 5 (SOUTHEAST KOOTENAY) p 205
1808 2nd St S, CRANBROOK, BC, V1C 1C5
(250) 426-5291   SIC 8211
SCHOOL DISTRICT NO 5 (SOUTHEAST KOOTENAY) p 205
3300 7th St S, CRANBROOK, BC, V1C 5G3
(250) 489-4391   SIC 8211
SCHOOL DISTRICT NO 5 (SOUTHEAST KOOTENAY) p 213
102 Fairway Dr, FERNIE, BC, V0B 1M5
(250) 423-4471   SIC 8211
SCHOOL DISTRICT NO 5 (SOUTHEAST KOOTENAY) p 213
2500a Balmer Dr, ELKFORD, BC, V0B 1H0
(250) 865-4625   SIC 8211
SCHOOL DISTRICT NO 5 (SOUTHEAST KOOTENAY) p 213
2500 Balmer Dr, ELKFORD, BC, V0B 1H0
(250) 865-4674   SIC 8211
SCHOOL DISTRICT NO 5 (SOUTHEAST KOOTENAY) p 218
7355 Village Loop Rd, JAFFRAY, BC, V0B 1T0
(250) 429-3211   SIC 8211
SCHOOL DISTRICT NO 5 (SOUTHEAST KOOTENAY) p 279
101 Blue Spruce Cres, SPARWOOD, BC, V0B 2G0
(250) 425-7818   SIC 8211
SCHOOL DISTRICT NO 5 (SOUTHEAST KOOTENAY) p 279
101 Pine Spur, SPARWOOD, BC, V0B 2G0
(250) 425-6666   SIC 8211
SCHOOL DISTRICT NO 58 (NICOLA-SIMILKAMEEN) p 237
1501 Voght St, MERRITT, BC, V1K 1B8
(250) 378-9931   SIC 8211
SCHOOL DISTRICT NO 58 (NICOLA-SIMILKAMEEN) p 237

1561 Champman St, MERRITT, BC, V1K 1B8
(250) 378-5131 SIC 8211
SCHOOL DISTRICT NO 58 (NICOLA-SIMILKAMEEN) p 237
2475 Merritt, MERRITT, BC, V1K 0A1
(250) 378-4245 SIC 8211
SCHOOL DISTRICT NO 58 (NICOLA-SIMILKAMEEN) p 237
2675 Coldwater Ave, MERRITT, BC, V1K 1B2
(250) 378-2514 SIC 8211
SCHOOL DISTRICT NO 58 (NICOLA-SIMILKAMEEN) p 237
3441 Grimmet St, MERRITT, BC, V1K 1M3
(250) 378-2528 SIC 8211
SCHOOL DISTRICT NO 58 (NICOLA-SIMILKAMEEN) p 263
170 Vermilion, PRINCETON, BC, V0X 1W0
(250) 295-6914 SIC 8211
SCHOOL DISTRICT NO 58 (NICOLA-SIMILKAMEEN) p 263
201 Old Merritt Hwy, PRINCETON, BC, V0X 1W0
(250) 295-3218 SIC 8211
SCHOOL DISTRICT NO 58 (NICOLA-SIMILKAMEEN) p 263
99 Ridgewood Dr, PRINCETON, BC, V0X 1W0
(250) 295-6642 SIC 8211
SCHOOL DISTRICT NO 6 (KIMBERLEY) SCHOOL BUS OPERATION p 227
See BOARD OF EDUCATION OF SCHOOL DISTRICT NO. 06 (ROCKY MOUNTAIN), THE
SCHOOL DISTRICT NO 62 (SOOKE) p 278
6526 Throup Rd, SOOKE, BC, V9Z 0W6
(250) 642-0500 SIC 8211
SCHOOL DISTRICT NO 62 (SOOKE) p 278
7179 West Coast Rd Suite 790, SOOKE, BC, V9Z 0R9
(250) 642-4421 SIC 8211
SCHOOL DISTRICT NO 62 (SOOKE) p 278
6218 Sooke Rd, SOOKE, BC, V9Z 0G7
(250) 642-5211 SIC 8211
SCHOOL DISTRICT NO 62 (SOOKE) p 336
2764 Jacklin Rd, VICTORIA, BC, V9B 3X6
(250) 478-8368 SIC 8211
SCHOOL DISTRICT NO 62 (SOOKE) p 336
2721 Grainger Rd, VICTORIA, BC, V9B 3K7
(250) 478-9586 SIC 8211
SCHOOL DISTRICT NO 62 (SOOKE) p 336
2662 Silverstone Way, VICTORIA, BC, V9B 6A6
(250) 478-0576 SIC 8211
SCHOOL DISTRICT NO 62 (SOOKE) p 336
2363 Setchfield Ave, VICTORIA, BC, V9B 5W1
(250) 474-3449 SIC 8211
SCHOOL DISTRICT NO 62 (SOOKE) p 336
1830 Island Hwy Suite 109, VICTORIA, BC, V9B 1J2
(250) 474-2505 SIC 8249
SCHOOL DISTRICT NO 62 (SOOKE) p 336
1026 Goldstream Ave, VICTORIA, BC, V9B 2Y5
(250) 474-1291 SIC 8211
SCHOOL DISTRICT NO 62 (SOOKE) p 336
2939 Mt. Wells Dr, VICTORIA, BC, V9B 4T4
(250) 478-1213 SIC 8211
SCHOOL DISTRICT NO 62 (SOOKE) p 336
3060 Glen Lake Rd, VICTORIA, BC, V9B 4B4
SIC 8211
SCHOOL DISTRICT NO 62 (SOOKE) p 336
3067 Jacklin Rd, VICTORIA, BC, V9B 3Y7
(250) 478-5501 SIC 8211
SCHOOL DISTRICT NO 62 (SOOKE) p 336

626 Hoylake Ave, VICTORIA, BC, V9B 3P7
(250) 478-8348 SIC 8211
SCHOOL DISTRICT NO 62 (SOOKE) p 336
675 Meaford Ave, VICTORIA, BC, V9B 5Y1
(250) 478-7621 SIC 8211
SCHOOL DISTRICT NO 62 (SOOKE) p 337
4983 Rocky Point Rd, VICTORIA, BC, V9C 4G4
(250) 478-3410 SIC 8211
SCHOOL DISTRICT NO 62 (SOOKE) p 337
3341 Painter Rd, VICTORIA, BC, V9C 2J1
(250) 478-5548 SIC 8211
SCHOOL DISTRICT NO 62 (SOOKE) p 337
3325 Metchosin Rd, VICTORIA, BC, V9C 2A4
(250) 478-4441 SIC 8211
SCHOOL DISTRICT NO 62 (SOOKE) p 337
3291 Happy Valley Rd, VICTORIA, BC, V9C 2W3
(250) 478-3232 SIC 8211
SCHOOL DISTRICT NO 62 (SOOKE) p 337
3310 Wishart Rd, VICTORIA, BC, V9C 1R1
(250) 478-9528 SIC 8211
SCHOOL DISTRICT NO 62 (SOOKE) p 337
301 Zealous Cres, VICTORIA, BC, V9C 1H6
(250) 478-5571 SIC 8211
SCHOOL DISTRICT NO 67 (OKANAGAN SKAHA) p 243
3660 8th St, NARAMATA, BC, V0H 1N0
(250) 770-7688 SIC 8211
SCHOOL DISTRICT NO 67 (OKANAGAN SKAHA) p 252
400 Carmi Ave, PENTICTON, BC, V2A 3G5
(250) 770-7697 SIC 8211
SCHOOL DISTRICT NO 67 (OKANAGAN SKAHA) p 252
300 Jermyn Ave, PENTICTON, BC, V2A 2E1
(250) 770-7600 SIC 8211
SCHOOL DISTRICT NO 67 (OKANAGAN SKAHA) p 253
120 Green Ave W, PENTICTON, BC, V2A 3T1
(250) 770-7620 SIC 8211
SCHOOL DISTRICT NO 67 (OKANAGAN SKAHA) p 253
158 Eckhardt Ave E, PENTICTON, BC, V2A 1Z3
(250) 770-7750 SIC 8211
SCHOOL DISTRICT NO 67 (OKANAGAN SKAHA) p 279
10503 Prairie Valley Rd, SUMMERLAND, BC, V0H 1Z4
(250) 770-7671 SIC 8211
SCHOOL DISTRICT NO 67 (OKANAGAN SKAHA) p 279
5811 Nixon Rd, SUMMERLAND, BC, V0H 1Z9
(250) 494-7876 SIC 8211
SCHOOL DISTRICT NO 69 (QUALICUM) p 182
4830 Faye Rd, BOWSER, BC, V0R 1G0
(250) 757-8487 SIC 8211
SCHOOL DISTRICT NO 69 (QUALICUM) p 213
1390 Sairdowne Rd, ERRINGTON, BC, V0R 1V0
(250) 248-8446 SIC 8211
SCHOOL DISTRICT NO 69 (QUALICUM) p 243
2875 Northwest Bay Rd, NANOOSE BAY, BC, V9P 9E6
(250) 468-7414 SIC 8211
SCHOOL DISTRICT NO 69 (QUALICUM) p 251
330 Craig St, PARKSVILLE, BC, V9P 1L4
SIC 8211
SCHOOL DISTRICT NO 69 (QUALICUM) p 251
140 Renz Rd, PARKSVILLE, BC, V9P 2H2
(250) 248-3296 SIC 8211
SCHOOL DISTRICT NO 69 (QUALICUM) p 251
135 N Pym Rd, PARKSVILLE, BC, V9P 2H4
(250) 248-5721 SIC 8211

SCHOOL DISTRICT NO 69 (QUALICUM) p 251
980 Wright Rd, PARKSVILLE, BC, V9P 2B3
(250) 248-4662 SIC 8211
SCHOOL DISTRICT NO 69 (QUALICUM) p 251
450 Despard Ave, PARKSVILLE, BC, V9P 2G3
(250) 248-2038 SIC 8211
SCHOOL DISTRICT NO 69 (QUALICUM) p 263
266 Village Way, QUALICUM BEACH, BC, V9K 1L1
(250) 752-5651 SIC 8211
SCHOOL DISTRICT NO 69 (QUALICUM) p 263
650 Bennett Rd, QUALICUM BEACH, BC, V9K 1N1
(250) 752-3875 SIC 8211
SCHOOL DISTRICT NO 69 (QUALICUM) p 263
744 Primrose St, QUALICUM BEACH, BC, V9K 1S3
(250) 752-6989 SIC 8211
SCHOOL DISTRICT NO 69 (QUALICUM) p 263
699 Claymore Rd, QUALICUM BEACH, BC, V9K 2T6
(250) 752-9212 SIC 8211
SCHOOL DISTRICT NO 71 MAINTENANCE p 204
See SCHOOL DISTRICT NO. 71 (COMOX VALLEY)
SCHOOL DISTRICT NO 85 (VANCOUVER ISLAND NORTH) p 256
9350 Granfell St, PORT HARDY, BC, V0N 2P0
(250) 949-7443 SIC 8211
SCHOOL DISTRICT NO 85 (VANCOUVER ISLAND NORTH) p 256
9050 Seaview St, PORT HARDY, BC, V0N 2P0
(250) 949-6418 SIC 8211
SCHOOL DISTRICT NO 85 (VANCOUVER ISLAND NORTH) p 257
2071 Mcneill Rd, PORT MCNEILL, BC, V0N 2R0
(250) 956-3394 SIC 8211
SCHOOL DISTRICT NO 85 (VANCOUVER ISLAND NORTH) p 257
2433 Mountainview Cres, PORT MCNEILL, BC, V0N 2R0
(250) 956-4434 SIC 8211
SCHOOL DISTRICT NO 85 (VANCOUVER ISLAND NORTH) p 342
4500 Mac Rae, WOSS, BC, V0N 3P0
(250) 281-2233 SIC 8211
SCHOOL DISTRICT NO. 35 (LANGLEY) p 181
26845 27 Ave, ALDERGROVE, BC, V4W 3E6
(604) 856-8178 SIC 8211
SCHOOL DISTRICT NO. 35 (LANGLEY) p 181
5370 248 St, ALDERGROVE, BC, V4W 1A7
(604) 856-3355 SIC 8211
SCHOOL DISTRICT NO. 35 (LANGLEY) p 181
26850 29 Ave, ALDERGROVE, BC, V4W 3C1
(604) 856-2521 SIC 8211
SCHOOL DISTRICT NO. 35 (LANGLEY) p 230
9175 206 St, LANGLEY, BC, V1M 2X2
(604) 882-0114 SIC 8211
SCHOOL DISTRICT NO. 35 (LANGLEY) p 230
9060 212 St, LANGLEY, BC, V1M 2B7
(604) 888-5257 SIC 8211
SCHOOL DISTRICT NO. 35 (LANGLEY) p 230
8919 Walnut Grove Dr, LANGLEY, BC, V1M 2N7
(604) 882-0220 SIC 8211

SCHOOL DISTRICT NO. 35 (LANGLEY) p 230
21150 85 Ave, LANGLEY, BC, V1M 2M4
(604) 888-7109 SIC 8211
SCHOOL DISTRICT NO. 35 (LANGLEY) p 230
9403 212 St, LANGLEY, BC, V1M 1M1
(604) 888-6444 SIC 8211
SCHOOL DISTRICT NO. 35 (LANGLEY) p 231
23752 52 Ave, LANGLEY, BC, V2Z 2P3
(604) 530-2151 SIC 8211
SCHOOL DISTRICT NO. 35 (LANGLEY) p 231
23851 24 Ave, LANGLEY, BC, V2Z 3A3
(604) 534-5633 SIC 8211
SCHOOL DISTRICT NO. 35 (LANGLEY) p 231
7755 202a St, LANGLEY, BC, V2Y 1W4
(604) 888-3033 SIC 8211
SCHOOL DISTRICT NO. 35 (LANGLEY) p 231
21405 56 Ave, LANGLEY, BC, V2Y 2N1
(604) 534-7155 SIC 8211
SCHOOL DISTRICT NO. 35 (LANGLEY) p 231
20766 80 Ave, LANGLEY, BC, V2Y 1X6
(604) 888-6033 SIC 8211
SCHOOL DISTRICT NO. 35 (LANGLEY) p 231
2244 Willoughby Way, LANGLEY, BC, V2Y 1C1
(604) 530-4101 SIC 8211
SCHOOL DISTRICT NO. 35 (LANGLEY) p 231
20202 35 Ave, LANGLEY, BC, V2Z 1A2
(604) 530-9747 SIC 8211
SCHOOL DISTRICT NO. 35 (LANGLEY) p 233
5409 206 St, LANGLEY, BC, V3A 2C5
(604) 533-4491 SIC 8211
SCHOOL DISTRICT NO. 35 (LANGLEY) p 233
5100 206 St, LANGLEY, BC, V3A 2E5
(604) 530-3188 SIC 8211
SCHOOL DISTRICT NO. 35 (LANGLEY) p 233
4471 207a St, LANGLEY, BC, V3A 5V8
(604) 533-1285 SIC 8211
SCHOOL DISTRICT NO. 35 (LANGLEY) p 233
3920 198 St, LANGLEY, BC, V3A 1E1
SIC 8211
SCHOOL DISTRICT NO. 35 (LANGLEY) p 233
3786 208 St, LANGLEY, BC, V3A 4X7
(604) 534-7891 SIC 8211
SCHOOL DISTRICT NO. 35 (LANGLEY) p 233
21250 42 Ave, LANGLEY, BC, V3A 8K6
(604) 534-4779 SIC 8211
SCHOOL DISTRICT NO. 35 (LANGLEY) p 233
21250 42 Ave, LANGLEY, BC, V3A 8K6
(604) 530-9973 SIC 8211
SCHOOL DISTRICT NO. 35 (LANGLEY) p 233
20441 Grade Cres, LANGLEY, BC, V3A 4J8
(604) 534-9285 SIC 8211
SCHOOL DISTRICT NO. 35 (LANGLEY) p 233
20390 40 Ave, LANGLEY, BC, V3A 2X1
(604) 533-3641 SIC 8211
SCHOOL DISTRICT NO. 35 (LANGLEY) p 233
20060 Fraser Hwy, LANGLEY, BC, V3A 4E5
SIC 8211
SCHOOL DISTRICT NO. 35 (LANGLEY) p 233
20216 Fraser Hwy Suite 215, LANGLEY, BC, V3A 4E6
(604) 534-7155 SIC 8211
SCHOOL DISTRICT NO. 43 (COQUITLAM) p 200

SCHOOL DISTRICT NO. 43 (COQUITLAM)

2701 Spuraway Ave, COQUITLAM, BC, V3C 2C4
(604) 464-6684   SIC 8211
SCHOOL DISTRICT NO. 43 (COQUITLAM)p 200
1195 Lansdowne Dr, COQUITLAM, BC, V3B 7Y8
(604) 464-5793   SIC 8211
SCHOOL DISTRICT NO. 43 (COQUITLAM)p 200
2960 Walton Ave, COQUITLAM, BC, V3B 6V6
(604) 941-1962   SIC 8211
SCHOOL DISTRICT NO. 43 (COQUITLAM)p 200
3000 Pinewood Ave, COQUITLAM, BC, V3B 7Y7
(604) 464-2513   SIC 8211
SCHOOL DISTRICT NO. 43 (COQUITLAM)p 200
3064 Glen Dr, COQUITLAM, BC, V3B 2P9
(604) 464-6608   SIC 8211
SCHOOL DISTRICT NO. 43 (COQUITLAM)p 200
1760 Paddock Dr, COQUITLAM, BC, V3E 3N8
(604) 464-2549   SIC 8211
SCHOOL DISTRICT NO. 43 (COQUITLAM)p 200
1455 Johnson St, COQUITLAM, BC, V3E 2T1
(604) 944-4840   SIC 8211
SCHOOL DISTRICT NO. 43 (COQUITLAM)p 200
1450 Parkway Blvd, COQUITLAM, BC, V3E 3L2
(604) 944-8273   SIC 8211
SCHOOL DISTRICT NO. 43 (COQUITLAM)p 200
1420 Pinetree Way, COQUITLAM, BC, V3E 6A3
(604) 945-7011   SIC 8211
SCHOOL DISTRICT NO. 43 (COQUITLAM)p 200
1266 Nestor St, COQUITLAM, BC, V3E 2A4
(604) 464-9422   SIC 8211
SCHOOL DISTRICT NO. 43 (COQUITLAM)p 200
1240 Lansdowne Dr, COQUITLAM, BC, V3E 3E7
(604) 945-0156   SIC 8211
SCHOOL DISTRICT NO. 43 (COQUITLAM)p 200
1230 Soball St, COQUITLAM, BC, V3B 3H7
(604) 941-8661   SIC 8211
SCHOOL DISTRICT NO. 43 (COQUITLAM)p 200
1215 Falcon Dr, COQUITLAM, BC, V3E 1X9
(604) 464-5848   SIC 8211
SCHOOL DISTRICT NO. 43 (COQUITLAM)p 200
700 Clearwater Way, COQUITLAM, BC, V3C 6A3
(604) 945-7004   SIC 8211
SCHOOL DISTRICT NO. 43 (COQUITLAM)p 200
2875 Panorama Dr, COQUITLAM, BC, V3E 2S7
(604) 552-0313   SIC 8211
SCHOOL DISTRICT NO. 43 (COQUITLAM)p 201
960 Lillian St, COQUITLAM, BC, V3J 5C7
(604) 936-1494   SIC 8211
SCHOOL DISTRICT NO. 43 (COQUITLAM)p 201
885 Baker Dr, COQUITLAM, BC, V3J 6W9
(604) 461-5323   SIC 8211
SCHOOL DISTRICT NO. 43 (COQUITLAM)p 201
820 Banting St, COQUITLAM, BC, V3J 4J4
(604) 939-9247   SIC 8211
SCHOOL DISTRICT NO. 43 (COQUITLAM)p 201
800 Egmont Ave, COQUITLAM, BC, V3J 4J8
(604) 936-0245   SIC 8211
SCHOOL DISTRICT NO. 43 (COQUITLAM)p 201
740 Smith Ave, COQUITLAM, BC, V3J 4E7
(604) 936-7288   SIC 8211
SCHOOL DISTRICT NO. 43 (COQUITLAM)p 201
728 Porter St, COQUITLAM, BC, V3J 5B4
(604) 936-4296   SIC 8211
SCHOOL DISTRICT NO. 43 (COQUITLAM)p 201
600 Fairview St, COQUITLAM, BC, V3J 4A7
(604) 939-2486   SIC 8211
SCHOOL DISTRICT NO. 43 (COQUITLAM)p 201
570 Poirier St, COQUITLAM, BC, V3J 6A8
(604) 936-7205   SIC 8211
SCHOOL DISTRICT NO. 43 (COQUITLAM)p 201
2525 Como Lake Ave, COQUITLAM, BC, V3J 3R8
(604) 461-5581   SIC 8211
SCHOOL DISTRICT NO. 43 (COQUITLAM)p 201
2161 Regan Ave, COQUITLAM, BC, V3J 3C5
(604) 936-4237   SIC 8211
SCHOOL DISTRICT NO. 43 (COQUITLAM)p 201
1563 Regan Ave, COQUITLAM, BC, V3J 3B7
(604) 939-1151   SIC 8211
SCHOOL DISTRICT NO. 43 (COQUITLAM)p 201
1411 Foster Ave, COQUITLAM, BC, V3J 2N1
(604) 939-4522   SIC 8211
SCHOOL DISTRICT NO. 43 (COQUITLAM)p 201
1100 Winslow Ave Suite 43, COQUITLAM, BC, V3J 2G3
(604) 936-0491   SIC 8211
SCHOOL DISTRICT NO. 43 (COQUITLAM)p 201
1121 King Albert Ave, COQUITLAM, BC, V3J 1X8
(604) 936-1451   SIC 8211
SCHOOL DISTRICT NO. 43 (COQUITLAM)p 202
1300 Rochester Ave, COQUITLAM, BC, V3K 2X5
(604) 931-3574   SIC 8211
SCHOOL DISTRICT NO. 43 (COQUITLAM)p 202
380 Montgomery St, COQUITLAM, BC, V3K 5G2
(604) 936-4261   SIC 8211
SCHOOL DISTRICT NO. 43 (COQUITLAM)p 202
825 Gauthier Ave, COQUITLAM, BC, V3K 7C4
(604) 939-8301   SIC 8211
SCHOOL DISTRICT NO. 43 (COQUITLAM)p 203
155 Finnigan St, COQUITLAM, BC, V3K 5J2
(604) 526-4428   SIC 8211
SCHOOL DISTRICT NO. 43 (COQUITLAM)p 203
450 Joyce St, COQUITLAM, BC, V3K 4G4
(604) 936-1436   SIC 8211
SCHOOL DISTRICT NO. 43 (COQUITLAM)p 203
1900 Edgewood Ave, COQUITLAM, BC, V3K 2Y1
(604) 939-7367   SIC 8211
SCHOOL DISTRICT NO. 43 (COQUITLAM)p 203
2200 Austin Ave, COQUITLAM, BC, V3K 3S1
(604) 936-4271   SIC 8211
SCHOOL DISTRICT NO. 43 (COQUITLAM)p 203
411 Schoolhouse St, COQUITLAM, BC, V3K 4Y7
(604) 939-4624   SIC 8211
SCHOOL DISTRICT NO. 43 (COQUITLAM)p 203
1432 Brunette Ave, COQUITLAM, BC, V3K 1G5
(604) 523-6011   SIC 8211
SCHOOL DISTRICT NO. 43 (COQUITLAM)p 255
1040 Riverside Dr, PORT COQUITLAM, BC, V3B 8A7
(604) 944-9037   SIC 8211
SCHOOL DISTRICT NO. 43 (COQUITLAM)p 255
1260 Riverwood Gate, PORT COQUITLAM, BC, V3B 7Z5
(604) 941-5401   SIC 8211
SCHOOL DISTRICT NO. 43 (COQUITLAM)p 255
1331 Fraser Ave, PORT COQUITLAM, BC, V3B 1M5
(604) 941-3428   SIC 8211
SCHOOL DISTRICT NO. 43 (COQUITLAM)p 255
1390 Laurier Ave, PORT COQUITLAM, BC, V3B 2B8
(604) 942-0261   SIC 8211
SCHOOL DISTRICT NO. 43 (COQUITLAM)p 255
1761 Westminster Ave, PORT COQUITLAM, BC, V3B 1E5
(604) 942-6658   SIC 8211
SCHOOL DISTRICT NO. 43 (COQUITLAM)p 255
3150 Cedar Dr, PORT COQUITLAM, BC, V3B 3C3
(604) 941-3481   SIC 8211
SCHOOL DISTRICT NO. 43 (COQUITLAM)p 255
3280 Flint St, PORT COQUITLAM, BC, V3B 4J2
(604) 942-1524   SIC 8211
SCHOOL DISTRICT NO. 43 (COQUITLAM)p 255
3610 Hastings St, PORT COQUITLAM, BC, V3B 4N6
(604) 464-2421   SIC 8211
SCHOOL DISTRICT NO. 43 (COQUITLAM)p 255
3700 Hastings St, PORT COQUITLAM, BC, V3B 5K7
(604) 464-8581   SIC 8211
SCHOOL DISTRICT NO. 43 (COQUITLAM)p 255
3862 Wellington St, PORT COQUITLAM, BC, V3B 3Z4
(604) 941-3408   SIC 8211
SCHOOL DISTRICT NO. 43 (COQUITLAM)p 255
1019 Fernwood Ave, PORT COQUITLAM, BC, V3B 5A8
(604) 941-6144   SIC 8211
SCHOOL DISTRICT NO. 43 (COQUITLAM)p 256
1144 Confederation Dr, PORT COQUITLAM, BC, V3C 6P1
(604) 468-8620   SIC 8211
SCHOOL DISTRICT NO. 43 (COQUITLAM)p 256
2260 Central Ave, PORT COQUITLAM, BC, V3C 1V8
(604) 941-0355   SIC 8211
SCHOOL DISTRICT NO. 43 (COQUITLAM)p 256
1278 Confederation Dr, PORT COQUITLAM, BC, V3C 6L9
(604) 941-0517   SIC 8211
SCHOOL DISTRICT NO. 43 (COQUITLAM)p 256
1575 Knappen St, PORT COQUITLAM, BC, V3C 2P8
(604) 941-3401   SIC 8211
SCHOOL DISTRICT NO. 43 (COQUITLAM)p 256
1265 Citadel Dr, PORT COQUITLAM, BC, V3C 5X6
(604) 945-6187   SIC 8211
SCHOOL DISTRICT NO. 43 (COQUITLAM)p 256
2215 Reeve St, PORT COQUITLAM, BC, V3C 6K8
(604) 941-6053   SIC 8211
SCHOOL DISTRICT NO. 43 (COQUITLAM)p 256
2070 Tyner St, PORT COQUITLAM, BC, V3C 2Z1
(604) 464-0207   SIC 8211
SCHOOL DISTRICT NO. 43 (COQUITLAM)p 256
1982 Kingsway Ave, PORT COQUITLAM, BC, V3C 1S5
(604) 941-5643   SIC 8211
SCHOOL DISTRICT NO. 43 (COQUITLAM)p 256
1890 Humber Cres, PORT COQUITLAM, BC, V3C 2V7
(604) 942-0264   SIC 8211
SCHOOL DISTRICT NO. 43 (COQUITLAM)p 257
2001 Panorama Dr, PORT MOODY, BC, V3H 5G8
(604) 461-7680   SIC 8211
SCHOOL DISTRICT NO. 43 (COQUITLAM)p 257
125 Ravine Dr, PORT MOODY, BC, V3H 4Z1
(604) 469-6407   SIC 8211
SCHOOL DISTRICT NO. 43 (COQUITLAM)p 257
3115 St Johns St, PORT MOODY, BC, V3H 2C6
(604) 461-7384   SIC 8211
SCHOOL DISTRICT NO. 43 (COQUITLAM)p 257
495 Glencoe Dr, PORT MOODY, BC, V3H 1G6
(604) 939-9214   SIC 8211
SCHOOL DISTRICT NO. 43 (COQUITLAM)p 257
999 Noons Creek Dr, PORT MOODY, BC, V3H 4N3
(604) 469-2238   SIC 8211
SCHOOL DISTRICT NO. 43 (COQUITLAM)p 257
300 Albert St, PORT MOODY, BC, V3H 2M5
(604) 939-6656   SIC 8211
SCHOOL DISTRICT NO. 43 (COQUITLAM)p 257
1215 Cecile Dr, PORT MOODY, BC, V3H 1N2
(604) 936-9991   SIC 8351
SCHOOL DISTRICT NO. 43 (COQUITLAM)p 257
1215 Cecile Dr, PORT MOODY, BC, V3H 1N2
(604) 936-9991   SIC 8211
SCHOOL DISTRICT NO. 43 (COQUITLAM)p 257
1300 David Ave, PORT MOODY, BC, V3H 5K6
(604) 461-8679   SIC 8211
SCHOOL DISTRICT NO. 43 (COQUITLAM)p 257
195 Barber St, PORT MOODY, BC, V3H 3A8
(604) 469-9288   SIC 8211
SCHOOL DISTRICT NO. 43 (COQUITLAM)p 263
101 1st Ave E, PRINCE RUPERT, BC, V8J 3X4
(604) 469-9151   SIC 8211
SCHOOL DISTRICT NO. 43 (COQUITLAM)p 268
12600 Blundell Rd, RICHMOND, BC, V6W 1B3
(604) 668-6466   SIC 8211
SCHOOL DISTRICT NO. 43 (COQUITLAM)p 271
7520 Sunnymede Cres, RICHMOND, BC, V6Y 2V8
(604) 668-6538   SIC 8211

SCHOOL DISTRICT NO. 43 (COQUITLAM) p 271
8220 General Currie Rd, RICHMOND, BC, V6Y 1M1
SIC 8211

SCHOOL DISTRICT NO. 43 (COQUITLAM) p 274
8380 Elsmore Rd, RICHMOND, BC, V7C 2A1
(604) 668-6268   *SIC* 8211

SCHOOL DISTRICT NO. 44 (NORTH VANCOUVER) 182
2 Paradise Valley Rd, BRACKENDALE, BC, V0N 1H0
(604) 898-5422   *SIC* 8299

SCHOOL DISTRICT NO. 44 (NORTH VANCOUVER) 246
931 Broadview Dr, NORTH VANCOUVER, BC, V7H 2E9
(604) 903-3700   *SIC* 8211

SCHOOL DISTRICT NO. 44 (NORTH VANCOUVER) 246
4085 Dollar Rd, NORTH VANCOUVER, BC, V7G 1A5
(604) 903-3810   *SIC* 8211

SCHOOL DISTRICT NO. 44 (NORTH VANCOUVER) 246
4000 Inlet Cres, NORTH VANCOUVER, BC, V7G 2R2
(604) 903-3430   *SIC* 8211

SCHOOL DISTRICT NO. 44 (NORTH VANCOUVER) 246
2650 Bronte Dr, NORTH VANCOUVER, BC, V7H 1M4
(604) 903-3250   *SIC* 8211

SCHOOL DISTRICT NO. 44 (NORTH VANCOUVER) 246
2640 Carnation St, NORTH VANCOUVER, BC, V7H 1H5
(604) 903-3760   *SIC* 8211

SCHOOL DISTRICT NO. 44 (NORTH VANCOUVER) 246
1818 Banbury Rd, NORTH VANCOUVER, BC, V7G 1W4
(604) 903-3420   *SIC* 8211

SCHOOL DISTRICT NO. 44 (NORTH VANCOUVER) 246
919 Tollcross Rd, NORTH VANCOUVER, BC, V7H 2G3
SIC 8211

SCHOOL DISTRICT NO. 44 (NORTH VANCOUVER) p 247
800 Forsman Ave, NORTH VANCOUVER, BC, V7J 2G6
(604) 903-3590   *SIC* 8211

SCHOOL DISTRICT NO. 44 (NORTH VANCOUVER) p 247
750 26th St E, NORTH VANCOUVER, BC, V7K 1A4
(604) 903-3260   *SIC* 8211

SCHOOL DISTRICT NO. 44 (NORTH VANCOUVER) p 247
3657 Fromme Rd, NORTH VANCOUVER, BC, V7K 2E6
SIC 8211

SCHOOL DISTRICT NO. 44 (NORTH VANCOUVER) p 247
3207 Institute Rd, NORTH VANCOUVER, BC, V7K 3E5
(604) 903-3620   *SIC* 8211

SCHOOL DISTRICT NO. 44 (NORTH VANCOUVER) p 247
2875 Bushnell Pl, NORTH VANCOUVER, BC, V7J 2Y9
(604) 903-3750   *SIC* 8211

SCHOOL DISTRICT NO. 44 (NORTH VANCOUVER) 247
1801 Mountain Hwy, NORTH VANCOUVER, BC, V7J 2M7
(604) 903-3520   *SIC* 8211

SCHOOL DISTRICT NO. 44 (NORTH VANCOUVER) 247
1540 Coleman St, NORTH VANCOUVER, BC, V7K 1W8
(604) 903-3820   *SIC* 8211

SCHOOL DISTRICT NO. 44 (NORTH VANCOUVER) 247
1131 Frederick Rd, NORTH VANCOUVER, BC, V7K 1J3
(604) 903-3300   *SIC* 8211

SCHOOL DISTRICT NO. 44 (NORTH VANCOUVER) 248
450 5th St E, NORTH VANCOUVER, BC, V7L 1M2
SIC 8211

SCHOOL DISTRICT NO. 44 (NORTH VANCOUVER) 248
440 Hendry Ave, NORTH VANCOUVER, BC, V7L 4C5
(604) 903-3366   *SIC* 8211

SCHOOL DISTRICT NO. 44 (NORTH VANCOUVER) 248
1290 Shavington St, NORTH VANCOUVER, BC, V7L 1L2
SIC 8211

SCHOOL DISTRICT NO. 44 (NORTH VANCOUVER) 248
1860 Sutherland Ave, NORTH VANCOUVER, BC, V7L 4C2
(604) 903-3500   *SIC* 8211

SCHOOL DISTRICT NO. 44 (NORTH VANCOUVER) 248
980 13th St E, NORTH VANCOUVER, BC, V7L 2N2
(604) 903-3280   *SIC* 8211

SCHOOL DISTRICT NO. 44 (NORTH VANCOUVER) 248
420 8th St E, NORTH VANCOUVER, BC, V7L 1Z5
(604) 903-3740   *SIC* 8211

SCHOOL DISTRICT NO. 44 (NORTH VANCOUVER) 248
641 17th St W Suite 101, NORTH VANCOUVER, BC, V7M 0A1
(604) 903-3840   *SIC* 8211

SCHOOL DISTRICT NO. 44 (NORTH VANCOUVER) 248
420 8th St E, NORTH VANCOUVER, BC, V7L 1Z5
SIC 8211

SCHOOL DISTRICT NO. 44 (NORTH VANCOUVER) 248
2020 Moody Ave, NORTH VANCOUVER, BC, V7L 3V3
(604) 903-3730   *SIC* 8211

SCHOOL DISTRICT NO. 44 (NORTH VANCOUVER) 249
3600 Mahon Ave, NORTH VANCOUVER, BC, V7N 3T6
(604) 903-3270   *SIC* 8211

SCHOOL DISTRICT NO. 44 (NORTH VANCOUVER) 249
510 Carisbrooke Rd E, NORTH VANCOUVER, BC, V7N 1N5
(604) 903-3380   *SIC* 8211

SCHOOL DISTRICT NO. 44 (NORTH VANCOUVER) 249
3365 Mahon Ave, NORTH VANCOUVER, BC, V7N 3T7
SIC 8211

SCHOOL DISTRICT NO. 44 (NORTH VANCOUVER) p 249
230 Keith Rd W, NORTH VANCOUVER, BC, V7M 1L8
(604) 903-3720   *SIC* 8211

SCHOOL DISTRICT NO. 44 (NORTH VANCOUVER) 249
2145 Jones Ave, NORTH VANCOUVER, BC, V7M 2W7
(604) 903-3555   *SIC* 8211

SCHOOL DISTRICT NO. 44 (NORTH VANCOUVER) 249
2121 Lonsdale Ave, NORTH VANCOUVER, BC, V7M 2K6
(604) 903-3444   *SIC* 8211

SCHOOL DISTRICT NO. 44 (NORTH VANCOUVER) 249
2605 Larson Rd, NORTH VANCOUVER, BC, V7N 3W4
(604) 903-3570   *SIC* 8211

SCHOOL DISTRICT NO. 44 (NORTH VANCOUVER) 250
1044 Edgewood Rd, NORTH VANCOUVER, BC, V7R 1Y7
(604) 903-3600   *SIC* 8211

SCHOOL DISTRICT NO. 44 (NORTH VANCOUVER) 250
1230 20th St W, NORTH VANCOUVER, BC, V7P 2B9
(604) 903-3370   *SIC* 8211

SCHOOL DISTRICT NO. 44 (NORTH VANCOUVER) 250
1295 Sowden St, NORTH VANCOUVER, BC, V7P 1L9
(604) 903-3680   *SIC* 8211

SCHOOL DISTRICT NO. 44 (NORTH VANCOUVER) 250
2132 Hamilton Ave, NORTH VANCOUVER, BC, V7P 2M3
(604) 903-3333   *SIC* 8211

SCHOOL DISTRICT NO. 44 (NORTH VANCOUVER) 250
3150 Colwood Dr, NORTH VANCOUVER, BC, V7R 2R6
(604) 903-3540   *SIC* 8211

SCHOOL DISTRICT NO. 44 (NORTH VANCOUVER) 250
4501 Highland Blvd, NORTH VANCOUVER, BC, V7R 3A2
(604) 903-3290   *SIC* 8211

SCHOOL DISTRICT NO. 44 (NORTH VANCOUVER) 250
5310 Sonora Dr, NORTH VANCOUVER, BC, V7R 3V8
(604) 903-3650   *SIC* 8211

SCHOOL DISTRICT NO. 44 (NORTH VANCOUVER) p 250
810 21st St W, NORTH VANCOUVER, BC, V7P 2C1
(604) 903-3798   *SIC* 8999

SCHOOL DISTRICT NO. 44 (NORTH VANCOUVER) p 250
935 Marine Dr Suite 304, NORTH VANCOUVER, BC, V7P 1S3
SIC 8331

SCHOOL DISTRICT NO. 44 (NORTH VANCOUVER) p 298
449 62nd Ave E, VANCOUVER, BC, V5X 2G2
(604) 713-4865   *SIC* 8211

SCHOOL DISTRICT NO. 45 (WEST VANCOUVER) 182
1041 Mount Gardner Rd, BOWEN ISLAND, V0N 1G2
(604) 947-9337   *SIC* 8211

SCHOOL DISTRICT NO. 45 (WEST VANCOUVER) 338
1250 Mathers Ave, WEST VANCOUVER, BC, V7T 2G3
(604) 981-1250   *SIC* 8211

SCHOOL DISTRICT NO. 45 (WEST VANCOUVER) 338
1300 Chartwell Dr, WEST VANCOUVER, BC, V7S 2R3
(604) 981-1210   *SIC* 8211

SCHOOL DISTRICT NO. 45 (WEST VANCOUVER) 339
1750 Mathers Ave, WEST VANCOUVER, BC, V7V 2G7
(604) 981-1100   *SIC* 8211

SCHOOL DISTRICT NO. 45 (WEST VANCOUVER) 339
1150 22nd St, WEST VANCOUVER, BC, V7V 4C4
(604) 922-4214   *SIC* 8211

SCHOOL DISTRICT NO. 45 (WEST VANCOUVER) 339
2455 Haywood Ave, WEST VANCOUVER, BC, V7V 1Y2
(604) 981-1240   *SIC* 8211

SCHOOL DISTRICT NO. 45 (WEST VANCOUVER) 339
6350 Marine Dr, WEST VANCOUVER, BC, V7W 2S5
(604) 981-1360   *SIC* 8211

SCHOOL DISTRICT NO. 45 (WEST VANCOUVER) p 339
3175 Thompson Pl, WEST VANCOUVER, BC, V7V 3E3
(604) 981-1260   *SIC* 8211

SCHOOL DISTRICT NO. 46 (SUNSHINE COAST) p 216
1196 Chaster Rd, GIBSONS, BC, V0N 1V4
(604) 886-7818   *SIC* 8211

SCHOOL DISTRICT NO. 46 (SUNSHINE COAST) p 216
783 School Rd, GIBSONS, BC, V0N 1V9
(604) 886-2612   *SIC* 8211

SCHOOL DISTRICT NO. 46 (SUNSHINE COAST) p 216
857 Henry Rd, GIBSONS, BC, V0N 1V2
(604) 886-9870   *SIC* 7349

SCHOOL DISTRICT NO. 46 (SUNSHINE COAST) p 217
8086 Northwood Rd, HALFMOON BAY, BC, V0N 1Y1
(604) 885-2318   *SIC* 8211

SCHOOL DISTRICT NO. 46 (SUNSHINE COAST) p 274
1088 Roberts Creek Rd, ROBERTS CREEK, BC, V0N 2W0
(604) 885-3481   *SIC* 8211

SCHOOL DISTRICT NO. 46 (SUNSHINE COAST) p 277
5545 Inlet Ave Rr 3, SECHELT, BC, V0N 3A3
(604) 885-0127   *SIC* 8211

SCHOOL DISTRICT NO. 46 (SUNSHINE COAST) p 277
5609 Mason Rd, SECHELT, BC, V0N 3A8
(604) 885-2825   SIC 8211

SCHOOL DISTRICT NO. 46 (SUNSHINE COAST) p 277
6030 Lighthouse Ave, SECHELT, BC, V0N 3A5
(604) 885-6782   SIC 8211

SCHOOL DISTRICT NO. 46 (SUNSHINE COAST) p 277
6030 Lakehouse Ave, SECHELT, BC, V0N 3A0
(604) 885-6666   SIC 8211

SCHOOL DISTRICT NO. 46 (SUNSHINE COAST) p 277
5904 Cowrie St, SECHELT, BC, V0N 3A7
(604) 885-3216   SIC 8211

SCHOOL DISTRICT NO. 48 (HOWE SOUND) p 182
42000 Government Rd, BRACKENDALE, BC, V0N 1H0
(604) 898-3651   SIC 8211

SCHOOL DISTRICT NO. 48 (HOWE SOUND) p 182
42091 Ross Rd, BRACKENDALE, BC, V0N 1H0
(604) 898-3671   SIC 8211

SCHOOL DISTRICT NO. 48 (HOWE SOUND) p 206
Gd, D'ARCY, BC, V0N 1L0
(604) 452-3330   SIC 8211

SCHOOL DISTRICT NO. 48 (HOWE SOUND) p 216
2590 Portree Way, GARIBALDI HIGHLANDS, BC, V0N 1T0
(604) 898-3688   SIC 8211

SCHOOL DISTRICT NO. 48 (HOWE SOUND) p 216
40266 Government Rd, GARIBALDI HIGHLANDS, BC, V0N 1T0
(604) 898-3601   SIC 8211

SCHOOL DISTRICT NO. 48 (HOWE SOUND) p 251
1400 Oak St, PEMBERTON, BC, V0N 2L0
(604) 894-6318   SIC 8211

SCHOOL DISTRICT NO. 48 (HOWE SOUND) p 251
1410 Portage Rd, PEMBERTON, BC, V0N 2L1
(604) 894-6378   SIC 8211

SCHOOL DISTRICT NO. 48 (HOWE SOUND) p 279
38030 Clarke Dr, SQUAMISH, BC, V8B 0A5
(604) 892-5904   SIC 8211

SCHOOL DISTRICT NO. 48 (HOWE SOUND) p 279
38370 Buckley Rd, SQUAMISH, BC, V8B 0A7
(604) 892-9307   SIC 8211

SCHOOL DISTRICT NO. 48 (HOWE SOUND) p 279
38430 Westway, SQUAMISH, BC, V8B 0B5
(604) 892-9394   SIC 8211

SCHOOL DISTRICT NO. 48 (HOWE SOUND) p 279
38430 Buckley Ave, SQUAMISH, BC, V8B 0A1
(604) 892-5261   SIC 8211

SCHOOL DISTRICT NO. 48 (HOWE SOUND) p 340
6195 Lorimer Rd, WHISTLER, BC, V0N 1B6
(604) 932-5321   SIC 8211

SCHOOL DISTRICT NO. 48 (HOWE SOUND) p 340
8000 Alpine Way, WHISTLER, BC, V0N 1B8
(604) 905-2581   SIC 8211

SCHOOL DISTRICT NO. 53 (OKANAGAN SIMILKAMEEN) p 195
517 School Rd, CAWSTON, BC, V0X 1C1
(250) 499-5617   SIC 8211

SCHOOL DISTRICT NO. 53 (OKANAGAN SIMILKAMEEN) p 250
1141 Cedar St, OKANAGAN FALLS, BC, V0H 1R0
(250) 497-5414   SIC 8211

SCHOOL DISTRICT NO. 53 (OKANAGAN SIMILKAMEEN) p 251
6648 Park Dr, OLIVER, BC, V0H 1T4
(250) 498-3415   SIC 8211

SCHOOL DISTRICT NO. 53 (OKANAGAN SIMILKAMEEN) p 251
6140 Gala St, OLIVER, BC, V0H 1T0
(250) 498-4931   SIC 8211

SCHOOL DISTRICT NO. 53 (OKANAGAN SIMILKAMEEN) p 251
5800 115th St, OSOYOOS, BC, V0H 1V4
(250) 485-4433   SIC 8211

SCHOOL DISTRICT NO. 53 (OKANAGAN SIMILKAMEEN) p 251
8507 68th Ave, OSOYOOS, BC, V0H 1V0
(250) 498-3468   SIC 8211

SCHOOL DISTRICT NO. 54 (BULKLEY VALLEY) p 217
3455 13th Street, HOUSTON, BC, V0J 1Z0
(250) 845-2228   SIC 8211

SCHOOL DISTRICT NO. 54 (BULKLEY VALLEY) p 278
3377 Third Ave, SMITHERS, BC, V0J 2N3
(250) 847-4846   SIC 8211

SCHOOL DISTRICT NO. 54 (BULKLEY VALLEY) p 278
3490 Fulton Ave, SMITHERS, BC, V0J 2N0
(250) 847-2008   SIC 8211

SCHOOL DISTRICT NO. 54 (BULKLEY VALLEY) p 278
4092 Mountainview Dr, SMITHERS, BC, V0J 2N0
(250) 847-4464   SIC 8211

SCHOOL DISTRICT NO. 6 (ROCKY MOUNTAIN) p 216
See BOARD OF EDUCATION OF SCHOOL DISTRICT NO. 06 (ROCKY MOUNTAIN), THE

SCHOOL DISTRICT NO. 60 (PEACE RIVER NORTH) p 181
5836 Baldonnel Rd, BALDONNEL, BC, V0C 1C6
(250) 789-3396   SIC 8211

SCHOOL DISTRICT NO. 60 (PEACE RIVER NORTH) p 182
15263 Buick Ck, BUICK, BC, V0C 2R0
(250) 630-2231   SIC 8211

SCHOOL DISTRICT NO. 60 (PEACE RIVER NORTH) p 196
52 Alaska Hwy, CHARLIE LAKE, BC, V0C 1H0
(250) 785-2025   SIC 8211

SCHOOL DISTRICT NO. 60 (PEACE RIVER NORTH) p 215
9616 115 Ave, FORT ST. JOHN, BC, V1J 2Y1
(250) 785-2321   SIC 8211

SCHOOL DISTRICT NO. 60 (PEACE RIVER NORTH) p 215
10615 96 St, FORT ST. JOHN, BC, V1J 3R3
(250) 785-6125   SIC 8211

SCHOOL DISTRICT NO. 60 (PEACE RIVER NORTH) p 215
8130 89 Ave, FORT ST. JOHN, BC, V1J 5S5
(250) 787-0417   SIC 8211

SCHOOL DISTRICT NO. 60 (PEACE RIVER NORTH) p 215
9816 106 St, FORT ST. JOHN, BC, V1J 4E6
(250) 785-6717   SIC 8211

SCHOOL DISTRICT NO. 60 (PEACE RIVER NORTH) p 215
9907 86 St, FORT ST. JOHN, BC, V1J 3G4
(250) 785-3704   SIC 8211

SCHOOL DISTRICT NO. 60 (PEACE RIVER NORTH) p 215
9304 86 St, FORT ST. JOHN, BC, V1J 6L9
(250) 785-4429   SIC 8211

SCHOOL DISTRICT NO. 60 (PEACE RIVER NORTH) p 215
10511 99 Ave, FORT ST. JOHN, BC, V1J 1V6
(250) 261-5660   SIC 8211

SCHOOL DISTRICT NO. 60 (PEACE RIVER NORTH) p 215
10215 99 Ave, FORT ST. JOHN, BC, V1J 1V5
(250) 785-4511   SIC 8211

SCHOOL DISTRICT NO. 60 (PEACE RIVER NORTH) p 215
10112 105 Ave, FORT ST. JOHN, BC, V1J 4S4
(250) 262-6000   SIC 8748

SCHOOL DISTRICT NO. 60 (PEACE RIVER NORTH) p 215
10716 97 Ave, FORT ST. JOHN, BC, V1J 6L7
(250) 785-1577   SIC 8211

SCHOOL DISTRICT NO. 60 (PEACE RIVER NORTH) p 215
10723 92 St, FORT ST. JOHN, BC, V1J 3J4
(250) 785-8378   SIC 8211

SCHOOL DISTRICT NO. 60 (PEACE RIVER NORTH) p 215
10904 106 St, FORT ST. JOHN, BC, V1J 4G3
(250) 785-8580   SIC 8211

SCHOOL DISTRICT NO. 60 (PEACE RIVER NORTH) p 218
10441 Holland, HUDSON'S HOPE, BC, V0C 1V0
(250) 783-9994   SIC 8211

SCHOOL DISTRICT NO. 60 (PEACE RIVER NORTH) p 258
22113 Triad Rd, PRESPATOU, BC, V0C 2S0
(250) 630-2241   SIC 8211

SCHOOL DISTRICT NO. 60 (PEACE RIVER NORTH) p 274
16242 Rose Prairie, ROSE PRAIRIE, BC, V0C 2H0
(250) 827-3691   SIC 8211

SCHOOL DISTRICT NO. 60 (PEACE RIVER NORTH) p 290
9808 Birch Ave E, TAYLOR, BC, V0C 2K0
(250) 789-3323   SIC 8211

SCHOOL DISTRICT NO. 64 (GULF ISLANDS) p 252
5714 Canal Rd, PENDER ISLAND, BC, V0N 2M1
(250) 629-3711   SIC 8211

SCHOOL DISTRICT NO. 64 (GULF ISLANDS) p 276
232 Rainbow Rd, SALT SPRING ISLAND, BC, V8K 2K3
(250) 537-9944   SIC 8211

SCHOOL DISTRICT NO. 64 (GULF ISLANDS) p 276
163 Drake Rd, SALT SPRING ISLAND, BC, V8K 2K8
(250) 537-1156   SIC 8211

SCHOOL DISTRICT NO. 68 (NANAIMO-LADYSMITH) p 215
680 North Rd, GABRIOLA, BC, V0R 1X0
(250) 247-9342   SIC 8211

SCHOOL DISTRICT NO. 68 (NANAIMO-LADYSMITH) p 228
13470 Cedar Rd, LADYSMITH, BC, V9G 1H6
(250) 245-3330   SIC 8211

SCHOOL DISTRICT NO. 68 (NANAIMO-LADYSMITH) p 228
510 6 Ave, LADYSMITH, BC, V9G 1B9
(250) 245-3912   SIC 8211

SCHOOL DISTRICT NO. 68 (NANAIMO-LADYSMITH) p 228
710 6th Ave, LADYSMITH, BC, V9G 1A1
(250) 245-3043   SIC 8211

SCHOOL DISTRICT NO. 68 (NANAIMO-LADYSMITH) p 228
3519 Hallberg Rd, LADYSMITH, BC, V9G 1K1
SIC 8211

SCHOOL DISTRICT NO. 68 (NANAIMO-LADYSMITH) p 234
7000 Lantzville School Rd, LANTZVILLE, BC, V0R 2H0
(250) 390-4022   SIC 8211

SCHOOL DISTRICT NO. 68 (NANAIMO-LADYSMITH) p 240
1503 Cranberry Ave, NANAIMO, BC, V9R 6R7
(250) 754-6983   SIC 8211

SCHOOL DISTRICT NO. 68 (NANAIMO-LADYSMITH) p 240
140 View St, NANAIMO, BC, V9R 4N6
(250) 754-3231   SIC 8211

SCHOOL DISTRICT NO. 68 (NANAIMO-LADYSMITH) p 240
10 Strickland St, NANAIMO, BC, V9R 4R9
(250) 753-4012   SIC 8211

SCHOOL DISTRICT NO. 68 (NANAIMO-LADYSMITH) p 240
205 Howard Ave, NANAIMO, BC, V9R 3R3
(250) 753-3418   SIC 8211

SCHOOL DISTRICT NO. 68 (NANAIMO-LADYSMITH) p 240
897 Harbour View St, NANAIMO, BC, V9R 4V4
SIC 8211

SCHOOL DISTRICT NO. 68 (NANAIMO-LADYSMITH) p 240
505 Howard Ave, NANAIMO, BC, V9R 3S5
SIC 8211

SCHOOL DISTRICT NO. 68 (NANAIMO-LADYSMITH) p 240
400 Campbell St, NANAIMO, BC, V9R 3G7
(250) 754-2722   SIC 8211

SCHOOL DISTRICT NO. 68 (NANAIMO-LADYSMITH) p 240
395 Wakesiah Ave, NANAIMO, BC, V9R 3K6
(250) 754-5521   SIC 8211

SCHOOL DISTRICT NO. 68 (NANAIMO-LADYSMITH) p 240
395 Eighth St, NANAIMO, BC, V9R 1A9
(250) 754-5591   SIC 8211

SCHOOL DISTRICT NO. 68 (NANAIMO-LADYSMITH) p 240
2480 East Wellington Rd, NANAIMO, BC, V9R 6V6
(250) 753-2831   SIC 8211

SCHOOL DISTRICT NO. 68 (NANAIMO-LADYSMITH) p 241
1951 Estevan Rd, NANAIMO, BC, V9S 3Y9
(250) 754-5442   SIC 8211

SCHOOL DISTRICT NO. 68 (NANAIMO-LADYSMITH) p 241
1632 Bowen Rd, NANAIMO, BC, V9S 1G6
(250) 754-6845   SIC 8211

SCHOOL DISTRICT NO. 68 (NANAIMO-LADYSMITH) p 241
1270 Strathmore St, NANAIMO, BC, V9S 2L9
(250) 753-2271   SIC 8211

SCHOOL DISTRICT NO. 68 (NANAIMO-LADYSMITH) p 241
1111 Dufferin Cres, NANAIMO, BC, V9S 2B5

(250) 740-3500   SIC 8211
SCHOOL DISTRICT NO. 68 (NANAIMO-LADYSMITH)   p
241
2050 Latimer Rd, NANAIMO, BC, V9S 2W5
(250) 758-6892   SIC 8211
SCHOOL DISTRICT NO. 68 (NANAIMO-LADYSMITH)   p
241
510 Millstone Ave, NANAIMO, BC, V9S 5A9
(250) 754-7523   SIC 8211
SCHOOL DISTRICT NO. 68 (NANAIMO-LADYSMITH)   p
242
3135 Mexicana Rd, NANAIMO, BC, V9T 2W8
(250) 758-9191   SIC 8211
SCHOOL DISTRICT NO. 68 (NANAIMO-LADYSMITH)   p
242
3004 Departure Bay Rd, NANAIMO, BC, V9T 1B4
(250) 758-6541   SIC 8211
SCHOOL DISTRICT NO. 68 (NANAIMO-LADYSMITH)   p
242
2280 Sun Valley Dr, NANAIMO, BC, V9T 6P1
(250) 729-0450   SIC 8211
SCHOOL DISTRICT NO. 68 (NANAIMO-LADYSMITH)   p
242
1025 Morningside Dr, NANAIMO, BC, V9T 1N5
(250) 758-5711   SIC 8211
SCHOOL DISTRICT NO. 68 (NANAIMO-LADYSMITH)   p
242
3741 Departure Bay Rd, NANAIMO, BC, V9T 1C5
(250) 758-2434   SIC 8211
SCHOOL DISTRICT NO. 68 (NANAIMO-LADYSMITH)   p
242
6021 Nelson Rd, NANAIMO, BC, V9T 5N7
(250) 758-5076   SIC 8211
SCHOOL DISTRICT NO. 68 (NANAIMO-LADYSMITH)   p
242
6135 Mcgirr Rd, NANAIMO, BC, V9V 1M1
(250) 756-4595   SIC 8211
SCHOOL DISTRICT NO. 68 (NANAIMO-LADYSMITH)   p
242
6199 Mcgirr Rd, NANAIMO, BC, V9V 1C7
(250) 758-8946   SIC 8211
SCHOOL DISTRICT NO. 68 (NANAIMO-LADYSMITH)   p
242
3821 Stronach Dr, NANAIMO, BC, V9T 3X4
(250) 758-3252   SIC 8211
SCHOOL DISTRICT NO. 68 (NANAIMO-LADYSMITH)   p
242
4355 Jingle Pot Rd, NANAIMO, BC, V9T 5P4
SIC 8211
SCHOOL DISTRICT NO. 68 (NANAIMO-LADYSMITH)   p
242
5301 Williamson Rd, NANAIMO, BC, V9V 1L1
(250) 729-8045   SIC 8211
SCHOOL DISTRICT NO. 68 (NANAIMO-LADYSMITH)   p
242
5840 Hammond Bay Rd, NANAIMO, BC, V9T 5N3
(250) 758-5331   SIC 8211
SCHOOL DISTRICT NO. 68 (NANAIMO-LADYSMITH)   p
243
1640 Macmillan Rd, NANAIMO, BC, V9X 1L9
(250) 722-2414   SIC 8211

SCHOOL DISTRICT NO. 68 (NANAIMO-LADYSMITH)   p
243
1800 Richardson Rd, NANAIMO, BC, V9X 1C9
(250) 716-1030   SIC 8211
SCHOOL DISTRICT NO. 68 (NANAIMO-LADYSMITH)   p
243
1536 Morden Rd, NANAIMO, BC, V9X 1S2
SIC 8211
SCHOOL DISTRICT NO. 68 (NANAIMO-LADYSMITH)   p
243
2215 Gould Rd W, NANAIMO, BC, V9X 1J9
(250) 722-2722   SIC 8211
SCHOOL DISTRICT NO. 71 (COMOX VALLEY)   p
182
8763 Paulsen Rd, BLACK CREEK, BC, V9J 1J8
(250) 337-5114   SIC 8211
SCHOOL DISTRICT NO. 71 (COMOX VALLEY)   p
199
1290 Guthrie Rd, COMOX, BC, V9M 4G2
(250) 339-2232   SIC 8211
SCHOOL DISTRICT NO. 71 (COMOX VALLEY)   p
199
1475 Noel Ave, COMOX, BC, V9M 3H8
SIC 8211
SCHOOL DISTRICT NO. 71 (COMOX VALLEY)   p
199
1909 Robb Ave, COMOX, BC, V9M 2C0
(250) 339-6864   SIC 8211
SCHOOL DISTRICT NO. 71 (COMOX VALLEY)   p
199
566 Linshart Rd, COMOX, BC, V9M 2K8
SIC 8211
SCHOOL DISTRICT NO. 71 (COMOX VALLEY)   p
199
2250 Bolt Ave, COMOX, BC, V9M 4E7
(250) 890-0944   SIC 8211
SCHOOL DISTRICT NO. 71 (COMOX VALLEY)   p
199
750 Pritchard Rd, COMOX, BC, V9M 3S8
(250) 339-3617   SIC 8211
SCHOOL DISTRICT NO. 71 (COMOX VALLEY)   p
203
4830 Headquarters Rd, COURTENAY, BC, V9J 1P2
(250) 338-9262   SIC 8211
SCHOOL DISTRICT NO. 71 (COMOX VALLEY)   p
203
2947 Rennison Rd, COURTENAY, BC, V9J 1M1
(250) 334-2520   SIC 8211
SCHOOL DISTRICT NO. 71 (COMOX VALLEY)   p
203
5120 Mottishaw Rd, COURTENAY, BC, V9J 1L5
(250) 338-6596   SIC 8211
SCHOOL DISTRICT NO. 71 (COMOX VALLEY)   p
204
2345 Mission Rd Suite 171, COURTENAY, BC, V9N 9H1
(250) 338-1481   SIC 8211
SCHOOL DISTRICT NO. 71 (COMOX VALLEY)   p
204
805 Willemar Ave, COURTENAY, BC, V9N 3L7
(250) 334-3168   SIC 8211
SCHOOL DISTRICT NO. 71 (COMOX VALLEY)   p

204
401 Willemar Ave, COURTENAY, BC, V9N 3L3
(250) 334-4495   SIC 8211
SCHOOL DISTRICT NO. 71 (COMOX VALLEY)   p
204
3040 Lake Trail Rd, COURTENAY, BC, V9N 9M1
(250) 334-3191   SIC 8211
SCHOOL DISTRICT NO. 71 (COMOX VALLEY)   p
204
2963 Vanier Dr, COURTENAY, BC, V9N 5Y2
(250) 338-7475   SIC 7349
SCHOOL DISTRICT NO. 71 (COMOX VALLEY)   p
204
1540 Mcphee Ave, COURTENAY, BC, V9N 3A5
(250) 338-5396   SIC 8211
SCHOOL DISTRICT NO. 71 (COMOX VALLEY)   p
204
2300 Valley View Dr, COURTENAY, BC, V9N 9A3
(250) 897-0343   SIC 8211
SCHOOL DISTRICT NO. 71 (COMOX VALLEY)   p
204
1551 Lerwick Rd, COURTENAY, BC, V9N 9B5
(250) 334-2428   SIC 8211
SCHOOL DISTRICT NO. 71 (COMOX VALLEY)   p
206
Po Box 430, CUMBERLAND, BC, V0R 1S0
(250) 336-8511   SIC 8211
SCHOOL DISTRICT NO. 71 (COMOX VALLEY)   p
206
2674 Windermere Ave, CUMBERLAND, BC, V0R 1S0
(250) 336-8511   SIC 8211
SCHOOL DISTRICT NO. 71 (COMOX VALLEY)   p
206
2644 Ulverston Ave, CUMBERLAND, BC, V0R 1S0
SIC 8211
SCHOOL DISTRICT NO. 71 (COMOX VALLEY)   p
235
1475 Salmonberry, LAZO, BC, V0R 2K0
(250) 339-3732   SIC 8211
SCHOOL DISTRICT NO. 71 (COMOX VALLEY)   p
275
3830 Warren Ave, ROYSTON, BC, V0R 2V0
(250) 334-2161   SIC 8211
SCHOOL DISTRICT NO. 79 (COWICHAN VALLEY)   p 196
9947 Daniel St, CHEMAINUS, BC, V0R 1K1
(250) 246-4711   SIC 8211
SCHOOL DISTRICT NO. 79 (COWICHAN VALLEY)   p 196
9796 Willow St, CHEMAINUS, BC, V0R 1K0
(250) 246-4040   SIC 8211
SCHOOL DISTRICT NO. 79 (COWICHAN VALLEY)   p 196
3172 Garner St, CHEMAINUS, BC, V0R 1K2
(250) 246-3522   SIC 8211
SCHOOL DISTRICT NO. 79 (COWICHAN VALLEY)   p 199
1501 Cowichan Bay Rd, COBBLE HILL, BC, V0R 1L0
(250) 743-5552   SIC 8211
SCHOOL DISTRICT NO. 79 (COWICHAN VALLEY)   p 199
3642 Learning Way, COBBLE HILL, BC, V0R 1L2
(250) 709-7607   SIC 8211
SCHOOL DISTRICT NO. 79 (COWICHAN VALLEY)   p 212

1500 Donnay Dr, DUNCAN, BC, V9L 5R4
(250) 746-7541   SIC 8211
SCHOOL DISTRICT NO. 79 (COWICHAN VALLEY)   p 212
2494 Roome Rd, DUNCAN, BC, V9L 4L2
(250) 748-8724   SIC 8211
SCHOOL DISTRICT NO. 79 (COWICHAN VALLEY)   p 212
2515 Beverly St, DUNCAN, BC, V9L 3A5
(250) 746-6168   SIC 8211
SCHOOL DISTRICT NO. 79 (COWICHAN VALLEY)   p 212
2557 Beverly St, DUNCAN, BC, V9L 2X3
(250) 748-0321   SIC 8621
SCHOOL DISTRICT NO. 79 (COWICHAN VALLEY)   p 212
2918 Cliffs Rd, DUNCAN, BC, V9L 1C5
(250) 746-7845   SIC 8211
SCHOOL DISTRICT NO. 79 (COWICHAN VALLEY)   p 212
5265 Polkey Rd, DUNCAN, BC, V9L 6W3
SIC 8211
SCHOOL DISTRICT NO. 79 (COWICHAN VALLEY)   p 212
6177 Somenos Rd, DUNCAN, BC, V9L 4E7
(250) 746-7187   SIC 8211
SCHOOL DISTRICT NO. 79 (COWICHAN VALLEY)   p 212
6236 Lane Rd, DUNCAN, BC, V9L 4E3
(250) 748-9232   SIC 8211
SCHOOL DISTRICT NO. 79 (COWICHAN VALLEY)   p 228
190 South Shore Rd, LAKE COWICHAN, BC, V0R 2G0
(250) 749-6634   SIC 8211
SCHOOL DISTRICT NO. 79 (COWICHAN VALLEY)   p 228
9 Grosskleg Way, LAKE COWICHAN, BC, V0R 2G0
(250) 749-6691   SIC 8211
SCHOOL DISTRICT NO. 79 (COWICHAN VALLEY)   p 228
109 Hammond, LAKE COWICHAN, BC, V0R 2G0
SIC 8211
SCHOOL DISTRICT NO. 79 (COWICHAN VALLEY)   p 238
3060 Cobble Hill Rd, MILL BAY, BC, V0R 2P3
(250) 743-5571   SIC 8211
SCHOOL DISTRICT NO. 79 (COWICHAN VALLEY)   p 238
953 Shawnigan-Mill Bay Rd, MILL BAY, BC, V0R 2P2
(250) 743-6916   SIC 8211
SCHOOL DISTRICT NO. 79 (COWICHAN VALLEY)   p 277
2204 Mckean Rd, SHAWNIGAN LAKE, BC, V0R 2W1
(250) 743-3291   SIC 8211
SCHOOL DISTRICT NO. 79 (COWICHAN VALLEY)   p 277
1801 Shawnigan Mill Bay Rd, SHAWNIGAN LAKE, BC, V0R 2W0
SIC 8211
SCHOOL DISTRICT NO. 8 (KOOTENAY LAKE)   p 195
4575 Canyon-Lister Rd, CANYON, BC, V0B 1C1
(250) 428-4161   SIC 8211
SCHOOL DISTRICT NO. 8 (KOOTENAY LAKE)   p 205
16230 Wadds Rd, CRAWFORD BAY, BC, V0B 1E0
(250) 227-9218   SIC 8211
SCHOOL DISTRICT NO. 8 (KOOTENAY LAKE)   p 206
421 9 Ave N, CRESTON, BC, V0B 1G4
(250) 428-2051   SIC 8211
SCHOOL DISTRICT NO. 8 (KOOTENAY LAKE)   p 206
1092 Hwy 6, CRESCENT VALLEY, BC, V0G 1H0
(250) 359-5011   SIC 8211

▲ Public Company   ■ Public Company Family Member   **HQ** Headquarters   **BR** Branch   **SL** Single Location

SCHOOL DISTRICT NO. 8 (KOOTENAY LAKE)
1427 Northwest Blvd, CRESTON, BC, V0B 1G6
(250) 428-5329   SIC 4151
p 206

SCHOOL DISTRICT NO. 8 (KOOTENAY LAKE)
223 18 Ave S, CRESTON, BC, V0B 1G5
(250) 428-2274   SIC 8211
p 206

SCHOOL DISTRICT NO. 8 (KOOTENAY LAKE)
617 11 Ave S, CRESTON, BC, V0B 1G3
(250) 428-2217   SIC 8211
p 206

SCHOOL DISTRICT NO. 8 (KOOTENAY LAKE)
3523 Hwy 3, ERICKSON, BC, V0B 1K0
(250) 428-2363   SIC 8211
p 213

SCHOOL DISTRICT NO. 8 (KOOTENAY LAKE)
500 Sixth St, KASLO, BC, V0G 1M0
(250) 353-2227   SIC 8211
p 222

SCHOOL DISTRICT NO. 8 (KOOTENAY LAKE)
310 Nelson Ave, NELSON, BC, V1L 2M8
(250) 352-3186   SIC 8211
p 243

SCHOOL DISTRICT NO. 8 (KOOTENAY LAKE)
570 Johnstone Rd, NELSON, BC, V1L 6J2
(250) 352-6681   SIC 8211
p 243

SCHOOL DISTRICT NO. 8 (KOOTENAY LAKE)
90 Lakeside Dr, NELSON, BC, V1L 6B9
(250) 354-4871   SIC 7349
p 243

SCHOOL DISTRICT NO. 8 (KOOTENAY LAKE)
1004 Cottonwood St, NELSON, BC, V1L 3W2
(250) 352-5538   SIC 8211
p 244

SCHOOL DISTRICT NO. 8 (KOOTENAY LAKE)
1201 Josephine St, NELSON, BC, V1L 1X8
(250) 352-5591   SIC 8211
p 244

SCHOOL DISTRICT NO. 8 (KOOTENAY LAKE)
650 Glendale Ave, SALMO, BC, V0G 1Z0
(250) 357-2214   SIC 8211
p 275

SCHOOL DISTRICT NO. 8 (KOOTENAY LAKE)
715 Davies Ave, SALMO, BC, V0G 1Z0
(250) 357-2226   SIC 8211
p 275

SCHOOL DISTRICT NO. 8 (KOOTENAY LAKE)
1014 Playmor Rd, SOUTH SLOCAN, BC, V0G 2G1
(250) 359-6873   SIC 8211
p 278

SCHOOL DISTRICT NO. 92 (NISGA'A)   *p 180*
See SCHOOL DISTRICT 92 NISGA'A

SCHOOL DISTRICT OF MYSTERY LAKE   *p 359*
408 Thompson Dr Suite 2355, THOMPSON, MB, R8N 0C5
(204) 677-6140   SIC 8211

SCHOOL DISTRICT OF MYSTERY LAKE   *p 359*
408 Thompson Dr Suite 2355, THOMPSON, MB, R8N 0C5
(204) 677-6125   SIC 8211

SCHOOL DISTRICT OF MYSTERY LAKE   *p 359*
306 Juniper Dr, THOMPSON, MB, R8N 0S9
(204) 677-6242   SIC 8211

SCHOOL DISTRICT OF MYSTERY LAKE   *p 359*
272 Thompson Dr N, THOMPSON, MB, R8N 0C4
(204) 677-6200   SIC 8211

SCHOOL DISTRICT OF MYSTERY LAKE   *p 359*
119 Riverside Dr, THOMPSON, MB, R8N 0X1
(204) 677-6115   SIC 8211

SCHOOL DISTRICT OF MYSTERY LAKE   *p 359*
103 Arctic Dr, THOMPSON, MB, R8N 1G8
(204) 677-6100   SIC 8211

SCHOOL EDITING INC   *p 931*
379 Adelaide St W Suite 200, TORONTO, ON, M5V 1S5
(416) 907-9070   SIC 7338

SCHOOL EFFECTIVENESS - SPECIAL EDUCATION   *p 590*
See UPPER CANADA DISTRICT SCHOOL BOARD, THE

SCHOOL HOUSE EMERGENCY SHELTER   *p 904*
See DIXON HALL

SCHOOL OF COMPUTING   *p 632*
See QUEEN'S UNIVERSITY AT KINGSTON

SCHOOL OF ARCHITECTURE   *p 458*
See DALHOUSIE UNIVERSITY

SCHOOL OF CONTINUING EDUCATION   *p 926*
See GOVERNING COUNCIL OF THE UNIVERSITY OF TORONTO

SCHOOL OF CONTINUING STUDIES   *p 925*
See GOVERNING COUNCIL OF THE UNIVERSITY OF TORONTO

SCHOOL OF ENVIRONMENT AND SUSTAINABILITY   *p 1304*
See UNIVERSITY OF SASKATCHEWAN

SCHOOL OF INTERNATIONAL DEVELOPMENT AND GLOBAL STUDIESEDIM/SIDGS   *p 790*
See UNIVERSITY OF OTTAWA

SCHOOL OF MANAGEMENT   *p 790*
See UNIVERSITY OF OTTAWA

SCHOOL OF NURSING   *p 632*
See QUEEN'S UNIVERSITY AT KINGSTON

SCHOOL OF PHARMACY   *p 434*
See MEMORIAL UNIVERSITY OF NEWFOUNDLAND

SCHOOL OF PHYSICAL THERAPY   *p 661*
See UNIVERSITY OF WESTERN ONTARIO, THE

SCHOOL OF PHYSICAL THERAPY   *p 1303*
See UNIVERSITY OF SASKATCHEWAN

SCHOOL OF PSYCHOLOGY   *p 565*
See UNIVERSITY OF OTTAWA

SCHOOL OF PUBLIC HEALTH   *p 1304*
See UNIVERSITY OF SASKATCHEWAN

SCHOOL OF SOCIAL WORK   *p 332*
See UNIVERSITY OF VICTORIA

SCHOOL OF SOCIAL WORK   *p 435*
See MEMORIAL UNIVERSITY OF NEWFOUNDLAND

SCHOOL OF SOCIAL WORK AND FAMILY STUDIES   *p 321*
See UNIVERSITY OF BRITISH COLUMBIA, THE

SCHOOL SECONDARY CATHOLIC PAIN COURT   *p 804*
See CONSEIL SCOLAIRE DE DISTRICT DES ECOLES CATHOLIQUES DU SUDOUEST

SCHOONER COVE HOLDINGS LTD   *p 251*
Gd Stn Main, PARKSVILLE, BC, V9P 2G2
SIC 7011

SCHOONER COVE RESORT HOTEL & MARINA   *p 251*
See SCHOONER COVE HOLDINGS LTD

SCHOONER INDUSTRIAL   *p 452*
See SOURCE ATLANTIC LIMITED

SCHOONER TRANSPORT   *p 593*
See MCDONALD, GRANT P. HOLDINGS INC

SCHOU EDUCATION CENTRE   *p 189*
See BURNABY SCHOOL BOARD DISTRICT 41

SCHULICH SCHOOL OF BUSINESS   *p 923*
See YORK UNIVERSITY

SCHULICH SCHOOL OF MEDICINE AND DENTISTRY   *p 657*
See UNIVERSITY OF WESTERN ONTARIO, THE

SCHULTE INDUSTRIES LTD   *p 1267*
1 Railway Ave, ENGLEFELD, SK, S0K 1N0
(306) 287-3715   SIC 3549

SCHUMACHER PUBLIC SCHOOL   *p 847*
See DISTRICT SCHOOL BOARD ONTARIO NORTH EAST

SCHWAB CHEVROLET BUICK GMC LTD   *p 136*
6503 Sparrow Dr, LEDUC, AB, T9E 7C7
(780) 986-2277   SIC 7538

SCHWAN'S CANADA CORPORATION   *p 1057*
2900 Rue Louis-A.-Amos, LACHINE, QC, H8T 3K6
(514) 631-9275   SIC 6712

SCHWARTZ LEVITSKY FELDMAN S.E.N.C.R.L.   *p 898*
2300 Yonge St Suite 1500, TORONTO, ON, M4P 1E4
(416) 785-5353   SIC 8721

SCHWARTZKOPF RETAIL   *p 709*
See HENKEL CONSUMER GOODS CANADA INC

SCI GROUP INC   *p 587*
180 Attwell Dr Suite 600, ETOBICOKE, ON, M9W 6A9
(416) 401-3011   SIC 4213

SCI GROUP INC   *p 693*
2470 Stanfield Rd Unit A, MISSISSAUGA, ON, L4Y 1S2
(416) 571-1410   SIC 4213

SCI GROUP INC   *p 1213*
5860 Rue Maurice-Cullen, SAINT-LAURENT, QC, H7C 2V1
(450) 661-8300   SIC 4213

SCI LOGISTICS   *p 693*
See SCI GROUP INC

SCI LOGISTICS   *p 1213*
See SCI GROUP INC

SCI LOGISTICS LTD   *p 229*
9087b 198 St Suite 210, LANGLEY, BC, V1M 3B1
(604) 888-3170   SIC 8741

SCI LOGISTICS LTD   *p 234*
26868 56 Ave Unit 109, LANGLEY, BC, V4W 1N9
(604) 857-5051   SIC 8741

SCI LOGISTICS LTD   *p 268*
12291 Riverside Way, RICHMOND, BC, V6W 1K8
(604) 272-3177   SIC 4731

SCI LOGISTICS LTD   *p 587*
180 Attwell Dr Suite 600, ETOBICOKE, ON, M9W 6A9
(866) 773-7735   SIC 8741

SCI WHITE GLOVE   *p 234*
See SCI LOGISTICS LTD

SCIEMETRIC INSTRUMENTS INC   *p 964*
4570 Rhodes Dr Suite 200, WINDSOR, ON, N8W 5C2
(519) 972-8446   SIC 3829

SCIENCE FACULTY   *p 321*
See UNIVERSITY OF BRITISH COLUMBIA, THE

SCIENTEK HOSPITAL LABORATORY   *p 210*
See SCIENTEK TECHNOLOGY CORPORATION

SCIENTEK TECHNOLOGY CORPORATION   *p 210*
8235 Swenson Way, DELTA, BC, V4G 1J5
(604) 940-8084   SIC 3842

SCIERIE BERNARD INC   *p 1184*
225 2e Rang E, SAINT-CYPRIEN-DES-ETCHEMINS, QC, G0R 1B0
(418) 383-3242   SIC 1522

SCIERIE CARRIERE LTEE   *p 1058*
525 Boul De L'aeroparc, LACHUTE, QC, J8H 3R8
(450) 562-8578   SIC 2421

SCIERIE LANDRIENNE INC   *p 1058*
389 Ch Du Moulin, LANDRIENNE, QC, J0Y 1V0
(819) 732-6404   SIC 2421

SCIERIE LEDUC,   *p 1169*

See SOCIETE EN COMMANDITE STADACONA WB

SCIERIE PERIBONKA, DIV DE   *p 1051*
See PRODUITS FORESTIERS ARBEC S.E.N.C.

SCIERIE PRO FOLIA   *p 1022*
See COMPAGNIE COMMONWEALTH PLYWOOD LTEE, LA

SCIERIE ST-ELZEAR INC   *p 1185*
215 Rte De L'Eglise, Saint-Elzear-de-Bonaventure, QC, G0C 2W0
(418) 534-2596   SIC 2421

SCIERIE TECH INC   *p 1055*
126 Rue Du Moulin Bureau 99, LAC-DROLET, QC, G0Y 1C0
(819) 549-2533   SIC 2421

SCIERIE WEST BROME INC   *p 1261*
15 Ch West Brome, West Brome, QC, J0E 2P0
(450) 266-1480   SIC 2421

SCIES ACME LTEE   *p 1143*
210 Boul Brunswick, POINTE-CLAIRE, QC, H9R 1A6
(514) 685-6266   SIC 5085

SCIES MERCIER INC, LES   *p 1066*
8860 Boul Guillaume-Couture, Levis, QC, G6V 9H1
(418) 837-5832   SIC 3425

SCIES TARGET CANADA   *p 1209*
See DIAMANT BOART TRUCO LTD

SCIPIO HOLDINGS LTD   *p 315*
1215 16th Ave W, VANCOUVER, BC, V6H 1S8
SIC 8051

SCM CANADA   *p 658*
See SCM INSURANCE SERVICES INC

SCM CANADA   *p 898*
See SCM INSURANCE SERVICES INC

SCM CANADA   *p 1096*
See SCM INSURANCE SERVICES INC

SCM INSURANCE SERVICES INC   *p 36*
210 8826 Blackfoot Trail, CALGARY, AB, T2J 3J1
(403) 228-5800   SIC 6411

SCM INSURANCE SERVICES INC   *p 101*
4999 98 Ave Nw Suite 310, EDMONTON, AB, T6B 2X3
(780) 466-6544   SIC 6411

SCM INSURANCE SERVICES INC   *p 187*
3999 Henning Dr Suite 101, BURNABY, BC, V5C 6P9
(604) 684-1581   SIC 6411

SCM INSURANCE SERVICES INC   *p 245*
668 Carnarvon St Suite 303, NEW WESTMINSTER, BC, V3M 5Y6
(604) 519-6070   SIC 6411

SCM INSURANCE SERVICES INC   *p 390*
1479 Buffalo Pl Suite 200, WINNIPEG, MB, R3T 1L7
(204) 985-1777   SIC 6411

SCM INSURANCE SERVICES INC   *p 611*
120 King St W Suite 660, HAMILTON, ON, L8P 4V2
(905) 529-1387   SIC 6411

SCM INSURANCE SERVICES INC   *p 658*
746 Base Line Rd E Suite 210, LONDON, ON, N6C 5Z2
(519) 645-6500   SIC 6411

SCM INSURANCE SERVICES INC   *p 691*
1550 Enterprise Rd Suite 125, MISSISSAUGA, ON, L4W 4P4
(905) 564-0654   SIC 6411

SCM INSURANCE SERVICES INC   *p 800*
1737 Woodward Dr Suite 103, OTTAWA, ON, K2C 0P9
(613) 798-1998   SIC 6411

SCM INSURANCE SERVICES INC   *p 898*
2323 Yonge St Suite 501, TORONTO, ON, M4P 2C9
(416) 360-7434   SIC 6411

SCM INSURANCE SERVICES INC   *p 966*
3155 Howard Ave Suite 202, WINDSOR, ON, N8X 4Y8
(519) 258-3555   SIC 6411

SCM INSURANCE SERVICES INC p 1035
510 Boul Maloney E Bureau 104, GATINEAU, QC, J8P 1E7
(819) 663-6068 SIC 6411

SCM INSURANCE SERVICES INC p 1096
255 Boul Cremazie E Bureau 1070, Montreal, QC, H2M 1L5
(514) 331-1030 SIC 6411

SCM INSURANCE SERVICES INC p 1161
2954 Boul Laurier Bureau 420, Quebec, QC, G1V 4T2
(418) 651-3525 SIC 6411

SCN INDUSTRIEL INC p 1224
20701 Ch Sainte-Marie, SAINTE-ANNE-DE-BELLEVUE, QC, H9X 5X5
(514) 457-1709 SIC 5084

SCOLAIRE LE TOURNESOL p 411
See CONSEIL SCOLAIRE DISTRICT NO 5

SCONA MARKET STARBUCKS p 106
See STARBUCKS COFFEE CANADA, INC

SCORE MEDIA VENTURES INC p 931
500 King St W, TORONTO, ON, M5V 1L9
(416) 479-8812 SIC 7374

SCORES ROTISSERIE p 1088
See 9017-2438 QUEBEC INC

SCORES ROTISSERIE BBQ & RIBS (GATINEAU) p 1035
See 9107-1696 QUEBEC INC

SCORPION INDUSTRIES p 7
See S.S. PEVACH VENTURES LTD

SCOTFORD COMPLEX p 123
See SHELL CANADA LIMITED

SCOTIA BANK p 55
See BANK OF NOVA SCOTIA, THE

SCOTIA BANK p 74
See BANK OF NOVA SCOTIA, THE

SCOTIA BANK p 306
See BANK OF NOVA SCOTIA, THE

SCOTIA BANK p 370
See BANK OF NOVA SCOTIA, THE

SCOTIA BANK p 418
See BANK OF NOVA SCOTIA, THE

SCOTIA BANK p 447
See BANK OF NOVA SCOTIA, THE

SCOTIA BANK p 496
See BANK OF NOVA SCOTIA, THE

SCOTIA BANK p 550
See BANK OF NOVA SCOTIA, THE

SCOTIA BANK p 684
See BANK OF NOVA SCOTIA, THE

SCOTIA BANK p 963
See BANK OF NOVA SCOTIA, THE

SCOTIA BANK REAL ESTATE p 917
See BANK OF NOVA SCOTIA, THE

SCOTIA CAPITAL p 40
See BANK OF NOVA SCOTIA, THE

SCOTIA CAPITAL INC p 49
119 6 Ave Sw Suite 300, CALGARY, AB, T2P 0P8
(403) 298-4000 SIC 6211

SCOTIA CAPITAL INC p 82
10104 103 Ave Nw Suite 2000, EDMONTON, AB, T5J 0H8
(780) 497-3200 SIC 6211

SCOTIA CAPITAL INC p 227
1620 Dickson Ave Suite 600, KELOWNA, BC, V1Y 9Y2
(250) 868-5500 SIC 6211

SCOTIA CAPITAL INC p 288
1676 Martin Dr Suite 100, SURREY, BC, V4A 6E7
(604) 535-4743 SIC 6211

SCOTIA CAPITAL INC p 305
650 Georgia St W Unit 1100, VANCOUVER, BC, V6B 4N9
(604) 668-2094 SIC 6211

SCOTIA CAPITAL INC p 329
1803 Douglas St Suite 400, VICTORIA, BC, V8T 5C3
(250) 389-2110 SIC 6211

SCOTIA CAPITAL INC p 339
1555 Marine Dr, WEST VANCOUVER, BC, V7V 1H9
(604) 913-7013 SIC 6211

SCOTIA CAPITAL INC p 378
200 Portage Ave Suite 501, WINNIPEG, MB, R3C 3X2
(204) 944-0025 SIC 6211

SCOTIA CAPITAL INC p 417
1 Market Sq Suite 402, SAINT JOHN, NB, E2L 4Z6
(506) 634-8021 SIC 6211

SCOTIA CAPITAL INC p 435
235 Water St Suite 802, ST. JOHN'S, NL, A1C 1B6
(709) 576-1305 SIC 6211

SCOTIA CAPITAL INC p 459
1959 Upper Water St, HALIFAX, NS, B3J 3N2
(902) 420-2220 SIC 6211

SCOTIA CAPITAL INC p 465
1 Webster St, KENTVILLE, NS, B4N 1H4
(902) 678-0777 SIC 6211

SCOTIA CAPITAL INC p 521
1 Nelson St W Unit 6, BRAMPTON, ON, L6X 3E4
(905) 796-2424 SIC 6211

SCOTIA CAPITAL INC p 611
1 King St W Suite 1402, HAMILTON, ON, L8P 1A4
(905) 570-7960 SIC 6211

SCOTIA CAPITAL INC p 624
505 March Rd Suite 250, KANATA, ON, K2K 3A4
(613) 271-6600 SIC 6211

SCOTIA CAPITAL INC p 656
148 Fullarton St Unit 1801, LONDON, ON, N6A 5P3
(519) 679-9490 SIC 6211

SCOTIA CAPITAL INC p 699
90 Burnhamthorpe Rd W Suite 1400, MISSISSAUGA, ON, L5B 3C3
(905) 848-1300 SIC 6211

SCOTIA CAPITAL INC p 749
4950 Yonge St Suite 1200, NORTH YORK, ON, M2N 6K1
(416) 226-9505 SIC 6211

SCOTIA CAPITAL INC p 771
1235 North Service Rd W Suite 200, OAKVILLE, ON, L6M 2W2
(905) 842-9000 SIC 6211

SCOTIA CAPITAL INC p 793
350 Albert St Suite 2100, OTTAWA, ON, K1R 1A4
(613) 563-0991 SIC 6211

SCOTIA CAPITAL INC p 837
300 Consilium Pl Suite 101, SCARBOROUGH, ON, M1H 3G2
(416) 296-0043 SIC 6211

SCOTIA CAPITAL INC p 855
80 King St Suite 705, ST CATHARINES, ON, L2R 7G1
(905) 641-7700 SIC 6211

SCOTIA CAPITAL INC p 898
2300 Yonge St Suite 2000, TORONTO, ON, M4P 1E4
(416) 945-4840 SIC 6211

SCOTIA CAPITAL INC p 916
40 King St W Suite Lower, TORONTO, ON, M5H 3Y2
(416) 863-7072 SIC 6211

SCOTIA CAPITAL INC p 1020
3090 Boul Le Carrefour Bureau 125, Cote Saint-Luc, QC, H7T 2J7
(450) 680-3100 SIC 6211

SCOTIA CAPITAL INC p 1108
1002 Rue Sherbrooke O Bureau 1210, Montreal, QC, H3A 3L6
SIC 6211

SCOTIA CAPITAL INC p 1108
1002 Rue Sherbrooke O Bureau 600, Montreal, QC, H3A 3L6
(514) 287-3600 SIC 6211

SCOTIA CAPITAL INC p 1108
1002 Rue Sherbrooke O Bureau 840, Montreal, QC, H3A 3L6
(514) 287-3600 SIC 6211

SCOTIA CAPITAL INC p 1143
620 Boul Saint-Jean Bureau 102, POINTE-CLAIRE, QC, H9R 3K2
(514) 428-8400 SIC 6211

SCOTIA CAPITAL INC p 1289
3303 Hillsdale St Suite 305, REGINA, SK, S4S 6W9
(306) 352-5005 SIC 6211

SCOTIA CAPITAL INC p 1298
410 22nd St E Unit 700, SASKATOON, SK, S7K 5T6
(306) 665-5300 SIC 6211

SCOTIA HYUNDAI p 441
108 Robert Angus Dr, AMHERST, NS, B4H 4R7
(902) 661-5000 SIC 5511

SCOTIA INSURANCE p 907
See BANK OF NOVA SCOTIA, THE

SCOTIA LEASING p 907
See BANK OF NOVA SCOTIA, THE

SCOTIA MCLEOD p 49
See SCOTIA CAPITAL INC

SCOTIA MCLEOD p 82
See SCOTIA CAPITAL INC

SCOTIA MCLEOD p 227
See SCOTIA CAPITAL INC

SCOTIA MCLEOD p 288
See SCOTIA CAPITAL INC

SCOTIA MCLEOD p 305
See SCOTIA CAPITAL INC

SCOTIA MCLEOD p 329
See SCOTIA CAPITAL INC

SCOTIA MCLEOD p 339
See SCOTIA CAPITAL INC

SCOTIA MCLEOD p 378
See SCOTIA CAPITAL INC

SCOTIA MCLEOD p 417
See SCOTIA CAPITAL INC

SCOTIA MCLEOD p 435
See SCOTIA CAPITAL INC

SCOTIA MCLEOD p 459
See SCOTIA CAPITAL INC

SCOTIA MCLEOD p 521
See SCOTIA CAPITAL INC

SCOTIA MCLEOD p 611
See SCOTIA CAPITAL INC

SCOTIA MCLEOD p 656
See SCOTIA CAPITAL INC

SCOTIA MCLEOD p 749
See SCOTIA CAPITAL INC

SCOTIA MCLEOD p 771
See SCOTIA CAPITAL INC

SCOTIA MCLEOD p 793
See SCOTIA CAPITAL INC

SCOTIA MCLEOD p 855
See SCOTIA CAPITAL INC

SCOTIA MCLEOD p 898
See SCOTIA CAPITAL INC

SCOTIA MCLEOD p 916
See SCOTIA CAPITAL INC

SCOTIA MCLEOD p 1020
See SCOTIA CAPITAL INC

SCOTIA MCLEOD p 1108
See SCOTIA CAPITAL INC

SCOTIA MCLEOD p 1143
See SCOTIA CAPITAL INC

SCOTIA MCLEOD p 1289
See SCOTIA CAPITAL INC

SCOTIA MCLEOD p 1298
See SCOTIA CAPITAL INC

SCOTIA NURSING HOMES LIMITED p 443
125 Knowles Cres, BEAVER BANK, NS, B4G 1E7
(902) 865-6364 SIC 8051

SCOTIABANK p 9
See BANK OF NOVA SCOTIA, THE

SCOTIABANK p 30
See BANK OF NOVA SCOTIA, THE

SCOTIABANK p 38
See BANK OF NOVA SCOTIA, THE

SCOTIABANK p 40
See BANK OF NOVA SCOTIA, THE

SCOTIABANK p 53
See BANK OF NOVA SCOTIA, THE

SCOTIABANK p 60
See BANK OF NOVA SCOTIA, THE

SCOTIABANK p 61
See BANK OF NOVA SCOTIA, THE

SCOTIABANK p 63
See BANK OF NOVA SCOTIA, THE

SCOTIABANK p 64
See BANK OF NOVA SCOTIA, THE

SCOTIABANK p 75
See BANK OF NOVA SCOTIA, THE

SCOTIABANK p 79
See BANK OF NOVA SCOTIA, THE

SCOTIABANK p 86
See BANK OF NOVA SCOTIA, THE

SCOTIABANK p 97
See BANK OF NOVA SCOTIA, THE

SCOTIABANK p 99
See BANK OF NOVA SCOTIA, THE

SCOTIABANK p 108
See BANK OF NOVA SCOTIA, THE

SCOTIABANK p 111
See BANK OF NOVA SCOTIA, THE

SCOTIABANK p 116
See BANK OF NOVA SCOTIA, THE

SCOTIABANK p 119
See BANK OF NOVA SCOTIA, THE

SCOTIABANK p 122
See BANK OF NOVA SCOTIA, THE

SCOTIABANK p 125
See BANK OF NOVA SCOTIA, THE

SCOTIABANK p 132
See BANK OF NOVA SCOTIA, THE

SCOTIABANK p 135
See BANK OF NOVA SCOTIA, THE

SCOTIABANK p 138
See BANK OF NOVA SCOTIA, THE

SCOTIABANK p 152
See BANK OF NOVA SCOTIA, THE

SCOTIABANK p 160
See BANK OF NOVA SCOTIA, THE

SCOTIABANK p 166
See BANK OF NOVA SCOTIA, THE

SCOTIABANK p 170
See BANK OF NOVA SCOTIA, THE

SCOTIABANK p 194
See BANK OF NOVA SCOTIA, THE

SCOTIABANK p 196
See BANK OF NOVA SCOTIA, THE

SCOTIABANK p 199
See BANK OF NOVA SCOTIA, THE

SCOTIABANK p 201
See BANK OF NOVA SCOTIA, THE

SCOTIABANK p 203
See BANK OF NOVA SCOTIA, THE

SCOTIABANK p 211
See BANK OF NOVA SCOTIA, THE

SCOTIABANK p 214
See BANK OF NOVA SCOTIA, THE

SCOTIABANK p 219
See BANK OF NOVA SCOTIA, THE

SCOTIABANK p 222
See BANK OF NOVA SCOTIA, THE

SCOTIABANK p 224
See BANK OF NOVA SCOTIA, THE

SCOTIABANK p 232
See BANK OF NOVA SCOTIA, THE

SCOTIABANK p 243
See BANK OF NOVA SCOTIA, THE

SCOTIABANK p 257
See BANK OF NOVA SCOTIA, THE

SCOTIABANK p 259
See BANK OF NOVA SCOTIA, THE

SCOTIABANK p 265
See BANK OF NOVA SCOTIA, THE

SCOTIABANK p 271
See BANK OF NOVA SCOTIA, THE

SCOTIABANK p 275
See BANK OF NOVA SCOTIA, THE

SCOTIABANK p 280
See BANK OF NOVA SCOTIA, THE

SCOTIABANK p 285
See BANK OF NOVA SCOTIA, THE

SCOTIABANK p 290
See BANK OF NOVA SCOTIA, THE

SCOTIABANK p 293

▲ Public Company   ■ Public Company Family Member   **HQ** Headquarters   **BR** Branch   **SL** Single Location

SCOTIABANK

See BANK OF NOVA SCOTIA, THE SCOTIABANK	p 301
See BANK OF NOVA SCOTIA, THE SCOTIABANK	p 306
See BANK OF NOVA SCOTIA, THE SCOTIABANK	p 325
See BANK OF NOVA SCOTIA, THE SCOTIABANK	p 328
See BANK OF NOVA SCOTIA, THE SCOTIABANK	p 330
See BANK OF NOVA SCOTIA, THE SCOTIABANK	p 340
See BANK OF NOVA SCOTIA, THE SCOTIABANK	p 344
See BANK OF NOVA SCOTIA, THE SCOTIABANK	p 367
See BANK OF NOVA SCOTIA, THE SCOTIABANK	p 370
See BANK OF NOVA SCOTIA, THE SCOTIABANK	p 376
See BANK OF NOVA SCOTIA, THE SCOTIABANK	p 393
See BANK OF NOVA SCOTIA, THE SCOTIABANK	p 398
See BANK OF NOVA SCOTIA, THE SCOTIABANK	p 405
See BANK OF NOVA SCOTIA, THE SCOTIABANK	p 406
See BANK OF NOVA SCOTIA, THE SCOTIABANK	p 411
See BANK OF NOVA SCOTIA, THE SCOTIABANK	p 414
See BANK OF NOVA SCOTIA, THE SCOTIABANK	p 416
See BANK OF NOVA SCOTIA, THE SCOTIABANK	p 422
See BANK OF NOVA SCOTIA, THE SCOTIABANK	p 423
See BANK OF NOVA SCOTIA, THE SCOTIABANK	p 424
See BANK OF NOVA SCOTIA, THE SCOTIABANK	p 425
See BANK OF NOVA SCOTIA, THE SCOTIABANK	p 426
See BANK OF NOVA SCOTIA, THE SCOTIABANK	p 427
See BANK OF NOVA SCOTIA, THE SCOTIABANK	p 429
See BANK OF NOVA SCOTIA, THE SCOTIABANK	p 433
See BANK OF NOVA SCOTIA, THE SCOTIABANK	p 441
See BANK OF NOVA SCOTIA, THE SCOTIABANK	p 444
See BANK OF NOVA SCOTIA, THE SCOTIABANK	p 448
See BANK OF NOVA SCOTIA, THE SCOTIABANK	p 456
See BANK OF NOVA SCOTIA, THE SCOTIABANK	p 457
See BANK OF NOVA SCOTIA, THE SCOTIABANK	p 462
See BANK OF NOVA SCOTIA, THE SCOTIABANK	p 465
See BANK OF NOVA SCOTIA, THE SCOTIABANK	p 466
See BANK OF NOVA SCOTIA, THE SCOTIABANK	p 468
See BANK OF NOVA SCOTIA, THE SCOTIABANK	p 471
See BANK OF NOVA SCOTIA, THE SCOTIABANK	p 478
See BANK OF NOVA SCOTIA, THE SCOTIABANK	p 480
See BANK OF NOVA SCOTIA, THE SCOTIABANK	p 483
See BANK OF NOVA SCOTIA, THE SCOTIABANK	p 485
See BANK OF NOVA SCOTIA, THE SCOTIABANK	p 488
See BANK OF NOVA SCOTIA, THE SCOTIABANK	p 490
See BANK OF NOVA SCOTIA, THE SCOTIABANK	p 493
See BANK OF NOVA SCOTIA, THE SCOTIABANK	p 494
See BANK OF NOVA SCOTIA, THE SCOTIABANK	p 496
See BANK OF NOVA SCOTIA, THE SCOTIABANK	p 503
See BANK OF NOVA SCOTIA, THE SCOTIABANK	p 507
See BANK OF NOVA SCOTIA, THE SCOTIABANK	p 508
See BANK OF NOVA SCOTIA, THE SCOTIABANK	p 513
See BANK OF NOVA SCOTIA, THE SCOTIABANK	p 521
See BANK OF NOVA SCOTIA, THE SCOTIABANK	p 525
See BANK OF NOVA SCOTIA, THE SCOTIABANK	p 528
See BANK OF NOVA SCOTIA, THE SCOTIABANK	p 530
See BANK OF NOVA SCOTIA, THE SCOTIABANK	p 539
See BANK OF NOVA SCOTIA, THE SCOTIABANK	p 542
See BANK OF NOVA SCOTIA, THE SCOTIABANK	p 549
See BANK OF NOVA SCOTIA, THE SCOTIABANK	p 551
See BANK OF NOVA SCOTIA, THE SCOTIABANK	p 554
See BANK OF NOVA SCOTIA, THE SCOTIABANK	p 556
See BANK OF NOVA SCOTIA, THE SCOTIABANK	p 570
See BANK OF NOVA SCOTIA, THE SCOTIABANK	p 577
See BANK OF NOVA SCOTIA, THE SCOTIABANK	p 579
See BANK OF NOVA SCOTIA, THE SCOTIABANK	p 589
See BANK OF NOVA SCOTIA, THE SCOTIABANK	p 594
See BANK OF NOVA SCOTIA, THE SCOTIABANK	p 607
See BANK OF NOVA SCOTIA, THE SCOTIABANK	p 609
See BANK OF NOVA SCOTIA, THE SCOTIABANK	p 613
See BANK OF NOVA SCOTIA, THE SCOTIABANK	p 616
See BANK OF NOVA SCOTIA, THE SCOTIABANK	p 619
See BANK OF NOVA SCOTIA, THE SCOTIABANK	p 624
See BANK OF NOVA SCOTIA, THE SCOTIABANK	p 625
See BANK OF NOVA SCOTIA, THE SCOTIABANK	p 627
See BANK OF NOVA SCOTIA, THE SCOTIABANK	p 631
See BANK OF NOVA SCOTIA, THE SCOTIABANK	p 640
See BANK OF NOVA SCOTIA, THE SCOTIABANK	p 647
See BANK OF NOVA SCOTIA, THE SCOTIABANK	p 653
See BANK OF NOVA SCOTIA, THE SCOTIABANK	p 655
See BANK OF NOVA SCOTIA, THE SCOTIABANK	p 659
See BANK OF NOVA SCOTIA, THE SCOTIABANK	p 661
See BANK OF NOVA SCOTIA, THE SCOTIABANK	p 668
See BANK OF NOVA SCOTIA, THE SCOTIABANK	p 670
See BANK OF NOVA SCOTIA, THE SCOTIABANK	p 679
See BANK OF NOVA SCOTIA, THE SCOTIABANK	p 683
See BANK OF NOVA SCOTIA, THE SCOTIABANK	p 693
See BANK OF NOVA SCOTIA, THE SCOTIABANK	p 702
See BANK OF NOVA SCOTIA, THE SCOTIABANK	p 712
See BANK OF NOVA SCOTIA, THE SCOTIABANK	p 713
See BANK OF NOVA SCOTIA, THE SCOTIABANK	p 727
See BANK OF NOVA SCOTIA, THE SCOTIABANK	p 732
See BANK OF NOVA SCOTIA, THE SCOTIABANK	p 738
See BANK OF NOVA SCOTIA, THE SCOTIABANK	p 741
See BANK OF NOVA SCOTIA, THE SCOTIABANK	p 746
See BANK OF NOVA SCOTIA, THE SCOTIABANK	p 747
See BANK OF NOVA SCOTIA, THE SCOTIABANK	p 748
See BANK OF NOVA SCOTIA, THE SCOTIABANK	p 752
See BANK OF NOVA SCOTIA, THE SCOTIABANK	p 755
See BANK OF NOVA SCOTIA, THE SCOTIABANK	p 762
See BANK OF NOVA SCOTIA, THE SCOTIABANK	p 771
See BANK OF NOVA SCOTIA, THE SCOTIABANK	p 773
See BANK OF NOVA SCOTIA, THE SCOTIABANK	p 774
See BANK OF NOVA SCOTIA, THE SCOTIABANK	p 776
See BANK OF NOVA SCOTIA, THE SCOTIABANK	p 778
See BANK OF NOVA SCOTIA, THE SCOTIABANK	p 780
See BANK OF NOVA SCOTIA, THE SCOTIABANK	p 790
See BANK OF NOVA SCOTIA, THE SCOTIABANK	p 793
See BANK OF NOVA SCOTIA, THE SCOTIABANK	p 795
See BANK OF NOVA SCOTIA, THE SCOTIABANK	p 798
See BANK OF NOVA SCOTIA, THE SCOTIABANK	p 801
See BANK OF NOVA SCOTIA, THE SCOTIABANK	p 803
See BANK OF NOVA SCOTIA, THE SCOTIABANK	p 805
See BANK OF NOVA SCOTIA, THE SCOTIABANK	p 808
See BANK OF NOVA SCOTIA, THE SCOTIABANK	p 809
See BANK OF NOVA SCOTIA, THE SCOTIABANK	p 815
See BANK OF NOVA SCOTIA, THE SCOTIABANK	p 819
See BANK OF NOVA SCOTIA, THE SCOTIABANK	p 820
See BANK OF NOVA SCOTIA, THE SCOTIABANK	p 822
See BANK OF NOVA SCOTIA, THE SCOTIABANK	p 826
See BANK OF NOVA SCOTIA, THE SCOTIABANK	p 828
See BANK OF NOVA SCOTIA, THE SCOTIABANK	p 830
See BANK OF NOVA SCOTIA, THE SCOTIABANK	p 836
See BANK OF NOVA SCOTIA, THE SCOTIABANK	p 838
See BANK OF NOVA SCOTIA, THE SCOTIABANK	p 840
See BANK OF NOVA SCOTIA, THE SCOTIABANK	p 845
See BANK OF NOVA SCOTIA, THE SCOTIABANK	p 846
See BANK OF NOVA SCOTIA, THE SCOTIABANK	p 849
See BANK OF NOVA SCOTIA, THE SCOTIABANK	p 854
See BANK OF NOVA SCOTIA, THE SCOTIABANK	p 855
See BANK OF NOVA SCOTIA, THE SCOTIABANK	p 864
See BANK OF NOVA SCOTIA, THE SCOTIABANK	p 867
See BANK OF NOVA SCOTIA, THE SCOTIABANK	p 875
See BANK OF NOVA SCOTIA, THE SCOTIABANK	p 877
See BANK OF NOVA SCOTIA, THE SCOTIABANK	p 882
See BANK OF NOVA SCOTIA, THE SCOTIABANK	p 883
See BANK OF NOVA SCOTIA, THE SCOTIABANK	p 892
See BANK OF NOVA SCOTIA, THE SCOTIABANK	p 894
See BANK OF NOVA SCOTIA, THE SCOTIABANK	p 903
See BANK OF NOVA SCOTIA, THE SCOTIABANK	p 912
See BANK OF NOVA SCOTIA, THE SCOTIABANK	p 913
See BANK OF NOVA SCOTIA, THE SCOTIABANK	p 927
See BANK OF NOVA SCOTIA, THE SCOTIABANK	p 928
See BANK OF NOVA SCOTIA, THE SCOTIABANK	p 934
See BANK OF NOVA SCOTIA, THE SCOTIABANK	p 939
See BANK OF NOVA SCOTIA, THE SCOTIABANK	p 943
See BANK OF NOVA SCOTIA, THE SCOTIABANK	p 948
See BANK OF NOVA SCOTIA, THE SCOTIABANK	p 949
See BANK OF NOVA SCOTIA, THE SCOTIABANK	p 950
See BANK OF NOVA SCOTIA, THE SCOTIABANK	p 962
See BANK OF NOVA SCOTIA, THE SCOTIABANK	p 967
See BANK OF NOVA SCOTIA, THE SCOTIABANK	p 971
See BANK OF NOVA SCOTIA, THE SCOTIABANK	p 972
See BANK OF NOVA SCOTIA, THE SCOTIABANK	p 973
See BANK OF NOVA SCOTIA, THE SCOTIABANK	p 976
See BANK OF NOVA SCOTIA, THE SCOTIABANK	p 980
See BANK OF NOVA SCOTIA, THE SCOTIABANK	p 984
See BANK OF NOVA SCOTIA, THE SCOTIABANK	p 1072
See BANK OF NOVA SCOTIA, THE SCOTIABANK	p 1076
See BANK OF NOVA SCOTIA, THE SCOTIABANK	p 1096
See BANK OF NOVA SCOTIA, THE SCOTIABANK	p 1105
See BANK OF NOVA SCOTIA, THE SCOTIABANK	p 1109
See BANK OF NOVA SCOTIA, THE SCOTIABANK	p 1116
See BANK OF NOVA SCOTIA, THE SCOTIABANK	p 1125
See BANK OF NOVA SCOTIA, THE SCOTIABANK	p 1141
See BANK OF NOVA SCOTIA, THE SCOTIABANK	p 1275
See BANK OF NOVA SCOTIA, THE SCOTIABANK	p 1279
See BANK OF NOVA SCOTIA, THE SCOTIABANK	p 1284
See BANK OF NOVA SCOTIA, THE SCOTIABANK	p 1286
See BANK OF NOVA SCOTIA, THE SCOTIABANK	p 1292
See BANK OF NOVA SCOTIA, THE SCOTIABANK	p 1301
See BANK OF NOVA SCOTIA, THE SCOTIABANK	p 1311

▲ Public Company   ■ Public Company Family Member   **HQ** Headquarters   **BR** Branch   **SL** Single Location

See BANK OF NOVA SCOTIA, THE
SCOTIABANK CONVENTION CENTER p 737
See NIAGARA CONVENTION & CIVIC CENTER
SCOTIABANK THEATER TORONTO p 928
See CINEPLEX ODEON CORPORATION
SCOTIABANK THEATRE CHINOOK p 30
See CINEPLEX ODEON CORPORATION
SCOTIABANK THEATRE SASKATOON & VIP p 1295
See CINEPLEX ODEON CORPORATION
SCOTIABANK THEATRE VANCOUVER p 321
See CINEPLEX ODEON CORPORATION
SCOTIABANK THEATRE WEST EDMONTON MALL p 94
See CINEPLEX ODEON CORPORATION
SCOTIAMCLEOD p 624
See SCOTIA CAPITAL INC
SCOTIAMCLEOD p 699
See SCOTIA CAPITAL INC
SCOTIAMCLEOD p 837
See SCOTIA CAPITAL INC
SCOTIAMCLEOD p 1105
See BANK OF NOVA SCOTIA, THE
SCOTIAMCLEOD p 1108
See SCOTIA CAPITAL INC
SCOTSBURN CO-OPERATIVE SERVICES LIMITED p 408
88 Albert St, MONCTON, NB, E1C 1B1
SIC 2026
SCOTSBURN CO-OPERATIVE SERVICES LIMITED p 442
200 College St, ANTIGONISH, NS, B2G 1Y2
SIC 5143
SCOTSBURN CO-OPERATIVE SERVICES LIMITED p 474
230 Ford St, STELLARTON, NS, B0K 0A2
(902) 752-6181   SIC 5143
SCOTSBURN CO-OPERATIVE SERVICES LIMITED p 475
1120 Upper Prince St, SYDNEY, NS, B1P 5P6
SIC 2026
SCOTSBURN CO-OPERATIVE SERVICES LIMITED p 478
85 Blakeney Dr, TRURO, NS, B2N 6W9
SIC 2024
SCOTSBURN DAIRY p 474
See SCOTSBURN CO-OPERATIVE SERVICES LIMITED
SCOTSBURN DAIRY GROUP p 408
See SCOTSBURN CO-OPERATIVE SERVICES LIMITED
SCOTSBURN DAIRY GROUP p 450
See BROOKFIELD FOODS LIMITED
SCOTSBURN DAIRY GROUP p 475
See SCOTSBURN CO-OPERATIVE SERVICES LIMITED
SCOTSBURN DAIRY GROUP p 478
See SCOTSBURN CO-OPERATIVE SERVICES LIMITED
SCOTT BATEMAN MIDDLE SCHOOL p 359
See KELSEY SCHOOL DIVISION
SCOTT BUILDERS INC p 106
9835 60 Ave Nw, EDMONTON, AB, T6E 0C6
(780) 463-4455   SIC 1541
SCOTT BUILDERS INC p 156
8105 49 Ave, RED DEER, AB, T4P 2V5
(403) 343-7270   SIC 1541
SCOTT CANADA LTD p 396
1571 Route 310, COTEAU ROAD, NB, E8T 3K7
(506) 344-2225   SIC 1499
SCOTT CANADA LTD p 405
1416 Bay Du Vin River Rd, MIRAMICHI, NB, E1N 3A3
(506) 778-2519   SIC 1499
SCOTT CENTRAL PUBLIC SCHOOL p 826
See DURHAM DISTRICT SCHOOL BOARD
SCOTT COLLEGIATE p 1289
See BOARD OF EDUCATION REGINA SCHOOL DIVISION NO. 4 OF SASKATCHEWAN
SCOTT CONSTRUCTION GROUP p 292
See SCOTT CONSTRUCTION LTD
SCOTT CONSTRUCTION LTD p 292
3777 Kingsway Suite 1750, VANCOUVER, BC, V5H 3Z7
(604) 874-8228   SIC 1542
SCOTT CREEK MIDDLE SCHOOL p 200
See SCHOOL DISTRICT NO. 43 (COQUITLAM)
SCOTT FUNERAL HOME p 521
See TRILLIUM FUNERAL SERVICE CORPORATION
SCOTT INDUSTRIES (1995) INC p 316
1818 Cornwall Ave Suite 100, VANCOUVER, BC, V6J 1C7
(604) 874-8228   SIC 8741
SCOTT LAND & LEASE LTD p 87
11634 142 St Nw Suite 100, EDMONTON, AB, T5M 1V4
(780) 428-2212   SIC 6211
SCOTT ROBERTSON ELEMENTARY SCHOOL p 75
See EDMONTON SCHOOL DISTRICT NO. 7
SCOTT SAFETY SUPPLY SERVICES LTD p 175
5012 Caxton St W, WHITECOURT, AB, T7S 0A6
(780) 778-3389   SIC 5999
SCOTT STREET PUBLIC SCHOOL p 858
See THAMES VALLEY DISTRICT SCHOOL BOARD
SCOTT, T ENTERPRISES LIMITED p 467
629 Sackville Dr, LOWER SACKVILLE, NS, B4C 2S4
(902) 865-6618   SIC 5812
SCOTT, T ENTERPRISES LIMITED p 467
84 Beaver Bank Rd, LOWER SACKVILLE, NS, B4E 1J7
(902) 864-7141   SIC 5812
SCOTT, T ENTERPRISES LIMITED p 467
808 Sackville Dr, LOWER SACKVILLE, NS, B4E 1R7
SIC 5812
SCOTT, T.E. ELEMENTARY SCHOOL p 282
See SCHOOL DISTRICT NO 36 (SURREY)
SCOTTS CANADA LTD p 711
2000 Argentia Rd Suite 300, MISSISSAUGA, ON, L5N 1P7
(905) 814-7425   SIC 5199
SCOULAR CANADA LTD p 55
10201 Southport Rd Sw Suite 1110, CALGARY, AB, T2W 4X9
(403) 720-9050   SIC 6799
SCOULAR CANADA LTD p 1302
1502 17th St W, SASKATOON, SK, S7M 4A4
(306) 249-4151   SIC 4221
SCOUTS CANADA p 203
5200 Comox Logging Rd, COURTENAY, BC, V9J 1P9
SIC 8641
SCOUTS CANADA p 756
10 Kodiak Cres Unit 120, NORTH YORK, ON, M3J 3G5
(416) 490-6364   SIC 8641
SCOUTS CANADA CENTRAL ONTARIO p 756
See SCOUTS CANADA
SCP 89 INC p 1061
3641 Rue Des Forges, Laterriere, QC, G7N 1N4
(418) 678-1506   SIC 3496
SCP DISTRIBUTORS CANADA INC p 527
373 Elgin St, BRANTFORD, ON, N3S 7P5
(519) 720-9219   SIC 5091
SCRAPBOOKER'S PARADISE LTD p 13
2926 3 Ave Ne, CALGARY, AB, T2A 6T7
(403) 229-0500   SIC 5111
SCRAPMEN p 608
See 1650473 ONTARIO INC
SCREEMERS INC p 629
16130 Weston Rd Suite 2, KETTLEBY, ON, L7B 0E7
(416) 979-3327   SIC 7996
SDA p 431
See STRAITS RURAL DEVELOPMENT ASSOCIATION
SDH INC p 524
190 Bovaird Dr W Suite 15, BRAMPTON, ON, L7A 1A2
(905) 796-5849   SIC 4212
SDH-PUBLIC HEALTH SERVICES p 1270
See SASKATOON REGIONAL HEALTH AUTHORITY
SDI SUPPLIES LTD p 941
4935 Steeles Ave W, TORONTO, ON, M9L 1R4
(416) 745-8665   SIC 5085
SDL INTERNATIONAL (CANADA) INC p 1113
1155 Rue Metcalfe Bureau 1200, Montreal, QC, H3B 2V6
(514) 844-2577   SIC 7389
SDM p 1092
See SERVICES DOCUMENTAIRES MULTIMEDIA (SDM) INC
SDP TELECOM ULC p 1027
1725 Rte Transcanadienne, DORVAL, QC, H9P 1J1
(514) 421-5959   SIC 3663
SDR MANAGEMENT LTD p 49
205 Riverfront Ave Sw Suite 803, CALGARY, AB, T2P 5K4
(403) 261-9913   SIC 5812
SDS DRILLING , DIV OF p 16
See BOART LONGYEAR CANADA
SE CE DISTRIBUTION p 1211
See CIE D'HABILLEMENT SE CE LTEE, LA
SEA AIR INTERNATIONAL FORWARDERS LIMITED p 720
1720 Meyerside Dr, MISSISSAUGA, ON, L5T 1A3
(905) 677-7701   SIC 4731
SEA BREEZE PACIFIC REGIONAL TRANSMISSION SYSTEM, INC p 305
333 Seymour St Suite 1400, VANCOUVER, BC, V6B 5A6
(604) 689-2991   SIC 4911
SEA MERCHANTS INC p 578
55 Vansco Rd, ETOBICOKE, ON, M8Z 5Z8
(416) 255-2700   SIC 5146
SEA TO SKY p 340
See WHISTLER TAXI LTD
SEA TO SKY COMMUNITY HEALTH COUNCIL p 252
1403 Portage Rd, PEMBERTON, BC, V0N 2L0
(604) 894-6633   SIC 8011
SEA TO SKY COMMUNITY HEALTH COUNCIL p 279
38140 Behrner Dr, SQUAMISH, BC, V8B 0J3
(604) 892-9337   SIC 8062
SEA TO SKY FORD p 279
See SEA TO SKY FORD SALES LTD
SEA TO SKY FORD SALES LTD p 279
1180 Hunter Pl, SQUAMISH, BC, V8B 0B7
(604) 892-3673   SIC 5511
SEA TO SKY HOTEL INC p 216
Gd, GARIBALDI HIGHLANDS, BC, V0N 1T0
(604) 898-4874   SIC 7011
SEA VIEW COMMUNITY SCHOOL p 257
See SCHOOL DISTRICT NO. 43 (COQUITLAM)
SEABEE MINE, DIV OF p 1271
See CLAUDE RESOURCES INC
SEABIRD ISLAND INDIAN BAND p 180
2895 Chowat Rd Rr 2, AGASSIZ, BC, V0M 1A2
(604) 796-2177   SIC 8299
SEABOARD BULK TERMINALS LIMITED p 452
721 Wilkinson Avenue, DARTMOUTH, NS, B3B 0H4
(902) 468-4447   SIC 4225
SEABOARD HARMAC TRANSPORTATION GROUP p 990
See HARMAC TRANSPORTATION INC
SEABOARD LIQUID CARRIERS LIMITED p 416
120 Ashburn Rd, SAINT JOHN, NB, E2K 5J5
(506) 652-7070   SIC 4213
SEABOARD LIQUID CARRIERS LIMITED p 472
23 Paint St, PORT HAWKESBURY, NS, B9A 3J7
(902) 625-3320   SIC 4213
SEABOARD TRANSPORT GROUP p 416
See SEABOARD LIQUID CARRIERS LIMITED
SEABOARD TRANSPORT GROUP p 452
721 Av Wilkinson, DARTMOUTH, NS, B3B 0H4
(902) 468-4447   SIC 4213
SEABOARD TRANSPORT GROUP p 472
See SEABOARD LIQUID CARRIERS LIMITED
SEACLIFF CONSTRUCTION CORP p 313
1066 Hastings St W, VANCOUVER, BC, V6E 3X2
(604) 601-8206   SIC 8742
SEAFAIR SAFEWAY p 274
See SOBEYS WEST INC
SEAFORTH COMMUNITY HOSPITAL p 847
24 Centennial Dr, SEAFORTH, ON, N0K 1W0
(519) 527-1650   SIC 8062
SEAFORTH ELEMENTARY SCHOOL p 183
See BURNABY SCHOOL BOARD DISTRICT 41
SEAFORTH FOOD MARKET p 847
See 450252 ONTARIO LTD
SEAFORTH MANOR RETIREMENT LIVING AND LONG TERM CARE p 847
See PROVINCIAL NURSING HOME LIMITED PARTNERSHIP
SEAFORTH PUBLIC SCHOOL p 847
See AVON MAITLAND DISTRICT SCHOOL BOARD
SEAFREEZ FOODS p 423
See BARRY GROUP INC
SEAGRAVE FIRE APPARATUS COMPANY p 549
7 Industrial Ave, CARLETON PLACE, ON, K7C 3V7
(613) 257-8197   SIC 3711
SEAGULL COMPANY INCORPORATED, THE p 472
10016 Sunrise Trail, PUGWASH, NS, B0K 1L0
(902) 243-2516   SIC 3914
SEAL COVE ELEMENTARY p 263
See PRINCE RUPERT SCHOOL DISTRICT 52
SEALED AIR (CANADA) CO./CIE p 516
95 Glidden Rd, BRAMPTON, ON, L6T 2H8
(905) 456-0701   SIC 3081
SEALED AIR (CANADA) CO./CIE p 704
3755 Laird Rd Unit 10, MISSISSAUGA, ON, L5L 0B3
(905) 829-1200   SIC 3089
SEALED AIR (CANADA) CO./CIE p 1029
2350 Boul Lemire, DRUMMONDVILLE, QC, J2B 6X9
SIC 3086
SEALING PRODUCTS p 552
See DANA CANADA CORPORATION
SEALING SYSTEMS GROUP p 591
See COOPER-STANDARD AUTOMOTIVE CANADA LIMITED
SEALING SYSTEMS GROUP p 864
See COOPER-STANDARD AUTOMOTIVE CANADA LIMITED
SEALY CANADA LTD p 87
14550 112 Ave Nw, EDMONTON, AB, T5M

▲ Public Company   ■ Public Company Family Member   HQ Headquarters   BR Branch   SL Single Location

3664 SEALY CANADA LTD

2T9
(780) 452-3070   SIC 2515
SEALY CANADA LTD   p 1218
555 Rue Panneton Bureau 97, SAINT-NARCISSE, QC, G0X 2Y0
(418) 328-3361   SIC 2515
SEAPARC (SOOKE PK + RECREATION) p 278
See CAPITAL REGIONAL DISTRICT
SEAPARK INDUSTRIAL DRY CLEANERS LIMITED   p 852
147 Cushman Rd, ST CATHARINES, ON, L2M 6T2
(905) 688-1671   SIC 7218
SEAPARK INDUSTRIAL GLOVE RECYCLING   p 852
See SEAPARK INDUSTRIAL DRY CLEANERS LIMITED
SEARCHMONT RESORT   p 847
See SEARCHMONT SKI ASSOCIATION INC
SEARCHMONT SKI ASSOCIATION INC   p 847
103 Searchmont Resort Rd, SEARCHMONT, ON, P0S 1J0
(705) 781-2340   SIC 7011
SEARS   p 76
See SEARS CANADA INC
SEARS   p 145
See SEARS CANADA INC
SEARS   p 187
See SEARS CANADA INC
SEARS   p 397
See SEARS CANADA INC
SEARS   p 531
See SEARS CANADA INC
SEARS   p 541
See SEARS CANADA INC
SEARS   p 661
See SEARS CANADA INC
SEARS   p 760
See SEARS CANADA INC
SEARS   p 865
See SEARS CANADA INC
SEARS   p 1031
See SEARS CANADA INC
SEARS   p 1143
See SEARS CANADA INC
SEARS 1317   p 555
See SEARS CANADA INC
SEARS ANJOU   p 993
See SEARS CANADA INC
SEARS BROSSARD   p 1006
See SEARS CANADA INC
SEARS CAMBRIDGE   p 544
See SEARS CANADA INC
SEARS CANADA INC   p 11
3350 Sunridge Way Ne, CALGARY, AB, T1Y 7K5
(403) 219-0320   SIC 5311
SEARS CANADA INC   p 13
3800 Memorial Dr Ne Suite 1600, CALGARY, AB, T2A 2K2
(403) 273-2323   SIC 5311
SEARS CANADA INC   p 33
6455 Macleod Trail Sw Suite 1000, CALGARY, AB, T2H 0K3
SIC 5311
SEARS CANADA INC   p 36
100 Anderson Rd Se Suite 1, CALGARY, AB, T2J 3V1
(403) 225-8536   SIC 5311
SEARS CANADA INC   p 39
1616 14 Ave Nw, CALGARY, AB, T2N 1M6
(403) 289-7777   SIC 5311
SEARS CANADA INC   p 76
50 Kingsway Garden Mall Nw, EDMONTON, AB, T5G 0Y3
(780) 479-8431   SIC 5311
SEARS CANADA INC   p 85
13932 137 Ave Nw, EDMONTON, AB, T5L 5H1
(780) 456-5050   SIC 5399

SEARS CANADA INC   p 95
8770 170 St Nw, EDMONTON, AB, T5T 3J7
(780) 444-1450   SIC 5311
SEARS CANADA INC   p 98
4302 118 Ave Nw, EDMONTON, AB, T5W 1A6
(780) 479-6890   SIC 5399
SEARS CANADA INC   p 102
82 Ave 83rd St, EDMONTON, AB, T6C 4E3
(780) 468-6611   SIC 5961
SEARS CANADA INC   p 109
5015 111 St Nw Unit 100, EDMONTON, AB, T6H 4M6
(780) 438-2098   SIC 5311
SEARS CANADA INC   p 128
12429 99 St, GRANDE PRAIRIE, AB, T8V 6Y5
(780) 513-5270   SIC 5311
SEARS CANADA INC   p 139
401 1 Ave S, LETHBRIDGE, AB, T1J 4L8
SIC 5311
SEARS CANADA INC   p 142
5211 44 St Suite 121, LLOYDMINSTER, AB, T9V 0A7
(780) 875-1111   SIC 5311
SEARS CANADA INC   p 145
3292 Dunmore Rd Se, MEDICINE HAT, AB, T1B 2R4
(403) 526-5552   SIC 5311
SEARS CANADA INC   p 154
5423 57 St Suite 516, RED DEER, AB, T4N 2K8
(403) 343-6650   SIC 5311
SEARS CANADA INC   p 173
215 Centre St, VULCAN, AB, T0L 2B0
SIC 5399
SEARS CANADA INC   p 177
32900 South Fraser Way, ABBOTSFORD, BC, V2S 5A1
(604) 504-5574   SIC 5311
SEARS CANADA INC   p 182
9850 Austin Rd, BURNABY, BC, V3J 7B3
SIC 5311
SEARS CANADA INC   p 184
2820 Underhill Ave, BURNABY, BC, V5A 0A2
(604) 415-9512   SIC 7389
SEARS CANADA INC   p 187
4567 Lougheed Hwy Suite 100, BURNABY, BC, V5C 3Z7
(604) 299-5511   SIC 5311
SEARS CANADA INC   p 191
4750 Kingsway, BURNABY, BC, V5H 2C2
(604) 433-3211   SIC 5311
SEARS CANADA INC   p 198
45585 Luckakuck Way, CHILLIWACK, BC, V2R 1A1
(604) 858-5211   SIC 5311
SEARS CANADA INC   p 200
2929 Barnet Hwy Suite 300, COQUITLAM, BC, V3B 5R5
(604) 464-8600   SIC 5311
SEARS CANADA INC   p 218
1320 Trans Canada Hwy W Suite 275, KAMLOOPS, BC, V1S 1J2
(250) 374-6611   SIC 5311
SEARS CANADA INC   p 236
20475 Lougheed Hwy Suite 10, MAPLE RIDGE, BC, V2X 9B6
(604) 460-8077   SIC 5722
SEARS CANADA INC   p 242
4750 Rutherford Rd, NANAIMO, BC, V9T 4K6
(250) 756-4111   SIC 5311
SEARS CANADA INC   p 250
943 Marine Dr, NORTH VANCOUVER, BC, V7P 1S1
(604) 985-7722   SIC 5311
SEARS CANADA INC   p 256
1488 Coast Meridian Rd, PORT COQUITLAM, BC, V3C 6P7
(604) 468-5149   SIC 5399
SEARS CANADA INC   p 262
3199 Massey Dr, PRINCE GEORGE, BC,

V2N 3M7
(250) 564-8111   SIC 5311
SEARS CANADA INC   p 281
1730 Guildford Town Ctr, SURREY, BC, V3R 7B8
(604) 584-4149   SIC 5311
SEARS CANADA INC   p 329
3190 Shelbourne St, VICTORIA, BC, V8T 3A8
(250) 595-9111   SIC 5311
SEARS CANADA INC   p 334
765 Vanalman Ave Suite 101, VICTORIA, BC, V8Z 3B8
SIC 5399
SEARS CANADA INC   p 363
1555 Regent Ave W Suite 14, WINNIPEG, MB, R2C 4J2
(204) 661-8470   SIC 5311
SEARS CANADA INC   p 370
2311 Mcphillips St, WINNIPEG, MB, R2V 3C9
(204) 338-4621   SIC 5311
SEARS CANADA INC   p 381
1515 Portage Ave, WINNIPEG, MB, R3G 0W7
(204) 775-7011   SIC 5311
SEARS CANADA INC   p 394
1300 St. Peter Ave, BATHURST, NB, E2A 3A6
(506) 546-7800   SIC 5311
SEARS CANADA INC   p 397
43 Rue Champlain, DIEPPE, NB, E1A 4T2
(506) 853-4002   SIC 5311
SEARS CANADA INC   p 402
1325 Regent St, FREDERICTON, NB, E3C 1A2
(506) 452-1591   SIC 5311
SEARS CANADA INC   p 412
200 Main St, PLASTER ROCK, NB, E7G 2E2
SIC 5311
SEARS CANADA INC   p 415
441 Westmorland Rd, SAINT JOHN, NB, E2J 4K2
(506) 632-3630   SIC 5311
SEARS CANADA INC   p 425
54 Maple Valley Rd, CORNER BROOK, NL, A2H 3C5
(709) 634-6934   SIC 5311
SEARS CANADA INC   p 430
9 Glencoe Dr Unit 5740, MOUNT PEARL, NL, A1N 4S4
SIC 5199
SEARS CANADA INC   p 434
48 Kenmount Rd, ST. JOHN'S, NL, A1B 1W3
(709) 726-3770   SIC 7231
SEARS CANADA INC   p 438
119 Mackenzie Rd, INUVIK, NT, X0E 0T0
(867) 777-4849   SIC 5311
SEARS CANADA INC   p 448
535 Portland St, DARTMOUTH, NS, B2Y 4B1
(902) 463-8660   SIC 7991
SEARS CANADA INC   p 462
7101 Chebucto Rd, HALIFAX, NS, B3L 1N3
(902) 454-5009   SIC 5311
SEARS CANADA INC   p 462
7001 Mumford Rd, HALIFAX, NS, B3L 2H8
(902) 454-5111   SIC 5311
SEARS CANADA INC   p 470
689 Westville Rd, NEW GLASGOW, NS, B2H 2J6
SIC 5311
SEARS CANADA INC   p 470
9256 Commercial St, NEW MINAS, NS, B4N 4A9
(902) 681-1566   SIC 5311
SEARS CANADA INC   p 478
245 Robie St, TRURO, NS, B2N 5N6
(902) 893-1101   SIC 5311
SEARS CANADA INC   p 488
45 Legend Crt, ANCASTER, ON, L9K 1J3
SIC 5719
SEARS CANADA INC   p 498

42 Caplan Ave Suite A, BARRIE, ON, L4N 0M5
(705) 727-9287   SIC 5712
SEARS CANADA INC   p 502
500 College St E, BELLEVILLE, ON, K8N 5T2
(613) 391-3106   SIC 4225
SEARS CANADA INC   p 504
315 Bell Blvd, BELLEVILLE, ON, K8P 5H3
(800) 469-4663   SIC 7629
SEARS CANADA INC   p 504
390 North Front St, BELLEVILLE, ON, K8P 3E1
(613) 966-3661   SIC 5311
SEARS CANADA INC   p 516
25 Peel Centre Dr, BRAMPTON, ON, L6T 3R5
(905) 458-1141   SIC 5311
SEARS CANADA INC   p 520
253 Queen St E, BRAMPTON, ON, L6W 2B8
SIC 7389
SEARS CANADA INC   p 520
295 Queen St E, BRAMPTON, ON, L6W 3R1
SIC 5311
SEARS CANADA INC   p 526
84 Lynden Rd Suite 1, BRANTFORD, ON, N3R 5V1
(519) 756-7451   SIC 5311
SEARS CANADA INC   p 531
2399 Parkedale Ave Unit 1047, BROCKVILLE, ON, K6V 3G9
(613) 345-1163   SIC 5311
SEARS CANADA INC   p 541
900 Maple Ave, BURLINGTON, ON, L7S 2J8
(905) 632-4111   SIC 5311
SEARS CANADA INC   p 544
355 Hespeler Rd, CAMBRIDGE, ON, N1R 6B3
(519) 623-2327   SIC 5311
SEARS CANADA INC   p 555
1111 Elgin St W, COBOURG, ON, K9A 5H7
SIC 5311
SEARS CANADA INC   p 565
1 Water St E, CORNWALL, ON, K6H 6M2
(613) 938-9305   SIC 5311
SEARS CANADA INC   p 581
25 The West Mall, ETOBICOKE, ON, M9C 1B8
SIC 5961
SEARS CANADA INC   p 587
500 Rexdale Blvd, ETOBICOKE, ON, M9W 6K5
(416) 798-3800   SIC 5311
SEARS CANADA INC   p 601
435 Stone Rd W Suite 100, GUELPH, ON, N1G 2X6
(519) 822-3280   SIC 5311
SEARS CANADA INC   p 606
75 Centennial Pky N, HAMILTON, ON, L8E 2P2
(905) 545-4741   SIC 5311
SEARS CANADA INC   p 615
999 Upper Wentworth St, HAMILTON, ON, L9A 4X5
(905) 389-4441   SIC 5311
SEARS CANADA INC   p 638
200 Fairway Rd S, KITCHENER, ON, N2C 1W9
(519) 894-2300   SIC 5311
SEARS CANADA INC   p 661
1680 Richmond St Suite 2, LONDON, ON, N6G 3Y9
(519) 660-4254   SIC 5999
SEARS CANADA INC   p 662
530 Oxford St W, LONDON, ON, N6H 1T6
SIC 5311
SEARS CANADA INC   p 663
784 Wharncliffe Rd S, LONDON, ON, N6J 2N4
(519) 649-2796   SIC 4226
SEARS CANADA INC   p 663

BUSINESSES ALPHABETICALLY

785 Wonderland Rd S, LONDON, ON, N6K 1M6
(519) 641-5311   SIC 5311

SEARS CANADA INC   p 674
5000 Highway 7 E, MARKHAM, ON, L3R 4M9
SIC 5311

SEARS CANADA INC   p 699
100 City Centre Dr Suite 1, MISSISSAUGA, ON, L5B 2C9
SIC 5311

SEARS CANADA INC   p 706
5100 Erin Mills Pky Unit Y002, MISSISSAUGA, ON, L5M 4Z5
(905) 607-2300   SIC 5311

SEARS CANADA INC   p 734
17600 Yonge St Suite 1, NEWMARKET, ON, L3Y 4Z1
(905) 898-2300   SIC 5311

SEARS CANADA INC   p 745
1800 Sheppard Ave E Unit 200, NORTH YORK, ON, M2J 5A7
(416) 502-3737   SIC 5311

SEARS CANADA INC   p 760
3401 Dufferin St Suite 1, NORTH YORK, ON, M6A 2T9
SIC 5311

SEARS CANADA INC   p 766
240 Leighland Ave Suite 142, OAKVILLE, ON, L6H 3H6
(905) 842-9410   SIC 5311

SEARS CANADA INC   p 781
419 King St W Suite 1, OSHAWA, ON, L1J 2K5
(905) 576-1711   SIC 5311

SEARS CANADA INC   p 788
1250 St. Laurent Blvd, OTTAWA, ON, K1K 3B9
(613) 746-4311   SIC 5311

SEARS CANADA INC   p 789
50 Rideau St Suite 113, OTTAWA, ON, K1N 9J7
SIC 5961

SEARS CANADA INC   p 798
2165 Carling Ave, OTTAWA, ON, K2A 1H2
(613) 729-2561   SIC 5311

SEARS CANADA INC   p 804
1350 16th St E Suite 1, OWEN SOUND, ON, N4K 6P9
(519) 376-8080   SIC 5311

SEARS CANADA INC   p 811
637 Lansdowne St W, PETERBOROUGH, ON, K9J 7C5
(705) 743-6611   SIC 5311

SEARS CANADA INC   p 813
1355 Kingston Rd, PICKERING, ON, L1V 1B8
(905) 420-8000   SIC 5311

SEARS CANADA INC   p 827
1380 London Rd Unit 3, SARNIA, ON, N7S 1P8
(519) 542-2121   SIC 5311

SEARS CANADA INC   p 831
293 Bay St, SAULT STE. MARIE, ON, P6A 1X3
(705) 949-7611   SIC 5311

SEARS CANADA INC   p 833
115a Northern Ave E Suite A, SAULT STE. MARIE, ON, P6B 4H5
SIC 5311

SEARS CANADA INC   p 833
45 White Oak Dr E, SAULT STE. MARIE, ON, P6B 4J7
(800) 469-4663   SIC 7629

SEARS CANADA INC   p 841
300 Borough Dr Suite 2, SCARBOROUGH, ON, M1P 4P5
(416) 296-0171   SIC 5311

SEARS CANADA INC   p 865
1067 Ontario St, STRATFORD, ON, N5A 6W6
(519) 273-1630   SIC 5311

SEARS CANADA INC   p 868
1349 Lasalle Blvd Suite 50, SUDBURY, ON, P3A 1Z3
(705) 566-4000   SIC 5311

SEARS CANADA INC   p 874
2900 Steeles Ave E, THORNHILL, ON, L3T 4X1
SIC 5311

SEARS CANADA INC   p 879
880 Fort William Rd, THUNDER BAY, ON, P7B 2S4
(807) 622-6811   SIC 5999

SEARS CANADA INC   p 885
1500 Riverside Dr, TIMMINS, ON, P4R 1A1
(705) 268-8788   SIC 5311

SEARS CANADA INC   p 907
290 Yonge St Suite 700, TORONTO, ON, M5B 2C3
(416) 941-2253   SIC 5311

SEARS CANADA INC   p 931
1970 Ellesmere Rd, TORONTO, ON, M5W 2G9
(416) 750-9533   SIC 7217

SEARS CANADA INC   p 966
3050 Howard Ave, WINDSOR, ON, N8X 3Y7
(519) 966-2822   SIC 5311

SEARS CANADA INC   p 972
9501 Highway 50, WOODBRIDGE, ON, L4H 2B9
(905) 893-5284   SIC 4225

SEARS CANADA INC   p 988
705 Av Du Pont N Bureau 45, ALMA, QC, G8B 6T5
(418) 662-2222   SIC 5311

SEARS CANADA INC   p 993
7451 Boul Des Galeries D'anjou, ANJOU, QC, H1M 3A3
(514) 353-7770   SIC 5311

SEARS CANADA INC   p 1006
2151 Boul Lapiniere, BROSSARD, QC, J4W 2T5
(450) 465-1000   SIC 5311

SEARS CANADA INC   p 1007
8505 Boul Taschereau, BROSSARD, QC, J4Y 1A4
SIC 5311

SEARS CANADA INC   p 1018
690 Boul Le Corbusier, Cote Saint-Luc, QC, H7N 0A9
(450) 682-0495   SIC 5712

SEARS CANADA INC   p 1020
3005 Boul Le Carrefour Bureau Y005, Cote Saint-Luc, QC, H7T 1C7
(450) 682-1200   SIC 5311

SEARS CANADA INC   p 1031
755 Boul Rene-Levesque, DRUMMONDVILLE, QC, J2C 6Y7
(819) 478-1381   SIC 5311

SEARS CANADA INC   p 1038
320 Boul Saint-Joseph Bureau 1, GATINEAU, QC, J8Y 3Y9
(819) 776-4187   SIC 5311

SEARS CANADA INC   p 1041
60 Rue Evangeline, GRANBY, QC, J2G 8K3
(450) 777-0476   SIC 5311

SEARS CANADA INC   p 1046
1195 Boul Firestone, JOLIETTE, QC, J6E 2W4
(450) 759-5858   SIC 5311

SEARS CANADA INC   p 1059
7101 Boul Newman, LASALLE, QC, H8N 1X1
SIC 5311

SEARS CANADA INC   p 1066
1200 Boul Alphonse-Desjardins, Levis, QC, G6V 6Y8
(418) 833-4711   SIC 5311

SEARS CANADA INC   p 1143
6701 Aut Transcanadienne, POINTE-CLAIRE, QC, H9R 5J2
(514) 694-8815   SIC 5311

SEARS CANADA INC   p 1152
500 Boul Wilfrid-Hamel, Quebec, QC, G1M 2S5
(418) 529-9861   SIC 5311

SEARS CANADA INC   p 1166
1430 Av Jules-Verne, Quebec, QC, G2G 2V6
(418) 871-9595   SIC 5719

SEARS CANADA INC   p 1168
5401 Boul Des Galeries Bureau 1, Quebec, QC, G2K 1N4
(418) 624-7311   SIC 5311

SEARS CANADA INC   p 1168
1700 Rue Bouvier, Quebec, QC, G2K 1N8
(418) 260-9084   SIC 5712

SEARS CANADA INC   p 1171
100 Boul Brien, REPENTIGNY, QC, J6A 5N4
(450) 582-5532   SIC 5311

SEARS CANADA INC   p 1176
401 Boul Labelle, Rosemere, QC, J7A 3T2
(450) 433-1001   SIC 5311

SEARS CANADA INC   p 1186
379 Boul Arthur-Sauve, SAINT-EUSTACHE, QC, J7P 2B1
(450) 491-5000   SIC 5311

SEARS CANADA INC   p 1190
8585 Boul Lacroix, SAINT-GEORGES, QC, G5Y 5L6
(418) 228-2222   SIC 5311

SEARS CANADA INC   p 1200
900 Boul Grignon Bureau 111, Saint-Jerome, QC, J7Y 3S7
(450) 432-2110   SIC 5311

SEARS CANADA INC   p 1207
3055 Boul De La Cote-Vertu, SAINT-LAURENT, QC, H4R 1Y6
(514) 335-7770   SIC 5311

SEARS CANADA INC   p 1207
1655 Rue Beaulac, SAINT-LAURENT, QC, H4R 1Z1
(514) 335-5824   SIC 5311

SEARS CANADA INC   p 1207
3075 Boul Thimens Bureau 562, SAINT-LAURENT, QC, H4R 1Y3
(514) 335-4980   SIC 4225

SEARS CANADA INC   p 1216
6875 Rue Jean-Talon E, SAINT-LEONARD, QC, H1S 1N2
SIC 5311

SEARS CANADA INC   p 1239
3150 Boul De Portland, SHERBROOKE, QC, J1L 1K3
(819) 563-9440   SIC 5311

SEARS CANADA INC   p 1241
525 Rue De Ramezay, SOREL-TRACY, QC, J3P 8B4
(450) 746-2508   SIC 5311

SEARS CANADA INC   p 1249
4225 Boul Des Forges, Trois-Rivieres, QC, G8Y 1W2
(819) 379-6163   SIC 5311

SEARS CANADA INC   p 1260
1111 Boul Jutras E, VICTORIAVILLE, QC, G6S 1C1
(819) 357-4000   SIC 5311

SEARS CANADA INC   p 1276
1235 Main St N Suite 28, MOOSE JAW, SK, S6H 6M4
(306) 692-7851   SIC 5311

SEARS CANADA INC   p 1277
11 Main St, NORQUAY, SK, S0A 2V0
(306) 594-2258   SIC 5311

SEARS CANADA INC   p 1280
1499 Central Ave, PRINCE ALBERT, SK, S6V 4W4
(306) 764-1466   SIC 5311

SEARS CANADA INC   p 1283
855 Park St, REGINA, SK, S4N 6M1
(306) 566-5104   SIC 4225

SEARS CANADA INC   p 1286
1720 Hamilton St Suite 100, REGINA, SK, S4P 4A5
(306) 569-1344   SIC 6512

SEARS CANADA INC   p 1288
1908 7th Ave, REGINA, SK, S4R 5E1
(306) 569-1711   SIC 5399

SEARS CANADA INC   p 1298
1 Midtown Plaza, SASKATOON, SK, S7K 1K1
(306) 653-2060   SIC 5311

SEARS CANADA-ACCOUNTS PAYABLE   p 907
See SEARS CANADA INC

SEARS CARLINGWOOD   p 798
See SEARS CANADA INC

SEARS CARPET AND UPHOLSTERY CARE   p 931
See SEARS CANADA INC

SEARS CATALOGUE   p 419
See COOPERATIVE DE ST LOUIS, LIMITEE, LA

SEARS CATALOGUE, DIV OF   p 488
See SEARS CANADA INC

SEARS DECOR   p 1018
See SEARS CANADA INC

SEARS DECOR   p 1168
See SEARS CANADA INC

SEARS DEPARTMENT STORE   p 1171
See SEARS CANADA INC

SEARS DEPARTMENT STORE   p 1207
See SEARS CANADA INC

SEARS DEPARTMENT STORE   p 1239
See SEARS CANADA INC

SEARS DEPARTMENT STORE   p 1260
See SEARS CANADA INC

SEARS DEPARTMENT STORE # 6398   p 1046
See SEARS CANADA INC

SEARS DEVONSHIRE WINDSOR   p 966
See SEARS CANADA INC

SEARS FLEURS DE LYS   p 1152
See SEARS CANADA INC

SEARS FURNITURE AND APPLIANCE   p 1059
See SEARS CANADA INC

SEARS LAVAL   p 1020
See SEARS CANADA INC

SEARS LIQUIDATION CENTRE   p 520
See SEARS CANADA INC

SEARS OULET STORE, THE   p 462
See SEARS CANADA INC

SEARS OUTLET   p 520
See SEARS CANADA INC

SEARS OUTLET   p 662
See SEARS CANADA INC

SEARS OUTLET STORE   p 182
See SEARS CANADA INC

SEARS PARTS & SERVICE   p 334
See SEARS CANADA INC

SEARS PICKERING #1034   p 813
See SEARS CANADA INC

SEARS SERVICE   p 833
See SEARS CANADA INC

SEARS ST EUSTACHE   p 1186
See SEARS CANADA INC

SEARS STORE 1429   p 109
See SEARS CANADA INC

SEARS WOODBINE   p 587
See SEARS CANADA INC

SEASIDE ELEMENTARY   p 454
See HALIFAX REGIONAL SCHOOL BOARD

SEASTAR SOLUTIONS   p 266
See MARINE CANADA ACQUISITION LIMITED PARTNERSHIP

SEATON VILLA   p 186
See ACTION LINE HOUSING SOCIETY

SEAVIEW COMMUNITY SCHOOL   p 257
See SCHOOL DISTRICT NO. 43 (COQUITLAM)

SEAVIEW ELEMENTARY SCHOOL   p 234
See SCHOOL DISTRICT NO. 68 (NANAIMO-LADYSMITH)

SEAWAY DISTRICT HIGH SCHOOL   p 622
See UPPER CANADA DISTRICT SCHOOL BOARD, THE

SEAWAY EXPRESS INC   p 565
605 Boundary Rd, CORNWALL, ON, K6H 6K8
(613) 933-8984   SIC 4212

SEAWAY INTERNATIONAL BRIDGE CORPORATION LTD, THE   p 565

SEBA BEACH SCHOOL
Gd Stn Main, CORNWALL, ON, K6H 5R8
(613) 932-6601   SIC 4785
SEBA BEACH SCHOOL p 160
See PARKLAND SCHOOL DIVISION NO. 70
SEBJ p 1095
See SOCIETE D'ENERGIE DE LA BAIE JAMES, LA
SECAP INC p 691
5500 Explorer Dr, MISSISSAUGA, ON, L4W 5C7
(905) 219-3000   SIC 3579
SECHOIRS A BOIS RENE BERNARD LTEE, LES p 996
88 Av Lambert, BEAUCEVILLE, QC, G5X 3N4
(418) 774-3382   SIC 2421
SECOND CUP LTD, THE p 167
19 Bellerose Dr Suite 30, ST. ALBERT, AB, T8N 5E1
(780) 458-8163   SIC 5812
SECOND CUP LTD, THE p 889
5095 Yonge St, TORONTO, ON, M2N 6Z4
(416) 227-9332   SIC 5812
SECOND CUP LTD, THE p 920
145 Queens Quay W, TORONTO, ON, M5J 2H4
(416) 203-7880   SIC 5812
SECOND CUP, THE p 167
See SECOND CUP LTD, THE
SECOND CUP, THE p 920
See SECOND CUP LTD, THE
SECOND LINE REXALL DRUG STORE p 833
See REXALL PHARMACY GROUP LTD
SECOND REAL PROPERTIES LIMITED p 611
100 King St, HAMILTON, ON, L8P 1A2
(905) 522-3501   SIC 6512
SECOND STREET COMMUNITY SCHOOL p 183
See BURNABY SCHOOL BOARD DISTRICT 41
SECONDAIRE INTER CULTUREL p 1262
See ECOLE VANGUARD QUEBEC LIMITEE
SECONDAIRE PUBLIQUE L' QUINOXE p 805
See CONSEIL DES ECOLES PUBLIQUES DE L'EST DE L'ONTARIO
SECONDARYTEUR ADULTES CENTRES DE FORMATION PROFESS p 1034
See COMMISSION SCOLAIRE DES DRAVEURS
SECORD ELEMENTARY SCHOOL p 892
See TORONTO DISTRICT SCHOOL BOARD
SECTEUR DES CHENAUX p 1226
See CENTRE DE SANTE ET DE SERVICES SOCIAUX DE LA VALLEE-DE-LA-BATISCAN
SECTION COLLEGIALE p 1037
See COLLEGE PREUNIVERSITAIRE NOUVELLES FRONTIERES
SECURE 724 LTD p 752
1959 Leslie St, NORTH YORK, ON, M3B 2M3
(416) 923-6984   SIC 3699
SECURED SECURITY GROUP (INTERNATIONAL) LIMITED p 309
3555 Burrard St Suite 1400, VANCOUVER, BC, V6C 2G8
(604) 385-1555   SIC 7381
SECURICOR CASH SERVICE p 100
See G4S CASH SOLUTIONS (CANADA) LTD
SECURICOR CASH SERVICES p 241
See G4S CASH SOLUTIONS (CANADA) LTD
SECURICOR CASH SERVICES p 335
See G4S CASH SOLUTIONS (CANADA) LTD
SECURICOR CASH SERVICES p 417

See G4S CASH SOLUTIONS (CANADA) LTD
SECURIGUARD p 329
See SECURIGUARD SERVICES LIMITED
SECURIGUARD SERVICES LIMITED p 242
2520 Bowen Rd Suite 205, NANAIMO, BC, V9T 3L3
(250) 756-4452   SIC 7381
SECURIGUARD SERVICES LIMITED p 329
2750 Quadra St Suite 218, VICTORIA, BC, V8T 4E8
(250) 388-3118   SIC 7381
SECURITAS CANADA p 495
See SECURITAS CANADA LIMITED
SECURITAS CANADA LIMITED p 191
5172 Kingsway Suite 270, BURNABY, BC, V5H 2E8
(604) 454-3600   SIC 7381
SECURITAS CANADA LIMITED p 290
8431 160 St Suite 200, SURREY, BC, V4N 0V6
(778) 578-6063   SIC 7381
SECURITAS CANADA LIMITED p 435
215 Water St Suite 611, ST. JOHN'S, NL, A1C 6C9
(709) 754-0160   SIC 7381
SECURITAS CANADA LIMITED p 447
175 Main St Suite 201, DARTMOUTH, NS, B2X 1S1
(902) 434-2442   SIC 5999
SECURITAS CANADA LIMITED p 495
400 Bayfield St Suite 215, BARRIE, ON, L4M 5A1
(705) 728-7777   SIC 7381
SECURITAS CANADA LIMITED p 504
205 North Front St Suite 10, BELLEVILLE, ON, K8P 3C3
(613) 966-3690   SIC 7381
SECURITAS CANADA LIMITED p 544
1425 Bishop St N Suite 14, CAMBRIDGE, ON, N1R 6J9
(519) 620-9864   SIC 7381
SECURITAS CANADA LIMITED p 695
420 Britannia Rd E Suite 100, MISSISSAUGA, ON, L4Z 3L5
(905) 272-0330   SIC 7381
SECURITAS CANADA LIMITED p 745
265 Yorkland Blvd Suite 500, NORTH YORK, ON, M2J 1S5
(416) 774-2500   SIC 7381
SECURITAS CANADA LIMITED p 808
349a George St N Suite 206, PETERBOROUGH, ON, K9H 3P9
(705) 743-8026   SIC 7381
SECURITAS CANADA LIMITED p 868
767 Barrydowne Rd Suite 301, SUDBURY, ON, P3A 3T6
(705) 675-3654   SIC 7381
SECURITAS CANADA LIMITED p 961
11210 Tecumseh Rd E, WINDSOR, ON, N8R 1A8
(519) 979-1317   SIC 7381
SECURITAS CANADA LIMITED p 1117
1980 Rue Sherbrooke O Bureau 300, Montreal, QC, H3H 1E8
(514) 935-2533   SIC 7381
SECURITAS CANADA LIMITED p 1210
2915 Rue Diab, SAINT-LAURENT, QC, H4S 1M1
(514) 938-3433   SIC 7381
SECURITE ABCO INC p 1184
1215 Rue Des Bouleaux, SAINT-CYRILLE-DE-WENDOVER, QC, J1Z 1L5
(819) 477-7618   SIC 6211
SECURITE B S L LTEE p 1173
599 Rue Des Voiliers Bureau 201, RIMOUSKI, QC, G5L 7M9
(418) 723-0277   SIC 7381
SECURITE KOLOSSAL INC p 1152
325 Rue Du Marais Bureau 220, Quebec, QC, G1M 3R3
(418) 683-1713   SIC 7381
SECURITE NATIONALE COMPAGNIE D'ASSURANCE p 1097

50 Boul Cremazie O Bureau 1200, Montreal, QC, H2P 1B6
(514) 382-6060   SIC 6411
SECURITE POLYGON p 1001
See PROTECTION INCENDIE VIKING INC
SECURITE POLYGON INC p 193
7885 North Fraser Way Unit 140, BURNABY, BC, V5J 5M7
(604) 324-7122   SIC 1623
SECURITE POLYGON INC p 562
130 Citation Dr, CONCORD, ON, L4K 2W9
(905) 760-8700   SIC 1711
SECURITE POLYGON INC p 728
17g Enterprise Ave, NEPEAN, ON, K2G 0A7
(613) 225-9540   SIC 5087
SECURITE POLYGON INC p 1154
1885 Rue Leon-Harmel, Quebec, QC, G1N 4K4
(418) 687-4222   SIC 1711
SECURITY & TRAFFIC p 401
See UNIVERSITY OF NEW BRUNSWICK
SECURITY AND SAFETY, DIV OF p 583
See ALLEGION CANADA INC
SECURITY CONCEPTS p 657
See CANADIAN SECURITY CONCEPTS INC
SECURITY ELECTRICAL LTD p 412
17 William Crt, QUISPAMSIS, NB, E2E 4B1
(506) 848-0837   SIC 1731
SECURITY MANAGEMENT SERVICES p 895
See HALO SECURITY INC
SECURITY OFFICER CAREER COLLEGE p 106
8055 Coronet Rd Nw, EDMONTON, AB, T6E 4N7
SIC 6211
SECURTEK MONITORING SOLUTIONS INC p 1309
70 First Ave N, YORKTON, SK, S3N 1J6
(306) 786-4331   SIC 7382
SED SYSTEMS p 1302
See CALIAN LTD
SED SYSTEMS ENGINEER, A DIV OF p 1110
See CALIAN LTD
SED SYSTEMS ENGINEERING, A DIV OF p 623
See CALIAN LTD
SEDGWICK CMS CANADA INC p 686
5915 Airport Rd Suite 200, MISSISSAUGA, ON, L4V 1T1
(905) 671-7800   SIC 6411
SEENERGY FOODS LIMITED p 562
475 North Rivermede Rd, CONCORD, ON, L4K 3N1
(905) 660-0041   SIC 2035
SEFAR BDH INC p 1015
200 Rue Clement-Gilbert, CHICOUTIMI, QC, G7H 5B1
(418) 690-0888   SIC 3569
SEGAL LLP p 745
2005 Sheppard Ave E Suite 500, NORTH YORK, ON, M2J 5B4
(416) 391-4499   SIC 8721
SEGULL TUTOR p 472
See SEAGULL COMPANY INCORPORATED, THE
SEHQ p 1117
See SOCIETE POUR LES ENFANTS HANDICAPES DU QUEBEC
SEI INVESTMENTS CANADA COMPANY p 920
70 York St Suite 1600, TORONTO, ON, M5J 1S9
(416) 777-9700   SIC 8741
SEIGNEURIE DE LEVY p 1064
See 9074-1190 QUEBEC INC
SEIGNEURIE DU JASMIN p 1188
See 9074-1190 QUEBEC INC
SEIGNIORY CHEMICAL PRODUCTS LTD p 720
6355 Kennedy Rd Unit 5, MISSISSAUGA, ON, L5T 2L5

(905) 795-0858   SIC 2819
SEINE RIVER SCHOOL DIVISION p 350
139 Principale St, LA BROQUERIE, MB, R0A 0W0
(204) 424-5607   SIC 8211
SEINE RIVER SCHOOL DIVISION p 350
43 Rue Beaudry, LA SALLE, MB, R0G 0A1
(204) 736-4366   SIC 8211
SEINE RIVER SCHOOL DIVISION p 350
455 D'auteuil, ILE DES CHENES, MB, R0A 0T0
(204) 878-2898   SIC 8211
SEINE RIVER SCHOOL DIVISION p 351
1082 Dawson Rd Ss 1, LORETTE, MB, R0A 0Y0
(204) 878-2887   SIC 8211
SEINE RIVER SCHOOL DIVISION p 351
425 Senez St, LORETTE, MB, R0A 0Y0
(204) 878-2929   SIC 8211
SEINE RIVER SCHOOL DIVISION p 351
475 Senez St Suite 14, LORETTE, MB, R0A 0Y0
(204) 878-4713   SIC 8211
SEINE RIVER SCHOOL DIVISION p 356
444 La Seine St, ST ADOLPHE, MB, R5A 1C2
(204) 883-2182   SIC 8211
SEINE RIVER SCHOOL DIVISION p 357
167 St Alphonse Ave, STE ANNE, MB, R5H 1G3
(204) 422-8762   SIC 8211
SEINE RIVER SCHOOL DIVISION p 357
177 St Alphonse Ave, STE ANNE, MB, R5H 1G3
(204) 422-8776   SIC 8211
SEINE RIVER SCHOOL DIVISION p 357
197 St Alphonse Ave, STE ANNE, MB, R5H 1G3
(204) 422-5417   SIC 8211
SEINE RIVER SCHOOL DIVISION p 391
190 Houde Dr, WINNIPEG, MB, R3V 1C5
(204) 275-1521   SIC 8211
SEINE RIVER SCHOOL DIVISION p 391
245 Le Maire St, WINNIPEG, MB, R3V 1M1
(204) 275-5048   SIC 8211
SEINE RIVER SCHOOL DIVISION p 391
870 Ste Therese Ave, WINNIPEG, MB, R3V 1H8
(204) 269-4920   SIC 8211
SEINE RIVER SCHOOL DIVISION p 391
900 Ste Therese Ave, WINNIPEG, MB, R3V 1H8
(204) 261-4430   SIC 8211
SEKO CANADA LOGISTICS p 720
See RODAIR INTERNATIONAL LTD
SEL WINDSOR, LE p 990
See K+S SEL WINDSOR LTEE
SELBY PUBLIC SCHOOL p 847
See LIMESTONE DISTRICT SCHOOL BOARD
SELECT BISTRO, LE p 696
See LOCOMOTIVE INVESTMENTS INC
SELECT DRIVER SERVICES LTD p 720
6200 Dixie Rd Suite 216, MISSISSAUGA, ON, L5T 2E1
(905) 564-9388   SIC 8299
SELECT FINISHING p 948
See 1528593 ONTARIO INC
SELECT WINE AND SPIRITS p 305
See SELECT WINE MERCHANTS LTD
SELECT WINE MERCHANTS LTD p 305
1122 Mainland St Suite 470, VANCOUVER, BC, V6B 5L1
(604) 687-8199   SIC 5182
SELECTACARE LIMITED p 749
139 Sheppard Ave E, NORTH YORK, ON, M2N 3A6
(416) 225-8900   SIC 8059
SELECTCARE WORLDWIDE CORP p 912
438 University Ave Suite 1201, TORONTO, ON, M5G 2K8
(416) 340-7265   SIC 6321
SELECTCORE COMMUNICATIONS p 552
See SELECTCORE LTD

SELECTCORE LTD p 552
14 William St N, CHATHAM, ON, N7M 4L1
(519) 351-8647   SIC 4813
SELECTION DU PATISSIER INC p 1144
450 2e Av, PORTNEUF, QC, G0A 2Y0
(418) 286-3400   SIC 2052
SELECTOTEL p 989
340 Boul Saint-Benoit O, AMQUI, QC, G5J 2G2
(418) 629-2241   SIC 5812
SELF POPLAR TRADITIONAL ELEMENTARY SCHOOL p 179
See SCHOOL DISTRICT NO 34 (ABBOTSFORD)
SELIENT INC p 587
93 Skyway Ave Suite 201, ETOBICOKE, ON, M9W 6N6
(416) 234-0098   SIC 7371
SELKIRK & DISTRICT GENERAL HOSPITAL 355
See INTERLAKE REGIONAL HEALTH AUTHORITY INC
SELKIRK CANADA CORPORATION p 531
1400 California Ave, BROCKVILLE, ON, K6V 5V3
(888) 693-9563   SIC 3259
SELKIRK CANADA CORPORATION p 740
21 Woods Rd, NOBEL, ON, P0G 1G0
(705) 342-5236   SIC 3259
SELKIRK CANADA CORPORATION p 862
375 Green Rd Suite 1, STONEY CREEK, ON, L8E 4A5
(905) 662-6600   SIC 3259
SELKIRK COLLEGE p 292
900 Helena St, TRAIL, BC, V1R 4S6
(250) 368-5236   SIC 8221
SELKIRK COLLEGE TRAIL CAMPUS p 292
See SELKIRK COLLEGE
SELKIRK ENTERPRISES LTD p 980
3134 Garfield Rd, BELFAST, PE, C0A 1A0
(902) 659-2337   SIC 8051
SELKIRK GENERATING STATION p 355
See MANITOBA HYDRO-ELECTRIC BOARD, THE
SELKIRK GOLF & COUNTRY CLUB p 355
100 Sutherland Ave, SELKIRK, MB, R1A 0L8
(204) 482-2050   SIC 7997
SELKIRK JUNIOR HIGH SCHOOL p 355
See LORD SELKIRK SCHOOL DIVISION, THE
SELKIRK MARKET PLACE p 355
See FEDERATED CO-OPERATIVES LIMITED
SELKIRK POST OFFICE p 355
See CANADA POST CORPORATION
SELKIRK SECONDARY SCHOOL p 227
See BOARD OF EDUCATION OF SCHOOL DISTRICT NO. 06 (ROCKY MOUNTAIN), THE
SELKIRK SIGNS & SERVICES LTD p 205
421 Patterson St W, CRANBROOK, BC, V1C 6T3
(250) 489-3321   SIC 3993
SELLICK EQUIPMENT LIMITED p 618
358 Erie St N, HARROW, ON, N0R 1G0
(519) 738-2255   SIC 3537
SELON DE QUILLES CRER p 1255
See SODEM INC
SELWYN ELEMENTARY SCHOOL p 891
See TORONTO DISTRICT SCHOOL BOARD
SEM RESORT LIMITED PARTNERSHIP BY GENERAL PARTNER p 205
7648 Mission Rd, CRANBROOK, BC, V1C 7E5
(250) 420-2000   SIC 7992
SEMCAMS ULC p 49
520 3 Ave Sw Suite 700, CALGARY, AB, T2P 0R3
(403) 536-3000   SIC 1389
SEMCAMS ULC p 124

Gd, FOX CREEK, AB, T0H 1P0
(780) 622-6200   SIC 1389
SEMCAMS ULC p 175
Gd Stn Main, WHITECOURT, AB, T7S 1S1
(780) 778-7800   SIC 1389
SEMENCES PROGRAIN INC p 1183
145 Rang Du Bas-De-La-Riviere N, Saint-Cesaire, QC, J0L 1T0
(450) 469-5744   SIC 3999
SEMIAHMOO SECONDARY SCHOOL p 288
See SCHOOL DISTRICT NO 36 (SURREY)
SEMIGYM p 1078
See SERVICES EDUCATIFS DU SEMINAIRE MARIE-REINE-DU-CLERGE
SEMINAIRE DE CHICOUTIMI SERVICE EDUCATIF p 1015
679 Rue Chabanel, CHICOUTIMI, QC, G7H 1Z7
(418) 549-0190   SIC 8211
SEMINAIRE DE LA TRES SAINTE-TRINITE p 1182
1475 Rang Des Vingt, SAINT-BRUNO, QC, J3V 4P6
(450) 653-2409   SIC 8211
SEMINAIRE DE SAINT-SULPICE p 1103
See PRETRES DE SAINT-SULPICE DE MONTREAL, LES
SEMINAIRE RABBINIQUE TASH MONTREAL p 1110
See COLLEGE RABBINIQUE DE MONTREAL OIR HACHAIM D'TASH
SEMINAIRE SAINTE-TRINITE p 1182
See COLLEGE TRINITE
SEMINAIRE STE-MARIE DE SHAWINIGAN, LE p 1235
5655 Boul Des Hetres, SHAWINIGAN, QC, G9N 4V9
(819) 539-5493   SIC 8211
SEMPLE-GOODER ROOFING CORPORATION p 493
309 Darrell Dr, AYR, ON, N0B 1E0
(519) 623-3300   SIC 1761
SEMPRA ENERGY TRADING (CALGARY) ULC p 49
440 2 Ave Sw Suite 650, CALGARY, AB, T2P 5E9
(403) 750-2450   SIC 6799
SEMTECH CANADA CORPORATION p 535
4281 Harvester Rd, BURLINGTON, ON, L7L 5M4
(905) 632-2996   SIC 3679
SEMTECH CANADA INC p 535
4281 Harvester Rd, BURLINGTON, ON, L7L 5M4
(905) 632-2996   SIC 3679
SENA WASTE SERVICES p 116
See SUEZ CANADA WASTE SERIVCES INC
SENATOR BUCHANAN ELEMENTARY SCHOOL p 138
See LETHBRIDGE SCHOOL DISTRICT NO. 51
SENATOR GERSHAW SCHOOL p 7
See PRAIRIE ROSE SCHOOL DIVISION NO 8
SENATOR GIBSON PUBLIC SCHOOL p 500
See DISTRICT SCHOOL BOARD OF NIAGARA
SENATOR HOTELS LIMITED p 869
390 Elgin St, SUDBURY, ON, P3B 1B1
(705) 675-1273   SIC 7011
SENATOR HOTELS LIMITED p 884
14 Mountjoy St S, TIMMINS, ON, P4N 1S4
(705) 267-6211   SIC 7011
SENATOR PATRICK BURNS SCHOOL p 37
See CALGARY BOARD OF EDUCATION
SENATOR REID ELEMENTERY SCHOOL p 285
See SCHOOL DISTRICT NO 36 (SURREY)
SENECA COLLEGE OF APPLIED ARTS & TECHNOLOGY p 629

13990 Dufferin St, KING CITY, ON, L7B 1B3
(416) 833-3333   SIC 8221
SENECA ELEMENTARY SCHOOL p 582
See TORONTO DISTRICT SCHOOL BOARD
SENECA HILL PUBLIC SCHOOL p 889
See TORONTO DISTRICT SCHOOL BOARD
SENEY HOLDINGS LTD p 118
10404 110 St, FAIRVIEW, AB, T0H 1L0
(780) 835-2929   SIC 7291
SENIOR CITIZEN HOME p 648
See GOLDEN DAWN NURSING HOME
SENIOR PEOPLES' RESOURCES IN NORTH TORONTO INCORPORATED p 898
130 Eglinton Ave E Suite 1304, TORONTO, ON, M4P 2X9
(416) 481-3225   SIC 8051
SENIOR WATCH INC p 399
195 Main St, FREDERICTON, NB, E3A 1E1
(506) 452-9903   SIC 8011
SENIORS DAY OUT p 724
See VICTORIAN ORDER OF NURSES FOR CANADA
SENIORS FOR SENIORS p 607
See AGE LINK PERSONNEL SERVICES INC
SENIORS HEALTH CENTRE OF NORTH YORK GENERAL HOSPITAL p 889
2 Buchan Crt, TORONTO, ON, M2J 5A3
(416) 756-1040   SIC 8051
SENIORS HOMES & COMMUNITY HOUSING WETASKIWIN p 175
Gd, WINFIELD, AB, T0C 2X0
(780) 682-3960   SIC 8322
SENTINEL PROTECTION SERVICES LTD p 11
3132 26 St Ne Suite 335, CALGARY, AB, T1Y 6Z1
(403) 237-8485   SIC 7381
SENTINEL SECONDARY SCHOOL p 338
See THE BOARD OF SCHOOL TRUSTEES OF SCHOOL DISTRICT NO. 45 (WEST VANCOUVER)
SENTINELLE MEDICAL INC p 931
130 Spadina Ave, TORONTO, ON, M5V 2L4
(866) 243-2533   SIC 3841
SENTREX COMMUNICATIONS INC p 539
1154 Pettit Rd, BURLINGTON, ON, L7P 2T5
(905) 319-3003   SIC 1629
SEPAQ p 1031
See SOCIETE DES ETABLISSEMENTS DE PLEIN AIR DU QUEBEC
SEPAQ p 1083
See SOCIETE DES ETABLISSEMENTS DE PLEIN AIR DU QUEBEC
SEPAQ RESERVE FAUNIQUE PAPINEAU LABELLE p 1254
See SOCIETE DES ETABLISSEMENTS DE PLEIN AIR DU QUEBEC
SEPRACOR CANADA (NOVA SCOTIA) LIMITED p 479
24 Irven Dr, WINDSOR, NS, B0N 2T0
(902) 798-4100   SIC 8731
SEQUEL NATURALS ULC p 190
3001 Wayburne Dr Unit 101, BURNABY, BC, V5G 4W3
(604) 945-4133   SIC 5149
SEQUOIA COMPANY OF RESTAURANTS INC p 314
1583 Coal Harbour Quay, VANCOUVER, BC, V6G 3E7
(604) 687-5684   SIC 5812
SERCO CANADA INC p 427
271 Canadian Forces, HAPPY VALLEY-GOOSE BAY, NL, A0P 1C0
(709) 896-6946   SIC 8741
SERCO FACILITIES MANAGEMENT p 427
See SERCO CANADA INC
SERENITY FAMILY SERVICE SOCIETY p 106
5311 91 St Nw Suite 7, EDMONTON, AB,

T6E 6E2
(780) 450-0101   SIC 7261
SERENITY FUNERAL SERVICE p 106
See SERENITY FAMILY SERVICE SOCIETY
SERESPRO p 1087
See CENTRE DE SANTE ET DE SERVICES SOCIAUX LUCILLE-TEASDALE
SERIGRAPHIE GEMSCREEN p 990
See ETIQUETTE & RUBAN ADHESIF COMMERCE INC
SERLAN INC p 1171
505 Rue Lanaudiere Bureau 1, REPENTIGNY, QC, J6A 7N1
(450) 654-9574   SIC 4783
SERPENTINE HEIGHTS ELEMENTARY p 290
See SCHOOL DISTRICT NO 36 (SURREY)
SERRUMAX INC p 1121
4650 Boul Decarie, Montreal, QC, H3X 2H5
(514) 489-2688   SIC 7699
SERRURIER SNOWDOWN p 1121
See SERRUMAX INC
SERSA TOTAL TRACK LTD p 667
68 County Rd 5, MALLORYTOWN, ON, K0E 1R0
(613) 923-5702   SIC 1799
SERTI PLACEMENT TI INC p 991
10975 Boul Louis-H.-Lafontaine Bureau 201, ANJOU, QC, H1J 2E8
(514) 493-1909   SIC 7361
SERVA GROUP (CANADA) ULC p 19
7345 110 Ave Se, CALGARY, AB, T2C 3B8
(403) 269-7847   SIC 3533
SERVANTES DE NOTRE-DAME REINE DU CLERGE p 1054
13 Rue Du Foyer Bureau 310, LAC-AU-SAUMON, QC, G0J 1M0
(418) 778-5836   SIC 8661
SERVANTES DE NOTRE-DAME REINE DU CLERGE p 1173
57 Rue Jules-A.-Brillant, RIMOUSKI, QC, G5L 1X1
SIC 8661
SERVICE & CONSTRUCTION MOBILE LTEE p 1154
425 Rue Volta Bureau 201, Quebec, QC, G1N 4G5
(418) 688-5751   SIC 1799
SERVICE A LA CLIENTELE ALORICA LTEE p 1119
75 Rue De Port-Royal E Bureau 240, Montreal, QC, H3L 3T1
(514) 385-4444   SIC 4813
SERVICE AERIEN GOUVERNEMENTAL p 1166
See GOUVERNEMENT DE LA PROVINCE DE QUEBEC
SERVICE ALBERTA p 83
See GOVERNMENT OF THE PROVINCE OF ALBERTA
SERVICE ALIMENTAIRE DESCO INC p 1000
97 Rue Prevost, BOISBRIAND, QC, J7G 3A1
(450) 437-7182   SIC 2015
SERVICE AUX ENFANTS ET ADULTES DE PRESCOTT-RUSSELL p 550
See VALORIS POUR ENFANTS ET ADULTES DE PRESCOTT-RUSSELL
SERVICE CANADA p 1037
See PUBLIC SERVICES AND PROCUREMENT CANADA
SERVICE CONTRACTOR EQUIPMENT p 84
See CERVUS LP
SERVICE CORPORATION INTERNATIONAL (CANADA) LIMITED p 179
2310 Clearbrook Rd, ABBOTSFORD, BC, V2T 2X5
(604) 853-2643   SIC 7261
SERVICE CORPORATION INTERNATIONAL (CANADA) LIMITED p 390

1291 Mcgillivray Blvd, WINNIPEG, MB, R3T 5Y4
(204) 925-1120   SIC 6531
SERVICE CORPORATION INTERNATIONAL (CANADA) LIMITED p 461
2666 Windsor St, HALIFAX, NS, B3K 5C9
(902) 455-0531   SIC 7261
SERVICE CORPORATION INTERNATIONAL (CANADA) LIMITED p 491
530 Industrial Pky S, AURORA, ON, L4G 6W8
(905) 727-5421   SIC 7261
SERVICE CORPORATION INTERNATIONAL (CANADA) LIMITED p 544
223 Main St, CAMBRIDGE, ON, N1R 1X2
(519) 623-1290   SIC 7261
SERVICE CORPORATION INTERNATIONAL (CANADA) LIMITED p 609
615 Main St E, HAMILTON, ON, L8M 1J4
(905) 528-6303   SIC 7261
SERVICE CORPORATION INTERNATIONAL (CANADA) LIMITED p 612
100 Oxford St, HAMILTON, ON, L8R 2X1
(905) 308-8314   SIC 4119
SERVICE CORPORATION INTERNATIONAL (CANADA) LIMITED p 615
322 Fennell Ave E, HAMILTON, ON, L9A 1T2
(905) 387-2111   SIC 7261
SERVICE CORPORATION INTERNATIONAL (CANADA) LIMITED p 641
621 King St W, KITCHENER, ON, N2G 1C7
(519) 745-9495   SIC 7261
SERVICE CORPORATION INTERNATIONAL (CANADA) LIMITED p 757
61 Beverly Hills Dr, NORTH YORK, ON, M3L 1A2
(416) 249-4499   SIC 7261
SERVICE CORPORATION INTERNATIONAL (CANADA) LIMITED p 831
492 Wellington St E, SAULT STE. MARIE, ON, P6A 2L9
(705) 759-2522   SIC 7261
SERVICE CORPORATION INTERNATIONAL (CANADA) LIMITED p 831
165 Brock St, SAULT STE. MARIE, ON, P6A 3B8
(705) 759-2114   SIC 7261
SERVICE CORPORATION INTERNATIONAL (CANADA) LIMITED p 1022
104 Rue Buzzell, COWANSVILLE, QC, J2K 2N5
(450) 263-1212   SIC 7261
SERVICE CORPORATION INTERNATIONAL (CANADA) LIMITED p 1047
2770 Rue De La Salle, Jonquiere, QC, G7S 2A4
(418) 548-8831   SIC 7261
SERVICE CORPORATION INTERNATIONAL (CANADA) LIMITED p 1070
505 Boul Cure-Poirier O, LONGUEUIL, QC, J4J 2H5
(450) 463-1900   SIC 7261
SERVICE CORPORATION INTERNATIONAL (CANADA) LIMITED p 1121
4525 Ch De La Cote-Des-Neiges, Montreal, QC, H3V 1E7
(514) 342-8000   SIC 7261
SERVICE CORPORATION INTERNATIONAL (CANADA) LIMITED p 1192
6500 Boul Cousineau, SAINT-HUBERT, QC, J3Y 8Z4
(450) 926-2011   SIC 7261
SERVICE CORPORATION INTERNATIONAL (CANADA) LIMITED p 1195
1115 Rue Girouard O, SAINT-HYACINTHE, QC, J2S 2Y9
(450) 774-8000   SIC 7261
SERVICE CORPORATION INTERNATIONAL (CANADA) LIMITED p 1269
224 Company Ave S, FORT QU'APPELLE, SK, S0G 1S0
(306) 332-4308   SIC 7261
SERVICE D'AIDE A LA FAMILLE EDMUNDSTON GRAND SAULT INC p 398
13 Rue Dugal, EDMUNDSTON, NB, E3V 1X4
(506) 737-8000   SIC 8741
SERVICE D'ECHANGE RAPIDGAZ INC p 1041
241 Rue Saint-Charles S, GRANBY, QC, J2G 7A7
(450) 375-6644   SIC 5172
SERVICE D'ENTRETIEN ADVANCE INC p 1213
180 Montee De Liesse, SAINT-LAURENT, QC, H4T 1N7
(514) 363-3311   SIC 7349
SERVICE D'ENTRETIEN CARLOS INC p 1133
10465 Av Balzac, MONTREAL-NORD, QC, H1H 3L6
(514) 727-3415   SIC 7349
SERVICE D'IMPARTITION INDUSTRIEL INC p 1251
2300 Rue Jules-Vachon, Trois-Rivieres, QC, G9A 5E1
(819) 374-4647   SIC 1796
SERVICE D'INVENTAIRE PROFESSIONNEL G.B. INC p 1161
2750 Ch Sainte-Foy Bureau 250, Quebec, QC, G1V 1V6
(418) 659-3140   SIC 7389
SERVICE DE GENIE p 1015
See VILLE DE SAGUENAY
SERVICE DE GESTION REALMINT LTEE p 1108
1420 Rue Peel Bureau 1420, Montreal, QC, H3A 1S8
(514) 288-3090   SIC 5812
SERVICE DE GRUES INTERPROVINCIALE p 1217
See GUAY INC
SERVICE DE L'ENVIRONNEMENT ET DES TRAVAUX PUBLICS p 1232
See VILLE DE SALABERRY DE VALLEYFIELD
SERVICE DE L'ESTRIE (VENTE & REPARATION) INC p 1237
225 Rue Wellington S, SHERBROOKE, QC, J1H 5E1
(819) 563-0563   SIC 5722
SERVICE DE L'INFORMATIQUE p 1014
See COMMISSION SCOLAIRE DES RIVES-DU-SAGUENAY
SERVICE DE LA FORMATION CONTINUE DU CEGEP DE TROIS-RIVIERES p 1249
See CEGEP DE TROIS-RIVIERES
SERVICE DE LA VIE COMMUNAUTAIRE DE LA CULTURE ET DES COMMUNICATIONS p 1063
See VILLE DE LAVAL
SERVICE DE PNEUS AUCLAIR INC p 1152
385 Rue Des Entrepreneurs, Quebec, QC, G1M 1B4
(418) 683-1010   SIC 5531
SERVICE DE PNEUS LAVOIE OUTAOUAIS INC p 1038
27 Rue Mangin, GATINEAU, QC, J8Y 3L8
(819) 568-2161   SIC 5014
SERVICE DE PNEUS SALOIS INC p 1133
9970 Av Des Recollets, MONTREAL-NORD, QC, H1H 4E5
(514) 321-7511   SIC 5014
SERVICE DE SECURITE INCENDIE p 1173
See VILLE DE RIMOUSKI
SERVICE DE TRAITEMENT DES DEPENDANCES p 398
See VITALITE HEALTH NETWORK
SERVICE DRUG LTD p 339
5331 Headland Dr, WEST VANCOUVER, BC, V7W 3C6
(604) 926-5331   SIC 5912
SERVICE EXPERT OF NIAGARA, DIV. OF p 853
See LENNOX CANADA INC
SERVICE EXPERTS p 581
See LENNOX CANADA INC
SERVICE EXPERTS D & K HEATING AND AIR CONDITIONING p 502
See LENNOX CANADA INC
SERVICE INCENDIE SAINT-HYACINTHE p 1195
See SAINT-HYACINTHE, VILLE DE
SERVICE MASTER p 498
See SIMCOE COUNTY CLEANING LIMITED
SERVICE MASTER OF CALGARY JMS p 21
See 550338 ALBERTA LIMITED
SERVICE PARTS DIVISION p 500
See DANA CANADA CORPORATION
SERVICE PARTS DIVISION p 768
See DANA CANADA CORPORATION
SERVICE PLUS INNS & SUITES p 126
See GAMEHOST INC
SERVICE REGIONAL D'INTERPRETARIAT DE L'EST DU QUEBEC INC p 1164
9885 Boul De L'ormiere, Quebec, QC, G2B 3K9
(418) 622-1037   SIC 7389
SERVICEMASTER p 282
See NUEST SERVICES LTD
SERVICEMASTER CALGARY DISASTER RESTORATION p 13
See ORDMAN CORPORATION
SERVICEMASTER CLEAN p 402
See AQUA-POWER CLEANERS (1979) LTD
SERVICEMASTER CLEAN OF NIAGARA p 853
See HELPING LIMITED
SERVICEMASTER CONTRACT SERVICES p 539
See DOUGORD LIMITED
SERVICEMASTER CONTRACT SERVICES OF MONCTON p 409
See SOLOMON HOLDINGS INC
SERVICEMASTER OF CANADA LIMITED p 177
34100 South Fraser Way Unit 1, ABBOTSFORD, BC, V2S 2C6
(604) 853-8779   SIC 7349
SERVICEMASTER OF DURHAM CONTRACT SERVICES p 959
See AINSWORTH MANAGEMENT SERVICES INC
SERVICES A DOMICILE DE L'OUTAOUAIS p 1036
See 3130606 CANADA INC
SERVICES ADMINISTRATIFS F.G.B. INC, LES p 1027
2190 Boul Hymus, DORVAL, QC, H9P 1J7
(514) 367-1343   SIC 8742
SERVICES AEROPORTUAIRE HANDLEX INC p 1210
5959 Boul De La Cote-Vertu, SAINT-LAURENT, QC, H4S 2E6
SIC 4581
SERVICES AIRBASE INC, LES p 1027
81 Av Lindsay, DORVAL, QC, H9P 2S6
(514) 735-5260   SIC 6211
SERVICES ALIMENTAIRES MONCHATEAU p 1154
See CAFETERIAS MONCHATEAU LTEE
SERVICES CONSEILS ARBITREX INC, LES p 1103
500 Place D'armes Bureau 2500, Montreal, QC, H2Y 2W2
(514) 845-3533   SIC 8111
SERVICES CONSEILS INTELLISOFT INC p 1113
1 Place Ville-Marie Bureau 2821, Montreal, QC, H3B 4R4
(514) 393-3009   SIC 7379
SERVICES D'ENTRETIEN MINIERS INDUSTRIELS R.N. 2000 INC p 1178
155 Boul Industriel, ROUYN-NORANDA, QC, J9X 6P2
(819) 797-4387   SIC 1241
SERVICES D'ENTRETIEN MINIERS INDUSTRIELS R.N. 2000 INC p 1300
243 Robin Cres, SASKATOON, SK, S7K 6M8
SIC 1241
SERVICES D'ESSAIS INTERTEK AN LTEE p 203
1500 Brigantine Dr, COQUITLAM, BC, V3K 7C1
(604) 520-3321   SIC 8734
SERVICES D'ESSAIS INTERTEK AN LTEE p 720
6225 Kenway Dr, MISSISSAUGA, ON, L5T 2L3
(905) 678-7820   SIC 8711
SERVICES D'ESSAIS INTERTEK AN LTEE p 862
710 South Service Rd Unit 1, STONEY CREEK, ON, L8E 5S7
(905) 529-0090   SIC 8734
SERVICES D'ESSAIS INTERTEK AN LTEE p 1057
1829 32e Av, LACHINE, QC, H8T 3J1
(514) 631-3100   SIC 8734
SERVICES DE CARTES DESJARDINS p 1104
See FEDERATION DES CAISSES DESJARDINS DU QUEBEC
SERVICES DE CONSULTATION SUPERIEURES AEROSPATIALES (ASCS) INC p 999
890 Boul Michele-Bohec, BLAINVILLE, QC, J7C 5E2
(450) 435-9210   SIC 8741
SERVICES DE DEFENSE DISCOVERY AIR p 1026
See DISCOVERY AIR DEFENCE SERVICES INC
SERVICES DE FRET PATRIOTE p 1210
See PATRIOT FREIGHT SERVICES INC
SERVICES DE GARDE DE LA POINTE, LES p 1143
85 Av De La Baie-De-Valois, POINTE-CLAIRE, QC, H9R 4B7
(514) 695-6447   SIC 8351
SERVICES DE GESTION QUANTUM LIMITEE, LES p 792
275 Slater St Suite 500, OTTAWA, ON, K1P 5H9
(613) 237-8888   SIC 7361
SERVICES DE GESTION QUANTUM LIMITEE, LES p 920
55 University Ave Suite 950, TORONTO, ON, M5J 2H7
(416) 366-3660   SIC 8741
SERVICES DE GESTION TEKNIKA HBA INC, LES p 1238
150 Rue De Vimy, SHERBROOKE, QC, J1J 3M7
(819) 562-3871   SIC 8741
SERVICES DE GROSSISTE EN PHARMA-

CIE PROFESSIONNELS INC p 1108
666 Rue Sherbrooke O Bureau 4e, Montreal, QC, H3A 1E7
(514) 286-0660 SIC 5122

SERVICES DE PERSONNEL QUARTZ INC p 1069
476 Rue Jean-Neveu Bureau 201, LONGUEUIL, QC, J4G 1N8
(450) 670-1118 SIC 7361

SERVICES DE PERSONNEL UNIQUE INC p 1213
6380 Ch De La Cote-De-Liesse Bureau 100, SAINT-LAURENT, QC, H4T 1E3
SIC 7361

SERVICES DE PNEUS DESHARNAIS INC p 1154
710 Boul Charest O, Quebec, QC, G1N 2C1
(418) 681-6041 SIC 5531

SERVICES DE QUAI FAGEN INC p 1150
961 Boul Champlain, Quebec, QC, G1K 4J9
(418) 522-4701 SIC 4491

SERVICES DE READAPTATION DU SUD-OUEST ET DU RENFORT, LES p 1198
See CENTRE INTEGRE DE SANTE ET DE SERVICES SOCIAUX DE LA MONTEREGIE-OUEST

SERVICES DE READAPTATION SUD OUEST ET DU RENFORT, LES p 1232
30 Rue Saint-Thomas Bureau 200, SALABERRY-DE-VALLEYFIELD, QC, J6T 4J2
(450) 371-4816 SIC 8361

SERVICES DE READAPTATION SUD OUEST ET DU RENFORT, LES p 1256
401 Boul Harwood Bureau 14, VAUDREUIL-DORION, QC, J7V 7W1
(450) 455-6104 SIC 8051

SERVICES DE SANTE ALTERNACARE INC p 1122
2100 Av De Marlowe Bureau 449, Montreal, QC, H4A 3L5
(514) 485-5050 SIC 8082

SERVICES DE SANTE JEAN-PHILIPPE PARE INC p 1255
2020 Boul Rene-Gaultier, VARENNES, QC, J3X 1N9
(450) 652-3967 SIC 5912

SERVICES DE SANTE LES RAYONS DE SOLEIL INC p 1091
2055 Rue Sauve E Bureau 100, Montreal, QC, H2B 1A8
(514) 383-7555 SIC 7363

SERVICES DES BENEVOLES DU CENTRE HOSPITALIER BAIE-DES-CHALEURS INC p 1075
419 Boul Perron, MARIA, QC, G0C 1Y0
(418) 759-3443 SIC 8062

SERVICES DES RESSOURCES MATERIELLES p 1149
See COMMISSION SCOLAIRE DE LA CAPITALE, LA

SERVICES DES STAGES ET DU PLACEMENT p 1238
See UNIVERSITE DE SHERBROOKE

SERVICES DOCUMENTAIRES MULTIMEDIA (SDM) INC p 1092
5650 Rue D'iberville Bureau 620, Montreal, QC, H2G 2B3
(514) 382-0895 SIC 4226

SERVICES EDUCATIFS DU SEMINAIRE MARIE-REINE-DU-CLERGE p 1078
1569 Rte 169, Metabetchouan-Lac-A-La-Croix, QC, G8G 1A8
(418) 349-2816 SIC 8211

SERVICES EDUCATIFS ET LES RESOURCES TECHNOLOGIQUES p 1145
See COMMISSION SCOLAIRE DES PREMIERES-SEIGNEURIES

SERVICES ENVIRONNEMENTAUX DELSAN-A.I.M. INC, LES p 1085
7825 Boul Henri-Bourassa E, Montreal, QC, H1E 1N9
(514) 494-9898 SIC 1795

SERVICES ENVIRONNEMENTAUX DES MASKOUTAINS p 997
See 9197-4220 QUEBEC INC

SERVICES EXP INC, LES p 1130
4500 Rue Louis-B.-Mayer, Montreal, QC, H7P 6E4
(450) 682-8013 SIC 8734

SERVICES FAMILIAUX JEANNE SAUVE p 626
29 Mundy Ave, KAPUSKASING, ON, P5N 1R1
(705) 335-8538 SIC 8399

SERVICES FERROVIAIRES CANAC INC p 1213
6505 Rte Transcanadienne Bureau 405, SAINT-LAURENT, QC, H4T 1S3
(514) 734-4700 SIC 8741

SERVICES FINANCIER CLARICA p 1168
See SUN LIFE ASSURANCE COMPANY OF CANADA

SERVICES FINANCIERS DU CHUQ p 1168
See CENTRE HOSPITALIER UNIVERSITAIRE DE QUEBEC

SERVICES FINANCIERS GROUPE INVESTORS p 1159
See IGM FINANCIAL INC

SERVICES FINANCIERS GROUPE INVESTORS, LES p 1162
See INVESTORS GROUP FINANCIAL SERVICES INC

SERVICES FINANCIERS NCO, INC p 285
11125 124 St, SURREY, BC, V3V 4V2
(604) 953-2801 SIC 7322

SERVICES FINANCIERS NCO, INC p 309
800 Pender St W Suite 1400, VANCOUVER, BC, V6C 2V6
(604) 643-7800 SIC 7322

SERVICES FINANCIERS NCO, INC p 502
610 Dundas St E, BELLEVILLE, ON, K8N 1G7
SIC 7322

SERVICES FINANCIERS NCO, INC p 527
33 Sinclair Blvd Unit 4, BRANTFORD, ON, N3S 7X6
(519) 750-6000 SIC 7322

SERVICES FINANCIERS NCO, INC p 827
1086 Modeland Rd, SARNIA, ON, N7S 6L2
SIC 7322

SERVICES FINANCIERS NCO, INC p 831
345 Queen St E, SAULT STE. MARIE, ON, P6A 1Z2
SIC 7389

SERVICES FINANCIERS NCO, INC p 1119
75 Rue De Port-Royal E Bureau 240, Montreal, QC, H3L 3T1
(514) 385-4444 SIC 7322

SERVICES FINANCIERS PENSON CANADA INC p 1103
360 Rue Saint-Jacques Bureau 1201, Montreal, QC, H2Y 1P5
SIC 6289

SERVICES FINANCIERS SFF p 1030
See DESJARDINS SECURITE FINANCIERE, COMPAGNIE D'ASSURANCE VIE

SERVICES FINANCIERS SSL p 1041
See DESJARDINS SECURITE FINANCIERE, COMPAGNIE D'ASSURANCE VIE

SERVICES FMC p 1111
See DENTONS CANADA LLP

SERVICES FORESTIERS DE MONT-LAURIER LTEE p 1055
327 Ch Du Golf Rr 1, Lac-des-Ecorces, QC, J0W 1H0
(819) 623-3143 SIC 5084

SERVICES FORESTIERS ET TERRITORIAUX DE MANAWAN (SFTM) INC p 1075
180 Rue Amiskw, MANOUANE, QC, J0K 1M0
(819) 971-1242 SIC 7999

SERVICES G&K (QUEBEC) INC, LES p 1156
2665 Av Dalton Bureau 10, Quebec, QC, G1P 3S8
(418) 658-0044 SIC 7213

SERVICES G&K (QUEBEC) INC, LES p 1156
2665 Av Dalton Bureau 10, Quebec, QC, G1P 3S8
(418) 658-0044 SIC 7299

SERVICES GK, LES p 1156
See SERVICES G&K (QUEBEC) INC, LES

SERVICES IMMOBILIERS BENTALL p 1109
See BENTALL KENNEDY (CANADA) LIMITED PARTNERSHIP

SERVICES INDUSTRIELS SYSTEMEX (S.I.S.) INC p 1081
8260 Ch Devonshire Unite 240, MONT-ROYAL, QC, H4P 2P7
(514) 738-6323 SIC 5999

SERVICES INFORMATIQUES DECISIONONE p 1209
See DECISIONONE CORPORATION

SERVICES INTEGRES LEMAY ET ASSOCIES INC p 1150
734 Rue Saint-Joseph E Bureau 4, Quebec, QC, G1K 3C3
(418) 647-1037 SIC 8712

SERVICES INTERNATIONAL SKYPORT INC p 1027
400 Av Michel-Jasmin Bureau 200, DORVAL, QC, H9P 1C1
(514) 631-1155 SIC 4111

SERVICES KAMTECH INC p 193
3700 North Fraser Way Suite 220, BURNABY, BC, V5J 5H4
SIC 1541

SERVICES KAMTECH INC p 1207
5055 Rue Levy, SAINT-LAURENT, QC, H4R 2N9
(418) 808-4276 SIC 1541

SERVICES KAMTECH INC p 1298
3339 Faithfull Ave, SASKATOON, SK, S7K 8H5
(306) 931-9655 SIC 1711

SERVICES MARITIMES DESGAGNES INC p 1150
21 Rue Du Marche-Champlain Bureau 100, Quebec, QC, G1K 8Z8
(418) 692-1000 SIC 3731

SERVICES MATREC INC p 996
139 181e Rue, BEAUCEVILLE, QC, G5X 2S9
(418) 774-5275 SIC 4953

SERVICES MATREC INC p 999
750 Boul Industriel, BLAINVILLE, QC, J7C 3V4
(450) 434-2499 SIC 4212

SERVICES MATREC INC p 1005
4 Ch Du Tremblay Bureau 625, BOUCHERVILLE, QC, J4B 6Z5
(450) 641-3070 SIC 6712

SERVICES MATREC INC p 1015
3199 Boul Talbot, CHICOUTIMI, QC, G7H 5B1
(418) 549-8074 SIC 4959

SERVICES MATREC INC p 1050
6205 Boul Wilfrid-Hamel, L'ANCIENNE-LORETTE, QC, G2E 5G8
(418) 628-8666 SIC 7389

SERVICES MATREC INC p 1192
5300 Rue Albert-Millichamp, SAINT-HUBERT, QC, J3Y 8X7
(450) 656-2171 SIC 4953

SERVICES MATREC INC p 1202
278 Ch De La Grande-Ligne, SAINT-JOACHIM-DE-SHEFFORD, QC, J0E 2G0
SIC 4212

SERVICES MATREC INC p 1217
139 Rue Du Parc-Industriel, Saint-Marc-des-Carrieres, QC, G0A 4B0
(418) 268-4816 SIC 4212

SERVICES MENAGERS TRIFLUVIENS INC p 1251
5224 Boul Gene-H.-Kruger, Trois-Rivieres, QC, G9A 4N6
(819) 374-7437 SIC 7349

SERVICES PARTAGES METSO LTEE p 1056
795 Av George-V, LACHINE, QC, H8S 2R9
(877) 677-2005 SIC 7389

SERVICES PROFESSIONNELS DES ASSUREURS PLUS INC p 992
8290 Boul Metropolitain E, ANJOU, QC, H1K 1A2
SIC 7389

SERVICES-CONSEILS EN AFFAIRES IBM p 1116
See SOCIETE CONSEIL GROUPE LGS

SERVICOM CANADA, LIMITED p 476
1173 Kings Rd, SYDNEY, NS, B1S 3B3
(902) 562-4193 SIC 7389

SERVIR + SOINS ET SOUTIEN A DOMICILE INC p 1072
1887 Ch Du Tremblay Bureau 200, LONGUEUIL, QC, J4N 1A4
SIC 8099

SERVISAIR p 432
See SWISSPORT CANADA INC

SERVITECH ENERGIE SEC p 1031
See SOCIETE EN COMMANDITE SERVICES PLUS

SERVUS CREDIT UNION LTD p 5
4929 50 Ave, BARRHEAD, AB, T7N 1A4
(780) 674-3348 SIC 6062

SERVUS CREDIT UNION LTD p 76
11311 Kingsway Nw, EDMONTON, AB, T5G 0X3
(780) 496-2142 SIC 6062

SERVUS CREDIT UNION LTD p 76
12809 82 St Nw, EDMONTON, AB, T5E 2S9
(780) 496-2100 SIC 6062

SERVUS CREDIT UNION LTD p 78
10303 107 Ave Nw, EDMONTON, AB, T5H 0V7
(780) 496-2133 SIC 6062

SERVUS CREDIT UNION LTD p 95
17010 90 Ave Nw Suite 148, EDMONTON, AB, T5T 1L6
(780) 496-2300 SIC 6062

SERVUS CREDIT UNION LTD p 97
14909 121a Ave Nw, EDMONTON, AB, T5V 1P3
(780) 455-9500 SIC 6062

SERVUS CREDIT UNION LTD p 128
9930 99 Ave, GRANDE PRAIRIE, AB, T8V 0R5
(780) 831-2928 SIC 6062

SERVUS CREDIT UNION LTD p 142
5012 49 St, LLOYDMINSTER, AB, T9V 0K2
(780) 875-4434 SIC 6062

SERVUS CREDIT UNION LTD p 145
3150 13 Ave Se Suite 101, MEDICINE HAT, AB, T1B 1E3
(403) 528-6540 SIC 6062

SERVUS CREDIT UNION LTD p 154
4901 48 St Suite 201, RED DEER, AB, T4N 6M4
(403) 342-5533 SIC 6062

SERVUS CREDIT UNION LTD p 154
6757 50 Ave, RED DEER, AB, T4N 4C9
(403) 343-8955 SIC 6062

SERVUS CREDIT UNION LTD p 163
800 Bethel Dr, SHERWOOD PARK, AB, T8H 2N4
(780) 449-7760 SIC 6062

SERVUS CREDIT UNION LTD p 166
4738 50 Ave, ST PAUL, AB, T0A 3A0
(780) 645-3357 SIC 6062

SERVUS CREDIT UNION LTD p 167
565 St Albert Trail, ST. ALBERT, AB, T8N 6G5
(780) 460-3260   SIC 6062

SESCO p 762
See ANIXTER POWER SOLUTIONS CANADA INC

SETLAKWE p 1190
See S. SETLAKWE LTEE

SETON ELEMENTARY p 471
See CAPE BRETON-VICTORIA REGIONAL SCHOOL BOARD

SETTLEMENT CENTRE, DIV OF p 22
See CALGARY CATHOLIC IMMIGRATION SOCIETY

SETTLER'S GREEN PUBLIC SCHOOL p 710
See PEEL DISTRICT SCHOOL BOARD

SEVCON MANUFACTURING INC p 253
325 Dawson Ave, PENTICTON, BC, V2A 3N5
SIC 2431

SEVEN OAKS MAINTENANCE DEPARTMENT p 371
See SEVEN OAKS SCHOOL DIVISION

SEVEN OAKS JANITORIAL SERVICES LTD p 371
636 Dufferin Ave, WINNIPEG, MB, R2W 2Z2
(204) 586-5660   SIC 7349

SEVEN OAKS MOTOR INN LTD p 1288
777 Albert St, REGINA, SK, S4R 2P6
(306) 757-0121   SIC 7011

SEVEN OAKS SCHOOL DIVISION p 369
20 Allan Blye Dr, WINNIPEG, MB, R2P 2S5
(204) 694-8071   SIC 8211

SEVEN OAKS SCHOOL DIVISION p 369
1330 Jefferson Ave, WINNIPEG, MB, R2P 1L3
(204) 632-6641   SIC 8211

SEVEN OAKS SCHOOL DIVISION p 369
66 Neville St, WINNIPEG, MB, R2P 1W3
(204) 632-9669   SIC 8211

SEVEN OAKS SCHOOL DIVISION p 369
30 Maberley Rd, WINNIPEG, MB, R2P 0E2
(204) 633-5641   SIC 8211

SEVEN OAKS SCHOOL DIVISION p 369
25 Anglia Ave, WINNIPEG, MB, R2P 2R1
(204) 694-8688   SIC 8211

SEVEN OAKS SCHOOL DIVISION p 369
1520 Jefferson Ave, WINNIPEG, MB, R2P 1K1
(204) 632-6314   SIC 8211

SEVEN OAKS SCHOOL DIVISION p 370
1874 Main St, WINNIPEG, MB, R2V 2A6
(204) 339-6959   SIC 8211

SEVEN OAKS SCHOOL DIVISION p 370
10 Marigold Bay, WINNIPEG, MB, R2V 2M1
(204) 334-4391   SIC 8211

SEVEN OAKS SCHOOL DIVISION p 371
830 Powers St, WINNIPEG, MB, R2V 4E7
SIC 8211

SEVEN OAKS SCHOOL DIVISION p 371
800 Salter St, WINNIPEG, MB, R2V 2E6
(204) 586-0327   SIC 8211

SEVEN OAKS SCHOOL DIVISION p 371
525 Belmont Ave, WINNIPEG, MB, R2V 0Z6
(204) 338-7893   SIC 8211

SEVEN OAKS SCHOOL DIVISION p 371
711 Jefferson Ave, WINNIPEG, MB, R2V 0P7
(204) 336-5050   SIC 8211

SEVEN OAKS SCHOOL DIVISION p 371
75 Cottingham St, WINNIPEG, MB, R2V 3B5
(204) 338-7937   SIC 8211

SEVEN OAKS SCHOOL DIVISION p 371
395 Jefferson Ave, WINNIPEG, MB, R2V 0N3
(204) 586-9716   SIC 8211

SEVEN OAKS SCHOOL DIVISION p 371
385 Cork Ave, WINNIPEG, MB, R2V 1R6
(204) 338-9384   SIC 8211

SEVEN OAKS SCHOOL DIVISION p 371
2536 Mcphillips St Suite 10, WINNIPEG, MB, R2V 4J8
(204) 338-7991   SIC 7349

SEVEN OAKS SCHOOL DIVISION p 371
25 Morrison St, WINNIPEG, MB, R2V 3B3
(204) 338-7804   SIC 8211

SEVEN OAKS SCHOOL DIVISION p 371
150 Hartford Ave, WINNIPEG, MB, R2V 0V7
(204) 339-7112   SIC 8211

SEVEN OAKS SCHOOL DIVISION p 371
130 Forest Park Dr, WINNIPEG, MB, R2V 2R8
(204) 338-9341   SIC 8211

SEVEN OAKS SCHOOL DIVISION p 371
123 Red River Blvd W, WINNIPEG, MB, R2V 3X9
(204) 334-8417   SIC 8211

SEVEN OAKS SCHOOL DIVISION MET SCHOOL p 371
See SEVEN OAKS SCHOOL DIVISION

SEVEN OAKS TERTIARY MENTAL HEALTH FACILITY p 333
See VANCOUVER ISLAND HEALTH AUTHORITY

SEVEN PERSONS SCHOOL p 160
See PRAIRIE ROSE SCHOOL DIVISION NO 8

SEVEN REGIONS HEALTH CENTRE p 349
See REGIONAL HEALTH AUTHORITY - CENTRAL MANITOBA INC

SEVENTH LEVEL MANAGEMENT LTD p 36
11012 Macleod Trail Se Suite 600, CALGARY, AB, T2J 6A5
(403) 837-1195   SIC 6531

SEVENTH-DAY ADVENTISTS COMMUNITY SERVICE p 780
1170 King St E, OSHAWA, ON, L1H 1H9
(905) 433-8800   SIC 8322

SEVERN AVENUE PUBLIC SCHOOL p 799
See OTTAWA-CARLETON DISTRICT SCHOOL BOARD

SEVERN LODGE p 818
See SEVERN LODGE LIMITED, THE

SEVERN LODGE LIMITED, THE p 818
116 Gloucester Trail, PORT SEVERN, ON, L0K 1S0
(705) 756-2722   SIC 7011

SEW-EURODRIVE COMPANY OF CANADA LTD p 516
210 Walker Dr, BRAMPTON, ON, L6T 3W1
(905) 791-1553   SIC 3566

SEXAUER LTD p 711
6990 Creditview Rd Unit 4, MISSISSAUGA, ON, L5N 8R9
(905) 821-8292   SIC 5074

SEXSMITH SECONDARY SCHOOL p 160
See PEACE WAPITI SCHOOL DIVISION NO.76

SEXTON LUMBER CO LIMITED p 423
Rte 233 Main Rd, BLOOMFIELD, NL, A0C 1A0
(709) 467-5616   SIC 2421

SEYMOUR ELEMENTARY SCHOOL p 301
See BOARD OF EDUCATION OF SCHOOL DISTRICT NO. 39 (VANCOUVER), THE

SEYMOUR HEIGHTS ELEMENTARY SCHOOL p 246
See SCHOOL DISTRICT NO. 44 (NORTH VANCOUVER)

SEYMOUR MEDICAL CLINIC, THE p 316
1530 7th Ave W Suite 200, VANCOUVER, BC, V6J 1S3
(604) 738-2151   SIC 8011

SEYMOUR PACIFIC DEVELOPMENTS LTD p 195
920 Alder St, CAMPBELL RIVER, BC, V9W 2P8
(250) 286-8045   SIC 1522

SEYMOUR PEOPLE DRUG MART #174 p 194
See CHOO KIN ENTERPRISES LTD

SF INSURANCE PLACEMENT CORPORATION OF CANADA p 491
333 First Commerce Dr, AURORA, ON, L4G 8A4
(905) 750-4100   SIC 6331

SFJ HOSPITALITY INC p 67
901 Mountain St, CANMORE, AB, T1W 0C9
(403) 678-8880   SIC 7011

SFP INC p 902
175 Bloor St E Suite 900, TORONTO, ON, M4W 3R9
(416) 203-2300   SIC 7336

SFS INTEC, INC p 571
40 Innovation Dr, DUNDAS, ON, L9H 7P3
(905) 847-5400   SIC 3429

SFU CENTRE FOR DIALOGUE p 305
See SIMON FRASER UNIVERSITY

SG CERESCO INC p 1222
164 Ch De La Grande-Ligne, SAINT-URBAIN-PREMIER, QC, J0S 1Y0
(450) 427-3831   SIC 5153

SGH REXALL DRUG STORE 6909 p 887
See REXALL PHARMACY GROUP LTD

SGI p 1283
See SASKATCHEWAN GOVERNMENT INSURANCE

SGI p 1301
See SGI CANADA INSURANCE SERVICES LTD

SGI p 1307
See SASKATCHEWAN GOVERNMENT INSURANCE

SGI CANADA p 1286
See SASKATCHEWAN GOVERNMENT INSURANCE

SGI CANADA p 1300
See SASKATCHEWAN GOVERNMENT INSURANCE

SGI CANADA INSURANCE SERVICES LTD p 106
4220 98 St Nw Suite 303, EDMONTON, AB, T6E 6A1
(780) 435-1488   SIC 6411

SGI CANADA INSURANCE SERVICES LTD p 1291
1100 Mcintosh St N, REGINA, SK, S4X 4C7
(306) 751-1307   SIC 6411

SGI CANADA INSURANCE SERVICES LTD p 1301
345 Fairmont Dr, SASKATOON, SK, S7M 5N5
(306) 683-4450   SIC 6331

SGI CANADA REGINA GENERAL CLAIMS p 1291
See SGI CANADA INSURANCE SERVICES LTD

SGI SALVAGE p 1283
See SASKATCHEWAN GOVERNMENT INSURANCE

SGS p 684
See SOUTHERN GRAPHIC SYSTEMS-CANADA LTD

SGS AGRI-FOOD LABORATORY p 603
See SGS CANADA INC

SGS CANADA INC p 121
235 Macdonald Cres, FORT MCMURRAY, AB, T9H 4B5
(780) 791-6454   SIC 8734

SGS CANADA INC p 302
950 Powell St Unit 203, VANCOUVER, BC, V6A 1H9
(604) 629-1890   SIC 8731

SGS CANADA INC p 376
153 Lombard Ave Suite 111, WINNIPEG, MB, R3B 0T4
(204) 942-8557   SIC 8734

SGS CANADA INC p 591
1209 O'neil Dr W, GARSON, ON, P3L 1L5
(705) 693-4555   SIC 8731

SGS CANADA INC p 603
503 Imperial Rd N Suite 1, GUELPH, ON, N1H 6T9
(519) 837-1600   SIC 8731

SGS CANADA INC p 645
3347 Lakefield Rd Rr 3, LAKEFIELD, ON, K0L 2H0
(705) 652-2000   SIC 8734

SGS CANADA INC p 757
1140 Sheppard Ave W Suite 6, NORTH YORK, ON, M3K 2A2
(416) 633-9400   SIC 8748

SGS CANADA INC p 819
16a Young St, RED LAKE, ON, P0V 2M0
(807) 727-2939   SIC 8734

SGS CANADA INC p 890
1885 Leslie St, TORONTO, ON, M3B 2M3
(416) 736-2782   SIC 8734

SGS CANADA INC p 1048
2345 Rue De La Metallurgie, Jonquiere, QC, G7X 0B8
(418) 547-6631   SIC 4785

SGS CANADA INC p 1090
3420 Boul Saint-Joseph E, Montreal, QC, H1X 1W6
(514) 255-1679   SIC 8734

SGS CANADA INC p 1131
11000 Rue Sherbrooke E Suite 33a, MONTREAL-EST, QC, H1B 5W1
(514) 645-8754   SIC 7389

SGS CANADA INC p 1156
1300 Boul Du Parc-Technologique, Quebec, QC, G1P 4S3
(418) 683-2163   SIC 8734

SHADBOLT CENTRE FOR THE ARTS p 189
See CITY OF BURNABY

SHADD BUSINESS CENTRE p 1122
See COMMISSION SCOLAIRE ENGLISH-MONTREAL

SHADD, MARY ELEMENTARY p 885
See TORONTO DISTRICT SCHOOL BOARD

SHADOW LINES p 229
See BRITISH PACIFIC TRANSPORT LTD

SHADOW LINES TRANSPORTATION GROUP p 19
See MOUNTAIN PACIFIC TRANSPORT LTD

SHADY MAPLE FARMS PRODUCTION p 1138
See CITADELLE COOPERATIVE DE PRODUCTEURS DE SIROP D'ERABLE

SHAEFFERS CONSULTING ENGINEERS p 562
See SCHAEFFER & ASSOCIATES LTD

SHAFTESBURY HIGH SCHOOL p 387
See PEMBINA TRAILS SCHOOL DIVISION, THE

SHAH TRADING COMPANY LIMITED p 1210
3401 Rue Douglas-B.-Floreani, SAINT-LAURENT, QC, H4S 1Y6
(514) 336-2462   SIC 2068

SHAKESPEARE PUBLIC SCHOOL p 864
See AVON MAITLAND DISTRICT SCHOOL BOARD

SHAKLEE CANADA INC p 538
3100 Harvester Rd Unit 7, BURLINGTON, ON, L7N 3W8
(905) 681-1422   SIC 5122

SHALOM VILLAGE p 612
See HAMILTON JEWISH HOME FOR THE AGED

SHAMES MOUNTAIN SKI CORPORATION p 291
4544 Lakelse Ave, TERRACE, BC, V8G 1P8
(250) 635-3773   SIC 7999

SHAMROCK ELEMENTARY SCHOOL p 365
See LOUIS RIEL SCHOOL DIVISION

SHAMROCK PROPERTY MANAGEMENT p 86
See ALLDRITT DEVELOPMENT LIMITED

SHAMROCK TRUSS & COMPONENTS p 418
See J. D. IRVING, LIMITED

SHANAHAN'S BUILDING SPECIALTIES LIMITED p 370
90 Park Lane Ave, WINNIPEG, MB, R2R 0K2
(204) 694-3301   SIC 5039

SHANAHAN'S INDUSTRIES p 370

See SHANAHAN'S BUILDING SPECIAL-TIES LIMITED
SHANAHAN'S LIMITED PARTNERSHIP p 97
17439 129 Ave Nw, EDMONTON, AB, T5V 0C1
(780) 489-5444   *SIC* 5932
SHANE HOLDINGS LTD p 25
5661 7 St Ne, CALGARY, AB, T2E 8V3
(403) 252-0995   *SIC* 1521
SHANE MANUFACTURING CO p 274
See GOLDFINGER JEWELRY INC
SHANNAHAN'S INVESTIGATION SECURITY LIMITED p 397
777 Av Aviation Suite 10, DIEPPE, NB, E1A 7Z5
(506) 855-6615   *SIC* 6289
SHANNAHAN'S INVESTIGATION SECURITY LIMITED p 479
30 Brookfalls Crt, WAVERLEY, NS, B2R 1J2
(902) 873-4536   *SIC* 7381
SHANNEX INCORPORATED p 413
822 Coverdale Rd, RIVERVIEW, NB, E1B 4V5
(506) 387-7770   *SIC* 8361
SHANNEX INCORPORATED p 462
245 Main Ave, HALIFAX, NS, B3M 1B7
(902) 443-1971   *SIC* 8051
SHANNEX INCORPORATED p 478
378 Young St, TRURO, NS, B2N 7H2
(902) 895-2891   *SIC* 8051
SHANNON LAKE ELEMENTARY SCHOOL p 337
See BOARD OF EDUCATION OF SCHOOL DISTRICT NO. 23 (CENTRAL OKANAGAN), THE
SHANNON PARK ELEMENTARY SCHOOL p 449
See HALIFAX REGIONAL SCHOOL BOARD
SHANNON, BRENDA CONTRACTS LIMITED p 470
130 George St, NEW GLASGOW, NS, B2H 2K6
(902) 755-5445   *SIC* 7349
SHANTI ENTERPRISES LIMITED p 804
600 Whites Rd Rr 3, PALMERSTON, ON, N0G 2P0
(519) 343-2611   *SIC* 8051
SHARBOT LAKE HIGH SCHOOL p 848
See LIMESTONE DISTRICT SCHOOL BOARD
SHAREVENTURES PORTAGE INC p 390
1510 Pembina Hwy, WINNIPEG, MB, R3T 2E3
(204) 452-3079   *SIC* 5812
SHARK CLUB p 128
See SHARK CLUBS OF CANADA INC
SHARK CLUB BAR AND GRILL p 63
See MOXIE'S RESTAURANTS, LIMITED PARTNERSHIP
SHARK CLUBS OF CANADA INC p 128
9898 99 St, GRANDE PRAIRIE, AB, T8V 2H2
(780) 513-5450   *SIC* 5813
SHARK CLUBS OF CANADA INC p 264
940 Chew Ave, QUESNEL, BC, V2J 6R8
(250) 747-0311   *SIC* 5812
SHARON PUBLIC SHOOL p 848
See YORK REGION DISTRICT SCHOOL BOARD
SHARP BUS LINES LIMITED p 529
567 Oak Park Rd, BRANTFORD, ON, N3T 5L8
(519) 751-3434   *SIC* 4151
SHARP'S AUDIO VISUAL p 77
See AUDIO VISUAL SYSTEMS INTEGRATION INC
SHARP'S AUDIO VISUAL p 186
See AUDIO VISUAL SYSTEMS INTEGRATION INC

SHARP'S AUDIO VISUAL p 328
See AUDIO VISUAL SYSTEMS INTEGRATION INC
SHAUGHNESSY ELEMENTARY SCHOOL p 315
See BOARD OF EDUCATION OF SCHOOL DISTRICT NO. 39 (VANCOUVER), THE
SHAUGHNESSY GOLF AND COUNTRY CLUB p 318
4300 Marine Dr Sw, VANCOUVER, BC, V6N 4A6
(604) 266-4141   *SIC* 7997
SHAUGHNESSY PARK SCHOOL p 373
See WINNIPEG SCHOOL DIVISION
SHAUGHNESSY SAFEWAY p 256
See SOBEYS WEST INC
SHAUNAVON CO-OPERATIVE ASSOCIATION LIMITED p 1305
591 3rd St W, SHAUNAVON, SK, S0N 2M0
(306) 297-2663   *SIC* 5411
SHAUNAVON HIGH SCHOOL p 1305
See CHINOOK SCHOOL DIVISION NO 211
SHAUNAVON PUBLIC SCHOOL p 1305
See CHINOOK SCHOOL DIVISION NO 211
SHAW & SHAW LIMITED p 473
629 Marine Gateway, SHEET HARBOUR, NS, B0J 3B0
(902) 885-3204   *SIC* 2851
SHAW & SHAW LIMITED p 473
Gd, SHEET HARBOUR, NS, B0J 3B0
SIC 3479
SHAW CABLE p 63
See SHAW COMMUNICATIONS INC
SHAW CABLE p 93
See SHAW COMMUNICATIONS INC
SHAW CABLE p 219
See SHAW COMMUNICATIONS INC
SHAW CABLE p 237
See SHAW COMMUNICATIONS INC
SHAW CABLE p 264
See SHAW COMMUNICATIONS INC
SHAW CABLE p 333
See SHAW COMMUNICATIONS INC
SHAW CABLESYSTEMS G.P. p 49
630 3 Ave Sw, CALGARY, AB, T2P 4L4
(403) 750-4500   *SIC* 4841
SHAW CABLESYSTEMS G.P. p 93
10450 178 St Nw, EDMONTON, AB, T5S 1S2
(780) 490-3555   *SIC* 4841
SHAW CABLESYSTEMS G.P. p 121
208 Beacon Hill Dr Suite 200, FORT MCMURRAY, AB, T9H 2R1
(780) 714-5355   *SIC* 4841
SHAW CABLESYSTEMS G.P. p 590
1037 First St E, FORT FRANCES, ON, P9A 1L8
(807) 274-5522   *SIC* 4841
SHAW CABLESYSTEMS G.P. p 615
141 Hester St Suite 1, HAMILTON, ON, L9A 2N9
(705) 223-2120   *SIC* 4841
SHAW CABLESYSTEMS LIMITED p 25
2400 32 Ave Ne, CALGARY, AB, T2E 9A7
(403) 750-4500   *SIC* 4833
SHAW CABLESYSTEMS LIMITED p 333
35 Queens Rd, VICTORIA, BC, V8X 4S7
(250) 748-9113   *SIC* 4841
SHAW COMMUNICATIONS INC p 60
1239 12 Ave Sw Suite 1101, CALGARY, AB, T3C 3R8
(403) 750-4500   *SIC* 4841
SHAW COMMUNICATIONS INC p 63
4950 47 St Ne Suite 2, CALGARY, AB, T3J 4T6
(403) 781-5116   *SIC* 4841
SHAW COMMUNICATIONS INC p 93
10450 178 St Nw, EDMONTON, AB, T5S 1S2
(780) 490-3555   *SIC* 4841
SHAW COMMUNICATIONS INC p 121
208 Beacon Hill Dr Suite 200, FORT MCMURRAY, AB, T9H 2R1

(780) 743-3717   *SIC* 4841
SHAW COMMUNICATIONS INC p 179
31450 Marshall Rd, ABBOTSFORD, BC, V2T 6B1
(604) 850-2517   *SIC* 4841
SHAW COMMUNICATIONS INC p 219
180 Briar Ave, KAMLOOPS, BC, V2B 1C1
(250) 312-7104   *SIC* 7389
SHAW COMMUNICATIONS INC p 237
Gd Stn Main, MERRITT, BC, V1K 1B7
(250) 378-2568   *SIC* 4833
SHAW COMMUNICATIONS INC p 260
2519 Queensway, PRINCE GEORGE, BC, V2L 1N1
(250) 614-7300   *SIC* 4841
SHAW COMMUNICATIONS INC p 264
156 Front St, QUESNEL, BC, V2J 2K1
(250) 979-6565   *SIC* 4841
SHAW COMMUNICATIONS INC p 333
861 Cloverdale Ave, VICTORIA, BC, V8X 4S7
(250) 475-5655   *SIC* 4841
SHAW COMMUNICATIONS INC p 833
23 Manitou Dr, SAULT STE. MARIE, ON, P6B 6G9
(705) 946-2234   *SIC* 4841
SHAW COMMUNICATIONS INC p 1300
2326 Hanselman Ave, SASKATOON, SK, S7L 5Z3
(306) 664-2121   *SIC* 4841
SHAW CONFERENCE CENTRE p 80
See EDMONTON ECONOMIC DEVELOPMENT CORPORATION
SHAW GMC CHEVROLET BUICK LTD p 29
4620 Blackfoot Trail Se Suite 6, CALGARY, AB, T2G 4G2
(403) 243-6200   *SIC* 7515
SHAW GROUP LIMITED, THE p 394
52 Hodgins Rd, BELLEDUNE, NB, E8G 2E3
(506) 522-2839   *SIC* 2499
SHAW GROUP LIMITED, THE p 466
1101 Highway 2, LANTZ, NS, B2S 1M9
(902) 883-2201   *SIC* 3251
SHAW KINGSTON p 634
See MEDI-SCOPE PROFESSIONAL PRODUCTS (1987) LIMITED
SHAW LABORATORIES LTD p 378
388 Portage Ave Suite 606, WINNIPEG, MB, R3C 0C8
(204) 943-8883   *SIC* 8072
SHAW MANAGEMENT CONSULTANTS INC p 581
145 The West Mall, ETOBICOKE, ON, M9C 1C2
(416) 767-4200   *SIC* 8741
SHAW MEDIA INC p 23
See CORUS MEDIA HOLDINGS INC
SHAW MEDIA INC p 108
See CORUS MEDIA HOLDINGS INC
SHAW MEDIA INC p 136
See CORUS MEDIA HOLDINGS INC
SHAW MEDIA INC p 156
See CORUS MEDIA HOLDINGS INC
SHAW MEDIA INC p 184
See CORUS MEDIA HOLDINGS INC
SHAW MEDIA INC p 416
See CORUS MEDIA HOLDINGS INC
SHAW MEDIA INC p 450
See CORUS MEDIA HOLDINGS INC
SHAW MEDIA INC p 753
See CORUS MEDIA HOLDINGS INC
SHAW MEDIA INC p 790
See CORUS MEDIA HOLDINGS INC
SHAW MEDIA INC p 895
See CORUS MEDIA HOLDINGS INC
SHAW MEDIA INC p 1094
See CORUS MEDIA HOLDINGS INC
SHAW MEDIA INC p 1299
See CORUS MEDIA HOLDINGS INC
SHAW PIPE PROTECTION p 20
See SHAWCOR LTD
SHAW PIPE PROTECTION p 1289
See SHAWCOR LTD
SHAW PIPE PROTECTION LIMITED p 49

333 7th Avenue Sw Unit 2200, CALGARY, AB, T2P 2Z1
(403) 263-2255   *SIC* 3479
SHAW PIPE PROTECTION LIMITED p 115
10275 21 St Nw, EDMONTON, AB, T6P 1P3
(780) 467-5501   *SIC* 3479
SHAW PIPELINE SERVICES LTD p 19
8010 40 St Se, CALGARY, AB, T2C 2Y3
(403) 263-2255   *SIC* 1389
SHAW PUBLIC SCHOOL p 510
See PEEL DISTRICT SCHOOL BOARD
SHAW RESOURCES p 394
See SHAW GROUP LIMITED, THE
SHAW SATELLITE SERVICES p 703
See STAR CHOICE TELEVISION NETWORK INCORPORATED
SHAW WIN HOTEL LTD p 55
400 Midpark Way Se, CALGARY, AB, T2X 3S4
(403) 514-0099   *SIC* 7011
SHAW WIN HOTEL LTD p 93
18220 100 Ave Nw, EDMONTON, AB, T5S 2V2
(780) 443-1000   *SIC* 7011
SHAW-ALMEX INDUSTRIES LIMITED p 805
17 Shaw Almex Dr, PARRY SOUND, ON, P2A 2X4
(705) 746-5884   *SIC* 3535
SHAWA ENTERPRISES CANADA p 1113
See SHAWA ENTERPRISES CORP
SHAWA ENTERPRISES CORP p 1113
1250 Rue University Bureau 921, Montreal, QC, H3B 3B8
SIC 6512
SHAWCOR LTD p 6
Henry St, BLACKFALDS, AB, T0M 0J0
(403) 346-2233   *SIC* 1389
SHAWCOR LTD p 20
9229 Barlow Trail Se, CALGARY, AB, T2C 2N8
SIC 1799
SHAWCOR LTD p 115
1201 76 Ave Nw, EDMONTON, AB, T6P 1P2
(780) 490-1321   *SIC* 1389
SHAWCOR LTD p 115
950 78 Ave Nw, EDMONTON, AB, T6P 1L7
(780) 440-1444   *SIC* 1389
SHAWCOR LTD p 148
950 30 Ave, NISKU, AB, T9E 0S2
(780) 955-3380   *SIC* 1389
SHAWCOR LTD p 620
455 West Airport Rd, HUNTSVILLE, ON, P1H 1Y7
(705) 789-1787   *SIC* 3498
SHAWCOR LTD p 1268
341 Imperial Ave, ESTEVAN, SK, S4A 2H8
(306) 634-5959   *SIC* 1389
SHAWCOR LTD p 1289
2501 Pasqua St, REGINA, SK, S4S 0M3
(306) 543-2552   *SIC* 3479
SHAWCOR NISKU NORTH p 148
See SHAWCOR LTD
SHAWN & ASSOCIATES MANAGEMENT LTD p 83
9515 107 St Nw Suite 402, EDMONTON, AB, T5K 2C1
SIC 6531
SHAWN & ASSOCIATES MANAGEMENT LTD p 154
4920 51 St Suite 304, RED DEER, AB, T4N 6K8
SIC 6531
SHAWNESSEY SAFEWAY p 56
See SOBEYS WEST INC
SHAWOOD LUMBER INC p 230
20039 96 Ave, LANGLEY, BC, V1M 3C6
(604) 538-2227   *SIC* 2499
SHEARER'S FOODS CANADA, INC p 313
1030 Georgia St W Suite 1900, VANCOUVER, BC, V6E 2Y3
(604) 654-8300   *SIC* 5149
SHEARER'S FOODS CANADA, INC p 601
745 Southgate Dr, GUELPH, ON, N1G 3R3
(519) 746-0045   *SIC* 2096

▲ Public Company   ■ Public Company Family Member   **HQ** Headquarters   **BR** Branch   **SL** Single Location

SHEARWATER MARINE GROUP *p 211*
See SHEARWATER MARINE LIMITED
SHEARWATER MARINE LIMITED *p 211*
1 Shearwater Rd, DENNY ISLAND, BC, V0T 1B0
(250) 957-2305   SIC 7011
SHEEHAN'S TRUCK CENTRE INC *p 535*
4320 Harvester Rd, BURLINGTON, ON, L7L 5S4
(905) 333-0779   SIC 5012
SHEET HARBOUR CONSOLIDATED SCHOOL *p 473*
See HALIFAX REGIONAL SCHOOL BOARD
SHELBURNE HIGH SCHOOL *p 473*
See TRI-COUNTY REGIONAL SCHOOL BOARD
SHELBURNE SHIP REPAIR *p 473*
See IRVING SHIPBUILDING INC
SHELDON CENTRE FOR OUTDOOR EDUCATION *p 486*
See TORONTO DISTRICT SCHOOL BOARD
SHELDON CHUMIR HEALTH CENTRE *p 51*
See ALBERTA HEALTH SERVICES
SHELDON COATES SCHOOL *p 124*
See GRANDE YELLOWHEAD PUBLIC SCHOOL DIVISION 77
SHELDON WILLIAMS HIGH SCHOOL *p 1288*
See BOARD OF EDUCATION REGINA SCHOOL DIVISION NO. 4 OF SASKATCHEWAN
SHELL *p 149*
See SHELL CANADA LIMITED
SHELL *p 1072*
See FLYING J CANADA INC
SHELL *p 1227*
See PHILIPPE GOSSELIN & ASSOCIES LIMITEE
SHELL CANADA *p 111*
See SHELL CANADA LIMITED
SHELL CANADA LIMITED *p 49*
Gd, CALGARY, AB, T2P 4V8
(403) 932-8200   SIC 4925
SHELL CANADA LIMITED *p 67*
Po Box 300, CAROLINE, AB, T0M 0M0
(403) 722-7000   SIC 1389
SHELL CANADA LIMITED *p 111*
2203 110 St Nw, EDMONTON, AB, T6J 6P4
(780) 435-8319   SIC 5541
SHELL CANADA LIMITED *p 123*
55522 Range Road 214, FORT SASKATCHEWAN, AB, T8L 4A4
(780) 992-3600   SIC 2911
SHELL CANADA LIMITED *p 149*
61 Riverside Dr, OKOTOKS, AB, T1S 1M3
(403) 938-3227   SIC 5541
SHELL CANADA LIMITED *p 150*
100 St, PEACE RIVER, AB, T8S 1V8
(780) 624-6800   SIC 1311
SHELL CANADA LIMITED *p 150*
Po Box 1088, PINCHER CREEK, AB, T0K 1W0
(403) 627-7200   SIC 1311
SHELL CANADA LIMITED *p 185*
201 Kensington Ave, BURNABY, BC, V5B 4B2
(604) 298-2484   SIC 5172
SHELL CANADA LIMITED *p 215*
6814 Airport Rd Rr 1 Lcd Main, FORT ST. JOHN, BC, V1J 4M6
(250) 785-2854   SIC 1382
SHELL CANADA LIMITED *p 531*
250 Laurier Blvd, BROCKVILLE, ON, K6V 5V7
(613) 498-5700   SIC 5541
SHELL CANADA LIMITED *p 567*
339 Lasalle Line Rr 1, CORUNNA, ON, N0N 1G0
SIC 2992
SHELL CANADA LIMITED *p 704*
3255 Dundas St W, MISSISSAUGA, ON, L5L 5V7
(905) 607-0842   SIC 5541
SHELL CANADA LIMITED *p 749*
90 Sheppard Ave E Suite 600, NORTH YORK, ON, M2N 6Y2
(416) 227-7111   SIC 5172
SHELL CANADA LIMITED *p 1131*
10501 Rue Sherbrooke E, MONTREAL-EST, QC, H1B 1B3
(514) 645-1661   SIC 2911
SHELL CANADA PRODUCTS *p 29*
2900 Alyth Rd Se, CALGARY, AB, T2G 3W4
(403) 234-7534   SIC 2992
SHELL CANADA PRODUCTS *p 749*
See SHELL CANADA LIMITED
SHELL CANADA PRODUCTS CALGARY LUBRICANTS AND GREASE PLANT *p 29*
See SHELL CANADA PRODUCTS
SHELL ENERGY *p 49*
See SHELL ENERGY NORTH AMERICA (CANADA) INC
SHELL ENERGY NORTH AMERICA (CANADA) INC *p 49*
400 4 Ave Sw Suite 212, CALGARY, AB, T2P 0J4
(403) 216-3600   SIC 4911
SHELL WATERTON COMPLEX *p 150*
See SHELL CANADA LIMITED
SHELLEY, R G ENTERPRISES (1990) INC *p 752*
41 Coldwater Rd, NORTH YORK, ON, M3B 1Y8
(416) 447-6471   SIC 5084
SHELTER BAY PUBLIC SCHOOL *p 710*
See PEEL DISTRICT SCHOOL BOARD
SHELTER CANADIAN PROPERTIES LIMITED *p 36*
10325 Bonaventure Dr Se Suite 400, CALGARY, AB, T2J 5R8
(403) 271-0041   SIC 6513
SHELTER CANADIAN PROPERTIES LIMITED *p 386*
7 Evergreen Pl Suite 2600, WINNIPEG, MB, R3L 2T3
(204) 474-5975   SIC 6513
SHELTON CORPORATION LIMITED *p 575*
2200 Lake Shore Blvd W Suite 103, ETOBICOKE, ON, M8V 1A4
(416) 251-8517   SIC 5172
SHENLEY JEANS *p 1191*
See VETEMENTS DE SPORT R.G.R. INC
SHEON ENTERPRISES INC *p 627*
6047 First Line, KARS, ON, K0A 2E0
(613) 692-1011   SIC 7349
SHEPELL FGI LP *p 754*
895 Don Mills Rd, NORTH YORK, ON, M3C 1W3
(416) 961-0023   SIC 8322
SHEPHERD'S CARE FOUNDATION *p 85*
12603 135 Ave Nw, EDMONTON, AB, T5L 5B2
(780) 447-3840   SIC 8322
SHEPHERD'S CARE FOUNDATION *p 101*
6675 92 Ave Nw Suite 6, EDMONTON, AB, T6B 0S3
(780) 490-7614   SIC 8051
SHEPHERD'S CARE FOUNDATION KENSINGTON VILLAGE *p 85*
See SHEPHERD'S CARE FOUNDATION
SHEPHERDS OF GOOD HOPE *p 789*
See SHEPHERDS OF GOOD HOPE
SHEPHERDS OF GOOD HOPE *p 789*
256 King Edward Ave, OTTAWA, ON, K1N 7M1
(613) 789-8210   SIC 8322
SHEPPARD PUBLIC SCHOOL *p 757*
See TORONTO DISTRICT SCHOOL BOARD
SHEPPARD SCHOOL *p 642*
See WATERLOO REGION DISTRICT SCHOOL BOARD
SHEPPELL FGI DIV OF *p 32*
See MORNEAU SHEPELL LTD
SHEPPELL FGI DIV OF *p 153*
See MORNEAU SHEPELL LTD
SHEPPELL FGI DIV OF *p 323*
See MORNEAU SHEPELL LTD
SHEPPELL FGI DIV OF *p 462*
See MORNEAU SHEPELL LTD
SHEPPELL FGI DIV OF *p 1126*
See MORNEAU SHEPELL LTD
SHEPPELL FGI DIV OF *p 1157*
See MORNEAU SHEPELL LTD
SHERATON *p 1104*
See 3794873 CANADA LTD
SHERATON CAVALIER SASKATOON *p 1295*
See CAVALIER ENTERPRISES LTD
SHERATON GATEWAY HOTEL *p 712*
See STARWOOD CANADA ULC
SHERATON GATEWAY LIMITED PARTNERSHIP *p 712*
6320 Silver Dart Dr, MISSISSAUGA, ON, L5P 1C4
(905) 672-7000   SIC 7011
SHERATON MONTREAL AIRPORT HOTEL *p 1025*
See 9207-4616 QUEBEC INC
SHERATON MONTREAL, LE *p 1113*
See STARWOOD HOTELS & RESORTS, INC
SHERATON ON THE FALLS *p 736*
See CANADIAN NIAGARA HOTELS INC
SHERATON SUITES CALGARY EAU CLAIRE *p 44*
See FAIRMONT HOTELS & RESORTS INC
SHERBROOK OEM *p 1240*
See TAUNTON ENGINEERING COMPANY INC
SHERBROOKE COMMUNITY CENTRE *p 1293*
See SHERBROOKE COMMUNITY SOCIETY INC
SHERBROOKE COMMUNITY SOCIETY INC *p 1293*
401 Acadia Dr Suite 330, SASKATOON, SK, S7H 2E7
(306) 655-3600   SIC 8059
SHERBROOKE PUBLIC SCHOOL *p 880*
See LAKEHEAD DISTRICT SCHOOL BOARD
SHERET, ANDREW HOLDINGS LIMITED *p 329*
721 Kings Rd, VICTORIA, BC, V8T 1W4
(250) 386-7744   SIC 5074
SHERET, ANDREW LIMITED *p 241*
2545 Mccullough Rd, NANAIMO, BC, V9S 4M9
(250) 758-7383   SIC 5074
SHERET, ANDREW LIMITED *p 253*
324 Duncan Ave W, PENTICTON, BC, V2A 7N1
(250) 493-9369   SIC 5074
SHERET, ANDREW LIMITED *p 297*
425 Broadway E, VANCOUVER, BC, V5T 1W9
(604) 874-8101   SIC 5074
SHERET, ANDREW LIMITED *p 329*
721 Kings Rd, VICTORIA, BC, V8T 1W4
(250) 386-7744   SIC 5074
SHERIDAN COLLEGE INSTITUTE OF TECHNOLOGY AND ADVANCED LEARNING *p 523*
7899 Mclaughlin Rd, BRAMPTON, ON, L6Y 5H9
(905) 459-7533   SIC 8222
SHERIDAN COLLEGE INSTITUTE OF TECHNOLOGY AND ADVANCED LEARNING *p 766*
1430 Trafalgar Rd, OAKVILLE, ON, L6H 2L1
(905) 845-9430   SIC 8331
SHERIDAN NURSERIES *p 959*
See SHERIDAN NURSERIES LIMITED
SHERIDAN NURSERIES LIMITED *p 639*
100 Elmsdale Dr, KITCHENER, ON, N2E 1H6
(519) 743-4146   SIC 5261
SHERIDAN NURSERIES LIMITED *p 692*
2069 Burnhamthorpe Rd E, MISSISSAUGA, ON, L4X 2S7
(905) 624-3722   SIC 5261
SHERIDAN NURSERIES LIMITED *p 702*
606 Southdown Rd Suite 32, MISSISSAUGA, ON, L5J 2Y4
(905) 822-0251   SIC 5261
SHERIDAN NURSERIES LIMITED *p 747*
784 Sheppard Ave E, NORTH YORK, ON, M2K 1C3
SIC 5261
SHERIDAN NURSERIES LIMITED *p 837*
1774 Ellesmere Rd, SCARBOROUGH, ON, M1H 2V5
(416) 438-6931   SIC 5261
SHERIDAN NURSERIES LIMITED *p 897*
2827 Yonge St, TORONTO, ON, M4N 2J4
(416) 481-6429   SIC 5261
SHERIDAN NURSERIES LIMITED *p 959*
410 Taunton Rd W, WHITBY, ON, L1P 2A9
(905) 686-0844   SIC 5261
SHERIDAN PARK PUBLIC SCHOOL *p 703*
See PEEL DISTRICT SCHOOL BOARD
SHERIDAN PARK PUBLIC SCHOOL *p 853*
See DISTRICT SCHOOL BOARD OF NIAGARA
SHERIDAN SCHOOL *p 765*
See HALTON DISTRICT SCHOOL BOARD
SHERIDAN VILLA HOME FOR AGED *p 702*
See REGIONAL MUNICIPALITY OF PEEL, THE
SHERMAG IMPORT INC *p 1240*
3035 Boul Industriel, SHERBROOKE, QC, J1L 2T9
(819) 566-1515   SIC 2511
SHERRITT INTERNATIONAL CORPORATION *p 49*
425 1 St Sw Suite 2000, CALGARY, AB, T2P 3L8
(403) 260-2900   SIC 3339
SHERRITT INTERNATIONAL CORPORATION *p 124*
10101 114 St, FORT SASKATCHEWAN, AB, T8L 2T3
(780) 992-7000   SIC 3339
SHERRITT INTERNATIONAL CORPORATION *p 124*
8301 113 St, FORT SASKATCHEWAN, AB, T8L 4K7
(780) 992-8081   SIC 3339
SHERRITT TECHNOLOGIES, DIV OF *p 124*
See SHERRITT INTERNATIONAL CORPORATION
SHERWAY GROUP *p 516*
See SHERWAY WAREHOUSING INC
SHERWAY WAREHOUSING INC *p 516*
11 Finley Rd, BRAMPTON, ON, L6T 1B1
SIC 4225
SHERWAY WAREHOUSING INC *p 516*
104 Walker Dr, BRAMPTON, ON, L6T 4H6
(905) 789-8119   SIC 4225
SHERWAY WAREHOUSING INC *p 720*
1055 Courtneypark Dr E Suite A, MISSISSAUGA, ON, L5T 1M7
(905) 564-6337   SIC 4225
SHERWIN WILLIAMS AUTOMOTIVE *p 991*
See SHERWIN-WILLIAMS CANADA INC
SHERWIN-WILLIAMS CANADA INC *p 527*
140 Garden Ave, BRANTFORD, ON, N3S 7W4
(519) 758-1508   SIC 2851
SHERWIN-WILLIAMS CANADA INC *p 590*
224 Catherine St, FORT ERIE, ON, L2A 0B1
(905) 871-2724   SIC 2851
SHERWIN-WILLIAMS CANADA INC *p 598*

13 Iroquois Trail, GRIMSBY, ON, L3M 5E6
(905) 945-3802   SIC 2851
SHERWIN-WILLIAMS CANADA INC   p 874
8500 Leslie St Suite 220, THORNHILL, ON, L3T 7M8
(905) 761-9185   SIC 5198
SHERWIN-WILLIAMS CANADA INC   p 991
7875 Rue Jarry, ANJOU, QC, H1J 2C3
(514) 353-2420   SIC 5013
SHERWOOD CO OP   p 1290
See SHERWOOD CO-OPERATIVE ASSOCIATION LIMITED
SHERWOOD CO-OPERATIVE ASSOCIATION LIMITED   p 1290
2925 E Quance St, REGINA, SK, S4V 3B7
(306) 791-9300   SIC 5411
SHERWOOD CO-OPERATIVE ASSOCIATION LIMITED   p 1291
5805 Rochdale Blvd, REGINA, SK, S4X 2P9
(306) 791-9300   SIC 5411
SHERWOOD COURT LONG TERM CARE CENTRE   p 668
300 Ravineview Dr Suite 1, MAPLE, ON, L6A 3P8
(905) 303-3565   SIC 8052
SHERWOOD ELEMENTARY SCHOOL   p 88
See EDMONTON SCHOOL DISTRICT NO. 7
SHERWOOD ELEMENTARY SCHOOL   p 980
See EASTERN SCHOOL DISTRICT
SHERWOOD HARDWARE LTD   p 981
115 St. Peters Rd, CHARLOTTETOWN, PE, C1A 5P3
(902) 092-8500   SIC 5251
SHERWOOD HEIGHTS JUNIOR HIGH SCHOOL   p 161
See ELK ISLAND PUBLIC SCHOOLS REGIONAL DIVISION NO. 14
SHERWOOD ICE SPORT CENTRE   p 1284
See CANLAN ICE SPORTS CORP
SHERWOOD INDUSTRIES LTD   p 275
6845 Kirkpatrick Cres, SAANICHTON, BC, V8M 1Z8
(250) 652-6080   SIC 2499
SHERWOOD MILLS PUBLIC SCHOOL   p 722
See PEEL DISTRICT SCHOOL BOARD
SHERWOOD NURSING HOME   p 360
See PRAIRIE MOUNTAIN HEALTH
SHERWOOD PARK ELEMENTARY   p 246
See SCHOOL DISTRICT NO. 44 (NORTH VANCOUVER)
SHERWOOD PARK FOODS LTD   p 163
590 Baseline Rd Suite 100, SHERWOOD PARK, AB, T8H 1Y4
SIC 5411
SHERWOOD PARK POST OFFICE   p 162
See CANADA POST CORPORATION
SHERWOOD PARK VOLKSWAGEN   p 163
See SPV MOTORS GP INC
SHERWOOD PUBLIC SCHOOL   p 782
See DURHAM DISTRICT SCHOOL BOARD
SHERWOOD SAFEWAY   p 162
See SOBEYS WEST INC
SHERWOOD SCHOOL   p 16
See CALGARY BOARD OF EDUCATION
SHEVCHENKO SCHOOL   p 360
See BORDER LAND SCHOOL DIVISION
SHI CANADA ULC   p 754
895 Don Mills Rd Suite 200, NORTH YORK, ON, M3C 1W3
(888) 235-3871   SIC 5045
SHIG'S ENTERPRISES LIMITED   p 293
See SHIGS ENTERPRISES LTD
SHIGS ENTERPRISES LTD   p 293
912 Clark Dr, VANCOUVER, BC, V5L 3J8
(604) 251-3711   SIC 5812
SHILLINGTON ROWLANDS INSURANCE INC   p 552
121 Heritage Rd, CHATHAM, ON, N7M 5W7
(519) 352-2860   SIC 6411
SHIMANO CANADA LTD   p 811

427 Pido Rd, PETERBOROUGH, ON, K9J 6X7
(705) 745-3232   SIC 5091
SHIP & ANCHOR PUB LTD   p 53
534 17 Ave Sw, CALGARY, AB, T2S 0B1
(403) 245-3333   SIC 5812
SHIPPERS SUPPLY INC   p 101
5219 47 St Nw, EDMONTON, AB, T6B 3N4
(780) 444-7777   SIC 5113
SHIPYARD ELEMENTARY SCHOOL   p 476
See CAPE BRETON-VICTORIA REGIONAL SCHOOL BOARD
SHIRE CANADA   p 1210
See SHIRE THERAPIES GENETIQUES HUMAINES (CANADA) INC
SHIRE THERAPIES GENETIQUES HUMAINES (CANADA) INC   p 1210
2250 Boul Alfred-Nobel Bureau 500, SAINT-LAURENT, QC, H4S 2C9
(514) 787-2300   SIC 5122
SHIRLEY STREET PUBLIC SCHOOL   p 937
See TORONTO DISTRICT SCHOOL BOARD
SHIRWOOD FOOD SERVICES LTD   p 505
164 Craigleith Rd, BLUE MOUNTAINS, ON, L9Y 0S4
SIC 5812
SHOCK TRAUMA AIR RESCUE SOCIETY   p 128
10911 123 St Suite 10911, GRANDE PRAIRIE, AB, T8V 7Z3
(780) 830-7000   SIC 4522
SHOCK TRAUMA AIR RESCUE SOCIETY   p 129
1519 35 Ave F Suite 100, GRANDE PRAIRIE, AB, T9E 0V6
(780) 890-3131   SIC 4522
SHOCK TRAUMA AIR RESCUE SOCIETY   p 385
155 West Hangar Rd, WINNIPEG, MB, R3J 3Z1
(204) 786-4647   SIC 4522
SHOCK TRAUMA AIR RESCUE SOCIETY   p 1290
2640 Airport Rd, REGINA, SK, S4W 1A3
(306) 564-7900   SIC 4522
SHOCK TRAUMA AIR RESCUE SOCIETY   p 1300
16 Wayne Hicks Lane, SASKATOON, SK, S7L 6S2
(306) 242-0200   SIC 4522
SHOE COMPANY, THE   p 62
See TOWN SHOES LIMITED
SHOE COMPANY, THE   p 85
See TOWN SHOES LIMITED
SHOE COMPANY, THE   p 89
See TOWN SHOES LIMITED
SHOE COMPANY, THE   p 113
See TOWN SHOES LIMITED
SHOE COMPANY, THE   p 233
See TOWN SHOES LIMITED
SHOE COMPANY, THE   p 338
See TOWN SHOES LIMITED
SHOE COMPANY, THE   p 388
See TOWN SHOES LIMITED
SHOE COMPANY, THE   p 432
See TOWN SHOES LIMITED
SHOE COMPANY, THE   p 488
See TOWN SHOES LIMITED
SHOE COMPANY, THE   p 510
See TOWN SHOES LIMITED
SHOE COMPANY, THE   p 563
See TOWN SHOES LIMITED
SHOE COMPANY, THE   p 582
See TOWN SHOES LIMITED
SHOE COMPANY, THE   p 675
See TOWN SHOES LIMITED
SHOE COMPANY, THE   p 760
See TOWN SHOES LIMITED
SHOE COMPANY, THE   p 786
See TOWN SHOES LIMITED
SHOE COMPANY, THE   p 975
See TOWN SHOES LIMITED

SHOE COMPANY, THE   p 1290
See TOWN SHOES LIMITED
SHOEI CANADA CORPORATION   p 995
19900 Av Clark-Graham, Baie-D'Urfe, QC, H9X 3R8
(514) 336-2888   SIC 3399
SHOEMAKER DRYWALL SUPPLIES LTD   p 25
7012 8 St Ne, CALGARY, AB, T2E 8L8
(403) 291-1013   SIC 1742
SHOEMAKER DRYWALL SUPPLIES LTD   p 113
10050 29a Ave Nw, EDMONTON, AB, T6N 1A8
(780) 463-7413   SIC 5032
SHOEMAKER DRYWALL SUPPLIES LTD   p 366
235 De Baets St, WINNIPEG, MB, R2J 4A8
(204) 633-8747   SIC 5032
SHONAN ENTERPRISES INC   p 340
4272 Mountain Sq, WHISTLER, BC, V0N 1B4
(604) 932-3330   SIC 5812
SHOOTING EDGE   p 33
See SHOOTING EDGE INC, THE
SHOOTING EDGE INC, THE   p 33
77 Ave Bay Suite 510, CALGARY, AB, T2H 1C3
(403) 720-4867   SIC 5941
SHOOTING STAR EVENTS INC   p 145
54 Taylor Cres Se, MEDICINE HAT, AB, T1B 3X6
(403) 527-2345   SIC 5812
SHOPLOGIX INC   p 535
5100 South Service Rd Suite 39, BURLINGTON, ON, L7L 6A5
(905) 469-9994   SIC 7371
SHOPPERS DRUG MART   p 3
See SHOPPERS DRUG MART CORPORATION
SHOPPERS DRUG MART   p 53
See SHOPPERS DRUG MART CORPORATION
SHOPPERS DRUG MART   p 260
See KONA DRUGS LTD
SHOPPERS DRUG MART   p 281
See CANADA POST CORPORATION
SHOPPERS DRUG MART   p 345
See MARSH, GLENDA PHARMACY LTD
SHOPPERS DRUG MART   p 397
477 Rue Paul Suite 181, DIEPPE, NB, E1A 4X5
(506) 857-0820   SIC 5912
SHOPPERS DRUG MART   p 430
See RAINBOW ENTERPRISES LTD
SHOPPERS DRUG MART   p 456
See PEMAC PHARMACY LIMITED
SHOPPERS DRUG MART   p 504
See SULLIVAN, EVAN PHARMACY LIMITED
SHOPPERS DRUG MART   p 567
See LAPORTE, MARCEL PHARMACY INC
SHOPPERS DRUG MART   p 611
See HANBALI, JEFF DRUGS LTD
SHOPPERS DRUG MART   p 631
See ADAMS PHARMACY LTD
SHOPPERS DRUG MART   p 632
136 Princess St, KINGSTON, ON, K7L 1A7
(613) 544-5330   SIC 5912
SHOPPERS DRUG MART   p 653
See SHOPPERS DRUG MART CORPORATION
SHOPPERS DRUG MART   p 677
See WONG, VICKY C.K. DRUGS LTD
SHOPPERS DRUG MART   p 728
See SURANI, B. DRUGS LTD
SHOPPERS DRUG MART   p 732
See ZAHID, M. DRUGS LTD
SHOPPERS DRUG MART   p 745
See SHOPPERS DRUG MART CORPORATION
SHOPPERS DRUG MART   p 748
See MUZYK, D.J. DRUGS LTD
SHOPPERS DRUG MART   p 774

See MATTHEWS, MARK PHARMACY LTD
SHOPPERS DRUG MART   p 789
See STEPHEN MACDONALD PHARMACY INC
SHOPPERS DRUG MART   p 812
See SHOPPERS DRUG MART CORPORATION
SHOPPERS DRUG MART   p 862
See NARDINI, JOHN DRUGS LIMITED
SHOPPERS DRUG MART   p 934
See CHEN, J PHARMACY INC
SHOPPERS DRUG MART   p 946
See S.L. DEVISON PHARMACIES INC
SHOPPERS DRUG MART   p 1311
See PASLOSKI, DARRELL PHARMACY LTD
SHOPPERS DRUG MART # 213   p 264
See KATES' PHARMACY LTD
SHOPPERS DRUG MART #312   p 107
See BAXANDALL DRUGS LTD
SHOPPERS DRUG MART (LONDON) LIMITED   p 785
2405 St Laurent Blvd, OTTAWA, ON, K1G 5B4
(613) 737-6335   SIC 8051
SHOPPERS DRUG MART CORPORATION   p 3
505 Main St S, AIRDRIE, AB, T4B 3K3
(403) 948-5858   SIC 5912
SHOPPERS DRUG MART CORPORATION   p 53
504 Elbow Dr Sw, CALGARY, AB, T2S 2H6
(403) 228-3338   SIC 5912
SHOPPERS DRUG MART CORPORATION   p 540
3023 New St Suite 739, BURLINGTON, ON, L7R 1K3
(905) 632-2312   SIC 5047
SHOPPERS DRUG MART CORPORATION   p 653
1295 Highbury Ave N, LONDON, ON, N5Y 5L3
(519) 453-3141   SIC 5912
SHOPPERS DRUG MART CORPORATION   p 745
243 Consumers Rd, NORTH YORK, ON, M2J 4W8
(416) 493-1220   SIC 5912
SHOPPERS DRUG MART CORPORATION   p 806
88 Main St Suite 1004, PENETANGUISHENE, ON, L9M 1T4
(705) 549-2332   SIC 5912
SHOPPERS DRUG MART CORPORATION   p 808
865 Chemong Rd, PETERBOROUGH, ON, K9H 5Z5
(705) 745-2401   SIC 5912
SHOPPERS DRUG MART CORPORATION   p 812
1840 Lansdowne St W, PETERBOROUGH, ON, K9K 2M9
(705) 749-6547   SIC 5912
SHOPPERS DRUG MART CORPORATION   p 852
286 Bunting Rd Suite 22, ST CATHARINES, ON, L2M 7S5
(905) 688-6733   SIC 5912
SHOPPERS DRUG MART CORPORATION   p 859
204 First Ave, ST THOMAS, ON, N5R 4P5
(519) 633-1146   SIC 5912
SHOPPERS DRUG MART CORPORATION   p 891
104 Bartley Dr, TORONTO, ON, M4A 1C5
(416) 752-8885   SIC 5999
SHOPPERS DRUG MART CORPORATION   p 964
4451 Tecumseh Rd E, WINDSOR, ON, N8W 1K6
(519) 948-8108   SIC 5912
SHOPPERS DRUG MART CORPORATION   p 969

▲ Public Company   ■ Public Company Family Member   HQ Headquarters   BR Branch   SL Single Location

2670 Tecumseh Rd W Suite 762, WINDSOR, ON, N9B 3P9
(519) 252-5779 SIC 5912
SHOPPERS DRUG MART INC p 93
17835 106a Ave Nw Suite 201, EDMONTON, AB, T5S 1V8
(780) 484-3979 SIC 5912
SHOPPERS DRUG MART INC p 188
3999 Henning Dr Unit 400, BURNABY, BC, V5C 6P9
(604) 296-4400 SIC 8741
SHOPPERS DRUG MART INC p 411
10 Deware Dr, MONCTON, NB, E1H 2S6
(506) 857-3360 SIC 8741
SHOPPERS DRUG MART INC p 744
202 Sparks Ave, NORTH YORK, ON, M2H 2S4
(416) 701-1351 SIC 5912
SHOPPERS DRUG MART SPECIALTY HEALTH NETWORK INC p 691
1685 Tech Ave Suite 1, MISSISSAUGA, ON, L4W 0A7
(905) 212-3800 SIC 7363
SHOPPERS HOME HEALTH CARE p 25
See SHOPPERS HOME HEALTH CARE (CANADA) INC
SHOPPERS HOME HEALTH CARE p 101
See SHOPPERS HOME HEALTH CARE (CANADA) INC
SHOPPERS HOME HEALTH CARE p 183
See SHOPPERS HOME HEALTH CARE (CANADA) INC
SHOPPERS HOME HEALTH CARE p 535
See SHOPPERS HOME HEALTH CARE (CANADA) INC
SHOPPERS HOME HEALTH CARE p 643
See SHOPPERS HOME HEALTH CARE (CANADA) INC
SHOPPERS HOME HEALTH CARE p 785
See SHOPPERS DRUG MART (LONDON) LIMITED
SHOPPERS HOME HEALTH CARE p 878
See CROOKS, J R HEALTH CARE SERVICES INC
SHOPPERS HOME HEALTH CARE (CANADA) INC p 25
2720 12 St Ne Suite 1, CALGARY, AB, T2E 7N4
(403) 250-2200 SIC 5912
SHOPPERS HOME HEALTH CARE (CANADA) INC p 101
91 Ave Nw Suite 4619, EDMONTON, AB, T6B 2M7
(780) 465-3310 SIC 5912
SHOPPERS HOME HEALTH CARE (CANADA) INC p 183
8289 North Fraser Way Suite 101, BURNABY, BC, V3N 0B9
(778) 328-8300 SIC 7699
SHOPPERS HOME HEALTH CARE (CANADA) INC p 535
4087 Harvester Rd Suite 11, BURLINGTON, ON, L7L 5M3
(905) 631-8664 SIC 5047
SHOPPERS HOME HEALTH CARE (CANADA) INC p 643
379 Gage Ave, KITCHENER, ON, N2M 5E1
(519) 579-6200 SIC 5999
SHOPPERS HOME HEALTH CARE (CANADA) INC p 786
2405 St Laurent Blvd, OTTAWA, ON, K1G 5B4
(613) 737-6335 SIC 5999
SHOPPERS HOME HEALTH CARE (CANADA) INC p 966
1624 Howard Ave, WINDSOR, ON, N8X 3T7
(519) 252-2715 SIC 5047
SHOPPERS HOME HEALTH CARE (ONTARIO) INC p 758
104 Bartley Dr, NORTH YORK, ON, M4A 1C5
(416) 752-8885 SIC 5999
SHOPPERS HOME HEALTH CARE, DIV OF p 966
See SHOPPERS HOME HEALTH CARE (CANADA) INC
SHOPPERS HOME HEALTHCARE p 744
See SHOPPERS DRUG MART INC
SHOPPERS HOME HEALTHCARE p 786
See SHOPPERS HOME HEALTH CARE (CANADA) INC
SHOPPERS HOME HEALTHCARE p 891
See SHOPPERS DRUG MART CORPORATION
SHOPPERS WORLD BRAMPTON p 521
See 1388688 ONTARIO LIMITED
SHOPS AT DON MILLS p 753
See CADILLAC FAIRVIEW CORPORATION LIMITED, THE
SHORE ELEMENTARY SCHOOL p 387
123 Doncaster St Suite A200, WINNIPEG, MB, R3N 2B4
(204) 477-7410 SIC 8211
SHOREHAM PUBLIC SPORTS AND WELLNESS ACADEMY p 891
See TORONTO DISTRICT SCHOOL BOARD
SHORELINE COMMUNITY SCHOOL p 336
See BOARD OF EDUCATION OF SCHOOL DISTRICT NO. 61 (GREATER VICTORIA)
SHORELINES CASINO KAWARTHA DOWNS p 590
See GREAT CANADIAN CASINOS INC
SHORELINES CASINO THOUSAND ISLANDS p 591
See GREAT CANADIAN CASINOS INC
SHOREWOOD PACKAGING CORP. OF CANADA LIMITED p 841
2220 Midland Ave Unit 50, SCARBOROUGH, ON, M1P 3E6
(416) 940-2400 SIC 2657
SHORTREED COMMUNITY SCHOOL p 180
See BOARD OF EDUCATION OF SCHOOL DISTRICT NO. 35 (LANGLEY)
SHOWCASE SOLUTIONS p 669
See ARSYSTEMS INTERNATIONAL INC
SHOXS p 336
See CDG COAST DYNAMICS GROUP LTD
SHRED-IT AMERICA INC p 768
2794 South Sheridan Way, OAKVILLE, ON, L6J 7T4
(905) 829-2794 SIC 6794
SHRED-IT CALGARY p 20
See SHRED-IT INTERNATIONAL ULC
SHRED-IT CAMBRIDGE/KITCHENER p 544
See SHRED-IT INTERNATIONAL ULC
SHRED-IT EDMONTON p 93
See SHRED-IT INTERNATIONAL ULC
SHRED-IT INTERNATIONAL ULC p 20
8009 57 St Se Suite 28, CALGARY, AB, T2C 5K7
(403) 571-0777 SIC 7389
SHRED-IT INTERNATIONAL ULC p 93
18603 111 Ave Nw, EDMONTON, AB, T5S 2X4
(780) 444-8394 SIC 7389
SHRED-IT INTERNATIONAL ULC p 203
1650 Brigantine Dr Unit 300, COQUITLAM, BC, V3K 7B5
(604) 444-4044 SIC 7389
SHRED-IT INTERNATIONAL ULC p 544
135 Pinebush Rd, CAMBRIDGE, ON, N1R 7H8
(519) 650-4065 SIC 7389
SHRED-IT INTERNATIONAL ULC p 650
15825 Robin's Hill Rd Unit 2, LONDON, ON, N5V 0A5
(519) 641-8060 SIC 7389
SHRED-IT INTERNATIONAL ULC p 783
1171 Kenaston St, OTTAWA, ON, K1B 3N9
(613) 742-0101 SIC 7389
SHRED-IT INTERNATIONAL ULC p 1207
5000 Boul Thimens, SAINT-LAURENT, QC, H4R 2B2
(514) 939-7473 SIC 7389
SHRED-IT MONTREAL p 1207
See SHRED-IT INTERNATIONAL ULC
SHRED-IT OTTAWA p 783
See SHRED-IT INTERNATIONAL ULC
SHRED-IT VANCOUVER p 203
See SHRED-IT INTERNATIONAL ULC
SHUBENACADIE DISTRICT ELEMENTARY SCHOOL p 473
See CHIGNECTO CENTRAL REGIONAL SCHOOL BOARD
SHUMKA CRAIG AND MOORE ADJUSTERS p 390
See SCM INSURANCE SERVICES INC
SHUR-GAIN p 600
See NUTRECO CANADA INC
SHUR-GAIN FEEDS, DIV OF p 859
See MAPLE LEAF FOODS INC
SHURWAY CONTRACTING LTD p 842
72 Crockford Blvd, SCARBOROUGH, ON, M1R 3C3
(416) 750-4204 SIC 1541
SHUSWAP LAKES VACATIONS INC p 277
101 Martin St, SICAMOUS, BC, V0E 2V1
(250) 804-3485 SIC 7999
SHUSWAP MIDDLE SCHOOL p 276
See NORTH OKANAGAN SHUSWAP SCHOOL DISTRICT 83
SI MANUFACTURING p 734
See SPECTRUM EDUCATIONAL SUPPLIES LIMITED
SI VOUS PLAY SPORTS p 583
See 1125151 ONTARIO LIMITED
SIAST p 1297
See SASKATCHEWAN INSTITUTE OF APPLIED SCIENCE AND TECHNOLOGY
SIAST WOODLAND CAMPUS p 1280
See SASKATCHEWAN INSTITUTE OF APPLIED SCIENCE AND TECHNOLOGY
SIBLEY & ASSOCIATES REHABILITATION, DIV OF p 533
See GRANITE HEALTH SOLUTIONS LP
SICARD HOLIDAY CAMPERS LIMITED p 850
7526 Regional Road 20, SMITHVILLE, ON, L0R 2A0
(905) 957-3344 SIC 5561
SICARD RV p 850
See SICARD HOLIDAY CAMPERS LIMITED
SICK LTD p 821
2 East Beaver Creek Rd Building #3, RICHMOND HILL, ON, L4B 2N3
(905) 771-1444 SIC 5084
SIDAWAY ELEMENTARY SCHOOL p 268
See SCHOOL DISTRICT NO. 43 (COQUITLAM)
SIDEL ETK INC p 1131
1045 Chomedey A-13 E, Montreal, QC, H7W 4V3
(450) 973-3337 SIC 8748
SIDNEY CARE HOME p 277
See HURST MANAGEMENT LTD
SIDNEY ELEMENTARY SCHOOL p 277
See SCHOOL DISTRICT 63 (SAANICH)
SIDNEY SUPER FOODS p 277
See FIRST STREET HOLDINGS LTD
SIEMENS BUILDING TECHNOLOGIES LTD p 862
See SIEMENS CANADA LIMITED
SIEMENS BUILDING TECHNOLOGIES, DIV OF p 660
See SIEMENS CANADA LIMITED
SIEMENS CANADA p 434
See SIEMENS CANADA LIMITED
SIEMENS CANADA LIMITED p 15
4920 43 St Se, CALGARY, AB, T2B 3N3
(403) 279-2211 SIC 3625
SIEMENS CANADA LIMITED p 25
1930 Maynard Rd Se Unit 24, CALGARY, AB, T2E 6J8
(403) 259-3404 SIC 1711
SIEMENS CANADA LIMITED p 25
1930 Maynard Rd Se Unit 24, CALGARY, AB, T2E 6J8
(403) 624-9156 SIC 7382
SIEMENS CANADA LIMITED p 25
1930 Maynard Rd Se Unit 24, CALGARY, AB, T2E 6J8
(403) 252-2278 SIC 3679
SIEMENS CANADA LIMITED p 93
10310 176 St Nw, EDMONTON, AB, T5S 1L3
(780) 452-3890 SIC 5063
SIEMENS CANADA LIMITED p 101
6652 50 St Nw, EDMONTON, AB, T6B 2N7
(780) 450-6762 SIC 8742
SIEMENS CANADA LIMITED p 267
4011 Viking Way Suite 150, RICHMOND, BC, V6V 2K9
(604) 233-1700 SIC 5047
SIEMENS CANADA LIMITED p 383
675 Berry St, WINNIPEG, MB, R3H 1A7
(204) 774-3411 SIC 1731
SIEMENS CANADA LIMITED p 434
89 O'leary Ave, ST. JOHN'S, NL, A1B 2C9
(709) 364-5131 SIC 3679
SIEMENS CANADA LIMITED p 452
120 Troop Ave Suite 100, DARTMOUTH, NS, B3B 1Z1
(902) 468-9791 SIC 5063
SIEMENS CANADA LIMITED p 483
167 Hunt St, AJAX, ON, L1S 1P6
(905) 683-8200 SIC 3625
SIEMENS CANADA LIMITED p 535
1550 Appleby Line, BURLINGTON, ON, L7L 6X7
(905) 331-0629 SIC 3625
SIEMENS CANADA LIMITED p 562
300 Applewood Cres Suite 1, CONCORD, ON, L4K 5C7
(905) 856-5288 SIC 3625
SIEMENS CANADA LIMITED p 609
30 Milton Ave, HAMILTON, ON, L8L 6E6
(905) 528-8811 SIC 3511
SIEMENS CANADA LIMITED p 636
475 Archer Dr, KIRKLAND LAKE, ON, P2N 3H6
(705) 568-6355 SIC 7629
SIEMENS CANADA LIMITED p 660
514 Newbold St Suite 514, LONDON, ON, N6E 1K6
(519) 680-2380 SIC 4911
SIEMENS CANADA LIMITED p 674
250 Royal Crest Crt, MARKHAM, ON, L3R 3S1
(905) 944-2819 SIC 3589
SIEMENS CANADA LIMITED p 674
7303 Warden Ave, MARKHAM, ON, L3R 5Y6
(905) 305-1021 SIC 3625
SIEMENS CANADA LIMITED p 720
6375 Shawson Dr, MISSISSAUGA, ON, L5T 1S7
(905) 819-5761 SIC 8742
SIEMENS CANADA LIMITED p 766
1577 North Service Rd E, OAKVILLE, ON, L6H 0H6
(905) 465-8000 SIC 3625
SIEMENS CANADA LIMITED p 796
2435 Holly Lane, OTTAWA, ON, K1V 7P2
(613) 733-9781 SIC 1711
SIEMENS CANADA LIMITED p 796
2435 Holly Ln, OTTAWA, ON, K1V 7P2
(613) 737-6072 SIC 7629
SIEMENS CANADA LIMITED p 811
1954 Technology Dr, PETERBOROUGH, ON, K9J 6X7
(705) 745-2431 SIC 3823
SIEMENS CANADA LIMITED p 862
735 South Service Rd Suite 3, STONEY CREEK, ON, L8E 5Z2
(905) 643-2200 SIC 1711
SIEMENS CANADA LIMITED p 874
55 Commerce Valley Dr W Suite 400, THORNHILL, ON, L3T 7V9
SIC 7371
SIEMENS CANADA LIMITED p 1027

1425 Rte Trans-Canada Bureau 400, DORVAL, QC, H9P 2W9
SIC 3625

SIEMENS CANADA LIMITED p 1091
8455 19e Av, Montreal, QC, H1Z 4J2
(418) 622-2991   SIC 5999

SIEMENS CANADA LIMITED p 1091
8455 19e Av, Montreal, QC, H1Z 4J2
(514) 822-7311   SIC 5063

SIEMENS CANADA LIMITED p 1165
2800 Av Saint-Jean-Baptiste Bureau 190, Quebec, QC, G2E 6J5
(418) 687-4524   SIC 3625

SIEMENS CONSTRUCTION INC p 73
Gd, EDBERG, AB, T0B 1J0
(780) 877-2478   SIC 1542

SIEMENS INDUSTRIES SOFTWARE LTD p 720
6375 Shawson Dr, MISSISSAUGA, ON, L5T 1S7
SIC 7372

SIEMENS IT SOLUTIONS AND SERVICES p 720
See SIEMENS CANADA LIMITED

SIEMENS MILLTRONICS PROCESS INSTRUMENTS p 811
See SIEMENS CANADA LIMITED

SIEMENS NETWORK OF CARING p 766
See SIEMENS CANADA LIMITED

SIEMENS PLM p 720
See SIEMENS INDUSTRIES SOFTWARE LTD

SIEMENS POWER GENERATION p 609
See SIEMENS CANADA LIMITED

SIEMENS PROTECTION INCENDIE p 1091
See SIEMENS CANADA LIMITED

SIEMENS TANGO SOFTWARE p 874
See SIEMENS CANADA LIMITED

SIEMENS TECHNOLOGIES DU BATIMENT p 1091
See SIEMENS CANADA LIMITED

SIEMENS TRANSPORT AND SERVICE LTD p 1293
815 Patience Lake Rd, SASKATOON, SK, S7H 5P1
(306) 374-6006   SIC 4213

SIEMENS WESTINGHOUSE p 796
See SIEMENS CANADA LIMITED

SIEMPELKAMP CANADA INC p 546
50 Groh Ave, CAMBRIDGE, ON, N3C 1Y9
(519) 500-5888   SIC 3625

SIENNA SENIOR LIVING p 494
See 2063414 ONTARIO LIMITED

SIENNA SENIOR LIVING INC p 699
2250 Hurontario St, MISSISSAUGA, ON, L5B 1M8
(905) 270-0411   SIC 8051

SIERRA CENTRE FOR DENTAL WELLNESS,THE p 62
See KNEBEL, MURRAY G. PROFESSIONAL CORPORATION

SIERRA SUNROOMS INC p 783
2450 Lancaster Rd Unit 31, OTTAWA, ON, K1B 5N3
(613) 738-8055   SIC 1542

SIERRA SYSTEMS p 916
See SIERRA SYSTEMS GROUP INC

SIERRA SYSTEMS GROUP INC p 49
833 4 Ave Sw Ste 700, CALGARY, AB, T2P 3T5
(403) 264-0955   SIC 7379

SIERRA SYSTEMS GROUP INC p 82
10104 103 Ave Nw Unit 1300, EDMONTON, AB, T5J 0H8
(780) 424-0852   SIC 7379

SIERRA SYSTEMS GROUP INC p 332
737 Courtney St, VICTORIA, BC, V8W 1C3
(250) 385-1535   SIC 7379

SIERRA SYSTEMS GROUP INC p 378
444 St Mary Ave Suite 1050, WINNIPEG, MB, R3C 3T1
(204) 942-2575   SIC 8741

SIERRA SYSTEMS GROUP INC p 459
1809 Barrington St Suite 1004, HALIFAX, NS, B3J 3K8
(902) 425-6688   SIC 7379

SIERRA SYSTEMS GROUP INC p 792
220 Laurier Ave W Suite 800, OTTAWA, ON, K1P 5Z9
(613) 236-7888   SIC 7379

SIERRA SYSTEMS GROUP INC p 916
150 York St Suite 1910, TORONTO, ON, M5H 3S5
(416) 777-1212   SIC 7379

SIERRA VENTURES CORP p 1286
1810 College Ave, REGINA, SK, S4P 1C1
(306) 949-1510   SIC 7349

SIFTO SALT, DIV OF p 595
See COMPASS MINERALS CANADA CORP

SIFTON ELEMENTARY SCHOOL p 73
See EDMONTON SCHOOL DISTRICT NO. 7

SIFTON PROPERTIES LIMITED p 656
195 Dufferin Ave Suite 800, LONDON, ON, N6A 1K7
(519) 434-1000   SIC 6553

SIFTON PROPERTIES LIMITED p 663
500 Berkshire Dr, LONDON, ON, N6J 3S1
(519) 472-5665   SIC 7991

SIFTON PROPERTIES LIMITED p 663
600 Longworth Rd Suite 118, LONDON, ON, N6K 4X9
(519) 472-1115   SIC 6513

SIFTON PROPERTIES LIMITED p 703
2132 Dundas St W, MISSISSAUGA, ON, L5K 2K7
(905) 823 7273   SIC 8059

SIGA INTERNATIONAL p 756
81 Saint Regis Cres S, NORTH YORK, ON, M3J 1Y6
(416) 504-7442   SIC 5136

SIGMA ASSISTEL INC p 1113
1100 Boul Rene-Levesque O Bureau 514, Montreal, QC, H3B 4N4
(514) 875-9170   SIC 7389

SIGMA ENGINEERING (WINDSOR) INC p 772
5101 Ure St, OLDCASTLE, ON, N0R 1L0
(519) 737-7538   SIC 3544

SIGMA STRETCH FILM OF CANADA CO p 502
219 Jamieson Bone Rd, BELLEVILLE, ON, K8N 5T4
(613) 966-4400   SIC 3081

SIGMACON ESTHETICS CORPORATION p 756
436 Limestone Cres, NORTH YORK, ON, M3J 2S4
(416) 665-6616   SIC 5122

SIGNAL HILL ELEMENTARY SCHOOL p 251
See SCHOOL DISTRICT NO. 48 (HOWE SOUND)

SIGNALISATION DE L'ESTRIE INC p 1199
999 Rue Lauzanne, Saint-Jerome, QC, J5L 1V8
(450) 432-5872   SIC 3714

SIGNALISATION LAURENTIENNE p 1199
See SIGNALISATION DE L'ESTRIE INC

SIGNALISATION VER-MAC INC p 1166
1781 Rue Bresse, Quebec, QC, G2G 2V2
(418) 654-1303   SIC 3669

SIGNATURE p 1263
See 2161-1298 QUEBEC INC

SIGNATURE INTERPRETIVE & TRANSLATIVE SERVICES LTD p 11
4608 26 Ave Ne, CALGARY, AB, T1Y 2R8
(403) 590-6382   SIC 7389

SIGNATURE MAURICE TANGUAY p 1164
See AMEUBLEMENTS TANGUAY INC

SIGNATURE SHOWCASE DIV p 563
See UNIQUE STORE FIXTURES LTD

SIGNCORP p 208
See NATIONAL SIGNCORP INVESTMENTS LTD

SIGNET DEVELOPMENT CORPORATION p 762
150 Signet Dr, NORTH YORK, ON, M9L 1T9
(416) 749-9300   SIC 6553

SIGNODE CANADA p 674
See SIGNODE PACKAGING GROUP CANADA ULC

SIGNODE PACKAGING GROUP CANADA ULC p 674
241 Gough Rd, MARKHAM, ON, L3R 5B3
(905) 479-9754   SIC 2673

SIGVARIS CORPORATION p 1207
4535 Rue Dobrin, SAINT-LAURENT, QC, H4R 2L8
(514) 336-2362   SIC 5699

SIKA CANADA INC p 97
16910 129 Ave Nw Suite 1, EDMONTON, AB, T5V 1L1
(780) 453-3060   SIC 2891

SIKSIKA BOARD OF EDUCATION p 164
Gd, SIKSIKA, AB, T0J 3W0
(403) 734-5300   SIC 8211

SIKSIKA BOARD OF EDUCATION p 164
Gd, SIKSIKA, AB, T0J 3W0
(403) 734-5320   SIC 8211

SIKSIKA BOARD OF EDUCATION p 164
Gd, SIKSIKA, AB, T0J 3W0
(403) 734-5400   SIC 8211

SIKSIKA HIGH SCHOOL p 164
See SIKSIKA BOARD OF EDUCATION

SIL INDUSTRIAL MINERALS p 115
See 543077 ALBERTA LTD

SILANI SWEET CHEESE LIMITED p 847
Gd, SCHOMBERG, ON, L0G 1T0
(416) 324-3290   SIC 2022

SILCOTECH NORTH AMERICA INC p 506
54 Nixon Rd, BOLTON, ON, L7E 1W2
(905) 857-9998   SIC 2821

SILGAN PLASTICS CANADA INC p 716
1575 Drew Rd, MISSISSAUGA, ON, L5S 1S5
(905) 677-2324   SIC 3089

SILGAN PLASTICS CANADA INC p 841
1200 Ellesmere Rd, SCARBOROUGH, ON, M1P 2X4
(416) 293-8233   SIC 3089

SILGAN PLASTICS CANADA INC p 975
400 Rowntree Dairy Rd, WOODBRIDGE, ON, L4L 8H2
(905) 856-1324   SIC 3089

SILICA SERVING CHEMISTRY p 1156
See SILICYCLE INC

SILICYCLE INC p 1156
2500 Boul Du Parc-Technologique, QUEBEC, QC, G1P 4S6
(418) 874-0054   SIC 2819

SILKROAD TECHNOLOGY, CANADA INC. p 106
9618 42 Ave Nw Suite 202, EDMONTON, AB, T6E 5Y4
(780) 421-8374   SIC 7372

SILKWAY TRAVEL & CRUISE p 300
See SILKWAY TRAVEL & DESTINATION MANAGEMENT INC

SILKWAY TRAVEL & DESTINATION MANAGEMENT INC p 300
4018 Cambie St Suite 4012, VANCOUVER, BC, V5Z 2X8
SIC 4725

SILOS PORT CARTIER, LES p 1144
See LOUIS DREYFUS COMPANY CANADA ULC

SILTECH CORPORATION p 700
3265 Wolfedale Rd, MISSISSAUGA, ON, L5C 1V8
(905) 270-9328   SIC 2869

SILVER BIRCHES ELEMENTARY SCHOOL p 740
See NEAR NORTH DISTRICT SCHOOL BOARD

SILVER CHEF RENTALS INC p 297
887 Great Northern Way Suite 160, VANCOUVER, BC, V5T 4T5
(866) 311-3805   SIC 6159

SILVER CREEK PREMIUM PRODUCTS LTD p 239
7250 Nelson St, MISSION, BC, V4S 1H3
(604) 826-5971   SIC 2429

SILVER CREEK PUBLIC SCHOOL p 592
See HALTON DISTRICT SCHOOL BOARD

SILVER DRAGON RESTAURANT GROUP p 49
See SDR MANAGEMENT LTD

SILVER GREEN HOLDINGS LIMITED p 1311
2241 2nd Ave, WHITEHORSE, YT, Y1A 5W1
(867) 667-4992   SIC 5812

SILVER HEIGHTS COLLEGIATE p 385
See ST. JAMES-ASSINIBOIA SCHOOL DIVISION

SILVER HOTEL (AMBLER) INC p 711
2501 Argentia Rd, MISSISSAUGA, ON, L5N 4G8
(905) 858-2424   SIC 7011

SILVER HOTEL (OAKVILLE) INC p 766
360 Oakville Place Dr, OAKVILLE, ON, L6H 6K8
(905) 845-7561   SIC 7011

SILVER LAKES GOLF & COUNTRY CLUB INC p 734
21114 Yonge St, NEWMARKET, ON, L3Y 4V8
(905) 836-8070   SIC 7997

SILVER PINES PUBLIC SCHOOL p 823
See YORK REGION DISTRICT SCHOOL BOARD

SILVER SPRINGS ELEMENTARY p 59
See CALGARY BOARD OF EDUCATION

SILVER SPRINGS PS p 845
See TORONTO DISTRICT SCHOOL BOARD

SILVER STAR ELEMENTARY SCHOOL p 326
See SCHOOL DISTRICT NO 22 (VERNON)

SILVER STAR MANUFACTURING CO INC p 1134
750 Boul Cure-Labelle Bureau 205, Montreal-Ouest, QC, H7V 2T9
(450) 682-3381   SIC 3911

SILVER STREAM PUBLIC SCHOOL p 824
See YORK REGION DISTRICT SCHOOL BOARD

SILVERADO LAND CORP p 263
292 Crescent Rd E, QUALICUM BEACH, BC, V9K 0A5
(250) 752-5776   SIC 6513

SILVERBIRCH HOTELS AND RESORTS LIMITED PARTNERSHIP p 128
11201 100 Ave, GRANDE PRAIRIE, AB, T8V 5M6
(780) 539-6000   SIC 7011

SILVERBIRCH HOTELS AND RESORTS LIMITED PARTNERSHIP p 1126
900 Rue De La Gauchetiere O Bureau 10750, Montreal, QC, H5A 1E4
(514) 878-2332   SIC 7011

SILVERBIRCH NO 1 LIMITED PARTNERSHIP p 322
1234 Hornby St, VANCOUVER, BC, V6Z 1W2
(604) 601-5254   SIC 7011

SILVERBIRCH NO. 15 OPERATIONS LIMITED PARTNERSHIP p 459
1960 Brunswick St, HALIFAX, NS, B3J 2G7
(902) 422-1391   SIC 7299

SILVERBIRCH NO. 41 OPERATIONS LIMITED PARTNERSHIP p 293
2205 Commissioner St, VANCOUVER, BC, V5L 1A4
SIC 5812

SILVERCITY BURLINGTON p 538
See CINEPLEX ODEON CORPORATION

SILVERCITY COQUITLAM p 201
See CINEPLEX ODEON CORPORATION
SILVERCITY FAIRVIEW MALL p 744
See CINEPLEX ODEON CORPORATION
SILVERCITY GLOUCESTER p 594
See CINEPLEX ODEON CORPORATION
SILVERCITY HAMILTON MOUNTAIN p 862
See CINEPLEX ODEON CORPORATION
SILVERCITY LONDON p 659
See EMPIRE THEATRES LIMITED
SILVERCITY METROPOLIS p 190
See CINEPLEX ODEON CORPORATION
SILVERCITY MISSION p 238
See CINEPLEX ODEON CORPORATION
SILVERCITY NEWMARKET CINEMAS & XSCAPE p 733
See CINEPLEX ODEON CORPORATION
SILVERCITY POLO PARK p 381
See CINEPLEX ODEON CORPORATION
SILVERCITY RICHMOND HILL p 822
See CINEPLEX ODEON CORPORATION
SILVERCITY RIVERPORT p 268
See CINEPLEX ODEON CORPORATION
SILVERCITY ST. VITAL & XSCAPE p 368
See CINEPLEX ODEON CORPORATION
SILVERCITY VICTORIA TILLICUM CENTRE p 335
See CINEPLEX ODEON CORPORATION
SILVERCITY YONGE (EGLINTON CENTRE) p 897
See CINEPLEX ODEON CORPORATION
SILVERDALE ELEMENTARY SCHOOL p 239
See SCHOOL DISTRICT #75 (MISSION)
SILVERHEIGHTS PUBLIC SCHOOL p 546
See WATERLOO REGION DISTRICT SCHOOL BOARD
SILVERLINE GROUP INC p 854
144 Dunkirk Rd, ST CATHARINES, ON, L2P 3H6
(905) 680-6002   SIC 1771
SILVERTHORNE ELEMENTARY SCHOOL p 217
See SCHOOL DISTRICT NO. 54 (BULKLEY VALLEY)
SILVERTIP GOLF COURSE LIMITED p 67
2000 Silvertip Trail, CANMORE, AB, T1W 3J4
(403) 678-1600   SIC 7992
SILVERTIP LODGE INC p 4
217 Bear St, BANFF, AB, T1L 1J6
(403) 762-7100   SIC 7011
SILVERTIP PRODUCTION SERVICES LTD p 128
11309 98 Ave, GRANDE PRAIRIE, AB, T8V 5A5
(780) 882-7707   SIC 1389
SIMARD SUSPENSIONS INC p 995
707 Ch Saint-Laurent, BAIE-SAINT-PAUL, QC, G3Z 2L6
(418) 240-2743   SIC 3711
SIMARD SUSPENSIONS INC p 995
1064 Boul Monseigneur-De Laval, BAIE-SAINT-PAUL, QC, G3Z 2W9
(418) 435-5347   SIC 3714
SIMARD-BEAUDRY CONSTRUCTION INC p 1128
4297 Rang Saint-Elzear E, Montreal, QC, H7E 4P2
SIC 1429
SIMARD-BEAUDRY CONSTRUCTION INC p 1132
5250 Rue D'amiens, MONTREAL-NORD, QC, H1G 3G5
(514) 324-0055   SIC 1611
SIMARD-BEAUDRY CONSTRUCTION INC p 1187
699 Boul Industriel, SAINT-EUSTACHE, QC, J7R 6C3
SIC 1442
SIMARK CONTROLS LTD p 20
10509 46 St Se, CALGARY, AB, T2C 5C2
(403) 236-0580   SIC 5084
SIMBOL TEST SYSTEMS INC p 1040

616 Rue Auguste-Mondoux, GATINEAU, QC, J9J 3K3
(819) 770-7771   SIC 5065
SIMCOE COMPOSITE SCHOOL p 849
See GRAND ERIE DISTRICT SCHOOL BOARD
SIMCOE COUNTY AIRPORT SERVICES p 496
See ALLANDALE SCHOOL TRANSIT LIMITED
SIMCOE COUNTY ASSOCIATION FOR THE PHYSICALLY DISABLED p 556
12 Erie St, COLLINGWOOD, ON, L9Y 1P4
(705) 444-7680   SIC 8361
SIMCOE COUNTY CLEANING LIMITED p 498
49 Morrow Rd Unit 14, BARRIE, ON, L4N 3V7
(705) 722-7203   SIC 7349
SIMCOE COUNTY DISTRICT SCHOOL BOARD, THE p 486
46 Wellington St W Unit 3, ALLISTON, ON, L9R 2B8
(705) 435-7778   SIC 8211
SIMCOE COUNTY DISTRICT SCHOOL BOARD, THE p 486
160 8th Ave, ALLISTON, ON, L9R 1A5
(705) 435-0676   SIC 8211
SIMCOE COUNTY DISTRICT SCHOOL BOARD, THE p 486
203 Victoria St E, ALLISTON, ON, L9R 1G5
(705) 435-6288   SIC 8211
SIMCOE COUNTY DISTRICT SCHOOL BOARD, THE p 486
25 Albert St W, ALLISTON, ON, L9R 1H2
(705) 435-7391   SIC 8211
SIMCOE COUNTY DISTRICT SCHOOL BOARD, THE p 488
45 Brian Ave, ANGUS, ON, L0M 1B3
(705) 424-3317   SIC 8211
SIMCOE COUNTY DISTRICT SCHOOL BOARD, THE p 495
60 Cundles Rd E, BARRIE, ON, L4M 2Z7
(705) 728-9658   SIC 8211
SIMCOE COUNTY DISTRICT SCHOOL BOARD, THE p 495
100 Livingstone St E, BARRIE, ON, L4M 6X9
(705) 727-4267   SIC 8211
SIMCOE COUNTY DISTRICT SCHOOL BOARD, THE p 495
105 Johnson St, BARRIE, ON, L4M 4R4
(705) 728-9251   SIC 8211
SIMCOE COUNTY DISTRICT SCHOOL BOARD, THE p 495
110 Grove St E, BARRIE, ON, L4M 2P3
(705) 726-6541   SIC 8211
SIMCOE COUNTY DISTRICT SCHOOL BOARD, THE p 495
130 Prince William Way, BARRIE, ON, L4M 7G4
(705) 797-8446   SIC 8211
SIMCOE COUNTY DISTRICT SCHOOL BOARD, THE p 495
217 Codrington St, BARRIE, ON, L4M 1S4
(705) 728-3084   SIC 8211
SIMCOE COUNTY DISTRICT SCHOOL BOARD, THE p 495
22 Davidson St, BARRIE, ON, L4M 3R8
(705) 728-3307   SIC 8211
SIMCOE COUNTY DISTRICT SCHOOL BOARD, THE p 495
421 Grove St E, BARRIE, ON, L4M 5S1
(705) 728-1321   SIC 8211
SIMCOE COUNTY DISTRICT SCHOOL BOARD, THE p 495
36 Steel St, BARRIE, ON, L4M 2E7
(705) 728-9292   SIC 8211
SIMCOE COUNTY DISTRICT SCHOOL BOARD, THE p 495
242 Grove St E, BARRIE, ON, L4M 2P9
(705) 728-5201   SIC 8211
SIMCOE COUNTY DISTRICT SCHOOL BOARD, THE p 498

50 Bradford St, BARRIE, ON, L4N 3A8
(705) 728-3105   SIC 8211
SIMCOE COUNTY DISTRICT SCHOOL BOARD, THE p 498
49 Ford St, BARRIE, ON, L4N 7J4
(705) 725-8229   SIC 8211
SIMCOE COUNTY DISTRICT SCHOOL BOARD, THE p 498
226 Little Ave, BARRIE, ON, L4N 6L3
(705) 726-4256   SIC 8211
SIMCOE COUNTY DISTRICT SCHOOL BOARD, THE p 498
184 Toronto St, BARRIE, ON, L4N 1V5
(705) 728-5246   SIC 8221
SIMCOE COUNTY DISTRICT SCHOOL BOARD, THE p 498
191 Golden Meadow Rd, BARRIE, ON, L4N 9R6
(705) 737-4080   SIC 8211
SIMCOE COUNTY DISTRICT SCHOOL BOARD, THE p 498
124 Letitia St, BARRIE, ON, L4N 1P5
(705) 728-1302   SIC 8211
SIMCOE COUNTY DISTRICT SCHOOL BOARD, THE p 498
11 Bear Creek Dr, BARRIE, ON, L4N 9M9
(705) 725-7970   SIC 8211
SIMCOE COUNTY DISTRICT SCHOOL BOARD, THE p 499
124 Bayview Dr, BARRIE, ON, L4N 3P4
(705) 728-3601   SIC 8211
SIMCOE COUNTY DISTRICT SCHOOL BOARD, THE p 499
170 Ferndale Dr S, BARRIE, ON, L4N 8A1
(705) 733-5636   SIC 8211
SIMCOE COUNTY DISTRICT SCHOOL BOARD, THE p 499
125 Dunlop St W, BARRIE, ON, L4N 1A9
SIC 8211
SIMCOE COUNTY DISTRICT SCHOOL BOARD, THE p 499
180 Esther Dr, BARRIE, ON, L4N 9S9
(705) 725-7980   SIC 8211
SIMCOE COUNTY DISTRICT SCHOOL BOARD, THE p 499
330 Big Bay Point Rd, BARRIE, ON, L4N 8A8
(705) 728-3937   SIC 8211
SIMCOE COUNTY DISTRICT SCHOOL BOARD, THE p 499
383 Cundles Rd W, BARRIE, ON, L4N 7C7
(705) 728-5401   SIC 8211
SIMCOE COUNTY DISTRICT SCHOOL BOARD, THE p 499
59 Lampman Lane, BARRIE, ON, L4N 5G4
(705) 728-5420   SIC 8211
SIMCOE COUNTY DISTRICT SCHOOL BOARD, THE p 501
43 Patterson St, BEETON, ON, L0G 1A0
(905) 729-2631   SIC 8211
SIMCOE COUNTY DISTRICT SCHOOL BOARD, THE p 507
145 Somme Blvd, BORDEN, ON, L0M 1C0
SIC 8211
SIMCOE COUNTY DISTRICT SCHOOL BOARD, THE p 509
110 Northgate Dr, BRADFORD, ON, L3Z 2Z7
(905) 778-0617   SIC 8211
SIMCOE COUNTY DISTRICT SCHOOL BOARD, THE p 509
100 Professory Day Dr, BRADFORD, ON, L3Z 2B3
(905) 778-2010   SIC 8211
SIMCOE COUNTY DISTRICT SCHOOL BOARD, THE p 509
177 Church St, BRADFORD, ON, L3Z 1R4
(905) 778-4323   SIC 8211
SIMCOE COUNTY DISTRICT SCHOOL BOARD, THE p 509
20 Fletcher St, BRADFORD, ON, L3Z 1L9
(905) 775-4821   SIC 8211
SIMCOE COUNTY DISTRICT SCHOOL BOARD, THE p 509

2516 12th Line, BRADFORD, ON, L3Z 2A5
(905) 775-3031   SIC 8211
SIMCOE COUNTY DISTRICT SCHOOL BOARD, THE p 509
410 Maplegrove Ave, BRADFORD, ON, L3Z 2V4
(905) 775-9691   SIC 8211
SIMCOE COUNTY DISTRICT SCHOOL BOARD, THE p 509
70 Professor Day Dr, BRADFORD, ON, L3Z 3B9
(905) 775-2262   SIC 8211
SIMCOE COUNTY DISTRICT SCHOOL BOARD, THE p 529
3226 County Rd 47 Suite 1, BRECHIN, ON, L0K 1B0
(705) 484-5711   SIC 8211
SIMCOE COUNTY DISTRICT SCHOOL BOARD, THE p 555
33 Gray St, COLDWATER, ON, L0K 1E0
(705) 686-7780   SIC 8211
SIMCOE COUNTY DISTRICT SCHOOL BOARD, THE p 556
81 Batteaux, COLLINGWOOD, ON, L9Y 3Z1
(705) 445-1827   SIC 8211
SIMCOE COUNTY DISTRICT SCHOOL BOARD, THE p 556
300 Spruce St, COLLINGWOOD, ON, L9Y 3H1
(705) 445-1501   SIC 8211
SIMCOE COUNTY DISTRICT SCHOOL BOARD, THE p 556
300 Peel St, COLLINGWOOD, ON, L9Y 3W2
(705) 445-1241   SIC 8211
SIMCOE COUNTY DISTRICT SCHOOL BOARD, THE p 556
6 Cameron St, COLLINGWOOD, ON, L9Y 2J2
(705) 445-3161   SIC 8211
SIMCOE COUNTY DISTRICT SCHOOL BOARD, THE p 556
575 Cameron St, COLLINGWOOD, ON, L9Y 2J4
(705) 445-2902   SIC 8211
SIMCOE COUNTY DISTRICT SCHOOL BOARD, THE p 564
4063 10th Side Rd, COOKSTOWN, ON, L0L 1L0
SIC 8211
SIMCOE COUNTY DISTRICT SCHOOL BOARD, THE p 564
5088 County Road 27, COOKSTOWN, ON, L0L 1L0
(705) 458-4461   SIC 8211
SIMCOE COUNTY DISTRICT SCHOOL BOARD, THE p 568
240 Collingwood St, CREEMORE, ON, L0M 1G0
(705) 466-2624   SIC 8211
SIMCOE COUNTY DISTRICT SCHOOL BOARD, THE p 572
62 Denney Dr, EGBERT, ON, L0L 1N0
(705) 424-9992   SIC 8211
SIMCOE COUNTY DISTRICT SCHOOL BOARD, THE p 573
28 Simcoe St, ELMVALE, ON, L0L 1P0
(705) 322-1101   SIC 8211
SIMCOE COUNTY DISTRICT SCHOOL BOARD, THE p 573
25 Lawson St, ELMVALE, ON, L0L 1P0
(705) 322-2201   SIC 8211
SIMCOE COUNTY DISTRICT SCHOOL BOARD, THE p 588
7016 County Rd 13 Suite 13, EVERETT, ON, L0M 1J0
(705) 435-6023   SIC 8211
SIMCOE COUNTY DISTRICT SCHOOL BOARD, THE p 618
744 11 Line N, HAWKESTONE, ON, L0L 1T0
(705) 487-2047   SIC 8211
SIMCOE COUNTY DISTRICT SCHOOL BOARD, THE p 619

16 Albert St E, HILLSDALE, ON, L0L 1V0
(705) 835-2108   SIC 8211
SIMCOE COUNTY DISTRICT SCHOOL BOARD, THE   p 622
1310 Innisfil Beach Rd, INNISFIL, ON, L9S 4B7
(705) 431-5918   SIC 8211
SIMCOE COUNTY DISTRICT SCHOOL BOARD, THE   p 622
218 Sunnybrae Ave, INNISFIL, ON, L9S 1H9
(705) 436-1100   SIC 8211
SIMCOE COUNTY DISTRICT SCHOOL BOARD, THE   p 622
827 9th Line, INNISFIL, ON, L9S 1A6
(705) 436-3600   SIC 8211
SIMCOE COUNTY DISTRICT SCHOOL BOARD, THE   p 646
2075 5th Line, LEFROY, ON, L0L 1W0
(705) 456-2534   SIC 8211
SIMCOE COUNTY DISTRICT SCHOOL BOARD, THE   p 646
20 Side Rd Suite 850, LEFROY, ON, L0L 1W0
(705) 456-2630   SIC 8211
SIMCOE COUNTY DISTRICT SCHOOL BOARD, THE   p 666
9091 County Rd 1, LORETTO, ON, L0G 1L0
(905) 729-2624   SIC 8211
SIMCOE COUNTY DISTRICT SCHOOL BOARD, THE   p 679
16 Doran Rd, MIDHURST, ON, L0L 1X0
(705) 721-8300   SIC 8211
SIMCOE COUNTY DISTRICT SCHOOL BOARD, THE   p 679
1170 Hwy 26, MIDHURST, ON, L0L 1X0
(705) 734-6363   SIC 8211
SIMCOE COUNTY DISTRICT SCHOOL BOARD, THE   p 680
340 Sixth St, MIDLAND, ON, L4R 3Y4
(705) 526-2091   SIC 8211
SIMCOE COUNTY DISTRICT SCHOOL BOARD, THE   p 680
425 Robert St, MIDLAND, ON, L4R 2M2
(705) 526-5300   SIC 8211
SIMCOE COUNTY DISTRICT SCHOOL BOARD, THE   p 680
845 Ottawa St, MIDLAND, ON, L4R 1C9
(705) 528-6939   SIC 8211
SIMCOE COUNTY DISTRICT SCHOOL BOARD, THE   p 680
865 Hugel Ave, MIDLAND, ON, L4R 1X8
(705) 526-7817   SIC 8211
SIMCOE COUNTY DISTRICT SCHOOL BOARD, THE   p 683
7 Huron St, MINESING, ON, L9X 1J2
(705) 728-1944   SIC 8211
SIMCOE COUNTY DISTRICT SCHOOL BOARD, THE   p 723
290 Moonstone Rd E, MOONSTONE, ON, L0K 1N0
(705) 835-2021   SIC 8211
SIMCOE COUNTY DISTRICT SCHOOL BOARD, THE   p 775
25 Brant St W, ORILLIA, ON, L3V 3N6
(705) 325-5031   SIC 8211
SIMCOE COUNTY DISTRICT SCHOOL BOARD, THE   p 775
24 Calverley St, ORILLIA, ON, L3V 3T4
(705) 325-7772   SIC 8211
SIMCOE COUNTY DISTRICT SCHOOL BOARD, THE   p 775
233 Park St, ORILLIA, ON, L3V 5W1
SIC 8211
SIMCOE COUNTY DISTRICT SCHOOL BOARD, THE   p 775
230 James St E, ORILLIA, ON, L3V 1M2
SIC 8211
SIMCOE COUNTY DISTRICT SCHOOL BOARD, THE   p 775
2 Borland St E, ORILLIA, ON, L3V 2B4
SIC 8211
SIMCOE COUNTY DISTRICT SCHOOL BOARD, THE   p 775
1902 Division Rd W, ORILLIA, ON, L3V 6H2

(705) 326-7652   SIC 8211
SIMCOE COUNTY DISTRICT SCHOOL BOARD, THE
11 George St, ORILLIA, ON, L3V 2V1
(705) 325-9388   SIC 8211
SIMCOE COUNTY DISTRICT SCHOOL BOARD, THE
3797 Telford Line, ORILLIA, ON, L3V 6H3
(705) 327-1321   SIC 8211
SIMCOE COUNTY DISTRICT SCHOOL BOARD, THE
575 West St S Unit 15, ORILLIA, ON, L3V 7N6
(705) 325-9279   SIC 8211
SIMCOE COUNTY DISTRICT SCHOOL BOARD, THE   p 775
50 Westmount Dr N, ORILLIA, ON, L3V 6C1
(705) 728-7570   SIC 8211
SIMCOE COUNTY DISTRICT SCHOOL BOARD, THE   p 775
485 Regent St, ORILLIA, ON, L3V 4E2
(705) 326-7481   SIC 8211
SIMCOE COUNTY DISTRICT SCHOOL BOARD, THE   p 775
4833 Muley Point Rd Suite 7, ORILLIA, ON, L3V 6H7
(705) 326-4332   SIC 8211
SIMCOE COUNTY DISTRICT SCHOOL BOARD, THE   p 775
455 Laclie St, ORILLIA, ON, L3V 4P7
(705) 325-9311   SIC 8211
SIMCOE COUNTY DISTRICT SCHOOL BOARD, THE   p 775
381 Birch St, ORILLIA, ON, L3V 2P5
(705) 325-1318   SIC 8211
SIMCOE COUNTY DISTRICT SCHOOL BOARD, THE   p 806
20 Lorne Ave, PENETANGUISHENE, ON, L9M 1B2
(705) 549-8381   SIC 8211
SIMCOE COUNTY DISTRICT SCHOOL BOARD, THE   p 817
722 Seventh Ave, PORT MCNICOLL, ON, L0K 1R0
SIC 8211
SIMCOE COUNTY DISTRICT SCHOOL BOARD, THE   p 859
7578 26 Hwy, STAYNER, ON, L0M 1S0
(705) 428-2639   SIC 8211
SIMCOE COUNTY DISTRICT SCHOOL BOARD, THE   p 859
Gd, STAYNER, ON, L0M 1S0
(705) 428-2245   SIC 8211
SIMCOE COUNTY DISTRICT SCHOOL BOARD, THE   p 943
21 Rogers Rd, TOTTENHAM, ON, L0G 1W0
(905) 936-4951   SIC 8211
SIMCOE COUNTY DISTRICT SCHOOL BOARD, THE   p 943
2124 5 Rd 10, TOTTENHAM, ON, L0G 1W0
(905) 936-3711   SIC 8211
SIMCOE COUNTY DISTRICT SCHOOL BOARD, THE   p 948
1 Mackenzie Cres, VICTORIA HARBOUR, ON, L0K 2A0
(705) 534-3101   SIC 8211
SIMCOE COUNTY DISTRICT SCHOOL BOARD, THE   p 949
1315 River Rd W Suite B, WASAGA BEACH, ON, L9Z 2W6
(705) 429-2551   SIC 8211
SIMCOE COUNTY DISTRICT SCHOOL BOARD, THE   p 949
7269 County Rd 169, WASHAGO, ON, L0K 2B0
(705) 689-2031   SIC 8211
SIMCOE COUNTY DISTRICT SCHOOL BOARD, THE   p 949
31 40th St S, WASAGA BEACH, ON, L9Z 1Z9
(705) 429-2552   SIC 8211
SIMCOE MUSKOKA CATHOLIC DISTRICT SCHOOL BOARD   p 486
100 James A Mccague Ave, ALLISTON, ON,

L9R 0G5
(705) 435-7211   SIC 8211
SIMCOE MUSKOKA CATHOLIC DISTRICT SCHOOL BOARD   p 486
180 King St S, ALLISTON, ON, L9R 1B9
(705) 435-3989   SIC 8211
SIMCOE MUSKOKA CATHOLIC DISTRICT SCHOOL BOARD   p 488
24 Roth St, ANGUS, ON, L0M 1B2
(705) 424-6162   SIC 8211
SIMCOE MUSKOKA CATHOLIC DISTRICT SCHOOL BOARD   p 495
123 Hanmer St E, BARRIE, ON, L4M 6W2
(705) 726-1221   SIC 8211
SIMCOE MUSKOKA CATHOLIC DISTRICT SCHOOL BOARD   p 495
243 Cundles Rd E, BARRIE, ON, L4M 6L1
(705) 728-3120   SIC 8211
SIMCOE MUSKOKA CATHOLIC DISTRICT SCHOOL BOARD   p 495
320 Bayfield St Suite 57, BARRIE, ON, L4M 3C1
(705) 797-2020   SIC 8331
SIMCOE MUSKOKA CATHOLIC DISTRICT SCHOOL BOARD   p 495
345 Livingstone St E, BARRIE, ON, L4M 7B5
(705) 737-2812   SIC 8211
SIMCOE MUSKOKA CATHOLIC DISTRICT SCHOOL BOARD   p 495
46 Alliance Blvd, BARRIE, ON, L4M 5K3
(705) 722-3555   SIC 8211
SIMCOE MUSKOKA CATHOLIC DISTRICT SCHOOL BOARD   p 495
90 Steel St, BARRIE, ON, L4M 2E9
(705) 726-8221   SIC 8211
SIMCOE MUSKOKA CATHOLIC DISTRICT SCHOOL BOARD   p 499
100 Lougheed Rd, BARRIE, ON, L4N 8E1
(705) 737-9082   SIC 8211
SIMCOE MUSKOKA CATHOLIC DISTRICT SCHOOL BOARD   p 499
101 Marsellus Dr, BARRIE, ON, L4N 8R6
(705) 733-0459   SIC 8211
SIMCOE MUSKOKA CATHOLIC DISTRICT SCHOOL BOARD   p 499
111 Summerset Dr, BARRIE, ON, L4N 0A6
(705) 728-7301   SIC 8211
SIMCOE MUSKOKA CATHOLIC DISTRICT SCHOOL BOARD   p 499
201 Ashford Dr, BARRIE, ON, L4N 6A3
(705) 734-0168   SIC 8211
SIMCOE MUSKOKA CATHOLIC DISTRICT SCHOOL BOARD   p 499
349 Big Bay Point Rd, BARRIE, ON, L4N 8A2
(705) 733-9611   SIC 8211
SIMCOE MUSKOKA CATHOLIC DISTRICT SCHOOL BOARD   p 499
23 Cloughley Dr, BARRIE, ON, L4N 7Y3
(705) 728-2302   SIC 8211
SIMCOE MUSKOKA CATHOLIC DISTRICT SCHOOL BOARD   p 499
240 Kozlov St, BARRIE, ON, L4N 7H6
(705) 726-5849   SIC 8211
SIMCOE MUSKOKA CATHOLIC DISTRICT SCHOOL BOARD   p 499
340 Leacock Dr, BARRIE, ON, L4N 6J8
(705) 726-1843   SIC 8211
SIMCOE MUSKOKA CATHOLIC DISTRICT SCHOOL BOARD   p 499
211 Ashford Dr, BARRIE, ON, L4N 6A3
(705) 722-0212   SIC 8211
SIMCOE MUSKOKA CATHOLIC DISTRICT SCHOOL BOARD   p 501
10 Lilly St E, BEETON, ON, L0G 1A0
(905) 729-3473   SIC 8211
SIMCOE MUSKOKA CATHOLIC DISTRICT SCHOOL BOARD   p 508
955 Cedar Lane, BRACEBRIDGE, ON, P1L 0A1
(705) 646-8772   SIC 8211
SIMCOE MUSKOKA CATHOLIC DISTRICT SCHOOL BOARD   p 508

2 Tamarack Trail, BRACEBRIDGE, ON, P1L 1Z2
(705) 645-8759   SIC 8211
SIMCOE MUSKOKA CATHOLIC DISTRICT SCHOOL BOARD   p 509
105 Colborne St, BRADFORD, ON, L3Z 1C4
(905) 775-3492   SIC 8211
SIMCOE MUSKOKA CATHOLIC DISTRICT SCHOOL BOARD   p 509
100 Melbourne Dr, BRADFORD, ON, L3Z 2B3
(905) 775-4841   SIC 8211
SIMCOE MUSKOKA CATHOLIC DISTRICT SCHOOL BOARD   p 509
151 Miller Park Ave, BRADFORD, ON, L3Z 2K3
(905) 775-8460   SIC 8211
SIMCOE MUSKOKA CATHOLIC DISTRICT SCHOOL BOARD   p 556
160 Collins St, COLLINGWOOD, ON, L9Y 4R1
(705) 445-2043   SIC 8211
SIMCOE MUSKOKA CATHOLIC DISTRICT SCHOOL BOARD   p 556
18 Saunders St, COLLINGWOOD, ON, L9Y 0G2
(705) 445-6132   SIC 8211
SIMCOE MUSKOKA CATHOLIC DISTRICT SCHOOL BOARD   p 573
34 Kerr St, ELMVALE, ON, L0L 1P0
(705) 322-1622   SIC 8211
SIMCOE MUSKOKA CATHOLIC DISTRICT SCHOOL BOARD   p 620
36 Silverwood Dr, HUNTSVILLE, ON, P1H 1N1
(705) 789-6481   SIC 8211
SIMCOE MUSKOKA CATHOLIC DISTRICT SCHOOL BOARD   p 622
1067 Anna Maria Ave, INNISFIL, ON, L9S 1W2
(705) 431-5711   SIC 8211
SIMCOE MUSKOKA CATHOLIC DISTRICT SCHOOL BOARD   p 622
910 Leslie Dr, INNISFIL, ON, L9S 1A7
(705) 431-2935   SIC 8211
SIMCOE MUSKOKA CATHOLIC DISTRICT SCHOOL BOARD   p 680
120 Old Penetanguishene Rd, MIDLAND, ON, L4R 4Z6
(705) 526-2831   SIC 8211
SIMCOE MUSKOKA CATHOLIC DISTRICT SCHOOL BOARD   p 680
241 Elizabeth St, MIDLAND, ON, L4R 1Y5
(705) 526-0107   SIC 8211
SIMCOE MUSKOKA CATHOLIC DISTRICT SCHOOL BOARD   p 680
347 Galloway Blvd, MIDLAND, ON, L4R 5B2
(705) 526-1311   SIC 8211
SIMCOE MUSKOKA CATHOLIC DISTRICT SCHOOL BOARD   p 775
14 Fittons Rd E, ORILLIA, ON, L3V 2H9
(705) 326-3601   SIC 8211
SIMCOE MUSKOKA CATHOLIC DISTRICT SCHOOL BOARD   p 775
140 Atlantis Dr, ORILLIA, ON, L3V 0A8
(705) 326-0979   SIC 8211
SIMCOE MUSKOKA CATHOLIC DISTRICT SCHOOL BOARD   p 775
255 Oxford St, ORILLIA, ON, L3V 1H6
(705) 326-2331   SIC 8211
SIMCOE MUSKOKA CATHOLIC DISTRICT SCHOOL BOARD   p 775
15 Commerce Rd, ORILLIA, ON, L3V 0Z2
(705) 325-9372   SIC 8211
SIMCOE MUSKOKA CATHOLIC DISTRICT SCHOOL BOARD   p 805
134 William St Unit A, PARRY SOUND, ON, P2A 1W2
(705) 746-7196   SIC 8211
SIMCOE MUSKOKA CATHOLIC DISTRICT SCHOOL BOARD   p 806
7 Bellisle Rd, PENETANGUISHENE, ON, L9M 1N6
(705) 549-1877   SIC 8211

▲ Public Company   ■ Public Company Family Member   **HQ** Headquarters   **BR** Branch   **SL** Single Location

SIMCOE MUSKOKA CATHOLIC DISTRICT SCHOOL BOARD p 807
5 Dunlop St, PENETANGUISHENE, ON, L9M 1J2
(705) 549-3101   SIC 8211

SIMCOE MUSKOKA CATHOLIC DISTRICT SCHOOL BOARD p 943
2 Nolan Rd, TOTTENHAM, ON, L0G 1W0
(905) 936-4743   SIC 8211

SIMCOE MUSKOKA CATHOLIC DISTRICT SCHOOL BOARD p 943
235 Queen St N, TOTTENHAM, ON, L0G 1W0
(905) 936-3364   SIC 8211

SIMCOE MUSKOKA CATHOLIC DISTRICT SCHOOL BOARD p 948
460 Park St, VICTORIA HARBOUR, ON, L0K 2A0
(705) 534-3391   SIC 8211

SIMCOE MUSKOKA CATHOLIC DISTRICT SCHOOL BOARD p 949
425 Ramblewood Dr, WASAGA BEACH, ON, L9Z 1P3
(705) 429-1081   SIC 8211

SIMCOE MUSKOKA DISTRICT HEALTH UNIT p 597
5 Pineridge Gate Suite 2, GRAVENHURST, ON, P1P 1Z3
(705) 684-9090   SIC 8011

SIMCOE MUSKOKA DISTRICT HEALTH UNIT p 775
169 Front St S Unit 120, ORILLIA, ON, L3V 4S8
(705) 325-9565   SIC 8011

SIMCOE PLACE p 928
See CADILLAC FAIRVIEW CORPORATION LIMITED, THE

SIMCOE RECREATION CENTRE p 848
See CORPORATION OF NORFOLK COUNTY

SIMCOE STN MAIN p 848
See CANADA POST CORPORATION

SIMCOE STREET SCHOOL p 735
See DISTRICT SCHOOL BOARD OF NIAGARA

SIMCOE TERRACE p 499
See SPECIALTY CARE INC

SIMMIE HUTTERIAN SCHOOL p 1306
See CHINOOK SCHOOL DIVISION NO 211

SIMMONS CANADA, DIV OF p 29
See SSH BEDDING CANADA CO.

SIMMONS CANADA, DIV OF p 208
See SSH BEDDING CANADA CO.

SIMMONS CANADA, DIV OF p 1049
See SSH BEDDING CANADA CO.

SIMON CUNNINGHAM ELEMENTARY p 285
See SCHOOL DISTRICT NO 36 (SURREY)

SIMON FRASER ELEMENTARY SCHOOL p 299
See BOARD OF EDUCATION OF SCHOOL DISTRICT NO. 39 (VANCOUVER), THE

SIMON FRASER UNIVERSITY p 184
8888 University Dr Suite 3000, BURNABY, BC, V5A 1S6
(604) 291-3354   SIC 8742

SIMON FRASER UNIVERSITY p 184
8888 University Dr Suite Edb, BURNABY, BC, V5A 1S6
(778) 782-3910   SIC 8221

SIMON FRASER UNIVERSITY p 284
13450 102 Ave Suite 250, SURREY, BC, V3T 0A3
(778) 782-3111   SIC 8221

SIMON FRASER UNIVERSITY p 305
555 Hastings St W Suite 17u, VANCOUVER, BC, V6B 4N5
(778) 782-5235   SIC 5942

SIMON FRASER UNIVERSITY p 305
515 Hastings St W Suite 3300, VANCOUVER, BC, V6B 5K3
(778) 782-5000   SIC 8221

SIMON FRASER UNIVERSITY p 309
500 Granville St, VANCOUVER, BC, V6C 1W6

(778) 782-5013   SIC 8244

SIMON FRASER UNIVERSITY BOOKSTORE p 305
See SIMON FRASER UNIVERSITY

SIMON FRAZER JUNIOR HIGH SCHOOL p 37
See CALGARY BOARD OF EDUCATION

SIMONDS ELEMENTARY SCHOOL p 232
See BOARD OF EDUCATION OF SCHOOL DISTRICT NO. 35 (LANGLEY)

SIMONDS HIGH SCHOOL p 415
See SCHOOL DISTRICT 8

SIMONDS MIDDLE SCHOOL p 415
See SCHOOL DISTRICT 8

SIMONS VALLEY ELEMENTARY SCHOOL p 64
See CALGARY BOARD OF EDUCATION

SIMPLE ALTERNATIVE CENTRE, THE p 752
See MOUNT PLEASANT GROUP OF CEMETERIES

SIMPLESTRATUS p 1150
See VISION 7 COMMUNICATIONS INC

SIMPLEX GRINNELL p 29
See TYCO INTEGRATED FIRE & SECURITY CANADA, INC

SIMPLEX GRINNELL p 664
See TYCO INTEGRATED FIRE & SECURITY CANADA, INC

SIMPLEX GRINNELL, DIV. OF p 1021
See TYCO INTEGRATED FIRE & SECURITY CANADA, INC

SIMPLEX INDUSTRIES INC p 783
2762 Sheffield Rd, OTTAWA, ON, K1B 3V9
(613) 244-0586   SIC 4214

SIMPLEXGRINNELL p 26
See TYCO INTEGRATED FIRE & SECURITY CANADA, INC

SIMPLEXGRINNELL p 34
See TYCO INTEGRATED FIRE & SECURITY CANADA, INC

SIMPLEXGRINNELL p 87
See TYCO INTEGRATED FIRE & SECURITY CANADA, INC

SIMPLEXGRINNELL p 208
See TYCO INTEGRATED FIRE & SECURITY CANADA, INC

SIMPLEXGRINNELL p 384
See TYCO INTEGRATED FIRE & SECURITY CANADA, INC

SIMPLEXGRINNELL p 453
See TYCO INTEGRATED FIRE & SECURITY CANADA, INC

SIMPLEXGRINNELL p 548
See TYCO INTEGRATED FIRE & SECURITY CANADA, INC

SIMPLEXGRINNELL p 593
See TYCO INTEGRATED FIRE & SECURITY CANADA, INC

SIMPLEXGRINNELL p 606
See TYCO INTEGRATED FIRE & SECURITY CANADA, INC

SIMPLEXGRINNELL p 614
See TYCO INTEGRATED FIRE & SECURITY CANADA, INC

SIMPLEXGRINNELL p 634
See TYCO INTEGRATED FIRE & SECURITY CANADA, INC

SIMPLEXGRINNELL p 755
See TYCO INTEGRATED FIRE & SECURITY CANADA, INC

SIMPLEXGRINNELL p 1154
See TYCO INTEGRATED FIRE & SECURITY CANADA, INC

SIMPLEXGRINNELL p 1208
See TYCO INTEGRATED FIRE & SECURITY CANADA, INC

SIMPLEXGRINNELL p 1298
See TYCO INTEGRATED FIRE & SECURITY CANADA, INC

SIMPLEXGRINNELL, A DIV p 93
See TYCO INTEGRATED FIRE & SECURITY CANADA, INC

SIMPLY COMPUTING INC p 329
2639 Quadra St, VICTORIA, BC, V8T 4E3
(250) 412-6899   SIC 5734

SIMPSON PRIVATE HOSPITAL 1968 LTD p 257
8838 Glover Rd, PORT MCNEILL, BC, V0N 2R0
(604) 888-0711   SIC 8069

SIMPSON SCREEN PRINT & LITHOGRAPHY LTD p 505
865 Sawmill Rd, BLOOMINGDALE, ON, N0B 1K0
(519) 744-3745   SIC 2752

SIMPSON SEEDS INC p 1275
1170 N Service Rd, MOOSE JAW, SK, S0H 0N0
(306) 693-9402   SIC 5153

SIMPSON STRONG-TIE CANADA LIMITED p 236
11476 Kingston St, MAPLE RIDGE, BC, V2X 0Y5
(604) 465-0296   SIC 3496

SIMPSON STRONG-TIE CANADA LIMITED p 516
5 Kenview Blvd, Brampton, ON, L6T 5G5
(905) 458-5538   SIC 3452

SIMPSON, S. B. GROUP INC p 537
3210 Mainway, BURLINGTON, ON, L7M 1A5
(905) 335-6575   SIC 5251

SIMPSONWIGLE LAW LLP p 540
390 Brant St Suite 501, BURLINGTON, ON, L7R 4J4
(905) 639-1052   SIC 8111

SIMPSONWIGLE LAW LLP p 610
1 Hunter St E Suite 200, HAMILTON, ON, L8N 3W1
(905) 528-8411   SIC 8111

SIMSAK CORPORATION p 495
341 Bayfield St, BARRIE, ON, L4M 3C3
(705) 737-3488   SIC 5541

SIMSON MAXWELL p 65
467 Exploration Ave Se, CALGARY, AB, T3S 0B4
(403) 252-8131   SIC 5084

SIMSON MAXWELL p 106
8750 58 Ave Nw, EDMONTON, AB, T6E 6G6
(780) 434-6431   SIC 5084

SIMSON-MAXWELL p 255
See ADCO POWER LTD

SIMTAB NEOS p 1130
See QUINCAILLERIE RICHELIEU LTEE

SIMUNITION p 1170
See GENERAL DYNAMICS PRODUITS DE DEFENSE ET SYSTEMES TACTIQUES-CANADA INC

SINAPSE p 1168
See SINAPSE INTERVENTIONS STRATEGIQUES INC

SINAPSE INTERVENTIONS STRATEGIQUES INC p 1168
1170 Boul Lebourgneuf Bureau 320, Quebec, QC, G2K 2E3
(418) 780-3300   SIC 7379

SINCERE TRADING OF K.B.A. COOPERATIVE LTD p 581
169 The West Mall, ETOBICOKE, ON, M9C 1C2
  SIC 5141

SINCLAIR DENTAL CO. LTD p 25
2135 32 Ave Ne Suite 8, CALGARY, AB, T2E 6Z3
(403) 291-3611   SIC 5047

SINCLAIR DENTAL CO. LTD p 101
3844 53 Ave Nw, EDMONTON, AB, T6B 3N7
(780) 440-1311   SIC 5047

SINCLAIR DENTAL CO. LTD p 686
6275 Northam Dr Unit 5, MISSISSAUGA, ON, L4V 1Y8
(905) 740-2000   SIC 5047

SINCLAIR LAIRD SCHOOL p 1119
See COMMISSION SCOLAIRE ENGLISH-MONTREAL

SINCLAIR SUPPLY LTD p 78
10914 120 St Nw, EDMONTON, AB, T5H 3P7
(780) 452-3110   SIC 5075

SINCLAIR SUPPLY LTD p 106
6243 88 St Nw, EDMONTON, AB, T6E 5T4
(780) 465-9551   SIC 1711

SINCLAIR TECHNOLOGIES INC p 491
85 Mary St, AURORA, ON, L4G 6X5
(905) 727-0165   SIC 3663

SINCLAIR, R GORDON MEMORIAL SCHOOL p 634
See LIMESTONE DISTRICT SCHOOL BOARD

SING TAO (CANADA) LIMITED p 927
417 Dundas St W, TORONTO, ON, M5T 1G6
(416) 596-8140   SIC 2711

SING TAO DAILY p 927
See SING TAO (CANADA) LIMITED

SINIL RESTAURANTS LTD p 11
3709 26 Ave Ne, CALGARY, AB, T1Y 4S3
(403) 285-3799   SIC 5812

SINISCO p 1027
See NETTOYEURS ZRO INC

SINISCO QUEBEC p 1153
See ENTREPRISES DE NETTOYAGE QUEBEC METRO INC, LES

SINOCANADA PETROLEUM CORPORATION p 49
444 7 Ave Sw Unit 800, CALGARY, AB, T2P 0X8
  SIC 5172

SINOX CONCEPT p 1179
See GROUPE SINOX INC

SINTERS AMERICA USINAGE EXPRESS p 1003
See GROUPE DCM INC

SINTRA INC p 1002
911 Rue Matthieu, BON-CONSEIL, QC, J0C 1A0
(819) 336-2666   SIC 1611

SINTRA INC p 1009
3600 Ch Dunant, CANTON-DE-HATLEY, QC, J0B 2C0
(819) 569-6333   SIC 1611

SINTRA INC p 1031
1340 Boul Foucault, DRUMMONDVILLE, QC, J2C 1B1
(819) 472-4852   SIC 2951

SINTRA INC p 1068
678 Av Taniata Unite 839, Levis, QC, G6Z 2C2
(418) 839-4175   SIC 1611

SINTRA INC p 1125
4984 Place De La Savane, Montreal, QC, H4P 2M9
(514) 341-5331   SIC 1611

SINTRA INC p 1175
105 Rue Louis-Philippe-Lebrun, Riviere-du-Loup, QC, G5R 5W5
(418) 862-0000   SIC 1611

SINTRA INC p 1178
240 Av Marcel-Baril, ROUYN-NORANDA, QC, J9X 7C1
(819) 762-6505   SIC 8711

SINTRA INC p 1179
101 Rue Sintre, SAINT-ALPHONSE-DE-GRANBY, QC, J0E 2A0
(450) 375-4471   SIC 1611

SINTRA INC p 1194
7905 Av Duplessis, SAINT-HYACINTHE, QC, J2R 1S5
(450) 796-2691   SIC 2951

SINTRA INC p 1196
7 Rang Saint-Regis S, SAINT-ISIDORE-DE-LAPRAIRIE, QC, J0L 2A0
(450) 638-0172   SIC 1611

SINTRA INC p 1200
284 Boul Roland-Godard, Saint-Jerome, QC, J7Y 4P7

▲ Public Company   ■ Public Company Family Member   HQ Headquarters   BR Branch   SL Single Location

SIC 7384
SINTRA INC p 1241
290 Rue Monseigneur-Desranleau, SOREL-TRACY, QC, J3P 7Y6
(450) 742-5993   SIC 1611
SION MIDDLE SCHOOL p 1293
See ST. PAUL'S ROMAN CATHOLIC SEPARATE SCHOOL DIVISION NO 20
SIOUI, NORMAND p 1261
597 Rue Chef-Max-Gros-Louis, WENDAKE, QC, G0A 4V0
(418) 847-3630   SIC 1751
SIOUX LOOKOUT FIRST NATIONS HEALTH AUTHORITY p 849
76 7 Ave, SIOUX LOOKOUT, ON, P8T 1B8
(807) 737-3850   SIC 7011
SIOUX LOOKOUT MENO-YA-WIN HEALTH CENTRE PLANNING CORPORATION p 849
1 Meno Ya Win Way, SIOUX LOOKOUT, ON, P8T 1B4
(807) 737-3030   SIC 7389
SIOUX LOOKOUT MENO-YA-WIN HEALTH CENTRE PLANNING CORPORATION p 849
1 Meno Ya Win Way, SIOUX LOOKOUT, ON, P8T 1B4
(807) 737-3030   SIC 8062
SIOUX VALLEY EDUCATIONAL AUTHORITY INC p 349
Gd, GRISWOLD, MB, R0M 0S0
(204) 855-2663   SIC 8211
SIOUX VALLEY SCHOOL p 349
See SIOUX VALLEY EDUCATIONAL AUTHORITY INC
SIP p 1161
See SERVICE D'INVENTAIRE PROFESSIONNEL G.B. INC
SIR ADAM BECK JUNIOR SCHOOL p 576
See TORONTO DISTRICT SCHOOL BOARD
SIR ALEXANDER MACKENZIE ELEMENTARY SCHOOL p 298
See BOARD OF EDUCATION OF SCHOOL DISTRICT NO. 39 (VANCOUVER), THE
SIR ALEXANDER MACKENZIE SCHOOL p 167
See ST. ALBERT PUBLIC SCHOOL DISTRICT NO. 5565
SIR ALEXANDER MACKENZIE SR PUBLIC SCHOOL p 844
See TORONTO DISTRICT SCHOOL BOARD
SIR ALEXANDER MCKENSIE SECONDARY SCHOOL p 217
See SCHOOL DISTRICT 49 CENTRAL COAST
SIR ALLAN MACNAB p 616
See HAMILTON-WENTWORTH DISTRICT SCHOOL BOARD, THE
SIR CHARLES KINGSFORD SMITH p 296
See BOARD OF EDUCATION OF SCHOOL DISTRICT NO. 39 (VANCOUVER), THE
SIR CHARLES TUPPER SCHOOL p 456
See HALIFAX REGIONAL SCHOOL BOARD
SIR CHARLES TUPPER SECONDARY p 297
See BOARD OF EDUCATION OF SCHOOL DISTRICT NO. 39 (VANCOUVER), THE
SIR CORP p 36
9823 Macleod Trail Sw, CALGARY, AB, T2J 0P6
(403) 252-2246   SIC 5812
SIR CORP p 464
184 Chain Lake Dr, HALIFAX, NS, B3S 1C5
(902) 450-1370   SIC 5812
SIR CORP p 488
839 Golf Links Rd, ANCASTER, ON, L9K 1L5
(905) 304-1721   SIC 5812
SIR CORP p 498
70 Mapleview Dr W, BARRIE, ON, L4N 9H6
(705) 722-4737   SIC 5812
SIR CORP p 516
154 West Dr, BRAMPTON, ON, L6T 5P1
(905) 457-5200   SIC 5812
SIR CORP p 538
3140 South Service Rd, BURLINGTON, ON, L7N 3J3
(905) 333-0066   SIC 5812
SIR CORP p 562
255 Bass Pro Mills Dr Unit 504, CONCORD, ON, L4K 0A2
(905) 532-0857   SIC 5812
SIR CORP p 581
1900 The Queensway, ETOBICOKE, ON, M9C 5H5
(416) 621-6255   SIC 5812
SIR CORP p 626
125 Roland Michener Dr Suite B1, KANATA, ON, K2T 1G7
(613) 271-1041   SIC 5813
SIR CORP p 653
88 Fanshawe Park Rd E, LONDON, ON, N5X 4C5
(519) 663-2091   SIC 5812
SIR CORP p 660
1070 Wellington Rd Suite 1, LONDON, ON, N6E 3V8
(519) 680-3800   SIC 5812
SIR CORP p 698
219 Rathburn Rd W, MISSISSAUGA, ON, L5B 4C1
(905) 566-4662   SIC 5812
SIR CORP p 698
299 Rathburn Rd W, MISSISSAUGA, ON, L5B 4C1
(905) 279-3342   SIC 5812
SIR CORP p 699
209 Rathburn Rd W, MISSISSAUGA, ON, L5B 4C1
(905) 281-1721   SIC 5812
SIR CORP p 737
6380 Fallsview Blvd, NIAGARA FALLS, ON, L2G 7X5
(905) 354-0030   SIC 5812
SIR CORP p 766
2015 Winston Park Dr, OAKVILLE, ON, L6H 6P5
(905) 829-3250   SIC 5812
SIR CORP p 821
155 York Blvd, RICHMOND HILL, ON, L4B 3B4
(905) 771-9191   SIC 5812
SIR CORP p 841
580 Progress Ave, SCARBOROUGH, ON, M1P 2K2
(416) 296-0965   SIC 5812
SIR CORP p 855
400 Ontario St, ST CATHARINES, ON, L2R 5L8
(905) 988-5677   SIC 5812
SIR CORP p 887
430 Progress Ave Unit 10, TORONTO, ON, M1P 5J1
(416) 296-1400   SIC 5812
SIR CORP p 907
382 Yonge St Unit 8, TORONTO, ON, M5B 1S8
(416) 597-8838   SIC 5812
SIR CORP p 920
144 Front St W, TORONTO, ON, M5J 2L7
(416) 585-2121   SIC 5812
SIR CORP p 931
333 King St W, TORONTO, ON, M5V 1J5
SIC 5812
SIR CORP p 932
77 Adelaide St W, TORONTO, ON, M5X 1B1
(416) 862-7337   SIC 5812
SIR CORP p 941
1900 The Queensway, TORONTO, ON, M9C 5H5
(416) 626-2700   SIC 5813
SIR CORP p 943
25 Carlson Crt, TORONTO, ON, M9W 6A2
(416) 213-1688   SIC 5812
SIR CORP p 959
75 Consumers Dr Unit E1, WHITBY, ON, L1N 9S2
(905) 666-9429   SIC 5812
SIR CORP p 975
10 Colossus Dr Suite 128, WOODBRIDGE, ON, L4L 9J5
(905) 264-3790   SIC 7389
SIR CORP p 975
20 Colossus Dr, WOODBRIDGE, ON, L4L 9J5
(905) 850-3565   SIC 5812
SIR CORP p 1043
3500 Boul Taschereau, GREENFIELD PARK, QC, J4V 2H7
(450) 671-4444   SIC 5812
SIR EDGARD BAUER SCHOOL p 953
See WATERLOO CATHOLIC DISTRICT SCHOOL BOARD
SIR ERNEST MACMILLAN PUBLIC SCHOOL p 536
See HALTON DISTRICT SCHOOL BOARD
SIR ERNEST MACMILLAN PUBLIC SCHOOL p 888
See TORONTO DISTRICT SCHOOL BOARD
SIR GUY CARLTON SECONDARY SCHOOL p 800
See OTTAWA-CARLETON DISTRICT SCHOOL BOARD
SIR ISAAC BROCK PUBLIC SCHOOL p 604
See UPPER GRAND DISTRICT SCHOOL BOARD, THE
SIR ISAAC BROCK PUBLIC SCHOOL p 663
See THAMES VALLEY DISTRICT SCHOOL BOARD
SIR JAMES DOUGLAS ELEMENTARY SCHOOL p 295
See BOARD OF EDUCATION OF SCHOOL DISTRICT NO. 39 (VANCOUVER), THE
SIR JAMES DUNN ACADEMY p 420
See SCHOOL DISTRICT NO 10
SIR JAMES DUNN COLLEGIATE & VOCATIONAL p 830
See ALGOMA DISTRICT SCHOOL BOARD
SIR JAMES LOUGHEED ELEMENTARY SCHOOL p 60
See CALGARY BOARD OF EDUCATION
SIR JOHN A MACDONALD ELEMENTARY p 877
See LAKEHEAD DISTRICT SCHOOL BOARD
SIR JOHN A MACDONALD PUBLIC SCHOOL p 814
See DURHAM DISTRICT SCHOOL BOARD
SIR JOHN A MACDONALD SCHOOL p 503
See HASTINGS AND PRINCE EDWARD DISTRICT SCHOOL BOARD
SIR JOHN A MACDONALD SECONDARY SCHOOL p 612
See HAMILTON-WENTWORTH DISTRICT SCHOOL BOARD, THE
SIR JOHN A MACDONALD SENIOR PUBLIC SCHOOL p 518
See PEEL DISTRICT SCHOOL BOARD
SIR JOHN A MCDONALD JUNIOR HIGH SCHOOL p 36
See CALGARY BOARD OF EDUCATION
SIR JOHN A. MACDONALD PUBLIC SCHOOL p 654
See THAMES VALLEY DISTRICT SCHOOL BOARD
SIR JOHN FRANKLIN ELEMENTARY SCHOOL p 292
See BOARD OF EDUCATION OF SCHOOL DISTRICT NO. 39 (VANCOUVER), THE
SIR JOHN FRANKLIN JUNIOR HIGH SCHOOL p 22
See CALGARY BOARD OF EDUCATION
SIR JOHN MOORE COMMUNITY SCHOOL p 567
See LAMBTON KENT DISTRICT SCHOOL BOARD
SIR JOHN THOMPSON CATHOLIC JUNIOR HIGH SCHOOL p 84
See EDMONTON CATHOLIC SEPARATE SCHOOL DISTRICT NO.7
SIR MACKENZIE BOWELL SCHOOL p 503
See HASTINGS AND PRINCE EDWARD DISTRICT SCHOOL BOARD
SIR MATTHEW BEGBIE ELEMENTARY SCHOOL p 292
See BOARD OF EDUCATION OF SCHOOL DISTRICT NO. 39 (VANCOUVER), THE
SIR OLIVER MOWAT C I p 835
See TORONTO DISTRICT SCHOOL BOARD
SIR RICHARD MCBRIDE ELEMENTARY SCHOOL p 297
See BOARD OF EDUCATION OF SCHOOL DISTRICT NO. 39 (VANCOUVER), THE
SIR RICHARD W SCOTT p 676
See YORK CATHOLIC DISTRICT SCHOOL BOARD
SIR ROBERT BORDEN HIGH SCHOOL p 729
See OTTAWA-CARLETON DISTRICT SCHOOL BOARD
SIR ROBERT BORDEN JUNIOR HIGH p 447
See HALIFAX REGIONAL SCHOOL BOARD
SIR SAMUEL B STEELE JR PUBLIC SCHOOL p 888
See TORONTO DISTRICT SCHOOL BOARD
SIR SANDFORD FLEMING ACADEMY p 933
See TORONTO DISTRICT SCHOOL BOARD
SIR SANDFORD FLEMING COLLEGE OF APPLIED ARTS AND TECHNOLOGY p 605
297 College Dr, HALIBURTON, ON, K0M 1S0
(705) 457-1680   SIC 8222
SIR SANDFORD FLEMING ELEMENTARY SCHOOL p 295
See BOARD OF EDUCATION OF SCHOOL DISTRICT NO. 39 (VANCOUVER), THE
SIR THOMAS RODDICK HOSPITAL p 437
See WESTERN REGIONAL INTEGRATED HEALTH AUTHORITY, THE
SIR WILFRED GRENFELL ELEMENTARY SCHOOL p 296
See BOARD OF EDUCATION OF SCHOOL DISTRICT NO. 39 (VANCOUVER), THE
SIR WILFRED LAURIER ANNEX SCHOOL p 318
See BOARD OF EDUCATION OF SCHOOL DISTRICT NO. 39 (VANCOUVER), THE
SIR WILFRED LAURIER ELEMENTARY SCHOOL p 318
See BOARD OF EDUCATION OF SCHOOL DISTRICT NO. 39 (VANCOUVER), THE
SIR WILFRED LAURIER COLLEGIATE INSTITUTE p 886
See TORONTO DISTRICT SCHOOL BOARD
SIR WILFRID LAURIER JUNIOR HIGH SCHOOL p 12
See CALGARY BOARD OF EDUCATION
SIR WILFRID LAURIER PUBLIC SCHOOL p 520
See PEEL DISTRICT SCHOOL BOARD
SIR WILFRID LAURIER PUBLIC SCHOOL p 677
See YORK REGION DISTRICT SCHOOL BOARD
SIR WILFRID LAURIER SCHOOL p 608
See HAMILTON-WENTWORTH DISTRICT SCHOOL BOARD, THE
SIR WILFRID LAURIER SCHOOL BOARD p 999
1455 Rue Jean-Paul-Riopelle, BLAINVILLE, QC, J7C 5V4
(450) 621-7606   SIC 8211

SIR WILFRID LAURIER SCHOOL BOARD p
1018
1105 Rue Victor-Morin, Cote Saint-Luc, QC,
H7G 4B8
(450) 680-3036   SIC 8211
SIR WILFRID LAURIER SCHOOL BOARD p
1021
2323 Boul Daniel-Johnson, Cote Saint-Luc,
QC, H7T 1H8
(450) 686-6300   SIC 8211
SIR WILFRID LAURIER SCHOOL BOARD p
1023
2001 Rue Guy, DEUX-MONTAGNES, QC,
J7R 1W6
SIC 8211
SIR WILFRID LAURIER SCHOOL BOARD p
1023
2105 Rue Guy, DEUX-MONTAGNES, QC,
J7R 1W6
(450) 621-7830   SIC 8211
SIR WILFRID LAURIER SCHOOL BOARD p
1046
107 Rue Delorimier, JOLIETTE, QC, J6E
6E8
(450) 755-1556   SIC 8211
SIR WILFRID LAURIER SCHOOL BOARD p
1058
455 Rue Court, LACHUTE, QC, J8H 1T2
(450) 562-2401   SIC 8211
SIR WILFRID LAURIER SCHOOL BOARD p
1058
448 Av D'argenteuil, LACHUTE, QC, J8H
1W9
(450) 562-8571   SIC 8211
SIR WILFRID LAURIER SCHOOL BOARD p
1062
1305 Rue L'assomption, Laval, QC, H7E 4C5
(450) 663-5833   SIC 8211
SIR WILFRID LAURIER SCHOOL BOARD p
1062
900 Av Des Lacasse, Laval, QC, H7K 3V9
(450) 680-3040   SIC 8211
SIR WILFRID LAURIER SCHOOL BOARD p
1063
750 Av Du Devonshire, Laval, QC, H7W 4C7
(450) 681-6703   SIC 8211
SIR WILFRID LAURIER SCHOOL BOARD p
1076
412 Ch Des Anglais, MASCOUCHE, QC,
J7L 3R1
(450) 477-5353   SIC 8211
SIR WILFRID LAURIER SCHOOL BOARD p
1129
2100 Boul Des Laurentides, Montreal, QC,
H7M 2Y6
(450) 688-2933   SIC 8211
SIR WILFRID LAURIER SCHOOL BOARD p
1131
4885 Ch Du Souvenir, Montreal, QC, H7W
1E1
(450) 688-1944   SIC 8211
SIR WILFRID LAURIER SCHOOL BOARD p
1131
265 Rue Bladen, Montreal, QC, H7W 4J8
(450) 688-3002   SIC 8211
SIR WILFRID LAURIER SCHOOL BOARD p
1134
647 Ch Du Village, MORIN-HEIGHTS, QC,
J0R 1H0
(450) 226-2017   SIC 8211
SIR WILFRID LAURIER SCHOOL BOARD p
1144
3065 Boul Du Cure-Labelle, Prevost, QC,
J0R 1T0
(450) 224-8234   SIC 8211
SIR WILFRID LAURIER SCHOOL BOARD p
1144
3065 Boul Du Cure-Labelle, Prevost, QC,
J0R 1T0
(514) 932-7722   SIC 8211
SIR WILFRID LAURIER SCHOOL BOARD p
1170
1111 Boul Basile-Routhier, REPENTIGNY,
QC, J5Y 4C8

(450) 470-0755   SIC 8211
SIR WILFRID LAURIER SCHOOL BOARD p
1170
4121 Rue Queen, RAWDON, QC, J0K 1S0
(450) 834-2427   SIC 8211
SIR WILFRID LAURIER SCHOOL BOARD p
1176
235 Montee Lesage Bureau 1, Rosemere,
QC, J7A 4Y6
(450) 621-5600   SIC 8211
SIR WILFRID LAURIER SCHOOL BOARD p
1176
501 Rue Northcote, Rosemere, QC, J7A
1Y1
(450) 621-6111   SIC 8211
SIR WILFRID LAURIER SCHOOL BOARD p
1176
530 Rue Northcote, Rosemere, QC, J7A
1Y2
(450) 621-5900   SIC 8211
SIR WILFRID LAURIER SCHOOL BOARD p
1223
26 Rue Napoleon, SAINTE-AGATHE-DES-
MONTS, QC, J8C 1Z3
(819) 326-2563   SIC 8211
**SIR WILFRID LAURIER SECONDARY
SCHOOL**   p 658
See THAMES VALLEY DISTRICT SCHOOL
BOARD
SIR WILLIAM GAGE MIDDLE SCHOOL p
522
See PEEL DISTRICT SCHOOL BOARD
**SIR WILLIAM MULOCK SECONDARY
SCHOOL**   p 732
See YORK REGION DISTRICT SCHOOL
BOARD
**SIR WILLIAM OSLER EEMENTARY
SCHOOL**   p 317
See BOARD OF EDUCATION OF SCHOOL
DISTRICT NO. 39 (VANCOUVER), THE
SIR WILLIAM OSLER HIGH SCHOOL p 887
See TORONTO DISTRICT SCHOOL
BOARD
**SIR WILLIAM VAN HORNE ELEMENTARY
SCHOOL**   p 298
See BOARD OF EDUCATION OF SCHOOL
DISTRICT NO. 39 (VANCOUVER), THE
**SIR WINSTON CHURCHHILL SECONDARY
SCHOOL**   p 856
See DISTRICT SCHOOL BOARD OF NIA-
GARA
SIR WINSTON CHURCHILL C. & V.I. p 880
See LAKEHEAD DISTRICT SCHOOL
BOARD
SIR WINSTON CHURCHILL HIGH SCHOOL
p 37
See CALGARY BOARD OF EDUCATION
SIR WINSTON CHURCHILL POOL p 880
See CORPORATION OF THE CITY OF
THUNDER BAY, THE
SIR WINSTON CHURCHILL PUB p 1115
See 9010-5826 QUEBEC INC
**SIR WINSTON CHURCHILL PUBLIC
SCHOOL**   p 520
See PEEL DISTRICT SCHOOL BOARD
**SIR WINSTON CHURCHILL PUBLIC
SCHOOL**   p 727
See OTTAWA-CARLETON DISTRICT
SCHOOL BOARD
**SIR WINSTON CHURCHILL SECONDARY
SCHOOL**   p 318
See BOARD OF EDUCATION OF SCHOOL
DISTRICT NO. 39 (VANCOUVER), THE
SIRA RESTAURANTS LTD   p 739
6161 Thorold Stone Rd, NIAGARA FALLS,
ON, L2J 1A4
(905) 356-8856   SIC 5812
SIRC   p 42
See CENOVUS ENERGY MARKETING
SERVICES LTD
SIRENE DE LA MER   p 1124
See 9050-6347 QUEBEC INC
SIRENS   p 760
See YM INC. (SALES)

SIRENS   p 842
See YM INC. (SALES)
SIRENS   p 935
See YM INC. (SALES)
SIRSIDYNIX (CANADA) INC   p 954
611 Kumpf Dr Unit 300, WATERLOO, ON,
N2V 1K8
SIC 5045
**SISCA SOLUTIONS D'AFFAIRES CANADA
INC**   p 1061
See SISCA SOLUTIONS D'AFFAIRES
CANADA INC
**SISCA SOLUTIONS D'AFFAIRES CANADA
INC**   p 1061
790 Rue D'upton, LASALLE, QC, H8R 2T9
(514) 363-5511   SIC 2741
**SISCA SOLUTIONS D'AFFAIRES CANADA
INC**   p 1071
1219 Rue Maisonneuve, LONGUEUIL, QC,
J4K 2S7
(450) 670-0000   SIC 2752
SISLER HIGH SCHOOL   p 373
See WINNIPEG SCHOOL DIVISION
SISLEY HYUNDAI   p 483
See SISLEY MOTORS LIMITED
SISLEY MOTORS LIMITED   p 483
170 Westney Rd S, AJAX, ON, L1S 2C8
(905) 427-0111   SIC 5511
SISTER CATHERINE DONNELLY SCHOOL
p 495
See SIMCOE MUSKOKA CATHOLIC DIS-
TRICT SCHOOL BOARD
**SISTER MACNAMARA ELEMENTARY
SCHOOL**   p 376
See WINNIPEG SCHOOL DIVISION
**SISTER MARY CLARE ELEMENTARY
SCHOOL**   p 830
See HURON-SUPERIOR CATHOLIC DIS-
TRICT SCHOOL BOARD
SISTER MARY PHILLIPS   p 122
See FORT MCMURRAY CATHOLIC
BOARD OF EDUCATION
**SISTER SERVANTS OF MARY IMMACU-
LATE**   p
371
165 Aberdeen Ave, WINNIPEG, MB, R2W
1T9
(204) 589-7381   SIC 8051
SISTERS OF CHARITY   p 462
215 Seton Rd, HALIFAX, NS, B3M 0C9
(902) 406-8100   SIC 8661
SISTERS OF CHARITY OF OTTAWA, THE p
788
50 Maple Lane, OTTAWA, ON, K1M 1G8
(613) 745-1584   SIC 8661
**SISTERS OF CHARITY OF THE IMMACU-
LATE CONCEPTION**   p
417
31 Cliff St, SAINT JOHN, NB, E2L 3A9
(506) 847-2065   SIC 8661
SITA   p 191
4789 Kingsway Unit 500, BURNABY, BC,
V5H 0A3
(604) 453-1050   SIC 7379
SITE OLIVIER GUIMOND   p 1086
See CENTRE DE SANTE ET DE SER-
VICES SOCIAUX LUCILLE-TEASDALE
SITEIMPROVE INC   p 908
110 Yonge St Suite 700, TORONTO, ON,
M5C 1T4
(647) 797-3640   SIC 7371
SITEL CANADA CORPORATION   p 576
3250 Bloor St W, ETOBICOKE, ON, M8X
2X9
SIC 7389
**SITHE GLOBAL CANADIAN POWER SER-
VICES LTD**   p
516
8600 Goreway Dr, BRAMPTON, ON, L6T
0A8
(905) 595-4700   SIC 4911
SITQ IMMOBILIER   p 1106
See IVANHOE CAMBRIDGE INC
SIVACO ONTARIO   p 621

See SIVACO WIRE GROUP 2004 L.P.
SIVACO WIRE GROUP 2004 L.P.   p 621
330 Thomas St, INGERSOLL, ON, N5C 3K5
(800) 265-0418   SIC 3496
SIX NATIONS BINGO HALL   p 772
See SIX NATIONS COUNCIL
SIX NATIONS COUNCIL   p 772
2120 Cayuga Rd, OHSWEKEN, ON, N0A
1M0
(519) 445-0433   SIC 8211
SIX NATIONS COUNCIL   p 772
15 Sunrise Crt, OHSWEKEN, ON, N0A 1M0
(519) 445-0230   SIC 8322
SIX NATIONS COUNCIL   p 772
2469 Fourthline, OHSWEKEN, ON, N0A
1M0
(519) 753-3574   SIC 7999
SIX SIGMA EMPLOYMENT LTD   p 684
7160 Airport Rd Unit 2, MISSISSAUGA, ON,
L4T 2H2
(905) 673-6433   SIC 7361
SIXPRO INC   p 1002
1576 10e Rang De Simpson, BON-
CONSEIL, QC, J0C 1A0
(819) 336-2117   SIC 3479
SIXTEENTH AVENUE PUBLIC SCHOOL p
823
See YORK REGION DISTRICT SCHOOL
BOARD
SIZZLING IN MISSISSAUGA INC   p 699
77 City Centre Dr Unit 100, MISSISSAUGA,
ON, L5B 1M5
(905) 897-8555   SIC 5812
SIZZLING IN TORONTO, INC   p 916
145 Richmond St W, TORONTO, ON, M5H
2L2
(416) 955-1455   SIC 5812
SJR FOOD SERVICES LTD   p 211
5776 Ladner Trunk Rd, DELTA, BC, V4K 1X6
(604) 940-3770   SIC 5812
SJR FOOD SERVICES LTD   p 211
1835 56 St Unit 44, DELTA, BC, V4L 2M1
(604) 948-3630   SIC 5812
SKANA FOREST PRODUCTS LTD   p 267
20800 Westminster Hwy Suite 1303, RICH-
MOND, BC, V6V 2W3
(604) 273-5441   SIC 5031
SKARLAN ENTERPRISES LIMITED   p 667
1165 John St, MANOTICK, ON, K4M 1A5
(613) 692-2530   SIC 1521
SKEANS COMPRESSED AIR PRODUCTS p
203
See SKEANS ENGINEERING & MACHIN-
ERY LTD
**SKEANS ENGINEERING & MACHINERY
LTD**   p 203
1900 Brigantine Dr, COQUITLAM, BC, V3K
7B5
(604) 777-4247   SIC 5084
SKEENA MIDDLE SCHOOL   p 291
See THE BOARD OF EDUCATION OF
SCHOOL DISTRICT #82 (COAST MOUN-
TAIN)
SKF CANADA LIMITED   p 25
928 72 Ave Ne, CALGARY, AB, T2E 8V9
(403) 232-9292   SIC 3568
SKF CANADA LIMITED   p 535
4380 South Service Rd Unit 17, BURLING-
TON, ON, L7L 5Y6
(905) 631-1821   SIC 5172
SKF CANADA LIMITED   p 843
40 Executive Crt, SCARBOROUGH, ON,
M1S 4N4
(416) 299-1220   SIC 5085
SKF CANADA LIMITED   p 1027
101 Av Lindsay, DORVAL, QC, H9P 2S6
(514) 636-5230   SIC 5085
SKF MAGNETIC BEARINGS   p 25
See SKF CANADA LIMITED
**SKI BROMONT.COM, SOCIETE EN COM-
MANDITE**   p
1005
150 Rue Champlain, BROMONT, QC, J2L
1A2

(450) 534-2200   SIC 5813
SKI CLUB OF THE CANADIAN ROCKIES LIMITED, THE   p 134
200 Pipestone Rd, LAKE LOUISE, AB, T0L 1E0
(403) 522-3989   SIC 7011
SKI LE GAP INC   p 1083
220 Ch Wheeler, MONT-TREMBLANT, QC, J8E 1V3
(819) 429-6599   SIC 7999
SKI STONEHAM   p 1243
See ENTREPRISES DE STONEHAM INC, LES
SKIIS & BIIKES   p 556
See SKIIS LTD
SKIIS LTD   p 556
445 First St, COLLINGWOOD, ON, L9Y 1B7
(705) 445-9777   SIC 5941
SKL 4 EVER LTD   p 868
914 Newgate Ave, SUDBURY, ON, P3A 5J9
(705) 560-3030   SIC 5812
SKOOKUM ASPHALT LTD   p 1311
1 Ear Lake Rd, WHITEHORSE, YT, Y1A 6L4
(867) 668-6326   SIC 1794
SKOTIDAKIS GOAT FARM   p 857
See 1048547 ONTARIO INC
SKOTTS LEATHERS WASH AND WEAR   p 1096
See CUIRS SKOTTS INTERNATIONAL INC
SKOWMAN SCHOOL   p 356
See FRONTIER SCHOOL DIVISION
SKWLAX INVESTMENTS INC   p 196
1663 Little Shuswap Lake Rd Rr 2, CHASE, BC, V0E 1M2
(250) 679-3090   SIC 7011
SKY HARBOUR AIRCRAFT   p 595
See 1260269 ONTARIO INC
SKY SERVICE F.B.O. INC.   p 25
575 Palmer Rd Ne, CALGARY, AB, T2E 7G4
(403) 592-3706   SIC 4512
SKY SERVICE F.B.O. INC.   p 1027
9785 Av Ryan, DORVAL, QC, H9P 1A2
(514) 636-3300   SIC 4512
SKY-HI SCAFFOLDING LTD   p 184
3195 Production Way, BURNABY, BC, V5A 3H2
(604) 291-7245   SIC 1799
SKY-TEC SATELLITE   p 405
See SKYCO INC
SKYCO INC   p 405
734 King George Hwy, MIRAMICHI, NB, E1V 1P8
(506) 622-8890   SIC 7699
SKYJACK INC   p 603
55 Campbell Rd, GUELPH, ON, N1H 1B9
(519) 837-0888   SIC 3694
SKYLINE BUILDING SYSTEMS INC   p 160
261185 Wagon Wheel Way, ROCKY VIEW COUNTY, AB, T4A 0E2
(403) 277-0700   SIC 5039
SKYLINE ELEVATOR INC   p 651
410 Industrial Rd, LONDON, ON, N5V 1T5
(519) 659-2700   SIC 1796
SKYPOWER SERVICES ULC   p 932
100 King St W Fl 52, TORONTO, ON, M5X 1C9
(416) 979-4625   SIC 8731
SKYREACH L&S EXTRUSIONS CORP   p 947
55 Freshway Dr, VAUGHAN, ON, L4K 1S1
(416) 663-1888   SIC 5031
SKYREACH WINDOW AND BUILDING SERVICES INC   p 891
2857 St Clair Ave E Suite A, TORONTO, ON, M4B 1N4
(416) 285-6312   SIC 7349
SKYREACH WINDOW CLEANING   p 891
See SKYREACH WINDOW AND BUILDING SERVICES INC
SKYSERVICE BUSINESS AVIATION INC   p 25
575 Palmer Rd Ne, Calgary, AB, T2E 7G4
(403) 592-3700   SIC 7363
SKYSERVICE BUSINESS AVIATION INC   p 712
6120 Midfield Rd, MISSISSAUGA, ON, L5P 1B1
(905) 677-3300   SIC 4522
SKYSERVICE BUSINESS AVIATION INC   p 1027
9785 Av Ryan, DORVAL, QC, H9P 1A2
(514) 636-3300   SIC 4522
SKYVIEW KEG   p 85
See KEG STEAKHOUSE AND BAR
SKYWAY CANADA LIMITED   p 20
6280 76 Ave Se Suite 20, CALGARY, AB, T2C 5N5
(403) 276-6666   SIC 5082
SKYWAY CANADA LTD   p 101
3408 76 Ave Nw, EDMONTON, AB, T6B 2N8
(780) 413-8007   SIC 1799
SKYWORDS TRAFFIC NETWORK   p 675
See TORRES AVIATION INCORPORATED
SLANT/FIN LTD/LTEE   p 720
400 Ambassador Dr, MISSISSAUGA, ON, L5T 2J3
(905) 677-8400   SIC 5722
SLAU LIMITED   p 793
700 Somerset St W, OTTAWA, ON, K1R 6P6
(613) 236-0555   SIC 5812
SLAVE LAKE PULP CORPORATION   p 164
Gd, SLAVE LAKE, AB, T0G 2A0
(780) 849-7777   SIC 2611
SLAVE LAKE PULP CORPORATION   p 305
858 Beatty St Suite 501, VANCOUVER, BC, V6B 1C1
(604) 895-2700   SIC 2611
SLE-CO PLASTICS INC   p 651
1425 Creamery Rd, LONDON, ON, N5V 5B3
(519) 451-3748   SIC 3089
SLEEGERS TANKS INC   p 665
980 Green Valley Rd, LONDON, ON, N6N 1E3
(519) 685-7444   SIC 3443
SLEEMAN BREWERIES LTD   p 326
2808 27 Ave, VERNON, BC, V1T 9K4
(250) 542-2337   SIC 2082
SLEEMAN BREWERIES LTD   p 452
612 Windmill Rd, DARTMOUTH, NS, B3B 1B5
SIC 5921
SLEEMAN BREWERIES LTD   p 604
551 Clair Rd W, GUELPH, ON, N1L 1E9
(519) 822-1834   SIC 2082
SLEEMAN BREWERIES LTD   p 1163
2955 Av Watt Bureau B, Quebec, QC, G1X 3W1
(418) 658-1834   SIC 5813
SLEEMAN BREWERY   p 604
See SAPPORO CANADA INC
SLEEMAN MARITIMES   p 452
See SLEEMAN BREWERIES LTD
SLEEMAN UNIBROUE   p 1163
See SLEEMAN BREWERIES LTD
SLEEP COUNTRY CANADA INC   p 11
2777 23 Ave Ne Unit 31, CALGARY, AB, T1Y 7L6
(403) 569-7717   SIC 5712
SLEEP COUNTRY CANADA INC   p 245
805 Boyd St Suite 100, NEW WESTMINSTER, BC, V3M 5X2
(604) 515-9711   SIC 5712
SLEEP COUNTRY CANADA INC   p 288
2365 192 St Unit 101, SURREY, BC, V3Z 3X2
(604) 535-5077   SIC 4225
SLEEP COUNTRY CANADA INC   p 336
1045 Henry Eng Pl, VICTORIA, BC, V9B 6B2
(250) 475-2755   SIC 5712
SLEEP COUNTRY CANADA INC   p 370
111 Inksbrook Dr Unit 8, WINNIPEG, MB, R2R 2V7
(204) 632-9458   SIC 5712
SLEEP COUNTRY CANADA INC   p 660
3600 White Oak Rd Unit 5, LONDON, ON, N6E 2Z9

(519) 691-0886   SIC 5712
SLEEP COUNTRY CANADA INC   p 1143
59 Boul Hymus, POINTE-CLAIRE, QC, H9R 1E2
(514) 695-6376   SIC 5712
SLEEP COUNTRY WAREHOUSE 95   p 11
See SLEEP COUNTRY CANADA INC
SLEEPING BAY BUILDING CORP   p 145
3292 Dunmore Rd Se Suite F7, MEDICINE HAT, AB, T1B 2R4
(403) 526-4888   SIC 6512
SLEGG CONSTRUCTION   p 242
See SLEGG LIMITED PARTNERSHIP
SLEGG CONSTRUCTION MATERIALS   p 275
See SLEGG LIMITED PARTNERSHIP
SLEGG DEVELOPMENTS LTD   p 199
554 Anderton Rd, COMOX, BC, V9M 2J6
(250) 339-2207   SIC 5211
SLEGG DEVELOPMENTS LTD   p 335
1496 Admirals Rd, VICTORIA, BC, V9A 2R1
(250) 388-5443   SIC 5039
SLEGG DEVELOPMENTS LTD   p 337
2901 Sooke Rd, VICTORIA, BC, V9C 3W7
(250) 386-3667   SIC 5031
SLEGG LIMITED PARTNERSHIP   p 242
4950 Jordan Ave, NANAIMO, BC, V9T 2H8
(250) 758-8329   SIC 5031
SLEGG LIMITED PARTNERSHIP   p 275
2046 Keating Cross Rd, SAANICHTON, BC, V8M 2A6
(250) 652-1130   SIC 5031
SLEGG LIMITED PARTNERSHIP   p 277
2030 Malaview Ave W, SIDNEY, BC, V8L 5X6
(250) 656-1125   SIC 5031
SLEGG LUMBER   p 335
See SLEGG DEVELOPMENTS LTD
SLEMON PARK CORPORATION   p 984
12 Redwood Ave, SLEMON PARK, PE, C0B 2A0
(902) 432-1774   SIC 5812
SLEVA, K. CONTRACTING LTD   p 380
1147 Sanford St, WINNIPEG, MB, R3E 3A1
(204) 897-0442   SIC 1742
SLICE   p 902
See LIFE NETWORK INC
SLII   p 766
See SNC-LAVALIN INTERNATIONAL INC
SLIZEK INC   p 227
1450 St. Paul St, KELOWNA, BC, V1Y 2E6
(250) 861-3446   SIC 8049
SLOANE PUBLIC SCHOOL   p 891
See TORONTO DISTRICT SCHOOL BOARD
SLOCAN COMMUNITY HEALTH CENTRE   p 244
See INTERIOR HEALTH AUTHORITY
SLOTS AT WOODBINE RACETRACK   p 943
See ONTARIO LOTTERY AND GAMING CORPORATION
SLOVENIAN LINDEN FOUNDATION   p 581
52 Neilson Dr, ETOBICOKE, ON, M9C 1V7
(416) 621-3820   SIC 8051
SLP CUSTOMER SUPPORT   p 395
See SNC-LAVALIN INC
SLR CONSULTING (CANADA) LTD   p 316
1620 8th Ave W Suite 200, VANCOUVER, BC, V6J 1V4
(604) 738-2500   SIC 8748
SM CONSTRUCTION INC   p 1169
15971 Boul De La Colline, Quebec, QC, G3G 3A7
(418) 849-7104   SIC 1542
SM CYCLO OF CANADA, LTD   p 770
1045 South Service Rd W, OAKVILLE, ON, L6L 6K3
(905) 469-1050   SIC 3462
SMALL PARCEL DELIVERY #1423   p 102
See SEARS CANADA INC
SMALL POTATOES URBAN DELIVERY INC   p 13
3200 14 Ave Ne Unit 3, CALGARY, AB, T2A 6J4

(403) 615-3663   SIC 5431
SMALLWOOD ACADEMY   p 426
See NOVA CENTRAL SCHOOL DISTRICT
SMARDANKA RESTAURANTS LIMITED   p 939
2448 Bloor St W, TORONTO, ON, M6S 1R2
SIC 5812
SMART & BIGGAR   p 313
1055 Georgia St W Suite 2300, VANCOUVER, BC, V6E 0B6
(604) 682-7780   SIC 8111
SMART & BIGGAR   p 912
438 University Ave Suite 1500, TORONTO, ON, M5G 2K8
(416) 593-5514   SIC 8111
SMART N BIGGER   p 301
See FETHERSTONHAUGH & CO.
SMART TECHNOLOGIES ULC   p 13
1460 28 St Ne Suite 8, CALGARY, AB, T2A 7W6
SIC 3823
SMART TECHNOLOGIES ULC   p 626
501 Palladium Dr, KANATA, ON, K2V 0A2
SIC 3674
SMARTREIT   p 562
See SMARTREIT MANAGEMENT INC
SMARTREIT MANAGEMENT INC   p 562
700 Applewood Cres Suite 100, CONCORD, ON, L4K 5X3
(905) 760-6200   SIC 6512
SMARTSET   p 789
See REITMANS (CANADA) LIMITEE
SMARTSYNCH LTD   p 25
1721 27 Ave Ne, CALGARY, AB, T2E 7E1
SIC 3544
SMC PNEUMATICS (CANADA) LTD   p 766
2715 Bristol Cir Suite 2, OAKVILLE, ON, L6H 6X5
(905) 812-0400   SIC 5084
SMD FOUNDATION   p 374
825 Sherbrook St Suite 401, WINNIPEG, MB, R3A 1M5
(204) 975-3108   SIC 8052
SMD WHEELCHAIR SERVICES   p 380
See SOCIETY FOR MANITOBANS WITH DISABILITIES INC
SMG ADVISORS INC   p 749
170 Sheppard Ave E Suite 101, NORTH YORK, ON, M2N 3A4
(416) 223-5880   SIC 8742
SMIT HARBOUR TOWAGE WESTMINSTER INC   p 293
2285 Commissioner St, VANCOUVER, BC, V5L 1A8
(604) 251-0230   SIC 4492
SMIT MARINE CANADA INC   p 245
713 Columbia St Suite 617, NEW WESTMINSTER, BC, V3M 1B2
(604) 255-1133   SIC 4492
SMITH   p 1037
See ASCENTIUM INC
SMITH & BROOKS SERVICES INC   p 745
250 Consumers Rd Suite 508, NORTH YORK, ON, M2J 4V6
(866) 974-6373   SIC 7349
SMITH & NEPHEW (ALBERTA) INC   p 124
10102 114 St, FORT SASKATCHEWAN, AB, T8L 3W4
(780) 992-5500   SIC 3842
SMITH & NEPHEW INC   p 711
2280 Argentia Rd, MISSISSAUGA, ON, L5N 6H8
(905) 813-7770   SIC 5047
SMITH & NEPHEW INC   p 1210
2250 Boul Alfred-Nobel Bureau 300, SAINT-LAURENT, QC, H4S 2C9
(514) 956-1010   SIC 5047
SMITH AND ANDERSEN CONSULTING ENGINEERING   p 798
1600 Carling Ave Suite 530, OTTAWA, ON, K1Z 1G3
(613) 230-1186   SIC 8711
SMITH BITS   p 52

396 11 Ave Sw Suite 710, CALGARY, AB, T2R 0C5
SIC 3533
SMITH FALLS AND DISTRICT COLLEGIATE INSTITUTE *p* 850
See UPPER CANADA DISTRICT SCHOOL BOARD, THE
SMITH INDUSPAC OTTAWA *p* 860
See GROUPE EMBALLAGE SPECIALISE S.E.C.
SMITH INTERNATIONAL CANADA LTD *p* 52
396 11 Ave Sw Suite 710, CALGARY, AB, T2R 0C5
(403) 264-6077 *SIC* 5084
SMITH JACKSON SCHOOL *p* 347
See MOUNTAIN VIEW SCHOOL DIVISION
SMITH NIXON *p* 912
See AUDICO SERVICES LIMITED PARTNERSHIP
SMITH TORONTO *p* 689
See GROUPE EMBALLAGE SPECIALISE S.E.C.
SMITH TRUCKING SERVICE (1976) LTD *p* 8
1 Tree Rd, BROOKS, AB, T1R 1B6
(403) 362-4071 *SIC* 4212
SMITH VALERIOTE LAW FIRM LLP *p* 603
105 Silvercreek Pky N Unit 100, GUELPH, ON, N1H 6S4
(519) 837-2100 *SIC* 8111
SMITH'S FUNERAL HOMES *p* 540
See SMITH'S FUNERAL SERVICE (BURLINGTON) LIMITED
SMITH'S FUNERAL SERVICE (BURLINGTON) LIMITED *p* 540
485 Brant St, BURLINGTON, ON, L7R 2G5
(905) 632-3333 *SIC* 7261
SMITH'S MARKETS INC *p* 868
971 Lasalle Blvd, SUDBURY, ON, P3A 1X7
(705) 560-3663 *SIC* 5431
SMITH, J.D. & SONS LIMITED *p* 562
539 Bowes Rd, CONCORD, ON, L4K 1J5
(905) 738-3900 *SIC* 4225
SMITH, J.D. & SONS LIMITED *p* 562
8711 Keele St, CONCORD, ON, L4K 2N1
(905) 760-8480 *SIC* 4225
SMITH-PEAT ROOFING AND SHEET METAL LTD *p* 588
152 Thames Rd W Ss 3, EXETER, ON, N0M 1S3
(519) 235-2802 *SIC* 1761
SMITHERS CAMPUS *p* 278
See NORTHWEST COMMUNITY COLLEGE
SMITHERS INTERIOR NEWS *p* 278
See BLACK PRESS GROUP LTD
SMITHERS MARINE SERVICES LIMITED *p* 448
1 Canal St, DARTMOUTH, NS, B2Y 2W1
(902) 465-3400 *SIC* 4499
SMITHERS SAFEWAY *p* 278
See SOBEYS WEST INC
SMITHERS SCHOOL BOARD DISTRICT #54 (BULKLEY VALLEY) *p* 217
1771 Hungerford, HOUSTON, BC, V0J 1Z0
(250) 845-2227 *SIC* 8211
SMITHERS SCHOOL BOARD DISTRICT #54 (BULKLEY VALLEY) *p* 217
1771 Hungerford Dr, HOUSTON, BC, V0J 1Z0
(250) 845-7217 *SIC* 8211
SMITHERS SCHOOL BOARD DISTRICT #54 (BULKLEY VALLEY) *p* 278
3659 3rd Ave, SMITHERS, BC, V0J 2N0
(250) 847-2688 *SIC* 8211
SMITHERS SCHOOL BOARD DISTRICT #54 (BULKLEY VALLEY) *p* 278
1306 Vancouver St, SMITHERS, BC, V0J 2N0
(250) 847-2211 *SIC* 8211
SMITHERS SCHOOL BOARD DISTRICT #54 (BULKLEY VALLEY) *p* 278

4408 Third Ave, SMITHERS, BC, V0J 2N3
(250) 847-2231 *SIC* 8211
SMITHERS SECONDARY SCHOOL *p* 278
See SMITHERS SCHOOL BOARD DISTRICT #54 (BULKLEY VALLEY)
SMITHFIELD LODGE *p* 174
See WESTLOCK FOUNDATION
SMITHFIELD MIDDLE SCHOOL *p* 583
See TORONTO DISTRICT SCHOOL BOARD
SMITHFIELD PUBLIC SCHOOL *p* 530
See KAWARTHA PINE RIDGE DISTRICT SCHOOL BOARD
SMITHS DETECTION CANADA *p* 1062
See SMITHS DETECTION MONTREAL INC
SMITHS DETECTION MONTREAL INC *p* 1062
3225 Av Francis-Hughes Bureau 100, Laval, QC, H7L 5A5
SIC 5099
SMITHS FALLS STN MAIN *p* 849
See CANADA POST CORPORATION
SMITHSON PUBLIC SCHOOL *p* 637
See WATERLOO REGION DISTRICT SCHOOL BOARD
SMITTY'S *p* 448
See SYDAX DEVELOPMENTS LIMITED
SMITTY'S *p* 1287
See NORTHWEST FOOD SERVICES LTD
SMITTY'S CANADA LIMITED *p* 11
2620 32 St Ne Suite 2612, CALGARY, AB, T1Y 7L8
(403) 285-5656 *SIC* 5812
SMITTY'S CANADA LIMITED *p* 13
3800 Memorial Dr Ne Suite 1405, CALGARY, AB, T2A 2K2
(403) 508-6931 *SIC* 5812
SMITTY'S CANADA LIMITED *p* 60
1200 37 St Sw Suite 7, CALGARY, AB, T3C 1S2
(403) 249-1044 *SIC* 5812
SMITTY'S CANADA LIMITED *p* 177
1965 Sumas Way, ABBOTSFORD, BC, V2S 4L5
(604) 853-1911 *SIC* 5812
SMITTY'S CANADA LIMITED *p* 443
1552 Bedford Hwy, BEDFORD, NS, B4A 1E4
(902) 835-7204 *SIC* 5812
SMITTY'S CANADA LIMITED *p* 1307
105 North Service Rd E, SWIFT CURRENT, SK, S9H 3T4
(306) 773-5353 *SIC* 5812
SMITTY'S FAMILY RESTAURANT *p* 11
See SMITTY'S CANADA LIMITED
SMITTY'S FAMILY RESTAURANT *p* 76
See LAVTOR HOLDINGS (ALBERTA) LTD
SMITTY'S FAMILY RESTAURANT *p* 92
See LAVTOR HOLDINGS (ALBERTA) LTD
SMITTY'S FAMILY RESTAURANT *p* 177
See SMITTY'S CANADA LIMITED
SMITTY'S FAMILY RESTAURANT *p* 464
362 Lacewood Dr Suite 1, HALIFAX, NS, B3S 1M7
(902) 457-6032 *SIC* 5812
SMITTY'S FINE FURNITURE *p* 617
See SMITTY'S SHOPPING CENTRE LIMITED
SMITTY'S RESTAURANT *p* 150
See PEACE VALLEY INNS LTD
SMITTY'S RESTAURANT *p* 346
See J.W. VENTURES INC
SMITTY'S RESTAURANT *p* 368
See MEADOWOOD INVESTMENTS LIMITED PARTNERSHIP
SMITTY'S RESTAURANT & LOUNGE *p* 363
See 0735290 MANITOBA LTD
SMITTY'S SHOPPING CENTRE LIMITED *p* 617
170 3rd St, HANOVER, ON, N4N 1B2
(519) 364-3800 *SIC* 5712
SMJR HOLDINGS LTD *p* 739
500 York Rd Suite 4, NIAGARA ON THE LAKE, ON, L0S 1J0
(905) 984-4200 *SIC* 7011

SML ENTERTAINMENT *p* 11
See SOUTHERN MUSIC LTD
SMOKEY DRIVE ELEMENTARY SCHOOL *p* 467
See HALIFAX REGIONAL SCHOOL BOARD
SMOKY LAKE COMMUNITY HEALTH SERVICES *p* 164
See ALBERTA HEALTH SERVICES
SMOOTH FREIGHT LTD *p* 596
154 540b Hwy Rr 1, GORE BAY, ON, P0P 1H0
(705) 282-2640 *SIC* 4213
SMOOTH ROCK FALLS PUBLIC SCHOOL *p* 851
See DISTRICT SCHOOL BOARD ONTARIO NORTH EAST
SMP MOTOR PRODUCTS LTD *p* 858
33 Gaylord Rd, ST THOMAS, ON, N5P 3R9
(519) 633-8422 *SIC* 3621
SMS CONSTRUCTION AND MINING SYSTEMS INC *p* 1
53113 Range Road 263a, ACHESON, AB, T7X 5A5
(780) 948-2200 *SIC* 5082
SMS CONSTRUCTION AND MINING SYSTEMS INC *p* 1027
1965 55e Av, DORVAL, QC, H9P 1G9
(514) 636-8515 *SIC* 7353
SMS ENGINEERING LTD *p* 383
770 Bradford St, WINNIPEG, MB, R3H 0N3
(204) 775-0291 *SIC* 8711
SMS EQUIPMENT INC *p* 1
53113 Range Road 263a, ACHESON, AB, T7X 5A5
(780) 454-0101 *SIC* 5082
SMS EQUIPMENT INC *p* 15
3320 50 Ave Se, CALGARY, AB, T2B 3J4
(403) 569-1109 *SIC* 5082
SMS EQUIPMENT INC *p* 87
16116 111 Ave Nw, EDMONTON, AB, T5M 2S1
(780) 451-2630 *SIC* 5082
SMS EQUIPMENT INC *p* 121
22k Highway 63 North, FORT MCMURRAY, AB, T9H 3G2
(780) 743-2622 *SIC* 5082
SMS EQUIPMENT INC *p* 121
310 Mackenzie Blvd, FORT MCMURRAY, AB, T9H 4C4
(780) 791-0616 *SIC* 5082
SMS EQUIPMENT INC *p* 127
9116 108 St, GRANDE PRAIRIE, AB, T8V 4C8
(780) 532-9410 *SIC* 5082
SMS EQUIPMENT INC *p* 256
1923 Mclean Ave, PORT COQUITLAM, BC, V3C 1N1
(604) 941-6611 *SIC* 5082
SMS EQUIPMENT INC *p* 289
19520 Telegraph Trail, SURREY, BC, V4N 4H1
(604) 888-9700 *SIC* 5084
SMS EQUIPMENT INC *p* 341
1115 Boundary St, WILLIAMS LAKE, BC, V2G 4K3
(250) 305-1060 *SIC* 5082
SMS EQUIPMENT INC *p* 437
10 2nd Ave, WABUSH, NL, A0R 1B0
(709) 282-3777 *SIC* 5082
SMS EQUIPMENT INC *p* 1015
205 Rue Clement-Gilbert, CHICOUTIMI, QC, G7H 5B1
(418) 549-0022 *SIC* 5083
SMS EQUIPMENT INC *p* 1027
1945 55e Av, DORVAL, QC, H9P 1G9
(514) 636-4950 *SIC* 5084
SMS EQUIPMENT INC *p* 1181
120 Rue De New York, SAINT-AUGUSTIN-DE-DESMAURES, QC, G3A 0A8
(418) 870-1502 *SIC* 5082

SMS EQUIPMENT INC *p* 1254
1085 3e Av E, VAL-D'OR, QC, J9P 0J7
(819) 874-3733 *SIC* 5082
SMS MODERN CLEANING SERVICE (ALBERTA) INC *p* 756
777 Supertest Rd, NORTH YORK, ON, M3J 2M9
(416) 736-1144 *SIC* 7349
SMS RENTS *p* 1
See SMS CONSTRUCTION AND MINING SYSTEMS INC
SMSI TRAVEL CENTRES INC *p* 749
45 Sheppard Ave E Suite 302, NORTH YORK, ON, M2N 5W9
(416) 221-4900 *SIC* 5812
SMSS *p* 459
See STEWART MCKELVEY STIRLING SCALES
SMUCKER FOODS OF CANADA CORP *p* 587
191 Attwell Dr Suite 4, ETOBICOKE, ON, M9W 5Z2
(416) 675-2541 *SIC* 8731
SMUCKER FOODS OF CANADA CORP *p* 674
80 Whitehall Dr, MARKHAM, ON, L3R 0P3
(905) 940-9600 *SIC* 2033
SMUCKER FOODS OF CANADA CORP *p* 816
2 Second Ave, PORT COLBORNE, ON, L3K 5P1
SIC 2041
SMUCKER FOODS OF CANADA CORP *p* 1298
95 33rd St E, SASKATOON, SK, S7K 0R8
(306) 665-7110 *SIC* 2041
SMUGGLER'S INN *p* 30
See 28 AUGUSTA FUND LTD
SMURFIT STONE *p* 1110
See CARTONS ST-LAURENT INC
SMYL MOTORS LTD *p* 166
5015 44 St Ss 2, ST PAUL, AB, T0A 3A2
(780) 645-4414 *SIC* 5511
SMYTHE RATCLIFFE LLP *p* 309
355 Burrard St Suite 700, VANCOUVER, BC, V6C 2G8
(604) 687-1231 *SIC* 8721
SNAKES & LATTES INC *p* 934
600 Bloor St W Suite 3, TORONTO, ON, M6G 1K4
(647) 342-9229 *SIC* 5812
SNAP TOGETHER PRODUCTIONS *p* 459
5091 Terminal Rd, HALIFAX, NS, B3J 3Y1
(902) 422-6287 *SIC* 4833
SNAP-ON TOOLS *p* 734
See SNAP-ON TOOLS OF CANADA LTD
SNAP-ON TOOLS OF CANADA LTD *p* 20
7403 48 St Se, CALGARY, AB, T2C 4H6
(403) 720-0525 *SIC* 5072
SNAP-ON TOOLS OF CANADA LTD *p* 734
1171 Gorham St, NEWMARKET, ON, L3Y 8Y2
(800) 665-8665 *SIC* 5013
SNAP-ON TOOLS OF CANADA LTD *p* 734
145 Harry Walker Pky N, NEWMARKET, ON, L3Y 7B3
(905) 812-5774 *SIC* 3469
SNAP-ON/SUN EQUIPMENT DIVISION *p* 734
See SNAP-ON TOOLS OF CANADA LTD
SNC -LAVALIN PHARMA *p* 754
See SNC-LAVALIN INTERNATIONAL INC
SNC LAVALIN *p* 459
See SNC-LAVALIN OPERATIONS & MAINTENANCE INC
SNC LAVALIN ENGINEERS & CONSTRUCTORS *p* 829
See SNC-LAVALIN INTERNATIONAL INC
SNC LAVALIN ENVIRONMENT *p* 727
See SNC-LAVALIN INC
SNC-LAVALIN (S.A.) INC *p* 388
148 Nature Park Way, WINNIPEG, MB, R3P

BUSINESSES ALPHABETICALLY

0X7
(204) 786-8080 SIC 8711
SNC-LAVALIN ET HATCH p 1108
See SNC-LAVALIN INC
SNC-LAVALIN GEM QUEBEC INC p 994
50 Av William-Dobell, BAIE-COMEAU, QC, G4Z 1T7
(418) 296-6788 SIC 8742
SNC-LAVALIN GEM QUEBEC INC p 1035
420 Boul Maloney E Bureau 6, GATINEAU, QC, J8P 7N8
(819) 669-1225 SIC 8742
SNC-LAVALIN GEM QUEBEC INC p 1048
3306 Boul Saint-Francois, Jonquiere, QC, G7X 2W9
(418) 547-5716 SIC 8742
SNC-LAVALIN GEM QUEBEC INC p 1104
455 Boul Rene-Levesque O, Montreal, QC, H2Z 1Z3
(514) 393-8000 SIC 8742
SNC-LAVALIN GEM QUEBEC INC p 1205
275 Rue Benjamin-Hudon, SAINT-LAURENT, QC, H4N 1J1
(514) 331-6910 SIC 8742
SNC-LAVALIN GEM QUEBEC INC p 1207
2299 Rue Guenette, SAINT-LAURENT, QC, H4R 2E9
(514) 335-0083 SIC 8742
SNC-LAVALIN INC p 49
605 5 Ave Sw Suite 1400, CALGARY, AB, T2P 3H5
(403) 294-2100 SIC 8711
SNC-LAVALIN INC p 82
10235 101 St Nw Suite 608, EDMONTON, AB, T5J 3G1
(780) 426-1000 SIC 8711
SNC-LAVALIN INC p 313
745 Thurlow St Suite 500, VANCOUVER, BC, V6E 0C5
(604) 662-3555 SIC 8711
SNC-LAVALIN INC p 388
148 Nature Park Way, WINNIPEG, MB, R3P 0X7
(204) 786-8080 SIC 8711
SNC-LAVALIN INC p 395
88 Sr Green Rd Suite 101, CAMPBELLTON, NB, E3N 3Y6
(506) 759-6350 SIC 6798
SNC-LAVALIN INC p 430
1133 Topsail Rd, MOUNT PEARL, NL, A1N 5G2
(709) 368-0118 SIC 8711
SNC-LAVALIN INC p 459
5657 Spring Garden Rd Suite 200, HALIFAX, NS, B3J 3R4
(902) 492-4544 SIC 8711
SNC-LAVALIN INC p 581
195 The West Mall, ETOBICOKE, ON, M9C 5K1
(416) 252-5311 SIC 8711
SNC-LAVALIN INC p 727
20 Colonnade Rd Suite 110, NEPEAN, ON, K2E 7M6
(416) 635-5882 SIC 8748
SNC-LAVALIN INC p 752
235 Lesmill Rd, NORTH YORK, ON, M3B 2V1
(416) 445-8255 SIC 8711
SNC-LAVALIN INC p 943
345 Carlingview Dr, TORONTO, ON, M9W 6N9
SIC 8711
SNC-LAVALIN INC p 1069
2271 Boul Fernand-Lafontaine, LONGUEUIL, QC, J4G 2R7
(514) 393-1000 SIC 8748
SNC-LAVALIN INC p 1108
1801 Av Mcgill College Unite 1200, Montreal, QC, H3A 2N4
(514) 393-8000 SIC 8711
SNC-LAVALIN INC p 1168
5500 Boul Des Galeries Bureau 200, Quebec, QC, G2K 2E2
(418) 621-5500 SIC 8711

SNC-LAVALIN INTERNATIONAL INC p 49
605 5 Ave Sw Suite 1400, CALGARY, AB, T2P 3H5
(403) 294-2100 SIC 8711
SNC-LAVALIN INTERNATIONAL INC p 754
789 Don Mills Rd Suite 1000, NORTH YORK, ON, M3C 1T5
(416) 422-4056 SIC 8711
SNC-LAVALIN INTERNATIONAL INC p 766
2275 Upper Middle Rd E, OAKVILLE, ON, L6H 0C3
(905) 829-8808 SIC 8711
SNC-LAVALIN INTERNATIONAL INC p 829
265 Front St N Suite 301, SARNIA, ON, N7T 7X1
(519) 336-0201 SIC 8711
SNC-LAVALIN INTERNATIONAL INC p 1104
455 Boul Rene-Levesque O 21e Etage, Montreal, QC, H2Z 1Z3
(514) 393-1000 SIC 8711
SNC-LAVALIN NUCLEAR INC p 766
2275 Upper Middle Rd E, OAKVILLE, ON, L6H 0C3
(905) 829-8808 SIC 8999
SNC-LAVALIN O&M SOLUTIONS INC p 1101
87 Rue Ontario O Bureau 200, MONTREAL, QC, H2X 0A7
(514) 840-8660 SIC 6531
SNC-LAVALIN OPERATIONS & MAINTENANCE INC p 395
88 Sr Green Rd Suite 101, CAMPBELLTON, NB, E3N 3Y6
(866) 440-8144 SIC 8741
SNC-LAVALIN OPERATIONS & MAINTENANCE INC p 435
354 Water St Suite 300, ST. JOHN'S, NL, A1C 1C4
SIC 8741
SNC-LAVALIN OPERATIONS & MAINTENANCE INC p 459
1660 Hollis St Suite 301, HALIFAX, NS, B3J 1V7
SIC 8742
SNC-LAVALIN OPERATIONS & MAINTENANCE INC p 580
304 The East Mall, ETOBICOKE, ON, M9B 6E2
(416) 207-4700 SIC 6531
SNC-LAVALIN OPERATIONS & MAINTENANCE INC p 783
150 Tunney's Pasture Drwy, OTTAWA, ON, K1A 0T6
SIC 6531
SNC-LAVALIN OPERATIONS & MAINTENANCE INC p 798
1600 Carling Ave Suite 800, OTTAWA, ON, K1Z 1G3
SIC 8741
SNC-LAVALIN OPERATIONS & MAINTENANCE INC p 931
250 Front St W, TORONTO, ON, M5V 3G5
SIC 8741
SNC-LAVALIN PAE INC p 792
170 Laurier Ave W Suite 1104, OTTAWA, ON, K1P 5V5
SIC 8711
SNC-LAVALIN PHARMA INC p 1125
8000 Boul Decarie, Montreal, QC, H4P 2S4
(514) 735-5651 SIC 8711
SNC-LAVALIN PROFAC p 783
See SNC-LAVALIN OPERATIONS & MAINTENANCE INC
SNC-SNAM, S.E.N.C. p 1113
620 Boul Rene-Levesque O Bureau 3e, Montreal, QC, H3B 1N7
(514) 393-8000 SIC 3443

SNELLING PAPER & SANITATION LTD p 380
1425 Whyte Ave Suite 200, WINNIPEG, MB, R3E 1V7
(204) 832-8001 SIC 5113
SNOW CAP ENTERPRISES LTD p 183
5698 Trapp Ave Suite 564, BURNABY, BC, V3N 5G4
(604) 515-3202 SIC 5461
SNOW COVERS p 316
See SNOW COVERS SPORTS INC
SNOW COVERS SPORTS INC p 316
1701 3rd Ave W, VANCOUVER, BC, V6J 1K7
(604) 738-3715 SIC 5941
SNOW, DR. V. A. CENTRE INC p 403
54 Demille Crt Suite 14, HAMPTON, NB, E5N 5S7
(506) 832-6210 SIC 8051
SNOWBEAR LIMITED p 603
155 Dawson Rd, GUELPH, ON, N1H 1A4
(519) 767-1115 SIC 3523
SNOWBEAR TRAILERS p 603
See SNOWBEAR LIMITED
SNOWCREST PACKERS p 184
See OMSTEAD FOODS LIMITED
SNOWHITE p 807
See OMYA CANADA INC
SNOWLINE RESTAURANTS INC p 340
4429 Sundial Pl, WHISTLER, BC, V0N 1B4
(604) 932-5151 SIC 5812
SNR NURSING HOMES LTD p 961
11550 Mcnorton St, WINDSOR, ON, N8P 1T9
(519) 979-6730 SIC 8361
SNUG HARBOUR SEAFOOD BAR & GRILL p 701
14 Stavebank Rd S, MISSISSAUGA, ON, L5G 2T1
(905) 274-5000 SIC 5812
SO CANADA INC p 745
2005 Sheppard Ave E Suite 100, NORTH YORK, ON, M2J 5B4
SIC 8731
SO, JAMES REALTY LTD p 744
3790 Victoria Park Ave Suite 200, NORTH YORK, ON, M2H 3H7
SIC 6531
SOBEY'S p 488
See SOBEYS CAPITAL INCORPORATED
SOBEY'S p 512
See SOBEYS CAPITAL INCORPORATED
SOBEY'S p 702
See SOBEYS CAPITAL INCORPORATED
SOBEY'S p 920
See SOBEYS CAPITAL INCORPORATED
SOBEY'S p 963
See SOBEYS CAPITAL INCORPORATED
SOBEY'S 649 p 951
See SOBEYS CAPITAL INCORPORATED
SOBEY'S 861 p 425
See SOBEYS CAPITAL INCORPORATED
SOBEY'S BRANDON SOUTH p 345
See SOBEYS CAPITAL INCORPORATED
SOBEY'S EXTRA 548 p 415
44 East Point, SAINT JOHN, NB, E2J 0H5
(506) 658-1329 SIC 5411
SOBEY'S HAWKSTONE p 112
See SOBEYS CAPITAL INCORPORATED
SOBEY'S MORNINGSIDE p 834
See SOBEYS CAPITAL INCORPORATED
SOBEY'S READY TO SERVE 640 p 978
See SOBEYS CAPITAL INCORPORATED
SOBEY'S STORE p 363
See SOBEYS CAPITAL INCORPORATED
SOBEY'S STORE 777 p 771
See SOBEYS CAPITAL INCORPORATED
SOBEY'S WEST, DIV OF p 20
See SOBEYS CAPITAL INCORPORATED
SOBEYS p 36
See SOBEYS CAPITAL INCORPORATED
SOBEYS p 56
See SOBEYS CAPITAL INCORPORATED
SOBEYS p 64

See SOBEYS CAPITAL INCORPORATED
SOBEYS p 97
See SOBEYS CAPITAL INCORPORATED
SOBEYS p 115
See SOBEYS CAPITAL INCORPORATED
SOBEYS p 121
See SOBEYS CAPITAL INCORPORATED
SOBEYS p 134
See SOBEYS CAPITAL INCORPORATED
SOBEYS p 142
See SOBEYS CAPITAL INCORPORATED
SOBEYS p 149
See SOBEYS CAPITAL INCORPORATED
SOBEYS p 157
See SOBEYS CAPITAL INCORPORATED
SOBEYS p 163
See SOBEYS CAPITAL INCORPORATED
SOBEYS p 167
See SOBEYS CAPITAL INCORPORATED
SOBEYS p 169
See SOBEYS CAPITAL INCORPORATED
SOBEYS p 367
See SOBEYS CAPITAL INCORPORATED
SOBEYS p 395
See SOBEYS CAPITAL INCORPORATED
SOBEYS p 399
See SOBEYS CAPITAL INCORPORATED
SOBEYS p 401
See SOBEYS CAPITAL INCORPORATED
SOBEYS p 408
See SOBEYS CAPITAL INCORPORATED
SOBEYS p 420
See SOBEYS CAPITAL INCORPORATED
SOBEYS p 429
See SOBEYS CAPITAL INCORPORATED
SOBEYS p 430
See SOBEYS CAPITAL INCORPORATED
SOBEYS p 432
See SOBEYS CAPITAL INCORPORATED
SOBEYS p 435
See SOBEYS CAPITAL INCORPORATED
SOBEYS p 436
See SOBEYS CAPITAL INCORPORATED
SOBEYS p 443
See SOBEYS CAPITAL INCORPORATED
SOBEYS p 447
See SOBEYS CAPITAL INCORPORATED
SOBEYS p 453
See SOBEYS CAPITAL INCORPORATED
SOBEYS p 454
See SOBEYS CAPITAL INCORPORATED
SOBEYS p 455
See SOBEYS CAPITAL INCORPORATED
SOBEYS p 462
See SOBEYS CAPITAL INCORPORATED
SOBEYS p 463
See SOBEYS CAPITAL INCORPORATED
SOBEYS p 470
See SOBEYS CAPITAL INCORPORATED
SOBEYS p 472
See SOBEYS CAPITAL INCORPORATED
SOBEYS p 474
See SOBEYS CAPITAL INCORPORATED
SOBEYS p 474
See SOBEYS INC
SOBEYS p 476
See SOBEYS CAPITAL INCORPORATED
SOBEYS p 478
See SOBEYS CAPITAL INCORPORATED
SOBEYS p 484
See SOBEYS CAPITAL INCORPORATED
SOBEYS p 491
See SOBEYS CAPITAL INCORPORATED
SOBEYS p 523
See SOBEYS CAPITAL INCORPORATED
SOBEYS p 539
See SOBEYS CAPITAL INCORPORATED
SOBEYS p 597
See SOBEYS CAPITAL INCORPORATED
SOBEYS p 598
See SOBEYS CAPITAL INCORPORATED
SOBEYS p 609
See SOBEYS CAPITAL INCORPORATED
SOBEYS p 643

SOBEYS

See SOBEYS CAPITAL INCORPORATED
SOBEYS p 782
See SOBEYS CAPITAL INCORPORATED
SOBEYS p 849
See SOBEYS CAPITAL INCORPORATED
SOBEYS p 856
See SOBEYS CAPITAL INCORPORATED
SOBEYS p 864
See SOBEYS CAPITAL INCORPORATED
SOBEYS p 939
See SOBEYS CAPITAL INCORPORATED
SOBEYS p 940
See SOBEYS CAPITAL INCORPORATED
SOBEYS p 949
See SOBEYS CAPITAL INCORPORATED
SOBEYS p 953
See SOBEYS CAPITAL INCORPORATED
SOBEYS p 959
See SOBEYS CAPITAL INCORPORATED
SOBEYS p 982
See SOBEYS CAPITAL INCORPORATED
SOBEYS p 1132
See SOBEYS CAPITAL INCORPORATED
SOBEYS p 1132
See SOBEYS QUEBEC INC
SOBEYS p 1178
See SOBEYS CAPITAL INCORPORATED
SOBEYS p 1289
See SOBEYS CAPITAL INCORPORATED
SOBEYS p 1293
See SOBEYS CAPITAL INCORPORATED
SOBEYS # 439 p 1012
See SOBEYS CAPITAL INCORPORATED
SOBEYS # 596 p 442
See SOBEYS CAPITAL INCORPORATED
SOBEYS #120 p 448
See SOBEYS CAPITAL INCORPORATED
SOBEYS #275 p 415
See SOBEYS CAPITAL INCORPORATED
SOBEYS #425 p 985
See SOBEYS CAPITAL INCORPORATED
SOBEYS #490 p 394
See SOBEYS CAPITAL INCORPORATED
SOBEYS #574 p 457
See SOBEYS CAPITAL INCORPORATED
SOBEYS #590 p 424
See SOBEYS CAPITAL INCORPORATED
SOBEYS #594 p 478
See SOBEYS CAPITAL INCORPORATED
SOBEYS #660 p 454
See SOBEYS CAPITAL INCORPORATED
SOBEYS #670 p 467
See SOBEYS CAPITAL INCORPORATED
SOBEYS #672 p 479
See SOBEYS CAPITAL INCORPORATED
SOBEYS #680 p 405
See SOBEYS CAPITAL INCORPORATED
SOBEYS #692 p 415
See SOBEYS CAPITAL INCORPORATED
SOBEYS #704 p 472
See SOBEYS CAPITAL INCORPORATED
SOBEYS #736 p 413
See SOBEYS CAPITAL INCORPORATED
SOBEYS #745 p 398
See SOBEYS CAPITAL INCORPORATED
SOBEYS #747 p 470
See SOBEYS CAPITAL INCORPORATED
SOBEYS #772 p 447
See SOBEYS CAPITAL INCORPORATED
SOBEYS #776 p 448
See SOBEYS CAPITAL INCORPORATED
SOBEYS 323 p 442
See SOBEYS CAPITAL INCORPORATED
SOBEYS 470 p 473
See SOBEYS CAPITAL INCORPORATED
SOBEYS 495 p 413
See SOBEYS CAPITAL INCORPORATED
SOBEYS 562 p 418
See SOBEYS CAPITAL INCORPORATED
SOBEYS 576 p 418
See SOBEYS CAPITAL INCORPORATED
SOBEYS 588 p 466
See SOBEYS CAPITAL INCORPORATED
SOBEYS 611 p 895

See SOBEYS CAPITAL INCORPORATED
SOBEYS 634 p 495
See SOBEYS CAPITAL INCORPORATED
SOBEYS 648 p 475
See SOBEYS CAPITAL INCORPORATED
SOBEYS 654 p 427
See SOBEYS CAPITAL INCORPORATED
SOBEYS 674 p 430
See SOBEYS CAPITAL INCORPORATED
SOBEYS 678 p 545
See SOBEYS CAPITAL INCORPORATED
SOBEYS 732 p 553
See SOBEYS CAPITAL INCORPORATED
SOBEYS 756 p 408
See SOBEYS CAPITAL INCORPORATED
SOBEYS 846 p 422
See SOBEYS CAPITAL INCORPORATED
SOBEYS ALBERT STREET p 1288
See 617400 SASKATCHEWAN LTD
SOBEYS ATLANTIC p 474
See SOBEYS CAPITAL INCORPORATED
SOBEYS BRANCH 630 p 476
See SOBEYS CAPITAL INCORPORATED
SOBEYS CAPITAL INCORPORATED p 5
5700 50 St, BEAUMONT, AB, T4X 1M8
(780) 929-2749 SIC 5411
SOBEYS CAPITAL INCORPORATED p 20
7704 30 St Se, CALGARY, AB, T2C 1M8
(403) 279-4483 SIC 5141
SOBEYS CAPITAL INCORPORATED p 36
9919 Fairmount Dr Se Suite 120, CALGARY, AB, T2J 0S3
  SIC 5141
SOBEYS CAPITAL INCORPORATED p 56
150 Millrise Blvd Sw Unit 3109, CALGARY, AB, T2Y 5G7
(403) 873-5085 SIC 5411
SOBEYS CAPITAL INCORPORATED p 56
2335 162 Ave Sw Suite 100, CALGARY, AB, T2Y 4S6
(403) 873-0101 SIC 5411
SOBEYS CAPITAL INCORPORATED p 57
20 Mckenzie Towne Ave Se, CALGARY, AB, T2Z 3S7
(403) 257-4343 SIC 5411
SOBEYS CAPITAL INCORPORATED p 64
11300 Tuscany Blvd Nw Suite 2020, CALGARY, AB, T3L 2V7
(403) 375-0595 SIC 5411
SOBEYS CAPITAL INCORPORATED p 67
950 Railway Ave Suite 1127, CANMORE, AB, T1W 1P4
(403) 678-6326 SIC 5411
SOBEYS CAPITAL INCORPORATED p 68
1 St W Suite 4920, CLARESHOLM, AB, T0L 0T0
(403) 625-2555 SIC 5411
SOBEYS CAPITAL INCORPORATED p 69
305 1 St W, COCHRANE, AB, T4C 1X8
(403) 932-3222 SIC 5411
SOBEYS CAPITAL INCORPORATED p 70
6403 51 St, COLD LAKE, AB, T9M 1C8
(780) 594-3335 SIC 5411
SOBEYS CAPITAL INCORPORATED p 82
10404 Jasper Ave Nw Suite 3023, EDMONTON, AB, T5J 1Z3
(780) 429-9922 SIC 5411
SOBEYS CAPITAL INCORPORATED p 85
13140 St Albert Trail Nw, EDMONTON, AB, T5L 4P6
(780) 486-4800 SIC 5411
SOBEYS CAPITAL INCORPORATED p 97
12910 156 St Nw, EDMONTON, AB, T5V 1E9
(780) 447-1440 SIC 5141
SOBEYS CAPITAL INCORPORATED p 98
15367 Castle Downs Rd Nw, EDMONTON, AB, T5X 6C3
(780) 472-0100 SIC 5411
SOBEYS CAPITAL INCORPORATED p 98
5119 167 Ave Nw, EDMONTON, AB, T5Y 0L2
(780) 478-4740 SIC 5411
SOBEYS CAPITAL INCORPORATED p 111

2011 111 St Nw, EDMONTON, AB, T6J 4V9
(780) 435-1166 SIC 5411
SOBEYS CAPITAL INCORPORATED p 111
2011 111 St Nw, EDMONTON, AB, T6J 4V9
(780) 435-1224 SIC 5411
SOBEYS CAPITAL INCORPORATED p 112
18370 Lessard Rd Nw Suite 3073, EDMONTON, AB, T6M 2W8
(780) 441-3502 SIC 5411
SOBEYS CAPITAL INCORPORATED p 112
5011 23 Ave Nw, EDMONTON, AB, T6L 7G5
(780) 485-6622 SIC 5411
SOBEYS CAPITAL INCORPORATED p 115
2430 Rabbit Hill Rd Nw, EDMONTON, AB, T6R 3B5
(780) 989-1610 SIC 5411
SOBEYS CAPITAL INCORPORATED p 116
3819 34 St Nw, EDMONTON, AB, T6T 1K9
(780) 463-8383 SIC 5411
SOBEYS CAPITAL INCORPORATED p 121
19 Riedel St Unit 300, FORT MCMURRAY, AB, T9H 5P8
(780) 791-1550 SIC 5411
SOBEYS CAPITAL INCORPORATED p 122
210 Thickwood Blvd, FORT MCMURRAY, AB, T9K 1X9
(780) 743-9339 SIC 5411
SOBEYS CAPITAL INCORPORATED p 124
10004 99 Ave, FORT SASKATCHEWAN, AB, T8L 3Y1
(780) 998-5429 SIC 5411
SOBEYS CAPITAL INCORPORATED p 134
5110 Highway 2a, LACOMBE, AB, T4L 1Y7
(403) 782-7871 SIC 5411
SOBEYS CAPITAL INCORPORATED p 137
327 Bluefox Blvd N, LETHBRIDGE, AB, T1H 6T3
(403) 320-5154 SIC 5411
SOBEYS CAPITAL INCORPORATED p 139
721 3 Ave S, LETHBRIDGE, AB, T1J 4C3
  SIC 5411
SOBEYS CAPITAL INCORPORATED p 142
4227 75 Ave, LLOYDMINSTER, AB, T9V 2X4
(780) 871-0955 SIC 5411
SOBEYS CAPITAL INCORPORATED p 142
4227 75 Ave, LLOYDMINSTER, AB, T9V 2X4
(780) 875-3215 SIC 5411
SOBEYS CAPITAL INCORPORATED p 146
10003 100 St, MORINVILLE, AB, T8R 1R5
(780) 939-2209 SIC 5411
SOBEYS CAPITAL INCORPORATED p 149
201 Southridge Dr Suite 700, OKOTOKS, AB, T1S 2E1
(403) 995-4088 SIC 5411
SOBEYS CAPITAL INCORPORATED p 149
6700 46 St Suite 300, OLDS, AB, T4H 0A2
(403) 556-3113 SIC 5411
SOBEYS CAPITAL INCORPORATED p 151
819 Main St, PINCHER CREEK, AB, T0K 1W0
  SIC 5411
SOBEYS CAPITAL INCORPORATED p 157
2110 50 Ave, RED DEER, AB, T4R 2K1
(403) 348-0848 SIC 5411
SOBEYS CAPITAL INCORPORATED p 159
4419 52 Ave, ROCKY MOUNTAIN HOUSE, AB, T4T 1A3
(403) 846-0038 SIC 5411
SOBEYS CAPITAL INCORPORATED p 159
5427 52 Ave, ROCKY MOUNTAIN HOUSE, AB, T4T 1S9
(403) 845-3371 SIC 5411
SOBEYS CAPITAL INCORPORATED p 163
590 Baseline Rd Unit 100, SHERWOOD PARK, AB, T8H 1Y4
(780) 417-0419 SIC 5411
SOBEYS CAPITAL INCORPORATED p 165
11 Westway Rd, SPRUCE GROVE, AB, T7X 3X3
(780) 962-4121 SIC 5411
SOBEYS CAPITAL INCORPORATED p 167
392 St Albert Rd, ST. ALBERT, AB, T8N 5J9

(780) 459-5909 SIC 5411
SOBEYS CAPITAL INCORPORATED p 168
4607 50 St, STETTLER, AB, T0C 2L0
(403) 742-5025 SIC 5411
SOBEYS CAPITAL INCORPORATED p 169
100 Ranch Market Suite 100, STRATHMORE, AB, T1P 0A8
(403) 934-4512 SIC 5411
SOBEYS CAPITAL INCORPORATED p 174
4703 50 St, WETASKIWIN, AB, T9A 1J6
(780) 352-2227 SIC 5411
SOBEYS CAPITAL INCORPORATED p 216
624 9 Ave N, GOLDEN, BC, V0A 1H0
(250) 344-2361 SIC 5411
SOBEYS CAPITAL INCORPORATED p 345
1645 18th St Suite B, BRANDON, MB, R7A 5C6
(204) 726-5255 SIC 5411
SOBEYS CAPITAL INCORPORATED p 346
3409 Victoria Ave, BRANDON, MB, R7B 2L8
(204) 727-3431 SIC 5411
SOBEYS CAPITAL INCORPORATED p 346
3409 Victoria Ave, BRANDON, MB, R7B 2L8
(204) 727-3443 SIC 5411
SOBEYS CAPITAL INCORPORATED p 357
178 Pth 12 N Unit 1, STEINBACH, MB, R5G 1T7
(204) 326-1316 SIC 5411
SOBEYS CAPITAL INCORPORATED p 363
7 Reenders Dr, WINNIPEG, MB, R2C 5K5
(204) 669-9966 SIC 5411
SOBEYS CAPITAL INCORPORATED p 367
965 Henderson Hwy, WINNIPEG, MB, R2K 2M2
(204) 338-0349 SIC 5411
SOBEYS CAPITAL INCORPORATED p 368
1939 Bishop Grandin Blvd, WINNIPEG, MB, R2M 5S1
(204) 255-5064 SIC 5411
SOBEYS CAPITAL INCORPORATED p 369
1303 Jefferson Ave, WINNIPEG, MB, R2P 1S7
  SIC 5411
SOBEYS CAPITAL INCORPORATED p 369
1500 Dakota St Suite 1, WINNIPEG, MB, R2N 3Y7
(204) 253-3663 SIC 5411
SOBEYS CAPITAL INCORPORATED p 373
1800 Inkster Blvd, WINNIPEG, MB, R2X 2Z5
(204) 632-7100 SIC 5141
SOBEYS CAPITAL INCORPORATED p 373
1870 Burrows Ave, WINNIPEG, MB, R2X 3C3
(204) 697-1997 SIC 5411
SOBEYS CAPITAL INCORPORATED p 373
840 Dufferin Ave, WINNIPEG, MB, R2X 0A3
(204) 586-7819 SIC 5141
SOBEYS CAPITAL INCORPORATED p 385
3635 Portage Ave, WINNIPEG, MB, R3K 2G6
(204) 832-8605 SIC 5411
SOBEYS CAPITAL INCORPORATED p 388
1660 Kenaston Blvd, WINNIPEG, MB, R3P 2M6
(204) 489-7007 SIC 5411
SOBEYS CAPITAL INCORPORATED p 394
850 St. Peter Ave, BATHURST, NB, E2A 4K4
(506) 548-3577 SIC 5411
SOBEYS CAPITAL INCORPORATED p 395
140 Roseberry St, CAMPBELLTON, NB, E3N 2G9
  SIC 5411
SOBEYS CAPITAL INCORPORATED p 398
26 Rue Michaud, EDMUNDSTON, NB, E3V 1X3
(506) 739-8871 SIC 5411
SOBEYS CAPITAL INCORPORATED p 398
580 Rue Victoria, EDMUNDSTON, NB, E3V 3N1
  SIC 5411
SOBEYS CAPITAL INCORPORATED p 399
180 Main St, FREDERICTON, NB, E3A 1C8
(506) 472-7431 SIC 5411
SOBEYS CAPITAL INCORPORATED p 399

▲ Public Company   ■ Public Company Family Member   HQ Headquarters   BR Branch   SL Single Location

463 Brookside Dr Suite 349, FREDERICTON, NB, E3A 8V4
(506) 450-7109 SIC 5411
SOBEYS CAPITAL INCORPORATED p 401
1150 Prospect St, FREDERICTON, NB, E3B 3C1
(506) 458-8891 SIC 5411
SOBEYS CAPITAL INCORPORATED p 403
535 Boul Everard H Daigle, GRAND-SAULT/GRAND FALLS, NB, E3Z 2R7
(506) 473-5604 SIC 5411
SOBEYS CAPITAL INCORPORATED p 405
2485 King George Hwy Suite 1, MIRAMICHI, NB, E1V 6W3
(506) 778-2404 SIC 5411
SOBEYS CAPITAL INCORPORATED p 405
273 Pleasant St, MIRAMICHI, NB, E1V 1Y7
(506) 622-2098 SIC 5411
SOBEYS CAPITAL INCORPORATED p 408
55 Vaughan Harvey Blvd, MONCTON, NB, E1C 0N3
(506) 855-0546 SIC 5411
SOBEYS CAPITAL INCORPORATED p 408
1380 Mountain Rd, MONCTON, NB, E1C 2T8
(506) 858-8283 SIC 5411
SOBEYS CAPITAL INCORPORATED p 411
1 Lewis St, OROMOCTO, NB, E2V 4K5
(506) 357-9831 SIC 5411
SOBEYS CAPITAL INCORPORATED p 411
375 Miramichi Rd Suite 860, OROMOCTO, NB, E2V 4T4
(506) 446-5030 SIC 5411
SOBEYS CAPITAL INCORPORATED p 413
1160 Findlay Blvd, RIVERVIEW, NB, E1B 0J6
(506) 386-4616 SIC 5411
SOBEYS CAPITAL INCORPORATED p 413
140a Hampton Rd, ROTHESAY, NB, E2E 2R1
(506) 847-5697 SIC 5411
SOBEYS CAPITAL INCORPORATED p 415
120 Mcdonald St, SAINT JOHN, NB, E2J 1M5
SIC 5411
SOBEYS CAPITAL INCORPORATED p 415
519 Westmorland Rd, SAINT JOHN, NB, E2J 3W9
(506) 633-1187 SIC 5411
SOBEYS CAPITAL INCORPORATED p 416
149 Lansdowne Ave Suite 233, SAINT JOHN, NB, E2K 2Z9
(506) 652-4470 SIC 5411
SOBEYS CAPITAL INCORPORATED p 418
1 Plaza Ave, SAINT JOHN, NB, E2M 0C2
(506) 674-1460 SIC 5411
SOBEYS CAPITAL INCORPORATED p 418
3701 Westfield Road Suite 562, SAINT JOHN, NB, E2M 7T4
(506) 738-2353 SIC 5411
SOBEYS CAPITAL INCORPORATED p 420
183 Main St Suite 738, SHEDIAC, NB, E4P 2A5
(506) 532-0842 SIC 5411
SOBEYS CAPITAL INCORPORATED p 421
426 Rue Du Moulin, TRACADIE-SHEILA, NB, E1X 1A4
SIC 5411
SOBEYS CAPITAL INCORPORATED p 422
370 Connell St Unit 11, WOODSTOCK, NB, E7M 5G9
(506) 328-6819 SIC 5411
SOBEYS CAPITAL INCORPORATED p 423
Gd, BAY ROBERTS, NL, A0A 1G0
(709) 786-7194 SIC 5411
SOBEYS CAPITAL INCORPORATED p 424
27 Grand Bay Rd, CHANNEL-PORT-AUX-BASQUES, NL, A0M 1C0
(709) 695-7689 SIC 5411
SOBEYS CAPITAL INCORPORATED p 424
350 Conception Bay Hwy, CONCEPTION BAY SOUTH, NL, A1X 7A3
(709) 834-9052 SIC 5411
SOBEYS CAPITAL INCORPORATED p 424

8 Goff Ave, CARBONEAR, NL, A1Y 1A6
(709) 596-0659 SIC 5411
SOBEYS CAPITAL INCORPORATED p 425
1 Mount Bernard Ave Suite 861, CORNER BROOK, NL, A2H 6Y5
(709) 639-7193 SIC 5411
SOBEYS CAPITAL INCORPORATED p 425
631 Conception Bay Hwy, CONCEPTION BAY SOUTH, NL, A1X 7L4
SIC 5411
SOBEYS CAPITAL INCORPORATED p 426
230 Airport Blvd, GANDER, NL, A1V 1L7
(709) 256-4860 SIC 5411
SOBEYS CAPITAL INCORPORATED p 427
21 Cromer Ave, GRAND FALLS-WINDSOR, NL, A2A 1X3
(709) 489-8054 SIC 5411
SOBEYS CAPITAL INCORPORATED p 427
66 Hardy Ave, GRAND FALLS-WINDSOR, NL, A2A 2V4
(709) 489-3846 SIC 5411
SOBEYS CAPITAL INCORPORATED p 427
Highway Route #210, GRAND BANK, NL, A0E 1W0
(709) 832-0091 SIC 5411
SOBEYS CAPITAL INCORPORATED p 428
465 Main St, LEWISPORTE, NL, A0G 3A0
(709) 535-8535 SIC 5411
SOBEYS CAPITAL INCORPORATED p 429
23 Columbia Dr, MARYSTOWN, NL, A0E 2M0
(709) 279-2471 SIC 5411
SOBEYS CAPITAL INCORPORATED p 430
10 Old Placentia Rd, MOUNT PEARL, NL, A1N 4P5
(709) 748-1200 SIC 5148
SOBEYS CAPITAL INCORPORATED p 430
50 Old Placentia Rd, MOUNT PEARL, NL, A1N 4Y1
(709) 745-8501 SIC 5411
SOBEYS CAPITAL INCORPORATED p 430
Gd, PLACENTIA, NL, A0B 2Y0
(709) 227-5172 SIC 5411
SOBEYS CAPITAL INCORPORATED p 432
10 Elizabeth Ave Suite 744, ST. JOHN'S, NL, A1A 5L4
(709) 753-3426 SIC 5411
SOBEYS CAPITAL INCORPORATED p 432
360 Torbay Rd, ST. JOHN'S, NL, A1A 4E1
(709) 726-0522 SIC 5411
SOBEYS CAPITAL INCORPORATED p 434
48 Kenmount Rd, ST. JOHN'S, NL, A1B 1W3
(709) 753-9298 SIC 5411
SOBEYS CAPITAL INCORPORATED p 435
8 Merrymeeting Rd, ST. JOHN'S, NL, A1C 2V5
(709) 726-2387 SIC 5411
SOBEYS CAPITAL INCORPORATED p 436
45 Ropewalk Lane, ST. JOHN'S, NL, A1E 4P1
(709) 739-8663 SIC 5411
SOBEYS CAPITAL INCORPORATED p 436
470 Topsail Rd Suite 340, ST. JOHN'S, NL, A1E 2C3
(709) 748-1250 SIC 5411
SOBEYS CAPITAL INCORPORATED p 437
1588 Torbay Rd, TORBAY, NL, A1K 1H1
(709) 437-1389 SIC 5411
SOBEYS CAPITAL INCORPORATED p 437
42 Queen St, STEPHENVILLE, NL, A2N 3A7
SIC 5411
SOBEYS CAPITAL INCORPORATED p 441
142 Albion St S Suite 729, AMHERST, NS, B4H 4H4
(902) 667-2251 SIC 5411
SOBEYS CAPITAL INCORPORATED p 442
151 Church St, ANTIGONISH, NS, B2G 2E2
(902) 863-6022 SIC 5411
SOBEYS CAPITAL INCORPORATED p 442
3552 Hwy 3, BARRINGTON PASSAGE, NS, B0W 1G0
(902) 637-3063 SIC 5411
SOBEYS CAPITAL INCORPORATED p 443

961 Bedford Hwy, BEDFORD, NS, B4A 1A9
(902) 835-3335 SIC 5411
SOBEYS CAPITAL INCORPORATED p 444
223 Commercial St, BERWICK, NS, B0P 1E0
(902) 538-3686 SIC 5411
SOBEYS CAPITAL INCORPORATED p 445
349 Lahave St Suite 322, BRIDGEWATER, NS, B4V 2T6
(902) 543-9244 SIC 5411
SOBEYS CAPITAL INCORPORATED p 447
100 Main St Suite 250, DARTMOUTH, NS, B2X 1R5
(902) 434-6696 SIC 5411
SOBEYS CAPITAL INCORPORATED p 447
4 Forest Hills Pky, DARTMOUTH, NS, B2W 5G7
(902) 435-3909 SIC 5411
SOBEYS CAPITAL INCORPORATED p 447
612 Main St Suite 622, DARTMOUTH, NS, B2W 5M5
(902) 433-0140 SIC 5411
SOBEYS CAPITAL INCORPORATED p 448
211 Pleasant St, DARTMOUTH, NS, B2Y 3R5
(902) 466-2776 SIC 5411
SOBEYS CAPITAL INCORPORATED p 448
551 Portland St, DARTMOUTH, NS, B2Y 4B1
(902) 469-8396 SIC 5411
SOBEYS CAPITAL INCORPORATED p 449
6 Primrose St, DARTMOUTH, NS, B3A 4C5
(902) 463-2910 SIC 5411
SOBEYS CAPITAL INCORPORATED p 453
110 Warwick St, DIGBY, NS, B0V 1A0
(902) 245-6183 SIC 5411
SOBEYS CAPITAL INCORPORATED p 454
269 Highway 214 Unit 1, ELMSDALE, NS, B2S 1K1
(902) 883-8111 SIC 5411
SOBEYS CAPITAL INCORPORATED p 454
3286 Hwy 2, FALL RIVER, NS, B2T 1L8
(902) 860-2291 SIC 5411
SOBEYS CAPITAL INCORPORATED p 455
144 Reserve St, GLACE BAY, NS, B1A 4W5
(902) 842-1033 SIC 5411
SOBEYS CAPITAL INCORPORATED p 455
25 Brookside St, GLACE BAY, NS, B1A 1K2
(902) 849-7205 SIC 5411
SOBEYS CAPITAL INCORPORATED p 457
1120 Queen St, HALIFAX, NS, B3H 2R9
(902) 422-7605 SIC 5411
SOBEYS CAPITAL INCORPORATED p 461
2651 Windsor St Suite 554, HALIFAX, NS, B3K 5C7
(902) 455-8508 SIC 5411
SOBEYS CAPITAL INCORPORATED p 462
287 Lacewood Dr Suite 644, HALIFAX, NS, B3M 3Y7
(902) 457-2102 SIC 5411
SOBEYS CAPITAL INCORPORATED p 463
279 Herring Cove Rd, HALIFAX, NS, B3P 1M2
(902) 477-2817 SIC 5411
SOBEYS CAPITAL INCORPORATED p 464
8990 Highway 7, HEAD OF JEDDORE, NS, B0J 1P0
(902) 889-2794 SIC 5411
SOBEYS CAPITAL INCORPORATED p 466
180 Bristol Ave, LIVERPOOL, NS, B0T 1K0
(902) 354-4225 SIC 5411
SOBEYS CAPITAL INCORPORATED p 467
752 Sackville Dr Suite 670, LOWER SACKVILLE, NS, B4E 1R7
(902) 865-5057 SIC 5411
SOBEYS CAPITAL INCORPORATED p 468
12827 Lower Main St, MIDDLETON, NS, B0S 1P0
(902) 825-3404 SIC 5141
SOBEYS CAPITAL INCORPORATED p 468
170 Commercial St, MIDDLETON, NS, B0S 1P0
(902) 825-6444 SIC 5411
SOBEYS CAPITAL INCORPORATED p 470

38 George St Suite 652, NEW GLASGOW, NS, B2H 2K1
(902) 752-6258 SIC 5411
SOBEYS CAPITAL INCORPORATED p 470
9256 Commercial St, NEW MINAS, NS, B4N 4A9
(902) 681-3723 SIC 5411
SOBEYS CAPITAL INCORPORATED p 471
116 King St, NORTH SYDNEY, NS, B2A 3R7
(902) 794-7088 SIC 5411
SOBEYS CAPITAL INCORPORATED p 472
239 West River Rd, PICTOU, NS, B0K 1H0
(902) 485-5841 SIC 5411
SOBEYS CAPITAL INCORPORATED p 472
622 Reeves St Unit 1, PORT HAWKESBURY, NS, B9A 2R7
(902) 625-1242 SIC 5411
SOBEYS CAPITAL INCORPORATED p 473
21 Main St, SPRINGHILL, NS, B0M 1X0
(902) 597-8777 SIC 5411
SOBEYS CAPITAL INCORPORATED p 473
3500 Emerald St, SCOTCHTOWN, NS, B1H 1H5
(902) 862-8770 SIC 5411
SOBEYS CAPITAL INCORPORATED p 474
115 King St, STELLARTON, NS, B0K 0A2
(902) 752-8371 SIC 5141
SOBEYS CAPITAL INCORPORATED p 474
293 Foord St, STELLARTON, NS, B0K 1S0
(902) 755-1830 SIC 5411
SOBEYS CAPITAL INCORPORATED p 474
123 Foord St, Stellarton, NS, B0K 0A2
(902) 662-2132 SIC 5411
SOBEYS CAPITAL INCORPORATED p 474
123 Foord St, STELLARTON, NS, B0K 0A2
(902) 752-8371 SIC 5141
SOBEYS CAPITAL INCORPORATED p 474
123 Foord St, STELLARTON, NS, B0K 0A2
(902) 752-8371 SIC 4222
SOBEYS CAPITAL INCORPORATED p 475
272b Prince St, SYDNEY, NS, B1P 5K6
(902) 562-1762 SIC 5411
SOBEYS CAPITAL INCORPORATED p 475
800 Grand Lake Rd, SYDNEY, NS, B1P 6S9
SIC 5411
SOBEYS CAPITAL INCORPORATED p 476
39 Pitt St, SYDNEY MINES, NS, B1V 1R7
(902) 736-6416 SIC 5411
SOBEYS CAPITAL INCORPORATED p 476
95 Keltic Dr, SYDNEY, NS, B1S 1P4
(902) 562-5110 SIC 5411
SOBEYS CAPITAL INCORPORATED p 478
241 Pictou Rd, TRURO, NS, B2N 2S7
(902) 893-7986 SIC 5411
SOBEYS CAPITAL INCORPORATED p 478
3650 Hammonds Plains Rd Suite 684, UPPER TANTALLON, NS, B3Z 4R3
(902) 826-1046 SIC 5411
SOBEYS CAPITAL INCORPORATED p 478
68 Robie St Suite 594, TRURO, NS, B2N 1L2
(902) 893-9388 SIC 5411
SOBEYS CAPITAL INCORPORATED p 478
985 Prince St, TRURO, NS, B2N 1H7
(902) 895-9785 SIC 5411
SOBEYS CAPITAL INCORPORATED p 479
50 Empire Lane Wentworth Rd, WINDSOR, NS, B0N 2T0
(902) 798-0992 SIC 5411
SOBEYS CAPITAL INCORPORATED p 480
130 Starrs Rd, YARMOUTH, NS, B5A 4E5
SIC 5411
SOBEYS CAPITAL INCORPORATED p 480
76 Starrs Rd, YARMOUTH, NS, B5A 2T5
(902) 742-2882 SIC 5411
SOBEYS CAPITAL INCORPORATED p 484
1935 Ravenscroft Rd, AJAX, ON, L1T 0K4
(905) 686-7475 SIC 5411
SOBEYS CAPITAL INCORPORATED p 484
260 Kingston Rd W, AJAX, ON, L1T 4E4
(905) 426-7144 SIC 5411
SOBEYS CAPITAL INCORPORATED p 486
161 Young St, ALLISTON, ON, L9R 2A9

(705) 434-9512   SIC 5411
SOBEYS CAPITAL INCORPORATED p 487
83 Sandwich St S, AMHERSTBURG, ON, N9V 1Z5
(519) 736-4520   SIC 5411
SOBEYS CAPITAL INCORPORATED p 488
247 Mill St, ANGUS, ON, L0M 1B2
(705) 424-1588   SIC 5411
SOBEYS CAPITAL INCORPORATED p 488
977 Golf Links Rd, ANCASTER, ON, L9K 1K1
(905) 648-3534   SIC 5411
SOBEYS CAPITAL INCORPORATED p 491
15500 Bayview Ave, AURORA, ON, L4G 7J1
(905) 726-2530   SIC 5411
SOBEYS CAPITAL INCORPORATED p 494
337 Hastings St N, BANCROFT, ON, K0L 1C0
(613) 332-6664   SIC 5411
SOBEYS CAPITAL INCORPORATED p 495
320 Bayfield St, BARRIE, ON, L4M 3C1
(705) 734-6212   SIC 5411
SOBEYS CAPITAL INCORPORATED p 495
409 Bayfield St Suite C1, BARRIE, ON, L4M 6E5
(705) 739-1100   SIC 5411
SOBEYS CAPITAL INCORPORATED p 499
37 Mapleview Dr W, BARRIE, ON, L4N 9H5
(705) 728-9858   SIC 5411
SOBEYS CAPITAL INCORPORATED p 501
4610 Ontario St, BEAMSVILLE, ON, L0R 1B3
(905) 563-1088   SIC 5411
SOBEYS CAPITAL INCORPORATED p 510
3998 Cottrelle Blvd, BRAMPTON, ON, L6P 2R1
(905) 794-2263   SIC 5411
SOBEYS CAPITAL INCORPORATED p 512
930 North Park Dr, BRAMPTON, ON, L6S 3Y5
(905) 458-7673   SIC 5411
SOBEYS CAPITAL INCORPORATED p 523
499 Main St S, BRAMPTON, ON, L6Y 1N7
SIC 5411
SOBEYS CAPITAL INCORPORATED p 523
380 Bovaird Dr E Suite 29, BRAMPTON, ON, L6Z 2S8
(905) 840-0770   SIC 5411
SOBEYS CAPITAL INCORPORATED p 523
11965 Hurontario St, BRAMPTON, ON, L6Z 4P7
(905) 846-5658   SIC 5411
SOBEYS CAPITAL INCORPORATED p 523
8975 Chinguacousy Rd, BRAMPTON, ON, L6Y 0J2
(905) 796-1517   SIC 5411
SOBEYS CAPITAL INCORPORATED p 527
655 Colborne St, BRANTFORD, ON, N3S 3M8
SIC 5411
SOBEYS CAPITAL INCORPORATED p 539
1250 Brant St, BURLINGTON, ON, L7P 1X8
(905) 332-3373   SIC 5411
SOBEYS CAPITAL INCORPORATED p 539
2201 Brant St, BURLINGTON, ON, L7P 3N8
(905) 335-2466   SIC 5411
SOBEYS CAPITAL INCORPORATED p 542
15771 Airport Rd, CALEDON EAST, ON, L7C 1K2
(905) 584-9677   SIC 5411
SOBEYS CAPITAL INCORPORATED p 544
75 Dundas St, CAMBRIDGE, ON, N1R 6G5
(519) 620-9022   SIC 5411
SOBEYS CAPITAL INCORPORATED p 545
130 Cedar St, CAMBRIDGE, ON, N1S 1W4
(519) 622-8906   SIC 5411
SOBEYS CAPITAL INCORPORATED p 549
110 Lansdowne Ave, CARLETON PLACE, ON, K7C 2T7
(613) 253-6141   SIC 5411
SOBEYS CAPITAL INCORPORATED p 549
26 Industrial Ave, CARLETON PLACE, ON, K7C 3T2
(613) 256-5401   SIC 5411

SOBEYS CAPITAL INCORPORATED p 553
215 Park Ave W, CHATHAM, ON, N7M 1W3
(519) 380-0550   SIC 5411
SOBEYS CAPITAL INCORPORATED p 556
55 Mountain Rd, COLLINGWOOD, ON, L9Y 4M2
(705) 445-7080   SIC 5411
SOBEYS CAPITAL INCORPORATED p 570
303 Government St, DRYDEN, ON, P8N 2P4
SIC 5411
SOBEYS CAPITAL INCORPORATED p 574
800 Centre St Suite 500, ESPANOLA, ON, P5E 1J3
(705) 869-6777   SIC 5411
SOBEYS CAPITAL INCORPORATED p 588
15 Lindsay St, FENELON FALLS, ON, K0M 1N0
(705) 887-3611   SIC 5411
SOBEYS CAPITAL INCORPORATED p 589
110 20 Hwy E, FONTHILL, ON, L0S 1E0
(905) 892-2570   SIC 5411
SOBEYS CAPITAL INCORPORATED p 590
310 Garrison Rd, FORT ERIE, ON, L2A 1M7
(905) 994-7467   SIC 5411
SOBEYS CAPITAL INCORPORATED p 590
450 Garrison Rd, FORT ERIE, ON, L2A 1N2
(905) 871-0463   SIC 5411
SOBEYS CAPITAL INCORPORATED p 592
325 Guelph St, GEORGETOWN, ON, L7G 4B3
(905) 873-0622   SIC 5411
SOBEYS CAPITAL INCORPORATED p 597
225 Edward St, GRAVENHURST, ON, P1P 1K8
(705) 684-8302   SIC 5411
SOBEYS CAPITAL INCORPORATED p 597
55 Main St E, GRAND BEND, ON, N0M 1T0
(519) 238-8944   SIC 5411
SOBEYS CAPITAL INCORPORATED p 598
44 Livingston Ave, GRIMSBY, ON, L3M 1L1
(905) 945-9973   SIC 5411
SOBEYS CAPITAL INCORPORATED p 606
700 Queenston Rd Unit A, HAMILTON, ON, L8G 1A3
(905) 560-8111   SIC 5411
SOBEYS CAPITAL INCORPORATED p 609
869 Barton St E, HAMILTON, ON, L8L 3B4
(905) 549-3573   SIC 5411
SOBEYS CAPITAL INCORPORATED p 614
905 Rymal Rd E, HAMILTON, ON, L8W 3M2
(905) 383-9930   SIC 5411
SOBEYS CAPITAL INCORPORATED p 617
236 10th St, HANOVER, ON, N4N 1N9
(519) 364-2891   SIC 5411
SOBEYS CAPITAL INCORPORATED p 618
38 Ottawa St E, HAVELOCK, ON, K0L 1Z0
(705) 778-3881   SIC 5411
SOBEYS CAPITAL INCORPORATED p 620
12 Cann St, HUNTSVILLE, ON, P1H 1H3
(705) 789-9172   SIC 5411
SOBEYS CAPITAL INCORPORATED p 622
2080 Jans Blvd, INNISFIL, ON, L9S 4Y8
(705) 431-6667   SIC 5411
SOBEYS CAPITAL INCORPORATED p 625
700 Terry Fox Dr, KANATA, ON, K2L 4H4
(613) 831-1444   SIC 5411
SOBEYS CAPITAL INCORPORATED p 626
840 March Rd, KANATA, ON, K2W 0C9
(613) 599-8965   SIC 5411
SOBEYS CAPITAL INCORPORATED p 629
814 Durham St, KINCARDINE, ON, N2Z 3B9
(519) 395-0022   SIC 5411
SOBEYS CAPITAL INCORPORATED p 639
1187 Fischer Hallman Rd Suite 852, KITCHENER, ON, N2E 4H9
(519) 576-1280   SIC 5411
SOBEYS CAPITAL INCORPORATED p 639
720 Westmount Rd E, KITCHENER, ON, N2E 2M6
(519) 578-7851   SIC 5411
SOBEYS CAPITAL INCORPORATED p 643
274 Highland Rd W, KITCHENER, ON, N2M 3C5
(519) 744-6561   SIC 5411
SOBEYS CAPITAL INCORPORATED p 658
645 Commissioners Rd E, LONDON, ON, N6C 2T9
(519) 685-9581   SIC 5411
SOBEYS CAPITAL INCORPORATED p 666
40 Elgin St, MADOC, ON, K0K 2K0
(613) 473-4240   SIC 5411
SOBEYS CAPITAL INCORPORATED p 669
9580 Mccowan Rd Unit G, MARKHAM, ON, L3P 8M1
(905) 887-4366   SIC 5411
SOBEYS CAPITAL INCORPORATED p 682
20 Market Dr, MILTON, ON, L9T 3H5
SIC 5411
SOBEYS CAPITAL INCORPORATED p 682
2701 Highpoint Dr, MILTON, ON, L9T 5G5
SIC 5141
SOBEYS CAPITAL INCORPORATED p 684
7205 Goreway Dr Unit1, MISSISSAUGA, ON, L4T 2T9
(905) 677-0239   SIC 5411
SOBEYS CAPITAL INCORPORATED p 686
6355 Viscount Rd, MISSISSAUGA, ON, L4V 1W2
SIC 5141
SOBEYS CAPITAL INCORPORATED p 691
1680 Tech Ave Unit 1, MISSISSAUGA, ON, L4W 5S9
SIC 5411
SOBEYS CAPITAL INCORPORATED p 700
4040 Creditview Rd, MISSISSAUGA, ON, L5C 3Y8
SIC 5411
SOBEYS CAPITAL INCORPORATED p 702
1375 Southdown Rd, MISSISSAUGA, ON, L5J 2Z1
(905) 855-1317   SIC 5411
SOBEYS CAPITAL INCORPORATED p 703
2458 Dundas St W Unit 4, MISSISSAUGA, ON, L5K 1R8
SIC 5411
SOBEYS CAPITAL INCORPORATED p 706
5602 Tenth Line W, MISSISSAUGA, ON, L5M 7L9
(905) 858-2899   SIC 5411
SOBEYS CAPITAL INCORPORATED p 711
6040 Glen Erin Dr, MISSISSAUGA, ON, L5N 3M4
(905) 826-0582   SIC 5411
SOBEYS CAPITAL INCORPORATED p 724
19263 48 Hwy, MOUNT ALBERT, ON, L0G 1M0
(905) 473-7406   SIC 5411
SOBEYS CAPITAL INCORPORATED p 729
2150 Robertson Rd Suite 1, NEPEAN, ON, K2H 9S1
(613) 726-8038   SIC 5411
SOBEYS CAPITAL INCORPORATED p 731
338 Waterloo St Suite 3, NEW HAMBURG, ON, N3A 0C5
(519) 662-2620   SIC 5411
SOBEYS CAPITAL INCORPORATED p 734
17730 Leslie St, NEWMARKET, ON, L3Y 3E4
SIC 5411
SOBEYS CAPITAL INCORPORATED p 739
3714 Portage Rd, NIAGARA FALLS, ON, L2J 2K9
(905) 371-2270   SIC 5411
SOBEYS CAPITAL INCORPORATED p 740
13305 Highway 27 Unit 1, NOBLETON, ON, L0G 1N0
SIC 5411
SOBEYS CAPITAL INCORPORATED p 743
1899 Algonquin Ave, NORTH BAY, ON, P1B 4Y8
(705) 472-4001   SIC 5411
SOBEYS CAPITAL INCORPORATED p 743
2555 Trout Lake Rd, NORTH BAY, ON, P1B 7S8
(705) 495-4221   SIC 5141
SOBEYS CAPITAL INCORPORATED p 751

6201 Bathurst St, NORTH YORK, ON, M2R 2A5
(416) 223-8585   SIC 5411
SOBEYS CAPITAL INCORPORATED p 768
511 Maple Grove Dr Suite 4, OAKVILLE, ON, L6J 6X8
(905) 849-0691   SIC 5411
SOBEYS CAPITAL INCORPORATED p 770
2441 Lakeshore Rd W, OAKVILLE, ON, L6L 5V5
(905) 825-2278   SIC 5411
SOBEYS CAPITAL INCORPORATED p 771
1500 Upper Middle Rd W, OAKVILLE, ON, L6M 0C2
(905) 847-1909   SIC 5411
SOBEYS CAPITAL INCORPORATED p 773
500 Riddell Rd, ORANGEVILLE, ON, L9W 5L1
(519) 941-1339   SIC 5411
SOBEYS CAPITAL INCORPORATED p 776
1887 St. Joseph Blvd, ORLEANS, ON, K1C 7J2
(613) 590-0993   SIC 5411
SOBEYS CAPITAL INCORPORATED p 778
1150 Simcoe St N, OSHAWA, ON, L1G 4W7
(905) 576-9562   SIC 5411
SOBEYS CAPITAL INCORPORATED p 780
564 King St E, OSHAWA, ON, L1H 1G5
(905) 571-4835   SIC 5411
SOBEYS CAPITAL INCORPORATED p 782
1377 Wilson Rd N, OSHAWA, ON, L1K 2Z5
(905) 440-4687   SIC 5411
SOBEYS CAPITAL INCORPORATED p 788
318 Mcarthur Ave, OTTAWA, ON, K1L 6N8
(613) 744-4343   SIC 5411
SOBEYS CAPITAL INCORPORATED p 804
307 Grand River St N, PARIS, ON, N3L 2N9
(519) 442-4485   SIC 5411
SOBEYS CAPITAL INCORPORATED p 804
915 10th St W, OWEN SOUND, ON, N4K 5S2
(519) 376-8872   SIC 5411
SOBEYS CAPITAL INCORPORATED p 805
25 Pine Dr, PARRY SOUND, ON, P2A 3B7
(705) 746-4809   SIC 5411
SOBEYS CAPITAL INCORPORATED p 811
950 Lansdowne St W, PETERBOROUGH, ON, K9J 1Z9
SIC 5411
SOBEYS CAPITAL INCORPORATED p 813
1899 Brock Rd Suite F, PICKERING, ON, L1V 4H7
(905) 619-9130   SIC 5411
SOBEYS CAPITAL INCORPORATED p 813
650 Kingston Rd, PICKERING, ON, L1V 1A6
(905) 837-8611   SIC 5411
SOBEYS CAPITAL INCORPORATED p 824
1430 Major Mackenzie Dr E, RICHMOND HILL, ON, L4S 0A1
(905) 770-9370   SIC 5411
SOBEYS CAPITAL INCORPORATED p 826
124 Craig St, RUSSELL, ON, K4R 1A1
(613) 445-5308   SIC 5411
SOBEYS CAPITAL INCORPORATED p 827
1330 Exmouth St, SARNIA, ON, N7S 3X9
SIC 5411
SOBEYS CAPITAL INCORPORATED p 834
1150 Morningside Ave, SCARBOROUGH, ON, M1B 3A4
(416) 284-8864   SIC 5411
SOBEYS CAPITAL INCORPORATED p 836
3750 Lawrence Ave E, SCARBOROUGH, ON, M1G 1R1
SIC 5411
SOBEYS CAPITAL INCORPORATED p 837
1255 Mccowan Rd, SCARBOROUGH, ON, M1H 3K3
(416) 431-2555   SIC 5411
SOBEYS CAPITAL INCORPORATED p 843
2361 Brimley Rd, SCARBOROUGH, ON, M1S 3L6
SIC 5411
SOBEYS CAPITAL INCORPORATED p 849
438 Norfolk St S, SIMCOE, ON, N3Y 2X3

(519) 426-4799   SIC 5411
SOBEYS CAPITAL INCORPORATED   p 850
176 Griffin St N Unit 174, SMITHVILLE, ON,
L0R 2A0
SIC 5411
SOBEYS CAPITAL INCORPORATED   p 852
400 Scott St, ST CATHARINES, ON, L2M
3W4
(905) 935-9974   SIC 5411
SOBEYS CAPITAL INCORPORATED   p 856
344 Glendale Ave, ST CATHARINES, ON,
L2T 4E3
(905) 680-8563   SIC 5411
SOBEYS CAPITAL INCORPORATED   p 863
5857 Main St, STOUFFVILLE, ON, L4A 2S9
(905) 640-0883   SIC 5411
SOBEYS CAPITAL INCORPORATED   p 864
30 Queensland Rd, STRATFORD, ON, N4Z
1H4
(519) 273-2631   SIC 5411
SOBEYS CAPITAL INCORPORATED   p 875
9200 Bathurst St, THORNHILL, ON, L4J
8W1
(905) 731-7600   SIC 5411
SOBEYS CAPITAL INCORPORATED   p 883
678 Broadway St, TILLSONBURG, ON, N4G
3S9
(519) 688-1734   SIC 5411
SOBEYS CAPITAL INCORPORATED   p 892
2451 Danforth Ave Suite 938, TORONTO,
ON, M4C 1L1
(416) 698-6868   SIC 5411
SOBEYS CAPITAL INCORPORATED   p 895
1015 Broadview Ave Suite 718, TORONTO,
ON, M4K 2S1
(416) 421-5906   SIC 5141
SOBEYS CAPITAL INCORPORATED   p 900
81 St Clair Ave E Suite 693, TORONTO, ON,
M4T 1M7
(416) 413-0594   SIC 5411
SOBEYS CAPITAL INCORPORATED   p 920
207 Queens Quay W Suite 867, TORONTO,
ON, M5J 1A7
(416) 603-8689   SIC 5411
SOBEYS CAPITAL INCORPORATED   p 932
100 King St W Suite 3900, TORONTO, ON,
M5X 2A1
(613) 447-7472   SIC 5411
SOBEYS CAPITAL INCORPORATED   p 933
145 Marlee Ave, TORONTO, ON, M6B 3H3
(416) 781-0145   SIC 5141
SOBEYS CAPITAL INCORPORATED   p 934
840 Dupont St, TORONTO, ON, M6G 1Z8
(416) 534-3588   SIC 5411
SOBEYS CAPITAL INCORPORATED   p 935
1245 Dupont St, TORONTO, ON, M6H 2A6
(416) 537-2670   SIC 5411
SOBEYS CAPITAL INCORPORATED   p 939
199 Roncesvalles Ave, TORONTO, ON,
M6R 2L5
(416) 588-3363   SIC 5411
SOBEYS CAPITAL INCORPORATED   p 939
3400 Dundas St W, TORONTO, ON, M6S
2S1
(416) 767-1510   SIC 5411
SOBEYS CAPITAL INCORPORATED   p 940
125 The Queensway, TORONTO, ON, M8Y
1H6
(416) 259-1758   SIC 5411
SOBEYS CAPITAL INCORPORATED   p 940
1255 The Queensway, TORONTO, ON, M8Z
1S1
(416) 252-5845   SIC 5411
SOBEYS CAPITAL INCORPORATED   p 942
1731 Weston Rd, TORONTO, ON, M9N 1V5
SIC 5411
SOBEYS CAPITAL INCORPORATED   p 943
260 Queen St N, TOTTENHAM, ON, L0G
1W0
(905) 936-1077   SIC 5411
SOBEYS CAPITAL INCORPORATED   p 944
30 Ontario St, TRENTON, ON, K8V 5S9
(613) 394-2791   SIC 5411
SOBEYS CAPITAL INCORPORATED   p 949
62 Mcnaughton Ave, WALLACEBURG, ON,
N8A 1R9
SIC 5411
SOBEYS CAPITAL INCORPORATED   p 950
792 Old Highway 24, WATERFORD, ON,
N0E 1Y0
(519) 443-8609   SIC 5411
SOBEYS CAPITAL INCORPORATED   p 951
94 Bridgeport Rd E, WATERLOO, ON, N2J
2J9
(519) 885-4170   SIC 5411
SOBEYS CAPITAL INCORPORATED   p 953
450 Columbia St W, WATERLOO, ON, N2T
2W1
(519) 880-9143   SIC 5411
SOBEYS CAPITAL INCORPORATED   p 956
609 South Pelham Rd, WELLAND, ON, L3C
3C7
(905) 735-7467   SIC 5411
SOBEYS CAPITAL INCORPORATED   p 959
100 Nordeagle Ave, WHITBY, ON, L1N 9S1
(905) 665-9318   SIC 4225
SOBEYS CAPITAL INCORPORATED   p 959
1615 Dundas St E, WHITBY, ON, L1N 2L1
(905) 435-0780   SIC 5411
SOBEYS CAPITAL INCORPORATED   p 959
350 Brock St S, WHITBY, ON, L1N 4K4
(905) 666-1691   SIC 5411
SOBEYS CAPITAL INCORPORATED   p 963
7676 Tecumseh Rd E, WINDSOR, ON, N8T
1E9
SIC 5411
SOBEYS CAPITAL INCORPORATED   p 968
799 Crawford Ave, WINDSOR, ON, N9A
5C7
(519) 252-4777   SIC 5411
SOBEYS CAPITAL INCORPORATED   p 971
19 Amy Croft Dr, WINDSOR, ON, N9K 1C7
(519) 735-4110   SIC 5411
SOBEYS CAPITAL INCORPORATED   p 972
3737 Major Mackenzie Dr, WOODBRIDGE,
ON, L4H 0A2
(905) 303-3144   SIC 5411
SOBEYS CAPITAL INCORPORATED   p 978
379 Springbank Ave N, WOODSTOCK, ON,
N4T 1R3
(519) 421-3340   SIC 5411
SOBEYS CAPITAL INCORPORATED   p 980
2238 Ohalloran Rd, BLOOMFIELD STA-
TION, PE, C0B 1E0
(902) 859-1981   SIC 5411
SOBEYS CAPITAL INCORPORATED   p 981
400 University Ave Suite 870, CHARLOTTE-
TOWN, PE, C1A 4N6
(902) 626-3334   SIC 5411
SOBEYS CAPITAL INCORPORATED   p 982
679 University Ave, CHARLOTTETOWN,
PE, C1E 1E5
(902) 566-3218   SIC 5411
SOBEYS CAPITAL INCORPORATED   p 984
531 Main St, MONTAGUE, PE, C0A 1R0
(902) 838-3370   SIC 5411
SOBEYS CAPITAL INCORPORATED   p 984
9 Kinlock Rd Suite 621, STRATFORD, PE,
C1B 1P8
(902) 894-3800   SIC 5411
SOBEYS CAPITAL INCORPORATED   p 984
Gd, MONTAGUE, PE, C0A 1R0
(902) 838-3388   SIC 6099
SOBEYS CAPITAL INCORPORATED   p 985
868-475 Granville St, SUMMERSIDE, PE,
C1N 3N9
(902) 436-5795   SIC 5411
SOBEYS CAPITAL INCORPORATED   p 985
98 Water St, SUMMERSIDE, PE, C1N 4N6
(902) 436-4640   SIC 5411
SOBEYS CAPITAL INCORPORATED   p 1012
90 Boul D'anjou, Chateauguay, QC, J6K 1C3
(450) 692-3446   SIC 5411
SOBEYS CAPITAL INCORPORATED   p 1043
143 Grande Allee O, Grande-Riviere, QC,
G0C 1V0
(418) 385-3494   SIC 5411
SOBEYS CAPITAL INCORPORATED   p 1132
11281 Boul Albert-Hudon, MONTREAL-
NORD, QC, H1G 3J5
(514) 324-1010   SIC 5141
SOBEYS CAPITAL INCORPORATED   p 1132
11281 Boul Albert-Hudon, MONTREAL-
NORD, QC, H1G 3J5
(514) 324-5700   SIC 5141
SOBEYS CAPITAL INCORPORATED   p 1134
120 Boul Perron O, NEW RICHMOND, QC,
G0C 2B0
(418) 392-4237   SIC 5411
SOBEYS CAPITAL INCORPORATED   p 1146
969 Av Nordique Bureau 458, Quebec, QC,
G1C 7S8
(418) 667-5700   SIC 5411
SOBEYS CAPITAL INCORPORATED   p 1156
5005 Boul De L'ormiere Bureau 445, Que-
bec, QC, G1P 1K6
(418) 877-3922   SIC 5411
SOBEYS CAPITAL INCORPORATED   p 1158
255 Ch Sainte-Foy, Quebec, QC, G1R 1T5
(418) 524-9890   SIC 5411
SOBEYS CAPITAL INCORPORATED   p 1173
395 Av Sirois, RIMOUSKI, QC, G5L 8R2
(418) 724-2244   SIC 5411
SOBEYS CAPITAL INCORPORATED   p 1175
254 Boul De L'hotel-De-Ville Bureau 451,
Riviere-du-Loup, QC, G5R 1M4
(418) 862-7861   SIC 5411
SOBEYS CAPITAL INCORPORATED   p 1178
333 Av Montemurro, ROUYN-NORANDA,
QC, J9X 7C6
(819) 797-1900   SIC 5141
SOBEYS CAPITAL INCORPORATED   p 1237
775 Rue Galt O Bureau 514, SHER-
BROOKE, QC, J1H 1Z1
(819) 564-8686   SIC 5411
SOBEYS CAPITAL INCORPORATED   p 1240
3950 Rue King O Bureau B, SHER-
BROOKE, QC, J1L 1P6
(819) 563-5172   SIC 5411
SOBEYS CAPITAL INCORPORATED   p 1248
645 Boul Thibeau, Trois-Rivieres, QC, G8T
6Z6
(819) 376-1551   SIC 5411
SOBEYS CAPITAL INCORPORATED   p 1256
585 Av Saint-Charles, VAUDREUIL-
DORION, QC, J7V 8P9
(450) 424-3549   SIC 5411
SOBEYS CAPITAL INCORPORATED   p 1268
440 King St, ESTEVAN, SK, S4A 2B4
(306) 637-2550   SIC 5411
SOBEYS CAPITAL INCORPORATED   p 1270
2304 Quill Ctr, HUMBOLDT, SK, S0K 2A1
(306) 682-2133   SIC 5411
SOBEYS CAPITAL INCORPORATED   p 1289
4250 Albert St, REGINA, SK, S4S 3R9
(306) 585-0366   SIC 5411
SOBEYS CAPITAL INCORPORATED   p 1291
4101 Rochdale Blvd, REGINA, SK, S4X 4P7
(306) 546-5881   SIC 5411
SOBEYS CAPITAL INCORPORATED   p 1293
1550 8th St E, SASKATOON, SK, S7H 0T3
(306) 477-5800   SIC 5411
SOBEYS CAPITAL INCORPORATED   p 1293
3907 8th St E, SASKATOON, SK, S7H 5M7
(306) 651-1800   SIC 5411
SOBEYS CAPITAL INCORPORATED   p 1303
1739 Preston Ave N, SASKATOON, SK, S7N
4V2
(306) 668-9901   SIC 5411
SOBEYS CAPITAL INCORPORATED   p 1309
277 Broadway St E, YORKTON, SK, S3N
3G7
SIC 5411
SOBEYS DISTRIBUTION CENTER   p 474
See SOBEYS CAPITAL INCORPORATED
SOBEYS DISTRIBUTION CENTRE   p 411
See SOBEYS CAPITAL INCORPORATED
SOBEYS ESTEVAN   p 1268
See SOBEYS CAPITAL INCORPORATED
SOBEYS FENELON FALLS   p 588
See SOBEYS CAPITAL INCORPORATED
SOBEYS FOOD VILLAGE   p 488
See SOBEYS CAPITAL INCORPORATED
SOBEYS HOLLICK KENYON   p 98
See SOBEYS CAPITAL INCORPORATED
SOBEYS INC   p 474
115 King St, STELLARTON, NS, B0K 0A2
(902) 752-8371   SIC 5411
SOBEYS JASPER # 104   p 82
See SOBEYS CAPITAL INCORPORATED
SOBEYS LAKELAND RIDGE   p 163
See SHERWOOD PARK FOODS LTD
SOBEYS MCKENZIE TOWNE MARKET p 57
See SOBEYS CAPITAL INCORPORATED
**SOBEYS MILTON RETAIL SUPPORT CEN-
TRE**   p 682
See SOBEYS CAPITAL INCORPORATED
SOBEYS NO 777   p 771
See SOBEYS CAPITAL INCORPORATED
SOBEYS ONTARIO   p 686
See SOBEYS CAPITAL INCORPORATED
SOBEYS ONTARIO   p 934
See SOBEYS CAPITAL INCORPORATED
SOBEYS PHARMACY   p 124
See SOBEYS CAPITAL INCORPORATED
SOBEYS QUEBEC INC   p 1005
1500 Boul De Montarville, BOUCHERVILLE,
QC, J4B 5Y3
(514) 324-1010   SIC 5141
SOBEYS QUEBEC INC   p 1015
1324 Boul Talbot, CHICOUTIMI, QC, G7H
4B8
(418) 549-9751   SIC 5411
SOBEYS QUEBEC INC   p 1017
35 Rue Principale E, COOKSHIRE-EATON,
QC, J0B 1M0
(819) 875-5455   SIC 5411
SOBEYS QUEBEC INC   p 1023
850 Ch D'oka, DEUX-MONTAGNES, QC,
J7R 1L7
(450) 473-6280   SIC 5411
SOBEYS QUEBEC INC   p 1060
8130 Boul Champlain, LASALLE, QC, H8P
1B4
(514) 364-4777   SIC 5411
SOBEYS QUEBEC INC   p 1067
1060 Boul Guillaume-Couture, Levis, QC,
G6W 5M6
(418) 834-3811   SIC 5411
SOBEYS QUEBEC INC   p 1076
65 Montee Masson, MASCOUCHE, QC,
J7K 3B4
(450) 474-2444   SIC 5411
SOBEYS QUEBEC INC   p 1096
9150 Rue Lajeunesse, Montreal, QC, H2M
1S2
(514) 381-6511   SIC 5411
SOBEYS QUEBEC INC   p 1098
900 Rue Saint-Zotique E, Montreal, QC,
H2S 1M8
(514) 270-9440   SIC 5411
SOBEYS QUEBEC INC   p 1121
4885 Av Van Horne, Montreal, QC, H3W 1J2
(514) 731-8336   SIC 5141
SOBEYS QUEBEC INC   p 1132
11281 Boul Albert-Hudon, MONTREAL-
NORD, QC, H1G 3J5
(514) 324-1010   SIC 5411
SOBEYS QUEBEC INC   p 1132
11281 Boul Albert-Hudon, MONTREAL-
NORD, QC, H1G 3J5
(514) 324-1010   SIC 5141
SOBEYS QUEBEC INC   p 1156
950 Av Galilee Bureau 2008, Quebec, QC,
G1P 4B7
(418) 681-1922   SIC 5141
SOBEYS QUEBEC INC   p 1167
5555 Boul Des Gradins, Quebec, QC, G2J
1C8
(418) 622-5262   SIC 5411
SOBEYS QUEBEC INC   p 1184
400 132 Rte Bureau 100, SAINT-
CONSTANT, QC, J5A 2J8
SIC 5411
SOBEYS QUEBEC INC   p 1186

SOBEYS QUEBEC INC

299 Boul Arthur-Sauve, SAINT-EUSTACHE, QC, J7P 2B1
(450) 472-1558 *SIC* 5411

SOBEYS QUEBEC INC *p* 1192
5935 Boul Payer, SAINT-HUBERT, QC, J3Y 6W6
SIC 5411

SOBEYS QUEBEC INC *p* 1216
7150 Boul Langelier, SAINT-LEONARD, QC, H1S 2X6
(514) 254-5454 *SIC* 5141

SOBEYS QUEBEC INC *p* 1224
6 Boul Sainte-Anne O, SAINTE-ANNE-DES-MONTS, QC, G4V 1P3
SIC 5411

SOBEYS QUEBEC INC *p* 1236
2240 Rue King E, SHERBROOKE, QC, J1G 5G8
(819) 566-8282 *SIC* 5411

SOBEYS QUEBEC INC *p* 1244
675 Boul Des Seigneurs, TERREBONNE, QC, J6W 1T5
(450) 492-5580 *SIC* 5411

SOBEYS QUEBEC INC *p* 1246
5671 Boul Laurier Bureau 117, TERREBONNE, QC, J7M 1T7
(450) 477-4077 *SIC* 5411

SOBEYS QUEBEC INC *p* 1255
1777 132 Rte, VARENNES, QC, J3X 1P7
(450) 929-0405 *SIC* 5411

SOBEYS ROCKY MOUNTAIN HOUSE *p* 159
See *SOBEYS CAPITAL INCORPORATED*

SOBEYS STORE *p* 67
See *SOBEYS CAPITAL INCORPORATED*

SOBEYS STORE *p* 441
See *SOBEYS CAPITAL INCORPORATED*

SOBEYS STORE *p* 461
See *SOBEYS CAPITAL INCORPORATED*

SOBEYS STORE *p* 805
See *SOBEYS CAPITAL INCORPORATED*

SOBEYS STORE *p* 984
See *SOBEYS CAPITAL INCORPORATED*

SOBEYS STORE 1117 *p* 56
See *SOBEYS CAPITAL INCORPORATED*

SOBEYS STORE 1118 *p* 68
See *SOBEYS CAPITAL INCORPORATED*

SOBEYS STORE 1130 *p* 149
See *SOBEYS CAPITAL INCORPORATED*

SOBEYS STORE 3132 *p* 98
See *SOBEYS CAPITAL INCORPORATED*

SOBEYS STORE 3170 *p* 142
See *SOBEYS CAPITAL INCORPORATED*

SOBEYS STORE 5104 *p* 385
See *SOBEYS CAPITAL INCORPORATED*

SOBEYS STORE 612 *p* 480
See *SOBEYS CAPITAL INCORPORATED*

SOBEYS STORE 6722 *p* 597
See *SOBEYS CAPITAL INCORPORATED*

SOBEYS STORE 7383 *p* 940
See *SOBEYS CAPITAL INCORPORATED*

SOBEYS STORE 794 *p* 875
See *SOBEYS CAPITAL INCORPORATED*

SOBEYS STORE 852 *p* 639
See *SOBEYS CAPITAL INCORPORATED*

SOBEYS STORE 860 *p* 411
See *SOBEYS CAPITAL INCORPORATED*

SOBEYS STORE 864 *p* 682
See *SOBEYS CAPITAL INCORPORATED*

SOBEYS STORE# 3107 *p* 111
See *SOBEYS CAPITAL INCORPORATED*

SOBEYS STORE# 3149 *p* 159
See *SOBEYS CAPITAL INCORPORATED*

SOBEYS STORE# 5068 *p* 146
See *SOBEYS CAPITAL INCORPORATED*

SOBEYS STORE# 5138 *p* 346
See *SOBEYS CAPITAL INCORPORATED*

SOBEYS STORE# 693 *p* 900
See *SOBEYS CAPITAL INCORPORATED*

SOBEYS STORE# 7329 *p* 589
See *SOBEYS CAPITAL INCORPORATED*

SOBEYS STORE# 7368 *p* 622
See *SOBEYS CAPITAL INCORPORATED*

SOBEYS STORE# 858 *p* 813
See *SOBEYS CAPITAL INCORPORATED*

SOBEYS STORE# 870 *p* 981
See *SOBEYS CAPITAL INCORPORATED*

SOBEYS STORE# 877 *p* 625
See *SOBEYS CAPITAL INCORPORATED*

SOBEYS WEST *p* 373
See *SOBEYS CAPITAL INCORPORATED*

SOBEYS WEST INC *p* 3
505 Main St, AIRDRIE, AB, T4B 2B8
(403) 948-4838 *SIC* 5411

SOBEYS WEST INC *p* 4
318 Main St, BANFF, AB, T1L 1B4
(403) 762-5378 *SIC* 5411

SOBEYS WEST INC *p* 8
550 Cassils Rd W Suite 100, BROOKS, AB, T1R 0W3
(403) 362-6851 *SIC* 5411

SOBEYS WEST INC *p* 11
3550 32 Ave Ne Suite 286, CALGARY, AB, T1Y 6J2
(403) 291-2035 *SIC* 5411

SOBEYS WEST INC *p* 14
399 36 St Ne, CALGARY, AB, T2A 7R4
(403) 248-0848 *SIC* 5411

SOBEYS WEST INC *p* 14
1440 52 St Ne Suite 300, CALGARY, AB, T2A 4T8
(403) 235-1437 *SIC* 5411

SOBEYS WEST INC *p* 20
7505 48 St Se Suite 100, CALGARY, AB, T2C 4C7
SIC 4225

SOBEYS WEST INC *p* 20
7740 18 St Se, CALGARY, AB, T2C 2N5
(403) 236-0559 *SIC* 5411

SOBEYS WEST INC *p* 20
3440 56 Ave Se, CALGARY, AB, T2C 2C3
(403) 279-2555 *SIC* 2011

SOBEYS WEST INC *p* 25
1020 64 Ave Nw, CALGARY, AB, T2E 7V8
(403) 730-3500 *SIC* 5411

SOBEYS WEST INC *p* 25
1818 Centre St Ne Suite 20, CALGARY, AB, T2E 2S6
(403) 276-3328 *SIC* 5411

SOBEYS WEST INC *p* 29
203 42 Ave Se, CALGARY, AB, T2G 1Y3
(403) 287-4048 *SIC* 4225

SOBEYS WEST INC *p* 36
11011 Bonaventure Dr Se, CALGARY, AB, T2J 6S1
(403) 278-5225 *SIC* 5411

SOBEYS WEST INC *p* 36
9737 Macleod Trail Sw, CALGARY, AB, T2J 0P6
(403) 252-8199 *SIC* 5411

SOBEYS WEST INC *p* 36
755 Lake Bonavista Dr Se Suite 1, CALGARY, AB, T2J 0N3
(403) 271-1616 *SIC* 5411

SOBEYS WEST INC *p* 37
3636 Morley Tr Nw, CALGARY, AB, T2L 1K8
(403) 289-9890 *SIC* 5411

SOBEYS WEST INC *p* 37
5607 4 St Nw, CALGARY, AB, T2K 1B3
(403) 730-5080 *SIC* 5411

SOBEYS WEST INC *p* 37
3636 Brentwood Rd Nw, CALGARY, AB, T2L 1K8
(403) 289-1424 *SIC* 5411

SOBEYS WEST INC *p* 37
215 42 Ave Se, CALGARY, AB, T2K 0H3
(403) 730-3500 *SIC* 4225

SOBEYS WEST INC *p* 37
215 42 Ave Se, CALGARY, AB, T2K 0H3
SIC 5411

SOBEYS WEST INC *p* 39
410 10 St Nw, CALGARY, AB, T2N 1V9
(403) 270-3054 *SIC* 5411

SOBEYS WEST INC *p* 39
1632 14 Ave Nw Unit 1846, CALGARY, AB, T2N 1M7
(403) 210-0002 *SIC* 5411

SOBEYS WEST INC *p* 52
813 11 Ave Sw, CALGARY, AB, T2R 0E6

(403) 264-1375 *SIC* 5411

SOBEYS WEST INC *p* 53
524 Elbow Dr Sw, CALGARY, AB, T2S 2H6
(403) 228-6141 *SIC* 5411

SOBEYS WEST INC *p* 53
2425 34 Ave Sw, CALGARY, AB, T2T 6E3
(403) 240-1098 *SIC* 5411

SOBEYS WEST INC *p* 54
1600 90 Ave Sw, CALGARY, AB, T2V 5A8
(403) 255-2755 *SIC* 5411

SOBEYS WEST INC *p* 55
2525 Woodview Dr Sw Suite 280, CALGARY, AB, T2W 4N4
(403) 238-1400 *SIC* 5411

SOBEYS WEST INC *p* 56
70 Shawville Blvd Se, CALGARY, AB, T2Y 2Z3
(403) 256-1401 *SIC* 5411

SOBEYS WEST INC *p* 58
3625 Shaganappi Trail Nw, CALGARY, AB, T3A 0E2
(403) 286-5510 *SIC* 5411

SOBEYS WEST INC *p* 58
5005 Dalhousie Dr Nw Suite 291, CALGARY, AB, T3A 5R8
(403) 202-0425 *SIC* 5411

SOBEYS WEST INC *p* 59
5048 16 Ave Nw, CALGARY, AB, T3B 0N3
(403) 288-3219 *SIC* 5411

SOBEYS WEST INC *p* 62
99 Crowfoot Cres Nw, CALGARY, AB, T3G 2L5
(403) 239-9000 *SIC* 5411

SOBEYS WEST INC *p* 63
55 Castleridge Blvd Ne, CALGARY, AB, T3J 3J8
(403) 293-0321 *SIC* 5411

SOBEYS WEST INC *p* 63
850 Saddletowne Cir Ne, CALGARY, AB, T3J 0H5
(403) 293-1670 *SIC* 5411

SOBEYS WEST INC *p* 64
8120 Beddington Blvd Nw, CALGARY, AB, T3K 2A8
(403) 295-6895 *SIC* 5411

SOBEYS WEST INC *p* 66
6800 48 Ave Suite 200, CAMROSE, AB, T4V 4T1
(780) 672-1211 *SIC* 5411

SOBEYS WEST INC *p* 67
1200 Railway Ave Unit 2244, CANMORE, AB, T1W 1P4
(403) 609-4655 *SIC* 5411

SOBEYS WEST INC *p* 68
135 Chestermere Station Way Unit 100, CHESTERMERE, AB, T1X 1V2
(403) 410-9700 *SIC* 5411

SOBEYS WEST INC *p* 69
304 5 Ave W, COCHRANE, AB, T4C 2A5
(403) 851-1290 *SIC* 5411

SOBEYS WEST INC *p* 74
8118 118 Ave Nw, EDMONTON, AB, T5B 0S1
(780) 461-4880 *SIC* 5411

SOBEYS WEST INC *p* 74
500 Manning Cross Nw, EDMONTON, AB, T5A 5A1
(780) 475-2896 *SIC* 5411

SOBEYS WEST INC *p* 76
9499 137 Ave Nw Suite 200, EDMONTON, AB, T5E 5R8
(780) 406-6455 *SIC* 5411

SOBEYS WEST INC *p* 78
10930 82 St Nw, EDMONTON, AB, T5H 1L8
(780) 433-6930 *SIC* 5411

SOBEYS WEST INC *p* 82
1858230 82nd Ave, EDMONTON, AB, T5J 2K2
(780) 469-9452 *SIC* 5411

SOBEYS WEST INC *p* 83
11410 104 Ave Nw, EDMONTON, AB, T5K 2S5
(780) 424-0666 *SIC* 5411

SOBEYS WEST INC *p* 85

14360 Yellowhead Trail Nw, EDMONTON, AB, T5L 3C5
SIC 5141

SOBEYS WEST INC *p* 85
12950 137 Ave Nw, EDMONTON, AB, T5L 4Y8
(780) 377-2402 *SIC* 5411

SOBEYS WEST INC *p* 87
11135 151 St Nw, EDMONTON, AB, T5M 1X3
(780) 451-0817 *SIC* 2026

SOBEYS WEST INC *p* 87
601 Westmount Shopping Center, EDMONTON, AB, T5M 3L7
(780) 451-1860 *SIC* 5411

SOBEYS WEST INC *p* 95
6655 178 St Nw Suite 600, EDMONTON, AB, T5T 4J5
(780) 481-7646 *SIC* 5411

SOBEYS WEST INC *p* 95
2534 Guardian Rd Nw, Edmonton, AB, T5T 1K8
(780) 490-0418 *SIC* 5411

SOBEYS WEST INC *p* 98
3004 118 Ave Nw, EDMONTON, AB, T5W 4W3
(780) 477-6923 *SIC* 5411

SOBEYS WEST INC *p* 99
5004 98 Ave Nw Unit 1062, EDMONTON, AB, T6A 0A1
(780) 466-9001 *SIC* 5411

SOBEYS WEST INC *p* 99
8720 156 Ave Nw, EDMONTON, AB, T5Z 3B4
(780) 486-0584 *SIC* 5411

SOBEYS WEST INC *p* 102
8330 82 Ave Nw, EDMONTON, AB, T6C 0Y6
(780) 469-9464 *SIC* 5411

SOBEYS WEST INC *p* 111
2331 66 St Nw Suite 341, EDMONTON, AB, T6K 4B4
(780) 450-8180 *SIC* 5411

SOBEYS WEST INC *p* 111
2304 109 St Nw, EDMONTON, AB, T6J 3S8
(780) 430-4278 *SIC* 5411

SOBEYS WEST INC *p* 111
100 Millbourne Shopping Centre Nw, EDMONTON, AB, T6K 3L6
(780) 462-4424 *SIC* 5411

SOBEYS WEST INC *p* 115
576 Riverbend Sq Nw Suite 802, EDMONTON, AB, T6R 2E3
(780) 434-6124 *SIC* 5411

SOBEYS WEST INC *p* 121
9601 Franklin Ave, FORT MCMURRAY, AB, T9H 2J8
(780) 790-1988 *SIC* 5411

SOBEYS WEST INC *p* 121
131 Signal Rd, FORT MCMURRAY, AB, T9H 4N6
(780) 791-3909 *SIC* 5411

SOBEYS WEST INC *p* 124
9450 86 Ave, FORT SASKATCHEWAN, AB, T8L 4P4
(780) 998-4065 *SIC* 5411

SOBEYS WEST INC *p* 128
8060 100 St, GRANDE PRAIRIE, AB, T8V 6H7
(780) 833-8620 *SIC* 5411

SOBEYS WEST INC *p* 128
9925 114 Ave, GRANDE PRAIRIE, AB, T8V 4A9
(780) 532-1627 *SIC* 5411

SOBEYS WEST INC *p* 131
900 Carmichael Lane Suite 500, HINTON, AB, T7V 1Y6
(780) 865-5978 *SIC* 5411

SOBEYS WEST INC *p* 136
6112 50 St Suite 6112, LEDUC, AB, T9E 6N7
(780) 986-0390 *SIC* 5411

SOBEYS WEST INC *p* 137
1702 23 St N, LETHBRIDGE, AB, T1H 5B3
(403) 320-2231 *SIC* 5411

BUSINESSES ALPHABETICALLY

SOBEYS WEST INC   p 137
131 22 St N, LETHBRIDGE, AB, T1H 3R6
(403) 328-5501   SIC 2032

SOBEYS WEST INC   p 139
550 University Dr W Suite 1, LETHBRIDGE, AB, T1J 4T3
(403) 329-6382   SIC 5411

SOBEYS WEST INC   p 140
2750 Fairway Plaza Rd S, LETHBRIDGE, AB, T1K 6Z3
(403) 328-8444   SIC 5411

SOBEYS WEST INC   p 142
5211 44 St, LLOYDMINSTER, AB, T9V 0A7
(780) 875-3448   SIC 5411

SOBEYS WEST INC   p 144
97 8 St Nw, MEDICINE HAT, AB, T1A 6N9
SIC 5411

SOBEYS WEST INC   p 144
615 Division Ave S, MEDICINE HAT, AB, T1A 2J9
(403) 504-2920   SIC 5411

SOBEYS WEST INC   p 145
3292 Dunmore Rd Se Suite 139, MEDICINE HAT, AB, T1B 2R4
(403) 526-7778   SIC 5411

SOBEYS WEST INC   p 149
610 Big Rock Lane, OKOTOKS, AB, T1S 1L2
(403) 938-9341   SIC 5411

SOBEYS WEST INC   p 154
4408 50 Ave, RED DEER, AB, T4N 3Z6
(403) 346-1886   SIC 5411

SOBEYS WEST INC   p 162
2020 Sherwood Dr, SHERWOOD PARK, AB, T8A 3H9
(780) 467-3037   SIC 5411

SOBEYS WEST INC   p 162
985 Fir St, SHERWOOD PARK, AB, T8A 4N5
(780) 467-0177   SIC 5411

SOBEYS WEST INC   p 165
94 Mcleod Ave, Spruce Grove, AB, T7X 1R2
(780) 962-9183   SIC 5411

SOBEYS WEST INC   p 167
395 St Albert Trail, ST. ALBERT, AB, T8N 5Z9
(780) 458-3620   SIC 5411

SOBEYS WEST INC   p 167
2 Hebert Rd Suite 300, ST. ALBERT, AB, T8N 5T8
(780) 460-9356   SIC 5411

SOBEYS WEST INC   p 170
4926 46 Ave, TABER, AB, T1G 2A4
(403) 223-5749   SIC 5411

SOBEYS WEST INC   p 170
5115 57 St, TABER, AB, T1G 1X1
SIC 2033

SOBEYS WEST INC   p 176
535 Caribou Hwy S, 100 MILE HOUSE, BC, V0K 2E0
(250) 395-4952   SIC 5411

SOBEYS WEST INC   p 179
31122 South Fraser Way, ABBOTSFORD, BC, V2T 6L5
(604) 854-1191   SIC 5142

SOBEYS WEST INC   p 179
32500 South Fraser Way Unit 100, ABBOTSFORD, BC, V2T 4W1
(604) 852-3558   SIC 5411

SOBEYS WEST INC   p 181
27566 Fraser Hwy, ALDERGROVE, BC, V4W 3N5
(604) 857-1351   SIC 5411

SOBEYS WEST INC   p 182
9855 Austin Rd, BURNABY, BC, V3J 1N4
(604) 420-8091   SIC 5411

SOBEYS WEST INC   p 183
7650 18th St, BURNABY, BC, V3N 4K3
(604) 524-4491   SIC 2026

SOBEYS WEST INC   p 185
6564 Hastings St, BURNABY, BC, V5B 1S2
(604) 291-0118   SIC 5411

SOBEYS WEST INC   p 188
4440 Hastings St Suite E, BURNABY, BC, V5C 2K2

(604) 205-7497   SIC 5411

SOBEYS WEST INC   p 195
1721 Columbia Ave, CASTLEGAR, BC, V1N 2W6
(250) 365-7771   SIC 5411

SOBEYS WEST INC   p 197
45850 Yale Rd, CHILLIWACK, BC, V2P 2N9
(604) 795-6428   SIC 5411

SOBEYS WEST INC   p 198
45610 Luckakuck Way, CHILLIWACK, BC, V2R 1A2
(604) 858-8115   SIC 5411

SOBEYS WEST INC   p 200
3051 Lougheed Hwy Suite 100, COQUITLAM, BC, V3B 1C6
(604) 941-6894   SIC 5411

SOBEYS WEST INC   p 201
580 Clarke Rd, COQUITLAM, BC, V3J 0G4
SIC 5411

SOBEYS WEST INC   p 203
1033 Austin Ave, COQUITLAM, BC, V3K 3P2
(604) 939-2850   SIC 5411

SOBEYS WEST INC   p 205
1200 Baker St, CRANBROOK, BC, V1C 1A8
(250) 417-0221   SIC 5411

SOBEYS WEST INC   p 207
11200 8 St, DAWSON CREEK, BC, V1G 3R4
(250) 782-9561   SIC 5411

SOBEYS WEST INC   p 209
6401 120 St, DELTA, BC, V4E 3G3
(604) 596-5634   SIC 5411

SOBEYS WEST INC   p 215
9123 100 Ave, FORT ST. JOHN, BC, V1J 1X6
(250) 261-5477   SIC 5411

SOBEYS WEST INC   p 219
750 Fortune Dr, KAMLOOPS, BC, V2B 2L2
(250) 376-4129   SIC 5411

SOBEYS WEST INC   p 221
945 Columbia St W, KAMLOOPS, BC, V2C 1L5
(250) 372-1994   SIC 5411

SOBEYS WEST INC   p 228
370 Davis Rd, LADYSMITH, BC, V9G 1T9
(250) 245-2033   SIC 5411

SOBEYS WEST INC   p 231
6153 200 St, LANGLEY, BC, V2Y 1A2
(604) 530-6131   SIC 5411

SOBEYS WEST INC   p 233
20871 Fraser Hwy, LANGLEY, BC, V3A 4G7
(604) 534-4363   SIC 5411

SOBEYS WEST INC   p 236
20201 Lougheed Hwy Suite 300, MAPLE RIDGE, BC, V2X 2P6
(604) 460-7200   SIC 5411

SOBEYS WEST INC   p 244
610 Sixth St Unit 198, NEW WESTMINSTER, BC, V3L 3C2
(604) 520-5937   SIC 5411

SOBEYS WEST INC   p 244
800 Mcbride Blvd, NEW WESTMINSTER, BC, V3L 2B8
SIC 5411

SOBEYS WEST INC   p 245
800 Carnarvon St Suite 220, NEW WESTMINSTER, BC, V3M 0G3
(604) 522-2019   SIC 5411

SOBEYS WEST INC   p 246
1175 Mt Seymour Rd, NORTH VANCOUVER, BC, V7H 2Y4
(604) 924-1302   SIC 5411

SOBEYS WEST INC   p 247
1170 27th St E, NORTH VANCOUVER, BC, V7J 1S1
(604) 988-7095   SIC 5411

SOBEYS WEST INC   p 249
1300 Lonsdale Ave, NORTH VANCOUVER, BC, V7M 2H8
SIC 5411

SOBEYS WEST INC   p 249
2601 Westview Dr Unit 780, NORTH VANCOUVER, BC, V7N 3X4

(604) 988-4476   SIC 5411

SOBEYS WEST INC   p 254
3756 10th Ave, PORT ALBERNI, BC, V9Y 4W6
(250) 723-6212   SIC 5411

SOBEYS WEST INC   p 256
2850 Shaughnessy St Suite 1100, PORT COQUITLAM, BC, V3C 6K5
(604) 945-7018   SIC 5411

SOBEYS WEST INC   p 258
7040 Barnet St, POWELL RIVER, BC, V8A 2A1
(604) 485-4244   SIC 5411

SOBEYS WEST INC   p 272
10151 No. 3 Rd Unit 100, RICHMOND, BC, V7A 4R6
(604) 271-8678   SIC 5411

SOBEYS WEST INC   p 274
8671 No. 1 Rd, RICHMOND, BC, V7C 1V2
(604) 241-4013   SIC 5411

SOBEYS WEST INC   p 276
360 Trans Canada Hwy Sw Unit 1, SALMON ARM, BC, V1E 1B4
(250) 832-8086   SIC 5411

SOBEYS WEST INC   p 277
2345 Beacon Ave, SIDNEY, BC, V8L 1W9
(250) 656-2735   SIC 5411

SOBEYS WEST INC   p 278
3664 16 Hwy E Rr 6, SMITHERS, BC, V0J 2N6
(250) 847-4744   SIC 5411

SOBEYS WEST INC   p 282
5710 175 St, SURREY, BC, V3S 4T7
SIC 5411

SOBEYS WEST INC   p 287
7165 138 St, SURREY, BC, V3W 7T9
(604) 594-4515   SIC 5411

SOBEYS WEST INC   p 287
7450 120 St, SURREY, BC, V3W 3M9
(604) 594-7341   SIC 5411

SOBEYS WEST INC   p 288
12825 16 Ave, SURREY, BC, V4A 1N5
(604) 531-3422   SIC 5411

SOBEYS WEST INC   p 295
1780 Broadway E, VANCOUVER, BC, V5N 1W3
(604) 873-0225   SIC 5411

SOBEYS WEST INC   p 296
3410 Kingsway, VANCOUVER, BC, V5R 5L4
(604) 439-0090   SIC 5411

SOBEYS WEST INC   p 300
555 12th Ave W Unit 40, VANCOUVER, BC, V5Z 3X7
(604) 872-5077   SIC 5411

SOBEYS WEST INC   p 300
650 41st Ave W, VANCOUVER, BC, V5Z 2M9
(604) 263-5502   SIC 5411

SOBEYS WEST INC   p 300
990 King Edward Ave W, VANCOUVER, BC, V5Z 2E2
(604) 733-0073   SIC 5411

SOBEYS WEST INC   p 301
555 12th Ave W, VANCOUVER, BC, V5Z 3X7
(604) 872-8762   SIC 5411

SOBEYS WEST INC   p 314
1641 Davie St, VANCOUVER, BC, V6G 1W1
(604) 669-8131   SIC 5411

SOBEYS WEST INC   p 314
1766 Robson St, VANCOUVER, BC, V6G 1E2
(604) 683-0202   SIC 5411

SOBEYS WEST INC   p 317
2315 4th Ave W, VANCOUVER, BC, V6K 1P2
(604) 737-9803   SIC 5411

SOBEYS WEST INC   p 317
2733 Broadway W, VANCOUVER, BC, V6K 2G5
(604) 732-5030   SIC 5411

SOBEYS WEST INC   p 319
4575 10th Ave W, VANCOUVER, BC, V6R 2J2

(604) 228-0891   SIC 5411

SOBEYS WEST INC   p 319
8555 Granville St, VANCOUVER, BC, V6P 0C3
(604) 263-7267   SIC 5411

SOBEYS WEST INC   p 326
4300 32 St, VERNON, BC, V1T 9H1
(250) 542-2627   SIC 5411

SOBEYS WEST INC   p 328
1950 Foul Bay Rd, VICTORIA, BC, V8R 5A7
(250) 370-1669   SIC 5411

SOBEYS WEST INC   p 335
3170 Tillicum Rd Unit 108, VICTORIA, BC, V9A 7C7
(250) 384-7714   SIC 5411

SOBEYS WEST INC   p 339
5385 Headland Dr, WEST VANCOUVER, BC, V7W 3C7
(604) 926-2034   SIC 5411

SOBEYS WEST INC   p 341
451 Oliver St, WILLIAMS LAKE, BC, V2G 1M5
(250) 398-8380   SIC 5411

SOBEYS WEST INC   p 345
1020 Victoria Ave, BRANDON, MB, R7A 1A9
(204) 728-4124   SIC 5411

SOBEYS WEST INC   p 345
921 18th St N Suite 921, BRANDON, MB, R7A 7S1
(204) 726-8014   SIC 5411

SOBEYS WEST INC   p 346
1610 18th St N, BRANDON, MB, R7C 1A5
SIC 5411

SOBEYS WEST INC   p 352
Gd, NEEPAWA, MB, R0J 1H0
(204) 476-5423   SIC 5411

SOBEYS WEST INC   p 355
318 Manitoba Ave, SELKIRK, MB, R1A 0Y7
(204) 482-5775   SIC 5411

SOBEYS WEST INC   p 357
143 Pth 12 N, STEINBACH, MB, R5G 1T5
(204) 346-1555   SIC 5411

SOBEYS WEST INC   p 363
105 Pandora Ave E, WINNIPEG, MB, R2C 0A1
(204) 222-6878   SIC 5411

SOBEYS WEST INC   p 363
1615 Regent Ave W Unit 500, WINNIPEG, MB, R2C 5C6
(204) 663-6862   SIC 5411

SOBEYS WEST INC   p 363
654 Kildare Ave E, WINNIPEG, MB, R2C 0P8
(204) 222-6902   SIC 5411

SOBEYS WEST INC   p 368
850 Dakota St, WINNIPEG, MB, R2M 5R9
(204) 254-6516   SIC 5411

SOBEYS WEST INC   p 370
850 Keewatin St Suite 12, WINNIPEG, MB, R2R 0Z5
(204) 632-6763   SIC 5411

SOBEYS WEST INC   p 371
1441 Main St, WINNIPEG, MB, R2W 3V6
(204) 589-7135   SIC 5411

SOBEYS WEST INC   p 371
841 Leila Ave, WINNIPEG, MB, R2V 3J7
(204) 339-4113   SIC 5411

SOBEYS WEST INC   p 373
3059 Ness Ave, WINNIPEG, MB, R2Y 0G1
SIC 5411

SOBEYS WEST INC   p 380
1265 Empress St, WINNIPEG, MB, R3E 3N9
(204) 786-8494   SIC 5411

SOBEYS WEST INC   p 380
1525 Erin St, WINNIPEG, MB, R3E 2T2
(204) 775-0344   SIC 2051

SOBEYS WEST INC   p 381
1485 Portage Ave Suite 160e, WINNIPEG, MB, R3G 0W4
(204) 775-6348   SIC 5411

SOBEYS WEST INC   p 383
940 Century St, WINNIPEG, MB, R3H 0V7

SOBEYS WEST INC *p 385*
1612 Ness Ave, WINNIPEG, MB, R3J 0H7
(204) 775-2414 SIC 5411

SOBEYS WEST INC *p 386*
1120 Grant Ave, Winnipeg, MB, R3M 2A6
(204) 452-7197 SIC 5411

SOBEYS WEST INC *p 386*
655 Osborne St, WINNIPEG, MB, R3L 2B7
(204) 475-0793 SIC 5411

SOBEYS WEST INC *p 388*
1625 Kenaston Blvd, WINNIPEG, MB, R3P 2M4
(204) 488-9404 SIC 5411

SOBEYS WEST INC *p 388*
2025 Corydon Ave Suite 150, WINNIPEG, MB, R3P 0N5
(204) 489-6498 SIC 5411

SOBEYS WEST INC *p 388*
3900 Grant Ave Suite 20, WINNIPEG, MB, R3R 3C2
(204) 837-5339 SIC 5411

SOBEYS WEST INC *p 390*
1319 Pembina Hwy, WINNIPEG, MB, R3T 2B6
(204) 284-0973 SIC 5411

SOBEYS WEST INC *p 390*
1345 Waverley St Suite 300, WINNIPEG, MB, R3T 5Y7
(204) 487-5797 SIC 5411

SOBEYS WEST INC *p 390*
2860 Pembina Hwy, WINNIPEG, MB, R3T 3L9
SIC 5411

SOBEYS WEST INC *p 570*
75 Whyte Ave, DRYDEN, ON, P8N 3E6
(807) 223-3276 SIC 5411

SOBEYS WEST INC *p 628*
400 First Ave S, KENORA, ON, P9N 1W4
(807) 468-5868 SIC 5411

SOBEYS WEST INC *p 1276*
200 1st Ave Nw, MOOSE JAW, SK, S6H 1K9
(306) 693-8033 SIC 5411

SOBEYS WEST INC *p 1280*
2995 2nd Ave W, PRINCE ALBERT, SK, S6V 5V5
(306) 922-1245 SIC 5411

SOBEYS WEST INC *p 1283*
2223 E Victoria Ave, REGINA, SK, S4N 6E4
(306) 789-3191 SIC 5411

SOBEYS WEST INC *p 1288*
353 N Albert St, REGINA, SK, S4R 3C3
(306) 543-8749 SIC 5411

SOBEYS WEST INC *p 1288*
3859 Sherwood Dr, REGINA, SK, S4R 4A8
(306) 545-6292 SIC 5411

SOBEYS WEST INC *p 1289*
2627 Gordon Rd, REGINA, SK, S4S 6H7
(306) 586-5140 SIC 5411

SOBEYS WEST INC *p 1290*
2931 13th Ave, REGINA, SK, S4T 1N8
(306) 522-5453 SIC 5411

SOBEYS WEST INC *p 1293*
1501 8th St E, SASKATOON, SK, S7H 5J6
(306) 373-0030 SIC 5411

SOBEYS WEST INC *p 1293*
1501 8th St E Suite 4, SASKATOON, SK, S7H 5J6
SIC 5411

SOBEYS WEST INC *p 1293*
3310 8th St E, SASKATOON, SK, S7H 5M3
(306) 955-4644 SIC 5411

SOBEYS WEST INC *p 1293*
3310 8th St E Unit 200, SASKATOON, SK, S7H 5M3
(306) 955-4646 SIC 5411

SOBEYS WEST INC *p 1298*
134 Primrose Dr, SASKATOON, SK, S7K 5S6
(306) 242-6090 SIC 5411

SOBEYS WEST INC *p 1301*
300 Confederation Dr Suite 100, SASKATOON, SK, S7L 4R6
(306) 384-9599 SIC 5411

SOBEYS WEST INC *p 1301*
302 33rd St W, SASKATOON, SK, S7L 0V4
(306) 244-2250 SIC 5411

SOBEYS WEST INC *p 1303*
1739 Preston Ave N, SASKATOON, SK, S7N 4V2
(306) 668-9901 SIC 5411

SOBEYS WEST INC *p 1307*
1 Springs Dr, SWIFT CURRENT, SK, S9H 3X6
(306) 773-6325 SIC 5411

SOBEYS WESTEND *p 346*
See SOBEYS CAPITAL INCORPORATED

SOBEYS WHITBY *p 959*
See SOBEYS CAPITAL INCORPORATED

SOBEYS WINNIPEG CASH & CARRY *p 373*
See SOBEYS CAPITAL INCORPORATED

SOCAN *p 313*
See SOCIETY OF COMPOSERS, AUTHORS AND MUSIC PUBLISHERS OF CANADA

SOCIAL CATERING *p 696*
See BOADEN CATERING LIMITED

SOCIAL HOUSING PROGRAMS *p 439*
See NORTHWEST TERRITORIES NON-PROFIT HOUSING CORPORATION

SOCIAL SERVICES & HOUSING *p 647*
See CORPORATION OF THE CITY OF KAWARTHA LAKES, THE

SOCIETE BRISTOL-MYERS SQUIBB CANADA, LA *p 1027*
11215 Ch Cote-De-Liesse, DORVAL, QC, H9P 1B1
(514) 636-4711 SIC 2834

SOCIETE BRISTOL-MYERS SQUIBB CANADA, LA *p 1210*
2344 Boul Alfred-Nobel Bureau 300, SAINT-LAURENT, QC, H4S 0A4
(514) 333-3200 SIC 2834

SOCIETE CANADIENNE DE MONTREAL *p 1087*
See CANADIAN CANCER SOCIETY

SOCIETE CANADIENNE DES POSTES *p 1060*
See CANADA POST CORPORATION

SOCIETE CONSEIL GROUPE LGS *p 1116*
1360 Boul Rene-Levesque O Bureau 400, Montreal, QC, H3G 2W6
(514) 964-0939 SIC 8741

SOCIETE COOPERATIVE AGRICOLE DE LAC MEGANTIC-LAMBT *p 1058*
See SOCIETE COOPERATIVE AGRICOLE DE LAC MEGANTIC-LAMBTON

SOCIETE COOPERATIVE AGRICOLE DE LAC MEGANTIC-LAMBTON *p 1058*
136 Rue Principale, LAMBTON, QC, G0M 1H0
(418) 486-7474 SIC 5211

SOCIETE COOPERATIVE AGRICOLE DE PRINCEVILLE *p 1144*
170 Rue Monseigneur-Poirier, PRINCEVILLE, QC, G6L 4S5
(819) 364-5331 SIC 5251

SOCIETE COOPERATIVE AGRICOLE DES APPALACHES *p 1138*
1850 Av Saint-Laurent, PLESSISVILLE, QC, G6L 2R2
(819) 362-8144 SIC 5211

SOCIETE COOPERATIVE AGRICOLE LA SEIGNEURIE *p 1178*
1107 Av Daigle, SAINT-AGAPIT, QC, G0S 1Z0
(418) 888-3938 SIC 5251

SOCIETE D'ENERGIE DE LA BAIE JAMES *p 1095*
See HYDRO-QUEBEC

SOCIETE D'ENERGIE DE LA BAIE JAMES, LA *p 1095*
888 Boul De Maisonneuve E, Montreal, QC, H2L 4S8
(514) 286-2020 SIC 8741

SOCIETE D'EXPLORATION MINIERE VIO *p 1150*
116 Rue Saint-Pierre Bureau 200, Quebec, QC, G1K 4A7
(418) 692-2678 SIC 1081

SOCIETE D'HABITATION INC (LA) *p 413*
62 Rue Assomption, ROGERSVILLE, NB, E4Y 1S5
(506) 775-2040 SIC 8051

SOCIETE D'HYPOTHEQUE DE LA BANQUE ROYALE *p 1115*
1 Place Ville-Marie, Montreal, QC, H3C 3A9
(514) 874-7222 SIC 6162

SOCIETE D'INVESTISSEMENT M-S, S.E.C. *p 1071*
1010 Rue De Serigny Bureau 800, LONGUEUIL, QC, J4K 5G7
SIC 7371

SOCIETE DE CONTROLE JOHNSON *p 1205*
See JOHNSON CONTROLS NOVA SCOTIA U.L.C.

SOCIETE DE DEVELOPPEMENT DE LA BAIE-JAMES *p 1169*
381 Rte De La Baie James, RADISSON, QC, J0Y 2X0
(819) 638-8502 SIC 5812

SOCIETE DE DEVELOPPEMENT DE LA GORGE DE COATICOOK INC *p 1016*
135 Rue Michaud, COATICOOK, QC, J1A 1A9
(819) 849-2331 SIC 7999

SOCIETE DE DIAMANT STORNOWAY *p 1071*
See STORNOWAY DIAMOND CORPORATION

SOCIETE DE GESTION CAP-AUX-PIERRES INC *p 1158*
57 Rue Sainte-Anne, Quebec, QC, G1R 3X4
(418) 692-2480 SIC 7011

SOCIETE DE GESTION COGIR INC *p 1078*
701 Ch Du Richelieu Bureau 139, MCMASTERVILLE, QC, J3G 6T5
(450) 467-7667 SIC 6513

SOCIETE DE GESTION COGIR INC *p 1159*
650 Av Murray, Quebec, QC, G1S 4V8
(418) 527-7001 SIC 6513

SOCIETE DE GESTION COGIR S.E.N.C. *p 1007*
2455 Boul De Rome Bureau 20, BROSSARD, QC, J4Y 2W9
(450) 678-1882 SIC 8361

SOCIETE DE GESTION COGIR S.E.N.C. *p 1070*
See SOCIETE DE GESTION COGIR S.E.N.C.

SOCIETE DE GESTION COGIR S.E.N.C. *p 1070*
70 Rue Levis, LONGUEUIL, QC, J4H 4C2
(450) 442-4221 SIC 6513

SOCIETE DE GESTION COGIR S.E.N.C. *p 1071*
See SOCIETE DE GESTION COGIR S.E.N.C.

SOCIETE DE GESTION COGIR S.E.N.C. *p 1071*
100 Boul La Fayette Unite 426, LONGUEUIL, QC, J4K 5H6
(450) 674-8111 SIC 6513

SOCIETE DE GESTION COGIR S.E.N.C. *p 1256*
See SOCIETE DE GESTION COGIR S.E.N.C.

SOCIETE DE GESTION COGIR S.E.N.C. *p 1256*
333 Rue Querbes Bureau 210, VAUDREUIL-DORION, QC, J7V 1J9
(450) 455-6564 SIC 8361

SOCIETE DE GESTION DU RESEAU INFORMATIQUE DES COMMISSIONS SCOLAIRES *p 1088*
5100 Rue Sherbrooke E Bureau 300, Montreal, QC, H1V 3R9
(514) 251-3700 SIC 7376

SOCIETE DE GESTION V. V. F. DE ST-ETIENNE INC *p 1137*
99 Ch Saint-Etienne, PETIT-SAGUENAY, QC, G0V 1N0
(418) 272-3193 SIC 7011

SOCIETE DE L'ASSURANCE AUTOMOBILE DU QUEBEC *p 1150*
See GOUVERNEMENT DE LA PROVINCE DE QUEBEC

SOCIETE DE L'ASSURANCE AUTOMOBILE DU QUEBEC *p 1252*
See GOUVERNEMENT DE LA PROVINCE DE QUEBEC

SOCIETE DE PROTECTION DES FORETS CONTRE LE FEU (SOPFEU) *p 994*
251 Rte De L'aeroport, BAIE-COMEAU, QC, G5C 2S6
(418) 295-2300 SIC 7389

SOCIETE DE PROTECTION DES FORETS CONTRE LE FEU (SOPFEU) *p 1054*
3000 Boul Ducharme, LA TUQUE, QC, G9X 4S9
(819) 523-4564 SIC 7389

SOCIETE DE PROTECTION DES FORETS CONTRE LE FEU (SOPFEU) *p 1176*
1230 Rte De L'aeroport, ROBERVAL, QC, G8H 2M9
(418) 275-6400 SIC 7389

SOCIETE DE SAINT-VINCENT DE PAUL DE MONTREAL, LA *p 1095*
1930 Rte De Champlain, Montreal, QC, H2L 2S8
(514) 525-2491 SIC 7641

SOCIETE DE SANTE ET BIEN-ETRE DE LA COMMUNAUTE CENTRE-OUEST *p 1122*
2100 Av De Marlowe Bureau 115, Montreal, QC, H4A 3L5
(514) 485-5013 SIC 8011

SOCIETE DE TERMINUS CAST *p 1086*
305 Rue Curatteau, Montreal, QC, H1L 6R6
(514) 257-3047 SIC 4491

SOCIETE DE TERMINUS RACINE (MONTREAL) *p 1086*
See SOCIETE DE TERMINUS CAST

SOCIETE DE TRANSPORT DE LAVAL *p 1131*
2250 Av Francis-Hughes, Montreal, QC, H7S 2C3
(450) 662-5400 SIC 4111

SOCIETE DE TRANSPORT DE LONGUEUIL *p 1069*
See RESEAU DE TRANSPORT DE LONGUEUIL

SOCIETE DE TRANSPORT DE MONTREAL *p 991*
8150 Rue Larrey, ANJOU, QC, H1J 2J5
(514) 280-5913 SIC 4111

SOCIETE DE TRANSPORT DE MONTREAL *p 1059*
7770 Rue Saint-Patrick, LASALLE, QC, H8N 1V1
(514) 280-6382 SIC 4111

SOCIETE DE TRANSPORT DE MONTREAL *p 1059*
See SOCIETE DE TRANSPORT DE MONTREAL

SOCIETE DE TRANSPORT DE MONTREAL *p 1085*
7800 Rue Chenier, Montreal, QC, H1K 4E7
(514) 280-5499 SIC 4213

SOCIETE DE TRANSPORT DE MONTREAL *p 1094*
1600 Rue Du Havre, Montreal, QC, H2K 2X5
(514) 280-5768 SIC 4111

SOCIETE DE TRANSPORT DE MONTREAL *p 1095*
See SOCIETE DE TRANSPORT DE MONTREAL

SOCIETE DE TRANSPORT DE MONTREAL *p 1095*
2000 Rue Berri, Montreal, QC, H2L 4V7

(514) 786-6876 SIC 4111
SOCIETE DES ALCOOLS DU QUEBEC p
988
555 Av Du Pont N, ALMA, QC, G8B 7W9
(418) 668-4657 SIC 5921
SOCIETE DES ALCOOLS DU QUEBEC p
993
See SOCIETE DES ALCOOLS DU QUEBEC
SOCIETE DES ALCOOLS DU QUEBEC p
993
7500 Boul Des Galeries D'anjou Bureau 56, ANJOU, QC, H1M 3M4
(514) 353-3068 SIC 5182
SOCIETE DES ALCOOLS DU QUEBEC p
996
110 Beaurepaire Dr, BEACONSFIELD, QC, H9W 0A1
(514) 694-4195 SIC 5921
SOCIETE DES ALCOOLS DU QUEBEC p
998
788 Av Gilles-Villeneuve, BERTHIERVILLE, QC, J0K 1A0
(450) 836-4414 SIC 5921
SOCIETE DES ALCOOLS DU QUEBEC p
999
See SOCIETE DES ALCOOLS DU QUEBEC
SOCIETE DES ALCOOLS DU QUEBEC p
999
259 Boul De La Seigneurie O, BLAINVILLE, QC, J7C 4N3
(450) 434-9164 SIC 5921
SOCIETE DES ALCOOLS DU QUEBEC p
1001
2735 Rue D'annemasse, BOISBRIAND, QC, J7H 0A5
(450) 437-4772 SIC 5921
SOCIETE DES ALCOOLS DU QUEBEC p
1015
1075 Boul Talbot, CHICOUTIMI, QC, G7H 4B5
(418) 543-4011 SIC 5921
SOCIETE DES ALCOOLS DU QUEBEC p
1021
250 Prom Du Centropolis, Cote Saint-Luc, QC, H7T 2Z6
(450) 978-3189 SIC 5921
SOCIETE DES ALCOOLS DU QUEBEC p
1031
See SOCIETE DES ALCOOLS DU QUEBEC
SOCIETE DES ALCOOLS DU QUEBEC p
1031
695 Boul Saint-Joseph, DRUMMONDVILLE, QC, J2C 2B6
(819) 478-8184 SIC 5921
SOCIETE DES ALCOOLS DU QUEBEC p
1037
210 Rue Champlain, GATINEAU, QC, J8X 3R5
(819) 777-1955 SIC 5921
SOCIETE DES ALCOOLS DU QUEBEC p
1042
See SOCIETE DES ALCOOLS DU QUEBEC
SOCIETE DES ALCOOLS DU QUEBEC p
1042
910 7e Av, Grand-Mere, QC, G9T 2B8
(819) 538-4466 SIC 5921
SOCIETE DES ALCOOLS DU QUEBEC p
1046
975 Boul Firestone, JOLIETTE, QC, J6E 2W4
SIC 5921
SOCIETE DES ALCOOLS DU QUEBEC p
1046
See SOCIETE DES ALCOOLS DU QUEBEC
SOCIETE DES ALCOOLS DU QUEBEC p
1048
3821 Boul Harvey, Jonquiere, QC, G7X 2Z8
(418) 542-6301 SIC 5921
SOCIETE DES ALCOOLS DU QUEBEC p
1048
See SOCIETE DES ALCOOLS DU QUEBEC
SOCIETE DES ALCOOLS DU QUEBEC p
1049
2955 Boul Saint-Charles, KIRKLAND, QC, H9H 3B5
(514) 694-2042 SIC 5921
SOCIETE DES ALCOOLS DU QUEBEC p
1049
See SOCIETE DES ALCOOLS DU QUEBEC
SOCIETE DES ALCOOLS DU QUEBEC p
1060
See SOCIETE DES ALCOOLS DU QUEBEC
SOCIETE DES ALCOOLS DU QUEBEC p
1060
2500 Boul Angrignon, LASALLE, QC, H8N 0C1
(514) 364-4343 SIC 5921
SOCIETE DES ALCOOLS DU QUEBEC p
1066
50 Rte Du President-Kennedy, Levis, QC, G6V 6W8
(418) 835-0946 SIC 5921
SOCIETE DES ALCOOLS DU QUEBEC p
1070
See SOCIETE DES ALCOOLS DU QUEBEC
SOCIETE DES ALCOOLS DU QUEBEC p
1070
1611 Boul Roland-Therrien, LONGUEUIL, QC, J4J 5C5
(450) 468-3811 SIC 5921
SOCIETE DES ALCOOLS DU QUEBEC p
1074
See SOCIETE DES ALCOOLS DU QUEBEC
SOCIETE DES ALCOOLS DU QUEBEC p
1074
790 Rue Principale O, MAGOG, QC, J1X 2B3
(819) 843-4543 SIC 5182
SOCIETE DES ALCOOLS DU QUEBEC p
1079
13855 Ch Saint-Simon, MIRABEL, QC, J7N 1P3
(450) 436-2607 SIC 5921
SOCIETE DES ALCOOLS DU QUEBEC p
1079
See SOCIETE DES ALCOOLS DU QUEBEC
SOCIETE DES ALCOOLS DU QUEBEC p
1081
2305 Ch Rockland Bureau 502.1, MONT-ROYAL, QC, H3P 3E9
(514) 733-6414 SIC 5921
SOCIETE DES ALCOOLS DU QUEBEC p
1083
See SOCIETE DES ALCOOLS DU QUEBEC
SOCIETE DES ALCOOLS DU QUEBEC p
1083
1122 Rue De Saint-Jovite, MONT-TREMBLANT, QC, J8E 3J9
(819) 425-6301 SIC 5921
SOCIETE DES ALCOOLS DU QUEBEC p
1085
12401 Boul Rodolphe-Forget, Montreal, QC, H1E 0A2
(514) 648-8382 SIC 5921
SOCIETE DES ALCOOLS DU QUEBEC p
1086
560 Av Hector, Montreal, QC, H1L 3W9
(514) 254-8686 SIC 5921
SOCIETE DES ALCOOLS DU QUEBEC p
1087
560 Rue Hector-Barsalou, Montreal, QC, H1N 3T2
(514) 254-6000 SIC 5921
SOCIETE DES ALCOOLS DU QUEBEC p
1087
7500 Rue Tellier, Montreal, QC, H1N 3W5
(514) 254-6000 SIC 5921
SOCIETE DES ALCOOLS DU QUEBEC p
1087
See SOCIETE DES ALCOOLS DU QUEBEC
SOCIETE DES ALCOOLS DU QUEBEC p
1087
6360 Rue Sherbrooke E, Montreal, QC, H1N 3P6
(514) 251-4711 SIC 5921
SOCIETE DES ALCOOLS DU QUEBEC p
1090
2685 Rue Masson, Montreal, QC, H1Y 1W3
(514) 721-2226 SIC 5921
SOCIETE DES ALCOOLS DU QUEBEC p
1090
4850 Rue Molson, Montreal, QC, H1Y 3J8
(514) 254-6000 SIC 5921
SOCIETE DES ALCOOLS DU QUEBEC p
1093
See SOCIETE DES ALCOOLS DU QUEBEC
SOCIETE DES ALCOOLS DU QUEBEC p
1093
1690 Av Du Mont-Royal E, Montreal, QC, H2J 1Z5
(514) 521-8230 SIC 5182
SOCIETE DES ALCOOLS DU QUEBEC p
1094
905 Av De Lorimier, Montreal, QC, H2K 3V9
(514) 254-6000 SIC 5921
SOCIETE DES ALCOOLS DU QUEBEC p
1098
900 Rue Beaubien E, Montreal, QC, H2S 1T1
(514) 270-1776 SIC 5921
SOCIETE DES ALCOOLS DU QUEBEC p
1098
See SOCIETE DES ALCOOLS DU QUEBEC
SOCIETE DES ALCOOLS DU QUEBEC p
1113
See SOCIETE DES ALCOOLS DU QUEBEC
SOCIETE DES ALCOOLS DU QUEBEC p
1113
677 Rue Sainte-Catherine O Unite M-31, Montreal, QC, H3B 5K4
(514) 282-9445 SIC 5921
SOCIETE DES ALCOOLS DU QUEBEC p
1119
450 Boul Henri-Bourassa O, Montreal, QC, H3L 0A2
(514) 336-4266 SIC 5921
SOCIETE DES ALCOOLS DU QUEBEC p
1120
5252 Ch De La Cote-Des-Neiges Local 112, Montreal, QC, H3S 2A9
(514) 738-6375 SIC 5921
SOCIETE DES ALCOOLS DU QUEBEC p
1120
See SOCIETE DES ALCOOLS DU QUEBEC
SOCIETE DES ALCOOLS DU QUEBEC p
1163
2900 Rue Einstein, Quebec, QC, G1X 4B3
(418) 646-3604 SIC 3955
SOCIETE DES ALCOOLS DU QUEBEC p
1175
235 Boul De L'hotel-De-Ville, Riviere-du-Loup, QC, G5R 4E5
(418) 862-0299 SIC 5921
SOCIETE DES ALCOOLS DU QUEBEC p
1207
See SOCIETE DES ALCOOLS DU QUEBEC
SOCIETE DES ALCOOLS DU QUEBEC p
1207
3111 Boul De La Cote-Vertu, SAINT-LAURENT, QC, H4R 1Y5
(514) 337-1158 SIC 5921
SOCIETE DES ALCOOLS DU QUEBEC p
1223
See SOCIETE DES ALCOOLS DU QUEBEC
SOCIETE DES ALCOOLS DU QUEBEC p
1223
423 Boul De Sainte-Adele, Sainte-Adele, QC, J8B 2N1
(450) 229-7673 SIC 5921
SOCIETE DES ALCOOLS DU QUEBEC p
1226
1700 Ch Du Fer-A-Cheval Unite 102, SAINTE-JULIE, QC, J3E 1G2
(450) 649-6564 SIC 5921
SOCIETE DES ALCOOLS DU QUEBEC p
1226
See SOCIETE DES ALCOOLS DU QUEBEC
SOCIETE DES ALCOOLS DU QUEBEC p
1232
2150 Boul Monseigneur-Langlois, SALABERRY-DE-VALLEYFIELD, QC, J6S 5R1
(450) 377-8332 SIC 5921
SOCIETE DES ALCOOLS DU QUEBEC p
1241
340 Boul Poliquin, SOREL-TRACY, QC, J3P 0G4
(450) 746-2711 SIC 5921
SOCIETE DES ALCOOLS DU QUEBEC p
1241
See SOCIETE DES ALCOOLS DU QUEBEC
SOCIETE DES ALCOOLS DU QUEBEC p
1244
1100 Boul Des Seigneurs, TERREBONNE, QC, J6W 3W4
(450) 471-9180 SIC 5921
SOCIETE DES ALCOOLS DU QUEBEC p
1244
See SOCIETE DES ALCOOLS DU QUEBEC
SOCIETE DES ALCOOLS DU QUEBEC p
1245
See SOCIETE DES ALCOOLS DU QUEBEC
SOCIETE DES ALCOOLS DU QUEBEC p
1245
2151 Ch Gascon, TERREBONNE, QC, J6X 4H2
(450) 964-9551 SIC 5921
SOCIETE DES ALCOOLS DU QUEBEC p
1257
See SOCIETE DES ALCOOLS DU QUEBEC
SOCIETE DES ALCOOLS DU QUEBEC p
1257
44 Place Du Commerce, VERDUN, QC, H3E 1J5
(514) 766-4432 SIC 5921
SOCIETE DES CASINOS DU QUEBEC INC, LA p 1038
3 Boul Du Casino, GATINEAU, QC, J8Y 6X4
(819) 790-6410 SIC 5812
SOCIETE DES CASINOS DU QUEBEC INC, LA p 1053
183 Rue Richelieu, LA MALBAIE, QC, G5A 1X8
(418) 665-5300 SIC 7032
SOCIETE DES CASINOS DU QUEBEC INC, LA p 1108
500 Rue Sherbrooke O Bureau 1500, Montreal, QC, H3A 3C6
(514) 282-8000 SIC 7999
SOCIETE DES CASINOS DU QUEBEC INC, LA p 1118
325 Rue Bridge Bureau 1178, Montreal, QC, H3K 2C7
(514) 409-3111 SIC 7311
SOCIETE DES ETABLISSEMENTS DE JEUX DU QUEBEC INC p 1108
500 Rue Sherbrooke O Bureau 1600, Montreal, QC, H3A 3C6
(514) 282-8000 SIC 7999
SOCIETE DES ETABLISSEMENTS DE PLEIN AIR DU QUEBEC p 1005
55 Ile-Sainte-Marguerite, BOUCHERVILLE,

QC, J4B 5J6
(450) 928-5089   SIC 7996
SOCIETE DES ETABLISSEMENTS DE PLEIN AIR DU QUEBEC   p 1012
1584 Rte 167, CHIBOUGAMAU, QC, G8P 2K5
(418) 748-7748   SIC 7999
SOCIETE DES ETABLISSEMENTS DE PLEIN AIR DU QUEBEC   p 1016
25 Boul Notre-Dame, CLERMONT, QC, G4A 1C2
(418) 439-1227   SIC 7999
SOCIETE DES ETABLISSEMENTS DE PLEIN AIR DU QUEBEC   p 1031
1216 Rue Principale, DUHAMEL, QC, J0V 1G0
(819) 428-7931   SIC 7033
SOCIETE DES ETABLISSEMENTS DE PLEIN AIR DU QUEBEC   p 1083
Gd, MONTCERF-LYTTON, QC, J0W 1N0
  SIC 8641
SOCIETE DES ETABLISSEMENTS DE PLEIN AIR DU QUEBEC   p 1083
1 Rte 117, MONTCERF-LYTTON, QC, J0W 1N0
  SIC 7011
SOCIETE DES ETABLISSEMENTS DE PLEIN AIR DU QUEBEC   p 1136
2020 Ch D'oka, OKA, QC, J0N 1E0
(450) 479-8337   SIC 7033
SOCIETE DES ETABLISSEMENTS DE PLEIN AIR DU QUEBEC   p 1146
2490 Av Royale, Quebec, QC, G1C 1S1
(418) 663-3330   SIC 5812
SOCIETE DES ETABLISSEMENTS DE PLEIN AIR DU QUEBEC   p 1162
1675 Av Des Hotels, Quebec, QC, G1W 4S3
(418) 659-5264   SIC 8422
SOCIETE DES ETABLISSEMENTS DE PLEIN AIR DU QUEBEC   p 1179
830 Rue Sainte-Anne, SAINT-ALEXIS-DES-MONTS, QC, J0K 1V0
(819) 265-2091   SIC 7032
SOCIETE DES ETABLISSEMENTS DE PLEIN AIR DU QUEBEC   p 1218
112 Rte De La Reserve-De-Rimouski, SAINT-NARCISSE-DE-RIMOUSKI, QC, G0K 1S0
(418) 735-5672   SIC 8999
SOCIETE DES ETABLISSEMENTS DE PLEIN AIR DU QUEBEC   p 1242
140 Montee De L'auberge, STE-CATHERINE-DE-LA-J-CARTIE, QC, G3N 2Y6
(418) 875-2711   SIC 7032
SOCIETE DES ETABLISSEMENTS DE PLEIN AIR DU QUEBEC   p 1243
103 Ch Du Parc-National, STONEHAM-ET-TEWKESBURY, QC, G3C 2T5
(418) 848-3169   SIC 7996
SOCIETE DES ETABLISSEMENTS DE PLEIN AIR DU QUEBEC   p 1247
3773 155 Rte, TROIS-RIVES, QC, G0X 2C0
(819) 646-5687   SIC 7032
SOCIETE DES ETABLISSEMENTS DE PLEIN AIR DU QUEBEC   p 1254
50 Boul Lamaque, VAL-D'OR, QC, J9P 2H6
(819) 354-4392   SIC 7032
SOCIETE DES ETABLISSEMENTS DE PLEIN AIR DU QUEBEC   p 1254
443 309 Rte, VAL-DES-BOIS, QC, J0X 3C0
(819) 454-2011   SIC 7032
SOCIETE DES MISSIONAIRES D'AFRIQUE (PERES BLANCS) PROVINCE DE L'AMERIQUE DU NORD   p 1240
100 Rue Du Cardinal-Lavigerie, SHERBROOKE, QC, J1M 0A2
(819) 346-4844   SIC 8661
SOCIETE DES TRAVERSIERS DU QUEBEC   p 1150
251 Rue De L'estuaire, Quebec, QC, G1K 8S8
(418) 643-1806   SIC 8631
SOCIETE DES TRAVERSIERS DU QUEBEC   p 1150
250 Rue Saint-Paul, Quebec, QC, G1K 9K9
(418) 643-2019   SIC 4482
SOCIETE DES TRAVERSIERS DU QUEBEC   p 1241
9 Rue Elizabeth, SOREL-TRACY, QC, J3P 4G1
(450) 742-3313   SIC 4111
SOCIETE DU CENTRE DES CONGRES DE QUEBEC   p 1158
1000 Boul Rene-Levesque E, Quebec, QC, G1R 5T8
(418) 644-4000   SIC 7389
SOCIETE DU CHEMIN DE FER DE LA GASPESIE   p 1134
See COMPAGNIE DES CHEMINS DE FER NATIONAUX DU CANADA
SOCIETE DU DROITS DE REPRODUCTIONS DES AUTEURS, COMPOSITEURS ET EDITEURS AU CANADA INC   p 1103
759 Rue Du Square-Victoria Bureau 420, Montreal, QC, H2Y 2J7
(514) 845-3268   SIC 6289
SOCIETE DU GROUPE D'EMBOUTEILLAGE PEPSI   p 1173
See PEPSI COLA CANADA LTEE
SOCIETE DU MUSEE D'ARCHEOLOGIE ET D'HISTOIRE DE MO   p 1103
See SOCIETE DU MUSEE D'ARCHEOLOGIE ET D'HISTOIRE DE MONTREAL POINTE-A-CALLIERE
SOCIETE DU MUSEE D'ARCHEOLOGIE ET D'HISTOIRE DE MONTREAL POINTE-A-CALLIERE   p 1103
173 Place D'youville, Montreal, QC, H2Y 2B2
(514) 872-9150   SIC 8412
SOCIETE DU VIEUX-PORT DE MONTREAL INC   p 1103
2 Rue De La Commune O, Montreal, QC, H2Y 4B2
(514) 496-4629   SIC 7832
SOCIETE EMBALLAGES HOOD   p 1031
See HOOD PACKAGING CORPORATION
SOCIETE EN COMMANDITE 901 SQUARE VICTORIA   p 1104
901 Rue Du Square-Victoria Bureau 1471, Montreal, QC, H2Z 1R1
(514) 395-3100   SIC 7011
SOCIETE EN COMMANDITE AUBERGE GODEFROY   p 997
17575 Boul Becancour, Becancour, QC, G9H 1A5
(819) 233-2200   SIC 7011
SOCIETE EN COMMANDITE COULONGE ENERGIE   p 1260
Gd, WALTHAM, QC, J0X 3H0
(819) 689-5226   SIC 4911
SOCIETE EN COMMANDITE HOTEL CAVENDISH   p 1204
6500 Place Robert-Joncas, SAINT-LAURENT, QC, H4M 2Z5
(514) 336-9333   SIC 7011
SOCIETE EN COMMANDITE HOTEL PLACE D'YOUVILLE   p 1158
850 Place D'youville, Quebec, QC, G1R 3P6
(418) 694-4004   SIC 7011
SOCIETE EN COMMANDITE LE SAGUENAY   p 1047
2675 Boul Du Royaume, Jonquiere, QC, G7S 5B8
(418) 548-3124   SIC 7011
SOCIETE EN COMMANDITE LES PROMENADES DU PARC   p 1072
See SOCIETE EN COMMANDITE LES PROMENADES DU PARC
SOCIETE EN COMMANDITE LES PROMENADES DU PARC   p 1072
1910 Rue Adoncour Bureau 500, LONGUEUIL, QC, J4N 1T3
(450) 448-3448   SIC 3993
SOCIETE EN COMMANDITE LES PROMENADES DU PARC   p 1235
See SOCIETE EN COMMANDITE LES PROMENADES DU PARC
SOCIETE EN COMMANDITE LES PROMENADES DU PARC   p 1235
200 116e Rue, SHAWINIGAN-SUD, QC, G9P 5K7
(819) 536-5050   SIC 8361
SOCIETE EN COMMANDITE MANOIR RICHELIEU   p 1053
181 Rue Richelieu Bureau 200, LA MALBAIE, QC, G5A 1X7
(418) 665-3703   SIC 7011
SOCIETE EN COMMANDITE REVENUE NORANDA   p 1232
860 Boul Gerard-Cadieux, SALABERRY-DE-VALLEYFIELD, QC, J6T 6L4
(450) 373-9144   SIC 3339
SOCIETE EN COMMANDITE SERVICES PLUS   p 1031
1170 Rue Bergeron, DRUMMONDVILLE, QC, J2C 7G3
(819) 477-2000   SIC 1711
SOCIETE EN COMMANDITE STADACONA WB   p 1169
1092 Av Lapierre Bureau 220, Quebec, QC, G3E 1Z3
(418) 842-8405   SIC 2421
SOCIETE FINANCIERE CAMBRIDGE   p 1203
See CAMBRIDGE MERCANTILE CORP
SOCIETE FOYER MAILLARD   p 203
1010 Alderson Ave, COQUITLAM, BC, V3K 1W1
(604) 937-5578   SIC 8361
SOCIETE GAMMA INC   p 802
240 Bank St Suite 600, OTTAWA, ON, K2P 1X4
(613) 233-4407   SIC 7389
SOCIETE GENERALE (CANADA)   p 1108
1501 Av Mcgill College Bureau 1800, Montreal, QC, H3A 3M8
(514) 841-6000   SIC 6081
SOCIETE GENERALE CORPORATE INVESTMENT   p 1108
See SOCIETE GENERALE (CANADA)
SOCIETE GENERALE DE SURVEILLANCE   p 1131
See SGS CANADA INC
SOCIETE GRICS   p 1088
See SOCIETE DE GESTION DU RESEAU INFORMATIQUE DES COMMISSIONS SCOLAIRES
SOCIETE IMMOBILIERE M.C.M. INC, LA   p 1083
979 Rue De Saint-Jovite, MONT-TREMBLANT, QC, J8E 3J8
(819) 429-6464   SIC 6531
SOCIETE INDUSTRIELLE JASON (CANADA) LTEE   p 1027
9135 Ch Cote-De-Liesse, DORVAL, QC, H9P 2N9
(514) 631-6781   SIC 5085
SOCIETE LAURENTIDE INC   p 1085
9355 Boul Henri-Bourassa E, Montreal, QC, H1E 1P4
(514) 643-1917   SIC 2899
SOCIETE MAKIVIK   p 1050
Pr, Kuujjuaq, QC, J0M 1C0
(819) 964-2925   SIC 7389
SOCIETE MAKIVIK   p 1204
1111 Boul Dr.-Frederik-Philips, SAINT-LAURENT, QC, H4M 2X6
(514) 745-8880   SIC 4512
SOCIETE PARC-AUTO DU QUEBEC   p 1158
965 Place D'youville, Quebec, QC, G1R 3P1
(418) 694-9662   SIC 7521
SOCIETE PETROLIERE P.L.C. INC   p 1066
4 Rue Du Vallon E, Levis, QC, G6V 9J3
(418) 833-9602   SIC 5172
SOCIETE POUR LES ENFANTS HANDICAPES DU QUEBEC   p 1117
2300 Boul Rene-Levesque O, Montreal, QC, H3H 2R5
(514) 937-6171   SIC 8322
SOCIETE POUR LES ENFANTS HANDICAPES DU QUEBEC   p 1179
210 Rue Papillon, SAINT-ALPHONSE-RODRIGUEZ, QC, J0K 1W0
(450) 883-5642   SIC 7032
SOCIETE QUEBECOISE DES INFRASTRUCTURES   p 1094
600 Rue Fullum Bureau 1105, Montreal, QC, H2K 4L1
(514) 873-6504   SIC 6512
SOCIETE QUEBECOISE DES INFRASTRUCTURES   p 1103
1 Rue Notre-Dame E Bureau 1165, Montreal, QC, H2Y 1B6
(514) 873-6316   SIC 6512
SOCIETE QUEBECOISE DES INFRASTRUCTURES   p 1103
445 Rue Saint-Gabriel, Montreal, QC, H2Y 3A2
(514) 873-5485   SIC 6512
SOCIETE QUEBECOISE DES INFRASTRUCTURES   p 1156
2700 Rue Einstein Bureau Erc130, Quebec, QC, G1P 3W8
(418) 643-7846   SIC 6512
SOCIETE QUEBECOISE DES INFRASTRUCTURES   p 1158
1075 Rue De L'amerique-Francaise, Quebec, QC, G1R 5P8
(418) 646-1766   SIC 6531
SOCIETE QUEBECOISE DES INFRASTRUCTURES   p 1158
675 Boul Rene-Levesque E Bureau 500, Quebec, QC, G1R 5V7
(418) 644-2040   SIC 6512
SOCIETE QUEBECOISE DES INFRASTRUCTURES   p 1251
100 Rue Laviolette Bureau Rc 01, Trois-Rivieres, QC, G9A 5S9
(819) 371-6035   SIC 6512
SOCIETE RADIO CANADA   p 1013
See CANADIAN BROADCASTING CORPORATION
SOCIETE RADIO CANADA   p 1077
See CANADIAN BROADCASTING CORPORATION
SOCIETE RADIO CANADA   p 1172
See CANADIAN BROADCASTING CORPORATION
SOCIETE VIE INTEGRATION APPRENTISSAGE POUR HANDICAPES V.I.A. INC, LA   p 1175
100 Rue Delage, Riviere-du-Loup, QC, G5R 3P9
(418) 868-1729   SIC 4953
SOCIETE XYLEM CANADA   p 587
93 Claireville Dr, ETOBICOKE, ON, M9W 6K9
(416) 679-1199   SIC 6531
SOCIETE XYLEM CANADA   p 603
55 Royal Rd, GUELPH, ON, N1H 1T1
(519) 821-1900   SIC 5084
SOCIETY FOR CHRISTIAN EDUCATION IN SOUTHERN ALBERTA, THE   p 137
2010 5 Ave N, LETHBRIDGE, AB, T1H 0N5
(403) 317-7860   SIC 8211
SOCIETY FOR CHRISTIAN EDUCATION IN SOUTHERN ALBERTA, THE   p 170
4809 60 Ave, TABER, AB, T1G 1E9

(403) 223-4550   SIC 8211
**SOCIETY FOR MANITOBANS WITH DIS-
ABILITIES INC**   p
380
1111 Winnipeg Ave, WINNIPEG, MB, R3E
0S2
(204) 975-3250   SIC 7363
**SOCIETY FOR TREATMENT OF AUTISM
(CALGARY REGION)**   p 36
404 94 Ave Se, CALGARY, AB, T2J 0E8
(403) 253-2291   SIC 8399
**SOCIETY OF COMPOSERS, AUTHORS
AND MUSIC PUBLISHERS OF CANADA**   p
313
1166 Alberni St Suite 504, VANCOUVER,
BC, V6E 3Z3
(604) 689-8872   SIC 6794
**SOCIETY OF COMPOSERS, AUTHORS
AND MUSIC PUBLISHERS OF CANADA**   p
1108
600 Boul De Maisonneuve O Bureau 500,
Montreal, QC, H3A 3J2
(514) 844-8377   SIC 6794
SOCIETY OF GRADUATE STUDENTS p 656
1151 Richmond St Suite 260, LONDON, ON,
N6A 3K7
(519) 661-3394   SIC 8699
SOCO   p 1303
See SASKATCHEWAN OPPORTUNITIES
CORPORATION
SODA CREEK DIVISION   p 341
See TOLKO INDUSTRIES LTD
SODEM INC   p 1009
4765 Ch De Capelton, CANTON-DE-
HATLEY, QC, J0B 2C0
(819) 842-2447   SIC 7299
SODEM INC   p 1131
11111 Rue Notre-Dame E, MONTREAL-
EST, QC, H1B 2V7
(514) 640-2737   SIC 7999
SODEM INC   p 1216
5115 Rue Des Galets, SAINT-LEONARD,
QC, H1R 3W6
(514) 328-8595   SIC 7999
SODEM INC   p 1255
131 Ch Du Petit-Bois, VARENNES, QC, J3X
1P7
   SIC 7999
SODEXHO   p 926
See SODEXO CANADA LTD
SODEXO   p 61
See SODEXO CANADA LTD
SODEXO   p 140
See SODEXO CANADA LTD
SODEXO   p 178
See SODEXO CANADA LTD
SODEXO   p 262
See SODEXO CANADA LTD
SODEXO   p 535
See SODEXO CANADA LTD
SODEXO CANADA LTD   p 38
1301 16 Ave Nw, CALGARY, AB, T2M 0L4
(403) 284-8536   SIC 7349
SODEXO CANADA LTD   p 61
4825 Mount Royal Gate Sw, CALGARY, AB,
T3E 6K6
(403) 240-6328   SIC 5812
SODEXO CANADA LTD   p 109
4485 Gateway Blvd Nw, EDMONTON, AB,
T6H 5C3
(780) 431-1100   SIC 5812
SODEXO CANADA LTD   p 140
4401 University Dr W, LETHBRIDGE, AB,
T1K 3M4
(403) 329-2491   SIC 5812
SODEXO CANADA LTD   p 154
212 Medley Dr, RED DEER, AB, T4N 6A1
(403) 340-7870   SIC 5963
SODEXO CANADA LTD   p 178
33844 King Rd, ABBOTSFORD, BC, V2S
7M8
(604) 854-4531   SIC 5812
SODEXO CANADA LTD   p 231
7600 Glover Rd, LANGLEY, BC, V2Y 1Y1

(604) 513-2009   SIC 5812
SODEXO CANADA LTD   p 248
231 15th St E, NORTH VANCOUVER, BC,
V7L 2L7
(604) 984-3753   SIC 5812
SODEXO CANADA LTD   p 262
3333 University Way, PRINCE GEORGE,
BC, V2N 4Z9
   SIC 7349
SODEXO CANADA LTD   p 271
6111 Minoru Blvd, RICHMOND, BC, V6Y
1Y4
(604) 244-5314   SIC 5812
SODEXO CANADA LTD   p 277
5544 Sunshine Coast Hwy, SECHELT, BC,
V0N 3A0
(604) 885-0244   SIC 5812
SODEXO CANADA LTD   p 319
700 57th Ave W, VANCOUVER, BC, V6P
1S1
(604) 322-8342   SIC 5812
SODEXO CANADA LTD   p 401
21 Pacey Dr, FREDERICTON, NB, E3B 5A3
(506) 474-8030   SIC 5812
SODEXO CANADA LTD   p 442
Gd, ANTIGONISH, NS, B2G 2W5
(902) 867-2491   SIC 5812
SODEXO CANADA LTD   p 457
6136 University Ave Suite 322, HALIFAX,
NS, B3H 4J2
(902) 494-2126   SIC 5812
SODEXO CANADA LTD   p 457
6350 Coburg Rd, HALIFAX, NS, B3H 2A1
(902) 423-1756   SIC 5812
SODEXO CANADA LTD   p 535
1100 Burloak Dr Unit 401, BURLINGTON,
ON, L7L 6B2
(905) 632-8592   SIC 5812
SODEXO CANADA LTD   p 565
1950 Montreal Rd, CORNWALL, ON, K6H
6L2
(613) 936-5800   SIC 5812
SODEXO CANADA LTD   p 632
75 Bader Lane, KINGSTON, ON, K7L 3N8
(613) 533-2953   SIC 5812
SODEXO CANADA LTD   p 783
125 Sussex Dr, OTTAWA, ON, K1A 0G2
(613) 789-9389   SIC 5812
SODEXO CANADA LTD   p 926
21 Sussex Ave Unit 3, TORONTO, ON, M5S
1J6
(416) 598-2820   SIC 5812
SODEXO CANADA LTD   p 926
41 Classic Ave, TORONTO, ON, M5S 2Z3
(416) 598-2029   SIC 5812
SODEXO CANADA LTD   p 934
2339 Dufferin St, TORONTO, ON, M6E 4Z5
(416) 781-1178   SIC 5812
SODEXO CANADA LTD   p 1158
1060 Rue Louis-Alexandre-Taschereau,
Quebec, QC, G1R 5E6
(418) 648-6368   SIC 5812
SODEXO CANADA LTD   p 1213
8585 Ch De La Cote-De-Liesse, SAINT-
LAURENT, QC, H4T 1G6
(514) 341-6780   SIC 1011
SODEXO CANADA LTD   p 1224
21275 Rue Lakeshore Bureau 2000,
SAINTE-ANNE-DE-BELLEVUE, QC, H9X
3L9
(514) 457-6610   SIC 5812
SODEXO CANADA LTD   p 1250
3351 Boul Des Forges, Trois-Rivieres, QC,
G8Z 4M3
(819) 376-5215   SIC 5812
SODEXO CANADA LTD   p 1266
528 2nd Ave, CARONPORT, SK, S0H 0S0
(306) 756-3402   SIC 5141
SODEXO QUEBEC LIMITEE   p 406
18 Av Antonine-Maillet, MONCTON, NB,
E1A 3E9
(506) 858-4142   SIC 5812
SODEXO QUEBEC LIMITEE   p 1025
730 Ch De La Cote-Vertu Bureau 1007,

DORVAL, QC, H4S 1Y9
(514) 633-8167   SIC 5812
SODEXO QUEBEC LIMITEE   p 1115
930 Rue Wellington Bureau 100, Montreal,
QC, H3C 1T8
(514) 866-5561   SIC 8741
**SOEURS DE L'ASSOMPTION DE LA
SAINTE VIERGE, LES**   p 1135
See SOEURS DE L'ASSOMPTION DE LA
SAINTE VIERGE, LES
**SOEURS DE L'ASSOMPTION DE LA
SAINTE VIERGE, LES**   p 1135
160 Rue Du Carmel, NICOLET, QC, J3T 1Z8
(819) 293-4559   SIC 8661
SOEURS DE LA CHARITE D'OTTAWA, LES
p 776
See SOEURS DE LA CHARITE D'OTTAWA,
LES
SOEURS DE LA CHARITE D'OTTAWA, LES
p 776
879 Hiawatha Park Rd, ORLEANS, ON, K1C
2Z6
(613) 562-6262   SIC 8361
SOEURS DE LA CHARITE D'OTTAWA, LES
p 789
43 Bruyere St, OTTAWA, ON, K1N 5C8
(613) 562-0050   SIC 8661
**SOEURS DE LA CONGREGATION DE
NOTRE-DAME, LES**   p 475
170 George St, SYDNEY, NS, B1P 1J2
(902) 539-6089   SIC 8661
**SOEURS DE LA CONGREGATION DE
NOTRE-DAME, LES**   p 981
246 Sydney St, CHARLOTTETOWN, PE,
C1A 1H1
(902) 892-4181   SIC 8661
**SOEURS DE LA CONGREGATION DE
NOTRE-DAME, LES**   p 1028
12 Av Dahlia, DORVAL, QC, H9S 3N2
(514) 631-3422   SIC 8661
**SOEURS DE LA CONGREGATION DE
NOTRE-DAME, LES**   p 1046
393 Rue De Lanaudiere, JOLIETTE, QC,
J6E 3L9
(450) 752-1481   SIC 8661
**SOEURS DE LA CONGREGATION DE
NOTRE-DAME, LES**   p 1122
5015 Av Notre-Dame-De-Grace, Montreal,
QC, H4A 1K2
(514) 485-1461   SIC 8661
**SOEURS DE SAINTE-ANNE DU QUEBEC,
LES**   p 327
2474 Arbutus Rd, VICTORIA, BC, V8N 1V8
   SIC 8361
**SOEURS DE SAINTE-ANNE DU QUEBEC,
LES**   p 1090
6855 13e Av, Montreal, QC, H1X 2Z3
(514) 725-4179   SIC 8211
SOEURS GRISES DE MONTREAL, LES   p
1117
1190 Rue Guy, Montreal, QC, H3H 2L4
   SIC 8661
SOEURS HOSPITALIERES DE ST JOSEPH
p 1100
See RELIGIEUSES HOSPITALIERES DE
SAINT-JOSEPH
SOFINA FOODS INC   p 298
8385 Fraser St, VANCOUVER, BC, V5X 3X8
(604) 668-5800   SIC 2011
SOFINA FOODS INC   p 570
147 John St, DUBLIN, ON, N0K 1E0
(519) 345-2270   SIC 2015
SOFINA FOODS INC   p 654
1226 Trafalgar St, LONDON, ON, N5Z 1H5
(519) 455-6060   SIC 2015
SOFINA FOODS INC   p 686
3340 Orlando Dr, MISSISSAUGA, ON, L4V
1C7
(905) 673-7145   SIC 2038
SOFINA FOODS INC   p 843
170 Nugget Ave, SCARBOROUGH, ON,
M1S 3A7
(416) 297-1062   SIC 2013
SOFTCHOICE CORPORATION   p 936

173 Dufferin St Suite 200, TORONTO, ON,
M6K 3H7
(416) 588-9002   SIC 7371
SOFTWARE AG (CANADA) INC   p 544
73 Water St N Suite 504, CAMBRIDGE, ON,
N1R 7L6
(519) 622-0889   SIC 7372
SOGEFI AIR & COOLING CANADA CORP p
1087
1500 Rue De Boucherville, Montreal, QC,
H1N 3V3
(514) 764-8806   SIC 3599
SOGEP   p 1070
See SOGEP INC
SOGEP INC   p 1070
1895 Rue Adoncour, LONGUEUIL, QC, J4J
5G8
(450) 468-7640   SIC 8741
SOGETEL   p 995
37 Rue Verville, BAIE-DU-FEBVRE, QC,
J0G 1A0
(450) 783-1005   SIC 4813
SOGETEL INC   p 1055
1601 277 Rte, LAC-ETCHEMIN, QC, G0R
1S0
(418) 625-4271   SIC 4813
SOGETEL INC   p 1135
111 Rue Du 12-Novembre, NICOLET, QC,
J3T 1S3
(819) 293-6125   SIC 4813
SOHI HOLDINGS INC   p 879
679 Memorial Ave, THUNDER BAY, ON,
P7B 3Z6
(807) 345-4096   SIC 5812
SOHO VFX INC   p 936
99 Atlantic Ave Suite 303, TORONTO, ON,
M6K 3J8
(416) 516-7863   SIC 7819
SOKIL TRANSPORTATION SERVICES p 17
See EDMONTON TRANSFER INC
SOL'EX TRAVEL/ VOYAGES SOL'EX   p 798
See MKI TRAVEL AND CONFERENCE
MANAGEMENT INC
SOLAR GROUP INC, THE   p 840
2481 Kingston Rd Suite 203, SCARBOR-
OUGH, ON, M1N 1V4
(416) 269-2288   SIC 7349
SOLAR TURBINES CANADA LTD   p 115
2510 84 Ave Nw, EDMONTON, AB, T6P 1K3
(780) 464-8900   SIC 5084
**SOLARCAN PORTES ET FENETRES
CORP**   p 1169
650 Place Trans-Canada, Quebec, QC, J6Y
1W9
(450) 641-2325   SIC 2431
SOLARFECTIVE PRODUCTS LIMITED   p
839
55 Hymus Rd, SCARBOROUGH, ON, M1L
2C6
(416) 421-3800   SIC 3861
SOLARIS INTERNATIONAL INC   p 1050
6150 Boul Sainte-Anne Rr 4, L'ANGE GAR-
DIEN, QC, G0A 2K0
(418) 822-0643   SIC 5211
SOLARIS QUEBEC INC   p 1000
See 9353-0251 QUEBEC INC
**SOLDIERS MEMORIAL HOSPITAL FOUN-
DATION**   p
468
462 Main St, MIDDLETON, NS, B0S 1P0
(902) 825-3411   SIC 8062
SOLE RESTAURANT AND WINE BAR p 952
83 Erb St W Unit 2, WATERLOO, ON, N2L
6C2
(519) 747-5622   SIC 5812
SOLECTRON GLOBAL SERVICES   p 198
See STREAM INTERNATIONAL CANADA
ULC
SOLEIL LEVANT   p 412
See DISTRICT SCOLAIRE 11
SOLENO INC   p 404
64 North Lane, MCADAM, NB, E6J 1K6
(506) 784-1888   SIC 3498
SOLENO INC   p 1197

▲ Public Company   ■ Public Company Family Member   HQ Headquarters   BR Branch   SL Single Location

1160 Route 133 Secteur Iberville Rr 1, SAINT-JEAN-SUR-RICHELIEU, QC, J2X 4J5
(450) 347-8315 *SIC* 3498
SOLID WASTE MANAGEMENT OF CITY OF TORONTO *p* 758
See CORPORATION OF THE CITY OF TORONTO
SOLID WASTE SERVICES *p* 389
See CITY OF WINNIPEG, THE
SOLIGER *p* 1166
See GENIVAR CONSTRUCTION INC
SOLIGNUM INC *p* 995
19500 Aut Transcanadienne, Baie-D'Urfe, QC, H9X 3S4
(514) 457-1512 *SIC* 5198
SOLISCOM *p* 1233
See IMPRIMERIE SOLISCO INC
SOLIVE AJOUREE 2000 INC *p* 1248
1970 Rue Des Toitures, Trois-Rivieres, QC, G8V 1V9
(819) 374-8784 *SIC* 3441
SOLOMON COATINGS LTD *p* 102
6382 50 St Nw, EDMONTON, AB, T6B 2N7
(780) 413-4545 *SIC* 7532
SOLOMON HOLDINGS INC *p* 409
209 Edinburgh Dr, MONCTON, NB, E1E 2K9
(506) 388-4884 *SIC* 7349
SOLOTECH INC *p* 1156
935 Rue Lachance Bureau 200, Quebec, QC, G1P 2H3
(418) 683-5553 *SIC* 3645
SOLOTECH QUEBEC INC *p* 188
7475 Hedley Ave Suite 205, BURNABY, BC, V5E 2R1
(604) 620-9220 *SIC* 5099
SOLOTECH QUEBEC INC *p* 1015
758 Rue D'alma, CHICOUTIMI, QC, G7H 4E6
(418) 602-3545 *SIC* 5099
SOLOTECH QUEBEC INC *p* 1038
79 Rue Cremazie, GATINEAU, QC, J8Y 3P1
(819) 777-3681 *SIC* 5099
SOLOTECH QUEBEC INC *p* 1088
5200 Rue Hochelaga Bureau 100, Montreal, QC, H1V 1G3
(514) 526-7721 *SIC* 5099
SOLOTECH QUEBEC INC *p* 1152
465 Av Godin, Quebec, QC, G1M 3G7
(418) 682-4155 *SIC* 5099
SOLOWAVE DESIGN INC *p* 724
375 Sligo Rd W Ss 1 Suite 1, MOUNT FOREST, ON, N0G 2L0
(519) 323-3833 *SIC* 3949
SOLOWAY JCC *p* 798
See SYNAGOGUE AND JEWISH COMMUNITY CENTRE OF OTTAWA
SOLS *p* 931
See SOUTHERN ONTARIO LIBRARY SERVICE
SOLTA ENTERPRISES INC *p* 783
1899 Cyrville Rd, OTTAWA, ON, K1B 1A9
SIC 5812
SOLUCOR, DIV OF *p* 509
See ROYAL GROUP, INC
SOLUTIA SDO LTD *p* 916
14 Duncan St Suite 209, TORONTO, ON, M5H 3G8
(416) 204-9797 *SIC* 8742
SOLUTION CELLULAIRE *p* 1170
See 3294269 CANADA INC
SOLUTION DIGITALE INC *p* 1005
1730 Rue Eiffel, BOUCHERVILLE, QC, J4B 7W1
(450) 656-9150 *SIC* 7629
SOLUTIONS 2 GO INC *p* 516
15 Production Dr, BRAMPTON, ON, L6T 4N8
(905) 564-1140 *SIC* 5072
SOLUTIONS 2 GO LATAM INC *p* 516
15 Production Rd, BRAMPTON, ON, L6T 4N8
(905) 564-1140 *SIC* 5092
SOLUTIONS APTOS CANADA *p* 1208
See APTOS CANADA INC

SOLUTIONS BLEUES CANADA INC *p* 1005
1600 Rue De Coulomb, BOUCHERVILLE, QC, J4B 7Z7
(450) 655-6621 *SIC* 3694
SOLUTIONS BOURASSA BOYER INC *p* 1257
3323 Boul De La Gare, VAUDREUIL-DORION, QC, J7V 8W5
(450) 424-7000 *SIC* 8748
SOLUTIONS DE MAINTENANCE APPLIQUEES (AMS) INC *p* 783
See SOLUTIONS DE MAINTENANCE APPLIQUEES (AMS) INC
SOLUTIONS DE MAINTENANCE APPLIQUEES (AMS) INC *p* 783
1470 Triole St, OTTAWA, ON, K1B 3S6
(613) 241-7794 *SIC* 7349
SOLUTIONS INTEGREES DCM *p* 1081
See DCM INTEGRATED SOLUTIONS INC
SOLUTIONS VICTRIX INC, LES *p* 1108
630 Rue Sherbrooke O Bureau 1100, Montreal, QC, H3A 1E4
(514) 879-1919 *SIC* 7379
SOLUTIONSOEUFS *p* 577
See 3831906 CANADA INC
SOMASS SAWMILL *p* 254
See WESTERN FOREST PRODUCTS INC
SOMAVRAC INC *p* 1250
2550 Rue De La Sidbec S, Trois-Rivieres, QC, G8Z 4H1
(819) 374-7551 *SIC* 4213
SOMAVRAC INC *p* 1250
4600 Rue Saint-Joseph, Trois-Rivieres, QC, G8Z 2Y3
(819) 379-3311 *SIC* 7389
SOMEPLACE SPECIAL *p* 339
See SOBEYS WEST INC
SOMERSET & DISTRICT ELEMENTARY SCHOOL *p* 444
See ANNAPOLIS VALLEY REGIONAL SCHOOL BOARD
SOMERSET CHEV *p* 905
See SOMERSET CHEVROLET CORVETTE LTD
SOMERSET CHEVROLET CORVETTE LTD *p* 905
291 Lake Shore Blvd E, TORONTO, ON, M5A 1B9
(416) 368-8878 *SIC* 5511
SOMERSET DRIVE PUBLIC SCHOOL *p* 523
See PEEL DISTRICT SCHOOL BOARD
SOMERSET ELEMENTARY SCHOOL *p* 983
See PUBLIC SCHOOLS BRANCH
SOMERSET GROUP LIMITED *p* 562
99 Sante Dr, CONCORD, ON, L4K 3C4
(905) 761-4300 *SIC* 5099
SOMERSET SCHOOL *p* 56
See CALGARY BOARD OF EDUCATION
SOMERSET WEST CHC *p* 793
See SOMERSET WEST COMMUNITY HEALTH CENTRE
SOMERSET WEST COMMUNITY HEALTH CENTRE *p* 793
55 Eccles St, OTTAWA, ON, K1R 6S3
(613) 238-8210 *SIC* 8322
SOMERVILLE MERCHANDISING INC *p* 834
5760 Finch Ave E, SCARBOROUGH, ON, M1B 5J9
(416) 754-7228 *SIC* 3993
SOMERVILLE NATIONAL LEASING & RENTALS LTD *p* 763
75 Arrow Rd, NORTH YORK, ON, M9M 2L4
(416) 747-7578 *SIC* 7515
SONCO GAMING LIMITED PARTNERSHIP *p* 171
377 Grey Eagle Dr, TSUU T'INA, AB, T3E 3X8
(403) 385-7777 *SIC* 7999
SONCO GAMING NEW BRUNSWICK LIMITED PARTNERSHIP *p* 410
21 Casino Dr, MONCTON, NB, E1G 0R7

(506) 859-7770 *SIC* 7011
SONECPRO *p* 1152
See 9333-2161 QUEBEC INC
SONEPAR CANADA INC *p* 512
250 Chrysler Dr Unit 4, BRAMPTON, ON, L6S 6B6
(905) 696-2838 *SIC* 5063
SONIC *p* 1053
See COOP FEDEREE, LA
SONIC ENCLOSURES LTD *p* 210
7127 Honeyman St, DELTA, BC, V4G 1E2
(604) 946-6100 *SIC* 3448
SONIC PROPANE *p* 1007
See COOP FEDEREE, LA
SONIGEM PRODUCTS *p* 673
See MAGNASONIC INC
SONOCO CANADA CORPORATION *p* 208
1388 Cliveden Ave, DELTA, BC, V3M 6K2
(604) 526-7888 *SIC* 2655
SONOCO CANADA CORPORATION *p* 527
33 Park Ave E, BRANTFORD, ON, N3S 7R9
(905) 823-7910 *SIC* 2655
SONOCO CANADA CORPORATION *p* 553
674 Richmond St, CHATHAM, ON, N7M 5K4
(519) 352-8201 *SIC* 2655
SONOCO CANADA CORPORATION *p* 635
633 Fortune Cres, KINGSTON, ON, K7P 2T4
(613) 389-4880 *SIC* 2655
SONOCO CANADA CORPORATION *p* 716
7420a Bramalea Rd, MISSISSAUGA, ON, L5S 1W9
(905) 673-7373 *SIC* 2655
SONOCO CANADA CORPORATION *p* 944
5 Bernard Long Rd, TRENTON, ON, K8V 5P6
(613) 394-6903 *SIC* 2631
SONOCO CANADA CORPORATION *p* 1042
875 Boul Industriel, GRANBY, QC, J2J 1A6
(514) 861-0097 *SIC* 2655
SONOCO CANADA CORPORATION *p* 1248
530 Rue Des Erables, Trois-Rivieres, QC, G8T 8N6
(819) 374-5222 *SIC* 2655
SONOCO FLEXIBLE PACKAGING CANADA CORPORATION *p* 390
1664 Seel Ave, WINNIPEG, MB, R3T 4X5
SIC 2759
SONOCO FLEXIBLE PACKAGING CANADA CORPORATION *p* 720
295 Superior Blvd Unit 2, MISSISSAUGA, ON, L5T 2L6
SIC 2655
SONOCO PLASTICS CANADA ULC *p* 695
245 Britannia Rd E, MISSISSAUGA, ON, L4Z 4J3
(905) 624-2337 *SIC* 3089
SONOMA MANAGEMENT LTD *p* 314
1105 Denman St, VANCOUVER, BC, V6G 2M7
(604) 662-3344 *SIC* 5812
SONOVISION CANADA INC *p* 792
85 Albert St Suite 400, OTTAWA, ON, K1P 6A4
(613) 234-4849 *SIC* 8999
SONS BAKERY *p* 30
See BAGOS BUN BAKERY LTD
SONS BAKERY *p* 513
See BAGOS BUN BAKERY LTD
SONS OF PITCHES *p* 76
11920 101 St Nw Suite 107, EDMONTON, AB, T5G 2B9
(780) 233-1378 *SIC* 7941
SONSHINE FAMILIES *p* 568
See GODDARD'S SONSHINE FAMILIES INC
SONY INTERACTIVE ENTERTAINMENT CANADA INC *p* 744
115 Gordon Baker Rd, NORTH YORK, ON, M2H 3R6
(416) 499-1414 *SIC* 5092
SONY MUSIC ENTERTAINMENT CANADA INC *p* 754
150 Ferrand Dr Suite 300, NORTH YORK,

ON, M3C 3E5
(416) 589-3171 *SIC* 5099
SONY OF CANADA LTD *p* 203
65 North Bend St, COQUITLAM, BC, V3K 6N9
SIC 7629
SONY OF CANADA LTD *p* 744
115 Gordon Baker Rd, NORTH YORK, ON, M2H 3R6
(416) 499-1414 *SIC* 5064
SONY OF CANADA LTD *p* 959
1602 Tricont Ave, WHITBY, ON, L1N 7C3
SIC 5065
SONY PICTURES HOME ENTERTAINMENT CANADA LTD *p* 744
115 Gordon Baker Rd, NORTH YORK, ON, M2H 3R6
(416) 221-8660 *SIC* 7841
SONY STORES, THE *p* 203
See SONY OF CANADA LTD
SONY STORES, THE *p* 744
See SONY OF CANADA LTD
SOO MILL & LUMBER COMPANY LIMITED *p* 833
539 Great Northern Rd, SAULT STE. MARIE, ON, P6B 5A1
(705) 759-0533 *SIC* 5211
SOOGOMA INDUSTRIES *p* 832
See COMMUNITY LIVING ALGOMA
SOOKE HARBOUR HOUSE *p* 278
See PHILIP, S & F HOLDINGS LTD
SOON LEE SUPERMARKET *p* 836
See 1034881 ONTARIO INC
SOONOR RETIREMENT CORPORATION *p* 833
760 Great Northern Rd Suite 137, SAULT STE. MARIE, ON, P6B 0B5
(705) 945-9405 *SIC* 8361
SOPFEU *p* 994
See SOCIETE DE PROTECTION DES FORETS CONTRE LE FEU (SOPFEU)
SOPFEU *p* 1054
See SOCIETE DE PROTECTION DES FORETS CONTRE LE FEU (SOPFEU)
SOPHOS INC *p* 309
580 Granville St Suite 400, VANCOUVER, BC, V6C 1W6
(604) 484-6400 *SIC* 7371
SOPREMA INC *p* 1031
1688 Rue Jean-Berchmans-Michaud, DRUMMONDVILLE, QC, J2C 8E9
(819) 478-8163 *SIC* 2952
SOREVCO AND COMPANY LIMITED *p* 1021
25 Rue De L'acier, COTEAU-DU-LAC, QC, J0P 1B0
(450) 763-0915 *SIC* 3479
SOREVCO SOCIETE EN COMMANDITE *p* 1021
See SOREVCO AND COMPANY LIMITED
SORLICON MANUFACTURING INC *p* 715
5770 Hurontario St, MISSISSAUGA, ON, L5R 3G5
SIC 3444
SOROC TECHNOLOGY INC *p* 1062
1800 Boul Le Corbusier Bureau 132, Laval, QC, H7S 2K1
(450) 682-5029 *SIC* 7378
SORRENTINO'S BISTRO BAR *p* 77
See 340107 ALBERTA LTD
SORRENTINO'S BISTRO BAR *p* 166
See 340107 ALBERTA LTD
SORRENTO'S LTD *p* 390
2077 Pembina Hwy Suite 4, WINNIPEG, MB, R3T 5J9
(204) 269-5934 *SIC* 5812
SORZANI *p* 965
See FGL SPORTS LTD
SOTHEBY'S INTERNATIONAL REALTY CANADA *p* 331
See MAX WRIGHT REAL ESTATE CORPORATION
SOTI INC *p* 715
5770 Hurontario St Suite 1100, MISSISSAUGA, ON, L5R 3G5

(905) 624-9828 SIC 7371
SOTTO SOTTO RISTORANTE LIMITED p 924
116a Avenue Rd, TORONTO, ON, M5R 2H4
(416) 962-0011 SIC 5812
SOU'WESTER GIFT & RESTAURANT COMPANY LIMITED p 471
178 Peggys Point Rd, PEGGYS COVE, NS, B3Z 3S2
(902) 823-2349 SIC 5947
SOUCY BELGEN INC p 1029
4475 Boul Saint-Joseph, Drummondville, QC, J2B 1T8
(819) 477-2434 SIC 3321
SOUND STAGE ENTERTAINMENT INC p 1283
641 E Victoria Ave, REGINA, SK, S4N 0P1
(306) 359-7440 SIC 5813
SOURCE (BELL) ELECTRONICS INC, THE p 4
4913a 49 St, ATHABASCA, AB, T9S 1C5
(780) 675-5557 SIC 5999
SOURCE (BELL) ELECTRONICS INC, THE p 11
2525 36 St Ne Unit 155, CALGARY, AB, T1Y 5T4
(403) 590-0433 SIC 5999
SOURCE (BELL) ELECTRONICS INC, THE p 14
3800 Memorial Dr Ne Suite 1528, CALGARY, AB, T2A 2K2
(403) 272-3088 SIC 5999
SOURCE (BELL) ELECTRONICS INC, THE p 62
5963 Signal Hill Ctr Sw, CALGARY, AB, T3H 3P8
SIC 5999
SOURCE (BELL) ELECTRONICS INC, THE p 75
250 Londonderry Mall Nw, EDMONTON, AB, T5C 3C8
(780) 406-4706 SIC 5999
SOURCE (BELL) ELECTRONICS INC, THE p 99
1042 Capilano Mall, EDMONTON, AB, T6A 0A1
SIC 5999
SOURCE (BELL) ELECTRONICS INC, THE p 154
4747 67 St Suite 464, RED DEER, AB, T4N 6H3
(403) 314-4430 SIC 5999
SOURCE (BELL) ELECTRONICS INC, THE p 162
2020 Sherwood Dr Suite 104, SHERWOOD PARK, AB, T8A 3H9
(780) 416-1140 SIC 5999
SOURCE (BELL) ELECTRONICS INC, THE p 237
11900 Haney Pl Suite 127, MAPLE RIDGE, BC, V2X 8R9
(604) 466-1690 SIC 5999
SOURCE (BELL) ELECTRONICS INC, THE p 242
6631 Island Hwy N Unit 374, NANAIMO, BC, V9T 4T7
(250) 390-1693 SIC 5999
SOURCE (BELL) ELECTRONICS INC, THE p 271
6551 No. 3 Rd Suite 1236a, RICHMOND, BC, V6Y 2B6
(604) 273-1475 SIC 5999
SOURCE (BELL) ELECTRONICS INC, THE p 288
1711 152 St Suite 122, SURREY, BC, V4A 4N3
(604) 531-9323 SIC 5999
SOURCE (BELL) ELECTRONICS INC, THE p 329
1644 Hillside Ave Unit 6, VICTORIA, BC, V8T 2C5
SIC 5999
SOURCE (BELL) ELECTRONICS INC, THE p 332
1150 Douglas St Suite 119, VICTORIA, BC, V8W 3M9
(250) 385-1149 SIC 5999
SOURCE (BELL) ELECTRONICS INC, THE p 359
300 Mystery Lake Rd, THOMPSON, MB, R8N 0M2
(204) 677-3709 SIC 5999
SOURCE (BELL) ELECTRONICS INC, THE p 371
2305 Mcphillips St Unit 133, WINNIPEG, MB, R2V 3E1
(204) 338-1301 SIC 5999
SOURCE (BELL) ELECTRONICS INC, THE p 381
393 Portege Ave, WINNIPEG, MB, R3G 3H6
SIC 5999
SOURCE (BELL) ELECTRONICS INC, THE p 385
3653 Portage Ave Suite 3, WINNIPEG, MB, R3K 2G6
(204) 832-9163 SIC 5999
SOURCE (BELL) ELECTRONICS INC, THE p 388
1659 Kenaston Blvd Suite 4, WINNIPEG, MB, R3P 2M4
SIC 5999
SOURCE (BELL) ELECTRONICS INC, THE p 408
1100 Main St, MONCTON, NB, E1C 1H4
(506) 389-3694 SIC 5999
SOURCE (BELL) ELECTRONICS INC, THE p 415
519 Westmorland Rd, SAINT JOHN, NB, E2J 3W9
(506) 633-1945 SIC 5999
SOURCE (BELL) ELECTRONICS INC, THE p 495
279 Bayview Dr, BARRIE, ON, L4M 4W5
(705) 728-2262 SIC 5731
SOURCE (BELL) ELECTRONICS INC, THE p 499
21 Commerce Park Dr Suite A, BARRIE, ON, L4N 8X1
(705) 726-6965 SIC 5999
SOURCE (BELL) ELECTRONICS INC, THE p 510
150 Great Lakes Dr Suite 133, BRAMPTON, ON, L6R 2K7
(905) 793-6452 SIC 5999
SOURCE (BELL) ELECTRONICS INC, THE p 553
801 St Clair St, CHATHAM, ON, N7M 5J7
SIC 5999
SOURCE (BELL) ELECTRONICS INC, THE p 562
1 Bass Pro Mills Dr, CONCORD, ON, L4K 5W4
(905) 761-7453 SIC 5999
SOURCE (BELL) ELECTRONICS INC, THE p 579
270 The Kingsway Suite 160, ETOBICOKE, ON, M9A 3T7
SIC 5999
SOURCE (BELL) ELECTRONICS INC, THE p 580
250 The East Mall Suite 279, ETOBICOKE, ON, M9B 3Y8
(416) 239-0290 SIC 5999
SOURCE (BELL) ELECTRONICS INC, THE p 581
25 The West Mall, ETOBICOKE, ON, M9C 1B8
SIC 5999
SOURCE (BELL) ELECTRONICS INC, THE p 592
262 Guelph St, GEORGETOWN, ON, L7G 4B1
(905) 877-5411 SIC 5999
SOURCE (BELL) ELECTRONICS INC, THE p 598
44 Livingston Ave Unit 1006a, GRIMSBY, ON, L3M 1L1
(905) 945-3871 SIC 5999
SOURCE (BELL) ELECTRONICS INC, THE p 647
401 Kent St W Unit 17, LINDSAY, ON, K9V 4Z1
(705) 324-1901 SIC 5999
SOURCE (BELL) ELECTRONICS INC, THE p 660
1105 Wellington Rd Suite 69, LONDON, ON, N6E 1V4
(519) 681-5914 SIC 5999
SOURCE (BELL) ELECTRONICS INC, THE p 661
1680 Richmond St Suite 190, LONDON, ON, N6G 3Y9
(519) 660-1984 SIC 5999
SOURCE (BELL) ELECTRONICS INC, THE p 663
785 Wonderland Rd S, LONDON, ON, N6K 1M6
SIC 5999
SOURCE (BELL) ELECTRONICS INC, THE p 674
5000 Highway 7 E, MARKHAM, ON, L3R 4M9
(905) 477-0156 SIC 5999
SOURCE (BELL) ELECTRONICS INC, THE p 711
6677 Meadowvale Town Centre Cir, MISSISSAUGA, ON, L5N 2R5
(905) 369-0136 SIC 5999
SOURCE (BELL) ELECTRONICS INC, THE p 715
6045 Mavis Rd Unit 3, MISSISSAUGA, ON, L5R 4G6
(905) 890-8168 SIC 5999
SOURCE (BELL) ELECTRONICS INC, THE p 758
1 York Gate Blvd Suite 109, NORTH YORK, ON, M3N 3A1
SIC 5999
SOURCE (BELL) ELECTRONICS INC, THE p 760
526 Lawrence Ave W, NORTH YORK, ON, M6A 1A1
(416) 782-6379 SIC 5999
SOURCE (BELL) ELECTRONICS INC, THE p 760
700 Lawrence Ave W Suite 120, NORTH YORK, ON, M6A 3B4
(416) 256-7282 SIC 5999
SOURCE (BELL) ELECTRONICS INC, THE p 770
1515 Rebecca St Suite 34, OAKVILLE, ON, L6L 5G8
(905) 825-5778 SIC 5999
SOURCE (BELL) ELECTRONICS INC, THE p 776
110 Place D'orleans Dr Suite 3, ORLEANS, ON, K1C 2L9
(613) 830-4606 SIC 5999
SOURCE (BELL) ELECTRONICS INC, THE p 778
1100 Simcoe St N, OSHAWA, ON, L1G 4W6
(905) 725-6775 SIC 5999
SOURCE (BELL) ELECTRONICS INC, THE p 788
1045 St. Laurent Blvd, OTTAWA, ON, K1K 3B1
SIC 5999
SOURCE (BELL) ELECTRONICS INC, THE p 798
2121 Carling Ave, OTTAWA, ON, K2A 1S3
(613) 722-6052 SIC 5999
SOURCE (BELL) ELECTRONICS INC, THE p 879
1000 Fort William Rd Suite 32a, THUNDER BAY, ON, P7B 6B9
(807) 622-8530 SIC 5999
SOURCE (BELL) ELECTRONICS INC, THE p 879
1020 Dawson Rd, THUNDER BAY, ON, P7B 1K6
SIC 5999
SOURCE (BELL) ELECTRONICS INC, THE p 885
31 Tapscott Rd, TORONTO, ON, M1B 4Y7
(416) 754-8419 SIC 5999
SOURCE (BELL) ELECTRONICS INC, THE p 892
3003 Danforth Ave, TORONTO, ON, M4C 1M9
(416) 699-9794 SIC 5999
SOURCE (BELL) ELECTRONICS INC, THE p 907
220 Yonge St Suite 201, TORONTO, ON, M5B 2H1
(416) 979-7776 SIC 5999
SOURCE (BELL) ELECTRONICS INC, THE p 931
200 Wellington St W Suite 1200, TORONTO, ON, M5V 3G2
SIC 5999
SOURCE (BELL) ELECTRONICS INC, THE p 938
2151 St Clair Ave W Unit 103, TORONTO, ON, M6N 1K5
(416) 604-3224 SIC 5999
SOURCE (BELL) ELECTRONICS INC, THE p 940
1255 The Queensway, TORONTO, ON, M8Z 1S1
SIC 5999
SOURCE (BELL) ELECTRONICS INC, THE p 944
266 Dundas St E, TRENTON, ON, K8V 5Z9
(613) 394-4253 SIC 5999
SOURCE (BELL) ELECTRONICS INC, THE p 949
30 Mcnaughton Ave, WALLACEBURG, ON, N8A 1R9
(519) 628-5963 SIC 5999
SOURCE (BELL) ELECTRONICS INC, THE p 1198
600 Rue Pierre-Caisse, SAINT-JEAN-SUR-RICHELIEU, QC, J3A 1M1
(450) 349-9889 SIC 5999
SOURCE (BELL) ELECTRONICS INC, THE p 1298
201 1st Ave S Unit 255, SASKATOON, SK, S7K 1J5
(306) 384-7704 SIC 5999
SOURCE ATLANTIC LIMITED p 416
331 Chesley Dr, SAINT JOHN, NB, E2K 5P2
(506) 635-7711 SIC 5084
SOURCE ATLANTIC LIMITED p 452
100 Raddall Ave, DARTMOUTH, NS, B3B 1T2
(902) 468-8100 SIC 5085
SOURCE ATLANTIC LIMITED p 452
14 Akerley Blvd, DARTMOUTH, NS, B3B 1J3
(902) 494-5054 SIC 5999
SOURCE BY CIRCUIT CITY, THE p 636
See BRIDGESTONE CANADA INC
SOURCE EVOLUTION INC p 1108
2000 Rue Peel, Montreal, QC, H3A 2W5
(514) 354-6565 SIC 7379
SOURCE, LA p 1198
See SOURCE (BELL) ELECTRONICS INC, THE
SOURCE, THE p 4
See SOURCE (BELL) ELECTRONICS INC, THE
SOURCE, THE p 11
See SOURCE (BELL) ELECTRONICS INC, THE
SOURCE, THE p 14
See SOURCE (BELL) ELECTRONICS INC, THE
SOURCE, THE p 62
See SOURCE (BELL) ELECTRONICS INC, THE
SOURCE, THE p 75
See SOURCE (BELL) ELECTRONICS INC, THE
SOURCE, THE p 99
See SOURCE (BELL) ELECTRONICS INC,

SOURCE, THE
See SOURCE (BELL) ELECTRONICS INC, THE

SOURCE, THE p 154
See SOURCE (BELL) ELECTRONICS INC, THE

SOURCE, THE p 162
See SOURCE (BELL) ELECTRONICS INC, THE

SOURCE, THE p 237
See SOURCE (BELL) ELECTRONICS INC, THE

SOURCE, THE p 242
See SOURCE (BELL) ELECTRONICS INC, THE

SOURCE, THE p 271
See SOURCE (BELL) ELECTRONICS INC, THE

SOURCE, THE p 288
See SOURCE (BELL) ELECTRONICS INC, THE

SOURCE, THE p 329
See SOURCE (BELL) ELECTRONICS INC, THE

SOURCE, THE p 332
See SOURCE (BELL) ELECTRONICS INC, THE

SOURCE, THE p 359
See SOURCE (BELL) ELECTRONICS INC, THE

SOURCE, THE p 371
See SOURCE (BELL) ELECTRONICS INC, THE

SOURCE, THE p 381
See SOURCE (BELL) ELECTRONICS INC, THE

SOURCE, THE p 385
See SOURCE (BELL) ELECTRONICS INC, THE

SOURCE, THE p 388
See SOURCE (BELL) ELECTRONICS INC, THE

SOURCE, THE p 408
See SOURCE (BELL) ELECTRONICS INC, THE

SOURCE, THE p 415
See SOURCE (BELL) ELECTRONICS INC, THE

SOURCE, THE p 495
See SOURCE (BELL) ELECTRONICS INC, THE

SOURCE, THE p 499
See SOURCE (BELL) ELECTRONICS INC, THE

SOURCE, THE p 510
See SOURCE (BELL) ELECTRONICS INC, THE

SOURCE, THE p 553
See SOURCE (BELL) ELECTRONICS INC, THE

SOURCE, THE p 562
See SOURCE (BELL) ELECTRONICS INC, THE

SOURCE, THE p 579
See SOURCE (BELL) ELECTRONICS INC, THE

SOURCE, THE p 580
See SOURCE (BELL) ELECTRONICS INC, THE

SOURCE, THE p 581
See SOURCE (BELL) ELECTRONICS INC, THE

SOURCE, THE p 592
See SOURCE (BELL) ELECTRONICS INC, THE

SOURCE, THE p 598
See SOURCE (BELL) ELECTRONICS INC, THE

SOURCE, THE p 647
See SOURCE (BELL) ELECTRONICS INC, THE

SOURCE, THE p 660
See SOURCE (BELL) ELECTRONICS INC, THE

SOURCE, THE p 661
See SOURCE (BELL) ELECTRONICS INC, THE

SOURCE, THE p 663
See SOURCE (BELL) ELECTRONICS INC, THE

SOURCE, THE p 674
See SOURCE (BELL) ELECTRONICS INC, THE

SOURCE, THE p 711
See SOURCE (BELL) ELECTRONICS INC, THE

SOURCE, THE p 715
See SOURCE (BELL) ELECTRONICS INC, THE

SOURCE, THE p 758
See SOURCE (BELL) ELECTRONICS INC, THE

SOURCE, THE p 760
See SOURCE (BELL) ELECTRONICS INC, THE

SOURCE, THE p 770
See SOURCE (BELL) ELECTRONICS INC, THE

SOURCE, THE p 776
See SOURCE (BELL) ELECTRONICS INC, THE

SOURCE, THE p 778
See SOURCE (BELL) ELECTRONICS INC, THE

SOURCE, THE p 788
See SOURCE (BELL) ELECTRONICS INC, THE

SOURCE, THE p 798
See SOURCE (BELL) ELECTRONICS INC, THE

SOURCE, THE p 879
See SOURCE (BELL) ELECTRONICS INC, THE

SOURCE, THE p 885
See SOURCE (BELL) ELECTRONICS INC, THE

SOURCE, THE p 892
See SOURCE (BELL) ELECTRONICS INC, THE

SOURCE, THE p 907
See SOURCE (BELL) ELECTRONICS INC, THE

SOURCE, THE p 931
See SOURCE (BELL) ELECTRONICS INC, THE

SOURCE, THE p 938
See SOURCE (BELL) ELECTRONICS INC, THE

SOURCE, THE p 940
See SOURCE (BELL) ELECTRONICS INC, THE

SOURCE, THE p 944
See SOURCE (BELL) ELECTRONICS INC, THE

SOURCE, THE p 949
See SOURCE (BELL) ELECTRONICS INC, THE

SOURCE, THE p 1298
See SOURCE (BELL) ELECTRONICS INC, THE

SOURCES 40 WESTT INC p 1143
2305 Aut Transcanadienne, POINTE-CLAIRE, QC, H9R 5Z5
(514) 428-9378   SIC 5812

SOURIS HIGH SCHOOL p 984
See EASTERN SCHOOL DISTRICT

SOURIS RIVER COLONY FARMS LTD p 348
Gd, ELGIN, MB, R0K 0T0
SIC 7389

SOUTENEMENT DU SOL MINOVA CANADA p 1008
See ORICA CANADA INC

SOUTEX INC p 1154
357 Rue Jackson Bureau 7, Quebec, QC, G1N 4C4
(418) 871-2455   SIC 8711

SOUTH ALBERTA RIBS (2002) LTD p 33
6712 Macleod Trail Se, CALGARY, AB, T2H 0L3
(403) 301-7427   SIC 5812

SOUTH ASIAN FAMILY SUPPORT SERVICES OF SCARBOROUGH p 837
1200 Markham Rd Suite 214, SCARBOROUGH, ON, M1H 3C3
(416) 431-5170   SIC 8322

SOUTH BAR SCHOOL p 473
See CAPE BRETON-VICTORIA REGIONAL SCHOOL BOARD

SOUTH BARRIE COLLISION CENTRE p 497
See GEORGIAN CHEVROLET BUICK GMC INC

SOUTH BEACH CASINO INC p 355
1 Ocean Dr, SCANTERBURY, MB, R0E 1W0
(204) 766-2100   SIC 7011

SOUTH BEND COLONY p 3
See HUTTERIAN BRETHREN OF SOUTH BEND

SOUTH BRANCH ELEMENTARY SCHOOL p 627
See UPPER CANADA DISTRICT SCHOOL BOARD, THE

SOUTH BROADVIEW ELEMENTARY SCHOOL p 276
See NORTH OKANAGAN SHUSWAP SCHOOL DISTRICT 83

SOUTH BROOK ACADEMY p 431
See NOVA CENTRAL SCHOOL DISTRICT

SOUTH BRUCE GREY HEALTH CENTRE p 553
39 2 Conc Rr 3, CHESLEY, ON, N0G 1L0
(519) 363-2340   SIC 8062

SOUTH BRUCE GREY HEALTH CENTRE p 629
43 Queen St, KINCARDINE, ON, N2Z 1G6
(519) 396-3331   SIC 8062

SOUTH CALGARY HEALTH CENTRE p 55
See ALBERTA HEALTH SERVICES

SOUTH CAMP ENTERPRISES p 481
1 Main St, RESOLUTE, NU, X0A 0V0
(867) 252-3737   SIC 1542

SOUTH CAMPUS p 111
See GRANT MACEWAN UNIVERSITY

SOUTH CARLETON HIGH SCHOOL p 819
See OTTAWA-CARLETON DISTRICT SCHOOL BOARD

SOUTH CENTENNIAL MANOR p 622
See ANSON GENERAL HOSPITAL

SOUTH CENTENNIAL MANOR p 622
240 Fyfe St, IROQUOIS FALLS, ON, P0K 1E0
(705) 258-3836   SIC 8361

SOUTH CENTRAL HIGH SCHOOL p 149
See PRAIRIE ROSE SCHOOL DIVISION NO 8

SOUTH COAST BRITISH COLUMBIA TRANSPORTATION AUTHORITY p 245
287 Nelson's Crt Suite 300, NEW WESTMINSTER, BC, V3L 0E7
(604) 515-8300   SIC 4111

SOUTH COLCHESTER ACADEMY p 445
See CHIGNECTO CENTRAL REGIONAL SCHOOL BOARD

SOUTH COUNTRY AG LTD p 1276
40 Main St, MOSSBANK, SK, S0H 3G0
SIC 6712

SOUTH COUNTRY EQUIPMENT LTD p 1276
40 Main St N, MOSSBANK, SK, S0H 3G0
(306) 354-2411   SIC 5999

SOUTH COUNTRY VILLAGE p 144
1720 Bell St Sw, MEDICINE HAT, AB, T1A 5G1
(403) 526-2002   SIC 8361

SOUTH CROSBY PUBLIC SCHOOL p 572
See UPPER CANADA DISTRICT SCHOOL BOARD, THE

SOUTH CUMBERLAND COMMUNITY CARE CENTRE p 471
See CUMBERLAND HEALTH AUTHORITY

SOUTH DELTA SECONDARY SCHOOL p 211
See DELTA SCHOOL DISTRICT NO.37

SOUTH DEVON ELEMENTARY SCHOOL p 398
See ANGLOPHONE WEST SCHOOL DISTRICT (ASD-W)

SOUTH EAST CORNERSTONE SCHOOL DIVISION NO. 209 p 1264
802 Weldon Rd, BIENFAIT, SK, S0C 0M0
(306) 388-2422   SIC 8211

SOUTH EAST CORNERSTONE SCHOOL DIVISION NO. 209 p 1264
302 Souris Ave, ARCOLA, SK, S0C 0G0
(306) 455-2340   SIC 8211

SOUTH EAST CORNERSTONE SCHOOL DIVISION NO. 209 p 1266
415 5th St E, CARLYLE, SK, S0C 0R0
(306) 453-2500   SIC 8211

SOUTH EAST CORNERSTONE SCHOOL DIVISION NO. 209 p 1266
401 Souris Ave E, CARLYLE, SK, S0C 0R0
(306) 453-2393   SIC 8211

SOUTH EAST CORNERSTONE SCHOOL DIVISION NO. 209 p 1266
506 Anderson Ave, CARNDUFF, SK, S0C 0S0
(306) 482-3491   SIC 8211

SOUTH EAST CORNERSTONE SCHOOL DIVISION NO. 209 p 1268
1700 Dieppe Cres, ESTEVAN, SK, S4A 1X1
(306) 634-4210   SIC 8211

SOUTH EAST CORNERSTONE SCHOOL DIVISION NO. 209 p 1268
321 Spruce Dr, ESTEVAN, SK, S4A 2W9
(306) 634-8510   SIC 8211

SOUTH EAST CORNERSTONE SCHOOL DIVISION NO. 209 p 1269
1607 2nd St, ESTEVAN, SK, S4A 0M9
(306) 634-2241   SIC 8211

SOUTH EAST CORNERSTONE SCHOOL DIVISION NO. 209 p 1272
910 Coorgan Rd, LAMPMAN, SK, S0C 1N0
(306) 487-2522   SIC 8211

SOUTH EAST CORNERSTONE SCHOOL DIVISION NO. 209 p 1275
415 Prairie Avenue, MILESTONE, SK, S0G 3L0
(306) 436-2292   SIC 8211

SOUTH EAST CORNERSTONE SCHOOL DIVISION NO. 209 p 1275
610 College Ave, MIDALE, SK, S0C 1S0
(306) 458-2480   SIC 8211

SOUTH EAST CORNERSTONE SCHOOL DIVISION NO. 209 p 1276
1016 Gordon St, MOOSOMIN, SK, S0G 3N0
(306) 435-3878   SIC 8211

SOUTH EAST CORNERSTONE SCHOOL DIVISION NO. 209 p 1276
908 Gordon St, MOOSOMIN, SK, S0G 3N0
(306) 435-3341   SIC 8211

SOUTH EAST CORNERSTONE SCHOOL DIVISION NO. 209 p 1278
415 Wylie Ave, OXBOW, SK, S0C 2B0
(306) 483-2383   SIC 8211

SOUTH EAST CORNERSTONE SCHOOL DIVISION NO. 209 p 1281
44 Broadway St, REDVERS, SK, S0C 2H0
(306) 452-6161   SIC 8211

SOUTH EAST CORNERSTONE SCHOOL DIVISION NO. 209 p 1291
1002 Francis Ave, ROCANVILLE, SK, S0A 3L0
(306) 645-2838   SIC 8211

SOUTH EAST CORNERSTONE SCHOOL DIVISION NO. 209 p 1306
101 Government Rd, STOUGHTON, SK, S0G 4T0
(306) 457-2533   SIC 8211

SOUTH EAST CORNERSTONE SCHOOL DIVISION NO. 209 p 1308
107 2nd Ave Nw, WEYBURN, SK, S4H 1P7
(306) 842-7494   SIC 8211

SOUTH EAST CORNERSTONE SCHOOL DIVISION NO. 209 p 1308
1113 Coteau Ave, WEYBURN, SK, S4H 0H5
(306) 842-2812   SIC 8211

SOUTH EAST CORNERSTONE SCHOOL

DIVISION NO. 209 *p 1308*
600 5th St, WEYBURN, SK, S4H 1A1
(306) 842-7474 *SIC 8211*

SOUTH ESSEX FABRICATING INC *p 646*
4 Seneca Rd, LEAMINGTON, ON, N8H 5H7
(519) 322-5995 *SIC 5191*

SOUTH GATE RESIDENCE *p 635*
See STEEVES & ROZEMA ENTERPRISES LIMITED

SOUTH GRANVILLE BUSINESS CENTRE *p 316*
See MACDONALD COMMECIAL REAL ESTATE SERVICES LTD

SOUTH GRANVILLE PARK LODGE *p 316*
See MAJOR DEVELOPMENT LTD FAIRWAY PROPERTIES LTD

SOUTH GRENVILLE DISTRICT HIGH SCHOOL *p 818*
See UPPER CANADA DISTRICT SCHOOL BOARD, THE

SOUTH HILL EDUCATION CENTRE *p 298*
See BOARD OF EDUCATION OF SCHOOL DISTRICT NO. 39 (VANCOUVER), THE

SOUTH HILL HOLDINGS INC *p 154*
3215 50 Ave, RED DEER, AB, T4N 3Y1
(403) 343-7777 *SIC 5812*

SOUTH HURON DISTRICT HIGH SCHOOL *p 588*
See AVON MAITLAND DISTRICT SCHOOL BOARD

SOUTH KAMLOOPS SECONDARY SCHOOL *p 221*
See SCHOOL DISTRICT 73 (KAMLOOPS/THOMPSON)

SOUTH KELOWNA ELEMENTARY *p 222*
See BOARD OF EDUCATION OF SCHOOL DISTRICT NO. 23 (CENTRAL OKANAGAN), THE

SOUTH LAND ELEMENTARY SCHOOL *p 318*
See BOARD OF EDUCATION OF SCHOOL DISTRICT NO. 39 (VANCOUVER), THE

SOUTH LINCOLN HIGH SCHOOL *p 850*
See DISTRICT SCHOOL BOARD OF NIAGARA

SOUTH MARCH PUBLIC SCHOOL *p 624*
See OTTAWA-CARLETON DISTRICT SCHOOL BOARD

SOUTH MERIDIAN ELEMENTARY SCHOOL *p 288*
See SCHOOL DISTRICT NO 36 (SURREY)

SOUTH OAKS ELEMENTARY SCHOOL *p 349*
See HANOVER SCHOOL DIVISION

SOUTH OKANAGAN GENERAL HOSPITAL *p 251*
See INTERIOR HEALTH AUTHORITY

SOUTH PARK ELEMENTARY SCHOOL *p 211*
See DELTA SCHOOL DISTRICT NO.37

SOUTH PARK FAMILY SCHOOL *p 330*
See BOARD OF EDUCATION OF SCHOOL DISTRICT NO. 61 (GREATER VICTORIA)

SOUTH PEACE COLONY *p 207*
See SOUTH PEACE HUTTERIAN BRETHREN CHURCH

SOUTH PEACE HUTTERIAN BRETHREN CHURCH *p 207*
13204 Mckinnon Way, DAWSON CREEK, BC, V1G 4H7
SIC 8661

SOUTH PEACE SECONDARY SCHOOL *p 206*
See SCHOOL DISTRICT #59 PEACE RIVER SOUTH

SOUTH PLYMPTON/WYOMING PUBLIC SCHOOL *p 979*
See LAMBTON KENT DISTRICT SCHOOL BOARD

SOUTH POINT ACADEMY *p 211*
See TSAWWASSEN INDEPENDENT SCHOOL SOCIETY

SOUTH QUEENS JR HIGH SCHOOL *p 466*
See SOUTH SHORE REGIONAL SCHOOL BOARD

SOUTH RIDGE PUBLIC SCHOOL *p 883*
See THAMES VALLEY DISTRICT SCHOOL BOARD

SOUTH RUTLAND ELEMENTARY SCHOOL *p 223*
See BOARD OF EDUCATION OF SCHOOL DISTRICT NO. 23 (CENTRAL OKANAGAN), THE

SOUTH SAHALI ELEMENTARY SCHOOL *p 221*
See SCHOOL DISTRICT 73 (KAMLOOPS/THOMPSON)

SOUTH SHORE CHEVROLET *p 445*
15133 Hebbville Rd, BRIDGEWATER, NS, B4V 2W4
(902) 543-2493 *SIC 5511*

SOUTH SHORE DISTRICT HEALTH AUTHORITY *p 445*
90 Glen Allan Dr, BRIDGEWATER, NS, B4V 3S6
(902) 527-2266 *SIC 8062*

SOUTH SHORE DISTRICT HEALTH AUTHORITY *p 466*
175 School St, LIVERPOOL, NS, B0T 1K0
(902) 354-5785 *SIC 8069*

SOUTH SHORE INDUSTRIES *p 1016*
See COMMISSION SCOLAIRE DE LA BEAUCE-ETCHEMIN

SOUTH SHORE RADIOLOGISTS *p 1004*
See IMAGIX IMAGERIE MEDICALE INC

SOUTH SHORE READY MIX LIMITED *p 445*
1896 King St, BRIDGEWATER, NS, B4V 2W9
(902) 543-4639 *SIC 3272*

SOUTH SHORE REGIONAL SCHOOL BOARD *p 445*
100 York St, BRIDGEWATER, NS, B4V 1R3
(902) 543-9185 *SIC 8211*

SOUTH SHORE REGIONAL SCHOOL BOARD *p 445*
40 Caledonia Rd W, CALEDONIA, NS, B0T 1B0
(902) 682-3500 *SIC 8211*

SOUTH SHORE REGIONAL SCHOOL BOARD *p 445*
130 North Park St, BRIDGEWATER, NS, B4V 4G9
(902) 543-2468 *SIC 8211*

SOUTH SHORE REGIONAL SCHOOL BOARD *p 446*
204 Duke St, CHESTER, NS, B0J 1J0
(902) 275-2720 *SIC 8211*

SOUTH SHORE REGIONAL SCHOOL BOARD *p 446*
847 Highway 12, CHESTER BASIN, NS, B0J 1K0
(902) 275-2700 *SIC 8211*

SOUTH SHORE REGIONAL SCHOOL BOARD *p 465*
105 Parkwood Dr, HUBBARDS, NS, B0J 1T0
(902) 857-2600 *SIC 8211*

SOUTH SHORE REGIONAL SCHOOL BOARD *p 466*
178 Waterloo, LIVERPOOL, NS, B0T 1K0
(902) 354-7640 *SIC 8211*

SOUTH SHORE REGIONAL SCHOOL BOARD *p 466*
104 College St, LIVERPOOL, NS, B0T 1K0
(902) 354-7600 *SIC 8211*

SOUTH SHORE REGIONAL SCHOOL BOARD *p 466*
311 Old Port Mouton Rd, LIVERPOOL, NS, B0T 1K0
(902) 354-7660 *SIC 8211*

SOUTH SHORE REGIONAL SCHOOL BOARD *p 467*
11788 Highway 3, LUNENBURG, NS, B0J 2C0
(902) 634-2200 *SIC 8211*

SOUTH SHORE REGIONAL SCHOOL BOARD *p 468*
110 Clearway St, MAHONE BAY, NS, B0J 2E0
(902) 624-2120 *SIC 8211*

SOUTH SHORE REGIONAL SCHOOL BOARD *p 469*
150 School St, NEW GERMANY, NS, B0R 1E0
(902) 644-5020 *SIC 8211*

SOUTH SLOPE ELEMENTARY SCHOOL *p 192*
See BURNABY SCHOOL BOARD DISTRICT 41

SOUTH STREET HOSPITAL *p 656*
See LONDON HEALTH SCIENCES CENTRE

SOUTH SURREY WHITE ROCK WORK *p 288*
See SCHOOL DISTRICT NO 36 (SURREY)

SOUTH TERRACE CONTINUING CARE CENTRE *p 109*
See REVERA INC

SOUTH TRAIL CHRYSLER LTD *p 57*
6103 130 Ave Se, CALGARY, AB, T2Z 0N3
(587) 349-7272 *SIC 5521*

SOUTH VANCOUVER NEIGHBOURHOOD HOUSE *p 295*
See ASSOCIATION OF NEIGHBOURHOOD HOUSES OF BRITISH COLUMBIA

SOUTH WALSINGHAM WASTE AND RECYCLING *p 949*
See CORPORATION OF NORFOLK COUNTY

SOUTH WAPITI GAS PLANT *p 125*
See BP CANADA ENERGY COMPANY

SOUTH WELLINGTON SCHOOL *p 243*
See SCHOOL DISTRICT NO. 68 (NANAIMO-LADYSMITH)

SOUTH WEST AG PARTNERS INC *p 949*
1504 Lambton Line, WALLACEBURG, ON, N8A 4L2
(519) 627-1491 *SIC 5191*

SOUTH WEST CHRYSLER DODGE INC *p 663*
658 Wharncliffe Rd S, LONDON, ON, N6J 2N4
(519) 649-2121 *SIC 5511*

SOUTH WEST HEALTH *p 480*
See SOUTH WEST NOVA DISTRICT HEALTH AUTHORITY

SOUTH WEST NOVA DISTRICT HEALTH AUTHORITY *p 480*
60 Vancouver St, YARMOUTH, NS, B5A 2P5
(902) 742-2406 *SIC 8062*

SOUTH WEST NOVA DISTRICT HEALTH AUTHORITY *p 480*
60 Vancouver St, YARMOUTH, NS, B5A 2P5
(902) 742-3541 *SIC 8062*

SOUTH WINDSOR RECREATIONAL COMPLEX *p 967*
See CORPORATION OF THE CITY OF WINDSOR

SOUTH WOODSIDE SCHOOL *p 447*
See HALIFAX REGIONAL SCHOOL BOARD

SOUTH-EAST OTTAWA COMMUNITY HEALTH SERVICES *p 786*
1355 Bank St Suite 600, OTTAWA, ON, K1H 8K7
(613) 737-5115 *SIC 8051*

SOUTHAMPTON CARE CENTRE INC *p 851*
140 Grey St S, SOUTHAMPTON, ON, N0H 2L0
(519) 797-3220 *SIC 8051*

SOUTHCENTER AUTO INC *p 1301*
321 Circle Dr W, SASKATOON, SK, S7L 5S8
(306) 373-3711 *SIC 5511*

SOUTHCENTRE SAFEWAY *p 36*
See SOBEYS WEST INC

SOUTHDALE NORTH WOODSIDE SCHOOL *p 448*
See HALIFAX REGIONAL SCHOOL BOARD

SOUTHEAST COLLEGE INC *p 390*
1301 Lee Blvd Suite 1, WINNIPEG, MB, R3T 5W8
(204) 261-3551 *SIC 8211*

SOUTHEAST EDUCATION CENTRE *p 390*
See SOUTHEAST COLLEGE INC

SOUTHEAST PERSONAL CARE HOME *p 390*
See SOUTHEAST PERSONAL CARE HOME INC

SOUTHEAST PERSONAL CARE HOME INC *p 390*
1265 Lee Blvd, WINNIPEG, MB, R3T 2M3
(204) 269-7111 *SIC 8052*

SOUTHERN ALBERTA FORENSIC PSYCHIATRY CENTRE *p 65*
11333 85 St Nw, CALGARY, AB, T3R 1J3
(403) 944-6800 *SIC 8011*

SOUTHERN CARLETON ELEMENTARY SCHOOL *p 394*
See SCHOOL DISTRICT 14

SOUTHERN GRAPHIC SYSTEMS-CANADA LTD *p 578*
2 Dorchester Ave, ETOBICOKE, ON, M8Z 4W3
(416) 252-9331 *SIC 3555*

SOUTHERN GRAPHIC SYSTEMS-CANADA LTD *p 684*
2620 Slough St, MISSISSAUGA, ON, L4T 3T2
(905) 405-1555 *SIC 7389*

SOUTHERN GRAPHIC SYSTEMS-CANADA LTD *p 1143*
165 Av Oneida, POINTE-CLAIRE, QC, H9R 1A9
(514) 426-5608 *SIC 2796*

SOUTHERN HEALTH *p 357*
See SOUTHERN HEALTH-SANTE SUD

SOUTHERN HEALTH-SANTE SUD *p 357*
354 Prefontaine Ave, ST PIERRE JOLYS, MB, R0A 1V0
(204) 433-7611 *SIC 8062*

SOUTHERN HEALTH-SANTE SUD *p 357*
316 Henry St, STEINBACH, MB, R5G 0P9
(204) 326-6411 *SIC 8062*

SOUTHERN HEALTH-SANTE SUD *p 357*
365 Reimer Ave, STEINBACH, MB, R5G 0R9
(204) 346-6123 *SIC 8322*

SOUTHERN HEALTH-SANTE SUD *p 360*
217 1st Ave, VITA, MB, R0A 2K0
(204) 425-3325 *SIC 8062*

SOUTHERN KINGS CONSOLIDATED *p 983*
See EASTERN SCHOOL DISTRICT

SOUTHERN MUSIC LTD *p 11*
3605 32 St Ne, CALGARY, AB, T1Y 5Y9
(403) 291-1666 *SIC 7359*

SOUTHERN MUSIC, DIV OF *p 11*
See SOUTHERN PROPERTY RENTALS LTD

SOUTHERN OKANAGAN ASSOCIATION FOR INGTERGRATED COMMUNITY LIVING *p 251*
38246 93 St, OLIVER, BC, V0H 1T0
(250) 498-0309 *SIC 8361*

SOUTHERN OKANAGAN SECONDARY SCHOOL *p 251*
See SCHOOL DISTRICT NO. 53 (OKANAGAN SIMILKAMEEN)

SOUTHERN ONTARIO LIBRARY SERVICE *p 931*
111 Peter St Suite 902, TORONTO, ON, M5V 2H1
(416) 961-1669 *SIC 8231*

SOUTHERN PLAINS CO-OPERATIVE LIMITED *p 1266*
214 Main St, CARLYLE, SK, S0C 0R0
(306) 453-2222 *SIC 5411*

SOUTHERN PLAINS CO-OPERATIVE LIMITED *p 1269*

826 4th St, ESTEVAN, SK, S4A 0W1
(306) 637-4300   SIC 5399
SOUTHERN PROPERTY RENTALS LTD p 11
3605 32 St Ne, CALGARY, AB, T1Y 5Y9
(403) 291-1666   SIC 7993
SOUTHERN RAILWAY OF BRITISH COLUMBIA LIMITED p 245
2102 River Dr, NEW WESTMINSTER, BC, V3M 6S3
(604) 521-1966   SIC 4011
SOUTHERN SANITATION INC p 520
150 Orenda Rd, BRAMPTON, ON, L6W 1W2
(905) 459-2716   SIC 4953
SOUTHERN SUPPLIES LIMITED p 781
323 Bloor St W, OSHAWA, ON, L1J 6X4
(905) 728-6216   SIC 5075
SOUTHGATE COMMUNITY BRANCH p 239
See COASTAL COMMUNITY CREDIT UNION
SOUTHGATE REXALL DRUG STORE p 109
See REXALL PHARMACY GROUP LTD
SOUTHLAKE REGIONAL HEALTH CENTRE p 734
640 Grace St, NEWMARKET, ON, L3Y 8V7
(905) 895-7661   SIC 8051
SOUTHLAKE RESIDENTIAL CARE VILLAGE p 734
See SOUTHLAKE REGIONAL HEALTH CENTRE
SOUTHLAND COOP 110 p 1264
See FEDERATED CO-OPERATIVES LIMITED
SOUTHLAND TRAILER CORP p 137
1405 41 St N, LETHBRIDGE, AB, T1H 6G3
(403) 327-8212   SIC 3715
SOUTHLAND TRANSPORTATION LTD p 29
823 Highfield Ave Se, CALGARY, AB, T2G 4C7
(403) 287-1395   SIC 4151
SOUTHLAND TRANSPORTATION LTD p 69
216 Griffin Rd E, COCHRANE, AB, T4C 2B9
(403) 932-7100   SIC 4151
SOUTHLAND TRANSPORTATION LTD p 149
117 Stockton Pt, OKOTOKS, AB, T1S 1H8
(403) 938-3966   SIC 4151
SOUTHPOINT APARTMENTS p 457
See UNIVERSAL PROPERTY MANAGEMENT LIMITED
SOUTHRIDGE ELEMENTARY SCHOOL p 643
See WATERLOO REGION DISTRICT SCHOOL BOARD
SOUTHRIDGE SCHOOL p 261
See BOARD OF EDUCATION OF SCHOOL DISTRICT NO. 57 (PRINCE GEORGE), THE
SOUTHSIDE INTERNATIONAL TRUCKS, DIV OF p 91
See DIAMOND INTERNATIONAL TRUCKS LTD
SOUTHSIDE NISSAN LTD p 298
290 Marine Dr Sw, VANCOUVER, BC, V5X 2R5
(604) 324-4644   SIC 5511
SOUTHVIEW COMMUNITY SCHOOL p 145
See MEDICINE HAT SCHOOL DISTRICT NO. 76
SOUTHWEST ALBERTA CHILD & FAMILY SERVICES p 136
See GOVERNMENT OF THE PROVINCE OF ALBERTA
SOUTHWEST ALBERTA CHILD AND FAMILY SERVICES, SIFTON FAMILY AND YOUTH SERVICES p 136
See GOVERNMENT OF THE PROVINCE OF ALBERTA
SOUTHWEST COMMUNITY OPTIONS INC p 352
210 Queen St, NINETTE, MB, R0K 1R0
(204) 528-5060   SIC 8399

SOUTHWEST OPTIMIST BASEBALL COMPLEX p 663
785 Wonderland Rd S, LONDON, ON, N6K 1M6
(519) 652-8571   SIC 7941
SOUTHWIND RETIREMENT RESIDENCE p 870
See CSH SOUTHWIND RETIREMENT RESIDENCE INC
SOUTHWIRE CANADA COMPANY p 715
5705 Cancross Crt Suite 100, MISSISSAUGA, ON, L5R 3E9
(800) 668-0303   SIC 3357
SOUTHWIRE CANADA COMPANY p 723
425 Courtneypark Dr W Unit 100, MISSISSAUGA, ON, L5W 0A5
(905) 565-9798   SIC 3357
SOUTHWOLD PUBLIC SCHOOL p 859
See THAMES VALLEY DISTRICT SCHOOL BOARD
SOUTHWOOD CORNERS p 54
See BANK OF MONTREAL
SOUTHWOOD ELEMENTARY SCHOOL p 54
See CALGARY BOARD OF EDUCATION
SOUTHWOOD GOLF AND COUNTRY CLUB p 391
80 Rue Des Ruines Du Monastere, WINNIPEG, MB, R3V 0B1
(204) 269-7867   SIC 7997
SOUTHWOOD PARK PUBLIC SCHOOL p 483
See DURHAM DISTRICT SCHOOL BOARD
SOUTHWOOD SCHOOL p 355
See GARDEN VALLEY SCHOOL DIVISION
SOUTHWOOD SCHOOL p 357
See HANOVER SCHOOL DIVISION
SOUTHWOOD SCHOOL p 971
See GREATER ESSEX COUNTY DISTRICT SCHOOL BOARD
SOUTHWOOD SECONDARY SCHOOL p 545
See WATERLOO REGION DISTRICT SCHOOL BOARD
SOUTIEN A DOMICILE p 1021
See CLSC ET CHSLD DE LA POMMERAIE
SOUTIEN A LA PERSONNE HANDICAPEE EN ROUTE VERS L'EMPLOI AU QUEBEC (SPHERE-QUEBEC) p 1150
210 Boul Charest E, Quebec, QC, G1K 3H1
(418) 522-4747   SIC 8322
SOUVENIR CITY p 735
See 647802 ONTARIO LIMITED
SOVEREIGN CASTINGS LTD p 33
5110 5 St Se, CALGARY, AB, T2H 1L1
(403) 252-1228   SIC 3321
SOVEREIGN GENERAL INSURANCE COMPANY, THE p 33
6700 Macleod Trl Se Suite 140, CALGARY, AB, T2H 0L3
(403) 298-4200   SIC 6411
SOVEREIGN GENERAL INSURANCE COMPANY, THE p 52
550 11 Ave Sw Unit 900, CALGARY, AB, T2R 1M7
(403) 781-1250   SIC 6411
SOVEREIGN GENERAL INSURANCE COMPANY, THE p 313
1095 Pender St W Unit 1400, VANCOUVER, BC, V6E 2M6
(604) 602-8300   SIC 6411
SP DATA CAPITAL ULC p 611
110 King St W Suite 500, HAMILTON, ON, L8P 4S6
(905) 645-5610   SIC 7389
SPA AT THE MONASTERY AND SUITES p 436
See PATRICK STREET HOLDINGS LIMITED
SPA D' OTTAWA p 800

See OTTAWA HUMANE SOCIETY
SPA UTOPIA & SALON p 231
See UTOPIA DAY SPAS & SALONS LTD
SPACE MAINTAINERS LAB (OTTAWA) p 786
See SPACE MAINTAINERS LAB CANADA LTD
SPACE MAINTAINERS LAB CANADA LTD p 786
1175 Cecil Ave, OTTAWA, ON, K1H 7Z6
(613) 736-1946   SIC 3843
SPACE MAINTENERS p 558
See CLASSIC DENTAL LABORATORIES LTD
SPAFAX CANADA INC p 902
2 Bloor St E Suite 1020, TORONTO, ON, M4W 1A8
(416) 350-2425   SIC 5199
SPAFAX CANADA INC p 1100
4200 Boul Saint-Laurent Bureau 707, MONTREAL, QC, H2W 2R2
(514) 844-2001   SIC 5199
SPAGO RESTAURANT INC p 898
2472 Yonge St, TORONTO, ON, M4P 2H5
SIC 5812
SPAMEDICA CANADA p 923
See 924169 ONTARIO LIMITED
SPANISH PUBLIC SCHOOL p 851
See ALGOMA DISTRICT SCHOOL BOARD
SPAQ p 1158
See SOCIETE PARC-AUTO DU QUEBEC
SPARKLES CLEANING SERVICE LTD p 643
300 Mill St Unit 6, KITCHENER, ON, N2M 5G8
(519) 579-4845   SIC 7349
SPARKSMAN TRANSPORTATION LTD p 121
8030 Golosky Ave, FORT MCMURRAY, AB, T9H 1V5
(780) 790-3960   SIC 4151
SPARLING SCHOOL p 66
See BATTLE RIVER REGIONAL DIVISION 31
SPARLING'S PROPANE CO. LIMITED p 505
82948 London Rd, BLYTH, ON, N0M 1H0
(519) 523-4256   SIC 5984
SPARLING'S PROPANE CO. LIMITED p 589
774304 10 Hwy, FLESHERTON, ON, N0C 1E0
(519) 924-3331   SIC 5984
SPARTA PUBLIC SCHOOL p 851
See THAMES VALLEY DISTRICT SCHOOL BOARD
SPARTAN CONTROLS LTD p 106
8403 51 Ave Nw, EDMONTON, AB, T6E 5L9
(780) 468-5463   SIC 5085
SPARTAN CONTROLS LTD p 106
8403 51 Ave Nw, EDMONTON, AB, T6E 5L9
(780) 468-5463   SIC 5999
SPARTAN INDUSTRIAL MARINE p 433
See HERCULES SLR INC
SPARTCO p 114
See WESTPOWER EQUIPMENT LTD
SPARTECH COLOR p 865
See POLYONE DSS CANADA INC
SPARTECH PLASTICS p 565
See POLYONE DSS CANADA INC
SPARTECH PROFILE p 356
See POLYONE DSS CANADA INC
SPARWOOD SECONDARY SCHOOL p 279
See SCHOOL DISTRICT NO 5 (SOUTH-EAST KOOTENAY)
SPATIAL MAPPING LTD p 260
484 2nd Ave Suite 200, PRINCE GEORGE, BC, V2L 2Z7
(250) 564-1928   SIC 7389
SPATSIZI REMOTE SERVICES CORPORATION p 207
Gd, DEASE LAKE, BC, V0C 1L0
(250) 771-5484   SIC 5812
SPB DIMENSIONS p 1070
See SPB PSYCHOLOGIE ORGANISA-

TIONELLE INC
SPB PSYCHOLOGIE ORGANISATIONELLE INC p 1070
555 Boul Roland-Therrien Bureau 300, LONGUEUIL, QC, J4H 4E7
(450) 646-1022   SIC 8999
SPEARS & MACLEOD PHARMACY LIMITED p 480
333 Main St Suite 519, YARMOUTH, NS, B5A 1E5
(902) 742-7825   SIC 5912
SPECIAL SERVICES CATHOLIC EDUCATION CENTRE p 750
See TORONTO CATHOLIC DISTRICT SCHOOL BOARD
SPECIAL COMODITIES, DIV OF p 17
See ECONOMY CARRIERS LIMITED
SPECIAL EVENT RENTALS p 103
See ALBERTA SPECIAL EVENT EQUIPMENT RENTALS & SALES LTD
SPECIAL INVESTIGATIONS UNIT p 688
See GOVERNMENT OF ONTARIO
SPECIAL SERVICES p 232
See BOARD OF EDUCATION OF SCHOOL DISTRICT NO. 35 (LANGLEY)
SPECIAL SERVICES - EAST REGION p 846
See TORONTO CATHOLIC DISTRICT SCHOOL BOARD
SPECIAL SERVICES - WEST REGION p 583
See TORONTO CATHOLIC DISTRICT SCHOOL BOARD
SPECIALISTE DU BARDEAU DE CEDRE INC, LE p 1220
754 8e Rue, SAINT-PROSPER-DE-DORCHESTER, QC, G0M 1Y0
(418) 594-6201   SIC 2429
SPECIALISTES DE L'ELECTROMENAGER, LES p 1237
See SERVICE DE L'ESTRIE (VENTE & REPARATION) INC
SPECIALITES LASSONDE INC p 1001
3810 Rue Alfred-Laliberte, BOISBRIAND, QC, J7H 1P8
(450) 979-0717   SIC 2033
SPECIALITES M.B. INC p 1195
5450 Av Trudeau, SAINT-HYACINTHE, QC, J2S 7Y8
(450) 771-1415   SIC 2013
SPECIALIZED PACKAGING (LONDON) COMPANY ULC p 651
5 Cuddy Blvd, LONDON, ON, N5V 3Y3
(519) 659-7011   SIC 2679
SPECIALIZED RIGGING SERVICES LTD p 115
233 91 Ave Unit 1, EDMONTON, AB, T6P 1L1
(780) 449-3052   SIC 1541
SPECIALIZED TRANSPORTATION p 781
See SPECIALIZED TRANSPORTATION AGENT GROUP - CANADA CORP
SPECIALIZED TRANSPORTATION AGENT GROUP - CANADA CORP p 781
933 Bloor St W, OSHAWA, ON, L1J 5Y7
(905) 728-4506   SIC 4212
SPECIALTY CARE BRADFORD VALLEY p 509
See SPECIALTY CARE INC
SPECIALTY CARE CASE MANOR INC p 505
18 Boyd St, BOBCAYGEON, ON, K0M 1A0
(705) 738-2374   SIC 8051
SPECIALTY CARE FAMILY p 860
See SPECIALTY CARE INC
SPECIALTY CARE INC p 499
44 Donald St Suite 229, BARRIE, ON, L4N 1E3
(705) 722-5750   SIC 6513
SPECIALTY CARE INC p 509
2656 Line 6, BRADFORD, ON, L3Z 2A1
(905) 952-2270   SIC 8059
SPECIALTY CARE INC p 523

10260 Kennedy Rd, BRAMPTON, ON, L6Z 4N7
(905) 495-4695   SIC 8059
SPECIALTY CARE INC   p 548
18 Trent Dr Rr 1, CAMPBELLFORD, ON, K0L 1L0
(705) 653-3100   SIC 6513
SPECIALTY CARE INC   p 628
121 Morton Ave Suite 308, KESWICK, ON, L4P 3T5
(905) 476-2656   SIC 8051
SPECIALTY CARE INC   p 860
5501 Abbott St E, STITTSVILLE, ON, K2S 2C5
(613) 836-0331   SIC 8051
SPECIALTY CARE WOODHALL PARK   p 523
See SPECIALTY CARE INC
SPECIALTY LIVING ISLAND PARK   p 548
See SPECIALTY CARE INC
SPECIALTY POLYMER COATINGS INC   p 233
20529 62 Ave Suite 104, LANGLEY, BC, V3A 8R4
(604) 514-9711   SIC 2851
SPECIALTY PRECAST ERECTORS LIMITED   p 734
1 Bales Rd, NEWMARKET, ON, L3Y 4X1
SIC 1771
SPECIALTY PRODUCTS AND INSULATION   p 97
See SUPERIOR PLUS LP
SPECIALTY PRODUCTS AND INSULATION   p 863
See SUPERIOR PLUS LP
SPECIALTY STEELS   p 534
See MARMON/KEYSTONE CANADA INC
SPECIFIC MECHANICAL SYSTEMS LTD   p 275
6848 Kirkpatrick Cres, SAANICHTON, BC, V8M 1Z9
(250) 652-2111   SIC 3556
SPECTRA ANODIZING LTD   p 975
201 Hanlan Rd, WOODBRIDGE, ON, L4L 3R7
(905) 851-1141   SIC 3471
SPECTRA ENERGY   p 196
See WESTCOAST ENERGY INC
SPECTRA ENERGY COMPANY   p 565
See UNION GAS LIMITED
SPECTRA ENERGY COMPANY   p 663
See UNION GAS LIMITED
SPECTRA ENERGY COMPANY   p 741
See UNION GAS LIMITED
SPECTRA ENERGY COMPANY   p 884
See UNION GAS LIMITED
SPECTRA ENERGY EMPRESS L.P.   p 49
425 1 St Sw Suite 2600, CALGARY, AB, T2P 3L8
(403) 699-1999   SIC 8732
SPECTRA ENERGY EMPRESS L.P.   p 144
Gd Lcd 1, MEDICINE HAT, AB, T1A 7E4
(403) 838-8317   SIC 4922
SPECTRA ENERGY MIDSTREAM CORPORATION   p 164
Gd, SPIRIT RIVER, AB, T0H 3G0
(780) 864-3125   SIC 1389
SPECTRA GROUP OF GREAT RESTAURANTS INC, THE   p 316
1880 1st Ave W, VANCOUVER, BC, V6J 1G5
SIC 5812
SPECTRA HOSPITALITY GROUP INC p 315
2996 Granville St, VANCOUVER, BC, V6H 3J7
(604) 733-5699   SIC 5812
SPECTRAL APPLIED RESEARCH INC   p 821
2 East Beaver Creek Rd, RICHMOND HILL, ON, L4B 2N3
(905) 326-5040   SIC 3545

SPECTRUM COMMUNITY SCHOOL   p 333
See BOARD OF EDUCATION OF SCHOOL DISTRICT NO. 61 (GREATER VICTORIA)
SPECTRUM EDUCATIONAL SUPPLIES LIMITED   p 734
150 Pony Dr, NEWMARKET, ON, L3Y 7B6
(905) 898-0031   SIC 5961
SPECTRUM HEALTH AMBULATORY CARE CLINIC   p 700
See SPECTRUM HEALTH CARE LTD
SPECTRUM HEALTH CARE LTD   p 700
1290 Central Pky W Suite 302, MISSISSAUGA, ON, L5C 4R3
(905) 272-2271   SIC 8741
SPECTRUM SIGNAL PROCESSING BY VECIMA   p 185
See VECIMA NETWORKS INC
SPEECH, PATHOLOGY AND AUDIOLOGY p 981
See PROVINCE OF PEI
SPEEDEE PRINTERS LTD   p 278
1156 Main St, SMITHERS, BC, V0J 2N0
(250) 847-9712   SIC 5943
SPEEDVALE MANUFACTURING LOCATION   p 603
See TEUTECH INDUSTRIES INC
SPEEDWAY AUTO WRECKERS   p 592
See MULROONEY, K TRUCKING LIMITED
SPEEDY CARTAGE & TRANSPORT   p 651
See SPEEDY TRANSPORT GROUP INC
SPEEDY CREEK (1997) LTD   p 93
17724 102 Ave Nw, EDMONTON, AB, T5S 1H5
SIC 5812
SPEEDY GLASS   p 297
See TCG INTERNATIONAL INC
SPEEDY GLASS   p 496
See BELRON CANADA INCORPOREE
SPEEDY TRANSPORT GROUP   p 1140
See SPEEDY TRANSPORT GROUP INC
SPEEDY TRANSPORT GROUP INC   p 651
535 Industrial Rd, LONDON, ON, N5V 1T9
(519) 453-1673   SIC 4212
SPEEDY TRANSPORT GROUP INC   p 1140
12625 Boul Metropolitain E, POINTE-AUX-TREMBLES, QC, H1B 5R3
(514) 278-3337   SIC 4731
SPEKTRA DRILLING CANADA INC   p 932
100 King St W Suite 5600, TORONTO, ON, M5X 1C9
(416) 644-5096   SIC 1381
SPENCE DIAMONDS LTD   p 301
550 6th Ave W Suite 410, VANCOUVER, BC, V5Z 1A1
(604) 739-9928   SIC 5944
SPENCER MIDDLE SCHOOL   p 336
See SCHOOL DISTRICT NO 62 (SOOKE)
SPENCER STEEL LIMITED   p 620
200 King St, ILDERTON, ON, N0M 2A0
SIC 1791
SPENCER VALLEY PUBLIC SCHOOL p 571
See HAMILTON-WENTWORTH DISTRICT SCHOOL BOARD, THE
SPENCER'S AT THE WATERFRONT   p 541
1340 Lakeshore Rd, BURLINGTON, ON, L7S 1Y2
(905) 633-7494   SIC 5812
SPEQ   p 1058
See VCS INVESTIGATION INC
SPERLING ELEMENTARY SCHOOL   p 185
See BURNABY SCHOOL BOARD DISTRICT 41
SPG HYDRO INTERNATIONAL INC   p 1226
2161 Rue Leonard-De Vinci Bureau 101, SAINTE-JULIE, QC, J3E 1Z3
(450) 922-3515   SIC 7373
SPI   p 865
See INDUSTRIES SPECTRA PREMIUM INC, LES
SPI SANTE SECURITE INC   p 999
60 Rue Gaston-Dumoulin, BLAINVILLE, QC, J7C 0A3
(450) 420-2012   SIC 5999

SPICER DRIVESHAFT, DIV OF   p 876
See DANA CANADA CORPORATION
SPICERS   p 63
See SPICERS CANADA ULC
SPICERS   p 319
See SPICERS CANADA ULC
SPICERS   p 644
See SPICERS CANADA ULC
SPICERS   p 975
See SPICERS CANADA ULC
SPICERS   p 991
See SPICERS CANADA ULC
SPICERS CANADA ULC   p 63
1845 104 Ave Ne Suite 181, CALGARY, AB, T3J 0R2
(403) 351-5440   SIC 5111
SPICERS CANADA ULC   p 319
850 Kent Ave South W, VANCOUVER, BC, V6P 3G1
SIC 5111
SPICERS CANADA ULC   p 644
1460 Strasburg Rd, KITCHENER, ON, N2R 1K1
(519) 340-1450   SIC 5111
SPICERS CANADA ULC   p 975
200 Galcat Dr, WOODBRIDGE, ON, L4L 0B9
(905) 265-5000   SIC 5111
SPICERS CANADA ULC   p 975
200 Galcat Dr, WOODBRIDGE, ON, L4L 0B9
(905) 850-1170   SIC 5111
SPICERS CANADA ULC   p 991
10000 Boul Ray-Lawson, ANJOU, QC, H1J 1L8
(514) 351-3520   SIC 5111
SPIFFY CLEAN INC   p 162
165 Seneca Rd, SHERWOOD PARK, AB, T8A 4G6
(780) 467-5584   SIC 1521
SPIKE MARKS INC   p 1205
275 Rue Stinson, SAINT-LAURENT, QC, H4N 2E1
(514) 737-0066   SIC 5194
SPIN MASTER FILM PRODUCTION   p 902
See SPIN MASTER LTD
SPIN MASTER LTD   p 902
121 Bloor St E, TORONTO, ON, M4W 3M5
(416) 364-6002   SIC 3944
SPIN PRODUCTIONS CORPORATION   p 316
1965 4th Ave W Suite 207, VANCOUVER, BC, V6J 1M8
(604) 708-8846   SIC 7812
SPIN WEST VFX   p 316
See SPIN PRODUCTIONS CORPORATION
SPINAL CORD INJURY CANADA   p 425
20 Reids Rd, CORNER BROOK, NL, A2H 5Y7
(709) 634-9901   SIC 8699
SPINIC MANUFACTURING   p 604
See LINAMAR CORPORATION
SPINNAKERS BREWPUB & GUESTHOUSES INC   p 335
308 Catherine St, VICTORIA, BC, V9A 3S8
(250) 386-2739   SIC 5812
SPINNAKERS GASTRO BREWPUB   p 335
See SPINNAKERS BREWPUB & GUESTHOUSES INC
SPINRITE LIMITED PARTNERSHIP   p 648
320 Livingstone Ave S, LISTOWEL, ON, N4W 3H3
(519) 291-3780   SIC 2282
SPIRAX SARCO   p 562
See SPIRAX SARCO CANADA LIMITED
SPIRAX SARCO CANADA LIMITED   p 562
383 Applewood Cres, CONCORD, ON, L4K 4J3
(905) 660-5510   SIC 5075
SPIRENT COMMUNICATIONS OF OTTAWA LTD   p 626
750 Palladium Dr Unit 310, KANATA, ON, K2V 1C7

(613) 592-2661   SIC 3669
SPIRIT OF THE NORTH COMMUNITY SCHOOL   p 130
See FORT VERMILION SCHOOL DIVISION 52
SPIRIT OF THE NORTH DUTY FREE p 712
See NUANCE GROUP (CANADA) INC, THE
SPIRIT REGIONAL ACADEMY   p 164
See PEACE WAPITI SCHOOL DIVISION NO.76
SPIRIT RIDGE VINEYARD RESORT & SPA   p 251
See SPIRIT RIDGE VINEYARD RESORT INC
SPIRIT RIDGE VINEYARD RESORT INC   p 251
1200 Rancher Creek Rd, OSOYOOS, BC, V0H 1V6
(250) 495-5445   SIC 7011
SPIRITWOOD AND DISTRICT HOUSE COMPLEX   p 1306
See PRINCE ALBERT PARKLAND REGIONAL HEALTH AUTHORITY
SPIRITWOOD HIGH SCHOOL   p 1306
See LIVING SKY SCHOOL DIVISION NO. 202
SPITZEE ELEMENTARY SCHOOL   p 131
See FOOTHILLS SCHOOL DIVISION NO. 38
SPIVO CANADA INC   p 1121
3150 Place De Ramezay Bureau 202, Montreal, QC, H3Y 0A3
(514) 501-4256   SIC 3949
SPLASHES   p 241
See SHERET, ANDREW LIMITED
SPLASHES BATH & KITCHEN CENTRE   p 253
See SHERET, ANDREW LIMITED
SPLASHES BATH & KITCHEN CENTRE   p 297
See SHERET, ANDREW LIMITED
SPLASHES BATH & KITCHEN CENTRE, A DIV OF   p 329
See SHERET, ANDREW LIMITED
SPM FLOW CONTROL LTD   p 156
8060 Edgar Industrial Cres Unit A, RED DEER, AB, T4P 3R3
(403) 341-3410   SIC 1389
SPOOKY LURKER NETWORKS   p 344
Gd, BLUMENORT, MB, R0A 0C0
(204) 381-1230   SIC 4813
SPORT CHECK   p 503
See FGL SPORTS LTD
SPORT CHECK   p 771
See FGL SPORTS LTD
SPORT CHECK NORTHGATE CENTRE   p 370
See FGL SPORTS LTD
SPORT CHECK   p 190
See FGL SPORTS LTD
SPORT CHECK   p 332
See FGL SPORTS LTD
SPORT CHECK   p 477
See FGL SPORTS LTD
SPORT CHECK   p 577
See FGL SPORTS LTD
SPORT CHECK   p 638
See FGL SPORTS LTD
SPORT CHECK   p 664
See FGL SPORTS LTD
SPORT CHECK   p 813
See FGL SPORTS LTD
SPORT CHECK   p 863
See FGL SPORTS LTD
SPORT CHECK   p 955
See FGL SPORTS LTD
SPORT CHECK   p 1275
See FGL SPORTS LTD
SPORT CHECK   p 1282
See FGL SPORTS LTD
SPORT CHECK   p 1300
See FGL SPORTS LTD
SPORT CHEK AJAX   p 484
See FGL SPORTS LTD

▲ Public Company   ■ Public Company Family Member   HQ Headquarters   BR Branch   SL Single Location

SPORT CHEK APPLEBY CROSSING p 533
See FGL SPORTS LTD
SPORT CHEK ARGYLE MALL p 650
See FGL SPORTS LTD
SPORT CHEK BIG BEND CROSSING p 192
See FGL SPORTS LTD
SPORT CHEK BOLTON p 506
See FGL SPORTS LTD
SPORT CHEK BRAMALEA CITY CENTRE p 514
See FGL SPORTS LTD
SPORT CHEK BURLINGTON MALL p 539
See FGL SPORTS LTD
SPORT CHEK BURLOAK p 769
See FGL SPORTS LTD
SPORT CHEK CARRY POWER CENTRE p 144
See FGL SPORTS LTD
SPORT CHEK CATARAQUI TOWN CENTRE p 633
See FGL SPORTS LTD
SPORT CHEK CENTRE AT CIRCLE AND EIGHT p 1292
See FGL SPORTS LTD
SPORT CHEK CHATHAM 10THAMES LEA PLAZA p 551
See FGL SPORTS LTD
SPORT CHEK CHINOOK CENTRE p 31
See FGL SPORTS LTD
SPORT CHEK COQUITLAM CENTRE p 199
See FGL SPORTS LTD
SPORT CHEK FAIRVIEW MALL p 745
See FGL SPORTS LTD
SPORT CHEK GATEWAY MALL p 1279
See FGL SPORTS LTD
SPORT CHEK HEARTLAND TOWN CENTRE p 721
See FGL SPORTS LTD
SPORT CHEK HERITAGE PLACE p 803
See FGL SPORTS LTD
SPORT CHEK LEASIDE p 893
See FGL SPORTS LTD
SPORT CHEK LLOYDMINSTER POWER CENTRE p 141
See FGL SPORTS LTD
SPORT CHEK LONDON NW p 661
See FGL SPORTS LTD
SPORT CHEK LYNDEN PARK MALL p 525
See FGL SPORTS LTD
SPORT CHEK MARKVILLE SHOPPING CENTRE p 671
See FGL SPORTS LTD
SPORT CHEK MAYFLOWER MALL p 475
See FGL SPORTS LTD
SPORT CHEK MEADOWLANDS POWER CENTRE p 488
See FGL SPORTS LTD
SPORT CHEK MERIVALE p 728
See FGL SPORTS LTD
SPORT CHEK NEW SUDBURY CENTRE p 867
See FGL SPORTS LTD
SPORT CHEK NIAGARA SQUARE p 738
See FGL SPORTS LTD
SPORT CHEK NORTHUMBERLAND p 554
See FGL SPORTS LTD
SPORT CHEK ORION GATE p 519
See FGL SPORTS LTD
SPORT CHEK PARK PLACE SHOPPING CENTRE p 138
See FGL SPORTS LTD
SPORT CHEK PARKLAND MALL p 153
See FGL SPORTS LTD
SPORT CHEK PEACHTREE SQUARE p 252
See FGL SPORTS LTD
SPORT CHEK PLACE D'ORLEANS p 776
See FGL SPORTS LTD
SPORT CHEK SHERWAY p 904
See FGL SPORTS LTD
SPORT CHEK SHERWOOD PARK MALL p 161
See FGL SPORTS LTD
SPORT CHEK SOUTHCENTRE MALL p 35

See FGL SPORTS LTD
SPORT CHEK SOUTHLAND MALL p 1288
See FGL SPORTS LTD
SPORT CHEK ST. ALBERT CENTRE p 166
See FGL SPORTS LTD
SPORT CHEK THE PROMENADE p 875
See FGL SPORTS LTD
SPORT CHEK THE VILLAGE SHOPPING CENTRE p 436
See FGL SPORTS LTD
SPORT CHEK TRINITY COMMON p 510
See FGL SPORTS LTD
SPORT CHEK VICTORIA BAY CENTRE p 331
See FGL SPORTS LTD
SPORT CHEK WEST RIDGE PLACE p 774
See FGL SPORTS LTD
SPORT CHEK WHITBY p 960
See FGL SPORTS LTD
SPORT CHEK WOODBINE p 942
See FGL SPORTS LTD
SPORT EXPERT p 1200
See BEAULIEU, CLAUDE SPORT INC
SPORT MART p 61
See FGL SPORTS LTD
SPORT MART p 76
See FGL SPORTS LTD
SPORT MART p 260
See FGL SPORTS LTD
SPORT MART p 764
See FGL SPORTS LTD
SPORT MASKA INC p 933
2811 Dufferin St, TORONTO, ON, M6B 3R9
(905) 266-4321   SIC 2329
SPORT MASKA INC p 1196
15855 Av Hubert, SAINT-HYACINTHE, QC, J2T 4C9
(450) 773-5258   SIC 2329
SPORT MASKA INC p 1207
3400 Rue Raymond-Lasnier, SAINT-LAURENT, QC, H4R 3L3
(514) 461-8000   SIC 3949
SPORT TECH p 362
See FGL SPORTS LTD
SPORT-CHEK p 10
See FGL SPORTS LTD
SPORT-CHEK p 57
See FGL SPORTS LTD
SPORT-CHEK p 60
See FGL SPORTS LTD
SPORT-CHEK p 225
See FGL SPORTS LTD
SPORT-CHEK p 253
See FGL SPORTS LTD
SPORT-CHEK p 280
See FGL SPORTS LTD
SPORT-CHEK p 286
See FGL SPORTS LTD
SPORT-CHEK p 325
See FGL SPORTS LTD
SPORT-CHEK p 389
See FGL SPORTS LTD
SPORT-CHEK p 401
See FGL SPORTS LTD
SPORT-CHEK p 414
See FGL SPORTS LTD
SPORT-CHEK p 425
See FGL SPORTS LTD
SPORT-CHEK p 432
See FGL SPORTS LTD
SPORT-CHEK p 436
See FGL SPORTS LTD
SPORT-CHEK p 463
See FGL SPORTS LTD
SPORT-CHEK p 470
See FGL SPORTS LTD
SPORT-CHEK p 705
See FGL SPORTS LTD
SPORT-CHEK p 764
See FGL SPORTS LTD
SPORT-CHEK p 813
See FGL SPORTS LTD
SPORT-CHEK p 840
See FGL SPORTS LTD

SPORT-CHEK p 856
See FGL SPORTS LTD
SPORT-CHEK BROADWAY p 299
See FGL SPORTS LTD
SPORT-CHEK CHARLOTTETOWN MALL p 982
See FGL SPORTS LTD
SPORT-CHEK CLEARWATER LANDING p 120
See FGL SPORTS LTD
SPORT-CHEK FESTIVAL MARKET PLACE p 864
See FGL SPORTS LTD
SPORT-CHEK HYLAND p 653
See FGL SPORTS LTD
SPORT-CHEK KANATA CENTRUM p 625
See FGL SPORTS LTD
SPORT-CHEK LANSDOWNE PLACE p 809
See FGL SPORTS LTD
SPORT-CHEK LOUGHEED MALL p 182
See FGL SPORTS LTD
SPORT-CHEK MIDTOWN PLAZA p 1295
See FGL SPORTS LTD
SPORT-CHEK MILTON MALL p 681
See FGL SPORTS LTD
SPORT-CHEK NEW NORTH BAY MALL p 740
See FGL SPORTS LTD
SPORT-CHEK PEMBROKE MALL p 806
See FGL SPORTS LTD
SPORT-CHEK PINE CENTRE p 261
See FGL SPORTS LTD
SPORT-CHEK SARNIA p 826
See FGL SPORTS LTD
SPORT-CHEK SOUTH PARK CENTRE p 110
See FGL SPORTS LTD
SPORT-CHEK WOODBRIDGE p 974
See FGL SPORTS LTD
SPORT-CHEK WOODGROVE CENTRE p 241
See FGL SPORTS LTD
SPORTHEQUE DE HULL INC p 1039
72 Rue Jean-Proulx, GATINEAU, QC, J8Z 1W1
    SIC 7991
SPORTING LIFE INC p 581
25 The West Mall Suite 7, ETOBICOKE, ON, M9C 1B8
(416) 620-7002   SIC 5941
SPORTING LIFE INC p 898
2454 Yonge St, TORONTO, ON, M4P 2H5
(416) 485-4440   SIC 5941
SPORTING LIFE INC p 899
130 Merton St 6th Fl, TORONTO, ON, M4S 1A4
(416) 485-1685   SIC 5941
SPORTING LIFE SHERWAY GARDENS p 581
See SPORTING LIFE INC
SPORTS AND ENTERTAINMENT CENTER p 830
See CORPORATION OF THE CITY OF SAULT STE MARIE, THE
SPORTS DIX 30 INC p 1007
9550 Boul Leduc Bureau 15, BROSSARD, QC, J4Y 0B3
(450) 926-2000   SIC 5311
SPORTS EXPERTS p 1012
See GROUPE LALIBERTE SPORTS INC
SPORTS EXPERTS p 1059
See GROUPE LALIBERTE SPORTS INC
SPORTS EXPERTS p 1083
See GROUPE LALIBERTE SPORTS INC
SPORTS EXPERTS p 1165
See 2427-9028 QUEBEC INC
SPORTS EXPERTS p 1248
See GESTION SETR INC
SPORTS GILBERT ROUSSEAU p 1192
See EQUIPEMENTS SPORTIFS PRO HOCKEY LIFE INC, LES
SPORTS MONTREAL INC p 1096
1000 Av Emile-Journault, Montreal, QC, H2M 2E7

(514) 872-7177   SIC 7032
SPORTS ODESSA CANADA INC p 1006
36 Rue Unifix, BROMONT, QC, J2L 1N6
(450) 534-4534   SIC 5085
SPORTS TRADERS - VICTORIA p 329
See STM SPORTS TRADE MALL LTD
SPORTS VILLAGE p 563
See VAUGHAN SPORTS VILLAGE INC
SPORTSPLEX p 195
See THE CITY OF CAMPBELL RIVER
SPORTSPLEX MANAGEMENT LTD p 230
20165 91a Ave Unit 100, LANGLEY, BC, V1M 3A2
(604) 882-1611   SIC 7999
SPOT GRAPHICS p 373
See TRANSCONTINENTAL PRINTING INC
SPOTFX p 695
See MINA MAR GROUP INC
SPRAY LAKE SAWMILLS p 69
See SPRAY LAKE SAWMILLS (1980) LTD
SPRAY LAKE SAWMILLS (1980) LTD p 69
305 Griffin Rd, Cochrane, AB, T4C 2C4
(403) 932-2234   SIC 2491
SPRAY-PAK INDUSTRIES p 715
See 1132694 ONTARIO INC
SPRING GLOBAL MAIL p 685
See G3 WORLDWIDE (CANADA) INC
SPRING LAKES GOLF CLUB p 863
4632 Stouffville Rd, STOUFFVILLE, ON, L4A 3X4
(905) 640-3633   SIC 7997
SPRING PARK ELEMENTARY SCHOOL p 980
See EASTERN SCHOOL DISTRICT
SPRING TAXI p 380
See STAR TAXI (1989) LTD
SPRING VALLEY ARENA p 487
See CITY OF HAMILTON, THE
SPRING VALLEY CARE CENTRE LTD p 224
355 Terai Crt Suite 220, KELOWNA, BC, V1X 5X6
(250) 979-6000   SIC 8059
SPRING VALLEY COLONY SCHOOL p 164
See WESTWIND SCHOOL DIVISION #74
SPRING VALLEY ELEMENTARY SCHOOL p 223
See BOARD OF EDUCATION OF SCHOOL DISTRICT NO. 23 (CENTRAL OKANAGAN), THE
SPRING VALLEY PUBLIC SCHOOL p 530
See KAWARTHA PINE RIDGE DISTRICT SCHOOL BOARD
SPRINGBANK COMMUNITY HIGH SCHOOL p 65
See ROCKY VIEW SCHOOL DIVISION NO. 41, THE
SPRINGBANK MIDDLE SCHOOL p 65
See ROCKY VIEW SCHOOL DIVISION NO. 41, THE
SPRINGBANK PUBLIC SCHOOL p 978
See THAMES VALLEY DISTRICT SCHOOL BOARD
SPRINGDALE COUNTRY MANOR p 810
See OMNI HEALTH CARE LTD
SPRINGDALE ELEMENTARY SCHOOL p 1024
See LESTER B. PEARSON SCHOOL BOARD
SPRINGDALE PUBLIC SCHOOL p 510
See PEEL DISTRICT SCHOOL BOARD
SPRINGER INVESTMENTS LTD p 415
447 Rothesay Ave, SAINT JOHN, NB, E2J 2C3
(506) 633-8450   SIC 5812
SPRINGER INVESTMENTS LTD p 415
97 Loch Lomond Rd, SAINT JOHN, NB, E2J 1X6
(506) 847-9168   SIC 5461
SPRINGFIELD COLLEGIATE INSTITUTE p 353
See SUNRISE SCHOOL DIVISION
SPRINGFIELD ELEMENTARY SCHOOL p 150
See PEACE RIVER SCHOOL DIVISION 10

SPRINGFIELD HEIGHTS ELEMENTARY SCHOOL p 364
See RIVER EAST TRANSCONA SCHOOL DIVISION

SPRINGFIELD HOTELS (HALIFAX) INCORPORATED p 454
200 Pratt Whitney Dr, ENFIELD, NS, B2T 0A2
(902) 873-1400 SIC 7011

SPRINGFIELD INDUSTRIES LTD p 364
125 Furniture Park, WINNIPEG, MB, R2G 1B9
SIC 2821

SPRINGFIELD MIDDLE SCHOOL p 353
See SUNRISE SCHOOL DIVISION

SPRINGFIELD PUBLIC SCHOOL p 700
See PEEL DISTRICT SCHOOL BOARD

SPRINGFREE TRAMPOLINE INC p 674
151 Whitehall Dr Unit 2, MARKHAM, ON, L3R 9T1
(905) 948-0124 SIC 3949

SPRINGHILL FARMS p 352
See HYLIFE LTD

SPRINGHILL JUNIOR SENIOR HIGH SCHOOL p 473
See CHIGNECTO CENTRAL REGIONAL SCHOOL BOARD

SPRINGS GOLF PRO SHOP p 264
See RADIUM RESORT INC

SPRINGSIDE COLONY SCHOOL p 73
See GRASSLANDS REGIONAL DIVISION 6

SPRINGVALE SCHOOL p 463
See HALIFAX REGIONAL SCHOOL BOARD

SPRINGVALLEY MIDDLE SCHOOL p 223
See BOARD OF EDUCATION OF SCHOOL DISTRICT NO. 23 (CENTRAL OKANAGAN), THE

SPRINGWALL SLEEP PRODUCTS INC p 29
4020 9 St Se Suite 6, CALGARY, AB, T2G 3C4
(403) 287-0221 SIC 2515

SPRINGWALL SLEEP PRODUCTS INC p 587
1821 Albion Rd Suite 5, ETOBICOKE, ON, M9W 5W8
(888) 760-2311 SIC 2515

SPRINGWALL SLEEP PRODUCTS INC p 684
7689 Bath Rd, MISSISSAUGA, ON, L4T 3T1
(905) 564-5008 SIC 2515

SPRINGWOOD ELEMENTARY SCHOOL p 258
See BOARD OF EDUCATION OF SCHOOL DISTRICT NO. 57 (PRINCE GEORGE), THE

SPRINGWOOD MIDDLE SCHOOL p 251
See SCHOOL DISTRICT NO 69 (QUALICUM)

SPRINT COURIER p 783
See 718009 ONTARIO INC

SPROTT BULL/BEAR RSP p 920
200 Bay St Suite 2700, TORONTO, ON, M5J 2J1
(416) 943-6707 SIC 6722

SPROULE ASSOCIATES LIMITED p 49
140 4 Ave Sw Unit 900, CALGARY, AB, T2P 3N3
(403) 294-5500 SIC 8711

SPRUCE AVENUE ELEMENTARY-JR HIGH SCHOOL p 76
See EDMONTON SCHOOL DISTRICT NO. 7

SPRUCE CLIFF ELEMENTARY SCHOOL p 59
See CALGARY BOARD OF EDUCATION

SPRUCE CREDIT UNION p 259
See CENTRAL 1 CREDIT UNION

SPRUCE GLEN PUBLIC SCHOOL p 620
See TRILLIUM LAKELANDS DISTRICT SCHOOL BOARD

SPRUCE GROVE BUILDING CLEANERS p 396
See 041216 NB LTD

SPRUCE GROVE COMPOSITE HIGH SCHOOL p 165
See PARKLAND SCHOOL DIVISION NO. 70

SPRUCE GROVE I G A p 90
See VANAN FOODS LIMITED

SPRUCE GROVE PIZZA LTD p 165
201 Calahoo Rd, SPRUCE GROVE, AB, T7X 1R1
(780) 962-0224 SIC 5812

SPRUCE GROVE PO p 165
See CANADA POST CORPORATION

SPRUCE LODGE p 24
See METROPOLITAN CALGARY FOUNDATION

SPRUCE NEEDLES GOLF CLUB p 884
See SPRUCE NEEDLES INC

SPRUCE NEEDLES INC p 884
2400 Dalton Rd, TIMMINS, ON, P4N 7C2
(705) 267-1332 SIC 7997

SPRUCE RIDGE COMMUNITY SCHOOL p 571
See BLUEWATER DISTRICT SCHOOL BOARD

SPRUCE RIDGE SCHOOL p 1268
See SOUTH EAST CORNERSTONE SCHOOL DIVISION NO. 209

SPRUCE VIEW SCHOOL p 165
See CHINOOKS EDGE SCHOOL DIVISION NO. 73

SPRUCECOURT PUBLIC SCHOOL p 905
See TORONTO DISTRICT SCHOOL BOARD

SPRUCEDALE PUBLIC SCHOOL p 848
See AVON MAITI AND DISTRICT SCHOOL BOARD

SPRUCEDALE SECONDARY SCHOOL p 849
See GRAND ERIE DISTRICT SCHOOL BOARD

SPRUCELAND ELEMENTARY SCHOOL p 260
See BOARD OF EDUCATION OF SCHOOL DISTRICT NO. 57 (PRINCE GEORGE), THE

SPRUCELAND LUMBER DIV OF p 122
See UNITED FARMERS OF ALBERTA CO-OPERATIVE LIMITED

SPRUCELAND MILLWORKS INC p 1
53016 Hwy 60 Unit 803, ACHESON, AB, T7X 5A7
(780) 962-6333 SIC 2431

SPRUNG INSTANT STRUCTURES LTD p 33
6020 3 St Se, CALGARY, AB, T2H 1K2
(403) 259-3696 SIC 3448

SPRYFIELD STORE p 463
See NOVA SCOTIA LIQUOR CORPORATION

SPUD.CA p 13
See SMALL POTATOES URBAN DELIVERY INC

SPV MOTORS GP INC p 163
2365 Broadmoor Blvd, SHERWOOD PARK, AB, T8H 1N1
(780) 400-4800 SIC 5511

SPX CLYDE UNION CANADA p 533
See CLYDE UNION CANADA LIMITED

SPX FLOW TECHNOLOGY CANADA INC p 531
1415 California Ave, BROCKVILLE, ON, K6V 7H7
(613) 345-2280 SIC 3567

SQEES p 1167
See SYNDICAT QUEBECOIS DES EMPLOYEES & EMPLOYES DE SERVICE SECTION LOCAL 298 (FTQ)

SQUAMISH ELEMENTARY SCHOOL p 279
See SCHOOL DISTRICT NO. 48 (HOWE SOUND)

SQUAMISH GENERAL HOSPITAL p 279
See SEA TO SKY COMMUNITY HEALTH COUNCIL

SQUAMISH NATION p 279
1380 Stawamus Rd, SQUAMISH, BC, V8B 0B5
(604) 892-5166 SIC 7999

SQUAMISH NATION p 279
1380 Stawamus Rd, SQUAMISH, BC, V8B 0B5
(604) 987-1118 SIC 8641

SQUAMISH TERMINALS LTD p 279
37500 Third Ave, SQUAMISH, BC, V8B 0B1
(604) 892-3511 SIC 4491

SQUARE ARCH LTD p 840
2480 Gerrard St E, SCARBOROUGH, ON, M1N 4C3
(416) 690-3658 SIC 5812

SQUISH CANDIES p 1125
See BONBONS OINK OINK INC, LES

SR JAMES ELEMENTARY p 424
See CORMACK TRAIL SCHOOL BOARD

SRB EDUCATION SOLUTIONS INC p 674
200 Town Centre Blvd Suite 400, MARKHAM, ON, L3R 8G5
(905) 943-7706 SIC 7371

SRB TECHNOLOGIES (CANADA) INC p 806
320 Boundary Rd E Suite 140, PEMBROKE, ON, K8A 6W5
(613) 732-0055 SIC 3993

SRIEQ: SERVICE D'AIDE A LA COMMUNICATION / BAS ST-LAURENT p 1164
See SERVICE REGIONAL D'INTERPRETARIAT DE L'EST DU QUEBEC INC

SRL HUISSIERS DE JUSTICE p 1103
See SAULNIER ROBILLARD LORTIE, S.E.N.C.

SRV INDUSTRIAL SUPPLY INC p 841
2500 Lawrence Ave E Suite 12, SCARBOROUGH, ON, M1P 2R7
(416) 757-1020 SIC 5093

SRY p 245
See SOUTHERN RAILWAY OF BRITISH COLUMBIA LIMITED

SSAB CENTRAL INC p 846
1051 Tapscott Rd, SCARBOROUGH, ON, M1X 1A1
(416) 321-4949 SIC 3312

SSAB HARDOX, DIV OF p 208
See SSAB SWEDISH STEEL LTD

SSAB SWEDISH STEEL LTD p 208
1031 Cliveden Ave, DELTA, BC, V3M 5V1
(604) 526-3700 SIC 5051

SSAB SWEDISH STEEL LTD p 1022
220 Rue Industrielle, DELSON, QC, J5B 1W4
(514) 364-1752 SIC 5051

SSH BEDDING CANADA CO. p 29
3636 11a St Se, CALGARY, AB, T2G 3H3
(403) 287-0600 SIC 2394

SSH BEDDING CANADA CO. p 208
927 Derwent Way, DELTA, BC, V3M 5R4
SIC 2394

SSH BEDDING CANADA CO. p 1049
17400 Rte Transcanadienne, KIRKLAND, QC, H9J 2M5
(514) 694-3030 SIC 2394

SSQ FINANCIAL GROUP p 749
See SSQ SOCIETE D'ASSURANCE-VIE INC

SSQ GROUPE FINANCIER p 1094
See SSQ SOCIETE D'ASSURANCE-VIE INC

SSQ SOCIETE D'ASSURANCE-VIE INC p 749
110 Sheppard Ave E Unit 500, NORTH YORK, ON, M2N 6Y8
(416) 221-3477 SIC 6351

SSQ SOCIETE D'ASSURANCE-VIE INC p 1094
1200 Av Papineau Bureau 460, Montreal, QC, H2K 4R5
(514) 521-7365 SIC 6411

SST p 516
See SIMPSON STRONG-TIE CANADA LIMITED

SST 2006 (SERVICES SERGE TURCOTTE) p 1046
See 9190-0738 QUEBEC INC

ST ANDREW SCHOOL p 773
See DUFFERIN-PEEL CATHOLIC DISTRICT SCHOOL BOARD

ST JOHN ELEMENTARY SCHOOL p 636
See PETERBOROUGH VICTORIA NORTHUMBERLAND AND CLARINGTON CATHOLIC DISTRICT SCHOOL BOARD

ST AGNES ELEMEMTARY SCHOOL p 470
See CAPE BRETON-VICTORIA REGIONAL SCHOOL BOARD

ST AGNES ELEMENTARY SCHOOL p 523
See DUFFERIN-PEEL CATHOLIC DISTRICT SCHOOL BOARD

ST AGNES OF ASSISI ELEMENTARY SCHOOL p 972
See YORK CATHOLIC DISTRICT SCHOOL BOARD

ST AGNES SCHOOL p 1275
See HOLY TRINITY ROMAN CATHOLIC SEPARATE SCHOOL DIVISION #22

ST ALBERT ADULT LEARNING CENTRE p 869
See SUDBURY CATHOLIC DISTRICT SCHOOL BOARD

ST ALBERT CATHOLIC HIGH SCHOOL p 166
See GREATER ST. ALBERT CATHOLIC REGIONAL DIVISION NO. 29

ST ALBERT FIRE SERVICES p 167
See ST. ALBERT, CITY OF

ST ALBERT/INGLEWOOD SAFEWAY p 167
See SOBEYS WEST INC

ST ALEXANDER ELEMENTARY SCHOOL p 963
See WINDSOR-ESSEX CATHOLIC DISTRICT SCHOOL BOARD, THE

ST ALEXANDER SCHOOL p 589
See NIAGARA CATHOLIC DISTRICT SCHOOL BOARD

ST ALEXANDER SCHOOL p 742
See NIPISSING PARRY SOUND CATHOLIC DISTRICT SCHOOL BOARD

ST ALFRED SCHOOL p 852
See NIAGARA CATHOLIC DISTRICT SCHOOL BOARD

ST ALFRED'S SCHOOL p 852
See DISTRICT SCHOOL BOARD OF NIAGARA

ST ALOYSIUS ELEMENTARY SCHOOL p 639
See WATERLOO CATHOLIC DISTRICT SCHOOL BOARD

ST ALOYSIUS ELEMENTARY SCHOOL p 865
See HURON PERTH CATHOLIC DISTRICT SCHOOL BOARD

ST ALPHONSUS ELEMENTARY SCHOOL p 810
See PETERBOROUGH VICTORIA NORTHUMBERLAND AND CLARINGTON CATHOLIC DISTRICT SCHOOL BOARD

ST ALPHONSUS SCHOOL p 1309
See CHRIST THE TEACHER CATHOLIC SCHOOLS DIVISION 212

ST AMANT INC p 368
440 River Rd, WINNIPEG, MB, R2M 3Z9
(204) 256-4301 SIC 8059

ST AMBROSE p 544
See WATERLOO CATHOLIC DISTRICT SCHOOL BOARD

ST AMBROSE ELEMENTARY SCHOOL p 865
See HURON PERTH CATHOLIC DISTRICT SCHOOL BOARD

ST ANDREW p 728
See OTTAWA CATHOLIC DISTRICT SCHOOL BOARD

ST ANDREW p 973
See YORK CATHOLIC DISTRICT SCHOOL BOARD

ST ANDREW CATHOLIC SCHOOL p 765

See HALTON CATHOLIC DISTRICT SCHOOL BOARD
ST ANDREW ELEMENTARY SCHOOL p 868
See SUDBURY CATHOLIC DISTRICT SCHOOL BOARD
ST ANDREW ELEMENTARY SCHOOL p 955
See NIAGARA CATHOLIC DISTRICT SCHOOL BOARD
ST ANDREW GOLDFIELDS LTD p 636
Hwy 101 Holloway, KIRKLAND LAKE, ON, P0K 1N0
(705) 567-4862   SIC 1041
ST ANDREW GOLDFIELDS LTD p 679
489 Macdougall St, MATHESON, ON, P0K 1N0
(705) 273-3030   SIC 1041
ST ANDREW JUNIOR SCHOOL p 442
See STRAIT REGIONAL SCHOOL BOARD
ST ANDREW SCHOOL p 629
See RENFREW COUNTY CATHOLIC DISTRICT SCHOOL BOARD
ST ANDREW'S JUNIOR HIGH SCHOOL p 889
See TORONTO DISTRICT SCHOOL BOARD
ST ANDREW'S REGIONAL HIGH SCHOOL p 332
See CATHOLIC INDEPENDENT SCHOOLS, DIOCESE OF VICTORIA
ST ANDREW'S SCHOOL p 130
See HOLY FAMILY CATHOLIC REGIONAL DIVISION 37
ST ANDREW'S SENIOR PUBLIC SCHOOL p 545
See WATERLOO REGION DISTRICT SCHOOL BOARD
ST ANDREWS CONSOLIDATED SCHOOL p 473
See STRAIT REGIONAL SCHOOL BOARD
ST ANDREWS ELEMENTARY p 330
See CATHOLIC INDEPENDENT SCHOOLS, DIOCESE OF VICTORIA
ST ANDREWS SCHOOL p 356
See LORD SELKIRK SCHOOL DIVISION, THE
ST ANGELA MERECI p 972
See YORK CATHOLIC DISTRICT SCHOOL BOARD
ST ANGELA MERICI SCHOOL p 1291
See BOARD OF EDUCATION OF THE REGINA ROMAN CATHOLIC SEPARATE SCHOOL DIVISION NO. 81
ST ANGELA SCHOOL p 1298
See ST. PAUL'S ROMAN CATHOLIC SEPARATE SCHOOL DIVISION NO 20
ST ANGELO'S SCHOOL p 966
See WINDSOR-ESSEX CATHOLIC DISTRICT SCHOOL BOARD, THE
ST ANN ADULT LEARNING CENTRE p 736
See NIAGARA CATHOLIC DISTRICT SCHOOL BOARD
ST ANN CATHOLIC SCHOOL p 833
See HURON-SUPERIOR CATHOLIC DISTRICT SCHOOL BOARD
ST ANN CATHOLIC SCHOOL p 853
See NIAGARA CATHOLIC DISTRICT SCHOOL BOARD
ST ANN ELEMENTARY SCHOOL p 881
See THUNDER BAY CATHOLIC DISTRICT SCHOOL BOARD
ST ANN SCHOOL p 608
See HAMILTON-WENTWORTH CATHOLIC SCHOOL BOARD
ST ANN SCHOOL p 807
See SIMCOE MUSKOKA CATHOLIC DISTRICT SCHOOL BOARD
ST ANN SCHOOL BOARD ACADEMY p 221
205 Columbia St, KAMLOOPS, BC, V2C 2S7
(250) 372-5452   SIC 8211
ST ANN'S RESIDENCE p 327
See SOEURS DE SAINTE-ANNE DU QUEBEC, LES
ST ANN'S SCHOOL p 487
See HAMILTON-WENTWORTH CATHOLIC SCHOOL BOARD
ST ANNE CATHOLIC SCHOOL p 504
See ST. CLAIR CATHOLIC DISTRICT SCHOOL BOARD
ST ANNE CATHOLIC SCHOOL p 625
See OTTAWA CATHOLIC DISTRICT SCHOOL BOARD
ST ANNE CATHOLIC SCHOOL p 823
See YORK CATHOLIC DISTRICT SCHOOL BOARD
ST ANNE CATHOLIC SCHOOL p 1280
See PRINCE ALBERT ROMAN CATHOLIC SEPARATE SCHOOL DIVISION NO. 6
ST ANNE CATHOLIC SECONDARY SCHOOL p 554
See HURON PERTH CATHOLIC DISTRICT SCHOOL BOARD
ST ANNE ELEMENTARY SCHOOL p 617
See SUDBURY CATHOLIC DISTRICT SCHOOL BOARD
ST ANNE ELEMENTARY SCHOOL p 967
See WINDSOR-ESSEX CATHOLIC DISTRICT SCHOOL BOARD, THE
ST ANNE SCHOOL p 122
See FORT MCMURRAY CATHOLIC BOARD OF EDUCATION
ST ANNE SCHOOL p 566
See CATHOLIC DISTRICT SCHOOL BOARD OF EASTERN ONTARIO
ST ANNE SCHOOL p 1298
See ST. PAUL'S ROMAN CATHOLIC SEPARATE SCHOOL DIVISION NO 20
ST ANNE SEPARATE SCHOOL p 544
See WATERLOO CATHOLIC DISTRICT SCHOOL BOARD
ST ANNE'S ELEMENTARY SCHOOL p 808
See PETERBOROUGH VICTORIA NORTHUMBERLAND AND CLARINGTON CATHOLIC DISTRICT SCHOOL BOARD
ST ANNES CATHOLIC SCHOOL p 650
See LONDON DISTRICT CATHOLIC SCHOOL BOARD
ST ANNES SOBEYS p 368
See SOBEYS CAPITAL INCORPORATED
ST ANTHONY CATHOLIC ELEMENTARY SCHOOL p 856
See NIAGARA CATHOLIC DISTRICT SCHOOL BOARD
ST ANTHONY CATHOLIC SCHOOL p 659
See LONDON DISTRICT CATHOLIC SCHOOL BOARD
ST ANTHONY DANIEL CATHOLIC SCHOOL p 814
See DURHAM CATHOLIC DISTRICT SCHOOL BOARD
ST ANTHONY ELEMENTARY SCHOOL p 511
See DUFFERIN-PEEL CATHOLIC DISTRICT SCHOOL BOARD
ST ANTHONY SCHOOL p 72
See ST THOMAS AQUINAS ROMAN CATHOLIC SEPARATE REGIONAL DIVISION #38
ST ANTHONY SCHOOL p 608
See HAMILTON-WENTWORTH CATHOLIC SCHOOL BOARD
ST ANTHONY SCHOOL p 618
See WINDSOR-ESSEX CATHOLIC DISTRICT SCHOOL BOARD, THE
ST ANTHONY SCHOOL p 793
See OTTAWA-CARLETON DISTRICT SCHOOL BOARD
ST ANTHONY'S ELEMENTARY SCHOOL p 817
See PETERBOROUGH VICTORIA NORTHUMBERLAND AND CLARINGTON CATHOLIC DISTRICT SCHOOL BOARD
ST ANTHONY'S SCHOOL p 72
See CHRIST THE REDEEMER CATHOLIC SEPARATE REGIONAL DIVISION NO. 3
ST ANTHONY'S SCHOOL p 629
See BRUCE-GREY CATHOLIC DISTRICT SCHOOL BOARD
ST ANTHONY'S SEAFOOD LIMITED PARTNERSHIP p 431
240 East St Suite B, ST ANTHONY EAST, NL, A0K 4T0
(709) 454-2642   SIC 2092
ST ANTOINE DANIEL SCHOOL p 948
See SIMCOE MUSKOKA CATHOLIC DISTRICT SCHOOL BOARD
ST AUGUSTINE CATHOLIC HIGH SCHOOL p 677
See YORK CATHOLIC DISTRICT SCHOOL BOARD
ST AUGUSTINE CATHOLIC SCHOOL p 545
See WATERLOO CATHOLIC DISTRICT SCHOOL BOARD
ST AUGUSTINE CATHOLIC SCHOOL p 570
See HAMILTON-WENTWORTH CATHOLIC SCHOOL BOARD
ST AUGUSTINE ELEMENTARY SCHOOL p 1282
See BOARD OF EDUCATION OF THE REGINA ROMAN CATHOLIC SEPARATE SCHOOL DIVISION NO. 81
ST AUGUSTINE SCHOOL p 151
See ST THOMAS AQUINAS ROMAN CATHOLIC SEPARATE REGIONAL DIVISION #38
ST AUGUSTINE SCHOOL p 344
See BRANDON SCHOOL DIVISION, THE
ST AUGUSTINE SCHOOL p 800
See OTTAWA CATHOLIC DISTRICT SCHOOL BOARD
ST AUGUSTINE SCHOOL p 956
See NIAGARA CATHOLIC DISTRICT SCHOOL BOARD
ST AUGUSTINE'S SCHOOL p 570
See HAMILTON-WENTWORTH CATHOLIC SCHOOL BOARD
ST BASIL SCHOOL p 688
See DUFFERIN-PEEL CATHOLIC DISTRICT SCHOOL BOARD
ST BASIL'S CATHOLIC SCHOOL p 803
See BRUCE-GREY CATHOLIC DISTRICT SCHOOL BOARD
ST BENEDICT p 675
See YORK CATHOLIC DISTRICT SCHOOL BOARD
ST BENEDICT CATHOLIC SECONDARY SCHOOL p 542
See WATERLOO CATHOLIC DISTRICT SCHOOL BOARD
ST BERNADETTE CATHOLIC ELEMENTARY SCHOOL p 871
See YORK CATHOLIC DISTRICT SCHOOL BOARD
ST BERNADETTE CATHOLIC SCHOOL p 771
See HALTON CATHOLIC DISTRICT SCHOOL BOARD
ST BERNADETTE ELEMENTARY SCHOOL p 832
See HURON-SUPERIOR CATHOLIC DISTRICT SCHOOL BOARD
ST BERNADETTE ELEMENTARY SCHOOL p 1287
See BOARD OF EDUCATION OF THE REGINA ROMAN CATHOLIC SEPARATE SCHOOL DIVISION NO. 81
ST BERNADETTE SCHOOL p 643
See WATERLOO CATHOLIC DISTRICT SCHOOL BOARD
ST BERNARD CATHOLIC SCHOOL p 937
See TORONTO CATHOLIC DISTRICT SCHOOL BOARD
ST BERNARD SCHOOL p 487
See WINDSOR-ESSEX CATHOLIC DISTRICT SCHOOL BOARD, THE
ST BERNARD SCHOOL p 775
See SIMCOE MUSKOKA CATHOLIC DISTRICT SCHOOL BOARD
ST BERNARD SCHOOL p 794
See OTTAWA CATHOLIC DISTRICT SCHOOL BOARD
ST BERNARD SCHOOL p 877
See THUNDER BAY CATHOLIC DISTRICT SCHOOL BOARD
ST BERNARD SCHOOL p 1294
See ST. PAUL'S ROMAN CATHOLIC SEPARATE SCHOOL DIVISION NO 20
ST BONAVENTURE CATHOLIC ELEMENTARY SCHOOL p 98
See EDMONTON CATHOLIC SEPARATE SCHOOL DISTRICT NO.7
ST BONIFACE ELEMENTARY SCHOOL p 678
See WATERLOO CATHOLIC DISTRICT SCHOOL BOARD
ST BONIFACE ELEMENTARY SCHOOL p 979
See HURON PERTH CATHOLIC DISTRICT SCHOOL BOARD
ST BRENDAN CATHOLIC ELEMENTARY SCHOOL p 100
See EDMONTON CATHOLIC SEPARATE SCHOOL DISTRICT NO.7
ST BRENDAN SCHOOL p 1088
See COMMISSION SCOLAIRE ENGLISH-MONTREAL
ST BRIDGET CATHOLIC SCHOOL p 956
See DURHAM CATHOLIC DISTRICT SCHOOL BOARD
ST BRIGID CATHOLIC ELEMENTARY SCHOOL p 493
See WATERLOO CATHOLIC DISTRICT SCHOOL BOARD
ST BRIGID CATHOLIC ELEMENTARY SCHOOL p 863
See YORK CATHOLIC DISTRICT SCHOOL BOARD
ST BRIGID CATHOLIC SCHOOL p 522
See DUFFERIN-PEEL CATHOLIC DISTRICT SCHOOL BOARD
ST BRIGID CATHOLIC SCHOOL p 592
See HALTON CATHOLIC DISTRICT SCHOOL BOARD
ST BRIGID SCHOOL p 493
See WATERLOO CATHOLIC DISTRICT SCHOOL BOARD
ST BRIGID SCHOOL p 788
See OTTAWA CATHOLIC DISTRICT SCHOOL BOARD
ST BRIGID'S SCHOOL p 608
See HAMILTON-WENTWORTH CATHOLIC SCHOOL BOARD
ST CARTHAGH CATHOLIC SCHOOL p 945
See ALGONQUIN & LAKESHORE CATHOLIC DISTRICT SCHOOL BOARD
ST CATHARINE OF SIENA p 976
See YORK CATHOLIC DISTRICT SCHOOL BOARD
ST CATHARINES COLLEGIATE p 854
See DISTRICT SCHOOL BOARD OF NIAGARA
ST CATHARINES DISTRICT AMBULANCE SERVICE p 854
See HOTEL DIEU HEALTH SCIENCES HOSPITAL, NIAGARA
ST CATHARINES SUFFERANCE WAREHOUSE p 852
See TST SOLUTIONS L.P.
ST CATHERINE CATHOLIC ELEMENTARY SCHOOL p 811
See PETERBOROUGH VICTORIA NORTHUMBERLAND AND CLARINGTON CATHOLIC DISTRICT SCHOOL BOARD
ST CATHERINE OF SIENA CATHOLIC SCHOOL p 661
See LONDON DISTRICT CATHOLIC SCHOOL BOARD
ST CATHERINE SCHOOL p 679
See OTTAWA CATHOLIC DISTRICT SCHOOL BOARD

ST CATHERINE SCHOOL p 1282
See BOARD OF EDUCATION OF THE REGINA ROMAN CATHOLIC SEPARATE SCHOOL DIVISION NO. 81

ST CATHERINE'S SCHOOL p 150
See HOLY SPIRIT ROMAN CATHOLIC SEPARATE REGIONAL DIVISION NO 4

ST CATHERINES OF SIENNA p 499
See SIMCOE MUSKOKA CATHOLIC DISTRICT SCHOOL BOARD

ST CATHOLIC VITAL SCHOOL p 1264
See LIVING SKY SCHOOL DIVISION NO. 202

ST CECELIA CATHOLIC SCHOOL p 816
See BRANT HALDIMAND NORFOLK CATHOLIC DISTRICT SCHOOL BOARD

ST CECILIA CATHOLIC ELEMENTARY SCHOOL p 518
See DUFFERIN-PEEL CATHOLIC DISTRICT SCHOOL BOARD

ST CHARLES CATHOLIC ELEMENTARY p 98
See EDMONTON CATHOLIC SEPARATE SCHOOL DISTRICT NO.7

ST CHARLES CATHOLIC ELEMENTARY SCHOOL p 876
See NIAGARA CATHOLIC DISTRICT SCHOOL BOARD

ST CHARLES GARNIER ELEMENTARY SCHOOL p 694
See DUFFERIN-PEEL CATHOLIC DISTRICT SCHOOL BOARD

ST CHARLES GARNIER SCHOOL p 959
See CONSEIL SCOLAIRE DE DISTRICT CATHOLIQUE CENTRE-SUD

ST CHARLES MOUNTAIN SCHOOL p 610
See HAMILTON-WENTWORTH CATHOLIC SCHOOL BOARD

ST CHARLES SCHOOL p 553
See SUDBURY CATHOLIC DISTRICT SCHOOL BOARD

ST CHRISTOPHER CATHOLIC SCHOOL p 853
See NIAGARA CATHOLIC DISTRICT SCHOOL BOARD

ST CHRISTOPHER CATHOLIC SCHOOL p 965
See WINDSOR-ESSEX CATHOLIC DISTRICT SCHOOL BOARD, THE

ST CHRISTOPHER ELEMENTARY SCHOOL p 702
See DUFFERIN-PEEL CATHOLIC DISTRICT SCHOOL BOARD

ST CHRISTOPHER ELEMENTARY SCHOOL p 965
See WINDSOR-ESSEX CATHOLIC DISTRICT SCHOOL BOARD, THE

ST CLAIR MARKET p 522
See LOBLAWS SUPERMARKETS LIMITED

ST CLAIR MARKET p 899
See LOBLAWS SUPERMARKETS LIMITED

ST CLAIR SECONDARY OECTA p 829
See ONTARIO ENGLISH CATHOLIC TEACHERS ASSOCIATION, THE

ST CLAIRE MERCY HOSPITAL p 435
See EASTERN REGIONAL INTEGRATED HEALTH AUTHORITY

ST CLARE CATHOLIC SCHOOL p 777
See OTTAWA CATHOLIC DISTRICT SCHOOL BOARD

ST CLARE CATHOLIC SCHOOL p 934
See TORONTO CATHOLIC DISTRICT SCHOOL BOARD

ST CLARE ELEMENTARY SCHOOLS p 704
See DUFFERIN-PEEL CATHOLIC DISTRICT SCHOOL BOARD

ST CLAUDE HEATLH CENTRE p 356
See REGIONAL HEALTH AUTHORITY - CENTRAL MANITOBA INC

ST CLAUDE SCHOOL COMPLEX p 356
See PRAIRIE SPIRIT SCHOOL DIVISION

ST CLEMENT CATHOLIC SCHOOL p 126
See GRANDE PRAIRIE CATHOLIC SCHOOL DISTRICT 28

ST CLEMENT ELEMENTARY SCHOOL p 857
See WATERLOO CATHOLIC DISTRICT SCHOOL BOARD

ST CLEMENTS CATHOLIC SCHOOL p 976
See YORK CATHOLIC DISTRICT SCHOOL BOARD

ST COLUMBA SCHOOL p 609
See HAMILTON-WENTWORTH CATHOLIC SCHOOL BOARD

ST COLUMBAN SCHOOL p 570
See HURON PERTH CATHOLIC DISTRICT SCHOOL BOARD

ST COLUMBAN'S WEST SCHOOL p 566
See CATHOLIC DISTRICT SCHOOL BOARD OF EASTERN ONTARIO

ST COLUMBUS EAST SCHOOL p 564
See CATHOLIC DISTRICT SCHOOL BOARD OF EASTERN ONTARIO

ST CORNELIUS SCHOOL p 541
See DUFFERIN-PEEL CATHOLIC DISTRICT SCHOOL BOARD

ST DANIEL ELEMENTARY SCHOOL p 637
See WATERLOO CATHOLIC DISTRICT SCHOOL BOARD

ST DAVID CATHOLIC SCHOOL p 606
See HAMILTON-WENTWORTH CATHOLIC SCHOOL BOARD

ST DAVID CATHOLIC SCHOOL p 870
See SUDBURY CATHOLIC DISTRICT SCHOOL BOARD

ST DAVID CATHOLIC SECONDARY p 953
See WATERLOO CATHOLIC DISTRICT SCHOOL BOARD

ST DAVID SCHOOL p 569
See LONDON DISTRICT CATHOLIC SCHOOL BOARD

ST DAVIDS SCHOOL p 857
See DISTRICT SCHOOL BOARD OF NIAGARA

ST DENNIS SCHOOL p 855
See NIAGARA CATHOLIC DISTRICT SCHOOL BOARD

ST DOMINIC CATHOLIC SCHOOL p 647
See PETERBOROUGH VICTORIA NORTHUMBERLAND AND CLARINGTON CATHOLIC DISTRICT SCHOOL BOARD

ST DOMINIC CATHOLIC SECONDARY SCHOOL p 508
See SIMCOE MUSKOKA CATHOLIC DISTRICT SCHOOL BOARD

ST DOMINIC ELEMENTARY SCHOOL p 70
See LAKELAND ROMAN CATHOLIC SEPARATE SCHOOL DISTRICT NO. 150

ST DOMINIC ELEMENTARY SCHOOL p 769
See HALTON CATHOLIC DISTRICT SCHOOL BOARD

ST DOMINIC SCHOOL p 701
See DUFFERIN-PEEL CATHOLIC DISTRICT SCHOOL BOARD

ST DOMINIC SCHOOL p 1302
See ST. PAUL'S ROMAN CATHOLIC SEPARATE SCHOOL DIVISION NO 20

ST EDWARD CATHOLIC ELEMENTARY SCHOOL p 622
See NIAGARA CATHOLIC DISTRICT SCHOOL BOARD

ST ELIZABETH ANN SETON SCHOOL p 730
See OTTAWA CATHOLIC DISTRICT SCHOOL BOARD

ST ELIZABETH CATHOLIC ELEMENTARY SCHOOL p 111
See EDMONTON CATHOLIC SEPARATE SCHOOL DISTRICT NO.7

ST ELIZABETH CATHOLIC HIGH SCHOOL p 875
See YORK CATHOLIC DISTRICT SCHOOL BOARD

ST ELIZABETH CATHOLIC SCHOOL p 949
See ST. CLAIR CATHOLIC DISTRICT SCHOOL BOARD

ST ELIZABETH ELEMENTARY SCHOOL p 507
See PETERBOROUGH VICTORIA NORTHUMBERLAND AND CLARINGTON CATHOLIC DISTRICT SCHOOL BOARD

ST ELIZABETH SCHOOL p 546
See WATERLOO CATHOLIC DISTRICT SCHOOL BOARD

ST ELIZABETH SETON p 734
See YORK CATHOLIC DISTRICT SCHOOL BOARD

ST ELIZABETH SETON ELEMENTARY JUNIOR HIGH SCHOOL p 73
See EDMONTON CATHOLIC SEPARATE SCHOOL DISTRICT NO.7

ST ELIZABETH SETON SCHOOL p 157
See RED DEER CATHOLIC REGIONAL DIVISION NO. 39

ST EMILY CATHOLIC SCHOOL p 973
See YORK CATHOLIC DISTRICT SCHOOL BOARD

ST EMILY ELEMENTARY SEPARATE SCHOOL p 730
See OTTAWA CATHOLIC DISTRICT SCHOOL BOARD

ST EUGENE GOLF RESORT AND CASINO p 205
See SEM RESORT LIMITED PARTNERSHIP BY GENERAL PARTNER

ST EUGENE SCHOOL p 608
See HAMILTON-WENTWORTH CATHOLIC SCHOOL BOARD

ST FAUSTINA ELEMENTARY SCHOOL p 705
See DUFFERIN-PEEL CATHOLIC DISTRICT SCHOOL BOARD

ST FRANCIS p 880
See THUNDER BAY CATHOLIC DISTRICT SCHOOL BOARD

ST FRANCIS p 1294
See ST. PAUL'S ROMAN CATHOLIC SEPARATE SCHOOL DIVISION NO 20

ST FRANCIS ADVOCATEE p 812
See ST. FRANCIS ADVOCATES FOR THE AUTISTIC & DEVELOPMENTALLY DISABLED (SARNIA) INC

ST FRANCIS CABRINI SCHOOL p 568
See BRANT HALDIMAND NORFOLK CATHOLIC DISTRICT SCHOOL BOARD

ST FRANCIS CATHOLIC SCHOOL p 833
See HURON-SUPERIOR CATHOLIC DISTRICT SCHOOL BOARD

ST FRANCIS COMMUNITY SCHOOL p 1289
See BOARD OF EDUCATION OF THE REGINA ROMAN CATHOLIC SEPARATE SCHOOL DIVISION NO. 81

ST FRANCIS DE SALES CATHOLIC SCHOOL p 482
See DURHAM CATHOLIC DISTRICT SCHOOL BOARD

ST FRANCIS DE SALES SCHOOL p 188
See CATHOLIC INDEPENDENT SCHOOLS OF VANCOUVER ARCHDIOCESE, THE

ST FRANCIS DE SALES SCHOOL p 849
See CATHOLIC DISTRICT SCHOOL BOARD OF EASTERN ONTARIO

ST FRANCIS ELEMENTARY SCHOOL p 544
See WATERLOO CATHOLIC DISTRICT SCHOOL BOARD

ST FRANCIS ELEMENTARY SCHOOL p 882
See CONSEIL SCOLAIRE DE DISTRICT DES ECOLES CATHOLIQUES DU SUD-OUEST

ST FRANCIS JUNIOR HIGHSCHOOL p 138
See HOLY SPIRIT ROMAN CATHOLIC SEPARATE REGIONAL DIVISION NO 4

ST FRANCIS OF ASSISI p 976
See YORK CATHOLIC DISTRICT SCHOOL BOARD

ST FRANCIS OF ASSISI CATHOLIC SCHOOL p 777
See OTTAWA CATHOLIC DISTRICT SCHOOL BOARD

ST FRANCIS OF ASSISI MIDDLE SCHOOL p 157
See RED DEER CATHOLIC REGIONAL DIVISION NO. 39

ST FRANCIS OF ASSISI SCHOOL p 604
See WELLINGTON CATHOLIC DISTRICT SCHOOL BOARD

ST FRANCIS OF ASSISI SCHOOL p 622
See SIMCOE MUSKOKA CATHOLIC DISTRICT SCHOOL BOARD

ST FRANCIS OF ASSISI SCHOOL p 732
See PETERBOROUGH VICTORIA NORTHUMBERLAND AND CLARINGTON CATHOLIC DISTRICT SCHOOL BOARD

ST FRANCIS OF XAVIER p 826
See CONSEIL SCOLAIRE DE DISTRICT DES ECOLES CATHOLIQUES DU SUD-OUEST

ST FRANCIS SCHOOL p 519
See DUFFERIN-PEEL CATHOLIC DISTRICT SCHOOL BOARD

ST FRANCIS SCHOOL p 590
See NORTHWEST CATHOLIC DISTRICT SCHOOL BOARD, THE

ST FRANCIS SCHOOL p 871
See SUDBURY CATHOLIC DISTRICT SCHOOL BOARD

ST FRANCIS SCHOOL p 1281
See PRINCE ALBERT ROMAN CATHOLIC SEPARATE SCHOOL DIVISION NO. 6

ST FRANCIS SECONDARY SCHOOL p 853
See NIAGARA CATHOLIC DISTRICT SCHOOL BOARD

ST FRANCIS XAVIER SCHOOL p 297
See CATHOLIC INDEPENDENT SCHOOLS OF VANCOUVER ARCHDIOCESE, THE

ST FRANCIS XAVIER SCHOOL p 530
See CATHOLIC DISTRICT SCHOOL BOARD OF EASTERN ONTARIO

ST GABRIEL p 738
See NIAGARA CATHOLIC DISTRICT SCHOOL BOARD

ST GABRIEL CATHOLIC ELEMENTARY SCHOOL p 99
See EDMONTON CATHOLIC SEPARATE SCHOOL DISTRICT NO.7

ST GABRIEL CYBER SCHOOL p 153
See RED DEER CATHOLIC REGIONAL DIVISION NO. 39

ST GABRIEL ELEMENTARY SCHOOL p 970
See WINDSOR-ESSEX CATHOLIC DISTRICT SCHOOL BOARD, THE

ST GABRIEL SCHOOL p 120
See FORT MCMURRAY CATHOLIC BOARD OF EDUCATION

ST GABRIEL SCHOOL p 528
See BRANT HALDIMAND NORFOLK CATHOLIC DISTRICT SCHOOL BOARD

ST GABRIEL SCHOOL p 1290
See BOARD OF EDUCATION OF THE REGINA ROMAN CATHOLIC SEPARATE SCHOOL DIVISION NO. 81

ST GABRIEL THE ARCHANGEL CATHOLIC SCHOOL p 976
See YORK CATHOLIC DISTRICT SCHOOL BOARD

ST GABRIELS ROMAN CATHOLIC p 539
See HALTON CATHOLIC DISTRICT SCHOOL BOARD

ST GEORGE CATHOLIC ELEMENTARY SCHOOL p 568
See NIAGARA CATHOLIC DISTRICT SCHOOL BOARD

ST GEORGE MIDDLE SCHOOL p 399
See ANGLOPHONE WEST SCHOOL DISTRICT (ASD-W)

ST GEORGE SCHOOL p 368
See LOUIS RIEL SCHOOL DIVISION

ST GEORGE SCHOOL p 1298
See ST. PAUL'S ROMAN CATHOLIC SEPARATE SCHOOL DIVISION NO 20

ST GEORGE SCHOOL BOARD HELLENIC LANG SCHOOL p 87
10831 124 St Nw, EDMONTON, AB, T5M 0H4

(780) 452-1455 SIC 8211
ST GEORGE'S CENTER FOR ESL
See UPPER GRAND DISTRICT SCHOOL BOARD, THE
ST GEORGE'S JUNIOR PUBLIC SCHOOL p 940
See TORONTO DISTRICT SCHOOL BOARD
ST GEORGE'S SCHOOL SOCIETY p 319
3851 29th Ave W, VANCOUVER, BC, V6S 1T6
(604) 224-4361 SIC 8211
ST GEORGE'S SENIOR SCHOOL p 319
See ST GEORGE'S SCHOOL SOCIETY
ST GEORGE-GERMAN SCHOOL. p 857
See GRAND ERIE DISTRICT SCHOOL BOARD
ST GERARD CATHOLIC SCHOOL p 126
See GRANDE PRAIRIE CATHOLIC SCHOOL DISTRICT 28
ST GERARD SEPERATE SCHOOL p 1301
See ST. PAUL'S ROMAN CATHOLIC SEPARATE SCHOOL DIVISION NO 20
ST GERTRUDE ELEMENTARY SCHOOL p 713
See DUFFERIN-PEEL CATHOLIC DISTRICT SCHOOL BOARD
ST GORETTI p 1301
See ST. PAUL'S ROMAN CATHOLIC SEPARATE SCHOOL DIVISION NO 20
ST GREGORY CATHOLIC ELEMENTARY SCHOOL p 545
See WATERLOO CATHOLIC DISTRICT SCHOOL BOARD
ST GREGORY ELEMENTARY SCHOOL p 961
See WINDSOR-ESSEX CATHOLIC DISTRICT SCHOOL BOARD, THE
ST GREGORY ELEMENTARY SCHOOL p 1287
See BOARD OF EDUCATION OF THE REGINA ROMAN CATHOLIC SEPARATE SCHOOL DIVISION NO. 81
ST GREGORY SCHOOL p 818
See NIPISSING PARRY SOUND CATHOLIC DISTRICT SCHOOL BOARD
ST GREGORY THE GREAT ACADEMY p 976
See YORK CATHOLIC DISTRICT SCHOOL BOARD
ST HERBERT ELEMENTARY CATHOLIC SCHOOL p 721
See DUFFERIN-PEEL CATHOLIC DISTRICT SCHOOL BOARD
ST HILARY ELEMENTARY SCHOOL p 713
See DUFFERIN-PEEL CATHOLIC DISTRICT SCHOOL BOARD
ST HUBERT p 1083
See ROTISSERIES MONT TREMBLANT INC
ST HUBERT CADILLAC p 1087
See ROTISSERIES ST-HUBERT LTEE, LES
ST HUBERT CATHOLIC SCHOOL p 742
See NIPISSING PARRY SOUND CATHOLIC DISTRICT SCHOOL BOARD
ST HUBERT ELEMENTARY SCHOOL p 830
See HURON-SUPERIOR CATHOLIC DISTRICT SCHOOL BOARD
ST HUBERT EXPRESS p 1098
See ROTISSERIES ST-HUBERT LTEE, LES
ST HUBERT ROTISSERIE p 1257
See YANJACO INC
ST IGNATIUS HIGH SCHOOL p 877
See THUNDER BAY CATHOLIC DISTRICT SCHOOL BOARD
ST ISAAC JOGUES ELEMENTARY SCHOOL p 510
See DUFFERIN-PEEL CATHOLIC DISTRICT SCHOOL BOARD
ST ISIDORE ELEMENTARY SCHOOL p 624
See OTTAWA CATHOLIC DISTRICT SCHOOL BOARD
ST ISIDORE RECREATION CENTRE p 857
See CORPORATION OF THE NATION MUNICIPALITY
ST JAMES CATHOLIC ELEMENTARY SCHOOL p 102
See EDMONTON CATHOLIC SEPARATE SCHOOL DISTRICT NO.7
ST JAMES CATHOLIC SCHOOL p 482
See DURHAM CATHOLIC DISTRICT SCHOOL BOARD
ST JAMES CATHOLIC SCHOOL p 970
See WINDSOR-ESSEX CATHOLIC DISTRICT SCHOOL BOARD, THE
ST JAMES CIVIC CENTRE p 384
See CITY OF WINNIPEG, THE
ST JAMES ELEMENTARY p 768
See HALTON CATHOLIC DISTRICT SCHOOL BOARD
ST JAMES ELEMENTARY & JUNIOR HIGH SCHOOL p 60
See CALGARY ROMAN CATHOLIC SEPARATE SCHOOL DISTRICT #1
ST JAMES ELEMENTARY SCHOOL p 877
See LAKEHEAD DISTRICT SCHOOL BOARD
ST JAMES SCHOOL p 625
See OTTAWA CATHOLIC DISTRICT SCHOOL BOARD
ST JAMES SCHOOL p 668
See YORK CATHOLIC DISTRICT SCHOOL BOARD
ST JAMES SCHOOL p 847
See HURON PERTH CATHOLIC DISTRICT SCHOOL BOARD
ST JAMES SCHOOL p 853
See NIAGARA CATHOLIC DISTRICT SCHOOL BOARD
ST JAMES THE APOSTLE CATHOLIC ELEMENTARY SCHOOL p 862
See HAMILTON-WENTWORTH CATHOLIC SCHOOL BOARD
ST JEAN DE BREBEUF p 509
See SIMCOE MUSKOKA CATHOLIC DISTRICT SCHOOL BOARD
ST JEAN DE BREBEUF SCHOOL p 614
See HAMILTON-WENTWORTH CATHOLIC SCHOOL BOARD
ST JEAN ELEMENTARY SCHOOL p 980
See EASTERN SCHOOL DISTRICT
ST JEROME CATHOLIC ELEMENTARY SCHOOL p 492
See YORK CATHOLIC DISTRICT SCHOOL BOARD
ST JEROME ELEMENTARY SCHOOL p 1291
See BOARD OF EDUCATION OF THE REGINA ROMAN CATHOLIC SEPARATE SCHOOL DIVISION NO. 81
ST JEROME SCHOOL p 636
See NORTHEASTERN CATHOLIC DISTRICT SCHOOL BOARD
ST JEROME SCHOOL p 699
See DUFFERIN-PEEL CATHOLIC DISTRICT SCHOOL BOARD
ST JEROME'S SEPARATE SCHOOL p 172
See EAST CENTRAL ALBERTA CATHOLIC SEPERATE SCHOOLS REGIONAL DIVISION NO 16
ST JOACHIM SCHOOL p 487
See HAMILTON-WENTWORTH CATHOLIC SCHOOL BOARD
ST JOAN OF ARC p 771
See HALTON CATHOLIC DISTRICT SCHOOL BOARD
ST JOAN OF ARC ELEMENTARY SCHOOL p 1289
See BOARD OF EDUCATION OF THE REGINA ROMAN CATHOLIC SEPARATE SCHOOL DIVISION NO. 81
ST JOHN ADULT LEARNING CENTRE p 855
See NIAGARA CATHOLIC DISTRICT SCHOOL BOARD
ST JOHN AMBULANCE p 281
See ST JOHN SOCIETY (BRITISH COLUMBIA AND YUKON)
ST JOHN AMBULANCE p 902
See ST. JOHN COUNCIL FOR ONTARIO
ST JOHN AMBULANCE NIAGARA FALLS p 737
See ST. JOHN COUNCIL FOR ONTARIO
ST JOHN BAPTIST ELEMENTARY SCHOOL p 501
See WINDSOR-ESSEX CATHOLIC DISTRICT SCHOOL BOARD, THE
ST JOHN BOSCO p 976
See YORK CATHOLIC DISTRICT SCHOOL BOARD
ST JOHN BOSCO CATHOLIC ELEMENTARY SCHOOL p 98
See EDMONTON CATHOLIC SEPARATE SCHOOL DISTRICT NO.7
ST JOHN BOSCO CATHOLIC SCHOOL p 782
See DURHAM CATHOLIC DISTRICT SCHOOL BOARD
ST JOHN BOSCO ELEMENTARY SCHOOL p 511
See DUFFERIN-PEEL CATHOLIC DISTRICT SCHOOL BOARD
ST JOHN BOSCO SCHOOL p 530
See CATHOLIC DISTRICT SCHOOL BOARD OF EASTERN ONTARIO
ST JOHN BOSCO SCHOOL p 816
See NIAGARA CATHOLIC DISTRICT SCHOOL BOARD
ST JOHN CATHOLIC FRENCH IMMERSION SCHOOL p 657
See LONDON DISTRICT CATHOLIC SCHOOL BOARD
ST JOHN CATHOLIC HIGH SCHOOL p 807
See CATHOLIC DISTRICT SCHOOL BOARD OF EASTERN ONTARIO
ST JOHN CATHOLIC SCHOOL p 489
See WELLINGTON CATHOLIC DISTRICT SCHOOL BOARD
ST JOHN CHRYSOSTOM SCHOOL p 732
See YORK CATHOLIC DISTRICT SCHOOL BOARD
ST JOHN DE BREBEUF SCHOOL p 636
See WINDSOR-ESSEX CATHOLIC DISTRICT SCHOOL BOARD, THE
ST JOHN ELEMENTARY SCHOOL p 765
See HALTON CATHOLIC DISTRICT SCHOOL BOARD
ST JOHN ELEMENTARY SCHOOL p 807
See CATHOLIC DISTRICT SCHOOL BOARD OF EASTERN ONTARIO
ST JOHN ELEMENTARY SCHOOL p 969
See WINDSOR-ESSEX CATHOLIC DISTRICT SCHOOL BOARD, THE
ST JOHN EVANGELIST CATHOLIC SCHOOL p 957
See DURHAM CATHOLIC DISTRICT SCHOOL BOARD
ST JOHN FISHER JUNIOR SCHOOL p 1142
See LESTER B. PEARSON SCHOOL BOARD
ST JOHN OF THE CROSS SCHOOL p 708
See DUFFERIN-PEEL CATHOLIC DISTRICT SCHOOL BOARD
ST JOHN SCHOOL p 500
See NIAGARA CATHOLIC DISTRICT SCHOOL BOARD
ST JOHN SCHOOL p 591
See SUDBURY CATHOLIC DISTRICT SCHOOL BOARD
ST JOHN SCHOOL p 641
See WATERLOO CATHOLIC DISTRICT SCHOOL BOARD
ST JOHN SCHOOL p 833
See HURON-SUPERIOR CATHOLIC DISTRICT SCHOOL BOARD
ST JOHN SCHOOL p 879
See THUNDER BAY CATHOLIC DISTRICT SCHOOL BOARD
ST JOHN SOCIETY (BRITISH COLUMBIA AND YUKON) p 281
8911 152 St, SURREY, BC, V3R 4E5
(604) 953-1603 SIC 8322
ST JOHN THE APOSTLE SCHOOL p 729
See OTTAWA CATHOLIC DISTRICT SCHOOL BOARD
ST JOHN THE BAPTIST-KING EDWARD SCHOOL p 417
See SCHOOL DISTRICT 8
ST JOHN THE BAPTISTE SCHOOL p 608
See HAMILTON-WENTWORTH CATHOLIC SCHOOL BOARD
ST JOHN THE EVANGELIST SCHOOL p 851
See WINDSOR-ESSEX CATHOLIC DISTRICT SCHOOL BOARD, THE
ST JOHN VIANNEY ELEMENTARY SCHOOL p 962
See WINDSOR-ESSEX CATHOLIC DISTRICT SCHOOL BOARD, THE
ST JOHN XXIII CATHOLIC SCHOOL p 489
See RENFREW COUNTY CATHOLIC DISTRICT SCHOOL BOARD
ST JOHN XXIII CATHOLIC SCHOOL p 633
See ALGONQUIN & LAKESHORE CATHOLIC DISTRICT SCHOOL BOARD
ST JOHN XXIII ELEMENTARY AND JUNIOR HIGH SCHOOL p 63
See CALGARY ROMAN CATHOLIC SEPARATE SCHOOL DISTRICT #1
ST JOHN'S COLLEGE p 391
See UNIVERSITY OF MANITOBA
ST JOHN'S ELEMENTARY SCHOOL p 811
See PETERBOROUGH VICTORIA NORTHUMBERLAND AND CLARINGTON CATHOLIC DISTRICT SCHOOL BOARD
ST JOHN'S MUSIC LTD p 33
105 58 Ave Se, CALGARY, AB, T2H 0N8
(403) 265-6300 SIC 5736
ST JOHN'S MUSIC LTD p 381
1330 Portage Ave, WINNIPEG, MB, R3G 0V6
(204) 783-8899 SIC 5736
ST JOHN'S REHAB HOSPITAL p 748
See ST JOHN'S REHABILITATION HOSPITAL
ST JOHN'S REHABILITATION HOSPITAL p 748
285 Cummer Ave, NORTH YORK, ON, M2M 2G1
(416) 226-6780 SIC 8093
ST JOHN'S SCHOOL p 539
See HALTON CATHOLIC DISTRICT SCHOOL BOARD
ST JOHN'S SEPARATE SCHOOL p 818
See KENORA CATHOLIC DISTRICT SCHOOL BOARD
ST JOHNS COLLEGE SECONDARY SCHOOL p 525
See BRANT HALDIMAND NORFOLK CATHOLIC DISTRICT SCHOOL BOARD
ST JOHNS PUBLIC LIBRARIES p 434
See PROVINCIAL INFORMATION & LIBRARY RESOURCES BOARD
ST JOSEPH ALEXANDER MCKAY SCHOOL p 460
See HALIFAX REGIONAL SCHOOL BOARD
ST JOSEPH CATHOLIC ELEMENTARY SCHOOL p 611
See HAMILTON-WENTWORTH CATHOLIC SCHOOL BOARD
ST JOSEPH CATHOLIC HIGH SCHOOL p 128
See GRANDE PRAIRIE CATHOLIC SCHOOL DISTRICT 28
ST JOSEPH CATHOLIC SCHOOL p 491
See YORK CATHOLIC DISTRICT SCHOOL BOARD
ST JOSEPH CATHOLIC SCHOOL p 553
See ST. CLAIR CATHOLIC DISTRICT SCHOOL BOARD
ST JOSEPH CATHOLIC SCHOOL p 591
See CATHOLIC DISTRICT SCHOOL BOARD OF EASTERN ONTARIO

ST JOSEPH CATHOLIC SCHOOL p 603
See WELLINGTON CATHOLIC DISTRICT SCHOOL BOARD
ST JOSEPH CATHOLIC SCHOOL p 705
See DUFFERIN-PEEL CATHOLIC DISTRICT SCHOOL BOARD
ST JOSEPH CATHOLIC SCHOOL p 778
See DURHAM CATHOLIC DISTRICT SCHOOL BOARD
ST JOSEPH CATHOLIC SCHOOL p 872
See LONDON DISTRICT CATHOLIC SCHOOL BOARD
ST JOSEPH CATHOLIC SCHOOL p 882
See ST. CLAIR CATHOLIC DISTRICT SCHOOL BOARD
ST JOSEPH CATHOLIC SCHOOL p 945
See DURHAM CATHOLIC DISTRICT SCHOOL BOARD
ST JOSEPH CATHOLIC SCHOOL p 971
See WINDSOR-ESSEX CATHOLIC DISTRICT SCHOOL BOARD, THE
ST JOSEPH COLLEGE SCHOOL p 926
See TORONTO CATHOLIC DISTRICT SCHOOL BOARD
ST JOSEPH COLLEGIATE p 8
See CHRIST THE REDEEMER CATHOLIC SEPARATE REGIONAL DIVISION NO. 3
ST JOSEPH DOCUMENTS p 821
See ST JOSEPH PRINT GROUP INC
ST JOSEPH ELEMENTARY SCHOOL p 476
See CAPE BRETON-VICTORIA REGIONAL SCHOOL BOARD
ST JOSEPH HEALTH CENTER p 627
See GOVERNMENT OF ONTARIO
ST JOSEPH HEALTHCARE CENTRE FOR AMBULATORY p 606
See ST. JOSEPH'S HEALTHCARE FOUNDATION, HAMILTON
ST JOSEPH HIGH SCHOOL p 730
See OTTAWA CATHOLIC DISTRICT SCHOOL BOARD
ST JOSEPH HIGH SCHOOL p 819
See RENFREW COUNTY CATHOLIC DISTRICT SCHOOL BOARD
ST JOSEPH HIGH SCHOOL p 1305
See ST. PAUL'S ROMAN CATHOLIC SEPARATE SCHOOL DIVISION NO 20
ST JOSEPH INTERMEDIATE SCHOOL p 730
See OTTAWA CATHOLIC DISTRICT SCHOOL BOARD
ST JOSEPH PI MEDIA p 761
See ST. JOSEPH PRINTING LIMITED
ST JOSEPH PRINT GROUP INC p 821
70 West Wilmot St, RICHMOND HILL, ON, L4B 1H8
SIC 2752
ST JOSEPH SCHOOL p 482
See HALTON CATHOLIC DISTRICT SCHOOL BOARD
ST JOSEPH SCHOOL p 570
See NORTHWEST CATHOLIC DISTRICT SCHOOL BOARD, THE
ST JOSEPH SCHOOL p 589
See WELLINGTON CATHOLIC DISTRICT SCHOOL BOARD
ST JOSEPH SCHOOL p 598
See NIAGARA CATHOLIC DISTRICT SCHOOL BOARD
ST JOSEPH SCHOOL p 737
See NIAGARA CATHOLIC DISTRICT SCHOOL BOARD
ST JOSEPH SCHOOL p 816
See BRUCE-GREY CATHOLIC DISTRICT SCHOOL BOARD
ST JOSEPH SECONDARY SCHOOL p 721
See DUFFERIN-PEEL CATHOLIC DISTRICT SCHOOL BOARD
ST JOSEPH THE WORKER CATHOLIC SCHOOL p 875
See YORK CATHOLIC DISTRICT SCHOOL BOARD
ST JOSEPH'S CATHOLIC SCHOOL p 165
See EVERGREEN CATHOLIC SEPARATE REGIONAL DIVISION 2
ST JOSEPH'S CATHOLIC SCHOOL p 489
See RENFREW COUNTY CATHOLIC DISTRICT SCHOOL BOARD
ST JOSEPH'S ELEMENTARY SCHOOL p 141
See LLOYDMINSTER ROMAN CATHOLIC SCHOOL BOARD
ST JOSEPH'S GENERAL HOSPITAL p 199
2137 Comox Ave, COMOX, BC, V9M 1P2
(250) 339-1451 SIC 8062
ST JOSEPH'S HOSPITAL p 1270
See KEEWATIN YATTHE REGIONAL HEALTH AUTHORITY
ST JOSEPH'S SCHOOL p 507
See PETERBOROUGH VICTORIA NORTHUMBERLAND AND CLARINGTON CATHOLIC DISTRICT SCHOOL BOARD
ST JOSEPH'S SCHOOL p 567
See ST. CLAIR CATHOLIC DISTRICT SCHOOL BOARD
ST JOSEPH'S SCHOOL p 569
See PETERBOROUGH VICTORIA NORTHUMBERLAND AND CLARINGTON CATHOLIC DISTRICT SCHOOL BOARD
ST JOSEPH'S SCHOOL p 848
See BRANT HALDIMAND NORFOLK CATHOLIC DISTRICT SCHOOL BOARD
ST JOSEPH'S SECONDARY SCHOOL p 566
See CATHOLIC DISTRICT SCHOOL BOARD OF EASTERN ONTARIO
ST JOSEPH'S SEPARATE HIGH SCHOOL p 541
See RENFREW COUNTY CATHOLIC DISTRICT SCHOOL BOARD
ST JOSEPH'S VICTORIA ELEMENTARY SCHOOL p 334
See CATHOLIC INDEPENDENT SCHOOLS, DIOCESE OF VICTORIA
ST JOSEPHS AUXILIARY HOSPITAL p 110
See ALBERTA HEALTH SERVICES
ST JOSEPHS ELEMENTARY SCHOOL p 521
See DUFFERIN-PEEL CATHOLIC DISTRICT SCHOOL BOARD
ST JOSEPHS HIGH SCHOOL p 495
See SIMCOE MUSKOKA CATHOLIC DISTRICT SCHOOL BOARD
ST JUDE p 815
See CONSEIL SCOLAIRE CATHOLIQUE DE DISTRICT DES GRANDES RIVIERES, LE
ST JUDE ELEMENTARY SCHOOL p 694
See DUFFERIN-PEEL CATHOLIC DISTRICT SCHOOL BOARD
ST JUDE ELEMENTARY SCHOOL p 880
See THUNDER BAY CATHOLIC DISTRICT SCHOOL BOARD
ST JUDE'S ANGLICAN HOME SOCIETY p 301
810 27th Ave W, VANCOUVER, BC, V5Z 2G7
(604) 874-3200 SIC 8051
ST JUDE'S SCHOOL p 621
See LONDON DISTRICT CATHOLIC SCHOOL BOARD
ST JUDES CATHOLIC ELEMENTARY p 946
See CATHOLIC DISTRICT SCHOOL BOARD OF EASTERN ONTARIO
ST JULIA BILLIART ELEMENTARY SCHOOL p 678
See YORK CATHOLIC DISTRICT SCHOOL BOARD
ST JULIA ELEMENTARY SCHOOL p 722
See DUFFERIN-PEEL CATHOLIC DISTRICT SCHOOL BOARD
ST JUSTIN MARTYR SCHOOL p 675
See YORK CATHOLIC DISTRICT SCHOOL BOARD
ST KATERI MISSION CATHOLIC SCHOOL p 128
See GRANDE PRAIRIE CATHOLIC SCHOOL DISTRICT 28
ST KATERI TEKAKWITHA ELEMENTARY SCHOOL p 669
See YORK CATHOLIC DISTRICT SCHOOL BOARD
ST KEVIN CATHOLIC SCHOOL p 956
See NIAGARA CATHOLIC DISTRICT SCHOOL BOARD
ST LAURENT ADULT CENTRE p 1204
See COMMISSION SCOLAIRE ENGLISH-MONTREAL
ST LAWRENCE & HUDSON RAILWAY p 547
See CANADIAN PACIFIC RAILWAY COMPANY
ST LAWRENCE CASKET p 397
See CERCUEILS ALLIANCE CASKETS INC
ST LAWRENCE COLLEGE/ONT SKILL p 565
See ST. LAWRENCE COLLEGE OF APPLIED ARTS AND TECHNOLOGY, THE
ST LAWRENCE SCHOOL p 608
See HAMILTON-WENTWORTH CATHOLIC SCHOOL BOARD
ST LAWRENCE SECONDARY SCHOOL p 565
See UPPER CANADA DISTRICT SCHOOL BOARD, THE
ST LEO ELEMENTARY SCHOOL p 525
See BRANT HALDIMAND NORFOLK CATHOLIC DISTRICT SCHOOL BOARD
ST LEO SCHOOL p 956
See DURHAM CATHOLIC DISTRICT SCHOOL BOARD
ST LEONARD SCHOOL p 667
See OTTAWA CATHOLIC DISTRICT SCHOOL BOARD
ST LEONARD'S COMMUNITY SERVICES LONDON & REGION p 657
See ST. LEONARD'S SOCIETY OF LONDON
ST LOUIS ADULT LEARNING & CONTINUING EDUCATION CENTRE p 544
See WATERLOO CATHOLIC DISTRICT SCHOOL BOARD
ST LOUIS ADULT LEARNING CENTRE p 641
See WATERLOO CATHOLIC DISTRICT SCHOOL BOARD
ST LOUIS CATHOLIC ELEMENTARY SCHOOL p 646
See WINDSOR-ESSEX CATHOLIC DISTRICT SCHOOL BOARD, THE
ST LOUIS ELEMENTARY p 984
See PUBLIC SCHOOLS BRANCH
ST LOUIS ELEMENTARY SCHOOL p 627
See KENORA CATHOLIC DISTRICT SCHOOL BOARD
ST LOUIS PUBLIC HIGH SCHOOL p 1306
See HORIZON SCHOOL DIVISION NO 205
ST LOUIS PUBLIC SCHOOL p 1306
See SASKATCHEWAN RIVER SCHOOL DIVISION #119
ST LOUIS SCHOOL p 143
See MEDICINE HAT CATHOLIC BOARD OF EDUCATION
ST LOUISE SCHOOL p 619
See CONSEIL SCOLAIRE CATHOLIQUE DE DISTRICT DES GRANDES RIVIERES, LE
ST LUKE CATHOLIC ELEMENTARY SCHOOL p 701
See DUFFERIN-PEEL CATHOLIC DISTRICT SCHOOL BOARD
ST LUKE CATHOLIC ELEMENTARY SCHOOL p 742
See NIPISSING PARRY SOUND CATHOLIC DISTRICT SCHOOL BOARD
ST LUKE CATHOLIC SCHOOL p 951
See WATERLOO CATHOLIC DISTRICT SCHOOL BOARD
ST LUKE ELEMENTARY SCHOOL p 767
See HALTON CATHOLIC DISTRICT SCHOOL BOARD
ST LUKE SCHOOL p 785
See OTTAWA CATHOLIC DISTRICT SCHOOL BOARD
ST LUKE'S CATHOLIC ELEMENTARY SCHOOL p 936
See TORONTO CATHOLIC DISTRICT SCHOOL BOARD
ST LUKE'S SCHOOL p 608
See HAMILTON-WENTWORTH CATHOLIC SCHOOL BOARD
ST LUKE'S SCHOOL p 730
See OTTAWA CATHOLIC DISTRICT SCHOOL BOARD
ST MALACHY'S MEMORIAL HIGH SCHOOL p 417
See SCHOOL DISTRICT 8
ST MARGARET ELEMENTARY SCHOOL p 829
See ST. CLAIR CATHOLIC DISTRICT SCHOOL BOARD
ST MARGARET ELEMENTARY SCHOOL p 877
See THUNDER BAY CATHOLIC DISTRICT SCHOOL BOARD
ST MARGARET MARY SCHOOL p 613
See HAMILTON-WENTWORTH CATHOLIC SCHOOL BOARD
ST MARGARET MARY SCHOOL p 976
See YORK CATHOLIC DISTRICT SCHOOL BOARD
ST MARGARET SCHOOL p 37
See CALGARY ROMAN CATHOLIC SEPARATE SCHOOL DISTRICT #1
ST MARGARET'S BAY ELEMENTARY p 464
See HALIFAX REGIONAL SCHOOL BOARD
ST MARGARET'S OF SCOTLAND p 546
See WATERLOO CATHOLIC DISTRICT SCHOOL BOARD
ST MARGARET'S PUBLIC SCHOOL p 886
See TORONTO DISTRICT SCHOOL BOARD
ST MARGARETTE DEUVILLE p 765
See HALTON CATHOLIC DISTRICT SCHOOL BOARD
ST MARGAUERITE D'YOUVILLE p 661
See LONDON DISTRICT CATHOLIC SCHOOL BOARD
ST MARGUERETTE BOURGEOYS p 132
See RED DEER CATHOLIC REGIONAL DIVISION NO. 39
ST MARGUERITE BOURGEOYS CATHOLIC SCHOOL p 812
See DURHAM CATHOLIC DISTRICT SCHOOL BOARD
ST MARGUERITE BOURGEOYS SCHOOL p 511
See DUFFERIN-PEEL CATHOLIC DISTRICT SCHOOL BOARD
ST MARGUERITE COURGEOYF p 812
See DURHAM CATHOLIC DISTRICT SCHOOL BOARD
ST MARGUERITE D'YOUVILLE CATHOLIC ELMENTARY SCHOOL p 824
See YORK CATHOLIC DISTRICT SCHOOL BOARD
ST MARGUERITE D'YOUVILLE SCHOOL p 499
See SIMCOE MUSKOKA CATHOLIC DISTRICT SCHOOL BOARD
ST MARGUERITE SCHOOL p 1302
See ST. PAUL'S ROMAN CATHOLIC SEPARATE SCHOOL DIVISION NO 20
ST MARIA GORETTI ELEMENTARY SCHOOL p 962
See WINDSOR-ESSEX CATHOLIC DISTRICT SCHOOL BOARD, THE
ST MARIA GORETTI SCHOOL p 521
See DUFFERIN-PEEL CATHOLIC DISTRICT SCHOOL BOARD
ST MARK p 1302
See ST. PAUL'S ROMAN CATHOLIC SEPARATE SCHOOL DIVISION NO 20
ST MARK CATHOLIC ELEMENTARY

SCHOOL *p 500*
See NIAGARA CATHOLIC DISTRICT SCHOOL BOARD

ST MARKS SCHOOL *p 643*
See WATERLOO CATHOLIC DISTRICT SCHOOL BOARD

ST MARTHA CATHOLIC SCHOOL *p 630*
See ALGONQUIN & LAKESHORE CATHOLIC DISTRICT SCHOOL BOARD

ST MARTIN DE PORRES SCHOOL *p 153*
See RED DEER CATHOLIC REGIONAL DIVISION NO. 39

ST MARTIN ELEMENTARY SCHOOL *p 658*
See LONDON DISTRICT CATHOLIC SCHOOL BOARD

ST MARTIN SCHOOL *p 172*
See ELK ISLAND CATHOLIC SEPARATE REGIONAL DIVISION NO. 41

ST MARTIN SCHOOL *p 850*
See NIAGARA CATHOLIC DISTRICT SCHOOL BOARD

ST MARTIN'S ELEMENTARY SCHOOL *p 574*
See PETERBOROUGH VICTORIA NORTHUMBERLAND AND CLARINGTON CATHOLIC DISTRICT SCHOOL BOARD

ST MARTINS SECONDARY SCHOOL *p 699*
See DUFFERIN-PEEL CATHOLIC DISTRICT SCHOOL BOARD

ST MARY CATHOLIC HIGH SCHOOL *p 530*
See CATHOLIC DISTRICT SCHOOL BOARD OF EASTERN ONTARIO

ST MARY CATHOLIC SCHOOL *p 505*
See HURON-SUPERIOR CATHOLIC DISTRICT SCHOOL BOARD

ST MARY CATHOLIC SCHOOL *p 736*
See NIAGARA CATHOLIC DISTRICT SCHOOL BOARD

ST MARY CATHOLIC SCHOOL *p 740*
See YORK CATHOLIC DISTRICT SCHOOL BOARD

ST MARY CATHOLIC SCSHOOL *p 504*
See ST. CLAIR CATHOLIC DISTRICT SCHOOL BOARD

ST MARY COMMUNITY SCHOOL *p 1302*
See ST. PAUL'S ROMAN CATHOLIC SEPARATE SCHOOL DIVISION NO 20

ST MARY ELEMENTARY SCHOOL *p 936*
See TORONTO CATHOLIC DISTRICT SCHOOL BOARD

ST MARY OF THE LAKE SCHOOL *p 164*
See LIVING WATERS CATHOLIC REGIONAL DIVISION NO.42

ST MARY SCHOOL *p 175*
See LIVING WATERS CATHOLIC REGIONAL DIVISION NO.42

ST MARY SCHOOL *p 652*
See LONDON DISTRICT CATHOLIC SCHOOL BOARD

ST MARY SCHOOL *p 1287*
See BOARD OF EDUCATION OF THE REGINA ROMAN CATHOLIC SEPARATE SCHOOL DIVISION NO. 81

ST MARY SCHOOL *p 1309*
See CHRIST THE TEACHER CATHOLIC SCHOOLS DIVISION 212

ST MARY ST CECILIA CATHOLIC SCHOOL *p 723*
See CATHOLIC DISTRICT SCHOOL BOARD OF EASTERN ONTARIO

ST MARY'S ACADEMY *p 473*
See STRAIT REGIONAL SCHOOL BOARD

ST MARY'S ACADEMY INC *p 386*
550 Wellington Cres, WINNIPEG, MB, R3M 0C1
(204) 477-0244   SIC 8211

ST MARY'S BAY ACADEMY *p 479*
See TRI-COUNTY REGIONAL SCHOOL BOARD

ST MARY'S CATHOLIC LEARNING CENTER *p 527*
See BRANT HALDIMAND NORFOLK CATHOLIC DISTRICT SCHOOL BOARD

ST MARY'S CATHOLIC SCHOOL *p 549*
See CATHOLIC DISTRICT SCHOOL BOARD OF EASTERN ONTARIO

ST MARY'S CATHOLIC SCHOOL *p 573*
See WELLINGTON CATHOLIC DISTRICT SCHOOL BOARD

ST MARY'S CATHOLIC SCHOOL *p 943*
See ALGONQUIN & LAKESHORE CATHOLIC DISTRICT SCHOOL BOARD

ST MARY'S CATHOLIC SCHOOL *p 955*
See NIAGARA CATHOLIC DISTRICT SCHOOL BOARD

ST MARY'S CENTRAL PUBLIC SCHOOL *p 595*
See AVON MAITLAND DISTRICT SCHOOL BOARD

ST MARY'S COLLEGE *p 830*
See HURON-SUPERIOR CATHOLIC DISTRICT SCHOOL BOARD

ST MARY'S COLLEGIATE & VOCATIONAL INSTITUTE *p 857*
See AVON MAITLAND DISTRICT SCHOOL BOARD

ST MARY'S COMMUNITY SCHOOL *p 1277*
See LIGHT OF CHRIST RCSSD

ST MARY'S ECONOMIC DEVELOPMENT CORPORATION *p 399*
185 Gabriel Dr, FREDERICTON, NB, E3A 5V9
(506) 462-9300   SIC 7999

ST MARY'S ELEMENTARY SCHOOL *p 124*
See FORT VERMILION SCHOOL DIVISON 52

ST MARY'S ELEMENTARY SCHOOL *p 141*
See LLOYDMINSTER ROMAN CATHOLIC SCHOOL BOARD

ST MARY'S ELEMENTARY SCHOOL *p 442*
See ANNAPOLIS VALLEY REGIONAL SCHOOL BOARD

ST MARY'S ELEMENTARY SCHOOL *p 519*
See DUFFERIN-PEEL CATHOLIC DISTRICT SCHOOL BOARD

ST MARY'S ELEMENTARY SCHOOL *p 612*
See HAMILTON-WENTWORTH CATHOLIC SCHOOL BOARD

ST MARY'S ENTERTAINMENT CENTRE *p 399*
See ST MARY'S ECONOMIC DEVELOPMENT CORPORATION

ST MARY'S HIGH SCHOOL *p 639*
See WATERLOO CATHOLIC DISTRICT SCHOOL BOARD

ST MARY'S HIGH SCHOOL *p 978*
See LONDON DISTRICT CATHOLIC SCHOOL BOARD

ST MARY'S MEMORIAL HOSPITAL *p 473*
See GUYSBOROUGH ANTIGONISH STRAIT HEALTH AUTHORITY

ST MARY'S SCHOOL *p 143*
See MEDICINE HAT CATHOLIC SEPARATE REGIONAL DIVISION NO. 20

ST MARY'S SCHOOL *p 148*
See CHRIST THE REDEEMER CATHOLIC SEPARATE REGIONAL DIVISION NO. 3

ST MARY'S SCHOOL *p 160*
See GRANDE PRAIRIE CATHOLIC SCHOOL DISTRICT 28

ST MARY'S SCHOOL *p 170*
See HOLY SPIRIT ROMAN CATHOLIC SEPARATE REGIONAL DIVISION NO 4

ST MARY'S SCHOOL *p 196*
See CATHOLIC INDEPENDENT SCHOOLS OF VANCOUVER ARCHDIOCESE, THE

ST MARY'S SCHOOL *p 458*
See HALIFAX REGIONAL SCHOOL BOARD

ST MARY'S SCHOOL *p 499*
See SIMCOE MUSKOKA CATHOLIC DISTRICT SCHOOL BOARD

ST MARY'S SCHOOL *p 556*
See SIMCOE MUSKOKA CATHOLIC DISTRICT SCHOOL BOARD

ST MARY'S SCHOOL *p 595*
See OTTAWA CATHOLIC DISTRICT SCHOOL BOARD

ST MARY'S SCHOOL *p 596*
See HURON PERTH CATHOLIC DISTRICT SCHOOL BOARD

ST MARY'S SCHOOL *p 604*
See BRANT HALDIMAND NORFOLK CATHOLIC DISTRICT SCHOOL BOARD

ST MARY'S SCHOOL *p 647*
See PETERBOROUGH VICTORIA NORTHUMBERLAND AND CLARINGTON CATHOLIC DISTRICT SCHOOL BOARD

ST MARY'S SCHOOL *p 1268*
See HOLY FAMILY ROMAN CATHOLIC SEPARATE SCHOOL DIVISION 140

ST MARY'S SEPARATE SCHOOL *p 548*
See PETERBOROUGH VICTORIA NORTHUMBERLAND AND CLARINGTON CATHOLIC DISTRICT SCHOOL BOARD

ST MARY'S UNIVERSITY BUSINESS DEVELOPMENT CENTRE *p 459*
See SAINT MARY'S UNIVERSITY

ST MARYS FRENCH IMMERSION *p 830*
See HURON-SUPERIOR CATHOLIC DISTRICT SCHOOL BOARD

ST MARYS SCHOOL *p 620*
See SIMCOE MUSKOKA CATHOLIC DISTRICT SCHOOL BOARD

ST MARYS VILLA *p 1270*
See SASKATOON REGIONAL HEALTH AUTHORITY

ST MATTHEW CATHOLIC ELEMENTARY SCHOOL *p 504*
See HAMILTON-WENTWORTH CATHOLIC SCHOOL BOARD

ST MATTHEW CATHOLIC ELEMENTARY SCHOOL *p 945*
See YORK CATHOLIC DISTRICT SCHOOL BOARD

ST MATTHEW CATHOLIC ELEMENTARY SCHOOL *p 951*
See WATERLOO CATHOLIC DISTRICT SCHOOL BOARD

ST MATTHEW EVANGELIST CATHOLIC SCHOOL *p 959*
See DURHAM CATHOLIC DISTRICT SCHOOL BOARD

ST MATTHEW HIGH SCHOOL *p 776*
See OTTAWA CATHOLIC DISTRICT SCHOOL BOARD

ST MATTHEW SCHOOL *p 159*
See RED DEER CATHOLIC REGIONAL DIVISION NO. 39

ST MATTHEW'S ELEMENTARY SCHOOL *p 938*
See TORONTO CATHOLIC DISTRICT SCHOOL BOARD

ST MATTHEWS SCHOOL *p 1289*
See ST. PAUL'S ROMAN CATHOLIC SEPARATE SCHOOL DIVISION NO 20

ST MICHAEL SCHOOL *p 590*
See NORTHWEST CATHOLIC DISTRICT SCHOOL BOARD, THE

ST MICHAEL CATHOLIC ACADEMY *p 874*
See YORK CATHOLIC DISTRICT SCHOOL BOARD

ST MICHAEL CATHOLIC HIGH SCHOOL *p 738*
See NIAGARA CATHOLIC DISTRICT SCHOOL BOARD

ST MICHAEL CATHOLIC SCHOOL *p 501*
See ALGONQUIN & LAKESHORE CATHOLIC DISTRICT SCHOOL BOARD

ST MICHAEL CATHOLIC SCHOOL *p 601*
See WELLINGTON CATHOLIC DISTRICT SCHOOL BOARD

ST MICHAEL CATHOLIC SCHOOL *p 787*
See OTTAWA CATHOLIC DISTRICT SCHOOL BOARD

ST MICHAEL COMMUNITY SCHOOL *p 1298*
See ST. PAUL'S ROMAN CATHOLIC SEPARATE SCHOOL DIVISION NO 20

ST MICHAEL ELEMENTARY SCHOOL *p 653*
See LONDON DISTRICT CATHOLIC SCHOOL BOARD

ST MICHAEL ELEMENTARY SCHOOL *p 825*
See ST. CLAIR CATHOLIC DISTRICT SCHOOL BOARD

ST MICHAEL SCHOOL *p 59*
See CALGARY ROMAN CATHOLIC SEPARATE SCHOOL DISTRICT #1

ST MICHAEL SCHOOL *p 143*
See MEDICINE HAT CATHOLIC SEPARATE REGIONAL DIVISION NO. 20

ST MICHAEL SCHOOL *p 530*
See ST. CLAIR CATHOLIC DISTRICT SCHOOL BOARD

ST MICHAEL SCHOOL *p 550*
See OTTAWA CATHOLIC DISTRICT SCHOOL BOARD

ST MICHAEL SCHOOL *p 589*
See OTTAWA CATHOLIC DISTRICT SCHOOL BOARD

ST MICHAEL SCHOOL *p 1275*
See HOLY TRINITY ROMAN CATHOLIC SEPARATE SCHOOL DIVISION #22

ST MICHAEL THE ARCHANGEL SCHOOL *p 499*
See SIMCOE MUSKOKA CATHOLIC DISTRICT SCHOOL BOARD

ST MICHAEL'S CATHOLIC SCHOOL *p 781*
See DURHAM CATHOLIC DISTRICT SCHOOL BOARD

ST MICHAEL'S EXTENDED CARE CENTRE SOCIETY *p 75*
7404 139 Ave Nw, EDMONTON, AB, T5C 3H7
(780) 473-5621   SIC 8051

ST MICHAEL'S SCHOOL *p 150*
See HOLY SPIRIT ROMAN CATHOLIC SEPARATE REGIONAL DIVISION NO 4

ST MICHAELS *p 1309*
See CHRIST THE TEACHER CATHOLIC SCHOOLS DIVISION 212

ST MICHAELS CATHOLIC ELEMENTARY SCHOOL *p 977*
See LONDON DISTRICT CATHOLIC SCHOOL BOARD

ST MICHAELS SCHOOL IN COBOURG *p 555*
See PETERBOROUGH VICTORIA NORTHUMBERLAND AND CLARINGTON CATHOLIC DISTRICT SCHOOL BOARD

ST MONICA CATHOLIC SCHOOL *p 677*
See YORK CATHOLIC DISTRICT SCHOOL BOARD

ST MONICA'S CATHOLIC SCHOOL *p 495*
See SIMCOE MUSKOKA CATHOLIC DISTRICT SCHOOL BOARD

ST NICHOLAS *p 732*
See YORK CATHOLIC DISTRICT SCHOOL BOARD

ST NICHOLAS ADULT HIGH SCHOOL *p 798*
See OTTAWA CATHOLIC DISTRICT SCHOOL BOARD

ST NICHOLAS CATHOLIC ELEMENTAY SCHOOL *p 954*
See WATERLOO CATHOLIC DISTRICT SCHOOL BOARD

ST NICHOLAS SCHOOL *p 499*
See SIMCOE MUSKOKA CATHOLIC DISTRICT SCHOOL BOARD

ST NICHOLAS SCHOOL *p 506*
See DUFFERIN-PEEL CATHOLIC DISTRICT SCHOOL BOARD

ST NOEL CHABENEL CATHOLIC SCHOOL *p 949*
See SIMCOE MUSKOKA CATHOLIC DISTRICT SCHOOL BOARD

ST PADRE PIO CATHOLIC ELEMENTARY SCHOOL *p 972*
See YORK CATHOLIC DISTRICT SCHOOL BOARD

ST PASCAL SCHOOL *p 1269*

See NORTHERN LIGHTS SCHOOL DIVISION 113
ST PAT'S p 408
See ST. PATRICK'S FAMILY CENTRE INC
ST PATRICK ADULT SCHOOL p 793
See OTTAWA CATHOLIC DISTRICT SCHOOL BOARD
ST PATRICK CATHOLIC ELEMENTARY SCHOOL p 669
See YORK CATHOLIC DISTRICT SCHOOL BOARD
ST PATRICK CATHOLIC ELEMENTARY SCHOOL p 825
See CATHOLIC DISTRICT SCHOOL BOARD OF EASTERN ONTARIO
ST PATRICK CATHOLIC ELEMENTARY SCHOOL p 847
See YORK CATHOLIC DISTRICT SCHOOL BOARD
ST PATRICK CATHOLIC SCHOOL p 126
See GRANDE PRAIRIE CATHOLIC SCHOOL DISTRICT 28
ST PATRICK CATHOLIC SCHOOL p 630
See ALGONQUIN & LAKESHORE CATHOLIC DISTRICT SCHOOL BOARD
ST PATRICK CATHOLIC SCHOOL p 730
See OTTAWA CATHOLIC DISTRICT SCHOOL BOARD
ST PATRICK CATHOLIC SCHOOL p 830
See HURON-SUPERIOR CATHOLIC DISTRICT SCHOOL BOARD
ST PATRICK ELEMENTARY & SECONDARY SCHOOL p 1250
See COMMISSION SCOLAIRE DU CHEMIN-DU-ROY
ST PATRICK ELEMENTARY SCHOOL p 637
See WATERLOO CATHOLIC DISTRICT SCHOOL BOARD
ST PATRICK ELEMENTARY SCHOOL p 666
See LONDON DISTRICT CATHOLIC SCHOOL BOARD
ST PATRICK ELEMENTARY SCHOOL p 1138
See LESTER B. PEARSON SCHOOL BOARD
ST PATRICK HIGH SCHOOL p 881
See THUNDER BAY CATHOLIC DISTRICT SCHOOL BOARD
ST PATRICK HIGHSCHOOL p 796
See OTTAWA CATHOLIC DISTRICT SCHOOL BOARD
ST PATRICK INTERMEDIATE SCHOOL p 796
See OTTAWA CATHOLIC DISTRICT SCHOOL BOARD
ST PATRICK SCHOOL p 66
See ELK ISLAND CATHOLIC SEPARATE REGIONAL DIVISION NO. 41
ST PATRICK SCHOOL p 145
See MEDICINE HAT CATHOLIC SEPARATE REGIONAL DIVISION NO. 20
ST PATRICK SCHOOL p 525
See BRANT HALDIMAND NORFOLK CATHOLIC DISTRICT SCHOOL BOARD
ST PATRICK SCHOOL p 554
See NORTHEASTERN CATHOLIC DISTRICT SCHOOL BOARD
ST PATRICK SCHOOL p 599
See WELLINGTON CATHOLIC DISTRICT SCHOOL BOARD
ST PATRICK SCHOOL p 626
See NORTHEASTERN CATHOLIC DISTRICT SCHOOL BOARD
ST PATRICK SCHOOL p 816
See NIAGARA CATHOLIC DISTRICT SCHOOL BOARD
ST PATRICK SCHOOL p 1306
See HOLY TRINITY ROMAN CATHOLIC SEPARATE SCHOOL DIVISION #22
ST PATRICK'S p 418
See SCHOOL DISTRICT 8
ST PATRICK'S CATHOLIC HIGH SCHOOL p 829

See ST. CLAIR CATHOLIC DISTRICT SCHOOL BOARD
ST PATRICK'S ELEMENTARY SCHOOL p 297
See CATHOLIC INDEPENDENT SCHOOLS OF VANCOUVER ARCHDIOCESE, THE
ST PATRICK'S HIGH SCHOOL p 461
See HALIFAX REGIONAL SCHOOL BOARD
ST PATRICK'S HIGH SCHOOL p 1157
See COMMISSION SCOLAIRE CENTRAL QUEBEC
ST PATRICK'S HOME OF OTTAWA INC p 796
2865 Riverside Dr, OTTAWA, ON, K1V 8N5
(613) 731-4660 SIC 8051
ST PATRICK'S SCHOOL p 170
See HOLY SPIRIT ROMAN CATHOLIC SEPARATE REGIONAL DIVISION NO 4
ST PATRICK'S SCHOOL p 490
See NORTHWEST CATHOLIC DISTRICT SCHOOL BOARD, THE
ST PATRICK'S SCHOOL p 533
See HALTON CATHOLIC DISTRICT SCHOOL BOARD
ST PATRICK'S SCHOOL p 542
See BRANT HALDIMAND NORFOLK CATHOLIC DISTRICT SCHOOL BOARD
ST PATRICKS COMMUNITY SCHOOL p 154
See RED DEER CATHOLIC REGIONAL DIVISION NO. 39
ST PAUL ANNEX SCHOOL p 1062
See SIR WILFRID LAURIER SCHOOL BOARD
ST PAUL AQUATIC CENTER p 166
See ST PAUL, TOWN OF
ST PAUL CATHOLIC ELEMENTARY SCHOOL p 88
See EDMONTON CATHOLIC SEPARATE SCHOOL DISTRICT NO.7
ST PAUL CATHOLIC ELEMENTARY SCHOOL p 808
See PETERBOROUGH VICTORIA NORTHUMBERLAND AND CLARINGTON CATHOLIC DISTRICT SCHOOL BOARD
ST PAUL CATHOLIC ELEMENTARY SCHOOL p 905
See TORONTO CATHOLIC DISTRICT SCHOOL BOARD
ST PAUL CATHOLIC HIGH SCHOOL p 801
See OTTAWA CATHOLIC DISTRICT SCHOOL BOARD
ST PAUL CATHOLIC SCHOOL p 537
See HALTON CATHOLIC DISTRICT SCHOOL BOARD
ST PAUL CATHOLIC SCHOOL p 604
See WELLINGTON CATHOLIC DISTRICT SCHOOL BOARD
ST PAUL CATHOLIC SCHOOL p 643
See WATERLOO CATHOLIC DISTRICT SCHOOL BOARD
ST PAUL CATHOLIC SCHOOL p 957
See DURHAM CATHOLIC DISTRICT SCHOOL BOARD
ST PAUL CATHOLIC SECONDARY SCHOOL p 943
See ALGONQUIN & LAKESHORE CATHOLIC DISTRICT SCHOOL BOARD
ST PAUL ELEMENTARY p 662
See LONDON DISTRICT CATHOLIC SCHOOL BOARD
ST PAUL ELEMENTARY SCHOOL p 832
See HURON-SUPERIOR CATHOLIC DISTRICT SCHOOL BOARD
ST PAUL ELEMENTARY SCHOOL NORWOOD p 764
See PETERBOROUGH VICTORIA NORTHUMBERLAND AND CLARINGTON CATHOLIC DISTRICT SCHOOL BOARD
ST PAUL REGIONAL HIGH SCHOOL p 166
See ST. PAUL EDUCATION REGIONAL DIVISION NO 1
ST PAUL SCHOOL p 1298

See ST. PAUL'S ROMAN CATHOLIC SEPARATE SCHOOL DIVISION NO 20
ST PAUL THE APOSTLE SCHOOL p 563
See SUDBURY CATHOLIC DISTRICT SCHOOL BOARD
ST PAUL TRAVELERS p 306
See TRAVELERS INSURANCE COMPANY OF CANADA
ST PAUL'S COLLEGE p 390
See UNIVERSITY OF MANITOBA
ST PAUL'S COMMUNITY HEALTH SERVICES p 165
See ALBERTA HEALTH SERVICES
ST PAUL'S ELEMENTARY SCHOOL p 645
See PETERBOROUGH VICTORIA NORTHUMBERLAND AND CLARINGTON CATHOLIC DISTRICT SCHOOL BOARD
ST PAUL'S ELEMENTARY SCHOOL p 1309
See CHRIST THE TEACHER CATHOLIC SCHOOLS DIVISION 212
ST PAUL'S SCHOOL p 120
See FORT MCMURRAY CATHOLIC BOARD OF EDUCATION
ST PAUL'S SCHOOL p 863
See HAMILTON-WENTWORTH CATHOLIC SCHOOL BOARD
ST PAUL, TOWN OF p 166
4702 53 St Ss 4, ST PAUL, AB, T0A 3A0
(780) 645-3388 SIC 7999
ST PETER CANISIUS p 954
See ST. CLAIR CATHOLIC DISTRICT SCHOOL BOARD
ST PETER CATHOLIC ELEMENTARY SCHOOL p 856
See NIAGARA CATHOLIC DISTRICT SCHOOL BOARD
ST PETER CATHOLIC SCHOOL p 544
See WATERLOO CATHOLIC DISTRICT SCHOOL BOARD
ST PETER CATHOLIC SCHOOL p 564
See CATHOLIC DISTRICT SCHOOL BOARD OF EASTERN ONTARIO
ST PETER CATHOLIC SCHOOL p 603
See WELLINGTON CATHOLIC DISTRICT SCHOOL BOARD
ST PETER ELEMENTARY SCHOOL p 773
See DUFFERIN-PEEL CATHOLIC DISTRICT SCHOOL BOARD
ST PETER ELEMENTARY SCHOOL p 1287
See BOARD OF EDUCATION OF THE REGINA ROMAN CATHOLIC SEPARATE SCHOOL DIVISION NO. 81
ST PETER SCHOOL p 681
See HALTON CATHOLIC DISTRICT SCHOOL BOARD
ST PETER SCHOOL p 872
See WINDSOR-ESSEX CATHOLIC DISTRICT SCHOOL BOARD, THE
ST PETER SCHOOL p 976
See YORK CATHOLIC DISTRICT SCHOOL BOARD
ST PETER THE APOSTLE SCHOOL p 805
See SIMCOE MUSKOKA CATHOLIC DISTRICT SCHOOL BOARD
ST PETER'S ACADEMY p 423
See WESTERN SCHOOL DISTRICT
ST PETER'S CATHOLIC SCHOOL p 943
See ALGONQUIN & LAKESHORE CATHOLIC DISTRICT SCHOOL BOARD
ST PETERS LUTHERAN CEMETERY p 641
See CORPORATION OF THE CITY OF KITCHENER
ST PHILIP SCHOOL p 1294
See ST. PAUL'S ROMAN CATHOLIC SEPARATE SCHOOL DIVISION NO 20
ST PIUS X CATHOLIC SCHOOL p 832
See HURON-SUPERIOR CATHOLIC DISTRICT SCHOOL BOARD
ST PIUS X SCHOOL p 879
See THUNDER BAY CATHOLIC DISTRICT SCHOOL BOARD
ST RAPHAEL'S CATHOLIC SCHOOL p 859
See LONDON DISTRICT CATHOLIC SCHOOL BOARD

ST RAYMOND ELEMENTARY SCHOOL p 721
See DUFFERIN-PEEL CATHOLIC DISTRICT SCHOOL BOARD
ST RENE GOUPIL CATHOLIC SCHOOL p 874
See YORK CATHOLIC DISTRICT SCHOOL BOARD
ST RICHARD CATHOLIC ELEMENTARY SCHOOL p 708
See DUFFERIN-PEEL CATHOLIC DISTRICT SCHOOL BOARD
ST RITA ELEMENTARY SCHOOL p 727
See OTTAWA CATHOLIC DISTRICT SCHOOL BOARD
ST RITA SCHOOL p 523
See DUFFERIN-PEEL CATHOLIC DISTRICT SCHOOL BOARD
ST ROBERT CATHOLIC ELEMENTARY SCHOOL p 650
See LONDON DISTRICT CATHOLIC SCHOOL BOARD
ST ROBERT CATHOLIC HIGH SCHOOL p 874
See YORK CATHOLIC DISTRICT SCHOOL BOARD
ST ROSE ELEMENTARY SCHOOL p 418
See SCHOOL DISTRICT 8
ST ROSE OF LIMA SEPARATE SCHOOL p 705
See DUFFERIN-PEEL CATHOLIC DISTRICT SCHOOL BOARD
ST SEBASTIAN ELEMENTARY SCHOOL p 654
See LONDON DISTRICT CATHOLIC SCHOOL BOARD
ST STEPHEN CATHOLIC SCHOOL p 973
See YORK CATHOLIC DISTRICT SCHOOL BOARD
ST STEPHEN HIGH SCHOOL p 411
See SCHOOL DISTRICT NO 10
ST STEPHEN MIDDLE SCHOOL p 420
See SCHOOL DISTRICT NO 10
ST STEPHEN SCHOOL p 460
See HALIFAX REGIONAL SCHOOL BOARD
ST STEPHEN'S CATHOLIC SCHOOL p 171
See HOLY FAMILY CATHOLIC REGIONAL DIVISION 37
ST STEPHEN'S KING EDWARD DAY CARE CENTRE p 926
See ST STEPHENS COMMUNITY HOUSE
ST STEPHEN'S SCHOOL p 550
See BRANT HALDIMAND NORFOLK CATHOLIC DISTRICT SCHOOL BOARD
ST STEPHENS COMMUNITY HOUSE p 924
1415 Bathurst St Suite 201, TORONTO, ON, M5R 3H8
(416) 531-4631 SIC 8361
ST STEPHENS COMMUNITY HOUSE p 926
112 Lippincott St Suite 4, TORONTO, ON, M5S 2P1
(416) 922-8705 SIC 8351
ST STEPHENS EMPLOYMENT AND TRAINING CENTER p 924
See ST STEPHENS COMMUNITY HOUSE
ST TERESA CATHOLIC ELEMENTARY SCHOOL p 110
See EDMONTON CATHOLIC SEPARATE SCHOOL DISTRICT NO.7
ST TERESA OF AVILA ELEMENTARY SCHOOL p 573
See WATERLOO CATHOLIC DISTRICT SCHOOL BOARD
ST TERESA'S CATHOLIC ELEMENTARY SCHOOL p 811
See PETERBOROUGH VICTORIA NORTHUMBERLAND AND CLARINGTON CATHOLIC DISTRICT SCHOOL BOARD
ST THERESA CATHOLIC SCHOOL p 161
See ELK ISLAND CATHOLIC SEPARATE REGIONAL DIVISION NO. 41

ST THERESA CATHOLIC SCHOOL p 663
See LONDON DISTRICT CATHOLIC SCHOOL BOARD
ST THERESA CATHOLIC SECONDARY SCHOOL p 501
See ALGONQUIN & LAKESHORE CATHOLIC DISTRICT SCHOOL BOARD
ST THERESA ELEMENTARY p 642
See WATERLOO CATHOLIC DISTRICT SCHOOL BOARD
ST THERESA ELEMENTARY SCHOOL p 528
See BRANT HALDIMAND NORFOLK CATHOLIC DISTRICT SCHOOL BOARD
ST THERESA ELEMENTARY SCHOOL p 833
See HURON-SUPERIOR CATHOLIC DISTRICT SCHOOL BOARD
ST THERESA OF AVILA SCHOOL p 155
See RED DEER CATHOLIC REGIONAL DIVISION NO. 39
ST THERESA SCHOOL p 173
See NORTHLAND SCHOOL DIVISION 61
ST THERESA SCHOOL p 777
See OTTAWA CATHOLIC DISTRICT SCHOOL BOARD
ST THERESA SCHOOL p 853
See NIAGARA CATHOLIC DISTRICT SCHOOL BOARD
ST THERESA SCHOOL p 1282
See BOARD OF EDUCATION OF THE REGINA ROMAN CATHOLIC SEPARATE SCHOOL DIVISION NO. 81
ST THERESE HEALTH CENTRE p 165
See ALBERTA HEALTH SERVICES
ST THERESE OF THE CHILD JESUS SEPARATE SCHOOL p 708
See DUFFERIN-PEEL CATHOLIC DISTRICT SCHOOL BOARD
ST THERESE SCHOOL p 816
See NIAGARA CATHOLIC DISTRICT SCHOOL BOARD
ST THOMAS AQUINAS CATHOLIC SCHOOL p 780
See DURHAM CATHOLIC DISTRICT SCHOOL BOARD
ST THOMAS AQUINAS CATHOLIC SECONDARY SCHOOL p 647
See PETERBOROUGH VICTORIA NORTHUMBERLAND AND CLARINGTON CATHOLIC DISTRICT SCHOOL BOARD
ST THOMAS AQUINAS HIGH SCHOOL p 628
See KENORA CATHOLIC DISTRICT SCHOOL BOARD
ST THOMAS AQUINAS MIDDLE SCHOOL p 154
See RED DEER CATHOLIC REGIONAL DIVISION NO. 39
ST THOMAS AQUINAS ROMAN CATHOLIC SEPARATE REGIONAL DIVISION #38 p 72
4921 43 St, DRAYTON VALLEY, AB, T7A 1P5
(780) 542-4396 SIC 8211
ST THOMAS AQUINAS ROMAN CATHOLIC SEPARATE REGIONAL DIVISION #38 p 136
3511 Rollyview Rd, LEDUC, AB, T9E 6N4
(780) 986-6859 SIC 8211
ST THOMAS AQUINAS ROMAN CATHOLIC SEPARATE REGIONAL DIVISION #38 p 151
5520 45 Ave Cres, PONOKA, AB, T4J 1N6
(403) 704-1155 SIC 8211
ST THOMAS AQUINAS ROMAN CATHOLIC SEPARATE REGIONAL DIVISION #38 p 174
4419 52 Ave, WETASKIWIN, AB, T9A 2X7
(780) 352-5533 SIC 8211
ST THOMAS AQUINAS SCHOOL p 628
See YORK CATHOLIC DISTRICT SCHOOL BOARD
ST THOMAS AQUINAS SCHOOL p 881
See THUNDER BAY CATHOLIC DISTRICT SCHOOL BOARD

ST THOMAS AQUINAS SECONDARY SCHOOL p 511
See DUFFERIN-PEEL CATHOLIC DISTRICT SCHOOL BOARD
ST THOMAS AQUINAS SECONDARY SCHOOL p 768
See HALTON CATHOLIC DISTRICT SCHOOL BOARD
ST THOMAS BINGO COUNTRY p 858
See BINGO COUNTRY HOLDINGS LIMITED
ST THOMAS CATHOLIC ELEMENTARY SCHOOL p 949
See HAMILTON-WENTWORTH CATHOLIC SCHOOL BOARD
ST THOMAS CENTRE DE SANTE p 102
8411 91 St Nw Suite 234, EDMONTON, AB, T6C 1Z9
(780) 450-2987 SIC 8361
ST THOMAS FORD COLLISION p 858
See ST. THOMAS FORD LINCOLN SALES LIMITED
ST THOMAS HEALTH CENTER p 102
See ST THOMAS CENTRE DE SANTE
ST THOMAS HIGH SCHOOL p 1142
See LESTER B. PEARSON SCHOOL BOARD
ST THOMAS MORE CATHOLIC SECONDARY SCHOOL p 615
See HAMILTON-WENTWORTH CATHOLIC SCHOOL BOARD
ST THOMAS MORE COLLEGIATE p 183
See ROMAN CATHOLIC ARCHDIOCESE OF VANCOUVER, THE
ST THOMAS MORE ELEMENTARY SCHOOL p 693
See DUFFERIN-PEEL CATHOLIC DISTRICT SCHOOL BOARD
ST THOMAS MORE SCHOOL p 118
See GRANDE PRAIRIE CATHOLIC SCHOOL DISTRICT 28
ST THOMAS MORE SCHOOL p 661
See LONDON DISTRICT CATHOLIC SCHOOL BOARD
ST THOMAS MORE SCHOOL p 737
See NIAGARA CATHOLIC DISTRICT SCHOOL BOARD
ST THOMAS MORE SEPARATE CATHOLIC SCHOOL p 633
See ALGONQUIN & LAKESHORE CATHOLIC DISTRICT SCHOOL BOARD
ST THOMAS OF VILLANOVA COLLEGE p 629
2480 15th Sideroad, KING CITY, ON, L7B 1A4
(905) 833-1909 SIC 8211
ST THOMAS SANITARY COLLECTION SERVICES p 858
See RAM-LP INC
ST THOMAS THE APOSTLE SCHOOL p 819
See RENFREW COUNTY CATHOLIC DISTRICT SCHOOL BOARD
ST TIMOTHY ELEMENTARY SCHOOL p 536
See HALTON CATHOLIC DISTRICT SCHOOL BOARD
ST TIMOTHYS CATHOLIC SCHOOL p 644
See WATERLOO CATHOLIC DISTRICT SCHOOL BOARD
ST URSULA CATHOLIC SCHOOL p 553
See ST. CLAIR CATHOLIC DISTRICT SCHOOL BOARD
ST URSULA SCHOOL p 521
See DUFFERIN-PEEL CATHOLIC DISTRICT SCHOOL BOARD
ST VERONICA CATHOLIC ELEMENTARY SCHOOL p 973
See YORK CATHOLIC DISTRICT SCHOOL BOARD
ST VIATEUR NURSING HOME p 647
See GENESIS GARDENS INC
ST VINCENT DE PAUL CATHOLIC SCHOOL p 616
See HAMILTON-WENTWORTH CATHOLIC SCHOOL BOARD
ST VINCENT DE PAUL SCHOOL p 58
See CALGARY ROMAN CATHOLIC SEPARATE SCHOOL DISTRICT #1
ST VINCENT DE PAUL SCHOOL p 544
See WATERLOO CATHOLIC DISTRICT SCHOOL BOARD
ST VINCENT DE PAUL SOCIETY p 332
833 Yates St, VICTORIA, BC, V8W 1M1
(250) 382-3213 SIC 5932
ST VINCENT DE PAUL SOCIETY p 907
70 Gerrard St E, TORONTO, ON, M5B 1G6
(416) 595-1578 SIC 8399
ST VINCENT ELEMENTARY SCHOOL p 880
See THUNDER BAY CATHOLIC DISTRICT SCHOOL BOARD
ST VINCENT EUPHRASIA p 679
See BLUEWATER DISTRICT SCHOOL BOARD
ST VITAL CENTRE p 367
See 20 VIC MANAGEMENT INC
ST VITAL GARDEN MARKET IGA p 369
See SOBEYS CAPITAL INCORPORATED
ST WALBURG HEALTH COMPLEX p 1306
See PRAIRIE NORTH REGIONAL HEALTH AUTHORITY
ST WILLIBRORD SCHOOL p 1011
See COMMISSION SCOLAIRE NEW FRONTIER
ST-AMBROISE, LE p 1040
See 9054-2747 QUEBEC INC
ST-CONSTANT HONDA p 1184
See ENTOUR AUTOMOBILES INC
ST-FELICIEN DIESEL (1988) INC p 1187
981 Boul Hamel, Saint-Felicien, QC, G8K 2E3
(418) 679-2474 SIC 7699
ST-HUBERT p 1245
See RESTAURANTS SERQUA INC, LES
ST-HUBERT EXPRESS p 1020
See ROTISSERIES ST-HUBERT LTEE, LES
ST-HUBERT EXPRESS p 1086
See ROTISSERIES ST-HUBERT LTEE, LES
ST-HUBERT RESTAURANTS p 1068
See MARTIN DESSERT INC
ST-JACQUES NURSING HOME p 573
See 412506 ONTARIO LTD
ST-JEAN PHOTOCHIMIE p 1199
See PCAS CANADA INC
ST-JEROME TOYOTA p 1078
See AGENCES KYOTO LTEE, LES
ST-LAWRENCE CEMENT p 702
See CRH CANADA GROUP INC
ST-LEONARD TOYOTA p 1216
See 9288-3461 QUEBEC INC
ST-LEONARD TOYOTA (1992) LTEE p 1216
7665 Boul Lacordaire, SAINT-LEONARD, QC, H1S 2A7
(514) 252-1373 SIC 5511
ST-MICHAELS ELEMENTARY SCHOOL p 548
See WATERLOO CATHOLIC DISTRICT SCHOOL BOARD
ST-ONGE FORD INC p 1042
1870 6e Ave, Grand-Mere, QC, G9T 2K7
(819) 538-3357 SIC 5511
ST-PIERRE, JULES LTEE p 1080
1054 Boul Albiny-Paquette, MONT-LAURIER, QC, J9L 1M1
SIC 5149
ST-THERESA CATHOLIC SCHOOL p 542
See NIPISSING PARRY SOUND CATHOLIC DISTRICT SCHOOL BOARD
ST-VIATEUR BAGEL p 1099
See MAISON DU BAGEL INC
ST-VIATEUR BAGEL MILE-END p 1099
See MAISON DU BAGEL INC
ST. AGNES ELEMENTARY SCHOOL p 889
See TORONTO CATHOLIC DISTRICT SCHOOL BOARD
ST. AGATHA CATHOLIC SCHOOL p 887
See TORONTO CATHOLIC DISTRICT SCHOOL BOARD
ST. AGNES CATHOLIC ELEMENTARY SCHOOL p 951
See WATERLOO CATHOLIC DISTRICT SCHOOL BOARD
ST. AGNES JUNIOR HIGH SCHOOL p 462
See HALIFAX REGIONAL SCHOOL BOARD
ST. AIDAN CATHOLIC ELEMENTARY SCHOOL p 524
See DUFFERIN-PEEL CATHOLIC DISTRICT SCHOOL BOARD
ST. ALBERT CATHOLIC SCHOOL p 838
See TORONTO CATHOLIC DISTRICT SCHOOL BOARD
ST. ALBERT INN & SUITES p 167
See STURGEON HOTEL LTD
ST. ALBERT OF JERUSALEM ELEMENTARY SCHOOL p 708
See DUFFERIN-PEEL CATHOLIC DISTRICT SCHOOL BOARD
ST. ALBERT PUBLIC SCHOOL DISTRICT NO. 5565 p 167
58 Grenfell Ave, ST. ALBERT, AB, T8N 2Z9
(780) 460-3737 SIC 8211
ST. ALBERT PUBLIC SCHOOL DISTRICT NO. 5565 p 167
61 Sir Winston Churchill Ave, ST. ALBERT, AB, T8N 0G5
(780) 459-4467 SIC 8211
ST. ALBERT PUBLIC SCHOOL DISTRICT NO. 5565 p 167
50 Grosvenor Blvd Suite A, ST. ALBERT, AB, T8N 0X6
(780) 459-4475 SIC 8211
ST. ALBERT PUBLIC SCHOOL DISTRICT NO. 5565 p 167
40 Woodlands Rd, ST. ALBERT, AB, T8N 3X3
(780) 459-3114 SIC 8211
ST. ALBERT PUBLIC SCHOOL DISTRICT NO. 5565 p 167
4 Fairview Blvd, ST. ALBERT, AB, T8N 2G1
(780) 460-3728 SIC 8211
ST. ALBERT PUBLIC SCHOOL DISTRICT NO. 5565 p 167
15 Langley Ave, ST. ALBERT, AB, T8N 1S4
(780) 459-5541 SIC 8211
ST. ALBERT PUBLIC SCHOOL DISTRICT NO. 5565 p 167
149 Larose Dr, ST. ALBERT, AB, T8N 2X7
(780) 458-8585 SIC 8211
ST. ALBERT PUBLIC SCHOOL DISTRICT NO. 5565 p 167
12 Cunningham Rd, ST. ALBERT, AB, T8N 2E9
(780) 459-4405 SIC 8211
ST. ALBERT PUBLIC SCHOOL DISTRICT NO. 5565 p 167
10 Sycamore Ave, ST. ALBERT, AB, T8N 0K3
(780) 459-4426 SIC 8211
ST. ALBERT PUBLIC SCHOOL DISTRICT NO. 5565 p 167
49 Giroux Rd, ST. ALBERT, AB, T8N 6N4
(780) 460-8490 SIC 8211
ST. ALBERT, CITY OF p 167
18 Sir Winston Churchill Ave, ST. ALBERT, AB, T8N 2W5
(780) 459-7021 SIC 7389
ST. ALFRED SCHOOL p 692
See DUFFERIN-PEEL CATHOLIC DISTRICT SCHOOL BOARD
ST. ALOYSIUS GONZAGA SECONDARY SCHOOL p 705
See DUFFERIN-PEEL CATHOLIC DISTRICT SCHOOL BOARD
ST. ALPHONSUS CATHOLIC ELEMENTARY SCHOOL p 74
See EDMONTON CATHOLIC SEPARATE SCHOOL DISTRICT NO.7
ST. ALPHONSUS CATHOLIC SCHOOL p

933
See TORONTO CATHOLIC DISTRICT SCHOOL BOARD
ST. ALPHONSUS FINE ARTS SCHOOL p 22
See CALGARY ROMAN CATHOLIC SEPARATE SCHOOL DISTRICT #1
ST. AMBROSE CATHOLIC SCHOOL p 940
See TORONTO CATHOLIC DISTRICT SCHOOL BOARD
ST. AMBROSE SCHOOL p 61
See CALGARY ROMAN CATHOLIC SEPARATE SCHOOL DISTRICT #1
ST. ANDREW SCHOOL p 60
See CALGARY ROMAN CATHOLIC SEPARATE SCHOOL DISTRICT #1
ST. ANDREW'S RESIDENCE, CHATHAM p 553
99 Park St, CHATHAM, ON, N7M 3R5
(519) 354-8103   SIC 8361
ST. ANDREWS CATHOLIC SCHOOL p 583
See TORONTO CATHOLIC DISTRICT SCHOOL BOARD
ST. ANDREWS EAST GOLF & COUNTRY CLUB p 863
14022 Mccowan Rd, STOUFFVILLE, ON, L4A 7X5
(905) 640-4444   SIC 7997
ST. ANGELA CATHLOIC ELEMENTARY SCHOOL p 84
See EDMONTON CATHOLIC SEPARATE SCHOOL DISTRICT NO.7
ST. ANGELA ELEMENTARY SCHOOL p 22
See CALGARY ROMAN CATHOLIC SEPARATE SCHOOL DISTRICT #1
ST. ANGELA ELEMENTARY SCHOOL p 583
See TORONTO CATHOLIC DISTRICT SCHOOL BOARD
ST. ANNE ACADEMIC CENTRE p 27
See CALGARY ROMAN CATHOLIC SEPARATE SCHOOL DISTRICT #1
ST. ANNE ELEMENTARY SCHOOL p 518
See DUFFERIN-PEEL CATHOLIC DISTRICT SCHOOL BOARD
ST. ANNE'S ELEMENTARY SCHOOL p 642
See WATERLOO CATHOLIC DISTRICT SCHOOL BOARD
ST. ANNE'S SCHOOL p 827
See ST. CLAIR CATHOLIC DISTRICT SCHOOL BOARD
ST. ANSELM CATHOLIC ELEMENTARY SCHOOL p 893
See TORONTO CATHOLIC DISTRICT SCHOOL BOARD
ST. ANTHONY CATHOLIC ELEMENTARY SCHOOL p 874
See YORK CATHOLIC DISTRICT SCHOOL BOARD
ST. ANTHONY ELEMENTARY SCHOOL p 935
See TORONTO CATHOLIC DISTRICT SCHOOL BOARD
ST. ANTHONY OF PADUA CATHOLIC ELEMENTARY SCHOOL p 681
See HALTON CATHOLIC DISTRICT SCHOOL BOARD
ST. ANTHONY'S HOSPITAL p 1268
Gd, ESTERHAZY, SK, S0A 0X0
(306) 745-3973   SIC 8062
ST. ANTOINE DANIEL CATHOLIC SCHOOL p 750
See TORONTO CATHOLIC DISTRICT SCHOOL BOARD
ST. AUGUSTINE CATHOLIC ELEMENTARY SCHOOL p 110
See EDMONTON CATHOLIC SEPARATE SCHOOL DISTRICT NO.7
ST. AUGUSTINE CATHOLIC SCHOOL p 891
See TORONTO CATHOLIC DISTRICT SCHOOL BOARD
ST. AUGUSTINE ELEMENTARY & JUNIOR HIGH SCHOOL p 54
See CALGARY ROMAN CATHOLIC SEPARATE SCHOOL DISTRICT #1

ST. AUGUSTINE SCHOOL p 1293
See ST. PAUL'S ROMAN CATHOLIC SEPARATE SCHOOL DIVISION NO 20
ST. AUGUSTINE SECONDARY SCHOOL p 522
See DUFFERIN-PEEL CATHOLIC DISTRICT SCHOOL BOARD
ST. AUGUSTINE'S SEMINARY OF TORONTO p 839
2661 Kingston Rd, SCARBOROUGH, ON, M1M 1M3
(416) 261-7207   SIC 8661
ST. AVILA ELEMENTARY SCHOOL p 389
See PEMBINA TRAILS SCHOOL DIVISION, THE
ST. BARBARA CATHOLIC ELEMENTARY SCHOOL p 836
See TORONTO CATHOLIC DISTRICT SCHOOL BOARD
ST. BARBARA ELEMENTARY SCHOOL p 708
See DUFFERIN-PEEL CATHOLIC DISTRICT SCHOOL BOARD
ST. BARNABAS CATHOLIC SCHOOL p 885
See TORONTO CATHOLIC DISTRICT SCHOOL BOARD
ST. BARTHOLOMEW ELEMENTARY SCHOOL p 844
See TORONTO CATHOLIC DISTRICT SCHOOL BOARD
ST. BASIL SCHOOL p 64
See CALGARY ROMAN CATHOLIC SEPARATE SCHOOL DISTRICT #1
ST. BASIL SCHOOL p 76
See EDMONTON CATHOLIC SEPARATE SCHOOL DISTRICT NO.7
ST. BASIL SECONDARY p 832
See HURON-SUPERIOR CATHOLIC DISTRICT SCHOOL BOARD
ST. BEDE CATHOLIC SCHOOL p 885
See TORONTO CATHOLIC DISTRICT SCHOOL BOARD
ST. BENEDICT CATHOLIC ELEMENTARY SCHOOL p 94
See EDMONTON CATHOLIC SEPARATE SCHOOL DISTRICT NO.7
ST. BENEDICT CATHOLIC SCHOOL p 587
See TORONTO CATHOLIC DISTRICT SCHOOL BOARD
ST. BENEDICT SCHOOL p 54
See CALGARY ROMAN CATHOLIC SEPARATE SCHOOL DISTRICT #1
ST. BENEDICT SCHOOL p 773
See DUFFERIN-PEEL CATHOLIC DISTRICT SCHOOL BOARD
ST. BERNADETTE CATHOLIC ELEMENTARY SCHOOL p 97
See EDMONTON CATHOLIC SEPARATE SCHOOL DISTRICT NO.7
ST. BERNADETTE CATHOLIC SCHOOL p 482
See DURHAM CATHOLIC DISTRICT SCHOOL BOARD
ST. BERNADETTE ELEMENTARY SCHOOL p 721
See DUFFERIN-PEEL CATHOLIC DISTRICT SCHOOL BOARD
ST. BERNADETTE SCHOOL p 16
See CALGARY ROMAN CATHOLIC SEPARATE SCHOOL DISTRICT #1
ST. BERNARD CATHOLIC ELEMENTARY SCHOOL p 965
See WINDSOR-ESSEX CATHOLIC DISTRICT SCHOOL BOARD, THE
ST. BERNARD CATHOLIC SCHOOL p 959
See DURHAM CATHOLIC DISTRICT SCHOOL BOARD
ST. BERNARD OF CLAIRVAUX CATHOLIC SCHOOL BOARD p 705
See DUFFERIN-PEEL CATHOLIC DISTRICT SCHOOL BOARD
ST. BERNARD'S OF CLAIRVILLE p 950
See BRANT HALDIMAND NORFOLK CATHOLIC DISTRICT SCHOOL BOARD
ST. BONAVENTURE CATHOLIC SCHOOL p 754
See TORONTO CATHOLIC DISTRICT SCHOOL BOARD
ST. BONIFACE ALL GRADE p 431
See WESTERN SCHOOL DISTRICT
ST. BONIFACE CATHOLIC ELEMENTARY SCHOOL p 110
See EDMONTON CATHOLIC SEPARATE SCHOOL DISTRICT NO.7
ST. BONIFACE ELEMENTARY SCHOOL p 839
See TORONTO CATHOLIC DISTRICT SCHOOL BOARD
ST. BONIFACE SCHOOL p 35
See CALGARY ROMAN CATHOLIC SEPARATE SCHOOL DISTRICT #1
ST. BRENDAN CATHOLIC SCHOOL p 835
See TORONTO CATHOLIC DISTRICT SCHOOL BOARD
ST. BRIEUX PUBLIC LIBRARY p 1306
See WAPITI REGIONAL LIBRARY
ST. BRIGID CATHOLIC SCHOOL p 892
See TORONTO CATHOLIC DISTRICT SCHOOL BOARD
ST. BRIGID SCHOOL p 61
See CALGARY ROMAN CATHOLIC SEPARATE SCHOOL DISTRICT #1
ST. BROTHER ANDRE CATHOLIC SCHOOL p 594
See OTTAWA CATHOLIC DISTRICT SCHOOL BOARD
ST. BROTHER ANDRE CENTRE p 16
See CALGARY ROMAN CATHOLIC SEPARATE SCHOOL DISTRICT #1
ST. BRUNO CATHOLIC SCHOOL p 935
See TORONTO CATHOLIC DISTRICT SCHOOL BOARD
ST. CATHARINES GENERAL SITE p 855
See NIAGARA HEALTH SYSTEM
ST. CATHERINE CATHOLIC SCHOOL p 751
See TORONTO CATHOLIC DISTRICT SCHOOL BOARD
ST. CATHERINE OF SIENA ELEMENTARY SCHOOL p 697
See DUFFERIN-PEEL CATHOLIC DISTRICT SCHOOL BOARD
ST. CATHERINE'S ELEMENTARY SCHOOL p 462
See HALIFAX REGIONAL SCHOOL BOARD
ST. CECILIA CATHOLIC SCHOOL p 938
See TORONTO CATHOLIC DISTRICT SCHOOL BOARD
ST. CECILIA JUNIOR HIGH SCHOOL p 75
See EDMONTON CATHOLIC SEPARATE SCHOOL DISTRICT NO.7
ST. CECILIA SCHOOL p 35
See CALGARY ROMAN CATHOLIC SEPARATE SCHOOL DISTRICT #1
ST. CHARLES CATHOLIC SCHOOL p 761
See TORONTO CATHOLIC DISTRICT SCHOOL BOARD
ST. CHARLES CONGREGATED SCHOOL p 53
See CALGARY ROMAN CATHOLIC SEPARATE SCHOOL DISTRICT #1
ST. CHARLES COUNTRY CLUB p 385
100 Country Club Blvd, WINNIPEG, MB, R3K 1Z3
(204) 889-4444   SIC 7997
ST. CHARLES GARNIER CATHOLIC ELEMENTARY SCHOOL p 823
See YORK CATHOLIC DISTRICT SCHOOL BOARD
ST. CHARLES MANOR CARE HOME p 328
See ROCKLAND CARE SERVICES LTD
ST. CHRISTOPHER CATHOLIC ELEMENTARY SCHOOL p 533
See HALTON CATHOLIC DISTRICT SCHOOL BOARD

ST. CHRISTOPHER CATHOLIC SCHOOL p 780
See DURHAM CATHOLIC DISTRICT SCHOOL BOARD
ST. CHRISTOPHER'S SECONDARY SCHOOL p 827
See ST. CLAIR CATHOLIC DISTRICT SCHOOL BOARD
ST. CLAIR CATHOLIC DISTRICT SCHOOL BOARD p 504
Gd, BLENHEIM, ON, N0P 1A0
(519) 676-7352   SIC 8211
ST. CLAIR CATHOLIC DISTRICT SCHOOL BOARD p 504
94 George St, BLENHEIM, ON, N0P 1A0
SIC 8211
ST. CLAIR CATHOLIC DISTRICT SCHOOL BOARD p 530
1930 Wildwood Dr, BRIGHT'S GROVE, ON, N0N 1C0
(519) 869-4204   SIC 8211
ST. CLAIR CATHOLIC DISTRICT SCHOOL BOARD p 551
545 Baldoon Rd, CHATHAM, ON, N7L 5A9
(519) 351-4040   SIC 8211
ST. CLAIR CATHOLIC DISTRICT SCHOOL BOARD p 551
85 Grand Ave W, CHATHAM, ON, N7L 1B6
(519) 351-2987   SIC 8221
ST. CLAIR CATHOLIC DISTRICT SCHOOL BOARD p 551
255 Lark St, CHATHAM, ON, N7L 1G9
(519) 352-1880   SIC 8211
ST. CLAIR CATHOLIC DISTRICT SCHOOL BOARD p 553
426 Lacroix St, CHATHAM, ON, N7M 2W3
(519) 352-3620   SIC 8211
ST. CLAIR CATHOLIC DISTRICT SCHOOL BOARD p 553
25 Raleigh St Suite 25, CHATHAM, ON, N7M 2M6
(519) 354-4642   SIC 8211
ST. CLAIR CATHOLIC DISTRICT SCHOOL BOARD p 567
535 Birchbank Dr, CORUNNA, ON, N0N 1G0
(519) 862-1479   SIC 8211
ST. CLAIR CATHOLIC DISTRICT SCHOOL BOARD p 812
420 Queen St, PETROLIA, ON, N0N 1R0
(519) 882-1520   SIC 8211
ST. CLAIR CATHOLIC DISTRICT SCHOOL BOARD p 825
25 Maple St S, RIDGETOWN, ON, N0P 2C0
(519) 674-3475   SIC 8211
ST. CLAIR CATHOLIC DISTRICT SCHOOL BOARD p 827
1000 The Rapids Pky, SARNIA, ON, N7S 6K3
(519) 542-2710   SIC 8211
ST. CLAIR CATHOLIC DISTRICT SCHOOL BOARD p 827
1825 Hogan Dr, SARNIA, ON, N7S 6G9
(519) 542-8190   SIC 8211
ST. CLAIR CATHOLIC DISTRICT SCHOOL BOARD p 827
1001 The Rapids Pky, SARNIA, ON, N7S 6K2
(519) 332-3976   SIC 8211
ST. CLAIR CATHOLIC DISTRICT SCHOOL BOARD p 829
1411 Lecaron Ave, SARNIA, ON, N7V 3J1
(519) 344-1601   SIC 8211
ST. CLAIR CATHOLIC DISTRICT SCHOOL BOARD p 829
720 Devine St, SARNIA, ON, N7T 1X2
(519) 332-4300   SIC 8211
ST. CLAIR CATHOLIC DISTRICT SCHOOL BOARD p 829
281 East St N, SARNIA, ON, N7T 6X8
(519) 541-1465   SIC 8211
ST. CLAIR CATHOLIC DISTRICT SCHOOL BOARD p 882
43 St Clair, TILBURY, ON, N0P 2L0

(519) 682-2790   SIC 8211
ST. CLAIR CATHOLIC DISTRICT SCHOOL BOARD   p 949
1350 Bertha Ave, WALLACEBURG, ON, N8A 3K4
SIC 8211
ST. CLAIR CATHOLIC DISTRICT SCHOOL BOARD   p 949
649 Murray St, WALLACEBURG, ON, N8A 1W1
(519) 627-6003   SIC 8211
ST. CLAIR CATHOLIC DISTRICT SCHOOL BOARD   p 954
424 Victoria St, WATFORD, ON, N0M 2S0
(519) 876-3018   SIC 8211
ST. CLAIR CHILD & YOUTH SERVICES   p 829
129 Kendall St, SARNIA, ON, N7V 4G6
(519) 337-3701   SIC 8322
ST. CLAIR MECHANICAL INC   p 530
2963 Brigden Rd Suite 1, BRIGDEN, ON, N0N 1B0
(519) 864-0927   SIC 3498
ST. CLAIR O'CONNOR COMMUNITY INC   p 891
2701 St Clair Ave E Suite 211, TORONTO, ON, M4B 1M5
(416) 757-8757   SIC 8361
ST. CLAIR SECONDARY SCHOOL   p 827
See LAMBTON KENT DISTRICT SCHOOL BOARD
ST. CLARE CATHOLIC ELEMENTARY SCHOOL   p 976
See YORK CATHOLIC DISTRICT SCHOOL BOARD
ST. CLARE ELEMENTARY SCHOOL   p 64
See CALGARY ROMAN CATHOLIC SEPARATE SCHOOL DISTRICT #1
ST. CLEMENT CATHOLIC SCHOOL   p 581
See TORONTO CATHOLIC DISTRICT SCHOOL BOARD
ST. CLEMENT ELEMENTARY JUNIOR HIGH SCHOOL   p 111
See EDMONTON CATHOLIC SEPARATE SCHOOL DISTRICT NO.7
ST. COLUMBA CATHOLIC SCHOOL   p 885
See TORONTO CATHOLIC DISTRICT SCHOOL BOARD
ST. CONRAD CATHOLIC SCHOOL   p 891
See TORONTO CATHOLIC DISTRICT SCHOOL BOARD
ST. CYRIL CATHOLIC SCHOOL   p 889
See TORONTO CATHOLIC DISTRICT SCHOOL BOARD
ST. CYRIL SCHOOL   p 54
See CALGARY ROMAN CATHOLIC SEPARATE SCHOOL DISTRICT #1
ST. DAMIEN ELEMENTARY SCHOOL   p 14
See CALGARY ROMAN CATHOLIC SEPARATE SCHOOL DISTRICT #1
ST. DAVID CATHOLIC ELEMENTARY SCHOOL   p 947
See YORK CATHOLIC DISTRICT SCHOOL BOARD
ST. DAVID OF WALES ELEMENTARY SCHOOL   p 699
See DUFFERIN-PEEL CATHOLIC DISTRICT SCHOOL BOARD
ST. DAVIDS HYDROPONICS LTD   p 501
4860 Martin Rd, BEAMSVILLE, ON, L0R 1B1
(905) 562-5636   SIC 5148
ST. DEMETRIUS CATHOLIC SCHOOL p 582
See TORONTO CATHOLIC DISTRICT SCHOOL BOARD
ST. DOMINIC CATHOLIC ELEMENTARY SCHOOL   p 73
See EDMONTON CATHOLIC SEPARATE SCHOOL DISTRICT NO.7
ST. DOMINIC SAVIO   p 885
See TORONTO CATHOLIC DISTRICT SCHOOL BOARD
ST. DOMINIC SCHOOL   p 58
See CALGARY ROMAN CATHOLIC SEPARATE SCHOOL DISTRICT #1
ST. DOROTHY CATHOLIC SCHOOL   p 583
See TORONTO CATHOLIC DISTRICT SCHOOL BOARD
ST. DUNSTAN ELEMENTARY SCHOOL   p 705
See DUFFERIN-PEEL CATHOLIC DISTRICT SCHOOL BOARD
ST. DUNSTAN ELEMENTARY SCHOOL   p 886
See TORONTO CATHOLIC DISTRICT SCHOOL BOARD
ST. EDITH STEIN ELEMENTARY SCHOOL p 708
See DUFFERIN-PEEL CATHOLIC DISTRICT SCHOOL BOARD
ST. EDMUND CAMPION CATHOLIC SCHOOL   p 836
See TORONTO CATHOLIC DISTRICT SCHOOL BOARD
ST. EDMUND CATHOLIC ELEMENTARY JUNIOR HIGH SCHOOL   p 75
See EDMONTON CATHOLIC SEPARATE SCHOOL DISTRICT NO.7
ST. ELIZABETH ELEMENTARY SCHOOL   p 940
See TORONTO CATHOLIC DISTRICT SCHOOL BOARD
ST. ELIZABETH HOME SOCIETY (HAMILTON ONTARIO)   p 615
391 Rymal Rd W Suite 304, HAMILTON, ON, L9B 1V2
(905) 388-9691   SIC 8322
ST. ELIZABETH SCHOOL   p 798
See OTTAWA CATHOLIC DISTRICT SCHOOL BOARD
ST. ELIZABETH SETON CATHOLIC SCHOOL   p 708
See DUFFERIN-PEEL CATHOLIC DISTRICT SCHOOL BOARD
ST. ELIZABETH SETON CATHOLIC SCHOOL   p 812
See DURHAM CATHOLIC DISTRICT SCHOOL BOARD
ST. ELIZABETH SETON CATHOLIC SCHOOL   p 843
See TORONTO CATHOLIC DISTRICT SCHOOL BOARD
ST. ELIZABETH SETON ELEMENTARY JUNIOR HIGH SCHOOL   p 58
See CALGARY ROMAN CATHOLIC SEPARATE SCHOOL DISTRICT #1
ST. ELIZABETH VILLA   p 615
See ST. ELIZABETH HOME SOCIETY (HAMILTON ONTARIO)
ST. EUGENE CATHOLIC ELEMENTARY SCHOOL   p 942
See TORONTO CATHOLIC DISTRICT SCHOOL BOARD
ST. FLORENCE CATHOLIC SCHOOL p 834
See TORONTO CATHOLIC DISTRICT SCHOOL BOARD
ST. FRANCIS ADVOCATES FOR THE AUTISTIC & DEVELOPMENTALLY DISABLED (SARNIA) INC   p 812
Gd, PETROLIA, ON, N0N 1R0
(519) 296-5544   SIC 8361
ST. FRANCIS ASSISI CATHOLIC ELEMENTARY SCHOOL   p 74
See EDMONTON CATHOLIC SEPARATE SCHOOL DISTRICT NO.7
ST. FRANCIS CATHOLIC ELEMENTARY SCHOOL   p 970
See WINDSOR-ESSEX CATHOLIC DISTRICT SCHOOL BOARD, THE
ST. FRANCIS CATHOLIC SCHOOL   p 659
See LONDON DISTRICT CATHOLIC SCHOOL BOARD
ST. FRANCIS DE SALES SCHOOL   p 758
See TORONTO CATHOLIC DISTRICT SCHOOL BOARD
ST. FRANCIS ELEMENTARY SCHOOL   p 1171
See COMMISSION SCOLAIRE EASTERN TOWNSHIPS
ST. FRANCIS OF ASSISI SCHOOL   p 293
See CATHOLIC INDEPENDENT SCHOOLS OF VANCOUVER ARCHDIOCESE, THE
ST. FRANCIS XAVIER CATHOLIC HIGH SCHOOL   p 616
See CATHOLIC DISTRICT SCHOOL BOARD OF EASTERN ONTARIO
ST. FRANCIS XAVIER CATHOLIC SCHOOL p 595
See OTTAWA CATHOLIC DISTRICT SCHOOL BOARD
ST. FRANCIS XAVIER CATHOLIC SCHOOL p 761
See TORONTO CATHOLIC DISTRICT SCHOOL BOARD
ST. FRANCIS XAVIER HIGH SCHOOL   p 89
See EDMONTON CATHOLIC SEPARATE SCHOOL DISTRICT NO.7
ST. FRANCIS XAVIER SCHOOL   p 143
See MEDICINE HAT CATHOLIC BOARD OF EDUCATION
ST. GABRIEL CATHOLIC SCHOOL   p 750
See TORONTO CATHOLIC DISTRICT SCHOOL BOARD
ST. GABRIEL LALEMANT ELEMENTARY SCHOOL   p 834
See TORONTO CATHOLIC DISTRICT SCHOOL BOARD
ST. GABRIEL STORE FRONT SCHOOL   p 166
See GREATER ST. ALBERT CATHOLIC REGIONAL DIVISION NO. 29
ST. GABRIEL THE ARCHANGEL SCHOOL p 68
See CALGARY ROMAN CATHOLIC SEPARATE SCHOOL DISTRICT #1
ST. GEORGE'S GOLF AND COUNTRY CLUB   p 579
1668 Islington Ave, ETOBICOKE, ON, M9A 3M9
(416) 231-3393   SIC 7997
ST. GERALD CATHOLIC SCHOOL   p 889
See TORONTO CATHOLIC DISTRICT SCHOOL BOARD
ST. GERARD CATHOLIC ELEMENTARY SCHOOL   p 74
See EDMONTON CATHOLIC SEPARATE SCHOOL DISTRICT NO.7
ST. GERARD'S ELEMENTARY SCHOOL   p 425
See WESTERN SCHOOL DISTRICT
ST. GREGORY CATHOLIC SCHOOL   p 549
See CATHOLIC DISTRICT SCHOOL BOARD OF EASTERN ONTARIO
ST. GREGORY ELEMENTARY SCHOOL   p 721
See DUFFERIN-PEEL CATHOLIC DISTRICT SCHOOL BOARD
ST. GREGORY SCHOOL   p 60
See CALGARY ROMAN CATHOLIC SEPARATE SCHOOL DISTRICT #1
ST. GREGORY'S SCHOOL   p 728
See OTTAWA CATHOLIC DISTRICT SCHOOL BOARD
ST. HELEN ELEMENTARY SCHOOL   p 935
See TORONTO CATHOLIC DISTRICT SCHOOL BOARD
ST. HELENA SCHOOL   p 36
See CALGARY ROMAN CATHOLIC SEPARATE SCHOOL DISTRICT #1
ST. HENRY CATHOLIC SCHOOL   p 846
See TORONTO CATHOLIC DISTRICT SCHOOL BOARD
ST. HENRY ELEMENTARY SCHOOL   p 36
See CALGARY ROMAN CATHOLIC SEPARATE SCHOOL DISTRICT #1
ST. HENRY'S SENIOR ELEMENTARY SCHOOL   p 1274
See CHRIST THE TEACHER CATHOLIC SCHOOLS DIVISION 212
ST. HILDA'S TOWERS, INC   p 934
2339 Dufferin St, TORONTO, ON, M6E 4Z5
(416) 781-6621   SIC 8361
ST. HUBERT ELEMENTARY SCHOOL p 36
See CALGARY ROMAN CATHOLIC SEPARATE SCHOOL DISTRICT #1
ST. IGNATIUS OF LOYOLA CATHOLIC SCHOOL   p 844
See TORONTO CATHOLIC DISTRICT SCHOOL BOARD
ST. ISAAC JOGUES CATHOLIC SCHOOL p 751
See TORONTO CATHOLIC DISTRICT SCHOOL BOARD
ST. ISIDORE ASPHALT LTD   p 394
2000 Sunset Dr, BATHURST, NB, E2A 7K8
(506) 548-9841   SIC 2951
ST. JACOBS PUBLIC SCHOOL   p 857
See WATERLOO REGION DISTRICT SCHOOL BOARD
ST. JAMES ALL GRADE SCHOOL   p 428
See WESTERN SCHOOL DISTRICT
ST. JAMES CATHOLIC HIGH SCHOOL   p 599
See WELLINGTON CATHOLIC DISTRICT SCHOOL BOARD
ST. JAMES COLLEGIATE   p 385
See ST. JAMES-ASSINIBOIA SCHOOL DIVISION
ST. JAMES COMMUNITY SERVICE SOCIETY   p 302
329 Powell St, VANCOUVER, BC, V6A 1G5
(604) 606-0300   SIC 8399
ST. JAMES ELEMENTARY SCHOOL   p 428
See WESTERN SCHOOL DISTRICT
ST. JAMES ELEMENTARY SCHOOL   p 939
See TORONTO CATHOLIC DISTRICT SCHOOL BOARD
ST. JAMES GATE LTD   p 408
14 Church St, MONCTON, NB, E1C 4Y9
(506) 388-4283   SIC 5812
ST. JAMES REGIONAL HIGH   p 424
See WESTERN SCHOOL DISTRICT
ST. JAMES THE GREATER SCHOOL   p 849
See CATHOLIC DISTRICT SCHOOL BOARD OF EASTERN ONTARIO
ST. JAMES-ASSINIBOIA SCHOOL DIVISION   p 370
1950 Pacific Ave W, WINNIPEG, MB, R2R 0G4
(204) 633-9630   SIC 8211
ST. JAMES-ASSINIBOIA SCHOOL DIVISION   p 373
815 Buchanan Blvd, WINNIPEG, MB, R2Y 1N1
(204) 888-0680   SIC 8211
ST. JAMES-ASSINIBOIA SCHOOL DIVISION   p 373
47 Heritage Blvd, WINNIPEG, MB, R2Y 0N9
(204) 837-1394   SIC 8211
ST. JAMES-ASSINIBOIA SCHOOL DIVISION   p 373
470 Hamilton Ave, WINNIPEG, MB, R2Y 0H4
(204) 888-8930   SIC 8211
ST. JAMES-ASSINIBOIA SCHOOL DIVISION   p 373
55 Kay Cres, WINNIPEG, MB, R2Y 1L1
(204) 889-9360   SIC 8211
ST. JAMES-ASSINIBOIA SCHOOL DIVISION   p 373
369 Fairlane Ave, WINNIPEG, MB, R2Y 0B6
(204) 837-5843   SIC 8211
ST. JAMES-ASSINIBOIA SCHOOL DIVISION   p 373

3300 Ness Ave, WINNIPEG, MB, R2Y 0G6
(204) 837-1361   SIC 8211
ST. JAMES-ASSINIBOIA SCHOOL DIVISION p
373
37 Voyageur Ave Suite 12, WINNIPEG, MB, R2Y 0H7
(204) 832-4707   SIC 8211
ST. JAMES-ASSINIBOIA SCHOOL DIVISION p
385
130 Browning Blvd, WINNIPEG, MB, R3K 0L8
(204) 837-8381   SIC 8211
ST. JAMES-ASSINIBOIA SCHOOL DIVISION p
385
150 Moray St, WINNIPEG, MB, R3J 3A2
(204) 837-5886   SIC 8331
ST. JAMES-ASSINIBOIA SCHOOL DIVISION p
385
175 Winston Rd, WINNIPEG, MB, R3J 1N1
(204) 885-2216   SIC 8211
ST. JAMES-ASSINIBOIA SCHOOL DIVISION p
385
1777 Silver Ave, WINNIPEG, MB, R3J 1B1
(204) 832-1359   SIC 8211
ST. JAMES-ASSINIBOIA SCHOOL DIVISION p
385
181 Sansome Ave, WINNIPEG, MB, R3K 0N8
(204) 889-6000   SIC 8211
ST. JAMES-ASSINIBOIA SCHOOL DIVISION p
385
1900 Portage Ave, WINNIPEG, MB, R3J 0J1
(204) 888-4867   SIC 8211
ST. JAMES-ASSINIBOIA SCHOOL DIVISION p
385
266 Linwood St, WINNIPEG, MB, R3J 2C6
(204) 889-9356   SIC 8211
ST. JAMES-ASSINIBOIA SCHOOL DIVISION p
385
3180 Mcbey Ave, WINNIPEG, MB, R3K 0T7
(204) 837-8397   SIC 8211
ST. JAMES-ASSINIBOIA SCHOOL DIVISION p
385
330 Bruce Ave, WINNIPEG, MB, R3J 0V8
(204) 837-5808   SIC 8211
ST. JAMES-ASSINIBOIA SCHOOL DIVISION p
385
333 Booth Dr, WINNIPEG, MB, R3J 3M8
(204) 888-1990   SIC 8211
ST. JAMES-ASSINIBOIA SCHOOL DIVISION p
385
339 Strathmillan Rd, WINNIPEG, MB, R3J 2V6
(204) 888-0148   SIC 8211
ST. JAMES-ASSINIBOIA SCHOOL DIVISION p
385
350 Lodge Ave, WINNIPEG, MB, R3J 0S4
SIC 8211
ST. JAMES-ASSINIBOIA SCHOOL DIVISION p
385
363 Thompson Dr, WINNIPEG, MB, R3J 3E5
(204) 888-1101   SIC 8211
ST. JAMES-ASSINIBOIA SCHOOL DIVISION p
385
110 Athlone Dr, WINNIPEG, MB, R3J 3L4
(204) 832-1373   SIC 8211
ST. JANE FRANCES ELEMENTARY SCHOOL p 757
See TORONTO CATHOLIC DISTRICT SCHOOL BOARD
ST. JEAN BREBEUF ELEMENTARY SCHOOL p 511
See DUFFERIN-PEEL CATHOLIC DISTRICT SCHOOL BOARD
ST. JEAN DE BREBEUF CATHOLIC SCHOOL p 835
See TORONTO CATHOLIC DISTRICT SCHOOL BOARD
ST. JEROME CATHOLIC ELEMENTARY SCHOOL p 97
See EDMONTON CATHOLIC SEPARATE SCHOOL DISTRICT NO.7
ST. JEROME CATHOLIC ELEMENTARY SCHOOL p 890
See TORONTO CATHOLIC DISTRICT SCHOOL BOARD
ST. JOACHIM CATHOLIC SCHOOL p 894
See TORONTO CATHOLIC DISTRICT SCHOOL BOARD
ST. JOAN OF ARC CATHOLIC SECONDARY SCHOOL p
705
See DUFFERIN-PEEL CATHOLIC DISTRICT SCHOOL BOARD
ST. JOCAM SCHOOL p 518
See DUFFERIN-PEEL CATHOLIC DISTRICT SCHOOL BOARD
ST. JOHN AMBULANCE p 858
See ST. JOHN COUNCIL FOR ONTARIO
ST. JOHN BOSCO CATHOLIC ELEMENTARY SCHOOL p
934
See TORONTO CATHOLIC DISTRICT SCHOOL BOARD
ST. JOHN CATHOLIC SCHOOL p 599
See WELLINGTON CATHOLIC DISTRICT SCHOOL BOARD
ST. JOHN CATHOLIC SCHOOL p 892
See TORONTO CATHOLIC DISTRICT SCHOOL BOARD
ST. JOHN COMMUNITY SCHOOL p 1280
See PRINCE ALBERT ROMAN CATHOLIC SEPARATE SCHOOL DIVISION NO. 6
ST. JOHN COUNCIL FOR ONTARIO p 737
5734 Glenholme Ave, NIAGARA FALLS, ON, L2G 4Y3
(905) 356-7340   SIC 8611
ST. JOHN COUNCIL FOR ONTARIO p 858
656 Talbot St, ST THOMAS, ON, N5P 1C8
(519) 633-2290   SIC 4119
ST. JOHN COUNCIL FOR ONTARIO p 902
365 Bloor St E Suite 900, TORONTO, ON, M4W 3L4
(416) 967-4244   SIC 8611
ST. JOHN HIGH SCHOOL p 372
See WINNIPEG SCHOOL DIVISION
ST. JOHN PAUL 2ND SCHOOL p 63
See CALGARY ROMAN CATHOLIC SEPARATE SCHOOL DISTRICT #1
ST. JOHN PAUL LL CATHOLIC SECONDARY SCHOOL p
836
See TORONTO CATHOLIC DISTRICT SCHOOL BOARD
ST. JOHN XXIII ELEMENTARY SCHOOL p
890
See TORONTO CATHOLIC DISTRICT SCHOOL BOARD
ST. JOSAPHAT ELEMENTARY SCHOOL p
940
See TORONTO CATHOLIC DISTRICT SCHOOL BOARD
ST. JOSEPH (OAKVILLE) ELEMENTARY SCHOOL p 769
See HALTON CATHOLIC DISTRICT SCHOOL BOARD
ST. JOSEPH CATHOLIC ELEMENTARY SCHOOL p 529
See PETERBOROUGH VICTORIA NORTHUMBERLAND AND CLARINGTON CATHOLIC DISTRICT SCHOOL BOARD
ST. JOSEPH CATHOLIC SCHOOL p 501
See ALGONQUIN & LAKESHORE CATHOLIC DISTRICT SCHOOL BOARD
ST. JOSEPH COMMUNICATIONS p 752
See ST. JOSEPH PRINTING LIMITED
ST. JOSEPH CORPORATION p 783
120 Parkdale Ave Rm 0122 C, OTTAWA, ON, K1A 1K6
SIC 2269
ST. JOSEPH ELEMENTARY & JUNIOR HIGH SCHOOL p 38
See CALGARY ROMAN CATHOLIC SEPARATE SCHOOL DISTRICT #1
ST. JOSEPH ELEMENTARY SCHOOL p 574
See CONSEIL SCOLAIRE DE DISTRICT CATHOLIQUE DU NOUVEL-ONTARIO, LE
ST. JOSEPH HIGH SCHOOL AND ASCENSION COLLEGIATE p
77
See EDMONTON CATHOLIC SEPARATE SCHOOL DISTRICT NO.7
ST. JOSEPH MORROW PARK CATHOLIC SECONDARY SCHOOL p 748
See TORONTO CATHOLIC DISTRICT SCHOOL BOARD
ST. JOSEPH PRINTING LIMITED p 752
236 Lesmill Rd, NORTH YORK, ON, M3B 2T5
(416) 449-4579   SIC 2711
ST. JOSEPH PRINTING LIMITED p 761
15 Benton Rd, NORTH YORK, ON, M6M 3G2
(416) 248-4868   SIC 2752
ST. JOSEPH RICHMOND HILL p 823
See YORK CATHOLIC DISTRICT SCHOOL BOARD
ST. JOSEPH SCHOOL p 175
See LIVING WATERS CATHOLIC REGIONAL DIVISION NO.42
ST. JOSEPH'S ELEMENTARY SCHOOL p
471
See CAPE BRETON-VICTORIA REGIONAL SCHOOL BOARD
ST. JOSEPH'S ELEMENTARY SCHOOL p
896
See TORONTO CATHOLIC DISTRICT SCHOOL BOARD
ST. JOSEPH'S FAMILY MEDICAL & DENTAL CENTRE p
661
See ST. JOSEPH'S HEALTH CARE, LONDON
ST. JOSEPH'S HEALTH CARE, LONDON p
653
850 Highbury Ave N, LONDON, ON, N5Y 1A4
(519) 455-5110   SIC 8093
ST. JOSEPH'S HEALTH CARE, LONDON p
656
268 Grosvenor St, LONDON, ON, N6A 4V2
(519) 646-6100   SIC 8093
ST. JOSEPH'S HEALTH CARE, LONDON p
656
298 Grosvenor St, LONDON, ON, N6A 1Y8
(519) 646-6000   SIC 6324
ST. JOSEPH'S HEALTH CARE, LONDON p
656
Gd, LONDON, ON, N6A 4V2
(519) 646-6100   SIC 8361
ST. JOSEPH'S HEALTH CARE, LONDON p
661
346 Platt's Lane, LONDON, ON, N6G 1J1
(519) 672-9660   SIC 8093
ST. JOSEPH'S HEALTH CARE, LONDON p
858
Gd, ST THOMAS, ON, N5P 3V9
(519) 631-8510   SIC 8093
ST. JOSEPH'S HEALTH CARE, LONDON p
968
875 Ouellette Ave 2nd Fl, WINDSOR, ON, N9A 4J6
(519) 254-3486   SIC 8361
ST. JOSEPH'S HEALTHCARE FOUNDATION, HAMILTON p
606
2757 King St E, HAMILTON, ON, L8G 5E4
(905) 573-7777   SIC 8093
ST. JOSEPH'S HEALTHCARE FOUNDATION, HAMILTON p
613
431 Whitney Ave, HAMILTON, ON, L8S 2H6
(905) 521-9591   SIC 8322
ST. JOSEPH'S HEALTHCARE FOUNDATION, HAMILTON p
616
100 West 5th St, HAMILTON, ON, L9C 0E3
(905) 388-2511   SIC 8063
ST. JOSEPH'S HOME p 1301
33 Valens Dr, SASKATOON, SK, S7L 3S2
(306) 382-6306   SIC 8361
ST. JOSEPH'S HOSPITAL p 656
See ST. JOSEPH'S HEALTH CARE, LONDON
ST. JOSEPHINE BAKHITA CATHOLIC ELEMENTARY SCHOOL p
524
See DUFFERIN-PEEL CATHOLIC DISTRICT SCHOOL BOARD
ST. JOSEPHS CATHOLIC ELEMENTARY SCHOOL p 548
See WATERLOO CATHOLIC DISTRICT SCHOOL BOARD
ST. JUDE CATHOLIC SCHOOL p 662
See LONDON DISTRICT CATHOLIC SCHOOL BOARD
ST. JUDE SCHOOL p 55
See CALGARY ROMAN CATHOLIC SEPARATE SCHOOL DISTRICT #1
ST. JULES CATHOLIC ELEMENTARY SCHOOL p 963
See WINDSOR-ESSEX CATHOLIC DISTRICT SCHOOL BOARD, THE
ST. JUSTIN CATHOLIC ELEMENTARY SCHOOL p 94
See EDMONTON CATHOLIC SEPARATE SCHOOL DISTRICT NO.7
ST. KATERI CATHOLIC ELEMENTARY SCHOOL p 112
See EDMONTON CATHOLIC SEPARATE SCHOOL DISTRICT NO.7
ST. KATERI TEKAKWITHA CATHOLIC ELEMENTARY SCHOOL p
614
See HAMILTON-WENTWORTH CATHOLIC SCHOOL BOARD
ST. KATERI TEKAKWITHA SCHOOL p 12
See CALGARY ROMAN CATHOLIC SEPARATE SCHOOL DISTRICT #1
ST. KEVIN CATHOLIC ELEMENTARY SCHOOL p 887
See TORONTO CATHOLIC DISTRICT SCHOOL BOARD
ST. LAWRENCE CATHOLIC SCHOOL p 841
See TORONTO CATHOLIC DISTRICT SCHOOL BOARD
ST. LAWRENCE CO-OPERATIVE DAY CARE INC p 905
230 The Esplanade, TORONTO, ON, M5A 4J6
(416) 363-9425   SIC 8351
ST. LAWRENCE COLLEGE OF APPLIED ARTS AND TECHNOLOGY, THE p 565
2 St Lawrence Dr, CORNWALL, ON, K6H 4Z1
(613) 933-6080   SIC 8221
ST. LAWRENCE COLLEGE OF APPLIED ARTS AND TECHNOLOGY, THE p 634
100 Portsmouth Ave, KINGSTON, ON, K7M 1G2
(613) 544-5400   SIC 8221
ST. LAWRENCE SEAWAY MANAGEMENT CORPORATION, THE p 855
508 Glendale Ave, ST CATHARINES, ON, L2R 6V8
(905) 641-1932   SIC 4432
ST. LAWRENCE SEAWAY MANAGEMENT CORPORATION, THE p 1007
9200 Boul Marie-Victorin, BROSSARD, QC, J4X 1A3

(450) 672-4115   SIC 4449
ST. LAWRENCE SEAWAY MANAGEMENT CORPORATION, THE   p 1078
85 Boul Hebert, MELOCHEVILLE, QC, J0S 1J0
(450) 429-7181   SIC 4482
ST. LAWRENCE SEAWAY MANAGEMENT CORPORATION, THE   p 1203
151 Rue De L'ecluse, SAINT-LAMBERT, QC, J4R 2V6
(450) 672-4115   SIC 7363
ST. LAWRENCE YOUTH ASSOCIATION   p 630
845 Division St, KINGSTON, ON, K7K 4C4
(613) 542-9634   SIC 8322
ST. LEO CATHOLIC SCHOOL   p 575
See TORONTO CATHOLIC DISTRICT SCHOOL BOARD
ST. LEO CENTRE   p 60
See CALGARY ROMAN CATHOLIC SEPARATE SCHOOL DISTRICT #1
ST. LEO EDMONTON CATHOLIC ELEMENTARY SCHOOL   p 97
See EDMONTON CATHOLIC SEPARATE SCHOOL DISTRICT NO.7
ST. LEONARD'S COMMUNITY SERVICES p 526
225 Fairview Dr Unit 1, BRANTFORD, ON, N3R 7E3
(519) 754-0253   SIC 8069
ST. LEONARD'S SOCIETY OF LONDON   p 657
405 Dundas St, LONDON, ON, N6B 1V9
(519) 850-3777   SIC 8399
ST. LOUIS CATHOLIC SCHOOL   p 577
See TORONTO CATHOLIC DISTRICT SCHOOL BOARD
ST. LOUIS KITCHENER - MAIN CAMPUS   p 642
See WATERLOO CATHOLIC DISTRICT SCHOOL BOARD
ST. LUCY CATHOLIC ELEMENTARY SCHOOL   p 98
See EDMONTON CATHOLIC SEPARATE SCHOOL DISTRICT NO.7
ST. LUIGI CATHOLIC SCHOOL   p 938
See TORONTO CATHOLIC DISTRICT SCHOOL BOARD
ST. LUKE SCHOOL   p 1289
See BOARD OF EDUCATION OF THE REGINA ROMAN CATHOLIC SEPARATE SCHOOL DIVISION NO. 81
ST. LUKE THE EVANGELIST CATHOLIC SCHOOL   p 959
See DURHAM CATHOLIC DISTRICT SCHOOL BOARD
ST. LUKE'S ELEMENTARY SCHOOL   p 37
See CALGARY ROMAN CATHOLIC SEPARATE SCHOOL DISTRICT #1
ST. LUKE'S SCHOOL   p 1294
See ST. PAUL'S ROMAN CATHOLIC SEPARATE SCHOOL DIVISION NO 20
ST. MALACHY CATHOLIC SCHOOL   p 836
See TORONTO CATHOLIC DISTRICT SCHOOL BOARD
ST. MARCELLUS CATHOLIC SCHOOL   p 942
See TORONTO CATHOLIC DISTRICT SCHOOL BOARD
ST. MARGARET CATHOLIC SCHOOL p 759
See TORONTO CATHOLIC DISTRICT SCHOOL BOARD
ST. MARGARET OF SCOTLAND ELEMENTARY SCHOOL   p 704
See DUFFERIN-PEEL CATHOLIC DISTRICT SCHOOL BOARD
ST. MARGUERITE BOURGEOYS CATHOLIC SCHOOL   p 633
See ALGONQUIN & LAKESHORE CATHOLIC DISTRICT SCHOOL BOARD
ST. MARGUERITE BOURGEOYS CATHOLIC SCHOOL   p 845
See TORONTO CATHOLIC DISTRICT SCHOOL BOARD
ST. MARGUERITE BOURGEOYS SCHOOL   p 1290
See BOARD OF EDUCATION OF THE REGINA ROMAN CATHOLIC SEPARATE SCHOOL DIVISION NO. 81
ST. MARGUERITE CATHOLIC SCHOOL   p 165
See EVERGREEN CATHOLIC SEPARATE REGIONAL DIVISION 2
ST. MARGUERITE D'YOUVILLE SCHOOL p 615
See HAMILTON-WENTWORTH CATHOLIC SCHOOL BOARD
ST. MARGUERITE D'YOUVILLE SCHOOL p 794
See OTTAWA CATHOLIC DISTRICT SCHOOL BOARD
ST. MARIA GORETTI CATHOLIC ELEMENTARY SCHOOL   p 73
See EDMONTON CATHOLIC SEPARATE SCHOOL DISTRICT NO.7
ST. MARIA GORETTI CATHOLIC SCHOOL p 886
See TORONTO CATHOLIC DISTRICT SCHOOL BOARD
ST. MARIA GORETTI SCHOOL   p 61
See CALGARY ROMAN CATHOLIC SEPARATE SCHOOL DISTRICT #1
ST. MARK CATHOLIC HIGH SCHOOL p 667
See OTTAWA CATHOLIC DISTRICT SCHOOL BOARD
ST. MARK CATHOLIC JUNIOR HIGH SCHOOL   p 86
See EDMONTON CATHOLIC SEPARATE SCHOOL DISTRICT NO.7
ST. MARK CATHOLIC SCHOOL   p 577
See TORONTO CATHOLIC DISTRICT SCHOOL BOARD
ST. MARK CATHOLIC SCHOOL   p 704
See DUFFERIN-PEEL CATHOLIC DISTRICT SCHOOL BOARD
ST. MARK ELEMENTARY CATHOLIC SCHOOL   p 539
See HALTON CATHOLIC DISTRICT SCHOOL BOARD
ST. MARK ELEMENTARY SCHOOL   p 12
See CALGARY ROMAN CATHOLIC SEPARATE SCHOOL DISTRICT #1
ST. MARK ELEMENTARY SCHOOL   p 863
See HAMILTON-WENTWORTH CATHOLIC SCHOOL BOARD
ST. MARK ELEMENTARY SCHOOL   p 863
See YORK CATHOLIC DISTRICT SCHOOL BOARD
ST. MARTHA CATHOLIC SCHOOL   p 891
See TORONTO CATHOLIC DISTRICT SCHOOL BOARD
ST. MARTHA SCHOOL   p 12
See CALGARY ROMAN CATHOLIC SEPARATE SCHOOL DISTRICT #1
ST. MARTHA SCHOOL   p 94
See EDMONTON CATHOLIC SEPARATE SCHOOL DISTRICT NO.7
ST. MARTHA'S REGIONAL HOSPITAL   p 441
See GUYSBOROUGH ANTIGONISH STRAIT HEALTH AUTHORITY
ST. MARTIN DE PORRES CATHOLIC SCHOOL   p 836
See TORONTO CATHOLIC DISTRICT SCHOOL BOARD
ST. MARTIN DE PORRES ELEMENTARY SCHOOL   p 625
See OTTAWA CATHOLIC DISTRICT SCHOOL BOARD
ST. MARTIN DE PORRES HIGH SCHOOL p 2
See CALGARY ROMAN CATHOLIC SEPARATE SCHOOL DISTRICT #1
ST. MARY CATHOLIC ELEMENTARY SCHOOL   p 115
See EDMONTON CATHOLIC SEPARATE SCHOOL DISTRICT NO.7
ST. MARY CATHOLIC ELEMENTARY SCHOOL   p 596
See PETERBOROUGH VICTORIA NORTHUMBERLAND AND CLARINGTON CATHOLIC DISTRICT SCHOOL BOARD
ST. MARY IMMACULATE SCHOOL   p 823
See YORK CATHOLIC DISTRICT SCHOOL BOARD
ST. MARY OF ANGELS CATHOLIC SCHOOL   p 935
See TORONTO CATHOLIC DISTRICT SCHOOL BOARD
ST. MARY'S HIGH SCHOOL   p 803
See BRUCE-GREY CATHOLIC DISTRICT SCHOOL BOARD
ST. MARY'S CATHOLIC SCHOOL   p 568
See RENFREW COUNTY CATHOLIC DISTRICT SCHOOL BOARD
ST. MARY'S CATHOLIC SECONDARY SCHOOL   p 612
See HAMILTON-WENTWORTH CATHOLIC SCHOOL BOARD
ST. MARY'S ELEMENTARY SCHOOL p 477
See CHIGNECTO CENTRAL REGIONAL SCHOOL BOARD
ST. MARY'S ELEMENTARY SCHOOL   p 1070
See RIVERSIDE SCHOOL BOARD
ST. MARY'S SECONDARY SCHOOL   p 555
See PETERBOROUGH VICTORIA NORTHUMBERLAND AND CLARINGTON CATHOLIC DISTRICT SCHOOL BOARD
ST. MARY'S SENIOR HIGH SCHOOL   p 52
See CALGARY ROMAN CATHOLIC SEPARATE SCHOOL DISTRICT #1
ST. MARYS CEMENT CO   p 893
See ST. MARYS CEMENT INC. (CANADA)
ST. MARYS CEMENT INC. (CANADA) p 893
55 Industrial St, TORONTO, ON, M4G 3W9
(416) 423-1300   SIC 3241
ST. MATTHEW CATHOLIC ELEMENTARY SCHOOL   p 771
See HALTON CATHOLIC DISTRICT SCHOOL BOARD
ST. MATTHEW'S HOUSE   p 609
414 Barton St E, HAMILTON, ON, L8L 2Y3
(905) 523-5546   SIC 8399
ST. MATTHEWS CATHOLIC ELEMENTARY SCHOOL   p 75
See EDMONTON CATHOLIC SEPARATE SCHOOL DISTRICT NO.7
ST. MATTHIAS CATHOLIC SCHOOL   p 746
See TORONTO CATHOLIC DISTRICT SCHOOL BOARD
ST. MICHAEL CATHOLIC SCHOOL   p 905
See TORONTO CATHOLIC DISTRICT SCHOOL BOARD
ST. MICHAEL ELEMENTERY SCHOOL   p 739
See NIAGARA CATHOLIC DISTRICT SCHOOL BOARD
ST. MICHAEL SCHOOL   p 571
See BRANT HALDIMAND NORFOLK CATHOLIC DISTRICT SCHOOL BOARD
ST. MICHAEL SCHOOL   p 614
See HAMILTON-WENTWORTH CATHOLIC SCHOOL BOARD
ST. MICHAEL SCHOOL   p 765
See HALTON CATHOLIC DISTRICT SCHOOL BOARD
ST. MICHAEL'S CHOIR SCHOOL   p 907
See TORONTO CATHOLIC DISTRICT SCHOOL BOARD
ST. MICHAEL'S HEALTH GROUP   p 75
See ST MICHAEL'S EXTENDED CARE CENTRE SOCIETY
ST. MICHAEL'S HEALTH GROUP   p 75
7406 139 Ave Nw, EDMONTON, AB, T5C 3H7
(780) 472-4511   SIC 8051
ST. MICHAEL'S HOSPITAL   p 905
135 Sherbourne St, TORONTO, ON, M5A 2R5
(416) 864-5873   SIC 8322
ST. MONICA CATHOLIC ELEMENTARY SCHOOL   p 108
See EDMONTON CATHOLIC SEPARATE SCHOOL DISTRICT NO.7
ST. MONICA CATHOLIC SCHOOL   p 898
See TORONTO CATHOLIC DISTRICT SCHOOL BOARD
ST. MONICA SCHOOL   p 52
See CALGARY ROMAN CATHOLIC SEPARATE SCHOOL DISTRICT #1
ST. MONICA SCHOOL   p 522
See DUFFERIN-PEEL CATHOLIC DISTRICT SCHOOL BOARD
ST. NICHOLAS CATHOLIC ELEMENTARY SCHOOL   p 97
See EDMONTON CATHOLIC SEPARATE SCHOOL DISTRICT NO.7
ST. NICHOLAS CATHOLIC ELEMENTARY SCHOOL   p 855
See NIAGARA CATHOLIC DISTRICT SCHOOL BOARD
ST. NICHOLAS CATHOLIC SCHOOL p 837
See TORONTO CATHOLIC DISTRICT SCHOOL BOARD
ST. NICHOLAS JUNIOR HIGH SCHOOL   p 97
See EDMONTON SCHOOL DISTRICT NO. 7
ST. NICHOLAS OF BARI CATHOLIC SCHOOL   p 934
See TORONTO CATHOLIC DISTRICT SCHOOL BOARD
ST. NORBERT IMMERSION SCHOOL p 391
See SEINE RIVER SCHOOL DIVISION
ST. OLGA'S LIFECARE CENTRE   p 611
See EXTENDICARE INC
ST. PASCHAL BAYLON CATHOLIC SCHOOL   p 748
See TORONTO CATHOLIC DISTRICT SCHOOL BOARD
ST. PATRICK CATHOLIC SECONDARY SCHOOL   p 894
See TORONTO CATHOLIC DISTRICT SCHOOL BOARD
ST. PATRICK SCHOOL   p 9
See CALGARY ROMAN CATHOLIC SEPARATE SCHOOL DISTRICT #1
ST. PATRICK SCHOOL   p 514
See DUFFERIN-PEEL CATHOLIC DISTRICT SCHOOL BOARD
ST. PATRICK'S FAMILY CENTRE INC p 408
34 Providence St, MONCTON, NB, E1C 2Z4
(506) 857-2024   SIC 8322
ST. PATRICK'S MERCY HOME   p 434
146 Elizabeth Ave Suite 202, ST. JOHN'S, NL, A1B 1S5
(709) 726-2687   SIC 8051
ST. PATRICKS SCHOOL   p 328
See CATHOLIC INDEPENDENT SCHOOLS, DIOCESE OF VICTORIA
ST. PAUL AND DISTRICT CO-OPERATIVE ASSOCIATION LIMITED   p 118
See ST. PAUL AND DISTRICT CO-OPERATIVE ASSOCIATION LIMITED
ST. PAUL AND DISTRICT CO-OPERATIVE ASSOCIATION LIMITED   p 118
4901 50th Ave, ELK POINT, AB, T0A 1A0
(780) 724-3895   SIC 5411
ST. PAUL CATHOLIC SCHOOL   p 734
See YORK CATHOLIC DISTRICT SCHOOL BOARD
ST. PAUL EDUCATION REGIONAL DIVISION NO 1   p 3
1 Main St, ASHMONT, AB, T0A 0C0
(780) 726-3793   SIC 8211
ST. PAUL EDUCATION REGIONAL DIVISION NO 1   p 3
Gd, ASHMONT, AB, T0A 0C0
(780) 726-3877   SIC 8211
ST. PAUL EDUCATION REGIONAL DIVI-

SION NO 1 *p*
117
5410 50 St, ELK POINT, AB, T0A 1A0
(780) 724-3880   *SIC* 8211
ST. PAUL EDUCATION REGIONAL DIVISION NO 1 *p*
118
5218 51st St, ELK POINT, AB, T0A 1A0
(780) 724-3966   *SIC* 8211
ST. PAUL EDUCATION REGIONAL DIVISION NO 1 *p*
130
Gd, HEINSBURG, AB, T0A 1X0
(780) 943-3913   *SIC* 8211
ST. PAUL EDUCATION REGIONAL DIVISION NO 1 *p*
142
3110 1 St E, MALLAIG, AB, T0A 2K0
(780) 635-3858   *SIC* 8211
ST. PAUL EDUCATION REGIONAL DIVISION NO 1 *p*
146
5015 50 St, MYRNAM, AB, T0B 3K0
(780) 366-3801   *SIC* 8211
ST. PAUL EDUCATION REGIONAL DIVISION NO 1 *p*
166
4701 44 St, ST PAUL, AB, T0A 3A3
(780) 645-4491   *SIC* 8211
ST. PAUL EDUCATION REGIONAL DIVISION NO 1 *p*
166
4638 50 Ave, ST PAUL, AB, T0A 3A2
(780) 645-3571   *SIC* 8211
ST. PAUL EDUCATION REGIONAL DIVISION NO 1 *p*
166
4313 48 Ave Suite 1, ST PAUL, AB, T0A 3A3
(780) 645-3537   *SIC* 8211
ST. PAUL EDUCATION REGIONAL DIVISION NO 1 *p*
166
5201 50 Ave, ST PAUL, AB, T0A 3A0
(780) 645-3237   *SIC* 8211
ST. PAUL EDUCATION REGIONAL DIVISION NO 1 *p*
171
4801 Diefen Baker Ave, TWO HILLS, AB, T0B 4K0
(780) 657-2434   *SIC* 8211
ST. PAUL EDUCATION REGIONAL DIVISION NO 1 *p*
171
4806 51 Ave, TWO HILLS, AB, T0B 4K0
(780) 657-3383   *SIC* 7389
ST. PAUL ELEMENTARY SCHOOL *p* 884
See NORTHEASTERN CATHOLIC DISTRICT SCHOOL BOARD
ST. PAUL ELEMENTARY SCHOOL ECOLE ELEMENTARY *p* 166
See ST. PAUL EDUCATION REGIONAL DIVISION NO 1
ST. PAUL'S HIGH SCHOOL INC *p* 388
2200 Grant Ave, WINNIPEG, MB, R3P 0P8
(204) 831-2300   *SIC* 8211
ST. PAUL'S HOSPITAL (GREY NUNS) *p* 1302
See SASKATOON REGIONAL HEALTH AUTHORITY
ST. PAUL'S INTERMEDIATE SCHOOL *p* 426
See NOVA CENTRAL SCHOOL DISTRICT
ST. PAUL'S ROMAN CATHOLIC SEPARATE SCHOOL DIVISION NO 20 *p* 1270
706 2nd Ave S, HUMBOLDT, SK, S0K 2A1
(306) 682-1080   *SIC* 8211
ST. PAUL'S ROMAN CATHOLIC SEPARATE SCHOOL DIVISION NO 20 *p* 1289
4710 Castle Rd, REGINA, SK, S4S 4X1
(306) 791-7370   *SIC* 8211
ST. PAUL'S ROMAN CATHOLIC SEPARATE SCHOOL DIVISION NO 20 *p* 1293
2010 7th St E, SASKATOON, SK, S7H 5K6
SIC 8211
ST. PAUL'S ROMAN CATHOLIC SEPARATE

SCHOOL DIVISION NO 20 *p* 1293
602 Boychuk Dr, SASKATOON, SK, S7H 4S1
(306) 659-7270   *SIC* 8211
ST. PAUL'S ROMAN CATHOLIC SEPARATE SCHOOL DIVISION NO 20 *p* 1294
275 Emmeline Rd, SASKATOON, SK, S7J 5B7
(306) 659-7370   *SIC* 8211
ST. PAUL'S ROMAN CATHOLIC SEPARATE SCHOOL DIVISION NO 20 *p* 1294
2141 Mcpherson Ave, SASKATOON, SK, S7J 0S8
(306) 659-7310   *SIC* 8211
ST. PAUL'S ROMAN CATHOLIC SEPARATE SCHOOL DIVISION NO 20 *p* 1294
203 Whiteshore Cres, SASKATOON, SK, S7J 3W4
(306) 659-7280   *SIC* 8211
ST. PAUL'S ROMAN CATHOLIC SEPARATE SCHOOL DIVISION NO 20 *p* 1294
1901 Haultain Ave, SASKATOON, SK, S7J 1P4
(306) 659-7450   *SIC* 8211
ST. PAUL'S ROMAN CATHOLIC SEPARATE SCHOOL DIVISION NO 20 *p* 1298
302 Russell Rd, SASKATOON, SK, S7K 6P2
(306) 659-7250   *SIC* 8211
ST. PAUL'S ROMAN CATHOLIC SEPARATE SCHOOL DIVISION NO 20 *p* 1298
22 33rd St E, SASKATOON, SK, S7K 0R7
(306) 659-7420   *SIC* 8211
ST. PAUL'S ROMAN CATHOLIC SEPARATE SCHOOL DIVISION NO 20 *p* 1298
1527 Alexandra Ave, SASKATOON, SK, S7K 3C1
(306) 659-7430   *SIC* 8211
ST. PAUL'S ROMAN CATHOLIC SEPARATE SCHOOL DIVISION NO 20 *p* 1298
748 Redberry Rd, SASKATOON, SK, S7K 5H3
(306) 659-7320   *SIC* 8211
ST. PAUL'S ROMAN CATHOLIC SEPARATE SCHOOL DIVISION NO 20 *p* 1298
102 Ravine Crt, SASKATOON, SK, S7K 4H6
(306) 659-7260   *SIC* 8211
ST. PAUL'S ROMAN CATHOLIC SEPARATE SCHOOL DIVISION NO 20 *p* 1301
411 Avenue M N, SASKATOON, SK, S7L 2S7
(306) 659-7550   *SIC* 8211
ST. PAUL'S ROMAN CATHOLIC SEPARATE SCHOOL DIVISION NO 20 *p* 1301
202 Sumner Cres, SASKATOON, SK, S7L 7A4
(306) 659-7440   *SIC* 8211
ST. PAUL'S ROMAN CATHOLIC SEPARATE SCHOOL DIVISION NO 20 *p* 1301
205 Montreal Ave N, SASKATOON, SK, S7L 3N6
(306) 659-7330   *SIC* 8211
ST. PAUL'S ROMAN CATHOLIC SEPARATE SCHOOL DIVISION NO 20 *p* 1301
301 Avenue Q N, SASKATOON, SK, S7L 2X7
(306) 659-7340   *SIC* 8211
ST. PAUL'S ROMAN CATHOLIC SEPARATE SCHOOL DIVISION NO 20 *p* 1301
3722 Centennial Dr, SASKATOON, SK, S7L 5K4
(306) 659-7210   *SIC* 8211
ST. PAUL'S ROMAN CATHOLIC SEPARATE SCHOOL DIVISION NO 20 *p* 1302
1205 Avenue N S, SASKATOON, SK, S7M 2R1
(306) 659-7360   *SIC* 8211
ST. PAUL'S ROMAN CATHOLIC SEPARATE SCHOOL DIVISION NO 20 *p* 1302
1235 Mccormack Rd, SASKATOON, SK, S7M 5L6
(306) 659-7380   *SIC* 8211
ST. PAUL'S ROMAN CATHOLIC SEPARATE SCHOOL DIVISION NO 20 *p* 1302
3301 Dieppe St, SASKATOON, SK, S7M

3S6
(306) 659-7290   *SIC* 8211
ST. PAUL'S ROMAN CATHOLIC SEPARATE SCHOOL DIVISION NO 20 *p* 1302
337 Avenue O S, SASKATOON, SK, S7M 2R9
(306) 659-7400   *SIC* 8211
ST. PAUL'S ROMAN CATHOLIC SEPARATE SCHOOL DIVISION NO 20 *p* 1302
414 Pendygrasse Rd, SASKATOON, SK, S7M 4M3
(306) 659-7390   *SIC* 8211
ST. PAUL'S ROMAN CATHOLIC SEPARATE SCHOOL DIVISION NO 20 *p* 1303
919 Broadway Ave, SASKATOON, SK, S7N 1B8
(306) 659-7730   *SIC* 8211
ST. PAUL'S ROMAN CATHOLIC SEPARATE SCHOOL DIVISION NO 20 *p* 1305
115 Nelson Rd, SASKATOON, SK, S7S 1H1
(306) 659-7650   *SIC* 8211
ST. PAUL'S ROMAN CATHOLIC SEPARATE SCHOOL DIVISION NO 20 *p* 1305
738 Konihowski Rd, SASKATOON, SK, S7S 1M4
(306) 659-7240   *SIC* 8211
ST. PETER CATHOLIC HIGH SCHOOL *p* 777
See OTTAWA CATHOLIC DISTRICT SCHOOL BOARD
ST. PETER'S SCHOOL *p* 1301
See ST. PAUL'S ROMAN CATHOLIC SEPARATE SCHOOL DIVISION NO 20
ST. PETER'S SECONDARY SCHOOL *p* 499
See SIMCOE MUSKOKA CATHOLIC DISTRICT SCHOOL BOARD
ST. PETER'S SEMINARY CORPORATION OF LONDON IN ONTARIO LIMITED *p* 656
1040 Waterloo St, LONDON, ON, N6A 3Y1
(519) 432-1824   *SIC* 8211
ST. PHILIP CATHOLIC ELEMENTARY SCHOOL *p* 819
See OTTAWA CATHOLIC DISTRICT SCHOOL BOARD
ST. PHILIP ELEMENTARY SCHOOL *p* 35
See CALGARY ROMAN CATHOLIC SEPARATE SCHOOL DISTRICT #1
ST. PHILIP ELEMENTARY SCHOOL *p* 697
See DUFFERIN-PEEL CATHOLIC DISTRICT SCHOOL BOARD
ST. PHILOMENA CATHOLIC ELEMENTARY SCHOOL *p* 589
See NIAGARA CATHOLIC DISTRICT SCHOOL BOARD
ST. PIO OF PIETRELCINA ELEMENTARY SCHOOL *p* 694
See DUFFERIN-PEEL CATHOLIC DISTRICT SCHOOL BOARD
ST. PIUS SCHOOL *p* 38
See CALGARY ROMAN CATHOLIC SEPARATE SCHOOL DISTRICT #1
ST. PIUS X CATHOLIC ELEMENTARY SCHOOL *p* 84
See EDMONTON CATHOLIC SEPARATE SCHOOL DISTRICT NO.7
ST. PIUS X ELEMENTARY SCHOOL *p* 939
See TORONTO CATHOLIC DISTRICT SCHOOL BOARD
ST. PIUS X HIGH SCHOOL *p* 800
See OTTAWA CATHOLIC DISTRICT SCHOOL BOARD
ST. PIUS X SCHOOL *p* 652
See LONDON DISTRICT CATHOLIC SCHOOL BOARD
ST. RAINFIELD *p* 533
See HALTON CATHOLIC DISTRICT SCHOOL BOARD
ST. RAPHAEL ELEMENTARY SCHOOL *p* 683
See DUFFERIN-PEEL CATHOLIC DISTRICT SCHOOL BOARD
ST. RAPHAEL ELEMENTARY SCHOOL *p* 868
See SUDBURY CATHOLIC DISTRICT

SCHOOL BOARD
ST. RAPHAEL ELEMENTARY SCHOOL *p* 891
See TORONTO CATHOLIC DISTRICT SCHOOL BOARD
ST. RAYMOND SEPARATE SCHOOL *p* 935
See TORONTO CATHOLIC DISTRICT SCHOOL BOARD
ST. RENE GOUPIL ELEMENTARY SCHOOL *p* 845
See TORONTO CATHOLIC DISTRICT SCHOOL BOARD
ST. RICHARD CATHOLIC ELEMENTARY SCHOOL *p* 112
See EDMONTON CATHOLIC SEPARATE SCHOOL DISTRICT NO.7
ST. RICHARD CATHOLIC SCHOOL *p* 886
See TORONTO CATHOLIC DISTRICT SCHOOL BOARD
ST. RITA CATHOLIC SCHOOL *p* 938
See TORONTO CATHOLIC DISTRICT SCHOOL BOARD
ST. RITA SCHOOL *p* 61
See CALGARY ROMAN CATHOLIC SEPARATE SCHOOL DISTRICT #1
ST. ROBERT ELEMENTARY CATHOLIC SCHOOL *p* 754
See TORONTO CATHOLIC DISTRICT SCHOOL BOARD
ST. ROCH ELEMENTARY SCHOOL *p* 941
See TORONTO CATHOLIC DISTRICT SCHOOL BOARD
ST. ROSE CATHOLIC ELEMENTARY SCHOOL *p* 962
See WINDSOR-ESSEX CATHOLIC DISTRICT SCHOOL BOARD, THE
ST. ROSE CATHOLIC JUNIOR HIGH SCHOOL *p* 89
See EDMONTON CATHOLIC SEPARATE SCHOOL DISTRICT NO.7
ST. ROSE OF LIMA CATHOLIC SCHOOL *p* 837
See TORONTO CATHOLIC DISTRICT SCHOOL BOARD
ST. RUPERT SCHOOL *p* 9
See CALGARY ROMAN CATHOLIC SEPARATE SCHOOL DISTRICT #1
ST. SOFIA BYZANTINE CATHOLIC SCHOOL *p* 692
See DUFFERIN-PEEL CATHOLIC DISTRICT SCHOOL BOARD
ST. STANISLAUS CATHOLIC ELEMENTARY SCHOOL *p* 110
See EDMONTON CATHOLIC SEPARATE SCHOOL DISTRICT NO.7
ST. STEPHEN CATHOLIC ELEMENTARY SCHOOL *p* 860
See OTTAWA CATHOLIC DISTRICT SCHOOL BOARD
ST. STEPHEN CATHOLIC SECONDARY SCHOOL *p* 507
See PETERBOROUGH VICTORIA NORTHUMBERLAND AND CLARINGTON CATHOLIC DISTRICT SCHOOL BOARD
ST. STEPHEN ELEMENTARY JUNIOR HIGH *p* 55
See CALGARY ROMAN CATHOLIC SEPARATE SCHOOL DISTRICT #1
ST. STEPHEN ELEMENTARY SCHOOL *p* 420
See SCHOOL DISTRICT NO 10
ST. STEPHEN ELEMENTARY SCHOOL *p* 523
See DUFFERIN-PEEL CATHOLIC DISTRICT SCHOOL BOARD
ST. STEPHEN ELEMENTARY SCHOOL *p* 587
See TORONTO CATHOLIC DISTRICT SCHOOL BOARD
ST. SYLVESTER CATHOLIC SCHOOL *p* 845
See TORONTO CATHOLIC DISTRICT SCHOOL BOARD
ST. SYLVESTER ELEMENTARY SCHOOL *p*

ST. TERESA OF AVILA SCHOOL 59
See CALGARY ROMAN CATHOLIC SEPARATE SCHOOL DISTRICT #1

ST. TERESA OF AVILA SCHOOL p 616
See HAMILTON-WENTWORTH CATHOLIC SCHOOL BOARD

ST. TERESA OF AVILA SCHOOL p 708
See DUFFERIN-PEEL CATHOLIC DISTRICT SCHOOL BOARD

ST. THERESA SHRINE SCHOOL p 839
See TORONTO CATHOLIC DISTRICT SCHOOL BOARD

ST. THERESA'S CATHOLIC HIGH SCHOOL p 680
See SIMCOE MUSKOKA CATHOLIC DISTRICT SCHOOL BOARD

ST. THOMAS AQUINAS CATHOLIC HIGH SCHOOL p 165
See EVERGREEN CATHOLIC SEPARATE REGIONAL DIVISION 2

ST. THOMAS AQUINAS ELEMENTARY p 934
See TORONTO CATHOLIC DISTRICT SCHOOL BOARD

ST. THOMAS AQUINAS HIGH SCHOOL p 248
See CATHOLIC INDEPENDENT SCHOOLS OF VANCOUVER ARCHDIOCESE, THE

ST. THOMAS AQUINAS HIGH SCHOOL p 943
See SIMCOE MUSKOKA CATHOLIC DISTRICT SCHOOL BOARD

ST. THOMAS AQUINAS SCHOOL p 153
See EAST CENTRAL ALBERTA CATHOLIC SEPERATE SCHOOLS REGIONAL DIVISION NO 16

ST. THOMAS FORD LINCOLN SALES LIMITED p 858
700 Talbot St, ST THOMAS, ON, N5P 1E2
SIC 7532

ST. THOMAS MORE CATHOLIC ELEMENTARY SCHOOL p 886
See TORONTO CATHOLIC DISTRICT SCHOOL BOARD

ST. THOMAS MORE ELEMENTARY SCHOOL p 785
See OTTAWA CATHOLIC DISTRICT SCHOOL BOARD

ST. THOMAS MORE SCHOOL p 10
See CALGARY ROMAN CATHOLIC SEPARATE SCHOOL DISTRICT #1

ST. THOMAS OF VILLANOVA SECONDARY SCHOOL p 969
See WINDSOR-ESSEX CATHOLIC DISTRICT SCHOOL BOARD, THE

ST. THOMAS UNIVERSITY p 399
See ARAMARK CANADA LTD.

ST. TIMOTHY CATHOLIC ELEMENTARY SCHOOL p 98
See EDMONTON CATHOLIC SEPARATE SCHOOL DISTRICT NO.7

ST. TIMOTHY JUNIOR & SENIOR HIGH SCHOOL p 69
See CALGARY ROMAN CATHOLIC SEPARATE SCHOOL DISTRICT #1

ST. TIMOTHY SEPARATE SCHOOL p 696
See DUFFERIN-PEEL CATHOLIC DISTRICT SCHOOL BOARD

ST. URSULA CATHOLIC SCHOOL p 886
See TORONTO CATHOLIC DISTRICT SCHOOL BOARD

ST. VERONICA ELEMENTARY SCHOOL p 722
See DUFFERIN-PEEL CATHOLIC DISTRICT SCHOOL BOARD

ST. VICTOR CATHOLIC SCHOOL p 887
See TORONTO CATHOLIC DISTRICT SCHOOL BOARD

ST. VINCENT CATHOLIC ELEMENTARY SCHOOL p 87
See EDMONTON CATHOLIC SEPARATE SCHOOL DISTRICT NO.7

ST. VINCENT DE PAUL p 676
See YORK CATHOLIC DISTRICT SCHOOL BOARD

ST. VINCENT DE PAUL CATHOLIC SCHOOL p 866
See LONDON DISTRICT CATHOLIC SCHOOL BOARD

ST. VINCENT DE PAUL ELEMENTARY SCHOOL p 939
See TORONTO CATHOLIC DISTRICT SCHOOL BOARD

ST. VINCENT ELEMENTARY SCHOOL p 767
See HALTON CATHOLIC DISTRICT SCHOOL BOARD

ST. VLADIMIR CATHOLIC ELEMENTARY SCHOOL p 74
See EDMONTON CATHOLIC SEPARATE SCHOOL DISTRICT NO.7

ST. WALBURG SCHOOL p 1306
See NORTHWEST SCHOOL DIVISION 203

ST. WILFRID CATHOLIC SCHOOL p 756
See TORONTO CATHOLIC DISTRICT SCHOOL BOARD

ST. WILFRID CATHOLIC SCHOOL p 814
See DURHAM CATHOLIC DISTRICT SCHOOL BOARD

ST. WILFRID SCHOOL p 10
See CALGARY ROMAN CATHOLIC SEPARATE SCHOOL DISTRICT #1

ST. WILLIAMS CATHOLIC SCHOOL p 574
See WINDSOR-ESSEX CATHOLIC DISTRICT SCHOOL BOARD, THE

ST. WILLIAMS SCHOOL p 574
See WINDSOR-ESSEX CATHOLIC DISTRICT SCHOOL BOARD, THE

ST.TIMOTHY CATHOLIC SCHOOL p 746
See TORONTO CATHOLIC DISTRICT SCHOOL BOARD

STACKPOLE INTERNATIONAL POWDER METAL, LTD. p 487
1325 Cormorant Rd, ANCASTER, ON, L9G 4V5
(905) 304-9455   SIC 3714

STADUS FOOD SERVICE LTD p 174
5517 37a Ave, Wetaskiwin, AB, T9A 3A5
(780) 352-3103   SIC 5812

STAEBLER, EDNA PUBLIC SCHOOL p 953
See WATERLOO REGION DISTRICT SCHOOL BOARD

STAEDTLER-MARS LIMITED p 722
850 Matheson Blvd W Unit 4, MISSISSAUGA, ON, L5V 0B4
(905) 501-9008   SIC 5199

STAGEM DIVISION ENTREPRISE D'INSERTION INC p 1176
150 Rte De Sainte-Hedwidge, ROBERVAL, QC, G8H 2M9
(418) 275-7241   SIC 2421

STAGES BAR & RESTAURANT p 631
See 956240 ONTARIO INC

STAGEWEST ALL SUITE HOTEL & THEATRE RESTAURANT p 689
See MAYFIELD SUITES GENERAL PARTNER INC

STAGNITO PARTNERS CANADA INC p 898
2300 Yonge St Suite 1510, TORONTO, ON, M4P 1E4
(416) 256-9908   SIC 7311

STAHL PETERBILT INC p 121
340 Mackenzie Blvd, FORT MCMURRAY, AB, T9H 4C4
(780) 715-3627   SIC 5084

STAHL PETERBILT INC p 128
12020 101 Ave, GRANDE PRAIRIE, AB, T8V 8B1
(780) 539-9991   SIC 5084

STAHLSCHMIDT CABLE SYSTEMS p 691
See STAHLSCHMIDT LTD

STAHLSCHMIDT LTD p 691
5208 Everest Dr, MISSISSAUGA, ON, L4W 2R4
(905) 629-4568   SIC 3465

STAIN GUARD ENTERPRISES LIMITED p 834
525 Milner Ave Unit 5, SCARBOROUGH, ON, M1B 2K4
(416) 297-5525   SIC 2819

STAIRWORLD INC p 727
110 Bentley Ave Suite 2, NEPEAN, ON, K2E 6T9
(613) 723-5454   SIC 2431

STAMPEDE CRANE & RIGGING p 180
See TNT CRANE & RIGGING CANADA INC

STAMPEDE PONTIAC BUICK (1988) LTD p 49
1110 9 Ave Sw, CALGARY, AB, T2P 1M1
SIC 5511

STAMPEDE PONTIAC BUICK GMC p 49
See STAMPEDE PONTIAC BUICK (1988) LTD

STAMPTEK p 756
See TEKNION LIMITED

STAN DANIELS HEALING CENTER p 77
See NATIVE COUNSELLING SERVICES OF ALBERTA

STANCO PROJECTS, DIV OF p 267
See STT ENVIRO CORP

STANDARD AERO LIMITED p 383
33 Allen Dyne Rd, WINNIPEG, MB, R3H 1A1
(204) 775-9711   SIC 7538

STANDARD FREEHOLDER p 566
See THOMSON REUTERS CANADA LIMITED

STANDARD GENERAL INC p 65
9660 Enterprise Way Se, CALGARY, AB, T3S 0A1
(403) 255-1131   SIC 1611

STANDARD LIFE p 49
See SCDA (2015) INC

STANDARD PARKING OF CANADA LTD p 920
181 Bay St Suite P1, TORONTO, ON, M5J 2T3
(416) 777-6468   SIC 1799

STANDARD RADIO LONDON p 655
See ASTRAL MEDIA RADIO INC

STANDARD SCHOOL p 168
See GOLDEN HILLS SCHOOL DIVISION #75

STANDARD TAXI LTD p 399
Gd, FREDERICTON, NB, E3A 5G7
(506) 450-4444   SIC 4121

STANDING STONE ELEMENTARY SCHOOL p 851
See ONEIDA NATION OF THE THAMES

STANDUP COMEDY FEAST p 328
See STAYNE PRODUCTIONS

STANFIELD'S LIMITED p 471
466 Foundary St, OXFORD, NS, B0M 1P0
(902) 447-2510   SIC 2322

STANFORD COLLEGIATE p 736
See DISTRICT SCHOOL BOARD OF NIAGARA

STANFORD INN p 152
See 287706 ALBERTA LTD

STANHOPE BEACH INN LTD p 986
16 Cottage Cres., YORK, PE, C0A 1P0
(902) 672-2048   SIC 7011

STANLEY A MILNER LIBRARY p 80
See EDMONTON PUBLIC LIBRARY

STANLEY BLACK & DECKER CANADA p 530
See BLACK & DECKER CANADA INC

STANLEY BLACK & DECKER CANADA CORPORATION p 14
1305 33 St Ne Unit 13, CALGARY, AB, T2A 5P1
(403) 250-7393   SIC 1731

STANLEY BLACK & DECKER CANADA CORPORATION p 452
36 Frazee Ave, DARTMOUTH, NS, B3B 1X4
(902) 468-2728   SIC 3429

STANLEY BLACK & DECKER CANADA CORPORATION p 711
2495 Meadowpine Blvd Suite 1, MISSISSAUGA, ON, L5N 6C3
(289) 290-7100   SIC 3429

STANLEY BLACK & DECKER CANADA CORPORATION p 716
1030 Lorimar Dr, MISSISSAUGA, ON, L5S 1R8
(905) 364-0664   SIC 5085

STANLEY BLACK & DECKER CANADA CORPORATION p 1213
160 Rue Graveline, SAINT-LAURENT, QC, H4T 1R7
SIC 3429

STANLEY BRIDGE COUNTRY RESORT INC p 983
Gd, KENSINGTON, PE, C0B 1M0
(902) 886-2882   SIC 7011

STANLEY DOOR SYSTEMS p 1085
See PORTES DUSCO LTEE, LES

STANLEY ELEMENTARY SCHOOL p 179
See SCHOOL DISTRICT NO 34 (ABBOTSFORD)

STANLEY ENGINEERED FASTENING p 716
See STANLEY BLACK & DECKER CANADA CORPORATION

STANLEY HEALTHCARE SOLUTIONS p 624
See XMARK CORPORATION

STANLEY HUMPHRIES SECONDARY p 195
See SCHOOL DISTRICT # 20 (KOOTENAY-COLUMBIA)

STANLEY JONES ELEMENTARY SCHOOL p 22
See CALGARY BOARD OF EDUCATION

STANLEY KNOWLES SCHOOL p 370
See WINNIPEG SCHOOL DIVISION

STANLEY MILLS PUBLIC SCHOOL p 510
See PEEL DISTRICT SCHOOL BOARD

STANLEY PARK INVESTMENTS LTD p 36
12025 Lake Fraser Dr Se, CALGARY, AB, T2J 7G5
(403) 225-3000   SIC 7011

STANLEY PARK SENIOR PUBLIC SCHOOL p 637
See WATERLOO REGION DISTRICT SCHOOL BOARD

STANLEY PUBLIC SCHOOL p 758
See TORONTO DISTRICT SCHOOL BOARD

STANLEY REGIONAL SCHOOL p 421
See ANGLOPHONE WEST SCHOOL DISTRICT (ASD-W)

STANLEY SECURITY SOLUTIONS p 452
See STANLEY BLACK & DECKER CANADA CORPORATION

STANLEY SECURITY SOLUTIONS, DIV OF p 711
See STANLEY BLACK & DECKER CANADA CORPORATION

STANLEY SECURITY SYSTEMS p 14
See STANLEY BLACK & DECKER CANADA CORPORATION

STANPRO LIGHTING SYSTEMS INC p 1027
2233 Rue De L'aviation, DORVAL, QC, H9P 2X6
(514) 739-9984   SIC 5063

STANTEC ARCHITECTURE LTD p 83
10160 112 St Nw, EDMONTON, AB, T5K 2L6
(780) 917-7000   SIC 8712

STANTEC ARCHITECTURE LTD p 227
1620 Dickson Ave Suite 400, KELOWNA, BC, V1Y 9Y2
(250) 860-3225   SIC 8712

STANTEC ARCHITECTURE LTD p 305
111 Dunsmuir St Suite 1100, VANCOUVER, BC, V6B 6A3
(604) 696-8000   SIC 8712

STANTEC ARCHITECTURE LTD p 335
655 Tyee Rd Suite 400, VICTORIA, BC, V9A 6X5
(250) 388-9161   SIC 8712

STANTEC ARCHITECTURE LTD p 376
500 / 311 Portage Ave, WINNIPEG, MB, R3B 2B9

BUSINESSES ALPHABETICALLY

(204) 489-5900   *SIC* 8712
STANTEC ARCHITECTURE LTD   p 434
141 Kelsey Dr, ST. JOHN'S, NL, A1B 0L2
(709) 576-8612   *SIC* 8712
STANTEC ARCHITECTURE LTD   p 439
4910 53 St 2nd Floor, YELLOWKNIFE, NT, X1A 1V2
(867) 920-2882   *SIC* 8712
STANTEC ARCHITECTURE LTD   p 800
1331 Clyde Ave Suite 400, OTTAWA, ON, K2C 3G4
(613) 722-4420   *SIC* 8712
STANTEC ARCHITECTURE LTD   p 1286
1820 Hamilton St Suite 400, REGINA, SK, S4P 2B8
(306) 781-6400   *SIC* 8711
STANTEC ARCHITECTURE QUEBEC LTD p 1204
100 Boul Alexis-Nihon Bureau 110, SAINT-LAURENT, QC, H4M 2N6
(514) 739-0708   *SIC* 8712
STANTEC CONSULTING   p 11
See STANTEC CONSULTING LTD
STANTEC CONSULTING   p 376
See STANTEC ARCHITECTURE LTD
STANTEC CONSULTING INTERNATIONAL LTD   p 83
10160 112 St Nw, EDMONTON, AB, T5K 2L6
(780) 917-7000   *SIC* 8711
STANTEC CONSULTING INTERNATIONAL LTD   p 743
147 Mcintyre St W Suite 200, NORTH BAY, ON, P1B 2Y5
(705) 494-8255   *SIC* 8711
STANTEC CONSULTING LTD   p 11
2886 Sunridge Way Ne Suite 130, CALGARY, AB, T1Y 7H9
(403) 245-5661   *SIC* 8711
STANTEC CONSULTING LTD   p 20
37 Quarry Park Blvd Se Suite 200, CALGARY, AB, T2C 5H9
(403) 252-3436   *SIC* 8711
STANTEC CONSULTING LTD   p 33
1200 59 Ave Se Suite 150, CALGARY, AB, T2H 2M4
(403) 216-2140   *SIC* 8711
STANTEC CONSULTING LTD   p 82
10060 Jasper Ave Nw Suite 2001, EDMONTON, AB, T5J 3R8
(780) 229-1070   *SIC* 8711
STANTEC CONSULTING LTD   p 83
10160 112 St Nw, EDMONTON, AB, T5K 2L6
(780) 917-7000   *SIC* 8711
STANTEC CONSULTING LTD   p 139
220 4 St S Suite 290, LETHBRIDGE, AB, T1J 4J7
(403) 329-3344   *SIC* 8711
STANTEC CONSULTING LTD   p 191
4730 Kingsway Suite 500, BURNABY, BC, V5H 0C6
(604) 436-3014   *SIC* 8748
STANTEC CONSULTING LTD   p 227
1620 Dickson Ave Suite 400, KELOWNA, BC, V1Y 9Y2
(250) 860-3225   *SIC* 8711
STANTEC CONSULTING LTD   p 284
13401 108 Ave 10th Floor, SURREY, BC, V3T 5T3
(604) 587-8400   *SIC* 8711
STANTEC CONSULTING LTD   p 305
111 Dunsmuir St Suite 1100, VANCOUVER, BC, V6B 6A3
(604) 696-8000   *SIC* 8711
STANTEC CONSULTING LTD   p 335
655 Tyee Rd Suite 400, VICTORIA, BC, V9A 6X5
(250) 388-9161   *SIC* 8711
STANTEC CONSULTING LTD   p 378
386 Broadway Suite 603, WINNIPEG, MB, R3C 3R6
SIC 8711
STANTEC CONSULTING LTD   p 411

115 Harrisville Blvd, MONCTON, NB, E1H 3T3
(506) 857-8607   *SIC* 8711
STANTEC CONSULTING LTD   p 416
130 Somerset St, SAINT JOHN, NB, E2K 2X4
(506) 634-2185   *SIC* 8711
STANTEC CONSULTING LTD   p 432
99 Airport Rd, ST. JOHN'S, NL, A1A 4Y3
(709) 576-8612   *SIC* 8711
STANTEC CONSULTING LTD   p 434
141 Kelsey Dr, ST. JOHN'S, NL, A1B 0L2
(709) 738-0122   *SIC* 8711
STANTEC CONSULTING LTD   p 439
4910 53 St, YELLOWKNIFE, NT, X1A 1V2
(867) 920-2882   *SIC* 8711
STANTEC CONSULTING LTD   p 468
201 Churchill Dr Suite 207, MEMBERTOU, NS, B1S 0H1
(902) 564-1855   *SIC* 8711
STANTEC CONSULTING LTD   p 656
171 Queens Ave 6th Floor, LONDON, ON, N6A 5J7
(519) 645-2007   *SIC* 8711
STANTEC CONSULTING LTD   p 674
675 Cochrane Dr Suite 300 W Tower, MARKHAM, ON, L3R 0B8
(905) 944-7777   *SIC* 8711
STANTEC CONSULTING LTD   p 743
147 Mcintyre St W Suite 200, NORTH BAY, ON, P1B 2Y5
(705) 494-8255   *SIC* 8711
STANTEC CONSULTING LTD   p 863
835 Paramount Dr Suite 200, STONEY CREEK, ON, L8J 0B4
(905) 385-3234   *SIC* 8711
STANTEC CONSULTING LTD   p 871
1760 Regent St, SUDBURY, ON, P3E 3Z8
(705) 566-6891   *SIC* 8711
STANTEC CONSULTING LTD   p 931
49 Bathurst St Suite 300, TORONTO, ON, M5V 2P2
(416) 364-8401   *SIC* 8711
STANTEC CONSULTING LTD   p 952
300 Hagey Boulevard Suite 100, WATERLOO, ON, N2L 0A4
(519) 579-4410   *SIC* 8711
STANTEC CONSULTING LTD   p 966
140 Ouellette Pl Suite 100, WINDSOR, ON, N8X 1L9
(519) 966-2250   *SIC* 8711
STANTEC CONSULTING LTD   p 1113
1060 Boul Robert-Bourassa Bureau 600, Montreal, QC, H3B 4V3
(514) 281-1010   *SIC* 8711
STANTEC CONSULTING LTD   p 1173
287 Rue Pierre-Saindon Bureau 401, RIMOUSKI, QC, G5L 9A7
(418) 723-4010   *SIC* 8711
STANTEC CONSULTING LTD   p 1251
1455 Rue Champlain, Trois-Rivieres, QC, G9A 5X4
(819) 378-7949   *SIC* 8711
STANTEC GEOMATICS LTD   p 83
10160 112 St Nw, EDMONTON, AB, T5K 2L6
(780) 917-7000   *SIC* 8713
STANTEC GEOMATICS LTD   p 227
1620 Dickson Ave Suite 400, KELOWNA, BC, V1Y 9Y2
(250) 860-3225   *SIC* 8713
STANTEC GEOMATICS LTD   p 952
300 Hagey Boulevard Suite 100, WATERLOO, ON, N2L 0A4
(519) 579-4410   *SIC* 8713
STANTEC INC   p 378
386 Broadway Suite 603, WINNIPEG, MB, R3C 3R6
SIC 8711
STANTON TERRITORIAL HEALTH AUTHORITY   p 439
550 Byrne Rd, YELLOWKNIFE, NT, X1A 2N1

(867) 669-4111   *SIC* 8062
STANTON TERRITORIAL HOSPITAL   p 439
See STANTON TERRITORIAL HEALTH AUTHORITY
STAPLE THE BUSINESS DEPOT   p 205
See STAPLES CANADA INC
STAPLES   p 242
See STAPLES CANADA INC
STAPLES   p 691
See STAPLES CANADA INC
STAPLES   p 977
See STAPLES CANADA INC
STAPLES   p 1019
See STAPLES CANADA INC
STAPLES   p 1276
See STAPLES CANADA INC
STAPLES 233   p 806
See STAPLES CANADA INC
STAPLES BUSINESS DEPOT   p 284
See STAPLES CANADA INC
STAPLES BUSINESS DEPOT   p 384
See STAPLES CANADA INC
STAPLES BUSINESS DEPOT   p 852
See STAPLES CANADA INC
STAPLES BUSINESS DEPOT   p 1280
See STAPLES CANADA INC
STAPLES BUSINESS DEPOT   p 1298
See STAPLES CANADA INC
STAPLES CANADA INC   p 11
3030 32 Ave Ne, CALGARY, AB, T1Y 7A9
(403) 735-6336   *SIC* 5943
STAPLES CANADA INC   p 14
565 36 St Ne Unit 121, CALGARY, AB, T2A 6K3
(403) 204-3644   *SIC* 5943
STAPLES CANADA INC   p 20
3619 61 Ave Se Suite 100, CALGARY, AB, T2C 4T8
(403) 509-2230   *SIC* 5943
STAPLES CANADA INC   p 25
25 Aero Dr Ne Suite 4, CALGARY, AB, T2E 8Z9
(403) 516-4022   *SIC* 5943
STAPLES CANADA INC   p 33
321 61 Ave Sw Suite 3, CALGARY, AB, T2H 2W7
(403) 259-6928   *SIC* 5943
STAPLES CANADA INC   p 57
4307 130 Ave Se Unit 90, CALGARY, AB, T2Z 3V8
(403) 257-8167   *SIC* 5943
STAPLES CANADA INC   p 58
3625 Shaganappi Trail Nw, CALGARY, AB, T3A 0E2
(403) 247-2281   *SIC* 5943
STAPLES CANADA INC   p 60
1215 9 Ave Sw, CALGARY, AB, T3C 0H9
(403) 263-0200   *SIC* 5943
STAPLES CANADA INC   p 62
5662 Signal Hill Ctr Sw, CALGARY, AB, T3H 3P8
(403) 217-7070   *SIC* 5943
STAPLES CANADA INC   p 64
130 Country Village Rd Ne Unit 307, CALGARY, AB, T3K 6B8
(403) 509-3265   *SIC* 5943
STAPLES CANADA INC   p 66
6800 48 Ave Suite 360, CAMROSE, AB, T4V 4T1
(780) 608-4100   *SIC* 5943
STAPLES CANADA INC   p 74
13118 50 St Nw, EDMONTON, AB, T5A 5B5
(780) 472-7379   *SIC* 5943
STAPLES CANADA INC   p 85
13154 137 Ave Nw, EDMONTON, AB, T5L 4Z6
(780) 447-4949   *SIC* 5943
STAPLES CANADA INC   p 95
9580 170 St Nw Suite 41, EDMONTON, AB, T5T 5R5
(780) 487-4949   *SIC* 5943
STAPLES CANADA INC   p 109
6510 Gateway Blvd Nw Suite 142, EDMONTON, AB, T6H 5Z5

(780) 414-1601   *SIC* 5943
STAPLES CANADA INC   p 111
4122 Calgary Trail Nw, EDMONTON, AB, T6J 6Y6
(780) 433-4554   *SIC* 5943
STAPLES CANADA INC   p 113
1960 101 St Nw, EDMONTON, AB, T6N 1K1
(780) 414-0361   *SIC* 5943
STAPLES CANADA INC   p 121
8544 Manning Ave, FORT MCMURRAY, AB, T9H 5G2
(780) 799-8100   *SIC* 5943
STAPLES CANADA INC   p 124
9410 86 St Suite 107, FORT SASKATCHEWAN, AB, T8L 2R1
(780) 992-6012   *SIC* 5943
STAPLES CANADA INC   p 128
10160 108 St, GRANDE PRAIRIE, AB, T8V 7B1
(780) 814-6020   *SIC* 5943
STAPLES CANADA INC   p 136
5305 Discovery Way Suite 274, LEDUC, AB, T9E 8N4
(780) 980-4336   *SIC* 5943
STAPLES CANADA INC   p 139
501 1 Ave S Suite 118, LETHBRIDGE, AB, T1J 4L9
(403) 317-4530   *SIC* 5943
STAPLES CANADA INC   p 142
4219 75 Ave, LLOYDMINSTER, AB, T9V 2X4
(780) 808-2010   *SIC* 5943
STAPLES CANADA INC   p 145
1910 Strachan Rd Se Suite 113, MEDICINE HAT, AB, T1B 4K4
(403) 504-2460   *SIC* 5943
STAPLES CANADA INC   p 154
4747 67 St Unit 211, RED DEER, AB, T4N 6H3
(403) 314-3085   *SIC* 5943
STAPLES CANADA INC   p 157
37400 Hwy 2 Suite 150d, RED DEER COUNTY, AB, T4E 1B9
(403) 357-1760   *SIC* 5943
STAPLES CANADA INC   p 163
390 Baseline Rd Unit 350, SHERWOOD PARK, AB, T8H 1X1
(780) 417-7510   *SIC* 5943
STAPLES CANADA INC   p 167
445 St Albert Trail Unit 40, ST. ALBERT, AB, T8N 6T9
(780) 418-3650   *SIC* 5943
STAPLES CANADA INC   p 179
32500 South Fraser Way Suite 110, ABBOTSFORD, BC, V2T 4W1
(604) 870-3440   *SIC* 5943
STAPLES CANADA INC   p 188
4265 Lougheed Hwy Suite 84, BURNABY, BC, V5C 3Y6
(604) 320-6800   *SIC* 5943
STAPLES CANADA INC   p 195
1440 Island Hwy, CAMPBELL RIVER, BC, V9W 8C9
(250) 286-4390   *SIC* 5943
STAPLES CANADA INC   p 198
7491 Vedder Rd Suite 101, CHILLIWACK, BC, V2R 6E7
(604) 824-8474   *SIC* 5943
STAPLES CANADA INC   p 203
1220 Seguin Dr, COQUITLAM, BC, V3K 6W8
(604) 517-2100   *SIC* 5943
STAPLES CANADA INC   p 204
3299 Cliffe Ave Unit 2, COURTENAY, BC, V9N 2L9
(250) 334-8357   *SIC* 5943
STAPLES CANADA INC   p 205
1500 Cranbrook St N Unit 43, CRANBROOK, BC, V1C 3S8
(250) 417-2346   *SIC* 5943
STAPLES CANADA INC   p 209
7315 120 St, DELTA, BC, V4C 6P5
(604) 501-7820   *SIC* 5943
STAPLES CANADA INC   p 215

▲ Public Company   ■ Public Company Family Member   **HQ** Headquarters   **BR** Branch   **SL** Single Location

STAPLES CANADA INC

9600 93 Ave Suite 3010, FORT ST. JOHN, BC, V1J 5Z2
(250) 794-3000   SIC 5943

STAPLES CANADA INC   p 221
1395 Hillside Dr Suite 1, KAMLOOPS, BC, V2E 2R7
(250) 377-4550   SIC 5943

STAPLES CANADA INC   p 224
2339 Highway 97 N Suite 430, KELOWNA, BC, V1X 4H9
(250) 979-7920   SIC 5943

STAPLES CANADA INC   p 231
20055 Willowbrook Dr Suite 200, LANGLEY, BC, V2Y 2T5
(604) 514-2160   SIC 5943

STAPLES CANADA INC   p 237
20050 Lougheed Hwy, MAPLE RIDGE, BC, V2X 0P5
(604) 465-3429   SIC 5943

STAPLES CANADA INC   p 238
32525 London Ave Unit 900, MISSION, BC, V2V 6M7
(604) 814-3850   SIC 5943

STAPLES CANADA INC   p 241
2000 Island Hwy N Suite 100, NANAIMO, BC, V9S 5W3
(250) 751-7770   SIC 5943

STAPLES CANADA INC   p 242
6581 Aulds Rd Suite 100, NANAIMO, BC, V9T 6J6
(250) 390-5900   SIC 5943

STAPLES CANADA INC   p 250
1999 Marine Dr, NORTH VANCOUVER, BC, V7P 3J3
(604) 990-2900   SIC 5943

STAPLES CANADA INC   p 253
102 Warren Ave E Suite 100, PENTICTON, BC, V2A 8X3
(250) 770-2990   SIC 5943

STAPLES CANADA INC   p 260
1600 15th Ave Suite 206, PRINCE GEORGE, BC, V2L 3X3
(250) 614-4270   SIC 5943

STAPLES CANADA INC   p 267
2780 Sweden Way Suite 110, RICHMOND, BC, V6V 2X1
(604) 303-7850   SIC 5943

STAPLES CANADA INC   p 271
6390 No. 3 Rd Suite 1, RICHMOND, BC, V6Y 2B3
(604) 270-9599   SIC 5943

STAPLES CANADA INC   p 284
10136 King George Blvd, SURREY, BC, V3T 2W4
(604) 582-6789   SIC 5943

STAPLES CANADA INC   p 290
3037 152 St, SURREY, BC, V4P 3K1
(604) 541-3850   SIC 5943

STAPLES CANADA INC   p 291
4645 Greig Ave, TERRACE, BC, V8G 5P9
(250) 635-7797   SIC 5943

STAPLES CANADA INC   p 305
901 Seymour St, VANCOUVER, BC, V6B 3M1
(604) 602-5959   SIC 5943

STAPLES CANADA INC   p 313
1055 Georgia St W Unit 220, VANCOUVER, BC, V6E 0B6
(604) 678-4873   SIC 5943

STAPLES CANADA INC   p 315
1322 Broadway W, VANCOUVER, BC, V6H 1H2
(604) 678-9449   SIC 5943

STAPLES CANADA INC   p 320
2135 Allison Rd Unit 101, VANCOUVER, BC, V6T 1T5
(604) 221-4780   SIC 5943

STAPLES CANADA INC   p 326
3202 32 St, VERNON, BC, V1T 5M8
(250) 503-3300   SIC 5943

STAPLES CANADA INC   p 333
780 Tolmie Ave Suite 3, VICTORIA, BC, V8X 3W4
(250) 383-8178   SIC 5943

STAPLES CANADA INC   p 336
789 Mccallum Rd, VICTORIA, BC, V9B 6A2
(250) 391-3070   SIC 5943

STAPLES CANADA INC   p 338
2105 Park Royal S, WEST VANCOUVER, BC, V7T 2W5
(604) 913-4270   SIC 5943

STAPLES CANADA INC   p 341
850 Oliver St Suite 105, WILLIAMS LAKE, BC, V2G 3W1
(250) 305-2500   SIC 5943

STAPLES CANADA INC   p 345
1645 18th St Unit A, BRANDON, MB, R7A 5C6
(204) 571-5640   SIC 5943

STAPLES CANADA INC   p 357
190 Pth 12 N, STEINBACH, MB, R5G 1T6
(204) 320-4670   SIC 5943

STAPLES CANADA INC   p 363
1540 Regent Ave W, WINNIPEG, MB, R2C 3B4
(204) 661-1563   SIC 5943

STAPLES CANADA INC   p 371
843 Leila Ave Suite 4, WINNIPEG, MB, R2V 3J7
(204) 925-4510   SIC 5943

STAPLES CANADA INC   p 384
947 St James St, WINNIPEG, MB, R3H 0X2
(204) 783-7874   SIC 5943

STAPLES CANADA INC   p 385
3669 Portage Ave, WINNIPEG, MB, R3K 2G6
(204) 925-4518   SIC 5943

STAPLES CANADA INC   p 390
1910 Pembina Hwy Unit 9, WINNIPEG, MB, R3T 4S5
(204) 269-5928   SIC 5943

STAPLES CANADA INC   p 394
1300 St. Peter Ave Suite 109, BATHURST, NB, E2A 3A6
(506) 545-9060   SIC 5943

STAPLES CANADA INC   p 401
1150 Prospect St, FREDERICTON, NB, E3B 3C1
(506) 462-4060   SIC 5943

STAPLES CANADA INC   p 405
99 Douglastown Blvd Suite 275, MIRAMICHI, NB, E1V 0A4
(506) 622-6050   SIC 5943

STAPLES CANADA INC   p 410
125 Trinity Dr, MONCTON, NB, E1G 2J7
(506) 863-1400   SIC 5943

STAPLES CANADA INC   p 415
176 Rothesay Ave, SAINT JOHN, NB, E2J 2B5
(506) 646-7530   SIC 5943

STAPLES CANADA INC   p 419
11 Boul Centre Madawaska Suite 9, SAINT-BASILE, NB, E7C 1R7
(506) 736-6956   SIC 5943

STAPLES CANADA INC   p 425
14 Murphy Sq, CORNER BROOK, NL, A2H 1R4
(709) 634-9500   SIC 5943

STAPLES CANADA INC   p 432
34 Stavanger Dr, ST. JOHN'S, NL, A1A 5E8
(709) 753-4920   SIC 5943

STAPLES CANADA INC   p 434
65 Kelsey Dr, ST. JOHN'S, NL, A1B 5C8
(709) 722-4350   SIC 5943

STAPLES CANADA INC   p 442
36 Market St, ANTIGONISH, NS, B2G 3B4
(902) 863-6787   SIC 5943

STAPLES CANADA INC   p 447
114 Woodlawn Rd Suite 257, DARTMOUTH, NS, B2W 2S7
(902) 466-1487   SIC 5943

STAPLES CANADA INC   p 452
202 Brownlow Ave, DARTMOUTH, NS, B3B 1T5
(902) 468-3412   SIC 5943

STAPLES CANADA INC   p 461
2003 Gottingen St, HALIFAX, NS, B3K 3B1
(902) 474-5100   SIC 5943

STAPLES CANADA INC   p 464
215 Chain Lake Dr Unit A, HALIFAX, NS, B3S 1C9
(902) 450-5241   SIC 5943

STAPLES CANADA INC   p 470
556 Westville Rd, NEW GLASGOW, NS, B2H 2J8
(902) 752-5291   SIC 5943

STAPLES CANADA INC   p 470
9081 Commercial St, NEW MINAS, NS, B4N 3E6
(902) 681-3840   SIC 5943

STAPLES CANADA INC   p 475
800 Grand Lake Rd, SYDNEY, NS, B1P 6S9
(902) 539-4027   SIC 5943

STAPLES CANADA INC   p 478
68 Robie St, TRURO, NS, B2N 1L2
(902) 895-1572   SIC 5943

STAPLES CANADA INC   p 480
110 Starrs Rd, YARMOUTH, NS, B5A 2T5
(902) 749-0417   SIC 5943

STAPLES CANADA INC   p 483
16 Harwood Ave S, AJAX, ON, L1S 7L8
(905) 686-1422   SIC 5943

STAPLES CANADA INC   p 486
92 Young St, ALLISTON, ON, L9R 1P8
(705) 434-4992   SIC 5943

STAPLES CANADA INC   p 488
1015 Golf Links Rd Suite 1, ANCASTER, ON, L9K 1L6
(905) 648-6047   SIC 5943

STAPLES CANADA INC   p 491
14800 Yonge St Unit 180, AURORA, ON, L4G 1N3
(905) 713-0367   SIC 5943

STAPLES CANADA INC   p 499
36 Barrie View Dr, BARRIE, ON, L4N 8V4
(705) 733-3329   SIC 5943

STAPLES CANADA INC   p 504
190 Bell Blvd, BELLEVILLE, ON, K8P 5L2
(613) 961-7399   SIC 5943

STAPLES CANADA INC   p 506
471 Queen St S Suite 2, BOLTON, ON, L7E 2B5
(905) 951-1640   SIC 5943

STAPLES CANADA INC   p 508
500 Muskoka Rd 118 W Unit 102, BRACEBRIDGE, ON, P1L 1T4
(705) 646-2775   SIC 5943

STAPLES CANADA INC   p 517
2937 Queen St E, BRAMPTON, ON, L6T 5J1
(905) 791-4522   SIC 5943

STAPLES CANADA INC   p 523
499 Main St S, BRAMPTON, ON, L6Y 1N7
(905) 796-2403   SIC 5943

STAPLES CANADA INC   p 526
595 West St, BRANTFORD, ON, N3R 7C5
(519) 752-3367   SIC 5943

STAPLES CANADA INC   p 531
2399 Parkedale Ave, BROCKVILLE, ON, K6V 3G9
(613) 498-2616   SIC 5943

STAPLES CANADA INC   p 537
3060 Davidson Crt Unit C2, BURLINGTON, ON, L7M 4X7
(905) 332-1071   SIC 5943

STAPLES CANADA INC   p 544
26 Pinebush Rd, CAMBRIDGE, ON, N1R 8K5
(519) 622-5280   SIC 5943

STAPLES CANADA INC   p 556
15 Balsam St Unit 1, COLLINGWOOD, ON, L9Y 5H6
(705) 445-0505   SIC 5943

STAPLES CANADA INC   p 565
7 Ninth St E, CORNWALL, ON, K6H 6R3
(613) 936-6952   SIC 5943

STAPLES CANADA INC   p 581
1750 The Queensway Suite 1, ETOBICOKE, ON, M9C 5H5
(416) 620-5674   SIC 5943

STAPLES CANADA INC   p 587
180 Queen's Plate Dr Suite 10, ETOBICOKE, ON, M9W 6Y9
(416) 749-9932   SIC 5943

STAPLES CANADA INC   p 603
20 Woodlawn Rd E, GUELPH, ON, N1H 1G7
(519) 822-2344   SIC 5943

STAPLES CANADA INC   p 615
970 Upper Wentworth St, HAMILTON, ON, L9A 4V8
(905) 383-7913   SIC 5943

STAPLES CANADA INC   p 617
2130 Rymal Rd Suite 103, HANNON, ON, L0R 1P0
(905) 692-7215   SIC 5943

STAPLES CANADA INC   p 626
8141 Campeau Dr, KANATA, ON, K2T 1B7
(613) 592-3538   SIC 5943

STAPLES CANADA INC   p 630
105 Queen St, KINGSTON, ON, K7K 1A5
(613) 542-3585   SIC 5943

STAPLES CANADA INC   p 634
616 Gardiners Rd Suite 2, KINGSTON, ON, K7M 9B8
(613) 634-2112   SIC 5943

STAPLES CANADA INC   p 639
245 Strasburg Rd, KITCHENER, ON, N2E 3W7
(519) 571-7420   SIC 5943

STAPLES CANADA INC   p 646
16 Seacliff Dr E, LEAMINGTON, ON, N8H 2L2
(519) 324-1370   SIC 5943

STAPLES CANADA INC   p 647
363 Kent St W Unit 600, LINDSAY, ON, K9V 2Z7
(705) 328-3427   SIC 5943

STAPLES CANADA INC   p 651
1925 Dundas St, LONDON, ON, N5V 1P7
(519) 659-3428   SIC 5943

STAPLES CANADA INC   p 658
332 Wellington Rd, LONDON, ON, N6C 4P6
(519) 645-7042   SIC 5943

STAPLES CANADA INC   p 664
3080 Wonderland Rd S, LONDON, ON, N6L 1A6
(519) 690-2049   SIC 5943

STAPLES CANADA INC   p 674
3175 Highway 7 E Unit 200, MARKHAM, ON, L3R 0T9
(905) 479-3101   SIC 5943

STAPLES CANADA INC   p 676
7725 Markham Rd, MARKHAM, ON, L3S 3J9
(905) 472-0746   SIC 5943

STAPLES CANADA INC   p 680
9226 93 Hwy, MIDLAND, ON, L4R 4K4
(705) 526-5510   SIC 5943

STAPLES CANADA INC   p 682
1220 Steeles Ave E Unit G6, MILTON, ON, L9T 6R1
(905) 878-2434   SIC 5943

STAPLES CANADA INC   p 691
5170 Dixie Rd, MISSISSAUGA, ON, L4W 1E3
(905) 602-6056   SIC 5943

STAPLES CANADA INC   p 691
1530 Aimco Blvd, MISSISSAUGA, ON, L4W 5K1
(905) 602-5889   SIC 5943

STAPLES CANADA INC   p 692
2040 Dundas St E Unit 1, MISSISSAUGA, ON, L4X 2X8
(905) 279-4392   SIC 5943

STAPLES CANADA INC   p 699
3950 Grand Park Dr Suite 1, MISSISSAUGA, ON, L5B 4M6
(905) 306-7888   SIC 5943

STAPLES CANADA INC   p 711
3135 Argentia Rd Unit 2, MISSISSAUGA, ON, L5N 8E1
(905) 785-0864   SIC 5943

STAPLES CANADA INC   p 722
5900 Mavis Rd, MISSISSAUGA, ON, L5V 2P5
(905) 813-3134   SIC 5943

BUSINESSES ALPHABETICALLY
STAPLES CANADA INC

STAPLES CANADA INC p 728
1595 Merivale Rd, NEPEAN, ON, K2G 3J4
(613) 226-7989   SIC 5943

STAPLES CANADA INC p 730
101 Marketplace Ave, NEPEAN, ON, K2J 5G5
(613) 825-0457   SIC 5943

STAPLES CANADA INC p 731
Gd, NEW LISKEARD, ON, P0J 1P0
(705) 647-7718   SIC 5943

STAPLES CANADA INC p 734
17810 Yonge St, NEWMARKET, ON, L3Y 8S1
(905) 898-3956   SIC 5943

STAPLES CANADA INC p 736
7190 Morrison St, NIAGARA FALLS, ON, L2E 7K5
(905) 358-0650   SIC 5943

STAPLES CANADA INC p 743
1899 Algonquin Ave, NORTH BAY, ON, P1B 4Y8
(705) 472-7223   SIC 5943

STAPLES CANADA INC p 760
3150 Dufferin St, NORTH YORK, ON, M6A 2T1
(416) 785-5335   SIC 5943

STAPLES CANADA INC p 766
2460 Winston Churchill Blvd, OAKVILLE, ON, L6H 6J5
(905) 829-1960   SIC 5943

STAPLES CANADA INC p 771
320 North Service Rd W, OAKVILLE, ON, L6M 2R7
(905) 338-6535   SIC 5943

STAPLES CANADA INC p 773
88 First St, ORANGEVILLE, ON, L9W 3J6
(519) 942-1360   SIC 5943

STAPLES CANADA INC p 775
135 Murphy Rd, ORILLIA, ON, L3V 0B5
(705) 329-3074   SIC 5943

STAPLES CANADA INC p 777
2085 Tenth Line Rd, ORLEANS, ON, K4A 4C5
(613) 830-8100   SIC 5943

STAPLES CANADA INC p 781
410 Gibb St W, OSHAWA, ON, L1J 0B2
(905) 404-4392   SIC 5943

STAPLES CANADA INC p 787
1233 Donald St Unit 20, OTTAWA, ON, K1J 8W3
(613) 745-4773   SIC 5943

STAPLES CANADA INC p 796
2210 Bank St, OTTAWA, ON, K1V 1J5
(613) 521-3030   SIC 5943

STAPLES CANADA INC p 802
403 Bank St, OTTAWA, ON, K2P 1Y6
(613) 235-2525   SIC 5943

STAPLES CANADA INC p 804
1077 10th St W, OWEN SOUND, ON, N4K 5S2
(519) 372-2228   SIC 5943

STAPLES CANADA INC p 806
1100 Pembroke St E Suite 100, PEMBROKE, ON, K8A 6Y7
(613) 735-0437   SIC 5943

STAPLES CANADA INC p 811
109 Park St S Suite 160, PETERBOROUGH, ON, K9J 3R8
(705) 741-1130   SIC 5943

STAPLES CANADA INC p 813
1755 Pickering Pky, PICKERING, ON, L1V 6K5
(905) 683-4620   SIC 5943

STAPLES CANADA INC p 824
1700 Elgin Mills Rd E Suite 2, RICHMOND HILL, ON, L4S 0B2
(905) 770-1600   SIC 5943

STAPLES CANADA INC p 827
1379 London Rd Suite 2, SARNIA, ON, N7S 1P6
(519) 542-4461   SIC 5943

STAPLES CANADA INC p 834
850 Milner Ave, SCARBOROUGH, ON, M1B 5N7
(416) 208-7728   SIC 5943

STAPLES CANADA INC p 839
1980 Eglinton Ave E, SCARBOROUGH, ON, M1L 2M6
(416) 752-1091   SIC 5943

STAPLES CANADA INC p 842
95 Ellesmere Rd, SCARBOROUGH, ON, M1R 4B7
(416) 444-5237   SIC 5943

STAPLES CANADA INC p 852
185 Bunting Rd, ST CATHARINES, ON, L2M 3Y2
(905) 685-4921   SIC 5943

STAPLES CANADA INC p 853
10 Ymca Dr, ST CATHARINES, ON, L2N 7R6
(905) 937-4292   SIC 5943

STAPLES CANADA INC p 858
1063 Talbot St Suite 3, ST THOMAS, ON, N5P 1G4
(519) 631-1810   SIC 5943

STAPLES CANADA INC p 865
1076 Ontario St, STRATFORD, ON, N5A 6Z3
(519) 273-5305   SIC 5943

STAPLES CANADA INC p 868
747 Notre Dame Ave, SUDBURY, ON, P3A 2T2
(705) 525-1180   SIC 5943

STAPLES CANADA INC p 869
1425 Kingsway Suite 146, SUDBURY, ON, P3B 0A2
(705) 524-6227   SIC 5943

STAPLES CANADA INC p 875
1450 Clark Ave W Suite 1, THORNHILL, ON, L4J 7R5
(905) 669-5096   SIC 5943

STAPLES CANADA INC p 879
767 Memorial Ave Suite 37, THUNDER BAY, ON, P7B 3Z7
(807) 343-2506   SIC 5943

STAPLES CANADA INC p 883
200 Broadway St, TILLSONBURG, ON, N4G 5A7
(519) 688-2196   SIC 5943

STAPLES CANADA INC p 885
1485 Riverside Dr Suite 97, TIMMINS, ON, P4R 1M8
(705) 360-4200   SIC 5943

STAPLES CANADA INC p 892
3003 Danforth Ave, TORONTO, ON, M4C 1M9
(416) 686-4711   SIC 5943

STAPLES CANADA INC p 893
945 Eglinton Ave E, TORONTO, ON, M4G 4B5
(416) 696-0043   SIC 5943

STAPLES CANADA INC p 896
1000 Gerrard St E Unit Dd16, TORONTO, ON, M4M 3G6
(416) 466-4900   SIC 5943

STAPLES CANADA INC p 902
1140 Yonge St, TORONTO, ON, M4W 2L8
(416) 961-4949   SIC 5943

STAPLES CANADA INC p 905
250 Front St E, TORONTO, ON, M5A 1E9
(416) 368-3331   SIC 5943

STAPLES CANADA INC p 908
89 Yonge St, TORONTO, ON, M5C 1S8
(416) 203-3525   SIC 5943

STAPLES CANADA INC p 912
375 University Ave, TORONTO, ON, M5G 2J5
(416) 598-4818   SIC 5943

STAPLES CANADA INC p 938
542 Keele St, TORONTO, ON, M6N 3E2
(416) 762-2816   SIC 5943

STAPLES CANADA INC p 946
4 Banff Rd Unit 101, UXBRIDGE, ON, L9P 1S9
(905) 862-2614   SIC 5943

STAPLES CANADA INC p 954
620 King St N, WATERLOO, ON, N2V 2J5
(519) 888-1716   SIC 5943

STAPLES CANADA INC p 956
800 Niagara St Suite 102, WELLAND, ON, L3C 5Z4
(905) 714-7607   SIC 5943

STAPLES CANADA INC p 963
7126 Tecumseh Rd E, WINDSOR, ON, N8T 1E6
(519) 948-1283   SIC 5943

STAPLES CANADA INC p 964
4511 Walker Rd, WINDSOR, ON, N8W 3T6
(519) 972-5127   SIC 5943

STAPLES CANADA INC p 966
2550 Ouellette Ave, WINDSOR, ON, N8X 1L7
(519) 966-9495   SIC 5943

STAPLES CANADA INC p 975
57 Northview Blvd Ste 4, WOODBRIDGE, ON, L4L 8X9
(905) 856-6588   SIC 5943

STAPLES CANADA INC p 977
497 Norwich Ave, WOODSTOCK, ON, N4S 9A2
(519) 421-3202   SIC 5943

STAPLES CANADA INC p 982
655 University Ave, CHARLOTTETOWN, PE, C1E 1E5
(902) 894-5011   SIC 5943

STAPLES CANADA INC p 985
57 Water St, SUMMERSIDE, PE, C1N 1A4
(902) 432-3838   SIC 5943

STAPLES CANADA INC p 991
11250 Rue Renaude-Lapointe, ANJOU, QC, H1J 2V7
(514) 354-6052   SIC 5943

STAPLES CANADA INC p 1001
3420 Av Des Grandes Tourelles, BOISBRIAND, QC, J7H 0A2
(450) 420-3537   SIC 5943

STAPLES CANADA INC p 1005
582 Ch De Touraine Bureau 301, BOUCHERVILLE, QC, J4B 5E4
(450) 655-0505   SIC 5943

STAPLES CANADA INC p 1008
6555 Boul Taschereau, BROSSARD, QC, J4Z 1A7
(450) 445-2229   SIC 5943

STAPLES CANADA INC p 1009
40 Rue Strasbourg, CANDIAC, QC, J5R 0B4
(450) 659-1012   SIC 5943

STAPLES CANADA INC p 1015
1470 Boulevard Talbot, CHICOUTIMI, QC, G7H 4C2
(418) 543-3477   SIC 5943

STAPLES CANADA INC p 1019
1600 Boul Le Corbusier Bureau 99, Cote Saint-Luc, QC, H7S 1Y9
(450) 973-1070   SIC 5943

STAPLES CANADA INC p 1031
565 Boul Saint-Joseph, DRUMMONDVILLE, QC, J2C 2B6
(819) 474-3147   SIC 5943

STAPLES CANADA INC p 1035
235 Montee Paiement, GATINEAU, QC, J8P 6M7
(819) 246-9470   SIC 5943

STAPLES CANADA INC p 1039
55a Boul Du Plateau, GATINEAU, QC, J9A 3G1
(819) 770-2332   SIC 5943

STAPLES CANADA INC p 1041
921 Rue Principale, GRANBY, QC, J2G 2Z5
(450) 776-7555   SIC 5943

STAPLES CANADA INC p 1043
3344 Boul Taschereau Bureau C, GREENFIELD PARK, QC, J4V 2H7
(450) 466-7772   SIC 5943

STAPLES CANADA INC p 1046
845 Boul Firestone, JOLIETTE, QC, J6E 2W4
(450) 752-5515   SIC 5943

STAPLES CANADA INC p 1047
2380 Boul Rene-Levesque, Jonquiere, QC, G7S 5Y5
(418) 542-1646   SIC 5943

STAPLES CANADA INC p 1049
3330 Rue Jean-Yves, KIRKLAND, QC, H9J 2R6
SIC 5943

STAPLES CANADA INC p 1060
7097 Boul Newman, LASALLE, QC, H8N 1X1
(514) 364-3872   SIC 5943

STAPLES CANADA INC p 1066
80 Rte Du President-Kennedy, Levis, QC, G6V 6C9
(418) 833-7547   SIC 5943

STAPLES CANADA INC p 1072
2790 De Chambly Ch, LONGUEUIL, QC, J4L 1M9
(450) 670-1698   SIC 5943

STAPLES CANADA INC p 1076
145 Montee Masson Bureau 138, MASCOUCHE, QC, J7K 3B4
(450) 474-6555   SIC 5943

STAPLES CANADA INC p 1087
7275 Rue Sherbrooke E Unite 316, Montreal, QC, H1N 1E9
(514) 351-6776   SIC 5943

STAPLES CANADA INC p 1095
845 Rue Sainte-Catherine E, Montreal, QC, H2L 2E4
(514) 843-8647   SIC 5943

STAPLES CANADA INC p 1113
895 Rue De La Gauchetiere O Bureau 240, Montreal, QC, H3B 4G1
(514) 879-1515   SIC 5943

STAPLES CANADA INC p 1115
770 Rue Notre-Dame O, Montreal, QC, H3C 1J5
(514) 875-0977   SIC 5943

STAPLES CANADA INC p 1125
4205 Rue Jean-Talon O, Montreal, QC, H4P 2T6
(514) 344-3044   SIC 5943

STAPLES CANADA INC p 1125
1041 Rue Du Marche-Central Bureau 49, Montreal, QC, H4N 1J8
(514) 383-6323   SIC 5943

STAPLES CANADA INC p 1130
4141 Nord Laval (A-440) O, Montreal, QC, H7P 4W6
(450) 680-4200   SIC 5943

STAPLES CANADA INC p 1133
10651 Boul Pie-Ix, MONTREAL-NORD, QC, H1H 4A3
SIC 5943

STAPLES CANADA INC p 1134
1000 Boul Chomedey, Montreal-Ouest, QC, H7V 3X8
(450) 689-6763   SIC 5943

STAPLES CANADA INC p 1143
365 Boul Brunswick, POINTE-CLAIRE, QC, H9R 4S1
(514) 694-5578   SIC 5943

STAPLES CANADA INC p 1146
843 Rue Clemenceau, Quebec, QC, G1C 2K6
(418) 660-5222   SIC 5943

STAPLES CANADA INC p 1154
1400 Rue Cyrille-Duquet, Quebec, QC, G1N 2E5
(418) 527-4114   SIC 5943

STAPLES CANADA INC p 1161
2975 Boul Laurier, Quebec, QC, G1V 2M2
(418) 652-8300   SIC 5943

STAPLES CANADA INC p 1166
1510 Av Jules-Verne, Quebec, QC, G2G 2R5
(418) 871-4443   SIC 5943

STAPLES CANADA INC p 1167
565 Boul Lebourgneuf, Quebec, QC, G2J 1R9
(418) 622-5044   SIC 5943

STAPLES CANADA INC p 1174
390 Montee Industrielle-Et-Commerciale, RIMOUSKI, QC, G5M 1X1
(418) 724-7033   SIC 5943

STAPLES CANADA INC p 1182

▲ Public Company   ■ Public Company Family Member   **HQ** Headquarters   **BR** Branch   **SL** Single Location

STAPLES CANADA INC
1465 Boul Saint-Bruno, SAINT-BRUNO, QC, J3V 6J1
(450) 441-2414 SIC 5943

STAPLES CANADA INC p 1187
660 Boul Arthur-Sauve, SAINT-EUSTACHE, QC, J7R 5A8
(450) 623-4543 SIC 5943

STAPLES CANADA INC p 1190
8585 Boul Lacroix, SAINT-GEORGES, QC, G5Y 5L6
(418) 222-5025 SIC 5943

STAPLES CANADA INC p 1194
5970 Rue Martineau, SAINT-HYACINTHE, QC, J2R 2H6
(450) 796-4575 SIC 5943

STAPLES CANADA INC p 1198
1000 Boul Du Seminaire N, SAINT-JEAN-SUR-RICHELIEU, QC, J3A 1E5
(450) 359-7750 SIC 5943

STAPLES CANADA INC p 1201
1135 Boul Jean-Baptiste-Rolland O, Saint-Jerome, QC, J7Y 4Y7
(450) 436-3708 SIC 5943

STAPLES CANADA INC p 1207
3660 Boul De La Cote-Vertu, SAINT-LAURENT, QC, H4R 1P8
(514) 338-1036 SIC 5943

STAPLES CANADA INC p 1216
4625 Rue Jean-Talon E, SAINT-LEONARD, QC, H1S 1K3
(514) 593-6813 SIC 5943

STAPLES CANADA INC p 1231
315 Boul Du Cure-Labelle, SAINTE-THERESE, QC, J7E 2Y2
(450) 435-7121 SIC 5943

STAPLES CANADA INC p 1232
1560 Boul Monseigneur-Langlois, SALABERRY-DE-VALLEYFIELD, QC, J6S 1E3
(450) 373-7070 SIC 5943

STAPLES CANADA INC p 1235
1 Rue La Plaza-De-Mauricie, SHAWINIGAN, QC, G9N 7C1
(819) 539-4300 SIC 5943

STAPLES CANADA INC p 1240
3325 Boul De Portland, SHERBROOKE, QC, J1L 2P1
(819) 562-1966 SIC 5943

STAPLES CANADA INC p 1241
450 Boul Poliquin Bureau 5004, SOREL-TRACY, QC, J3P 7R5
(450) 743-3888 SIC 5943

STAPLES CANADA INC p 1244
590 Montee Des Pionniers, TERREBONNE, QC, J6V 1N9
(450) 657-9600 SIC 5943

STAPLES CANADA INC p 1248
400 Rue Barkoff, Trois-Rivieres, QC, G8T 9P5
(819) 371-4848 SIC 5943

STAPLES CANADA INC p 1251
4000 Boul Des Recollets Bureau 42, Trois-Rivieres, QC, G9A 6K9
(819) 370-8679 SIC 5943

STAPLES CANADA INC p 1257
54 Boul De La Cite-Des-Jeunes Bureau 100, VAUDREUIL-DORION, QC, J7V 9L5
(450) 455-2015 SIC 5943

STAPLES CANADA INC p 1260
1111 Boul Jutras E, VICTORIAVILLE, QC, G6S 1C1
(819) 357-4484 SIC 5943

STAPLES CANADA INC p 1263
4036 Rue Sainte-Catherine O, WESTMOUNT, QC, H3Z 1P2
(514) 846-0844 SIC 5943

STAPLES CANADA INC p 1276
451 Thatcher Dr E, MOOSE JAW, SK, S6J 1L8
(306) 694-6800 SIC 5943

STAPLES CANADA INC p 1278
11429 Railway Ave E, NORTH BATTLEFORD, SK, S9A 3G8
(306) 446-5200 SIC 5943

STAPLES CANADA INC p 1280
800 15th St Suite 240, PRINCE ALBERT, SK, S6V 8E3
(306) 922-1711 SIC 5943

STAPLES CANADA INC p 1288
660 Albert St, REGINA, SK, S4R 2P3
(306) 546-1870 SIC 5943

STAPLES CANADA INC p 1290
2640 E Quance St Suite 82, REGINA, SK, S4V 2X5
(306) 791-7790 SIC 5943

STAPLES CANADA INC p 1293
2327 8th St E, SASKATOON, SK, S7H 0V4
(306) 955-6536 SIC 5943

STAPLES CANADA INC p 1298
810 Circle Dr E Suite 105, SASKATOON, SK, S7K 3T8
(306) 955-6044 SIC 5943

STAPLES CANADA INC p 1309
210 Hamilton Rd Suite 167, YORKTON, SK, S3N 4E5
(306) 782-9300 SIC 5943

STAPLES THE BUSINESS DEPOT p 11
See STAPLES CANADA INC

STAPLES THE BUSINESS DEPOT p 14
See STAPLES CANADA INC

STAPLES THE BUSINESS DEPOT p 20
See STAPLES CANADA INC

STAPLES THE BUSINESS DEPOT p 25
See STAPLES CANADA INC

STAPLES THE BUSINESS DEPOT p 33
See STAPLES CANADA INC

STAPLES THE BUSINESS DEPOT p 57
See STAPLES CANADA INC

STAPLES THE BUSINESS DEPOT p 58
See STAPLES CANADA INC

STAPLES THE BUSINESS DEPOT p 60
See STAPLES CANADA INC

STAPLES THE BUSINESS DEPOT p 62
See STAPLES CANADA INC

STAPLES THE BUSINESS DEPOT p 64
See STAPLES CANADA INC

STAPLES THE BUSINESS DEPOT p 66
See STAPLES CANADA INC

STAPLES THE BUSINESS DEPOT p 74
See STAPLES CANADA INC

STAPLES THE BUSINESS DEPOT p 85
See STAPLES CANADA INC

STAPLES THE BUSINESS DEPOT p 95
See STAPLES CANADA INC

STAPLES THE BUSINESS DEPOT p 109
See STAPLES CANADA INC

STAPLES THE BUSINESS DEPOT p 111
See STAPLES CANADA INC

STAPLES THE BUSINESS DEPOT p 113
See STAPLES CANADA INC

STAPLES THE BUSINESS DEPOT p 121
See STAPLES CANADA INC

STAPLES THE BUSINESS DEPOT p 124
See STAPLES CANADA INC

STAPLES THE BUSINESS DEPOT p 128
See STAPLES CANADA INC

STAPLES THE BUSINESS DEPOT p 136
See STAPLES CANADA INC

STAPLES THE BUSINESS DEPOT p 139
See STAPLES CANADA INC

STAPLES THE BUSINESS DEPOT p 142
See STAPLES CANADA INC

STAPLES THE BUSINESS DEPOT p 145
See STAPLES CANADA INC

STAPLES THE BUSINESS DEPOT p 154
See STAPLES CANADA INC

STAPLES THE BUSINESS DEPOT p 163
See STAPLES CANADA INC

STAPLES THE BUSINESS DEPOT p 167
See STAPLES CANADA INC

STAPLES THE BUSINESS DEPOT p 179
See STAPLES CANADA INC

STAPLES THE BUSINESS DEPOT p 188
See STAPLES CANADA INC

STAPLES THE BUSINESS DEPOT p 195
See STAPLES CANADA INC

STAPLES THE BUSINESS DEPOT p 198
See STAPLES CANADA INC

STAPLES THE BUSINESS DEPOT p 204
See STAPLES CANADA INC

STAPLES THE BUSINESS DEPOT p 209
See STAPLES CANADA INC

STAPLES THE BUSINESS DEPOT p 215
See STAPLES CANADA INC

STAPLES THE BUSINESS DEPOT p 221
See STAPLES CANADA INC

STAPLES THE BUSINESS DEPOT p 224
See STAPLES CANADA INC

STAPLES THE BUSINESS DEPOT p 231
See STAPLES CANADA INC

STAPLES THE BUSINESS DEPOT p 237
See STAPLES CANADA INC

STAPLES THE BUSINESS DEPOT p 238
See STAPLES CANADA INC

STAPLES THE BUSINESS DEPOT p 250
See STAPLES CANADA INC

STAPLES THE BUSINESS DEPOT p 260
See STAPLES CANADA INC

STAPLES THE BUSINESS DEPOT p 267
See STAPLES CANADA INC

STAPLES THE BUSINESS DEPOT p 271
See STAPLES CANADA INC

STAPLES THE BUSINESS DEPOT p 290
See STAPLES CANADA INC

STAPLES THE BUSINESS DEPOT p 291
See STAPLES CANADA INC

STAPLES THE BUSINESS DEPOT p 305
See STAPLES CANADA INC

STAPLES THE BUSINESS DEPOT p 313
See STAPLES CANADA INC

STAPLES THE BUSINESS DEPOT p 315
See STAPLES CANADA INC

STAPLES THE BUSINESS DEPOT p 320
See STAPLES CANADA INC

STAPLES THE BUSINESS DEPOT p 326
See STAPLES CANADA INC

STAPLES THE BUSINESS DEPOT p 333
See STAPLES CANADA INC

STAPLES THE BUSINESS DEPOT p 336
See STAPLES CANADA INC

STAPLES THE BUSINESS DEPOT p 338
See STAPLES CANADA INC

STAPLES THE BUSINESS DEPOT p 341
See STAPLES CANADA INC

STAPLES THE BUSINESS DEPOT p 357
See STAPLES CANADA INC

STAPLES THE BUSINESS DEPOT p 390
See STAPLES CANADA INC

STAPLES THE BUSINESS DEPOT p 401
See STAPLES CANADA INC

STAPLES THE BUSINESS DEPOT p 405
See STAPLES CANADA INC

STAPLES THE BUSINESS DEPOT p 410
See STAPLES CANADA INC

STAPLES THE BUSINESS DEPOT p 415
See STAPLES CANADA INC

STAPLES THE BUSINESS DEPOT p 419
See STAPLES CANADA INC

STAPLES THE BUSINESS DEPOT p 425
See STAPLES CANADA INC

STAPLES THE BUSINESS DEPOT p 432
See STAPLES CANADA INC

STAPLES THE BUSINESS DEPOT p 442
See STAPLES CANADA INC

STAPLES THE BUSINESS DEPOT p 447
See STAPLES CANADA INC

STAPLES THE BUSINESS DEPOT p 452
See STAPLES CANADA INC

STAPLES THE BUSINESS DEPOT p 461
See STAPLES CANADA INC

STAPLES THE BUSINESS DEPOT p 464
See STAPLES CANADA INC

STAPLES THE BUSINESS DEPOT p 470
See STAPLES CANADA INC

STAPLES THE BUSINESS DEPOT p 478
See STAPLES CANADA INC

STAPLES THE BUSINESS DEPOT p 480
See STAPLES CANADA INC

STAPLES THE BUSINESS DEPOT p 483
See STAPLES CANADA INC

STAPLES THE BUSINESS DEPOT p 486
See STAPLES CANADA INC

STAPLES THE BUSINESS DEPOT p 488
See STAPLES CANADA INC

STAPLES THE BUSINESS DEPOT p 504
See STAPLES CANADA INC

STAPLES THE BUSINESS DEPOT p 506
See STAPLES CANADA INC

STAPLES THE BUSINESS DEPOT p 517
See STAPLES CANADA INC

STAPLES THE BUSINESS DEPOT p 523
See STAPLES CANADA INC

STAPLES THE BUSINESS DEPOT p 526
See STAPLES CANADA INC

STAPLES THE BUSINESS DEPOT p 531
See STAPLES CANADA INC

STAPLES THE BUSINESS DEPOT p 537
See STAPLES CANADA INC

STAPLES THE BUSINESS DEPOT p 544
See STAPLES CANADA INC

STAPLES THE BUSINESS DEPOT p 581
See STAPLES CANADA INC

STAPLES THE BUSINESS DEPOT p 587
See STAPLES CANADA INC

STAPLES THE BUSINESS DEPOT p 603
See STAPLES CANADA INC

STAPLES THE BUSINESS DEPOT p 615
See STAPLES CANADA INC

STAPLES THE BUSINESS DEPOT p 626
See STAPLES CANADA INC

STAPLES THE BUSINESS DEPOT p 630
See STAPLES CANADA INC

STAPLES THE BUSINESS DEPOT p 634
See STAPLES CANADA INC

STAPLES THE BUSINESS DEPOT p 639
See STAPLES CANADA INC

STAPLES THE BUSINESS DEPOT p 646
See STAPLES CANADA INC

STAPLES THE BUSINESS DEPOT p 647
See STAPLES CANADA INC

STAPLES THE BUSINESS DEPOT p 651
See STAPLES CANADA INC

STAPLES THE BUSINESS DEPOT p 658
See STAPLES CANADA INC

STAPLES THE BUSINESS DEPOT p 664
See STAPLES CANADA INC

STAPLES THE BUSINESS DEPOT p 674
See STAPLES CANADA INC

STAPLES THE BUSINESS DEPOT p 676
See STAPLES CANADA INC

STAPLES THE BUSINESS DEPOT p 680
See STAPLES CANADA INC

STAPLES THE BUSINESS DEPOT p 682
See STAPLES CANADA INC

STAPLES THE BUSINESS DEPOT p 691
See STAPLES CANADA INC

STAPLES THE BUSINESS DEPOT p 692
See STAPLES CANADA INC

STAPLES THE BUSINESS DEPOT p 699
See STAPLES CANADA INC

STAPLES THE BUSINESS DEPOT p 711
See STAPLES CANADA INC

STAPLES THE BUSINESS DEPOT p 722
See STAPLES CANADA INC

STAPLES THE BUSINESS DEPOT p 728
See STAPLES CANADA INC

STAPLES THE BUSINESS DEPOT p 730
See STAPLES CANADA INC

STAPLES THE BUSINESS DEPOT p 734
See STAPLES CANADA INC

STAPLES THE BUSINESS DEPOT p 736
See STAPLES CANADA INC

STAPLES THE BUSINESS DEPOT p 743
See STAPLES CANADA INC

STAPLES THE BUSINESS DEPOT p 760
See STAPLES CANADA INC

STAPLES THE BUSINESS DEPOT p 766
See STAPLES CANADA INC

STAPLES THE BUSINESS DEPOT p 771
See STAPLES CANADA INC

STAPLES THE BUSINESS DEPOT p 773
See STAPLES CANADA INC

STAPLES THE BUSINESS DEPOT p 775
See STAPLES CANADA INC

STAPLES THE BUSINESS DEPOT p 777
See STAPLES CANADA INC

▲ Public Company   ■ Public Company Family Member   HQ Headquarters   BR Branch   SL Single Location

BUSINESSES ALPHABETICALLY
STARBUCKS COFFEE CANADA, INC — 3719

STAPLES THE BUSINESS DEPOT p 781
See STAPLES CANADA INC
STAPLES THE BUSINESS DEPOT p 787
See STAPLES CANADA INC
STAPLES THE BUSINESS DEPOT p 796
See STAPLES CANADA INC
STAPLES THE BUSINESS DEPOT p 804
See STAPLES CANADA INC
STAPLES THE BUSINESS DEPOT p 811
See STAPLES CANADA INC
STAPLES THE BUSINESS DEPOT p 813
See STAPLES CANADA INC
STAPLES THE BUSINESS DEPOT p 827
See STAPLES CANADA INC
STAPLES THE BUSINESS DEPOT p 834
See STAPLES CANADA INC
STAPLES THE BUSINESS DEPOT p 839
See STAPLES CANADA INC
STAPLES THE BUSINESS DEPOT p 842
See STAPLES CANADA INC
STAPLES THE BUSINESS DEPOT p 865
See STAPLES CANADA INC
STAPLES THE BUSINESS DEPOT p 868
See STAPLES CANADA INC
STAPLES THE BUSINESS DEPOT p 869
See STAPLES CANADA INC
STAPLES THE BUSINESS DEPOT p 875
See STAPLES CANADA INC
STAPLES THE BUSINESS DEPOT p 879
See STAPLES CANADA INC
STAPLES THE BUSINESS DEPOT p 883
See STAPLES CANADA INC
STAPLES THE BUSINESS DEPOT p 885
See STAPLES CANADA INC
STAPLES THE BUSINESS DEPOT p 892
See STAPLES CANADA INC
STAPLES THE BUSINESS DEPOT p 893
See STAPLES CANADA INC
STAPLES THE BUSINESS DEPOT p 896
See STAPLES CANADA INC
STAPLES THE BUSINESS DEPOT p 908
See STAPLES CANADA INC
STAPLES THE BUSINESS DEPOT p 912
See STAPLES CANADA INC
STAPLES THE BUSINESS DEPOT p 938
See STAPLES CANADA INC
STAPLES THE BUSINESS DEPOT p 946
See STAPLES CANADA INC
STAPLES THE BUSINESS DEPOT p 954
See STAPLES CANADA INC
STAPLES THE BUSINESS DEPOT p 956
See STAPLES CANADA INC
STAPLES THE BUSINESS DEPOT p 963
See STAPLES CANADA INC
STAPLES THE BUSINESS DEPOT p 964
See STAPLES CANADA INC
STAPLES THE BUSINESS DEPOT p 966
See STAPLES CANADA INC
STAPLES THE BUSINESS DEPOT p 975
See STAPLES CANADA INC
STAPLES THE BUSINESS DEPOT p 982
See STAPLES CANADA INC
STAPLES THE BUSINESS DEPOT p 985
See STAPLES CANADA INC
STAPLES THE BUSINESS DEPOT p 1060
See STAPLES CANADA INC
STAPLES THE BUSINESS DEPOT p 1207
See STAPLES CANADA INC
STAPLES THE BUSINESS DEPOT p 1278
See STAPLES CANADA INC
STAPLES THE BUSINESS DEPOT p 1288
See STAPLES CANADA INC
STAPLES THE BUSINESS DEPOT p 1290
See STAPLES CANADA INC
STAPLES THE BUSINESS DEPOT p 1293
See STAPLES CANADA INC
STAPLES THE BUSINESS DEPOT p 1309
See STAPLES CANADA INC
STAPLES/BUSINESS DEPOT p 157
See STAPLES CANADA INC
STAPLES/BUSINESS DEPOT p 241
See STAPLES CANADA INC
STAPLES/BUSINESS DEPOT p 253
See STAPLES CANADA INC
STAPLES/BUSINESS DEPOT p 371
See STAPLES CANADA INC
STAPLES/BUSINESS DEPOT p 394
See STAPLES CANADA INC
STAPLES/BUSINESS DEPOT p 475
See STAPLES CANADA INC
STAPLES/BUSINESS DEPOT p 491
See STAPLES CANADA INC
STAPLES/BUSINESS DEPOT p 902
See STAPLES CANADA INC
STAPLES/BUSINESS DEPOT p 905
See STAPLES CANADA INC
STAR BUILDING MATERIALS LTD p 366
16 Speers Rd Suite 118, WINNIPEG, MB, R2J 1L8
(204) 233-8687   SIC 5211
STAR CHOICE BUSINESS TELEVISION p 25
See STAR CHOICE TELEVISION NETWORK INCORPORATED
STAR CHOICE TELEVISION NETWORK INCORPORATED p 25
2924 11 St Ne, CALGARY, AB, T2E 7L7
(403) 538-4672   SIC 4841
STAR CHOICE TELEVISION NETWORK INCORPORATED p 703
2055 Flavelle Blvd, MISSISSAUGA, ON, L5K 1Z8
(905) 403-2004   SIC 4841
STAR GROUP INTERNATIONAL p 726
See STAR GROUP INTERNATIONAL TRADING CORPORATION
STAR GROUP INTERNATIONAL TRADING CORPORATION p 726
3971 Greenbank Rd, NEPEAN, ON, K2C 3H2
(613) 692-6640   SIC 8741
STAR LANE p 536
See CENTRAL WEST SPECIALIZED DEVELOPMENTAL SERVICES
STAR MEDIA GROUP p 904
See TORONTO STAR NEWSPAPERS LIMITED
STAR OF FORTUNE GAMING MANAGEMENT (B.C.) CORP p 245
788 Quayside Dr, NEW WESTMINSTER, BC, V3M 6Z6
(604) 412-0166   SIC 7999
STAR OF THE SEA ELEMENTARY SCHOOL p 288
See CATHOLIC INDEPENDENT SCHOOLS OF VANCOUVER ARCHDIOCESE, THE
STAR TAXI (1989) LTD p 380
880 Logan Ave, WINNIPEG, MB, R3E 1N8
(204) 783-0538   SIC 4121
STAR TRUSS, DIV OF p 366
See STAR BUILDING MATERIALS LTD
STAR WALK BUFFET INC p 845
648 Silver Star Blvd, SCARBOROUGH, ON, M1V 5N1
(416) 299-0928   SIC 5812
STAR WORKS PACKAGING AND ASSEMBLY p 298
See DEVELOPMENTAL DISABILITIES ASSOCIATION OF VANCOUVER-RICHMOND
STARBUCK SCHOOL p 357
See RED RIVER VALLEY SCHOOL DIVISION
STARBUCKS p 3
See STARBUCKS COFFEE CANADA, INC
STARBUCKS p 69
See STARBUCKS COFFEE CANADA, INC
STARBUCKS p 113
See STARBUCKS COFFEE CANADA, INC
STARBUCKS p 115
See STARBUCKS COFFEE CANADA, INC
STARBUCKS p 162
See STARBUCKS COFFEE CANADA, INC
STARBUCKS p 180
See STARBUCKS COFFEE CANADA, INC
STARBUCKS p 182
See STARBUCKS COFFEE CANADA, INC
STARBUCKS p 191
See STARBUCKS COFFEE CANADA, INC
STARBUCKS p 221
See STARBUCKS COFFEE CANADA, INC
STARBUCKS p 230
See STARBUCKS COFFEE CANADA, INC
STARBUCKS p 242
See STARBUCKS COFFEE CANADA, INC
STARBUCKS p 250
See STARBUCKS COFFEE CANADA, INC
STARBUCKS p 256
See STARBUCKS COFFEE CANADA, INC
STARBUCKS p 320
See STARBUCKS COFFEE CANADA, INC
STARBUCKS p 336
See STARBUCKS COFFEE CANADA, INC
STARBUCKS p 485
See STARBUCKS COFFEE CANADA, INC
STARBUCKS p 595
See STARBUCKS COFFEE CANADA, INC
STARBUCKS p 626
See STARBUCKS COFFEE CANADA, INC
STARBUCKS p 853
See STARBUCKS COFFEE CANADA, INC
STARBUCKS p 874
See STARBUCKS COFFEE CANADA, INC
STARBUCKS p 916
See STARBUCKS COFFEE CANADA, INC
STARBUCKS COFFEE p 25
See STARBUCKS COFFEE CANADA, INC
STARBUCKS COFFEE p 149
See STARBUCKS COFFEE CANADA, INC
STARBUCKS COFFEE p 224
See STARBUCKS COFFEE CANADA, INC
STARBUCKS COFFEE p 237
See STARBUCKS COFFEE CANADA, INC
STARBUCKS COFFEE p 313
See STARBUCKS COFFEE CANADA, INC
STARBUCKS COFFEE CANADA, INC p 3
114 Sierra Springs Dr Se Unit 101, AIRDRIE, AB, T4B 3G6
(403) 945-8107   SIC 5812
STARBUCKS COFFEE CANADA, INC p 11
2555 32 St Ne Suite 500, CALGARY, AB, T1Y 7J6
(403) 219-3501   SIC 5812
STARBUCKS COFFEE CANADA, INC p 25
951 General Ave Ne Suite 6, CALGARY, AB, T2E 9E1
(403) 269-2006   SIC 5812
STARBUCKS COFFEE CANADA, INC p 33
33 Heritage Meadows Way Se Suite 214, CALGARY, AB, T2H 3B8
(403) 253-4518   SIC 5812
STARBUCKS COFFEE CANADA, INC p 33
6455 Macleod Trail Sw Suite 178, CALGARY, AB, T2H 0K3
(403) 640-9846   SIC 5812
STARBUCKS COFFEE CANADA, INC p 36
9631 Macleod Trail Sw, CALGARY, AB, T2J 0P6
SIC 5812
STARBUCKS COFFEE CANADA, INC p 53
3531 Garrison Gate Sw, CALGARY, AB, T2T 6E4
(403) 685-4500   SIC 5812
STARBUCKS COFFEE CANADA, INC p 53
723 17 Ave Sw, CALGARY, AB, T2S 0B6
(403) 209-2888   SIC 5812
STARBUCKS COFFEE CANADA, INC p 58
5005 Dalhousie Dr Nw Suite 195, CALGARY, AB, T3A 5R8
(403) 202-1555   SIC 5812
STARBUCKS COFFEE CANADA, INC p 59
5149 Country Hills Blvd Nw Suite 238, CALGARY, AB, T3A 5K8
(403) 226-9867   SIC 5812
STARBUCKS COFFEE CANADA, INC p 62
274 Stewart Green Sw, CALGARY, AB, T3H 3C8
(403) 246-4100   SIC 5812
STARBUCKS COFFEE CANADA, INC p 64
11300 Tuscany Blvd Nw, CALGARY, AB, T3L 2V7
(403) 208-0203   SIC 5812
STARBUCKS COFFEE CANADA, INC p 65
12294 Symons Valley Rd Nw Unit 103, CALGARY, AB, T3P 0A3
(403) 516-0297   SIC 5812
STARBUCKS COFFEE CANADA, INC p 69
120 5 Ave W Suite 301, COCHRANE, AB, T4C 0A4
(403) 932-9856   SIC 5812
STARBUCKS COFFEE CANADA, INC p 82
10116 109 St Nw, EDMONTON, AB, T5J 1M7
(780) 425-5133   SIC 5812
STARBUCKS COFFEE CANADA, INC p 85
13682 137 Ave Nw, EDMONTON, AB, T5L 4Z8
(780) 455-5302   SIC 5812
STARBUCKS COFFEE CANADA, INC p 106
10380 78 Ave Nw, EDMONTON, AB, T6E 6T2
(780) 430-6950   SIC 5812
STARBUCKS COFFEE CANADA, INC p 113
1751 102 St Nw, EDMONTON, AB, T6N 0B1
(780) 490-6599   SIC 5812
STARBUCKS COFFEE CANADA, INC p 115
14239 23 Ave Nw, EDMONTON, AB, T6R 3E7
(780) 433-3331   SIC 5812
STARBUCKS COFFEE CANADA, INC p 116
961 James Mowatt Trail Sw, EDMONTON, AB, T6W 1S4
(780) 435-3081   SIC 5812
STARBUCKS COFFEE CANADA, INC p 122
112 Riverstone Ridge Unit 107, FORT MCMURRAY, AB, T9K 1S6
(780) 743-6331   SIC 5812
STARBUCKS COFFEE CANADA, INC p 124
9378 Southfort Dr Suite 101, FORT SASKATCHEWAN, AB, T8L 0C5
(780) 589-4430   SIC 5812
STARBUCKS COFFEE CANADA, INC p 128
10948 100 Ave, GRANDE PRAIRIE, AB, T8V 7G5
(780) 832-4857   SIC 5812
STARBUCKS COFFEE CANADA, INC p 139
701 1 Ave S, LETHBRIDGE, AB, T1J 4V7
(403) 329-9091   SIC 5812
STARBUCKS COFFEE CANADA, INC p 149
201 Southridge Dr Unit 111, OKOTOKS, AB, T1S 2E1
(403) 995-1924   SIC 5812
STARBUCKS COFFEE CANADA, INC p 154
37400 Hwy 2 Unit 144a, RED DEER, AB, T4N 1E3
(403) 340-0396   SIC 5812
STARBUCKS COFFEE CANADA, INC p 162
1000 Alder Ave Unit 25, SHERWOOD PARK, AB, T8A 2G2
(780) 467-2836   SIC 5812
STARBUCKS COFFEE CANADA, INC p 167
5 Giroux Rd Unit 510, ST. ALBERT, AB, T8N 6J8
(780) 458-2364   SIC 5812
STARBUCKS COFFEE CANADA, INC p 178
1399 Sumas Way Unit 100, ABBOTSFORD, BC, V2S 8M9
(604) 864-6035   SIC 5812
STARBUCKS COFFEE CANADA, INC p 180
3250 Mt Lehman Rd, ABBOTSFORD, BC, V4X 2M9
(604) 856-2531   SIC 5812
STARBUCKS COFFEE CANADA, INC p 182
9855 Austin Rd Suite 215a, BURNABY, BC, V3J 1N4
(604) 415-5336   SIC 5812
STARBUCKS COFFEE CANADA, INC p 185
6568 Hastings St Suite 101, BURNABY, BC, V5B 1S2
(604) 205-9044   SIC 5812
STARBUCKS COFFEE CANADA, INC p 191
4700 Kingsway Suite 1174, BURNABY, BC, V5H 4M1

▲ Public Company   ■ Public Company Family Member   HQ Headquarters   BR Branch   SL Single Location

(604) 431-9996 SIC 5812
STARBUCKS COFFEE CANADA, INC p 191
4700 Kingsway Suite 2255, BURNABY, BC, V5H 4M1
(604) 436-2500 SIC 5812
STARBUCKS COFFEE CANADA, INC p 201
1980 Como Lake Ave Suite A, COQUITLAM, BC, V3J 3R3
(604) 937-7781 SIC 5812
STARBUCKS COFFEE CANADA, INC p 211
5263 Ladner Trunk Rd, DELTA, BC, V4K 1W4
(604) 940-8394 SIC 5812
STARBUCKS COFFEE CANADA, INC p 212
2755 Beverly St, DUNCAN, BC, V9L 6X2
(250) 737-1077 SIC 5812
STARBUCKS COFFEE CANADA, INC p 212
350 Trunk Rd Suite 1, DUNCAN, BC, V9L 2P6
(250) 746-9394 SIC 5812
STARBUCKS COFFEE CANADA, INC p 221
1967 Trans Canada Hwy E Unit 90c, KAMLOOPS, BC, V2C 4A4
(250) 314-4120 SIC 5812
STARBUCKS COFFEE CANADA, INC p 223
3151 Lakeshore Rd Suite 55, KELOWNA, BC, V1W 3S9
(250) 762-6273 SIC 5812
STARBUCKS COFFEE CANADA, INC p 224
2709 Highway 97 N, KELOWNA, BC, V1X 4J8
(250) 860-7632 SIC 5812
STARBUCKS COFFEE CANADA, INC p 227
2271 Harvey Ave Suite 1264, KELOWNA, BC, V1Y 6H2
(250) 762-8851 SIC 5812
STARBUCKS COFFEE CANADA, INC p 230
20159 88 Ave, LANGLEY, BC, V1M 0A4
(604) 455-0393 SIC 5812
STARBUCKS COFFEE CANADA, INC p 233
20151 Fraser Hwy, LANGLEY, BC, V3A 4E4
(604) 533-7015 SIC 5812
STARBUCKS COFFEE CANADA, INC p 237
22645 Dewdney Trunk Rd Unit 100, MAPLE RIDGE, BC, V2X 3K1
(604) 463-1320 SIC 5812
STARBUCKS COFFEE CANADA, INC p 238
32555 London Ave Unit 370, MISSION, BC, V2V 6M7
(604) 820-0025 SIC 5812
STARBUCKS COFFEE CANADA, INC p 242
3200 Island Hwy N Suite 120c, NANAIMO, BC, V9T 1W1
(250) 758-5955 SIC 5812
STARBUCKS COFFEE CANADA, INC p 242
6334 Metral Dr, NANAIMO, BC, V9T 2L8
(250) 390-9861 SIC 5812
STARBUCKS COFFEE CANADA, INC p 245
800 Mcbride Blvd Suite 21, NEW WESTMINSTER, BC, V3L 2B8
(604) 525-5277 SIC 5812
STARBUCKS COFFEE CANADA, INC p 247
333 Brooksbank Ave Suite 510, NORTH VANCOUVER, BC, V7J 3S8
(604) 986-4255 SIC 5812
STARBUCKS COFFEE CANADA, INC p 250
1276 Marine Dr, NORTH VANCOUVER, BC, V7P 1T2
(604) 987-1191 SIC 5812
STARBUCKS COFFEE CANADA, INC p 250
3127 Edgemont Blvd, NORTH VANCOUVER, BC, V7R 2N7
(604) 985-8750 SIC 5812
STARBUCKS COFFEE CANADA, INC p 256
2564 Shaughnessy St Suite 101, PORT COQUITLAM, BC, V3C 3G4
(604) 552-0674 SIC 5812
STARBUCKS COFFEE CANADA, INC p 262
3161 Massey Dr Suite 101, PRINCE GEORGE, BC, V2N 2S9
(250) 562-4272 SIC 5812
STARBUCKS COFFEE CANADA, INC p 267
12571 Bridgeport Rd Unit 110, RICHMOND, BC, V6V 1J4

(604) 279-9328 SIC 5812
STARBUCKS COFFEE CANADA, INC p 272
11688 Steveston Hwy Suite 1166, RICHMOND, BC, V7A 1N6
(604) 241-5900 SIC 5812
STARBUCKS COFFEE CANADA, INC p 274
8100 No. 2 Rd Suite 130, RICHMOND, BC, V7C 5J9
(604) 241-7842 SIC 5812
STARBUCKS COFFEE CANADA, INC p 281
10174 152 St, SURREY, BC, V3R 6N7
(604) 951-6633 SIC 5812
STARBUCKS COFFEE CANADA, INC p 281
8898 152 St, SURREY, BC, V3R 4E4
(604) 951-9373 SIC 5812
STARBUCKS COFFEE CANADA, INC p 288
15355 24 Ave Suite 900, SURREY, BC, V4A 2H9
SIC 5812
STARBUCKS COFFEE CANADA, INC p 293
2795 Hastings St E, VANCOUVER, BC, V5K 1Z8
(604) 215-2424 SIC 5812
STARBUCKS COFFEE CANADA, INC p 295
2517 Commercial Dr, VANCOUVER, BC, V5N 4C1
(604) 875-6065 SIC 5812
STARBUCKS COFFEE CANADA, INC p 295
1752 Commercial Dr, VANCOUVER, BC, V5N 4A3
(604) 251-5397 SIC 5812
STARBUCKS COFFEE CANADA, INC p 296
7010 Kerr St, VANCOUVER, BC, V5S 4W2
(604) 439-9555 SIC 5812
STARBUCKS COFFEE CANADA, INC p 297
2980 Main St, VANCOUVER, BC, V5T 3G3
(604) 873-5176 SIC 5499
STARBUCKS COFFEE CANADA, INC p 299
128 6th Ave W Suite 200, VANCOUVER, BC, V5Y 1K6
(604) 871-1192 SIC 5812
STARBUCKS COFFEE CANADA, INC p 301
682 Broadway W, VANCOUVER, BC, V5Z 1G1
(604) 708-0030 SIC 5812
STARBUCKS COFFEE CANADA, INC p 305
601 Cordova St W Suite 54, VANCOUVER, BC, V6B 1G1
(604) 685-3758 SIC 5812
STARBUCKS COFFEE CANADA, INC p 313
1301 Robson St, VANCOUVER, BC, V6E 1C6
(604) 801-5820 SIC 5812
STARBUCKS COFFEE CANADA, INC p 313
1100 Robson St Suite 100, VANCOUVER, BC, V6E 1B2
SIC 5812
STARBUCKS COFFEE CANADA, INC p 314
1795 Davie St, VANCOUVER, BC, V6G 1W5
(604) 899-4322 SIC 5812
STARBUCKS COFFEE CANADA, INC p 315
2288 Granville St, VANCOUVER, BC, V6H 4H7
(604) 732-8961 SIC 5499
STARBUCKS COFFEE CANADA, INC p 316
1500 2nd Ave W, VANCOUVER, BC, V6J 1H2
(604) 736-5477 SIC 5812
STARBUCKS COFFEE CANADA, INC p 317
2902 Broadway W Suite 166, VANCOUVER, BC, V6K 2G8
(604) 736-7876 SIC 5812
STARBUCKS COFFEE CANADA, INC p 319
8002 Granville St, VANCOUVER, BC, V6P 4Z4
(604) 266-9222 SIC 5812
STARBUCKS COFFEE CANADA, INC p 320
6190 Agronomy Rd, VANCOUVER, BC, V6T 1Z3
(604) 221-6434 SIC 5812
STARBUCKS COFFEE CANADA, INC p 320
5761 Dalhousie Rd, VANCOUVER, BC, V6T 2H9
(604) 221-0200 SIC 5812

STARBUCKS COFFEE CANADA, INC p 322
720 Granville St, VANCOUVER, BC, V6Z 1E4
(604) 633-9801 SIC 5812
STARBUCKS COFFEE CANADA, INC p 322
788 Robson St, VANCOUVER, BC, V6Z 1A1
(604) 681-1901 SIC 5812
STARBUCKS COFFEE CANADA, INC p 330
320 Cook St, VICTORIA, BC, V8V 3X6
(250) 380-7606 SIC 5812
STARBUCKS COFFEE CANADA, INC p 333
777 Royal Oak Dr Suite 550, VICTORIA, BC, V8X 4V1
(250) 744-4225 SIC 5812
STARBUCKS COFFEE CANADA, INC p 335
3170 Tillicum Rd Suite 101a, VICTORIA, BC, V9A 7C5
(250) 414-0442 SIC 5812
STARBUCKS COFFEE CANADA, INC p 336
782 Goldstream Ave, VICTORIA, BC, V9B 2X3
(250) 474-3937 SIC 5812
STARBUCKS COFFEE CANADA, INC p 369
726 St Anne's Rd Suite A, WINNIPEG, MB, R2N 0A2
(204) 253-0401 SIC 5812
STARBUCKS COFFEE CANADA, INC p 381
1485 Portage Ave Suite 153, WINNIPEG, MB, R3G 0W4
(204) 772-3659 SIC 5812
STARBUCKS COFFEE CANADA, INC p 382
1430 Ellice Ave Suite 1, WINNIPEG, MB, R3G 0G4
(204) 774-1084 SIC 5812
STARBUCKS COFFEE CANADA, INC p 452
32 Foulis Row, DARTMOUTH, NS, B3B 0E1
(902) 481-9006 SIC 5812
STARBUCKS COFFEE CANADA, INC p 485
90 Kingston Rd E Suite 3, AJAX, ON, L1Z 1G1
(905) 426-5885 SIC 5812
STARBUCKS COFFEE CANADA, INC p 488
737 Golf Links Rd Suite 1, ANCASTER, ON, L9K 1L5
(905) 304-7070 SIC 5812
STARBUCKS COFFEE CANADA, INC p 504
390 North Front St, BELLEVILLE, ON, K8P 3E1
(613) 962-0479 SIC 5812
STARBUCKS COFFEE CANADA, INC p 531
1981 Parkedale Ave Suite D, BROCKVILLE, ON, K6V 0B4
SIC 5812
STARBUCKS COFFEE CANADA, INC p 535
675 Appleby Line, BURLINGTON, ON, L7L 2Y5
(905) 637-7018 SIC 5812
STARBUCKS COFFEE CANADA, INC p 576
2940 Bloor St W, ETOBICOKE, ON, M8X 1B6
(416) 236-9191 SIC 5812
STARBUCKS COFFEE CANADA, INC p 581
1950 The Queensway, ETOBICOKE, ON, M9C 5H5
(416) 626-1995 SIC 5812
STARBUCKS COFFEE CANADA, INC p 595
2401 City Park Dr, GLOUCESTER, ON, K1J 1G1
(613) 744-2663 SIC 5812
STARBUCKS COFFEE CANADA, INC p 601
435 Stone Rd W, GUELPH, ON, N1G 2X6
(519) 822-5733 SIC 5812
STARBUCKS COFFEE CANADA, INC p 613
1100 Wilson St E, HAMILTON, ON, L8S 4K5
(905) 304-8494 SIC 5812
STARBUCKS COFFEE CANADA, INC p 626
400 Earl Grey Dr Suite 1, KANATA, ON, K2T 1B9
(613) 599-6680 SIC 5812
STARBUCKS COFFEE CANADA, INC p 644
135 Gateway Park Dr, KITCHENER, ON, N2P 2J9
(519) 653-1333 SIC 5812
STARBUCKS COFFEE CANADA, INC p 651

162 Dundas St, LONDON, ON, N5V 1A1
(519) 434-2424 SIC 5812
STARBUCKS COFFEE CANADA, INC p 660
1037 Wellington Rd Suite 2, LONDON, ON, N6E 1W4
(519) 680-9889 SIC 5812
STARBUCKS COFFEE CANADA, INC p 674
7333 Woodbine Ave Unit 1, MARKHAM, ON, L3R 1A7
(905) 513-6767 SIC 5812
STARBUCKS COFFEE CANADA, INC p 682
16 Market Dr, MILTON, ON, L9T 3H5
(905) 878-8300 SIC 5812
STARBUCKS COFFEE CANADA, INC p 699
189 Rathburn Rd W, MISSISSAUGA, ON, L5B 4C1
(905) 896-7070 SIC 5812
STARBUCKS COFFEE CANADA, INC p 701
111 Lakeshore Rd W, MISSISSAUGA, ON, L5H 1E9
(905) 278-7562 SIC 5812
STARBUCKS COFFEE CANADA, INC p 704
3235 Dundas St W Suite 1, MISSISSAUGA, ON, L5L 5V7
(905) 608-0633 SIC 5812
STARBUCKS COFFEE CANADA, INC p 749
5140 Yonge St Suite 1205, NORTH YORK, ON, M2N 6L7
(416) 228-7300 SIC 5812
STARBUCKS COFFEE CANADA, INC p 766
330 Dundas St E Unit 5, OAKVILLE, ON, L6H 6Z9
(905) 257-4244 SIC 5812
STARBUCKS COFFEE CANADA, INC p 768
321 Cornwall Rd Unit 114, OAKVILLE, ON, L6J 7Z5
(905) 844-8668 SIC 5812
STARBUCKS COFFEE CANADA, INC p 771
223 North Service Rd W Unit A, OAKVILLE, ON, L6M 3R2
(905) 815-8551 SIC 5812
STARBUCKS COFFEE CANADA, INC p 782
1365 Wilson Rd N, OSHAWA, ON, L1K 2Z5
(905) 728-8312 SIC 5812
STARBUCKS COFFEE CANADA, INC p 782
419 King St W Suite 1135, OSHAWA, ON, L1J 2K5
(905) 438-9838 SIC 5812
STARBUCKS COFFEE CANADA, INC p 789
47 Rideau St, OTTAWA, ON, K1N 5W8
(613) 562-0588 SIC 5812
STARBUCKS COFFEE CANADA, INC p 796
2210 Bank St, OTTAWA, ON, K1V 1J5
(613) 733-3227 SIC 5812
STARBUCKS COFFEE CANADA, INC p 798
421 Richmond Rd Suite 101, OTTAWA, ON, K2A 4H1
(613) 715-9796 SIC 5812
STARBUCKS COFFEE CANADA, INC p 823
10520 Yonge St Suite 35b, RICHMOND HILL, ON, L4C 3C7
(905) 508-7474 SIC 5812
STARBUCKS COFFEE CANADA, INC p 853
285 Geneva St, ST CATHARINES, ON, L2N 2G1
(905) 935-0330 SIC 5812
STARBUCKS COFFEE CANADA, INC p 862
377 Highway 8 Suite 369, STONEY CREEK, ON, L8G 1E7
(905) 664-9494 SIC 5812
STARBUCKS COFFEE CANADA, INC p 869
1425 Kingsway, SUDBURY, ON, P3B 0A2
(705) 525-5060 SIC 5812
STARBUCKS COFFEE CANADA, INC p 874
7355 Bayview Ave Suite 1b, THORNHILL, ON, L3T 5Z2
(905) 771-9229 SIC 5812
STARBUCKS COFFEE CANADA, INC p 875
7077 Bathurst St Suite 6, THORNHILL, ON, L4J 2J6
(905) 764-2332 SIC 5812
STARBUCKS COFFEE CANADA, INC p 904
8 Wellesley St E Suite 1105, TORONTO, ON, M4Y 3B2

BUSINESSES ALPHABETICALLY

(416) 927-8277   SIC 5812
STARBUCKS COFFEE CANADA, INC p 904
450 Yonge St, TORONTO, ON, M4Y 1W9
(416) 922-6696   SIC 5812
STARBUCKS COFFEE CANADA, INC p 907
10 Dundas St E Suite 128, TORONTO, ON, M5B 2G9
(416) 593-9790   SIC 5812
STARBUCKS COFFEE CANADA, INC p 916
4 King St W, TORONTO, ON, M5H 1B6
(416) 363-5983   SIC 5812
STARBUCKS COFFEE CANADA, INC p 926
55 Harbord St, TORONTO, ON, M5S 2W6
(416) 598-2220   SIC 5812
STARBUCKS COFFEE CANADA, INC p 926
110 Bloor St W, TORONTO, ON, M5S 2W7
(416) 921-2525   SIC 5812
STARBUCKS COFFEE CANADA, INC p 927
205 College St, TORONTO, ON, M5T 1P9
(416) 341-0101   SIC 5812
STARBUCKS COFFEE CANADA, INC p 945
201 Main St, UNIONVILLE, ON, L3R 2G8
(905) 944-0703   SIC 5812
STARBUCKS COFFEE CANADA, INC p 951
247 King St N, WATERLOO, ON, N2J 2Y8
(519) 886-0101   SIC 5812
STARBUCKS COFFEE CANADA, INC p 953
650 Erb St W, WATERLOO, ON, N2T 2Z7
(519) 886-5237   SIC 5812
STARBUCKS COFFEE CANADA, INC p 972
3737 Major Mackenzie Dr Suite 101, WOODBRIDGE, ON, L4H 0A2
(905) 303-7097   SIC 5812
STARBUCKS COFFEE CANADA, INC p 1159
1363 Av Maguire Bureau 300, Quebec, QC, G1T 1Z2
SIC 5812
STARBUCKS COFFEE CANADA, INC p 1162
1200 Av De Germain-Des-Pres, Quebec, QC, G1V 3M7
(418) 650-9444   SIC 5812
STARBUCKS COFFEE CANADA, INC p 1293
2311 8th St E Suite A, SASKATOON, SK, S7H 0V4
(306) 955-7434   SIC 5812
STARBUCKS COFFEE CANADA, INC p 1298
100 2nd Ave S, SASKATOON, SK, S7K 1K5
(306) 665-5558   SIC 5812
STARBUCKS COFFEE CO p 185
See STARBUCKS COFFEE CANADA, INC
STARBUCKS COFFEE CO p 247
See STARBUCKS COFFEE CANADA, INC
STARBUCKS COFFEE CO p 531
See STARBUCKS COFFEE CANADA, INC
STARBUCKS COFFEE CO p 789
See STARBUCKS COFFEE CANADA, INC
STARBUCKS COFFEE COMPANY p 53
See STARBUCKS COFFEE CANADA, INC
STARBUCKS COFFEE COMPANY p 223
See STARBUCKS COFFEE CANADA, INC
STARBUCKS COFFEE COMPANY p 333
See STARBUCKS COFFEE CANADA, INC
STARBUCKS COFFEE COMPANY p 613
See STARBUCKS COFFEE CANADA, INC
STARBUCKS COFFEE COMPANY p 749
See STARBUCKS COFFEE CANADA, INC
STARBUCKS COFFEE COMPANY p 1298
See STARBUCKS COFFEE CANADA, INC
STARBUCKS COFFEE COMPANY #4399 p 59
See STARBUCKS COFFEE CANADA, INC
STARBUCKS COFFEE SHOP p 330
See STARBUCKS COFFEE CANADA, INC
STARBUCKS GRANVILLE p 319
See STARBUCKS COFFEE CANADA, INC
STARBUCKS POLO PARK p 381
See STARBUCKS COFFEE CANADA, INC
STARBURST COIN MACHINES INC p 587
70 Ronson Dr, ETOBICOKE, ON, M9W 1B6
(416) 251-2122   SIC 7993

STARBURST COIN MACHINES INC p 699
99 Rathburn Rd W, MISSISSAUGA, ON, L5B 4C1
(905) 273-9000   SIC 7999
STARFIELD TERMINALS p 114
See ECONOMY CARRIERS LIMITED
STARLAND COLONY p 72
See HUTTERIAN BRETHREN CHURCH OF STARLAND
STARLIGHT CASINO p 245
See GATEWAY CASINOS & ENTERTAINMENT INC
STARLINE MOVING SYSTEMS LTD p 20
7115 48 St Se Unit 18, CALGARY, AB, T2C 5A4
(403) 720-3222   SIC 4212
STARLINE MOVING SYSTEMS LTD p 97
15305 128 Ave Nw, EDMONTON, AB, T5V 1A5
(780) 447-4242   SIC 4214
STARLINE OVERSEAS p 97
See STARLINE MOVING SYSTEMS LTD
STARLINER p 238
See STARLINER TRANSPORT (1981) LTD
STARLINER TRANSPORT (1981) LTD p 238
32916 Mission Way, MISSION, BC, V2V 5X9
(604) 820-0523   SIC 4213
STARRETT, L. S. CO. OF CANADA LIMITED, THE p 691
1244 Kamato Rd, MISSISSAUGA, ON, L4W 1Y1
(905) 624-2750   SIC 5251
STARS p 128
See SHOCK TRAUMA AIR RESCUE SOCIETY
STARS p 129
See SHOCK TRAUMA AIR RESCUE SOCIETY
STARS p 385
See SHOCK TRAUMA AIR RESCUE SOCIETY
STARS p 1290
See SHOCK TRAUMA AIR RESCUE SOCIETY
STARS p 1300
See SHOCK TRAUMA AIR RESCUE SOCIETY
STARSKY FINE FOODS MISSISSAUGA INC p 704
3115 Dundas St W, MISSISSAUGA, ON, L5L 3R8
(905) 363-2000   SIC 5411
STARTBUCKS GUILDFORD DRIVE-THRU p 281
STARTEC REFRIGERATION AND COMPRESSION p 25
See STARTEC REFRIGERATION SERVICES LTD
STARTEC REFRIGERATION SERVICES LTD p 25
7664 10 St Ne, CALGARY, AB, T2E 8W1
(403) 295-5855   SIC 3563
STARTEC REFRIGERATION SERVICES LTD p 25
7664 10 St Ne Suite 11, CALGARY, AB, T2E 8W1
(403) 295-5855   SIC 7699
STARTEK CANADA SERVICES LTD p 630
100 Innovation Dr, KINGSTON, ON, K7K 7E7
(613) 531-6350   SIC 8748
STARTEK CANADA SERVICES LTD p 1286
2130 11th Ave Suite 301, REGINA, SK, S4P 0J5
SIC 8741
STARWOOD CANADA ULC p 49
320 4 Ave Sw, CALGARY, AB, T2P 2S6
(403) 266-1611   SIC 7011
STARWOOD CANADA ULC p 712
Gd, MISSISSAUGA, ON, L5P 1C4
(905) 672-7000   SIC 7011

STARWOOD CANADA ULC p 789
11 Colonel By Dr, OTTAWA, ON, K1N 9H4
(613) 560-7000   SIC 7011
STARWOOD HOTEL p 711
2501 Argentia Rd, MISSISSAUGA, ON, L5N 4G8
(905) 858-2424   SIC 7011
STARWOOD HOTELS & RESORTS, INC p 1113
1201 Boul Rene-Levesque O Bureau 217, Montreal, QC, H3B 2L7
(514) 878-2046   SIC 7011
STATE BUILDING MAINTENANCE LIMITED p 582
34 Ashmount Cres, ETOBICOKE, ON, M9R 1C7
(416) 247-1290   SIC 7349
STATE FARM INSURANCE p 491
See SF INSURANCE PLACEMENT CORPORATION OF CANADA
STATE FARM INSURANCE p 535
5420 North Service Rd Suite 400, BURLINGTON, ON, L7L 6C7
(905) 315-3900   SIC 6411
STATE FARM INSURANCE p 814
1845 Clements Rd Suite 200, PICKERING, ON, L1W 3R8
(905) 420-8500   SIC 6411
STATE REALTY LIMITED p 487
1122 Wilson St W, ANCASTER, ON, L9G 3K9
(905) 648-4451   SIC 6531
STATE REALTY LIMITED p 614
987 Rymal Rd E, HAMILTON, ON, L8W 3M2
(905) 574-4600   SIC 6531
STATE STREET FUND SERVICES p 908
See STATE STREET TRUST COMPANY CANADA
STATE STREET TRUST COMPANY CANADA p 908
30 Adelaide St E Suite 1100, TORONTO, ON, M5C 3G8
(416) 362-1100   SIC 6719
STATE STREET TRUST COMPANY CANADA p 933
100 King St W Suite 2800, TORONTO, ON, M5X 2A1
(416) 214-4846   SIC 6719
STATESMAN CORPORATION p 37
6700 Hunterview Dr Nw, CALGARY, AB, T2K 6K4
(403) 275-5667   SIC 8322
STATESMAN CORPORATION p 62
1858 Sirocco Dr Sw Suite 312, CALGARY, AB, T3H 3P7
(403) 249-7113   SIC 8699
STATESMAN GROUP OF COMPANIES LTD, THE p 53
2400 Sorrel Mews Sw, CALGARY, AB, T2T 6H8
(403) 240-3636   SIC 8322
STATESMAN LIFE CENTRE p 37
See STATESMAN CORPORATION
STATESMAN MANOR VILLAGE LIFE CENTER p 62
See STATESMAN CORPORATION
STATION CREEK GOLF CLUB p 596
See CLUBLINK CORPORATION ULC
STATION DES SPORTS p 1008
See PLACEMENTS SERGAKIS INC
STATION MALL DRUG MART p 831
See ORANO LIMITED
STATION MONT TREMBLANT INC p 1083
1000 Ch Des Voyageurs, MONT-TREMBLANT, QC, J8E 1T1
(819) 681-3000   SIC 7011
STATION MONT-TREMBLANT SOCIETE EN COMMANDITE p 1083
1000 Ch Des Voyageurs, MONT-TREMBLANT, QC, J8E 1T1
(819) 681-2000   SIC 7011
STATION SKYSPA INC p 1007
6000 Boul De Rome Bureau 400,

STEAMATIC METROPOLITAIN INC 3721

BROSSARD, QC, J4Y 0B6
(450) 462-9111   SIC 7991
STATION TOURISTIQUE MONT LAC VERT p 1044
See COOPERATIVE DE SOLIDARITE DU MONT LAC-VERT
STATIONNEMENT & DEVELOPPEMENT INTERNATIONAL INC p 1115
544 Rue De L'inspecteur Bureau 200, Montreal, QC, H3C 2K9
(514) 396-6421   SIC 7521
STATOIL CANADA LTD p 49
308 4 Ave Sw Suite 3600, CALGARY, AB, T2P 0H7
(403) 234-0123   SIC 1311
STATPRO CANADA INC p 910
33 Yonge St Suite 2701, TORONTO, ON, M5E 1G4
(416) 619-3999   SIC 8742
STAVE LAKE CEDAR MILLS INC p 211
8653 River Rd S, DEWDNEY, BC, V0M 1H0
(604) 826-0219   SIC 2429
STAVE LAKE CEDAR MILLS INC p 235
9393 287 St, MAPLE RIDGE, BC, V2W 1L1
(604) 462-8266   SIC 2429
STAWAMUS ELEMENTARY SCHOOL p 279
See SCHOOL DISTRICT NO. 48 (HOWE SOUND)
STAYBRIDGE SUITES p 689
See INNVEST REIT
STAYNE PRODUCTIONS p 328
1830b Carnarvon St, VICTORIA, BC, V8R 2T8
SIC 7929
STAYNER COLLEGIATE INSTITUTE p 859
See SIMCOE COUNTY DISTRICT SCHOOL BOARD, THE
STC p 1286
See SASKATCHEWAN TRANSPORTATION COMPANY
STC p 1298
See SASKATCHEWAN TRANSPORTATION COMPANY
STD CLINIC CALGARY, THE p 51
See ALBERTA HEALTH SERVICES
STE ANNE CO-OPERATIVE OIL LTD p 357
110 Brandt St, STEINBACH, MB, R5G 0P7
SIC 4932
STE ANNE COLLEGIATE p 357
See SEINE RIVER SCHOOL DIVISION
STE ANNE ELEMENTARY SCHOOL p 357
See SEINE RIVER SCHOOL DIVISION
STE FOY ELEMENTARY SCHOOL p 1162
See COMMISSION SCOLAIRE CENTRAL QUEBEC
STE MARGARET D'YOUVILLE p 961
See CONSEIL SCOLAIRE DE DISTRICT DES ECOLES CATHOLIQUES DU SUD-OUEST
STE-AGATHE ACADEMY p 1223
See SIR WILFRID LAURIER SCHOOL BOARD
STE-FOY SEARS HOMETOWN STORE p 1166
See SEARS CANADA INC
STE-MARIE, CLAUDE SPORT INC p 1192
5925 Ch De Chambly, SAINT-HUBERT, QC, J3Y 3R4
(450) 678-4700   SIC 5571
STE. ROSE SCHOOL p 357
See TURTLE RIVER SCHOOL DIVISION
STEAK & STEIN RESTAURANT p 447
See CONSOLIDATED RESTAURANTS LIMITED
STEAK FRITES ST-PAUL & GIORGIO RISTORANTE TM p 1243
See 9277-9230 QUEBEC INC
STEAMATIC p 1031
See STEAMATIC METROPOLITAIN INC
STEAMATIC METROPOLITAIN INC p 991
8351 Boul Louis-H.-Lafontaine, ANJOU, QC, H1J 3B4
(514) 351-7500   SIC 1799

▲ Public Company   ■ Public Company Family Member   **HQ** Headquarters   **BR** Branch   **SL** Single Location

STEAMATIC METROPOLITAN INC *p* 1031
2375 Rue Canadien, DRUMMONDVILLE, QC, J2C 7W1
(819) 474-5050   *SIC* 7349

STEAMWORKS BREWING CO *p* 305
See QUARTERDECK BREWING CO LTD

STEED & EVANS LIMITED *p* 857
3000 Ament Line, ST CLEMENTS, ON, N0B 2M0
(519) 744-7315   *SIC* 1611

STEED & EVANS LIMITED *p* 876
3551 Weslesie St, THOROLD, ON, L2V 3Y7
(905) 227-2994   *SIC* 1611

STEED AND EVANS LIMITED *p* 857
3000 Ament Line Rr 1, ST JACOBS, ON, N0B 2N0
SIC 1611

STEEL - CRAFT DOOR PRODUCTS LTD *p* 85
13504 St Albert Trail Nw, EDMONTON, AB, T5L 4P4
(780) 453-3761   *SIC* 3442

STEEL COMMUNICATION *p* 434
See NEWFOUNDLAND CAPITAL CORPORATION LIMITED

STEEL INDUSTRIES LTD *p* 53
909 17 Ave Sw 4th Flr, CALGARY, AB, T2T 0A4
(866) 584-9653   *SIC* 3599

STEEL MET SUPPLY, DIV OF *p* 1297
See RELY-EX CONTRACTING INC

STEEL-CRAFT DOOR SALES & SERVICE LTD *p* 1298
843 56th St E, SASKATOON, SK, S7K 5Y9
(306) 652-7131   *SIC* 5211

STEELCASE CONSTRUCTION INC *p* 834
50 Venture Dr Unit 11, SCARBOROUGH, ON, M1B 3L6
(416) 282-4888   *SIC* 1542

STEELE AUTO GROUP LIMITED *p* 461
3363 Kempt Rd, HALIFAX, NS, B3K 4X5
(902) 453-2110   *SIC* 5511

STEELE FOODS LTD *p* 599
380 Eramosa Rd Unit 18, GUELPH, ON, N1E 6R2
(519) 763-8016   *SIC* 5812

STEELE HEIGHTS JUNIOR HIGH SCHOOL *p* 73
See EDMONTON SCHOOL DISTRICT NO. 7

STEELE MAZDA *p* 447
15 Lansing Crt, DARTMOUTH, NS, B2W 0K3
(902) 462-6600   *SIC* 5511

STEELE SECURITY & INVESTIGATION SERVICE DIVISION OF UNITED PROTECTIONS *p* 106
8055 Coronet Rd Nw, EDMONTON, AB, T6E 4N7
SIC 7381

STEELE STREET PUBLIC SCHOOL *p* 495
See SIMCOE COUNTY DISTRICT SCHOOL BOARD, THE

STEELE STREET PUBLIC SCHOOL *p* 816
See DISTRICT SCHOOL BOARD OF NIAGARA

STEELESVIEW PUBLIC SCHOOL *p* 748
See TORONTO DISTRICT SCHOOL BOARD

STEELS *p* 16
See BROCK WHITE CANADA COMPANY, LLC

STEELS *p* 95
See BROCK WHITE CANADA COMPANY, LLC

STEELS *p* 285
See BROCK WHITE CANADA COMPANY, LLC

STEELTEC, DIV OF *p* 885
See BUCKET SHOP INC, THE

STEELTRIM MANUFACTURING *p* 685
See GAGE METAL CLADDING LIMITED

STEEPLEJACK MANAGEMENT CORPORATION *p* 106
8925 62 Ave Nw, EDMONTON, AB, T6E 5L2
(780) 465-9016   *SIC* 8741

STEEPLES ELEMENTARY SCHOOL *p* 205
See SCHOOL DISTRICT NO 5 (SOUTHEAST KOOTENAY)

STEER HOLDINGS LTD *p* 382
1405 Portage Ave, WINNIPEG, MB, R3G 0W1
(204) 783-1612   *SIC* 5812

STEEVES & ROZEMA ENTERPRISES LIMITED *p* 551
850 Grand Ave W Suite 116, CHATHAM, ON, N7L 5H5
(519) 351-7220   *SIC* 6513

STEEVES & ROZEMA ENTERPRISES LIMITED *p* 635
38 Park St, KINGSVILLE, ON, N9Y 1N4
(519) 733-4870   *SIC* 8051

STEEVES & ROZEMA ENTERPRISES LIMITED *p* 643
44 Lanark Cres Suite 101, KITCHENER, ON, N2N 2Z8
(519) 743-0121   *SIC* 6513

STEEVES & ROZEMA ENTERPRISES LIMITED *p* 827
1221 Michigan Ave, SARNIA, ON, N7S 3Y3
(519) 542-5529   *SIC* 8051

STEEVES & ROZEMA ENTERPRISES LIMITED *p* 827
1310 Murphy Rd Suite 216, SARNIA, ON, N7S 6K5
(519) 542-2939   *SIC* 8059

STEEVES & ROZEMA ENTERPRISES LIMITED *p* 829
170 Front St S Suite 340, SARNIA, ON, N7T 2M5
(519) 336-1455   *SIC* 8361

STEEVES & ROZEMA ENTERPRISES LIMITED *p* 829
711 Indian Rd N, SARNIA, ON, N7T 7Z5
(519) 332-8877   *SIC* 6513

STEINBACH GARDEN MARKET *p* 357
See SOBEYS CAPITAL INCORPORATED

STEINBACH REGIONAL SECONDARY SCHOOL *p* 357
See HANOVER SCHOOL DIVISION

STEINBACH TAX INQUIRIES *p* 357
See STEINBACH, CITY OF

STEINBACH, CITY OF *p* 357
225 Reimer Ave, STEINBACH, MB, R5G 2J1
(204) 346-6531   *SIC* 7389

STEINBOCK DEVELOPMENT CORPORATION LTD *p* 29
140 6 Ave Se, CALGARY, AB, T2G 0G2
(403) 232-4725   *SIC* 7521

STEINHAUER ELEMENTARY SCHOOL *p* 110
See EDMONTON SCHOOL DISTRICT NO. 7

STELCRETE INDUSTRIES LTD *p* 737
7771 Stanley Ave, NIAGARA FALLS, ON, L2G 0C7
(905) 354-5691   *SIC* 7692

STELIA AEROSPACE NORTH AMERICA INC *p* 467
71 Hall St, LUNENBURG, NS, B0J 2C0
(902) 634-8448   *SIC* 3728

STELIA NORTH AMERICA *p* 467
See STELIA AEROSPACE NORTH AMERICA INC

STELLA MARIS CATHOLIC SCHOOL *p* 934
See TORONTO CATHOLIC DISTRICT SCHOOL BOARD

STELLA MARIS ELEMENTARY CATHOLIC SCHOOL *p* 487
See WINDSOR-ESSEX CATHOLIC DISTRICT SCHOOL BOARD, THE

STELLAR NORDIA SERVICES LLC *p* 1207
3100 Boul De La Cote-Vertu Bureau 280, SAINT-LAURENT, QC, H4R 2J8
(514) 332-5888   *SIC* 7389

STELLY'S SECONDARY SCHOOL *p* 275
See SCHOOL DISTRICT 63 (SAANICH)

STELMASCHUK, W. J. AND ASSOCIATES LTD *p* 171
Gd, TWO HILLS, AB, T0B 4K0
(780) 657-3307   *SIC* 8322

STELMASCHUK, W. J. AND ASSOCIATES LTD *p* 205
2001 Industrial Road 2, CRANBROOK, BC, V1C 6H3
(250) 426-3387   *SIC* 8322

STELMASCHUK, W. J. AND ASSOCIATES LTD *p* 597
345 Segwun Blvd, GRAVENHURST, ON, P1P 1C5
(705) 687-8042   *SIC* 8399

STEMCELL TECHNOLOGIES CANADA INC *p* 301
570 7th Ave W Suite 400, VANCOUVER, BC, V5Z 1B3
(604) 877-0713   *SIC* 8733

STEMCELL TECHNOLOGIES INC *p* 301
See STEMCELL TECHNOLOGIES CANADA INC

STEPHEN GROUP INC., THE *p* 380
765 Wellington Ave, WINNIPEG, MB, R3E 0J1
(204) 697-6100   *SIC* 7215

STEPHEN LEACOCK COLLEGIATE INSTITUTE *p* 844
See TORONTO DISTRICT SCHOOL BOARD

STEPHEN LEACOCK PUBLIC SCHOOL *p* 801
See OTTAWA-CARLETON DISTRICT SCHOOL BOARD

STEPHEN MACDONALD PHARMACY INC *p* 789
334 Cumberland St, OTTAWA, ON, K1N 7J2
(705) 325-2377   *SIC* 5912

STEPHENSON SENIOR LINK HOME *p* 892
See NEIGHBOURHOOD GROUP COMMUNITY SERVICES, THE

STEPHENSON'S RENTAL SERVICES INC *p* 720
6895 Columbus Rd Suite 502, MISSISSAUGA, ON, L5T 2G9
(905) 507-3650   *SIC* 7359

STEPHENSON'S RENTAL SERVICES INC *p* 760
278 Bridgeland Ave, NORTH YORK, ON, M6A 1Z4
(416) 781-5244   *SIC* 7359

STEPHENVILLE HIGH *p* 437
See WESTERN SCHOOL DISTRICT

STEPHENVILLE MIDDLE SCHOOL *p* 437
See WESTERN SCHOOL DISTRICT

STEPHENVILLE POSTAL OUTLET *p* 436
See CANADA POST CORPORATION

STEPHENVILLE PRIMARY SCHOOL *p* 437
See WESTERN SCHOOL DISTRICT

STERICYCLE COMMUNICATION SOLUTIONS, ULC *p* 53
1032 17 Ave Sw Suite 200, CALGARY, AB, T2T 0A5
(403) 245-4434   *SIC* 4899

STERICYCLE COMMUNICATION SOLUTIONS, ULC *p* 240
235 Bastion St Suite 205, NANAIMO, BC, V9R 3A3
(250) 386-1166   *SIC* 7389

STERICYCLE COMMUNICATION SOLUTIONS, ULC *p* 274
6011 Westminster Hwy Unit 212, RICHMOND, BC, V7C 4V4
(604) 244-9166   *SIC* 7389

STERICYCLE COMMUNICATION SOLUTIONS, ULC *p* 448
33 Alderney Dr Suite 240, DARTMOUTH, NS, B2Y 2N4
(902) 464-6666   *SIC* 4899

STERICYCLE COMMUNICATION SOLUTIONS, ULC *p* 656
383 Richmond St Suite 1106, LONDON, ON, N6A 3C4
(519) 672-5580   *SIC* 4899

STERICYCLE COMMUNICATION SOLUTIONS, ULC *p* 691
2800 Skymark Ave Suite 308, MISSISSAUGA, ON, L4W 5A6
(905) 629-7190   *SIC* 4899

STERICYCLE COMMUNICATION SOLUTIONS, ULC *p* 752
2 Duncan Mill Rd, NORTH YORK, ON, M3B 1Z4
SIC 4899

STERICYCLE COMMUNICATION SOLUTIONS, ULC *p* 778
44 Richmond St W Unit 105, OSHAWA, ON, L1G 1C7
(905) 428-2337   *SIC* 4899

STERICYCLE COMMUNICATION SOLUTIONS, ULC *p* 1108
550 Rue Sherbrooke O Bureau 1650, Montreal, QC, H3A 1B9
(514) 843-4313   *SIC* 4899

STERICYCLE, ULC *p* 256
1407 Kebet Way Unit 100, PORT COQUITLAM, BC, V3C 6L3
(604) 552-1011   *SIC* 4953

STERICYCLE, ULC *p* 517
19 Armthorpe Rd, BRAMPTON, ON, L6T 5M4
(905) 595-2651   *SIC* 4953

STERICYCLE, ULC *p* 517
95 Deerhurst Dr Suite 1, BRAMPTON, ON, L6T 5R7
(905) 789-6660   *SIC* 4953

STERICYCLE, ULC *p* 846
25 Ironside Cres, SCARBOROUGH, ON, M1X 1G5
SIC 4953

STERIMAX INC *p* 766
2770 Portland Dr, OAKVILLE, ON, L6H 6R4
(905) 890-0661   *SIC* 8731

STERIS CANADA INC *p* 695
375 Britannia Rd E Unit 2, MISSISSAUGA, ON, L4Z 3E2
(905) 677-0863   *SIC* 5047

STERITECH GROUP CORPORATION, THE *p* 682
8699 Escarpment Way Suite 11, MILTON, ON, L9T 0J5
(905) 878-8468   *SIC* 7342

STERLING CRANE *p* 202
See PROCRANE INC

STERLING CRANE DIV *p* 831
See PROCRANE INC

STERLING CRANE DIV. *p* 6
See PROCRANE INC

STERLING CRANE DIV. *p* 362
See PROCRANE INC

STERLING DIVISION *p* 924
See CENTRECORP MANAGEMENT SERVICES LIMITED

STERLING HALL SCHOOL, THE *p* 760
99 Cartwright Ave, NORTH YORK, ON, M6A 1V4
(416) 785-3410   *SIC* 8211

STERLING HOMES *p* 366
See QUALICO PARTNERSHIP, THE

STERLING MARKING PRODUCTS INC p 662
1147 Gainsborough Rd, LONDON, ON, N6H 5L5
(519) 434-5785 SIC 3953

STERLING MARKING PRODUCTS INC p 894
4 William Morgan Dr, TORONTO, ON, M4H 1E6
(416) 425-4140 SIC 3953

STERLING MARKING PRODUCTS INC p 894
4 William Morgan Dr, TORONTO, ON, M4H 1E6
(416) 255-3401 SIC 3953

STERLING PACKERS LIMITED p 512
14 Precidio Crt, BRAMPTON, ON, L6S 6E3
SIC 4222

STERLING PACKERS LIMITED p 517
240 Nuggett Crt, BRAMPTON, ON, L6T 5H4
(905) 799-3609 SIC 4222

STERLING PACKERS LIMITED p 529
21 York Rd, BRANTFORD, ON, N3T 6H2
(519) 752-1177 SIC 4222

STERLING TILE & CARPET p 972
505 Cityview Blvd Unit 1, WOODBRIDGE, ON, L4H 0L8
(905) 585-4800 SIC 1743

STERLING TRUCK & TRAILER SALES LTD p 1301
2326 Northridge Dr, SASKATOON, SK, S7L 1B9
(306) 242-7988 SIC 5511

STERLING VALVE AUTOMATION, DIV. OF p 106
See SPARTAN CONTROLS LTD

STERLING WESTERN STAR TRUCKS ALBERTA LTD p 156
7690 Edgar Industrial Crt, RED DEER, AB, T4P 4E2
(403) 314-1919 SIC 7538

STERN REALTY (1994) LTD p 318
6272 East Boulevard, VANCOUVER, BC, V6M 3V7
(604) 266-1364 SIC 6531

STERWARTTOWN MIDDLE SCHOOL p 592
See HALTON DISTRICT SCHOOL BOARD

STETTLER ELEMENTARY SCHOOL p 168
See CLEARVIEW SCHOOL DIVISION #71

STETTLER FARM SUPPLY STORE p 168
See UNITED FARMERS OF ALBERTA CO-OPERATIVE LIMITED

STETTLER MIDDLE SCHOOL p 168
See CLEARVIEW SCHOOL DIVISION #71

STETTLER SOBEYS p 168
See SOBEYS CAPITAL INCORPORATED

STEVE MARSHALL FORD p 195
See MARSHALL, STEVE MOTORS (1996) LTD

STEVE NASH SPORTS CLUB p 309
See VANCOUVER BAY CLUBS LTD

STEVE'S LIVESTOCK TRANSPORT INC p 357
122 Pth 52 W, STEINBACH, MB, R5G 1Y1
(204) 326-6969 SIC 4212

STEVE'S MUSIC p 789
See MAGASIN DE MUSIQUE STEVE INC

STEVE'S MUSIC STORE p 930
See MAGASIN DE MUSIQUE STEVE INC

STEVE'S T.V. p 642
See STEVE'S T.V. & APPLIANCES LIMITED

STEVE'S T.V. & APPLIANCES LIMITED p 642
385 Frederick St, KITCHENER, ON, N2H 2P2
(519) 744-3528 SIC 5731

STEVEN LEWIS SECONDARY SCHOOL p 706
See PEEL DISTRICT SCHOOL BOARD

STEVENS COMPANY LIMITED, THE p 210
8188 Swenson Way, DELTA, BC, V4G 1J6
(604) 634-3088 SIC 5047

STEVENSON BRITANNIA SCHOOL p 385
See ST. JAMES-ASSINIBOIA SCHOOL DIVISION

STEVENSON, G & L TRANSPORT LIMITED p 574
1244 County Road 22, EMERYVILLE, ON, N0R 1C0
(519) 727-3478 SIC 4151

STEVENSVILLE PUBLIC SCHOOL p 859
See DISTRICT SCHOOL BOARD OF NIAGARA

STEVESTON LONDON SECONDARY SCHOOL p 274
See BOARD OF EDUCATION SCHOOL DISTRICT #38 (RICHMOND)

STEVESTON RESTAURANTS LTD p 272
11151 No. 5 Rd, RICHMOND, BC, V7A 4E8
(604) 272-1399 SIC 5812

STEWART & STEVENSON CANADA INC p 20
3111 Shepard Pl Se Suite 403, CALGARY, AB, T2C 4P1
(403) 215-5300 SIC 3533

STEWART AVENUE PUBLIC SCHOOL p 544
See WATERLOO REGION DISTRICT SCHOOL BOARD

STEWART DRUGS HANNA (1984) LTD p 130
610 2nd Ave W, HANNA, AB, T0J 1P0
(403) 854-4154 SIC 5411

STEWART HAWKE ELEMENTARY SCHOOL p 1270
See NORTH EAST SCHOOL DIVISION

STEWART MCKELVEY STIRLING SCALES p 401
77 Westmorland St Suite 600, FREDERICTON, NB, E3B 6Z3
(506) 458-1970 SIC 8111

STEWART MCKELVEY STIRLING SCALES p 408
644 Main St Suite 601, MONCTON, NB, E1C 1E2
(506) 853-1970 SIC 8111

STEWART MCKELVEY STIRLING SCALES p 417
44 Chipman Hill Suite 1000, SAINT JOHN, NB, E2L 2A9
(506) 632-1970 SIC 8111

STEWART MCKELVEY STIRLING SCALES p 435
100 New Gower St Suite 1100, ST. JOHN'S, NL, A1C 6K3
(709) 722-4270 SIC 8111

STEWART MCKELVEY STIRLING SCALES p 459
1959 Upper Water St Suite 900, HALIFAX, NS, B3J 3N2
(902) 420-3200 SIC 8111

STEWART MEMORIAL HOSPITAL p 985
6926 Tyne Valley Rd, TYNE VALLEY, PE, C0B 2C0
(902) 831-7900 SIC 8062

STEWART RUSSELL PUBLIC SCHOOL p 1282
See BOARD OF EDUCATION REGINA SCHOOL DIVISION NO. 4 OF SASKATCHEWAN

STEWART WEIR GROUP p 163
See OPUS STEWART WEIR LTD

STEWART, JOHN G SCHOOL p 364
See RIVER EAST TRANSCONA SCHOOL DIVISION

STEWART, RICK CONSTRUCTION LTD p 590
1071 Benner Ave, FORT ERIE, ON, L2A 4N6
(905) 994-7408 SIC 1521

STEWIACKE HARDWARE & BUILDING SUPPLIES LIMITED p 466
275 George St, LANESVILLE, NS, B0N 2J0
SIC 5251

STEWIAKE HOME HARDWARE BUILDING CENTRE p 466
See STEWIACKE HARDWARE & BUILDING SUPPLIES LIMITED

STIFEL NICOLAUS CANADA INC p 922
79 Wellington W, TORONTO, ON, M5K 1K7
SIC 8742

STIHL LIMITED p 665
1515 Sise Rd Suite 5666, LONDON, ON, N6N 1A1
(519) 681-3000 SIC 5084

STIKEMAN ELLIOTT LLP p 309
666 Burrard St Suite 1700, VANCOUVER, BC, V6C 2X8
(604) 631-1300 SIC 8111

STIKEMAN ELLIOTT LLP p 792
50 O'connor St Suite 1600, OTTAWA, ON, K1P 6L2
(613) 234-4555 SIC 8111

STIKEMAN ELLIOTT LLP p 1113
1155 Boul Rene-Levesque O Unite B01, Montreal, QC, H3B 4P9
(514) 397-3000 SIC 8111

STILECROFT PS p 890
See TORONTO DISTRICT SCHOOL BOARD

STILES' CLOTHIERS INC p 73
322-261055 Crossiron Blvd, EDMONTON, AB, T4A 0G3
(403) 452-6110 SIC 5611

STILL CREEK PRESS p 187
See PRIME GRAPHIC RESOURCES LTD

STILLWATER CREEK LIMITED PARTNERSHIP p 729
2018 Robertson Rd Suite 353, NEPEAN, ON, K2H 1C6
(613) 828-7575 SIC 8059

STILLWATER CREEK RETIREMENT COMMUNITY p 729
See STILLWATER CREEK LIMITED PARTNERSHIP

STINGER WELLHEAD PROTECTION (CANADA) INCORPORATED p 117
174 27 St, EDSON, AB, T7E 1N9
SIC 1389

STINSON EQUIPMENT LIMITED p 975
50 Roysun Rd, WOODBRIDGE, ON, L4L 8L8
(905) 669-2360 SIC 5084

STINSON OWL LITE p 975
See STINSON EQUIPMENT LIMITED

STIRDON BETKER UFA p 157
See UNITED FARMERS OF ALBERTA CO-OPERATIVE LIMITED

STIRLING HEIGHTS p 545
See REVERA LONG TERM CARE INC

STIRLING JUNIOR SCHOOL p 859
See HASTINGS AND PRINCE EDWARD DISTRICT SCHOOL BOARD

STIRLING MANOR NURSING HOME p 860
See MANORCARE PARTNERS

STIRLING PUBLIC SHOOL p 860
See HASTINGS AND PRINCE EDWARD DISTRICT SCHOOL BOARD

STIRLING SCHOOL p 168
See WESTWIND SCHOOL DIVISION #74

STITCHES p 38
See YM INC. (SALES)

STITCHES p 62
See YM INC. (SALES)

STITCHES p 77
See YM INC. (SALES)

STITCHES p 95
See YM INC. (SALES)

STITCHES p 114
See YM INC. (SALES)

STITCHES p 545
See YM INC. (SALES)

STITCHES p 699
See YM INC. (SALES)

STITCHES p 811
See YM INC. (SALES)

STITCHES p 842
See YM INC. (SALES)

STITCHES p 885
See YM INC. (SALES)

STITTSVILLE IDA PHARMACY p 860
See CARLETON PLACE DRUG MART INC

STITTSVILLE PUBLIC SCHOOL p 860
See OTTAWA-CARLETON DISTRICT SCHOOL BOARD

STITTSVILLE VILLA RETIREMENT COMMUNITY p 860
See REVERA INC

STL p 1131
See SOCIETE DE TRANSPORT DE LAVAL

STM p 1094
See SOCIETE DE TRANSPORT DE MONTREAL

STM SPORTS TRADE MALL LTD p 329
508 Discovery St, VICTORIA, BC, V8T 1G8
(250) 383-6443 SIC 5941

STMICROELECTRONICS (CANADA), INC p 729
16 Fitzgerald Rd Suite 100, NEPEAN, ON, K2H 8R6
(613) 768-9000 SIC 8711

STN PLEIN AIR MONT ADSTOCK p 987
See 3099-8488 QUEBEC INC

STOBART COMMUNITY SCHOOL p 1267
See PRAIRIE SPIRIT SCHOOL DIVISION NO. 206

STOBART ELEMENTARY COMMUNITY SCHOOL p 1267
See PRAIRIE SPIRIT SCHOOL DIVISION NO. 206

STOCK ON THE JOURNEY OF LEARNING p 587
See STOCK TRANSPORTATION LTD

STOCK TRANSPORTATION LTD p 93
11454 Winterburn Rd Nw, EDMONTON, AB, T5S 2Y3
(780) 451-9536 SIC 4151

STOCK TRANSPORTATION LTD p 452
51 Frazee Ave, DARTMOUTH, NS, B3B 1Z4
(902) 481-8400 SIC 4151

STOCK TRANSPORTATION LTD p 549
11384 Hwy 7, CARLETON PLACE, ON, K7C 3P1
(613) 253-2232 SIC 4151

STOCK TRANSPORTATION LTD p 587
60 Mcculloch Ave, ETOBICOKE, ON, M9W 4M6
(416) 244-5341 SIC 4151

STOCK TRANSPORTATION LTD p 596
24 Cardico Dr, GORMLEY, ON, L0H 1G0
(905) 888-1938 SIC 4111

STOCK TRANSPORTATION LTD p 651
501 Third St, LONDON, ON, N5V 2C1
SIC 4151

STOCK TRANSPORTATION LTD p 740
59 Commerce Cres, NORTH BAY, ON, P1A 0B3
(705) 474-4370 SIC 4151

STOCK TRANSPORTATION LTD p 766
2741 Plymouth Dr, OAKVILLE, ON, L6H 5R5
(905) 829-2040 SIC 4151

STOCK TRANSPORTATION LTD p 823
550 Edward Ave, RICHMOND HILL, ON, L4C 3K4
(905) 883-6665 SIC 4151

STOCK TRANSPORTATION LTD p 839
17 Upton Rd, SCARBOROUGH, ON, M1L 2C1
(416) 754-4949 SIC 4151

STOCK TRANSPORTATION LTD p 871
36 12 Hwy, SUNDERLAND, ON, L0C 1H0
(705) 357-3187 SIC 4151

STOCKDALE PUBLIC SCHOOL p 590
See KAWARTHA PINE RIDGE DISTRICT SCHOOL BOARD

STOCKGROUP MEDIA INC p 305
425 Carrall St Suite 190, VANCOUVER, BC, V6B 6E3
(604) 331-0995 SIC 4899

STOJKO, ELVIS ARENA p 823
See RICHMOND HILL ARENA ASSOCIA-

▲ Public Company   ■ Public Company Family Member   HQ Headquarters   BR Branch   SL Single Location

TION
STOKES INC p 1081
5660 Rue Ferrier, MONT-ROYAL, QC, H4P 1M7
(514) 341-4334   SIC 5719
STOLLERY'S p 902
See STOLLERY, FRANK LIMITED
STOLLERY, FRANK LIMITED p 902
1 Bloor St W, TORONTO, ON, M4W 1A3
SIC 5611
STONCOR GROUP p 958
See RPM CANADA
STONE CROCK INC, THE p 857
1398 King St N, ST JACOBS, ON, N0B 2N0
(519) 664-2575   SIC 5812
STONE HEARTH BAKERY, DIV OF p 461
See H.R.D.A. ENTERPRISES LIMITED
STONE LODGE p 600
See REVERA INC
STONE ROAD MALL p 599
See BOREALIS CAPITAL CORPORATION
STONE STRAW LIMITED p 527
72 Plant Farm Blvd, BRANTFORD, ON, N3S 7W3
(519) 756-1974   SIC 2656
STONEBRIDGE GOLF & COUNTRY CLUB p 730
See MATTAMY (MONARCH) LIMITED
STONEBRIDGE HOTEL - FORT MCMURRAY p 120
See DOLEMO DEVELOPMENT CORPORATION
STONEBRIDGE HOTEL - FORT ST JOHN p 214
See DOLEMO DEVELOPMENT CORPORATION
STONEBRIDGE HOTEL - GRANDE PRAIRIE p 126
See DOLEMO DEVELOPMENT CORPORATION
STONEBRIGE PUBLIC SCHOOL p 677
See YORK REGION DISTRICT SCHOOL BOARD
STONECREST ELEMENTARY SCHOOL p 976
See OTTAWA-CARLETON DISTRICT SCHOOL BOARD
STONEHAM DRILLING INC p 49
850 2 St Sw Suite 1020, CALGARY, AB, T2P 0R8
SIC 1381
STONEHAVEN ELEMENTARY SCHOOL p 732
See YORK REGION DISTRICT SCHOOL BOARD
STONEMILL BAKEHOUSE LIMITED, THE p 888
365 Passmore Ave, TORONTO, ON, M1V 4B3
(416) 757-0582   SIC 5149
STONEMILL BAKEHOUSE LIMITED, THE p 910
92 Front St E Unit B27, TORONTO, ON, M5E 1C4
(416) 601-1853   SIC 5461
STONEPARK INTERMEDIATE p 980
See EASTERN SCHOOL DISTRICT
STONERIDGE MANOR p 549
See REVERA LONG TERM CARE INC
STONEWALL COLLEGIATE p 358
See INTERLAKE SCHOOL DIVISION
STONEWATER GROUP OF FRANCHISES p 215
9324 Alaska Rd, FORT ST. JOHN, BC, V1J 6L5
(250) 262-4151   SIC 5812
STONEY CREEK FURNITURE LIMITED p 862
360 Lewis Rd Suite 10, STONEY CREEK, ON, L8E 5Y7
(905) 643-0500   SIC 4225
STONEY CREEK JUNIOR ALTERNATE p 324
See BOARD OF EDUCATION OF SCHOOL DISTRICT NO. 91 (NECHAKO LAKE), THE
STONEY CREEK LIFECARE CENTRE p 861
See EXTENDICARE INC
STONEY CREEK PUBLIC SCHOOL p 653
See THAMES VALLEY DISTRICT SCHOOL BOARD
STONEYBROOK PUBLIC SCHOOL p 653
See THAMES VALLEY DISTRICT SCHOOL BOARD
STONHARD p 1027
See RPM CANADA
STONY CONVENTION INN p 168
See JASPER INN INVESTMENTS LTD
STONY MOUNTAIN SCHOOL p 358
See INTERLAKE SCHOOL DIVISION
STONY PLAIN POST OFFICE p 168
See CANADA POST CORPORATION
STOP 23 AUTO SALES LTD p 648
910 Wallace Ave N, Listowel, ON, N4W 1M5
(519) 291-5757   SIC 5511
STORBURN CONSTRUCTION LTD p 775
Po Box 157 Stn Main, ORILLIA, ON, L3V 6J3
(705) 326-4140   SIC 1542
STORCK CANADA INC p 695
2 Robert Speck Pky Suite 695, MISSISSAUGA, ON, L4Z 1H8
(905) 272-4480   SIC 5149
STORDOR INVESTMENTS LTD p 87
11703 160 St Nw, EDMONTON, AB, T5M 3Z3
(780) 451-0060   SIC 5211
STORECARE p 20
See SOBEYS WEST INC
STORMTECH BRAMPTON FACTORY OUTLET p 520
See STORMTECH PERFORMANCE APPAREL LTD
STORMTECH PERFORMANCE APPAREL LTD p 520
396 Clarence St Unit 2, BRAMPTON, ON, L6W 1T5
(905) 796-0803   SIC 5136
STORNOWAY CRESCENT PUBIC SCHOOL p 874
See YORK REGION DISTRICT SCHOOL BOARD
STORNOWAY DIAMOND CORPORATION p 1071
111 Rue Saint-Charles O Bureau 400, LONGUEUIL, QC, J4K 5G4
(450) 616-5555   SIC 1499
STORRINGTON PUBLIC SCHOOL p 500
See LIMESTONE DISTRICT SCHOOL BOARD
STORY BOOK GARDENS p 663
See CORPORATION OF THE CITY OF LONDON
STOUFFER, ARCHIE ELEMENTARY SCHOOL p 683
See TRILLIUM LAKELANDS DISTRICT SCHOOL BOARD
STOUFFVILLE CREEK RETIREMENT RESIDENCE p 863
See DIVERSICARE CANADA MANAGEMENT SERVICES CO., INC
STOUFFVILLE DISTRICT SECONDARY SCHOOL p 863
See YORK REGION DISTRICT SCHOOL BOARD
STOUFFVILLE SOBEY'S p 863
See SOBEYS CAPITAL INCORPORATED
STOUFFVILLE STN MAIN p 863
See CANADA POST CORPORATION
STOUGHTON FIRE PROTECTION LTD p 14
620 Moraine Rd Ne, CALGARY, AB, T2A 2P3
(403) 291-0291   SIC 7389
STOUGHTON SCHOOL p 1306
See SOUTH EAST CORNERSTONE SCHOOL DIVISION NO. 209
STQ p 1150
See SOCIETE DES TRAVERSIERS DU QUEBEC
STRABAG INC p 711
6790 Century Ave Suite 401, MISSISSAUGA, ON, L5N 2V8
(905) 353-5500   SIC 1541
STRACHAN HOUSE p 929
See HOMES FIRST SOCIETY
STRAD COMPRESSION AND PRODUCTION SERVICES LTD p 168
Hwy 12 W, STETTLER, AB, T0C 2L0
(403) 742-6900   SIC 7699
STRAD ENERGY SERVICES LTD p 175
2974 37 Ave, WHITECOURT, AB, T7S 0E4
(780) 778-2552   SIC 4213
STRAD OIL FIELD RENTALS p 175
See STRAD ENERGY SERVICES LTD
STRAD OILFIELD RENTALS LTD p 175
5910 45 Ave, WHITECOURT, AB, T7S 0B8
(780) 778-2552   SIC 7353
STRADA SURVEY INC p 975
41 Gaudaur Rd Suite A1, WOODBRIDGE, ON, L4L 3R8
(905) 850-5088   SIC 8732
STRAFFORDVILLE PUBLIC SCHOOL p 864
See THAMES VALLEY DISTRICT SCHOOL BOARD
STRAIT AREA EDUCATION-RECREATION CENTRE p 472
See STRAIT REGIONAL SCHOOL BOARD
STRAIT REGIONAL SCHOOL BOARD p 442
105 Braemore Ave, ANTIGONISH, NS, B2G 1L3
(902) 863-1620   SIC 8211
STRAIT REGIONAL SCHOOL BOARD p 442
2 Appleseed Dr, ANTIGONISH, NS, B2G 3B6
(902) 863-3046   SIC 8211
STRAIT REGIONAL SCHOOL BOARD p 445
129 Tickle Rd, CANSO, NS, B0H 1H0
(902) 366-2225   SIC 8211
STRAIT REGIONAL SCHOOL BOARD p 446
19 School Rd, CLEVELAND, NS, B0E 1J0
SIC 8211
STRAIT REGIONAL SCHOOL BOARD p 456
27 Green St, GUYSBOROUGH, NS, B0H 1N0
(902) 533-2288   SIC 8211
STRAIT REGIONAL SCHOOL BOARD p 456
27 Green St, GUYSBOROUGH, NS, B0H 1N0
(902) 533-4006   SIC 8211
STRAIT REGIONAL SCHOOL BOARD p 464
42 Summerside Rd, HEATHERTON, NS, B0H 1R0
(902) 386-2809   SIC 8211
STRAIT REGIONAL SCHOOL BOARD p 465
59 Veterans Memorial Court, INVERNESS, NS, B0E 1N0
(902) 258-3700   SIC 8211
STRAIT REGIONAL SCHOOL BOARD p 465
59 Veterans Memorial Ct, INVERNESS, NS, B0E 1N0
(902) 258-3700   SIC 8211
STRAIT REGIONAL SCHOOL BOARD p 466
3238 White Side Rd, LOUISDALE, NS, B0E 1V0
(902) 345-4949   SIC 8211
STRAIT REGIONAL SCHOOL BOARD p 466
3238 Whiteside Rd, LOUISDALE, NS, B0E 1V0
(902) 345-4949   SIC 8211
STRAIT REGIONAL SCHOOL BOARD p 466
Gd, LOUISDALE, NS, B0E 1V0
(902) 345-2560   SIC 8211
STRAIT REGIONAL SCHOOL BOARD p 467
11156 Route 19, MABOU, NS, B0E 1X0
(902) 945-5325   SIC 8211
STRAIT REGIONAL SCHOOL BOARD p 468
Gd, MABOU, NS, B0E 1X0
SIC 8211
STRAIT REGIONAL SCHOOL BOARD p 469
45 England Ave, MULGRAVE, NS, B0E 2G0
(902) 747-3647   SIC 4151
STRAIT REGIONAL SCHOOL BOARD p 469
Gd, MONASTERY, NS, B0H 1W0
(902) 232-2810   SIC 8211
STRAIT REGIONAL SCHOOL BOARD p 472
304 Pitt St Unit 1, PORT HAWKESBURY, NS, B9A 2T9
(902) 625-1929   SIC 8211
STRAIT REGIONAL SCHOOL BOARD p 472
133 Company Rd, PORT HOOD, NS, B0E 2W0
(902) 787-5220   SIC 8211
STRAIT REGIONAL SCHOOL BOARD p 472
57 Tamarac Dr Unit 1, PORT HAWKESBURY, NS, B9A 3G2
(902) 625-6650   SIC 8211
STRAIT REGIONAL SCHOOL BOARD p 473
121 Old Rd Hill, SHERBROOKE, NS, B0J 3C0
(902) 522-2035   SIC 8211
STRAIT REGIONAL SCHOOL BOARD p 473
3892 Rte 316, ST ANDREWS, NS, B0H 1X0
(902) 863-2512   SIC 8211
STRAIT REGIONAL SCHOOL BOARD p 473
5081 Argyle St, ST PETERS, NS, B0E 3B0
SIC 8211
STRAIT REGIONAL SCHOOL BOARD p 473
9359 Pepperell St, ST PETERS, NS, B0E 3B0
(902) 535-2066   SIC 8211
STRAIT REGIONAL SCHOOL BOARD p 479
50 Norman Mcleod Rd, WHYCOCOMAGH, NS, B0E 3M0
(902) 756-2441   SIC 8211
STRAIT RICHMOND HOSPITAL p 446
See GUYSBOROUGH ANTIGONISH STRAIT HEALTH AUTHORITY
STRAITS RURAL DEVELOPMENT ASSOCIATION p 431
Gd, SANDY COVE, NL, A0K 5C0
(709) 456-2122   SIC 8641
STRANGES, N.J. DRYWALL & CONSTRUCTION LTD p 739
2577 Claude Ave, NIAGARA FALLS, ON, L2J 2C7
(905) 356-3299   SIC 1742
STRAPEX CANADA p 554
See ITW CANADA INVESTMENTS LIMITED PARTNERSHIP
STRATA OIL & GAS INC p 150
10010 - 98 St, PEACE RIVER, AB, T8S 1T3
(403) 237-5443   SIC 1311
STRATEGIC COMMUNICATIONS INC p 317
1770 7th Ave W Suite 305, VANCOUVER, BC, V6J 4Y6
(604) 681-3030   SIC 8748
STRATEGIC PACKAGING SOLUTIONS INC p 491

38 Watts Meadow, AURORA, ON, L4G 7L7
SIC 2653
STRATEGIC SECURITY GROUP LTD p 940
225 The East Mall Suite 1681, TORONTO, ON, M9B 6J1
(416) 602-9188 SIC 7381
STRATEGIC SERVICES GROUP p 945
See 1084130 ONTARIO LIMITED
STRATFORD AREA ASSOCIATION FOR COMMUNITY LIVING p 864
See COMMUNITY LIVING STRATFORD AND AREA
STRATFORD CENTRAL SECONDARY SCHOOL p 864
See AVON MAITLAND DISTRICT SCHOOL BOARD
STRATFORD HALL p 295
See STRATFORD HALL SCHOOL SOCIETY
STRATFORD HALL SCHOOL SOCIETY p 295
3000 Commercial Dr, VANCOUVER, BC, V5N 4E2
(604) 436-0608 SIC 8211
STRATFORD HOTEL LIMITED p 865
107 Erie St, STRATFORD, ON, N5A 2M5
(519) 273-3666 SIC 7011
STRATFORD NORTHWESTERN SECONDARY SCHOOL p 864
See AVON MAITLAND DISTRICT SCHOOL BOARD
STRATFORD PUBLIC LIBRARY p 865
19 St Andrew St, STRATFORD, ON, N5A 1A2
(519) 271 0220 SIC 8231
STRATFORD SCHOOL p 89
See EDMONTON SCHOOL DISTRICT NO. 7
STRATFORD STN MAIN p 864
See CANADA POST CORPORATION
STRATFORD-PERTH FAMILY YMCA p 865
204 Downie St, STRATFORD, ON, N5A 1X4
(519) 271-0480 SIC 7997
STRATHCLAIR COMMUNITY SCHOOL p 358
See PARK WEST SCHOOL DIVISION
STRATHCONA COMMUNITY CENTRE p 302
See STRATHCONA COMMUNITY CENTRE ASSOCIATION (1972)
STRATHCONA COMMUNITY CENTRE ASSOCIATION (1972) p 302
601 Keefer St, VANCOUVER, BC, V6A 3V8
(604) 713-1838 SIC 8322
STRATHCONA COMPOSITE HIGH SCHOOL p 104
See EDMONTON SCHOOL DISTRICT NO. 7
STRATHCONA COUNTY p 163
2000 Premier Way, SHERWOOD PARK, AB, T8H 2G4
(780) 416-3300 SIC 7999
STRATHCONA COUNTY p 163
2755 Broadmoor Blvd Suite 276, SHERWOOD PARK, AB, T8H 2W7
(780) 464-4044 SIC 8399
STRATHCONA COUNTY HEALTH CENTER p 162
See ALBERTA HEALTH SERVICES
STRATHCONA ELEMENTARY SCHOOL p 197
See SCHOOL DISTRICT NO 33 CHILLIWACK
STRATHCONA FAMILY & COMMUNITY SERVICES p 163
See STRATHCONA COUNTY
STRATHCONA GARDENS RECREATION p 194
See COMOX VALLEY REGIONAL DISTRICT
STRATHCONA MENTAL HEALTH p 302
See VANCOUVER COASTAL HEALTH AUTHORITY
STRATHCONA PAPER LP p 725
77 County Rd 16, NAPANEE, ON, K7R 3L2
(613) 378-6672 SIC 2631
STRATHCONA SCHOOL p 372
See WINNIPEG SCHOOL DIVISION
STRATHHAVEN LIFECARE CENTRE p 507
See EXTENDICARE INC
STRATHMERE p 743
See STRATHMERE FARM INC
STRATHMERE FARM INC p 743
1980 Phelan Rd W, NORTH GOWER, ON, K0A 2T0
(613) 489-2409 SIC 7011
STRATHMERE LODGE p 866
See CORPORATION OF THE COUNTY OF MIDDLESEX
STRATHMILLAN SCHOOL p 385
See ST. JAMES-ASSINIBOIA SCHOOL DIVISION
STRATHMORE FARM SUPPLY STORE p 169
See UNITED FARMERS OF ALBERTA CO-OPERATIVE LIMITED
STRATHMORE GOLF CLUB p 169
80 Wheatland Trail, STRATHMORE, AB, T1P 1A5
(403) 934-3925 SIC 7997
STRATHMORE HIGH SCHOOL p 169
See GOLDEN HILLS SCHOOL DIVISION #75
STRATHMORE STATION RESTAURANT & PUB p 169
See MEZZE MANAGEMENT LTD
STRATHROY ADULT LEARNING CENTRE p 866
See THAMES VALLEY DISTRICT SCHOOL BOARD
STRATHROY DISTRICT COLLEGIATE INSTITUTE p 866
See THAMES VALLEY DISTRICT SCHOOL BOARD
STRATHROY-CARADOC, MUNICIPALITY OF p 866
334 Metcalfe St W, STRATHROY, ON, N7G 1N5
(519) 245-2971 SIC 7999
STRATHROY-CARADOC, MUNICIPALITY OF p 866
667 Adair Blvd, STRATHROY, ON, N7G 3H8
(519) 245-7557 SIC 7299
STRATICOM PLANNING ASSOCIATES INC p 931
366 Adelaide St W, TORONTO, ON, M5V 1R9
(416) 362-7407 SIC 7389
STRATIFORM INC p 49
620 8 Ave Sw Suite 200, CALGARY, AB, T2P 1H9
(587) 747-7839 SIC 7379
STRATIX CONSULTING p 916
See STRATIX TECHNOLOGIES INC
STRATIX TECHNOLOGIES INC p 916
150 King St W Suite 2110, TORONTO, ON, M5H 1J9
(416) 865-3310 SIC 8742
STRATOSPHERE QUALITY, INC p 770
1515 Rebecca St, OAKVILLE, ON, L6L 1Z8
(877) 224-8584 SIC 4785
STRAUSS, LEVI & CO. (CANADA) INC p 587
90 Claireville Dr, ETOBICOKE, ON, M9W 5Y1
(416) 679-2049 SIC 5632
STRAUSS, LEVI & CO. (CANADA) INC p 821
1725 16th Ave Suite 200, RICHMOND HILL, ON, L4B 4C6
(905) 763-4400 SIC 5632
STRAUSS, LEVI & CO. (CANADA) INC p 1113
705 Rue Sainte-Catherine O, Montreal, QC, H3B 4G5
(514) 286-1318 SIC 5651
STRAWBERRY HILL ELEMENTARY SCHOOL p 287
See SCHOOL DISTRICT NO 36 (SURREY)
STRAWBERRY VALE ELEMENTARY SCHOOL p 333
See BOARD OF EDUCATION OF SCHOOL DISTRICT NO. 61 (GREATER VICTORIA)
STREAM p 455
See STREAM INTERNATIONAL CANADA ULC
STREAM INTERNATIONAL CANADA ULC p 198
7955 Evans Rd, CHILLIWACK, BC, V2R 5R7
(604) 702-5100 SIC 7389
STREAM INTERNATIONAL CANADA ULC p 455
95 Union St, GLACE BAY, NS, B1A 2P6
(902) 842-3800 SIC 7389
STREAM-FLO INDUSTRIES LTD p 49
202 6 Ave Sw Suite 400, CALGARY, AB, T2P 2R9
(403) 269-5531 SIC 3533
STREAMLINE FOODS INC. p 503
315 University Ave, BELLEVILLE, ON, K8N 5T7
(613) 961-1265 SIC 2061
STREAMWAY VILLA p 555
See OMNI HEALTH CARE LTD
STREET LINK p 332
See VICTORIA COOL AID SOCIETY, THE
STREETSVILLE SECONDARY SCHOOL p 705
See PEEL DISTRICT SCHOOL BOARD
STRESCON LIMITED p 443
131 Duke St, BEDFORD, NS, B4A 3C3
(902) 494-7400 SIC 3272
STRIDE AVENUE COMMUNITY SCHOOL p 183
See BURNABY SCHOOL BOARD DISTRICT 41
STROM SPA INC p 1257
1001 Boul De La Foret, VERDUN, QC, H3E 1X9
(514) 761-7900 SIC 7991
STROME SCHOOL p 169
See BATTLE RIVER REGIONAL DIVISION 31
STRONACH CENTRE FOR INNOVATION, DIV OF p 491
See MAGNA INTERNATIONAL INC
STRONCO DESIGNS INC p 693
1510b Caterpillar Rd Unit B, MISSISSAUGA, ON, L4X 2W9
(905) 270-6767 SIC 7389
STRONGCO CRANE GROUP p 535
See STRONGCO ENGINEERED SYSTEMS INC
STRONGCO ENGINEERED SYSTEMS INC p 20
7923 54 St Se, CALGARY, AB, T2C 4R7
(403) 216-1010 SIC 3541
STRONGCO ENGINEERED SYSTEMS INC p 115
2820 84 Ave Nw, EDMONTON, AB, T6P 1P7
(780) 948-3515 SIC 7353
STRONGCO ENGINEERED SYSTEMS INC p 452
55 Isnor Dr, DARTMOUTH, NS, B3B 1N6
(902) 468-5010 SIC 3541
STRONGCO ENGINEERED SYSTEMS INC p 535
1051 Heritage Rd, BURLINGTON, ON, L7L 4Y1
(905) 335-3863 SIC 3541
STRONGCO ENGINEERED SYSTEMS INC p 1005
72 Ch Du Tremblay, BOUCHERVILLE, QC, J4B 6Z6
(450) 449-4666 SIC 3541
STRONGCO ENGINEERED SYSTEMS INC p 1156
2550 Av Dalton, Quebec, QC, G1P 3S4
(418) 653-2801 SIC 5084
STRONGCO ENGINEERED SYSTEMS INC p 1229
4535 Rue Louis-B.-Mayer, SAINTE-ROSE, QC, H7P 6B5
(450) 686-8911 SIC 4212
STRONGCO EQUIPMENT p 20
See STRONGCO ENGINEERED SYSTEMS INC
STRONGCO EQUIPMENT p 115
See STRONGCO ENGINEERED SYSTEMS INC
STRONGCO EQUIPMENT p 452
See STRONGCO ENGINEERED SYSTEMS INC
STRONGCO LIMITED PARTNERSHIP p 1286
Hwy 1 E, REGINA, SK, S4P 3B1
(306) 359-7273 SIC 7353
STRONGHOLD EXTERIORS LTD p 25
2115 27 Ave Ne Suite 6, CALGARY, AB, T2E 7E4
(403) 569-9150 SIC 1761
STRUC-TUBE LTEE p 1213
6000 Rte Transcanadienne, SAINT-LAURENT, QC, H4T 1X9
(514) 333-9747 SIC 5712
STRUCTURES BARRETTE INC p 1130
2907 Boul Dagenais O, Montreal, QC, H7P 1T2
(450) 622-4900 SIC 2439
STRUCTURES BARRETTE INC p 1248
555 Rang Saint-Malo, Trois-Rivieres, QC, G8V 0A8
(819) 374-6061 SIC 5031
STRUCTURES C.D.L. INC, LES p 1067
2045 4e Rue, Levis, QC, G6W 5M6
(418) 839-1421 SIC 3441
STRUCTURES DE BEAUCE INC, LES p 1218
305 Rue Du Parc Rr 1, SAINT-ODILON, QC, G0S 3A0
(418) 464-2000 SIC 1791
STRUCTURES ROYAL INC p 1052
266 22e Av, LA GUADELOUPE, QC, G0M 1G0
(418) 459-3733 SIC 2448
STRUDELL INDUSTRIES p 587
1911 Albion Rd, ETOBICOKE, ON, M9W 5S8
(416) 675-2025 SIC 5051
STS PETER AND PAUL SCHOOL p 614
See HAMILTON-WENTWORTH CATHOLIC SCHOOL BOARD
STS. COSMAS AND DAMIAN CATHOLIC SCHOOL p 933
See TORONTO CATHOLIC DISTRICT SCHOOL BOARD
STT ENVIRO CORP p 267
3031 Viking Way Suite 210, RICHMOND, BC, V6V 1W1
(604) 273-6441 SIC 3295
STT TECHNOLOGIES DIV p 561
See MAGNA POWERTRAIN INC
STUART BAKER ELEMENTARY SCHOOL p 605
See TRILLIUM LAKELANDS DISTRICT SCHOOL BOARD
STUART LAKE HOSPITAL p 214
See NORTHERN HEALTH AUTHORITY
STUART OLSON CONSTRUCTION LTD p 11
3545 32 Ave Ne Unit 235, CALGARY, AB, T1Y 6M6
(403) 520-6565 SIC 1522
STUART OLSON CONSTRUCTION LTD p 267
13777 Commerce Pky Suite 300, RICHMOND, BC, V6V 2X3
(604) 273-7765 SIC 1522
STUART OLSON CONSTRUCTION LTD p 392
50 Fultz Blvd, WINNIPEG, MB, R3Y 0L6
(204) 487-1222 SIC 1522

▲ Public Company ■ Public Company Family Member HQ Headquarters BR Branch SL Single Location

STUART OLSON CONSTRUCTION LTD p
879
946 Cobalt Cres Unit 1, THUNDER BAY, ON, P7B 5W3
(807) 768-9753   SIC 1522

STUART OLSON DOMINION CONSTRUCTION LTD p
25
405 18 St Se, CALGARY, AB, T2E 6J5
SIC 1541

STUART OLSON INC p 85
12836 146 St Nw, EDMONTON, AB, T5L 2H7
(780) 454-3667   SIC 1711

STUART OLSON SPECIALTY FABRICATION INC p
93
18023 111 Ave Nw, EDMONTON, AB, T5S 2P2
(780) 509-4975   SIC 3498

STUART SCOTT PUBLIC SCHOOL p 735
See YORK REGION DISTRICT SCHOOL BOARD

STUDENT ACCOUNTS p 925
See GOVERNING COUNCIL OF THE UNIVERSITY OF TORONTO

STUDENT HEALTH CENTER p 1304
See UNIVERSITY OF SASKATCHEWAN

STUDENT LOAN CORPORATION OF NEWFOUNDLAND AND LABRADOR, THE p
434
Gd, ST. JOHN'S, NL, A1B 4J6
(709) 729-2729   SIC 6036

STUDENT SERVICES, DIV OF p 197
See SCHOOL DISTRICT NO 33 CHILLIWACK

STUDENT SUPPORT CENTRE p 287
See SCHOOL DISTRICT NO 36 (SURREY)

STUDENT SUPPORT SERVICES p 215
See SCHOOL DISTRICT NO. 60 (PEACE RIVER NORTH)

STUDENT TRANSPORTATION OF CANADA INC p 604
760 Victoria Rd S, GUELPH, ON, N1L 1C6
(519) 822-5225   SIC 4151

STUDENTS ASSOCIATION OF THE ALGONQUIN COLLEGE OF APPLIED ARTS AND TECHNOLOGY CORP, THE p 728
1385 Woodroffe Ave, NEPEAN, ON, K2G 1V8
(613) 727-3932   SIC 8742

STUDENTS' FEDERATION OF THE UNIVERSITY OF OTTAWA, THE p
789
85 Universite Pvt Suite 07, OTTAWA, ON, K1N 6N5
(613) 562-5966   SIC 8641

STUDIO 5 p 984
See EMPIRE THEATRES LIMITED

STUDIO B PRODUCTIONS INC p 302
190 Alexander St Suite 600, VANCOUVER, BC, V6A 1B5
(604) 684-2366   SIC 7812

STUDIOS DESIGN GHA INC p 1113
1100 Av Des Canadiens-De-Montreal Bureau 130, Montreal, QC, H3B 2S2
(514) 843-5812   SIC 7389

STUDIOS MOMENT FACTORY INC, LES p
1099
6250 Av Du Parc, Montreal, QC, H2V 4H8
(514) 843-8433   SIC 7336

STUDLEY CANADA LIMITED p 761
900a Caledonia Rd, NORTH YORK, ON, M6B 3Y1
(416) 787-1441   SIC 5087

STUDY BREAK LIMITED p 595
5480 Canotek Rd Suite 20, GLOUCESTER, ON, K1J 9H7
(613) 745-6389   SIC 5812

STUDY CORPORATION, THE p 1262
3233 The Boulevard, WESTMOUNT, QC, H3Y 1S4
(514) 935-9352   SIC 8211

STURGEON COMMUNITY HOSPITAL p 166
See ALBERTA HEALTH SERVICES

STURGEON CREEK ALTERNATIVE PROGRAM p
866
See RAINY RIVER DISTRICT SCHOOL BOARD

STURGEON CREEK RETIREMENT RESIDENCE p
373
See ALL SENIORS CARE LIVING CENTRES LTD

STURGEON FALLS BRUSH SPRAYING AND CUTTING LIMITED p 867
125 Lisgar St, STURGEON FALLS, ON, P2B 3H4
(705) 753-3883   SIC 1629

STURGEON FOUNDATION p 167
21 Mont Clare Pl Suite 213, ST. ALBERT, AB, T8N 5Z4
(780) 460-0445   SIC 8361

STURGEON HEIGHTS SCHOOL p 167
See STURGEON SCHOOL DIVISION #24

STURGEON HOTEL LTD p 167
156 St Albert Trail Suite 10, ST. ALBERT, AB, T8N 0P5
(780) 459-5551   SIC 7011

STURGEON LAKE CREE NATION p 171
Gd, VALLEYVIEW, AB, T0H 3N0
(780) 524-4590   SIC 8211

STURGEON LAKE SCHOOL p 171
See STURGEON LAKE CREE NATION

STURGEON SCHOOL DIVISION #24 p 6
28 Range Rd 240 Hwy, BON ACCORD, AB, T0A 0K0
(780) 921-3559   SIC 8211

STURGEON SCHOOL DIVISION #24 p 124
4908 51 Ave, GIBBONS, AB, T0A 1N4
(780) 923-2240   SIC 8211

STURGEON SCHOOL DIVISION #24 p 124
5325 37th Ave, GIBBONS, AB, T0A 1N4
(780) 923-2898   SIC 8211

STURGEON SCHOOL DIVISION #24 p 134
Gd, LANCASTER PARK, AB, T0A 2H0
(780) 973-3111   SIC 8211

STURGEON SCHOOL DIVISION #24 p 158
5023 50 Ave, REDWATER, AB, T0A 2W0
(780) 942-3625   SIC 8211

STURGEON SCHOOL DIVISION #24 p 158
5024 Okotoks Rd, REDWATER, AB, T0A 2W0
(780) 942-2902   SIC 8211

STURGEON SCHOOL DIVISION #24 p 167
50 Hogan Rd, ST. ALBERT, AB, T8N 3X7
(780) 459-3990   SIC 8211

STURGEON SCHOOL DIVISION #24 p 169
24400 Hwy 37 Unit 2, STURGEON COUNTY, AB, T8T 0E9
(780) 973-9191   SIC 8211

STURGEON SCHOOL DIVISION #24 p 169
26500 Hwy 44 Suite 146, STURGEON COUNTY, AB, T8R 0J3
(780) 939-2074   SIC 8211

STURO METAL INC p 1067
600 Rue Jean-Marchand, Levis, QC, G6Y 9G6
(418) 833-2107   SIC 3441

STUYVER'S BAKESTUDIO p 234
27353 58 Cres Unit 101, LANGLEY, BC, V4W 3W7
(604) 607-7760   SIC 2051

STYLE SOLUTIONS, A DIV OF p 329
See JORDANS RUGS LTD

SUBACH LIMITED p 478
79 Robie St, TRURO, NS, B2N 1K8
(902) 895-6699   SIC 5812

SUBARU OF KINGSTON p 634
399 Bath Rd, KINGSTON, ON, K7M 7C9
(613) 546-7000   SIC 5511

SUBLIME DESSERT INC p 1210
7777 Boul Thimens, SAINT-LAURENT, QC, H4S 2A2
(514) 333-0338   SIC 2024

SUBWAY p 981
See ISLANDSAND HOLDINGS INC

SUBWAY SANDWICHES & SALADS p 476
See R.K.M. INVESTMENTS LIMITED

SUBWAY SANDWICHES & SALADS #7764 p 220
See K.A.M. 1200 HOLDINGS LTD

SUCC SD3 p 1123
See CANADA POST CORPORATION

SUCCURSALE COTE DES NEIGE ET QUEEN MARY p 1120
See BANK OF MONTREAL

SUCCURSALE D'IROQUOIS FALLS p 883
See CAISSE POPULAIRE DE TIMMINS LIMITEE, LA

SUCCURSALE LES GALERIES DE HULL p
1037
See BANK OF MONTREAL

SUCCURSALE M ELECTRIC p 1249
See MOTEURS ELECTRIQUES LAVAL LTEE

SUCO INC p 1092
1453 Rue Beaubien E Bureau 210, Montreal, QC, H2G 3C6
(514) 272-3019   SIC 8699

SUDBURY CATHOLIC DISTRICT SCHOOL BOARD p 553
26 Charlotte Ave, CHELMSFORD, ON, P0M 1L0
(705) 673-5620   SIC 8211

SUDBURY CATHOLIC DISTRICT SCHOOL BOARD p 563
1 Edward Ave, CONISTON, ON, P0M 1M0
(705) 694-4482   SIC 8211

SUDBURY CATHOLIC DISTRICT SCHOOL BOARD p 591
181 William St, GARSON, ON, P3L 1T7
(705) 693-2213   SIC 8211

SUDBURY CATHOLIC DISTRICT SCHOOL BOARD p 617
4500 St. Michel St, HANMER, ON, P3P 1M8
(705) 969-2101   SIC 8211

SUDBURY CATHOLIC DISTRICT SCHOOL BOARD p 617
539 Francis St, HANMER, ON, P3P 1E6
(705) 969-2212   SIC 8211

SUDBURY CATHOLIC DISTRICT SCHOOL BOARD p 868
1096 Dublin St, SUDBURY, ON, P3A 1R6
SIC 8211

SUDBURY CATHOLIC DISTRICT SCHOOL BOARD p 868
1305 Holland Rd, SUDBURY, ON, P3A 3R4
SIC 8211

SUDBURY CATHOLIC DISTRICT SCHOOL BOARD p 869
44 Third Ave, SUDBURY, ON, P3B 3P8
(705) 566-6080   SIC 8211

SUDBURY CATHOLIC DISTRICT SCHOOL BOARD p 869
504 St. Raphael St, SUDBURY, ON, P3B 1M4
(705) 673-3003   SIC 8211

SUDBURY CATHOLIC DISTRICT SCHOOL BOARD p 870
350 Jean St, SUDBURY, ON, P3C 2S8
(705) 674-4096   SIC 8211

SUDBURY CATHOLIC DISTRICT SCHOOL BOARD p 871
691 Lilac St, SUDBURY, ON, P3E 4E2
(705) 674-0701   SIC 8211

SUDBURY CATHOLIC DISTRICT SCHOOL BOARD p 946
1748 Pierre St, VAL CARON, ON, P3N 1C5
(705) 897-4483   SIC 8211

SUDBURY CYCLE & MARINE p 869
See SUDBURY CYCLE CENTRE INC

SUDBURY CYCLE CENTRE INC p 869
3085 Kingsway, SUDBURY, ON, P3B 2G5
SIC 5551

SUDBURY HOSPITAL SERVICES p 871
363 York St, SUDBURY, ON, P3E 2A8
(705) 674-2158   SIC 7219

SUDBURY MANAGEMENT SERVICES LIMITED p
868
1901 Lasalle Blvd, SUDBURY, ON, P3A 2A3
(705) 525-4357   SIC 7363

SUDBURY MEMORIAL HOSPITAL p 870
See HEALTH SCIENCES NORTH

SUDBURY REGENT STREET INC p 871
2270 Regent St, SUDBURY, ON, P3E 0B4
(705) 523-8100   SIC 7011

SUDBURY SECONDARY SCHOOL p 870
See RAINBOW DISTRICT SCHOOL BOARD

SUDDABY PUBLIC SCHOOL p 642
See WATERLOO REGION DISTRICT SCHOOL BOARD

SUDLER & HENNESSEY MARKET FOREST, DIV OF p
712
See YOUNG & RUBICAM GROUP OF COMPANIES ULC, THE

SUEDART p 1199
See MARTIN INC

SUEZ CANADA WASTE SERIVCES INC p
116
13111 Meridian St Ne Suite 500, EDMONTON, AB, T6S 1G9
(780) 472-9966   SIC 2875

SUEZ CANADA WASTE SERIVCES INC p
116
13111 Meridian St Suite 600, EDMONTON, AB, T6S 1G9
(780) 472-9966   SIC 4953

SUEZ CANADA WASTE SERIVCES INC p
170
10000 Chrystina Lake Rd, SWAN HILLS, AB, T0G 2C0
(780) 391-7303   SIC 4953

SUKI'S BEAUTY BAZAAR LTD p 305
650 Georgia St W Suite 11506, VANCOUVER, BC, V6B 4N7
SIC 7231

SUKI'S BEAUTY BAZAAR LTD p 315
3157 Granville St, VANCOUVER, BC, V6H 3K1
(604) 738-2127   SIC 7231

SUKI'S BEAUTY BAZAAR LTD p 317
1805 1st Ave W, VANCOUVER, BC, V6J 5B8
(604) 732-9101   SIC 7231

SUKI'S INTERNATIONAL HAIR DESIGN p
305
See SUKI'S BEAUTY BAZAAR LTD

SUKI'S INTERNATIONAL HAIR DESIGN p
315
See SUKI'S BEAUTY BAZAAR LTD

SUKI'S ON 1ST p 317
See SUKI'S BEAUTY BAZAAR LTD

SULCO CHEMICALS p 572
See CANADA COLORS AND CHEMICALS (EASTERN) LIMITED

SULLIVAN HEIGHTS SECONDARY p 287
See SCHOOL DISTRICT NO 36 (SURREY)

SULLIVAN SCHOOL p 282
See SCHOOL DISTRICT NO 36 (SURREY)

SULLIVAN, EVAN PHARMACY LIMITED p
504
390 North Front St, BELLEVILLE, ON, K8P 3E1
(613) 966-7298   SIC 5912

SULZER PUMPS (CANADA) INC p 184
4129 Lozells Ave, BURNABY, BC, V5A 2Z5
(604) 415-7800   SIC 3561

SUMAC LODGE p 827
See REVERA LONG TERM CARE INC

SUMITOMO DRIVE TECHNOLOGIES p 770
See SM CYCLO OF CANADA, LTD

SUMMERCOVE ESTATES INC p 821
30 Wertheim Crt Suite 9, RICHMOND HILL, ON, L4B 1B9
(905) 881-1026   SIC 1522

SUMMERLAND MIDDLE SCHOOL p 279
See CONSEIL SCOLAIRE FRANCOPHONE DE LA COLOMBIE BRITANNIQUE

SUMMERLAND, CORPORATION OF THE DISTRICT OF p 279
9215 Cedar Ave, SUMMERLAND, BC, V0H 1Z2

(250) 494-0431 SIC 8711
SUMMERS CORNERS PUBLIC SCHOOL p 492
See THAMES VALLEY DISTRICT SCHOOL BOARD
SUMMERSET MANOR p 985
See PROVINCE OF PEI
SUMMERSIDE ACCOUNTING p 984
See BDO CANADA LLP
SUMMERSIDE INTERMEDIATE SCHOOL p 985
See PUBLIC SCHOOLS BRANCH
SUMMERSIDE PO p 984
See CANADA POST CORPORATION
SUMMIT ELEMENTARY SCHOOL p 221
See SCHOOL DISTRICT 73 (KAMLOOPS/THOMPSON)
SUMMIT FOOD p 784
See COLABOR LIMITED PARTNERSHIP
SUMMIT FOOD SERVICE DISTRIBUTORS p 718
See COLABOR LIMITED PARTNERSHIP
SUMMIT FOOD SERVICE DISTRIBUTORS, DIV OF p 650
See COLABOR LIMITED PARTNERSHIP
SUMMIT FOOD SERVICE, A DIVISION OF COLABOR p 650
See COLABOR LIMITED PARTNERSHIP
SUMMIT FOOD SERVICE, DIV OF p 947
See COLABOR LIMITED PARTNERSHIP
SUMMIT HOUSE GRILL p 897
See IMAGO RESTAURANTS INC
SUMMIT MIDDLE SCHOOL p 200
See SCHOOL DISTRICT NO. 43 (COQUITLAM)
SUMMIT PLACE p 804
See REVERA LONG TERM CARE INC
SUMMIT TOLLS p 187
See HOLLAND IMPORTS INC
SUMMIT TRUCK p 29
See SHAW GMC CHEVROLET BUICK LTD
SUMMIT VIEW PUBLIC SCHOOL p 863
See YORK REGION DISTRICT SCHOOL BOARD
SUMMITVIEW MIDDLE SCHOOL p 124
See GRANDE YELLOWHEAD PUBLIC SCHOOL DIVISION 77
SUMMO CORP p 535
See VOESTALPINE ROTEC SUMMO CORP
SUMMON ARM WEST ELEMENTARY p 276
See NORTH OKANAGAN SHUSWAP SCHOOL DISTRICT 83
SUMMUM BEAUTE INTERNATIONAL (DISTRIBUTION) p 1192
See SUMMUM BEAUTE INTERNATIONAL INC
SUMMUM BEAUTE INTERNATIONAL INC p 1192
4400 Boul Kimber, SAINT-HUBERT, QC, J3Y 8L4
(450) 678-3231 SIC 5122
SUMMUM WEB MEDIA p 1158
See GENEX COMMUNICATIONS INC
SUMNER PLUMBING SUPPLIES p 460
See EMCO CORPORATION
SUMNER PLUMBING SUPPLY, DIV OF p 409
See EMCO CORPORATION
SUN CHEMICAL LIMITED p 267
13800 Vulcan Way, RICHMOND, BC, V6V 1K6
(604) 273-3791 SIC 5085
SUN CHEMICAL LIMITED p 541
1274 Plains Rd E, BURLINGTON, ON, L7S 1W6
(905) 639-2561 SIC 2893
SUN CHEMICAL LIMITED p 991
10501 Boul Parkway, ANJOU, QC, H1J 1R4
(514) 355-7000 SIC 2893
SUN COUNTRY HEALTH REGION p 1264
400 2nd St W, BENGOUGH, SK, S0C 0K0
(306) 268-2840 SIC 8051

SUN COUNTRY HEALTH REGION p 1308
808 Souris Valley Rd, WEYBURN, SK, S4H 2Z9
(306) 842-8399 SIC 8099
SUN COUNTRY REGIONAL HEALTH AUTHORITY p 1264
400 2nd St W, BENGOUGH, SK, S0C 0K0
(306) 268-2048 SIC 8051
SUN COUNTRY REGIONAL HEALTH AUTHORITY p 1266
240 South Ave E, CORONACH, SK, S0H 0Z0
(306) 267-2022 SIC 8059
SUN COUNTRY REGIONAL HEALTH AUTHORITY p 1266
6th St W, CARLYLE, SK, S0C 0R0
(306) 453-2434 SIC 8051
SUN COUNTRY REGIONAL HEALTH AUTHORITY p 1269
312 Stephens St, GAINSBOROUGH, SK, S0C 0Z0
(306) 685-2277 SIC 8051
SUN COUNTRY REGIONAL HEALTH AUTHORITY p 1271
200 4th St, KIPLING, SK, S0G 2S0
(306) 736-2218 SIC 8051
SUN COUNTRY REGIONAL HEALTH AUTHORITY p 1271
803 1 St, KIPLING, SK, S0G 2S0
(306) 736-2553 SIC 8062
SUN COUNTRY REGIONAL HEALTH AUTHORITY p 1275
206 South St, MIDALE, SK, S0C 1S0
(306) 458-2995 SIC 8051
SUN COUNTRY REGIONAL HEALTH AUTHORITY p 1278
917 Tupper St, OXBOW, SK, S0C 2B0
(306) 483-2956 SIC 8099
SUN COUNTRY REGIONAL HEALTH AUTHORITY p 1281
18 Eichhorst St, REDVERS, SK, S0C 2H0
(306) 452-3553 SIC 8062
SUN COUNTRY REGIONAL HEALTH AUTHORITY p 1308
201 1st Ave Ne, WEYBURN, SK, S4H 0N1
(306) 842-8400 SIC 8062
SUN COUNTRY REGIONAL HEALTH AUTHORITY p 1308
201 Wilfred St, WAWOTA, SK, S0G 5A0
(306) 739-2400 SIC 8051
SUN DAWN INTEGRATED SERVICES INC p 317
1606 5th Ave W, VANCOUVER, BC, V6J 1N8
(604) 739-3801 SIC 8711
SUN ELECTRIC (1975) LTD p 1283
504 Henderson Dr, REGINA, SK, S4N 5X2
(306) 721-4777 SIC 1731
SUN FITNESS PRODUCTIONS INC p 284
13777 103 Ave, SURREY, BC, V3T 5B5
(604) 581-4447 SIC 7991
SUN GRO HORTICULTURE CANADA LTD p 348
Gd, ELMA, MB, R0E 0Z0
(204) 426-2121 SIC 1499
SUN GRO HORTICULTURE PROCESSING p 348
See SUN GRO HORTICULTURE CANADA LTD
SUN LIFE p 794
See SUN LIFE ASSURANCE COMPANY OF CANADA
SUN LIFE ASSURANCE COMPANY OF

CANADA p 33
5980 Centre St Se, CALGARY, AB, T2H 0C1
(403) 266-2061 SIC 6311
SUN LIFE ASSURANCE COMPANY OF CANADA p 49
140 4 Ave Sw Suite 1530, CALGARY, AB, T2P 3N3
(403) 266-8959 SIC 6311
SUN LIFE ASSURANCE COMPANY OF CANADA p 62
600 Crowfoot Cres Nw Suite 300, CALGARY, AB, T3G 0B4
(403) 231-8600 SIC 6311
SUN LIFE ASSURANCE COMPANY OF CANADA p 128
10104 97 Ave Suite 103, GRANDE PRAIRIE, AB, T8V 7X6
(780) 532-2388 SIC 6311
SUN LIFE ASSURANCE COMPANY OF CANADA p 139
404 Scenic Dr S, LETHBRIDGE, AB, T1J 4S3
(403) 328-3306 SIC 6311
SUN LIFE ASSURANCE COMPANY OF CANADA p 192
4720 Kingsway Suite 720, BURNABY, BC, V5H 4N2
(604) 438-5528 SIC 6311
SUN LIFE ASSURANCE COMPANY OF CANADA p 221
275 Lansdowne St Suite 600, KAMLOOPS, BC, V2C 6H6
(250) 374-5308 SIC 6311
SUN LIFE ASSURANCE COMPANY OF CANADA p 273
3600 Lysander Ln Suite 120, RICHMOND, BC, V7B 1C3
(604) 279-2388 SIC 6311
SUN LIFE ASSURANCE COMPANY OF CANADA p 281
10470 152 St Suite 170, SURREY, BC, V3R 0Y3
(604) 588-5232 SIC 6311
SUN LIFE ASSURANCE COMPANY OF CANADA p 313
1140 Pender St W Suite 1160, VANCOUVER, BC, V6E 4N8
(604) 681-9231 SIC 6324
SUN LIFE ASSURANCE COMPANY OF CANADA p 317
1508 Broadway W Suite 701, VANCOUVER, BC, V6J 1W8
(604) 683-6905 SIC 6311
SUN LIFE ASSURANCE COMPANY OF CANADA p 327
3962 Borden St Suite 101, VICTORIA, BC, V8P 3H8
(250) 385-1471 SIC 6311
SUN LIFE ASSURANCE COMPANY OF CANADA p 359
90 Thompson Dr Unit 7, THOMPSON, MB, R8N 1Y9
(204) 778-7071 SIC 6311
SUN LIFE ASSURANCE COMPANY OF CANADA p 425
8 Murphy Sq Unit C1, CORNER BROOK, NL, A2H 1R4
(709) 634-3105 SIC 6311
SUN LIFE ASSURANCE COMPANY OF CANADA p 504
366 North Front St, BELLEVILLE, ON, K8P 5E6
(613) 962-8606 SIC 6311
SUN LIFE ASSURANCE COMPANY OF CANADA p 634
785 Midpark Dr, KINGSTON, ON, K7M 7G3
(613) 634-1664 SIC 6311
SUN LIFE ASSURANCE COMPANY OF CANADA p 634
1471 John Counter Blvd Suite 101, KINGSTON, ON, K7M 8S8
(613) 545-9660 SIC 6411
SUN LIFE ASSURANCE COMPANY OF CANADA p 674

3100 Steeles Ave E Suite 500, MARKHAM, ON, L3R 8T3
(905) 415-9659 SIC 6311
SUN LIFE ASSURANCE COMPANY OF CANADA p 695
4 Robert Speck Pky Suite 1200, MISSISSAUGA, ON, L4Z 1S1
(905) 276-7140 SIC 6311
SUN LIFE ASSURANCE COMPANY OF CANADA p 746
2255 Sheppard Ave E Suite 135a, NORTH YORK, ON, M2J 4Y1
(416) 496-4500 SIC 6311
SUN LIFE ASSURANCE COMPANY OF CANADA p 794
333 Preston St Suite 800, OTTAWA, ON, K1S 5N4
(613) 567-9700 SIC 6311
SUN LIFE ASSURANCE COMPANY OF CANADA p 794
865 Carling Ave Suite 400, OTTAWA, ON, K1S 5S8
(613) 728-1223 SIC 6311
SUN LIFE ASSURANCE COMPANY OF CANADA p 804
1000 1st Ave W, OWEN SOUND, ON, N4K 4K5
(519) 376-6850 SIC 6311
SUN LIFE ASSURANCE COMPANY OF CANADA p 811
950 Lansdowne St W, PETERBOROUGH, ON, K9J 1Z9
(705) 742-0474 SIC 6311
SUN LIFE ASSURANCE COMPANY OF CANADA p 821
225 East Beaver Creek Rd Suite 720, RICHMOND HILL, ON, L4B 3P4
(905) 763-8188 SIC 6311
SUN LIFE ASSURANCE COMPANY OF CANADA p 844
2075 Kennedy Rd Suite 1300, SCARBOROUGH, ON, M1T 3V3
(416) 412-0401 SIC 6311
SUN LIFE ASSURANCE COMPANY OF CANADA p 865
342 Erie St Suite 107, STRATFORD, ON, N5A 2N4
(519) 271-0740 SIC 6411
SUN LIFE ASSURANCE COMPANY OF CANADA p 921
1 University Ave Suite 201, TORONTO, ON, M5J 2P1
(416) 366-8771 SIC 6311
SUN LIFE ASSURANCE COMPANY OF CANADA p 951
227 King St S Suite 3010, WATERLOO, ON, N2J 1R2
(519) 888-2076 SIC 6282
SUN LIFE ASSURANCE COMPANY OF CANADA p 982
184 Buchanan Dr, CHARLOTTETOWN, PE, C1E 2H8
(902) 894-8513 SIC 6311
SUN LIFE ASSURANCE COMPANY OF CANADA p 993
7101 Rue Jean-Talon E Bureau 812, ANJOU, QC, H1M 3N7
(514) 353-3177 SIC 6411
SUN LIFE ASSURANCE COMPANY OF CANADA p 1015
255 Rue Racine E Bureau 200, CHICOUTIMI, QC, G7H 7L2
(418) 549-5161 SIC 6311
SUN LIFE ASSURANCE COMPANY OF CANADA p 1038
15 Rue Gamelin Bureau 601, GATINEAU, QC, J8Y 6N5
(819) 771-6208 SIC 6311
SUN LIFE ASSURANCE COMPANY OF CANADA p 1063
3100 Boul Le Carrefour Bureau 770, Laval, QC, H7T 2K7
(450) 682-6550 SIC 6311
SUN LIFE ASSURANCE COMPANY OF

▲ Public Company   ■ Public Company Family Member   HQ Headquarters   BR Branch   SL Single Location

CANADA *p 1067*
994 Rue De La Concorde, Levis, QC, G6W 5M6
(418) 839-4909 SIC 6311
SUN LIFE ASSURANCE COMPANY OF CANADA *p 1113*
See SUN LIFE ASSURANCE COMPANY OF CANADA
SUN LIFE ASSURANCE COMPANY OF CANADA *p 1113*
1001 Rue Du Square-Dorchester Bureau 600, Montreal, QC, H3B 1N1
(514) 731-7961 SIC 6311
SUN LIFE ASSURANCE COMPANY OF CANADA *p 1113*
1155 Rue Metcalfe Bureau 20, Montreal, QC, H3B 2V9
(514) 866-6411 SIC 6311
SUN LIFE ASSURANCE COMPANY OF CANADA *p 1143*
1 Av Holiday Bureau 255, POINTE-CLAIRE, QC, H9R 5N3
(514) 426-1788 SIC 6311
SUN LIFE ASSURANCE COMPANY OF CANADA *p 1168*
5500 Boul Des Galeries Bureau 400, Quebec, QC, G2K 2E2
(418) 623-7250 SIC 6311
SUN LIFE ASSURANCE COMPANY OF CANADA *p 1173*
97 Rue Saint-Germain E, RIMOUSKI, QC, G5L 1A5
(418) 723-7831 SIC 6311
SUN LIFE ASSURANCE COMPANY OF CANADA *p 1204*
1111 Boul Dr.-Frederik-Philips Bureau 200, SAINT-LAURENT, QC, H4M 2X6
(514) 335-3445 SIC 6311
SUN LIFE ASSURANCE COMPANY OF CANADA *p 1204*
See SUN LIFE ASSURANCE COMPANY OF CANADA
SUN LIFE ASSURANCE COMPANY OF CANADA *p 1240*
2665 Rue King O Bureau 500, SHERBROOKE, QC, J1L 2G5
(819) 569-6328 SIC 6311
SUN LIFE ASSURANCE COMPANY OF CANADA *p 1250*
1055 Boul Des Forges Bureau 440, Trois-Rivieres, QC, G8Z 4J8
(819) 375-7737 SIC 6311
SUN LIFE ASSURANCE COMPANY OF CANADA *p 1286*
2002 Victoria Ave Suite 1200, REGINA, SK, S4P 0R7
(306) 757-8631 SIC 6311
SUN LIFE ASSURANCES (CANADA) LIMITEE *p 1113*
1155 Rue Metcalfe Bureau 1024, Montreal, QC, H3B 2V9
(514) 866-6411 SIC 6411
SUN LIFE FINANCIAL *p 33*
See SUN LIFE FINANCIAL INVESTMENT SERVICES (CANADA) INC
SUN LIFE FINANCIAL *p 49*
See SUN LIFE ASSURANCE COMPANY OF CANADA
SUN LIFE FINANCIAL *p 79*
See CLARICA TRUSTCO INC
SUN LIFE FINANCIAL *p 139*
See SUN LIFE ASSURANCE COMPANY OF CANADA
SUN LIFE FINANCIAL *p 281*
See SUN LIFE ASSURANCE COMPANY OF CANADA
SUN LIFE FINANCIAL *p 313*
See SUN LIFE ASSURANCE COMPANY OF CANADA
SUN LIFE FINANCIAL *p 317*
See SUN LIFE ASSURANCE COMPANY OF CANADA
SUN LIFE FINANCIAL *p 409*
See CLARICA MEEL HOLDINGS LIMITED
SUN LIFE FINANCIAL *p 634*
See SUN LIFE ASSURANCE COMPANY OF CANADA
SUN LIFE FINANCIAL *p 695*
See SUN LIFE ASSURANCE COMPANY OF CANADA
SUN LIFE FINANCIAL *p 746*
See SUN LIFE ASSURANCE COMPANY OF CANADA
SUN LIFE FINANCIAL *p 844*
See SUN LIFE ASSURANCE COMPANY OF CANADA
SUN LIFE FINANCIAL *p 982*
See SUN LIFE ASSURANCE COMPANY OF CANADA
SUN LIFE FINANCIAL *p 993*
See SUN LIFE ASSURANCE COMPANY OF CANADA
SUN LIFE FINANCIAL *p 1113*
See SUN LIFE ASSURANCES (CANADA) LIMITEE
SUN LIFE FINANCIAL *p 1143*
See SUN LIFE ASSURANCE COMPANY OF CANADA
SUN LIFE FINANCIAL INVESTMENT SERVICES (CANADA) INC *p 33*
5980 Centre St Se, CALGARY, AB, T2H 0C1
(403) 266-2061 SIC 6411
SUN LIFE FINANCIAL INVESTMENT SERVICES (CANADA) INC *p 327*
3962 Borden St Suite 101, VICTORIA, BC, V8P 3H8
(250) 385-1471 SIC 6282
SUN LIFE FINANCIAL INVESTMENT SERVICES (CANADA) INC *p 401*
570 Queen St Suite 200, FREDERICTON, NB, E3B 6Z6
(506) 458-8074 SIC 6311
SUN LIFE FINANCIAL INVESTMENT SERVICES (CANADA) INC *p 1198*
365 Rue Normand Bureau 200, SAINT-JEAN-SUR-RICHELIEU, QC, J3A 1T6
(450) 348-9239 SIC 6411
SUN LIFE FINANCIAL INVESTMENT SERVICES (CANADA) INC *p 1202*
500 Boul Des Laurentides Bureau 260, Saint-Jerome, QC, J7Z 4M2
SIC 6311
SUN LIFE FINANCIAL TRUST INC *p 82*
10123 99 T, EDMONTON, AB, T5J 3H1
(780) 441-4474 SIC 6411
SUN LIFE FINANCIAL TRUST INC *p 658*
1 Commissioners Rd E Unit 101, LONDON, ON, N6C 5Z3
(519) 680-2382 SIC 6411
SUN LIFE FINANCIAL TRUST INC *p 961*
8255 Anchor Dr, WINDSOR, ON, N8N 5G1
(519) 739-7777 SIC 6411
SUN LIFE WINDSOR ESSEX *p 961*
See SUN LIFE FINANCIAL TRUST INC
SUN PAC FOODS LIMITED *p 512*
10 Sun Pac Blvd, BRAMPTON, ON, L6S 4R5
(905) 792-2700 SIC 2033
SUN PARLOR HOMES *p 646*
See CORPORATION OF THE COUNTY OF ESSEX, THE
SUN PARLOR PUBLIC SCHOOL *p 574*
See GREATER ESSEX COUNTY DISTRICT SCHOOL BOARD
SUN PARLOUR GROWER SUPPLY LIMITED *p 646*
230 County Rd 31, LEAMINGTON, ON, N8H 3W2
(519) 326-8681 SIC 5191
SUN RICH FRESH FOODS INC *p 512*
35 Bramtree Crt Unit 1, BRAMPTON, ON, L6S 6G2
(905) 789-0200 SIC 2033
SUN SUI WAH SEAFOOD RESTAURANT LTD *p 298*
3888 Main St, VANCOUVER, BC, V5V 3N9
(604) 872-8822 SIC 5812
SUN VALLEY FOODS *p 513*
See CARGILL LIMITED
SUN VALLEY SCHOOL *p 364*
See RIVER EAST TRANSCONA SCHOOL DIVISION
SUN WEST SCHOOL DIVISION NO 207 SASKATCHEWAN *p 1265*
701 Kings St, BIGGAR, SK, S0K 0M0
(306) 948-2117 SIC 8211
SUN WEST SCHOOL DIVISION NO 207 SASKATCHEWAN *p 1267*
410 1st St E, EATONIA, SK, S0L 0Y0
(306) 967-2536 SIC 8211
SUN WEST SCHOOL DIVISION NO 207 SASKATCHEWAN *p 1267*
420 Government Rd, DAVIDSON, SK, S0G 1A0
(306) 567-3216 SIC 8211
SUN WEST SCHOOL DIVISION NO 207 SASKATCHEWAN *p 1271*
200 5th Ave E, KINDERSLEY, SK, S0L 1S0
(306) 463-6547 SIC 8211
SUN WEST SCHOOL DIVISION NO 207 SASKATCHEWAN *p 1271*
400 5th Ave, KENASTON, SK, S0G 2N0
(306) 252-2182 SIC 8211
SUN WEST SCHOOL DIVISION NO 207 SASKATCHEWAN *p 1271*
606 3rd St E, KINDERSLEY, SK, S0L 1S0
(306) 463-3771 SIC 8211
SUN WEST SCHOOL DIVISION NO 207 SASKATCHEWAN *p 1273*
301 2th Ave S, LUCKY LAKE, SK, S0L 1Z0
(306) 858-2052 SIC 8211
SUN WEST SCHOOL DIVISION NO 207 SASKATCHEWAN *p 1274*
2 2nd Ave N, MARENGO, SK, S0L 2K0
(306) 968-2933 SIC 8211
SUN WEST SCHOOL DIVISION NO 207 SASKATCHEWAN *p 1278*
1 Saskatchewan Ave, PLENTY, SK, S0L 2R0
(306) 932-2222 SIC 8211
SUN WEST SCHOOL DIVISION NO 207 SASKATCHEWAN *p 1278*
515 Franklin St, OUTLOOK, SK, S0L 2N0
(306) 867-8653 SIC 8211
SUN WEST SCHOOL DIVISION NO 207 SASKATCHEWAN *p 1291*
200 9th Ave E, ROSETOWN, SK, S0L 2V0
(306) 882-3800 SIC 8211
SUN WEST SCHOOL DIVISION NO 207 SASKATCHEWAN *p 1291*
501 Hwy 4 N, ROSETOWN, SK, S0L 2V0
(306) 882-2677 SIC 8211
SUN-BRITE FOODS INC *p 763*
56 Huxley Rd, NORTH YORK, ON, M9M 1H2
(416) 741-9300 SIC 2098
SUN-CANADIAN PIPE LINE COMPANY LIMITED *p 949*
830 Highway 6 N, WATERDOWN, ON, L0R 2H0
(905) 689-6641 SIC 4613
SUNALTA ELEMENTARY SCHOOL *p 59*
See CALGARY BOARD OF EDUCATION
SUNBEAM CENTRE *p 637*
1120 Victoria St N Suite 205, KITCHENER, ON, N2B 3T2
(519) 741-1121 SIC 8699
SUNBEAM CENTRE *p 637*
26 Breckwood Pl, KITCHENER, ON, N2A 4C6
(519) 894-1941 SIC 8361
SUNBEAM CENTRE *p 638*
595 Greenfield Ave Suite 43, KITCHENER, ON, N2C 2N7
(519) 894-2098 SIC 8059
SUNBEAM CORPORATION (CANADA) LIMITED *p 523*
20 Hereford St Suite B, BRAMPTON, ON, L6Y 0M1
(905) 593-6100 SIC 5064
SUNBEAM LODGE *p 644*
See ADONAI RESIDENTIAL SERVICES INC
SUNBEAM RESIDENTIAL GROUP HOME *p 638*
See SUNBEAM CENTRE
SUNBURY CEDAR SALES *p 209*
See DELTA CEDAR PRODUCTS LTD
SUNBURY TRANSPORT LIMITED *p 415*
485 Mcallister Dr, SAINT JOHN, NB, E2J 2S8
(800) 786-2878 SIC 4213
SUNCO DRYWALL LTD *p 33*
7835 Flint Rd Se, CALGARY, AB, T2H 1G3
(403) 250-9701 SIC 1742
SUNCOR ENERGY *p 117*
See SUNCOR ENERGY INC
SUNCOR ENERGY INC *p 53*
1920 4 St Sw, CALGARY, AB, T2S 1W3
(403) 228-6473 SIC 7542
SUNCOR ENERGY INC *p 82*
Gd Stn Main, EDMONTON, AB, T5J 2G8
(780) 410-5610 SIC 2911
SUNCOR ENERGY INC *p 116*
801 Petroleum Way Nw, EDMONTON, AB, T6S 1H5
(780) 410-5681 SIC 2911
SUNCOR ENERGY INC *p 117*
Gd Stn Main, EDSON, AB, T7E 1T1
(780) 693-7300 SIC 2911
SUNCOR ENERGY INC *p 121*
Gd Lcd Main, FORT MCMURRAY, AB, T9H 3E2
(780) 743-1382 SIC 1311
SUNCOR ENERGY INC *p 121*
Gd, FORT MCMURRAY, AB, T9H 3E3
(780) 713-7163 SIC 1311
SUNCOR ENERGY INC *p 121*
Gd, FORT MCMURRAY, AB, T9H 3E2
(780) 743-6411 SIC 1311
SUNCOR ENERGY INC *p 162*
241 Kaska Rd, SHERWOOD PARK, AB, T8A 4E8
(780) 449-2100 SIC 4613
SUNCOR ENERGY INC *p 215*
11527 Alaska Rd, FORT ST. JOHN, BC, V1J 6N2
(250) 787-8200 SIC 2911
SUNCOR ENERGY INC *p 243*
2345 Island Hwy E, NANOOSE BAY, BC, V9P 9E2
(250) 468-7441 SIC 5541
SUNCOR ENERGY INC *p 257*
1154 Glenayre Dr, PORT MOODY, BC, V3H 1J7
(604) 933-3000 SIC 5171
SUNCOR ENERGY INC *p 435*
235 Water St Suite 201, ST. JOHN'S, NL, A1C 1B6
(709) 778-3500 SIC 1389
SUNCOR ENERGY INC *p 703*
2489 North Sheridan Way, MISSISSAUGA, ON, L5K 1A8
(905) 804-4500 SIC 1389
SUNCOR ENERGY INC *p 723*
535 Rokeby Line Rr 1, MOORETOWN, ON, N0N 1M0
(519) 481-0454 SIC 2911
SUNCOR ENERGY INC *p 770*
3275 Rebecca St, OAKVILLE, ON, L6L 6N5
(905) 804-7152 SIC 2911
SUNCOR ENERGY INC *p 839*
1896 Eglinton Ave E, SCARBOROUGH, ON, M1L 2L9
(416) 751-8896 SIC 5541
SUNCOR ENERGY INC *p 1000*
20905 Ch De La Cote N, BOISBRIAND, QC, J7E 4H5
(450) 435-5998 SIC 5541
SUNCOR ENERGY INC *p 1140*

11701 Rue Sherbrooke E, POINTE-AUX-TREMBLES, QC, H1B 1C3
(514) 640-8000   SIC 2911
SUNCOR ENERGY PRODUCTS INC   p 715
6015 Mclaughlin Rd, MISSISSAUGA, ON, L5R 1B9
(905) 507-8100   SIC 5541
SUNCOR ENERGY PRODUCTS INC   p 750
36 York Mills Rd Suite 110, NORTH YORK, ON, M2P 2E9
(416) 498-7751   SIC 2911
SUNCOR ENERGY PRODUCTS INC   p 829
1900 River Rd, SARNIA, ON, N7T 7J3
(519) 337-2301   SIC 5172
SUNCOR ENERGY PRODUCTS PARTNERSHIP   p 49
150 6 Ave Sw, CALGARY, AB, T2P 3Y7
(403) 296-8000   SIC 2911
SUNCOR SOCIAL CLUB   p 162
See SUNCOR ENERGY INC
SUNCORE CONSTRUCTION   p 700
3455 Wolfedale Rd, MISSISSAUGA, ON, L5C 1V8
(905) 897-1000   SIC 1521
SUNCREST CABINETS INC   p 270
4651 Vanguard Rd, RICHMOND, BC, V6X 2P7
(604) 278-3445   SIC 2541
SUNCREST ELEMENTARY SCHOOL   p 192
See BURNABY SCHOOL BOARD DISTRICT 41
SUNDANCE ELEMENTARY SCHOOL   p 55
See CALGARY BOARD OF EDUCATION
SUNDANCE FOREST INDUSTRIES LTD   p 117
Gd Stn Main, EDSON, AB, T7E 1T1
(780) 723-3977   SIC 2421
SUNDANCE LTD   p 435
33a George St, ST. JOHN'S, NL, A1C 5X3
(709) 753-7822   SIC 5812
SUNDERLAND PUBLIC SCHOOL   p 871
See DURHAM DISTRICT SCHOOL BOARD
SUNDINE PRODUCE INC   p 686
6346 Viscount Rd, MISSISSAUGA, ON, L4V 1H3
(905) 362-9400   SIC 5148
SUNDOG PRINTING, DIV OF   p 60
See DATA COMMUNICATIONS MANAGEMENT CORP
SUNDRE HIGH SCHOOL   p 169
See CHINOOKS EDGE SCHOOL DIVISION NO. 73
SUNDRE HOSPITAL & CARE CENTRE   p 169
See ALBERTA HEALTH SERVICES
SUNEDISON CANADIAN CONSTRUCTION LP   p 657
595 Adelaide St N Suite 400, LONDON, ON, N6B 3J9
SIC 3433
SUNGARD AVAILABILITY SERVICES (CANADA) LTD   p 766
2010 Winston Park Dr Suite 400, OAKVILLE, ON, L6H 6A3
(905) 287-4000   SIC 7371
SUNGARD SHERWOOD SYSTEMS (CANADA) INC   p 691
5225 Satellite Dr, MISSISSAUGA, ON, L4W 5P9
(905) 275-2299   SIC 7372
SUNGOD RECREATION CENTRE   p 209
See CORPORATION OF DELTA, THE
SUNLIFE FINANCIAL   p 811
See SUN LIFE ASSURANCE COMPANY OF CANADA
SUNNINGDALE PUBLIC SCHOOL   p 765
See HALTON DISTRICT SCHOOL BOARD
SUNNY CORNER ENTERPRISES INC   p 405
259 Dalton Ave, MIRAMICHI, NB, E1V 3C4
(506) 622-5600   SIC 1711
SUNNY HOLDINGS LIMITED   p 38
1140 16 Ave Nw, CALGARY, AB, T2M 0K8
SIC 5812

SUNNY SIDE SENIOR PUBLIC SCHOOL   p 637
See WATERLOO REGION DISTRICT SCHOOL BOARD
SUNNY VIEW MIDDLE SCHOOL   p 510
See PEEL DISTRICT SCHOOL BOARD
SUNNY VIEW PUBLIC SCHOOL   p 759
See TORONTO DISTRICT SCHOOL BOARD
SUNNY'S RESTAURANT BAR   p 1256
See 3453871 CANADA INC
SUNNYBANK RETIREMENT CENTRE   p 251
See INTERIOR HEALTH AUTHORITY
SUNNYBANK RETIREMENT HOME   p 251
Gd, OLIVER, BC, V0H 1T0
(250) 498-4951   SIC 8361
SUNNYBRAE PUBLIC SCHOOL   p 622
See SIMCOE COUNTY DISTRICT SCHOOL BOARD, THE
SUNNYBROOK FOUNDATION   p 897
See SUNNYBROOK HEALTH SCIENCES CENTRE FOUNDATION
SUNNYBROOK HEALTH SCIENCES CENTRE FOUNDATION   p 897
2075 Bayview Ave Suite 747, TORONTO, ON, M4N 3M5
(416) 480-6100   SIC 8011
SUNNYBROOK HEALTH SCIENCES CENTRE FOUNDATION   p 904
43 Wellesley St E Suite 327, TORONTO, ON, M4Y 1H1
(416) 967-8500   SIC 8069
SUNNYBROOK HEALTH SCIENCES CENTRE FOUNDATION   p 912
790 Bay St Suite 536, TORONTO, ON, M5G 1N8
(416) 351-3700   SIC 8093
SUNNYBROOK HOSPITAL   p 896
See HANNA, WEDAD MEDICINE PROFESSIONAL CORPORATION
SUNNYBROOK RESEARCH INSTITUTE   p 897
2075 Bayview Ave, TORONTO, ON, M4N 3M5
(416) 480-6100   SIC 8732
SUNNYHILL WELLNESS CENTRE   p 39
See HEALTHCARE PROPERTIES HOLDINGS LTD
SUNNYLEA JS   p 940
See TORONTO DISTRICT SCHOOL BOARD
SUNNYSIDE ELEMENTARY SCHOOL   p 290
See SCHOOL DISTRICT NO 36 (SURREY)
SUNNYSIDE ELEMENTARY SCHOOL   p 443
See HALIFAX REGIONAL SCHOOL BOARD
SUNNYSIDE ELEMENTARY SCHOOL   p 1242
See COMMISSION SCOLAIRE EASTERN TOWNSHIPS
SUNNYSIDE MANOR   p 166
4522 47 Ave Suite 24, ST PAUL, AB, T0A 3A3
(780) 645-3530   SIC 8361
SUNNYSIDE SCHOOL   p 38
See CALGARY BOARD OF EDUCATION
SUNOPTA FOOD DISTRIBUTION GROUP   p 562
See SUNOPTA INC
SUNOPTA INC   p 279
14014 Highway 97 N, SUMMERLAND, BC, V0H 1Z0
(250) 494-0335   SIC 5149
SUNOPTA INC   p 562
8755 Keele St, CONCORD, ON, L4K 2N1
(905) 738-4304   SIC 5149
SUNOVA CREDIT UNION LIMITED   p 358
410 Centre Ave, STONEWALL, MB, R0C 2Z0
(204) 467-5574   SIC 6062
SUNOVION PHARMACEUTICALS

CANADA INC   p 711
6790 Century Ave Suite 100, MISSISSAUGA, ON, L5N 2V8
(905) 814-9145   SIC 2834
SUNPROJECT OF CANADA INC   p 562
511 Edgeley Blvd, CONCORD, ON, L4K 4G4
(905) 660-3117   SIC 2591
SUNRIDGE NISSAN LIMITED PARTNERSHIP   p 63
2307 Country Hills Blvd Ne, CALGARY, AB, T3J 0R4
(403) 207-1006   SIC 7538
SUNRIDGE SEARS HOME STORE   p 11
See SEARS CANADA INC
SUNRIDGE SENIORS COMMUNITY PARTNERSHIP   p 212
361 Bundock Ave, DUNCAN, BC, V9L 3P1
(250) 748-8048   SIC 8059
SUNRISE ASSISTED LIVING & SUNRISE OF VANCOUVER   p 319
See SUNRISE NORTH SENIOR LIVING LTD
SUNRISE ASSISTED LIVING OF RICHMOND HILL   p 823
See SUNRISE NORTH ASSISTED LIVING LTD
SUNRISE ASSISTED LIVING OF VICTORIA   p 330
See SUNRISE NORTH SENIOR LIVING LTD
SUNRISE ASSISTED LIVING UNIONVILLE   p 945
See SUNRISE OF MARKHAM LIMITED
SUNRISE BAKERY LTD   p 85
14728 119 Ave Nw, EDMONTON, AB, T5L 2P2
(780) 454-5797   SIC 2051
SUNRISE CREDIT UNION LIMITED   p 359
197 Broadway, TREHERNE, MB, R0G 2V0
(204) 723-3250   SIC 6062
SUNRISE CREDIT UNION LIMITED   p 360
220 7th Ave S, VIRDEN, MB, R0M 2C0
(204) 748-2907   SIC 6062
SUNRISE HEALTH REGION HOME CARE   p 1275
See SUNRISE REGIONAL HEALTH AUTHORITY
SUNRISE MARKETS INC   p 579
21 Medulla Ave, ETOBICOKE, ON, M8Z 5L6
(416) 233-2337   SIC 2099
SUNRISE MEDICAL CANADA INC   p 562
237 Romina Dr Unit 3, CONCORD, ON, L4K 4V3
(905) 660-2459   SIC 5047
SUNRISE MEDICAL HCM INC   p 891
355 Norfinch Dr, TORONTO, ON, M3N 1Y7
(416) 739-8333   SIC 3842
SUNRISE NORTH ASSISTED LIVING LTD   p 693
1279 Burnhamthorpe Rd E Suite 220, MISSISSAUGA, ON, L4Y 3V7
(905) 625-1344   SIC 8361
SUNRISE NORTH ASSISTED LIVING LTD   p 823
9800 Yonge St Suite 101, RICHMOND HILL, ON, L4C 0P5
(905) 883-6963   SIC 8361
SUNRISE NORTH SENIOR LIVING LTD   p 247
980 Lynn Valley Rd, NORTH VANCOUVER, BC, V7J 3V7
(604) 904-1226   SIC 8361
SUNRISE NORTH SENIOR LIVING LTD   p 319
999 57th Ave W, VANCOUVER, BC, V6P 6Y9
(604) 261-5799   SIC 8361
SUNRISE NORTH SENIOR LIVING LTD   p 330
920 Humboldt St Suite 222, VICTORIA, BC,

V8V 4W7
(250) 383-1366   SIC 8361
SUNRISE NORTH SENIOR LIVING LTD   p 491
3 Golf Links Dr Suite 2, AURORA, ON, L4G 7Y4
(905) 841-0022   SIC 8361
SUNRISE NORTH SENIOR LIVING LTD   p 535
5401 Lakeshore Rd, BURLINGTON, ON, L7L 6S5
(905) 333-9969   SIC 8361
SUNRISE NORTH SENIOR LIVING LTD   p 704
4046 Erin Mills Pky, MISSISSAUGA, ON, L5L 2W7
(905) 569-0004   SIC 8322
SUNRISE NORTH SENIOR LIVING LTD   p 768
456 Trafalgar Rd Suite 312, OAKVILLE, ON, L6J 7X1
(905) 337-1145   SIC 8361
SUNRISE NORTH SENIOR LIVING LTD   p 967
5065 Riverside Dr E Suite 203, WINDSOR, ON, N8Y 5B3
(519) 974-5858   SIC 8059
SUNRISE NORTH SENIOR LIVING LTD   p 996
505 Av Elm, BEACONSFIELD, QC, H9W 2E5
(514) 693-1616   SIC 8361
SUNRISE NORTH SENIOR LIVING LTD   p 998
50 Boul Des Chateaux, BLAINVILLE, QC, J7B 0A3
(450) 420-2727   SIC 8361
SUNRISE NORTH SENIOR LIVING LTD   p 1024
4377 Boul Saint-Jean Bureau 207, DOLLARD-DES-ORMEAUX, QC, H9H 2A4
(514) 620-4556   SIC 8361
SUNRISE OF AURORA   p 491
See SUNRISE NORTH SENIOR LIVING LTD
SUNRISE OF MARKHAM LIMITED   p 945
38 Swansea Rd, UNIONVILLE, ON, L3R 5K2
(905) 947-4566   SIC 8051
SUNRISE REGIONAL HEALTH AUTHORITY   p 1268
300 James St, ESTERHAZY, SK, S0A 0X0
(306) 745-6444   SIC 8361
SUNRISE REGIONAL HEALTH AUTHORITY   p 1269
715 Saskatchewan Ave E, FOAM LAKE, SK, S0A 1A0
(306) 272-3737   SIC 8051
SUNRISE REGIONAL HEALTH AUTHORITY   p 1270
320 5th Ave Ne, ITUNA, SK, S0A 1N0
(306) 795-2471   SIC 8011
SUNRISE REGIONAL HEALTH AUTHORITY   p 1275
200 Heritage Dr, MELVILLE, SK, S0A 2P0
(306) 728-7300   SIC 8059
SUNRISE REGIONAL HEALTH AUTHORITY   p 1279
Gd, PREECEVILLE, SK, S0A 3B0
(306) 547-3112   SIC 8051
SUNRISE REGIONAL HEALTH AUTHORITY   p 1291
101 Crescent Lake Rd, SALTCOATS, SK, S0A 3R0
(306) 744-2353   SIC 8051
SUNRISE RESIDENTIAL SERVICES LTD   p 154
Gd, RED DEER, AB, T4N 5E2

(403) 346-3422 SIC 8361
SUNRISE RIDGE ELEMENTARY p 282
See SCHOOL DISTRICT NO 36 (SURREY)
SUNRISE SCHOOL DIVISION p 343
900 James Ave, BEAUSEJOUR, MB, R0E 0C0
(204) 268-2664 SIC 8211
SUNRISE SCHOOL DIVISION p 343
85 5th St S, BEAUSEJOUR, MB, R0E 0C0
(204) 268-2423 SIC 8211
SUNRISE SCHOOL DIVISION p 343
736 Academy St, ANOLA, MB, R0E 0A0
(204) 866-2962 SIC 8211
SUNRISE SCHOOL DIVISION p 348
543 Holland St, DUGALD, MB, R0E 0K0
(204) 853-7929 SIC 8211
SUNRISE SCHOOL DIVISION p 350
125 Mcarthur Rd, LAC DU BONNET, MB, R0E 1A0
(204) 345-2585 SIC 8211
SUNRISE SCHOOL DIVISION p 350
285 Mcarthur Ave, LAC DU BONNET, MB, R0E 1A0
(204) 345-2462 SIC 8211
SUNRISE SCHOOL DIVISION p 353
760 Cedar Ave, OAKBANK, MB, R0E 1J0
(204) 444-2995 SIC 8211
SUNRISE SCHOOL DIVISION p 353
826 Cedar Ave, OAKBANK, MB, R0E 1J0
(204) 444-2473 SIC 8211
SUNRISE SCHOOL DIVISION p 353
841 Cedar Ave, OAKBANK, MB, R0E 1J1
(204) 444-2404 SIC 8211
SUNRISE SCHOOL DIVISION p 354
23 Vincent Ave, POWERVIEW, MB, R0E 1P0
(204) 367-2296 SIC 8211
SUNRISE SCHOOL DIVISION p 359
3 Pierson Dr, TYNDALL, MB, R0E 2B0
(204) 268-4353 SIC 8211
SUNRISE SCHOOL DIVISION p 360
55 2nd St, WHITEMOUTH, MB, R0E 2G0
(204) 348-2595 SIC 8211
SUNRISE SENIOR LIVING OF BURLINGTON p 535
See SUNRISE NORTH SENIOR LIVING LTD
SUNRISE SENIOR LIVING OF ERIN MILLS p 704
See SUNRISE NORTH SENIOR LIVING LTD
SUNRISE SENIOR LIVING OF MISSISSAUGA p 693
See SUNRISE NORTH ASSISTED LIVING LTD
SUNRISE SOYA FOODS p 579
See SUNRISE MARKETS INC
SUNSET ELEMENTARY SCHOOL p 257
See SCHOOL DISTRICT NO 85 (VANCOUVER ISLAND NORTH)
SUNSET HAVEN p 1266
See BORDER-LINE HOUSING CO (1975) INC
SUNSET HEIGHTS PUBLIC SCHOOL p 778
See DURHAM DISTRICT SCHOOL BOARD
SUNSET PARK PUBLIC SCHOOL p 742
See NEAR NORTH DISTRICT SCHOOL BOARD
SUNSHINE ASPARAGUS FARMS p 872
See 768308 ONTARIO INC
SUNSHINE BUILDING MAINTENANCE INC p 539
2500 Industrial St, BURLINGTON, ON, L7P 1A5
(905) 335-2020 SIC 7349
SUNSHINE CABS LIMITED p 247
1465 Rupert St, NORTH VANCOUVER, BC, V7J 1G1
(604) 987-3333 SIC 4121
SUNSHINE COAST ALTERNATIVE SCHOOL p 277
See SCHOOL DISTRICT NO. 46 (SUNSHINE COAST)
SUNSHINE COAST CAMPUS p 276
See CAPILANO UNIVERSITY
SUNSHINE COAST CREDIT UNION p 277
5655 Teredo St, SECHELT, BC, V0N 3A0
(604) 740-2662 SIC 6062
SUNSHINE COAST REGIONAL DISTRICT p 277
5920 Mason Rd, SECHELT, BC, V0N 3A8
(604) 885-3234 SIC 4111
SUNSHINE COAST TRANSIT SYSTEM p 277
See SUNSHINE COAST REGIONAL DISTRICT
SUNSHINE GM p 277
See SUNSHINE MOTORS (1996) LTD
SUNSHINE HILLS ELEMENTARY SCHOOL p 209
See DELTA SCHOOL DISTRICT NO.37
SUNSHINE MOTORS (1996) LTD p 277
1633 Field Rd, SECHELT, BC, V0N 3A1
(604) 885-5131 SIC 5511
SUNSHINE OILSANDS LTD p 49
903 8 Ave Sw Unit 1020, CALGARY, AB, T2P 0P7
(403) 984-1450 SIC 1311
SUNSHINE VILLAGE CORPORATION p 52
550 11 Ave Sw Suite 400, CALGARY, AB, T2R 1M7
(403) 705-4000 SIC 7389
SUNSPUN FOOD SERVICE p 105
See LOBLAWS INC
SUNSPUN SHOPPING SERVICE p 214
See LOBLAWS INC
SUNSWEET FUNDRAISING INC p 562
30 Rayette Rd, CONCORD, ON, L4K 2G3
(905) 669-6600 SIC 5145
SUNWAPTA FALLS RESORT LTD p 133
Gd, JASPER, AB, T0E 1E0
(780) 852-4852 SIC 7011
SUNWAPTA FALLS ROCKY AND MOUNTAIN LODGE p 133
See SUNWAPTA FALLS RESORT LTD
SUOMI-KOTI p 893
See TORONTO FINNISH CANADIAN SENIOR CENTRE
SUPER 8 p 883
See ATLIFIC INC
SUPER 8 HOTEL p 123
See RDVC INVESTMENTS LTD
SUPER C p 998
See METRO RICHELIEU INC
SUPER C p 999
See METRO RICHELIEU INC
SUPER C p 1004
See METRO RICHELIEU INC
SUPER C p 1012
See METRO RICHELIEU INC
SUPER C p 1024
See METRO RICHELIEU INC
SUPER C p 1030
See METRO RICHELIEU INC
SUPER C p 1036
See METRO RICHELIEU INC
SUPER C p 1038
See METRO RICHELIEU INC
SUPER C p 1039
See METRO RICHELIEU INC
SUPER C p 1043
See METRO RICHELIEU INC
SUPER C p 1046
See METRO RICHELIEU INC
SUPER C p 1059
See METRO RICHELIEU INC
SUPER C p 1072
See METRO RICHELIEU INC
SUPER C p 1085
See METRO RICHELIEU INC
SUPER C p 1088
See METRO RICHELIEU INC
SUPER C p 1117
See METRO RICHELIEU INC
SUPER C p 1127
See METRO RICHELIEU INC
SUPER C p 1130
See METRO RICHELIEU INC
SUPER C p 1132
See METRO RICHELIEU INC
SUPER C p 1166
See METRO RICHELIEU INC
SUPER C p 1173
See METRO RICHELIEU INC
SUPER C p 1187
See METRO RICHELIEU INC
SUPER C p 1197
See METRO RICHELIEU INC
SUPER C p 1216
See METRO RICHELIEU INC
SUPER C p 1234
See METRO RICHELIEU INC
SUPER C p 1237
See METRO RICHELIEU INC
SUPER C p 1251
See METRO RICHELIEU INC
SUPER C p 1256
See METRO RICHELIEU INC
SUPER C p 1259
See METRO RICHELIEU INC
SUPER C FLEURIMONT p 1236
See METRO RICHELIEU INC
SUPER C GALERIES JONQUIERE p 1047
See METRO RICHELIEU INC
SUPER C REPENTIGNY p 1171
See METRO RICHELIEU INC
SUPER C SOREL p 1241
See METRO RICHELIEU INC
SUPER C ST HYACINTHE p 1195
See METRO RICHELIEU INC
SUPER C, DIV DE p 1072
See METRO RICHELIEU INC
SUPER DISCOUNT STORE INC p 676
46 Norman Ross Dr, MARKHAM, ON, L3S 2Z1
(416) 939-5451 SIC 5311
SUPER FINE p 1088
See FRANCE DELICES INC
SUPER FIX p 1124
See BONNETERIE BELLA INC.
SUPER GAZ p 1199
See SUPER-SAVE ENTERPRISES LTD
SUPER LIQUIDA MEUBLES p 1167
See AMEUBLEMENTS TANGUAY INC
SUPER MARCHE CLAUDE ST-PIERRE IGA p 1123
See 132087 CANADA INC
SUPER MARCHE COLLIN INC p 1006
2004 Boul De Rome, BROSSARD, QC, J4W 3M7
(450) 671-8885 SIC 5411
SUPER MARCHE G BRETON INC p 1041
65 Rue Principale, GRANBY, QC, J2G 2T7
(450) 378-9926 SIC 5411
SUPER MARCHE LAPLANTE INC p 1032
999 Rue Principale E, FARNHAM, QC, J2N 1M9
(450) 293-4210 SIC 5411
SUPER MARCHE LARIVE INC p 1032
999 Rue Principale E, FARNHAM, QC, J2N 1M9
(450) 293-4210 SIC 5411
SUPER MARCHE MELLON I G A p 1047
See SUPER MARCHE MELLON INC
SUPER MARCHE MELLON INC p 1047
2085 Boul Mellon, Jonquiere, QC, G7S 3G4
(418) 548-7557 SIC 5411
SUPER MARCHE QUATRE FRERES p 1100
See 119859 CANADA INC
SUPER MARCHE ROGER RODRIGUE INC p 1190
1990 Boul Dionne, SAINT-GEORGES, QC, G5Y 3W8
(418) 228-2375 SIC 5411
SUPER PET #22 p 727
See 3499481 CANADA INC
SUPER PET #25 p 658
See 3499481 CANADA INC
SUPER PET DIV OF p 268
See 3499481 CANADA INC
SUPER SHINE JANITORIAL SERVICES LIMITED p 704
3495 Laird Rd Unit 22, MISSISSAUGA, ON, L5L 5S5
(905) 607-8200 SIC 7349
SUPER STAR HOCKEY LIMITED p 857
4725 Line 1, ST MARYS, ON, N4X 1C6
(519) 225-2329 SIC 7992
SUPER-SAVE ENTERPRISES LTD p 1199
840 Rue De Martigny O, Saint-Jerome, QC, J5L 1Z6
(450) 438-2587 SIC 5172
SUPERCARS INC p 434
220 Kenmount Rd, ST. JOHN'S, NL, A1B 3T2
(709) 726-8555 SIC 5511
SUPERCLUB VIDEOTRON LTEE, LE p 1093
4545 Rue Frontenac Bureau 101, Montreal, QC, H2H 2R7
(514) 372-5200 SIC 6794
SUPERFIT p 1124
See BELLA HOSIERY MILLS INC
SUPERGRAPHICS p 289
See GM NAMEPLATE CANADA CORP
SUPERHEAT FGH CANADA INC p 629
1463 Highway 21, KINCARDINE, ON, N2Z 2X3
(519) 396-1324 SIC 8711
SUPERIOR p 16
See CLEMRO WESTERN (1996) LTD
SUPERIOR COURT OF JUSTICE, CRIMINAL - COURT SUPPORT p 911
See GOVERNMENT OF ONTARIO
SUPERIOR ESSEX p 848
See ESSEX GROUP CANADA INC
SUPERIOR FRAMES p 562
See SUPERIOR SEATING HOSPITALITY INC
SUPERIOR GENERAL PARTNER INC p 1034
101 Ch Donaldson, GATINEAU, QC, J8L 3X3
(819) 986-1135 SIC 5169
SUPERIOR GLOVE WORKS LIMITED p 431
268 Main St, POINT LEAMINGTON, NL, A0H 1Z0
(709) 484-3596 SIC 2381
SUPERIOR GREENSTONE DISTRICT SCHOOL BOARD p 549
1551 Birch Cres, CARAMAT, ON, P0T 1J0
(807) 872-2648 SIC 8211
SUPERIOR GREENSTONE DISTRICT SCHOOL BOARD p 592
501 Hogarth Ave W, GERALDTON, ON, P0T 1M0
(807) 854-1683 SIC 8211
SUPERIOR GREENSTONE DISTRICT SCHOOL BOARD p 592
500 2nd St W, GERALDTON, ON, P0T 1M0
(807) 854-0130 SIC 8211
SUPERIOR GREENSTONE DISTRICT SCHOOL BOARD p 667
200 Manitou Rd W, MANITOUWADGE, ON, P0T 2C0
(807) 826-3241 SIC 8211
SUPERIOR GREENSTONE DISTRICT SCHOOL BOARD p 667
21 Wenonah St, MANITOUWADGE, ON, P0T 2C0
(807) 826-4011 SIC 8211
SUPERIOR GREENSTONE DISTRICT SCHOOL BOARD p 668
14 Hemlo Dr, MARATHON, ON, P0T 2E0
(807) 229-1800 SIC 8211
SUPERIOR GREENSTONE DISTRICT SCHOOL BOARD p 668
21 Chisholm Trl, MARATHON, ON, P0T 2E0
(807) 229-3050 SIC 8211
SUPERIOR GREENSTONE DISTRICT SCHOOL BOARD p 819
46 Salls St, RED ROCK, ON, P0T 2P0
(807) 886-2253 SIC 8211

SUPERIOR GREENSTONE DISTRICT SCHOOL BOARD p 872
19 Hudson St, TERRACE BAY, ON, P0T 2W0
(807) 825-3271 SIC 8211

SUPERIOR GREENSTONE DISTRICT SCHOOL BOARD p 872
9 Selkirk St, TERRACE BAY, ON, P0T 2W0
(807) 825-3253 SIC 8211

SUPERIOR HEATING & AIR CONDITIONING/ST. JAMES SHEET METAL LTD p 373
1600 Church Ave, WINNIPEG, MB, R2X 1G8
(204) 697-5666 SIC 1731

SUPERIOR HEIGHTS COLLEGIATE & VOCATIONAL SCHOOL p 831
See ALGOMA DISTRICT SCHOOL BOARD

SUPERIOR MEDICAL LIMITED p 756
520 Champagne Dr, NORTH YORK, ON, M3J 2T9
(416) 635-9797 SIC 5047

SUPERIOR MIDDLE SCHOOL p 394
See SCHOOL DISTRICT 15

SUPERIOR NORTH CATHOLIC DISTRICT SCHOOL BOARD p 666
113 Indian Rd, LONGLAC, ON, P0T 2A0
(807) 876-2213 SIC 8211

SUPERIOR NORTH CATHOLIC DISTRICT SCHOOL BOARD p 668
23 Pennlake Rd E, MARATHON, ON, P0T 2E0
(807) 229-1121 SIC 8211

SUPERIOR PLUS LP p 9
Gd, BRUDERHEIM, AB, T0B 0S0
(780) 796-3900 SIC 2819

SUPERIOR PLUS LP p 93
10841 Winterburn Rd Nw, EDMONTON, AB, T5S 2A9
(780) 447-3326 SIC 5039

SUPERIOR PLUS LP p 97
12416 184 St Nw, EDMONTON, AB, T5V 1T4
(780) 452-4966 SIC 5033

SUPERIOR PLUS LP p 128
Gd Lcd Main, GRANDE PRAIRIE, AB, T8V 2Z7
(780) 539-7200 SIC 2819

SUPERIOR PLUS LP p 203
51 Glacier St, COQUITLAM, BC, V3K 5Y6
(604) 552-8700 SIC 5984

SUPERIOR PLUS LP p 219
660 Kingston Ave, KAMLOOPS, BC, V2B 2C8
(250) 376-5781 SIC 5039

SUPERIOR PLUS LP p 241
2585 Mccullough Rd, NANAIMO, BC, V9S 4M9
(250) 739-2573 SIC 5984

SUPERIOR PLUS LP p 246
100 Forester St, NORTH VANCOUVER, BC, V7H 1W4
(604) 929-2331 SIC 2819

SUPERIOR PLUS LP p 290
9698 192 St, SURREY, BC, V4N 4C6
(604) 513-2211 SIC 5039

SUPERIOR PLUS LP p 360
Gd, VIRDEN, MB, R0M 2C0
(204) 748-6129 SIC 2819

SUPERIOR PLUS LP p 388
1122 Kenaston Blvd, WINNIPEG, MB, R3P 0R7
(204) 488-4477 SIC 5039

SUPERIOR PLUS LP p 411
480 Macnaughton Ave, MONCTON, NB, E1H 2K1
(506) 388-4304 SIC 5984

SUPERIOR PLUS LP p 434
287 Kenmount Rd, ST. JOHN'S, NL, A1B 3P9
(709) 726-1780 SIC 5984

SUPERIOR PLUS LP p 466
1526 Keltic Dr, LEITCHES CREEK, NS, B2A 4Y1
(902) 539-1060 SIC 5984

SUPERIOR PLUS LP p 499
789 Bayview Dr, BARRIE, ON, L4N 9A5
(705) 726-1861 SIC 5984

SUPERIOR PLUS LP p 503
686a Dundas St W, BELLEVILLE, ON, K8N 4Z2
(613) 962-9151 SIC 5984

SUPERIOR PLUS LP p 538
1121 Walker's Line Unit 3, BURLINGTON, ON, L7N 2G4
(800) 561-3495 SIC 5039

SUPERIOR PLUS LP p 547
36 Cherry Blossom Rd, CAMBRIDGE, ON, N3H 4R7
(519) 653-6111 SIC 5039

SUPERIOR PLUS LP p 562
225 Spinnaker Way Suite 2, CONCORD, ON, L4K 5T8
(905) 660-4456 SIC 5039

SUPERIOR PLUS LP p 603
7022 Wellington Rd, GUELPH, ON, N1H 6H8
(807) 223-2980 SIC 5984

SUPERIOR PLUS LP p 727
63 Roydon Pl, NEPEAN, ON, K2E 1A3
(613) 727-8807 SIC 5984

SUPERIOR PLUS LP p 743
1366 Main St W, NORTH BAY, ON, P1B 2W6
(705) 494-6000 SIC 5984

SUPERIOR PLUS LP p 863
6 Sangster Rd, STOUFFVILLE, ON, L4A 7X4
(905) 640-6811 SIC 5033

SUPERIOR PLUS LP p 940
302 The East Mall Suite 200, TORONTO, ON, M9B 6C7
(416) 239-7111 SIC 2819

SUPERIOR PLUS LP p 1034
101 Ch Donaldson, GATINEAU, QC, J8L 3X3
(819) 986-1135 SIC 2819

SUPERIOR PLUS LP p 1067
485 2e Av, Levis, QC, G6W 5M6
(418) 839-9434 SIC 5984

SUPERIOR PLUS LP p 1283
1048 Fleury St, REGINA, SK, S4N 4W8
(306) 721-2010 SIC 5039

SUPERIOR PLUS LP p 1298
Gd Stn Main, SASKATOON, SK, S7K 3J4
(306) 931-7767 SIC 2819

SUPERIOR PROPANE p 241
See SUPERIOR PLUS LP

SUPERIOR PROPANE p 466
See SUPERIOR PLUS LP

SUPERIOR PROPANE p 499
See SUPERIOR PLUS LP

SUPERIOR PROPANE p 603
See SUPERIOR PLUS LP

SUPERIOR PROPANE p 743
See SUPERIOR PLUS LP

SUPERIOR PROPANE, DIV OF p 601
See CONOCOPHILLIPS CANADA RESOURCES CORP

SUPERIOR SAFETY CODES INC p 85
14613 134 Ave Nw, EDMONTON, AB, T5L 4S9
(780) 489-4777 SIC 7389

SUPERIOR SAFETY INC p 879
782 Macdonell St, THUNDER BAY, ON, P7B 4A6
(807) 344-3473 SIC 5099

SUPERIOR SEATING HOSPITALITY INC p 562
212 Millway Ave, CONCORD, ON, L4K 3W4
(905) 738-7900 SIC 2599

SUPERIOR SEATING HOSPITALITY INC p 947
9000 Keele St Unit 11, VAUGHAN, ON, L4K 0B3
(905) 738-7900 SIC 2599

SUPERIOR SOLUTIONS LTD p 770
851 Progress Crt, OAKVILLE, ON, L6L 6K1
(800) 921-5527 SIC 5087

SUPERIOR TRUSS CO LTD p 352
165 Industrial Rd, OAK BLUFF, MB, R4G 0A5
(204) 888-7663 SIC 2439

SUPERIOR WELDING SUPPLIES p 337
See AIR LIQUIDE CANADA INC

SUPERMARCHE MALO INC p 1221
31 MontUe RUmi-Henri, SAINT-ROCH-DE-L'ACHIGAN, QC, J0K 3H0
(450) 588-2811 SIC 5411

SUPERMARCHE A R G INC p 1022
175 Rue Principale, COWANSVILLE, QC, J2K 3L9
(450) 263-3310 SIC 5411

SUPERMARCHE B.M. INC p 1144
149 Rue Du College, PONT-ROUGE, QC, G3H 3B3
(418) 873-2015 SIC 5411

SUPERMARCHE BOUCHER INC p 1185
870 Rue Principale, SAINT-DONAT-DE-MONTCALM, QC, J0T 2C0
(819) 424-7679 SIC 5411

SUPERMARCHE CREVIER L'ASSOMPTION INC p 1051
860 Boul De L'ange-Gardien N, L'ASSOMPTION, QC, J5W 1P1
(450) 589-5738 SIC 5411

SUPERMARCHE IGA PEPIN p 1196
See 9158-9325 QUEBEC INC

SUPERMARCHE P.A. p 1116
See 3855155 CANADA INC

SUPERMARCHE PERRIER ET MARTEL INC p 1213
6155 Boul Arthur-Sauve, SAINT-LAURENT, QC, H7R 3X8
(450) 627-4496 SIC 5411

SUPERMARCHE RIENDEAU INC p 1226
1700 Ch Du Fer-A-Cheval Bureau 102, SAINTE-JULIE, QC, J3E 1G2
SIC 5411

SUPERMARCHES GP INC, LES p 989
30 Boul Saint-Benoit E Bureau 12, AMQUI, QC, G5J 2B7
(418) 629-3560 SIC 5411

SUPERMARCHES GP INC, LES p 1067
2150 Boul Guillaume-Couture, Levis, QC, G6W 2S6
(418) 839-6003 SIC 5411

SUPERMARCHES GP INC, LES p 1077
750 Av Du Phare O Bureau 4415, MATANE, QC, G4W 3W8
(418) 562-4434 SIC 5411

SUPERMARCHES GP INC, LES p 1079
1665 Boul Benoit-Gaboury, MONT-JOLI, QC, G5H 3J1
(418) 775-2214 SIC 5411

SUPERMARCHES GP INC, LES p 1079
40 Av Doucet, MONT-JOLI, QC, G5H 0B8
(418) 775-8848 SIC 5411

SUPERMARCHES GP INC, LES p 1147
8500 Boul Henri-Bourassa Bureau 122, Quebec, QC, G1G 5X1
(418) 626-1056 SIC 5411

SUPERMARCHES GP INC, LES p 1163
2800 Rue Einstein Bureau 20, Quebec, QC, G1X 4N8
SIC 5411

SUPERMARCHES GP INC, LES p 1224
2 Boul Sainte-Anne E, SAINTE-ANNE-DES-MONTS, QC, G4V 1M5
(418) 763-2026 SIC 5411

SUPERMARCHES GP INC, LES p 1243
633 Rue Commerciale N Unite 100, TEMISCOUATA-SUR-LE-LAC, QC, G0L 1E0
(418) 854-2177 SIC 5411

SUPERMARCHES JACQUES DAIGLE INC p 1000
25 Boul Des Entreprises, BOISBRIAND, QC, J7G 3K6
(450) 430-1396 SIC 5411

SUPERMETAL QUEBEC INC p 1067
1955 5e Rue, Levis, QC, G6W 5M6

SUPREME OFFICE PRODUCTS LIMITED 3731

(418) 834-1955 SIC 1791

SUPERMETAL SHERBROOKE INC p 1237
375 Rue De Courcelette, SHERBROOKE, QC, J1H 3X4
(819) 566-2965 SIC 3441

SUPERPFOOD p 707
See CANADIAN TEST CASE 177 CORP

SUPERSTORE p 85
See LOBLAWS INC

SUPERSTORE THE REAL CANADIAN p 205
See LOBLAWS INC

SUPERTEK CANADA INC p 1082
8605 Ch Darnley, MONT-ROYAL, QC, H4T 1X2
(514) 737-8354 SIC 5099

SUPERVALUE p 295
See 551382 BC LTD

SUPPLIERS TO BUSINESS & INDUSTRY p 417
See J. D. IRVING, LIMITED

SUPPLY CHAIN MANAGEMENT p 723
See WALMART CANADA LOGISTICS ULC

SUPPORT SERVICES COMPLEX p 5
See PEMBINA HILLS REGIONAL DIVISION 7

SUPPORTED COMMUNITY LIVING OPTIONS p 445
See LAHAVE MANOR CORP

SUPRA PROPERTY SERVICES LTD p 318
3389 41st Ave W, VANCOUVER, BC, V6N 3E5
(604) 761-6631 SIC 7349

SUPRALIMENT S.E.C. p 1185
25 125 Rte E, SAINT-ESPRIT, QC, J0K 2L0
(450) 839-7258 SIC 2011

SUPRALIMENT S.E.C. p 1191
183 Rte Du President-Kennedy, Saint-Henri-de-Levis, QC, G0R 3E0
(418) 882-2282 SIC 2011

SUPREME BASICS p 821
See SUPREME OFFICE PRODUCTS LIMITED

SUPREME BASICS p 1298
See SUPREME OFFICE PRODUCTS LIMITED

SUPREME BASICS, DIV OF p 1283
See SUPREME OFFICE PRODUCTS LIMITED

SUPREME DISTRIBUTORS p 87
See SUPREME OFFICE PRODUCTS LIMITED

SUPREME DISTRIBUTORS p 343
See SUPREME OFFICE PRODUCTS LIMITED

SUPREME LIGHTING & ELECTRIC SUPPLY LTD p 669
9 Laidlaw Blvd, MARKHAM, ON, L3P 1W5
(905) 477-3113 SIC 5063

SUPREME MUNSINGWEAR CANADA INC p 905
2 Berkeley St Suite 4, TORONTO, ON, M5A 4J5
(647) 344-2026 SIC 5651

SUPREME OFFICE PRODUCTS LIMITED p 87
16630 114 Ave Nw, EDMONTON, AB, T5M 3R8
(780) 452-6312 SIC 5044

SUPREME OFFICE PRODUCTS LIMITED p 343
120 6th St Ne, ALTONA, MB, R0G 0B0
(204) 324-5018 SIC 5112

SUPREME OFFICE PRODUCTS LIMITED p 821
40 West Beaver Creek Rd, RICHMOND HILL, ON, L4B 1G5
(905) 762-7100 SIC 5112

SUPREME OFFICE PRODUCTS LIMITED p 1283
310 Henderson Dr, REGINA, SK, S4N 5W7
(306) 566-8800 SIC 5112

SUPREME OFFICE PRODUCTS LIMITED p 1298
2346 Millar Ave, SASKATOON, SK, S7K 2Y2
(306) 667-3210   SIC 5943
SUPREME STEEL BRIDGE, DIV OF p 93
See SUPREME STEEL LP
SUPREME STEEL LP p 93
10457 184 St Nw, EDMONTON, AB, T5S 1G1
(780) 483-3278   SIC 3441
SUPREMEX p 210
See SUPREMEX INC
SUPREMEX INC p 210
8189 River Way, DELTA, BC, V4G 1L2
(604) 940-4488   SIC 2677
SUPREMEX INC p 373
33 Plymouth St, WINNIPEG, MB, R2X 2V5
(204) 633-2416   SIC 2677
SUPREMEX INC p 587
400 Humberline Dr, ETOBICOKE, ON, M9W 5T3
(416) 675-9370   SIC 2677
SUPREMEX INC p 691
5300 Tomken Rd, MISSISSAUGA, ON, L4W 1P2
(905) 624-4973   SIC 2677
SUPREMEX INC p 1060
7213 Rue Cordner, LASALLE, QC, H8N 2J7
(514) 595-0555   SIC 2677
SUPREMEX INC p 1205
645 Rue Stinson, SAINT-LAURENT, QC, H4N 2E6
(514) 331-7110   SIC 2677
SUR-SEAL PACKAGING, DIV OF p 380
See SNELLING PAPER & SANITATION LTD
SURANI, B. DRUGS LTD p 728
1642 Merivale Rd Suite 910, NEPEAN, ON, K2G 4A1
(613) 226-1155   SIC 5912
SURCUSALE M p 1088
See CANADA POST CORPORATION
SURE CROP FEEDS p 216
See RITCHIE-SMITH FEEDS INC
SURE GOOD FOODS LTD p 703
2333 North Sheridan Way Suite 100, MISSISSAUGA, ON, L5K 1A7
(905) 286-1619   SIC 5147
SUREPOINT HOLDINGS INC p 49
800 6 Ave Sw Suite 950, CALGARY, AB, T2P 3G3
(403) 532-4948   SIC 6712
SUREPOINT SERVICES INC p 148
1211 8a St, NISKU, AB, T9E 7R3
(780) 955-3939   SIC 5084
SURETY DEPARTMENT p 911
See INTACT INSURANCE COMPANY
SURETY, DIV OF p 45
See INTACT INSURANCE COMPANY
SUREWAY CONSTRUCTION MANAGEMENT LTD p 115
7331 18 St Nw, EDMONTON, AB, T6P 1P9
(780) 440-2121   SIC 8741
SUREWAY CONTRACTING LTD p 115
7331 18 St Nw, EDMONTON, AB, T6P 1P9
(780) 449-4617   SIC 5032
SUREWAY METAL SYSTEMS LIMITED p 29
1118 46 Ave Se, CALGARY, AB, T2G 2A6
(403) 287-2742   SIC 1791
SUREWAY METAL WAREHOUSE p 29
See SUREWAY METAL SYSTEMS LIMITED
SUREWOOD FOREST PRODUCTS, DIV OF p 310
See CANWEL BUILDING MATERIALS LTD
SURF LODGE COMMUNITY CONTINUING CARE CENTRE p 468
See GERA-CARE INVESTMENTS INC
SURF PARADISE INC p 535
4380 South Service Rd Unit 20, BURLINGTON, ON, L7L 5Y6
(905) 637-4446   SIC 5941
SURFACE SCIENCE WESTERN p 661
See UNIVERSITY OF WESTERN ONTARIO, THE

SURFWOOD SUPPLY (1964) LTD p 203
98 Fawcett Rd, COQUITLAM, BC, V3K 6V5
SIC 3561
SURGE GENERAL PARTNERSHIP p 49
635 8 Ave Sw Suite 2100, CALGARY, AB, T2P 3M3
(403) 930-1010   SIC 1382
SURGENOR PONTIAC BUICK LIMITED p 634
261 Binnington Crt, KINGSTON, ON, K7M 9H2
(613) 548-1100   SIC 5511
SURGENOR PONTIAC BUICK LIMITED p 783
1571 Liverpool Crt, OTTAWA, ON, K1B 4L1
(613) 745-0024   SIC 5511
SURGENOR TRUCK CENTRE p 634
See SURGENOR PONTIAC BUICK LIMITED
SURGENOR TRUCK CENTRE p 783
See SURGENOR PONTIAC BUICK LIMITED
SURGICAL CENTRES INC p 59
3127 Bowwood Dr Nw, CALGARY, AB, T3B 2E7
(403) 288-9400   SIC 8011
SURGICAL UNIT p 753
See DON MILLS SURGICAL UNIT LIMITED
SURMONT SAND & GRAVEL LTD p 121
431 Mackenzie Blvd, FORT MCMURRAY, AB, T9H 4C5
(780) 743-2533   SIC 5211
SURRETTE BATTERY COMPANY LIMITED p 473
1 Station Rd, SPRINGHILL, NS, B0M 1X0
(902) 597-3767   SIC 3691
SURREY ACCESS CENTER p 283
See COMMUNITY LIVING SOCIETY
SURREY ART CENTRE p 285
See CITY OF SURREY, THE
SURREY CAMPUS p 284
See VANCOUVER CAREER COLLEGE (BURNABY) INC
SURREY CENTRE ELEMENTARY SCHOOL p 282
See SCHOOL DISTRICT NO 36 (SURREY)
SURREY CHRISTIAN SCHOOL p 289
See CHRISTIAN SCHOOL ASSOCIATION OF SURREY
SURREY COMMUNITY SERVICE SOCIETY p 284
9815 140 St, SURREY, BC, V3T 4M4
(604) 951-7342   SIC 8399
SURREY DISTRIBUTION CENTRE p 284
See CATALYST PAPER CORPORATION
SURREY FAMILY YMCA p 283
See YOUNG MEN'S CHRISTIAN ASSOCIATION OF GREATER VANCOUVER
SURREY METRO TAXI p 286
See GUILDFORD CAB (1993) LTD
SURREY PUBLIC LIBRARY p 281
15105 105 Ave Suite 15, SURREY, BC, V3R 7G8
(604) 598-7360   SIC 8231
SURREY TRADITIONAL SCHOOL p 280
See SCHOOL DISTRICT NO 36 (SURREY)
SUSA CREEK SCHOOL p 125
See NORTHLAND SCHOOL DIVISION 61
SUSANA MOODY SCHOOL p 502
See HASTINGS AND PRINCE EDWARD DISTRICT SCHOOL BOARD
SUSHI TAXI p 1156
See 9193-9298 QUEBEC INC
SUSHI VILLAGE p 340
See SHONAN ENTERPRISES INC
SUSSEX CENTRE SELF CARE DIALYSIS UNIT p 699
See UNIVERSITY HEALTH NETWORK
SUSSEX CORNER ELEMENTARY SCHOOL p 421
See ANGLOPHONE SOUTH SCHOOL DISTRICT (ASD-S)
SUSSEX MIDDLE SCHOOL p 421
See ANGLOPHONE SOUTH SCHOOL DIS-

TRICT (ASD-S)
SUSSEX REGIONAL HIGH SCHOOL p 421
See ANGLOPHONE SOUTH SCHOOL DISTRICT (ASD-S)
SUSSEX SUPER VALUE p 421
See ATLANTIC WHOLESALERS LTD
SUSTAINABLE RESOURCES DEVELOPMENT p 120
See GOVERNMENT OF THE PROVINCE OF ALBERTA
SUTER-C p 1022
See METRO RICHELIEU INC
SUTHERLAND GLOBAL SERVICES CANADA ULC p 968
500 Ouellette Ave, WINDSOR, ON, N9A 1B3
(800) 591-9395   SIC 7361
SUTHERLAND HARRIS MEMORIAL HOSPITAL p 472
See PICTOU COUNTY HEALTH AUTHORITY
SUTHERLAND HILLS REST HOME LTD p 223
3081 Hall Rd, KELOWNA, BC, V1W 2R5
(250) 860-2330   SIC 8051
SUTHERLAND INVESTMENTS INC p 428
465 Main St, LEWISPORTE, NL, A0G 3A0
(709) 535-0588   SIC 5812
SUTHERLAND SCHOOL p 1302
See BOARD OF EDUCATION OF SASKATOON SCHOOL DIVISION NO. 13 OF SASKATCHEWAN, THE
SUTHERLAND SECONDARY SCHOOL p 248
See SCHOOL DISTRICT NO. 44 (NORTH VANCOUVER)
SUTTON DISTRICT HIGH SCHOOL p 871
See YORK REGION DISTRICT SCHOOL BOARD
SUTTON GROUP p 1047
See 9065-0805 QUEBEC INC
SUTTON GROUP 1ST WEST REALTY INC p 200
3030 Lincoln Ave Suite 118, COQUITLAM, BC, V3B 6B4
SIC 6531
SUTTON GROUP REALTY p 939
See SUTTON GROUP REALTY SYSTEMS INC
SUTTON GROUP REALTY SYSTEMS INC p 939
2186 Bloor St W, TORONTO, ON, M6S 1N3
(416) 762-4200   SIC 6531
SUTTON GROUP-CAPITAL REALTY LTD p 434
451 Kenmount Rd, ST. JOHN'S, NL, A1B 3P9
(709) 726-6262   SIC 6531
SUTTON GROUP-SECURITY REAL ESTATE INC p 934
1239 St Clair Ave W, TORONTO, ON, M6E 1B5
(416) 654-1010   SIC 6531
SUTTON PLACE GRANDE LIMITED p 82
10235 101 St Nw, EDMONTON, AB, T5J 3E8
(780) 428-7111   SIC 7011
SUTTON PLACE GRANDE LIMITED p 926
955 Bay St, TORONTO, ON, M5S 2A2
SIC 7011
SUTTON PLACE HOTEL VANCOUVER, THE p 321
See DENCAN RESTAURANTS INC
SUTTON PREMIER REALTY p 281
15357 104 Ave Suite 200, SURREY, BC, V3R 1N5
(604) 580-0495   SIC 6531
SUTTON PUBLIC SCHOOL p 871
See YORK REGION DISTRICT SCHOOL BOARD
SUWA'LKH SCHOOL p 203
See SCHOOL DISTRICT NO. 43 (COQUIT-

LAM)
SUZUKI p 1220
See DION MOTO INC
SUZUKI CANADA (ES2-S1) INC p 821
100 East Beaver Creek Rd, RICHMOND HILL, ON, L4B 1J6
(905) 889-2677   SIC 5511
SUZUKI CANADA INC. p 434
324 Freshwater Rd, ST. JOHN'S, NL, A1C 1C2
(709) 754-4676   SIC 5511
SUZUKI CANADA INC. p 499
360 Saunders Rd, BARRIE, ON, L4N 9Y2
(905) 889-2600   SIC 5012
SUZUKI SUBARU REPENTIGNY p 1170
See AUTO CAMIONS MICHEL AUGER INC
SUZY SHIER p 788
See YM INC. (SALES)
SVAT ELECTRONICS p 738
See CIRCUS WORLD DISPLAYS LIMITED
SVAT ELECTRONICS (DIV) p 738
See CIRCUS WORLD DISPLAYS LIMITED
SWAGELOK CANADA p 192
See COLUMBIA VALVE & FITTING LTD
SWALLOWFIELD NURSERIES p 86
See FLORISTS SUPPLY LTD
SWAN HILLS HEALTHCARE CENTRE p 170
See ALBERTA HEALTH SERVICES
SWAN HILLS SCHOOL p 170
See PEMBINA HILLS REGIONAL DIVISION 7
SWAN HILLS TREATMENT CENTER p 90
See AECOM CANADA LTD
SWAN HILLS TREATMENT CENTER p 222
See AECOM CANADA LTD
SWAN HILLS TREATMENT CENTER p 387
See AECOM CANADA LTD
SWAN HILLS TREATMENT CENTER p 856
See AECOM CANADA LTD
SWAN HILLS TREATMENT CENTER p 870
See AECOM CANADA LTD
SWAN HILLS TREATMENT CENTRE p 170
See SUEZ CANADA WASTE SERIVCES INC
SWAN RIVER HEALTH CENTRE p 358
See PARKLAND REGIONAL HEALTH AUTHORITY INC
SWAN VALLEY CREDIT UNION p 358
See SWAN VALLEY CREDIT UNION LIMITED
SWAN VALLEY CREDIT UNION LIMITED p 358
913 Main St, SWAN RIVER, MB, R0L 1Z0
(204) 734-7828   SIC 6062
SWAN VALLEY REGIONAL SECONDARY SCHOOL p 358
See SWAN VALLEY SCHOOL DIVISION
SWAN VALLEY SCHOOL DIVISION p 343
Gd, BENITO, MB, R0L 0C0
(204) 539-2466   SIC 8211
SWAN VALLEY SCHOOL DIVISION p 358
1015 2nd St S, SWAN RIVER, MB, R0L 1Z0
(204) 734-4518   SIC 8211
SWAN VALLEY SCHOOL DIVISION p 358
128 2nd Ave W, SWAN RIVER, MB, R0L 1Z0
(204) 734-3385   SIC 8211
SWAN VALLEY SCHOOL DIVISION p 358
1483 3rd St N, SWAN RIVER, MB, R0L 1Z0
(204) 734-4511   SIC 8211
SWAN VALLEY SCHOOL DIVISION p 358
225 Kelsey Trail, SWAN RIVER, MB, R0L 1Z0
(204) 734-3415   SIC 4151
SWANAVON ELEMENTARY SCHOOL p 126
See GRANDE PRAIRIE PUBLIC SCHOOL DISTRICT #2357
SWANBERG BROS TRUCKING LP p 215
Gd Lcd Main, FORT ST. JOHN, BC, V1J 4H5
(250) 785-6975   SIC 4212
SWANS ENTERPRISES LTD p 332
506 Pandora Ave Suite 203, VICTORIA, BC, V8W 1N6
(250) 361-3310   SIC 5813

▲ Public Company   ■ Public Company Family Member   HQ Headquarters   BR Branch   SL Single Location

SWANS SUITE HOTELS *p 332*
See SWANS ENTERPRISES LTD
SWANSEA PUBLIC SCHOOL *p 939*
See TORONTO DISTRICT SCHOOL BOARD
SWANSON CHRISTIAN SCHOOL *p 1267*
Rr 1, DELISLE, SK, S0L 0P0
(306) 493-2939   *SIC* 8211
SWAROVSKI CANADA LIMITED *p 674*
80 Gough Rd Unit 2, MARKHAM, ON, L3R 6E8
(905) 752-0498   *SIC* 5944
SWATCH GROUP (CANADA) LTD, THE *p 931*
555 Richmond St W Suite 1105, Toronto, ON, M5V 3B1
(416) 703-1667   *SIC* 5094
SWEDISH STEEL *p 1022*
See SSAB SWEDISH STEEL LTD
SWEET GRASS ELEMENTARY SCHOOL *p 110*
See EDMONTON SCHOOL DISTRICT NO. 7
SWEET PARADISE BAKERY *p 615*
See 651233 ONTARIO INC
SWEET SAND & GRAVEL *p 490*
See TACKABERRY, G & SONS CONSTRUCTION COMPANY LIMITED
SWEET YORK DESSERTS *p 754*
See CATERERS (YORK) LIMITED
SWEETS CORNER ELEMENTARY SCHOOL *p 666*
See UPPER CANADA DISTRICT SCHOOL BOARD, THE
SWIFT CURRENT CARE CENTRE *p 1307*
700 Aberdeen St Suite 22, SWIFT CURRENT, SK, S9H 3E3
SIC 8051
SWIFT CURRENT SAFEWAY *p 1307*
See SOBEYS WEST INC
SWIFT CURRENT, CITY OF *p 1307*
663 6th Ave Se, SWIFT CURRENT, SK, S9H 3P5
(306) 778-2776   *SIC* 7992
SWIFT ENGINEERING INC *p 49*
736 8 Ave Sw Suite 910, CALGARY, AB, T2P 1H4
(403) 705-4800   *SIC* 8711
SWIFT POWER CORP *p 305*
55 Water St Suite 608, VANCOUVER, BC, V6B 1A1
(604) 637-6393   *SIC* 4911
SWIFTRANS SERVICES LTD *p 587*
71 City View Dr, ETOBICOKE, ON, M9W 5A5
(416) 614-9560   *SIC* 4142
SWISH MAINTENANCE LIMITED *p 766*
2512 Bristol Cir, OAKVILLE, ON, L6H 5S1
(905) 829-9366   *SIC* 5087
SWISH MAINTENANCE LIMITED *p 766*
2600 Bristol Cir Unit 1, OAKVILLE, ON, L6H 6Z7
(519) 340-3010   *SIC* 5087
SWISH MAINTENANCE LIMITED *p 959*
500 Hopkins St, WHITBY, ON, L1N 2B9
(905) 666-1224   *SIC* 5087
SWISS CHALET *p 61*
See CARA OPERATIONS LIMITED
SWISS CHALET *p 113*
2203 99 St Nw, EDMONTON, AB, T6N 1J7
(780) 988-2233   *SIC* 5812
SWISS CHALET *p 186*
See CARA OPERATIONS LIMITED
SWISS CHALET *p 197*
See CARA OPERATIONS LIMITED
SWISS CHALET *p 225*
See CARA OPERATIONS LIMITED
SWISS CHALET *p 236*
See CARA OPERATIONS LIMITED
SWISS CHALET *p 317*
See CARA OPERATIONS LIMITED
SWISS CHALET *p 486*
See CARA OPERATIONS LIMITED
SWISS CHALET *p 494*

See CARA OPERATIONS LIMITED
SWISS CHALET *p 503*
See CARA OPERATIONS LIMITED
SWISS CHALET *p 513*
See CARA OPERATIONS LIMITED
SWISS CHALET *p 519*
See CARA OPERATIONS LIMITED
SWISS CHALET *p 523*
See SABRITIN HOSPITALITY INC
SWISS CHALET *p 525*
See CARA OPERATIONS LIMITED
SWISS CHALET *p 554*
See CARA OPERATIONS QUEBEC LTD
SWISS CHALET *p 591*
See CARA OPERATIONS LIMITED
SWISS CHALET *p 606*
See CARA OPERATIONS LIMITED
SWISS CHALET *p 630*
See CARA OPERATIONS LIMITED
SWISS CHALET *p 638*
See CARA OPERATIONS LIMITED
SWISS CHALET *p 642*
See CARA OPERATIONS LIMITED
SWISS CHALET *p 659*
See CARA OPERATIONS LIMITED
SWISS CHALET *p 670*
See CARA OPERATIONS LIMITED
SWISS CHALET *p 688*
See DE SOUSA PRAJA ENTERPRISES INC
SWISS CHALET *p 707*
See CARA OPERATIONS LIMITED
SWISS CHALET *p 714*
See MELO, ALBERT FOODS LIMITED
SWISS CHALET *p 733*
See CARA OPERATIONS LIMITED
SWISS CHALET *p 736*
See CARA OPERATIONS LIMITED
SWISS CHALET *p 737*
See CARA OPERATIONS LIMITED
SWISS CHALET *p 741*
See CARA OPERATIONS LIMITED
SWISS CHALET *p 746*
See CARA OPERATIONS LIMITED
SWISS CHALET *p 759*
See CARA OPERATIONS LIMITED
SWISS CHALET *p 774*
See CARA OPERATIONS LIMITED
SWISS CHALET *p 779*
See CARA OPERATIONS LIMITED
SWISS CHALET *p 797*
See CARA OPERATIONS LIMITED
SWISS CHALET *p 822*
See CARA OPERATIONS LIMITED
SWISS CHALET *p 832*
See CARA OPERATIONS LIMITED
SWISS CHALET *p 856*
See CARA OPERATIONS LIMITED
SWISS CHALET *p 893*
See CARA OPERATIONS LIMITED
SWISS CHALET *p 937*
See CARA OPERATIONS LIMITED
SWISS CHALET *p 945*
See CARA OPERATIONS LIMITED
SWISS CHALET *p 950*
See PAIVA, J FOODS LTD
SWISS CHALET *p 973*
See C.M.L. FOODS LTD
SWISS CHALET *p 977*
See CARA OPERATIONS LIMITED
SWISS CHALET NO. 745 *p 578*
See MIFIN FOODS LIMITED
SWISS CHALET # 1166 *p 669*
See JIT HOLDINGS INCORPORATED
SWISS CHALET 1954 *p 168*
See WILDE HOSPITALITY GROUP LTD
SWISS CHALET CHICKEN & RIBS *p 576*
See CARA OPERATIONS LIMITED
SWISS CHALET CHICKEN & RIBS *p 661*
See CARA OPERATIONS LIMITED
SWISS CHALET HARVEY'S *p 491*
See SAN MIGUEL FOODS LTD
SWISS CHALET PLUS *p 783*
See SOLTA ENTERPRISES INC

SWISS CHALET ROTISSERIE & GRIL *p 652*
See CARA OPERATIONS LIMITED
SWISS CHALET ROTISSERIE & GRILL *p 178*
See CARA OPERATIONS LIMITED
SWISS CHALET ROTISSERIE & GRILL *p 339*
See CARA OPERATIONS LIMITED
SWISS CHALET ROTISSERIE & GRILL *p 396*
See CARA OPERATIONS LIMITED
SWISS CHALET ROTISSERIE & GRILL *p 599*
See BORGES, P J INC
SWISS CHALET ROTISSERIE & GRILL *p 864*
See CARA OPERATIONS LIMITED
SWISS CHALET ROTISSERIE & GRILL *p 957*
See CARA OPERATIONS LIMITED
SWISS CHALET ROTISSERIE & GRILL *p 969*
See CARA OPERATIONS LIMITED
SWISS CHALET ROTISSERIE & GRILL # 1751 *p 934*
See CARA OPERATIONS LIMITED
SWISS CHALET ROTISSERIE GRILL *p 466*
See CARA OPERATIONS LIMITED
SWISS CHALET ROTISSERIE GRILL *p 844*
See CARA OPERATIONS LIMITED
SWISS NATURAL A DIVISION OF ALEANT PHARMACEUTICALS INT'L INC *p 821*
35 Fulton Way, RICHMOND HILL, ON, L4B 2N4
(905) 886-9500   *SIC* 5122
SWISS PASTRIES & DELICATESSEN OF OTTAWA LIMITED *p 593*
1423 Star Top Rd, GLOUCESTER, ON, K1B 3W5
(613) 749-2389   *SIC* 5461
SWISS REINSURANCE COMPANY CANADA *p 916*
150 King St W Suite 2200, TORONTO, ON, M5H 1J9
(416) 408-0272   *SIC* 6331
SWISSPLAS LIMITED *p 517*
116 Walker Dr, BRAMPTON, ON, L6T 4G9
(905) 791-8825   *SIC* 5085
SWISSPORT *p 796*
See SWISSPORT CANADA INC
SWISSPORT CANADA HANDLING INC *p 273*
4840 Miller Rd Unit 120, RICHMOND, BC, V7B 1K7
(604) 273-8856   *SIC* 4512
SWISSPORT CANADA HANDLING INC *p 712*
6500 Silver Dart Dr, MISSISSAUGA, ON, L5P 1A2
(905) 676-2888   *SIC* 4581
SWISSPORT CANADA INC *p 26*
1601 Airport Rd Ne Suite 810, CALGARY, AB, T2E 6Z8
(403) 221-1660   *SIC* 4581
SWISSPORT CANADA INC *p 273*
Gd, RICHMOND, BC, V7B 1Y4
(604) 303-4550   *SIC* 4581
SWISSPORT CANADA INC *p 432*
80 Craig Dobbin's Way Suite 5, ST. JOHN'S, NL, A1A 5T2
(709) 722-7947   *SIC* 4581
SWISSPORT CANADA INC *p 432*
Gd, ST. JOHN'S, NL, A1A 5B2
(709) 576-4951   *SIC* 4581
SWISSPORT CANADA INC *p 454*
1 Bell Blvd Suite 7, ENFIELD, NS, B2T 1K2
(902) 873-3947   *SIC* 4581
SWISSPORT CANADA INC *p 796*
130 Thad Johnson Rd, OTTAWA, ON, K1V 0X1
(613) 521-4730   *SIC* 4581
SWITZER-CARTY TRANSPORTATION SERVICES INC *p 541*
1006 Plains Rd E, BURLINGTON, ON, L7T

4K2
(289) 288-1366   *SIC* 4151
SWS STAR WARNING SYSTEMS INC *p 738*
7695 Blackburn Pky, NIAGARA FALLS, ON, L2H 0A6
(905) 357-0222   *SIC* 3647
SYCAMORE LANE ELEMENTARY SCHOOL *p 467*
See HALIFAX REGIONAL SCHOOL BOARD
SYDAX DEVELOPMENT *p 464*
See SMITTY'S FAMILY RESTAURANT
SYDAX DEVELOPMENTS LIMITED *p 448*
300 Prince Albert Rd, DARTMOUTH, NS, B2Y 4J2
(902) 468-8817   *SIC* 5812
SYDENHAM COMMUNITY SCHOOL *p 803*
See BLUEWATER DISTRICT SCHOOL BOARD
SYDENHAM HIGH SCHOOL *p 871*
See LIMESTONE DISTRICT SCHOOL BOARD
SYDNEY CO-OP FOOD MARKET *p 475*
See SYDNEY CO-OPERATIVE SOCIETY LIMITED
SYDNEY CO-OPERATIVE SOCIETY LIMITED *p 475*
512 Prince St, SYDNEY, NS, B1P 5L9
SIC 5411
SYDNEY COAL RAILWAY INC *p 474*
1139 Grand Lake Rd, SYDNEY, NS, B1M 1A2
(902) 563-8430   *SIC* 4111
SYDNEY MINES MIDDLE SCHOOL *p 476*
See CAPE BRETON-VICTORIA REGIONAL SCHOOL BOARD
SYDNEY PROCESSING PLANT *p 474*
See CANADA POST CORPORATION
SYDNEY RIVER ELEMENTARY SCHOOL *p 476*
See CAPE BRETON-VICTORIA REGIONAL SCHOOL BOARD
SYDNEY SUPERVALU 333 *p 474*
See ATLANTIC WHOLESALERS LTD
SYKES *p 405*
See ICT CANADA MARKETING INC
SYKES ASSISTANCE SERVICES CORPORATION *p 408*
774 Main St Suite 600, MONCTON, NB, E1C 9Y3
(506) 867-3202   *SIC* 8099
SYKES ASSISTANCE SERVICES CORPORATION *p 656*
248 Pall Mall St, LONDON, ON, N6A 5P6
(519) 434-3221   *SIC* 7549
SYKES ASSISTANCE SERVICES CORPORATION *p 743*
555 Oak St E, NORTH BAY, ON, P1B 8E3
(705) 840-1350   *SIC* 8099
SYKES ASSISTANCE SERVICES CORPORATION *p 871*
1361 Paris St Suite 102, Sudbury, ON, P3E 3B6
SIC 8099
SYKES TELEHEALTH *p 408*
See SYKES ASSISTANCE SERVICES CORPORATION
SYKES TELEHEALTH *p 743*
See SYKES ASSISTANCE SERVICES CORPORATION
SYKES TELEHEALTH *p 871*
See SYKES ASSISTANCE SERVICES CORPORATION
SYL APPS SCHOOL *p 765*
See HALTON DISTRICT SCHOOL BOARD
SYLAPPS YOUTH CENTER *p 765*
See KINARK CHILD AND FAMILY SERVICES
SYLVAN LAKE COMMUNITY HEALTH CEN-

TRE *p* 170
See ALBERTA HEALTH SERVICES

SYLVAN LEARNING CENTRE INC *p* 628
205 Second St S, KENORA, ON, P9N 1G1
SIC 8299

SYLVANIA LIGHTING SERVICES *p* 689
See LEDVANCE LTD

SYLVIA HOTEL LIMITED *p* 314
1154 Gilford St, VANCOUVER, BC, V6G 2P6
(604) 681-9321 *SIC* 7011

SYLVICULTURE LA VERENDRYE INC *p* 989
162 Rue De L'Energie, AMOS, QC, J9T 4M3
(819) 727-9127 *SIC* 2411

SYLVITE AGRI-SERVICES LTD *p* 818
2740 Couch Rd, PUTNAM, ON, N0L 2B0
(519) 485-5770 *SIC* 5191

SYLVITE TRANSPORTATION GROUP, DIV OF *p* 818
See SYLVITE AGRI-SERVICES LTD

SYM-TECH AUTOMOTIVE PROTECTION *p* 821
See SYM-TECH INC

SYM-TECH INC *p* 821
150 West Beaver Creek, RICHMOND HILL, ON, L4B 1B4
(905) 889-5390 *SIC* 6399

SYMANTEC (CANADA) CORPORATION *p* 49
100 4 Ave Sw Suite 1000, CALGARY, AB, T2P 3N2
(403) 261-5400 *SIC* 4813

SYMCOR INC *p* 63
3663 63 Ave Ne, CALGARY, AB, T3J 0G6
(403) 806-5000 *SIC* 7389

SYMCOR INC *p* 378
195 Fort St, WINNIPEG, MB, R3C 3V1
(204) 924-5819 *SIC* 7374

SYMCOR INC *p* 460
1580 Grafton St, HALIFAX, NS, B3J 2C2
(902) 404-4606 *SIC* 4226

SYMCOR INC *p* 460
5251 Duke St Suite 214, HALIFAX, NS, B3J 1P3
SIC 7374

SYMCOR INC *p* 691
1625 Tech Ave, MISSISSAUGA, ON, L4W 5P5
(289) 360-2000 *SIC* 2752

SYMCOR INC *p* 754
8 Prince Andrew Pl, NORTH YORK, ON, M3C 2H4
(905) 273-1000 *SIC* 8741

SYMCOR INC *p* 931
320 Front St W Suite 17, TORONTO, ON, M5V 3B6
(416) 673-8600 *SIC* 7374

SYMCOR INC *p* 931
325 Front St W, Toronto, ON, M5V 2Y1
SIC 7374

SYMCOR INC *p* 1118
650 Rue Bridge, Montreal, QC, H3K 3K9
(514) 787-4325 *SIC* 2621

SYMNES JUNIOR HIGH SCHOOL *p* 1039
See COMMISSION SCOLAIRE WESTERN QUEBEC

SYMONS THE BAKER LTD *p* 1269
1305 9th St, ESTEVAN, SK, S4A 1J1
(306) 634-6456 *SIC* 5812

SYMPHONY NOVA SCOTIA SOCIETY *p* 460
5657 Spring Garden Rd Suite 301, HALIFAX, NS, B3J 3R4
(902) 421-1300 *SIC* 7929

SYMPHONY SENIOR LIVING INC *p* 56
2220 162 Ave Sw Suite 210, CALGARY, AB, T2Y 5E3
(403) 201-3555 *SIC* 8361

SYMPHONY SENIOR LIVING INC *p* 157
10 Inglewood Dr Suite 315, RED DEER, AB, T4R 0L2
(403) 346-1134 *SIC* 8741

SYMPHONY SENIOR LIVING INC *p* 157
3100 22 St Suite 205, RED DEER, AB, T4R 3N7
(403) 341-5522 *SIC* 8322

SYMPHONY SENIOR LIVING INC *p* 1143
15 Place De La Triade Bureau 1012, POINTE-CLAIRE, QC, H9R 0A3
(514) 695-6695 *SIC* 8741

SYMPHONY SENIOR LIVING INC *p* 1257
325 Ch De La Pointe-Sud, VERDUN, QC, H3E 0B1
(514) 767-6792 *SIC* 8741

SYNAGOGUE AND JEWISH COMMUNITY CENTRE OF OTTAWA *p* 798
21 Nadolny Sachs Pvt, OTTAWA, ON, K2A 1R9
(613) 798-9818 *SIC* 8661

SYNAGRI S.E.C. *p* 1017
4075 Rue Industrielle, CONTRECOEUR, QC, J0L 1C0
(450) 587-5222 *SIC* 2875

SYNAGRI S.E.C. *p* 1222
80 Rue Des Erables, SAINT-THOMAS, QC, J0K 3L0
(450) 759-8070 *SIC* 2874

SYNAPSE ELECTRONIQUE INC *p* 1235
1010 7e Av, SHAWINIGAN, QC, G9T 2B8
(819) 533-3553 *SIC* 3822

SYNCREON *p* 782
See SYNCREON CANADA INC

SYNCREON CANADA INC *p* 782
999 Boundary Rd, OSHAWA, ON, L1J 8P8
(905) 743-6277 *SIC* 4783

SYNCRUDE CANADA LTD *p* 113
9421 17 Ave Nw, EDMONTON, AB, T6N 1H4
(780) 970-6800 *SIC* 8731

SYNDICAT DES INFIRMIERES, INHALOTHERAPEUTES ET INFIRMIERES AUXILIAIRES DE LAVAL (CSQ) *p* 1162
2725 Ch Sainte-Foy Bureau 656, Quebec, QC, G1V 4G5
(418) 656-4710 *SIC* 8069

SYNDICAT DES INSPECTEURS ET DES REPARTITEURS DU RESEAU DE TRANSPORT DE LA CAPITALE (FISA) *p* 1167
720 Rue Des Rocailles, Quebec, QC, G2J 1A5
(418) 627-2351 *SIC* 4111

SYNDICAT DES PROFESSIONNELLES EN SOINS DE SANTE LAC ST-JEAN EST *p* 988
300 Boul Champlain, ALMA, QC, G8B 3N8
(418) 662-1424 *SIC* 6371

SYNDICAT DES TRAVAILLEUSES ET DES TRAVAILLEURS DE LA CSN *p* 1094
See CONFEDERATION DES SYNDICATS NATIONAUX (C.S.N.)

SYNDICAT EMPLOYES DE METIERS HYDRO-QUEBEC *p* 1166
See HYDRO-QUEBEC

SYNDICAT QUEBECOIS DES EMPLOYEES & EMPLOYES DE SERVICE SECTION LOCAL 298 (FTQ) *p* 1167
5000 Boul Des Gradins Bureau 130, Quebec, QC, G2J 1N3
(418) 626-3100 *SIC* 8631

SYNERGIE HUNT INTERNATIONAL INC *p* 1108
666 Rue Sherbrooke O Bureau 1801, Montreal, QC, H3A 1E7
(514) 842-4691 *SIC* 7361

SYNERGIO MANUFACTURING LTD *p* 674
4011 14th Ave, MARKHAM, ON, L3R 0Z9
(905) 415-1166 *SIC* 3571

SYNERGY MARKETING CONSULTANTS INC *p* 756
10 Kodiak Cres Suite 101, NORTH YORK, ON, M3J 3G5
(416) 398-5660 *SIC* 7311

SYNERGY PRINT AND COPY INC *p* 796
400 Hunt Club Rd, OTTAWA, ON, K1V 1C1
(613) 749-9382 *SIC* 2752

SYNGENTA CROP PROTECTION CANADA, INC *p* 33
6700 Macleod Trail Se Suite 300, CALGARY, AB, T2H 0L3
(403) 252-5867 *SIC* 5191

SYNGENTA CROP PROTECTION CANADA, INC *p* 601
140 Research Lane, GUELPH, ON, N1G 4Z3
(519) 836-5665 *SIC* 5191

SYNNEX CANADA LIMITED *p* 603
107 Woodlawn Rd W, GUELPH, ON, N1H 1B4
(519) 837-2444 *SIC* 5045

SYNNEX CANADA LIMITED *p* 1207
3300 Boul De La Cote-Vertu Bureau 310, SAINT-LAURENT, QC, H4R 2B7
(514) 745-1690 *SIC* 5045

SYNTAX.NET *p* 674
See SYSTEMES SYNTAX LTEE

SYNTAX.NET *p* 1125
See SYSTEMES SYNTAX LTEE

SYNTECH ENERFLEX *p* 117
See ENERFLEX LTD.

SYNTECH ENERFLEX *p* 215
See TARPON ENERGY SERVICES LTD

SYNTEX-ENERFLEX *p* 128
See TARPON ENERGY SERVICES LTD

SYNTHES (CANADA) LTD *p* 711
2566 Meadowpine Blvd, MISSISSAUGA, ON, L5N 6P9
(905) 567-0440 *SIC* 5047

SYS-TECH *p* 1168
See LIBEO INC

SYSCO CANADA INC *p* 579
See SYSCO CANADA, INC

SYSCO CANADA, INC *p* 1
26210 Township Road 531a, ACHESON, AB, T7X 5A4
SIC 5141

SYSCO CANADA, INC *p* 20
4639 72 Ave Se, CALGARY, AB, T2C 4H7
(403) 720-1300 *SIC* 5141

SYSCO CANADA, INC *p* 256
1346 Kingsway Ave, PORT COQUITLAM, BC, V3C 6G4
(604) 944-4410 *SIC* 5141

SYSCO CANADA, INC *p* 336
2881 Amy Rd, VICTORIA, BC, V9B 0B2
(250) 475-3311 *SIC* 5141

SYSCO CANADA, INC *p* 390
1570 Clarence Ave, WINNIPEG, MB, R3T 1T6
(204) 478-4000 *SIC* 5411

SYSCO CANADA, INC *p* 397
611 Boul Ferdinand, DIEPPE, NB, E1A 7G1
(506) 857-6040 *SIC* 5141

SYSCO CANADA, INC *p* 411
460 Macnaughton Ave, MONCTON, NB, E1H 2K1
(506) 857-8115 *SIC* 5141

SYSCO CANADA, INC *p* 430
10 Old Placentia Rd, MOUNT PEARL, NL, A1N 4P5
(709) 748-1200 *SIC* 5142

SYSCO CANADA, INC *p* 466
1 Duck Pond Rd Suite 1, LAKESIDE, NS, B3T 1M5
(902) 876-2311 *SIC* 5812

SYSCO CANADA, INC *p* 562
1400 Creditstone Rd Suite B, CONCORD, ON, L4K 0E2
(905) 760-7200 *SIC* 2011

SYSCO CANADA, INC *p* 579
61 Torlake Cres, ETOBICOKE, ON, M8Z 1B4
(416) 259-4201 *SIC* 2013

SYSCO CANADA, INC *p* 635
650 Cataraqui Woods Dr, KINGSTON, ON, K7P 2Y4
(613) 384-6666 *SIC* 5141

SYSCO CANADA, INC *p* 665
1011 Hubrey Rd, LONDON, ON, N6N 1B4
(519) 680-0800 *SIC* 5142

SYSCO CANADA, INC *p* 716
7055 Kennedy Rd, MISSISSAUGA, ON, L5S 1Y7
(905) 670-8605 *SIC* 5141

SYSCO CANADA, INC *p* 811
65 Elmdale Rd, PETERBOROUGH, ON, K9J 6X4
(705) 748-6701 *SIC* 5141

SYSCO CANADA, INC *p* 867
106 Bay St, STURGEON FALLS, ON, P2B 3G6
(705) 753-4444 *SIC* 5141

SYSCO CANADA, INC *p* 880
840 Mckellar St N, THUNDER BAY, ON, P7C 4A8
(807) 623-2331 *SIC* 5141

SYSCO CANADA, INC *p* 1085
11625 55e Av Bureau 864, Montreal, QC, H1E 2K2
(514) 494-5200 *SIC* 5141

SYSCO CANADA, INC *p* 1283
266 E Dewdney Ave, REGINA, SK, S4N 4G2
SIC 5141

SYSCO EDMONTON *p* 1
See SYSCO CANADA, INC

SYSCO FINE MEATS OF TORONTO *p* 562
See SYSCO CANADA, INC

SYSCO FOOD SERVICES *p* 867
See SYSCO CANADA, INC

SYSCO FOOD SERVICES ATLANTIC *p* 430
See SOBEYS CAPITAL INCORPORATED

SYSCO FOOD SERVICES OF ATLANTIC CANADA *p* 411
See SYSCO CANADA, INC

SYSCO FOOD SERVICES OF ATLANTIC CANADA *p* 430
See SYSCO CANADA, INC

SYSCO FOOD SERVICES OF ATLANTIC CANADA *p* 466
See SYSCO CANADA, INC

SYSCO FOOD SERVICES OF CALGARY *p* 20
See SYSCO CANADA, INC

SYSCO FOOD SERVICES OF ONTARIO *p* 811
See SYSCO CANADA, INC

SYSCO FOOD SERVICES OF WINNIPEG *p* 390
See SYSCO CANADA, INC

SYSCO KINGSTON *p* 635
See SYSCO CANADA, INC

SYSCO QUEBEC *p* 1085
See SYSCO CANADA, INC

SYSCO REGINA *p* 1283
See SYSCO CANADA, INC

SYSCO THUNDER BAY *p* 880
See SYSCO CANADA, INC

SYSCO TORONTO *p* 716
See SYSCO CANADA, INC

SYSCO VANCOUVER *p* 256
See SYSCO CANADA, INC

SYSCOMAX INC *p* 999
1060 Boul Michele-Bohec Bureau 106, BLAINVILLE, QC, J7C 5E2
(450) 434-0008 *SIC* 1541

SYSTEM ELECTRICAL AND COMMUNICATION SERVICES INC *p* 686
6354 Viscount Rd, MISSISSAUGA, ON, L4V 1H3
(905) 677-1461 *SIC* 1731

SYSTEM ENGINEERING YARD *p* 361
See COMPAGNIE DES CHEMINS DE FER NATIONAUX DU CANADA

SYSTEM SENSOR CANADA *p* 709
See HONEYWELL LIMITED

SYSTEMAIR INC *p* 395
50 Kanalflakt Way Route, BOUCTOUCHE, NB, E4S 3M5
(506) 743-9500 *SIC* 3564

SYSTEMATIX *p* 162
See SYSTEMATIX CONSULTANTS INC

SYSTEMATIX CONSULTANTS INC *p* 162
2016 Sherwood Dr Suite 15, SHERWOOD PARK, AB, T8A 3X3
(780) 416-4337 *SIC* 7379

SYSTEME DE DISTRIBUTION DE LA CHAINE D'APPROVISIONNEMENT FEDEX DU CANADA p 17
See FEDEX SUPPLY CHAIN DISTRIBUTION SYSTEM OF CANADA, INC

SYSTEME DE DISTRIBUTION DE LA CHAINE D'APPROVISIONNEMENT FEDEX DU CANADA p 1021
See FEDEX SUPPLY CHAIN DISTRIBUTION SYSTEM OF CANADA, INC

SYSTEME DE RADIOCOMMUNICATION p 1016
See RADIO-ONDE INC

SYSTEME HUNTINGDON INC p 1044
110 Rue Wellington, HUNTINGDON, QC, J0S 1H0
(450) 264-6122   SIC 2789

SYSTEMEDIA GROUP p 685
See NCR CANADA CORP

SYSTEMES ADEX INC, LES p 1044
67 Rue Saint-Paul, Hebertville-Station, QC, G0W 1T0
(418) 343-2640   SIC 3446

SYSTEMES ADEX INC, LES p 1044
67 Rue Saint-Paul Rr 1, Hebertville-Station, QC, G0W 1T0
(418) 343-2640   SIC 3299

SYSTEMES CANADIEN KRONOS INC p 227
1060 Manhattan Dr Suite 200, KELOWNA, BC, V1Y 9X9
(250) 763-0034   SIC 7371

SYSTEMES CANADIEN KRONOS INC p 715
110 Matheson Blvd W Suite 320, MISSISSAUGA, ON, L5R 4G7
(905) 568-0101   SIC 7371

SYSTEMES CANADIEN KRONOS INC p 1121
3535 Ch Queen-Mary Bureau 500, Montreal, QC, H3V 1H8
(514) 345-0580   SIC 7371

SYSTEMES D'ECLAIRAGE STANPRO p 1027
See STANPRO LIGHTING SYSTEMS INC

SYSTEMES D'ECRAN STRONG/MDI INC, LES p 1046
1440 Rue Raoul-Charette, JOLIETTE, QC, J6E 8S7
(450) 755-3795   SIC 3861

SYSTEMES D'ENTRAINEMENT MEGGITT (QUEBEC) INC p 1207
6140 Boul Henri-Bourassa O, SAINT-LAURENT, QC, H4R 3A6
(514) 339-9938   SIC 3699

SYSTEMES DE CHENILLES CTC DIV OF p 1074
See CAMSO INC

SYSTEMES DE COMMUNICATION TACTIQUES ULTRA ELECTRONICS p 1082
See ULTRA ELECTRONICS TCS INC

SYSTEMES DE DIFFUSION SPRAYLOGIK INC, LES p 1196
17420 Av Centrale, SAINT-HYACINTHE, QC, J2T 3L7
(450) 778-1850   SIC 5047

SYSTEMES DE DISTRIBUTION COAST (CANADA) INC, LES p 1182
1545 Rue Marie-Victorin, SAINT-BRUNO, QC, J3V 6B7
(450) 441-2707   SIC 4213

SYSTEMES DE MOBILIER TRIANGLE INC p 1257
330 Rue Aime-Vincent, VAUDREUIL-DORION, QC, J7V 5V5
(450) 424-4040   SIC 3843

SYSTEMES DE SECURITE CHUBB p 1099
See CSG SECURITY CORPORATION

SYSTEMES DELEVANTE INC p 1081
5460 Ch De La Cote-De-Liesse, MONT-ROYAL, QC, H4P 1A5
(514) 737-0941   SIC 7371

SYSTEMES ET CABLES PRYSMIAN CANADA LTEE p 818
137 Commerce Dr, PRESCOTT, ON, K0E 1T0
(613) 925-5913   SIC 3496

SYSTEMES ET CABLES PRYSMIAN CANADA LTEE p 1199
383 Boul Du Seminaire N, SAINT-JEAN-SUR-RICHELIEU, QC, J3B 8C5
(450) 359-6721   SIC 1623

SYSTEMES FIREFLEX INC p 1001
1935 Boul Lionel-Bertrand, BOISBRIAND, QC, J7H 1N8
(450) 437-3473   SIC 3569

SYSTEMES INTERIEURS BERNARD MNJ & ASSOCIES INC p 1127
5000 Rue Bernard-Lefebvre, Montreal, QC, H7C 0A5
(450) 665-1335   SIC 1742

SYSTEMES INTERTRADE INC p 1018
666 Boul Saint-Martin O Bureau 300, Cote Saint-Luc, QC, H7M 5G4
(450) 786-1666   SIC 7373

SYSTEMES JOINER INC p 1057
1925 52e Av, LACHINE, QC, H8T 3C3
(514) 636-5555   SIC 8711

SYSTEMES KANTECH p 1008
See TYCO SAFETY PRODUCTS CANADA LTD

SYSTEMES LUMINESCENT CANADA INC p 1027
55 Av Lindsay, DORVAL, QC, H9P 2S6
(514) 636-9921   SIC 4213

SYSTEMES MEDICAUX INTELERAD INCORPOREE, LES p 1113
895 Rue De La Gauchetiere O Bureau 400, Montreal, QC, H3B 4G1
(514) 931-6222   SIC 7371

SYSTEMES NORBEC INC p 1005
97 Rue De Vaudreuil, BOUCHERVILLE, QC, J4B 1K7
(450) 449-1499   SIC 3585

SYSTEMES SYNTAX LTEE p 674
60 Columbia Way Suite 207, MARKHAM, ON, L3R 0C9
(905) 709-4466   SIC 7371

SYSTEMES SYNTAX LTEE p 1125
8000 Boul Decarie Bureau 300, Montreal, QC, H4P 2S4
(514) 733-7777   SIC 7371

SYSTEMES WESTCON CANADA (WCSI) INC, LES p 1027
2100 Rte Transcanadienne, DORVAL, QC, H9P 2N4
(514) 420-5400   SIC 5065

SYSTEMGROUP CONSULTING INC p 711
6701 Financial Dr Suite 200, MISSISSAUGA, ON, L5N 7J7
(647) 795-8008   SIC 7371

SYSTEMS & SERVICES p 659
See JOHNSON CONTROLS NOVA SCOTIA U.L.C.

SYSTEMS & SERVICES, DIV OF p 32
See JOHNSON CONTROLS NOVA SCOTIA U.L.C.

SYSTEMS CISCO CANADA p 1105
See CISCO SYSTEMS CANADA CO

SYSTEMS ERIN p 395
See PREMIER TECH TECHNOLOGIES LIMITEE

T

(T.P.Q.) TERMINAUX PORTUAIRES DU QUEBEC INC p 1052
500 Ch Du Havre, LA MALBAIE, QC, G5A 2Y9
(418) 665-4485   SIC 4491

T & B COMMANDER p 1143
See THOMAS & BETTS, LIMITEE

T & B COMMANDER p 1220
See THOMAS & BETTS FABRICATION INC

T & C MOTOR HOTEL LTD p 15
1825 50 St Se, CALGARY, AB, T2B 1M6
(403) 272-9881   SIC 7011

T & L EAGLES INVESTMENTS INC p 518
225 Vodden St E, BRAMPTON, ON, L6V 4M1
(905) 457-6692   SIC 5812

T & L EAGLES INVESTMENTS INC p 520
87 Kennedy Rd S, BRAMPTON, ON, L6W 3G1
(905) 457-4641   SIC 5812

T & T SUPERMARKET INC p 14
999 36 St Ne Suite 800, CALGARY, AB, T2A 7X6
(403) 569-6888   SIC 5411

T & T SUPERMARKET INC p 95
8882 170 St Nw Suite 2580, EDMONTON, AB, T5T 4M2
(780) 483-6638   SIC 5411

T & T SUPERMARKET INC p 192
4800 Kingsway Suite 147, BURNABY, BC, V5H 4J2
(604) 436-4881   SIC 5411

T & T SUPERMARKET INC p 268
22031 Fraserwood Way, RICHMOND, BC, V6W 1J5
(604) 276-9889   SIC 4225

T & T SUPERMARKET INC p 270
3700 No. 3 Rd Suite 1000, RICHMOND, BC, V6X 3X2
(604) 276-8808   SIC 5411

T & T SUPERMARKET INC p 270
8181 Cambie Rd Suite 1000, RICHMOND, BC, V6X 3X9
SIC 5411

T & T SUPERMARKET INC p 305
179 Keefer Pl, VANCOUVER, BC, V6B 6L4
(604) 899-8836   SIC 5411

T & T SUPERMARKET INC p 674
7070 Warden Ave, MARKHAM, ON, L3R 5Y2
(905) 470-8113   SIC 5411

T & T SUPERMARKET INC p 875
1 Promenade Cir, THORNHILL, ON, L4J 4P8
(905) 763-8113   SIC 5411

T & T TRUCKING LTD p 378
40 Bryan Bay, WINNIPEG, MB, R3C 2E6
(204) 987-1200   SIC 4213

T & T TRUCKING LTD p 1298
855 60th St E, SASKATOON, SK, S7K 5Z7
(306) 934-3383   SIC 4213

T & V HOSPITALITY INC p 340
2131 Lake Placid Rd, WHISTLER, BC, V0N 1B2
(604) 966-5711   SIC 7011

T A APPLIANCE WAREHOUSE p 637
See ONWARD MULTI-CORP INC

T A NORRIS MIDDLE SCHOOL p 150
See PEACE RIVER SCHOOL DIVISION 10

T BELL TRANSPORT INC p 574
2242 Lee Valley Rd, ESPANOLA, ON, P5E 1P6
(705) 869-1041   SIC 1629

T C P L p 945
See TRANSCANADA CORPORATION

T D BANK p 813
See TORONTO-DOMINION BANK, THE

T D BANK FINANCIAL GROUP p 178
See TORONTO-DOMINION BANK, THE

T D BANK FINANCIAL GROUP p 249
See TORONTO-DOMINION BANK, THE

T D CANADA TRUST p 40
See BANQUE TORONTO-DOMINION, LA

T D CANADA TRUST p 50
See TORONTO-DOMINION BANK, THE

T D CANADA TRUST p 626
See TORONTO-DOMINION BANK, THE

T D MICHEL COMMUNITY SCHOOL p 1265
See SASKATCHEWAN RIVER SCHOOL DIVISION #119

T D WATERHOUSE p 900
See TD ASSET MANAGEMENT INC

T D WATERHOUSE PRIVATE INVESTMENT ADVICE p 49
See TD ASSET MANAGEMENT INC

T E MIRADOR T E WEALTH p 1108
See T.E. FINANCIAL CONSULTANTS LTD

T E S p 541
See TORBRAM ELECTRIC SUPPLY CORPORATION

T GP MANAGEMENT p 916
150 York Street Unit 1801, TORONTO, ON, M5H 3S5
(416) 507-1800   SIC 8741

T L C NURSING LTD p 811
1434 Chemong Rd Suite 14, PETERBOROUGH, ON, K9J 6X2
SIC 8741

T L D COMPUTERS INC p 272
12251 Horseshoe Way Unit 100, RICHMOND, BC, V7A 4V4
(604) 272-6000   SIC 5734

T MACRAE FAMILY SALES LTD p 247
1350 Main St Suite 601, NORTH VANCOUVER, BC, V7J 1C6
(604) 982-9101   SIC 5014

T R LEGER ALTERNATIVE SCHOOLS p 566
See UPPER CANADA DISTRICT SCHOOL BOARD, THE

T R MCEWEN PUBLIC SCHOOL p 779
See DURHAM DISTRICT SCHOOL BOARD

T R WESTCAM p 11
See TIPPET-RICHARDSON LIMITED

T-REX p 5
See 751768 ALBERTA INC

T. D. BAKER JUNIOR HIGH SCHOOL p 112
See EDMONTON SCHOOL DISTRICT NO. 7

T. E. WEALTHS p 49
See T.E. FINANCIAL CONSULTANTS LTD

T. T. P. INVESTMENTS LTD p 109
4810 Calgary Trail Nw, EDMONTON, AB, T6H 5H5
(780) 463-4499   SIC 5812

T.E. FINANCIAL CONSULTANTS LTD p 49
700 9 Ave Sw Suite 2230, CALGARY, AB, T2P 3V4
(403) 233-8370   SIC 8742

T.E. FINANCIAL CONSULTANTS LTD p 910
26 Wellington St E Unit 710, TORONTO, ON, M5E 1S2
(416) 366-1451   SIC 6282

T.E. FINANCIAL CONSULTANTS LTD p 1108
2020 Boul Robert-Bourassa Unite 2100, Montreal, QC, H3A 2A5
(514) 845-3200   SIC 8742

T.E. WEALTH p 910
See T.E. FINANCIAL CONSULTANTS LTD

T.E.C.M. LIMITED p 388
103 Kinkora Dr, WINNIPEG, MB, R3R 2P5
(204) 227-8556   SIC 3625

T.E.S. CONTRACT SERVICES INC p 899
40 Holly St Suite 500, TORONTO, ON, M4S 3C3
(416) 482-2420   SIC 7361

T.F. WARREN GROUP INC p 529
57 Old Onondaga Rd W, BRANTFORD, ON, N3T 5M1
(519) 756-8222   SIC 5169

T.I.C. PARTS AND SERVICE p 352
220 Hwy 5 N, NEEPAWA, MB, R0J 1H0
(204) 476-3809   SIC 7538

T.L.W. ENTERPRISE INC p 752
255 Duncan Mill Rd Suite 312, NORTH YORK, ON, M3B 3H9
(416) 510-3011   SIC 7379

T.M.S. SYSTEME INC p 1191
126 Rue Commerciale, Saint-Henri-de-Levis, QC, G0R 3E0
(418) 895-6000   SIC 3272

T.N.T. GARMENT MANUFACTURING LTD p 302
1201 Franklin St, VANCOUVER, BC, V6A 1L2
(604) 718-7808   SIC 2329

T.R.Y. JACKSON BROTHERS LIMITED p 499
181 Mapleview Dr W, BARRIE, ON, L4N 9E8

(705) 726-0288 SIC 5511
T.S. SIMMS & CO. p 574
300 Main St, ERIN, ON, N0B 1T0
(905) 362-1470 SIC 3991
T.T.O.C.S. LIMITED p 782
419 King St W Suite Side, OSHAWA, ON, L1J 2K5
SIC 5812
T.V. MINORITY COMPANY, INC p 546
75 Lingard Rd, CAMBRIDGE, ON, N1T 2A8
(519) 624-9914 SIC 4213
T.W.Y. ENTERPRISES LTD p 363
1631 Regent Ave W, WINNIPEG, MB, R2C 4H9
(204) 669-1029 SIC 5812
T4G LIMITED p 418
384 Lancaster Ave, SAINT JOHN, NB, E2M 2L5
(506) 632-2520 SIC 7379
TAB CANADA p 744
See TAB PRODUCTS OF CANADA, CO.
TAB PRODUCTS OF CANADA, CO. p 744
136 Sparks Ave, NORTH YORK, ON, M2H 2S4
(416) 497-1552 SIC 5044
TABER CHRISTIAN SCHOOL p 170
See SOCIETY FOR CHRISTIAN EDUCATION IN SOUTHERN ALBERTA, THE
TABOO GOLF p 597
See GREAT GULF (MUSKOKA) LTD
TABOO MUSKOKA p 597
See RENAISSANCE LEISURE GROUP (2004) INC
TABOR HOME INC p 351
230 9th St S, MORDEN, MB, R6M 1Y3
(204) 822-4848 SIC 8051
TAC MECHANICAL INC p 587
215 Carlingview Dr Suite 311, ETOBICOKE, ON, M9W 5X8
(416) 798-8400 SIC 1711
TAC MOBILITY p 294
See NUCELL-COMM INC
TACHE HALL p 390
See UNIVERSITY OF MANITOBA
TACHE NURSING CENTRE-HOSPITALIER TACHE INC p 364
185 Rue Despins, WINNIPEG, MB, R2H 2B3
(204) 233-3692 SIC 8051
TACKABERRY HEATING SUPPLIES LIMITED p 634
639 Justus Dr Suite A, KINGSTON, ON, K7M 4H5
SIC 5075
TACKABERRY, G & SONS CONSTRUCTION COMPANY LIMITED p 490
109 Washburn Rd, ATHENS, ON, K0E 1B0
(613) 924-2634 SIC 1611
TACO BELL p 62
See HANSON RESTAURANTS INC
TACO BELL p 480
See PRISZM LP
TACO BELL p 551
See TWINCORP INC
TACO BELL p 586
See PRISZM LP
TACO BELL p 606
See TWINCORP INC
TACO BELL p 611
See TWINCORP INC
TACO BELL p 643
See TWINCORP INC
TACO BELL p 652
See TWINCORP INC
TACO BELL p 654
See TWINCORP INC
TACO BELL p 768
See TWINCORP INC
TACO BELL p 827
See TWINCORP INC
TACO BELL p 956
See TWINCORP INC

TACO BELL p 966
See TWINCORP INC
TACO BELL p 970
See TWINCORP INC
TACO TIME p 879
See SOHI HOLDINGS INC
TACUMSEH ELEMENTARY SCHOOL p 295
See BOARD OF EDUCATION OF SCHOOL DISTRICT NO. 39 (VANCOUVER), THE
TAFISA CANADA INC p 1055
4660 Rue Villeneuve, Lac-Megantic, QC, G6B 2C3
(819) 583-2930 SIC 2499
TAG TRACKING p 1208
See 4126254 CANADA INC
TAG'S FOOD & GAS p 174
See 825371 ABERTA LTD
TAGGART CONSTRUCTION LIMITED p 634
685 Justus Dr, KINGSTON, ON, K7M 4H5
(613) 389-7550 SIC 1794
TAGWI SECONDARY SCHOOL p 492
See UPPER CANADA DISTRICT SCHOOL BOARD, THE
TAHAYGHEN ELEMENTARY SCHOOL p 237
See BOARD OF EDUCATION OF SCHOOL DISTRICT NO. 50 (HAIDA GWAII), THE
TAHLTAN NATION DEVELOPMENT CORPORATION p 207
Hwy 37 N, DEASE LAKE, BC, V0C 1L0
(250) 771-5482 SIC 1611
TAI PAN VACATIONS INC p 762
3668 Weston Rd Unit A, NORTH YORK, ON, M9L 1W2
(416) 646-8828 SIC 4724
TAIGA BUILDING PRODUCTS LTD p 102
7605 67 St Nw, EDMONTON, AB, T6B 1R4
(780) 466-4224 SIC 5031
TAIGA BUILDING PRODUCTS LTD p 115
10120 17 St Nw, EDMONTON, AB, T6P 1V8
(780) 417-8306 SIC 5031
TAIGA BUILDING PRODUCTS LTD p 159
285230 Kleysen Way, ROCKY VIEW COUNTY, AB, T1X 0K1
(403) 279-0926 SIC 5031
TAIGA BUILDING PRODUCTS LTD p 682
520 Harrop Dr, MILTON, ON, L9T 3H2
(905) 878-8401 SIC 5031
TAILWIND INVESTMENTS LTD p 865
487 Lorne Ave E, STRATFORD, ON, N5A 6S4
(519) 271-4757 SIC 3523
TAISHO RESTAURANT p 191
See KAMEI ROYALE JAPANESE RESTAURANT LTD
TAIT STREET PUBLIC SCHOOL p 545
See WATERLOO REGION DISTRICT SCHOOL BOARD
TAK INTERNATIONAL LTD p 83
11507 100 Ave Nw, EDMONTON, AB, T5K 2R2
(780) 482-1495 SIC 6231
TAKARA COMPANY, CANADA, LTD p 702
2076 South Sheridan Way, MISSISSAUGA, ON, L5J 2M4
(905) 822-2755 SIC 5087
TAKHAR COLLECTION SERVICES LTD p 544
202 Beverly St, CAMBRIDGE, ON, N1R 3Z8
(519) 622-4141 SIC 7322
TALBOT TRAIL PUBLIC SCHOOL p 971
See GREATER ESSEX COUNTY DISTRICT SCHOOL BOARD
TALISMAN MOUNTAIN RESORT LTD p 629
150 Talisman Blvd, KIMBERLEY, ON, N0C 1G0
SIC 7011
TALIZE p 209
See THRIFT MAGIC LP
TALIZE p 616
See THRIFT MAGIC LP
TALK IS FREE THEATRE INC p 499
100 Mapleview Dr W, BARRIE, ON, L4N 9H6

(705) 792-1949 SIC 7922
TALKING ROCK RESORT & QUAAOUT LODGE p 196
See SKWLAX INVESTMENTS INC
TALLAHASSEE COMMUNITY SCHOOL p 454
See HALIFAX REGIONAL SCHOOL BOARD
TALLMAN TRUCK CENTRE LIMITED p 531
2420 Parkedale Ave, BROCKVILLE, ON, K6V 3G8
(613) 345-3668 SIC 5511
TALLMAN TRUCK CENTRE LIMITED p 565
1750 Mcconnell Ave, CORNWALL, ON, K6H 0C1
(613) 933-4425 SIC 7538
TALLMAN TRUCK CENTRE LIMITED p 634
750 Dalton Ave, KINGSTON, ON, K7M 8N8
(613) 546-3336 SIC 5012
TALLMAN TRUCK CENTRE LIMITED p 782
787 Bloor St W, OSHAWA, ON, L1J 5Y6
(905) 436-9292 SIC 4212
TALLMAN TRUCK CENTRE LIMITED p 783
2716 Sheffield Rd, OTTAWA, ON, K1B 3V9
(613) 741-1231 SIC 5511
TALMUD TORAH ELEMENTARY SCHOOL p 1121
See TALMUD TORAHS UNIS DE MONTREAL INC
TALMUD TORAHS UNIS DE MONTREAL INC p 1121
4850 Av Saint-Kevin, Montreal, QC, H3W 1P2
(514) 739-2297 SIC 8211
TALMUD TORAHS UNIS DE MONTREAL INC p 1204
2205 Rue De L'Eglise, SAINT-LAURENT, QC, H4M 1G5
SIC 8211
TALMUD TORAHS UNIS DE MONTREAL INC p 1204
805 Rue Dorais, SAINT-LAURENT, QC, H4M 2A2
(514) 739-2291 SIC 8211
TALON CUSTOMIZING HOUSE LIMITED p 579
956 Islington Ave, ETOBICOKE, ON, M8Z 4P6
(416) 644-0506 SIC 7336
TALON RETAIL STRATEGIES GROUP p 579
See TALON CUSTOMIZING HOUSE LIMITED
TAM HEATHER CURLING & TENNIS CLUB p 835
See CORPORATION OF THE CITY OF TORONTO
TAM O'SHANTER JUNIOR PUBLIC SCHOOL p 888
See TORONTO DISTRICT SCHOOL BOARD
TAMANAWIS SECONDARY SCHOOL p 286
See SCHOOL DISTRICT NO 36 (SURREY)
TAMAR BUILDING PRODUCTS (1981) LTD p 964
3957 Walker Rd, WINDSOR, ON, N8W 3T4
(519) 969-7060 SIC 5039
TAMARAC EDUCATION CENTRE p 472
See STRAIT REGIONAL SCHOOL BOARD
TAMARACK POWER PARTNERS p 85
13155 146 St Nw, EDMONTON, AB, T5L 4S8
(780) 455-4300 SIC 8711
TAMEC INC p 1115
980 Rue Saint-Antoine O Bureau 400, Montreal, QC, H3C 1A8
SIC 2741
TAMWORTH ELEMENTARY SCHOOL p 872
See LIMESTONE DISTRICT SCHOOL BOARD
TANDEM FOODS INC p 254
4152 Redford St, PORT ALBERNI, BC, V9Y 3R5
(250) 723-4747 SIC 5812

TANDET EASTERN LIMITED p 630
191 Dalton Ave, KINGSTON, ON, K7K 6C2
(613) 544-1212 SIC 7513
TANDET KENWORTH p 630
See TANDET EASTERN LIMITED
TANDET LOGISTICS p 829
See TANDET MANAGEMENT INC
TANDET LOGISTICS INC p 363
640 Plessis Rd Unit B, WINNIPEG, MB, R2C 2Z4
(204) 988-6960 SIC 4213
TANDET MANAGEMENT INC p 829
1006 Prescott Dr Suite 2, SARNIA, ON, N7T 7H3
(519) 332-6000 SIC 7513
TANDET MANAGEMENT INC p 848
2510 Davis Dr, SHARON, ON, L0G 1V0
(905) 953-5457 SIC 4212
TANDET NATIONALEASE LTD p 770
1351 Speers Rd, OAKVILLE, ON, L6L 2X5
(905) 827-4200 SIC 7513
TANDUS FLOORING LIMITED p 478
435 Willow St Suite 30, TRURO, NS, B2N 6T2
(902) 895-5491 SIC 2273
TANDUS GROUP p 478
See TANDUS FLOORING LIMITED
TANG APPAREL CO. LIMITED p 891
50 Northline Rd, TORONTO, ON, M4B 3E2
(416) 603-0021 SIC 2337
TANIZUL TIMBER LTD p 214
Gd, FORT ST. JAMES, BC, V0J 1P0
(250) 648-3221 SIC 5099
TANK TRADERS, DIV OF p 508
See VOMAR INDUSTRIES INC
TANK TRUCK TRANSPORT INC p 566
1300 Rosemount Ave, CORNWALL, ON, K6J 3E6
(613) 932-5285 SIC 4213
TANKSAFE INC p 157
4136 39139 Hwy Suite 2a, RED DEER, AB, T4R 2M2
(403) 343-8265 SIC 3443
TANNERS CROSSING SCHOOL p 351
See ROLLING RIVER SCHOOL DIVISION 39
TANNIS FOOD DISTRIBUTORS p 786
See TANNIS TRADING INC
TANNIS FOOD DISTRIBUTORS p 793
See TANNIS TRADING INC
TANNIS TRADING INC p 786
2390 Stevenage Dr, OTTAWA, ON, K1G 3W3
(613) 736-6000 SIC 5149
TANNIS TRADING INC p 793
288 Catherine St, OTTAWA, ON, K1R 5T3
(613) 236-9572 SIC 5194
TANTALLON BLUE CANOE p 478
See IRVING OIL LIMITED
TANTALLON JUNIOR ELEMENTARY SCHOOL p 478
See HALIFAX REGIONAL SCHOOL BOARD
TANTRAMAR EXTRA-MURAL PROGRAM p 413
See REGIONAL HEALTH AUTHORITY B
TANTRAMAR REGIONAL HIGH SCHOOL p 414
See SCHOOL DISTRICT 2
TAPESTRY AT THE O'KEEFE - ARBUTUS WALK p 317
See IDEA PARTNER MARKETING INC, THE
TAPIS VENTURE INC p 1031
1600 Rue Janelle, DRUMMONDVILLE, QC, J2C 3E5
(819) 477-4117 SIC 2273
TAPIS VENTURE INC p 1190
700 120e Rue, SAINT-GEORGES, QC, G5Y 6R6
(418) 227-5955 SIC 2273
TAPLEYTOWN ELEMENTARY p 863
See HAMILTON-WENTWORTH DISTRICT SCHOOL BOARD, THE

TAPP LABEL LTD p 231
6270 205 St, LANGLEY, BC, V2Y 1N7
(604) 513-4119   SIC 2759

TAPP LABEL LTD p 834
999 Progress Ave, SCARBOROUGH, ON, M1B 6J1
(416) 292-6600   SIC 2672

TAPPER CUDDY LLP p 378
330 St Mary Ave Suite 1000, WINNIPEG, MB, R3C 3Z5
(204) 944-8777   SIC 8111

TAQUANYAH CONSERVATION AREA p 550
See GRAND RIVER CONSERVATION AUTHORITY

TARANI REBUILDERS INC p 106
9210 60 Ave Nw, EDMONTON, AB, T6E 0C1
(780) 437-2575   SIC 3714

TARDIF METAL INC p 1169
15971 Boul De La Colline, Quebec, QC, G3G 3A7
(418) 849-6919   SIC 3441

TARENTORUS PUBLIC SCHOOL p 832
See ALGOMA DISTRICT SCHOOL BOARD

TARESCO LTD p 614
175a Nebo Rd, HAMILTON, ON, L8W 2E1
(905) 575-8078   SIC 1751

TARGET INVESTIGATION & SECURITY LTD p 562
2900 Langstaff Rd Unit 3, CONCORD, ON, L4K 4R9
(905) 760-9090   SIC 7381

TARGET PRODUCTS LTD p 184
8535 Eastlake Dr, BURNABY, BC, V5A 4T7
(604) 444-3620   SIC 3272

TARGUS (CANADA) LTD p 721
6725 Edwards Blvd, MISSISSAUGA, ON, L5T 2V9
(905) 564-9300   SIC 5099

TARION WARRANTY CORPORATION p 750
5160 Yonge St, NORTH YORK, ON, M2N 6L9
(416) 229-9200   SIC 6351

TARKETT INC p 1032
1001 Rue Yamaska E, FARNHAM, QC, J2N 1J7
(450) 293-3173   SIC 2851

TARO PHARMACEUTICALS INC p 517
130 East Dr, BRAMPTON, ON, L6T 1C1
(905) 791-8276   SIC 2834

TAROPHARMA p 517
See TARO PHARMACEUTICALS INC

TARPON ENERGY SERVICES p 7
See TARPON ENERGY SERVICES LTD

TARPON ENERGY SERVICES LTD p 7
5001 55 Ave, BONNYVILLE, AB, T9N 0A7
(780) 594-1204   SIC 1389

TARPON ENERGY SERVICES LTD p 72
4808 56 Ave Suite 6301, DRAYTON VALLEY, AB, T7A 0A7
(780) 514-7659   SIC 1389

TARPON ENERGY SERVICES LTD p 128
11418 91 Ave, GRANDE PRAIRIE, AB, T8V 6K6
(780) 539-9696   SIC 1389

TARPON ENERGY SERVICES LTD p 148
1409 6 St, NISKU, AB, T9E 7M7
(780) 955-2787   SIC 1389

TARPON ENERGY SERVICES LTD p 150
8013 102 Ave, PEACE RIVER, AB, T8S 1M6
(780) 624-0900   SIC 1389

TARPON ENERGY SERVICES LTD p 158
1711 Broadway Ave Ne Suite 3, REDCLIFF, AB, T0J 2P0
(403) 529-9666   SIC 3825

TARPON ENERGY SERVICES LTD p 170
6410 53 St, TABER, AB, T1G 2A2
(403) 223-4415   SIC 1389

TARPON ENERGY SERVICES LTD p 175
Bay 1, WHITECOURT, AB, T7S 0A2
(780) 778-3249   SIC 1389

TARPON ENERGY SERVICES LTD p 215
10459 Struce St, FORT ST. JOHN, BC, V1J 4M7
(250) 785-9072   SIC 1389

TARPON ENERGY SERVICES LTD p 1307
2071 Sidney St W, SWIFT CURRENT, SK, S9H 5K3
(306) 773-8237   SIC 1389

TARPON ENERGY SERVICES(PROCESS SYSTEMS)LTD p 20
7020 81 St Se, CALGARY, AB, T2C 5B8
(403) 234-8647   SIC 5084

TARTAN FORD p 6
See TARTAN SALES (1973) LTD

TARTAN INDUSTRIAL CONTRACTORS LTD p 158
5007 48 Ave, REDWATER, AB, T0A 2W0
(780) 942-3802   SIC 1389

TARTAN SALES (1973) LTD p 6
202 10 St, Beaverlodge, AB, T0H 0C0
SIC 5511

TAS DESIGNBUILD p 923
See MAVI DEVELOPMENTS INC

TASK ENGINEERING LTD p 333
5141 Cordova Bay Rd, VICTORIA, BC, V8Y 2K1
(250) 590-2440   SIC 7363

TASKTOP TECHNOLOGIES INCORPORATED p 314
1500 Georgia St W Suite 1100, VANCOUVER, BC, V6G 2Z6
(778) 588-6896   SIC 5045

TATA COMMUNICATIONS (CANADA) LTD p 1115
1555 Rue Carrie-Derick, Montreal, QC, H3C 6W2
(514) 868-7272   SIC 4899

TATAMAGOUCHE ELEMENTARY SCHOOL p 476
See CHIGNECTO CENTRAL REGIONAL SCHOOL BOARD

TATFIKIISAAPO'P MIDDLE SCHOOL p 168
See KAINAI BOARD OF EDUCATION

TATSIKIISAAPO'P MIDDLE SCHOOL p 67
See KAINAI BOARD OF EDUCATION

TAUB, BERNARD & COMPANY p 760
1167 Caledonia Rd, NORTH YORK, ON, M6A 2X1
(416) 785-5353   SIC 8721

TAUNTON ENGINEERING COMPANY INC p 1240
262 Rue Pepin, SHERBROOKE, QC, J1L 2V8
(819) 563-7374   SIC 5084

TAUNTON WOODS ESTATES p 960
See H&R DEVELOPMENTS

TAVISTOCK PUBLIC SCHOOL p 872
See THAMES VALLEY DISTRICT SCHOOL BOARD

TAWA IMAGING CENTRE p 111
See MEDICAL IMAGING CONSULTANTS

TAXI 3000 INC p 1041
12 Rue Du Centre, GRANBY, QC, J2G 5B3
(450) 372-3000   SIC 4121

TAXI CANADA LTD. p 1108
1435 Rue Saint-Alexandre Bureau 620, Montreal, QC, H3A 2G4
(514) 842-8294   SIC 7311

TAXI L'AGENCE DE PUBLICITE p 1108
See TAXI CANADA LTD.

TAYCO PAVING CO, DIV OF p 204
See O.K. INDUSTRIES LTD

TAYLOR CHRYSLER DODGE INC p 606
260 Centennial Pky N, Hamilton, ON, L8E 2X4
(905) 561-0333   SIC 5511

TAYLOR ELEMENTARY SCHOOL p 290
See SCHOOL DISTRICT NO. 60 (PEACE RIVER NORTH)

TAYLOR EVANS PUBLIC SCHOOL p 604
See UPPER GRAND DISTRICT SCHOOL BOARD, THE

TAYLOR FORD LINCOLN p 406
See TAYLOR FORD SALES LTD

TAYLOR FORD SALES LTD p 406
10 Lewisville Rd, MONCTON, NB, E1A 2K2
(506) 857-2300   SIC 5511

TAYLOR GAS LIQUIDS LIMITED PARTNERSHIP p 50
800 5 Ave Sw Suite 2200, CALGARY, AB, T2P 3T6
(403) 781-8181   SIC 1321

TAYLOR INTERNATIONAL p 541
See TAYLOR MOVING & STORAGE LIMITED

TAYLOR LEIBOW INC p 610
105 Main St E Suite 700, HAMILTON, ON, L8N 1G6
(905) 523-0000   SIC 6733

TAYLOR MOTOR SALES LTD p 1276
1743 Main St N, MOOSE JAW, SK, S6J 1L6
(306) 694-1355   SIC 5511

TAYLOR MOVING & STORAGE LIMITED p 541
1200 Plains Rd E, BURLINGTON, ON, L7S 1W6
(905) 632-8010   SIC 4214

TAYLOR MOVING AND STORAGE p 540
See 465439 ONTARIO INC

TAYLOR PARK ELEMENTARY SCHOOL p 183
See BURNABY SCHOOL BOARD DISTRICT 41

TAYLOR STEEL INC p 862
395 Green Rd, STONEY CREEK, ON, L8E 5V4
(905) 662-5555   SIC 4225

TAYLOR'S p 1202
See MAGASINS J.L. TAYLOR INC, LES

TAYLOR, LEIBOW LLP p 610
105 Main St E Suite 700, HAMILTON, ON, L8N 1G6
(905) 523-0003   SIC 8721

TAYLYX LTD p 725
475 Centre St N, NAPANEE, ON, K7R 3S4
(613) 354-9707   SIC 5812

TAYMOR INDUSTRIES LTD p 721
6460 Kennedy Rd Suite A, MISSISSAUGA, ON, L5T 2X4
(905) 362-3660   SIC 5072

TAYMOR INDUSTRIES LTD p 756
205 Limestone Cres, NORTH YORK, ON, M3J 2R1
(416) 661-0292   SIC 5072

TAYSIDE COMMUNITY RESIDENTIAL & SUPPORT OPTIONS p 807
58 South St, PERTH, ON, K7H 2G7
(613) 264-9242   SIC 8361

TAZ WELL SERVICING LTD p 8
303 8 St E, BROOKS, AB, T1R 1B8
SIC 1381

TBAY TEL MOBILITY p 878
See CORPORATION OF THE CITY OF THUNDER BAY, THE

TBN TRANSPORT p 717
See 1252537 ONTARIO LIMITED

TBWA/VANCOUVER p 306
See BRYANT FULTON & SHEE ADVERTISING INC

TC GREEN TRADING INC p 1305
739 Bayview Close, SASKATOON, SK, S7V 1B7
(306) 612-3339   SIC 5033

TC INDUSTRIES OF CANADA COMPANY p 355
480 Pittsburg Ave, SELKIRK, MB, R1A 0A9
(204) 482-6900   SIC 3462

TC INDUSTRIES OF CANADA COMPANY WEST p 355
See TC INDUSTRIES OF CANADA COMPANY

TC TRANSCONTINENTAL PRINTING p 434
See TRANSCONTINENTAL INC

TCA QUEBEC p 1208
4868 Rue Levy, SAINT-LAURENT, QC, H4R 2P1
(514) 332-9346   SIC 8621

TCA SECTION LOCALE 62 p 1027
See TRAVAILLEURS CANADIEN DE L'AUTOMOBILE SECTION LOCALE 62

TCE p 609
See TRIPLE CROWN ENTERPRISES LTD

TCG ASPHALT & CONSTRUCTION INC p 637
32 Forwell Rd, KITCHENER, ON, N2B 3E8
(519) 578-9180   SIC 1611

TCG INTERNATIONAL INC p 297
392 Kingsway, VANCOUVER, BC, V5T 3J8
(604) 876-3331   SIC 7536

TCS p 230
See CRESTWOOD ENGINEERING COMPANY LTD

TCS ENTERTAINMENT ONE CORPORATION p 841
1220 Ellesmere Rd Unit 8, SCARBOROUGH, ON, M1P 2X5
(416) 292-8111   SIC 2782

TCS LOGISTICS INCORPORATED p 944
178 Stockdale Rd, TRENTON, ON, K8V 5P6
(613) 394-3317   SIC 4222

TD ASSET FINANCE CORP p 922
55 King St W, TORONTO, ON, M5K 1A2
SIC 6159

TD ASSET MANAGEMENT INC p 49
324 8 Ave Sw Suite 1200, CALGARY, AB, T2P 2Z2
(403) 299-8600   SIC 6282

TD ASSET MANAGEMENT INC p 695
25 Watline Ave, MISSISSAUGA, ON, L4Z 2Z1
(905) 501-8200   SIC 6282

TD ASSET MANAGEMENT INC p 793
360 Albert St Suite 1100, OTTAWA, ON, K1R 7X7
(613) 783-6197   SIC 6211

TD ASSET MANAGEMENT INC p 900
2 St Clair Ave E 6th Fl, TORONTO, ON, M4T 2T5
(416) 983-0239   SIC 6211

TD ASSET MANAGEMENT INC p 922
79 Wellington St W, TORONTO, ON, M5K 1A1
(416) 307-6672   SIC 6719

TD AUTO FINANCE p 896
See TD AUTO FINANCE (CANADA) INC.

TD AUTO FINANCE (CANADA) INC. p 896
25 Booth Ave Suite 101, TORONTO, ON, M4M 2M3
(416) 463-4422   SIC 6159

TD BANK p 5
See TORONTO-DOMINION BANK, THE

TD BANK p 11
See TORONTO-DOMINION BANK, THE

TD BANK p 36
See TORONTO-DOMINION BANK, THE

TD BANK p 40
See BANQUE TORONTO-DOMINION, LA

TD BANK p 66
See TORONTO-DOMINION BANK, THE

TD BANK p 79
See BANQUE TORONTO-DOMINION, LA

TD BANK p 82
See TORONTO-DOMINION BANK, THE

TD BANK p 122
See TORONTO-DOMINION BANK, THE

TD BANK p 315
See TORONTO-DOMINION BANK, THE

TD BANK p 318
See TORONTO-DOMINION BANK, THE

TD BANK p 326
See TORONTO-DOMINION BANK, THE

TD BANK p 406
See BANQUE TORONTO-DOMINION, LA

TD BANK p 470
See TORONTO-DOMINION BANK, THE

TD BANK p 478
See TORONTO-DOMINION BANK, THE

TD BANK p 491
See TORONTO-DOMINION BANK, THE

TD BANK p 495
See TORONTO-DOMINION BANK, THE

TD BANK p 517
See TORONTO-DOMINION BANK, THE

TD BANK

TD BANK — See TORONTO-DOMINION BANK, THE	p 555
TD BANK — See TORONTO-DOMINION BANK, THE	p 582
TD BANK — See TORONTO-DOMINION BANK, THE	p 595
TD BANK — See TORONTO-DOMINION BANK, THE	p 675
TD BANK — See TORONTO-DOMINION BANK, THE	p 702
TD BANK — See TORONTO-DOMINION BANK, THE	p 725
TD BANK — See TORONTO-DOMINION BANK, THE	p 746
TD BANK — See TORONTO-DOMINION BANK, THE	p 747
TD BANK — See TORONTO-DOMINION BANK, THE	p 761
TD BANK — See TORONTO-DOMINION BANK, THE	p 773
TD BANK — See TORONTO-DOMINION BANK, THE	p 780
TD BANK — See TORONTO-DOMINION BANK, THE	p 813
TD BANK — See TORONTO-DOMINION BANK, THE	p 816
TD BANK — See TORONTO-DOMINION BANK, THE	p 827
TD BANK — See TORONTO-DOMINION BANK, THE	p 838
TD BANK — See TORONTO-DOMINION BANK, THE	p 868
TD BANK — See BANQUE TORONTO-DOMINION, LA	p 873
TD BANK — See TORONTO-DOMINION BANK, THE	p 879
TD BANK — See BANQUE TORONTO-DOMINION, LA	p 882
TD BANK — See TORONTO-DOMINION BANK, THE	p 890
TD BANK — See TORONTO-DOMINION BANK, THE	p 909
TD BANK — See TORONTO-DOMINION BANK, THE	p 912
TD BANK — See TORONTO-DOMINION BANK, THE	p 921
TD BANK — See TORONTO-DOMINION BANK, THE	p 922
TD BANK — See BANQUE TORONTO-DOMINION, LA	p 928
TD BANK — See TORONTO-DOMINION BANK, THE	p 946
TD BANK — See TORONTO-DOMINION BANK, THE	p 956
TD BANK — See BANQUE TORONTO-DOMINION, LA	p 976
TD BANK — See TORONTO-DOMINION BANK, THE	p 1298
TD BANK FINANCIAL GROUP — See TORONTO-DOMINION BANK, THE	p 74
TD BANK FINANCIAL GROUP — See TORONTO-DOMINION BANK, THE	p 162
TD BANK FINANCIAL GROUP — See BANQUE TORONTO-DOMINION, LA	p 186
TD BANK FINANCIAL GROUP — See BANQUE TORONTO-DOMINION, LA	p 318
TD BANK FINANCIAL GROUP — See TORONTO-DOMINION BANK, THE	p 632
TD BANK FINANCIAL GROUP — See BANQUE TORONTO-DOMINION, LA	p 667
TD BANK FINANCIAL GROUP — See TORONTO-DOMINION BANK, THE	p 770
TD BANK FINANCIAL GROUP — See TORONTO-DOMINION BANK, THE	p 823
TD BANK FINANCIAL GROUP — See TORONTO-DOMINION BANK, THE	p 870
TD CANADA TRUST — See BANQUE TORONTO-DOMINION, LA	p 9
TD CANADA TRUST — See BANQUE TORONTO-DOMINION, LA	p 14
TD CANADA TRUST — See TORONTO-DOMINION BANK, THE	p 26
TD CANADA TRUST — See BANQUE TORONTO-DOMINION, LA	p 27
TD CANADA TRUST — See BANQUE TORONTO-DOMINION, LA	p 40
TD CANADA TRUST — See BANQUE TORONTO-DOMINION, LA	p 58
TD CANADA TRUST — See BANQUE TORONTO-DOMINION, LA	p 61
TD CANADA TRUST — See BANQUE TORONTO-DOMINION, LA	p 73
TD CANADA TRUST — See BANQUE TORONTO-DOMINION, LA	p 83
TD CANADA TRUST — See BANQUE TORONTO-DOMINION, LA	p 94
TD CANADA TRUST — See BANQUE TORONTO-DOMINION, LA	p 98
TD CANADA TRUST — See BANQUE TORONTO-DOMINION, LA	p 103
TD CANADA TRUST — See BANQUE TORONTO-DOMINION, LA	p 110
TD CANADA TRUST — See BANQUE TORONTO-DOMINION, LA	p 111
TD CANADA TRUST — See BANQUE TORONTO-DOMINION, LA	p 139
TD CANADA TRUST — See TORONTO-DOMINION BANK, THE	p 154
TD CANADA TRUST — See BANQUE TORONTO-DOMINION, LA	p 156
TD CANADA TRUST — See BANQUE TORONTO-DOMINION, LA	p 165
TD CANADA TRUST — See TORONTO-DOMINION BANK, THE	p 167
TD CANADA TRUST — See BANQUE TORONTO-DOMINION, LA	p 176
TD CANADA TRUST — See TORONTO-DOMINION BANK, THE	p 197
TD CANADA TRUST — See TORONTO-DOMINION BANK, THE	p 221
TD CANADA TRUST — See BANQUE TORONTO-DOMINION, LA	p 235
TD CANADA TRUST — See BANQUE TORONTO-DOMINION, LA	p 238
TD CANADA TRUST — See BANQUE TORONTO-DOMINION, LA	p 240
TD CANADA TRUST — See BANQUE TORONTO-DOMINION, LA	p 249
TD CANADA TRUST — See BANQUE TORONTO-DOMINION, LA	p 252
TD CANADA TRUST — See BANQUE TORONTO-DOMINION, LA	p 253
TD CANADA TRUST — See TORONTO-DOMINION BANK, THE	p 270
TD CANADA TRUST — See TORONTO-DOMINION BANK, THE	p 271
TD CANADA TRUST — See BANQUE TORONTO-DOMINION, LA	p 277
TD CANADA TRUST — See BANQUE TORONTO-DOMINION, LA	p 290
TD CANADA TRUST — See TORONTO-DOMINION BANK, THE	p 298
TD CANADA TRUST — See BANQUE TORONTO-DOMINION, LA	p 299
TD CANADA TRUST — See TORONTO-DOMINION BANK, THE	p 305
TD CANADA TRUST — See TORONTO-DOMINION BANK, THE	p 309
TD CANADA TRUST — See BANQUE TORONTO-DOMINION, LA	p 313
TD CANADA TRUST — See CANADA TRUST COMPANY, THE	p 318
TD CANADA TRUST — See BANQUE TORONTO-DOMINION, LA	p 319
TD CANADA TRUST — See BANQUE TORONTO-DOMINION, LA	p 327
TD CANADA TRUST — See BANQUE TORONTO-DOMINION, LA	p 328
TD CANADA TRUST — See BANQUE TORONTO-DOMINION, LA	p 335
TD CANADA TRUST — See TORONTO-DOMINION BANK, THE	p 338
TD CANADA TRUST — See BANQUE TORONTO-DOMINION, LA	p 343
TD CANADA TRUST — See BANQUE TORONTO-DOMINION, LA	p 358
TD CANADA TRUST — See BANQUE TORONTO-DOMINION, LA	p 370
TD CANADA TRUST — See CANADA TRUST COMPANY, THE	p 386
TD CANADA TRUST — See TORONTO-DOMINION BANK, THE	p 408
TD CANADA TRUST — See BANQUE TORONTO-DOMINION, LA	p 443
TD CANADA TRUST — See TORONTO-DOMINION BANK, THE	p 460
TD CANADA TRUST — See BANQUE TORONTO-DOMINION, LA	p 461
TD CANADA TRUST — See TORONTO-DOMINION BANK, THE	p 484
TD CANADA TRUST — See BANQUE TORONTO-DOMINION, LA	p 494
TD CANADA TRUST — See BANQUE TORONTO-DOMINION, LA	p 504
TD CANADA TRUST — See TORONTO-DOMINION BANK, THE	p 507
TD CANADA TRUST — See BANQUE TORONTO-DOMINION, LA	p 513
TD CANADA TRUST — See BANQUE TORONTO-DOMINION, LA	p 518
TD CANADA TRUST — See TORONTO-DOMINION BANK, THE	p 519
TD CANADA TRUST — See BANQUE TORONTO-DOMINION, LA	p 531
TD CANADA TRUST — See TORONTO-DOMINION BANK, THE	p 532
TD CANADA TRUST — See BANQUE TORONTO-DOMINION, LA	p 538
TD CANADA TRUST — See BANQUE TORONTO-DOMINION, LA	p 542
TD CANADA TRUST — See TORONTO-DOMINION BANK, THE	p 546
TD CANADA TRUST — See BANQUE TORONTO-DOMINION, LA	p 547
TD CANADA TRUST — See BANQUE TORONTO-DOMINION, LA	p 570
TD CANADA TRUST — See TORONTO-DOMINION BANK, THE	p 582
TD CANADA TRUST — See BANQUE TORONTO-DOMINION, LA	p 591
TD CANADA TRUST — See BANQUE TORONTO-DOMINION, LA	p 597
TD CANADA TRUST — See BANQUE TORONTO-DOMINION, LA	p 601
TD CANADA TRUST — See BANQUE TORONTO-DOMINION, LA	p 608
TD CANADA TRUST — See TORONTO-DOMINION BANK, THE	p 610
TD CANADA TRUST — See BANQUE TORONTO-DOMINION, LA	p 613
TD CANADA TRUST — See TORONTO-DOMINION BANK, THE	p 616
TD CANADA TRUST — See TORONTO-DOMINION BANK, THE	p 634
TD CANADA TRUST — See TORONTO-DOMINION BANK, THE	p 635
TD CANADA TRUST — See TORONTO-DOMINION BANK, THE	p 641
TD CANADA TRUST — See BANQUE TORONTO-DOMINION, LA	p 642
TD CANADA TRUST — See BANQUE TORONTO-DOMINION, LA	p 644
TD CANADA TRUST — See BANQUE TORONTO-DOMINION, LA	p 648
TD CANADA TRUST — See BANQUE TORONTO-DOMINION, LA	p 653
TD CANADA TRUST — See BANQUE TORONTO-DOMINION, LA	p 657
TD CANADA TRUST — See BANQUE TORONTO-DOMINION, LA	p 661
TD CANADA TRUST — See TORONTO-DOMINION BANK, THE	p 666
TD CANADA TRUST — See TORONTO-DOMINION BANK, THE	p 667
TD CANADA TRUST — See BANQUE TORONTO-DOMINION, LA	p 681
TD CANADA TRUST — See TORONTO-DOMINION BANK, THE	p 684
TD CANADA TRUST — See TORONTO-DOMINION BANK, THE	p 691
TD CANADA TRUST — See TORONTO-DOMINION BANK, THE	p 696
TD CANADA TRUST — See BANQUE TORONTO-DOMINION, LA	p 697
TD CANADA TRUST — See BANQUE TORONTO-DOMINION, LA	p 699
TD CANADA TRUST — See TORONTO-DOMINION BANK, THE	p 699
TD CANADA TRUST — See BANQUE TORONTO-DOMINION, LA	p 722
TD CANADA TRUST — See BANQUE TORONTO-DOMINION, LA	p 732
TD CANADA TRUST — See TORONTO-DOMINION BANK, THE	p 734
TD CANADA TRUST — See TORONTO-DOMINION BANK, THE	p 739
TD CANADA TRUST — See TORONTO-DOMINION BANK, THE	p 747
TD CANADA TRUST — See TORONTO-DOMINION BANK, THE	p 760
TD CANADA TRUST — See BANQUE TORONTO-DOMINION, LA	p 764
TD CANADA TRUST — See BANQUE TORONTO-DOMINION, LA	p 766
TD CANADA TRUST — See TORONTO-DOMINION BANK, THE	p 782
TD CANADA TRUST — See TORONTO-DOMINION BANK, THE	p 786
TD CANADA TRUST — See TORONTO-DOMINION BANK, THE	p 792
TD CANADA TRUST — See BANQUE TORONTO-DOMINION, LA	p 793
TD CANADA TRUST — See BANQUE TORONTO-DOMINION, LA	p 796
TD CANADA TRUST — See BANQUE TORONTO-DOMINION, LA	p 798
TD CANADA TRUST — See BANQUE TORONTO-DOMINION, LA	p 801
TD CANADA TRUST — See BANQUE TORONTO-DOMINION, LA	p 803
TD CANADA TRUST — See TORONTO-DOMINION BANK, THE	p 813
TD CANADA TRUST — See BANQUE TORONTO-DOMINION, LA	p 819
TD CANADA TRUST — See TORONTO-DOMINION BANK, THE	p 836
TD CANADA TRUST — See BANQUE TORONTO-DOMINION, LA	p 837
TD CANADA TRUST — See BANQUE TORONTO-DOMINION, LA	p 838
TD CANADA TRUST — See BANQUE TORONTO-DOMINION, LA	p 848
TD CANADA TRUST — See BANQUE TORONTO-DOMINION, LA	p 851
TD CANADA TRUST — See BANQUE TORONTO-DOMINION, LA	p 852
TD CANADA TRUST — See TORONTO-DOMINION BANK, THE	p 853
TD CANADA TRUST — See BANQUE TORONTO-DOMINION, LA	p 856
TD CANADA TRUST — See TORONTO-DOMINION BANK, THE	p 863
TD CANADA TRUST — See BANQUE TORONTO-DOMINION, LA	p 864
TD CANADA TRUST — See TORONTO-DOMINION BANK, THE	p 875
TD CANADA TRUST — See TORONTO-DOMINION BANK, THE	p 879
TD CANADA TRUST — See TORONTO-DOMINION BANK, THE	p 889
TD CANADA TRUST — See TORONTO-DOMINION BANK, THE	p 892
TD CANADA TRUST — See BANQUE TORONTO-DOMINION, LA	p 898
TD CANADA TRUST — See TORONTO-DOMINION BANK, THE	p 898
TD CANADA TRUST — See BANQUE TORONTO-DOMINION, LA	p 913
TD CANADA TRUST — See TORONTO-DOMINION BANK, THE	p 916
TD CANADA TRUST — See BANQUE TORONTO-DOMINION, LA	p 921
TD CANADA TRUST — See TORONTO-DOMINION BANK, THE	p 922
TD CANADA TRUST — See TORONTO-DOMINION BANK, THE	p 927

TD CANADA TRUST *p* 934
See *TORONTO-DOMINION BANK, THE*
TD CANADA TRUST *p* 935
See *TORONTO-DOMINION BANK, THE*
TD CANADA TRUST *p* 939
See *BANQUE TORONTO-DOMINION, LA*
TD CANADA TRUST *p* 940
See *TORONTO-DOMINION BANK, THE*
TD CANADA TRUST *p* 942
See *TORONTO-DOMINION BANK, THE*
TD CANADA TRUST *p* 945
See *TORONTO-DOMINION BANK, THE*
TD CANADA TRUST *p* 965
See *BANQUE TORONTO-DOMINION, LA*
TD CANADA TRUST *p* 975
See *TORONTO-DOMINION BANK, THE*
TD CANADA TRUST *p* 980
See *BANQUE TORONTO-DOMINION, LA*
TD CANADA TRUST *p* 1013
See *BANQUE TORONTO-DOMINION, LA*
TD CANADA TRUST *p* 1024
See *BANQUE TORONTO-DOMINION, LA*
TD CANADA TRUST *p* 1028
See *TORONTO-DOMINION BANK, THE*
TD CANADA TRUST *p* 1037
See *BANQUE TORONTO-DOMINION, LA*
TD CANADA TRUST *p* 1039
See *BANQUE TORONTO-DOMINION, LA*
TD CANADA TRUST *p* 1072
See *BANQUE TORONTO-DOMINION, LA*
TD CANADA TRUST *p* 1089
See *BANQUE TORONTO-DOMINION, LA*
TD CANADA TRUST *p* 1141
See *BANQUE TORONTO-DOMINION, LA*
TD CANADA TRUST *p* 1166
See *BANQUE TORONTO-DOMINION, LA*
TD CANADA TRUST *p* 1171
See *BANQUE TORONTO-DOMINION, LA*
TD CANADA TRUST *p* 1241
See *BANQUE TORONTO-DOMINION, LA*
TD CANADA TRUST *p* 1272
See *TORONTO-DOMINION BANK, THE*
TD CANADA TRUST *p* 1289
See *TORONTO-DOMINION BANK, THE*
TD CANADA TRUST *p* 1293
See *TORONTO-DOMINION BANK, THE*
TD CANADA TRUST BANK *p* 747
See *BANQUE LAURENTIENNE DU CANADA*
TD CANADA TRUST BRANCH & ATM *p* 1017
See *TORONTO-DOMINION BANK, THE*
TD CAPITAL GROUP LIMITED *p* 922
100 Wellington St W, TORONTO, ON, M5K 1A2
(800) 430-6095   *SIC* 6211
TD CAPITAL GROUP *p* 922
55 King St W, TORONTO, ON, M5K 1A2
SIC 6211
TD DIRECT INSURANCE INC *p* 922
55 King St W, TORONTO, ON, M5K 1A2
SIC 6411
TD FINANCIAL GROUP *p* 34
See *BANQUE TORONTO-DOMINION, LA*
TD FINANCIAL GROUP *p* 539
See *TORONTO-DOMINION BANK, THE*
TD FINANCIAL GROUP *p* 809
See *BANQUE TORONTO-DOMINION, LA*
TD FINANCING SERVICES HOME INC *p* 896
25 Booth Ave Suite 101, TORONTO, ON, M4M 2M3
(416) 463-4422   *SIC* 6141
TD HOME AND AUTO INSURANCE COMPANY *p* 674
675 Cochrane Dr Suite 100, MARKHAM, ON, L3R 0B8
(905) 415-8400   *SIC* 6411
TD INSURANCE *p* 922
See *TD LIFE INSURANCE COMPANY*
TD INVESTMENT SERVICES INC *p* 922
55 King St W, TORONTO, ON, M5K 1A2
(416) 944-5728   *SIC* 6282

TD LIFE INSURANCE COMPANY *p* 922
55 King St W, TORONTO, ON, M5K 1A2
SIC 6311
TD MELOCHE MONNEX *p* 673
See *MELOCHE MONNEX FINANCIAL SERVICES INC*
TD PARALLEL PRIVATE EQUITY INVESTORS LTD *p* 922
55 King St, TORONTO, ON, M5K 1A2
SIC 6211
TD SECURITIES *p* 889
See *TD SECURITIES INC*
TD SECURITIES INC *p* 889
5700 Yonge St, TORONTO, ON, M2M 4K2
(416) 512-6611   *SIC* 6211
TD SECURITIES INC *p* 922
66 Wellington St W, TORONTO, ON, M5K 1A2
(416) 307-8500   *SIC* 6211
TD TIMBERLANE INVESTMENTS LIMITED *p* 324
700 Georgia St W Suite 1700, VANCOUVER, BC, V7Y 1K8
(604) 654-3332   *SIC* 6211
TD VISA *p* 1104
See *TORONTO-DOMINION BANK, THE*
TD WATERHOUSE *p* 376
See *TD WATERHOUSE CANADA INC*
TD WATERHOUSE *p* 1103
See *TD WATERHOUSE CANADA INC*
TD WATERHOUSE CANADA INC *p* 376
201 Portage Ave Suite 1670, WINNIPEG, MB, R3B 3K6
(204) 988-2748   *SIC* 6211
TD WATERHOUSE CANADA INC *p* 460
1601 Lower Water St Suite Lower, HALIFAX, NS, B3J 3P6
(902) 420-3202   *SIC* 6211
TD WATERHOUSE CANADA INC *p* 495
33 Collier St, BARRIE, ON, L4M 1G5
(705) 726-3353   *SIC* 6311
TD WATERHOUSE CANADA INC *p* 520
201 County Court Blvd Suite 402, BRAMPTON, ON, L6W 4L2
(905) 456-2070   *SIC* 6211
TD WATERHOUSE CANADA INC *p* 535
5515 North Service Rd Suite 400, BURLINGTON, ON, L7L 6G4
(905) 331-7511   *SIC* 6211
TD WATERHOUSE CANADA INC *p* 576
3250 Bloor St W Suite 126, ETOBICOKE, ON, M8X 2X9
SIC 6211
TD WATERHOUSE CANADA INC *p* 656
380 Wellington St, LONDON, ON, N6A 5B5
(519) 640-8530   *SIC* 6211
TD WATERHOUSE CANADA INC *p* 674
3100 Steeles Ave E Suite 801, MARKHAM, ON, L3R 8T3
(905) 477-0676   *SIC* 8742
TD WATERHOUSE CANADA INC *p* 750
4950 Yonge St Suite 1600, North York, ON, M2N 6K1
(416) 512-6776   *SIC* 6211
TD WATERHOUSE CANADA INC *p* 856
25 Corporate Park Dr Suite 101, ST CATHARINES, ON, L2S 3W2
(905) 704-1405   *SIC* 6211
TD WATERHOUSE CANADA INC *p* 874
220 Commerce Valley Dr W Unit 100, THORNHILL, ON, L3T 0A8
(905) 764-7730   *SIC* 6211
TD WATERHOUSE CANADA INC *p* 887
60 Wind Pl N, TORONTO, ON, M1S 5L5
SIC 6211
TD WATERHOUSE CANADA INC *p* 922
79 Wellington W, TORONTO, ON, M5K 1A1
(416) 307-6672   *SIC* 6211
TD WATERHOUSE CANADA INC *p* 926
77 Bloor St W Suite 3, TORONTO, ON, M5S 1M2
(416) 542-0971   *SIC* 8742
TD WATERHOUSE CANADA INC *p* 926

77 Bloor St W Suite 3, TORONTO, ON, M5S 1M2
(416) 982-7686   *SIC* 6211
TD WATERHOUSE CANADA INC *p* 1103
500 Rue Saint-Jacques Unite 6, Montreal, QC, H2Y 0A2
(514) 289-8439   *SIC* 6211
TD WATERHOUSE CANADA INC *p* 1113
1000 Rue De La Gauchetiere O Bureau 2600, Montreal, QC, H3B 4W5
(514) 289-8400   *SIC* 6282
TD WATERHOUSE CANADA INC *p* 1114
1000 Rue De La Gauchetiere O Bureau 2600, Montreal, QC, H3B 4W5
(514) 842-0707   *SIC* 6211
TD WATERHOUSE DISC BROKER *p* 495
See *TD WATERHOUSE CANADA INC*
TD WATERHOUSE PRIVATE INVESTMENT ADVICE *p* 674
See *TD WATERHOUSE CANADA INC*
TD WATERHOUSE PRIVATE INVESTMENT ADVICE *p* 793
See *TD ASSET MANAGEMENT INC*
TD WATERHOUSE PRIVATE INVESTMENT ADVICE *p* 874
See *TD WATERHOUSE CANADA INC*
TD WATERHOUSE PRIVATE INVESTMENT ADVICE *p* 922
See *TD ASSET MANAGEMENT INC*
TD WATERHOUSE PRIVATE INVESTMENT ADVICE *p* 1113
See *TD WATERHOUSE CANADA INC*
TD WEALTH *p* 535
See *TD WATERHOUSE CANADA INC*
TD WEALTH *p* 922
See *TD WATERHOUSE CANADA INC*
TD WEALTH PRIVATE INVESTMENT ADVICE *p* 856
See *TD WATERHOUSE CANADA INC*
TD WEALTH PRIVATE INVESTMENT ADVISE *p* 631
See *BANQUE TORONTO-DOMINION, LA*
TDAM USA INC *p* 921
161 Bay St Suite 3200, TORONTO, ON, M5J 2T2
(416) 982-6681   *SIC* 6722
TDG FURNITURE INC *p* 11
2930 32 Ave Ne, CALGARY, AB, T1Y 5J4
(403) 250-3166   *SIC* 5712
TDG FURNITURE INC *p* 33
88 Heritage Gate Se, CALGARY, AB, T2H 3A7
(403) 301-0100   *SIC* 3429
TDG FURNITURE INC *p* 140
3732 Mayor Magrath Dr S, LETHBRIDGE, AB, T1K 7V1
(403) 320-4528   *SIC* 5712
TDG FURNITURE INC *p* 366
230 Panet Rd, WINNIPEG, MB, R2J 0S3
(204) 989-9888   *SIC* 5712
TDG FURNITURE INC *p* 384
1000 St James St, WINNIPEG, MB, R3H 0K3
(204) 783-6400   *SIC* 5712
TDG FURNITURE INC *p* 384
1750 Ellice Ave, WINNIPEG, MB, R3H 0B3
(204) 989-9900   *SIC* 5712
TDG FURNITURE INC *p* 510
70 Great Lakes Dr Unit 149, BRAMPTON, ON, L6R 2K7
(905) 799-3284   *SIC* 5712
TDL GROUP CORP, THE *p* 20
7460 51 St Se, CALGARY, AB, T2C 4B4
(403) 203-7400   *SIC* 5812
TDL GROUP CORP, THE *p* 68
120 John Morris Way Suite 300, CHESTERMERE, AB, T1X 1V3
(403) 248-0000   *SIC* 5812
TDL GROUP CORP, THE *p* 154
6721 50 Ave Suite 7, RED DEER, AB, T4N 4C9
SIC 5812

TDL GROUP CORP, THE *p* 163
222 Baseline Rd Suite 340, SHERWOOD PARK, AB, T8H 1S8
(780) 467-0803   *SIC* 5812
TDL GROUP CORP, THE *p* 163
240 590th Baseline Rd, SHERWOOD PARK, AB, T8H 1Y4
SIC 5812
TDL GROUP CORP, THE *p* 234
26585 Gloucester Way, LANGLEY, BC, V4W 3S8
(604) 857-5430   *SIC* 5812
TDL GROUP CORP, THE *p* 453
476 Macelmon Rd, DEBERT, NS, B0M 1G0
(902) 662-2522   *SIC* 5812
TDL GROUP CORP, THE *p* 453
478 Macelmon Rd, DEBERT, NS, B0M 1G0
(902) 662-2155   *SIC* 5812
TDL GROUP CORP, THE *p* 473
85 Ohio Rd Suite 1772, SHELBURNE, NS, B0T 1W0
(902) 875-2513   *SIC* 5812
TDL GROUP CORP, THE *p* 486
105 Sadler Dr, ALMONTE, ON, K0A 1A0
(613) 256-2157   *SIC* 5812
TDL GROUP CORP, THE *p* 488
1290 Cormorant Rd, ANCASTER, ON, L9G 4V5
(905) 304-2620   *SIC* 5812
TDL GROUP CORP, THE *p* 549
10418 Hwy 7, CARLETON PLACE, ON, K7C 3P1
(613) 253-0446   *SIC* 5812
TDL GROUP CORP, THE *p* 565
360 Balmoral Ave, CORNWALL, ON, K6H 6K1
(613) 933-3386   *SIC* 5812
TDL GROUP CORP, THE *p* 604
950 Southgate Dr, GUELPH, ON, N1L 1S7
(519) 824-1304   *SIC* 5812
TDL GROUP CORP, THE *p* 669
1443 16th Ave, MARKHAM, ON, L3P 7R2
SIC 5812
TDL GROUP CORP, THE *p* 768
135 Trafalgar Rd, OAKVILLE, ON, L6J 3G4
(905) 845-0421   *SIC* 5812
TDL GROUP CORP, THE *p* 775
352 Bay St, ORILLIA, ON, L3V 3X4
(705) 327-3645   *SIC* 5812
TDL GROUP CORP, THE *p* 910
73 Front St E Unit 8, TORONTO, ON, M5E 1B8
(416) 363-1055   *SIC* 5812
TDL GROUP CORP, THE *p* 921
207 Queens Quay W, TORONTO, ON, M5J 1A7
(416) 214-9474   *SIC* 5812
TDL GROUP CORP, THE *p* 962
5720 Wyandotte St E, WINDSOR, ON, N8S 1M5
(519) 944-5549   *SIC* 5812
TEACHBEYOND *p* 363
See *JANZ TEAM MINISTRIES INC*
TEACHING AND LEARNING CENTRE *p* 184
See *SIMON FRASER UNIVERSITY*
TEAL CEDAR PRODUCTS LTD *p* 276
453 Beach Rd, SANDSPIT, BC, V0T 1T0
(250) 637-5730   *SIC* 2411
TEAL JONES GROUP *p* 276
See *TEAL CEDAR PRODUCTS LTD*
TEAM CANADA LLC *p* 924
360 Davenport Rd, TORONTO, ON, M5R 1K6
(416) 603-6144   *SIC* 8721
TEAM INDUSTRIAL SERVICES *p* 115
See *TISI CANADA INC*
TEAM INDUSTRIAL SERVICES *p* 678
See *1059936 ONTARIO INC*
TEAM INDUSTRIAL SERVICES (CANADA) INC *p* 682
430 Industrial Dr Suite 2, MILTON, ON, L9T 5A6
(905) 878-7546   *SIC* 7363
TEAM INDUSTRIAL SERVICES (CANADA)

TEAM MANUFACTURING LTD

INC *p 829*
893 Campbell St, SARNIA, ON, N7T 2J9
(519) 337-2375   SIC 7389

TEAM MANUFACTURING LTD *p 233*
20131 Logan Ave, LANGLEY, BC, V3A 4L5
(604) 514-8326   SIC 3532

TEAM RECLAMATION *p 547*
See 1059936 ONTARIO INC

TEAM TRUCK AND FREIGHT LINER *p 639*
See TEAM TRUCK CENTRES LIMITED

TEAM TRUCK CENTRES LIMITED *p 639*
599 Wabanaki Dr, KITCHENER, ON, N2C 2G3
(519) 893-4150   SIC 5531

TEAM TRUCK CENTRES LIMITED *p 665*
1040 Wilton Grove Rd, LONDON, ON, N6N 1C7
(519) 453-2970   SIC 5511

TEAM TRUCK CENTRES LIMITED *p 667*
4155 County Rd 46, MAIDSTONE, ON, N0R 1K0
(519) 737-6176   SIC 5511

TEAM TRUCK CENTRES LIMITED *p 827*
1453 Confederation St, SARNIA, ON, N7S 5N9
(519) 332-2622   SIC 7538

TEAM TUBE, DIV OF *p 682*
See RELIANCE METALS CANADA LIMITED

TEARLAB CORPORATION *p 691*
5090 Explorer Dr Suite 203, MISSISSAUGA, ON, L4W 4T9
(905) 636-0128   SIC 5048

TEATRO *p 26*
See 517235 ALBERTA LTD

TEC THE EDUCATION COMPANY INC *p 227*
1632 Dickson Ave Suite 100, KELOWNA, BC, V1Y 7T2
(250) 860-2787   SIC 8222

TECH DATA CANADA CORPORATION *p 268*
7415 Nelson Rd Suite 115, RICHMOND, BC, V6W 1G3
(604) 270-3296   SIC 5045

TECH-CON AUTOMATION ULC *p 535*
1219 Corporate Dr, BURLINGTON, ON, L7L 5V5
(905) 639-4989   SIC 3599

TECH-MIX *p 1255*
See BAU-VAL INC

TECHART WOODWORKS LTD *p 270*
11220 Voyageur Way Unit 10, RICHMOND, BC, V6X 3E1
(604) 276-2282   SIC 2431

TECHFORM *p 806*
See MAGNA CLOSURES INC

TECHMATION ELECTRIC & CONTROLS LTD *p 72*
570 Premier Rd Bay, DRUMHELLER, AB, T0J 0Y0
(403) 823-7410   SIC 4931

TECHMATION ELECTRIC & CONTROLS LTD *p 72*
5736 50a St, DRAYTON VALLEY, AB, T7A 1R7
(780) 542-2723   SIC 7629

TECHMATION ELECTRIC & CONTROLS LTD *p 136*
3923 81 Ave Suite 101, LEDUC, AB, T9E 8S6
SIC 1731

TECHMATION ELECTRIC & CONTROLS LTD *p 149*
4250 47 Ave, OLDS, AB, T4H 1T9
(403) 556-1517   SIC 1731

TECHMATION ELECTRIC & CONTROLS LTD *p 156*
8034 Edgar Industrial Cres, RED DEER, AB, T4P 3R3
(403) 341-3558   SIC 7629

TECHMATION ELECTRIC & CONTROLS LTD *p 215*
8708 107 St, FORT ST. JOHN, BC, V1J 5R6

(250) 261-6532   SIC 1389

TECHMATION ELECTRIC & CONTROLS LTD *p 1269*
6 Hwy 39 E Unit 3, ESTEVAN, SK, S4A 2H7
(306) 634-5664   SIC 5084

TECHNA-WEST ENGINEERING LTD *p 82*
10010 106 St Nw Suite 600, EDMONTON, AB, T5J 3L8
(780) 451-4800   SIC 8711

TECHNICA GROUP INC *p 871*
225 Fielding Rd, SUDBURY, ON, P3Y 1L8
(705) 692-2204   SIC 1499

TECHNICA MINING *p 871*
See TECHNICA GROUP INC

TECHNICAL VOCATIONAL HIGH SCHOOL *p 380*
See WINNIPEG SCHOOL DIVISION

TECHNICAN INTERNATIONAL *p 843*
See MAJOR D. S. SERVICES LIMITED

TECHNICARE *p 78*
See TECHNICARE IMAGING LTD

TECHNICARE IMAGING LTD *p 78*
10924 119 St Nw, EDMONTON, AB, T5H 3P5
(780) 424-7161   SIC 7384

TECHNICENTRE PLUS *p 1228*
See BELRON CANADA INCORPOREE

TECHNICOLOR CANADA, INC *p 1117*
2101 Rue Sainte-Catherine O Bureau 300, Montreal, QC, H3H 1M6
(514) 939-5060   SIC 7334

TECHNICOLOR SERVICES CREATIFS CANADA INC *p 905*
49 Ontario St, TORONTO, ON, M5A 2V1
(416) 585-9995   SIC 7819

TECHNICOLOR SERVICES CREATIFS CANADA INC *p 1117*
2101 Rue Sainte-Catherine O Bureau 300, Montreal, QC, H3H 1M6
(514) 939-5060   SIC 7812

TECHNILAB PHARMA INC *p 1078*
17800 Rue Lapointe, MIRABEL, QC, J7J 1P3
(450) 433-7673   SIC 6712

TECHNIRACK *p 1192*
See ECONO-RACK GROUP (2015) INC, THE

TECHNISAND CANADA SALES LTD *p 160*
781069 Range Rd 52, RYCROFT, AB, T0H 3A0
SIC 2891

TECHNO-TRADE (CANADA) INC *p 639*
700 Strasburg Rd Unit 31, KITCHENER, ON, N2E 2M2
SIC 3571

TECHNOBEV S.E.C. *p 1188*
4130 Rue Principale, Saint-Felix-de-Valois, QC, J0K 2M0
SIC 2086

TECHNOLOGIE SILANIS INC *p 1125*
8200 Decarie Blvd Suite 300, Montreal, QC, H4P 2P5
(514) 337-5255   SIC 7371

TECHNOLOGIES DE L'INFORMATION CIVIS INC *p 1146*
373 Rue De Miranda, Quebec, QC, G1C 7X2
(418) 661-4289   SIC 8742

TECHNOLOGIES DE MOULAGE *p 1009*
See PABER ALUMINIUM INC

TECHNOLOGIES INTERACTIVES MEDIA-GRIF INC *p 1071*
1010 Rue De Serigny Bureau 800, LONGUEUIL, QC, J4K 5G7
(450) 449-0102   SIC 7372

TECHNOLOGIES K.K. INC, LES *p 1135*
64 Rue Huot, Notre-Dame-De-L'Ile-Perrot, QC, J7V 7Z8
(514) 453-6732   SIC 3599

TECHNOLOGIES METAFORE INC *p 267*
4320 Viking Way Unit 130, RICHMOND, BC, V6V 2L4
(604) 270-3555   SIC 7373

TECHNOLOGIES METAFORE INC *p 587*

BUSINESSES ALPHABETICALLY

830 Dixon Rd, ETOBICOKE, ON, M9W 6Y8
(905) 362-8300   SIC 7371

TECHNOLOGIES METAFORE INC *p 798*
1545 Carling Ave Suite 110, OTTAWA, ON, K1Z 8P9
(613) 727-0386   SIC 5734

TECHNOLOGIES METAFORE INC *p 991*
9393 Boul Louis-H.-Lafontaine, ANJOU, QC, H1J 1Y8
(514) 354-3810   SIC 7371

TECHNOLOGIES METAFORE INC *p 1057*
9900 Ch De La Cote-De-Liesse, LACHINE, QC, H8T 1A1
(514) 636-5127   SIC 5045

TECHNOLOGIES METAFORE INC *p 1162*
1175 Av Lavigerie Locale 305, Quebec, QC, G1V 4P1
(418) 688-2655   SIC 5045

TECHNOLOGIES N'WARE INC *p 1190*
2885 81e Rue, SAINT-GEORGES, QC, G6A 0C5
(418) 227-4292   SIC 7372

TECHNOLOGIES SURFACE PRAXAIR MONTREAL S.E.C. *p 1027*
10300 Av Ryan, DORVAL, QC, H9P 2T7
(514) 631-2240   SIC 3479

TECHNOLOGIES VIASCANQDATA *p 1210*
See QSG INC

TECHO-BLOC INC *p 1010*
7800 Rue Samuel-Hatt, CHAMBLY, QC, J3L 6W4
(450) 447-4780   SIC 2679

TECHO-BLOC INC *p 1193*
5255 Rue Albert-Millichamp, SAINT-HUBERT, QC, J3Y 8Z8
(877) 832-4625   SIC 3272

TECHSPAN AUTOMOTIVE *p 705*
See TECHSPAN INDUSTRIES INC

TECHSPAN INDUSTRIES INC *p 705*
3131 Pepper Mill Crt Unit 1, MISSISSAUGA, ON, L5L 4X6
(905) 820-6150   SIC 3643

TECHTRONIC INDUSTRIES CANADA INC *p 675*
7303 Warden Ave Suite 202, MARKHAM, ON, L3R 5Y6
(905) 479-4355   SIC 5072

TECHWEST INC *p 20*
5516 40 St Se Suite A, CALGARY, AB, T2C 2A1
(403) 640-2124   SIC 3533

TECK COAL LIMITED *p 29*
205 9 Ave Se Suite 1000, CALGARY, AB, T2G 0R3
(403) 767-8500   SIC 1221

TECK COAL LIMITED *p 132*
Gd Stn Main, HINTON, AB, T7V 1T9
(780) 692-5100   SIC 1221

TECK COAL LIMITED *p 213*
Gd, ELKFORD, BC, V0B 1H0
(250) 865-2271   SIC 1221

TECK COAL LIMITED *p 279*
2261 Corbin Rd, SPARWOOD, BC, V0B 2G0
(250) 425-6305   SIC 1221

TECK COAL LIMITED *p 279*
Gd, Sparwood, BC, V0B 2G0
(250) 425-8325   SIC 1221

TECK COAL LIMITED *p 279*
Gd, SPARWOOD, BC, V0B 2G0
(250) 425-2555   SIC 1221

TECK METALS LTD *p 292*
25 Aldridge Ave, TRAIL, BC, V1R 4L8
(250) 364-4222   SIC 1081

TECK METALS LTD *p 292*
600 Bingay Rd, TRAIL, BC, V1R 4L8
(250) 364-4713   SIC 1081

TECK METALS LTD *p 703*
2380 Speakman Dr, MISSISSAUGA, ON, L5K 1B4
SIC 8731

TECK RESOURCES LIMITED *p 272*
12380 Horseshoe Way, RICHMOND, BC, V7A 4Z1
(778) 296-4900   SIC 8731

TECK RESOURCES LIMITED *p 429*
32 Rte 370, MILLERTOWN, NL, A0H 1V0
(709) 852-2195   SIC 1081

TECK-BULLMOOSE COAL INC *p 309*
550 Burrard St Suite 3300, VANCOUVER, BC, V6C 0B3
(604) 699-4000   SIC 1221

TECO-WESTINGHOUSE MOTORS (CANADA) INC *p 93*
18060 109 Ave Nw, EDMONTON, AB, T5S 2K2
(780) 444-8933   SIC 5063

TECSAR ENGINEERING INC *p 829*
117 Front St N, SARNIA, ON, N7T 0B3
(519) 383-8028   SIC 8711

TECSULT EDUPLUS INC *p 449*
99 Wyse Rd Suite 1100, DARTMOUTH, NS, B3A 4S5
(902) 461-6600   SIC 8299

TECSULT EDUPLUS INC *p 1101*
85 Rue Sainte-Catherine O, Montreal, QC, H2X 3P4
(514) 287-8677   SIC 8741

TECSULT INTERNATIONAL LIMITEE *p 1156*
4700 Boul Wilfrid-Hamel Bureau 200, Quebec, QC, G1P 2J9
(418) 871-2444   SIC 8711

TECSULT QUEBEC LTEE *p 1108*
2001 Rue University, Montreal, QC, H3A 2A6
(514) 287-8500   SIC 8741

TECTURA (CANADA), INC *p 538*
3410 South Service Rd Suite 200, BURLINGTON, ON, L7N 3T2
(905) 681-2100   SIC 8748

TECUMSEH ELEMENTARY SCHOOL *p 295*
See BOARD OF EDUCATION OF SCHOOL DISTRICT NO. 39 (VANCOUVER), THE

TECUMSEH ELEMENTARY SCHOOL *p 538*
See HALTON DISTRICT SCHOOL BOARD

TECUMSEH POST OFFICE *p 961*
See CANADA POST CORPORATION

TECUMSEH PRODUCTS OF CANADA, LIMITED *p 492*
200 Elm St, AYLMER, ON, N5H 2M8
(519) 765-1556   SIC 5084

TECUMSEH PUBLIC SCHOOL *p 551*
See LAMBTON KENT DISTRICT SCHOOL BOARD

TECUMSEH PUBLIC SCHOOL *p 658*
See THAMES VALLEY DISTRICT SCHOOL BOARD

TECUMSEH PUBLIC SCHOOL *p 701*
See PEEL DISTRICT SCHOOL BOARD

TECUMSEH SENIOR PUBLIC SCHOOL *p 836*
See TORONTO DISTRICT SCHOOL BOARD

TECUMSETH BEETON PUBLIC SCHOOL *p 501*
See SIMCOE COUNTY DISTRICT SCHOOL BOARD, THE

TECUMSETH NORTH PUBLIC SCHOOL *p 564*
See SIMCOE COUNTY DISTRICT SCHOOL BOARD, THE

TECUMSETH SOUTH CENTRAL PUBLIC SCHOOL *p 943*
See SIMCOE COUNTY DISTRICT SCHOOL BOARD, THE

TEDDY'S RESTAURANT & DELI *p 782*
See TZOGAS ENTERPRISES INC

TEE JAY INSTRUMENTATION SERVICES LTD *p 829*
1014 Prescott Dr, SARNIA, ON, N7T 7H3
(519) 332-8120   SIC 1731

TEED, WILLIAM H *p 416*
See COX & PALMER

TEEMA SOLUTIONS GROUP INC *p 309*
666 Burrard St Suite 500, VANCOUVER, BC, V6C 3P6
(604) 639-3118   SIC 8748

BUSINESSES ALPHABETICALLY — TELUS CORPORATION — 3741

TEEN/YOUNG ADULT SEXUAL HEALTH CLINIC p 152
See ALBERTA HEALTH SERVICES
TEJAZZ MANAGEMENT SERVICES INC p 249
4238 St. Pauls Ave, NORTH VANCOUVER, BC, V7N 1T5
(604) 986-9475   SIC 5812
TEKARRA PROJECT SERVICES LTD p 50
131 9 Ave Sw Unit 20, CALGARY, AB, T2P 1K1
(403) 984-6583   SIC 8711
TEKNA PLASMA p 1240
See TEKNA SYSTEMES PLASMA INC
TEKNA SYSTEMES PLASMA INC p 1240
2935 Boul Industriel, SHERBROOKE, QC, J1L 2T9
(819) 820-2204   SIC 3569
TEKNICA OVERSEAS LTD p 50
350 7 Ave Sw Suite 2700, CALGARY, AB, T2P 3N9
SIC 8999
TEKNIKA HBA INC p 1041
30 Rue Dufferin, GRANBY, QC, J2G 4W6
(450) 378-3322   SIC 1521
TEKNIKA HBA INC p 1238
150 Rue De Vimy, SHERBROOKE, QC, J1J 3M7
(819) 562-3871   SIC 8711
TEKNION CONCEPT p 1067
See TEKNION LIMITED
TEKNION FORM p 562
See TEKNION LIMITED
TEKNION FURNITURE SYSTEMS CO. LIMITED p 756
1150 Flint Rd, NORTH YORK, ON, M3J 2J5
(416) 661-3370   SIC 5021
TEKNION FURNITURE SYSTEMS CO. LIMITED p 887
195 Nantucket Blvd, TORONTO, ON, M1P 2P2
(416) 759-3573   SIC 5063
TEKNION FURNITURE SYSTEMS, DIV OF p 756
See TEKNION LIMITED
TEKNION LIMITED p 562
1400 Alness St Unit 12, CONCORD, ON, L4K 2W6
(905) 669-2035   SIC 2522
TEKNION LIMITED p 756
1150 Flint Rd, NORTH YORK, ON, M3J 2J5
(416) 661-3370   SIC 2522
TEKNION LIMITED p 756
555 Petrolia Rd Unit 3, NORTH YORK, ON, M3J 2X8
(416) 663-5442   SIC 2522
TEKNION LIMITED p 756
607 Canarctic Dr, NORTH YORK, ON, M3J 2P9
(416) 665-7802   SIC 2522
TEKNION LIMITED p 841
195 Nantucket Blvd, SCARBOROUGH, ON, M1P 2P2
(416) 751-9900   SIC 2522
TEKNION LIMITED p 845
851 Middlefield Rd, SCARBOROUGH, ON, M1V 2R2
(416) 291-6530   SIC 2522
TEKNION LIMITED p 890
1150 Flint Rd, TORONTO, ON, M3J 2J5
(416) 661-3370   SIC 2522
TEKNION LIMITED p 1067
975 Rue Des Calfats Bureau 45, Levis, QC, G6Y 9E8
(418) 833-0047   SIC 2522
TEKNION LIMITED p 1084
45 Ch Des Cascades, MONTMAGNY, QC, G5V 3M6
(418) 248-5711   SIC 2522
TEKNION LS INC p 1061
359 Rue Saint-Josethn, LAURIER-STATION, QC, G0S 1N0

(418) 830-0855   SIC 2211
TEKNION QUEBEC p 1084
See TEKNION LIMITED
TEKSIGN INC p 527
86 Plant Farm Blvd, BRANTFORD, ON, N3S 7W3
(519) 756-1089   SIC 3993
TEKSYSTEMS p 699
See TEKSYSTEMS CANADA INC.
TEKSYSTEMS CANADA INC. p 699
350 Burnhamthorpe Rd W Suite 700, MISSISSAUGA, ON, L5B 3J1
(905) 283-1300   SIC 7361
TEKSYSTEMS CANADA INC. p 916
150 York St Suite 501, TORONTO, ON, M5H 3S5
(416) 342-5000   SIC 7361
TEKSYSTEMS CANADA INC./SOCIETE TEKSYSTEMS CANADA INC. p 916
See TEKSYSTEMS CANADA INC.
TEKWOOD p 756
See TEKNION LIMITED
TEL-E CONNECT SYSTEMS LTD p 756
7 Kodiak Cres, NORTH YORK, ON, M3J 3E5
(416) 635-1234   SIC 1731
TELDIG INC p 1162
2960 Boul Laurier Bureau 120, Quebec, QC, G1V 4S1
(418) 948-1314   SIC 7371
TELDON MEDIA GROUP INC p 267
12751 Vulcan Way Suite 100, RICHMOND, BC, V6V 3C8
(604) 231-3454   SIC 2752
TELDON PRINT MEDIA, DIV OF p 267
See TELDON MEDIA GROUP INC
TELE-MOBILE COMPANY p 190
4519 Canada Way Suite 2, BURNABY, BC, V5G 4S4
(604) 291-2355   SIC 4899
TELE-MOBILE COMPANY p 595
1900 City Park Dr Suite 110, GLOUCESTER, ON, K1J 1A3
SIC 4899
TELE-MOBILE COMPANY p 989
641 Av Du Parc, AMOS, QC, J9T 4M1
(819) 732-8206   SIC 4899
TELE-MOBILE COMPANY p 1210
8851 Rte Transcanadienne Bureau 1, SAINT-LAURENT, QC, H4S 1Z6
(514) 832-2000   SIC 4899
TELE-QUEBEC p 1094
See GOUVERNEMENT DE LA PROVINCE DE QUEBEC
TELE-UNIVERSITE p 1148
See ASSOCIATION DES PERSONNES RETRAITEES DE LA TELE-UNIVERSITE
TELEBEC p 997
See TELEBEC, SOCIETE EN COMMANDITE
TELEBEC SEC p 1253
See GROUPE BELL NORDIQ INC
TELEBEC, SOCIETE EN COMMANDITE p 997
625 Av Godefroy, Becancour, QC, G9H 1S3
(514) 493-5504   SIC 4813
TELEBEC, SOCIETE EN COMMANDITE p 1254
100 Rue Des Distributeurs, VAL-D'OR, QC, J9P 6Y1
(819) 824-7451   SIC 4813
TELECOM OTTAWA LIMITED p 626
100 Maple Grove Rd, KANATA, ON, K2V 1B8
(613) 225-4631   SIC 7378
TELECOM SDP p 1027
See SDP TELECOM ULC
TELECOMMUNICATIONS GRIMARD, DIV p 1127
See GRIMARD.CA INC
TELECOMMUNICATIONS RESEARCH LABORATORIES p 390
135 Innovation Dr Suite 100, WINNIPEG, MB, R3T 6A8
(204) 489-6060   SIC 8732

TELECON INC p 1132
6789 Boul Leger, MONTREAL-NORD, QC, H1G 6H8
(514) 852-3322   SIC 4899
TELECON INC p 1181
104 Rue D'anvers, SAINT-AUGUSTIN-DE-DESMAURES, QC, G3A 1S4
(418) 878-9595   SIC 4899
TELEFILM CANADA p 305
210 West Georgia St, VANCOUVER, BC, V6B 0L9
(604) 666-1566   SIC 7929
TELEFILM CANADA p 927
474 Bathurst St Suite 100, TORONTO, ON, M5T 2S6
(416) 973-6436   SIC 7929
TELELANGUES INTERNATIONAL LTEE p 1098
7977 Rue Saint-Denis, Montreal, QC, H2R 2G2
(514) 388-6998   SIC 8299
TELELATINO NETWORK INC p 762
5125 Steeles Ave W, NORTH YORK, ON, M9L 1R5
(416) 744-8200   SIC 4833
TELELINK CALL CENTRE p 434
See THE CALL CENTRE INC
TELEPARTNERS CALL CENTRE INC p 580
5429 Dundas St W, ETOBICOKE, ON, M9B 1B5
(416) 231-0520   SIC 7389
TELEPERFORMANCE CANADA p 897
See MMCC SOLUTIONS CANADA COMPANY
TELEPHONE DRUMMOND INC p 1195
3455 Boul Choquette, SAINT-HYACINTHE, QC, J2S 7Z8
(819) 445-4545   SIC 4813
TELEPHONE MILOT INC p 1219
2640 Rue Lafleche, SAINT-PAULIN, QC, J0K 3G0
(819) 268-2050   SIC 4813
TELESAT CANADA p 617
Gd, HANOVER, ON, N4N 3C2
(519) 364-1221   SIC 4899
TELFORD SERVICES GROUP, INC p 215
8819 101 St, FORT ST. JOHN, BC, V1J 5K4
SIC 1389
TELIO p 1205
See TELIO & CIE INC
TELIO & CIE INC p 1205
625 Rue Deslauriers, SAINT-LAURENT, QC, H4N 1W8
(514) 271-4607   SIC 5131
TELL US ABOUT US INC p 376
90 Market Ave Unit 4, WINNIPEG, MB, R3B 0P3
(204) 453-4757   SIC 7372
TELMAR NETWORK TECHNOLOGY p 762
See PRECISION COMMUNICATION SERVICES CORP
TELTECH TELECOMMUNICATION INC p 1170
345d Rue Marion, REPENTIGNY, QC, J5Z 4W8
(450) 657-2000   SIC 1731
TELUQ p 1150
See UNIVERSITE DU QUEBEC
TELUS p 36
See TELUS CORPORATION
TELUS BC p 195
See TELUS COMMUNICATIONS INC
TELUS BUSINESS SOLUTIONS p 579
See TELUS COMMUNICATIONS INC
TELUS COMMUNICATIONS p 26
See TELUS CORPORATION
TELUS COMMUNICATIONS p 305
See TELUS CORPORATION
TELUS COMMUNICATIONS (QUEBEC) INC p 1025
149 Rue Saint-Jules, DONNACONA, QC, G3M 2K8
SIC 4899
TELUS COMMUNICATIONS (QUEBEC) INC p 1033
11 Rue Adams, Gaspe, QC, G4X 1E5
(418) 368-3532   SIC 4899
TELUS COMMUNICATIONS (QUEBEC) INC p 1114
630 Boul Rene-Levesque O Bureau 2200, Montreal, QC, H3B 1S6
(514) 242-8870   SIC 4899
TELUS COMMUNICATIONS (QUEBEC) INC p 1173
6 Rue Jules-A.-Brillant Bureau 20602, RIMOUSKI, QC, G5L 1W8
(418) 722-5919   SIC 4899
TELUS COMMUNICATIONS (QUEBEC) INC p 1173
6 Rue Jules-A.-Brillant Bureau 20602, RIMOUSKI, QC, G5L 1W8
(418) 723-2271   SIC 6712
TELUS COMMUNICATIONS (QUEBEC) INC p 1174
160 Rue Des Negociants, RIMOUSKI, QC, G5M 1B6
(418) 722-5580   SIC 4899
TELUS COMMUNICATIONS (QUEBEC) INC p 1227
555 1re Av Du Parc-Industriel, SAINTE-MARIE, QC, G6E 1B4
SIC 4899
TELUS COMMUNICATIONS INC p 14
2912 Memorial Dr Se Suite 200, CALGARY, AB, T2A 6R1
(403) 387-4220   SIC 4899
TELUS COMMUNICATIONS INC p 50
120 7 Ave Sw Suite 6, CALGARY, AB, T2P 0W4
SIC 4899
TELUS COMMUNICATIONS INC p 139
808 4 Ave S, LETHBRIDGE, AB, T1J 0P2
(403) 382-2555   SIC 4899
TELUS COMMUNICATIONS INC p 195
2229 14th Ave, CASTLEGAR, BC, V1N 3X5
(250) 365-2191   SIC 4813
TELUS COMMUNICATIONS INC p 326
4701 25 Ave, VERNON, BC, V1T 1P5
(250) 558-6332   SIC 4899
TELUS COMMUNICATIONS INC p 579
310 Judson St Unit 5, ETOBICOKE, ON, M8Z 5T6
(416) 251-3355   SIC 4899
TELUS COMMUNICATIONS INC p 675
70 Gough Rd, MARKHAM, ON, L3R 0E9
SIC 4899
TELUS COMMUNICATIONS INC p 916
11 King St W Suite C115, TORONTO, ON, M5H 4C7
(416) 507-7400   SIC 4899
TELUS COMMUNICATIONS INC p 1115
111 Rue Duke Bureau 4200, Montreal, QC, H3C 2M1
(514) 392-0373   SIC 4899
TELUS CORPORATION p 26
715 41 Ave Ne, CALGARY, AB, T2E 3P8
SIC 4899
TELUS CORPORATION p 26
2520 23 St Ne Suite 13, CALGARY, AB, T2E 8L2
(403) 735-6600   SIC 4899
TELUS CORPORATION p 36
907 Lake Bonavista Dr Se, CALGARY, AB, T2J 0N5
(403) 530-3811   SIC 4812
TELUS CORPORATION p 82
10035 102 Ave Nw, EDMONTON, AB, T5J 0E5
(780) 493-2998   SIC 4812
TELUS CORPORATION p 190
3500 Gilmore Way Suite 2, BURNABY, BC, V5G 4W7
(604) 415-2500   SIC 4899
TELUS CORPORATION p 305
555 Robson St Unit 8, VANCOUVER, BC, V6B 1A6
(604) 697-8044   SIC 4813
TELUS CORPORATION p 332

▲ Public Company   ■ Public Company Family Member   HQ Headquarters   BR Branch   SL Single Location

826 Yates St Suite 1, VICTORIA, BC, V8W 2H9
(250) 388-8759   SIC 4813
TELUS CORPORATION   p 874
120 Commerce Valley Dr E Suite 1, THORNHILL, ON, L3T 7R2
(905) 707-4000   SIC 7371
TELUS CORPORATION   p 1173
226 Rue Saint-Germain E, RIMOUSKI, QC, G5L 1B4
(418) 722-5444   SIC 4899
TELUS HEALTH WOLF EMR   p 1114
See TELUS SOLUTIONS EN SANTE INC
TELUS MOBILITY   p 190
See TELE-MOBILE COMPANY
TELUS MOBILITY   p 595
See TELE-MOBILE COMPANY
TELUS MOBILITY   p 837
See KOODO MOBILE-SCARBOROUGH
TELUS MOBILITY   p 989
See TELE-MOBILE COMPANY
TELUS MOBILITY   p 1210
See TELE-MOBILE COMPANY
TELUS QUEBEC   p 1174
See TELUS COMMUNICATIONS (QUEBEC) INC
TELUS QUEBEC   p 1227
See TELUS COMMUNICATIONS (QUEBEC) INC
TELUS SERVICES INC   p 82
10020 100 St Nw Suite 100, EDMONTON, AB, T5J 0N5
(780) 493-7282   SIC 4899
TELUS SOLUTIONS D'AFFAIRES   p 1115
See TELUS COMMUNICATIONS INC
TELUS SOLUTIONS EN SANTE INC   p 1114
22e Etage 630, Boul Rene-Levesque O, Montreal, QC, H3B 1S6
(514) 665-3050   SIC 7372
TELUS WORLD OF SCIENCE-EDMONTON   p 86
See EDMONTON SPACE & SCIENCE FOUNDATION
TEMABEX INC   p 1254
375 Av Centrale, VAL-D'OR, QC, J9P 1P4
(819) 825-2944   SIC 7349
TEMAGAMI BOAT MANUFACTURING INC p 872
52 Temagami Marine Rd, TEMAGAMI, ON, P0H 2H0
(705) 569-3520   SIC 3732
TEMBEC INC   p 550
175 Planer Rd, CHAPLEAU, ON, P0M 1K0
(705) 864-3014   SIC 2421
TEMBEC INC   p 555
70 17th Ave, COCHRANE, ON, P0L 1C0
(705) 272-4321   SIC 2421
TEMBEC INC   p 620
80 Old North Rd, HUNTSVILLE, ON, P1H 2J4
(705) 789-2371   SIC 2421
TEMBEC INC   p 626
1 Government Rd W, KAPUSKASING, ON, P5N 2X8
(705) 337-9784   SIC 2621
TEMBEC INC   p 884
5310 Hwy 101 W, TIMMINS, ON, P4N 7J3
(705) 268-1462   SIC 2611
TEMBEC INC   p 996
67 Rue Principale S, Bearn, QC, J0Z 1G0
(819) 726-3551   SIC 2421
TEMBEC INC   p 1077
400 Rue Du Port, MATANE, QC, G4W 3M6
(418) 794-2001   SIC 2611
TEMBEC INC   p 1243
10 Ch Gatineau, Temiscaming, QC, J0Z 3R0
(819) 627-4387   SIC 2611
TEMISKAMING LODGE   p 605
See JARLETTE LTD
TEMISKAMING PRINTING COMPANY LIMITED   p 731
18 Wellington St, NEW LISKEARD, ON, P0J 1P0

(705) 647-6791   SIC 2711
TEMISKAMING SPEAKER, THE   p 731
See TEMISKAMING PRINTING COMPANY LIMITED
TEMISKO   p 1135
See TEMISKO (1983) INC
TEMISKO (1983) INC   p 1135
91 Rue Ontario, NOTRE-DAME-DU-NORD, QC, J0Z 3B0
(819) 723-2416   SIC 3715
TEMPCO DRILLING COMPANY INC   p 33
7015 Macleod Trail Sw Suite 410, CALGARY, AB, T2H 2K6
(403) 259-5533   SIC 1381
TEMPEL CANADA COMPANY   p 535
5045 North Service Rd, BURLINGTON, ON, L7L 5H6
(905) 335-2530   SIC 3469
TEMPEST MANAGEMENT CORPC   p 793
See CB RICHARD ELLIS GLOBAL CORPORATE SERVICES LTD
TEMPLE GARDENS MINERAL SPA INC   p 1276
24 Fairford St E, MOOSE JAW, SK, S6H 0C7
(306) 693-7778   SIC 5812
TEMPLE SINAI CONGREGATION OF TORONTO   p 759
210 Wilson Ave, NORTH YORK, ON, M5M 3B1
(416) 487-4161   SIC 8661
TEMPLE, LE   p 1250
See 9065-1837 QUEBEC INC
TEMPLEMAN MENNINGA LLP   p 503
205 Dundas St E Suite 200, BELLEVILLE, ON, K8N 5K6
(613) 966-2620   SIC 8111
TEMPLEMAN MENNINGA LLP   p 631
366 King St E Suite 401, KINGSTON, ON, K7K 6Y3
(613) 542-1889   SIC 8111
TEMPLEMEAD SCHOOL   p 614
See HAMILTON-WENTWORTH DISTRICT SCHOOL BOARD, THE
TEMPLETON SECONDARY SCHOOL p 293
See BOARD OF EDUCATION OF SCHOOL DISTRICT NO. 39 (VANCOUVER), THE
TEMPLETON, FRANKLIN MUTUAL BEACON FUND   p 916
200 King St W Suite 1500, TORONTO, ON, M5H 3T4
(416) 957-6000   SIC 6722
TEMPO ALBERTA ELECTRICAL CONTRACTORS CO LTD   p 106
9625 60 Ave Nw Unit 20, EDMONTON, AB, T6E 5N1
(780) 448-2877   SIC 1731
TEMPO CANADA INC   p 772
1175 North Service Rd W Suite 200, OAKVILLE, ON, L6M 2W1
(905) 339-3309   SIC 5169
TEMPO DRAFTING SERVICES INC   p 675
260 Town Centre Blvd Suite 300, MARKHAM, ON, L3R 8H8
(905) 470-7000   SIC 7389
TEMPO ELECTRIC   p 106
See TEMPO ALBERTA ELECTRICAL CONTRACTORS CO LTD
TEMPO TILE LTD   p 762
853 Garyray Dr, NORTH YORK, ON, M9L 1R2
(416) 663-5065   SIC 5032
TEN RESTAURANT & WINE BAR INC p 701
139 Lakeshore Rd E, MISSISSAUGA, ON, L5G 1E5
(905) 271-0016   SIC 5812
TEN TEN SINCLAIR HOUSING INC   p 379
90 Garry St Suite 806, WINNIPEG, MB, R3C 4J4
(204) 943-1073   SIC 8361
TEN TEN SINCLAIR HOUSING INC   p 385
299 Queen St Suite 208, WINNIPEG, MB, R3J 3V5

(204) 885-7519   SIC 6513
TENAQUIP LIMITEE   p 691
1110 Kamato Rd Unit 18, MISSISSAUGA, ON, L4W 2P3
(905) 890-2270   SIC 5084
TENAQUIP LIMITEE   p 1233
22555 Aut Transcanadienne, SENNEVILLE, QC, H9X 3L7
(514) 457-7801   SIC 5085
TENARIS GLOBAL SERVICES (CANADA) INC   p 50
530 8 Ave Sw Suite 400, CALGARY, AB, T2P 3S8
(403) 767-0100   SIC 3312
TENCO INC   p 1242
1318 Rue Principale, St-Valerien, QC, J0H 2B0
(450) 549-2411   SIC 3711
TENCORR PACKAGING INC   p 517
6 Shaftsbury Lane, BRAMPTON, ON, L6T 3X7
(905) 799-9955   SIC 2679
TENCORR PACKAGING INC   p 721
1135 Courtneypark Dr E, MISSISSAUGA, ON, L5T 1S5
(905) 564-8222   SIC 2679
TENDANCES & CONCEPT MTL INC p 1099
4823 Boul Saint-Laurent Bureau A, Montreal, QC, H2T 1R6
(514) 504-7788   SIC 5211
TENDER CHOICE FOODS   p 532
See 864773 ONTARIO INC
TENDER RETAIL SYSTEMS INC   p 746
2 Lansing Sq Suite 400, NORTH YORK, ON, M2J 4P8
(416) 498-1200   SIC 7371
TENDERCARE NURSING HOME   p 846
See EXTENDICARE INC
TENDERCARE NURSING HOMES LIMITED p 846
1020 Mcnicoll Ave Suite 436, SCARBOROUGH, ON, M1W 2J6
(416) 497-3639   SIC 8051
TENET MEDICAL ENGINEERING, INC p 57
11979 40 St Se Unit 203, CALGARY, AB, T2Z 4M3
(403) 571-0750   SIC 3842
TENNANT, CHARLES & COMPANY   p 763
See CHARLES TENNANT & COMPANY (CANADA) LIMITED
TENNECO AUTOMOTIVE   p 544
500 Conestoga Blvd, CAMBRIDGE, ON, N1R 7P6
(519) 621-3360   SIC 3714
TENNIS 13 INC   p 1131
1013 Chomedey (A-13) E, Montreal, QC, H7W 4V3
(450) 687-9913   SIC 7997
TENNIS CANADA   p 1097
See CANADIAN TENNIS ASSOCIATION
TENNISPORT   p 1050
See NAUTILUS PLUS INC
TENOLD TRANSPORTATION LIMITED PARTNERSHIP   p 290
19470 94 Ave, SURREY, BC, V4N 4E5
(604) 888-7822   SIC 4213
TENSOR MACHINERY LTD   p 1058
1570 52e Av, LACHINE, QC, H8T 2X9
(514) 636-3121   SIC 4899
TENTALLON JUNIOR HIGH   p 478
See HALIFAX REGIONAL SCHOOL BOARD
TENTES FIESTA LTEE   p 1210
9091 Boul Henri-Bourassa O, SAINT-LAURENT, QC, H4S 1H9
(514) 336-8368   SIC 2394
TENTH AVENUE ALLIANCE CHURCH   p 299
See CHRISTIAN AND MISSIONARY ALLIANCE IN CANADA, THE
TENTNOLOGY CO   p 282
See INTERNATIONAL TENTNOLOGY CORP
TENZING MANAGED IT SERVICES   p 916

See RELIANT WEB HOSTING INC
TEPLITSKY, COLSON LLP BARRISTERS p 907
70 Bond St Suite 200, TORONTO, ON, M5B 1X3
(416) 365-9320   SIC 8111
TEPPERMAN'S   p 663
See N. TEPPERMAN LIMITED
TEPPERMAN'S   p 664
See N. TEPPERMAN LIMITED
TEPPERMAN'S FURNITURE APPLIANCES & ELECTRONICS   p 827
See N. TEPPERMAN LIMITED
TERA ENVIRONMENTAL CONSULTANTS LTD   p 50
815 8 Ave Sw Suite 1100, CALGARY, AB, T2P 3P2
(403) 265-2885   SIC 8748
TERAGO   p 874
See TERAGO NETWORKS INC
TERAGO INC   p 874
55 Commerce Valley Dr W Suite 800, THORNHILL, ON, L3T 7V9
(905) 326-8711   SIC 4813
TERAGO NETWORKS INC   p 26
300 Manning Rd Ne Suite 300, CALGARY, AB, T2E 8K4
(403) 668-5300   SIC 4813
TERAGO NETWORKS INC   p 874
55 Commerce Valley Dr W Suite 800, THORNHILL, ON, L3T 7V9
(866) 837-2461   SIC 4813
TERANET INC   p 909
1 Adelaide St E Suite 600, TORONTO, ON, M5C 2V9
(416) 360-5263   SIC 7371
TERANET INC   p 921
123 Front St W Suite 700, TORONTO, ON, M5J 2M2
(416) 360-5263   SIC 7371
TERDUN MATERIAL MANAGEMENT INC p 691
5130 Creekbank Rd, MISSISSAUGA, ON, L4W 2G2
(905) 602-4567   SIC 2675
TERES, JOSEPH ELEMENTARY SCHOOL p 363
See RIVER EAST TRANSCONA SCHOOL DIVISION
TERLIN CONSTRUCTION LTD   p 597
6961 Mckeown Dr Suite 1, GREELY, ON, K4P 1A2
(613) 821-0768   SIC 1542
TERMINAL 3   p 1250
See SOMAVRAC INC
TERMINAL FOREST PRODUCTS LTD p 298
8708 Yukon St, VANCOUVER, BC, V5X 2Y9
(604) 327-6344   SIC 2421
TERMINAL MARITIME SOREL-TRACY p 1150
See SERVICES DE QUAI FAGEN INC
TERRA CAB LTD   p 351
300 Route 100, MORDEN, MB, R6M 1Y4
(204) 822-9100   SIC 3523
TERRA CENTRE   p 102
9359 67a St Nw, EDMONTON, AB, T6B 1R7
(780) 468-3218   SIC 8351
TERRA CHILD & FAMILY SUPPORT CENTRE   p 102
See TERRA CENTRE
TERRACAB INDUSTRIES   p 351
See TERRA CAB LTD
TERRACE & AREA HEALTH COUNCIL   p 291
4720 Haugland Ave, TERRACE, BC, V8G 2W7
(250) 635-2211   SIC 8062
TERRACE BAY PUBLIC SCHOOL   p 872
See SUPERIOR GREENSTONE DISTRICT SCHOOL BOARD
TERRACE BAY PULP INC   p 872
21 Mill Rd, TERRACE BAY, ON, P0T 2W0
SIC 2611

TERRACE HEIGHTS ELEMENTARY p 99
See EDMONTON SCHOOL DISTRICT NO. 7

TERRACE LODGE HOME FOR THE AGED
p 492
See CORPORATION OF THE COUNTY OF ELGIN

TERRACE RIDGE SCHOOL p 134
See WOLF CREEK SCHOOL DIVISION NO.72

TERRACE STANDARD, THE p 290
See BLACK PRESS GROUP LTD

TERRACE TOTEM HOLDINGS LTD p 291
4631 Keith Ave, TERRACE, BC, V8G 1K3
(250) 635-4984   SIC 6712

TERRACEVIEW LODGE p 291
See ENBRIDGE PIPELINES INC

TERRACO p 358
See 3200221 MANITOBA LTD

TERRACON GEOTECHNIQUE LTD p 121
8212 Manning Ave, FORT MCMURRAY, AB, T9H 1V9
(780) 743-9343   SIC 8711

TERRAPOINT CANADA INC p 727
1 Antares Dr Suite 140, NEPEAN, ON, K2E 8C4
(613) 820-4545   SIC 1382

TERRAPROBE LIMITED p 499
220 Bayview Dr Unit 25, BARRIE, ON, L4N 4Y8
(705) 739-8355   SIC 8748

TERRAPROBE LIMITED p 520
10 Bram Crt, BRAMPTON, ON, L6W 3R6
(905) 796-2650   SIC 8999

TERRAPURE p 535
See REVOLUTION VSC LP

TERRAPURE ENVIRONMENTAL p 115
See REVOLUTION ENVIRONMENTAL SOLUTIONS ACQUISITION GP INC

TERRAPURE ENVIRONMENTAL p 115
See REVOLUTION ENVIRONMENTAL SOLUTIONS LP

TERRAPURE ENVIRONMENTAL p 246
See REVOLUTION ENVIRONMENTAL SOLUTIONS LP

TERRAPURE ENVIRONMENTAL p 527
See REVOLUTION ENVIRONMENTAL SOLUTIONS LP

TERRAPURE ENVIRONMENTAL p 535
See REVOLUTION ENVIRONMENTAL SOLUTIONS LP

TERRAPURE ENVIRONMENTAL p 590
See REVOLUTION ENVIRONMENTAL SOLUTIONS LP

TERRAPURE ENVIRONMENTAL p 970
See REVOLUTION ENVIRONMENTAL SOLUTIONS LP

TERRAPURE ENVIRONMENTAL p 1008
See REVOLUTION ENVIRONMENTAL SOLUTIONS LP

TERRAPURE ENVIRONMENTAL p 1015
See REVOLUTION ENVIRONMENTAL SOLUTIONS LP

TERRAPURE ENVIRONMENTAL p 1064
See REVOLUTION ENVIRONMENTAL SOLUTIONS LP

TERRATEC ENVIRONMENTAL LTD p 607
200 Eastport Blvd, HAMILTON, ON, L8H 7S4
(905) 544-0444   SIC 4953

TERRAVEST INDUSTRIES LIMITED PARTNERSHIP p 172
5234 52 Ave, VEGREVILLE, AB, T9C 1A3
(780) 632-7668   SIC 1389

TERRAY CORPORATION p 489
49 Jackson Lane, ARNPRIOR, ON, K7S 3G8
(613) 623-3310   SIC 3842

TERRIM PROPERTIES LTD p 205
1850 2nd St N Suite 106, CRANBROOK, BC, V1C 5A2
(250) 489-5160   SIC 7999

TERRITORIAL TREATMENT CENTRE p 439

See UNLIMITED POTENTIAL COMMUNITY SERVICES SOCIETY

TERRW INCONNUE p 1101
See PROPERTIES TERRA INCOGNITA INC

TERRY FOX ELEMENTARY SCHOOL p 394
See SCHOOL DISTRICT NO 15

TERRY FOX ELEMENTARY SCHOOL p 776
See OTTAWA-CARLETON DISTRICT SCHOOL BOARD

TERRY FOX JUNIOR HIGH SCHOOL p 63
See CALGARY BOARD OF EDUCATION

TERRY FOX PUBLIC SCHOOL p 484
See DURHAM DISTRICT SCHOOL BOARD

TERRY FOX PUBLIC SCHOOL p 523
See PEEL DISTRICT SCHOOL BOARD

TERRY FOX PUBLIC SCHOOL p 554
See KAWARTHA PINE RIDGE DISTRICT SCHOOL BOARD

TERRY FOX PUBLIC SCHOOL p 732
See YORK REGION DISTRICT SCHOOL BOARD

TERRY FOX SCHOOL p 1062
See SIR WILFRID LAURIER SCHOOL BOARD

TERRY FOX SCHOOL p 1137
See LESTER B. PEARSON SCHOOL BOARD

TERRY FOX SCHOOL p 1193
See RIVERSIDE SCHOOL BOARD

TERRY FOX SECONDARY SCHOOL p 255
See SCHOOL DISTRICT NO. 43 (COQUITLAM)

TERRY MILLER RECREATION CENTRE p 511
See CORPORATION OF THE CITY OF BRAMPTON, THE

TERVITA CORPORATION p 1
53016 Hwy 60 Suite 11, ACHESON, AB, T7X 5A7
(780) 962-4334   SIC 1389

TERVITA CORPORATION p 6
27123 Hwy 597 Suite 13, BLACKFALDS, AB, T0M 0J0
(403) 885-0075   SIC 1389

TERVITA CORPORATION p 6
302 3rd Ave W, BEAVERLODGE, AB, T0H 0C0
(780) 354-3279   SIC 8748

TERVITA CORPORATION p 29
140 10 Ave Se Suite 1600, CALGARY, AB, T2G 0R1
(403) 233-7565   SIC 8748

TERVITA CORPORATION p 116
12311 17 St Ne, EDMONTON, AB, T6S 1A7
(780) 456-1444   SIC 1629

TERVITA CORPORATION p 118
140-10 Ave S E Unit 500, ELK POINT, AB, T0A 1A0
(780) 724-3002   SIC 1389

TERVITA CORPORATION p 122
8130 Fraser Ave, FORT MCMURRAY, AB, T9H 1W6
(780) 714-3372   SIC 8748

TERVITA CORPORATION p 156
8149 Edgar Industrial Close, RED DEER, AB, T4P 3R4
(403) 346-4550   SIC 8748

TERVITA CORPORATION p 169
946 Boulder Blvd, STONY PLAIN, AB, T7Z 0E6
(780) 963-1484   SIC 8748

TERVITA CORPORATION p 267
13511 Vulcan Way Unit 160, RICHMOND, BC, V6V 1K4
(604) 214-7000   SIC 1389

TERVITA CORPORATION p 384
1199 St James St Suite 1, WINNIPEG, MB, R3H 0K8
(204) 832-4561   SIC 8748

TERVITA CORPORATION p 535
5045 North Service Rd 2nd Fl, BURLINGTON, ON, L7L 5H6
SIC 8748

TERVITA DRILLING AND CORING SERVICES LTD p 20
9919 Shepard Rd Se, CALGARY, AB, T2C 3C5
(855) 837-8482   SIC 1081

TESHMONT CONSULTANTS LP p 390
1190 Waverley St, WINNIPEG, MB, R3T 0P4
(204) 284-8100   SIC 8711

TESKEY CONSTRUCTION COMPANY LTD p 757
20 Murray Rd, NORTH YORK, ON, M3K 1T2
(416) 638-0340   SIC 1794

TESMA ENGINES TECHNOLOGIES, DIV OF p 561
See MAGNA POWERTRAIN INC

TESTING LABORATORIES OF CANADA CORP. p 711
1840 Argentia Rd Suite B, MISSISSAUGA, ON, L5N 1P9
(905) 812-7783   SIC 8734

TESTON VILLAGE PUBLIC SCHOOL p 668
See YORK REGION DISTRICT SCHOOL BOARD

TETI BAKERY INC p 587
27 Signal Hill Ave Suite 3, ETOBICOKE, ON, M9W 6V8
(416) 798-8777   SIC 5461

TETRA TECH CANADA p 309
See TETRA TECH CANADA INC

TETRA TECH CANADA INC p 97
14940 123 Ave Nw, EDMONTON, AB, T5V 1B4
(780) 451-2121   SIC 8711

TETRA TECH CANADA INC p 227
1715 Dickson Ave Suite 150, KELOWNA, BC, V1Y 9G6
(250) 862-4832   SIC 8711

TETRA TECH CANADA INC p 242
4376 Boban Dr Suite 1, NANAIMO, BC, V9T 6A7
(250) 756-2256   SIC 8711

TETRA TECH CANADA INC p 309
885 Dunsmuir St Unit 1000, VANCOUVER, BC, V6C 1N5
(604) 685-0275   SIC 8711

TETRA TECH INDUSTRIES INC p 428
109b Drake Ave, LABRADOR CITY, NL, A2V 2L8
(709) 944-3650   SIC 8711

TETRA TECH INDUSTRIES INC p 988
100 Rue Saint-Joseph Bureau 111, ALMA, QC, G8B 7A6
(418) 668-8307   SIC 8711

TETRA TECH INDUSTRIES INC p 1088
5100 Rue Sherbrooke E, Montreal, QC, H1V 3R9
(514) 257-1112   SIC 8711

TETRA TECH INDUSTRIES INC p 1088
5100 Rue Sherbrooke E Bureau 400, Montreal, QC, H1V 3R9
(514) 257-0707   SIC 8711

TETRA TECH INDUSTRIES INC p 1156
4655 Boul Wilfrid-Hamel, Quebec, QC, G1P 2J7
(418) 872-8151   SIC 8711

TETRA TECH OGD INC p 270
10851 Shellbridge Way Suite 100, RICHMOND, BC, V6X 2W8
(604) 270-7728   SIC 8711

TETRA TECH QB INC p 1088
5100 Rue Sherbrooke E Bureau 900, Montreal, QC, H1V 3R9
(514) 257-1112   SIC 8711

TETRA TECH QC INC p 1089
5100 Rue Sherbrooke E Bureau 900, Montreal, QC, H1V 3R9
(514) 257-0707   SIC 8711

TETRA TECH QE INC p 1089
5100 Rue Sherbrooke E Bureau 900, Montreal, QC, H1V 3R9
(514) 257-0707   SIC 8711

TEULON COLLEGIATE p 358

See INTERLAKE SCHOOL DIVISION

TEULON ELEMENTARY SCHOOL p 358
See INTERLAKE SCHOOL DIVISION

TEULON GOLF & COUNTRY CLUB INC p 358
94089 Pth 7, TEULON, MB, R0C 3B0
(204) 886-2991   SIC 7992

TEULON HUNTER MEMORIAL HOSPITAL p 358
See INTERLAKE REGIONAL HEALTH AUTHORITY INC

TEUTECH INDUSTRIES INC p 603
361 Speedvale Ave W, GUELPH, ON, N1H 1C7
(519) 822-8012   SIC 3599

TEUTECH INDUSTRIES INC p 603
361 Speedvale Ave W Suite 29, GUELPH, ON, N1H 1C7
(519) 836-3180   SIC 3599

TEVA CANADA LIMITED p 675
575 Hood Rd, MARKHAM, ON, L3R 4E1
(905) 475-3370   SIC 2834

TEVA CANADA LIMITED p 834
30 Novopharm Crt, SCARBOROUGH, ON, M1B 2K9
(416) 291-8876   SIC 2834

TEVA CANADA LIMITED p 863
5691 Main St, STOUFFVILLE, ON, L4A 1H5
(416) 291-8888   SIC 2834

TEVA CANADA LIMITED p 1078
17800 Rue Lapointe Unite 123, MIRABEL, QC, J7J 0W8
(450) 433-7673   SIC 2834

TEVA CANADA LIMITED p 1216
6455 Rue Jean-Talon E Bureau 100, SAINT-LEONARD, QC, H1S 3E8
SIC 5122

TEVA NOVOPHARM p 834
See TEVA CANADA LIMITED

TEVA NOVOPHARM p 1216
See TEVA CANADA LIMITED

TEVEI MILLER HERITAGE SCHOOL p 109
See EDMONTON SCHOOL DISTRICT NO. 7

TEX-DON LTD p 729
2135 Robertson Rd, NEPEAN, ON, K2H 5Z2
(613) 829-9580   SIC 5531

TEXADA QUARRYING LTD p 292
2 Airport Rd, VAN ANDA, BC, V0N 3K0
(604) 486-7627   SIC 1422

TEXEL MATERIAUX TECHNIQUES p 1185
See TEXEL MATERIAUX TECHNIQUES INC

TEXEL MATERIAUX TECHNIQUES p 1227
See TEXEL MATERIAUX TECHNIQUES INC

TEXEL MATERIAUX TECHNIQUES INC p 1185
485 Rue Des Erables, SAINT-ELZEAR, QC, G0S 2J0
(418) 387-5910   SIC 2297

TEXEL MATERIAUX TECHNIQUES INC p 1227
1300 2e Rue Du Parc-Industriel, SAINTE-MARIE, QC, G6E 1G8
(418) 387-5910   SIC 2297

TEXTILES ABERTON LTEE p 1124
3700 Rue Saint-Patrick, Montreal, QC, H4E 1A2
(514) 932-3711   SIC 5131

TEXTILES MERCEDES LIMITEE, LES p 1032
287 Rue Saint-Jean O, EAST ANGUS, QC, J0B 1R0
(819) 832-4219   SIC 3561

TEXTILES WIN-SIR INC, LES p 1011
295 Boul Industriel Bureau A, Chateauguay, QC, J6J 4Z2
(514) 384-3072   SIC 2322

TFG FINANCIAL CORPORATION p 188
4180 Lougheed Hwy Suite 500, BURNABY, BC, V5C 6A7
(604) 473-3844   SIC 6159

TFI FOODS LTD p 272
11231 Dyke Rd Suite 120, RICHMOND, BC, V7A 0A1
(604) 231-9966   SIC 5146

TFI FOODS LTD p 483
335 Frankcom St, AJAX, ON, L1S 1R4
SIC 2092

TFI FOODS LTD p 847
2900 Markham Rd, SCARBOROUGH, ON, M1X 1E6
(416) 299-7575   SIC 5146

TFI INTERNATIONAL INC p 388
991 Kenaston Blvd, WINNIPEG, MB, R3P 1J9
(204) 453-6042   SIC 4213

TFI INTERNATIONAL INC p 651
540 First St, LONDON, ON, N5V 1Z3
SIC 4213

TFI TRANSPORT 17 L.P. p 1210
8801 Rte Transcanadienne Bureau 500, SAINT-LAURENT, QC, H4S 1Z6
(514) 331-4000   SIC 4731

TFORCE INTEGRATED SOLUTIONS p 1210
See TFI TRANSPORT 17 L.P.

TFT GLOBAL INC p 517
115 Walker Dr Unit B, BRAMPTON, ON, L6T 5P5
(519) 842-4540   SIC 4225

TFT GLOBAL INC p 621
160 Ingersoll St, INGERSOLL, ON, N5C 3K3
(519) 842-4540   SIC 4225

TFT GLOBAL INC p 621
160 Ingersoll St S, INGERSOLL, ON, N5C 3J7
(519) 425-1289   SIC 4225

TFT GLOBAL INC p 621
160 Ingersoll St S, INGERSOLL, ON, N5C 3J7
SIC 4789

TFT GLOBAL INC p 621
390 Thomas St Unit 1, INGERSOLL, ON, N5C 2G7
(519) 842-4540   SIC 4225

TFT GLOBAL NORTH p 621
See TFT GLOBAL INC

TGP p 96
See FEDERATED CO-OPERATIVES LIMITED

TGP p 130
See FEDERATED CO-OPERATIVES LIMITED

TGP p 133
See FEDERATED CO-OPERATIVES LIMITED

TGP p 220
See FEDERATED CO-OPERATIVES LIMITED

TGP p 349
See FEDERATED CO-OPERATIVES LIMITED

TGR RAIL CANADA INC p 933
130 King St W Suite 1800, TORONTO, ON, M5X 2A2
(519) 574-3357   SIC 4011

TGST p 941
See TRIUMPH GEAR SYSTEMS-TORONTO ULC

THALES CANADA INC p 752
105 Moatfield Dr Suite 100, NORTH YORK, ON, M3B 0A4
(416) 742-3900   SIC 8711

THALES CANADA INC p 1208
4868 Rue Levy, SAINT-LAURENT, QC, H4R 2P1
(514) 337-7878   SIC 3827

THALES CANADA, DIVISION AERONAUTIQUE p 752
See THALES CANADA INC

THALES CANADA, LAND & JOINT SYSTEMS, OPTRONICS BUSINESS UNIT p 1208
See THALES CANADA INC

THALES OPTRONIQUE CANADA INC p 1208
4868 Rue Levy, SAINT-LAURENT, QC, H4R 2P1
(514) 337-7878   SIC 3827

THAMES RIVER CHEMICAL CORP p 535
5230 Harvester Rd, BURLINGTON, ON, L7L 4X4
(905) 681-5353   SIC 5169

THAMES VALLEY COLLEGE OF BUSINESS & IT p 655
See INFORMATION TECHNOLOGY BUSINESS COLLEGE INC

THAMES VALLEY DISTRICT SCHOOL BOARD p 482
34714 Creamery Rd, AILSA CRAIG, ON, N0M 1A0
(519) 293-3342   SIC 8211

THAMES VALLEY DISTRICT SCHOOL BOARD p 482
4441 Queens Ave, AILSA CRAIG, ON, N0M 1A0
(519) 232-4505   SIC 8211

THAMES VALLEY DISTRICT SCHOOL BOARD p 489
14405 Medway Rd, ARVA, ON, N0M 1C0
(519) 660-8418   SIC 8211

THAMES VALLEY DISTRICT SCHOOL BOARD p 489
14774 Medway Rd, ARVA, ON, N0M 1C0
(519) 660-8193   SIC 8211

THAMES VALLEY DISTRICT SCHOOL BOARD p 492
50576 Talbot St E, AYLMER, ON, N5H 2R1
(519) 773-8106   SIC 8211

THAMES VALLEY DISTRICT SCHOOL BOARD p 492
362 Talbot St W, AYLMER, ON, N5H 1K6
(519) 773-3174   SIC 8211

THAMES VALLEY DISTRICT SCHOOL BOARD p 492
204 John St S, AYLMER, ON, N5H 2C8
(519) 773-3362   SIC 8211

THAMES VALLEY DISTRICT SCHOOL BOARD p 492
80 Rutherford Ave, AYLMER, ON, N5H 2N8
(519) 773-9216   SIC 8211

THAMES VALLEY DISTRICT SCHOOL BOARD p 569
3860 Catherines St, DORCHESTER, ON, N0L 1G0
(519) 268-7862   SIC 8211

THAMES VALLEY DISTRICT SCHOOL BOARD p 569
4269 Hamilton Rd, DORCHESTER, ON, N0L 1G3
(519) 268-7884   SIC 8211

THAMES VALLEY DISTRICT SCHOOL BOARD p 569
61 Queen St, DORCHESTER, ON, N0L 1G2
(519) 268-7351   SIC 8211

THAMES VALLEY DISTRICT SCHOOL BOARD p 571
239 Miller Rd, DUTTON, ON, N0L 1J0
(519) 762-2419   SIC 8211

THAMES VALLEY DISTRICT SCHOOL BOARD p 573
376368 37th Line, EMBRO, ON, N0J 1J0
(519) 475-4121   SIC 8211

THAMES VALLEY DISTRICT SCHOOL BOARD p 592
3581 Concession Dr, Glencoe, ON, N0L 1M0
(519) 287-3310   SIC 8211

THAMES VALLEY DISTRICT SCHOOL BOARD p 593
3719 Parkhouse Rd, GLENCOE, ON, N0L 1M0
(519) 287-3330   SIC 8211

THAMES VALLEY DISTRICT SCHOOL BOARD p 619
161 Loveys St, HICKSON, ON, N0J 1L0
(519) 462-2415   SIC 8211

THAMES VALLEY DISTRICT SCHOOL BOARD p 620
10339 Ilderton Rd, ILDERTON, ON, N0M 2A0
(519) 666-1417   SIC 8211

THAMES VALLEY DISTRICT SCHOOL BOARD p 620
13624 Ilderton Rd, ILDERTON, ON, N0M 2A0
(519) 666-0310   SIC 8211

THAMES VALLEY DISTRICT SCHOOL BOARD p 621
210 King St E, INGERSOLL, ON, N5C 1H2
(519) 485-4849   SIC 8211

THAMES VALLEY DISTRICT SCHOOL BOARD p 621
2 Caffyn St, INGERSOLL, ON, N5C 3M8
(519) 485-1600   SIC 8211

THAMES VALLEY DISTRICT SCHOOL BOARD p 621
180 Coleman St, INNERKIP, ON, N0J 1M0
(519) 469-3435   SIC 8211

THAMES VALLEY DISTRICT SCHOOL BOARD p 621
37 Alma St, INGERSOLL, ON, N5C 1N1
(519) 485-1200   SIC 8211

THAMES VALLEY DISTRICT SCHOOL BOARD p 621
37 William St, INGERSOLL, ON, N5C 1M2
(519) 485-4280   SIC 8211

THAMES VALLEY DISTRICT SCHOOL BOARD p 645
10008 Oxbow Dr, KOMOKA, ON, N0L 1R0
(519) 657-3868   SIC 8211

THAMES VALLEY DISTRICT SCHOOL BOARD p 651
1035 Chippewa Dr, LONDON, ON, N5V 2T6
(519) 452-8120   SIC 8211

THAMES VALLEY DISTRICT SCHOOL BOARD p 651
1245 Michael St, LONDON, ON, N5V 2H4
(519) 452-8230   SIC 8211

THAMES VALLEY DISTRICT SCHOOL BOARD p 651
141 Bonaventure Dr, LONDON, ON, N5V 4S6
(519) 452-8060   SIC 8211

THAMES VALLEY DISTRICT SCHOOL BOARD p 651
1990 Royal Cres, LONDON, ON, N5V 1N8
(519) 452-8320   SIC 8211

THAMES VALLEY DISTRICT SCHOOL BOARD p 651
50 Tewksbury Cres, LONDON, ON, N5V 2M8
(519) 452-8180   SIC 8211

THAMES VALLEY DISTRICT SCHOOL BOARD p 651
560 Second St, LONDON, ON, N5V 2B7
(519) 452-8190   SIC 8211

THAMES VALLEY DISTRICT SCHOOL BOARD p 651
84 Bow St, LONDON, ON, N5V 1B1
(519) 452-8270   SIC 8211

THAMES VALLEY DISTRICT SCHOOL BOARD p 652
1250 Dundas St, LONDON, ON, N5W 5P2
(519) 452-2000   SIC 8211

THAMES VALLEY DISTRICT SCHOOL BOARD p 652
1040 Hamilton Rd, LONDON, ON, N5W 1A6
(519) 452-8200   SIC 8211

THAMES VALLEY DISTRICT SCHOOL BOARD p 652
1250 Dundas St, LONDON, ON, N5W 5P2
(519) 452-8740   SIC 8211

THAMES VALLEY DISTRICT SCHOOL BOARD p 652
723 Lorne Ave Suite 715, LONDON, ON, N5W 3K7
SIC 8211

THAMES VALLEY DISTRICT SCHOOL BOARD p 652
349 Tweedsmuir Ave, LONDON, ON, N5W 1L5
(519) 452-8620   SIC 8211

THAMES VALLEY DISTRICT SCHOOL BOARD p 652
191 Dawn Dr, LONDON, ON, N5W 4W9
(519) 452-8480   SIC 8211

THAMES VALLEY DISTRICT SCHOOL BOARD p 652
1601 Wavell St, LONDON, ON, N5W 2C9
(519) 452-8470   SIC 8211

THAMES VALLEY DISTRICT SCHOOL BOARD p 653
1231 Fuller St, LONDON, ON, N5Y 4P7
(519) 452-8220   SIC 8211

THAMES VALLEY DISTRICT SCHOOL BOARD p 653
1335 Nicole Ave, LONDON, ON, N5X 4M7
(519) 850-8698   SIC 8211

THAMES VALLEY DISTRICT SCHOOL BOARD p 653
655 Tennent Ave, LONDON, ON, N5X 0L2
(519) 452-8439   SIC 8211

THAMES VALLEY DISTRICT SCHOOL BOARD p 653
25 Mclean Dr, LONDON, ON, N5X 1Y2
(519) 452-8440   SIC 8211

THAMES VALLEY DISTRICT SCHOOL BOARD p 653
1650 Hastings Dr, LONDON, ON, N5X 3E3
(519) 452-8240   SIC 8211

THAMES VALLEY DISTRICT SCHOOL BOARD p 653
1460 Stoneybrook Cres, LONDON, ON, N5X 1C4
(519) 452-8590   SIC 8211

THAMES VALLEY DISTRICT SCHOOL BOARD p 653
656 Tennent Ave, LONDON, ON, N5X 1L8
(519) 452-2600   SIC 8211

THAMES VALLEY DISTRICT SCHOOL BOARD p 654
70 Gammage St, LONDON, ON, N5Y 2B1
(519) 452-8290   SIC 8211

THAMES VALLEY DISTRICT SCHOOL BOARD p 654
70 Jacqueline St, LONDON, ON, N5Z 3P7
(519) 452-2660   SIC 8211

THAMES VALLEY DISTRICT SCHOOL BOARD p 654
795 Trafalgar St, LONDON, ON, N5Z 1E6
(519) 452-8300   SIC 8299

THAMES VALLEY DISTRICT SCHOOL BOARD p 654
814 Quebec St, LONDON, ON, N5Y 1X4
(519) 452-8050   SIC 8211

THAMES VALLEY DISTRICT SCHOOL BOARD p 654
840 Hamilton Rd, LONDON, ON, N5Z 1V5
(519) 452-8150   SIC 8211

THAMES VALLEY DISTRICT SCHOOL BOARD p 654
919 Trafalgar St, LONDON, ON, N5Z 1G3
(519) 452-8610   SIC 8211

THAMES VALLEY DISTRICT SCHOOL BOARD p 654
951 Leathorne St Suite 1, LONDON, ON, N5Z 3M7
(519) 452-2444   SIC 8211

THAMES VALLEY DISTRICT SCHOOL BOARD p 654
951 Leathorne St Suite 1, LONDON, ON, N5Z 3M7
(519) 452-2573   SIC 8211

THAMES VALLEY DISTRICT SCHOOL BOARD p 654
1100 Victoria Dr, LONDON, ON, N5Y 4E2
(519) 452-8310   SIC 8211

THAMES VALLEY DISTRICT SCHOOL BOARD p 654
1150 Landor St, LONDON, ON, N5Y 3W3
(519) 452-8570   SIC 8211

THAMES VALLEY DISTRICT SCHOOL BOARD p 654
1350 Highbury Ave N, LONDON, ON, N5Y 1B5

(519) 452-2730   SIC 8211
THAMES VALLEY DISTRICT SCHOOL BOARD
247 Thompson Rd, LONDON, ON, N5Z 2Z3
(519) 452-8490   SIC 8211
THAMES VALLEY DISTRICT SCHOOL BOARD p 654
335 Belfield St, LONDON, ON, N5Y 2K3
(519) 452-8420   SIC 8211
THAMES VALLEY DISTRICT SCHOOL BOARD p 654
360 Chippendale Cres, LONDON, ON, N5Z 3G2
(519) 452-8110   SIC 8211
THAMES VALLEY DISTRICT SCHOOL BOARD p 654
365 Belfield St, LONDON, ON, N5Y 2K3
(519) 452-2820   SIC 8211
THAMES VALLEY DISTRICT SCHOOL BOARD p 654
53 Frontenac Rd, LONDON, ON, N5Z 3Y5
(519) 452-8210   SIC 8211
THAMES VALLEY DISTRICT SCHOOL BOARD p 656
940 Waterloo St, LONDON, ON, N6A 3X3
(519) 452-8520   SIC 8211
THAMES VALLEY DISTRICT SCHOOL BOARD p 656
782 Waterloo St, LONDON, ON, N6A 3W4
(519) 452-8530   SIC 8211
THAMES VALLEY DISTRICT SCHOOL BOARD p 657
580 Grey St, LONDON, ON, N6B 1H8
(519) 452-8010   SIC 8211
THAMES VALLEY DISTRICT SCHOOL BOARD p 657
525 Dundas St, LONDON, ON, N6B 1W5
(519) 452-2700   SIC 8211
THAMES VALLEY DISTRICT SCHOOL BOARD p 657
509 Waterloo St, LONDON, ON, N6B 2P8
(519) 452-2620   SIC 8211
THAMES VALLEY DISTRICT SCHOOL BOARD p 657
440 Princess Ave, LONDON, ON, N6B 2B3
(519) 452-8330   SIC 8211
THAMES VALLEY DISTRICT SCHOOL BOARD p 658
780 Dulaney Dr, LONDON, ON, N6C 3W4
(519) 452-8140   SIC 8211
THAMES VALLEY DISTRICT SCHOOL BOARD p 658
450 Millbank Dr, LONDON, ON, N6C 4W7
(519) 452-2840   SIC 8211
THAMES VALLEY DISTRICT SCHOOL BOARD p 658
43 Shaftesbury Ave, LONDON, ON, N6C 2Y5
(519) 452-8030   SIC 8211
THAMES VALLEY DISTRICT SCHOOL BOARD p 658
401 Tecumseh Ave E, LONDON, ON, N6C 1T4
(519) 452-8600   SIC 8211
THAMES VALLEY DISTRICT SCHOOL BOARD p 658
371 Tecumseh Ave E, LONDON, ON, N6C 1T4
(519) 452-2860   SIC 8211
THAMES VALLEY DISTRICT SCHOOL BOARD p 658
8 Mountsfield Dr, LONDON, ON, N6C 2S4
(519) 452-8400   SIC 8211
THAMES VALLEY DISTRICT SCHOOL BOARD p 658
301 Wortley Rd, LONDON, ON, N6C 3R6
(519) 452-8720   SIC 8211
THAMES VALLEY DISTRICT SCHOOL BOARD p 660
121 Ashley Cres, LONDON, ON, N6E 3W2
(519) 452-8040   SIC 8211
THAMES VALLEY DISTRICT SCHOOL BOARD p 660
565 Bradley Ave, LONDON, ON, N6E 3Z8

(519) 452-8680   SIC 8211
THAMES VALLEY DISTRICT SCHOOL BOARD p 660
927 Osgoode Dr, LONDON, ON, N6E 1C9
(519) 452-8410   SIC 8211
THAMES VALLEY DISTRICT SCHOOL BOARD p 660
70 Ponderosa Cres, LONDON, ON, N6E 2L7
(519) 452-8500   SIC 8211
THAMES VALLEY DISTRICT SCHOOL BOARD p 660
626 Osgoode Dr, LONDON, ON, N6E 1C1
(519) 452-8700   SIC 8211
THAMES VALLEY DISTRICT SCHOOL BOARD p 661
25 Hillview Blvd, LONDON, ON, N6G 3A7
(519) 452-8390   SIC 8211
THAMES VALLEY DISTRICT SCHOOL BOARD p 661
950 Lawson Rd, LONDON, ON, N6G 3M2
(519) 452-8690   SIC 8211
THAMES VALLEY DISTRICT SCHOOL BOARD p 661
50 Wychwood Pk, LONDON, ON, N6G 1R6
(519) 452-8450   SIC 8211
THAMES VALLEY DISTRICT SCHOOL BOARD p 661
44 Hawthorne Rd, LONDON, ON, N6G 2H5
(519) 452-8160   SIC 8211
THAMES VALLEY DISTRICT SCHOOL BOARD p 661
27 Ford Cres, LONDON, ON, N6G 1H8
(519) 452-8630   SIC 8211
THAMES VALLEY DISTRICT SCHOOL BOARD p 662
284 Oxford St W, LONDON, ON, N6H 1S9
(519) 452-8460   SIC 8211
THAMES VALLEY DISTRICT SCHOOL BOARD p 662
550 Pinetree Dr, LONDON, ON, N6H 3N1
(519) 452-8510   SIC 8211
THAMES VALLEY DISTRICT SCHOOL BOARD p 662
555 Sanatorium Rd, LONDON, ON, N6H 3W6
(519) 452-8260   SIC 8211
THAMES VALLEY DISTRICT SCHOOL BOARD p 662
215 Wharncliffe Rd N, LONDON, ON, N6H 2B6
(519) 452-8250   SIC 8211
THAMES VALLEY DISTRICT SCHOOL BOARD p 662
1050 Plantation Rd, LONDON, ON, N6H 2Y5
(519) 452-8650   SIC 8211
THAMES VALLEY DISTRICT SCHOOL BOARD p 662
600 Sanatorium Rd, LONDON, ON, N6H 3W7
(519) 858-2774   SIC 8211
THAMES VALLEY DISTRICT SCHOOL BOARD p 662
1040 Oxford St W, LONDON, ON, N6H 1V4
(519) 452-2750   SIC 8211
THAMES VALLEY DISTRICT SCHOOL BOARD p 663
328 Springbank Dr, LONDON, ON, N6J 1G5
(519) 452-8280   SIC 8211
THAMES VALLEY DISTRICT SCHOOL BOARD p 663
393 Commissioners Rd W, LONDON, ON, N6J 1Y4
SIC 8211
THAMES VALLEY DISTRICT SCHOOL BOARD p 663
474 Springbank Dr, LONDON, ON, N6J 1G8
(519) 452-8710   SIC 8211
THAMES VALLEY DISTRICT SCHOOL BOARD p 663
617 Viscount Rd, LONDON, ON, N6J 2Y4
(519) 452-8020   SIC 8211
THAMES VALLEY DISTRICT SCHOOL BOARD p 663

660 Steeplechase Dr, LONDON, ON, N6J 3P4
(519) 452-8730   SIC 8211
THAMES VALLEY DISTRICT SCHOOL BOARD p 663
77 Tecumseh Ave W, LONDON, ON, N6J 1K8
SIC 8211
THAMES VALLEY DISTRICT SCHOOL BOARD p 663
80 St Lawrence Blvd, LONDON, ON, N6J 2X1
(519) 452-8560   SIC 8211
THAMES VALLEY DISTRICT SCHOOL BOARD p 663
130 Wharncliffe Rd S, LONDON, ON, N6J 2K5
(519) 452-8640   SIC 8211
THAMES VALLEY DISTRICT SCHOOL BOARD p 663
1379 Lola St, LONDON, ON, N6K 3R6
(519) 452-8100   SIC 8211
THAMES VALLEY DISTRICT SCHOOL BOARD p 663
175 Whisperwood Ave, LONDON, ON, N6K 4C6
(519) 452-8090   SIC 8211
THAMES VALLEY DISTRICT SCHOOL BOARD p 663
230 Base Line Rd W, LONDON, ON, N6J 1W1
(519) 452-2900   SIC 8211
THAMES VALLEY DISTRICT SCHOOL BOARD p 664
941 Viscount Rd, LONDON, ON, N6K 1H5
(519) 452-2770   SIC 8211
THAMES VALLEY DISTRICT SCHOOL BOARD p 664
1370 Commissioners Rd W, LONDON, ON, N6K 1E1
(519) 452-8080   SIC 8211
THAMES VALLEY DISTRICT SCHOOL BOARD p 664
1011 Viscount Rd, LONDON, ON, N6K 1H5
(519) 452-8670   SIC 8211
THAMES VALLEY DISTRICT SCHOOL BOARD p 665
2835 Westminster Dr, LONDON, ON, N6N 1L7
(519) 452-8660   SIC 8211
THAMES VALLEY DISTRICT SCHOOL BOARD p 666
340 Beech St, LUCAN, ON, N0M 2J0
(519) 227-2185   SIC 8211
THAMES VALLEY DISTRICT SCHOOL BOARD p 666
6820 Duffield St, LONDON, ON, N6P 1A4
(519) 652-2050   SIC 8211
THAMES VALLEY DISTRICT SCHOOL BOARD p 724
714 Bowan St, MOUNT BRYDGES, ON, N0L 1W0
(519) 264-1630   SIC 8211
THAMES VALLEY DISTRICT SCHOOL BOARD p 802
318 Main St, OTTERVILLE, ON, N0J 1R0
(519) 879-1109   SIC 8211
THAMES VALLEY DISTRICT SCHOOL BOARD p 805
100 Main St, PARKHILL, ON, N0M 2K0
(519) 294-1128   SIC 8211
THAMES VALLEY DISTRICT SCHOOL BOARD p 805
204 Mcleod St, PARKHILL, ON, N0M 2K0
(519) 294-1117   SIC 8211
THAMES VALLEY DISTRICT SCHOOL BOARD p 815
112 Mill St E, PLATTSVILLE, ON, N0J 1S0
(519) 684-7390   SIC 8211
THAMES VALLEY DISTRICT SCHOOL BOARD p 816
30 Strachan St, PORT BURWELL, ON, N0J 1T0
(519) 874-4558   SIC 8211

THAMES VALLEY DISTRICT SCHOOL BOARD p 818
350 Carlow Rd, PORT STANLEY, ON, N5L 1B6
(519) 782-3983   SIC 8211
THAMES VALLEY DISTRICT SCHOOL BOARD p 818
40 Elgin St E, PRINCETON, ON, N0J 1V0
(519) 458-4315   SIC 8211
THAMES VALLEY DISTRICT SCHOOL BOARD p 826
11443 Furnival Rd, RODNEY, ON, N0L 2C0
(519) 785-0811   SIC 8211
THAMES VALLEY DISTRICT SCHOOL BOARD p 851
45885 Sparta Line, SPARTA, ON, N0L 2H0
(519) 775-2541   SIC 8211
THAMES VALLEY DISTRICT SCHOOL BOARD p 858
84 Edward St, ST THOMAS, ON, N5P 1Y7
(519) 631-5010   SIC 8211
THAMES VALLEY DISTRICT SCHOOL BOARD p 858
20 Balaclava St, ST THOMAS, ON, N5P 3C2
(519) 631-1006   SIC 8211
THAMES VALLEY DISTRICT SCHOOL BOARD p 858
41 Flora St, ST THOMAS, ON, N5P 2X5
(519) 631-3770   SIC 8211
THAMES VALLEY DISTRICT SCHOOL BOARD p 858
50 Scott St, ST THOMAS, ON, N5P 1K6
(519) 631-1382   SIC 8211
THAMES VALLEY DISTRICT SCHOOL BOARD p 858
9473 Belmont Rd Suite 3, ST THOMAS, ON, N5P 3S7
(519) 773-5185   SIC 8211
THAMES VALLEY DISTRICT SCHOOL BOARD p 859
22 South Edgeware Rd, ST THOMAS, ON, N5P 2H2
(519) 631-8890   SIC 8211
THAMES VALLEY DISTRICT SCHOOL BOARD p 859
241 Sunset Dr, ST THOMAS, ON, N5R 3C2
(519) 633-0090   SIC 8211
THAMES VALLEY DISTRICT SCHOOL BOARD p 859
254 First Ave, ST THOMAS, ON, N5R 4P5
(519) 631-7118   SIC 8211
THAMES VALLEY DISTRICT SCHOOL BOARD p 859
295 Forest Ave, ST THOMAS, ON, N5R 2K5
(519) 631-3563   SIC 8211
THAMES VALLEY DISTRICT SCHOOL BOARD p 859
39261 Fingal Line, ST THOMAS, ON, N5P 3S5
(519) 631-5997   SIC 8211
THAMES VALLEY DISTRICT SCHOOL BOARD p 859
201 Chestnut St, ST THOMAS, ON, N5R 2B5
(519) 631-4460   SIC 8211
THAMES VALLEY DISTRICT SCHOOL BOARD p 859
95 Raven Ave, ST THOMAS, ON, N5R 0C2
(519) 631-3370   SIC 8211
THAMES VALLEY DISTRICT SCHOOL BOARD p 859
112 Churchill Cres, ST THOMAS, ON, N5R 1R1
(519) 631-7820   SIC 8211
THAMES VALLEY DISTRICT SCHOOL BOARD p 859
100 Parkside Dr, ST THOMAS, ON, N5R 3T9
(519) 633-1611   SIC 8211
THAMES VALLEY DISTRICT SCHOOL BOARD p 864
9188 Plank Rd, STRAFFORDVILLE, ON, N0J 1Y0
(519) 866-3021   SIC 8211

▲ Public Company   ■ Public Company Family Member   HQ Headquarters   BR Branch   SL Single Location

THAMES VALLEY DISTRICT SCHOOL BOARD *p 866*
82 Middlesex Dr, STRATHROY, ON, N7G 4G5
(519) 245-7373   SIC 8211

THAMES VALLEY DISTRICT SCHOOL BOARD *p 866*
29059 School Rd, STRATHROY, ON, N7G 3H6
(519) 247-3369   SIC 8211

THAMES VALLEY DISTRICT SCHOOL BOARD *p 866*
248 Keefer St, STRATHROY, ON, N7G 1E2
(519) 245-0473   SIC 8211

THAMES VALLEY DISTRICT SCHOOL BOARD *p 866*
25 Colborne St, STRATHROY, ON, N7G 2M1
(519) 245-2044   SIC 8211

THAMES VALLEY DISTRICT SCHOOL BOARD *p 866*
51 Front St E, STRATHROY, ON, N7G 1Y5
(519) 245-3900   SIC 8211

THAMES VALLEY DISTRICT SCHOOL BOARD *p 866*
361 Second St, STRATHROY, ON, N7G 4J8
(519) 245-2680   SIC 8211

THAMES VALLEY DISTRICT SCHOOL BOARD *p 866*
Gd Lcd Main, STRATHROY, ON, N7G 3H9
(519) 245-2085   SIC 8211

THAMES VALLEY DISTRICT SCHOOL BOARD *p 872*
79 Maria St, TAVISTOCK, ON, N0B 2R0
(519) 655-2350   SIC 8211

THAMES VALLEY DISTRICT SCHOOL BOARD *p 872*
130 Mccarty St, THAMESFORD, ON, N0M 2M0
(519) 285-2043   SIC 8211

THAMES VALLEY DISTRICT SCHOOL BOARD *p 873*
37 Elliott Trail, THORNDALE, ON, N0M 2P0
(519) 461-9575   SIC 8211

THAMES VALLEY DISTRICT SCHOOL BOARD *p 883*
10 South Ridge Rd, TILLSONBURG, ON, N4G 0C1
(519) 842-7319   SIC 8211

THAMES VALLEY DISTRICT SCHOOL BOARD *p 883*
83 Rolph St, TILLSONBURG, ON, N4G 3Y2
(519) 842-4323   SIC 8211

THAMES VALLEY DISTRICT SCHOOL BOARD *p 883*
25 Maple Lane, TILLSONBURG, ON, N4G 2Y8
(519) 688-0197   SIC 8211

THAMES VALLEY DISTRICT SCHOOL BOARD *p 883*
37 Glendale Dr Suite 16, TILLSONBURG, ON, N4G 1J6
(519) 842-4207   SIC 8211

THAMES VALLEY DISTRICT SCHOOL BOARD *p 883*
60 Tillson Ave, TILLSONBURG, ON, N4G 3A1
(519) 688-3498   SIC 8211

THAMES VALLEY DISTRICT SCHOOL BOARD *p 956*
139 Graham St, WEST LORNE, ON, N0L 2P0
(519) 768-1350   SIC 8211

THAMES VALLEY DISTRICT SCHOOL BOARD *p 978*
410 Hunter St, WOODSTOCK, ON, N4S 4G4
(519) 537-5362   SIC 8211

THAMES VALLEY DISTRICT SCHOOL BOARD *p 978*
35 Riddell St, WOODSTOCK, ON, N4S 6L9
(519) 537-1050   SIC 8211

THAMES VALLEY DISTRICT SCHOOL BOARD *p 978*
290 Victoria St N, WOODSTOCK, ON, N4S 6W5
(519) 537-5761   SIC 8211

THAMES VALLEY DISTRICT SCHOOL BOARD *p 978*
164 Fyfe Ave, WOODSTOCK, ON, N4S 3S6
(519) 539-2068   SIC 8211

THAMES VALLEY DISTRICT SCHOOL BOARD *p 978*
110 Winchester St, WOODSTOCK, ON, N4S 7K5
(519) 537-3543   SIC 8211

THAMES VALLEY DISTRICT SCHOOL BOARD *p 978*
1060 Sprucedale Rd, WOODSTOCK, ON, N4S 4Z9
(519) 539-7140   SIC 8211

THAMES VALLEY DISTRICT SCHOOL BOARD *p 978*
900 Cromwell St, WOODSTOCK, ON, N4S 5B5
(519) 537-2347   SIC 8211

THAMES VALLEY DISTRICT SCHOOL BOARD *p 978*
700 College Ave, WOODSTOCK, ON, N4S 2C8
(519) 539-0020   SIC 8211

THAMES VALLEY DISTRICT SCHOOL BOARD *p 978*
840 Sloane St, WOODSTOCK, ON, N4S 7V3
(519) 537-7321   SIC 8211

THAMES VALLEY DISTRICT SCHOOL BOARD *p 978*
65 Aileen Dr, WOODSTOCK, ON, N4S 4A2
(519) 537-2652   SIC 8211

THAMES VALLEY DISTRICT SCHOOL BOARD *p 978*
59 Algonquin Rd, WOODSTOCK, ON, N4T 1R8
(519) 421-2219   SIC 8211

THAMES VALLEY GOLF & COUNTRY CLUB *p 661*
See CORPORATION OF THE CITY OF LONDON

THAMES VALLEY PROCESSORS LTD *p 636*
15 Line 155390, KINTORE, ON, N0M 2C0
(519) 285-3940   SIC 2015

THAMESFORD PUBLIC SCHOOL *p 872*
See THAMES VALLEY DISTRICT SCHOOL BOARD

THE ALEX COMMUNITY HEALTH CENTRE *p 21*
See ALEXANDRA COMMUNITY HEALTH CENTRE

THE BAGG GROUP *p 912*
See BAGG INC

THE BARGAIN SHOP *p 685*
See RED APPLE STORES INC

THE BAY *p 199*
See HUDSON'S BAY COMPANY

THE BAY *p 280*
See HUDSON'S BAY COMPANY

THE BAY *p 326*
See HUDSON'S BAY COMPANY

THE BAY *p 580*
See HUDSON'S BAY COMPANY

THE BAY *p 745*
See HUDSON'S BAY COMPANY

THE BAY *p 787*
See HUDSON'S BAY COMPANY

THE BAY *p 901*
See HUDSON'S BAY COMPANY

THE BAY *p 966*
See HUDSON'S BAY COMPANY

THE BAY LIMERIDGE *p 615*
See HUDSON'S BAY COMPANY

THE BAY MAYFAIR *p 334*
See HUDSON'S BAY COMPANY

THE BAY SOUTH CENTRE *p 35*
See HUDSON'S BAY COMPANY

THE BOARD OF EDUCATION OF SCHOOL DISTRICT #82 (COAST MOUNTAIN) *p 228*

THE BOARD OF EDUCATION OF SCHOOL DISTRICT #82 (COAST MOUNTAIN) *p 291*
1491 Kingfisher Ave N, KITIMAT, BC, V8C 1E9
(250) 632-6174   SIC 8211

THE BOARD OF EDUCATION OF SCHOOL DISTRICT #82 (COAST MOUNTAIN) *p 291*
3411 Munroe St, TERRACE, BC, V8G 3C1
(250) 635-9136   SIC 8211

THE BOARD OF EDUCATION OF SCHOOL DISTRICT #82 (COAST MOUNTAIN) *p 291*
4110 Thomas St, TERRACE, BC, V8G 4L7
(250) 635-2721   SIC 8211

THE BOARD OF EDUCATION OF SCHOOL DISTRICT #82 (COAST MOUNTAIN) *p 291*
4730 Graham Ave, TERRACE, BC, V8G 1A8
(250) 635-3115   SIC 8211

THE BOARD OF SCHOOL TRUSTEES OF SCHOOL DISTRICT NO. 45 (WEST VANCOUVER) *p 338*
1250 Chartwell Dr, WEST VANCOUVER, BC, V7S 2R2
(604) 981-1130   SIC 8211

THE BOARD OF SCHOOL TRUSTEES OF SCHOOL DISTRICT NO. 45 (WEST VANCOUVER) *p 338*
760 Westcot Rd, WEST VANCOUVER, BC, V7S 1N7
(604) 981-1270   SIC 8211

THE BOARD OF SCHOOL TRUSTEES OF SCHOOL DISTRICT NO. 45 (WEST VANCOUVER) *p 338*
1329 Duchess Ave, WEST VANCOUVER, BC, V7T 1H5
(604) 981-1220   SIC 8211

THE BOARD OF SCHOOL TRUSTEES OF SCHOOL DISTRICT NO. 45 (WEST VANCOUVER) *p 339*
1075 21st St, WEST VANCOUVER, BC, V7V 4A9
(604) 981-1000   SIC 8211

THE BOARD OF SCHOOL TRUSTEES OF SCHOOL DISTRICT NO. 45 (WEST VANCOUVER) *p 339*
4685 Keith Rd, WEST VANCOUVER, BC, V7W 2M8
(604) 981-1200   SIC 8211

THE BOARD OF SCHOOL TRUSTEES OF SCHOOL DISTRICT NO. 45 (WEST VANCOUVER) *p 339*
4355 Marine Dr, WEST VANCOUVER, BC, V7V 1P2
(604) 922-4211   SIC 8211

THE BRICK *p 30*
See BRICK WAREHOUSE LP, THE

THE BRICK *p 692*
See BRICK WAREHOUSE LP, THE

THE BRICK *p 713*
See BRICK WAREHOUSE LP, THE

THE CALL CENTRE INC *p 434*
5 Pippy Pl Suite 7, ST. JOHN'S, NL, A1B 3X2
(709) 722-3730   SIC 7389

THE CAPE BRETON POST *p 475*
See MEDIAS TRANSCONTINENTAL S.E.N.C.

THE CAT RENTAL STORE *p 106*
See RAYDON RENTALS LTD

THE CHRONICLE HERALD *p 444*
See HALIFAX HERALD LIMITED, THE

THE CITY OF CAMPBELL RIVER *p 195*
1800 Alder St S, CAMPBELL RIVER, BC, V9W 7J1
(250) 923-7911   SIC 8322

THE CO-OPERATORS *p 614*
See CO-OPERATORS GENERAL INSURANCE COMPANY

THE COAST BLACCOMB SUITES AT WHISTLER *p 340*
See OHR SPRING MANAGEMENT LTD

THE COMMONWELL MUTUAL INSUR-

ANCE GROUP *p 807*
96 South St, PERTH, ON, K7H 0A2
(613) 267-5561   SIC 6411

THE DIVERSICARE CANADA *p 59*
See LODGE AT VALLEY RIDGE, THE

THE DIVINE INFANT CATHOLIC SCHOOL *p 888*
See TORONTO CATHOLIC DISTRICT SCHOOL BOARD

THE DOMINION OF CANADA GENERAL INSURANCE COMPANY *p 1114*
See TRAVELERS INSURANCE COMPANY OF CANADA

THE ELMS JUNIOR MIDDLE SCHOOL *p 587*
See TORONTO DISTRICT SCHOOL BOARD

THE ELMS, THE DIV OF *p 480*
See WOLFVILLE NURSING HOMES LIMITED

THE EQUIPMENT SOLUTION, DIV OF *p 679*
See ARNOTT CONSTRUCTION LIMITED

THE EVENING NEWS *p 470*
See THOMSON REUTERS CANADA LIMITED

THE FLEMMING CENTRE *p 500*
See CORPORATION OF THE TOWN OF LINCOLN

THE FRANK HASENFRATZ CENTRE OF EXCELLENCE IN MANUFACTURING, DIV OF *p 604*
See LINAMAR CORPORATION

THE FSA GROUP *p 718*
See DATA COMMUNICATIONS MANAGEMENT CORP

THE GIANT 101.9 *p 474*
See NEWCAP INC

THE GLOBAL GROUP *p 755*
See GLOBAL UPHOLSTERY CO. INC

THE GOLDEN GRIDDLE CORPORATION *p 538*
3485 Harvester Rd, BURLINGTON, ON, L7N 3T3
SIC 5812

THE GOLDEN GRIDDLE CORPORATION *p 737*
4946 Clifton Hill, NIAGARA FALLS, ON, L2G 3N4
(905) 358-3601   SIC 5812

THE GOTHIC *p 264*
See CANADIAN MOUNTAIN HOLIDAYS LIMITED PARTNERSHIP

THE GOVERNORS OF THE UNIVERSITY OF ALBERTA *p 66*
See GOVERNORS OF THE UNIVERSITY OF ALBERTA, THE

THE GOVERNORS OF THE UNIVERSITY OF ALBERTA *p 107*
See GOVERNORS OF THE UNIVERSITY OF ALBERTA, THE

THE GOVERNORS OF THE UNIVERSITY OF ALBERTA *p 108*
125 University Campus Nw, EDMONTON, AB, T6G 2H6
(780) 492-9400   SIC 8221

THE GOVERNORS OF THE UNIVERSITY OF ALBERTA *p 108*
21 University Campus Nw, EDMONTON, AB, T6G 2G6
(780) 492-8423   SIC 8221

THE GOVERNORS OF THE UNIVERSITY OF ALBERTA *p 108*
32 University Campus Nw Suite 1, EDMONTON, AB, T6G 2E3
(780) 492-3111   SIC 8221

THE GOVERNORS OF THE UNIVERSITY OF ALBERTA *p 108*
430 Pembina Hall University Of Alberta, EDMONTON, AB, T6G 2H8
(780) 492-2972   SIC 8221

THE GOVERNORS OF THE UNIVERSITY OF ALBERTA *p 108*
54 University Campus Nw, EDMONTON,

AB, T6G 2E6
(780) 492-4776   SIC 8221
THE GOVERNORS OF THE UNIVERSITY OF ALBERTA   p 108
8308 114 St Nw Suite 2105, EDMONTON, AB, T6G 2V2
(780) 492-9400   SIC 8221
THE GOVERNORS OF THE UNIVERSITY OF ALBERTA   p 108
8625 112 St Nw Suite 222, EDMONTON, AB, T6G 1K8
(780) 492-5787   SIC 8733
THE GOVERNORS OF THE UNIVERSITY OF ALBERTA   p 108
91 University Campus Nw Suite 128, EDMONTON, AB, T6G 2H5
(780) 492-0046   SIC 8221
THE GOVERNORS OF THE UNIVERSITY OF ALBERTA   p 108
See GOVERNORS OF THE UNIVERSITY OF ALBERTA, THE
THE GOVERNORS OF THE UNIVERSITY OF ALBERTA   p 108
106 University Campus Nw Suite 6, EDMONTON, AB, T6G 2G5
(780) 492-3751   SIC 8221
THE GOVERNORS OF THE UNIVERSITY OF ALBERTA   p 108
11 University Campus Nw Suite 405, EDMONTON, AB, T6G 2E9
(780) 492-9400   SIC 8733
THE GOVERNORS OF THE UNIVERSITY OF ALBERTA   p 109
See GOVERNORS OF THE UNIVERSITY OF ALBERTA, THE
THE GRAND WINNIPEG AIRPORT HOTEL BY LAKEVIEW   p 384
1979 Wellington Ave, WINNIPEG, MB, R3H 1H5
(204) 479-2493   SIC 7011
THE GREAT-WEST LIFE ASSURANCE COMPANY   p 1166
See GREAT-WEST LIFE ASSURANCE COMPANY, THE
THE GREATER NIAGARA GENERAL HOSPITAL   p 737
See NIAGARA HEALTH SYSTEM
THE GUARANTEE   p 977
See GUARANTEE COMPANY OF NORTH AMERICA, THE
THE HALIFAX GRAMMAR SCHOOL   p 457
945 Tower Rd, HALIFAX, NS, B3H 2Y2
(902) 423-9312   SIC 8211
THE HUDSON GROUP   p 454
See HUDSON GROUP CANADA, INC
THE KENSINGTON VICTORIA   p 769
See REVERA INC
THE KOPERNIK LODGE   p 296
See M. KOPERNIK (NICOLAUS COPERNICUS) FOUNDATION
THE LAKE LOUISE SKI AREA LTD   p 52
1333 8 St Sw Suite 908, CALGARY, AB, T2R 1M6
(403) 244-4449   SIC 7011
THE LIQUOR STORE   p 939
See LIQUOR CONTROL BOARD OF ONTARIO, THE
THE LITTLE BROTHERS OF THE GOOD SHEPHERD (CANADA)   p 905
412 Queen St E, TORONTO, ON, M5A 1T3
(416) 869-3619   SIC 8661
THE MCATEER GROUP   p 673
See MCATEER, J.J. & ASSOCIATES INCORPORATED
THE MISSISSAUGA NEWS   p 714
See METROLAND MEDIA GROUP LTD
THE MOVER   p 116
See HIGHLAND MOVING & STORAGE LTD
THE NEWS GROUP DIV   p 331
See GREAT PACIFIC ENTERPRISES INC
THE NEWS GROUP DIV   p 537
See GREAT PACIFIC ENTERPRISES INC
THE OASIS WELLNESS CENTRE & SPA   p 51
See HEARTWORKS COMMUNICATIONS INC
THE OLD MILL INN   p 576
See LARK HOSPITALITY INC
THE ORIGINAL CAKERIE   p 207
See 0429746 B.C. LTD
THE ORIGINAL RISTORANTE   p 340
See PANZEX VANCOUVER INC
THE OTHER PLACE HOTEL LTD   p 346
210 18th St N, BRANDON, MB, R7A 6P3
(204) 727-3800   SIC 7011
THE PACIFICA   p 290
See PACIFICA RESORT LIVING RETIREMENT, THE
THE PAS I G A   p 359
See NESO CORPORATION LTD
THE PIC GROUP LTD   p 959
202 South Blair St Unit 12, WHITBY, ON, L1N 8X9
(416) 676-5659   SIC 4225
THE PIC GROUP LTD   p 966
1303 Mcdougall St, WINDSOR, ON, N8X 3M6
(519) 252-1611   SIC 7549
THE PIC GROUP LTD   p 978
80 Norwich Ave Suite 5, WOODSTOCK, ON, N4S 8Y6
(519) 421-3791   SIC 7549
THE POWER PLANT   p 920
See POWER PLANT CONTEMPORARY ART GALLERY, THE
THE PRINCE ARTHUR WATERFRONT HOTEL & SUITES   p 877
See PRINCE ARTHUR HOTEL (1983) LTD
THE PRINCESS MARGARET CANCER FOUNDATION   p 912
700 University Ave Suite 1056, TORONTO, ON, M5G 1Z5
(416) 946-6560   SIC 8399
THE REC ROOM   p 112
See CINEPLEX ENTERTAINMENT LIMITED PARTNERSHIP
THE RESPONSIVE MARKETING GROUP INC   p 898
90 Eglinton Ave W Suite 300, TORONTO, ON, M4R 2E4
(416) 921-6595   SIC 7389
THE ROADHOUSE NIGHTCLUB   p 39
See 995812 ALBERTA LTD
THE ROYAL INSTITUTE FOR THE ADVANCEMENT OF LEARNING MCGILL UNIVERSITY   p 1108
817 Rue Sherbrooke O Bureau 492, Montreal, QC, H3A 0C3
(514) 398-6860   SIC 8711
THE ROYAL INSTITUTE FOR THE ADVANCEMENT OF LEARNING MCGILL UNIVERSITY   p 1108
817 Rue Sherbrooke O Bureau 382, Montreal, QC, H3A 0C3
(514) 398-7251   SIC 8221
THE SACRED HEART SCHOOL OF MONTREAL   p 1117
See L'ECOLE SACRE-COEUR DE MONTREAL
THE SALVATION ARMY   p 604
See GOVERNING COUNCIL OF THE SALVATION ARMY IN CANADA, THE
THE SCHOOL OF EARTH AND OCEAN SCIENCES   p 327
See UNIVERSITY OF VICTORIA
THE SOUTH LONDON COMMUNITY POOL   p 659
See CORPORATION OF THE CITY OF LONDON
THE STEWART SCHOOL   p 807
See UPPER CANADA DISTRICT SCHOOL BOARD, THE
THE SUTTON PLACE HOTEL EDMONTON   p 82
See SUTTON PLACE GRANDE LIMITED
THE SUTTON PLACE HOTEL TORONTO   p 926
See SUTTON PLACE GRANDE LIMITED
THE TORONTO ATHLETIC CLUB   p 922
See FITNESS INSTITUTE LIMITED, THE
THE TORONTO GENERAL HOSPITAL   p 911
See GOVERNING COUNCIL OF THE UNIVERSITY OF TORONTO
THE TORONTO PLAZA HOTEL   p 757
See VIRK HOSPITALITY CORP
THE TROUT LAKE COMMUNITY CENTRE   p 295
See GRANDVIEW COMMUNITY CENTER ASSOCIATION
THE VILLAGE OF RIVERSIDE GLEN   p 603
See SCHLEGEL VILLAGES INC
THE VILLAGE OF WENTWORTH HEIGHTS   p 615
See SCHLEGEL VILLAGES INC
THE VILLAGE SHUL   p 933
See AISH HATORAH
THE VOLUNTEER ASSOCIATION GIFT SHOP   p 907
See VOLUNTEER ASSOCIATION FROM THE ST MICHAELS HOSPITAL, THE
THE WILDS   p 436
See WILDS AT SALMONIER RIVER INC, THE
THE WINDSOR ARMS HOTEL   p 927
See WINDSOR ARMS DEVELOPMENT CORPORATION
THEBACHA CAMPUS   p 438
See AURORA COLLEGE
THEISSEN TEAM USA   p 233
See TEAM MANUFACTURING LTD
THEO MINEAULT INC   p 1034
2135 Ch De Montreal O, GATINEAU, QC, J8M 1P3
(819) 986-3190   SIC 2431
THEODORE AZUELOS CONSULTANTS EN TECHNOLOGIE (TACT) INC   p 1119
9855 Rue Meilleur Bureau 200, Montreal, QC, H3L 3J6
(514) 877-0373   SIC 7379
THEODORE RESTAURANTS INC   p 726
1896 Prince Of Wales Dr Suite 1, NEPEAN, ON, K2C 3W9
(613) 224-6556   SIC 5812
THEODORE RESTAURANTS INC   p 726
1896 Prince Of Wales Dr Suite 12, NEPEAN, ON, K2C 3W9
(613) 224-7004   SIC 5812
THEODORE RESTAURANTS INC   p 860
1261 Stittsville Main St, STITTSVILLE, ON, K2S 2E4
(613) 831-1841   SIC 5812
THERMADYNE WELDING PRODUCTS CANADA LIMITED   p 770
2070 Wyecroft Rd, OAKVILLE, ON, L6L 5V6
(905) 827-1111   SIC 5085
THERMAL DEBURRING CANADA INC   p 862
921 Barton St, STONEY CREEK, ON, L8E 5P5
(905) 643-2990   SIC 3541
THERMAL PRODUCTS - LONG MANUFACTURING   p 769
See DANA CANADA CORPORATION
THERMAL PRODUCTS LONG MANUFACTURING DIV OF   p 543
See DANA CANADA CORPORATION
THERMO DESIGN INSULATION LTD   p 20
7124 Barlow Trail Se, CALGARY, AB, T2C 2E1
(403) 720-8203   SIC 5211
THERMO DESIGN INSULATION LTD   p 367
949 Thomas Ave, WINNIPEG, MB, R2L 2C6
(204) 953-1630   SIC 1711
THERMO DESIGN INSULATION LTD   p 947
8301 Jane St Unit 10, VAUGHAN, ON, L4K 5P3
(905) 761-0100   SIC 1742
THERMO FISHER SCIENTIFIC   p 671
See FISHER SCIENTIFIC COMPANY
THERMO KING OF BRITISH COLUMBIA INC   p 203
68 Fawcett Rd, COQUITLAM, BC, V3K 6V5
(604) 526-4414   SIC 7623
THERMO KING OF MID CANADA CORP   p 379
450 Lucas Ave, WINNIPEG, MB, R3C 2E6
(204) 694-1368   SIC 4213
THERMO KING WESTERN (CALGARY) INC   p 20
6213 29 St Se, CALGARY, AB, T2C 1R3
(403) 236-1020   SIC 3713
THERMOGRAPHIE TRANS CANADA LTEE   p 991
9001 Boul Parkway, ANJOU, QC, H1J 1N4
(514) 351-4411   SIC 2759
THERMON CANADA INC   p 14
333 28 St Ne, CALGARY, AB, T2A 7P4
(403) 273-5558   SIC 5063
THERMON HEAT TRACING   p 14
See THERMON CANADA INC
THESSALON HOSPITAL   p 873
See SAULT AREA HOSPITAL
THESSALON PUBLIC SCHOOL   p 873
See ALGOMA DISTRICT SCHOOL BOARD
THETA INDUSTRIES LIMITED   p 499
151 Tiffin St, BARRIE, ON, L4N 2N3
(705) 733-4150   SIC 3544
THETA TTS   p 499
See THETA INDUSTRIES LIMITED
THETFORD MINES, VILLE DE   p 1246
555 Rue Saint-Alphonse N, THETFORD MINES, QC, G6G 3X1
(418) 338-4477   SIC 7999
THETFORD MINES, VILLE DE   p 1246
561 Rue Saint-Patrick, THETFORD MINES, QC, G6G 5W1
(418) 338-8888   SIC 7999
THIBAULT CHEVROLET CADILLAC BUICK GMC DE ROUYN-NORANDA LTEE   p 1178
375 Boul Rideau, ROUYN-NORANDA, QC, J9X 5Y7
(819) 762-1751   SIC 5511
THIBOUTOT, HECTOR COMMUNITY SCHOOL   p 1291
See NORTHERN LIGHTS SCHOOL DIVISION 113
THICKSON ROAD INVESTMENTS LIMITED   p 959
718 Centre St N, WHITBY, ON, L1N 9A9
SIC 5812
THICKWOOD GARDEN MARKET I G A   p 122
See SOBEYS CAPITAL INCORPORATED
THICKWOOD HEIGHTS SCHOOL   p 120
See FORT MCMURRAY PUBLIC SCHOOL DISTRICT #2833
THICKWOOD SAFEWAY   p 121
See SOBEYS WEST INC
THINGS ENGRAVED, DIV OF   p 644
See MINIT CANADA LTD
THINKPATH INC   p 517
201 Westcreek Blvd, BRAMPTON, ON, L6T 5S6
(416) 622-5200   SIC 8711
THIRD AVENUE GARDEN MARKET IGA   p 139
See SOBEYS CAPITAL INCORPORATED
THIRD CROSSING MANOR   p 349
See REGIONAL HEALTH AUTHORITY - CENTRAL MANITOBA INC
THIRD PARTY WAREHOUSING   p 720
See SHERWAY WAREHOUSING INC
THISTLEDOWN PUB   p 442
See MACAULAY RESORTS LIMITED
THISTLETOWN COLLEGIATE INSTITUTE   p 943
See TORONTO DISTRICT SCHOOL BOARD

THK RHYTHM AUTOMOTIVE CANADA LIMITED p 883
1417 Bell Mill Side Rd, TILLSONBURG, ON, N4G 4G9
(519) 688-4200   SIC 3089
THK RHYTHM AUTOMOTIVE CANADA LIMITED p 963
6365 Hawthorne Dr, WINDSOR, ON, N8T 3G6
(519) 739-4222   SIC 3674
THOMAS & BETTS (ONTARIO) LTD p 711
2233 Argentia Rd Suite 114, MISSISSAUGA, ON, L5N 2X7
(905) 858-1010   SIC 5063
THOMAS & BETTS FABRICATION INC p 1197
700 Av Thomas, Saint-Jean-Sur-Richelieu, QC, J2X 2M9
(450) 347-5318   SIC 3644
THOMAS & BETTS FABRICATION INC p 1220
760 Rue Notre-Dame, Saint-Remi, QC, J0L 2L0
(450) 454-2452   SIC 3644
THOMAS & BETTS, LIMITEE p 711
2000 Argentia Rd Suite 500, MISSISSAUGA, ON, L5N 1W1
SIC 3648
THOMAS & BETTS, LIMITEE p 845
120 Nashdene Rd, SCARBOROUGH, ON, M1V 2W3
(416) 292-9782   SIC 5063
THOMAS & BETTS, LIMITEE p 1007
7900 Boul Taschereau, BROSSARD, QC, J4X 1C2
(450) 466-1102   SIC 5063
THOMAS & BETTS, LIMITEE p 1143
4025 Aut Transcanadienne, POINTE-CLAIRE, QC, H9R 1B4
(514) 694-6800   SIC 3699
THOMAS & BETTS, LIMITEE p 1199
100 Rue Longtin, SAINT-JEAN-SUR-RICHELIEU, QC, J3B 3G5
(450) 347-2304   SIC 3644
THOMAS A. STEWART SECONDARY SCHOOL p 808
See KAWARTHA PINE RIDGE DISTRICT SCHOOL BOARD
THOMAS B RILEY JUNIOR HIGH SCHOOL p 59
See CALGARY BOARD OF EDUCATION
THOMAS CARTAGE LTD p 609
70 Beach Rd, HAMILTON, ON, L8L 8K3
(905) 545-8808   SIC 4212
THOMAS DARCY MCGEE CATHOLIC SCHOOL p 594
See OTTAWA CATHOLIC DISTRICT SCHOOL BOARD
THOMAS DOWNIE HOLDINGS LTD p 305
814 Richards St Suite 100, VANCOUVER, BC, V6B 3A7
(604) 687-4559   SIC 6712
THOMAS FRESH INC p 1294
213 Melville St, SASKATOON, SK, S7J 5H7
(306) 933-1900   SIC 5148
THOMAS FRESH SASKATOON p 1294
See THOMAS FRESH INC
THOMAS HANEY SECONDARY SCHOOL p 236
See SCHOOL DISTRICT NO 42 (MAPLE RIDGE-PITT MEADOWS)
THOMAS KIDD p 272
See BOARD OF EDUCATION SCHOOL DISTRICT #38 (RICHMOND)
THOMAS L KENNEDY SECONDARY SCHOOL p 698
See PEEL DISTRICT SCHOOL BOARD
THOMAS L WELLS PUBLIC SCHOOL p 847
See TORONTO DISTRICT SCHOOL BOARD
THOMAS MARINE p 1229
357 Boul Cure-Labelle, SAINTE-ROSE, QC, H7L 3A3
(450) 625-2476   SIC 5551
THOMAS MERTON CATHOLIC SECONDARY SCHOOL 938
See TORONTO CATHOLIC DISTRICT SCHOOL BOARD
THOMAS MERTON CENTRE FOR CONED (OAKVILLE) p 768
See HALTON CATHOLIC DISTRICT SCHOOL BOARD
THOMAS SKINNER & SON LIMITED p 267
13880 Vulcan Way, RICHMOND, BC, V6V 1K6
(604) 276-2131   SIC 5084
THOMAS SOLUTIONS p 609
See THOMAS CARTAGE LTD
THOMAS, LARGE & SINGER INC p 1010
2050 Boul Industriel, CHAMBLY, QC, J3L 4V2
(450) 658-7501   SIC 5141
THOMAS, RENE & FILS INC p 1255
10 Rue Beauregard, VARENNES, QC, J3X 1R1
(450) 652-2927   SIC 5211
THOMPSON BROS. (CONSTR.) LTD p 122
685 Memorial Dr, FORT MCMURRAY, AB, T9K 0K4
(780) 715-3422   SIC 1629
THOMPSON COMMUNITY SERVICES INC p 291
2228 Spruce St, THORNHILL, BC, V8G 5B7
SIC 8361
THOMPSON CREEK ELEMENTARY SCHOOL p 571
See GRAND ERIE DISTRICT SCHOOL BOARD
THOMPSON FUNERAL HOME p 491
See SERVICE CORPORATION INTERNATIONAL (CANADA) LIMITED
THOMPSON HEALTH REGION p 221
311 Columbia St, KAMLOOPS, BC, V2C 2T1
(250) 314-2784   SIC 8093
THOMPSON HOUSE p 753
See BETTER LIVING AT THOMPSON HOUSE
THOMPSON IN THE PARK FUNERAL HOME AND CEMETERY p 390
See SERVICE CORPORATION INTERNATIONAL (CANADA) LIMITED
THOMPSON JUNIOR HIGH SCHOOL p 471
See CAPE BRETON-VICTORIA REGIONAL SCHOOL BOARD
THOMPSON RIVER VENEER PRODUCTS LIMITED p 221
8405 Dallas Dr, KAMLOOPS, BC, V2C 6X2
(250) 573-6002   SIC 2436
THOMPSON RIVERS UNIVERSITY p 235
155 Main St Suite 10, LILLOOET, BC, V0K 1V0
(250) 256-4296   SIC 8221
THOMPSON RIVERS UNIVERSITY p 341
1250 Western Ave, WILLIAMS LAKE, BC, V2G 1H7
(250) 392-8000   SIC 8221
THOMPSON TORONTO p 929
See HOTEL 550 WELLINGTON GP LTD
THOMPSON'S MOVING & STORAGE p 453
See THOMPSON'S MOVING GROUP LIMITED
THOMPSON'S MOVING GROUP LIMITED p 453
51 Thornhill Dr, DARTMOUTH, NS, B3B 1R9
(902) 468-5959   SIC 4214
THOMPSON'S MOVING GROUP LIMITED p 453
51 Thornhill Dr, DARTMOUTH, NS, B3B 1R9
(902) 469-2090   SIC 4212
THOMPSON, D W AGENCIES LTD p 441
See THOMPSON, D.W. AGENCIES LIMITED
THOMPSON, D.W. AGENCIES LIMITED p 441
34 Clinton St, AMHERST, NS, B4H 1K3
(902) 447-2210   SIC 5983
THOMPSONS LIMITED p 505
125 George St, BLENHEIM, ON, N0P 1A0
(519) 676-5446   SIC 5153
THOMPSONS LIMITED p 619
96 Nelson St, HENSALL, ON, N0M 1X0
(519) 262-2527   SIC 5153
THOMPSONS LIMITED p 628
23696 Kent Bridge Rd Rr 2, KENT BRIDGE, ON, N0P 1V0
(519) 352-6311   SIC 5153
THOMPSONS LIMITED p 723
3964 168 Rd, MITCHELL, ON, N0K 1N0
(519) 348-8433   SIC 5153
THOMSON ASSOCIATES p 916
See THOMSON, WILLIAM E ASSOCIATES INC
THOMSON COMPUMARK p 1115
See THOMSON REUTERS CANADA LIMITED
THOMSON ELEMENTARY SCHOOL p 1284
See BOARD OF EDUCATION REGINA SCHOOL DIVISION NO. 4 OF SASKATCHEWAN
THOMSON POWER SYSTEMS p 229
See REGAL BELOIT CANADA ULC
THOMSON REUTERS CANADA LIMITED p 313
1055 Hastings St W, VANCOUVER, BC, V6E 2E9
SIC 8742
THOMSON REUTERS CANADA LIMITED p 470
352 East River Rd, NEW GLASGOW, NS, B2H 3P7
(902) 752-3000   SIC 2711
THOMSON REUTERS CANADA LIMITED p 566
44 Pitt St, CORNWALL, ON, K6J 3P2
(613) 933-3160   SIC 2711
THOMSON REUTERS CANADA LIMITED p 758
245 Bartley Dr, NORTH YORK, ON, M4A 2V8
(416) 759-6707   SIC 2731
THOMSON REUTERS CANADA LIMITED p 916
333 Bay St Suite 400, TORONTO, ON, M5H 2R2
(416) 687-7500   SIC 8732
THOMSON REUTERS CANADA LIMITED p 1115
75 Rue Queen Bureau 4700, Montreal, QC, H3C 2N6
(514) 393-9911   SIC 8732
THOMSON REUTERS CANADA LIMITED p 1115
75 Rue Queen Bureau 4700, Montreal, QC, H3C 2N6
(514) 842-3937   SIC 2731
THOMSON REUTERS DT IMPOT ET COMPTABILITE INC p 1081
3333 Boul Graham Bureau 222, MONT-ROYAL, QC, H3R 3L5
(514) 733-8355   SIC 7372
THOMSON TERMINALS LIMITED p 512
2 Bramkay St, BRAMPTON, ON, L6S 6E9
(905) 792-6540   SIC 4225
THOMSON TERMINALS LIMITED p 587
55 City View Dr, ETOBICOKE, ON, M9W 5A5
(416) 240-0648   SIC 4225
THOMSON TERMINALS LIMITED p 763
700 Clayson Rd Exit Ramp, NORTH YORK, ON, M9M 0A8
(416) 240-4459   SIC 4213
THOMSON TREMBLAY INC p 1072
101 Place Charles-Le Moyne Bureau 206, LONGUEUIL, QC, J4K 4Z1
(450) 677-9979   SIC 7361
THOMSON TREMBLAY INC p 1108
2040 Rue Peel Bureau 200, Montreal, QC, H3A 1W5
(514) 861-9971   SIC 7361
THOMSON, JEMMETT, VOGELZANG p 630
See INSURANCE CENTRE INC, THE
THOMSON, PETER & SONS INC p 486
256 Victoria St W, ALLISTON, ON, L9R 1L9
(705) 435-3711   SIC 5031
THOMSON, WILLIAM E ASSOCIATES INC p 916
390 Bay St Suite 1102, TORONTO, ON, M5H 2Y2
(416) 947-1300   SIC 6211
THOR MOTORS ORILLIA (1978) LTD p 775
201 Gill St, Orillia, ON, L3V 6K7
(705) 326-6447   SIC 5511
THORAH CENTRAL PUBLIC SCHOOL p 501
See DURHAM DISTRICT SCHOOL BOARD
THORBURN CONSOLIDATED SCHOOL p 476
See CHIGNECTO CENTRAL REGIONAL SCHOOL BOARD
THORDON BEARINGS INC p 537
3225 Mainway, BURLINGTON, ON, L7M 1A6
(905) 335-1440   SIC 5085
THORFLEX p 537
See THORDON BEARINGS INC
THORHILD CENTRAL SCHOOL p 171
See ASPEN VIEW PUBLIC SCHOOL DIVISION NO. 78
THORN LODGE PUBLIC SCHOOL p 703
See PEEL DISTRICT SCHOOL BOARD
THORNCLIFFE COMMUNITY SCHOOL p 94
See EDMONTON SCHOOL DISTRICT NO. 7
THORNCLIFFE PARK PUBLIC SCHOOL p 894
See TORONTO DISTRICT SCHOOL BOARD
THORNCLIFFE SAFEWAY p 37
See SOBEYS WEST INC
THORNCLIFFE SCHOOL p 36
See CALGARY BOARD OF EDUCATION
THORNDALE ELEMENTARY SCHOOL p 1137
See LESTER B. PEARSON SCHOOL BOARD
THORNDALE PUBLIC SCHOOL p 510
See PEEL DISTRICT SCHOOL BOARD
THORNES p 416
See SOURCE ATLANTIC LIMITED
THORNES p 453
See UNIVERSAL SALES, LIMITED
THORNHILL COMMUNITY CENTRE LIBRARY p 669
See MARKHAM PUBLIC LIBRARY BOARD
THORNHILL COMMUNITY HEALTH CENTRE p 36
See ALBERTA HEALTH SERVICES
THORNHILL ELEMENTARY SCHOOL p 291
See COAST MOUNTAINS BOARD OF EDUCATION SCHOOL DISTRICT NO. 82
THORNHILL JUNIOR SECONDARY SCHOOL p 291
See COAST MOUNTAINS BOARD OF EDUCATION SCHOOL DISTRICT NO. 82
THORNHILL SECONDARY SCHOOL p 874
See YORK REGION DISTRICT SCHOOL BOARD
THORNHILL WOODS PUBLIC SCHOOL p 876
See YORK REGION DISTRICT SCHOOL BOARD
THORNLEA SECONDARY SCHOOL p 874
See YORK REGION DISTRICT SCHOOL BOARD
THORNTONVIEW LONG TERM CARE RESIDENCE p 781
See REVERA LONG TERM CARE INC
THORNWOOD PUBLIC SCHOOL p 696
See PEEL DISTRICT SCHOOL BOARD

▲ Public Company   ■ Public Company Family Member   **HQ** Headquarters   **BR** Branch   **SL** Single Location

THOROLD SECONDARY SCHOOL p 876
See DISTRICT SCHOOL BOARD OF NIAGARA

THORSBY ELEMENTARY SCHOOL p 171
See BLACK GOLD REGIONAL DIVISION #18

THOUGHTCORP SYSTEMS INC p 750
4950 Yonge St Suite 1700, NORTH YORK, ON, M2N 6K1
(416) 591-4004 SIC 7379

THOUSAND ISLANDS ELEMENTARY SCHOOL p 646
See UPPER CANADA DISTRICT SCHOOL BOARD, THE

THOUSAND ISLANDS SECONDARY SCHOOL p 531
See UPPER CANADA DISTRICT SCHOOL BOARD, THE

THQ CANADA p 305
See RELIC ENTERTAINMENT, INC

THREE FISHES CHRISTIAN ELEMENTARY SCHOOL p 834
30 Dean Park Rd, SCARBOROUGH, ON, M1B 3H1
(416) 284-9003 SIC 8211

THREE HILLS SCHOOL p 171
See GOLDEN HILLS SCHOOL DIVISION #75

THREE LAKES SCHOOL p 1275
See HORIZON SCHOOL DIVISION NO 205

THREE LINKS HOUSING SOCIETY p 294
2934 22nd Ave E, VANCOUVER, BC, V5M 2Y4
(778) 452-6501 SIC 8052

THREE LINKS MANOR p 226
See INTERIOR HEALTH AUTHORITY

THREE MILE PLAINS DISTRICT SCHOOL p 479
See ANNAPOLIS VALLEY REGIONAL SCHOOL BOARD

THREE OAKS SENIOR HIGH SCHOOL p 985
See PUBLIC SCHOOLS BRANCH

THREE RIVERS ACADEMY (TRA) p 1250
See COMMISSION SCOLAIRE CENTRAL QUEBEC

THRIFT MAGIC LP p 209
11930 88 Ave, DELTA, BC, V4C 3C8
(604) 599-6116 SIC 5932

THRIFT MAGIC LP p 616
1428 Upper James St, HAMILTON, ON, L9B 1K3
(905) 318-2376 SIC 7389

THRIFT MAGIC LP p 651
1345 Huron St Suite 1a, LONDON, ON, N5V 2E3
(519) 455-1112 SIC 5651

THRIFTY CAR RENTALS p 273
See DOLLAR THRIFTY AUTOMOTIVE GROUP CANADA INC

THRIFTY FOODS p 211
See JACE HOLDINGS LTD

THRIFTY FOODS p 238
See JACE HOLDINGS LTD

THRIFTY FOODS p 246
See JACE HOLDINGS LTD

THRIFTY FOODS p 333
See JACE HOLDINGS LTD

THRIFTY FOODS FLOWERS & MORE p 335
See JACE HOLDINGS LTD

THRIFTY FOODS NANAIMO p 239
See JACE HOLDINGS LTD

THRIFTY KITCHENS p 275
See JACE HOLDINGS LTD

THUNDER APPLE NORTH INC p 879
1155 Alloy Dr, THUNDER BAY, ON, P7B 6M8
(807) 346-5994 SIC 5812

THUNDER BAY & DISTRICT ENTREPRENEUR CENTRE, THE p 877
See GOVERNMENT OF ONTARIO

THUNDER BAY ACCOUNTING p 877
See BDO CANADA LLP

THUNDER BAY CATHOLIC DISTRICT SCHOOL BOARD p 877
655 River St, THUNDER BAY, ON, P7A 3S5
(807) 344-8321 SIC 8211

THUNDER BAY CATHOLIC DISTRICT SCHOOL BOARD p 877
370 County Blvd, THUNDER BAY, ON, P7A 7P5
(807) 768-9363 SIC 8211

THUNDER BAY CATHOLIC DISTRICT SCHOOL BOARD p 877
285 Gibson St, THUNDER BAY, ON, P7A 2J6
(807) 344-8433 SIC 8211

THUNDER BAY CATHOLIC DISTRICT SCHOOL BOARD p 879
89 Clayte St, THUNDER BAY, ON, P7A 6S4
(807) 344-4701 SIC 8211

THUNDER BAY CATHOLIC DISTRICT SCHOOL BOARD p 879
110 Marlborough St, THUNDER BAY, ON, P7B 4G4
(807) 345-9782 SIC 8211

THUNDER BAY CATHOLIC DISTRICT SCHOOL BOARD p 879
140 Clarkson St S, THUNDER BAY, ON, P7B 4W8
(807) 767-3061 SIC 8211

THUNDER BAY CATHOLIC DISTRICT SCHOOL BOARD p 879
380 Ray Blvd, THUNDER BAY, ON, P7B 4E6
(807) 344-7691 SIC 8211

THUNDER BAY CATHOLIC DISTRICT SCHOOL BOARD p 880
150 Redwood Ave W, THUNDER BAY, ON, P7C 1Z6
(807) 577-3823 SIC 8211

THUNDER BAY CATHOLIC DISTRICT SCHOOL BOARD p 880
345 Ogden St, THUNDER BAY, ON, P7C 2N4
(807) 623-5989 SIC 8211

THUNDER BAY CATHOLIC DISTRICT SCHOOL BOARD p 880
459 Victoria Ave W, Thunder Bay, ON, P7C 0A4
(807) 625-1555 SIC 8211

THUNDER BAY CATHOLIC DISTRICT SCHOOL BOARD p 880
600 Redwood Ave W, THUNDER BAY, ON, P7C 5G1
(807) 577-8565 SIC 8211

THUNDER BAY CATHOLIC DISTRICT SCHOOL BOARD p 881
205 Franklin St S, THUNDER BAY, ON, P7E 1R2
(807) 623-2324 SIC 8211

THUNDER BAY CATHOLIC DISTRICT SCHOOL BOARD p 881
1130 Georgina Ave, THUNDER BAY, ON, P7E 3J1
(807) 577-7211 SIC 8211

THUNDER BAY CATHOLIC DISTRICT SCHOOL BOARD p 881
2075 Rosslyn Rd, THUNDER BAY, ON, P7K 1H7
(807) 473-4900 SIC 8211

THUNDER BAY CATHOLIC DISTRICT SCHOOL BOARD p 881
621 Selkirk St S, THUNDER BAY, ON, P7E 1T9
(807) 623-5218 SIC 8211

THUNDER BAY CATHOLIC DISTRICT SCHOOL BOARD p 881
2645 Donald St E, THUNDER BAY, ON, P7E 5X5
(807) 577-1835 SIC 8211

THUNDER BAY CHARITY CASINO p 879
See ONTARIO LOTTERY AND GAMING CORPORATION

THUNDER BAY DISTRICT CRIME STOPPERS INC p 826
3267 Highway 130, ROSSLYN, ON, P7K 0B1
(807) 623-8477 SIC 8399

THUNDER BAY PUBLIC LIBRARY BOARD p 881
216 Brodie St S, THUNDER BAY, ON, P7E 1C2
(807) 345-8275 SIC 8231

THUNDER BAY TERMINALS LTD p 880
Gd, THUNDER BAY, ON, P7C 5J7
(807) 625-7800 SIC 4491

THUNDER BAY TRUCK CENTRE INC p 881
1145 Commerce St, THUNDER BAY, ON, P7E 6E8
(807) 577-5793 SIC 5012

THUNDERBIRD ELEMENTARY SCHOOL p 294
See BOARD OF EDUCATION OF SCHOOL DISTRICT NO. 39 (VANCOUVER), THE

THURBER ENGINEERING p 34
See THURBER ENGINEERING LTD

THURBER ENGINEERING LTD p 34
180 7330 Fisher St Se, CALGARY, AB, T2H 2H8
(403) 253-9217 SIC 8711

THURBER ENGINEERING LTD p 106
9636 51 Ave Nw Suite 200, EDMONTON, AB, T6E 6A5
(780) 438-1460 SIC 8711

THURBER ENGINEERING LTD p 766
2010 Winston Park Dr Suite 103, OAKVILLE, ON, L6H 5R7
(905) 829-8666 SIC 8711

THURBER MANAGEMENT p 766
See THURBER ENGINEERING LTD

THURBER MANAGEMENT LTD p 334
4396 West Saanich Rd Suite 100, VICTORIA, BC, V8Z 3E9
(250) 727-2201 SIC 8741

THURO-WEB LTD p 571
201 Elm St E, DURHAM, ON, N0G 1R0
(519) 369-6410 SIC 2752

THURSTON MACHINE COMPANY LIMITED p 816
45 Invertose Dr, PORT COLBORNE, ON, L3K 5V8
(905) 834-3606 SIC 3547

THYME MATERNITE p 1176
401 Boul Labelle, Rosemere, QC, J7A 3T2
(450) 420-9054 SIC 5621

THYS INVESTMENTS LTD p 169
4201 South Park Dr, STONY PLAIN, AB, T7Z 1L1
(780) 968-6441 SIC 5812

THYSSEN DOVER ELEVATOR KRUPP p 20
See THYSSENKRUPP ELEVATOR (CANADA) LIMITED

THYSSEN KRUPP ELEVATOR p 744
See THYSSENKRUPP ELEVATOR (CANADA) LIMITED

THYSSENKRUPP ELEVATOR p 188
See THYSSENKRUPP ELEVATOR (CANADA) LIMITED

THYSSENKRUPP ELEVATOR p 227
See THYSSENKRUPP ELEVATOR (CANADA) LIMITED

THYSSENKRUPP ELEVATOR p 664
See THYSSENKRUPP ELEVATOR (CANADA) LIMITED

THYSSENKRUPP ELEVATOR p 845
See THYSSENKRUPP ELEVATOR (CANADA) LIMITED

THYSSENKRUPP ELEVATOR p 1154
See THYSSENKRUPP ELEVATOR (CANADA) LIMITED

THYSSENKRUPP ELEVATOR (CANADA) LIMITED p 20
2419 52 Ave Se Unit 5, CALGARY, AB, T2C 4X7
(403) 259-4183 SIC 7699

THYSSENKRUPP ELEVATOR (CANADA) LIMITED p 20
2419 52 Ave Se Unit 5, CALGARY, AB, T2C 4X7
(403) 527-7284 SIC 1796

THYSSENKRUPP ELEVATOR (CANADA) LIMITED p 188
2303 Douglas Rd, BURNABY, BC, V5C 5A9
(604) 294-2209 SIC 1796

THYSSENKRUPP ELEVATOR (CANADA) LIMITED p 227
1891 Springfield Rd Suite 205, KELOWNA, BC, V1Y 5V5
(250) 763-2804 SIC 1796

THYSSENKRUPP ELEVATOR (CANADA) LIMITED p 373
1635 Burrows Ave Suite 20, WINNIPEG, MB, R2X 3B5
(204) 775-8671 SIC 1796

THYSSENKRUPP ELEVATOR (CANADA) LIMITED p 453
7 Mellor Ave Unit 4, DARTMOUTH, NS, B3B 0E8
(902) 454-2456 SIC 7699

THYSSENKRUPP ELEVATOR (CANADA) LIMITED p 606
505 Kenora Ave Suite 1, HAMILTON, ON, L8E 3P2
(905) 526-8181 SIC 1796

THYSSENKRUPP ELEVATOR (CANADA) LIMITED p 664
4093 Meadowbrook Dr S 114, LONDON, ON, N6L 1G2
(519) 977-0376 SIC 5084

THYSSENKRUPP ELEVATOR (CANADA) LIMITED p 664
4096 Meadowbrook Dr Suite 133, LONDON, ON, N6L 1G4
(519) 977-0376 SIC 7699

THYSSENKRUPP ELEVATOR (CANADA) LIMITED p 744
517 Mcnicoll Ave, NORTH YORK, ON, M2H 2C9
(416) 496-6000 SIC 3534

THYSSENKRUPP ELEVATOR (CANADA) LIMITED p 845
410 Passmore Ave Unit 1, SCARBOROUGH, ON, M1V 5C3
(416) 291-2000 SIC 1796

THYSSENKRUPP ELEVATOR (CANADA) LIMITED p 1154
1990 Rue Cyrille-Duquet Bureau 146, Quebec, QC, G1N 4K8
(418) 682-1214 SIC 1796

THYSSENKRUPP ELEVATOR (CANADA) LIMITED p 1288
1358 Mcintyre St, REGINA, SK, S4R 2M8
(306) 352-8608 SIC 7699

THYSSENKRUPP ELEVATORS p 20
See THYSSENKRUPP ELEVATOR (CANADA) LIMITED

THYSSENKRUPP ELEVATORS p 373
See THYSSENKRUPP ELEVATOR (CANADA) LIMITED

THYSSENKRUPP INDUSTRIAL SERVICES CANADA, INC p 966
2491 Ouellette Ave, WINDSOR, ON, N8X 1L5
(519) 967-0567 SIC 4225

THYSSENKRUPP MATERIALS CA, LTD p 290
19044 95a Ave Suite 38, SURREY, BC, V4N 4P2
(604) 882-3493 SIC 5031

THYSSENKRUPP MATERIALS CA, LTD p 562
2821 Langstaff Rd, CONCORD, ON, L4K 5C6
(905) 669-0247 SIC 6221

THYSSENKRUPP MATERIALS CA, LTD p 721
6900 Davand Dr, MISSISSAUGA, ON, L5T 1J5
(905) 866-6611 SIC 3312

THYSSENKRUPP MATERIALS CA, LTD p 1208
2700 Rue Cohen, SAINT-LAURENT, QC, H4R 2N6
SIC 5051

THYSSENKRUPP MATERIALS CA, LTD p 1210
4700 Ch Du Bois-Franc, SAINT-LAURENT, QC, H4S 1A7
(514) 337-0161   SIC 5093

THYSSENKRUPP MATERIALS CA, LTD p 1224
21025 Rue Daoust, SAINTE-ANNE-DE-BELLEVUE, QC, H9X 0A3
(514) 782-9500   SIC 5051

THYSSENKRUPP MATERIALS NA p 562
See THYSSENKRUPP MATERIALS CA, LTD

TI AUTOMOTIVE CANADA INC p 517
316 Orenda Rd, BRAMPTON, ON, L6T 1G3
(905) 793-7100   SIC 3465

TI AUTOMOTIVE CANADA INC p 547
1090 Fountain St N Unit 9, CAMBRIDGE, ON, N3H 4R7
(519) 653-0900   SIC 3465

TI AUTOMOTIVE CANADA INC p 775
35 Progress Dr, ORILLIA, ON, L3V 0T7
SIC 3465

TI GROUP AUTOMOTIVE p 979
See VARI-FORM INC

TI GROUP AUTOMOTIVE OF CANADA p 517
See VARI-FORM INC

TI TITANIUM LTEE p 1208
5055 Rue Levy, SAINT-LAURENT, QC, H4R 2N9
(514) 334-5781   SIC 3443

TIAKA FOODS INC p 562
10 Jacob Keffer Pky Unit 1, CONCORD, ON, L4K 5E3
(905) 303-7244   SIC 5812

TIAN BAO TRAVEL CO INC p 843
4002 Sheppard Ave E Unit 106a, SCARBOROUGH, ON, M1S 4R5
SIC 4724

TIBCO SOFTWARE CANADA INC p 711
2000 Argentia Rd Suite 2, MISSISSAUGA, ON, L5N 1V8
SIC 7371

TIC AGENCIES LTD p 249
2609 Westview Dr Suite 300, NORTH VANCOUVER, BC, V7N 4M2
SIC 6411

TICKET KING p 930
See MIRVISH, ED ENTERPRISES LIMITED

TICKETMASTER p 931
See TICKETMASTER CANADA LP

TICKETMASTER CANADA LP p 82
10060 Jasper Ave Nw Suite 1800, EDMONTON, AB, T5J 3R8
(780) 447-6822   SIC 7999

TICKETMASTER CANADA LP p 297
58e 2nd Ave E, VANCOUVER, BC, V5T 1B1
(604) 682-8455   SIC 7999

TICKETMASTER CANADA LP p 931
1 Blue Jays Way Suite 3900, TORONTO, ON, M5V 1J3
(416) 345-9200   SIC 7999

TICKETMASTER CANADA LP p 1162
2505 Boul Laurier Bureau 300, Quebec, QC, G1V 2L2
(418) 694-2300   SIC 7922

TICKETPRO INC p 1101
375 Boul De Maisonneuve E, Montreal, QC, H2X 1K1
(514) 790-1111   SIC 7922

TIDAL ENERGY MARKETING INC p 50
237 4 Ave Sw Suite 2000, CALGARY, AB, T2P 4K3
(403) 205-7770   SIC 5172

TIDAN INC p 415
212 Mcallister Dr Suite 102, SAINT JOHN, NB, E2J 2S7
(506) 649-4444   SIC 6512

TIDAN INC p 418
100 Prince Edward St, SAINT JOHN, NB, E2L 4M5
(506) 649-4445   SIC 6513

TIDEVIEW ENTERPRISES LIMITED p 467

104 Tidal Bore Rd, LOWER TRURO, NS, B6L 1T9
SIC 5812

TIELMAN NORTH AMERICA LTD p 887
180 Middlefield Rd, TORONTO, ON, M1S 4M6
(416) 297-9775   SIC 3565

TIERCON CORP p 780
901 Simcoe St S, OSHAWA, ON, L1H 4L1
(905) 728-5887   SIC 3714

TIERCON CORP p 862
352 Arvin Ave, STONEY CREEK, ON, L8E 2M4
(905) 662-1097   SIC 3714

TIERRA SOL CERAMIC TILE LTD p 188
4121 Halifax St, BURNABY, BC, V5C 3X3
(604) 435-5400   SIC 5032

TIFFANY & CO. CANADA p 322
723 Burrard St, VANCOUVER, BC, V6Z 2P1
(604) 630-1300   SIC 5944

TIFFANY & CO. CANADA p 926
150 Bloor St W Suite M108, TORONTO, ON, M5S 2X9
(416) 921-3900   SIC 5944

TIGER CALCIUM SERVICES INC p 148
15 Ave Suite 603, NISKU, AB, T9E 7M6
(403) 955-5004   SIC 1499

TIGER CAT INDUSTRY p 977
See MACDONALD STEEL LIMITED

TIGER COURIER INC p 97
15825 121a Ave Nw, EDMONTON, AB, T5V 1B1
(780) 452-3777   SIC 7389

TIGER COURIER INC p 208
660 Aldford Ave, DELTA, BC, V3M 6X1
(604) 522-0804   SIC 7389

TIGER COURIER INC p 1298
705 47th St E, SASKATOON, SK, S7K 5G5
(306) 242-7499   SIC 7389

TIGER HILLS HEALTH CENTRE p 359
See PRAIRIE MOUNTAIN HEALTH

TIGERCAT INDUSTRIES INC p 526
54 Morton Ave E, BRANTFORD, ON, N3R 7J7
(519) 753-2000   SIC 3531

TIGERTEL p 240
See STERICYCLE COMMUNICATION SOLUTIONS, ULC

TIGERTEL COMMUNICATIONS p 53
See STERICYCLE COMMUNICATION SOLUTIONS, ULC

TIGNISH CO-OPERATIVE ASSOCIATION LIMITED p 985
283 Business St, TIGNISH, PE, C0B 2B0
(902) 882-2080   SIC 5399

TIGNISH ELEMENTARY p 985
See PUBLIC SCHOOLS BRANCH

TIGRE GEANT p 1022
See TORA COWANSVILLE LIMITEE

TIGRE GEANT p 1074
See TORA MAGOG LIMITEE

TIGRE GEANT p 1175
See TORA L'ANNONCIATION LIMITEE

TIGRE GEANT p 1183
See TORA SAINT-CHARLES-BORROMEE LIMITEE

TIGRE GEANT p 1248
See TORA CAP-DE-LA-MADELEINE LIMITEE

TIGRE GEANT p 1254
See TIGRE VAL D'OR LIMITEE

TIGRE VAL D'OR LIMITEE p 1254
825 3e Av, VAL-D'OR, QC, J9P 1T2
(819) 825-8106   SIC 5311

TIKINAGAN CHILD & FAMILY SERVICES p 826
Gd, SANDY LAKE, ON, P0V 1V0
(807) 771-1149   SIC 8322

TIL-VAN HOLDINGS LTD p 265
122 Hwy 23 N, REVELSTOKE, BC, V0E 2S0
SIC 5812

TILBURY AREA PUBLIC SCHOOL p 882
See LAMBTON KENT DISTRICT SCHOOL BOARD

TILBURY DISTRICT HIGH SCHOOL p 882
See LAMBTON KENT DISTRICT SCHOOL BOARD

TILBURY LAUNDRY FACILITY p 210
See VANCOUVER COASTAL HEALTH AUTHORITY

TILBURY MANOR NURSING HOME p 882
See DIVERSICARE CANADA MANAGEMENT SERVICES CO., INC

TILCHO COMMUNITY SERVICE BOARD p 438
See GOVERNMENT OF THE NORTHWEST TERRITORIES

TILES OLYMPIA INTERNATIONAL p 1212
See OLYMPIA TILE INTERNATIONAL INC

TILLEY ENDURABLES, INC p 921
207 Queens Quay W Suite 108, TORONTO, ON, M5J 1A7
(416) 203-0463   SIC 5651

TILLEY ENDURABLES, INC p 1137
1050 Av Laurier O, OUTREMONT, QC, H2V 2K8
(514) 272-7791   SIC 5651

TILLICUM ANNEX ELEMENTARY SCHOOL p 292
See BOARD OF EDUCATION OF SCHOOL DISTRICT NO. 39 (VANCOUVER), THE

TILLICUM ELEMENTARY SCHOOL p 335
See BOARD OF EDUCATION OF SCHOOL DISTRICT NO. 61 (GREATER VICTORIA)

TILLICUM LELUM ABORIGINAL SOCIETY p 240
927 Haliburton St, NANAIMO, BC, V9R 6N4
(250) 753-6578   SIC 8299

TILLICUM SAFEWAY p 335
See SOBEYS WEST INC

TILLSONBURG AND DISTRICT ASSOCIATION FOR COMMUNITY LIVING p 883
126 Concession St E Suite 6, TILLSONBURG, ON, N4G 1P7
(519) 842-8406   SIC 2448

TILLSONBURG RECREATION & INDUSTRIAL PRODUCTS ULC p 883
111 Townline Rd, TILLSONBURG, ON, N4G 5Y2
(519) 842-5941   SIC 3499

TILLSONBURG RETIREMENT CENTRE p 883
183 Rolph St Suite 230, TILLSONBURG, ON, N4G 3Y9
(519) 688-0347   SIC 8361

TILLSONBURG STN MAIN PO p 882
See CANADA POST CORPORATION

TILWOOD DIRECT MARKETING INC p 821
81 Granton Dr Suite 1, RICHMOND HILL, ON, L4B 2N5
SIC 4226

TIM HORTON p 1064
See 9192-2732 QUEBEC INC

TIM HORTON p 1233
See 116106 CANADA INC

TIM HORTON CHILDREN'S FOUNDATION, INC p 133
Gd, KANANASKIS, AB, T0L 2H0
(403) 673-2494   SIC 7032

TIM HORTON CHILDREN'S FOUNDATION, INC p 476
Gd, TATAMAGOUCHE, NS, B0K 1V0
(902) 657-2359   SIC 7032

TIM HORTON CHILDREN'S FOUNDATION, INC p 679
550 Lorimer Lake Rd, MCDOUGALL, ON, P2A 2W7
(705) 389-2773   SIC 7032

TIM HORTON CHILDREN'S FOUNDATION, INC p 857
264 Glen Morris Rd E, ST GEORGE BRANT, ON, N0E 1N0
(519) 448-1264   SIC 7032

TIM HORTON CHILDREN'S FOUNDATION, INC p 1169
60 Ch Du Canal, QUYON, QC, J0X 2V0

(819) 458-3164   SIC 7032

TIM HORTON CHILDREN'S RANCH p 133
See TIM HORTON CHILDREN'S FOUNDATION, INC

TIM HORTON DONUTS p 842
See YORKDALE CAFE LTD

TIM HORTON MEMORIAL CAMP p 679
See TIM HORTON CHILDREN'S FOUNDATION, INC

TIM HORTON ONONDAGA FARMS p 857
See TIM HORTON CHILDREN'S FOUNDATION, INC

TIM HORTON REGIONAL OFFICE p 20
See TDL GROUP CORP, THE

TIM HORTON REGIONAL OFFICE p 234
See TDL GROUP CORP, THE

TIM HORTON REGIONAL OFFICE p 453
See TDL GROUP CORP, THE

TIM HORTON REGIONAL OFFICE p 604
See TDL GROUP CORP, THE

TIM HORTON'S p 412
See COREY CRAIG LTD

TIM HORTON'S p 560
See KATAND ENTERPRISES INC

TIM HORTONS p 2
See 642354 ALBERTA LTD

TIM HORTONS p 11
See YIKES ENTERPRISES LTD

TIM HORTONS p 26
See YIKES ENTERPRISES LTD

TIM HORTONS p 26
4015 Centre St Nw, CALGARY, AB, T2E 2Y4
(403) 230-8999   SIC 5812

TIM HORTONS p 34
5 Heritage Gate Se Unit 1, CALGARY, AB, T2H 3A7
(403) 692-6629   SIC 5461

TIM HORTONS p 57
11488 24 St Se Suite 400, CALGARY, AB, T2Z 4C9
(403) 236-3749   SIC 5461

TIM HORTONS p 61
See ELIZABETHS BAKERY LTD

TIM HORTONS p 64
See ALAN ARSENAULT HOLDINGS LTD

TIM HORTONS p 68
See 1430499 ALBERTA LTD

TIM HORTONS p 68
See TDL GROUP CORP, THE

TIM HORTONS p 127
See S & T ALLARD FOOD LTD

TIM HORTONS p 142
4301 75 Ave, LLOYDMINSTER, AB, T9V 2X4
(780) 808-2600   SIC 5461

TIM HORTONS p 154
See TDL GROUP CORP, THE

TIM HORTONS p 155
See CALKINS CONSULTING INC

TIM HORTONS p 163
See TDL GROUP CORP, THE

TIM HORTONS p 166
See 293967 ALBERTA LTD

TIM HORTONS p 179
See M A & T J HOLDINGS LTD

TIM HORTONS p 186
See ARIVLE ENTERPRISES LTD

TIM HORTONS p 211
See ADAMS 22 HOLDINGS LTD

TIM HORTONS p 214
See CHEBUCTO VENTURES CORP

TIM HORTONS p 222
See WGP-225 HOLDINGS LTD

TIM HORTONS p 227
See WGP-225 HOLDINGS LTD

TIM HORTONS p 228
See ARBUTUS WEST ENTERPRISES LTD

TIM HORTONS p 231
See POLMAR ENTERPRISES LTD

TIM HORTONS p 233
20270 Logan Ave, LANGLEY, BC, V3A 4L6
(604) 530-4909   SIC 5812

TIM HORTONS p 236
See EPIC FOOD SERVICES INC

BUSINESSES ALPHABETICALLY

TIM HORTONS 3751

TIM HORTONS p 251
See ELM STREET RESTAURANTS INC

TIM HORTONS p 272
See PACIFIC LINK RETAIL GROUP

TIM HORTONS p 291
See DEVERY D. INVESTMENTS INC

TIM HORTONS p 326
2601 Highway 6 Unit 14, VERNON, BC, V1T 5G4
(250) 260-7740   SIC 5812

TIM HORTONS p 327
See J E M & RESTAURANTS LTD

TIM HORTONS p 357
See VALART INC

TIM HORTONS p 365
See J & S HOLDINGS INC

TIM HORTONS p 390
See SHAREVENTURES PORTAGE INC

TIM HORTONS p 393
See CIRCLE HOLDINGS INC

TIM HORTONS p 393
See LANDIER ENTERPRISES LTD

TIM HORTONS p 394
See MITTON HILL ENTERPRISES LIMITED

TIM HORTONS p 394
See LANDIER ENTERPRISES LTD

TIM HORTONS p 395
See CIRCLE HOLDINGS INC

TIM HORTONS p 396
See COREY CRAIG LTD

TIM HORTONS p 396
See CIRCLE HOLDINGS INC

TIM HORTONS p 398
See MITTON HILL ENTERPRISES LIMITED

TIM HORTONS p 403
See MITTON HILL ENTERPRISES LIMITED

TIM HORTONS p 406
See COREY CRAIG LTD

TIM HORTONS p 407
See COREY CRAIG LTD

TIM HORTONS p 409
See COREY CRAIG LTD

TIM HORTONS p 410
See COREY CRAIG LTD

TIM HORTONS p 412
See COREY CRAIG LTD

TIM HORTONS p 413
See COREY CRAIG LTD

TIM HORTONS p 415
See SPRINGER INVESTMENTS LTD

TIM HORTONS p 419
See COREY CRAIG LTD

TIM HORTONS p 420
See C & P BAKERY LTD

TIM HORTONS p 420
See COREY CRAIG LTD

TIM HORTONS p 422
See MITTON HILL ENTERPRISES LIMITED

TIM HORTONS p 424
See WDI COFFEE INC

TIM HORTONS p 425
See WDI COFFEE INC

TIM HORTONS p 428
See SUTHERLAND INVESTMENTS INC

TIM HORTONS p 432
See HARMONIE FOODS LIMITED

TIM HORTONS p 436
30 Ropewalk Lane, ST. JOHN'S, NL, A1E 5T2
(709) 739-6325   SIC 5812

TIM HORTONS p 444
See DAKOTA HOLDINGS LIMITED

TIM HORTONS p 446
See J.M.P. SAYLES HOLDINGS INC

TIM HORTONS p 447
See MAJA HOLDINGS LTD

TIM HORTONS p 447
See DOWN EAST HOSPITALITY INCORPORATED

TIM HORTONS p 448
See DOWN EAST HOSPITALITY INCORPORATED

TIM HORTONS p 449
See DAA GROUP LIMITED

TIM HORTONS p 453
See WILSON'S INVESTMENTS LIMITED

TIM HORTONS p 453
See TDL GROUP CORP, THE

TIM HORTONS p 461
See ROBIE & KEMPT SERVICES LIMITED

TIM HORTONS p 467
See SCOTT, T ENTERPRISES LIMITED

TIM HORTONS p 468
See DAKOTA HOLDINGS LIMITED

TIM HORTONS p 468
See ARJENAM FOODS LIMITED

TIM HORTONS p 470
See WILSON'S INVESTMENTS LIMITED

TIM HORTONS p 472
See MACDONALD, R & G ENTERPRISES LIMITED

TIM HORTONS p 473
See TDL GROUP CORP, THE

TIM HORTONS p 474
See WILSON'S INVESTMENTS LIMITED

TIM HORTONS p 475
See WILSON'S INVESTMENTS LIMITED

TIM HORTONS p 476
See ROBIE & KEMPT SERVICES LIMITED

TIM HORTONS p 477
See JRM 277 INVESTMENTS LIMITED

TIM HORTONS p 478
See JRM 277 INVESTMENTS LIMITED

TIM HORTONS p 479
See J.M.P. SAYLES HOLDINGS INC

TIM HORTONS p 485
See R A F HOLDINGS LTD

TIM HORTONS p 486
See TDL GROUP CORP, THE

TIM HORTONS p 487
See PIONEER FOOD SERVICES LIMITED

TIM HORTONS p 488
See TDL GROUP CORP, THE

TIM HORTONS p 489
See CROSSROADS FOODS ONTARIO INC

TIM HORTONS p 489
8008 Wellington Rd Suite 109, ARTHUR, ON, N0G 1A0
(519) 848-5333   SIC 5812

TIM HORTONS p 493
See EAGLE'S NEST COFFEE AND BAKED GOODS INC

TIM HORTONS p 496
See BRIGAR ENTERPRISES INC

TIM HORTONS p 496
See 2111964 ONTARIO INC

TIM HORTONS p 497
See DONEX ENTERPRISES (BARRIE) INC

TIM HORTONS p 500
See CHRI-GYN LTD

TIM HORTONS p 504
165 College St W, BELLEVILLE, ON, K8P 2G7
(613) 967-2197   SIC 5461

TIM HORTONS p 507
See MATTCO SERVICES LIMITED

TIM HORTONS p 509
See HKH OPPORTUNITIES INC

TIM HORTONS p 511
See E S G TORBRAM LTD

TIM HORTONS p 518
See T & L EAGLES INVESTMENTS INC

TIM HORTONS p 520
See T & L EAGLES INVESTMENTS INC

TIM HORTONS p 520
See NORBA INVESTMENTS LTD

TIM HORTONS p 521
See NORBA INVESTMENTS LTD

TIM HORTONS p 526
See PIONEER FOOD SERVICES LIMITED

TIM HORTONS p 526
226 West St, BRANTFORD, ON, N3R 3V2
(519) 756-4555   SIC 5812

TIM HORTONS p 536
See PIONEER FOOD SERVICES LIMITED

TIM HORTONS p 539
See PIONEER FOOD SERVICES LIMITED

TIM HORTONS p 542
See SALVERDA ENTERPRISES INC

TIM HORTONS p 549
See TDL GROUP CORP, THE

TIM HORTONS p 565
See TDL GROUP CORP, THE

TIM HORTONS p 567
See COURTICE DONUTS LTD

TIM HORTONS p 569
See 1767168 ONTARIO LTD

TIM HORTONS p 579
See MKJ SIMAN INVESTMENTS INC

TIM HORTONS p 581
See RJKN GROUP INC

TIM HORTONS p 582
See 1327698 ONTARIO LTD

TIM HORTONS p 598
See BARTLE BROS INC

TIM HORTONS p 599
See STEELE FOODS LTD

TIM HORTONS p 599
See 779414 ONTARIO INC

TIM HORTONS p 601
See 1180207 ONTARIO LIMITED

TIM HORTONS p 605
See SALVERDA ENTERPRISES INC

TIM HORTONS p 606
See 1260848 ONTARIO INC

TIM HORTONS p 607
See PIONEER FOOD SERVICES LIMITED

TIM HORTONS p 610
1470 6 Hwy N, HAMILTON, ON, L8N 2Z7
(905) 690-2200   SIC 5812

TIM HORTONS p 614
See 1555965 ONTARIO INC

TIM HORTONS p 614
See ENTERPRISE 1000 INC

TIM HORTONS p 619
See PIONEER FOOD SERVICES LIMITED

TIM HORTONS p 630
See AGNEW, J. E. FOOD SERVICES LTD

TIM HORTONS p 631
See AGNEW, J. E. FOOD SERVICES LTD

TIM HORTONS p 632
See AGNEW, J. E. FOOD SERVICES LTD

TIM HORTONS p 638
See 940734 ONTARIO LIMITED

TIM HORTONS p 642
See 1260848 ONTARIO INC

TIM HORTONS p 642
See LERON ENTERPRISES LTD

TIM HORTONS p 644
See 816793 ONTARIO INC

TIM HORTONS p 654
See 1212551 ONTARIO INC

TIM HORTONS p 668
See 1326760 ONTARIO INC

TIM HORTONS p 669
See TDL GROUP CORP, THE

TIM HORTONS p 677
See RYASH COFFEE CORPORATION

TIM HORTONS p 682
See KAIZEN FOODS LTD

TIM HORTONS p 693
See BURGESS, JOHN WILLIAM ENTERPRISES INC

TIM HORTONS p 697
See BURGESS, JOHN WILLIAM ENTERPRISES INC

TIM HORTONS p 700
See WALKER, J. B. & M. LIMITED

TIM HORTONS p 706
2655 Eglinton Ave W, MISSISSAUGA, ON, L5M 7E1
(905) 828-7722   SIC 5812

TIM HORTONS p 712
3285 Derry Rd W Suite 101, MISSISSAUGA, ON, L5N 7L7
(905) 824-2814   SIC 5812

TIM HORTONS p 723
See M. C. MOORE HOLDINGS LTD

TIM HORTONS p 731
See 756694 ONTARIO LTD

TIM HORTONS p 734
See WALL, BOB ENTERPRISES INC

TIM HORTONS p 736
See FRANK'S FEATHER AND FIN LIMITED

TIM HORTONS p 761
See YORKDALE CAFE LTD

TIM HORTONS p 763
See 770976 ONTARIO LIMITED

TIM HORTONS p 765
See KP PORTFOLIO INC

TIM HORTONS p 768
See TDL GROUP CORP, THE

TIM HORTONS p 775
See TDL GROUP CORP, THE

TIM HORTONS p 777
2020 Trim Rd, ORLEANS, ON, K4A 0G4
(613) 830-2712   SIC 5812

TIM HORTONS p 784
See NASCO FOOD INC

TIM HORTONS p 804
See B & C DALLNER HOLDINGS INC

TIM HORTONS p 804
See BERRY, DON HOLDINGS INC

TIM HORTONS p 807
See 535688 ONTARIO LTD

TIM HORTONS p 816
See NORMA DONUTS LIMITED

TIM HORTONS p 819
780 O'brien Rd, RENFREW, ON, K7V 3Z4
(613) 432-9071   SIC 5812

TIM HORTONS p 828
See ELYOD INVESTMENTS LIMITED

TIM HORTONS p 841
See MEGLEEN INC

TIM HORTONS p 849
See NELSON, NELSON FOODS INC

TIM HORTONS p 852
579 Carlton St, ST CATHARINES, ON, L2M 4Y1
(905) 937-3900   SIC 5812

TIM HORTONS p 852
See 968563 ONTARIO INC

TIM HORTONS p 853
See MORZOC INVESTMENT INC

TIM HORTONS p 864
See 1427732 ONTARIO INC

TIM HORTONS p 865
166 Ontario St, STRATFORD, ON, N5A 3H4
(519) 273-2421   SIC 5461

TIM HORTONS p 886
See MEGLEEN INC

TIM HORTONS p 896
See TIM HORTONS INVESTMENTS INC

TIM HORTONS p 898
See YORKDALE CAFE LTD

TIM HORTONS p 910
See TDL GROUP CORP, THE

TIM HORTONS p 921
See TDL GROUP CORP, THE

TIM HORTONS p 939
See CHAUHAN FOOD SERVICES INC

TIM HORTONS p 946
See ROYAL EDITION INC, THE

TIM HORTONS p 950
See 1260848 ONTARIO INC

TIM HORTONS p 957
See HANLEY HOSPITALITY INC

TIM HORTONS p 958
See LAARK ENTERPRISES LIMITED

TIM HORTONS p 958
See PIONEER FOOD SERVICES LIMITED

TIM HORTONS p 962
See TDL GROUP CORP, THE

TIM HORTONS p 963
See F & J CHEETHAM (WINDSOR) LIMITED

TIM HORTONS p 966
See WATSON, T.J. ENTERPRISES INC

TIM HORTONS p 967
See F & J CHEETHAM (WINDSOR) LIMITED

TIM HORTONS p 968

▲ Public Company   ■ Public Company Family Member   **HQ** Headquarters   **BR** Branch   **SL** Single Location

TIM HORTONS
See LAGILL ENTERPRISES INC
TIM HORTONS p 970
See WATSON, T.J. ENTERPRISES INC
TIM HORTONS p 973
See 2010665 ONTARIO LTD
TIM HORTONS p 981
See MURPHY, D.P. INC
TIM HORTONS p 982
See MURPHY, D.P. INC
TIM HORTONS p 983
See MURPHY, D.P. INC
TIM HORTONS p 985
See MURPHY, D.P. INC
TIM HORTONS p 987
See 9124-4269 QUEBEC INC
TIM HORTONS p 998
See 9104-4974 QUEBEC INC
TIM HORTONS p 1000
See 9136-8910 QUEBEC INC
TIM HORTONS p 1006
See GESTIONS J.L. FRECHETTE INC
TIM HORTONS p 1013
See 9067-7022 QUEBEC INC
TIM HORTONS p 1017
See 9061-9552 QUEBEC INC
TIM HORTONS p 1019
See 3819299 CANADA INC
TIM HORTONS p 1025
See CARA OPERATIONS LIMITED
TIM HORTONS p 1040
405 Ch Vanier, GATINEAU, QC, J9J 3H9
(819) 682-4949   SIC 5812
TIM HORTONS p 1052
See 9172-2785 QUEBEC INC
TIM HORTONS p 1082
See 2646-2937 QUEBEC INC
TIM HORTONS p 1092
See DAMSAR INC
TIM HORTONS p 1158
See SODEXO CANADA LTD
TIM HORTONS p 1164
See GESTION PIERRE BARRETTE INC
TIM HORTONS p 1186
See 9038-7200 QUEBEC INC
TIM HORTONS p 1197
See 9161-7340 QUEBEC INC
TIM HORTONS p 1199
See 9098-2067 QUEBEC INC
TIM HORTONS p 1216
See 9101-6451 QUEBEC INC
TIM HORTONS p 1226
See BEIGNES G.L.C. INC, LES
TIM HORTONS p 1228
See 9061-9552 QUEBEC INC
TIM HORTONS p 1229
See 3819299 CANADA INC
TIM HORTONS p 1235
See GESTION R.Y. MENARD INC
TIM HORTONS p 1244
See 9046-2680 QUEBEC INC
TIM HORTONS p 1245
See AGNEW, J. E. FOOD SERVICES LTD
TIM HORTONS p 1245
See 9046-2680 QUEBEC INC
TIM HORTONS p 1249
See GESTION R.Y. MENARD INC
TIM HORTONS p 1249
See GESTION PROKARD INC
TIM HORTONS p 1252
See 9017-6165 QUEBEC INC
TIM HORTONS p 1278
11404 Railway Ave E, NORTH BATTLEFORD, SK, S9A 3P7
(306) 445-4474   SIC 5812
TIM HORTONS 1237 p 430
See FUTURITY LIMITED
TIM HORTONS INVESTMENTS INC p 896
731 Eastern Ave, TORONTO, ON, M4M 3H6
(416) 466-3580   SIC 5812
TIM HORTONS LTD p 603
1 Nicholas Beaver Rd, GUELPH, ON, N1H 6H9
(519) 822-4748   SIC 5461
TIM HORTONS, DIVISION OF p 245
See INTERWEST RESTAURANTS PARTNERSHIP
TIM'S NOSRILLS p 164
See LOBLAWS INC
TIMBER 188 INC p 512
2452 Queen St E, BRAMPTON, ON, L6S 5X9
(905) 791-8168   SIC 5812
TIMBER-TECH TRUSS INC p 137
1405 31 St N, LETHBRIDGE, AB, T1H 5G8
(403) 328-5499   SIC 2439
TIMBERBANK JUNIOR PUBLIC SCHOOL p 888
See TORONTO DISTRICT SCHOOL BOARD
TIMBERLANDS CORPORATE OFFICE p 195
See WESTERN FOREST PRODUCTS INC
TIMBERLEA PUBLIC SCHOOL p 122
See FORT MCMURRAY PUBLIC SCHOOL DISTRICT #2833
TIMBERLINE SECONDARY SCHOOL p 194
See BOARD OF EDUCATION SCHOOL DISTRICT 72 (CAMPBELL RIVER), THE
TIMBERTOWN p 29
See TIMBERTOWN BUILDING CENTRE LTD
TIMBERTOWN BUILDING CENTRE LTD p 29
230 42 Ave Se, CALGARY, AB, T2G 1Y4
(403) 243-6500   SIC 5211
TIMBERTOWN BUILDING CENTRE LTD p 106
4840 99 St Nw, EDMONTON, AB, T6E 3N6
(780) 435-4747   SIC 5211
TIMBERWEST FOREST COMPANY p 240
648 Terminal Ave Suite 201, NANAIMO, BC, V9R 5E2
(250) 716-3700   SIC 2411
TIME AND AGAIN p 755
See GANZ CANADA
TIME BOUTIQUE p 296
See ANN-LOUISE JEWELLERS LTD
TIME VALLEY OF CHILD AND YOUTH DEVELOPMENTAL HEALTH CENTER, THE p 985
See PROVINCE OF PEI
TIMES & TRANSCRIPT p 406
See BRUNSWICK NEWS INC
TIMES COLONIST p 329
See GLACIER MEDIA INC
TIMISKAMING CHILD AND FAMILY SERVICES p 731
25 Paget St, NEW LISKEARD, ON, P0J 1P0
(705) 647-1200   SIC 8322
TIMISKAMING DISTRICT SECONDARY SCHOOL p 731
See DISTRICT SCHOOL BOARD ONTARIO NORTH EAST
TIMISKAMING HOME SUPPORT/SOUTIEN A DOMICILE p 574
61 Fifth Ave, ENGLEHART, ON, P0J 1H0
SIC 8399
TIMISKAMING HOME SUPPORT/SOUTIEN A DOMICILE p 636
30 Second St E Unit 2, KIRKLAND LAKE, ON, P2N 1R1
(705) 567-7383   SIC 8059
TIMISKAMING HOME SUPPORT/SOUTIEN A DOMICILE p 731
213 Whitewood Ave Suite A2, NEW LISKEARD, ON, P0J 1P0
SIC 8059
TIMKEN CANADA LP p 686
5955 Airport Rd Suite 100, MISSISSAUGA, ON, L4V 1R9
(905) 826-9520   SIC 3562
TIMMINCO LIMITED p 605
962 Magnesium Rd Gd, HALEY STATION, ON, K0J 1Y0
SIC 2819
TIMMINCO METALS p 605
See TIMMINCO LIMITED
TIMMINS HIGH & VOCATIONAL SCHOOL p 884
See DISTRICT SCHOOL BOARD ONTARIO NORTH EAST
TIMOTHY CHRISTIAN SCHOOL p 197
See NETHERLANDS REFORMED CONGREGATION OF CHILLIWACK, THE
TIMOTHY EATON BTI p 846
See TORONTO DISTRICT SCHOOL BOARD
TIMU FOREST PRODUCTS DIV OF p 1
See SPRUCELAND MILLWORKS INC
TIN WIS RESORT LTD p 291
1119 Pacific Rim Hwy, TOFINO, BC, V0R 2Z0
(250) 725-4445   SIC 7011
TINA'S NOFRILLS p 169
See LOBLAWS INC
TINGWICK GARAGE MUNICIPAL p 1247
12 Rue De L'hotel-De-Ville, TINGWICK, QC, J0A 1L0
(819) 359-2260   SIC 7521
TIO NETWORKS CORP p 309
250 Howe St Suite 1500, VANCOUVER, BC, V6C 3R8
(604) 298-4636   SIC 6211
TIP TOP BINDERY LTD p 845
335 Passmore Ave, SCARBOROUGH, ON, M1V 4B5
(416) 609-3281   SIC 2789
TIP TOP LOFTS DEVELOPMENT INC p 931
637 Lake Shore Blvd W Suite 1009, TORONTO, ON, M5V 3J6
(416) 863-0202   SIC 6552
TIPASKAN ELEMENTARY SCHOOL p 111
See EDMONTON SCHOOL DISTRICT NO. 7
TIPPET-RICHARDSON LIMITED p 11
2905 37 Ave Ne, CALGARY, AB, T1Y 5Z9
(403) 299-9700   SIC 4214
TIPPET-RICHARDSON LIMITED p 595
5499 Canotek Rd, GLOUCESTER, ON, K1J 9J5
(613) 741-3015   SIC 4214
TIPPET-RICHARDSON LIMITED p 652
1050 Brydges St, LONDON, ON, N5W 2B4
(519) 455-0132   SIC 4212
TIPPET-RICHARDSON LIMITED p 968
211 Shepherd St E Suite 201, WINDSOR, ON, N9A 6P4
(519) 254-5111   SIC 4214
TIR NAN OG p 632
See PRIME RESTAURANTS INC
TISDALE ELEMENTARY SCHOOL p 1307
See NORTH EAST SCHOOL DIVISION
TISDALE HOSPITAL p 1307
See KELSEY TRAIL REGIONAL HEALTH AUTHORITY
TISDALE MIDDLE & SECONDARY SCHOOL p 1307
See NORTH EAST SCHOOL DIVISION
TISDALE SALES & SERVICES LTD p 1271
105 11 Ave E, Kindersley, SK, S0L 1S0
(306) 463-2686   SIC 5511
TISI CANADA INC p 102
3904 53 Ave Nw, EDMONTON, AB, T6B 3N7
(780) 437-0860   SIC 8742
TISI CANADA INC p 115
8525 18 St Nw, EDMONTON, AB, T6P 1K4
(780) 467-8070   SIC 3398
TISI CANADA INC p 121
235 Macalpine Cres Unit 9, FORT MCMURRAY, AB, T9H 4A5
(780) 715-1648   SIC 7363
TISI CANADA INC p 770
781 Westgate Rd, OAKVILLE, ON, L6L 6R7
(905) 845-9542   SIC 3398
TITAN CONSTRUCTION COMPANY LIMITED p 234
27355 Gloucester Way Unit 1a, LANGLEY, BC, V4W 3Z8
(604) 856-8888   SIC 1541
TITANIUM TRUCKING SERVICES INC p 506
32 Simpson Rd, BOLTON, ON, L7E 1G9
(905) 851-1688   SIC 4213
TIVERON FARMS p 696
See 783312 ONTARIO LIMITED
TIW CANADA LTD p 148
507 12 Ave, NISKU, AB, T9E 7N8
(780) 955-2510   SIC 3533
TIW STEEL PLATEWORK INC p 854
23 Smith St, ST CATHARINES, ON, L2P 3J7
(905) 684-9421   SIC 3441
TIW WESTERN INC p 20
7770 44 St Se, CALGARY, AB, T2C 2L5
(403) 279-8310   SIC 3433
TIW WESTERN INC p 148
1012 16 Ave, NISKU, AB, T9E 0A9
(780) 979-0500   SIC 3433
TJ POUNDER p 520
See MSO CONSTRUCTION LIMITED
TJI p 829
See TEE JAY INSTRUMENTATION SERVICES LTD
TJX CANADA p 715
See WINNERS MERCHANTS INTERNATIONAL L.P.
TJX CANADA p 1043
See WINNERS MERCHANTS INTERNATIONAL L.P.
TKS CONTROLS LTD p 168
4605 41 St, STETTLER, AB, T0C 2L0
(403) 740-4071   SIC 5084
TLI CHO LANDTRAN TRANSPORT LTD p 85
13120 Yellowhead Trail Nw, EDMONTON, AB, T5L 3C1
(780) 452-9414   SIC 4213
TLN p 762
See TELELATINO NETWORK INC
TLS FASHIONS INC p 761
2782a Dufferin St, NORTH YORK, ON, M6B 3R7
(416) 293-4044   SIC 5651
TLS TRAILER LEASING SERVICES p 1210
See TRANSPORT TFI 2, S.E.C.
TM3 INC p 547
250 Royal Oak Rd, CAMBRIDGE, ON, N3E 0A4
(519) 650-7444   SIC 1731
TMF FOODS p 861
See MEAT FACTORY LIMITED, THE
TML INDUSTRIES LTD p 814
1745 Mcpherson Crt, PICKERING, ON, L1W 3E9
(905) 831-7525   SIC 3411
TMP WORLDWIDE p 46
See MONSTER WORLDWIDE CANADA INC
TMP WORLDWIDE ADVERTISING & COMMUNICATIONS p 910
See MONSTER WORLDWIDE CANADA INC
TMS p 230
See TMS TRANSPORTATION MANAGEMENT SERVICES LTD
TMS A DIV OF p 102
See TISI CANADA INC
TMS BLAINVILLE p 999
See RE/MAX TMS INC
TMS TRANSPORTATION MANAGEMENT SERVICES LTD p 230
9975 199b St, LANGLEY, BC, V1M 3G4
(604) 882-2550   SIC 6712
TMX AEROSPACE p 1224
See THYSSENKRUPP MATERIALS CA, LTD
TN ICEPLEX LIMITED PARTNERSHIP p 386
3969 Portage Ave, WINNIPEG, MB, R3K 1W4
(204) 837-7539   SIC 7999
TNS CANADIAN FACTS INC p 656
150 Dufferin Ave, LONDON, ON, N6A 5N6
SIC 8732
TNT CRANE & RIGGING CANADA INC p 180

2190 Carpenter St, ABBOTSFORD, BC, V2T 6B4
(800) 667-2215   SIC 7253
TNT FOODS INTERNATIONAL INC   p 517
20 Westwyn Crt, BRAMPTON, ON, L6T 4T5
(905) 672-1787   SIC 5144
TOAD N TURTLE PUBHOUSE & GRILL p 21
See BTO VENTURES LTD
TOAL TYEE ELEMENTARY SCHOOL   p 242
See SCHOOL DISTRICT NO. 68 (NANAIMO-LADYSMITH)
TOBIAS HOUSE ATTENDANT CARE INC   p 907
84 Carlton St Suite 306, TORONTO, ON, M5B 2P4
   SIC 8361
TOBIQUE FARMS OPERATING LIMITED   p 397
2424 Route 108, DSL DE DRUMMOND, NB, E3Y 2K7
(506) 553-9913   SIC 5148
TOBIQUE VALLEY HOSPITAL   p 412
See REGIONAL HEALTH AUTHORITY B
TODA ADVANCED MATERIALS INC   p 829
933 Vidal St, SARNIA, ON, N7T 7K2
(519) 346-4331   SIC 2819
TODAY'S COLONIAL FURNITURE   p 777
See TODAY'S COLONIAL FURNITURE 2000 INC
TODAY'S COLONIAL FURNITURE 2000 INC p 777
1680 Vimont Crt Suite 100, ORLEANS, ON, K4A 3M3
(613) 837-5900   SIC 5712
TODAY'S PARENT   p 903
See ROGERS MEDIA INC
TODD'S YIG 803 LTD   p 605
5121 County Rd 21 Rr 3, HALIBURTON, ON, K0M 1S0
(705) 455-9775   SIC 5411
TODDGLEN ILOFTS LIMITED   p 746
2225 Sheppard Ave E Suite 1100, NORTH YORK, ON, M2J 5C2
(416) 492-2450   SIC 1521
TODDGLEN MANAGEMENT LIMITED p 746
2225 Sheppard Ave E Suite 1100, NORTH YORK, ON, M2J 5C2
(416) 492-2450   SIC 8741
TODDGLEN WINDERMERE LIMITED   p 746
2225 Sheppard Ave E Suite 1100, NORTH YORK, ON, M2J 5C2
(416) 492-2450   SIC 8742
TOFIELD LODGE   p 171
See BEAVER FOUNDATION
TOFIELD SCHOOL   p 171
See BATTLE RIVER REGIONAL DIVISION 31
TOHU   p 1090
See CITE DES ARTS DU CIRQUE
TOILE SOLEIL INC   p 1244
1500 Rue Nationale, TERREBONNE, QC, J6W 6M1
(450) 964-2218   SIC 3949
TOITURE MAURICIENNE   p 1248
See STRUCTURES BARRETTE INC
TOITURE MAURICIENNE (1982) INC p 1130
2907 Boul Dagenais O, Montreal, QC, H7P 1T2
(450) 328-1612   SIC 1761
TOITURES COUTURE & ASSOCIES INC   p 1193
6565 Boul Maricourt, SAINT-HUBERT, QC, J3Y 1S8
(450) 678-2562   SIC 1761
TOITURES FECTEAU INC   p 1181
320 Rte 271, Saint-Benoit-Labre, QC, G0M 1P0
(418) 228-9651   SIC 2439
TOITURES VICK & ASSOCIES INC, LES p 1241
71 Ch Godin, SHERBROOKE, QC, J1R 0S6
(450) 658-4300   SIC 1761
TOKER + ASSOCIATES ARCHITECTURE INDUSTRIAL DESIGN LTD   p 52

340 12 Ave Sw Unit 1180, CALGARY, AB, T2R 1L5
(403) 245-3089   SIC 8712
TOKHASEPYAN FAMILY ENTERPRISES LIMITED   p 962
9945 Tecumseh Rd E, WINDSOR, ON, N8R 1A5
(519) 735-8445   SIC 5812
TOKMAKJIAN INC   p 562
221 Caldari Rd, CONCORD, ON, L4K 3Z9
(905) 669-2850   SIC 4142
TOLKO INDUSTRIES LTD   p 130
11401 92 St Ss 1 Suite 1, HIGH LEVEL, AB, T0H 1Z0
(780) 926-3781   SIC 2421
TOLKO INDUSTRIES LTD   p 130
Hwy 2 W, HIGH PRAIRIE, AB, T0G 1E0
(780) 523-2101   SIC 2631
TOLKO INDUSTRIES LTD   p 181
844 Otter Lake Cross Rd, ARMSTRONG, BC, V0E 1B6
(250) 546-3171   SIC 2421
TOLKO INDUSTRIES LTD   p 199
6200 Jeffers Dr, COLDSTREAM, BC, V1B 3G4
(250) 545-4992   SIC 2421
TOLKO INDUSTRIES LTD   p 222
6275 Old Hwy 5, KAMLOOPS, BC, V2H 1T8
(250) 578-7212   SIC 2435
TOLKO INDUSTRIES LTD   p 227
400 Beaver Lake Rd, KELOWNA, BC, V4V 1S5
(250) 766-1207   SIC 5031
TOLKO INDUSTRIES LTD   p 237
1750 Lindley Creek Rd, MERRITT, BC, V1K 0A2
   SIC 2421
TOLKO INDUSTRIES LTD   p 264
1879 Brownmiller Rd, QUESNEL, BC, V2J 6R9
(250) 992-1700   SIC 2421
TOLKO INDUSTRIES LTD   p 341
180 Hodgson Rd, WILLIAMS LAKE, BC, V2G 3P6
(250) 392-3371   SIC 2421
TOLKO INDUSTRIES LTD   p 341
925 Second Ave N, WILLIAMS LAKE, BC, V2G 4P7
(250) 305-3600   SIC 2421
TOLKO INDUSTRIES LTD   p 341
5000 Soda Creek Rd, Williams Lake, BC, V2G 5H5
(250) 398-3600   SIC 2421
TOLKO INDUSTRIES LTD   p 359
Hwy 10 N, THE PAS, MB, R9A 1L4
(204) 623-7411   SIC 2674
TOLKO INDUSTRIES LTD   p 359
Hwy 10 N, THE PAS, MB, R9A 1S1
(204) 623-7411   SIC 2499
TOLKO MANITOBA KRAFT PAPERS, DIV OF   p 359
See TOLKO INDUSTRIES LTD
TOLKO MANITOBA SOLID WOOD DIVISION   p 359
See TOLKO INDUSTRIES LTD
TOLL LEASING   p 566
See TANK TRUCK TRANSPORT INC
TOLLCORP RESTAURANTS   p 140
3120 Fairway St S, LETHBRIDGE, AB, T1K 6T9
(403) 327-6700   SIC 5812
TOLLGATE TECHNOLOGICAL SKILLS CENTRE   p 525
See GRAND ERIE DISTRICT SCHOOL BOARD
TOLLOS   p 496
See 1073849 ONTARIO LIMITED
TOM BAINS JUNIOR HIGH SCHOOL   p 58
See CALGARY BOARD OF EDUCATION
TOM FRILLS   p 891
See LOBLAWS SUPERMARKETS LIMITED
TOM LEE MUSIC CO. LTD   p 305
650 Georgia St W Suite 310, VANCOUVER,

BC, V6B 4N7
(604) 685-8471   SIC 5736
TOM LONGBOAT JR PUBLIC SCHOOL   p 885
See TORONTO DISTRICT SCHOOL BOARD
TOM THOMSON PUBLIC SCHOOL   p 540
See HALTON DISTRICT SCHOOL BOARD
TOMANICK GROUP, THE   p 149
10 Southridge Dr, OKOTOKS, AB, T1S 1N1
(403) 995-0224   SIC 5812
TOMAS COOK FAMILY RESTAURANT   p 1300
See J.J.-SAKO'S HOLDINGS LTD
TOMAS THE COOK RESTAURANT   p 1288
See 101011657 SASKATCHEWAN LTD
TOMCHE TMIMIM LUBAZITCH   p 1121
See COLLEGE RABBINIQUE DU CANADA
TOMEKICHI ELEMENTARY SCHOOL   p 274
See BOARD OF EDUCATION SCHOOL DISTRICT #38 (RICHMOND)
TOMKEN MCDONALDS   p 719
See MCDONALD'S RESTAURANTS
TOMKINSON, D.N. INVESTMENTS LTD p 52
340 12 Ave Sw Suite 900, CALGARY, AB, T2R 1L5
(403) 269-8887   SIC 8713
TOMLINSON ENVIRONMENTAL SERVICES LTD   p 550
106 Westhunt Dr, CARP, ON, K0A 1L0
(613) 836-6069   SIC 4212
TOMLINSON, R. W. LIMITED   p 532
9630 17 Hwy, BRUCE MINES, ON, P0R 1C0
(705) 785-3833   SIC 1411
TOMLINSON, R. W. LIMITED   p 730
970 Moodie Dr, NEPEAN, ON, K2R 1H3
(613) 820-2332   SIC 1423
TOMLINSON, R. W. LIMITED   p 786
5597 Power Rd, OTTAWA, ON, K1G 3N4
(613) 822-1867   SIC 1411
TOMLINSON, R. W. LIMITED   p 947
8125 Russell Rd, VARS, ON, K0A 3H0
(613) 835-3395   SIC 5211
TOMMY & LEFEBVRE INC   p 1036
530 Boul De La Gappe, GATINEAU, QC, J8T 8A8
   SIC 5941
TOMMY DOUGLAS BRANCH   p 188
See BURNABY PUBLIC LIBRARY
TOMMY HILFIGER   p 1143
See TOMMY HILFIGER CANADA INC
TOMMY HILFIGER   p 1162
See TOMMY HILFIGER CANADA INC
TOMMY HILFIGER CANADA INC   p 59
3625 Shaganappi Trail Nw, CALGARY, AB, T3A 0E2
   SIC 5136
TOMMY HILFIGER CANADA INC   p 95
8882 170 St Nw Suite 2560, EDMONTON, AB, T5T 4M2
(780) 443-3999   SIC 5651
TOMMY HILFIGER CANADA INC   p 113
1907 99 St Nw, EDMONTON, AB, T6N 1M7
(780) 465-6936   SIC 5136
TOMMY HILFIGER CANADA INC   p 271
6551 No. 3 Rd Suite 500, RICHMOND, BC, V6Y 2B7
   SIC 5651
TOMMY HILFIGER CANADA INC   p 290
3091 152 St Suite 300, SURREY, BC, V4P 3K1
   SIC 5651
TOMMY HILFIGER CANADA INC   p 382
1485 Portage Ave, WINNIPEG, MB, R3G 0W4
(204) 784-1340   SIC 5651
TOMMY HILFIGER CANADA INC   p 388
1585 Kenaston Blvd Suite 14, WINNIPEG, MB, R3P 2N3
(204) 487-7240   SIC 5651
TOMMY HILFIGER CANADA INC   p 544
34 Pinebush Rd Suite 1, CAMBRIDGE, ON, N1R 8K5
(519) 624-9104   SIC 5136

TOMMY HILFIGER CANADA INC   p 564
3311 County Rd 89 Unit B26, COOKSTOWN, ON, L0L 1L0
(705) 458-8601   SIC 5651
TOMMY HILFIGER CANADA INC   p 615
999 Upper Wentworth St, HAMILTON, ON, L9A 4X5
   SIC 5136
TOMMY HILFIGER CANADA INC   p 660
1270 Wellington Rd Unit101, LONDON, ON, N6E 1M3
(519) 690-2269   SIC 5136
TOMMY HILFIGER CANADA INC   p 722
775 Britannia Rd W Unit 1, MISSISSAUGA, ON, L5V 2Y1
(905) 826-9645   SIC 5136
TOMMY HILFIGER CANADA INC   p 728
1363 Woodroffe Ave Unit D, NEPEAN, ON, K2G 1V7
(613) 727-3222   SIC 5136
TOMMY HILFIGER CANADA INC   p 738
7500 Lundy's Lane Suite B5, NIAGARA FALLS, ON, L2H 1G8
(905) 354-6194   SIC 5611
TOMMY HILFIGER CANADA INC   p 786
550 Terminal Ave Suite B20, OTTAWA, ON, K1G 0Z3
(613) 789-6185   SIC 5651
TOMMY HILFIGER CANADA INC   p 790
50 Rideau St Unit 205, OTTAWA, ON, K1N 9J7
   SIC 5651
TOMMY HILFIGER CANADA INC   p 813
1899 Brock Rd Suite G12, PICKERING, ON, L1V 4H7
(905) 426-9677   SIC 5651
TOMMY HILFIGER CANADA INC   p 931
555 Richmond St W Suite 1202, TORONTO, ON, M5V 3B1
(416) 703-3700   SIC 5136
TOMMY HILFIGER CANADA INC   p 971
1555 Talbot Rd Suite 180, WINDSOR, ON, N9H 2N2
(519) 250-7922   SIC 5651
TOMMY HILFIGER CANADA INC   p 1006
500 Place Champetre, BROMONT, QC, J2L 0A1
(450) 534-2389   SIC 5651
TOMMY HILFIGER CANADA INC   p 1015
1401 Boul Talbot, CHICOUTIMI, QC, G7H 5N6
(418) 698-3408   SIC 5621
TOMMY HILFIGER CANADA INC   p 1021
2400 Boul Chomedey, Cote Saint-Luc, QC, H7T 2W3
(450) 689-0039   SIC 5651
TOMMY HILFIGER CANADA INC   p 1021
3035 Boul Le Carrefour, Cote Saint-Luc, QC, H7T 1C8
   SIC 5136
TOMMY HILFIGER CANADA INC   p 1143
6801 Aut Transcanadienne, POINTE-CLAIRE, QC, H9R 5J2
   SIC 5651
TOMMY HILFIGER CANADA INC   p 1162
2450 Boul Laurier, Quebec, QC, G1V 2L1
(418) 657-2960   SIC 5611
TOMMY HILFIGER CANADA INC   p 1221
170 Ch Du Lac-Millette, SAINT-SAUVEUR, QC, J0R 1R6
(450) 227-4002   SIC 5651
TOMMY HILFIGER CANADA ONE FACTORY   p 738
See TOMMY HILFIGER CANADA INC
TOMMY HILFIGER OUTLET   p 290
See TOMMY HILFIGER CANADA INC
TOMMY HILFIGER OUTLET   p 564
See TOMMY HILFIGER CANADA INC
TOMMY HILFIGER OUTLET   p 1021
See TOMMY HILFIGER CANADA INC
TOMMY HILFIGER STORE   p 59
See TOMMY HILFIGER CANADA INC
TOMMY HILFIGER STORE   p 271

▲ Public Company   ■ Public Company Family Member   HQ Headquarters   BR Branch   SL Single Location

TOMMY HILFIGER STORE — See TOMMY HILFIGER CANADA INC
TOMMY HILFIGER STORE p 660
See TOMMY HILFIGER CANADA INC
TOMMY HILFIGER STORE p 728
See TOMMY HILFIGER CANADA INC
TOMMY HILFIGER STORE p 813
See TOMMY HILFIGER CANADA INC
TOMMY HILFIGER STORE p 1021
See TOMMY HILFIGER CANADA INC
TOMMY HILLFIGER OUTLET p 113
See TOMMY HILFIGER CANADA INC
TOMRA CANADA INC p 995
20500 Av Clark-Graham, Baie-D'Urfe, QC, H9X 4B6
(514) 457-4177   SIC 5084
TOMSETT ELEMENTARY SCHOOL p 269
See BOARD OF EDUCATION SCHOOL DISTRICT #38 (RICHMOND)
TONA LOGISTICS p 834
See PIONEER HI-BRED LIMITED
TONIATA PUBLIC SCHOOL p 532
See UPPER CANADA DISTRICT SCHOOL BOARD, THE
TONKO REALTY ADVISORS (B.C.) LTD p 309
789 Pender St W Suite 600, VANCOUVER, BC, V6C 1H2
(604) 684-1198   SIC 6531
TONQUIN INN p 133
See MALIGNE LODGE LTD
TONY GRAHAM NISSAN p 729
See GRAHAM AUTOMOTIVE SALES LTD
TONY MAC LIMITED p 909
127 Church St, TORONTO, ON, M5C 2G5
(416) 368-1562   SIC 5812
TONY ROMA'S p 33
See SOUTH ALBERTA RIBS (2002) LTD
TONY ROMA'S p 94
See ALBERTS RESTAURANTS LTD
TONY ROMA'S p 156
See ALBERTS RESTAURANTS LTD
TONY ROMA'S p 910
See ONTARIO RIBS INC
TONY ROMA'S 'FAMOUS FOR RIBS' p 586
See ROMA RIBS LTD
TONY ROMA'S A PLACE FOR RIBS p 140
See ROMA RIBS LTD
TONY ROMA'S A PLACE FOR RIBS p 200
See ROMA RIBS LTD
TONY ROMA'S A PLACE FOR RIBS p 378
See ROMA RIBS LTD
TONY ROMA'S A PLACE FOR RIBS p 390
See ROMA RIBS LTD
TONY ROMA'S A PLACE FOR RIBS p 966
See ROMA RIBS LTD
TONY STACEY CENTRE FOR VETERANS CARE p 835
See ROYAL CANADIAN LEGION DISTRICT D CARE CENTRES
TOOL-PLAS p 772
See 1732187 ONTARIO INC
TOOLE PEET & CO LIMITED p 53
1135 17 Ave Sw, CALGARY, AB, T2T 0B6
(403) 245-4366   SIC 6531
TOOLE PEET INSURANCE p 53
See TOOLE PEET & CO LIMITED
TOOLE, P.J. & COTE REAL ESTATE LTD p 52
309 10 Ave Sw, CALGARY, AB, T2R 0A5
(403) 233-9638   SIC 6531
TOOR & ASSOCIATES INC p 772
270 North Service Rd W, OAKVILLE, ON, L6M 2R8
(905) 849-8100   SIC 5812
TOOR RESTAURANTS MANAGEMENT INC p 834
785 Milner Ave, SCARBOROUGH, ON, M1B 3C3
(416) 282-0770   SIC 5812
TOOTINAOWAZIIBEENG HEALTH p 356
See TOOTINAOWAZIIBEENG TREATY RESERVE
TOOTINAOWAZIIBEENG TREATY RESERVE p 356
Gd, SHORTDALE, MB, R0L 1W0
(204) 546-3267   SIC 8621
TOOTSIE ROLL OF CANADA ULC p 562
519 North Rivermede Rd, CONCORD, ON, L4K 3N1
(905) 738-9108   SIC 2064
TOP CONTROL p 1082
See BBA INC
TOP EDGE HOLDINGS LTD p 318
5367 West Boulevard Unit 607, VANCOUVER, BC, V6M 3W4
(604) 266-1288   SIC 5812
TOP HAT CLEANERS, DIV OF p 703
See CLUB VALUE CLEANERS INC
TOP OF VANCOUVER REVOLVING RESTAURANT (1993) LTD p 305
555 Hastings St W Suite 3400, VANCOUVER, BC, V6B 4N6
(604) 683-9391   SIC 5812
TOPCLIFF ELEMENTARY SCHOOL p 758
See TORONTO DISTRICT SCHOOL BOARD
TOPCO OILSITE PRODUCTS LTD p 26
3401 19 St Ne Unit 5, CALGARY, AB, T2E 6S8
(403) 219-0255   SIC 3533
TOPCUTS INC p 763
88 Arrow Rd, NORTH YORK, ON, M9M 2L8
(416) 223-1700   SIC 7231
TOPHAM ELEMENTARY SCHOOL p 229
See BOARD OF EDUCATION OF SCHOOL DISTRICT NO. 35 (LANGLEY)
TOPIGEN PHARMACEUTIQUES INC p 1089
2901 Rue Rachel E Bureau 13, Montreal, QC, H1W 4A4
(514) 868-0077   SIC 8732
TOPLEY ELEMENTARY SCHOOL p 291
See BOARD OF EDUCATION OF SCHOOL DISTRICT NO. 91 (NECHAKO LAKE), THE
TOPPITS p 975
See TOPPITS FOODS LTD
TOPPITS FOODS LTD p 975
301 Chrislea Rd, WOODBRIDGE, ON, L4L 8N4
(905) 850-8900   SIC 5146
TOPS PRODUCTS CANADA p 714
See MOORE CANADA CORPORATION
TOPS PRODUCTS CANADA p 991
See MOORE CANADA CORPORATION
TOPSPEED TRANS p 686
See 2153463 ONTARIO INC
TOR CAN WASTE MANAGEMENT INC p 721
6465 Danville Rd, MISSISSAUGA, ON, L5T 2H7
(905) 856-3900   SIC 4212
TOR SALES CENTER p 586
See PHILIPS ELECTRONICS LTD
TORA CAP-DE-LA-MADELEINE LIMITEE p 1248
800 Boul Thibeau, Trois-Rivieres, QC, G8T 7A6
(819) 697-3833   SIC 5311
TORA COWANSVILLE LIMITEE p 1022
179 Rue Principale, COWANSVILLE, QC, J2K 1J3
(450) 266-3869   SIC 5399
TORA INGERSOLL LIMITEE p 621
111 Charles St E, INGERSOLL, ON, N5C 1J9
(519) 485-0520   SIC 5311
TORA INVESTMENTS INC p 852
453 Eastchester Ave E, ST CATHARINES, ON, L2M 6S2
(905) 685-5409   SIC 7549
TORA L'ANNONCIATION LIMITEE p 1175
1620 Rue Principale N, Riviere-Rouge, QC, J0T 1T0
(819) 275-3777   SIC 5399
TORA MAGOG LIMITEE p 1074
1730 Rue Sherbrooke, MAGOG, QC, J1X 2T3
(819) 843-3043   SIC 5399
TORA SAINT-CHARLES-BORROMEE LIMITEE p 1183
197 Rue De La Visitation Bureau 109, Saint-Charles-Borromee, QC, J6E 4N6
(450) 760-3568   SIC 5311
TORA ST CATHARINES (WELLAND) LIMITED p 855
120 Welland Ave, ST CATHARINES, ON, L2R 2N3
(905) 685-1167   SIC 5311
TORA STRATFORD LIMITED p 865
477 Huron St, STRATFORD, ON, N5A 5T8
(519) 272-2029   SIC 5399
TORBA RESTAURANTS INC p 499
450 Bryne Dr, BARRIE, ON, L4N 9R1
(705) 735-4143   SIC 5812
TORBA RESTAURANTS INC p 499
6 Fairview Rd, BARRIE, ON, L4N 4P3
(705) 727-0233   SIC 5812
TORBA RESTAURANTS INC p 740
368 Lakeshore Dr, NORTH BAY, ON, P1A 2C2
(705) 472-7240   SIC 5812
TORBRAM ELECTRIC SUPPLY p 541
See TOTAL ELECTRIC SUPPLY LIMITED
TORBRAM ELECTRIC SUPPLY CORPORATION p 231
6360 202 St Suite 103, LANGLEY, BC, V2Y 1N2
(604) 539-9331   SIC 5063
TORBRAM ELECTRIC SUPPLY CORPORATION p 541
10 Perdue Crt Unit 6, CALEDON, ON, L7C 3M6
(905) 495-0535   SIC 5063
TORCAD LIMITED p 579
275 Norseman St, ETOBICOKE, ON, M8Z 2R5
(416) 239-3928   SIC 3471
TORNADO INSULATION LTD p 827
781 Roper St, SARNIA, ON, N7S 6G7
(519) 344-3603   SIC 1742
TOROMONT CAT p 425
See TOROMONT INDUSTRIES LTD
TOROMONT CAT p 548
See TOROMONT INDUSTRIES LTD
TOROMONT CAT p 625
See TOROMONT INDUSTRIES LTD
TOROMONT CAT p 665
See TOROMONT INDUSTRIES LTD
TOROMONT CAT p 667
See TOROMONT INDUSTRIES LTD
TOROMONT CAT p 775
See TOROMONT INDUSTRIES LTD
TOROMONT CAT p 881
See TOROMONT INDUSTRIES LTD
TOROMONT ENERGY p 63
See TOROMONT INDUSTRIES LTD
TOROMONT ENERGY LTD p 563
3131 Highway 7 Suite A, CONCORD, ON, L4K 5E1
(416) 667-5758   SIC 4911
TOROMONT ENERGY SERVICES p 107
See TOROMONT INDUSTRIES LTD
TOROMONT ENERGY SERVICES p 158
See TOROMONT INDUSTRIES LTD
TOROMONT INDUSTRIES LTD p 63
85 Freeport Blvd Ne Suite 102, CALGARY, AB, T3J 4X8
(403) 517-1300   SIC 5082
TOROMONT INDUSTRIES LTD p 107
5909 83 St Nw, EDMONTON, AB, T6E 4Y3
(780) 468-1490   SIC 3585
TOROMONT INDUSTRIES LTD p 107
8835 53 Ave Nw, EDMONTON, AB, T6E 5E9
(780) 485-0690   SIC 7699
TOROMONT INDUSTRIES LTD p 128
11537 97 Ave, GRANDE PRAIRIE, AB, T8V 5R9
SIC 7699
TOROMONT INDUSTRIES LTD p 158
39139 Highway 2a Unit 5304, RED DEER COUNTY, AB, T4S 2B3
SIC 1389
TOROMONT INDUSTRIES LTD p 208
1095 Cliveden Ave, DELTA, BC, V3M 6G9
(604) 525-8899   SIC 1711
TOROMONT INDUSTRIES LTD p 348
Hwy 1 W, ELIE, MB, R0H 0H0
(204) 353-3850   SIC 5999
TOROMONT INDUSTRIES LTD p 370
140 Inksbrook Dr, WINNIPEG, MB, R2R 2W3
(204) 453-4343   SIC 7699
TOROMONT INDUSTRIES LTD p 384
1680 Notre Dame Ave Unit 8, WINNIPEG, MB, R3H 1H6
(204) 783-1178   SIC 1711
TOROMONT INDUSTRIES LTD p 384
1214 Border Rd, WINNIPEG, MB, R3H 0M6
(204) 633-4646   SIC 7699
TOROMONT INDUSTRIES LTD p 390
10 Irene St, WINNIPEG, MB, R3T 0P1
(204) 474-2411   SIC 7353
TOROMONT INDUSTRIES LTD p 425
22 Confederation Dr, CORNER BROOK, NL, A2H 6E3
(709) 634-8258   SIC 5082
TOROMONT INDUSTRIES LTD p 448
19 Acadia St, DARTMOUTH, NS, B2Y 2N1
(902) 465-4836   SIC 5078
TOROMONT INDUSTRIES LTD p 499
430 Huronia Rd, BARRIE, ON, L4N 8Y9
(705) 721-1919   SIC 7359
TOROMONT INDUSTRIES LTD p 517
27 Finley Rd, BRAMPTON, ON, L6T 1B2
(905) 457-7977   SIC 7353
TOROMONT INDUSTRIES LTD p 548
260 Industrial Rd, CAMBRIDGE, ON, N3H 4R7
(519) 650-4040   SIC 5082
TOROMONT INDUSTRIES LTD p 548
290 Industrial Rd, CAMBRIDGE, ON, N3H 4R7
(519) 650-1211   SIC 5082
TOROMONT INDUSTRIES LTD p 563
548 Edgeley Blvd, CONCORD, ON, L4K 4G4
(416) 667-5900   SIC 5082
TOROMONT INDUSTRIES LTD p 625
5 Edgewater St, KANATA, ON, K2L 1V7
(613) 836-5171   SIC 5082
TOROMONT INDUSTRIES LTD p 649
25 Mumford Rd, LIVELY, ON, P3Y 1K9
(705) 692-4764   SIC 5082
TOROMONT INDUSTRIES LTD p 651
1901 Oxford St E, LONDON, ON, N5V 2Z6
(519) 453-3000   SIC 7353
TOROMONT INDUSTRIES LTD p 665
50 Enterprise Dr, LONDON, ON, N6N 1A7
(519) 681-1900   SIC 5082
TOROMONT INDUSTRIES LTD p 665
651 Wilton Grove Rd, LONDON, ON, N6N 1N7
(519) 434-6444   SIC 3585
TOROMONT INDUSTRIES LTD p 665
651 Wilton Grove Rd Suite 1, LONDON, ON, N6N 1N7
(519) 439-1300   SIC 1711
TOROMONT INDUSTRIES LTD p 667
3740 Webster Cres Suite 3, MAIDSTONE, ON, N0R 1K0
(519) 737-7386   SIC 5082
TOROMONT INDUSTRIES LTD p 775
8 Forestview Rd, ORILLIA, ON, L3V 6H1
(705) 327-1801   SIC 5082
TOROMONT INDUSTRIES LTD p 796
2437 Kaladar Ave, OTTAWA, ON, K1V 8B9
(613) 733-3855   SIC 3621
TOROMONT INDUSTRIES LTD p 833
1207 Great Northern Rd, SAULT STE. MARIE, ON, P6B 0B9
(705) 759-2444   SIC 5082
TOROMONT INDUSTRIES LTD p 862

880 South Service Rd, STONEY CREEK, ON, L8E 5M7
(905) 643-9410   SIC 7359
TOROMONT INDUSTRIES LTD   p 862
460 South Service Rd, STONEY CREEK, ON, L8E 2P8
(905) 662-8080   SIC 7699
TOROMONT INDUSTRIES LTD   p 881
620 Beaverhall Pl, THUNDER BAY, ON, P7E 6G9
(807) 475-7535   SIC 5082
TOROMONT INDUSTRIES LTD   p 885
99 Jaguar Dr, TIMMINS, ON, P4R 0A9
(705) 268-9900   SIC 5082
TOROMONT INDUSTRIES LTD   p 905
65 Villiers St, TORONTO, ON, M5A 3S1
(416) 465-7581   SIC 3585
TOROMONT INDUSTRIES LTD   p 991
9001 Rue De L'innovation Bureau 110, ANJOU, QC, H1J 2X9
(514) 331-5360   SIC 1711
TOROMONT INDUSTRIES LTD   p 1165
5130 Rue Rideau Bureau 150, Quebec, QC, G2E 5S4
(418) 872-4025   SIC 3585
TOROMONT LIFT   p 384
See TOROMONT INDUSTRIES LTD
TOROMONT REMAN   p 563
See TOROMONT INDUSTRIES LTD
TORONTO AIRPORT MARRIOTT LTD, THE   p 587
901 Dixon Rd, ETOBICOKE, ON, M9W 1J5
(416) 674-9400   SIC 7011
TORONTO AND REGION CONSERVATION AUTHORITY   p 541
16500 Regional Road 50, CALEDON, ON, L7E 3E7
(905) 880-0227   SIC 7032
TORONTO AND REGION CONSERVATION AUTHORITY   p 756
1000 Murray Ross Pky, NORTH YORK, ON, M3J 2P3
(416) 736-1740   SIC 8412
TORONTO AND REGION CONSERVATION AUTHORITY   p 824
12481 Bathurst St, RICHMOND HILL, ON, L4E 2B4
(905) 773-4334   SIC 7992
TORONTO AREA CONTROL CENTRE   p 689
See NAV CANADA
TORONTO CATHOLIC DISTRICT SCHOOL BOARD   p 575
165 Stanley Ave, ETOBICOKE, ON, M8V 1P1
(416) 393-5333   SIC 8211
TORONTO CATHOLIC DISTRICT SCHOOL BOARD   p 575
28 Colonel Samuel Smith Park Dr, ETOBICOKE, ON, M8V 4B7
(416) 393-5540   SIC 8211
TORONTO CATHOLIC DISTRICT SCHOOL BOARD   p 576
721 Royal York Rd, ETOBICOKE, ON, M8Y 2T3
(416) 393-5549   SIC 8211
TORONTO CATHOLIC DISTRICT SCHOOL BOARD   p 576
32 Montgomery Rd, ETOBICOKE, ON, M8X 1Z4
(416) 393-5246   SIC 8211
TORONTO CATHOLIC DISTRICT SCHOOL BOARD   p 576
3672 Lake Shore Blvd W, ETOBICOKE, ON, M8W 1N6
(416) 393-5257   SIC 8211
TORONTO CATHOLIC DISTRICT SCHOOL BOARD   p 577
45 Cloverhill Rd, ETOBICOKE, ON, M8Y 1T4
(416) 393-5332   SIC 8211
TORONTO CATHOLIC DISTRICT SCHOOL BOARD   p 577
11 Morgan Ave, ETOBICOKE, ON, M8Y 2Z7

(416) 393-5331   SIC 8211
TORONTO CATHOLIC DISTRICT SCHOOL BOARD   p 579
65 Jutland Rd, ETOBICOKE, ON, M8Z 2G6
(416) 393-5329   SIC 8211
TORONTO CATHOLIC DISTRICT SCHOOL BOARD   p 580
35 West Deane Park Dr, ETOBICOKE, ON, M9B 2R5
(416) 393-5413   SIC 8211
TORONTO CATHOLIC DISTRICT SCHOOL BOARD   p 581
35 Saffron Cres, ETOBICOKE, ON, M9C 3T8
(416) 393-5288   SIC 8211
TORONTO CATHOLIC DISTRICT SCHOOL BOARD   p 581
4319 Bloor St W, ETOBICOKE, ON, M9C 2A2
(416) 393-5307   SIC 8211
TORONTO CATHOLIC DISTRICT SCHOOL BOARD   p 582
55 Ludstone Dr, ETOBICOKE, ON, M9R 2J2
(416) 393-5276   SIC 8211
TORONTO CATHOLIC DISTRICT SCHOOL BOARD   p 582
125 La Rose Ave, ETOBICOKE, ON, M9P 1A6
(416) 393-5384   SIC 8211
TORONTO CATHOLIC DISTRICT SCHOOL BOARD   p 583
2533 Kipling Ave, ETOBICOKE, ON, M9V 3A8
(416) 393-5295   SIC 8211
TORONTO CATHOLIC DISTRICT SCHOOL BOARD   p 583
100 Royalcrest Rd, ETOBICOKE, ON, M9V 5B4
(416) 393-5399   SIC 8211
TORONTO CATHOLIC DISTRICT SCHOOL BOARD   p 583
155 John Garland Blvd Rm 204, ETOBICOKE, ON, M9V 1N7
(416) 393-5402   SIC 8211
TORONTO CATHOLIC DISTRICT SCHOOL BOARD   p 583
155 John Garland Blvd Suite 204, ETOBICOKE, ON, M9V 1N7
(416) 393-5341   SIC 8211
TORONTO CATHOLIC DISTRICT SCHOOL BOARD   p 583
220 Mount Olive Dr, ETOBICOKE, ON, M9V 3Z5
(416) 393-5361   SIC 8211
TORONTO CATHOLIC DISTRICT SCHOOL BOARD   p 587
55 Golfdown Dr, ETOBICOKE, ON, M9W 2H8
(416) 393-5284   SIC 8211
TORONTO CATHOLIC DISTRICT SCHOOL BOARD   p 587
2202 Kipling Ave, ETOBICOKE, ON, M9W 4K9
(416) 393-5267   SIC 8211
TORONTO CATHOLIC DISTRICT SCHOOL BOARD   p 587
2170 Kipling Ave, ETOBICOKE, ON, M9W 4K9
(416) 393-5535   SIC 8211
TORONTO CATHOLIC DISTRICT SCHOOL BOARD   p 746
25 Rochelle Cres, NORTH YORK, ON, M2J 1Y3
(416) 393-5298   SIC 8211
TORONTO CATHOLIC DISTRICT SCHOOL BOARD   p 746
3105 Don Mills Rd, NORTH YORK, ON, M2J 3C2
(416) 393-5342   SIC 8211
TORONTO CATHOLIC DISTRICT SCHOOL BOARD   p 746
101 Van Horne Ave, NORTH YORK, ON, M2J 2S8
(416) 393-5357   SIC 8211

TORONTO CATHOLIC DISTRICT SCHOOL BOARD   p 747
3205 Bayview Ave, NORTH YORK, ON, M2K 1G3
(416) 226-3336   SIC 8211
TORONTO CATHOLIC DISTRICT SCHOOL BOARD   p 748
211 Steeles Ave E, NORTH YORK, ON, M2M 3Y6
(416) 393-5508   SIC 8211
TORONTO CATHOLIC DISTRICT SCHOOL BOARD   p 748
15 St Paschal Crt, NORTH YORK, ON, M2M 1X6
(416) 393-5283   SIC 8211
TORONTO CATHOLIC DISTRICT SCHOOL BOARD   p 748
3379 Bayview Ave, NORTH YORK, ON, M2M 3S4
(416) 393-5516   SIC 8211
TORONTO CATHOLIC DISTRICT SCHOOL BOARD   p 750
80 Sheppard Ave E Suite 222, NORTH YORK, ON, M2N 6E8
(416) 222-8282   SIC 8211
TORONTO CATHOLIC DISTRICT SCHOOL BOARD   p 750
5050 Yonge St, NORTH YORK, ON, M2N 5N8
(416) 397-3000   SIC 8211
TORONTO CATHOLIC DISTRICT SCHOOL BOARD   p 750
160 Finch Ave W, NORTH YORK, ON, M2N 2J2
(416) 393-5339   SIC 8211
TORONTO CATHOLIC DISTRICT SCHOOL BOARD   p 750
396 Spring Garden Ave, NORTH YORK, ON, M2N 3H5
(416) 393-5256   SIC 8211
TORONTO CATHOLIC DISTRICT SCHOOL BOARD   p 751
1330 York Mills Rd, NORTH YORK, ON, M3A 1Z8
(416) 393-5315   SIC 8211
TORONTO CATHOLIC DISTRICT SCHOOL BOARD   p 751
30 Roanoke Rd, NORTH YORK, ON, M3A 1E9
(416) 393-5316   SIC 8211
TORONTO CATHOLIC DISTRICT SCHOOL BOARD   p 754
1340 Leslie St, NORTH YORK, ON, M3C 2K9
(416) 393-5263   SIC 8211
TORONTO CATHOLIC DISTRICT SCHOOL BOARD   p 754
70 Bainbridge Ave, NORTH YORK, ON, M3H 2K2
(416) 393-5297   SIC 8211
TORONTO CATHOLIC DISTRICT SCHOOL BOARD   p 756
1440 Finch Ave W, NORTH YORK, ON, M3J 3G3
(416) 393-5527   SIC 8211
TORONTO CATHOLIC DISTRICT SCHOOL BOARD   p 756
1685 Finch Ave W, NORTH YORK, ON, M3J 2G8
(416) 393-5313   SIC 8211
TORONTO CATHOLIC DISTRICT SCHOOL BOARD   p 757
18 Beverly Hills Dr, NORTH YORK, ON, M3L 1A1
(416) 393-5100   SIC 8211
TORONTO CATHOLIC DISTRICT SCHOOL BOARD   p 757
2745 Jane St, NORTH YORK, ON, M3L 2E8
(416) 393-5296   SIC 8211
TORONTO CATHOLIC DISTRICT SCHOOL BOARD   p 758
333 Firgrove Cres, NORTH YORK, ON, M3N 1K9
(416) 393-5366   SIC 8211

TORONTO CATHOLIC DISTRICT SCHOOL BOARD   p 758
45 Norfinch Dr, NORTH YORK, ON, M3N 1W8
(416) 393-5558   SIC 8211
TORONTO CATHOLIC DISTRICT SCHOOL BOARD   p 759
85 Carmichael Ave, NORTH YORK, ON, M5M 2X1
(416) 393-5249   SIC 8211
TORONTO CATHOLIC DISTRICT SCHOOL BOARD   p 759
101 Mason Blvd, NORTH YORK, ON, M5M 3E2
(416) 393-5510   SIC 8211
TORONTO CATHOLIC DISTRICT SCHOOL BOARD   p 761
50 Claver Ave, NORTH YORK, ON, M6B 2W1
(416) 393-5250   SIC 8211
TORONTO CATHOLIC DISTRICT SCHOOL BOARD   p 761
60 Playfair Ave, NORTH YORK, ON, M6B 2P9
(416) 393-5522   SIC 8211
TORONTO CATHOLIC DISTRICT SCHOOL BOARD   p 761
70 Playfair Ave, NORTH YORK, ON, M6B 2P9
(416) 393-5362   SIC 8211
TORONTO CATHOLIC DISTRICT SCHOOL BOARD   p 761
490 Queens Dr, NORTH YORK, ON, M6L 1M8
(416) 393-5509   SIC 8211
TORONTO CATHOLIC DISTRICT SCHOOL BOARD   p 761
53 Gracefield Ave, NORTH YORK, ON, M6L 1L3
(416) 393-5271   SIC 8211
TORONTO CATHOLIC DISTRICT SCHOOL BOARD   p 761
23 Comay Rd, NORTH YORK, ON, M6M 2K9
(416) 393-5281   SIC 8211
TORONTO CATHOLIC DISTRICT SCHOOL BOARD   p 834
160 Crow Trail, SCARBOROUGH, ON, M1B 1Y3
(416) 393-5377   SIC 8211
TORONTO CATHOLIC DISTRICT SCHOOL BOARD   p 834
101 Murison Blvd, SCARBOROUGH, ON, M1B 2L6
(416) 393-5385   SIC 8211
TORONTO CATHOLIC DISTRICT SCHOOL BOARD   p 835
1410 Military Trail, SCARBOROUGH, ON, M1C 1A8
(416) 396-6330   SIC 8211
TORONTO CATHOLIC DISTRICT SCHOOL BOARD   p 835
186 Centennial Rd, SCARBOROUGH, ON, M1C 1Z9
(416) 393-5359   SIC 8211
TORONTO CATHOLIC DISTRICT SCHOOL BOARD   p 835
40 Sewells Rd, SCARBOROUGH, ON, M1B 3G5
(416) 393-5538   SIC 8211
TORONTO CATHOLIC DISTRICT SCHOOL BOARD   p 835
101 Dean Park Rd, SCARBOROUGH, ON, M1B 2X2
(416) 393-5394   SIC 8211
TORONTO CATHOLIC DISTRICT SCHOOL BOARD   p 836
25 Janray Dr, SCARBOROUGH, ON, M1G 1Y2
(416) 393-5274   SIC 8211
TORONTO CATHOLIC DISTRICT SCHOOL BOARD   p 836
30 Highcastle Rd, SCARBOROUGH, ON, M1E 4N1

(416) 393-5356 SIC 8211
TORONTO CATHOLIC DISTRICT SCHOOL BOARD p 836
685 Military Trail, SCARBOROUGH, ON, M1E 4P6
(416) 393-5531 SIC 8211
TORONTO CATHOLIC DISTRICT SCHOOL BOARD p 836
80 Bennett Rd, SCARBOROUGH, ON, M1E 3Y3
(416) 393-5336 SIC 8211
TORONTO CATHOLIC DISTRICT SCHOOL BOARD p 836
230 Morningside Ave, SCARBOROUGH, ON, M1E 3E1
(416) 393-5286 SIC 8211
TORONTO CATHOLIC DISTRICT SCHOOL BOARD p 837
3220 Lawrence Ave E, SCARBOROUGH, ON, M1H 1A4
(416) 393-5269 SIC 8211
TORONTO CATHOLIC DISTRICT SCHOOL BOARD p 837
33 Amarillo Dr, SCARBOROUGH, ON, M1J 2P7
(416) 393-5308 SIC 8211
TORONTO CATHOLIC DISTRICT SCHOOL BOARD p 838
1125 Midland Ave, SCARBOROUGH, ON, M1K 4H2
(416) 393-5335 SIC 8211
TORONTO CATHOLIC DISTRICT SCHOOL BOARD p 839
100 Brimley Rd S, SCARBOROUGH, ON, M1M 3X4
(416) 393-5519 SIC 8211
TORONTO CATHOLIC DISTRICT SCHOOL BOARD p 839
20 Markanna Dr, SCARBOROUGH, ON, M1M 2J1
(416) 393-5277 SIC 8211
TORONTO CATHOLIC DISTRICT SCHOOL BOARD p 839
2665 Kingston Rd, SCARBOROUGH, ON, M1M 1M2
(416) 393-5248 SIC 8211
TORONTO CATHOLIC DISTRICT SCHOOL BOARD p 839
3176 St Clair Ave E, SCARBOROUGH, ON, M1L 1V6
(416) 393-5252 SIC 8211
TORONTO CATHOLIC DISTRICT SCHOOL BOARD p 840
101 Birchmount Rd, SCARBOROUGH, ON, M1N 3J7
(416) 393-5272 SIC 8211
TORONTO CATHOLIC DISTRICT SCHOOL BOARD p 841
2216 Lawrence Ave E, SCARBOROUGH, ON, M1P 2P9
(416) 393-5264 SIC 8211
TORONTO CATHOLIC DISTRICT SCHOOL BOARD p 843
25 Havenview Rd, SCARBOROUGH, ON, M1S 3A4
(416) 393-5386 SIC 8211
TORONTO CATHOLIC DISTRICT SCHOOL BOARD p 843
2900 Midland Ave, SCARBOROUGH, ON, M1S 3K8
(416) 393-5532 SIC 8211
TORONTO CATHOLIC DISTRICT SCHOOL BOARD p 843
4640 Finch Ave E, SCARBOROUGH, ON, M1S 4G2
(416) 393-5524 SIC 8211
TORONTO CATHOLIC DISTRICT SCHOOL BOARD p 844
2350 Mccowan Rd, SCARBOROUGH, ON, M1S 4B4
(416) 393-5365 SIC 8211
TORONTO CATHOLIC DISTRICT SCHOOL BOARD p 844
3530 Sheppard Ave E, SCARBOROUGH, ON, M1T 3K7
(416) 393-5282 SIC 8211
TORONTO CATHOLIC DISTRICT SCHOOL BOARD p 844
51 Heather Rd, SCARBOROUGH, ON, M1S 2E2
(416) 393-5334 SIC 8211
TORONTO CATHOLIC DISTRICT SCHOOL BOARD p 845
255 Alton Towers Cir, SCARBOROUGH, ON, M1V 4E7
(416) 393-5416 SIC 8211
TORONTO CATHOLIC DISTRICT SCHOOL BOARD p 845
260 Silver Springs Blvd, SCARBOROUGH, ON, M1V 1S4
(416) 393-5373 SIC 8211
TORONTO CATHOLIC DISTRICT SCHOOL BOARD p 845
3200 Kennedy Rd, SCARBOROUGH, ON, M1V 3S8
(416) 393-5544 SIC 8211
TORONTO CATHOLIC DISTRICT SCHOOL BOARD p 845
44 Port Royal Trail, SCARBOROUGH, ON, M1V 2G8
(416) 393-5408 SIC 8211
TORONTO CATHOLIC DISTRICT SCHOOL BOARD p 845
75 Alexmuir Blvd, SCARBOROUGH, ON, M1V 1H6
(416) 393-5381 SIC 8211
TORONTO CATHOLIC DISTRICT SCHOOL BOARD p 846
100 Bamburgh Cir, SCARBOROUGH, ON, M1W 3R3
(416) 393-5395 SIC 8211
TORONTO CATHOLIC DISTRICT SCHOOL BOARD p 846
3150 Pharmacy Ave, SCARBOROUGH, ON, M1W 3J5
(416) 393-5378 SIC 8211
TORONTO CATHOLIC DISTRICT SCHOOL BOARD p 846
100 Fundy Bay Blvd, SCARBOROUGH, ON, M1W 3G1
(416) 393-5404 SIC 8211
TORONTO CATHOLIC DISTRICT SCHOOL BOARD p 847
127 Victoria Park Ave, SCARBOROUGH, ON, M4E 3S2
(416) 393-5502 SIC 8211
TORONTO CATHOLIC DISTRICT SCHOOL BOARD p 885
50 Tideswell Blvd, TORONTO, ON, M1B 5X3
(416) 393-5467 SIC 8211
TORONTO CATHOLIC DISTRICT SCHOOL BOARD p 885
10 John Tabor Trail, TORONTO, ON, M1B 1M9
(416) 393-5380 SIC 8211
TORONTO CATHOLIC DISTRICT SCHOOL BOARD p 885
30 Washburn Way, TORONTO, ON, M1B 1H3
(416) 393-5351 SIC 8211
TORONTO CATHOLIC DISTRICT SCHOOL BOARD p 885
521 Sewells Rd, TORONTO, ON, M1B 5H3
(416) 393-5425 SIC 8211
TORONTO CATHOLIC DISTRICT SCHOOL BOARD p 886
960 Bellamy Rd N, TORONTO, ON, M1H 1H1
(416) 393-5301 SIC 8211
TORONTO CATHOLIC DISTRICT SCHOOL BOARD p 886
215 Livingston Rd, TORONTO, ON, M1E 1L8
(416) 393-5306 SIC 8211
TORONTO CATHOLIC DISTRICT SCHOOL BOARD p 886
2300 Ellesmere Rd, TORONTO, ON, M1G 3M7
(416) 393-5322 SIC 8211
TORONTO CATHOLIC DISTRICT SCHOOL BOARD p 886
600 Morrish Rd, TORONTO, ON, M1C 4Y1
(416) 393-5419 SIC 8211
TORONTO CATHOLIC DISTRICT SCHOOL BOARD p 886
14 Pharmacy Ave, TORONTO, ON, M1L 3E4
(416) 393-5241 SIC 8211
TORONTO CATHOLIC DISTRICT SCHOOL BOARD p 886
21 Kenmark Blvd, TORONTO, ON, M1K 3N8
(416) 393-5260 SIC 8211
TORONTO CATHOLIC DISTRICT SCHOOL BOARD p 887
20 Bernadine St, TORONTO, ON, M1P 4M2
(416) 393-5338 SIC 8211
TORONTO CATHOLIC DISTRICT SCHOOL BOARD p 887
49 Cathedral Bluffs Dr, TORONTO, ON, M1M 2T6
(416) 393-5302 SIC 8211
TORONTO CATHOLIC DISTRICT SCHOOL BOARD p 887
15 Murray Glen Dr, TORONTO, ON, M1R 3J6
(416) 393-5300 SIC 8211
TORONTO CATHOLIC DISTRICT SCHOOL BOARD p 887
1035 Pharmacy Ave, TORONTO, ON, M1R 2G8
(416) 393-5258 SIC 8211
TORONTO CATHOLIC DISTRICT SCHOOL BOARD p 887
10 Japonica Rd, TORONTO, ON, M1R 4R7
(416) 393-5273 SIC 8211
TORONTO CATHOLIC DISTRICT SCHOOL BOARD p 888
121 Brimwood Blvd, TORONTO, ON, M1V 1E5
(416) 393-5372 SIC 8211
TORONTO CATHOLIC DISTRICT SCHOOL BOARD p 888
30 Ingleton Blvd, TORONTO, ON, M1V 3H7
(416) 393-5414 SIC 8211
TORONTO CATHOLIC DISTRICT SCHOOL BOARD p 889
280 Otonabee Ave, TORONTO, ON, M2M 2T2
(416) 393-5345 SIC 8211
TORONTO CATHOLIC DISTRICT SCHOOL BOARD p 889
200 Old Sheppard Ave, TORONTO, ON, M2J 3L9
(416) 393-5319 SIC 8211
TORONTO CATHOLIC DISTRICT SCHOOL BOARD p 889
18 Kempford Blvd, TORONTO, ON, M2N 2B9
(416) 393-5270 SIC 8211
TORONTO CATHOLIC DISTRICT SCHOOL BOARD p 889
70 Margaret Ave, TORONTO, ON, M2J 4C5
(416) 393-5393 SIC 8211
TORONTO CATHOLIC DISTRICT SCHOOL BOARD p 890
65 Avonwick Gate, TORONTO, ON, M3A 2M8
(416) 393-5299 SIC 8211
TORONTO CATHOLIC DISTRICT SCHOOL BOARD p 890
20 Dubray Ave, TORONTO, ON, M3K 1V5
(416) 393-5506 SIC 8211
TORONTO CATHOLIC DISTRICT SCHOOL BOARD p 890
60 Maniza Rd, TORONTO, ON, M3K 1R6
(416) 393-5309 SIC 8211
TORONTO CATHOLIC DISTRICT SCHOOL BOARD p 890
175 Grenoble Dr, TORONTO, ON, M3C 3E7
(416) 393-5348 SIC 8211
TORONTO CATHOLIC DISTRICT SCHOOL BOARD p 890
111 Sharpecroft Blvd, TORONTO, ON, M3J 1P5
(416) 393-5294 SIC 8211
TORONTO CATHOLIC DISTRICT SCHOOL BOARD p 891
98 Shoreham Dr, TORONTO, ON, M3N 1S9
(416) 393-5328 SIC 8211
TORONTO CATHOLIC DISTRICT SCHOOL BOARD p 891
610 Roding St, TORONTO, ON, M3M 2A5
(416) 393-5396 SIC 8211
TORONTO CATHOLIC DISTRICT SCHOOL BOARD p 891
3 Gade Dr, TORONTO, ON, M3M 2K2
(416) 393-5285 SIC 8211
TORONTO CATHOLIC DISTRICT SCHOOL BOARD p 891
1865 Sheppard Ave W, TORONTO, ON, M3L 1Y5
(416) 393-5344 SIC 8211
TORONTO CATHOLIC DISTRICT SCHOOL BOARD p 891
108 Spenvalley Dr, TORONTO, ON, M3L 1Z5
(416) 393-5409 SIC 8211
TORONTO CATHOLIC DISTRICT SCHOOL BOARD p 892
780 Kingston Rd, TORONTO, ON, M4E 1R7
(416) 393-5220 SIC 8211
TORONTO CATHOLIC DISTRICT SCHOOL BOARD p 892
520 Plains Rd, TORONTO, ON, M4C 2Z1
(416) 393-5251 SIC 8211
TORONTO CATHOLIC DISTRICT SCHOOL BOARD p 892
50 Woodmount Ave, TORONTO, ON, M4C 3X9
(416) 393-5235 SIC 8211
TORONTO CATHOLIC DISTRICT SCHOOL BOARD p 893
182 Bessborough Dr, TORONTO, ON, M4G 4H5
(416) 393-5243 SIC 8211
TORONTO CATHOLIC DISTRICT SCHOOL BOARD p 894
49 Felstead Ave, TORONTO, ON, M4J 1G3
(416) 393-5546 SIC 8211
TORONTO CATHOLIC DISTRICT SCHOOL BOARD p 894
343 Jones Ave, TORONTO, ON, M4J 3G4
(416) 393-5292 SIC 8211
TORONTO CATHOLIC DISTRICT SCHOOL BOARD p 894
299a Donlands Ave, TORONTO, ON, M4J 3R7
(416) 393-5242 SIC 8211
TORONTO CATHOLIC DISTRICT SCHOOL BOARD p 895
690 Carlaw Ave, TORONTO, ON, M4K 3K9
(416) 393-5215 SIC 8211
TORONTO CATHOLIC DISTRICT SCHOOL BOARD p 896
176 Leslie St, TORONTO, ON, M4M 3C7
(416) 393-5209 SIC 8211
TORONTO CATHOLIC DISTRICT SCHOOL BOARD p 898
14 Broadway Ave, TORONTO, ON, M4P 1T4
(416) 393-5224 SIC 8211
TORONTO CATHOLIC DISTRICT SCHOOL BOARD p 903
444 Sherbourne St, TORONTO, ON, M4X 1K2
(416) 393-5221 SIC 8211
TORONTO CATHOLIC DISTRICT SCHOOL BOARD p 904
146 Isabella St, TORONTO, ON, M4Y 1P6
(416) 393-5533 SIC 8211
TORONTO CATHOLIC DISTRICT SCHOOL BOARD p 905
50 George St S, TORONTO, ON, M5A 4B2
(416) 393-5387 SIC 8211
TORONTO CATHOLIC DISTRICT SCHOOL BOARD p 905
80 Sackville St, TORONTO, ON, M5A 3E5
(416) 393-5204 SIC 8211

TORONTO CATHOLIC DISTRICT SCHOOL BOARD
67 Bond St, TORONTO, ON, M5B 1X5
(416) 393-5217   SIC 8211
TORONTO CATHOLIC DISTRICT SCHOOL BOARD   p 923
1107 Avenue Rd, TORONTO, ON, M5N 3B1
(416) 393-5561   SIC 8211
TORONTO CATHOLIC DISTRICT SCHOOL BOARD   p 923
308 Tweedsmuir Ave, TORONTO, ON, M5P 2Y1
(416) 393-5225   SIC 8211
TORONTO CATHOLIC DISTRICT SCHOOL BOARD   p 923
24 Bedford Park Ave, TORONTO, ON, M5M 1H9
(416) 393-5226   SIC 8211
TORONTO CATHOLIC DISTRICT SCHOOL BOARD   p 926
74 Wellesley St W, TORONTO, ON, M5S 1C4
(416) 393-5514   SIC 8211
TORONTO CATHOLIC DISTRICT SCHOOL BOARD   p 933
125 Glenmount Ave, TORONTO, ON, M6B 3C2
(416) 393-5265   SIC 8211
TORONTO CATHOLIC DISTRICT SCHOOL BOARD   p 933
111 Danesbury Ave, TORONTO, ON, M6B 3L3
(416) 393-5398   SIC 8211
TORONTO CATHOLIC DISTRICT SCHOOL BOARD   p 933
60 Atlas Ave, TORONTO, ON, M6C 3N9
(416) 393-5326   SIC 8211
TORONTO CATHOLIC DISTRICT SCHOOL BOARD   p 934
124 Northcliffe Blvd, TORONTO, ON, M6E 3K4
(416) 393-5214   SIC 8211
TORONTO CATHOLIC DISTRICT SCHOOL BOARD   p 934
20 Bansley Ave, TORONTO, ON, M6E 2A2
(416) 393-5318   SIC 8211
TORONTO CATHOLIC DISTRICT SCHOOL BOARD   p 934
75 Holmesdale Rd, TORONTO, ON, M6E 1Y2
(416) 393-5305   SIC 8211
TORONTO CATHOLIC DISTRICT SCHOOL BOARD   p 934
636 Glenholme Ave, TORONTO, ON, M6E 3G9
(416) 393-5236   SIC 8211
TORONTO CATHOLIC DISTRICT SCHOOL BOARD   p 934
363 Rogers Rd, TORONTO, ON, M6E 1R6
(416) 393-5355   SIC 8211
TORONTO CATHOLIC DISTRICT SCHOOL BOARD   p 934
31 Ascot Ave, TORONTO, ON, M6E 1E6
(416) 393-5371   SIC 8211
TORONTO CATHOLIC DISTRICT SCHOOL BOARD   p 935
1196 College St, TORONTO, ON, M6H 1B8
(416) 393-5208   SIC 8211
TORONTO CATHOLIC DISTRICT SCHOOL BOARD   p 935
130 Shanly St, TORONTO, ON, M6H 1L9
(416) 393-5210   SIC 8211
TORONTO CATHOLIC DISTRICT SCHOOL BOARD   p 935
1477 Dufferin St, TORONTO, ON, M6H 4C7
(416) 393-5228   SIC 8211
TORONTO CATHOLIC DISTRICT SCHOOL BOARD   p 935
270 Barton Ave, TORONTO, ON, M6G 1R4
(416) 393-5293   SIC 8211
TORONTO CATHOLIC DISTRICT SCHOOL BOARD   p 935
402 Melita Cres, TORONTO, ON, M6G 3X6
(416) 393-5376   SIC 8211
TORONTO CATHOLIC DISTRICT SCHOOL BOARD   p 935
700 Markham St, TORONTO, ON, M6G 2M3
(416) 393-5557   SIC 8211
TORONTO CATHOLIC DISTRICT SCHOOL BOARD   p 936
20 Portugal Sq, TORONTO, ON, M6J 3P2
(416) 393-5205   SIC 8211
TORONTO CATHOLIC DISTRICT SCHOOL BOARD   p 936
141 Close Ave, TORONTO, ON, M6K 2V6
(416) 393-5212   SIC 8211
TORONTO CATHOLIC DISTRICT SCHOOL BOARD   p 936
319 Ossington Ave, TORONTO, ON, M6J 3A6
(416) 393-5347   SIC 8211
TORONTO CATHOLIC DISTRICT SCHOOL BOARD   p 937
12 Duckworth St, TORONTO, ON, M6M 4W4
(416) 393-5261   SIC 8211
TORONTO CATHOLIC DISTRICT SCHOOL BOARD   p 938
1515 Bloor St W, TORONTO, ON, M6P 1A3
(416) 393-5545   SIC 8211
TORONTO CATHOLIC DISTRICT SCHOOL BOARD   p 938
178 Edwin Ave, TORONTO, ON, M6P 3Z9
(416) 393-5216   SIC 8211
TORONTO CATHOLIC DISTRICT SCHOOL BOARD   p 938
18 Lavender Rd, TORONTO, ON, M6N 2B5
(416) 393-5240   SIC 8211
TORONTO CATHOLIC DISTRICT SCHOOL BOARD   p 938
2 Ruskin Ave, TORONTO, ON, M6P 3P8
(416) 393-5370   SIC 8211
TORONTO CATHOLIC DISTRICT SCHOOL BOARD   p 938
25 Avon Ave, TORONTO, ON, M6N 4X8
(416) 393-5368   SIC 8211
TORONTO CATHOLIC DISTRICT SCHOOL BOARD   p 938
270 Laughton Ave, TORONTO, ON, M6N 2X8
(416) 393-5374   SIC 8211
TORONTO CATHOLIC DISTRICT SCHOOL BOARD   p 938
355 Annette St, TORONTO, ON, M6P 1R3
(416) 393-5218   SIC 8211
TORONTO CATHOLIC DISTRICT SCHOOL BOARD   p 938
70 Guestville Ave, TORONTO, ON, M6N 4N3
(416) 393-5247   SIC 8211
TORONTO CATHOLIC DISTRICT SCHOOL BOARD   p 938
99 Humber Blvd, TORONTO, ON, M6N 2H4
(416) 393-5555   SIC 8211
TORONTO CATHOLIC DISTRICT SCHOOL BOARD   p 939
230 Humbercrest Blvd, TORONTO, ON, M6S 4L3
(416) 393-5275   SIC 8211
TORONTO CATHOLIC DISTRICT SCHOOL BOARD   p 939
116 Fermanagh Ave, TORONTO, ON, M6R 1M2
(416) 393-5227   SIC 8211
TORONTO CATHOLIC DISTRICT SCHOOL BOARD   p 939
605 Willard Ave, TORONTO, ON, M6S 3S1
(416) 393-5325   SIC 8211
TORONTO CATHOLIC DISTRICT SCHOOL BOARD   p 939
71 Jane St, TORONTO, ON, M6S 3Y3
(416) 393-5237   SIC 8211
TORONTO CATHOLIC DISTRICT SCHOOL BOARD   p 940
20 Coules Crt, TORONTO, ON, M8W 2N9
(416) 393-5259   SIC 8211
TORONTO CATHOLIC DISTRICT SCHOOL BOARD   p 940
5 Redcar Ave, TORONTO, ON, M9B 1J8
(416) 393-5278   SIC 8211
TORONTO CATHOLIC DISTRICT SCHOOL BOARD   p 940
85 Forty First St, TORONTO, ON, M8W 3P1
(416) 393-5291   SIC 8211
TORONTO CATHOLIC DISTRICT SCHOOL BOARD   p 941
174 Duncanwoods Dr, TORONTO, ON, M9L 2E3
(416) 393-5320   SIC 8211
TORONTO CATHOLIC DISTRICT SCHOOL BOARD   p 941
123 Whitfield Ave, TORONTO, ON, M9L 1G9
(416) 393-5397   SIC 8211
TORONTO CATHOLIC DISTRICT SCHOOL BOARD   p 941
70 Mattice Ave, TORONTO, ON, M9B 1T6
(416) 393-5253   SIC 8211
TORONTO CATHOLIC DISTRICT SCHOOL BOARD   p 941
720 Renforth Dr, TORONTO, ON, M9C 2N9
(416) 393-5340   SIC 8211
TORONTO CATHOLIC DISTRICT SCHOOL BOARD   p 942
111 Sun Row Dr, TORONTO, ON, M9P 3J3
(416) 393-5391   SIC 8211
TORONTO CATHOLIC DISTRICT SCHOOL BOARD   p 942
15 Denfield St, TORONTO, ON, M9R 3H2
(416) 393-5311   SIC 8211
TORONTO CATHOLIC DISTRICT SCHOOL BOARD   p 942
2 St Andrews Blvd, TORONTO, ON, M9R 1V8
(416) 393-5525   SIC 8211
TORONTO CATHOLIC DISTRICT SCHOOL BOARD   p 942
30 Westroyal Rd, TORONTO, ON, M9P 2C3
(416) 393-5337   SIC 8211
TORONTO CATHOLIC DISTRICT SCHOOL BOARD GENERAL INQUIRY CENTER   p 750
See TORONTO CATHOLIC DISTRICT SCHOOL BOARD
TORONTO CLUB   p 921
107 Wellington St W, TORONTO, ON, M5J 1H1
(416) 362-2751   SIC 8641
TORONTO COMMUNITY HOSTELS   p 926
344 Bloor St W Suite 402, TORONTO, ON, M5S 3A7
(416) 963-0043   SIC 8399
TORONTO COMMUNITY HOUSING CORPORATION   p 902
931 Yonge St Suite 400, TORONTO, ON, M4W 2H2
(416) 981-5500   SIC 6531
TORONTO CUSTOMER CONTACT CENTRE   p 747
See CANADIAN IMPERIAL BANK OF COMMERCE
TORONTO DELTA MEADOWVALE RESORT & CONFERENCE CENTRE, THE   p 708
See DELTA HOTELS LIMITED
TORONTO DESIGN & REPRODUCTION SERVICES   p 891
See CORPORATION OF THE CITY OF TORONTO
TORONTO DISTRICT SCHOOL BOARD   p 486
995243 Mono-Adjala Tline, ALLISTON, ON, L9R 1V1
(705) 435-4266   SIC 8211
TORONTO DISTRICT SCHOOL BOARD   p 575
3190 Lake Shore Blvd W, ETOBICOKE, ON, M8V 1L8
(416) 394-7810   SIC 8211
TORONTO DISTRICT SCHOOL BOARD   p 575
350 Kipling Ave, ETOBICOKE, ON, M8V 3L1
(416) 394-7650   SIC 8211
TORONTO DISTRICT SCHOOL BOARD   p 575
95 Mimico Ave, ETOBICOKE, ON, M8V 1R4
(416) 394-7660   SIC 8211
TORONTO DISTRICT SCHOOL BOARD   p 576
450 Lanor Ave, ETOBICOKE, ON, M8W 2S1
(416) 394-7800   SIC 8211
TORONTO DISTRICT SCHOOL BOARD   p 576
525 Prince Edward Dr N, ETOBICOKE, ON, M8X 2M6
(416) 394-7890   SIC 8211
TORONTO DISTRICT SCHOOL BOARD   p 576
544 Horner Ave, ETOBICOKE, ON, M8W 2C2
(416) 394-7670   SIC 8211
TORONTO DISTRICT SCHOOL BOARD   p 577
50 Cloverhill Rd, ETOBICOKE, ON, M8Y 1T3
(416) 394-7850   SIC 8211
TORONTO DISTRICT SCHOOL BOARD   p 577
60 Berl Ave, ETOBICOKE, ON, M8Y 3C7
(416) 394-7979   SIC 8299
TORONTO DISTRICT SCHOOL BOARD   p 577
71 Ballacaine Dr, ETOBICOKE, ON, M8Y 4B6
(416) 394-7120   SIC 8211
TORONTO DISTRICT SCHOOL BOARD   p 577
675 Royal York Rd, ETOBICOKE, ON, M8Y 2T1
(416) 394-6910   SIC 8211
TORONTO DISTRICT SCHOOL BOARD   p 579
1738 Islington Ave, ETOBICOKE, ON, M9A 3N2
(416) 394-7980   SIC 8211
TORONTO DISTRICT SCHOOL BOARD   p 579
44 Cordova Ave, ETOBICOKE, ON, M9A 2H5
(416) 394-7870   SIC 8211
TORONTO DISTRICT SCHOOL BOARD   p 579
86 Montgomery Rd, ETOBICOKE, ON, M9A 3N5
(416) 394-7840   SIC 8211
TORONTO DISTRICT SCHOOL BOARD   p 580
5 Swan Ave, ETOBICOKE, ON, M9B 1V1
(416) 394-7150   SIC 8211
TORONTO DISTRICT SCHOOL BOARD   p 581
10 Toledo Rd, ETOBICOKE, ON, M9C 2H3
(416) 394-7020   SIC 8211
TORONTO DISTRICT SCHOOL BOARD   p 581
411 Mill Rd, ETOBICOKE, ON, M9C 1Y9
(416) 394-7060   SIC 8211
TORONTO DISTRICT SCHOOL BOARD   p 581
225 Wellesworth Dr, ETOBICOKE, ON, M9C 4S5
(416) 394-7080   SIC 8211
TORONTO DISTRICT SCHOOL BOARD   p 581
630 Renforth Dr, ETOBICOKE, ON, M9C 2N6
(416) 394-7050   SIC 8211
TORONTO DISTRICT SCHOOL BOARD   p 582
10 Denfield St, ETOBICOKE, ON, M9R 3H1
(416) 394-7090   SIC 8211
TORONTO DISTRICT SCHOOL BOARD   p 582
1 York Rd, ETOBICOKE, ON, M9R 3C8
(416) 394-7950   SIC 8211
TORONTO DISTRICT SCHOOL BOARD   p 582

▲ Public Company   ■ Public Company Family Member   HQ Headquarters   BR Branch   SL Single Location

TORONTO DISTRICT SCHOOL BOARD
15 Trehorne Dr, ETOBICOKE, ON, M9P 1N8
(416) 394-7750 SIC 8211
TORONTO DISTRICT SCHOOL BOARD p
582
95 Chapman Rd, ETOBICOKE, ON, M9P 1E9
(416) 394-7720 SIC 8211
TORONTO DISTRICT SCHOOL BOARD p
582
60 Wellesworth Dr, ETOBICOKE, ON, M9C 4R3
(416) 394-6180 SIC 8211
TORONTO DISTRICT SCHOOL BOARD p
582
580 Rathburn Rd, ETOBICOKE, ON, M9C 3T3
(416) 394-4600 SIC 8211
TORONTO DISTRICT SCHOOL BOARD p
582
380 The Westway, ETOBICOKE, ON, M9R 1H4
(416) 394-7930 SIC 8211
TORONTO DISTRICT SCHOOL BOARD p
582
35 Trehorne Dr, ETOBICOKE, ON, M9P 1N8
(416) 394-7730 SIC 8211
TORONTO DISTRICT SCHOOL BOARD p
582
25 Poynter Dr, ETOBICOKE, ON, M9R 1K8
(416) 394-7970 SIC 8211
TORONTO DISTRICT SCHOOL BOARD p
582
222 Mill Rd, ETOBICOKE, ON, M9C 1Y2
(416) 394-7070 SIC 8211
TORONTO DISTRICT SCHOOL BOARD p
583
1675 Martin Grove Rd, ETOBICOKE, ON, M9V 3S3
(416) 394-7570 SIC 8211
TORONTO DISTRICT SCHOOL BOARD p
583
175 Mount Olive Dr, ETOBICOKE, ON, M9V 2E3
(416) 394-7540 SIC 8211
TORONTO DISTRICT SCHOOL BOARD p
583
202 Mount Olive Dr, ETOBICOKE, ON, M9V 3Z5
(416) 394-7530 SIC 8211
TORONTO DISTRICT SCHOOL BOARD p
583
2580 Kipling Ave, ETOBICOKE, ON, M9V 3B2
(416) 394-7550 SIC 8211
TORONTO DISTRICT SCHOOL BOARD p
583
350 Silverstone Dr, ETOBICOKE, ON, M9V 3J4
(416) 394-7500 SIC 8211
TORONTO DISTRICT SCHOOL BOARD p
583
520 Silverstone Dr, ETOBICOKE, ON, M9V 3L5
(416) 394-7620 SIC 8211
TORONTO DISTRICT SCHOOL BOARD p
583
70 Monterrey Dr, ETOBICOKE, ON, M9V 1T1
(416) 394-7790 SIC 8211
TORONTO DISTRICT SCHOOL BOARD p
587
15 Tandridge Cres, ETOBICOKE, ON, M9W 2N8
(416) 394-7770 SIC 8211
TORONTO DISTRICT SCHOOL BOARD p
587
45 Golfdown Dr, ETOBICOKE, ON, M9W 2H8
(416) 394-7900 SIC 8211
TORONTO DISTRICT SCHOOL BOARD p
587
50 Hadrian Dr, ETOBICOKE, ON, M9W 1V4
(416) 394-7910 SIC 8211
TORONTO DISTRICT SCHOOL BOARD p
587
850 Humberwood Blvd, ETOBICOKE, ON, M9W 7A6
(416) 394-4750 SIC 8211
TORONTO DISTRICT SCHOOL BOARD p
627
1511 Echo Ridge Rd, KEARNEY, ON, P0A 1M0
(705) 636-5384 SIC 8211
TORONTO DISTRICT SCHOOL BOARD p
744
390 Cherokee Blvd, NORTH YORK, ON, M2H 2W7
(416) 395-2190 SIC 8211
TORONTO DISTRICT SCHOOL BOARD p
744
50 Francine Dr, NORTH YORK, ON, M2H 2G6
(416) 395-3140 SIC 8211
TORONTO DISTRICT SCHOOL BOARD p
744
55 Freshmeadow Dr, NORTH YORK, ON, M2H 3H6
(416) 395-2020 SIC 8211
TORONTO DISTRICT SCHOOL BOARD p
744
5900 Leslie St, NORTH YORK, ON, M2H 1J9
(416) 395-3120 SIC 8211
TORONTO DISTRICT SCHOOL BOARD p
746
101 Seneca Hill Dr, NORTH YORK, ON, M2J 2W3
(416) 395-2253 SIC 8211
TORONTO DISTRICT SCHOOL BOARD p
746
175 Brian Dr, NORTH YORK, ON, M2J 3Y8
(416) 395-3080 SIC 8211
TORONTO DISTRICT SCHOOL BOARD p
746
18 Dallington Dr, NORTH YORK, ON, M2J 2G3
(416) 395-2270 SIC 8211
TORONTO DISTRICT SCHOOL BOARD p
746
25 Buchan Crt, NORTH YORK, ON, M2J 1V2
(416) 753-6090 SIC 8211
TORONTO DISTRICT SCHOOL BOARD p
746
25 Forest Manor Rd, NORTH YORK, ON, M2J 1M4
(416) 395-2440 SIC 8211
TORONTO DISTRICT SCHOOL BOARD p
746
25 Muirhead Rd, NORTH YORK, ON, M2J 3W3
(416) 395-2710 SIC 8211
TORONTO DISTRICT SCHOOL BOARD p
746
3100 Don Mills Rd, NORTH YORK, ON, M2J 3C3
(416) 395-3010 SIC 8211
TORONTO DISTRICT SCHOOL BOARD p
746
34 Lescon Rd, NORTH YORK, ON, M2J 2G6
(416) 395-2640 SIC 8211
TORONTO DISTRICT SCHOOL BOARD p
746
95 Brian Dr, NORTH YORK, ON, M2J 3Y6
(416) 395-2080 SIC 8211
TORONTO DISTRICT SCHOOL BOARD p
747
10 Elkhorn Dr, NORTH YORK, ON, M2K 1J3
(416) 395-9500 SIC 8211
TORONTO DISTRICT SCHOOL BOARD p
747
81 Harrison Rd, NORTH YORK, ON, M2L 1V9
(416) 395-2530 SIC 8211
TORONTO DISTRICT SCHOOL BOARD p
748
70 Maxome Ave, NORTH YORK, ON, M2M 3K1
(416) 395-2260 SIC 8211
TORONTO DISTRICT SCHOOL BOARD p
748
70 Drewry Ave Suite 313, NORTH YORK, ON, M2M 1C8
(416) 395-3260 SIC 8211
TORONTO DISTRICT SCHOOL BOARD p
748
155 Hilda Ave, NORTH YORK, ON, M2M 1V6
(416) 395-3280 SIC 8211
TORONTO DISTRICT SCHOOL BOARD p
748
105 Bestview Dr, NORTH YORK, ON, M2M 2Y1
(416) 395-2900 SIC 8211
TORONTO DISTRICT SCHOOL BOARD p
750
188 Churchill Ave, NORTH YORK, ON, M2N 1Z5
(416) 395-2200 SIC 8211
TORONTO DISTRICT SCHOOL BOARD p
750
35 Church Ave, NORTH YORK, ON, M2N 6X6
(416) 395-2680 SIC 8211
TORONTO DISTRICT SCHOOL BOARD p
750
5050 Yonge St, NORTH YORK, ON, M2N 5N8
(519) 942-0330 SIC 7389
TORONTO DISTRICT SCHOOL BOARD p
750
171 Avondale Ave, NORTH YORK, ON, M2N 2V4
(416) 395-3130 SIC 8211
TORONTO DISTRICT SCHOOL BOARD p
750
130 Doris Ave, NORTH YORK, ON, M2N 0A8
(416) 395-3180 SIC 8211
TORONTO DISTRICT SCHOOL BOARD p
751
288 Pleasant Ave, NORTH YORK, ON, M2R 2R1
(416) 395-2770 SIC 8211
TORONTO DISTRICT SCHOOL BOARD p
751
425 Patricia Ave, NORTH YORK, ON, M2R 2N1
(416) 395-3030 SIC 8211
TORONTO DISTRICT SCHOOL BOARD p
751
60 Rockford Rd, NORTH YORK, ON, M2R 3A7
(416) 395-2820 SIC 8211
TORONTO DISTRICT SCHOOL BOARD p
751
550 Finch Ave W, NORTH YORK, ON, M2R 1N6
(416) 395-3290 SIC 8211
TORONTO DISTRICT SCHOOL BOARD p
751
225 Senlac Rd, NORTH YORK, ON, M2R 1P6
(416) 395-2970 SIC 8211
TORONTO DISTRICT SCHOOL BOARD p
751
106 Broadlands Blvd, NORTH YORK, ON, M3A 1J7
(416) 395-2090 SIC 8211
TORONTO DISTRICT SCHOOL BOARD p
751
15 Wallingford Rd, NORTH YORK, ON, M3A 2V1
(416) 395-3310 SIC 8211
TORONTO DISTRICT SCHOOL BOARD p
751
20 Evermede Dr, NORTH YORK, ON, M3A 2S3
(416) 395-2330 SIC 8211
TORONTO DISTRICT SCHOOL BOARD p
751
200 Graydon Hall Dr, NORTH YORK, ON, M3A 3A6
(416) 395-3240 SIC 8211
TORONTO DISTRICT SCHOOL BOARD p
751
60 Ranchdale Cres, NORTH YORK, ON, M3A 2M3
(416) 395-2800 SIC 8211
TORONTO DISTRICT SCHOOL BOARD p
752
50 Denlow Blvd, NORTH YORK, ON, M3B 1P7
(416) 395-2300 SIC 8211
TORONTO DISTRICT SCHOOL BOARD p
752
21 Rippleton Rd, NORTH YORK, ON, M3B 1H4
(416) 395-2810 SIC 8211
TORONTO DISTRICT SCHOOL BOARD p
754
55 Gateway Blvd, NORTH YORK, ON, M3C 1B4
(416) 397-2970 SIC 8211
TORONTO DISTRICT SCHOOL BOARD p
754
15 Greenland Rd, NORTH YORK, ON, M3C 1N1
(416) 395-2500 SIC 8211
TORONTO DISTRICT SCHOOL BOARD p
754
100 Bainbridge Ave, NORTH YORK, ON, M3H 2K2
(416) 395-2360 SIC 8211
TORONTO DISTRICT SCHOOL BOARD p
754
330 Wilmington Ave, NORTH YORK, ON, M3H 5L1
(416) 395-2180 SIC 8211
TORONTO DISTRICT SCHOOL BOARD p
754
9 Grenoble Dr, NORTH YORK, ON, M3C 1C3
(416) 397-2900 SIC 8211
TORONTO DISTRICT SCHOOL BOARD p
754
55 Overland Dr, NORTH YORK, ON, M3C 2C3
(416) 395-5080 SIC 8211
TORONTO DISTRICT SCHOOL BOARD p
755
285 Wilmington Ave, NORTH YORK, ON, M3H 5K8
(416) 395-2170 SIC 8211
TORONTO DISTRICT SCHOOL BOARD p
756
215 Sentinel Rd, NORTH YORK, ON, M3J 1T7
(416) 395-3020 SIC 8211
TORONTO DISTRICT SCHOOL BOARD p
756
340 Sentinel Rd, NORTH YORK, ON, M3J 1T9
(416) 395-3170 SIC 8211
TORONTO DISTRICT SCHOOL BOARD p
756
120 Derrydown Rd, NORTH YORK, ON, M3J 1R7
(416) 395-2310 SIC 8211
TORONTO DISTRICT SCHOOL BOARD p
757
7 Hawksdale Rd, NORTH YORK, ON, M3K 1W3
(416) 395-3200 SIC 8211
TORONTO DISTRICT SCHOOL BOARD p
757
35 Calico Dr, NORTH YORK, ON, M3L 1V5
(416) 395-2130 SIC 8211
TORONTO DISTRICT SCHOOL BOARD p
757
2829 Keele St, NORTH YORK, ON, M3M 2G7
(416) 395-2340 SIC 8211
TORONTO DISTRICT SCHOOL BOARD p
757
25 Blaydon Ave, NORTH YORK, ON, M3M

BUSINESSES ALPHABETICALLY   TORONTO DISTRICT SCHOOL BOARD   3759

2C9
(416) 395-2070   SIC 8211
TORONTO DISTRICT SCHOOL BOARD   p
757
1430 Sheppard Ave W, NORTH YORK, ON, M3M 2W9
(416) 395-2860   SIC 8211
TORONTO DISTRICT SCHOOL BOARD   p
757
1270 Wilson Ave, NORTH YORK, ON, M3M 1H5
(416) 395-3070   SIC 8211
TORONTO DISTRICT SCHOOL BOARD   p
758
4505 Jane St, NORTH YORK, ON, M3N 2K7
(416) 395-2120   SIC 8211
TORONTO DISTRICT SCHOOL BOARD   p
758
270 Firgrove Cres, NORTH YORK, ON, M3N 1K8
(416) 395-2420   SIC 8211
TORONTO DISTRICT SCHOOL BOARD   p
758
25 Yorkwoods Gate, NORTH YORK, ON, M3N 1K1
(416) 395-2990   SIC 8211
TORONTO DISTRICT SCHOOL BOARD   p
758
75 Stanley Rd, NORTH YORK, ON, M3N 1C2
(416) 395-2890   SIC 8211
TORONTO DISTRICT SCHOOL BOARD   p
758
65 Topcliff Ave, NORTH YORK, ON, M3N 1L6
(416) 395-2940   SIC 8211
TORONTO DISTRICT SCHOOL BOARD   p
758
755 Oakdale Rd, NORTH YORK, ON, M3N 1W7
(416) 395-3320   SIC 8211
TORONTO DISTRICT SCHOOL BOARD   p
759
450 Blythwood Rd, NORTH YORK, ON, M4N 1A9
(416) 393-9275   SIC 8211
TORONTO DISTRICT SCHOOL BOARD   p
759
148 Wilson Ave, NORTH YORK, ON, M5M 3A5
(416) 397-2950   SIC 8211
TORONTO DISTRICT SCHOOL BOARD   p
759
1665 O'connor Dr, NORTH YORK, ON, M4A 1W5
(416) 397-2980   SIC 8211
TORONTO DISTRICT SCHOOL BOARD   p
759
88 Sweeney Dr, NORTH YORK, ON, M4A 1T7
(416) 397-2930   SIC 8211
TORONTO DISTRICT SCHOOL BOARD   p
760
640 Lawrence Ave W, NORTH YORK, ON, M6A 1B1
(416) 395-3303   SIC 8211
TORONTO DISTRICT SCHOOL BOARD   p
760
38 Orfus Rd Rm 158, NORTH YORK, ON, M6A 1L6
(416) 395-2145   SIC 8361
TORONTO DISTRICT SCHOOL BOARD   p
760
38 Orfus Rd, NORTH YORK, ON, M6A 1L6
(416) 395-3350   SIC 8211
TORONTO DISTRICT SCHOOL BOARD   p
760
145 Baycrest Ave, NORTH YORK, ON, M6A 1W4
(416) 395-2040   SIC 8211
TORONTO DISTRICT SCHOOL BOARD   p
760
10 Flemington Rd, NORTH YORK, ON, M6A 2N4

(416) 395-2430   SIC 8211
TORONTO DISTRICT SCHOOL BOARD   p
761
26 Joyce Pky, NORTH YORK, ON, M6B 2S9
(416) 395-2600   SIC 8211
TORONTO DISTRICT SCHOOL BOARD   p
761
155 Falstaff Ave, NORTH YORK, ON, M6L 2E5
(416) 395-3270   SIC 8211
TORONTO DISTRICT SCHOOL BOARD   p
761
177 Gracefield Ave, NORTH YORK, ON, M6L 1L7
(416) 395-2490   SIC 8211
TORONTO DISTRICT SCHOOL BOARD   p
761
201 Gracefield Ave, NORTH YORK, ON, M6L 1L7
(416) 395-2000   SIC 8211
TORONTO DISTRICT SCHOOL BOARD   p
761
30 George Anderson Dr, NORTH YORK, ON, M6M 2Y8
(416) 395-5000   SIC 8211
TORONTO DISTRICT SCHOOL BOARD   p
762
60 Pearldale Ave, NORTH YORK, ON, M9L 2G9
(416) 395-2570   SIC 8211
TORONTO DISTRICT SCHOOL BOARD   p
763
25 Daystrom Dr, NORTH YORK, ON, M9M 2A8
(416) 395-2280   SIC 8211
TORONTO DISTRICT SCHOOL BOARD   p
763
180 Gary Dr, NORTH YORK, ON, M9N 2M1
(416) 395-2750   SIC 8211
TORONTO DISTRICT SCHOOL BOARD   p
763
20 Gulfstream Rd, NORTH YORK, ON, M9M 1S3
(416) 395-2520   SIC 8211
TORONTO DISTRICT SCHOOL BOARD   p
835
120 Berner Trail, SCARBOROUGH, ON, M1B 1B3
(416) 396-6050   SIC 8211
TORONTO DISTRICT SCHOOL BOARD   p
835
128 East Ave, SCARBOROUGH, ON, M1C 3L6
(416) 396-6650   SIC 8211
TORONTO DISTRICT SCHOOL BOARD   p
835
185 Generation Blvd, SCARBOROUGH, ON, M1B 2K5
(416) 396-6150   SIC 8211
TORONTO DISTRICT SCHOOL BOARD   p
835
20 Littles Rd, SCARBOROUGH, ON, M1B 5B5
(416) 396-6862   SIC 8211
TORONTO DISTRICT SCHOOL BOARD   p
835
30 Durnford Rd, SCARBOROUGH, ON, M1B 4X3
(416) 396-6433   SIC 8211
TORONTO DISTRICT SCHOOL BOARD   p
835
95 Murison Blvd, SCARBOROUGH, ON, M1B 2L6
(416) 396-6838   SIC 8211
TORONTO DISTRICT SCHOOL BOARD   p
835
5400 Lawrence Ave E, SCARBOROUGH, ON, M1C 2C6
(416) 396-6802   SIC 8211
TORONTO DISTRICT SCHOOL BOARD   p
835
61 Canmore Blvd, SCARBOROUGH, ON, M1C 3T7
(416) 396-6730   SIC 8211

TORONTO DISTRICT SCHOOL BOARD   p
835
761 Meadowvale Rd, SCARBOROUGH, ON, M1C 1T1
(416) 396-6470   SIC 8211
TORONTO DISTRICT SCHOOL BOARD   p
835
90 John Tabor Trail, SCARBOROUGH, ON, M1B 2V2
(416) 396-6230   SIC 8211
TORONTO DISTRICT SCHOOL BOARD   p
835
50 Upper Rouge Trl, SCARBOROUGH, ON, M1B 6K4
(416) 396-7850   SIC 8211
TORONTO DISTRICT SCHOOL BOARD   p
836
120 Galloway Rd, SCARBOROUGH, ON, M1E 1W7
(416) 396-6765   SIC 8211
TORONTO DISTRICT SCHOOL BOARD   p
836
125 Orton Park Rd, SCARBOROUGH, ON, M1G 3G9
(416) 396-6260   SIC 8211
TORONTO DISTRICT SCHOOL BOARD   p
836
166 Sylvan Ave, SCARBOROUGH, ON, M1E 1A3
(416) 396-6220   SIC 8211
TORONTO DISTRICT SCHOOL BOARD   p
836
192 Galloway Rd, SCARBOROUGH, ON, M1E 1X2
(416) 396-6245   SIC 8211
TORONTO DISTRICT SCHOOL BOARD   p
836
20 Waldock St, SCARBOROUGH, ON, M1E 2E5
(416) 396-6210   SIC 8211
TORONTO DISTRICT SCHOOL BOARD   p
836
2222 Ellesmere Rd, SCARBOROUGH, ON, M1G 3M3
(416) 396-4575   SIC 8211
TORONTO DISTRICT SCHOOL BOARD   p
836
730 Scarborough Golf Club Rd, SCARBOROUGH, ON, M1G 1H7
(416) 396-6285   SIC 8211
TORONTO DISTRICT SCHOOL BOARD   p
836
299 Morningside Ave, SCARBOROUGH, ON, M1E 3G1
(416) 396-6630   SIC 8211
TORONTO DISTRICT SCHOOL BOARD   p
836
350 Morningside Ave, SCARBOROUGH, ON, M1E 3G3
(416) 396-6864   SIC 8211
TORONTO DISTRICT SCHOOL BOARD   p
836
45 Windover Dr, SCARBOROUGH, ON, M1G 1P1
(416) 396-6665   SIC 8211
TORONTO DISTRICT SCHOOL BOARD   p
836
701 Military Trail, SCARBOROUGH, ON, M1E 4P6
(416) 396-6475   SIC 8211
TORONTO DISTRICT SCHOOL BOARD   p
836
720 Scarborough Golf Club Rd, SCARBOROUGH, ON, M1G 1H7
(416) 396-6590   SIC 8211
TORONTO DISTRICT SCHOOL BOARD   p
836
270 Manse Rd, SCARBOROUGH, ON, M1E 3V4
(416) 396-6400   SIC 8211
TORONTO DISTRICT SCHOOL BOARD   p
837
112 Sedgemount Dr, SCARBOROUGH, ON, M1H 1X9

(416) 396-6660   SIC 8211
TORONTO DISTRICT SCHOOL BOARD   p
837
120 Sedgemount Dr, SCARBOROUGH, ON, M1H 1X9
(416) 396-6370   SIC 8211
TORONTO DISTRICT SCHOOL BOARD   p
837
25 Seminole Ave, SCARBOROUGH, ON, M1J 1M8
(416) 396-6415   SIC 8211
TORONTO DISTRICT SCHOOL BOARD   p
837
61 Benshire Dr, SCARBOROUGH, ON, M1H 1M4
(416) 396-6045   SIC 8211
TORONTO DISTRICT SCHOOL BOARD   p
837
431 Mccowan Rd, SCARBOROUGH, ON, M1J 1J1
(416) 396-6395   SIC 8211
TORONTO DISTRICT SCHOOL BOARD   p
837
550 Markham Rd, SCARBOROUGH, ON, M1H 2A2
(416) 396-4400   SIC 8211
TORONTO DISTRICT SCHOOL BOARD   p
837
29 Aveline Cres, SCARBOROUGH, ON, M1H 2P4
(416) 396-6495   SIC 8211
TORONTO DISTRICT SCHOOL BOARD   p
838
16 Haileybury Dr, SCARBOROUGH, ON, M1K 4X5
(416) 396-6340   SIC 8211
TORONTO DISTRICT SCHOOL BOARD   p
838
165 Lord Roberts Dr, SCARBOROUGH, ON, M1K 3W5
(416) 396-6420   SIC 8211
TORONTO DISTRICT SCHOOL BOARD   p
838
90 Ionview Rd, SCARBOROUGH, ON, M1K 2Z9
(416) 396-6350   SIC 8211
TORONTO DISTRICT SCHOOL BOARD   p
838
30 Corvette Ave, SCARBOROUGH, ON, M1K 3G2
(416) 396-6180   SIC 8211
TORONTO DISTRICT SCHOOL BOARD   p
838
487 Birchmount Rd, SCARBOROUGH, ON, M1K 1N7
(416) 396-6365   SIC 8211
TORONTO DISTRICT SCHOOL BOARD   p
838
25 Marcos Blvd, SCARBOROUGH, ON, M1K 5A7
(416) 396-6130   SIC 8211
TORONTO DISTRICT SCHOOL BOARD   p
839
78 Mason Rd, SCARBOROUGH, ON, M1M 3R2
(416) 396-6460   SIC 8211
TORONTO DISTRICT SCHOOL BOARD   p
839
10 Bellamy Rd S, SCARBOROUGH, ON, M1M 3N8
(416) 396-6075   SIC 8211
TORONTO DISTRICT SCHOOL BOARD   p
839
644 Warden Ave, SCARBOROUGH, ON, M1L 3Z3
(416) 396-6625   SIC 8211
TORONTO DISTRICT SCHOOL BOARD   p
839
40 Fairfax Cres, SCARBOROUGH, ON, M1L 1Z9
(416) 396-3365   SIC 8211
TORONTO DISTRICT SCHOOL BOARD   p
839
555 Pharmacy Ave, SCARBOROUGH, ON,

▲ Public Company   ■ Public Company Family Member   **HQ** Headquarters   **BR** Branch   **SL** Single Location

M1L 3H1
(416) 396-6535 SIC 8211
TORONTO DISTRICT SCHOOL BOARD p
839
31 Mccowan Rd, SCARBOROUGH, ON, M1M 3L7
(416) 396-6300 SIC 8211
TORONTO DISTRICT SCHOOL BOARD p
840
1650 Kingston Rd, SCARBOROUGH, ON, M1N 1S2
(416) 396-6060 SIC 8211
TORONTO DISTRICT SCHOOL BOARD p
840
3663 Danforth Ave, SCARBOROUGH, ON, M1N 2G2
(416) 396-6704 SIC 8211
TORONTO DISTRICT SCHOOL BOARD p
840
290 Blantyre Ave, SCARBOROUGH, ON, M1N 2S4
(416) 396-6070 SIC 8211
TORONTO DISTRICT SCHOOL BOARD p
841
1555 Midland Ave, SCARBOROUGH, ON, M1P 3C1
(416) 396-6695 SIC 8211
TORONTO DISTRICT SCHOOL BOARD p
841
739 Ellesmere Rd, SCARBOROUGH, ON, M1P 2W1
(416) 396-6225 SIC 8211
TORONTO DISTRICT SCHOOL BOARD p
841
28 Blaisdale Rd, SCARBOROUGH, ON, M1P 1V6
(416) 396-6205 SIC 8211
TORONTO DISTRICT SCHOOL BOARD p
841
2740 Lawrence Ave E, SCARBOROUGH, ON, M1P 2S7
(416) 396-5525 SIC 8221
TORONTO DISTRICT SCHOOL BOARD p
842
1050 Pharmacy Ave, SCARBOROUGH, ON, M1R 2H1
(416) 396-6640 SIC 8211
TORONTO DISTRICT SCHOOL BOARD p
842
4 Bucannan Rd, SCARBOROUGH, ON, M1R 3V3
(416) 396-6100 SIC 8211
TORONTO DISTRICT SCHOOL BOARD p
842
1176 Pharmacy Ave, SCARBOROUGH, ON, M1R 2H7
(416) 396-6874 SIC 8211
TORONTO DISTRICT SCHOOL BOARD p
844
129 Cass Ave, SCARBOROUGH, ON, M1T 2B5
(416) 396-6425 SIC 8211
TORONTO DISTRICT SCHOOL BOARD p
844
1965 Brimley Rd, SCARBOROUGH, ON, M1S 2B1
(647) 438-7124 SIC 8211
TORONTO DISTRICT SCHOOL BOARD p
844
20 Placentia Blvd, SCARBOROUGH, ON, M1S 4C5
(416) 396-6035 SIC 8211
TORONTO DISTRICT SCHOOL BOARD p
844
2450 Birchmount Rd, SCARBOROUGH, ON, M1T 2M5
(416) 396-8000 SIC 8211
TORONTO DISTRICT SCHOOL BOARD p
844
60 Bridlewood Blvd, SCARBOROUGH, ON, M1T 1P7
(416) 396-6080 SIC 8211
TORONTO DISTRICT SCHOOL BOARD p
844

35 Glendower Circt, SCARBOROUGH, ON, M1T 2Z3
(416) 396-6335 SIC 8211
TORONTO DISTRICT SCHOOL BOARD p
844
50 Vradenberg Dr, SCARBOROUGH, ON, M1T 1M6
(416) 396-6615 SIC 8211
TORONTO DISTRICT SCHOOL BOARD p
844
52 Mcgriskin Rd, SCARBOROUGH, ON, M1S 5C5
(416) 396-7610 SIC 8211
TORONTO DISTRICT SCHOOL BOARD p
844
33 Heather Rd, SCARBOROUGH, ON, M1S 2E2
(416) 396-6570 SIC 8211
TORONTO DISTRICT SCHOOL BOARD p
845
222 Silver Springs Blvd, SCARBOROUGH, ON, M1V 1S4
(416) 396-6565 SIC 8211
TORONTO DISTRICT SCHOOL BOARD p
845
20 Elmfield Cres, SCARBOROUGH, ON, M1V 2Y6
(416) 396-6410 SIC 8211
TORONTO DISTRICT SCHOOL BOARD p
846
1251 Bridletowne Cir, SCARBOROUGH, ON, M1W 1S7
SIC 8211
TORONTO DISTRICT SCHOOL BOARD p
846
130 Fundy Bay Blvd, SCARBOROUGH, ON, M1W 3G1
(416) 396-5810 SIC 8211
TORONTO DISTRICT SCHOOL BOARD p
846
1550 Sandhurst Cir, SCARBOROUGH, ON, M1V 1S6
(416) 396-6684 SIC 8211
TORONTO DISTRICT SCHOOL BOARD p
846
2200 Pharmacy Ave, SCARBOROUGH, ON, M1W 1H8
(416) 396-6235 SIC 8211
TORONTO DISTRICT SCHOOL BOARD p
846
95 Alexmuir Blvd, SCARBOROUGH, ON, M1V 1H6
(416) 396-6025 SIC 8211
TORONTO DISTRICT SCHOOL BOARD p
846
380 Goldhawk Trail, SCARBOROUGH, ON, M1V 4E7
(416) 396-5800 SIC 8211
TORONTO DISTRICT SCHOOL BOARD p
846
408 Port Royal Trail, SCARBOROUGH, ON, M1V 4R1
(416) 396-5595 SIC 8211
TORONTO DISTRICT SCHOOL BOARD p
846
50 Collingsbrook Blvd, SCARBOROUGH, ON, M1W 1L7
(416) 396-6500 SIC 8211
TORONTO DISTRICT SCHOOL BOARD p
846
25 Brookmill Blvd, SCARBOROUGH, ON, M1W 2L5
(416) 396-6090 SIC 8211
TORONTO DISTRICT SCHOOL BOARD p
847
75 Oasis Blvd, SCARBOROUGH, ON, M1X 0A3
(416) 396-5757 SIC 8211
TORONTO DISTRICT SCHOOL BOARD p
847
69 Nightstar Rd, SCARBOROUGH, ON, M1X 1V6
(416) 396-3040 SIC 8211
TORONTO DISTRICT SCHOOL BOARD p

885
135 Hupfield Trail, TORONTO, ON, M1B 4R6
(416) 396-6450 SIC 8211
TORONTO DISTRICT SCHOOL BOARD p
885
150 Tapscott Rd, TORONTO, ON, M1B 2L2
(416) 396-5892 SIC 8211
TORONTO DISTRICT SCHOOL BOARD p
885
150 Wickson Trail, TORONTO, ON, M1B 1M4
(416) 396-6290 SIC 8211
TORONTO DISTRICT SCHOOL BOARD p
885
151 Burrows Hall Blvd, TORONTO, ON, M1B 1M5
(416) 396-6105 SIC 8211
TORONTO DISTRICT SCHOOL BOARD p
885
80 Old Finch Ave, TORONTO, ON, M1B 5J2
(416) 396-6207 SIC 8211
TORONTO DISTRICT SCHOOL BOARD p
885
70 Dean Park Rd, TORONTO, ON, M1B 2X3
(416) 396-6390 SIC 8211
TORONTO DISTRICT SCHOOL BOARD p
885
70 Fawcett Trail, TORONTO, ON, M1B 3A9
(416) 396-6020 SIC 8211
TORONTO DISTRICT SCHOOL BOARD p
885
70 Mammoth Hall Trail, TORONTO, ON, M1B 1P6
(416) 396-6440 SIC 8211
TORONTO DISTRICT SCHOOL BOARD p
885
37 Crow Trail, TORONTO, ON, M1B 1X6
(416) 396-6610 SIC 8211
TORONTO DISTRICT SCHOOL BOARD p
886
11 Gadsby Dr, TORONTO, ON, M1K 4V4
(416) 396-6280 SIC 8211
TORONTO DISTRICT SCHOOL BOARD p
886
945 Danforth Rd, TORONTO, ON, M1K 1J2
(416) 396-6540 SIC 8211
TORONTO DISTRICT SCHOOL BOARD p
886
145 Guildwood Pky, TORONTO, ON, M1E 1P5
(416) 396-6820 SIC 8211
TORONTO DISTRICT SCHOOL BOARD p
886
20 Santamonica Blvd, TORONTO, ON, M1L 4H4
(416) 396-6190 SIC 8211
TORONTO DISTRICT SCHOOL BOARD p
886
20 Winter Gardens Trail, TORONTO, ON, M1C 3E7
(416) 396-6405 SIC 8211
TORONTO DISTRICT SCHOOL BOARD p
886
21 Gatesview Ave, TORONTO, ON, M1J 3G4
(416) 396-6120 SIC 8211
TORONTO DISTRICT SCHOOL BOARD p
886
225 Livingston Rd, TORONTO, ON, M1E 1L8
(416) 396-6295 SIC 8211
TORONTO DISTRICT SCHOOL BOARD p
886
235 Galloway Rd, TORONTO, ON, M1E 1X5
(416) 396-6550 SIC 8211
TORONTO DISTRICT SCHOOL BOARD p
886
271 Centennial Rd, TORONTO, ON, M1C 2A2
(416) 396-6125 SIC 8211
TORONTO DISTRICT SCHOOL BOARD p
886
350 Orton Park Rd, TORONTO, ON, M1G 3H4

(416) 396-6310 SIC 8211
TORONTO DISTRICT SCHOOL BOARD p
886
370 Military Trail, TORONTO, ON, M1E 4E6
(416) 396-6325 SIC 8211
TORONTO DISTRICT SCHOOL BOARD p
886
40 Dormington Dr, TORONTO, ON, M1G 3N2
(416) 396-6670 SIC 8211
TORONTO DISTRICT SCHOOL BOARD p
886
45 Falmouth Ave, TORONTO, ON, M1K 4M7
(416) 396-6620 SIC 8211
TORONTO DISTRICT SCHOOL BOARD p
886
470 Brimorton Dr, TORONTO, ON, M1H 2E6
(416) 396-6040 SIC 8211
TORONTO DISTRICT SCHOOL BOARD p
886
56 Nelson St, TORONTO, ON, M1J 2V6
(416) 396-6115 SIC 8211
TORONTO DISTRICT SCHOOL BOARD p
886
749 Brimorton Dr, TORONTO, ON, M1G 2S4
(416) 396-6160 SIC 8211
TORONTO DISTRICT SCHOOL BOARD p
886
80 Slan Ave, TORONTO, ON, M1G 3B5
(416) 396-6305 SIC 8211
TORONTO DISTRICT SCHOOL BOARD p
886
85 Keeler Blvd, TORONTO, ON, M1E 4K6
(416) 396-6739 SIC 8211
TORONTO DISTRICT SCHOOL BOARD p
886
110 Byng Ave, TORONTO, ON, M1L 3P1
(416) 396-6505 SIC 8211
TORONTO DISTRICT SCHOOL BOARD p
887
1200 Huntingwood Dr, TORONTO, ON, M1S 1K7
(416) 396-6315 SIC 8211
TORONTO DISTRICT SCHOOL BOARD p
887
1325 Pharmacy Ave, TORONTO, ON, M1R 2J1
(416) 396-6455 SIC 8211
TORONTO DISTRICT SCHOOL BOARD p
887
140 Chestnut Cres, TORONTO, ON, M1L 1Y5
(416) 396-6250 SIC 8211
TORONTO DISTRICT SCHOOL BOARD p
887
21 Newport Ave, TORONTO, ON, M1L 4N7
(416) 396-6555 SIC 8211
TORONTO DISTRICT SCHOOL BOARD p
887
230 Birkdale Rd, TORONTO, ON, M1P 3S4
(416) 396-6215 SIC 8211
TORONTO DISTRICT SCHOOL BOARD p
887
30 Macduff Cres, TORONTO, ON, M1M 1X5
(416) 396-6030 SIC 8211
TORONTO DISTRICT SCHOOL BOARD p
887
30 Mcgregor Rd, TORONTO, ON, M1P 1C8
(416) 396-6255 SIC 8211
TORONTO DISTRICT SCHOOL BOARD p
887
31 Sloley Rd, TORONTO, ON, M1M 1C7
(416) 396-6240 SIC 8211
TORONTO DISTRICT SCHOOL BOARD p
887
3800 St Clair Ave E, TORONTO, ON, M1M 1V3
(416) 396-5550 SIC 8211
TORONTO DISTRICT SCHOOL BOARD p
887
60 Moran Rd, TORONTO, ON, M1S 2J3
(416) 396-6490 SIC 8211
TORONTO DISTRICT SCHOOL BOARD p
887

▲ Public Company   ■ Public Company Family Member   HQ Headquarters   BR Branch   SL Single Location

BUSINESSES ALPHABETICALLY TORONTO DISTRICT SCHOOL BOARD 3761

61 Dorcot Ave, TORONTO, ON, M1P 3K5
(416) 396-6201   SIC 8211
TORONTO DISTRICT SCHOOL BOARD p
887
90 Manhattan Dr, TORONTO, ON, M1R 3V8
(416) 396-6445   SIC 8211
TORONTO DISTRICT SCHOOL BOARD p
887
1 Wayne Ave, TORONTO, ON, M1R 1Y1
(416) 396-6270   SIC 8211
TORONTO DISTRICT SCHOOL BOARD p
887
1050 Huntingwood Dr, TORONTO, ON, M1S 3H5
(416) 396-6830   SIC 8211
TORONTO DISTRICT SCHOOL BOARD p
887
120 Highview Ave, TORONTO, ON, M1N 2J1
(416) 396-6065   SIC 8211
TORONTO DISTRICT SCHOOL BOARD p
888
131 Huntsmill Blvd, TORONTO, ON, M1W 2Y2
(416) 396-6580   SIC 8211
TORONTO DISTRICT SCHOOL BOARD p
888
85 Beverly Glen Blvd, TORONTO, ON, M1W 1W4
(416) 396-6055   SIC 8211
TORONTO DISTRICT SCHOOL BOARD p
888
112 Goldhawk Trail, TORONTO, ON, M1V 1W5
(416) 396-6015   SIC 8211
TORONTO DISTRICT SCHOOL BOARD p
888
110 Pineway Blvd, TORONTO, ON, M2H 1A8
(416) 395-2760   SIC 8211
TORONTO DISTRICT SCHOOL BOARD p
888
10 Corinthian Blvd, TORONTO, ON, M1W 1B3
(416) 396-6360   SIC 8211
TORONTO DISTRICT SCHOOL BOARD p
888
136 Ingleton Blvd, TORONTO, ON, M1V 2Y4
(416) 396-6435   SIC 8211
TORONTO DISTRICT SCHOOL BOARD p
888
140 Cliffwood Rd, TORONTO, ON, M2H 2E4
(416) 395-2230   SIC 8211
TORONTO DISTRICT SCHOOL BOARD p
888
149 Huntsmill Blvd, TORONTO, ON, M1W 2Y2
(416) 396-6575   SIC 8211
TORONTO DISTRICT SCHOOL BOARD p
888
151 Brimwood Blvd, TORONTO, ON, M1V 1E5
(416) 396-6085   SIC 8211
TORONTO DISTRICT SCHOOL BOARD p
888
170 Timberbank Blvd, TORONTO, ON, M1W 2A3
(416) 396-6605   SIC 8211
TORONTO DISTRICT SCHOOL BOARD p
888
185 Wintermute Blvd, TORONTO, ON, M1W 3M9
(416) 396-6600   SIC 8211
TORONTO DISTRICT SCHOOL BOARD p
888
201 Chester Le Blvd, TORONTO, ON, M1W 2K7
(416) 396-6145   SIC 8211
TORONTO DISTRICT SCHOOL BOARD p
888
21 King Henrys Blvd, TORONTO, ON, M1T 2V3
(416) 396-6585   SIC 8211
TORONTO DISTRICT SCHOOL BOARD p

888
245 Mcnicoll Ave, TORONTO, ON, M2H 2C6
(416) 395-2550   SIC 8211
TORONTO DISTRICT SCHOOL BOARD p
888
2501 Bridletowne Cir, TORONTO, ON, M1W 2K1
(416) 396-6745   SIC 8211
TORONTO DISTRICT SCHOOL BOARD p
888
2621 Midland Ave, TORONTO, ON, M1S 1R6
(416) 396-6675   SIC 8211
TORONTO DISTRICT SCHOOL BOARD p
888
265 Chartland Blvd S, TORONTO, ON, M1S 2S6
(416) 396-6355   SIC 8211
TORONTO DISTRICT SCHOOL BOARD p
888
35 White Heather Blvd, TORONTO, ON, M1V 1P6
(416) 396-6515   SIC 8211
TORONTO DISTRICT SCHOOL BOARD p
888
45 Dempster St, TORONTO, ON, M1T 2T6
(416) 396-6345   SIC 8211
TORONTO DISTRICT SCHOOL BOARD p
888
130 Port Royal Trail, TORONTO, ON, M1V 2T4
(416) 396-6480   SIC 8211
TORONTO DISTRICT SCHOOL BOARD p
889
20 Dunlace Dr, TORONTO, ON, M2L 2S1
(416) 395-2370   SIC 8211
TORONTO DISTRICT SCHOOL BOARD p
889
150 Cherokee Blvd, TORONTO, ON, M2J 4A4
(416) 395-2380   SIC 8211
TORONTO DISTRICT SCHOOL BOARD p
889
131 Fenn Ave, TORONTO, ON, M2P 1X7
(416) 395-3090   SIC 8211
TORONTO DISTRICT SCHOOL BOARD p
889
111 Owen Blvd, TORONTO, ON, M2P 1G6
(416) 395-2740   SIC 8211
TORONTO DISTRICT SCHOOL BOARD p
889
100 Princess Ave, TORONTO, ON, M2N 3R7
(416) 395-3210   SIC 8211
TORONTO DISTRICT SCHOOL BOARD p
889
211 Cameron Ave, TORONTO, ON, M2N 1E8
(416) 395-2140   SIC 8211
TORONTO DISTRICT SCHOOL BOARD p
889
625 Seneca Hill Dr, TORONTO, ON, M2J 2W6
(416) 395-2840   SIC 8211
TORONTO DISTRICT SCHOOL BOARD p
889
375 Banbury Rd, TORONTO, ON, M2L 2V2
(416) 395-3100   SIC 8211
TORONTO DISTRICT SCHOOL BOARD p
889
227 Drewry Ave, TORONTO, ON, M2M 1E3
(416) 395-2780   SIC 8211
TORONTO DISTRICT SCHOOL BOARD p
890
100 Underhill Dr, TORONTO, ON, M3A 2J9
(416) 395-2700   SIC 8211
TORONTO DISTRICT SCHOOL BOARD p
890
11 Roywood Dr, TORONTO, ON, M3A 2C7
(416) 395-2830   SIC 8211
TORONTO DISTRICT SCHOOL BOARD p
890
50 Stilecroft Dr, TORONTO, ON, M3J 1A7
(416) 395-2910   SIC 8211

TORONTO DISTRICT SCHOOL BOARD p
890
50 Duncairn Rd, TORONTO, ON, M3B 1C8
(416) 395-2720   SIC 8211
TORONTO DISTRICT SCHOOL BOARD p
890
490 York Mills Rd, TORONTO, ON, M3B 1W6
(416) 395-3340   SIC 8211
TORONTO DISTRICT SCHOOL BOARD p
890
33 Lamberton Blvd, TORONTO, ON, M3J 1G6
(416) 395-9570   SIC 8211
TORONTO DISTRICT SCHOOL BOARD p
890
20 Karen Rd, TORONTO, ON, M3A 3L6
(416) 395-2790   SIC 8211
TORONTO DISTRICT SCHOOL BOARD p
890
17 The Donway E, TORONTO, ON, M3C 1X6
(416) 395-2320   SIC 8211
TORONTO DISTRICT SCHOOL BOARD p
890
135 Overlea Blvd, TORONTO, ON, M3C 1B3
(416) 395-2410   SIC 8211
TORONTO DISTRICT SCHOOL BOARD p
890
131 Fenside Dr, TORONTO, ON, M3A 2V9
(416) 395-2400   SIC 8211
TORONTO DISTRICT SCHOOL BOARD p
890
130 Yorkview Dr, TORONTO, ON, M2R 1K1
(416) 395-2980   SIC 8211
TORONTO DISTRICT SCHOOL BOARD p
890
130 Overlea Blvd, TORONTO, ON, M3C 1B2
(416) 396-2465   SIC 8211
TORONTO DISTRICT SCHOOL BOARD p
891
30 Gosford Blvd, TORONTO, ON, M3N 2G8
(416) 395-2470   SIC 8211
TORONTO DISTRICT SCHOOL BOARD p
891
31 Shoreham Dr, TORONTO, ON, M3N 2S6
(416) 395-2870   SIC 8211
TORONTO DISTRICT SCHOOL BOARD p
891
315 Grandravine Dr, TORONTO, ON, M3N 1J5
(416) 395-3060   SIC 8211
TORONTO DISTRICT SCHOOL BOARD p
891
2800 St Clair Ave E, TORONTO, ON, M4B 1N2
(416) 396-2440   SIC 8211
TORONTO DISTRICT SCHOOL BOARD p
891
265 Driftwood Ave, TORONTO, ON, M3N 2N6
(416) 395-2350   SIC 8211
TORONTO DISTRICT SCHOOL BOARD p
891
45 Blacksmith Cres, TORONTO, ON, M3N 1V5
(416) 395-2060   SIC 8211
TORONTO DISTRICT SCHOOL BOARD p
891
22 Highview Ave, TORONTO, ON, M3M 1C4
(416) 395-2540   SIC 8211
TORONTO DISTRICT SCHOOL BOARD p
891
2 Cedarcrest Blvd, TORONTO, ON, M4B 2N9
(416) 396-2375   SIC 8211
TORONTO DISTRICT SCHOOL BOARD p
891
110 Sloane Ave, TORONTO, ON, M4A 2B1
(416) 397-2920   SIC 8211
TORONTO DISTRICT SCHOOL BOARD p
891
1 Selwyn Ave, TORONTO, ON, M4B 3J9
(416) 396-2455   SIC 8211

TORONTO DISTRICT SCHOOL BOARD p
891
26 Troutbrooke Dr, TORONTO, ON, M3M 1S5
(416) 395-3000   SIC 8211
TORONTO DISTRICT SCHOOL BOARD p
892
101 Barrington Ave, TORONTO, ON, M4C 4Y9
(416) 396-2450   SIC 8211
TORONTO DISTRICT SCHOOL BOARD p
892
145 Tiago Ave, TORONTO, ON, M4B 2A6
(416) 396-2475   SIC 8211
TORONTO DISTRICT SCHOOL BOARD p
892
15 Earl Haig Ave, TORONTO, ON, M4C 1E2
(416) 393-1640   SIC 8211
TORONTO DISTRICT SCHOOL BOARD p
892
2 Gledhill Ave, TORONTO, ON, M4C 5K6
(416) 393-1745   SIC 8211
TORONTO DISTRICT SCHOOL BOARD p
892
24 Williamson Rd, TORONTO, ON, M4E 1K5
(416) 393-1740   SIC 8211
TORONTO DISTRICT SCHOOL BOARD p
892
2570 St Clair Ave E, TORONTO, ON, M4B 1M3
(416) 396-2430   SIC 8211
TORONTO DISTRICT SCHOOL BOARD p
892
271 Gledhill Ave, TORONTO, ON, M4C 4L2
(416) 396-2400   SIC 8211
TORONTO DISTRICT SCHOOL BOARD p
892
4 Massey Sq, TORONTO, ON, M4C 5M9
(416) 396-2340   SIC 8211
TORONTO DISTRICT SCHOOL BOARD p
892
45 Balfour Ave, TORONTO, ON, M4C 1T4
(416) 397-2720   SIC 8211
TORONTO DISTRICT SCHOOL BOARD p
892
50 Swanwick Ave, TORONTO, ON, M4E 1Z5
(416) 393-1451   SIC 8211
TORONTO DISTRICT SCHOOL BOARD p
892
650 Cosburn Ave, TORONTO, ON, M4C 2V2
(416) 396-2355   SIC 8211
TORONTO DISTRICT SCHOOL BOARD p
893
31 Rolph Rd, TORONTO, ON, M4G 3M5
(416) 396-2435   SIC 8211
TORONTO DISTRICT SCHOOL BOARD p
893
400 Scarborough Rd, TORONTO, ON, M4E 3M8
(416) 393-1682   SIC 8211
TORONTO DISTRICT SCHOOL BOARD p
893
14 Pine Ave Suite 107, TORONTO, ON, M4E 1L6
(416) 393-1565   SIC 8211
TORONTO DISTRICT SCHOOL BOARD p
893
211 Bessborough Dr, TORONTO, ON, M4G 3K2
(416) 396-2315   SIC 8211
TORONTO DISTRICT SCHOOL BOARD p
893
305 Rumsey Rd, TORONTO, ON, M4G 1R4
(416) 396-2395   SIC 8211
TORONTO DISTRICT SCHOOL BOARD p
894
24 Mountjoy Ave, TORONTO, ON, M4J 1J6
(416) 226-0494   SIC 8211
TORONTO DISTRICT SCHOOL BOARD p
894
540 Jones Ave, TORONTO, ON, M4J 3G9
(416) 393-9645   SIC 8211
TORONTO DISTRICT SCHOOL BOARD p

▲ Public Company   ■ Public Company Family Member   **HQ** Headquarters   **BR** Branch   **SL** Single Location

894
21 Boultbee Ave, TORONTO, ON, M4J 1A7
(416) 393-9415   SIC 8211
TORONTO DISTRICT SCHOOL BOARD p
894
175 Plains Rd, TORONTO, ON, M4J 2R2
(416) 396-2350   SIC 8211
TORONTO DISTRICT SCHOOL BOARD p
894
100 Torrens Ave, TORONTO, ON, M4J 2P5
(416) 396-2490   SIC 8211
TORONTO DISTRICT SCHOOL BOARD p
894
80 Thorncliffe Park Dr, TORONTO, ON, M4H 1K3
(416) 396-2460   SIC 8211
TORONTO DISTRICT SCHOOL BOARD p
894
1 Hanson St, TORONTO, ON, M4J 1G6
(416) 393-0190   SIC 8211
TORONTO DISTRICT SCHOOL BOARD p
894
100 Strathcona Ave, TORONTO, ON, M4J 1G8
(416) 393-9545   SIC 8211
TORONTO DISTRICT SCHOOL BOARD p
895
151 Hiawatha Rd, TORONTO, ON, M4L 2Y1
(416) 393-9555   SIC 8211
TORONTO DISTRICT SCHOOL BOARD p
895
151 Hiawatha Rd, TORONTO, ON, M4L 2Y1
(416) 393-8274   SIC 8211
TORONTO DISTRICT SCHOOL BOARD p
895
115 Gowan Ave, TORONTO, ON, M4K 2E4
(416) 396-2325   SIC 8211
TORONTO DISTRICT SCHOOL BOARD p
895
101 Kippendavie Ave, TORONTO, ON, M4L 3R3
(416) 393-1810   SIC 8211
TORONTO DISTRICT SCHOOL BOARD p
895
1 Danforth Ave, TORONTO, ON, M4K 1M8
(416) 393-9740   SIC 8211
TORONTO DISTRICT SCHOOL BOARD p
895
220 Langley Ave, TORONTO, ON, M4K 1B9
(416) 393-9470   SIC 8211
TORONTO DISTRICT SCHOOL BOARD p
895
80 Bowmore Rd, TORONTO, ON, M4L 3J2
(416) 393-9450   SIC 8211
TORONTO DISTRICT SCHOOL BOARD p
895
79 Jackman Ave, TORONTO, ON, M4K 2X5
(416) 393-9710   SIC 8211
TORONTO DISTRICT SCHOOL BOARD p
895
70 Woodfield Rd, TORONTO, ON, M4L 2W6
(416) 393-9455   SIC 8211
TORONTO DISTRICT SCHOOL BOARD p
895
390 Kingston Rd, TORONTO, ON, M4L 1T9
(416) 393-1700   SIC 8211
TORONTO DISTRICT SCHOOL BOARD p
895
25 Bain Ave, TORONTO, ON, M4K 1E5
(416) 393-9440   SIC 8211
TORONTO DISTRICT SCHOOL BOARD p
896
1094 Gerrard St E, TORONTO, ON, M4M 2A1
(416) 393-9820   SIC 8211
TORONTO DISTRICT SCHOOL BOARD p
896
180 Carlaw Ave, TORONTO, ON, M4M 2R9
(416) 393-9494   SIC 8211
TORONTO DISTRICT SCHOOL BOARD p
896
181 Broadview Ave, TORONTO, ON, M4M 2G3
(416) 393-9535   SIC 8211

TORONTO DISTRICT SCHOOL BOARD p
896
254 Leslie St, TORONTO, ON, M4M 3C9
(416) 393-9480   SIC 8211
TORONTO DISTRICT SCHOOL BOARD p
896
51 Larchmount Ave, TORONTO, ON, M4M 2Y6
(416) 393-0670   SIC 8211
TORONTO DISTRICT SCHOOL BOARD p
896
701 Gerrard St E, TORONTO, ON, M4M 1Y4
(416) 393-9630   SIC 8211
TORONTO DISTRICT SCHOOL BOARD p
896
935 Dundas St E, TORONTO, ON, M4M 1R4
(416) 393-9565   SIC 8211
TORONTO DISTRICT SCHOOL BOARD p
897
2 Strathgowan Cres, TORONTO, ON, M4N 2Z5
(416) 393-9105   SIC 8211
TORONTO DISTRICT SCHOOL BOARD p
898
851 Mount Pleasant Rd, TORONTO, ON, M4P 2L5
(416) 393-0270   SIC 8211
TORONTO DISTRICT SCHOOL BOARD p
898
40 Erskine Ave, TORONTO, ON, M4P 1Y2
(416) 393-9325   SIC 8211
TORONTO DISTRICT SCHOOL BOARD p
898
223 Eglinton Ave E, TORONTO, ON, M4P 1L1
(416) 393-9315   SIC 8211
TORONTO DISTRICT SCHOOL BOARD p
898
17 Broadway Ave, TORONTO, ON, M4P 1T7
(416) 393-9180   SIC 8211
TORONTO DISTRICT SCHOOL BOARD p
898
125 Chatsworth Dr, TORONTO, ON, M4R 1S1
(416) 393-9500   SIC 8211
TORONTO DISTRICT SCHOOL BOARD p
899
282 Davisville Ave, TORONTO, ON, M4S 1H2
(416) 393-0390   SIC 8211
TORONTO DISTRICT SCHOOL BOARD p
900
119 Rosedale Heights Dr, TORONTO, ON, M4T 1C7
(416) 393-9380   SIC 8211
TORONTO DISTRICT SCHOOL BOARD p
900
23 Ferndale Ave Suite 105, TORONTO, ON, M4T 2B4
(416) 393-1550   SIC 8211
TORONTO DISTRICT SCHOOL BOARD p
900
454 Avenue Rd, TORONTO, ON, M4V 2J1
(416) 393-1560   SIC 8211
TORONTO DISTRICT SCHOOL BOARD p
900
85 Birch Ave, TORONTO, ON, M4V 1E3
(416) 393-1895   SIC 8211
TORONTO DISTRICT SCHOOL BOARD p
902
711 Bloor St E, TORONTO, ON, M4W 1J4
(416) 393-1580   SIC 8211
TORONTO DISTRICT SCHOOL BOARD p
903
675 Ontario St, TORONTO, ON, M4X 1N4
(416) 393-1260   SIC 8211
TORONTO DISTRICT SCHOOL BOARD p
903
15 Prospect St, TORONTO, ON, M4X 1C7
(416) 393-1270   SIC 8211
TORONTO DISTRICT SCHOOL BOARD p
904
495 Jarvis St, TORONTO, ON, M4Y 2G8
(416) 393-0140   SIC 8211

TORONTO DISTRICT SCHOOL BOARD p
904
83 Alexander St, TORONTO, ON, M4Y 1B7
(416) 393-1250   SIC 8211
TORONTO DISTRICT SCHOOL BOARD p
905
246 The Esplanade, TORONTO, ON, M5A 4J6
(416) 393-1300   SIC 8211
TORONTO DISTRICT SCHOOL BOARD p
905
70 Spruce St, TORONTO, ON, M5A 2J1
(416) 393-1522   SIC 8211
TORONTO DISTRICT SCHOOL BOARD p
905
440 Shuter St, TORONTO, ON, M5A 1X6
(416) 393-1620   SIC 8211
TORONTO DISTRICT SCHOOL BOARD p
905
350 Parliament St, TORONTO, ON, M5A 2Z7
(416) 393-1760   SIC 8211
TORONTO DISTRICT SCHOOL BOARD p
921
30 Centre Island Pk, TORONTO, ON, M5J 2E9
(416) 393-1910   SIC 8211
TORONTO DISTRICT SCHOOL BOARD p
923
95 Falkirk St, TORONTO, ON, M5M 4K1
(416) 395-2630   SIC 8211
TORONTO DISTRICT SCHOOL BOARD p
923
80 Braemar Ave, TORONTO, ON, M5P 2L4
(416) 393-9215   SIC 8211
TORONTO DISTRICT SCHOOL BOARD p
923
78 Dunloe Rd, TORONTO, ON, M5P 2T6
(416) 393-9335   SIC 8211
TORONTO DISTRICT SCHOOL BOARD p
923
730 Eglinton Ave W, TORONTO, ON, M5N 1B9
(416) 393-1860   SIC 8211
TORONTO DISTRICT SCHOOL BOARD p
923
391 St Clements Ave, TORONTO, ON, M5N 1M2
(416) 393-9115   SIC 8211
TORONTO DISTRICT SCHOOL BOARD p
923
1100 Spadina Rd, TORONTO, ON, M5N 2M6
(416) 393-9199   SIC 8211
TORONTO DISTRICT SCHOOL BOARD p
923
245 Fairlawn Ave, TORONTO, ON, M5M 1T2
(416) 393-9350   SIC 8211
TORONTO DISTRICT SCHOOL BOARD p
924
61 Davenport Rd, TORONTO, ON, M5R 1H4
(416) 393-1530   SIC 8211
TORONTO DISTRICT SCHOOL BOARD p
924
541 Huron St, TORONTO, ON, M5R 2R6
(416) 393-1570   SIC 8211
TORONTO DISTRICT SCHOOL BOARD p
924
44 Hilton Ave, TORONTO, ON, M5R 3E6
(416) 393-9700   SIC 8211
TORONTO DISTRICT SCHOOL BOARD p
926
33 Robert St, TORONTO, ON, M5S 2K2
(416) 393-1350   SIC 8211
TORONTO DISTRICT SCHOOL BOARD p
927
725 Bathurst St, TORONTO, ON, M5S 2R5
(416) 393-0060   SIC 8211
TORONTO DISTRICT SCHOOL BOARD p
927
96 Denison Ave, TORONTO, ON, M5T 1E4
(416) 393-1340   SIC 8211
TORONTO DISTRICT SCHOOL BOARD p
927

112 Lippincott St, TORONTO, ON, M5S 2P1
(416) 393-1325   SIC 8211
TORONTO DISTRICT SCHOOL BOARD p
927
70 D'arcy St, TORONTO, ON, M5T 1K1
(416) 393-1710   SIC 8211
TORONTO DISTRICT SCHOOL BOARD p
927
64 Baldwin St, TORONTO, ON, M5T 1L4
(416) 397-2750   SIC 8211
TORONTO DISTRICT SCHOOL BOARD p
927
18 Orde St, TORONTO, ON, M5T 1N7
(416) 393-1900   SIC 8211
TORONTO DISTRICT SCHOOL BOARD p
933
145 Ava Rd, TORONTO, ON, M6C 1W4
(416) 394-2244   SIC 8211
TORONTO DISTRICT SCHOOL BOARD p
933
15 Cherrywood Ave, TORONTO, ON, M6C 2X4
(416) 394-2383   SIC 8211
TORONTO DISTRICT SCHOOL BOARD p
933
529 Vaughan Rd, TORONTO, ON, M6C 2R1
(416) 394-3222   SIC 8211
TORONTO DISTRICT SCHOOL BOARD p
933
501 Arlington Ave, TORONTO, ON, M6C 3A4
(416) 787-9899   SIC 8211
TORONTO DISTRICT SCHOOL BOARD p
933
50 Highland Hill, TORONTO, ON, M6A 2R1
(416) 395-2620   SIC 8211
TORONTO DISTRICT SCHOOL BOARD p
933
50 Ameer Ave, TORONTO, ON, M6A 2L3
(416) 395-3300   SIC 8211
TORONTO DISTRICT SCHOOL BOARD p
933
231 Ava Rd, TORONTO, ON, M6C 1X3
(416) 394-2388   SIC 8211
TORONTO DISTRICT SCHOOL BOARD p
933
70 Ridge Hill Dr, TORONTO, ON, M6C 2J6
(416) 393-1633   SIC 8211
TORONTO DISTRICT SCHOOL BOARD p
934
231 Glenholme Ave, TORONTO, ON, M6E 3C7
(416) 394-3080   SIC 8211
TORONTO DISTRICT SCHOOL BOARD p
934
2335 Dufferin St, TORONTO, ON, M6E 3S5
(416) 394-2323   SIC 8211
TORONTO DISTRICT SCHOOL BOARD p
934
300 Caledonia Rd, TORONTO, ON, M6E 4T5
(416) 394-2336   SIC 8211
TORONTO DISTRICT SCHOOL BOARD p
934
555 Harvie Ave, TORONTO, ON, M6E 4M2
(416) 394-2333   SIC 8211
TORONTO DISTRICT SCHOOL BOARD p
934
991 St Clair Ave W, TORONTO, ON, M6E 1A3
(416) 393-1780   SIC 8211
TORONTO DISTRICT SCHOOL BOARD p
935
286 Harbord St, TORONTO, ON, M6G 1G5
(416) 393-1650   SIC 8211
TORONTO DISTRICT SCHOOL BOARD p
935
1141 Bloor St W, TORONTO, ON, M6H 1M9
(416) 393-1420   SIC 8211
TORONTO DISTRICT SCHOOL BOARD p
935
115 Winona Dr, TORONTO, ON, M6G 3S8
(416) 393-1770   SIC 8211
TORONTO DISTRICT SCHOOL BOARD p

935
228 Bartlett Ave, TORONTO, ON, M6H 3G4
(416) 393-9220   SIC 8211
TORONTO DISTRICT SCHOOL BOARD p
935
65 Concord Ave, TORONTO, ON, M6H 2N9
(416) 393-9120   SIC 8211
TORONTO DISTRICT SCHOOL BOARD p
935
570 Shaw St, TORONTO, ON, M6G 3L6
(416) 393-0030   SIC 8211
TORONTO DISTRICT SCHOOL BOARD p
935
460 Manning Ave, TORONTO, ON, M6G 2V7
(416) 393-9155   SIC 8211
TORONTO DISTRICT SCHOOL BOARD p
935
301 Montrose Ave, TORONTO, ON, M6G 3G9
(416) 259-7823   SIC 8211
TORONTO DISTRICT SCHOOL BOARD p
935
101 Winona Dr, TORONTO, ON, M6G 3S8
(416) 393-1680   SIC 8211
TORONTO DISTRICT SCHOOL BOARD p
936
380 Ossington Ave, TORONTO, ON, M6J 3A5
(416) 393-0710   SIC 8211
TORONTO DISTRICT SCHOOL BOARD p
936
79 Manning Ave, TORONTO, ON, M6J 2K6
(416) 393-1830   SIC 8211
TORONTO DISTRICT SCHOOL BOARD p
936
108 Gladstone Ave, TORONTO, ON, M6J 3L2
(416) 534-8454   SIC 8211
TORONTO DISTRICT SCHOOL BOARD p
936
222 Niagara St, TORONTO, ON, M6J 2L3
(416) 393-1371   SIC 8211
TORONTO DISTRICT SCHOOL BOARD p
937
1900 Keele St, TORONTO, ON, M6M 3X7
(416) 394-2250   SIC 8211
TORONTO DISTRICT SCHOOL BOARD p
937
200 Bicknell Ave, TORONTO, ON, M6M 4G9
(416) 394-3050   SIC 8211
TORONTO DISTRICT SCHOOL BOARD p
937
209 Jameson Ave, TORONTO, ON, M6K 2Y3
(416) 393-9000   SIC 8211
TORONTO DISTRICT SCHOOL BOARD p
937
2690 Eglinton Ave W, TORONTO, ON, M6M 1T9
(416) 394-3000   SIC 8211
TORONTO DISTRICT SCHOOL BOARD p
937
38 Shirley St, TORONTO, ON, M6K 1S9
(416) 393-9270   SIC 8211
TORONTO DISTRICT SCHOOL BOARD p
937
6 Bala Ave, TORONTO, ON, M6M 2E1
(416) 394-2210   SIC 8211
TORONTO DISTRICT SCHOOL BOARD p
937
70 Brookhaven Dr, TORONTO, ON, M6M 4N8
(416) 395-2110   SIC 8211
TORONTO DISTRICT SCHOOL BOARD p
937
100 Close Ave, TORONTO, ON, M6K 2V3
(416) 530-0683   SIC 8211
TORONTO DISTRICT SCHOOL BOARD p
937
100 Emmett Ave, TORONTO, ON, M6M 2E6
(416) 394-3280   SIC 8211
TORONTO DISTRICT SCHOOL BOARD p
937
1700 Keele St, TORONTO, ON, M6M 3W5
(416) 394-3180   SIC 8211
TORONTO DISTRICT SCHOOL BOARD p
937
100 Sidney Belsey Cres, TORONTO, ON, M6M 5H6
(416) 394-4260   SIC 8211
TORONTO DISTRICT SCHOOL BOARD p
938
990 Jane St, TORONTO, ON, M6N 4E2
(416) 394-3110   SIC 8211
TORONTO DISTRICT SCHOOL BOARD p
938
99 Mountview Ave, TORONTO, ON, M6P 2L5
(416) 393-9035   SIC 8211
TORONTO DISTRICT SCHOOL BOARD p
938
69 Pritchard Ave, TORONTO, ON, M6N 1T6
(416) 394-2340   SIC 8211
TORONTO DISTRICT SCHOOL BOARD p
938
500 Alliance Ave, TORONTO, ON, M6N 2H8
(416) 394-3158   SIC 8211
TORONTO DISTRICT SCHOOL BOARD p
938
50 Bernice Cres, TORONTO, ON, M6N 1W9
(416) 394-3070   SIC 8211
TORONTO DISTRICT SCHOOL BOARD p
938
50 Leigh St, TORONTO, ON, M6N 3X3
(416) 394-2350   SIC 8211
TORONTO DISTRICT SCHOOL BOARD p
938
401 Alliance Ave, TORONTO, ON, M6N 2J1
(416) 394-3411   SIC 7349
TORONTO DISTRICT SCHOOL BOARD p
938
400 Rockcliffe Blvd, TORONTO, ON, M6N 4R8
(416) 394-3100   SIC 8211
TORONTO DISTRICT SCHOOL BOARD p
938
315 Osler St, TORONTO, ON, M6N 2Z4
(416) 393-1600   SIC 8211
TORONTO DISTRICT SCHOOL BOARD p
938
30 Turnberry Ave, TORONTO, ON, M6N 1P8
(416) 393-1414   SIC 8211
TORONTO DISTRICT SCHOOL BOARD p
938
2717 Dundas St W, TORONTO, ON, M6P 1Y1
(416) 397-2713   SIC 8211
TORONTO DISTRICT SCHOOL BOARD p
938
265 Annette St, TORONTO, ON, M6P 1R3
(416) 393-9040   SIC 8211
TORONTO DISTRICT SCHOOL BOARD p
938
175 Cordella Ave, TORONTO, ON, M6N 2K1
(416) 394-2258   SIC 8211
TORONTO DISTRICT SCHOOL BOARD p
938
17 Dennis Ave, TORONTO, ON, M6N 2T7
(416) 394-2311   SIC 8211
TORONTO DISTRICT SCHOOL BOARD p
938
146 Glendonwynne Rd, TORONTO, ON, M6P 3J7
(416) 393-0430   SIC 8211
TORONTO DISTRICT SCHOOL BOARD p
938
14 Ruskin Ave, TORONTO, ON, M6P 3P8
(416) 393-1410   SIC 8211
TORONTO DISTRICT SCHOOL BOARD p
939
14 Saint Marks Rd, TORONTO, ON, M6S 2H7
(416) 394-2370   SIC 8211
TORONTO DISTRICT SCHOOL BOARD p
939
207 Windermere Ave, TORONTO, ON, M6S 3J9
(416) 763-1908   SIC 8211
TORONTO DISTRICT SCHOOL BOARD p
939
225 Garden Ave, TORONTO, ON, M6R 1H9
(416) 393-9165   SIC 8211
TORONTO DISTRICT SCHOOL BOARD p
939
30 Marmaduke St, TORONTO, ON, M6R 1T2
(416) 393-9255   SIC 8211
TORONTO DISTRICT SCHOOL BOARD p
939
25 Rexford Rd, TORONTO, ON, M6S 2M2
(416) 394-3060   SIC 8211
TORONTO DISTRICT SCHOOL BOARD p
939
128 Fern Ave, TORONTO, ON, M6R 1K3
(416) 393-9130   SIC 8211
TORONTO DISTRICT SCHOOL BOARD p
939
357 Runnymede Rd, TORONTO, ON, M6S 2Y7
(416) 393-9055   SIC 8211
TORONTO DISTRICT SCHOOL BOARD p
939
569 Jane St, TORONTO, ON, M6S 4A3
(416) 394-3200   SIC 8211
TORONTO DISTRICT SCHOOL BOARD p
940
2 Remington Dr, TORONTO, ON, M9A 2J1
(416) 394-6360   SIC 8211
TORONTO DISTRICT SCHOOL BOARD p
940
35 Glenroy Ave, TORONTO, ON, M8Y 2M2
(416) 394-3850   SIC 8211
TORONTO DISTRICT SCHOOL BOARD p
940
65 Hartfield Rd, TORONTO, ON, M9A 3E1
(416) 394-7860   SIC 8211
TORONTO DISTRICT SCHOOL BOARD p
940
105 Norseman St, TORONTO, ON, M8Z 2R1
(416) 394-7880   SIC 8211
TORONTO DISTRICT SCHOOL BOARD p
940
90 Thirty First St, TORONTO, ON, M8W 3E9
(416) 394-7680   SIC 8211
TORONTO DISTRICT SCHOOL BOARD p
940
70 Princess Anne Cres, TORONTO, ON, M9A 2P7
(416) 394-7990   SIC 8211
TORONTO DISTRICT SCHOOL BOARD p
941
47 Cowley Ave, TORONTO, ON, M9B 2E4
(416) 394-7160   SIC 8211
TORONTO DISTRICT SCHOOL BOARD p
941
45 Crendon Dr, TORONTO, ON, M9C 3G6
(416) 394-7030   SIC 8211
TORONTO DISTRICT SCHOOL BOARD p
941
186 Gracedale Blvd, TORONTO, ON, M9L 2C1
(416) 395-2480   SIC 8211
TORONTO DISTRICT SCHOOL BOARD p
941
15 Rossburn Dr, TORONTO, ON, M9C 2P7
(416) 394-7040   SIC 8211
TORONTO DISTRICT SCHOOL BOARD p
941
130 Lloyd Manor Rd, TORONTO, ON, M9B 5K1
(416) 394-7580   SIC 8211
TORONTO DISTRICT SCHOOL BOARD p
941
50 Winterton Dr, TORONTO, ON, M9B 3G7
(416) 394-7110   SIC 8211
TORONTO DISTRICT SCHOOL BOARD p
942
200 John St, TORONTO, ON, M9N 1K2
(416) 394-3150   SIC 8211
TORONTO DISTRICT SCHOOL BOARD p
942
30 King St, TORONTO, ON, M9N 1K9
(416) 394-2359   SIC 8211
TORONTO DISTRICT SCHOOL BOARD p
942
31 Redgrave Dr, TORONTO, ON, M9R 3T9
(416) 394-7960   SIC 8211
TORONTO DISTRICT SCHOOL BOARD p
942
315 The Westway, TORONTO, ON, M9R 1H1
(416) 394-7940   SIC 8211
TORONTO DISTRICT SCHOOL BOARD p
942
35 Saskatoon Dr, TORONTO, ON, M9P 2E8
(416) 394-7590   SIC 8211
TORONTO DISTRICT SCHOOL BOARD p
942
45 Lynmont Rd, TORONTO, ON, M9V 3W9
(416) 394-7520   SIC 8211
TORONTO DISTRICT SCHOOL BOARD p
942
85 Mount Olive Dr, TORONTO, ON, M9V 2C9
(416) 394-7510   SIC 8211
TORONTO DISTRICT SCHOOL BOARD p
942
1 Ralph St, TORONTO, ON, M9N 3A8
(416) 394-2268   SIC 8211
TORONTO DISTRICT SCHOOL BOARD p
942
10 Jamestown Cres, TORONTO, ON, M9V 3M5
(416) 394-7700   SIC 8211
TORONTO DISTRICT SCHOOL BOARD p
942
10 Pittsboro Dr, TORONTO, ON, M9V 3R4
(416) 394-7560   SIC 8211
TORONTO DISTRICT SCHOOL BOARD p
942
100 Pine St, TORONTO, ON, M9N 2Y9
(416) 394-3250   SIC 8211
TORONTO DISTRICT SCHOOL BOARD p
943
15 Delsing Dr, TORONTO, ON, M9W 4S7
(416) 394-7760   SIC 8211
TORONTO DISTRICT SCHOOL BOARD p
943
20 Fordwich Cres, TORONTO, ON, M9W 2T4
(416) 394-7710   SIC 8211
TORONTO DISTRICT SCHOOL BOARD p
943
30 Harefield Dr, TORONTO, ON, M9W 4C9
(416) 394-7920   SIC 8211
TORONTO DOMINION LIFE INSURANCE COMPANY p 922
55 King St W, TORONTO, ON, M5K 1A2
(416) 982-8222   SIC 6021
TORONTO DUTY COUNSEL OFFICE p 911
See *LEGAL AID ONTARIO*
TORONTO EAST GENERAL GIFT SHOP p 892
825 Coxwell Ave, TORONTO, ON, M4C 3E7
(416) 469-6050   SIC 5947
TORONTO EAST GENERAL HOSPITAL p 894
985 Danforth Ave, TORONTO, ON, M4J 1M1
(416) 461-2010   SIC 8069
TORONTO EAST GENERAL HOSPITAL p 895
177 Danforth Ave Suite 203, TORONTO, ON, M4K 1N2
(416) 461-2000   SIC 8322
TORONTO EATON CENTRE p 906
See *CADILLAC FAIRVIEW CORPORATION LIMITED, THE*
TORONTO FINNISH CANADIAN SENIOR CENTRE p 893
795 Eglinton Ave E Suite 105, TORONTO, ON, M4G 4E4
(416) 425-4134   SIC 8361
TORONTO FIRE SERVICES p 913
See *CORPORATION OF THE CITY OF*

TORONTO
TORONTO FREE PRESBYTERIAN CHURCH *p* 885
5808 Finch Ave E, TORONTO, ON, M1B 4Y6
(416) 297-1212   SIC 8211
TORONTO GENERAL HOSPITAL *p* 912
See UNIVERSITY HEALTH NETWORK
TORONTO GOLF CLUB, THE *p* 701
1305 Dixie Rd, MISSISSAUGA, ON, L5E 2P5
(905) 278-5255   SIC 7997
TORONTO HOME FOR THE AGED (COMMUNITY SERVICES) *p* 840
See CORPORATION OF THE CITY OF TORONTO
TORONTO HUMANE SOCIETY, THE *p* 905
11 River St, Toronto, ON, M5A 4C2
(416) 392-2273   SIC 8699
TORONTO HYDRO *p* 748
See TORONTO HYDRO-ELECTRIC SYSTEM LIMITED
TORONTO HYDRO ENERGY SERVICES INC *p* 587
10 Belfield Rd, ETOBICOKE, ON, M9W 1G1
SIC 8748
TORONTO HYDRO-ELECTRIC SYSTEM LIMITED *p* 748
5800 Yonge St, NORTH YORK, ON, M2M 3T3
(416) 542-3564   SIC 4911
TORONTO HYDRO-ELECTRIC SYSTEM LIMITED *p* 907
14 Carlton St, TORONTO, ON, M5B 1K5
(416) 542-3100   SIC 4911
TORONTO INSTITUTE OF PHARMACEUTICAL TECHNOLOGY *p* 842
See TRANSPHARM CANADA INC
TORONTO INTERNATIONAL AIRPORT *p* 699
See ENTERPRISE RENT-A-CAR CANADA COMPANY
TORONTO LAWN TENNIS CLUB, LIMITED, THE *p* 902
44 Price St, TORONTO, ON, M4W 1Z4
(416) 922-1105   SIC 7997
TORONTO MARRIOTT BLOOR YORKVILLE *p* 902
See PLAZA II CORPORATION, THE
TORONTO MARRIOTT EATON CENTRE *p* 912
See LUXURY HOTELS INTERNATIONAL OF CANADA, ULC
TORONTO MOTORSPORTS PARK *p* 550
See 1233481 ONTARIO INC
TORONTO PARAMEDICS SERVICES *p* 754
See CORPORATION OF THE CITY OF TORONTO
TORONTO PORT AUTHORITY *p* 905
62 Villiers St, TORONTO, ON, M5A 1B1
(416) 462-1261   SIC 4491
TORONTO PORT AUTHORITY *p* 921
60 Harbour St, TORONTO, ON, M5J 1B7
(416) 203-6942   SIC 4581
TORONTO PRESCHOOL SPEECH AND LANGUAGE SEVICES *p* 751
See CORPORATION OF THE CITY OF TORONTO
TORONTO PUBLIC LIBRARY *p* 901
See CORPORATION OF THE CITY OF TORONTO
TORONTO PUBLIC LIBRARY BOARD *p* 576
36 Brentwood Rd N, ETOBICOKE, ON, M8X 2B5
(416) 394-5240   SIC 8231
TORONTO PUBLIC LIBRARY BOARD *p* 582
1806 Islington Ave, ETOBICOKE, ON, M9P 3N3
(416) 394-5120   SIC 8231
TORONTO PUBLIC LIBRARY BOARD *p* 583
1515 Albion Rd, ETOBICOKE, ON, M9V 1B2
(416) 394-5170   SIC 8231

TORONTO PUBLIC LIBRARY BOARD *p* 760
20 Covington Rd, NORTH YORK, ON, M6A 3C1
(416) 395-5440   SIC 8231
TORONTO PUBLIC LIBRARY BOARD *p* 835
30 Sewells Rd, SCARBOROUGH, ON, M1B 3G5
(416) 396-8969   SIC 8231
TORONTO PUBLIC LIBRARY BOARD *p* 905
281 Front St E, TORONTO, ON, M5A 4L2
(416) 393-7215   SIC 8231
TORONTO PUBLIC LIBRARY BOARD *p* 934
1745 Eglinton Ave W, TORONTO, ON, M6E 2H4
(416) 394-1000   SIC 8231
TORONTO REHABILITATION INSTITUTE *p* 893
520 Sutherland Dr, TORONTO, ON, M4G 3V9
(416) 597-3422   SIC 8093
TORONTO REHABILITATION INSTITUTE *p* 912
550 University Ave Suite 123, TORONTO, ON, M5G 2A2
(416) 597-3422   SIC 8742
TORONTO SERVICE CENTRE *p* 717
See ALPHA TECHNOLOGIES LTD
TORONTO SKI CLUB INC *p* 556
796456 Gray Rd Suite 19, COLLINGWOOD, ON, L9Y 3Z4
(705) 445-1890   SIC 7011
TORONTO STAR NEWSPAPERS LIMITED *p* 610
44 Frid St, HAMILTON, ON, L8N 3G3
(905) 526-3333   SIC 2711
TORONTO STAR NEWSPAPERS LIMITED *p* 904
625 Church St Suite 600, TORONTO, ON, M4Y 2G1
SIC 2711
TORONTO STAR NEWSPAPERS LIMITED *p* 975
1 Century Pl, WOODBRIDGE, ON, L4L 8R2
SIC 2711
TORONTO STN E *p* 935
See CANADA POST CORPORATION
TORONTO TRANSIT COMMISSION *p* 894
400 Greenwood Ave, TORONTO, ON, M4J 4Y5
(416) 393-3176   SIC 4111
TORONTO TRANSIT COMMISSION *p* 924
1138 Bathurst St, TORONTO, ON, M5R 3H2
(416) 393-3546   SIC 7389
TORONTO W, DIV OF *p* 894
See STERLING MARKING PRODUCTS INC
TORONTO WALDORF SCHOOL, THE *p* 875
9100 Bathurst St Unit 1, THORNHILL, ON, L4J 8C7
(905) 881-1611   SIC 8211
TORONTO WATER *p* 900
See CORPORATION OF THE CITY OF TORONTO
TORONTO-DOMINION BANK, THE *p* 5
5037 50th St, BARRHEAD, AB, T7N 1A5
(780) 674-2216   SIC 6021
TORONTO-DOMINION BANK, THE *p* 5
See BANQUE TORONTO-DOMINION, LA
TORONTO-DOMINION BANK, THE *p* 11
2045 34th St Ne, CALGARY, AB, T1Y 6Z2
(403) 292-1400   SIC 6021
TORONTO-DOMINION BANK, THE *p* 26
1216 Centre St Ne, CALGARY, AB, T2E 2R4
(403) 230-2207   SIC 6021
TORONTO-DOMINION BANK, THE *p* 34
See BANQUE TORONTO-DOMINION, LA
TORONTO-DOMINION BANK, THE *p* 36
9737 Macleod Trail Sw Suite 200, CALGARY, AB, T2J 0P6
(403) 299-3475   SIC 6021
TORONTO-DOMINION BANK, THE *p* 50
340 5 Ave Sw Suite 340, CALGARY, AB, T2P 0L3
(403) 292-1100   SIC 6021

TORONTO-DOMINION BANK, THE *p* 53
See BANQUE TORONTO-DOMINION, LA
TORONTO-DOMINION BANK, THE *p* 55
See BANQUE TORONTO-DOMINION, LA
TORONTO-DOMINION BANK, THE *p* 56
See BANQUE TORONTO-DOMINION, LA
TORONTO-DOMINION BANK, THE *p* 58
See BANQUE TORONTO-DOMINION, LA
TORONTO-DOMINION BANK, THE *p* 64
See BANQUE TORONTO-DOMINION, LA
TORONTO-DOMINION BANK, THE *p* 66
4888 50 St, CAMROSE, AB, T4V 1P7
(780) 672-7795   SIC 6021
TORONTO-DOMINION BANK, THE *p* 75
See BANQUE TORONTO-DOMINION, LA
TORONTO-DOMINION BANK, THE *p* 79
See BANQUE TORONTO-DOMINION, LA
TORONTO-DOMINION BANK, THE *p* 82
10004 Jasper Ave Nw Suite 500, EDMONTON, AB, T5J 1R3
(780) 448-8251   SIC 6021
TORONTO-DOMINION BANK, THE *p* 103
See BANQUE TORONTO-DOMINION, LA
TORONTO-DOMINION BANK, THE *p* 110
See BANQUE TORONTO-DOMINION, LA
TORONTO-DOMINION BANK, THE *p* 122
8600 Franklin Ave Suite 504, FORT MCMURRAY, AB, T9H 4G8
(780) 743-2261   SIC 6021
TORONTO-DOMINION BANK, THE *p* 143
See BANQUE TORONTO-DOMINION, LA
TORONTO-DOMINION BANK, THE *p* 154
4902 50 Ave, RED DEER, AB, T4N 4A8
(403) 340-7400   SIC 6021
TORONTO-DOMINION BANK, THE *p* 162
2020 Sherwood Dr Suite 30, SHERWOOD PARK, AB, T8A 3H9
(780) 449-9300   SIC 6021
TORONTO-DOMINION BANK, THE *p* 167
11 Inglewood Dr Suite 1, ST. ALBERT, AB, T8N 5E2
SIC 6021
TORONTO-DOMINION BANK, THE *p* 174
See BANQUE TORONTO-DOMINION, LA
TORONTO-DOMINION BANK, THE *p* 178
32817 South Fraser Way, ABBOTSFORD, BC, V2S 2A6
(604) 870-2200   SIC 6021
TORONTO-DOMINION BANK, THE *p* 178
See BANQUE TORONTO-DOMINION, LA
TORONTO-DOMINION BANK, THE *p* 197
46017 Yale Rd, CHILLIWACK, BC, V2P 2M1
(604) 795-9166   SIC 6021
TORONTO-DOMINION BANK, THE *p* 219
See BANQUE TORONTO-DOMINION, LA
TORONTO-DOMINION BANK, THE *p* 221
301 Victoria St Suite 102, KAMLOOPS, BC, V2C 2A3
(250) 314-5035   SIC 6021
TORONTO-DOMINION BANK, THE *p* 224
See BANQUE TORONTO-DOMINION, LA
TORONTO-DOMINION BANK, THE *p* 244
See BANQUE TORONTO-DOMINION, LA
TORONTO-DOMINION BANK, THE *p* 249
1400 Lonsdale Ave, NORTH VANCOUVER, BC, V7M 2J1
(604) 981-5600   SIC 6021
TORONTO-DOMINION BANK, THE *p* 251
See BANQUE TORONTO-DOMINION, LA
TORONTO-DOMINION BANK, THE *p* 252
See BANQUE TORONTO-DOMINION, LA
TORONTO-DOMINION BANK, THE *p* 259
See BANQUE TORONTO-DOMINION, LA
TORONTO-DOMINION BANK, THE *p* 270
5300 No. 3 Rd Unit 626, RICHMOND, BC, V6X 2X9
(604) 273-0821   SIC 6021
TORONTO-DOMINION BANK, THE *p* 298
6499 Fraser St, VANCOUVER, BC, V5W 3A6
(604) 327-4366   SIC 6021
TORONTO-DOMINION BANK, THE *p* 305
1001 Hamilton St, VANCOUVER, BC, V6B 5T4

(604) 482-2780   SIC 6021
TORONTO-DOMINION BANK, THE *p* 309
717 Pender St W Suite 400, VANCOUVER, BC, V6C 1G9
SIC 6021
TORONTO-DOMINION BANK, THE *p* 315
2801 Granville St, VANCOUVER, BC, V6H 3J2
(604) 654-3775   SIC 6021
TORONTO-DOMINION BANK, THE *p* 318
2105 41st Ave W, VANCOUVER, BC, V6M 1Z6
SIC 6021
TORONTO-DOMINION BANK, THE *p* 323
See BANQUE TORONTO-DOMINION, LA
TORONTO-DOMINION BANK, THE *p* 324
See BANQUE TORONTO-DOMINION, LA
TORONTO-DOMINION BANK, THE *p* 326
5000 Anderson Way, VERNON, BC, V1T 9V2
(250) 550-1250   SIC 6021
TORONTO-DOMINION BANK, THE *p* 332
See BANQUE TORONTO-DOMINION, LA
TORONTO-DOMINION BANK, THE *p* 338
632 Park Royal N, WEST VANCOUVER, BC, V7T 1H9
(604) 926-5484   SIC 6021
TORONTO-DOMINION BANK, THE *p* 358
See BANQUE TORONTO-DOMINION, LA
TORONTO-DOMINION BANK, THE *p* 359
See BANQUE TORONTO-DOMINION, LA
TORONTO-DOMINION BANK, THE *p* 361
See BANQUE TORONTO-DOMINION, LA
TORONTO-DOMINION BANK, THE *p* 367
See BANQUE TORONTO-DOMINION, LA
TORONTO-DOMINION BANK, THE *p* 370
See BANQUE TORONTO-DOMINION, LA
TORONTO-DOMINION BANK, THE *p* 374
See BANQUE TORONTO-DOMINION, LA
TORONTO-DOMINION BANK, THE *p* 399
See BANQUE TORONTO-DOMINION, LA
TORONTO-DOMINION BANK, THE *p* 408
860 Main St, MONCTON, NB, E1C 1G2
(506) 853-4370   SIC 6021
TORONTO-DOMINION BANK, THE *p* 416
See BANQUE TORONTO-DOMINION, LA
TORONTO-DOMINION BANK, THE *p* 460
1785 Barrington St, HALIFAX, NS, B3J 0B2
(902) 420-8040   SIC 6021
TORONTO-DOMINION BANK, THE *p* 465
See BANQUE TORONTO-DOMINION, LA
TORONTO-DOMINION BANK, THE *p* 470
156 Riverside Pky, NEW GLASGOW, NS, B2H 5R3
(902) 755-0068   SIC 6021
TORONTO-DOMINION BANK, THE *p* 478
22 Inglis Pl, TRURO, NS, B2N 4B4
SIC 6021
TORONTO-DOMINION BANK, THE *p* 484
15 Westney Rd N Suite 2, AJAX, ON, L1T 1P4
(905) 686-1218   SIC 6021
TORONTO-DOMINION BANK, THE *p* 487
See BANQUE TORONTO-DOMINION, LA
TORONTO-DOMINION BANK, THE *p* 491
14845 Yonge St Suite 11, AURORA, ON, L4G 6H8
(905) 727-4123   SIC 6021
TORONTO-DOMINION BANK, THE *p* 491
15255 Yonge St, AURORA, ON, L4G 1N5
(905) 727-2220   SIC 6021
TORONTO-DOMINION BANK, THE *p* 494
See BANQUE TORONTO-DOMINION, LA
TORONTO-DOMINION BANK, THE *p* 495
534 Bayfield St, BARRIE, ON, L4M 5A2
(705) 728-4878   SIC 6021
TORONTO-DOMINION BANK, THE *p* 501
See BANQUE TORONTO-DOMINION, LA
TORONTO-DOMINION BANK, THE *p* 504
1475 Hwy 7a, BETHANY, ON, L0A 1A0
(705) 277-2042   SIC 6021
TORONTO-DOMINION BANK, THE *p* 510
See BANQUE TORONTO-DOMINION, LA
TORONTO-DOMINION BANK, THE *p* 517

8125 Dixie Rd, BRAMPTON, ON, L6T 2J9
(905) 793-6666   SIC 6021
TORONTO-DOMINION BANK, THE   p 518
130 Brickyard Way, BRAMPTON, ON, L6V 4N1
(905) 451-1355   SIC 6021
TORONTO-DOMINION BANK, THE   p 521
See BANQUE TORONTO-DOMINION, LA
TORONTO-DOMINION BANK, THE   p 528
See BANQUE TORONTO-DOMINION, LA
TORONTO-DOMINION BANK, THE   p 531
133 King St W Suite 204, BROCKVILLE, ON, K6V 6Z1
(613) 345-1815   SIC 6021
TORONTO-DOMINION BANK, THE   p 531
125 Stewart Blvd, BROCKVILLE, ON, K6V 4W4
(613) 345-1810   SIC 6021
TORONTO-DOMINION BANK, THE   p 532
See BANQUE TORONTO-DOMINION, LA
TORONTO-DOMINION BANK, THE   p 539
2025 Guelph Line Suite 36, BURLINGTON, ON, L7P 4M8
(905) 336-1012   SIC 6021
TORONTO-DOMINION BANK, THE   p 542
See BANQUE TORONTO-DOMINION, LA
TORONTO-DOMINION BANK, THE   p 546
180 Holiday Inn Dr, CAMBRIDGE, ON, N3C 1Z4
(519) 658-5752   SIC 6021
TORONTO-DOMINION BANK, THE   p 555
1 King St W, COBOURG, ON, K9A 2L8
(905) 372-5471   SIC 6021
TORONTO-DOMINION BANK, THE   p 556
See BANQUF TORONTO-DOMINION, LA
TORONTO-DOMINION BANK, THE   p 582
250 Wincott Dr Suite 1, ETOBICOKE, ON, M9R 2R5
(416) 248-6631   SIC 6021
TORONTO-DOMINION BANK, THE   p 582
4335 Bloor St W, ETOBICOKE, ON, M9C 2A5
(416) 621-8320   SIC 6021
TORONTO-DOMINION BANK, THE   p 594
See BANQUE TORONTO-DOMINION, LA
TORONTO-DOMINION BANK, THE   p 595
2544 Bank St, GLOUCESTER, ON, K1T 1M9
SIC 6021
TORONTO-DOMINION BANK, THE   p 598
See BANQUE TORONTO-DOMINION, LA
TORONTO-DOMINION BANK, THE   p 610
See BANQUE TORONTO-DOMINION, LA
TORONTO-DOMINION BANK, THE   p 610
46 King St E, HAMILTON, ON, L8N 1A6
(905) 521-2450   SIC 6021
TORONTO-DOMINION BANK, THE   p 616
781 Mohawk Rd W, HAMILTON, ON, L9C 7B7
(905) 575-9221   SIC 6021
TORONTO-DOMINION BANK, THE   p 624
See BANQUE TORONTO-DOMINION, LA
TORONTO-DOMINION BANK, THE   p 626
110 Earl Grey Dr, KANATA, ON, K2T 1B7
(613) 599-8020   SIC 6021
TORONTO-DOMINION BANK, THE   p 632
1060 Princess St, KINGSTON, ON, K7L 1H2
(613) 546-2666   SIC 6021
TORONTO-DOMINION BANK, THE   p 634
750 Gardiners Rd, KINGSTON, ON, K7M 3X9
(613) 384-1553   SIC 6021
TORONTO-DOMINION BANK, THE   p 635
741 Bayridge Dr, KINGSTON, ON, K7P 2P2
(613) 384-7200   SIC 6021
TORONTO-DOMINION BANK, THE   p 638
See BANQUE TORONTO-DOMINION, LA
TORONTO-DOMINION BANK, THE   p 640
See BANQUE TORONTO-DOMINION, LA
TORONTO-DOMINION BANK, THE   p 641
381 King St W Suite 1, KITCHENER, ON, N2G 1B8
(519) 579-2160   SIC 6021
TORONTO-DOMINION BANK, THE   p 654
See BANQUE TORONTO-DOMINION, LA
TORONTO-DOMINION BANK, THE   p 655
See BANQUE TORONTO-DOMINION, LA
TORONTO-DOMINION BANK, THE   p 659
See BANQUE TORONTO-DOMINION, LA
TORONTO-DOMINION BANK, THE   p 664
See BANQUE TORONTO-DOMINION, LA
TORONTO-DOMINION BANK, THE   p 666
290 Main St, LUCAN, ON, N0M 2J0
(519) 227-4446   SIC 6021
TORONTO-DOMINION BANK, THE   p 666
2478 Main St, LONDON, ON, N6P 1R2
SIC 6021
TORONTO-DOMINION BANK, THE   p 667
18 St Lawrence St W, MADOC, ON, K0K 2K0
(613) 473-4245   SIC 6021
TORONTO-DOMINION BANK, THE   p 670
See BANQUE TORONTO-DOMINION, LA
TORONTO-DOMINION BANK, THE   p 675
7085 Woodbine Ave, MARKHAM, ON, L3R 1A3
(905) 475-6291   SIC 6021
TORONTO-DOMINION BANK, THE   p 684
Gd, MISSISSAUGA, ON, L4T 1A1
(905) 820-7100   SIC 6021
TORONTO-DOMINION BANK, THE   p 691
925 Rathburn Rd E, MISSISSAUGA, ON, L4W 4C3
(905) 848-3390   SIC 6021
TORONTO-DOMINION BANK, THE   p 696
1585 Mississauga Valley Blvd, MISSISSAUGA, ON, L5A 3W9
(905) 275-0991   SIC 6021
TORONTO-DOMINION BANK, THE   p 699
2580 Hurontario St, MISSISSAUGA, ON, L5B 1N5
(905) 277-9474   SIC 6021
TORONTO-DOMINION BANK, THE   p 702
2425 Truscott Dr, MISSISSAUGA, ON, L5J 2B4
(905) 822-4501   SIC 6021
TORONTO-DOMINION BANK, THE   p 713
See BANQUE TORONTO-DOMINION, LA
TORONTO-DOMINION BANK, THE   p 725
24 Dundas St E, NAPANEE, ON, K7R 1H6
(613) 354-2137   SIC 6021
TORONTO-DOMINION BANK, THE   p 727
See BANQUE TORONTO-DOMINION, LA
TORONTO-DOMINION BANK, THE   p 734
130 Davis Dr Suite 24, NEWMARKET, ON, L3Y 2N1
(905) 898-6831   SIC 6021
TORONTO-DOMINION BANK, THE   p 739
3643 Portage Rd, NIAGARA FALLS, ON, L2J 2K8
(905) 356-6931   SIC 6021
TORONTO-DOMINION BANK, THE   p 740
See BANQUE TORONTO-DOMINION, LA
TORONTO-DOMINION BANK, THE   p 741
See BANQUE TORONTO-DOMINION, LA
TORONTO-DOMINION BANK, THE   p 743
See BANQUE TORONTO-DOMINION, LA
TORONTO-DOMINION BANK, THE   p 746
1800 Sheppard Ave E Suite 1, NORTH YORK, ON, M2J 5A7
(416) 491-0567   SIC 6021
TORONTO-DOMINION BANK, THE   p 747
2885 Bayview Ave, NORTH YORK, ON, M2K 0A3
(416) 733-1015   SIC 6021
TORONTO-DOMINION BANK, THE   p 747
686 Finch Ave E, NORTH YORK, ON, M2K 2E6
(416) 225-7791   SIC 6021
TORONTO-DOMINION BANK, THE   p 748
See BANQUE TORONTO-DOMINION, LA
TORONTO-DOMINION BANK, THE   p 760
3401 Dufferin St, North York, ON, M6A 2T9
SIC 6021
TORONTO-DOMINION BANK, THE   p 761
2793 Bathurst St, NORTH YORK, ON, M6B 3A4
(416) 781-6131   SIC 6021
TORONTO-DOMINION BANK, THE   p 766
321 Iroquois Shore Rd, OAKVILLE, ON, L6H 1M3
(905) 845-6621   SIC 6021
TORONTO-DOMINION BANK, THE   p 770
1515 Rebecca St Suite 36, OAKVILLE, ON, L6L 5G8
(905) 827-1107   SIC 6021
TORONTO-DOMINION BANK, THE   p 773
89 Broadway Ave, ORANGEVILLE, ON, L9W 1K2
(519) 941-1850   SIC 6021
TORONTO-DOMINION BANK, THE   p 780
4 King St W, OSHAWA, ON, L1H 1A3
(905) 576-6281   SIC 6021
TORONTO-DOMINION BANK, THE   p 782
22 Stevenson Rd S, OSHAWA, ON, L1J 5L9
(905) 427-7870   SIC 6021
TORONTO-DOMINION BANK, THE   p 786
2269 Riverside Dr Suite 1, OTTAWA, ON, K1H 8K2
(613) 731-4220   SIC 6021
TORONTO-DOMINION BANK, THE   p 787
See BANQUE TORONTO-DOMINION, LA
TORONTO-DOMINION BANK, THE   p 792
45 O'connor St Suite 1100, OTTAWA, ON, K1P 1A4
(613) 782-1201   SIC 6021
TORONTO-DOMINION BANK, THE   p 792
See BANQUE TORONTO-DOMINION, LA
TORONTO-DOMINION BANK, THE   p 795
See BANQUE TORONTO-DOMINION, LA
TORONTO-DOMINION BANK, THE   p 797
See BANQUE TORONTO-DOMINION, LA
TORONTO-DOMINION BANK, THE   p 803
See BANQUE TORONTO-DOMINION, LA
TORONTO-DOMINION BANK, THE   p 813
1355 Kingston Rd, PICKERING, ON, L1V 1B8
(905) 831-2873   SIC 6021
TORONTO-DOMINION BANK, THE   p 813
1794 Liverpool Rd, PICKERING, ON, L1V 4G7
(905) 831-6114   SIC 6021
TORONTO-DOMINION BANK, THE   p 813
1822 Whites Rd Suite 1, PICKERING, ON, L1V 4M1
(905) 420-8312   SIC 6021
TORONTO-DOMINION BANK, THE   p 816
45 Clarence St, PORT COLBORNE, ON, L3K 3G1
(905) 835-2437   SIC 6021
TORONTO-DOMINION BANK, THE   p 820
See BANQUE TORONTO-DOMINION, LA
TORONTO-DOMINION BANK, THE   p 823
10909 Yonge St Suite 13, RICHMOND HILL, ON, L4C 3E3
(905) 508-4511   SIC 6021
TORONTO-DOMINION BANK, THE   p 827
1210 London Rd, SARNIA, ON, N7S 1P4
(519) 383-8320   SIC 6021
TORONTO-DOMINION BANK, THE   p 832
See BANQUE TORONTO-DOMINION, LA
TORONTO-DOMINION BANK, THE   p 836
4515 Kingston Rd, SCARBOROUGH, ON, M1E 2P1
(416) 281-6701   SIC 6021
TORONTO-DOMINION BANK, THE   p 836
See BANQUE TORONTO-DOMINION, LA
TORONTO-DOMINION BANK, THE   p 837
680 Markham Rd, SCARBOROUGH, ON, M1H 2A7
(416) 439-5534   SIC 6021
TORONTO-DOMINION BANK, THE   p 838
697 Mccowan Rd, SCARBOROUGH, ON, M1J 1K2
(416) 431-4810   SIC 6021
TORONTO-DOMINION BANK, THE   p 840
See BANQUE TORONTO-DOMINION, LA
TORONTO-DOMINION BANK, THE   p 842
See BANQUE TORONTO-DOMINION, LA
TORONTO-DOMINION BANK, THE   p 844
See BANQUE TORONTO-DOMINION, LA
TORONTO-DOMINION BANK, THE   p 853
270 Geneva St, ST CATHARINES, ON, L2N 2E8
SIC 6021
TORONTO-DOMINION BANK, THE   p 862
See BANQUE TORONTO-DOMINION, LA
TORONTO-DOMINION BANK, THE   p 863
5887 Main St Suite 1, STOUFFVILLE, ON, L4A 1N2
(905) 640-4000   SIC 6021
TORONTO-DOMINION BANK, THE   p 868
2208 Lasalle Blvd, SUDBURY, ON, P3A 2A8
(705) 566-2313   SIC 6021
TORONTO-DOMINION BANK, THE   p 870
See BANQUE TORONTO-DOMINION, LA
TORONTO-DOMINION BANK, THE   p 870
43 Elm St Suite 210, SUDBURY, ON, P3C 1S4
(705) 669-4000   SIC 6021
TORONTO-DOMINION BANK, THE   p 873
See BANQUE TORONTO-DOMINION, LA
TORONTO-DOMINION BANK, THE   p 875
100 Steeles Ave W Suite 1, THORNHILL, ON, L4J 7Y1
(905) 882-0300   SIC 6021
TORONTO-DOMINION BANK, THE   p 879
231 Red River Rd, THUNDER BAY, ON, P7B 1A7
(807) 346-3175   SIC 6021
TORONTO-DOMINION BANK, THE   p 879
1039 Memorial Ave, THUNDER BAY, ON, P7B 4A4
(807) 626-1565   SIC 6021
TORONTO-DOMINION BANK, THE   p 889
5400 Yonge St, TORONTO, ON, M2N 5R5
(416) 225-5767   SIC 6021
TORONTO-DOMINION BANK, THE   p 890
12 Concord Pl, TORONTO, ON, M3C 2R8
(416) 462-2054   SIC 6021
TORONTO-DOMINION BANK, THE   p 891
See BANQUE TORONTO-DOMINION, LA
TORONTO-DOMINION BANK, THE   p 892
3060 Danforth Ave, TORONTO, ON, M4C 1N2
(416) 698-2871   SIC 6021
TORONTO-DOMINION BANK, THE   p 892
1684 Danforth Ave Suite 1, TORONTO, ON, M4C 1H6
(416) 466-2317   SIC 6021
TORONTO-DOMINION BANK, THE   p 897
See BANQUE TORONTO-DOMINION, LA
TORONTO-DOMINION BANK, THE   p 898
2263 Yonge St, TORONTO, ON, M4P 2C6
(416) 932-1500   SIC 6021
TORONTO-DOMINION BANK, THE   p 899
See BANQUE TORONTO-DOMINION, LA
TORONTO-DOMINION BANK, THE   p 909
110 Yonge St Suite 2587, TORONTO, ON, M5C 1T4
(416) 361-8600   SIC 6021
TORONTO-DOMINION BANK, THE   p 912
777 Bay St Suite 248, TORONTO, ON, M5G 2C8
(416) 982-4364   SIC 6021
TORONTO-DOMINION BANK, THE   p 916
141 Adelaide St W Suite 1700, TORONTO, ON, M5H 3L5
(416) 982-8768   SIC 6021
TORONTO-DOMINION BANK, THE   p 917
See BANQUE TORONTO-DOMINION, LA
TORONTO-DOMINION BANK, THE   p 921
See BANQUE TORONTO-DOMINION, LA
TORONTO-DOMINION BANK, THE   p 921
70 University Ave Suite 1105, TORONTO, ON, M5J 2M4
(416) 982-2322   SIC 6021
TORONTO-DOMINION BANK, THE   p 922
66 Wellington St W, TORONTO, ON, M5K 1A2
(416) 944-5746   SIC 6021
TORONTO-DOMINION BANK, THE   p 922
55 King St W, TORONTO, ON, M5K 1A2
(416) 983-3434   SIC 6021
TORONTO-DOMINION BANK, THE   p 922
55 King St W, TORONTO, ON, M5K 1A2

(416) 982-5722 SIC 6021
TORONTO-DOMINION BANK, THE p 922
55 King St W, TORONTO, ON, M5K 1A2
(416) 982-2322 SIC 6021
TORONTO-DOMINION BANK, THE p 922
55 King St, TORONTO, ON, M5K 1A2
(416) 982-5084 SIC 6021
TORONTO-DOMINION BANK, THE p 927
220 Bloor St W, TORONTO, ON, M5S 3B7
(416) 766-9200 SIC 6021
TORONTO-DOMINION BANK, THE p 933
See BANQUE TORONTO-DOMINION, LA
TORONTO-DOMINION BANK, THE p 934
1886 Eglinton Ave W, TORONTO, ON, M6E 2J6
(416) 785-7742 SIC 6021
TORONTO-DOMINION BANK, THE p 935
574 Bloor St W, TORONTO, ON, M6G 1K1
(416) 534-9211 SIC 6021
TORONTO-DOMINION BANK, THE p 940
1498 Islington Ave, TORONTO, ON, M9A 3L7
(416) 239-4352 SIC 6021
TORONTO-DOMINION BANK, THE p 941
See BANQUE TORONTO-DOMINION, LA
TORONTO-DOMINION BANK, THE p 942
1440 Royal York Rd, TORONTO, ON, M9P 3B1
(416) 243-0855 SIC 6021
TORONTO-DOMINION BANK, THE p 945
8545 Mccowan Rd Suite 7, UNIONVILLE, ON, L3P 1W9
(905) 471-4200 SIC 6021
TORONTO-DOMINION BANK, THE p 945
See BANQUE TORONTO-DOMINION, LA
TORONTO-DOMINION BANK, THE p 946
1 Brock St W, UXBRIDGE, ON, L9P 1P6
(905) 852-3324 SIC 6021
TORONTO-DOMINION BANK, THE p 953
See BANQUE TORONTO-DOMINION, LA
TORONTO-DOMINION BANK, THE p 956
845 Niagara St, WELLAND, ON, L3C 1M4
(905) 732-2461 SIC 6021
TORONTO-DOMINION BANK, THE p 957
See BANQUE TORONTO-DOMINION, LA
TORONTO-DOMINION BANK, THE p 960
See BANQUE TORONTO-DOMINION, LA
TORONTO-DOMINION BANK, THE p 962
See BANQUE TORONTO-DOMINION, LA
TORONTO-DOMINION BANK, THE p 970
See BANQUE TORONTO-DOMINION, LA
TORONTO-DOMINION BANK, THE p 975
7766 Martin Grove Rd Suite 1, WOODBRIDGE, ON, L4L 2C7
(905) 851-3975 SIC 6021
TORONTO-DOMINION BANK, THE p 1017
5800 Boul Cavendish, Cote Saint-Luc, QC, H4W 2T5
(514) 369-2622 SIC 6021
TORONTO-DOMINION BANK, THE p 1028
890 Ch Herron, DORVAL, QC, H9S 1B3
(514) 631-6754 SIC 6021
TORONTO-DOMINION BANK, THE p 1101
See BANQUE TORONTO-DOMINION, LA
TORONTO-DOMINION BANK, THE p 1104
525 Av Viger O Bureau 100, Montreal, QC, H2Z 0B2
(514) 289-0799 SIC 6021
TORONTO-DOMINION BANK, THE p 1203
1825 Av O'brien, SAINT-LAURENT, QC, H4L 3W6
(514) 956-0909 SIC 6021
TORONTO-DOMINION BANK, THE p 1206
See BANQUE TORONTO-DOMINION, LA
TORONTO-DOMINION BANK, THE p 1272
139 Kaiser Wilhelm Ave, LANGENBURG, SK, S0A 2A0
(306) 743-2691 SIC 6021
TORONTO-DOMINION BANK, THE p 1279
See BANQUE TORONTO-DOMINION, LA
TORONTO-DOMINION BANK, THE p 1289
4240 Albert St, REGINA, SK, S4S 3R9
(306) 780-0406 SIC 6021
TORONTO-DOMINION BANK, THE p 1293

3020 8th St E, SASKATOON, SK, S7H 0W2
(306) 975-7300 SIC 6021
TORONTO-DOMINION BANK, THE p 1298
234 Primrose Dr Suite 242, SASKATOON, SK, S7K 6Y6
(306) 975-7330 SIC 6021
TORQUAY SCHOOL p 327
See BOARD OF EDUCATION OF SCHOOL DISTRICT NO. 61 (GREATER VICTORIA)
TORRES AVIATION INCORPORATED p 675
95 Royal Crest Crt Unit 5, MARKHAM, ON, L3R 9X5
(905) 470-7655 SIC 7383
TORSTAR p 931
See TORSTAR CORPORATION
TORSTAR CORPORATION p 610
44 Frid St, HAMILTON, ON, L8N 3G3
(905) 526-3590 SIC 2752
TORSTAR CORPORATION p 641
160 King St E, KITCHENER, ON, N2G 4E5
(519) 821-2022 SIC 2711
TORSTAR CORPORATION p 780
865 Farewell St, OSHAWA, ON, L1H 6N8
(905) 579-4400 SIC 2711
TORSTAR CORPORATION p 931
590 King St W Suite 400, TORONTO, ON, M5V 1M3
(416) 687-5700 SIC 2752
TORYCO SERVICES p 921
See 373813 ONTARIO LIMITED
TORYS LLP p 50
4600 46fl 525 8 Ave Sw, CALGARY, AB, T2P 1G1
(403) 776-3700 SIC 8111
TOSHIBA BUSINESS SOLUTIONS p 91
See CONEX BUSINESS SYSTEMS INC
TOSHIBA BUSINESS SOLUTIONS p 670
See CONEX BUSINESS SYSTEMS INC
TOSHIBA BUSINESS SYSTEMS p 93
See TOSHIBA OF CANADA LIMITED
TOSHIBA OF CANADA p 1049
See TOSHIBA OF CANADA LIMITED
TOSHIBA OF CANADA LIMITED p 93
18030 107 Ave Nw, EDMONTON, AB, T5S 1P4
(780) 484-6116 SIC 5999
TOSHIBA OF CANADA LIMITED p 675
75 Tiverton Crt, MARKHAM, ON, L3R 4M8
(905) 470-3500 SIC 5064
TOSHIBA OF CANADA LIMITED p 786
695 Industrial Ave, OTTAWA, ON, K1G 0Z1
(613) 249-9900 SIC 5999
TOSHIBA OF CANADA LIMITED p 1049
18050 Rte Transcanadienne, KIRKLAND, QC, H9J 4A1
(514) 390-7766 SIC 5065
TOSHIBA SOLUTIONS D'AFFAIRES p 1118
See CONEX BUSINESS SYSTEMS INC
TOSORONTIO CENTRAL PUBLIC SCHOOL p 588
See SIMCOE COUNTY DISTRICT SCHOOL BOARD, THE
TOT-EM TRANSPORTATION MEDICINE HAT LTD p 145
3314 17 Ave Sw, MEDICINE HAT, AB, T1B 4B2
(403) 527-6986 SIC 4151
TOTAL CANADA INC p 1061
220 Av Lafleur, LASALLE, QC, H8R 4C9
(514) 595-7579 SIC 2911
TOTAL CAPITAL CANADA LTD p 50
240 4 Ave Sw Suite 2900, CALGARY, AB, T2P 4H4
(403) 571-7599 SIC 1382
TOTAL CARE HEALTH CARE SERVICES p 369
11 Oakstone Pl, WINNIPEG, MB, R2P 2L5
SIC 8059
TOTAL CREDIT RECOVERY LIMITED p 1130
4455 Nord Laval (A-440) O, Montreal, QC, H7P 4W6
(450) 680-1800 SIC 7322
TOTAL E&P CANADA LTD p 50

240 4 Ave Sw Suite 2900, CALGARY, AB, T2P 4H4
(403) 571-7599 SIC 1311
TOTAL ELECTRIC SUPPLY LIMITED p 541
10 Perdue Crt Unit 6, CALEDON, ON, L7C 3M6
(905) 495-3538 SIC 5063
TOTAL ENERGY SERVICES INC p 20
6900 112 Ave Se, CALGARY, AB, T2C 4Z1
(403) 235-5877 SIC 1382
TOTAL HOSPITALITY SERVICES INC p 968
670 Ouellette Ave, WINDSOR, ON, N9A 1B9
(519) 977-9116 SIC 5813
TOTAL OILFIELD RENTALS LIMITED PARTNERSHIP p 6
27322-13 Twp Rd, BLACKFALDS, AB, T0M 0J0
(403) 885-4166 SIC 4213
TOTAL OILFIELD RENTALS LIMITED PARTNERSHIP p 70
61058 668 Hwy, County Of Grande Prairie No. 1, AB, T8W 5A9
(780) 532-1994 SIC 4213
TOTAL RESTORATION SERVICES INC p 224
707 Finns Rd, KELOWNA, BC, V1X 5B7
(250) 491-3828 SIC 7217
TOTAL RM CANADA p 1061
See TOTAL CANADA INC
TOTAL SAFETY SERVICES INC p 247
1336 Main St, NORTH VANCOUVER, BC, V7J 1C3
SIC 8748
TOTAL TECH POOLS INC p 770
1380 Speers Rd Suite 1, OAKVILLE, ON, L6L 5V3
(905) 825-1389 SIC 7389
TOTEM HALL, THE p 279
See SQUAMISH NATION
TOTEM PARK RESIDENCE p 320
See UNIVERSITY OF BRITISH COLUMBIA, THE
TOTES p 721
See TOTES ISOTONER CANADA LIMITED
TOTES ISOTONER CANADA LIMITED p 721
6335 Shawson Dr, MISSISSAUGA, ON, L5T 1S7
(905) 564-4817 SIC 5139
TOTO ENTERPRISES LTD p 313
1154 Robson St, VANCOUVER, BC, V6E 1B2
(604) 688-7338 SIC 5812
TOTTEN INSURANCE GROUP INC p 912
20 Dundas St W Suite 910, TORONTO, ON, M5G 2C2
(416) 342-1159 SIC 6411
TOTTENHAM FOODLAND STORE p 943
See SOBEYS CAPITAL INCORPORATED
TOTTENHAM PUBLIC SCHOOL p 943
See SIMCOE COUNTY DISTRICT SCHOOL BOARD, THE
TOTUM LIFE SCIENCE INC p 900
200 St Clair Ave W Suite 108, TORONTO, ON, M4V 1R1
(416) 960-3636 SIC 7999
TOTUM LIFE SCIENCE INC p 903
2 Roxborough St E Unit 2, TORONTO, ON, M4W 3V7
(416) 925-5706 SIC 7999
TOUCH CANADA BROADCASTING INC p 109
5316 Calgary Trail Nw, EDMONTON, AB, T6H 4J8
(780) 469-5200 SIC 4832
TOUCH COMMUNICATION INC p 612
118 James St N Suite 300, HAMILTON, ON, L8R 2K7
(905) 667-5757 SIC 4899
TOUCHIE ENGINEERING, DIV OF p 745
See R. V. ANDERSON ASSOCIATES LIMITED
TOUCHTUNES DIGITAL JUKEBOX INC p 1205
400 Av Sainte-Croix Bureau 200e, SAINT-LAURENT, QC, H4N 3L4
(514) 742-9518 SIC 3931
TOULON DEVELOPMENT CORPORATION p 480
76 Starrs Rd, YARMOUTH, NS, B5A 2T5
(902) 742-9518 SIC 7299
TOURAM LIMITED PARTNERSHIP p 686
5925 Airport Rd Suite 700, MISSISSAUGA, ON, L4V 1W1
(905) 615-8020 SIC 4724
TOURBIERE MIRAMICHI p 405
See SCOTT CANADA LTD
TOURBIERES BERGER LTEE, LES p 350
43037 Provincial Rd Suite 503, HADASHVILLE, MB, R0E 0X0
(204) 426-2342 SIC 1499
TOURBIERES BERGER LTEE, LES p 393
4188 Route 117, BAIE-SAINTE-ANNE, NB, E9A 1R7
(506) 228-4978 SIC 1499
TOURBIERES LAMBERT INC p 1175
106 Ch Lambert Bureau 347, Riviere-Ouelle, QC, G0L 2C0
(418) 852-2885 SIC 1499
TOURISM COMMUNICATION CENTER p 422
See PROVINCE OF NEW BRUNSWICK
TOURISM VICTORIA p 331
See GREATER VICTORIA VISITORS & CONVENTION BUREAU
TOURLAND TRAVEL LTD p 270
8899 Odlin Cres, RICHMOND, BC, V6X 3Z7
(604) 276-9592 SIC 4725
TOURNAGE DE BOIS DYNASTIE LTEE p 1217
200 Rue Saint-Dominique, Saint-Marc-des-Carrieres, QC, G0A 4B0
(418) 268-8755 SIC 2499
TOURS CHANTECLERC INC p 1103
152 Rue Notre-Dame E, Montreal, QC, H2Y 3P6
(514) 398-9535 SIC 4725
TOURS NEW YORK INC p 788
1400 St. Laurent Blvd, OTTAWA, ON, K1K 4H4
(613) 748-7759 SIC 4725
TOWARD OPTIMIZED PRACTICE p 87
See ALBERTA MEDICAL ASSOCIATION
TOWER EVENTS & SEATING RENTALS INC p 587
365 Attwell Dr, ETOBICOKE, ON, M9W 5C2
(416) 213-1666 SIC 7389
TOWER MILLWORKS, DIV OF p 277
See PHILBROOK'S BOATYARD LTD
TOWER SCAFFOLD SERVICES INC p 1022
161 Rue Brossard, DELSON, QC, J5B 1W9
(450) 638-7111 SIC 1541
TOWER, THE p 457
See SAINT MARY'S UNIVERSITY
TOWERS WATSON CANADA INC p 903
175 Bloor St E Suite 1701, TORONTO, ON, M4W 3T6
(416) 960-2700 SIC 8999
TOWLE, RUSSELL L ENTERPRISES LTD p 903
25 Yorkville Ave, TORONTO, ON, M4W 1L1
(416) 923-0993 SIC 7231
TOWN & COUNTRY MOTOR HOTEL
See T & C MOTOR HOTEL LTD
TOWN & COUNTRY PLUMBING & HEATING p 1287
See LENNOX CANADA INC
TOWN & COUNTRY PLUMBING & HEATING (2004) LTD p 1286
1450 South Railway St, REGINA, SK, S4P 0A2
(306) 352-4328 SIC 1711
TOWN & COUNTRY PLUMBING AND HEATING p 1286

See TOWN & COUNTRY PLUMBING & HEATING (2004) LTD

TOWN OF CANMORE p 67
1021 Railway Ave, CANMORE, AB, T1W 1P3
(403) 678-6199   SIC 7389

TOWN OF CANMORE p 67
1900 8 Ave, CANMORE, AB, T1W 1Y2
(403) 678-8920   SIC 7999

TOWN OF RIVERVIEW p 413
650 Pinewood Rd, RIVERVIEW, NB, E1B 5M7
(506) 387-2020   SIC 7389

TOWN OF WESTLOCK p 174
10450 106a St, WESTLOCK, AB, T7P 2E5
(780) 349-6677   SIC 7999

TOWN SHOES LIMITED p 62
5657 Signal Hill Ctr Sw Unit 2, CALGARY, AB, T3H 3P8
(403) 246-8666   SIC 5661

TOWN SHOES LIMITED p 62
72 Crowfoot Terr Nw Suite 28, CALGARY, AB, T3G 4J8
(403) 547-7777   SIC 5661

TOWN SHOES LIMITED p 85
13360 137 Ave Nw, EDMONTON, AB, T5L 5C9
(780) 482-4603   SIC 5661

TOWN SHOES LIMITED p 89
318 Mayfield Common Nw, EDMONTON, AB, T5P 4B3
(780) 444-1441   SIC 5661

TOWN SHOES LIMITED p 113
2022 99 St Nw, EDMONTON, AB, T6N 1L3
(780) 433-4466   SIC 5661

TOWN SHOES LIMITED p 233
20150 Langley Bypass Suite 40, LANGLEY, BC, V3A 9J8
(604) 539-9992   SIC 5661

TOWN SHOES LIMITED p 338
2002 Park Royal S Unit 2021, WEST VANCOUVER, BC, V7T 2W4
(604) 922-2253   SIC 5661

TOWN SHOES LIMITED p 388
1559 Kenaston Blvd Suite 1, WINNIPEG, MB, R3P 2N3
(204) 489-6992   SIC 5661

TOWN SHOES LIMITED p 432
85 Aberdeen Ave Unit 2, ST. JOHN'S, NL, A1A 5P6
SIC 5661

TOWN SHOES LIMITED p 488
14 Martindale Cres, ANCASTER, ON, L9K 1J9
SIC 5661

TOWN SHOES LIMITED p 510
80 Great Lakes Dr Suite 152, BRAMPTON, ON, L6R 2K7
(905) 789-8181   SIC 5661

TOWN SHOES LIMITED p 563
1 Bass Pro Mills Dr Suite 330, CONCORD, ON, L4K 5W4
(905) 669-2828   SIC 5661

TOWN SHOES LIMITED p 582
171 North Queen St Suite 3, ETOBICOKE, ON, M9C 1A7
(416) 622-3883   SIC 5661

TOWN SHOES LIMITED p 675
3175 Highway 7 E Unit 300, MARKHAM, ON, L3R 0T9
(905) 477-0697   SIC 5661

TOWN SHOES LIMITED p 760
3110 Bathurst St Unit 7b, NORTH YORK, ON, M6A 2A1
(416) 787-5136   SIC 5661

TOWN SHOES LIMITED p 786
2277 Riverside Dr Unit 40, OTTAWA, ON, K1H 7X6
(613) 731-8858   SIC 5661

TOWN SHOES LIMITED p 975
7575 Weston Rd Unit 255, WOODBRIDGE, ON, L4L 9K5
(905) 850-8081   SIC 5661

TOWN SHOES LIMITED p 1290

2038 Prince Of Wales Dr, REGINA, SK, S4V 3A6
(306) 781-0033   SIC 5661

TOWNE MEADOW DEVELOPMENT CORPORATION INC p 675
80 Tiverton Crt Suite 300, MARKHAM, ON, L3R 0G4
(905) 477-7609   SIC 1521

TOWNEPLACE SUITES SUDBURY p 867
See EASTON'S GROUP OF HOTELS INC

TOWNSHIP OF LANGLEY FIRE DEPARTMENT p 231
See LANGLEY, CORPORATION OF THE TOWNSHIP OF

TOWNSHIP OF NORTH GLENGARRY p 485
188 Kenyon St W, ALEXANDRIA, ON, K0C 1A0
(613) 525-1240   SIC 7389

TOWNSHIP OF NORWICH p 763
53 1/2 Stover St S, NORWICH, ON, N0J 1P0
(519) 863-3733   SIC 8322

TOWNSHIP OF OSGOODE CARE CENTRE p 679
7650 Snake Island Rd Rr 3, METCALFE, ON, K0A 2P0
SIC 8051

TOWNSHIP TRANSIT SERVICES INC p 178
1125 Riverside Rd, ABBOTSFORD, BC, V2S 7P1
(604) 854-2960   SIC 4111

TOXCO WASTE MANAGEMENT LTD p 292
9384 22a Hwy, TRAIL, BC, V1R 4W6
(250) 367-9882   SIC 4953

TOYO TIRE CANADA INC. p 268
7791 Nelson Rd Unit 120, RICHMOND, BC, V6W 1G3
(604) 304-1941   SIC 5531

TOYO TIRES p 268
See TOYO TIRE CANADA INC.

TOYOTA BOSHOKU CANADA, INC p 573
45 South Field Dr Suite 1, ELMIRA, ON, N3B 3L6
(519) 669-8883   SIC 3089

TOYOTA CANADA INC p 837
1 Toyota Pl, SCARBOROUGH, ON, M1H 1H9
(416) 438-6320   SIC 5012

TOYOTA CANADA INC p 962
9375 Tecumseh Rd E, WINDSOR, ON, N8R 1A1
(519) 979-1900   SIC 5511

TOYOTA CREDIT CANADA INC p 675
80 Micro Crt Suite 200, MARKHAM, ON, L3R 9Z5
(905) 513-8200   SIC 6141

TOYOTA MOTOR MANUFACTURING p 978
See TOYOTA MOTOR MANUFACTURING CANADA INC

TOYOTA MOTOR MANUFACTURING CANADA INC p 978
1717 Dundas St, WOODSTOCK, ON, N4S 0A4
(519) 653-1111   SIC 3711

TOYOTA MOTOR MANUFACTURING CANADA INC p 978
715106 Oxford Rd Suite 4, WOODSTOCK, ON, N4S 7V9
SIC 3711

TOYOTA TSUSHO CANADA INC p 547
1080 Fountain St N Unit 2, CAMBRIDGE, ON, N3E 1A3
(519) 653-6600   SIC 5013

TOYOTA TSUSHO CANADA INC p 978
270 Beards Lane, WOODSTOCK, ON, N4S 7W3
(519) 533-5570   SIC 5013

TOYOTA VICTORIAVILLE p 1259
See GARAGE REJEAN ROY INC

TOYS 'R' US p 36
See TOYS 'R' US (CANADA) LTD

TOYS 'R' US p 59
See TOYS 'R' US (CANADA) LTD

TOYS 'R' US p 76
See TOYS 'R' US (CANADA) LTD

TOYS 'R' US p 95
See TOYS 'R' US (CANADA) LTD

TOYS 'R' US p 111
See TOYS 'R' US (CANADA) LTD

TOYS 'R' US p 139
See TOYS 'R' US (CANADA) LTD

TOYS 'R' US p 157
See TOYS 'R' US (CANADA) LTD

TOYS 'R' US p 192
See TOYS 'R' US (CANADA) LTD

TOYS 'R' US p 203
See TOYS 'R' US (CANADA) LTD

TOYS 'R' US p 227
See TOYS 'R' US (CANADA) LTD

TOYS 'R' US p 233
See TOYS 'R' US (CANADA) LTD

TOYS 'R' US p 242
See TOYS 'R' US (CANADA) LTD

TOYS 'R' US p 270
See TOYS 'R' US (CANADA) LTD

TOYS 'R' US p 363
See TOYS 'R' US (CANADA) LTD

TOYS 'R' US p 397
See TOYS 'R' US (CANADA) LTD

TOYS 'R' US p 402
See TOYS 'R' US (CANADA) LTD

TOYS 'R' US p 415
See TOYS 'R' US (CANADA) LTD

TOYS 'R' US p 434
See TOYS 'R' US (CANADA) LTD

TOYS 'R' US p 517
See TOYS 'R' US (CANADA) LTD

TOYS 'R' US p 635
See TOYS 'R' US (CANADA) LTD

TOYS 'R' US p 639
See TOYS 'R' US (CANADA) LTD

TOYS 'R' US p 728
See TOYS 'R' US (CANADA) LTD

TOYS 'R' US p 772
See TOYS 'R' US (CANADA) LTD

TOYS 'R' US p 788
See TOYS 'R' US (CANADA) LTD

TOYS 'R' US p 853
See TOYS 'R' US (CANADA) LTD

TOYS 'R' US p 875
See TOYS 'R' US (CANADA) LTD

TOYS 'R' US p 898
See TOYS 'R' US (CANADA) LTD

TOYS 'R' US p 935
See TOYS 'R' US (CANADA) LTD

TOYS 'R' US p 941
See TOYS 'R' US (CANADA) LTD

TOYS 'R' US p 959
See TOYS 'R' US (CANADA) LTD

TOYS 'R' US p 975
See TOYS 'R' US (CANADA) LTD

TOYS 'R' US p 1001
See TOYS 'R' US (CANADA) LTD

TOYS 'R' US p 1008
See TOYS 'R' US (CANADA) LTD

TOYS 'R' US p 1021
See TOYS 'R' US (CANADA) LTD

TOYS 'R' US p 1162
See TOYS 'R' US (CANADA) LTD

TOYS 'R' US p 1240
See TOYS 'R' US (CANADA) LTD

TOYS 'R' US p 1249
See TOYS 'R' US (CANADA) LTD

TOYS 'R' US p 1302
See TOYS 'R' US (CANADA) LTD

TOYS 'R' US #3558 p 221
See TOYS 'R' US (CANADA) LTD

TOYS 'R' US (CANADA) LTD p 36
10450 Macleod Trail Se, CALGARY, AB, T2J 0P8
(403) 974-8686   SIC 5945

TOYS 'R' US (CANADA) LTD p 59
3625 Shaganappi Trail Nw, CALGARY, AB, T3A 0E2
(403) 974-8683   SIC 5945

TOYS 'R' US (CANADA) LTD p 76
13029 97 St Nw, EDMONTON, AB, T5E 4C4

(780) 944-9404   SIC 5945

TOYS 'R' US (CANADA) LTD p 95
9908 170 St Nw, EDMONTON, AB, T5T 5L5
(780) 944-9414   SIC 5945

TOYS 'R' US (CANADA) LTD p 111
3940 Gateway Blvd Nw, EDMONTON, AB, T6J 7A9
(780) 944-9424   SIC 5961

TOYS 'R' US (CANADA) LTD p 139
225 1 Ave S, LETHBRIDGE, AB, T1J 4P2
(403) 328-3677   SIC 5945

TOYS 'R' US (CANADA) LTD p 157
4900 Molly Bannister Dr Suite 171, RED DEER, AB, T4R 1N9
(403) 341-8760   SIC 5945

TOYS 'R' US (CANADA) LTD p 192
4800 Kingsway, BURNABY, BC, V5H 4J2
(604) 668-8330   SIC 5945

TOYS 'R' US (CANADA) LTD p 203
1110 Lougheed Hwy, COQUITLAM, BC, V3K 6S4
(604) 654-4775   SIC 5945

TOYS 'R' US (CANADA) LTD p 221
500 Notre Dame Dr Unit 100, KAMLOOPS, BC, V2C 6T6
(250) 851-8250   SIC 5945

TOYS 'R' US (CANADA) LTD p 227
2020 Harvey Ave, KELOWNA, BC, V1Y 8J8
(250) 862-8697   SIC 5945

TOYS 'R' US (CANADA) LTD p 233
19705 Fraser Hwy Suite 100, LANGLEY, BC, V3A 7E9
(604) 534-8607   SIC 5945

TOYS 'R' US (CANADA) LTD p 242
6631 Island Hwy N, NANAIMO, BC, V9T 4T7
(250) 390-1993   SIC 5945

TOYS 'R' US (CANADA) LTD p 270
5300 No. 3 Rd Suite 314, RICHMOND, BC, V6X 2X9
(604) 654-4790   SIC 5945

TOYS 'R' US (CANADA) LTD p 363
1560 Regent Ave W, WINNIPEG, MB, R2C 3B4
(204) 982-8690   SIC 5945

TOYS 'R' US (CANADA) LTD p 397
477 Rue Paul, DIEPPE, NB, E1A 4X5
(506) 859-8697   SIC 5945

TOYS 'R' US (CANADA) LTD p 402
1381 Regent St, FREDERICTON, NB, E3C 1A2
(506) 457-9206   SIC 5945

TOYS 'R' US (CANADA) LTD p 415
519 Westmorland Rd, SAINT JOHN, NB, E2J 3W9
(506) 635-8697   SIC 5945

TOYS 'R' US (CANADA) LTD p 434
58 Kenmount Rd, ST. JOHN'S, NL, A1B 1W2
(709) 722-8697   SIC 5945

TOYS 'R' US (CANADA) LTD p 517
150 West Dr, BRAMPTON, ON, L6T 4P9
(905) 454-8697   SIC 5945

TOYS 'R' US (CANADA) LTD p 563
2777 Langstaff Rd, CONCORD, ON, L4K 4M5
(905) 660-2000   SIC 5945

TOYS 'R' US (CANADA) LTD p 635
1020 Midland Ave, KINGSTON, ON, K7P 2X9
(613) 634-8697   SIC 5945

TOYS 'R' US (CANADA) LTD p 639
419 Fairway Rd S, KITCHENER, ON, N2C 1X4
(519) 894-8697   SIC 5945

TOYS 'R' US (CANADA) LTD p 728
1683 Merivale Rd, NEPEAN, ON, K2G 3K2
(613) 228-8697   SIC 5945

TOYS 'R' US (CANADA) LTD p 772
290 North Service Rd W, OAKVILLE, ON, L6M 2S2
(905) 849-1860   SIC 5945

TOYS 'R' US (CANADA) LTD p 788
1200 St. Laurent Blvd Suite 77, OTTAWA, ON, K1K 3B8
(613) 749-8697   SIC 5945

TOYS 'R' US (CANADA) LTD p 853
87 Meadowvale Dr, ST CATHARINES, ON, L2N 3Z8
(905) 646-8697   SIC 5945

TOYS 'R' US (CANADA) LTD p 875
300 Steeles Ave W, THORNHILL, ON, L4J 1A1
(416) 222-8697   SIC 5945

TOYS 'R' US (CANADA) LTD p 898
2300 Yonge St, TORONTO, ON, M4P 1E4
(416) 322-1599   SIC 5945

TOYS 'R' US (CANADA) LTD p 935
900 Dufferin St Unit 200, TORONTO, ON, M6H 4B1
(416) 532-8697   SIC 5945

TOYS 'R' US (CANADA) LTD p 941
690 Evans Ave, TORONTO, ON, M9C 1A1
(416) 621-8697   SIC 5945

TOYS 'R' US (CANADA) LTD p 959
50 Thickson Rd S, WHITBY, ON, L1N 7T2
(905) 668-2090   SIC 5945

TOYS 'R' US (CANADA) LTD p 975
200 Windflower Gate, WOODBRIDGE, ON, L4L 9L3
(905) 265-8697   SIC 5945

TOYS 'R' US (CANADA) LTD p 1001
3450 Av Des Grandes Tourelles, BOIS-BRIAND, QC, J7H 0A2
(450) 435-7588   SIC 5945

TOYS 'R' US (CANADA) LTD p 1008
6855 Boul Taschereau, BROSSARD, QC, J4Z 1A7
(450) 445-1889   SIC 5945

TOYS 'R' US (CANADA) LTD p 1021
2600 Boul Daniel-Johnson, Cote Saint-Luc, QC, H7T 2K1
(450) 682-6194   SIC 5945

TOYS 'R' US (CANADA) LTD p 1162
2700 Boul Laurier, Quebec, QC, G1V 2L8
(418) 656-8697   SIC 5945

TOYS 'R' US (CANADA) LTD p 1182
655 Boul Des Promenades, SAINT-BRUNO, QC, J3V 6A8
(450) 441-8697   SIC 5945

TOYS 'R' US (CANADA) LTD p 1240
3050 Boul De Portland, SHERBROOKE, QC, J1L 1K1
(819) 820-8697   SIC 5945

TOYS 'R' US (CANADA) LTD p 1249
4125 Boul Des Forges, Trois-Rivieres, QC, G8Y 1W1
(819) 370-8697   SIC 5945

TOYS 'R' US (CANADA) LTD p 1302
300 Idylwyld Dr S, SASKATOON, SK, S7M 5T4
(306) 653-8697   SIC 5945

TOYS R US p 1182
See TOYS 'R' US (CANADA) LTD

TP-HOLIDAY GROUP LIMITED p 1087
4875 Boul Des Grandes-Prairies, MONTREAL, QC, H1R 1X4
(514) 325-0660   SIC 5099

TR LABS p 390
See TELECOMMUNICATIONS RESEARCH LABORATORIES

TR LEGER SCHOOL OF ADULT ALTERNATIVE & CONTINUING EDUCATION p 850
See UPPER CANADA DISTRICT SCHOOL BOARD, THE

TRA ATLANTIC p 434
63 Glencoe Dr, ST. JOHN'S, NL, A1B 4A5
(709) 364-7771   SIC 4213

TRA ATLANTIC, DIV OF p 468
See SOBEYS CAPITAL INCORPORATED

TRA NEWFOUNDLAND p 427
See SOBEYS CAPITAL INCORPORATED

TRACADIE FOOD WAREHOUSE p 421
See ATLANTIC WHOLESALERS LTD

TRACER CANADA COMPANY p 93
11004 174 St Nw, EDMONTON, AB, T5S 2P3
SIC 1389

TRACER SUPERVISION, DIV OF p 51
See BARLON ENGINEERING GROUP LTD, THE

TRACKS & WHEELS EQUIPMENT BROKERS INC p 868
400 Hwy 69 N, SUDBURY, ON, P3A 4S9
(705) 566-5438   SIC 5082

TRACTION p 102
See UAP INC

TRACTION p 717
See UAP INC

TRACTION p 1211
See UAP INC

TRACTION CAMBRIDGE p 548
See UAP INC

TRACTION HEAVY DUTY PARTS p 144
See UAP INC

TRACTION HEAVY DUTY TRUCK PARTS p 652
See UAP INC

TRADE-MARK INDUSTRIAL INC p 547
250 Royal Oak Rd, CAMBRIDGE, ON, N3E 0A4
(519) 650-7444   SIC 1796

TRADER CORPORATION p 87
11638 142 St Nw, EDMONTON, AB, T5M 1V4
(780) 415-6800   SIC 2721

TRADER CORPORATION p 190
3555 Gilmore Way 1 West, BURNABY, BC, V5G 0B3
(604) 540-4455   SIC 2721

TRADER CORPORATION p 384
1749 Ellice Ave Suite G, WINNIPEG, MB, R3H 1H9
(204) 949-6444   SIC 2721

TRADER CORPORATION p 453
11 Akerley Blvd Suite 400a, DARTMOUTH, NS, B3B 1V7
(902) 421-1332   SIC 2721

TRADER CORPORATION p 453
11 Akerley Blvd Suite 400a, DARTMOUTH, NS, B3B 1V7
(902) 468-2899   SIC 2721

TRADER CORPORATION p 582
405 The West Mall Suite 110, ETOBICOKE, ON, M9C 5J1
(416) 789-3311   SIC 2721

TRADER CORPORATION p 658
332 Wellington Rd Unit 1, LONDON, ON, N6C 4P6
SIC 2741

TRADER CORPORATION p 760
970 Lawrence Ave W Suite 500, NORTH YORK, ON, M6A 3B6
(416) 784-5494   SIC 2721

TRADER CORPORATION p 797
950 Gladstone Ave, OTTAWA, ON, K1Y 3E6
SIC 5963

TRADER CORPORATION p 963
5960 Tecumseh Rd E, WINDSOR, ON, N8T 1E3
SIC 2721

TRADER CORPORATION p 1117
1600 Boul Rene-Levesque O Bureau 140, Montreal, QC, H3H 1P9
(514) 764-4000   SIC 2721

TRADER PUBLICATION p 87
See TRADER CORPORATION

TRADEWINDS REALTY INCORPORATED p 446
5 Pleasant St, CHESTER, NS, B0J 1J0
(902) 275-5613   SIC 6531

TRADEWORLD REALTY INC p 874
300 John St Unit 500, THORNHILL, ON, L3T 5W4
(416) 250-1323   SIC 6531

TRADEX p 678
See PLANTBEST, INC

TRADITIONAL LEARNING ACADEMY p 287
See TRADITIONAL LEARNING SOCIETY OF BC

TRADITIONAL LEARNING CENTRE, THE p 36
See CALGARY BOARD OF EDUCATION

TRADITIONAL LEARNING SOCIETY OF BC p 287
6225c 136 St Suite C, SURREY, BC, V3X 1H3
(604) 575-8596   SIC 8211

TRADUCTIONS SERGE BELAIR INC p 1103
276 Rue Saint-Jacques Bureau 900, Montreal, QC, H2Y 1N3
(514) 844-4682   SIC 7389

TRAFALGAR CASTLE SCHOOL p 959
401 Reynolds St, WHITBY, ON, L1N 3W9
(905) 668-3358   SIC 8211

TRAFALGAR LODGE RETIREMENT RESIDENCE p 768
See REVERA INC

TRAFALGAR MIDDLE SCHOOL p 244
See SCHOOL DISTRICT NO. 8 (KOOTENAY LAKE)

TRAFALGAR PUBLIC SCHOOL p 654
See THAMES VALLEY DISTRICT SCHOOL BOARD

TRAFALGAR SCHOOL p 317
See BOARD OF EDUCATION OF SCHOOL DISTRICT NO. 39 (VANCOUVER), THE

TRAFFIC TECH p 1049
See TRAFFIC TECH INC

TRAFFIC TECH INC p 63
1845 104 Ave Ne Suite 131, CALGARY, AB, T3J 0R2
(403) 517-1119   SIC 4213

TRAFFIC TECH INC p 695
550 Matheson Blvd E Suite 2, MISSISSAUGA, ON, L4Z 4G3
(905) 629-1876   SIC 4731

TRAFFIC TECH INC p 1049
16711 Rte Transcanadienne, KIRKLAND, QC, H9H 3L1
(514) 343-0044   SIC 4731

TRAFICTOURS CANADA INC p 1101
300 Rue Leo-Pariseau Bureau 600, MONTREAL, QC, H2X 4C2
(514) 987-1660   SIC 6712

TRAIL APPLIANCES LTD p 34
6880 11 St Se, CALGARY, AB, T2H 2T9
(403) 253-5442   SIC 5722

TRAIL APPLIANCES LTD p 107
9880 47 Ave Nw, EDMONTON, AB, T6E 5P3
(780) 434-9414   SIC 5722

TRAIL BAY HARDWARE LTD p 277
5484 Trail Ave, SECHELT, BC, V0N 3A0
(604) 885-9828   SIC 7011

TRAILCON LEASING INC p 721
6950 Kenderry Gate, MISSISSAUGA, ON, L5T 2S7
(905) 670-9061   SIC 7519

TRAILER WIZARDS LTD p 97
12516 184 St Nw, EDMONTON, AB, T5V 1T4
(780) 451-9015   SIC 7519

TRAILER WIZARDS LTD p 210
10387 Nordel Crt, DELTA, BC, V4G 1J9
(604) 464-2220   SIC 7519

TRAILER WIZARDS LTD p 230
20289 102 Ave, LANGLEY, BC, V1M 4B4
(604) 464-2220   SIC 7519

TRAILERMASTER FREIGHT CARRIERS LTD p 579
34 Canmotor Ave, ETOBICOKE, ON, M8Z 4E5
(416) 252-7721   SIC 4215

TRAILS WEST MOTOR INN p 346
See THE OTHER PLACE HOTEL LTD

TRAINOR LABORATORY p 378
See RIX LTD

TRAIT D'UNION, LE p 1244
See MEDIAS TRANSCONTINENTAL S.E.N.C.

TRAITEMENT ROBERT p 1235
See ROBERT FER ET METEAUX S.E.C.

TRANE ATLANTIC p 416
See CONRAD, PAUL R HVAC LIMITED

TRANE CANADA ULC p 846
4051 Gordon Baker Rd, SCARBOROUGH, ON, M1W 2P3
(416) 499-3600   SIC 3585

TRANS AM PIPING PRODUCTS LTD p 115
1711 66 Ave Nw, EDMONTON, AB, T6P 1Y9
(780) 440-4567   SIC 5051

TRANS PEACE CONSTRUCTION (1987) LTD p 215
7315 93 Ave, FORT ST. JOHN, BC, V1J 1C8
(250) 785-6926   SIC 1389

TRANS UNION OF CANADA, INC p 538
3115 Harvester Rd Suite 201, BURLINGTON, ON, L7N 3N8
(905) 340-1000   SIC 7323

TRANS UNION OF CANADA, INC p 610
170 Jackson St E, HAMILTON, ON, L8N 1L4
(905) 572-6004   SIC 7323

TRANS-CANADA ENERGIE p 1197
See ROZON BATTERIES INC

TRANS-NORTHERN PIPELINES INC p 821
45 Vogell Rd Suite 310, RICHMOND HILL, ON, L4B 3P6
(905) 770-3353   SIC 4613

TRANS-OCEANIC HUMAN RESOURCES INC p 20
5515 40 St Se, CALGARY, AB, T2C 2A8
SIC 7361

TRANS-SEND FREIGHT SYSTEMS LTD p 691
1905 Shawson Dr, MISSISSAUGA, ON, L4W 1T9
(905) 795-0303   SIC 4213

TRANS4 LOGISTICS p 691
See TRANSPORT TFI 2, S.E.C.

TRANSALTA GENERATION PARTNERSHIP p 684
2740 Derry Rd E, MISSISSAUGA, ON, L4T 4J5
(905) 678-9826   SIC 4911

TRANSAMERICA SECURITIES p 1299
See WORLD FINANCIAL GROUP INSURANCE AGENCY OF CANADA INC

TRANSAMERICA VIE CANADA p 1106
See IVARI CANADA ULC

TRANSASIAN FINE CARS LTD p 905
183 Front St E, TORONTO, ON, M5A 1E7
(416) 867-1577   SIC 5511

TRANSAT DISTRIBUTION CANADA INC p 582
191 The West Mall Suite 700, ETOBICOKE, ON, M9C 5K8
(416) 620-8080   SIC 4724

TRANSAT HOLIDAYS p 306
See TRANSAT TOURS CANADA INC

TRANSAT TOURS CANADA INC p 306
555 Hastings St W Suite 950, VANCOUVER, BC, V6B 4N6
(604) 688-3339   SIC 4724

TRANSATLANTIC INC p 756
3875 Keele St Suite 401, NORTH YORK, ON, M3J 1N6
SIC 4731

TRANSCANADA CORPORATION p 945
Gd, TUNIS, ON, P0N 1J0
(705) 232-5208   SIC 4922

TRANSCANADA PIPELINES p 972
See TRANSCANADA PIPELINES LIMITED

TRANSCANADA PIPELINES LIMITED p 2
1401 Veterans Blvd Nw, AIRDRIE, AB, T4A 2G7
(403) 948-8111   SIC 1623

TRANSCANADA PIPELINES LIMITED p 118
Gd, FAIRVIEW, AB, T0H 1L0
(780) 835-8107   SIC 4619

TRANSCANADA PIPELINES LIMITED p 158
Gd, REDWATER, AB, T0A 2W0
SIC 4922

TRANSCANADA PIPELINES LIMITED p 159
4931 45 St, ROCKY MOUNTAIN HOUSE, AB, T4T 1E1
(403) 845-1209   SIC 4924

TRANSCANADA PIPELINES LIMITED p 165

425 Diamond Ave, SPRUCE GROVE, AB, T7X 4C5
(780) 962-7300 SIC 4922
TRANSCANADA PIPELINES LIMITED p 675
675 Cochrane Dr Suite 701, MARKHAM, ON, L3R 0B8
(905) 946-7800 SIC 4922
TRANSCANADA PIPELINES LIMITED p 910
55 Yonge St Suite 800, TORONTO, ON, M5E 1J4
(416) 869-2000 SIC 4922
TRANSCANADA PIPELINES LIMITED p 972
11200 Weston Rd, WOODBRIDGE, ON, L4H 3V8
(905) 832-2221 SIC 4922
TRANSCANADA PIPELINES SERVICES LTD p 145
1702 Brier Park Cres Nw Suite A, MEDICINE HAT, AB, T1C 1T9
(403) 529-4387 SIC 4619
TRANSCARE SUPPLY CHAIN MANAGEMENT INC p 563
7491 Jane St Unit 3, CONCORD, ON, L4K 2M7
SIC 4226
TRANSCAT CANADA INC p 535
916 Gateway, BURLINGTON, ON, L7L 5K7
(905) 632-5869 SIC 8734
TRANSCENDIA CANADA LTD p 847
333 Finchdene Sq, SCARBOROUGH, ON, M1X 1B9
(416) 292-6000 SIC 2671
TRANSCO-ANJOU p 992
See AUTOBUS TRANSCO (1988) INC
TRANSCOBEC (1987) INC p 1201
21 Rue John-F.-Kennedy, Saint-Jerome, QC, J7Y 4B4
(450) 432-9748 SIC 4151
TRANSCONA COLLEGIATE p 363
See RIVER EAST TRANSCONA SCHOOL DIVISION
TRANSCONA COUNTRY CLUB p 363
See WINNIPEG (TRANSCONA LIONS CLUB) INC
TRANSCONA P.O. p 361
See CANADA POST CORPORATION
TRANSCONA SCHOOL MAINTENANCE DIVISION p 364
See RIVER EAST TRANSCONA SCHOOL DIVISION
TRANSCONA SPRINGFIELD EMPLOYMENT NETWORK INC p 366
232 Reigon Ave W, WINNIPEG, MB, R2J 0H3
(204) 777-0302 SIC 8399
TRANSCONTINENTAL GAGNE p 1073
See IMPRIMERIES TRANSCONTINENTAL 2005 S.E.N.C
TRANSCONTINENTAL IMPRESSION METROLITHO p 1240
See TRANSCONTINENTAL PRINTING INC
TRANSCONTINENTAL INC p 434
36 Austin St, ST. JOHN'S, NL, A1B 4C2
(709) 722-8500 SIC 2711
TRANSCONTINENTAL INC p 464
11 Ragged Lake Blvd, HALIFAX, NS, B3S 1R3
(902) 450-5611 SIC 2752
TRANSCONTINENTAL INC p 470
9185 Commercial St Suite 2, NEW MINAS, NS, B4N 3G1
(902) 681-2121 SIC 2711
TRANSCONTINENTAL INC p 1083
1107 Rue De Saint-Jovite, MONT-TREMBLANT, QC, J8E 3J9
(819) 425-8658 SIC 2711
TRANSCONTINENTAL INC p 1108
2001 Boul Robert-Bourassa Unite 900, Montreal, QC, H3A 2A6
(514) 499-0491 SIC 2721
TRANSCONTINENTAL INC p 1178
25 Rue Gamble E, ROUYN-NORANDA, QC, J9X 3B6
(819) 762-4361 SIC 2711
TRANSCONTINENTAL INC p 1202
179 Rue Saint-Georges, Saint-Jerome, QC, J7Z 4Z8
(450) 436-3303 SIC 2711
TRANSCONTINENTAL INC p 1254
1462 Rue De La Quebecoise, VAL-D'OR, QC, J9P 5H4
(819) 825-3755 SIC 2721
TRANSCONTINENTAL MEDIA GROUP p 315
See TRANSCONTINENTAL PRINTING INC
TRANSCONTINENTAL O'KEEFE MONTREAL p 1085
See IMPRIMERIES TRANSCONTINENTAL 2005 S.E.N.C
TRANSCONTINENTAL PRINTING p 208
See TRANSCONTINENTAL PRINTING INC
TRANSCONTINENTAL PRINTING INC p 34
5516 5 St Se, CALGARY, AB, T2H 1L3
(403) 258-3788 SIC 2752
TRANSCONTINENTAL PRINTING INC p 208
725 Hampstead Close, DELTA, BC, V3M 6R6
(604) 540-2333 SIC 2752
TRANSCONTINENTAL PRINTING INC p 315
2608 Granville St Suite 560, VANCOUVER, BC, V6H 3V3
(604) 877-7732 SIC 2721
TRANSCONTINENTAL PRINTING INC p 373
1615 Inkster Blvd, WINNIPEG, MB, R2X 1R2
(204) 988-9476 SIC 2752
TRANSCONTINENTAL PRINTING INC p 491
275 Wellington St E, AURORA, ON, L4G 6J9
(905) 841-4400 SIC 2752
TRANSCONTINENTAL PRINTING INC p 804
1590 20th St E, OWEN SOUND, ON, N4K 5R2
(519) 371-5171 SIC 2752
TRANSCONTINENTAL PRINTING INC p 972
100b Royal Group Cres, WOODBRIDGE, ON, L4H 1X9
(905) 663-1216 SIC 2711
TRANSCONTINENTAL PRINTING INC p 991
10807 Rue Mirabeau, ANJOU, QC, H1J 1T7
(514) 355-4134 SIC 2711
TRANSCONTINENTAL PRINTING INC p 996
150 181e Rue, BEAUCEVILLE, QC, G5X 3P3
(418) 774-3367 SIC 2752
TRANSCONTINENTAL PRINTING INC p 1005
1603 Boul De Montarville, BOUCHERVILLE, QC, J4B 5Y2
(450) 655-2801 SIC 2752
TRANSCONTINENTAL PRINTING INC p 1061
999 90e Av, LASALLE, QC, H8R 3A4
(514) 861-2411 SIC 2752
TRANSCONTINENTAL PRINTING INC p 1114
1 Place Ville-Marie Bureau 3240, Montreal, QC, H3B 3N2
(514) 954-4000 SIC 2752
TRANSCONTINENTAL PRINTING INC p 1195
2700 Boul Casavant O, SAINT-HYACINTHE, QC, J2S 7S4
(450) 773-0289 SIC 2752
TRANSCONTINENTAL PRINTING INC p 1240
4001 Boul De Portland, SHERBROOKE, QC, J1L 1X9
(819) 563-4001 SIC 2752
TRANSCONTINENTAL ROSS-ELLIS p 1061
See TRANSCONTINENTAL PRINTING INC
TRANSCONTINENTAL SAINT HYACINTHE p 1195
See TRANSCONTINENTAL PRINTING INC
TRANSCONTINENTAL SASKATOON p 1296
See IMPRIMERIES TRANSCONTINENTAL 2005 S.E.N.C
TRANSCORE GLOBALWAVE PRODUCTS AND SERVICES p 624
See TRANSCORE LINK LOGISTICS CORPORATION
TRANSCORE LINK LOGISTICS CORPORATION p 624
2 Brewer Hunt Way, KANATA, ON, K2K 2B5
(613) 591-0100 SIC 4731
TRANSCORE LINK LOGISTICS CORPORATION p 695
2 Robert Speck Pkwy Suite 900, MISSISSAUGA, ON, L4Z 1H8
(905) 795-0580 SIC 4731
TRANSELEC/COMMON INC p 1019
2075 Boul Fortin, Cote Saint-Luc, QC, H7S 1P4
(514) 382-1550 SIC 1623
TRANSENERGIE ET PRODUCTION, DIVISIONS DE p 994
See HYDRO-QUEBEC
TRANSFIGURATION OF OUR LORD CATHOLIC SCHOOL p 582
See TORONTO CATHOLIC DISTRICT SCHOOL BOARD
TRANSFORCE INC p 388
See TFI INTERNATIONAL INC
TRANSFORCE INC p 651
See TFI INTERNATIONAL INC
TRANSFORM AUTOMOTIVE CANADA LIMITED p 665
3745 Commerce Rd, LONDON, ON, N6N 1R1
(519) 644-2434 SIC 3714
TRANSFORMATEUR BEMAG p 1032
See ELECTROGROUPE PIONEER CANADA INC
TRANSFORMATEURS RAPIDES LTEE, LES p 1123
937 Rue Du College Bureau 26, Montreal, QC, H4C 2S3
(514) 935-3543 SIC 3612
TRANSFORMIX ENGINEERING INC p 635
1150 Gardiners Rd, KINGSTON, ON, K7P 1R7
(613) 544-5970 SIC 3569
TRANSFREIGHT INC p 548
1055 Fountain St N, CAMBRIDGE, ON, N3H 4R7
(519) 653-0067 SIC 4213
TRANSFREIGHT INC p 621
300 Ingersoll St, INGERSOLL, ON, N5C 3J7
(519) 485-3797 SIC 4731
TRANSFREIGHT INC p 654
847 Highbury Ave N Unit 1, LONDON, ON, N5Y 5B8
SIC 4731
TRANSFREIGHT INC p 987
575 Rue De Roxton, ACTON VALE, QC, J0H 1A0
(450) 546-3254 SIC 4731
TRANSGAS LIMITED p 1266
Gd, COLEVILLE, SK, S0L 0K0
(306) 965-7370 SIC 4923
TRANSGAS LIMITED p 1274
728 Pacific Ave, MAPLE CREEK, SK, S0N 1N0
(306) 558-3310 SIC 4923
TRANSGAS LIMITED p 1286
1777 Victoria Ave Suite 700, REGINA, SK, S4P 4K5
(306) 777-9500 SIC 4923
TRANSGAS LIMITED p 1307
Gd, UNITY, SK, S0K 4L0
(306) 228-7200 SIC 4923
TRANSGEAR MANUFACTURING p 604
See LINAMAR CORPORATION
TRANSGLOBE PROPERTY MANAGEMENT SERVICES LTD p 686
5935 Airport Rd Suite 600, MISSISSAUGA, ON, L4V 1W5
SIC 6531
TRANSIT p 503
See CORPORATION OF THE CITY OF BELLEVILLE, THE
TRANSIT 33409 p 51
See INTRIA ITEMS INC
TRANSIT DEPARTMENT p 1287
See CITY OF REGINA, THE
TRANSIT POLICE p 245
See SOUTH COAST BRITISH COLUMBIA TRANSPORTATION AUTHORITY
TRANSIT TRAILER LIMITED p 553
22217 Bloomfield Rd Suite 3, CHATHAM, ON, N7M 5J3
(519) 354-9944 SIC 5012
TRANSITION HOUSE COMMUNITY OFFICE p 329
3060 Cedar Hill Rd Suite 100, VICTORIA, BC, V8T 3J5
(250) 592-2927 SIC 8399
TRANSMAG, DIV DE p 991
See TRANSCONTINENTAL PRINTING INC
TRANSNAT EXPRESS INC p 1138
1397 Rue Savoie, PLESSISVILLE, QC, G6L 1J8
(819) 362-7333 SIC 4213
TRANSNAT LOGISTIQUE p 1138
See TRANSNAT EXPRESS INC
TRANSNET FREIGHT LTD p 716
7686 Kimbel St Unit 21, MISSISSAUGA, ON, L5S 1E9
(905) 461-1558 SIC 4731
TRANSOCEAN OFFSHORE CANADA SERVICES LTD p 434
66 Kenmount Rd Suite 302, ST. JOHN'S, NL, A1B 3V7
(709) 724-6600 SIC 1381
TRANSPAVE INCSIEGE SOCIAL p 1187
See MATERIAUX DE CONSTRUCTION OLDCASTLE CANADA INC, LES
TRANSPHARM CANADA INC p 842
55 Town Centre Crt Suite 200, SCARBOROUGH, ON, M1P 4X4
(416) 296-8860 SIC 8249
TRANSPLACE CANADA LTD p 821
45a West Wilmot St Unit 213, RICHMOND HILL, ON, L4B 1K1
(905) 771-7111 SIC 4731
TRANSPORT ALAIN GIROUX ET FILS INC p 1022
115 Rue Goodfellow, DELSON, QC, J5B 1V3
(450) 638-5254 SIC 4213
TRANSPORT ARGUS CANADA INC p 1210
1115 Rue Saint-Amour, SAINT-LAURENT, QC, H4S 1T4
(514) 956-8800 SIC 4225
TRANSPORT BELLEMARE INTERNATIONAL INC p 1252
8750 Boul Industriel, Trois-Rivieres, QC, G9A 5E1
(819) 379-4546 SIC 4213
TRANSPORT BERNIERES INC p 1154
1721 Rue A.-R.-Decary, Quebec, QC, G1N 3Z7
(418) 684-2421 SIC 4213
TRANSPORT BRETON-SAVARD INC p 992
7481 Av Herisson, ANJOU, QC, H1J 2G7
(514) 254-1447 SIC 4212

TRANSPORT CANADA p 454
1 Bell Blvd Fl 3, ENFIELD, NS, B2T 1K2
(902) 873-4423 *SIC* 4581

TRANSPORT CANADA p 1150
155 Rue Abraham-Martin, Quebec, QC, G1K 8N1
(418) 648-2233 *SIC* 8049

TRANSPORT CLEMENT BEGIN INC p 1226
200 Rue Du Parc Industriel, Sainte-Germaine-Boule, QC, J0Z 1M0
(819) 787-6154 *SIC* 4151

TRANSPORT DOUCET & FILS MISTASSINI INC p 1023
124 Rue Lavoie, DOLBEAU-MISTASSINI, QC, G8L 4M8
(418) 276-7395 *SIC* 4213

TRANSPORT EN COMMUN LA QUEBECOISE INC p 1053
300 Rue Des Conseillers, LA PRAIRIE, QC, J5R 2E6
(450) 659-8598 *SIC* 4111

TRANSPORT FLS INC p 1205
333 Boul Decarie Bureau 250, SAINT-LAURENT, QC, H4N 3M9
(514) 739-0939 *SIC* 4213

TRANSPORT G.N.D p 1196
See GROUPE J.F. NADEAU INC, LE

TRANSPORT GARIEPY (CANADA) INC p 1084
11525 Av Armand-Chaput, Montreal, QC, H1C 1S8
(514) 494-3400 *SIC* 4212

TRANSPORT GASTON NADEAU INC p 1228
850 Rte Principale, Sainte-Melanie, QC, J0K 3A0
(514) 861-0040 *SIC* 4212

TRANSPORT GENERAL LEGAL INC 1257
545 Rue De L'industrie, VERCHERES, QC, J0L 2R0
(450) 583-1177 *SIC* 4213

TRANSPORT GERARD LAROUCHE & FILS LTEE p 1187
1499 Boul Du Sacre-Coeur, Saint-Felicien, QC, G8K 1B6
(418) 679-3751 *SIC* 4212

TRANSPORT GREGOIRE p 1138
See TRANSPORT TFI 15 S.E.C.

TRANSPORT GUILBAULT CANADA INC p 1154
435 Rue Faraday, Quebec, QC, G1N 4G6
(514) 521-9023 *SIC* 4213

TRANSPORT GUILBAULT INC p 1035
899 Boul Maloney E, GATINEAU, QC, J8P 1H6
(819) 663-7717 *SIC* 4213

TRANSPORT GUILBAULT INC p 1190
1225 95e Rue, SAINT-GEORGES, QC, G5Y 8J1
(418) 227-3390 *SIC* 4212

TRANSPORT GUY BOURASSA INC p 1199
800 Rue De Dijon, SAINT-JEAN-SUR-RICHELIEU, QC, J3B 8G3
(450) 346-5313 *SIC* 4212

TRANSPORT J.C. GERMAIN p 1252
See TRANSPORT TFI 1, S.E.C.

TRANSPORT JACLIN INC p 1017
2050 Rue Saint-Antoine, CONTRECOEUR, QC, J0L 1C0
(450) 587-2743 *SIC* 4213

TRANSPORT JACQUES AUGER INC 1066
860 Rue Archimede, Levis, QC, G6V 7M5
(418) 835-9266 *SIC* 4212

TRANSPORT JACQUES AUGER INC 1140
12305 Boul Metropolitain E, POINTE-AUX-TREMBLES, QC, H1B 5R3
(514) 493-3835 *SIC* 4213

TRANSPORT JULES SAVARD p 1061
See TRANSPORT ST-MICHEL INC

TRANSPORT L.F.L. INC p 1255

431 Ch De L'ecore N, Vallee-Jonction, QC, G0S 3J0
(418) 253-5423 *SIC* 4213

TRANSPORT L.R.L. INC p 1031
252 101 Rte S, DUHAMEL-OUEST, QC, J9V 2E5
SIC 4212

TRANSPORT LAVOIE LTEE p 1146
4568 Boul Sainte-Anne, Quebec, QC, G1C 2H9
(418) 661-6981 *SIC* 4212

TRANSPORT LYON INC p 1132
9999 Rue Notre-Dame E, MONTREAL-EST, QC, H1L 3R5
(514) 322-4422 *SIC* 4214

TRANSPORT MG p 988
See 109470 CANADA INC

TRANSPORT MICHEL MARCOTTE INC p 1263
397 Rue Saint-Georges, WINDSOR, QC, J1S 1K6
(819) 845-2878 *SIC* 4212

TRANSPORT MORNEAU INC p 1154
902 Rue Philippe-Paradis, Quebec, QC, G1N 4E4
(418) 681-2727 *SIC* 4212

TRANSPORT MORNEAU INC p 1180
40 Rue Principale, Saint-Arsene, QC, G0L 2K0
(418) 862-1314 *SIC* 4213

TRANSPORT MORNEAU INC p 1183
525 Av Industrielle, SAINT-BRUNO-LAC-SAINT-JEAN, QC, G0W 2L0
(418) 344-4747 *SIC* 4213

TRANSPORT MORNEAU INC p 1215
8575 Rue Pascal-Gagnon, SAINT-LEONARD, QC, H1P 1Y5
(418) 325-2727 *SIC* 4212

TRANSPORT NANUK INC p 1115
2100 Av Pierre-Dupuy Bureau 2060, Montreal, QC, H3C 3R5
(514) 597-0186 *SIC* 4424

TRANSPORT NORD-OUEST INC p 1177
3357 Rue Saguenay, ROUYN-NORANDA, QC, J0Z 2X0
(819) 797-5043 *SIC* 4213

TRANSPORT NORTH-WEST p 1177
See TRANSPORT NORD-OUEST INC

TRANSPORT PAUL-EMILE DUBE LTEE p 1247
489 Rue Notre-Dame E, TROIS-PISTOLES, QC, G0L 4K0
(418) 724-2400 *SIC* 4212

TRANSPORT QUEBEC p 1197
See GOUVERNEMENT DE LA PROVINCE DE QUEBEC

TRANSPORT QUIK X INC p 721
6767 Davand Dr, MISSISSAUGA, ON, L5T 2T2
(905) 670-5770 *SIC* 4213

TRANSPORT R.C.I. p 1015
See 9165-8021 QUEBEC INC

TRANSPORT ROBERT p 1004
See GROUPE ROBERT INC

TRANSPORT ROBERT p 1038
See GROUPE ROBERT INC

TRANSPORT ROBERT (1973) LTEE p 1005
65 Rue De Vaudreuil, BOUCHERVILLE, QC, J4B 1K7
(514) 521-1416 *SIC* 4213

TRANSPORT ROBERT (1973) LTEE p 1055
4075 Rue Villeneuve, Lac-Megantic, QC, G6B 2C2
(819) 583-2230 *SIC* 4213

TRANSPORT ROBERT (1973) LTEE p 1176
500 Rte 112, ROUGEMONT, QC, J0L 1M0
(450) 469-3153 *SIC* 4213

TRANSPORT ROBERT (1973) LTEE p 1227
1199 2e Rue Du Parc-Industriel, SAINTE-MARIE, QC, G6E 1G7
(514) 521-1416 *SIC* 4213

TRANSPORT ROBERT (1973) LTEE p 1242
2250 Rte Marie-Victorin, SOREL-TRACY, QC, J3R 1M9

(450) 743-0311 *SIC* 4213

TRANSPORT RT p 1055
See LES PETROLES R. TURMEL INC

TRANSPORT SAGUELAC p 994
See TRANSPORT THIBODEAU INC

TRANSPORT SAVARD LTEE p 994
136 Boul Comeau Bureau 51, BAIE-COMEAU, QC, G4Z 3A8
(418) 296-6633 *SIC* 4212

TRANSPORT SCOLAIRE DUVERNAY INC p 1128
6990 Av Des Perron, Montreal, QC, H7J 1G6
(450) 625-1887 *SIC* 4151

TRANSPORT SCOLAIRE SOGESCO INC p 1223
4050 Boul De Sainte-Adele, Sainte-Adele, QC, J8B 2N7
(450) 229-3114 *SIC* 4151

TRANSPORT SCOLAIRE SOGESCO INC p 1235
311 Av De Saint-Georges, SHAWINIGAN, QC, G9T 3M8
(819) 533-5663 *SIC* 4151

TRANSPORT ST-MICHEL INC p 1061
4710 Boul Talbot, Laterriere, QC, G7N 1V2
(418) 548-7187 *SIC* 4212

TRANSPORT TFI 1, S.E.C. p 1252
1200 Rue Du Pare-Daniel, Trois-Rivieres, QC, G9A 5R6
(819) 370-3422 *SIC* 4213

TRANSPORT TFI 15 S.E.C. p 1138
Transport Gregoire, Plessisville, QC, G6L 0A3
(819) 362-8813 *SIC* 4213

TRANSPORT TFI 2, S.E.C. p 691
5425 Dixie Rd Suite 101, MISSISSAUGA, ON, L4W 1E6
SIC 4213

TRANSPORT TFI 2, S.E.C. p 1210
6750 Ch Saint-Francois, SAINT-LAURENT, QC, H4S 1B7
(514) 856-7580 *SIC* 4731

TRANSPORT TFI 2, S.E.C. p 1210
7050 Ch Saint-Francois Bureau 200, SAINT-LAURENT, QC, H4S 1B7
(514) 351-5050 *SIC* 4213

TRANSPORT TFI 21, S.E.C. p 1211
8801 Rte Transcanadienne Bureau 500, SAINT-LAURENT, QC, H4S 1Z6
(514) 856-7500 *SIC* 5021

TRANSPORT TFI 23 S.E.C. p 989
200 Rue Des Routiers, AMOS, QC, J9T 3A6
(819) 727-1304 *SIC* 4212

TRANSPORT TFI 3 L.P. p 184
7867 Express St Suite 212, BURNABY, BC, V5A 1S7
(604) 415-9226 *SIC* 4213

TRANSPORT TFI 4, S.E.C. p 1181
140 Rue Des Grands-Lacs, SAINT-AUGUSTIN-DE-DESMAURES, QC, G3A 2K1
(418) 870-5454 *SIC* 4213

TRANSPORT TFI 5, S.E.C. p 546
130 Werlich Dr, CAMBRIDGE, ON, N1T 1N6
(519) 621-2428 *SIC* 4213

TRANSPORT TFI 5, S.E.C. p 691
1100 Haultain Crt, MISSISSAUGA, ON, L4W 2T1
(905) 624-4050 *SIC* 4213

TRANSPORT TFI 6 S.E.C. p 1067
1950 3e Rue, Levis, QC, G6W 5M6
(418) 834-9891 *SIC* 4213

TRANSPORT TFI 7 S.E.C p 86
14520 130 Ave Nw, EDMONTON, AB, T5L 3M6
(780) 482-9483 *SIC* 4731

TRANSPORT TFI 7 S.E.C p 184
7867 Express St, BURNABY, BC, V5A 1S7
(604) 420-2030 *SIC* 4213

TRANSPORT TFI 7 S.E.C p 262
3851 22nd Ave, PRINCE GEORGE, BC, V2N 1B5
(250) 563-0375 *SIC* 4213

TRANSPORT TFI 7 S.E.C p 691

5425 Dixie Rd, MISSISSAUGA, ON, L4W 1E6
(905) 238-6855 *SIC* 4212

TRANSPORT TFI 8 S.E.C. p 115
2840 76 Ave Nw, EDMONTON, AB, T6P 1J4
(780) 454-0761 *SIC* 4213

TRANSPORT THEBERGE LIMITEE p 1154
435 Rue Faraday, Quebec, QC, G1N 4G6
(418) 681-0575 *SIC* 4213

TRANSPORT THIBODEAU INC p 994
1331 Boul Industriel, BAIE-COMEAU, QC, G5C 1B8
(418) 589-6322 *SIC* 4213

TRANSPORT THIBODEAU INC p 1050
6205 Boul Wilfrid-Hamel, L'ANCIENNE-LORETTE, QC, G2E 5G8
SIC 4213

TRANSPORT THIBODEAU INC p 1140
12321 Boul Metropolitain E, POINTE-AUX-TREMBLES, QC, H1B 5R3
(514) 645-7184 *SIC* 4213

TRANSPORT THIBODEAU SAGUELAC MARCAN INC p 1144
128 2e Av, PORTNEUF, QC, G0A 2Y0
SIC 4213

TRANSPORT THOM LTEE p 1035
592 Boul Saint-Rene E, GATINEAU, QC, J8P 8A9
(819) 663-7253 *SIC* 4142

TRANSPORT TRANSBO p 1185
See OLYMEL S.E.C.

TRANSPORT TRIMAC LOCAL p 1140
See TRIMAC TRANSPORTATION SERVICES LIMITED PARTNERSHIP

TRANSPORTATION AND INDUSTRIAL FUNDING p 708
See GENERAL ELECTRIC CAPITAL CANADA

TRANSPORTATION AND INFRASTRUCTURE RENEWAL p 459
See NOVA SCOTIA, PROVINCE OF

TRANSPORTATION AND PERMITS DEPARTMENT p 380
See WINNIPEG SCHOOL DIVISION

TRANSPORTATION DEPARTMENT p 171
See NORTHERN GATEWAY REGIONAL DIVISION #10

TRANSPORTATION DEPARTMENT p 198
See SCHOOL DISTRICT NO 33 CHILLIWACK

TRANSPORTATION DEPARTMENT p 358
See SWAN VALLEY SCHOOL DIVISION

TRANSPORTATION SCHOOL BUSSING p 474
See CAPE BRETON-VICTORIA REGIONAL SCHOOL BOARD

TRANSPORTATION SERVICES DIVISION p 134
See WOLF CREEK SCHOOL DIVISION NO.72

TRANSPORTS DUCAMPRO INC p 1197
1200 Boul Saint-Luc, SAINT-JEAN-SUR-RICHELIEU, QC, J2Y 1A5
(450) 348-4400 *SIC* 4213

TRANSPORTS FUEL INC, LES p 1060
2480 Rue Senkus, LASALLE, QC, H8N 2X9
(514) 948-2225 *SIC* 4731

TRANSPORTS JEAN-FRANCOIS INC, LES p 1202
770 Av Guy-Poulin Rr 1, SAINT-JOSEPH-DE-BEAUCE, QC, G0S 2V0
(418) 397-6310 *SIC* 4213

TRANSPORTS URGEL CHARETTE LTEE p 1032
See URGEL CHARETTE TRANSPORT LIMITEE

TRANSWEST AIR p 1272
303 La Ronge Ave, LA RONGE, SK, S0J 1L0
(306) 425-2382 *SIC* 4522

TRANSX LOGISTICS p 93
See TRANSX LTD

TRANSX LOGISTICS p 159

See TRANSX LTD
TRANSX LOGISTICS p 245
See TRANSX LTD
TRANSX LOGISTICS p 818
See TRANSX LTD
TRANSX LTD p 93
19121 118a Ave Nw, EDMONTON, AB, T5S 2J7
(780) 484-6434   *SIC 4213*
TRANSX LTD p 115
2451 76 Ave Nw, EDMONTON, AB, T6P 1P6
(780) 461-1166   *SIC 4213*
TRANSX LTD p 159
285115 61 Av Se, ROCKY VIEW COUNTY, AB, T1X 0K3
(403) 236-9300   *SIC 4213*
TRANSX LTD p 245
25 Capilano Way, NEW WESTMINSTER, BC, V3L 5G3
(604) 540-5572   *SIC 4213*
TRANSX LTD p 818
7459 Mclean Rd W, PUSLINCH, ON, N0B 2J0
(519) 763-9330   *SIC 4213*
TRANSZAP P2P CANADA, INC p 50
205 5 Ave Sw Suite 400, CALGARY, AB, T2P 2V7
(403) 205-2550   *SIC 7371*
TRASHETERIA INC p 603
52 Macdonell St, GUELPH, ON, N1H 2Z3
(519) 767-1694   *SIC 5813*
TRAVAILLEURS CANADIEN DE L'AUTOMOBILE SECTION LOCALE 62 p 1027
9045 Ch Cote-De-Liesse Bureau 203, DORVAL, QC, H9P 2M9
(514) 636-8080   *SIC 8631*
TRAVAUX PUBLICS p 1131
See VILLE DE LAVAL
TRAVEL ALBERTA p 51
See GOVERNMENT OF THE PROVINCE OF ALBERTA
TRAVEL ALBERTA IN-PROVINCE p 78
10949 120 St Nw, EDMONTON, AB, T5H 3R2
(780) 732-1627   *SIC 4724*
TRAVEL CENTRE CANADA INC, THE p 978
535 Mill St, WOODSTOCK, ON, N4S 7V6
(519) 421-3144   *SIC 5172*
TRAVEL CUTS p 903
See CANADIAN UNIVERSITIES TRAVEL SERVICE LIMITED
TRAVEL DISCOUNTERS p 759
2019 Avenue Rd, NORTH YORK, ON, M5M 4A5
(416) 481-6701   *SIC 7389*
TRAVEL LODGE p 834
See INNVEST PROPERTIES CORP
TRAVEL LODGE HOTEL p 633
See LASALLE MOTEL CO KINGSTON LTD
TRAVEL MASTERS INC p 317
2678 Broadway W Suite 200, VANCOUVER, BC, V6K 2G3
(604) 659-4150   *SIC 4724*
TRAVEL MASTERS PRINCE ALBERT p 317
See TRAVEL MASTERS INC
TRAVEL SUPERSTORE INC p 612
77 James St N Suite 230, HAMILTON, ON, L8R 2K3
(905) 570-9999   *SIC 4724*
TRAVELAND R.V. RENTALS LTD p 233
20257 Langley Bypass, LANGLEY, BC, V3A 6K9
(604) 532-8128   *SIC 5571*
TRAVELBRANDS INC p 227
See TRAVELBRANDS INC
TRAVELBRANDS INC p 227
2067 Enterprise Way, KELOWNA, BC, V1Y 8R6
(250) 861-8000   *SIC 4724*
TRAVELBRANDS INC p 306
See TRAVELBRANDS INC
TRAVELBRANDS INC p 306
475 Georgia St W Unit 220, VANCOUVER,
BC, V6B 4M9
(604) 687-0380   *SIC 4725*
TRAVELBRANDS INC p 691
5450 Explorer Dr Suite 300, MISSISSAUGA, ON, L4W 5N1
(416) 649-3939   *SIC 4725*
TRAVELBRANDS INC p 839
2975 Kingston Rd, SCARBOROUGH, ON, M1M 1P1
(416) 265-3100   *SIC 4724*
TRAVELBRANDS INC p 839
See TRAVELBRANDS INC
TRAVELBRANDS INC p 898
See TRAVELBRANDS INC
TRAVELBRANDS INC p 898
75 Eglinton Ave E, TORONTO, ON, M4P 3A4
(416) 921-7923   *SIC 4729*
TRAVELBRANDS INC p 910
See TRAVELBRANDS INC
TRAVELBRANDS INC p 910
26 Wellington St E, TORONTO, ON, M5E 1S2
(416) 364-5100   *SIC 4725*
TRAVELBRANDS INC p 1095
1221 Rue Saint-Hubert Bureau 200, Montreal, QC, H2L 3Y8
(514) 286-9747   *SIC 4725*
TRAVELBRANDS INC p 1095
See TRAVELBRANDS INC
TRAVELBRANDS INC p 1117
2155 Rue Guy Bureau 1190, Montreal, QC, H3H 2R9
(514) 935-8435   *SIC 4725*
TRAVELBRANDS INC p 1117
See TRAVELBRANDS INC
TRAVELERS INSURANCE COMPANY OF CANADA p 306
650 Georgia St W Suite 2500, VANCOUVER, BC, V6B 4N7
(604) 682-2663   *SIC 6411*
TRAVELERS INSURANCE COMPANY OF CANADA p 916
165 University Ave Suite 101, TORONTO, ON, M5H 3B9
(416) 362-7231   *SIC 6351*
TRAVELERS INSURANCE COMPANY OF CANADA p 1114
1010 Rue De La Gauchetiere O Bureau 1100, Montreal, QC, H3B 2N2
(514) 875-0600   *SIC 6351*
TRAVELERS TRANSPORTATION SERVICES INC p 949
735 Gillard St, WALLACEBURG, ON, N8A 5G7
(519) 627-5848   *SIC 4213*
TRAVELEX CANADA LIMITED p 909
100 Yonge St, TORONTO, ON, M5C 2W1
(416) 359-3700   *SIC 6099*
TRAVELEX GLOBAL BUSINESS PAYMENTS p 909
See TRAVELEX CANADA LIMITED
TRAVELHOME p 180
See FRASERWAY RV LIMITED PARTNERSHIP
TRAVELLODGE YORKTON p 1309
See REMAI INVESTMENT CORPORATION
TRAVELODGE p 11
See WESTMONT HOSPITALITY MANAGEMENT LIMITED
TRAVELODGE p 94
See WESTMONT HOSPITALITY MANAGEMENT LIMITED
TRAVELODGE p 968
See WW CANADA (ONE) NOMINEE CORP
TRAVELODGE EDMONTON SOUTH p 108
See DELTA HOTELS LIMITED
TRAVELODGE HOTEL p 498
See ROYCO HOTELS & RESORTS LTD
TRAVELODGE HOTEL VANCOUVER AIRPORT p 270
See ROYCO HOTELS & RESORTS LTD
TRAVELODGE LONDON p 660
See ROYAL HOST INC
TRAVELODGE MEDICINE HAT p 144
See ROYAL HOST INC
TRAVELODGE OTTAWA EAST p 593
See WW CANADA (ONE) NOMINEE CORP
TRAVELODGE TORONTO AIRPORT p 586
See ROYAL HOST INC
TRAVELODGE WINDSOR p 970
See ROYCO HOTELS & RESORTS LTD
TRAVELODGE WINNIPEG EAST p 368
20 Alpine Ave, WINNIPEG, MB, R2M 0Y5
(204) 255-6000   *SIC 7011*
TRAVELPLUS p 582
See TRANSAT DISTRIBUTION CANADA INC
TRAVERS FOOD SERVICE LTD p 50
202 6 Ave Sw Suite 610, CALGARY, AB, T2P 2R9
SIC 5812
TRAVERS FOOD SERVICE LTD p 107
9647 45 Ave Nw, EDMONTON, AB, T6E 5Z8
(780) 437-5665   *SIC 5812*
TRAVERS FOOD SERVICE LTD p 146
9903 90 Ave, MORINVILLE, AB, T8R 1K7
SIC 5812
TRAVERSE INDEPENDENCE NOT-FOR-PROFIT p 588
165 Gordon St, FERGUS, ON, N1M 0A7
(519) 787-1630   *SIC 8361*
TRAVERSE INDEPENDENCE NOT-FOR-PROFIT p 637
1382 Weber St E, KITCHENER, ON, N2A 1C4
(519) 741-5845   *SIC 8361*
TRAVERSE RIV DU LOUP ST-SIMEON, LA p 1174
See CLARKE INC
TRAVOIS HOLDINGS LTD p 54
8240 Collicutt St Sw, CALGARY, AB, T2V 2X1
(403) 252-4445   *SIC 8051*
TRAXLE MANUFACTURING p 602
See LINAMAR CORPORATION
TRC HYDRAULICS INC p 453
7 Mosher Dr, DARTMOUTH, NS, B3B 1E5
(902) 468-4605   *SIC 5084*
TREALSHIP SERVICES INC p 1225
1980 Rue Laurier, SAINTE-CATHERINE, QC, J5C 1B8
SIC 7623
TREASURE'S LTD p 90
14727 87 Ave Nw Suite 300, EDMONTON, AB, T5R 4E5
(780) 452-4405   *SIC 6411*
TREASURY WINE ESTATES INC p 750
5255 Yonge St Suite 1111, NORTH YORK, ON, M2N 6P4
(416) 504-3830   *SIC 2084*
TREATY ENTERPRISE INC p 467
10 Treaty Trail, LOWER TRURO, NS, B6L 1V9
(902) 897-2650   *SIC 5411*
TREATY ENTERTAINMENT p 467
See TREATY ENTERPRISE INC
TRECAN COMBUSTION LIMITED p 465
4049 St. Margaret's Bay Rd, Hubley, NS, B3Z 1C2
(902) 876-0457   *SIC 3599*
TREDWAY WOODSWORTH PUBLIC SCHOOL p 837
See TORONTO DISTRICT SCHOOL BOARD
TREE ISLAND INDUSTRIES CALGARY p 15
See TREE ISLAND INDUSTRIES LTD
TREE ISLAND INDUSTRIES LTD p 15
2729 48 Ave Se, CALGARY, AB, T2B 0M4
(403) 258-4242   *SIC 3496*
TREE OF LIFE CANADA ULC p 203
91 Glacier St, COQUITLAM, BC, V3K 5Z1
(604) 941-8502   *SIC 5141*
TREE OF LIFE CANADA ULC p 715
6030 Freemont Blvd, MISSISSAUGA, ON, L5R 3X4
(905) 507-6161   *SIC 5141*
TREE OF LIFE CANADA ULC p 1208
5626 Boul Thimens, SAINT-LAURENT, QC, H4R 2K9
(514) 333-3343   *SIC 5149*
TREE OF LIFE GOURMET AWARD FOODS CANADA p 1208
See TREE OF LIFE CANADA ULC
TREGASKISS WELDING PRODUCTS, DIV OF p 772
See ITW CANADA INC
TREL OF SARNIA LIMITED p 827
1165 Confederation St, SARNIA, ON, N7S 3Y5
(519) 344-7025   *SIC 3599*
TRELAWNY PUBLIC SCHOOL p 710
See PEEL DISTRICT SCHOOL BOARD
TRELLIS MENTAL HEALTH AND DEVELOPMENTAL SERVICES p 588
234 St Patrick St E, FERGUS, ON, N1M 1M6
(519) 843-6191   *SIC 8093*
TREMBLAY ELEMENTARY SCHOOL p 207
See SCHOOL DISTRICT #59 PEACE RIVER SOUTH
TREMCO p 1005
See RPM CANADA
TREMCO CANADA p 894
See RPM CANADA
TRENCH CANADA COIL PRODUCTS p 846
See TRENCH LIMITED
TRENCH LIMITED p 814
1865 Clements Rd, PICKERING, ON, L1W 3R8
(647) 925-9760   *SIC 3699*
TRENCH LIMITED p 846
71 Maybrook Dr, SCARBOROUGH, ON, M1V 4B6
(416) 298-8108   *SIC 3699*
TRENCH LIMITED p 887
390 Midwest Rd, TORONTO, ON, M1P 3B5
(416) 751-8570   *SIC 3612*
TRENT METALS (2012) LIMITED p 821
30 Mural St Unit 1, RICHMOND HILL, ON, L4B 1B5
(905) 886-5442   *SIC 5075*
TRENT RAPIDS POWER CORP p 916
4 King St W Suite 1230, TORONTO, ON, M5H 1B6
(416) 640-0503   *SIC 4911*
TRENT VALLEY LODGE NURSING HOME p 944
195 Bay St Suite 363, TRENTON, ON, K8V 1H9
(613) 392-9235   *SIC 8361*
TRENTON COLD STORAGE INC p 944
178 Stockdale Rd, TRENTON, ON, K8V 5P6
(613) 392-2498   *SIC 4222*
TRENTON COLD STORAGE INC p 944
17489 Telephone Rd, TRENTON, ON, K8V 5P4
(613) 394-3317   *SIC 4225*
TRENTON HIGH SCHOOL p 944
See HASTINGS AND PRINCE EDWARD DISTRICT SCHOOL BOARD
TRENTON MEMORIAL HOSPITAL p 944
See QUINTE HEALTHCARE CORPORATION
TRENTON MIDDLE SCHOOL p 476
See CHIGNECTO CENTRAL REGIONAL SCHOOL BOARD
TRENTWAY-WAGAR INC p 503
75 Bridge St E, BELLEVILLE, ON, K8N 1L9
(613) 962-2163   *SIC 5963*
TRENTWAY-WAGAR INC p 631
1175 John Counter Blvd Unit 4, KINGSTON, ON, K7K 6C7
(613) 544-3047   *SIC 4142*
TRENTWAY-WAGAR INC p 686
6020 Indian Line, MISSISSAUGA, ON, L4V

1G5
(905) 677-3841   SIC 4142
TRENTWAY-WAGAR INC
4555 Erie Ave, NIAGARA FALLS, ON, L2E 7G9
(905) 358-7230   SIC 4111
TRENTWAY-WAGAR INC p 811
791 Webber Ave, PETERBOROUGH, ON, K9J 8N3
(705) 748-6411   SIC 4131
TREO DRILLING SERVICES L.P. p 159
285160 Kleysen Way, ROCKY VIEW COUNTY, AB, T1X 0K1
(403) 723-8600   SIC 1381
TRESMAN STEEL INDUSTRIES LTD p 717
286 Statesman Dr, MISSISSAUGA, ON, L5S 1X7
(905) 795-8757   SIC 3441
TRESORS DE MARIE-CLAIRE INC, LES p 1049
18122 Boul Elkas, KIRKLAND, QC, H9J 3Y4
(514) 697-0001   SIC 8351
TRI CITY HOME HEALTH p 200
See FRASER HEALTH AUTHORITY
TRI COUNTY APPLE GROWERS p 944
See TRENTON COLD STORAGE INC
TRI-AD INTERNATIONAL FREIGHT FORWARDING LTD p 721
375 Annagem Blvd Unit 100, MISSISSAUGA, ON, L5T 3A7
(905) 624-8214   SIC 4731
TRI-CLEAN BUILDING SERVICES INC p 721
1415 Bonhill Rd Unit 5, MISSISSAUGA, ON, L5T 1R2
(905) 624-6112   SIC 7349
TRI-COMP SYSTEMS p 1300
See EMERGIS INC
TRI-COUNTY MENNONITE HOMES ASSOCIATION p 731
200 Boullee St, NEW HAMBURG, ON, N3A 2K4
(519) 662-2280   SIC 8361
TRI-COUNTY MENNONITE HOMES ASSOCIATION p 865
90 Greenwood Dr Suite 117, STRATFORD, ON, N5A 7W5
(519) 273-4662   SIC 8059
TRI-COUNTY MENTAL HEALTH SERVICES p 565
See CORNWALL COMMUNITY HOSPITAL
TRI-COUNTY REGIONAL SCHOOL BOARD p 442
59 Forest View Dr, BARRINGTON, NS, B0W 1E0
(902) 637-4340   SIC 8211
TRI-COUNTY REGIONAL SCHOOL BOARD p 442
849 Highway 334, ARCADIA, NS, B0W 1B0
(902) 749-2870   SIC 8211
TRI-COUNTY REGIONAL SCHOOL BOARD p 446
202 Duke St, CHESTER, NS, B0J 1J0
(902) 275-2750   SIC 8211
TRI-COUNTY REGIONAL SCHOOL BOARD p 453
20 Shreve St, DIGBY, NS, B0V 1A0
(902) 245-7550   SIC 8211
TRI-COUNTY REGIONAL SCHOOL BOARD p 453
107 King St, DIGBY, NS, B0V 1A0
(902) 245-7500   SIC 8211
TRI-COUNTY REGIONAL SCHOOL BOARD p 455
5428 Highway 3, GLENWOOD, NS, B0W 1W0
(902) 643-6000   SIC 8211
TRI-COUNTY REGIONAL SCHOOL BOARD p 455
75 Overcove Rd, FREEPORT, NS, B0V 1B0
(902) 839-6300   SIC 8211

TRI-COUNTY REGIONAL SCHOOL BOARD p 464
52 Grove Memorial Dr, HEBRON, NS, B0W 1X0
(902) 749-5160   SIC 8211
TRI-COUNTY REGIONAL SCHOOL BOARD p 473
127 King St, SHELBURNE, NS, B0T 1W0
(902) 875-5300   SIC 8211
TRI-COUNTY REGIONAL SCHOOL BOARD p 473
415 Woodlawn, SHELBURNE, NS, B0T 1W0
(902) 875-4900   SIC 8211
TRI-COUNTY REGIONAL SCHOOL BOARD p 479
4079 1 Hwy, WEYMOUTH, NS, B0W 3T0
(902) 837-2340   SIC 8211
TRI-COUNTY REGIONAL SCHOOL BOARD p 479
Gd, WEYMOUTH, NS, B0W 3T0
(902) 837-2310   SIC 8211
TRI-COUNTY REGIONAL SCHOOL BOARD p 480
52 Parade St, YARMOUTH, NS, B5A 3A9
(902) 749-2810   SIC 8211
TRI-COUNTY REGIONAL SCHOOL BOARD p 480
53 Parade St, YARMOUTH, NS, B5A 3B1
(902) 749-2860   SIC 8211
TRI-COUNTY REGIONAL SCHOOL BOARD p 480
106 Prospect St, YARMOUTH, NS, B5A 4J2
(902) 749-2880   SIC 8211
TRI-JAY CARPETS (1989) p 34
7003 5 St Se Unit H, CALGARY, AB, T2H 2G2
(403) 253-4441   SIC 5713
TRI-LAKE HEALTH CENTRE p 350
See PRAIRIE MOUNTAIN HEALTH
TRI-SERVICE OILFIELD MANUFACTURING LTD p 107
9545 58 Ave Nw, EDMONTON, AB, T6E 0B8
(780) 434-9596   SIC 3533
TRI-STAR ELECTRIC CO LTD p 376
356 Furby St Unit 203, WINNIPEG, MB, R3B 2V5
(204) 788-4006   SIC 1731
TRI-STAR METAL STAMPINGS INC p 734
1267 Kerrisdale Blvd Unit 2, NEWMARKET, ON, L3Y 8W1
(905) 853-5583   SIC 3544
TRI-TEXCO INC p 1187
1001 Boul Industriel, SAINT-EUSTACHE, QC, J7R 6C3
(450) 974-1001   SIC 2865
TRI-TINA FORMING INC p 762
4701 Steeles Ave W Suite 220, NORTH YORK, ON, M9L 1X2
(416) 746-1501   SIC 1771
TRI-WENT INDUSTRIES LIMITED p 485
75 Chambers Dr Unit 1, AJAX, ON, L1Z 1E1
(905) 831-6964   SIC 3498
TRIAGE EMERGENCY SERVICES & CARE SOCIETY, THE p 302
See RAINCITY HOUSING AND SUPPORT SOCIETY
TRIALSTAT CORPORATION p 800
955 Green Valley Cres Suite 280, OTTAWA, ON, K2C 3V4
(613) 741-9909   SIC 7372
TRIANGLE FREIGHT SERVICES LTD p 691
5355 Creekbank Rd, MISSISSAUGA, ON, L4W 5L5
(905) 624-1614   SIC 4212
TRIBAL NOVA INC p 1100
4200 Boul Saint-Laurent Bureau 1203, Montreal, QC, H2W 2R2
(514) 598-0444   SIC 5092
TRIBAL NOVA KIDS p 1100
See TRIBAL NOVA INC
TRIBAL SPORTWEAR p 1212
See HAGGAR CANADA CO.
TRICAN OILWELL SERVICE p 151

See TRICAN WELL SERVICE LTD
TRICAN PARTNESHIP p 68
See TRICAN WELL SERVICE LTD
TRICAN PRODUCTION SERVICES p 148
See TRICAN WELL SERVICE LTD
TRICAN WELL SERVICE LTD p 8
390 Aquaduct Dr, BROOKS, AB, T1R 1B9
(403) 362-5050   SIC 1389
TRICAN WELL SERVICE LTD p 57
418 11979 40 St Se, CALGARY, AB, T2Z 4M3
(403) 723-3688   SIC 1389
TRICAN WELL SERVICE LTD p 68
9701 99 St Ss 55, CLAIRMONT, AB, T0H 0W0
(780) 567-5200   SIC 1389
TRICAN WELL SERVICE LTD p 72
7497 5 Hwy W Ste 22, DRAYTON VALLEY, AB, T7A 1S8
(780) 542-5331   SIC 1389
TRICAN WELL SERVICE LTD p 142
6013 52 Ave, LLOYDMINSTER, AB, T9V 2S7
(780) 875-7327   SIC 1389
TRICAN WELL SERVICE LTD p 148
2305 5a St, NISKU, AB, T9E 8G6
(780) 955-5675   SIC 1389
TRICAN WELL SERVICE LTD p 151
25 Wheatland Cres, PROVOST, AB, T0B 3S0
SIC 1389
TRICAN WELL SERVICE LTD p 215
11003 91 Ave, FORT ST. JOHN, BC, V1J 6G7
(250) 787-8881   SIC 1389
TRICAN WELL SERVICE LTD p 346
59 Limestone Rd, BRANDON, MB, R7A 7L5
SIC 1389
TRICAN WELL SERVICE LTD p 1269
Hwy 39 E, ESTEVAN, SK, S4A 2A7
(306) 637-2060   SIC 1389
TRICKLE CREEK GOLF RESORT p 228
See RESORTS OF THE CANADIAN ROCKIES INC
TRICKLE CREEK LODGE, THE p 228
See RESORTS OF THE CANADIAN ROCKIES INC
TRICOTS CAMEO, LES p 1127
See 4207602 CANADA INC
TRICOTS DUVAL & RAYMOND LTEE, LES p 1144
11 Rue Saint-Jacques O, PRINCEVILLE, QC, G6L 5E6
(819) 364-2927   SIC 2252
TRILAND REALTY LTD p 653
23 North Centre Rd Suite 1, LONDON, ON, N5X 4E7
(519) 661-0380   SIC 6531
TRILLIUM COURT SENIORS COMMUNITY p 629
See REVERA LONG TERM CARE INC
TRILLIUM ELEMENTARY SCHOOL p 777
See OTTAWA-CARLETON DISTRICT SCHOOL BOARD
TRILLIUM FUNERAL SERVICE CORPORATION p 521
289 Main St N, BRAMPTON, ON, L6X 1N5
(905) 451-1100   SIC 7261
TRILLIUM FUNERAL SERVICE CORPORATION p 939
2 Jane St Suite 211, TORONTO, ON, M6S 4W8
(416) 763-4531   SIC 7261
TRILLIUM HEALTH PARTNERS p 706
2200 Eglinton Ave W Suite 905, MISSISSAUGA, ON, L5M 2N1
(905) 813-2200   SIC 8062
TRILLIUM HEALTH PARTNERS p 941
150 Sherway Dr, TORONTO, ON, M9C 1A5
(416) 259-6671   SIC 8062
TRILLIUM LAKELANDS DISTRICT SCHOOL BOARD p 504

698 7a Hwy, BETHANY, ON, L0A 1A0
(705) 277-2322   SIC 8211
TRILLIUM LAKELANDS DISTRICT SCHOOL BOARD p 504
694 Hwy 7a, BETHANY, ON, L0A 1A0
(705) 277-9515   SIC 8211
TRILLIUM LAKELANDS DISTRICT SCHOOL BOARD p 505
30 Balaclava St, BOBCAYGEON, ON, K0M 1A0
(705) 738-5105   SIC 8211
TRILLIUM LAKELANDS DISTRICT SCHOOL BOARD p 508
1270 Cedar Lane, BRACEBRIDGE, ON, P1L 1W9
(705) 645-5410   SIC 8211
TRILLIUM LAKELANDS DISTRICT SCHOOL BOARD p 508
42 Morrow Dr, BRACEBRIDGE, ON, P1L 0A1
(705) 645-2463   SIC 8211
TRILLIUM LAKELANDS DISTRICT SCHOOL BOARD p 508
57 Armstrong St, BRACEBRIDGE, ON, P1L 1C1
(705) 645-2646   SIC 8211
TRILLIUM LAKELANDS DISTRICT SCHOOL BOARD p 508
90 Mcmurray St, BRACEBRIDGE, ON, P1L 2G1
(705) 645-5209   SIC 8211
TRILLIUM LAKELANDS DISTRICT SCHOOL BOARD p 548
50 Cameron Rd, CAMERON, ON, K0M 1G0
(705) 359-1366   SIC 8211
TRILLIUM LAKELANDS DISTRICT SCHOOL BOARD p 554
6763 35 Hwy, COBOCONK, ON, K0M 1K0
(705) 454-3351   SIC 8211
TRILLIUM LAKELANDS DISTRICT SCHOOL BOARD p 571
33 Dunsford Rd, DUNSFORD, ON, K0M 1L0
(705) 793-2088   SIC 8211
TRILLIUM LAKELANDS DISTRICT SCHOOL BOARD p 588
35 Wychwood Cres, FENELON FALLS, ON, K0M 1N0
(705) 887-2001   SIC 8211
TRILLIUM LAKELANDS DISTRICT SCHOOL BOARD p 588
66 Lindsay St, FENELON FALLS, ON, K0M 1N0
(705) 887-2018   SIC 8211
TRILLIUM LAKELANDS DISTRICT SCHOOL BOARD p 597
395 Muskoka Beach Rd, GRAVENHURST, ON, P1P 1M9
(705) 687-2162   SIC 8211
TRILLIUM LAKELANDS DISTRICT SCHOOL BOARD p 597
325 Mary St S, GRAVENHURST, ON, P1P 1X7
(705) 687-2283   SIC 8211
TRILLIUM LAKELANDS DISTRICT SCHOOL BOARD p 597
301 Mary St S, GRAVENHURST, ON, P1P 1X6
(705) 687-2011   SIC 8211
TRILLIUM LAKELANDS DISTRICT SCHOOL BOARD p 605
1020 Grasslake Rd, HALIBURTON, ON, K0M 1S0
(705) 457-2922   SIC 8211
TRILLIUM LAKELANDS DISTRICT SCHOOL BOARD p 605
5358 County Rd 21, HALIBURTON, ON, K0M 1S0
(705) 457-2950   SIC 8211
TRILLIUM LAKELANDS DISTRICT SCHOOL BOARD p 605
1080 Grasslake Rd, HALIBURTON, ON, K0M 1S0
(705) 457-1342   SIC 8211
TRILLIUM LAKELANDS DISTRICT

SCHOOL BOARD p 620
126 West Rd, HUNTSVILLE, ON, P1H 1M5
(705) 789-4791   SIC 8211
TRILLIUM LAKELANDS DISTRICT SCHOOL BOARD p 620
755 Brunel Rd, HUNTSVILLE, ON, P1H 1Z3
(705) 789-2282   SIC 8211
TRILLIUM LAKELANDS DISTRICT SCHOOL BOARD p 620
550 Muskoka Rd 3 N, HUNTSVILLE, ON, P1H 1C9
(705) 789-4591   SIC 8211
TRILLIUM LAKELANDS DISTRICT SCHOOL BOARD p 620
16 Caroline St W, HUNTSVILLE, ON, P1H 2B2
(705) 789-2318   SIC 8211
TRILLIUM LAKELANDS DISTRICT SCHOOL BOARD p 636
1746 Kirkfield Rd, KIRKFIELD, ON, K0M 2B0
(705) 438-3371   SIC 8211
TRILLIUM LAKELANDS DISTRICT SCHOOL BOARD p 648
65 Sussex St N, LINDSAY, ON, K9V 4H9
(705) 324-3313   SIC 8211
TRILLIUM LAKELANDS DISTRICT SCHOOL BOARD p 648
51 Angeline St S, LINDSAY, ON, K9V 3L1
(705) 324-5602   SIC 8211
TRILLIUM LAKELANDS DISTRICT SCHOOL BOARD p 648
49 Glenelg St W, LINDSAY, ON, K9V 2T9
(705) 324-3702   SIC 8211
TRILLIUM LAKELANDS DISTRICT SCHOOL BOARD p 648
242 Kent St W, LINDSAY, ON, K9V 2Z4
(705) 324-4352   SIC 8211
TRILLIUM LAKELANDS DISTRICT SCHOOL BOARD p 648
260 Kent St W, LINDSAY, ON, K9V 2Z5
(705) 324-3556   SIC 8211
TRILLIUM LAKELANDS DISTRICT SCHOOL BOARD p 648
374 Eldon Rd, LITTLE BRITAIN, ON, K0M 2C0
(705) 786-1915   SIC 8211
TRILLIUM LAKELANDS DISTRICT SCHOOL BOARD p 648
133 Adelaide St N, LINDSAY, ON, K9V 4M2
(705) 324-4558   SIC 8211
TRILLIUM LAKELANDS DISTRICT SCHOOL BOARD p 648
230 Angeline St S, LINDSAY, ON, K9V 0J8
(705) 324-5280   SIC 8211
TRILLIUM LAKELANDS DISTRICT SCHOOL BOARD p 648
24 Weldon Rd, LINDSAY, ON, K9V 4R4
(705) 324-3585   SIC 8211
TRILLIUM LAKELANDS DISTRICT SCHOOL BOARD p 683
12 Vintage Cres, MINDEN, ON, K0M 2K0
(705) 286-1921   SIC 8211
TRILLIUM LAKELANDS DISTRICT SCHOOL BOARD p 772
755 Eldon Rd, OAKWOOD, ON, K0M 2M0
(705) 953-9740   SIC 8211
TRILLIUM LAKELANDS DISTRICT SCHOOL BOARD p 772
17 James St, OMEMEE, ON, K0L 2W0
(705) 799-5292   SIC 8211
TRILLIUM LAKELANDS DISTRICT SCHOOL BOARD p 772
27 Walnut St, OMEMEE, ON, K0L 2W0
(705) 799-5133   SIC 8211
TRILLIUM LAKELANDS DISTRICT SCHOOL BOARD p 816
3954 Muskoka Rd 169, PORT CARLING, ON, P0B 1J0
(705) 765-3144   SIC 8211
TRILLIUM LAKELANDS DISTRICT SCHOOL BOARD p 847
1017 Graham Rd, SEVERN BRIDGE, ON, P0E 1N0

(705) 689-2612   SIC 8211
TRILLIUM LAKELANDS DISTRICT SCHOOL BOARD p 945
130 Muskoka 10 Rd, UTTERSON, ON, P0B 1M0
(705) 385-2200   SIC 8211
TRILLIUM LAKELANDS DISTRICT SCHOOL BOARD p 979
109 Nappadale St, WOODVILLE, ON, K0M 2T0
(705) 439-2427   SIC 8211
TRILLIUM LODGE p 251
See VANCOUVER ISLAND HEALTH AUTHORITY
TRILLIUM MANOR HOME FOR THE AGED p 774
See CORPORATION OF THE COUNTY OF SIMCOE
TRILLIUM PUBLIC SCHOOL p 640
See WATERLOO REGION DISTRICT SCHOOL BOARD
TRILLIUM RESTAURANT, & BLOOMER p 274
See COUNTRY GARDEN LTD
TRILLIUM VILLA NURSING HOME p 827
See STEEVES & ROZEMA ENTERPRISES LIMITED
TRILLIUM WOODS ELEMENTARY SCHOOL p 498
See RENFREW COUNTY DISTRICT SCHOOL BOARD
TRILLIUM WOODS PUBLIC SCHOOL p 825
See YORK REGION DISTRICT SCHOOL BOARD
TRILOGIE GROUPE CONSEIL p 1006
See TRILOGIF GROUPE CONSEIL INC
TRILOGIE GROUPE CONSEIL INC p 1006
7305 Boul Marie-Victorin Bureau 300, BROSSARD, QC, J4W 1A6
(450) 671-1515   SIC 7379
TRILOGY RETAIL ENTERPRISES L.P p 921
161 Bay St Suite 4900, TORONTO, ON, M5J 2S1
(416) 943-4110   SIC 6712
TRIMAC TRANSPORTATION SERVICES LIMITED PARTNERSHIP p 97
15410 Yellowhead Trail Nw, EDMONTON, AB, T5V 1A1
(780) 447-1190   SIC 6722
TRIMAC TRANSPORTATION SERVICES LIMITED PARTNERSHIP p 132
301 Kelley Rd, HINTON, AB, T7V 1H2
(780) 865-7599   SIC 6722
TRIMAC TRANSPORTATION SERVICES LIMITED PARTNERSHIP p 198
8510 Aitken Rd, CHILLIWACK, BC, V2R 3W8
SIC 4213
TRIMAC TRANSPORTATION SERVICES LIMITED PARTNERSHIP p 230
9930 197 St, LANGLEY, BC, V1M 3G5
(604) 888-2002   SIC 6722
TRIMAC TRANSPORTATION SERVICES LIMITED PARTNERSHIP p 240
125 Tenth St, NANAIMO, BC, V9R 6Z5
(250) 754-0085   SIC 6722
TRIMAC TRANSPORTATION SERVICES LIMITED PARTNERSHIP p 262
9355 Penn Rd, PRINCE GEORGE, BC, V2N 5T6
(250) 561-1363   SIC 4213
TRIMAC TRANSPORTATION SERVICES LIMITED PARTNERSHIP p 485
2170 Allanport Rd, ALLANBURG, ON, L0S 1A0
SIC 4212
TRIMAC TRANSPORTATION SERVICES LIMITED PARTNERSHIP p 563
8820 Keele St, CONCORD, ON, L4K 2N2
(905) 669-3330   SIC 4213
TRIMAC TRANSPORTATION SERVICES LIMITED PARTNERSHIP p 1140
151 Av Reverchon Bureau 200, POINTE-CLAIRE, QC, H9P 1K1

(514) 636-5122   SIC 4213
TRIMAC TRANSPORTATION SERVICES LIMITED PARTNERSHIP p 1298
2945 Millar Ave, SASKATOON, SK, S7K 6P6
(306) 934-2515   SIC 4213
TRIMARK p 749
See INVESCO CANADA LTD
TRIMARK HEALTHCARE SERVICES LTD p 314
1500 Georgia St W Suite 1300, VANCOUVER, BC, V6G 2Z6
(604) 425-2208   SIC 8741
TRIMAX SECURITE INC p 1131
1965 Boul Industriel Bureau 200, Montreal, QC, H7S 1P6
(450) 934-5200   SIC 7389
TRIMONT MFG. INC p 844
115 Milner Ave Suite 2, SCARBOROUGH, ON, M1S 4L7
(416) 640-2045   SIC 2211
TRIMSEAL PLASTICS LTD p 267
3511 Jacombs Rd, RICHMOND, BC, V6V 1Z8
(604) 278-3803   SIC 2782
TRINIDAD DRILLING LTD p 68
9021 99 St Ss 55, CLAIRMONT, AB, T0H 0W0
SIC 1389
TRINIDAD DRILLING LTD p 148
3059 4 St, NISKU, AB, T9E 8L1
(780) 955-2340   SIC 1381
TRINIDAD DRILLING LTD p 156
6763 76 St, RED DEER, AB, T4P 3R7
(403) 314-0771   SIC 1381
TRINIDAD WELL SERVICING p 68
See TRINIDAD DRILLING LTD
TRINIDAD WELL SERVICING p 141
See CWC ENERGY SERVICES CORP
TRINIDAD WELL SERVICING p 156
See TRINIDAD DRILLING LTD
TRINITY BAPTIST p 226
See KELOWNA TRINITY BAPTIST CHURCH
TRINITY LODGE p 54
See DIVERSICARE CANADA MANAGEMENT SERVICES CO., INC
TRINITY PLATINUM ENERGY SERVICES p 19
See PLATINUM ENERGY SERVICES ULC
TRIOS COLLEGE BUSINESS TECHNOLOGY HEALTHCARE INC p 651
520 First St Suite 1, LONDON, ON, N5V 3C6
(519) 455-0551   SIC 8221
TRIOS COLLEGE OF BUSINESS TECHNOLOGY AND HEALTHCARE p 641
See TRIOS TRAINING CENTRES LIMITED
TRIOS TRAINING CENTRES LIMITED p 641
445 King St N, KITCHENER, ON, N2G 1C2
(519) 578-0838   SIC 8221
TRIOVEST REALTY ADVISORS INC p 82
10025 Jasper Ave Nw Suite 48, EDMONTON, AB, T5J 2B8
(780) 990-1768   SIC 6519
TRIOVEST REALTY ADVISORS INC p 565
1 Water St E, CORNWALL, ON, K6H 6M2
(613) 938-2118   SIC 6512
TRIOVEST REALTY ADVISORS INC p 606
75 Centennial Pky N, HAMILTON, ON, L8E 2P2
(905) 561-2444   SIC 6512
TRIOVEST REALTY ADVISORS INC p 921
40 University Ave Suite 1200, TORONTO, ON, M5J 1T1
(416) 362-0045   SIC 6531
TRIOVEST REALTY ADVISORS INC p 1108
999 Boul De Maisonneuve O Bureau 800, Montreal, QC, H3A 3L4
(514) 879-1597   SIC 6512
TRIPAR ENOVA, DIV OF p 1084
See TRIPAR INC
TRIPAR INC p 1084
9750 Boul Maurice-Duplessis, Montreal, QC,

H1C 1G1
(514) 648-7471   SIC 3469
TRIPCENTRAL.CA p 612
See TRAVEL SUPERSTORE INC
TRIPLE A GENERAL CONTRACTING p 122
380 Mackenzie Blvd Unit 2f, FORT MCMURRAY, AB, T9H 4C4
(780) 715-0208   SIC 1521
TRIPLE ANGLE ENTERPRISES LTD p 145
2301 Trans Canada Way Se, MEDICINE HAT, AB, T1B 4E9
(403) 527-9311   SIC 5812
TRIPLE CROWN ENTERPRISES LTD p 609
170 Shaw St, HAMILTON, ON, L8L 3P7
(905) 540-1630   SIC 1731
TRIPLE CROWN TRUCKING LTD p 285
12742 King George Blvd, SURREY, BC, V3V 3K5
SIC 4213
TRIPLE E CANADA LTD p 361
135 Canada St, WINKLER, MB, R6W 0J3
(204) 325-4345   SIC 3792
TRIPLE E CANADA LTD p 361
301 Roblin Blvd, WINKLER, MB, R6W 4C4
(204) 325-4361   SIC 3711
TRIPLE E RV, DIV OF p 361
See TRIPLE E CANADA LTD
TRIPLE J LIVESTOCK LTD p 174
9004 110a St, WESTLOCK, AB, T7P 2N4
(780) 349-3153   SIC 5154
TRIPLE M METAL LP p 517
331 Intermodal Dr, BRAMPTON, ON, L6T 5G4
(905) 791-7203   SIC 7389
TRIPLE M METAL LP p 517
900 Intermodal Dr, BRAMPTON, ON, L6T 0B5
(905) 494-3999   SIC 3341
TRIPLE M METAL LP p 529
144 Mohawk Rd, BRANTFORD, ON, N3T 5L9
(519) 752-4351   SIC 5093
TRIPLE M METAL LP p 607
1640 Brampton St, HAMILTON, ON, L8H 3S1
(905) 545-7083   SIC 5093
TRIPLE RANDOM INC p 2
53016 Hwy 60 Unit 46, ACHESON, AB, T7X 5A7
(780) 979-0717   SIC 4212
TRIPLEWELL ENTERPRISES LTD p 846
3440 Pharmacy Ave Unit 9, Scarborough, ON, M1W 2P8
(416) 498-5637   SIC 2399
TRIPPLE D BENDING p 15
See BENPRO TECHNOLOGIES CORPORATION
TRISTAN p 1118
See BOUTIQUE TRISTAN & ISEUT INC
TRISTAN & AMERICA p 1110
See BOUTIQUE TRISTAN & ISEUT INC
TRISTAN AMERICA p 1182
See BOUTIQUE TRISTAN & ISEUT INC
TRITERRA GREENHOUSES p 1185
See 9254-7553 QUEBEC INC.
TRIUMF p 320
4004 Wesbrook Mall, VANCOUVER, BC, V6T 2A3
(604) 222-1047   SIC 8733
TRIUMPH GEAR SYSTEMS-TORONTO ULC p 762
11 Fenmar Dr, NORTH YORK, ON, M9L 1L5
(416) 743-4410   SIC 3089
TRIUMPH GEAR SYSTEMS-TORONTO ULC p 941
9 Fenmar Dr, TORONTO, ON, M9L 1L5
(416) 743-4417   SIC 3728
TRIUS WINERY - HILLEBRAND p 739
See ANDREW PELLER LIMITED
TRIVISION BROADBAND AND TELECOM INC p 675
7880 Woodbine Ave Suite A & B, MARKHAM, ON, L3R 2N7
(905) 474-1422   SIC 5063

TROCHU VALLEY SCHOOL p 171
See GOLDEN HILLS SCHOOL DIVISION #75

TROIA HOMES INC p 593
5669 Power Rd, GLOUCESTER, ON, K1G 3N4
(613) 822-9422   SIC 1522

TROIKA DEVELOPMENT INC p 227
1856 Ambrosi Rd Suite 114, KELOWNA, BC, V1Y 4R9
(250) 869-4945   SIC 8399

TROIS-RIVIERES TOYOTA p 1249
See 9043-3798 QUEBEC INC

TROIS-RIVIERES, VILLE DE p 1252
200 Av Des Draveurs, Trois-Rivieres, QC, G9A 0B6
(819) 372-4633   SIC 8412

TROJAN CONSOLIDATED INVESTMENTS LIMITED p 754
18 Wynford Dr Suite 516, NORTH YORK, ON, M3C 3S2
(416) 785-3961   SIC 8742

TROJAN SAFETY SERVICES LTD p 156
7669 Edgar Industrial Crt Unit 3, RED DEER, AB, T4P 4E2
(403) 309-3025   SIC 7353

TROJAN SECURITY AND INVESTIGATION SERVICES p 854
See 295823 ONTARIO INC

TRONCONNAGE GAGNON p 1075
See 3323773 CANADA INC

TROPHY FOODS INC p 20
6210 44 St Se, CALGARY, AB, T2C 4L3
(403) 571-6887   SIC 5149

TROPHY FOODS INC p 721
71 Admiral Blvd, MISSISSAUGA, ON, L5T 2T1
(905) 564-3060   SIC 5145

TROPICAL INN p 140
See 524986 SASKATCHEWAN LTD

TROPICAL INN p 1278
Gd Lcd Main, NORTH BATTLEFORD, SK, S9A 2X5
(306) 446-4700   SIC 7011

TROPICANA COMMUNITY SERVICES ORGANIZATION OF SCARBOROUGH, THE p 746
505 Consumers Rd Suite 102, NORTH YORK, ON, M2J 4V8
(416) 491-7000   SIC 8322

TRORY CONSTRUCTION SPECIALTY p 247
See J. R. TRORY & COMPANY LTD

TROTT TRANSIT LTD p 706
15 James St, MISSISSAUGA, ON, L5M 1R4
(905) 826-6629   SIC 4142

TROTTER AND MORTON BUILDING TECHNOLOGIES INC p 34
5711 1 St Se, CALGARY, AB, T2H 1H9
(403) 255-7535   SIC 1711

TROTTER AND MORTON BUILDING TECHNOLOGIES INC p 188
5151 Canada Way Unit 200, BURNABY, BC, V5E 3N1
(604) 525-4499   SIC 1711

TROTTER AND MORTON BUILDING TECHNOLOGIES INC p 188
See TROTTER AND MORTON BUILDING TECHNOLOGIES INC

TROUT CREEK ELEMENTARY SCHOOL p 279
See SCHOOL DISTRICT NO 67 (OKANAGAN SKAHA)

TROUT CREEK PUBLIC SCHOOL p 944
See NEAR NORTH DISTRICT SCHOOL BOARD

TROUW NUTRITION p 148
See HI-PRO FEEDS LP

TROY LIFE & FIRE SAFETY LTD p 198
43775 Industrial Way, CHILLIWACK, BC, V2R 4L2
SIC 1711

TROY LIFE & FIRE SAFETY LTD p 453
80 Raddall Ave Suite 5, DARTMOUTH, NS, B3B 1T7
(902) 468-9500   SIC 3669

TROY LIFE & FIRE SAFETY LTD p 501
4697 Christie St, BEAMSVILLE, ON, L0R 1B4
(905) 563-4889   SIC 1711

TRQSS, INC p 872
255 Patillo Rd, TECUMSEH, ON, N8N 2L9
(519) 973-7400   SIC 2399

TRUDELL MEDICAL INTERNATIONAL EUROPE LIMITED p 651
725 Third St, LONDON, ON, N5V 5G4
(519) 455-7060   SIC 5047

TRUDELL MEDICAL MARKETING LIMITED p 651
758 Third St, LONDON, ON, N5V 5J7
(519) 685-8800   SIC 5047

TRUE NORTH IMAGING INC p 643
751 Victoria St S Suite B102, KITCHENER, ON, N2M 5N4
(519) 742-2636   SIC 8071

TRUE NORTH RESTAURANTS INC p 544
355 Hespeler Rd Suite 276, CAMBRIDGE, ON, N1R 6B3
(519) 740-8220   SIC 5812

TRUE NORTH RESTAURANTS INC p 722
5700 Mavis Rd Suite 1, MISSISSAUGA, ON, L5V 2N6
SIC 5812

TRUE NORTH SALMON CO. LTD p 394
669 Main St, BLACKS HARBOUR, NB, E5H 1K1
(506) 456-6610   SIC 2092

TRUEDELL PUBLIC SCHOOL p 634
See LIMESTONE DISTRICT SCHOOL BOARD

TRUEFOAM LIMITED p 401
120 Doak Rd, FREDERICTON, NB, E3B 7J9
(506) 452-7868   SIC 3086

TRUK-KING LOGISTICS INC p 590
1799 Pettit Rd, FORT ERIE, ON, L2A 5M4
(905) 994-1000   SIC 4212

TRULITE GLASS & ALUMINUM SOLUTIONS CANADA, ULC p 972
20 Royal Group Cres, WOODBRIDGE, ON, L4H 1X9
(905) 605-7040   SIC 3211

TRURO DAILY NEW, DIV OF p 1111
See GROUPE DES MEDIAS TRANSCONTINENTAL DE LA NOUVELLE-ECOSSE INC

TRURO DAILY NEWS p 477
See GROUPE DES MEDIAS TRANSCONTINENTAL DE LA NOUVELLE-ECOSSE INC

TRURO JUNIOR HIGH SCHOOL p 477
See CHIGNECTO CENTRAL REGIONAL SCHOOL BOARD

TRURO POSTAL OUTLET p 477
See CANADA POST CORPORATION

TRURO RACEWAY/EXHIBITION p 478
See NOVA SCOTIA PROVINCIAL EXHIBITION COMMISSION

TRURO SUPERSTORE p 478
See LOBLAW PROPERTIES LIMITED

TRURO TERMINAL p 478
See MIDLAND TRANSPORT LIMITED

TRUSS & FLOOR DIVISION p 3
See DOUBLE R BUILDING PRODUCTS LTD

TRUSS DIVISION p 17
See DAVIDSON ENMAN LUMBER LIMITED

TRUST GENERAL p 1006
See BANQUE NATIONALE DU CANADA

TRUSTED RETAIL SOLUTIONS p 585
See LOGISTI-SOLVE INC

TRUSTING INVESTMENT & CONSULTING CO., LTD p 274
10891 Hogarth Dr, RICHMOND, BC, V7E 3Z9
(778) 321-7399   SIC 6719

TRW AUTOMOTIVE p 961
See TRW CANADA LIMITED

TRW AUTOMOTIVE p 963
See THK RHYTHM AUTOMOTIVE CANADA LIMITED

TRW CANADA LIMITED p 961
3355 Munich Crt, WINDSOR, ON, N8N 5G2
(519) 739-9861   SIC 5013

TRYDOR INDUSTRIES p 287
See 4499034 CANADA INC

TRYLON TSF p 573
See TRYLON TSF INC

TRYLON TSF INC p 14
3016 10 Ave Ne Suite 105, CALGARY, AB, T2A 6A3
(403) 295-2206   SIC 1623

TRYLON TSF INC p 209
9563 Gunderson Rd, DELTA, BC, V4C 4R9
SIC 4899

TRYLON TSF INC p 573
21 S Field Dr, ELMIRA, ON, N3B 2Z4
(519) 669-5421   SIC 1623

TRYLON TSF INC p 1125
9455 Rue Charles-De La Tour, Montreal, QC, H4N 1M5
SIC 4899

TRYTON TOOL SERVICES LTD p 175
3421 41 Ave, WHITECOURT, AB, T7S 0A9
(780) 706-2555   SIC 1389

TS & M SUPPLIES p 1268
See NATIONAL-OILWELL CANADA LTD

TS TECH CO p 844
See TRIMONT MFG. INC

TSAWAAYUUS RAINBOW GARDENS p 254
See WESTCOAST NATIVE HEALTH CARE SOCIETY

TSAWWASSEN INDEPENDENT SCHOOL SOCIETY p 211
1900 56 St, DELTA, BC, V4L 2B1
(604) 948-8826   SIC 8211

TSC STORES p 486
See TSC STORES L.P.

TSC STORES L.P. p 486
4874 Concession Rd 7, ALLISTON, ON, L9R 1V1
(705) 435-8845   SIC 5251

TSC STORES L.P. p 651
1000 Clarke Rd, LONDON, ON, N5V 3A9
(519) 453-5270   SIC 5251

TSC STORES L.P. p 773
207211 Hwy 9 E, ORANGEVILLE, ON, L9W 2Z2
(519) 940-8810   SIC 5251

TSC STORES L.P. p 883
121 Concession St E, TILLSONBURG, ON, N4G 4W4
(519) 842-7001   SIC 5251

TSG ENERGY SERVICES LTD p 121
311 253 Gregoire Dr, FORT MCMURRAY, AB, T9H 4G7
(780) 799-2772   SIC 1623

TSI ION KWA NONH SO TE ADULT CARE FACILITY p 485
See MOHAWK COUNCIL OF AKWESASNE

TSO3 INC p 1156
2505 Av Dalton, Quebec, QC, G1P 3S5
(418) 651-0003   SIC 3842

TST AUTOMOTIVE SERVICES p 959
See TST SOLUTIONS L.P.

TST AUTOMOTIVE SERVICES, DIV OF p 691
See TST SOLUTIONS L.P.

TST EXPEDITED SERVICES p 970
See TST SOLUTIONS L.P.

TST LOAD BROKERAGE SERVICES p 1210
See TST SOLUTIONS L.P.

TST OVERLAND EXPRESS p 691
See TST SOLUTIONS L.P.

TST OVERLAND EXPRESS p 852
See TST SOLUTIONS L.P.

TST OVERLAND EXPRESS p 970
See TST SOLUTIONS L.P.

TST OVERLAND EXPRESS, DIV OF p 782
See TST SOLUTIONS L.P.

TST PORTER, DIV OF p 370
See TST SOLUTIONS L.P.

TST SOLUTIONS L.P. p 97
16750 129 Ave Nw, Edmonton, AB, T5V 1L1
(780) 447-1055   SIC 4213

TST SOLUTIONS L.P. p 370
1987 Brookside Blvd, WINNIPEG, MB, R2R 2Y3
(204) 633-5734   SIC 4213

TST SOLUTIONS L.P. p 370
1987 Brookside Blvd, WINNIPEG, MB, R2R 2Y3
(204) 697-5795   SIC 4231

TST SOLUTIONS L.P. p 691
5200 Maingate Dr, MISSISSAUGA, ON, L4W 1G5
(905) 624-7058   SIC 4731

TST SOLUTIONS L.P. p 691
5200 Maingate Dr, MISSISSAUGA, ON, L4W 1G5
(905) 625-7500   SIC 4111

TST SOLUTIONS L.P. p 691
5200 Maingate Dr, MISSISSAUGA, ON, L4W 1G5
(905) 625-7601   SIC 4213

TST SOLUTIONS L.P. p 782
1250 Thornton Rd S, OSHAWA, ON, L1J 7E2
(905) 728-7329   SIC 4212

TST SOLUTIONS L.P. p 852
191 Bunting Rd, ST CATHARINES, ON, L2M 3Y2
(905) 688-1698   SIC 4213

TST SOLUTIONS L.P. p 852
191 Bunting Rd, ST CATHARINES, ON, L2M 3Y2
(905) 688-1882   SIC 4213

TST SOLUTIONS L.P. p 959
1601 Tricont Ave, WHITBY, ON, L1N 7N5
SIC 4225

TST SOLUTIONS L.P. p 970
1855 Brunet Dr, WINDSOR, ON, N9C 3S2
(519) 966-0500   SIC 4213

TST SOLUTIONS L.P. p 970
710 Sprucewood Ave, WINDSOR, ON, N9C 0B2
(519) 972-8111   SIC 4731

TST SOLUTIONS L.P. p 1210
6800 Ch Saint-Francois Bureau 878, SAINT-LAURENT, QC, H4S 1B7
(514) 745-4617   SIC 4731

TSUBAKI OF CANADA LIMITED p 717
1630 Drew Rd, MISSISSAUGA, ON, L5S 1J6
(905) 676-0400   SIC 5085

TSUU T'INA MECHANICAL SERVICES LTD p 171
9919 Chula Blvd Sw Suite 250, TSUU T'INA, AB, T2W 6H6
(403) 251-7695   SIC 5541

TSX INC p 305
650 Georgia St W Unit 2700, VANCOUVER, BC, V6B 4N9
(604) 689-3334   SIC 6231

TSX VENTURE EXCHANGE INC p 50
300 5 Ave Sw, CALGARY, AB, T2P 3C4
(403) 218-2800   SIC 6231

TT ESSEX INC p 768
1400 Cornwall Rd Unit 5, OAKVILLE, ON, L6J 7W5
(905) 829-8686   SIC 6794

TT GROUP LIMITED p 724
643 Railroad St, MOUNT BRYDGES, ON, N0L 1W0
(519) 264-1551   SIC 4783

TTCI p 547
See TOYOTA TSUSHO CANADA INC

TTI CANADA p 675
See TECHTRONIC INDUSTRIES CANADA INC

TTLLP p 50
See TAYLOR GAS LIQUIDS LIMITED PARTNERSHIP

TUAC LOCAL 500 p 1097
See UNITED FOOD AND COMMERCIAL

TUBE-FAB LTD p 982
36 Fourth St, CHARLOTTETOWN, PE, C1E 2B3
(902) 436-3229   SIC 3671

TUBMAN FUNERAL HOME p 1269
See SERVICE CORPORATION INTERNATIONAL (CANADA) LIMITED

TUBMAN FUNERAL HOMES p 799
See TUBMAN FUNERAL HOMES & CREMATION LTD

TUBMAN FUNERAL HOMES & CREMATION LTD 799
403 Richmond Rd, OTTAWA, ON, K2A 0E9
(613) 722-6559   SIC 7261

TUBOSCOPE CANADA p 47
See NOV ENERFLOW ULC

TUBOSCOPE CANADA p 147
See NOV ENERFLOW ULC

TUC EL NUIT ELEMENTARY SCHOOL 251
See SCHOOL DISTRICT NO. 53 (OKANAGAN SIMILKAMEEN)

TUCKER CLEANING (1979) INC p 1298
901 1st Ave N Suite 9, SASKATOON, SK, S7K 1Y4
(306) 956-3377   SIC 7349

TUCKER WIRELINE SERVICES CANADA INC p 50
444 5 Ave Sw Suite 900, CALGARY, AB, T2P 2T8
(403) 264-7040   SIC 1389

TUCKER'S MARKETPLACE p 586
See NEWGEN RESTAURANT SERVICES INC

TUCKER'S MARKETPLACE p 714
See NEWGEN RESTAURANT SERVICES INC

TUCKER'S MARKETPLACE p 789
See NEWGEN RESTAURANT SERVICES INC

TUDHOPE CARTAGE LIMITED p 453
4 Vidito Dr, DARTMOUTH, NS, B3B 1P9
(902) 468-4447   SIC 4213

TUDHOPE CARTAGE LIMITED p 503
239 Casey Rd, BELLEVILLE, ON, K8N 4Z6
SIC 4213

TUDOR HOUSE LTD p 355
800 Manitoba Ave, SELKIRK, MB, R1A 2C9
(204) 482-6601   SIC 8051

TUESDAY RESTAURANT COMPANY LTD, THE p 1289
3806 Albert St Suite 400, REGINA, SK, S4S 3R2
(306) 584-0611   SIC 5812

TUESDAY RESTAURANT, THE p 1289
See TUESDAY RESTAURANT COMPANY LTD, THE

TUFF CONTROL SYSTEMS LIMITED p 762
5145 Steeles Ave W Suite 201, NORTH YORK, ON, M9L 1R5
SIC 7381

TUFF-TOTE p 483
See IDEAL INDUSTRIES (CANADA), CORP

TUFFORD NURSING HOME p 854
See UNGER NURSING HOMES LIMITED

TUFFORD NURSING HOME LTD p 854
312 Queenston St, ST CATHARINES, ON, L2P 2X4
(905) 682-0411   SIC 8051

TUKISINIARVIK SCHOOL. p 987
See COMMISSION SCOLAIRE KATIVIK

TULLAMORE NURSING HOME p 519
See DIVERSICARE CANADA MANAGEMENT SERVICES CO., INC

TUMBLER RIDGE SECONDARY SCHOOL p 292
See SCHOOL DISTRICT #59 PEACE RIVER SOUTH

TUNDRA p 859
See TUNDRA STRATEGIES, INC

TUNDRA OIL & GAS LIMITED p 50
715 5 Ave Sw Suite 1000, CALGARY, AB, T2P 2X6
(403) 261-1876   SIC 1382

TUNDRA OIL & GAS LIMITED p 360
295 3rd Ave, VIRDEN, MB, R0M 2C0
(204) 748-3095   SIC 1382

TUNDRA OIL & GAS LIMITED p 376
1 Lombard Pl Suite 1700, WINNIPEG, MB, R3B 0X3
(204) 934-5850   SIC 1382

TUNDRA OIL & GAS PARTNERSHIP p 360
See TUNDRA OIL & GAS LIMITED

TUNDRA PROCESS SOLUTIONS LTD p 57
3200 118 Ave Se, CALGARY, AB, T2Z 3X1
(403) 255-5222   SIC 5085

TUNDRA STRATEGIES, INC p 859
1393 Centre Line Rd, STAYNER, ON, L0M 1S0
(705) 734-7700   SIC 8742

TUNDRA WINDOWS, DOORS & HARDWARE INC p 297
625 16th Ave E, VANCOUVER, BC, V5T 2V3
(604) 676-0008   SIC 5211

TURBOCARE CANADA p 15
See SIEMENS CANADA LIMITED

TURBOMECA CANADA p 1079
See SAFRAN MOTEURS D'HELICOPTERES CANADA INC

TURCAL p 1123
See KRUGER INC

TURF CARE PRODUCTS CANADA LIMITED p 734
200 Pony Dr, NEWMARKET, ON, L3Y 7B6
(905) 836 0988   SIC 3523

TURKSTRA INDUSTRIES INC p 615
1050 Upper Wellington St, HAMILTON, ON, L9A 3S6
(905) 388-8222   SIC 2431

TURKSTRA MILL p 615
See TURKSTRA INDUSTRIES INC

TURNER & PORTER FUNERAL DIRECTORS LIMITED 939
436 Roncesvalles Ave, TORONTO, ON, M6R 2N2
SIC 7261

TURNER & PORTER RONCESVALLES CHAPEL p 939
See TURNER & PORTER FUNERAL DIRECTORS LIMITED

TURNER FENTON SECONDARY SCHOOL p 520
See PEEL DISTRICT SCHOOL BOARD

TURNER VALLEY SCHOOL p 171
See FOOTHILLS SCHOOL DIVISION NO. 38

TURNING POINT p 969
See GREATER ESSEX COUNTY DISTRICT SCHOOL BOARD

TURNING POINT YOUTH SERVICES p 895
1 Wroxeter Ave, TORONTO, ON, M4K 1J5
(416) 466-9730   SIC 8361

TURNING POINT YOUTH SERVICES p 904
95 Wellesley St E, TORONTO, ON, M4Y 2X9
(416) 925-9250   SIC 8322

TURNPIKE GLOBAL TECHNOLOGIES INC p 766
2401 Bristol Cir Suite C 100, OAKVILLE, ON, L6H 5S9
(905) 829-9204   SIC 3663

TURPIN GROUP LTD p 626
2500 Palladium Dr Unit 200, KANATA, ON, K2V 1E2
SIC 5511

TURPIN GROUP LTD p 798
1615 Laperriere Ave, OTTAWA, ON, K1Z 8S7
(613) 728-1908   SIC 7532

TURPIN PAINT & COLLISION CENTRE p 798
See TURPIN GROUP LTD

TURPIN PONTIAC BUICK GMC p 626
See TURPIN GROUP LTD

TURQUOISE, CABINET EN ASSURANCE DE DOMMAGES ET SERVICES FINANCIERS INC, LA p 1244
1190 Rue Levis, TERREBONNE, QC, J6W 5S6
(450) 961-4567   SIC 6411

TURQUOISE, CABINET EN ASSURANCE DE DOMMAGES INC, LA p 1036
500 Boul Greber Bureau 103, GATINEAU, QC, J8T 7W3
(819) 243-3211   SIC 6411

TURTLE JACK'S RESTAURANT INC p 520
200 County Court Blvd, BRAMPTON, ON, L6W 4K7
(905) 457-3733   SIC 5812

TURTLE JACK'S RESTAURANT INC p 702
980 Southdown Rd Unit E1, MISSISSAUGA, ON, L5J 2Y4
(905) 822-1998   SIC 5812

TURTLE JACK'S RESTAURANT INC p 863
143 Upper Centennial Pky, STONEY CREEK, ON, L8J 0B2
(905) 662-3120   SIC 5812

TURTLE MOUNTAIN SCHOOL DIVISION p 344
885 Mill Rd N, BOISSEVAIN, MB, R0K 0E0
(204) 534-2494   SIC 8211

TURTLE MOUNTAIN SCHOOL DIVISION p 350
417 King St, KILLARNEY, MB, R0K 1G0
(204) 523-4696   SIC 8211

TURTLE RIVER SCHOOL DIVISION p 343
Hwy 50, ALONSA, MB, R0H 0A0
(204) 767-2168   SIC 8211

TURTLE RIVER SCHOOL DIVISION p 357
480 Central Ave, STE ROSE DU LAC, MB, R0L 1S0
(204) 447-2088   SIC 8211

TURTLEFORD SCHOOL p 1307
See NORTHWEST SCHOOL DIVISION 203

TUSKET FORD p 478
See TUSKET SALES & SERVICE LIMITED

TUSKET SALES & SERVICE LIMITED p 478
4143 Gavel Rd, TUSKET, NS, B0W 3M0
(902) 648-2600   SIC 7532

TUXEDO PARK CAMPUS p 22
See CALGARY BOARD OF EDUCATION

TUXEDO ROYALE FORMAL WEAR p 821
See TUXEDO ROYALE LIMITED

TUXEDO ROYALE LIMITED p 821
9078 Leslie St Unit 5, RICHMOND HILL, ON, L4B 3L8
(416) 798-7617   SIC 7299

TUXEDO SAFEWAY p 388
See SOBEYS WEST INC

TV NEWS p 928
See CANADIAN BROADCASTING CORPORATION

TV5 QUEBEC CANADA p 1094
1755 Boul Rene-Levesque E Bureau 101, Montreal, QC, H2K 4P6
(514) 522-5322   SIC 4833

TVA ACCES p 1095
See TVA VENTES ET MARKETING INC

TVA PUBLICATIONS INC p 1136
7 Ch Bates, OUTREMONT, QC, H2V 4V7
(514) 848-7000   SIC 2759

TVA VENTES ET MARKETING INC p 1095
1600 Boul De Maisonneuve E, Montreal, QC, H2L 4P2
(514) 526-9251   SIC 7319

TVH p 716
See TVH CANADA LTD

TVH CANADA LTD p 716
1039 Cardiff Blvd, MISSISSAUGA, ON, L5S 1P4
(905) 564-0003   SIC 5013

TVI INC p 660
4465 Wellington Rd S, LONDON, ON, N6E 2Z8
(519) 680-3711   SIC 5311

TVM p 545
See 1625443 ONTARIO INC

TW DISTRIBUTION CENTRE p 94
See UAP INC

TW DISTRIBUTION CENTRE p 1069
See UAP INC

TWAIN SULLIVAN ELEMENTARY p 217
See SMITHERS SCHOOL BOARD DISTRICT #54 (BULKLEY VALLEY)

TWD ROADS MANAGEMENT INC p 632
1010 Middle Rd, KINGSTON, ON, K7L 4V3
SIC 5082

TWD ROADS MANAGEMENT INC p 721
6130 Edwards Blvd, MISSISSAUGA, ON, L5T 2V7
(905) 670-3080   SIC 1611

TWEED & HICKORY p 730
See K.F.S. LIMITED

TWEED AND HICKORY p 884
See K.F.S. LIMITED

TWEED ELEMENTARY SCHOOL p 945
See HASTINGS AND PRINCE EDWARD DISTRICT SCHOOL BOARD

TWEED SMUIR PUBLIC SCHOOL p 740
See NEAR NORTH DISTRICT SCHOOL BOARD

TWEEDSMUIR PUBLIC SCHOOL p 652
See THAMES VALLEY DISTRICT SCHOOL BOARD

TWELFTH AVENUE ELEMENTARY SCHOOL p 183
See BURNABY SCHOOL BOARD DISTRICT 41

TWI FOODS INC p 587
40 Shaft Rd Suite 1, ETOBICOKE, ON, M9W 4M2
(647) 775-1400   SIC 2051

TWI FOODS INC p 684
2600 Drew Rd, MISSISSAUGA, ON, L4T 3M5
(905) 364-3020   SIC 2051

TWILIGHT COLONY p 118
See TWILIGHT HUTTERIAN BRETHREN

TWILIGHT HUTTERIAN BRETHREN p 118
Gd, FALHER, AB, T0H 1M0
SIC 7389

TWILITE SECURITY LIMITED p 439
4916 49th St, YELLOWKNIFE, NT, X1A 2N5
(867) 873-3202   SIC 7381

TWIN ANCHORS HOUSEBOAT VACATION p 277
See SHUSWAP LAKES VACATIONS INC

TWIN BROOKS PUBLIC HEALTH CENTRE p 110
See ALBERTA HEALTH SERVICES

TWIN BUTTE ENERGY LTD p 52
396 11 Ave Sw Suite 410, CALGARY, AB, T2R 0C5
(403) 215-2045   SIC 1381

TWIN LAKES COMMUNITY SCHOOL p 1265
See NORTHERN LIGHTS SCHOOL DIVISION 113

TWIN LAKES TERRACE p 827
See STEEVES & ROZEMA ENTERPRISES LIMITED

TWIN OAKS SENIOR CITIZENS ASSOCIATION p 469
7702 # 7 Hwy, MUSQUODOBOIT HARBOUR, NS, B0J 2L0
(902) 889-3474   SIC 8361

TWIN RINKS ICE ARENA p 197
See CITY OF CHILLIWACK

TWIN RIVER CEDAR PRODUCTS LTD p 235
9393 287 St, MAPLE RIDGE, BC, V2W 1L1
(604) 462-0909   SIC 2421

TWIN RIVERS EDUCATION CENTER p 219
See SCHOOL DISTRICT 73 (KAMLOOPS/THOMPSON)

TWIN RIVERS ELEMENTARY SCHOOL p 195
See SCHOOL DISTRICT # 20 (KOOTENAY-COLUMBIA)

TWIN RIVERS PAPER COMPANY INC p 412

TWINCORP INC

31 Renous Rd Suite 36, PLASTER ROCK, NB, E7G 4B5
(506) 356-4132   SIC 2421

TWINCORP INC   p 483
252 Bayly St W, AJAX, ON, L1S 3V4
(905) 686-3023   SIC 5812

TWINCORP INC   p 517
3 Gateway Blvd, BRAMPTON, ON, L6T 4X2
(905) 793-5811   SIC 5812

TWINCORP INC   p 520
295 Queen St E, BRAMPTON, ON, L6W 3R1
(905) 454-8888   SIC 5812

TWINCORP INC   p 551
328 St Clair St, CHATHAM, ON, N7L 3K1
SIC 5812

TWINCORP INC   p 606
744 Queenston Rd, HAMILTON, ON, L8G 1A4
(905) 573-0733   SIC 5812

TWINCORP INC   p 611
460 Main St W, HAMILTON, ON, L8P 1K7
(905) 525-4890   SIC 5812

TWINCORP INC   p 637
1020 Ottawa St N Unit D, KITCHENER, ON, N2A 3Z3
(519) 894-1615   SIC 5812

TWINCORP INC   p 639
951 Homer Watson Blvd, KITCHENER, ON, N2C 0A7
(519) 748-9051   SIC 5812

TWINCORP INC   p 639
2969 Kingsway Dr, KITCHENER, ON, N2C 2H7
SIC 5812

TWINCORP INC   p 643
751 Victoria St S, KITCHENER, ON, N2M 5N4
SIC 5812

TWINCORP INC   p 652
1584 Dundas St, LONDON, ON, N5W 3C1
(519) 455-1938   SIC 5812

TWINCORP INC   p 654
1145 Highbury Ave N, LONDON, ON, N5Y 1A5
(519) 455-9737   SIC 5812

TWINCORP INC   p 768
546 Trafalgar Rd, OAKVILLE, ON, L6J 3J2
SIC 5812

TWINCORP INC   p 782
299 King St W, OSHAWA, ON, L1J 2J8
(905) 721-7525   SIC 5812

TWINCORP INC   p 827
1182 London Rd, SARNIA, ON, N7S 1P4
(519) 383-7875   SIC 5812

TWINCORP INC   p 844
4186 Finch Ave E Suite 30, SCARBOROUGH, ON, M1S 4T5
(416) 292-1447   SIC 5812

TWINCORP INC   p 865
1067 Ontario St, STRATFORD, ON, N5A 6W6
SIC 5812

TWINCORP INC   p 956
800 Niagara St, WELLAND, ON, L3C 5Z4
SIC 5812

TWINCORP INC   p 966
300 Tecumseh Rd E Suite 500, WINDSOR, ON, N8X 5E8
(519) 971-7268   SIC 5812

TWINCORP INC   p 970
1790 Huron Church Rd, WINDSOR, ON, N9C 2L4
(519) 977-0662   SIC 5812

TWINCORP INC   p 978
670 Dundas St, WOODSTOCK, ON, N4S 1E6
(519) 539-9801   SIC 5812

TWINS LAKES SECONDARY SCHOOL   p 775
See SIMCOE COUNTY DISTRICT SCHOOL BOARD, THE

TWISTEE TREAT   p 768
See TT ESSEX INC

TWO BLOOR RESIDENCES LIMITED   p 757
3625 Dufferin St Suite 500, NORTH YORK, ON, M3K 1Z2
(416) 635-7520   SIC 1522

TWO HILLS MENONITE SCHOOL   p 171
See ST. PAUL EDUCATION REGIONAL DIVISION NO 1

TWO HILLS SCHOOL   p 171
See ST. PAUL EDUCATION REGIONAL DIVISION NO 1

TWO SMALL MEN WITH BIG HEARTS MOVING (BC) CORPORATION   p 285
11180 Scott Rd, SURREY, BC, V3V 8B8
(604) 581-1616   SIC 4214

TWOMEY, DR HUGH HEALTH CARE CENTRE   423
See CENTRAL REGIONAL HEALTH AUTHORITY

TY-CROP MANUFACTURING LTD   p 20
7211 110 Ave Se, CALGARY, AB, T2C 3B8
(403) 724-9230   SIC 1389

TYCO   p 664
See TYCO INTEGRATED FIRE & SECURITY CANADA, INC

TYCO ELECTRONICS CANADA ULC   p 267
13120 Vanier Pl Suite 110, RICHMOND, BC, V6V 2J2
(604) 276-8611   SIC 5065

TYCO ELECTRONICS CANADA ULC   p 675
20 Esna Park Dr, MARKHAM, ON, L3R 1E1
(905) 475-6222   SIC 3643

TYCO FLOW CONTROL   p 101
See PENTAIR VALVES & CONTROLS CANADA INC

TYCO INTEGRATED FIRE & SECURITY CANADA, INC   p 26
615 18 St Se, CALGARY, AB, T2E 3L9
(403) 569-4606   SIC 1731

TYCO INTEGRATED FIRE & SECURITY CANADA, INC   p 29
431 Manitou Rd Se, CALGARY, AB, T2G 4C2
(403) 287-3202   SIC 7389

TYCO INTEGRATED FIRE & SECURITY CANADA, INC   p 34
401 Forge Rd Se, CALGARY, AB, T2H 0S9
SIC 8748

TYCO INTEGRATED FIRE & SECURITY CANADA, INC   p 87
16447 117 Ave Nw, EDMONTON, AB, T5M 3V3
(780) 930-1300   SIC 1731

TYCO INTEGRATED FIRE & SECURITY CANADA, INC   p 93
17402 116 Ave Nw, EDMONTON, AB, T5S 2X2
(780) 452-5280   SIC 7389

TYCO INTEGRATED FIRE & SECURITY CANADA, INC   p 208
1485 Lindsey Pl, DELTA, BC, V3M 6V1
(604) 515-8872   SIC 7389

TYCO INTEGRATED FIRE & SECURITY CANADA, INC   p 379
303 Balmoral St, WINNIPEG, MB, R3C 4A8
(204) 949-1404   SIC 5065

TYCO INTEGRATED FIRE & SECURITY CANADA, INC   p 384
989 Century St, WINNIPEG, MB, R3H 0W4
(204) 694-0140   SIC 7389

TYCO INTEGRATED FIRE & SECURITY CANADA, INC   p 453
600 Windmill Rd Unit G, DARTMOUTH, NS, B3B 1B5
(902) 468-9100   SIC 7389

TYCO INTEGRATED FIRE & SECURITY CANADA, INC   p 453
75 Akerley Blvd Unit E, DARTMOUTH, NS, B3B 1R7
(902) 468-1649   SIC 1731

TYCO INTEGRATED FIRE & SECURITY CANADA, INC   p 548
125 Mcgovern Dr Unit 8, CAMBRIDGE, ON, N3H 4R7

(519) 650-5056   SIC 5999

TYCO INTEGRATED FIRE & SECURITY CANADA, INC   p 593
1257 Algoma Rd Unit 4, GLOUCESTER, ON, K1B 3W7
(613) 699-6710   SIC 6311

TYCO INTEGRATED FIRE & SECURITY CANADA, INC   p 606
45 Goderich Rd Suite 1, HAMILTON, ON, L8E 4W8
(905) 297-8795   SIC 6211

TYCO INTEGRATED FIRE & SECURITY CANADA, INC   p 614
40 Hempstead Dr Suite 1, HAMILTON, ON, L8W 2E7
(905) 577-4077   SIC 7389

TYCO INTEGRATED FIRE & SECURITY CANADA, INC   p 634
595 Mckay St, KINGSTON, ON, K7M 5V8
(613) 634-8486   SIC 7389

TYCO INTEGRATED FIRE & SECURITY CANADA, INC   p 664
150 Exeter Rd Suite 44, LONDON, ON, N6L 1G9
(519) 680-2001   SIC 1731

TYCO INTEGRATED FIRE & SECURITY CANADA, INC   p 664
150 Exeter Rd Unit 44, LONDON, ON, N6L 1G9
(519) 680-2001   SIC 7389

TYCO INTEGRATED FIRE & SECURITY CANADA, INC   p 691
2400 Skymark Ave Suite 1, MISSISSAUGA, ON, L4W 5K5
(905) 212-4400   SIC 1731

TYCO INTEGRATED FIRE & SECURITY CANADA, INC   p 727
14 Concourse Gate Suite 100, NEPEAN, ON, K2E 7S6
(613) 667-9355   SIC 5065

TYCO INTEGRATED FIRE & SECURITY CANADA, INC   p 755
5000 Dufferin St, NORTH YORK, ON, M3H 5T5
SIC 7381

TYCO INTEGRATED FIRE & SECURITY CANADA, INC   p 964
4525 Rhodes Dr Unit 700, WINDSOR, ON, N8W 5R8
(519) 966-1910   SIC 7389

TYCO INTEGRATED FIRE & SECURITY CANADA, INC   p 1021
3300 Sud Laval (A-440) O, Cote Saint-Luc, QC, H7T 2H6
SIC 1731

TYCO INTEGRATED FIRE & SECURITY CANADA, INC   p 1154
1990 Rue Cyrille-Duquet Bureau 165, Quebec, QC, G1N 4K8
(418) 683-4937   SIC 5065

TYCO INTEGRATED FIRE & SECURITY CANADA, INC   p 1208
5700 Boul Henri-Bourassa O, SAINT-LAURENT, QC, H4R 1V9
(514) 745-3890   SIC 7382

TYCO INTEGRATED FIRE & SECURITY CANADA, INC   p 1208
5800 Boul Henri-Bourassa O, SAINT-LAURENT, QC, H4R 1V9
(514) 737-5505   SIC 7389

TYCO INTEGRATED FIRE & SECURITY CANADA, INC   p 1298
3006 Cleveland Ave Suite 1, SASKATOON, SK, S7K 8B5
(306) 934-8184   SIC 7389

TYCO INTEGRATED FIRE AND SECURITY   p 964
See TYCO INTEGRATED FIRE & SECURITY CANADA, INC

TYCO SAFETY PRODUCTS CANADA LTD   p 686
3210 Airway Dr, MISSISSAUGA, ON, L4V 1Y6
(888) 888-7838   SIC 5099

TYCO SAFETY PRODUCTS CANADA LTD   p 760
95 Bridgeland Ave, NORTH YORK, ON, M6A 1Y7
(905) 760-3000   SIC 3699

TYCO SAFETY PRODUCTS CANADA LTD   p 1008
9995 Rue De Chateauneuf Unite L, BROSSARD, QC, J4Z 3V7
(450) 444-2040   SIC 3699

TYCOS TOOL & DIE   p 560
See MAGNA INTERNATIONAL INC

TYEE ELEMENTARY SCHOOL   p 295
See BOARD OF EDUCATION OF SCHOOL DISTRICT NO. 39 (VANCOUVER), THE

TYENDINAGA PUBLIC SCHOOL   p 502
See HASTINGS AND PRINCE EDWARD DISTRICT SCHOOL BOARD

TYENDINAGA PUBLIC SCHOOL   p 848
See HASTINGS AND PRINCE EDWARD DISTRICT SCHOOL BOARD

TYR SPORT   p 1098
See 162404 CANADA INC

TYROLIT ABRASIVES CANADA   p 721
See TYROLIT WICKMAN INC

TYROLIT WICKMAN INC   p 721
6165 Kennedy Rd, MISSISSAUGA, ON, L5T 2S8
(905) 565-9880   SIC 5085

TYSON ELEMENTARY SCHOOL   p 198
See SCHOOL DISTRICT NO 33 CHILLIWACK

TYTLER PUBLIC SCHOOL   p 599
See UPPER GRAND DISTRICT SCHOOL BOARD, THE

TZOGAS ENTERPRISES INC   p 782
245 King St W Suite 15, OSHAWA, ON, L1J 2J7
(905) 579-5529   SIC 5812

U

U B C ALUMNI ASSOCIATION   p 320
6163 University Blvd, VANCOUVER, BC, V6T 1Z1
(604) 822-3313   SIC 8641

U B C TRAFFIC OFFICE   p 320
2075 Wesbrook Mall Suite 204, VANCOUVER, BC, V6T 1Z1
(604) 822-6786   SIC 7521

U F A   p 131
See UNITED FARMERS OF ALBERTA CO-OPERATIVE LIMITED

U F A   p 133
See UNITED FARMERS OF ALBERTA CO-OPERATIVE LIMITED

U F A   p 165
See UNITED FARMERS OF ALBERTA CO-OPERATIVE LIMITED

U F A LETHBRIDGE FARM SUPPLY   p 137
See UNITED FARMERS OF ALBERTA CO-OPERATIVE LIMITED

U HAUL REPAIR   p 200
See U-HAUL CO. (CANADA) LTD

U OF T SCHOOL OF ARCHITECTURE   p 927
See GOVERNING COUNCIL OF THE UNIVERSITY OF TORONTO

U P A OUTAOUAIS LAURENTIDES   p 1186
See UNION DES PRODUCTEURS AGRICOLE, L'

U-BUILD STEEL BUILDINGS   p 360
See BEHLEN INDUSTRIES INC

U-HAUL CO. (CANADA) LTD   p 200
2534 Barnet Hwy, COQUITLAM, BC, V3H 1W3
(604) 461-2455   SIC 7519

U-HAUL CO. (CANADA) LTD   p 363
1341 Regent Ave W, WINNIPEG, MB, R2C 3B2
(204) 987-9506   SIC 7519

U-HAUL CO. (CANADA) LTD   p 449
460 Windmill Rd, DARTMOUTH, NS, B3A 1J7
(902) 469-4487   SIC 7519

▲ Public Company   ■ Public Company Family Member   **HQ** Headquarters   **BR** Branch   **SL** Single Location

U-PARK ENTERPRISES LTD p 314
1425 Pender St W, VANCOUVER, BC, V6G 2S3
(604) 331-1111 SIC 7521
U.B. RESTAURANT INC p 760
506 Lawrence Ave W, NORTH YORK, ON, M6A 1A1
(416) 789-0519 SIC 5812
U.G.C.C. HOLDINGS INC p 320
5185 University Blvd, VANCOUVER, BC, V6T 1X5
(604) 224-1018 SIC 7997
U.S.N.R. p 1138
See USNR/KOCKUMS CANCAR COMPANY
U.V. CRYSTAL p 1222
See FINITION U.V. CRYSTAL INC
UAP p 569
See UNITED AGRI PRODUCTS CANADA INC
UAP INC p 26
2727 23 St Ne Suite 271, CALGARY, AB, T2E 7M1
(403) 250-7334 SIC 5531
UAP INC p 34
5530 3 St Se Suite 489, CALGARY, AB, T2H 1J9
(403) 212-4600 SIC 5013
UAP INC p 94
17310 111 Ave Nw Suite 239, EDMONTON, AB, T5S 0A8
(780) 451-3910 SIC 5013
UAP INC p 94
17310 111 Ave Nw Suite 239, EDMONTON, AB, T5S 0A8
(780) 455-9151 SIC 5015
UAP INC p 94
18532 116 Ave Nw, EDMONTON, AB, T5S 2W8
(780) 489-3300 SIC 5013
UAP INC p 102
3404 78 Ave Nw Suite 561, EDMONTON, AB, T6B 2X9
(780) 465-8010 SIC 5013
UAP INC p 142
5205 65 St, LLOYDMINSTER, AB, T9V 2E8
(780) 875-7712 SIC 5013
UAP INC p 144
2111 9 Ave Sw, MEDICINE HAT, AB, T1A 8M9
(403) 526-2244 SIC 5013
UAP INC p 230
9325 200 St Unit 100, LANGLEY, BC, V1M 3A7
(604) 513-9458 SIC 5013
UAP INC p 334
555 Ardersier Rd, VICTORIA, BC, V8Z 1C8
(250) 382-5184 SIC 5013
UAP INC p 384
1777 Ellice Ave, WINNIPEG, MB, R3H 0B4
(204) 779-6200 SIC 5013
UAP INC p 409
325 Edinburgh Dr, MONCTON, NB, E1E 4A6
(506) 857-0575 SIC 5013
UAP INC p 526
17 Woodyatt Dr, BRANTFORD, ON, N3R 7K3
(519) 752-5421 SIC 5013
UAP INC p 547
525 Boxwood Dr, CAMBRIDGE, ON, N3E 1A5
(519) 650-4444 SIC 5015
UAP INC p 548
1090 Fountain St N Unit 12-13, CAMBRIDGE, ON, N3H 4R7
(519) 653-3427 SIC 5013
UAP INC p 652
2405 Scanlan St, LONDON, ON, N5W 6G9
(519) 455-3440 SIC 5013
UAP INC p 717
6895 Menway Crt Suite 963, MISSISAUGA, ON, L5S 1W2
(905) 612-0032 SIC 5013
UAP INC p 838
750 Birchmount Rd Suite 53, SCARBOROUGH, ON, M1K 5H7
(416) 752-8543 SIC 5013
UAP INC p 1010
950 Av Simard, CHAMBLY, QC, J3L 4X2
(450) 658-3893 SIC 5531
UAP INC p 1060
7214 Boul Newman, LASALLE, QC, H8N 1X2
(514) 365-2651 SIC 7532
UAP INC p 1069
2500 Rue De La Metropole, LONGUEUIL, QC, J4G 1E6
(514) 251-2348 SIC 5013
UAP INC p 1069
400 Rue Jean-Neveu, LONGUEUIL, QC, J4G 1N8
(450) 463-2353 SIC 5013
UAP INC p 1087
2095 Av Haig, Montreal, QC, H1N 3E2
(514) 252-1127 SIC 5013
UAP INC p 1211
1080 Montee De Liesse, SAINT-LAURENT, QC, H4S 1J4
(514) 332-1003 SIC 5013
UAP INC p 1211
4915 Boul De La Cote-Vertu, SAINT-LAURENT, QC, H4S 1E1
(514) 332-3130 SIC 5013
UAP INC p 1245
3150 Boul Des Entreprises, TERREBONNE, QC, J6X 4J8
SIC 3714
UAP INC p 1283
565 Park St, REGINA, SK, S4N 5B2
SIC 5013
UAP INC p 1298
2815 Faithfull Ave, SASKATOON, SK, S7K 8E8
(306) 244-8187 SIC 5015
UAP PIECES VEHICULES LOURDS, DIV p 1069
See UAP INC
UAP/NAPA DISTRIBUTION CENTRE p 94
See UAP INC
UBC BOOKSTORE p 321
See UNIVERSITY OF BRITISH COLUMBIA, THE
UBC CAMPUS FAMILY PRACTICE p 321
See UNIVERSITY OF BRITISH COLUMBIA, THE
UBC CATERING p 321
See UNIVERSITY OF BRITISH COLUMBIA, THE
UBC CHILD CARE SERVICES p 321
See UNIVERSITY OF BRITISH COLUMBIA, THE
UBC CONFERENCE CENTRE p 320
See UNIVERSITY OF BRITISH COLUMBIA, THE
UBC DEPARTMENT OF GEOGRAPHY p 321
See UNIVERSITY OF BRITISH COLUMBIA, THE
UBC FINANCIAL SERVICES p 320
See UNIVERSITY OF BRITISH COLUMBIA, THE
UBC FISHERIES CENTRE p 320
See UNIVERSITY OF BRITISH COLUMBIA, THE
UBC HOUSING & CONFERENCES p 321
See UNIVERSITY OF BRITISH COLUMBIA, THE
UBC HUMAN RESOURCES p 320
See UNIVERSITY OF BRITISH COLUMBIA, THE
UBC MATHEMATICS DEPARTMENT p 320
See UNIVERSITY OF BRITISH COLUMBIA, THE
UBC PSYCHOLOGY DEPARTMENT p 321
See UNIVERSITY OF BRITISH COLUMBIA, THE
UBC ROBSON SQUARE p 322
See UNIVERSITY OF BRITISH COLUMBIA,
THE
UBISOFT ARTS NUMERIQUES INC p 1099
5505 Boul Saint-Laurent Bureau 2000, Montreal, QC, H2T 1S6
(514) 490-2000 SIC 7336
UBS BANK (CANADA) p 916
154 University Ave Suite 700, TORONTO, ON, M5H 3Y9
(416) 343-1800 SIC 6021
UBS GLOBAL ASSET MANAGEMENT (CANADA) INC p 921
161 Bay St Suite 4000, TORONTO, ON, M5J 2S1
(416) 681-5200 SIC 6282
UC FOOD SERVICES p 925
See GOVERNING COUNCIL OF THE UNIVERSITY OF TORONTO
UCC GROUP INC p 315
1275 6th Ave W Suite 300, VANCOUVER, BC, V6H 1A6
(604) 730-4833 SIC 1771
UCFV p 198
See UNIVERSITY OF THE FRASER VALLEY
UCLUELET ELEMENTARY SCHOOL p 292
See SCHOOL DISTRICT #70 (ALBERNI) SCHOOL BOARD
UCLUELET SECONDARY SCHOOL p 292
See SCHOOL DISTRICT #70 (ALBERNI) SCHOOL BOARD
UFA p 66
See UNITED FARMERS OF ALBERTA CO-OPERATIVE LIMITED
UFA p 115
See UNITED FARMERS OF ALBERTA CO-OPERATIVE LIMITED
UFA p 128
See UNITED FARMERS OF ALBERTA CO-OPERATIVE LIMITED
UFA p 143
See UNITED FARMERS OF ALBERTA CO-OPERATIVE LIMITED
UFA p 158
See UNITED FARMERS OF ALBERTA CO-OPERATIVE LIMITED
UFA AIRDRIE FARM SUPPLY, DIV OF p 3
See UNITED FARMERS OF ALBERTA CO-OPERATIVE LIMITED
UFCW LOCAL 1000A p 975
See UNITED FOOD AND COMMERCIAL WORKERS CANADA UNION
UGL CANADA INC p 86
14830 119 Ave Nw, EDMONTON, AB, T5L 2P2
SIC 1541
UHAUL COMPANY OF EASTERN ONTARIO p 887
1555 Warden Ave, TORONTO, ON, M1R 2S9
(416) 335-1250 SIC 7359
UKRAINIAN HOME FOR THE AGED p 705
3058 Winston Churchill Blvd Suite 1, MISSISSAUGA, ON, L5L 3J1
(905) 820-0573 SIC 8361
ULBRICH OF CANADA INC p 758
98 Norfinch Dr, NORTH YORK, ON, M3N 1X1
(416) 663-7130 SIC 5051
ULLMAN, KEN ENTERPRISES INC p 491
92 Kennedy St W, AURORA, ON, L4G 2L7
(905) 727-5677 SIC 2841
ULLURIAQ SCHOOL p 1048
See COMMISSION SCOLAIRE KATIVIK
ULTAMAR HOMENERGY p 454
See ENERGIE VALERO INC
ULTAMIG p 1172
See AMH CANADA LTEE
ULTIMA HOLDINGS LTD p 162
967 Ordze Rd, SHERWOOD PARK, AB, T8A 4L7
(780) 467-2223 SIC 5812
ULTIMATE GOLF VACATIONS p 766
See ULTIMATE TRAVEL GROUP INC
ULTIMATE MANUFACTURED SYSTEMS INC p 964
2855 Deziel Dr, WINDSOR, ON, N8W 5A5
(519) 250-5954 SIC 3542
ULTIMATE TRAVEL GROUP INC p 766
1660 North Service Rd E Suite 101, OAKVILLE, ON, L6H 7G3
(905) 755-0999 SIC 4725
ULTRA p 931
See ULTRA SUPPER CLUB INC
ULTRA ELECTRONICS MARITIME SYSTEMS INC p 448
40 Atlantic St, DARTMOUTH, NS, B2Y 4N2
(902) 466-7491 SIC 3679
ULTRA ELECTRONICS TCS INC p 1082
5990 Ch De La Cote-De-Liesse, MONT-ROYAL, QC, H4T 1V7
(514) 855-6363 SIC 3679
ULTRA MANUFACTURING LIMITED p 954
640 Conrad Pl, WATERLOO, ON, N2V 1C4
(519) 884-0448 SIC 3089
ULTRA SALES AND SERVICE LTD p 157
29 Petrolia Dr, RED DEER COUNTY, AB, T4E 1B3
(403) 347-5546 SIC 5561
ULTRA SUPPER CLUB INC p 931
314 Queen St W, TORONTO, ON, M5V 2A2
(416) 263-0330 SIC 5812
ULTRA-TECH CLEANING SYSTEMS LTD p 293
1420 Adanac St Suite 201, VANCOUVER, BC, V5L 2C3
(604) 253-4698 SIC 7349
ULTRACONFORT p 1106
See ENERGIE VALERO INC
ULTRAMAR p 726
See ENERGIE VALERO INC
ULTRAMAR p 1106
See ENERGIE VALERO INC
ULTRAMAR CANADA p 667
See ENERGIE VALERO INC
ULTRAMAR HOME ENERGY p 502
See ENERGIE VALERO INC
ULTRAPURE PURIFIED WATER p 263
See RUPERT CLEANERS & LAUNDRY LTD
ULTRASAVE LIGHTING LIMITED p 675
140 Amber St Unit 12, MARKHAM, ON, L3R 3J8
(905) 940-0888 SIC 5063
ULTRATEC FIBER OPTIC CORPORATION p 319
8838 Heather St Suite 111, VANCOUVER, BC, V6P 3S8
SIC 3679
UM CANADA p 919
See INTERPUBLIC GROUP OF COMPANIES CANADA, INC, THE
UMA ACOM p 687
See AECOM CANADA LTD
UMICORE CANADA INC p 136
7820 43 St, LEDUC, AB, T9E 7E8
(780) 980-7350 SIC 3674
UMOE SOLAR NEW BRUNSWICK INC p 405
345 Curtis Rd, MIRAMICHI, NB, E1V 3R7
SIC 2621
UNALLOY IWRC, DIV DE p 1213
See SAMUEL, SON & CO., LIMITED
UNALLOY-IWRC, DIV OF p 534
See HERCULES SLR INC
UNB FACILITIES MANAGEMENT p 401
See UNIVERSITY OF NEW BRUNSWICK
UNCLE BEN'S R.V. & AUTO p 157
See ULTRA SALES AND SERVICE LTD
UNCLE RAY'S RESTAURANT CO. LTD p 195
1361 16th Ave, CAMPBELL RIVER, BC, V9W 2C9
(250) 287-2631 SIC 5812
UNDERCOVER WEAR FASHIONS & LINGERIE p 231
4888 236 St, LANGLEY, BC, V2Z 2S5
SIC 5632

UNDERHILL FOOD SERVICES LTD p 136
6504 Sparrow Dr, LEDUC, AB, T9E 6T9
(780) 986-5323   SIC 5812
UNDERHILL GEOMATICS LTD p 184
3430 Brighton Ave Suite 210a, BURNABY, BC, V5A 3H4
(604) 687-6866   SIC 8713
UNE DIVISION DE CASCADE CANADA p 1153
See CASCADES CANADA ULC
UNGAVA HOSPITAL p 1049
See CENTRE DE SANTE TULATTAVIK DE L'UNGAVA
UNGER NURSING HOMES LIMITED p 541
75 Plains Rd W Suite 214, BURLINGTON, ON, L7T 1E8
(905) 631-0700   SIC 8051
UNGER NURSING HOMES LIMITED p 854
312 Queenston St, ST CATHARINES, ON, L2P 2X4
(905) 682-0503   SIC 8051
UNI-SELECT EASTERN INC p 94
See UNI-SELECT EASTERN INC
UNI-SELECT EASTERN INC p 94
11754 170 St Nw, EDMONTON, AB, T5S 1J7
(780) 452-2440   SIC 5013
UNI-SELECT INC p 185
8000 Winston St, BURNABY, BC, V5A 2H5
SIC 5013
UNI-SELECT INC p 409
80 Rooney Cres, MONCTON, NB, E1E 4M3
(506) 857-8150   SIC 5013
UNI-SELECT INC p 517
145 Walker Dr Suite 1, BRAMPTON, ON, L6T 5P5
(905) 789-0115   SIC 5013
UNI-SELECT INC p 1252
3125 Boul Gene-H.-Kruger Bureau 1624, Trois-Rivieres, QC, G9A 4M2
(819) 378-2871   SIC 5013
UNI-SELECT PACIFIC p 185
See UNI-SELECT INC
UNI-SELECT PACIFIC INC p 203
91 Glacier St, COQUITLAM, BC, V3K 5Z1
(604) 472-4900   SIC 5013
UNI-SELECT QUEBEC INC p 1190
325 107e Rue, SAINT-GEORGES, QC, G5Y 3J8
(418) 228-8817   SIC 5531
UNI-TRI MASONRY (1989) LIMITED p 587
23 Haas Rd, ETOBICOKE, ON, M9W 3A1
(416) 745-2724   SIC 1741
UNIACKE DISTRICT SCHOOL p 469
See CHIGNECTO CENTRAL REGIONAL SCHOOL BOARD
UNIBETON p 1018
See CIMENT QUEBEC INC
UNIBETON p 1053
See CIMENT QUEBEC INC
UNIBETON p 1082
See GROUPE CIMENT QUEBEC INC
UNIBETON p 1146
See CIMENT QUEBEC INC
UNIBETON p 1181
See CIMENT QUEBEC INC
UNIBETON HENRI-BOURASSA p 1084
See CIMENT QUEBEC INC
UNIBOARD CANADA INC p 1080
845 Rue Jean-Baptiste-Reid, MONT-LAURIER, QC, J9L 3W3
(819) 623-7133   SIC 2493
UNIBOARD CANADA INC p 1127
5555 Rue Ernest-Cormier, Montreal, QC, H7C 2S9
(450) 661-7122   SIC 2426
UNIBOARD CANADA INC p 1233
152 Rte Pouliot, SAYABEC, QC, G0J 3K0
(418) 536-5465   SIC 2493
UNIBOARD CANADA INC p 1254
2700 Boul Jean-Jacques-Cossette, VAL-D'OR, QC, J9P 6Y5
(819) 825-6150   SIC 2493
UNIBOARD SURFACES p 1127

See UNIBOARD CANADA INC
UNICA INSURANCE INC p 723
7150 Derrycrest Dr Suite 1, MISSISSAUGA, ON, L5W 0E5
(905) 677-9777   SIC 6331
UNICAD CANADA LTD p 800
2745 Iris St Suite 1, OTTAWA, ON, K2C 3V5
(613) 596-9091   SIC 7371
UNICEL ARCHITECTURAL CORP p 1069
2155 Boul Fernand-Lafontaine, LONGUEUIL, QC, J4G 2J4
(450) 670-6844   SIC 3446
UNICLEAN BUILDING MAINTENANCE p 726
See 1048536 ONTARIO LTD
UNICOOP MACHINERIE ST-ANSELME p 1179
See UNICOOP, COOPERATIVE AGRICOLE
UNICOOP, COOPERATIVE AGRICOLE p 1179
954 Rte Begin, SAINT-ANSELME, QC, G0R 2N0
(418) 885-9637   SIC 5083
UNICOOP, COOPERATIVE AGRICOLE p 1183
28 Rue De La Gare, SAINT-CHARLES-DE-BELLECHASSE, QC, G0R 2T0
(418) 887-3391   SIC 5083
UNICOOP, COOPERATIVE AGRICOLE p 1226
81 Rue Langevin, Sainte-Henedine, QC, G0S 2R0
SIC 5191
UNIDINDON p 1196
See OLYMEL S.E.C.
UNIDINDON p 1196
See COOP FEDEREE, LA
UNIFIED ALLOYS (EDMONTON) LTD p 234
26835 Gloucester Way, LANGLEY, BC, V4W 3Y3
(604) 607-6750   SIC 5051
UNIFIED SYSTEMS GROUP INC p 122
8112 Manning Ave, FORT MCMURRAY, AB, T9H 1V7
(780) 743-8117   SIC 1731
UNIFILLER SYSTEMS INC p 210
7621 Macdonald Rd, DELTA, BC, V4G 1N3
(604) 940-2233   SIC 5461
UNIFIN INTERNATIONAL, DIV OF p 651
See WABTEC CANADA INC
UNIFIRST CANADA LTD p 20
5728 35 St Se, CALGARY, AB, T2C 2G3
(403) 279-2800   SIC 7213
UNIFIRST CANADA LTD p 107
3691 98 St Nw, EDMONTON, AB, T6E 5N2
(780) 423-0384   SIC 7213
UNIFIRST CANADA LTD p 171
5702 60 St, TABER, AB, T1G 2B3
(403) 223-2182   SIC 7218
UNIFIRST CANADA LTD p 230
9189 196a St, LANGLEY, BC, V1M 3B5
(604) 888-8119   SIC 7213
UNIFIRST CANADA LTD p 660
77 Bessemer Rd Suite 15, LONDON, ON, N6E 1P9
SIC 7213
UNIFIRST CANADA LTD p 691
5250 Orbitor Dr, MISSISSAUGA, ON, L4W 5G7
(905) 624-8525   SIC 7213
UNIFIRST CANADA LTD p 705
2290 Dunwin Dr, MISSISSAUGA, ON, L5L 1C7
(905) 828-9621   SIC 7213
UNIFIRST CANADA LTD p 1061
8951 Rue Salley, LASALLE, QC, H8R 2C8
(514) 365-8301   SIC 7218
UNIFOR p 216
1045 Gibsons Way, GIBSONS, BC, V0N 1V4
(604) 886-2722   SIC 8631
UNIFOR p 487
110 St. Arnaud St, AMHERSTBURG, ON, N9V 2N8
(519) 730-0099   SIC 8631

UNIFOR p 504
160 Catharine St, BELLEVILLE, ON, K8P 1M8
(613) 962-8122   SIC 8631
UNIFOR p 517
15 Westcreek Blvd Suite 1, BRAMPTON, ON, L6T 5T4
(905) 874-4026   SIC 8631
UNIFOR p 570
34 Queen St, DRYDEN, ON, P8N 1A3
(807) 223-8146   SIC 8631
UNIFOR p 634
728 Arlington Park Pl, KINGSTON, ON, K7M 8H9
(613) 542-7368   SIC 8631
UNIFOR p 639
600 Wabanaki Dr, KITCHENER, ON, N2C 2K4
(519) 585-3160   SIC 8631
UNIFOR p 639
1111 Homer Watson Blvd, KITCHENER, ON, N2C 2P7
SIC 8631
UNIFOR p 686
5915 Airport Rd Suite 510, MISSISSAUGA, ON, L4V 1T1
(905) 678-0800   SIC 8631
UNIFOR p 782
1425 Phillip Murray Ave Suite 1, OSHAWA, ON, L1J 8L4
(905) 723-1187   SIC 8631
UNIFOR p 815
28 Dup Albert W, PLATTSVILLE, ON, N0J 1S0
(519) 684-7346   SIC 8631
UNIFOR p 817
115 Shipley Ave, PORT ELGIN, ON, N0H 2C5
(519) 389-3200   SIC 8631
UNIFOR p 856
20 Walnut St, ST CATHARINES, ON, L2T 1H5
(905) 227-7717   SIC 8631
UNIFOR p 881
112 Gore St W, THUNDER BAY, ON, P7E 3V9
(807) 475-2829   SIC 8631
UNIFOR p 964
2345 Central Ave, WINDSOR, ON, N8W 4J1
(519) 944-5866   SIC 8631
UNIFOR FAMILY EDUCATION CENTER p 817
See UNIFOR
UNIFOR LOCAL 1106 p 639
See UNIFOR
UNIFORME PREMIER CHOIX p 1061
See UNIFIRST CANADA LTD
UNIFORMES & LINGE D'HOTELERIE ALSCO p 1153
See ALSCO CANADA CORPORATION
UNIFORMES F.O.B. (1991) LTEE p 1052
645 14e Av, LA GUADELOUPE, QC, G0M 1G0
SIC 2311
UNIFORMES LOFT INC, LES p 1120
6744 Rue Hutchison, Montreal, QC, H3N 1Y4
(514) 270-6044   SIC 5699
UNIFORMS & LINGE D'HOTELERIE ALSCO p 1058
See ALSCO CANADA CORPORATION
UNIGLOBE BEACON TRAVEL LTD p 39
1400 Kensington Rd Nw Suite 200, CALGARY, AB, T2N 3P9
(877) 596-6860   SIC 4724
UNIGLOBE BRAVO TRAVEL INC p 50
600 6 Ave Sw Suite 1100, CALGARY, AB, T2P 0S5
(403) 531-2400   SIC 4724
UNIGLOBE ONE TRAVEL INC p 314
1444 Alberni St Suite 300, VANCOUVER, BC, V6G 2Z4
(604) 688-3551   SIC 4724
UNIGLOBE SPECIALTY TRAVEL LTD p 313

1111 Melville St Suite 820, VANCOUVER, BC, V6E 3V6
(604) 688-8816   SIC 4725
UNIGRAPHICS MANITOBA LTD p 382
488 Burnell St, WINNIPEG, MB, R3G 2B4
(204) 784-1030   SIC 2732
UNIKE WEST CONSTRUCTION INC p 284
10237 133 St Suite 111, SURREY, BC, V3T 0C6
SIC 1542
UNIKE WEST GROUP p 284
See UNIKE WEST CONSTRUCTION INC
UNILEVER BEST FOODS p 415
See UNILEVER CANADA INC
UNILEVER BEST FOODS p 675
See UNILEVER CANADA INC
UNILEVER BEST FOODS p 903
See UNILEVER CANADA INC
UNILEVER BESTFOODS p 1081
See UNILEVER CANADA INC
UNILEVER CANADA p 517
See UNILEVER CANADA INC
UNILEVER CANADA INC p 208
1460 Cliveden Ave, DELTA, BC, V3M 6L9
(604) 519-0600   SIC 5143
UNILEVER CANADA INC p 415
120 Mcdonald St Suite D, SAINT JOHN, NB, E2J 1M5
(506) 631-6400   SIC 4813
UNILEVER CANADA INC p 517
307 Orenda Rd, BRAMPTON, ON, L6T 1G4
(416) 964-1857   SIC 2034
UNILEVER CANADA INC p 587
195 Belfield Rd, ETOBICOKE, ON, M9W 1G8
(416) 246-1650   SIC 2099
UNILEVER CANADA INC p 675
25 Centurian Dr Suite 101, MARKHAM, ON, L3R 5N8
(905) 947-9400   SIC 8742
UNILEVER CANADA INC p 811
715 Neal Dr, PETERBOROUGH, ON, K9J 6X7
SIC 2033
UNILEVER CANADA INC p 849
175 Union St, SIMCOE, ON, N3Y 2B1
(519) 426-1673   SIC 2024
UNILEVER CANADA INC p 903
160 Bloor St E Suite 1400, TORONTO, ON, M4W 3R2
(416) 964-1857   SIC 2099
UNILEVER CANADA INC p 992
9600 Boul Du Golf, ANJOU, QC, H1J 2Y7
(514) 353-4043   SIC 2099
UNILEVER CANADA INC p 1081
5430 Ch De La Cote-De-Liesse, MONT-ROYAL, QC, H4P 1A5
(514) 735-1141   SIC 2086
UNILOCK LTD p 493
2977 Cedar Creek Rd, AYR, ON, N0B 1E0
(519) 632-8660   SIC 3272
UNILOCK LTD p 814
1890 Clements Rd, PICKERING, ON, L1W 3R8
(905) 427-2082   SIC 3272
UNILOCK LTD p 824
37 Gormley Rd E, RICHMOND HILL, ON, L4E 1A2
(905) 887-1717   SIC 3271
UNIMIN CANADA LTD p 629
Gd, KILLARNEY, ON, P0M 2A0
(705) 287-2738   SIC 2819
UNIMIN CANADA LTD p 680
420 Bayshore Dr, MIDLAND, ON, L4R 4K8
SIC 1429
UNIMIN CANADA LTD p 1079
11974 Rte Sir-Wilfrid-Laurier, MIRABEL, QC, J7N 1P5
(450) 438-1238   SIC 1429
UNIMOTION GEAR p 491
See MAGNA POWERTRAIN INC
UNIMOTOR, DIVISION OF p 858
See SMP MOTOR PRODUCTS LTD
UNION DES PRODUCTEURS AGRICOLE,

BUSINESSES ALPHABETICALLY

UNITED FARMERS OF ALBERTA CO-OPERATIVE LIMITED   3779

L' *p* 1186
15 Ch De La Grande-Cote Bureau 2, SAINT-EUSTACHE, QC, J7P 5L3
(450) 472-0440   *SIC* 8631

UNION GAS LIMITED *p* 551
50 Keil Dr N Suite 2001, CHATHAM, ON, N7L 3V9
(519) 352-3100   *SIC* 4923

UNION GAS LIMITED *p* 565
2910 Copeland St, CORNWALL, ON, K6H 6W2
(613) 933-3534   *SIC* 4923

UNION GAS LIMITED *p* 569
3332 Bentpath Line, DRESDEN, ON, N0P 1M0
(519) 683-4468   *SIC* 4923

UNION GAS LIMITED *p* 663
109 Commissioners Rd W, LONDON, ON, N6J 1X7
(519) 667-4100   *SIC* 4923

UNION GAS LIMITED *p* 683
8015 Esquesing Line, MILTON, ON, L9T 5C8
(905) 876-3323   *SIC* 4923

UNION GAS LIMITED *p* 741
36 Charles St E, NORTH BAY, ON, P1A 1E9
SIC 4923

UNION GAS LIMITED *p* 868
828 Falconbridge Rd, SUDBURY, ON, P3A 4S4
(705) 566-4301   *SIC* 4924

UNION GAS LIMITED *p* 879
1211 Amber Dr, THUNDER BAY, ON, P7B 6M4
(705) 232-4250   *SIC* 4923

UNION GAS LIMITED *p* 884
615 Moneta Ave, TIMMINS, ON, P4N 7X4
(705) 268-6141   *SIC* 4924

UNION GAS LIMITED *p* 954
603 Kumpf Dr, WATERLOO, ON, N2V 1K3
(519) 885-7400   *SIC* 4922

UNION GAS LIMITED *p* 964
3840 Rhodes Dr, WINDSOR, ON, N8W 5C2
(519) 250-2200   *SIC* 4923

UNION OF ONTARIO INDIANS *p* 568
1024 Mississauga Rd, CURVE LAKE, ON, K0L 1R0
(705) 657-9383   *SIC* 8399

UNION SECURITIES LTD *p* 379
360 Main St Suite 1520, WINNIPEG, MB, R3C 3Z3
(204) 982-0012   *SIC* 6211

UNION SECURITIES LTD *p* 910
33 Yonge St Suite 901, TORONTO, ON, M5E 1G4
(416) 777-0600   *SIC* 6211

UNIONVILLE HIGH SCHOOL *p* 675
See YORK REGION DISTRICT SCHOOL BOARD

UNIONVILLE MOTORS (1973) LIMITED *p* 945
4630 Highway 7, UNIONVILLE, ON, L3R 1M5
SIC 5511

UNIONVILLE PUBLIC SCHOOL *p* 945
See YORK REGION DISTRICT SCHOOL BOARD

UNIPNEU *p* 1133
See SERVICE DE PNEUS SALOIS INC

UNIPRIX *p* 1021
See ENTREPRISES COMMERCIALES PAUL A MEUNIER INC, LES

UNIPRIX *p* 1079
See DESJARDINS & MALLETTE PHARMACIENS, S.E.N.C.

UNIPRIX *p* 1146
See GESTION LAVOIE PERRAULT INC

UNIPRIX *p* 1158
See DEMERS, LISE & JEAN PHARMACIEN ET ASSOCIES ENR

UNIPRIX *p* 1255
See SERVICES DE SANTE JEAN-PHILIPPE PARE INC

UNIPRIX ARSENAULT & COUILLARD *p* 1053
See UNIPRIX INC

UNIPRIX CLAUDE JANNETEAU & ASSOCIES *p* 1178
See UNIPRIX INC

UNIPRIX INC *p* 996
330 Rue Ellice, BEAUHARNOIS, QC, J6N 1X3
(450) 429-3004   *SIC* 5912

UNIPRIX INC *p* 1013
711 Boul Sainte-Genevieve, CHICOUTIMI, QC, G7G 4Z4
(418) 549-9544   *SIC* 5122

UNIPRIX INC *p* 1024
3708 Boul Saint-Jean, DOLLARD-DES-ORMEAUX, QC, H9G 1X1
(514) 620-9160   *SIC* 5912

UNIPRIX INC *p* 1039
210 Ch D'aylmer, GATINEAU, QC, J9H 1A2
(819) 684-6594   *SIC* 5912

UNIPRIX INC *p* 1050
1372 Rue Saint-Jacques, L'ANCIENNE-LORETTE, QC, G2E 2X1
(418) 872-2857   *SIC* 5912

UNIPRIX INC *p* 1051
330 Boul De L'ange-Gardien, L'ASSOMPTION, QC, J5W 1S3
(450) 589-4741   *SIC* 5912

UNIPRIX INC *p* 1053
611 1re Rue Poire, La Pocatiere, QC, G0R 1Z0
(418) 856-3094   *SIC* 5912

UNIPRIX INC *p* 1066
40 Rte Du President-Kennedy Bureau 101, Levis, QC, G6V 6C4
(418) 835-3300   *SIC* 5912

UNIPRIX INC *p* 1072
825 Rue Saint-Laurent O, LONGUEUIL, QC, J4K 2V1
(450) 677-2876   *SIC* 5912

UNIPRIX INC *p* 1072
1615 Boul Jacques-Cartier E Bureau 120, LONGUEUIL, QC, J4M 2X1
(450) 468-5040   *SIC* 5912

UNIPRIX INC *p* 1088
4349 Rue Belanger, Montreal, QC, H1T 1A8
(514) 725-5273   *SIC* 5122

UNIPRIX INC *p* 1098
1275 Rue Villeray, Montreal, QC, H2R 1J9
(514) 274-1114   *SIC* 5912

UNIPRIX INC *p* 1099
5647 Av Du Parc, Montreal, QC, H2V 4H2
(514) 276-9353   *SIC* 5912

UNIPRIX INC *p* 1178
100 Rue Du Terminus O, ROUYN-NORANDA, QC, J9X 6H7
(819) 797-1422   *SIC* 5912

UNIPRIX INC *p* 1220
897 Rue Notre-Dame, Saint-Remi, QC, J0L 2L0
(450) 454-3981   *SIC* 5912

UNIPRIX INC *p* 1236
610 Rue King E, SHERBROOKE, QC, J1G 1B8
(819) 569-9251   *SIC* 5912

UNIPRIX ISABELLE DUPONT *p* 1040
See 9267-8010 QUEBEC INC

UNIPRIX PHARMACY *p* 1048
2095 Rue Sainte-Famille, Jonquiere, QC, G7X 4W8
(418) 547-3689   *SIC* 5912

UNIPRIX ZAKRZEWSKI-JAKUBIAK ET MELKI (PHARMACIE AFFILIEE) *p* 1024
See UNIPRIX INC

UNIQUE ASSURANCES GENERALES INC, L' *p* 1150
625 Rue Saint Amable, Quebec, QC, G1K 0E1
(418) 683-2711   *SIC* 6331

UNIQUE SCAFFOLD INC *p* 20
4750 104 Ave Se, CALGARY, AB, T2C 2H3
(403) 203-3422   *SIC* 1799

UNIQUE STORE FIXTURES LTD *p* 563

554 Millway Ave, CONCORD, ON, L4K 3V5
(905) 738-6588   *SIC* 2541

UNIRES, DIV DE *p* 1254
See UNIBOARD CANADA INC

UNIROPE LIMITED *p* 693
3070 Universal Dr, MISSISSAUGA, ON, L4X 2C8
(905) 624-5131   *SIC* 5251

UNISYNC GROUP LIMITED *p* 601
1 Rutherford Crt, GUELPH, ON, N1G 4N5
(519) 836-2581   *SIC* 2311

UNISYNC GROUP LIMITED *p* 603
72 Farquhar St, GUELPH, ON, N1H 3N3
SIC 2337

UNISYS CANADA INC *p* 401
535 Beaverbrook Crt Suite 150, FREDERICTON, NB, E3B 1X6
(506) 458-8751   *SIC* 7379

UNISYS CANADA INC *p* 460
1809 Barrington St Suite M104, HALIFAX, NS, B3J 3K8
SIC 7371

UNISYS CANADA INC *p* 746
2001 Sheppard Ave E Suite 200, NORTH YORK, ON, M2J 4Z8
(416) 495-0515   *SIC* 7371

UNISYS CANADA INC *p* 814
925 Brock Rd, PICKERING, ON, L1W 2X9
(905) 837-1811   *SIC* 7371

UNITE DE SANTE INTERNATIONALE *p* 1100
See UNIVERSITE DE MONTREAL, L'

UNITE MEDECINE FAMILIALE MAIZERETS *p* 1148
See CENTRE DE SANTE ET DE SERVICES SOCIAUX DE QUEBEC-NORD

UNITED AGRI PRODUCTS CANADA INC *p* 569
789 Donnybrook Dr Suite 2, DORCHESTER, ON, N0L 1G5
(519) 268-8001   *SIC* 2879

UNITED BAKERS DAIRY RESTAURANT *p* 760
See U.B. RESTAURANT INC

UNITED CHURCH HEALTH SERVICES SOCIETY, THE *p* 217
2510 62 Hwy, HAZELTON, BC, V0J 1Y1
(250) 842-5556   *SIC* 8093

UNITED CHURCH OF CANADA, THE *p* 277
2520w Shawnigan Lake Rd, SHAWNIGAN LAKE, BC, V0R 2W2
(250) 743-2189   *SIC* 8661

UNITED CHURCH OF CANADA, THE *p* 423
615 Main St, BISHOPS FALLS, NL, A0H 1C0
(709) 258-5556   *SIC* 8661

UNITED CHURCH OF CANADA, THE *p* 445
87 Hillcrest St, BRIDGEWATER, NS, B4V 1T2
(902) 543-4833   *SIC* 8661

UNITED CHURCH OF CANADA, THE *p* 667
933 Talbot Rd, MAIDSTONE, ON, N0R 1K0
(519) 723-2284   *SIC* 8661

UNITED CHURCH OF CANADA, THE *p* 772
63 Factory St, ODESSA, ON, K0H 2H0
(613) 386-7125   *SIC* 8661

UNITED CHURCH OF CANADA, THE *p* 968
664 Victoria Ave, WINDSOR, ON, N9A 4N2
(519) 973-5573   *SIC* 8661

UNITED CHURCH OF CANADA, THE *p* 1017
5790 Av Parkhaven, Cote Saint-Luc, QC, H4W 1X9
SIC 8051

UNITED COUNTIES OF LEEDS AND GRENVILLE *p* 490
746 County Rd 42, ATHENS, ON, K0E 1B0
(613) 924-2696   *SIC* 8361

UNITED COUNTIES OF LEEDS AND GRENVILLE *p* 531
25 Central Ave W Suite 100, BROCKVILLE, ON, K6V 4N6
(613) 341-8937   *SIC* 4119

UNITED ENTERPRISES LTD *p* 1278
992 101st St, NORTH BATTLEFORD, SK, S9A 0Z3
(306) 445-9425   *SIC* 7011

UNITED FARMERS OF ALBERTA CO-OPERATIVE LIMITED *p* 3
613 Edmonton Trail Ne, AIRDRIE, AB, T4B 3J6
(403) 948-5913   *SIC* 5083

UNITED FARMERS OF ALBERTA CO-OPERATIVE LIMITED *p* 34
25 Heritage Meadows Way Se, CALGARY, AB, T2H 0A7
(403) 253-5566   *SIC* 5941

UNITED FARMERS OF ALBERTA CO-OPERATIVE LIMITED *p* 66
4904 39 St, CAMROSE, AB, T4V 2N7
(780) 672-1115   *SIC* 5191

UNITED FARMERS OF ALBERTA CO-OPERATIVE LIMITED *p* 115
6510 20 St Nw, EDMONTON, AB, T6P 1Z2
(780) 450-0000   *SIC* 5172

UNITED FARMERS OF ALBERTA CO-OPERATIVE LIMITED *p* 122
Gd Lcd Main, FORT MCMURRAY, AB, T9H 3E2
(780) 791-3232   *SIC* 5211

UNITED FARMERS OF ALBERTA CO-OPERATIVE LIMITED *p* 128
15602 101 St, GRANDE PRAIRIE, AB, T8V 0P2
(780) 532-1281   *SIC* 5191

UNITED FARMERS OF ALBERTA CO-OPERATIVE LIMITED *p* 131
2006 10 Ave Se, HIGH RIVER, AB, T1V 2A6
(403) 652-2733   *SIC* 5999

UNITED FARMERS OF ALBERTA CO-OPERATIVE LIMITED *p* 133
Hwy 697, LA CRETE, AB, T0H 2H0
(780) 928-3088   *SIC* 5031

UNITED FARMERS OF ALBERTA CO-OPERATIVE LIMITED *p* 137
2905 2 Ave N, LETHBRIDGE, AB, T1H 6M1
(403) 328-5531   *SIC* 5999

UNITED FARMERS OF ALBERTA CO-OPERATIVE LIMITED *p* 143
4606 42 Ave Nw, MAYERTHORPE, AB, T0E 1N0
(780) 786-4451   *SIC* 5999

UNITED FARMERS OF ALBERTA CO-OPERATIVE LIMITED *p* 157
28042 Hwy 11, RED DEER, AB, T4S 2L4
SIC 5191

UNITED FARMERS OF ALBERTA CO-OPERATIVE LIMITED *p* 158
204 Burnt Lake, RED DEER COUNTY, AB, T4S 2L4
SIC 5191

UNITED FARMERS OF ALBERTA CO-OPERATIVE LIMITED *p* 165
200 Diamond Ave, SPRUCE GROVE, AB, T7X 3A8
(780) 962-2282   *SIC* 5191

UNITED FARMERS OF ALBERTA CO-OPERATIVE LIMITED *p* 168
7007 50th Ave Nw, STETTLER, AB, T0C 2L1
(403) 742-3426   *SIC* 5083

UNITED FARMERS OF ALBERTA CO-OPERATIVE LIMITED *p* 169

▲ Public Company   ■ Public Company Family Member   **HQ** Headquarters   **BR** Branch   **SL** Single Location

58 Slater Rd, STRATHMORE, AB, T1P 1J3
(403) 934-6684   SIC 5083
UNITED FINANCIAL CORPORATION p 900
21 St Clair Ave E Suite 204, TORONTO, ON, M4T 1L9
(416) 968-2310   SIC 6211
UNITED FOOD AND COMMERCIAL WORKERS CANADA UNION p 975
70 Creditview Rd, WOODBRIDGE, ON, L4L 9N4
(905) 850-0096   SIC 8631
UNITED FOOD AND COMMERCIAL WORKERS CANADA UNION p 1097
1200 Boul Cremazie E Bureau 100, Montreal, QC, H2P 3A7
(514) 332-5825   SIC 8631
UNITED FURNITURE WAREHOUSE LP p 78
12016 107 Ave Nw, EDMONTON, AB, T5H 0Z2
(780) 452-7354   SIC 5712
UNITED FURNITURE WAREHOUSE LP p 122
441 Gregoire Dr, FORT MCMURRAY, AB, T9H 4K7
(780) 791-1888   SIC 5712
UNITED GLASS CABS p 122
8222 Fraser Ave, FORT MCMURRAY, AB, T9H 1W8
(780) 790-2891   SIC 4121
UNITED HORSEMEN OF ALBERTA INC p 160
260 Century Downs Dr, ROCKY VIEW COUNTY, AB, T4A 0V5
(587) 349-7777   SIC 7948
UNITED LOCK-BLOCK LTD p 267
13171 Mitchell Rd, RICHMOND, BC, V6V 1M7
(604) 325-9161   SIC 3272
UNITED LUMBER AND BUILDING SUPPLIES COMPANY LIMITED p 506
12833 Hwy 50, BOLTON, ON, L7E 1M5
(905) 857-6970   SIC 5211
UNITED LUMBER AND BUILDING SUPPLIES COMPANY LIMITED p 592
333 Guelph St, GEORGETOWN, ON, L7G 4B3
(905) 873-8007   SIC 5211
UNITED LUMBER AND BUILDING SUPPLIES COMPANY LIMITED p 622
3325 Thomas St Suite D, INNISFIL, ON, L9S 3W4
(705) 436-3425   SIC 2439
UNITED LUMBER HOME HARDWARE p 592
See UNITED LUMBER AND BUILDING SUPPLIES COMPANY LIMITED
UNITED NATURALS INC p 297
2416 Main St Unit 132, VANCOUVER, BC, V5T 3E2
(604) 999-9999   SIC 2833
UNITED PARCEL SERVICE CANADA LTD p 26
3650 12 St Ne Suite D, CALGARY, AB, T2E 6N1
SIC 4731
UNITED PARCEL SERVICE CANADA LTD p 87
11204 151 St Nw, EDMONTON, AB, T5M 4A9
(800) 742-5877   SIC 7389
UNITED PARCEL SERVICE CANADA LTD p 208
790 Belgrave Way, DELTA, BC, V3M 5R9
(604) 528-4254   SIC 7389
UNITED PARCEL SERVICE CANADA LTD p 334
4254 Commerce Cir Suite D, VICTORIA, BC, V8Z 4M2

(250) 744-1534   SIC 7389
UNITED PARCEL SERVICE CANADA LTD p 384
1099 King Edward St, WINNIPEG, MB, R3H 0R3
(204) 631-0379   SIC 7389
UNITED PARCEL SERVICE CANADA LTD p 401
900 Hanwell Rd, FREDERICTON, NB, E3B 6A2
(506) 447-3601   SIC 4513
UNITED PARCEL SERVICE CANADA LTD p 408
1 Factory Lane Suite 200, MONCTON, NB, E1C 9M3
(506) 877-4929   SIC 7389
UNITED PARCEL SERVICE CANADA LTD p 408
77 Foundry St, MONCTON, NB, E1C 5H7
(506) 877-6657   SIC 4212
UNITED PARCEL SERVICE CANADA LTD p 499
474 Welham Rd, BARRIE, ON, L4N 8Z4
(705) 733-1438   SIC 4212
UNITED PARCEL SERVICE CANADA LTD p 503
31 Dussek St, BELLEVILLE, ON, K8N 5R9
(613) 967-2500   SIC 4212
UNITED PARCEL SERVICE CANADA LTD p 528
20 Ryan Pl, BRANTFORD, ON, N3S 7S1
(519) 751-0981   SIC 7389
UNITED PARCEL SERVICE CANADA LTD p 535
1022 Champlain Ave, BURLINGTON, ON, L7L 0C2
(905) 676-1708   SIC 4212
UNITED PARCEL SERVICE CANADA LTD p 563
2900 Steeles Ave W, CONCORD, ON, L4K 3S2
(905) 660-8595   SIC 4212
UNITED PARCEL SERVICE CANADA LTD p 606
456 Grays Rd, HAMILTON, ON, L8E 2Z4
(905) 578-2699   SIC 7389
UNITED PARCEL SERVICE CANADA LTD p 631
1121 John Counter Blvd, KINGSTON, ON, K7K 6C7
(613) 549-7872   SIC 7389
UNITED PARCEL SERVICE CANADA LTD p 640
65 Trillium Park Pl, KITCHENER, ON, N2E 1X1
(519) 904-0210   SIC 7389
UNITED PARCEL SERVICE CANADA LTD p 665
60 Midpark Rd, LONDON, ON, N6N 1B3
(519) 686-8200   SIC 4513
UNITED PARCEL SERVICE CANADA LTD p 686
3195 Airway Dr, MISSISSAUGA, ON, L4V 1C2
(905) 672-6476   SIC 7389
UNITED PARCEL SERVICE CANADA LTD p 712
6500 Silver Dart Dr, MISSISSAUGA, ON, L5P 1B2
(905) 362-2040   SIC 4731
UNITED PARCEL SERVICE CANADA LTD p 712
6500 Silverdart Dr Suite 104, MISSISSAUGA, ON, L5P 1B6
(905) 362-2055   SIC 4212
UNITED PARCEL SERVICE CANADA LTD p 724
9272 Airport Rd, MOUNT HOPE, ON, L0R 1W0
(905) 679-7290   SIC 7389
UNITED PARCEL SERVICE CANADA LTD p 786
2281 Stevenage Dr, OTTAWA, ON, K1G 3W1

(613) 670-6061   SIC 4215
UNITED PARCEL SERVICE CANADA LTD p 804
1349 2nd Ave E, OWEN SOUND, ON, N4K 2J5
(519) 376-3386   SIC 7389
UNITED PARCEL SERVICE CANADA LTD p 811
634 Neal Dr, PETERBOROUGH, ON, K9J 6X7
(705) 743-3432   SIC 7389
UNITED PARCEL SERVICE CANADA LTD p 865
9 Griffith Rd, STRATFORD, ON, N5A 6S4
(519) 271-9610   SIC 4212
UNITED PARCEL SERVICE CANADA LTD p 931
12 Mercer St, TORONTO, ON, M5V 1H3
SIC 4513
UNITED PARCEL SERVICE CANADA LTD p 961
5325 Rhodes Dr, WINDSOR, ON, N8N 2M1
(519) 251-7050   SIC 7389
UNITED PARCEL SERVICE CANADA LTD p 999
71 Rue Omer-Deserres, BLAINVILLE, QC, J7C 5N3
(450) 979-9390   SIC 4212
UNITED PARCEL SERVICE CANADA LTD p 1007
3850 Boul Matte, BROSSARD, QC, J4Y 2Z2
(450) 444-9544   SIC 7389
UNITED PARCEL SERVICE CANADA LTD p 1031
1777 Rue Sigouin, DRUMMONDVILLE, QC, J2C 5R7
(819) 472-3977   SIC 4215
UNITED PARCEL SERVICE CANADA LTD p 1058
1221 32e Av Bureau 209, LACHINE, QC, H8T 3H2
(514) 633-0010   SIC 7389
UNITED PARCEL SERVICE CANADA LTD p 1165
625 Rue Des Canetons, Quebec, QC, G2E 5X6
(418) 872-2686   SIC 7389
UNITED PARCEL SERVICE CANADA LTD p 1238
2389 Rue Hertel, SHERBROOKE, QC, J1J 2J1
SIC 7389
UNITED PARCEL SERVICE CANADA LTD p 1298
2614 Faithfull Ave, SASKATOON, SK, S7K 5W3
(306) 242-3345   SIC 7389
UNITED PROTECTIONS p 106
See STEELE SECURITY & INVESTIGATION SERVICE DIVISION OF UNITED PROTECTIONS
UNITED RENTAL p 167
See UNITED RENTALS OF CANADA, INC
UNITED RENTALS p 453
See UNITED RENTALS OF CANADA, INC
UNITED RENTALS p 712
See UNITED RENTALS OF CANADA, INC
UNITED RENTALS OF CANADA, INC p 20
11447 42 St Se Suite Unit, CALGARY, AB, T2C 2Y1
(403) 262-9998   SIC 7353
UNITED RENTALS OF CANADA, INC p 70
189 Northland Dr, CONKLIN, AB, T0P 1H1
(780) 559-0183   SIC 7353
UNITED RENTALS OF CANADA, INC p 99
4915 101 Ave Nw, EDMONTON, AB, T6A 0L6
(780) 465-1411   SIC 7359
UNITED RENTALS OF CANADA, INC p 122
140 Taiganova Cres, FORT MCMURRAY, AB, T9K 0T4
(780) 743-9555   SIC 7353
UNITED RENTALS OF CANADA, INC p 167
23 Renault Cres, ST. ALBERT, AB, T8N 4B7

(780) 458-2700   SIC 6159
UNITED RENTALS OF CANADA, INC p 188
5175 Regent St, BURNABY, BC, V5C 4H4
(604) 299-5888   SIC 7353
UNITED RENTALS OF CANADA, INC p 242
2530 Kenworth Rd, NANAIMO, BC, V9T 3Y4
(250) 758-3911   SIC 7353
UNITED RENTALS OF CANADA, INC p 302
303 Vernon Dr, VANCOUVER, BC, V6A 3N3
(604) 708-5506   SIC 7359
UNITED RENTALS OF CANADA, INC p 361
160 Mountainview, WINNIPEG, MB, R0H 1E0
(204) 775-7171   SIC 7353
UNITED RENTALS OF CANADA, INC p 453
37 Payzant Ave, DARTMOUTH, NS, B3B 2E1
(902) 468-6668   SIC 7353
UNITED RENTALS OF CANADA, INC p 499
630 Dunlop St W, BARRIE, ON, L4N 9W5
(705) 722-8181   SIC 7353
UNITED RENTALS OF CANADA, INC p 521
89 Heart Lake Rd, BRAMPTON, ON, L6W 3K1
(905) 458-4462   SIC 7353
UNITED RENTALS OF CANADA, INC p 712
2790 Argentia Rd Suite D, MISSISSAUGA, ON, L5N 8L2
(905) 814-8533   SIC 7353
UNITED RENTALS OF CANADA, INC p 784
2660 Sheffield Rd, OTTAWA, ON, K1B 3V7
(613) 745-3060   SIC 7359
UNITED RENTALS OF CANADA, INC p 862
45 Oriole Ave, STONEY CREEK, ON, L8E 5C4
(905) 664-5007   SIC 7353
UNITED RENTALS OF CANADA, INC p 1211
3185 Boul Pitfield, SAINT-LAURENT, QC, H4S 1H6
(514) 331-7550   SIC 7353
UNITED STEELWORKERS OF AMERICA p 441
10 Tantramar Pl, AMHERST, NS, B4H 2A1
(902) 667-0727   SIC 8631
UNITED STEELWORKERS OF AMERICA p 477
1 Diamond St, TRENTON, NS, B0K 1X0
SIC 8631
UNITED STEELWORKERS OF AMERICA p 557
1000 26 Hwy, COLLINGWOOD, ON, L9Y 4V8
SIC 8631
UNITED STEELWORKERS OF AMERICA p 762
21 Fenmar Dr, NORTH YORK, ON, M9L 2Y9
SIC 8631
UNITED STEELWORKERS OF AMERICA p 831
68 Dennis St, SAULT STE. MARIE, ON, P6A 2W9
(705) 759-4945   SIC 8631
UNITED STEELWORKERS OF AMERICA p 898
234 Eglinton Ave E Suite 800, TORONTO, ON, M4P 1K7
(416) 487-1571   SIC 8631
UNITED THERMO GROUP LTD p 976
261 Trowers Rd, WOODBRIDGE, ON, L4L 5Z8
(905) 851-0500   SIC 1711
UNITED TRUSS p 622
See UNITED LUMBER AND BUILDING SUPPLIES COMPANY LIMITED
UNITED WAY OF LONDON & MIDDLESEX p 657
409 King St, London, ON, N6B 1S5
(519) 438-1721   SIC 8699
UNITED WAY OF PEEL REGION, THE p 699
90 Burnhamthorpe Rd W Suite 408, MISSISSAUGA, ON, L5B 3C3
(905) 602-3650   SIC 8399
UNITED WAY OF THE ALBERTA CAPITAL

REGION p 89
15132 Stony Plain Rd Nw, Edmonton, AB, T5P 3Y3
(780) 990-1000 SIC 8399
UNITED WAY OF THE LOWER MAINLAND p 190
4543 Canada Way, Burnaby, BC, V5G 4T4
(604) 294-8929 SIC 8399
UNITED WAY OF WINNIPEG p 376
580 Main St, WINNIPEG, MB, R3B 1C7
(204) 477-5360 SIC 8399
UNITED WAY/CENTRAIDE OTTAWA p 788
363 Coventry Rd, Ottawa, ON, K1K 2C5
(613) 228-6700 SIC 6732
UNITED WINDOWS & DOORS p 559
See JELD-WEN OF CANADA, LTD.
UNITOW SERVICES (1978) LTD p 302
1717 Vernon Dr, VANCOUVER, BC, V6A 3P8
(604) 659-1225 SIC 7549
UNITRAN MANUFACTURERS LTD p 282
5225 192 St, SURREY, BC, V3S 8E5
(604) 574-3465 SIC 3537
UNITY COMPOSITE HIGH SCHOOL p 1307
See LIVING SKY SCHOOL DIVISION NO. 202
UNIVAR CANADA LTD p 20
4220 78 Ave Se, CALGARY, AB, T2C 2Z5
(403) 236-1713 SIC 5191
UNIVAR CANADA LTD p 97
16911 118 Ave Nw, EDMONTON, AB, T5V 1H3
(780) 452-6655 SIC 5169
UNIVAR CANADA LTD p 388
99 Lowson Cres, WINNIPEG, MB, R3P 0T3
(204) 489-0102 SIC 2911
UNIVAR CANADA LTD p 763
64 Arrow Rd, NORTH YORK, ON, M9M 2L9
(416) 740-5300 SIC 5169
UNIVAR CANADA LTD p 890
777 Supertest Rd, TORONTO, ON, M3J 2M9
(416) 740-5300 SIC 4225
UNIVAR CANADA LTD p 1027
2200 Ch Saint-Francois, DORVAL, QC, H9P 1K2
(514) 421-0303 SIC 5169
UNIVAR CANADA LTD p 1232
100 Rue Mcarthur, SALABERRY-DE-VALLEYFIELD, QC, J6S 4M5
(450) 371-1086 SIC 4226
UNIVERSAL DENTAL LABORATORIES LTD p 78
10735 107 Ave Nw Suite 400, EDMONTON, AB, T5H 0W6
(780) 423-1009 SIC 8072
UNIVERSAL GEOMATICS SOLUTIONS CORP. p 50
910 7 Ave Sw Suite 1015, Calgary, AB, T2P 3N8
(403) 262-1306 SIC 7389
UNIVERSAL INDUSTRIAL SUPPLY GROUP INC p 764
Gd, NORWOOD, ON, K0L 2V0
(705) 639-5452 SIC 5531
UNIVERSAL MACHINERY SERVICES, DIV OF p 307
See FINNING INTERNATIONAL INC
UNIVERSAL MARINE LTD p 428
14 Slipway Rd, LA SCIE, NL, A0K 3M0
SIC 1629
UNIVERSAL MATS p 261
See 0947951 BC LTD.
UNIVERSAL MUSIC CANADA INC p 746
2450 Victoria Park Ave Suite 1, NORTH YORK, ON, M2J 5H3
(416) 718-4000 SIC 5099
UNIVERSAL PROPERTY MANAGEMENT LIMITED p 457
5415 Victoria Rd Suite 214, HALIFAX, NS, B3H 4K5
(902) 830-1863 SIC 6513
UNIVERSAL PROTECTION SERVICE OF CANADA CO p 245

627 Columbia St Suite 200a, NEW WESTMINSTER, BC, V3M 1A7
(604) 522-5550 SIC 7381
UNIVERSAL PROTECTION SERVICE OF CANADA CO p 968
251 Goyeau St Suite 505, WINDSOR, ON, N9A 6V2
SIC 7381
UNIVERSAL RESTORATION SYSTEMS LTD p 291
4535 Greig Ave, TERRACE, BC, V8G 1M7
(250) 635-4355 SIC 1521
UNIVERSAL SALES, LIMITED p 418
397 City Rd, SAINT JOHN, NB, E2L 5B9
(506) 634-1250 SIC 7699
UNIVERSAL SALES, LIMITED p 453
14 Akerley Blvd, DARTMOUTH, NS, B3B 1J3
(902) 494-5377 SIC 5063
UNIVERSAL SUPPLY CO. INC p 294
2835 12th Ave E, VANCOUVER, BC, V5M 4P9
(604) 253-4000 SIC 5074
UNIVERSAL TERMINALS INC p 622
Gd, IROQUOIS, ON, K0E 1K0
SIC 5983
UNIVERSAL TRUCK & TRAILER p 418
See UNIVERSAL SALES, LIMITED
UNIVERSAL WELD OVERLAYS INC p 2
135 East Lake Blvd Ne, AIRDRIE, AB, T4A 2G1
(403) 948-1903 SIC 7692
UNIVERSITE BISHOP'S p 1240
19 Ch Du Golf, SHERBROOKE, QC, J1M 2E6
(819) 562-4922 SIC 7992
UNIVERSITE CONCORDIA p 1116
1455 Boul De Maisonneuve O Bureau Gm 900, Montreal, QC, H3G 1M8
(514) 848-2424 SIC 8732
UNIVERSITE CONCORDIA p 1116
1600 Rue Sainte-Catherine O 1er Etage Fb-117, Montreal, QC, H3G 1M8
(514) 848-3600 SIC 8221
UNIVERSITE DE MONCTON p 406
18 Av Antonine-Maillet, MONCTON, NB, E1A 3E9
(506) 858-4000 SIC 8221
UNIVERSITE DE MONCTON p 406
18 Av Antonine-Maillet, MONCTON, NB, E1A 3E9
(506) 863-2132 SIC 8221
UNIVERSITE DE MONCTON p 406
65 Massey Ave, MONCTON, NB, E1A 3C9
(506) 858-4205 SIC 8221
UNIVERSITE DE MONCTON p 420
218j Boul J D Gauthier, SHIPPAGAN, NB, E8S 1P6
(506) 336-3400 SIC 8221
UNIVERSITE DE MONTREAL, L' p 1100
3875 Rue Saint-Urbain, Montreal, QC, H2W 1V1
(514) 890-8156 SIC 8399
UNIVERSITE DE MONTREAL, L' p 1120
3744 Rue Jean-Brillant, Montreal, QC, H3T 1P1
(514) 343-6090 SIC 8221
UNIVERSITE DE MONTREAL, L' p 1120
3744 Rue Jean-Brillant Bureau 480, Montreal, QC, H3T 1P1
(514) 343-6812 SIC 7389
UNIVERSITE DE SHERBROOKE p 1072
150 Place Charles-Le Moyne Bureau 200, LONGUEUIL, QC, J4K 0A8
(450) 463-1835 SIC 8221
UNIVERSITE DE SHERBROOKE p 1238
2500 Boul De L'universite Bureau 2005, SHERBROOKE, QC, J1K 2R1
(819) 821-7747 SIC 8221
UNIVERSITE DU QUEBEC p 1021
531 Boul Des Prairies, Cote Saint-Luc, QC, H7V 1B7
(450) 687-5010 SIC 8221
UNIVERSITE DU QUEBEC p 1038

101 Rue Saint-Jean-Bosco Bureau B0150, GATINEAU, QC, J8Y 3G5
(819) 595-3900 SIC 8221
UNIVERSITE DU QUEBEC p 1039
283 Boul Alexandre-Tache, GATINEAU, QC, J9A 1L8
(819) 595-3900 SIC 8221
UNIVERSITE DU QUEBEC p 1054
500 Rue Principale Bureau Ar60, LA SARRE, QC, J9Z 2A2
(819) 333-2624 SIC 8221
UNIVERSITE DU QUEBEC p 1066
1595 Boul Alphonse-Desjardins, Levis, QC, G6V 0A6
(418) 833-8800 SIC 8221
UNIVERSITE DU QUEBEC p 1095
405 Rue Sainte-Catherine E, Montreal, QC, H2L 2C4
(514) 987-3000 SIC 8221
UNIVERSITE DU QUEBEC p 1095
1200 Rue Berri, Montreal, QC, H2L 4S6
(514) 987-3000 SIC 8221
UNIVERSITE DU QUEBEC p 1099
4750 Av Henri-Julien, Montreal, QC, H2T 3E5
(514) 849-3989 SIC 8221
UNIVERSITE DU QUEBEC p 1101
201 Av Du President-Kennedy Bureau Pk5151, Montreal, QC, H2X 3Y7
(514) 987-3000 SIC 8221
UNIVERSITE DU QUEBEC p 1101
1430 Rue Saint-Denis, Montreal, QC, H2X 3J8
(514) 987-6140 SIC 8721
UNIVERSITE DU QUEBEC p 1101
1255 Rue Saint-Denis, Montreal, QC, H2X 3R9
(514) 987-3000 SIC 8221
UNIVERSITE DU QUEBEC p 1101
315 Rue Sainte-Catherine E Bureau 3570, Montreal, QC, H2X 3X2
(514) 987-3000 SIC 8221
UNIVERSITE DU QUEBEC p 1115
1440 Rue Saint-Denis, Montreal, QC, H3C 3P8
(514) 987-3092 SIC 8221
UNIVERSITE DU QUEBEC p 1150
455 Rue Du Parvis Bureau 2140, Quebec, QC, G1K 9H6
(418) 657-2262 SIC 8221
UNIVERSITE DU QUEBEC p 1150
490 Rue De La Couronne, Quebec, QC, G1K 9A9
(418) 654-2524 SIC 8731
UNIVERSITE DU QUEBEC p 1150
490 Rue De La Couronne, Quebec, QC, G1K 9A9
(418) 654-2665 SIC 8732
UNIVERSITE DU QUEBEC p 1150
490 Rue De La Couronne, Quebec, QC, G1K 9A9
(418) 654-4677 SIC 8221
UNIVERSITE DU QUEBEC p 1150
490 Rue De La Couronne, Quebec, QC, G1K 9A9
(418) 687-6400 SIC 8221
UNIVERSITE DU QUEBEC p 1173
300 Allee Des Ursulines, RIMOUSKI, QC, G5L 3A1
(418) 723-1986 SIC 8221
UNIVERSITE DU QUEBEC p 1173
310 Allee Des Ursulines, RIMOUSKI, QC, G5L 2Z9
(418) 724-1770 SIC 8733
UNIVERSITE DU QUEBEC p 1178
445 Boul De L'universite, ROUYN-NORANDA, QC, J9X 5E4
(819) 762-0971 SIC 8221
UNIVERSITE DU QUEBEC p 1250
3351 Boul Des Forges, Trois-Rivieres, QC, G8Z 4M3
(819) 376-5011 SIC 8221
UNIVERSITE DU QUEBEC p 1256
1650 Boul Lionel-Boulet, VARENNES, QC,

J3X 1P7
(450) 929-8100 SIC 8733
UNIVERSITE DU QUEBEC A CHICOUTIMI p 1234
175 Rue De La Verendrye, Sept-Iles, QC, G4R 5B7
(418) 968-4801 SIC 8221
UNIVERSITE DU QUEBEC A MONTREAL p 1101
See UNIVERSITE DU QUEBEC
UNIVERSITE DU QUEBEC A MONTREAL p 1115
See UNIVERSITE DU QUEBEC
UNIVERSITE DU QUEBEC A RIMOUSKI p 1173
See UNIVERSITE DU QUEBEC
UNIVERSITE DU QUEBEC A TROIS-RIVIERES p 1250
See UNIVERSITE DU QUEBEC
UNIVERSITE DU QUEBEC EN OUTAOUAIS p 1038
See UNIVERSITE DU QUEBEC
UNIVERSITE LAVAL p 1162
1030 Av Des Sciences Humaines, Quebec, QC, G1V 0A6
(418) 656-2131 SIC 8221
UNIVERSITE LAVAL p 1162
2375 Rue De La Terrasse, Quebec, QC, G1V 0A6
(418) 656-2454 SIC 3851
UNIVERSITE MCGILL p 1101
3465 Rue Durocher Bureau 310, Montreal, QC, H2X 0A8
(514) 398-3884 SIC 8741
UNIVERSITE SAINTE ANNE CAMPUS HALIFAX p 457
See UNIVERSITE SAINTE-ANNE
UNIVERSITE SAINTE-ANNE p 457
1589 Walnut St, HALIFAX, NS, B3H 3S1
(902) 424-2630 SIC 8221
UNIVERSITE SAINTE-ANNE p 457
1589 Walnut St, HALIFAX, NS, B3H 3S1
(902) 424-4462 SIC 8221
UNIVERSITY BOOKSTORE p 39
See GOVERNORS OF THE UNIVERSITY OF CALGARY, THE
UNIVERSITY BOOKSTORE p 435
See MEMORIAL UNIVERSITY OF NEWFOUNDLAND
UNIVERSITY CLUB OF TORONTO, THE p 912
380 University Ave, TORONTO, ON, M5G 1R6
(416) 597-1336 SIC 8641
UNIVERSITY COLLEGE OF THE NORTH p 359
436 7th St E, THE PAS, MB, R9A 1M7
(204) 627-8500 SIC 8221
UNIVERSITY ELEMENTARY SCHOOL p 38
See CALGARY BOARD OF EDUCATION
UNIVERSITY GOLF CLUB p 320
See U.G.C.C. HOLDINGS INC
UNIVERSITY HEALTH NETWORK p 699
90 Burnhamthorpe Rd W Suite 208, MISSISSAUGA, ON, L5B 3C3
(905) 272-8334 SIC 8092
UNIVERSITY HEALTH NETWORK p 721
989 Derry Rd E Suite 200, MISSISSAUGA, ON, L5T 2J8
(905) 564-6872 SIC 8011
UNIVERSITY HEALTH NETWORK p 912
200 Elizabeth St Suite 235, TORONTO, ON, M5G 2C4
(416) 340-3155 SIC 8011
UNIVERSITY HEALTH NETWORK p 912
200 Elizabeth St Suite 224, TORONTO, ON, M5G 2C4
SIC 8011
UNIVERSITY HEALTH NETWORK p 912
620 University Ave Suite 706, TORONTO, ON, M5G 2C1
(416) 946-2294 SIC 8733
UNIVERSITY HEALTH NETWORK p 927

222 Saint Patrick St, TORONTO, ON, M5T 1V4
(416) 340-5898   SIC 8071
UNIVERSITY HEALTH NETWORK   p 936
892 Dundas St W Suite 2, TORONTO, ON, M6J 1W1
(416) 603-1462   SIC 8069
UNIVERSITY HEIGHTS PUBLIC SCHOOL p 661
See THAMES VALLEY DISTRICT SCHOOL BOARD
UNIVERSITY HILL ELEMENTARY SCHOOL p 319
See BOARD OF EDUCATION OF SCHOOL DISTRICT NO. 39 (VANCOUVER), THE
UNIVERSITY HILL SECONDARY SCHOOL p 319
See BOARD OF EDUCATION OF SCHOOL DISTRICT NO. 39 (VANCOUVER), THE
UNIVERSITY INDUSTRY LIASON OFFICE p 320
See UNIVERSITY OF BRITISH COLUMBIA, THE
UNIVERSITY INSTITUTE   p 1249
See CRDI TED NCQ IU
UNIVERSITY MONCTON CAMPUS SHIPPAGAN   p 420
See UNIVERSITE DE MONCTON
UNIVERSITY OF BRITISH COLUMBIA   p 320
See UNIVERSITY OF BRITISH COLUMBIA, THE
UNIVERSITY OF BRITISH COLUMBIA FACULTY OF MEDICINE DEPARTMENT OF RADIOLOGY   p 297
See UNIVERSITY OF BRITISH COLUMBIA, THE
UNIVERSITY OF BRITISH COLUMBIA, THE p 181
100 Pachena Rd, BAMFIELD, BC, V0R 1B0
(250) 728-3301   SIC 8733
UNIVERSITY OF BRITISH COLUMBIA, THE p 222
3333 University Way Suite 324, KELOWNA, BC, V1V 1V7
(250) 807-8000   SIC 8221
UNIVERSITY OF BRITISH COLUMBIA, THE p 297
950 10th Ave E Rm 3350, VANCOUVER, BC, V5T 2B2
(604) 875-4165   SIC 8221
UNIVERSITY OF BRITISH COLUMBIA, THE p 297
2424 Main St Suite 2900, VANCOUVER, BC, V5T 3E2
(604) 822-6448   SIC 8221
UNIVERSITY OF BRITISH COLUMBIA, THE p 301
2775 Laurel St App 4116, VANCOUVER, BC, V5Z 1M9
(604) 875-5929   SIC 8011
UNIVERSITY OF BRITISH COLUMBIA, THE p 301
2775 Laurel St Suite 5153, VANCOUVER, BC, V5Z 1M9
(604) 875-4500   SIC 8221
UNIVERSITY OF BRITISH COLUMBIA, THE p 315
4480 Oak St Suite B321, VANCOUVER, BC, V6H 3V4
(604) 875-2318   SIC 8221
UNIVERSITY OF BRITISH COLUMBIA, THE p 320
2199 Wesbrook Mall Suite 350, VANCOUVER, BC, V6T 1Z3
(604) 822-5773   SIC 8221
UNIVERSITY OF BRITISH COLUMBIA, THE p 320
2202 Main Mall Rm 230, VANCOUVER, BC, V6T 1Z4
(604) 822-4329   SIC 8733
UNIVERSITY OF BRITISH COLUMBIA, THE p 320
2194 Health Sciences Mall Unit 3, VANCOUVER, BC, V6T 1Z6
(604) 822-0738   SIC 8221
UNIVERSITY OF BRITISH COLUMBIA, THE p 320
2150 Western Pky Unit 209, VANCOUVER, BC, V6T 1V6
(604) 822-2211   SIC 8221
UNIVERSITY OF BRITISH COLUMBIA, THE p 320
2133 The East Mall, VANCOUVER, BC, V6T 1Z4
(604) 822-2211   SIC 8221
UNIVERSITY OF BRITISH COLUMBIA, THE p 320
2125 Main Mall Suite 1100, VANCOUVER, BC, V6T 1Z4
(604) 822-5235   SIC 8221
UNIVERSITY OF BRITISH COLUMBIA, THE p 320
2075 Wesbrook Mall Unit 305, VANCOUVER, BC, V6T 1Z1
(604) 822-2454   SIC 8221
UNIVERSITY OF BRITISH COLUMBIA, THE p 320
2053 Main Mall Suite 160, VANCOUVER, BC, V6T 1Z2
(604) 822-8400   SIC 8221
UNIVERSITY OF BRITISH COLUMBIA, THE p 320
1984 Mathematics Rd Rm 121, VANCOUVER, BC, V6T 1Z2
(604) 822-2666   SIC 8221
UNIVERSITY OF BRITISH COLUMBIA, THE p 320
1873 East Mall Rm 1297, VANCOUVER, BC, V6T 1Z1
(604) 822-2561   SIC 8221
UNIVERSITY OF BRITISH COLUMBIA, THE p 320
2222 Health Sciences Mall, VANCOUVER, BC, V6T 1Z3
(604) 822-7810   SIC 8221
UNIVERSITY OF BRITISH COLUMBIA, THE p 320
6250 Applied Science Lane Rm 2054, VANCOUVER, BC, V6T 1Z4
(604) 822-2781   SIC 8221
UNIVERSITY OF BRITISH COLUMBIA, THE p 320
6199 South Campus Rd, VANCOUVER, BC, V6T 1W5
(604) 822-6283   SIC 8732
UNIVERSITY OF BRITISH COLUMBIA, THE p 320
6190 Agronomy Rd Rm 103, VANCOUVER, BC, V6T 1Z3
(604) 822-8580   SIC 8221
UNIVERSITY OF BRITISH COLUMBIA, THE p 320
6138 Sub Blvd, VANCOUVER, BC, V6T 2A5
(604) 822-6999   SIC 8221
UNIVERSITY OF BRITISH COLUMBIA, THE p 320
5961 Student Union Blvd, VANCOUVER, BC, V6T 2C9
(604) 822-1010   SIC 7021
UNIVERSITY OF BRITISH COLUMBIA, THE p 320
5950 University Blvd Suite 410, VANCOUVER, BC, V6T 1Z3
(604) 822-1436   SIC 8221
UNIVERSITY OF BRITISH COLUMBIA, THE p 320
2525 West Mall, VANCOUVER, BC, V6T 1W9
(604) 822-3304   SIC 8221
UNIVERSITY OF BRITISH COLUMBIA, THE p 320
6356 Agricultural Rd Suite 420, VANCOUVER, BC, V6T 1Z2
(604) 822-6611   SIC 8221
UNIVERSITY OF BRITISH COLUMBIA, THE p 320
6331 Crescent Rd, VANCOUVER, BC, V6T 1Z2
(604) 822-1500   SIC 8221
UNIVERSITY OF BRITISH COLUMBIA, THE p 320
2366 Main Mall Suite 201, VANCOUVER, BC, V6T 1Z4
(604) 822-3061   SIC 8221
UNIVERSITY OF BRITISH COLUMBIA, THE p 320
2366 Main Mall Ste 289, VANCOUVER, BC, V6T 1Z4
(604) 822-6894   SIC 8221
UNIVERSITY OF BRITISH COLUMBIA, THE p 320
2329 West Mall, VANCOUVER, BC, V6T 1Z4
(604) 822-2172   SIC 8221
UNIVERSITY OF BRITISH COLUMBIA, THE p 320
2198 Health Sciences Mall Suite 3, VANCOUVER, BC, V6T 1Z3
(604) 822-4970   SIC 8231
UNIVERSITY OF BRITISH COLUMBIA, THE p 321
2071 West Mall, VANCOUVER, BC, V6T 1Z2
(604) 822-2018   SIC 5812
UNIVERSITY OF BRITISH COLUMBIA, THE p 321
2080 West Mall Suite 300, VANCOUVER, BC, V6T 1Z2
(604) 822-2277   SIC 8221
UNIVERSITY OF BRITISH COLUMBIA, THE p 321
6393 Marine Dr Nw, VANCOUVER, BC, V6T 1Z2
(604) 822-5087   SIC 8412
UNIVERSITY OF BRITISH COLUMBIA, THE p 321
6270 University Blvd Suite 1505, VANCOUVER, BC, V6T 1Z4
(604) 822-0220   SIC 8221
UNIVERSITY OF BRITISH COLUMBIA, THE p 321
6224 Agricultural Rd Rm 325, VANCOUVER, BC, V6T 1Z1
(604) 822-3853   SIC 8221
UNIVERSITY OF BRITISH COLUMBIA, THE p 321
6200 University Blvd, VANCOUVER, BC, V6T 1Z4
(604) 822-2665   SIC 8221
UNIVERSITY OF BRITISH COLUMBIA, THE p 321
5959 Student Union Blvd, VANCOUVER, BC, V6T 1K2
(604) 822-1020   SIC 8221
UNIVERSITY OF BRITISH COLUMBIA, THE p 321
5950 University Blvd Suite 320, VANCOUVER, BC, V6T 1Z3
(604) 827-4168   SIC 8221
UNIVERSITY OF BRITISH COLUMBIA, THE p 321
5804 Fairview Cres, VANCOUVER, BC, V6T 1Z3
(604) 822-5431   SIC 8221
UNIVERSITY OF BRITISH COLUMBIA, THE p 321
2881 Acadia Rd, VANCOUVER, BC, V6T 1S1
(604) 822-5343   SIC 8221
UNIVERSITY OF BRITISH COLUMBIA, THE p 321
2389 Health Sciences Mall Unit 201, VANCOUVER, BC, V6T 1Z3
(604) 822-8100   SIC 6371
UNIVERSITY OF BRITISH COLUMBIA, THE p 321
2360 East Mall Rm 218, VANCOUVER, BC, V6T 1Z3
(604) 822-6029   SIC 8221
UNIVERSITY OF BRITISH COLUMBIA, THE p 321
2121 West Mall, VANCOUVER, BC, V6T 1Z4
SIC 8221
UNIVERSITY OF BRITISH COLUMBIA, THE p 321
2146 East Mall, VANCOUVER, BC, V6T 1Z3
(604) 822-2343   SIC 8221
UNIVERSITY OF BRITISH COLUMBIA, THE p 321
2205 Lower Mall, VANCOUVER, BC, V6T 1Z4
(604) 822-9296   SIC 8221
UNIVERSITY OF BRITISH COLUMBIA, THE p 321
2136 West Mall, VANCOUVER, BC, V6T 1Z4
(604) 822-2755   SIC 8221
UNIVERSITY OF BRITISH COLUMBIA, THE p 321
2053 Main Mall Suite 247, VANCOUVER, BC, V6T 1Z2
(604) 822-8500   SIC 8221
UNIVERSITY OF BRITISH COLUMBIA, THE p 321
1984 West Mall Suite 217, VANCOUVER, BC, V6T 1Z2
(604) 822-3539   SIC 8221
UNIVERSITY OF BRITISH COLUMBIA, THE p 322
800 Robson St Suite 100, VANCOUVER, BC, V6Z 3B7
(604) 822-0035   SIC 8221
UNIVERSITY OF BRITISH COLUMBIA, THE p 322
1900-800 Robson St, VANCOUVER, BC, V6Z 3B7
(604) 822-3333   SIC 8221
UNIVERSITY OF GUELPH   p 485
31 St Paul St, ALFRED, ON, K0B 1A0
SIC 8221
UNIVERSITY OF GUELPH   p 601
50 Stone Rd E Suite 158, GUELPH, ON, N1G 2W1
(519) 824-4120   SIC 8211
UNIVERSITY OF GUELPH   p 601
95 Stone Rd W, GUELPH, ON, N1G 2Z4
(519) 767-6299   SIC 8221
UNIVERSITY OF GUELPH   p 627
830 Prescott St, KEMPTVILLE, ON, K0G 1J0
(613) 258-8336   SIC 8221
UNIVERSITY OF GUELPH   p 825
120 Main St, RIDGETOWN, ON, N0P 2C0
(519) 674-1500   SIC 8221
UNIVERSITY OF LETHBRIDGE STUDENT'S UNION   p 140
See UNIVERSITY OF LETHBRIDGE, THE
UNIVERSITY OF LETHBRIDGE, THE   p 82
10707 100 Ave Nw Suite 1100, EDMONTON, AB, T5J 3M1
(780) 424-0425   SIC 8221
UNIVERSITY OF LETHBRIDGE, THE   p 140
4401 University Dr W Suite 180, LETHBRIDGE, AB, T1K 3M4
(403) 329-2706   SIC 7999
UNIVERSITY OF LETHBRIDGE, THE   p 140
4401 University Dr W Suite 180, LETHBRIDGE, AB, T1K 3M4
(403) 329-2222   SIC 8641
UNIVERSITY OF MANITOBA   p 376
11 The Promenade, WINNIPEG, MB, R3B 3J1
(204) 474-6614   SIC 8221
UNIVERSITY OF MANITOBA   p 380
675 Mcdermot Ave Suite 5008, WINNIPEG, MB, R3E 0V9
(204) 787-2137   SIC 8221
UNIVERSITY OF MANITOBA   p 380
770 Bannatyne Ave Suite T162, WINNIPEG, MB, R3E 0W3
(204) 789-3711   SIC 8221

UNIVERSITY OF MANITOBA p 387
124 Frank St, WINNIPEG, MB, R3N 1W1
(204) 474-7846   SIC 8221
UNIVERSITY OF MANITOBA p 388
857 Wilkes Ave Suite 500, WINNIPEG, MB, R3P 2M2
(204) 474-6100   SIC 8221
UNIVERSITY OF MANITOBA p 390
66 Chancellors Cir Suite 107, WINNIPEG, MB, R3T 2N2
(204) 474-6511   SIC 5942
UNIVERSITY OF MANITOBA p 390
70 Dysart Rd Suite 209, WINNIPEG, MB, R3T 2M6
(204) 474-8575   SIC 8221
UNIVERSITY OF MANITOBA p 390
Frank Kennedy Bldg 66 Chancellors Cir Rm 124, WINNIPEG, MB, R3T 2N2
(204) 474-8234   SIC 7389
UNIVERSITY OF MANITOBA p 390
545 University Cres, WINNIPEG, MB, R3T 5S6
(204) 474-9449   SIC 5812
UNIVERSITY OF MANITOBA p 390
26 Maclean Cres, WINNIPEG, MB, R3T 2N1
(204) 474-9464   SIC 7041
UNIVERSITY OF MANITOBA p 390
120 Dafoe Rd, WINNIPEG, MB, R3T 6B3
(204) 474-9922   SIC 7041
UNIVERSITY OF MANITOBA p 390
See UNIVERSITY OF MANITOBA
UNIVERSITY OF MANITOBA p 390
181 Freedman Cres Suite 121, WINNIPEG, MB, R3T 5V4
(204) 474-6388   SIC 8221
UNIVERSITY OF MANITOBA p 391
E2 -376 Eitc 75 A Chancellor Cir, WINNIPEG, MB, R3T 2N2
(204) 474-6033   SIC 8221
UNIVERSITY OF MANITOBA p 391
92 Dysart Rd, WINNIPEG, MB, R3T 2M5
(204) 474-8531   SIC 8221
UNIVERSITY OF MANITOBA p 391
15 Chancellors Cir, WINNIPEG, MB, R3T 5V5
(204) 474-8401   SIC 8221
UNIVERSITY OF MANITOBA p 391
137 Innovation Dr Unit 200, WINNIPEG, MB, R3T 6B6
(204) 474-9195   SIC 8732
UNIVERSITY OF MANITOBA p 391
66 Chancellors Cir Rm 410, WINNIPEG, MB, R3T 2N2
(204) 474-8348   SIC 8221
UNIVERSITY OF MANITOBA THE p 390
66 Chancellors Cir Rm 406, WINNIPEG, MB, R3T 2N2
(204) 474-8167   SIC 8221
UNIVERSITY OF NEW BRUNSWICK p 401
41 Dineen Dr Unit 105a, FREDERICTON, NB, E3B 5A3
(506) 453-4669   SIC 8221
UNIVERSITY OF NEW BRUNSWICK p 401
540 Windsor St Unit 126, FREDERICTON, NB, E3B 5A3
(506) 453-4566   SIC 8221
UNIVERSITY OF NEW BRUNSWICK p 401
6 Duffie Dr, FREDERICTON, NB, E3B 5A3
(506) 453-4830   SIC 8748
UNIVERSITY OF NEW BRUNSWICK p 401
767 Kings College, FREDERICTON, NB, E3B 5A3
(506) 453-4889   SIC 8221
UNIVERSITY OF NEW BRUNSWICK p 401
Gd, FREDERICTON, NB, E3B 5A3
(506) 453-4524   SIC 8221
UNIVERSITY OF NEW BRUNSWICK p 401
Gd, FREDERICTON, NB, E3B 5A3
(506) 453-4676   SIC 8221
UNIVERSITY OF NEW BRUNSWICK p 401
11 Dineen Dr, FREDERICTON, NB, E3B 5A3
(506) 453-4666   SIC 8221
UNIVERSITY OF NEW BRUNSWICK p 401

6 Duffie Dr Fl 2, FREDERICTON, NB, E3B 5A3
(506) 453-4646   SIC 8221
UNIVERSITY OF NEW BRUNSWICK p 418
100 Tucker Park Rd, SAINT JOHN, NB, E2L 4L5
(506) 648-5670   SIC 8221
UNIVERSITY OF NEW BRUNSWICK SAINT JOHN p 418
See UNIVERSITY OF NEW BRUNSWICK
UNIVERSITY OF OTTAWA p 565
610 Mcconnell Ave, CORNWALL, ON, K6H 4M1
(613) 938-6989   SIC 8221
UNIVERSITY OF OTTAWA p 786
451 Smyth Rd Unit 3105, OTTAWA, ON, K1H 8M5
(613) 562-5410   SIC 8221
UNIVERSITY OF OTTAWA p 786
451 Smyth Rd Suite Rgn, OTTAWA, ON, K1H 8M5
(613) 562-5800   SIC 8221
UNIVERSITY OF OTTAWA p 790
161 Louis-Pasteur Pvt Suite A306, OTTAWA, ON, K1N 6N5
(613) 562-5800   SIC 8221
UNIVERSITY OF OTTAWA p 790
147 Seraphin-Marion Pvt, OTTAWA, ON, K1N 6N5
(613) 562-5800   SIC 8221
UNIVERSITY OF OTTAWA p 790
120 Universite Pvt Unit 3010, OTTAWA, ON, K1N 6N5
(613) 562-5800   SIC 8221
UNIVERSITY OF OTTAWA p 790
55 Laurier Ave E Suite 5105, OTTAWA, ON, K1N 6N5
(613) 562-5731   SIC 8221
UNIVERSITY OF OTTAWA p 790
85 Universite Pvt Unit 102, OTTAWA, ON, K1N 6N5
(613) 562-5734   SIC 8221
UNIVERSITY OF OTTAWA p 790
550 Cumberland St Suite 378, OTTAWA, ON, K1N 6N5
(613) 562-5800   SIC 8221
UNIVERSITY OF OTTAWA p 790
70 Laurier Ave E Suite 338, OTTAWA, ON, K1N 6N6
(613) 562-5715   SIC 8221
UNIVERSITY OF OTTAWA p 790
800 King Edward Ave Suite 2002, OTTAWA, ON, K1N 6N5
(613) 562-5800   SIC 8221
UNIVERSITY OF REGINA p 1289
3737 Wascana Pky Suite 148, REGINA, SK, S4S 0A2
(306) 585-5022   SIC 8221
UNIVERSITY OF SASKATCHEWAN p 1302
3311 Fairlight Dr, SASKATOON, SK, S7M 3Y5
(306) 655-4235   SIC 8221
UNIVERSITY OF SASKATCHEWAN p 1303
52 Campus Dr Room 1301, SASKATOON, SK, S7N 5B4
(306) 966-7350   SIC 8221
UNIVERSITY OF SASKATCHEWAN p 1303
57 Campus Dr Rm 3b48, SASKATOON, SK, S7N 5A9
(306) 966-5336   SIC 8221
UNIVERSITY OF SASKATCHEWAN p 1303
101 Diefenbaker Pl, SASKATOON, SK, S7N 5B8
(306) 966-8525   SIC 8221
UNIVERSITY OF SASKATCHEWAN p 1303
103 Hospital Dr, SASKATOON, SK, S7N 0W8
(306) 655-1186   SIC 8221
UNIVERSITY OF SASKATCHEWAN p 1303
103 Hospital Dr, SASKATOON, SK, S7N 0W8
(306) 655-2402   SIC 8221
UNIVERSITY OF SASKATCHEWAN p 1303
103 Hospital Dr, SASKATOON, SK, S7N 0W8

(306) 844-1132   SIC 8221
UNIVERSITY OF SASKATCHEWAN p 1303
104 Clinic Pl, SASKATOON, SK, S7N 2Z4
(306) 966-6221   SIC 8221
UNIVERSITY OF SASKATCHEWAN p 1303
104 Clinic Pl 3rd Fl Suite 3400, SASKATOON, SK, S7N 2Z4
(306) 966-6579   SIC 8221
UNIVERSITY OF SASKATCHEWAN p 1303
105 Administration Pl Suite E, SASKATOON, SK, S7N 5A2
(306) 966-4343   SIC 8221
UNIVERSITY OF SASKATCHEWAN p 1303
105 Wiggins Rd, SASKATOON, SK, S7N 5E4
(306) 966-5122   SIC 8221
UNIVERSITY OF SASKATCHEWAN p 1303
107 Administration Pl Suite 201, SASKATOON, SK, S7N 5A2
(306) 966-8514   SIC 8221
UNIVERSITY OF SASKATCHEWAN p 1303
110 Maintenance Rd, SASKATOON, SK, S7N 5C5
(306) 966-4700   SIC 8221
UNIVERSITY OF SASKATCHEWAN p 1303
110 Science Pl, SASKATOON, SK, S7N 5C9
(306) 966-4655   SIC 8221
UNIVERSITY OF SASKATCHEWAN p 1303
114 Science Pl, SASKATOON, SK, S7N 5E2
(306) 966-5683   SIC 8221
UNIVERSITY OF SASKATCHEWAN p 1303
221 Cumberland Ave N Suite 232, SASKATOON, SK, S7N 1M3
(306) 966-5563   SIC 8221
UNIVERSITY OF SASKATCHEWAN p 1303
221 Cumberland Ave N Unit 232, SASKATOON, SK, S7N 1M3
(306) 966-4351   SIC 8221
UNIVERSITY OF SASKATCHEWAN p 1303
28 Campus Dr Rm 3021, SASKATOON, SK, S7N 0X1
(306) 966-7601   SIC 8221
UNIVERSITY OF SASKATCHEWAN p 1303
51 Campus Dr Rm 5d34, SASKATOON, SK, S7N 5A8
(306) 966-6829   SIC 8221
UNIVERSITY OF SASKATCHEWAN p 1303
51 Campus Dr Rm 6d34, SASKATOON, SK, S7N 5A8
(306) 966-4128   SIC 8221
UNIVERSITY OF SASKATCHEWAN p 1303
52 Campus Dr Rm 2529, SASKATOON, SK, S7N 5B4
SIC 8221
UNIVERSITY OF SASKATCHEWAN p 1303
52 Campus Dr Rm 2601, SASKATOON, SK, S7N 5B4
(306) 966-7210   SIC 8221
UNIVERSITY OF SASKATCHEWAN p 1304
See UNIVERSITY OF SASKATCHEWAN
UNIVERSITY OF SASKATCHEWAN p 1304
101 Administration Pl, SASKATOON, SK, S7N 5A1
(306) 966-7774   SIC 8221
UNIVERSITY OF SASKATCHEWAN p 1304
97 Campus Dr Suite 227, SASKATOON, SK, S7N 4L3
(306) 966-4638   SIC 8221
UNIVERSITY OF SASKATCHEWAN p 1304
103 Hospital Dr, SASKATOON, SK, S7N 0W8
(306) 244-5561   SIC 8221
UNIVERSITY OF SASKATCHEWAN p 1304
103 Hospital Dr, SASKATOON, SK, S7N 0W8
(306) 844-1068   SIC 8221
UNIVERSITY OF SASKATCHEWAN p 1304
103 Hospital Dr Rm 119, SASKATOON, SK, S7N 0W8
(306) 844-1310   SIC 8221
UNIVERSITY OF SASKATCHEWAN p 1304
103 Hospital Dr Rm 4544, SASKATOON, SK, S7N 0W8

(306) 844-1059   SIC 8221
UNIVERSITY OF SASKATCHEWAN p 1304
103 Hospital Drive Rm 2841, SASKATOON, SK, S7N 0W8
(306) 655-2221   SIC 8221
UNIVERSITY OF SASKATCHEWAN p 1304
104 Clinic Pl, SASKATOON, SK, S7N 2Z4
(306) 966-8544   SIC 8221
UNIVERSITY OF SASKATCHEWAN p 1304
104 Clinic Pl Rm 3134, SASKATOON, SK, S7N 2Z4
(306) 966-6327   SIC 8221
UNIVERSITY OF SASKATCHEWAN p 1304
107 Hospital Dr, SASKATOON, SK, S7N 0W8
(306) 655-1446   SIC 8221
UNIVERSITY OF SASKATCHEWAN p 1304
107 Wiggins Rd 4th Fl Suite B419, SASKATOON, SK, S7N 5E5
(306) 966-8641   SIC 8221
UNIVERSITY OF SASKATCHEWAN p 1304
107 Wiggins Rd Rm 2d01, SASKATOON, SK, S7N 5E5
(306) 966-6362   SIC 8221
UNIVERSITY OF SASKATCHEWAN p 1304
107 Wiggins Rd Suite B103, SASKATOON, SK, S7N 5E5
(306) 966-1626   SIC 8221
UNIVERSITY OF SASKATCHEWAN p 1304
110 Science Pl Rm 176, SASKATOON, SK, S7N 5C9
(306) 966-4886   SIC 8221
UNIVERSITY OF SASKATCHEWAN p 1304
116 Science Pl Rm 163, SASKATOON, SK, S7N 5E2
(306) 966-6393   SIC 8221
UNIVERSITY OF SASKATCHEWAN p 1304
117 Science Pl Rm 323, SASKATOON, SK, S7N 5C8
(306) 966-1985   SIC 8221
UNIVERSITY OF SASKATCHEWAN p 1304
15 Campus Dr, SASKATOON, SK, S7N 5A6
(306) 966-5869   SIC 8221
UNIVERSITY OF SASKATCHEWAN p 1304
28 Campus Dr Suite 3079, SASKATOON, SK, S7N 0X1
(306) 966-7619   SIC 8221
UNIVERSITY OF SASKATCHEWAN p 1304
52 Campus Dr Rm 2401, SASKATOON, SK, S7N 5B4
(306) 966-7145   SIC 8221
UNIVERSITY OF SASKATCHEWAN p 1304
52 Campus Dr Rm 3101, SASKATOON, SK, S7N 5B4
(306) 966-7477   SIC 8221
UNIVERSITY OF SASKATCHEWAN p 1304
52 Campus Dr Suite 1622, SASKATOON, SK, S7N 5B4
(306) 966-7334   SIC 8221
UNIVERSITY OF SASKATCHEWAN p 1304
57 Campus Dr Rm 3b48, SASKATOON, SK, S7N 5A9
(306) 966-4762   SIC 8221
UNIVERSITY OF SASKATCHEWAN p 1304
57 Campus Dr Rm 3b48, SASKATOON, SK, S7N 5A9
(306) 966-5273   SIC 8221
UNIVERSITY OF SASKATCHEWAN p 1304
57 Campus Dr Rm 3b48, SASKATOON, SK, S7N 5A9
(306) 966-5440   SIC 8221
UNIVERSITY OF SASKATCHEWAN p 1304
57 Campus Dr Rm 3b48.3, SASKATOON, SK, S7N 5A9
(306) 966-5336   SIC 8221
UNIVERSITY OF SASKATCHEWAN p 1304
87 Campus Dr, SASKATOON, SK, S7N 5B2
(306) 966-1060   SIC 8221
UNIVERSITY OF SASKATCHEWAN p 1304
9 Campus Dr Rm 154, SASKATOON, SK, S7N 5A5
(306) 966-6657   SIC 8221
UNIVERSITY OF SASKATCHEWAN p 1304
91 Campus Dr Suite 145, SASKATOON, SK,

S7N 5E8
(306) 966-5768 SIC 8221
UNIVERSITY OF SASKATCHEWAN BOOK-STORE p 1304
See UNIVERSITY OF SASKATCHEWAN
UNIVERSITY OF THE FRASER VALLEY p 198
45190 Caen Ave, CHILLIWACK, BC, V2R 0N3
(604) 792-0025 SIC 8221
UNIVERSITY OF THE FRASER VALLEY p 238
33700 Prentis Ave Suite 1000, MISSION, BC, V2V 7B1
(604) 557-7603 SIC 8221
UNIVERSITY OF TORONTO p 835
See GOVERNING COUNCIL OF THE UNIVERSITY OF TORONTO
UNIVERSITY OF TORONTO p 925
See GOVERNING COUNCIL OF THE UNIVERSITY OF TORONTO
UNIVERSITY OF TORONTO PRESS p 755
5201 Dufferin St, NORTH YORK, ON, M3H 5T8
(416) 667-7777 SIC 2731
UNIVERSITY OF TORONTO PRESS p 755
5201 Dufferin St, NORTH YORK, ON, M3H 5T8
(416) 667-7810 SIC 2731
UNIVERSITY OF TORONTO PRESS p 904
10 St Mary St Suite 700, TORONTO, ON, M4Y 2W8
(416) 978-2239 SIC 2731
UNIVERSITY OF VICTORIA p 327
3800 Finnerty Rd Right Centre A405, VICTORIA, BC, V8P 5P2
(250) 721-6120 SIC 8221
UNIVERSITY OF VICTORIA p 327
3964 Gordon Head Rd, VICTORIA, BC, V8N 3X3
(250) 721-7624 SIC 7389
UNIVERSITY OF VICTORIA p 328
3800 Finnerty Rd, VICTORIA, BC, V8P 5C2
(250) 721-8686 SIC 8221
UNIVERSITY OF VICTORIA p 328
3800 Finnerty Rd Suite 168, VICTORIA, BC, V8P 5C2
(250) 472-5400 SIC 8731
UNIVERSITY OF VICTORIA p 328
3800 Finnerty Rd Suite 168, VICTORIA, BC, V8P 5C2
(250) 721-8500 SIC 8351
UNIVERSITY OF VICTORIA p 328
3800a Finnerty Rd Suite 168, VICTORIA, BC, V8P 5C2
(250) 472-4747 SIC 8221
UNIVERSITY OF VICTORIA p 328
3800a Finnerty Rd Suite 168, VICTORIA, BC, V8P 5C2
(250) 721-8311 SIC 5942
UNIVERSITY OF VICTORIA p 332
Gd, VICTORIA, BC, V8W 2Y2
(250) 721-7980 SIC 8221
UNIVERSITY OF VICTORIA p 332
Gd, VICTORIA, BC, V8W 2Y2
(250) 721-6115 SIC 8733
UNIVERSITY OF VICTORIA p 332
1700 Finnerty Rd Rm 102, VICTORIA, BC, V8W 2Y2
(250) 721-6243 SIC 8221
UNIVERSITY OF VICTORIA p 332
Gd, VICTORIA, BC, V8W 2Y2
(250) 721-8036 SIC 8399
UNIVERSITY OF VICTORIA p 332
Gd, VICTORIA, BC, V8W 3R4
(250) 721-6270 SIC 8221
UNIVERSITY OF VICTORIA p 332
Gd, VICTORIA, BC, V8W 3H5
(250) 721-6488 SIC 8221
UNIVERSITY OF WATERLOO p 952
200 University Ave W Suite 103, WATERLOO, ON, N2L 3G1
(519) 888-4567 SIC 8042

UNIVERSITY OF WATERLOO p 952
200 University Ave W Eit 2036, WATERLOO, ON, N2L 3G1
(519) 888-4567 SIC 8221
UNIVERSITY OF WATERLOO p 952
200 University Ave W Suite 103, WATERLOO, ON, N2L 3G1
(519) 888-4700 SIC 5812
UNIVERSITY OF WATERLOO, THE p 952
See UNIVERSITY OF WATERLOO
UNIVERSITY OF WESTERN ONTARIO, THE p 657
1151 Richmond St Suite 2, LONDON, ON, N6A 5B8
(519) 661-2038 SIC 8221
UNIVERSITY OF WESTERN ONTARIO, THE p 657
1151 Richmond St Rm 4, LONDON, ON, N6A 5C1
(519) 661-3330 SIC 8062
UNIVERSITY OF WESTERN ONTARIO, THE p 657
1151 Richmond St Suite 3, LONDON, ON, N6A 5B9
(519) 661-3549 SIC 6531
UNIVERSITY OF WESTERN ONTARIO, THE p 657
North Campus Building, Room 240, LONDON, ON, N6A 5B7
(519) 661-3542 SIC 8221
UNIVERSITY OF WESTERN ONTARIO, THE p 657
1151 Richmond St Suite 3140, LONDON, ON, N6A 3K7
(519) 661-3208 SIC 8748
UNIVERSITY OF WESTERN ONTARIO, THE p 661
1137 Western Rd Suite 1118, LONDON, ON, N6G 1G7
(519) 661-3182 SIC 8221
UNIVERSITY OF WESTERN ONTARIO, THE p 661
1201 Western Rd Suite 1588, LONDON, ON, N6G 1H1
(519) 661-3360 SIC 8221
UNIVERSITY OF WESTERN ONTARIO, THE p 661
1393 Western Rd Suite 6100, LONDON, ON, N6G 1G9
(519) 661-3024 SIC 8221
UNIVERSITY OF WESTERN ONTARIO, THE p 661
999 Collip Cir Room LI31, LONDON, ON, N6G 0J3
(519) 661-2173 SIC 8731
UNIVERSITY OF WESTERN ONTARIO, THE p 1247
455 Rue Jenkin Bureau C244, TROIS-PISTOLES, QC, G0L 4K0
(418) 851-1752 SIC 8299
UNIVERSITY OF WINDSOR p 969
401 Sunset Ave Suite G07, WINDSOR, ON, N9B 3P4
(519) 973-7018 SIC 5192
UNIVERSITY OF WINDSOR p 969
401 Sunset Ave Suite G07, WINDSOR, ON, N9B 3P4
(519) 253-3000 SIC 8221
UNIVERSITY OF WINDSOR BOOK STORE p 969
See UNIVERSITY OF WINDSOR
UNIVERSITY OF WINNIPEG, THE p 376
515 Portage Ave Rm 4w18, WINNIPEG, MB, R3B 2E9
(204) 786-9221 SIC 8211
UNIVERSITY OF WINNIPEG, THE p 379
460 Portage Ave, WINNIPEG, MB, R3C 0E8
(204) 982-6633 SIC 8221
UNIVERSITY OF WINNIPEG, THE p 379
520 Portage Ave Suite 210, WINNIPEG, MB, R3C 0G2
(204) 953-3855 SIC 8221
UNIVERSITY STUDENT COUNCIL OF THE UNIVERSITY OF WESTERN ONTARIO p 657

1151 Richmond St Rm 340, LONDON, ON, N6A 3K7
(519) 661-3574 SIC 5812
UNIVERSITY TORONTO RESEARCH p 925
See GOVERNING COUNCIL OF THE UNIVERSITY OF TORONTO
UNIVERSITY VICTORIA BOOKSTORE p 328
See UNIVERSITY OF VICTORIA
UNIWORLD APPAREL INDUSTRIES p 35
See KOOPMAN RESOURCES, INC
UNLIMITED POTENTIAL COMMUNITY SERVICES SOCIETY p 439
5218 52 St, YELLOWKNIFE, NT, X1A 1T9
(867) 920-4626 SIC 8361
UNSWORTH ELEMENTARY p 198
See SCHOOL DISTRICT NO 33 CHILLIWACK
UNVERSITY OF ALBERTA p 107
See GOVERNORS OF THE UNIVERSITY OF ALBERTA, THE
UPA CONSTRUCTION GROUP LIMITED PARTNERSHIP p 55
10655 Southport Rd Sw Suite 700, CALGARY, AB, T2W 4Y1
(403) 262-4440 SIC 1522
UPA PIECES D'AUTO p 547
See UAP INC
UPGI PHARMA INC p 1009
100 Boul De L'industrie, CANDIAC, QC, J5R 1J1
(514) 998-9059 SIC 2834
UPI INC p 603
7060 Wellington Road 124, GUELPH, ON, N1H 6J3
(519) 824-7370 SIC 5171
UPI INC p 945
8894 County Road 56, UTOPIA, ON, L0M 1T0
(705) 726-8915 SIC 5541
UPLANDS COMMUNITY LEARNING CENTRE p 876
See YORK REGION DISTRICT SCHOOL BOARD
UPLANDS ELEMENTARY SCHOOL p 8
See GRASSLANDS REGIONAL DIVISION 6
UPLANDS ELEMENTARY SCHOOL p 233
See SCHOOL DISTRICT NO. 35 (LANGLEY)
UPLANDS ELEMENTARY SCHOOL p 291
See THE BOARD OF EDUCATION OF SCHOOL DISTRICT #82 (COAST MOUNTAIN)
UPLANDS PARK SCHOOL p 242
See SCHOOL DISTRICT NO. 68 (NANAIMO-LADYSMITH)
UPONOR INFRA LTD p 620
37 Centre St N, HUNTSVILLE, ON, P1H 1X4
(705) 789-2396 SIC 3088
UPONOR INFRA LTD p 712
6507 Mississauga Rd Unit A, MISSISSAUGA, ON, L5N 1A6
(905) 858-0206 SIC 8741
UPONOR INFRA LTD p 1294
348 Edson St, SASKATOON, SK, S7J 0P9
(306) 242-0755 SIC 3498
UPONOR LTD p 415
79 Mcilveen Dr, SAINT JOHN, NB, E2J 4Y6
SIC 3567
UPONOR LTD p 1283
662 E 1st Ave Suite 200, REGINA, SK, S4N 5T6
(306) 721-2449 SIC 5075
UPONOR WIRSBO MANUFACTURING p 415
See UPONOR LTD
UPPER CANADA p 183
See UPPER CANADA FOREST PRODUCTS LTD
UPPER CANADA CHILDCARE CENTRE p 746
See UPPER CANADA CREATIVE CHILD

CARE CENTRES OF ONTARIO
UPPER CANADA CREATIVE CHILD CARE CENTRES OF ONTARIO p 746
30 Shaughnessy Blvd, NORTH YORK, ON, M2J 1H5
(416) 499-6500 SIC 8351
UPPER CANADA DISTRICT SCHOOL BOARD, THE p 482
7463 County Rd 28, ADDISON, ON, K0E 1A0
(613) 924-2880 SIC 8211
UPPER CANADA DISTRICT SCHOOL BOARD, THE p 485
212 Main St N, ALEXANDRIA, ON, K0C 1A0
(613) 525-1066 SIC 8211
UPPER CANADA DISTRICT SCHOOL BOARD, THE p 486
126 Martin St N, ALMONTE, ON, K0A 1A0
(613) 256-1470 SIC 8211
UPPER CANADA DISTRICT SCHOOL BOARD, THE p 486
175 Paterson St, ALMONTE, ON, K0A 1A0
(613) 256-8248 SIC 8211
UPPER CANADA DISTRICT SCHOOL BOARD, THE p 486
126 Martin St N, ALMONTE, ON, K0A 1A0
(613) 256-3773 SIC 8211
UPPER CANADA DISTRICT SCHOOL BOARD, THE p 490
8 George St, ATHENS, ON, K0E 1B0
(613) 924-2055 SIC 8211
UPPER CANADA DISTRICT SCHOOL BOARD, THE p 490
21 Church St, ATHENS, ON, K0E 1B0
(613) 924-2618 SIC 8211
UPPER CANADA DISTRICT SCHOOL BOARD, THE p 492
16750 Hwy 43, AVONMORE, ON, K0C 1C0
(613) 346-2122 SIC 8211
UPPER CANADA DISTRICT SCHOOL BOARD, THE p 531
90 Pearl St E, BROCKVILLE, ON, K6V 1P8
(613) 345-5641 SIC 8211
UPPER CANADA DISTRICT SCHOOL BOARD, THE p 531
2510 Parkedale Ave, BROCKVILLE, ON, K6V 3H1
(613) 342-1100 SIC 8211
UPPER CANADA DISTRICT SCHOOL BOARD, THE p 531
29 Central Ave W, BROCKVILLE, ON, K6V 4N6
(613) 345-5552 SIC 8211
UPPER CANADA DISTRICT SCHOOL BOARD, THE p 531
40 Vanier Dr, BROCKVILLE, ON, K6V 3J5
(613) 342-8081 SIC 8211
UPPER CANADA DISTRICT SCHOOL BOARD, THE p 532
225 Central Ave W, BROCKVILLE, ON, K6V 5X1
(613) 342-0371 SIC 8211
UPPER CANADA DISTRICT SCHOOL BOARD, THE p 532
166 Pearl St E, BROCKVILLE, ON, K6V 1R4
(613) 345-5031 SIC 8211
UPPER CANADA DISTRICT SCHOOL BOARD, THE p 532
24 Scace Ave, BROCKVILLE, ON, K6V 2A4
(613) 342-6310 SIC 8211
UPPER CANADA DISTRICT SCHOOL BOARD, THE p 549
123 Patterson Cres, CARLETON PLACE, ON, K7C 4R2
(613) 257-8113 SIC 8211
UPPER CANADA DISTRICT SCHOOL BOARD, THE p 549
1523 9 Line, CARLETON PLACE, ON, K7C 3P2
(613) 253-0427 SIC 8211
UPPER CANADA DISTRICT SCHOOL BOARD, THE p 549
70 Caldwell St, CARLETON PLACE, ON, K7C 3A5

(613) 257-1270   SIC 8211
UPPER CANADA DISTRICT SCHOOL BOARD, THE   p 549
215 Lake Ave W, CARLETON PLACE, ON, K7C 1M3
(613) 257-2720   SIC 8211
UPPER CANADA DISTRICT SCHOOL BOARD, THE   p 549
351 Bridge St, CARLETON PLACE, ON, K7C 3H9
SIC 8211
UPPER CANADA DISTRICT SCHOOL BOARD, THE   p 553
12820 Highway 43, CHESTERVILLE, ON, K0C 1H0
SIC 8211
UPPER CANADA DISTRICT SCHOOL BOARD, THE   p 553
12835 Highway 43, CHESTERVILLE, ON, K0C 1H0
(613) 448-2328   SIC 8211
UPPER CANADA DISTRICT SCHOOL BOARD, THE   p 565
200 Amelia St Suite 1, CORNWALL, ON, K6H 0A5
(613) 932-0857   SIC 8211
UPPER CANADA DISTRICT SCHOOL BOARD, THE   p 565
1450 Second St E, CORNWALL, ON, K6H 5Z8
(613) 933-8410   SIC 8211
UPPER CANADA DISTRICT SCHOOL BOARD, THE   p 565
437 Sydney St, CORNWALL, ON, K6H 3H9
(613) 932-8360   SIC 8211
UPPER CANADA DISTRICT SCHOOL BOARD, THE   p 566
1500 Cumberland St, CORNWALL, ON, K6J 4K9
(613) 933-9626   SIC 8211
UPPER CANADA DISTRICT SCHOOL BOARD, THE   p 566
1500 Cumberland St, CORNWALL, ON, K6J 4K9
(613) 937-0120   SIC 8211
UPPER CANADA DISTRICT SCHOOL BOARD, THE   p 566
1520 Cumberland St, CORNWALL, ON, K6J 4L1
SIC 8211
UPPER CANADA DISTRICT SCHOOL BOARD, THE   p 566
235 Third St W, CORNWALL, ON, K6J 0B6
(613) 938-8723   SIC 8211
UPPER CANADA DISTRICT SCHOOL BOARD, THE   p 567
2258 Pitt St, CORNWALL, ON, K6K 1A3
(613) 933-0644   SIC 8211
UPPER CANADA DISTRICT SCHOOL BOARD, THE   p 568
20345 County Road 24, DALKEITH, ON, K0B 1E0
(613) 525-3112   SIC 8211
UPPER CANADA DISTRICT SCHOOL BOARD, THE   p 572
1 Halladay St, ELGIN, ON, K0G 1E0
(613) 359-5933   SIC 8211
UPPER CANADA DISTRICT SCHOOL BOARD, THE   p 572
251 Main St Suite 2, ELGIN, ON, K0G 1E0
(613) 359-5391   SIC 8211
UPPER CANADA DISTRICT SCHOOL BOARD, THE   p 574
2123 Route 500 W, EMBRUN, ON, K0A 1W0
(613) 443-3024   SIC 8211
UPPER CANADA DISTRICT SCHOOL BOARD, THE   p 590
231 Hwy 29, FRANKVILLE, ON, K0E 1H0
(613) 275-2928   SIC 8211
UPPER CANADA DISTRICT SCHOOL BOARD, THE   p 591
175 William St S, GANANOQUE, ON, K7G 1S8
(613) 382-4741   SIC 8211

UPPER CANADA DISTRICT SCHOOL BOARD, THE   p 591
300 Stone St N, GANANOQUE, ON, K7G 1Y8
(613) 382-3689   SIC 8211
UPPER CANADA DISTRICT SCHOOL BOARD, THE   p 599
525 Grange Rd, GUELPH, ON, N1E 7C4
(519) 836-4545   SIC 8211
UPPER CANADA DISTRICT SCHOOL BOARD, THE   p 618
750 Laurier St, HAWKESBURY, ON, K6A 3N9
(613) 632-4100   SIC 8211
UPPER CANADA DISTRICT SCHOOL BOARD, THE   p 621
1 College St, INGLESIDE, ON, K0C 1M0
(613) 537-2454   SIC 8211
UPPER CANADA DISTRICT SCHOOL BOARD, THE   p 622
10951 County Rd 18 Cook Rd, IROQUOIS, ON, K0E 1K0
SIC 8211
UPPER CANADA DISTRICT SCHOOL BOARD, THE   p 622
2 Beach St, IROQUOIS, ON, K0E 1K0
(613) 652-4878   SIC 8211
UPPER CANADA DISTRICT SCHOOL BOARD, THE   p 622
6 Lakeshore St, IROQUOIS, ON, K0E 1K0
(613) 652-4580   SIC 8211
UPPER CANADA DISTRICT SCHOOL BOARD, THE   p 627
215 Rueben Cres, KEMPTVILLE, ON, K0G 1J0
(613) 258-2206   SIC 8211
UPPER CANADA DISTRICT SCHOOL BOARD, THE   p 627
304 Prescott St, KEMPTVILLE, ON, K0G 1J0
(613) 258-3481   SIC 8211
UPPER CANADA DISTRICT SCHOOL BOARD, THE   p 627
2649 Concession Rd, KEMPTVILLE, ON, K0G 1J0
(613) 258-1919   SIC 8211
UPPER CANADA DISTRICT SCHOOL BOARD, THE   p 645
151 George St, LANARK, ON, K0G 1K0
(613) 259-2777   SIC 8211
UPPER CANADA DISTRICT SCHOOL BOARD, THE   p 646
Gd, LANSDOWNE, ON, K0E 1L0
(613) 659-2216   SIC 8211
UPPER CANADA DISTRICT SCHOOL BOARD, THE   p 649
596 15 Hwy, LOMBARDY, ON, K0G 1L0
(613) 283-0860   SIC 8211
UPPER CANADA DISTRICT SCHOOL BOARD, THE   p 666
13 Bethune St, LONG SAULT, ON, K0C 1P0
(613) 534-2415   SIC 8211
UPPER CANADA DISTRICT SCHOOL BOARD, THE   p 666
276 Fortune Line Rd, LYNDHURST, ON, K0E 1N0
(613) 928-2777   SIC 8211
UPPER CANADA DISTRICT SCHOOL BOARD, THE   p 666
38 Main St E, LYN, ON, K0E 1M0
(613) 345-1242   SIC 8211
UPPER CANADA DISTRICT SCHOOL BOARD, THE   p 679
2159 County Rd 16, MERRICKVILLE, ON, K0G 1N0
(613) 269-4951   SIC 8211
UPPER CANADA DISTRICT SCHOOL BOARD, THE   p 679
2159 County Rd 16 Rr 2, MERRICKVILLE, ON, K0G 1N0
(613) 283-6326   SIC 8211
UPPER CANADA DISTRICT SCHOOL BOARD, THE   p 724
16 Second St, MORRISBURG, ON, K0C

1X0
(613) 543-3166   SIC 8211
UPPER CANADA DISTRICT SCHOOL BOARD, THE   p 804
50 Water St, OXFORD MILLS, ON, K0G 1S0
(613) 258-3141   SIC 8211
UPPER CANADA DISTRICT SCHOOL BOARD, THE   p 807
13 Victoria St, PERTH, ON, K7H 2H3
(613) 267-3051   SIC 8211
UPPER CANADA DISTRICT SCHOOL BOARD, THE   p 807
155 Harper Rd, PERTH, ON, K7H 3C6
(613) 267-1909   SIC 8211
UPPER CANADA DISTRICT SCHOOL BOARD, THE   p 807
80 Wilson St W, PERTH, ON, K7H 2N6
(613) 267-2940   SIC 8211
UPPER CANADA DISTRICT SCHOOL BOARD, THE   p 818
1000 Edward St, PRESCOTT, ON, K0E 1T0
(613) 925-2855   SIC 7389
UPPER CANADA DISTRICT SCHOOL BOARD, THE   p 818
21 Stewart St Rr 2, PRESCOTT, ON, K0E 1T0
(613) 925-4291   SIC 8211
UPPER CANADA DISTRICT SCHOOL BOARD, THE   p 818
490 Jessup St, PRESCOTT, ON, K0E 1T0
(613) 925-1834   SIC 8211
UPPER CANADA DISTRICT SCHOOL BOARD, THE   p 818
920 Boundary St, PRESCOTT, ON, K0E 1T0
(613) 925-2803   SIC 8211
UPPER CANADA DISTRICT SCHOOL BOARD, THE   p 825
1004 Saint-Joseph St, ROCKLAND, ON, K4K 1P6
(613) 446-7347   SIC 8211
UPPER CANADA DISTRICT SCHOOL BOARD, THE   p 825
2303 Rue Laurier, ROCKLAND, ON, K4K 1K4
(613) 446-9842   SIC 8211
UPPER CANADA DISTRICT SCHOOL BOARD, THE   p 825
999 Giroux St, ROCKLAND, ON, K4K 1C2
(613) 446-6001   SIC 8211
UPPER CANADA DISTRICT SCHOOL BOARD, THE   p 826
982n North Russell Rd, RUSSELL, ON, K4R 1C8
(613) 445-2659   SIC 8211
UPPER CANADA DISTRICT SCHOOL BOARD, THE   p 826
14 Mill St, RUSSELL, ON, K4R 1A6
(613) 445-2190   SIC 8211
UPPER CANADA DISTRICT SCHOOL BOARD, THE   p 850
1200 Rosedale Rd N Gd Stn Main Gd Lcd Main, SMITHS FALLS, ON, K7A 4S8
(613) 283-6426   SIC 8211
UPPER CANADA DISTRICT SCHOOL BOARD, THE   p 850
299 Percy St, SMITHS FALLS, ON, K7A 5M2
(613) 283-0288   SIC 8211
UPPER CANADA DISTRICT SCHOOL BOARD, THE   p 850
11 Ross St, SMITHS FALLS, ON, K7A 4V7
(613) 283-1761   SIC 8211
UPPER CANADA DISTRICT SCHOOL BOARD, THE   p 850
10 Ontario St, SMITHS FALLS, ON, K7A 4K7
(613) 283-5418   SIC 8211
UPPER CANADA DISTRICT SCHOOL BOARD, THE   p 850
41 Mcgill St, SMITHS FALLS, ON, K7A 3M9
(613) 283-1367   SIC 8211
UPPER CANADA DISTRICT SCHOOL BOARD, THE   p 851
3045 County Rd 1, SOUTH MOUNTAIN,

ON, K0E 1W0
(613) 989-2600   SIC 8211
UPPER CANADA DISTRICT SCHOOL BOARD, THE   p 947
4099 Highway 34, VANKLEEK HILL, ON, K0B 1R0
(613) 678-2030   SIC 8211
UPPER CANADA DISTRICT SCHOOL BOARD, THE   p 947
5814 34 Hwy, VANKLEEK HILL, ON, K0B 1R0
(613) 678-2023   SIC 8211
UPPER CANADA DISTRICT SCHOOL BOARD, THE   p 960
19743 John St, WILLIAMSTOWN, ON, K0C 2J0
(613) 347-2441   SIC 8211
UPPER CANADA DISTRICT SCHOOL BOARD, THE   p 960
19754 County Rd 17 Rr 1, WILLIAMSTOWN, ON, K0C 2J0
(613) 347-3461   SIC 8211
UPPER CANADA FOREST PRODUCTS LTD   p 183
5768 Trapp Ave App Ave, BURNABY, BC, V3N 5G4
(604) 522-3334   SIC 5031
UPPER CANADA LODGE   p 739
See REGIONAL MUNICIPALITY OF NIAGARA, THE
UPPER CRUST   p 763
See 2168587 ONTARIO LTD
UPPER CRUST CAFE   p 108
See UPPER CRUST CATERERS LTD
UPPER CRUST CATERERS LTD   p 108
10909 86 Ave Nw, EDMONTON, AB, T6G 0W8
(780) 758-5599   SIC 5812
UPPER GRAND DISTRICT SCHOOL BOARD, THE   p 569
75 Wellington St S, DRAYTON, ON, N0G 1P0
(519) 638-3067   SIC 8211
UPPER GRAND DISTRICT SCHOOL BOARD, THE   p 573
288 Mill St E, ELORA, ON, N0B 1S0
(519) 846-5999   SIC 8211
UPPER GRAND DISTRICT SCHOOL BOARD, THE   p 574
14 Boland Dr Ss 1, ERIN, ON, N0B 1T0
(519) 833-9665   SIC 8211
UPPER GRAND DISTRICT SCHOOL BOARD, THE   p 574
185 Daniel St Ss 1, ERIN, ON, N0B 1T0
(519) 833-9685   SIC 8211
UPPER GRAND DISTRICT SCHOOL BOARD, THE   p 574
9426 Wellington Rd 124, ERIN, ON, N0B 1T0
(519) 833-9621   SIC 8211
UPPER GRAND DISTRICT SCHOOL BOARD, THE   p 588
150 Lamond St, FERGUS, ON, N1M 2A1
(519) 843-2665   SIC 8211
UPPER GRAND DISTRICT SCHOOL BOARD, THE   p 588
905 Scotland St Suite Upper, FERGUS, ON, N1M 1Y7
(519) 843-2500   SIC 8211
UPPER GRAND DISTRICT SCHOOL BOARD, THE   p 588
360 Belsyde Ave E, FERGUS, ON, N1M 1Z5
(519) 787-0151   SIC 8211
UPPER GRAND DISTRICT SCHOOL BOARD, THE   p 588
365 St George St W, FERGUS, ON, N1M 1J4
(519) 843-1700   SIC 8211
UPPER GRAND DISTRICT SCHOOL BOARD, THE   p 588
500 Victoria Terr, FERGUS, ON, N1M 2G5
(519) 843-2720   SIC 8211
UPPER GRAND DISTRICT SCHOOL BOARD, THE   p 597

UPPER GRAND DISTRICT SCHOOL BOARD, THE

120 Main St N, GRAND VALLEY, ON, L9W 7N4
(519) 928-2172   SIC 8211

UPPER GRAND DISTRICT SCHOOL BOARD, THE   p 598
23 Ptarmigan Dr Suite Upper, GUELPH, ON, N1C 1B5
(519) 827-1601   SIC 8211

UPPER GRAND DISTRICT SCHOOL BOARD, THE   p 599
131 Ontario St, GUELPH, ON, N1E 3B3
(519) 822-9271   SIC 8211

UPPER GRAND DISTRICT SCHOOL BOARD, THE   p 599
140 Waverley Dr, GUELPH, ON, N1E 1H2
(519) 824-7742   SIC 8211

UPPER GRAND DISTRICT SCHOOL BOARD, THE   p 599
21 King St, GUELPH, ON, N1E 4P5
(519) 766-9551   SIC 8211

UPPER GRAND DISTRICT SCHOOL BOARD, THE   p 599
21 Meyer Dr, GUELPH, ON, N1E 4H1
(519) 822-7090   SIC 8211

UPPER GRAND DISTRICT SCHOOL BOARD, THE   p 599
397 Stevenson St N, GUELPH, ON, N1E 5C1
(519) 763-7374   SIC 8211

UPPER GRAND DISTRICT SCHOOL BOARD, THE   p 599
50 Laurine Ave, GUELPH, ON, N1E 4M9
(519) 824-4760   SIC 8211

UPPER GRAND DISTRICT SCHOOL BOARD, THE   p 599
500 Victoria Rd N, Guelph, ON, N1E 6K2
(519) 766-9140   SIC 8211

UPPER GRAND DISTRICT SCHOOL BOARD, THE   p 599
64 Brant Ave, GUELPH, ON, N1E 1G2
(519) 824-2671   SIC 8211

UPPER GRAND DISTRICT SCHOOL BOARD, THE   p 599
72 Lemon St, GUELPH, ON, N1E 2H5
(519) 822-1911   SIC 8211

UPPER GRAND DISTRICT SCHOOL BOARD, THE   p 599
75 Ottawa Cres, GUELPH, ON, N1E 2A8
(519) 822-6880   SIC 8211

UPPER GRAND DISTRICT SCHOOL BOARD, THE   p 601
56 Youngman Dr, GUELPH, ON, N1G 4L2
(519) 837-9582   SIC 8211

UPPER GRAND DISTRICT SCHOOL BOARD, THE   p 601
195 College Ave W, GUELPH, ON, N1G 1S6
(519) 821-4510   SIC 8211

UPPER GRAND DISTRICT SCHOOL BOARD, THE   p 601
160 Ironwood Rd, GUELPH, ON, N1G 3R4
(519) 836-0080   SIC 8211

UPPER GRAND DISTRICT SCHOOL BOARD, THE   p 601
177 Rickson Ave Suite 2, GUELPH, ON, N1G 4Y6
(519) 766-0862   SIC 8211

UPPER GRAND DISTRICT SCHOOL BOARD, THE   p 601
189 Water St, GUELPH, ON, N1G 1B3
(519) 824-0028   SIC 8211

UPPER GRAND DISTRICT SCHOOL BOARD, THE   p 603
97 Dublin St N, GUELPH, ON, N1H 4N2
(519) 821-7990   SIC 8211

UPPER GRAND DISTRICT SCHOOL BOARD, THE   p 603
670 Willow Rd, GUELPH, ON, N1H 8K2
(519) 829-3123   SIC 8211

UPPER GRAND DISTRICT SCHOOL BOARD, THE   p 603
495 Willow Rd, GUELPH, ON, N1H 7C7
(519) 823-5450   SIC 8211

UPPER GRAND DISTRICT SCHOOL BOARD, THE   p 603
155 Paisley St Suite Upper, GUELPH, ON, N1H 2P3
(519) 824-9800   SIC 8211

UPPER GRAND DISTRICT SCHOOL BOARD, THE   p 603
406 Paisley Rd, GUELPH, ON, N1H 2R3
(519) 822-0675   SIC 8211

UPPER GRAND DISTRICT SCHOOL BOARD, THE   p 603
125 Willow Rd, GUELPH, ON, N1H 1W4
(519) 821-1760   SIC 8211

UPPER GRAND DISTRICT SCHOOL BOARD, THE   p 604
111 Colonial Dr, GUELPH, ON, N1L 1R3
(519) 824-1442   SIC 8211

UPPER GRAND DISTRICT SCHOOL BOARD, THE   p 604
271 Stephanie Dr, GUELPH, ON, N1K 1T1
(519) 766-4544   SIC 8211

UPPER GRAND DISTRICT SCHOOL BOARD, THE   p 604
1428 Gordon St, GUELPH, ON, N1L 1C8
(519) 836-7280   SIC 8211

UPPER GRAND DISTRICT SCHOOL BOARD, THE   p 617
Gd, HARRISTON, ON, N0G 1Z0
(519) 338-2920   SIC 8211

UPPER GRAND DISTRICT SCHOOL BOARD, THE   p 617
24 George St, HARRISTON, ON, N0G 1Z0
(519) 338-2920   SIC 8211

UPPER GRAND DISTRICT SCHOOL BOARD, THE   p 724
355 Durham St W Suite 1, MOUNT FOREST, ON, N0G 2L1
(519) 323-2460   SIC 8211

UPPER GRAND DISTRICT SCHOOL BOARD, THE   p 773
120 Lawrence Ave, ORANGEVILLE, ON, L9W 1S8
(519) 941-2461   SIC 8211

UPPER GRAND DISTRICT SCHOOL BOARD, THE   p 773
220 Blind Line, ORANGEVILLE, ON, L9W 4V2
(519) 941-7487   SIC 8211

UPPER GRAND DISTRICT SCHOOL BOARD, THE   p 773
51 Wellington St, ORANGEVILLE, ON, L9W 2L6
(519) 941-3731   SIC 8211

UPPER GRAND DISTRICT SCHOOL BOARD, THE   p 773
60 Century Dr, ORANGEVILLE, ON, L9W 3K4
(519) 941-5555   SIC 8211

UPPER GRAND DISTRICT SCHOOL BOARD, THE   p 773
70 Montgomery Blvd, ORANGEVILLE, ON, L9W 5H6
(519) 940-3002   SIC 8211

UPPER GRAND DISTRICT SCHOOL BOARD, THE   p 773
300 Alder St, ORANGEVILLE, ON, L9W 5A2
(519) 938-9355   SIC 8211

UPPER GRAND DISTRICT SCHOOL BOARD, THE   p 774
51 Elizabeth St, ORANGEVILLE, ON, L9W 1C5
(519) 941-0220   SIC 8211

UPPER GRAND DISTRICT SCHOOL BOARD, THE   p 774
22 Faulkner St, ORANGEVILLE, ON, L9W 2G7
(519) 941-0491   SIC 8211

UPPER GRAND DISTRICT SCHOOL BOARD, THE   p 774
Gd, ORANGEVILLE, ON, L9W 2Z4
(519) 940-3666   SIC 8211

UPPER GRAND DISTRICT SCHOOL BOARD, THE   p 777
Gd, ORTON, ON, L0N 1N0
(519) 855-4484   SIC 8211

UPPER GRAND DISTRICT SCHOOL BOARD, THE   p 804
530 Prospect St, PALMERSTON, ON, N0G 2P0
(519) 343-3520   SIC 8211

UPPER GRAND DISTRICT SCHOOL BOARD, THE   p 804
Po Box 160, PALMERSTON, ON, N0G 2P0
(519) 343-3107   SIC 8211

UPPER GRAND DISTRICT SCHOOL BOARD, THE   p 825
137 Kasmore St, ROCKWOOD, ON, N0B 2K0
(519) 856-9556   SIC 8211

UPPER GRAND DISTRICT SCHOOL BOARD, THE   p 848
150 Fourth Ave, SHELBURNE, ON, L9V 3R5
(519) 925-3834   SIC 8211

UPPER GRAND DISTRICT SCHOOL BOARD, THE   p 848
35 School Rd, SHELBURNE, ON, L9V 3S5
(519) 925-2142   SIC 8211

UPPER GRAND DISTRICT SCHOOL BOARD, THE   p 848
Gd, SHELBURNE, ON, L0N 1S8
(519) 925-3939   SIC 8211

UPPER GRAND DISTRICT SCHOOL BOARD, THE   p 848
200 Fourth Ave, SHELBURNE, ON, L9V 3R9
(519) 925-3745   SIC 8211

UPPER ISLAND GERIATRIC OUTREACH PROGRAM   p 199
See ST JOSEPH'S GENERAL HOSPITAL

UPPER LAKES GROUP INC   p 899
250 Merton St Suite 403, TORONTO, ON, M4S 1B1
(416) 920-7610   SIC 4432

UPPER LYNN ELEMENTARY SCHOOL   p 247
See SCHOOL DISTRICT NO. 44 (NORTH VANCOUVER)

UPPER MIRAMICHI HIGH SCHOOL   p 394
See ANGLOPHONE WEST SCHOOL DISTRICT (ASD-W)

UPPER MUSQUODOBOIT CONSOLIDATED SCHOOL   p 478
See HALIFAX REGIONAL SCHOOL BOARD

UPPER PINE SCHOOL   p 274
See SCHOOL DISTRICT NO. 60 (PEACE RIVER NORTH)

UPPER STEWIACKE ELEMENTARY SCHOOL   p 478
See CHIGNECTO CENTRAL REGIONAL SCHOOL BOARD

UPPER SUMAS ELEMENTARY SCHOOL   p 180
See SCHOOL DISTRICT NO 34 (ABBOTSFORD)

UPPER THAMES ELEMENTARY SCHOOL   p 723
See AVON MAITLAND DISTRICT SCHOOL BOARD

UPPER VALLEY FIRE PROTECTION, DIV OF   p 198
See TROY LIFE & FIRE SAFETY LTD

UPS   p 26
See UNITED PARCEL SERVICE CANADA LTD

UPS   p 87
See UNITED PARCEL SERVICE CANADA LTD

UPS   p 208
See UNITED PARCEL SERVICE CANADA LTD

UPS   p 334
See UNITED PARCEL SERVICE CANADA LTD

UPS   p 384
See UNITED PARCEL SERVICE CANADA LTD

UPS   p 401
See UNITED PARCEL SERVICE CANADA LTD

UPS   p 408
See UNITED PARCEL SERVICE CANADA LTD

UPS   p 499
See UNITED PARCEL SERVICE CANADA LTD

UPS   p 503
See UNITED PARCEL SERVICE CANADA LTD

UPS   p 528
See UNITED PARCEL SERVICE CANADA LTD

UPS   p 606
See UNITED PARCEL SERVICE CANADA LTD

UPS   p 631
See UNITED PARCEL SERVICE CANADA LTD

UPS   p 640
See UNITED PARCEL SERVICE CANADA LTD

UPS   p 665
See UNITED PARCEL SERVICE CANADA LTD

UPS   p 686
See UNITED PARCEL SERVICE CANADA LTD

UPS   p 712
See UNITED PARCEL SERVICE CANADA LTD

UPS   p 724
See UNITED PARCEL SERVICE CANADA LTD

UPS   p 786
See UNITED PARCEL SERVICE CANADA LTD

UPS   p 804
See UNITED PARCEL SERVICE CANADA LTD

UPS   p 811
See UNITED PARCEL SERVICE CANADA LTD

UPS   p 865
See UNITED PARCEL SERVICE CANADA LTD

UPS   p 931
See UNITED PARCEL SERVICE CANADA LTD

UPS   p 961
See UNITED PARCEL SERVICE CANADA LTD

UPS   p 999
See UNITED PARCEL SERVICE CANADA LTD

UPS   p 1007
See UNITED PARCEL SERVICE CANADA LTD

UPS   p 1031
See UNITED PARCEL SERVICE CANADA LTD

UPS   p 1058
See UNITED PARCEL SERVICE CANADA LTD

UPS   p 1165
See UNITED PARCEL SERVICE CANADA LTD

UPS   p 1238
See UNITED PARCEL SERVICE CANADA LTD

UPS   p 1298
See UNITED PARCEL SERVICE CANADA LTD

UPS CANADA   p 535
See UNITED PARCEL SERVICE CANADA LTD

UPS CANADA   p 563
See UNITED PARCEL SERVICE CANADA LTD

UPS SCS, INC   p 15
4807 47 St Se, CALGARY, AB, T2B 3S5
(403) 387-0430   SIC 4731

UPS SCS, INC   p 268

7451 Nelson Rd, RICHMOND, BC, V6W 1L7
(604) 270-9449   SIC 4731
UPS SCS, INC   p 373
350 Keewatin St Unit 4, WINNIPEG, MB, R2X 2R9
(204) 633-6510   SIC 4731
UPS SCS, INC   p 535
4156 Mainway, BURLINGTON, ON, L7L 0A7
(905) 315-5500   SIC 4212
UPS SCS, INC   p 535
4156 Mainway, BURLINGTON, ON, L7L 0A7
(905) 315-5500   SIC 7389
UPS SCS, INC   p 563
777 Creditstone Rd, CONCORD, ON, L4K 5R5
(905) 660-6040   SIC 7389
UPS SCS, INC   p 590
38 Princess St, FORT ERIE, ON, L2A 1V6
SIC 4731
UPS SCS, INC   p 686
6655 Airport Rd, MISSISSAUGA, ON, L4V 1V8
(905) 677-6735   SIC 4731
UPS SCS, INC   p 717
1930 Derry Rd E, MISSISSAUGA, ON, L5S 1E2
(905) 671-5454   SIC 4512
UPS SCS, INC   p 717
7315 David Hunting Dr Suite 2, MISSISSAUGA, ON, L5S 1W3
(905) 672-9595   SIC 7389
UPS SCS, INC   p 766
1595 North Service Rd E, OAKVILLE, ON, L6H 7L9
(905) 338-2523   SIC 4225
UPS SCS, INC   p 815
1555 Venetian Blvd Suite 13, POINT EDWARD, ON, N7T 0A9
(519) 337-1883   SIC 4731
UPS SCS, INC   p 970
2970 College Ave Suite 200, WINDSOR, ON, N9C 1S5
(519) 972-9800   SIC 4731
UPS SCS, INC   p 1025
800 Boul Stuart-Graham S Bureau 351, DORVAL, QC, H4Y 1J6
SIC 4731
UPS SCS, INC   p 1206
101 Boul Marcel-Laurin, SAINT-LAURENT, QC, H4N 2M3
(514) 285-1500   SIC 4731
UPS SUPPLY CHAIN SOLUTION   p 15
See UPS SCS, INC
UPS SUPPLY CHAIN SOLUTION   p 535
See UPS SCS, INC
UPS SUPPLY CHAIN SOLUTION   p 563
See UPS SCS, INC
UPS SUPPLY CHAIN SOLUTION   p 590
See UPS SCS, INC
UPS SUPPLY CHAIN SOLUTION   p 686
See UPS SCS, INC
UPS SUPPLY CHAIN SOLUTION   p 717
See UPS SCS, INC
UPS SUPPLY CHAIN SOLUTION   p 766
See UPS SCS, INC
UPS SUPPLY CHAIN SOLUTION   p 970
See UPS SCS, INC
UPS SUPPLY CHAIN SOLUTION   p 1025
See UPS SCS, INC
UPS SUPPLY CHAIN SOLUTIONS   p 535
See UPS SCS, INC
UPS SUPPLY CHAIN SOLUTIONS   p 815
See UPS SCS, INC
UPS SUPPLY CHAIN SOLUTIONS-CANADA   p 1206
See UPS SCS, INC
UPS SUPPLY TEAM SOLUTIONS   p 268
See UPS SCS, INC
UPSOURCE CANADA CORP   p 471
116 King St Unit 9a, NORTH SYDNEY, NS, B2A 3R7
(902) 794-7222   SIC 4899
UPTERGROVE PUBLIC SCHOOL   p 775

See SIMCOE COUNTY DISTRICT SCHOOL BOARD, THE
UPTOWN COMMUNICATION HOUSE INC   p 746
1800 Sheppard Ave E Suite 217, NORTH YORK, ON, M2J 5A7
(416) 492-8800   SIC 5999
URANIUM ONE INC   p 916
333 Bay St Suite 1200, TORONTO, ON, M5H 2R2
(647) 788-8500   SIC 1094
URBACON   p 896
See URBACON BUILDINGS GROUP CORP
URBACON BUILDINGS GROUP CORP   p 896
750 Lake Shore Blvd E, TORONTO, ON, M4M 3M3
(416) 865-9405   SIC 8741
URBACON LIMITED/URBACON LIMITEE   p 896
750 Lake Shore Blvd E, TORONTO, ON, M4M 3M3
(416) 865-9405   SIC 1541
URBAN ENVIRONMENT CENTRE (TORONTO), THE   p 579
74 Six Point Rd, ETOBICOKE, ON, M8Z 2X2
(416) 203-3106   SIC 8748
URBAN FARE   p 322
See GREAT PACIFIC INDUSTRIES INC
URBAN MACHINERY CORPORATION   p 546
125 Werlich Dr, CAMBRIDGE, ON, N1T 1N7
(519) 624-0080   SIC 3559
URBAN PLANET   p 227
See YM INC. (SALES)
URBAN PLANET   p 284
See YM INC. (SALES)
URBAN PLANET   p 701
See YM INC. (SALES)
URBAN PLANET   p 738
See YM INC. (SALES)
URBAN PLANET   p 966
See YM INC. (SALES)
URBAN PLANET   p 1015
See YM INC. (SALES)
URBAN PLANET   p 1182
See YM INC. (SALES)
URBAN PLANET   p 1216
See YM INC. (SALES)
URBAN SYSTEMS LTD   p 11
2716 Sunridge Way Ne Suite 101, CALGARY, AB, T1Y 0A5
(403) 291-1193   SIC 8711
URBAN SYSTEMS LTD   p 82
10345 105 St Nw Suite 200, EDMONTON, AB, T5J 1E8
(780) 430-4041   SIC 8711
URBAN SYSTEMS LTD   p 227
1353 Ellis St Unit 304, KELOWNA, BC, V1Y 1Z9
(250) 762-2517   SIC 8711
URBAN SYSTEMS LTD   p 267
13353 Commerce Pky Unit 2163, RICHMOND, BC, V6V 3A1
(604) 736-6336   SIC 8711
URBAN SYSTEMS LTD   p 306
1090 Homer St Suite 550, VANCOUVER, BC, V6B 2W9
(604) 235-1701   SIC 8711
URECON LTD./LTEE   p 1172
48 Rue Seguin, RIGAUD, QC, J0P 1P0
(450) 451-6781   SIC 3086
URECON LTEE   p 1172
See URECON LTD./LTEE
URGEL CHARETTE TRANSPORT LIMITEE   p 1032
131 Rue Maple Dale, EAST FARNHAM, QC, J2K 4M7
(450) 263-2631   SIC 4212
URGENCES-SANTE   p 1087
6700 Rue Jarry E, Montreal, QC, H1P 0A4
(514) 723-5600   SIC 4119
URS FLINT   p 30
See AECOM ENERGY SERVICES LTD

URS FLINT   p 141
See FLINT ENERGY SERVICES LTD.
URS FLINT   p 158
See FLINT ENERGY SERVICES LTD.
URSULA FRANKLIN ACADEMY   p 938
See TORONTO DISTRICT SCHOOL BOARD
URSULINE COLLEGE (THE PINES)   p 551
See ST. CLAIR CATHOLIC DISTRICT SCHOOL BOARD
URSULINE RELIGIOUS OF THE DIOCESE OF LONDON IN ONTARIO   p 551
20 Merici Way, CHATHAM, ON, N7L 3L8
(519) 352-5225   SIC 8661
URSULINE RELIGIOUS OF THE DIOCESE OF LONDON IN ONTARIO   p 661
1285 Western Rd, LONDON, ON, N6G 1H2
(519) 432-8353   SIC 8221
US FILTER   p 674
See SIEMENS CANADA LIMITED
US MEMORIAL HEALTH CENTRE   p 431
See EASTERN REGIONAL INTEGRATED HEALTH AUTHORITY
USASK SMALL ANIMAL CLINICAL STUD   p 1304
52 Campus Dr, SASKATOON, SK, S7N 5B4
(306) 966-7068   SIC 8699
USG CANADIAN MINING LTD   p 479
669 Wentworth Rd, WINDSOR, NS, B0N 2T0
(902) 798-4676   SIC 1499
USINAGE LAURENTIDES INC   p 1076
1250 Av De La Gare, MASCOUCHE, QC, J7K 2Z2
(450) 474-4523   SIC 3599
USINAGE NETUR   p 1192
See NETUR INC
USINE 1   p 1254
See BOMBARDIER PRODUITS RECREATIFS INC
USINE ARBEC DOLBEAU INC   p 1054
1053 Boul Ducharme, LA TUQUE, QC, G9X 3C3
(418) 347-4900   SIC 2429
USINE CAMFLO   p 1075
See MINES RICHMONT INC
USINE CAMFLO INC   p 1075
100 Rte 117, MALARTIC, QC, J0Y 1Z0
(819) 797-2465   SIC 1041
USINE CAUSAP   p 1010
See BOIS D'OEUVRE CEDRICO INC
USINE D'EPURATION DES EAUX SECTOR GATINEAU   p 1035
See VILLE DE GATINEAU
USINE DE CANDIAC   p 1009
See OC CANADA HOLDINGS COMPANY
USINE DE CONGELATION DE NEWPORT   p 1134
See 3886298 CANADA INC
USINE DE CONGELATION DE ST-BRUNO INC   p 1183
698 Rue Melancon, SAINT-BRUNO-LAC-SAINT-JEAN, QC, G0W 2L0
(418) 343-2206   SIC 4222
USINE DE TIGE BECANCOUR   p 996
See ALCOA CANADA CIE
USINE DES ELECTRODES   p 1088
See AIR LIQUIDE CANADA INC
USINE DUBUC   p 1015
See RIO TINTO ALCAN INC
USINE GAILURON   p 1146
See MULTI-MARQUES INC
USINE GRANDE BAIE   p 1052
See RIO TINTO ALCAN INC
USINE PRODUITS ALBA   p 1023
See PRODUITS ALBA INC
USINE ROTEC INC   p 995
125 Rue De L'Eglise, BAIE-DU-FEBVRE, QC, J0G 1A0
(450) 783-6444   SIC 2514
USINE TAC TIC INC, L'   p 1190
2030 127e Rue, SAINT-GEORGES, QC, G5Y 2W8
(418) 227-4279   SIC 2789

USINES INDUSTRIES NORTHGATE, LES   p 1055
See NORTHGATE INDUSTRIES LTD
USNR/KOCKUMS CANCAR COMPANY   p 1138
1600 Rue Saint-Paul, PLESSISVILLE, QC, G6L 1C1
(819) 362-7362   SIC 3553
USS MANUFACTURING DIV OF   p 819
See PHILIPS LIGHTING CANADA LTD
USWA   p 831
See UNITED STEELWORKERS OF AMERICA
UTC FIRE & SECURITY CANADA   p 14
See UTC FIRE & SECURITY CANADA INC
UTC FIRE & SECURITY CANADA   p 94
See UTC FIRE & SECURITY CANADA INC
UTC FIRE & SECURITY CANADA   p 184
7989 Enterprise St, BURNABY, BC, V5A 1V5
(604) 420-4436   SIC 5063
UTC FIRE & SECURITY CANADA   p 373
1127 Keewatin St, WINNIPEG, MB, R2X 2Z3
(204) 633-5242   SIC 5999
UTC FIRE & SECURITY CANADA   p 409
173 Henri Dunant St, MONCTON, NB, E1E 1E4
(506) 857-9224   SIC 1711
UTC FIRE & SECURITY CANADA   p 606
7 Keefer Crt, HAMILTON, ON, L8E 4V4
(905) 643-6201   SIC 3669
UTC FIRE & SECURITY CANADA   p 625
8 Hearst Way, KANATA, ON, K2L 2P4
(613) 591-0762   SIC 3699
UTC FIRE & SECURITY CANADA   p 660
See UTC FIRE & SECURITY CANADA INC
UTC FIRE & SECURITY CANADA   p 686
See UTC FIRE & SECURITY CANADA INC
UTC FIRE & SECURITY CANADA   p 952
560 Parkside Dr Unit 401, WATERLOO, ON, N2L 5Z4
(519) 746-4667   SIC 3669
UTC FIRE & SECURITY CANADA   p 992
8205 Boul Du Golf, ANJOU, QC, H1J 0B2
(514) 321-9961   SIC 5999
UTC FIRE & SECURITY CANADA INC   p 14
Bay 8, CALGARY, AB, T2A 7W6
(403) 253-9236   SIC 5063
UTC FIRE & SECURITY CANADA INC   p 94
10118 175 St Nw, EDMONTON, AB, T5S 1L1
(780) 452-6411   SIC 5063
UTC FIRE & SECURITY CANADA INC   p 660
582 Newbold St, LONDON, ON, N6E 2W9
(519) 668-6800   SIC 1731
UTC FIRE & SECURITY CANADA INC   p 686
6305 Northam Dr Suite 14, MISSISSAUGA, ON, L4V 1W9
(905) 678-7650   SIC 6211
UTC FIRE & SECURITY CANADA INC   p 691
5201 Explorer Dr, MISSISSAUGA, ON, L4W 4H1
(905) 629-2600   SIC 3669
UTEX   p 1081
See CORPORATION UTEX
UTHANE RESEARCH LTD   p 675
140 Bentley St Unit 2, MARKHAM, ON, L3R 3L2
(905) 940-2356   SIC 3081
UTI, CANADA, INC   p 517
70 Driver Rd Unit 4, BRAMPTON, ON, L6T 5V2
SIC 4731
UTI, CANADA, INC   p 691
2540 Matheson Blvd E, MISSISSAUGA, ON, L4W 4Z2
SIC 4731
UTI, CANADA, INC   p 739
Gd, NIAGARA ON THE LAKE, ON, L0S 1J0
(905) 262-5078   SIC 4731
UTILITY SERVICES LTD   p 784
1611 Liverpool Crt, OTTAWA, ON, K1B 4L1
(613) 746-9192   SIC 1521

UTL TRANSPORTATION SERVICES p 115
See TRANSPORT TFI 8 S.E.C.
UTL TRANSPORTATION SERVICES p 691
See TRANSPORT TFI 7 S.E.C.
UTOPIA DAY SPAS & SALONS LTD p 231
20486 64 Ave Suite 110, LANGLEY, BC, V2Y 2V5
(604) 539-8772   SIC 7991
UTP DISTRIBUTION, DIV OF p 755
See UNIVERSITY OF TORONTO PRESS
UTP NORTH YORK, DIV OF p 755
See UNIVERSITY OF TORONTO PRESS
UTRAMAR RAFFINERIE JEAN GAULIN p 1065
See ENERGIE VALERO INC
UTT p 101
See MET INC
UVALUX INTERNATIONAL INC p 978
470 Industrial Ave, WOODSTOCK, ON, N4S 7L1
(519) 421-1212   SIC 5064
UVIC CHILDCARE SERVICES p 328
See UNIVERSITY OF VICTORIA
UWO-UCC BUILDING p 656
See SOCIETY OF GRADUATE STUDENTS
UXBRIDGE & AREA SWIMMING POOL p 945
See CORPORATION OF THE TOWNSHIP OF UXBRIDGE, THE
UXBRIDGE COTTAGE HOSPITAL p 946
See MARKHAM STOUFFVILLE HOSPITAL
UXBRIDGE PUBLIC SCHOOL p 946
See DURHAM DISTRICT SCHOOL BOARD
UXBRIDGE SECONDARY SCHOOL p 959
See DURHAM DISTRICT SCHOOL BOARD
UXDU CONTRACTING INC p 701
1235 Indian Rd, MISSISSAUGA, ON, L5H 1R8
(905) 891-5214   SIC 1761

V

V A V HOLDINGS LIMITED p 895
568 Danforth Ave, TORONTO, ON, M4K 1R1
(416) 461-5470   SIC 5812
V INTERACTIONS INC p 1114
355 Rue Sainte-Catherine O, Montreal, QC, H3B 1A5
(514) 390-6100   SIC 4833
V O N p 480
See VICTORIAN ORDER OF NURSES GREATER HALIFAX
V O N p 859
See VICTORIAN ORDER OF NURSES FOR CANADA
V. I. P. SOAP PRODUCTS LTD p 239
32859 Mission Way, MISSION, BC, V2V 6E4
(604) 820-8665   SIC 2841
V. K. MASON CONSTRUCTION CO. p 1001
4333 Boul De La Grande-Allee, BOIS-BRIAND, QC, J7H 1M7
(450) 435-5756   SIC 1541
V.D.M. TRUCKING SERVICE LTD p 152
37428 Range Road 273, RED DEER, AB, T4E 0A1
SIC 4213
V.K. MASON CONSTRUCTION LTD p 876
Gd, THOROLD, ON, L2V 3Y9
SIC 1541
V.K. MASON CONSTRUCTION LTD p 1001
4333 Boul De La Grande-Allee, BOIS-BRIAND, QC, J7H 1M7
(450) 435-5756   SIC 1541
V.R. DANIEL EMOND p 1218
See 9048-4270 QUEBEC INC
V.S.I. INC p 524
18 Regan Rd Unit 31, BRAMPTON, ON, L7A 1C2
(905) 840-4085   SIC 7381
VAC AERO INTERNATIONAL INC p 1005
1365 Rue Newton, BOUCHERVILLE, QC, J4B 5H2
(450) 449-4612   SIC 7699
VAC AERO INTERNATIONAL INC p 1211
7450 Rue Verite, SAINT-LAURENT, QC, H4S 1C5
(514) 334-4240   SIC 3479
VACANCES TOURBEC p 581
See JONVIEW CANADA INC
VAKHOS RESTAURANT LIMITED p 1301
221 Idylwyld Dr N, SASKATOON, SK, S7L 6V6
(306) 244-7777   SIC 5812
VAL EST PHARMACY p 946
See NICKEL CENTRE PHARMACY INC
VAL MARIE p 1248
See ECOLE VAL MARIE INC
VALACTA INC p 1224
555 Boul Des Anciens-Combattants, SAINTE-ANNE-DE-BELLEVUE, QC, H9X 3R4
(514) 459-3030   SIC 8731
VALACTA, CENTRE D'EXPERTISE EN PRODUCTION LAITERE DU QUEBEC p 1224
See VALACTA INC
VALACTA, SOCIETE EN COMMANDITE p 1224
555 Boul Des Anciens-Combattants, SAINTE-ANNE-DE-BELLEVUE, QC, H9X 3R4
(514) 459-3030   SIC 8742
VALARD CONSTRUCTION LTD p 58
3595 114 Ave Se Suite 200, CALGARY, AB, T2Z 3X2
(403) 279-1003   SIC 1623
VALARD CONSTRUCTION LTD p 107
4209 99 St Nw Suite 301, EDMONTON, AB, T6E 5V7
(780) 436-9876   SIC 1623
VALARD CONSTRUCTION LTD p 128
14310 97 St, GRANDE PRAIRIE, AB, T8V 7B7
(780) 539-4750   SIC 1623
VALARD CONSTRUCTION LTD p 291
3120 Braun St, TERRACE, BC, V8G 5N9
SIC 1623
VALART INC p 357
141 Pth 12 N, STEINBACH, MB, R5G 1T5
(204) 346-0700   SIC 5812
VALCOM CONSULTING GROUP INC p 411
281 Restigouche Rd Suite 204, OROMOCTO, NB, E2V 2H2
(506) 357-5835   SIC 8748
VALCOM CONSULTING GROUP INC p 792
85 Albert St Suite 300, OTTAWA, ON, K1P 6A4
(613) 594-5200   SIC 8711
VALE CANADA LIMITED p 921
200 Bay St Suite 1600, TORONTO, ON, M5J 2K2
(416) 361-7511   SIC 1629
VALEANT CANADA LIMITEE p 1229
2150 Boul Saint-Elzear O, SAINTE-ROSE, QC, H7L 4A8
(514) 744-6792   SIC 2834
VALEANT CANADA LP p 563
520 Applewood Cres Suite 2, CONCORD, ON, L4K 4B4
(905) 695-7700   SIC 5122
VALEANT CANADA LP p 1229
2150 Boul Saint-Elzear O, SAINTE-ROSE, QC, H7L 4A8
(514) 744-6792   SIC 5122
VALEMOUNT SECONDARY SCHOOL p 292
See BOARD OF EDUCATION OF SCHOOL DISTRICT NO. 57 (PRINCE GEORGE), THE
VALENS CONSERVATION AREA p 543
See HAMILTON REGION CONSERVATION AUTHORITY
VALENTINE GROUP HOME p 547
See COMMUNITY LIVING CAMBRIDGE
VALEURS MOBILIERES BANQUE LAURENTIENNE INC p 1108
1981 Av Mcgill College Bureau 1900, Montreal, QC, H3A 3K3
(514) 350-2800   SIC 6211
VALEURS MOBILIERES DESJARDINS INC p 994
990 Boul Lafleche 2e Etage, BAIE-COMEAU, QC, G5C 2W9
(418) 280-1204   SIC 6211
VALEURS MOBILIERES DESJARDINS INC p 1007
9120 Boul Leduc Bureau 205, BROSSARD, QC, J4Y 0L3
(450) 671-6788   SIC 6211
VALEURS MOBILIERES DESJARDINS INC p 1021
2550 Boul Daniel-Johnson Bureau 140, Cote Saint-Luc, QC, H7T 2L1
(450) 682-5858   SIC 6211
VALEURS MOBILIERES DESJARDINS INC p 1114
1 Place Ville-Marie Bureau 3401, Montreal, QC, H3B 3N6
(514) 876-1441   SIC 6211
VALEURS MOBILIERES DESJARDINS INC p 1114
1170 Rue Peel Bureau 105, Montreal, QC, H3B 4P2
(514) 842-2685   SIC 6211
VALEURS MOBILIERES DESJARDINS INC p 1127
2 Complexe Desjardins Tour E 15 +Tage, Montreal, QC, H5B 1J2
(514) 286-3180   SIC 6211
VALEURS MOBILIERES DESJARDINS INC p 1150
70 Rue Dalhousie Bureau 500, Quebec, QC, G1K 4B2
(418) 692-3668   SIC 6211
VALEURS MOBILIERES DESJARDINS INC p 1162
2640 Boul Laurier Bureau 1400, QUEBEC, QC, G1V 5C2
(418) 650-6350   SIC 6211
VALEURS MOBILIERES DESJARDINS INC p 1237
300 Rue Belvedere N Bureau 201, SHERBROOKE, QC, J1H 4B1
(819) 820-2999   SIC 6211
VALEURS MOBILIERES DESJARDINS, LES p 1150
See VALEURS MOBILIERES DESJARDINS INC
VALEURS MOBILIERES HSBC p 1106
See HSBC SECURITIES (CANADA) INC
VALHALLA INN TORONTO p 580
See SANTEK INVESTMENTS (1991) INC
VALIANT MACHINE & TOOL INC p 961
9355 Anchor Dr, WINDSOR, ON, N8N 5A8
(519) 974-5200   SIC 3541
VALIANT TOOL & GAGE p 961
See VALIANT MACHINE & TOOL INC
VALIANT TRUST COMPANY p 50
606 4 St Sw Suite 310, CALGARY, AB, T2P 1T1
(403) 233-2801   SIC 6021
VALLE FOAM INDUSTRIES (1995) INC p 517
4 West Dr, BRAMPTON, ON, L6T 2H7
(905) 453-8054   SIC 3086
VALLE FOAM INDUSTRIES (1995) INC p 517
317 Orenda Rd, BRAMPTON, ON, L6T 1G4
SIC 3086
VALLE FOAM INDUSTRIES (1995) INC p 521
170 Glidden Rd, BRAMPTON, ON, L6W 3L2
SIC 3086
VALLEE DU PARC p 1043
See VALLEE DU PARC DE SHAWINIGAN INC
VALLEE DU PARC DE SHAWINIGAN INC p 1043
10000 Ch Vallee-Du-Parc, Grand-Mere, QC, G9T 5K5
(819) 538-1639   SIC 7999
VALLEN p 100
See HAGEMEYER CANADA INC
VALLEY BERRIES INC p 178
34372 Industrial Way, ABBOTSFORD, BC, V2S 7M6
SIC 2033
VALLEY BUS LINES LTD p 627
782 Van Buren St, KEMPTVILLE, ON, K0G 1J0
(613) 258-4022   SIC 4111
VALLEY CATERERS p 489
See ROXSON ENTERPRISES LIMITED
VALLEY CENTRAL ELEMENTARY SCHOOL p 881
See LAKEHEAD DISTRICT SCHOOL BOARD
VALLEY COMFORT SYSTEMS INC p 253
1290 Commercial Way, PENTICTON, BC, V2A 3H5
(250) 493-7444   SIC 3585
VALLEY DRUG MART LTD p 468
26 Commercial St, MIDDLETON, NS, B0S 1P0
(902) 825-4822   SIC 5912
VALLEY EAST LONG TERM CARE p 946
See JARLETTE LTD
VALLEY FARM PUBLIC SCHOOL p 814
See DURHAM DISTRICT SCHOOL BOARD
VALLEY FIRST CREDIT UNION p 253
2111 Main St Suite 135, PENTICTON, BC, V2A 6W6
(250) 493-7773   SIC 6062
VALLEY FIRST CREDIT UNION p 326
3101 Highway 6 Unit 110, VERNON, BC, V1T 9H6
(250) 558-5266   SIC 6062
VALLEY FORD SALES p 1277
See 306632 SASKATCHEWAN LTD
VALLEY GARDENS MIDDLE SCHOOL p 367
See RIVER EAST TRANSCONA SCHOOL DIVISION
VALLEY HEIGHTS SECONDARY SCHOOL p 645
See GRAND ERIE DISTRICT SCHOOL BOARD
VALLEY KING FOODS INC p 253
1717 Main St, PENTICTON, BC, V2A 5G9
(250) 493-8411   SIC 5812
VALLEY KING FOODS INC p 326
2505 53 Ave, VERNON, BC, V1T 8G6
(250) 545-1312   SIC 5812
VALLEY LIVESTOCK SALES p 351
Hwy 10 E, MINITONAS, MB, R0L 1G0
SIC 5154
VALLEY MANOR ELEMENTARY SCHOOL p 1274
See PRAIRIE SPIRIT SCHOOL DIVISION NO. 206
VALLEY MEDICAL LABORATORIES p 227
537 Leon Ave Suite 105, KELOWNA, BC, V1Y 2A9
(250) 763-4813   SIC 8071
VALLEY PARK COMMUNITY CENTRE p 863
970 Paramount Dr, STONEY CREEK, ON, L8J 1Y2
(905) 573-3600   SIC 8322
VALLEY PARK MIDDLE SCHOOL p 890
See TORONTO DISTRICT SCHOOL BOARD
VALLEY RACQUETS CENTRE INC p 180
2814 Gladwin Rd, ABBOTSFORD, BC, V2T 4S8
(604) 859-1331   SIC 7997
VALLEY RITE MIX p 202
See LAFARGE CANADA INC
VALLEY ROADWAYS LTD p 222
1115 Chief Louis Way, KAMLOOPS, BC, V2H 1J8
(250) 374-3467   SIC 4213
VALLEY TRANSPORTATION p 568
See 715152 ONTARIO INC
VALLEY VIEW ELEMENTARY SCHOOL p 204
See SCHOOL DISTRICT NO. 71 (COMOX VALLEY)

VALLEY VIEW MEMORIAL GARDENS p 282
See MEMORIAL GARDENS CANADA LIMITED
VALLEY VIEW PUBLIC SCHOOL p 597
See DURHAM DISTRICT SCHOOL BOARD
VALLEY VIEW SCHOOL p 1264
See NORTHERN LIGHTS SCHOOL DIVISION 113
VALLEY WAY PUBLIC SCHOOL p 735
See DISTRICT SCHOOL BOARD OF NIAGARA
VALLEYCLIFFE ELEMENTARY SCHOOL p 279
See SCHOOL DISTRICT NO. 48 (HOWE SOUND)
VALLEYFIELD JR SCHOOL p 942
See TORONTO DISTRICT SCHOOL BOARD
VALLEYS SENIOR PUBLIC SCHOOL p 696
See PEEL DISTRICT SCHOOL BOARD
VALLEYVIEW CARE CENTRE p 346
See REVERA INC
VALLEYVIEW CENTENNIAL SCHOOL p 346
See BRANDON SCHOOL DIVISION, THE
VALLEYVIEW CENTRAL SCHOOL p 620
See THAMES VALLEY DISTRICT SCHOOL BOARD
VALLEYVIEW CONSUMERS CO-OP LTD p 360
250 Princess St W, VIRDEN, MB, R0M 2C0
(204) 748-2520   *SIC* 5411
VALLEYVIEW ELEMENTARY SCHOOL p 628
See KEEWATIN PATRICIA DISTRICT SCHOOL BOARD
VALLEYVIEW HOME p 858
See CORPORATION OF THE CITY OF ST. THOMAS, THE
VALLEYVIEW MOHAWK p 263
See KTW HOLDINGS LTD
VALLEYVIEW PUBLIC SCHOOL p 946
See RAINBOW DISTRICT SCHOOL BOARD
VALMET LTEE p 879
400 Memorial Ave, THUNDER BAY, ON, P7B 3Y5
(807) 346-7100   *SIC* 8742
VALMONT WC ENGINEERING GROUP LTD p 210
7984 River Rd, DELTA, BC, V4G 1E3
(604) 946-1256   *SIC* 5211
VALMONT WC ENGINEERING GROUP LTD p 380
1450 Saskatchewan Ave, WINNIPEG, MB, R3E 0L1
SIC 2499
VALMONT WC ENGINEERING GROUP LTD p 499
100 Ellis Dr, BARRIE, ON, L4N 9B2
(705) 721-1090   *SIC* 3312
VALOR FIREPLACES p 246
See MILES INDUSTRIES LTD
VALORIS POUR ENFANTS ET ADULTES DE PRESCOTT-RUSSELL p 550
133 Laurier St, CASSELMAN, ON, K0A 1M0
(613) 764-3642   *SIC* 8322
VALORIS POUR ENFANTS ET ADULTES DE PRESCOTT-RUSSELL p 550
Gd, CASSELMAN, ON, K0A 1M0
(613) 673-5148   *SIC* 8399
VALOUR DECORATING (1988) LTD p 382
889 Wall St, WINNIPEG, MB, R3G 2T9
(204) 786-5875   *SIC* 1721
VALOUR JK-12 SCHOOL p 807
See RENFREW COUNTY DISTRICT SCHOOL BOARD
VALSPAR INC p 566
1915 Second St W, CORNWALL, ON, K6H 5R6
(613) 932-8960   *SIC* 2821
VALSPAR INC p 691
1636 Shawson Dr, MISSISSAUGA, ON, L4W 1N7
(905) 671-8333   *SIC* 2851
VALTECH CANADA INC p 1108
400 Boul De Maisonneuve O Bureau 700, Montreal, QC, H3A 1L4
(514) 448-4035   *SIC* 7374
VALU-MART p 605
See LOBLAWS INC
VALUE ADDED REMAN p 196
See WESTERN FOREST PRODUCTS INC
VALUE DRUG MART ASSOCIATES LTD p 97
16504 121a Ave Nw, EDMONTON, AB, T5V 1J9
(780) 453-1701   *SIC* 5912
VALUE INDUSTRIES WESTERN LTD p 315
1245 Broadway W Suite 400, Vancouver, BC, V6H 1G7
(604) 606-7017   *SIC* 6712
VALUE STEEL & PIPE p 1286
See VARSTEEL LTD
VALUE STEEL & PIPE, DIV OF p 20
See VARSTEEL LTD
VALUE STEEL & PIPE, DIV OF p 139
See VARSTEEL LTD
VALUE VILLAGE p 233
See VALUE VILLAGE STORES, INC
VALUE VILLAGE p 240
See VALUE VILLAGE STORES, INC
VALUE VILLAGE p 260
See VALUE VILLAGE STORES, INC
VALUE VILLAGE p 287
See VALUE VILLAGE STORES, INC
VALUE VILLAGE p 415
See VALUE VILLAGE STORES, INC
VALUE VILLAGE p 563
See VALUE VILLAGE STORES, INC
VALUE VILLAGE p 566
See VALUE VILLAGE STORES, INC
VALUE VILLAGE p 660
See TVI INC
VALUE VILLAGE p 935
See VALUE VILLAGE STORES, INC
VALUE VILLAGE p 964
See VALUE VILLAGE STORES, INC
VALUE VILLAGE # 2077 p 737
See VALUE VILLAGE STORES, INC
VALUE VILLAGE #245 p 613
See VALUE VILLAGE STORES, INC
VALUE VILLAGE 2025 p 862
See VALUE VILLAGE STORES, INC
VALUE VILLAGE 2028 p 157
See VALUE VILLAGE STORES, INC
VALUE VILLAGE 2031 p 544
See VALUE VILLAGE STORES, INC
VALUE VILLAGE STORE 24 p 183
See VALUE VILLAGE STORES, INC
VALUE VILLAGE STORES p 201
See VALUE VILLAGE STORES, INC
VALUE VILLAGE STORES p 475
See VALUE VILLAGE STORES, INC
VALUE VILLAGE STORES, INC p 11
3405 34 St Ne, CALGARY, AB, T1Y 6T6
(403) 291-3323   *SIC* 5399
VALUE VILLAGE STORES, INC p 34
104 58 Ave Se Unit 10, CALGARY, AB, T2H 0N7
(403) 255-5501   *SIC* 5399
VALUE VILLAGE STORES, INC p 76
11850 103 St Nw, EDMONTON, AB, T5G 2J2
(780) 477-0025   *SIC* 5399
VALUE VILLAGE STORES, INC p 89
204 Mayfield Common Nw, EDMONTON, AB, T5P 4B3
(780) 484-4177   *SIC* 5399
VALUE VILLAGE STORES, INC p 102
8930 82 Ave Nw, EDMONTON, AB, T6C 0Z3
(780) 468-1259   *SIC* 5399
VALUE VILLAGE STORES, INC p 107
10127 34 Ave Nw, EDMONTON, AB, T6E 6J8
(780) 414-5859   *SIC* 5399
VALUE VILLAGE STORES, INC p 140
1616 Mayor Magrath Dr S, LETHBRIDGE, AB, T1K 2R5
(403) 320-5358   *SIC* 5399
VALUE VILLAGE STORES, INC p 157
2235 50 Ave, RED DEER, AB, T4R 1M7
(403) 343-3000   *SIC* 5399
VALUE VILLAGE STORES, INC p 163
270 Baseline Rd Unit 280, SHERWOOD PARK, AB, T8H 1R4
(780) 449-0024   *SIC* 5399
VALUE VILLAGE STORES, INC p 180
31970 South Fraser Way, ABBOTSFORD, BC, V2T 1V6
(604) 850-3712   *SIC* 5399
VALUE VILLAGE STORES, INC p 183
7350 Edmonds St, BURNABY, BC, V3N 1A8
(604) 540-4066   *SIC* 5399
VALUE VILLAGE STORES, INC p 198
45150 Luckakuck Way Suite 1, CHILLIWACK, BC, V2R 3C7
(604) 847-0667   *SIC* 5399
VALUE VILLAGE STORES, INC p 200
2739 Barnet Hwy, COQUITLAM, BC, V3E 1K9
(604) 464-9179   *SIC* 5399
VALUE VILLAGE STORES, INC p 201
552 Clarke Rd Unit 301, COQUITLAM, BC, V3J 3X5
(604) 937-7087   *SIC* 5399
VALUE VILLAGE STORES, INC p 204
360 Old Island Hwy, COURTENAY, BC, V9N 3P3
(250) 334-3085   *SIC* 5399
VALUE VILLAGE STORES, INC p 221
444 Seymour St, KAMLOOPS, BC, V2C 2G6
(250) 374-6609   *SIC* 5399
VALUE VILLAGE STORES, INC p 224
190 Aurora Cres, KELOWNA, BC, V1X 7M3
(250) 491-1356   *SIC* 5399
VALUE VILLAGE STORES, INC p 233
20501 56 Ave, LANGLEY, BC, V3A 3Y9
(604) 533-1663   *SIC* 5399
VALUE VILLAGE STORES, INC p 237
11998 207 St Unit 4, MAPLE RIDGE, BC, V2X 1X7
(604) 463-6053   *SIC* 5399
VALUE VILLAGE STORES, INC p 240
530 Fifth St Suite 101, NANAIMO, BC, V9R 1P1
(250) 741-0803   *SIC* 5399
VALUE VILLAGE STORES, INC p 260
1666 Spruce St, PRINCE GEORGE, BC, V2L 2R2
(250) 561-0311   *SIC* 5399
VALUE VILLAGE STORES, INC p 287
6925 King George Blvd, SURREY, BC, V3W 5A1
(604) 635-1341   *SIC* 5399
VALUE VILLAGE STORES, INC p 293
1820 Venables St, VANCOUVER, BC, V5L 2H7
(604) 252-9509   *SIC* 5399
VALUE VILLAGE STORES, INC p 293
1820 Hastings St E, VANCOUVER, BC, V5L 1T2
(604) 254-4282   *SIC* 5399
VALUE VILLAGE STORES, INC p 296
6415 Victoria Dr, VANCOUVER, BC, V5P 3X5
(604) 327-4434   *SIC* 5399
VALUE VILLAGE STORES, INC p 327
5608 24 St, VERNON, BC, V1T 9T3
(250) 558-2900   *SIC* 5399
VALUE VILLAGE STORES, INC p 329
1810 Store St, VICTORIA, BC, V8T 4R4
(250) 380-9422   *SIC* 5399
VALUE VILLAGE STORES, INC p 346
1408 1st St N, BRANDON, MB, R7C 1A4
(204) 727-8050   *SIC* 5399
VALUE VILLAGE STORES, INC p 367
970 Nairn Ave, WINNIPEG, MB, R2L 0Y2
(204) 661-9045   *SIC* 5399
VALUE VILLAGE STORES, INC p 369
942 Jefferson Ave, WINNIPEG, MB, R2P 1W1
(204) 694-6844   *SIC* 5399
VALUE VILLAGE STORES, INC p 384
1695 Ellice Ave Unit 2053, WINNIPEG, MB, R3H 0A9
(204) 774-1315   *SIC* 5399
VALUE VILLAGE STORES, INC p 391
1729 Pembina Hwy, WINNIPEG, MB, R3T 2G6
(204) 261-8719   *SIC* 5399
VALUE VILLAGE STORES, INC p 402
317 Bishop Dr, FREDERICTON, NB, E3C 2M6
(506) 455-7676   *SIC* 5399
VALUE VILLAGE STORES, INC p 408
15 Plaza Blvd, MONCTON, NB, E1C 0E8
(506) 382-3003   *SIC* 5399
VALUE VILLAGE STORES, INC p 415
212 Mcallister Dr, SAINT JOHN, NB, E2J 2S7
(506) 696-5301   *SIC* 5399
VALUE VILLAGE STORES, INC p 435
161 Kenmount Rd, ST. JOHN'S, NL, A1B 3P9
(709) 726-5200   *SIC* 5399
VALUE VILLAGE STORES, INC p 448
275 Pleasant St, DARTMOUTH, NS, B2Y 3S2
(902) 463-4054   *SIC* 5399
VALUE VILLAGE STORES, INC p 464
165 Chain Lake Dr, HALIFAX, NS, B3S 1B3
(902) 450-5134   *SIC* 5399
VALUE VILLAGE STORES, INC p 475
370 Welton St, SYDNEY, NS, B1P 5S4
(902) 562-6205   *SIC* 5399
VALUE VILLAGE STORES, INC p 485
155 Harwood Ave N Unit D, AJAX, ON, L1Z 0A1
(905) 427-9338   *SIC* 5399
VALUE VILLAGE STORES, INC p 499
165 Wellington St W, BARRIE, ON, L4N 1L7
(705) 733-9224   *SIC* 5399
VALUE VILLAGE STORES, INC p 504
151 Bell Blvd, BELLEVILLE, ON, K8P 5N8
(613) 968-9188   *SIC* 5399
VALUE VILLAGE STORES, INC p 517
150 West Dr Unit 12, BRAMPTON, ON, L6T 4P9
(905) 451-7975   *SIC* 5399
VALUE VILLAGE STORES, INC p 526
595 West St, BRANTFORD, ON, N3R 7C5
(519) 751-4424   *SIC* 5399
VALUE VILLAGE STORES, INC p 540
2340 Fairview St, BURLINGTON, ON, L7R 2E4
(905) 631-6990   *SIC* 5399
VALUE VILLAGE STORES, INC p 544
480 Hespeler Rd, CAMBRIDGE, ON, N1R 7R9
(519) 624-1812   *SIC* 5399
VALUE VILLAGE STORES, INC p 553
80 Keil Dr S, CHATHAM, ON, N7M 3H1
(519) 354-9325   *SIC* 5399
VALUE VILLAGE STORES, INC p 563
1520 Steeles Ave W, CONCORD, ON, L4K 3B9
(905) 761-7990   *SIC* 5399
VALUE VILLAGE STORES, INC p 566
1400 Vincent Massey Dr, CORNWALL, ON, K6J 5N4
(613) 938-0226   *SIC* 5399
VALUE VILLAGE STORES, INC p 587
45 Woodbine Downs Blvd Suite 3a, ETOBICOKE, ON, M9W 6N5
(416) 675-7450   *SIC* 5399
VALUE VILLAGE STORES, INC p 595
1162 Cyrville Rd, GLOUCESTER, ON, K1J 7S9
(613) 749-4977   *SIC* 5399
VALUE VILLAGE STORES, INC p 603
214 Silvercreek Pky N, GUELPH, ON, N1H 7P8
(519) 821-9994   *SIC* 5399
VALUE VILLAGE STORES, INC p 613

530 Fennell Ave E, HAMILTON, ON, L8V 1S9
(905) 318-0409   SIC 5399
VALUE VILLAGE STORES, INC   p 634
1300 Bath Rd, KINGSTON, ON, K7M 4X4
(613) 536-5051   SIC 5399
VALUE VILLAGE STORES, INC   p 642
120 Ottawa St N, KITCHENER, ON, N2H 3K5
(519) 576-4403   SIC 5399
VALUE VILLAGE STORES, INC   p 676
7655 Markham Rd Units C-1 & C-2, MARKHAM, ON, L3S 4S1
(905) 201-6164   SIC 5399
VALUE VILLAGE STORES, INC   p 693
3130 Dixie Rd, MISSISSAUGA, ON, L4Y 2A6
(905) 949-4440   SIC 5399
VALUE VILLAGE STORES, INC   p 728
1375 Clyde Ave, NEPEAN, ON, K2G 3H7
(613) 288-1390   SIC 5399
VALUE VILLAGE STORES, INC   p 734
130 Davis Dr Suite 9, NEWMARKET, ON, L3Y 2N1
(905) 953-1344   SIC 5399
VALUE VILLAGE STORES, INC   p 737
6278 Lundy's Lane, NIAGARA FALLS, ON, L2G 1T6
(905) 354-6336   SIC 5399
VALUE VILLAGE STORES, INC   p 741
390 Lakeshore Dr, NORTH BAY, ON, P1A 2C7
(705) 476-1888   SIC 5399
VALUE VILLAGE STORES, INC   p 746
2776 Victoria Park Ave, NORTH YORK, ON, M2J 4A8
(416) 499-4041   SIC 5399
VALUE VILLAGE STORES, INC   p 757
1030 Wilson Ave, NORTH YORK, ON, M3K 1G6
(416) 633-2623   SIC 5399
VALUE VILLAGE STORES, INC   p 777
4420 Innes Rd, ORLEANS, ON, K4A 3W3
(613) 837-9080   SIC 5399
VALUE VILLAGE STORES, INC   p 796
1824 Bank St, OTTAWA, ON, K1V 7Y6
(613) 526-5551   SIC 5399
VALUE VILLAGE STORES, INC   p 811
1101 Lansdowne St W, PETERBOROUGH, ON, K9J 7M2
(705) 741-2644   SIC 5399
VALUE VILLAGE STORES, INC   p 823
10620 Yonge St, RICHMOND HILL, ON, L4C 3C8
(905) 737-7444   SIC 5399
VALUE VILLAGE STORES, INC   p 827
1379 London Rd, SARNIA, ON, N7S 1P6
(519) 541-0153   SIC 5399
VALUE VILLAGE STORES, INC   p 833
248 Northern Ave E, SAULT STE. MARIE, ON, P6B 4H6
(705) 256-1801   SIC 5399
VALUE VILLAGE STORES, INC   p 836
3701 Lawrence Ave E Suite 1, SCARBOROUGH, ON, M1G 1P7
(416) 439-4464   SIC 5399
VALUE VILLAGE STORES, INC   p 839
1525 Victoria Park Ave, SCARBOROUGH, ON, M1L 2T3
(416) 752-0060   SIC 5399
VALUE VILLAGE STORES, INC   p 855
360 Ontario St, ST CATHARINES, ON, L2R 5L8
(905) 688-7764   SIC 5399
VALUE VILLAGE STORES, INC   p 862
840 Queenston Rd, STONEY CREEK, ON, L8G 4A8
(905) 664-8884   SIC 5399
VALUE VILLAGE STORES, INC   p 868
799 Notre Dame Ave, SUDBURY, ON, P3A 2T2
(705) 525-2339   SIC 5399
VALUE VILLAGE STORES, INC   p 879
915 Memorial Ave, THUNDER BAY, ON, P7B 4A1
(807) 345-3232   SIC 5399
VALUE VILLAGE STORES, INC   p 892
2119 Danforth Ave, TORONTO, ON, M4C 1K1
(416) 698-0621   SIC 5399
VALUE VILLAGE STORES, INC   p 896
924 Queen St E, TORONTO, ON, M4M 1J5
(416) 778-4818   SIC 5399
VALUE VILLAGE STORES, INC   p 935
1319 Bloor St W, TORONTO, ON, M6H 1P3
(416) 539-0585   SIC 5399
VALUE VILLAGE STORES, INC   p 937
605 Rogers Rd, TORONTO, ON, M6M 1B9
(416) 247-7372   SIC 5399
VALUE VILLAGE STORES, INC   p 959
1801 Dundas St E, WHITBY, ON, L1N 7C5
(905) 571-4977   SIC 5399
VALUE VILLAGE STORES, INC   p 963
6711 Tecumseh Rd E, WINDSOR, ON, N8T 3K7
(519) 944-1372   SIC 5399
VALUE VILLAGE STORES, INC   p 964
4322 Walker Rd, WINDSOR, ON, N8W 3T5
(519) 250-0199   SIC 5399
VALUE VILLAGE STORES, INC   p 981
339 University Ave Unit 5, CHARLOTTETOWN, PE, C1A 4M8
(902) 566-4084   SIC 5399
VALUE VILLAGE STORES, INC   p 1024
3399 Boul Des Sources, DOLLARD-DES-ORMEAUX, QC, H9B 1Z8
(514) 684-1326   SIC 5399
VALUE VILLAGE STORES, INC   p 1035
361 Boul Maloney O, GATINEAU, QC, J8P 7E9
(819) 663-4343   SIC 5399
VALUE VILLAGE STORES, INC   p 1043
3860 Ch Taschereau, GREENFIELD PARK, QC, J4V 2H9
(450) 923-4767   SIC 5399
VALUE VILLAGE STORES, INC   p 1070
1401 Ch De Chambly Bureau 31a, LONGUEUIL, QC, J4J 3X6
(450) 677-1677   SIC 5399
VALUE VILLAGE STORES, INC   p 1126
4906 Rue Jean-Talon O, Montreal, QC, H4P 1W9
(514) 739-1962   SIC 5399
VALUE VILLAGE STORES, INC   p 1132
5630 Boul Henri-Bourassa E, MONTREAL-NORD, QC, H1G 2T2
(514) 327-7447   SIC 5399
VALUE VILLAGE STORES, INC   p 1134
875 Boul Cure-Labelle, Montreal-Ouest, QC, H7V 2V2
(450) 978-4191   SIC 5399
VALUE VILLAGE STORES, INC   p 1148
2555 Boul Montmorency, Quebec, QC, G1J 5J3
(418) 660-5840   SIC 5399
VALUE VILLAGE STORES, INC   p 1163
3355 Rue De La Perade, Quebec, QC, G1X 3V3
(418) 651-2772   SIC 5399
VALUE VILLAGE STORES, INC   p 1198
1000 Boul Du Seminaire N Bureau 7, SAINT-JEAN-SUR-RICHELIEU, QC, J3A 1E5
(450) 359-9661   SIC 5399
VALUE VILLAGE STORES, INC   p 1216
6779 Rue Jean-Talon E, SAINT-LEONARD, QC, H1S 1N2
(514) 254-0433   SIC 5399
VALUE VILLAGE STORES, INC   p 1288
1230 Broad St, REGINA, SK, S4R 1Y3
(306) 522-1228   SIC 5399
VALUMART   p 903
See VALUMART LTD
VALUMART LTD   p 903
55 Bloor St W, TORONTO, ON, M4W 1A5
(416) 923-8831   SIC 5411
VAN ACTION (2005) INC   p 1213
4870 Rue Courval, Saint-Laurent, QC, H4T 1L1
(514) 342-5000   SIC 3716
VAN ACTION SAVARIA   p 1213
See VAN ACTION (2005) INC
VAN BELLE NURSERY INC   p 178
4262 Wright St, ABBOTSFORD, BC, V2S 7Y8
SIC 5193
VAN BIEN ELEMENTARY SHOOL   p 259
See BOARD OF EDUCATION OF SCHOOL DISTRICT NO. 57 (PRINCE GEORGE), THE
VAN DE WATER-RAYMOND LTD   p 1229
2300 Rue Monterey, SAINTE-ROSE, QC, H7L 3H9
(450) 688-7580   SIC 5141
VAN DONGEN LANDSCAPING & NURSERIES LTD   p 619
6750 Trafalgar Rd Suite 1, HORNBY, ON, L0P 1E0
(905) 878-1105   SIC 5261
VAN DONGEN TREE FARM   p 619
See VAN DONGEN LANDSCAPING & NURSERIES LTD
VAN KLEEK HILL COLLEGIATE INSTITUTE   p 947
See UPPER CANADA DISTRICT SCHOOL BOARD, THE
VAN NELLE CANADA LIMITED   p 422
147 Heller Rd, WOODSTOCK, NB, E7M 1X4
(506) 325-1930   SIC 2655
VAN WALLEGHEM SCHOOL   p 387
See PEMBINA TRAILS SCHOOL DIVISION, THE
VAN-KAM FREIGHTWAYS LTD   p 222
682 Sarcee St W, KAMLOOPS, BC, V2H 1E5
(250) 372-2235   SIC 4212
VAN-KAM FREIGHTWAYS LTD   p 240
1151 Milton St, NANAIMO, BC, V9R 2M2
(250) 723-3733   SIC 4212
VAN-KAM FREIGHTWAYS LTD   p 277
2050 Mills Rd W, SIDNEY, BC, V8L 5X4
(250) 656-7235   SIC 4213
VAN-ROB INC   p 491
95 Dunning Ave, AURORA, ON, L4G 3G8
(905) 727-8585   SIC 3465
VAN-ROB INC   p 763
114 Clayson Rd, NORTH YORK, ON, M9M 2H2
(416) 740-2656   SIC 3469
VAN-ROB INC   p 968
1000 University Ave W, WINDSOR, ON, N9A 5S4
SIC 3469
VANAN FOODS LIMITED   p 90
9106 142 St Nw, EDMONTON, AB, T5R 0M7
(780) 483-1525   SIC 5411
VANCE CHAPMAN ELEMENTARY SCHOOL   p 877
See LAKEHEAD DISTRICT SCHOOL BOARD
VANCE'S PHARMA PLUS   p 972
See PHARMA PLUS DRUGMARTS LTD
VANCITY CREDIT UNION   p 188
See VANCOUVER CITY SAVINGS CREDIT UNION
VANCITY CREDIT UNION   p 192
See VANCOUVER CITY SAVINGS CREDIT UNION
VANCITY CREDIT UNION   p 198
See VANCOUVER CITY SAVINGS CREDIT UNION
VANCITY CREDIT UNION   p 209
See VANCOUVER CITY SAVINGS CREDIT UNION
VANCITY CREDIT UNION   p 231
See VANCOUVER CITY SAVINGS CREDIT UNION
VANCITY CREDIT UNION   p 237
See VANCOUVER CITY SAVINGS CREDIT UNION
VANCITY CREDIT UNION   p 250
See VANCOUVER CITY SAVINGS CREDIT UNION
VANCITY CREDIT UNION   p 270
See VANCOUVER CITY SAVINGS CREDIT UNION
VANCITY CREDIT UNION   p 281
See VANCOUVER CITY SAVINGS CREDIT UNION
VANCITY CREDIT UNION   p 285
See VANCOUVER CITY SAVINGS CREDIT UNION
VANCITY CREDIT UNION   p 287
See VANCOUVER CITY SAVINGS CREDIT UNION
VANCITY CREDIT UNION   p 296
See VANCOUVER CITY SAVINGS CREDIT UNION
VANCITY CREDIT UNION   p 298
See VANCOUVER CITY SAVINGS CREDIT UNION
VANCITY CREDIT UNION   p 301
See VANCOUVER CITY SAVINGS CREDIT UNION
VANCITY CREDIT UNION   p 302
See VANCOUVER CITY SAVINGS CREDIT UNION
VANCITY CREDIT UNION   p 330
See VANCOUVER CITY SAVINGS CREDIT UNION
VANCOUVER ABORIGINAL FRIENDSHIP CENTRE SOCIETY   p 293
1607 Hastings St E, VANCOUVER, BC, V5L 1S7
(604) 251-4844   SIC 8322
VANCOUVER ACCOUNTING   p 306
See BDO CANADA LLP
VANCOUVER AIR CARE   p 298
See ENVIROTEST SYSTEMS (B.C.) LTD
VANCOUVER AIRPORT AUTHORITY   p 273
4900 North Service Rd, RICHMOND, BC, V7B 1L8
(604) 276-6594   SIC 4581
VANCOUVER AIRPORT CENTRE LIMITED   p 270
5911 Minoru Blvd, RICHMOND, BC, V6X 4C7
(604) 273-6336   SIC 7011
VANCOUVER AIRPORT CENTRE LIMITED   p 270
7571 Westminster Hwy, RICHMOND, BC, V6X 1A3
(604) 276-2112   SIC 7011
VANCOUVER AIRPORT HOTEL LIMITED   p 319
1041 Marine Dr Sw, VANCOUVER, BC, V6P 6L6
(604) 263-1555   SIC 7011
VANCOUVER AIRPORT MARRIOTT HOTEL   p 270
See VANCOUVER AIRPORT CENTRE LIMITED
VANCOUVER BAY CLUBS LTD   p 309
610 Granville St Suite 201, VANCOUVER, BC, V6C 3T3
(604) 682-5213   SIC 7999
VANCOUVER CAREER COLLEGE   p 227
See VANCOUVER CAREER COLLEGE (BURNABY) INC
VANCOUVER CAREER COLLEGE (BURNABY) INC   p 26
805 Manning Rd Ne Suite 210, CALGARY, AB, T2E 7M8
(403) 571-8585   SIC 8211
VANCOUVER CAREER COLLEGE (BURNABY) INC   p 50
800 5 Ave Sw Suite 100, CALGARY, AB, T2P 3T6
(403) 232-6410   SIC 8211
VANCOUVER CAREER COLLEGE (BURNABY) INC   p 76
9450 137 Ave Unit 104, EDMONTON, AB, T5E 6C2
(780) 478-7900   SIC 8211

▲ Public Company   ■ Public Company Family Member   HQ Headquarters   BR Branch   SL Single Location

VANCOUVER CAREER COLLEGE (BURNABY) INC p 82
10004 Jasper Ave Suite 200, EDMONTON, AB, T5J 1R3
(780) 424-6650   SIC 8221

VANCOUVER CAREER COLLEGE (BURNABY) INC p 227
1649 Pandosy St, KELOWNA, BC, V1Y 1P6
(250) 763-5800   SIC 8221

VANCOUVER CAREER COLLEGE (BURNABY) INC p 284
13450 102 Ave Suite 295, SURREY, BC, V3T 5X3
(604) 580-2133   SIC 8221

VANCOUVER CAREER COLLEGE (BURNABY) INC p 285
11125 124 St Suite 100, SURREY, BC, V3V 4V2
(604) 585-8585   SIC 8211

VANCOUVER CAREER COLLEGE (BURNABY) INC p 379
280 Main St, WINNIPEG, MB, R3C 1A9
(204) 942-1773   SIC 8211

VANCOUVER CAREER COLLEGE (BURNABY) INC p 483
100 Westney Rd S, AJAX, ON, L1S 7H3
(905) 427-1922   SIC 8211

VANCOUVER CAREER COLLEGE (BURNABY) INC p 1018
3 Place Laval Bureau 400, Cote Saint-Luc, QC, H7N 1A2
(450) 662-9090   SIC 8211

VANCOUVER CAREER COLLEGE (BURNABY) INC p 1108
416 Boul De Maisonneuve O Bureau 700, Montreal, QC, H3A 1L2
(514) 849-1234   SIC 8211

VANCOUVER CITY SAVINGS CREDIT UNION p 188
4302 Hastings St, BURNABY, BC, V5C 2J9
(604) 877-7062   SIC 6062

VANCOUVER CITY SAVINGS CREDIT UNION p 192
6100 Mckay Ave Suite 120a, BURNABY, BC, V5H 4L6
SIC 6062

VANCOUVER CITY SAVINGS CREDIT UNION p 198
45617 Luckakuck Way, CHILLIWACK, BC, V2R 1A3
(604) 824-8300   SIC 6062

VANCOUVER CITY SAVINGS CREDIT UNION p 209
7211 120 St, DELTA, BC, V4C 6P5
(604) 877-7193   SIC 6062

VANCOUVER CITY SAVINGS CREDIT UNION p 231
20055 Willowbrook Dr Suite 100, LANGLEY, BC, V2Y 2T5
(604) 877-7233   SIC 6062

VANCOUVER CITY SAVINGS CREDIT UNION p 237
22824 Lougheed Hwy Suite 29, MAPLE RIDGE, BC, V2X 2V6
(604) 877-7293   SIC 6062

VANCOUVER CITY SAVINGS CREDIT UNION p 250
1290 Marine Dr, NORTH VANCOUVER, BC, V7P 1T2
(604) 877-7000   SIC 8742

VANCOUVER CITY SAVINGS CREDIT UNION p 270
5900 No. 3 Rd Suite 100, RICHMOND, BC, V6X 3P7
(604) 877-7263   SIC 6062

VANCOUVER CITY SAVINGS CREDIT UNION p 281
15175 101 Ave Unit 108, SURREY, BC, V3R 7Z1
(604) 877-7302   SIC 6062

VANCOUVER CITY SAVINGS CREDIT UNION p 285
12820 96 Ave, SURREY, BC, V3V 6A8
(604) 877-7440   SIC 6062

VANCOUVER CITY SAVINGS CREDIT UNION p 287
7555 King George Blvd, SURREY, BC, V3W 5A8
(604) 877-7271   SIC 6062

VANCOUVER CITY SAVINGS CREDIT UNION p 296
3305 Kingsway, VANCOUVER, BC, V5R 5K6
(604) 877-7134   SIC 6062

VANCOUVER CITY SAVINGS CREDIT UNION p 298
4205 Main St, VANCOUVER, BC, V5V 3P8
(604) 877-7092   SIC 6062

VANCOUVER CITY SAVINGS CREDIT UNION p 298
6288 Fraser St, VANCOUVER, BC, V5W 3A1
(604) 877-7072   SIC 6062

VANCOUVER CITY SAVINGS CREDIT UNION p 301
5594 Cambie St, VANCOUVER, BC, V5Z 3Y5
(604) 683-1956   SIC 6062

VANCOUVER CITY SAVINGS CREDIT UNION p 302
1285 Main St, VANCOUVER, BC, V6A 4B6
(604) 877-7640   SIC 6062

VANCOUVER CITY SAVINGS CREDIT UNION p 302
183 Terminal Ave, VANCOUVER, BC, V6A 4G2
(604) 683-1956   SIC 6062

VANCOUVER CITY SAVINGS CREDIT UNION p 309
900 Hastings St W Suite 310, VANCOUVER, BC, V6C 1E5
(604) 709-5838   SIC 6211

VANCOUVER CITY SAVINGS CREDIT UNION p 330
3075 Douglas St, VICTORIA, BC, V8T 4N3
(250) 519-7423   SIC 6062

VANCOUVER COASTAL HEALTH p 248
231 15th St E, NORTH VANCOUVER, BC, V7L 2L7
(604) 988-3131   SIC 8062

VANCOUVER COASTAL HEALTH AUTHORITY p 182
Gd, BELLA BELLA, BC, V0T 1Z0
(250) 957-2314   SIC 8051

VANCOUVER COASTAL HEALTH AUTHORITY p 188
1795 Willingdon Ave, BURNABY, BC, V5C 6E3
(604) 297-9226   SIC 8062

VANCOUVER COASTAL HEALTH AUTHORITY p 210
7781 Vantage Way, DELTA, BC, V4G 1A6
SIC 7219

VANCOUVER COASTAL HEALTH AUTHORITY p 247
1200 Cedar Village Close, NORTH VANCOUVER, BC, V7J 3P3
(604) 904-6400   SIC 8062

VANCOUVER COASTAL HEALTH AUTHORITY p 249
145 17th St W Suite 250, NORTH VANCOUVER, BC, V7M 3G4
SIC 8093

VANCOUVER COASTAL HEALTH AUTHORITY p 258
7105 Kemano St, POWELL RIVER, BC, V8A 1L8
(604) 485-9868   SIC 8361

VANCOUVER COASTAL HEALTH AUTHORITY p 274
11771 Fentiman Pl, RICHMOND, BC, V7E 3M4
SIC 8051

VANCOUVER COASTAL HEALTH AUTHORITY p 295
2250 Commercial Dr Unit 300, VANCOUVER, BC, V5N 5P9
SIC 8093

VANCOUVER COASTAL HEALTH AUTHORITY p 296
3425 Crowley Dr, VANCOUVER, BC, V5R 6G3
(604) 872-2511   SIC 8322

VANCOUVER COASTAL HEALTH AUTHORITY p 297
377 2nd Ave E, VANCOUVER, BC, V5T 1B9
(604) 658-1253   SIC 8062

VANCOUVER COASTAL HEALTH AUTHORITY p 301
520 6th Ave W Suite 200, VANCOUVER, BC, V5Z 4H5
(604) 874-7626   SIC 8741

VANCOUVER COASTAL HEALTH AUTHORITY p 301
601 Broadway W Suite 750, VANCOUVER, BC, V5Z 4C2
(604) 875-4111   SIC 8062

VANCOUVER COASTAL HEALTH AUTHORITY p 301
601 Broadway W Suite 900, VANCOUVER, BC, V5Z 4C2
(604) 297-9267   SIC 8741

VANCOUVER COASTAL HEALTH AUTHORITY p 301
855 12th Ave W Suite 101, VANCOUVER, BC, V5Z 1M9
(604) 875-4111   SIC 8062

VANCOUVER COASTAL HEALTH AUTHORITY p 301
2775 Heather St Suite 111, VANCOUVER, BC, V5Z 3J5
(604) 875-4122   SIC 8011

VANCOUVER COASTAL HEALTH AUTHORITY p 301
4255 Laurel St, VANCOUVER, BC, V5Z 2G9
(604) 734-1313   SIC 8093

VANCOUVER COASTAL HEALTH AUTHORITY p 301
2635 Laurel St Level 7, VANCOUVER, BC, V5Z 1M9
(604) 675-2575   SIC 8733

VANCOUVER COASTAL HEALTH AUTHORITY p 301
2647 Willow St Rm 100, VANCOUVER, BC, V5Z 1M9
(604) 875-4372   SIC 8733

VANCOUVER COASTAL HEALTH AUTHORITY p 302
330 Heatley Ave Suite 201, VANCOUVER, BC, V6A 3G3
(604) 253-4401   SIC 8011

VANCOUVER COASTAL HEALTH AUTHORITY p 302
569 Powell St, VANCOUVER, BC, V6A 1G8

(604) 255-3151   SIC 8011

VANCOUVER COASTAL HEALTH AUTHORITY p 303
166 Hastings St E, VANCOUVER, BC, V6A 1N4
SIC 8621

VANCOUVER COASTAL HEALTH AUTHORITY p 306
59 Pender St W, VANCOUVER, BC, V6B 1R3
(604) 669-9181   SIC 8093

VANCOUVER COASTAL HEALTH AUTHORITY p 315
1001 Broadway W Suite 504, VANCOUVER, BC, V6H 4B1
(604) 875-5074   SIC 8062

VANCOUVER COASTAL HEALTH AUTHORITY p 315
1212 Broadway W Suite 400, VANCOUVER, BC, V6H 3V1
(604) 736-2881   SIC 8093

VANCOUVER COASTAL HEALTH AUTHORITY p 319
700 57th Ave W Suite 909, VANCOUVER, BC, V6P 1S1
(604) 321-3231   SIC 8331

VANCOUVER COASTAL HEALTH AUTHORITY p 321
2211 Wesbrook Mall, VANCOUVER, BC, V6T 2B5
(604) 822-7121   SIC 8062

VANCOUVER COMMUNITY COLLEGE p 306
250 Pender St W Suite 358, VANCOUVER, BC, V6B 1S9
(604) 443-8300   SIC 8221

VANCOUVER COMMUNITY MENTAL HEALTH SERVICES p 301
See VANCOUVER COASTAL HEALTH AUTHORITY

VANCOUVER DETOX CENTRE p 297
See VANCOUVER COASTAL HEALTH AUTHORITY

VANCOUVER ENGLISH CENTRE INC p 306
250 Smithe St, VANCOUVER, BC, V6B 1E7
(604) 687-1600   SIC 8299

VANCOUVER FILM SCHOOL LIMITED p 306
198 Hastings St W Suite 200, VANCOUVER, BC, V6B 1H2
(604) 685-5808   SIC 8299

VANCOUVER FREE PRESS PUBLISHING CORP p 317
1701 Broadway W, VANCOUVER, BC, V6J 1Y3
(604) 730-7000   SIC 2721

VANCOUVER GENERAL HOSPITAL p 301
See VANCOUVER COASTAL HEALTH AUTHORITY

VANCOUVER GIANTS p 293
See VANCOUVER JUNIOR HOCKEY MANAGEMENT LTD

VANCOUVER HAULING p 203
See WASTE MANAGEMENT OF CANADA CORPORATION

VANCOUVER INTERNATIONAL AIRPORT AUTHORITY p 273
See VANCOUVER AIRPORT AUTHORITY

VANCOUVER ISLAND AUTISTIC HOMES SOCIETY p 330
2750 Quadra St Suite 215, VICTORIA, BC, V8T 4E8
(250) 475-2566   SIC 8361

VANCOUVER ISLAND HEALTH AUTHORITY p 195
1100 Island Hwy Unit 200, CAMPBELL RIVER, BC, V9W 8C6

▲ Public Company   ■ Public Company Family Member   HQ Headquarters   BR Branch   SL Single Location

(250) 850-2110 *SIC* 8011
VANCOUVER ISLAND HEALTH AUTHORITY *p*
206
2696 Windermere St, CUMBERLAND, BC, V0R 1S0
(250) 336-2087 *SIC* 8011
VANCOUVER ISLAND HEALTH AUTHORITY *p*
212
250 Cairnsmore St, DUNCAN, BC, V9L 4H2
(250) 715-1955 *SIC* 8011
VANCOUVER ISLAND HEALTH AUTHORITY *p*
212
3045 Gibbins Rd, DUNCAN, BC, V9L 1E5
(250) 709-3000 *SIC* 8011
VANCOUVER ISLAND HEALTH AUTHORITY *p*
212
675 Canada Ave, DUNCAN, BC, V9L 1T9
(250) 709-3050 *SIC* 8011
VANCOUVER ISLAND HEALTH AUTHORITY *p*
228
1111 4th Ave, LADYSMITH, BC, V9G 1A1
(250) 739-5777 *SIC* 8011
VANCOUVER ISLAND HEALTH AUTHORITY *p*
242
6475 Metral Dr Suite 300, NANAIMO, BC, V9T 2L9
(250) 755-7691 *SIC* 8011
VANCOUVER ISLAND HEALTH AUTHORITY *p*
251
180 Mccarter St Suite 100, PARKSVILLE, BC, V9P 2H3
(250) 731-1315 *SIC* 7389
VANCOUVER ISLAND HEALTH AUTHORITY *p*
251
Gd, PARKSVILLE, BC, V9P 2G2
(250) 947-8230 *SIC* 8011
VANCOUVER ISLAND HEALTH AUTHORITY *p*
254
4227 6th Ave, PORT ALBERNI, BC, V9Y 4N1
(250) 731-1315 *SIC* 8011
VANCOUVER ISLAND HEALTH AUTHORITY *p*
256
7070 Market St, PORT HARDY, BC, V0N 2P0
(250) 902-6071 *SIC* 8011
VANCOUVER ISLAND HEALTH AUTHORITY *p*
256
9120 Grandville St, PORT HARDY, BC, V0N 2P0
(250) 902-6043 *SIC* 8011
VANCOUVER ISLAND HEALTH AUTHORITY *p*
263
777 Jones St, QUALICUM BEACH, BC, V9K 2L1
(250) 947-8220 *SIC* 8011
VANCOUVER ISLAND HEALTH AUTHORITY *p*
275
2166 Mount Newton Cross Rd, SAANICHTON, BC, V8M 2B2
(250) 652-7531 *SIC* 8011
VANCOUVER ISLAND HEALTH AUTHORITY *p*
327
2400 Arbutus Rd, VICTORIA, BC, V8N 1V7
(250) 519-5390 *SIC* 7389
VANCOUVER ISLAND HEALTH AUTHORITY *p*
327
3970 Haro Rd, VICTORIA, BC, V8N 4A9
(250) 519-6778 *SIC* 8011

VANCOUVER ISLAND HEALTH AUTHORITY *p*
333
3995 Quadra St Suite 314, VICTORIA, BC, V8X 1J8
(250) 519-5100 *SIC* 8011
VANCOUVER ISLAND HEALTH AUTHORITY *p*
333
4575 Blenkinsop Rd, VICTORIA, BC, V8X 2C7
(250) 479-7373 *SIC* 8093
VANCOUVER ISLAND HEALTH AUTHORITY *p*
333
771 Vernon Ave Unit 201, VICTORIA, BC, V8X 5A7
(250) 519-3401 *SIC* 8011
VANCOUVER ISLAND HEALTH AUTHORITY *p*
334
1 Hospital Way, VICTORIA, BC, V8Z 6R5
(250) 727-4212 *SIC* 8011
VANCOUVER ISLAND HEALTH AUTHORITY *p*
336
345 Wale Rd, VICTORIA, BC, V9B 6X2
(250) 519-3490 *SIC* 8011
VANCOUVER ISLAND HEALTH AUTHORITY *p*
336
567 Goldstream Ave, VICTORIA, BC, V9B 2W4
(250) 370-5790 *SIC* 8051
VANCOUVER ISLAND INSURANCENTRES INC *p* 204
364 8th St Unit 109, COURTENAY, BC, V9N 1N3
(250) 338-1401 *SIC* 6411
VANCOUVER ISLAND UNIVERSITY *p* 258
7085 Nootka St Unit 100, POWELL RIVER, BC, V8A 3C6
(604) 485-8043 *SIC* 8221
VANCOUVER JUNIOR HOCKEY MANAGEMENT LTD *p*
293
100 Renfrew St N, VANCOUVER, BC, V5K 3N7
(604) 444-2687 *SIC* 7941
VANCOUVER LAWN TENNIS AND BADMINTON CLUB *p*
317
1630 15th Ave W, VANCOUVER, BC, V6J 2K7
(604) 731-9411 *SIC* 7997
VANCOUVER LOGISTICS CENTER *p* 268
See HUDSON'S BAY COMPANY
VANCOUVER PHOENIX GYMNASTICS *p*
299
See PHOENIX GYMNASTICS CLUB
VANCOUVER QUILTING MANUFACTURING LTD *p*
293
188 Victoria Dr, VANCOUVER, BC, V5L 4C3
(604) 253-7744 *SIC* 5131
VANCOUVER SCHOOL ALBERNI *p* 322
See PACIFIC LANGUAGE INSTITUTE INC
VANCOUVER TECHNICAL SECONDARY SCHOOL *p* 294
See BOARD OF EDUCATION OF SCHOOL DISTRICT NO. 39 (VANCOUVER), THE
VANCOUVER WAITER RESOURCES LTD *p*
281
10090 152 St Suite 607, SURREY, BC, V3R 8X8
(778) 571-2425 *SIC* 7363
VANCOUVER, CITY OF *p* 297
1 Kingsway, VANCOUVER, BC, V5T 3H7
(604) 257-3080 *SIC* 8322
VANDAELE SEEDS LTD *p* 351
Gd, MEDORA, MB, R0M 1K0
(204) 665-2384 *SIC* 5191
VANDERHOOF SPECIALTY WOOD PRODUCTS *p*

324
See 391605 BRITISH COLUMBIA LTD
VANDERWELL CONTRACTORS (1971) LTD
p 164
3 River Dr E, SLAVE LAKE, AB, T0G 2A0
(780) 849-3824 *SIC* 2421
VANDERWESTEN & RUTHERFORD ASSOCIATES, INC *p*
488
1349 Sandhill Dr Suite 201, ANCASTER, ON, L9G 4V5
(905) 648-0373 *SIC* 8711
VANFAX *p* 289
See BELRON CANADA INCORPOREE
VANFAX, DIV OF *p* 1090
See BELRON CANADA INCORPOREE
VANGUARD CREDIT UNION LIMITED *p* 350
50 Maple Ave E, HAMIOTA, MB, R0M 0T0
(204) 764-6230 *SIC* 6062
VANGUARD STEEL *p* 106
See RINGBALL CORPORATION
VANGUARD STEEL LTD *p* 712
2160 Meadowpine Blvd, MISSISSAUGA, ON, L5N 6H6
(905) 821-1100 *SIC* 5051
VANHOUTTE COFFEE SERVICES LTD *p*
203
9 Burbidge St Suite 120, COQUITLAM, BC, V3K 7B2
(604) 552-5452 *SIC* 7389
VANICO-MARONYX INC *p* 1244
1000 Rue Nationale, TERREBONNE, QC, J6W 6B4
(450) 471-4447 *SIC* 2434
VANIER COLLEGIATE *p* 1275
See HOLY TRINITY ROMAN CATHOLIC SEPARATE SCHOOL DIVISION #22
VANIER COMMUNITY CATHOLIC SCHOOL
p 117
See LIVING WATERS CATHOLIC REGIONAL DIVISION NO.42
VANIER SCHOOL *p* 203
See SCHOOL DISTRICT NO. 71 (COMOX VALLEY)
VANIER SCHOOL, THE *p* 531
See UPPER CANADA DISTRICT SCHOOL BOARD, THE
VANKLEEK HILL HERITAGE LODGE *p* 947
See REVERA INC
VANNET DISTRIBUTION *p* 256
See POSTMEDIA NETWORK INC
VANPRESS PRINTERS *p* 182
See BLACK PRESS GROUP LTD
VANSCOY SCHOOL *p* 1307
See PRAIRIE SPIRIT SCHOOL DIVISION
VANTAGE FOODS INC *p* 198
8200 Brannick Pl, CHILLIWACK, BC, V2R 0E9
(604) 795-4774 *SIC* 2011
VANTAGE FOODS INC *p* 366
41 Paquin Rd, WINNIPEG, MB, R2J 3V9
(204) 667-9903 *SIC* 2011
VANTAGEONE CREDIT UNION *p* 327
3108 33 Ave, VERNON, BC, V1T 2N7
(250) 545-9251 *SIC* 6062
VANTAGEONE FINANCIAL SERVICES *p*
327
See VANTAGEONE CREDIT UNION
VANTAGEPOINT GROUP *p* 310
See DANBIE SYSTEMS GROUP INC
VANWAY ELEMENTARY SCHOOL *p* 261
See BOARD OF EDUCATION OF SCHOOL DISTRICT NO. 57 (PRINCE GEORGE), THE
VAP HOLDINGS L.P. *p* 29
4211 13a St Se, CALGARY, AB, T2G 3J6
(403) 299-0844 *SIC* 2011
VAPOR RAIL DIV OF *p* 1211
See WABTEC CANADA INC
VARCO CANADA ULC *p* 7
5402 55 Ave Suite 2, BONNYVILLE, AB, T9N 2K6
(780) 826-2263 *SIC* 7353
VARCO CANADA ULC *p* 26
2935 19 St Ne, CALGARY, AB, T2E 7A2

(403) 264-9646 *SIC* 6792
VARCO CANADA ULC *p* 50
715 5 Ave Sw Unit 1700, CALGARY, AB, T2P 2X6
(403) 264-9646 *SIC* 1389
VARCO CANADA ULC *p* 102
7127 56 Ave Nw, EDMONTON, AB, T6B 3L2
(780) 665-0200 *SIC* 7353
VARCO CANADA ULC *p* 136
6621 45 St, LEDUC, AB, T9E 7E3
(780) 986-6063 *SIC* 7353
VARI-FORM INC *p* 517
316 Orenda Rd, BRAMPTON, ON, L6T 1G3
(905) 793-7100 *SIC* 3089
VARI-FORM INC *p* 979
62 Ridgeway Cir, WOODSTOCK, ON, N4V 1C9
SIC 8731
VARIETES CHARRON & LECLERC, SENC
p 1055
6240 Rue Salaberry, Lac-Megantic, QC, G6B 1H8
(819) 583-2123 *SIC* 5912
VARIETES LNJF INC *p* 1054
84 5e Av E Bureau 73, LA SARRE, QC, J9Z 1K9
(819) 333-5458 *SIC* 6519
VARIPERM (CANADA) LIMITED *p* 11
3424 26 St Ne Suite 10, CALGARY, AB, T1Y 4T7
(403) 250-7263 *SIC* 5082
VARISYSTEMS INC *p* 15
5304 Hubalta Rd Se, CALGARY, AB, T2B 1T6
(403) 273-2111 *SIC* 3089
VARITRON TECHNOLOGIES INC *p* 1193
4811 Ch De La Savane, SAINT-HUBERT, QC, J3Y 9G1
(450) 926-1778 *SIC* 5065
VARNA GRAIN LIMITED *p* 947
38839 Mill Rd Rr 1, VARNA, ON, N0M 2R0
(519) 233-7908 *SIC* 4221
VARSITY ACRES ELEMENTARY SCHOOL *p*
58
See CALGARY BOARD OF EDUCATION
VARSTEEL LTD *p* 20
55 Dufferin Pl Se, CALGARY, AB, T2C 4W3
(403) 279-7030 *SIC* 5051
VARSTEEL LTD *p* 137
2900 5 Ave N, LETHBRIDGE, AB, T1H 6K3
(403) 329-0233 *SIC* 5051
VARSTEEL LTD *p* 139
220 4 St S Suite 330, LETHBRIDGE, AB, T1J 4J7
(403) 320-1953 *SIC* 5051
VARSTEEL LTD *p* 148
602 13 Ave, NISKU, AB, T9E 7P6
(780) 955-1953 *SIC* 5051
VARSTEEL LTD *p* 210
8500 River Rd Unit 6, DELTA, BC, V4G 1B5
(604) 946-2717 *SIC* 5051
VARSTEEL LTD *p* 227
280 Bubna Rd, KELOWNA, BC, V4V 2N4
(250) 766-5222 *SIC* 5051
VARSTEEL LTD *p* 290
1933 96 Ave Unit 104, SURREY, BC, V4N 4C4
(604) 882-9344 *SIC* 5051
VARSTEEL LTD *p* 363
2475 Day St, WINNIPEG, MB, R2C 2X5
(204) 237-6533 *SIC* 5051
VARSTEEL LTD *p* 1286
2191 Albert St N, REGINA, SK, S4P 3E1
(306) 775-3634 *SIC* 5051
VARSTEEL LTD *p* 1298
2607 Wentz Ave, SASKATOON, SK, S7K 5J1
(306) 955-3777 *SIC* 5051
VAST CENTRE *p* 254
See SCHOOL DISTRICT #70 (ALBERNI) SCHOOL BOARD
VAUGHAN METAL POLISHING LTD *p* 762
206 Milvan Dr, NORTH YORK, ON, M9L 1Z9
(416) 743-7500 *SIC* 3471

VAUGHAN MILLS SHOPPING CENTRE p 559
See IVANHOE CAMBRIDGE II INC.
VAUGHAN PRESS CENTRE p 975
See TORONTO STAR NEWSPAPERS LIMITED
VAUGHAN PROMENADE SHOPPING CENTRE INC p 875
1 Promenade Cir Suite 316, THORNHILL, ON, L4J 4P8
(905) 764-0022   SIC 6512
VAUGHAN ROAD ACADEMY p 933
See TORONTO DISTRICT SCHOOL BOARD
VAUGHAN SECONDARY SCHOOL p 876
See YORK REGION DISTRICT SCHOOL BOARD
VAUGHAN SPORTS VILLAGE INC p 563
2600 Rutherford Rd, CONCORD, ON, L4K 5R1
(905) 738-7574   SIC 7999
VAUGHAN WILLARD SCHOOL p 812
See DURHAM DISTRICT SCHOOL BOARD
VAUXHALL ELEMENTARY SCHOOL p 172
See BOARD OF TRUSTEES OF HORIZON SCHOOL DIVISION NO 67
VAUXHALL SCHOOL p 172
See BOARD OF TRUSTEES OF HORIZON SCHOOL DIVISION NO 67
VB2 p 1219
See CREATIONS VIE BOIS INC
VBALLS TARGET SYSTEMS INC p 386
51 Allard Ave, WINNIPEG, MB, R3K 0S8
(204) 888-6768   SIC 3949
VBC p 190
See CH2M HILL CANADA LIMITED
VC LEMIEUX HOLDINGS INC p 1280
1800 6th Ave E, PRINCE ALBERT, SK, S6V 2K3
(306) 764-3485   SIC 6719
VC ORTHODINTICS p 695
See VILLAGE ORTHODONTICS
VCI CONTROLS INC p 976
1 Royal Gate Blvd Suite D, WOODBRIDGE, ON, L4L 8Z7
(905) 850-4464   SIC 3822
VCS INVESTIGATION INC p 1058
10500 Ch De La Cote-De-Liesse Bureau 200, LACHINE, QC, H8T 1A4
(514) 737-1911   SIC 7389
VECIMA NETWORKS INC p 185
2700 Production Way Suite 300, BURNABY, BC, V5A 4X1
(604) 421-5422   SIC 7371
VECIMA NETWORKS INC p 1301
150 Cardinal Pl, SASKATOON, SK, S7L 6H7
(306) 955-7075   SIC 8731
VECOVA p 37
3304 33 St Nw, CALGARY, AB, T2L 2A6
(403) 284-2231   SIC 8331
VECTOR AEROSPACE CORPORATION p 233
5947 206a St Suite 101b, LANGLEY, BC, V3A 8M1
(604) 514-0388   SIC 7699
VECTOR AEROSPACE ENGINE SERVICES-ATLANTIC INC p 985
800 Aerospace Blvd, SUMMERSIDE, PE, C1N 4P6
(902) 436-1333   SIC 4581
VECTOR AEROSPACE HELICOPTER SERVICES p 233
See VECTOR AEROSPACE CORPORATION
VECTOR AEROSPACE HELICOPTER SERVICES INC p 231
5225 216 St Suite 102, LANGLEY, BC, V2Y 2N3
(604) 514-0388   SIC 4581
VECTOR AEROSPACE HELICOPTER SERVICES INC p 234
5947 206a St Suite 101b, LANGLEY, BC, V3A 8M1
(604) 514-0388   SIC 4581
VECTOR CONSTRUCTION LTD p 392
474 Dovercourt Dr, WINNIPEG, MB, R3Y 1G4
(204) 489-6300   SIC 1771
VECTOR CONSTRUCTION LTD p 879
359 Burbidge St, THUNDER BAY, ON, P7B 5R3
(807) 346-4405   SIC 1541
VECTOR CONSTRUCTION LTD p 1299
419b 50th St E, SASKATOON, SK, S7K 6K1
(306) 934-3533   SIC 1771
VECTOR ELECTRIC AND CONTROLS p 34
5919 3 St Se, CALGARY, AB, T2H 1K3
(403) 290-1699   SIC 1731
VECTOR ENTERPRISES LTD p 392
474 Dovercourt Dr, WINNIPEG, MB, R3Y 1G4
(204) 489-6300   SIC 1611
VECTOR GROUP, THE p 34
See VECTOR ELECTRIC AND CONTROLS
VEDDER ELEMENTARY SCHOOL p 198
See SCHOOL DISTRICT NO 33 CHILLIWACK
VEET INDUSTRIES, A DIV p 229
See LTP SPORTS GROUP INC
VEG-PAK PRODUCE LIMITED p 576
25 Belvia Rd, ETOBICOKE, ON, M8W 3R2
(416) 255-7400   SIC 5148
VEGA p 190
See SEQUEL NATURALS ULC
VEGEWAX CANDLEWORX LTD p 563
300 North Rivermede Rd, CONCORD, ON, L4K 3N6
(905) 760-7942   SIC 2844
VEGFRESH INC p 762
1290 Ormont Dr, NORTH YORK, ON, M9L 2V4
(416) 667-0518   SIC 5461
VEGREVILLE AQUATIC & FITNESS CENTRE p 172
See GOVERNMENT OF THE PROVINCE OF ALBERTA
VEGREVILLE ASSOCIATION FOR LIVING IN DIGNITY p 172
4843 49 St, VEGREVILLE, AB, T9C 1K7
(780) 632-2418   SIC 8322
VEGREVILLE COMPOSITE HIGH SCHOOL p 172
See ELK ISLAND PUBLIC SCHOOLS REGIONAL DIVISION NO. 14
VEGREVILLE FIRE HALL p 172
See VEGREVILLE, TOWN OF
VEGREVILLE, TOWN OF p 172
5100 60 St, VEGREVILLE, AB, T9C 1N6
(780) 632-2254   SIC 4119
VEHCOM MANUFACTURING p 602
See LINAMAR CORPORATION
VELAN INC p 1042
1010 Rue Cowie, GRANBY, QC, J2J 1E7
(450) 378-2305   SIC 3494
VELAN INC p 1204
2125 Rue Ward, SAINT-LAURENT, QC, H4M 1T6
(514) 748-7743   SIC 3494
VELAN INC p 1213
550 Rue Mcarthur, SAINT-LAURENT, QC, H4T 1X8
(514) 748-7743   SIC 3494
VELCAN FOREST PRODUCTS INC p 782
1240 Skae Dr, OSHAWA, ON, L1J 7A1
(905) 571-2477   SIC 5031
VELMA E BAKER SCHOOL p 116
See EDMONTON SCHOOL DISTRICT NO. 7
VELTRI HOWARD DIV p 966
See VENTRA GROUP CO
VEMAX MANAGEMENT INC p 1299
Gd Stn Main, SASKATOON, SK, S7K 3J4
(306) 242-8554   SIC 8742
VEN JOHN MERLINI (ELEMENTARY) p 941
See TORONTO CATHOLIC DISTRICT SCHOOL BOARD
VENEST INDUSTRIES DIV OF p 856
See MAGNA INTERNATIONAL INC
VENETOR CRANE LTD p 862
45 Oriole Ave, STONEY CREEK, ON, L8E 5C4
(905) 664-5007   SIC 7353
VENETOR EQUIPMENT RENTAL INC p 583
11 Mars Rd, ETOBICOKE, ON, M9V 2K2
(416) 679-8480   SIC 7353
VENTA CARE CENTRE LTD p 76
13525 102 St Nw, EDMONTON, AB, T5E 4K3
(780) 476-6633   SIC 8051
VENTE AU DETAIL PARASUCO INC p 760
3401 Dufferin St Unit 321, NORTH YORK, ON, M6A 2T9
SIC 5651
VENTE EN GROS R.E.A.L. BAGEL p 1129
See R.E.A.L. BAGEL EN GROS INC.
VENTILATION BELLE-RIVE INC p 1069
2001 Rue De La Metropole Bureau 712, LONGUEUIL, QC, J4G 1S9
(450) 332-9832   SIC 1711
VENTRA GROUP CO p 501
530 Park St, BEAVERTON, ON, L0K 1A0
(705) 426-7311   SIC 3423
VENTRA GROUP CO p 509
75 Reagen's Industrial Pky, BRADFORD, ON, L3Z 0Z9
(905) 778-7900   SIC 3465
VENTRA GROUP CO p 645
675 Trillium Dr, KITCHENER, ON, N2R 1G6
(519) 895-0290   SIC 3714
VENTRA GROUP CO p 825
74 Marsh St, RIDGETOWN, ON, N0P 2C0
(519) 674-2323   SIC 3714
VENTRA GROUP CO p 943
65 Industrial Rd, TOTTENHAM, ON, L0G 1W0
(905) 936-4245   SIC 3465
VENTRA GROUP CO p 959
200 Montecorte St, WHITBY, ON, L1N 9V8
SIC 3714
VENTRA GROUP CO p 963
2800 Kew Dr, WINDSOR, ON, N8T 3C6
(519) 944-1102   SIC 3089
VENTRA GROUP CO p 966
1425 Howard Ave, WINDSOR, ON, N8X 5C9
(519) 258-3509   SIC 3465
VENTRA OSHAWA SPD, DIV OF p 959
See VENTRA GROUP CO
VENTRA PLASTIC KITCHENER p 645
See VENTRA GROUP CO
VENTRA PLASTICS DIVISIONS p 963
See VENTRA GROUP CO
VENTRA PLASTICS PETERBOROUGH p 809
See FLEX-N-GATE CANADA COMPANY
VENTRA RIDGETOWN p 825
See VENTRA GROUP CO
VENTURA PARK PUBLIC SCHOOL p 876
See YORK REGION DISTRICT SCHOOL BOARD
VENTURE CARPETS p 1031
See TAPIS VENTURE INC
VENTURE HEIGHTS ELEMENTARY SCHOOL p 1274
See PRAIRIE SPIRIT SCHOOL DIVISION NO. 206
VENTURE WELL SERVICING LTD p 1269
36 Hwy 39 E, ESTEVAN, SK, S4A 2L7
SIC 1381
VENTYX, DIV p 268
See ABB INC
VEOLIA p 1140
See VEOLIA ES CANADA SERVICES INDUSTRIELS INC
VEOLIA EAU TECHNOLOGIES CANADA INC p 1211
3901 Rue Sartelon, SAINT-LAURENT, QC, H4S 2A6
(514) 334-7230   SIC 1629
VEOLIA EAU TECHNOLOGIES CANADA INC p 1211
4105 Rue Sartelon, SAINT-LAURENT, QC, H4S 2B3
(514) 334-7230   SIC 1629
VEOLIA ENVIRONMENTAL SERVICES p 203
See VEOLIA ES CANADA SERVICES INDUSTRIELS INC
VEOLIA ENVIRONMENTAL SERVICES p 829
See VEOLIA ES CANADA SERVICES INDUSTRIELS INC
VEOLIA ES CANADA INDUSTRIAL SERVICES INC p 1252
See VEOLIA ES CANADA SERVICES INDUSTRIELS INC
VEOLIA ES CANADA SERVICES INDUSTRIELS INC p 203
10 King Edward St Suite 400, COQUITLAM, BC, V3K 4S8
(604) 525-5261   SIC 7699
VEOLIA ES CANADA SERVICES INDUSTRIELS INC p 539
2250 Industrial St, BURLINGTON, ON, L7P 1A1
SIC 8748
VEOLIA ES CANADA SERVICES INDUSTRIELS INC p 609
See VEOLIA ES CANADA SERVICES INDUSTRIELS INC
VEOLIA ES CANADA SERVICES INDUSTRIELS INC p 609
80 Birmingham St, HAMILTON, ON, L8L 6W5
(905) 547-5661   SIC 1721
VEOLIA ES CANADA SERVICES INDUSTRIELS INC p 786
4140 Belgreen Dr, OTTAWA, ON, K1G 3N2
(613) 739-1150   SIC 7389
VEOLIA ES CANADA SERVICES INDUSTRIELS INC p 814
820 Mckay Rd, PICKERING, ON, L1W 2Y4
SIC 7389
VEOLIA ES CANADA SERVICES INDUSTRIELS INC p 829
605 Scott Rd, SARNIA, ON, N7T 8G3
(519) 336-3330   SIC 7349
VEOLIA ES CANADA SERVICES INDUSTRIELS INC p 994
51 Boul Comeau, BAIE-COMEAU, QC, G4Z 3A7
(418) 296-3967   SIC 7699
VEOLIA ES CANADA SERVICES INDUSTRIELS INC p 1047
1995 Rue Fay, Jonquiere, QC, G7S 2N5
(418) 548-8247   SIC 1799
VEOLIA ES CANADA SERVICES INDUSTRIELS INC p 1140
1705 3e Av, POINTE-AUX-TREMBLES, QC, H1B 5M9
(514) 645-1621   SIC 4953
VEOLIA ES CANADA SERVICES INDUSTRIELS INC p 1194
7950 Av Pion, SAINT-HYACINTHE, QC, J2R 1R9
(450) 796-6060   SIC 4953
VEOLIA ES CANADA SERVICES INDUSTRIELS INC p 1221
857 Rue De L'Eglise, SAINT-ROMUALD, QC,

G6W 5M6
(418) 839-5500 SIC 7699
VEOLIA ES CANADA SERVICES INDUSTRIELS INC p
1234
268 Rue Des Pionniers, Sept-Iles, QC, G4R 0P5
(418) 962-0233 SIC 7699
VEOLIA ES CANADA SERVICES INDUSTRIELS INC p
1252
2895 Rue Jules-Vachon, Trois-Rivieres, QC, G9A 5E1
(819) 372-0803 SIC 8731
VEOLIA ES CANADA SERVICES INDUSTRIELS INC
1252
2895 Rue Jules-Vachon Bureau 2, Trois-Rivieres, QC, G9A 5E1
(819) 372-0803 SIC 7699
VERA M DAVIS COMMUNITY CARE CENTRE p
506
80 Allan Dr, BOLTON, ON, L7E 1P7
(905) 857-0975 SIC 8051
VERA M WELSH ELEMENTARY SCHOOL p 134
See NORTHERN LIGHTS SCHOOL DIVISION NO. 69
VERA PERLIN SOCIETY p 436
Gd, ST. JOHN'S, NL, A1E 3Y3
(709) 739-8701 SIC 8331
VERDUN ELEMENTARY SCHOOL p 1258
See LESTER B. PEARSON SCHOOL BOARD
VERIDIAN CONNECTIONS INC p 484
55 Taunton Rd E, AJAX, ON, L1T 3V3
(905) 427-9870 SIC 4911
VERIDIAN CORPORATION p 484
55 Taunton Rd E, AJAX, ON, L1T 3V3
(905) 427-9870 SIC 4911
VERIDIAN CORPORATION p 813
1465 Pickering Pky Suite 2, PICKERING, ON, L1V 7G7
(905) 420-8440 SIC 8721
VERITAS CATHOLIC SCHOOL p 290
See CATHOLIC INDEPENDENT SCHOOLS, DIOCESE OF VICTORIA
VERITIV CANADA, INC p 1213
4300 Rue Hickmore, SAINT-LAURENT, QC, H4T 1K2
(514) 367-3111 SIC 5111
VERMEER'S GREENHOUSES p 955
See 626394 ONTARIO INC
VERMILION CREDIT UNION LTD p 172
5019 50 Ave, VERMILION, AB, T9X 1A7
(780) 853-2822 SIC 6062
VERMILION ELEMENTARY SCHOOL p 172
See BUFFALO TRAIL PUBLIC SCHOOLS REGIONAL DIVISION NO. 28
VERMILION FORKS ELEMENTARY SCHOOL p 263
See SCHOOL DISTRICT NO 58 (NICOLA-SIMILKAMEEN)
VERMILION HEALTH CARE CENTRE p 172
See ALBERTA HEALTH SERVICES
VERN AMES SCHOOL p 613
See HAMILTON-WENTWORTH DISTRICT SCHOOL BOARD, THE
VERN BASNETT CONSULTING LTD p 131
203 Government Rd, HINES CREEK, AB, T0H 2A0
(780) 494-3006 SIC 4212
VERNON ACCOUNTING p 325
See BDO CANADA LLP
VERNON BARFORD JUNIOR HIGH SCHOOL p 110
See EDMONTON SCHOOL DISTRICT NO. 7
VERNON COMMUNITY CARE HEALTH SERVICES p 326
See INTERIOR HEALTH AUTHORITY
VERNON DOWNTOWN LAB p 326
See INTERIOR HEALTH AUTHORITY

VERNON GOLF AND COUNTRY CLUB p 327
800 Kalamalka Lake Rd, VERNON, BC, V1T 6V2
(250) 542-0110 SIC 7997
VERNON INTERIOR HEALTH p 325
See NORTH OKANAGAN REGIONAL HEALTH BOARD
VERNON JUBILEE HOSPITAL p 326
See INTERIOR HEALTH AUTHORITY
VERNON MORNING STAR p 325
See BLACK PRESS GROUP LTD
VERNON REGIONAL TRANSIT SYSTEM p 325
See FIRSTCANADA ULC
VERNON SECONDARY SCHOOL p 326
See SCHOOL DISTRICT NO 22 (VERNON)
VERREAULT INC p 1104
1080 Cote Du Beaver Hall Bureau 800, Montreal, QC, H2Z 1S8
(514) 845-4104 SIC 1541
VERREAULT INC p 1131
1200 Boul Saint-Martin O Bureau 300, Montreal, QC, H7S 2E4
(514) 845-4104 SIC 1542
VERSA CARE p 892
See REVERA LONG TERM CARE INC
VERSA CARE CENTER p 853
See REVERA LONG TERM CARE INC
VERSA POWER SYSTEMS LTD p 15
4852 52 St Se, CALGARY, AB, T2B 3R2
(403) 204-6100 SIC 3621
VERSA-CARE CENTRE HAMILTON p 610
See REVERA LONG TERM CARE INC
VERSA-CARE CENTRE OF BRANTFORD p 526
See REVERA LONG TERM CARE INC
VERSA-CARE HALLOWELL HOUSE p 815
See REVERA LONG TERM CARE INC
VERSACOLD GROUP LIMITED PARTNERSHIP p
293
2115 Commissioner St Suite 1, VANCOUVER, BC, V5L 1A6
(604) 255-4656 SIC 4222
VERSACOLD LOGISTIC SERVICES p 288
See VERSACOLD THIRD PARTY LOGISTICS SURREY ULC
VERSACOLD LOGISTICS CANADA INC p 267
3371 No 6 Rd, RICHMOND, BC, V6V 1P6
(604) 258-0350 SIC 4222
VERSACOLD LOGISTICS SERVICES p 265
See 9134417 CANADA INC
VERSACOLD LOGISTICS SERVICES p 267
See VERSACOLD LOGISTICS CANADA INC
VERSACOLD THIRD PARTY LOGISTICS SURREY ULC p 288
2755 190 St, SURREY, BC, V3Z 3W6
(778) 545-5700 SIC 4225
VERSASCAN INC p 1211
6545 Rue Vanden Abeele, SAINT-LAURENT, QC, H4S 1S1
SIC 2657
VERSATECH MECHANICAL LTD p 839
50 Skagway Ave Suite A, SCARBOROUGH, ON, M1M 3V1
(416) 292-9220 SIC 1711
VERSATILE SPRAY PAINTING LTD p 506
102 Healey Rd, BOLTON, ON, L7E 5A7
(905) 857-4915 SIC 3479
VERSENT CORPORATION ULC p 87
11271 170 St Nw, EDMONTON, AB, T5M 0J1
(780) 424-2111 SIC 7929
VERTECH FENEXPERT p 1001
See VITRERIE VERTECH (2000) INC
VERTEX DOWNHOLE LTD p 34
6806 Railway St Se, CALGARY, AB, T2H 3A8
(403) 930-2742 SIC 7371
VERTEX RESOURCE SERVICES LTD p 163
2055 Premier Way Suite 121, SHERWOOD PARK, AB, T8H 0G2
(780) 464-3295 SIC 1542
VERTISOFT INC p 1260
990 Boul Pierre-Roux E, VICTORIAVILLE, QC, G6T 0K9
(819) 751-6660 SIC 5734
VERTIV CANADA ULC p 1211
3001 Rue Douglas-B.-Floreani, SAINT-LAURENT, QC, H4S 1Y7
(514) 333-1966 SIC 5063
VERY JAZZROO ENTERPRISES INCORPORATED p
272
11720 Horseshoe Way, RICHMOND, BC, V7A 4V5
(604) 248-1806 SIC 2599
VET DIET p 991
See MONDOU, J. E. LTEE
VET'S SHEET METAL LTD p 102
6111 56 Ave Nw, Edmonton, AB, T6B 3E2
(780) 434-7476 SIC 1711
VETEMENTS B.D. p 1077
See 9029-2970 QUEBEC INC
VETEMENTS DE SPORT R.G.R. INC p 1191
472 Le Grand-Shenley, Saint-Honore-de-Shenley, QC, G0M 1V0
SIC 2211
VETEMENTS NORFIL, LES p 994
See GROUPE DE LA COTE INC
VETEMENTS PRESTIGIO INC, LES p 1215
6370 Boul Des Grandes-Prairies, SAINT-LEONARD, QC, H1P 1A2
(514) 955-7131 SIC 7389
VETEMENTS S & F (CANADA) LTEE p 1001
3720 Rue La Verendrye, BOISBRIAND, QC, J7H 1R5
SIC 2311
VETEMENTS S F CANADA, LES p 1001
See VETEMENTS S & F (CANADA) LTEE
VETERINARY REFERRAL CLINIC p 903
920 Yonge St Suite 117, TORONTO, ON, M4W 3C7
(416) 920-2002 SIC 8734
VETS AIRPORT SERVICE p 418
See VETS TAXI LTD
VETS TAXI LTD p 418
17 North Market St Suite 14, SAINT JOHN, NB, E2L 4Z8
(506) 658-2020 SIC 4121
VEZINA ASSURANCES INC p 1089
4374 Av Pierre-De Coubertin Bureau 220, Montreal, QC, H1V 1A6
(514) 253-5221 SIC 6411
VEZINA DUFAULT p 1089
See VEZINA ASSURANCES INC
VFA CANADA CORPORATION p 192
4211 Kingsway Suite 400, BURNABY, BC, V5H 1Z6
(604) 685-3757 SIC 8748
VGI SOLUTIONS p 1090
See EFFIGIS GEO SOLUTIONS INC
VHA HEALTH & HOME SUPPORT p 793
See VISITING HOMEMAKERS ASSOCIATON OF OTTAWA
VHA HOME HEALTHCARE p 899
30 Soudan Ave Suite 500, TORONTO, ON, M4S 1V6
(416) 489-2500 SIC 8059
VI-AL HOLDINGS LTD p 6
116 6a St, BEAVERLODGE, AB, T0H 0C0
(780) 354-2291 SIC 7011
VIA ALEGRO RISTORANTE p 580
See 1148305 ONTARIO INC
VIA CAPITALE RIVE NORD p 1176
See 9120-5583 QUEBEC INC
VIA PERSONNEL SERVICES LTD p 953
105 Bauer Pl, WATERLOO, ON, N2L 6B5
SIC 7361
VIA RAIL CANADA INC p 86
12360 121 St Nw, EDMONTON, AB, T5L 5C3
(780) 448-2575 SIC 4111
VIA RAIL CANADA INC p 303
1150 Station St Unit 100, VANCOUVER, BC, V6A 4C7
(604) 640-3771 SIC 4111
VIA RAIL CANADA INC p 386
569 Brandon Ave, WINNIPEG, MB, R3L 2V7
(204) 924-4716 SIC 4111
VIA RAIL CANADA INC p 457
1161 Hollis St, HALIFAX, NS, B3H 2P6
(902) 494-7900 SIC 4111
VIA RAIL CANADA INC p 541
1199 Waterdown Rd, BURLINGTON, ON, L7T 4A8
SIC 4111
VIA RAIL CANADA INC p 768
200 Cross Ave, OAKVILLE, ON, L6J 2W6
(888) 842-7245 SIC 4111
VIA RAIL CANADA INC p 786
200 Tremblay Rd, OTTAWA, ON, K1G 3H5
(877) 711-9079 SIC 4111
VIA RAIL CANADA INC p 921
65 Front St W Suite 222, TORONTO, ON, M5J 1E6
(888) 842-7245 SIC 4111
VIA RAIL CANADA INC p 1079
48 Av De La Gare, MONT-JOLI, QC, G5H 1N7
(418) 775-7853 SIC 4111
VIA RAIL CANADA INC p 1114
895 Rue De La Gauchetiere O Bureau 429, Montreal, QC, H3B 4G1
(514) 989-2626 SIC 4111
VIA RAIL CANADA INC p 1114
3 Place Ville-Marie Bureau 500, Montreal, QC, H3B 2C9
(514) 871-6000 SIC 4111
VIA RAIL CANADA INC p 1134
6 Rue De Vimy, NEW CARLISLE, QC, G0C 1Z0
SIC 4111
VIA RAIL CANADA INC p 1137
44 132 Rte O Bureau Lb1, Perce, QC, G0C 2L0
(418) 782-2747 SIC 4111
VIALTA LODGE p 160
See BEAVER FOUNDATION
VIAMFILMS p 1058
See INTEPLAST BAGS AND FILMS CORPORATION
VIANDE ET VIN GRINDER p 1117
See 9264-7387 QUEBEC INC
VIANDES BIOLOGIQUES DE CHARLEVOIX INC, LES p 1222
125 Rue Saint-Edouard, SAINT-URBAIN-DE-CHARLEVOIX, QC, G0A 4K0
(418) 639-1111 SIC 5147
VIANDES CONCORD, LES p 1187
See CONCORD PREMIUM MEATS LTD
VIANDES DECARIE p 990
See GROUPE COLABOR INC
VIANDES DROLET INC p 1068
816 Rue Alphonse-Desrochers, Levis, QC, G7A 5H9
(418) 831-8200 SIC 5147
VIANDES DU BRETON INC, LES p 1175
150 Ch Des Raymond, Riviere-du-Loup, QC, G5R 5X8
(418) 863-6711 SIC 2011
VIANDEX INC p 1151
195 Rue Joly, Quebec, QC, G1L 1N7
(418) 681-2482 SIC 5141
VIANET p 883
See 768812 ONTARIO INC
VIANET p 954
See 768812 ONTARIO INC
VIAS CANADA, INC p 787
1223 Michael St, OTTAWA, ON, K1J 7T2
(613) 656-8427 SIC 1629
VIASYSTEMS TORONTO, INC p 885
8150 Sheppard Ave E, TORONTO, ON, M1B 5K2
(416) 208-2100 SIC 3672
VIAVIC EXPRESS INC p 1172
30 Rue Seguin, RIGAUD, QC, J0P 1P0
(450) 451-3078 SIC 4731
VIBRACLEAN CORPORATE HOUSEKEEP-

BUSINESSES ALPHABETICALLY

ING
722
See 792884 ONTARIO INC
VIBRATORY TOOLING AND REPAIR INC p 598
623 South Service Rd Unit 6, GRIMSBY, ON, L3M 4E8
(905) 643-7300 SIC 3559
VIC MOBILIER DE MAGASINS INC p 1259
1440 Rue Notre-Dame O, VICTORIAVILLE, QC, G6P 7L7
(819) 758-0626 SIC 2542
VIC ROYAL CASKETS p 1260
See FOURNITURES FUNERAIRE VICTORIAVILLE INC
VIC SOLUTIONS DETAIL p 1259
See VIC MOBILIER DE MAGASINS INC
VIC VAN ISLE CONSTRUCTION LTD p 337
1240 Industrial Rd, WEST KELOWNA, BC, V1Z 1G5
(250) 769-9460 SIC 1542
VICEROY RUBBER & PLASTICS LIMITED p 290
19352 94 Ave, SURREY, BC, V4N 4E4
SIC 3089
VICONTE INC p 1232
26 Rue Saint-Philippe, SALABERRY-DE-VALLEYFIELD, QC, J6S 5X8
(450) 371-3763 SIC 8361
VICTAULIC COMPANY OF CANADA ULC p 823
123 Newkirk Rd, RICHMOND HILL, ON, L4C 3G5
(905) 884-7444 SIC 3494
VICTOR LAURISTON SCHOOL p 552
See LAMBTON KENT DISTRICT SCHOOL BOARD
VICTOR TECHNOLOGIES CANADA LTD p 770
2070 Wyecroft Rd, OAKVILLE, ON, L6L 5V6
(905) 827-7777 SIC 3569
VICTOR TEXTILES INC p 1190
2805 90e Rue, SAINT-GEORGES, QC, G6A 1K1
(418) 227-9897 SIC 2221
VICTORIA ALBERT SCHOOL p 374
See WINNIPEG SCHOOL DIVISION
VICTORIA COOL AID SOCIETY, THE p 332
1634 Store St, VICTORIA, BC, V8W 1V3
(250) 383-1951 SIC 8322
VICTORIA CROSS PUBLIC SCHOOL p 724
See UPPER GRAND DISTRICT SCHOOL BOARD, THE
VICTORIA FORD ALLIANCE LTD p 330
2829 Douglas St, VICTORIA, BC, V8T 4M6
(250) 384-1144 SIC 5511
VICTORIA GARDINS LONG TERM CARE p 609
See MIRDEN NURSING HOMES LTD
VICTORIA GENERAL HOSPITAL p 334
See VANCOUVER ISLAND HEALTH AUTHORITY
VICTORIA GLEN MANOR INC p 404
30 Beech Glen Rd, LOWER KINTORE, NB, E7H 1J9
(506) 273-4885 SIC 8051
VICTORIA GOLF CLUB p 328
1110 Beach Dr, VICTORIA, BC, V8S 2M9
(250) 598-4224 SIC 7997
VICTORIA GOLF COURSE p 79
See CITY OF EDMONTON
VICTORIA HARBOUR ELEMENTARY SCHOOL p 948
See SIMCOE COUNTY DISTRICT SCHOOL BOARD, THE
VICTORIA HARBOUR FERRY CO LTD p 335
922 Old Esquimalt Rd, VICTORIA, BC, V9A 4X3
(250) 708-0201 SIC 4725
VICTORIA HIGH SCHOOL p 328
See BOARD OF EDUCATION OF SCHOOL DISTRICT NO. 61 (GREATER VICTORIA)
VICTORIA HOSPICE SOCIETY p 328

1952 Bay St, VICTORIA, BC, V8R 1J8
(250) 370-8715 SIC 8051
VICTORIA HOSPITAL p 1280
See PRINCE ALBERT PARKLAND REGIONAL HEALTH AUTHORITY
VICTORIA KITCHENER X-RAY ULTRASOUND p 643
See TRUE NORTH IMAGING INC
VICTORIA LCD 9 p 328
See CANADA POST CORPORATION
VICTORIA MANOR p 647
See CORPORATION OF THE CITY OF KAWARTHA LAKES, THE
VICTORIA MARRIOTT INNER HARBOUR, THE p 330
See ATLIFIC INC
VICTORIA MEMORIAL GARDENS p 772
See MEMORIAL GARDENS CANADA LIMITED
VICTORIA PARK COLLEGIATE INSTITUTE p 751
See TORONTO DISTRICT SCHOOL BOARD
VICTORIA PARK ELEMENTARY SCHOOL p 892
See TORONTO DISTRICT SCHOOL BOARD
VICTORIA PLACE RETIREMENT RESIDENCE p 641
See REVERA INC
VICTORIA PUBLIC ELEMENTARY SCHOOL p 961
See GREATER ESSEX COUNTY DISTRICT SCHOOL BOARD
VICTORIA PUBLIC SCHOOL p 595
See AVON MAITLAND DISTRICT SCHOOL BOARD
VICTORIA PUBLIC SCHOOL p 663
See THAMES VALLEY DISTRICT SCHOOL BOARD
VICTORIA SCHOOL p 77
See EDMONTON SCHOOL DISTRICT NO. 7
VICTORIA SQUARE SAFEWAY p 1283
See SOBEYS WEST INC
VICTORIA TERRACE PUBLIC SCHOOL p 588
See UPPER GRAND DISTRICT SCHOOL BOARD, THE
VICTORIA TIMES COLONIST, THE p 329
See POSTMEDIA NETWORK INC
VICTORIA TRUSS (2007) LTD p 199
3605 Cobble Hill Rd Rr 1, COBBLE HILL, BC, V0R 1L5
(250) 743-9922 SIC 2439
VICTORIA UNIVERSITY p 927
75 Queen's Park Cres E, TORONTO, ON, M5S 1K7
(416) 585-4467 SIC 8742
VICTORIA VILLAGE CHILDREN'S SERVICES LTD 892
312 Main St, TORONTO, ON, M4C 4X7
(416) 693-9879 SIC 8351
VICTORIA VILLAGE CHILDREN'S SERVICES LTD p 892
314 Main St, TORONTO, ON, M4C 4X7
(416) 690-8668 SIC 8351
VICTORIA VILLAGE PUBLIC SCHOOL p 759
See TORONTO DISTRICT SCHOOL BOARD
VICTORIA WEST ELEMENTARY SCHOOL p 335
See BOARD OF EDUCATION OF SCHOOL DISTRICT NO. 61 (GREATER VICTORIA)
VICTORIA'S SECRET p 1027
See VICTORIA'S SECRET (CANADA) CORP.
VICTORIA'S SECRET (CANADA) CORP. p 1027

1608 Boul Saint-Regis, DORVAL, QC, H9P 1H6
(514) 684-7700 SIC 5632
VICTORIAN COMMUNITY HEALTH CENTRE OF KASLO p 222
673 A Ave, KASLO, BC, V0G 1M0
(250) 353-2211 SIC 8322
VICTORIAN ORDER OF NURSES FOR CANADA p 54
9705 Horton Rd Sw Suite 100, CALGARY, AB, T2V 2X5
(403) 640-4765 SIC 8082
VICTORIAN ORDER OF NURSES FOR CANADA p 379
425 St Mary Ave, WINNIPEG, MB, R3C 0N2
(204) 775-1693 SIC 8082
VICTORIAN ORDER OF NURSES FOR CANADA p 399
435 Brookside Dr Unit 8, FREDERICTON, NB, E3A 8V4
(506) 458-8365 SIC 8082
VICTORIAN ORDER OF NURSES FOR CANADA p 408
1224 Mountain Rd Suite 6, MONCTON, NB, E1C 2T6
(506) 857-9115 SIC 8082
VICTORIAN ORDER OF NURSES FOR CANADA p 418
30 Plaza Ave Suite 6b, SAINT JOHN, NB, E2M 0C3
(506) 635-1530 SIC 8082
VICTORIAN ORDER OF NURSES FOR CANADA p 418
30 Plaza Ave Suite 6, SAINT JOHN, NB, E2M 0C3
SIC 8082
VICTORIAN ORDER OF NURSES FOR CANADA p 441
43 Prince Arthur St, AMHERST, NS, B4H 1V8
(902) 667-8796 SIC 8082
VICTORIAN ORDER OF NURSES FOR CANADA p 442
3640 Main St Suite 5, BARRINGTON PASSAGE, NS, B0W 1G0
(902) 637-2943 SIC 8082
VICTORIAN ORDER OF NURSES FOR CANADA p 442
Highway 3 Unit 5, BARRINGTON PASSAGE, NS, B0W 1G0
(902) 637-2961 SIC 8082
VICTORIAN ORDER OF NURSES FOR CANADA p 444
1924 Northfield Rd, BLOCKHOUSE, NS, B0J 1E0
(902) 624-1897 SIC 8082
VICTORIAN ORDER OF NURSES FOR CANADA p 470
835 East River Rd, NEW GLASGOW, NS, B2H 3S6
(902) 752-3184 SIC 8082
VICTORIAN ORDER OF NURSES FOR CANADA p 478
30 Duke St Suite 5, TRURO, NS, B2N 2A1
(902) 893-3803 SIC 8082
VICTORIAN ORDER OF NURSES FOR CANADA p 480
55 Starrs Rd Suite 7, YARMOUTH, NS, B5A 2T2
(902) 742-4512 SIC 8082
VICTORIAN ORDER OF NURSES FOR CANADA p 609
414 Victoria Ave N Suite M2, HAMILTON, ON, L8L 5G8
(905) 529-0700 SIC 8082
VICTORIAN ORDER OF NURSES FOR CANADA p 652
1151 Florence St Suite 100, LONDON, ON, N5W 2M7
(519) 659-2273 SIC 8082
VICTORIAN ORDER OF NURSES FOR CANADA p 675
7100 Woodbine Ave Suite 402, MARKHAM,

ON, L3R 5J2
(905) 479-3201 SIC 8082
VICTORIAN ORDER OF NURSES FOR CANADA p 724
392 Main St N Suite 4, MOUNT FOREST, ON, N0G 2L2
(519) 323-9354 SIC 8082
VICTORIAN ORDER OF NURSES FOR CANADA p 778
50 Richmond St E Suite 116, OSHAWA, ON, L1G 7C7
(905) 571-3151 SIC 8082
VICTORIAN ORDER OF NURSES FOR CANADA p 804
1280 20th St E, OWEN SOUND, ON, N4K 6H6
(519) 376-5895 SIC 8611
VICTORIAN ORDER OF NURSES FOR CANADA p 808
360 George St N Suite 25, PETERBOROUGH, ON, K9H 7E7
(705) 745-9155 SIC 8082
VICTORIAN ORDER OF NURSES FOR CANADA p 830
1705 London Line, SARNIA, ON, N7W 1B2
(519) 542-2310 SIC 8082
VICTORIAN ORDER OF NURSES FOR CANADA p 859
175 South Edgeware Rd, ST THOMAS, ON, N5P 4C4
(519) 637-6408 SIC 8082
VICTORIAN ORDER OF NURSES FOR CANADA p 865
40 Long Dr Suite 111, STRATFORD, ON, N5A 8A3
(519) 271-7991 SIC 8082
VICTORIAN ORDER OF NURSES FOR CANADA p 884
38 Pine St N Suite 139, TIMMINS, ON, P4N 6K6
(705) 267-8444 SIC 8082
VICTORIAN ORDER OF NURSES FOR CANADA p 944
80 Division St Suite 14, TRENTON, ON, K8V 5S5
(613) 392-4181 SIC 8082
VICTORIAN ORDER OF NURSES FOR CANADA p 965
4520 Rhodes Dr Suite 400, WINDSOR, ON, N8W 5C2
(519) 254-4866 SIC 8082
VICTORIAN ORDER OF NURSES FOR CANADA p 978
570 Ingersoll Ave, WOODSTOCK, ON, N4S 4Y2
(519) 539-1231 SIC 8082
VICTORIAN ORDER OF NURSES GREATER HALIFAX p 480
55 Starrs Rd Unit 7, YARMOUTH, NS, B5A 2T2
(902) 742-4512 SIC 8741
VICTORIAVILLE, VILLE DE p 1259
400 Rue Jutras E, VICTORIAVILLE, QC, G6P 7W7
(819) 758-5211 SIC 7999
VICTORY PUBLIC SCHOOL p 805
See NEAR NORTH DISTRICT SCHOOL BOARD
VICTORY RIG EQUIPMENT CORPORATION p 148
1511 10 St, Nisku, AB, T9E 8C5
(780) 955-4711 SIC 3569
VICTORY SCHOOL p 371
See SEVEN OAKS SCHOOL DIVISION
VICWEST BUILDING PRODUCTS p 770
See VICWEST INC
VICWEST INC p 97
15108 118 Ave Nw, EDMONTON, AB, T5V 1B8
(780) 454-4477 SIC 3444
VICWEST INC p 404
671 Ch Royal, MEMRAMCOOK, NB, E4K 1X1

(506) 758-8181 SIC 3444
VICWEST INC p 770
1296 South Service Rd W, OAKVILLE, ON, L6L 5T7
(905) 825-2252 SIC 3444
VICWEST INC p 865
362 Lorne Ave E, STRATFORD, ON, N5A 6S4
(519) 271-5553 SIC 3444
VICWEST INC p 1260
707 Boul Pierre-Roux E, VICTORIAVILLE, QC, G6T 1S7
(819) 758-0661 SIC 3444
VICWEST INC p 1305
3542 Millar Ave, SASKATOON, SK, S7P 0B6
(306) 664-8420 SIC 5039
VIDALIA'S MARKET DINING p 857
See STONE CROCK INC, THE
VIDEO DU DOLLAR DRUMMONDVILLE INC p 1031
565 Boul Saint-Joseph Bureau 16, DRUMMONDVILLE, QC, J2C 2B6
(819) 474-4124 SIC 7841
VIDEO DU DOLLARD DRUMMONDVILLE INC p 1029
350 Rue Saint-Jean, DRUMMONDVILLE, QC, J2B 5L4
(819) 475-1957 SIC 7812
VIDEO ONE p 31
See ENTERTAINMENT ONE GP LIMITED
VIDEOJET p 686
See VIDEOJET TECHNOLOGIES CANADA L.P.
VIDEOJET TECHNOLOGIES CANADA L.P. p 686
6500 Viscount Rd, Mississauga, ON, L4V 1H3
(905) 673-1341 SIC 5999
VIDEON CABLESYSTEMS INC p 50
630 3 Ave Sw Suite 900, CALGARY, AB, T2P 4L4
(403) 750-4500 SIC 4841
VIDEOTRON SERVICE INFORMATIQUE LTEE p 1101
300 Av Viger E Bureau 6, Montreal, QC, H2X 3W4
(514) 281-1232 SIC 7374
VIEILLE MAISON DU SPAGHETTI INC, LA p 1158
625 Grande Allee E, Quebec, QC, G1R 2K4
(418) 529-6697 SIC 5812
VIENNA MEAT PRODUCTS p 843
See SOFINA FOODS INC
VIESSMANN MANUFACTURING COMPANY INC p 954
750 Mcmurray Rd, WATERLOO, ON, N2V 2G5
(519) 885-6300 SIC 3433
VIEUX ST-GEORGES, AU p 1189
See PLACEMENTS 11655 INC, LES
VIEW ROYAL ELEMENTARY SCHOOL p 336
See BOARD OF EDUCATION OF SCHOOL DISTRICT NO. 61 (GREATER VICTORIA)
VIEWER'S CHOICE CANADA p 917
See ASTRAL BROADCASTING GROUP INC
VIFAB p 1208
See THYSSENKRUPP MATERIALS CA, LTD
VIFOUR PHARMA ASPREVA p 333
See ASPREVA INTERNATIONAL LTD
VIGI SANTE LTEE p 1008
5955 Grande-Allee, BROSSARD, QC, J4Z 3S3
(450) 656-8500 SIC 8361
VIGI SANTE LTEE p 1024
197 Rue Thornhill, DOLLARD-DES-ORMEAUX, QC, H9B 3H8
(514) 684-0930 SIC 8051
VIGI SANTE LTEE p 1076
2893 Av Des Ancetres, MASCOUCHE, QC, J7K 1X6

(450) 474-6991 SIC 8051
VIGI SANTE LTEE p 1081
275 Av Brittany, MONT-ROYAL, QC, H3P 3C2
(514) 739-5593 SIC 8361
VIGI SANTE LTEE p 1122
2055 Av Northcliffe Bureau 412, Montreal, QC, H4A 3K6
(514) 788-2085 SIC 8361
VIGI SANTE LTEE p 1138
14775 Boul De Pierrefonds Bureau 229, PIERREFONDS, QC, H9H 4Y1
(514) 620-1220 SIC 8361
VIGI SANTE LTEE p 1181
4954 Rue Clement-Lockquell, SAINT-AUGUSTIN-DE-DESMAURES, QC, G3A 1V5
(418) 871-1232 SIC 8361
VIGI SANTE LTEE p 1193
2042 Boul Marie, SAINT-HUBERT, QC, J4T 2B4
(450) 671-5596 SIC 8051
VIGI SANTE LTEE p 1218
80 Rue Principale, SAINT-MICHEL-DE-BELLECHASSE, QC, G0R 3S0
(418) 884-2811 SIC 8361
VIGI SANTE LTEE p 1235
5000 Av Albert-Tessier, SHAWINIGAN, QC, G9N 8P9
(819) 539-5408 SIC 8361
VIGI SANTE LTEE p 1237
3220 12e Av N, SHERBROOKE, QC, J1H 5H3
(819) 820-8900 SIC 8051
VIGIL HEALTH SOLUTIONS INC p 334
4464 Markham St Unit 2102, VICTORIA, BC, V8Z 7X8
(250) 383-6900 SIC 5047
VIGNEAULT AUTOMOBILES p 1233
See 2424-4931 QUEBEC INC
VIGOUR LIMITED PARTNERSHIP p 712
2121 Argentia Rd Suite 301, MISSISSAUGA, ON, L5N 2X4
(905) 821-1161 SIC 8051
VIH AEROSPACE INC p 246
1962 Canso Rd, NORTH SAANICH, BC, V8L 5V5
(250) 656-3987 SIC 4581
VIKING CORPORATION LIMITED p 432
178 Major's Path, ST. JOHN'S, NL, A1A 5A1
(709) 576-4335 SIC 1541
VIKING FIRE PROTECTION p 193
See PROTECTION INCENDIE VIKING INC
VIKING FIRE PROTECTION p 193
See SECURITE POLYGON INC
VIKING FIRE PROTECTION p 452
See PROTECTION INCENDIE VIKING INC
VIKING FIRE PROTECTION p 562
See SECURITE POLYGON INC
VIKING FIRE PROTECTION p 728
See SECURITE POLYGON INC
VIKING PUMP OF CANADA INC p 968
661 Grove Ave, WINDSOR, ON, N9A 6G7
(519) 256-5438 SIC 5084
VIKING SCHOOL p 172
See BATTLE RIVER REGIONAL DIVISION 31
VIKING SOUTH PLANT p 724
See VIKING-CIVES, LTD
VIKING TRAIL ACADEMY p 430
See WESTERN SCHOOL DISTRICT
VIKING-CIVES, LTD p 724
555 Perth St, MOUNT FOREST, ON, N0G 2L1
(519) 323-4137 SIC 4212
VILALAIRE HEATHCARE/SANTE p 227
See VITALAIRE CANADA INC
VILEDA PROFESSIONAL p 674
See PRODUITS MENAGERS FREUDENBERG INC
VILLA BEAUSEJOUR INC p 395
253 Boul St-Pierre O, CARAQUET, NB, E1W 1A4
(506) 726-2744 SIC 8361

VILLA CHALEUR INC p 394
795 Champlain St Suite 221, BATHURST, NB, E2A 4M8
(506) 549-5588 SIC 8361
VILLA DI MANNO BAKERY LTD p 563
22 Buttermill Ave, CONCORD, ON, L4K 3X4
(905) 761-9191 SIC 2051
VILLA DU REPOS INC p 406
125 Murphy Ave, MONCTON, NB, E1A 8V2
(506) 857-3560 SIC 8361
VILLA DU SAGUENAY INC p 1015
1901 Rue Des Roitelets Bureau 302, CHICOUTIMI, QC, G7H 7L7
(418) 693-1212 SIC 8322
VILLA EYRIE RESORT p 235
See 1946338 ONTARIO LIMITED
VILLA GEORGES FOURNIER p 1232
See AIDE-MAISON VALLEE DE LA MATAPEDIA
VILLA MARIA INC p 419
19 Rue Du College, SAINT-LOUIS-DE-KENT, NB, E4X 1C2
(506) 876-3488 SIC 8051
VILLA SORMANY INC, LA p 413
1289 Ch Robertville, ROBERTVILLE, NB, E8K 2V9
(506) 542-2731 SIC 8051
VILLA ST JOSEPH INC p 421
3400 Rue Albert, TRACADIE-SHEILA, NB, E1X 1C8
(506) 394-4800 SIC 8051
VILLA ST-GEORGES INC p 1259
185 Rue Saint-Georges, VICTORIAVILLE, QC, G6P 9H6
(819) 758-6760 SIC 8361
VILLAGE DES VALEURS p 1024
See VALUE VILLAGE STORES, INC
VILLAGE DES VALEURS p 1035
See VALUE VILLAGE STORES, INC
VILLAGE DES VALEURS p 1043
See VALUE VILLAGE STORES, INC
VILLAGE DES VALEURS p 1070
See VALUE VILLAGE STORES, INC
VILLAGE DES VALEURS p 1126
See VALUE VILLAGE STORES, INC
VILLAGE DES VALEURS p 1132
See VALUE VILLAGE STORES, INC
VILLAGE DES VALEURS p 1134
See VALUE VILLAGE STORES, INC
VILLAGE DES VALEURS p 1148
See VALUE VILLAGE STORES, INC
VILLAGE DES VALEURS p 1163
See VALUE VILLAGE STORES, INC
VILLAGE DES VALEURS p 1216
See VALUE VILLAGE STORES, INC
VILLAGE GREEN NURSING p 847
See OMNI HEALTH CARE LTD
VILLAGE MANOR (TO) LTD p 924
14 Madison Ave, TORONTO, ON, M5R 2S1
(416) 927-1722 SIC 5813
VILLAGE MARKETS LTD p 278
6660 Sooke Rd Unit 1400, SOOKE, BC, V9Z 0A5
(250) 642-4134 SIC 5411
VILLAGE ORTHODONTICS p 695
4288 Village Centre Crt, MISSISSAUGA, ON, L4Z 1S2
(905) 275-8501 SIC 8021
VILLAGE PARK ELEMENTARY SCHOOL p 199
See SCHOOL DISTRICT NO. 71 (COMOX VALLEY)
VILLAGE RETIREMENT, THE p 825
See REVERA INC
VILLAGE SENIORS COMMUNITY, THE p 617
See REVERA INC
VILLAGE SPA LIMITED, THE p 747
2901 Bayview Ave Suite 43, NORTH YORK, ON, M2K 1E6
(416) 224-1101 SIC 7991
VILLAGE UNION PUBLIC SCHOOL p 779
See DURHAM DISTRICT SCHOOL BOARD
VILLAGE-VACANCES PETIT-SAGUENAY p 1137
See SOCIETE DE GESTION V. V. F. DE ST-ETIENNE INC

VILLE D'OTTAWA p 594
See CITY OF OTTAWA
VILLE DE BLAINVILLE p 999
1000 Ch Du Plan-Bouchard, BLAINVILLE, QC, J7C 3S9
(450) 434-5370 SIC 8231
VILLE DE BLAINVILLE p 999
60 Boul De La Seigneurie E, BLAINVILLE, QC, J7C 4N1
(450) 434-5348 SIC 4959
VILLE DE DRUMMONDVILLE, LA p 1029
545 Rue Des Ecoles, DRUMMONDVILLE, QC, J2B 1J6
(819) 478-6573 SIC 8231
VILLE DE GATINEAU p 1035
858a Rue Notre-Dame, GATINEAU, QC, J8P 1N9
(819) 663-5585 SIC 7389
VILLE DE GATINEAU p 1037
125 Rue De Carillon, GATINEAU, QC, J8X 2P8
(819) 595-7700 SIC 7999
VILLE DE LA POCATIERE p 1053
900 6e Av Bureau 4, La Pocatiere, QC, G0R 1Z0
(418) 856-3394 SIC 8231
VILLE DE LAVAL p 1021
3810 Boul Levesque O, Cote Saint-Luc, QC, H7V 1E8
(450) 978-8936 SIC 2899
VILLE DE LAVAL p 1063
1333 Boul De Chomedy Bureau 302, Laval, QC, H7V 3Z4
(450) 662-4343 SIC 1731
VILLE DE LAVAL p 1131
2550 Boul Industriel, Montreal, QC, H7S 2G7
(450) 662-4600 SIC 4953
VILLE DE LONGUEUIL p 1005
See VILLE DE LONGUEUIL
VILLE DE LONGUEUIL p 1005
501 Ch Du Lac, BOUCHERVILLE, QC, J4B 6V6
(450) 449-8650 SIC 8231
VILLE DE MONTREAL p 1081
See VILLE DE MONTREAL
VILLE DE MONTREAL p 1081
1967 Boul Graham, MONT-ROYAL, QC, H3R 1G9
(514) 734-2967 SIC 8231
VILLE DE MONTREAL p 1084
See VILLE DE MONTREAL
VILLE DE MONTREAL p 1084
12001 Boul Maurice-Duplessis, Montreal, QC, H1C 1V3
(514) 280-4400 SIC 4971
VILLE DE MONTREAL p 1084
12001 Boul Maurice-Duplessis, Montreal, QC, H1C 1V3
(514) 280-4359 SIC 7389
VILLE DE MONTREAL p 1085
See VILLE DE MONTREAL
VILLE DE MONTREAL p 1085
12515 Boul Rodolphe-Forget, Montreal, QC, H1E 6P6
(514) 494-9718 SIC 7999
VILLE DE MONTREAL p 1085
9001 Boul Perras, Montreal, QC, H1E 3J7
(514) 872-9386 SIC 8231
VILLE DE MONTREAL p 1089
2800 Rue Viau, Montreal, QC, H1V 3J3
(514) 872-6666 SIC 7999
VILLE DE MONTREAL p 1089
2269 Rue Viau, Montreal, QC, H1V 3H8
(514) 872-4303 SIC 7538
VILLE DE MONTREAL p 1090
3430 Rue De Bellechasse, Montreal, QC, H1X 3C8
(514) 872-6578 SIC 7999
VILLE DE MONTREAL p 1090
4581 Rue Sherbrooke E, Montreal, QC, H1X

2B2
(514) 872-0663   SIC 8412
VILLE DE MONTREAL   p 1090
See VILLE DE MONTREAL
VILLE DE MONTREAL   p 1090
3131 Boul Rosemont, Montreal, QC, H1Y 1M4
(514) 872-4701   SIC 8231
VILLE DE MONTREAL   p 1091
3565 Rue Jarry E Bureau 400, Montreal, QC, H1Z 0A2
(514) 872-1540   SIC 8231
VILLE DE MONTREAL   p 1096
See VILLE DE MONTREAL
VILLE DE MONTREAL   p 1096
9335 Rue Saint-Hubert, Montreal, QC, H2M 1Y7
(514) 385-2893   SIC 8322
VILLE DE MONTREAL   p 1096
827 Boul Cremazie E Bureau 301, Montreal, QC, H2M 2T8
(514) 280-4300   SIC 7389
VILLE DE MONTREAL   p 1098
7355 Av Christophe-Colomb, Montreal, QC, H2R 2S5
(514) 872-1523   SIC 8231
VILLE DE MONTREAL   p 1098
See VILLE DE MONTREAL
VILLE DE MONTREAL   p 1098
800 Boul Maisonneuve E Bureau 700, Montreal, QC, H2R 4L8
(514) 868-4402   SIC 8231
VILLE DE MONTREAL   p 1115
801 Rue Brennan Bureau 1200, Montreal, QC, H3C 0G4
(514) 872 2706   SIC 2741
VILLE DE MONTREAL   p 1115
See VILLE DE MONTREAL
VILLE DE MONTREAL   p 1119
10300 Rue Lajeunesse, Montreal, QC, H3L 2E5
(514) 872-4025   SIC 8231
VILLE DE MONTREAL   p 1121
See VILLE DE MONTREAL
VILLE DE MONTREAL   p 1121
5290 Ch De La Cote-Des-Neiges, Montreal, QC, H3T 1Y2
(514) 872-6603   SIC 8231
VILLE DE MONTREAL   p 1122
See VILLE DE MONTREAL
VILLE DE MONTREAL   p 1122
5600 Ch Upper-Lachine, Montreal, QC, H4A 2A7
(514) 872-1765   SIC 8631
VILLE DE MONTREAL   p 1137
13555 Boul De Pierrefonds, PIERREFONDS, QC, H9A 1A6
(514) 620-4181   SIC 8231
VILLE DE MONTREAL   p 1138
18025 Boul Gouin O, PIERREFONDS, QC, H9K 1A1
(514) 624-1079   SIC 1446
VILLE DE MONTREAL   p 1143
See VILLE DE MONTREAL
VILLE DE MONTREAL   p 1143
100 Av Douglas-Shand, POINTE-CLAIRE, QC, H9R 4V1
(514) 630-1218   SIC 8231
VILLE DE MONTREAL   p 1216
8420 Boul Lacordaire, SAINT-LEONARD, QC, H1R 3G5
(514) 328-8500   SIC 8231
VILLE DE MONTREAL   p 1258
See VILLE DE MONTREAL
VILLE DE MONTREAL   p 1258
1177 Rue Dupuis, VERDUN, QC, H4G 3L4
SIC 1611
VILLE DE MONTREAL   p 1258
4110 Boul Lasalle, VERDUN, QC, H4G 2A5
(514) 765-7130   SIC 7999
VILLE DE MONTREAL ARRONDISSEMENT D'ANJOU   p 992
7500 Av Goncourt, ANJOU, QC, H1K 3X9
(514) 493-8260   SIC 8231

VILLE DE MONTREAL ARRONDISSEMENT LASALLE   p 1060
1080 Av Dollard, LASALLE, QC, H8N 2T9
(514) 367-6384   SIC 8231
VILLE DE QUEBEC   p 1150
399 Rue Saint-Joseph E, Quebec, QC, G1K 8E2
(418) 641-6654   SIC 4724
VILLE DE QUEBEC   p 1158
835 Av Wilfrid-Laurier, Quebec, QC, G1R 2L3
(418) 641-6290   SIC 7389
VILLE DE QUEBEC   p 1162
See VILLE DE QUEBEC
VILLE DE QUEBEC   p 1162
1130 Rte De L'Eglise, Quebec, QC, G1V 4X6
(418) 641-6043   SIC 7999
VILLE DE RIMOUSKI   p 1173
11 Rue Saint-Laurent O, RIMOUSKI, QC, G5L 8B5
(418) 724-3265   SIC 7389
VILLE DE SAGUENAY   p 1015
216 Rue Racine E, CHICOUTIMI, QC, G7H 1R9
(418) 698-3130   SIC 8711
VILLE DE SAGUENAY   p 1015
643 Rue Begin, CHICOUTIMI, QC, G7H 4N7
(418) 698-3071   SIC 2321
VILLE DE SAGUENAY   p 1048
2315 Rue Pelletier, Jonquiere, QC, G7X 6C2
(418) 698-3200   SIC 7941
VILLE DE SAINT-REMI   p 1220
1104 Rue Notre-Dame, Saint-Remi, QC, J0L 2L0
(450) 454-5345   SIC 7521
VILLE DE SAINTE-CATHERINE-DE-LA-JACQUES   p 1242
See VILLE DE SAINTE-CATHERINE-DE-LA-JACQUES
VILLE DE SAINTE-CATHERINE-DE-LA-JACQUES   p 1242
1 Rue Rouleau, STE-CATHERINE-DE-LA-JCARTIE, QC, G3N 2S5
SIC 8231
VILLE DE SALABERRY DE VALLEYFIELD   p 1232
275 Rue Hebert, SALABERRY-DE-VALLEYFIELD, QC, J6S 5Y9
(450) 370-4820   SIC 8743
VILLE DE SHERBROOKE   p 1237
450 Rue Marquette, SHERBROOKE, QC, J1H 1M4
(819) 821-5861   SIC 8231
VILLE DE SHERBROOKE   p 1238
1800 Rue Roy, SHERBROOKE, QC, J1K 1B6
(819) 821-5727   SIC 4911
VILLE DE WESTMOUNT   p 1263
995 Ch Glen, WESTMOUNT, QC, H3Z 2L8
(514) 925-1414   SIC 4911
VILNA SCHOOL   p 172
See ASPEN VIEW PUBLIC SCHOOL DIVISION NO. 78
VIMETAL, DIV OF   p 1210
See THYSSENKRUPP MATERIALS CA, LTD
VIMONT COMPETENCY DEVELOPMENT CENTRE   p 1129
See SIR WILFRID LAURIER SCHOOL BOARD
VIMY RIDGE ACADEMY   p 102
See EDMONTON SCHOOL DISTRICT NO. 7
VIMY RIDGE PUBLIC SCHOOL   p 484
See DURHAM CATHOLIC DISTRICT SCHOOL BOARD
VINCAR LTEE   p 1063
3366 Boul Sainte-Rose, LAVAL-OUEST, QC, H7R 1T8
(450) 627-7777   SIC 5912
VINCE'S COUNTRY MARKET   p 732
See 677957 ONTARIO INC

VINCENT FARM EQUIPMENT (SEAFORTH) INC   p 847
42787 Hydroline Rd, SEAFORTH, ON, N0K 1W0
(519) 527-0120   SIC 5083
VINCENT J MALONEY CATHOLIC JUNIOR HIGH SCHOOL   p 166
See GREATER ST. ALBERT CATHOLIC REGIONAL DIVISION NO. 29
VINCENT MASSEY COLLEGIATE   p 1088
5925 27e Av, Montreal, QC, H1T 3J5
(514) 374-1999   SIC 8211
VINCENT MASSEY COMMUNITY SCHOOL   p 1280
See SASKATCHEWAN RIVER SCHOOL DIVISION #119
VINCENT MASSEY COMMUNITY SCHOOL   p 1299
See BOARD OF EDUCATION OF SASKATOON SCHOOL DIVISION NO. 13 OF SASKATCHEWAN, THE
VINCENT MASSEY HIGH SCHOOL   p 346
See BRANDON SCHOOL DIVISION, THE
VINCENT MASSEY PUBLIC SCHOOL   p 507
See KAWARTHA PINE RIDGE DISTRICT SCHOOL BOARD
VINCENT MASSEY PUBLIC SCHOOL   p 743
See NEAR NORTH DISTRICT SCHOOL BOARD
VINCENT MASSEY PUBLIC SCHOOL   p 778
See DURHAM DISTRICT SCHOOL BOARD
VINCENT MASSEY SCHOOL   p 59
See CALGARY BOARD OF EDUCATION
VINCENT MASSEY SCHOOL   p 144
See MEDICINE HAT SCHOOL DISTRICT NO. 76
VINCENT MASSEY SECONDARY SCHOOL   p 970
See GREATER ESSEX COUNTY DISTRICT SCHOOL BOARD
VINCENT, SYLVAIN   p 1083
387 117 Rte, MONT-TREMBLANT, QC, J8E 2X4
(819) 425-1333   SIC 5812
VINCI PARK SERVICES (CANADA) INC   p 1114
1 Place Ville-Marie Bureau 2131, Montreal, QC, H3B 2C6
(514) 874-1208   SIC 7521
VINELAND ESTATES WINERY   p 948
See 984379 ONTARIO INC
VINELAND/MAPLE GROVE PUBLIC SCHOOL   p 948
See DISTRICT SCHOOL BOARD OF NIAGARA
VINEYARD ESTATE WINES   p 598
See ANDREW PELLER LIMITED
VINS ARTERRA CANADA, DIVISION QUEBEC, INC   p 1176
175 Ch De Marieville, ROUGEMONT, QC, J0L 1M0
(514) 861-2404   SIC 2084
VINS VIP, LES   p 1257
See CHARTON-HOBBS INC
VINTAGES   p 909
See LIQUOR CONTROL BOARD OF ONTARIO, THE
VINYLE KAYTEC   p 1032
See KAYCAN LTEE
VIPOND FIRE PROTECTION   p 727
See VIPOND INC
VIPOND FIRE PROTECTION   p 844
See VIPOND INC
VIPOND FIRE PROTECTION   p 870
See VIPOND INC
VIPOND FIRE PROTECTION, DIV   p 665
See VIPOND INC
VIPOND INC   p 34
6120 3 St Se Suite 13, CALGARY, AB, T2H 1K4
(403) 253-6500   SIC 1711
VIPOND INC   p 384
571 Ferry Rd, WINNIPEG, MB, R3H 0T5

(204) 783-2420   SIC 1711
VIPOND INC   p 665
30 Midpark Cres, LONDON, ON, N6N 1B1
(519) 681-2233   SIC 1711
VIPOND INC   p 721
6380 Vipond Dr, MISSISSAUGA, ON, L5T 1A1
(905) 564-7060   SIC 1731
VIPOND INC   p 721
6380 Vipond Dr, MISSISSAUGA, ON, L5T 1A1
(905) 564-7060   SIC 3569
VIPOND INC   p 727
34 Bentley Ave Unit 201, NEPEAN, ON, K2E 6T8
(613) 225-0538   SIC 7389
VIPOND INC   p 844
210 Milner Ave Suite 1, SCARBOROUGH, ON, M1S 4M7
SIC 3569
VIPOND INC   p 862
807 South Service Rd, STONEY CREEK, ON, L8E 5Z2
(905) 643-6006   SIC 3569
VIPOND INC   p 870
95 Pacific Ave, SUDBURY, ON, P3C 3J1
(705) 675-2705   SIC 5063
VIPOND INC   p 1283
205 E 1st Ave, REGINA, SK, S4N 4Z3
(306) 757-0003   SIC 5063
VIPOND SYSTEM GROUP   p 34
See VIPOND INC
VIRDEN COLLEGIATE   p 360
See FORT LA BOSSE SCHOOL DIVISION
VIRDEN HEALTH CENTRE   p 360
See PRAIRIE MOUNTAIN HEALTH
VIRDEN JR HIGH SCHOOL   p 360
See FORT LA BOSSE SCHOOL DIVISION
VIRGIN GAMING   p 929
See INTERTAINTECH CORPORATION
VIRGIN MOBILE CANADA   p 931
720 King St W Suite 905, TORONTO, ON, M5V 2T3
(416) 607-8500   SIC 4812
VIRGIN RADIO   p 1094
See BELL MEDIA INC
VIRIDIAN INC   p 36
13131 Lake Fraser Dr Se, CALGARY, AB, T2J 7E8
(403) 225-7000   SIC 2873
VIRK HOSPITALITY CORP   p 757
1677 Wilson Ave, NORTH YORK, ON, M3L 1A5
(416) 249-8171   SIC 7011
VIRTUAL360 SYSTEMS LTD   p 299
128 6th Ave W Suite, Vancouver, BC, V5Y 1K6
(604) 253-0360   SIC 7379
VISA CANADA   p 922
See VISA CANADA CORPORATION
VISA CANADA CORPORATION   p 922
77 King W Suite 4400, TORONTO, ON, M5K 1J5
(416) 367-8472   SIC 8741
VISAC   p 321
See FAMILY SERVICES OF GREATER VANCOUVER
VISCOFAN CANADA INC   p 1206
290 Rue Benjamin-Hudon Bureau 2, SAINT-LAURENT, QC, H4N 1J4
(514) 333-1700   SIC 5149
VISCOUNT ALEXANDER SCHOOL   p 389
See PEMBINA TRAILS SCHOOL DIVISION, THE
VISION 2000 TRAVEL GROUP   p 592
See VISION TRAVEL
VISION 2000 TRAVEL GROUP   p 750
See 1428228 ONTARIO INC
VISION 7 COMMUNICATIONS INC   p 1150
300 Rue Saint-Paul Bureau 300, Quebec, QC, G1K 7R1
(418) 647-2727   SIC 6712
VISION CENTER AT WALMART   p 140
See WAL-MART CANADA CORP

VISION CHEVROLET BUICK GMC INC p 1022
30 Rte 132, DELSON, QC, J5B 1H3
(450) 659-5471   SIC 5511

VISION CREDIT UNION LTD. p 66
5007 51 St, CAMROSE, AB, T4V 1S6
(780) 672-6341   SIC 6062

VISION MED p 83
See FAMILY VISION CARE LTD

VISION PROGRAM p 760
See TORONTO DISTRICT SCHOOL BOARD

VISION RESEARCH INC p 982
94 Watts Ave, CHARLOTTETOWN, PE, C1E 2C1
(902) 569-7300   SIC 7389

VISION TRANSPORTATION SYSTEMS INC p 517
7659 Bramalea Rd, BRAMPTON, ON, L6T 5V3
(905) 858-7333   SIC 4731

VISION TRAVEL p 592
328 Guelph St, GEORGETOWN, ON, L7G 4B5
(905) 873-2002   SIC 4724

VISION TRAVEL p 592
328 Guelph St, GEORGETOWN, ON, L7G 4B5
(905) 873-2000   SIC 4724

VISION TRAVEL p 926
See LE GROUPE VOYAGES VISION 2000 INC

VISION TV: CANADA'S FAITH NETWORK/RESEAU RELIGIEUX CANADIEN p 937
171 East Liberty St Suite 230, TORONTO, ON, M6K 3P6
(416) 368-3194   SIC 7922

VISIONS ELECTRONICS p 102
See 668824 ALBERTA LTD

VISIONS ELECTRONICS p 382
See 668824 ALBERTA LTD

VISIONS ELECTRONICS p 1294
See 668824 ALBERTA LTD

VISIONS THE BEST NAME IN ELECTRONICS p 9
See 668824 ALBERTA LTD

VISIONS THE BEST NAME IN ELECTRONICS 88
See 668824 ALBERTA LTD

VISIONS THE BEST NAME IN ELECTRONICS p 223
See 668824 ALBERTA LTD

VISIONS THE BEST NAME IN ELECTRONICS 1281
See 668824 ALBERTA LTD

VISITING HOMEMAKERS ASSOCIATON OF OTTAWA p 793
250 City Centre Ave Unit 7, OTTAWA, ON, K1R 6K7
(613) 238-8420   SIC 8322

VISSCHER LUMBER INC p 198
44565 Yale Rd Unit 6, CHILLIWACK, BC, V2R 4H2
(604) 858-3375   SIC 5031

VISSCHER SPECIALTY PRODUCTS p 198
See VISSCHER LUMBER INC

VISTA HEIGHTS PUBLIC SCHOOL p 705
See PEEL DISTRICT SCHOOL BOARD

VISTA HEIGHTS SCHOOL p 22
See CALGARY BOARD OF EDUCATION

VISTA RADIO LTD p 260
1940 3rd Ave, PRINCE GEORGE, BC, V2M 1G7
(250) 564-2524   SIC 4832

VISTA RADIO LTD p 341
83 First Ave S, WILLIAMS LAKE, BC, V2G 1H4
(250) 392-6551   SIC 4832

VISTA SECURITY AND INVESTIGATIONS p 524
See V.S.I. INC

VISTA SUDBURY HOTEL INC p 871
85 Ste Anne Rd, SUDBURY, ON, P3E 4S4
(705) 675-1123   SIC 7011

VISTA VILLAGE p 150
See GOOD SAMARITAN SOCIETY, THE (A LUTHERAN SOCIAL SERVICE ORGANIZATION)

VISTAMERE, THE p 769
See 678114 ONTARIO INC

VISTANCE TECHNOLOGY SOLUTIONS INC p 1206
473 Rue Deslauriers, SAINT-LAURENT, QC, H4N 1W2
(514) 336-9200   SIC 7371

VISTEK LTD p 60
1231 10 Ave Sw, CALGARY, AB, T3C 0J3
(403) 244-0333   SIC 5043

VISTEK WEST CALGARY INC p 78
10569 109 St Nw, EDMONTON, AB, T5H 3B1
(780) 484-0333   SIC 5946

VISTEON p 502
See HANON SYSTEMS CANADA INC

VISUAL ARTS CENTRE p 1262
See CENTRE DES ARTS VISUELS, LE

VISUAL DEFENCE INC p 784
2450 Lancaster Rd Unit 40, OTTAWA, ON, K1B 5N3
(613) 226-6661   SIC 7382

VISUAL STATEMENT p 221
See VS VISUAL STATEMENT INC

VITA AND DISTRICT HEALTH CENTRE p 360
See SOUTHERN HEALTH-SANTE SUD

VITA HEALTH PRODUCTS INC p 366
150 Beghin Ave, WINNIPEG, MB, R2J 3W2
(204) 661-8386   SIC 2833

VITA-TECH p 671
See GENTOX LABORATORIES INC

VITABATH INC p 890
333 Rimrock Rd, TORONTO, ON, M3J 3J9
(416) 373-4459   SIC 5122

VITAFOAM p 20
See VPC GROUP INC

VITAFOAM PRODUCTS WESTERN CANADA p 208
See VPC GROUP INC

VITAL GRANDIN SCHOOL p 166
See GREATER ST. ALBERT CATHOLIC REGIONAL DIVISION NO. 29

VITAL TRANSIT SERVICES LTD p 370
1850 Selkirk Ave, WINNIPEG, MB, R2R 0N6
(204) 633-2022   SIC 4141

VITALAIRE p 521
See VITALAIRE CANADA INC

VITALAIRE p 788
See VITALAIRE CANADA INC

VITALAIRE CANADA INC p 94
18244 102 Ave Nw, EDMONTON, AB, T5S 1S7
(780) 944-0202   SIC 5169

VITALAIRE CANADA INC p 227
1980 Springfield Rd, KELOWNA, BC, V1Y 5V7
(250) 862-2350   SIC 5047

VITALAIRE CANADA INC p 230
9087 198 St Suite 201, LANGLEY, BC, V1M 3B1
(604) 881-0214   SIC 8082

VITALAIRE CANADA INC p 521
8 Bram Crt, BRAMPTON, ON, L6W 3R6
(905) 455-2449   SIC 5169

VITALAIRE CANADA INC p 712
6990 Creditview Rd Unit 6, MISSISSAUGA, ON, L5N 8R9
(905) 855-0414   SIC 5169

VITALAIRE CANADA INC p 788
1155 Lola St Suite 2, OTTAWA, ON, K1K 4C1
(613) 741-0202   SIC 5169

VITALAIRE HEALTHCARE p 94
See VITALAIRE CANADA INC

VITALAIRE HEALTHCARE p 230
See VITALAIRE CANADA INC

VITALAIRE HEALTHCARE/SANTE p 712
See VITALAIRE CANADA INC

VITALITE HEALTH NETWORK p 398
275 Boul Hebert, EDMUNDSTON, NB, E3V 4E4
(506) 739-2160   SIC 8082

VITALITE HEALTH NETWORK p 398
345 Boul Hebert, EDMUNDSTON, NB, E3V 0E7
(506) 735-2092   SIC 8093

VITALITE HEALTH NETWORK p 398
62 Rue Queen, EDMUNDSTON, NB, E3V 1A1
(506) 739-2323   SIC 8331

VITALITE HEALTH NETWORK p 402
532 Ch Madawaska, GRAND-SAULT/GRAND FALLS, NB, E3Y 1A3
(506) 473-7492   SIC 8082

VITALITE HEALTH NETWORK p 403
625 Boul Everard H Daigle, GRAND-SAULT/GRAND FALLS, NB, E3Z 2R9
(506) 473-7555   SIC 8062

VITALITE HEALTH NETWORK p 419
21 Rue Canada, SAINT-QUENTIN, NB, E8A 2P6
(506) 235-2300   SIC 8062

VITERRA p 151
See VITERRA INC

VITERRA p 171
See VITERRA INC

VITERRA INC p 7
801 1st Ave E, BOW ISLAND, AB, T0K 0G0
(403) 545-2227   SIC 4221

VITERRA INC p 71
29340 Hwy 2a, CROSSFIELD, AB, T0M 0S0
(403) 946-4311   SIC 4221

VITERRA INC p 151
6701 44 Ave, PONOKA, AB, T4J 1J8
(403) 783-6037   SIC 4221

VITERRA INC p 171
Gd, TABER, AB, T1G 2E5
(403) 223-2772   SIC 4221

VITERRA INC p 349
Gd, FORREST STATION, MB, R0K 0W0
(204) 727-6669   SIC 4221

VITERRA INC p 1267
116 Railway Ave E, ELROSE, SK, S0L 0Z0
(306) 378-2242   SIC 4221

VITERRA INC p 1276
2575 24th Ave, MOOSE JAW, SK, S6H 4N8
(306) 694-1070   SIC 4221

VITERRA INC p 1279
Po Box 760, PORCUPINE PLAIN, SK, S0E 1H0
(306) 278-3444   SIC 4221

VITERRA INC p 1302
3404 11th St W, SASKATOON, SK, S7M 1K5
(306) 384-7900   SIC 4221

VITERRA INC p 1307
2200 North Railway St W, SWIFT CURRENT, SK, S9H 5H9
(306) 773-6425   SIC 4221

VITO'S p 408
See VITO'S PIZZERIA FOOD PRODUCTION LTD

VITO'S PIZZERIA FOOD PRODUCTION LTD p 408
726 Mountain Rd, MONCTON, NB, E1C 2P9
(506) 858-5000   SIC 5812

VITRAN EXPLUS CANADA p 651
420 Industrial Rd Unit 2, LONDON, ON, N5V 1T5
(519) 659-8505   SIC 4731

VITRAN EXPRESS CANADA INC p 285
10077 Grace Rd, SURREY, BC, V3V 3V7
(604) 582-4500   SIC 4213

VITRAN EXPRESS CANADA INC p 651
420 Industrial Rd Unit B, LONDON, ON, N5V 1T5
(519) 659-8505   SIC 4213

VITRAN EXPRESS CANADA INC p 1058
3333 Rue Joseph-Dubreuil, LACHINE, QC, H8T 3P7
(514) 932-6588   SIC 4213

VITRAN LOGISTICS p 558
See CAN AM LOGISTICS INC

VITRAN TRANSPORTATION p 651
See VITRAN EXPRESS CANADA INC

VITRERIE BAIE ST-PAUL p 990
See INDUSTRIES COVER INC

VITRERIE CLAUDE LTEE p 1041
110 Rue Court, GRANBY, QC, J2G 4Y9
(450) 372-3019   SIC 5211

VITRERIE VERTECH (2000) INC p 1001
4275 Boul De La Grande-Allee, BOISBRIAND, QC, J7H 1M7
(450) 430-6161   SIC 1751

VIVA MEDIA PACKAGING (CANADA) LTD p 847
1663 Neilson Rd Suite 13, SCARBOROUGH, ON, M1X 1T1
(416) 321-0622   SIC 3089

VIVENDI VISUAL ENTERTAINMENT p 746
See UNIVERSAL MUSIC CANADA INC

VIVIX p 718
See CONXCORP LTD

VIVONET ACQUISITION LTD p 313
1188 Georgia St W Unit 1790, VANCOUVER, BC, V6E 4A2
(866) 512-2033   SIC 7371

VIZEUM CANADA INC p 931
317 Adelaide St W Suite 700, TORONTO, ON, M5V 1P9
(416) 967-7282   SIC 7311

VLR FOOD CORPORATION p 563
575 Oster Lane, CONCORD, ON, L4K 2B9
(905) 669-0700   SIC 2038

VMA TOTTENHAM, DIV OF p 943
See VENTRA GROUP CO

VMC GAME LABS p 1114
See VOLT CANADA INC

VMC GAMES LABS p 695
See VOLT CANADA INC

VMWARE CANADA INC p 535
1122 International Blvd Suite 200, BURLINGTON, ON, L7L 6Z8
(905) 315-6000   SIC 7372

VOA CANADA INC p 557
190 Macdonald Rd, COLLINGWOOD, ON, L9Y 4N6
(705) 444-2561   SIC 2241

VOESTALPINE HIGH PERFORMACE LETALS LTD p 712
2595 Meadowvale Blvd, MISSISSAUGA, ON, L5N 7Y3
(905) 812-9440   SIC 5051

VOESTALPINE NORTRAK LTD p 267
5500 Parkwood Way, RICHMOND, BC, V6V 2M4
(604) 231-3358   SIC 3312

VOESTALPINE NORTRAK LTD p 267
5500 Parkwood Way, RICHMOND, BC, V6V 2M4
(604) 273-3030   SIC 3312

VOESTALPINE NORTRAK LTD p 363
400 Pandora Ave W, WINNIPEG, MB, R2C 3A5
SIC 3531

VOESTALPINE ROTEC SUMMO CORP p 535
1180 Burloak Dr, BURLINGTON, ON, L7L 6B3
(905) 336-3306   SIC 5051

VOESTALPINE ROTEC SUMMO CORP p 535
1200 Burloak Dr, BURLINGTON, ON, L7L 6B4
(905) 336-0014   SIC 5051

VOGUE OPTICAL p 981
See VOGUE OPTICAL GROUP INC

VOGUE OPTICAL GROUP INC p 981
5 Brackley Point Rd, CHARLOTTETOWN, PE, C1A 6X8
(902) 566-3326   SIC 5995

VOICE CONSTRUCTION LTD p 122

200 Macdonald Cres, FORT MCMURRAY, AB, T9H 4B2
(780) 790-0981   SIC 1794
VOICE PRINT DIV OF   p 869
See ACCESSIBLE MEDIA INC
VOICE PRINT, DIV OF   p 752
See ACCESSIBLE MEDIA INC
VOITH CANADA INC   p 618
925 Tupper St, HAWKESBURY, ON, K6A 3T5
(613) 632-4163   SIC 2621
VOITH HYDRO LTD   p 1008
9955 Rue De Chateauneuf Bureau 160, BROSSARD, QC, J4Z 3V5
(450) 766-2100   SIC 1731
VOITH PAPER FABRIC & ROLL SYSTEMS p 618
See VOITH CANADA INC
VOLAILLES DES GRANDES-PRAIRIES INC, LES   p 1118
370 Rue Des Seigneurs, Montreal, QC, H3J 2M9
(514) 939-2615   SIC 5144
VOLAILLES GILLES LAFORTUNE INC   p 1219
330 Boul Brassard, SAINT-PAUL, QC, J0K 3E0
(450) 754-2955   SIC 4212
VOLAILLES MIRABEL LTEE   p 1079
9051 Rte Sir-Wilfrid-Laurier, MIRABEL, QC, J7N 1L6
(450) 258-0444   SIC 6799
VOLKER STEVIN CONTRACTING LTD.   p 119
Junction Hwy 2 Secondary Rd, FORT MACLEOD, AB, T0L 0Z0
(403) 553-4225   SIC 1611
VOLKER STEVIN CONTRACTING LTD.   p 133
Gd, KANANASKIS, AB, T0L 2H0
(403) 591-7124   SIC 1611
VOLKER STEVIN CONTRACTING LTD.   p 137
4004 6 Ave N, LETHBRIDGE, AB, T1H 6W4
(403) 320-4920   SIC 1611
VOLKER STEVIN HIGHWAY   p 137
See VOLKER STEVIN CONTRACTING LTD.
VOLKSWAGEN   p 483
See VOLKSWAGEN GROUP CANADA INC
VOLKSWAGEN DES SOURCES   p 1025
See 3857387 CANADA INC
VOLKSWAGEN GROUP CANADA INC   p 268
21720 Fraserwood Way, RICHMOND, BC, V6W 1J6
(604) 233-9000   SIC 5013
VOLKSWAGEN GROUP CANADA INC   p 483
777 Bayly St W, AJAX, ON, L1S 7G7
(905) 428-6700   SIC 5012
VOLKSWAGEN GROUP CANADA INC   p 1195
5705 Av Trudeau, SAINT-HYACINTHE, QC, J2S 1H5
(514) 875-3915   SIC 5511
VOLKSWAGEN SAINT-HYACINTHE   p 1195
See VOLKSWAGEN GROUP CANADA INC
VOLKSWAGON   p 1181
See AUTOMOBILES NIQUET INC, LES
VOLT CANADA INC   p 695
3 Robert Speck Pky Suite 260, MISSISSAUGA, ON, L4Z 2G5
(905) 306-1920   SIC 7361
VOLT CANADA INC   p 1114
1155 Rue Metcalfe Bureau 2002, Montreal, QC, H3B 2V6
(514) 787-3175   SIC 8734
VOLTAGE POWER LTD   p 384
1313 Border St Unit 21, WINNIPEG, MB, R3H 0X4
(204) 594-1140   SIC 1623
VOLUME TANK TRANSPORT INC   p 692
1230 Shawson Dr, MISSISSAUGA, ON, L4W 1C3
(905) 670-7090   SIC 4212
VOLUNTEER ASSOCIATION FROM THE ST MICHAELS HOSPITAL, THE   p 907
30 Bond St, TORONTO, ON, M5B 1W8
(416) 864-5859   SIC 8641
VOLVO OF HALIFAX   p 460
See 3025052 NOVA SCOTIA LIMITED
VOLVO OF HALIFAX   p 461
See STEELE AUTO GROUP LIMITED
VOLVO RENTS   p 552
See CENTRELINE EQUIPMENT RENTALS LTD
VOLVO RENTS   p 963
See CENTRELINE EQUIPMENT RENTALS LTD
VOLVO TRUCK CENTRE-EDMONTON   p 90
See CALMONT TRUCK CENTRE LTD
VOLVO TRUCKS   p 581
See PERFORMANCE EQUIPMENT LTD
VOMAR INDUSTRIES INC   p 508
40 Port Darlington Rd, BOWMANVILLE, ON, L1C 3K3
(905) 697-0907   SIC 5984
VON BATHURST DISTRICT   p 830
See VICTORIAN ORDER OF NURSES FOR CANADA
VON CALGARY DISTRICT   p 54
See VICTORIAN ORDER OF NURSES FOR CANADA
VON CANADA   p 442
See VICTORIAN ORDER OF NURSES FOR CANADA
VON CANADA-ONTARIO GREATER NIAGARA   p 852
A-7 Neilson Ave, ST CATHARINES, ON, L2M 5V9
(905) 641-0630   SIC 8741
VON COLCHESTER EAST HANTS DISTRICT   p 478
See VICTORIAN ORDER OF NURSES FOR CANADA
VON CUMBERLAND DISTRICT   p 441
See VICTORIAN ORDER OF NURSES FOR CANADA
VON DURHAM REGION DISTRICT   p 778
See VICTORIAN ORDER OF NURSES FOR CANADA
VON FREDERICTON   p 399
See VICTORIAN ORDER OF NURSES FOR CANADA
VON GREY BRUCE DISTRICT   p 804
See VICTORIAN ORDER OF NURSES FOR CANADA
VON HAMILTON DISTRICT   p 609
See VICTORIAN ORDER OF NURSES FOR CANADA
VON HASTINGS-NORTHUMBERLAND-PE DISTRICT   p 944
See VICTORIAN ORDER OF NURSES FOR CANADA
VON LUNENBURG DISTRICT   p 444
See VICTORIAN ORDER OF NURSES FOR CANADA
VON MANITOBA DISTRICT   p 379
See VICTORIAN ORDER OF NURSES FOR CANADA
VON MIDDLESEX-ELGIN MAIN OFFICE   p 652
See VICTORIAN ORDER OF NURSES FOR CANADA
VON MONCTON DISTRICT   p 408
See VICTORIAN ORDER OF NURSES FOR CANADA
VON OXFORD DISTRICT   p 978
See VICTORIAN ORDER OF NURSES FOR CANADA
VON PERTH-HURON DISTRICT   p 865
See VICTORIAN ORDER OF NURSES FOR CANADA
VON PETERBOROUGH-VICTORIA-HALIBURTON DISTRICT   p 808
See VICTORIAN ORDER OF NURSES FOR CANADA
VON PICTOU DISTRICT   p 470
See VICTORIAN ORDER OF NURSES FOR CANADA
VON PORCUPINE DISTRICT   p 884
See VICTORIAN ORDER OF NURSES FOR CANADA
VON SAINT JOHN DISTRICT   p 418
See VICTORIAN ORDER OF NURSES FOR CANADA
VON TORONTO-YORK REGION   p 675
See VICTORIAN ORDER OF NURSES FOR CANADA
VON TRI-COUNTY DISTRICT   p 480
See VICTORIAN ORDER OF NURSES FOR CANADA
VON WINDSOR-ESSEX DISTRICT   p 965
See VICTORIAN ORDER OF NURSES FOR CANADA
VOPAK TERMINALS OF CANADA INC   p 609
655 Victoria Ave N Suite 11, HAMILTON, ON, L8L 8G7
(905) 529-1339   SIC 4226
VOXDATA CALL CENTER   p 750
See VOXDATA SOLUTIONS INC
VOXDATA SOLUTIONS INC   p 750
20 York Mills Rd Suite 201, NORTH YORK, ON, M2P 2C2
SIC 4899
VOYAGES ENCORE TRAVEL INC   p 1206
1285 Rue Hodge Bureau 101, SAINT-LAURENT, QC, H4N 2B6
(514) 738-7171   SIC 4724
VOYAGES ESCAPADE 2000 INC   p 1238
2624 Rue King O, SHERBROOKE, QC, J1J 2H1
(819) 563-5344   SIC 4724
VOYAGEUR ELEMENTARY SCHOOL   p 373
See ST. JAMES-ASSINIBOIA SCHOOL DIVISION
VOYAGEUR PATIENT TRANSFER SERVICES INC   p 651
573 Admiral Crt, LONDON, ON, N5V 4L3
(519) 455-4579   SIC 4111
VOYAGEUR TRANSPORTATION SERVICES   p 649
See 947465 ONTARIO LTD
VPC GROUP INC   p 20
3220 56 Ave Se, CALGARY, AB, T2C 0B1
(403) 279-2866   SIC 3069
VPC GROUP INC   p 208
927 Derwent Way Suite 400, DELTA, BC, V3M 5R4
(604) 540-0530   SIC 3069
VPC GROUP INC   p 563
111 Snidercroft Rd Unit B, CONCORD, ON, L4K 2J8
SIC 5999
VPC GROUP INC   p 756
150 Toro Rd, NORTH YORK, ON, M3J 2A9
(416) 630-6633   SIC 2824
VPC GROUP INC   p 1058
2350 Rue Louis-A.-Amos, LACHINE, QC, H8T 3K6
(514) 631-0691   SIC 3069
VRADENBURG JUNIOR PUBLIC SCHOOL   p 844
See TORONTO DISTRICT SCHOOL BOARD
VRX STUDIOS INC   p 306
375 Water St Suite 415, VANCOUVER, BC, V6B 5C6
(604) 605-0050   SIC 7379
VS VISUAL STATEMENT INC   p 221
175 2nd Ave Suite 900, KAMLOOPS, BC, V2C 5W1
(250) 828-0383   SIC 7372
VSA HIGHWAY MAINTENANCE LTD   p 237
2925 Pooley Ave, MERRITT, BC, V1K 1C2
(250) 315-0166   SIC 1611
VSL CANADA LTD   p 210
7690 Vantage Way, DELTA, BC, V4G 1A7
SIC 3449
VSL CANADA LTD   p 862
318 Arvin Ave, STONEY CREEK, ON, L8E 2M2
(905) 662-0611   SIC 1771
VTR   p 598
See VIBRATORY TOOLING AND REPAIR INC
VUE LOINTAINE INC   p 1202
1195 Boul Des Laurentides, Saint-Jerome, QC, J7Z 7L3
(450) 565-9020   SIC 5812
VULCAN OUTREACH SCHOOL   p 173
See PALLISER REGIONAL DIVISION NO 26
VULCAN PRAIRIEVIEW ELEMENTARY SCHOOL   p 173
See PALLISER REGIONAL DIVISION NO 26
VULCRAFT CANADA, INC   p 488
1362 Osprey Dr, ANCASTER, ON, L9G 4V5
(289) 443-2000   SIC 3312
VULSAY INDUSTRIES LTD   p 524
35 Regan Rd, BRAMPTON, ON, L7A 1B2
(905) 846-2200   SIC 7389
VUTEQ CANADA INC   p 978
80 Norwich Ave, WOODSTOCK, ON, N4S 8Y6
(519) 421-0011   SIC 4225
VUTEQ CANADA INC   p 979
885 Keyes Dr, WOODSTOCK, ON, N4V 1C3
(519) 421-0011   SIC 3465
VUTEQ CANADA INC   p 979
920 Keyes Dr, WOODSTOCK, ON, N4V 1C2
(519) 421-0011   SIC 3089
VVS   p 959
See VALUE VILLAGE STORES, INC
VWR CANLAB   p 1082
See VWR INTERNATIONAL CO.
VWR EDUCATION, LTD   p 856
399 Vansickle Rd, ST CATHARINES, ON, L2S 3T4
(800) 387-9393   SIC 5049
VWR INTERNATIONAL CO.   p 712
2360 Argentia Rd, MISSISSAUGA, ON, L5N 5Z7
(905) 813-7377   SIC 5049
VWR INTERNATIONAL CO.   p 1082
8567 Ch Dalton, MONT-ROYAL, QC, H4T 1V5
(514) 344-3525   SIC 5049

W

W A DAY ELEMENTARY SCHOOL   p 119
See LIVINGSTONE RANGE SCHOOL DIVISION NO 68
W A EMBROIDERY MISSISSAUGA   p 707
See BRANDALLIANCE ONTARIO INC
W C KENNEDY COLLEGIATE INSTITUTE   p 965
See GREATER ESSEX COUNTY DISTRICT SCHOOL BOARD
W C LITTLE ELEMENTARY SCHOOL   p 498
See SIMCOE COUNTY DISTRICT SCHOOL BOARD, THE
W C MILLAR COLLEGIATE   p 343
See BORDER LAND SCHOOL DIVISION
W D SUTTON SCHOOL   p 652
See THAMES VALLEY DISTRICT SCHOOL BOARD
W E KINVIG ELEMENTARY SCHOOL   p 287
See SCHOOL DISTRICT NO 36 (SURREY)
W G MURDOCH SCHOOL   p 71
See ROCKY VIEW SCHOOL DIVISION NO. 41, THE
W I DICK MIDDLE SCHOOL   p 681
See HALTON DISTRICT SCHOOL BOARD
W I S INTERNATIONAL   p 788
See WESTERN INVENTORY SERVICE LTD
W J WATSON PUBLIC SCHOOL   p 628
See YORK REGION DISTRICT SCHOOL

W L MCLEOD ELEMENTARY SCHOOL *p 324*
See BOARD OF EDUCATION OF SCHOOL DISTRICT NO. 91 (NECHAKO LAKE), THE

W L SEATON SECONDARY SCHOOL *p 326*
See SCHOOL DISTRICT NO 22 (VERNON)

W M TOOL INC *p 966*
3280 Devon Dr, WINDSOR, ON, N8X 4L4
(519) 966-3860   SIC 3544

W NETWORK INC *p 905*
25 Dockside Dr, TORONTO, ON, M5A 0B5
(416) 530-2329   SIC 4833

W P SANDIN *p 1306*
See PARKLAND SCHOOL DIVISION NO. 70

W P WAGNER SCHOOL *p 104*
See EDMONTON SCHOOL DISTRICT NO. 7

W R H A COMMUNITY CARE *p 364*
See WINNIPEG REGIONAL HEALTH AUTHORITY, THE

W S C C *p 439*
See WORKER'S SAFETY AND COMPENSATION COMMISSION

W SHERWOOD FOX PUBLIC SCHOOL *p 663*
See THAMES VALLEY DISTRICT SCHOOL BOARD

W T TOWNSHEND PUBLIC SCHOOL *p 640*
See WATERLOO REGION DISTRICT SCHOOL BOARD

W-WESTMONT HOSPITALITY GROUP *p 625*
See INNVEST PROPERTIES CORP

W-WESTMONT HOSPITALITY GROUP *p 1291*
See INNVEST PROPERTIES CORP

W. D. POTATO LIMITED *p 501*
3644 Side Rd Suite 10, BEETON, ON, L0G 1A0
(905) 729-2263   SIC 4225

W. G. BISHOP NURSING HOME *p 404*
See QUEENS NORTH HEALTH COMPLEX INC

W. H. BALLARD SCHOOL *p 607*
See HAMILTON-WENTWORTH DISTRICT SCHOOL BOARD, THE

W. H. DAY ELEMENTARY SCHOOL *p 509*
See SIMCOE COUNTY DISTRICT SCHOOL BOARD, THE

W. H. ESCOTT COMPANY LIMITED *p 376*
95 Alexander Ave, WINNIPEG, MB, R3B 2Y8
(204) 942-5127   SIC 7389

W. J. BAIRD PUBLIC SCHOOL *p 504*
See LAMBTON KENT DISTRICT SCHOOL BOARD

W. J. BEREZOWSKY SCHOOL *p 1280*
See SASKATCHEWAN RIVER SCHOOL DIVISION #119

W. J. LANGLOIS SCHOOL *p 963*
See WINDSOR-ESSEX CATHOLIC DISTRICT SCHOOL BOARD, THE

W. LAFRAMBOISE LTEE *p 1132*
11450 Boul Albert-Hudon, MONTREAL-NORD, QC, H1G 3J9
(514) 352-8228   SIC 2326

W. P. BATE COMMUNICTY SCHOOL *p 1301*
See BOARD OF EDUCATION OF SASKATOON SCHOOL DIVISION NO. 13 OF SASKATCHEWAN, THE

W. R. GRACE CANADA CORP *p 1232*
42 Rue Fabre, SALABERRY-DE-VALLEYFIELD, QC, J6S 4K7
(450) 373-4224   SIC 2819

W. RALSTON (CANADA) INC *p 72*
1100 Railway Ave S, DRUMHELLER, AB, T0J 0Y0
(403) 823-3468   SIC 3089

W. S. NICHOLLS WESTERN CONSTRUCTION LTD *p 208*
851 Derwent Way, DELTA, BC, V3M 5R4

(604) 521-2004   SIC 1521

W. S. TYLER CANADA LTD *p 855*
225 Ontario St, ST CATHARINES, ON, L2R 7J2
(905) 688-2644   SIC 3496

W.C. EAKET SECONDARY SCHOOL *p 505*
See ALGOMA DISTRICT SCHOOL BOARD

W.F. WELDING & OVERHEAD CRANES LTD *p 148*
705 23 Ave, NISKU, AB, T9E 7Y5
(780) 955-7671   SIC 5084

W.H. FORD *p 1291*
See BOARD OF EDUCATION REGINA SCHOOL DIVISION NO. 4 OF SASKATCHEWAN

W.H. MORDEN SCHOOL *p 768*
See HALTON DISTRICT SCHOOL BOARD

W.J. DEANS TRANSPORTATION INC *p 862*
371 Jones Rd, STONEY CREEK, ON, L8E 5N2
(905) 643-9405   SIC 4214

W.J. MOUAT SECONDARY SCHOOL *p 179*
See SCHOOL DISTRICT NO 34 (ABBOTSFORD)

W.O. STINSON & SON LIMITED *p 489*
7 Van Jumar Dr, ARNPRIOR, ON, K7S 3G8
(613) 623-4207   SIC 5541

W.O. STINSON & SON LIMITED *p 794*
4728 Bank St, OTTAWA, ON, K1T 3W7
(613) 822-7400   SIC 5541

W.O.W. HOSPITALITY CONCEPTS INC *p 95*
8882 170 St Nw Suite 2553, EDMONTON, AB, T5T 4M2
(780) 489-4289   SIC 7929

W.O.W. HOSPITALITY CONCEPTS INC *p 379*
15 Forks Market Rd, WINNIPEG, MB, R3C 0A2
(204) 947-6653   SIC 5812

W.S.I. DOORS LTD *p 86*
14425 118 Ave Nw, EDMONTON, AB, T5L 2M7
(780) 454-1455   SIC 2431

W.T. LYNCH FOODS LIMITED *p 751*
72 Railside Rd, NORTH YORK, ON, M3A 1A3
(416) 449-5464   SIC 2099

WAAPIHTIIWEWAN SCHOOL *p 1136*
See CREE SCHOOL BOARD

WABANNUTAO EYOU SCHOOL *p 1032*
See CREE SCHOOL BOARD

WABASCA DESMARAIS GENERAL HOSPITAL *p 173*
See ALBERTA HEALTH SERVICES

WABCO FREIGHT CAR PRODUCTS *p 1058*
See WABTEC CANADA INC

WABTEC CANADA INC *p 651*
1030 Clarke Rd Suite Side, LONDON, ON, N5V 3B2
(519) 451-0310   SIC 3564

WABTEC CANADA INC *p 949*
40 Mason St, WALLACEBURG, ON, N8A 4M1
(519) 627-1244   SIC 3321

WABTEC CANADA INC *p 1058*
2610 Boul Jean-Baptiste-Deschamps, LACHINE, QC, H8T 1C9
(514) 636-3115   SIC 4789

WABTEC CANADA INC *p 1211*
10655 Boul Henri-Bourassa O, SAINT-LAURENT, QC, H4S 1A1
(514) 335-4200   SIC 3743

WABTEC FOUNDRY *p 949*
See WABTEC CANADA INC

WADENA ELEMENTARY SCHOOL *p 1308*
See HORIZON SCHOOL DIVISION NO 205

WADENA SCHOOL *p 1308*
See HORIZON SCHOOL DIVISION NO 205

WADLAND PHARMACY LIMITED *p 867*
12035 Highway 17 E, STURGEON FALLS, ON, P2B 2S6
(705) 753-5850   SIC 5912

WAGMATCOOK BAND COUNCIL *p 478*

1 Sugarbush Rd, WAGMATCOOK, NS, B0E 3N0
(902) 295-3491   SIC 8211

WAGMATCOOK SCHOOL *p 478*
See WAGMATCOOK BAND COUNCIL

WAGNER ELEMENTARY SCHOOL *p 1277*
See NORTH EAST SCHOOL DIVISION

WAGNER SCHOOL *p 1277*
See NORTH EAST SCHOOL DIVISION

WAH LUNG LABELS *p 675*
See WAH LUNG LABELS (CANADA) INC

WAH LUNG LABELS (CANADA) INC *p 675*
150 Telson Rd, MARKHAM, ON, L3R 1E5
(905) 948-8877   SIC 2241

WAHA ENTERPRISES INC *p 725*
100 Bayshore Dr, NEPEAN, ON, K2B 8C1
(613) 721-2918   SIC 5812

WAHSA DISTANCE EDUCATION CENTRE *p 849*
See NORTHERN NISHNAWBE EDUCATION COUNCIL

WAINBEE LIMITED *p 267*
2231 Vauxhall Pl, RICHMOND, BC, V6V 1Z5
(604) 278-4288   SIC 5084

WAINBEE LIMITED *p 1143*
215 Boul Brunswick, POINTE-CLAIRE, QC, H9R 4R7
(514) 697-8810   SIC 5084

WAINBEE LIMITED *p 1234*
453 Noel St, Sept-Iles, QC, G4R 1M1
(418) 962-4949   SIC 5084

WAINWRIGHT ELEMENTARY SCHOOL *p 173*
See BUFFALO TRAIL PUBLIC SCHOOLS REGIONAL DIVISION NO. 28

WAINWRIGHT GOLF AND COUNTRY CLUB *p 173*
1505a 2 St, WAINWRIGHT, AB, T9W 1L5
(780) 842-3046   SIC 7992

WAINWRIGHT HEALTH CENTER *p 173*
See ALBERTA HEALTH SERVICES

WAINWRIGHT HIGHSCHOOL *p 173*
See BUFFALO TRAIL PUBLIC SCHOOLS REGIONAL DIVISION NO. 28

WAJAX EQUIPMENT *p 1*
See INTEGRATED DISTRIBUTION SYSTEMS LIMITED PARTNERSHIP

WAJAX EQUIPMENT *p 6*
See INTEGRATED DISTRIBUTION SYSTEMS LIMITED PARTNERSHIP

WAJAX EQUIPMENT *p 18*
See INTEGRATED DISTRIBUTION SYSTEMS LIMITED PARTNERSHIP

WAJAX EQUIPMENT *p 92*
See INTEGRATED DISTRIBUTION SYSTEMS LIMITED PARTNERSHIP

WAJAX EQUIPMENT *p 120*
See INTEGRATED DISTRIBUTION SYSTEMS LIMITED PARTNERSHIP

WAJAX EQUIPMENT *p 218*
See INTEGRATED DISTRIBUTION SYSTEMS LIMITED PARTNERSHIP

WAJAX EQUIPMENT *p 229*
See INTEGRATED DISTRIBUTION SYSTEMS LIMITED PARTNERSHIP

WAJAX EQUIPMENT *p 262*
See INTEGRATED DISTRIBUTION SYSTEMS LIMITED PARTNERSHIP

WAJAX EQUIPMENT *p 391*
See INTEGRATED DISTRIBUTION SYSTEMS LIMITED PARTNERSHIP

WAJAX EQUIPMENT *p 451*
See INTEGRATED DISTRIBUTION SYSTEMS LIMITED PARTNERSHIP

WAJAX EQUIPMENT *p 593*
See INTEGRATED DISTRIBUTION SYSTEMS LIMITED PARTNERSHIP

WAJAX EQUIPMENT *p 644*
See INTEGRATED DISTRIBUTION SYSTEMS LIMITED PARTNERSHIP

WAJAX EQUIPMENT *p 649*
See INTEGRATED DISTRIBUTION SYSTEMS LIMITED PARTNERSHIP

WAJAX EQUIPMENT *p 664*
See INTEGRATED DISTRIBUTION SYSTEMS LIMITED PARTNERSHIP

WAJAX EQUIPMENT *p 692*
See INTEGRATED DISTRIBUTION SYSTEMS LIMITED PARTNERSHIP

WAJAX EQUIPMENT *p 1010*
See INTEGRATED DISTRIBUTION SYSTEMS LIMITED PARTNERSHIP

WAJAX EQUIPMENT *p 1020*
See INTEGRATED DISTRIBUTION SYSTEMS LIMITED PARTNERSHIP

WAJAX EQUIPMENT *p 1153*
See INTEGRATED DISTRIBUTION SYSTEMS LIMITED PARTNERSHIP

WAJAX INDUSTRIAL COMPONENTS *p 262*
See WAJAX INDUSTRIAL COMPONENTS LIMITED PARTNERSHIP

WAJAX INDUSTRIAL COMPONENTS *p 712*
See WAJAX INDUSTRIAL COMPONENTS LIMITED PARTNERSHIP

WAJAX INDUSTRIAL COMPONENTS *p 1016*
See WAJAX INDUSTRIAL COMPONENTS LIMITED PARTNERSHIP

WAJAX INDUSTRIAL COMPONENTS *p 1058*
See WAJAX INDUSTRIAL COMPONENTS LIMITED PARTNERSHIP

WAJAX INDUSTRIAL COMPONENTS LIMITED PARTNERSHIP *p 262*
901 Great St, PRINCE GEORGE, BC, V2N 5R7
(250) 562-1334   SIC 5084

WAJAX INDUSTRIAL COMPONENTS LIMITED PARTNERSHIP *p 712*
2250 Argentia Rd, MISSISSAUGA, ON, L5N 6A5
(905) 813-8310   SIC 5085

WAJAX INDUSTRIAL COMPONENTS LIMITED PARTNERSHIP *p 1016*
1006 Rue De La Rupert, CHICOUTIMI, QC, G7K 0A1
(418) 690-1447   SIC 5084

WAJAX INDUSTRIAL COMPONENTS LIMITED PARTNERSHIP *p 1058*
2202 52e Av, LACHINE, QC, H8T 2Y3
(514) 636-7366   SIC 5084

WAJAX INDUSTRIAL COMPONENTS LIMITED PARTNERSHIP *p 1156*
2785 Boul Wilfrid-Hamel, Quebec, QC, G1P 2H9
(418) 687-0204   SIC 5084

WAJAX LIMITED *p 712*
2250 Argentia Rd, MISSISSAUGA, ON, L5N 6A5
(905) 212-3300   SIC 5084

WAJAX POWER SYSTEMS *p 57*
See INTEGRATED DISTRIBUTION SYSTEMS LIMITED PARTNERSHIP

WAJAX POWER SYSTEMS *p 105*
See INTEGRATED DISTRIBUTION SYSTEMS LIMITED PARTNERSHIP

WAJAX POWER SYSTEMS *p 120*
See INTEGRATED DISTRIBUTION SYSTEMS LIMITED PARTNERSHIP

WAJAX POWER SYSTEMS *p 127*
See INTEGRATED DISTRIBUTION SYSTEMS LIMITED PARTNERSHIP

WAJAX POWER SYSTEMS *p 155*
See INTEGRATED DISTRIBUTION SYSTEMS LIMITED PARTNERSHIP

WAJAX POWER SYSTEMS *p 369*
See INTEGRATED DISTRIBUTION SYSTEMS LIMITED PARTNERSHIP

WAJAX POWER SYSTEMS *p 451*
See INTEGRATED DISTRIBUTION SYSTEMS LIMITED PARTNERSHIP

WAJAX POWER SYSTEMS *p 575*

See INTEGRATED DISTRIBUTION SYSTEMS LIMITED PARTNERSHIP
WAJAX POWER SYSTEMS p 649
See INTEGRATED DISTRIBUTION SYSTEMS LIMITED PARTNERSHIP
WAJAX POWER SYSTEMS p 650
See INTEGRATED DISTRIBUTION SYSTEMS LIMITED PARTNERSHIP
WAJAX POWER SYSTEMS p 785
See INTEGRATED DISTRIBUTION SYSTEMS LIMITED PARTNERSHIP
WAJAX POWER SYSTEMS p 861
See INTEGRATED DISTRIBUTION SYSTEMS LIMITED PARTNERSHIP
WAJAX POWER SYSTEMS p 1026
See INTEGRATED DISTRIBUTION SYSTEMS LIMITED PARTNERSHIP
WAJAX POWER SYSTEMS p 1163
See INTEGRATED DISTRIBUTION SYSTEMS LIMITED PARTNERSHIP
WAJAX POWER SYSTEMS p 1190
See INTEGRATED DISTRIBUTION SYSTEMS LIMITED PARTNERSHIP
WAJX INDUSTRIAL COMPONENTS p 1156
See WAJAX INDUSTRIAL COMPONENTS LIMITED PARTNERSHIP
WAKAW HOSPITAL p 1308
See SASKATOON REGIONAL HEALTH AUTHORITY
WAKAW SCHOOL p 1308
See HORIZON SCHOOL DIVISION NO 205
WAKEFIELD CANADA INC p 281
10824 152 St Suite 55, SURREY, BC, V3R 4H2
(604) 585-1030   *SIC* 5172
WAKEFIELD CANADA INC p 576
3620 Lake Shore Blvd W, ETOBICOKE, ON, M8W 1N6
(416) 252-5511   *SIC* 5172
WAKEFIELD ELEMENTARY p 1260
See COMMISSION SCOLAIRE WESTERN QUEBEC
WAL MART p 544
See WAL-MART CANADA CORP
WAL MART p 804
See WAL-MART CANADA CORP
WAL MART p 806
See WAL-MART CANADA CORP
WAL MART p 819
See WAL-MART CANADA CORP
WAL MART p 1171
See WAL-MART CANADA CORP
WAL MART 1025 p 1077
See WAL-MART CANADA CORP
WAL MART GRANBY STORE- #3035 p 1042
See WAL-MART CANADA CORP
WAL MART MCDONALDS p 672
See GRANDI COMPANY LIMITED
WAL-MART p 37
See WAL-MART CANADA CORP
WAL-MART p 169
See WAL-MART CANADA CORP
WAL-MART p 258
See WAL-MART CANADA CORP
WAL-MART p 279
See WAL-MART CANADA CORP
WAL-MART p 292
See WAL-MART CANADA CORP
WAL-MART p 476
See WAL-MART CANADA CORP
WAL-MART p 782
See WAL-MART CANADA CORP
WAL-MART p 938
See WAL-MART CANADA CORP
WAL-MART p 1055
See WAL-MART CANADA CORP
WAL-MART p 1076
See WAL-MART CANADA CORP
WAL-MART CANADA CORP p 3
2881 Main St Se Suite 1050, AIRDRIE, AB, T4B 3G5
(403) 945-1295   *SIC* 5311
WAL-MART CANADA CORP p 8
917 3 St W Suite 3658, BROOKS, AB, T1R 1L5
(403) 793-2111   *SIC* 5199
WAL-MART CANADA CORP p 14
3800 Memorial Dr Ne Suite 1100, CALGARY, AB, T2A 2K2
(403) 235-2352   *SIC* 5311
WAL-MART CANADA CORP p 26
1110 57 Ave Ne Suite 3013, CALGARY, AB, T2E 9B7
(403) 730-0990   *SIC* 5311
WAL-MART CANADA CORP p 34
7979 11 St Se Suite 1089, CALGARY, AB, T2H 0B8
(403) 301-2051   *SIC* 5311
WAL-MART CANADA CORP p 36
9650 Macleod Trail Se, CALGARY, AB, T2J 0P7
(403) 258-3988   *SIC* 5311
WAL-MART CANADA CORP p 37
5005 Northland Dr Nw Suite 3011, CALGARY, AB, T2L 2K1
(403) 288-0711   *SIC* 5311
WAL-MART CANADA CORP p 37
5005 Northland Drive Nw, CALGARY, AB, T2L 2K1
(403) 247-8585   *SIC* 5311
WAL-MART CANADA CORP p 56
310 Shawville Blvd Se Suite 100, CALGARY, AB, T2Y 3S4
(403) 201-5415   *SIC* 5311
WAL-MART CANADA CORP p 58
4705 130 Ave Se, CALGARY, AB, T2Z 4J2
(403) 726-0430   *SIC* 5311
WAL-MART CANADA CORP p 60
1212 37 St Sw Suite 3009, CALGARY, AB, T3C 1S3
(403) 242-2205   *SIC* 5311
WAL-MART CANADA CORP p 62
8888 Country Hills Blvd Nw Suite 200, CALGARY, AB, T3G 5T4
(403) 567-1502   *SIC* 5311
WAL-MART CANADA CORP p 66
6800 48 Ave Unit 400, CAMROSE, AB, T4V 4T1
(780) 608-1211   *SIC* 5311
WAL-MART CANADA CORP p 70
4702 43 Ave Suite 3640, COLD LAKE, AB, T9M 1M9
(780) 840-2340   *SIC* 5311
WAL-MART CANADA CORP p 72
5217 Power Centre Blvd, DRAYTON VALLEY, AB, T7A 0A5
(780) 514-3207   *SIC* 5311
WAL-MART CANADA CORP p 73
1801 South Railway Ave, DRUMHELLER, AB, T0J 0Y0
(403) 820-7744   *SIC* 5311
WAL-MART CANADA CORP p 94
18521 Stony Plain Rd Nw Suite 3027, EDMONTON, AB, T5S 2V9
(780) 487-8626   *SIC* 5311
WAL-MART CANADA CORP p 98
13703 40 St Nw Suite 3028, EDMONTON, AB, T5Y 3B5
(780) 476-4460   *SIC* 5311
WAL-MART CANADA CORP p 99
5004 98 Ave Nw Suite 1, EDMONTON, AB, T6A 0A1
(780) 466-2002   *SIC* 5311
WAL-MART CANADA CORP p 113
1203 Parsons Rd Nw Suite 3029, EDMONTON, AB, T6N 0A9
(780) 461-1509   *SIC* 5311
WAL-MART CANADA CORP p 117
5750 2 Ave, EDSON, AB, T7E 0A1
(780) 723-6357   *SIC* 5311
WAL-MART CANADA CORP p 122
2 Hospital St, FORT MCMURRAY, AB, T9H 5E4
(780) 790-6012   *SIC* 5311
WAL-MART CANADA CORP p 124
9551 87 Ave, FORT SASKATCHEWAN, AB, T8L 4N3
(780) 998-3633   *SIC* 5311
WAL-MART CANADA CORP p 128
11050 103 Ave, GRANDE PRAIRIE, AB, T8V 7H1
(780) 513-3740   *SIC* 5311
WAL-MART CANADA CORP p 132
900 Carmichael Lane Suite 100, HINTON, AB, T7V 1Y6
(780) 865-1421   *SIC* 5311
WAL-MART CANADA CORP p 136
Hwy 2nd And 50 Ave, LEDUC, AB, T9E 2A1
(780) 986-7574   *SIC* 5311
WAL-MART CANADA CORP p 137
3195 26 Ave N Suite 1078, LETHBRIDGE, AB, T1H 5P3
(403) 380-6722   *SIC* 5311
WAL-MART CANADA CORP p 140
3700 Mayor Magrath Dr S Suite 3048, LETHBRIDGE, AB, T1K 7T6
(403) 328-6277   *SIC* 5311
WAL-MART CANADA CORP p 142
4210 70 Ave Suite 3168, LLOYDMINSTER, AB, T9V 2X3
(780) 875-4777   *SIC* 5311
WAL-MART CANADA CORP p 145
2051 Strachan Rd Se, MEDICINE HAT, AB, T1B 0G4
(403) 504-4410   *SIC* 5311
WAL-MART CANADA CORP p 149
6900 46 St Unit 400, OLDS, AB, T4H 0A2
(403) 556-3844   *SIC* 5311
WAL-MART CANADA CORP p 150
9701 78 St, PEACE RIVER, AB, T8S 0A3
(780) 624-8911   *SIC* 5311
WAL-MART CANADA CORP p 151
1100 Table Mountain Rd, PINCHER CREEK, AB, T0K 1W0
(403) 627-1790   *SIC* 5311
WAL-MART CANADA CORP p 154
6375 50 Ave, RED DEER, AB, T4N 4C7
(403) 346-6650   *SIC* 5311
WAL-MART CANADA CORP p 157
2010 50 Ave Suite 3194, RED DEER, AB, T4R 3A2
(403) 358-5842   *SIC* 5311
WAL-MART CANADA CORP p 162
239 Wye Rd, SHERWOOD PARK, AB, T8B 1N1
(780) 464-2105   *SIC* 5311
WAL-MART CANADA CORP p 164
1500 Main St Sw, SLAVE LAKE, AB, T0G 2A4
(780) 849-9579   *SIC* 5311
WAL-MART CANADA CORP p 167
700 St Albert Trail Suite 3087, ST. ALBERT, AB, T8N 7A5
(780) 458-1629   *SIC* 5311
WAL-MART CANADA CORP p 168
4724 70th St, STETTLER, AB, T0C 2L1
(403) 742-4404   *SIC* 5311
WAL-MART CANADA CORP p 169
200 Ranch Market, STRATHMORE, AB, T1P 0A8
(403) 934-9776   *SIC* 5311
WAL-MART CANADA CORP p 170
3420 47 Ave, SYLVAN LAKE, AB, T4S 0B6
(403) 887-7590   *SIC* 5311
WAL-MART CANADA CORP p 171
4500 64 St Suite 1, TABER, AB, T1G 0A4
(403) 223-3458   *SIC* 5311
WAL-MART CANADA CORP p 172
6809 16a Hwy W, VEGREVILLE, AB, T9C 0A2
(780) 632-6016   *SIC* 5311
WAL-MART CANADA CORP p 173
2901 13 Ave Suite 1062, WAINWRIGHT, AB, T9W 0A2
(780) 842-3144   *SIC* 5311
WAL-MART CANADA CORP p 175
5005 Dahl Dr, WHITECOURT, AB, T7S 1X6
(780) 706-3323   *SIC* 5311
WAL-MART CANADA CORP p 178
1812 Vedder Way Suite 3019, ABBOTSFORD, BC, V2S 8K1
(604) 854-3575   *SIC* 5311
WAL-MART CANADA CORP p 182
9855 Austin Rd Suite 300, BURNABY, BC, V3J 1N5
(604) 421-0661   *SIC* 5311
WAL-MART CANADA CORP p 195
1477 Island Hwy, CAMPBELL RIVER, BC, V9W 8E5
(250) 287-3631   *SIC* 5311
WAL-MART CANADA CORP p 198
45610 Luckakuck Way Unit 200, CHILLIWACK, BC, V2R 1A2
(604) 858-5100   *SIC* 5311
WAL-MART CANADA CORP p 205
2100 Willowbrook Dr Suite 3183, CRANBROOK, BC, V1C 7H2
(250) 489-3202   *SIC* 5311
WAL-MART CANADA CORP p 207
600 Highway 2, DAWSON CREEK, BC, V1G 0A4
(250) 719-0128   *SIC* 5311
WAL-MART CANADA CORP p 212
3020 Drinkwater Rd, DUNCAN, BC, V9L 6C6
(250) 748-2566   *SIC* 5311
WAL-MART CANADA CORP p 215
9007 96a St, FORT ST. JOHN, BC, V1J 7B6
(250) 261-5544   *SIC* 5311
WAL-MART CANADA CORP p 221
1055 Hillside Dr Unit 100, KAMLOOPS, BC, V2E 2S5
(250) 374-1591   *SIC* 5311
WAL-MART CANADA CORP p 224
1555 Banks Rd, KELOWNA, BC, V1X 7Y8
(250) 860-8811   *SIC* 5311
WAL-MART CANADA CORP p 231
20202 66 Ave, LANGLEY, BC, V2Y 1P3
(604) 539-5210   *SIC* 5531
WAL-MART CANADA CORP p 237
3900 Crawford Ave Suite 100, MERRITT, BC, V1K 0A4
(250) 315-1366   *SIC* 5311
WAL-MART CANADA CORP p 239
31956 Lougheed Hwy Suite 1119, MISSION, BC, V2V 0C6
(604) 820-0048   *SIC* 5311
WAL-MART CANADA CORP p 242
6801 Island Hwy N Suite 3059, NANAIMO, BC, V9T 6N8
(250) 758-0343   *SIC* 5311
WAL-MART CANADA CORP p 244
1000 Lakeside Dr, NELSON, BC, V1L 5Z4
(250) 352-3782   *SIC* 5311
WAL-MART CANADA CORP p 245
805 Boyd St, NEW WESTMINSTER, BC, V3M 5X2
(604) 524-1291   *SIC* 5311
WAL-MART CANADA CORP p 250
925 Marine Dr Suite 3057, NORTH VANCOUVER, BC, V7P 1S2
(604) 984-6830   *SIC* 5311
WAL-MART CANADA CORP p 253
275 Green Ave W Suite 135, PENTICTON, BC, V2A 7J2
(250) 493-6681   *SIC* 5311
WAL-MART CANADA CORP p 254
3355 Johnston Rd, PORT ALBERNI, BC, V9Y 8K1
(250) 720-0912   *SIC* 5311
WAL-MART CANADA CORP p 258
7100 Alberni St Suite 23, POWELL RIVER, BC, V8A 5K9
(604) 485-9811   *SIC* 5311
WAL-MART CANADA CORP p 262
6565 Southridge Ave Suite 3651, PRINCE GEORGE, BC, V2N 6Z4
(250) 906-3203   *SIC* 5311
WAL-MART CANADA CORP p 264
890 Rita Rd, QUESNEL, BC, V2J 7J3
(250) 747-4464   *SIC* 5311
WAL-MART CANADA CORP p 279
39210 Discovery Way Suite 1015, SQUAMISH, BC, V8B 0N1
(604) 815-4625   *SIC* 5311
WAL-MART CANADA CORP p 281

1000 Guildford Town Ctr, SURREY, BC, V3R 7C3
(604) 581-1932   SIC 5311
WAL-MART CANADA CORP   p 287
12451 88 Ave, SURREY, BC, V3W 1P8
(604) 597-7117   SIC 5311
WAL-MART CANADA CORP   p 288
2355 160 St, SURREY, BC, V3Z 9N6
(604) 541-9015   SIC 5311
WAL-MART CANADA CORP   p 291
4427 16 Hwy W, TERRACE, BC, V8G 5L5
(250) 615-4728   SIC 5311
WAL-MART CANADA CORP   p 292
1601 Marcolin Dr Suite 1011, TRAIL, BC, V1R 4Y1
(250) 364-2688   SIC 5311
WAL-MART CANADA CORP   p 292
1601 Marcolin Dr Suite 1011, TRAIL, BC, V1R 4Y1
(250) 364-1802   SIC 5311
WAL-MART CANADA CORP   p 295
3585 Grandview Hwy, VANCOUVER, BC, V5M 2G7
(604) 435-6905   SIC 5311
WAL-MART CANADA CORP   p 327
2200 58 Ave Suite 3169, VERNON, BC, V1T 9T2
(250) 558-0425   SIC 5311
WAL-MART CANADA CORP   p 334
3460 Saanich Rd Suite 3109, VICTORIA, BC, V8Z 0B9
(250) 475-3356   SIC 5311
WAL-MART CANADA CORP   p 346
903 18th St N, BRANDON, MB, R7A 7S1
(204) 726-5821   SIC 5311
WAL-MART CANADA CORP   p 347
1450 Main St S Unit A, DAUPHIN, MB, R7N 3H4
(204) 638-4808   SIC 5311
WAL-MART CANADA CORP   p 354
2348 Sissons Dr, PORTAGE LA PRAIRIE, MB, R1N 0G5
(204) 857-5011   SIC 5311
WAL-MART CANADA CORP   p 359
300 Mystery Lake Rd Suite 3102, THOMPSON, MB, R8N 0M2
(204) 778-4669   SIC 5311
WAL-MART CANADA CORP   p 361
1000 Navigator Rd, WINKLER, MB, R6W 0L8
(204) 325-4160   SIC 5311
WAL-MART CANADA CORP   p 363
1576 Regent Ave W, WINNIPEG, MB, R2C 3B4
(204) 669-3575   SIC 5311
WAL-MART CANADA CORP   p 368
1225 St Mary's Rd Suite 54, WINNIPEG, MB, R2M 5E6
(204) 256-7027   SIC 5311
WAL-MART CANADA CORP   p 371
2370 Mcphillips St Suite 3118, WINNIPEG, MB, R2V 4J6
(204) 334-2273   SIC 5311
WAL-MART CANADA CORP   p 382
1001 Empress St, WINNIPEG, MB, R3G 3P8
(204) 284-6900   SIC 5311
WAL-MART CANADA CORP   p 386
3655 Portage Ave, WINNIPEG, MB, R3K 2G6
(204) 897-3410   SIC 5311
WAL-MART CANADA CORP   p 388
1665 Kenaston Blvd, WINNIPEG, MB, R3P 2M4
(204) 488-2052   SIC 5311
WAL-MART CANADA CORP   p 393
4 Rue Jagoe, ATHOLVILLE, NB, E3N 5C3
(506) 753-7105   SIC 5311
WAL-MART CANADA CORP   p 394
900 St. Anne St, BATHURST, NB, E2A 6X2
(506) 546-0500   SIC 5311
WAL-MART CANADA CORP   p 398
805 Rue Victoria Suite 1033, EDMUNDSTON, NB, E3V 3T3

(506) 735-8412   SIC 5311
WAL-MART CANADA CORP   p 399
125 Two Nations Xg Suite 1067, FREDERICTON, NB, E3A 0T3
(506) 444-8817   SIC 5311
WAL-MART CANADA CORP   p 402
494 Ch Madawaska, GRAND-SAULT/GRAND FALLS, NB, E3Y 1A3
(506) 473-6837   SIC 5311
WAL-MART CANADA CORP   p 402
1399 Regent St, FREDERICTON, NB, E3C 1A3
(506) 452-1511   SIC 5311
WAL-MART CANADA CORP   p 405
200 Douglastown Blvd, MIRAMICHI, NB, E1V 7T9
(506) 778-8224   SIC 5311
WAL-MART CANADA CORP   p 408
25 Plaza Blvd Suite 3659, MONCTON, NB, E1C 0G3
(506) 853-7394   SIC 5311
WAL-MART CANADA CORP   p 415
450 Westmorland Rd Suite 3091, SAINT JOHN, NB, E2J 4Z2
(506) 634-6600   SIC 5311
WAL-MART CANADA CORP   p 421
80 Main St, SUSSEX, NB, E4E 1Y6
(506) 432-9333   SIC 5311
WAL-MART CANADA CORP   p 422
430 Connell St, WOODSTOCK, NB, E7M 5R5
(506) 324-8099   SIC 5311
WAL-MART CANADA CORP   p 424
120 Columbus Dr, CARBONEAR, NL, A1Y 1B3
(709) 596-5009   SIC 5311
WAL-MART CANADA CORP   p 425
16 Murphy Sq, CORNER BROOK, NL, A2H 1R4
(709) 634-2310   SIC 5311
WAL-MART CANADA CORP   p 426
55 Av Roe, GANDER, NL, A1V 0H6
(709) 256-7581   SIC 5311
WAL-MART CANADA CORP   p 427
19 Cromer Ave, GRAND FALLS-WINDSOR, NL, A2A 2K5
(709) 489-5739   SIC 5311
WAL-MART CANADA CORP   p 428
500 Vanier Ave Suite 1035, LABRADOR CITY, NL, A2V 2W7
(709) 944-3378   SIC 5311
WAL-MART CANADA CORP   p 429
272 Atlantic St, MARYSTOWN, NL, A0E 2M0
(709) 279-3022   SIC 5311
WAL-MART CANADA CORP   p 430
16 Merchant Dr, MOUNT PEARL, NL, A1N 5J5
(709) 364-4214   SIC 5311
WAL-MART CANADA CORP   p 432
90 Aberdeen Ave, ST. JOHN'S, NL, A1A 5N6
(709) 738-4350   SIC 5311
WAL-MART CANADA CORP   p 435
75 Kelsey Dr, ST. JOHN'S, NL, A1B 0C7
(709) 722-6707   SIC 5311
WAL-MART CANADA CORP   p 437
42 Queen St, STEPHENVILLE, NL, A2N 3A7
(709) 643-5018   SIC 5311
WAL-MART CANADA CORP   p 439
313 Old Airport Rd, YELLOWKNIFE, NT, X1A 3T3
(867) 873-4545   SIC 5311
WAL-MART CANADA CORP   p 441
46 Robert Angus Dr, AMHERST, NS, B4H 4R7
(902) 661-3476   SIC 5311
WAL-MART CANADA CORP   p 442
50 Market St, ANTIGONISH, NS, B2G 3B4
(902) 867-1279   SIC 5311
WAL-MART CANADA CORP   p 443
141 Damascus Rd, BEDFORD, NS, B4A 0C2
(902) 865-4000   SIC 5311

WAL-MART CANADA CORP   p 445
60 New Pine Grove Rd, BRIDGEWATER, NS, B4V 4H2
(902) 543-8680   SIC 5311
WAL-MART CANADA CORP   p 453
492 Hwy 303, DIGBY, NS, B0V 1A0
(902) 245-6020   SIC 5311
WAL-MART CANADA CORP   p 453
90 Lamont Terr, DARTMOUTH, NS, B3B 0B5
(902) 461-4474   SIC 5311
WAL-MART CANADA CORP   p 462
6990 Mumford Rd Suite 3636, HALIFAX, NS, B3L 4W4
(902) 454-7990   SIC 5311
WAL-MART CANADA CORP   p 464
220 Chain Lake Dr, HALIFAX, NS, B3S 1C5
(902) 450-5570   SIC 5311
WAL-MART CANADA CORP   p 470
713 Westville Rd Suite 3061, NEW GLASGOW, NS, B2H 2J6
(902) 928-0008   SIC 5311
WAL-MART CANADA CORP   p 470
9097 Commercial St Suite 3738, NEW MINAS, NS, B4N 3E6
(902) 681-4271   SIC 5311
WAL-MART CANADA CORP   p 472
47 Paint St Unit 17, PORT HAWKESBURY, NS, B9A 3J9
(902) 625-0954   SIC 5311
WAL-MART CANADA CORP   p 475
800 Grand Lake Rd, SYDNEY, NS, B1P 6S9
(902) 562-1110   SIC 5311
WAL-MART CANADA CORP   p 476
65 Keltic Dr, SYDNEY, NS, B1S 1P4
(902) 562-3353   SIC 5311
WAL-MART CANADA CORP   p 478
140 Wade Rd, TRURO, NS, B2N 7H3
(902) 893-5582   SIC 5311
WAL-MART CANADA CORP   p 480
108 Starrs Rd, YARMOUTH, NS, B5A 2T5
(902) 749-2306   SIC 5311
WAL-MART CANADA CORP   p 485
270 Kingston Rd E, AJAX, ON, L1Z 1G1
(905) 426-6160   SIC 5311
WAL-MART CANADA CORP   p 486
30 Dunham Dr, ALLISTON, ON, L9R 0G1
(705) 435-5129   SIC 5311
WAL-MART CANADA CORP   p 486
30 Dunham Dr, ALLISTON, ON, L9R 0G1
(705) 435-7100   SIC 5311
WAL-MART CANADA CORP   p 487
400 Sandwich St S Suite 1, AMHERSTBURG, ON, N9V 3L4
(519) 736-5600   SIC 5311
WAL-MART CANADA CORP   p 488
1051 Garner Rd W Suite 3127, ANCASTER, ON, L9G 3K9
(905) 648-9980   SIC 5311
WAL-MART CANADA CORP   p 491
135 First Commerce Dr, AURORA, ON, L4G 0G2
(905) 841-0300   SIC 5311
WAL-MART CANADA CORP   p 495
450 Bayfield St, BARRIE, ON, L4M 5A2
(705) 728-2833   SIC 5311
WAL-MART CANADA CORP   p 499
35 Mapleview Dr W, BARRIE, ON, L4N 9H5
(705) 728-8931   SIC 5311
WAL-MART CANADA CORP   p 499
35 Mapleview Dr W, BARRIE, ON, L4N 9H5
(705) 728-9122   SIC 5311
WAL-MART CANADA CORP   p 503
274 Cloverleaf Dr, BELLEVILLE, ON, K8N 4Z5
(613) 966-9466   SIC 5311
WAL-MART CANADA CORP   p 507
150 Mcewan Dr E, BOLTON, ON, L7E 2Y3
(905) 857-7004   SIC 5611
WAL-MART CANADA CORP   p 508
40 Depot Dr, BRACEBRIDGE, ON, P1L 0A1
(705) 646-0550   SIC 5311
WAL-MART CANADA CORP   p 509
545 Holland St W, BRADFORD, ON, L3Z

0C1
(905) 775-1610   SIC 5311
WAL-MART CANADA CORP   p 517
30 Coventry Rd, BRAMPTON, ON, L6T 5P9
(905) 793-1983   SIC 5311
WAL-MART CANADA CORP   p 518
50 Quarry Edge Dr, BRAMPTON, ON, L6V 4K2
(905) 874-0112   SIC 5311
WAL-MART CANADA CORP   p 526
300 King George Rd Suite 1, BRANTFORD, ON, N3R 5L7
(519) 759-3450   SIC 5311
WAL-MART CANADA CORP   p 532
1942 Parkedale Ave Suite 3006, BROCKVILLE, ON, K6V 7N4
(613) 342-9293   SIC 5311
WAL-MART CANADA CORP   p 537
4515 Dundas St Suite 1, BURLINGTON, ON, L7M 5B4
(905) 331-0027   SIC 5311
WAL-MART CANADA CORP   p 540
2065 Fairview St, BURLINGTON, ON, L7R 0B4
(905) 637-3100   SIC 5999
WAL-MART CANADA CORP   p 544
22 Pinebush Rd, CAMBRIDGE, ON, N1R 8K5
(519) 624-7467   SIC 5311
WAL-MART CANADA CORP   p 551
881 St Clair St, CHATHAM, ON, N7L 0E9
(519) 352-1142   SIC 5311
WAL-MART CANADA CORP   p 555
73 Strathy Rd, COBOURG, ON, K9A 5W8
(905) 373-1239   SIC 5311
WAL-MART CANADA CORP   p 557
10 Cambridge, COLLINGWOOD, ON, L9Y 0A1
(705) 445-0139   SIC 5311
WAL-MART CANADA CORP   p 563
101 Edgeley Blvd Suite 3145, CONCORD, ON, L4K 4Z4
(905) 761-7945   SIC 5311
WAL-MART CANADA CORP   p 566
1501 Industrial Park Dr, CORNWALL, ON, K6H 7M4
(613) 933-8665   SIC 4225
WAL-MART CANADA CORP   p 566
6227 Boundary Rd, CORNWALL, ON, K6H 5R5
(613) 932-7879   SIC 4212
WAL-MART CANADA CORP   p 566
950 Brookdale Ave, CORNWALL, ON, K6J 4P5
(613) 933-8366   SIC 5311
WAL-MART CANADA CORP   p 570
Hwy 17 E, DRYDEN, ON, P8N 2Y6
(807) 223-7190   SIC 5311
WAL-MART CANADA CORP   p 582
165 North Queen St Suite 3031, ETOBICOKE, ON, M9C 1A7
(416) 239-7090   SIC 5311
WAL-MART CANADA CORP   p 587
2245 Islington Ave Suite 3740, ETOBICOKE, ON, M9W 3W7
(416) 747-6499   SIC 5311
WAL-MART CANADA CORP   p 590
1250 King's Hwy, FORT FRANCES, ON, P9A 2X6
(807) 274-1373   SIC 5311
WAL-MART CANADA CORP   p 590
750 Garrison Rd, FORT ERIE, ON, L2A 1N7
(905) 991-9971   SIC 5311
WAL-MART CANADA CORP   p 592
300 Guelph St Suite 3034, GEORGETOWN, ON, L7G 4B1
(905) 873-0400   SIC 5311
WAL-MART CANADA CORP   p 596
35400 Huron Rd, GODERICH, ON, N7A 3X8
(519) 524-5060   SIC 5311
WAL-MART CANADA CORP   p 603
11 Woodlawn Rd W, GUELPH, ON, N1H 1G8
(519) 767-1600   SIC 5311

WAL-MART CANADA CORP p 606
510 Centennial Pky N, HAMILTON, ON, L8E 0G2
(905) 561-7600   SIC 5311

WAL-MART CANADA CORP p 616
675 Upper James St, HAMILTON, ON, L9C 2Z5
(905) 389-6333   SIC 5311

WAL-MART CANADA CORP p 617
1100 10th St, HANOVER, ON, N4N 3B8
(519) 364-0867   SIC 5311

WAL-MART CANADA CORP p 617
2190 Rymal Rd Suite 1042, HANNON, ON, L0R 1P0
(905) 692-7000   SIC 5311

WAL-MART CANADA CORP p 620
111 Howland Dr Unit 10, HUNTSVILLE, ON, P1H 2P4
(705) 787-1137   SIC 5311

WAL-MART CANADA CORP p 626
500 Earl Grey Dr, KANATA, ON, K2T 1B6
(613) 599-6765   SIC 5311

WAL-MART CANADA CORP p 626
350 Government Rd E, KAPUSKASING, ON, P5N 2X7
(705) 335-6111   SIC 5311

WAL-MART CANADA CORP p 628
24 Miikana Way Unit 1, KENORA, ON, P9N 4J1
(807) 468-6379   SIC 5311

WAL-MART CANADA CORP p 628
23550 Woodbine Ave Suite 1012, KESWICK, ON, L4P 0E2
(905) 476-7330   SIC 5311

WAL-MART CANADA CORP p 635
1130 Midland Ave, KINGSTON, ON, K7P 2X9
(613) 384-9071   SIC 5311

WAL-MART CANADA CORP p 639
2960 Kingsway Dr Suite 3045, KITCHENER, ON, N2C 1X1
(519) 894-6600   SIC 5311

WAL-MART CANADA CORP p 640
1400 Ottawa St S Unit E, KITCHENER, ON, N2E 4E2
(519) 745-2297   SIC 5311

WAL-MART CANADA CORP p 646
288 Erie St S Suite 3164, LEAMINGTON, ON, N8H 3C5
(519) 326-3900   SIC 5311

WAL-MART CANADA CORP p 652
330 Clarke Rd, LONDON, ON, N5W 6G4
(519) 455-8910   SIC 5311

WAL-MART CANADA CORP p 660
1105 Wellington Rd Suite 3051, LONDON, ON, N6E 1V4
(519) 681-7500   SIC 5311

WAL-MART CANADA CORP p 675
5000 Highway 7 E Unit Y006a, MARKHAM, ON, L3R 4M9
(905) 477-6060   SIC 5311

WAL-MART CANADA CORP p 677
500 Copper Creek Dr Suite 1109, MARKHAM, ON, L6B 0S1
(905) 472-9582   SIC 5311

WAL-MART CANADA CORP p 680
16845 12 Hwy, MIDLAND, ON, L4R 0A9
(705) 526-4754   SIC 5311

WAL-MART CANADA CORP p 683
1280 Steeles Ave E Suite 1000, MILTON, ON, L9T 6R1
(905) 864-6027   SIC 5311

WAL-MART CANADA CORP p 699
100 City Centre Dr Suite 100, MISSISSAUGA, ON, L5B 2G7
(905) 270-9300   SIC 5311

WAL-MART CANADA CORP p 705
2150 Burnhamthorpe Rd W, MISSISSAUGA, ON, L5L 3A2
(905) 608-0922   SIC 5311

WAL-MART CANADA CORP p 712
1940 Argentia Rd, MISSISSAUGA, ON, L5N 1P9
(905) 821-2111   SIC 5311

WAL-MART CANADA CORP p 712
3155 Argentia Rd, MISSISSAUGA, ON, L5N 8E1
(905) 821-8150   SIC 5311

WAL-MART CANADA CORP p 722
800 Matheson Blvd W Suite 1061, MISSISSAUGA, ON, L5V 2N6
(905) 817-9688   SIC 5311

WAL-MART CANADA CORP p 730
3651 Strandherd Dr, NEPEAN, ON, K2J 4G8
(613) 823-8714   SIC 5311

WAL-MART CANADA CORP p 731
133 11 Hwy N, NEW LISKEARD, ON, P0J 1P0
(705) 647-6344   SIC 5311

WAL-MART CANADA CORP p 734
17940 Yonge St, NEWMARKET, ON, L3Y 8S4
(905) 853-8811   SIC 5311

WAL-MART CANADA CORP p 736
7190 Morrison St, NIAGARA FALLS, ON, L2E 7K5
(905) 371-3999   SIC 5311

WAL-MART CANADA CORP p 743
1500 Fisher St Suite 102, NORTH BAY, ON, P1B 2H3
(705) 472-1704   SIC 5311

WAL-MART CANADA CORP p 766
234 Hays Blvd, OAKVILLE, ON, L6H 6M4
(905) 257-5740   SIC 5311

WAL-MART CANADA CORP p 774
95 First St Suite 3142, ORANGEVILLE, ON, L9W 2E8
(519) 940-9558   SIC 5912

WAL-MART CANADA CORP p 775
175 Murphy Rd, ORILLIA, ON, L3V 0B5
(705) 325-7403   SIC 5311

WAL-MART CANADA CORP p 777
3900 Innes Rd, ORLEANS, ON, K1W 1K9
(613) 837-9399   SIC 5311

WAL-MART CANADA CORP p 780
1471 Harmony Rd N Suite 3161, OSHAWA, ON, L1H 7K5
(905) 404-6581   SIC 5311

WAL-MART CANADA CORP p 782
680 Laval Dr Suite 1056, OSHAWA, ON, L1J 0B5
(905) 438-1400   SIC 5311

WAL-MART CANADA CORP p 786
450 Terminal Ave Suite 1031, OTTAWA, ON, K1G 0Z3
(613) 562-0500   SIC 5311

WAL-MART CANADA CORP p 796
2210 Bank St, OTTAWA, ON, K1V 1J5
(613) 247-1184   SIC 5311

WAL-MART CANADA CORP p 804
1555 18th Ave E, OWEN SOUND, ON, N4K 6Y3
(519) 371-6900   SIC 5311

WAL-MART CANADA CORP p 805
1 Pine Dr, PARRY SOUND, ON, P2A 3C3
(705) 746-1573   SIC 5311

WAL-MART CANADA CORP p 806
1108 Pembroke St E, PEMBROKE, ON, K8A 8P7
(613) 735-4997   SIC 5311

WAL-MART CANADA CORP p 808
1002 Chemong Rd Suite 3071, PETERBOROUGH, ON, K9H 7E2
(705) 742-1685   SIC 5311

WAL-MART CANADA CORP p 813
1899 Brock Rd Unit B, PICKERING, ON, L1V 4H7
(905) 619-9588   SIC 5311

WAL-MART CANADA CORP p 817
5122 Hwy 21, PORT ELGIN, ON, N0H 2C0
(519) 389-6150   SIC 5311

WAL-MART CANADA CORP p 819
980 O'brien Rd Suite 1, RENFREW, ON, K7V 0B4
(613) 432-4676   SIC 5311

WAL-MART CANADA CORP p 822
255 Silver Linden Dr, RICHMOND HILL, ON, L4B 4V5
(905) 747-0628   SIC 5311

WAL-MART CANADA CORP p 825
3001 Richelieu St, ROCKLAND, ON, K4K 0B5
(613) 446-5730   SIC 5399

WAL-MART CANADA CORP p 827
1444 Quinn Dr, SARNIA, ON, N7S 6M8
(519) 542-4272   SIC 5311

WAL-MART CANADA CORP p 829
Gd Lcd Main, SARNIA, ON, N7T 7H7
(519) 542-1854   SIC 5311

WAL-MART CANADA CORP p 835
785 Milner Ave, SCARBOROUGH, ON, M1B 3C3
(416) 281-2929   SIC 5311

WAL-MART CANADA CORP p 839
800 Warden Ave, SCARBOROUGH, ON, M1L 4T7
(416) 615-2697   SIC 5311

WAL-MART CANADA CORP p 842
300 Borough Dr Suite 2, SCARBOROUGH, ON, M1P 4P5
(416) 290-1916   SIC 5311

WAL-MART CANADA CORP p 844
3850 Sheppard Ave E Suite 3000, SCARBOROUGH, ON, M1T 3L4
(416) 291-4100   SIC 5311

WAL-MART CANADA CORP p 846
5995 Steeles Ave E Suite Side, SCARBOROUGH, ON, M1V 5P7
(416) 297-5330   SIC 5311

WAL-MART CANADA CORP p 849
160 Queensway E, SIMCOE, ON, N3Y 0A8
(519) 426-6900   SIC 5311

WAL-MART CANADA CORP p 850
114 Lombard St, SMITHS FALLS, ON, K7A 5B8
(613) 284-0838   SIC 5311

WAL-MART CANADA CORP p 852
525 Welland Ave, ST CATHARINES, ON, L2M 6P3
(905) 685-4100   SIC 5311

WAL-MART CANADA CORP p 856
420 Vansickle Rd Suite 2, ST CATHARINES, ON, L2S 0C7
(905) 687-9212   SIC 5311

WAL-MART CANADA CORP p 859
1063 Talbot St Unit 60, ST THOMAS, ON, N5P 1G4
(519) 637-7100   SIC 5311

WAL-MART CANADA CORP p 863
1050 Hoover Park Dr, STOUFFVILLE, ON, L4A 0K2
(905) 640-8848   SIC 5311

WAL-MART CANADA CORP p 866
150 Carroll St E, STRATHROY, ON, N7G 4G2
(519) 245-7200   SIC 5311

WAL-MART CANADA CORP p 868
1349 Lasalle Blvd Suite 3097, SUDBURY, ON, P3A 1Z2
(705) 566-3700   SIC 5311

WAL-MART CANADA CORP p 879
777 Memorial Ave, THUNDER BAY, ON, P7B 6S2
(807) 346-9441   SIC 5311

WAL-MART CANADA CORP p 883
400 Simcoe St, TILLSONBURG, ON, N4G 4X1
(519) 842-7770   SIC 5311

WAL-MART CANADA CORP p 885
1870 Riverside Dr, TIMMINS, ON, P4R 1N7
(705) 267-6451   SIC 5311

WAL-MART CANADA CORP p 935
900 Dufferin St Suite 3106, TORONTO, ON, M6H 4B1
(416) 537-2561   SIC 5311

WAL-MART CANADA CORP p 937
1305 Lawrence Ave W, TORONTO, ON, M6L 1A5
(416) 244-1171   SIC 5311

WAL-MART CANADA CORP p 938
2525 St Clair Ave W, TORONTO, ON, M6N 4Z5
(416) 763-7325   SIC 5311

WAL-MART CANADA CORP p 944
Hwy 2 At 2nd Dughill Rd, TRENTON, ON, K8V 5P7
(613) 394-2191   SIC 5311

WAL-MART CANADA CORP p 946
6 Welwood Dr, UXBRIDGE, ON, L9P 1Z7
(905) 862-0721   SIC 5311

WAL-MART CANADA CORP p 949
100 Stonebridge Blvd, WASAGA BEACH, ON, L9Z 0C1
(705) 422-7100   SIC 5311

WAL-MART CANADA CORP p 949
60 Mcnaughton Ave Unit 16, WALLACEBURG, ON, N8A 1R9
(519) 627-8840   SIC 5311

WAL-MART CANADA CORP p 950
90 Dundas St E Suite 1107, WATERDOWN, ON, L9H 0C2
(905) 690-7090   SIC 5311

WAL-MART CANADA CORP p 954
335 Farmer's Market Rd Suite 3156, WATERLOO, ON, N2V 0A4
(519) 746-6700   SIC 5311

WAL-MART CANADA CORP p 955
102 Primeway Dr, WELLAND, ON, L3B 0A1
(905) 735-3500   SIC 5311

WAL-MART CANADA CORP p 960
4100 Baldwin St S, WHITBY, ON, L1R 3H8
(905) 655-0206   SIC 5311

WAL-MART CANADA CORP p 963
7100 Tecumseh Rd E Suite 3115, WINDSOR, ON, N8T 1E6
(519) 945-3065   SIC 5311

WAL-MART CANADA CORP p 970
3120 Dougall Ave, WINDSOR, ON, N9E 1S7
(519) 969-8121   SIC 5311

WAL-MART CANADA CORP p 972
8300 27 Hwy, WOODBRIDGE, ON, L4H 0R9
(905) 851-4648   SIC 5311

WAL-MART CANADA CORP p 978
499 Norwich Ave, WOODSTOCK, ON, N4S 9A2
(519) 539-5120   SIC 5311

WAL-MART CANADA CORP p 983
80 Buchanan Dr, CHARLOTTETOWN, PE, C1E 2E5
(902) 628-4600   SIC 5311

WAL-MART CANADA CORP p 985
511 Granville St, SUMMERSIDE, PE, C1N 5J4
(902) 432-3570   SIC 5311

WAL-MART CANADA CORP p 988
1755 Av Du Pont S Bureau 5795, ALMA, QC, G8B 7W7
(418) 480-3887   SIC 5311

WAL-MART CANADA CORP p 994
630 Boul Lafleche Bureau 3002, BAIE-COMEAU, QC, G5C 2Y3
(418) 589-9971   SIC 5311

WAL-MART CANADA CORP p 1007
9000 Boul Leduc Unite 102, BROSSARD, QC, J4Y 0E6
(450) 672-5000   SIC 5311

WAL-MART CANADA CORP p 1015
3017-1451 Boul Talbot, CHICOUTIMI, QC, G7H 5N8
(418) 693-1500   SIC 5311

WAL-MART CANADA CORP p 1019
1660 Boul Le Corbusier, Cote Saint-Luc, QC, H7S 1Z2
(450) 681-1126   SIC 5311

WAL-MART CANADA CORP p 1022
1770 Rue Du S, COWANSVILLE, QC, J2K 3G8
(450) 263-8981   SIC 5311

WAL-MART CANADA CORP p 1031
1205 Boul Rene-Levesque, DRUMMONDVILLE, QC, J2C 7V4
(819) 472-7446   SIC 5311

WAL-MART CANADA CORP p 1036
51 Boul De La Gappe Bureau 1086, GATINEAU, QC, J8T 0B5
(819) 246-4633   SIC 5311

WAL-MART CANADA CORP p 1036
640 Boul Maloney O, GATINEAU, QC, J8T 8K7
(819) 246-8808   SIC 5311

WAL-MART CANADA CORP p 1039
35 Boul Du Plateau, GATINEAU, QC, J9A 3G1
(819) 772-1911   SIC 5311

WAL-MART CANADA CORP p 1042
75 Rue Simonds N, GRANBY, QC, J2J 2S3
(450) 777-8863   SIC 5311

WAL-MART CANADA CORP p 1046
1505 Boul Firestone Bureau 521, JOLIETTE, QC, J6E 9E5
(450) 752-8210   SIC 5311

WAL-MART CANADA CORP p 1049
17000 Rte Transcanadienne, KIRKLAND, QC, H9J 2M5
(514) 695-3040   SIC 5311

WAL-MART CANADA CORP p 1055
3130 Rue Laval, Lac-Megantic, QC, G6B 1A4
(819) 583-2882   SIC 5311

WAL-MART CANADA CORP p 1058
480 Av Bethany, LACHUTE, QC, J8H 4H5
(450) 562-0258   SIC 5311

WAL-MART CANADA CORP p 1060
6797 Boul Newman, LASALLE, QC, H8N 3E4
(514) 368-2248   SIC 5311

WAL-MART CANADA CORP p 1066
5303 Rue Louis-H.-La Fontaine, Levis, QC, G6V 8X4
(418) 833-8555   SIC 5311

WAL-MART CANADA CORP p 1067
700 Rue De La Concorde, Levis, QC, G6W 8A8
(418) 834-5115   SIC 5311

WAL-MART CANADA CORP p 1073
1999 Boul Roland-Therrien, LONGUEUIL, QC, J4N 1A3
(450) 448-2688   SIC 5311

WAL-MART CANADA CORP p 1075
1935 Rue Sherbrooke, MAGOG, QC, J1X 2T5
(819) 868-3895   SIC 5311

WAL-MART CANADA CORP p 1076
155 Montee Masson Bureau 3149, MASCOUCHE, QC, J7K 3B4
(450) 474-2679   SIC 5311

WAL-MART CANADA CORP p 1077
150 Rue Piuze, MATANE, QC, G4W 4T2
(418) 566-6037   SIC 5311

WAL-MART CANADA CORP p 1126
5400 Rue Jean-Talon O, Montreal, QC, H4P 2T5
(514) 735-5295   SIC 5311

WAL-MART CANADA CORP p 1133
6140 Boul Henri-Bourassa E, MONTREALNORD, QC, H1G 5X3
(514) 324-7853   SIC 5311

WAL-MART CANADA CORP p 1136
44 Av De L'auberge, ORFORD, QC, J1X 6J3
SIC 5311

WAL-MART CANADA CORP p 1146
224 Av Joseph-Casavant, Quebec, QC, G1C 7Z3
(418) 660-4943   SIC 5311

WAL-MART CANADA CORP p 1166
1470 Av Jules-Verne Bureau 3146, Quebec, QC, G2G 2R5
(418) 874-6068   SIC 5311

WAL-MART CANADA CORP p 1171
100 Boul Brien Bureau 66, REPENTIGNY, QC, J6A 5N4
(450) 654-8886   SIC 5311

WAL-MART CANADA CORP p 1174
415 Montee Industrielle-Et-Commerciale Bureau 3198, RIMOUSKI, QC, G5M 1Y1
(418) 722-1990   SIC 5311

WAL-MART CANADA CORP p 1175
100 Rue Des Cerisiers, Riviere-du-Loup, QC, G5R 6E8
(418) 862-3003   SIC 5311

WAL-MART CANADA CORP p 1176
401 Boul Labelle Bureau 3080, Rosemere, QC, J7A 3T2
(450) 435-2982   SIC 5311

WAL-MART CANADA CORP p 1178
275 Boul Rideau Bureau 3136, ROUYNNORANDA, QC, J9X 5Y6
(819) 762-0619   SIC 5311

WAL-MART CANADA CORP p 1182
1475 Boul Saint-Bruno, SAINT-BRUNO, QC, J3V 6J1
(450) 653-9996   SIC 5311

WAL-MART CANADA CORP p 1184
500 Voie De La Desserte Unite 132, SAINTCONSTANT, QC, J5A 2S5
(450) 632-2192   SIC 5311

WAL-MART CANADA CORP p 1187
764 Boul Arthur-Sauve Bureau 3089, SAINTEUSTACHE, QC, J7R 4K3
(450) 491-6922   SIC 5311

WAL-MART CANADA CORP p 1190
750 107e Rue, SAINT-GEORGES, QC, G5Y 0A1
(418) 220-0010   SIC 5311

WAL-MART CANADA CORP p 1194
5950 Rue Martineau, SAINT-HYACINTHE, QC, J2R 2H6
(450) 796-4001   SIC 5311

WAL-MART CANADA CORP p 1197
100 Boul Omer-Marcil, SAINT-JEAN-SURRICHELIEU, QC, J2W 2X2
(450) 349-0666   SIC 5311

WAL-MART CANADA CORP p 1201
1030 Boul Du Grand-Heron, Saint-Jerome, QC, J7Y 5K8
(450) 438-6776   SIC 5311

WAL-MART CANADA CORP p 1216
7445 Boul Langelier, SAINT-LEONARD, QC, H1S 1V6
(514) 899-1889   SIC 5311

WAL-MART CANADA CORP p 1223
400 Rue Laverdure, SAINTE-AGATHE-DESMONTS, QC, J8C 0A2
(819) 326-9559   SIC 5311

WAL-MART CANADA CORP p 1228
5205 Boul Robert-Bourassa, SAINTEROSE, QC, H7E 0A3
(450) 661-7447   SIC 5311

WAL-MART CANADA CORP p 1230
700 Chomedey (A-13) O, SAINTE-ROSE, QC, H7X 3S9
(450) 969-3226   SIC 5311

WAL-MART CANADA CORP p 1232
2050 Boul Monseigneur-Langlois, SALABERRY-DE-VALLEYFIELD, QC, J6S 5R1
(450) 371-9026   SIC 5311

WAL-MART CANADA CORP p 1234
1005 Boul Laure Bureau 500, Sept-Iles, QC, G4R 4S6
(418) 968-5151   SIC 5311

WAL-MART CANADA CORP p 1235
1600 Boul Royal, SHAWINIGAN, QC, G9N 8S8
(819) 537-0113   SIC 5311

WAL-MART CANADA CORP p 1240
4050 Boul Josaphat-Rancourt Bureau 3086, SHERBROOKE, QC, J1L 3C6
(819) 823-1661   SIC 5311

WAL-MART CANADA CORP p 1246
1025 Boul Frontenac E, THETFORD MINES, QC, G6G 6S7
(418) 338-4894   SIC 5311

WAL-MART CANADA CORP p 1248
300 Rue Barkoff, Trois-Rivieres, QC, G8T 2A3
(819) 379-2992   SIC 5311

WAL-MART CANADA CORP p 1252
4520 Boul Gene-H.-Kruger, Trois-Rivieres, QC, G9A 4N1
(819) 372-1181   SIC 5399

WAL-MART CANADA CORP p 1254
1855 3e Av Bureau 3139, VAL-D'OR, QC, J9P 7A9

(819) 874-8411   SIC 5311

WAL-MART CANADA CORP p 1257
3050 Boul De La Gare, VAUDREUILDORION, QC, J7V 0H1
(450) 510-3314   SIC 5311

WAL-MART CANADA CORP p 1260
110 Boul Arthabaska O, VICTORIAVILLE, QC, G6S 0P2
(819) 758-5136   SIC 5311

WAL-MART CANADA CORP p 1269
413 Kensington Ave, ESTEVAN, SK, S4A 2A5
(306) 634-2110   SIC 5311

WAL-MART CANADA CORP p 1271
710 11th Avenue E, KINDERSLEY, SK, S0L 1S2
(306) 463-1330   SIC 5311

WAL-MART CANADA CORP p 1276
551 Thatcher Dr E Suite 3173, MOOSE JAW, SK, S6J 1L8
(306) 693-3218   SIC 5311

WAL-MART CANADA CORP p 1278
601 Carlton Trail Suite 1, NORTH BATTLEFORD, SK, S9A 4A9
(306) 445-8105   SIC 5311

WAL-MART CANADA CORP p 1280
800 15th St E Suite 100, PRINCE ALBERT, SK, S6V 8E3
(306) 764-9770   SIC 5311

WAL-MART CANADA CORP p 1289
2715 Gordon Rd, REGINA, SK, S4S 6H7
(306) 584-0061   SIC 5311

WAL-MART CANADA CORP p 1290
2150 Prince Of Wales Dr, REGINA, SK, S4V 3A6
(306) 780-3700   SIC 5311

WAL-MART CANADA CORP p 1291
3939 Rochdale Blvd, REGINA, SK, S4X 4P7
(306) 543-3237   SIC 5311

WAL-MART CANADA CORP p 1302
225 Betts Ave, SASKATOON, SK, S7M 1L2
(306) 382-5454   SIC 5311

WAL-MART CANADA CORP p 1304
1706 Preston Ave N Suite 3084, SASKATOON, SK, S7N 4Y1
(306) 373-2300   SIC 5311

WAL-MART CANADA CORP p 1305
3035 Clarence Ave S, SASKATOON, SK, S7T 0B6
(306) 653-8200   SIC 5311

WAL-MART CANADA CORP p 1307
1800 22nd Ave Ne, SWIFT CURRENT, SK, S9H 0E5
(306) 778-3489   SIC 5311

WAL-MART CANADA CORP p 1308
1000 Sims Ave, WEYBURN, SK, S4H 3N9
(306) 842-6030   SIC 5311

WAL-MART CANADA CORP p 1310
240 Hamilton Rd, YORKTON, SK, S3N 4C6
(306) 782-9820   SIC 5311

WAL-MART CANADA CORP p 1311
9021 Quartz Rd, WHITEHORSE, YT, Y1A 4P9
(867) 667-2652   SIC 5311

WAL-MART NORTHEAST p 98
See WAL-MART CANADA CORP

WALCO CANADA ANIMAL HEALTH p 92
See KANE VETERINARY SUPPLIES LTD

WALCO-INDUSTRIAL PRODUCTS p 763
See WALTER, E. F. INC

WALDECK ELEMENTARY p 1308
See CHINOOK SCHOOL DIVISION NO 211

WALDHEIM SCHOOL p 1308
See PRAIRIE SPIRIT SCHOOL DIVISION NO. 206

WALDORF SCHOOL ASSOCIATION OF ONTARIO INC p 535
2193 Orchard Rd, BURLINGTON, ON, L7L 7J8
(905) 331-4387   SIC 8211

WALDORF SCHOOL ASSOCIATION OF ONTARIO INC p 571
Rr 1, DURHAM, ON, N0G 1R0
(519) 369-3195   SIC 8211

WALINGA INC p 346
70 3rd Ave Ne, CARMAN, MB, R0G 0J0
(204) 745-2951   SIC 3713

WALKER GROUP p 888
See WGI MANUFACTURING INC

WALKER INDUSTRIES HOLDINGS LIMITED p 736
2800 Thorold Town Line, NIAGARA FALLS, ON, L2E 6S4
(905) 227-4142   SIC 1411

WALKER SCHOOL p 1289
See BOARD OF EDUCATION REGINA SCHOOL DIVISION NO. 4 OF SASKATCHEWAN

WALKER TOWNE PIZZA INC p 965
4450 Walker Rd, WINDSOR, ON, N8W 3T5
(519) 250-7670   SIC 5812

WALKER VILLE SECONDARY SCHOOL p 967
See GREATER ESSEX COUNTY DISTRICT SCHOOL BOARD

WALKER YOUTH HOMES INC p 786
2162 Haig Dr, OTTAWA, ON, K1G 2L2
SIC 1521

WALKER, J. B. & M. LIMITED p 700
3411 Mavis Rd, MISSISSAUGA, ON, L5C 1T7
(905) 272-4545   SIC 5812

WALKERTON PUBLIC SCHOOL p 948
See BLUEWATER DISTRICT SCHOOL BOARD

WALKUS, JAMES FISHING CO. LTD p 257
Gd, PORT HARDY, BC, V0N 2P0
(250) 949-7223   SIC 7032

WALL, BOB ENTERPRISES INC p 734
1111 Davis Dr Unit 5, NEWMARKET, ON, L3Y 8X2
(905) 853-9300   SIC 5461

WALL, BOB ENTERPRISES INC p 734
1166 Davis Dr, NEWMARKET, ON, L3Y 8X4
(905) 853-0607   SIC 5812

WALLACE & CAREY INC p 37
5445 8 St Ne, CALGARY, AB, T2K 5R9
(403) 275-7360   SIC 5194

WALLACE & CAREY INC p 94
18023 111 Ave Nw, EDMONTON, AB, T5S 2P2
(780) 453-1507   SIC 5194

WALLACE & CAREY INC p 770
2226 South Service Rd W, OAKVILLE, ON, L6L 5N1
(905) 825-9640   SIC 5099

WALLACE EMMERSON COMMUNITY CENTER p 935
See CORPORATION OF THE CITY OF TORONTO

WALLACE EQUIPMENT LTD p 444
60 Symonds Rd, BEDFORD, NS, B4B 1H3
(902) 835-7474   SIC 5084

WALLACE NEON p 270
See WALLACE SIGN-CRAFTERS WEST LIMITED

WALLACE PUBLIC SCHOOL p 596
See AVON MAITLAND DISTRICT SCHOOL BOARD

WALLACE SIGN-CRAFTERS WEST LIMITED p 270
2771 Simpson Rd, RICHMOND, BC, V6X 3H6
SIC 5046

WALLACEBURG DISTRICT SECONDARY SCHOOL p 948
See LAMBTON KENT DISTRICT SCHOOL BOARD

WALLACEBURG LIGHTING DIV p 948
See ACTIVE INDUSTRIAL SOLUTIONS INC

WALLACEBURG POST OFFICE p 948
See CANADA POST CORPORATION

WALMART p 8
See WAL-MART CANADA CORP

BUSINESSES ALPHABETICALLY

WALMART p 14
See WAL-MART CANADA CORP
WALMART p 58
See WAL-MART CANADA CORP
WALMART p 72
See WAL-MART CANADA CORP
WALMART p 73
See WAL-MART CANADA CORP
WALMART p 99
See WAL-MART CANADA CORP
WALMART p 117
See WAL-MART CANADA CORP
WALMART p 128
See WAL-MART CANADA CORP
WALMART p 149
See WAL-MART CANADA CORP
WALMART p 150
See WAL-MART CANADA CORP
WALMART p 164
See WAL-MART CANADA CORP
WALMART p 168
See WAL-MART CANADA CORP
WALMART p 170
See WAL-MART CANADA CORP
WALMART p 171
See WAL-MART CANADA CORP
WALMART p 195
See WAL-MART CANADA CORP
WALMART p 205
See WAL-MART CANADA CORP
WALMART p 215
See WAL-MART CANADA CORP
WALMART p 237
See WAL-MART CANADA CORP
WALMART p 281
See WAL-MART CANADA CORP
WALMART p 288
See WAL-MART CANADA CORP
WALMART p 292
See WAL-MART CANADA CORP
WALMART p 295
See WAL-MART CANADA CORP
WALMART p 327
See WAL-MART CANADA CORP
WALMART p 334
See WAL-MART CANADA CORP
WALMART p 393
See WAL-MART CANADA CORP
WALMART p 394
See WAL-MART CANADA CORP
WALMART p 399
See WAL-MART CANADA CORP
WALMART p 422
See WAL-MART CANADA CORP
WALMART p 425
See WAL-MART CANADA CORP
WALMART p 428
See WAL-MART CANADA CORP
WALMART p 439
See WAL-MART CANADA CORP
WALMART p 442
See WAL-MART CANADA CORP
WALMART p 462
See WAL-MART CANADA CORP
WALMART p 480
See WAL-MART CANADA CORP
WALMART p 486
See WAL-MART CANADA CORP
WALMART p 487
See WAL-MART CANADA CORP
WALMART p 509
See WAL-MART CANADA CORP
WALMART p 532
See WAL-MART CANADA CORP
WALMART p 557
See WAL-MART CANADA CORP
WALMART p 590
See WAL-MART CANADA CORP
WALMART p 592
See WAL-MART CANADA CORP
WALMART p 617
See WAL-MART CANADA CORP
WALMART p 620
See WAL-MART CANADA CORP
WALMART p 628
See WAL-MART CANADA CORP
WALMART p 640
See WAL-MART CANADA CORP
WALMART p 677
See WAL-MART CANADA CORP
WALMART p 722
See WAL-MART CANADA CORP
WALMART p 774
See WAL-MART CANADA CORP
WALMART p 805
See WAL-MART CANADA CORP
WALMART p 825
See WAL-MART CANADA CORP
WALMART p 844
See WAL-MART CANADA CORP
WALMART p 850
See WAL-MART CANADA CORP
WALMART p 866
See WAL-MART CANADA CORP
WALMART p 885
See WAL-MART CANADA CORP
WALMART p 944
See WAL-MART CANADA CORP
WALMART p 946
See WAL-MART CANADA CORP
WALMART p 949
See WAL-MART CANADA CORP
WALMART p 988
See WAL-MART CANADA CORP
WALMART p 1019
See WAL-MART CANADA CORP
WALMART p 1022
See WAL-MART CANADA CORP
WALMART p 1036
See WAL-MART CANADA CORP
WALMART p 1039
See WAL-MART CANADA CORP
WALMART p 1046
See WAL-MART CANADA CORP
WALMART p 1067
See WAL-MART CANADA CORP
WALMART p 1126
See WAL-MART CANADA CORP
WALMART p 1133
See WAL-MART CANADA CORP
WALMART p 1146
See WAL-MART CANADA CORP
WALMART p 1166
See WAL-MART CANADA CORP
WALMART p 1174
See WAL-MART CANADA CORP
WALMART p 1178
See WAL-MART CANADA CORP
WALMART p 1184
See WAL-MART CANADA CORP
WALMART p 1190
See WAL-MART CANADA CORP
WALMART p 1194
See WAL-MART CANADA CORP
WALMART p 1223
See WAL-MART CANADA CORP
WALMART p 1228
See WAL-MART CANADA CORP
WALMART p 1234
See WAL-MART CANADA CORP
WALMART p 1240
See WAL-MART CANADA CORP
WALMART p 1246
See WAL-MART CANADA CORP
WALMART p 1302
See WAL-MART CANADA CORP
WALMART p 1308
See WAL-MART CANADA CORP
WALMART #3069 p 354
See WAL-MART CANADA CORP
WALMART BAIE COMEAU p 994
See WAL-MART CANADA CORP
WALMART CANADA LOGISTICS ULC p 11
3400 39 Ave Ne, CALGARY, AB, T1Y 7J4
(403) 250-3648   SIC 4225
WALMART CANADA LOGISTICS ULC p 160
261039 Wagon Wheel Cres, ROCKY VIEW COUNTY, AB, T4A 0E2
(403) 295-8364   SIC 4225
WALMART CANADA LOGISTICS ULC p 723
6800 Maritz Dr, MISSISSAUGA, ON, L5W 1W2
(905) 670-9966   SIC 4225
WALMART CANADA LOGISTICS ULC p 723
200 Courtneypark Dr W, MISSISSAUGA, ON, L5W 1Y6
(905) 564-1484   SIC 4225
WALMART DE LEVIS p 1066
See WAL-MART CANADA CORP
WALMART MAGASIN p 1252
See WAL-MART CANADA CORP
WALMART PHARMACIES p 239
See WAL-MART CANADA CORP
WALMART QUESNEL p 264
See WAL-MART CANADA CORP
WALMART STORE 3645 p 680
See WAL-MART CANADA CORP
WALMART SUPERCENTRE p 486
See WAL-MART CANADA CORP
WALMART SUPERCENTRE p 488
See WAL-MART CANADA CORP
WALMART SUPERCENTRE p 540
See WAL-MART CANADA CORP
WALMART SUPERCENTRE p 1007
See WAL-MART CANADA CORP
WALMART SUPERCENTRE p 1060
See WAL-MART CANADA CORP
WALMART SUPERCENTRE p 1197
See WAL-MART CANADA CORP
WALMART SUPERCENTRE p 1216
See WAL-MART CANADA CORP
WALMART TIRE & LUBE EXPRESS p 231
See WAL-MART CANADA CORP
WALNUT GROVE SECONDARY SCHOOL p 230
See SCHOOL DISTRICT NO. 35 (LANGLEY)
WALNUT PARK ELEMENTARY SCHOOL p 278
See SCHOOL DISTRICT NO. 54 (BULKLEY VALLEY)
WALNUT ROAD ELEMENTARY SCHOOL p 290
See SCHOOL DISTRICT NO 36 (SURREY)
WALPER TERRACE HOTEL INC p 641
1 King St W, KITCHENER, ON, N2G 1A1
(519) 745-4321   SIC 7011
WALPOLE ISLAND FIRST NATION NATIVE FAMILY SERVICES p 948
See GOVERNMENT OF ONTARIO
WALSH PUBLIC SCHOOL p 849
See GRAND ERIE DISTRICT SCHOOL BOARD
WALT DISNEY COMPANY (CANADA) LTD, THE p 931
200 Front St W Suite 2900, TORONTO, ON, M5V 3L4
(416) 695-2918   SIC 6794
WALTER ASELTINE SCHOOL p 1291
See SUN WEST SCHOOL DIVISION NO 207 SASKATCHEWAN
WALTER BAKER SPORTS CENTRE p 729
See CITY OF OTTAWA
WALTER DUGGAN CONSOLIDATED SCHOOL p 479
See CHIGNECTO CENTRAL REGIONAL SCHOOL BOARD
WALTER H GAGE RESIDENCE p 321
See UNIVERSITY OF BRITISH COLUMBIA, THE
WALTER LEE ELEMENTARY SCHOOL p 272
See BOARD OF EDUCATION SCHOOL DISTRICT #38 (RICHMOND)
WALTER MOBERLY ELEMENTARY SCHOOL p 298
See BOARD OF EDUCATION OF SCHOOL DISTRICT NO. 39 (VANCOUVER), THE
WALTER MURRAY COLLEGIATE p 1293
See BOARD OF EDUCATION OF SASKATOON SCHOOL DIVISION NO. 13 OF SASKATCHEWAN, THE
WALTER PERRY JR PUBLIC SCHOOL p 886
See TORONTO DISTRICT SCHOOL BOARD
WALTER SCOTT PUBLIC SCHOOL p 823
See YORK REGION DISTRICT SCHOOL BOARD
WALTER SURFACE TECHNOLOGIES INC p 1143
5977 Rte Transcanadienne, POINTE-CLAIRE, QC, H9R 1C1
(514) 630-2800   SIC 5085
WALTER TECHNOLOGIES POUR SURFACES p 1143
See WALTER SURFACE TECHNOLOGIES INC
WALTER WHYTE SCHOOL p 349
See LORD SELKIRK SCHOOL DIVISION, THE
WALTER ZADOW PUBLIC SCHOOL p 489
See RENFREW COUNTY DISTRICT SCHOOL BOARD
WALTER, B & D TRUCKING LTD p 205
900 Industrial Road 2, CRANBROOK, BC, V1C 4P8
(250) 426-0590   SIC 4213
WALTER, E. F. INC p 763
180 Bartor Rd, NORTH YORK, ON, M9M 2W6
(416) 782-4492   SIC 2299
WALTER, L. & SONS EXCAVATING LTD p 737
7527 Stanley Ave, NIAGARA FALLS, ON, L2G 0C7
(905) 371-1300   SIC 1794
WALTERS TRUCKING p 205
See WALTER, B & D TRUCKING LTD
WALTON ELEMENTAY SCHOOL p 200
See SCHOOL DISTRICT NO. 43 (COQUITLAM)
WALTON INTERNATIONAL GROUP INC p 82
10060 Jasper Ave Nw Suite 1450, Edmonton, AB, T5J 3R8
SIC 6519
WAM DEVELOPMENT GROUP p 83
See WAMGREN LTD, THE
WAMGREN LTD, THE p 83
10213 111 St Nw, EDMONTON, AB, T5K 2V6
(780) 423-5525   SIC 6552
WANIPIGOW ELEMENTARY SCHOOL p 360
See FRONTIER SCHOOL DIVISION
WANIPIGOW SCHOOL p 360
See FRONTIER SCHOOL DIVISION
WAPANACAK ELEMENTARY SCHOOL p 1278
See BALLANTYNE, PETER CREE NATION
WAPITI REGIONAL LIBRARY p 1280
145 12th St E, PRINCE ALBERT, SK, S6V 1B7
(306) 763-8496   SIC 8231
WAPITI REGIONAL LIBRARY p 1306
503 3rd Ave, ST BRIEUX, SK, S0K 3V0
(306) 275-2133   SIC 8231
WAPOSE MEDICAL SERVICES INC p 122
431 Mackenzie Blvd Suite 12, FORT MCMURRAY, AB, T9H 4C5
(780) 714-6654   SIC 7363
WAR AMPUTATIONS OF CANADA, THE p 888
1 Maybrook Dr, TORONTO, ON, M1V 5K9
(416) 412-0600   SIC 8699
WARBURG SCHOOL p 173
See BLACK GOLD REGIONAL DIVISION #18
WARDEN AVENUE JUNIOR PUBLIC SCHOOL p 839
See TORONTO DISTRICT SCHOOL

▲ Public Company   ■ Public Company Family Member   **HQ** Headquarters   **BR** Branch   **SL** Single Location

BOARD
WARDEN WOODS COMMUNITY CENTRE p 839
74 Firvalley Crt, SCARBOROUGH, ON, M1L 1N9
(416) 694-1138   SIC 8322
WAREHOUSE DISTRIBUTION CENTRE p 24
See GRAND & TOY LIMITED
WARING HOUSE RESTAURANT AND INN p 815
395 Sandy Hook Rd, PICTON, ON, K0K 2T0
(613) 476-7492   SIC 5812
WARM UP WINNIPEG p 371
See B.U.I.L.D. BUILDING URBAN INDUSTRIES FOR LOCAL DEVELOPMENT INC
WARMAN ELEMENTARY SCHOOL p 1308
See PRAIRIE SPIRIT SCHOOL DIVISION NO. 206
WARMAN GOLF CLUB p 1308
See LEGENDS GOLF CLUB INC, THE
WARMAN HIGH SCHOOL p 1308
See PRAIRIE SPIRIT SCHOOL DIVISION NO. 206
WARMAN MENNONITE SPECIAL CARE HOME INC p 1308
201 Centennial Blvd, WARMAN, SK, S0K 0A1
(306) 933-2011   SIC 8361
WARNER BROS ENTERTAINMENT CANADA INC p 1095
800 Boul De Maisonneuve E Bureau 1000, Montreal, QC, H2L 4L8
SIC 3944
WARNER SCHOOL p 173
See BOARD OF TRUSTEES OF HORIZON SCHOOL DIVISION NO 67
WARNER SHELTER SYSTEMS LIMITED p 20
9811 44 St Se, CALGARY, AB, T2C 2P7
(403) 279-7662   SIC 2394
WARREN COLLEGIATE p 360
See INTERLAKE SCHOOL DIVISION
WARREN ELEMENTARY p 360
See INTERLAKE SCHOOL DIVISION
WARTSILA CANADA INCORPOREE p 267
See WARTSILA CANADA, INCORPORATED
WARTSILA CANADA, INCORPORATED p 267
1771 Savage Rd, RICHMOND, BC, V6V 1R1
(604) 244-8181   SIC 3731
WASA ELEMENTARY SCHOOL p 337
See BOARD OF EDUCATION OF SCHOOL DISTRICT NO. 06 (ROCKY MOUNTAIN), THE
WASAGAMACK EDUCATION AUTHORITY p 360
Gd, WASAGAMACK, MB, R0B 1Z0
SIC 8211
WASAYA AIRWAYS LIMITED PARTNERSHIP p 815
6 Airport Rd, PICKLE LAKE, ON, P0V 3A0
(807) 928-2244   SIC 4581
WASAYA AIRWAYS LIMITED PARTNERSHIP p 849
17 Airport Rd, SIOUX LOOKOUT, ON, P8T 1J6
(807) 737-7124   SIC 4512
WASCANA p 1289
See BOARD OF EDUCATION REGINA SCHOOL DIVISION NO. 4 OF SASKATCHEWAN
WASCANA BUILDING SERVICES LIMITED p 63
113 Coral Shores Bay Ne, CALGARY, AB, T3J 3J6
(403) 285-4842   SIC 7349
WASHINGTON MILLS ELECTRO MINERALS CORPORATION p 736
7780 Stanley Ave, NIAGARA FALLS, ON, L2E 6X8
(905) 357-5500   SIC 3291
WASHINGTON YACHTING GROUP ULC p 248
3 St. Andrews Ave, NORTH VANCOUVER, BC, V7L 3K7
(604) 990-8400   SIC 3731
WASKAGANISH COMMUNITY CLINIC p 1261
See HOSPITAL CHISASIBI
WASTE CONNECTIONS OF CANADA INC p 102
3410 74 Ave, EDMONTON, AB, T6B 2P7
(780) 464-9400   SIC 4953
WASTE CONNECTIONS OF CANADA INC p 137
703 32 St N, LETHBRIDGE, AB, T1H 5H5
(403) 328-6355   SIC 4953
WASTE CONNECTIONS OF CANADA INC p 160
285122 Bluegrass Dr, ROCKY VIEW COUNTY, AB, T1X 0P5
(403) 236-3883   SIC 4953
WASTE CONNECTIONS OF CANADA INC p 178
34321 Industrial Way, ABBOTSFORD, BC, V2S 7M6
(604) 857-1990   SIC 4953
WASTE CONNECTIONS OF CANADA INC p 224
150 Campion St Unit 4, KELOWNA, BC, V1X 7S8
(250) 765-0565   SIC 4953
WASTE CONNECTIONS OF CANADA INC p 251
1151 Herring Gull Way, PARKSVILLE, BC, V9P 1R2
(250) 248-8109   SIC 4953
WASTE CONNECTIONS OF CANADA INC p 251
1151 Herring Gull Way, PARKSVILLE, BC, V9P 1R2
(250) 758-5360   SIC 4953
WASTE CONNECTIONS OF CANADA INC p 275
2240 Keating Cross Rd, SAANICHTON, BC, V8M 2A6
(250) 652-4414   SIC 4953
WASTE CONNECTIONS OF CANADA INC p 509
580 Ecclestone Dr, BRACEBRIDGE, ON, P1L 1R2
(705) 645-4453   SIC 4953
WASTE CONNECTIONS OF CANADA INC p 529
779 Powerline Rd, BRANTFORD, ON, N3T 5L8
(519) 759-4370   SIC 4953
WASTE CONNECTIONS OF CANADA INC p 553
91 Sass Rd, CHATHAM, ON, N7M 5J4
(519) 360-9435   SIC 4953
WASTE CONNECTIONS OF CANADA INC p 632
1266 Mcadoos Ln, KINGSTON, ON, K7L 5C7
(613) 548-4428   SIC 4953
WASTE CONNECTIONS OF CANADA INC p 667
5000 8th Concession Rd, MAIDSTONE, ON, N0R 1K0
(519) 737-2900   SIC 4953
WASTE CONNECTIONS OF CANADA INC p 725
3354 Navan Rd, NAVAN, ON, K4B 1H9
(613) 824-7289   SIC 4953
WASTE CONNECTIONS OF CANADA INC p 754
75 The Donway W Suite 714, NORTH YORK, ON, M3C 2E9
(905) 389-2422   SIC 4953
WASTE CONNECTIONS OF CANADA INC p 784
1152 Kenaston St, OTTAWA, ON, K1B 3P5
(613) 749-8000   SIC 4953
WASTE CONNECTIONS OF CANADA INC p 811
688 Harper Rd, PETERBOROUGH, ON, K9J 6X6
(705) 742-4268   SIC 4953
WASTE CONNECTIONS OF CANADA INC p 1001
4141 Boul De La Grande-Allee, BOISBRIAND, QC, J7H 1M7
(450) 435-2627   SIC 4953
WASTE MANAGEMENT p 475
See CAPE BRETON REGIONAL MUNICIPALITY
WASTE MANAGEMENT p 550
See WASTE MANAGEMENT OF CANADA CORPORATION
WASTE MANAGEMENT p 954
See WASTE MANAGEMENT OF CANADA CORPORATION
WASTE MANAGEMENT p 1028
See WASTE MANAGEMENT OF CANADA CORPORATION
WASTE MANAGEMENT p 1072
See WM QUEBEC INC
WASTE MANAGEMENT FACILITY p 895
See CORPORATION OF THE CITY OF TORONTO
WASTE MANAGEMENT OF CANADA CORPORATION p 15
4668 25 St Se, CALGARY, AB, T2B 3M2
SIC 4953
WASTE MANAGEMENT OF CANADA CORPORATION p 72
5450 55th St, DRAYTON VALLEY, AB, T7A 1R3
(780) 542-6764   SIC 4953
WASTE MANAGEMENT OF CANADA CORPORATION p 97
12707 170 St Nw, EDMONTON, AB, T5V 1L9
(780) 447-2141   SIC 4953
WASTE MANAGEMENT OF CANADA CORPORATION p 203
2330 United Blvd, COQUITLAM, BC, V3K 6S1
(604) 520-7963   SIC 4953
WASTE MANAGEMENT OF CANADA CORPORATION p 205
2000 17th St N, CRANBROOK, BC, V1C 7G2
SIC 4953
WASTE MANAGEMENT OF CANADA CORPORATION p 227
350 Beaver Lake Rd, KELOWNA, BC, V4V 1S5
(250) 766-9100   SIC 4953
WASTE MANAGEMENT OF CANADA CORPORATION p 275
6808 Kirkpatrick Cres, SAANICHTON, BC, V8M 1Z9
(250) 544-2330   SIC 4953
WASTE MANAGEMENT OF CANADA CORPORATION p 499
13 Saunders Rd, BARRIE, ON, L4N 9A7
(705) 728-9649   SIC 4953
WASTE MANAGEMENT OF CANADA CORPORATION p 517
See WASTE MANAGEMENT OF CANADA CORPORATION
WASTE MANAGEMENT OF CANADA CORPORATION p 517
117 Wentworth Crt, BRAMPTON, ON, L6T 5L4
(905) 595-3360   SIC 4953
WASTE MANAGEMENT OF CANADA CORPORATION p 550
254 Westbrook Rd, CARP, ON, K0A 1L0
(613) 831-1281   SIC 4953
WASTE MANAGEMENT OF CANADA CORPORATION p 563
550 Bowes Rd, CONCORD, ON, L4K 1K2
(905) 669-7196   SIC 4953
WASTE MANAGEMENT OF CANADA CORPORATION p 631
62 St Remy Pl, KINGSTON, ON, K7K 6C4
(613) 549-7100   SIC 4953
WASTE MANAGEMENT OF CANADA CORPORATION p 664
290 Exeter Rd, LONDON, ON, N6L 1A3
(519) 652-5299   SIC 4953
WASTE MANAGEMENT OF CANADA CORPORATION p 724
200 Sligo Rd W, MOUNT FOREST, ON, N0G 2L1
(519) 323-3682   SIC 4953
WASTE MANAGEMENT OF CANADA CORPORATION p 771
3275 Rebecca St, OAKVILLE, ON, L6L 6N5
(905) 433-5077   SIC 4953
WASTE MANAGEMENT OF CANADA CORPORATION p 771
See WASTE MANAGEMENT OF CANADA CORPORATION
WASTE MANAGEMENT OF CANADA CORPORATION p 833
120 Industrial Court A, SAULT STE. MARIE, ON, P6B 5W6
(705) 254-5050   SIC 4212
WASTE MANAGEMENT OF CANADA CORPORATION p 852
124 Cushman Rd, ST CATHARINES, ON, L2M 6T6
(905) 687-9605   SIC 4953
WASTE MANAGEMENT OF CANADA CORPORATION p 862
407 Mcneilly Rd, STONEY CREEK, ON, L8E 5E3
(905) 643-1202   SIC 4953
WASTE MANAGEMENT OF CANADA CORPORATION p 868
1865 Lasalle Blvd, SUDBURY, ON, P3A 2A3
(705) 566-8444   SIC 4953
WASTE MANAGEMENT OF CANADA CORPORATION p 893
20 Esandar Dr, TORONTO, ON, M4G 1Y2
(416) 423-6396   SIC 4953
WASTE MANAGEMENT OF CANADA CORPORATION p 944
270 West St, TRENTON, ON, K8V 2N3
SIC 5093
WASTE MANAGEMENT OF CANADA CORPORATION p 954
645 Conrad Pl, WATERLOO, ON, N2V 1C4
(519) 886-6932   SIC 4953
WASTE MANAGEMENT OF CANADA CORPORATION p 1028
25 Rue Gagnon, DRUMMONDVILLE, QC, J2A 3H3
(819) 477-6609   SIC 4953
WASTE MANAGEMENT OF CANADA CORPORATION p 1185

460 Boul La Gabelle, Saint-Etienne-des-Gres, QC, G0X 2P0
SIC 4953

WASTE MANAGEMENT OF CANADA CORPORATION *p* 1230
2535 1re Rue, SAINTE-SOPHIE, QC, J5J 2R7
(450) 431-2313   *SIC 4212*

WASTE MANAGEMENT OF CANADA CORPORATION *p* 1273
5104 42 Ave, LLOYDMINSTER, SK, S9V 2B4
(306) 825-6511   *SIC 4953*

WASTE MANAGEMENT SERVICES *p* 79
See CITY OF EDMONTON

WASTECH SERVICES LTD *p* 194
S Trans-Canada Hwy, CACHE CREEK, BC, V0K 1H0
(250) 457-6464   *SIC 4953*

WASTECO *p* 520
See SOUTHERN SANITATION INC

WASWANIPI HIGH SCHOOL *p* 1261
See CREE SCHOOL BOARD

WATCH TOWER BIBLE AND TRACT SOCIETY OF CANADA *p* 956
390 Clare Ave, WELLAND, ON, L3C 5R2
SIC 8661

WATCHFIRE CORPORATION *p* 624
1 Hines Rd, KANATA, ON, K2K 3C7
SIC 7372

WATER & SOLID WASTE *p* 379
See CITY OF WINNIPEG, THE

WATER & WASTE DEPARTMENT CUSTOMER SERVICE *p* 374
See CITY OF WINNIPEG, THE

WATER MATRIX INC *p* 976
555 Hanlan Rd Suite 1, WOODBRIDGE, ON, L4L 4R8
(905) 850-8080   *SIC 8748*

WATER PIK TECHNOLOGIES CANADA INC *p* 675
625 Cochrane Dr, MARKHAM, ON, L3R 9R9
SIC 5074

WATER POLLUTION CONTROL CENTER *p* 494
See CORPORATION OF THE CITY OF BARRIE, THE

WATER PURIFICATION PLANT *p* 815
See CORPORATION OF THE COUNTY OF PRINCE EDWARD, THE

WATER STREET (VANCOUVER) SPAGHETTI CORP *p* 332
703 Douglas St, VICTORIA, BC, V8W 2B4
(250) 381-8444   *SIC 5812*

WATER STREET SPAGHETTI CORPORATION, THE *p* 50
222 8 St Sw, CALGARY, AB, T2P 1P9
(403) 263-7223   *SIC 5812*

WATER TOWER RESTAURANT (2000) LTD *p* 174
5527a 49 Ave, WETASKIWIN, AB, T9A 0R5
(780) 352-9235   *SIC 5812*

WATER TREATMENT PLANT *p* 1302
See SASKATOON, CITY OF

WATERAX INC *p* 1208
6635 Boul Henri-Bourassa W, SAINT-LAURENT, QC, H4R 1E1
(514) 637-1818   *SIC 3561*

WATERDOWN DISTRICT HIGH SCHOOL *p* 950
See HAMILTON-WENTWORTH DISTRICT SCHOOL BOARD, THE

WATERDOWN PO *p* 949
See CANADA POST CORPORATION

WATERFLOOD SERVICE & SALES LTD *p* 142
2 County Energie Rd N, LLOYDMINSTER, AB, T9V 2E9
(780) 875-7638   *SIC 5084*

WATERFORD AT WINDSOR WOODS, THE *p* 211
1345 56 St Suite 221, DELTA, BC, V4L 2P9
(604) 943-5954   *SIC 8322*

WATERFORD OF SUMMERLEA, THE *p* 94
See CHANTELLE MANAGEMENT LTD

WATERFRONT EMPLOYERS OF B.C. *p* 303
349 Railway St Suite 400, VANCOUVER, BC, V6A 1A4
(604) 689-7184   *SIC 7374*

WATERFRONT HOTEL - DOWNTOWN WINDSOR *p* 968
See INNVEST PROPERTIES CORP

WATERGROUP COMPANIES INC *p* 107
4150 101 St Nw, EDMONTON, AB, T6E 0A5
(780) 489-5502   *SIC 5963*

WATERGROUP COMPANIES INC *p* 517
8985 Airport Rd, BRAMPTON, ON, L6T 5T2
(416) 590-0225   *SIC 3589*

WATERGROUP COMPANIES INC *p* 665
2800 Roxburgh Rd Unit 4d, LONDON, ON, N6N 1K9
(519) 685-0445   *SIC 5999*

WATERGROUP COMPANIES INC *p* 1283
580 Park St, REGINA, SK, S4N 5A9
(306) 761-3210   *SIC 3589*

WATERGROUP COMPANIES INC *p* 1310
76 Seventh Ave S Suite 1, YORKTON, SK, S3N 3V2
(306) 782-0718   *SIC 5999*

WATERHEN SCHOOL *p* 360
See FRONTIER SCHOOL DIVISION

WATERLOO BEDDING *p* 645
See WATERLOO BEDDING COMPANY, LIMITED

WATERLOO BEDDING COMPANY, LIMITED *p* 645
825 Trillium Dr, KITCHENER, ON, N2R 1J9
(519) 742-4447   *SIC 2515*

WATERLOO CATHOLIC DISTRICT SCHOOL BOARD *p* 493
50 Broom St, AYR, ON, N0B 1E0
(519) 632-5101   *SIC 8211*

WATERLOO CATHOLIC DISTRICT SCHOOL BOARD *p* 493
50 Broom St, AYR, ON, N0B 1E0
(519) 632-5131   *SIC 8211*

WATERLOO CATHOLIC DISTRICT SCHOOL BOARD *p* 542
15 Gatehouse Dr, CAMBRIDGE, ON, N1P 1C7
(519) 621-8973   *SIC 8211*

WATERLOO CATHOLIC DISTRICT SCHOOL BOARD *p* 542
50 Saginaw Pky, CAMBRIDGE, ON, N1P 1A1
(519) 621-4050   *SIC 8211*

WATERLOO CATHOLIC DISTRICT SCHOOL BOARD *p* 544
25 Chalmers St S, CAMBRIDGE, ON, N1R 5B3
SIC 8211

WATERLOO CATHOLIC DISTRICT SCHOOL BOARD *p* 544
60 Mcdonald Ave, CAMBRIDGE, ON, N1R 4J2
(519) 621-0371   *SIC 8211*

WATERLOO CATHOLIC DISTRICT SCHOOL BOARD *p* 544
70 Acorn Way, CAMBRIDGE, ON, N1R 8M5
(519) 621-6680   *SIC 8211*

WATERLOO CATHOLIC DISTRICT SCHOOL BOARD *p* 544
82 Beverly St, CAMBRIDGE, ON, N1R 3Z7
(519) 745-1201   *SIC 8211*

WATERLOO CATHOLIC DISTRICT SCHOOL BOARD *p* 544
92 Avenue Rd, CAMBRIDGE, ON, N1R 1C1
(519) 621-5211   *SIC 8211*

WATERLOO CATHOLIC DISTRICT SCHOOL BOARD *p* 544
127 Elgin St N, CAMBRIDGE, ON, N1R 5H6
(519) 621-8920   *SIC 8211*

WATERLOO CATHOLIC DISTRICT SCHOOL BOARD *p* 544
185 Myers Rd, CAMBRIDGE, ON, N1R 7H2
(519) 622-1290   *SIC 8211*

WATERLOO CATHOLIC DISTRICT SCHOOL BOARD *p* 544
25 Chalmers St S, CAMBRIDGE, ON, N1R 5B3
(519) 740-0678   *SIC 8211*

WATERLOO CATHOLIC DISTRICT SCHOOL BOARD *p* 545
34 Osborne St, CAMBRIDGE, ON, N1S 3H1
(519) 621-6770   *SIC 8211*

WATERLOO CATHOLIC DISTRICT SCHOOL BOARD *p* 545
177 Bismark Dr, CAMBRIDGE, ON, N1S 4Y2
(519) 740-3530   *SIC 8211*

WATERLOO CATHOLIC DISTRICT SCHOOL BOARD *p* 546
50 Adler Dr, CAMBRIDGE, ON, N3C 4B7
(519) 651-0400   *SIC 8211*

WATERLOO CATHOLIC DISTRICT SCHOOL BOARD *p* 546
210 Cowan Blvd, CAMBRIDGE, ON, N1T 1V4
(519) 622-6100   *SIC 8211*

WATERLOO CATHOLIC DISTRICT SCHOOL BOARD *p* 546
520 Saginaw Pky, CAMBRIDGE, ON, N1T 1W9
(519) 624-7115   *SIC 8211*

WATERLOO CATHOLIC DISTRICT SCHOOL BOARD *p* 546
55 Hammet St, CAMBRIDGE, ON, N3C 2H5
(519) 658-4041   *SIC 8211*

WATERLOO CATHOLIC DISTRICT SCHOOL BOARD *p* 548
1150 Concession Rd, CAMBRIDGE, ON, N3H 4L6
(519) 653-3351   *SIC 8211*

WATERLOO CATHOLIC DISTRICT SCHOOL BOARD *p* 548
980 Westminster Dr S, CAMBRIDGE, ON, N3H 1V2
(519) 653-4482   *SIC 8211*

WATERLOO CATHOLIC DISTRICT SCHOOL BOARD *p* 573
69 First St W, ELMIRA, ON, N3B 1G5
(519) 669-8843   *SIC 8211*

WATERLOO CATHOLIC DISTRICT SCHOOL BOARD *p* 637
39 Midland Dr, KITCHENER, ON, N2A 2A9
(519) 893-8801   *SIC 8211*

WATERLOO CATHOLIC DISTRICT SCHOOL BOARD *p* 637
50 Thaler Ave, KITCHENER, ON, N2A 2V9
(519) 748-6008   *SIC 8211*

WATERLOO CATHOLIC DISTRICT SCHOOL BOARD *p* 637
50 Confederation Dr, KITCHENER, ON, N2B 2X5
(519) 578-7579   *SIC 8211*

WATERLOO CATHOLIC DISTRICT SCHOOL BOARD *p* 639
1500 Block Line Rd, KITCHENER, ON, N2C 2S2
(519) 745-6891   *SIC 8211*

WATERLOO CATHOLIC DISTRICT SCHOOL BOARD *p* 639
504 Connaught St, KITCHENER, ON, N2C 1C2
(519) 893-5830   *SIC 8211*

WATERLOO CATHOLIC DISTRICT SCHOOL BOARD *p* 640
118 Shea Cres, KITCHENER, ON, N2E 1E8
(519) 579-1230   *SIC 8211*

WATERLOO CATHOLIC DISTRICT SCHOOL BOARD *p* 640
185 Activa Ave, KITCHENER, ON, N2E 4A1
(519) 579-5212   *SIC 8211*

WATERLOO CATHOLIC DISTRICT SCHOOL BOARD *p* 640
367 The Country Way, KITCHENER, ON, N2E 2S3
(519) 745-5950   *SIC 8211*

WATERLOO CATHOLIC DISTRICT SCHOOL BOARD *p* 641
160 Courtland Ave E, KITCHENER, ON, N2G 2V3
(519) 743-3005   *SIC 8211*

WATERLOO CATHOLIC DISTRICT SCHOOL BOARD *p* 641
99 Strange St, KITCHENER, ON, N2G 1R4
(519) 579-0890   *SIC 8211*

WATERLOO CATHOLIC DISTRICT SCHOOL BOARD *p* 642
250 East Ave, KITCHENER, ON, N2H 1Z4
(519) 745-7847   *SIC 8211*

WATERLOO CATHOLIC DISTRICT SCHOOL BOARD *p* 642
80 Young St, KITCHENER, ON, N2H 4Z1
(519) 745-1201   *SIC 8211*

WATERLOO CATHOLIC DISTRICT SCHOOL BOARD *p* 642
35a Weber St W, KITCHENER, ON, N2H 3Z1
(519) 578-3660   *SIC 8211*

WATERLOO CATHOLIC DISTRICT SCHOOL BOARD *p* 642
270 Edwin St, KITCHENER, ON, N2H 4P4
(519) 743-2131   *SIC 8211*

WATERLOO CATHOLIC DISTRICT SCHOOL BOARD *p* 643
155 Westwood Dr, KITCHENER, ON, N2M 2K7
(519) 579-0890   *SIC 8211*

WATERLOO CATHOLIC DISTRICT SCHOOL BOARD *p* 643
240 Autumn Hill Cres, KITCHENER, ON, N2N 1K8
(519) 743-4682   *SIC 8211*

WATERLOO CATHOLIC DISTRICT SCHOOL BOARD *p* 643
245 Lorne Ave, KITCHENER, ON, N2M 3Y9
(519) 743-1541   *SIC 8211*

WATERLOO CATHOLIC DISTRICT SCHOOL BOARD *p* 643
45 Birchcliff Ave, KITCHENER, ON, N2M 4V7
(519) 743-4401   *SIC 8211*

WATERLOO CATHOLIC DISTRICT SCHOOL BOARD *p* 643
455 University Ave W, KITCHENER, ON, N2N 3B9
(519) 741-1990   *SIC 8211*

WATERLOO CATHOLIC DISTRICT SCHOOL BOARD *p* 644
15 Bechtel Dr, KITCHENER, ON, N2P 1T4
(519) 748-1874   *SIC 8211*

WATERLOO CATHOLIC DISTRICT SCHOOL BOARD *p* 644
560 Pioneer Dr, KITCHENER, ON, N2P 1P2
(519) 895-1716   *SIC 8211*

WATERLOO CATHOLIC DISTRICT SCHOOL BOARD *p* 678
1354 Maryhill Rd, MARYHILL, ON, N0B 2B0
(519) 648-2832   *SIC 8211*

WATERLOO CATHOLIC DISTRICT SCHOOL BOARD *p* 857
3639 Lobsinger Line, ST CLEMENTS, ON, N0B 2M0
(519) 699-5271   *SIC 8211*

WATERLOO CATHOLIC DISTRICT SCHOOL BOARD *p* 951
254 Neilson Ave, WATERLOO, ON, N2J 2M3
(519) 885-3180   *SIC 8211*

WATERLOO CATHOLIC DISTRICT SCHOOL BOARD *p* 951
405 Pastern Trail, WATERLOO, ON, N2K 3V6
(519) 886-9311   *SIC 8211*

WATERLOO CATHOLIC DISTRICT SCHOOL BOARD *p* 951
550 Chesapeake Dr, WATERLOO, ON, N2K 4G5
(519) 884-4912   *SIC 8211*

WATERLOO CATHOLIC DISTRICT

SCHOOL BOARD
4 High St, WATERLOO, ON, N2L 3X5
(519) 885-1340 SIC 8211

WATERLOO CATHOLIC DISTRICT SCHOOL BOARD p 953
660 Glen Forrest Blvd, WATERLOO, ON, N2L 4K2
(519) 884-8480 SIC 8211

WATERLOO CATHOLIC DISTRICT SCHOOL BOARD p 953
485 Thorndale Dr, WATERLOO, ON, N2T 1W5
(519) 747-9005 SIC 8211

WATERLOO CATHOLIC DISTRICT SCHOOL BOARD p 954
525 Laurelwood Dr, WATERLOO, ON, N2V 2N1
(519) 884-9198 SIC 8211

WATERLOO COLLEGIATE INSTITUTE p 953
See WATERLOO REGION DISTRICT SCHOOL BOARD

WATERLOO ELEMENTARY SCHOOL p 228
See SCHOOL DISTRICT NO. 68 (NANAIMO-LADYSMITH)

WATERLOO MEMORIAL RECREATION COMPLEX p 951
See CORPORATION OF THE CITY OF WATERLOO, THE

WATERLOO OXFORD DISTRICT SECONDARY SCHOOL p 493
See WATERLOO REGION DISTRICT SCHOOL BOARD

WATERLOO REGION DISTRICT SCHOOL BOARD p 493
55 Hilltop Dr, AYR, ON, N0B 1E0
(519) 632-5255 SIC 8211

WATERLOO REGION DISTRICT SCHOOL BOARD p 493
155 Livingston Blvd, BADEN, ON, N3A 4M6
(519) 634-9320 SIC 8211

WATERLOO REGION DISTRICT SCHOOL BOARD p 493
1206 Snyder's Rd W, BADEN, ON, N3A 1A4
(519) 634-5441 SIC 8211

WATERLOO REGION DISTRICT SCHOOL BOARD p 529
58 Joseph St Rr 2, BRESLAU, ON, N0B 1M0
(519) 648-2242 SIC 8211

WATERLOO REGION DISTRICT SCHOOL BOARD p 544
455 Dundas St, CAMBRIDGE, ON, N1R 5R5
(519) 621-8240 SIC 8211

WATERLOO REGION DISTRICT SCHOOL BOARD p 544
455 Myers Rd, CAMBRIDGE, ON, N1R 5S2
SIC 8211

WATERLOO REGION DISTRICT SCHOOL BOARD p 544
55 Mckay St, CAMBRIDGE, ON, N1R 4G6
(519) 621-9510 SIC 8211

WATERLOO REGION DISTRICT SCHOOL BOARD p 544
35 Chalmers St S, CAMBRIDGE, ON, N1R 5B4
(519) 623-0950 SIC 8211

WATERLOO REGION DISTRICT SCHOOL BOARD p 544
200 Water St N, CAMBRIDGE, ON, N1R 6V2
(519) 623-3600 SIC 8211

WATERLOO REGION DISTRICT SCHOOL BOARD p 544
685 Elgin St N, CAMBRIDGE, ON, N1R 7W6
(519) 622-0611 SIC 8211

WATERLOO REGION DISTRICT SCHOOL BOARD p 544
145 Stewart Ave, CAMBRIDGE, ON, N1R 2V5
(519) 621-4171 SIC 8211

WATERLOO REGION DISTRICT SCHOOL BOARD p 544
175 Main St, CAMBRIDGE, ON, N1R 1W5
(519) 623-0940 SIC 8211

WATERLOO REGION DISTRICT SCHOOL BOARD p 545
125 Salisbury Ave, CAMBRIDGE, ON, N1S 1J8
(519) 621-9981 SIC 8211

WATERLOO REGION DISTRICT SCHOOL BOARD p 545
65 Victoria Ave, CAMBRIDGE, ON, N1S 1X2
(519) 621-7170 SIC 8211

WATERLOO REGION DISTRICT SCHOOL BOARD p 545
65 St Andrews St, CAMBRIDGE, ON, N1S 1M6
(519) 570-0003 SIC 8211

WATERLOO REGION DISTRICT SCHOOL BOARD p 545
30 Southwood Dr, CAMBRIDGE, ON, N1S 4K3
(519) 621-5920 SIC 8211

WATERLOO REGION DISTRICT SCHOOL BOARD p 545
184 Tait St, CAMBRIDGE, ON, N1S 3G3
(519) 621-7621 SIC 8211

WATERLOO REGION DISTRICT SCHOOL BOARD p 546
100 Weaver St, CAMBRIDGE, ON, N3C 1W4
(519) 658-5121 SIC 8211

WATERLOO REGION DISTRICT SCHOOL BOARD p 546
300 Winston Blvd, CAMBRIDGE, ON, N3C 3J6
(519) 658-4691 SIC 8211

WATERLOO REGION DISTRICT SCHOOL BOARD p 546
31 Renwick Ave, CAMBRIDGE, ON, N3C 2T5
(519) 658-5187 SIC 8211

WATERLOO REGION DISTRICT SCHOOL BOARD p 546
555 Ellis Rd, CAMBRIDGE, ON, N3C 4K2
(519) 654-9402 SIC 8211

WATERLOO REGION DISTRICT SCHOOL BOARD p 546
390 Scott Rd, CAMBRIDGE, ON, N3C 3Z7
(519) 658-9023 SIC 8211

WATERLOO REGION DISTRICT SCHOOL BOARD p 546
355 Holiday Inn Dr, CAMBRIDGE, ON, N3C 1Z2
(519) 658-4910 SIC 8211

WATERLOO REGION DISTRICT SCHOOL BOARD p 546
335 Saginaw Pky, CAMBRIDGE, ON, N1T 1R6
(519) 740-2364 SIC 8211

WATERLOO REGION DISTRICT SCHOOL BOARD p 546
740 Saginaw Pky, CAMBRIDGE, ON, N1T 1V6
(519) 624-7111 SIC 8211

WATERLOO REGION DISTRICT SCHOOL BOARD p 548
210 Westminster Dr N, CAMBRIDGE, ON, N3H 5C8
(519) 653-0387 SIC 8211

WATERLOO REGION DISTRICT SCHOOL BOARD p 548
530 Langs Dr, CAMBRIDGE, ON, N3H 5G5
(519) 653-2384 SIC 8211

WATERLOO REGION DISTRICT SCHOOL BOARD p 548
550 Rose St, CAMBRIDGE, ON, N3H 2E6
(519) 653-2367 SIC 8211

WATERLOO REGION DISTRICT SCHOOL BOARD p 548
749 Grand Valley Dr, CAMBRIDGE, ON, N3H 2S3
(519) 653-5532 SIC 8211

WATERLOO REGION DISTRICT SCHOOL BOARD p 548
757 Concession Rd, CAMBRIDGE, ON, N3H 4L1
(519) 653-1141 SIC 8211

WATERLOO REGION DISTRICT SCHOOL BOARD p 563
1948 Sawmill Rd Ss 6, CONESTOGO, ON, N0B 1N0
(519) 664-3773 SIC 8211

WATERLOO REGION DISTRICT SCHOOL BOARD p 573
4 University Ave W, ELMIRA, ON, N3B 1K2
(519) 669-5414 SIC 8211

WATERLOO REGION DISTRICT SCHOOL BOARD p 573
35 Florapine Rd, ELMIRA, ON, N3B 2Z1
(519) 669-5193 SIC 8211

WATERLOO REGION DISTRICT SCHOOL BOARD p 573
14a William St, ELMIRA, ON, N3B 1N9
(519) 669-5417 SIC 8211

WATERLOO REGION DISTRICT SCHOOL BOARD p 573
18 Mockingbird, ELMIRA, ON, N3B 1T1
(519) 669-5183 SIC 8211

WATERLOO REGION DISTRICT SCHOOL BOARD p 637
175 Indian Rd, KITCHENER, ON, N2B 2S7
(519) 576-5100 SIC 8211

WATERLOO REGION DISTRICT SCHOOL BOARD p 637
191 Hickson Dr, KITCHENER, ON, N2B 2H8
(519) 578-3750 SIC 8211

WATERLOO REGION DISTRICT SCHOOL BOARD p 637
371 Franklin St N, KITCHENER, ON, N2A 1Y9
(519) 893-1334 SIC 8211

WATERLOO REGION DISTRICT SCHOOL BOARD p 637
51 Natchez Rd, KITCHENER, ON, N2B 3A7
(519) 745-8694 SIC 8211

WATERLOO REGION DISTRICT SCHOOL BOARD p 637
1042 Weber St E, KITCHENER, ON, N2A 1B6
(519) 896-1130 SIC 8211

WATERLOO REGION DISTRICT SCHOOL BOARD p 637
130 Morgan Ave, KITCHENER, ON, N2A 2M5
(519) 748-6161 SIC 8211

WATERLOO REGION DISTRICT SCHOOL BOARD p 637
150 Belleview Ave, KITCHENER, ON, N2B 1G7
(519) 578-3890 SIC 8211

WATERLOO REGION DISTRICT SCHOOL BOARD p 637
151 Zeller Dr, KITCHENER, ON, N2A 4H4
(519) 746-0140 SIC 8211

WATERLOO REGION DISTRICT SCHOOL BOARD p 637
153 Montcalm Dr, KITCHENER, ON, N2B 2R6
(519) 893-1140 SIC 8211

WATERLOO REGION DISTRICT SCHOOL BOARD p 639
221 Wilson Ave, KITCHENER, ON, N2C 1G9
(519) 893-7050 SIC 8211

WATERLOO REGION DISTRICT SCHOOL BOARD p 639
70 Vanier Dr, KITCHENER, ON, N2C 1J5
(519) 576-5730 SIC 8211

WATERLOO REGION DISTRICT SCHOOL BOARD p 640
664 Erinbrook Dr, KITCHENER, ON, N2E 2R1
(519) 742-0849 SIC 8211

WATERLOO REGION DISTRICT SCHOOL BOARD p 640
75 Lucerne Dr, KITCHENER, ON, N2E 1B4
(519) 743-4338 SIC 8211

WATERLOO REGION DISTRICT SCHOOL BOARD p 640
777 Westmount Rd E, KITCHENER, ON, N2E 1J2
(519) 578-6160 SIC 8211

WATERLOO REGION DISTRICT SCHOOL BOARD p 640
245 Activa Ave, KITCHENER, ON, N2E 4A3
(519) 579-1160 SIC 8211

WATERLOO REGION DISTRICT SCHOOL BOARD p 640
195 Country Hill Dr, KITCHENER, ON, N2E 2G7
(519) 743-6331 SIC 8211

WATERLOO REGION DISTRICT SCHOOL BOARD p 640
79 Laurentian Dr, KITCHENER, ON, N2E 1C3
(519) 743-6368 SIC 8211

WATERLOO REGION DISTRICT SCHOOL BOARD p 641
787 King St W, KITCHENER, ON, N2G 1E3
(519) 745-6851 SIC 8211

WATERLOO REGION DISTRICT SCHOOL BOARD p 641
709 King St W, KITCHENER, ON, N2G 1E3
(519) 578-0220 SIC 8211

WATERLOO REGION DISTRICT SCHOOL BOARD p 641
107 Courtland Ave E, KITCHENER, ON, N2G 2T9
(519) 578-4690 SIC 8211

WATERLOO REGION DISTRICT SCHOOL BOARD p 641
301 Charles St E, KITCHENER, ON, N2G 2P8
(519) 578-8330 SIC 8211

WATERLOO REGION DISTRICT SCHOOL BOARD p 642
171 Frederick St, KITCHENER, ON, N2H 2M6
(519) 578-3840 SIC 8211

WATERLOO REGION DISTRICT SCHOOL BOARD p 642
278 Weber St E, KITCHENER, ON, N2H 1G2
(519) 570-0003 SIC 8211

WATERLOO REGION DISTRICT SCHOOL BOARD p 642
325 Louisa St, KITCHENER, ON, N2H 5N1
(519) 578-1910 SIC 8211

WATERLOO REGION DISTRICT SCHOOL BOARD p 642
40 Prueter Ave, KITCHENER, ON, N2H 6G6
(519) 578-0910 SIC 8211

WATERLOO REGION DISTRICT SCHOOL BOARD p 642
760 Weber St E, KITCHENER, ON, N2H 1H6
(519) 742-1848 SIC 8211

WATERLOO REGION DISTRICT SCHOOL BOARD p 642
59 Bridge St W, KITCHENER, ON, N2K 1K6
(519) 743-4318 SIC 8211

WATERLOO REGION DISTRICT SCHOOL BOARD p 643
429 Westheights Dr, KITCHENER, ON, N2N 1M3
(519) 744-3549 SIC 8211

WATERLOO REGION DISTRICT SCHOOL BOARD p 643
1250 Victoria St S, KITCHENER, ON, N2N 3J2
(519) 744-4430 SIC 8211

WATERLOO REGION DISTRICT SCHOOL BOARD p 643
11 Chopin Dr, KITCHENER, ON, N2M 2G3
(519) 745-7312 SIC 8211

WATERLOO REGION DISTRICT SCHOOL BOARD p 643
80 Patricia Ave, KITCHENER, ON, N2M 1J3
(519) 576-0123 SIC 8211

WATERLOO REGION DISTRICT SCHOOL BOARD p 643
329 Glasgow St, KITCHENER, ON, N2M 2M9

(519) 578-5430 SIC 8211
WATERLOO REGION DISTRICT BOARD p 643
255 Westmount Rd E, KITCHENER, ON, N2M 4Z2
(519) 578-5480 SIC 8211
WATERLOO REGION DISTRICT BOARD p 643
255 Fischer Hallman Rd, KITCHENER, ON, N2M 4X8
(519) 744-6567 SIC 8211
WATERLOO REGION DISTRICT BOARD p 643
21 Westmount Rd W, KITCHENER, ON, N2M 1R6
(519) 578-0400 SIC 8211
WATERLOO REGION DISTRICT BOARD p 643
1425 Queens Blvd, KITCHENER, ON, N2M 5B3
(519) 576-0940 SIC 8211
WATERLOO REGION DISTRICT BOARD p 643
191 Hoffman St, KITCHENER, ON, N2M 3N2
(519) 578-3910 SIC 8211
WATERLOO REGION DISTRICT BOARD p 643
200 Rolling Meadows Dr, KITCHENER, ON, N2N 3G9
(519) 749-0834 SIC 8211
WATERLOO REGION DISTRICT BOARD p 644
1401 Doon Village Rd, KITCHENER, ON, N2P 1A8
(519) 748-1341 SIC 8211
WATERLOO REGION DISTRICT BOARD p 644
236 Forestwood Dr, KITCHENER, ON, N2N 1C1
(519) 579-5030 SIC 8211
WATERLOO REGION DISTRICT BOARD p 644
55 Upper Canada Dr, KITCHENER, ON, N2P 1G2
(519) 748-0142 SIC 8211
WATERLOO REGION DISTRICT BOARD p 645
415 Caryndale Dr, KITCHENER, ON, N2R 1J7
(519) 895-2353 SIC 8211
WATERLOO REGION DISTRICT BOARD p 645
1825 Strasburg Rd, KITCHENER, ON, N2R 1S3
(519) 896-2631 SIC 8211
WATERLOO REGION DISTRICT BOARD p 648
50 Pine St, LINWOOD, ON, N0B 2A0
(519) 698-2680 SIC 8211
WATERLOO REGION DISTRICT BOARD p 731
437 Waterloo St, NEW HAMBURG, ON, N3A 1S9
(519) 662-2830 SIC 8211
WATERLOO REGION DISTRICT BOARD p 857
72 Queensway Dr, ST JACOBS, ON, N0B 2N0
(519) 664-2272 SIC 8211
WATERLOO REGION DISTRICT BOARD p 951
80 Bluevale St N, WATERLOO, ON, N2J 3R5
(519) 885-4620 SIC 8211
WATERLOO REGION DISTRICT BOARD p 951
520 Chesapeake Dr, WATERLOO, ON, N2K 4G5
(519) 880-0300 SIC 8211
WATERLOO REGION DISTRICT BOARD p 951
431 Forestlawn Rd, WATERLOO, ON, N2K 2J5
(519) 747-3314 SIC 8211

WATERLOO REGION DISTRICT BOARD p 951
270 Quickfall Dr, WATERLOO, ON, N2J 3S9
(519) 884-4010 SIC 8211
WATERLOO REGION DISTRICT BOARD p 951
265 Sandowne Dr, WATERLOO, ON, N2K 2C1
(519) 884-4800 SIC 8211
WATERLOO REGION DISTRICT BOARD p 951
90 Moore Ave S, WATERLOO, ON, N2J 1X2
(519) 742-4402 SIC 8211
WATERLOO REGION DISTRICT BOARD p 951
151 Weber St S, WATERLOO, ON, N2J 2A9
(519) 885-0800 SIC 8211
WATERLOO REGION DISTRICT BOARD p 953
141 Amos Ave, WATERLOO, ON, N2L 2W8
(519) 885-5660 SIC 8211
WATERLOO REGION DISTRICT BOARD p 953
100 Milford Ave, WATERLOO, ON, N2L 3Z3
(519) 884-3722 SIC 8211
WATERLOO REGION DISTRICT BOARD p 953
230 Cedarbrae Ave, WATERLOO, ON, N2L 4S7
(519) 884-4940 SIC 8211
WATERLOO REGION DISTRICT BOARD p 953
83 Empire St, WATERLOO, ON, N2L 2M1
(519) 742-8375 SIC 8211
WATERLOO REGION DISTRICT BOARD p 953
580 Rolling Hills Dr, WATERLOO, ON, N2L 4Z9
(519) 885-1731 SIC 8211
WATERLOO REGION DISTRICT BOARD p 953
475 Brynhurst Blvd, WATERLOO, ON, N2T 2C6
(519) 747-1620 SIC 8211
WATERLOO REGION DISTRICT BOARD p 953
460 Brentcliffe Dr, WATERLOO, ON, N2T 2R5
(519) 884-9999 SIC 8211
WATERLOO REGION DISTRICT BOARD p 953
265 Westvale Dr, WATERLOO, ON, N2T 2B2
(519) 746-8104 SIC 8211
WATERLOO REGION DISTRICT BOARD p 953
300 Hazel St, WATERLOO, ON, N2L 3P2
(519) 884-9590 SIC 8211
WATERLOO REGION DISTRICT BOARD p 953
32 Central St, WATERLOO, ON, N2L 3A6
(519) 885-6200 SIC 8211
WATERLOO REGION DISTRICT BOARD p 953
323 Keats Way, WATERLOO, ON, N2L 5V9
(519) 886-1650 SIC 8211
WATERLOO REGION DISTRICT BOARD p 953
450 Bernay Dr, WATERLOO, ON, N2T 3A3
(519) 880-2646 SIC 8211
WATERLOO REGION DISTRICT BOARD p 954
500 Northlake Dr, WATERLOO, ON, N2V 2A4
(519) 885-1115 SIC 8211
WATERLOO REGION DISTRICT BOARD p 956
1059 Queens Bush Rd, WELLESLEY, ON, N0B 2T0
(519) 656-2830 SIC 8211
WATERLOO REGION MUSEUM p 644
See CORPORATION OF THE CITY OF WATERLOO, THE
WATERLOO WELLINGTON CCAC p 603

See WATERLOO WELLINGTON COMMUNITY CARE ACCESS CENTRE
WATERLOO WELLINGTON COMMUNITY CARE ACCESS CENTRE p 603
450 Speedvale Ave W Suite 201, GUELPH, ON, N1H 7G7
(519) 823-2550 SIC 8082
WATERPARK PLACE p 920
See OXFORD PROPERTIES GROUP INC
WATERPLAY SOLUTIONS CORP p 227
1451 Ellis St Unit B, KELOWNA, BC, V1Y 2A3
(250) 712-3393 SIC 4941
WATERS EDGE CARE COMMUNITY p 740
See 2063414 ONTARIO LIMITED
WATERSIDE INN, THE p 701
See CENTRE CITY CAPITAL LIMITED
WATERVILLE TG INC p 812
4491 Discovery Line, PETROLIA, ON, N0N 1R0
(519) 882-4366 SIC 3069
WATERVILLE TG INC p 1016
500 Rue Dionne, COATICOOK, QC, J1A 2E8
(819) 849-7031 SIC 3069
WATERVILLE TG INC p 1261
10 Rue Du Depot, WATERVILLE, QC, J0B 3H0
(819) 837-2421 SIC 2891
WATFORD QUALITY CARE CENTRE p 954
See QCC CORP
WATROUS ELEMENTARY SCHOOL p 1308
See HORIZON SCHOOL DIVISION NO 205
WATROUS HOSPITAL p 1308
See SASKATOON REGIONAL HEALTH AUTHORITY
WATSON BUILDING SUPPLIES INC p 499
733 Bayview Dr, BARRIE, ON, L4N 9A5
(705) 734-0557 SIC 5039
WATSON BUILDING SUPPLIES INC p 503
130 Adam St, BELLEVILLE, ON, K8N 2X9
(613) 969-7070 SIC 1761
WATSON COMMUNITY HEALTH CENTRE p 1308
See SASKATOON REGIONAL HEALTH AUTHORITY
WATSON ELEMENTARY SCHOOL p 198
See SCHOOL DISTRICT NO 33 CHILLIWACK
WATSON GLOVES p 18
See JOHN WATSON LIMITED
WATSON GROUP LTD, THE p 822
95 West Beaver Creek Rd Unit 10, RICHMOND HILL, ON, L4B 1H2
(905) 889-9119 SIC 1711
WATSON INSULATORS p 499
See WATSON BUILDING SUPPLIES INC
WATSON ROAD ELEMENTARY SCHOOL p 222
See BOARD OF EDUCATION OF SCHOOL DISTRICT NO. 23 (CENTRAL OKANAGAN), THE
WATSON, T.J. ENTERPRISES INC p 966
275 Tecumseh Rd W, WINDSOR, ON, N8X 1G2
(519) 252-7574 SIC 5812
WATSON, T.J. ENTERPRISES INC p 970
1420 Huron Church Rd, WINDSOR, ON, N9C 2L1
(519) 252-4343 SIC 5812
WATSONS GLEN GOLF COURSE p 815
See BROOKLIN MEWS INC
WATT IDG p 905
See WATT INTERNATIONAL INC
WATT INTERNATIONAL INC p 905
300 Bayview Ave, TORONTO, ON, M5A 3R7
(416) 364-9384 SIC 7389
WATTS WATER TECHNOLOGIES (CANADA) INC p 234
27049 Gloucester Way, LANGLEY, BC, V4W 3Y3
SIC 3494
WATTS WATER TECHNOLOGIES (CANADA) INC p 536

5435 North Service Rd, BURLINGTON, ON, L7L 5H7
(905) 332-4090 SIC 5085
WATTS' GROUP LIMITED p 921
156 Front St W Suite 610, TORONTO, ON, M5J 2L6
(416) 755-1374 SIC 5812
WAVE POOL, THE p 822
See CORPORATION OF THE TOWN OF RICHMOND HILL, THE
WAVERLEY DRIVE PUBLIC SCHOOL p 599
See UPPER GRAND DISTRICT SCHOOL BOARD, THE
WAVERLEY ELEMENTARY SCHOOL p 100
See EDMONTON SCHOOL DISTRICT NO. 7
WAVERLEY ELEMENTARY SCHOOL p 296
See BOARD OF EDUCATION OF SCHOOL DISTRICT NO. 39 (VANCOUVER), THE
WAVERLEY ELEMENTARY SCHOOL p 479
See HALIFAX REGIONAL SCHOOL BOARD
WAVERLY p 507
See KAWARTHA PINE RIDGE DISTRICT SCHOOL BOARD
WAVERLY PARK SCHOOL p 346
See BRANDON SCHOOL DIVISION, THE
WAVERLY PUBLIC SCHOOL p 781
See DURHAM DISTRICT SCHOOL BOARD
WAWANESA LIFE INSURANCE COMPANY, THE p 52
708 11 Ave Sw Suite 600, CALGARY, AB, T2R 0E4
(403) 536-9258 SIC 6311
WAWANESA LIFE INSURANCE COMPANY, THE p 379
200 Main St Suite 400, WINNIPEG, MB, R3C 1A8
(204) 985-3940 SIC 6311
WAWANESA LIFE INSURANCE COMPANY, THE p 750
4110 Yonge St Suite 100, NORTH YORK, ON, M2P 2B7
(519) 886-4320 SIC 6311
WAWANESA MUTUAL INSURANCE COMPANY p 52
See WAWANESA LIFE INSURANCE COMPANY, THE
WAWANESA MUTUAL INSURANCE COMPANY, THE p 52
708 11 Ave Sw Suite 600, CALGARY, AB, T2R 0E4
(403) 266-8600 SIC 6331
WAWANESA MUTUAL INSURANCE COMPANY, THE p 107
8657 51 Ave Nw Suite 100, EDMONTON, AB, T6E 6A8
(780) 469-5700 SIC 6331
WAWANESA MUTUAL INSURANCE COMPANY, THE p 137
234 22 St N, LETHBRIDGE, AB, T1H 3R7
(403) 329-4655 SIC 6331
WAWANESA MUTUAL INSURANCE COMPANY, THE p 317
1985 Broadway W Suite 400, VANCOUVER, BC, V6J 4Y3
(604) 739-5400 SIC 6331
WAWANESA MUTUAL INSURANCE COMPANY, THE p 360
107 4th St, WAWANESA, MB, R0K 2G0
(204) 824-2132 SIC 6331
WAWANESA MUTUAL INSURANCE COMPANY, THE p 379
191 Broadway Suite 100, WINNIPEG, MB, R3C 3P1
(204) 985-3811 SIC 6331
WAWANESA MUTUAL INSURANCE COM-

▲ Public Company ■ Public Company Family Member **HQ** Headquarters **BR** Branch **SL** Single Location

WAWANESA MUTUAL INSURANCE COMPANY, THE p 379
200 Main St Suite 700, WINNIPEG, MB, R3C 1A8
(204) 985-3811 SIC 6331

WAWANESA MUTUAL INSURANCE COMPANY, THE p 410
1010 St George Blvd, MONCTON, NB, E1E 4R5
(506) 853-1010 SIC 6331

WAWANESA MUTUAL INSURANCE COMPANY, THE p 750
4110 Yonge St Suite 100, NORTH YORK, ON, M2P 2B7
(416) 250-9292 SIC 6331

WAWANESA MUTUAL INSURANCE COMPANY, THE p 1081
8585 Boul Decarie, MONT-ROYAL, QC, H4P 2J4
(514) 342-2211 SIC 6331

WAWANOSH INDUSTRIAL SERVICES, DIV OF p 827
See SARNIA AND DISTRICT ASSOCIATION FOR COMMUNITY LIVING

WAXMAN INDUSTRIAL SERVICES CORP p 536
4350 Harvester Rd, BURLINGTON, ON, L7L 5S4
(905) 639-1111 SIC 5093

WAY, G RESTAURANTS SERVICES LTD p 526
299 Wayne Gretzky Pky, BRANTFORD, ON, N3R 8A5
(519) 751-2304 SIC 5812

WAYCON INTERNATIONAL TRUCKS LTD p 553
700 Richmond St, CHATHAM, ON, N7M 5J5
(519) 352-7242 SIC 5531

WAYCON INTERNATIONAL TRUCKS LTD p 596
33910 Airport Rd, GODERICH, ON, N7A 3Y2
(519) 524-7379 SIC 5511

WAYCON INTERNATIONAL TRUCKS LTD p 603
48 Dawson Rd, GUELPH, ON, N1H 5V1
(519) 821-0070 SIC 5511

WAYCON INTERNATIONAL TRUCKS OF CHATHAM p 553
See WAYCON INTERNATIONAL TRUCKS LTD

WAYCON INTERNATIONAL TRUCKS OF GODERICH p 596
See WAYCON INTERNATIONAL TRUCKS LTD

WAYLON TRANSPORT INC p 71
2 Tool Push Ave, DEVON, AB, T9G 2A2
(780) 987-5611 SIC 4213

WAYNE BUILDING PRODUCTS LTD p 86
12603 123 St Nw, EDMONTON, AB, T5L 0H9
(780) 455-8929 SIC 5039

WAYNE-DALTON COMMERCIAL DOORS p 694
See KINNEAR INDUSTRIES CORPORATION LIMITED

WAYOATA ELEMENTARY SCHOOL p 363
See RIVER EAST TRANSCONA SCHOOL DIVISION

WAYSIDE MANAGEMENT LTD p 142
5411 44 St, LLOYDMINSTER, AB, T9V 0A9
(780) 875-4404 SIC 7011

WBM OFFICE SYSTEMS INC p 29
4411 6 St Se Unit 150, CALGARY, AB, T2G 4E8
(403) 272-0707 SIC 5044

WBM OFFICE SYSTEMS INC p 1283
414 Mcdonald St, REGINA, SK, S4N 6E1
(306) 791-2100 SIC 5999

WCB ALBERTA p 83
See WORKERS' COMPENSATION BOARD ALBERTA

WCC p 1101
See WCC WARRANTY COMPANY OF CANADA LTD

WCC WARRANTY COMPANY OF CANADA LTD p 1101
300 Leo-Pariseau St, Montreal, QC, H2X 4B3
(514) 448-5496 SIC 6351

WCG INTERNATIONAL CONSULTANTS LTD p 330
915 Fort St, VICTORIA, BC, V8V 3K3
(250) 389-0699 SIC 7361

WD FERRIS ELEMENTARY SCHOOL p 271
See SCHOOL DISTRICT NO. 43 (COQUITLAM)

WDFG VANCOUVER LP p 273
Gd, RICHMOND, BC, V7B 1W2
(604) 243-1708 SIC 5399

WDI COFFEE INC p 424
153 Main Hwy, CONCEPTION BAY SOUTH, NL, A0A 2Y0
(709) 834-6333 SIC 5812

WDI COFFEE INC p 425
911 Conception Bay Hwy Suite 907, CONCEPTION BAY SOUTH, NL, A1X 7R8
(709) 834-2422 SIC 5812

WE CARE HEALTH SERVICES INC p 139
400 4 Ave S Suite 411, LETHBRIDGE, AB, T1J 4E1
(403) 380-4441 SIC 8741

WE CARE HEALTH SERVICES INC p 385
1661 Portage Ave Suite 209, WINNIPEG, MB, R3J 3T7
(204) 987-3044 SIC 8051

WE CARE HEALTH SERVICES INC p 401
1149 Smythe St Suite 102, FREDERICTON, NB, E3B 3H4
(506) 454-2273 SIC 7361

WE CARE HEALTH SERVICES INC p 408
236 St George St Suite 110, MONCTON, NB, E1C 1W1
(506) 384-2273 SIC 8093

WE CARE HEALTH SERVICES INC p 500
64 Cedar Pointe Dr Suite 1413, BARRIE, ON, L4N 5R7
(705) 734-2235 SIC 8082

WE CARE HEALTH SERVICES INC p 609
848 Main St E, HAMILTON, ON, L8M 1L9
(905) 545-2273 SIC 8082

WE CARE HEALTH SERVICES INC p 625
260 Hearst Way Suite 312, KANATA, ON, K2L 3H1
(613) 592-1182 SIC 8049

WE CARE HEALTH SERVICES INC p 635
1365 Midland Ave Unit 130f, KINGSTON, ON, K7P 2W5
SIC 8082

WE CARE HEALTH SERVICES INC p 639
27 Manitou Dr Unit 2ab, KITCHENER, ON, N2C 1K9
(519) 576-7474 SIC 8082

WE CARE HEALTH SERVICES INC p 658
190 Wortley Rd Suite 100f, LONDON, ON, N6C 4Y7
(519) 642-1208 SIC 8322

WE CARE HEALTH SERVICES INC p 696
160 Traders Blvd E Suite 208, MISSISSAUGA, ON, L4Z 3K7
(905) 275-7250 SIC 8051

WE CARE HEALTH SERVICES INC p 734
1124 Stellar Dr, NEWMARKET, ON, L3Y 7B7
(905) 715-7950 SIC 8082

WE CARE HEALTH SERVICES INC p 831
369 Queen St E Suite 201, SAULT STE. MARIE, ON, P6A 1Z4
(705) 941-5222 SIC 8049

WE CARE HEALTH SERVICES INC p 855
277 Welland Ave, ST CATHARINES, ON, L2R 2P7
(905) 988-5262 SIC 8082

WE CARE HEALTH SERVICES INC p 871
2140 Regent St Unit 6, SUDBURY, ON, P3E 5S8
(705) 523-4008 SIC 8011

WE CARE HEALTH SERVICES INC p 886
1200 Markham Rd Suite 220, TORONTO, ON, M1H 3C3
(416) 438-4577 SIC 8082

WE CARE HEALTH SERVICES INC p 981
161 St. Peters Rd, CHARLOTTETOWN, PE, C1A 5P7
(902) 894-3025 SIC 8093

WE CARE HOME HEALTH SERVICES p 176
See 446784 B.C. LTD

WE CARE HOME HEALTH SERVICES p 408
See WE CARE HEALTH SERVICES INC

WE CARE HOME HEALTH SERVICES p 500
See WE CARE HEALTH SERVICES INC

WE CARE HOME HEALTH SERVICES p 609
See WE CARE HEALTH SERVICES INC

WE CARE HOME HEALTH SERVICES p 625
See WE CARE HEALTH SERVICES INC

WE CARE HOME HEALTH SERVICES p 635
See WE CARE HEALTH SERVICES INC

WE CARE HOME HEALTH SERVICES p 639
See WE CARE HEALTH SERVICES INC

WE CARE HOME HEALTH SERVICES p 855
See WE CARE HEALTH SERVICES INC

WE CARE HOME HEALTH SERVICES p 886
See WE CARE HEALTH SERVICES INC

WE CARE HOME HEALTH SERVICES p 957
See CAREMED SERVICES INC

WE CARE HOME HEALTH SERVICES p 981
See WE CARE HEALTH SERVICES INC

WEALL AND CULLEN p 837
See SHERIDAN NURSERIES LIMITED

WEATHER NETWORK p 1094
See PELMOREX COMMUNICATIONS INC

WEATHER NETWORK, THE p 766
See PELMOREX WEATHER NETWORKS (TELEVISION) INC

WEATHERFORD ARTIFICIAL LIFT SYSTEMS CANADA LTD p 142
4206 59 Ave, LLOYDMINSTER, AB, T9V 2V4
(780) 875-2730 SIC 1389

WEATHERFORD SURFACE LOGGING SYSTEMS (CANADA) LTD p 430
8 St. Anne's Cres, PARADISE, NL, A1L 1K1
(709) 782-8683 SIC 1389

WEATHERSTRONG BUILDING PRODUCTS p 850
See KAYCAN LTEE

WEATLAND LODGE NURSING HOME p 1272
See PRINCE ALBERT PARKLAND REGIONAL HEALTH AUTHORITY

WEB KREW INC p 937
107 Atlantic Ave, TORONTO, ON, M6K 1Y2
SIC 7374

WEB.COM CANADA, INC p 500
128 Wellington St W Suite 304, BARRIE, ON, L4N 8J6
(705) 792-1961 SIC 7374

WEBB'S FORD LTD p 172
4802 50 St, Vermilion, AB, T9X 1M3
(780) 853-2841 SIC 5511

WEBB'S MACHINERY (VEGREVILLE) LTD p 172
5342 50 Ave, VEGREVILLE, AB, T9C 1M3
(780) 632-6772 SIC 5999

WEBB, JERVIS B. COMPANY OF CANADA, LTD p 607
1647 Burlington St E, HAMILTON, ON, L8H 3L2
(905) 547-0411 SIC 3535

WEBBER SUPPLY p 645
1830 Strasburg Rd, KITCHENER, ON, N2R 1E9
SIC 1541

WEBER BUILDING CENTRE p 1310
See WEBER CONSTRUCTION LTD

WEBER CONSTRUCTION LTD p 1310
175 York Rd W, YORKTON, SK, S3N 3P3
(306) 783-8516 SIC 5211

WEBER MARKING SYSTEMS OF (CANADA) LIMITED p 721
6180 Danville Rd, MISSISSAUGA, ON, L5T 2H7
(905) 564-6881 SIC 2679

WEBER SHANDWICK WORLDWIDE (CANADA) INC p 905
351 King St E Suite 800, TORONTO, ON, M5A 0L6
(416) 964-6444 SIC 8743

WEBER-STEPHEN (CANADA) COMPANY p 972
1 Roybridge Gate, WOODBRIDGE, ON, L4H 4E6
(905) 850-8999 SIC 5023

WEBSTER NIBLOCK SCHOOL p 144
See MEDICINE HAT SCHOOL DISTRICT NO. 76

WEBSTER'S CORNER ELEMENTARY SCHOOL p 237
See SCHOOL DISTRICT NO 42 (MAPLE RIDGE-PITT MEADOWS)

WEBSTER, JAMES L ELEMENTARY SCHOOL p 292
See SCHOOL DISTRICT # 20 (KOOTENAY-COLUMBIA)

WEBURN SIDING GRAIN ELEVATOR p 1308
See PARRISH & HEIMBECKER, LIMITED

WEC INTERNATIONAL p 611
See WORLDWIDE EVANGELIZATION FOR CHRIST

WECO p 139
See WILBUR-ELLIS COMPANY OF CANADA LIMITED

WEDGEWOOD HOTEL, THE p 322
See WEDGEWOOD VILLAGE ESTATES LTD

WEDGEWOOD HOUSE p 212
See NOVA PACIFIC CARE INC

WEDGEWOOD INSURANCE LIMITED p 437
15 Toulinquet St, TWILLINGATE, NL, A0G 4M0
SIC 6411

WEDGEWOOD JUNIOR SCHOOL p 580
See TORONTO DISTRICT SCHOOL BOARD

WEDGEWOOD VILLAGE ESTATES LTD p 322
845 Hornby St, VANCOUVER, BC, V6Z 1V1
(604) 689-7777 SIC 7011

WEETABIX OF CANADA LIMITED p 555
751 D'arcy St, COBOURG, ON, K9A 4B1
(905) 372-5441 SIC 2043

WEG ELECTRIC MOTORS p 933
64 Samor Rd, TORONTO, ON, M6A 1J6
(416) 781-4617 SIC 5063

WEIDNER CHEVROLET p 134
See WEIDNER MOTORS LIMITED

WEIDNER MOTORS LIMITED p 134
5640 Highway 2a, Lacombe, AB, T4L 1A3
(403) 782-3626 SIC 5511

WEIGHT WATCHERS CANADA, LTD p 334
4489 Viewmont Ave Unit 102, VICTORIA, BC, V8Z 5K8
(250) 472-6291 SIC 7991

WEIGHT WATCHERS CANADA, LTD p 767
2295 Bristol Cir Unit 200, OAKVILLE, ON, L6H 6P8
(905) 491-2100 SIC 8099

WEIGHT WATCHERS OF MANITOBA LTD p 379
274 Smith St Suite 101, WINNIPEG, MB, R3C 1K1
(204) 987-7546 SIC 7991

WEINLOS SCHOOL p 112
See EDMONTON SCHOOL DISTRICT NO. 7

WEINS CANADA INC p 675
3120 Steeles Ave E, MARKHAM, ON, L3R 1G9
(905) 948-0977 SIC 5511

WEINS CANADA INC p 824
11552 Yonge St, RICHMOND HILL, ON, L4E

3N7
(905) 883-8812 SIC 5511
WEINS CANADA INC
391 John St, THORNHILL, ON, L3T 5W5
(905) 886-0434 SIC 7532
WEIR CANADA, INC p 26
2715 18 St Ne, CALGARY, AB, T2E 7E6
(403) 250-7000 SIC 8711
WEIR CANADA, INC p 107
4737 97 St Nw, EDMONTON, AB, T6E 5W2
(780) 438-1122 SIC 5084
WEIR CANADA, INC p 156
8060 Edgar Industrial Cres Unit A, RED DEER, AB, T4P 3R3
(403) 341-3410 SIC 7699
WEIR CANADA, INC p 712
2360 Millrace Crt, MISSISSAUGA, ON, L5N 1W2
(905) 812-7100 SIC 3569
WEIR CANADA, INC p 712
2360 Millrace Crt, MISSISSAUGA, ON, L5N 1W2
(905) 812-7100 SIC 5084
WEIR CANADA, INC p 1060
8600 Rue Saint-Patrick, LASALLE, QC, H8N 1V1
(514) 366-5900 SIC 7699
WEIR CANADA, INC p 1061
9401 Rue Wanklyn, LASALLE, QC, H8R 1Z2
(514) 366-4310 SIC 5084
WEIR MINERALS p 712
See WEIR CANADA, INC
WEIR OIL & GAS p 107
See WEIR CANADA, INC
WEIR OIL & GAS p 156
See WEIR CANADA, INC
WELBORNE AVENUE PUBLIC SCHOOL p 634
See LIMESTONE DISTRICT SCHOOL BOARD
WELCH ALLYN CANADA LIMITED p 696
160 Matheson Blvd E Unit 2, MISSISSAUGA, ON, L4Z 1V4
(905) 890-0004 SIC 3841
WELCH GROUP, THE p 279
See ELAHO LOGGING LTD
WELCH GROUP, THE p 304
See ELAHO LOGGING LTD
WELCH LLP p 503
525 Dundas St E, BELLEVILLE, ON, K8N 1G4
(613) 966-2844 SIC 8721
WELCH LLP p 1039
975 Boul Saint-Joseph Bureau 201, GATINEAU, QC, J8Z 1W8
(819) 771-7381 SIC 8721
WELCO LUMBER CORP p 188
4445 Lougheed Hwy Suite 1001, BURNABY, BC, V5C 0E4
(604) 732-1411 SIC 5031
WELCOME CENTRE IMMIGRANT REFUGEE SERVICES p 822
See COSTI IMMIGRANT SERVICES
WELCOME PLACE p 374
See MANITOBA INTERFAITH IMMIGRATION COUNCIL INC
WELDA WINDOWS INDUSTRIES p 563
1950a Highway 7 Suite 26, CONCORD, ON, L4K 3P2
(416) 667-1444 SIC 2431
WELDCO-BEALES MANUFACTURING p 234
See WELDCO-BEALES MFG. ALBERTA LTD
WELDCO-BEALES MFG. ALBERTA LTD p 234
5770 Production Way, LANGLEY, BC, V3A 4N4
(604) 533-8933 SIC 3531
WELDED TUBE OF CANADA CORP p 563
111 Rayette Rd, CONCORD, ON, L4K 2E9
(905) 669-1111 SIC 5051
WELDED TUBE OF CANADA CORP p 563
541 Bowes Rd, CONCORD, ON, L4K 1J5

(905) 761-7825 SIC 3317
WELDERS SUPPLIES LIMITED p 380
150 Mcphillips St, WINNIPEG, MB, R3E 2J9
(204) 772-9476 SIC 5084
WELEDEH CATHOLIC SCHOOL p 440
See YELLOWKNIFE PUBLIC DENOMINATIONAL DISTRICT EDUCATION AUTHORITY
WELKE CUSTOMS BROKERS LTD p 587
116 Skyway Ave, ETOBICOKE, ON, M9W 4Y9
(416) 674-0592 SIC 4212
WELL RESOURCES INC p 115
3919 149a St Nw, EDMONTON, AB, T6R 1J8
(780) 430-7789 SIC 8731
WELL-TECH ENERGY SERVICES INC p 171
6006 58 St, TABER, AB, T1G 2B8
(403) 223-4244 SIC 1389
WELLA CANADA, INC p 715
5800 Avebury Rd Unit 1, MISSISSAUGA, ON, L5R 3M3
(905) 568-2494 SIC 5131
WELLAND CENTENNIAL SECONDARY SCHOOL p 955
See DISTRICT SCHOOL BOARD OF NIAGARA
WELLESLEY PUBLIC SCHOOL p 956
See WATERLOO REGION DISTRICT SCHOOL BOARD
WELLESWORTH JUNIOR SCHOOL p 581
See TORONTO DISTRICT SCHOOL BOARD
WELLINGTON CATHOLIC DISTRICT SCHOOL BOARD p 489
315 Tucker St, ARTHUR, ON, N0G 1A0
(519) 848-2445 SIC 8211
WELLINGTON CATHOLIC DISTRICT SCHOOL BOARD p 573
251 Irvine St, ELORA, ON, N0B 1S0
(519) 846-9921 SIC 8211
WELLINGTON CATHOLIC DISTRICT SCHOOL BOARD p 589
150 Strathallan St, FERGUS, ON, N1M 1A1
(519) 843-3810 SIC 8211
WELLINGTON CATHOLIC DISTRICT SCHOOL BOARD p 599
57 Victoria Rd N, GUELPH, ON, N1E 5G9
(519) 822-4290 SIC 8211
WELLINGTON CATHOLIC DISTRICT SCHOOL BOARD p 599
487 Grange Rd, GUELPH, ON, N1E 7C4
(519) 821-0156 SIC 8211
WELLINGTON CATHOLIC DISTRICT SCHOOL BOARD p 599
391 Victoria Rd N, GUELPH, ON, N1E 5J9
(519) 822-0200 SIC 8211
WELLINGTON CATHOLIC DISTRICT SCHOOL BOARD p 599
365 Stevenson St N, GUELPH, ON, N1E 5B7
(519) 824-5620 SIC 8211
WELLINGTON CATHOLIC DISTRICT SCHOOL BOARD p 599
63 Victoria Rd N, GUELPH, ON, N1E 5G9
(519) 824-4710 SIC 8211
WELLINGTON CATHOLIC DISTRICT SCHOOL BOARD p 599
125 Huron St, GUELPH, ON, N1E 5L5
(519) 824-2751 SIC 8211
WELLINGTON CATHOLIC DISTRICT SCHOOL BOARD p 601
8 Bishop Crt, GUELPH, ON, N1G 2R9
(519) 821-1060 SIC 8211
WELLINGTON CATHOLIC DISTRICT SCHOOL BOARD p 603
9 Mcelderry Rd, GUELPH, ON, N1G 4W7
(519) 823-2455 SIC 8211
WELLINGTON CATHOLIC DISTRICT SCHOOL BOARD p 603
10 Guelph St, GUELPH, ON, N1H 5Y8
(519) 836-2671 SIC 8211
WELLINGTON CATHOLIC DISTRICT

SCHOOL BOARD p 603
150 Westwood Rd, GUELPH, ON, N1H 7G1
(519) 836-3730 SIC 8211
WELLINGTON CATHOLIC DISTRICT SCHOOL BOARD p 603
54 Westmount Rd, GUELPH, ON, N1H 5H7
(519) 836-2170 SIC 8211
WELLINGTON CATHOLIC DISTRICT SCHOOL BOARD p 604
182 Clairfields Dr E, GUELPH, ON, N1L 1N4
(519) 824-9470 SIC 8211
WELLINGTON CATHOLIC DISTRICT SCHOOL BOARD p 604
200 Clair Rd W, GUELPH, ON, N1L 1G1
(519) 822-8502 SIC 8211
WELLINGTON CATHOLIC DISTRICT SCHOOL BOARD p 604
287 Imperial Rd S, GUELPH, ON, N1K 1Z4
(519) 821-9160 SIC 8211
WELLINGTON CENTRE FOR CONTINUING EDUCATION p 604
See UPPER GRAND DISTRICT SCHOOL BOARD, THE
WELLINGTON HOUSE p 818
See DEEM MANAGEMENT SERVICES LIMITED
WELLINGTON MEDICAL CENTRE INC p 609
414 Victoria Ave N Suite M1, HAMILTON, ON, L8L 5G8
(905) 529-5221 SIC 8011
WELLINGTON PARK TERRACE p 601
181 Janefield Ave Suite 310, GUELPH, ON, N1G 1V2
(519) 763-7474 SIC 8361
WELLINGTON SECONDARY SCHOOL p 242
See SCHOOL DISTRICT NO. 68 (NANAIMO-LADYSMITH)
WELLINGTON WEST p 40
See BANQUE NATIONALE DU CANADA
WELLINGTON WINDSOR HOLDINGS LTD p 931
255 Wellington St W, TORONTO, ON, M5V 3P9
(416) 581-1800 SIC 7011
WELLONS CANADA CORP p 290
19087 96 Ave, SURREY, BC, V4N 3P2
(604) 888-0122 SIC 3567
WELLS FARGO EQUIPMENT FINANCE COMPANY p 746
2550 Victoria Park Ave Suite 700, NORTH YORK, ON, M2J 5A9
(416) 498-6464 SIC 6159
WELLS FARGO EQUIPMENT FINANCING p 746
See WELLS FARGO EQUIPMENT FINANCE COMPANY
WELLS GRAY INN p 198
See RUTTAN ENTERPRISES LTD
WELLSPRING PHARMA SERVICES INC p 767
400 Iroquois Shore Rd, OAKVILLE, ON, L6H 1M5
(905) 337-4500 SIC 2834
WELLWOOD COLONY FARMS p 352
See WELLWOOD COLONY OF HUTTERIAN BRETHREN TRUST
WELLWOOD COLONY OF HUTTERIAN BRETHREN TRUST p 352
23517 Wellwood Rd, NINETTE, MB, R0K 1R0
(204) 776-2130 SIC 8748
WELSH, FRED LTD p 203
94 Glacier Street Suite 201, COQUITLAM, BC, V3K 6B2
(604) 942-0012 SIC 1711
WELSH, JOSEPH ELEMENTARY SCHOOL p 152
See BOARD OF TRUSTEES OF THE RED DEER PUBLIC SCHOOL DISTRICT NO. 104, THE
WEMBLEY PUBLIC SCHOOL p 871
See RAINBOW DISTRICT SCHOOL

BOARD
WEN DUNCAN FOODS LTD p 212
5845 Trans Canada Hwy, DUNCAN, BC, V9L 3R9
(250) 748-3424 SIC 5812
WEN HARBOURSIDE FOODS LTD p 240
660 Terminal Ave, NANAIMO, BC, V9R 5E2
(250) 754-0705 SIC 5812
WENDCORP HOLDINGS INC p 224
2330 Highway 97 N Suite 220, KELOWNA, BC, V1X 4H8
(250) 768-8988 SIC 5812
WENDCORP HOLDINGS INC p 528
78 Icomm Dr, BRANTFORD, ON, N3S 2X5
(519) 753-7708 SIC 5812
WENDCORP HOLDINGS INC p 849
413 Norfolk St N Unit 6399, SIMCOE, ON, N3Y 3P4
(519) 426-4800 SIC 5812
WENDCORP HOLDINGS INC p 951
221 Weber St N, WATERLOO, ON, N2J 3H5
(519) 746-2728 SIC 5812
WENDCORP HOLDINGS INC p 956
530 Niagara St, WELLAND, ON, L3C 1L8
(905) 788-0930 SIC 5812
WENDY S p 760
See WENDY'S RESTAURANTS OF CANADA INC
WENDY'S p 2
See WENDY'S RESTAURANTS OF CANADA INC
WENDY'S p 11
See WENDY'S RESTAURANTS OF CANADA INC
WENDY'S p 14
See WENDY'S RESTAURANTS OF CANADA INC
WENDY'S p 15
See WENDY'S RESTAURANTS OF CANADA INC
WENDY'S p 26
See WENDY'S RESTAURANTS OF CANADA INC
WENDY'S p 34
See WENDY'S RESTAURANTS OF CANADA INC
WENDY'S p 37
See WENDY'S RESTAURANTS OF CANADA INC
WENDY'S p 39
See WENDY'S RESTAURANTS OF CANADA INC
WENDY'S p 50
See WENDY'S RESTAURANTS OF CANADA INC
WENDY'S p 53
See WENDY'S RESTAURANTS OF CANADA INC
WENDY'S p 56
See WENDY'S RESTAURANTS OF CANADA INC
WENDY'S p 59
See WENDY'S RESTAURANTS OF CANADA INC
WENDY'S p 60
See WENDY'S RESTAURANTS OF CANADA INC
WENDY'S p 76
See WENDY'S RESTAURANTS OF CANADA INC
WENDY'S p 94
See WENDY'S RESTAURANTS OF CANADA INC
WENDY'S p 95
See WENDY'S RESTAURANTS OF CANADA INC
WENDY'S p 107
See WENDY'S RESTAURANTS OF CANADA INC
WENDY'S p 108
See WENDY'S RESTAURANTS OF CANADA INC
WENDY'S p 112
See WENDY'S RESTAURANTS OF

▲ Public Company   ■ Public Company Family Member   HQ Headquarters   BR Branch   SL Single Location

CANADA INC
WENDY'S p 113
See WENDY'S RESTAURANTS OF CANADA INC
WENDY'S p 140
See TOLLCORP RESTAURANTS
WENDY'S p 145
See WENDY'S RESTAURANTS OF CANADA INC
WENDY'S p 151
See WENDY'S RESTAURANTS OF CANADA INC
WENDY'S p 154
See WENDY'S RESTAURANTS OF CANADA INC
WENDY'S p 162
See WENDY'S RESTAURANTS OF CANADA INC
WENDY'S p 167
See WENDY'S RESTAURANTS OF CANADA INC
WENDY'S p 174
See WENDY'S RESTAURANTS OF CANADA INC
WENDY'S p 180
See WENDY'S RESTAURANTS OF CANADA INC
WENDY'S p 198
See WENDY'S RESTAURANTS OF CANADA INC
WENDY'S p 203
See WENDY'S RESTAURANTS OF CANADA INC
WENDY'S p 212
See WEN DUNCAN FOODS LTD
WENDY'S p 218
See INLAND RESTAURANTS (KELOWNA) LTD
WENDY'S p 224
See INLAND RESTAURANTS (KAMLOOPS) LTD
WENDY'S p 234
See WENDY'S RESTAURANTS OF CANADA INC
WENDY'S p 237
See WENDY'S RESTAURANTS OF CANADA INC
WENDY'S p 240
See WEN HARBOURSIDE FOODS LTD
WENDY'S p 245
See WENDY'S RESTAURANTS OF CANADA INC
WENDY'S p 247
See WENDY'S RESTAURANTS OF CANADA INC
WENDY'S p 270
See WENDY'S RESTAURANTS OF CANADA INC
WENDY'S p 281
See WENDY'S RESTAURANTS OF CANADA INC
WENDY'S p 285
See WENDY'S RESTAURANTS OF CANADA INC
WENDY'S p 288
See WENDY'S RESTAURANTS OF CANADA INC
WENDY'S p 298
See WENDY'S RESTAURANTS OF CANADA INC
WENDY'S p 313
See WENDY'S RESTAURANTS OF CANADA INC
WENDY'S p 336
See WENDY'S RESTAURANTS OF CANADA INC
WENDY'S p 371
See WENDY'S RESTAURANTS OF CANADA INC
WENDY'S p 381
See EMA PROPERTIES (MANITOBA) LTD
WENDY'S p 391
See WENDY'S RESTAURANTS OF CANADA INC
WENDY'S p 400
See MOORE ENTERPRISES INC
WENDY'S p 413
See HARVARD RESTAURANTS LTD
WENDY'S p 443
See CHARLTOM RESTAURANTS LIMITED
WENDY'S p 447
See CHARLTOM RESTAURANTS LIMITED
WENDY'S p 461
See CHARLTOM RESTAURANTS LIMITED
WENDY'S p 463
See CHARLTOM RESTAURANTS LIMITED
WENDY'S p 475
See WENDY'S RESTAURANTS OF CANADA INC
WENDY'S p 483
See WENDY'S RESTAURANTS OF CANADA INC
WENDY'S p 485
See WENDY'S RESTAURANTS OF CANADA INC
WENDY'S p 488
See WENDY'S RESTAURANTS OF CANADA INC
WENDY'S p 489
See WENDY'S RESTAURANTS OF CANADA INC
WENDY'S p 503
See WENDY'S RESTAURANTS OF CANADA INC
WENDY'S p 532
See WENDY'S RESTAURANTS OF CANADA INC
WENDY'S p 537
See PRIME ENTERPRISES INC
WENDY'S p 540
See WENDY'S RESTAURANTS OF CANADA INC
WENDY'S p 541
See WENDY'S RESTAURANTS OF CANADA INC
WENDY'S p 543
See QUICKER FOODS INC
WENDY'S p 544
See WENDY'S RESTAURANTS OF CANADA INC
WENDY'S p 563
See WENDY'S RESTAURANTS OF CANADA INC
WENDY'S p 579
See WENDY'S RESTAURANTS OF CANADA INC
WENDY'S p 580
See WENDY'S RESTAURANTS OF CANADA INC
WENDY'S p 590
See WENDY'S RESTAURANTS OF CANADA INC
WENDY'S p 613
See WENDY'S RESTAURANTS OF CANADA INC
WENDY'S p 616
See PIONEER FAST FOODS INC
WENDY'S p 631
See WENDY'S RESTAURANTS OF CANADA INC
WENDY'S p 632
See WENDY'S RESTAURANTS OF CANADA INC
WENDY'S p 634
See WENDY'S RESTAURANTS OF CANADA INC
WENDY'S p 639
See WENDY'S RESTAURANTS OF CANADA INC
WENDY'S p 648
See WENDY'S RESTAURANTS OF CANADA INC
WENDY'S p 653
See WENDY'S RESTAURANTS OF CANADA INC
WENDY'S p 657
See WENDY'S RESTAURANTS OF CANADA INC
WENDY'S p 660
See WENDY'S RESTAURANTS OF CANADA INC
WENDY'S p 662
See WENDY'S RESTAURANTS OF CANADA INC
WENDY'S p 686
See WENDY'S RESTAURANTS OF CANADA INC
WENDY'S p 692
See WENDY'S RESTAURANTS OF CANADA INC
WENDY'S p 693
See WENDY'S RESTAURANTS OF CANADA INC
WENDY'S p 696
See WENDY'S RESTAURANTS OF CANADA INC
WENDY'S p 703
See WENDY'S RESTAURANTS OF CANADA INC
WENDY'S p 706
See WENDY'S RESTAURANTS OF CANADA INC
WENDY'S p 712
See WENDY'S RESTAURANTS OF CANADA INC
WENDY'S p 721
See WENDY'S RESTAURANTS OF CANADA INC
WENDY'S p 727
See NASCO FOOD INC
WENDY'S p 734
See WENDY'S RESTAURANTS OF CANADA INC
WENDY'S p 737
See WENDY'S RESTAURANTS OF CANADA INC
WENDY'S p 743
See WENDY'S RESTAURANTS OF CANADA INC
WENDY'S p 750
See WENDY'S RESTAURANTS OF CANADA INC
WENDY'S p 752
See WENDY'S RESTAURANTS OF CANADA INC
WENDY'S p 756
See WENDY'S RESTAURANTS OF CANADA INC
WENDY'S p 768
See WENDY'S RESTAURANTS OF CANADA INC
WENDY'S p 774
See M. A. T. ENTERPRISES INC
WENDY'S p 782
See WENDY'S RESTAURANTS OF CANADA INC
WENDY'S p 786
See M & J GALLANT FOODS INC
WENDY'S p 796
See WENDY'S RESTAURANTS OF CANADA INC
WENDY'S p 799
See WENDY'S RESTAURANTS OF CANADA INC
WENDY'S p 811
See WENDY'S RESTAURANTS OF CANADA INC
WENDY'S p 812
See WENDY'S RESTAURANTS OF CANADA INC
WENDY'S p 813
See WENDY'S RESTAURANTS OF CANADA INC
WENDY'S p 817
See 1036028 ONTARIO LIMITED
WENDY'S p 839
See WENDY'S RESTAURANTS OF CANADA INC
WENDY'S p 842
See WENDY'S RESTAURANTS OF CANADA INC
WENDY'S p 852
See WENDY'S RESTAURANTS OF CANADA INC
WENDY'S p 879
See WENDY'S RESTAURANTS OF CANADA INC
WENDY'S p 884
See M. A. T. ENTERPRISES INC
WENDY'S p 904
See WENDY'S RESTAURANTS OF CANADA INC
WENDY'S p 943
See 1036028 ONTARIO LIMITED
WENDY'S p 951
See WENDCORP HOLDINGS INC
WENDY'S p 971
See WENDY'S RESTAURANTS OF CANADA INC
WENDY'S p 976
See WENDY'S RESTAURANTS OF CANADA INC
WENDY'S p 983
See MURPHY, D.P. INC
WENDY'S p 985
See WENDY'S RESTAURANTS OF CANADA INC
WENDY'S p 1024
See WENDY'S RESTAURANTS OF CANADA INC
WENDY'S p 1121
See WENDY'S RESTAURANTS OF CANADA INC
WENDY'S # 6530 p 180
See WENDY'S RESTAURANTS OF CANADA INC
WENDY'S 6401 p 836
See WENDY'S RESTAURANTS OF CANADA INC
WENDY'S 6516 p 299
See WENDY'S RESTAURANTS OF CANADA INC
WENDY'S 6669 p 839
See WENDY'S RESTAURANTS OF CANADA INC
WENDY'S INLAND RESTAURANT p 326
See INLAND RESTAURANTS (KELOWNA) LTD
WENDY'S INTERWEST RESTAURANT p 256
See WENDY'S RESTAURANTS OF CANADA INC
WENDY'S OF KANATA p 624
See 1248776 ONTARIO INC
WENDY'S OLD FASHION HAMBURGERS p 467
See WENDY'S RESTAURANTS OF CANADA INC
WENDY'S OLD FASHION HAMBURGERS p 769
See WENDY'S RESTAURANTS OF CANADA INC
WENDY'S OLD FASHIONED HAMBURG p 224
See WENDCORP HOLDINGS INC
WENDY'S OLD FASHIONED HAMBURGER p 956
See WENDCORP HOLDINGS INC
WENDY'S OLD FASHIONED HAMBURGERS p 526
68 King George Rd, BRANTFORD, ON, N3R 5K4
SIC 5812
WENDY'S OLD FASHIONED HAMBURGERS p 849
See WENDCORP HOLDINGS INC
WENDY'S OLD FASHIONED HAMBURGERS p 854
See WENDY'S RESTAURANTS OF CANADA INC
WENDY'S RESTAURANT p 125
See 1063967 ALBERTA CORPORATION
WENDY'S RESTAURANT p 396

WENDY'S RESTAURANTS OF CANADA INC

See HARVARD RESTAURANTS LTD
WENDY'S RESTAURANT p 398
See 500408 N.B. INC
WENDY'S RESTAURANT p 399
See MOORE ENTERPRISES INC
WENDY'S RESTAURANT p 400
See MOORE ENTERPRISES INC
WENDY'S RESTAURANT p 407
See HARVARD RESTAURANTS LTD
WENDY'S RESTAURANT p 451
See HARVARD RESTAURANTS LTD
WENDY'S RESTAURANT p 498
See M. A. T. ENTERPRISES INC
WENDY'S RESTAURANT p 499
See TORBA RESTAURANTS INC
WENDY'S RESTAURANT p 550
See AFFINITY FOOD GROUP INC
WENDY'S RESTAURANT p 566
See M & K RESTAURANT MANAGEMENT (CORNWALL) INC
WENDY'S RESTAURANT p 731
See M. A. T. ENTERPRISES INC
WENDY'S RESTAURANT p 831
See 985907 ONTARIO LIMITED
WENDY'S RESTAURANT p 853
See WENDY'S RESTAURANTS OF CANADA INC
WENDY'S RESTAURANT p 863
See PRIME ENTERPRISES INC
WENDY'S RESTAURANT p 965
See AFFINITY FOOD GROUP INC
WENDY'S RESTAURANT p 978
See 911587 ONTARIO LTD
WENDY'S RESTAURANTS p 461
See WENDY'S RESTAURANTS OF CANADA INC
WENDY'S RESTAURANTS p 615
See PIONEER FAST FOODS INC
WENDY'S RESTAURANTS p 740
See TORBA RESTAURANTS INC
WENDY'S RESTAURANTS p 771
See PIONEER FOOD SERVICES LIMITED
WENDY'S RESTAURANTS p 958
See PIONEER FAST FOODS INC
WENDY'S RESTAURANTS OF CANADA p 193
See INTERWEST RESTAURANTS INC
WENDY'S RESTAURANTS OF CANADA p 282
See INTERWEST RESTAURANTS PARTNERSHIP
WENDY'S RESTAURANTS OF CANADA p 294
See INTERWEST RESTAURANTS INC

WENDY'S RESTAURANTS OF CANADA INC p 2
180 East Lake Cres Ne, AIRDRIE, AB, T4A 2H8
(403) 948-2108   SIC 5812

WENDY'S RESTAURANTS OF CANADA INC p 11
3232 Sunridge Blvd Ne, CALGARY, AB, T1Y 7G6
(403) 250-8990   SIC 5812

WENDY'S RESTAURANTS OF CANADA INC p 14
475 36 St Ne, CALGARY, AB, T2A 6K3
(403) 273-4740   SIC 5812

WENDY'S RESTAURANTS OF CANADA INC p 15
4605 25 St Se, CALGARY, AB, T2B 3R9
(403) 272-7333   SIC 5812

WENDY'S RESTAURANTS OF CANADA INC p 26
1181 49 Ave Ne, CALGARY, AB, T2E 8V2
(403) 730-5250   SIC 5812

WENDY'S RESTAURANTS OF CANADA INC p 34
444 58 Ave Se Suite 112, CALGARY, AB, T2H 0P4
(403) 259-5668   SIC 5812

WENDY'S RESTAURANTS OF CANADA INC p 34
5 Heritage Gate Se Unit 2, CALGARY, AB, T2H 3A7
(403) 258-2570   SIC 5812

WENDY'S RESTAURANTS OF CANADA INC p 34
7109 Macleod Trail Sw, CALGARY, AB, T2H 0L8
(403) 253-5333   SIC 5812

WENDY'S RESTAURANTS OF CANADA INC p 34
8911 Bonaventure Dr Se, CALGARY, AB, T2H 2Z5
(403) 252-5494   SIC 5812

WENDY'S RESTAURANTS OF CANADA INC p 37
4122 Brentwood Rd Nw, CALGARY, AB, T2L 1K8
(403) 282-5216   SIC 5812

WENDY'S RESTAURANTS OF CANADA INC p 39
1927 Uxbridge Dr Nw, CALGARY, AB, T2N 2V2
(403) 282-5831   SIC 5812

WENDY'S RESTAURANTS OF CANADA INC p 50
111 5 Ave Sw, CALGARY, AB, T2P 3Y6
(403) 290-0489   SIC 5812

WENDY'S RESTAURANTS OF CANADA INC p 53
1304 17 Ave Sw, CALGARY, AB, T2T 0C3
(403) 245-0252   SIC 5812

WENDY'S RESTAURANTS OF CANADA INC p 56
303 Shawville Blvd Se Suite 410, CALGARY, AB, T2Y 3W6
(403) 254-4540   SIC 5812

WENDY'S RESTAURANTS OF CANADA INC p 59
8435 Bowfort Rd Nw Suite 300, CALGARY, AB, T3B 2V2
(403) 286-6660   SIC 5812

WENDY'S RESTAURANTS OF CANADA INC p 60
1720 37 St Sw, CALGARY, AB, T3C 3R1
(403) 246-0065   SIC 5812

WENDY'S RESTAURANTS OF CANADA INC p 76
10107 111 Ave Nw, EDMONTON, AB, T5G 0B5
SIC 5812

WENDY'S RESTAURANTS OF CANADA INC p 76
9630 137 Ave Nw Suite 823, EDMONTON, AB, T5E 6H7
(780) 475-9547   SIC 5812

WENDY'S RESTAURANTS OF CANADA INC p 94
17007 109 Ave Nw, EDMONTON, AB, T5S 2H8
(780) 487-9701   SIC 5812

WENDY'S RESTAURANTS OF CANADA INC p 95
9598 170 St Nw, EDMONTON, AB, T5T 5R5
(780) 484-2160   SIC 5812

WENDY'S RESTAURANTS OF CANADA INC p 107
10195 34 Ave Nw, EDMONTON, AB, T6E 6J8
(780) 462-7560   SIC 5812

WENDY'S RESTAURANTS OF CANADA INC p 108
8427 112 St Nw, EDMONTON, AB, T6G 1K5
(780) 434-6608   SIC 5812

WENDY'S RESTAURANTS OF CANADA INC p 112
6510 28 Ave Nw, EDMONTON, AB, T6L 6N3
(780) 450-1427   SIC 5812

WENDY'S RESTAURANTS OF CANADA INC p 113
1850 102 St Nw Unit 2, EDMONTON, AB, T6N 1N3
(780) 461-6967   SIC 5812

WENDY'S RESTAURANTS OF CANADA INC p 145
2375 Trans Canada Way Se, MEDICINE HAT, AB, T1B 4E9
(403) 529-0600   SIC 5812

WENDY'S RESTAURANTS OF CANADA INC p 149
18 Southridge Dr Suite 6877, OKOTOKS, AB, T1S 1N1
(403) 995-2552   SIC 5812

WENDY'S RESTAURANTS OF CANADA INC p 151
4750 Highway 2a, PONOKA, AB, T4J 1K3
(403) 783-6338   SIC 5812

WENDY'S RESTAURANTS OF CANADA INC p 154
6781 50 Ave, RED DEER, AB, T4N 4C9
(403) 343-1071   SIC 5812

WENDY'S RESTAURANTS OF CANADA INC p 157
37444 Highway 2 Suite 2, RED DEER COUNTY, AB, T4E 1B2
(403) 341-5432   SIC 5812

WENDY'S RESTAURANTS OF CANADA INC p 157
2410 50 Ave, RED DEER, AB, T4R 1M3
(403) 346-9466   SIC 5812

WENDY'S RESTAURANTS OF CANADA INC p 162
198 Ordze Ave, SHERWOOD PARK, AB, T8B 1M6
(780) 467-3924   SIC 5812

WENDY'S RESTAURANTS OF CANADA INC p 167
470 St Albert Trail Unit 10, ST. ALBERT, AB, T8N 5J9
(780) 459-9690   SIC 5812

WENDY'S RESTAURANTS OF CANADA INC p 174
4912 56 St, WETASKIWIN, AB, T9A 1V8
(780) 352-9350   SIC 5812

WENDY'S RESTAURANTS OF CANADA INC p 180
32733 South Fraser Way, ABBOTSFORD, BC, V2T 3S3
(604) 853-0911   SIC 5812

WENDY'S RESTAURANTS OF CANADA INC p 180
30340 Automall Dr, ABBOTSFORD, BC, V2T 5M1
(604) 857-5336   SIC 5812

WENDY'S RESTAURANTS OF CANADA INC p 198
7615 Vedder Rd, CHILLIWACK, BC, V2R 4E8
(604) 858-2323   SIC 5812

WENDY'S RESTAURANTS OF CANADA INC p 203
100 Schoolhouse St Suite 101, COQUITLAM, BC, V3K 6V9
(604) 520-6528   SIC 5812

WENDY'S RESTAURANTS OF CANADA INC p 230
19875 96 Ave Unit 2, LANGLEY, BC, V1M 3C7
(604) 513-2253   SIC 5812

WENDY'S RESTAURANTS OF CANADA INC p 234
19644 Fraser Hwy, LANGLEY, BC, V3A 4C5
(604) 533-2143   SIC 5812

WENDY'S RESTAURANTS OF CANADA INC p 237
20201 Lougheed Hwy Suite 100, MAPLE RIDGE, BC, V2X 2P6
(604) 460-8183   SIC 5812

WENDY'S RESTAURANTS OF CANADA INC p 245
715 Sixth St, NEW WESTMINSTER, BC, V3L 3C6
(604) 522-1134   SIC 5812

WENDY'S RESTAURANTS OF CANADA INC p 247
1488 Main St, NORTH VANCOUVER, BC, V7J 1C8
(604) 986-1770   SIC 5812

WENDY'S RESTAURANTS OF CANADA INC p 256
1320 Kingsway Ave, PORT COQUITLAM, BC, V3C 6P4
(604) 468-8840   SIC 5812

WENDY'S RESTAURANTS OF CANADA INC p 270
4700 No. 3 Rd, RICHMOND, BC, V6X 3C2
SIC 5812

WENDY'S RESTAURANTS OF CANADA INC p 281
10125 152 St, SURREY, BC, V3R 4G6
(604) 581-8832   SIC 5812

WENDY'S RESTAURANTS OF CANADA INC p 285
9412 120 St, SURREY, BC, V3V 4B9
(604) 581-7744   SIC 5812

WENDY'S RESTAURANTS OF CANADA INC p 288
1750 152 St, SURREY, BC, V4A 7Z7
SIC 5812

WENDY'S RESTAURANTS OF CANADA INC p 290
15959 Fraser Hwy, SURREY, BC, V4N 0Y3
(604) 599-0219   SIC 5812

WENDY'S RESTAURANTS OF CANADA INC p 298
10 Marine Dr Se, VANCOUVER, BC, V5X 2S3
(604) 327-2912   SIC 5812

WENDY'S RESTAURANTS OF CANADA INC p 299
480 8th Ave W, VANCOUVER, BC, V5Y 1N9
(604) 875-8933   SIC 5812

WENDY'S RESTAURANTS OF CANADA INC p 313
1150 Alberni St, VANCOUVER, BC, V6E 1A5
(604) 408-5885   SIC 5812

WENDY'S RESTAURANTS OF CANADA INC p 336
1800 Island Hwy, VICTORIA, BC, V9B 1J2
(250) 478-7511   SIC 5812

WENDY'S RESTAURANTS OF CANADA INC p 371
1420 Mcphillips St, WINNIPEG, MB, R2V 3C5
(204) 632-8322   SIC 5812

WENDY'S RESTAURANTS OF CANADA INC p 391
1710 Pembina Hwy, WINNIPEG, MB, R3T 2G2
(204) 261-1845   SIC 5812

WENDY'S RESTAURANTS OF CANADA INC p 416
40 University Ave, SAINT JOHN, NB, E2K 5B4
(506) 633-7415   SIC 5812

WENDY'S RESTAURANTS OF CANADA INC p 449
118 Wyse Rd, DARTMOUTH, NS, B3A 1N7
(902) 463-4013   SIC 5812

WENDY'S RESTAURANTS OF CANADA INC p 461
3580 Kempt Rd, HALIFAX, NS, B3K 4X8
(902) 455-6065   SIC 5812

WENDY'S RESTAURANTS OF CANADA INC p 467
750 Sackville Dr, LOWER SACKVILLE, NS, B4E 1R7
(902) 864-3745   SIC 5812

WENDY'S RESTAURANTS OF CANADA INC p 475
300 Welton St, SYDNEY, NS, B1P 5S4
(902) 562-1113   SIC 5812

WENDY'S RESTAURANTS OF CANADA INC p 483
80 Bayly St W, AJAX, ON, L1S 1N9
(905) 427-2332   SIC 5812

WENDY'S RESTAURANTS OF CANADA INC p 485
274 Kingston Rd E, AJAX, ON, L1Z 1G1
(905) 427-4555   SIC 5812

WENDY'S RESTAURANTS OF CANADA INC p 488
977 Golf Links Rd, ANCASTER, ON, L9K

▲ Public Company   ■ Public Company Family Member   HQ Headquarters   BR Branch   SL Single Location

WENDY'S RESTAURANTS OF CANADA INC

1K1
(905) 648-7963   SIC 5812

WENDY'S RESTAURANTS OF CANADA INC p 489
2 Staye Court Dr, ARNPRIOR, ON, K7S 0E7
(613) 623-8910   SIC 5812

WENDY'S RESTAURANTS OF CANADA INC p 503
350 N Front St, BELLEVILLE, ON, K8N 5M5
(613) 967-9636   SIC 5812

WENDY'S RESTAURANTS OF CANADA INC p 521
See WENDY'S RESTAURANTS OF CANADA INC

WENDY'S RESTAURANTS OF CANADA INC p 521
353 Main St N, BRAMPTON, ON, L6X 1N6
(905) 452-8915   SIC 5812

WENDY'S RESTAURANTS OF CANADA INC p 524
10041 Mclaughlin Rd, BRAMPTON, ON, L7A 2X5
(905) 840-0476   SIC 5812

WENDY'S RESTAURANTS OF CANADA INC p 532
3040 Parkedale Ave, BROCKVILLE, ON, K6V 3G6
SIC 5812

WENDY'S RESTAURANTS OF CANADA INC p 540
2387 Fairview St, BURLINGTON, ON, L7R 2E3
(905) 333-1199   SIC 5812

WENDY'S RESTAURANTS OF CANADA INC p 541
145 Plains Rd E, BURLINGTON, ON, L7T 2C4
(905) 634-4882   SIC 5812

WENDY'S RESTAURANTS OF CANADA INC p 544
225 Franklin Blvd, CAMBRIDGE, ON, N1R 8P1
(519) 740-1287   SIC 5812

WENDY'S RESTAURANTS OF CANADA INC p 551
450 St Clair St, CHATHAM, ON, N7L 3K7
(519) 351-6653   SIC 5812

WENDY'S RESTAURANTS OF CANADA INC p 563
1600 Langstaff Rd, CONCORD, ON, L4K 3S3
(905) 669-6163   SIC 5812

WENDY'S RESTAURANTS OF CANADA INC p 563
9151 Keele St, CONCORD, ON, L4K 5B4
(905) 832-1257   SIC 5812

WENDY'S RESTAURANTS OF CANADA INC p 579
1569 The Queensway, ETOBICOKE, ON, M8Z 1T8
(416) 251-7991   SIC 5812

WENDY'S RESTAURANTS OF CANADA INC p 580
5250 Dundas St W, ETOBICOKE, ON, M9B 1A9
(416) 234-8666   SIC 5812

WENDY'S RESTAURANTS OF CANADA INC p 587
2136 Kipling Ave, ETOBICOKE, ON, M9W 4K5
(416) 745-3118   SIC 5812

WENDY'S RESTAURANTS OF CANADA INC p 590
165 Garrison Rd, FORT ERIE, ON, L2A 1M3
(905) 871-5621   SIC 5812

WENDY'S RESTAURANTS OF CANADA INC p 598
424 South Service Rd, GRIMSBY, ON, L3M 4E8
(905) 309-6071   SIC 5812

WENDY'S RESTAURANTS OF CANADA INC p 613
1585 Main St W, HAMILTON, ON, L8S 1E6
(905) 527-1464   SIC 5812

WENDY'S RESTAURANTS OF CANADA INC p 614
967 Rymal Rd E, HAMILTON, ON, L8W 3M2
(905) 388-8988   SIC 5812

WENDY'S RESTAURANTS OF CANADA INC p 631
17 Warne Cres, KINGSTON, ON, K7K 6Z5
(613) 547-4546   SIC 5812

WENDY'S RESTAURANTS OF CANADA INC p 632
1043 Princess St, KINGSTON, ON, K7L 1H3
(613) 549-0160   SIC 5812

WENDY'S RESTAURANTS OF CANADA INC p 634
485 Gardiners Rd, KINGSTON, ON, K7M 7W9
(613) 384-6885   SIC 5812

WENDY'S RESTAURANTS OF CANADA INC p 639
685 Fairway Rd S, KITCHENER, ON, N2C 1X4
SIC 5812

WENDY'S RESTAURANTS OF CANADA INC p 643
350 Westmount Rd W, KITCHENER, ON, N2M 5C4
(519) 745-3786   SIC 5812

WENDY'S RESTAURANTS OF CANADA INC p 648
329 Kent St W, LINDSAY, ON, K9V 2Z7
(705) 878-8238   SIC 5812

WENDY'S RESTAURANTS OF CANADA INC p 652
676 Highbury Ave N, LONDON, ON, N5W 5R3
(519) 452-3080   SIC 5812

WENDY'S RESTAURANTS OF CANADA INC p 653
60 North Centre Rd Unit 1, LONDON, ON, N5X 3W1
(519) 660-8968   SIC 5812

WENDY'S RESTAURANTS OF CANADA INC p 654
1104 Adelaide St N, LONDON, ON, N5Y 2N5
(519) 850-3535   SIC 5812

WENDY'S RESTAURANTS OF CANADA INC p 657
243 Oxford St E, LONDON, ON, N6A 1V2
(519) 434-0695   SIC 5812

WENDY'S RESTAURANTS OF CANADA INC p 660
1376 Wellington Rd, LONDON, ON, N6E 1M3
(519) 681-2609   SIC 5812

WENDY'S RESTAURANTS OF CANADA INC p 662
654 Wonderland Rd N, LONDON, ON, N6H 3E5
(519) 471-4667   SIC 5812

WENDY'S RESTAURANTS OF CANADA INC p 663
375 Southdale Rd W, LONDON, ON, N6J 4G8
(519) 681-0977   SIC 5812

WENDY'S RESTAURANTS OF CANADA INC p 684
3650 Derry Rd E, MISSISSAUGA, ON, L4T 3V7
(905) 671-4901   SIC 5812

WENDY'S RESTAURANTS OF CANADA INC p 686
6585 Airport Rd Unit B, MISSISSAUGA, ON, L4V 1E5
(905) 678-7846   SIC 5812

WENDY'S RESTAURANTS OF CANADA INC p 692
1520 Aimco Blvd, MISSISSAUGA, ON, L4W 5K1
(905) 624-0453   SIC 5812

WENDY'S RESTAURANTS OF CANADA INC p 693
1739 Dundas St E, MISSISSAUGA, ON, L4X 1L5
SIC 5812

WENDY'S RESTAURANTS OF CANADA INC p 696
44 Britannia Rd E, MISSISSAUGA, ON, L4Z 3W7
SIC 5812

WENDY'S RESTAURANTS OF CANADA INC p 703
2400 Dundas St W Unit 14, MISSISSAUGA, ON, L5K 2R8
(905) 855-8953   SIC 5812

WENDY'S RESTAURANTS OF CANADA INC p 706
2655 Eglinton Ave W, MISSISSAUGA, ON, L5M 7E1
(905) 828-2515   SIC 5812

WENDY'S RESTAURANTS OF CANADA INC p 712
6449 Erin Mills Pky, MISSISSAUGA, ON, L5N 4H4
(905) 819-6787   SIC 5812

WENDY'S RESTAURANTS OF CANADA INC p 712
6966 Financial Dr Bldg F, MISSISSAUGA, ON, L5N 8J4
(905) 821-4538   SIC 5812

WENDY'S RESTAURANTS OF CANADA INC p 721
1420 Mid-Way Blvd, MISSISSAUGA, ON, L5T 2S4
(905) 564-2373   SIC 5812

WENDY'S RESTAURANTS OF CANADA INC p 721
25 Aventura Crt Suite 6680, MISSISSAUGA, ON, L5T 3A1
SIC 5812

WENDY'S RESTAURANTS OF CANADA INC p 734
17725 Yonge St, NEWMARKET, ON, L3Y 7C1
(905) 853-9861   SIC 5812

WENDY'S RESTAURANTS OF CANADA INC p 737
6363 Lundy's Lane, NIAGARA FALLS, ON, L2G 1T8
(905) 357-0666   SIC 5812

WENDY'S RESTAURANTS OF CANADA INC p 737
4850 Clifton Hill, NIAGARA FALLS, ON, L2G 3N4
(905) 358-4789   SIC 5812

WENDY'S RESTAURANTS OF CANADA INC p 737
6948 Mcleod Rd, NIAGARA FALLS, ON, L2G 7K3
SIC 5812

WENDY'S RESTAURANTS OF CANADA INC p 743
925 Mckeown Ave, NORTH BAY, ON, P1B 9P3
(705) 476-1937   SIC 5812

WENDY'S RESTAURANTS OF CANADA INC p 750
5095 Yonge St Unit 12a, NORTH YORK, ON, M2N 6Z4
(416) 221-4866   SIC 5812

WENDY'S RESTAURANTS OF CANADA INC p 752
861 York Mills Rd Unit 1, NORTH YORK, ON, M3B 1Y2
SIC 5812

WENDY'S RESTAURANTS OF CANADA INC p 756
1050 Finch Ave W, NORTH YORK, ON, M3J 2E2
SIC 5812

WENDY'S RESTAURANTS OF CANADA INC p 760
1002 Lawrence Ave W, NORTH YORK, ON, M6A 1C8
(416) 783-2574   SIC 5812

WENDY'S RESTAURANTS OF CANADA INC p 768
2304 Royal Windsor Dr, OAKVILLE, ON, L6J 7Y1
(905) 845-8094   SIC 5812

WENDY'S RESTAURANTS OF CANADA INC p 768
2960 South Sheridan Way, OAKVILLE, ON, L6J 7T4
(905) 829-9139   SIC 5812

WENDY'S RESTAURANTS OF CANADA INC p 769
240 Wyecroft Rd, OAKVILLE, ON, L6K 2G7
(905) 337-8041   SIC 5812

WENDY'S RESTAURANTS OF CANADA INC p 782
323 King St W, OSHAWA, ON, L1J 2J8
(905) 579-9750   SIC 5812

WENDY'S RESTAURANTS OF CANADA INC p 796
2456 Bank St, OTTAWA, ON, K1V 8S2
(613) 738-7980   SIC 5812

WENDY'S RESTAURANTS OF CANADA INC p 799
2545 Carling Ave, OTTAWA, ON, K2B 7H6
(613) 829-4429   SIC 5812

WENDY'S RESTAURANTS OF CANADA INC p 811
1124 Chemong Rd, PETERBOROUGH, ON, K9J 6X2
(705) 745-7629   SIC 5812

WENDY'S RESTAURANTS OF CANADA INC p 811
961 Lansdowne St W, PETERBOROUGH, ON, K9J 1Z5
(705) 745-5253   SIC 5812

WENDY'S RESTAURANTS OF CANADA INC p 812
705 Ashburnham Dr, PETERBOROUGH, ON, K9L 1P7
(705) 749-2835   SIC 5812

WENDY'S RESTAURANTS OF CANADA INC p 813
742 Kingston Rd, PICKERING, ON, L1V 1A8
(905) 421-9266   SIC 5812

WENDY'S RESTAURANTS OF CANADA INC p 836
2908 Ellesmere Rd, SCARBOROUGH, ON, M1E 4B8
(416) 208-9902   SIC 5812

WENDY'S RESTAURANTS OF CANADA INC p 839
4 Lebovic Ave, SCARBOROUGH, ON, M1L 4V9
(416) 751-4834   SIC 5812

WENDY'S RESTAURANTS OF CANADA INC p 839
960 Warden Ave, SCARBOROUGH, ON, M1L 4C9
SIC 5812

WENDY'S RESTAURANTS OF CANADA INC p 842
1460 Kennedy Rd, SCARBOROUGH, ON, M1P 2L7
(416) 752-8195   SIC 5812

WENDY'S RESTAURANTS OF CANADA INC p 844
438 Nugget Ave, SCARBOROUGH, ON, M1S 4A4
(416) 754-2196   SIC 5812

WENDY'S RESTAURANTS OF CANADA INC p 844
See WENDY'S RESTAURANTS OF CANADA INC

WENDY'S RESTAURANTS OF CANADA INC p 852
525 Welland Ave, ST CATHARINES, ON, L2M 6P3
SIC 5812

WENDY'S RESTAURANTS OF CANADA INC p 853
342 Lake St, ST CATHARINES, ON, L2N 4H4
(905) 934-6421   SIC 5812

WENDY'S RESTAURANTS OF CANADA INC p 854
145 Hartzel Rd, ST CATHARINES, ON, L2P

BUSINESSES ALPHABETICALLY

1N6
(905) 704-1010 *SIC* 5812
WENDY'S RESTAURANTS OF CANADA INC *p* 879
950 Memorial Ave, THUNDER BAY, ON, P7B 4A2
(807) 343-0406 *SIC* 5812
WENDY'S RESTAURANTS OF CANADA INC *p* 896
731 Eastern Ave, TORONTO, ON, M4M 3H6
(416) 465-9904 *SIC* 5812
WENDY'S RESTAURANTS OF CANADA INC *p* 904
475 Yonge St, TORONTO, ON, M4Y 1X7
(416) 921-9045 *SIC* 5812
WENDY'S RESTAURANTS OF CANADA INC *p* 971
5 Amy Croft Dr, WINDSOR, ON, N9K 1C7
(519) 735-3331 *SIC* 5812
WENDY'S RESTAURANTS OF CANADA INC *p* 976
4100 Steeles Ave W, WOODBRIDGE, ON, L4L 3S8
(905) 265-8212 *SIC* 5812
WENDY'S RESTAURANTS OF CANADA INC *p* 985
56 Water St, SUMMERSIDE, PE, C1N 4T8
(902) 436-5075 *SIC* 5812
WENDY'S RESTAURANTS OF CANADA INC *p* 1011
251 Boul D'anjou, Chateauguay, QC, J6J 2R4
(450) 692-1733 *SIC* 5812
WENDY'S RESTAURANTS OF CANADA INC *p* 1011
See WENDY'S RESTAURANTS OF CANADA INC
WENDY'S RESTAURANTS OF CANADA INC *p* 1024
3600 Boul Des Sources, DOLLARD-DES-ORMEAUX, QC, H9B 1Z9
(514) 683-6263 *SIC* 5812
WENDY'S RESTAURANTS OF CANADA INC *p* 1121
5180 Boul Decarie, Montreal, QC, H3X 2H9
(514) 481-4060 *SIC* 5812
WENDY'S RESTAURANTS OF CANADA INC *p* 1244
400 Montee Des Pionniers, TERREBONNE, QC, J6V 1S6
SIC 5812
WENDYS *p* 614
See WENDY'S RESTAURANTS OF CANADA INC
WENDYS INTERNATIONAL *p* 721
See WENDY'S RESTAURANTS OF CANADA INC
WENDYS RESTAURANTS *p* 528
See WENDCORP HOLDINGS INC
WENDY'S *p* 712
See WENDY'S RESTAURANTS OF CANADA INC
WENTWORTH LODGE *p* 570
See CITY OF HAMILTON, THE
WENTWORTH MOLD LTD *p* 528
156 Adams Blvd, BRANTFORD, ON, N3S 7V5
(519) 754-5400 *SIC* 2821
WENTWORTH MOLD, DIV OF *p* 860
See 1589711 ONTARIO INC
WENZEL DOWNHOLE TOOLS LTD *p* 113
3115 93 St Nw, EDMONTON, AB, T6N 1L7
(780) 440-4220 *SIC* 3533
WERNER ENTERPRISES CANADA CORPORATION *p* 683
10862 Steeles Ave E, MILTON, ON, L9T 2X8
(905) 693-1285 *SIC* 4213
WERTHER'S ORIGINAL *p* 695
See STORCK CANADA INC
WES HOSFORD ELEMENTARY SCHOOL *p* 161
See ELK ISLAND PUBLIC SCHOOLS REGIONAL DIVISION NO. 14

WESBILD HOLDINGS LTD *p* 200
3251 Plateau Blvd, COQUITLAM, BC, V3E 3B8
(604) 945-4007 *SIC* 7997
WESBILD HOLDINGS LTD *p* 309
666 Burrard St Suite 2650, VANCOUVER, BC, V6C 2X8
(604) 694-8800 *SIC* 6512
WESBILD SHOPPING CENTRES *p* 309
See WESBILD HOLDINGS LTD
WESBURN MANOR *p* 580
See CORPORATION OF THE CITY OF TORONTO
WESCANA INN *p* 358
See CHEEMA SYSTEMS LTD
WESCAST INDUSTRIES INC *p* 972
100 Water St, WINGHAM, ON, N0G 2W0
(519) 357-4447 *SIC* 3714
WESCAST INDUSTRIES INC *p* 972
200 Water St, WINGHAM, ON, N0G 2W0
(519) 357-3450 *SIC* 3714
WESCAST INDUSTRIES MACHINING WINGHAM *p* 972
See WESCAST INDUSTRIES INC
WESCLEAN EQUIPMENT & CLEANING SUPPLIES LTD *p* 29
36 Highfield Cir Se, CALGARY, AB, T2G 5N5
(403) 243-0677 *SIC* 5087
WESCLEAN EQUIPMENT & CLEANING SUPPLIES LTD *p* 87
11450 149 St Nw, EDMONTON, AB, T5M 1W7
(780) 451-1533 *SIC* 5087
WESCLEAN EQUIPMENT & CLEANING SUPPLIES LTD *p* 185
4082 Mcconnell Crt, BURNABY, BC, V5A 3L8
(604) 421-7150 *SIC* 5087
WESCO INDUSTRIES LTD *p* 230
9663 199a St Unit 1, LANGLEY, BC, V1M 2X7
(604) 881-3000 *SIC* 5085
WESCOR CONTRACTING LTD *p* 335
3368 Tennyson Ave, VICTORIA, BC, V8Z 3P6
(250) 475-8882 *SIC* 1542
WESGROUP PROPERTIES *p* 324
See WESGROUP PROPERTIES LIMITED PARTNERSHIP
WESGROUP PROPERTIES LIMITED PARTNERSHIP *p* 324
1055 Dunsmuir St Suite 2000, VANCOUVER, BC, V7X 1J1
(604) 632-1727 *SIC* 6512
WESKO LOCKS LTD *p* 692
4570 Eastgate Pky, MISSISSAUGA, ON, L4W 3W6
(905) 629-3227 *SIC* 7699
WESMOR COMMUNITY HIGH SCHOOL *p* 1280
See SASKATCHEWAN RIVER SCHOOL DIVISION #119
WEST *p* 1274
See SUN WEST SCHOOL DIVISION NO 207 SASKATCHEWAN
WEST 49 *p* 448
See YM INC. (SALES)
WEST 49 (2015) INC *p* 397
477 Rue Paul, DIEPPE, NB, E1A 4X5
(506) 855-6295 *SIC* 5699
WEST 49 GROUP INC *p* 182
9855 Austin Rd Suite 248, BURNABY, BC, V3J 1N4
(604) 420-8778 *SIC* 5651
WEST 49 GROUP INC *p* 322
748 Burrard St, VANCOUVER, BC, V6Z 2V6
SIC 5651
WEST 49 GROUP INC *p* 734
17600 Yonge St Suite 15, NEWMARKET, ON, L3Y 4Z1
(905) 898-2359 *SIC* 5621
WEST 50 POURHOUSE & GRILLE INC *p* 699

50 Burnhamthorpe Rd W Suite 202, MISSISSAUGA, ON, L5B 3C2
(905) 949-9378 *SIC* 5812
WEST BAY ELEMENTARY SCHOOL *p* 339
See SCHOOL DISTRICT NO. 45 (WEST VANCOUVER)
WEST BAYFIELD ELEMENTARY SCHOOL *p* 498
See SIMCOE COUNTY DISTRICT SCHOOL BOARD, THE
WEST BROS FURNITURE *p* 617
See WEST FURNITURE CO INC
WEST CANADIAN DIGITAL IMAGING INC *p* 78
10567 109 St Nw, EDMONTON, AB, T5H 3B1
(780) 424-1000 *SIC* 2752
WEST CANADIAN INDUSTRIES GROUP LTD *p* 78
10567 109 St Nw, EDMONTON, AB, T5H 3B1
(780) 424-1000 *SIC* 2752
WEST CARLETON SAND & GRAVEL INC *p* 550
3232 Carp, CARP, ON, K0A 1L0
(613) 839-2816 *SIC* 1771
WEST CARLETON SECONDARY SCHOOL *p* 571
See OTTAWA-CARLETON DISTRICT SCHOOL BOARD
WEST CENTRAL HIGH SCHOOL *p* 159
See WILD ROSE SCHOOL DIVISION NO. 66
WEST CHILCOTIN FOREST PRODUCTS LTD *p* 181
21841 Hwy 20, ANAHIM LAKE, BC, V0L 1C0
SIC 2421
WEST COAST AIR LTD *p* 273
5220 Airport Rd S, RICHMOND, BC, V7B 1B4
SIC 4512
WEST COAST AIR LTD *p* 332
1000 Wharf St, VICTORIA, BC, V8W 1T4
(250) 384-2215 *SIC* 4512
WEST COAST HELICOPTERS *p* 257
See WEST COAST HELICOPTERS MAINTENANCE AND CONTRACTING LTD
WEST COAST HELICOPTERS MAINTENANCE AND CONTRACTING LTD *p* 257
1011 Airport Rd, PORT MCNEILL, BC, V0N 2R0
(250) 956-2244 *SIC* 4522
WEST COAST PROCESS SERVING *p* 322
See WEST COAST TITLE SEARCH LTD
WEST COAST SIGHTSEEING LTD *p* 188
2350 Beta Ave, BURNABY, BC, V5C 5M8
(604) 451-1600 *SIC* 4141
WEST COAST TIMESHARE LTD *p* 306
877 Hamilton St, VANCOUVER, BC, V6B 2R7
(604) 646-0090 *SIC* 7389
WEST COAST TITLE SEARCH LTD *p* 322
840 Howe St Suite 100, VANCOUVER, BC, V6Z 2L2
(604) 659-8700 *SIC* 6541
WEST COAST VIDEO *p* 793
See 1039500 ONTARIO INC
WEST CONS EQUIPMENT AND RENTAL *p* 1286
See STRONGCO LIMITED PARTNERSHIP
WEST CREDIT SECONDARY SCHOOL *p* 710
See PEEL DISTRICT SCHOOL BOARD
WEST DISTRICT OFFICE *p* 644
See CHRISTIAN HORIZONS
WEST DOVER SCHOOL *p* 14
See CALGARY BOARD OF EDUCATION
WEST ELGIN SECONDARY SCHOOL *p* 956
See THAMES VALLEY DISTRICT SCHOOL BOARD
WEST FACILITIES SERVICES *p* 757
See TORONTO CATHOLIC DISTRICT SCHOOL BOARD
WEST FERRIS SECONDARY SCHOOL *p* 740
See NEAR NORTH DISTRICT SCHOOL BOARD
WEST FRASER *p* 264
See WEST FRASER TIMBER CO. LTD
WEST FRASER LVL *p* 159
See WEST FRASER TIMBER CO. LTD
WEST FRASER MILLS LTD *p* 6
Gd, BLUE RIDGE, AB, T0E 0B0
(780) 648-6333 *SIC* 2421
WEST FRASER MILLS LTD *p* 109
6325 Gateway Blvd Nw Suite 140, EDMONTON, AB, T6H 5H6
(780) 468-3311 *SIC* 2421
WEST FRASER MILLS LTD *p* 132
99 West River Rd, HINTON, AB, T7V 1Y7
(780) 865-8900 *SIC* 5211
WEST FRASER MILLS LTD *p* 164
Gd, SLAVE LAKE, AB, T0G 2A0
(780) 849-4145 *SIC* 2421
WEST FRASER MILLS LTD *p* 176
1020 Chasm Rd, 70 MILE HOUSE, BC, V0K 2K0
(250) 459-2229 *SIC* 2421
WEST FRASER MILLS LTD *p* 196
3598 Fraser St W, CHETWYND, BC, V0C 1J0
(250) 788-2686 *SIC* 2421
WEST FRASER MILLS LTD *p* 215
6626 Highway 16 E, FRASER LAKE, BC, V0J 1S0
(250) 699-6235 *SIC* 2621
WEST FRASER MILLS LTD *p* 217
Gd, HOUSTON, BC, V0J 1Z0
(250) 845-2322 *SIC* 2621
WEST FRASER MILLS LTD *p* 264
2000 Plywood Rd, QUESNEL, BC, V2J 5W1
(250) 992-5511 *SIC* 2435
WEST FRASER MILLS LTD *p* 264
1250 Brownmiller Rd, QUESNEL, BC, V2J 6P5
(250) 992-9244 *SIC* 5031
WEST FRASER MILLS LTD *p* 264
1000 Plywood Rd, QUESNEL, BC, V2J 3J5
(250) 991-7619 *SIC* 2421
WEST FRASER MILLS LTD *p* 278
2375 Tatlow Rd, SMITHERS, BC, V0J 2N5
(250) 847-2656 *SIC* 2421
WEST FRASER MILLS LTD *p* 341
4200 Mackenzie Ave N, WILLIAMS LAKE, BC, V2G 1N4
(250) 392-7731 *SIC* 2421
WEST FRASER MILLS LTD *p* 341
4255 Rottacker Rd, WILLIAMS LAKE, BC, V2G 5E4
(250) 392-7784 *SIC* 2421
WEST FRASER TIMBER CO. LTD *p* 159
Gd Stn Main, ROCKY MOUNTAIN HOUSE, AB, T4T 1T1
(403) 845-5522 *SIC* 5031
WEST FRASER TIMBER CO. LTD *p* 175
9 Km W Of Whitecourt Hwy Suite 43, WHITECOURT, AB, T7S 1P9
(780) 778-7000 *SIC* 2621
WEST FRASER TIMBER CO. LTD *p* 176
910 Exeter Rd, 100 MILE HOUSE, BC, V0K 2E0
(250) 395-8200 *SIC* 5031
WEST FRASER TIMBER CO. LTD *p* 264
1000 Finning Rd, QUESNEL, BC, V2J 6A1
(250) 992-8919 *SIC* 2611
WEST FRASER TIMBER CO. LTD *p* 264
1250 Brownmiller Rd, QUESNEL, BC, V2J 6P5
(250) 992-9244 *SIC* 5031
WEST FURNITURE CO INC *p* 617
582 14th St, HANOVER, ON, N4N 2A1
(519) 364-7770 *SIC* 2511
WEST GATE COLLEGIATE VOCATIONAL INSTITUTE *p* 881
See LAKEHEAD DISTRICT SCHOOL BOARD

▲ Public Company ■ Public Company Family Member **HQ** Headquarters **BR** Branch **SL** Single Location

WEST GLEN SCHOOL p 71
See CHINOOKS EDGE SCHOOL DIVISION NO. 73
WEST GLEN SCHOOL p 941
See TORONTO DISTRICT SCHOOL BOARD
WEST GUARD SECURITY p 242
See SECURIGUARD SERVICES LIMITED
WEST HARVEST INN p 93
See REMAI DURAND VENTURES INC
WEST HARVEST INN p 142
See REMAI HOLDINGS II LTD
WEST HEIGHTS ELEMENTARY SCHOOL p 238
See SCHOOL DISTRICT #75 (MISSION)
WEST HIGHLANDS ELEMENTARY SCHOOL p 441
See CHIGNECTO CENTRAL REGIONAL SCHOOL BOARD
WEST HILL COLLEGIATE INSTITUTE p 836
See TORONTO DISTRICT SCHOOL BOARD
WEST HILL COMMUNITY SERVICES p 839
3545 Kingston Rd, SCARBOROUGH, ON, M1M 1R6
(416) 284-6439   SIC 8399
WEST HILL PUBLIC SCHOOL p 836
See TORONTO DISTRICT SCHOOL BOARD
WEST HUMBER COLLEGIATE INSTITUTE p 583
See TORONTO DISTRICT SCHOOL BOARD
WEST HUMBER JUNIOR MIDDLE p 943
See TORONTO DISTRICT SCHOOL BOARD
WEST ISLAND CAREER CENTRE p 1137
See LESTER B. PEARSON SCHOOL BOARD
WEST ISLAND COLLEGE SOCIETY OF ALBERTA p 34
7410 Blackfoot Trail Se, CALGARY, AB, T2H 1M5
(403) 444-0023   SIC 8211
WEST ISLAND MANOR p 1138
See 9060-1048 QUEBEC INC
WEST KENT ELEMENTARY SCHOOL p 980
See EASTERN SCHOOL DISTRICT
WEST KILDONAN & COLLEGIATE p 370
See SEVEN OAKS SCHOOL DIVISION
WEST KINGS DISTRICT HIGH SCHOOL p 442
See ANNAPOLIS VALLEY REGIONAL SCHOOL BOARD
WEST KOOTENAY SOCIAL ENTERPRISE SOCIETY p 244
542 Baker St Suite 204, NELSON, BC, V1L 4H9
(250) 352-1942   SIC 7349
WEST LANGLEY ELEMENTARY p 230
See SCHOOL DISTRICT NO. 35 (LANGLEY)
WEST LINCOLN MEMORIAL HOSPITAL p 598
169 Main St E, GRIMSBY, ON, L3M 1P3
(905) 945-2253   SIC 8062
WEST LORNE BIOOIL CO-GENERATION LIMITED PARTNERSHIP p 956
191 Jane St, WEST LORNE, ON, N0L 2P0
SIC 2911
WEST LYNDE PUBLIC SCHOOL p 957
See DURHAM DISTRICT SCHOOL BOARD
WEST LYNN PUBLIC SCHOOL p 849
See GRAND ERIE DISTRICT SCHOOL BOARD
WEST MEADOW SCHOOL p 68
See LIVINGSTONE RANGE SCHOOL DIVISION NO 68
WEST MIDDLESEX MEMORIAL CENTRE p 866
See STRATHROY-CARADOC, MUNICIPALITY OF
WEST NIPISSING RECREATION CENTRE p 866
See MUNICIPALITY OF WEST NIPISSING
WEST NISSOURI PUBLIC SCHOOL p 873
See THAMES VALLEY DISTRICT SCHOOL BOARD
WEST OAK PUBLIC SCHOOL p 771
See HALTON DISTRICT SCHOOL BOARD
WEST PARK ELEMENTARY SCHOOL p 152
See BOARD OF TRUSTEES OF THE RED DEER PUBLIC SCHOOL DISTRICT NO. 104, THE
WEST PARK LODGE, THE p 153
See CHOICES IN COMMUNITY LIVING INC
WEST PARK MIDDLE SCHOOL p 152
See BOARD OF TRUSTEES OF THE RED DEER PUBLIC SCHOOL DISTRICT NO. 104, THE
WEST PICTOU CONSOLIDATED SCHOOL p 471
See CHIGNECTO CENTRAL REGIONAL SCHOOL BOARD
WEST PORT FOOD p 254
See FAIRWAY HOLDINGS (1994) LTD
WEST PREPARATORY PUBLIC SCHOOL p 933
See TORONTO DISTRICT SCHOOL BOARD
WEST REGION CHILD AND FAMILY SERVICES COMMITTEE INCORPORATED p 347
431 Buchanon Ave, DAUPHIN, MB, R7N 2J1
(204) 622-5200   SIC 8322
WEST RICHMOND COMMUNITY CENTRE p 274
See RICHMOND, CITY OF
WEST RICHMOND EDUCATION CENTRE p 446
See STRAIT REGIONAL SCHOOL BOARD
WEST RIVERVIEW ELEMENTARY SCHOOL p 413
See SCHOOL DISTRICT 2
WEST ROYALTY ELEMENTARY SCHOOL p 982
See EASTERN SCHOOL DISTRICT
WEST ROYALTY SUPERSTORE p 982
See ATLANTIC WHOLESALERS LTD
WEST SECHELT ELEMENTARY p 277
See SCHOOL DISTRICT NO. 46 (SUNSHINE COAST)
WEST SHORE HEALTH UNIT p 336
See VANCOUVER ISLAND HEALTH AUTHORITY
WEST SHORE PARKS AND RECREATION SOCIETY p 337
1767 Island Hwy, VICTORIA, BC, V9B 1J1
(250) 478-8384   SIC 7999
WEST VANCOUVER SECONDARY SCHOOL p 339
See SCHOOL DISTRICT NO. 45 (WEST VANCOUVER)
WEST VERNON ELEMENTARY SCHOOL p 326
See SCHOOL DISTRICT NO 22 (VERNON)
WEST VIEW SECONDARY SCHOOL p 65
See CALGARY BOARD OF EDUCATION
WEST WIND AVIATION INC p 1290
3035 Tutor Dr Suite 203, REGINA, SK, S4W 1B5
(306) 359-0020   SIC 4522
WEST WOOD PUBLIC SCHOOL p 616
See HAMILTON-WENTWORTH DISTRICT SCHOOL BOARD, THE
WEST-CAN SAFETY & INDUSTRIAL p 220
See JHAJ HOLDINGS LTD
WESTBANK FIRST NATION PINE ACRES HOME p 339
1902 Pheasant Lane, WESTBANK, BC, V4T 2H4
(250) 768-7676   SIC 8361
WESTBANK PROJECTS CORP p 309
1067 Cordova St W Suite 501, VANCOUVER, BC, V6C 1C7
(604) 685-8986   SIC 6553
WESTBERG HOLDINGS INC p 322
1176 Granville St, VANCOUVER, BC, V6Z 1L8
(604) 688-8701   SIC 7011
WESTBORO ELEMENTARY SCHOOL p 161
See ELK ISLAND PUBLIC SCHOOLS REGIONAL DIVISION NO. 14
WESTBROOK ELEMENTARY SCHOOL p 110
See EDMONTON SCHOOL DISTRICT NO. 7
WESTBROOK FLORAL LTD p 180
29349 58 Ave, ABBOTSFORD, BC, V4X 2G1
(604) 626-4343   SIC 5193
WESTCAN BULK TRANSPORT LTD p 20
3780 76 Ave Se, CALGARY, AB, T2C 1J8
(403) 279-5505   SIC 4212
WESTCAN BULK TRANSPORT LTD p 116
12110 17 St Ne, EDMONTON, AB, T6S 1A5
(780) 472-6951   SIC 4212
WESTCAN BULK TRANSPORT LTD p 140
5406 59 Ave, LLOYDMINSTER, AB, S9V 0Y2
(780) 875-8471   SIC 2911
WESTCAN BULK TRANSPORT LTD p 1276
850 Manitoba St E, MOOSE JAW, SK, S6H 4P1
(306) 692-6478   SIC 4213
WESTCAN BULK TRANSPORT LTD p 1305
110 71st St W, SASKATOON, SK, S7R 1A1
(306) 242-5899   SIC 4213
WESTCAN FREIGHT SYSTEMS p 116
See WESTCAN BULK TRANSPORT LTD
WESTCAN WIRELESS p 24
See HELIX ADVANCED COMMUNICATIONS & INFRASTRUCTURE, INC
WESTCAN WIRELESS p 86
12540 129 St Nw, EDMONTON, AB, T5L 4R4
(780) 451-2355   SIC 4899
WESTCAP MGT. LTD p 1299
410 22nd St E Suite 1300, SASKATOON, SK, S7K 5T6
(306) 652-5557   SIC 6282
WESTCLIFF DEVELOPMENT LTD p 1108
600 Boul De Maisonneuve O Bureau 2600, Montreal, QC, H3A 3J2
(514) 499-8300   SIC 6512
WESTCLIFF MANAGEMENT LTD p 1041
40 Rue Evangeline, GRANBY, QC, J2G 8K1
(450) 378-5598   SIC 6512
WESTCLIFF MANAGEMENT LTD p 1060
7077 Boul Newman, LASALLE, QC, H8N 1X1
(514) 363-9413   SIC 6512
WESTCLIFF MANAGEMENT LTD p 1201
900 Boul Grignon Bureau 4, Saint-Jerome, QC, J7Y 3S7
(450) 431-0042   SIC 6512
WESTCLIFF MANAGEMENT LTD p 1244
1185 Boul Moody Unite 552, TERREBONNE, QC, J6W 3Z5
(450) 471-9726   SIC 6512
WESTCO p 389
See CONGEBEC LOGISTIQUE INC
WESTCOAST CONTEMPO FASHIONS LIMITED p 267
100-13551 Commerce Pky, RICHMOND, BC, V6V 2L1
(604) 231-0400   SIC 5137
WESTCOAST ENERGY INC p 196
4528 44 Ave, CHETWYND, BC, V0C 1J0
(250) 788-4700   SIC 4922
WESTCOAST ENGLISH LANGUAGE CENTER LIMITED p 306
220 Cambie St Suite 550, VANCOUVER, BC, V6B 2M9
(604) 684-2354   SIC 8299
WESTCOAST ENGLISH LANGUAGE CENTER LIMITED p 332
1290 Broad St Suite 200, VICTORIA, BC, V8W 2A5
(250) 384-2199   SIC 8299
WESTCOAST NATIVE HEALTH CARE SOCIETY p 254
6151 Russell Pl, PORT ALBERNI, BC, V9Y 7W3
(250) 724-5655   SIC 8051
WESTCOAST PRODUCE WHOLESALERS, DIV OF. p 229
See BUY-LOW FOODS LTD
WESTCON EQUIPMENT & RENTALS LTD p 373
380 Keewatin St, WINNIPEG, MB, R2X 2R9
(204) 633-5800   SIC 7353
WESTCON PRECAST INC p 20
4412 54 Ave Se, CALGARY, AB, T2C 2B9
(403) 279-2534   SIC 1791
WESTCON PRECAST INC p 168
19 Riel Dr, ST. ALBERT, AB, T8N 3Z2
(780) 459-6695   SIC 3272
WESTCORP PROPERTIES INC p 108
8215 112 St Nw Suite 200, EDMONTON, AB, T6G 2C8
SIC 6531
WESTCORP PROPERTIES INC p 379
190 Smith St, WINNIPEG, MB, R3C 1J8
(204) 947-6961   SIC 7011
WESTCOT ELEMENTARY SCHOOL p 338
See THE BOARD OF SCHOOL TRUSTEES OF SCHOOL DISTRICT NO. 45 (WEST VANCOUVER)
WESTCREEK PUBLIC SCHOOL p 813
See DURHAM DISTRICT SCHOOL BOARD
WESTDALE JUNIOR HIGH SCHOOL p 388
See PEMBINA TRAILS SCHOOL DIVISION, THE
WESTDALE PARK PUBLIC SCHOOL p 725
See LIMESTONE DISTRICT SCHOOL BOARD
WESTDALE PUBLIC ELEMENTARY SCHOOL p 855
See DISTRICT SCHOOL BOARD OF NIAGARA
WESTDALE PUBLIC SCHOOL p 662
See THAMES VALLEY DISTRICT SCHOOL BOARD
WESTDALE SECONDARY SCHOOL p 612
See HAMILTON-WENTWORTH DISTRICT SCHOOL BOARD, THE
WESTECH BUILDING PRODUCTS ULC p 20
5201 64 Ave Se, CALGARY, AB, T2C 4Z9
(403) 279-4497   SIC 3089
WESTECH INDUSTRIAL LTD p 34
5636 Burbank Cres Se, CALGARY, AB, T2H 1Z6
(403) 252-8803   SIC 5084
WESTEEL DIVISION p 364
See AG GROWTH INTERNATIONAL INC
WESTERGARD MOTORS p 73
See WESTERGARD MOTORS (DRUMHELLER) LTD
WESTERGARD MOTORS (DRUMHELLER) LTD p 73
1011 Hwy 9 S, Drumheller, AB, T0J 0Y0
(403) 823-2500   SIC 5511
WESTERMAN ELEMENTARY SCHOOL p 286
See SCHOOL DISTRICT NO 36 (SURREY)
WESTERN ARCHRIB p 99
See 316291 ALBERTA LTD
WESTERN AREA YOUTH SERVICES, INC p 653
1517 Adelaide St N, LONDON, ON, N5X 1K5
(519) 667-0714   SIC 8361
WESTERN AVIONICS p 21
See AVMAX GROUP INC
WESTERN BELTING & HOSE (1986) LTD p 188
6468 Beresford St, BURNABY, BC, V5E 1B6
(604) 451-4133   SIC 5084

BUSINESSES ALPHABETICALLY

WESTERN BUILDING LTD *p* 425
25 Poplar Rd, CORNER BROOK, NL, A2H 4T6
(709) 634-3163   *SIC* 5211

WESTERN BUS PARTS & SERVICE (DIV) *p* 250
See LEVETT AUTO METAL LTD

WESTERN CANADA HIGH SCHOOL *p* 52
See CALGARY BOARD OF EDUCATION

WESTERN CANADA LOTTERY CORPORATION *p* 168
6910 50 Ave, STETTLER, AB, T0C 2L0
(403) 742-3504   *SIC* 7999

WESTERN CANADA LOTTERY CORPORATION *p* 1299
1935 1st Ave N, SASKATOON, SK, S7K 6W1
(306) 933-6850   *SIC* 7999

WESTERN CANADIAN OIL SANDS INC *p* 50
707 7 Ave Sw Suite 400, CALGARY, AB, T2P 3H6
(403) 232-1054   *SIC* 1382

WESTERN CANADIAN UNIVERSITIES MARINE SCIENCES SOCIETY *p* 181
See UNIVERSITY OF BRITISH COLUMBIA, THE

WESTERN CLEANWOOD PRESERVERS LP *p* 285
9815 Robson Rd, SURREY, BC, V3V 2R9
(604) 585-2511   *SIC* 2491

WESTERN COAL ULC *p* 292
235 Front St, TUMBLER RIDGE, BC, V0C 2W0
(250) 242-6000   *SIC* 1221

WESTERN CONCESSIONS, DIV OF *p* 1305
See WESTERN FOOD SERVICES LTD

WESTERN COUNTIES REGIONAL LIBRARY *p* 480
405 Main St, YARMOUTH, NS, B5A 1G3
(902) 742-5040   *SIC* 8231

WESTERN CRYSTAL GLASS LTD *p* 109
6424 Gateway Blvd Nw, EDMONTON, AB, T6H 2H9
(780) 436-8780   *SIC* 5039

WESTERN EMCO SUPPLIES, DIV OF *p* 379
See EMCO CORPORATION

WESTERN EXPLOSIVES *p* 198
See SARDIS EXPLOSIVES (2000) LTD

WESTERN FACILITY *p* 216
See ROXUL INC

WESTERN FAIR *p* 652
See WESTERN FAIR ASSOCIATION

WESTERN FAIR ASSOCIATION *p* 652
316 Rectory St, LONDON, ON, N5W 3V9
(519) 438-7203   *SIC* 7999

WESTERN FAIR RACETRACK SLOTS, DIV OF *p* 652
See ONTARIO LOTTERY AND GAMING CORPORATION

WESTERN FEEDLOTS LTD *p* 169
Gd Stn Main, STRATHMORE, AB, T1P 1J5
SIC 5191

WESTERN FINANCIAL GROUP (NETWORK) INC *p* 260
790 Central St E, PRINCE GEORGE, BC, V2M 3B7
(250) 565-4924   *SIC* 6411

WESTERN FINANCIAL GROUP INC *p* 131
1010 24 St Se, HIGH RIVER, AB, T1V 2A7
(403) 652-2663   *SIC* 6311

WESTERN FINANCIAL GROUP INC *p* 171
5300 47 Ave, TABER, AB, T1G 1R1
(403) 223-8123   *SIC* 6411

WESTERN FINANCIAL GROUP INC *p* 207
1020 104 Ave, DAWSON CREEK, BC, V1G 4Y8
(250) 782-4505   *SIC* 6311

WESTERN FIRST NATIONS HOSPITALITY LIMITED PARTNERSHIP *p* 1280
914 Central Ave, PRINCE ALBERT, SK, S6V 4V3
(306) 922-0088   *SIC* 7011

WESTERN FOOD SERVICES LTD *p* 78
11000 Stadium Rd Nw Suite 114, EDMONTON, AB, T5H 4E2
(780) 474-9733   *SIC* 5812

WESTERN FOOD SERVICES LTD *p* 1305
3515 Thatcher Ave Suite 301, SASKATOON, SK, S7R 1C4
(306) 242-2912   *SIC* 5812

WESTERN FOODS *p* 278
See VILLAGE MARKETS LTD

WESTERN FOREST PRODUCTS INC *p* 195
1334 Island Hwy Suite 118, CAMPBELL RIVER, BC, V9W 8C9
(250) 286-3767   *SIC* 2611

WESTERN FOREST PRODUCTS INC *p* 196
2860 Victoria St, CHEMAINUS, BC, V0R 1K0
(250) 246-3221   *SIC* 2611

WESTERN FOREST PRODUCTS INC *p* 196
9469 Trans Canada Hwy, CHEMAINUS, BC, V0R 1K4
(250) 246-1566   *SIC* 2611

WESTERN FOREST PRODUCTS INC *p* 216
300 Western Dr, GOLD RIVER, BC, V0P 1G0
(250) 283-2961   *SIC* 2611

WESTERN FOREST PRODUCTS INC *p* 217
1 Main St, HOLBERG, BC, V0N 1Z0
(250) 288-3362   *SIC* 2611

WESTERN FOREST PRODUCTS INC *p* 218
11793 West Coast Rd, JORDAN RIVER, BC, V9Z 1L1
SIC 2611

WESTERN FOREST PRODUCTS INC *p* 240
31 Port Way, NANAIMO, BC, V9R 5L5
(250) 755-4600   *SIC* 2611

WESTERN FOREST PRODUCTS INC *p* 240
500 Duke Pt Rd, NANAIMO, BC, V9R 1K1
(250) 722-2533   *SIC* 2611

WESTERN FOREST PRODUCTS INC *p* 245
Gd Stn Main, NEW WESTMINSTER, BC, V3L 4X8
(250) 734-4700   *SIC* 2621

WESTERN FOREST PRODUCTS INC *p* 254
2500 1st Ave, PORT ALBERNI, BC, V9Y 8H7
(250) 724-7438   *SIC* 2611

WESTERN FOREST PRODUCTS INC *p* 254
3500 Harbour Rd, PORT ALBERNI, BC, V9Y 3G3
(250) 720-4600   *SIC* 2611

WESTERN FOREST PRODUCTS INC *p* 324
505 Burrard St Suite 1500, VANCOUVER, BC, V7X 1M5
(604) 665-6200   *SIC* 2611

WESTERN GATEWAY HOTEL HOLDINGS LTD *p* 337
829 Mccallum Rd Suite 101, VICTORIA, BC, V9B 6W6
(250) 474-6063   *SIC* 7011

WESTERN GENERAL *p* 977
See ECONOMICAL MUTUAL INSURANCE COMPANY

WESTERN GROCERS *p* 18
See LOBLAWS INC

WESTERN HOSPITAL *p* 980
397 Church St, ALBERTON, PE, C0B 1B0
SIC 8361

WESTERN INDUSTRIAL SERVICES LTD *p* 366
300 Dawson Rd N, WINNIPEG, MB, R2J 0S7
(204) 956-9475   *SIC* 1721

WESTERN INTERGRATED SCHOOL BOARD *p* 425
Po Box 338 Stn Main, CORNER BROOK, NL, A2H 6E3
SIC 8211

WESTERN INVENTORY SERVICE LTD *p* 14
720 28 St Ne Suite 128, CALGARY, AB, T2A 6R3
(403) 272-3850   *SIC* 7389

WESTERN INVENTORY SERVICE LTD *p* 107
9750 51 Ave Nw Suite 208, EDMONTON, AB, T6E 0A6
(780) 457-4477   *SIC* 7389

WESTERN INVENTORY SERVICE LTD *p* 188
4199 Lougheed Hwy Suite 201, BURNABY, BC, V5C 3Y6
(604) 473-9200   *SIC* 7389

WESTERN INVENTORY SERVICE LTD *p* 260
575 Quebec St Rm 203, PRINCE GEORGE, BC, V2L 1W6
(250) 562-6628   *SIC* 7389

WESTERN INVENTORY SERVICE LTD *p* 281
14815 108 Ave Unit 230, SURREY, BC, V3R 1W2
SIC 7389

WESTERN INVENTORY SERVICE LTD *p* 364
73 Goulet St, WINNIPEG, MB, R2H 0R5
(204) 669-6505   *SIC* 7389

WESTERN INVENTORY SERVICE LTD *p* 408
640 Mountain Rd Suite 6, MONCTON, NB, E1C 2P3
(506) 857-2800   *SIC* 7389

WESTERN INVENTORY SERVICE LTD *p* 410
607 St George Blvd Unit 110, MONCTON, NB, E1E 2C2
(506) 857-2800   *SIC* 7389

WESTERN INVENTORY SERVICE LTD *p* 436
14 Forbes St Suite 206, ST. JOHN'S, NL, A1E 3L5
(709) 364-2010   *SIC* 7389

WESTERN INVENTORY SERVICE LTD *p* 461
3200 Kempt Rd Suite 210, HALIFAX, NS, B3K 4X1
(902) 468-3811   *SIC* 7389

WESTERN INVENTORY SERVICE LTD *p* 540
720 Guelph Line Suite 720, BURLINGTON, ON, L7R 4E2
(905) 335-4492   *SIC* 7389

WESTERN INVENTORY SERVICE LTD *p* 613
1119 Fennell Ave E Unit 205, HAMILTON, ON, L8T 1S2
SIC 7389

WESTERN INVENTORY SERVICE LTD *p* 642
120 Ottawa St N Suite 201, KITCHENER, ON, N2H 3K5
(519) 745-7160   *SIC* 7389

WESTERN INVENTORY SERVICE LTD *p* 658
609 William St Suite 203, LONDON, ON, N6B 3G1
(519) 433-3461   *SIC* 7389

WESTERN INVENTORY SERVICE LTD *p* 686
3770 Nashua Dr Suite 5, MISSISSAUGA, ON, L4V 1M5
(905) 677-1947   *SIC* 7389

WESTERN INVENTORY SERVICE LTD *p* 760
192 Bridgeland Ave, NORTH YORK, ON, M6A 1Z4
(416) 781-5563   *SIC* 7389

WESTERN INVENTORY SERVICE LTD *p* 782
199 Wentworth St W Suite 4, OSHAWA, ON, L1J 6P4
(905) 571-6436   *SIC* 8748

WESTERN INVENTORY SERVICE LTD *p* 788
435 St. Laurent Blvd Suite 203, OTTAWA, ON, K1K 2Z8
(613) 744-2450   *SIC* 7389

WESTERN INVENTORY SERVICE LTD *p* 811
727 Lansdowne St W, PETERBOROUGH, ON, K9J 1Z2
(705) 748-0623   *SIC* 7389

WESTERN INVENTORY SERVICE LTD *p* 855
140 Welland Ave Unit 15a, ST CATHARINES, ON, L2R 2N6
(905) 646-0796   *SIC* 7389

WESTERN INVENTORY SERVICE LTD *p* 871
1351d Kelly Lake Rd, SUDBURY, ON, P3E 5P5
(705) 523-3332   *SIC* 7389

WESTERN INVENTORY SERVICE LTD *p* 1263
4865 Boul De Maisonneuve O, WESTMOUNT, QC, H3Z 1M7
(514) 483-1337   *SIC* 7389

WESTERN INVENTORY SERVICE LTD *p* 1299
1736 Quebec Ave Suite 38, SASKATOON, SK, S7K 1V9
(306) 653-0361   *SIC* 7389

WESTERN IRRIGATION DISTRICT *p* 169
900 Pine Rd Unit 105, STRATHMORE, AB, T1P 0A2
(403) 934-3542   *SIC* 4971

WESTERN KINGS MEMORIAL HEALTH CENTRE *p* 444
See ANNAPOLIS VALLEY DISTRICT HEALTH AUTHORITY

WESTERN LEGAL INFORMATION SERVICES INC *p* 245
620 Royal Ave Suite 10, NEW WESTMINSTER, BC, V3M 1J2
SIC 8111

WESTERN LIFE *p* 382
See WESTERN LIFE ASSURANCE COMPANY

WESTERN LIFE ASSURANCE COMPANY *p* 382
717 Portage Ave 4th Floor, WINNIPEG, MB, R3G 0M8
(204) 786-6431   *SIC* 6311

WESTERN LOGISTICS INC *p* 684
7347 Kimbel St Unit B, MISSISSAUGA, ON, L4T 3M6
(905) 799-7321   *SIC* 4731

WESTERN LOUISEVILLE FIBERBOARD INC *p* 29
4321 15 St Se, CALGARY, AB, T2G 3M9
(403) 532-8700   *SIC* 2653

WESTERN MATERIALS HANDLING & EQUIPMENT LTD *p* 107
5927 86 St Nw Suite 25, EDMONTON, AB, T6E 2X4
(780) 465-6417   *SIC* 3537

WESTERN MESSENGER & TRANSFER LIMITED *p* 382
839 Ellice Ave, WINNIPEG, MB, R3G 0C3
(204) 987-7020   *SIC* 7389

WESTERN OPINION RESEARCH INC *p* 376
213 Notre Dame Ave Suite 806, WINNIPEG, MB, R3B 1N3
(204) 989-8999   *SIC* 8732

WESTERN PACIFIC MARINE LTD *p* 181
7721 Upper Balfour Rd, BALFOUR, BC, V0G 1C0
(250) 229-5650   *SIC* 4482

WESTERN PRE BAKE *p* 1288
See WESTON BAKERIES LIMITED

WESTERN PRODUCER PUBLICATIONS *p* 1296
See GVIC COMMUNICATIONS INC

WESTERN PROTECTION ALLIANCE INC *p* 272
11771 Horseshoe Way Unit 1, RICHMOND, BC, V7A 4V4
(604) 271-7475   *SIC* 7381

▲ Public Company   ■ Public Company Family Member   HQ Headquarters   BR Branch   SL Single Location

WESTERN PULP LIMITED p 324
505 Burrard St Suite 1500, VANCOUVER, BC, V7X 1M5
SIC 2611

WESTERN QUEBEC CAREER CENTRE p 1039
See COMMISSION SCOLAIRE WESTERN QUEBEC

WESTERN REGION EDUCATION CENTRE p 850
See CATHOLIC DISTRICT SCHOOL BOARD OF EASTERN ONTARIO

WESTERN REGIONAL INTEGRATED HEALTH AUTHORITY, THE p 424
1 Grand Bay Rd, CHANNEL-PORT-AUX-BASQUES, NL, A0M 1C0
(709) 695-2175   SIC 8062

WESTERN REGIONAL INTEGRATED HEALTH AUTHORITY, THE p 425
35 Boones Rd, CORNER BROOK, NL, A2H 6J7
(709) 634-4506   SIC 8093

WESTERN REGIONAL INTEGRATED HEALTH AUTHORITY, THE p 425
1 Elizabeth Dr, CORNER BROOK, NL, A2H 2N2
(709) 639-9247   SIC 8051

WESTERN REGIONAL INTEGRATED HEALTH AUTHORITY, THE p 430
Gd, NORRIS POINT, NL, A0K 3V0
(709) 458-2211   SIC 8062

WESTERN REGIONAL INTEGRATED HEALTH AUTHORITY, THE p 437
142 Minnesota Dr, STEPHENVILLE, NL, A2N 3X9
(709) 643-5111   SIC 8062

WESTERN ROAD MANAGEMENT p 1296
See HUSKY OIL OPERATIONS LIMITED

WESTERN SALES (1986) LTD p 1291
405 Hwy 7 W, ROSETOWN, SK, S0L 2V0
(306) 882-4291   SIC 5083

WESTERN SCALE CO LTD p 256
1670 Kingsway Ave, PORT COQUITLAM, BC, V3C 3Y9
(604) 941-3474   SIC 3596

WESTERN SCHOOL DISTRICT p 423
1 School Rd, BURGEO, NL, A0N 2H0
(709) 866-2590   SIC 8211

WESTERN SCHOOL DISTRICT p 423
441 Main Rd, BENOITS COVE, NL, A0L 1A0
(709) 789-2761   SIC 8211

WESTERN SCHOOL DISTRICT p 424
Gd, CHANNEL-PORT-AUX-BASQUES, NL, A0M 1C0
(709) 695-3551   SIC 8211

WESTERN SCHOOL DISTRICT p 425
26 Woodbine Ave, CORNER BROOK, NL, A2H 3P2
(709) 785-2814   SIC 8211

WESTERN SCHOOL DISTRICT p 425
15 Montgomerie St, CORNER BROOK, NL, A2H 2P8
(709) 639-8945   SIC 8211

WESTERN SCHOOL DISTRICT p 425
10 St. Johns Ave, CORNER BROOK, NL, A2H 2E5
(709) 634-6333   SIC 8211

WESTERN SCHOOL DISTRICT p 425
1 Citadel Dr, CORNER BROOK, NL, A2H 5M4
(709) 639-8988   SIC 8211

WESTERN SCHOOL DISTRICT p 425
12 University Dr, CORNER BROOK, NL, A2H 5G4
(709) 634-5258   SIC 8211

WESTERN SCHOOL DISTRICT p 425
473 Curling St, CORNER BROOK, NL, A2H 3K8
(709) 785-5119   SIC 8211

WESTERN SCHOOL DISTRICT p 426
22 Farm Rd, DEER LAKE, NL, A8A 1J3
(709) 635-2895   SIC 8211

WESTERN SCHOOL DISTRICT p 426
Gd, DOYLES, NL, A0N 1J0
(709) 955-2940   SIC 8211

WESTERN SCHOOL DISTRICT p 426
99 Main St, FLOWERS COVE, NL, A0K 2N0
(709) 456-2010   SIC 8211

WESTERN SCHOOL DISTRICT p 426
22a Farm Rd, DEER LAKE, NL, A8A 1J3
(709) 635-2337   SIC 8211

WESTERN SCHOOL DISTRICT p 426
9 Grades Rd, COW HEAD, NL, A0K 2A0
(709) 243-2252   SIC 8211

WESTERN SCHOOL DISTRICT p 428
1 Main Rd, LARK HARBOUR, NL, A0L 1H0
(709) 681-2620   SIC 8211

WESTERN SCHOOL DISTRICT p 428
82 Main St, LOURDES, NL, A0N 1R0
(709) 642-5822   SIC 8211

WESTERN SCHOOL DISTRICT p 428
Gd, LA POILE, NL, A0M 1K0
(709) 496-4116   SIC 8211

WESTERN SCHOOL DISTRICT p 428
Gd, LODGE BAY, NL, A0K 1T0
(709) 695-3001   SIC 8211

WESTERN SCHOOL DISTRICT p 430
Gd, PASADENA, NL, A0L 1K0
(709) 686-5091   SIC 8211

WESTERN SCHOOL DISTRICT p 430
59 Forest Rd, PASADENA, NL, A0L 1K0
(709) 686-2621   SIC 8211

WESTERN SCHOOL DISTRICT p 430
Gd, PLUM POINT, NL, A0K 4A0
(709) 247-2008   SIC 8211

WESTERN SCHOOL DISTRICT p 431
Gd, ROCKY HARBOUR, NL, A0K 4N0
(709) 458-2457   SIC 8211

WESTERN SCHOOL DISTRICT p 431
Gd, ROBINSONS, NL, A0N 1V0
(709) 645-2330   SIC 8211

WESTERN SCHOOL DISTRICT p 431
Gd, PORT AU PORT, NL, A0N 1T0
(709) 642-5752   SIC 8211

WESTERN SCHOOL DISTRICT p 431
10 School Rd, RAMEA, NL, A0N 2J0
(709) 625-2283   SIC 8211

WESTERN SCHOOL DISTRICT p 431
10 Roncalli Rd, PORT SAUNDERS, NL, A0K 4H0
(709) 861-2592   SIC 8211

WESTERN SCHOOL DISTRICT p 431
10 Flatbay Junction Rd, ST GEORGES, NL, A0N 1Z0
(709) 647-3381   SIC 8211

WESTERN SCHOOL DISTRICT p 431
Gd, ST GEORGES, NL, A0N 1Z0
(709) 647-3752   SIC 8211

WESTERN SCHOOL DISTRICT p 431
Gd, ST. ANTHONY, NL, A0K 4S0
(709) 454-2202   SIC 8211

WESTERN SCHOOL DISTRICT p 431
Gd, ST. ANTHONY, NL, A0K 4S0
SIC 8211

WESTERN SCHOOL DISTRICT p 431
23 Cloud Dr, RODDICKTON, NL, A0K 4P0
(709) 457-2430   SIC 8211

WESTERN SCHOOL DISTRICT p 437
See CORMACK TRAIL SCHOOL BOARD

WESTERN SCHOOL DISTRICT p 437
76a West St, STEPHENVILLE, NL, A2N 1E4
(709) 643-9672   SIC 8211

WESTERN SCHOOL DISTRICT p 437
76a West St, STEPHENVILLE, NL, A2N 1E4
(709) 643-9525   SIC 8211

WESTERN SCHOOL DISTRICT p 437
72 West St, STEPHENVILLE, NL, A2N 1E3
(709) 643-2331   SIC 8211

WESTERN SCHOOL DISTRICT p 437
40 Queen St, STEPHENVILLE, NL, A2N 2M5
(709) 643-5101   SIC 8211

WESTERN SCHOOL DISTRICT SCHOOLS PASADENA ACADEMY p 430
See WESTERN SCHOOL DISTRICT

WESTERN SCHOOL DIVISION p 351
345 5th St, MORDEN, MB, R6M 1Z1
(204) 822-4425   SIC 8211

WESTERN SCHOOL DIVISION p 351
1 Academy Rd, MORDEN, MB, R6M 1Z4
(204) 822-4580   SIC 8211

WESTERN SCHOOL DIVISION p 351
150 Wardrop St Suite 150, MORDEN, MB, R6M 1Z2
(204) 822-6225   SIC 8211

WESTERN SCHOOL DIVISION p 352
225 12th St, MORDEN, MB, R6M 1Z3
(204) 822-4458   SIC 8211

WESTERN SECONDARY SCHOOL p 487
See GREATER ESSEX COUNTY DISTRICT SCHOOL BOARD

WESTERN STAR AND FREIGHT LINER TRUCK OF GRANDE PRAIRE p 128
See WESTERN STAR TRUCKS (NORTH) LTD

WESTERN STAR FREIGHTLINER DIV OF p 221
See RJAMES MANAGEMENT GROUP LTD

WESTERN STAR TRUCKS (NORTH) LTD p 2
26124 Township Rd 531a, ACHESON, AB, T7X 5A1
(780) 453-3452   SIC 5511

WESTERN STAR TRUCKS (NORTH) LTD p 128
7802 110 St, GRANDE PRAIRIE, AB, T8W 1M3
(780) 513-2236   SIC 5511

WESTERN STEVEDORING COMPANY LIMITED p 247
15 Mountain Hwy, NORTH VANCOUVER, BC, V7J 2J9
(604) 904-2800   SIC 4491

WESTERN STEVEDORING COMPANY LIMITED p 247
95 Brooksbank Ave, NORTH VANCOUVER, BC, V7J 2B9
(604) 983-4700   SIC 4491

WESTERN SUPPLIES p 878
See EMCO CORPORATION

WESTERN TANK & LINING LTD p 210
7192 Vantage Way, DELTA, BC, V4G 1K7
(604) 241-9487   SIC 3443

WESTERN UNION (SOBEYS INC #555) p 464
See SOBEYS CAPITAL INCORPORATED

WESTERN UNION (SOBEYS INC #721) p 984
See SOBEYS CAPITAL INCORPORATED

WESTERN UNION BUSINESS SOLUTIONS p 334
See CUSTOM HOUSE ULC

WESTERN WAFFLES p 529
See WESTERN WAFFLES CORP

WESTERN WAFFLES CORP p 183
7018 14th Ave, BURNABY, BC, V3N 1Z2
(604) 524-2540   SIC 2052

WESTERN WAFFLES CORP p 529
175 Savannah Oaks Dr, BRANTFORD, ON, N3V 1E8
(519) 759-2025   SIC 2038

WESTERN WAFFLES CORP p 822
20 Sims Cres Suite 2, RICHMOND HILL, ON, L4B 2N9
(905) 889-1190   SIC 2052

WESTERN WASTE MANAGEMENT FACILITY p 885
See ONTARIO POWER GENERATION INC

WESTERN WHEEL PUBLISHING LTD, THE p 149
9 Mcrae St, OKOTOKS, AB, T1S 2A2
(403) 938-6397   SIC 2711

WESTERN WHOLESALERS, DIV OF p 437
See FOCENCO LIMITED

WESTERN/WESTLUND p 1295
See EMCO CORPORATION

WESTERVELTS CORNERS PUBLIC SCHOOL p 518
See PEEL DISTRICT SCHOOL BOARD

WESTFAIR DRUGS LTD p 20
3916 72 Ave Se, CALGARY, AB, T2C 2E2
(403) 279-1600   SIC 5199

WESTFAIR DRUGS LTD p 26
3225 12 St Ne, CALGARY, AB, T2E 7S9
(403) 291-7700   SIC 5912

WESTFAIR FOODS p 24
See LOBLAW COMPANIES LIMITED

WESTFIELD SCHOOL p 402
See SCHOOL DISTRICT 8

WESTFORM MANUFACTURING INC p 198
6435 Lickman Rd, CHILLIWACK, BC, V2R 4A9
(604) 858-7134   SIC 3444

WESTFORM METALS INC p 198
6435 Lickman Rd, CHILLIWACK, BC, V2R 4A9
(604) 858-7134   SIC 3444

WESTFREIGHT SYSTEMS INC p 65
6703 84 St Se, CALGARY, AB, T4C 4T6
(403) 279-8388   SIC 4213

WESTGATE ELEMENTARY SCHOOL p 59
See CALGARY BOARD OF EDUCATION

WESTGATE LODGE p 503
See CROWN RIDGE HEALTH CARE SERVICES INC

WESTGROVE ELEMENTARY SCHOOL p 388
See PEMBINA TRAILS SCHOOL DIVISION, THE

WESTHAVEN ELEMENTARY SCHOOL p 117
See GRANDE YELLOWHEAD PUBLIC SCHOOL DIVISION 77

WESTHEIGHTS PUBLIC SCHOOL p 643
See WATERLOO REGION DISTRICT SCHOOL BOARD

WESTIN CALGARY, THE p 49
See STARWOOD CANADA ULC

WESTIN EDMONTON,THE p 79
See BLUE TREE HOTELS GP ULC

WESTIN HARBOUR CASTLE p 917
See BLUE TREE HOTELS INVESTMENT (CANADA), LTD

WESTIN OTTAWA, THE p 789
See STARWOOD CANADA ULC

WESTIN TRILLIUM HOUSE BLUE MOUNTAIN, THE p 505
See INTRAWEST ULC

WESTISLE COMPOSITE HIGH SCHOOL p 983
See PUBLIC SCHOOLS BRANCH

WESTJET AIRLINES LTD p 26
21 Aerial Pl Ne, CALGARY, AB, T2E 8X7
(403) 539-7070   SIC 4581

WESTJET AIRLINES LTD p 26
5055 11 St Ne, CALGARY, AB, T2E 8N4
(403) 735-2600   SIC 4512

WESTJET AIRLINES LTD p 180
30440 Liberator Ave Unit 7, ABBOTSFORD, BC, V2T 6H5
(604) 504-7786   SIC 4512

WESTJET AIRLINES LTD p 273
3880 Grant Mcconachie Way Suite 4130, RICHMOND, BC, V7B 0A5
(604) 249-1165   SIC 4512

WESTJET AIRLINES LTD p 397
777 Av Aviation Unit 15, DIEPPE, NB, E1A 7Z5
(506) 388-8930   SIC 4512

WESTJET AIRLINES LTD p 881
100 Princess St Suite 160, THUNDER BAY, ON, P7E 6S2
(807) 473-1825   SIC 4512

WESTJET AIRLINES LTD p 1301
2625 Airport Dr Suite 23, SASKATOON, SK, S7L 7L1
(306) 244-1361   SIC 4512

WESTJET ENCORE p 397
See WESTJET AIRLINES LTD

WESTKEY GRAPHICS LTD p 183
8315 Riverbend Crt, BURNABY, BC, V3N 5E7

(604) 549-2350   SIC 5943
WESTKEY GRAPHICS LTD   p 185
3212 Lake City Way, BURNABY, BC, V5A 3A4
(604) 421-7778   SIC 5734
WESTLAKE INDUSTRIES INC   p 537
1149 Northside Rd, BURLINGTON, ON, L7M 1H5
(905) 336-5200   SIC 3499
WESTLAND FASTENERS, DIV OF   p 391
See 3264760 MANITOBA LTD
WESTLAND INSURANCE LIMITED PARTNERSHIP   p 288
2121 160 St Unit 200, SURREY, BC, V3Z 9N6
(604) 543-7788   SIC 6411
WESTLANE SECONDARY SCHOOL   p 738
See DISTRICT SCHOOL BOARD OF NIAGARA
WESTLAWN JUNIOR HIGH SCHOOL   p 88
See EDMONTON SCHOOL DISTRICT NO. 7
WESTLAWN MEMORIAL GARDENS   p 89
See MEMORIAL GARDENS CANADA LIMITED
WESTLOCK CONTINUING CARE CENTRE   p 173
See ALBERTA HEALTH SERVICES
WESTLOCK ELEMENTARY SCHOOL   p 173
See PEMBINA HILLS REGIONAL DIVISION 7
WESTLOCK FOUNDATION   p 174
10203 97 St, WESTLOCK, AB, T7P 2H1
(780) 349-4123   SIC 8361
WESTLOCK MOTORS LTD   p 5
6201 49th St, BARRHEAD, AB, T7N 1A4
(780) 674-2236   SIC 5511
WESTLUMD   p 1249
See EMCO CORPORATION
WESTLUND INDUSTRIAL SUPPLY, DIV OF   p 100
See EMCO CORPORATION
WESTMAN NURSING HOME INC   p 360
427 Frame St E, VIRDEN, MB, R0M 2C0
(204) 748-4335   SIC 8051
WESTMAN STEEL INC   p 356
2976 Day St, SPRINGFIELD, MB, R2C 2Z2
(204) 777-5345   SIC 3444
WESTMAN STEEL INDUSTRIES   p 234
See WGI WESTMAN GROUP INC
WESTMAN STEEL INDUSTRIES   p 346
927 Douglas St, BRANDON, MB, R7A 7B3
(204) 726-5929   SIC 3312
WESTMARK HOTELS OF CANADA LTD   p 1311
2288 2nd Ave, WHITEHORSE, YT, Y1A 1C8
(867) 668-4747   SIC 7011
WESTMARK HOTELS OF CANADA LTD   p 1311
201 Wood St, WHITEHORSE, YT, Y1A 2E4
(867) 393-9700   SIC 7011
WESTMARK HOTELS OF CANADA LTD   p 1311
202 Alaska Hwy, BEAVER CREEK, YT, Y0B 1A0
(867) 862-7501   SIC 7011
WESTMARK HOTELS OF CANADA LTD   p 1311
Gd, DAWSON, YT, Y0B 1G0
(867) 393-9717   SIC 7011
WESTMARK INN DAWSON   p 1311
See WESTMARK HOTELS OF CANADA LTD
WESTMARK KLONDIKE INN   p 1311
See WESTMARK HOTELS OF CANADA LTD
WESTMINSTER CENTRAL PUBLIC SCHOOL   p 665
See THAMES VALLEY DISTRICT SCHOOL BOARD
WESTMINSTER HOUSE   p 288
See HRC CARE SOCIETY
WESTMINSTER JR HIGH SCHOOL   p 88
See EDMONTON SCHOOL DISTRICT NO. 7
WESTMINSTER MUTUAL INSURANCE COMPANY   p 504
14122 Belmont Rd, BELMONT, ON, N0L 1B0
(519) 644-1663   SIC 6331
WESTMINSTER PUBLIC SCHOOL   p 876
See YORK REGION DISTRICT SCHOOL BOARD
WESTMINSTER SAVINGS CREDIT UNION   p 246
960 Quayside Dr Suite 108, NEW WESTMINSTER, BC, V3M 6G2
(604) 517-0100   SIC 6062
WESTMINSTER SAVINGS CREDIT UNION   p 284
13450 102 Ave Suite 1900, SURREY, BC, V3T 5Y1
(604) 517-0100   SIC 6062
WESTMINSTER SCHOOL   p 137
See LETHBRIDGE SCHOOL DISTRICT NO. 51
WESTMINSTER SCHOOL   p 531
See UPPER CANADA DISTRICT SCHOOL BOARD, THE
WESTMINSTER SECONDARY SCHOOL   p 663
See THAMES VALLEY DISTRICT SCHOOL BOARD
WESTMONT HOSPITALITY GROUP   p 742
See INNVEST PROPERTIES CORP
WESTMONT HOSPITALITY MANAGEMENT LIMITED   p 11
2750 Sunridge Blvd Ne, CALGARY, AB, T1Y 3C2
(403) 291-1260   SIC 7011
WESTMONT HOSPITALITY MANAGEMENT LIMITED   p 94
18320 Stony Plain Rd Nw, EDMONTON, AB, T5S 1A7
(780) 483-6031   SIC 7011
WESTMONT HOSPITALITY MANAGEMENT LIMITED   p 436
2 Hill O' Chips, ST. JOHN'S, NL, A1C 6B1
(709) 754-7788   SIC 7011
WESTMONT HOSPITALITY MANAGEMENT LIMITED   p 449
101 Wyse Rd, DARTMOUTH, NS, B3A 1L9
(902) 463-1100   SIC 7011
WESTMONT HOSPITALITY MANAGEMENT LIMITED   p 538
950 Walker's Line, BURLINGTON, ON, L7N 2G2
(905) 639-9290   SIC 7011
WESTMONT HOSPITALITY MANAGEMENT LIMITED   p 587
600 Dixon Rd, ETOBICOKE, ON, M9W 1J1
(416) 240-7511   SIC 7011
WESTMONT HOSPITALITY MANAGEMENT LIMITED   p 601
601 Scottsdale Dr, GUELPH, ON, N1G 3E7
(519) 836-0231   SIC 7011
WESTMONT HOSPITALITY MANAGEMENT LIMITED   p 621
20 Samnah Cres, INGERSOLL, ON, N5C 3J7
(519) 425-1100   SIC 7011
WESTMONT HOSPITALITY MANAGEMENT LIMITED   p 660
855 Wellington Rd, LONDON, ON, N6E 3N5
(519) 668-7900   SIC 7011
WESTMONT HOSPITALITY MANAGEMENT LIMITED   p 696
100 Britannia Rd E, MISSISSAUGA, ON, L4Z 2G1
(905) 890-5700   SIC 7011
WESTMONT HOSPITALITY MANAGEMENT LIMITED   p 805
120 Bowes St, PARRY SOUND, ON, P2A 2L7
(705) 746-6221   SIC 7011
WESTMONT HOSPITALITY MANAGEMENT LIMITED   p 855
2 Dunlop Dr Suite 1, ST CATHARINES, ON, L2R 1A2
(905) 687-8890   SIC 7011
WESTMOUNT COMMUNITY SCHOOL   p 1299
See BOARD OF EDUCATION OF SASKATOON SCHOOL DIVISION NO. 13 OF SASKATCHEWAN, THE
WESTMOUNT ELEMENTARY SCHOOL   p 169
See GOLDEN HILLS SCHOOL DIVISION #75
WESTMOUNT ELEMENTARY SCHOOL   p 876
See DISTRICT SCHOOL BOARD OF NIAGARA
WESTMOUNT HIGH   p 1262
See COMMISSION SCOLAIRE ENGLISH-MONTREAL
WESTMOUNT HOSPITALITY   p 1251
See DELTA HOTELS LIMITED
WESTMOUNT JUNIOR SCHOOL   p 582
See TORONTO DISTRICT SCHOOL BOARD
WESTMOUNT PARK SCHOOL   p 1262
See COMMISSION SCOLAIRE ENGLISH-MONTREAL
WESTMOUNT PUBLIC SCHOOL   p 643
See WATERLOO REGION DISTRICT SCHOOL BOARD
WESTMOUNT PUBLIC SCHOOL   p 664
See THAMES VALLEY DISTRICT SCHOOL BOARD
WESTMOUNT PUBLIC SCHOOL   p 810
See KAWARTHA PINE RIDGE DISTRICT SCHOOL BOARD
WESTMOUNT PUBLIC SCHOOL   p 881
See LAKEHEAD DISTRICT SCHOOL BOARD
WESTMOUNT RECREATION CENTRE   p 616
See CITY OF HAMILTON, THE
WESTMOUNT RESTAURANT INC   p 87
11320 Groat Rd Nw, EDMONTON, AB, T5M 4E7
(780) 452-8585   SIC 5812
WESTMOUNT RETIREMENT RESIDENCE   p 867
See CSH WESTMOUNT INC
WESTMOUNT SCHOOL   p 1276
See PRAIRIE SOUTH SCHOOL DIVISION NO 210
WESTMOUNT SECONDARY SCHOOL   p 616
See HAMILTON-WENTWORTH DISTRICT SCHOOL BOARD, THE
WESTMOUNT STOREFRONT SYSTEMS LTD   p 637
20 Riverview Pl, KITCHENER, ON, N2B 3X8
(519) 570-2850   SIC 1793
WESTNEY HEIGHTS PUBLIC SCHOOL   p 484
See DURHAM DISTRICT SCHOOL BOARD
WESTON BAKERIES LIMITED   p 26
906 1 Ave Ne, CALGARY, AB, T2E 0C5
(403) 266-2279   SIC 2051
WESTON BAKERIES LIMITED   p 34
5819 2 St Sw, CALGARY, AB, T2H 0H3
(403) 259-1500   SIC 5149
WESTON BAKERIES LIMITED   p 291
3111 Blakeburn St, TERRACE, BC, V8G 3J1
(250) 635-3808   SIC 2051
WESTON BAKERIES LIMITED   p 391
1485 Chevrier Blvd, WINNIPEG, MB, R3T 1Y7
(204) 774-7431   SIC 2051
WESTON BAKERIES LIMITED   p 430
17 Bruce St, MOUNT PEARL, NL, A1N 4T2
(709) 576-1941   SIC 2051
WESTON BAKERIES LIMITED   p 441
35 Tantramar Cres, AMHERST, NS, B4H 4J6
(902) 661-2253   SIC 5461
WESTON BAKERIES LIMITED   p 494
Gd, BANCROFT, ON, K0L 1C0
(613) 332-1122   SIC 2051
WESTON BAKERIES LIMITED   p 563
273 Edgeley Blvd, CONCORD, ON, L4K 3Y7
(905) 660-1440   SIC 2051
WESTON BAKERIES LIMITED   p 614
1275 Rymal Rd E Unit 1, HAMILTON, ON, L8W 3N1
(905) 575-5830   SIC 2051
WESTON BAKERIES LIMITED   p 631
83 Railway St, KINGSTON, ON, K7K 2L7
(613) 548-4434   SIC 2051
WESTON BAKERIES LIMITED   p 812
678 Ashburnham Dr, PETERBOROUGH, ON, K9L 1T7
(905) 373-7089   SIC 2051
WESTON BAKERIES LIMITED   p 896
462 Eastern Ave, TORONTO, ON, M4M 1C3
SIC 2051
WESTON BAKERIES LIMITED   p 1035
255 Ch Industriel, GATINEAU, QC, J8R 3V8
(819) 669-7246   SIC 5461
WESTON BAKERIES LIMITED   p 1073
2700 Boul Jacques-Cartier E Bureau 67, LONGUEUIL, QC, J4N 1L5
(450) 448-7259   SIC 2051
WESTON BAKERIES LIMITED   p 1134
150 Boul Industriel, NAPIERVILLE, QC, J0J 1L0
(450) 245-7542   SIC 2051
WESTON BAKERIES LIMITED   p 1154
460 Av Marconi, Quebec, QC, G1N 4A8
(418) 687-3704   SIC 2051
WESTON BAKERIES LIMITED   p 1286
Gd Lcd Main, REGINA, SK, S4P 2Z4
(306) 359-7400   SIC 2045
WESTON BAKERIES LIMITED   p 1288
1310 Ottawa St, REGINA, SK, S4R 1P4
(306) 359-3096   SIC 2051
WESTON COLLEGIATE INSTITUTE   p 942
See TORONTO DISTRICT SCHOOL BOARD
WESTON GOLF AND COUNTRY CLUB LIMITED, THE   p 582
50 St Phillips Rd, ETOBICOKE, ON, M9P 2N6
(416) 241-5254   SIC 5941
WESTON MEMORIAL JUNIOR PUBLIC SCHOOL   p 942
See TORONTO DISTRICT SCHOOL BOARD
WESTON READY BAKE   p 391
See WESTON BAKERIES LIMITED
WESTON SCHOOL   p 380
See WINNIPEG SCHOOL DIVISION
WESTON TERRACE CARE COMMUNITY   p 941
See 2063414 ONTARIO LIMITED
WESTOWER COMMUNICATIONS LTD   p 26
3815 2 St Ne, CALGARY, AB, T2E 3H8
(403) 226-2020   SIC 1623
WESTOWER COMMUNICATIONS LTD   p 171
4933 46th St, THORSBY, AB, T0C 2P0
(780) 789-2375   SIC 1623
WESTOWER COMMUNICATIONS LTD   p 283
17886 55 Ave, SURREY, BC, V3S 6C8
(604) 576-4755   SIC 1623
WESTOWER COMMUNICATIONS LTD   p 436
47 Harding Rd, ST. JOHN'S, NL, A1E 3Y4
(709) 579-6378   SIC 1731
WESTOWER COMMUNICATIONS LTD   p 479
4671 Highway 2, WELLINGTON, NS, B2T 1B7
(902) 860-2186   SIC 1623
WESTOWER COMMUNICATIONS LTD   p 573
60 South Field Dr, ELMIRA, ON, N3B 2Z2
(519) 669-5908   SIC 1623
WESTOWER COMMUNICATIONS LTD   p 992
8700 Rue De L'innovation, ANJOU, QC, H1J

2X9
(514) 356-0911   SIC 1623
WESTPINE LODGE   p 175
See SENIORS HOMES & COMMUNITY HOUSING WETASKIWIN
WESTPORT FUEL SYSTEMS INC   p 319
1750 75th Ave W Suite 101, VANCOUVER, BC, V6P 6G2
(604) 718-2000   SIC 3519
WESTPORT MANUFACTURING CO LTD   p 319
1122 Marine Dr Sw, VANCOUVER, BC, V6P 5Z3
(604) 261-9326   SIC 2391
WESTPORT POWER INC   p 642
100 Hollinger Cres, KITCHENER, ON, N2K 2Z3
(519) 576-4270   SIC 3714
WESTPOWER EQUIPMENT LTD   p 114
9930 29a Ave Nw, EDMONTON, AB, T6N 1A8
(780) 485-0310   SIC 7699
WESTPRO MACHINERY INC   p 721
6197 Kennedy Rd, MISSISSAUGA, ON, L5T 2S8
(905) 795-8577   SIC 3532
WESTQUIP DIESEL SALES (ALTA) LTD   p 2
26229 Twp Rd 531a Suite 208, ACHESON, AB, T7X 5A4
(780) 960-5560   SIC 5084
WESTRIDGE CABINETS (1993) LTD   p 20
3953 112 Ave Se Suite 167, CALGARY, AB, T2C 0J4
(403) 291-5022   SIC 2434
WESTRIDGE CABINETS (1993) LTD   p 157
41237400 Highway 2, RED DEER COUNTY, AB, T4E 1B9
(403) 342-6671   SIC 2434
WESTRIDGE ELEMENTARY SCHOOL   p 185
See BURNABY SCHOOL BOARD DISTRICT 41
WESTROC INDUSTRIES   p 343
See CERTAINTEED GYPSUM CANADA, INC
WESTROCK COMPANY OF CANADA INC   p 29
1115 34 Ave Se, CALGARY, AB, T2G 1V5
(403) 214-5200   SIC 2653
WESTROCK COMPANY OF CANADA INC   p 267
13160 Vanier Pl Suite 190, RICHMOND, BC, V6V 2J2
(604) 214-7040   SIC 7336
WESTROCK COMPANY OF CANADA INC   p 373
1360 Inkster Blvd, WINNIPEG, MB, R2X 3C5
(204) 697-5300   SIC 2653
WESTROCK COMPANY OF CANADA INC   p 579
730 Islington Ave, ETOBICOKE, ON, M8Z 4N8
(416) 259-8421   SIC 2653
WESTROCK COMPANY OF CANADA INC   p 603
390 Woodlawn Rd W, GUELPH, ON, N1H 7K3
(519) 821-4930   SIC 2653
WESTROCK COMPANY OF CANADA INC   p 1054
1000 Ch De L'usine Bureau 2632, LA TUQUE, QC, G9X 3P8
(819) 676-8100   SIC 2657
WESTROCK COMPANY OF CANADA INC   p 1081
5550 Av Royalmount, MONT-ROYAL, QC, H4P 1H7
(514) 736-6889   SIC 4225
WESTROCK COMPANY OF CANADA INC   p 1139
15400 Rue Sherbrooke E Bureau A-15, POINTE-AUX-TREMBLES, QC, H1A 3S2
(514) 642-9251   SIC 2657

WESTROCK COMPANY OF CANADA INC   p 1227
433 2e Av Du Parc-Industriel, SAINTE-MARIE, QC, G6E 3H2
(418) 387-5438   SIC 2657
WESTROCK COMPANY OF CANADA INC   p 1288
1400 1st Ave, REGINA, SK, S4R 8G5
(306) 525-7700   SIC 2653
WESTROCK PACKAGING COMPANY   p 686
3270 American Dr, MISSISSAUGA, ON, L4V 1B5
(905) 677-3592   SIC 2679
WESTSHORE COLWOOD CAMPUS   p 336
See SCHOOL DISTRICT NO 62 (SOOKE)
WESTSIDE RECREATION CENTRE   p 62
See WESTSIDE REGIONAL RECREATION SOCIETY
WESTSIDE REGIONAL RECREATION SOCIETY   p 62
2000 69 St Sw, Calgary, AB, T3H 4V7
(403) 531-5875   SIC 7997
WESTSIDE SECONDARY SCHOOL   p 773
See UPPER GRAND DISTRICT SCHOOL BOARD, THE
WESTSYDE ELEMENTARY SCHOOL   p 219
See SCHOOL DISTRICT 73 (KAMLOOPS/THOMPSON)
WESTSYDE SECONDARY SCHOOL   p 219
See SCHOOL DISTRICT 73 (KAMLOOPS/THOMPSON)
WESTVALE PUBLIC SCHOOL   p 953
See WATERLOO REGION DISTRICT SCHOOL BOARD
WESTVIEW CENTENNIAL SECONDARY SCHOOL   p 758
See TORONTO DISTRICT SCHOOL BOARD
WESTVIEW CO-OPERATIVE ASSOCIATION LIMITED   p 67
400 10th Ave S, CARSTAIRS, AB, T0M 0N0
(403) 337-3361   SIC 5411
WESTVIEW ELEMENTARY SCHOOL   p 248
See SCHOOL DISTRICT NO. 44 (NORTH VANCOUVER)
WESTVIEW ELEMENTARY SCHOOL   p 362
See RIVER EAST TRANSCONA SCHOOL DIVISION
WESTVIEW HEALTH CENTRE   p 168
See ALBERTA HEALTH SERVICES
WESTVIEW INN LTD   p 89
16625 Stony Plain Rd Nw, EDMONTON, AB, T5P 4A8
(780) 484-7751   SIC 7011
WESTVIEW MIDDLE SCHOOL   p 616
See HAMILTON-WENTWORTH DISTRICT SCHOOL BOARD, THE
WESTVIEW PUBLIC SCHOOL   p 1269
See SOUTH EAST CORNERSTONE SCHOOL DIVISION NO. 209
WESTVIEW PUBLIC SCHOOL   p 1280
See SASKATCHEWAN RIVER SCHOOL DIVISION #119
WESTVIEW SAFEWAY   p 249
See SOBEYS WEST INC
WESTVIEW SCHOOL   p 120
See FORT MCMURRAY PUBLIC SCHOOL DISTRICT #2833
WESTVIEW SECONDARY SCHOOL   p 236
See SCHOOL DISTRICT NO 42 (MAPLE RIDGE-PITT MEADOWS)
WESTVIEW SERVICE STATION   p 1300
See SASKATOON CO-OPERATIVE ASSOCIATION LIMITED, THE
WESTWARD FORD SALES LTD   p 354
Gd Lcd Main, PORTAGE LA PRAIRIE, MB, R1N 3A7
(204) 857-3912   SIC 5511
WESTWARD PRODUCTS LTD   p 149
5901 48 Ave, OLDS, AB, T4H 1V1
(403) 556-7100   SIC 3523
WESTWARD TOOLS & EQUIPMENT, DIV

OF   p 84
See ACKLANDS - GRAINGER INC
WESTWAY HOLDINGS CANADA INC   p 1006
6 Rue De La Place-Du-Commerce Bureau 202, BROSSARD, QC, J4W 3J9
(450) 465-1715   SIC 5191
WESTWAY JUNIOR SCHOOL   p 582
See TORONTO DISTRICT SCHOOL BOARD
WESTWIND ELEMENTARY SCHOOL   p 274
See BOARD OF EDUCATION SCHOOL DISTRICT #38 (RICHMOND)
WESTWIND SCHOOL DIVISION #74   p 67
430 5th Ave E, CARDSTON, AB, T0K 0K0
(403) 653-4958   SIC 8211
WESTWIND SCHOOL DIVISION #74   p 67
730 4th Ave W, CARDSTON, AB, T0K 0K0
(403) 653-4955   SIC 8211
WESTWIND SCHOOL DIVISION #74   p 67
445 Main St, CARDSTON, AB, T0K 0K0
(403) 758-6000   SIC 8211
WESTWIND SCHOOL DIVISION #74   p 67
145 4 Ave W, CARDSTON, AB, T0K 0K0
(403) 653-4951   SIC 8211
WESTWIND SCHOOL DIVISION #74   p 67
445 Main St, CARDSTON, AB, T0K 0K0
(403) 653-4991   SIC 8211
WESTWIND SCHOOL DIVISION #74   p 124
151 2nd St Nw, GLENWOOD, AB, T0K 2R0
(403) 626-3611   SIC 8211
WESTWIND SCHOOL DIVISION #74   p 142
41 Center St S, MAGRATH, AB, T0K 1J0
(403) 758-3367   SIC 8211
WESTWIND SCHOOL DIVISION #74   p 142
41 Center St S, MAGRATH, AB, T0K 1J0
(403) 758-3366   SIC 8211
WESTWIND SCHOOL DIVISION #74   p 152
65w 100 N, RAYMOND, AB, T0K 2S0
(403) 752-3381   SIC 8211
WESTWIND SCHOOL DIVISION #74   p 152
Gd, RAYMOND, AB, T0K 2S0
(403) 752-4014   SIC 8211
WESTWIND SCHOOL DIVISION #74   p 152
145 N 200 W, RAYMOND, AB, T0K 2S0
(403) 752-3004   SIC 8211
WESTWIND SCHOOL DIVISION #74   p 152
65 W 100 N, RAYMOND, AB, T0K 2S0
(403) 752-3348   SIC 8211
WESTWIND SCHOOL DIVISION #74   p 164
Gd, SPRING COULEE, AB, T0K 2C0
(403) 758-0006   SIC 8299
WESTWIND SCHOOL DIVISION #74   p 168
426 3 St, STIRLING, AB, T0K 2E0
(403) 756-3355   SIC 8211
WESTWINN GROUP ENTERPRISES INC   p 170
6 Erickson Cres, SYLVAN LAKE, AB, T4S 1P5
SIC 3732
WESTWOOD COMMUNITY HIGH SCHOOL   p 120
See FORT MCMURRAY PUBLIC SCHOOL DISTRICT #2833
WESTWOOD ELEMENTARY SCHOOL   p 255
See SCHOOL DISTRICT NO. 43 (COQUITLAM)
WESTWOOD ELEMENTARY SCHOOL   p 261
See BOARD OF EDUCATION OF SCHOOL DISTRICT NO. 57 (PRINCE GEORGE), THE
WESTWOOD HIGH SCHOOL   p 1044
See LESTER B. PEARSON SCHOOL BOARD
WESTWOOD HIGH SCHOOL JUNIOR CAMPUS   p 1214
See LESTER B. PEARSON SCHOOL BOARD
WESTWOOD HONDA   p 257
See IRWIN, DICK GROUP LTD, THE
WESTWOOD HONDA PARTS & ACCESSORIES   p 257

See IRWIN, DICK GROUP LTD, THE
WESTWOOD INN (SWAN RIVER) INC   p 358
473 Westwood Rd, SWAN RIVER, MB, R0L 1Z0
(204) 734-4548   SIC 7011
WESTWOOD PLATEAU   p 200
See 1630 PARKWAY GOLF COURSE LTD
WESTWOOD PLATEAU GOLF & COUNTRY CLUB   p 200
See WESBILD HOLDINGS LTD
WESTWOOD PRIMARY SCHOOL   p 983
See EASTERN SCHOOL DISTRICT
WESTWOOD PUBLIC SCHOOL   p 603
See UPPER GRAND DISTRICT SCHOOL BOARD, THE
WESTWORLD COMPUTERS LTD   p 26
1000 Centre St Ne, CALGARY, AB, T2E 7W6
(403) 221-9499   SIC 5734
WETASKIWIN COMPOSITE HIGHSCHOOL   p 174
See WETASKIWIN REGIONAL PUBLIC SCHOOLS
WETASKIWIN POST OFFICE   p 174
See CANADA POST CORPORATION
WETASKIWIN REGIONAL PUBLIC SCHOOLS   p 3
Gd, ALDER FLATS, AB, T0C 0A0
(780) 388-3881   SIC 8211
WETASKIWIN REGIONAL PUBLIC SCHOOLS   p 9
Gd, BUCK LAKE, AB, T0C 0T0
(780) 388-3900   SIC 8211
WETASKIWIN REGIONAL PUBLIC SCHOOLS   p 118
Gd, FALUN, AB, T0C 1H0
(780) 352-2898   SIC 8211
WETASKIWIN REGIONAL PUBLIC SCHOOLS   p 118
Gd, FALUN, AB, T0C 1H0
(780) 352-4916   SIC 8211
WETASKIWIN REGIONAL PUBLIC SCHOOLS   p 146
4528 51 St, MILLET, AB, T0C 1Z0
(780) 387-4696   SIC 8211
WETASKIWIN REGIONAL PUBLIC SCHOOLS   p 146
4612 51 St, MILLET, AB, T0C 1Z0
(780) 387-4101   SIC 8211
WETASKIWIN REGIONAL PUBLIC SCHOOLS   p 174
4107 54 St, WETASKIWIN, AB, T9A 1S8
(780) 352-4594   SIC 8211
WETASKIWIN REGIONAL PUBLIC SCHOOLS   p 174
4619 50 Ave, WETASKIWIN, AB, T9A 0R6
(780) 352-2295   SIC 8211
WETASKIWIN REGIONAL PUBLIC SCHOOLS   p 174
5310 55 Ave, WETASKIWIN, AB, T9A 1A5
(780) 352-5088   SIC 8211
WETASKIWIN REGIONAL PUBLIC SCHOOLS   p 174
5505 44 St, WETASKIWIN, AB, T9A 2Z8
(780) 352-3782   SIC 8211
WETASKIWIN REGIONAL PUBLIC SCHOOLS   p 174
Rr 2 Lcd Main, WETASKIWIN, AB, T9A 1W9
(780) 352-3168   SIC 8211
WETASKIWIN REGIONAL PUBLIC SCHOOLS   p 175
Gd, WINFIELD, AB, T0C 2X0
(780) 682-3856   SIC 8211
WEXFORD CI   p 842
See TORONTO DISTRICT SCHOOL BOARD
WEXFORD PUBLIC SCHOOL   p 842
See TORONTO DISTRICT SCHOOL BOARD
WEXXAR PACKAGING INC   p 267
14211 Burrows Rd Unit 1, RICHMOND, BC, V6V 1K9
(604) 270-0811   SIC 3565
WEXXAR/BEL   p 267

See WEXXAR PACKAGING INC
WEYBURN COMPREHENSIVE SCHOOL p 1308
See SOUTH EAST CORNERSTONE SCHOOL DIVISION NO. 209
WEYBURN CREDIT UNION LIMITED p 1308
205 Coteau Ave, WEYBURN, SK, S4H 0G5
(306) 842-6641 *SIC* 6062
WEYBURN GENERAL HOSPITAL IN SCHR p 1308
See SUN COUNTRY REGIONAL HEALTH AUTHORITY
WEYBURN JR HIGH SCHOOL p 1308
See SOUTH EAST CORNERSTONE SCHOOL DIVISION NO. 209
WEYBURN LEISURE CENTER p 1309
See WEYBURN, CITY OF
WEYBURN, CITY OF p 1309
532 5th St, WEYBURN, SK, S4H 1A1
(306) 848-3280 *SIC* 7999
WEYERHAEUSER AVIATION p 313
See WEYERHAEUSER COMPANY LIMITED
WEYERHAEUSER COMPANY LIMITED p 14
2719 3 Ave Ne, CALGARY, AB, T2A 6H1
SIC 5031
WEYERHAEUSER COMPANY LIMITED p 72
Gd, DRAYTON VALLEY, AB, T7A 1T1
(780) 542-8000 *SIC* 2493
WEYERHAEUSER COMPANY LIMITED p 125
Gd, GRANDE CACHE, AB, T0E 0Y0
SIC 2421
WEYERHAEUSER COMPANY LIMITED p 128
Gd Stn Main, GRANDE PRAIRIE, AB, T8V 3A9
(780) 539-8500 *SIC* 5031
WEYERHAEUSER COMPANY LIMITED p 208
1272 Derwent Way, DELTA, BC, V3M 5R1
(604) 526-4665 *SIC* 2421
WEYERHAEUSER COMPANY LIMITED p 263
201 Old Hedley Rd, PRINCETON, BC, V0X 1W0
(250) 295-3281 *SIC* 2421
WEYERHAEUSER COMPANY LIMITED p 296
3650 E Kent Ave S, VANCOUVER, BC, V5S 2J2
SIC 2421
WEYERHAEUSER COMPANY LIMITED p 313
1140 Pender St W Suite 440, VANCOUVER, BC, V6E 4G1
(604) 661-8000 *SIC* 2421
WEYERHAEUSER COMPANY LIMITED p 628
1000 Jones Rd, KENORA, ON, P9N 3X8
(807) 548-8000 *SIC* 2439
WEYERHAEUSER COMPANY LIMITED p 1270
Hiway 9 S, HUDSON BAY, SK, S0E 0Y0
(306) 865-1700 *SIC* 2421
WEYMOUTH CONSOLIDATED SCHOOL p 479
See TRI-COUNTY REGIONAL SCHOOL BOARD
WF BOISVERT ECOLE p 413
See DISTRICT SCOLAIRE 11
WF HERMAN SCHOOL p 964
See GREATER ESSEX COUNTY DISTRICT SCHOOL BOARD
WF READY SCHOOL p 1290
See BOARD OF EDUCATION REGINA SCHOOL DIVISION NO. 4 OF SASKATCHEWAN
WFA TURGEON SCHOOL p 1280
See PRINCE ALBERT ROMAN CATHOLIC SEPARATE SCHOOL DIVISION NO. 6

WFG SECURITIES OF CANADA INC p 86
14315 118 Ave Nw Suite 148, EDMONTON, AB, T5L 4S6
(780) 451-2520 *SIC* 6321
WFG SECURITIES OF CANADA INC p 178
34314 Marshall Rd Suite 206, ABBOTSFORD, BC, V2S 1L9
(604) 851-5806 *SIC* 8741
WFG SECURITIES OF CANADA INC p 183
7501 6th St, BURNABY, BC, V3N 3M2
SIC 8742
WFG SECURITIES OF CANADA INC p 242
3260 Norwell Dr Suite 200, NANAIMO, BC, V9T 1X5
(250) 751-7595 *SIC* 6411
WFS
See WFS LTD
WFS LTD p 646
213 Talbot St W, LEAMINGTON, ON, N8H 1N8
(519) 326-5767 *SIC* 5085
WFS LTD p 665
645 Wilton Grove Rd, LONDON, ON, N6N 1N7
(519) 681-3790 *SIC* 5085
WFS LTD p 692
1280 Aimco Blvd, MISSISSAUGA, ON, L4W 1B2
(905) 624-9546 *SIC* 5085
WFS TRANSPORT p 517
10-8550 Torbram Rd Unit 418, BRAMPTON, ON, L6T 0H7
SIC 4225
WGCC HOLDINGS INC p 1269
382 Cartwright St E, FURDALE, SK, S7T 1B1
(306) 956-1100 *SIC* 7992
WGI MANUFACTURING INC p 338
1455 Bellevue Ave Suite 300, WEST VANCOUVER, BC, V7T 1C3
(604) 922-6563 *SIC* 2842
WGI MANUFACTURING INC p 888
3 Pullman Crt, TORONTO, ON, M1X 1E4
(416) 412-2966 *SIC* 2899
WGI WESTMAN GROUP INC p 234
5741 Production Way, LANGLEY, BC, V3A 4N5
(604) 532-0203 *SIC* 5084
WGP-225 HOLDINGS LTD p 222
1936 Kane Rd, KELOWNA, BC, V1V 2J9
(250) 712-0919 *SIC* 5812
WGP-225 HOLDINGS LTD p 227
1901 Harvey Ave, KELOWNA, BC, V1Y 6G5
(250) 869-0855 *SIC* 5812
WHEAT CITY CONCRETE PRODUCTS LTD p 360
Gd, VIRDEN, MB, R0M 2C0
(204) 748-1592 *SIC* 3273
WHEAT CITY METALS p 1285
See GENERAL SCRAP PARTNERSHIP
WHEATLAND ELEMENTARY SCHOOL p 169
See GOLDEN HILLS SCHOOL DIVISION #75
WHEEL CARE TRANSIT LTD p 700
845 Central Pky W Unit 2, MISSISSAUGA, ON, L5C 2V9
SIC 4151
WHEELABRATOR p 537
See WHEELABRATOR GROUP (CANADA) LTD
WHEELABRATOR GROUP (CANADA) LTD p 537
4900 Palladium Way Suite 200, BURLINGTON, ON, L7M 0W7
(905) 319-7930 *SIC* 3569
WHEELER, DR WAYNE p 437
See FIRST CHOICE VISION CENTRE LTD
WHEELHOUSE PUB p 284
See BEREZAN MANAGEMENT (B.C.) LTD
WHEELS & DEALS LTD p 399
402 Saint Marys St, FREDERICTON, NB, E3A 8H5
(506) 459-6832 *SIC* 5521

WHEELS INTERNATIONAL INC p 721
1280 Courtneypark Dr E, MISSISSAUGA, ON, L5T 1N6
(905) 565-1212 *SIC* 4731
WHEELS LOGISTICS DIV p 721
See WHEELS INTERNATIONAL INC
WHEELS MSM CANADA INC. p 972
9701 Hwy 50, WOODBRIDGE, ON, L4H 2G4
(905) 951-6800 *SIC* 4213
WHELAN, PAUL MINING CONTRACTORS p 636
See 161229 CANADA INC
WHERE TORONTO DIV p 909
See 1772887 ONTARIO LIMITED
WHIRLPOOL CANADA p 712
See WHIRLPOOL CANADA CO
WHIRLPOOL CANADA CO p 712
6750 Century Ave Suite 200, MISSISSAUGA, ON, L5N 0B7
(905) 821-6400 *SIC* 5065
WHIRLPOOL CANADA LP p 712
1901 Minnesota Crt, MISSISSAUGA, ON, L5N 3C9
(905) 821-6400 *SIC* 3633
WHISKI JACK RESORTS LTD p 340
4319 Main St Suite 104, WHISTLER, BC, V0N 1B4
SIC 6513
WHISPERING HILLS PRIMARY p 4
See ASPEN VIEW PUBLIC SCHOOL DIVISION NO. 78
WHISTLE KLEEN p 783
See G&K SERVICES CANADA INC
WHISTLER & BLACKCOMB MOUNTAIN RESORTS LIMITED p 340
4545 Blackcomb Way, WHISTLER, BC, V0N 1B4
(604) 938-7707 *SIC* 5812
WHISTLER BREWING COMPANY LTD p 20
5555 76 Ave Se Suite 1, CALGARY, AB, T2C 4L8
(403) 720-4473 *SIC* 2082
WHISTLER RENTALS ACCOMADATION CENTRE p 340
See WHISKI JACK RESORTS LTD
WHISTLER SECONDARY - A COMMUNITY SCHOOL p 340
See SCHOOL DISTRICT NO. 48 (HOWE SOUND)
WHISTLER TAXI LTD p 340
1080 Millar Creek Rd Suite 201, WHISTLER, BC, V0N 1B1
(604) 932-4430 *SIC* 4121
WHISTLER TRANSIT p 340
See PRINCE GEORGE TRANSIT LTD
WHISTLER VILLAGE CENTRE HOTEL MANAGEMENT LTD p 340
4295 Blackcomb Way Suite 116, WHISTLER, BC, V0N 1B4
(604) 938-0878 *SIC* 7011
WHISTLER VILLAGE INN & SUITES p 339
See ATLIFIC INC
WHITE & PETERS LTD p 203
1368 United Blvd Unit 101, COQUITLAM, BC, V3K 6Y2
(604) 526-4641 *SIC* 5013
WHITE BUFFALO YOUTH TREATMENT CENTRE p 1279
See PRINCE ALBERT GRAND COUNCIL
WHITE CHAPEL p 612
See ARBOR MEMORIAL SERVICES INC
WHITE CHAPEL MEMORIAL GARDENS p 612
See MEMORIAL GARDENS CANADA LIMITED
WHITE CITY SCHOOL p 1309
See PRAIRIE VALLEY SCHOOL DIVISION NO 208
WHITE CLIFFE TERRACE p 567
See DIVERSICARE CANADA MANAGEMENT SERVICES CO, INC
WHITE COURT IGA p 174
See 330626 ALBERTA LTD

WHITE FERN ENTERPRISES p 1311
See A & W FOOD SERVICES OF CANADA INC
WHITE FISH LAKE BAND #128 p 124
Gd, GOODFISH LAKE, AB, T0A 1R0
(780) 636-2525 *SIC* 8211
WHITE FISH LAKE FIRST NATION #459 p 4
Gd, ATIKAMEG, AB, T0G 0C0
(780) 767-3797 *SIC* 8211
WHITE GLOVE TRANSPORTATION SYSTEMS LTD p 721
6141 Vipond Dr, MISSISSAUGA, ON, L5T 2B2
(905) 565-1053 *SIC* 4212
WHITE HILLS ACADEMY p 431
See WESTERN SCHOOL DISTRICT
WHITE OAKS CONFERENCE RESORT & SPA p 739
See WHITE OAKS TENNIS WORLD INC
WHITE OAKS PUBLIC SCHOOL p 660
See THAMES VALLEY DISTRICT SCHOOL BOARD
WHITE OAKS TENNIS WORLD INC p 739
253 Taylor Rd Ss 4, NIAGARA ON THE LAKE, ON, L0S 1J0
(905) 688-2550 *SIC* 7389
WHITE PINES COLLEGIATE & VOCATIONAL SCHOOL p 830
See ALGOMA DISTRICT SCHOOL BOARD
WHITE RADIO LP p 536
940 Gateway, BURLINGTON, ON, L7L 5K7
(905) 632-6894 *SIC* 5065
WHITE RAPIDS MANOR INC p 402
233 Sunbury Dr. FREDERICTON JUNCTION, NB, E5L 1S1
(506) 368-6508 *SIC* 8051
WHITE RIDGE ELEMENTARY SCHOOL p 392
See PEMBINA TRAILS SCHOOL DIVISION, THE
WHITE ROCK ELEMENTARY SCHOOL p 340
See SCHOOL DISTRICT NO 36 (SURREY)
WHITE SPOT p 198
See MANSFIELD FOODS #3 - 611 LTD
WHITE SPOT p 318
See TOP EDGE HOLDINGS LTD
WHITE SPOT FAMILY RESTAURANT p 332
See 471540 B.C. LTD
WHITE SPOT LIMITED p 136
5230 50 Ave, LEDUC, AB, T9E 6V2
(780) 980-1394 *SIC* 5812
WHITE SPOT LIMITED p 182
4075 North Rd, BURNABY, BC, V3J 1S3
(604) 421-4620 *SIC* 5812
WHITE SPOT LIMITED p 188
4129 Lougheed Hwy, BURNABY, BC, V5C 3Y6
(604) 299-4423 *SIC* 5812
WHITE SPOT LIMITED p 195
1329 Island Hwy, CAMPBELL RIVER, BC, V9W 8C2
(250) 287-9350 *SIC* 5812
WHITE SPOT LIMITED p 200
3025 Lougheed Hwy Suite 500, COQUITLAM, BC, V3B 6S2
(604) 942-9224 *SIC* 5812
WHITE SPOT LIMITED p 219
675 Tranquille Rd Unit 669, KAMLOOPS, BC, V2B 3H7
(778) 470-5581 *SIC* 5812
WHITE SPOT LIMITED p 241
130 Terminal Ave N, NANAIMO, BC, V9S 4J3
(250) 754-2241 *SIC* 5812
WHITE SPOT LIMITED p 247
333 Brooksbank Ave Suite 1100, NORTH VANCOUVER, BC, V7J 3S8
(604) 988-6717 *SIC* 5812
WHITE SPOT LIMITED p 249
2205 Lonsdale Ave, NORTH VANCOUVER, BC, V7M 2K8

▲ Public Company   ■ Public Company Family Member   HQ Headquarters   BR Branch   SL Single Location

(604) 987-0024 SIC 5812
WHITE SPOT LIMITED p 253
1770 Main St Unit 101, PENTICTON, BC, V2A 5G8
(250) 492-0038 SIC 5812
WHITE SPOT LIMITED p 271
5880 No. 3 Rd, RICHMOND, BC, V6X 2E1
(604) 273-1556 SIC 5812
WHITE SPOT LIMITED p 271
6551 No. 3 Rd Suite 1902, RICHMOND, BC, V6Y 2B6
(604) 278-3911 SIC 5812
WHITE SPOT LIMITED p 279
1200 Hunter Pl Unit 410, SQUAMISH, BC, V8B 0G8
(604) 892-7477 SIC 5812
WHITE SPOT LIMITED p 284
13580 102 Ave, SURREY, BC, V3T 5C5
(604) 581-2511 SIC 5812
WHITE SPOT LIMITED p 298
1126 Marine Dr Se, VANCOUVER, BC, V5X 2V7
(604) 325-8911 SIC 5812
WHITE SPOT LIMITED p 301
2850 Cambie St, VANCOUVER, BC, V5Z 2V5
SIC 5812
WHITE SPOT LIMITED p 301
650 41st Ave W Suite 613a, VANCOUVER, BC, V5Z 2M9
(604) 261-2820 SIC 5812
WHITE SPOT LIMITED p 303
1455 Quebec St Unit 55, VANCOUVER, BC, V6A 3Z7
(604) 647-0003 SIC 5812
WHITE SPOT LIMITED p 306
405 Dunsmuir St, VANCOUVER, BC, V6B 1X4
(604) 899-6072 SIC 5812
WHITE SPOT LIMITED p 314
1616 Georgia St W, VANCOUVER, BC, V6G 2V5
(604) 681-8034 SIC 5812
WHITE SPOT LIMITED p 317
2518 Broadway W, VANCOUVER, BC, V6K 2G1
(604) 731-2434 SIC 5812
WHITE SPOT LIMITED p 327
4400 32 St Suite 800, VERNON, BC, V1T 9H2
(250) 545-7119 SIC 5812
WHITE SPOT LIMITED p 337
941 Langford Pky, VICTORIA, BC, V9B 0A5
(778) 433-8800 SIC 5812
WHITE SPOT LIMITED p 338
752 Marine Dr Unit 1108, WEST VANCOUVER, BC, V7T 1A6
(604) 922-4520 SIC 5812
WHITE SPOT RESTAURANT p 136
See WHITE SPOT LIMITED
WHITE SPOT RESTAURANT p 182
See WHITE SPOT LIMITED
WHITE SPOT RESTAURANT p 188
See WHITE SPOT LIMITED
WHITE SPOT RESTAURANT p 195
See WHITE SPOT LIMITED
WHITE SPOT RESTAURANT p 247
See WHITE SPOT LIMITED
WHITE SPOT RESTAURANT p 249
See WHITE SPOT LIMITED
WHITE SPOT RESTAURANT p 253
See WHITE SPOT LIMITED
WHITE SPOT RESTAURANT p 259
See DHILLON FOOD SERVICES LTD
WHITE SPOT RESTAURANT p 271
See WHITE SPOT LIMITED
WHITE SPOT RESTAURANT p 279
See WHITE SPOT LIMITED
WHITE SPOT RESTAURANT p 284
See WHITE SPOT LIMITED
WHITE SPOT RESTAURANT p 298
See WHITE SPOT LIMITED
WHITE SPOT RESTAURANT p 301
See WHITE SPOT LIMITED

WHITE SPOT RESTAURANT p 303
See WHITE SPOT LIMITED
WHITE SPOT RESTAURANT p 306
See WHITE SPOT LIMITED
WHITE SPOT RESTAURANT p 314
See WHITE SPOT LIMITED
WHITE SPOT RESTAURANT p 317
See WHITE SPOT LIMITED
WHITE SPOT RESTAURANT p 319
See MARPOLE HOUSE RESTAURANT LTD
WHITE SPOT RESTAURANT p 327
See WHITE SPOT LIMITED
WHITE SPOT RESTAURANT p 338
See WHITE SPOT LIMITED
WHITE SPOT RESTAURANT KAMLOOPS p 220
See J.D. FOODS LTD
WHITE SPOT RESTAURANTS p 180
See AUTUMN INVESTMENTS LTD
WHITE SPOT RESTAURANTS p 275
See GAR-DON ENTERPRISES LTD
WHITE SPOT RESTAURANTS 609 p 232
See GILLEY RESTAURANTS LTD
WHITE WOODS PUBLIC SCHOOL p 866
See NEAR NORTH DISTRICT SCHOOL BOARD
WHITECOURT CENTRAL ELEMENTARY SCHOOL p 175
See NORTHERN GATEWAY REGIONAL DIVISION #10
WHITECOURT HEALTH CARE CENTRE p 174
See ALBERTA HEALTH SERVICES
WHITECOURT PULP DIVISION p 175
See MILLAR WESTERN FOREST PRODUCTS LTD
WHITECOURT WOOD PRODUCT DIVISION p 175
See MILLAR WESTERN INDUSTRIES LTD
WHITEFIELD CHRISTIAN SCHOOLS p 885
See TORONTO FREE PRESBYTERIAN CHURCH
WHITEFISH VALLEY PUBLIC ELEMENTARY SCHOOL p 623
See LAKEHEAD DISTRICT SCHOOL BOARD
WHITEHILL TECHNOLOGIES INC p 675
19 Allstate Pky Suite 400, MARKHAM, ON, L3R 5A4
(905) 475-2112 SIC 7371
WHITEHORN PUBLIC SCHOOL p 722
See PEEL DISTRICT SCHOOL BOARD
WHITEHORSE, CITY OF p 1311
305 Range Rd, WHITEHORSE, YT, Y1A 3E5
(867) 668-2462 SIC 7389
WHITEMOUTH DISTRICT HEALTH CENTRE p 360
See NORTH EASTMAN HEALTH ASSOCIATION INC
WHITEMOUTH SCHOOL p 360
See SUNRISE SCHOOL DIVISION
WHITEOAKS PUBLIC SCHOOL p 702
See PEEL DISTRICT SCHOOL BOARD
WHITESELL CANADA CORPORATION p 563
590 Basaltic Rd, CONCORD, ON, L4K 5A2
(905) 879-0433 SIC 5085
WHITEWATER WEST INDUSTRIES LTD p 208
1418 Cliveden Ave, DELTA, BC, V3M 6L9
SIC 3949
WHITEWOOD COMMUNITY HEALTH CENTRE p 1309
921 Gambetta St, WHITEWOOD, SK, S0G 5C0
(306) 735-2010 SIC 8051
WHITING EQUIPMENT CANADA INC p 955
350 Alexander St, WELLAND, ON, L3B 2R3
(905) 732-7585 SIC 3559
WHITLEY FINANCIAL SERVICES p 944

See WHITLEY, DOUG INSURANCE BROKER LIMITED
WHITLEY, DOUG INSURANCE BROKER LIMITED p 944
41 Dundas St W, TRENTON, ON, K8V 3N9
(613) 392-1283 SIC 6411
WHITNEY JUNIOR PUBLIC SCHOOL p 900
See TORONTO DISTRICT SCHOOL BOARD
WHITNEY PIER MEMORIAL JR HIGH p 474
See CAPE BRETON-VICTORIA REGIONAL SCHOOL BOARD
WHITNEY PUBLIC SCHOOL p 960
See RENFREW COUNTY DISTRICT SCHOOL BOARD
WHOLE FOODS MARKET CANADA INC p 338
925 Main St, WEST VANCOUVER, BC, V7T 2Z3
(604) 678-0500 SIC 5411
WHOLE FOODS MARKET CANADA INC p 699
155 Square One Dr, MISSISSAUGA, ON, L5B 0E2
(905) 275-9393 SIC 5411
WHOLESALE CLUB p 341
See LOBLAWS INC
WHOLESALE HEATING SUPPLIES p 84
See EMCO CORPORATION
WHOLESALE SPORTS p 34
See WHOLESALE SPORTS CANADA LTD
WHOLESALE SPORTS p 34
See UNITED FARMERS OF ALBERTA CO-OPERATIVE LIMITED
WHOLESALE SPORTS p 384
See WHOLESALE SPORTS CANADA LTD
WHOLESALE SPORTS CANADA LTD p 34
25 Heritage Meadows Way Se, CALGARY, AB, T2H 0A7
(403) 253-5566 SIC 5699
WHOLESALE SPORTS CANADA LTD p 384
1225 St James St, WINNIPEG, MB, R3H 0K9
(204) 663-1094 SIC 5941
WHOLESALES HEAT SUPPLIES p 383
See EMCO CORPORATION
WHOLESOME HARVEST BAKING LTD p 587
271 Attwell Dr, ETOBICOKE, ON, M9W 5B9
(416) 674-4555 SIC 2051
WHOLESOME HARVEST BAKING LTD. p 587
See WHOLESOME HARVEST BAKING LTD
WHOLESOME HARVEST BAKING LTD. p 678
45 Bodrington Crt, MARKHAM, ON, L6G 1C1
(905) 415-1203 SIC 2011
WHOLESOME HARVEST BAKING LTD. p 1062
4000 Boul Industriel, Laval, QC, H7L 4R9
SIC 5142
WHSCC p 403
See WORKPLACE HEALTH, SAFETY & COMPENSATION COMMISSION OF NEW BRUNSWICK
WHSCC p 418
See WORKPLACE HEALTH, SAFETY & COMPENSATION COMMISSION OF NEW BRUNSWICK
WHYCOCOMAGH EDUCATION CENTRE p 479
See STRAIT REGIONAL SCHOOL BOARD
WIARTON SITE p 960
See GREY BRUCE HEALTH SERVICES
WICKANINNICH ELEMENTARY SCHOOL p 291
See SCHOOL DISTRICT #70 (ALBERNI) SCHOOL BOARD
WIDDIFIELD SECONDARY SCHOOL p 742
See NEAR NORTH DISTRICT SCHOOL BOARD
WIEBE TRANSPORT p 127
See PARKLAND FUEL CORPORATION

WIEBE, DR. C.W. MEDICAL CORPORATION p 361
385 Main St, WINKLER, MB, R6W 1J2
(204) 325-4312 SIC 8011
WIERENGA GREENHOUSES LIMITED p 588
1768 Balfour St, FENWICK, ON, L0S 1C0
(905) 892-5962 SIC 5191
WIG'S PUMPS AND WATERWORKS LTD p 1299
227b Venture Cres, SASKATOON, SK, S7K 6N8
(306) 652-4276 SIC 5082
WIKA INSTRUMENTS LTD p 113
3103 Parsons Rd Nw, EDMONTON, AB, T6N 1C8
(780) 438-6662 SIC 3823
WIKA INSTRUMENTS LTD p 766
2679 Bristol Cir Unit 1, OAKVILLE, ON, L6H 6Z8
(905) 337-1611 SIC 3823
WIKWEMIKONG NURSING HOME LTD p 960
2281 Wikwemikong Way, WIKWEMIKONG, ON, P0P 2J0
(705) 859-3361 SIC 8051
WILBERFORCE PUBLIC SCHOOL p 666
See THAMES VALLEY DISTRICT SCHOOL BOARD
WILBUR CARGILL p 533
See CARGILL LIMITED
WILBUR, DAVID PRODUCTS LTD p 982
155 Belvedere Ave, CHARLOTTETOWN, PE, C1A 2Y9
(902) 566-5011 SIC 5172
WILBUR-ELLIS COMPANY OF CANADA LIMITED p 139
Gd Lcd Main, LETHBRIDGE, AB, T1J 3Y2
(403) 328-3311 SIC 5191
WILCLAY PUBLIC SCHOOL p 676
See YORK REGION DISTRICT SCHOOL BOARD
WILCO CONTRACTORS NORTHWEST INC p 168
205 Carnegie Dr Unit 108, ST. ALBERT, AB, T8N 5B2
(780) 447-1199 SIC 8742
WILCOX DOOR SERVICE INC p 701
1045 Rangeview Rd, MISSISSAUGA, ON, L5E 1H2
(905) 274-5850 SIC 1751
WILD APPLE GRILL p 223
3762 Lakeshore Rd, KELOWNA, BC, V1W 3L4
(250) 860-4488 SIC 5813
WILD BILL'S SALOON INC p 67
737 Main St, CANMORE, AB, T1W 2B2
(403) 762-0333 SIC 5812
WILD BILLS p 67
See WILD BILL'S SALOON INC
WILD ROSE ELEMENTARY SCHOOL p 167
See ST. ALBERT PUBLIC SCHOOL DISTRICT NO. 5565
WILD ROSE SCHOOL DIVISION NO. 66 p 7
Gd, BRETON, AB, T0C 0P0
(780) 696-3633 SIC 8211
WILD ROSE SCHOOL DIVISION NO. 66 p 8
4715 51 St, BRETON, AB, T0C 0P0
(780) 696-3555 SIC 8211
WILD ROSE SCHOOL DIVISION NO. 66 p 67
5027 48th Ave, CAROLINE, AB, T0M 0M0
(403) 722-3833 SIC 8211
WILD ROSE SCHOOL DIVISION NO. 66 p 70
725 Condor Rd, CONDOR, AB, T0M 0P0
(403) 729-3868 SIC 8211
WILD ROSE SCHOOL DIVISION NO. 66 p 72
4801 43 St Suite 4801, DRAYTON VALLEY, AB, T7A 1P4
(780) 542-4401 SIC 8211
WILD ROSE SCHOOL DIVISION NO. 66 p

72
4762 50 St, DRAYTON VALLEY, AB, T7A 1P1
(780) 542-7066   SIC 8211
WILD ROSE SCHOOL DIVISION NO. 66   p 72
3901 55 Ave, DRAYTON VALLEY, AB, T7A 1N9
(780) 542-9355   SIC 8211
WILD ROSE SCHOOL DIVISION NO. 66   p 72
3505 58 Ave, DRAYTON VALLEY, AB, T7A 0B8
(780) 542-4495   SIC 8211
WILD ROSE SCHOOL DIVISION NO. 66   p 136
Hwy 761 3rd St, LESLIEVILLE, AB, T0M 1H0
(403) 729-3830   SIC 8211
WILD ROSE SCHOOL DIVISION NO. 66   p 159
4703 50 Ave, ROCKY MOUNTAIN HOUSE, AB, T4T 1S4
(403) 845-3541   SIC 8211
WILD ROSE SCHOOL DIVISION NO. 66   p 159
4912 43 St, ROCKY MOUNTAIN HOUSE, AB, T4T 1P4
(403) 845-3376   SIC 8211
WILD ROSE SCHOOL DIVISION NO. 66   p 159
5416 54 St, ROCKY MOUNTAIN HOUSE, AB, T4T 1S6
(403) 845-3721   SIC 8211
WILD ROSE SCHOOL DIVISION NO. 66   p 159
5506 50 St Suite 1, ROCKY MOUNTAIN HOUSE, AB, T4T 1W7
(403) 845-3711   SIC 8211
WILD WATERWORKS   p 606
See HAMILTON REGION CONSERVATION AUTHORITY
WILDCAT HILLS GAS PLANT   p 69
See DIRECT ENERGY MARKETING LIMITED
WILDE HOSPITALITY GROUP LTD   p 168
140 St Albert Trail Suite 700, ST. ALBERT, AB, T8N 7C8
(780) 458-5313   SIC 5812
WILDEBOER DELLELCE LLP   p 916
365 Bay St Suite 800, TORONTO, ON, M5H 2V1
(416) 361-3121   SIC 8111
WILDER PENFIELD SCHOOL   p 1024
See LESTER B. PEARSON SCHOOL BOARD
WILDERNESS VILLAGE CAMPGROUND ASSOCIATION   p 159
Se 14 4008 W 5, ROCKY MOUNTAIN HOUSE, AB, T4T 1A9
(403) 845-2145   SIC 7033
WILDERNESS VILLAGE RESORT   p 159
See WILDERNESS VILLAGE CAMPGROUND ASSOCIATION
WILDROSE VACATION INC   p 78
10582 116 St Nw, EDMONTON, AB, T5H 3L7
SIC 4724
WILDS AT SALMONIER RIVER INC, THE   p 436
299 Salmonier Line, ST. JOHN'S, NL, A1C 5L7
(709) 229-5444   SIC 7992
WILDWOOD   p 1292
See MCDONALDS RESTAURANT
WILDWOOD CARE CENTRE INC   p 857
100 Ann St, ST MARYS, ON, N4X 1A1
(519) 284-3628   SIC 8051
WILDWOOD SCHOOL   p 59
See CALGARY BOARD OF EDUCATION
WILDWOOD SCHOOL   p 1292
See BOARD OF EDUCATION OF SASKATOON SCHOOL DIVISION NO. 13 OF SASKATCHEWAN, THE

WILFRED HUNT PUBLIC ELEMENTARY SCHOOL   p 1290
See BOARD OF EDUCATION REGINA SCHOOL DIVISION NO. 4 OF SASKATCHEWAN
WILFRID JURY PUBLIC SCHOOL   p 661
See THAMES VALLEY DISTRICT SCHOOL BOARD
WILFRID LAURIER UNIVERSITY   p 529
73 George St, BRANTFORD, ON, N3T 2Y3
(519) 756-8228   SIC 8221
WILFRID POIRIER LTEE   p 1039
165 Rue Jean-Proulx Bureau 1, GATINEAU, QC, J8Z 1T4
SIC 5013
WILKENING TRANSPORT   p 102
See WILKENING, HARV TRANSPORT LTD
WILKENING, HARV TRANSPORT LTD   p 102
4205 76 Ave Nw, EDMONTON, AB, T6B 2H7
(780) 466-9155   SIC 4213
WILKIE & DISTRICT HEALTH CENTRE   p 1309
See HEARTLAND REGIONAL HEALTH AUTHORITY
WILKINSON & COMPANY LLP   p 503
139 Front St Suite 100, BELLEVILLE, ON, K8N 2Y6
(613) 966-1871   SIC 8721
WILKINSON & COMPANY LLP   p 944
71 Dundas St W, TRENTON, ON, K8V 3P4
(888) 713-7283   SIC 8721
WILKINSON CHUTES CANADA   p 942
See GEOFF & KRISTA SIMS ENTERPRISES INC
WILKINSON STEEL AND METALS INC   p 21
6125 51 St Se, CALGARY, AB, T2C 3V2
(403) 236-0300   SIC 3599
WILKINSON STEEL AND METALS INC   p 107
9525 60 Ave Nw, EDMONTON, AB, T6E 0C3
(780) 434-8441   SIC 5051
WILKINSON STEEL AND METALS INC   p 1299
2325 Mckee Ave, SASKATOON, SK, S7K 2T9
(306) 652-7151   SIC 3599
WILLARD MONSON HOUSE   p 357
See ADDICTIONS FOUNDATION OF MANITOBA, THE
WILLBROS CANADA   p 117
See WILLBROS CONSTRUCTION SERVICES (CANADA) LP
WILLBROS CONSTRUCTION SERVICES (CANADA) LP   p 117
1103 95 St Sw Suite 201, EDMONTON, AB, T6X 0P8
(780) 817-2265   SIC 1623
WILLBROS PSS MIDSTREAM (CANADA) L.P.   p 162
261 Seneca Rd, SHERWOOD PARK, AB, T8A 4G6
(780) 400-4200   SIC 1623
WILLCO TRANSPORTATION LTD   p 65
32023 Springbank Rd, CALGARY, AB, T3Z 2E3
(403) 242-1176   SIC 4151
WILLIAM A FRASER MIDDLE SCHOOL   p 177
See SCHOOL DISTRICT NO 34 (ABBOTSFORD)
WILLIAM A.(BILL) GEORGE EXTENDED CARE FACILITY   p 849
See SIOUX LOOKOUT MENO-YA-WIN HEALTH CENTRE PLANNING CORPORATION
WILLIAM ABERHART SCHOOL   p 38
See CALGARY BOARD OF EDUCATION
WILLIAM ARMSTRONG PUBLIC SCHOOL   p 669
See YORK REGION DISTRICT SCHOOL BOARD
WILLIAM ASHLEY CHINA   p 697
See ASHLEY, WILLIAM LTD

WILLIAM B. RATTRAY HOLDINGS INC   p 485
250 Kingston Rd E Suite 160, AJAX, ON, L1Z 1G1
(905) 683-2277   SIC 5399
WILLIAM BEATTY PUBLIC SCHOOL   p 805
See NEAR NORTH DISTRICT SCHOOL BOARD
WILLIAM BERCZY PUBLIC SCHOOL   p 945
See YORK REGION DISTRICT SCHOOL BOARD
WILLIAM BRIDGE ELEMENTARY   p 272
See BOARD OF EDUCATION SCHOOL DISTRICT #38 (RICHMOND)
WILLIAM BURGESS ELEMENTARY SCHOOL   p 894
See TORONTO DISTRICT SCHOOL BOARD
WILLIAM COOK ELEMENTARY SCHOOL   p 271
See BOARD OF EDUCATION SCHOOL DISTRICT #38 (RICHMOND)
WILLIAM D CUTS JUNIOR HIGH SCHOOL   p 167
See ST. ALBERT PUBLIC SCHOOL DISTRICT NO. 5565
WILLIAM D DAVIS JUNIOR PUBLIC SCHOOL   p 835
See TORONTO DISTRICT SCHOOL BOARD
WILLIAM DERBY SCHOOL   p 1306
See HORIZON SCHOOL DIVISION NO 205
WILLIAM E HAY CENTRE   p 786
See YOUTH SERVICES BUREAU OF OTTAWA
WILLIAM F DAVIDSON ELEMENTARY SCHOOL   p 280
See SCHOOL DISTRICT NO 36 (SURREY)
WILLIAM F. WHITE INTERNATIONAL INC   p 185
8363 Lougheed Hwy Unit 100, BURNABY, BC, V5A 1X3
(604) 253-5050   SIC 7922
WILLIAM F. WHITE INTERNATIONAL INC   p 579
800 Islington Ave, ETOBICOKE, ON, M8Z 6A1
(416) 239-5050   SIC 7819
WILLIAM G DAVIS SENIOR PUBLIC SCHOOL   p 548
See WATERLOO REGION DISTRICT SCHOOL BOARD
WILLIAM GRAYSON SCHOOL   p 1276
See PRAIRIE SOUTH SCHOOL DIVISION NO 210
WILLIAM GRENVILLE DAVIS SENIOR PUBLIC SCHOOL   p 520
See PEEL DISTRICT SCHOOL BOARD
WILLIAM J MCCORDIC SCHOOL   p 892
See TORONTO DISTRICT SCHOOL BOARD
WILLIAM KING ELEMENTARY SCHOOL   p 465
See HALIFAX REGIONAL SCHOOL BOARD
WILLIAM KONKIN ELEMENTARY SCHOOL   p 193
See BOARD OF EDUCATION OF SCHOOL DISTRICT NO. 91 (NECHAKO LAKE), THE
WILLIAM MACDONALD MIDDLE SCHOOL   p 439
See YELLOWKNIFE DISTRICT NO. 1 EDUCATION AUTHORITY
WILLIAM MASON SCHOOL   p 1266
See NORTH EAST SCHOOL DIVISION
WILLIAM MERCER ACADEMY   p 426
See NOVA CENTRAL SCHOOL DISTRICT
WILLIAM MILLENAIRE INC   p 1195
6865 Rue Picard, SAINT-HYACINTHE, QC, J2S 1H3
(450) 774-1471   SIC 2512
WILLIAM MORTOM COLLEGIATE   p 349
See PINE CREEK SCHOOL DIVISION

WILLIAM NEWPORT HOLDINGS LIMITED   p 453
208 Lancaster Cres, DEBERT, NS, B0M 1G0
(902) 662-3840   SIC 6712
WILLIAM OSLER HEALTH SYSTEM   p 510
2100 Bovaird Dr E, BRAMPTON, ON, L6R 3J7
(905) 494-2120   SIC 8062
WILLIAM OSLER HEALTH SYSTEM   p 511
2100 Bovaird Dr E, BRAMPTON, ON, L6R 3J7
(905) 494-2120   SIC 8062
WILLIAM OSLER HEALTH SYSTEM   p 583
101 Humber College Blvd, ETOBICOKE, ON, M9V 1R8
(416) 494-2120   SIC 8062
WILLIAM R KIRK SCHOOL   p 503
See HASTINGS AND PRINCE EDWARD DISTRICT SCHOOL BOARD
WILLIAM REID SCHOOL   p 53
See CALGARY BOARD OF EDUCATION
WILLIAM ROPER HULL SCHOOL   p 54
See CALGARY BOARD OF EDUCATION
WILLIAM S. PATTERSON SCHOOL   p 354
See LORD SELKIRK SCHOOL DIVISION, THE
WILLIAM WATSON ELEMENTARY SCHOOL   p 289
See SCHOOL DISTRICT NO 36 (SURREY)
WILLIAM WHYTE COMMUNITY SCHOOL   p 372
See WINNIPEG SCHOOL DIVISION
WILLIAMS LAKE MENTAL HEALTH CENTRE   p 341
See INTERIOR HEALTH AUTHORITY
WILLIAMS LAKE PLYWOOD   p 341
See WEST FRASER MILLS LTD
WILLIAMS LAKE SAFEWAY   p 341
See SOBEYS WEST INC
WILLIAMS LAKE, CITY OF   p 341
525 Proctor St, WILLIAMS LAKE, BC, V2G 4J1
(250) 398-7665   SIC 7999
WILLIAMS MOVING & STORAGE (B.C.) LTD   p 203
2401 United Blvd, COQUITLAM, BC, V3K 5X9
SIC 4214
WILLIAMS MOVING & STORAGE (B.C.) LTD   p 203
26 Fawcett Rd, COQUITLAM, BC, V3K 6X9
SIC 4214
WILLIAMS MOVING & STORAGE (B.C.) LTD   p 262
9545 Milwaukee Way, PRINCE GEORGE, BC, V2N 5T3
(250) 563-8814   SIC 4214
WILLIAMS MOVING INTERNATIONAL   p 203
See WILLIAMS MOVING & STORAGE (B.C.) LTD
WILLIAMS OPERATING CORPORATION   p 309
550 Burrard St Suite 3300, VANCOUVER, BC, V6C 0B3
(604) 699-4000   SIC 1221
WILLIAMS PARKWAY SENIOR PUBLIC SCHOOL   p 512
See PEEL DISTRICT SCHOOL BOARD
WILLIAMS, JIM LEASING LIMITED   p 500
165 Bradford St, BARRIE, ON, L4N 3B4
(705) 739-8020   SIC 5511
WILLIAMS-SONOMA CANADA, INC   p 34
6455 Macleod Trail Sw Suite 106a, CALGARY, AB, T2H 0K3
(403) 259-2100   SIC 5963
WILLIAMS-SONOMA CANADA, INC   p 315
2600 Granville St, VANCOUVER, BC, V6H 3H8
(604) 678-9897   SIC 5719
WILLIAMS-SONOMA CANADA, INC   p 582
25 The West Mall Suite 1394, ETOBICOKE, ON, M9C 1B8

(416) 621-9005   SIC 5719
WILLIAMSBURG PUBLIC SCHOOL   p 959
See DURHAM DISTRICT SCHOOL BOARD
WILLIAMSON BUICK PONTIAC, DIV   p 945
See ALEX WILLIAMSON MOTOR SALES LIMITED
WILLIAMSON ROAD JR PS   p 892
See TORONTO DISTRICT SCHOOL BOARD
WILLIAMSTOWN PUBLIC SCHOOL   p 960
See UPPER CANADA DISTRICT SCHOOL BOARD, THE
WILLINGDON CARE CENTRE   p 192
See WILLINGDON PARK HOSPITAL LTD
WILLINGDON CHURCH   p 190
4812 Willingdon Ave, BURNABY, BC, V5G 3H6
(604) 435-5544   SIC 8661
WILLINGDON PARK HOSPITAL LTD   p 192
4435 Grange St, BURNABY, BC, V5H 1P4
(604) 433-2455   SIC 8051
WILLINGDON SCHOOL   p 1122
See COMMISSION SCOLAIRE ENGLISH-MONTREAL
WILLIS CANADA INC   p 933
100 King St W Suite 4700, TORONTO, ON, M5X 1K7
(416) 368-9641   SIC 6411
WILLIS TOWERS WATSON   p 933
See WILLIS CANADA INC
WILLMS & SHIER ENVIRONMENTAL LAWYERS LLP   p 916
4 King St W Suite 900, TORONTO, ON, M5H 1B6
(416) 863-0711   SIC 8111
WILLOUGHBY ELEMENTARY SCHOOL   p 231
See SCHOOL DISTRICT NO. 35 (LANGLEY)
WILLOUGHBY MANOR RETIREMENT RESIDENCE   p 736
See CHARTWELL SENIORS HOUSING REAL ESTATE INVESTMENT TRUST
WILLOW CREEK COMPOSITE HIGH SCHOOL   p 68
See LIVINGSTONE RANGE SCHOOL DIVISION NO 68
WILLOW GLEN PUBLIC SCHOOL   p 702
See PEEL DISTRICT SCHOOL BOARD
WILLOW LANDING ELEMENTARY SCHOOL   p 499
See SIMCOE COUNTY DISTRICT SCHOOL BOARD, THE
WILLOW LODGE ASSOCIATION   p 476
100 Blair Ave, TATAMAGOUCHE, NS, B0K 1V0
(902) 657-3101   SIC 8051
WILLOW PARK JR PUBLIC SCHOOL   p 836
See TORONTO DISTRICT SCHOOL BOARD
WILLOW PARK SCHOOL   p 34
See CALGARY BOARD OF EDUCATION
WILLOW PARK SCHOOL   p 135
See BLACK GOLD REGIONAL DIVISION #18
WILLOW ROAD PUBLIC SCHOOL   p 603
See UPPER GRAND DISTRICT SCHOOL BOARD, THE
WILLOW VALLEY GOLF COURSE   p 724
See WILLOW VALLEY GOLF INC
WILLOW VALLEY GOLF INC   p 724
2907 Hwy 6 S, MOUNT HOPE, ON, L0R 1W0
(905) 679-2703   SIC 7992
WILLOW WAY PUBLIC SCHOOL   p 705
See PEEL DISTRICT SCHOOL BOARD
WILLOWBROOK PUBLIC SCHOOL   p 875
See YORK REGION DISTRICT SCHOOL BOARD
WILLOWBROOK SAFEWAY   p 231
See SOBEYS INC
WILLOWDALE DEPOT   p 743
See CANADA POST CORPORATION
WILLOWDALE DEPOT D   p 750

See CANADA POST CORPORATION
WILLOWDALE LODGE   p 1271
See SUN COUNTRY REGIONAL HEALTH AUTHORITY
WILLOWDALE MIDDLE SCHOOL   p 751
See TORONTO DISTRICT SCHOOL BOARD
WILLOWS ELEMENTARY SCHOOL   p 328
See BOARD OF EDUCATION OF SCHOOL DISTRICT NO. 61 (GREATER VICTORIA)
WILLOWS ESTATE NURSING HOME, THE p 491
See OMNI HEALTH CARE LTD
WILLOWS GOLF & COUNTRY CLUB   p 1269
See WGCC HOLDINGS INC
WILLOWWOOD SCHOOL   p 751
See A RIGHT TO LEARN INC
WILLS BUS LINES   p 504
See WILLS MOTORS LTD
WILLS MOTORS LTD   p 504
2187 56 Hwy, BINBROOK, ON, L0R 1C0
(905) 692-4423   SIC 4142
WILLS TRANSFER LIMITED   p 532
2210 Parkedale Ave, BROCKVILLE, ON, K6V 6M2
(613) 345-8030   SIC 4213
WILLS TRANSFER LIMITED   p 850
146 Hwy 15, SMITHS FALLS, ON, K7A 4T2
(613) 283-0225   SIC 4225
WILLSON INTERNATIONAL LIMITED p 590
10 Queen St Suite 328, FORT ERIE, ON, L2A 6M4
(905) 871-1310   SIC 4731
WILLWAY ELEMENTARY   p 336
See SCHOOL DISTRICT NO 62 (SOOKE)
WILMA HANSEN JUNIOR HGH SCHOOL   p 35
See CALGARY BOARD OF EDUCATION
WILMINGTON ELEMENTARY SCHOOL   p 754
See TORONTO DISTRICT SCHOOL BOARD
WILPAT INDUSTRIES LTD   p 224
570 Highway 33 W, KELOWNA, BC, V1X 7K8
(250) 765-9477   SIC 5812
WILPAT INDUSTRIES LTD   p 227
1740 Gordon Dr, KELOWNA, BC, V1Y 3H2
(250) 762-5452   SIC 5812
WILPAT INDUSTRIES LTD   p 337
2557 Dobbin Rd, WEST KELOWNA, BC, V4T 2J6
(250) 768-4331   SIC 5812
WILSHIRE ELEMENTARY SCHOOL   p 876
See YORK REGION DISTRICT SCHOOL BOARD
WILSON AUTO ELECTRIC   p 372
See 3225537 NOVA SCOTIA LIMITED
WILSON AUTO ELECTRIC   p 762
See 3225537 NOVA SCOTIA LIMITED
WILSON AVENUE PUBLIC SCHOOL   p 639
See WATERLOO REGION DISTRICT SCHOOL BOARD
WILSON FOODS BOWMANVILLE LTD   p 508
2387 Highway 2, BOWMANVILLE, ON, L1C 5A3
(905) 623-4200   SIC 5812
WILSON FOODS CENTRE LTD   p 732
1000 Regional Rd 17, NEWCASTLE, ON, L1B 1L9
(905) 987-0505   SIC 5812
WILSON FOODS CENTRE LTD   p 780
1369 Harmony Rd N, OSHAWA, ON, L1H 7K5
(905) 436-6277   SIC 5812
WILSON FOODS CENTRE LTD   p 782
419 King St W, OSHAWA, ON, L1J 2K5
(905) 576-3400   SIC 5812
WILSON FOODS KINGSWAY LTD   p 780
1300 King St E, OSHAWA, ON, L1H 8J4
(905) 434-7111   SIC 5812
WILSON FUEL CO. LIMITED   p 467

473 Cobequid Rd, LOWER SACKVILLE, NS, B4C 4E9
(902) 444-4246   SIC 5983
WILSON HOME HEATING   p 467
See WILSON FUEL CO. LIMITED
WILSON MIDDLE SCHOOL   p 137
See LETHBRIDGE SCHOOL DISTRICT NO. 51
WILSON SPORTS EQUIPMENT   p 670
See AMER SPORTS CANADA INC
WILSON TOOL CANADA   p 524
See EXACTA TOOL 2010 ULC
WILSON WINDINGS, DIV OF   p 762
See 1100378 ONTARIO LIMITED
WILSON'S INVESTMENTS LIMITED   p 453
29 Commercial St, DOMINION, NS, B1G 1B3
(902) 849-2077   SIC 5812
WILSON'S INVESTMENTS LIMITED   p 470
3400 Plummer Ave, NEW WATERFORD, NS, B1H 1Y9
(902) 862-8393   SIC 5461
WILSON'S INVESTMENTS LIMITED   p 474
915 Victoria Rd, SYDNEY, NS, B1N 1K5
SIC 5812
WILSON'S INVESTMENTS LIMITED   p 475
396 Welton St, SYDNEY, NS, B1P 5S7
(902) 562-5033   SIC 5461
WILSON'S TRANSPORTATION LTD   p 335
31 Regina Ave, VICTORIA, BC, V8Z 1H8
(250) 475-3226   SIC 4173
WILSON, J. A. DISPLAY LTD   p 692
1610 Sismet Rd, MISSISSAUGA, ON, L4W 1R4
(905) 625-6778   SIC 2542
WILSON, J. A. DISPLAY LTD   p 692
1630 Matheson Blvd, MISSISSAUGA, ON, L4W 1Y4
(905) 624-1503   SIC 3312
WILTON GROVE PUBLIC SCHOOL   p 660
See THAMES VALLEY DISTRICT SCHOOL BOARD
WIN FERGUSON COMMUNITY SCHOOL   p 123
See ELK ISLAND PUBLIC SCHOOLS REGIONAL DIVISION NO. 14
WINBOURNE PARK   p 484
See REVERA LONG TERM CARE INC
WINCHELSEA ELEMENTARY SCHOOLS   p 251
See SCHOOL DISTRICT NO 69 (QUALICUM)
WINCHESTER DISTRICT MEMORIAL HOSPITAL   p 960
566 Louise St Rr 4, WINCHESTER, ON, K0C 2K0
(613) 774-2420   SIC 8062
WINCHESTER JUNIOR AND SENIOR PUBLIC SCHOOL   p 903
See TORONTO DISTRICT SCHOOL BOARD
WINCHESTER PUBLIC SCHOOL   p 957
See DURHAM DISTRICT SCHOOL BOARD
WINCHESTER STREET PUBLIC SCHOOL p 978
See THAMES VALLEY DISTRICT SCHOOL BOARD
WINDEBANK ELEMENTARY SCHOOL   p 238
See SCHOOL DISTRICT #75 (MISSION)
WINDERMERE GOLF AND COUNTRY CLUB   p 116
19110 Ellerslie Rd Sw, EDMONTON, AB, T6W 1A5
(780) 988-5501   SIC 7997
WINDFIELDS JUNIOR HIGH SCHOOL   p 889
See TORONTO DISTRICT SCHOOL BOARD
WINDMERE SECONDARY SCHOOL   p 296
See BOARD OF EDUCATION OF SCHOOL DISTRICT NO. 39 (VANCOUVER), THE

WINDOW CITY INDUSTRIES INC   p 947
5690 Steeles Ave W, VAUGHAN, ON, L4L 9T4
(905) 265-9975   SIC 3231
WINDOW MANUFACTURER   p 407
See NORTHFIELD GLASS GROUP LTD
WINDREM ELEMENTARY SCHOOL   p 196
See SCHOOL DISTRICT #59 PEACE RIVER SOUTH
WINDSHIELD SURGEONS LTD   p 102
5203 82 Ave Nw, EDMONTON, AB, T6B 2J6
(780) 466-9411   SIC 7536
WINDSOR ALUMINUM PLANT   p 969
See FORD MOTOR COMPANY OF CANADA, LIMITED
WINDSOR ARMS DEVELOPMENT CORPORATION   p 927
18 Saint Thomas St, TORONTO, ON, M5S 3E7
(416) 971-9666   SIC 7011
WINDSOR BUILDING SUPPLIES LTD p 254
4740 Tebo Ave, PORT ALBERNI, BC, V9Y 8B1
(250) 724-5751   SIC 5211
WINDSOR CASINO LIMITED   p 968
377 Riverside Dr E, WINDSOR, ON, N9A 7H7
(519) 258-7878   SIC 7011
WINDSOR DISPOSAL SERVICES LIMITED p 965
2700 Deziel Dr, WINDSOR, ON, N8W 5H8
(519) 944-8009   SIC 4212
WINDSOR ELEMENTARY SCHOOL   p 192
See BURNABY SCHOOL BOARD DISTRICT 41
WINDSOR ESSEX COMMUNITY HEALTH CENTRE   p 966
1585 Ouellette Ave, WINDSOR, ON, N8X 1K5
(519) 253-8481   SIC 8322
WINDSOR ESSEX COUNTY FAMILY YMCA p 969
See YMCA OF GREATER TORONTO
WINDSOR FIRE & RESCUE SERVICES   p 968
See CORPORATION OF THE CITY OF WINDSOR
WINDSOR FORKS DISTRICT SCHOOL   p 446
See ANNAPOLIS VALLEY REGIONAL SCHOOL BOARD
WINDSOR GREEN HOMES INC   p 563
171 Basaltic Rd Suite 1, CONCORD, ON, L4K 1G4
(905) 669-5003   SIC 1522
WINDSOR ICE PARK   p 964
See RINK PARTNERS CORPORATION
WINDSOR INSOLVENCY   p 963
See BDO CANADA LLP
WINDSOR MACHINE & STAMPING (2009) LTD   p 882
See WINDSOR MACHINE & STAMPING LTD
WINDSOR MACHINE & STAMPING LTD   p 882
14 Industrial Park Rd, TILBURY, ON, N0P 2L0
SIC 3499
WINDSOR MANAGEMENT   p 872
See ESSEX WELD SOLUTIONS LTD
WINDSOR METAL TECHNOLOGIES INC   p 772
3900 Delduca Dr, OLDCASTLE, ON, N0R 1L0
(519) 737-7611   SIC 3544
WINDSOR PALLET LIMITED   p 960
2890 N Talbot Rd, WINDSOR, ON, N0R 1K0
(519) 737-1406   SIC 5085
WINDSOR PARK COLLEGIATE   p 365
See LOUIS RIEL SCHOOL DIVISION
WINDSOR PLANT 1   p 967
See A.P. PLASMAN INC.
WINDSOR PLYWOOD PORT ALBERNI   p

BUSINESSES ALPHABETICALLY

254
See WINDSOR BUILDING SUPPLIES LTD
WINDSOR RACEWAY INC p 970
5555 Ojibway Pky, WINDSOR, ON, N9C 4J5
SIC 7948
WINDSOR REGIONAL CHILDREN CENTRE
p 970
See WINDSOR REGIONAL HOSPITAL
WINDSOR REGIONAL HOSPITAL p 970
3901 Connaught Ave, WINDSOR, ON, N9C 4H4
(519) 257-5215   SIC 8093
WINDSOR SALT p 117
See K+S SEL WINDSOR LTEE
WINDSOR SALT p 1142
See K+S SEL WINDSOR LTEE
WINDSOR SCHOOL p 368
See LOUIS RIEL SCHOOL DIVISION
WINDSOR SECONDARY SCHOOL p 246
See SCHOOL DISTRICT NO. 44 (NORTH VANCOUVER)
WINDSOR SECURITY LIMITED p 290
10833 160 St Suite 626, SURREY, BC, V4N 1P3
SIC 7381
WINDSOR STAR, THE p 968
See POSTMEDIA NETWORK INC
WINDSOR TEXTILES LIMITED p 966
635 Tecumseh Rd W, WINDSOR, ON, N8X 1H4
(519) 258-8418   SIC 7218
WINDSOR URBAN DESIGN COMMUNITY p 969
400 City Hall Sq E Suite 400, WINDSOR, ON, N9A 7K6
(519) 255-6543   SIC 8399
WINDSOR UTILITIES p 967
3665 Wyandotte St E, WINDSOR, ON, N8Y 1G4
(519) 251-7300   SIC 1623
WINDSOR YACHT CLUB p 962
9000 Riverside Dr E, WINDSOR, ON, N8S 1H1
(519) 945-1748   SIC 7997
WINDSOR-ESSEX CATHOLIC DISTRICT SCHOOL BOARD, THE p 487
140 Girard St, AMHERSTBURG, ON, N9V 2X3
(519) 736-6408   SIC 8211
WINDSOR-ESSEX CATHOLIC DISTRICT SCHOOL BOARD, THE p 487
320 Richmond St, AMHERSTBURG, ON, N9V 1H4
(519) 736-2166   SIC 8211
WINDSOR-ESSEX CATHOLIC DISTRICT SCHOOL BOARD, THE p 501
494 St Peter St, BELLE RIVER, ON, N0R 1A0
(519) 728-2150   SIC 8211
WINDSOR-ESSEX CATHOLIC DISTRICT SCHOOL BOARD, THE p 574
1217 Faith St, EMERYVILLE, ON, N0R 1C0
(519) 727-3393   SIC 8211
WINDSOR-ESSEX CATHOLIC DISTRICT SCHOOL BOARD, THE p 574
1217 Faith Dr, EMERYVILLE, ON, N0R 1C0
(519) 727-3393   SIC 8211
WINDSOR-ESSEX CATHOLIC DISTRICT SCHOOL BOARD, THE p 575
200 Fairview Ave W, ESSEX, ON, N8M 1Y1
(519) 776-7351   SIC 8211
WINDSOR-ESSEX CATHOLIC DISTRICT SCHOOL BOARD, THE p 618
166 Centre St W, HARROW, ON, N0R 1G0
(519) 738-3531   SIC 8211
WINDSOR-ESSEX CATHOLIC DISTRICT SCHOOL BOARD, THE p 636
43 Spruce St S, KINGSVILLE, ON, N9Y 1T8
(519) 733-6589   SIC 8211
WINDSOR-ESSEX CATHOLIC DISTRICT SCHOOL BOARD, THE p 646
120 Ellison Ave, LEAMINGTON, ON, N8H 5C7
(519) 322-2804   SIC 8211
WINDSOR-ESSEX CATHOLIC DISTRICT SCHOOL BOARD, THE p 646
176 Talbot St E, LEAMINGTON, ON, N8H 1M2
(519) 326-8636   SIC 8211
WINDSOR-ESSEX CATHOLIC DISTRICT SCHOOL BOARD, THE p 646
200 Kenwood Blvd, LASALLE, ON, N9J 2Z9
(519) 734-1255   SIC 8211
WINDSOR-ESSEX CATHOLIC DISTRICT SCHOOL BOARD, THE p 646
57 Nicholas St, LEAMINGTON, ON, N8H 4B8
(519) 326-9023   SIC 8211
WINDSOR-ESSEX CATHOLIC DISTRICT SCHOOL BOARD, THE p 851
1473 West Belle River Rd, SOUTH WOODSLEE, ON, N0R 1V0
(519) 723-4403   SIC 8211
WINDSOR-ESSEX CATHOLIC DISTRICT SCHOOL BOARD, THE p 872
2451 St. Alphonse St, TECUMSEH, ON, N8N 2X2
(519) 735-2666   SIC 8211
WINDSOR-ESSEX CATHOLIC DISTRICT SCHOOL BOARD, THE p 961
13765 St. Gregory's Rd, WINDSOR, ON, N8N 1K3
(519) 735-4583   SIC 8211
WINDSOR-ESSEX CATHOLIC DISTRICT SCHOOL BOARD, THE p 962
871 St Rose Ave, WINDSOR, ON, N8S 1X4
(519) 945-7501   SIC 8211
WINDSOR-ESSEX CATHOLIC DISTRICT SCHOOL BOARD, THE p 962
10715 Eastcourt Dr, WINDSOR, ON, N8R 1E9
(519) 735-2892   SIC 8211
WINDSOR-ESSEX CATHOLIC DISTRICT SCHOOL BOARD, THE p 962
1166 Eastlawn Ave, WINDSOR, ON, N8S 0A7
(519) 948-1111   SIC 8211
WINDSOR-ESSEX CATHOLIC DISTRICT SCHOOL BOARD, THE p 962
3145 Wildwood Dr, WINDSOR, ON, N8R 1Y1
(519) 735-9474   SIC 8211
WINDSOR-ESSEX CATHOLIC DISTRICT SCHOOL BOARD, THE p 962
8405 Cedarview St, WINDSOR, ON, N8S 1K9
(519) 948-8817   SIC 8211
WINDSOR-ESSEX CATHOLIC DISTRICT SCHOOL BOARD, THE p 963
5305 Adstoll Ave, WINDSOR, ON, N8T 1G9
(519) 945-5021   SIC 8211
WINDSOR-ESSEX CATHOLIC DISTRICT SCHOOL BOARD, THE p 963
1982 Norman Rd, WINDSOR, ON, N8T 1S2
(519) 945-2611   SIC 8211
WINDSOR-ESSEX CATHOLIC DISTRICT SCHOOL BOARD, THE p 963
3110 Rivard Ave, WINDSOR, ON, N8T 2J2
(519) 948-9122   SIC 8211
WINDSOR-ESSEX CATHOLIC DISTRICT SCHOOL BOARD, THE p 965
1213c E C Row Ave E, WINDSOR, ON, N8W 1Y6
(519) 972-5106   SIC 8211
WINDSOR-ESSEX CATHOLIC DISTRICT SCHOOL BOARD, THE p 965
1847 Meldrum Rd, WINDSOR, ON, N8W 4E1
(519) 945-6948   SIC 8211
WINDSOR-ESSEX CATHOLIC DISTRICT SCHOOL BOARD, THE p 965
3355 Woodward Blvd, WINDSOR, ON, N8W 2Y7
(519) 734-7671   SIC 8211
WINDSOR-ESSEX CATHOLIC DISTRICT SCHOOL BOARD, THE p 966
441 Tecumseh Rd E, WINDSOR, ON, N8X 2R7
(519) 256-3171   SIC 8211
WINDSOR-ESSEX CATHOLIC DISTRICT SCHOOL BOARD, THE p 966
775 Capitol St, WINDSOR, ON, N8X 5E3
(519) 966-1293   SIC 8211
WINDSOR-ESSEX CATHOLIC DISTRICT SCHOOL BOARD, THE p 966
816 Ellis St E, WINDSOR, ON, N8X 2H7
(519) 254-7240   SIC 8211
WINDSOR-ESSEX CATHOLIC DISTRICT SCHOOL BOARD, THE p 967
1140 Monmouth Rd, WINDSOR, ON, N8Y 3L8
(519) 256-1911   SIC 8211
WINDSOR-ESSEX CATHOLIC DISTRICT SCHOOL BOARD, THE p 967
4130 Franklin St, WINDSOR, ON, N8Y 2E2
(519) 948-3072   SIC 8211
WINDSOR-ESSEX CATHOLIC DISTRICT SCHOOL BOARD, THE p 967
910 Raymo Rd, WINDSOR, ON, N8Y 4A6
(519) 945-2351   SIC 8211
WINDSOR-ESSEX CATHOLIC DISTRICT SCHOOL BOARD, THE p 969
2800 North Town Line Rd, WINDSOR, ON, N9A 6Z6
(519) 734-6444   SIC 8211
WINDSOR-ESSEX CATHOLIC DISTRICT SCHOOL BOARD, THE p 969
1920 Grove Ave, WINDSOR, ON, N9B 1P6
(519) 256-4092   SIC 8211
WINDSOR-ESSEX CATHOLIC DISTRICT SCHOOL BOARD, THE p 969
735 Tuscarora St, WINDSOR, ON, N9A 3M7
(519) 256-9156   SIC 8211
WINDSOR-ESSEX CATHOLIC DISTRICT SCHOOL BOARD, THE p 970
1400 Roselawn Dr, WINDSOR, ON, N9E 1L8
(519) 969-3230   SIC 8211
WINDSOR-ESSEX CATHOLIC DISTRICT SCHOOL BOARD, THE p 970
1601 St James St, WINDSOR, ON, N9C 3P6
(519) 252-9960   SIC 8211
WINDSOR-ESSEX CATHOLIC DISTRICT SCHOOL BOARD, THE p 970
1400 Northwood St, WINDSOR, ON, N9E 1A4
(519) 966-2504   SIC 8211
WINDSOR-ESSEX CATHOLIC DISTRICT SCHOOL BOARD, THE p 970
1200 Grand Marais Rd W, WINDSOR, ON, N9E 1C9
(519) 969-2299   SIC 8211
WINDSOR-ESSEX CATHOLIC DISTRICT SCHOOL BOARD, THE p 970
1100 Huron Church Rd, WINDSOR, ON, N9C 2K7
(519) 256-7801   SIC 8211
WINDSOR-ESSEX CATHOLIC DISTRICT SCHOOL BOARD, THE p 970
2751 Partington Ave, WINDSOR, ON, N9E 3A9
(519) 969-7040   SIC 8211
WINDSOR-ESSEX CATHOLIC DISTRICT SCHOOL BOARD, THE p 970
477 Detroit St, WINDSOR, ON, N9C 2P6
(519) 946-3761   SIC 8211
WINDSOR-ESSEX CATHOLIC DISTRICT SCHOOL BOARD, THE p 971
2555 Sandwich West Pky, WINDSOR, ON, N9H 2P7
(519) 972-6050   SIC 8211
WINDSOR-ESSEX CATHOLIC DISTRICT SCHOOL BOARD, THE p 971
9381 Town Line Rd, WINDSOR, ON, N9J 2W6
(519) 734-1219   SIC 8211
WINDSOR-ESSEX CHILDREN'S AID SOCIETY p 829
161 Kendall St, SARNIA, ON, N7V 4G6
(519) 336-0623   SIC 8399
WINDSOR-ESSEX COUNTY FAMILY YMCA
p 575
See YMCA OF GREATER TORONTO
WINDSOR-ESSEX COUNTY HOUSING CORPORATION p 969
945 Mcdougall St, WINDSOR, ON, N9A 1L9
(519) 254-1681   SIC 6531
WINDY O'NEILL'S p 505
See WINDY O'NEILL'S @ BLUE INC
WINDY O'NEILL'S @ BLUE INC p 505
108 Jozo Weider Blvd Unit C, BLUE MOUNTAINS, ON, L9Y 3Z2
(705) 446-9989   SIC 5812
WINE RACK p 735
See ARTERRA WINES CANADA, INC
WINEXPERTS p 855
See GLOBAL VINTNERS INC
WINFIELD SCHOOL p 175
See WETASKIWIN REGIONAL PUBLIC SCHOOLS
WINFIRE HOSPITALITY LTD p 94
18220 100 Ave Nw, EDMONTON, AB, T5S 2V2
(780) 443-1000   SIC 7011
WINFUND SOFTWARE p 727
See WINFUND SOFTWARE CORP
WINFUND SOFTWARE CORP p 727
2 Gurdwara Rd Suite 206, NEPEAN, ON, K2E 1A2
(613) 526-1969   SIC 7371
WING HING LUNG LIMITED p 924
275 Albany Ave, TORONTO, ON, M5R 3E1
(416) 531-5768   SIC 2098
WING KEI CARE CENTER p 22
See CHINESE CHRISTIAN WING KEI NURSING HOME ASSOCIATION
WING MACHINE INC, THE p 905
246 Parliament St, TORONTO, ON, M5A 3A4
(416) 961-1000   SIC 5812
WINGATE INN p 93
See SHAW WIN HOTEL LTD
WINGBACK ENTERPRISES LIMITED p 896
1 First Ave, TORONTO, ON, M4M 1W7
(416) 367-9957   SIC 7991
WINGENBACK INC p 26
707 Barlow Trail Se, CALGARY, AB, T2E 8C2
(403) 221-8120   SIC 3299
WINGHAM CASTINGS p 972
See WESCAST INDUSTRIES INC
WINGHAM PUBLIC SCHOOL p 971
See AVON MAITLAND DISTRICT SCHOOL BOARD
WINGS FOOD PRODUCTS p 924
See WING HING LUNG LIMITED
WINKLER CANVAS LTD p 361
Hwy 14 Greenfarm Rd, WINKLER, MB, R6W 4B3
(204) 325-9548   SIC 2394
WINKLER CO-OP GAS BAR p 361
See WINKLER CONSUMERS COOPERATIVE LTD
WINKLER CONSUMERS COOPERATIVE LTD p 352
945 Thornhill St, MORDEN, MB, R6M 1J9
(204) 822-5868   SIC 8699
WINKLER CONSUMERS COOPERATIVE LTD p 361
411 Main St, WINKLER, MB, R6W 4B2
(204) 325-8021   SIC 5541
WINKLER STRUCTURES p 361
See WINKLER CANVAS LTD
WINKLER WALMART p 361
See WAL-MART CANADA CORP
WINMAGIC INC p 715
5600a Cancross Crt Suite A, MISSISSAUGA, ON, L5R 3E9
(905) 502-7000   SIC 7372
WINNIPEG FLEET MANAGEMENT AGENCY p 379
See CITY OF WINNIPEG, THE
WINNERS p 11
See WINNERS MERCHANTS INTERNATIONAL L.P.

▲ Public Company   ■ Public Company Family Member   HQ Headquarters   BR Branch   SL Single Location

WINNERS *p* 26
See WINNERS MERCHANTS INTERNATIONAL L.P.
WINNERS *p* 34
See WINNERS MERCHANTS INTERNATIONAL L.P.
WINNERS *p* 37
See WINNERS MERCHANTS INTERNATIONAL L.P.
WINNERS *p* 50
See WINNERS MERCHANTS INTERNATIONAL L.P.
WINNERS *p* 56
See WINNERS MERCHANTS INTERNATIONAL L.P.
WINNERS *p* 58
See WINNERS MERCHANTS INTERNATIONAL L.P.
WINNERS *p* 62
See WINNERS MERCHANTS INTERNATIONAL L.P.
WINNERS *p* 65
See WINNERS MERCHANTS INTERNATIONAL L.P.
WINNERS *p* 75
See WINNERS MERCHANTS INTERNATIONAL L.P.
WINNERS *p* 86
See WINNERS MERCHANTS INTERNATIONAL L.P.
WINNERS *p* 89
See WINNERS MERCHANTS INTERNATIONAL L.P.
WINNERS *p* 95
See WINNERS MERCHANTS INTERNATIONAL L.P.
WINNERS *p* 99
See WINNERS MERCHANTS INTERNATIONAL L.P.
WINNERS *p* 111
See WINNERS MERCHANTS INTERNATIONAL L.P.
WINNERS *p* 116
See WINNERS MERCHANTS INTERNATIONAL L.P.
WINNERS *p* 128
See WINNERS MERCHANTS INTERNATIONAL L.P.
WINNERS *p* 139
See WINNERS MERCHANTS INTERNATIONAL L.P.
WINNERS *p* 145
See WINNERS MERCHANTS INTERNATIONAL L.P.
WINNERS *p* 157
See WINNERS MERCHANTS INTERNATIONAL L.P.
WINNERS *p* 163
See WINNERS MERCHANTS INTERNATIONAL L.P.
WINNERS *p* 168
See WINNERS MERCHANTS INTERNATIONAL L.P.
WINNERS *p* 174
See WINNERS MERCHANTS INTERNATIONAL L.P.
WINNERS *p* 178
See WINNERS MERCHANTS INTERNATIONAL L.P.
WINNERS *p* 188
See WINNERS MERCHANTS INTERNATIONAL L.P.
WINNERS *p* 192
See WINNERS MERCHANTS INTERNATIONAL L.P.
WINNERS *p* 200
See WINNERS MERCHANTS INTERNATIONAL L.P.
WINNERS *p* 203
See WINNERS MERCHANTS INTERNATIONAL L.P.
WINNERS *p* 204
See WINNERS MERCHANTS INTERNATIONAL L.P.
WINNERS *p* 205
See WINNERS MERCHANTS INTERNATIONAL L.P.
WINNERS *p* 227
See WINNERS MERCHANTS INTERNATIONAL L.P.
WINNERS *p* 234
See WINNERS MERCHANTS INTERNATIONAL L.P.
WINNERS *p* 242
See WINNERS MERCHANTS INTERNATIONAL L.P.
WINNERS *p* 247
See WINNERS MERCHANTS INTERNATIONAL L.P.
WINNERS *p* 253
See WINNERS MERCHANTS INTERNATIONAL L.P.
WINNERS *p* 262
See WINNERS MERCHANTS INTERNATIONAL L.P.
WINNERS *p* 271
See WINNERS MERCHANTS INTERNATIONAL L.P.
WINNERS *p* 287
See WINNERS MERCHANTS INTERNATIONAL L.P.
WINNERS *p* 288
See WINNERS MERCHANTS INTERNATIONAL L.P.
WINNERS *p* 322
See WINNERS MERCHANTS INTERNATIONAL L.P.
WINNERS *p* 327
See WINNERS MERCHANTS INTERNATIONAL L.P.
WINNERS *p* 336
See WINNERS MERCHANTS INTERNATIONAL L.P.
WINNERS *p* 337
See WINNERS MERCHANTS INTERNATIONAL L.P.
WINNERS *p* 339
See WINNERS MERCHANTS INTERNATIONAL L.P.
WINNERS *p* 346
See WINNERS MERCHANTS INTERNATIONAL L.P.
WINNERS *p* 363
See WINNERS MERCHANTS INTERNATIONAL L.P.
WINNERS *p* 371
See WINNERS MERCHANTS INTERNATIONAL L.P.
WINNERS *p* 382
See WINNERS MERCHANTS INTERNATIONAL L.P.
WINNERS *p* 386
See WINNERS MERCHANTS INTERNATIONAL L.P.
WINNERS *p* 391
See WINNERS MERCHANTS INTERNATIONAL L.P.
WINNERS *p* 402
See WINNERS MERCHANTS INTERNATIONAL L.P.
WINNERS *p* 408
See WINNERS MERCHANTS INTERNATIONAL L.P.
WINNERS *p* 415
See WINNERS MERCHANTS INTERNATIONAL L.P.
WINNERS *p* 432
See WINNERS MERCHANTS INTERNATIONAL L.P.
WINNERS *p* 443
See WINNERS MERCHANTS INTERNATIONAL L.P.
WINNERS *p* 447
See WINNERS MERCHANTS INTERNATIONAL L.P.
WINNERS *p* 462
See WINNERS MERCHANTS INTERNATIONAL L.P.
WINNERS *p* 464
See WINNERS MERCHANTS INTERNATIONAL L.P.
WINNERS *p* 485
See WINNERS MERCHANTS INTERNATIONAL L.P.
WINNERS *p* 488
See WINNERS MERCHANTS INTERNATIONAL L.P.
WINNERS *p* 491
See WINNERS MERCHANTS INTERNATIONAL L.P.
WINNERS *p* 496
See WINNERS MERCHANTS INTERNATIONAL L.P.
WINNERS *p* 500
See WINNERS MERCHANTS INTERNATIONAL L.P.
WINNERS *p* 503
See WINNERS MERCHANTS INTERNATIONAL L.P.
WINNERS *p* 507
See WINNERS MERCHANTS INTERNATIONAL L.P.
WINNERS *p* 511
See WINNERS MERCHANTS INTERNATIONAL L.P.
WINNERS *p* 517
See WINNERS MERCHANTS INTERNATIONAL L.P.
WINNERS *p* 523
See WINNERS MERCHANTS INTERNATIONAL L.P.
WINNERS *p* 526
See WINNERS MERCHANTS INTERNATIONAL L.P.
WINNERS *p* 536
See WINNERS MERCHANTS INTERNATIONAL L.P.
WINNERS *p* 545
See WINNERS MERCHANTS INTERNATIONAL L.P.
WINNERS *p* 563
See WINNERS MERCHANTS INTERNATIONAL L.P.
WINNERS *p* 566
See WINNERS MERCHANTS INTERNATIONAL L.P.
WINNERS *p* 580
See WINNERS MERCHANTS INTERNATIONAL L.P.
WINNERS *p* 587
See WINNERS MERCHANTS INTERNATIONAL L.P.
WINNERS *p* 592
See WINNERS MERCHANTS INTERNATIONAL L.P.
WINNERS *p* 603
See WINNERS MERCHANTS INTERNATIONAL L.P.
WINNERS *p* 616
See WINNERS MERCHANTS INTERNATIONAL L.P.
WINNERS *p* 634
See WINNERS MERCHANTS INTERNATIONAL L.P.
WINNERS *p* 639
See WINNERS MERCHANTS INTERNATIONAL L.P.
WINNERS *p* 651
See WINNERS MERCHANTS INTERNATIONAL L.P.
WINNERS *p* 653
See WINNERS MERCHANTS INTERNATIONAL L.P.
WINNERS *p* 660
See WINNERS MERCHANTS INTERNATIONAL L.P.
WINNERS *p* 675
See WINNERS MERCHANTS INTERNATIONAL L.P.
WINNERS *p* 686
See WINNERS MERCHANTS INTERNATIONAL L.P.
WINNERS *p* 692
See WINNERS MERCHANTS INTERNATIONAL L.P.
WINNERS *p* 699
See WINNERS MERCHANTS INTERNATIONAL L.P.
WINNERS *p* 701
See WINNERS MERCHANTS INTERNATIONAL L.P.
WINNERS *p* 712
See WINNERS MERCHANTS INTERNATIONAL L.P.
WINNERS *p* 715
See WINNERS MERCHANTS INTERNATIONAL L.P.
WINNERS *p* 725
See WINNERS MERCHANTS INTERNATIONAL L.P.
WINNERS *p* 728
See WINNERS MERCHANTS INTERNATIONAL L.P.
WINNERS *p* 729
See WINNERS MERCHANTS INTERNATIONAL L.P.
WINNERS *p* 730
See WINNERS MERCHANTS INTERNATIONAL L.P.
WINNERS *p* 734
See WINNERS MERCHANTS INTERNATIONAL L.P.
WINNERS *p* 738
See WINNERS MERCHANTS INTERNATIONAL L.P.
WINNERS *p* 743
See WINNERS MERCHANTS INTERNATIONAL L.P.
WINNERS *p* 746
See WINNERS MERCHANTS INTERNATIONAL L.P.
WINNERS *p* 756
See WINNERS MERCHANTS INTERNATIONAL L.P.
WINNERS *p* 757
See WINNERS MERCHANTS INTERNATIONAL L.P.
WINNERS *p* 760
See WINNERS MERCHANTS INTERNATIONAL L.P.
WINNERS *p* 767
See WINNERS MERCHANTS INTERNATIONAL L.P.
WINNERS *p* 772
See WINNERS MERCHANTS INTERNATIONAL L.P.
WINNERS *p* 774
See WINNERS MERCHANTS INTERNATIONAL L.P.
WINNERS *p* 777
See WINNERS MERCHANTS INTERNATIONAL L.P.
WINNERS *p* 780
See WINNERS MERCHANTS INTERNATIONAL L.P.
WINNERS *p* 787
See WINNERS MERCHANTS INTERNATIONAL L.P.
WINNERS *p* 796
See WINNERS MERCHANTS INTERNATIONAL L.P.
WINNERS *p* 811
See WINNERS MERCHANTS INTERNATIONAL L.P.
WINNERS *p* 813
See WINNERS MERCHANTS INTERNATIONAL L.P.
WINNERS *p* 822
See WINNERS MERCHANTS INTERNATIONAL L.P.
WINNERS *p* 823
See WINNERS MERCHANTS INTERNATIONAL L.P.
WINNERS *p* 827
See WINNERS MERCHANTS INTERNATIONAL L.P.

BUSINESSES ALPHABETICALLY

WINNERS p 833
See WINNERS MERCHANTS INTERNATIONAL L.P.
WINNERS p 837
See WINNERS MERCHANTS INTERNATIONAL L.P.
WINNERS p 844
See WINNERS MERCHANTS INTERNATIONAL L.P.
WINNERS p 856
See WINNERS MERCHANTS INTERNATIONAL L.P.
WINNERS p 862
See WINNERS MERCHANTS INTERNATIONAL L.P.
WINNERS p 869
See WINNERS MERCHANTS INTERNATIONAL L.P.
WINNERS p 875
See WINNERS MERCHANTS INTERNATIONAL L.P.
WINNERS p 879
See WINNERS MERCHANTS INTERNATIONAL L.P.
WINNERS p 885
See WINNERS MERCHANTS INTERNATIONAL L.P.
WINNERS p 887
See WINNERS MERCHANTS INTERNATIONAL L.P.
WINNERS p 893
See WINNERS MERCHANTS INTERNATIONAL L.P.
WINNERS p 896
See WINNERS MERCHANTS INTERNATIONAL L.P.
WINNERS p 907
See WINNERS MERCHANTS INTERNATIONAL L.P.
WINNERS p 927
See WINNERS MERCHANTS INTERNATIONAL L.P.
WINNERS p 931
See WINNERS MERCHANTS INTERNATIONAL L.P.
WINNERS p 935
See WINNERS MERCHANTS INTERNATIONAL L.P.
WINNERS p 940
See WINNERS MERCHANTS INTERNATIONAL L.P.
WINNERS p 951
See WINNERS MERCHANTS INTERNATIONAL L.P.
WINNERS p 953
See WINNERS MERCHANTS INTERNATIONAL L.P.
WINNERS p 956
See WINNERS MERCHANTS INTERNATIONAL L.P.
WINNERS p 959
See WINNERS MERCHANTS INTERNATIONAL L.P.
WINNERS p 963
See WINNERS MERCHANTS INTERNATIONAL L.P.
WINNERS p 976
See WINNERS MERCHANTS INTERNATIONAL L.P.
WINNERS p 983
See WINNERS MERCHANTS INTERNATIONAL L.P.
WINNERS p 1007
See WINNERS MERCHANTS INTERNATIONAL L.P.
WINNERS p 1015
See WINNERS MERCHANTS INTERNATIONAL L.P.
WINNERS p 1017
See WINNERS MERCHANTS INTERNATIONAL L.P.
WINNERS p 1039
See WINNERS MERCHANTS INTERNATIONAL L.P.

WINNERS p 1042
See WINNERS MERCHANTS INTERNATIONAL L.P.
WINNERS p 1049
See WINNERS MERCHANTS INTERNATIONAL L.P.
WINNERS p 1060
See WINNERS MERCHANTS INTERNATIONAL L.P.
WINNERS p 1066
See WINNERS MERCHANTS INTERNATIONAL L.P.
WINNERS p 1076
See WINNERS MERCHANTS INTERNATIONAL L.P.
WINNERS p 1087
See WINNERS MERCHANTS INTERNATIONAL L.P.
WINNERS p 1108
See WINNERS MERCHANTS INTERNATIONAL L.P.
WINNERS p 1122
See WINNERS MERCHANTS INTERNATIONAL L.P.
WINNERS p 1133
See WINNERS MERCHANTS INTERNATIONAL L.P.
WINNERS p 1143
See WINNERS MERCHANTS INTERNATIONAL L.P.
WINNERS p 1146
See WINNERS MERCHANTS INTERNATIONAL L.P.
WINNERS p 1167
See WINNERS MERCHANTS INTERNATIONAL L.P.
WINNERS p 1182
See WINNERS MERCHANTS INTERNATIONAL L.P.
WINNERS p 1198
See WINNERS MERCHANTS INTERNATIONAL L.P.
WINNERS p 1201
See WINNERS MERCHANTS INTERNATIONAL L.P.
WINNERS p 1208
See WINNERS MERCHANTS INTERNATIONAL L.P.
WINNERS p 1216
See WINNERS MERCHANTS INTERNATIONAL L.P.
WINNERS p 1240
See WINNERS MERCHANTS INTERNATIONAL L.P.
WINNERS p 1244
See WINNERS MERCHANTS INTERNATIONAL L.P.
WINNERS p 1252
See WINNERS MERCHANTS INTERNATIONAL L.P.
WINNERS p 1290
See WINNERS MERCHANTS INTERNATIONAL L.P.
WINNERS p 1293
See WINNERS MERCHANTS INTERNATIONAL L.P.
WINNERS 301 ST LAURENT p 1208
See WINNERS MERCHANTS INTERNATIONAL L.P.
WINNERS MERCHANTS INTERNATIONAL L.P. p 11
3221 Sunridge Way Ne Suite 400, CALGARY, AB, T1Y 7M4
(403) 250-2461 SIC 5651
WINNERS MERCHANTS INTERNATIONAL L.P. p 11
3351 20 Ave Ne, CALGARY, AB, T1Y 7A8
(403) 285-4949 SIC 5651
WINNERS MERCHANTS INTERNATIONAL L.P. p 26
901 64 Ave Ne Suite F1, CALGARY, AB, T2E 7P4
(403) 730-8387 SIC 5651
WINNERS MERCHANTS INTERNATIONAL

L.P. p 34
8228 Macleod Trail Se Suite 168, CALGARY, AB, T2H 2B8
(403) 252-7678 SIC 5651
WINNERS MERCHANTS INTERNATIONAL L.P. p 37
5111 Northland Dr Nw Suite 200, CALGARY, AB, T2L 2J8
(403) 247-8100 SIC 5651
WINNERS MERCHANTS INTERNATIONAL L.P. p 50
128 8 Ave Sw, CALGARY, AB, T2P 1B3
(403) 262-7606 SIC 5651
WINNERS MERCHANTS INTERNATIONAL L.P. p 56
85 Shawville Blvd Se Suite 400, CALGARY, AB, T2Y 3W5
(403) 201-7460 SIC 5651
WINNERS MERCHANTS INTERNATIONAL L.P. p 58
4307 130 Ave Se Suite 100, CALGARY, AB, T2Z 3V8
(587) 471-1522 SIC 5651
WINNERS MERCHANTS INTERNATIONAL L.P. p 59
4896 82 St Nw, CALGARY, AB, T3B 2P7
(403) 288-2224 SIC 5651
WINNERS MERCHANTS INTERNATIONAL L.P. p 62
5498 Signal Hill Ctr Sw, CALGARY, AB, T3H 3P8
(403) 246-4999 SIC 5651
WINNERS MERCHANTS INTERNATIONAL L.P. p 65
11686 Sarcee Trail Nw, CALGARY, AB, T3R 0A1
(403) 275-8228 SIC 5651
WINNERS MERCHANTS INTERNATIONAL L.P. p 75
1 Londonderry Mall Nw, EDMONTON, AB, T5C 3C8
(780) 456-5044 SIC 5651
WINNERS MERCHANTS INTERNATIONAL L.P. p 86
13630 137 Ave Nw, EDMONTON, AB, T5L 5G6
(780) 476-4041 SIC 5651
WINNERS MERCHANTS INTERNATIONAL L.P. p 86
13546 137 Ave Nw, EDMONTON, AB, T5L 5E9
(780) 478-5005 SIC 5651
WINNERS MERCHANTS INTERNATIONAL L.P. p 89
300 Mayfield Common Nw, EDMONTON, AB, T5P 4B3
(780) 487-9042 SIC 5719
WINNERS MERCHANTS INTERNATIONAL L.P. p 89
300 Mayfield Common Nw, EDMONTON, AB, T5P 4B3
(780) 444-2445 SIC 5651
WINNERS MERCHANTS INTERNATIONAL L.P. p 95
8882 170 St Nw, EDMONTON, AB, T5T 4M2
(780) 444-0744 SIC 5651
WINNERS MERCHANTS INTERNATIONAL L.P. p 99
5055 101 Ave Nw Unit 135, EDMONTON, AB, T6A 0G7
(780) 490-0606 SIC 5651
WINNERS MERCHANTS INTERNATIONAL L.P. p 111
3355 Calgary Trail Nw, EDMONTON, AB, T6J 6V1
(780) 440-4490 SIC 5651
WINNERS MERCHANTS INTERNATIONAL L.P. p 111
3411 Calgary Trail Nw, EDMONTON, AB, T6J 6Z2
(780) 485-8843 SIC 5651
WINNERS MERCHANTS INTERNATIONAL L.P. p 116
2058 38 Ave Nw, EDMONTON, AB, T6T 0B9

(780) 461-0030 SIC 5651
WINNERS MERCHANTS INTERNATIONAL L.P. p 128
11517 Westgate Dr Suite 117, GRANDE PRAIRIE, AB, T8V 3B1
(780) 532-1508 SIC 5651
WINNERS MERCHANTS INTERNATIONAL L.P. p 128
10502 109a St Unit 101, GRANDE PRAIRIE, AB, T8V 7Y3
(780) 402-9797 SIC 5651
WINNERS MERCHANTS INTERNATIONAL L.P. p 139
501 1 Ave S Unit 2, LETHBRIDGE, AB, T1J 4L9
(403) 320-6677 SIC 5651
WINNERS MERCHANTS INTERNATIONAL L.P. p 145
3201 13 Ave Se Unit 105, MEDICINE HAT, AB, T1B 1E2
(403) 527-8238 SIC 5651
WINNERS MERCHANTS INTERNATIONAL L.P. p 157
5001 19 St Suite 700, RED DEER, AB, T4R 3R1
(403) 340-1717 SIC 5651
WINNERS MERCHANTS INTERNATIONAL L.P. p 163
390 Baseline Rd Suite 346, SHERWOOD PARK, AB, T8H 1X1
(780) 417-4124 SIC 5651
WINNERS MERCHANTS INTERNATIONAL L.P. p 163
5000 Emerald Dr Unit 375, SHERWOOD PARK, AB, T8H 0P5
(780) 417-0480 SIC 5651
WINNERS MERCHANTS INTERNATIONAL L.P. p 168
375 St Albert Trail Suite 191, ST. ALBERT, AB, T8N 3K8
(780) 418-6363 SIC 5651
WINNERS MERCHANTS INTERNATIONAL L.P. p 174
10200 102 Ave, WESTLOCK, AB, T7P 2H9
(780) 420-1801 SIC 5651
WINNERS MERCHANTS INTERNATIONAL L.P. p 178
1335 Sumas Way Unit 100, ABBOTSFORD, BC, V2S 8H2
(604) 556-7558 SIC 5651
WINNERS MERCHANTS INTERNATIONAL L.P. p 188
1899 Rosser Ave Unit 100, BURNABY, BC, V5C 6R5
(604) 294-0117 SIC 5651
WINNERS MERCHANTS INTERNATIONAL L.P. p 192
4700 Kingsway Unit 604, BURNABY, BC, V5H 4M1
(604) 430-3457 SIC 5651
WINNERS MERCHANTS INTERNATIONAL L.P. p 200
3000 Lougheed Hwy Suite 114, COQUITLAM, BC, V3B 1C5
(604) 468-2210 SIC 5651
WINNERS MERCHANTS INTERNATIONAL L.P. p 203
101 Schoolhouse St, COQUITLAM, BC, V3K 4X8
(604) 524-2602 SIC 5651
WINNERS MERCHANTS INTERNATIONAL L.P. p 203
101 Schoolhouse St Unit 260, COQUITLAM, BC, V3K 4X8
(604) 523-2210 SIC 5651
WINNERS MERCHANTS INTERNATIONAL L.P. p 204
3199 Cliffe Ave, COURTENAY, BC, V9N 2L9
(250) 703-0161 SIC 5651
WINNERS MERCHANTS INTERNATIONAL L.P. p 205
1500 Cranbrook St N, CRANBROOK, BC, V1C 3S8
(250) 417-0949 SIC 5651

▲ Public Company   ■ Public Company Family Member   HQ Headquarters   BR Branch   SL Single Location

WINNERS MERCHANTS INTERNATIONAL L.P. *p 224*
1575 Banks Rd Suite 400, KELOWNA, BC, V1X 7Y8
(250) 763-6002   *SIC* 5651

WINNERS MERCHANTS INTERNATIONAL L.P. *p 227*
1835 Gordon Dr, KELOWNA, BC, V1Y 3H4
(250) 860-0267   *SIC* 5651

WINNERS MERCHANTS INTERNATIONAL L.P. *p 234*
20015 Langley Bypass, LANGLEY, BC, V3A 8R6
(604) 532-0325   *SIC* 5651

WINNERS MERCHANTS INTERNATIONAL L.P. *p 234*
20150 Langley Bypass Suite 100, LANGLEY, BC, V3A 9J8
(604) 532-0377   *SIC* 5651

WINNERS MERCHANTS INTERNATIONAL L.P. *p 242*
6631 Island Hwy N Suite 147, NANAIMO, BC, V9T 4T7
(250) 751-0308   *SIC* 5651

WINNERS MERCHANTS INTERNATIONAL L.P. *p 247*
1199 Lynn Valley Rd, NORTH VANCOUVER, BC, V7J 3H2
(604) 990-8230   *SIC* 5651

WINNERS MERCHANTS INTERNATIONAL L.P. *p 253*
19800 Lougheed Hwy Suite 160, PITT MEADOWS, BC, V3Y 2W1
(604) 465-4330   *SIC* 5651

WINNERS MERCHANTS INTERNATIONAL L.P. *p 253*
2210 Main St, PENTICTON, BC, V2A 5H8
(250) 487-1141   *SIC* 5651

WINNERS MERCHANTS INTERNATIONAL L.P. *p 262*
3900 Walls Ave Suite 101, PRINCE GEORGE, BC, V2N 4L4
(250) 562-9465   *SIC* 5651

WINNERS MERCHANTS INTERNATIONAL L.P. *p 271*
5300 No. 3 Rd Suite 856, RICHMOND, BC, V6X 2X9
(604) 279-9466   *SIC* 5651

WINNERS MERCHANTS INTERNATIONAL L.P. *p 287*
12101 72 Ave Suite 105, SURREY, BC, V3W 2M1
(604) 501-0153   *SIC* 5651

WINNERS MERCHANTS INTERNATIONAL L.P. *p 288*
15715 Croydon Dr, SURREY, BC, V3Z 2L5
(604) 535-0115   *SIC* 5651

WINNERS MERCHANTS INTERNATIONAL L.P. *p 322*
798 Granville St Suite 300, VANCOUVER, BC, V6Z 3C3
(604) 683-1058   *SIC* 5651

WINNERS MERCHANTS INTERNATIONAL L.P. *p 327*
4900 27 St Suite 600, VERNON, BC, V1T 7G7
(250) 545-5954   *SIC* 5651

WINNERS MERCHANTS INTERNATIONAL L.P. *p 336*
3170 Tillicum Rd, VICTORIA, BC, V9A 7C5
(250) 361-4511   *SIC* 5651

WINNERS MERCHANTS INTERNATIONAL L.P. *p 337*
2945 Jacklin Rd Suite 400, VICTORIA, BC, V9B 5E3
(250) 391-1829   *SIC* 5651

WINNERS MERCHANTS INTERNATIONAL L.P. *p 338*
782 Park Royal N, WEST VANCOUVER, BC, V7T 1H9
(604) 913-2990   *SIC* 5651

WINNERS MERCHANTS INTERNATIONAL L.P. *p 339*
2002 Park Royal S Unit 1120, WEST VANCOUVER, BC, V7T 2W4
(604) 926-0944   *SIC* 5651

WINNERS MERCHANTS INTERNATIONAL L.P. *p 346*
901 18th St, BRANDON, MB, R7A 7S1
(204) 729-9029   *SIC* 5651

WINNERS MERCHANTS INTERNATIONAL L.P. *p 363*
1520 Regent Ave W, WINNIPEG, MB, R2C 3B4
(204) 654-0945   *SIC* 5651

WINNERS MERCHANTS INTERNATIONAL L.P. *p 371*
2305 Mcphillips St Suite 214, WINNIPEG, MB, R2V 3E1
(204) 334-4834   *SIC* 5651

WINNERS MERCHANTS INTERNATIONAL L.P. *p 382*
1320 Ellice Ave, WINNIPEG, MB, R3G 0E9
(204) 774-9070   *SIC* 5651

WINNERS MERCHANTS INTERNATIONAL L.P. *p 386*
3625 Portage Ave, WINNIPEG, MB, R3K 2G6
(204) 889-8733   *SIC* 5651

WINNERS MERCHANTS INTERNATIONAL L.P. *p 388*
1585 Kenaston Blvd Unit K6, WINNIPEG, MB, R3P 2N3
(204) 487-7512   *SIC* 5651

WINNERS MERCHANTS INTERNATIONAL L.P. *p 391*
2127 Pembina Hwy, WINNIPEG, MB, R3T 5L1
(204) 261-1804   *SIC* 5651

WINNERS MERCHANTS INTERNATIONAL L.P. *p 402*
9 Av Riocan Suite 1, FREDERICTON, NB, E3C 0B9
(506) 457-6264   *SIC* 5651

WINNERS MERCHANTS INTERNATIONAL L.P. *p 408*
35 Plaza Blvd, MONCTON, NB, E1C 0E8
(506) 859-8981   *SIC* 5651

WINNERS MERCHANTS INTERNATIONAL L.P. *p 410*
107 Trinity Dr, MONCTON, NB, E1G 2J7
(506) 860-6700   *SIC* 5651

WINNERS MERCHANTS INTERNATIONAL L.P. *p 415*
88 Consumers Dr, SAINT JOHN, NB, E2J 4Z3
(506) 634-7921   *SIC* 5651

WINNERS MERCHANTS INTERNATIONAL L.P. *p 432*
60 Aberdeen Ave, ST. JOHN'S, NL, A1A 5T3
(709) 738-7500   *SIC* 5651

WINNERS MERCHANTS INTERNATIONAL L.P. *p 435*
48 Kenmount Rd, ST. JOHN'S, NL, A1B 1W3
(709) 745-7000   *SIC* 5651

WINNERS MERCHANTS INTERNATIONAL L.P. *p 443*
181 Damascus Rd, BEDFORD, NS, B4A 0C2
(902) 835-1662   *SIC* 5651

WINNERS MERCHANTS INTERNATIONAL L.P. *p 447*
21 Micmac Dr, DARTMOUTH, NS, B2X 2H4
(902) 461-9177   *SIC* 5651

WINNERS MERCHANTS INTERNATIONAL L.P. *p 447*
650 Portland St, DARTMOUTH, NS, B2W 6A3
(902) 434-2121   *SIC* 5651

WINNERS MERCHANTS INTERNATIONAL L.P. *p 462*
6970 Mumford Rd, HALIFAX, NS, B3L 4W6
(902) 454-5500   *SIC* 5651

WINNERS MERCHANTS INTERNATIONAL L.P. *p 464*
206 Chain Lake Dr, HALIFAX, NS, B3S 1C5
(902) 450-5114   *SIC* 5651

WINNERS MERCHANTS INTERNATIONAL L.P. *p 464*
9 Washmill Lake Dr, HALIFAX, NS, B3S 0A2
(902) 450-5007   *SIC* 5651

WINNERS MERCHANTS INTERNATIONAL L.P. *p 485*
125 Harwood Ave N, AJAX, ON, L1Z 1E6
(905) 426-5659   *SIC* 5651

WINNERS MERCHANTS INTERNATIONAL L.P. *p 485*
40 Kingston Rd E, AJAX, ON, L1Z 1E9
(905) 426-3850   *SIC* 5651

WINNERS MERCHANTS INTERNATIONAL L.P. *p 488*
14 Martindale Cres, ANCASTER, ON, L9K 1J9
(905) 304-9612   *SIC* 5651

WINNERS MERCHANTS INTERNATIONAL L.P. *p 488*
44 Legend Crt, ANCASTER, ON, L9K 1J3
(905) 304-8277   *SIC* 5651

WINNERS MERCHANTS INTERNATIONAL L.P. *p 491*
14740 Yonge St, AURORA, ON, L4G 7H8
(905) 751-0378   *SIC* 5651

WINNERS MERCHANTS INTERNATIONAL L.P. *p 496*
320 Bayfield St, BARRIE, ON, L4M 3C1
(705) 739-1200   *SIC* 5651

WINNERS MERCHANTS INTERNATIONAL L.P. *p 496*
509 Bayfield St, BARRIE, ON, L4M 4Z8
(705) 726-6663   *SIC* 5651

WINNERS MERCHANTS INTERNATIONAL L.P. *p 500*
37 Molson Park Dr E, BARRIE, ON, L4N 9A9
(705) 792-1437   *SIC* 5651

WINNERS MERCHANTS INTERNATIONAL L.P. *p 503*
390 Front St Unit 292, BELLEVILLE, ON, K8N 2Z8
(613) 966-5738   *SIC* 5651

WINNERS MERCHANTS INTERNATIONAL L.P. *p 507*
471 Queen St S, BOLTON, ON, L7E 2B5
(905) 951-7317   *SIC* 5651

WINNERS MERCHANTS INTERNATIONAL L.P. *p 511*
80 Great Lakes Dr Unit 153, BRAMPTON, ON, L6R 2K7
(905) 789-7132   *SIC* 5651

WINNERS MERCHANTS INTERNATIONAL L.P. *p 517*
10 Coventry Rd, BRAMPTON, ON, L6T 5P9
(905) 458-0218   *SIC* 5651

WINNERS MERCHANTS INTERNATIONAL L.P. *p 517*
55 West Dr, BRAMPTON, ON, L6T 4A1
(905) 451-7200   *SIC* 5651

WINNERS MERCHANTS INTERNATIONAL L.P. *p 523*
499 Main St S Suite 183b, BRAMPTON, ON, L6Y 1N7
(905) 457-1552   *SIC* 5651

WINNERS MERCHANTS INTERNATIONAL L.P. *p 526*
84 Lynden Rd Suite C15, BRANTFORD, ON, N3R 6B8
(519) 750-0556   *SIC* 5651

WINNERS MERCHANTS INTERNATIONAL L.P. *p 536*
2445 Appleby Line, BURLINGTON, ON, L7L 0B6
(905) 332-7878   *SIC* 5651

WINNERS MERCHANTS INTERNATIONAL L.P. *p 540*
777 Guelph Line Unit G16, BURLINGTON, ON, L7R 3N2
(905) 631-0521   *SIC* 5651

WINNERS MERCHANTS INTERNATIONAL L.P. *p 545*
22 Pinebush Rd, CAMBRIDGE, ON, N1R 8K5
(519) 740-9597   *SIC* 5651

WINNERS MERCHANTS INTERNATIONAL L.P. *p 545*
600 Hespeler Rd Unit 73b, CAMBRIDGE, ON, N1R 8H2
(519) 624-6063   *SIC* 5651

WINNERS MERCHANTS INTERNATIONAL L.P. *p 563*
1 Bass Pro Mill Dr, CONCORD, ON, L4K 5N4
(905) 660-0595   *SIC* 5651

WINNERS MERCHANTS INTERNATIONAL L.P. *p 566*
501 Tollgate Rd W, CORNWALL, ON, K6H 0B4
(613) 936-8099   *SIC* 5651

WINNERS MERCHANTS INTERNATIONAL L.P. *p 580*
250 The East Mall, ETOBICOKE, ON, M9B 3Y8
(416) 207-0245   *SIC* 5651

WINNERS MERCHANTS INTERNATIONAL L.P. *p 582*
1840 The Queensway, ETOBICOKE, ON, M9C 5H5
(416) 621-4275   *SIC* 5651

WINNERS MERCHANTS INTERNATIONAL L.P. *p 587*
160 Queen's Plate Dr, ETOBICOKE, ON, M9W 6Y9
(416) 746-7588   *SIC* 5651

WINNERS MERCHANTS INTERNATIONAL L.P. *p 592*
280 Guelph St, GEORGETOWN, ON, L7G 4B1
(905) 702-5705   *SIC* 5651

WINNERS MERCHANTS INTERNATIONAL L.P. *p 603*
130 Silvercreek Pky N, GUELPH, ON, N1H 7Y5
(519) 823-2636   *SIC* 5651

WINNERS MERCHANTS INTERNATIONAL L.P. *p 606*
75 Centennial Pky N, HAMILTON, ON, L8E 2P2
(905) 561-2301   *SIC* 5651

WINNERS MERCHANTS INTERNATIONAL L.P. *p 616*
1508 Upper James St, HAMILTON, ON, L9B 1K3
(905) 318-6555   *SIC* 5651

WINNERS MERCHANTS INTERNATIONAL L.P. *p 634*
656 Gardiners Rd Unit 19, KINGSTON, ON, K7M 3X9
(613) 634-2696   *SIC* 5651

WINNERS MERCHANTS INTERNATIONAL L.P. *p 634*
636 Gardiners Rd, KINGSTON, ON, K7M 3X9
(613) 389-3659   *SIC* 5651

WINNERS MERCHANTS INTERNATIONAL L.P. *p 639*
655 Fairway Rd S, KITCHENER, ON, N2C 1X4
(519) 893-6655   *SIC* 5651

WINNERS MERCHANTS INTERNATIONAL L.P. *p 651*
1925 Dundas St, LONDON, ON, N5V 1P7
(519) 451-0872   *SIC* 5651

WINNERS MERCHANTS INTERNATIONAL L.P. *p 653*
50 North Centre Rd Suite D, LONDON, ON, N5X 3W1
(519) 645-6121   *SIC* 5651

WINNERS MERCHANTS INTERNATIONAL L.P. *p 660*
765 Exeter Rd Unit 101, LONDON, ON, N6E 3T1
(519) 649-2880   *SIC* 5651

WINNERS MERCHANTS INTERNATIONAL L.P. *p 664*
3075 Wonderland Rd S Unit E, LONDON, ON, N6L 1R4
(519) 681-5471   *SIC* 5651

WINNERS MERCHANTS INTERNATIONAL

BUSINESSES ALPHABETICALLY

WINNERS MERCHANTS INTERNATIONAL L.P. 3829

WINNERS MERCHANTS INTERNATIONAL L.P. p 675
3105 Highway 7 E, MARKHAM, ON, L3R 0T9
(905) 513-8464 SIC 5651

WINNERS MERCHANTS INTERNATIONAL L.P. p 675
5000 Highway 7, MARKHAM, ON, L3R 4M9
(905) 415-1441 SIC 5651

WINNERS MERCHANTS INTERNATIONAL L.P. p 686
3185 American Dr, MISSISSAUGA, ON, L4V 1B8
(905) 672-2228 SIC 5651

WINNERS MERCHANTS INTERNATIONAL L.P. p 692
4141 Dixie Rd Unit A2, MISSISSAUGA, ON, L4W 1V5
(905) 602-0941 SIC 5651

WINNERS MERCHANTS INTERNATIONAL L.P. p 692
4141 Dixie Rd, MISSISSAUGA, ON, L4W 1V5
(905) 602-1742 SIC 5651

WINNERS MERCHANTS INTERNATIONAL L.P. p 699
3900 Grand Park Dr, MISSISSAUGA, ON, L5B 4M6
(905) 848-0973 SIC 5651

WINNERS MERCHANTS INTERNATIONAL L.P. p 701
1250 South Service Rd Unit 86, MISSISSAUGA, ON, L5E 1V4
(905) 278-0030 SIC 5651

WINNERS MERCHANTS INTERNATIONAL L.P. p 702
1865 Lakeshore Rd W, MISSISSAUGA, ON, L5J 4P1
(905) 403-0049 SIC 5651

WINNERS MERCHANTS INTERNATIONAL L.P. p 706
2670 Erin Centre Blvd, MISSISSAUGA, ON, L5M 5P5
(905) 820-6811 SIC 5651

WINNERS MERCHANTS INTERNATIONAL L.P. p 712
3135 Argentia Rd Unit G6, MISSISSAUGA, ON, L5N 8E1
(905) 785-8475 SIC 5651

WINNERS MERCHANTS INTERNATIONAL L.P. p 715
6075 Mavis Rd Unit 2, MISSISSAUGA, ON, L5R 4G6
(905) 502-6200 SIC 5651

WINNERS MERCHANTS INTERNATIONAL L.P. p 715
60 Standish Crt, MISSISSAUGA, ON, L5R 0G1
(905) 405-8000 SIC 5651

WINNERS MERCHANTS INTERNATIONAL L.P. p 715
650 Matheson Blvd W Suite 3, MISSISSAUGA, ON, L5R 3T2
(905) 712-4555 SIC 5651

WINNERS MERCHANTS INTERNATIONAL L.P. p 725
100 Bayshore Dr, NEPEAN, ON, K2B 8C1
(613) 721-6451 SIC 5651

WINNERS MERCHANTS INTERNATIONAL L.P. p 728
1651 Merivale Rd, NEPEAN, ON, K2G 3K2
(613) 226-3574 SIC 5651

WINNERS MERCHANTS INTERNATIONAL L.P. p 729
1821 Robertson Rd Unit 4, NEPEAN, ON, K2H 8X3
(613) 726-6677 SIC 5651

WINNERS MERCHANTS INTERNATIONAL L.P. p 730
101 Marketplace Ave Unit 2, NEPEAN, ON, K2J 5G5
(613) 825-2347 SIC 5651

WINNERS MERCHANTS INTERNATIONAL L.P. p 734
17890 Yonge St, NEWMARKET, ON, L3Y 8S1
(905) 830-1815 SIC 5651

WINNERS MERCHANTS INTERNATIONAL L.P. p 734
17940 Yonge St, NEWMARKET, ON, L3Y 8S4
(905) 830-4418 SIC 5651

WINNERS MERCHANTS INTERNATIONAL L.P. p 738
7555 Montrose Rd Suite A3, NIAGARA FALLS, ON, L2H 2E9
(905) 358-8893 SIC 5651

WINNERS MERCHANTS INTERNATIONAL L.P. p 743
850 Mckeown Ave, NORTH BAY, ON, P1B 8M1
(705) 475-9292 SIC 5651

WINNERS MERCHANTS INTERNATIONAL L.P. p 746
2450 Sheppard Ave E, NORTH YORK, ON, M2J 1X1
(416) 502-2248 SIC 5651

WINNERS MERCHANTS INTERNATIONAL L.P. p 756
81 Gerry Fitzgerald, NORTH YORK, ON, M3J 3N4
(416) 665-7380 SIC 5651

WINNERS MERCHANTS INTERNATIONAL L.P. p 757
1700 Wilson Ave, NORTH YORK, ON, M3L 1B2
(416) 235-0286 SIC 5651

WINNERS MERCHANTS INTERNATIONAL L.P. p 760
3090 Bathurst St Suite 1, NORTH YORK, ON, M6A 2A1
(416) 782-4469 SIC 5651

WINNERS MERCHANTS INTERNATIONAL L.P. p 767
2431 Trafalgar Rd, OAKVILLE, ON, L6H 6K7
(905) 257-2104 SIC 5651

WINNERS MERCHANTS INTERNATIONAL L.P. p 767
2460 Winston Churchill Blvd Suite 1, OAKVILLE, ON, L6H 6J5
(905) 829-9086 SIC 5651

WINNERS MERCHANTS INTERNATIONAL L.P. p 772
200 North Service Rd W, OAKVILLE, ON, L6M 2Y1
(905) 338-5700 SIC 5651

WINNERS MERCHANTS INTERNATIONAL L.P. p 774
55 Fourth St, ORANGEVILLE, ON, L9W 1G7
(519) 943-1240 SIC 5651

WINNERS MERCHANTS INTERNATIONAL L.P. p 777
4220 Innes Rd Suite 4, ORLEANS, ON, K4A 5E6
(613) 834-9722 SIC 5651

WINNERS MERCHANTS INTERNATIONAL L.P. p 780
891 Taunton Rd E, OSHAWA, ON, L1H 7K5
(905) 433-8181 SIC 5651

WINNERS MERCHANTS INTERNATIONAL L.P. p 784
1501 Innes Rd Suite 417, OTTAWA, ON, K1B 1C5
(613) 740-1299 SIC 5651

WINNERS MERCHANTS INTERNATIONAL L.P. p 787
1235 Donald St, OTTAWA, ON, K1J 8W3
(613) 746-0727 SIC 5651

WINNERS MERCHANTS INTERNATIONAL L.P. p 796
2210 Bank St, OTTAWA, ON, K1V 1J5
(613) 736-6588 SIC 5651

WINNERS MERCHANTS INTERNATIONAL L.P. p 811
950 Lansdowne St W, PETERBOROUGH, ON, K9J 1Z9
(705) 876-7722 SIC 5651

WINNERS MERCHANTS INTERNATIONAL L.P. p 813
1899 Brock Rd, PICKERING, ON, L1V 4H7
(905) 683-9819 SIC 5651

WINNERS MERCHANTS INTERNATIONAL L.P. p 822
45 Red Maple Rd Unit 7, RICHMOND HILL, ON, L4B 4M6
(905) 889-5456 SIC 5651

WINNERS MERCHANTS INTERNATIONAL L.P. p 823
10520 Yonge St Suite 35b, RICHMOND HILL, ON, L4C 3C7
(905) 770-8754 SIC 5651

WINNERS MERCHANTS INTERNATIONAL L.P. p 827
1470 Quinn Dr, SARNIA, ON, N7S 6M8
(519) 383-1613 SIC 5651

WINNERS MERCHANTS INTERNATIONAL L.P. p 833
44 Great Northern Rd, SAULT STE. MARIE, ON, P6B 4Y5
(705) 942-0266 SIC 5651

WINNERS MERCHANTS INTERNATIONAL L.P. p 837
3495 Lawrence Ave E, SCARBOROUGH, ON, M1H 1B3
(416) 289-1145 SIC 5651

WINNERS MERCHANTS INTERNATIONAL L.P. p 839
50 Ashtonbee Rd, SCARBOROUGH, ON, M1L 4R5
(416) 750-8066 SIC 5651

WINNERS MERCHANTS INTERNATIONAL L.P. p 844
47 Milner Ave, SCARBOROUGH, ON, M1S 3P6
(416) 754-1215 SIC 5651

WINNERS MERCHANTS INTERNATIONAL L.P. p 856
221 Glendale Ave, ST CATHARINES, ON, L2T 2K9
(905) 684-3657 SIC 5651

WINNERS MERCHANTS INTERNATIONAL L.P. p 856
221 Glendale Ave Unit 6151, ST CATHARINES, ON, L2T 2K9
(905) 641-9481 SIC 5651

WINNERS MERCHANTS INTERNATIONAL L.P. p 862
75 Centennial Pky N, STONEY CREEK, ON, L8G 2C7
(905) 560-7366 SIC 5651

WINNERS MERCHANTS INTERNATIONAL L.P. p 869
1499 Marcus Dr Suite 2, SUDBURY, ON, P3B 4K6
(705) 560-7883 SIC 5651

WINNERS MERCHANTS INTERNATIONAL L.P. p 869
1399 Marcus Dr, SUDBURY, ON, P3B 4K6
(705) 521-1522 SIC 5651

WINNERS MERCHANTS INTERNATIONAL L.P. p 875
1054 Centre St, THORNHILL, ON, L4J 3M8
(905) 731-3201 SIC 5651

WINNERS MERCHANTS INTERNATIONAL L.P. p 879
777 Memorial Ave, THUNDER BAY, ON, P7B 6S2
(807) 346-6886 SIC 5651

WINNERS MERCHANTS INTERNATIONAL L.P. p 879
1000 Fort William Rd, THUNDER BAY, ON, P7B 6B9
(807) 622-8866 SIC 5651

WINNERS MERCHANTS INTERNATIONAL L.P. p 885
1500 Riverside Dr Suite 1, TIMMINS, ON, P4R 1A1
(705) 267-6082 SIC 5651

WINNERS MERCHANTS INTERNATIONAL L.P. p 887
1900 Eglinton Ave E, TORONTO, ON, M1L 2L9
(416) 757-6420 SIC 5651

WINNERS MERCHANTS INTERNATIONAL L.P. p 893
147 Laird Dr, TORONTO, ON, M4G 4K1
(416) 425-2777 SIC 5651

WINNERS MERCHANTS INTERNATIONAL L.P. p 896
1000 Gerrard St E, TORONTO, ON, M4M 3G6
(416) 466-2796 SIC 5651

WINNERS MERCHANTS INTERNATIONAL L.P. p 907
444 Yonge St Unit G3, TORONTO, ON, M5B 2H4
(416) 598-8800 SIC 5651

WINNERS MERCHANTS INTERNATIONAL L.P. p 907
195 Yonge St, TORONTO, ON, M5B 1M4
(416) 941-9185 SIC 5651

WINNERS MERCHANTS INTERNATIONAL L.P. p 927
110 Bloor St W, TORONTO, ON, M5S 2W7
(416) 920-0193 SIC 5651

WINNERS MERCHANTS INTERNATIONAL L.P. p 931
57 Spadina Ave Suite 201, TORONTO, ON, M5V 2J2
(416) 585-2052 SIC 5651

WINNERS MERCHANTS INTERNATIONAL L.P. p 935
900 Dufferin St, TORONTO, ON, M6H 4B1
(416) 534-9774 SIC 5651

WINNERS MERCHANTS INTERNATIONAL L.P. p 940
1255 The Queensway, TORONTO, ON, M8Z 1S1
(416) 251-9871 SIC 5651

WINNERS MERCHANTS INTERNATIONAL L.P. p 951
663a Erb St W, WATERLOO, ON, N2J 3Z4
(519) 576-3699 SIC 5651

WINNERS MERCHANTS INTERNATIONAL L.P. p 953
550 King St N, WATERLOO, ON, N2L 5W6
(519) 747-1919 SIC 5651

WINNERS MERCHANTS INTERNATIONAL L.P. p 953
578 King St N, WATERLOO, ON, N2L 6L3
(519) 885-2782 SIC 5651

WINNERS MERCHANTS INTERNATIONAL L.P. p 956
800 Niagara St N, WELLAND, ON, L3C 5Z6
(905) 788-3914 SIC 5651

WINNERS MERCHANTS INTERNATIONAL L.P. p 959
1650 Victoria St E Unit 3, WHITBY, ON, L1N 9L4
(905) 433-4588 SIC 5651

WINNERS MERCHANTS INTERNATIONAL L.P. p 959
1650 Victoria St E Unit 7, WHITBY, ON, L1N 9L4
(905) 432-7732 SIC 5651

WINNERS MERCHANTS INTERNATIONAL L.P. p 963
7201 Tecumseh Rd E Suite 1, WINDSOR, ON, N8T 3K4
(519) 974-8519 SIC 5651

WINNERS MERCHANTS INTERNATIONAL L.P. p 965
4324 Walker Rd, WINDSOR, ON, N8W 3T5
(519) 966-0260 SIC 5651

WINNERS MERCHANTS INTERNATIONAL L.P. p 976
7575 Weston Rd Unit 112, WOODBRIDGE, ON, L4L 9K5
(905) 850-8131 SIC 5651

WINNERS MERCHANTS INTERNATIONAL L.P. p 976
200 Windflower Gate, WOODBRIDGE, ON, L4L 9L3
(905) 850-9880 SIC 5651

WINNERS MERCHANTS INTERNATIONAL L.P. p 976

▲ Public Company ■ Public Company Family Member HQ Headquarters BR Branch SL Single Location

WINNERS MERCHANTS INTERNATIONAL L.P.
7601 Weston Rd Suite 129, WOODBRIDGE, ON, L4L 9J9
(905) 851-3361 *SIC* 5651

WINNERS MERCHANTS INTERNATIONAL L.P. *p* 983
670 University Ave, CHARLOTTETOWN, PE, C1E 1H6
(902) 894-5511 *SIC* 5651

WINNERS MERCHANTS INTERNATIONAL L.P. *p* 1001
3430 Av Des Grandes Tourelles, BOIS-BRIAND, QC, J7H 0A2
(450) 420-5215 *SIC* 5651

WINNERS MERCHANTS INTERNATIONAL L.P. *p* 1005
1405 Ch De Touraine Bureau 582, BOUCHERVILLE, QC, J4B 5E4
(450) 650-0145 *SIC* 5651

WINNERS MERCHANTS INTERNATIONAL L.P. *p* 1007
9650 Boul Leduc Bureau 15, BROSSARD, QC, J4Y 0B3
(450) 443-5546 *SIC* 5651

WINNERS MERCHANTS INTERNATIONAL L.P. *p* 1015
1401 Boul Talbot Bureau D1, CHICOUTIMI, QC, G7H 5N6
(418) 690-0303 *SIC* 5651

WINNERS MERCHANTS INTERNATIONAL L.P. *p* 1017
6900 Boul Decarie Bureau 3550, Cote Saint-Luc, QC, H3X 2T8
(514) 733-4200 *SIC* 5651

WINNERS MERCHANTS INTERNATIONAL L.P. *p* 1039
129 Boul Du Plateau, GATINEAU, QC, J9A 3G1
(819) 966-0120 *SIC* 5651

WINNERS MERCHANTS INTERNATIONAL L.P. *p* 1042
140 Rue Saint-Jude N, GRANBY, QC, J2J 2L5
(450) 378-8300 *SIC* 5651

WINNERS MERCHANTS INTERNATIONAL L.P. *p* 1043
3390 Boul Taschereau, GREENFIELD PARK, QC, J4V 2H7
(450) 923-2540 *SIC* 5651

WINNERS MERCHANTS INTERNATIONAL L.P. *p* 1049
3200 Rue Jean-Yves, KIRKLAND, QC, H9J 2R6
(514) 428-0633 *SIC* 5651

WINNERS MERCHANTS INTERNATIONAL L.P. *p* 1060
2101 Av Dollard, LASALLE, QC, H8N 1S2
(514) 595-5545 *SIC* 5651

WINNERS MERCHANTS INTERNATIONAL L.P. *p* 1066
82 Rte Du President-Kennedy, Levis, QC, G6V 6C9
(418) 833-0031 *SIC* 5651

WINNERS MERCHANTS INTERNATIONAL L.P. *p* 1076
121 Montee Masson, MASCOUCHE, QC, J7K 3B4
(450) 474-4423 *SIC* 5651

WINNERS MERCHANTS INTERNATIONAL L.P. *p* 1087
7275 Rue Sherbrooke E Bureau 2000, Montreal, QC, H1N 1E9
(514) 798-1908 *SIC* 5651

WINNERS MERCHANTS INTERNATIONAL L.P. *p* 1108
1500 Av Mcgill College, Montreal, QC, H3A 3J5
(514) 788-4949 *SIC* 5651

WINNERS MERCHANTS INTERNATIONAL L.P. *p* 1122
1500 Av Atwater Bureau F48, Montreal, QC, H3Z 1X5
(514) 939-3327 *SIC* 5651

WINNERS MERCHANTS INTERNATIONAL L.P. *p* 1133
6136 Boul Henri-Bourassa E, MONTREAL-NORD, QC, H1G 5X3
(514) 798-2129 *SIC* 5651

WINNERS MERCHANTS INTERNATIONAL L.P. *p* 1140
1050 Desste Chomedey (A-13) O, POINTE-CLAIRE, QC, H7X 4C9
(450) 969-2007 *SIC* 5651

WINNERS MERCHANTS INTERNATIONAL L.P. *p* 1143
6801 Aut Transcanadienne, POINTE-CLAIRE, QC, H9R 5J2
(514) 782-1308 *SIC* 5651

WINNERS MERCHANTS INTERNATIONAL L.P. *p* 1146
3333 Rue Du Carrefour Bureau 211, Quebec, QC, G1C 5R9
(418) 666-6522 *SIC* 5651

WINNERS MERCHANTS INTERNATIONAL L.P. *p* 1167
575 Boul Lebourgneuf, Quebec, QC, G2J 1R9
(418) 621-0621 *SIC* 5651

WINNERS MERCHANTS INTERNATIONAL L.P. *p* 1176
20c Boul Bouthillier, Rosemere, QC, J7A 4B4
(450) 437-6615 *SIC* 5651

WINNERS MERCHANTS INTERNATIONAL L.P. *p* 1182
1201 Boul Saint-Bruno, SAINT-BRUNO, QC, J3V 6P4
(450) 653-7312 *SIC* 5651

WINNERS MERCHANTS INTERNATIONAL L.P. *p* 1198
600 Rue Pierre-Caisse, SAINT-JEAN-SUR-RICHELIEU, QC, J3A 1M1
(450) 348-3588 *SIC* 5651

WINNERS MERCHANTS INTERNATIONAL L.P. *p* 1201
1105 Boul Jean-Baptiste-Rolland O, Saint-Jerome, QC, J7Y 4Y7
(450) 569-9597 *SIC* 5651

WINNERS MERCHANTS INTERNATIONAL L.P. *p* 1208
3205 Boul De La Cote-Vertu, SAINT-LAURENT, QC, H4R 1Y5
(514) 332-7682 *SIC* 5651

WINNERS MERCHANTS INTERNATIONAL L.P. *p* 1208
3205 Boul De La Cote-Vertu, SAINT-LAURENT, QC, H4R 1Y5
(514) 334-6222 *SIC* 5651

WINNERS MERCHANTS INTERNATIONAL L.P. *p* 1216
4375 Rue Jean-Talon E, SAINT-LEONARD, QC, H1S 1J9
(514) 374-0880 *SIC* 5651

WINNERS MERCHANTS INTERNATIONAL L.P. *p* 1240
3050 Boul De Portland, SHERBROOKE, QC, J1L 1K1
(819) 780-1307 *SIC* 5651

WINNERS MERCHANTS INTERNATIONAL L.P. *p* 1244
570 Montee Des Pionniers, TERREBONNE, QC, J6V 1N9
(450) 654-4634 *SIC* 5651

WINNERS MERCHANTS INTERNATIONAL L.P. *p* 1252
4125 Boul Des Recollets, Trois-Rivieres, QC, G9A 6M1
(819) 370-2001 *SIC* 5651

WINNERS MERCHANTS INTERNATIONAL L.P. *p* 1290
2135 Prince Of Wales Dr, REGINA, SK, S4V 3A4
(306) 789-9998 *SIC* 5651

WINNERS MERCHANTS INTERNATIONAL L.P. *p* 1293
2319 8th St E, SASKATOON, SK, S7H 0V4
(306) 664-1077 *SIC* 5651

WINNIPEG (TRANSCONA LIONS CLUB) INC *p* 363
2070 Dugald Rd, WINNIPEG, MB, R2C 3G7
(204) 222-1640 *SIC* 5812

WINNIPEG ACCOUNTING *p* 376
See BDO CANADA LLP

WINNIPEG BEACH SCHOOL *p* 392
See EVERGREEN SCHOOL DIVISION

WINNIPEG BOARD OF JEWISH EDUCATION, THE *p* 387
123 Doncaster St Suite C300, WINNIPEG, MB, R3N 2B2
(204) 477-7402 *SIC* 8211

WINNIPEG CENTENNIAL LIBRARY *p* 377
See CITY OF WINNIPEG, THE

WINNIPEG CIVICS EMPLOYEES' BENEFITS PROGRAM, THE *p* 376
185 King St, WINNIPEG, MB, R3B 1J1
(204) 986-2522 *SIC* 6371

WINNIPEG COMMUNITY SERVICE *p* 374
See CITY OF WINNIPEG, THE

WINNIPEG CONVENTION CENTRE *p* 377
See CONVENTION CENTRE CORPORATION, THE

WINNIPEG FOREST PRODUCTS INC *p* 363
640 Plessis Rd Unit C, WINNIPEG, MB, R2C 2Z4
SIC 2448

WINNIPEG FREE PRESSESS *p* 372
See FP CANADIAN NEWSPAPERS LIMITED PARTNERSHIP

WINNIPEG GARAGE *p* 371
See CITY OF WINNIPEG, THE

WINNIPEG GOLDEYES BASEBALL CLUB INC *p* 376
1 Portage Ave E, WINNIPEG, MB, R3B 3N3
(204) 982-2273 *SIC* 7941

WINNIPEG MILLENNIUM LIBRARY *p* 379
See WINNIPEG PUBLIC LIBRARY INC

WINNIPEG PANTS & SPORTSWEAR MFG. LTD *p* 374
85 Adelaide St, WINNIPEG, MB, R3A 0V9
(204) 942-3494 *SIC* 2326

WINNIPEG PANTS & SPORTSWEAR MFG. LTD *p* 376
90 Annabella St, WINNIPEG, MB, R3B 3K7
(204) 975-5011 *SIC* 4225

WINNIPEG PUBLIC LIBRARY INC *p* 379
251 Donald St, WINNIPEG, MB, R3C 3P5
(204) 986-6462 *SIC* 8231

WINNIPEG REGIONAL HEALTH AUTHORITY *p* 380
See WINNIPEG REGIONAL HEALTH AUTHORITY, THE

WINNIPEG REGIONAL HEALTH AUTHORITY, THE *p* 364
614 Rue Des Meurons Suite 240, WINNIPEG, MB, R2H 2P9
(204) 940-2035 *SIC* 8099

WINNIPEG REGIONAL HEALTH AUTHORITY, THE *p* 366
345 De Baets St, WINNIPEG, MB, R2J 3V6
(204) 654-5100 *SIC* 8099

WINNIPEG REGIONAL HEALTH AUTHORITY, THE *p* 367
975 Henderson Hwy, WINNIPEG, MB, R2K 4L7
(204) 938-5000 *SIC* 8093

WINNIPEG REGIONAL HEALTH AUTHORITY, THE *p* 369
735 St Anne's Rd, WINNIPEG, MB, R2N 0C4
(204) 255-9073 *SIC* 8361

WINNIPEG REGIONAL HEALTH AUTHORITY, THE *p* 369
1050 Leila Ave Suite 3, WINNIPEG, MB, R2P 1W6
(204) 938-5600 *SIC* 8062

WINNIPEG REGIONAL HEALTH AUTHORITY, THE *p* 374
840 Sherbrook St Suite 709, WINNIPEG, MB, R3A 1S1
(204) 787-3038 *SIC* 8069

WINNIPEG REGIONAL HEALTH AUTHORITY, THE *p* 374
820 Sherbrook St Suite 543, WINNIPEG, MB, R3A 1R9
(204) 774-6511 *SIC* 8062

WINNIPEG REGIONAL HEALTH AUTHORITY, THE *p* 374
490 Hargrave St, WINNIPEG, MB, R3A 0X7
(204) 940-2665 *SIC* 8093

WINNIPEG REGIONAL HEALTH AUTHORITY, THE *p* 379
155 Carlton St Suite 1800, WINNIPEG, MB, R3C 3H8
(204) 926-7179 *SIC* 8741

WINNIPEG REGIONAL HEALTH AUTHORITY, THE *p* 380
791 Notre Dame Ave Suite 1, WINNIPEG, MB, R3E 0M1
SIC 8062

WINNIPEG REGIONAL HEALTH AUTHORITY, THE *p* 380
720 Mcdermot Ave Rm Ad301, WINNIPEG, MB, R3E 0T3
(204) 787-1165 *SIC* 8062

WINNIPEG REGIONAL HEALTH AUTHORITY, THE *p* 391
2735 Pembina Hwy, WINNIPEG, MB, R3T 2H5
(204) 940-2320 *SIC* 8062

WINNIPEG SCHOOL DIVISION *p* 367
361 Kent Rd, WINNIPEG, MB, R2L 1X9
(204) 669-1228 *SIC* 8211

WINNIPEG SCHOOL DIVISION *p* 367
265 Grey St, WINNIPEG, MB, R2L 1V6
(204) 669-4482 *SIC* 8211

WINNIPEG SCHOOL DIVISION *p* 367
170 Poplar Ave, WINNIPEG, MB, R2L 2B6
(204) 667-8495 *SIC* 8211

WINNIPEG SCHOOL DIVISION *p* 367
96 Carmen Ave, WINNIPEG, MB, R2L 0E6
(204) 667-8534 *SIC* 8211

WINNIPEG SCHOOL DIVISION *p* 367
505 Chalmers Ave, WINNIPEG, MB, R2L 0G4
(204) 667-8823 *SIC* 8211

WINNIPEG SCHOOL DIVISION *p* 367
500 Riverton Ave, WINNIPEG, MB, R2L 0N9
(204) 667-9006 *SIC* 8211

WINNIPEG SCHOOL DIVISION *p* 370
2340 Burrows Ave, WINNIPEG, MB, R2R 1W1
(204) 633-6477 *SIC* 8211

WINNIPEG SCHOOL DIVISION *p* 370
150 Inkster Garden Dr, WINNIPEG, MB, R2R 2R8
(204) 633-7656 *SIC* 8211

WINNIPEG SCHOOL DIVISION *p* 370
105 Lucas Ave, WINNIPEG, MB, R2R 2S8
(204) 633-4092 *SIC* 8211

WINNIPEG SCHOOL DIVISION *p* 370
2424 King Edward St, WINNIPEG, MB, R2R 2R2
(204) 694-0483 *SIC* 8211

WINNIPEG SCHOOL DIVISION *p* 371
364 Dufferin Ave, WINNIPEG, MB, R2W 2Y3
(204) 589-5301 *SIC* 8211

WINNIPEG SCHOOL DIVISION *p* 371
450 Flora Ave, WINNIPEG, MB, R2W 2R8
(204) 589-6742 *SIC* 8211

WINNIPEG SCHOOL DIVISION *p* 371
633 Inkster Blvd, WINNIPEG, MB, R2W 0L3
(204) 589-4383 *SIC* 8211

WINNIPEG SCHOOL DIVISION *p 371*
100 Salter St, WINNIPEG, MB, R2W 5M1
(204) 589-6383   *SIC* 8211

WINNIPEG SCHOOL DIVISION *p 371*
275 Church Ave, WINNIPEG, MB, R2W 1B9
(204) 586-5139   *SIC* 8211

WINNIPEG SCHOOL DIVISION *p 372*
401 Church Ave, WINNIPEG, MB, R2W 1C4
(204) 589-4374   *SIC* 8211

WINNIPEG SCHOOL DIVISION *p 372*
405 Parr St, WINNIPEG, MB, R2W 5G1
(204) 586-8583   *SIC* 8211

WINNIPEG SCHOOL DIVISION *p 372*
233 Mckenzie St, WINNIPEG, MB, R2W 4Z2
(204) 586-8493   *SIC* 8211

WINNIPEG SCHOOL DIVISION *p 372*
200 Powers St, WINNIPEG, MB, R2W 4P3
(204) 589-4313   *SIC* 8211

WINNIPEG SCHOOL DIVISION *p 372*
132 Lusted Ave, WINNIPEG, MB, R2W 2P2
(204) 943-9541   *SIC* 8211

WINNIPEG SCHOOL DIVISION *p 372*
320 Mountain Ave, WINNIPEG, MB, R2W 1K1
(204) 586-8085   *SIC* 8211

WINNIPEG SCHOOL DIVISION *p 372*
270 Flora Ave, WINNIPEG, MB, R2W 2P9
(204) 586-8346   *SIC* 8211

WINNIPEG SCHOOL DIVISION *p 373*
1111 Machray Ave, WINNIPEG, MB, R2X 1H6
(204) 586-8497   *SIC* 8211

WINNIPEG SCHOOL DIVISION *p 373*
1360 Redwood Ave, WINNIPEG, MB, R2X 0Z1
(204) 589-8321   *SIC* 8211

WINNIPEG SCHOOL DIVISION *p 373*
550 Robertson St, WINNIPEG, MB, R2X 2C4
(204) 589-4745   *SIC* 8211

WINNIPEG SCHOOL DIVISION *p 373*
715 Wiginton St, WINNIPEG, MB, R2X 2G2
(204) 338-7039   *SIC* 8211

WINNIPEG SCHOOL DIVISION *p 373*
820 Mcphillips St, WINNIPEG, MB, R2X 2J7
(204) 586-9625   *SIC* 8211

WINNIPEG SCHOOL DIVISION *p 373*
825 Selkirk Ave, WINNIPEG, MB, R2X 2Y6
(204) 586-8381   *SIC* 8211

WINNIPEG SCHOOL DIVISION *p 373*
1641 Manitoba Ave, WINNIPEG, MB, R2X 0M3
(204) 586-8376   *SIC* 8211

WINNIPEG SCHOOL DIVISION *p 374*
545 Alexander Ave, WINNIPEG, MB, R3A 0P1
(204) 774-3409   *SIC* 8211

WINNIPEG SCHOOL DIVISION *p 374*
567 Bannatyne Ave, WINNIPEG, MB, R3A 0G8
(204) 786-5631   *SIC* 8211

WINNIPEG SCHOOL DIVISION *p 374*
809 Furby St, WINNIPEG, MB, R3A 1T2
(204) 775-2574   *SIC* 8211

WINNIPEG SCHOOL DIVISION *p 374*
110 Ellen St, WINNIPEG, MB, R3A 1A1
(204) 943-3459   *SIC* 8211

WINNIPEG SCHOOL DIVISION *p 376*
460 Sargent Ave, WINNIPEG, MB, R3B 1V5
(204) 942-6965   *SIC* 8211

WINNIPEG SCHOOL DIVISION *p 376*
30 Argyle St, WINNIPEG, MB, R3B 0H4
(204) 942-4326   *SIC* 8211

WINNIPEG SCHOOL DIVISION *p 380*
136 Cecil St, WINNIPEG, MB, R3E 2Y9
(204) 775-5440   *SIC* 8211

WINNIPEG SCHOOL DIVISION *p 380*
1150 Sherburn St, WINNIPEG, MB, R3E 2N4
(204) 783-6195   *SIC* 8211

WINNIPEG SCHOOL DIVISION *p 380*
1410 Logan Ave, WINNIPEG, MB, R3E 1R9
(204) 775-2591   *SIC* 8211

WINNIPEG SCHOOL DIVISION *p 380*
1555 Wall St, WINNIPEG, MB, R3E 2S2
(204) 786-1401   *SIC* 8211

WINNIPEG SCHOOL DIVISION *p 380*
1570 Elgin Ave W, WINNIPEG, MB, R3E 1C2
(204) 783-9012   *SIC* 8211

WINNIPEG SCHOOL DIVISION *p 380*
2 Sargent Park Pl, WINNIPEG, MB, R3E 0V8
(204) 775-8985   *SIC* 8211

WINNIPEG SCHOOL DIVISION *p 380*
720 Alverstone St, WINNIPEG, MB, R3E 2H1
(204) 783-7131   *SIC* 8211

WINNIPEG SCHOOL DIVISION *p 380*
765 Pacific Ave, WINNIPEG, MB, R3E 1G1
(204) 786-5749   *SIC* 8211

WINNIPEG SCHOOL DIVISION *p 380*
1395 Spruce St Suite 1, WINNIPEG, MB, R3E 2V8
(204) 786-0344   *SIC* 8211

WINNIPEG SCHOOL DIVISION *p 380*
1180 Notre Dame Ave Suite 109, WINNIPEG, MB, R3E 0P2
(204) 789-0409   *SIC* 8211

WINNIPEG SCHOOL DIVISION *p 380*
1070 Clifton St, WINNIPEG, MB, R3E 2T7
(204) 783-7792   *SIC* 8211

WINNIPEG SCHOOL DIVISION *p 382*
511 Clifton St, WINNIPEG, MB, R3G 2X3
(204) 783-3237   *SIC* 8211

WINNIPEG SCHOOL DIVISION *p 382*
525 Agnes St, WINNIPEG, MB, R3G 1N7
(204) 775-4404   *SIC* 8211

WINNIPEG SCHOOL DIVISION *p 382*
750 Wolseley Ave, WINNIPEG, MB, R3G 1C6
(204) 786-3469   *SIC* 8211

WINNIPEG SCHOOL DIVISION *p 382*
960 Wolseley Ave, WINNIPEG, MB, R3G 1E7
(204) 786-4796   *SIC* 8211

WINNIPEG SCHOOL DIVISION *p 382*
390 Burnell St, WINNIPEG, MB, R3G 2A8
(204) 775-2455   *SIC* 8211

WINNIPEG SCHOOL DIVISION *p 382*
3 Borrowman Pl, WINNIPEG, MB, R3G 1M6
(204) 774-5401   *SIC* 8211

WINNIPEG SCHOOL DIVISION *p 382*
1265 Barratt Ave, WINNIPEG, MB, R3G 0L9
(204) 772-9527   *SIC* 8211

WINNIPEG SCHOOL DIVISION *p 386*
550 Harrow St Suite 13, WINNIPEG, MB, R3M 3A2
(204) 453-3347   *SIC* 8211

WINNIPEG SCHOOL DIVISION *p 386*
665 Beresford Ave, WINNIPEG, MB, R3L 1J9
(204) 453-6639   *SIC* 8211

WINNIPEG SCHOOL DIVISION *p 386*
510 Hay St, WINNIPEG, MB, R3L 2L6
(204) 474-1301   *SIC* 8211

WINNIPEG SCHOOL DIVISION *p 386*
500 Gertrude Ave, WINNIPEG, MB, R3L 0M8
(204) 475-4767   *SIC* 8211

WINNIPEG SCHOOL DIVISION *p 386*
450 Nathaniel St, WINNIPEG, MB, R3M 3E3
(204) 452-3112   *SIC* 8211

WINNIPEG SCHOOL DIVISION *p 386*
290 Lilac St, WINNIPEG, MB, R3M 2T5
(204) 452-5015   *SIC* 8211

WINNIPEG SCHOOL DIVISION *p 386*
253 Maplewood Ave, WINNIPEG, MB, R3L 2L4
(204) 284-5983   *SIC* 8211

WINNIPEG SCHOOL DIVISION *p 386*
115 River Ave, WINNIPEG, MB, R3L 0A8
(204) 475-5057   *SIC* 8211

WINNIPEG SCHOOL DIVISION *p 386*
1045 Grosvenor Ave, WINNIPEG, MB, R3M 0M8
(204) 475-5242   *SIC* 8211

WINNIPEG SCHOOL DIVISION *p 387*
340 Cockburn St N, WINNIPEG, MB, R3M 2P5
(204) 474-1441   *SIC* 8211

WINNIPEG SCHOOL DIVISION *p 387*
315 Oak St, WINNIPEG, MB, R3M 3P8
(204) 488-1137   *SIC* 8211

WINNIPEG SCHOOL DIVISION *p 387*
691 Montrose St Suite 1, WINNIPEG, MB, R3M 3M4
(204) 488-8112   *SIC* 8211

WINNIPEG SCHOOL DIVISION *p 387*
350 Rockwood St, WINNIPEG, MB, R3M 3C5
(204) 452-4210   *SIC* 8211

WINNIPEG SCHOOL DIVISION *p 387*
1350 Grosvenor Ave, WINNIPEG, MB, R3M 0P2
(204) 488-7090   *SIC* 8211

WINNIPEG SCHOOL DIVISION *p 387*
1510 Corydon Ave, WINNIPEG, MB, R3N 0J6
(204) 488-4422   *SIC* 8211

WINNIPEG SCHOOL DIVISION *p 387*
155 Kingsway, WINNIPEG, MB, R3M 0G3
(204) 474-1492   *SIC* 8211

WINNIPEG SCHOOL DIVISION *p 387*
1720 John Brebeuf Pl, WINNIPEG, MB, R3N 0M1
(204) 488-4517   *SIC* 8211

WINNIPEG SCHOOL DIVISION *p 387*
300 Carpathia Rd, WINNIPEG, MB, R3N 1T3
(204) 488-4514   *SIC* 8211

WINNIPEG SCHOOL DIVISION *p 387*
245 Queenston St, WINNIPEG, MB, R3N 0W6
(204) 489-3423   *SIC* 8211

WINNIPEG SLEET MANAGEMENT AGENCY *p 379*
See CITY OF WINNIPEG, THE

WINNIPEG TECHNICAL COLLEGE *p 391*
1551 Pembina Hwy, WINNIPEG, MB, R3T 2E5
(204) 989-6566   *SIC* 8222

WINNIPEGOSIS COLLEGIATE *p 392*
See MOUNTAIN VIEW SCHOOL DIVISION

WINNIPEGOSIS ELEMENTARY SCHOOL *p 392*
See MOUNTAIN VIEW SCHOOL DIVISION

WINNIPEGOSIS GENERAL HOSPITAL INC *p 392*
230 Bridge St, WINNIPEGOSIS, MB, R0L 2G0
(204) 656-4881   *SIC* 8062

WINNSERV INC *p 370*
131 Greenhoven Cres, WINNIPEG, MB, R2R 1B5
(204) 633-9004   *SIC* 8361

WINNSERV INC *p 382*
960 Portage Ave Suite 101, WINNIPEG, MB, R3G 0R4
(204) 783-8654   *SIC* 8361

WINONA DRIVE SENIOR SCHOOL *p 935*
See TORONTO DISTRICT SCHOOL BOARD

WINONA PUBLIC SCHOOL *p 861*
See HAMILTON-WENTWORTH DISTRICT SCHOOL BOARD, THE

WINRAM INSURANCE SERVICES *p 313*
See AXIS INSURANCE MANAGERS INC

WINROC *p 93*
See SUPERIOR PLUS LP

WINROC *p 219*
See SUPERIOR PLUS LP

WINROC *p 388*
See SUPERIOR PLUS LP

WINROC *p 538*
See SUPERIOR PLUS LP

WINROC *p 562*
See SUPERIOR PLUS LP

WINROC *p 1283*
See SUPERIOR PLUS LP

WINROC BUILDING SUPPLIES *p 547*
See SUPERIOR PLUS LP

WINROC GAS STI *p 290*
See SUPERIOR PLUS LP

WINSAFE, A DIVISION OF AGF ACCESS GROUP INC *p 672*
See GROUPE AGF ACCES INC

WINSLOW CENTRE *p 201*
See SCHOOL DISTRICT NO. 43 (COQUITLAM)

WINSTON CHURCHILL HIGH SCHOOL *p 137*
See LETHBRIDGE SCHOOL DISTRICT NO. 51

WINSTON CHURCHILL PIZZA LIMITED *p 767*
2011 Winston Park Dr, OAKVILLE, ON, L6H 6P5
(905) 829-8370   *SIC* 5812

WINSTON CHURCHILL PUBLIC SCHOOL *p 552*
See LAMBTON KENT DISTRICT SCHOOL BOARD

WINSTON CHURCHILL PUBLIC SCHOOL *p 632*
See LIMESTONE DISTRICT SCHOOL BOARD

WINSTON CHURCHILL PUBLIC SCHOOL *p 953*
See WATERLOO REGION DISTRICT SCHOOL BOARD

WINSTON CHURCHILL SCHOOL *p 1273*
See LLOYDMINSTER SCHOOL DIVISION NO 99

WINSTON HIGH SCHOOL *p 1308*
See HORIZON SCHOOL DIVISION NO 205

WINSTON KNOLL COLLEGIATE *p 1290*
See BOARD OF EDUCATION REGINA SCHOOL DIVISION NO. 4 OF SASKATCHEWAN

WINTERBURN SCHOOL *p 94*
See EDMONTON SCHOOL DISTRICT NO. 7

WINTERBURN TRUSS DIV OF *p 1*
See NELSON LUMBER COMPANY LTD

WINTON GLOBAL LUMBER LTD *p 260*
1850 River Rd, PRINCE GEORGE, BC, V2L 5S8
SIC 2421

WIRECOMM SYSTEMS (2008), INC *p 500*
122 Saunders Rd Suite 10, BARRIE, ON, L4N 9A8
(905) 405-8018   *SIC* 4899

WIREFAB INDUSTRIES, DIV OF *p 841*
See TEKNION LIMITED

WIRELESS RONIN TECHNOLOGIES (CANADA), INC. *p 965*
4510 Rhodes Dr Unit 800, WINDSOR, ON, N8W 5K5
(519) 974-2363   *SIC* 7371

WIRELESS WAVES *p 92*
See GLENTEL INC

WIRELESS WAVES *p 95*
See GLENTEL INC

WIRELESS WAVES *p 177*
See GLENTEL INC

WIRELESS WAVES *p 182*
See GLENTEL INC

WIRELESS WAVES *p 197*
See GLENTEL INC

WIRELESS WAVES *p 218*
See GLENTEL INC

WIRELESS WAVES *p 232*
See GLENTEL INC

WIRELESS WAVES *p 262*
See GLENTEL INC

WIRELESS WAVES *p 368*
See GLENTEL INC

WIRELESS WAVES *p 540*
See GLENTEL INC

WIRELESS WAVES *p 638*
See GLENTEL INC

WIRELESS WAVES *p 671*
See GLENTEL INC

WIRELESS WAVES *p 698*
See GLENTEL INC

▲ Public Company   ■ Public Company Family Member   **HQ** Headquarters   **BR** Branch   **SL** Single Location

WIRSBO   p 1283
See UPONOR LTD
WIS   p 408
See WESTERN INVENTORY SERVICE LTD
WIS INTERNATIONAL   p 14
See WESTERN INVENTORY SERVICE LTD
WIS INTERNATIONAL   p 188
See WESTERN INVENTORY SERVICE LTD
WIS INTERNATIONAL   p 260
See WESTERN INVENTORY SERVICE LTD
WIS INTERNATIONAL   p 281
See WESTERN INVENTORY SERVICE LTD
WIS INTERNATIONAL   p 364
See WESTERN INVENTORY SERVICE LTD
WIS INTERNATIONAL   p 410
See WESTERN INVENTORY SERVICE LTD
WIS INTERNATIONAL   p 436
See WESTERN INVENTORY SERVICE LTD
WIS INTERNATIONAL   p 461
See WESTERN INVENTORY SERVICE LTD
WIS INTERNATIONAL   p 540
See WESTERN INVENTORY SERVICE LTD
WIS INTERNATIONAL   p 613
See WESTERN INVENTORY SERVICE LTD
WIS INTERNATIONAL   p 642
See WESTERN INVENTORY SERVICE LTD
WIS INTERNATIONAL   p 658
See WESTERN INVENTORY SERVICE LTD
WIS INTERNATIONAL   p 686
See WESTERN INVENTORY SERVICE LTD
WIS INTERNATIONAL   p 855
See WESTERN INVENTORY SERVICE LTD
WIS INTERNATIONAL   p 871
See WESTERN INVENTORY SERVICE LTD
WIS INTERNATIONAL   p 1299
See WESTERN INVENTORY SERVICE LTD
WISHART ELEMENTARY SCHOOL   p 337
See SCHOOL DISTRICT NO 62 (SOOKE)
WISL   p 366
See WESTERN INDUSTRIAL SERVICES LTD
WISMER DEVELOPMENTS INC   p 528
38 Middleton St, BRANTFORD, ON, N3S 7V7
(519) 757-0663   SIC 5147
WISMER DEVELOPMENTS INC   p 954
250 Frobisher Dr, WATERLOO, ON, N2V 2L8
(519) 743-1412   SIC 2013
WISMER PUBLIC SCHOOL   p 678
See YORK REGION DISTRICT SCHOOL BOARD
WISMETTAC ASIAN FOODS, INC   p 272
11388 No. 5 Rd Suite 130, RICHMOND, BC, V7A 4E7
(604) 303-8620   SIC 5141
WITHDRAWAL MANAGEMENT CENTRE   p 894
See TORONTO EAST GENERAL HOSPITAL
WITHERS L.P.   p 115
903 76 Ave Nw, EDMONTON, AB, T6P 1P2
(780) 440-2840   SIC 4213
WITHERS L.P.   p 151
Gd, PROVOST, AB, T0B 3S0
(780) 753-2976   SIC 4213
WITHERS L.P.   p 169

3602 93 St, STURGEON COUNTY, AB, T8W 5A8
(780) 539-5347   SIC 4213
WITHERS TRUCKING   p 169
See WITHERS L.P.
WITHMORE ELEMENTARY SCHOOL   p 347
See MOUNTAIN VIEW SCHOOL DIVISION
WITHROW   p 895
See TURNING POINT YOUTH SERVICES
WITHROW AVENUE PUBLIC SCHOOL   p 895
See TORONTO DISTRICT SCHOOL BOARD
WITTINGTON PROPERTIES LIMITED   p 900
22 St Clair Ave E Suite 400, TORONTO, ON, M4T 2S3
(416) 967-7923   SIC 6512
WIX-BROWN ELEMENTARY SCHOOL   p 231
See SCHOOL DISTRICT NO. 35 (LANGLEY)
WIZARD GRILL   p 340
See WHISTLER & BLACKCOMB MOUNTAIN RESORTS LIMITED
WLF   p 29
See WESTERN LOUISEVILLE FIBERBOARD INC
WM HAY COMPOSITE HIGH SCHOOL   p 168
See CLEARVIEW SCHOOL DIVISION #71
WM QUEBEC INC   p 1072
2457 Ch Du Lac, LONGUEUIL, QC, J4N 1P1
(450) 646-7870   SIC 4953
WM QUEBEC INC   p 1230
2535 1re Rue, SAINTE-SOPHIE, QC, J5J 2R7
(450) 438-5604   SIC 4953
WM. MERRIFIELD V.C. PUBLIC SCHOOL   p 833
See ALGOMA DISTRICT SCHOOL BOARD
WMI - 99 HOLDING COMPANY   p 634
370 Select Dr, KINGSTON, ON, K7M 8T4
SIC 5651
WOBURN COLLEGIATE INSTITUTE   p 836
See TORONTO DISTRICT SCHOOL BOARD
WOBURN JUNIOR PUBLIC SCHOOL   p 886
See TORONTO DISTRICT SCHOOL BOARD
WOLF CREEK PUBLIC SCHOOL   p 151
See WOLF CREEK SCHOOL DIVISION NO.72
WOLF CREEK SCHOOL DIVISION NO.72   p 3
4723 49th St, ALIX, AB, T0C 0B0
(403) 747-2778   SIC 8211
WOLF CREEK SCHOOL DIVISION NO.72   p 6
4710 Broadway Ave, BLACKFALDS, AB, T0M 0J0
(403) 885-4646   SIC 8211
WOLF CREEK SCHOOL DIVISION NO.72   p 6
5314 49 St, BENTLEY, AB, T0C 0J0
(403) 748-3770   SIC 8211
WOLF CREEK SCHOOL DIVISION NO.72   p 68
5016 52 Ave, CLIVE, AB, T0C 0Y0
(403) 784-3354   SIC 8211
WOLF CREEK SCHOOL DIVISION NO.72   p 73
Gd, ECKVILLE, AB, T0M 0X0
(403) 746-2297   SIC 8211
WOLF CREEK SCHOOL DIVISION NO.72   p 134
5226 56 Ave, LACOMBE, AB, T4L 2H4
(403) 783-3473   SIC 4151
WOLF CREEK SCHOOL DIVISION NO.72   p 134
5303 50 St, LACOMBE, AB, T4L 1H7
(403) 746-2236   SIC 8211
WOLF CREEK SCHOOL DIVISION NO.72   p 134
6739 C And E Trail, LACOMBE, AB, T4L 2P2

(403) 782-0050   SIC 8211
WOLF CREEK SCHOOL DIVISION NO.72   p 134
5830 50 St, LACOMBE, AB, T4L 1G5
(403) 782-3812   SIC 8211
WOLF CREEK SCHOOL DIVISION NO.72   p 134
5628 56 Ave, LACOMBE, AB, T4L 1G6
(403) 782-6615   SIC 8211
WOLF CREEK SCHOOL DIVISION NO.72   p 134
5424 50 St, LACOMBE, AB, T4L 1G2
(403) 782-3096   SIC 8211
WOLF CREEK SCHOOL DIVISION NO.72   p 134
5414 50 St, LACOMBE, AB, T4L 1G4
(403) 782-7410   SIC 8211
WOLF CREEK SCHOOL DIVISION NO.72   p 151
6000 Highway 2a, PONOKA, AB, T4J 1P6
(403) 783-3473   SIC 8211
WOLF CREEK SCHOOL DIVISION NO.72   p 151
5510 48 Ave, PONOKA, AB, T4J 1N7
SIC 8211
WOLF CREEK SCHOOL DIVISION NO.72   p 151
5004 54 St, PONOKA, AB, T4J 1N8
(403) 783-3583   SIC 8211
WOLF CREEK SCHOOL DIVISION NO.72   p 151
6002 54 Ave, PONOKA, AB, T4J 1N9
(403) 783-4411   SIC 8211
WOLF CREEK SCHOOL DIVISION NO.72   p 151
Gd Stn Main, PONOKA, AB, T4J 1R9
(403) 783-5464   SIC 8211
WOLF CREEK SCHOOL DIVISION NO.72   p 158
5302 52nd St, RIMBEY, AB, T0C 2J0
(403) 843-3751   SIC 8211
WOLF STEEL LTD   p 496
9 Napoleon Rd, BARRIE, ON, L4M 0G8
(705) 721-1212   SIC 3433
WOLFEDALE ELECTRIC LTD   p 665
647 Wilton Grove Rd Unit 3, LONDON, ON, N6N 1N7
SIC 1731
WOLFORD PUBLIC SCHOOL   p 679
See UPPER CANADA DISTRICT SCHOOL BOARD, THE
WOLFTEK INDUSTRIES INC   p 262
5018 Continental Way, PRINCE GEORGE, BC, V2N 5S5
(250) 562-7543   SIC 3499
WOLFVILLE NURSING HOMES LIMITED   p 480
601 Main St Suite 2, WOLFVILLE, NS, B4P 1E9
(902) 542-2429   SIC 8051
WOLFVILLE SCHOOL   p 479
See ANNAPOLIS VALLEY REGIONAL SCHOOL BOARD
WOLSELEY CANADA INC   p 21
10775 42 St Se Unit 9, CALGARY, AB, T2C 5B2
(403) 243-8790   SIC 5074
WOLSELEY CANADA INC   p 29
3604 8 St Se Suite 403, CALGARY, AB, T2G 3A7
(403) 287-2684   SIC 5074
WOLSELEY CANADA INC   p 34
5516 3 St Se, CALGARY, AB, T2H 1J9
(403) 243-6614   SIC 5087
WOLSELEY CANADA INC   p 94
18404 116 Ave Nw, EDMONTON, AB, T5S 2W8
(780) 452-0340   SIC 5074
WOLSELEY CANADA INC   p 97
12224 152 St Nw, EDMONTON, AB, T5V 1S1
(780) 454-0481   SIC 5074
WOLSELEY CANADA INC   p 185
5950 Kingsland Dr, BURNABY, BC, V5B

4W7
(604) 294-3473   SIC 5074
WOLSELEY CANADA INC   p 333
840 Cloverdale Ave, VICTORIA, BC, V8X 2S8
(250) 475-1120   SIC 5999
WOLSELEY CANADA INC   p 382
1300 St Matthews Ave, WINNIPEG, MB, R3G 3K4
(204) 786-7861   SIC 5074
WOLSELEY CANADA INC   p 536
5145 North Service Rd, BURLINGTON, ON, L7L 5H6
(905) 335-4232   SIC 5075
WOLSELEY CANADA INC   p 538
880 Laurentian Dr Suite 1, BURLINGTON, ON, L7N 3V6
(905) 335-7373   SIC 5075
WOLSELEY CANADA INC   p 563
1290 Creditstone Unit 1&2, CONCORD, ON, L4K 5T7
(905) 879-0034   SIC 1711
WOLSELEY CANADA INC   p 631
75 Harvey St, KINGSTON, ON, K7K 5C1
(613) 546-3141   SIC 5074
WOLSELEY CANADA INC   p 692
5235 Timberlea Blvd, MISSISSAUGA, ON, L4W 2S3
(905) 602-0223   SIC 5078
WOLSELEY CANADA INC   p 771
1330 South Service Rd W, OAKVILLE, ON, L6L 5T7
SIC 5074
WOLSELEY CANADA INC   p 1018
4133 Boul Industriel, Cote Saint-Luc, QC, H7L 6G9
(450) 624-2110   SIC 5074
WOLSELEY CANADA INC   p 1129
4075 Boul Industriel Bureau 624, Montreal, QC, H7L 6E3
(450) 628-5777   SIC 5074
WOLSELEY CANADA INC   p 1129
4075 Boul Industriel Bureau 624, Montreal, QC, H7L 6E3
(450) 628-6053   SIC 3822
WOLSELEY CANADA INC   p 1130
4200 Rue Louis-B.-Mayer, Montreal, QC, H7P 0G1
(450) 680-4040   SIC 5075
WOLSELEY CANADA INC   p 1213
4200 Rue Hickmore, SAINT-LAURENT, QC, H4T 1K2
(514) 344-9378   SIC 5074
WOLSELEY CANADA INC   p 1240
230 Rue Leger, SHERBROOKE, QC, J1L 1M1
(819) 562-2662   SIC 5074
WOLSELEY CANADA INC   p 1288
1176 Hamilton St, REGINA, SK, S4R 2B2
(306) 525-6581   SIC 5074
WOLSELEY CANADA INC   p 1299
2744 1st Ave N, SASKATOON, SK, S7K 6M5
(306) 933-1033   SIC 5074
WOLSELEY CANADA INC   p 1299
3006 Cleveland Ave Suite 1, SASKATOON, SK, S7K 8B5
SIC 3089
WOLSELEY GROUPE CVACR, DIV OF   p 1129
See WOLSELEY CANADA INC
WOLSELEY INDUSTRIAL CANADA INC   p 107
3780 98 St Nw, EDMONTON, AB, T6E 6B4
(780) 468-7161   SIC 5085
WOLSELEY INDUSTRIAL CANADA INC   p 1154
2150 Rue Lavoisier, Quebec, QC, G1N 4B1
(418) 683-2581   SIC 5084
WOLSELEY INDUSTRIAL CANADA INC   p 1211
4953 Boul De La Cote-Vertu, SAINT-LAURENT, QC, H4S 1E1
SIC 5085
WOLSELEY INDUSTRIAL CANADA INC   p

BUSINESSES ALPHABETICALLY — WOODVILLE ELEMENTARY SCHOOL — 3833

1252
3160 Rue Bellefeuille, Trois-Rivieres, QC, G9A 5R5
(819) 379-0047   SIC 5211
WOLSELEY MECHANICAL   p 1299
See WOLSELEY CANADA INC
WOLSELEY MECHANICAL GROUP   p 21
See WOLSELEY CANADA INC
WOLSELEY MECHANICAL GROUP   p 94
See WOLSELEY CANADA INC
WOLSELEY MECHANICAL GROUP   p 185
See WOLSELEY CANADA INC
WOLSELEY MECHANICAL GROUP   p 382
See WOLSELEY CANADA INC
WOLSELEY MECHANICAL GROUP   p 631
See WOLSELEY CANADA INC
WOLSELEY MECHANICAL GROUP MIDWEST   p 1288
See WOLSELEY CANADA INC
WOLSELEY MEMORIAL UNION HOSPITAL   p 1309
See REGINA QU'APPELLE REGIONAL HEALTH AUTHORITY
WOLSELEY SCHOOL   p 382
See WINNIPEG SCHOOL DIVISION
WOLTERS KLUWER CANADA LIMITED   p 324
505 Burrard St Suite 1760, VANCOUVER, BC, V7X 1M6
(800) 268-4522   SIC 2721
WOLTERS KLUWER CANADA LIMITED   p 750
90 Sheppard Ave E Suite 300, NORTH YORK, ON, M2N 6X1
(416) 224-2224   SIC 2721
WOLTERS KLUWER CANADA LIMITED   p 1238
1120 Rue De Cherbourg, SHERBROOKE, QC, J1K 2N8
(819) 566-2000   SIC 7291
WOLTERS KLUWER QUEBEC LTEE   p 1008
7005 Boul Taschereau Bureau 190, BROSSARD, QC, J4Z 1A7
(450) 678-4443   SIC 2721
WOLVERINE FREIGHT SYSTEM   p 976
See 591182 ONTARIO LIMITED
WOLVERINE FREIGHT SYSTEMS   p 739
See 591182 ONTARIO LIMITED
WOLVERINE WORLD WIDE CANADA ULC   p 712
6225 Millcreek Dr, MISSISSAUGA, ON, L5N 0G2
(905) 285-9560   SIC 5139
WOLVERTON SECURITIES LTD   p 50
335 8 Ave Sw Suite 2100, CALGARY, AB, T2P 1C9
SIC 6211
WOMAN'S OWN WITHDRAWAL MANAGEMENT CENTRE   p 936
See UNIVERSITY HEALTH NETWORK
WOMANKIND ADDICTION SERVICE   p 613
See ST. JOSEPH'S HEALTHCARE FOUNDATION, HAMILTON
WOMEN'S COLLEGE HOSPITAL   p 912
790 Bay St Suite 750, TORONTO, ON, M5G 1N8
(416) 351-2535   SIC 8071
WOMEN'S COLLEGE RESEARCH INSTITUTE   p 912
See WOMEN'S COLLEGE HOSPITAL
WOMEN'S RESIDENCE   p 927
See CORPORATION OF THE CITY OF TORONTO
WONDERLAND PIZZA LTD   p 664
3090 Wonderland Rd S, LONDON, ON, N6L 1A6
(519) 472-5001   SIC 5812
WONG, VICKY C.K. DRUGS LTD   p 677
9255 Woodbine Ave Suite 27, MARKHAM, ON, L6C 1Y9
(905) 887-3000   SIC 5912

WOOD & ENERGY STORE   p 104
See DYAND MECHANICAL SYSTEMS INC
WOOD ELEMENTARY SCHOOL   p 254
See SCHOOL DISTRICT #70 (ALBERNI) SCHOOL BOARD
WOOD GUNDY   p 630
See CIBC WORLD MARKETS INC
WOOD MOTORS (1972) LIMITED   p 401
880 Prospect St, FREDERICTON, NB, E3B 2T8
(506) 452-6611   SIC 5511
WOOD MOTORS FORD   p 401
See WOOD MOTORS (1972) LIMITED
WOOD WASTE SOLUTIONS CANADA INC   p 507
12673 Coleraine Dr, BOLTON, ON, L7E 3B5
(905) 857-7672   SIC 2448
WOOD WHEATON HONDA   p 262
2500 Range Rd, PRINCE GEORGE, BC, V2N 0C3
(250) 562-9391   SIC 5511
WOOD WYANT CANADA INC   p 1259
42 Rue De L'artisan, VICTORIAVILLE, QC, G6P 7E3
(819) 758-1541   SIC 2842
WOOD'S HOMES - WILLIAM TAYLOR LEARNING CENTER   p 38
See CALGARY BOARD OF EDUCATION
WOOD'S HOMES BOWNESS TREATMENT   p 59
See WOOD'S HOMES SOCIETY
WOOD'S HOMES SOCIETY   p 59
9400 48 Ave Nw, CALGARY, AB, T3B 2B2
(403) 247-6751   SIC 8361
WOODBINE ENTERTAINMENT GROUP   p 895
1661 Queen St E, TORONTO, ON, M4L 1G5
(416) 698-3136   SIC 7999
WOODBINE ENTERTAINMENT GROUP   p 943
555 Rexdale Blvd, TORONTO, ON, M9W 5L2
(416) 675-7223   SIC 7948
WOODBINE RACETRACK   p 943
See WOODBINE ENTERTAINMENT GROUP
WOODBINE SAFEWAY   p 55
See SOBEYS WEST INC
WOODBINE SCHOOL   p 54
See CALGARY BOARD OF EDUCATION
WOODBINE TOOL & DIE MANUFACTURING LTD   p 675
3300 14th Ave, MARKHAM, ON, L3R 0H3
(905) 475-5223   SIC 3469
WOODBRIDGE COLLEGE   p 976
See YORK REGION DISTRICT SCHOOL BOARD
WOODBRIDGE ENTERPRISES LTD   p 201
531 Clarke Rd, COQUITLAM, BC, V3J 3X4
(604) 936-4222   SIC 5812
WOODBRIDGE FARMS SCHOOL   p 161
See ELK ISLAND PUBLIC SCHOOLS REGIONAL DIVISION NO. 14
WOODBRIDGE FOAM CORPORATION   p 505
140 Cathcart St, BLENHEIM, ON, N0P 1A0
(519) 676-3626   SIC 3086
WOODBRIDGE FOAM CORPORATION   p 638
68 Shirley Ave, KITCHENER, ON, N2B 2E1
(519) 579-6100   SIC 3081
WOODBRIDGE FOAM CORPORATION   p 882
189 Queen St N, TILBURY, ON, N0P 2L0
(519) 682-3080   SIC 2851
WOODBRIDGE FOAM CORPORATION   p 882
189 Queen St N, TILBURY, ON, N0P 2L0
SIC 3086
WOODBRIDGE FOAM CORPORATION   p 959
1999 Forbes St, WHITBY, ON, L1N 7V4
(905) 434-8473   SIC 3086

WOODBRIDGE FOAM CORPORATION   p 976
8214 Kipling Ave, WOODBRIDGE, ON, L4L 2A4
(905) 851-9237   SIC 8734
WOODBRIDGE GLASS   p 561
See PROTEMP GLASS INC
WOODBRIDGE GROUP, THE   p 505
See WOODBRIDGE FOAM CORPORATION
WOODBRIDGE GROUP, THE   p 959
See WOODBRIDGE FOAM CORPORATION
WOODBRIDGE PUBLIC SCHOOL   p 976
See YORK REGION DISTRICT SCHOOL BOARD
WOODCHESTER SOBEYS, DIV OF   p 703
See SOBEYS CAPITAL INCORPORATED
WOODCREST PUBLIC SCHOOL   p 781
See DURHAM DISTRICT SCHOOL BOARD
WOODCREST PUBLIC SCHOOL   p 881
See LAKEHEAD DISTRICT SCHOOL BOARD
WOODGREEN COMMUNITY SERVICES   p 894
815 Danforth Ave Suite 100, TORONTO, ON, M4J 1L2
(416) 645-6000   SIC 8399
WOODGREEN COMMUNITY SERVICES   p 896
835 Queen St E, TORONTO, ON, M4M 1H9
(416) 469-5211   SIC 8351
WOODGREEN RED DOOR FAMILY SHELTER   p 896
21 Carlaw Ave, TORONTO, ON, M4M 2R6
(416) 915-5671   SIC 8322
WOODGREEN RED DOOR FAMILY SHELTER INC   p 842
1731 Lawrence Ave E, SCARBOROUGH, ON, M1R 2X7
(416) 750-3800   SIC 8361
WOODGROVE CHRYSLER DODGE   p 242
See A.M.L. HOLDINGS LTD
WOODHAVEN CAPITAL CORP   p 137
3125 24 Ave N, LETHBRIDGE, AB, T1H 5G2
(403) 320-7070   SIC 6712
WOODHAVEN CAPITAL CORP   p 361
275 Hespler Ave, WINKLER, MB, R6W 0J7
(204) 325-7883   SIC 3443
WOODHAVEN JUNIOR HIGH SCHOOL   p 165
See PARKLAND SCHOOL DIVISION NO. 70
WOODHAVEN, THE   p 677
See CHARTWELL SENIORS HOUSING REAL ESTATE INVESTMENT TRUST
WOODHEAD SOFTWARE & ELECTRONIC, DIV OF   p 954
See MOLEX CANADA LTD
WOODINGFORD LODGE   p 621
325 Thames St S, INGERSOLL, ON, N5C 2T8
(519) 485-7053   SIC 8059
WOODLAND ENTERPRISES   p 164
See 379778 ALBERTA CORPORATION
WOODLAND HEIGHTS PUBLIC SCHOOL   p 663
See THAMES VALLEY DISTRICT SCHOOL BOARD
WOODLAND PARK ELEMENTARY SCHOOL   p 290
See SCHOOL DISTRICT NO 36 (SURREY)
WOODLAND PARK PUBLIC SCHOOL   p 546
See WATERLOO REGION DISTRICT SCHOOL BOARD
WOODLAND PRIMARY SCHOOL   p 427
See NOVA CENTRAL SCHOOL DISTRICT
WOODLAND PUBLIC SCHOOL   p 854
See DISTRICT SCHOOL BOARD OF NIAGARA
WOODLAND PUBLIC SCHOOL   p 874
See YORK REGION DISTRICT SCHOOL BOARD

WOODLAND SECONDARY SCHOOL   p 241
See SCHOOL DISTRICT NO. 68 (NANAIMO-LADYSMITH)
WOODLAND VILLA NURSING HOME   p 666
See OMNI HEALTH CARE LTD
WOODLANDS COLONY FARMS LTD   p 353
Gd, POPLAR POINT, MB, R0H 0Z0
(204) 243-2642   SIC 7389
WOODLANDS COLONY OF HUTTERIAN BRETHREN   p 353
See WOODLANDS COLONY FARMS LTD
WOODLANDS ELEMENTARY SCHOOL   p 54
See CALGARY BOARD OF EDUCATION
WOODLANDS SCHOOL   p 700
See PEEL DISTRICT SCHOOL BOARD
WOODLAWN ELEMENTARY SCHOOL   p 357
See HANOVER SCHOOL DIVISION
WOODLAWN FUNERAL HOME   p 179
See SERVICE CORPORATION INTERNATIONAL (CANADA) LIMITED
WOODMAN JUNIOR HIGH   p 54
See CALGARY BOARD OF EDUCATION
WOODMAN PARK AND RECREATIONAL COMMUNITY CENTRE   p 527
See CORPORATION OF THE CITY OF BRANTFORD, THE
WOODRIDGE FORD LINCOLN LTD   p 149
4 Westland Rd, OKOTOKS, AB, T1S 1N1
(403) 938-2222   SIC 5511
WOODRIDGE OF OKOTOKS   p 149
See WOODRIDGE FORD LINCOLN LTD
WOODROFFE AVENUE PUBLIC SCHOOL   p 798
See OTTAWA CARLETON DISTRICT SCHOOL BOARD
WOODROFFE SECONDARY HIGH SCHOOL   p 799
See OTTAWA-CARLETON DISTRICT SCHOOL BOARD
WOODSTOCK 230 TRAVEL CENTRE   p 978
See TRAVEL CENTRE CANADA INC, THE
WOODSTOCK ACCOUNTING   p 976
See BDO CANADA LLP
WOODSTOCK AND DISTRICT DEVELOPMENTAL SERVICES   p 978
212 Bysham Park Dr, WOODSTOCK, ON, N4T 1R2
(519) 539-7447   SIC 8322
WOODSTOCK CAMPUS   p 422
See NEW BRUNSWICK COMMUNITY COLLEGE (NBCC)
WOODSTOCK CENTENNIAL ELEMENTARY SCHOOL   p 422
See SCHOOL DISTRICT 14
WOODSTOCK COLLEGIATE INSTITUTE   p 978
See THAMES VALLEY DISTRICT SCHOOL BOARD
WOODSTOCK HIGH SCHOOL   p 422
See SCHOOL DISTRICT 14
WOODSTOCK MIDDLE SCHOOL   p 422
See SCHOOL DISTRICT 14
WOODSTOCK SERVICE CENTRE   p 978
See TOYOTA TSUSHO CANADA INC
WOODSTOCK YMCA   p 978
See YMCA OF WESTERN ONTARIO
WOODSWORTH COLLEGE   p 926
See GOVERNING COUNCIL OF THE UNIVERSITY OF TORONTO
WOODVIEW CHILDREN'S CENTRE   p 529
233 Colborne St Suite 200, BRANTFORD, ON, N3T 2H4
(519) 752-5308   SIC 8069
WOODVIEW CHILDREN'S MENTAL HEALTH AND AUTISM SERVICES   p 529
See WOODVIEW CHILDREN'S CENTRE
WOODVILLE ELEMENTARY SCHOOL   p 979
See TRILLIUM LAKELANDS DISTRICT

SCHOOL BOARD
WOODWARD AVENUE SCHOOL *p* 607
See HAMILTON-WENTWORTH DISTRICT SCHOOL BOARD, THE
WOODWARD LIBRARY *p* 320
See UNIVERSITY OF BRITISH COLUMBIA, THE
WOODWARD'S LIMITED *p* 428
16 Loring Dr, HAPPY VALLEY-GOOSE BAY, NL, A0P 1C0
(709) 896-2421   *SIC* 4581
WOODWOORK & PUB INTERIORS *p* 84
See 1471899 ALBERTA LTD
WOODWORKS *p* 178
See 277702 BRITISH COLUMBIA LTD
WOODY'S *p* 903
See 826788 ONTARIO LTD
WOOLASTOOK LONG TERM CARE FACILITY INC *p* 402
2230 Route 102, GAGETOWN, NB, E5M 1J6
(506) 488-3544   *SIC* 8051
WOOLWICH AGRICULTURAL SOCIETY *p* 573
7445 Wellington Rd 21, ELORA, ON, N0B 1S0
(519) 846-5455   *SIC* 7948
WORK ORIENTED REHABILITATION CENTRE *p* 436
See VERA PERLIN SOCIETY
WORK WORLD *p* 3
See MARK'S WORK WEARHOUSE LTD
WORK WORLD *p* 85
See MARK'S WORK WEARHOUSE LTD
WORK WORLD *p* 113
See MARK'S WORK WEARHOUSE LTD
WORK WORLD *p* 128
See MARK'S WORK WEARHOUSE LTD
WORK WORLD *p* 242
See MARK'S WORK WEARHOUSE LTD
WORK WORLD *p* 329
See MARK'S WORK WEARHOUSE LTD
WORK WORLD *p* 432
See MARK'S WORK WEARHOUSE LTD
WORK WORLD *p* 443
See MARK'S WORK WEARHOUSE LTD
WORK WORLD *p* 452
See MARK'S WORK WEARHOUSE LTD
WORK WORLD *p* 491
See MARK'S WORK WEARHOUSE LTD
WORK WORLD *p* 498
See MARK'S WORK WEARHOUSE LTD
WORK WORLD *p* 504
See MARK'S WORK WEARHOUSE LTD
WORK WORLD *p* 510
See MARK'S WORK WEARHOUSE LTD
WORK WORLD *p* 676
See MARK'S WORK WEARHOUSE LTD
WORK WORLD *p* 693
See MARK'S WORK WEARHOUSE LTD
WORK WORLD *p* 765
See MARK'S WORK WEARHOUSE LTD
WORK WORLD *p* 777
See MARK'S WORK WEARHOUSE LTD
WORK WORLD *p* 780
See MARK'S WORK WEARHOUSE LTD
WORK WORLD *p* 803
See MARK'S WORK WEARHOUSE LTD
WORK WORLD *p* 904
See MARK'S WORK WEARHOUSE LTD
WORK WORLD *p* 1311
See MARK'S WORK WEARHOUSE LTD
WORKER'S SAFETY AND COMPENSATION COMMISSION *p* 439
5022 49 St, YELLOWKNIFE, NT, X1A 3R8
(867) 920-3888   *SIC* 6331
WORKERS REHABILITATION CENTER *p* 418
See WORKPLACE HEALTH, SAFETY & COMPENSATION COMMISSION OF NEW BRUNSWICK

WORKERS' COMPENSATION BOARD *p* 260
See WORKERS' COMPENSATION BOARD OF BRITISH COLUMBIA
WORKERS' COMPENSATION BOARD ALBERTA *p* 26
4311 12 St Ne Suite 150, CALGARY, AB, T2E 4P9
(403) 517-6000   *SIC* 6331
WORKERS' COMPENSATION BOARD ALBERTA *p* 83
9912 107 St Nw, EDMONTON, AB, T5K 1G5
(780) 498-3999   *SIC* 6331
WORKERS' COMPENSATION BOARD OF BRITISH COLUMBIA *p* 180
2774 Trethewey St, ABBOTSFORD, BC, V2T 3R1
(604) 556-2000   *SIC* 6331
WORKERS' COMPENSATION BOARD OF BRITISH COLUMBIA *p* 204
801 30th St, COURTENAY, BC, V9N 8G6
(250) 334-8701   *SIC* 6331
WORKERS' COMPENSATION BOARD OF BRITISH COLUMBIA *p* 227
2045 Enterprise Way Unit 110, KELOWNA, BC, V1Y 9T5
(250) 717-4301   *SIC* 6331
WORKERS' COMPENSATION BOARD OF BRITISH COLUMBIA *p* 242
4980 Wills Rd, NANAIMO, BC, V9T 6C6
(604) 273-2266   *SIC* 6331
WORKERS' COMPENSATION BOARD OF BRITISH COLUMBIA *p* 244
524 Kootenay St, NELSON, BC, V1L 6B4
(250) 354-5700   *SIC* 6331
WORKERS' COMPENSATION BOARD OF BRITISH COLUMBIA *p* 260
1066 Vancouver St, PRINCE GEORGE, BC, V2L 5M4
(250) 563-9264   *SIC* 6331
WORKERS' COMPENSATION BOARD OF BRITISH COLUMBIA *p* 291
4450 Lakelse Ave, TERRACE, BC, V8G 1P2
(250) 615-6600   *SIC* 7389
WORKERS' COMPENSATION BOARD OF BRITISH COLUMBIA *p* 333
4514 Chatterton Way, VICTORIA, BC, V8X 5H2
(250) 881-3400   *SIC* 6331
WORKPLACE HEALTH SAFETY & COMPENSATION COMMISSION OF NEWFOUNDLAND AND LABRADOR *p* 425
2 Herald Ave, CORNER BROOK, NL, A2H 4B5
(709) 637-2700   *SIC* 6331
WORKPLACE HEALTH SAFETY & COMPENSATION COMMISSION OF NEWFOUNDLAND AND LABRADOR *p* 432
148 Forest Rd Unit 146, ST. JOHN'S, NL, A1A 1E6
(709) 778-1000   *SIC* 6331
WORKPLACE HEALTH SAFETY & COMPENSATION SERVICES *p* 432
See PROVINCE OF NEWFOUNDLAND & LABRADOR
WORKPLACE HEALTH, SAFETY & COMPENSATION COMMISSION OF NEW BRUNSWICK *p* 403
166 Boul Broadway Suite 300, GRAND-SAULT/GRAND FALLS, NB, E3Z 2J9
(506) 475-2550   *SIC* 6331
WORKPLACE HEALTH, SAFETY & COMPENSATION COMMISSION OF NEW BRUNSWICK *p* 418
3700 Westfield Rd, SAINT JOHN, NB, E2M 5Z4
(506) 738-8411   *SIC* 8011
WORKPLACE HEALTH, SAFETY & COMPENSATION COMMISSION OF NEW

BRUNSWICK *p* 418
1 Portland St, Saint John, NB, E2L 3X9
(506) 632-2200   *SIC* 6331
WORKPLACE SAFETY & INSURANCE BOARD, THE *p* 611
120 King St W, HAMILTON, ON, L8P 4V2
SIC 6331
WORKPLACE SAFETY & INSURANCE BOARD, THE *p* 631
234 Concession St Suite 304, KINGSTON, ON, K7K 6W6
(613) 544-9682   *SIC* 8631
WORKPLACE SAFETY & INSURANCE BOARD, THE *p* 641
55 King St W Suite 502, KITCHENER, ON, N2G 4W1
SIC 6331
WORKPLACE SAFETY & INSURANCE BOARD, THE *p* 657
148 Fullarton St Suite 402, LONDON, ON, N6A 5P3
(519) 663-2331   *SIC* 6331
WORKPLACE SAFETY & INSURANCE BOARD, THE *p* 792
180 Kent St Suite 400, OTTAWA, ON, K1P 0B6
(416) 344-1000   *SIC* 6331
WORKPLACE SAFETY & INSURANCE BOARD, THE *p* 855
301 St. Paul St Suite 1, ST CATHARINES, ON, L2R 7R4
SIC 6331
WORKPLACE SAFETY & INSURANCE BOARD, THE *p* 871
30 Cedar St, SUDBURY, ON, P3E 1A4
(705) 677-4260   *SIC* 6331
WORKPLACE SAFETY & INSURANCE BOARD, THE *p* 966
2485 Ouellette Ave, WINDSOR, ON, N8X 1L5
SIC 6331
WORKS DEPARTMENT OF ORONO DEPOT *p* 777
See CORPORATION OF THE REGIONAL MUNICIPALITY OF DURHAM, THE
WORKSAFE BC *p* 204
See WORKERS' COMPENSATION BOARD OF BRITISH COLUMBIA
WORKSAFE BC *p* 227
See WORKERS' COMPENSATION BOARD OF BRITISH COLUMBIA
WORKSAFE BC *p* 242
See WORKERS' COMPENSATION BOARD OF BRITISH COLUMBIA
WORKSAFE BC *p* 291
See WORKERS' COMPENSATION BOARD OF BRITISH COLUMBIA
WORKSAFE BC *p* 333
See WORKERS' COMPENSATION BOARD OF BRITISH COLUMBIA
WORKSAFE BRITISH COLUMBIA *p* 244
See WORKERS' COMPENSATION BOARD OF BRITISH COLUMBIA
WORKSASEBC *p* 180
See WORKERS' COMPENSATION BOARD OF BRITISH COLUMBIA
WORKSHOPX INC *p* 797
6 Hamilton Ave N Suite 004, OTTAWA, ON, K1Y 4R1
(613) 860-7000   *SIC* 8731
WORLD AUTHENTIC BAKING COMPMAY DIV. *p* 207
See CANADA BREAD COMPANY, LIMITED
WORLD BIGGEST BOOK STORE *p* 911
See INDIGO BOOKS & MUSIC INC
WORLD BOWL *p* 819
See 1325994 ONTARIO LIMITED
WORLD DUTY FREE GROUP *p* 273
See WDFG VANCOUVER LP
WORLD FINANCIAL GROUP *p* 178
See WFG SECURITIES OF CANADA INC
WORLD FINANCIAL GROUP INSURANCE AGENCY OF CANADA *p* 183
See WFG SECURITIES OF CANADA INC

WORLD FINANCIAL GROUP INSURANCE AGENCY OF CANADA INC *p* 1121
4721 Av Van Horne, Montreal, QC, H3W 1H8
(514) 731-2300   *SIC* 8742
WORLD FINANCIAL GROUP INSURANCE AGENCY OF CANADA INC *p* 1299
20 51 St Suite 200, SASKATOON, SK, S7K 0X8
(306) 651-5260   *SIC* 6311
WORLD FISHING NETWORK ULC *p* 900
60 St Clair Ave E Suite 400, TORONTO, ON, M4T 1N5
(416) 593-0915   *SIC* 4833
WORLD HEALTH *p* 61
See INTERNATIONAL FITNESS HOLDINGS INC
WORLD HEALTH *p* 74
See INTERNATIONAL FITNESS HOLDINGS INC
WORLD HEALTH CLUB *p* 28
See INTERNATIONAL FITNESS HOLDINGS INC
WORLD HEALTH CLUB *p* 45
See INTERNATIONAL FITNESS HOLDINGS INC
WORLD JOURNAL LTD *p* 295
2288 Clark Dr, VANCOUVER, BC, V5N 3G8
(604) 876-1338   *SIC* 2711
WORLD TRADE GROUP *p* 907
See WORLD TRADE GROUP (NORTH AMERICA) INC
WORLD TRADE GROUP (NORTH AMERICA) INC *p* 907
211 Yonge St, TORONTO, ON, M5B 1M4
(416) 214-3400   *SIC* 7389
WORLD WIDE CUSTOMS BROKERS LTD *p* 50
Gd Lcd 1, CALGARY, AB, T2P 2G8
(403) 538-3199   *SIC* 4731
WORLDGAMING *p* 916
See WORLDGAMING NETWORK INC
WORLDGAMING NETWORK INC *p* 916
208 Adelaide St W Suite 200, TORONTO, ON, M5H 1W7
(416) 800-4263   *SIC* 7372
WORLDPAC CANADA INC *p* 267
13480 Crestwood Pl Unit 120, RICHMOND, BC, V6V 2K1
(604) 248-1059   *SIC* 5531
WORLDREACH SOFTWARE CORPORATION *p* 799
2650 Queensview Dr Suite 250, OTTAWA, ON, K2B 8H6
(613) 742-6482   *SIC* 7371
WORLDSOURCE FINANCIAL MANAGEMENT INC *p* 675
625 Cochrane Dr Suite 700, MARKHAM, ON, L3R 9R9
(905) 940-0044   *SIC* 6282
WORLDWIDE EVANGELIZATION FOR CHRIST *p* 611
37 Aberdeen Ave, HAMILTON, ON, L8P 2N6
(905) 529-0166   *SIC* 7389
WORLDWIDE FLIGHT SERVICES LTD *p* 1079
11955 Henry-Giffard Suite 200, MIRABEL, QC, J7N 1G3
(450) 476-9248   *SIC* 4731
WORLEYPARSONS CANADA SERVICES LTD *p* 34
8500 Macleod Tr Se, CALGARY, AB, T2H 2N1
(403) 258-8000   *SIC* 8711
WORLEYPARSONS CANADA SERVICES LTD *p* 52
540 12 Ave Sw, CALGARY, AB, T2R 0H4
(403) 508-5300   *SIC* 8711
WORLEYPARSONS CANADA SERVICES LTD *p* 59
151 Canada Olympic Rd Sw Suite 500, CAL-

GARY, AB, T3B 6B7
(403) 247-0200 SIC 8711
WORLEYPARSONS CANADA SERVICES LTD p 102
9405 50 St Nw Suite 101, EDMONTON, AB, T6B 2T4
SIC 8711
WORLEYPARSONS CANADA SERVICES LTD p 107
5008 86 St Nw Suite 120, EDMONTON, AB, T6E 5S2
(780) 440-5300 SIC 8711
WORLEYPARSONS CANADA SERVICES LTD p 188
4321 Still Creek Dr Suite 600, BURNABY, BC, V5C 6S7
(604) 298-1616 SIC 8711
WORLEYPARSONS CANADA SERVICES LTD p 249
233 1st St W, NORTH VANCOUVER, BC, V7M 1B3
(604) 985-6488 SIC 8711
WORLEYPARSONS CANADA SERVICES LTD p 337
2780 Veterans Memorial Pky Suite 106, VICTORIA, BC, V9B 3S6
SIC 8621
WORLEYPARSONS CANADA SERVICES LTD p 436
215 Water St Suite 604, ST. JOHN'S, NL, A1C 6C9
SIC 8711
WORLEYPARSONS CANADA SERVICES LTD p 692
2645 Skymark Ave, MISSISSAUGA, ON, L4W 4H2
(905) 614-1778 SIC 8711
WORLEYPARSONS CANADA SERVICES LTD p 827
1086 Modeland Rd Bldg 1050, SARNIA, ON, N7S 6L2
(519) 332-0160 SIC 8742
WORLEYPARSONS CANADA SERVICES LTD p 945
8133 Warden Ave, UNIONVILLE, ON, L6G 1B3
(905) 940-4774 SIC 8711
WORLEYPARSONS EDMONTON p 107
See WORLEYPARSONS CANADA SERVICES LTD
WORLEYPARSONS MEG, DIV OF p 34
See WORLEYPARSONS CANADA SERVICES LTD
WORLEYPARSONSCORD LTD p 73
8500 Macleod Trail Se Suite 400s, EDMONTON, AB, T2H 2N1
SIC 8711
WORLEYPARSONSCORD LTD p 116
2455 130 Ave Ne, EDMONTON, AB, T6S 0A4
(780) 440-6942 SIC 1623
WORLEYPARSONSCORD LTD. p 116
See WORLEYPARSONSCORD LTD
WORSLEY CENTRAL SCHOOL p 175
See PEACE RIVER SCHOOL DIVISION 10
WORSLEY ELEMENTARY SCHOOL p 949
See SIMCOE COUNTY DISTRICT SCHOOL BOARD, THE
WORTHINGTON INDUSTRIES OF CANADA INC p 882
97 Lyon Ave, TILBURY, ON, N0P 2L0
(519) 682-1313 SIC 5051
WORTHINGTON PUBLIC SCHOOL p 524
See PEEL DISTRICT SCHOOL BOARD
WORTLEY ROAD PUBLIC SCHOOL p 658
See THAMES VALLEY DISTRICT SCHOOL BOARD
WOSS LAKE ELEMENTARY SCHOOL p 342
See SCHOOL DISTRICT NO 85 (VANCOUVER ISLAND NORTH)
WOWK ELEMENTARY p 274
See BOARD OF EDUCATION SCHOOL DISTRICT #38 (RICHMOND)

WOWU FACTOR DESSERTS LTD p 162
152 Cree Rd, SHERWOOD PARK, AB, T8A 3X8
(780) 464-0303 SIC 2053
WPP GROUP CANADA COMMUNICATIONS LIMITED p 792
55 Metcalfe St Suite 1100, OTTAWA, ON, K1P 6L5
(613) 238-4371 SIC 8741
WPP GROUP CANADA COMMUNICATIONS LIMITED p 910
33 Yonge St Suite 1100, TORONTO, ON, M5E 1X6
(416) 945-2360 SIC 7311
WPSL SECURITY SOLUTIONS p 871
See 2521153 ONTARIO INC
WR MYERS HIGH SCHOOL p 170
See BOARD OF TRUSTEES OF HORIZON SCHOOL DIVISION NO 67
WRHA PROJECT MANAGEMENT OFFICE p 379
See WINNIPEG REGIONAL HEALTH AUTHORITY, THE
WRHA- HEALTH SCIENCES CENTRE p 380
See WINNIPEG REGIONAL HEALTH AUTHORITY, THE
WRIGHT, GEORGE A. & SON (TORONTO) LIMITED p 846
21 State Crown Blvd, SCARBOROUGH, ON, M1V 4B1
(416) 261-6499 SIC 3599
WRIGLEY CANADA INC p 744
3389 Steeles Ave E, NORTH YORK, ON, M2H 3S8
(416) 449-8600 SIC 2067
WS LEASING LTD p 245
960 Quayside Dr Suite 403, NEW WESTMINSTER, BC, V3M 6G2
(604) 528-3802 SIC 7515
WSB TITAN, DIV OF p 277
See SLEGG LIMITED PARTNERSHIP
WSC CORPORATION p 596
2320 4th Concession Rd, GOODWOOD, ON, L0C 1A0
(905) 649-2800 SIC 7997
WSI SIGN SYSTEMS LTD p 506
31 Simpson Rd Suite 1, BOLTON, ON, L7E 2R6
(905) 857-2804 SIC 3993
WSIB p 611
See WORKPLACE SAFETY & INSURANCE BOARD, THE
WSIB p 631
See WORKPLACE SAFETY & INSURANCE BOARD, THE
WSIB p 657
See WORKPLACE SAFETY & INSURANCE BOARD, THE
WSIB p 792
See WORKPLACE SAFETY & INSURANCE BOARD, THE
WSIB p 966
See WORKPLACE SAFETY & INSURANCE BOARD, THE
WSP p 1305
See WSP CANADA INC
WSP CANADA GROUP LIMITED p 34
5151 3 St Se, CALGARY, AB, T2H 2X6
(403) 269-7440 SIC 8711
WSP CANADA GROUP LIMITED p 78
10576 113 St Nw Suite 200, EDMONTON, AB, T5H 3H5
(780) 423-4123 SIC 8711
WSP CANADA GROUP LIMITED p 227
540 Leon Ave, KELOWNA, BC, V1Y 6J6
(250) 869-1334 SIC 8711
WSP CANADA GROUP LIMITED p 322
1045 Howe St Suite 700, VANCOUVER, BC, V6Z 2A9
(604) 685-9381 SIC 8711
WSP CANADA GROUP LIMITED p 376
93 Lombard Ave Suite 111, WINNIPEG, MB,

R3B 3B1
(204) 943-3178 SIC 8711
WSP CANADA INC p 26
405 18 St Se, CALGARY, AB, T2E 6J5
(403) 248-9463 SIC 8711
WSP CANADA INC p 29
1331 Macleod Trail Se Suite 805, CALGARY, AB, T2G 0K3
(403) 777-2477 SIC 1382
WSP CANADA INC p 50
717 7 Ave Sw Suite 1800, CALGARY, AB, T2P 0Z3
(403) 263-8200 SIC 8713
WSP CANADA INC p 50
112 4 Ave Sw Suite 1000, CALGARY, AB, T2P 0H3
(403) 266-2800 SIC 1382
WSP CANADA INC p 83
9925 109 St Nw Suite 1000, EDMONTON, AB, T5K 2J8
(780) 466-6555 SIC 8713
WSP CANADA INC p 122
9905 Sutherland St, FORT MCMURRAY, AB, T9H 1V3
(780) 743-3969 SIC 8711
WSP CANADA INC p 128
10070 117 Ave, GRANDE PRAIRIE, AB, T8V 7S4
(780) 538-2667 SIC 8748
WSP CANADA INC p 128
10127 120 Ave, GRANDE PRAIRIE, AB, T8V 8H8
(780) 539-3222 SIC 8732
WSP CANADA INC p 144
623 4 St Se Suite 302, MEDICINE HAT, AB, T1A 0L1
(403) 527-3707 SIC 8713
WSP CANADA INC p 163
2693 Broadmoor Blvd Suite 132, SHERWOOD PARK, AB, T8H 0G1
(780) 410-6740 SIC 8711
WSP CANADA INC p 215
10716 100 Ave, FORT ST. JOHN, BC, V1J 1Z3
(250) 787-0300 SIC 8713
WSP CANADA INC p 330
401 Garbally Rd Suite 400, VICTORIA, BC, V8T 5M3
(250) 384-5510 SIC 8711
WSP CANADA INC p 334
57 Cadillac Ave, VICTORIA, BC, V8Z 1T3
(250) 474-1151 SIC 7363
WSP CANADA INC p 366
10 Prairie Way, WINNIPEG, MB, R2J 3J8
(204) 477-6650 SIC 8711
WSP CANADA INC p 675
600 Cochrane Dr Floor 5, MARKHAM, ON, L3R 5K3
(905) 475-8727 SIC 7363
WSP CANADA INC p 675
600 Cochrane Dr Suite 500, MARKHAM, ON, L3R 5K3
(905) 475-7270 SIC 8711
WSP CANADA INC p 734
1091 Gorham St Suite 301, NEWMARKET, ON, L3Y 8X7
SIC 8711
WSP CANADA INC p 799
2611 Queensview Dr Suite 300, OTTAWA, ON, K2B 8K2
(613) 829-2800 SIC 8711
WSP CANADA INC p 804
1450 1st Ave W Suite 101, OWEN SOUND, ON, N4K 6W2
(519) 376-7612 SIC 8711
WSP CANADA INC p 879
1269 Premier Way, THUNDER BAY, ON, P7B 0A3
(807) 625-6700 SIC 8711
WSP CANADA INC p 900
1300 Yonge St Suite 801, TORONTO, ON, M4T 1X3
(416) 484-4200 SIC 8711
WSP CANADA INC p 985

195 Macewen Rd, SUMMERSIDE, PE, C1N 5Y4
(902) 436-2669 SIC 8711
WSP CANADA INC p 989
3 Rue Principale N Bureau 200, AMOS, QC, J9T 2K5
(819) 732-0457 SIC 8711
WSP CANADA INC p 1021
2525 Boul Daniel-Johnson Bureau 525, Cote Saint-Luc, QC, H7T 1S9
(450) 686-0980 SIC 8711
WSP CANADA INC p 1036
500 Greber Blvd, GATINEAU, QC, J8T 7W3
(819) 243-2827 SIC 8711
WSP CANADA INC p 1046
138 Rue Saint-Paul, JOLIETTE, QC, J6E 5G3
(450) 756-0617 SIC 8711
WSP CANADA INC p 1051
89 Boul Don-Quichotte Bureau 9, L'Ile-Perrot, QC, J7V 6X2
(514) 453-1621 SIC 8711
WSP CANADA INC p 1069
816 Boul Guimond, LONGUEUIL, QC, J4G 1T5
(450) 448-5000 SIC 8711
WSP CANADA INC p 1073
2405 Boul Fernand-Lafontaine Bureau 101, LONGUEUIL, QC, J4N 1N7
(450) 679-7220 SIC 8711
WSP CANADA INC p 1080
595 Boul Albiny-Paquette, MONT-LAURIER, QC, J9L 1L5
(819) 623-3302 SIC 8711
WSP CANADA INC p 1083
386 Rue De Saint-Jovite Bureau 1, MONT-TREMBLANT, QC, J8E 2Z9
(819) 425-3483 SIC 8711
WSP CANADA INC p 1178
152 Av Murdoch, ROUYN-NORANDA, QC, J9X 1E2
(819) 797-3222 SIC 8748
WSP CANADA INC p 1190
11535 1re Av Bureau 200, SAINT-GEORGES, QC, G5Y 7H5
(418) 228-8041 SIC 8711
WSP CANADA INC p 1221
1300 Boul De La Rive-Sud Bureau 401, SAINT-ROMUALD, QC, G6W 5M6
(418) 839-1733 SIC 8711
WSP CANADA INC p 1240
171 Rue Leger, SHERBROOKE, QC, J1L 1M2
(819) 562-8888 SIC 8711
WSP CANADA INC p 1252
3450 Boul Gene-H.-Kruger Bureau 300, Trois-Rivieres, QC, G9A 4M3
(819) 375-1292 SIC 8711
WSP CANADA INC p 1254
1075 3e Av E, VAL-D'OR, QC, J9P 0J7
(819) 825-4711 SIC 8711
WSP CANADA INC p 1283
333 Park St, REGINA, SK, S4N 5B2
(306) 586-0837 SIC 8713
WSP CANADA INC p 1305
203 Wellman Cres, SASKATOON, SK, S7T 0J1
(306) 665-6223 SIC 8711
WSSL p 20
See WARNER SHELTER SYSTEMS LIMITED
WULASTUKW ELEMENTARY SCHOOL p 403
See KINGSCLEAR FIRST NATION
WURTH CANADA LIMITED p 598
345 Hanlon Creek Blvd, GUELPH, ON, N1C 0A1
(905) 564-6225 SIC 5085
WW CANADA (ONE) NOMINEE CORP p 593
1486 Innes Rd, GLOUCESTER, ON, K1B 3V5
(613) 745-1133 SIC 7011
WW CANADA (ONE) NOMINEE CORP p

637
2960 King St E, KITCHENER, ON, N2A 1A9
(519) 894-9500   SIC 7011
WW CANADA (ONE) NOMINEE CORP   p 968
33 Riverside Dr E, WINDSOR, ON, N9A 2S4
(519) 258-7774   SIC 7011
WW HOTELS CORP   p 746
55 Hallcrown Pl, NORTH YORK, ON, M2J 4R1
(416) 493-7000   SIC 7011
WW HOTELS CORP   p 758
30 Norfinch Dr, NORTH YORK, ON, M3N 1X1
(416) 665-3500   SIC 7011
WW HOTELS CORP   p 1250
6255 Rue Corbeil, Trois-Rivieres, QC, G8Z 4P9
(819) 371-3566   SIC 7011
WW HOTELS TORONTO   p 909
111 Lombard St, TORONTO, ON, M5C 2T9
(416) 367-5555   SIC 7011
WWW.MESEARCHER.COM/DEVONA_PUTLAND.HTML   p 284
See REMTEC INC
WYCLIFFE BIBLE TRANSLATORS OF CANADA INC   p 26
4316 10 St Ne, Calgary, AB, T2E 6K3
(403) 250-5411   SIC 7389
WYCLIFFE CANADA   p 26
See WYCLIFFE BIBLE TRANSLATORS OF CANADA INC
WYNDHAM MANOR LONG-TERM CARE CENTRE   p 767
See EXTENDICARE INC
WYNDHAM WORLDWIDE CANADA INC   p 399
435 Brookside Dr Suite 23, FREDERICTON, NB, E3A 8V4
SIC 4899
WYNFORD SERVICES   p 669
See 438357 ONTARIO LIMITED
WYOMING CAMPUS   p 979
See LAMBTON KENT DISTRICT SCHOOL BOARD
WYZDOM TECHNOLOGIES INC   p 933
100 King St W Suite 3700, TORONTO, ON, M5X 2A1
(416) 642-3064   SIC 7379

X

X 92.9 FM   p 52
See HARVARD BROADCASTING INC
X-CALIBUR GROUND DISTURBANCE SOLUTIONS   p 59
See X-CALIBUR PIPELINE AND UTILITY LOCATION INC
X-CALIBUR PIPELINE AND UTILITY LOCATION INC   p 159
4407 45a Ave, ROCKY MOUNTAIN HOUSE, AB, T4T 1T1
(403) 844-8662   SIC 1389
XCEED MORTGAGE CORPORATION   p 916
200 King St W Suite 600, TORONTO, ON, M5H 3T4
(416) 203-5933   SIC 6162
XENON PHARMACEUTICALS INC   p 190
3650 Gilmore Way, BURNABY, BC, V5G 4W8
(604) 484-3300   SIC 8731
XEROX   p 313
See XEROX CANADA LTD
XEROX   p 835
See XEROX CANADA LTD
XEROX BUSINESS SERVICES CANADA INC.   p 82
10117 Jasper Ave Nw Suite 101, EDMONTON, AB, T5J 1W8
(780) 421-8840   SIC 3674
XEROX CANADA INC   p 82
10180 101 St Nw Suite 1350, EDMONTON, AB, T5J 3S4
(780) 493-7800   SIC 5044
XEROX CANADA INC   p 703
2660 Speakman Dr, Mississauga, ON, L5K 2L1
(905) 823-7091   SIC 8731
XEROX CANADA LTD   p 61
37 Richard Way Sw Suite 200, CALGARY, AB, T3E 7M8
(403) 260-8800   SIC 5044
XEROX CANADA LTD   p 313
1055 Georgia St W, VANCOUVER, BC, V6E 0B6
(604) 668-2300   SIC 5044
XEROX CANADA LTD   p 391
895 Waverley St, WINNIPEG, MB, R3T 5P4
(204) 488-5100   SIC 5044
XEROX CANADA LTD   p 416
400 Main St Suite 2040, SAINT JOHN, NB, E2K 4N5
(506) 634-7998   SIC 5112
XEROX CANADA LTD   p 453
237 Brownlow Ave Suite 100, DARTMOUTH, NS, B3B 2C6
(902) 470-3007   SIC 5044
XEROX CANADA LTD   p 645
31 Mcbrine Dr Unit 4, KITCHENER, ON, N2R 1J1
(519) 893-6500   SIC 5044
XEROX CANADA LTD   p 675
3000 Steeles Ave E Suite 200, MARKHAM, ON, L3R 4T9
(905) 946-7522   SIC 5049
XEROX CANADA LTD   p 686
3060 Caravelle Dr, MISSISSAUGA, ON, L4V 1L7
(905) 672-4700   SIC 7374
XEROX CANADA LTD   p 686
5925 Airport Rd, MISSISSAUGA, ON, L4V 1W1
(905) 672-4577   SIC 5044
XEROX CANADA LTD   p 686
6800 Northwest Dr, MISSISSAUGA, ON, L4V 1Z1
(905) 672-4709   SIC 5044
XEROX CANADA LTD   p 686
6800 Northwest Dr, MISSISSAUGA, ON, L4V 1Z1
(905) 672-4700   SIC 5044
XEROX CANADA LTD   p 748
5650 Yonge St Suite 900, NORTH YORK, ON, M2M 4G7
(416) 733-6501   SIC 5999
XEROX CANADA LTD   p 794
333 Preston St Suite 1000, OTTAWA, ON, K1S 5N4
(613) 230-1002   SIC 5044
XEROX CANADA LTD   p 835
120 Mclevin Ave Unit 4, SCARBOROUGH, ON, M1B 3E9
(416) 733-6296   SIC 7334
XEROX CANADA LTD   p 903
33 Bloor St E, TORONTO, ON, M4W 3H1
SIC 5044
XEROX CANADA LTD   p 1122
3400 Boul De Maisonneuve O Bureau 900, Montreal, QC, H3Z 3G1
(514) 939-3769   SIC 5044
XEROX CANADA LTD   p 1208
4898 Rue Levy, SAINT-LAURENT, QC, H4R 2P1
(514) 832-7603   SIC 7699
XEROX ENGINEERING SYSTEMS CANADA   p 675
See XEROX CANADA LTD
XEROX RESEARCH CENTRE OF CDA   p 703
See XEROX CANADA INC
XL FOODS   p 29
See NILSSON BROS. INC
XL FOODS   p 32
See JBS CANADA INC
XL PERFORATING PARTNERSHIP   p 21
6060 86 Ave Se, CALGARY, AB, T2C 4L7
(403) 255-7776   SIC 5169
XL SPECIALTY INSURANCE COMPANY   p 909
100 Yonge St Ste 1200, TORONTO, ON, M5C 2W1
(416) 363-7818   SIC 6411
XLR8 MEDIA INC   p 1101
3575 Boul Saint-Laurent Bureau 400, Montreal, QC, H2X 2T7
(514) 286-9000   SIC 7311
XMARK CORPORATION   p 624
309 Legget Dr Suite 100, KANATA, ON, K2K 3A3
(613) 592-6997   SIC 3679
XMG STUDIO INC   p 910
67 Yonge St Suite 1600, TORONTO, ON, M5E 1J8
(416) 619-0700   SIC 5734
XPEDX CANADA, INC   p 517
156 Parkshore Dr, BRAMPTON, ON, L6T 5M1
(905) 595-4351   SIC 5111
XPEDX STORE   p 517
See XPEDX CANADA, INC
XPERA RISK MITIGATION & INVESTIGATION LP   p 888
155 Gordon Baker Rd Suite 101, TORONTO, ON, M2H 3N5
(416) 449-8677   SIC 8741
XPLORNET COMMUNICATIONS INC   p 366
275 De Baets St Suite 4, WINNIPEG, MB, R2J 4A8
(204) 669-7007   SIC 4813
XPLORNET COMMUNICATIONS INC   p 403
300 Lockhart Mill Rd, JACKSONVILLE, NB, E7M 5C3
(506) 328-1386   SIC 4813
XPO LOGISTICS CANADA INC   p 190
4400 Dominion St Suite 280, BURNABY, BC, V5G 4G3
(604) 638-6500   SIC 4731
XPO LOGISTICS CANADA INC   p 1257
420 Rue Aime-Vincent, VAUDREUIL-DORION, QC, J7V 5V5
(450) 424-9365   SIC 4731
XPS   p 588
See GLENCORE CANADA CORPORATION
XS CARGO GP INC   p 868
900 Lasalle Blvd, SUDBURY, ON, P3A 5W8
SIC 5399
XS CARGO LIMITED PARTNERSHIP   p 97
15435 131 Ave Nw, EDMONTON, AB, T5V 0A4
(780) 413-4296   SIC 7389
XSTRATA COAL CANADA LIMITED   p 455
633 Main St, GLACE BAY, NS, B1A 6J3
(902) 849-9235   SIC 1221
XTL TRANSPORT INC   p 588
75 Rexdale Blvd, ETOBICOKE, ON, M9W 1P1
(416) 742-0610   SIC 4213
XWAVE   p 399
See BELL ALIANT REGIONAL COMMUNICATIONS INC
XYLEM APPLIED WATER SYSTEMS   p 603
See SOCIETE XYLEM CANADA
XYLEM WATER SOLUTION   p 587
See SOCIETE XYLEM CANADA
XYLITOL CANADA INC   p 890
41 Lesmill Rd, TORONTO, ON, M3B 2T3
(416) 288-1019   SIC 2869

Y

Y C S HOLDINGS LTD   p 260
See YCS HOLDINGS LTD
Y C S HOLDINGS LTD   p 263
See YCS HOLDINGS LTD
Y C S HOLDINGS LTD   p 264
See YCS HOLDINGS LTD
Y FIRM MANAGEMENT INC   p 942
130 King St Suite 2700, TORONTO, ON, M9N 1L5
(416) 860-8370   SIC 8741
Y M C A   p 118
See CALGARY YOUNG MEN'S CHRISTIAN ASSOCIATION
Y W C A   p 1286
See YOUNG WOMEN'S CHRISTIAN ASSOCIATION OF REGINA
Y W C A HAMILTON   p 607
See HAMILTON YOUNG WOMEN'S CHRISTIAN ASSOCIATION, THE
Y. K. EDUCATION DISTRICT NO 1   p 439
5402 50 Ave, YELLOWKNIFE, NT, X1A 1E5
(867) 766-5050   SIC 8211
Y101 FM CKBY   p 785
See ROGERS MEDIA INC
YAK COMMUNICATIONS (CANADA) CORP   p 1006
1 Rue De La Place-Du-Commerce Bureau 340, BROSSARD, QC, J4W 2Z7
(514) 737-4377   SIC 5999
YAK POUR ENTREPRISES   p 1006
See YAK COMMUNICATIONS (CANADA) CORP
YALE SECONDARY SCHOOL   p 177
See SCHOOL DISTRICT NO 34 (ABBOTSFORD)
YALETOWN BREWING COMPANY & RESTAURANT CORP   p 273
4760 Inglis Dr, RICHMOND, BC, V7B 1W4
(604) 273-0278   SIC 5812
YAMAHA CANADA MUSIC LTD   p 844
135 Milner Ave, SCARBOROUGH, ON, M1S 3R1
(416) 298-1311   SIC 5099
YAMAHA MOTOR CANADA LTD   p 744
480 Gordon Baker Rd, NORTH YORK, ON, M2H 3B4
(416) 498-1911   SIC 5091
YAMAHA MUSIC CENTRE   p 381
See ST JOHN'S MUSIC LTD
YANCH HEATING AND AIR CONDITIONING (BARRIE) LIMITED   p 500
89 Rawson Ave, BARRIE, ON, L4N 6E5
(705) 728-5406   SIC 1711
YANGTZE RESTAURANT   p 793
See SLAU LIMITED
YANJACO INC   p 1257
435 Boul Harwood, VAUDREUIL-DORION, QC, J7V 7W1
(450) 455-3336   SIC 5812
YANJACO INC   p 1257
640 Rue Chicoine Bureau E, VAUDREUIL-DORION, QC, J7V 9J4
(450) 455-9615   SIC 5812
YANKE GROUP OF COMPANIES   p 1301
See N. YANKE TRANSFER LTD
YARA BELLE PLAINE INC   p 1264
2 Kalium Rd, BELLE PLAINE, SK, S0G 0G0
(306) 345-4200   SIC 2874
YARA BELLE PLAINE INC   p 1286
1874 Scarth St Suite 1800, REGINA, SK, S4P 4B3
(306) 525-7600   SIC 2874
YARDI SYSTEMS   p 686
5925 Airport Rd Suite 510, MISSISSAUGA, ON, L4V 1W1
(905) 671-0315   SIC 7372
YARMOUTH ATLANTIC SUPERSTORE, THE   p 480
See ATLANTIC WHOLESALERS LTD
YARMOUTH CENTRAL SCHOOL   p 480
See TRI-COUNTY REGIONAL SCHOOL BOARD
YARMOUTH CONSOLIDATED MEMORIAL HIGH SCHOOL   p 480
See TRI-COUNTY REGIONAL SCHOOL BOARD
YARMOUTH INNS LTD   p 480
6 Forest St, YARMOUTH, NS, B5A 3K8
(902) 742-9194   SIC 7011
YARMOUTH MALL ADMINISTRATION   p 480
See TOULON DEVELOPMENT CORPORATION
YARN POINT KNITTERS CORPORATION   p

426
Gd, ENGLISH HARBOUR WEST, NL, A0H 1M0
(709) 888-5371   SIC 2241
YARROW COMMUNITY SCHOOL   p 198
See SCHOOL DISTRICT NO 33 CHILLI-WACK
YASKAWA CANADA INC   p 705
3530 Laird Rd Unit 3, MISSISSAUGA, ON, L5L 5Z7
(905) 569-6686   SIC 5084
YCS HOLDINGS LTD   p 260
4955 Sandberg Rd, Prince George, BC, V2M 7B4
SIC 1611
YCS HOLDINGS LTD   p 263
161 Mishaw Rd, PRINCE RUPERT, BC, V8J 3Y1
(250) 624-5814   SIC 1611
YCS HOLDINGS LTD   p 264
Gd Lcd Main, QUESNEL, BC, V2J 3J1
(250) 992-9033   SIC 1611
YEE HONG   p 677
See YEE HONG CENTRE FOR GERIATRIC CARE
YEE HONG   p 722
See YEE HONG CENTRE FOR GERIATRIC CARE
YEE HONG CENTRE FOR GERIATRIC CARE   p 677
2780 Bur Oak Ave, MARKHAM, ON, L6B 1C9
(905) 471-3232   SIC 8059
YEE HONG CENTRE FOR GERIATRIC CARE   p 722
5510 Mavis Rd, MISSISSAUGA, ON, L5V 2X5
(905) 568-0333   SIC 8051
YEE HONG CENTRE FOR GERIATRIC CARE   p 844
60 Scottfield Dr Suite 428, SCARBOROUGH, ON, M1S 5T7
(416) 321-3000   SIC 8059
YEE HONG CENTRE SCARBOROUGH FINCH   p 844
See YEE HONG CENTRE FOR GERIATRIC CARE
YELLOW FREIGHT SYSTEM   p 721
See YELLOW TRANSPORTATION OF ONTARIO INC
YELLOW PAGES   p 10
See GROUPE PAGES JAUNES CORP
YELLOW PAGES   p 1257
See GROUPE PAGES JAUNES CORP
YELLOW TRANSPORTATION OF ONTARIO INC   p 721
6130 Netherhart Rd, MISSISSAUGA, ON, L5T 1B7
(905) 670-4445   SIC 4213
YELLOWHEAD AGGREGATES DIV OF   p 115
See SUREWAY CONTRACTING LTD
YELLOWHEAD MOTOR INN   p 97
See YELLOWHEAD MOTOR INN LTD
YELLOWHEAD MOTOR INN LTD   p 97
15004 Yellowhead Trail Nw, EDMONTON, AB, T5V 1A1
(780) 447-2400   SIC 7011
YELLOWHEAD ROAD & BRIDGE (KOOTENAY) LTD   p 206
600 Helen St Suite 6, CRESTON, BC, V0B 1G6
(250) 428-7606   SIC 3531
YELLOWHEAD YOUTH CENTRE SCHOOL   p 84
See EDMONTON SCHOOL DISTRICT NO. 7
YELLOWKNIFE ASSOCIATION FOR COMMUNITY LIVING   p 439
4912 53 St, YELLOWKNIFE, NT, X1A 1V2
(867) 920-2644   SIC 8361
YELLOWKNIFE DISTRICT NO. 1 EDUCATION AUTHORITY   p 439
525 Range Lake Rd, YELLOWKNIFE, NT, X1A 3X1
(867) 873-4372   SIC 8211
YELLOWKNIFE DISTRICT NO. 1 EDUCATION AUTHORITY   p 439
5700 51a Ave, YELLOWKNIFE, NT, X1A 1G7
(867) 873-3477   SIC 8211
YELLOWKNIFE DISTRICT NO. 1 EDUCATION AUTHORITY   p 439
170 Borden Dr, YELLOWKNIFE, NT, X1A 3R1
(867) 920-7567   SIC 8211
YELLOWKNIFE DISTRICT NO. 1 EDUCATION AUTHORITY   p 439
50 Taylor Rd, YELLOWKNIFE, NT, X1A 3X2
(867) 873-5814   SIC 8211
YELLOWKNIFE INN LTD   p 439
5010 49th St, YELLOWKNIFE, NT, X1A 2N4
(867) 873-2601   SIC 5812
YELLOWKNIFE PUBLIC DENOMINATIONAL DISTRICT EDUCATION AUTHORITY   p 439
5010 44 St, YELLOWKNIFE, NT, X1A 2S4
(867) 873-4888   SIC 8211
YELLOWKNIFE PUBLIC DENOMINATIONAL DISTRICT EDUCATION AUTHORITY   p 440
5023 46th St, YELLOWKNIFE, NT, X1A 1L3
(867) 873-5591   SIC 8211
YELLOWKNIFE PUBLIC DENOMINATIONAL DISTRICT EDUCATION AUTHORITY   p 440
489 Range Lake Rd, YELLOWKNIFE, NT, X1A 2N5
(867) 920-2112   SIC 8211
YELLOWQUILL SCHOOL   p 354
See PORTAGE LA PRAIRIE SCHOOL DIVISION
YENNADON ELEMENTARY SCHOOL   p 236
See SCHOOL DISTRICT NO 42 (MAPLE RIDGE-PITT MEADOWS)
YEO, JAMIE SUPERMARKET LTD   p 815
97 Main St, PICTON, ON, K0K 2T0
(613) 476-3246   SIC 5411
YES ADVERTISING   p 744
See YESUP ECOMMERCE SOLUTIONS INC
YESHIVA GEDOLAH L'ECOLE D'ETUDES SUPERIEURES DE MONTREAL   p 1120
6155 Ch Deacon, Montreal, QC, H3S 2P4
(514) 735-6961   SIC 8211
YESNABY INVESTMENTS LTD   p 264
105 North Star Rd, QUESNEL, BC, V2J 5K2
(250) 992-6868   SIC 5812
YESUP ECOMMERCE SOLUTIONS INC   p 744
565 Gordon Baker Rd, NORTH YORK, ON, M2H 2W2
(416) 499-8009   SIC 8731
YIKES ENTERPRISES LTD   p 11
3508 32 Ave Ne Unit 500, CALGARY, AB, T1Y 6J2
(403) 291-2925   SIC 5461
YIKES ENTERPRISES LTD   p 26
1341 32 Ave Ne, CALGARY, AB, T2E 7Z5
(403) 291-2966   SIC 5812
YKK CANADA INC   p 1208
3939 Boul Thimens, SAINT-LAURENT, QC, H4R 1X3
(514) 332-3350   SIC 3965
YM INC. (SALES)   p 38
5111 Northland Dr Nw Unit 180, CALGARY, AB, T2L 2J8
SIC 5621
YM INC. (SALES)   p 59
3625 Shaganappi Trail Nw, CALGARY, AB, T3A 0E2
(403) 286-1726   SIC 5621
YM INC. (SALES)   p 62
5975 Signal Hill Ctr Sw Unit H4, CALGARY, AB, T3H 3P8
(403) 390-7985   SIC 5621
YM INC. (SALES)   p 77
1 Kingsway Garden Mall Nw, EDMONTON, AB, T5G 3A6
(780) 471-1737   SIC 5621
YM INC. (SALES)   p 95
8882 170 St Nw Unit E-101, EDMONTON, AB, T5T 4M2
(780) 481-1458   SIC 5621
YM INC. (SALES)   p 114
1974 99 St Nw Unit 9 5a, EDMONTON, AB, T6N 1K9
(780) 485-9494   SIC 5621
YM INC. (SALES)   p 227
2271 Harvey Ave, KELOWNA, BC, V1Y 6H2
(250) 712-0362   SIC 5621
YM INC. (SALES)   p 284
10153 King George Unit 204/206, SURREY, BC, V3T 2W1
(604) 580-1348   SIC 5621
YM INC. (SALES)   p 368
1225 St Mary's Rd, WINNIPEG, MB, R2M 5E5
SIC 5621
YM INC. (SALES)   p 448
21 Micmac Dr, DARTMOUTH, NS, B2X 2H4
(902) 463-2215   SIC 5621
YM INC. (SALES)   p 475
800 Grand Lake Rd, SYDNEY, NS, B1P 6S9
(902) 539-5453   SIC 5621
YM INC. (SALES)   p 545
355 Hespeler Rd Unit 348/349, CAMBRIDGE, ON, N1R 6B3
SIC 5621
YM INC. (SALES)   p 699
100 City Centre Dr, MISSISSAUGA, ON, L5B 2C9
(905) 275-1011   SIC 5621
YM INC. (SALES)   p 701
1250 South Service Rd Unit 156, MISSISSAUGA, ON, L5E 1V4
(905) 274-9984   SIC 5621
YM INC. (SALES)   p 738
7500 Lundy's Lane Unit 11c, NIAGARA FALLS, ON, L2H 1G8
(905) 371-3287   SIC 5621
YM INC. (SALES)   p 760
3401 Dufferin St Suite 104, NORTH YORK, ON, M6A 2T9
(416) 789-7819   SIC 5621
YM INC. (SALES)   p 782
419 King St W, OSHAWA, ON, L1J 2K5
(905) 579-5756   SIC 5621
YM INC. (SALES)   p 788
1200 St. Laurent Blvd, OTTAWA, ON, K1K 3B8
(613) 749-4691   SIC 5621
YM INC. (SALES)   p 808
360 George St N, PETERBOROUGH, ON, K9H 7E7
(705) 741-2901   SIC 5621
YM INC. (SALES)   p 811
L 026b-645 Lansdowne St W, PETERBOROUGH, ON, K9J 7Y5
(705) 740-2061   SIC 5621
YM INC. (SALES)   p 842
2300 Lawrence Ave E Unit 15, SCARBOROUGH, ON, M1P 2R2
(416) 752-7772   SIC 5621
YM INC. (SALES)   p 842
300 Borough Dr Suite 204, SCARBOROUGH, ON, M1P 4P5
(416) 296-0203   SIC 5621
YM INC. (SALES)   p 885
1500 Riverside Dr Unit 49, TIMMINS, ON, P4R 1A1
(705) 264-2770   SIC 5621
YM INC. (SALES)   p 907
220 Yonge St Suite 125, TORONTO, ON, M5B 2H1
(416) 598-9428   SIC 5621
YM INC. (SALES)   p 935
900 Dufferin St, TORONTO, ON, M6H 4B1
(416) 536-5248   SIC 5621
YM INC. (SALES)   p 966
3100 Howard Ave Unit 24, WINDSOR, ON, N8X 3Y8
(519) 966-1897   SIC 5621
YM INC. (SALES)   p 1015
1401 Boul Talbot, CHICOUTIMI, QC, G7H 5N6
(418) 549-9982   SIC 5621
YM INC. (SALES)   p 1182
1011 Boul Saint-Bruno, SAINT-BRUNO, QC, J3V 6P4
(450) 653-5299   SIC 5621
YM INC. (SALES)   p 1216
4254 Rue Jean-Talon E, SAINT-LEONARD, QC, H1S 1J7
(514) 725-7449   SIC 5621
YMCA   p 41
See CALGARY YOUNG MEN'S CHRISTIAN ASSOCIATION
YMCA   p 313
See YOUNG MEN'S CHRISTIAN ASSOCIATION OF GREATER VANCOUVER
YMCA   p 776
See OTTAWA YOUNG MEN'S AND YOUNG WOMEN'S CHRISTIAN ASSOCIATION
YMCA   p 833
See YMCA OF GREATER TORONTO
YMCA   p 889
See YMCA OF GREATER TORONTO
YMCA   p 950
See YMCA OF HAMILTON/BURLINGTON/BRANTFORD
YMCA   p 956
See YMCA OF NIAGARA
YMCA BIRCHWOOD CHILD DEVELOPMENT CENTER   p 122
See YOUNG MEN'S CHRISTIAN ASSOCIATION OF EDMONTON
YMCA CALGARY   p 56
See CALGARY YOUNG MEN'S CHRISTIAN ASSOCIATION
YMCA CAMP PINE CREST   p 943
See YMCA OF GREATER TORONTO
YMCA CARDIAC REHABILITATION PROGRAM   p 245
See YOUNG MEN'S CHRISTIAN ASSOCIATION OF GREATER VANCOUVER
YMCA CEDAR GLEN   p 847
See YMCA OF GREATER TORONTO
YMCA DE POINTE ST CHARLES   p 1118
See YMCA DU QUEBEC, LES
YMCA DU QUEBEC, LES   p 1089
4567 Rue Hochelaga, Montreal, QC, H1V 1C8
(514) 255-4651   SIC 8399
YMCA DU QUEBEC, LES   p 1099
5550 Av Du Parc, Montreal, QC, H2V 4H1
(514) 271-9622   SIC 7991
YMCA DU QUEBEC, LES   p 1104
200 Boul Rene-Levesque O, Montreal, QC, H2Z 1X4
(514) 845-4277   SIC 7999
YMCA DU QUEBEC, LES   p 1108
See YMCA DU QUEBEC, LES
YMCA DU QUEBEC, LES   p 1108
1440 Rue Stanley Bureau 6, Montreal, QC, H3A 1P7
(514) 849-8393   SIC 7999
YMCA DU QUEBEC, LES   p 1118
255 Av Ash, Montreal, QC, H3K 2R1
(514) 935-4711   SIC 8399
YMCA DU QUEBEC, LES   p 1122
4335 Av De Hampton, Montreal, QC, H4A 2L3
(514) 486-7315   SIC 7991
YMCA DU QUEBEC, LES   p 1143

230 Boul Brunswick, POINTE-CLAIRE, QC, H9R 5N5
(514) 630-9622   SIC 8399
YMCA EMPLOYMENT AND CAREER SERVICES   p 870
See YOUNG MENS CHRISTIAN ASSOCIATION
YMCA GENEVA PARK   p 775
See YMCA OF SIMCOE/MUSKOKA
YMCA GUY FAVREAU   p 1104
See YMCA DU QUEBEC, LES
YMCA HERITAGE   p 54
See CALGARY YOUNG MEN'S CHRISTIAN ASSOCIATION
YMCA INTERNATIONAL COLLEGE   p 322
See YOUNG MEN'S CHRISTIAN ASSOCIATION OF GREATER VANCOUVER
YMCA MARKHAM   p 945
See YMCA OF GREATER TORONTO
YMCA OF BELLEVILLE AND QUINTE   p 503
433 Victoria Ave, BELLEVILLE, ON, K8N 2G1
(613) 962-9245   SIC 7999
YMCA OF CENTRAL EAST ONTARIO   p 645
8 Caroline St, LAKEFIELD, ON, K0L 2H0
(705) 652-7782   SIC 8351
YMCA OF GREATER HALIFAX/DARTMOUTH, THE   p 460
5670 Spring Garden Rd Suite 306, HALIFAX, NS, B3J 1H6
(902) 423-9709   SIC 8641
YMCA OF GREATER TORONTO   p 500
22 Grove St W, BARRIE, ON, L4N 1M7
(705) 726-6421   SIC 8699
YMCA OF GREATER TORONTO   p 521
8 Nelson St W, BRAMPTON, ON, L6X 4J2
SIC 8699
YMCA OF GREATER TORONTO   p 575
35 Victoria Ave, ESSEX, ON, N8M 1M4
(519) 776-7305   SIC 8641
YMCA OF GREATER TORONTO   p 590
1555 Garrison Rd, FORT ERIE, ON, L2A 1P8
(905) 871-9622   SIC 8699
YMCA OF GREATER TORONTO   p 626
1000 Palladium Dr, KANATA, ON, K2V 1A4
(613) 599-0280   SIC 7999
YMCA OF GREATER TORONTO   p 699
325 Burnhamthorpe Rd W, MISSISSAUGA, ON, L5B 3R2
(905) 897-6801   SIC 7991
YMCA OF GREATER TORONTO   p 833
235 Mcnabb St, SAULT STE. MARIE, ON, P6B 1Y3
(705) 945-5178   SIC 8641
YMCA OF GREATER TORONTO   p 835
10 Milner Business Crt Suite 600, SCARBOROUGH, ON, M1B 3C6
(416) 609-9622   SIC 8331
YMCA OF GREATER TORONTO   p 847
13300 11th Conc, SCHOMBERG, ON, L0G 1T0
(905) 859-9622   SIC 7011
YMCA OF GREATER TORONTO   p 889
567 Sheppard Ave E, TORONTO, ON, M2K 1B2
(416) 225-7773   SIC 8351
YMCA OF GREATER TORONTO   p 935
931 College St, TORONTO, ON, M6H 1A1
(416) 536-9622   SIC 8322
YMCA OF GREATER TORONTO   p 943
1090 Gullwing Lake Rd Rr 1, TORRANCE, ON, P0C 1M0
(705) 762-3377   SIC 7032
YMCA OF GREATER TORONTO   p 945
101 Ymca Blvd, UNIONVILLE, ON, L6G 0A1
(905) 513-0884   SIC 8699
YMCA OF GREATER TORONTO   p 969
500 Victoria Ave, WINDSOR, ON, N9A 4M8
(519) 258-9622   SIC 8641
YMCA OF HAMILTON/BURLINGTON/BRANTFORD   p 528
143 Wellington St, BRANTFORD, ON, N3S 3Y8
(519) 752-6568   SIC 8351
YMCA OF HAMILTON/BURLINGTON/BRANTFORD   p 540
500 Drury Lane, BURLINGTON, ON, L7R 2X2
(905) 632-5000   SIC 7997
YMCA OF HAMILTON/BURLINGTON/BRANTFORD   p 605
1883 Koshlong Lake Rd, HALIBURTON, ON, K0M 1S0
(705) 457-2132   SIC 7999
YMCA OF HAMILTON/BURLINGTON/BRANTFORD   p 613
125 Rifle Range Rd, HAMILTON, ON, L8S 3B7
(905) 527-6512   SIC 8211
YMCA OF HAMILTON/BURLINGTON/BRANTFORD   p 950
207 Parkside Dr, WATERDOWN, ON, L8B 1B9
(905) 690-3555   SIC 7997
YMCA OF KITCHENER WATERLOO   p 640
See KITCHENER WATERLOO YOUNG MENS CHRISTIAN ASSOCIATION, THE
YMCA OF NIAGARA   p 956
310 Woodland Rd, WELLAND, ON, L3C 7N3
(905) 735-9622   SIC 8641
YMCA OF SIMCOE/MUSKOKA   p 775
300 Peter St N, ORILLIA, ON, L3V 5A2
(705) 325-6168   SIC 8351
YMCA OF SIMCOE/MUSKOKA   p 775
Gd, ORILLIA, ON, L3V 6H8
(705) 325-2253   SIC 8641
YMCA OF WESTERN ONTARIO   p 652
1050 Hamilton Rd, LONDON, ON, N5W 1A6
(519) 451-2395   SIC 7999
YMCA OF WESTERN ONTARIO   p 978
808 Dundas St, WOODSTOCK, ON, N4S 1G4
(519) 539-6181   SIC 7999
YMCA POINTE CLAIRE   p 1143
See YMCA DU QUEBEC, LES
YMCA SASKATOON   p 1298
See SASKATOON FAMILY YOUNG MEN'S CHRISTIAN ASSOCIATION
YMCA SCHOOL AGE CHILD CARE   p 613
See YMCA OF HAMILTON/BURLINGTON/BRANTFORD
YMCA WANAKITA   p 605
See YMCA OF HAMILTON/BURLINGTON/BRANTFORD
YMCA WEST END   p 935
See YMCA OF GREATER TORONTO
YMCA YWCA   p 470
See PICTOU COUNTY YMCA YWCA
YMCA YWCA, THE   p 626
See YMCA OF GREATER TORONTO
YMCA-YWCA OF GREATER VICTORIA   p 332
851 Broughton St, Victoria, BC, V8W 1E5
(250) 386-7511   SIC 8011
YMCA-YWCA OF LONDON   p 652
See YMCA OF WESTERN ONTARIO
YMCA-YWCA OF THE CENTRAL OKANAGAN   p 223
4075 Gordon Dr, KELOWNA, BC, V1W 5J2
(250) 764-4040   SIC 7997
YMCA-YWCA OF THE NATIONAL CAPITAL REGION   p 798
See OTTAWA YOUNG MEN'S AND YOUNG WOMEN'S CHRISTIAN ASSOCIATION
YMCAS ACROSS SOUTHWESTERN ONTARIO   p 829
660 Oakdale Ave, SARNIA, ON, N7V 2A9
(519) 336-5950   SIC 8399
YOKOHAMA TIRE (CANADA) INC   p 230
9325 200 St Suite 500, LANGLEY, BC, V1M 3A7
(604) 546-9656   SIC 5531
YOLLES PARTNERSHIP INC   p 921
207 Queens Quay W Suite 550, TORONTO, ON, M5J 1A7
(416) 363-8123   SIC 8711
YOLLES, CH2M HILL COMPANY   p 921
See YOLLES PARTNERSHIP INC
YONGE BAYVIEW HOLDINGS INC   p 563
30 Floral Pky, CONCORD, ON, L4K 4R1
(905) 669-9714   SIC 6552
YONGE STREET MISSION, THE   p 907
381 Yonge St, TORONTO, ON, M5B 1S1
(416) 977-7259   SIC 8322
YOPLAIT   p 717
See ALIMENTS ULTIMA INC
YOPLAIT LIBERTE CANADA CIE   p 1006
1423 Boul Provencher, BROSSARD, QC, J4W 1Z3
(514) 875-3992   SIC 2026
YORK ACADEMIC SCHOOL   p 73
See EDMONTON SCHOOL DISTRICT NO. 7
YORK CATHOLIC DISTRICT SCHOOL BOARD   p 491
210 Bloomington Rd Suite Side, AURORA, ON, L4G 0P9
(905) 727-2455   SIC 8211
YORK CATHOLIC DISTRICT SCHOOL BOARD   p 491
2 Glass Dr, AURORA, ON, L4G 2E8
(905) 727-5782   SIC 8211
YORK CATHOLIC DISTRICT SCHOOL BOARD   p 492
20 Bridgenorth Dr, AURORA, ON, L4G 7P3
(905) 727-6593   SIC 8211
YORK CATHOLIC DISTRICT SCHOOL BOARD   p 492
315 Stone Rd, AURORA, ON, L4G 6Y7
(905) 713-6813   SIC 8211
YORK CATHOLIC DISTRICT SCHOOL BOARD   p 492
290 Mcclellan Way, AURORA, ON, L4G 6P3
(905) 841-7742   SIC 8211
YORK CATHOLIC DISTRICT SCHOOL BOARD   p 563
206 Glen Shields Ave, CONCORD, ON, L4K 1T8
(905) 669-6690   SIC 8211
YORK CATHOLIC DISTRICT SCHOOL BOARD   p 596
130 Castlemore, GORMLEY, ON, L0H 1G0
(905) 887-8780   SIC 8211
YORK CATHOLIC DISTRICT SCHOOL BOARD   p 628
262 Old Homestead Rd, KESWICK, ON, L4P 3C8
(905) 476-7784   SIC 8211
YORK CATHOLIC DISTRICT SCHOOL BOARD   p 628
185 Glenwoods Ave, KESWICK, ON, L4P 2W6
(905) 656-9140   SIC 8211
YORK CATHOLIC DISTRICT SCHOOL BOARD   p 629
65 Spring Hill Dr, KING CITY, ON, L7B 0B6
(905) 833-5852   SIC 8211
YORK CATHOLIC DISTRICT SCHOOL BOARD   p 668
230 Hawker Rd, MAPLE, ON, L6A 2R2
(905) 303-7150   SIC 8211
YORK CATHOLIC DISTRICT SCHOOL BOARD   p 668
171 Mast Rd, MAPLE, ON, L6A 3J7
(905) 832-7676   SIC 8211
YORK CATHOLIC DISTRICT SCHOOL BOARD   p 668
1 St. Joan Of Arc Ave, MAPLE, ON, L6A 1W9
(905) 832-8882   SIC 8211
YORK CATHOLIC DISTRICT SCHOOL BOARD   p 668
251 Melville Ave, MAPLE, ON, L6A 1Z1
(905) 832-2555   SIC 8211
YORK CATHOLIC DISTRICT SCHOOL BOARD   p 668
400 St. Joan Of Arc Ave, MAPLE, ON, L6A 2S8
(905) 303-6121   SIC 8211
YORK CATHOLIC DISTRICT SCHOOL BOARD   p 668
9350 Keele St, MAPLE, ON, L6A 1P4
(905) 832-5353   SIC 8211
YORK CATHOLIC DISTRICT SCHOOL BOARD   p 669
5607 Highway 7 E, MARKHAM, ON, L3P 1B6
(905) 294-1571   SIC 8211
YORK CATHOLIC DISTRICT SCHOOL BOARD   p 669
6160 16th Ave Suite 16, MARKHAM, ON, L3P 3K8
(905) 294-7671   SIC 8211
YORK CATHOLIC DISTRICT SCHOOL BOARD   p 669
230 Fincham Ave, MARKHAM, ON, L3P 4B5
(905) 472-4420   SIC 8211
YORK CATHOLIC DISTRICT SCHOOL BOARD   p 675
140 Hollingham Rd, MARKHAM, ON, L3R 8K4
(905) 947-8106   SIC 8211
YORK CATHOLIC DISTRICT SCHOOL BOARD   p 675
50 Aldergrove Dr, MARKHAM, ON, L3R 7E6
(905) 475-9646   SIC 8211
YORK CATHOLIC DISTRICT SCHOOL BOARD   p 675
7100 Birchmount Rd, MARKHAM, ON, L3R 4H2
(905) 475-8025   SIC 8211
YORK CATHOLIC DISTRICT SCHOOL BOARD   p 676
50 Featherstone Ave, MARKHAM, ON, L3S 2H4
(905) 472-2420   SIC 8211
YORK CATHOLIC DISTRICT SCHOOL BOARD   p 676
5300 14th Ave, MARKHAM, ON, L3S 3K8
(905) 472-4961   SIC 8211
YORK CATHOLIC DISTRICT SCHOOL BOARD   p 676
90 Roxbury St, MARKHAM, ON, L3S 3S8
(905) 472-3964   SIC 8211
YORK CATHOLIC DISTRICT SCHOOL BOARD   p 677
2188 Rodick Rd, MARKHAM, ON, L6C 1S3
(905) 887-6171   SIC 8211
YORK CATHOLIC DISTRICT SCHOOL BOARD   p 677
290 Calvert Rd, MARKHAM, ON, L6C 1V1
(905) 887-1560   SIC 8211
YORK CATHOLIC DISTRICT SCHOOL BOARD   p 678
2070 Bur Oak Ave, MARKHAM, ON, L6E 1X5
(905) 209-1245   SIC 8211
YORK CATHOLIC DISTRICT SCHOOL BOARD   p 678
840 Bur Oak Ave, MARKHAM, ON, L6E 0E1
(905) 202-2430   SIC 8211
YORK CATHOLIC DISTRICT SCHOOL BOARD   p 732
480 Keith Ave, NEWMARKET, ON, L3X 1V5
(905) 895-3777   SIC 8211
YORK CATHOLIC DISTRICT SCHOOL BOARD   p 732
715 Kingsmere Ave, NEWMARKET, ON, L3X 1L4
(905) 895-5001   SIC 8211
YORK CATHOLIC DISTRICT SCHOOL BOARD   p 732
800 Joe Persechini Dr, NEWMARKET, ON, L3X 2S6
(905) 836-7291   SIC 8211
YORK CATHOLIC DISTRICT SCHOOL

YORK CATHOLIC DISTRICT SCHOOL BOARD *p 734*
1 Crusader Way, NEWMARKET, ON, L3Y 6R2
(905) 895-3340   *SIC* 8211

YORK CATHOLIC DISTRICT SCHOOL BOARD *p 734*
140 William Roe Blvd, NEWMARKET, ON, L3Y 1B2
(905) 895-4122   *SIC* 8211

YORK CATHOLIC DISTRICT SCHOOL BOARD *p 734*
170 London Rd, NEWMARKET, ON, L3Y 6R5
(905) 895-8530   *SIC* 8211

YORK CATHOLIC DISTRICT SCHOOL BOARD *p 734*
960 Leslie Valley Dr, NEWMARKET, ON, L3Y 8B3
(905) 853-0340   *SIC* 8211

YORK CATHOLIC DISTRICT SCHOOL BOARD *p 740*
75 Greenside Dr, NOBLETON, ON, L0G 1N0
(905) 859-3336   *SIC* 8211

YORK CATHOLIC DISTRICT SCHOOL BOARD *p 822*
155 Red Maple Rd, RICHMOND HILL, ON, L4B 4P9
(905) 709-3134   *SIC* 8211

YORK CATHOLIC DISTRICT SCHOOL BOARD *p 823*
105 Don Head Village Blvd, RICHMOND HILL, ON, L4C 7N1
(905) 883-0311   *SIC* 8211

YORK CATHOLIC DISTRICT SCHOOL BOARD *p 823*
121 Larratt Lane, RICHMOND HILL, ON, L4C 0E6
(905) 884-8086   *SIC* 8211

YORK CATHOLIC DISTRICT SCHOOL BOARD *p 823*
16 Castle Rock Dr, RICHMOND HILL, ON, L4C 5H5
(905) 884-0223   *SIC* 8211

YORK CATHOLIC DISTRICT SCHOOL BOARD *p 823*
161 Regent St, RICHMOND HILL, ON, L4C 9N9
(905) 884-5381   *SIC* 8211

YORK CATHOLIC DISTRICT SCHOOL BOARD *p 823*
301 Roney Ave, RICHMOND HILL, ON, L4C 2H4
(905) 884-5077   *SIC* 8211

YORK CATHOLIC DISTRICT SCHOOL BOARD *p 824*
275 Redstone Rd, RICHMOND HILL, ON, L4S 2H1
(905) 884-4023   *SIC* 8211

YORK CATHOLIC DISTRICT SCHOOL BOARD *p 824*
30 Bayswater Ave, RICHMOND HILL, ON, L4E 2L3
(905) 773-3283   *SIC* 8211

YORK CATHOLIC DISTRICT SCHOOL BOARD *p 824*
80 Red Cardinal Trail, RICHMOND HILL, ON, L4E 4B8
(905) 773-1383   *SIC* 8211

YORK CATHOLIC DISTRICT SCHOOL BOARD *p 824*
121 Rollinghill Rd, RICHMOND HILL, ON, L4E 4L2
(905) 883-5221   *SIC* 8211

YORK CATHOLIC DISTRICT SCHOOL BOARD *p 847*
51 Western Ave, SCHOMBERG, ON, L0G 1T0
(905) 939-7753   *SIC* 8211

YORK CATHOLIC DISTRICT SCHOOL BOARD *p 863*
333 Glad Park Ave, STOUFFVILLE, ON, L4A 1E4
(905) 640-2915   *SIC* 8211

YORK CATHOLIC DISTRICT SCHOOL BOARD *p 863*
223 Millard St, STOUFFVILLE, ON, L4A 5S2
(905) 642-5100   *SIC* 8211

YORK CATHOLIC DISTRICT SCHOOL BOARD *p 871*
5279 Black River Rd, SUTTON WEST, ON, L0E 1R0
(905) 722-6226   *SIC* 8211

YORK CATHOLIC DISTRICT SCHOOL BOARD *p 874*
135 Green Lane, THORNHILL, ON, L3T 6K7
(905) 881-2300   *SIC* 8211

YORK CATHOLIC DISTRICT SCHOOL BOARD *p 874*
141 Kirk Dr, THORNHILL, ON, L3T 3L3
(905) 889-7420   *SIC* 8211

YORK CATHOLIC DISTRICT SCHOOL BOARD *p 874*
41 Simonston Blvd, THORNHILL, ON, L3T 4R6
(905) 889-4816   *SIC* 8211

YORK CATHOLIC DISTRICT SCHOOL BOARD *p 874*
8101 Leslie St, THORNHILL, ON, L3T 7P4
(905) 889-4982   *SIC* 8211

YORK CATHOLIC DISTRICT SCHOOL BOARD *p 875*
475 Brownridge Dr, THORNHILL, ON, L4J 5Y6
(905) 738-5703   *SIC* 8211

YORK CATHOLIC DISTRICT SCHOOL BOARD *p 875*
525 New Westminster Dr, THORNHILL, ON, L4J 7X3
(905) 882-1460   *SIC* 8211

YORK CATHOLIC DISTRICT SCHOOL BOARD *p 876*
21 Mullen Dr, THORNHILL, ON, L4J 2T6
(905) 731-7682   *SIC* 8211

YORK CATHOLIC DISTRICT SCHOOL BOARD *p 876*
290 York Hill Blvd, THORNHILL, ON, L4J 3B6
(905) 886-3272   *SIC* 8211

YORK CATHOLIC DISTRICT SCHOOL BOARD *p 945*
75 Waterbridge Lane, UNIONVILLE, ON, L3R 4G3
(905) 475-0517   *SIC* 8211

YORK CATHOLIC DISTRICT SCHOOL BOARD *p 947*
240 Killian Rd, VAUGHAN, ON, L6A 1A8
(905) 832-1887   *SIC* 8211

YORK CATHOLIC DISTRICT SCHOOL BOARD *p 972*
120 La Rocca Ave, WOODBRIDGE, ON, L4H 2A9
(905) 303-4646   *SIC* 8211

YORK CATHOLIC DISTRICT SCHOOL BOARD *p 972*
770 Napa Valley Ave, WOODBRIDGE, ON, L4H 1W9
(905) 893-7082   *SIC* 8211

YORK CATHOLIC DISTRICT SCHOOL BOARD *p 972*
8881 Martin Grove Rd, WOODBRIDGE, ON, L4H 1C3
(905) 856-4996   *SIC* 8211

YORK CATHOLIC DISTRICT SCHOOL BOARD *p 973*
451 Napa Valley Ave, WOODBRIDGE, ON, L4H 1Y8
(905) 893-7557   *SIC* 8211

YORK CATHOLIC DISTRICT SCHOOL BOARD *p 973*
171 Maria Antonia Rd, WOODBRIDGE, ON, L4H 2S8
(905) 653-5920   *SIC* 8211

YORK CATHOLIC DISTRICT SCHOOL BOARD *p 973*
151 Forest Fountain Dr, WOODBRIDGE, ON, L4H 1S4
(905) 893-1968   *SIC* 8211

YORK CATHOLIC DISTRICT SCHOOL BOARD *p 973*
60 Vellore Woods Blvd, WOODBRIDGE, ON, L4H 2K8
(905) 303-4554   *SIC* 8211

YORK CATHOLIC DISTRICT SCHOOL BOARD *p 976*
120 Andrew Pk, WOODBRIDGE, ON, L4L 1G2
(905) 851-2871   *SIC* 8211

YORK CATHOLIC DISTRICT SCHOOL BOARD *p 976*
140 Greenpark Blvd, WOODBRIDGE, ON, L4L 6Z6
(905) 856-0955   *SIC* 8211

YORK CATHOLIC DISTRICT SCHOOL BOARD *p 976*
91 Fiori Dr, WOODBRIDGE, ON, L4L 5S4
(905) 856-4155   *SIC* 8211

YORK CATHOLIC DISTRICT SCHOOL BOARD *p 976*
80 Terra Rd, WOODBRIDGE, ON, L4L 3J5
(905) 851-8162   *SIC* 8211

YORK CATHOLIC DISTRICT SCHOOL BOARD *p 976*
7501 Martin Grove Rd, WOODBRIDGE, ON, L4L 1A5
(905) 851-6699   *SIC* 8211

YORK CATHOLIC DISTRICT SCHOOL BOARD *p 976*
500 Aberdeen Ave, WOODBRIDGE, ON, L4L 5J4
(905) 851-9528   *SIC* 8211

YORK CATHOLIC DISTRICT SCHOOL BOARD *p 976*
40 Bainbridge Ave, WOODBRIDGE, ON, L4L 3Y1
(905) 851-5910   *SIC* 8211

YORK CATHOLIC DISTRICT SCHOOL BOARD *p 976*
191 Crofters Rd, WOODBRIDGE, ON, L4L 7G3
(905) 856-1666   *SIC* 8211

YORK CATHOLIC DISTRICT SCHOOL BOARD *p 976*
199 Belview Ave, WOODBRIDGE, ON, L4L 5N9
(905) 850-3280   *SIC* 8211

YORK CATHOLIC DISTRICT SCHOOL BOARD *p 976*
200 Aberdeen Ave, WOODBRIDGE, ON, L4L 1C4
(905) 851-2859   *SIC* 8211

YORK CATHOLIC DISTRICT SCHOOL BOARD *p 976*
250 Ansley Grove Rd, WOODBRIDGE, ON, L4L 3W4
(905) 851-6643   *SIC* 8211

YORK CATHOLIC DISTRICT SCHOOL BOARD *p 976*
250 Coronation St, WOODBRIDGE, ON, L4L 6H3
(905) 850-2230   *SIC* 8211

YORK CATHOLIC DISTRICT SCHOOL BOARD *p 976*
30 Margaret Mary Rd, WOODBRIDGE, ON, L4L 2W8
(905) 851-3935   *SIC* 8211

YORK CATHOLIC DISTRICT SCHOOL BOARD *p 976*
391 Velmar Dr, WOODBRIDGE, ON, L4L 8J5
(905) 856-6643   *SIC* 8211

YORK CEMETERY VISITATION, CHAPEL AND RECEPTION CENTRE *p 889*
See MOUNT PLEASANT GROUP OF CEMETERIES

YORK CENTRAL HOSPITAL *p 822*
See MACKENZIE HEALTH

YORK CLUB, THE *p 924*
135 St. George St Suite 218, TORONTO, ON, M5R 2L8
(416) 922-3101   *SIC* 8641

YORK CONDOMINIUM *p 716*
See LARLYN PROPERTY MANAGEMENT LIMITED

YORK CONDOMINIUM CORPORATION NO 382 *p 575*
2045 Lake Shore Blvd W, ETOBICOKE, ON, M8V 2Z6
(416) 252-7701   *SIC* 6531

YORK COUNTY BOWMEN INC *p 734*
15887 Mccowan Rd, NEWMARKET, ON, L3Y 4W1
   SIC 7999

YORK FACTORY FIRST NATION *p 392*
Gd, YORK LANDING, MB, R0B 2B0
(204) 341-2118   *SIC* 8211

YORK HUMBER HIGH SCHOOL *p 937*
See TORONTO DISTRICT SCHOOL BOARD

YORK MEMORIAL COLLEGIATE INSTITUTE *p 937*
See TORONTO DISTRICT SCHOOL BOARD

YORK MILLS COLLEGIATE INSTITUTE *p 890*
See TORONTO DISTRICT SCHOOL BOARD

YORK PROFESSIONAL CARE & EDUCATION INC *p 740*
200 Shebeshekong Rd S, NOBEL, ON, P0G 1G0
(705) 342-7345   *SIC* 7032

YORK REGION CONTINUING EDUCATION *p 824*
See YORK REGION DISTRICT SCHOOL BOARD

YORK REGION DISTRICT SCHOOL BOARD *p 492*
125 Wellington St W, AURORA, ON, L4G 2P3
(905) 727-9751   *SIC* 8211

YORK REGION DISTRICT SCHOOL BOARD *p 492*
130 River Ridge Blvd, AURORA, ON, L4G 7T7
(905) 727-5938   *SIC* 8211

YORK REGION DISTRICT SCHOOL BOARD *p 492*
15 Odin Cres, AURORA, ON, L4G 3T3
(905) 727-0450   *SIC* 8211

YORK REGION DISTRICT SCHOOL BOARD *p 492*
240 Mcclellan Way, AURORA, ON, L4G 6N9
(905) 727-6642   *SIC* 8211

YORK REGION DISTRICT SCHOOL BOARD *p 492*
123 Murray Dr, AURORA, ON, L4G 2C7
(905) 727-9811   *SIC* 8211

YORK REGION DISTRICT SCHOOL BOARD *p 492*
40 Bridgenorth Dr, AURORA, ON, L4G 7S6
(905) 727-4224   *SIC* 8211

YORK REGION DISTRICT SCHOOL BOARD *p 492*
85 Tecumseh Dr, AURORA, ON, L4G 2X5
(905) 727-6902   *SIC* 8211

YORK REGION DISTRICT SCHOOL BOARD *p 492*
415 Stone Rd, AURORA, ON, L4G 6Z5
(905) 727-4435   *SIC* 8211

YORK REGION DISTRICT SCHOOL BOARD *p 492*
60 Wellington St W, AURORA, ON, L4G 3H2
(905) 727-3141   *SIC* 8211

YORK REGION DISTRICT SCHOOL BOARD *p 492*
70 Devins Dr, AURORA, ON, L4G 2Z4
(905) 727-2022   *SIC* 8211

YORK REGION DISTRICT SCHOOL BOARD *p 563*
158 Glen Shields Ave, CONCORD, ON, L4K 1T8
(905) 738-0333   *SIC* 8211

YORK REGION DISTRICT SCHOOL

YORK REGION DISTRICT SCHOOL BOARD

YORK REGION DISTRICT SCHOOL BOARD *p 572*
145 Harvest Hills Blvd, EAST GWILLIMBURY, ON, L9N 0C1
(905) 235-5136   SIC 8211

YORK REGION DISTRICT SCHOOL BOARD *p 619*
16 Holland River Blvd, HOLLAND LANDING, ON, L9N 1C4
(905) 836-6614   SIC 8211

YORK REGION DISTRICT SCHOOL BOARD *p 619*
36 Sunrise St, HOLLAND LANDING, ON, L9N 1H5
(905) 836-5951   SIC 8211

YORK REGION DISTRICT SCHOOL BOARD *p 628*
100 Biscayne Blvd, KESWICK, ON, L4P 3S2
(905) 476-0933   SIC 8211

YORK REGION DISTRICT SCHOOL BOARD *p 628*
162 Carrick Ave, KESWICK, ON, L4P 3P2
(905) 476-1618   SIC 8211

YORK REGION DISTRICT SCHOOL BOARD *p 628*
176 Glenwoods Ave, KESWICK, ON, L4P 3E9
(905) 476-7777   SIC 8211

YORK REGION DISTRICT SCHOOL BOARD *p 628*
201 Fairwood Dr, KESWICK, ON, L4P 3Y5
(905) 476-5447   SIC 8211

YORK REGION DISTRICT SCHOOL BOARD *p 628*
213 Shorecrest Rd, KESWICK, ON, L4P 1J1
(905) 476-8369   SIC 8211

YORK REGION DISTRICT SCHOOL BOARD *p 628*
25 The Queensway N, KESWICK, ON, L4P 1E2
(905) 476-4377   SIC 8211

YORK REGION DISTRICT SCHOOL BOARD *p 628*
38 Thornlodge Dr, KESWICK, ON, L4P 4A3
(905) 656-5970   SIC 8211

YORK REGION DISTRICT SCHOOL BOARD *p 629*
2001 King Rd, KING CITY, ON, L7B 1K2
(905) 833-5332   SIC 8211

YORK REGION DISTRICT SCHOOL BOARD *p 629*
25 King Blvd, KING CITY, ON, L7B 1K9
(905) 833-5115   SIC 8211

YORK REGION DISTRICT SCHOOL BOARD *p 629*
3286 Lloydtown-Aurora Rd, KETTLEBY, ON, L7B 0H4
(905) 727-9852   SIC 8211

YORK REGION DISTRICT SCHOOL BOARD *p 629*
605 Varney Rd, KESWICK, ON, L4P 3C8
(905) 476-4185   SIC 8211

YORK REGION DISTRICT SCHOOL BOARD *p 629*
70 Biscayne Blvd, KESWICK, ON, L4P 3M8
(905) 476-9295   SIC 8211

YORK REGION DISTRICT SCHOOL BOARD *p 629*
95 Kingslynn Dr, KING CITY, ON, L7B 1H1
(905) 833-6622   SIC 8211

YORK REGION DISTRICT SCHOOL BOARD *p 645*
10391 Islington Ave, KLEINBURG, ON, L0J 1C0
(905) 893-1142   SIC 8211

YORK REGION DISTRICT SCHOOL BOARD *p 668*
120 Discovery Trail, MAPLE, ON, L6A 2Z2
(905) 417-1622   SIC 8211

YORK REGION DISTRICT SCHOOL BOARD *p 668*
210 Hawker Rd, MAPLE, ON, L6A 2J8
(905) 417-9177   SIC 8211

YORK REGION DISTRICT SCHOOL BOARD *p 668*
401 Av Grand Trunk, MAPLE, ON, L6A 0T4
(905) 417-8046   SIC 8211

YORK REGION DISTRICT SCHOOL BOARD *p 668*
50 Naylon St, MAPLE, ON, L6A 1R8
(905) 832-1291   SIC 8211

YORK REGION DISTRICT SCHOOL BOARD *p 668*
50 Springside Rd, MAPLE, ON, L6A 2W5
(905) 417-9444   SIC 8211

YORK REGION DISTRICT SCHOOL BOARD *p 668*
575 Melville Ave, MAPLE, ON, L6A 2M4
(905) 417-9771   SIC 8211

YORK REGION DISTRICT SCHOOL BOARD *p 668*
575 Via Romano Blvd, MAPLE, ON, L6A 0G1
(905) 417-0211   SIC 8211

YORK REGION DISTRICT SCHOOL BOARD *p 668*
61 Julliard Dr, MAPLE, ON, L6A 3W7
(905) 832-3311   SIC 8211

YORK REGION DISTRICT SCHOOL BOARD *p 668*
80 Murray Farm Lane, MAPLE, ON, L6A 3G1
(905) 417-0555   SIC 8211

YORK REGION DISTRICT SCHOOL BOARD *p 669*
69 Wootten Way N, MARKHAM, ON, L3P 2Y5
(905) 294-6558   SIC 8211

YORK REGION DISTRICT SCHOOL BOARD *p 669*
11 Major Button's Dr, MARKHAM, ON, L3P 3G6
(905) 294-1262   SIC 8211

YORK REGION DISTRICT SCHOOL BOARD *p 669*
15 Larkin Ave, MARKHAM, ON, L3P 4P8
(905) 471-5775   SIC 8211

YORK REGION DISTRICT SCHOOL BOARD *p 669*
90 Robinson St, MARKHAM, ON, L3P 1N9
(905) 294-3484   SIC 8211

YORK REGION DISTRICT SCHOOL BOARD *p 669*
89 Church St, MARKHAM, ON, L3P 2M3
(905) 294-1886   SIC 8211

YORK REGION DISTRICT SCHOOL BOARD *p 669*
21 Franklin St, MARKHAM, ON, L3P 2S7
(905) 294-3562   SIC 8211

YORK REGION DISTRICT SCHOOL BOARD *p 675*
60 Coledale Rd, MARKHAM, ON, L3R 7W8
(905) 940-0123   SIC 8211

YORK REGION DISTRICT SCHOOL BOARD *p 675*
150 Aldergrove Dr, MARKHAM, ON, L3R 6Z8
(905) 470-2227   SIC 8211

YORK REGION DISTRICT SCHOOL BOARD *p 675*
201 Town Centre Blvd, MARKHAM, ON, L3R 8G5
(905) 479-2787   SIC 8211

YORK REGION DISTRICT SCHOOL BOARD *p 676*
399 Elson St, MARKHAM, ON, L3S 4R8
(905) 294-5756   SIC 8211

YORK REGION DISTRICT SCHOOL BOARD *p 676*
35 Highgate Dr, MARKHAM, ON, L3R 3R5
(905) 477-1019   SIC 8211

YORK REGION DISTRICT SCHOOL BOARD *p 676*
33 Brando Ave, MARKHAM, ON, L3S 4K9
(905) 294-9455   SIC 8211

YORK REGION DISTRICT SCHOOL BOARD *p 676*
30 Fonda Rd, MARKHAM, ON, L3S 3X3
(905) 472-3303   SIC 8211

YORK REGION DISTRICT SCHOOL BOARD *p 676*
30 Boxwood Cres, MARKHAM, ON, L3S 3P7
(905) 294-5563   SIC 8211

YORK REGION DISTRICT SCHOOL BOARD *p 676*
289 Risebrough Circt, MARKHAM, ON, L3R 3J3
(905) 475-8143   SIC 8211

YORK REGION DISTRICT SCHOOL BOARD *p 676*
18 Coxworth Ave, MARKHAM, ON, L3S 3B8
(905) 472-8536   SIC 8211

YORK REGION DISTRICT SCHOOL BOARD *p 676*
131 Coppard Ave, MARKHAM, ON, L3S 2T5
(905) 471-0419   SIC 8211

YORK REGION DISTRICT SCHOOL BOARD *p 676*
50 Randall Ave, MARKHAM, ON, L3S 1E2
(905) 479-2003   SIC 8211

YORK REGION DISTRICT SCHOOL BOARD *p 676*
60 Wilclay Ave, MARKHAM, ON, L3S 1R4
(905) 470-1447   SIC 8211

YORK REGION DISTRICT SCHOOL BOARD *p 676*
525 Highglen Ave, MARKHAM, ON, L3S 3L5
(905) 472-8900   SIC 8211

YORK REGION DISTRICT SCHOOL BOARD *p 677*
160 Hazelton Ave, MARKHAM, ON, L6C 3H6
(905) 927-1452   SIC 8211

YORK REGION DISTRICT SCHOOL BOARD *p 677*
168 Stonebridge Dr, MARKHAM, ON, L6C 2Z8
(905) 887-2427   SIC 8211

YORK REGION DISTRICT SCHOOL BOARD *p 677*
90 Bur Oak Ave, MARKHAM, ON, L6C 2E6
(905) 887-2216   SIC 8211

YORK REGION DISTRICT SCHOOL BOARD *p 677*
571 Country Glen Rd, MARKHAM, ON, L6B 1E8
(905) 202-5960   SIC 8211

YORK REGION DISTRICT SCHOOL BOARD *p 677*
45 Riverwalk Dr, MARKHAM, ON, L6B 0L9
(905) 209-0435   SIC 8211

YORK REGION DISTRICT SCHOOL BOARD *p 677*
38 Hillmount Rd, MARKHAM, ON, L6C 2H4
(905) 284-4513   SIC 8211

YORK REGION DISTRICT SCHOOL BOARD *p 677*
256 Ridgecrest Rd, MARKHAM, ON, L6C 2R5
(905) 887-1543   SIC 8211

YORK REGION DISTRICT SCHOOL BOARD *p 677*
186 Country Glen Rd, MARKHAM, ON, L6B 1B5
(905) 471-1694   SIC 8211

YORK REGION DISTRICT SCHOOL BOARD *p 677*
230 Calvert Rd, MARKHAM, ON, L6C 1T5
(905) 887-2656   SIC 8211

YORK REGION DISTRICT SCHOOL BOARD *p 678*
281 Williamson Rd, MARKHAM, ON, L6E 1X1
(905) 202-1684   SIC 8211

YORK REGION DISTRICT SCHOOL BOARD *p 678*
270 Alfred Paterson Dr, MARKHAM, ON, L6E 2G1
(905) 472-8374   SIC 8211

YORK REGION DISTRICT SCHOOL BOARD *p 678*
171 Mingay Ave, MARKHAM, ON, L6E 1H8
(905) 471-5526   SIC 8211

YORK REGION DISTRICT SCHOOL BOARD *p 678*
315 Mingay Ave, MARKHAM, ON, L6E 1T5
(905) 202-8120   SIC 8211

YORK REGION DISTRICT SCHOOL BOARD *p 678*
565 Fred Mclaren Blvd, MARKHAM, ON, L6E 1N7
(905) 294-9122   SIC 8211

YORK REGION DISTRICT SCHOOL BOARD *p 678*
80 Alfred Paterson Dr, MARKHAM, ON, L6E 1J5
(905) 472-3474   SIC 8211

YORK REGION DISTRICT SCHOOL BOARD *p 724*
5488 Mount Albert Rd, MOUNT ALBERT, ON, L0G 1M0
(905) 473-2940   SIC 8211

YORK REGION DISTRICT SCHOOL BOARD *p 732*
161 Sawmill Valley Dr, NEWMARKET, ON, L3X 2T1
(905) 967-0975   SIC 8211

YORK REGION DISTRICT SCHOOL BOARD *p 732*
200 Clearmeadow Blvd, NEWMARKET, ON, L3X 2E4
(905) 868-8081   SIC 8211

YORK REGION DISTRICT SCHOOL BOARD *p 732*
125 Savage Rd, NEWMARKET, ON, L3X 1R3
(905) 853-3799   SIC 8211

YORK REGION DISTRICT SCHOOL BOARD *p 732*
255 Brimson Dr, NEWMARKET, ON, L3X 1H8
(905) 830-0500   SIC 8211

YORK REGION DISTRICT SCHOOL BOARD *p 732*
400 Woodspring Ave, NEWMARKET, ON, L3X 2X1
(905) 953-8995   SIC 8211

YORK REGION DISTRICT SCHOOL BOARD *p 732*
705 Columbus Way, NEWMARKET, ON, L3X 2M7
(905) 967-1045   SIC 8211

YORK REGION DISTRICT SCHOOL BOARD *p 732*
75 Ford Wilson Blvd, NEWMARKET, ON, L3X 3G1
(905) 895-9466   SIC 8211

YORK REGION DISTRICT SCHOOL BOARD *p 732*
875 Stonehaven Ave, NEWMARKET, ON, L3X 2K3
(905) 898-2077   SIC 8211

YORK REGION DISTRICT SCHOOL BOARD *p 734*
155 Longford Dr, NEWMARKET, ON, L3Y 2Y7
(905) 895-9681   SIC 8211

YORK REGION DISTRICT SCHOOL BOARD *p 735*
130 Carlson Dr, NEWMARKET, ON, L3Y 5H3
(905) 895-5155   SIC 8211

YORK REGION DISTRICT SCHOOL BOARD *p 735*
135 Bristol Rd, NEWMARKET, ON, L3Y 8J7
(905) 836-0021   SIC 8211

YORK REGION DISTRICT SCHOOL BOARD *p 735*
233 Patterson St, NEWMARKET, ON, L3Y 3L5
(905) 895-3081   SIC 8211

YORK REGION DISTRICT SCHOOL BOARD *p 735*
247 Lorne Ave, NEWMARKET, ON, L3Y 4K5
(905) 895-8461   SIC 8211

YORK REGION DISTRICT SCHOOL

YORK REGION DISTRICT SCHOOL BOARD

BOARD *p 735*
256 Rogers Rd, NEWMARKET, ON, L3Y 1G6
(905) 895-5441 *SIC* 8211

YORK REGION DISTRICT SCHOOL BOARD *p 735*
330 Burford St, NEWMARKET, ON, L3Y 6L1
(905) 853-2303 *SIC* 8211

YORK REGION DISTRICT SCHOOL BOARD *p 735*
40 Huron Heights Dr, NEWMARKET, ON, L3Y 3J9
(905) 895-2384 *SIC* 8211

YORK REGION DISTRICT SCHOOL BOARD *p 735*
505 Pickering Cres, NEWMARKET, ON, L3Y 8H1
(905) 895-5159 *SIC* 8211

YORK REGION DISTRICT SCHOOL BOARD *p 735*
684 Srigley St, NEWMARKET, ON, L3Y 1W9
(905) 895-8401 *SIC* 8211

YORK REGION DISTRICT SCHOOL BOARD *p 735*
855 College Manor Dr, NEWMARKET, ON, L3Y 8G7
(905) 836-8041 *SIC* 8211

YORK REGION DISTRICT SCHOOL BOARD *p 735*
860 Arnold Cres, NEWMARKET, ON, L3Y 2E2
(905) 836-1032 *SIC* 8211

YORK REGION DISTRICT SCHOOL BOARD *p 735*
915 Wayne Dr, NEWMARKET, ON, L3Y 5W1
(905) 895-1500 *SIC* 8211

YORK REGION DISTRICT SCHOOL BOARD *p 740*
13375 Highway 27, NOBLETON, ON, L0G 1N0
(905) 859-4590 *SIC* 8211

YORK REGION DISTRICT SCHOOL BOARD *p 805*
29478 48 Hwy, PEFFERLAW, ON, L0E 1N0
(705) 437-1537 *SIC* 8211

YORK REGION DISTRICT SCHOOL BOARD *p 822*
124 Blackmore Ave, RICHMOND HILL, ON, L4B 2B1
(905) 882-4480 *SIC* 8211

YORK REGION DISTRICT SCHOOL BOARD *p 822*
68 Queens College Dr, RICHMOND HILL, ON, L4B 1X3
(905) 709-3554 *SIC* 8211

YORK REGION DISTRICT SCHOOL BOARD *p 822*
81 Strathearn Ave, RICHMOND HILL, ON, L4B 2J5
(905) 508-0806 *SIC* 8211

YORK REGION DISTRICT SCHOOL BOARD *p 823*
422 Carrville Rd, RICHMOND HILL, ON, L4C 6E6
(905) 884-5934 *SIC* 8211

YORK REGION DISTRICT SCHOOL BOARD *p 823*
500 Major Mackenzie Dr E, RICHMOND HILL, ON, L4C 1J2
(905) 884-2693 *SIC* 8211

YORK REGION DISTRICT SCHOOL BOARD *p 823*
400 Mill St, RICHMOND HILL, ON, L4C 4B9
(905) 884-7431 *SIC* 8211

YORK REGION DISTRICT SCHOOL BOARD *p 823*
400 16th Ave, RICHMOND HILL, ON, L4C 7A9
(905) 884-5598 *SIC* 8211

YORK REGION DISTRICT SCHOOL BOARD *p 823*
317 Centre St E, RICHMOND HILL, ON, L4C 1B3
(905) 884-4477 *SIC* 8211

YORK REGION DISTRICT SCHOOL BOARD *p 823*
30 Pearson Ave, RICHMOND HILL, ON, L4C 6T7
(905) 889-2522 *SIC* 8211

YORK REGION DISTRICT SCHOOL BOARD *p 823*
300 Major Mackenzie Dr W, RICHMOND HILL, ON, L4C 3S3
(905) 884-0554 *SIC* 8211

YORK REGION DISTRICT SCHOOL BOARD *p 823*
283 Neal Dr, RICHMOND HILL, ON, L4C 3L3
(905) 884-5059 *SIC* 8211

YORK REGION DISTRICT SCHOOL BOARD *p 823*
206 Lucas St, RICHMOND HILL, ON, L4C 4P7
(905) 884-5711 *SIC* 8211

YORK REGION DISTRICT SCHOOL BOARD *p 823*
190 Neal Dr, RICHMOND HILL, ON, L4C 3K7
(905) 884-5281 *SIC* 8211

YORK REGION DISTRICT SCHOOL BOARD *p 823*
112 Stave Cres, RICHMOND HILL, ON, L4C 9J2
(905) 508-6698 *SIC* 8211

YORK REGION DISTRICT SCHOOL BOARD *p 823*
106 Garden Ave, RICHMOND HILL, ON, L4C 6M1
(905) 889-6266 *SIC* 8211

YORK REGION DISTRICT SCHOOL BOARD *p 823*
101 Weldrick Rd W, RICHMOND HILL, ON, L4C 3T9
(905) 884-4022 *SIC* 8211

YORK REGION DISTRICT SCHOOL BOARD *p 823*
10077 Bayview Ave, RICHMOND HILL, ON, L4C 2L4
(905) 884-4453 *SIC* 8211

YORK REGION DISTRICT SCHOOL BOARD *p 824*
320 Shirley Dr, RICHMOND HILL, ON, L4S 2P1
(905) 770-6507 *SIC* 8211

YORK REGION DISTRICT SCHOOL BOARD *p 824*
36 Regatta Ave, RICHMOND HILL, ON, L4E 4R1
(905) 884-3434 *SIC* 8211

YORK REGION DISTRICT SCHOOL BOARD *p 824*
245 Old Colony Rd, RICHMOND HILL, ON, L4E 5B9
(905) 313-8693 *SIC* 8211

YORK REGION DISTRICT SCHOOL BOARD *p 824*
80 Wildwood Ave, RICHMOND HILL, ON, L4E 3B5
(905) 773-5381 *SIC* 8211

YORK REGION DISTRICT SCHOOL BOARD *p 824*
235 Redstone Rd, RICHMOND HILL, ON, L4S 2E2
(905) 508-1073 *SIC* 8211

YORK REGION DISTRICT SCHOOL BOARD *p 824*
85 Rollinghill Rd, RICHMOND HILL, ON, L4E 4C7
(905) 292-0530 *SIC* 8211

YORK REGION DISTRICT SCHOOL BOARD *p 824*
160 Coon's Rd, RICHMOND HILL, ON, L4E 2P7
(905) 773-5572 *SIC* 8211

YORK REGION DISTRICT SCHOOL BOARD *p 824*
180 Farmstead Rd, RICHMOND HILL, ON, L4S 2K9
(905) 508-5696 *SIC* 8211

YORK REGION DISTRICT SCHOOL BOARD *p 824*
195 Silver Maple Rd, RICHMOND HILL, ON, L4E 4Z1
(905) 398-7945 *SIC* 8211

YORK REGION DISTRICT SCHOOL BOARD *p 824*
62 Kingshill Rd, RICHMOND HILL, ON, L4E 4X5
(905) 313-8406 *SIC* 8211

YORK REGION DISTRICT SCHOOL BOARD *p 825*
1 William F Bell Pky, RICHMOND HILL, ON, L4S 2T9
(905) 780-7858 *SIC* 8211

YORK REGION DISTRICT SCHOOL BOARD *p 825*
18 Alamo Heights Dr, RICHMOND HILL, ON, L4S 2P3
(905) 508-5215 *SIC* 8211

YORK REGION DISTRICT SCHOOL BOARD *p 825*
245 Bernard Ave, RICHMOND HILL, ON, L4S 1E1
(905) 508-7009 *SIC* 8211

YORK REGION DISTRICT SCHOOL BOARD *p 848*
18532 Leslie St, SHARON, ON, L0G 1V0
(905) 478-4952 *SIC* 8211

YORK REGION DISTRICT SCHOOL BOARD *p 863*
5632 Aurora Rd, STOUFFVILLE, ON, L4A 3K3
(905) 640-2232 *SIC* 8211

YORK REGION DISTRICT SCHOOL BOARD *p 863*
6551 Main St, STOUFFVILLE, ON, L4A 5Z4
(905) 640-1102 *SIC* 8211

YORK REGION DISTRICT SCHOOL BOARD *p 863*
801 Hoover Park Dr, STOUFFVILLE, ON, L4A 0A4
(905) 640-1433 *SIC* 8211

YORK REGION DISTRICT SCHOOL BOARD *p 864*
850 Hoover Park Dr, STOUFFVILLE, ON, L4A 0E7
(905) 642-1236 *SIC* 8211

YORK REGION DISTRICT SCHOOL BOARD *p 864*
90 Greenwood Rd, STOUFFVILLE, ON, L4A 0N8
(905) 640-9856 *SIC* 8211

YORK REGION DISTRICT SCHOOL BOARD *p 864*
300 Glad Park Ave, STOUFFVILLE, ON, L4A 1E5
(905) 642-0224 *SIC* 8211

YORK REGION DISTRICT SCHOOL BOARD *p 871*
20798 Dalton Rd, SUTTON WEST, ON, L0E 1R0
(905) 722-3281 *SIC* 8211

YORK REGION DISTRICT SCHOOL BOARD *p 871*
26465 Park Rd Rr 2, SUTTON WEST, ON, L0E 1R0
(905) 722-3782 *SIC* 8211

YORK REGION DISTRICT SCHOOL BOARD *p 871*
26465 Park Rd Rr 2, SUTTON WEST, ON, L0E 1R0
(905) 722-5889 *SIC* 8211

YORK REGION DISTRICT SCHOOL BOARD *p 874*
42 Limcombe Dr, THORNHILL, ON, L3T 2V5
(905) 889-2448 *SIC* 8211

YORK REGION DISTRICT SCHOOL BOARD *p 874*
66 Henderson Ave, THORNHILL, ON, L3T 2K7
(905) 889-3132 *SIC* 8211

YORK REGION DISTRICT SCHOOL BOARD *p 874*
8075 Bayview Ave, THORNHILL, ON, L3T 4N4
(905) 889-9696 *SIC* 8211

YORK REGION DISTRICT SCHOOL BOARD *p 874*
167 Dudley Ave, THORNHILL, ON, L3T 2E5
(905) 889-5453 *SIC* 8211

YORK REGION DISTRICT SCHOOL BOARD *p 874*
201 Bay Thorn Dr, THORNHILL, ON, L3T 3V2
(905) 889-7992 *SIC* 8211

YORK REGION DISTRICT SCHOOL BOARD *p 874*
160 Henderson Ave, THORNHILL, ON, L3T 2L5
(905) 889-2753 *SIC* 8211

YORK REGION DISTRICT SCHOOL BOARD *p 874*
41 Porterfield Cres, THORNHILL, ON, L3T 5C3
(905) 881-3360 *SIC* 8211

YORK REGION DISTRICT SCHOOL BOARD *p 874*
36 Stornoway Cres, THORNHILL, ON, L3T 3X7
(905) 889-9535 *SIC* 8211

YORK REGION DISTRICT SCHOOL BOARD *p 874*
120 Royal Orchard Blvd, THORNHILL, ON, L3T 3C9
(905) 889-4910 *SIC* 8211

YORK REGION DISTRICT SCHOOL BOARD *p 875*
45 Willowbrook Rd, THORNHILL, ON, L3T 4X6
(905) 886-0743 *SIC* 8211

YORK REGION DISTRICT SCHOOL BOARD *p 875*
255 Bayview Fairways Dr, THORNHILL, ON, L3T 2Z6
(905) 889-1858 *SIC* 8211

YORK REGION DISTRICT SCHOOL BOARD *p 875*
36 Stornoway Cres, THORNHILL, ON, L3T 3X7
(905) 764-6830 *SIC* 8211

YORK REGION DISTRICT SCHOOL BOARD *p 875*
35 Flowervale Rd, THORNHILL, ON, L3T 4J3
(905) 881-3104 *SIC* 8211

YORK REGION DISTRICT SCHOOL BOARD *p 876*
40 New Westminster Dr, THORNHILL, ON, L4J 7Z8
(905) 738-1724 *SIC* 8211

YORK REGION DISTRICT SCHOOL BOARD *p 876*
65 Brownridge Dr, THORNHILL, ON, L4J 7R8
(905) 660-3083 *SIC* 8211

YORK REGION DISTRICT SCHOOL BOARD *p 876*
8210 Yonge St, THORNHILL, ON, L4J 1W6
(905) 731-9557 *SIC* 8211

YORK REGION DISTRICT SCHOOL BOARD *p 876*
366 Mullen Dr, THORNHILL, ON, L4J 2P3
(905) 731-2963 *SIC* 8211

YORK REGION DISTRICT SCHOOL BOARD *p 876*
341 Thornhill Woods Dr, THORNHILL, ON, L4J 8V6
(905) 326-8626 *SIC* 8211

YORK REGION DISTRICT SCHOOL BOARD *p 876*
350 Hilda Ave, THORNHILL, ON, L4J 5K2
(905) 764-5292 *SIC* 8211

YORK REGION DISTRICT SCHOOL BOARD *p 876*
300 Rosedale Heights Dr, THORNHILL, ON,

L4J 6Y8
(905) 882-1864 SIC 8211
YORK REGION DISTRICT SCHOOL BOARD p 876
270 Apple Blossom Dr, THORNHILL, ON, L4J 8W5
(905) 709-2646 SIC 8211
YORK REGION DISTRICT SCHOOL BOARD p 876
265 Beverley Glen Blvd, THORNHILL, ON, L4J 7S8
(905) 889-6767 SIC 8211
YORK REGION DISTRICT SCHOOL BOARD p 876
1401 Clark Ave W, THORNHILL, ON, L4J 7R4
(905) 660-1397 SIC 8211
YORK REGION DISTRICT SCHOOL BOARD p 876
121 Worth Blvd, THORNHILL, ON, L4J 7V5
(905) 707-6488 SIC 8211
YORK REGION DISTRICT SCHOOL BOARD p 876
121 Joseph Aaron Blvd, THORNHILL, ON, L4J 6J5
(905) 738-5497 SIC 8211
YORK REGION DISTRICT SCHOOL BOARD p 945
300 Main St, UNIONVILLE, ON, L3R 2H2
(905) 477-1824 SIC 8211
YORK REGION DISTRICT SCHOOL BOARD p 945
22 Fonthill Blvd, UNIONVILLE, ON, L3R 1V6
(905) 477-2172 SIC 8211
YORK REGION DISTRICT SCHOOL BOARD p 945
120 Carlton Rd, UNIONVILLE, ON, L3R 1Z9
(905) 477-2047 SIC 8211
YORK REGION DISTRICT SCHOOL BOARD p 945
1000 Carlton Rd, UNIONVILLE, ON, L3P 7P5
(905) 940-8840 SIC 8211
YORK REGION DISTRICT SCHOOL BOARD p 945
100 Central Park Dr, UNIONVILLE, ON, L3P 7G2
(905) 940-1444 SIC 8211
YORK REGION DISTRICT SCHOOL BOARD p 947
200 Forest Run Blvd, VAUGHAN, ON, L4K 5H3
(905) 417-9227 SIC 8211
YORK REGION DISTRICT SCHOOL BOARD p 947
155 Melville Ave, VAUGHAN, ON, L6A 1Y9
(905) 832-4922 SIC 8211
YORK REGION DISTRICT SCHOOL BOARD p 973
4901 Rutherford Rd, WOODBRIDGE, ON, L4H 3C2
(905) 850-5012 SIC 8211
YORK REGION DISTRICT SCHOOL BOARD p 973
675 Av Vellore Park, WOODBRIDGE, ON, L4H 0G5
(905) 417-4517 SIC 8211
YORK REGION DISTRICT SCHOOL BOARD p 973
2 Firenza Rd, WOODBRIDGE, ON, L4H 2P5
(905) 653-8055 SIC 8211
YORK REGION DISTRICT SCHOOL BOARD p 973
120 Napa Valley Ave, WOODBRIDGE, ON, L4H 1L1
(905) 893-1631 SIC 8211
YORK REGION DISTRICT SCHOOL BOARD p 976
86 Gamble St, WOODBRIDGE, ON, L4L 1R2
(905) 850-0672 SIC 8211
YORK REGION DISTRICT SCHOOL BOARD p 976
71 Bruce St, WOODBRIDGE, ON, L4L 1J3

(905) 851-2843 SIC 8211
YORK REGION DISTRICT SCHOOL BOARD p 976
60 Burwick Ave, WOODBRIDGE, ON, L4L 1J7
(905) 851-0102 SIC 8211
YORK REGION DISTRICT SCHOOL BOARD p 976
250 Blue Willow Dr, WOODBRIDGE, ON, L4L 9E1
(905) 851-0043 SIC 8211
YORK RIVER PUBLIC SCHOOL p 494
See HASTINGS AND PRINCE EDWARD DISTRICT SCHOOL BOARD
YORK SCHOOL, THE p 900
1320 Yonge St, TORONTO, ON, M4T 1X2
(416) 926-1325 SIC 8211
YORK STEEL p 400
See OCEAN STEEL & CONSTRUCTION LTD
YORK STREET COURIER p 400
See JOBS UNLIMITED INC
YORK STREET HOSPITALITY LTD p 790
73 York St, OTTAWA, ON, K1N 5T2
(613) 599-0230 SIC 5812
YORK UNIVERSITY p 756
4700 Keele St S672 R, NORTH YORK, ON, M3J 1P3
(416) 736-5265 SIC 8221
YORK UNIVERSITY p 756
4700 Keele St Suite 335, NORTH YORK, ON, M3J 1P3
(416) 736-5024 SIC 5942
YORK UNIVERSITY p 756
4700 Keele St Rm 428, NORTH YORK, ON, M3J 1P3
(416) 736-5113 SIC 8221
YORK UNIVERSITY p 756
4700 Keele St Suite 5075, NORTH YORK, ON, M3J 1P3
(416) 736-5061 SIC 8742
YORK UNIVERSITY p 912
1 Dundas St W Suite 2602, TORONTO, ON, M5G 1Z3
(416) 597-9724 SIC 8221
YORK UNIVERSITY p 923
222 Bay St Suite 500, TORONTO, ON, M5K 1K2
(416) 360-8850 SIC 7389
YORK UNIVERSITY BOOKSTORE p 756
See YORK UNIVERSITY
YORKDALE ADULT LEARNING CENTRE & SECONDARY SCHOOL p 760
See TORONTO DISTRICT SCHOOL BOARD
YORKDALE CAFE LTD p 761
1 Yorkdale Rd Suite 1574, NORTH YORK, ON, M6A 3A1
(416) 787-6268 SIC 5812
YORKDALE CAFE LTD p 842
300 Borough Dr Suite 2, SCARBOROUGH, ON, M1P 4P5
SIC 5812
YORKDALE CAFE LTD p 898
2377 Yonge St Suite 823, TORONTO, ON, M4P 2C8
(416) 484-4231 SIC 5461
YORKHILL ELEMENTARY SCHOOL p 876
See YORK REGION DISTRICT SCHOOL BOARD
YORKTON CO-OPERATIVE ASSOCIATION LIMITED, THE p 1271
695 Nykolaishen St, KAMSACK, SK, S0A 1S0
(306) 542-2616 SIC 5541
YORKTON CUSTOMER SERVICE p 1309
See SASKATCHEWAN CROP INSURANCE CORPORATION
YORKTON PUBLISHING LTD p 1310
20 Third Ave N, YORKTON, SK, S3N 1B9
(306) 782-2465 SIC 2711
YORKTON REGIONAL HEALTH CENTRE p 1309
See EAST CENTRAL DISTRICT HEALTH BOARD

YORKTON THIS WEEK p 1310
See YORKTON PUBLISHING LTD
YORKTON, CITY OF p 1310
455 Broadway St W, YORKTON, SK, S3N 2W3
(306) 786-1740 SIC 7389
YORKTON, CITY OF p 1310
455 Broadway St W, YORKTON, SK, S3N 2X1
(306) 786-1740 SIC 7999
YORKVIEW LIFECARE CENTRE p 891
See EXTENDICARE INC
YORKVIEW PUBLIC SCHOOL p 890
See TORONTO DISTRICT SCHOOL BOARD
YORKVILLE SOUND p 814
See LONG & MCQUADE LIMITED
YORKWOODS PUBLIC SCHOOL p 758
See TORONTO DISTRICT SCHOOL BOARD
YOUNG & RUBICAM GROUP OF COMPANIES ULC, THE p 712
2121 Argentia Rd Suite 401, MISSISSAUGA, ON, L5N 2X4
(905) 581-1493 SIC 7311
YOUNG & RUBICAM GROUP OF COMPANIES ULC, THE p 903
60 Bloor St W Suite 8, TORONTO, ON, M4W 3B8
(416) 640-4484 SIC 7311
YOUNG & RUBICAM GROUP OF COMPANIES ULC, THE p 931
495 Wellington St W Suite 102, TORONTO, ON, M5V 1E9
(416) 961-5111 SIC 7311
YOUNG ADULTS PROGRAM p 640
See GRAND RIVER HOSPITAL CORPORATION
YOUNG MEN'S & YOUNG WOMEN'S HEBREW ASSOCIATION OF MONTREAL p 1044
130 Ch Du Lac-Blanc, HUBERDEAU, QC, J0T 1G0
SIC 7032
YOUNG MEN'S & YOUNG WOMEN'S HEBREW ASSOCIATION OF MONTREAL p 1121
5170 Ch De La Cote-Sainte-Catherine, Montreal, QC, H3W 1M7
(514) 739-2301 SIC 8322
YOUNG MEN'S AND YOUNG WOMEN'S CHRISTIAN ASSOCIATION OF GUELPH p 599
84 Kensington St, GUELPH, ON, N1E 3P9
(519) 821-8173 SIC 8351
YOUNG MEN'S AND YOUNG WOMEN'S CHRISTIAN ASSOCIATION OF WINNIPEG INCORPORATED, THE p 367
454 Kimberly Ave, WINNIPEG, MB, R2K 0X8
(204) 668-8140 SIC 8641
YOUNG MEN'S AND YOUNG WOMEN'S CHRISTIAN ASSOCIATION OF WINNIPEG INCORPORATED, THE p 386
3550 Portage Ave, WINNIPEG, MB, R3K 0Z8
(204) 889-8052 SIC 8641
YOUNG MEN'S CHRISTIAN ASSOCIATION OF EDMONTON p 95
7121 178 St Nw, EDMONTON, AB, T5T 5T9
(780) 930-2311 SIC 8699
YOUNG MEN'S CHRISTIAN ASSOCIATION OF EDMONTON p 98
11510 153 Ave Nw, EDMONTON, AB, T5X 6A3
(780) 476-9622 SIC 8322
YOUNG MEN'S CHRISTIAN ASSOCIATION OF EDMONTON p 122
190 Tamarack Way, FORT MCMURRAY, AB, T9K 1A1

(780) 790-9532 SIC 7011
YOUNG MEN'S CHRISTIAN ASSOCIATION OF GREATER VANCOUVER p 197
45844 Hocking Ave, CHILLIWACK, BC, V2P 1B4
(604) 792-3371 SIC 7999
YOUNG MEN'S CHRISTIAN ASSOCIATION OF GREATER VANCOUVER p 245
245 Columbia St E Suite 208, NEW WESTMINSTER, BC, V3L 3W4
(604) 521-5801 SIC 8011
YOUNG MEN'S CHRISTIAN ASSOCIATION OF GREATER VANCOUVER p 283
14988 57 Ave, SURREY, BC, V3S 7S6
(604) 575-9622 SIC 8641
YOUNG MEN'S CHRISTIAN ASSOCIATION OF GREATER VANCOUVER p 313
1166 Alberni St Suite 200, VANCOUVER, BC, V6E 3Z3
(604) 681-9622 SIC 8331
YOUNG MEN'S CHRISTIAN ASSOCIATION OF GREATER VANCOUVER p 322
955 Burrard St, VANCOUVER, BC, V6Z 1Y2
(604) 689-9622 SIC 8221
YOUNG MEN'S CHRISTIAN ASSOCIATION OF KINGSTON, THE p 632
100 Wright Cres, KINGSTON, ON, K7L 4T9
(613) 546-2647 SIC 7991
YOUNG MENS CHRISTIAN ASSOCIATION p 870
10 Elm St Suite 112, SUDBURY, ON, P3C 5N3
(705) 674-2324 SIC 8641
YOUNG PARKYN MCNAB LLP p 139
530 8 St S Suite 100, LETHBRIDGE, AB, T1J 2J8
(403) 382-6800 SIC 8721
YOUNG TRANSPORTATION AMERICAN p 717
See 717 9472 CANADA INC
YOUNG WOMEN'S CHRISTIAN ASSOCIATION p 306
733 Beatty St, VANCOUVER, BC, V6B 2M4
(604) 895-5830 SIC 7011
YOUNG WOMEN'S CHRISTIAN ASSOCIATION p 309
535 Hornby St Suite 100, VANCOUVER, BC, V6C 2E8
(604) 895-5777 SIC 8641
YOUNG WOMEN'S CHRISTIAN ASSOCIATION OF GREATER TORONTO p 4
Gd Stn Main, BANFF, AB, T1L 1H1
(403) 762-3560 SIC 7011
YOUNG WOMEN'S CHRISTIAN ASSOCIATION OF GREATER TORONTO p 805
Gd, PARRY SOUND, ON, P2A 2X1
(705) 746-5455 SIC 7032
YOUNG WOMEN'S CHRISTIAN ASSOCIATION OF GREATER TORONTO p 900
81 St Clair Ave E, TORONTO, ON, M4T 1M7
(416) 924-4762 SIC 8699
YOUNG WOMEN'S CHRISTIAN ASSOCIATION OF GREATER TORONTO p 934
177 Caledonia Rd, TORONTO, ON, M6E 4S8
(416) 652-0077 SIC 8322
YOUNG WOMEN'S CHRISTIAN ASSOCIATION OF REGINA p 1286
1940 Mcintyre St Suite 507, REGINA, SK, S4P 2R3
(306) 525-2141 SIC 8351
YOUNG WOMEN'S CHRISTIAN ASSOCIATION OF SASKATOON p 1299
510 25th St E, SASKATOON, SK, S7K 4A7
(306) 244-0944 SIC 8322
YOUNG WOMEN'S EMERGENCY SHEL-

TER
790
See YOUTH SERVICES BUREAU OF OTTAWA
YOUNG'S EQUIPMENT INC p 1309
350 South Service Rd, WEYBURN, SK, S4H 2L2
(306) 842-2629   *SIC* 5083
YOUNG, ROBERT E CONSTRUCTION LTD
p 811
1488 Chemong Rd, PETERBOROUGH, ON, K9J 6X2
(705) 745-1488   *SIC* 1442
YOUNG, SCOTT PUBLIC SCHOOL p 772
See TRILLIUM LAKELANDS DISTRICT SCHOOL BOARD
YOUNG-DAVIDSON MINE p 678
See ALAMOS GOLD INC
YOUNGSTOWN HOME p 175
See GOVERNMENT OF THE PROVINCE OF ALBERTA
YOUNGSTOWN SCHOOL p 88
See EDMONTON SCHOOL DISTRICT NO. 7
YOUR INDEPENDENT GROCERY p 420
See ATLANTIC WHOLESALERS LTD
YOUR NEIGHBOURHOOD CREDIT UNION LIMITED p 545
385 Hespeler Rd, CAMBRIDGE, ON, N1R 6J1
(519) 622-3377   *SIC* 6062
YOUR TELEPHONE SECRETARY p 528
See EXTEND COMMUNICATIONS INC
YOUR TELEPHONE SECRETARY p 543
See EXTEND COMMUNICATIONS INC
YOUTH ASSESSMENT CENTRE p 133
See GOVERNMENT OF THE PROVINCE OF ALBERTA
YOUTH BUSINESS p 914
See FUTURPRENEUR CANADA
YOUTH COMMUNITY-BASED SERVICES p 376
See ADDICTIONS FOUNDATION OF MANITOBA, THE
YOUTH CONNECTIONS p 780
See YOUTH CONNECTIONS INC
YOUTH CONNECTIONS INC p 780
762 King St E Suite 1, OSHAWA, ON, L1H 1G9
(905) 579-0057   *SIC* 8361
YOUTH PROTECTION p 1254
700 Boul Forest, VAL-D'OR, QC, J9P 2L3
(819) 825-0002   *SIC* 8399
YOUTH SERVICES BUREAU OF OTTAWA p 786
3000 Hawthorne Rd, OTTAWA, ON, K1G 5Y3
(613) 738-7776   *SIC* 8322
YOUTH SERVICES BUREAU OF OTTAWA p 790
147 Besserer St, OTTAWA, ON, K1N 6A7
(613) 241-7788   *SIC* 8322
YOUTH SERVICES BUREAU OF OTTAWA p 790
433 Nelson St, OTTAWA, ON, K1N 7S6
(613) 789-8220   *SIC* 8322
YOUTH SERVICES BUREAU OF OTTAWA p 798
1199 Carling Ave Unit B, OTTAWA, ON, K1Z 8N3
(613) 722-4802   *SIC* 8641
YOUTHLINK p 839
747 Warden Ave, SCARBOROUGH, ON, M1L 4A8
(416) 967-1773   *SIC* 8322
YOUVILLE RESIDENCE p 300
See PROVIDENCE HEALTH CARE SOCIETY
YRB p 206
See YELLOWHEAD ROAD & BRIDGE (KOOTENAY) LTD
YRC REIMER p 97
See REIMER EXPRESS LINES LTD
YUKON ENERGY CORPORATION p 1311

2 Miles Canyon Rd, WHITEHORSE, YT, Y1A 6S7
(867) 393-5300   *SIC* 4911
YUKON EXPLOSIVES, A DIV p 31
See EXPLOSIVES LIMITED
YUMMY MARKET INC p 755
4400 Dufferin St Unit B-4, NORTH YORK, ON, M3H 6A8
(416) 665-0040   *SIC* 5411
YUSEN LOGISTICS (CANADA) INC p 517
261 Parkhurst Sq, BRAMPTON, ON, L6T 5H5
(905) 458-9622   *SIC* 4731
YVES ROCHER AMERIQUE DU NORD INC p 1069
2199 Boul Fernand-Lafontaine, LONGUEUIL, QC, J4G 2V7
(450) 442-9555   *SIC* 5999
YVES ROCHER AMERIQUE DU NORD INC p 1103
465 Rue Mcgill, Montreal, QC, H2Y 2H1
(514) 523-4144   *SIC* 5999
YVES ROCHER AMERIQUE DU NORD INC p 1114
705 Rue Sainte-Catherine O, Montreal, QC, H3B 4G5
(514) 844-6223   *SIC* 7231
YWCA p 306
See YOUNG WOMEN'S CHRISTIAN ASSOCIATION
YWCA p 934
See YOUNG WOMEN'S CHRISTIAN ASSOCIATION OF GREATER TORONTO
YWCA BANFF p 4
See YOUNG WOMEN'S CHRISTIAN ASSOCIATION OF GREATER TORONTO
YWCA INTERNATIONAL BOUTIQUE p 900
See YOUNG WOMEN'S CHRISTIAN ASSOCIATION OF GREATER TORONTO
YWCA OF CAMBRIDGE p 545
55 Dickson St, CAMBRIDGE, ON, N1R 7A5
(519) 267-6444   *SIC* 8322
YWCA OF SASKATOON p 1299
See YOUNG WOMEN'S CHRISTIAN ASSOCIATION OF SASKATOON
YWCA TORONTO p 582
222 Dixon Rd Suite 207, ETOBICOKE, ON, M9P 3S5
(416) 964-3883   *SIC* 8331

Z

Z 103.5 FM p 579
See DUFFERIN COMMUNICATIONS INC
Z.M.C. METAL COATING INC p 976
40 Gaudaur Rd Suite 3, WOODBRIDGE, ON, L4L 4S6
(905) 856-3838   *SIC* 3479
Z.M.C. WINDOW COVERINGS SUPPLIES p 976
See Z.M.C. METAL COATING INC
ZABER TECHNOLOGIES INC p 319
605 Kent Ave North W Unit 2, VANCOUVER, BC, V6P 6T7
(604) 569-3780   *SIC* 3625
ZACKS p 1096
See 6938001 CANADA INC
ZAG BANK p 34
6807 Railway St Se Unit 120, CALGARY, AB, T2H 2V6
(403) 774-4253   *SIC* 6021
ZAHID, M. DRUGS LTD p 732
665 Stonehaven Ave, NEWMARKET, ON, L3X 0G2
(905) 836-9697   *SIC* 5912
ZAINUL & SHAZMA HOLDINGS (1997) LTD p 82
10080 Jasper Ave Nw Suite 900, EDMONTON, AB, T5J 1V9
(780) 702-5049   *SIC* 7011
ZAINUL & SHAZMA HOLDINGS (1997) LTD p 132
393 Gregg Ave, HINTON, AB, T7V 1N1
(780) 865-3321   *SIC* 7011
ZAINUL & SHAZMA HOLDINGS (1997) LTD p 157

2803 50 Ave, RED DEER, AB, T4R 1H1
(403) 343-2112   *SIC* 7011
ZALICUS PHARMACEUTICALS LTD p 321
2389 Health Sciences Mall Suite 301, VANCOUVER, BC, V6T 1Z3
(604) 909-2530   *SIC* 8731
ZAN-NOR CONSTRUCTION & MANAGEMENT LIMITED p 822
50 West Beaver Creek Rd Unit B, RICHMOND HILL, ON, L4B 1G5
(905) 707-1130   *SIC* 5541
ZANE HOLDINGS LTD p 76
9525 127 Ave Nw, EDMONTON, AB, T5E 6M7
(780) 474-7921   *SIC* 7538
ZANIN CD/DVD INC p 1211
3305 Boul Pitfield, SAINT-LAURENT, QC, H4S 1H3
(514) 342-6396   *SIC* 3652
ZANTAV LIMITED p 907
359 Yonge St, TORONTO, ON, M5B 1S1
SIC 5813
ZANZIBAR CIRCUS TAVERN p 907
See ZANTAV LIMITED
ZAVCOR LOGISTICS p 859
See ZAVCOR TRUCKING LIMITED
ZAVCOR TRUCKING LIMITED p 859
3650 Eagle St, STEVENSVILLE, ON, L0S 1S0
(905) 382-3444   *SIC* 4213
ZAVISHA SAWMILLS LTD p 131
324 Zavisha St, HINES CREEK, AB, T0H 2A0
(780) 494-3333   *SIC* 2421
ZAYO CANADA INC p 50
255 5 Ave Sw Suite 400, CALGARY, AB, T2P 3G6
(403) 303-2000   *SIC* 4899
ZAYO CANADA INC p 792
45 O'connor St Suite 1400, OTTAWA, ON, K1P 1A4
(613) 688-4688   *SIC* 4899
ZCL COMPOSITES INC p 117
1420 Parsons Rd Sw, EDMONTON, AB, T6X 1M5
(780) 466-6648   *SIC* 3299
ZCL COMPOSITES INC p 1031
250 Rue Rocheleau, DRUMMONDVILLE, QC, J2C 6Z7
(819) 474-4114   *SIC* 3299
ZCL DUALAM INC p 256
1620 Kingsway Ave, PORT COQUITLAM, BC, V3C 3Y9
SIC 3732
ZEBALLOS SCHOOL p 342
See SCHOOL DISTRICT #84 (VANCOUVER ISLAND WEST)
ZEDI INC p 114
1855 94 St Nw Suite 101, EDMONTON, AB, T6N 1E6
(780) 701-3000   *SIC* 1731
ZEHRMART INC p 500
620 Yonge St, BARRIE, ON, L4N 4E6
(705) 735-2390   *SIC* 5411
ZEHRMART INC p 507
487 Queen St S, BOLTON, ON, L7E 2B4
(905) 951-7505   *SIC* 5411
ZEHRMART INC p 523
1 Presidents Choice Cir, BRAMPTON, ON, L6Y 5S5
(905) 459-2500   *SIC* 5411
ZEHRMART INC p 526
410 Fairview Dr Suite 1, BRANTFORD, ON, N3R 7V7
(519) 754-4932   *SIC* 5411
ZEHRMART INC p 545
400 Conestoga Blvd, CAMBRIDGE, ON, N1R 7L7
(519) 620-1376   *SIC* 5411
ZEHRMART INC p 589
800 Tower St S, FERGUS, ON, N1M 2R3
(519) 843-5500   *SIC* 5411

ZEHRMART INC p 596
Hwy 8 S, GODERICH, ON, N7A 4C6
(519) 524-2229   *SIC* 5411
ZEHRMART INC p 599
297 Eramosa Rd, GUELPH, ON, N1E 2M7
(519) 763-4550   *SIC* 5411
ZEHRMART INC p 629
24018 Woodbine Ave, KESWICK, ON, L4P 3E9
(905) 476-1318   *SIC* 5411
ZEHRMART INC p 637
1375 Weber St E, KITCHENER, ON, N2A 3Y7
(519) 748-4570   *SIC* 5411
ZEHRMART INC p 642
385 Frederick St, KITCHENER, ON, N2H 2P2
SIC 5411
ZEHRMART INC p 849
125 Queensway E, SIMCOE, ON, N3Y 5M7
(519) 426-7743   *SIC* 5411
ZEHRMART INC p 853
285 Geneva St, ST CATHARINES, ON, L2N 2G1
(905) 646-7420   *SIC* 5411
ZEHRMART INC p 951
315 Lincoln Rd Suite 1, WATERLOO, ON, N2J 4H7
(519) 885-1360   *SIC* 5411
ZEHRMART INC p 953
450 Erb St W, WATERLOO, ON, N2T 1H4
(519) 886-4900   *SIC* 5411
ZEHRMART INC p 956
821 Niagara St, WELLAND, ON, L3C 1M4
(905) 732-9380   *SIC* 5411
ZEHRMART INC p 971
5890 Malden Rd, WINDSOR, ON, N9H 1S4
(519) 966-6030   *SIC* 5411
ZEHRS FOOD PLUS p 955
See LOBLAWS SUPERMARKETS LIMITED
ZEHRS GREAT FOOD p 629
See ZEHRMART INC
ZEHRS MARKET p 639
See LOBLAW COMPANIES LIMITED
ZEHRS MARKET p 953
See ZEHRMART INC
ZEHRS MARKETS p 500
See ZEHRMART INC
ZEHRS MARKETS p 523
See ZEHRMART INC
ZEHRS MARKETS p 526
See ZEHRMART INC
ZEHRS MARKETS p 545
See ZEHRMART INC
ZEHRS MARKETS p 589
See ZEHRMART INC
ZEHRS MARKETS p 596
See ZEHRMART INC
ZEHRS MARKETS p 599
See ZEHRMART INC
ZEHRS MARKETS p 637
See ZEHRMART INC
ZEHRS MARKETS p 642
See ZEHRMART INC
ZEHRS MARKETS p 853
See ZEHRMART INC
ZEHRS MARKETS p 951
See ZEHRMART INC
ZEHRS MARKETS p 956
See ZEHRMART INC
ZEHRS MARKETS p 971
See ZEHRMART INC
ZEHRS MARKETS 58 p 507
See ZEHRMART INC
ZEIDLER PARTNERSHIP ARCHITECTS p 931
315 Queen St W Unit 200, TORONTO, ON, M5V 2X2
(416) 596-8300   *SIC* 8712
ZEIFMANS LLP p 761
201 Bridgeland Ave Suite 1, NORTH YORK, ON, M6A 1Y7
(416) 256-4000   *SIC* 8721
ZELL INDUSTRIES INC p 165

27224 Township Road 524, SPRUCE GROVE, AB, T7X 3R6
(780) 962-8099   SIC 2411

ZELLSTOFF CELGAR LIMITED   p 195
1921 Arrow Lakes Dr, CASTLEGAR, BC, V1N 3H9
(250) 365-7211   SIC 2611

ZELUS MATERIAL HANDLING INC   p 862
730 South Service Rd, STONEY CREEK, ON, L8E 5S7
(905) 643-4928   SIC 7699

ZENITH MERCHANT SERVICES INC p 1108
2075 Boul Robert-Bourassa Bureau 1500, Montreal, QC, H3A 2L1
(514) 228-1235   SIC 6153

ZENITHOPTIMEDIA CANADA INC   p 909
111 Queen St E Suite 200, TORONTO, ON, M5C 1S2
(416) 925-7277   SIC 7311

ZEP MANUFACTURING   p 364
See ACUITY HOLDINGS, INC

ZEP MANUFACTURING COMPANY OF CANADA   p 90
See ACUITY HOLDINGS, INC

ZEP MANUFACTURING OF CANADA   p 1026
See ACUITY HOLDINGS, INC

ZIGGYS   p 727
See LOBLAWS SUPERMARKETS LIMITED

ZIM CIE DE SERVICES DE NAVIGATION INTEGREE (CANADA) LTEE   p 313
1130 Pender St W, VANCOUVER, BC, V6E 4A4
(604) 693-2335   SIC 4499

ZIM CIE DE SERVICES DE NAVIGATION INTEGREE (CANADA) LTEE   p 1114
1155 Boul Rene-Levesque O Bureau 400, Montreal, QC, H3B 4R1
(514) 875-2335   SIC 4491

ZIMMARK INC   p 536
4380 South Service Rd Suite 17, BURLINGTON, ON, L7L 5Y6
(905) 632-5410   SIC 3559

ZINCK BUS COMPANY   p 447
See PERRY RAND TRANSPORTATION GROUP LIMITED

ZINETTI FOOD PRODUCTS LTD   p 283
17760 66 Ave, SURREY, BC, V3S 7X1
(604) 574-2028   SIC 2038

ZION HEIGHTS JUNIOR HIGH SCHOOL   p 744
See TORONTO DISTRICT SCHOOL BOARD

ZIP SIGNS LTD   p 536
5040 North Service Rd, BURLINGTON, ON, L7L 5R5
(905) 332-8332   SIC 3993

ZLC FINANCIAL GROUP LTD   p 309
666 Burrard St Suite 1200, VANCOUVER, BC, V6C 2X8
(604) 684-3863   SIC 6411

ZOCHEM INC   p 517
1 Tilbury Crt, BRAMPTON, ON, L6T 3T4
(905) 453-4100   SIC 3339

ZODIAC HURRICANE TECHNOLOGIES INC   p 210
7830 Vantage Way, DELTA, BC, V4G 1A7
(604) 940-2999   SIC 3732

ZODIAC INTERCONNECT CANADA   p 649
See CANTWELL CULLEN & COMPANY INC

ZODIAC QUARTZ SURFACING   p 1246
See PIONEER HI-BRED LIMITED

ZOHAR PLASTIQUES   p 1122
See 6894658 CANADA INC

ZONE   p 1262
See CONCEPTS ZONE INC, LES

ZONE EN SECURITE   p 1101
See 9310-8405 QUEBEC INC

ZOOM MEDIA INC   p 1101
3510 Boul Saint-Laurent Bureau 200, Montreal, QC, H2X 2V2

(514) 842-1155   SIC 7311

ZOOZ   p 859
See 1492332 ONTARIO LIMITED

ZORRA HIGHLAND PARK ELEMENTARY SCHOOL   p 573
See THAMES VALLEY DISTRICT SCHOOL BOARD

ZSEMBA APRON & UPHOLSTERY LTD   p 973
81 Royal Group Cres, WOODBRIDGE, ON, L4H 1X9
SIC 2515

ZUBLIN INC   p 712
6790 Century Ave Suite 401, MISSISSAUGA, ON, L5N 2V8
(289) 315-3972   SIC 1794

ZUCHTER BERK CREATIVE CATERERS INC   p 752
1895 Leslie St, NORTH YORK, ON, M3B 2M3
(416) 386-1086   SIC 5812

ZURICH CANADA   p 309
See ZURICH CANADIAN HOLDINGS LIMITED

ZURICH CANADA   p 1114
See ZURICH CANADIAN HOLDINGS LIMITED

ZURICH CANADIAN HOLDINGS LIMITED p 309
510 Burrard St Suite 709, VANCOUVER, BC, V6C 3A8
(604) 685-9241   SIC 6351

ZURICH CANADIAN HOLDINGS LIMITED p 1114
1100 Boul Rene-Levesque O Bureau 1840, Montreal, QC, H3B 4N4
(514) 393-7222   SIC 6411

ZURICH INSURANCE COMPANY LTD p 324
505 Burrard St Suite 2050, VANCOUVER, BC, V7X 1M6
(604) 844-3407   SIC 6411

ZURICH INSURANCE COMPANY LTD p 933
100 King St W Suite 5500, TORONTO, ON, M5X 2A1
(416) 586-3000   SIC 6411